Klaus Bitter

Jauernig
Bürgerliches Gesetzbuch

Jauernig
Bürgerliches Gesetzbuch

Herausgegeben von
Prof. Dr. Dr. h. c. Othmar Jauernig

Erläutert von

Dr. Christian Berger
o. Professor an der Universität Leipzig

Dr. Dr. h. c. Othmar Jauernig
em. o. Professor an der Universität Heidelberg

Dr. Heinz-Peter Mansel
o. Professor an der Universität zu Köln

Dr. Astrid Stadler
o. Professorin an der Universität Konstanz

Dr. Dr. h. c. Peter Schlechtriem
em. o. Professor an der Universität Freiburg

Dr. Rolf Stürner
o. Professor an der Universität Freiburg
Richter am Oberlandesgericht Karlsruhe

Dr. Arndt Teichmann
o. Professor an der Universität Mainz
Richter am Oberlandesgericht Koblenz a. D.

Dr. Max Vollkommer
em. o. Professor
an der Universität Erlangen-Nürnberg

10., neubearbeitete Auflage

Verlag C. H. Beck München 2003

Es haben bearbeitet

Dr. *Christian Berger*
§§ 312–312 f, 433–480, 488–534, 607–609, 759–764, 1297–1921

Dr. *Othmar Jauernig*
§§ 1–240. 305–306 a, 310, 355–359, 481–487, 598–606,
652–656, 779–782, 854–1296; Abkürzungsverzeichnis

Dr. *Heinz-Peter Mansel*
§§ 657–674, 677–687

Dr. *Peter Schlechtriem*
§§ 611–651, 812–822

Dr. *Astrid Stadler*
§§ 688–704, 765–778, 809–811

Dr. *Rolf Stürner*
§§ 362–432, 705–758, 1922–2385

Dr. *Arndt Teichmann*
§§ 249–255, 307–309, 346–354, 535–597, 651 a–651 m,
675–676 h, 783–808, 823–853; Sachverzeichnis

Dr. *Max Vollkommer*
§§ 241–248, 256–304, 311–311 c, 313–345

Zitiervorschlag:
Jauernig/Bearbeiter (soweit vom Herausgeber verschieden), z. B.
Jauernig, § 873 Rn. 1
Jauernig/Schlechtriem, § 611 Rn. 1

Verlag C. H. Beck im Internet:
beck.de

ISBN 3 406 49529 X

© 2003 Verlag C. H. Beck oHG
Wilhelmstraße 9, 80801 München

Druck und Bindung: Bercker Graphischer Betrieb GmbH & Co. KG,
Hooge Weg 101, 47624 Kevelaer

Satz: Druckerei C. H. Beck Nördlingen
(Adresse wie Verlag)

Gedruckt auf säurefreiem, alterungsbeständigem Papier
(hergestellt aus chlorfrei gebleichtem Zellstoff)

Vorwort zur 10. Auflage

Die Neuauflage kommentiert ein in wesentlichen Teilen grundlegend verändertes, in diesem Sinne „neues" Bürgerliches Gesetzbuch. Den tiefsten Einschnitt brachte das Gesetz zur Modernisierung des Schuldrechts v. 26. November 2001, das am 1. Januar 2002 in Kraft getreten ist. Kein Buch des BGB blieb von diesem Gesetz unberührt. Wie schon sein Name sagt, hat es vor allem das Schuldrecht in weiten Teilen neu gestaltet, ebenso auch das im Allgemeinen Teil des BGB geregelte Verjährungsrecht.

Die Neubekanntmachung des BGB v. 2. Januar 2002 zeigt im Vorspann, daß das BGB seit 1964 durch 109 Gesetze geändert worden ist, allein seit der 9. Auflage dieses Buches (Gesetzesstand 1. April 1999) durch 21 Gesetze, darunter das bereits erwähnte Gesetz zur Modernisierung des Schuldrechts. Schon diese Zahlen vermitteln den Eindruck, das BGB sei in neurer Zeit zu einer Art „Dauer-Baustelle" geworden. Zu einem Teil ist die fortwährende Änderung durch EG-Aktivitäten veranlaßt und daher unvermeidbar, der weitaus größere Teil ist aber deutscher Eigeninitiative zu verdanken. Sie hat das BGB nicht nur direkt zu spüren bekommen, sondern auch mittelbar durch Gesetze, die für die Anwendung des BGB von Bedeutung sind. Zu nennen sind z. B. das Signaturgesetz v. 16. Mai 2001 (in Kraft seit 22. Mai 2001) für § 126a BGB, das Zustellungsreformgesetz v. 25. Juni 2001 (in Kraft seit 1. Juli 2002) für § 132 BGB (z. T. auch direkte Änderung dieser Vorschrift), das Bundesgleichstellungsgesetz v. 30. November 2001 (in Kraft seit 5. Dezember 2001), das Prostitutionsgesetz v. 20. Dezember 2001 (in Kraft seit 1. Januar 2002) für § 138 BGB (seine amtliche Abkürzung „ProstG" weckt freilich andere Assoziationen).

Die Neubekanntmachung v. 2. Januar 2002 hatte als Zusammenfassung des aktuell geltenden BGB nur eine kurze Lebensdauer; denn seither ist das BGB durch sieben mehr oder minder wichtige Gesetze geändert worden. Zu nennen sind: das Gesetz zur Änderung des Seemannsgesetzes und anderer Gesetze v. 23. März 2002 (Änderung von § 613a BGB), das Kinderrechteverbesserungsgesetz v. 9. April 2002, das Zustellungsreformgesetz v. 25. Juni 2001 (dazu bereits oben), das Vierte Finanzmarktförderungsgesetz v. 21. Juni 2002 (hat § 764 BGB mit Wirkung v. 1. Juli 2002 aufgehoben), das Gesetz zur Modernisierung des Stiftungsrechts v. 15. Juli 2002, das Zweite Gesetz zur Änderung schadensersatzrechtlicher Vorschriften v. 19. Juli 2002 (das u. a. einen allgemeinen Anspruch auf Schmerzensgeld in § 253 II BGB einführt, die Deliktsfähigkeit von Kindern und Jugendlichen neu bestimmt, in § 839a BGB die Haftung des gerichtlichen Sachverständigen regelt und § 847 BGB aufhebt), schließlich das OLG-Vertretungsänderungsgesetz v. 23. Juli 2002 (es ändert u. a. die gerade erst durch das Gesetz zur Modernisierung des Schuldrechts in das BGB aufgenommenen §§ 312a, 312d, 346, 355, 358, 491, 492, 495, 497, 498, 506 und fügt – überflüssigerweise – einen § 105a BGB ein, samt und sonders Neuregelungen, die man in einem OLG-Vertretungsänderungsgesetz nicht erwartet).

Rechtsprechung und Schrifttum sind bis Ende Juli 2002 ausgewertet. Entsprechend dem Druckablauf konnten spätere Veröffentlichungen noch bis Ende August 2002 berücksichtigt werden.

Die Neuauflage gibt den Gesetzesstand v. 1. September 2002 wieder.

Vorwort

Als neue Mitautoren sind Dr. Astrid Stadler, o. Professorin an der Universität Konstanz, und Dr. Heinz-Peter Mansel, o. Professor an der Universität zu Köln, in den Kreis der Bearbeiter eingetreten. Sie haben einen Teil der bisher von Herrn Vollkommer besorgten Kommentierung übernommen.

Erneut haben wir für zahlreiche Hinweise, für Anregungen und Kritik zu danken. Wir werden solche Hilfe auch in Zukunft gern annehmen.

Erlangen, Freiburg, Köln, Konstanz, Leipzig, Mainz, im September 2002

Die Verfasser

Aus dem Vorwort zur 1. Auflage (1979)

Die vorliegenden Erläuterungen zum BGB sind knapp gefaßt. Sie wenden sich an den Juristen in Ausbildung und Praxis, aber auch an den mit Rechtsfragen befaßten Nichtjuristen. Allgemeine Übersichten und einleitende Anmerkungen führen in die Hauptprobleme des bürgerlichen Rechts ein. In gestraffter Darstellung werden die für Studium, Ausbildung, Prüfung und Praxis wichtigen Fragen behandelt. Schrifttum und Rechtsprechung, insbesondere die des Bundesgerichtshofs, sind in einer Auswahl dargeboten: um Standpunkte und Streitfragen zu kennzeichnen, die Erläuterungen zu verdeutlichen, praktische Anschauung zu vermitteln und vertiefendes Selbststudium zu erleichtern. Die Erläuterungen beschränken sich nicht darauf, bloß die „herrschende Meinung" zu referieren. Sie bieten vielmehr, soweit das sachlich angezeigt und im gegebenen Rahmen möglich war, eine eigene Stellungnahme zu den in Judikatur und Literatur vertretenen Ansichten. Auf Übersichtlichkeit der Erläuterungen wurde besonders geachtet. Hervorhebungen in Fett- und Kursivschrift sollen die Lesbarkeit erleichtern. Ihr dient auch der weitgehende Verzicht auf Abkürzungen. Ein umfangreiches Sachregister will helfen, rasch die gesuchten Vorschriften und die einschlägigen Erläuterungen zu finden.

Hinweise für den Benutzer

1. **Paragraphen** ohne Angabe eines Gesetzes sind solche des BGB. Paragraphen anderer Gesetze (Verordnungen) sind mit dem abgekürzten Gesetzesnamen und nachgestellter Paragraphennummer angeführt (z. B. HGB 105 = § 105 HGB).
2. Eine **römische Zahl** unmittelbar nach einer Paragraphennummer (z. B. § 123 II) bedeutet den jeweiligen Absatz des angegebenen Paragraphen, eine unmittelbar nachfolgende **arabische Zahl** (z. B. § 123 II 2) den jeweiligen Satz dieses Absatzes. In den Erläuterungen bedeuten alleinstehende römische Zahlen den Absatz, alleinstehende arabische Zahlen den Satz des erläuterten Paragraphen; Entsprechendes gilt für Zahlenkombinationen (z. B. II 1).
3. **Alleinstehende Städtenamen** bezeichnen das Oberlandesgericht oder Bezirksgericht mit dem Sitz in der genannten Stadt.
4. **Literaturzitate** mit „aaO" und nachfolgenden Zahlen beziehen sich auf die vor dem jeweiligen Paragraphen angeführte Literatur. Fehlt hinter dem (den) Verfassernamen ein „aaO", so ist das zitierte Werk unter dem (den) Verfassernamen aus dem Abkürzungsverzeichnis ersichtlich.
5. **Entscheidungen** sind in der Regel mit der Seite zitiert, auf die Bezug genommen wird.
6. **Verweisungen** auf die Erläuterungen eines anderen Paragraphen nennen diesen und die bezogene Randnummer (z. B. § 883 Rn 1). Die Verweisungen auf eine andere Randnummer zum selben Paragraphen nennt dessen Nummer nicht (z. B. Rn 1).

Inhaltsverzeichnis

Abkürzungsverzeichnis XV

Bürgerliches Gesetzbuch
Buch 1. Allgemeiner Teil (§§ 1–240)

Abschnitt 1. Personen (1–89) 1
  Titel 1 Natürliche Personen, Verbraucher, Unternehmer (1–14) 1
  Titel 2. Juristische Personen (21–89) 5
    Untertitel 1. Vereine (21–79) 8
      Kapitel 1. Allgemeine Vorschriften (21–54) 8
      Kapitel 2. Eingetragene Vereine (55–79) 23
    Untertitel 2. Stiftungen (80–88) 29
    Untertitel 3. Juristische Personen des öffentlichen Rechts (89) 32
Abschnitt 2. Sachen und Tiere (90–103) 33
Abschnitt 3. Rechtsgeschäfte (104–185) 39
  Titel 1. Geschäftsfähigkeit (104–113) 43
  Titel 2. Willenserklärung (116–144) 53
  Titel 3. Vertrag (145–157) 99
  Titel 4. Bedingung und Zeitbestimmung (158–163) 111
  Titel 5. Vertretung und Vollmacht (164–181) 116
  Titel 6. Einwilligung und Genehmigung (182–185) 130
Abschnitt 4. Fristen. Termine (186–193) 134
Abschnitt 5. Verjährung (194–218) 135
  Titel 1. Gegenstand und Dauer der Verjährung (194–202) 135
  Titel 2. Hemmung Ablaufhemmung und Neubeginn der Verjährung (203–213) 143
  Titel 3. Rechtsfolgen der Verjährung (214–218) 148
Abschnitt 6. Ausübung der Rechte, Selbstverteidigung, Selbsthilfe (226–231) 150
Abschnitt 7. Sicherheitsleistung (232–240) 154

Buch 2. Recht der Schuldverhältnisse (§§ 241–853)

Abschnitt 1. Inhalt der Schuldverhältnisse (241–304) 157
  Titel 1. Verpflichtung zur Leistung (241–292) 157
  Titel 2. Verzug des Gläubigers (293–304) 295
Abschnitt 2. Gestaltung rechtsgeschäftlicher Schuldverhältnisse durch Allgemeine Geschäftsbedingungen (305–310) 301
Abschnitt 3. Schuldverhältnisse aus Verträgen (311–360) 332
  Titel 1. Begründung, Inhalt und Beendigung (311–319) 332
    Untertitel 1. Begründung (311–311 c) 332
    Untertitel 2. Besondere Vertriebsformen (312–312 f) 360
    Untertitel 3. Anpassung und Beendigung von Verträgen (313, 314) . 372
    Untertitel 4. Einseitige Leistungsbestimmungsrechte (315–319) . . . 381
  Titel 2. Gegenseitiger Vertrag (320–326) 387
  Titel 3. Versprechen der Leistung an einen Dritten (328–335) 403
  Titel 4. Draufgabe, Vertragsstrafe (336–345) 414
  Titel 5. Rücktritt; Widerrufs- und Rückgaberecht bei Verbraucherverträgen (346–359) 422
    Untertitel 1. Rücktritt (346–354) 422
    Untertitel 2. Widerrufs- und Rückgaberecht bei Verbraucherverträgen (355–359) 429

Inhaltsverzeichnis

Abschnitt 4. Erlöschen der Schuldverhältnisse (362–397)	436
Titel 1. Erfüllung (362–371)	437
Titel 2. Hinterlegung (372–386)	446
Titel 3. Aufrechnung (387–396)	451
Titel 4. Erlass (397)	461
Abschnitt 5. Übertragung einer Forderung (398–413)	462
Abschnitt 6. Schuldübernahme (414–418)	483
Abschnitt 7. Mehrheit von Schuldnern und Gläubigern (420–432)	489
Abschnitt 8. Einzelne Schuldverhältnisse (433–853)	505
Titel 1. Kauf, Tausch (433–480)	506
Untertitel 1. Allgemeine Vorschriften (433–453)	508
Untertitel 2. Besondere Arten des Kaufs (454–473)	555
Kapitel 1. Kauf auf Probe (454, 455)	555
Kapitel 2. Wiederkauf (456–462)	556
Kapitel 3. Vorkauf (463–473)	559
Untertitel 3. Verbrauchsgüterkauf (474–479)	565
Untertitel 4. Tausch (480)	572
Titel 2. Teilzeit-Wohnrechteverträge (481–487)	572
Titel 3. Darlehensvertrag; Finanzierungshilfen und Ratenlieferungsverträge zwischen einem Unternehmer und einem Verbraucher (488–515)	578
Untertitel 1. Darlehensvertrag (488–498)	578
Untertitel 2. Finanzierungshilfen zwischen einem Unternehmer und einem Verbraucher (499–504)	598
Untertitel 3. Ratenlieferungsverträge zwischen einem Unternehmer und einem Verbraucher (505)	603
Untertitel 4. Unabdingbarkeit, Anwendung auf Existenzgründer (506, 507)	604
Titel 4. Schenkung (516–534)	606
Titel 5. Mietvertrag, Pachtvertrag (535–597)	619
Untertitel 1. Allgemeine Vorschriften für Mietverträge (535–548)	621
Untertitel 2. Mietverhältnisse über Wohnraum (549–577 a)	645
Kapitel 1. Allgemeine Vorschriften (549–555)	645
Kapitel 2. Die Miete (556–561)	653
Unterkapitel 1. Vereinbarungen über die Miete (556–556 b) . .	653
Unterkapitel 2. Regelungen über die Miethöhe (557–561) . . .	656
Kapitel 3. Pfandrecht des Vermieters (562–562 d)	667
Kapitel 4. Wechsel der Vertragsparteien (563–567 b)	670
Kapitel 5. Beendigung des Mietverhältnisses (568–576 b)	679
Unterkapitel 1. Allgemeine Vorschriften (568–572)	679
Unterkapitel 2. Mietverhältnisse auf unbestimmte Zeit (573–574 c)	682
Unterkapitel 3. Mietverhältnisse auf bestimmte Zeit (575–575 a)	690
Unterkapitel 4. Werkwohnungen (576–576 b)	692
Kapitel 6. Besonderheiten bei der Bildung von Wohnungseigentum an vermieteten Wohnungen (577, 577 a)	694
Untertitel 3. Mietverhältnisse über andere Sachen (578–580 a)	695
Untertitel 4. Pachtvertrag (581–584 b)	697
Untertitel 5. Landpachtvertrag (585–597)	702
Titel 6. Leihe (598–606)	714
Titel 7. Sachdarlehensvertrag (607–609)	717
Titel 8. Dienstvertrag (611–630)	718
Titel 9. Werkvertrag und ähnliche Verträge (631–651 m)	760
Untertitel 1. Werkvertrag (631–651)	760
Untertitel 2. Reisevertrag (651 a–651 m)	795

Inhaltsverzeichnis

Titel 10. Mäklervertrag (652–656)	811
Untertitel 1. Allgemeine Vorschriften (652–655)	813
Untertitel 2. Darlehensvermittlungsvertrag zwischen einem Unternehmer und einem Verbraucher (655 a–655 e)	826
Untertitel 3. Ehevermittlung (656)	828
Titel 11. Auslobung (657–661 a)	830
Titel 12. Auftrag und Geschäftsbesorgungsvertrag (662–676 h)	834
Untertitel 1. Auftrag (662–674)	834
Untertitel 2. Geschäftsbesorgungsvertrag (675–676 h)	846
Kapitel 1. Allgemeines (675–676)	846
Kapitel 2. Überweisungsvertrag (676 a–676 c)	850
Kapitel 3. Zahlungsvertrag (676 d, 676 e)	857
Kapitel 4. Girovertrag (676 f–676 h)	859
Titel 13. Geschäftsführung ohne Auftrag (677–687)	866
Titel 14. Verwahrung (688–700)	876
Titel 15. Einbringung von Sachen bei Gastwirten (701–704)	881
Titel 16. Gesellschaft (705–740)	885
Titel 17. Gemeinschaft (741–758)	926
Titel 18. Leibrente (759–761)	936
Titel 19. Unvollkommene Verbindlichkeiten (762, 763)	938
Titel 20. Bürgschaft (765–778)	940
Titel 21. Vergleich (779)	962
Titel 22. Schuldversprechen, Schuldanerkenntnis (780–782)	966
Titel 23. Anweisung (783–792)	970
Titel 24. Schuldverschreibung auf den Inhaber (793–808)	974
Titel 25. Vorlegung von Sachen (809–811)	981
Titel 26. Ungerechtfertigte Bereicherung (812–822)	984
Titel 27. Unerlaubte Handlung (823–853)	1016

Buch 3. Sachenrecht (§§ 854–1296)

Abschnitt 1. Besitz (854–872)	1091
Abschnitt 2. Allgemeine Vorschriften über Rechte an Grundstücken (873–902)	1101
Abschnitt 3. Eigentum (903–1011)	1127
Titel 1. Inhalt des Eigentums (903–924)	1130
Titel 2. Erwerb und Verlust des Eigentums an Grundstücken (925–928)	1144
Titel 3. Erwerb und Verlust des Eigentums an beweglichen Sachen (929–984)	1149
Untertitel 1. Übertragung (929–936)	1149
Untertitel 2. Ersitzung (937–945)	1174
Untertitel 3. Verbindung, Vermischung, Verarbeitung (946–952)	1176
Untertitel 4. Erwerb von Erzeugnissen und sonstigen Bestandteilen einer Sache (953–957)	1182
Untertitel 5. Aneignung (958–964)	1185
Untertitel 6. Fund (965–984)	1186
Titel 4. Ansprüche aus dem Eigentum (985–1007)	1191
Titel 5. Miteigentum (1008–1011)	1213
Abschnitt 4. Dienstbarkeiten (1018–1093)	1214
Titel 1. Grunddienstbarkeiten (1018–1029)	1215
Titel 2. Nießbrauch (1030–1089)	1220
Untertitel 1. Nießbrauch an Sachen (1030–1067)	1221
Untertitel 2. Nießbrauch an Rechten (1068–1084)	1232
Untertitel 3. Nießbrauch an einem Vermögen (1085–1089)	1237
Titel 3. Beschränkte persönliche Dienstbarkeiten (1090–1093)	1239

Inhaltsverzeichnis

Abschnitt 5. Vorkaufsrecht (1094–1104)	1242
Abschnitt 6. Reallasten (1105–1112)	1246
Abschnitt 7. Hypothek, Grundschuld, Rentenschuld (1113–1203)	1248
Titel 1. Hypothek (1113–1190)	1252
Titel 2. Grundschuld, Rentenschuld (1191–1203)	1300
Untertitel 1. Grundschuld (1191–1198)	1300
Untertitel 2. Rentenschuld (1199–1203)	1307
Abschnitt 8. Pfandrecht an beweglichen Sachen und an Rechten (1204–1296)	1308
Titel 1. Pfandrecht an beweglichen Sachen (1204–1258)	1309
Titel 2. Pfandrecht an Rechten (1273–1296)	1330

Buch 4. Familienrecht (§§ 1297–1921)

Abschnitt 1. Bürgerliche Ehe (1297–1588)	1339
Titel 1. Verlöbnis (1297–1302)	1341
Titel 2. Eingehung der Ehe (1303–1312)	1344
Untertitel 1. Ehefähigkeit (1303, 1304)	1344
Untertitel 2. Eheverbote (1306–1308)	1344
Untertitel 3. Ehefähigkeitszeugnis (1309)	1345
Untertitel 4. Eheschließung (1310–1312)	1346
Titel 3. Aufhebung der Ehe (1313–1318)	1347
Titel 4. Wiederverheiratung nach Todeserklärung (1319, 1320)	1351
Titel 5. Wirkungen der Ehe im Allgemeinen (1353–1362)	1352
Titel 6. Eheliches Güterrecht (1363–1563)	1368
Untertitel 1. Gesetzliches Güterrecht (1363–1390)	1369
Untertitel 2. Vertragliches Güterrecht (1408–1518)	1395
Kapitel 1. Allgemeine Vorschriften (1408–1413)	1395
Kapitel 2. Gütertrennung (1414)	1400
Kapitel 3. Gütergemeinschaft (1415–1518)	1400
Unterkapitel 1. Allgemeine Vorschriften (1415–1421)	1401
Unterkapitel 2. Verwaltung des Gesamtguts durch den Mann oder die Frau (1422–1449)	1405
Unterkapitel 3. Gemeinschaftliche Verwaltung des Gesamtguts durch die Ehegatten (1450–1470)	1419
Unterkapitel 4. Auseinandersetzung des Gesamtguts (1471–1482)	1426
Unterkapitel 5. Fortgesetzte Gütergemeinschaft (1483–1518)	1432
Untertitel 3. Güterrechtsregister (1558–1563)	1441
Titel 7. Scheidung der Ehe (1564–1587 p)	1443
Untertitel 1. Scheidungsgründe (1564–1568)	1443
Untertitel 2. Unterhalt des geschiedenen Ehegatten (1569–1586 b)	1449
Kapitel 1. Grundsatz (1569)	1450
Kapitel 2. Unterhaltsberechtigung (1570–1580)	1450
Kapitel 3. Leistungsfähigkeit und Rangfolge (1581–1584)	1462
Kapitel 4. Gestaltung des Unterhaltsanspruchs (1585–1585 c)	1465
Kapitel 5. Ende des Unterhaltsanspruchs (1586–1586 b)	1468
Untertitel 3. Versorgungsausgleich (1587–1587 p)	1469
Kapitel 1. Grundsatz (1587)	1471
Kapitel 2. Wertausgleich von Anwartschaften oder Aussichten auf eine Versorgung (1587 a–1587 e)	1473
Kapitel 3. Schuldrechtlicher Versorgungsausgleich (1587 f–1587 n)	1488
Kapitel 4. Parteivereinbarungen (1587 o)	1493
Kapitel 5. Schutz des Versorgungsschuldners (1587 p)	1494
Titel 8. Kirchliche Verpflichtungen (1588)	1495

Inhaltsverzeichnis

Abschnitt 2. Verwandtschaft (1589–1772)	1495
Titel 1. Allgemeine Vorschriften (1589, 1590)	1495
Titel 2. Abstammung (1591–1600 e)	1496
Titel 3. Unterhaltspflicht (1601–1615 o)	1505
Untertitel 1. Allgemeine Vorschriften (1601–1615)	1505
Untertitel 2. Besondere Vorschriften für das Kind und seine nicht miteinander verheirateten Eltern (1615 a–1615 o)	1523
Titel 4. Rechtsverhältnis zwischen den Eltern und dem Kind im Allgemeinen (1616–1625)	1525
Titel 5. Elterliche Sorge (1626–1698 b)	1532
Titel 6. Beistandschaft (1712–1717)	1565
Titel 7. Annahme als Kind (1741–1772)	1567
Untertitel 1. Annahme Minderjähriger (1741–1766)	1568
Untertitel 2. Annahme Volljähriger (1767–1772)	1581
Abschnitt 3. Vormundschaft, Rechtliche Betreuung, Pflegschaft (1773–1921)	1584
Titel 1. Vormundschaft (1773–1895)	1585
Untertitel 1. Begründung der Vormundschaft (1773–1792)	1585
Untertitel 2. Führung der Vormundschaft (1793–1836 e)	1593
Untertitel 3. Fürsorge und Aufsicht des Vormundschaftsgerichts (1837–1847)	1616
Untertitel 4. Mitwirkung des Jugendamts (1851)	1619
Untertitel 5. Befreite Vormundschaft (1852–1857 a)	1619
Untertitel 6. Beendigung der Vormundschaft (1882–1895)	1621
Titel 2. Rechtliche Betreuung (1896–1908 k)	1625
Titel 3. Pflegschaft (1909–1921)	1638

Buch 5. Erbrecht (§§ 1922–2385)

Abschnitt 1. Erbfolge (1922–1941)	1651
Abschnitt 2. Rechtliche Stellung des Erben (1942–2063)	1663
Titel 1. Annahme und Ausschlagung der Erbschaft, Fürsorge des Nachlassgerichts (1942–1966)	1663
Titel 2. Haftung des Erben für die Nachlassverbindlichkeiten (1967–2017)	1675
Untertitel 1. Nachlassverbindlichkeiten (1967–1969)	1676
Untertitel 2. Aufgebot der Nachlassgläubiger (1970–1974)	1679
Untertitel 3. Beschränkung der Haftung des Erben (1975–1992)	1680
Untertitel 4. Inventarerrichtung, Unbeschränkte Haftung des Erben (1993–2013)	1689
Untertitel 5. Aufschiebende Einreden (2014–2017)	1694
Titel 3. Erbschaftsanspruch (2018–2031)	1695
Titel 4. Mehrheit von Erben (2032–2063)	1701
Untertitel 1. Rechtsverhältnis der Erben untereinander (2032–2057 a)	1703
Untertitel 2. Rechtsverhältnis zwischen den Erben und den Nachlassgläubigern (2058–2063)	1723
Abschnitt 3. Testament (2064–2273)	1726
Titel 1. Allgemeine Vorschriften (2064–2086)	1726
Titel 2. Erbeinsetzung (2087–2099)	1742
Titel 3. Einsetzung eines Nacherben (2100–2146)	1746
Titel 4. Vermächtnis (2147–2191)	1768
Titel 5. Auflage (2192–2196)	1783
Titel 6. Testamentsvollstrecker (2197–2228)	1786

Inhaltsverzeichnis

Titel 7. Errichtung und Aufhebung eines Testaments (2229–2264)	1805
Titel 8. Gemeinschaftliches Testament (2265–2273)	1821
Abschnitt 4. Erbvertrag (2274–2302)	1830
Abschnitt 5. Pflichtteil (2303–2338)	1847
Abschnitt 6. Erbunwürdigkeit (2339–2345)	1872
Abschnitt 7. Erbverzicht (2346–2352)	1874
Abschnitt 8. Erbschein (2353–2370)	1879
Abschnitt 9. Erbschaftskauf (2371–2385)	1893
Sachverzeichnis	1897

Abkürzungsverzeichnis

aA	anderer Ansicht
aaO	am angegebenen Ort
abgedr	abgedruckt
AbgG	Gesetz über die Rechtsverhältnisse der Mitglieder des Deutschen Bundestages (Abgeordnetengesetz) v. 21. 2. 1996
abl	ablehnend
Abs	Absatz
Abschlußbericht	Abschlußbericht der Kommission zur Überarbeitung des Schuldrechts, 1992
abw	abweichend
AcP	Archiv für die civilistische Praxis (Band, Seite)
AdoptionsG	Gesetz über die Annahme als Kind und zur Änderung anderer Vorschriften (Adoptionsgesetz) v. 2. 7. 1976
ADSp	Allgemeine Deutsche Spediteurbestimmungen
AdVermiG	Gesetz über die Vermittlung der Annahme als Kind und über das Verbot der Vermittlung von Ersatzmüttern (Adoptionsvermittlungsgesetz) idF d. Bek. v. 22. 12. 2001
aE	am Ende
AEG	Allgemeines Eisenbahngesetz v. 27. 12. 1993
AEntG	Gesetz über zwingende Arbeitsbedingungen bei grenzüberschreitenden Dienstleistungen (Arbeitnehmer-Entsendegesetz) v. 26. 2. 1996
aF	alte Fassung
AFRG	Gesetz zur Reform der Arbeitsförderung (Arbeitsförderungs-Reformgesetz) v. 24. 3. 1997
AG	je nach Zusammenhang: Die Aktiengesellschaft (Jahr, Seite), Aktiengesellschaft, Amtsgericht, Arbeitgeber
AGB	Allgemeine Geschäftsbedingungen
AGBG	Gesetz zur Regelung des Rechts der Allgemeinen Geschäftsbedingungen (AGB-Gesetz) idF d. Bek. v. 29. 6. 2000 (aufgehoben)
AGNB	Allgemeine Beförderungsbedingungen für den gewerblichen Güternahverkehr mit Kraftfahrzeugen
AK/(Bearbeiter)	Kommentar zum Bürgerlichen Gesetzbuch, Reihe Alternativkommentare, 1. Aufl. 1979/90; Bd. 5, 2. Aufl. 1990
AKG	Gesetz zur allgemeinen Regelung der durch den Krieg und den Zusammenbruch des Deutschen Reiches entstandenen Schäden (Allgemeines Kriegsfolgengesetz) v. 5. 11. 1957
AktG	Aktiengesetz v. 6. 9. 1965
allg	allgemein
allgM	allgemeine Meinung
Alt	Alternative
AltfahrzeugV	Verordnung über die Überlassung, Rücknahme und umweltverträgliche Entsorgung von Altfahrzeugen (Altfahrzeug-Verordnung) idF d. Bek. v. 21. 6. 2002
AN	Arbeitnehmer
AnfG	Gesetz über die Anfechtung von Rechtshandlungen eines Schuldners außerhalb des Insolvenzverfahrens (Anfechtungsgesetz) v. 5. 10. 1994
Anh	Anhang
Anm	Anmerkung
AnwBl	Anwaltsblatt (Jahr, Seite)
AnwKom/BGB (Bearbeiter)	AnwaltKommentar Schuldrecht, 2002
AO	Abgabenordnung v. 16. 3. 1976
AöR	Archiv für öffentliches Recht (Band, Seite)
AP	Arbeitsrechtliche Praxis, seit 1954 Nachschlagewerk des Bundesarbeitsgerichts (Gesetzesangabe, Nummer der Entscheidung; § ohne Gesetzesangabe: § des BGB; ohne Angabe eines §: die Nr. zum erläuterten §; bis 1954 Jahr, Seite)

Abkürzungsverzeichnis

ArbEG	Gesetz über Arbeitnehmererfindungen v. 25. 7. 1957
Arbeitsgerichtsbe-schleunigungsG	Gesetz zur Vereinfachung und Beschleunigung des arbeitsgerichtlichen Verfahrens v. 30. 3. 2000
1. ArbeitsrechtsbereinigungsG	Gesetz zur Änderung des Kündigungsrechtes und anderer arbeitsrechtlicher Vorschriften (Erstes Arbeitsrechtsbereinigungsgesetz) v. 14. 8. 1969
ArbG	Arbeitsgericht
ArbGB	Arbeitsgesetzbuch der DDR v. 16. 6. 1977
ArbGG	Arbeitsgerichtsgesetz idF d. Bek. v. 2. 7. 1979
AR-Blattei	Handbuch für die Praxis. Systematische Darstellungen, Rechtsprechung, Gesetzestexte, aktuelle Kurzberichte (Arbeitsrechts-Blattei)
ArbPlSchG	Gesetz über den Schutz des Arbeitsplatzes bei Einberufung zum Wehrdienst (Arbeitsplatzschutzgesetz) idF d. Bek. v. 14. 2. 2001
ArbREG-AnpassungsG	Gesetz über die Gleichbehandlung von Männern und Frauen am Arbeitsplatz und über die Erhaltung von Ansprüchen bei Betriebsübergang (Arbeitsrechtliches EG-Anpassungsgesetz) v. 13. 8. 1980
ArbRGeg	Das Arbeitsrecht der Gegenwart (Band, Seite)
ArbSchG	Gesetz über die Durchführung von Maßnahmen des Arbeitsschutzes zur Verbesserung der Sicherheit und des Gesundheitsschutzes der Beschäftigten bei der Arbeit – Arbeitsschutzgesetz – v. 7. 8. 1996
ArbuR	Arbeit und Recht (Jahr, Seite)
ArbZG	Art. 1 (Arbeitszeitgesetz) des Gesetzes zur Vereinheitlichung und Flexibilisierung des Arbeitszeitrechtes (Arbeitszeitrechtsgesetz) v. 6. 6. 1994
arg	argumentum (siehe zum Beweis)
ARS	Arbeitsrechts-Sammlung (Band, Seite)
Art	Artikel
ArzneiMG	Gesetz über den Verkehr mit Arzneimitteln (Arzneimittelgesetz) idF d. Bek. v. 11. 12. 1998
AT	Allgemeiner Teil
AtomG	Gesetz über die friedliche Verwendung der Kernenergie und den Schutz gegen ihre Gefahren (Atomgesetz) idF d. Bek. v. 15. 7. 1985
Aufl	Auflage
AÜG	Gesetz zur Regelung der gewerbsmäßigen Arbeitnehmerüberlassung (Arbeitnehmerüberlassungsgesetz) idF d. Bek. v. 3. 2. 1995
ausdr	ausdrücklich
AuskunftsVO	Zweite Verordnung über die Erteilung von Rentenauskünften an Versicherte der gesetzlichen Rentenversicherung v. 5. 8. 1977
AuslInvestmG	Gesetz über den Vertrieb ausländischer Investmentanteile und über die Besteuerung der Erträge aus ausländischen Investmentanteilen idF d. Bek. v. 9. 9. 1998
AVB	Allgemeine Versicherungsbedingungen
AVBEltV	Verordnung über Allgemeine Bedingungen für die Elektrizitätsversorgung von Tarifkunden v. 21. 6. 1979
AVBFernwärmeV	Verordnung über Allgemeine Bedingungen für die Versorgung mit Fernwärme v. 20. 6. 1980
AVBGasV	Verordnung über Allgemeine Bedingungen für die Gasversorgung von Tarifkunden v. 21. 6. 1979
AVBWasserV	Verordnung über allgemeine Bedingungen für die Versorgung mit Wasser v. 20. 6. 1980
AVermV	Verordnung über Arbeitsvermittlung durch private Arbeitsvermittler (Arbeitsvermittlerverordnung) v. 11. 3. 1994
AVG	Angestelltenversicherungsgesetz v. 28. 5. 1924
AVO	Ausführungsverordnung
AWD	Außenwirtschaftsdienst des Betriebs-Beraters (Jahr, Seite); ab 1975 Recht der Internationalen Wirtschaft (RIW)
AWG	Außenwirtschaftsgesetz v. 28. 4. 1961
BAföG	Bundesgesetz über individuelle Förderung der Ausbildung (Bundesausbildungsförderungsgesetz) idF d. Bek. v. 6. 6. 1983

Abkürzungsverzeichnis

BAG	Bundesarbeitsgericht (mit Ziffern: Entscheidungen des Bundesarbeitsgerichts, Band und Seite)
BAnz	Bundesanzeiger
BarwertVO	Verordnung zur Ermittlung des Barwerts einer auszugleichenden Versorgung nach § 1587a Abs. 3 Nr. 2 und Abs. 4 BGB (Barwert-Verordnung) v. 24. 6. 1977
BauFdgG	Gesetz über die Sicherung der Bauforderungen v. 1. 6. 1909
BauGB	Baugesetzbuch idF d. Bek. v. 27. 8. 1997
Baumbach	Adolf Baumbach/Wolfgang Lauterbach/Jan Albers/Peter Hartmann, Zivilprozeßordnung, 60. Aufl. 2002
Baumbach/Hopt	Adolf Baumbach/Klaus Hopt, Handelsgesetzbuch, 30. Aufl. 2000
Baumbach/Hefermehl, UWG	Adolf Baumbach/Wolfgang Hefermehl, Wettbewerbsrecht, 22. Aufl. 2001
Baumbach/Hefermehl, WG	Adolf Baumbach/Wolfgang Hefermehl, Wechselgesetz und Scheckgesetz, 22. Aufl. 2000
Baumgärtel/(Bearbeiter) I, II, III, IV, V	Gottfried Baumgärtel, Handbuch der Beweislast im Privatrecht, Bd. 1, 2. Aufl. 1991; Bd. 2, 2. Aufl. 1999; Bd. 3, 1987; Bd. 4, 1988; Bd. 5, 1994
BauR	Zeitschrift für das gesamte öffentliche und zivile Baurecht (Jahr, Seite)
Baur	Fritz Baur/Jürgen F. Baur/Rolf Stürner, Sachenrecht, 17. Aufl. 1999
Baur/Stürner I	Fritz Baur/Rolf Stürner, Zwangsvollstreckungs-, Konkurs- und Vergleichsrecht, Bd. I, Einzelvollstreckungsrecht, 12. Aufl. 1995
Baur/Stürner II	Fritz Baur/Rolf Stürner, Zwangsvollstreckungs-, Konkurs- und Vergleichsrecht, Bd. II, Insolvenzrecht, 12. Aufl. 1990
BayObLG	Bayerisches Oberstes Landesgericht (mit Ziffern: Entscheidungen des Bayerischen Obersten Landesgerichts in Civilsachen. Alte Folge. Band, Seite)
BayObLGZ	Entscheidungen des Bayerischen Obersten Landesgerichts in Zivilsachen. Neue Folge (Jahr, Seite)
BayVerf	Bayerische Verfassung v. 2. 12. 1946
BazBV	Basiszinssatz-Bezugsgrößen-Verordnung v. 10. 2. 1999 (aufgehoben)
BB	Betriebs-Berater (Jahr, Seite)
BBankG	Gesetz über die Deutsche Bundesbank idF d. Bek. v. 22. 10. 1992
BBergG	Bundesberggesetz v. 13. 8. 1980
BBesG	Bundesbesoldungsgesetz idF d. Bek. v. 6. 8. 2002
BBG	Bundesbeamtengesetz idF d. Bek. v. 31. 3. 1999
BBiG	Berufsbildungsgesetz v. 14. 8. 1969
Bd(e)	Band (Bände)
BDSG	Bundesdatenschutzgesetz v. 20. 12. 1990
BeamtVG	Gesetz über die Versorgung der Beamten und Richter in Bund und Ländern (Beamtenversorgungsgesetz) idF d. Bek. v. 16. 3. 1999
BEG	Bundesgesetz zur Entschädigung für Opfer der nationalsozialistischen Verfolgung (Bundesentschädigungsgesetz) v. 29. 6. 1956
BegleitG	Begleitgesetz zum Telekommunikationsgesetz v. 17. 12. 1997
Beil	Beilage
Beitzke/HDS	Günther Beitzke/Hans Hosemann/Peter Dahr/Heinrich Schade, Vaterschaftsgutachten für die gerichtliche Praxis, 3. Aufl. 1978
Bek	Bekanntmachung
bes	besonder(e)s
BeschFG 1985	Gesetz über arbeitsrechtliche Vorschriften zur Beschäftigungsförderung v. 26. 4. 1985
betr	betreffend
BetrAVG	Gesetz zur Verbesserung der betrieblichen Altersversorgung v. 19. 12. 1974
BetrVG	Betriebsverfassungsgesetz idF d. Bek. v. 25. 9. 2001
BeurkÄndG	Gesetz zur Änderung und Ergänzung beurkundungsrechtlicher Vorschriften v. 20. 2. 1980
BeurkG	Beurkundungsgesetz v. 28. 8. 1969

Abkürzungsverzeichnis

BFH	Bundesfinanzhof (mit Ziffern: Entscheidungen des Bundesfinanzhofs, Band und Seite)
BFinM	Bundesministerium der Finanzen
BGB	Bürgerliches Gesetzbuch idF d. Bek. v. 2. 1. 2002
BGB-InfoV	Verordnung über Informations- und Nachweispflichten nach bürgerlichem Recht (BGB-Informationspflichten-Verordnung) idF d. Bek. v. 5. 8. 2002
BGBl I (oder II oder III)	Bundesgesetzblatt Teil I (oder Teil II oder III)
BGH	Bundesgerichtshof (mit Ziffern: Entscheidungen des Bundesgerichtshofs in Zivilsachen, Band und Seite)
BGHSt	Entscheidungen des Bundesgerichtshofs in Strafsachen (Band, Seite)
BGleiG	Gesetz zur Gleichstellung von Frauen und Männern in der Bundesverwaltung und in den Gerichten des Bundes (Bundesgleichstellungsgesetz) v. 30. 11. 2001
BillBG	Gesetz zur Bekämpfung der illegalen Beschäftigung v. 15. 12. 1981
BImSchG	Gesetz zum Schutz vor schädlichen Umwelteinwirkungen durch Luftverunreinigungen, Geräusche, Erschütterungen und ähnliche Vorgänge (Bundes-Immissionsschutzgesetz) idF d. Bek. v. 14. 5. 1990
Bi/Müller	Helmuth Bidinger/Rita Bidinger/Ralph Müller, Reisevertragsrecht, 2. Aufl. 1995
BinnSchG	Gesetz betreffend die privatrechtlichen Verhältnisse der Binnenschiffahrt idF d. Bek. v. 20. 5. 1898
bish	bisher(ig)
BJagdG	Bundesjagdgesetz idF d. Bek. v. 29. 9. 1976
BK/(Bearbeiter)	Kommentar zum Bonner Grundgesetz (Bonner Kommentar), ab 1950 (zumeist in zweiter oder dritter Bearbeitung)
BLG	Bundesleistungsgesetz idF d. Bek. v. 27. 9. 1961
Blomeyer	Arwed Blomeyer, Allgemeines Schuldrecht, 4. Aufl. 1969
BlStSozArbR	Blätter für Steuerrecht, Sozialversicherung und Arbeitsrecht (Jahr, Seite)
BNatSchG	Gesetz über Naturschutz und Landschaftspflege – Bundesnaturschutzgesetz – v. 25. 3. 2002
BNotO	Bundesnotarordnung v. 24. 2. 1961
BOK	Hans-Joachim Bauer/Helmut Freiherr v. Oefele (Hgb.), Grundbuchordnung, 1999
BörsenG	Börsengesetz v. 21. 6. 2002
BoSoG	Art. 14 (Gesetz über die Sonderung unvermessener und überbauter Grundstücke nach der Karte – Bodensonderungsgesetz) des Gesetzes zur Vereinfachung und Beschleunigung registerrechtlicher und anderer Verfahren (Registerverfahrenbeschleunigungsgesetz) v. 20. 12. 1993
bp Dienstbarkeit	beschränkte persönliche Dienstbarkeit
BPersVG	Bundespersonalvertretungsgesetz v. 15. 3. 1974
BRAGO	Bundesgebührenordnung für Rechtsanwälte v. 26. 7. 1957
BRAO	Bundesrechtsanwaltsordnung v. 1. 8. 1959
BR-Drs	Bundesratsdrucksache
Brehm	Wolfgang Brehm, Allgemeiner Teil des BGB, 4. Aufl. 2000
Brox, AT	Hans Brox, Allgemeiner Teil des Bürgerlichen Gesetzbuchs, 24. Aufl. 2000
Brox, ErbR	Hans Brox, Erbrecht, 19. Aufl. 2001
Brox, SchR	Hans Brox, Allgemeines Schuldrecht, 27. Aufl. 2000
Brox/Rüthers	Hans Brox/Bernd Rüthers, Arbeitskampfrecht, 2. Aufl. 1982
Brox/Walker	Hans Brox/Wolf-Dietrich Walker, Besonderes Schuldrecht, 27. Aufl. 2002
BRRG	Rahmengesetz zur Vereinheitlichung des Beamtenrechts (Beamtenrechtsrahmengesetz) idF d. Bek. v. 31. 3. 1999
BSchwArbG	Gesetz zur Bekämpfung der Schwarzarbeit idF d. Bek. v. 6. 2. 1995
BSeuchenG	Gesetz zur Verhütung und Bekämpfung übertragbarer Krankheiten beim Menschen (Bundes-Seuchengesetz) idF d. Bek. v. 18. 12. 1979

Abkürzungsverzeichnis

BSG	Bundessozialgericht (mit Ziffern: Entscheidungen des Bundessozialgerichts, Band und Seite)
BSHG	Bundessozialhilfegesetz idF d. Bek. v. 23. 3. 1994
Bsp	Beispiel
BStBl	Bundessteuerblatt (Jahr, Teil, Seite)
BtÄndG	Gesetz zur Änderung des Betreuungsrechts sowie weiterer Vorschriften (Betreuungsrechtsänderungsgesetz) v. 25. 6. 1998
BtBG	Gesetz über die Wahrnehmung behördlicher Aufgaben bei der Betreuung Volljähriger – Betreuungsbehördengesetz v. 12. 9. 1990
BT-Drs	Bundestagsdrucksache
BtG	Gesetz zur Reform des Rechts der Vormundschaft und Pflegschaft für Volljährige (Betreuungsgesetz) v. 12. 9. 1990
BtMG	Gesetz über den Verkehr mit Betäubungsmitteln (Betäubungsmittelgesetz) idF d. Bek. v. 1. 3. 1994
Btx	Bildschirmtext
Buchst	Buchstabe
Bumiller/Winkler	Ursula Bumiller/Karl Winkler, Freiwillige Gerichtsbarkeit, 7. Aufl. 1999
BUrlG	Mindesturlaubsgesetz für Arbeitnehmer (Bundesurlaubsgesetz) v. 8. 1. 1963
II. BV	Verordnung über wohnungswirtschaftliche Berechnungen (Zweite Berechnungsverordnung) idF d. Bek. v. 12. 10. 1990
BVerfG	Bundesverfassungsgericht (mit Ziffern: Entscheidungen des Bundesverfassungsgerichts, Band und Seite)
BVerfGG	Gesetz über das Bundesverfassungsgericht (Bundesverfassungsgerichtsgesetz) idF d. Bek. v. 11. 8. 1993
BVerwG	Bundesverwaltungsgericht (mit Ziffern: Entscheidungen des Bundesverwaltungsgerichts, Band und Seite)
BVG	Gesetz über die Versorgung der Opfer des Krieges (Bundesversorgungsgesetz) idF d. Bek. v. 22. 1. 1982
BVormVG	Berufsvormündervergütungsgesetz v. 25. 6. 1998
BW	Baden-Württemberg
bw	baden-württembergisch
BWaldG	Gesetz für Erhaltung des Waldes und zur Förderung der Forstwirtschaft (Bundeswaldgesetz) v. 2. 5. 1975
bwGemO	Gemeindeordnung für Baden-Württemberg idF d. Bek. v. 24. 7. 2000
bwLFGG	Baden-württembergisches Landesgesetz über die freiwillige Gerichtsbarkeit v. 12. 2. 1975
bwLWaldG	Waldgesetz für Baden-Württemberg (Landeswaldgesetz) idF d. Bek. v. 31. 8. 1995
BWNotZ	Mitteilungen aus der Praxis. Zeitschrift für das Notariat in Baden-Württemberg (Jahr, Seite)
bwWG	Wassergesetz für Baden-Württemberg idF d. Bek. v. 1. 1. 1999
bzgl	bezüglich
BZRG	Bundeszentralregistergesetz idF d. Bek. v. 21. 9. 1984
bzw	beziehungsweise
v. Caemmerer GS I	Ernst v. Caemmerer, Gesammelte Schriften, Bd. I, 1968
v. Caemmerer, IPR-Reform	Ernst v. Caemmerer (Herausgeber), Vorschläge und Gutachten zur Reform des deutschen internationalen Privatrechts der außervertraglichen Schuldverhältnisse, 1983
cic	culpa in contrahendo
CIM	Internationales Übereinkommen über den Eisenbahnfrachtverkehr v. 7. 2. 1970
CISG	United Nations Convention on Contracts for the International Sale of Goods v. 11. 4. 1980
CIV	Internationales Übereinkommen über den Eisenbahn-Personen- und Gepäckverkehr v. 7. 2. 1970
CMR	Übereinkommen über den Beförderungsvertrag im internationalen Straßengüterverkehr v. 19. 5. 1956/16. 8. 1961
CuR	Computer und Recht (Jahr, Seite)

Abkürzungsverzeichnis

DAngVers	Die Angestelltenversicherung (Jahr, Seite)
DAR	Deutsches Autorecht (Jahr, Seite)
DAV	Der Amtsvormund, Rundbrief des Deutschen Instituts für Vormundschaftswesen (Jahr, Seite)
DB	Der Betrieb (Jahr, Seite)
DDR	Deutsche Demokratische Republik
dementspr	dementsprechend
Demharter	Johann Demharter, Grundbuchordnung, 24. Aufl. 2002
Denkschrift	Denkschrift zum Entwurf eines BGB nebst 3 Anlagen, 1896
DepotG	Gesetz über die Verwahrung und Anschaffung von Wertpapieren (Depotgesetz) idF d. Bek. v. 11. 1. 1995
dergl	dergleichen
ders	derselbe
desgl	desgleichen
Deutsch, HaftungsR I	Erwin Deutsch, Allgemeines Haftungsrecht, 2. Aufl. 1996
DGVZ	Deutsche Gerichtsvollzieher-Zeitung (Jahr, Seite)
dh	das heißt
DIN	Deutsche Norm; Deutsches Institut für Normung eV
DiskEntw	Diskussionsentwurf
DJT	Deutscher Juristentag
DJZ	Deutsche Juristen-Zeitung (Jahr, Spalte)
DMBeEndG	Gesetz über die Beendigung der Zahlungsmitteleigenschaft der auf Deutsche Mark lautenden Banknoten und der auf Deutsche Mark oder Deutsche Pfennig lautenden Bundesmünzen – DM-Beendigungsgesetz – v. 16. 12. 1999
DMBilG	Gesetz über die Eröffnungsbilanz in Deutscher Mark und die Kapitalneufestsetzung (D-Markbilanzgesetz) idF d. Bek. v. 28. 7. 1994
DNotZ	Deutsche Notar-Zeitschrift (Jahr, Seite)
Dölle	Hans Dölle, Familienrecht, Bd. I, 1964; Bd. II, 1965
DÖV	Die Öffentliche Verwaltung (Jahr, Seite)
DR	Deutsches Recht (Jahr, Seite)
DRiZ	Deutsche Richterzeitung (Jahr, Seite)
DRK	Deutsches Rotes Kreuz
ds	das sind
DtZ	Deutsch-Deutsche Rechts-Zeitschrift (Jahr, Seite), vereinigt mit VIZ (s. dort)
DÜG	Diskontsatz-Überleitungs-Gesetz v. 9. 6. 1998 (aufgehoben)
DVBl	Deutsches Verwaltungsblatt (Jahr, Seite)
DVO	Durchführungsverordnung
DWE	Der Wohnungseigentümer (Jahr, Seite)
DWW	Deutsche Wohnungswirtschaft (Jahr, Seite)
ebda	ebenda
E-Commerce-RiLi	Richtlinie 2000/31/EG („Richtlinie über den elektronischen Geschäftsverkehr") des Europäischen Parlaments und des Rates v. 8. 6. 2000
EDV	Elektronische Datenverarbeitung
EFZG	Gesetz über die Zahlung des Arbeitsentgelts an Feiertagen und im Krankheitsfall – Entgeltfortzahlungsgesetz – v. 26. 5. 1994
EG	Vertrag zur Gründung der Europäischen Gemeinschaft idF des Vertrags von Amsterdam v. 2. 10. 1997, in Kraft seit 1. 5. 1999
EGAO	Einführungsgesetz zur Abgabenordnung v. 14. 12. 1976
EGBGB	Einführungsgesetz zum Bürgerlichen Gesetzbuche idF d. Bek. v. 21. 9. 1994
EG-EheVO	Verordnung (EG) Nr. 1347/2000 des Rates v. 29. 5. 2000 über die Zuständigkeit und die Anerkennung und Vollstreckung von Entscheidungen in Ehesachen und in Verfahren betreffend die elterliche Verantwortung für die gemeinsamen Kinder der Ehegatten
EGFGB	Einführungsgesetz zum Familiengesetzbuch der DDR v. 20. 12. 1965
EGInsO	Einführungsgesetz zur Insolvenzordnung v. 5. 10. 1994
EGMR	Europäischer Gerichtshof für Menschenrechte
EGZGB	Einführungsgesetz zum Zivilgesetzbuch der DDR v. 19. 6. 1975
ehem.	ehemalig

Abkürzungsverzeichnis

EheNÄndG	Gesetz über die Änderung des Ehenamens (Ehenamensänderungsgesetz) v. 27. 3. 1979
1. EheRG	Erstes Gesetz zur Reform des Ehe- und Familienrechts v. 14. 6. 1976
EheschlRG	Gesetz zur Neuordnung des Eheschließungsrechts (Eheschließungsrechtsgesetz) v. 4. 5. 1998
EhfG	Entwicklungshelfer-Gesetz v. 18. 6. 1969
Einf	Einführung
Einl	Einleitung
EinlALR	Einleitung zum Allgemeinen Landrecht für die Preußischen Staaten v. 1. 6. 1794
EinlSichG	Einlagensicherungs- und Anlegerentschädigungsgesetz v. 16. 7. 1998
einschr	einschränkend
einstw	einstweilig(e)
EinV	Vertrag zwischen der Bundesrepublik Deutschland und der Deutschen Demokratischen Republik über die Herstellung der Einheit Deutschlands (Einigungsvertrag) v. 31. 8. 1990
EMVG	Gesetz über die elektromagnetische Verträglichkeit von Geräten v. 18. 9. 1998
Emmerich/Sonnenschein	Volker Emmerich/Jürgen Sonnenschein/Birgit Weitemeyer, Miete, 7. Aufl. 1999
EnnL	Ludwig Enneccerus/Heinrich Lehmann, Recht der Schuldverhältnisse, 15. Bearb. 1958
EnnN	Ludwig Enneccerus/Hans Carl Nipperdey, Allgemeiner Teil des Bürgerlichen Rechts, 15. Aufl., 1. Halbband 1959; 2. Halbband 1960
entspr	entsprechend
Entw	Entwurf
EnWG	Gesetz über die Elektrizitäts- und Gasversorgung – Energiewirtschaftsgesetz – v. 24. 4. 1998
ErbbauVO	Verordnung über das Erbbaurecht v. 15. 1. 1919
ErbStG	Erbschaftsteuer- und Schenkungsteuergesetz idF d. Bek. v. 27. 2. 1997
ErbStRG	Gesetz zur Reform des Erbschaftsteuer- und Schenkungsteuerrechts v. 17. 4. 1974
ErgG	Ergänzungsgesetz
Erichsen/(Bearbeiter)	Hans-Uwe Erichsen, Allgemeines Verwaltungsrecht, 11. Aufl. 1998
ERJuKoG	Gesetz über elektronische Register und Justizkosten für Telekommunikation v. 10. 12. 2001
Erl	Erläuterungen zu den Anlagen zum EinV (BT-Drs 11/7817)
Erm(Bearbeiter)	Handkommentar zum Bürgerlichen Gesetzbuch, herausgegeben von Harm Peter Westermann, 10. Aufl. 2000 (Bearbeiter: He = Heckelmann, Hef = Wolfgang Hefermehl)
ESchG	Gesetz zum Schutz von Embryonen (Embryonenschutzgesetz) v. 13. 12. 1990
Esser/Schmidt I/1, I/2	Josef Esser/Eike Schmidt, Schuldrecht, Allgemeiner Teil, Bd. I/1, 8. Aufl. 1995; Bd. I/2, 8. Aufl. 2000
Esser/Weyers II/1	Josef Esser/Hans-Leo Weyers, Schuldrecht, Besonderer Teil, Bd. II/1, 8. Aufl. 1998; Bd. II/2, 8. Aufl. 2000
EU	Europäische Union
EuGH	Europäischer Gerichtshof
EuroEG	Gesetz zur Einführung des Euro (Euro-Einführungsgesetz) v. 9. 6. 1998
EuZW	Europäische Zeitschrift für Wirtschaftsrecht (Jahr, Seite)
EV	Eigentumsvorbehalt
eV	eingetragener Verein
EVO	Eisenbahn-Verkehrsordnung idF d. Bek. v. 20. 4. 1999
evtl	eventuell
EWiR	Entscheidungen zum Wirtschaftsrecht
EWIV	Europäische Wirtschaftliche Interessenvereinigung
EWR	Europäischer Wirtschaftsraum
EWR-Abkommen	Abkommen über den Europäischen Wirtschaftsraum v. 2. 5. 1992

Abkürzungsverzeichnis

EzA	Entscheidungssammlung zum Arbeitsrecht (Gesetzesangabe, Nummer der Entscheidung)
f	folgend(e)
FamG	Familiengericht
FamNamRG	Gesetz zur Neuordnung des Familiennamensrechts (Familiennamensrechtsgesetz) v. 16. 12. 1993
FamRÄndG	Gesetz zur Vereinheitlichung und Änderung familienrechtlicher Vorschriften (Familienrechtsänderungsgesetz) v. 11. 8. 1961
FamRefK/(Bearbeiter)	Familienrechtsreformkommentar, 1998
FamRZ	Zeitschrift für das gesamte Familienrecht (Jahr, Seite)
FernAbsG	Fernabsatzgesetz v. 27. 6. 2000 (aufgehoben)
FernAbsRiLi	Richtlinie 97/7/EG des Europäischen Parlaments und des Rats über den Verbraucherschutz bei Vertragsabschlüssen im Fernabsatz v. 20. 5. 1997
FernUSG	Gesetz zum Schutz der Teilnehmer am Fernunterricht (Fernunterrichtsschutzgesetz) idF d. Bek. v. 4. 12. 2000
FeV	Verordnung über die Zulassung von Personen zum Straßenverkehr (Fahrerlaubnis-Verordnung) v. 18. 8. 1998
ff	folgende
FG	Festgabe
fG	freiwillige Gerichtsbarkeit
FGB	Familiengesetzbuch der DDR v. 20. 12. 1965
FGG	Gesetz über die Angelegenheiten der freiwilligen Gerichtsbarkeit idF d. Bek. v. 20. 5. 1898
FGPrax	Praxis der Freiwilligen Gerichtsbarkeit (Jahr, Seite)
FG Wiss I, II, III, IV	50 Jahre Bundesgerichtshof – Festgabe aus der Wissenschaft, Bd. I, II, III, IV, 2000
Fikentscher	Wolfgang Fikentscher, Schuldrecht, 9. Aufl. 1997
Firsching, FamR I, II	Karl Firsching, Familienrecht (Handbuch der Rechtspraxis, Bd. 5), (1. Halbband, 6. Aufl. 1998, bearbeitet von Hans-Ulrich Graba; 2. Halbband, 6. Aufl. 1999, bearbeitet von Georg Dodegge)
Firsching, NachlaßR	Karl Firsching, Nachlaßrecht (Handbuch der Rechtspraxis, Bd. 6), 8. Aufl. 2000 (bearbeitet von Hans-Lothar Graf)
FluglärmschutzG	Gesetz zum Schutz gegen Fluglärm v. 30. 3. 1971
Flume I 1, I 2, II	Werner Flume, Allgemeiner Teil des Bürgerlichen Rechts, Bd. I/1, Die Personengesellschaft, 1977; Bd. I/2, Die juristische Person, 1983; Bd. II, Das Rechtsgeschäft, 4. (unveränderte) Aufl. 1992
FlurbG	Flurbereinigungsgesetz idF d. Bek. v. 16. 3. 1976
FMG	Futtermittelgesetz idF d. Bek. v. 16. 7. 1998
Fn	Fußnote
FO	Fernmeldeordnung idF d. Bek. v. 5. 5. 1971
fr	früher
FS	Festschrift
FS Heidelberg, 1986	Richterliche Rechtsfortbildung. Erscheinungsformen, Auftrag und Grenzen. Festschrift der Juristischen Fakultät zur 600-Jahr-Feier der Ruprecht-Karls-Universität Heidelberg, 1986
FS Köln, 1988	Festschrift der Rechtswissenschaftlichen Fakultät zur 600-Jahr-Feier der Universität zu Köln, 1988
FStrG	Bundesfernstraßengesetz idF d. Bek. v. 19. 4. 1994
FuR	Familie und Recht (Jahr, Seite)
FVE	Heinz Klatt, Fremdenverkehrsrechtliche Entscheidungen, Zivilrecht (Nummer)
FWW	Die freie Wohnungswirtschaft (Jahr, Seite)
GA	Goltdammer's Archiv für Strafrecht (Jahr, Seite)
Gamillscheg/Hanau	Franz Gamillscheg/Peter Hanau, Haftung des Arbeitnehmers, 2. Aufl. 1974
GBBerG	Grundbuchbereinigungsgesetz v. 20. 12. 1993
GBO	Grundbuchordnung idF d. Bek. v. 26. 5. 1994
GbR	Gesellschaft bürgerlichen Rechts
GBV	Verordnung zur Durchführung der Grundbuchordnung (Grundbuchverfügung) idF d. Bek. v. 24. 1. 1995

Abkürzungsverzeichnis

GebrMG	Gebrauchsmustergesetz idF d. Bek. v. 28. 8. 1986
Geigel/(Bearbeiter)	Robert Geigel, Der Haftpflichtprozeß, 23. Aufl. (herausgegeben von Günter Schlegelmilch) 2001
gem	gemäß
GemO	Gemeindeordnung
GenG	Gesetz betreffend die Erwerbs- und Wirtschaftsgenossenschaften idF d. Bek. v. 19. 8. 1994
gerichtl	gerichtlich
Gernhuber	Joachim Gernhuber, Lehrbuch des Familienrechts, 3. Aufl. 1980
Gernhuber/Coester-Waltjen	Joachim Gernhuber/Dagmar Coester-Waltjen, Lehrbuch des Familienrechts, 4. Aufl. 1994
Gernhuber, Erfüllung	Joachim Gernhuber, Die Erfüllung und ihre Surrogate, 2. Aufl. 1994
Gernhuber, Schuldverhältnis	Joachim Gernhuber, Das Schuldverhältnis. Begründung und Änderung, Pflichten und Strukturen, Drittwirkungen, 1989
GerSichG	s. GSG
Ges	Gesetz(e)
ges	gesetzlich
GeschmMG	Gesetz betreffend das Urheberrecht an Mustern und Modellen (Geschmacksmustergesetz) v. 11. 1. 1876
GewA	Gewerbearchiv (Jahr, Seite)
GewO	Gewerbeordnung idF d. Bek. v. 22. 2. 1999
GewSchG	Gesetz zum zivilrechtlichen Schutz vor Gewalttaten und Nachstellungen (Gewaltschutzgesetz) v. 11. 12. 2001
GG	Grundgesetz für die Bundesrepublik Deutschland v. 23. 5. 1949
ggf	gegebenenfalls
GGV	Verordnung über die Anlegung und Führung von Gebäudegrundbüchern – Gebäudegrundbuchverfügung v. 15. 7. 1994
Gierke/Sandrock	Julius v. Gierke/Otto Sandrock, Handels- und Wirtschaftsrecht, 1. Bd., 9. Aufl. 1975
Giesen	Dieter Giesen, Familienrecht, 2. Aufl. 1997
GKG	Gerichtskostengesetz idF d. Bek. v. 15. 12. 1975
GleichberG	Gesetz über die Gleichberechtigung von Mann und Frau auf dem Gebiete des bürgerlichen Rechts (Gleichberechtigungsgesetz) v. 18. 6. 1957
GmbH	Gesellschaft mit beschränkter Haftung
GmbHG	Gesetz betreffend die Gesellschaften mit beschränkter Haftung idF d. Bek. v. 20. 5. 1898
GmbHRdsch	GmbH-Rundschau (Jahr, Seite)
GmS	Gemeinsamer Senat der obersten Gerichtshöfe des Bundes
GOA	Gebührenordnung für Architekten
GoA	Geschäftsführung ohne Auftrag
Göppinger/Wax	Horst Göppinger/Peter Wax (Hgb.), Unterhaltsrecht, 7. Aufl. 2000
GrdstVG	Gesetz über Maßnahmen zur Verbesserung der Agrarstruktur und zur Sicherung land- und forstwirtschaftlicher Betriebe (Grundstückverkehrsgesetz) v. 28. 7. 1961
GrESt	Grunderwerbsteuer
GrEStG	Grunderwerbsteuergesetz idF d. Bek. v. 26. 2. 1997
GroßkommAktG/(Bearbeiter)	Großkommentar zum Aktiengesetz, 3. Aufl. 1970/75; 4. Aufl. ab 1992
GroßkommHGB/(Bearbeiter)	Großkommentar zum Handelsgesetzbuch, 3. Aufl. 1967/1982; 4. Aufl. s. Staub-Großkommentar
Gruch	Beiträge zur Erläuterung des Deutschen Rechts, begründet von J. A. Gruchot (Band, Seite)
GRUR	Gewerblicher Rechtsschutz und Urheberrecht (Jahr, Seite)
GS	in Verbindung mit RG, BGH oder BAG: Großer Senat; in Verbindung mit nachfolgendem Eigennamen: Gedächtnisschrift; sonst: Gesammelte Schriften

Abkürzungsverzeichnis

GSG	Gesetz über technische Arbeitsmittel (Gerätesicherheitsgesetz) idF d. Bek. v. 11. 5. 2001
GüKG	Güterkraftverkehrsgesetz v. 22. 6. 1998
Gutachten I, II, III	Gutachten und Vorschläge zur Überarbeitung des Schuldrechts (herausgegeben vom Bundesminister der Justiz), Bd. I und II, 1981; Bd. III, 1983
gutgl	gutgläubig
GVG	Gerichtsverfassungsgesetz idF d. Bek. v. 9. 5. 1975
GVO	Grundstücksverkehrsordnung idF d. RegVBG Art. 15 § 1 v. 20. 12. 1993
GWB	Gesetz gegen Wettbewerbsbeschränkungen idF d. Bek. v. 26. 8. 1998
Haager Regeln	Internationales Übereinkommen zur Vereinheitlichung von Regeln über Konnossemente v. 24. 8. 1924
HaagUnterhÜbk	Übereinkommen über das auf Unterhaltsverpflichtungen gegenüber Kindern anzuwendende Recht v. 24. 10. 1956
HaagVormAbk	Haager Abkommen zur Regelung der Vormundschaft über Minderjährige v. 12. 2. 1902
Habscheid	Walther J. Habscheid, Freiwillige Gerichtsbarkeit, 7. Aufl. 1983
Hanau/Adomeit	Peter Hanau/Klaus Adomeit, Arbeitsrecht, 11. Aufl. 1994
HausratsVO	Verordnung über die Behandlung der Ehewohnung und des Hausrats v. 21. 10. 1944
HausTürRiLi	Richtlinie 85/577/EWG des Rates v. 20. 12. 1985 betreffend den Verbraucherschutz im Falle von außerhalb von Geschäftsräumen geschlossenen Verträgen
HBeglG 1991	Gesetz über Maßnahmen zur Entlastung der öffentlichen Haushalte sowie über strukturelle Anpassungen in dem in Artikel 3 des Einigungsvertrages genannten Gebiet (Haushaltsbegleitgesetz 1991) v. 24. 6. 1991
Heck, SaR	Philipp Heck, Grundriß des Sachenrechts, 1930
Heck, SchR	Philipp Heck, Grundriß des Schuldrechts, 1929
HeimarbG	Heimarbeitsgesetz v. 14. 3. 1951
HeimG	Heimgesetz idF d. Bek. v. 5. 11. 2001
HeizkostenV	Verordnung über die verbrauchsabhängige Abrechnung der Heiz- und Warmwasserkosten (Verordnung über Heizkostenabrechnung) idF d. Bek. v. 20. 1. 1989
Henrich	Dieter Henrich, Familienrecht, 5. Aufl. 1995
hess	hessisch
HGB	Handelsgesetzbuch v. 10. 5. 1897
Hgb	Herausgeber
HintO	Hinterlegungsordnung v. 10. 3. 1937
hL	herrschende Lehre
hM	herrschende Meinung
HOAI	Verordnung über die Honorare für Leistungen der Architekten und Ingenieure (Honorarordnung für Architekten und Ingenieure) idF d. Bek. v. 4. 3. 1991
HöfeO	Höfeordnung idF d. Bek. v. 26. 7. 1976
Hoppenz	Rainer Hoppenz, Familiensachen, 7. Aufl. 2001
v. Hoyningen-Huene	Gerrick v. Hoyningen-Huene, Die Inhaltskontrolle nach § 9 AGB-Gesetz, 1991
HPflG	Haftpflichtgesetz idF d. Bek. v. 4. 1. 1978
HRefG	Gesetz zur Neuregelung des Kaufmanns- und Firmenrechts und zur Änderung anderer handels- und gesellschaftsrechtlicher Vorschriften (Handelsrechtsreformgesetz) v. 22. 6. 1998
HRG	Hochschulrahmengesetz idF d. Bek. v. 19. 1. 1999
HRR	Höchstrichterliche Rechtsprechung (Jahr, Nummer)
HS	Halbsatz
HStR	Josef Isensee/Paul Kirchhof (Hgb.), Handbuch des Staatsrechts der Bundesrepublik Deutschland, Bd. I–VIII, 1987/95
2. HStruktG	Zweites Gesetz zur Verbesserung der Haushaltsstruktur (2. Haushaltsstrukturgesetz) v. 22. 12. 1981
Huber/Faust	Peter Huber/Florian Faust, Schuldrechtsmodernisierung, 2002

Abkürzungsverzeichnis

Hübner	Heinz Hübner, Allgemeiner Teil des Bürgerlichen Gesetzbuchs, 2. Aufl. 1996
Hueck, GesellschaftsR ..	Götz Hueck, Gesellschaftsrecht, 19. Aufl. 1991
Hueck/Nipperdey	Alfred Hueck/Hans Carl Nipperdey, Lehrbuch des Arbeitsrechts, 7. Aufl., Bd. I, 1963; Bd. II/1, 1967; Bd. II/2, 1970
HWiG	Gesetz über den Widerruf von Haustürgeschäften und ähnlichen Geschäften idF d. Bek. v. 29. 6. 2000 (aufgehoben)
HypBG	Hypothekenbankgesetz idF d. Bek. v. 9. 9. 1998
idF	in der Fassung
idR	in der Regel
idS	in diesem Sinne
ie	im einzelnen
iE	im Ergebnis
ieS	im engeren Sinne
iGgs	im Gegensatz
iHv	in Höhe von
insbes	insbesondere
InsO	Insolvenzordnung v. 5. 10. 1994
int	international
IPR	internationales Privatrecht
IPRax	Praxis des Internationalen Privat- und Verfahrenrechts (Jahr, Seite)
IPRNG	Gesetz zur Neuregelung des Internationalen Privatrechts v. 25. 7. 1986
iSd	im Sinne der (des)
iSv	im Sinne von
iü	im übrigen
IuKDG	Gesetz zur Regelung der Rahmenbedingungen für Informations- und Kommunikationsdienste (Informations- und Kommunikationsdienste-Gesetz) v. 22. 7. 1997
iVm	in Verbindung mit
iwS	im weiteren Sinne
iZw	im Zweifel
JA	Juristische Arbeitsblätter (Jahr, Seite)
Jaeger/Henckel	Ernst Jaeger/Wolfram Henckel, Konkursordnung, 9. Aufl. (§§ 1–42, erschienen 1977/1992, unvollendet), 1997
Jaeger/Lent	Ernst Jaeger/Friedrich Lent, Konkursordnung, Band I, 8. Aufl. 1958
Jaeger/Weber	Ernst Jaeger/Friedrich Weber, Konkursordnung, Band II/1 und 2, 8. Aufl. 1973
Jarass/Pieroth	Hans D. Jarass/Bodo Pieroth, Grundgesetz, 5. Aufl. 2000
JArbSchG	Gesetz zum Schutze der arbeitenden Jugend (Jugendarbeitsschutzgesetz) v. 12. 4. 1976
Jauernig, ZPR	Othmar Jauernig, Zivilprozeßrecht, 27. Aufl. 2002
Jauernig, ZwV	Othmar Jauernig, Zwangsvollstreckungs- und Insolvenzrecht, 21. Aufl. 1999
JFG	Jahrbuch für Entscheidungen in Angelegenheiten der Freiwilligen Gerichtsbarkeit und des Grundbuchrechts (Band, Seite)
Jh	Jahrhundert
JherJb	Jherings Jahrbücher für Dogmatik des bürgerlichen Rechts (Band, Seite)
JMBlNRW	Justizministerialblatt des Landes Nordrhein-Westfalen (Jahr, Seite)
Johannsen/Henrich/ (Bearbeiter)	Kurt H. Johannsen/Dieter Henrich, Eherecht, 3. Aufl. 1998
JR	Juristische Rundschau (Jahr, Seite)
JuMiG	Justizmitteilungsgesetz und Gesetz zur Änderung kostenrechtlicher Vorschriften und anderer Gesetze v. 18. 6. 1997
jur	juristisch
JurA	Juristische Analysen (Jahr, Seite)
Jura	Juristische Ausbildung (Jahr, Seite)
JurBüro	Das Juristische Büro (Jahr, Spalte)
JuS	Juristische Schulung (Jahr, Seite)
Justiz	Die Justiz (Jahr, Seite)

Abkürzungsverzeichnis

JW	Juristische Wochenschrift (Jahr, Seite)
JZ	Juristenzeitung (Jahr, Seite)
KAGG	Gesetz über Kapitalanlagegesellschaften idF d. Bek. v. 9. 9. 1998
Kegel	Gerhard Kegel, Internationales Privatrecht, 7. Aufl. 1995
KEHE	Joachim Kuntze/Dieter Eickmann/Hans Herrmann/Sigrun Erler-Faller/Jörg Munzig, Grundbuchrecht, 5. Aufl. 1999
Kfz	Kraftfahrzeug
KG	Kammergericht; Kommanditgesellschaft
KGaA	Kommanditgesellschaft auf Aktien
KGJ	Jahrbuch für Entscheidungen des Kammergerichts in Sachen der freiwilligen Gerichtsbarkeit, in Kosten-, Stempel- und Strafsachen (Band, Seite)
Kilger/Schmidt ...	Joachim Kilger/Karsten Schmidt, Insolvenzgesetze (KO/VglO/GesO), 17. Aufl. 1998
KindRG	Gesetz zur Reform des Kindschaftsrechts (Kindschaftsrechtsreformgesetz) v. 16. 12. 1997
KindUG	Gesetz zur Vereinheitlichung des Unterhaltsrechts minderjähriger Kinder (Kindesunterhaltsgesetz) v. 6. 4. 1998
Kipp/Coing	Theodor Kipp/Helmut Coing, Erbrecht, 14. Bearb. 1990
KO	Konkursordnung idF d. Bek. v. 20. 5. 1898 (aufgehoben)
Köhler	Helmut Köhler, BGB, Allgemeiner Teil, 25. Aufl. 2001
Kolloqu v. Caemmerer ..	Zum Deutschen und Internationalen Schuldrecht. Kolloquium aus Anlaß des 75. Geburtstags von Ernst v. Caemmerer, 1983
KonsG	Gesetz über die Konsularbeamten, ihre Aufgaben und Befugnisse (Konsulargesetz) v. 11. 9. 1974
Kopp	Ferdinand O. Kopp/Ulrich Ramsauer, Verwaltungsverfahrensgesetz, 7. Aufl. 2000
Kopp, VwGO	Ferdinand O. Kopp/Wolf-Rüdiger Schenke, Verwaltungsgerichtsordnung, 12. Aufl. 2000
KostO	Gesetz über die Kosten in Angelegenheiten der freiwilligen Gerichtsbarkeit (Kostenordnung) idF d. Bek. v. 26. 7. 1957
KRG	Kontrollratsgesetz
KrG	Kreisgericht
krit	kritisch
KritJ	Kritische Justiz (Jahr, Seite)
KrW-/AbfG	Gesetz zur Förderung der Kreislaufwirtschaft und Sicherung der umweltverträglichen Beseitigung von Abfällen – Kreislaufwirtschafts- und Abfallgesetz v. 27. 9. 1994
KSchG	Kündigungsschutzgesetz idF d. Bek. v. 25. 8. 1969
KTS	Zeitschrift für Insolvenzrecht – Konkurs/Treuhand/Sanierung – (Jahr, Seite)
KUG	Gesetz betreffend das Urheberrecht an Werken der bildenden Künste und Photographie v. 9. 1. 1907
KündFG	Gesetz zur Vereinheitlichung der Kündigungsfristen von Arbeitern und Angestellten (Kündigungsfristengesetz) v. 7. 10. 1993
KultgSchG	Gesetz zum Schutz deutschen Kulturgutes gegen Abwanderung idF d. Bek. v. 8. 7. 1999
KWG	Gesetz über das Kreditwesen idF d. Bek. v. 9. 9. 1998
Lackner/Kühl	Karl Lackner/Kristian Kühl, Strafgesetzbuch, 24. Aufl. 2001
LadenschlußG ...	Gesetz über den Ladenschluß v. 28. 11. 1956
LAG	Landesarbeitsgericht; Gesetz über den Lastenausgleich (Lastenausgleichsgesetz) idF d. Bek. v. 2. 6. 1993
Lange	Heinrich Lange, Sachenrecht des BGB, 1967
Lange, SchadErs ..	Hermann Lange, Schadensersatz, 2. Aufl. 1990
Lange/Kuchinke ...	Heinrich Lange/Kurt Kuchinke, Erbrecht, 5. Aufl. 2001
Larenz, AT	Karl Larenz/Manfred Wolf, Allgemeiner Teil des Bürgerlichen Rechts, 8. Aufl. 1997
Larenz, SchR I, II 1, II 2	Karl Larenz, Lehrbuch des Schuldrechts, Bd. I, Allgemeiner Teil, 14. Aufl. 1987; Besonderer Teil, Bd. II/1, 13. Aufl. 1986; Bd. II/2 (Karl Larenz/Claus-Wilhelm Canaris), 13. Aufl. 1994
Laufs	Adolf Laufs, Arztrecht, 5. Aufl. 1993

Abkürzungsverzeichnis

LG	Landgericht; Leasinggeber
Lit	Literatur
LK/(Bearbeiter)	Leipziger Kommentar zum Strafgesetzbuch, 10. Aufl. 1978/89; 11. Aufl. ab 1992
LM	Nachschlagewerk des Bundesgerichtshofs, begründet von Fritz Lindenmaier und Philipp Möhring (Gesetzesangabe, Nummer der Entscheidung; § ohne Gesetzesangabe: § des BGB; ohne Angabe eines §: die Nr. zum erläuterten §)
LMBG	Gesetz über den Verkehr mit Lebensmitteln, Tabakerzeugnissen, kosmetischen Mitteln und sonstigen Bedarfsgegenständen (Lebensmittel- und Bedarfsgegenständegesetz) idF d. Bek. v. 9. 9. 1997
LN	Leasingnehmer
Locher	Horst Locher, Das private Baurecht, 6. Aufl. 1996
Lorenz/Riehm	Stephan Lorenz/Thomas Riehm, Lehrbuch zum neuen Schuldrecht, 2002
Löwe	Walter Löwe/Friedrich Graf v. Westphalen/Reinhold Trinkner, Kommentar zum Gesetz zur Regelung des Rechts der Allgemeinen Geschäftsbedingungen, 1977; 2. Aufl. (jetzt: Großkommentar zum AGB-Gesetz), Bd. II, 1983; Bd. III, 1985 (unvollendet)
LPachtVG	Gesetz über die Anzeige und Beanstandung von Landpachtverträgen (Landpachtverkehrsgesetz) v. 8. 11. 1985
LPartG	Gesetz über die Eingetragene Lebenspartnerschaft – Lebenspartnerschaftsgesetz – v. 16. 2. 2001
LS	Leitsatz
LSG	Landessozialgericht
v. Lübtow	Ulrich v. Lübtow, Erbrecht, Bd. 1 und 2, 1971
Lüderitz	Alexander Lüderitz, Familienrecht, 27. Aufl. 1999
Lüdtke-Handjery	Rudolf Lange/Hans Wulff/Christian Lüdtke-Handjery, Die Höfeordnung, 10. Aufl. 2001
LuftVG	Luftverkehrsgesetz idF d. Bek. v. 27. 3. 1999
LwVG	Gesetz über das gerichtliche Verfahren in Landwirtschaftssachen v. 21. 7. 1953
LZ	Leipziger Zeitschrift für Deutsches Recht (Jahr, Spalte)
MaBV	Verordnung über die Pflichten der Makler, Darlehens- und Anlagenvermittler, Bauträger und Baubetreuer (Makler- und Bauträgerverordnung) idF d. Bek. v. 7. 11. 1990
Mansel/Budzikiewicz	Heinz-Peter Mansel/Christine Budzikiewicz, Das neue Verjährungsrecht, 2002
Marburger	Peter Marburger, Die Regeln der Technik im Recht, 1979
MarkenG	Gesetz über den Schutz von Marken und sonstigen Kennzeichen – Markengesetz – v. 25. 10. 1994
Maßg	Maßgabe
maW	mit anderen Worten
MD	Theodor Maunz/Günter Dürig u. a., Grundgesetz, 2001
MDR	Monatsschrift für deutsches Recht (Jahr, Seite)
MDStV	Staatsvertrag über Mediendienste v. 20. 1./10. 4. 1997
MedGV	Verordnung über die Sicherheit medizinisch-technischer Geräte (Medizingeräteverordnung) v. 14. 1. 1985
Medicus, AT	Dieter Medicus, Allgemeiner Teil des BGB, 7. Aufl. 1997
Medicus, BR	Dieter Medicus, Bürgerliches Recht, 18. Aufl. 1999
Medicus, SchR I, II	Dieter Medicus, Schuldrecht I, Allgemeiner Teil, 12. Aufl. 2000; Schuldrecht II, Besonderer Teil, 10. Aufl. 2000
MedR	Medizinrecht (Jahr, Seite)
MHbeG	Gesetz zur Beschränkung der Haftung Minderjähriger (Minderjährigenhaftungsbeschränkungsgesetz) v. 25. 8. 1998
MHG	Gesetz zur Regelung der Miethöhe v. 18. 12. 1974 (aufgehoben)
MitBestG	Gesetz über die Mitbestimmung der Arbeitnehmer (Mitbestimmungsgesetz) v. 4. 5. 1976
MittBayNot	Mitteilungen des Bayerischen Notarvereins, der Notarkasse und der Landesnotarkammer Bayern (Jahr, Seite)
MittRhNotK	Mitteilungen der Rheinischen Notarkammer (Jahr, Seite); sa RhNK

Abkürzungsverzeichnis

MK/(Bearbeiter)	Münchener Kommentar zum BGB, 3. Aufl. 1992 ff.; 4. Aufl. 2000 ff.
MK-ZPO/Bearbeiter	Münchener Kommentar zur Zivilprozeßordnung, 2. Aufl. 2000/01
MMR	MultiMedia und Recht (Jahr, Seite)
mN	mit Nachweisen
ModEnG	Gesetz zur Förderung der Modernisierung von Wohnungen und von Maßnahmen zur Einsparung von Heizenergie (Modernisierungs- und Energieeinsparungsgesetz) idF d. Bek. v. 12. 7. 1978
Mot	Motive der 1. Kommission zu dem Entwurfe eines Bürgerlichen Gesetzbuches für das Deutsche Reich
mR	mit Recht
MRK	Konvention zum Schutze der Menschenrechte und Grundfreiheiten v. 4. 11. 1950
MSA	Haager Übereinkommen über die Zuständigkeit der Behörden und das anzuwendende Recht auf dem Gebiet des Schutzes von Minderjährigen v. 5. 10. 1961
Müller	Klaus Müller, Sachenrecht, 4. Aufl. 1997
MünzG	Art. 2 (Münzgesetz) des Dritten Euro-Einführungsgesetzes v. 16. 12. 1999
MuSchG	Gesetz zum Schutze der erwerbstätigen Mutter (Mutterschutzgesetz) idF d. Bek. v. 20. 6. 2002
mwN	mit weiteren Nachweisen
MWSt	Mehrwertsteuer
NachlaßG	Nachlaßgericht
Nachtr	Nachtrag
Nachw	Nachweis(e)
NachwG	Gesetz über den Nachweis der für ein Arbeitsverhältnis geltenden wesentlichen Bedingungen – Nachweisgesetz – v. 20. 7. 1995
NamÄndVwV	Allgemeine Verwaltungsvorschrift zum Gesetz über die Änderung von Familiennamen und Vornamen v. 11. 8. 1980
NÄG	Gesetz über die Änderung von Familiennamen und Vornamen v. 5. 1. 1938
NdsRpfl	Niedersächsische Rechtspflege (Jahr, Seite)
NEhelG	Gesetz über die rechtliche Stellung der nichtehelichen Kinder v. 19. 8. 1969
nF	neue Fassung
NJW	Neue Juristische Wochenschrift (Jahr, Seite)
NJW-CoR	Computerreport der NJW (Jahr, Seite), vereinigt mit: Anwalt. Das Magazin
NJW-RR	NJW-Rechtsprechungs-Report Zivilrecht (Jahr, Seite)
NJWE-FER	NJW-Entscheidungsdienst Familien- und Erbrecht (Jahr, Seite)
NMV 1970	Verordnung über die Ermittlung der zulässigen Miete für preisgebundene Wohnungen (Neubaumietenverordnung 1970) idF d. Bek. v. 12. 10. 1990
Nr	Nummer
NStZ	Neue Zeitschrift für Strafrecht (Jahr, Seite)
NuR	Natur + Recht (Jahr, Seite)
NutzEV	Verordnung über die angemessene Gestaltung von Nutzungsentgelten (Nutzungsentgeltverordnung) v. 22. 7. 1993
NVwZ	Neue Zeitschrift für Verwaltungsrecht (Jahr, Seite)
NZA	Neue Zeitschrift für Arbeitsrecht (Jahr, Seite)
NZA-RR	NZA-Rechtsprechungs-Report Arbeitsrecht (Jahr, Seite)
NZBau	Neue Zeitschrift für Baurecht und Vergaberecht (Jahr, Seite)
NZG	Neue Zeitschrift für Gesellschaftsrecht (Jahr, Seite)
NZS	Neue Zeitschrift für Sozialrecht (Jahr, Seite)
o	oben
OASG	Gesetz zur Sicherung der zivilrechtlichen Ansprüche der Opfer von Straftaten (Opferanspruchssicherungsgesetz) v. 8. 5. 1998
obj	objektiv
OEG	Gesetz über die Entschädigung für Opfer von Gewalttaten (Opferentschädigungsgesetz) idF d. Bek. v. 7. 1. 1985
öffentl	öffentlich

Abkürzungsverzeichnis

OGH	Oberster Gerichtshof für die Britische Zone (mit Ziffern: Entscheidungen des Obersten Gerichtshofs für die Britische Zone in Zivilsachen, Band und Seite)
OHG	offene Handelsgesellschaft
OLG	Die Rechtsprechung der Oberlandesgerichte auf dem Gebiete des Zivilrechts (Band, Seite)
OLG-NL	OLG-Rechtsprechung Neue Länder (Jahr, Seite)
OLGVertrÄndG	Gesetz zur Änderung des Rechts der Vertretung durch Rechtsanwälte vor den Oberlandesgerichten (OLG-Vertretungsänderungsgesetz) v. 23. 7. 2002
OLGZ	Entscheidungen der Oberlandesgerichte in Zivilsachen (Jahr, Seite), vereinigt mit FGPrax (s. dort)
OR	(schweizerisches) Bundesgesetz über das Obligationenrecht v. 30. 3. 1911
örtl	örtlich
OVG	Oberverwaltungsgericht
Pal(Bearbeiter)	Otto Palandt, Bürgerliches Gesetzbuch, 61. Aufl. 2002 (Hauptband)
PalErgB/(Bearbeiter)	Otto Palandt, Gesetz zur Modernisierung des Schuldrechts (Ergänzungsband zu Palandt, BGB, 61. Aufl.), 2002
PAngV	Preisangabenverordnung idF d. Bek. v. 28. 7. 2000
PaPkG	Preisangaben- und Preisklauselgesetz v. 3. 12. 1984 (Titeländerung durch Art. 9 § 4 Nr 1 EuroEG)
ParteienG	Gesetz über die politischen Parteien (Parteiengesetz) idF d. Bek. v. 31. 1. 1994
PartG	Partnerschaftsgesellschaft
PartGG	Art. 1 (Gesetz über Partnerschaftsgesellschaften Angehöriger Freier Berufe – Partnerschaftsgesellschaftsgesetz) des Gesetzes zur Schaffung von Partnerschaftsgesellschaften und zur Änderung anderer Gesetze v. 25. 7. 1994
PatG	Patentgesetz idF d. Bek. v. 16. 12. 1980
PBefG	Personenbeförderungsgesetz idF d. Bek. v. 8. 8. 1990
PfandlV	Verordnung über den Geschäftsbetrieb der gewerblichen Pfandleiher (Pfandleiherverordnung) idF d. Bek. v. 1. 6. 1976
PflegeVG	Gesetz zur sozialen Absicherung des Risikos der Pflegebedürftigkeit (Pflege-Versicherungsgesetz) v. 26. 5. 1994
PflSchG	Gesetz zum Schutz der Kulturpflanzen (Pflanzenschutzgesetz) idF d. Bek. v. 14. 5. 1998
PflVG	Gesetz über die Pflichtversicherung für Kraftfahrzeughalter (Pflichtversicherungsgesetz) v. 5. 4. 1965
Pick	Eckhart Pick, Reiserecht, 1995
PostG	Postgesetz v. 22. 12. 1997
PreußALR	Allgemeines Landrecht für die Preußischen Staaten v. 1. 6. 1794
PreußEnteignungsG	Preußisches Gesetz über die Enteignung von Grundeigentum v. 11. 6. 1874
ProdHaftG	Gesetz über die Haftung für fehlerhafte Produkte (Produkthaftungsgesetz) v. 15. 12. 1989
ProdSG	Gesetz zur Regelung der Sicherheitsanforderungen an Produkte und zum Schutz der CE-Kennzeichnung (Produktsicherheitsgesetz) v. 22. 4. 1997
ProstG	Gesetz zur Regelung der Rechtsverhältnisse der Prostituierten (Prostitutionsgesetz) v. 20. 12. 2001
Prot	Protokolle der Kommission für die zweite Lesung des Entwurfs des Bürgerlichen Gesetzbuchs
PrPG	Gesetz zur Stärkung des Schutzes des geistigen Eigentums und zur Bekämpfung der Produktpiraterie v. 7. 3. 1990
PStG	Personenstandsgesetz idF d. Bek. v. 8. 8. 1957
pVV	positive Vertragsverletzung
RA	Rechtsanwalt
RabelsZ	Zeitschrift für ausländisches und internationales Privatrecht (Jahr, Seite)

Abkürzungsverzeichnis

RAG	Reichsarbeitsgericht (mit Ziffern: Entscheidungen des Reichsarbeitsgerichts, Band und Seite)
Ramm I	Thilo Ramm, Familenrecht Bd. I, Recht der Ehe, o. J. (1985)
RAusschuß	Rechtsausschuß
RBerG	Rechtsberatungsgesetz v. 13. 12. 1935
RBHaftG	Gesetz über die Haftung des Reichs für seine Beamten v. 22. 5. 1910
RdA	Recht der Arbeit (Jahr, Seite)
RdL	Recht der Landwirtschaft (Jahr, Seite)
Recht	Das Recht (Jahr, Nummer)
RegelbetragV	Regelbetrag-Verordnung v. 6. 4. 1998
RegEntw	Regierungsentwurf
RegVBG	Gesetz zur Vereinfachung und Beschleunigung registerrechtlicher und anderer Verfahren (Registerverfahrenbeschleunigungsgesetz) v. 20. 12. 1993
Reinicke/Tiedtke	Dietrich Reinicke/Klaus Tiedtke, Kreditsicherung, 4. Aufl. 2000
RG	Reichsgericht (mit Ziffern: Entscheidungen des Reichsgerichts in Zivilsachen, Band und Seite)
RGBl I (oder II)	Reichsgesetzblatt Teil I (oder Teil II)
RGeschäft	Rechtsgeschäft
RG-FG I–VI	Die Reichsgerichtspraxis im deutschen Rechtsleben, Band I–VI, 1929
RGRK/(Bearbeiter)	Das Bürgerliche Gesetzbuch, Kommentar, herausgegeben von den Mitgliedern des Bundesgerichtshofes, 12. Aufl. 1974/99
RhNK	Mitteilungen der Rheinischen Notarkammer (Jahr, Seite); sa MittRhNotK
RiLi	Richtlinie
RIW	Recht der Internationalen Wirtschaft (Jahr, Seite); bis 1975 Außenwirtschaftsdienst des Betriebs-Beraters (AWD)
RJA	Entscheidungen in Angelegenheiten der freiwilligen Gerichtsbarkeit und des Grundbuchrechts (Band, Seite)
RKEG	Gesetz über die religiöse Kindererziehung v. 15. 7. 1921
RKnG	Reichsknappschaftsgesetz idF d. Bek. v. 1. 7. 1926
Rn	Randnummer
Rolland	Walter Rolland, Familenrecht, Kommentar, Loseblatt ab 1993
RoSchwab/Gottwald	Leo Rosenberg/Karl Heinz Schwab/Peter Gottwald, Zivilprozeßrecht, 15. Aufl. 1993
RpflAnpG	Gesetz zur Anpassung der Rechtspflege im Beitrittsgebiet (Rechtspflege-Anpassungsgesetz) v. 26. 6. 1992
Rpfleger	Der Deutsche Rechtspfleger (Jahr, Seite)
RPflG	Rechtspflegergesetz v. 5. 11. 1969
RRa	ReiseRecht aktuell (Jahr, Seite)
RRG 1992	Gesetz zur Reform der gesetzlichen Rentenversicherung (Rentenreformgesetz 1992) v. 18. 12. 1989
r+s	Recht und Schaden (Jahr, Seite)
RSiedlG	Reichssiedlungsgesetz v. 11. 8. 1919
Rspr	Rechtsprechung
RsprN	Rechtsprechungsnachweise
RÜG	Gesetz zur Herstellung der Rechtseinheit in der gesetzlichen Renten- und Unfallversicherung (Renten-Überleitungsgesetz) v. 25. 7. 1991
Ruland/Tiemann	Franz Ruland/Burkhard Tiemann, Versorgungsausgleich und steuerliche Folgen der Ehescheidung, 1977, mit Beiheft 1980 (Rechengrößen und Tabellen zur Durchführung des Versorgungsausgleichs)
RuStAG	s. StAG
RV	Verfassung des Deutschen Reichs v. 16. 4. 1871
RVO	Reichsversicherungsordnung idF d. Bek. v. 15. 12. 1924
S	Satz; bei Literaturangaben: Seite
s	siehe
sa	siehe auch
SaatgutverkehrsG	Saatgutverkehrsgesetz v. 20. 8. 1985
SachenRÄndG	Gesetz zur Änderung sachenrechtlicher Bestimmungen (Sachenrechtsänderungsgesetz) v. 21. 9. 1994
SAE	Sammlung Arbeitsrechtlicher Entscheidungen (Jahr, Seite)

Abkürzungsverzeichnis

Schapp	Jan Schapp, Sachenrecht, 2. Aufl. 1995
Schaub	Günter Schaub, Arbeitsrechts-Handbuch, 9. Aufl. 2000
ScheckG	Scheckgesetz v. 14. 8. 1933
SchiffsRG	Gesetz über Rechte an eingetragenen Schiffen und Schiffsbauwerken v. 15. 11. 1940
Schlechtriem	Peter Schlechtriem, Vertragsordnung und außervertragliche Haftung, 1972
Schlechtriem I, II	Peter Schlechtriem, Schuldrecht, Allgemeiner Teil, 4. Aufl. 2000 (I); Besonderer Teil, 5. Aufl. 1998 (II)
Schlegelberger/(Bearbeiter)	Franz Schlegelberger, Handelsgesetzbuch, 5. Aufl. 1973/92
SchlHA	Schleswig-Holsteinische Anzeigen (Jahr, Seite)
Schlosser	Peter Schlosser/Dagmar Coester-Waltjen/Hans-Ulrich Graba, Kommentar zum Gesetz zur Regelung des Rechts der Allgemeinen Geschäftsbedingungen, 1977
Schlüter	Wilfried Schlüter, Erbrecht, 14. Aufl. 2000
Schmalzl	Max Schmalzl, Die Haftung des Architekten und des Bauunternehmers, 4. Aufl. 1980
SchRModG	Gesetz zur Modernisierung des Schuldrechts v. 26. 11. 2001
Schwab, FamR	Dieter Schwab, Familienrecht, 11. Aufl. 2001
Schwab/Prütting	Karl Heinz Schwab/Hanns Prütting, Sachenrecht, 30. Aufl. 2002
SchwZGB	Schweizerisches Zivilgesetzbuch v. 10. 12. 1907
SeemannsG	Seemannsgesetz v. 26. 7. 1957
Seibert, VerbrKrG	Ulrich Seibert, Handbuch zum Verbraucherkreditgesetz, 1991
Serick I, II, III, IV, V, VI	Rolf Serick, Eigentumsvorbehalt und Sicherungsübertragung (Bd. I, 1963; Bd. II, 1965; Bd. III, 1970; Bd. IV, 1976; Bd. V, 1982; Bd. VI, 1986)
Serick, EuS	Rolf Serick, Eigentumsvorbehalt und Sicherungsübertragung. Neue Rechtsentwicklungen, 2. Aufl. 1993
SeuffA	Seufferts Archiv für Entscheidungen der obersten Gerichte in den deutschen Staaten (Band, Nummer)
SG	Sicherungsgeber; sa SoldatenG
SGb	Die Sozialgerichtsbarkeit (Jahr, Seite)
SGB I	Sozialgesetzbuch – Allgemeiner Teil – (Erstes Buch) v. 11. 12. 1975
SGB III	Sozialgesetzbuch – Arbeitsförderung – (Drittes Buch) v. 24. 3. 1997
SGB IV	Sozialgesetzbuch – Gemeinsame Vorschriften für die Sozialversicherung – (Viertes Buch) v. 23. 12. 1976
SGB V	Sozialgesetzbuch – Gesetzliche Krankenversicherung – (Fünftes Buch) v. 20. 12. 1988
SGB VI	Sozialgesetzbuch – Gesetzliche Rentenversicherung – (Sechstes Buch) v. 18. 12. 1989
SGB VIII	Sozialgesetzbuch – Kinder- und Jugendhilfe – (Achtes Buch) idF d. Bek. v. 8. 12. 1998
SGB IX	Sozialgesetzbauch – Rehabilitation und Teilhabe behinderter Menschen – (Neuntes Buch) v. 19. 6. 2001
SGB X	Sozialgesetzbuch – Sozialverwaltungsverfahren und Sozialdatenschutz – (Zehntes Buch) idF d. Bek. v. 18. 1. 2001
SGB XI	Sozialgesetzbuch – Soziale Pflegeversicherung – (Elftes Buch) v. 26. 5. 1994
SGG	Sozialgerichtsgesetz idF d. Bek. v. 23. 9. 1975
SigG	Gesetz über Rahmenbedingungen für elektronische Signaturen (Signaturgesetz) v. 16. 5. 2001
SN	Sicherungsnehmer
Soe(Bearbeiter)	Hans-Theodor Soergel/Wolfgang Siebert, Bürgerliches Gesetzbuch, 13. Aufl. ab 1999
sog	sogenannt
SoldatenG	Gesetz über die Rechtsstellung der Soldaten (Soldatengesetz) idF d. Bek. v. 14. 2. 2001
Söllner	Alfred Söllner, Grundriß des Arbeitsrechts, 12. Aufl. 1998
SorgeRG	Gesetz zur Neuregelung des Rechts der elterlichen Sorge v. 18. 7. 1979

Abkürzungsverzeichnis

SpTrUG	Gesetz über die Spaltung der von der Treuhandanstalt verwalteten Unternehmen v. 5. 4. 1991
SPV	Sonderungsplanverordnung v. 2. 12. 1994
St(Bearbeiter)	Julius von Staudingers Kommentar zum Bürgerlichen Gesetzbuch, 12. Aufl. 1978/99; ab der 13. Bearbeitung (Beginn 1993) gibt es keine einheitliche Auflagenzahl für das Gesamtwerk mehr
StaatsV	Vertrag über die Schaffung einer Währungs-, Wirtschafts- und Sozialunion zwischen der Bundesrepublik Deutschland und der Deutschen Demokratischen Republik v. 18. 5. 1990
StaatsV Leitsätze	Gemeinsames Protokoll über Leitsätze (in Ergänzung des StaatsV)
StAG	Staatsangehörigkeitsgesetz v. 22. 7. 1913
Stahlhacke	Eugen Stahlhacke/Ulrich Preis, Kündigung und Kündigungsschutz im Arbeitsverhältnis, 6. Aufl. 1995
Staub-Großkomm (Bearbeiter)	Großkommentar zum Handelsgesetzbuch, 4. Aufl. ab 1983
StAZ	Das Standesamt (Jahr, Seite)
StBerG	Steuerberatungsgesetz idF d. Bek. v. 4. 11. 1975
stdg	ständig(e)
StGB	Strafgesetzbuch idF d. Bek. v. 13. 11. 1998
StHG	Staatshaftungsgesetz (der DDR) v. 12. 5. 1969
StJ/(Bearbeiter)	Friedrich Stein/Martin Jonas, Kommentar zur Zivilprozeßordnung, 21. Aufl. 1993/98
StPO	Strafprozeßordnung idF d. Bek. v. 7. 4. 1987
str	streitig
stRspr	ständige Rechtsprechung
StS	Strafsenat
StudGen	Studium Generale (Jahr, Seite)
StudK/(Bearbeiter)	Studienkommentar zum BGB, Erstes bis Drittes Buch (§§ 1–1296), 2. Aufl. 1979
StuW	Steuer und Wirtschaft (Jahr, Seite)
StVG	Straßenverkehrsgesetz v. 19. 12. 1952
SÜ	Sicherungsübereignung
subj	subjektiv
SubvG	Gesetz gegen mißbräuchliche Inanspruchnahme von Subventionen – Subventionsgesetz – v. 29. 7. 1976
TDG	Gesetz über die Nutzung von Telediensten – Teledienstegesetz – v. 22. 7. 1997
teilw	teilweise
ThP	Heinz Thomas/Hans Putzo/Klaus Reichold/Rainer Hüßtege, Zivilprozeßordnung, 24. Aufl. 2002
TierSchG	Tierschutzgesetz idF d. Bek. v. 25. 5. 1998
TierSG	Tierseuchengesetz idF d. Bek. v. 11. 4. 2001
TKG	Telekommunikationsgesetz v. 25. 7. 1996
TKV	Telekommunikations-Kundenschutzverordnung v. 11. 12. 1997
Tonner	Klaus Tonner, Reisevertragsrecht, 3. Aufl. 1995
TPG	Gesetz über die Spende, Entnahme und Übertragung von Organen (Transplantationsgesctz) v. 5. 11. 1997
Troll	Max Troll/Dieter Gebel/Marc Jülicher, Erbschaftsteuer- und Schenkungsteuergesetz, Loseblatt, 2000
v. Tuhr I, II/1, II/2	Andreas v. Tuhr, Der Allgemeine Teil des Deutschen Bürgerlichen Rechts, Bd. I, 1910; Bd II/1, 1914; Bd. II/2, 1918
TVG	Tarifvertragsgesetz idF d. Bek. v. 25. 8. 1969
TzBfG	Gesetz über Teilzeitarbeit und befristete Arbeitsverträge – Teilzeit- und Befristungsgesetz – v. 21. 12. 2000
TzWrG	Teilzeit-Wohnrechtsgesetz idF d. Bek. v. 29. 6. 2000 (aufgehoben)
u	unten(r)
ua	je nach Zusammenhang: unter anderem(n); und andere
uä	und ähnlich(e/es)
UÄndG	Gesetz zur Änderung unterhaltsrechtlicher, verfahrensrechtlicher und anderer Vorschriften v. 20. 2. 1986
ÜG	Überweisungsgesetz v. 21. 7. 1999

Abkürzungsverzeichnis

uH	unerlaubte Handlung
UKlaG	Gesetz über Unterlassungsklagen bei Verbraucherrechts- und anderen Verstößen – Unterlassungsklagengesetz – idF d. Bek. v. 27. 8. 2002
Ulmer	Peter Ulmer/Hans Erich Brandner/Horst-Diether Hensen/Harry Schmidt, AGB-Gesetz, 9. Aufl. 2001
Ulmer/Habersack	Peter Ulmer/Mathias Habersack, Verbraucherkreditgesetz, 2. Aufl. 1995
umfangr	umfangreich
UmweltHG	Umwelthaftungsgesetz v. 10. 12. 1990
UmwG	Umwandlungsgesetz v. 28. 10. 1994
uneinheitl	uneinheitlich
unstr	unstreitig
UntÄndG	Gesetz zur vereinfachten Abänderung von Unterhaltsrenten v. 29. 7. 1976
UnterhaltsvorschußG	Gesetz zur Sicherung des Unterhalts von Kindern alleinstehender Mütter und Väter durch Unterhaltsvorschüsse oder -ausfalleistungen (Unterhaltsvorschußgesetz) idF d. Bek. v. 19. 1. 1994
unzutr	unzutreffend
uö	und öfter
UrhG	Gesetz über Urheberrecht und verwandte Schutzrechte (Urheberrechtsgesetz) v. 9. 9. 1965
ÜRiLi	Richtlinie 97/5/EG des Europäischen Parlaments und des Rates über grenzüberschreitende Überweisungen v. 27. 1. 1997
UStG	Umsatzsteuergesetz idF d. Bek. v. 9. 6. 1997
usw	und so weiter
uU	unter Umständen
UWG	Gesetz gegen den unlauteren Wettbewerb v. 7. 6. 1909
v	von/vom
VAHRG	Gesetz zur Regelung von Härten im Versorgungsausgleich v. 21. 2. 1983
Var	Variante
VAÜG	Gesetz zur Überleitung des Versorgungsausgleichs auf das Beitrittsgebiet – Versorgungsausgleichs-Überleitungsgesetz – v. 25. 7. 1991
VAwMG	Gesetz über weitere Maßnahmen auf dem Gebiet des Versorgungsausgleichs v. 8. 12. 1986
VDE	Verband Deutscher Elektrotechniker
VerbrGüKaufRiLi	Richtlinie 1999/44/EG des Europäischen Parlaments und des Rates v. 25. 5. 1999 zu bestimmten Aspekten des Verbrauchsgüterkaufs und der Garantien für Verbrauchsgüter
VerbrKrG	Verbraucherkreditgesetz idF d. Bek. v. 29. 6. 2000 (aufgehoben)
VerbrKrRiLi	Richtlinie 87/102/EWG des Rates v. 22. 12. 1986 zur Angleichung der Rechts- und Verwaltungsvoschriften der Mitgliedstaaten über den Verbraucherkredit
VereinsG	Gesetz zur Regelung des öffentlichen Vereinsrechts (Vereinsgesetz) v. 5. 8. 1964
Verf	Verfasser
Verh DJT	Verhandlungen des Deutschen Juristentages
VerkaufsprospektG	Wertpapier-Verkaufsprospektgesetz idF d. Bek. v. 9. 9. 1998
VerkehrssicherstellungsG	Verkehrssicherstellungsgesetz idF d. Bek. v. 8. 10. 1968
VerlagsG	Gesetz über das Verlagsrecht v. 19. 6. 1901
5. VermBG	Fünftes Gesetz zur Förderung der Vermögensbildung der Arbeitnehmer (Fünftes Vermögensbildungsgesetz) idF d. Bek. v. 4. 3. 1994
VermG	Gesetz zur Regelung offener Vermögensfragen (Vermögensgesetz) idF d. Bek. v. 21. 12. 1998
2. VermRÄndG	Gesetz zur Änderung des Vermögensgesetzes und anderer Vorschriften (Zweites Vermögensrechtsänderungsgesetz) v. 14. 7. 1992
VerpackV	Verordnung über die Vermeidung von Verpackungsabfällen (Verpackungsverordnung) v. 21. 8. 1998
VerschG	Verschollenheitsgesetz v. 15. 1. 1951
VersR	Versicherungsrecht (Jahr, Seite)

Abkürzungsverzeichnis

VFGüterstandsG	Gesetz über den ehelichen Güterstand von Vertriebenen und Flüchtlingen v. 4. 8. 1969
VG	Verwaltungsgericht
VGH	Verwaltungsgerichtshof
vgl	vergleiche
VHG	Vertragshilfegesetz v. 26. 3. 1952 (aufgehoben)
ViehMVO	Verordnung betreffend die Hauptmängel und Gewährfristen beim Viehhandel v. 27. 3. 1899 (aufgehoben)
VIZ	Zeitschrift für Vermögens- und Investitionsrecht (Jahr, Seite)
VKauf	Vorbehaltskauf
VKäufer	Vorbehaltskäufer
VO	Verordnung
VOB	Verdingungsordnung für Bauleistungen
VOB/A	Verdingungsordnung für Bauleistungen Teil A: Allgemeine Bestimmungen für die Vergabe von Bauleistungen v. 30. 5. 2000
VOB/B	Verdingungsordnung für Bauleistungen Teil B: Allgemeine Vertragsbedingungen für die Ausführung von Bauleistungen v. 30. 5. 2000
VolljährigkeitsG	Gesetz zur Neuregelung des Volljährigkeitsalters v. 31. 7. 1974
Voraufl	Vorauflage
Vorb	Vorbemerkung
VormundschaftsG	Vormundschaftsgericht
VRS	Verkehrsrecht-Sammlung (Band, Seite)
VRV	Vereinsregisterverordnung v. 10. 2. 1999
VuR	Verbraucher und Recht (Jahr, Seite)
VVaG	Versicherungsverein auf Gegenseitigkeit
VVerkauf	Vorbehaltsverkauf
VVerkäufer	Vorbehaltsverkäufer
VVG	Gesetz über den Versicherungsvertrag v. 30. 5. 1908
1. VVLFGG	Erste Verwaltungsvorschrift zur Ausführung des (baden-württembergischen) Landesgesetzes über die freiwillige Gerichtsbarkeit (AVO des b.-w. Justizministeriums) v. 5. 5. 1975
VwGO	Verwaltungsgerichtsordnung idF d. Bek. v. 19. 3. 1991
VwRspr	Verwaltungsrechtsprechung in Deutschland. Sammlung oberstrichterlicher Entscheidungen aus dem Verfassungs- und Verwaltungsrecht (Band, Seite)
VwVfG	Verwaltungsverfahrensgesetz idF d. Bek. v. 21. 9. 1998
WA	Abkommen zur Vereinheitlichung von Regeln über die Beförderung im internationalen Luftverkehr (Warschau 1929) idF des Haager Protokolls v. 1955
Warn	Warneyer, Rechtsprechung des (Reichsgerichts oder) Bundesgerichtshofs in Zivilsachen (Jahr, Nummer)
WassersicherstellungsG	Wassersicherstellungsgesetz v. 24. 8. 1965
WEG	Gesetz über das Wohnungseigentum und das Dauerwohnrecht (Wohnungseigentumsgesetz) v. 15. 3. 1951
Weitnauer	Hermann Weitnauer/Maria Hauger/Wolfgang Lüke, Wohnungseigentumsgesetz, 8. Aufl. 1995
Westermann	Sachenrecht (begründet von Harry Westermann), 7. Aufl. 1998 (bearbeitet von Harm Peter Westermann/Karl-Heinz Gursky/Dieter Eickmann)
Westermann/(Bearbeiter)	Harm Peter Westermann (Hgb.), Das Schuldrecht 2002, 2002
v. Westphalen/Emmerich/v. Rottenburg	Friedrich Graf v. Westphalen/Volker Emmerich/Franz v. Rottenburg, Verbraucherkreditgesetz, 2. Aufl. 1996
WG	Wechselgesetz v. 21. 6. 1933
WHG	Gesetz zur Ordnung des Wasserhaushalts (Wasserhaushaltsgesetz) idF d. Bek. v. 19. 8. 2002
WiB	Wirtschaftsrechtliche Beratung (Jahr, Seite), vereinigt mit NZG (s. dort)
Wieling	Hans Josef Wieling, Sachenrecht, 4. Aufl. 2001
Wieling I	Hans Josef Wieling, Sachenrecht, Bd. I: Sachen, Besitz und Rechte an beweglichen Sachen, 1990

Abkürzungsverzeichnis

Wieser	Eberhard Wieser, Prozeßrechtskommentar zum BGB, 2. Aufl. 2002
WirtschaftsicherstellungsG	Wirtschaftsicherstellungsgesetz idF d. Bek. v. 3. 10. 1968
wiss	wissenschaftlich
WissArbVG	Gesetz über befristete Arbeitsverträge mit wissenschaftlichem Personal an Hochschulen und Forschungseinrichtungen v. 14. 6. 1985
WiStG	Gesetz zur weiteren Vereinfachung des Wirtschaftsstrafrechts (Wirtschaftsstrafgesetz 1954) idF d. Bek. v. 3. 6. 1975
2. WKSchG	Zweites Wohnraumkündigungsschutzgesetz v. 18. 12. 1974
WM	Zeitschrift für Wirtschafts- und Bankrecht, Wertpapier-Mitteilungen Teil IV (Jahr, Seite)
WoBauG	Erstes Wohnungsbaugesetz idF d. Bek. v. 25. 8. 1953
WoBindG	Gesetz zur Sicherung der Zweckbestimmung von Sozialwohnungen (Wohnungsbindungsgesetz) idF d. Bek. v. 13. 9. 1980
WoFG	Gesetz über die soziale Wohnraumförderung (Wohnraumförderungsgesetz) v. 13. 9. 2001
WoGG	Wohngeldgesetz idF d. Bek. v. 23. 1. 2002
Wolf, AT	Ernst Wolf, Allgemeiner Teil des bürgerlichen Rechts, 3. Aufl. 1982
Wolf, SchR I, II	Ernst Wolf, Schuldrecht, Bd. I (Allgemeiner Teil), 1978; Bd. II (Besonderer Teil), 1978
Wolf, SR	Ernst Wolf, Sachenrecht, 2. Aufl. 1979
Wolf/H/L	Manfred Wolf/Norbert Horn/Walter F. Lindacher, AGB-Gesetz, 4. Aufl. 1999
Wolff/Bachof I, II, III	Hans J. Wolff/Otto Bachof, Verwaltungsrecht, Bd. I, 11. Aufl. 1999 (Bearbeiter: Rolf Stober); Bd. II, 6. Aufl. 2000 (Bearbeiter: Rolf Stober); Bd. III, 4. Aufl. 1978
WolffR	Martin Wolff/Ludwig Raiser, Sachenrecht, 10. Bearb. 1957
WoVermG	Gesetz zur Regelung der Wohnungsvermittlung v. 4. 11. 1971
WpHG	Gesetz über den Wertpapierhandel – Wertpapierhandelsgesetz – idF d. Bek. v. 9. 9. 1998
WPO	Gesetz über eine Berufsordnung der Wirtschaftsprüfer (Wirtschaftsprüferordnung) idF d. Bek. v. 5. 11. 1975
WRP	Wettbewerb in Recht und Praxis (Jahr, Seite)
WRV	Die Verfassung des Deutschen Reichs vom 11. 8. 1919
WuB	Entscheidungssammlung zum Wirtschafts- und Bankrecht
WuM	Wohnungswirtschaft und Mietrecht (Jahr, Seite)
ZAP	Zeitschrift für die Anwaltspraxis (Jahr, Seite)
zB	zum Beispiel
ZBB	Zeitschrift für Bankrecht und Bankwirtschaft (Jahr, Seite)
ZBG	Gesetz zur Beschleunigung fälliger Zahlungen v. 30. 3. 2000
ZBlJugR	Zentralblatt für Jugendrecht und Jugendwohlfahrt (Jahr, Seite), s. ZfJ
ZBR	Zeitschrift für Beamtenrecht (Jahr, Seite)
ZEV	Zeitschrift für Erbrecht und Vermögensnachfolge (Jahr, Seite)
ZfA	Zeitschrift für Arbeitsrecht (Jahr, Seite)
ZfBR	Zeitschrift für deutsches und internationales Baurecht (Jahr, Seite)
ZfJ	Zentralblatt für Jugendrecht (Jahr, Seite), s. auch ZBlJugR
ZfRVgl	Zeitschrift für Rechtsvergleichung (Jahr, Seite)
ZGB	Zivilgesetzbuch der DDR v. 19. 6. 1975
ZGB/Komm.	Ministerium der Justiz der DDR (Herausgeber), Kommentar zum Zivilgesetzbuch der DDR v. 19. 6. 1975 und zum Einführungsgesetz zum Zivilgesetzbuch der DDR v. 19. 6. 1975, 2. Aufl. 1985
zgDr	zugunsten Dritter
ZGR	Zeitschrift für Unternehmens- und Gesellschaftsrecht (Jahr, Seite)
ZGS	Zeitschrift für das gesamte Schuldrecht (Jahr, Seite)
ZHR	Zeitschrift für das gesamte Handelsrecht und Wirtschaftsrecht (Band, Seite)
Ziff	Ziffer
Zimmermann	Wilhelm Zimmermann, Forensische Blutgruppenkunde, 1975
ZIP	Zeitschrift für Wirtschaftsrecht (Jahr, Seite)
ZIR	Zeitschrift für Immobilienrecht (Jahr, Seite)
ZMR	Zeitschrift für Miet- und Raumrecht (Jahr, Seite)

Abkürzungsverzeichnis

ZNotP	Zeitschrift für die NotarPraxis (Jahr, Seite)
Zöllner/Loritz	Wolfgang Zöllner/Karl-Georg Loritz, Arbeitsrecht, 5. Aufl. 1998
ZPO	Zivilprozessordnung v. 12. 9. 1950
ZRP	Zeitschrift für Rechtspolitik (Jahr, Seite)
ZS	Zivilsenat
ZSEG	Gesetz über die Entschädigung von Zeugen und Sachverständigen idF d. Bek. v. 1. 10. 1969
ZSHG	Gesetz zur Harmonisierung des Schutzes gefährdeter Zeugen – Zeugenschutz-Harmonisierungsgesetz – v. 11. 12. 2001
ZStW	Zeitschrift für die gesamte Strafrechtswissenschaft (Band, Seite)
zT	zum Teil
zust	zustimmend
ZustErgG	Gesetz zur Ergänzung von Zuständigkeiten auf den Gebieten des Bürgerlichen Rechts, des Handelsrechts und des Strafrechts (Zuständigkeitsergänzungsgesetz) v. 7. 8. 1952
zutr	zutreffend
ZVG	Gesetz über die Zwangsversteigerung und die Zwangsverwaltung idF d. Bek. v. 20. 5. 1898
zZ	zur Zeit
ZZP	Zeitschrift für Zivilprozeß (Band, Seite)

Bürgerliches Gesetzbuch (BGB)

In der Fassung der Bekanntmachung vom 2. Januar 2002
(BGBl. I S. 42, ber. S. 2909)
BGBl. III/FNA 400–2
Zuletzt geändert durch OLG-Vertretungsänderungsgesetz vom 23. 7. 2002
(BGBl. I S. 2850)

Buch 1. Allgemeiner Teil

Abschnitt 1. Personen

Titel 1. Natürliche Personen, Verbraucher, Unternehmer

§ 1 Beginn der Rechtsfähigkeit

Die Rechtsfähigkeit des Menschen beginnt mit der Vollendung der Geburt.

Lit: Hattenhauer, „Person" – Zur Geschichte eines Begriffs, JuS 82, 405.

1. Allgemeines. § 1 meint die *allg Rechtsfähigkeit jedes Menschen,* dh überhaupt Träger von Rechten und Pflichten sein zu können. Das BGB setzt sie voraus. Daneben steht die *bes Rechtsfähigkeit,* dh Träger bestimmter Rechte und Pflichten sein zu können; sie ist an bes Voraussetzungen geknüpft (zB Lebensalter, vgl § 1743). 1

2. a) Erwerb. aa) Beim Menschen mit Vollendung der Geburt, § 1 (zum Begriff PStG 70 Nr 8 mit AVO 29 idF der Bek v 25. 2. 1977). Lebensunfähigkeit, Mißbildungen sind unerheblich. **bb) Für jur Personen** s Rn 6–9 vor § 21. Zur *„rechtsfähigen Personengesellschaft"* s Rn 1, 4 vor § 21. **b) Ende. aa) Beim Menschen** mit dem Herz-Kreislauf-Tod (beim Einsatz von Herz-Lungen-Maschinen: mit dem – früheren – Hirntod (zur Problematik MK/Leipold § 1922, 12 a; Schmidt-Jortzig, Wann ist der Mensch tot?, 1998, passim; Frankfurt/M NJW 97, 3100 stellt durchweg auf den Gesamthirntod ab, ebenso [mit unzutr Wiedergabe des Meinungsstandes] BayObLG NJW-RR 99, 1311). Die Möglichkeit von Organ-, insbes Herztransplantationen stellt hier neue Probleme (Schettler ua StudGen 70, 304: „Der Spender soll so tot wie nötig, das Spenderherz aber noch so lebendig wie möglich sein"; die um 1968 aufgekommene neue Todesdefinition [„Hirntod"] dient ersichtlich diesem Zweck). Das TPG stellt auf den Tod ab, der nach dem aktuellen Stand der medizinischen Wissenschaft (s § 16 I 1 Nr 1) festgestellt ist (§ 3 I Nr 2); das ist idR der Hirntod (§ 3 II Nr 2, § 5 I 1), uU der Herz-Kreislauf-Tod (§ 5 I 2), dazu Deutsch NJW 98, 778. Sa Rn 9 vor § 90. Zur Rechtsnatur der *Leiche* Rn 9 vor § 90. **bb) Für Verein** vgl Anm zu §§ 41–44. **c) Vor der Geburt** erlangt der bereits erzeugte Mensch (nasciturus) gewisse Rechtspositionen im Hinblick auf und für den Fall seiner Geburt, zB §§ 844 II 2, 1923 II, ferner 1594 IV, 1595 III, 1615 o I 2, 1912. Gleiches gilt für den noch nicht Erzeugten, zB Zuwendung durch Vertrag zgDr (arg § 331 II, BGH 129, 305) oder eines Vermächtnisses (§ 2178). Sa BGH 58, 49 ff; 93, 351 ff: Deliktshaftung wegen Verletzung vor der Geburt; zur Vertragshaftung BGH 86, 253. 2 3 4

Jauernig

§§ 2-11

5 3. Bei **Verschollenem** (Begriff VerschG 1) ist ungewiß, ob er noch lebt oder schon gestorben ist. Um diese Ungewißheit für den Rechtsverkehr zu beseitigen, kann er im Aufgebotsverfahren für tot erklärt werden, VerschG 13 ff. Ist nicht der Tod, sondern nur dessen Zeitpunkt ungewiß, so kann dieser festgestellt werden, VerschG 39 ff. Das VerschG hat die §§ 13–20 aufgehoben; §§ 13, 14 nF sind durch FernAbsG 2 I Nr 1 mit neuem Inhalt eingefügt worden.

§ 2 Eintritt der Volljährigkeit

Die Volljährigkeit tritt mit der Vollendung des achtzehnten Lebensjahres ein.

Lit: Bosch, FS Schiedermair, 1976, S 51.

1 1. a) **Eintritt** der Volljährigkeit am Geburtstag 0 Uhr, § 187 II 2. b) **Wichtigste Wirkungen:** Unbeschränkte Geschäftsfähigkeit (§§ 104 ff), Ehemündigkeit (§ 1303 I), Prozeßfähigkeit (ZPO 52), Ende der elterlichen Sorge (§ 1626 I 1), unbeschränkte Testierfähigkeit (§ 2247 IV mit § 2229 I), passives Wahlrecht (GG 38 II).

2 2. Bis 31. 12. 1974 trat Volljährigkeit erst mit Vollendung des 21. Lebensjahrs ein. Dem Volljährigen stand gleich, wer für volljährig erklärt war (§ 3 II aF).

§§ 3 bis 6 *(weggefallen)*

§ 7 Wohnsitz; Begründung und Aufhebung

(1) **Wer sich an einem Orte ständig niederlässt, begründet an diesem Orte seinen Wohnsitz.**

(2) **Der Wohnsitz kann gleichzeitig an mehreren Orten bestehen.**

(3) **Der Wohnsitz wird aufgehoben, wenn die Niederlassung mit dem Willen aufgehoben wird, sie aufzugeben.**

§ 8 Wohnsitz nicht voll Geschäftsfähiger

(1) **Wer geschäftsunfähig oder in der Geschäftsfähigkeit beschränkt ist, kann ohne den Willen seines gesetzlichen Vertreters einen Wohnsitz weder begründen noch aufheben.**

(2) **Ein Minderjähriger, der verheiratet ist oder war, kann selbständig einen Wohnsitz begründen und aufheben.**

§ 9 Wohnsitz eines Soldaten

(1) ¹**Ein Soldat hat seinen Wohnsitz am Standort.** ²**Als Wohnsitz eines Soldaten, der im Inland keinen Standort hat, gilt der letzte inländische Standort.**

(2) **Diese Vorschriften finden keine Anwendung auf Soldaten, die nur auf Grund der Wehrpflicht Wehrdienst leisten oder die nicht selbständig einen Wohnsitz begründen können.**

§ 10 *(weggefallen)*

§ 11 Wohnsitz des Kindes

¹**Ein minderjähriges Kind teilt den Wohnsitz der Eltern; es teilt nicht den Wohnsitz eines Elternteils, dem das Recht fehlt, für die Person des Kindes zu sorgen.** ²**Steht keinem Elternteil das Recht zu, für die Person des Kindes zu sorgen, so teilt das Kind den Wohnsitz desjenigen, dem**

Titel 1. Natürliche Personen, Verbraucher, Unternehmer **§ 12**

dieses Recht zusteht. ³Das Kind behält den Wohnsitz, bis es ihn rechtsgültig aufhebt.

Anmerkungen zu den §§ 7–11

1. Begriffe. a) Wohnsitz ist der räumliche Schwerpunkt (nicht notwendig: 1 Mittelpunkt, arg § 7 II) der gesamten Lebensverhältnisse einer Person (LM Nr 3 zu § 7). Daher ist er regelmäßiger Anknüpfungspunkt für die Rechtsbeziehungen einer Person und für die Rechtsdurchsetzung, vgl §§ 269 f, ZPO 13. Jur Personen haben einen Sitz, keinen Wohnsitz, § 24. Wohnsitz („Ort", § 7 I) ist nicht die Wohnung, sondern die kleinste politische Verwaltungseinheit (idR Gemeinde), in der die Wohnung liegt. **b) Der gewillkürte Wohnsitz** wird **begründet** durch die 2 tatsächliche Niederlassung (Realakt), verbunden mit dem rechtsgeschäftsähnlichen Willen (arg § 8 I), den Ort zum Schwerpunkt der Lebensverhältnisse zu machen. Die **Aufhebung** erfordert ebenfalls einen Real- und einen Willensakt, § 7 III (BGH NJW-RR 88, 387). Eine Person muß keinen und kann mehr als einen Wohnsitz haben, vgl § 7 III. GG 11 garantiert das Recht der gewillkürten Wohnsitznahme. **c) Ges Wohnsitz** haben voll geschäftsfähige (§ 8) Berufs- und Zeitsol- 3 daten, § 9, und minderjährige Kinder, § 11 (Ausnahme § 8 II); daneben (bei §§ 8 I–11) oder anstelle (bei § 11) des ges kann gewillkürter Wohnsitz begründet werden (RG 126, 9 ff zu § 9; Köln FamRZ 96, 860). Das Kind unverheirateter Eltern teilt den Wohnsitz der Mutter, außer bei gemeinsamer Sorge oder nachträglicher Heirat der Eltern, § 1626 a iVm § 11 S 1. Leben die personensorgeberechtigten Eltern eines Kindes getrennt, so hat dieses Doppelwohnsitz (abw Wohnsitzbestimmung durch die Eltern möglich, BGH NJW-RR 94, 322 zum fr Recht).

2. Vom Wohnsitz (als Rechtsbegriff) ist der Ort des vorübergehenden oder 4 dauernden **Aufenthalts** zu unterscheiden. Hier fehlt es rechtlich oder tatsächlich am (wirksamen) Willen, sich iSv Rn 2 „ständig niederzulassen".

§ 12 Namensrecht

¹Wird das Recht zum Gebrauch eines Namens dem Berechtigten von einem anderen bestritten oder wird das Interesse des Berechtigten dadurch verletzt, dass ein anderer unbefugt den gleichen Namen gebraucht, so kann der Berechtigte von dem anderen Beseitigung der Beeinträchtigung verlangen. ²Sind weitere Beeinträchtigungen zu besorgen, so kann er auf Unterlassung klagen.

Lit: Klippel, Der zivilrechtliche Schutz des Namens, 1985; Raschauer, Namensrecht, 1978 (systematische Darstellung des österreichischen und deutschen Rechts).

1. Allgemeines. Der Name dient als äußeres Kennzeichen einer Person zu ihrer 1 Unterscheidung von anderen (BVerwG NJW 87, 2454). Er ist für eine Person „Kennwort, das gesprochen, gehört und geschrieben werden kann" (Hefermehl, FS A. Hueck, 1959, S 520). Das Namensrecht ist ein absolutes subj Recht. Als bes Persönlichkeitsrecht des Menschen konkretisiert es dessen allg Persönlichkeitsrecht (BVerfG 78, 49; BGH NJW-RR 91, 442); str, nicht jedes bzgl des erweiterten Schutzbereichs (Rn 3), vgl Krüger-Nieland, FS R. Fischer, 1979, S 345 ff mN.

2. Anwendungsbereich (Krüger-Nieland [Rn 1] S 339 ff) **a) § 12 betrifft** 2 nach seiner Stellung im Ges nur den *bürgerlichen Namen* eines Menschen, sowohl den Geburts-, Ehe- und Familiennamen (zum Erwerb vgl insbes §§ 1355, 1616–1618, 1757, 1767 II; LPartG 3); die Legende eines Verdeckten Ermittlers (StPO 110 a II); Tarnidentität (ZSHG 5 III, IV 1, auch 9), ferner den Vornamen (sofern ihn – selten – der Verkehr als Unterscheidungsmerkmal einer Person auffaßt, s BGH NJW 83, 1185). **b) Der Schutzbereich ist erweitert** worden 3 insbes auf **aa) Decknamen** (Pseudonym) eines Menschen, zB Künstlernamen (vgl BGH 30, 9); die Legende (Rn 2) ist kein Deckname (arg StPO 110 a II 2);

Jauernig

§ 13 Buch 1. Abschnitt 1. Personen

bb) **Namen jur Personen** (BGH 124, 178), auch des öffentl Rechts im Privatrechtsverkehr (BVerwG 44, 353 f; Rn 5) samt Wappen und Siegel (BGH 119, 245), **nichtrechtsfähiger Vereine** (RG 78, 102 ff), politischer Parteien (erweitert in ParteienG 4, s BGH 79, 269 f), BVerfG DtZ 91, 27, OHG, KG; **cc) Firma** (HGB 17; BGH 14, 159; Köhler, FS Fikentscher, 1997, S 494 ff); **dd) Etablissementsbezeichnungen** (Geschäftsbezeichnungen) mit Namenscharakter (zB „Name" eines Restaurants: BGH NJW 70, 1365), unterscheidungskräftige Wahrzeichen (BGH 126, 291 f: Rotes Kreuz); **ee) schlagwortartige Bezeichnungen**, insbes Firmenabkürzungen, **mit Verkehrsgeltung**, dh die im Verkehr als Name des Firmeninhabers, des Geschäfts oder des Vereins angesehen werden (BGH 15, 109 f; LM Nr 42; sa BGH 124, 178). Dazu zählt auch der **Domain Name**, dh die Adresse im Internet, sobald er in Gebrauch genommen ist (Hamburg NJW-RR 99, 625). Zum Domain-Grabbing § 138 Rn 18.

4   **3. Verletzung** des Namensrechts **a) durch Namensbestreitung.** Wer das Recht eines anderen zum Namensgebrauch ausdr oder konkludent (zB durch Benennen mit anderem Namen) in Frage stellt, verletzt dieses Recht (gefährdet es nicht nur). Ein bes Interesse des Namensträgers muß nicht verletzt sein (anders im
5   Fall Rn 5); **b) durch Namensanmaßung**, dh unbefugten Gebrauch des gleichen Namens für sich oder einen Dritten (Identitätsverwirrung) oder wenn dadurch der Berechtigte mit Einrichtungen, Gütern, Erzeugnissen, mit denen er nichts zu tun hat, in Verbindung gebracht wird (Zuordnungsverwirrung), BGH 126, 215. Unbefugt (dh rechtswidrig) ist der Gebrauch bei Verstoß gegen eine Rechtsnorm (zB UWG 3), iü bei Verletzung eines schutzwürdigen Interesses des Betroffenen (stets bei Verwechselungsgefahr gegeben), Affektionsinteresse genügt (BGH 124, 181). Jur Personen genießen Namensschutz nur im Rahmen ihres Funktionsbereichs (BGH NJW-RR 91, 935; sa NJW 02, 2033). Bei Gebrauch eines Sammelnamens (Müller, Lehmann; zum Begriff BVerwG NJW 73, 1057 f) wird schutzwürdiges Interesse mangels konkreter Verwechselungsgefahr nur selten verletzt sein.

6   **4. Verletzungsfolgen. a) Anspruch auf Beseitigung.** Er richtet sich inhaltlich nach Art und Ausmaß der Beeinträchtigung. Bei Namensbestreitung kommt vor allem Widerruf, uU öffentl, in Betracht. **b) Anspruch auf Unterlassung.** Das Ges verlangt Wiederholungsgefahr, doch genügt Gefahr erstmaliger Beeinträchtigung, sog Erstbegehungsgefahr; § 1004 Rn 10, 11 gilt entspr. **c) Anspruchsinhaber** ist der Verletzte; dazu BGH 124, 183; München NJW-RR 01, 42. **d) Klageform** bei a und b: idR Leistungsklage. **e) Schadensersatzanspruch** (§§ 823 [Namensrecht als sonstiges Recht], 826) setzt, iGgs zu § 12, *Verschulden* des Verletzers voraus.

7   **5. Konkurrierende Rechtsbehelfe** können sich aus HGB 37 II, MarkenG 14, 15 (zum Vorrang vor § 12 s BGH NJW 02, 2032 f) ergeben.

§ 13 Verbraucher

Verbraucher ist jede natürliche Person, die ein Rechtsgeschäft zu einem Zweck abschließt, der weder ihrer gewerblichen noch ihrer selbständigen beruflichen Tätigkeit zugerechnet werden kann.

1   **1. Allgemeines.** Die Legaldefinition des Verbrauchers gilt für das BGB, das HGB (HGB 414 IV ist mit Einführung von § 13 aufgehoben), ZPO 1031 V; modifiziert in EGBGB 29 (zum Verbrauchervertrag s § 310 Rn 4–8); nicht für UWG 6 a, b.

2   **2. Verbraucher. a) Nur natürliche Personen.** Nach BGH NJW 02, 368 f kann „Verbraucher" sein, wer keine jur Person ist, also auch eine GbR ohne Unterscheidung von Außen- und Innen-GbR (ebenso MK/Micklitz 16; MK/Ulmer, VerbrKrG 1, 20; Pal/Heinrichs 2; Wolf/H/L, RiLi 2, 5, je mN). Umgekehrt definiert EuGH NJW 02, 205: Verbraucher kann nur sein, wer eine natürliche Person ist (betr RiLi 93/13/EWG 2 lit b, c, gleichbedeutend mit der vom BGH aaO erörterten RiLi 87/102/EWG 1 II lit a, b). Die notwendige Vorlage an den EuGH (s EG 68, 234) hat der BGH aaO unterlassen. Die Definition des BGH

4   *Jauernig*

Titel 1. Natürliche Personen, Verbraucher, Unternehmer **§ 14**

erweitert den Kreis der Verbraucher, die Definition des EuGH engt ihn ein. Der Zusammenschluß mehrerer natürlicher Personen zu einer (Außen-)GbR ist jedenfalls dann keine „natürliche Person", dh ein Mensch, und damit ein Verbraucher, wenn man die GbR selbst mit der hM (Rn 1, 4 vor § 21) als „hinkend" rechtsfähig ansieht (iE ebenso Fehrenbacher/Herr BB 02, 1006 ff); daß sie keine „jur Person" ist, worauf BGH NJW 02, 368 ua abstellt, ist für den Verbraucherbegriff irrelevant.
b) Der von der natürlichen Person (Rn 2) verfolgte **Geschäftszweck** liegt in ihrer Privatsphäre oder im Bereich ihrer unselbständigen Berufstätigkeit. Der innere Wille allein entscheidet nicht; maßgebend ist der Inhalt des RGeschäfts (Auslegung). Bsp: Erwerb von Dienstkleidung durch AN, aber nicht Erwerb einer Robe durch freiberuflichen (nicht: durch angestellten) Anwalt; Grund: Kein Schutzbedürfnis für Freiberufler. Schutzbedürfnis besteht auch nicht bei **Doppelverwendung** im privaten und im freiberuflichen oder gewerblichen Bereich, zB des Pkw eines freiberuflichen Anwalts. Doppelverwendung macht einen nicht schutzbedürftigen Freiberufler nicht zum total schutzbedürftigen Privatmann (Verbraucher); zust Ullmann NJW 98, 966; Ulmer 26 (gegen fr). Daher abzulehnen: Mischfälle seien stets Verbrauchergeschäfte (so Erm/Werner AGBG 24 a, 19 mN); Überwiegen des privaten Vertragszwecks genüge (so Pal/Heinrichs 3; Pfeiffer NJW 99, 173; Wolf/H/L 24 a, 23); Vermutung analog HGB 344 für Geschäftszweck, gelinge Gegenbeweis, so könne Mischfall ein Verbrauchergeschäft sein (so Larenz, AT, § 42 Rn 44). Verbraucher kann auch ein Unternehmer als natürliche Person sein, wenn er ein privates Geschäft tätigt, zB Geburtstagsgeschenk für sein Kind erwirbt. **c) Existenzgründer** werden bei Inanspruchnahme von Finanzierungshilfen und Darlehensvermittlung nach Maßgabe der §§ 507, 655 e II wie Verbraucher behandelt. **d) Verbraucher ist** – entgegen § 13 – nicht nur, wer ein RGeschäft abschließt, sondern **auch, dem gegenüber** rechtsgeschäft(sähn)lich **gehandelt** wird, zB §§ 241 a, 661 a, oder informiert werden muß, zB § 502.

3

4
5

§ 14 Unternehmer

(1) **Unternehmer ist eine natürliche oder juristische Person oder eine rechtsfähige Personengesellschaft, die bei Abschluss eines Rechtsgeschäfts in Ausübung ihrer gewerblichen oder selbständigen beruflichen Tätigkeit handelt.**

(2) **Eine rechtsfähige Personengesellschaft ist eine Personengesellschaft, die mit der Fähigkeit ausgestattet ist, Rechte zu erwerben und Verbindlichkeiten einzugehen.**

1. Allgemeines. Vgl zunächst § 13 Rn 1. Die Legaldefinition des Unternehmers gilt für das BGB und das HGB.

1

2. Unternehmer. Natürliche oder jur Person, die in Ausübung ihrer gewerblichen oder selbständigen beruflichen Tätigkeit handelt („iZw" Zurechnung entspr HGB 344). Gleichgestellt sind rechtsfähige Personengesellschaften; das sind Gesellschaften, die Rechte erwerben und Verbindlichkeiten eingehen können **(II),** eine mißglückte Begriffsbildung; denn sie dreht die Definition der Rechtsfähigkeit (Träger von Rechten und Pflichten sein zu können, § 1 Rn 1) um (der Träger von Rechten und Pflichten ist rechtsfähig) und landet so bei einer puren Tautologie (Derleder BB 01, 2487). Sinn hat die Begriffsbildung nur, wenn man zwischen der Rechtsfähigkeit einer jur Person und derjenigen der in II genannten „rechtsfähigen" Personengesellschaften unterscheidet (vgl Rn 1 vor § 21). Zu den **Gesellschaften iSv II** gehören OHG, KG, PartG, EWIV, ferner nach verbreiteter Meinung auch die GbR (Ulmer § 24, 12: Organisationsform spiele § 14 keine Rolle; ähnlich MK/Micklitz 9 mwN; sa Rn 1, 4 vor § 21). Als Unternehmer kommen nicht nur Kaufleute in Betracht, sondern zB auch Freiberufler (Ärzte, Anwälte usw), Handwerker, Landwirte als Gewerbetreibende. „Abschluß" eines RGeschäfts ist wie bei § 13 (dort Rn 5) zu eng.

2

Jauernig

§§ 15 bis 20 *(weggefallen)*

Titel 2. Juristische Personen

Vorbemerkungen

1 **1. Begriff. a)** Die jur Person ist die **rechtstechnische Zusammenfassung** von Personen oder Gegenständen zu einer rechtlich geordneten, rechtsfähigen Organisation. Die Zuerkennung der Rechtsfähigkeit bedeutet *rechtliche Verselbständigung der Organisation,* insbes gegenüber ihren Mitgliedern. Daher haftet für Schulden der jur Person idR nur diese, kein Durchgriff auf die Mitglieder (s BGH 102, 103; 125, 368; zu den Ausnahmen Haberlandt BB 80, 847 mN). Diese Definition und Bedeutung der Rechtsfähigkeit ist in der neueren Gesetzgebung auf die jur Person beschränkt worden. So kreierte § 1059 II aF = § 14 II die „rechtsfähige Personengesellschaft", deren „Rechtsfähigkeit" auf einer Umkehrung des bisherigen Begriffs der Rechtsfähigkeit beruht: **Rechtsfähigkeit** ist **nicht** die **Voraussetzung, sondern** die **Folge** davon, daß die Gesellschaft Träger von Rechten und Pflichten sein kann. Folglich bedeutet Rechtsfähigkeit der „rechtsfähigen Personengesellschaft" auch nicht mehr die rechtliche Verselbständigung der Organisation gegenüber ihren Mitgliedern mit der Folge, daß ein Haftungsdurchgriff auf die Mitglieder ausgeschlossen ist. Zu den **Gesellschaften iSv § 14 II** gehören: OHG („rechtsfähig" iSv § 14 II: HGB 124, verbunden mit akzessorischer Gesellschafterhaftung gem HGB 128, BGH NJW 02, 369; das dort zitierte Versäumnisurteil BGH 146, 341 ff ist durch übereinstimmende Erledigungserklärung, s ZPO 91 a, analog ZPO 269 III 1 HS 2 beseitigt worden, s BGH NJW 02, 1207 f [Kostenbeschluß nach ZPO 91 a]; gleichwohl wird es als „Grundsatzentscheidung" präsentiert: BGH NJW 02, 1642 [zurückhaltender BB 02, 1780]; zur versäumten Vorlage an den EuGH durch BGH NJW 02, 368 ff s § 13 Rn 2), ferner KG, PartG und EWIV (die Regelung für diese 3 Gesellschaftsformen stimmt weitgehend mit der für die OHG überein: HGB 161 II, PartGG 7 II, 8 I, EWIVV 1 II, 24 I [abw II von HGB 128]). Alle genannten Gesellschaften sind registriert. Nach jetzt wohl hM gehört, unabhängig von § 14 II und obwohl nicht registrierungsfähig (was Folgen hat: BGH NJW 02, 1195), auch die **Außen-GbR** zu den rechtsfähigen Personengesellschaften (ihr kommt „beschränkte", besser „hinkende", Rechtsfähigkeit zu, so BGH 146, 341 ff [dieses Versäumnisurteil ist beseitigt, s o]). In die neue Terminologie unterschiedlicher Rechtsfähigkeiten fügt sich **InsO 11** ein: Nach Abs 1 sind natürliche und jur Personen gleichgeordnet insolvenzfähig, nach Abs 2 „Gesellschaften ohne Rechtspersönlichkeit", nämlich OHG, KG, PartG, GbR, Partenreederei, EWIV; die genannten Gesellschaftsformen sind nicht rechtsfähig wie jur Personen und daher getrennt von diesen in InsO 11 II aufgeführt. Zur Verschiedenheit der Rechsfähigkeiten einer jur Person und einer Außen-GbR BGH NJW 02, 69 und 368 mit Hinweis auf das inzwischen beseitigte (s o) Versäumnisurteil in BGH 146, 341 f. Die Betonung der unterschiedlichen Rechtsfähigkeiten ändert nichts daran, daß die behauptete „hinkende" Rechts- und damit folgeweise (BGH 146, 348) die volle Parteifähigkeit mit den geltenden Ges unvereinbar ist (Rn 4), ebenso § 705

2 Rn 1. **b) Das „Wesen"** der jur Person wollen *zahlreiche Theorien* erklären, insbes die Fiktionstheorie (Savigny; dazu vgl aber Flume I 2 § 1) und die Theorie der realen Verbandspersönlichkeit (O. v. Gierke). Die Theorien sind für die praktische Rechtsanwendung nutzlos, ihr Erklärungswert ist gering (§ 26 Rn 1).

3 **2. Arten. a) Im privaten und öffentl Recht** gibt es jur Personen. Zu letzteren Anm zu § 89. **b) Jur Personen des Privatrechts** sind rechtsfähiger *Verein und Stiftung* (§§ 21–23, 80). Vereine sind auch AG, KGaA, GmbH, Genossenschaft, VVaG; zur Bedeutung § 21 Rn 3.

4 **3. Abgrenzungen. a) Die BGB-Gesellschaft** (§§ 705 ff) ist nach dem Ges der wichtigste nichtrechtsfähige Zusammenschluß von Personen. Das gilt unstr für

Titel 2. Juristische Personen **Vor § 21**

die sog **Innengesellschaft**. Hingegen soll die sog **Außen-GbR** „beschränkt" („hinkend") rechtsfähig und folgeweise auch parteifähig sein (Rn 1). Träfe das zu, dann müßte über § 54 S 1 auch der nichtrechtsfähige Verein entgegen ZPO 50 aktiv parteifähig sein (Jauernig NJW 01, 2232), was BGH 109, 118 als verfassungswidrige Rechtsfortbildung bezeichnet hat. Gegen die neue Rspr des BGH (Rn 1) spricht – außer ZPO 50 –, daß § 714 und ZPO 736 unverändert geblieben sind; so hat insbes die jüngste durchgreifende Änderung der ZPO durch das ZPO-RG sowohl ZPO 50 als auch ZPO 736 nicht angetastet. Somit hat die Rspr, insbes des BGH, einen neuen Gesellschaftstyp geschaffen (das sieht auch Derleder BB 01, 2488, 2493, und zeigt sich bei Wertenbruch NJW 02, 324 ff). Das liegt jenseits zulässiger (GG 20 III) Rechtsfortbildung. – Die Zulassung einer **GbR„mbH"** würde zwar nach BGH 142, 322 „entgegen dem System des geltenden Rechts iE wie die Schaffung einer neuen Gesellschaftsform wirken", was aber nach BGH aaO offenbar nicht verfassungswidrig (GG 20 III) wäre, sondern nur deshalb ausscheiden soll, weil „hierfür ... für die GbR kein Bedürfnis" besteht. Das zeigt: Leitlinie der Rspr zur GbR sind „Bedürfnisse", nicht das Ges (s nur Demuth BB 02, 1557). Zur Problematik des Zusatzes „mbH" (und seinem unbedenklichen Ersatz) Ulmer ZIP 99, 515 f, 565 und Anm zu BGH 142, 315 in ZGR 00, 339, 349. **Handelsrechtliche Sonderformen** der GbR sind *OHG* und *KG* (HGB 105, 161), die aber der jur Person stark angenähert sind (RG 171, 52 f; Hueck, GesellschaftsR, § 12 II 2); *nicht handelsrechtliche Sonderform*, aber der OHG weitestgehend angeglichen, ist die *PartG* (PartGG). Der *nichtrechtsfähige Verein* unterliegt zwar nach § 54 S 1 dem Gesellschaftsrecht, ist aber weitgehend dem rechtsfähigen gleichgestellt (§ 54 Rn 12–15). **b) Gesamthandsgemeinschaften** sind die in 5 Rn 4 genannten nichtrechtsfähige Gebilde sowie Gütergemeinschaft, § 1416, und Erbengemeinschaft, § 2032. Inhaber des Gesamthandsvermögens sind alle Gesamthänder gemeinsam, nicht eine von ihnen verschiedene jur Person. Ie bestehen sehr unterschiedliche ges Regelungen. Die BGB-Gemeinschaft (§§ 741 ff) ist nicht Gesamthands-, sondern *Bruchteilsgemeinschaft* (§ 741 aE).

4. Die Entstehung jur Personen des Privatrechts kann vom Staat unterschied- 6 lich stark beeinflußt werden (rechtspolitische Entscheidung!). Man unterscheidet *drei Systeme,* die praktisch nicht rein, sondern vielfältig vermischt vorkommen. **a) Konzessionssystem.** Staatliche Genehmigung oder Verleihung nötig (so für 7 Stiftung, § 80); sa § 22 Rn 2 zur Vereinbarkeit mit GG 9 I. **b) System der** 8 **Normativbestimmungen.** Allg Erlaubnis bei Einhaltung von Mindestanforderungen, was von Staats wegen überprüft wird. Bei positivem Prüfungsergebnis schließt sich idR konstitutive Registereintragung an. So für AG (AktG 38, 41 I 1), KGaA (AktG 278 III), GmbH (GmbHG 9 c, 11 I), für Genossenschaften (GenG 11 a, 13), eingeschränkt für Idealvereine (§§ 21, 55 ff). **c) System der freien** 9 **Körperschaftsbildung.** Allg Erlaubnis wie bei Rn 8, aber ohne staatliche Überprüfung. Gilt für die Bundestagsfraktionen (arg AbgG 45, 46 I), in der Schweiz für den Idealverein (SchwZGB 60 I).

5. Grenzen der Rechtsfähigkeit. a) Der satzungsgemäße Zweck begrenzt 10 nicht (anders für jur Personen des öffentl Rechts; BGH 20, 126 läßt insoweit offen, sa BGH 119, 242 f; § 89 Rn 5), wohl aber der Regelungsgegenstand (zB Ehe, Verwandtschaft), Zweck des betr Rechtssatzes (jur Person kann zB nicht Schiedsrichter sein, arg ZPO 1036, aber Prozeßbevollmächtigte [Jauernig, ZPR, § 20 II 1; jetzt BRAO § 59 l: RechtsanwaltsgesellschaftmbH; PartG, PartGG 7 IV] oder ausdr ges Anordnung (zB InsO 56 I für Insolvenzverwalter). **b) Zur Grundrechtsfähigkeit:** GG 19 III.

6. Öffentl Vereinsrecht. a) Es erfaßt idR nicht nur Vereine iSd BGB, sondern 11 auch die BGB-Gesellschaft usw (vgl GG 9 I). **b) Die Vereinigungsfreiheit** steht allen Deutschen als Grundrecht zu, GG 9 I (zum Inhalt BVerfG NJW 91, 2626; BGH 142, 311 f), das immanent (BVerfG 30, 243) und durch GG 9 II (dazu VereinsG) begrenzt ist. Ihre bes Ausprägung ist die *Koalitionsfreiheit,* GG 9 III (dazu

Jauernig

§ 21

BGH NJW 73, 36). **c) Politische Parteien** unterstehen ohne Rücksicht auf ihre Rechtsform weithin einer Sonderregelung (GG 21; ParteienG), dennoch sind sie Vereine.

Untertitel 1. Vereine

Kapitel 1. Allgemeine Vorschriften

§ 21 Nicht wirtschaftlicher Verein

Ein Verein, dessen Zweck nicht auf einen wirtschaftlichen Geschäftsbetrieb gerichtet ist, erlangt Rechtsfähigkeit durch Eintragung in das Vereinsregister des zuständigen Amtsgerichts.

Lit: Reichert, Handbuch des Vereins- und Verbandsrechts, 8. Aufl 2001; Sauter/Schweyer/Waldner, Der eingetragene Verein, 17. Aufl 2001; K. Schmidt, Verbandszweck und Rechtsfähigkeit im Vereinsrecht, 1984 (dazu Reuter ZHR 151, 237); Stöber, Handbuch zum Vereinsrecht, 8. Aufl 2000.

1   **1. Allgemeines** zu §§ 21–54. **a) Begriff.** Der Verein ist ein auf Dauer angelegter Zusammenschluß von Personen (natürlichen, jur, auch OHG, KG, nichtrechtsfähiger Verein [§ 54 Rn 14], nach hM auch GbR, die als Teilnehmerin am Rechtsverkehr grundsätzlich jede Rechtsposition einnehmen könne, BGH 116, 88; 146, 343 [dieses Versäumnisurteil ist beseitigt, Rn 1 vor § 21]) zur Verwirklichung eines gemeinsamen Zwecks mit körperschaftlicher Verfassung (Vorstand, Mitgliederversammlung als Organe), Gesamtnamen, Auftreten nach außen als Einheit, Unabhängigkeit vom Mitgliederwechsel (LM Nr 11 zu § 31). Dadurch *unterscheidet* er sich von der *BGB-Gesellschaft* (§§ 705 ff), die zwar ähnlich wie ein Verein zB Namen und Organe besitzen kann, aber diese Kennzeichen nicht notwendig aufweisen muß. Fließende Übergänge möglich (BGH NJW 79, 2305: Gesellschaft – nichtrechtsfähiger Verein). Zur GbR Rn 4 vor § 21. Die Bezeichnung, zB als Gesellschaft, Stiftung (Frankfurt/M NJW-RR 02, 176 f) (s Rn 5), ist für die Rechtsform nicht entscheidend (s Rn 3 vor § 21). **b) VereinsG** hat anderen Vereinsbegriff, er erfaßt auch die GbR, aber zB nicht eine Ein-Mann-AG.

2   **c) Der Verein iSd BGB** ist rechtsfähig (§§ 21–53) oder nichtrechtsfähig (§ 54). Bei den rechtsfähigen sind inländische (§§ 21 f) und ausländische (§ 23), bei den inländischen (auch den nichtrechtsfähigen, § 54 Rn 4) sind wirtschaftliche und

3   nichtwirtschaftliche, sog Idealvereine, zu unterscheiden. **d) Außerhalb des BGB** gibt es auch Vereine (Rn 3 vor § 21); für sie gelten §§ 21–53 grundsätzlich ebenfalls, insbes §§ 29–31, 35, Sonderregelungen vorbehalten.

4   **2. Idealverein, § 21. a) Begriff.** Der Idealverein ist die Negation des wirtschaftlichen (§ 22); denn er ist (als inländischer, § 23) eintragungsfähig (§ 21), wenn er „*nicht*" auf einen wirtschaftlichen Geschäftsbetrieb gerichtet", dh weder ein genossenschaftlicher Verein ist noch als unternehmerischer Verein am Markt planmäßige, anbietende, entgeltliche Tätigkeit am Markt entfaltet, auftritt (grundlegend K. Schmidt, vgl Rpfleger 88, 45 ff mN); BVerwG NJW 98, 1166; BayObLG NJW-RR 99, 765; sa §§ 41–44 Rn 5. Ein wirtschaftlicher Geschäftsbetrieb ist nicht eintragungshindernd, wenn er nur eine *Nebentätigkeit* gegenüber der nichtunternehmerischen Haupttätigkeit des Vereins darstellt (Nebenzweck-, besser **Nebentätigkeitsprivileg**). Nach welchem (obj oder subj) Maßstab eine Tätigkeit als „Neben"-Tätigkeit qualifiziert wird, ist str (s Hemmerich BB 83, 333 mN). – BGH 85, 88 f, 93 f verwendet obj [funktionale Unterordnung] *und* subj Maßstab [idealer Hauptzweck]; sa BVerwG NJW 98, 1166). Das Fehlen eines wirtschaftlichen Geschäftsbetriebs als Haupttätigkeit macht beim Idealverein den Verkehrsschutz bei Idealverein entbehrlich, seine Existenz beim wirtschaftlichen Verein notwendig (darauf beruhen § 22 und die Bedeutung seiner Abgrenzung von § 21), BVerwG NJW 98, 1166

5   mN. **b) Bsp** für Idealverein: Max-Planck-Gesellschaft, Studienstiftung des deutschen Volkes (zur Bezeichnung Rn 1). Verein zur unentgeltlichen Mitgliederbera-

Titel 2. Juristische Personen **§§ 22–24**

tung in Lohnsteuerfragen (Celle NJW 76, 197, str), Vereine zur Förderung allg beruflicher ua Interessen ihrer Mitglieder wie Anwalts-, Ärzte-, Mieter-, Haus- und Grundbesitzervereine (vgl RG 133, 176 f; Stuttgart OLGZ 70, 417 f), Werkskantinenverein (BayObLG MDR 74, 400), Sportvereine (str für Fußballgroßvereine mit Profimannschaften und Millionenumsätzen; zur Ausgliederung der Profiabteilungen in AG oder GmbH s allg Hemmerich BB 83, 26 ff, auch BGH 85, 88 ff; Hopt BB 91, 778 ff; Steinbeck/Menke NJW 98, 2169 ff).

3. a) Eintragung (§§ 55 ff) wirkt *konstitutiv* (§ 21); das ist mit GG 9 I vereinbar (BK/v. Münch, Art 9, 44). Zu Eintragungsmängeln Rn 2 vor § 55. **b) Vor Eintragung** besteht ein *nichtrechtsfähiger Verein*. Seine Rechte und Pflichten treffen mit Eintragung (§ 21) automatisch den rechtsfähigen Verein; denn beide Vereine sind identisch (hM, vgl StWeick 31; sa BGH 17, 387). – Bes gelagert ist die Problematik der Vorgesellschaft einer Kapitalgesellschaft (AG, GmbH) oder Genossenschaft (BGH 120, 105 ff: Vor-GmbH). 6 7

§ 22 Wirtschaftlicher Verein

¹**Ein Verein, dessen Zweck auf einen wirtschaftlichen Geschäftsbetrieb gerichtet ist, erlangt in Ermangelung besonderer *reichs*gesetzlicher Vorschriften Rechtsfähigkeit durch staatliche Verleihung.** ²**Die Verleihung steht dem Bundesstaate zu, in dessen Gebiete der Verein seinen Sitz hat.**

1. Allgemeines. Zum *Begriff* des wirtschaftlichen Vereins § 21 Rn 4. Bes bundesges Vorschriften sind zB AktG, GenG, GmbHG. Vereinssitz: § 24. 1

2. § 22 setzt voraus, daß bes **bundesges Vorschriften fehlen,** kraft deren ein wirtschaftlicher Verein Rechtsfähigkeit erlangen kann. Sie fehlen praktisch nie, weil Erwerb der Rechtsfähigkeit bei Erfüllung der ges Normativbestimmungen (Rn 1) stets möglich ist. BVerwG 58, 31 f; NJW 98, 1166 halten § 22 (schon) für anwendbar, wenn die Erfüllung der bundesges Normativbestimmungen wegen bes – dh atypischer – Umstände für Vereinigung unzumutbar ist (zust BGH 85, 89). Da solche Umstände unauffindbar sind, ist § 22 gegenstandslos (vgl K. Schmidt AcP 182, 36; s aber Schulze NJW 91, 3264: GEMA). Davon abgesehen ist das Konzessionssystem (Rn 7 vor § 21) des § 22 mit GG 9 I (Vereinigungsfreiheit) vereinbar (hM; iE ebenso BVerwG 58, 33 f). 2

§ 23 Ausländischer Verein

Einem Vereine, der seinen Sitz nicht in einem Bundesstaate hat, kann in Ermangelung besonderer *reichs*gesetzlicher Vorschriften Rechtsfähigkeit durch Beschluss des *Bundesrates* verliehen werden.

1. Verein darf nicht schon im Ausland rechtsfähig sein. Verleihungsbehörde: Bundesminister des Innern. 1

§ 24 Sitz

Als Sitz eines Vereins gilt, wenn nicht ein anderes bestimmt ist, der Ort, an welchem die Verwaltung geführt wird.

1. Sitz entspricht dem Wohnsitz (§§ 7 ff). EV muß Sitz in Satzung bestimmen (§ 57 I). *Freie Bestimmung* durch Satzung möglich (hM), § 24 gibt Hilfsregel. Satzungssitz und Verwaltungssitz können auseinanderfallen; ersterer geht vor (RG JW 18, 305; hM), doch kann Sitzwahl rechtsmißbräuchlich sein (zB: keine Aktivitäten am Sitz), LG Berlin NJW-RR 99, 335 f. **Mehrfacher Sitz** ist idR ausgeschlossen (MK/Reuter 7; str). Sitzverlegung ist Satzungsänderung (für eV §§ 57 I, 71). 1

Jauernig 9

§ 25 Verfassung

Die Verfassung eines rechtsfähigen Vereins wird, soweit sie nicht auf den nachfolgenden Vorschriften beruht, durch die Vereinssatzung bestimmt.

1 **1. Allgemeines. a) Die Verfassung** als „GG" des Vereinslebens muß hierfür die Grundentscheidungen enthalten (BGH 105, 313 ff); was dazugehört, ist str (vgl BGH WM 84, 553; Reuter ZHR 148, 523 ff), jedenfalls Bestimmungen über Namen, Sitz, Zweck des Vereins, Beitragspflicht, Erwerb und Ende der Mitgliedschaft, Bildung und Kompetenzen der Vereinsorgane. Die Verfassung wird bestimmt durch die Satzung (für eV vgl §§ 57 f; BGH 105, 313) sowie durch zwingende und satzungsergänzende ges Vorschriften (§ 40 mit §§ 26 ff). Zwingend ist auch die Gleichbehandlung der Mitglieder (vgl BGH 55, 387 und § 35 Rn 2).

2 **b) Satzung.** Ihre Rechtsnatur ist str (Vertrag; obj Rechtsnorm von Anfang an oder sobald Verein entstanden ist), unbedachte begriffsjur Ableitung von Rechtsfolgen gefährlich (zB bzgl § 305 I 1). Satzungsinhalt ist begrenzt durch zwingendes Vereinsrecht (Rn 1), §§ 134, 138. Nichtigkeit ohne weiteres beachtlich (BGH NJW 71, 880). Bei Nichtigkeit einer Einzelbestimmung bleibt Satzung, wenn möglich, iü bestehen, § 139 gilt nicht (BGH 47, 180). Auslegung nur einheitlich und aus der Satzung selbst heraus (BGH 113, 240) unter Berücksichtigung dessen, was die Satzungsadressaten als solche wissen (BGH 63, 290); § 133 anwendbar (BGH 96, 250). Satzungen sozialmächtiger Vereine sind auf inhaltliche Angemessenheit (§ 242) überprüfbar (BGH 142, 306 mN). Willensmängel der Gründer berühren Bestand der Satzung nicht (BGH 47, 180).

3 **2. Vereinsstrafe. a) Als privatrechtliche Straf- oder Disziplinarmaßnahme** richtet sie sich gegen *Verletzung von Mitgliedspflichten*. Sie muß zZ der Pflichtverletzung (BGH 55, 385) in der Satzung rechtsgültig (§§ 134, 138!) vorgesehen sein (BGH 21, 373), sowohl tatbestandsmäßig (Generalklausel, zB wichtiger Grund, genügt) als auch der Art nach (zB Verweis, Geldstrafe, [Straf-]Ausschluß, der vom Kündigungsausschluß, dem Gegenstück zum Vereinsaustritt [s BGH 9, 162; str], zu unterscheiden ist, vgl Reuter NJW 87, 2401 ff). Verhalten Dritter ist dem Mitglied idR nur bei entspr Satzungsinhalt zurechenbar (BGH NJW 72, 1893). Verschulden ist stets erforderlich (MK/Reuter 45; aA BGH 29, 359; NJW 72, 1893). Vereinsstrafe nur gegen Mitglieder während Mitgliedschaft möglich (BGH MDR 80, 737; aber vertragliche Unterwerfung eines Nichtmitglieds unter Vereinsgewalt möglich, BGH 128, 96 f; BAG NJW 80, 470 [dann Vertrags-, nicht Vereinsstrafe; aA BGH aaO]). Satzungsgemäßes Verfahren ist einzuhalten, rechtliches Gehör stets zu gewähren (BGH 55, 391). Zur Entscheidung kann kraft Satzung Vorstand (einschr BGH 90, 94 f), Mitgliederversammlung, Vereins„gericht" (BGH 128, 109 f) berufen sein. **b) Gerichtl Kontrolle** ist nur durch Bestellung eines 4 *Schiedsgerichts* abdingbar. Die Schiedsklausel gehört im wesentlichen in die Satzung (BGH 88, 316); ZPO 1066 gilt bei Freiheit des Ein- und Austritts grundsätzlich entspr (nach aA: direkt), mangelt es daran, so gilt ZPO 1031. Zum fr Recht (ZPO 1027, 1048 aF) BGH 144, 148 ff; gegen Anwendbarkeit von ZPO 1048 aF (Anordnung in der Satzung) und für ZPO 1027 aF (Individualvereinbarung) StJ § 1048, 9, 10, 12. – Gerichtl Kontrolle von Entscheidungen eines „*Vereinsgerichts*" ist grundsätzlich erst möglich, wenn vereinsinterner Instanzenzug durchlaufen (BGH 128, 109 f). Die *Tatsachenermittlung* unterliegt uneingeschränkt gerichtl Nachprüfung (BGH 87, 344 gegen früher), daher sind jedenfalls im Vereinsstrafverfahren die Strafgründe konkret zu benennen (BGH NJW 90, 41 f). Iü wird nach hM der Strafbeschluß wegen der Vereinsautonomie nur auf Ges- und Sittenwidrigkeit (bei Aufnahmezwang auch das Vorliegen eines sachlichen Grundes zum Ausschluß, BGH NJW 97, 3370), auf formelle Ordnungsmäßigkeit (dazu gehören ua satzungsmäßige Grundlage, Einhaltung des vorgesehenen Verfahrens und allg gültiger Verfahrensgrundsätze wie das rechtliche Gehör, schiedsrichterliche Unbefangenheit) und auf offenbare Unbilligkeit geprüft (BGH NJW 97, 3368; stRspr). **c) Kritik.**
5 Die Strafgewalt des Vereins über seine Mitglieder beruht auf deren *Unterwerfung*

Titel 2. Juristische Personen **§ 26**

durch Beitritt (BGH 13, 11; 47, 385; abl SoeHadding 38 mN: Vertrags-, nicht Vereinsstrafe). Unterwerfung durch Beitritt kann aber Strafgewalt nur rechtfertigen, wenn Beitritt willkürlich. Willkür als Freiheit von Sachzwängen fehlt, wenn Mitgliedschaft von so erheblicher Bedeutung ist, daß für Verein idR Aufnahmezwang (§ 38 Rn 2) besteht. Hier sind Vereinsstrafen unzulässig; es gibt nur tatbestandsabhängige „Vertrags"-Geldstrafe iSv § 343 statt Vereinsgeldstrafe, nur Kündigung aus wichtigem Grund statt Ausschließung, alles gerichtl voll überprüfbar (zum Zusammenhang von Aufnahmezwang und richterlicher Prüfung sa BGH NJW 91, 485 [dazu BVerfG NZA 93, 655]; 94, 42); zur Bestellung eines Schiedsgerichts gem ZPO 1066 s Rn 4. Für verbleibende Vereinsstrafen ist eine erweiterte gerichtl Kontrolle in tatsächlicher und rechtlicher Hinsicht angebracht (Meyer-Cording JZ 59, 652 f mwN; für umfassende Kontrolle Beuthien BB 68, Beil 12). **d) Ausschluß** 6 **aus politischer Partei** richtet sich nach ParteienG 10 IV, V (s BVerfG NJW 02, 2227 f), nicht „allg" Vereinsstrafrecht (ungenau BGH NJW 94, 2611 f).

3. Andere als Strafbeschlüsse (Rn 3–5) sind nur auf Ges-, Satzungs-, Sitten- 7 widrigkeit und offenbare Unbilligkeit zu prüfen (LM Nr 2 zu § 35; Ausnahme § 35 Rn 3).

§ 26 Vorstand; Vertretung

(1) ¹**Der Verein muss einen Vorstand haben.** ²**Der Vorstand kann aus mehreren Personen bestehen.**

(2) ¹**Der Vorstand vertritt den Verein gerichtlich und außergerichtlich; er hat die Stellung eines gesetzlichen Vertreters.** ²**Der Umfang seiner Vertretungsmacht kann durch die Satzung mit Wirkung gegen Dritte beschränkt werden.**

1. Allgemeines. § 26 ist *satzungsfest*, § 40. Vorstand ist nur, wer den Verein 1 satzungsgemäß nach außen vertritt (II 1). Das ist oft nicht der Vorstand iSd Satzung (vgl aber § 58 Nr 3 für eV), sondern ein engerer Personenkreis oder eine Einzelperson. Vertretungsmacht beruht auf Organstellung. Vorstand wird ges Vertreter genannt (§ 164 Rn 6), obwohl nicht er für den Verein, sondern der Verein durch ihn handelt, der Verein also handlungsfähig ist (StWeick 52–54, 56 Einl §§ 21–89: Organtheorie, hM; sa Rn 2 vor § 21; § 31 Rn 1).

2. Bildung und Zusammensetzung regelt die Satzung. Schweigt sie, so ent- 2 scheidet die Mitgliederversammlung (vgl § 27 I). Vorstandsmitglied muß nicht Vereinsmitglied sein („Drittorganschaft"), Satzung kann es aber vorschreiben.

3. Vertretungsmacht. a) Umfang ist grundsätzlich nur durch eindeutige 3 (BGH NJW-RR 96, 866) Satzungsbestimmung *einschränkbar (II 2)*, bei eV gilt § 70. Vertretungsmacht fehlt ohne weiteres (§ 70 unanwendbar), wenn Vorstand seine organschaftliche Kompetenz durch Eingriff in die Kompetenz eines anderen Organs verläßt (zB durch Verpflichtung zur Satzungsänderung, wofür Mitgliederversammlung zuständig, BGH JZ 53, 475) oder wenn Handeln für Dritte offensichtlich völlig außerhalb des Vereinszwecks liegt (Säcker DB 86, 1504 f mN, hM; aA SoeHadding 20 mN: Frage des Mißbrauchs der Vertretungsmacht). **b) Bei** 4 **mehrköpfigem Vorstand** gilt für die *Aktivvertretung* nach hM das Mehrheitsprinzip (zB drei von fünf), sofern Satzung nicht Gesamtvertretung (alle zusammen) oder Einzelvertretung (jeder allein, BGH 69, 252 ff) vorsieht (§ 167 Rn 5). *Passivvertretung,* § 28 II, ist zwingend (§ 40) Einzelvertretung, sa § 167 Rn 5 (b). **c) Im** 5 **Innenverhältnis** (vgl § 27 III) kann Vertretungsbefugnis eingeschränkt sein. Bei mehrköpfigem Vorstand decken sich der Umfang von Geschäftsführungsbefugnis und Vertretungsmacht (und umgekehrt), außer bei abw Satzung (BGH 119, 381).

Jauernig

§§ 27–29 Buch 1. Abschnitt 1. Personen

§ 27 Bestellung und Geschäftsführung des Vorstands

(1) Die Bestellung des Vorstands erfolgt durch Beschluss der Mitgliederversammlung.

(2) ¹Die Bestellung ist jederzeit widerruflich, unbeschadet des Anspruchs auf die vertragsmäßige Vergütung. ²Die Widerruflichkeit kann durch die Satzung auf den Fall beschränkt werden, dass ein wichtiger Grund für den Widerruf vorliegt; ein solcher Grund ist insbesondere grobe Pflichtverletzung oder Unfähigkeit zur ordnungsmäßigen Geschäftsführung.

(3) Auf die Geschäftsführung des Vorstands finden die für den Auftrag geltenden Vorschriften der §§ 664 bis 670 entsprechende Anwendung.

1   1. a) **Bestellung.** Sie bedarf der Zustimmung des Bestellten (hM, vgl BGH NJW 75, 2101). I abdingbar, § 40. Satzung kann Bestellung durch Dritten vorsehen, sofern Mitgliederversammlung andere wichtige Befugnisse behält. Mangels abw Satzung sind Bestellungs- und Anstellungsorgan identisch (BGH 113, 241 ff).

2   b) **Ende des Amtes.** Widerruf aus wichtigem Grund stets möglich, II (satzungsfest: § 40); zuständig: wer bestellt (Rn 1) oder wen Satzung bestimmt (s BGH 90, 95). Bsp für weitere Endigungsgründe: Ende der Vereinsmitgliedschaft (Celle MDR 80, 576) oder der Amtszeit (wenn in der Satzung bestimmt), Tod, Amtsniederlegung (sie liegt idR in der Kündigung des Anstellungsverhältnisses und ist bei unentgeltlicher Tätigkeit jederzeit, § 671 I [s aber II], sonst gem §§ 621 f, 626 f möglich).

3   2. **Im Innenverhältnis (III)** gilt Auftragsrecht; abdingbar, § 40. Auskunftspflicht gegenüber einzelnem Mitglied nur in Mitgliederversammlung (KG NJW-RR 99, 1486 mN). Entlastung des Vorstands ist Verzicht auf etwaige Ersatzansprüche (vgl BGH 106, 202; anders AktG 120 II 2), die bei sorgfältiger Prüfung erkennbar waren (BGH NJW-RR 88, 748 mN). Zuständig ist das durch die Satzung bestimmte Organ. Anspruch auf Entlastung besteht nicht (Köln NJW-RR 97, 483).

§ 28 Beschlussfassung und Passivvertretung

(1) Besteht der Vorstand aus mehreren Personen, so erfolgt die Beschlussfassung nach den für die Beschlüsse der Mitglieder des Vereins geltenden Vorschriften der §§ 32, 34.

(2) Ist eine Willenserklärung dem Verein gegenüber abzugeben, so genügt die Abgabe gegenüber einem Mitglied des Vorstands.

1   1. **Beschlußfassung** eines mehrköpfigen Vorstands richtet sich nach der Satzung (§ 40), hilfsweise nach I (s Anm zu §§ 32, 34). Dazu BGH 69, 252 ff.

2   2. II ist **satzungsfest**, § 40. Zur passiven Vertretung § 167 Rn 5 (b). II gilt entspr für Kenntnis rechtserheblicher Tatsachen (BGH 109, 330 f mN).

§ 29 Notbestellung durch Amtsgericht

Soweit die erforderlichen Mitglieder des Vorstands fehlen, sind sie in dringenden Fällen für die Zeit bis zur Behebung des Mangels auf Antrag eines Beteiligten von dem Amtsgericht zu bestellen, das für den Bezirk, in dem der Verein seinen Sitz hat, das Vereinsregister führt.

1   1. **Voraussetzungen.** Ohne beschluß- und vertretungsfähigen Vorstand ist der Verein gelähmt, daher § 29. a) **Fehlen der erforderlichen Mitglieder,** dh der Vorstand ist durch Tod, Amtsniederlegung, längere schwere Krankheit oder sonstige dauernde Verhinderung eines oder mehrerer Mitglieder *beschlußunfähig oder* (genügend im Einzelfall nach §§ 28 I, 34 oder § 181) *vertretungsunfähig.* Bestellung eines Prozeßpflegers (ZPO 57) ist gegenüber § 29 subsidiär. b) **Dringlichkeit** hängt von den Umständen ab (Bsp in Zweibrücken NJW-RR 01, 1058). c) Feh-

Titel 2. Juristische Personen §§ 30, 31

len muß behebbar sein. Daher darf Verein nicht offenkundig beendet sein (vgl Frankfurt JZ 52, 565 für GmbH).

2. Anwendungsbereich. Alle jur Personen des Privatrechts (BGH 18, 337: Genossenschaft; Zweibrücken NJW-RR 01, 1058: GmbH), Sondervorschriften vorbehalten (zB AktG 85), ferner nichtrechtsfähiger Verein (LG Berlin NJW 70, 1047 mN; str); *nicht* OHG, KG (differenzierend SoeHadding 3), politische Parteien (Hamm NJW-RR 89, 1533; aA MK/Reuter 7 mN). 2

3. Verfahren. Zur Zuständigkeit § 55 II, RPflG 3 Nr 1 Buchst a. Antragsberechtigt: Vorstands- und Vereinsmitglieder, rechtsverfolgende Dritte. Verfahren: FGG 1–34; ie BayObLG NJW 81, 996; NJW-RR 89, 766. 3

4. Wirkung. Der Bestellte tritt an die Stelle des fehlenden Vorstands(mitglieds). Wann Bestellung wirksam wird (FGG 16), ist str (vgl BGH 6, 235 mN). Wirksame Bestellung darf Prozeßrichter nicht nachprüfen (BGH 24, 51). Bestellung verpflichtet nicht zur Amtsführung; dazu Annahme nötig. Bestellung **endet** bei befristeter Bestellung mit Fristablauf, sonst mit Behebung des Mangels (zB Bestellung eines neuen Geschäftsführers der GmbH). Der Notvorstand hat Vergütungsanspruch gegen Verein (BayObLG NJW 81, 996). Das AG kann Bestellung aufheben; ob nur und auf wessen Antrag, ist str. 4

§ 30 Besondere Vertreter

¹Durch die Satzung kann bestimmt werden, dass neben dem Vorstand für gewisse Geschäfte besondere Vertreter zu bestellen sind. ²Die Vertretungsmacht eines solchen Vertreters erstreckt sich im Zweifel auf alle Rechtsgeschäfte, die der ihm zugewiesene Geschäftskreis gewöhnlich mit sich bringt.

1. Allgemeines. § 30 ist *satzungsfest,* § 40. Bedeutung des § 30 folgt aus § 31 (Haftung! RG 162, 166); er gilt daher wie § 31 auch für jur Personen des § 89 und nichtrechtsfähige Vereine (§ 54 Rn 13). Um § 31 anwenden zu können, nimmt die Rspr Pflicht zur Bestellung nach § 30 an, bei deren Verletzung diese fingiert wird (dazu § 31 Rn 4). 1

2. a) Bestellung nur zulässig, wenn es Satzung erlaubt. Genügend, daß sie Geschäftskreis vorsieht, der bes Vertreter benötigt (BGH NJW 77, 2260). Begriff des Vertreters in § 31 ist weiter (§ 31 Rn 3). **b) Bes Vertreter ist Vereinsorgan** und nach außen im zugewiesenen, örtlich oder sachlich beschränkten Geschäftsbereich selbständig, zB als Zweigstellenleiter (BGH NJW 77, 2260, aber auch 84, 922 und § 31 Rn 3). Keine Eintragung (arg § 67; aA BayObLG Rpfleger 81, 310 bei Bestellung in der Satzung). **c) Vertretungsmacht** zur Vornahme von RGeschäften ist „iZw", dh *grundsätzlich, beschränkt* auf übliche Geschäfte des zugewiesenen Bereichs. Erweiterung unzulässig. Da Vertretungsmacht nicht nur begrenzt (s S 2), sondern ausgeschlossen werden kann (SoeHadding 9 mN), ist „Vertreter" nicht iSd §§ 164 ff gemeint. 2 3 4

§ 31 Haftung des Vereins für Organe

Der Verein ist für den Schaden verantwortlich, den der Vorstand, ein Mitglied des Vorstands oder ein anderer verfassungsmäßig berufener Vertreter durch eine in Ausführung der ihm zustehenden Verrichtungen begangene, zum Schadensersatze verpflichtende Handlung einem Dritten zufügt.

1. Allgemeines. § 31 *gibt nicht selbst Schadensersatzanspruch,* sondern setzt zum Schadensersatz verpflichtende Handlung eines verfassungsmäßigen Vertreters voraus (BGH 99, 302). Sie kann schuldlos, zB § 231, sogar rechtmäßig, zB § 904, sein. § 31 **rechnet** der jur Person die Handlung **als eigene zu** (Unterschied zu § 278) ohne Exkulpationsmöglichkeit (Unterschied zu § 831); die „Organperson" ist weder Erfüllungs- noch Verrichtungsgehilfe. Daher nur entweder §§ 278, 831 1

Jauernig 13

§ 32 Buch 1. Abschnitt 1. Personen

oder § 31 (aber möglich Haftung nach § 31 iVm § 831 bei Auswahlverschulden der Organperson) anwendbar (für § 278 hM, vgl SoeHadding 4 mN; aA BGH NJW 77, 2260f; Flume I 2 § 11 III 5). § 31 ist *satzungsfest* (§ 40); vertraglich abdingbar nur Haftung für Fahrlässigkeit, § 276 III (§ 278 S 2 unanwendbar; str, vgl o). Verfassungsmäßiger Vertreter kann neben jur Person haften, zB nach § 823 (mit §§ 840, 421 ff); s BGH NJW 96, 1536; einschr Dreher ZGR 92, 22 ff.

2 **2. a) Anwendungsbereich.** Gilt für alle jur Personen, auch des öffentl Rechts (§ 89), nichtrechtsfähige Vereine (§ 54 Rn 13), gewohnheitsrechtlich analog für OHG, KG, entspr für Partnerschaftsgesellschaft (außer bei Haftungskonzentration gem PartGG 8 II: Henssler, FS Vieregge, 1995, S 361ff; Ulmer/Habersack, FS Brandner, 1996, S 154), EWIV; ebenso für die Außen-GbR, wenn man sie als „beschränkt" („hinkend") rechtsfähig ansieht (dazu krit Rn 1, 4 vor § 21), und sie neben einer gewissen Verselbständigung des Gesellschaftsvermögens auch eine solche der für die Gesellschaft handelnden „Organe" (s MK/Ulmer § 714, 5 ff) gegenüber den „schlichten" Gesellschaftern aufweist (MK/Ulmer § 705, 218, 219; K. Schmidt NJW 01, 998); ferner für Insolvenzmasse betr Handlungen des Verwalters, weil Rechtslage ähnlich wie bei OHG (aA SoeHadding 8). Unan-
3 wendbar auf die natürliche Einzelperson (LM Nr 34 zu § 164; str). **b) Ein verfassungsmäßig berufener Vertreter** muß handeln. Ds: Vorstand, dessen Mitglieder, Vertreter nach § 30 (§ 30 Rn 3) sowie (in Erweiterung der Organzur Repräsentantenhaftung) solche Vertreter im untechnischen Sinn (§ 30 Rn 4), die nicht aufgrund Satzung (anders § 30), sondern nur kraft allg Betriebsregelung und Handhabung wichtige Aufgabenbereiche selbständig und eigenverantwortlich erfüllen und so die jur Person repräsentieren (Grund der Ausdehnung: Ausschluß der Exkulpation gem § 831; sa KG BB 96, 2427), BGH NJW 98, 1856 mN. Bsp: Zweigstellenleiter ohne satzungsmäßige Verankerung (sonst § 30), Nürnberg NJW-RR 88, 1319 mN (s § 30 Rn 3); (Kliniks-, auch Abteilungs-)Chefarzt (BGH 101, 218). Hat andere Person gehandelt, so Haftung nach §§ 278, 831
4 möglich (Rn 1). **c) Einen Organisationsmangel** nimmt die Rspr (BGH NJW 80, 2811; 82, 1145 mN) an, wenn für die Aufgaben mit selbständiger Entscheidung und entspr Eigenverantwortung in größerem Handlungsbereich kein besonderer Vertreter bestellt ist, für den die jur Person ohne Exkulpationsmöglichkeit (§ 831!) gem §§ 30, 31 haften würde. Folge: Die unterbliebene Bestellung wird fingiert (BGH NJW 98, 1857; NJW-RR 98, 252), führt aber nur bei Kausalität zur („Fiktions"-)Haftung (BGH NJW 82, 1145). Die Fiktionshaftung ist entbehrlich, wenn und weil die Ausdehnung des Vertreterbegriffs iSv § 31 (Rn 3) zur
5 Haftung nach § 31 (zumindest analog) führt. **d) In Ausführung**, nicht nur bei Gelegenheit *der ihm zustehenden Verrichtung* muß der Vertreter handeln. Nötig ist enger obj Zusammenhang zwischen Handlung und Verrichtung, der auch bei Auftragsüberschreitung oder vorsätzlicher unerlaubter Handlung bestehen kann (BGH NJW 98, 1857; für § 89: NJW 86, 2940). Liegt darin zugleich ein rechtsgeschäftliches Handeln ohne Vertretungsmacht (§ 164 Rn 7, 8), so stellt § 179 den Verein usw (Rn 2) von der Haftung frei; str ist, ob und wieweit der Verein dennoch gem § 31 für Schadensersatzpflicht des Vertreters aus §§ 179, 823 ff, cic haften muß (nein: Coing, FS R. Fischer, 1979, S 65ff; ja: BGH 98, 151f für
6 §§ 823 II, 826; allg ja: Flume I 2 § 11 III 3 mN). **e) Dritter** kann auch ein Mitglied des Vereins sein (BGH NJW 90, 2878); Vorstandsmitglied dann, wenn es nicht selbst iSv § 31 (mit-)verantwortlich gehandelt hat (BGH NJW 78, 2390).

§ 32 Mitgliederversammlung; Beschlussfassung

(1) ¹**Die Angelegenheiten des Vereins werden, soweit sie nicht von dem Vorstand oder einem anderen Vereinsorgan zu besorgen sind, durch Beschlussfassung in einer Versammlung der Mitglieder geordnet.** ²**Zur Gültigkeit des Beschlusses ist erforderlich, dass der Gegenstand bei der Beru-**

Titel 2. Juristische Personen **§ 33**

fung bezeichnet wird. ³Bei der Beschlussfassung entscheidet die Mehrheit der erschienenen Mitglieder.

(2) **Auch ohne Versammlung der Mitglieder ist ein Beschluss gültig, wenn alle Mitglieder ihre Zustimmung zu dem Beschluss schriftlich erklären.**

1. Allgemeines. § 32 ist abdingbar, § 40, doch muß die Mitgliederversammlung (bei Großvereinen wenigstens Vertreterversammlung, vgl ParteienG 8 I; allg Säcker, Probleme der Repräsentation von Großvereinen, 1986, S 2–37) als notwendiges Vereinsorgan bestehen bleiben (zur Frage der ausschließlichen Satzungshoheit der Mitgliederversammlung Celle NJW-RR 95, 1273; zur Sonderstellung religiöser und kirchlicher Vereine BVerfG 83, 356 ff, dazu Flume JZ 92, 238 ff, Schockenhoff NJW 92, 1013 ff und allg AcP 193, 35 ff; Naumburg NJW 98, 3060 ff; OVG Magdeburg NJW 98, 3070 ff; sa §§ 41–44 Rn 2 [aa]). Nach **I 1** ist für Vereinsangelegenheit iZw die Mitgliederversammlung zuständig. 1

2. Berufung der Versammlung idR durch Vorstand (KG Rpfleger 78, 133 f). Für eV § 58 Nr 4. Alle Mitglieder sind in satzungsgemäßer Form zu laden; zur Folge eines Verstoßes Rn 5. Ist **I 2** abbedungen (§ 40), so gilt nach BGH 99, 123 f dennoch sein Grundgedanke (Ermöglichung der Vorbereitung) jedenfalls für Satzungsänderungen. 2

3. a) Beschlußfähigkeit besteht schon bei Erscheinen eines einzigen Mitglieds (abdingbar, § 40!). **b) Stimmabgabe** ist bedingungsfeindliches RGeschäft, kann nichtig oder anfechtbar sein (allgM). Nichtigkeit der Stimmabgabe (zB nach §§ 105 I, 142 I, auch 111 S 1) ist nur beachtlich, wenn es für Beschlußfassung auf die nichtige Stimme ankam; trifft das zu, so zählt sie wie Stimmenthaltung (insoweit ebenso SoeHadding 39), vgl Rn 5. **c) Beschlußfassung** idR mit einfacher (Ausnahmen §§ 33, 41) Mehrheit der *erschienenen* Mitglieder, **I 3**, so daß Stimmenthaltung praktisch als Nein zählt, also Zwang zur Entscheidung (aA BGH NJW 87, 2430; Löwisch BB 96, 1006 f mwN; hM: Enthaltungen würden nicht mitzählen, denn „erschienen" sei nur, wer abstimme [anders bloß bei klar abw Satzung]; das ist mit dem Ges unvereinbar, da verlangt **Anwesenheits-,** nicht Abstimmungs**mehrheit** (Begriffe: MD 42, 83; den Unterschied übersieht die hM (s nur MK/ Reuter 48). Daher: Wer sich enthält, ist da; § 33 I, insbes I 2, hat nur so Sinn. Beschluß ist mehrseitiges RGeschäft, kein Vertrag (Rn 7 vor § 104; str). *Nichtigkeit* (nicht bloße Anfechtbarkeit, BGH NJW 75, 2101) ist wegen Berufungsmängeln (Rn 2), Verstoßes gegen satzungsgemäßes Verfahren (BGH NJW 74, 185) oder gegen §§ 134, 138 möglich (BGH 59, 372). Formverstoß (zB bei Berufung, Abstimmung) macht den Beschluß nur nichtig, wenn er auf dem Verstoß beruht (Köln Rpfleger 83, 159; BayObLG NJW-RR 97, 290). Zur str entspr Anwendung von AktG 241 ff MK/Reuter 56 ff; abl Hamm NJW-RR 97, 989 mN, aber Klage auf Feststellung der Nichtigkeit nur in angemessener Frist. **Beweislast** für Nichtberuhen liegt beim Verein (BGH 59, 374 ff). **d)** Zur **gerichtl Kontrolle** gefaßter Beschlüsse § 25 Rn 7. 3 4 5

4. Beschlußfassung ohne Versammlung möglich: **II.** 6

§ 33 Satzungsänderung

(1) ¹**Zu einem Beschluss, der eine Änderung der Satzung enthält, ist eine Mehrheit von drei Vierteln der erschienenen Mitglieder erforderlich.** ²**Zur Änderung des Zwecks des Vereins ist die Zustimmung aller Mitglieder erforderlich; die Zustimmung der nicht erschienenen Mitglieder muss schriftlich erfolgen.**

(2) **Beruht die Rechtsfähigkeit des Vereins auf Verleihung, so ist zu jeder Änderung der Satzung staatliche Genehmigung oder, falls die Verleihung durch den** *Bundesrat* **erfolgt ist, die Genehmigung des** *Bundesrates* **erforderlich.**

Jauernig

§§ 34–36

1 **1. Allgemeines.** *Abdingbar* ist I (nicht II trotz § 40), nach Flume JZ 92, 239 nur bzgl der geforderten Mehrheiten (krit MK/Reuter 15 ff). I unterscheidet „einfache" Satzungsänderung und Zweckänderung, die stets „qualifizierte" Satzungsänderung ist; vgl BGH 96, 249 f, zum Vereinszweck S 251 f.

2 **2. Verfahren.** Zur Beschlußfassung § 32 Rn 5; Stimmenthaltung zählt als Nein (RG 80, 194 f; aA SoeHadding 5, 11). Zur nachträglichen stillschweigenden Zustimmung (I 2) durch langdauernde widerspruchslose Hinnahme des neuen Zustands BGH 16, 150 f; 23, 129 (Fischer Anm LM Nr 2 spricht von Verschweigung und anerkennt großzügig eine eigene rechtliche Bedeutung des Faktischen). Zur Eintragung der Satzungsänderung § 71, dazu BGH 23, S 128 einerseits, 130 andererseits (LS 2 täuscht).

3 **3. II** betrifft §§ 22, 23. Nicht abdingbar (Rn 1).

§ 34 Ausschluss vom Stimmrecht

Ein Mitglied ist nicht stimmberechtigt, wenn die Beschlussfassung die Vornahme eines Rechtsgeschäfts mit ihm oder die Einleitung oder Erledigung eines Rechtsstreits zwischen ihm und dem Verein betrifft.

1 **1. Allgemeines.** § 34 ist *satzungsfest* für Mitgliederversammlung (§ 40), nicht für Vorstand (arg §§ 40, 28 I; aA MK/Reuter § 28, 2, hM: Redaktionsversehen bei § 40).

2 **2. Anwendungsbereich.** § 34 verbietet nicht die Anwesenheit; auch nicht das Mitstimmen in anderen als den dort genannten Angelegenheiten, zB bei eigener Wahl (RG 74, 278), Widerruf eigener Organbestellung (RG 104, 186), eigener Bestrafung (Köln NJW 68, 993; str).

3 **3. Verstoß** gegen § 34 macht Stimmabgabe unwirksam, den Beschluß nur entspr § 32 Rn 4, 5.

§ 35 Sonderrechte

Sonderrechte eines Mitglieds können nicht ohne dessen Zustimmung durch Beschluss der Mitgliederversammlung beeinträchtigt werden.

1 **1. Allgemeines. a)** § 35 ist **satzungsfest**, § 40. **b) Sonderrechte** beruhen auf Mitgliedschaft (daher sind Gläubigerrechte nicht Sonderrechte) und deren Fortbestand (daher sind Gläubigerrechte aus [ehemaliger] Mitgliedschaft, zB Anspruch auf festgestellten Gewinn, nicht Sonderrechte); sie gewähren eine über das allg Mitgliedschaftsrecht hinausreichende Rechtsposition, gründen sich auf die Satzung und sind unentziehbar. Bsp: Recht auf Vorstandsbestellung, qualifiziertes Stimmrecht. Sonderrecht kann nicht allen zustehen (aA RG HRR 29 Nr 1558).

2 **c) Kein Sonderrecht** ist das Recht aller Mitglieder auf *Gleichbehandlung* (KG NJW 62, 1917). Gleiches muß gleich behandelt werden (vgl BGH 47, 385 f). Ungleichbehandlung nur bei sachlichem Grund oder wenn Betroffene einer Ungleichbehandlung zustimmen (LM Nr 2 zu § 39). Sa § 25 Rn 1.

3 **2. Wirkung.** Zustimmungsbedürftiger, weil beeinträchtigender Beschluß ist ohne Einwilligung schwebend, mit Verweigerung der Genehmigung endgültig *unwirksam*. Volle gerichtl Kontrolle zulässig (LM Nr 2; sonst enger, § 25 Rn 7). UU Schadensersatzanspruch des Mitglieds gegen Verein.

§ 36 Berufung der Mitgliederversammlung

Die Mitgliederversammlung ist in den durch die Satzung bestimmten Fällen sowie dann zu berufen, wenn das Interesse des Vereins es erfordert.

Titel 2. Juristische Personen §§ 37, 38

§ 37 Berufung auf Verlangen einer Minderheit

(1) **Die Mitgliederversammlung ist zu berufen, wenn der durch die Satzung bestimmte Teil oder in Ermangelung einer Bestimmung der zehnte Teil der Mitglieder die Berufung schriftlich unter Angabe des Zwecks und der Gründe verlangt.**

(2) ¹**Wird dem Verlangen nicht entsprochen, so kann das Amtsgericht die Mitglieder, die das Verlangen gestellt haben, zur Berufung der Versammlung ermächtigen; es kann Anordnungen über die Führung des Vorsitzes in der Versammlung treffen.** ²**Zuständig ist das Amtsgericht, das für den Bezirk, in dem der Verein seinen Sitz hat, das Vereinsregister führt.** ³**Auf die Ermächtigung muss bei der Berufung der Versammlung Bezug genommen werden.**

Anmerkungen zu den §§ 36, 37

1. **Allgemeines.** §§ 36 f sind *satzungsfest*, § 40. IdR trifft Berufungspflicht den Vorstand, vgl § 32 Rn 2. 1

2. § 37 I gibt **Minderheitenrecht.** Daher muß Satzung das Berufungsverlangen einer *Minderheit* der Mitglieder einräumen (KG NJW 62, 1917; StWeick § 37, 3 mN: auch BayObLG NJW-RR 01, 1480: weniger als die Hälfte; aA SoeHadding § 37, 5: weniger als 1/10, MK/Reuter 37, 1: höchstens 1/10). 2

3. **Bei Nichtbeachtung** von §§ 36, 37 I gibt § 37 II bes Durchsetzungsverfahren, daneben Klage unzulässig. Verfahren: § 55 II, RpflG 3 Nr 1 Buchst a, 11, FGG 160. Ie Wagner ZZP 105, 298 ff. 3

§ 38 Mitgliedschaft

¹**Die Mitgliedschaft ist nicht übertragbar und nicht vererblich.** ²**Die Ausübung der Mitgliedschaftsrechte kann nicht einem anderen überlassen werden.**

1. **Allg zur Mitgliedschaft. a) Begriff.** Personenrechtliches Rechtsverhältnis. Treuepflichten der Mitglieder bestehen gegenüber dem Verein (BGH 110, 329 f), aber auch untereinander, zB im Rahmen von Sanierungsbemühungen (sa BGH 103, 194 f: Treuepflicht von Groß- gegenüber Kleinaktionären; ebenso für das umgekehrte Verhältnis BGH 129, 142 ff; dazu Häsemeyer ZHR 160, 109 ff). Für alle Mitglieder gilt das unentziehbare Recht auf Gleichbehandlung (§ 35 Rn 2). 1
b) Erwerb durch Mitgründung, danach durch Vertrag mit Verein (Beitrittserklärung [= Aufnahmeantrag] und Aufnahme, BGH 101, 196 f) oder, wenn Satzung es vorsieht (selten!), durch einseitige Beitrittserklärung ["geborene [,,automatische"] Mitgliedschaft, BGH 105, 312 f, außer bei religiösen oder kirchlichen Vereinen, Hamm NJW-RR 95, 120). Satzung kann bes Aufnahmevoraussetzungen aufstellen (zB Beruf, Alter, Stellung eines Bürgen, „Wahl" durch Mitgliederversammlung). Mitglied eines Verbandsvereins wird zugleich Mitglied des Verbands, wenn Satzungen des Vereins und des Verbands das vorsehen (BGH 105, 311 f; dazu Beuthien ZGR 89, 255 ff). **Anspruch auf Aufnahme** besteht selten kraft Satzung (BGH 101, 200), sonst nur bei Vereinen mit überragender (nicht notwendig: monopolartiger) Machtstellung im wirtschaftlichen oder sozialen Bereich (Berufs-, Wirtschaftsverbände [sa GWB 20 VI], Gewerkschaften), wenn an der Aufnahme ein fundamentales Interesse besteht, keine obj berechtigten Vereinsinteressen entgegenstehen und die Nichtaufnahme unbillig wäre (vgl BGH 93, 152 ff; 102, 276: Groß-Gewerkschaften; 140, 78: regionaler Sportverband; NJW-RR 86, 583 f: Landessportbund [sa BVerfG NJW-RR 89, 636]; LG München I NJW-RR 93, 890: Frau als Bergwacht-Mitglied); zum Ganzen Kilian AcP 180, 73 f. **c) Verlust** 3
durch Austritt (§ 39), Ausschluß (§ 25 Rn 3, 5), Übertragung oder Tod (abding-

Jauernig

bar: S 1, § 40); Satzung kann weitere Gründe vorsehen (zB Verlust durch Wegfall einer persönlichen Eintrittsvoraussetzung [zB Alter], BGH MDR 79, 32).

4   2. § 38 ist **abdingbar**, § 40. Ges Vertreter einer natürlichen Person kann grundsätzlich Mitgliedschaft ausüben, sofern mit Vereinszweck vereinbar, str. Satzung kann Vertretung durch Mitglied (nicht durch Dritten) zulassen.

§ 39 Austritt aus dem Verein

(1) Die Mitglieder sind zum Austritt aus dem Verein berechtigt.

(2) Durch die Satzung kann bestimmt werden, dass der Austritt nur am Schluss eines Geschäftsjahrs oder erst nach dem Ablauf einer Kündigungsfrist zulässig ist; die Kündigungsfrist kann höchstens zwei Jahre betragen.

1   1. a) **Recht zum Austritt, I**, ist *satzungsfest* (§ 40). Bei Zwangsmitgliedschaft kein Austrittsrecht (BGH 130, 251). Satzung kann Form des Austritts regeln, zB
2   Schriftform. b) **Wirksam ist Austritt** erst nach Ablauf der Kündigungsfrist, II. Nach BGH NJW 81, 340 f muß Frist bei Koalitionen wegen GG 9 III kurz sein (höchstens 1/2 Jahr); zweifelhaft. Bei wichtigem Grund stets fristloser Austritt
3   zulässig (LM Nr 2). c) **Erschwerung** des Austritts über II hinaus wirkungslos. Grund: Mitglied soll sich in absehbarer Zeit der Vereinsmacht, insbes bindenden Mehrheitsbeschlüssen, endgültig entziehen können (BGH 48, 210). Daher unwirksam: Beitragspflicht nach Ausscheiden (BGH aaO), Austrittsverbot nach Einl eines Vereinsstrafverfahrens (RG 108, 162 f). d) **Zum Ausschluß** § 25 Rn 3–5.

§ 40 Nachgiebige Vorschriften

Die Vorschriften des § 27 Abs. 1, 3, des § 28 Abs. 1 und der §§ 32, 33, 38 finden insoweit keine Anwendung, als die Satzung ein anderes bestimmt.

1   1. Nicht genannte Vorschriften, zB § 26, sind zwingend („satzungsfest").

§ 41 Auflösung des Vereins

¹ **Der Verein kann durch Beschluss der Mitgliederversammlung aufgelöst werden.** ² **Zu dem Beschluss ist eine Mehrheit von drei Vierteln der erschienenen Mitglieder erforderlich, wenn nicht die Satzung ein anderes bestimmt.**

§ 42 Insolvenz

(1) ¹ **Der Verein wird durch die Eröffnung des Insolvenzverfahrens aufgelöst.** ² **Wird das Verfahren auf Antrag des Schuldners eingestellt oder nach der Bestätigung eines Insolvenzplans, der den Fortbestand des Vereins vorsieht, aufgehoben, so kann die Mitgliederversammlung die Fortsetzung des Vereins beschließen.** ³ **Durch die Satzung kann bestimmt werden, dass der Verein im Falle der Eröffnung des Insolvenzverfahrens als nichtrechtsfähiger Verein fortbesteht; auch in diesem Falle kann unter den Voraussetzungen des Satzes 2 die Fortsetzung als rechtsfähiger Verein beschlossen werden.**

(2) ¹ **Der Vorstand hat im Falle der Zahlungsunfähigkeit oder der Überschuldung die Eröffnung des Insolvenzverfahrens zu beantragen.** ² **Wird die Stellung des Antrags verzögert, so sind die Vorstandsmitglieder, denen ein Verschulden zur Last fällt, den Gläubigern für den daraus entstehenden Schaden verantwortlich; sie haften als Gesamtschuldner.**

Titel 2. Juristische Personen §§ 43, 44

§ 43 Entziehung der Rechtsfähigkeit

(1) **Dem Verein kann die Rechtsfähigkeit entzogen werden, wenn er durch einen gesetzwidrigen Beschluss der Mitgliederversammlung oder durch gesetzwidriges Verhalten des Vorstands das Gemeinwohl gefährdet.**

(2) **Einem Verein, dessen Zweck nach der Satzung nicht auf einen wirtschaftlichen Geschäftsbetrieb gerichtet ist, kann die Rechtsfähigkeit entzogen werden, wenn er einen solchen Zweck verfolgt.**

(3) *(weggefallen)*

(4) **Einem Verein, dessen Rechtsfähigkeit auf Verleihung beruht, kann die Rechtsfähigkeit entzogen werden, wenn er einen anderen als den in der Satzung bestimmten Zweck verfolgt.**

§ 44 Zuständigkeit und Verfahren

(1) **Die Zuständigkeit und das Verfahren bestimmen sich in den Fällen des § 43 nach dem Recht des Landes, in dem der Verein seinen Sitz hat.**

(2) **Beruht die Rechtsfähigkeit auf Verleihung durch den** *Bundesrat,* **so erfolgt die Entziehung durch Beschluss des** *Bundesrates.*

Anmerkungen zu den §§ 41–44

1. **Allgemeines.** Rechtsfähiger Verein *endet* durch Auflösung (Rn 2–4), Ende der Rechtsfähigkeit (Rn 5, 6), Erlöschen (Rn 7–9). Zur Eintragung bei eV §§ 74 f. 1

2. **Auflösung. a) Gründe. aa) Selbstauflösung** durch Mitgliederversammlung, § 41; Satzung kann andere Mehrheit (§ 41 S 2), Zustimmung eines anderen Vereinsorgans oder eines Mitglieds vorsehen (nicht eines Dritten, Stuttgart MDR 86, 583; anders bei religiösen und kirchlichen Vereinen, Köln NJW 92, 1048 ff, sa § 32 Rn 1). Selbstauflösung auch durch *Verschmelzung* mit anderem Verein (UmwG 1, 2, 3 I Nr 4, 99 ff). **bb) Eintritt satzungsbestimmter Umstände**, zB Zeitablauf. **cc) Auflösung durch Hoheitsakt**, zB durch das BVerfG gem GG 18 mit BVerfGG 39 II. **dd) Eröffnung des Insolvenzverfahrens,** § 42 I; zur Wirkung Rn 4 (bb). **b) Kein von selbst wirkender Grund** ist es, daß der Vereinszweck erreicht oder Erreichung unmöglich ist (anders § 726), BGH 49, 178 f. Auflösungsbeschluß nötig. **c) Wirkung aa)** in den Fällen Rn 2 (aa, bb): Personenvereinigung endet als werbender Verein. Fällt das Vermögen an den Fiskus (§§ 45 III, 46), so erlischt der Verein; sonst findet Liquidation statt (§ 47), bis zu deren Beendigung bleibt der Verein mit verändertem Zweck als rechtsfähiger **Liquidationsverein** bestehen, § 49 II (BGH WM 86, 145). Während der Liquidation kann Selbstauflösung rückgängig gemacht, Liquidation beendet und alter Verein fortgesetzt werden. Daher steht die Auflösung als solche nicht dem Tod einer natürlichen Person gleich (StKeßler § 727, 34 mN; hM); **bb)** im Fall Rn 2(dd). Das Insolvenzverfahren ist ein bes Liquidationsverfahren (s § 47). Wird der aufgelöste Verein (§ 42 I 1) in den Fällen von § 42 I 2 nicht liquidiert, so kann die Mitgliederversammlung seine Fortsetzung als rechtsfähiger Verein beschließen (§ 42 I 2); das gilt auch, wenn der aufgelöste Verein kraft Satzung als nichtrechtsfähiger fortbesteht (§ 42 I 3). Gegenstand des Insolvenzverfahrens ist das Vereinsvermögen als Insolvenzmasse (InsO 35, 36). Insolvenzgründe sind Überschuldung (InsO 19 I), Zahlungsunfähigkeit (InsO 17 I) und nach Maßgabe von InsO 18 die drohende Zahlungsunfähigkeit (nur bei dieser besteht für den Vorstand keine Pflicht, die Eröffnung des Insolvenzverfahrens zu beantragen, arg § 42 II). Für eV s § 75 (Eintragung). 2

3

4

3. **Ende der Rechtsfähigkeit. a) Gründe. aa) Verzicht** (hM). **bb) Entziehung** durch Verwaltungsakt, §§ 43 f, für eV auch § 73. Entziehung läßt nichtrechtsfähigen Verein fortbestehen (Rn 6). Da dessen Aktivität kaum eingeschränkt ist (§ 54 Rn 12–15), ist Entziehung im Fall des **§ 43 I** sinnlos und, da Verbot nach 5

Jauernig 19

VereinsG 3 möglich, entbehrlich (trotz VereinsG 30 II Nr 2; vgl. MK/Reuter § 44, 1, 2). Ist der eV schon satzungs*gemäß* ein wirtschaftlicher (s § 22), so ist Amtslöschung (FGG 159, 142) geboten (s u). Keine Amtslöschung, sondern Entziehung gem § 43 II, wenn sich eV satzungs*widrig* wirtschaftlich betätigt (BVerwG NJW 98, 1166 f, hM; aA K. Schmidt NJW 93, 1225 ff; 98, 1126, je mN). Liegen die Voraussetzungen von § 43 II vor, so ist idR zu entziehen (kein Ermessen, BVerwG NJW 98, 1168 im Anschluß an K. Schmidt, s NJW 98, 1125). Wirtschaftliche Religionsvereine haben bzgl. §§ 21, 22, 43 II keinen Sonderstatus aufgrund GG 4 II (BVerwG aaO). **b) Wirkung.** Verein verliert Rechtsfähigkeit, kann aber als nichtrechtsfähiger weiterbestehen (hM), gleich ob Liquidation stattfindet oder (nach §§ 45 III, 46 oder Verzicht [Kollhosser ZIP 84, 1434 ff]) nicht. Findet Liquidation statt (§ 47), so bleibt Verein mit geändertem Zweck als rechtsfähiger **Liquidationsverein** bestehen (§ 49 II), und zwar neben dem fortbestehenden nichtrechtsfähigen Verein.

7   **4. Erlöschen ohne Liquidation** tritt ein, wenn **a)** das **Vermögen** dem Fiskus anfällt (arg § 47; BGH DtZ 96, 344), sei es gem Satzung, Vereinsbeschluß oder Ges (§ 45); Fiskus ist Gesamtnachfolger wie Erbe, § 46 (dazu §§ 1942 II,
8   1966, 2011 mit 1994 I 2: beschränkte Haftung); **b) alle Mitglieder fortfallen** (durch Tod, Austritt, mangelnde Betätigung infolge Interesselosigkeit, tatsächliche Aufgabe des Vereinszwecks), weil Personenvereinigung ohne Personen undenkbar (BAG JZ 87, 421); Abwicklung durch Pfleger, § 1913 (BAG aaO); nach aA bewirkt
9   Fortfall nur Auflösung (K. Schmidt JZ 87, 394 ff mN); **c) das Vermögen** des kraft Hoheitsakts aufgelösten Vereins **eingezogen** wird: für Vereine VereinsG 11 II 3, 4 (ausnahmsweise Liquidation statt Einziehung: 11 IV); für politische Parteien, die zT nichtrechtsfähige Vereine sind, GG 21 II, III, BVerfGG 46 III, ParteienG 32 V.

§ 45 Anfall des Vereinsvermögens

(1) **Mit der Auflösung des Vereins oder der Entziehung der Rechtsfähigkeit fällt das Vermögen an die in der Satzung bestimmten Personen.**

(2) ¹**Durch die Satzung kann vorgeschrieben werden, dass die Anfallberechtigten durch Beschluss der Mitgliederversammlung oder eines anderen Vereinsorgans bestimmt werden.** ²**Ist der Zweck des Vereins nicht auf einen wirtschaftlichen Geschäftsbetrieb gerichtet, so kann die Mitgliederversammlung auch ohne eine solche Vorschrift das Vermögen einer öffentlichen Stiftung oder Anstalt zuweisen.**

(3) **Fehlt es an einer Bestimmung der Anfallberechtigten, so fällt das Vermögen, wenn der Verein nach der Satzung ausschließlich den Interessen seiner Mitglieder diente, an die zur Zeit der Auflösung oder der Entziehung der Rechtsfähigkeit vorhandenen Mitglieder zu gleichen Teilen, anderenfalls an den Fiskus des Bundes*staats*, in dessen Gebiet der Verein seinen Sitz hatte.**

§ 46 Anfall an den Fiskus

¹**Fällt das Vereinsvermögen an den Fiskus, so finden die Vorschriften über eine dem Fiskus als gesetzlichem Erben anfallende Erbschaft entsprechende Anwendung.** ²**Der Fiskus hat das Vermögen tunlichst in einer den Zwecken des Vereins entsprechenden Weise zu verwenden.**

§ 47 Liquidation

Fällt das Vereinsvermögen nicht an den Fiskus, so muss eine Liquidation stattfinden, sofern nicht über das Vermögen des Vereins das Insolvenzverfahren eröffnet ist.

§ 48 Liquidatoren

(1) ¹Die Liquidation erfolgt durch den Vorstand. ²Zu Liquidatoren können auch andere Personen bestellt werden; für die Bestellung sind die für die Bestellung des Vorstands geltenden Vorschriften maßgebend.

(2) Die Liquidatoren haben die rechtliche Stellung des Vorstands, soweit sich nicht aus dem Zwecke der Liquidation ein anderes ergibt.

(3) Sind mehrere Liquidatoren vorhanden, so ist für ihre Beschlüsse Übereinstimmung aller erforderlich, sofern nicht ein anderes bestimmt ist.

§ 49 Aufgaben der Liquidatoren

(1) ¹Die Liquidatoren haben die laufenden Geschäfte zu beendigen, die Forderungen einzuziehen, das übrige Vermögen in Geld umzusetzen, die Gläubiger zu befriedigen und den Überschuss den Anfallberechtigten auszuantworten. ²Zur Beendigung schwebender Geschäfte können die Liquidatoren auch neue Geschäfte eingehen. ³Die Einziehung der Forderungen sowie die Umsetzung des übrigen Vermögens in Geld darf unterbleiben, soweit diese Maßregeln nicht zur Befriedigung der Gläubiger oder zur Verteilung des Überschusses unter die Anfallberechtigten erforderlich sind.

(2) Der Verein gilt bis zur Beendigung der Liquidation als fortbestehend, soweit der Zweck der Liquidation es erfordert.

§ 50 Bekanntmachung

(1) ¹Die Auflösung des Vereins oder die Entziehung der Rechtsfähigkeit ist durch die Liquidatoren öffentlich bekanntzumachen. ²In der Bekanntmachung sind die Gläubiger zur Anmeldung ihrer Ansprüche aufzufordern. ³Die Bekanntmachung erfolgt durch das in der Satzung für Veröffentlichungen bestimmte Blatt, in Ermangelung eines solchen durch dasjenige Blatt, welches für Bekanntmachungen des Amtsgerichts bestimmt ist, in dessen Bezirk der Verein seinen Sitz hatte. ⁴Die Bekanntmachung gilt mit dem Ablauf des zweiten Tages nach der Einrückung oder der ersten Einrückung als bewirkt.

(2) Bekannte Gläubiger sind durch besondere Mitteilung zur Anmeldung aufzufordern.

§ 51 Sperrjahr

Das Vermögen darf den Anfallberechtigten nicht vor dem Ablauf eines Jahres nach der Bekanntmachung der Auflösung des Vereins oder der Entziehung der Rechtsfähigkeit ausgeantwortet werden.

§ 52 Sicherung für Gläubiger

(1) Meldet sich ein bekannter Gläubiger nicht, so ist der geschuldete Betrag, wenn die Berechtigung zur Hinterlegung vorhanden ist, für den Gläubiger zu hinterlegen.

(2) Ist die Berichtigung einer Verbindlichkeit zur Zeit nicht ausführbar oder ist eine Verbindlichkeit streitig, so darf das Vermögen den Anfallberechtigten nur ausgeantwortet werden, wenn dem Gläubiger Sicherheit geleistet ist.

§§ 53, 54

§ 53 Schadensersatzpflicht der Liquidatoren

Liquidatoren, welche die ihnen nach dem § 42 Abs. 2 und den §§ 50 bis 52 obliegenden Verpflichtungen verletzen oder vor der Befriedigung der Gläubiger Vermögen den Anfallberechtigten ausantworten, sind, wenn ihnen ein Verschulden zur Last fällt, den Gläubigern für den daraus entstehenden Schaden verantwortlich; sie haften als Gesamtschuldner.

Anmerkungen zu den §§ 45–53

1 **1. Allgemeines.** Zum Erlöschen ohne Liquidation §§ 41–44 Rn 7–9. Keine Liquidation iSd §§ 47 ff, sofern (§ 47) und soweit (InsO 35, 36) Liquidation durch ein Insolvenzverfahren erfolgt (vgl §§ 41–44 Rn 4 [bb]). Von diesen Fällen und dem Verzicht auf die Rechtsfähigkeit (§§ 41–44 Rn 6) abgesehen, findet Liquidation statt, § 47; zum Erlöschen nach Liquidation §§ 41–44 Rn 4, 6.

2 **2. Grundsätze der Liquidation. a) Als Liquidationsverein** bleibt der Verein (trotz Auflösung, trotz Ende der Rechtsfähigkeit) zum Zweck der Liquidation und
3 bis zu deren Ende *rechtsfähig*, § 49 II. **b) Zweck** der Liquidation ist Verflüssigung („Liquidation") des Vermögens, Schuldentilgung, Verteilung des Überschusses,
4 § 49 I 1. **c) Anfallberechtigte** (außer Fiskus, vgl §§ 41–44 Rn 7) erwerben nur Anspruch gegen Liquidationsverein. Anmeldung nötig, dazu und zur Auszahlung
5 §§ 50–52. **d) Liquidatoren** sind primär die Vorstandsmitglieder, § 48 I. Ihre Vertretungsmacht ist entgegen dem Wortlaut von § 49 I nicht auf Liquidationsgeschäfte beschränkt; darauf kann sich aber ein Dritter, der bei sorgfältiger Prüfung die Ungeeignetheit des Geschäfts für die Liquidation hätte erkennen können, nicht berufen (RG 146, 377 f, hM; vgl K. Schmidt AcP 184, 529 ff mwN). Liquidatoren haften für Verletzung bestimmter ges Pflichten, § 53. Für eV Eintragung, § 76. § 29 ist anwendbar.

§ 54 Nicht rechtsfähige Vereine

¹ Auf Vereine, die nicht rechtsfähig sind, finden die Vorschriften über die Gesellschaft Anwendung. ² Aus einem Rechtsgeschäft, das im Namen eines solchen Vereins einem Dritten gegenüber vorgenommen wird, haftet der Handelnde persönlich; handeln mehrere, so haften sie als Gesamtschuldner.

1 **1. Allgemeines. a) Körperschaftlich organisiert** ist der nichtrechtsfähige Verein wie der rechtsfähige und dadurch von der BGB-Gesellschaft, §§ 705 ff, unterschieden (§ 21 Rn 1). Der obj Inhalt (Auslegung!) der Gründervereinbarung
2 bestimmt, ob Verein oder Gesellschaft vorliegt (RG 74, 373). **b) Der Unterschied zwischen Verein und Gesellschaft** wird in S 1 bewußt aus wirtschaftlichen und insbes politischen Gründen ignoriert (vgl Stoll, RG-FG II 61 ff; BGH 50, 328 mwN). Die Anwendung des unpassenden Gesellschaftsrechts sollte zur Eintragung, §§ 55 ff, veranlassen und damit Vereine mit politischem, sozialpolitischem oder religiösem Zweck staatlicher Kontrolle unterwerfen, vgl §§ 61 II, 43 III aF (auf-
3 gehoben durch WRV 124 II). **c) Die Rspr** hat *S 1* weitgehend ausgehöhlt (BGH 50, 328 f; ie Rn 5–15), doch gibt es fließende Übergänge zwischen nichtrechtsfähigem Verein und Gesellschaft (§ 21 Rn 1 und u Rn 9 betr §§ 39, 723). Der *Unterschied* zwischen *rechtsfähigem Verein und (Ideal-)Verein nach § 54* liegt praktisch nicht mehr in der (mangelnden) Rechtsfähigkeit, sondern in der *(fehlenden) Eintragung* gem §§ 55 ff: Verein nach § 54 bedarf keiner schriftlichen Satzung (für eV § 59 II Nr 1), Satzungsänderung ist mit Beschlußfassung wirksam (für eV § 71), statt §§ 68, 70 greifen Grundsätze der Duldungs- und Anscheinsvollmacht (§ 167
4 Rn 8, 9) ein. **d) Der Unterschied zwischen Ideal- und wirtschaftlichem Verein** (dazu § 21 Rn 4) ist auch für § 54 beachtlich, vgl Rn 8, 15. Für letzteren

Titel 2. Juristische Personen **Vor § 55**

scheidet die Angleichung an den rechtsfähigen (Ideal-)Verein praktisch aus (dazu allg Flume I 1 § 7 I; ZHR 148, 517 ff.

2. Gesellschaftsrecht gilt heute für den nichtrechtsfähigen Idealverein (Rn 4) weitgehend **nicht** mehr (überholte Begründung: weitgehende Abdingbarkeit des Gesellschaftsrechts). **a) Rechte und Pflichten** der Mitglieder bestehen nicht nur gegenüber dem Verein (§ 38 Rn 1). Nur dieser, nicht das einzelne Mitglied, kann Rechte des Vereins geltend machen (str; sa RG 78, 106 betr Klagerecht bei Verletzung des Vereinsnamens). **b) Haftungsprivileg** des § 708 gilt nicht. **c) Haftung** (rechts- und nichtrechtsgeschäftliche) der Mitglieder ist beim Idealverein auf Vereinsvermögen als Sondervermögen beschränkt (MK/Reuter 46, 47 mN). Nach BGH NJW 79, 2306 folgt dies bei rechtsgeschäftlicher Haftung aus einer Beschränkung der Vertretungsmacht des Vorstands, § 714 (dagegen zutr Jaeger/Henckel § 6, 166: „Haftungsbeschränkung" als Folge der Gleichstellung von rechts- und nichtrechtsfähigem Verein). Keine Haftungsbeschränkung beim wirtschaftlichen Verein (StWeick 54 mN; hM). **d) Kündigung** ist durch Austritt ersetzt, RG 78, 136 (wo die Voraussetzungen den §§ 723 f entnommen werden; ebenso BGH NJW 79, 2305 für „Mischform", s Rn 3; die Grundsätze des § 39 sind vorzuziehen). **e) Auflösungsgründe** wie bei rechtsfähigem Verein (§§ 41–44 Rn 2), ferner Eröffnung des Insolvenzverfahrens, Fortfall aller Mitglieder (§§ 41–44 Rn 8); nach hM gilt § 726, vgl aber §§ 41–44 Rn 3. **f) Abbedungen** (s aber Rn 5) sind §§ 727 f stets, 738 I 2, 3, II idR (RG 113, 135) durch Satzung, uU stillschweigend. **g) Statt Auseinandersetzung,** §§ 730 ff, kann Satzung Liquidation, § 47, vorsehen, str, vgl BGH 50, 329.

3. Angleichung an rechtsfähigen Idealverein. a) Grundsatz: §§ 25 ff analog anwendbar, soweit sie nicht Art und Weise der Erlangung und des Verlustes der Rechtsfähigkeit betreffen wie §§ 33 II, 42–44. **b) Analog anwendbar** sind: §§ 25 (auch die Grundsätze der Vereinsstrafe, BGH 13, 11; dazu § 25 Rn 3–5), 26–29 (§ 29 Rn 2), 30, 31 (BAG DB 88, 2648 mN, hM; Haftung ist auf Vereinsvermögen beschränkt, Rn 8), 32, 33 I, 34–39 (Rn 9), 41, 53. **c) Weitere Angleichung. aa)** Er genießt *namensrechtlichen Schutz* nach § 12 (BGH 120, 106). Zum Ehrenschutz s BGH 78, 26. **bb)** Er kann *Mitglied eines* rechtsfähigen oder nichtrechtsfähigen *Vereins* sein (SoeHadding 10; StWeick 5; auch Zweibrücken NJW-RR 00, 749 f, ausgenommen als nichtrechtsfähiger Verein organisierte politische Partei). **cc)** Er kann im *Grundbuch* eingetragen werden (StWeick 80 mN; aA die noch hM, s Konzen JuS 89, 20 ff). Die Unanwendbarkeit von GBO 47 macht die Bestellung natürlicher od jur Person zum Treuhandeigentümer des Vereinsvermögens (vgl BGH 43, 320) überflüssig. **dd)** Er ist der Sache nach *wechselrechtsfähig* (Baumbach/Hefermehl, WG, Einl 19 mN). **d) Ges Angleichung** für *Prozeß, Insolvenz und Vollstreckung* (ZPO 50 II, 735, InsO 11 I 2) soll Rechtsverfolgung *gegen* den Verein erleichtern; ges Versagung der aktiven Parteifähigkeit soll die Rechtsverfolgung *durch* den Verein erschweren (zu den Auswegen BGH 42, 212 ff). Da der Idealverein des § 54 praktisch als rechtsfähig behandelt wird, gilt ZPO 50 I statt II (Jauernig, ZPR, § 19 II 2 mN; dort und Rn 4 vor § 21 zu den Konsequenzen für den nichtrechtsfähigen Verein, die sich aus der Annahme voller Parteifähigkeit der Außen-GbR ergeben).

4. Wer rechtsgeschäftlich gültig im Namen des Vereins **handelt,** dh nach außen verantwortlich hervortritt, **haftet** immer **persönlich, S 2.** Haftung abdingbar, stillschweigend nur unter bes Umständen (LM Nr 11 zu § 31). Genehmigung nach § 177 läßt Haftung unberührt. § 179 ist durch S 2 ausgeschlossen. Für den Vorverein (§ 21 Rn 7) eingegangene Pflichten gehen auf den eV über, der Handelnde wird frei (s Düsseldorf MDR 84, 489). S 2 gilt nicht für politische Parteien, ParteienG 37.

§§ 55, 55a Buch 1. Abschnitt 1. Personen

Kapitel 2. Eingetragene Vereine

Vorbemerkungen

Lit: bei § 21.

1 **1.** Durch Eintragung wird Idealverein *rechtsfähig,* § 21. Konstitutiv wirkt ferner die Eintragung von Satzungsänderungen, § 71. Andere Eintragungen wirken deklaratorisch (§§ 74–76). Gewisse Umstände genießen negative Publizität, §§ 68, 70; für Bestimmungen iSv § 70, die die Satzung ändern, gilt § 71, nicht § 68 S 1.

2 **2. Verfahren** der ersten Eintragung. **a) Erfordernisse der Anmeldung,** §§ 56–59, sind für Registergericht bindend, arg § 60. Zurückzuweisen ist auch, wenn die Satzung gegen §§ 134, 138 verstößt. Gegen Zurückweisung befristete Erinnerung, RpflG 11, 3 Nr 1 Buchst a mit FGG 160a. Eintragung ist nur ausnahmsweise nichtig (zB ohne Antrag, str; s MK/Reuter § 55, 4, auch LM Nr 222/4 zu § 3 UWG). Sie ist vernichtbar bei Verletzung von Mußvorschriften

3 (zB §§ 26, 57 I, 63, 73); Verfahren nach FGG 159, 142, 143. **b)** §§ **61–63** sind mit Wirkung vom 1. 6. 1998 aufgehoben (JuMiG 11, 37 I). Daher gibt es im Eintragungsverfahren keine verwaltungsbehördliche Mitwirkung mehr.

§ 55 Zuständigkeit für die Registereintragung

(1) Die Eintragung eines Vereins der im § 21 bezeichneten Art in das Vereinsregister hat bei dem Amtsgericht zu geschehen, in dessen Bezirk der Verein seinen Sitz hat.

(2) Die Landesjustizverwaltungen können die Vereinssachen einem Amtsgericht für die Bezirke mehrerer Amtsgerichte zuweisen.

1 **1. EinV.** Vgl § 21 Rn 8.

§ 55a Elektronisches Vereinsregister

(1) ¹**Die Landesregierungen können durch Rechtsverordnung bestimmen, dass und in welchem Umfang das Vereinsregister in maschineller Form als automatisierte Datei geführt wird.** ²**Hierbei muss gewährleistet sein, dass**

1. **die Grundsätze einer ordnungsgemäßen Datenverarbeitung eingehalten, insbesondere Vorkehrungen gegen einen Datenverlust getroffen sowie die erforderlichen Kopien der Datenbestände mindestens tagesaktuell gehalten und die originären Datenbestände sowie deren Kopien sicher aufbewahrt werden,**
2. **die vorzunehmenden Eintragungen alsbald in einen Datenspeicher aufgenommen und auf Dauer inhaltlich unverändert in lesbarer Form wiedergegeben werden können,**
3. **die nach der Anlage zu § 126 Abs. 1 Satz 2 Nr. 3 der Grundbuchordnung gebotenen Maßnahmen getroffen werden.**

³**Die Landesregierungen können durch Rechtsverordnung die Ermächtigung nach Satz 1 auf die Landesjustizverwaltungen übertragen.**

(2) Die Führung des Vereinsregisters auch in maschineller Form umfasst die Einrichtung und Führung eines Verzeichnisses der Vereine sowie weiterer, für die Führung des Vereinsregisters erforderlicher Verzeichnisse.

(3) ¹**Das maschinell geführte Vereinsregister tritt für eine Seite des Registers an die Stelle des bisherigen Registers, sobald die Eintragungen dieser Seite in den für die Vereinsregistereintragungen bestimmten Datenspeicher aufgenommen und als Vereinsregister freigegeben worden sind.** ²**Die entsprechenden Seiten des bisherigen Vereinsregisters sind mit einem Schließungsvermerk zu versehen.**

Titel 2. Juristische Personen §§ 56–58

(4) ¹Eine Eintragung wird wirksam, sobald sie in den für die Registereintragungen bestimmten Datenspeicher aufgenommen ist und auf Dauer inhaltlich unverändert in lesbarer Form wiedergegeben werden kann. ²Durch eine Bestätigungsanzeige oder in anderer geeigneter Weise ist zu überprüfen, ob diese Voraussetzungen eingetreten sind. ³Jede Eintragung soll den Tag angeben, an dem sie wirksam geworden ist.

(5) ¹Die zum Vereinsregister eingereichten Schriftstücke können zur Ersetzung der Urschrift auch als Wiedergabe auf einem Bildträger oder auf anderen Datenträgern aufbewahrt werden, wenn sichergestellt ist, dass die Wiedergaben oder die Daten innerhalb angemessener Zeit lesbar gemacht werden können. ²Bei der Herstellung der Bild- oder Datenträger ist ein schriftlicher Nachweis über ihre inhaltliche Übereinstimmung mit der Urschrift anzufertigen.

(6) ¹Wird das Vereinsregister in maschineller Form als automatisierte Datei geführt, so kann die Datenverarbeitung im Auftrag des zuständigen Amtsgerichts auf den Anlagen einer anderen staatlichen Stelle oder auf den Anlagen einer juristischen Person des öffentlichen Rechts vorgenommen werden, wenn die ordnungsgemäße Erledigung des Registersachen sichergestellt ist. ²Die Landesregierungen werden ermächtigt, durch Rechtsverordnung zu bestimmen, dass die Daten des bei einem Amtsgericht in maschineller Form geführten Vereinsregisters an andere Amtsgerichte übermittelt und dort auch zur Einsicht und zur Erteilung von Ausdrucken bereitgehalten werden, wenn dies der Erleichterung des Rechtsverkehrs dient und mit einer rationellen Registerführung vereinbar ist; die Landesregierungen können durch Rechtsverordnung die Ermächtigung auf die Landesjustizverwaltungen übertragen.

(7) **Das Bundesministerium der Justiz wird ermächtigt, durch Rechtsverordnung mit Zustimmung des Bundesrates nähere Vorschriften zu erlassen über die Einzelheiten der Einrichtung und Führung des Vereinsregisters, auch soweit es maschinell geführt wird.**

1. Eingefügt durch RegVBG Art 10, in Kraft seit 25. 12. 1993. Dazu VRV über Zuständigkeit, Einrichtung und Führung des Vereinsregisters, insbes des maschinell geführten. **1**

§ 56 Mindestmitgliederzahl des Vereins

Die Eintragung soll nur erfolgen, wenn die Zahl der Mitglieder mindestens sieben beträgt.

§ 57 Mindesterfordernisse an die Vereinssatzung

(1) **Die Satzung muss den Zweck, den Namen und den Sitz des Vereins enthalten und ergeben, dass der Verein eingetragen werden soll.**

(2) **Der Name soll sich von den Namen der an demselben Orte oder in derselben Gemeinde bestehenden eingetragenen Vereine deutlich unterscheiden.**

§ 58 Sollinhalt der Vereinssatzung

Die Satzung soll Bestimmungen enthalten:
1. über den Eintritt und Austritt der Mitglieder,
2. darüber, ob und welche Beiträge von den Mitgliedern zu leisten sind,
3. über die Bildung des Vorstands,

Jauernig

4. über die Voraussetzungen, unter denen die Mitgliederversammlung zu berufen ist, über die Form der Berufung und über die Beurkundung der Beschlüsse.

§ 59 Anmeldung zur Eintragung

(1) Der Vorstand hat den Verein zur Eintragung anzumelden.

(2) Der Anmeldung sind beizufügen:
1. die Satzung in Urschrift und Abschrift,
2. eine Abschrift der Urkunden über die Bestellung des Vorstands.

(3) Die Satzung soll von mindestens sieben Mitgliedern unterzeichnet sein und die Angabe des Tages der Errichtung enthalten.

§ 60 Zurückweisung der Anmeldung

(1) Die Anmeldung ist, wenn den Erfordernissen der §§ 56 bis 59 nicht genügt ist, von dem Amtsgericht unter Angabe der Gründe zurückzuweisen.

(2) *(weggefallen)*

§§ 61 bis 63 *(weggefallen)*

§ 64 Inhalt der Vereinsregistereintragung

Bei der Eintragung sind der Name und der Sitz des Vereins, der Tag der Errichtung der Satzung, die Mitglieder des Vorstands und ihre Vertretungsmacht anzugeben.

§ 65 Namenszusatz

Mit der Eintragung erhält der Name des Vereins den Zusatz „eingetragener Verein".

§ 66 Bekanntmachung

(1) Das Amtsgericht hat die Eintragung durch das für seine Bekanntmachungen bestimmte Blatt zu veröffentlichen.

(2) ¹Die Urschrift der Satzung ist mit der Bescheinigung der Eintragung zu versehen und zurückzugeben. ²Die Abschrift wird von dem Amtsgericht beglaubigt und mit den übrigen Schriftstücken aufbewahrt.

§ 67 Änderung des Vorstands

(1) ¹Jede Änderung des Vorstands ist von dem Vorstand zur Eintragung anzumelden. ²Der Anmeldung ist eine Abschrift der Urkunde über die Änderung beizufügen.

(2) Die Eintragung gerichtlich bestellter Vorstandsmitglieder erfolgt von Amts wegen.

§ 68 Vertrauensschutz durch Vereinsregister

¹Wird zwischen den bisherigen Mitgliedern des Vorstands und einem Dritten ein Rechtsgeschäft vorgenommen, so kann die Änderung des Vorstands dem Dritten nur entgegengesetzt werden, wenn sie zur Zeit der Vornahme des Rechtsgeschäfts im Vereinsregister eingetragen oder dem Dritten bekannt ist. ²Ist die Änderung eingetragen, so braucht der Dritte

sie nicht gegen sich gelten zu lassen, wenn er sie nicht kennt, seine Unkenntnis auch nicht auf Fahrlässigkeit beruht.

§ 69 Nachweis des Vereinsvorstands

Der Nachweis, dass der Vorstand aus den im Register eingetragenen Personen besteht, wird Behörden gegenüber durch ein Zeugnis des Amtsgerichts über die Eintragung geführt.

§ 70 Beschränkung der Vertretungsmacht; Beschlussfassung

Die Vorschriften des § 68 gelten auch für Bestimmungen, die den Umfang der Vertretungsmacht des Vorstands beschränken oder die Beschlussfassung des Vorstands abweichend von der Vorschrift des § 28 Abs. 1 regeln.

§ 71 Änderungen der Satzung

(1) ¹Änderungen der Satzung bedürfen zu ihrer Wirksamkeit der Eintragung in das Vereinsregister. ²Die Änderung ist von dem Vorstand zur Eintragung anzumelden. ³Der Anmeldung ist der die Änderung enthaltende Beschluss in Urschrift und Abschrift beizufügen.

(2) Die Vorschriften der §§ 60, 64 und des § 66 Abs. 2 finden entsprechende Anwendung.

§ 72 Bescheinigung der Mitgliederzahl

Der Vorstand hat dem Amtsgericht auf dessen Verlangen jederzeit eine von ihm vollzogene Bescheinigung über die Zahl der Vereinsmitglieder einzureichen.

§ 73 Unterschreiten der Mindestmitgliederzahl

(1) Sinkt die Zahl der Vereinsmitglieder unter drei herab, so hat das Amtsgericht auf Antrag des Vorstands und, wenn der Antrag nicht binnen drei Monaten gestellt wird, von Amts wegen nach Anhörung des Vorstands dem Verein die Rechtsfähigkeit zu entziehen.

(2) *(weggefallen)*

§ 74 Auflösung

(1) ¹Die Auflösung des Vereins sowie die Entziehung der Rechtsfähigkeit ist in das Vereinsregister einzutragen. ²Im Falle der Eröffnung des Insolvenzverfahrens unterbleibt die Eintragung.

(2) ¹Wird der Verein durch Beschluss der Mitgliederversammlung oder durch den Ablauf der für die Dauer des Vereins bestimmten Zeit aufgelöst, so hat der Vorstand die Auflösung zur Eintragung anzumelden. ²Der Anmeldung ist im ersteren Falle eine Abschrift des Auflösungsbeschlusses beizufügen.

(3) Wird dem Verein auf Grund des § 43 die Rechtsfähigkeit entzogen, so erfolgt die Eintragung auf Anzeige der zuständigen Behörde.

§ 75 Eröffnung des Insolvenzverfahrens

¹Die Eröffnung des Insolvenzverfahrens ist von Amts wegen einzutragen. ²Das Gleiche gilt für
1. die Aufhebung des Eröffnungsbeschlusses,

2. die Bestellung eines vorläufigen Insolvenzverwalters, wenn zusätzlich dem Schuldner ein allgemeines Verfügungsverbot auferlegt oder angeordnet wird, dass Verfügungen des Schuldners nur mit Zustimmung des vorläufigen Insolvenzverwalters wirksam sind, und die Aufhebung einer derartigen Sicherungsmaßnahme,
3. die Anordnung der Eigenverwaltung durch den Schuldner und deren Aufhebung sowie die Anordnung der Zustimmungsbedürftigkeit bestimmter Rechtsgeschäfte des Schuldners,
4. die Einstellung und die Aufhebung des Verfahrens und
5. die Überwachung der Erfüllung eines Insolvenzplans und die Aufhebung der Überwachung.

§ 76 Eintragung der Liquidatoren

(1) ¹Die Liquidatoren sind in das Vereinsregister einzutragen. ²Das Gleiche gilt von Bestimmungen, welche die Beschlussfassung der Liquidatoren abweichend von der Vorschrift des § 48 Abs. 3 regeln.

(2) ¹Die Anmeldung hat durch den Vorstand, bei späteren Änderungen durch die Liquidatoren zu erfolgen. ²Bei der Anmeldung ist der Umfang der Vertretungsmacht der Liquidatoren anzugeben. ³Der Anmeldung der durch Beschluss der Mitgliederversammlung bestellten Liquidatoren ist eine Abschrift des Beschlusses, der Anmeldung einer Bestimmung über die Beschlussfassung der Liquidatoren eine Abschrift der die Bestimmung enthaltenden Urkunde beizufügen.

(3) Die Eintragung gerichtlich bestellter Liquidatoren geschieht von Amts wegen.

§ 77 Form der Anmeldungen

Die Anmeldungen zum Vereinsregister sind von den Mitgliedern des Vorstands sowie von den Liquidatoren mittels öffentlich beglaubigter Erklärung zu bewirken.

§ 78 Festsetzung von Zwangsgeld

(1) Das Amtsgericht kann die Mitglieder des Vorstands zur Befolgung der Vorschriften des § 67 Abs. 1, des § 71 Abs. 1, des § 72, des § 74 Abs. 2 und des § 76 durch Festsetzung von Zwangsgeld anhalten.

(2) In gleicher Weise können die Liquidatoren zur Befolgung der Vorschriften des § 76 angehalten werden.

§ 79 Einsicht in das Vereinsregister

(1) ¹Die Einsicht des Vereinsregisters sowie der von dem Verein bei dem Amtsgericht eingereichten Schriftstücke ist jedem gestattet. ²Von den Eintragungen kann eine Abschrift gefordert werden; die Abschrift ist auf Verlangen zu beglaubigen. ³Werden die Schriftstücke nach § 55 a Abs. 5 aufbewahrt, so kann eine Abschrift nur von der Wiedergabe gefordert werden. ⁴Die Abschrift ist auf Verlangen zu beglaubigen. ⁵Eine Einsicht in das Original ist nur gestattet, wenn ein berechtigtes Interesse an der Einsicht darin dargelegt wird.

(2) Die Einrichtung eines automatisierten Verfahrens, das die Übermittlung der Daten aus dem maschinell geführten Vereinsregister durch Abruf ermöglicht, ist zulässig, sofern sichergestellt ist, dass

1. der Abruf von Daten die nach Absatz 1 zulässige Einsicht nicht überschreitet und

Titel 2. Juristische Personen **Vor § 80, § 80**

2. die Zulässigkeit der Abrufe auf der Grundlage einer Protokollierung kontrolliert werden kann.

(3) ¹Der Nutzer ist darauf hinzuweisen, dass er die übermittelten Daten nur zu Informationszwecken verwenden darf. ²Die zuständige Stelle hat (z. B. durch Stichproben) zu prüfen, ob sich Anhaltspunkte dafür ergeben, dass die nach Satz 1 zulässige Einsicht überschritten oder übermittelte Daten missbraucht werden.

(4) Die zuständige Stelle kann einen Nutzer, der die Funktionsfähigkeit der Abrufeinrichtung gefährdet, die nach Absatz 3 Satz 1 zulässige Einsicht überschreitet oder übermittelte Daten missbraucht, von der Teilnahme am automatisierten Abrufverfahren ausschließen; dasselbe gilt bei drohender Überschreitung oder drohendem Missbrauch.

(5) ¹Zuständige Stelle ist die Landesjustizverwaltung. ²Örtlich zuständig ist die Behörde, in deren Bezirk das betreffende Amtsgericht liegt. ³Die Zuständigkeit kann durch Rechtsverordnung der Landesregierung abweichend geregelt werden. ⁴Sie kann diese Ermächtigung durch Rechtsverordnung auf die Landesjustizverwaltung übertragen.

1. I 3–5, II eingefügt durch RegVBG Art 10, III–V eingefügt durch ERJuKoG 2 Nr 3.   1

Untertitel 2. Stiftungen

Vorbemerkungen

1. §§ 80–88 betreffen **rechtsfähige Stiftungen** des **Privatrechts. a)** Durch 1 das Ges zur Modernisierung des Stiftungsrechts v 15. 7. 2002 (in Kraft seit 1. 9. 2002) sind die Voraussetzungen, unter denen eine Stiftung Rechtsfähigkeit erlangt, in den §§ 80–89 bundeseinheitlich und abschließend geregelt. Oberstes Prinzip des Stiftungsrechts ist weiterhin die fortwährend konstitutive Bedeutung des Stifterwillens (BGH 99, 348). **b) Begriffsmerkmale** der Stiftung: eigene Rechtsfähigkeit, 2 keine Mitglieder, Zweckbindung des gewidmeten Vermögens.

2. Keine Stiftung iSd §§ 80 ff sind **a) die nichtrechtsfähige** oder fiduziarische 3 Stiftung. Sie ist unentgeltliche Zuwendung an natürliche oder, praktisch stets, an jur Person mit der auf Dauer verbindlichen Bestimmung, mit dem Vermögen bestimmte Zwecke zu fördern. Unter Lebenden oder von Todes wegen möglich (RG 88, 339), es gilt Schuld- oder Erbrecht. §§ 80 ff sind auch nicht analog anwendbar; Analogie zu § 87 erwägenswert; **b) das Sammelvermögen** (vgl 4 § 1914); eigene Rechtspersönlichkeit fehlt.

3. Stiftungen des öffentl Rechts spielen geringe Rolle. Sie können rechts- 5 fähig oder nichtrechtsfähig sein. Schwierig ist ihre Unterscheidung von denen des Privatrechts, denn diese können auch von jur Person des öffentl Rechts mit öffentl Zweck begründet werden, wie umgekehrt Stifter einer öffentl-rechtlichen Stiftung eine Privatperson sein kann. Ie MK/Reuter 60–64.

§ 80 Entstehung einer rechtsfähigen Stiftung

(1) Zur Entstehung einer rechtsfähigen Stiftung sind das Stiftungsgeschäft und die Anerkennung durch die zuständige Behörde des Landes erforderlich, in dem die Stiftung ihren Sitz haben soll.

(2) Die Stiftung ist als rechtsfähig anzuerkennen, wenn das Stiftungsgeschäft den Anforderungen des § 81 Abs. 1 genügt, die dauernde und nachhaltige Erfüllung des Stiftungszwecks gesichert erscheint und der Stiftungszweck das Gemeinwohl nicht gefährdet.

(3) ¹Vorschriften der Landesgesetze über kirchliche Stiftungen bleiben unberührt. ²Das gilt entsprechend für Stiftungen, die nach den Landesgesetzen kirchlichen Stiftungen gleich gestellt sind.

§ 81 Stiftungsgeschäft

(1) ¹Das Stiftungsgeschäft unter Lebenden bedarf der schriftlichen Form. ²Es muß die verbindliche Erklärung des Stifters enthalten, ein Vermögen zur Erfüllung eines von ihm vorgegebenen Zweckes zu widmen. ³Durch das Stiftungsgeschäft muss die Stiftung eine Satzung erhalten mit Regelungen über
1. den Namen der Stiftung,
2. den Sitz der Stiftung,
3. den Zweck der Stiftung,
4. das Vermögen der Stiftung
5. die Bildung des Vorstands der Stiftung.

⁴Genügt das Stiftungsgeschäft den Erfordernissen des Satzes 3 nicht und ist der Stifter verstorben, findet § 83 Satz 2 bis 4 entsprechende Anwendung.

(2) ¹Bis zur Anerkennung der Stiftung als rechtsfähig ist der Stifter zum Widerruf des Stiftungsgeschäfts berechtigt. ²Ist die Anerkennung bei der zuständigen Behörde beantragt, so kann der Widerruf nur dieser gegenüber erklärt werden. ³Der Erbe des Stifters ist zum Widerruf nicht berechtigt, wenn der Stifter den Antrag bei der zuständigen Behörde gestellt oder im Falle der notariellen Beurkundung des Stiftungsgeschäfts den Notar bei oder nach der Beurkundung mit der Antragstellung betraut hat.

§ 82 Übertragungspflicht des Stifters

¹Wird die Stiftung als rechtsfähig anerkannt, so ist der Stifter verpflichtet, das in dem Stiftungsgeschäft zugesicherte Vermögen auf die Stiftung zu übertragen. ²Rechte, zu deren Übertragung der Abtretungsvertrag genügt, gehen mit der Anerkennung auf die Stiftung über, sofern nicht aus dem Stiftungsgeschäft sich ein anderer Wille des Stifters ergibt.

§ 83 Stiftung von Todes wegen

¹Besteht das Stiftungsgeschäft in einer Verfügung von Todes wegen, so hat das Nachlassgericht dies der zuständigen Behörde zur Anerkennung mitzuteilen, sofern sie nicht von dem Erben oder dem Testamentsvollstrecker beantragt wird. ²Genügt das Stiftungsgeschäft nicht den Erfordernissen des § 81 Abs. 1 Satz 3, wird der Stiftung vor der Anerkennung eine Satzung gegeben oder eine unvollständige Satzung ergänzt; dabei soll der Wille des Stifters berücksichtigt werden. ³Als Sitz der Stiftung gilt, wenn nicht ein anderes bestimmt ist, der Ort, an welchem die Verwaltung geführt wird. ⁴Im Zweifel gilt der letzte Wohnsitz des Stifters im Inland als Sitz.

§ 84 Anerkennung nach Tod des Stifters

Wird die Stiftung erst nach dem Tode des Stifters als rechtsfähig anerkannt, so gilt sie für die Zuwendungen des Stifters als schon vor dessen Tod entstanden.

Anmerkungen zu den §§ 80–84

1 1. **Stiftung entsteht** als jur Person durch das Stiftungsgeschäft (Rn 2) und ihre
2 staatliche Anerkennung (Rn 3), § 80 I. **a)** Das **Stiftungsgeschäft** ist einseitiges, nicht empfangsbedürftiges RGeschäft unter Lebenden (vgl § 81 I 1; Form: Schrift-

Titel 2. Juristische Personen   §§ 85–87

form, § 126; elektronische Form, § 126 III, verbietet sich, arg §§ 81 I 4, 83 S 2) oder von Todes wegen (vgl § 83 S 1; Form: Testament, Erbvertrag). Durch das Stiftungsgeschäft muß die Stiftung eine **Satzung** erhalten, die den Namen, Sitz, Zweck, das Vermögen und die Bildung des Vorstands der Stiftung regelt, § 81 I 3. Zur Mangelbeseitigung bei Tod des Stifters s § 81 I 4 mit § 83 S 2–4. **b)** Die **Anerkennung** der Stiftung als rechtsfähig ist auszusprechen, wenn die **Voraussetzungen** des § 80 II vorliegen: Stiftungsgeschäft (Rn 2; die in § 81 I 1 verlangte Schriftform genügt nur für Stiftungsgeschäft unter Lebenden, nicht auch von Todes wegen, s § 126 einerseits, zB § 2247 I andererseits); verbindliche Erklärung des Stifters, Vermögen zur Erfüllung eines von ihm bestimmten Zwecks zu widmen; die dauernde und nachhaltige Erfüllung des Stiftungszwecks erscheint gesichert; der Stiftungszweck (nicht erst die Stiftung) gefährdet nicht das Gemeinwohl. **c)** Liegen die Voraussetzungen (Rn 3) vor, so hat der Stifter einen **Rechtsanspruch auf Anerkennung,** so deutlich § 80 II (im fr Recht war das str, s MK/Reuter § 80, 19). 3

4. Ist die Stiftung entstanden, so geht zugesichertes **Vermögen auf** die **Stiftung** über: unter Lebenden durch Einzelübertragung und nach § 82 S 2, sonst durch Gesamtnachfolge, § 1922. Dazu § 84 (erfaßt Stiftungsgeschäft unter Lebenden und von Todes wegen); BayObLG NJW-RR 91, 524. 5

§ 85 Stiftungsverfassung

Die Verfassung einer Stiftung wird, soweit sie nicht auf Bundes- oder Landesgesetz beruht, durch das Stiftungsgeschäft bestimmt.

§ 86 Anwendung des Vereinsrechts

¹Die Vorschriften der §§ 23 und 26, des § 27 Abs. 3 und der §§ 28 bis 31, 42 finden auf Stiftungen entsprechende Anwendung, die Vorschriften des § 27 Abs. 3 und des § 28 Abs. 1 jedoch nur insoweit, als sich nicht aus der Verfassung, insbesondere daraus, dass die Verwaltung der Stiftung von einer öffentlichen Behörde geführt wird, ein anderes ergibt. ²Die Vorschriften des § 28 Abs. 2 und des § 29 finden auf Stiftungen, deren Verwaltung von einer öffentlichen Behörde geführt wird, keine Anwendung.

Anmerkungen zu den §§ 85, 86

1. Die **Verfassung (§ 85)** wird durch zwingendes Bundesrecht (§ 86!) und Landesrecht sowie durch das Stiftungsgeschäft und nachgiebiges Bundes- und Landesrecht bestimmt. 1

2. § 86 ist zwingend, soweit nicht für §§ 27 III, 28 I sich aus der Verfassung, insbes wegen Verwaltung durch öffentl Behörde, etwas anderes ergibt. 2

§ 87 Zweckänderung; Aufhebung

(1) **Ist die Erfüllung des Stiftungszwecks unmöglich geworden oder gefährdet sie das Gemeinwohl, so kann die zuständige Behörde der Stiftung eine andere Zweckbestimmung geben oder sie aufheben.**

(2) ¹**Bei der Umwandlung des Zweckes soll der Wille des Stifters berücksichtigt werden, insbesondere soll dafür gesorgt werden, dass die Erträge des Stiftungsvermögens dem Personenkreis, dem sie zustatten kommen sollten, im Sinne des Stifters erhalten bleiben.** ²**Die Behörde kann die Verfassung der Stiftung ändern, soweit die Umwandlung des Zweckes es erfordert.**

(3) **Vor der Umwandlung des Zweckes und der Änderung der Verfassung soll der Vorstand der Stiftung gehört werden.**

Jauernig 31

§§ 88, 89 Buch 1. Abschnitt 1. Personen

§ 88 Vermögensanfall

¹Mit dem Erlöschen der Stiftung fällt das Vermögen an die in der Verfassung bestimmten Personen. ²Fehlt es an einer Bestimmung der Anfallberechtigten, so fällt das Vermögen an den Fiskus des Landes, in dem die Stiftung ihren Sitz hatte, oder an einen anderen nach dem Recht dieses Landes bestimmten Anfallberechtigten. ³Die Vorschriften der §§ 46 bis 53 finden entsprechende Anwendung.

Anmerkungen zu den §§ 87, 88

1 1. **Ende der** Stiftung durch Aufhebung gem § 87 I, Insolvenzverfahren (§§ 86, 42), Zeitablauf oder Bedingungseintritt gem Stiftungsgeschäft.

2 2. Bei Beendigung (Rn 1) findet, außer im Fall eines Insolvenzverfahrens, **Liquidation** nach §§ 46–53 statt (§ 88 S 3).

Untertitel 3. Juristische Personen des öffentlichen Rechts

§ 89 Haftung für Organe; Insolvenz

(1) Die Vorschrift des § 31 findet auf den Fiskus sowie auf die Körperschaften, Stiftungen und Anstalten des öffentlichen Rechts entsprechende Anwendung.

(2) Das Gleiche gilt, soweit bei Körperschaften, Stiftungen und Anstalten des öffentlichen Rechts das Insolvenzverfahren zulässig ist, von der Vorschrift des § 42 Abs. 2.

1 1. **Träger der Haftung, I,** können **alle jur Personen des öffentl Rechts sein:** Gebietskörperschaften (zB Gemeinden, Landkreise), sonstige Körperschaften (zB Rechtsanwaltskammern), rechtsfähige Anstalten (zB Bundesbank) und Stiftungen (zB Preußischer Kulturbesitz) des öffentl Rechts. **Fiskus** heißt der Staat (Bund, Länder; s Rn 6) als Privatrechtssubjekt.

2 2. **Bereich der Haftung nach I. a)** I stellt jur Personen des öffentl und des Privatrechts haftungsrechtlich gleich. Die Gleichstellung kann sich nur auf den zivilrechtlichen Bereich beziehen. Der Staat usw muß also in privatrechtlicher Form, „fiskalisch", gehandelt haben (s Rn 1). Haben die Organe (Rn 4) *in Ausübung eines öffentl Amtes* schuldhaft Schaden zugefügt, so *gelten §§ 89, 31 nicht* (ebensowenig wie §§ 278, 831 für sonstige Personen), sondern GG 34 mit § 839. **b) Bsp** aus der Rspr vgl § 839 Rn 7, 8.

3 3. **Verweisung auf § 31. a)** I ist wie § 31 **Zurechnungsnorm** (§ 31 Rn 1). Er setzt wegen der Gleichbehandlung aller jur Personen (Rn 2 [a]) die Verwirklichung einer *allg* Schadensersatznorm voraus. Als solche scheidet § 839 für die Haftung des Fiskus usw (*nicht* des Beamten!) aus, weil diese Norm Sondervorschrift für Beamte
4 im staatsrechtlichen Sinn ist (RG 162, 161 f). **b) Bes oder verfassungsmäßig berufene Vertreter** leiten ihre Funktion unmittelbar aus den betr Organisationsnormen ab (RG 157, 237, 240; 162, 167 f). Sie erledigen den zugewiesenen Geschäftskreis nach außen selbständig und eigenverantwortlich, was interne Oberaufsicht nicht ausschließt (RG 157, 236). Vertreter ist nicht iSd §§ 164 ff gemeint (§ 30 Rn 4). Zum sog **Organisationsmangel** (dh Fehlen eines bes Vertreters) § 31
5 Rn 4. **c) In Ausführung** der ihm zustehenden Verrichtung muß der Vertreter handeln (§ 31 Rn 5). Handlungen eines Organs jenseits des Wirkungskreises der jur Person des öffentl Rechts (also nicht nur in Überschreitung oder Mißbrauch der Vertretungsmacht) sind rechtsunwirksam, Zurechnung nach § 89 daher ausgeschlossen (vgl BGH 20, 126; Rn 10 [a] vor § 21; sa BGH NJW 86, 2940).

6 4. **II** nennt nicht den **Fiskus**, da Bund und Länder **insolvenzunfähig** sind (InsO 12 I Nr 1). Zur Insolvenzfähigkeit iü und deren praktischer Bedeutung Jauernig, ZwV, § 40 II 3.

Abschnitt 2. Sachen und Tiere

Vorbemerkungen

I. Rechtssubjekte sind die natürlichen und jur Personen (BGB Buch 1 Abschnitt 1; zur Rechtssubjektivität von Personenvereinigungen Rn 1, 4 vor § 21; § 21 Rn 1). Ihnen dienen die **Rechtsobjekte** (Gegenstände im Rechtssinne). Rechtsobjekte sind die körperlichen (§ 90) und unkörperlichen Gegenstände (Forderungen, Immaterialgüterrechte und andere Vermögensrechte). Die §§ 90, 91 ff definieren einige, aber nicht alle Arten von Sachen, insbes nicht „bewegliche" und „unbewegliche" Sachen (Rn 2, 3). **Tiere** sind nach § 90 a „keine Sachen" (s aber dort Rn 1).

II. Grundbegriffe

1. Die wichtigste Unterscheidung ist die zwischen *beweglichen* und *unbeweglichen Sachen* (Grundstücken). **a) Grundstück** ist ein abgegrenzter Teil der Erdoberfläche, der im Grundbuch als selbständiges Grundstück eingetragen ist (vgl GBO 3 I 1 mit Ausnahmen in II–IX). *Wie* ein Grundstück (Grundstücks*eigentum*!) wird das Erbbaurecht behandelt (ErbbauVO 11), nicht das Wohnungseigentum (es *ist* Eigentum, WEG 3). **b) Beweglich** sind alle Sachen, die weder Grundstücke noch Grundstücksbestandteile sind (RG 158, 368 f). **Tiere** sind (bewegliche) Sachen sui generis (§ 90 a Rn 1).

2. Einzelsache und Sachgesamtheit. a) Einzelsache kann eine *einfache* (Pflanze, Stein, Geldstück; auch ein Tier, § 90 a Rn 1) oder eine *zusammengesetzte* (serienmäßig hergestellter Kraftwagen, BGH 18, 228 f; Gebäude) sein (vgl RG 87, 45). Nur die Einzelsache ist „Sache" im sachenrechtlichen Sinn. Ihre *Kennzeichen* sind: **aa) Körperlichkeit** (sie fehlt bei Meereswellen, Wind, Schall, Elektrizität); **bb) Abgrenzbarkeit** (sie fehlt beim offenen Meer, fließenden Wasser, bei der Luft, nicht beim Luftraum, vgl § 905); auf den Aggregatzustand (fest, flüssig, gasförmig) kommt es nicht an, sofern Abgrenzbarkeit (Beherrschbarkeit) gegeben ist (Wasser in der Flasche, Gas im Ballon); **cc) nicht** *physikalische Kohärenz;* daher sind Getreide- oder Kohlenhaufen, ein Bienenschwarm, ein Kartenspiel Einzelsachen; sa Rn 4 (dd). **dd) Eine Sacheinheit** ist ebenfalls Einzelsache im Rechtssinn: Faktisch besteht eine Mehrheit einzelner, wirtschaftlich idR wertloser Sachen, die nach der Verkehrsanschauung erst im Verbund relevant sind (ges Bsp: Bienenschwarm, §§ 961 ff; sa Bsp in Rn 4 [cc]). **b) Die Sachgesamtheit** besteht aus einer Mehrheit von Einzelsachen, auch wenn sie wirtschaftlich als Einheit erscheint (RG 87, 45 f), zB Bibliothek, Viehherde, Warenlager (vgl § 92 II: Sachinbegriff). Sie kann Gegenstand eines schuldrechtlichen Geschäfts, zB Miete, Kauf, sein; sachenrechtlich ist nicht sie, sondern jede ihrer Einzelsachen „Sache" (Rn 4), was insbes für die Übereignung von Warenlagern wichtig ist (vgl § 930 Rn 46).

3. Bestandteile. Jede zusammengesetzte Einzelsache (Rn 4) und nur sie hat Bestandteile. Ie Anm zu § 93.

4. Teilbarkeit ist gegeben, wenn die Sache sich ohne Verminderung ihres Wertes in gleichartige Teile zerlegen läßt, vgl § 752.

5. Vertretbare Sachen: § 91; **verbrauchbare** Sachen: § 92; **Gattungs-** und **Speziessachen** s Anm zu § 243; Hauptsache und **Zubehör** s Anm zu §§ 97, 98.

6. Keine Sache ist der **Körper** des lebenden Menschen. Für getrennte Körperteile differenziert BGH 124, 54 f: Sie sind Sachen bei *endgültiger* Trennung und *nicht* „spender"bezogener Verwendung (zB abgeschnittene Haare, gezogene Zähne; auch gespendete Organe zur Fremdverwendung; § 953 gilt entspr); fehlt es daran (zB bei vorsorglicher Eigenblutspende vor Operation), so sind diese Teile auch während der Trennung nicht Sachen, sondern Körperteile (wichtig für §§ 823 I, 847; iE zust zu § 847 Taupitz NJW 95, 745 ff). Zum Sonderfall konservierten

1

2

3

4

5

6

7

8

9

§§ 90–91

Spermas BGH 124, 56; dazu abl Laufs/Reiling NJW 94, 775 f; sa Taupitz aaO. – Eine Verpflichtung des lebenden Spenders zur Organentnahme zwecks Fremdverwendung verstößt gegen § 138. Zur Rechtslage bzgl künstlicher Körperteile Gropp JR 85, 181 ff. Die **Leiche** ist nach hM nicht Rückstand der Persönlichkeit, sondern dem Rechtsverkehr entzogene herrenlose Sache (zum Streitstand Zimmermann NJW 79, 570 f); doch sind sog Anatomieverträge gültig (bei Entgeltlichkeit uU § 138). Gültig sind auch Verfügungen des Verstorbenen über Körperteile, bedeutsam für Organtransplantationen vom toten Spender (TPG 3 I Nr 1).

§ 90 Begriff der Sache

Sachen im Sinne des Gesetzes sind nur körperliche Gegenstände.

1   1. Zum **Sachbegriff** vgl Rn 4 vor § 90.

2   2. **Bedeutung.** Nur an Sachen kann Eigentum iSd BGB (iGgs zum Eigentum iSv GG 14, vgl Rn 11 vor § 903), ein anderes dingliches Recht (Ausnahmen: §§ 1068 ff, 1273 ff) oder Besitz bestehen. Zuweilen ist Regelungsgegenstand einer nicht-sachenrechtlichen Norm eine Sache, zB §§ 562, 598, 701, 2023; Ausdehnung dieser Normen auf unkörperliche Gegenstände (Rn 1 vor § 90) ist Frage des Einzelfalls (Bsp: § 119 Rn 12).

§ 90 a Tiere

¹**Tiere sind keine Sachen.** ²**Sie werden durch besondere Gesetze geschützt.** ³**Auf sie sind die für Sachen geltenden Vorschriften entsprechend anzuwenden, soweit nicht etwas anderes bestimmt ist.**

1   1. **Eingefügt durch Ges v 20. 8. 1990.** Der Sachbegriff umfaßte bisher lebende (Tiere, Pflanzen) und leblose Sachen. S 3 läßt zwar alles beim alten, doch kann S 1 iVm S 3 Verwirrung stiften: Ist Tier (Wanze) = Tier (Pferd)? (Differenzierend PflSchG: „Tier" als Schutzobjekt [zB § 1 Nr 4] und als Schadorganismus [zB § 2 Nr 7]; TierSchG 17 schützt nur Wirbeltiere, indifferenziert und daher unsinnig GG 20 a.) Der Absurdität von § 90 a ist durch seine berichtigende Auslegung zu begegnen: Tiere sind *keine leblosen*, sondern *Sachen* sui generis, für die idR die allg Vorschriften gelten (S 3). Diese Auslegung fällt umso leichter, als Bienen nach wie vor „Sachen" sind (§§ 961 ff) und nach § 903 S 2 auch an Tieren „Eigentum" besteht; sa StGB 324 a I Nr 1, 325 I 1 („Tiere ... oder andere Sachen"); zur Problematik, dem unverständigen Begriffsbildung des Strafrechts, Küper JZ 93, 435 ff; Graul JuS 00, 218 f, je mN. Die Banalität von S 2 wird durch die des § 903 S 2 noch übertroffen; zu § 251 II 2 s dort Rn 10. Zum E des Ges mR karikierend K. Schmidt JZ 89, 790 ff; Grunsky, FS Jauch, 1990, S 93 ff.

§ 91 Vertretbare Sachen

Vertretbare Sachen im Sinne des Gesetzes sind bewegliche Sachen, die im Verkehr nach Zahl, Maß oder Gewicht bestimmt zu werden pflegen.

1   1. **Die Verkehrsüblichkeit** bestimmt, was vertretbare Sachen sind (obj Maßstab). Sie sind nach der Verkehrsanschauung austauschbar.

2   2. **Vertretbar** sind zB Geld (Scheine, Münzen), Lebensmittel (auch Spitzenwein, weil in derselben Sorte austauschbar, BGH NJW 85, 2403), Brennstoffe, serienmäßig hergestellte fabrikneue Maschinen (Hamm BB 86, 556), See-, Luft- und Landfahrzeuge (idR nicht: gebrauchte Fahrzeuge und Maschinen).

3   3. **Bedeutung** hat die Vertretbarkeit einer Sache insbes im Schuldrecht (§§ 607 I, 651, 700, 706 II, 783) und im Prozeß (ZPO 592, 884).

4   4. **Ob Gattungs- oder Speziessache** vorliegt, entscheidet, iGgs zur Vertretbarkeit (Rn 1), der Parteiwille (vgl § 243 Rn 3).

Sachen und Tiere §§ 92, 93

§ 92 Verbrauchbare Sachen

(1) **Verbrauchbare Sachen im Sinne des Gesetzes sind bewegliche Sachen, deren bestimmungsmäßiger Gebrauch in dem Verbrauch oder in der Veräußerung besteht.**

(2) **Als verbrauchbar gelten auch bewegliche Sachen, die zu einem Warenlager oder zu einem sonstigen Sachinbegriffe gehören, dessen bestimmungsmäßiger Gebrauch in der Veräußerung der einzelnen Sachen besteht.**

1. **§ 92 betrifft nur bewegliche** Sachen. Verbrauchbarkeit ist in I obj, in II subj bestimmt. ISv I sind zum *Verbrauch* (Abnutzung durch *Gebrauch* ungenügend) bestimmt zB Nahrungsmittel, Heizmaterial; zur *Veräußerung* bestimmt ist insbes Geld (Begriff: § 91 Rn 2). Unter den Voraussetzungen von II kann jede bewegliche Sache zur verbrauchbaren werden. 1

2. **Einräumung eines Nutzungsrechts** an verbrauchbaren Sachen macht das Recht inhaltlich zum Verbrauchsrecht, vgl §§ 1067, 1075 II, 1084, 1086 S 2. 2

3. **Zur Bedeutung** der Verbrauchbarkeit s §§ 706 II, 1814 S 2, 2116 I 2, 2325 II 1, sa Rn 2; Miete und Leihe scheiden aus (arg §§ 546, 604 mit 92). 3

§ 93 Wesentliche Bestandteile einer Sache

Bestandteile einer Sache, die voneinander nicht getrennt werden können, ohne dass der eine oder der andere zerstört oder in seinem Wesen verändert wird (wesentliche Bestandteile), können nicht Gegenstand besonderer Rechte sein.

1. **Allgemeines.** Nur zusammengesetzte (MK/Holch 3, str) **Einzelsache** (Begriff Rn 4 vor § 90) hat Bestandteile (Rn 6 vor § 90). § 93 definiert nur den wesentlichen Bestandteil und ordnet an, daß die dingliche Rechtslage der Sache und ihrer wesentlichen Bestandteile stets übereinstimmt (daher an einem letzteren vor Trennung kein Eigentumserwerb durch RGeschäft [aber Kauf möglich, BGH NJW 00, 505]; anders bei Erwerb durch fehlerhaften, aber wirksamen Vollstreckungsakt, Gaul NJW 89, 2509 ff gegen BGH 104, 303). Kongruenzgebot wird praktisch, wenn bisher selbständige Sachen wesentliche Bestandteile einer anderen werden (zur Wirkung vgl § 946 Rn 3; § 947 Rn 2–4; § 948 Rn 2). Aus § 93 folgt (Umkehrschluß), daß an unwesentlichen Bestandteilen Sonderrechte bestehen können. Nur in der Sonderrechts(un)fähigkeit unterscheiden sich beide Arten von Bestandteilen (RG 158, 368 f). Im allg teilen die unwesentlichen Bestandteile das rechtliche Schicksal der Sache (RG 69, 120). 1

2. **Bestandteile** sind **keine selbständigen Sachen,** sondern Teile von solchen. Erst nach Verneinung der Selbständigkeit ist für §§ 93 f Raum (wichtig auch für § 95, s u). Praktisch schwierig ist die Abgrenzung des Bestandteils einer zusammengesetzten Sache (Rn 4 vor § 90) von einer selbständigen Sache als Teil einer Sachgesamtheit (Rn 5 vor § 90), vgl LM Nr 2 (Kegelbahn). Feste Verbindung kann für Bestandteil sprechen (RG 158, 369 ff – Wandtäfelung); doch entscheidet stets die Verkehrsanschauung, so daß auch leicht lösbare Verbindung für Bestandteil genügen kann (BGH 18, 229: Motor eines Serienkraftfahrzeugs) oder nicht einmal sie nötig ist (Schubkästen eines Schranks). § 95 engt Begriff des Bestandteils ein; daher ist erst § 95, dann § 93 (§ 94) zu prüfen. 2

3. **Wesentlich** ist ein Bestandteil, wenn – bei natürlicher, wirtschaftlicher Betrachtungsweise unter Beachtung der Verkehrsanschauung – er oder die Restsache durch eine Trennung zerstört oder in ihrem Wesen verändert würde. Das hängt davon ab, ob der Bestandteil und die Restsache wie bisher wirtschaftlich genutzt werden können, sei es auch erst nach Verbindung mit anderen Sachen (BGH NJW-RR 90, 587). Daher ist der neue oder Austauschmotor eines Serienkraftwagens idR kein wesentlicher Bestandteil (BGH 61, 81 f: Motor und motorloser Wagen können je 3

für sich wesensgemäß benutzt werden, der Wagen nach Einbau eines anderen Motors; abl Pinger JR 73, 463 f). Nicht genormte Holzteile eines Bootsstegs sind wesentliche Bestandteile (LM Nr 3 zu § 891). Ob eine Trennung das Wesen oder den wirtschaftlichen Zweck der *Gesamtsache* (zB des Bootsstegs, Kraftwagens) ändert, ist für § 93 iGgs zu § 94 II (BGH 26, 229) unerheblich (BGH 61, 81).

4 **4. Erweiterung** des wesentlichen Bestandteils in § 94. – **Durchbrechung** der §§ 93, 94 in ErbbauVO 12, WEG 5 (für Gebäude und Teile davon), ZPO 810 (für Früchte auf dem Halm); ferner § 95 Rn 5, 6.

§ 94 Wesentliche Bestandteile eines Grundstücks oder Gebäudes

(1) ¹**Zu den wesentlichen Bestandteilen eines Grundstücks gehören die mit dem Grund und Boden fest verbundenen Sachen, insbesondere Gebäude, sowie die Erzeugnisse des Grundstücks, solange sie mit dem Boden zusammenhängen.** ²**Samen wird mit dem Aussäen, eine Pflanze wird mit dem Einpflanzen wesentlicher Bestandteil des Grundstücks.**

(2) **Zu den wesentlichen Bestandteilen eines Gebäudes gehören die zur Herstellung des Gebäudes eingefügten Sachen.**

1 **1. Allgemeines.** § 94 erweitert den Begriff des wesentlichen Bestandteils und setzt voraus, daß die verbundene oder eingefügte Sache nicht mehr selbständig ist (auch nicht nach § 95), vgl § 93 Rn 2.

2 **2. a) Ob feste Verbindung (I 1)** vorliegt, ist Tatfrage (RG 158, 374 f). Sie ist zu bejahen, wenn Trennung entweder unverhältnismäßig teuer wäre oder die verbundenen Teile erheblich beschädigte (Frankfurt/M NJW 82, 654). Ein unter-
3 kellertes Fertigwohnhaus ist fest verbunden. **b) Zur Herstellung eingefügt (II)** ist eine Sache, wenn ohne sie nach der Verkehrsanschauung das Gebäude *als Bauwerk* noch nicht fertiggestellt ist, oder daß (neben Baumaterial) nur die bauwerkprägende Ausstattung unter II fällt oder wenn die Teile, da bes angepaßt, mit dem Baukörper eine Einheit bilden (BGH NJW 92, 1163). Gleichgültig ist, ob die Einfügung vom Zweck erfordert oder Luxus war. Maßgebender Zeitpunkt ist der Einfügung, gleich, wann sie erfolgt, zB erst bei späterem Umbau (BGH 53, 326: Umbau einer Koks- in eine Ölzentralheizung). Fabrikhallen sind idR vielseitig verwendbar, weshalb dort aufgestellte Maschinen nicht zur Herstellung eingefügt sind (RG 130, 266), wohl aber eine Heizungsanlage (Koblenz WM 89, 535 mN), ein Notstromaggregat für modernes Großhotel (BGH NJW 87, 3178). *Feste Verbindung* ist für II unnötig (BGH NJW-RR 90, 587).

4 **3. a) Gebäude** sind nach I wesentliche Grundstücksbestandteile; das gilt nicht, wenn feste Verbindung fehlt (vgl I) oder § 95 eingreift. Zur Herstellung *eingefügte Sachen* sind nach **II** nur wesentliche Bestandteile des *Gebäudes* und erst, sofern für dieses I zutrifft und § 95 ausscheidet, zugleich mittelbar wesentliche Grundstücks-
5 bestandteile. **b) Zur Rechtslage bei** unberechtigtem und berechtigtem **Überbau,**
6 insbes durch Giebelmauer, s § 912 Rn 1, 9 (bb), 10, §§ 919–924 Rn 2. **c) II gilt analog** für eingetragene Schiffe (BGH 26, 227 ff: Schiffsmotor als wesentlicher Bestandteil) und eingetragene Luftfahrzeuge (einschr MK/Holch 37: nur Rumpf, Tragflächen, Leitwerk); zum Grund BGH 26, 229, sa Rn 3.

7 **4. Wirkung.** Die fest verbundenen oder zur Herstellung eingefügten Sachen verlieren als wesentliche Bestandteile (§ 94) ihre Sonderrechtsfähigkeit (§ 93). Zur Bedeutung § 93 Rn 1.

§ 95 Nur vorübergehender Zweck

(1) ¹**Zu den Bestandteilen eines Grundstücks gehören solche Sachen nicht, die nur zu einem vorübergehenden Zwecke mit dem Grund und Boden verbunden sind.** ²**Das Gleiche gilt von einem Gebäude oder ande-**

Sachen und Tiere

ren Werk, das in Ausübung eines Rechts an einem fremden Grundstück von dem Berechtigten mit dem Grundstück verbunden worden ist.

(2) Sachen, die nur zu einem vorübergehenden Zweck in ein Gebäude eingefügt sind, gehören nicht zu den Bestandteilen des Gebäudes.

1. Allgemeines. § 95 schränkt §§ 93 f ein, weil bei nur vorübergehender Verbindung eine Sache ihre Selbständigkeit behalten, also nicht Bestandteil werden soll. Sie ist bloß „Scheinbestandteil".

2. Vorübergehender Zweck (I 1, II): Spätere Trennung muß zZ der Verbindung oder Einfügung beabsichtigt sein; maßgebend also der Wille, sofern er mit dem realen Geschehen vereinbar ist (BGH NJW 96, 916 f). Nachträgliche Zweckänderung allein ändert dingliche Rechtslage nicht (BGH NJW 85, 790), auch nicht immer die nachträgliche Vereinigung des Eigentums am Grundstück und am Scheinbestandteil (LM Nr 18). Bei Verbindung oder Einfügung durch Mieter, Pächter ist vorübergehender Zweck zu „vermuten" (Anscheinsbeweis), BGH NJW 96, 917; st Rspr.

3. Rechte iSv I 2 sind nur dingliche Rechte wie Erbbaurecht, Nießbrauch, Überbaurecht. Das Recht muß wirklich bestehen, Irrtum gibt kein Recht. Berechtigt sind der Rechtsinhaber und dessen Mieter oder Pächter (LM Nr 2). Späterer Wegfall des Rechts ändert dingliche Rechtslage (Rn 4) nicht (BGH 125, 59 f).

4. Wirkung. Scheinbestandteile (Rn 1) sind bewegliche Sachen, Übereignung nach §§ 929 ff (Bsp LM Nr 15); Ausnahme: I 2 mit ErbbauVO 12, 11.

§ 96 Rechte als Bestandteile eines Grundstücks

Rechte, die mit dem Eigentum an einem Grundstück verbunden sind, gelten als Bestandteile des Grundstücks.

1. Rechte, die an ein bestimmtes Grundstück gebunden sind, werden als dessen Bestandteil behandelt (Fiktion). Sie unterfallen § 93, wenn vom Grundstück nicht trennbar (so die subj-dinglichen Rechte, zB gem §§ 912 II, 917 II, 1018, 1094 II, 1105 II; Köln NJW-RR 93, 983).

§ 97 Zubehör

(1) ¹Zubehör sind bewegliche Sachen, die, ohne Bestandteile der Hauptsache zu sein, dem wirtschaftlichen Zwecke der Hauptsache zu dienen bestimmt sind und zu ihr in einem dieser Bestimmung entsprechenden räumlichen Verhältnisse stehen. ²Eine Sache ist nicht Zubehör, wenn sie im Verkehr nicht als Zubehör angesehen wird.

(2) ¹Die vorübergehende Benutzung einer Sache für den wirtschaftlichen Zweck einer anderen begründet nicht die Zubehöreigenschaft. ²Die vorübergehende Trennung eines Zubehörstücks von der Hauptsache hebt die Zubehöreigenschaft nicht auf.

§ 98 Gewerbliches und landwirtschaftliches Inventar

Dem wirtschaftlichen Zwecke der Hauptsache sind zu dienen bestimmt:
1. bei einem Gebäude, das für einen gewerblichen Betrieb dauernd eingerichtet ist, insbesondere bei einer Mühle, einer Schmiede, einem Brauhaus, einer Fabrik, die zu dem Betriebe bestimmten Maschinen und sonstigen Gerätschaften,
2. bei einem Landgut das zum Wirtschaftsbetrieb bestimmte Gerät und Vieh, die landwirtschaftlichen Erzeugnisse, soweit sie zur Fortführung der Wirtschaft bis zu der Zeit erforderlich sind, zu welcher gleiche oder ähnliche Erzeugnisse voraussichtlich gewonnen werden, sowie der vorhandene, auf dem Gut gewonnene Dünger.

Jauernig

Anmerkungen zu den §§ 97, 98

1 **1. Begriff** des Zubehörs (vgl BGH 62, 51 f). **a) Selbständige** (§ 93 Rn 2) **bewegliche Sache.** Dazu können auch Gebäude iSv § 95 I 2 gehören, aber nicht
2 Sachen, die § 95 I 1, II unterfallen, § 97 II 1, vgl LM Nr 10 zu § 95. **b) Über- und Unterordnungsverhältnis** zwischen Hauptsache und Zubehör; denn dieses soll dem wirtschaftlichen Zweck der Hauptsache *dienen*. Zweckdienlichkeit einer Sache bestimmt sich nach der Beschaffenheit der Hauptsache: Werkzeugpresse kann Zubehör einer Fabrik (vgl § 98 Nr 1), aber nicht eines unbebauten Grundstücks sein, vgl BGH NJW 79, 2514; auf Baugrundstück lagerndes Baumaterial kann Zubehör des Grundstücks sein (BGH 58, 311 ff; aA Kuchinke JZ 72, 660 f); „Unternehmenszubehör" ist idR Zubehör des Betriebsgrundstücks, wenn auf dem
3 Grundstück der Schwerpunkt des Betriebs liegt (BGH 124, 393). **c) Die Widmung** der Sache für den Dienst an der Hauptsache darf *nicht nur vorübergehend* sein, vgl § 97 II 1; Widmung auf „Dauer" ist schief, da bei kurzer Lebensdauer der Sache kurze, sogar einmalige Benutzung genügt. Widmen kann, wer über Hauptsache und Zubehör tatsächlich verfügen kann, nicht nur der Eigentümer. Widmung ist Realakt, natürlicher Handlungswille nötig (Rn 24 vor § 104), hM.
4 **d) Zweckgemäßes räumliches Verhältnis** von Hauptsache und Zubehör (§ 97 I 1, II 2). Zweckgemäße Benutzung fern von der Hauptsache ist unschäd-
5 lich. **e) Gem der Verkehrsanschauung** muß die Sache Zubehör sein, § 97 I 2.
6 **f) Inventar** iSv § 98 ist Zubehör nur, wenn die Voraussetzungen von § 97 vor-
7 liegen; daher ist § 98 überflüssig (MK/Holch § 98, 3). **g) Zubehöreigenschaft erlischt,** wenn eine Voraussetzung (Rn 1 [a–f]) entfällt (BGH NJW 84, 2278; dazu Dilcher JuS 86, 187 f).

8 **2. Bedeutung.** Zubehör ist selbständige bewegliche Sache (Rn 1), also sonderrechtsfähig, doch besteht idR für Zubehör und Hauptsache die gleiche Rechtslage (insbes einheitliches Eigentum). Gleichlauf wird durch ges Auslegungsregeln unterstützt: §§ 311 c, 926, 2164 I. Zur hypothekarischen Haftung von Zubehör vgl §§ 1120 ff; solange sie besteht, unterliegt Zubehör der Immobiliarzwangsvollstreckung, ZPO 865 II 1. Zur problematischen Konkurrenz von SÜ und Zubehörhaftung gem §§ 1120 ff Kollhosser JA 84, 196 ff.

§ 99 Früchte

(1) Früchte einer Sache sind die Erzeugnisse der Sache und die sonstige Ausbeute, welche aus der Sache ihrer Bestimmung gemäß gewonnen wird.

(2) Früchte eines Rechts sind die Erträge, welche das Recht seiner Bestimmung gemäß gewährt, insbesondere bei einem Recht auf Gewinnung von Bodenbestandteilen die gewonnenen Bestandteile.

(3) Früchte sind auch die Erträge, welche eine Sache oder ein Recht vermöge eines Rechtsverhältnisses gewährt.

§ 100 Nutzungen

Nutzungen sind die Früchte einer Sache oder eines Rechts sowie die Vorteile, welche der Gebrauch der Sache oder des Rechts gewährt.

§ 101 Verteilung der Früchte

Ist jemand berechtigt, die Früchte einer Sache oder eines Rechts bis zu einer bestimmten Zeit oder von einer bestimmten Zeit an zu beziehen, so gebühren ihm, sofern nicht ein anderes bestimmt ist:
1. die im § 99 Abs. 1 bezeichneten Erzeugnisse und Bestandteile, auch wenn er sie als Früchte eines Rechts zu beziehen hat, insoweit, als sie während der Dauer der Berechtigung von der Sache getrennt werden,

2. andere Früchte insoweit, als sie während der Dauer der Berechtigung fällig werden; bestehen jedoch die Früchte in der Vergütung für die Überlassung des Gebrauchs oder des Fruchtgenusses, in Zinsen, Gewinnanteilen oder anderen regelmäßig wiederkehrenden Erträgen, so gebührt dem Berechtigten ein der Dauer seiner Berechtigung entsprechender Teil.

§ 102 Ersatz der Gewinnungskosten

Wer zur Herausgabe von Früchten verpflichtet ist, kann Ersatz der auf die Gewinnung der Früchte verwendeten Kosten insoweit verlangen, als sie einer ordnungsmäßigen Wirtschaft entsprechen und den Wert der Früchte nicht übersteigen.

§ 103 Verteilung der Lasten

Wer verpflichtet ist, die Lasten einer Sache oder eines Rechts bis zu einer bestimmten Zeit oder von einer bestimmten Zeit an zu tragen, hat, sofern nicht ein anderes bestimmt ist, die regelmäßig wiederkehrenden Lasten nach dem Verhältnis der Dauer seiner Verpflichtung, andere Lasten insoweit zu tragen, als sie während der Dauer seiner Verpflichtung zu entrichten sind.

Anmerkungen zu den §§ 99–103

1. Begriff der Nutzungen (§ 100): Früchte (§ 99) und Gebrauchsvorteile. **1**

2. Früchte (§ 99) sind a) **Sachfrüchte** (auch nicht bestimmungsgemäß gewonnene, sog Übermaßfrüchte), und zwar aa) **unmittelbare** (§ 99 I): organische Erzeugnisse, wie Tier- und Bodenprodukte (Milch, Wolle, Tierjunge, Getreide, Obst), sowie *bestimmungsgemäße Ausbeute* (zB Kohle, Kies); die Sachsubstanz darf nicht zerstört sein (durch Töten des Schlachttieres; dessen Fleisch ist keine Frucht des Tieres, s Knütel JuS 01, 210); bb) **mittelbare** (§ 99 III), zB Miete für Wohnhaus. b) **Rechtsfrüchte,** und zwar aa) **unmittelbare** (§ 99 II), zB erlegtes **3** Wild bei Jagdrecht, Getreide bei Nießbrauch oder bei Pachtrecht am Grundstück; **bb) mittelbare** (§ 99 III), zB Überbaurente (§ 912 II), Lizenzgebühr für Überlassung eines Patentrechts. **2**

3. Zum **Fruchterwerb** vgl §§ 953–957. **4**

Abschnitt 3. Rechtsgeschäfte

Vorbemerkungen

1. Den Inhalt des Abschnitts 3 (§§ 104–185) bilden *allg Regeln für das RGe-* **1** *schäft.* **a) Der Begriff „des"** RGeschäfts ist im Ges nicht definiert. Die Rechtsordnung kennt eine große Zahl verschiedenartiger RGeschäftstypen. Mit ihrer Hilfe gestaltet der Einzelne seine Rechtsverhältnisse durch deren Begründung, Aufhebung, Übertragung oder Änderung. Das RGeschäft ist so das Mittel zur Verwirklichung von *Privatautonomie.* Da es auf die *willentliche* Selbstgestaltung von Rechtsverhältnissen zielt, ist notwendiger Bestandteil jedes RGeschäfts eine *Willenserklärung,* dh eine private Willensäußerung, die auf Herbeiführung eines Rechtserfolgs gerichtet ist, und die den Erfolg, weil gewollt und von der Rechtsordnung anerkannt, auch herbeiführt (ähnlich BGH 145, 346). Ein RGeschäft kann aus einer oder mehreren Willenserklärungen bestehen (Rn 5). Für *elektronische* und *automatisierte* (sog Computer-)Willenserklärungen gilt insoweit nichts Besonderes (Brehm, FS Niederländer, 1991, S 233 ff; Taupitz/Kitter JuS 99, 839 ff;

Vor § 104 Buch 1. Abschnitt 3. Rechtsgeschäfte

2 MK/Säcker Einl 176, 177). **b) RGeschäft und Willenserklärung** werden vom BGB idR gleichgesetzt. Beide sind jedoch zu *unterscheiden:* Das RGeschäft kann aus *mehreren Willenserklärungen* bestehen (zB der Vertrag, Rn 5 [bb]); auch gehören zum RGeschäft neben der (den) Willenserklärung(en) oft weitere Tatbestandsmerkmale, zB die Eintragung (§ 873 I) oder Übergabe (§ 929 S 1), sog *Doppeltatbestand* (§ 873 Rn 13; § 929 Rn 4). In der RGeschäftslehre dient die Unterscheidung dazu, die bes Probleme, die mit der Willenserklärung verknüpft sind, zu
3 verdeutlichen (Flume II § 2, 3 d). **c) Die Wirksamkeitsvoraussetzungen** gehören **nicht** zum Tatbestand des RGeschäfts, zB Geschäftsfähigkeit, Zustimmung eines Dritten (was ie hierher zählt, ist str). Fehlen sie, so mangelt die Wirksamkeit (Gültigkeit), nicht der Tatbestand des RGeschäfts: Das RGeschäft besteht (also kein Nicht-RGeschäft, vgl Rn 16), ist aber unwirksam, kann jedoch zuweilen wirksam werden, wenn die fehlende Voraussetzung, zB die Zustimmung des Dritten, später eintritt.

4 **2. Die Einteilung der RGeschäfte** bezweckt, die Vielfalt der Typen überschaubar zu machen. Dabei werden auch Begriffe verwandt, die das Ges selbst zum Anknüpfungspunkt bestimmter Regeln macht (Bsp: Verfügung in §§ 137, 161,
5 878 usw, dazu Rn 10). **a) Einseitige und mehrseitige RGeschäfte. aa) Einseitig** ist ein RGeschäft, das nicht auf eine weitere Willenserklärung bezogen ist (zB Anfechtung, Kündigung, Testament). Daher ist Einseitigkeit auch gegeben, wenn auf der einen Seite des Rechtsverhältnisses mehrere Erklärungen zusammengefaßt sind, zB sind in § 351 S 1 die mehreren Erklärungen zusammen das
6 RGeschäft „Rücktritt". **bb) Der Vertrag** ist der Hauptfall des mehrseitigen RGeschäfts. Er enthält mindestens zwei aufeinander bezogene („korrelierende") Willenserklärungen (Antrag [Angebot] und Annahme). Sie dürfen nicht „übereinstimmen" (dh kongruent oder inhaltlich gleich sein), wie oft (zB Larenz, AT, § 23, 8, 9; MK/Einsele § 126, 20) – sprachlich falsch – gesagt wird. Die Erklärungen sind nicht je ein einseitiges RGeschäft, sondern je für sich der unvollständige Tatbestand
7 eines Vertrags (Rn 16). **cc) Der Beschluß** ist ebenfalls mehrseitig. Hier liegen mehrere gleichlautende (nicht: korrespondierende) Willenserklärungen vor, sei es der Mehrheit der Beschlußfassenden bei Mehrheitsprinzip (vgl §§ 32 I 3, 745 I), sei es aller Beschließenden bei Einstimmigkeitsprinzip (vgl § 33 I 2). Abw Ulmer, FS Niederländer, 1991, S 415 ff für sog Grundlagenbeschlüsse in Personengesellschaften (Problempunkt: Bindung an die Stimmabgabe – ob und ggf wielange?): Bei Einstimmigkeitsprinzip Bindung gem §§ 145 ff (Beschluß als Vertrag), bei Mehrheitsprinzip entspr §§ 145 ff (letzteres nicht überzeugend, da es hier nicht „um die Voraussetzungen der *Einigung* der Gesellschafter als Vertragspartner" geht [so aber Ulmer aaO S 430], sondern um die „Unterwerfung" der „uneinigen" Gesellschafter, ähnlich wie beim rechtskräftig bestätigten Insolvenzplan gem InsO
8 244, 254 (zu ihm Häsemeyer, FS Gaul, 1997, S 175 ff). **b) Empfangsbedürftige und nichtempfangsbedürftige RGeschäfte** unterscheiden sich danach, ob die Willenserklärung einem anderen gegenüber abzugeben ist oder nicht (vgl § 130 I). Ist der andere eine Behörde, so handelt es sich um eine *amtsempfangsbedürftige* Willenserklärung (Bsp: Aufgabeerklärung gem § 928 I). IdR besteht Empfangsbedürftigkeit. Ausnahmen zB Testament (§ 2247 I), Bestätigung gem § 144 (RG
9 68, 399 f; Flume II § 11, 4). **c) Verpflichtungs- und Verfügungsgeschäfte. aa) Verpflichtungsgeschäfte** sind RGeschäfte, durch die sich jemand verpflichtet, an einen anderen etwas zu leisten. Damit wird ein Schuldverhältnis begründet; das geschieht idR durch Vertrag, ausnahmsweise durch einseitiges RGeschäft (zB
10 § 657). Sa Rn 16. **bb) Verfügungen** sind RGeschäfte, die unmittelbar auf ein bestehendes Recht einwirken durch dessen Belastung, Inhaltsänderung, Übertragung oder Aufhebung (BGH 101, 26). Verfügender ist, auf dessen Recht eingewirkt wird (zB der Veräußerer, nicht der Erwerber). Der Tatbestand der Verfügung kann einen Vertrag (zB dingliche Einigung gem §§ 873, 929 S 1) enthalten oder eine einseitige Willenserklärung (zB Eigentumsaufgabeerklärung, § 959, ferner

40 *Jauernig*

Abschnitt 3. Rechtsgeschäfte **Vor § 104**

Ausübung von Gestaltungsrechten wie Kündigung, Anfechtung, Aufrechnung, Rücktritt, Widerruf). Verfügungen gibt es im Schuldrecht (Bsp: Erlaß, § 397; Abtretung, §§ 398 ff), vor allem aber im Sachenrecht („dingliche" Verfügungen). „Letztwillige Verfügung" (§ 1937) und „einstw Verfügung" (ZPO 935 ff) zählen nicht hierher. **d) Zuwendungsgeschäfte** sind RGeschäfte, durch die dem Geschäftsgegner ein Vermögenswert zugewandt wird. Man unterscheidet: abstrakte und kausale, entgeltliche und unentgeltliche. **aa) Kausale RGeschäfte** tragen den Rechtsgrund (die causa) der Zuwendung in sich. Bei einem Vertrag ist er Gegenstand der Einigung; ohne sie ist ein Vertrag nicht geschlossen. Verpflichtungsgeschäfte sind idR kausale Geschäfte, Ausnahmen zB §§ 780 f, 784. **bb) Abstrakte RGeschäfte** haben ihren Rechtsgrund außerhalb des Geschäfts in einem davon getrennten ges oder rechtsgeschäftlich begründeten Schuldverhältnis (Bsp: Kaufvertrag als Rechtsgrund für die Übereignung der gekauften Sache). IdS ist das RGeschäft *inhaltlich* abstrakt. Dazu und zur sog äußerlichen Abstraktheit Rn 17 vor § 854. Zur Durchbrechung des Abstraktionsprinzips Rn 18–20 vor § 854. **cc) Unentgeltliche Zuwendungen** sind weniger rechtsbeständig als entgeltliche, vgl §§ 528, 530, 816 I 2, 822, 988. **e) Personen- und vermögensrechtliche RGeschäfte.** Erstere gehören dem Familienrecht an, zB Verlöbnis (§§ 1297 ff), Eheschließung (§§ 1310 ff). Für sie passen die §§ 104 ff vielfach nicht. Weitgehend gelten Sonderregeln. **f) RGeschäfte unter Lebenden und von Todes wegen.** Zu letzteren zählen: Testament (§§ 1937, 2064 ff), Erbvertrag (§§ 2274 ff), Erbverzicht (§§ 2346 ff), die nicht vollzogene Schenkung von Todes wegen (vgl § 2301 II). **g) Das Treuhandgeschäft** kann sein: eigennützig (*Sicherungstreuhand;* Prototyp: SÜ, vgl § 930 Rn 21) oder uneigennützig (*Verwaltungstreuhand;* Prototyp: Inkassozession, vgl § 398 Rn 24). **h) Zur Form** der RGeschäfte s § 125 Rn 1–5.

11

12

13

14

15

3. Fehlerhafte RGeschäfte. a) Abgrenzung. aa) Ein Nicht-RGeschäft, kein nur fehlerhaftes, liegt vor, wenn die Tatbestandsvoraussetzungen eines RGeschäfts mangeln. Es kann als RGeschäft gewollt, aber tatbestandsmäßig unvollendet sein (Bsp: Antrag ohne Annahme ist unvollendeter Vertrag, Rn 6; § 154; § 155 Rn 2). **bb) Ein scheinbares RGeschäft** (dh ein Nicht-RGeschäft) ist ein Akt, der RGeschäft sein könnte, bei dem aber obj der Rechtsbindungswille fehlt (BGH NJW 92, 498 f; krit Flume II § 7, 7); sa Rn 11 vor § 116. Bsp: gegenseitige Übernahme der Kinderbeaufsichtigung unter Nachbarn (BGH NJW 68, 1874 f; abw Celle NJW-RR 87, 1384 bei Einladung zum Kindergeburtstag); Übergabe eines Reitpferdes an Sportkameraden (BGH NJW 74, 235; sa § 22, 2475 f); Gefälligkeitsfahrt (BGH NJW 92, 498 f; anders bei Kfz-Fahrgemeinschaft: BGH aaO); Vermögensverwaltung ohne Rechtsbindungswillen durch einen Ehegatten (BGH NJW 00, 3200); weitere Rspr bei Jauernig/Otto JuS 77, 109 Fn 7; Willoweit JuS 86, 96 ff. Praktisch schwierig ist die Abgrenzung von außerrechtlichem Gefälligkeitsgeschäft und unentgeltlichem RGeschäft (§ 241 Rn 24; BGH NJW 92, 498 f); bei vereinbartem Entgelt liegt immer ein RGeschäft vor (s BFH NJW 84, 1487). BGH 45, 379 mN (unklar NJW 89, 898 f) hält RGeschäft, das in Kenntnis seiner Nichtigkeit vorgenommen wird, für ein Nicht-RGeschäft (unrichtig, arg § 117 I; sa § 139 Rn 13). **b) Nichtig** ist ein RGeschäft, das zwar tatbestandsmäßig vorliegt (Unterschied zu Rn 16; s BGH WM 82, 156), dessen bestimmungsgemäße Rechtswirkungen aber von Anfang an nicht eintreten. Andere Rechtsfolgen kann das nichtige RGeschäft herbeiführen, zB Schadensersatzansprüche, § 122. Die Nichtigkeit ist von jedermann ohne weiteres zu beachten; im Prozeß geben die ihr zugrundeliegenden Umstände eine rechtshindernde Tatsache ab. Mehrere Nichtigkeitsgründe können zusammentreffen. Ein nichtiges RGeschäft ist grundsätzlich nicht heilbar (Ausnahmen: §§ 311 b I 2, 494 II 1, 502 III 2, 518 II, 766 S 2), es bedarf der Neuvornahme (s § 141 I), auch wenn die Nichtigkeitsgründe (zB GWB 34 aF mit § 125; BGH NJW-RR 99, 689, 1199) weggefallen sind. – Ordnet das Ges Nichtigkeit an, so wird das RGeschäft idR als „nichtig" bezeichnet (vgl

16

17

18

Jauernig

Vor § 104 Buch 1. Abschnitt 3. Rechtsgeschäfte

§§ 105, 116–118, 125, 134, 138–142). Die Ausdrücke „unwirksam" und „kann nicht" werden sowohl iSv nichtig (zB in §§ 388 S 2, 1950 S 2; §§ 35, 38 S 2, 137 S 1) wie iSv schwebend unwirksam gebraucht (zB in § 181). **c) Relativ unwirksam** ist eine Verfügung, die nicht allen („absolut"), sondern nur bestimmten Personen gegenüber („relativ") unwirksam ist (nach aA ist die Verfügung absolut wirksam, aber der Verfügende kann zugunsten der geschützten Personen nochmals verfügen und damit die erste „relativ unwirksame" Verfügung „absolut" unwirksam machen, s StGursky § 883, 160, 162 ff mN; auch BGH 111, 368 f [dazu §§ 135, 136 Rn 6]; weitere Deutungsversuche bei MK/Mayer-Maly/Armbrüster § 135, 35, 36; widersprüchlich Flume II § 17, 6 d). Hauptfälle: §§ 135 I, 136 (s dort Rn 6). Von dieser *subj Begrenzung* der Unwirksamkeit ist deren *obj Begrenzung* (Bsp: § 883 II) zu unterscheiden (diese wird nicht „relative Unwirksamkeit" genannt!). Obj und subj Begrenzung sind verbunden zB in § 883 II mit § 888 I, ferner in § 1124 II. In § 161 I, II ist die Unwirksamkeit nur obj begrenzt, so daß sie in subj Hinsicht unbegrenzt eintritt (absolute Unwirksamkeit: §§ 160, 161 Rn 3). Relative Unwirksamkeit wird nur beachtet, wenn sich der Geschützte auf sie beruft; daher kann er auf sie verzichten. **d) Schwebend unwirksam** ist ein zunächst unwirksames, weil unvollendetes RGeschäft, das bei Nachholung der fehlenden Wirksamkeitsvoraussetzung rückwirkend („ex tunc") wirksam wird. Erst mit Eintritt der Voraussetzung ist das RGeschäft vollendet; daher kommt es zB für das Vorliegen der Bösgläubigkeit auf diesen Zeitpunkt an (vgl § 932 Rn 18). Bis zur Klärung der (Nicht-)Eintritts der fehlenden Wirksamkeitsvoraussetzung besteht ein Schwebezustand. Kann die Voraussetzung nicht (mehr) eintreten, so ist das RGeschäft endgültig unwirksam (nichtig). Hauptfälle: §§ 108 I, 177 I, 1366 I, 1427 I, 1829 I, auch § 181 (BGH 65, 125 f), ferner bei Notwendigkeit behördlicher Genehmigung (vgl BGH 76, 245 ff; ie § 182 Rn 7). – Ein **aufschiebend bedingtes RGeschäft** ist *nicht* schwebend unwirksam; denn das RGeschäft ist vollendet, nur der Eintritt seiner Wirkungen hinausgeschoben (vgl § 158 Rn 7). Daher ist zB für das Vorliegen der Bösgläubigkeit maßgebend der Zeitpunkt der Geschäftsvornahme, nicht des Bedingungseintritts (vgl § 929 Rn 38). **e) Anfechtbare RGeschäfte** sind gültig bis zur Erklärung der Anfechtung, danach idR rückwirkend nichtig (§ 142 I). Anfechtungsgründe in §§ 119 f, 123, 2078 f. Auch nichtige RGeschäfte sind anfechtbar (hM; aA Oellers AcP 169, 67 ff mN zum Streitstand). Das ist praktisch wichtig, weil die Nichtigkeit kraft Anfechtung zuweilen weiter reicht als gewöhnliche Nichtigkeit (Bsp § 142 II und dort Rn 4). – Zur Einschränkung der (Rückwirkung der) Anfechtung im Arbeitsrecht s Rn 5 vor § 611; im Gesellschaftsrecht § 705 Rn 20. Im Mietrecht wirkt Anfechtung zurück (KG NJW-RR 02, 155, str). – Die Anfechtung nach dem AnfG und InsO 129 hat mit der Anfechtung nach BGB nur den Namen gemeinsam (ie Jauernig, ZwV, §§ 31 IV 1, 50 II 1 a).

4. Abgrenzungen des RGeschäfts. **a) Geschäftsähnliche Handlungen** sind Erklärungen, deren Rechtsfolgen kraft Geses eintreten. IdR handelt es sich um Aufforderungen oder Mitteilungen (BGH 145, 346 f). Bsp: Mahnung (§ 286 I 1; BGH NJW 87, 1547), Anspruchsanmeldung gem § 651 g I (BGH 145, 346 f; krit Tempel NJW 01, 1906), Fristsetzung (§§ 281 I, 323 I), Aufforderungen (§§ 108 II, 177 II, 1366 III, 1369 III), Mitteilungen (§ 171; Ladung [§ 32 Rn 2; BGH 100, 267 steht nicht dagegen]), Anzeigen (§ 149). Die allg Vorschriften für RGeschäfte (Geschäftsfähigkeit, §§ 104 ff; Willensmängel, §§ 116 ff; Wirksamwerden, §§ 130 ff; Auslegung, §§ 133, 157; Stellvertretung, §§ 164 ff; Zustimmung, §§ 182 ff) gelten grundsätzlich entspr (BGH 145, 346 f; sa BB 02, 1505). Zur Begründung und Aufhebung des Wohnsitzes vgl §§ 7–11 Rn 2. **b) Realakte** (Tathandlungen) lösen *kraft Ges* eine Rechtsfolge aus. Die Regeln für RGeschäfte sind daher unanwendbar. Manche Realakte erfordern einen *finalen natürlichen Handlungswillen,* zB Besitzerwerb (außer gem § 854 Rn 13), -übertragung, -aufgabe (§ 854 Rn 11, 12; § 856 Rn 2), Besitznahme durch Finder (Rn 2 vor § 965). Hier

Titel 1. Geschäftsfähigkeit **§ 104**

treten die Rechtsfolgen nur bei einer der jeweiligen Handlung und ihrer Bedeutung angepaßten natürlichen Einsichtsfähigkeit ein; sie kann auch ein Geschäftsunfähiger besitzen (str; für Besitzverlust abw die hM, vgl § 935 Rn 4). Zuweilen legt das Ges Altersgrenzen fest, zB TPG 2 II 3 für Organspende nach dem Tod (Einwilligung ab 16, Widerspruch ab 14), TPG 8 I Nr 1 Buchst a für Organspende vom Lebenden (volljährig und einwilligungsfähig). Andere Realakte erfordern diesen Willen nicht, da das Ges nur auf deren *Ergebnis* abstellt (zB Verbindung, Vermischung, Verarbeitung, §§ 946 ff). – Natürliche Einsichtsfähigkeit ist erforderlich und ausreichend auch für die *Gestattung tatsächlicher Eingriffe in immaterielle Rechtsgüter* (aA MK/ Schmitt § 105, 21–24), zB Einwilligung in Freiheitsberaubung (BGH NJW 64, 1177 f), ärztliche Untersuchung (BayObLG FamRZ 85, 836; abw FamRZ 87, 89: idR müsse auch ges Vertreter einwilligen; ebenso Hamm NJW 98, 3424 f für Schwangerschaftsabbruch), Operation (BGH 29, 36 f; NJW 98, 1785 [fehlende Einsichtsfähigkeit wegen Drucksituation kurz vor Operation]; aA obiter BGH 90, 101 f: Willenserklärung, zust Kohte AcP 185, 105 ff; abl Belling FuR 90, 68 ff), Herstellung und Verbreitung von Nacktfotos (Karlsruhe FamRZ 83, 743 mwN mit abl Anm Bosch; aA Düsseldorf FamRZ 84, 1222), gleichgültig, ob man die Einwilligung als geschäftsähnliche oder als Tathandlung qualifiziert. Auslegung wie bei Willenserklärung möglich (BGH NJW 80, 1904). Ist ein nicht voll Geschäftsfähiger von dem Eingriff betroffen, so ist wegen § 1626 II zweifelhaft, wann an seiner Stelle oder mit ihm zusammen der personensorgeberechtigte ges Vertreter einwilligungsberechtigt ist (Bsp BGH 29, 37; sa 105, 47 ff; variantenreiche Erörterung bei Flume II § 13, 11 f; vgl § 823 Rn 54). Wer die ges Altersgrenze nach TPG 2 II 3, 8 I Nr 1 Buchst a (s o) erreicht hat, entscheidet allein. **c) Rechtsscheinhaftung eines nicht voll Geschäftsfähigen** kraft Veranlassung scheidet aus, da ihm der nach allg Regeln haftungsbegründende Akt nicht zugerechnet werden kann; denn das BGB (s §§ 104 ff) bewertet den Schutz Minderjähriger höher als den Vertrauensschutz im Rechtsverkehr (ie str).

25

Titel 1. Geschäftsfähigkeit

§ 104 Geschäftsunfähigkeit

Geschäftsunfähig ist:
1. wer nicht das siebente Lebensjahr vollendet hat,
2. wer sich in einem die freie Willensbestimmung ausschließenden Zustande krankhafter Störung der Geistestätigkeit befindet, sofern nicht der Zustand seiner Natur nach ein vorübergehender ist.

1. Allgemeines. Geschäftsfähigkeit (§§ 104 ff), Deliktsfähigkeit (§§ 827 f) und Verantwortlichkeit für Verletzung bestehender Verbindlichkeiten (§ 276 I 3) sind Unterarten der **Handlungsfähigkeit** (kein Begriff des BGB). Sie ist die Fähigkeit zu rechtlich relevantem Verhalten, die im Unterschied zur Rechtsfähigkeit (§ 1 Rn 1) nicht jedem Menschen zukommt.

1

2. Geschäftsfähigkeit. a) Begriff. Fähigkeit, RGeschäfte selbständig mit voller Wirksamkeit vorzunehmen. **b) Das BGB unterscheidet:** Unbeschränkte (= volle) Geschäftsfähigkeit, beschränkte Geschäftsfähigkeit, Geschäftsunfähigkeit. **c) Zweck.** Die volle oder teilw Vorenthaltung der Geschäftsfähigkeit dient dem Schutz des nicht voll Geschäftsfähigen ohne Rücksicht auf den rechtsgeschäftlichen Verkehr. *Guter Glaube* an die (volle) Geschäftsfähigkeit wird *nicht geschützt* (BGH NJW 77, 623), anders nach hM bei Wechsel- und Scheckveräußerung, vgl § 2. **d) Vertretung durch ges Vertreter** (Eltern[teil], Vormund, Pfleger) greift ein, soweit der nicht voll Geschäftsfähige nicht selbständig handeln kann; Ausnahme: höchstpersönliche Geschäfte (§ 164 Rn 9). **e) Bes Voraussetzungen** bestehen für bestimmte RGeschäfte: Eheschließung §§ 1303, 1304; erbrechtliche Geschäfte

2

3

4

Jauernig 43

§ 105 Buch 1. Abschnitt 3. Rechtsgeschäfte

5 §§ 2229, 2233 I, 2247 IV, 2249 I 4, 2250 f, 2275, 2347 II 1. **f) Auf geschäftsähnliche Handlungen** sind §§ 104 ff grundsätzlich entspr anwendbar (Rn 23 vor § 104).

6 **3. Gründe der Geschäftsunfähigkeit. a) Nr 1:** Alter. Absolute Grenze. Geschäftsunfähigkeit des Minderjährigen (s § 106) endet (soweit nicht § 104 Nr 2
7 eingreift) um 0.00 Uhr des 7. Geburtstags, vgl § 187 II 2. **b) Nr 2:** Ausschluß der freien Willensbestimmung (dh freier Willensbildung und entspr Handlungsfähigkeit, BGH NJW 96, 919; sa § 2229 IV) durch nicht bloß vorübergehende (München MDR 89, 361: kurzzeitige) krankhafte Störung der Geistestätigkeit. IdS kann die Geschäftsfähigkeit auch nur für gegenständlich begrenzten Geschäftskreis (dh „partiell") ausgeschlossen sein (BGH 143, 125), aber kein („relativer") Ausschluß für schwierige Geschäfte (BayObLG NJW 89, 1678 f). Während der Unterbrechung einer dauerhaften Störung (lichter Augenblick) sowie bei bloß vorübergehender Störung keine Geschäftsunfähigkeit nach Nr 2.

8 **4. Folgen der Geschäftsunfähigkeit.** Eigene Willenserklärungen sind nichtig, § 105 I; kein wirksamer Zugang fremder Willenserklärungen, § 131 I. Vgl ferner §§ 2229, 2247 IV (Testamentserrichtung), §§ 1304, 1314 I, 1315 I (Eheschließung). Zur Haftungsbeschränkung für rechtsgeschäftliche Verbindlichkeiten s § 1629 a und § 106 Rn 3.

9 **5. Beweis.** Geschäftsfähigkeit ist die Regel, ihr Fehlen die Ausnahme. Wer sich auf die Ausnahme beruft (auch bei Nr 1, hM), trägt Beweislast für zugrundeliegende Tatsachen (BayObLG Rpfleger 82, 286 mN). Steht Zustand iSv Nr 2 fest, so trägt Beweislast für lichten Augenblick (Rn 7), wer sich darauf beruft (BGH NJW 88, 3011).

§ 105 Nichtigkeit der Willenserklärung

(1) **Die Willenserklärung eines Geschäftsunfähigen ist nichtig.**

(2) **Nichtig ist auch eine Willenserklärung, die im Zustand der Bewusstlosigkeit oder vorübergehender Störung der Geistestätigkeit abgegeben wird.**

1 **1. Anwendungsbereich. a) Abgabe** einer Willenserklärung und Vornahme einer geschäftsähnlichen Handlung (Rn 23 vor § 104) durch Geschäftsunfähigen (§ 104), **I**, durch Bewußtlosen oder vorübergehend geistig Gestörten, **II. Bewußtlosigkeit:** gemeint ist nicht Koma, tiefe Ohnmacht, daher genügt vorübergehende Bewußtseinstrübung, die das Erkennen von Inhalt und Wesen einer Handlung voll oder in bestimmtem Bereich ausschließt (sa § 2229 IV). Störung der Geistestätigkeit: § 104 Rn 7, BGH WM 72, 972; ist sie nicht dauerhaft, so gilt § 104 Nr 2. – II ordnet nur Nichtigkeit der Willenserklärung, nicht Geschäftsunfähigkeit der dort Genannten an. **b)** Wirksamer **Empfang** einer verkörperten Willenserklärung durch die in II Genannten möglich, nicht durch Geschäftsunfähige (§ 131 Rn 1).

2 **2. Nichtig** (Begriff Rn 18 vor § 104) sind alle, auch die rechtlich lediglich vorteilhaften oder obj vernünftigen Willenserklärungen; Genehmigung ausgeschlossen (arg §§ 106, 108 I, 111), BGH NJW-RR 87, 1260. Das ist mit dem GG vereinbar (aA Canaris JZ 87, 993 ff; 88, 494 ff; abl Ramm und Wieser JZ 88, 489 ff, 493 f; die Gegenansicht von Ramm beruht – auch – auf der unzutr Annahme, die ges Vertretung durch die Eltern sei überholt und verfassungswidrig, NJW 89, 1708 ff, sa JZ 87, 490, 491 [abl mR K. Schmidt NJW 89, 1712 ff]). Bei nichtiger Bevollmächtigung handelt Vertreter ohne Vertretungsmacht, §§ 177, 180 (RG 69, 266 f). Rechtsscheinhaftung des nicht voll Geschäftsfähigen kraft Veranlassung scheidet mangels Zurechenbarkeit aus (Rn 25 vor § 104); gilt auch für den Erklärenden iSv II (sa BGH NJW 92, 1504). – II wird durch § 1314 II Nr 1 verdrängt.

3 **3. Für Beweislast** gilt § 104 Rn 9 entspr.

44 *Jauernig*

Titel 1. Geschäftsfähigkeit § 105 a

§ 105 a Geschäfte des täglichen Lebens

¹Tätigt ein volljähriger Geschäftsunfähiger ein Geschäft des täglichen Lebens, das mit geringwertigen Mitteln bewirkt werden kann, so gilt der von ihm geschlossene Vertrag in Ansehung von Leistung und, soweit vereinbart, Gegenleistung als wirksam, sobald Leistung und Gegenleistung bewirkt sind. ²Satz 1 gilt nicht bei einer erheblichen Gefahr für die Person oder das Vermögen des Geschäftsunfähigen.

1. Allgemeines. a) Willenserklärungen eines Volljährigen, der sich in einem die freie Willensbestimmung ausschließenden Zustand **krankhafter Störung der Geistestätigkeit** befindet, sind ausnahmslos **nichtig** (§ 104 Nr 2, § 105 I). Diese Rechtsfolge will § 105 a für „**Geschäfte des täglichen Lebens**" ändern. Die in diese Kategorie fallenden Verträge sollen unter bestimmten Voraussetzungen und in bestimmter Beziehung als „**wirksam gelten**" (zu Voraussetzungen und Bedeutung des „Geltens" Rn 4–6). **b) Die Neuregelung** will es auch im Bereich der Geschäfte des täglichen Lebens bei der Geschäftsunfähigkeit des Volljährigen nach § 104 Nr 2 belassen, ihn also für diese Kategorie von Geschäften **nicht partiell geschäftsfähig** und dementspr nicht nur für schwierige(re) Geschäfte, also partiell, geschäftsunfähig machen (zur partiellen Geschäfts[un]fähigkeit vgl BGH NJW 70, 1681). Eine partielle Geschäftsunfähigkeit für schwierige(re) Geschäfte verlangt die Abgrenzung dieser Geschäfte von den einfachen Geschäften des täglichen Lebens, was „zu einer für den Rechtsverkehr schwer erträglichen Rechtsunsicherheit führen (würde). Es läßt sich dann keine klare Grenze zwischen Geschäftsfähigkeit und Geschäftsunfähigkeit ziehen" (BGH NJW 70, 1681). Eine vergleichbare Unsicherheit besteht in der Abgrenzung der von § 105 a S 1 noch und der nicht mehr erfaßten Geschäfte. **c) Die Geschäftsunfähigkeit** nach § 104 Nr 2 besteht **nicht in lichten Augenblicken** (§ 104 Rn 7; allgM). Wer nach der Verkehrsauffassung einfache, „vernünftige" Geschäfte des täglichen Lebens vornimmt, fällt im Rechtsverkehr nicht als behindert iSv § 104 Nr 2 auf und wird wie ein galtes Normaler behandelt, entweder, weil er nicht behindert ist oder weil er nach seinem Verhalten in einem „lichten Augenblick" handelt und sich – darin von einem Nichtbehinderten in nichts – weder faktisch noch rechtlich – unterscheidet. Wer zB eine Tube Zahnpasta kauft, fällt nicht auf (vgl. das Bsp zu § 105 a BGB-Entw in BR-Drs 107/02 S 16); wer 100 Tuben kauft, ist auffällig, das Geschäft ist nach der Verkehrsanschauung weder ein Geschäft des täglichen Lebens noch „vernünftig", alles spricht gegen das Vorliegen eines „lichten Augenblicks". Nach diesem Maßstab verfährt die Praxis, ohne daß Störungen des Rechtsverkehrs bekannt geworden wären. Auch die Begründung zu § 105 a (BR-Drs 107/02) nennt keine. Schon das zeigt: **§ 105 a ist überflüssig.** Die Vorschrift übergeht, daß in der Praxis die von ihr erfaßten Geschäfte durch Behinderte (§ 104 Nr 2) in lichten Augenblicken voll wirksam vorgenommen werden (können), und es dann der Fiktion (Rn 6) eines wirksamen Vertrags nicht bedarf, die den Behinderten obendrein schlechter stellen kann (Rn 6). Da die Begründung zu § 105 a (BR-Drs 107/02) die Möglichkeit des Handelns im lichten Moment übergeht, diese Möglichkeit durch § 105 a auch nicht ausgeschlossen wird, liegt es nahe anzunehmen, daß dieser allg anerkannte Weg rechtswirksamen Handelns eines generell Geschäftsunfähigen nicht bedacht worden ist.

2. Voraussetzungen. a) Geschäft des täglichen Lebens. Eine generelle Bestimmung ist ausgeschlossen (sa PalDiederichsen § 1903, 18 zu § 1903 III 2). Unnötig, daß das Geschäft buchstäblich jeden Tag vorgenommen wird („tägliches" = „gewöhnliches" Leben). Nach der BR-Drs 107/02 S 16 sollen zu diesen Geschäften gehören: der Erwerb einfacher, zum alsbaldigen Verbrauch bestimmter Genußmittel (auch „billiger" Tabak, Alkohol?), die nach Menge und Wert das (nach der Verkehrsanschauung?) „übliche" Maß nicht übersteigen, ferner der Erwerb kosmetischer Artikel (zB Zahnpasta, s Rn 3; Markenparfums gehören nicht hierher), einfache medizinische Produkte (zB Halsschmerztabletten; auch ver-

1

2

3

4

Jauernig 45

§ 106 Buch 1. Abschnitt 3. Rechtsgeschäfte

schreibungspflichtige?). Zu den „einfachen Dienstleistungen" sollen gehören: Friseur (bestenfalls Billighaarschnitt, nicht teuere Leistungen wie Messerschnitt, Tönen), Fahrten im Personennahverkehr (wem es gelingt, an Fahrkartenautomaten den gewünschten Fahrausweis zu ziehen, handelt mit Sicherheit zumindest in einem lichten Augenblick). **b)** Die Leistung muß mit **geringwertigen Mitteln,** idR bar, **bewirkt** werden können. Die Geringwertigkeit soll sich nach dem durchschnittlichen Preis- und Einkommensniveau richten (BR-Drs 107/02 S 16), das es aber für die angesprochenen Geschäfte und die betroffenen Behinderten nicht gibt und jedenfalls auf bundesweit einheitlichem Niveau auch gar nicht geben kann.

6 **3. Rechtsfolge. Kein wirksamer Vertrag** (anders bei Handeln in lichtem Augenblick, Rn 3, das durch § 105 a nicht ausgeschlossen wird). Vielmehr „**gilt**" der Vertrag – nur – **in Ansehung von Leistung und Gegenleistung als wirksam,** aber erst **ab** dem Zeitpunkt (ex nunc), in dem Leistung und Gegenleistung **bewirkt** sind, **S 1.** Diese Fiktion soll nur eine **Rückforderung** von bewirkter Leistung und Gegenleistung **ausschließen.** Der Vertrag soll nicht mit Bewirken von Leistung und Gegenleistung von Anfang an wirksam werden (anders §§ 110, 1903 I 2), so daß keine gegenseitigen Vertragspflichten, die dem Schutz des Geschäftsunfähigen zuwiderlaufen könnten, begründet werden (BR-Drs 107/02 S 16). Was als Schutz des Geschäftsunfähigen gewollt ist, kann ihm nachteilig sein. Erhält er zB als Käufer eine sachmängelbehaftete Sache, so ist die Gegenleistung nicht „bewirkt" (§ 362 I), denn geschuldet ist nach § 433 I 2 die Verschaffung einer sachmängelfreien Sache. Fehlt es am Bewirken der (Gegen-)Leistung, so gilt der Vertrag in Ansehung der (Gegen-)Leistung nicht als wirksam; folglich steht dem Geschäftsunfähigen auch kein Anspruch wegen des Sachmangels zu. Ist der Vertrag, wie in den Fällen des § 105 a in aller Regel, in einem lichten Moment geschlossen, so ist er von Anfang an voll wirksam, so daß (auch) Sachmängelansprüche bestehen.

7 **4. Ausnahmen von der Fiktion** bestehen nach S 2 bei einer **erheblichen Gefahr für Person oder Vermögen** des Geschäftsunfähigen. Unter welchen konkreten Umständen ein solcher Schutz des Geschäftsunfähigen vor sich selbst nötig sein könnte, ist schwer zu fassen. Das *Vermögen* könnte erheblich gefährdet werden, wenn der Geschäftsunfähige in zahllosen Geschäften Alkoholika in jeweils kleinen Mengen kauft, die dadurch aufgelaufenen Gesamtausgaben aber erheblich sind (sa PalDiederichsen § 1903, 18 zu § 1903 III 2). Dann stellt sich die Frage, ab dem wievielten Kauf die erhebliche Vermögensgefährdung eintritt. Eine erhebliche Gefahr für die Person könnte durch den Kauf eines Stricks oder eines Messers durch einen tief depressiven lebensmüden Geschäftsunfähigen gegeben sein. Der von S 2 angeordnete Ausschluß von S 1 und damit die Nichtigkeit des Vertrags nach § 105 I vermindert nicht die erhebliche Gefahr für den Behinderten. Hilfreich ist – wie seit eh und je – allein, daß es nicht zu einem Leistungsaustausch kommt, so etwa, wenn der Behinderte, für den Verkäufer erkennbar, Salzsäure für ein Erfrischungsgetränk hält und der Verkäufer deshalb den Säurebehälter nicht aushändigt oder ihn wegnimmt (und ein Vertrag erst gar nicht zustandekommt).

§ 106 Beschränkte Geschäftsfähigkeit Minderjähriger

Ein Minderjähriger, der das siebente Lebensjahr vollendet hat, ist nach Maßgabe der §§ 107 bis 113 in der Geschäftsfähigkeit beschränkt.

1 **1. Allgemeines. a)** Ein *Minderjähriger* ist von der Vollendung des 7. Lebensjahrs an (0.00 Uhr des Geburtstags, vgl § 187 II 2) bis zur Volljährigkeit (§ 2) **nur nach** Maßgabe der **§§ 107–113 beschränkt geschäftsfähig. Soweit** er gem §§ 107–113 in der Geschäftsfähigkeit **nicht beschränkt** ist, ist er **unbeschränkt** geschäftsfähig (wichtig für RGeschäfte, die § 107 nicht erfaßt, weil sie dem Minderjährigen lediglich einen rechtlichen Vorteil bringen, ferner für §§ 112 f). Ein *Betreuter* (§ 1896) wird nicht dadurch in der Geschäftsfähigkeit beschränkt, daß ein Einwil-

46 *Jauernig*

Titel 1. Geschäftsfähigkeit **§ 107**

ligungsvorbehalt angeordnet ist (Folge: §§ 108–113, 131 II, 206 gelten nur entspr, § 1903 I 2). Er kann aber gem § 104 Nr 2 geschäftsunfähig sein (Folge: § 105, auch bei Einwilligung), s § 1896 I 2; das wird bei einer aufgrund geistiger oder seelischer Behinderung von Amts wegen angeordneten Betreuung (§ 1896 I 1) nicht selten zutreffen (zur Problematik D. Schwab FamRZ 92, 505). **b) Aufbau der** 2 **§§ 107–113.** Die §§ 107–111 bezwecken den Schutz des Minderjährigen iSv § 106, indem sie seine Geschäftsfähigkeit (nur!) für die dort genannten RGeschäfte beschränken. Gem § 107 besteht keine Beschränkung für RGeschäfte, die dem Minderjährigen lediglich einen rechtlichen Vorteil verschaffen (Rn 1). Solche RGeschäfte können ein- oder mehrseitige sein. Rechtlich nachteilige Geschäfte bedürfen der Einwilligung (§ 183) des ges Vertreters, § 107. Liegt sie vor, ist das Geschäft wirksam (abw § 111 S 2, 3 zum Schutz des Gegners bei einseitigen empfangsbedürftigen Willenserklärungen, ferner § 108 Rn 3). Fehlt die nach § 107 erforderliche Einwilligung, so ist ein einseitiges Geschäft unwirksam, § 111 S 1 (Ausnahme: § 111 Rn 4); ein Vertrag ist schwebend unwirksam, kann aber durch Genehmigung (§ 184 I) des ges Vertreters rückwirkend wirksam werden, § 108 I (zum Schutz des Gegners vgl §§ 108 II, 109). Wirksamkeit des Vertrags von Anfang an kann auch durch Erfüllung eintreten, § 110. Gem §§ 112 f erlangt der Minderjährige partiell volle Geschäftsfähigkeit auch für RGeschäfte, die nicht lediglich rechtlich vorteilhaft iSv § 107 sind. **c) Der ges Vertreter** kann anstelle des Minderjährigen (iSv § 106) 3 handeln, soweit dieser nach Maßgabe der §§ 107–113 in der Geschäftsfähigkeit beschränkt ist, also weder bei Geschäften, die dem Minderjährigen lediglich einen rechtlichen Vorteil bringen (Rn 1), noch im Rahmen der §§ 112 f (§ 112 Rn 4; § 113 Rn 4), da der Minderjährige insoweit unbeschränkt geschäftsfähig ist. Prozeßfähig (ZPO 52) ist der Minderjährige jedoch nur, soweit er sich selbständig durch Verträge verpflichten kann, also bloß im Rahmen der §§ 112 f. – Die Haftung Minderjähriger für rechtsgeschäftlich begründete Verbindlichkeiten wird durch § 1629 a begrenzt (eingefügt durch MHbeG), ausgenommen Verbindlichkeiten im Rahmen von § 112 und zur Befriedigung persönlicher Bedürfnisse.

2. Für geschäftsähnliche Handlungen gelten §§ 107–111 grundsätzlich 4 entspr (Rn 23 vor § 104).

§ 107 Einwilligung des gesetzlichen Vertreters

Der Minderjährige bedarf zu einer Willenserklärung, durch die er nicht lediglich einen rechtlichen Vorteil erlangt, der Einwilligung seines gesetzlichen Vertreters.

1. Allgemeines. Vgl zunächst § 106 Rn 1–3. § 107 gilt für ein- und mehr- 1 seitige RGeschäfte. Soweit eine Einwilligung (§ 183) gem § 107 nicht erforderlich ist, besteht unbeschränkte Geschäftsfähigkeit (§ 106 und dort Rn 1, 3). Zur Erteilung der Einwilligung § 182 I, II, ferner § 108 Rn 3. Ob der Minderjährige einen **Anspruch auf Einwilligung** (ggf Genehmigung, § 108 I) hat, ist str, aber im wesentlichen wegen § 1666 III bedeutungslos.

2. Lediglich rechtlicher Vorteil. a) Das RGeschäft ist einwilligungsfrei 2 (Umkehrschluß aus § 107). Folge muß ein rechtlicher sein; größte wirtschaftliche Vorteilhaftigkeit (zB Kauf zu Spottpreis) genügt nicht. Wann „lediglich" ein rechtlicher Vorteil besteht, ist *Wertungsfrage*. Es gibt kein RGeschäft, das nicht für irgendeinen (rechtlichen) Nachteil kausal ist oder sein kann. Genügte die bloße Kausalität, um die uneingeschränkte (rechtliche) Vorteilhaftigkeit des RGeschäfts zu beseitigen, so gäbe es kein einwilligungsfreies Geschäft iSv § 107 (vgl Fischer Anm LM Nr 1; Lange NJW 55, 1339 ff). Daher ist eine Grenzziehung zwischen zurechenbaren und nicht zurechenbaren rechtlichen Nachteilen nötig. Wonach sie sich richtet, ist str (Stürner AcP 173, 402 ff stellt auf eine wirtschaftliche Betrachtung ab; Köhler JZ 83, 225 ff auf die Notwendigkeit einer Kontrolle des RGeschäfts durch den ges Vertreter [weshalb letztlich wohl nur übliche Gelegenheits-

Jauernig 47

§ 107 Buch 1. Abschnitt 3. Rechtsgeschäfte

geschenke an den Minderjährigen für § 107 übrig bleiben, jedenfalls kein Grundstücksgeschäft]). – Vor- und Nachteile von *Verpflichtungs- und Erfüllungsgeschäft sind getrennt zu prüfen* (s BayObLG ZNotP 97, 114). AA BGH 78, 30 ff: Zur Feststellung des Nachteils bedürfe es einer „Gesamtbetrachtung" von schuldrechtlichem und dinglichem Geschäft; das aber ist mit dem Trennungsprinzip (Rn 16 vor § 854) unvereinbar und war in BGH 78, 30 ff nicht entscheidungserheblich (ie
3 § 181 Rn 10). **b) Der rechtliche Nachteil** macht das RGeschäft einwilligungsbedürftig, § 107 (zu den Folgen § 106 Rn 2). Er kann **aa) im RGeschäft selbst,** im „Typ" des Geschäfts, liegen, so bei allen gegenseitigen Verträgen iSd §§ 320 ff;
4 **bb) so mit dem RGeschäft verknüpft** sein, daß er den, der es vornimmt, als solchen trifft. Derartige Verknüpfungen zwischen Vornahme des RGeschäfts und Nachteil bestehen: bei Annahme einer geschuldeten Leistung als Erfüllung, da dadurch der Gläubiger seine Forderung verliert (Bsp: Der beschränkt geschäftsfähige Käufer erwirbt zwar Eigentum an der Kaufsache [Rn 5], verliert damit aber wegen § 107 nicht seine Forderung aus § 433 I gegen den Verkäufer), hM (vgl Wacke JuS 78, 80 ff; § 362 Rn 2; aA van Venrooy BB 80, 1017 ff mN); bei Schenkung unter Auflage (Frankfurt/M Rpfleger 74, 429 f; sa BayObLG Rpfleger 74, 310); bei Erbschaftsannahme wegen der Erbenhaftung; bei unentgeltlichem Erwerb eines vermieteten (verpachteten) Grundstücks (Oldenburg NJW-RR 88, 839 mN), da der Erwerber in den Miet-(Pacht)vertrag eintritt, §§ 566, 567 b, 578, 581 II, 593 b, ihn also *rechtsgeschäftlich* begründete Pflichten als Partner des RGeschäfts (als „Erwerber", nicht als „Eigentümer") treffen (s Rn 5; der Vertragseintritt ist die ges Folge des Eigentums*erwerbs*, BGH NJW 89, 451); bei unentgeltlichem Erwerb eines *entgeltlichen* Erbbaurechts, da *rechtsgeschäftlich* begründete Zahlungspflicht (ErbbauVO 9, § 1108) *durch RGeschäft* übernommen wird (nur iE ebenso BGH NJW 79, 103); bei unentgeltlichem Erwerb von Wohnungseigentum, wenn die den Eigentümer als solchen treffenden *ges* Pflichten (WEG 10 ff, 20 ff) *rechtsgeschäftlich* wesentlich verschärft sind und der Erwerber sie *durch RGeschäft* übernimmt (BGH 78, 32). **c) Lediglich einen rechtlichen Vorteil bringen:** Antrag
5 zum Vertragsschluß an Minderjährigen (v. Tuhr § 61 III 7); Erlaß einer Schuld des beschränkt Geschäftsfähigen, § 397; Abtretung (§§ 398 ff) *an* ihn (nach BGH NJW 83, 163 auch Abtretung *durch* ihn, wenn Innehabung des Anspruchs „sinnlos"; unzutr: Auch wer ein sinnloses Recht weggibt, erlangt dadurch einen *rechtlichen* Nachteil); Mahnung (s § 286 I 1); absolut einseitig verpflichtende Vereinbarung „Sex gegen Geld" (ProstG 1 S 1), so daß eine 16-jährige ihren Körper, aber nicht ihr Fahrrad rechtswirksam „verkaufen" kann (krit Rautenberg NJW 02, 652); Kündigung unverzinsten Darlehens durch Minderjährigen als Gläubiger (s § 488 III); Abschluß eines Schenkungsvertrags als Beschenkter (BGH 15, 169 f bzgl Grundstückseigentum, nicht abw BGH 78, 30 ff bzgl Wohnungseigentum; abl Köhler JZ 83, 228 ff, s Rn 2). Unerheblich ist, ob der Geschäftsgegenstand öffentlich- oder privatrechtlich belastet ist (BayObLG NJW 98, 3576): Dieser Nachteil liegt weder im RGeschäft selbst (zB der Übereignung) noch trifft er den Erwerber des Gegenstands als solchen; vielmehr knüpft der Nachteil an die Innehabung des Geschäftsgegenstands (zB des Eigentums), dh an einen rechtsgeschäftsneutralen Tatbestand, an. Daher ist rechtlich lediglich vorteilhaft der Erwerb von Eigentum (anders bei Eingreifen von §§ 566, 567 b, 578, 581 II, 593 b; Rn 4), auch wenn es mit Nießbrauch belastet ist (Köln NJW-RR 98, 363; BayObLG NJW 98, 3576), da die *ges* Pflichten des Eigentümers gegenüber dem Nießbraucher nicht den Erwerber, sondern den Eigentümer als solchen treffen (übergangen in BFH NJW 81, 142 mit BFH 125, 505); gleichgültig ist, ob noch der Veräußerer selbst den Nießbrauch bestellt hat (zum Eigentümernießbrauch § 1030 Rn 3) oder ob der beschränkt geschäftsfähige Erwerber *vor* dem Erwerb, dh als Nichtberechtigter, mit Einwilligung des Veräußerers als Berechtigten (§ 185 I) die Bestellung bewilligt hat (das ist ein wirksames zustimmungsfreies neutrales RGeschäft, Rn 6), und die das Eigentum und den Nießbrauch betr Eintragungsanträge *gleichzeitig* erledigt werden (dann besteht zZ der Nießbrauchseintragung noch die Bewilligungsbefugnis des

Titel 1. Geschäftsfähigkeit **§ 108**

Veräußerers, sa PalBassenge § 879, 7; Köln NJW-RR 98, 363; aA Reiff, Die Dogmatik der Schenkung unter Nießbrauchsvorbehalt usw, 1989, S 26 ff, 93, von der unzutr Vorstellung aus, vor der Nießbrauchsentstehung habe der Minderjährige eine jur Sekunde lang unbelastetes Eigentum erworben, weshalb eine nachteilige Konvaleszenz iSv § 185 II Alt 2 vorliege). Vorteilhaft iSv § 107 ist auch der Erwerb eines Nießbrauchs, da die *ges* Pflichten gegenüber dem Eigentümer den Nießbraucher als solchen treffen (entspr wie den Eigentümer des nießbrauchbelasteten Gegenstands, s o) und daher für den Erwerber nicht durch RGeschäft begründet sind (aA BFH NJW 81, 142; SoeHefermehl 11). **d) Neutrale RGeschäfte** sind 6 einwilligungsfrei (MK/Schmitt 33–35 mN). Sie bringen zwar keinen rechtlichen Vorteil (was § 107 im Wortlaut fordert), aber auch keinen rechtlichen Nachteil. Das genügt für entspr Anwendung (sa § 165). Bsp: Veräußerung fremder Sachen durch beschränkt Geschäftsfähigen an Gutgläubigen (hier aA StWiegand § 932, 10, 11).

3. Generaleinwilligung zu einer Reihe von zunächst noch nicht individuali- 7 sierten Geschäften ist zulässig (str, vgl Scherner FamRZ 76, 673 ff; Lindacher, FS Bosch, 1976, S 535 ff, je mwN; BGH NJW 77, 622 f bejaht Zulässigkeit nach altem Recht für 18- bis 21jährige Minderjährige). Doch darf sie nicht die Beschränkung der Geschäftsfähigkeit (s § 106) faktisch beseitigen, das würde dem Zweck der §§ 107 ff (§ 104 Rn 3) zuwiderlaufen. Der minderjährige (§ 106) Schüler im Internat hat idR die Einwilligung seiner Eltern zu den für einen Internatsschüler üblichen RGeschäften (zB Kauf von Schreibmaterial, Zusatzlebensmitteln, Fahrkarte für Heimfahrt), so daß diese Geschäfte nicht erst gem § 110 wirksam werden (vgl § 110 Rn 1, 2); sa § 113 Rn 6. Ist ges Vertreter mit Führerscheinerwerb einverstanden (insoweit ist Zustimmung nach BGB unnötig, VwVfG 12 I Nr 2 mit FeV 10 I Nr 4; allg zur Handlungsfähigkeit im öffentl Recht OVG Bremen NJW 98, 3583 f, zust BVerwG ebda), so liegt darin keine Generaleinwilligung zu allen *kraftfahrzeugbezogenen RGeschäften* (keine sachliche Notwendigkeit), iZw auch nicht Einwilligung zu bestimmtem Geschäft (Auslegungsfrage; verneint für Automiete: BGH NJW 73, 1790 f mN; beiläufig anders BGH NJW 77, 622 ff). Ebenfalls Auslegungsfrage, ob Einwilligung in bestimmtes Geschäft auch *Folgegeschäfte* erfaßt: Einwilligung in Abschluß eines Versicherungsvertrags umfaßt idR nicht nachteilige RGeschäfte bei Vertragsabwicklung (BGH 47, 359 f); Einwilligung in Fahrzeugkauf umfaßt iZw auch Abschluß der ges Pflichthaftpflichtversicherung, da sonst Kauf idR unsinnig, s PflVG 1, 7 Nr 4 (vgl BGH NJW 77, 622 f; zweifelnd BGH 47, 358).

4. Einwilligung bedarf zur Wirksamkeit der **Genehmigung des Vormund-** 8 **schaftsG** oder Gegenvormunds, wenn ges Vertreter zur Vornahme des RGeschäfts selbst deren Genehmigung benötigen würde (vgl §§ 1643, 1812, 1813 II, 1819–1822, 1825).

§ 108 Vertragsschluss ohne Einwilligung

(1) Schließt der Minderjährige einen Vertrag ohne die erforderliche Einwilligung des gesetzlichen Vertreters, so hängt die Wirksamkeit des Vertrags von der Genehmigung des Vertreters ab.

(2) ¹Fordert der andere Teil den Vertreter zur Erklärung über die Genehmigung auf, so kann die Erklärung nur ihm gegenüber erfolgen; eine vor der Aufforderung dem Minderjährigen gegenüber erklärte Genehmigung oder Verweigerung der Genehmigung wird unwirksam. ²Die Genehmigung kann nur bis zum Ablauf von zwei Wochen nach dem Empfange der Aufforderung erklärt werden; wird sie nicht erklärt, so gilt sie als verweigert.

(3) Ist der Minderjährige unbeschränkt geschäftsfähig geworden, so tritt seine Genehmigung an die Stelle der Genehmigung des Vertreters.

1. Anwendungsbereich. Vgl zunächst § 106 Rn 1–3. Fehlt die erforderliche 1 (§ 107 Rn 3) Einwilligung, so ist der *Vertrag schwebend unwirksam,* weil genehmigungsfähig, **I** (Rn 20 vor § 104). Die Schwebezeit ist grundsätzlich unbegrenzt

Jauernig 49

§ 109 Buch 1. Abschnitt 3. Rechtsgeschäfte

(BGH 81, 93), Annahmefristen sind bedeutungslos (sa § 184 Rn 2). In der Schwebezeit bindet der Vertrag beide Parteien, den Gegner des Minderjährigen (§ 106) nur gem § 109. Mit *Genehmigung* wird Vertrag rückwirkend wirksam, Zwischenverfügungen bleiben bestehen (§ 184). Erst die *Verweigerung* der Genehmigung, nicht ihr Fehlen = Nichtvorhandensein, macht den Vertrag endgültig unwirksam (s II, § 1366 IV). Beide Rechtsfolgen stehen unter Vorbehalt von II 1 HS 2 (Rn 2). Der Vertragspartner hat keinen Anspruch auf Genehmigung (für den Minderjährigen s § 107 Rn 1). Zu ihrer Erteilung § 182 I, II, aber auch Rn 2. *Schlüssige* Genehmigung erfordert nach hM, daß Genehmigender mit schwebender Unwirksamkeit zumindest rechnet (BGH NJW 02, 2327; dagegen § 182 Rn 4); Nichtstun oder Schweigen ist keine Zustimmung (BGH JurBüro 86, 548).

2 2. **Beseitigung der Ungewißheit** über Wirksamkeit des Vertrags durch den Vertragsgegner, **II. a) Aufforderung**, sich zu erklären („ja" oder „nein": BGH 145, 47 f zu § 177 II), ist empfangsbedürftige geschäftsähnliche Handlung (Rn 23 vor § 104). Sie bewirkt: Durch Genehmigung oder deren Verweigerung (jeweils gegenüber dem Minderjährigen) wirksamer oder endgültig unwirksamer Vertrag wird rückwirkend schwebend unwirksam (II 1 HS 2); Genehmigung abw von § 182 I nur an Vertragsgegner (II 1 HS 1); Widerrufsrecht, § 109, besteht wieder; Genehmigungsfrist läuft (II 2 HS 1), bei Ablauf endgültige Unwirksamkeit (II 2 HS 2); Genehmigungsfrist kann der Vertragsgegner einseitig verlängern, Verkürzung nur mit Einverständnis des ges Vertreters (vgl RG HRR 37 Nr 786 zu § 177).

3 b) II ist entspr anwendbar, wenn erforderliche Einwilligung (§ 107) vorliegt, weil auch dann Wirksamkeit des Vertrags ungewiß sein kann (ErmPalm 7; PalHeinrichs 7; aA Kohler Jura 84, 349 ff mN; MK/Schmitt 24 mwN, hM).

4 3. **Entfällt Beschränkung** der Geschäftsfähigkeit, weil der Minderjährige volljährig oder partiell geschäftsfähig wird (§§ 2, 112 f), so liegt Genehmigungszuständigkeit beim nunmehr voll Geschäftsfähigen, **III** (sa §§ 1643 III, 1829 III); Entspr gilt bei Beerbung des Minderjährigen (§ 106) durch voll Geschäftsfähigen.

5 4. **Beweisbelastet** ist, wer sich auf die Erteilung (Verweigerung) der Genehmigung beruft (BGH NJW 89, 1729).

6 5. **Genehmigung** bedarf zur Wirksamkeit in den Fällen des § 107 Rn 8 der **Genehmigung des VormundschaftsG** oder Gegenvormunds.

§ 109 Widerrufsrecht des anderen Teils

(1) ¹**Bis zur Genehmigung des Vertrags ist der andere Teil zum Widerruf berechtigt.** ²**Der Widerruf kann auch dem Minderjährigen gegenüber erklärt werden.**

(2) **Hat der andere Teil die Minderjährigkeit gekannt, so kann er nur widerrufen, wenn der Minderjährige der Wahrheit zuwider die Einwilligung des Vertreters behauptet hat; er kann auch in diesem Falle nicht widerrufen, wenn ihm das Fehlen der Einwilligung bei dem Abschluss des Vertrags bekannt war.**

1 1. **Widerruf** nur bis zur Genehmigung (§ 108 I) möglich, **I 1**. Er macht Vertrag endgültig unwirksam. Wirksame Genehmigung beseitigt Widerrufsrecht (dann bleibt noch § 108 II, vgl § 108 Rn 2). Widerruf gegenüber Minderjährigem (§ 106) zulässig, I 2 (abw von § 131 II; gilt entspr für Widerruf des Antrags an Minderjährigen gem § 130 I 2). Widerruf ist auch nach Aufforderung und vor Fristende (§ 108 II 2) zulässig. **Beweisbelastet** ist, wer sich auf den (rechtzeitigen) Widerruf beruft (BGH NJW 89, 1729).

2 2. **Kein Widerrufsrecht** hat, wer bewußt das Risiko eines genehmigungsbedürftigen Vertrags eingegangen ist, **II**. Notwendig ist Kenntnis; fahrlässige Unkenntnis genügt nicht.

50 *Jauernig*

Titel 1. Geschäftsfähigkeit **§§ 110, 111**

§ 110 Bewirkung der Leistung mit eigenen Mitteln

Ein von dem Minderjährigen ohne Zustimmung des gesetzlichen Vertreters geschlossener Vertrag gilt als von Anfang an wirksam, wenn der Minderjährige die vertragsmäßige Leistung mit Mitteln bewirkt, die ihm zu diesem Zweck oder zu freier Verfügung von dem Vertreter oder mit dessen Zustimmung von einem Dritten überlassen worden sind.

1. Voraussetzungen. a) Schwebend unwirksamer Verpflichtungsvertrag. 1
Daher ist § 110 unanwendbar, wenn eingewilligt (§ 107) oder vor Leistungsbewirkung (iSv § 110) genehmigt ist. **b) Zusammenwirken** (Unterschied zu §§ 107 ff) 2
von ges Vertreter und Minderjährigem (§ 106) macht den Vertrag von Anfang an wirksam, wenn (1) dem Minderjährigen mit Einverständnis des ges Vertreters bestimmte Mittel zur Verfügung stehen und (2) er mit diesen die vertragsmäßige Leistung bewirkt. Liegt schon in der Mittelüberlassung die Zustimmung zum Verpflichtungsgeschäft (§§ 107, 108 I), zB im Fall einer Generaleinwilligung (§ 107 Rn 7), so scheidet § 110 aus (Larenz, AT, 7. Aufl, § 6 III a 3 mN [unklar 8. Aufl § 25, 34–38], str; ungenau RG 74, 235). Die Wirksamkeit des leistungsbewirkenden Erfüllungsgeschäfts (zB Übereignung von Geld) richtet sich nach §§ 107 f: zweckbestimmte Überlassung von Mitteln als zweckbegrenzte Zustimmung (aA RG 74, 235: auch hier § 110 anwendbar). **c)** Auf den erlangten Gegen- 3
stand **(Surrogat)** als „Mittel" und auf ein *Folgegeschäft* kann sich das Einverständnis des ges Vertreters ebenfalls beziehen (nicht auf Autokauf mit dem Gewinn aus einem gem § 110 gültigen Loskauf: RG 74, 236).

2. Mittel kann jeder Vermögensgegenstand sein (zB Arbeitslohn, vgl § 113 4
Rn 6), nicht die Arbeitskraft. Ob ein Zweck bestimmt ist, ist Auslegungsfrage. Überlassung zur freien Verfügung umfaßt idR (nur) weit begrenzten, nicht jeden Zweck (vgl RG 74, 235 f). Bewirken der Leistung: Erfüllung oder Erfüllungssurrogat. Teilleistung macht teilwirksam, soweit Gegenleistung entspr teilbar ist (ie Schilken FamRZ 78, 643 f).

§ 111 Einseitige Rechtsgeschäfte

¹Ein einseitiges Rechtsgeschäft, das der Minderjährige ohne die erforderliche Einwilligung des gesetzlichen Vertreters vornimmt, ist unwirksam. ²Nimmt der Minderjährige mit dieser Einwilligung ein solches Rechtsgeschäft einem anderen gegenüber vor, so ist das Rechtsgeschäft unwirksam, wenn der Minderjährige die Einwilligung nicht in schriftlicher Form vorlegt und der andere das Rechtsgeschäft aus diesem Grunde unverzüglich zurückweist. ³Die Zurückweisung ist ausgeschlossen, wenn der Vertreter den anderen von der Einwilligung in Kenntnis gesetzt hatte.

1. Allgemeines: § 106 Rn 1–3. 1

2. Einseitige RGeschäfte ohne erforderliche (§ 107 Rn 3) Einwilligung. 2
a) Nichtempfangsbedürftige RGeschäfte sind stets, amtsempfangsbedürftige idR unwirksam, vgl **S 1** (Begriffe: Rn 8 vor § 104). Nur Neuvornahme, keine Heilung möglich. Bsp: Auslobung (§ 657). Sonderregeln für Vaterschaftsanerkennung: § 1596. **b) Für empfangsbedürftige** RGeschäfte gelten zwei Ausnahmen. 3
aa) Ist der Geschäftsgegner mit Vornahme des Geschäfts ohne die erforderliche 4
Einwilligung einverstanden, so gelten §§ 108, 109 statt S 1 (analog § 180 S 2 Alt 2; BGH 110, 370; hM). **bb)** Ist die erforderliche Einwilligung nur dem Minderjäh- 5
rigen gegenüber erklärt worden (arg S 3 mit § 182 I), so ist das RGeschäft unwirksam, wenn die Einwilligung nicht schriftlich (§ 126 I: Original, Ausfertigung, wie § 174 Rn 1) vorgelegt oder nicht vom ges Vertreter mitgeteilt worden ist und der Geschäftsgegner deshalb das Geschäft unverzüglich (§ 121 I 1) zurückweist, **S 2.** Diese Regelung schließt den Ersatz der Schriftform durch die elektronische Form (§ 126 a) aus (§ 126 III). Zurückweisung auch gegenüber Minderjährigem (entspr § 109 I 2). Sie ist nach Vorlage oder Mitteilung ausgeschlossen, **S 3.**

Jauernig

§ 112 Selbständiger Betrieb eines Erwerbsgeschäfts

(1) ¹Ermächtigt der gesetzliche Vertreter mit Genehmigung des Vormundschaftsgerichts den Minderjährigen zum selbständigen Betrieb eines Erwerbsgeschäfts, so ist der Minderjährige für solche Rechtsgeschäfte unbeschränkt geschäftsfähig, welche der Geschäftsbetrieb mit sich bringt. ²Ausgenommen sind Rechtsgeschäfte, zu denen der Vertreter der Genehmigung des Vormundschaftsgerichts bedarf.

(2) Die Ermächtigung kann von dem Vertreter nur mit Genehmigung des Vormundschaftsgerichts zurückgenommen werden.

1 **1. Allgemeines.** Vgl zunächst § 106 Rn 1–3. – §§ 112 f enthalten keine Beschränkung des Minderjährigen in seiner Geschäftsfähigkeit, so daß er damit im Rahmen der §§ 112 f (dh partiell) voll geschäftsfähig ist.

2 **2. Voraussetzungen.** a) **Ermächtigung**, das ist formfreie, an den Minderjährigen gerichtete Willenserklärung des ges Vertreters. Sie bedarf der Genehmigung des VormundschaftsG, I 1 (nicht entspr § 1643 I des FamG, auch wenn die Eltern 3 ges Vertreter sind). b) **Sie betrifft** den selbständigen Betrieb eines Erwerbsgeschäfts, dh jede auf selbständigen Erwerb gerichtete Tätigkeit, zB gem HGB 84 I, nicht II (sa § 113 Rn 3), als freier Schriftsteller (nicht als angestellter Schauspieler, dann § 113).

4 **3. Wirkung.** a) Unbeschränkte Geschäftsfähigkeit – vorbehaltlich Rn 5 – für solche R.Geschäfte, die der Geschäftsbetrieb nach der Verkehrsanschauung mit sich bringt, vgl **I 1** (uU auch außergewöhnliche Geschäfte, sa BGH 83, 80, aber nicht die Geschäftsaufgabe). Soweit volle Geschäftsfähigkeit besteht, entfällt ges Vertretung. Da er sich selbständig durch Verträge verpflichten kann, ist der Minderjährige 5 prozeßfähig (ZPO 52). b) **Ausgenommen** sind Geschäfte, zu deren Vornahme der ges Vertreter einer Genehmigung des VormundschaftsG (§§ 1643, 1821, 1822), nicht des FamG (s Rn 2), bedarf, **I 2**; insoweit fehlen volle Geschäfts- und Prozeßfähigkeit. Der Kreis dieser Geschäfte ist für Eltern und Vormund verschieden, doch gehören stets dazu (§§ 1643 I, 1822 Nr 8, 9, 11) Kreditaufnahme, Eingehung einer Wechselschuld und Prokuraerteilung

6 **4. Rücknahme der Ermächtigung** ist gegenüber dem Minderjährigen zu erklären, bedarf vormundschaftsgerichtl Genehmigung **(II)** und wirkt ex nunc.

§ 113 Dienst- oder Arbeitsverhältnis

(1) ¹Ermächtigt der gesetzliche Vertreter den Minderjährigen, in Dienst oder in Arbeit zu treten, so ist der Minderjährige für solche Rechtsgeschäfte unbeschränkt geschäftsfähig, welche die Eingehung oder Aufhebung eines Dienst- oder Arbeitsverhältnisses der gestatteten Art oder die Erfüllung der sich aus einem solchen Verhältnis ergebenden Verpflichtungen betreffen. ²Ausgenommen sind Verträge, zu denen der Vertreter der Genehmigung des Vormundschaftsgerichts bedarf.

(2) Die Ermächtigung kann von dem Vertreter zurückgenommen oder eingeschränkt werden.

(3) ¹Ist der gesetzliche Vertreter ein Vormund, so kann die Ermächtigung, wenn sie von ihm verweigert wird, auf Antrag des Minderjährigen durch das Vormundschaftsgericht ersetzt werden. ²Das Vormundschaftsgericht hat die Ermächtigung zu ersetzen, wenn sie im Interesse des Mündels liegt.

(4) Die für einen einzelnen Fall erteilte Ermächtigung gilt im Zweifel als allgemeine Ermächtigung zur Eingehung von Verhältnissen derselben Art.

1 **1. Allgemeines.** Vgl zunächst § 106 Rn 1–3, § 112 Rn 1.

Titel 2. Willenserklärung **§§ 114, 115, Vor § 116**

2. Voraussetzungen. a) Ermächtigung wie § 112 Rn 2, **I 1,** auch still- 2
schweigend (BAG FamRZ 75, 90f), doch ohne Genehmigung des VormundschaftsG (abw von § 112 I 1). Dieses kann eine vom *Vormund* verweigerte Ermächtigung ersetzen, **III;** bei Verweigerung durch die *Eltern* gilt § 1666 III. Ersetzte
Ermächtigung nach II nur rücknehm- oder einschränkbar, wenn Ersetzung jetzt
ausgeschlossen wäre (aA MK/Gitter 8: Rücknahme oder Einschränkung nur durch
das VormundschaftsG). **b) Sie betrifft** Eintritt in Dienst oder Arbeit: Dienste aller 3
Art, auch Herstellung eines Werkes durch Dienstleistung; Wehrdienst auf Zeit
(OVG Münster NJW 62, 758); HGB 84 (auch I: BAG NJW 64, 1642f); Dienst-
oder Arbeitsverhältnis mit dem „ges Vertreter" (es unterfällt weder direkt noch
analog § 181, da der Minderjährige aufgrund der Ermächtigung unbeschränkt
geschäftsfähig ist, insoweit daher keine ges Vertretung besteht, und der „ges Vertreter" den Vertrag nicht als Insichgeschäft abschließt; abw MK/Schmitt 11, 12
mN). Nicht hierher gehören die Berufsausbildungs- und anderen Ausbildungsverhältnisse (BBiG 1, 19), da Hauptzweck die Ausbildung, nicht die Leistung von
Dienst oder Arbeit ist (sa BAG BB 01, 51).

3. Wirkung. a) Volle Geschäftsfähigkeit und Prozeßfähigkeit (ZPO 52), so- 4
weit Ermächtigung reicht (Rn 5). Insoweit entfällt ges Vertretung. Wird ges Vertreter im Bereich der Ermächtigung tätig, so liegt darin Beschränkung oder Rücknahme der Ermächtigung (Rn 7). **b) Umfang der Ermächtigung** und damit der 5
Geschäfts- und Prozeßfähigkeit. **aa)** I 1 erfaßt – vorbehaltlich I 2 (Rn 6 [cc]) – alle
RGeschäfte bzgl Eingehung, Aufhebung, Erfüllung eines Dienst- oder Arbeits-
hältnisses. *Eingehung:* umfaßt nur verkehrsübliche, nicht außergewöhnliche belastende Arbeitsbedingungen (ie Brill BB 75, 287; BAG BB 00, 568); zur Eingehung
gehören auch andere, in engem Sachzusammenhang stehende Geschäfte, zB Eröffnung eines Gehaltskontos, Beitritt zur Gewerkschaft (Brill BB 75, 287 mN; hM),
Anmieten eines Zimmers am Arbeitsort, wenn wegen Entfernung zum Heimatort
geboten; zu weit gehend BAG BB 00, 568: Ausübung tarifvertraglich eingeräumten
Wahlrechts durch *nicht* tarifgebundenen Minderjährigen. *Aufhebung:* auch Kündigung. *Erfüllung:* auch Schadensersatzleistung. *Dienst- oder Arbeitsverhältnis* (Rn 3):
nur der gestatteten, nicht jeder Art; Einzelermächtigung erstreckt sich iZw **(IV)** auf
nach der Verkehrsanschauung artgleiche Verhältnisse. **bb)** I 1 **erfaßt nicht** Ver- 6
fügung über Arbeitslohn. Soweit Lohn belassen wird, liegt Generaleinwilligung vor
(§ 107 Rn 7) oder greift § 110 ein (BGH NJW 77, 623f unterscheidet nicht); in
beiden Fällen bleibt Beschränkung der Geschäftsfähigkeit bestehen (Folge: § 106
Rn 3). **cc) Ermächtigung umfaßt kraft Ges nicht** Verträge, zu deren Vornahme
der ges Vertreter einer Genehmigung des VormundschaftsG (§§ 1643, 1821, 1822),
nicht des FamG (s § 112 Rn 2), bedarf, **I 2.** Dazu § 112 Rn 5. **dd) Einschrän-** 7
kung und Rücknahme (jeweils ex nunc) der Ermächtigung sind möglich, **II,**
begrenzt durch § 1666 (§ 107 Rn 1). Rücknahme und nachträgliche Einschränkung kann der ges Vertreter (BAG BB 00, 568 mN: nur) dem Minderjährigen oder
(str) dem Dienstherrn gegenüber erklären (vgl Feller FamRZ 61, 420ff). Der ges
Vertreter muß nach Sachlage wählen können (aA hM). Erklärt er dem Arbeitgeber
die Kündigung des Arbeitsverhältnisses, so liegt darin die Rücknahme oder Beschränkung der Ermächtigung (Rn 4).

§§ 114, 115 *(weggefallen)*

Titel 2. Willenserklärung

Vorbemerkungen

1. Begriff der Willenserklärung. Vgl zunächst Rn 1–3 vor § 104. Der Begriff 1
ist stark umstritten, doch hat der Streit dank der ges Regelung nur geringe
praktische Bedeutung. Der nicht verlautbarte Wille ist jedenfalls irrelevant. Recht-

Vor § 116 Buch 1. Abschnitt 3. Rechtsgeschäfte

lich bedeutsam wird der Wille erst durch seine Erklärung. Mehrere Fragen sind zu unterscheiden: Was gehört zum „Wesen" der Willenserklärung? (Rn 2–6); liegt in concreto eine Willenserklärung vor und welchen Inhalt hat sie (Rn 7–12)?

2   **2. Das Wesen der Willenserklärung. a) Die Definition** der Willenserklärung betrifft den Normalfall, in dem Wille und Erklärung übereinstimmen. Danach handelt es sich um eine private Willensäußerung, die auf Herbeiführung eines Rechtserfolgs gerichtet ist, und die den Erfolg, weil gewollt und von der Rechtsordnung anerkannt, auch herbeiführt (Rn 1 vor § 104). In pathologischen Fällen können Wille und Erklärung auseinandergehen. Hier wollte die *Willenstheorie* den Willen bevorzugen und verneinte daher eine gültige Willenserklärung, während die *Erklärungstheorie* auf den Empfängerhorizont abstellte und demgemäß die Gültigkeit der Erklärung favorisierte. Diesen Gegensatz will die Lehre von der Willenserklärung als *„Geltungserklärung"* überwinden: Im Regelfall verwirkliche die Erklärung den in ihr ausgedrückten Rechtsfolgewillen (Larenz, AT, § 24, 26–31 mN). Damit ist aber der „Dualismus" von Wille und Erklärung weder überbrückt noch beseitigt, ihr Auseinanderfallen nicht verhindert und, weil ein Faktum, auch nicht

3   verhinderbar (Flume II § 4, 7). **b) Diskrepanz von Wille und Erklärung** ist nicht bloße Ausnahme, sondern pathologischer Fall. Daher ist es bedenklich, an ihr das „Wesen" der normalen Willenserklärung zu demonstrieren. Solche Erklärungsversuche bewerten mit Hilfe einer dubiosen „Juristenpsychologie", welche Bedeutung denkbare *Willensmängel* für Tatbestand und Gültigkeit einer Willenserklärung haben können. IdS werden als Voraussetzungen einer mangelfreien Willenserklärung genannt: *Handlungs-, Erklärungs- und Geschäftswille* (Rn 4–6).

4   **3. Drei Arten des Willens** sollen Voraussetzungen mangelfreier Willenserklärungen sein (vgl Rn 3). **a) Der Handlungswille** soll ein beliebiges menschliches Verhalten erst zu einem willentlichen machen. Fehle es daran, so liege der Tatbestand einer Willenserklärung nicht vor. Bsp: Jemand „erklärt" etwas, weil ein anderer ihm gewaltsam die Hand bei der Vertragsunterschrift führt (vis absoluta). Hier war der Schreiber nur der verlängerte Federhalter des Gewalttäters, folglich hat der Gewalttäter, nicht der Schreiber „gehandelt". Das zeigt: Der Tatbestand einer Willenserklärung verlangt einen Handlungswillen, weil ohne Willen keine Handlung, ohne Handlung keine Willenserklärung vorliegt (Ausnahme: Rn 10). § 105 II steht nicht entgegen, da dort nicht volle Bewußtlosigkeit gemeint ist

5   (§ 105 Rn 1 [a]; sa Dunz JR 87, 240 zu BGH 98, 137 ff). **b) Der Erklärungswille** (das Erklärungsbewußtsein) soll ein willentliches Verhalten (Rn 4) zu einer rechtlich relevanten Erklärung werden lassen. Fehle dieser Wille *unbewußt*, so soll der Tatbestand einer Willenserklärung nicht vorliegen (Nachw in BGH 91, 327). Bsp: Jemand winkt auf einer Auktion einem Freund zu, was nach den Auktionsbräuchen als Gebot erscheint (Lehrbuchfall der „Trierer Weinversteigerung"); Aufziehen einer Lotsenfahne in Unkenntnis ihrer Bedeutung. *Kritik:* § 118 bezeichnet eine Erklärung, die *bewußt* ohne Erklärungswillen abgegeben wurde, als Willenserklärung; dann aber liegt bei *unbewußtem* Fehlen erst recht der Tatbestand einer Willenserklärung vor, nach hM aber nur, wenn sie dem Erklärenden „zugerechnet" werden kann. Die Zurechnungsgründe – Verhalten des Erklärenden, Vertrauen des Empfängers – werden vom BGH nicht einheitlich gewichtet (vgl BGH 109, 177 und NJW 02, 365, 2327 [jeweils mit krauser Terminologie]; NJW 91, 2085 f; 95, 953; NJW-RR 01, 1131; sa u). Der *unbewußte* Mangel führt auch nicht entspr § 118 (nur) zur generellen Nichtigkeit; denn allein bei *bewußtem* Fehlen des Erklärungswillens ist es berechtigt, dem Erklärenden ohne weiteres den – möglichen – Vorteil einer gültigen Willenserklärung abzuschneiden und ihm die Haftung nach § 122 aufzubürden; bei unbewußtem Fehlen hat der Erklärende hingegen die Wahl zwischen Stehenbleiben bei der gültigen Erklärung und Anfechtung samt Haftung, §§ 119, 122 (vgl BGH NJW-RR 96, 194 f); abw BGH NJW 95, 953: Der Verzicht auf das Erklärungsbewußtsein diene (nur) dem Vertrauensschutz beim Empfänger; gehe es nicht um diesen Schutz (sondern einen Vorteil des „Erklären-

Jauernig

Titel 2. Willenserklärung **Vor § 116**

den"), so liege keine Willenserklärung vor (dagegen zutr Habersack JuS 96, 585 ff). Für Erklärungswillen Brehmer JuS 86, 440 ff mN. Abw StDilcher 80 mN: Obwohl der Tatbestand einer Willenserklärung fehle (s o), könne das übrigbleibende rechtlich relevante (!) Verhalten nur durch Anfechtung beseitigt werden. **c) Der Geschäftswille** ist auf die Herbeiführung einer *bestimmten* Rechtsfolge gerichtet. Bsp: Der Mieter hat den Geschäftswillen, die Mietsache zu einem bestimmten Preis zu mieten. *Kritik:* In den §§ 116–118 fehlt dem Erklärenden stets der Geschäftswille, in § 119 I stimmen Geschäftswille und Erklärung nicht überein; dennoch liegt stets der Tatbestand einer Willenserklärung vor. Der Geschäftswille gehört also nicht zum Tatbestand, auch nicht zur Gültigkeitsvoraussetzung einer Willenserklärung (aA StDilcher 21, 27; dunkel Düsseldorf OLGZ 82, 241 ff). **d)** Zum **Rechtsbindungswillen** Rn 17 vor § 104; SoeHefermehl 19 ff. 6

4. Ob eine Willenserklärung vorliegt, ist unter mehreren Gesichtspunkten durch Auslegung zu prüfen. **a) Ein tatsächlicher Erklärungsakt** ist Voraussetzung jeder Willenserklärung (Ausnahme: Rn 10). **aa) Auch bei der Willenserklärung durch schlüssiges Verhalten** liegt er vor: Einer positiven Äußerung, die unmittelbar etwas anderes als die Kundgabe einer Willenserklärung bezweckt (zB Einwurf der verlangten Münze in Warenautomat), wird ein bestimmter Erklärungswert (im Bsp Annahme des Verkaufs- und Übereignungsangebots) beigelegt. Schlüssige Willenserklärungen sind häufig, aber Vorsicht vor unzulässiger Fiktion einer Erklärung! Für den Erklärenden (uU) ungünstige Erklärungen sind nur *bes Umständen im Einzelfall* anzunehmen; so zB Haftungsbeschränkung oder -verzicht (BGH NJW 93, 3068 bei Gefälligkeitsfahrt; BGH NJW 92, 2475 bei Überlassung eines Reitpferds aus Gefälligkeit; BGH 76, 34 f bei Gefälligkeitsflug, krit Weber Anm LM Nr 18 zu LuftVG; BGH NJW 82, 1144 f bei Verletzung wesentlicher Verkehrssicherungspflichten; bedenklich BGH NJW 79, 645 [sa 86, 1099 f] bei Probefahrt mit Gebrauchtwagen); Rechtsverzicht (BGH NJW-RR 96, 237; NJW 97, 2111; 02, 1046); Wahl gem InsO 103 I (BGH 81, 92 ff zu KO 17 I); sa BGH NJW 68, 1874 f (dazu Kn 17 vor § 104); 83, 679 (Schuldübernahme). – Zuweilen fordert das Ges „ausdr" Erklärung, zB in HGB 48 I. **bb) Stillschweigen** kann kraft Parteiabrede oder aufgrund Auslegung als Erklärungsakt mit rechtlichem Erklärungswert erscheinen: *beredtes Schweigen* (einschr § 308 Nr 5). Bsp: Nach Parteiabrede gilt Schweigen auf Vertragsangebot in bestimmter Frist als Annahme; wer in einer Mitgliederversammlung weder gegen den Antrag stimmt noch sich der Stimme enthält – auf entspr Fragen des Versammlungsleiters also schweigt –, stimmt durch sein Schweigen für den Antrag (aA Düsseldorf NJW-RR 01, 12). **cc) Fingierte Willenserklärungen** liegen vor, wenn Stillschweigen Erklärungswert kraft Ges (*„normiertes Schweigen"*) hat (Bsp: §§ 108 II 2, 177 II 2, 416 I 2, 516 II 2, 1943; HGB 362 I, 377 II, III). Bei Irrtum über die Bedeutung des Schweigens ist Anfechtung (§ 119) ausgeschlossen (str, s Hanau AcP 165, 223 f). Darüber hinaus ist Stillschweigen idR kein Erklärungsakt mit rechtlichem Erklärungswert, es gilt insbes (auch im kaufmännischen Bereich) nicht als Zustimmung (BGH 61, 285; JZ 77, 603); Ausnahmen: Schweigen auf kaufmännisches Bestätigungsschreiben (§ 147 Rn 6), ferner § 147 Rn 4. **b) Eine scheinbare Willenserklärung** (scheinbares RGeschäft, ie Rn 17 vor § 104) liegt vor, wenn die Auslegung (§§ 133, 157) ergibt, daß dem Erklärenden obj **Rechtsbindungswille fehlt.** Ob das zutrifft, wird vielfach vom Inhalt der Erklärung, der (ebenfalls) durch Auslegung festzustellen ist, abhängen, Hamm NJW-RR 87, 1110 (Bsp BGH 88, 382 ff: Architektenwettbewerb; NJW 74, 1706 f: Lottospielgemeinschaft; 92, 498: Gefälligkeitsfahrt; NJW 95, 3389: Ausstellungsvertrag; NJW-RR 93, 795: Verkaufsauftrag). **c) Die Auslegung des Erklärungsakts** kann ergeben, daß er zwar im rechtsgeschäftlichen Bereich liegt, aber dennoch der Tatbestand einer Willenserklärung fehlt. Bsp: Die Erklärung stellt sich als Aufforderung zur Abgabe eines Angebots, nicht als Angebot dar (s § 145 Rn 3). Das „Ob" einer Willenserklärung hängt vielfach von dem durch Auslegung ermittelten Inhalt 7

8

9

10

11

12

Jauernig 55

§§ 116, 117 Buch 1. Abschnitt 3. Rechtsgeschäfte

ab. **d) Der Inhalt einer Willenserklärung** ist, wie das „Ob", durch Auslegung zu ermitteln. Vgl ie Anm zu §§ 133, 157.

13   5. **Wirksamkeitsvoraussetzungen** gehören nicht zum Tatbestand der Willenserklärung (Rn 3 vor § 104). Davon sind die Voraussetzungen für das Wirksamwerden einer Willenserklärung zu unterscheiden; s §§ 130 ff mit Anm.

§ 116 Geheimer Vorbehalt

¹**Eine Willenserklärung ist nicht deshalb nichtig, weil sich der Erklärende insgeheim vorbehält, das Erklärte nicht zu wollen.** ²**Die Erklärung ist nichtig, wenn sie einem anderen gegenüber abzugeben ist und dieser den Vorbehalt kennt.**

1   1. **Allgemeines.** Vgl Rn 6 vor § 116.
2   2. **a) Geheim iSv S 1** ist der Vorbehalt, wenn er demjenigen verheimlicht wird, für den die Willenserklärung bestimmt ist. Das kann bei empfangsbedürftigen Erklärungen auch ein anderer als der Erklärungsempfänger sein. Dann macht die Kenntnis allein des Empfängers nicht nichtig (Einschränkung von S 2). Bsp: Bei der Innenvollmacht (§ 167 Rn 6) kennt zwar der Bevollmächtigte, aber nicht der Geschäftsgegner des Vertretergeschäfts den Vorbehalt (BGH NJW 66, 1916); bei einer amtsempfangsbedürftigen Willenserklärung (Begriff Rn 8 vor § 104), die nicht nur für die Behörde bestimmt ist, kennt allein der empfangende Beamte den Vorbehalt. Bevollmächtigung und amtsempfangsbedürftige Erklärung sind wirksam.
3   **b) Den „bösen Scherz"**, bei dem der andere auf die nicht ernst gemeinte Erklärung hereinfallen soll, erfaßt S 1 ebenfalls. Für den „guten Scherz" gelten §§ 118, 122.
4   3. **a) S 2** gilt für amts- und allg empfangsbedürftige Willenserklärungen. Nichtigkeit setzt abw vom Wortlaut Kenntnis derjenigen voraus, für die die Erklärung bestimmt ist (Rn 2). Kennenmüssen (§ 122 II) genügt nicht. **b) S 2 gilt entspr** für Kenner des Vorbehalts bei Auslobung (hM; aA MK/Kramer 11 mN) und Testament (Wacke, FS Medicus, 1999, S 651 ff. AA MK/Kramer 11; Frankfurt/M FamRZ 93, 860: S 2 analogieunfähig). Zur Scheinehe (Verweigerung der Eheschließung durch den Standesbeamten; geschlossene Ehe ist aufhebbar) §§ 1310 I 2 HS 2, 1314 II Nr 5 (§ 1353 I), 1316 III. **c) Bei erzwungener Erklärung** macht ein erkannter Vorbehalt nichtig, S 2 geht dem § 123 vor (MK/Kramer 14; hM). **d) Bei Einverständnis** (nicht bloßer Kenntnis iSv S 2) des Empfängers gilt § 117.

§ 117 Scheingeschäft

(1) **Wird eine Willenserklärung, die einem anderen gegenüber abzugeben ist, mit dessen Einverständnis nur zum Schein abgegeben, so ist sie nichtig.**

(2) **Wird durch ein Scheingeschäft ein anderes Rechtsgeschäft verdeckt, so finden die für das verdeckte Rechtsgeschäft geltenden Vorschriften Anwendung.**

1   1. **Anwendungsbereich. a) Betrifft nur empfangsbedürftige** Willenserklärungen; amtsempfangsbedürftige (Begriff Rn 8 vor § 104) nur, wenn wahlweise
2   die Abgabe gegenüber einem anderen möglich ist (SoeHefermehl 2). **b) Scheingeschäft** (simuliertes Geschäft), **I**, liegt vor, wenn der Erklärende nur den äußeren Schein einer Willenserklärung hervorrufen, die mit ihr verbundene Rechtswirkung aber nicht eintreten lassen will (BGH NJW 99, 351), und dies nicht nur mit Kenntnis (dann § 116 S 2), sondern im (faktischen: BGH NJW 99, 2882) Einverständnis des Erklärungsempfängers geschieht (BGH WM 86, 1181; BGH 144, 333 f; zum mißglückten Scheingeschäft § 118 Rn 2). Bei mehreren Empfängern ist Einverständnis aller nötig. Bei mehreren Gesamtvertretern eines Empfängers genügt Einverständnis eines Vertreters (BGH NJW 99, 2882). – Die **Beweislast** trägt,

Titel 2. Willenserklärung **§ 118**

wer sich auf Scheingeschäft beruft (BGH NJW 99, 3481 f). **c) Kein Schein-** 3
geschäft liegt vor, wenn Erklärender zur Erreichung des gewollten Rechtserfolgs
eine gültige Willenserklärung für nötig, ein Scheingeschäft für unzureichend hält
(BGH 67, 338 f). Gegen Scheingeschäft spricht, daß der ernsthaft gewollte Rechtserfolg nur durch gültige Willenserklärung zu erreichen ist, mag das Geschäft auch
die Täuschung Dritter bezwecken, zB bei Handeln eines Strohmanns (BGH NJW
98, 599 mN) oder einer Strohfrau (s BGH BB 02, 1563), beim offenen Treuhandgeschäft (vgl § 164 Rn 12), bei einzelnen falschen Tatsachenangaben über Motiv,
Datum uä in beurkundeter Willenserklärung (BGH WM 86, 1181), bei Umgehungsgeschäften, ds Geschäfte, die den (annähernd) gleichen rechtlichen oder wirtschaftlichen Erfolg erreichen sollen wie ein ges mißbilligtes RGeschäft (zur Gültigkeit § 134 Rn 18).

2. Wirkung. Scheingeschäft ist gegenüber jedermann (dh absolut) **nichtig, I,** 4
aber kein Nicht-RGeschäft (str, sa § 139 Rn 13). Berufung auf die Formnichtigkeit ist kein Verstoß gegen Treu und Glauben; erbrachte Leistung ist rückforderbar,
§ 812 (dazu Keim JuS 01, 636 ff). Dritte werden nach allg Vorschriften (zB
§§ 171 ff, 566 e I, 576, 892 f, 932 ff, 823 ff) oder bes (zB § 405) geschützt. Wer mit
einem Vertreter zum Nachteil des Vertretenen kolludiert hat, kann sich nicht auf I
berufen, da er den Vertretenen entspr § 116 S 1 täuschen will (BGH NJW 99,
2882 f).

3. Verdecktes (dissimuliertes) **Geschäft, II,** ist das von den Beteiligten in 5
Wahrheit gewollte, vom Scheingeschäft verdeckte RGeschäft. Es ist wirksam, wenn
seine bes Wirksamkeitsvoraussetzungen, zB Form, behördliche Genehmigung, vorliegen (BGH NJW 83, 1844). Hauptbsp: Im Grundstückskaufvertrag ist zum
Schein ein niedrigerer als der vereinbarte Kaufpreis beurkundet (Schwarzkauf; zu
den Gründen Reithmann Anm LM Nr 46 zu § 125; Keim JuS 01, 636); da die
damit verbundene Steuerhinterziehung nicht Hauptzweck ist, keine Nichtigkeit
gem § 134 (BGH NJW-RR 01, 381 zur Schwarzgeldvereinbarung), aber: das
Beurkundete ist nicht gewollt und daher nichtig (I), das Gewollte (II) nicht beurkundet und deshalb nichtig (§ 311 b I 1, § 125; § 126 Rn 7); Heilung möglich
(§ 311 b I 2; instruktiv BGH 89, 43 f; NJW-RR 91, 615 = JuS 91, 690 f
[K. Schmidt]), verhinderbar durch Erwerbsverbot, § 888 Rn 8. Nichtigkeit nach
§§ 117, 125, 139 tritt auch ein, wenn ein höherer als der wirkliche Kaufpreis
beurkundet wird, damit der Käufer ein scheinbar wertvolleres Sicherungsobjekt
erhält (Koblenz NJW-RR 02, 195).

§ 118 Mangel der Ernstlichkeit

**Eine nicht ernstlich gemeinte Willenserklärung, die in der Erwartung
abgegeben wird, der Mangel der Ernstlichkeit werde nicht verkannt werden, ist nichtig.**

1. Allgemeines. Die Vorschrift hat kaum Bedeutung für die Praxis, wohl aber 1
für das Verständnis der Willenserklärung (vgl Rn 5, 6 vor § 116).

2. Erfaßt wird jede Art von Willenserklärung, auch notariell beurkundete 2
(BGH 144, 334 f, dazu Thiessen NJW 01, 3026), auch nichtempfangsbedürftige
(Begriff Rn 8 vor § 104), zB Testament (RG 104, 322). Mangelnde Ernstlichkeit
und die Erwartung des Erklärenden, der Mangel werde erkannt, machen die
Erklärung nichtig. Gleichgültig ist, ob ein obj Beobachter den Mangel erkennen
konnte (hM) oder nicht (in diesem Fall wird § 122 praktisch). § 118 betrifft den
„guten Scherz" (zum „bösen" § 116 Rn 3) und umfaßt auch das **mißglückte
Scheingeschäft,** bei dem der Erklärende vergeblich Kenntnis und Einverständnis
des Gegners iSv § 117 I erwartet hat (BGH 144, 334 f). Zur Einschränkung von
§ 118 durch Treu und Glauben RG 168, 205 f, sa BGH 144, 334; dazu Thiessen
NJW 01, 3026.

3. Bei Nichtigkeit Schadensersatzpflicht: § 122 (wichtig II!). 3

§ 119 Anfechtbarkeit wegen Irrtums

(1) **Wer bei der Abgabe einer Willenserklärung über deren Inhalt im Irrtum war oder eine Erklärung dieses Inhalts überhaupt nicht abgeben wollte, kann die Erklärung anfechten, wenn anzunehmen ist, dass er sie bei Kenntnis der Sachlage und bei verständiger Würdigung des Falles nicht abgegeben haben würde.**

(2) **Als Irrtum über den Inhalt der Erklärung gilt auch der Irrtum über solche Eigenschaften der Person oder der Sache, die im Verkehr als wesentlich angesehen werden.**

1   1. **Allgemeines. a) Begriff des Irrtums:** *Unbewußtes Auseinanderfallen von Wille und Erklärung,* BGH BB 02, 427 (str, ob Wille nur der Geschäfts- oder auch der Erklärungswille ist, vgl Rn 5, 6 vor § 116). Daher irrt nicht, wer bei Unterschreiben eines Schriftstücks weiß, daß er dessen Inhalt nicht kennt (Hamm NJW-RR 91, 1141); er irrt, wenn er das Schriftstück zwar nicht gelesen, von seinem Inhalt aber eine falsche Vorstellung hat (BGH BB 02, 427; zum Erklärungswillen s Rn 5 vor § 116; zum Mißbrauch einer Blankounterschrift § 126 Rn 6).
2   Gleichgültig für §§ 119 f ist, ob Irrtum verschuldet (RG 62, 205). **b) Ob Wille und Erklärung auseinanderfallen,** ist *Auslegungsfrage* (§§ 133, 157; dazu allg § 133 Rn 10). *Auslegung geht Anfechtung vor.* Steht der übereinstimmende Wille der Beteiligten fest (§ 133 Rn 9), so ist wegen Willensübereinstimmung eine Anfechtung ausgeschlossen (BGH NJW-RR 95, 859; Rn 8). Entsprechen sich bei einem Vertrag die beiderseitigen (ausgelegten, § 133 Rn 10) Erklärungen nicht, so liegt Dissens vor (§§ 154 f); entsprechen sie sich, so liegt bei unbewußter Diskrepanz
3   zwischen Gewolltem und obj Erklärtem Irrtum vor. **c) Anfechtungsgegenstand** sind Willenserklärungen (ds einseitige RGeschäfte, Vertragserklärungen [s § 139 Rn 5; StRoth § 142, 15, str; aber auch § 142 II–IV]), auch elektronische oder automatisierte (Rn 1 vor § 104), ferner geschäftsähnliche Handlungen, nicht Realakte (Begriffe: Rn 1, 23, 24 vor § 104), nicht Prozeßhandlungen einer Partei (BGH 80, 392; hM). Die anfechtbare Willenserklärung ist gültig, aber durch einseitige Erklärung (§ 143 I) idR rückwirkend vernichtbar (§ 142 I). Ficht der Berechtigte an, so setzt er seinen wahren Willen nur in negativer Weise durch, indem er die ungewollte Erklärung vernichtet. Zum Ausgleich muß dem Gegner, der auf den Fortbestand der Erklärung vertraut und vertrauen darf, Scha-
4   densersatz leisten (§ 122). **d) Einschränkungen der Irrtumsanfechtung. aa)** Unanfechtbar sind Gründungs- und Beitrittserklärungen zu AG, GmbH nach Eintragung der Gesellschaft im Handelsregister (MK/Kramer 21); Beitrittserklärung zu Genossenschaft (BGH DB 76, 861). **bb)** Bzgl in Vollzug gesetzten Arbeits- und Personengesellschaftsvertrags vgl Rn 5 vor § 611; § 705 Rn 19–22. **cc)** Zur Einschränkung im Wechselrecht MK/Kramer 26, 27. **dd)** Zum Ausschluß durch VVG 16 ff s BGH NJW-RR 95, 726. **ee)** Zum beiderseitigen Irrtum über die Geschäftsgrundlage vgl § 313. **ff)** Nach hM (MK/Kramer 145 mN) ist Anfechtung ausgeschlossen (§ 242), wenn der Gegner iv einer Anfechtung das RGeschäft so, wie vom Irrenden gemeint, gelten läßt (BGH NJW 88, 2599 läßt offen). Besser: Das Geschäft gilt ex tunc mit dem nachträglich beiderseits gewollten Inhalt entspr § 133 Rn 9 (s Flume II § 21, 6); differenzierend Köhler/Fritzsche JuS 90, 19. Zum Fall, daß der Gegner das bereits angefochtene Geschäft gelten lassen will, § 142 Rn 3. **gg)** Zur Anfechtung fingierter Willenserklärung Rn 10 vor § 116; zur Bestätigung des anfechtbaren RGeschäfts § 144; zum Ausschluß der Anfechtung
5   gem § 164 II s dort Rn 3. **e) Bes Irrtumsregeln** bestehen im Ehe-, Kindschafts-, Erbrecht (vgl §§ 1313, 1314 II Nr 2; 1600, 1600 c; 1949, 1956, 2078–2083, 2308).

6   2. **Erklärungsirrtum** (Irrtum in der Erklärungshandlung; Terminologie schwankt: LM Nr 21), **I Fall 2.** Der Erklärende will nicht das erklären, was er, äußerlich betrachtet, erklärt (zum Irrtum sa Rn 1). Bsp: versprechen, verschreiben,

Titel 2. Willenserklärung **§ 119**

vertippen (Schreibmaschine, PC), vergreifen, ferner § 120. Abgrenzung zum Inhaltsirrtum (Rn 7) fließend, aber wegen Gleichheit der Rechtsfolgen unerheblich.

3. Inhaltsirrtum (Geschäftsirrtum, Irrtum über den Erklärungsinhalt; Terminologie schwankt: LM Nr 21), **I Fall 1.** Der Erklärende will erklären, was er, äußerlich betrachtet, erklärt, doch verbindet er mit dem äußerlich Erklärten eine andere rechtliche Bedeutung (BGH NJW 99, 2665, in BGH 142, 27 insoweit nicht abgedruckt). Das rechtlich Gewollte und das *im Rechtssinn* Erklärte fallen auseinander (s Rn 2). Der Irrtum bezieht sich auf den Inhalt des Geschäfts, dh auf seine wesentlichen Charakteristika („essentialia negotii"), insbes Art des Geschäfts, Identität von Geschäftsgegenstand oder Gegner. **a) Geschäftsart.** Bsp: Erklärt ist Leihe, gewollt ist Miete. **aa) Auslegung** steht auch hier vor der Prüfung eines Irrtums (Rn 2). Ergibt sich, daß zB „Leihe" gesagt, aber einverständlich „Miete" gemeint ist, oder daß der Gegner das in Wahrheit Gemeinte (Miete) erkannt hat, so scheidet Anfechtung mangels Diskrepanz zwischen Wille und Erklärung aus. **bb) Irrtum über die Geschäftsart** ist oft *Irrtum über die Rechtsfolgen* (dazu allg BAG NJW 83, 2958), im Bsp Leihe/Miete über die Pflicht zu (un-)entgeltlicher Gebrauchsüberlassung. Er ist beachtlich, wenn er die Art des Geschäfts, dh die gewollten wesentlichen Rechtswirkungen, betrifft (BGH MDR 73, 653; BayObLG NJW 88, 1271), so bei Leihe/Miete; unbeachtlich, wenn er sich auf nicht erkannte Nebenfolgen bezieht (Hamm MDR 81, 1018; hM). **b) Identitätsirrtum** bzgl Gegenstand oder Gegner des Geschäfts. Hier ist wesentlich die *Abgrenzung zum Eigenschaftsirrtum* (Rn 13, 15), der gem II nur eingeschränkt zur Anfechtung berechtigt. Beim Eigenschaftsirrtum sind Gegenstand und Gegner körperlich zutr identifiziert, doch werden ihnen irrtümlich bestimmte Eigenschaften zugeschrieben. Beim Identitätsirrtum ist schon die körperliche Identifizierung fehlgeschlagen. Bsp: Hält der kreditierende Verkäufer ihm unbekannten Käufer A für den ihm vom Hörensagen bekannten Millionär gleichen Namens, dann Identitätsirrtum; hält er den ihm bekannten A irrtümlich für reich, dann Eigenschaftsirrtum (Rn 13, 15). Wer ein ihm vorgeführtes Luxusauto irrtümlich für das letzte Fahrzeug eines verstorbenen Staatspräsidenten hält, irrt über eine Eigenschaft des Vertragsgegenstands (vgl v. Tuhr II 1 § 67 Fn 26; auch BGH 63, 371). **c) Als „erweiterten Inhaltsirrtum"** behandelte das RG einen an sich irrelevanten (Rn 17) *Motivirrtum* in der Berechnung des Preises, wenn diese oder deren Grundlagen dem Erklärungsempfänger mitgeteilt oder jedenfalls erkennbar zum Gegenstand der entscheidenden Vertragsverhandlungen gemacht worden war, sog *externer* oder **offener Kalkulationsirrtum** (zB RG 105, 407 f: Rubelfall; 116, 17 f mN: Börsenkurs). Diese Rspr ist abzulehnen (BGH NJW-RR 86, 570 läßt offen); denn Wille und Erklärung stimmen überein, Fehlbildung im Willen wird von I nicht erfaßt (hM, s Habersack JuS 92, 550; abw Singer JZ 99, 342 ff). Vielmehr ist zunächst festzustellen, was erklärt ist (falsa demonstratio, obj Erklärungswert [§ 133 Rn 9, 10], einseitiger echter Inhaltsirrtum?); zum möglichen beiderseitigen Irrtum über die Geschäftsgrundlage vgl BGH NJW 86, 1349 (Vertragsanpassung). *Interner* oder **verdeckter Kalkulationsirrtum** gibt kein Anfechtungsrecht, auch nicht, wenn ihn der Erklärungsempfänger hätte erkennen können (Nachw in BGH 139, 181) oder positiv erkannt hat (BGH 139, 182 ff, str; Bestehen auf Vertragsschluß kann treuwidrig sein, zB bei erkennbar ruinöser Fehlkalkulation; § 242 kann Pflicht zum Hinweis auf den Irrtum begründen [BGH 139, 184 f]; dazu krit Anm Ch. Berger LM Nr 36; Singer JZ 99, 342 ff).

4. Eigenschaftsirrtum, II. Seine Einordnung ist str. Nach hM handelt es sich um einen ausnahmsweise beachtlichen Motivirrtum (PalHeinrichs 23 mN). **a) Person** ist jedermann, auf den sich das Geschäft bezieht, dh die Parteien, ferner in das Geschäft, zB gem § 328, einbezogene Dritte (sa RG 143, 430; Gruch 52, 926 f: „Dritte", die für GmbH oder OHG handeln). **b) Sache** (§ 90) ist in erweiternder Auslegung *auch ein unkörperlicher Gegenstand*, zB Grundschuld (RG 149, 238) oder anderes Recht (LM Nr 2 zu § 779). **c) Eigenschaften** einer Person oder eines

§ 120 Buch 1. Abschnitt 3. Rechtsgeschäfte

Gegenstands sind gegenwärtige, prägende Merkmale tatsächlicher oder rechtlicher Art, die in der Person oder dem Gegenstand selbst begründet sind und eine gewisse Beständigkeit aufweisen. Bsp: Lichtechtheit eines Stoffs; Größe, Lage, Bebaubarkeit eines Grundstücks (RG 61, 86) sowie seine anderen tatsächlichen und rechtlichen Verhältnisse (vgl LM Nr 52 zu § 123 mN); Urheberschaft eines Kunstwerks (BGH NJW 88, 2599; Flume JZ 91, 633 ff); Alter eines Gebrauchtwagens oder Mähdreschers (BGH 78, 221; Stuttgart NJW 89, 2547); Vorstrafen (s aber BZRG 51 I); Zugehörigkeit zu einer politischen Vereinigung; Farbblindheit und sonstige Gesundheitsmängel (vgl BAG DB 74, 1531 f); Beruf; Zahlungsfähigkeit (RG 66, 387 ff); wissenschaftliches Ansehen. Beachtlich, da vorübergehend, ist die Schwangerschaft (BAG NJW 92, 2174; übergangen von EuGH NJW 94, 2077 f), anders bei befristeter Einstellung (s Schulte Westenberg NJW 95, 761 f; vgl aber EuGH NJW 01, 124, 126 f). Keine Eigenschaft ist der Preis (Wert); er enthält ein Werturteil, das auf Eigenschaften beruht (BGH BB 63, 285). Daher ist die Wertsteigerung von Nachlaßgegenständen, insbes Grundstücken, nach der Wiedervereinigung kein Anfechtungsgrund (s BVerfG DtZ 94, 312). **d) Verkehrswesentlich** müssen die Eigenschaften (Rn 13) sein. Das beschränkt die rechtliche Relevanz des Eigenschaftsirrtums. Beachtlich ist nur der Irrtum über Eigenschaften, auf die im Rechtsverkehr bei Geschäften der fraglichen Art üblicherweise entscheidender Wert gelegt wird (s BGH 88, 245 f; dazu krit Anm Köhler JR 84, 324 f: Einbeziehung der Eigenschaft in den Vertragsinhalt genüge). Prüfung im Einzelfall nötig, Schematismus gefährlich. Bsp: Verkehrswesentlich ist Zahlungsfähigkeit bei Kreditgeschäft, nicht bei Barkauf; Farbblindheit für Kraftfahrer, nicht für Kellner; Vorstrafe wegen Untreue für Buchhalter, nicht für Müllarbeiter. **e) Ausgeschlossen ist die Anfechtung** eines (abstrakten) Verfügungsgeschäfts (Stadler, Lit vor Rn 16 vor § 854, S 177; Grigoleit AcP 199, 396 ff, je mwN). Ausschluß von II (nicht I, § 123), wenn wegen Eigenschaftsirrtums eine Rechts- oder Sachmängelhaftung in Betracht kommt (Westermann/Buck S 178 f). **Kein Ausschluß** der Anfechtung nach II durch Recht zur Kündigung aus wichtigem Grund (zB §§ 626, 723); hat Bedeutung nur für noch nicht vollzogenes Dauerschuldverhältnis (vgl § 705 Rn 19, 20).

17 **5. Einseitiger Motivirrtum** (Irrtum im Beweggrund) betrifft Überlegungen, Gründe, Erwartungen bzgl der abgegebenen Willenserklärung (zB betr die politische Stabilität der DDR: Frankfurt/M DtZ 91, 301). Er ist im Interesse des Rechtsverkehrs unbeachtlich (Ausnahmen: § 123 I [Täuschung], § 2078). Bsp: K kauft einen Anzug, weil er, wie er dem Verkäufer mitteilt, in 3 Tagen heiraten werde, doch die Heirat scheitert; enttäuschte Erwartungen bei Spekulations- oder Risikogeschäften (EnnN § 168 I).

18 **6. Kausalität des Irrtums** für die Abgabe der Willenserklärung ist weitere Voraussetzung des Anfechtungsrechts, I (auch darauf verweist II). Sie liegt vor, wenn der Irrende **subj** „bei Kenntnis der Sachlage" (dh von seinem subj Standpunkt aus) und **obj** „bei verständiger Würdigung des Falles" (dh als vernünftiger Mensch, s BGH NJW 95, 191; BAG NJW 91, 2726) die Erklärung nicht abgegeben hätte.

§ 120 Anfechtbarkeit wegen falscher Übermittlung

Eine Willenserklärung, welche durch die zur Übermittlung verwendete Person oder Einrichtung unrichtig übermittelt worden ist, kann unter der gleichen Voraussetzung angefochten werden wie nach § 119 eine irrtümlich abgegebene Willenserklärung.

1 **1. Allgemeines** zur Anfechtung § 119 Rn 1–5.

2 **2. Anwendungsbereich. a) Fehlerhafte Übermittlung** einer vom Erklärenden korrekt ausformulierten Willenserklärung **durch Übermittler**, zB Deutsche Telekom AG, Deutsche Post AG, Bote, Dolmetscher (idR: BGH BB 63, 204), Einrichtung zur Übermittlung auf elektronischem Weg als Fax, E-Mail (genügend, daß die Einrichtung nur die Leitung zur Verfügung stellt, daher trifft § 120 nicht

Titel 2. Willenserklärung **§§ 121, 122**

nur den falsch übermittelnden Erklärungsboten). **Keine** Übermittlung ist das Überbringen einer vom Erklärenden ausgestellten Urkunde. Erklärungsbote ist nicht der Vertreter (er erklärt selbst; zur Abgrenzung Vertreter/Bote § 164 Rn 14). Zum Empfangsboten Rn 5. **b) Nur die unbewußt fehlerhafte** Übermittlung 3 trifft § 120. Der Fehler kann darauf beruhen, daß der Bote schon den Erklärenden falsch verstanden oder daß er die Erklärung inhaltlich falsch oder an den unerkannt falschen Empfänger übermittelt hat. **c) Bewußtes Abweichen** von der aufgetra- 4 genen Erklärung fällt nicht unter § 120 („Schein-Bote"). Hier gelten §§ 177 ff entspr (hM); der Auftraggeber haftet uU aus cic (§§ 280 I, 241 II, 311 II, III) mit § 278 sowie § 831. Gleiches gilt, wenn jemand *ohne Botenmacht* als Bote auftritt. **d) Der Empfangsbote** (Begriff § 130 Rn 7) fällt **nicht** unter § 120. Hat er falsch 5 verstanden, so fehlt idR der Zugang, hat er richtig verstanden, so ist zugegangen; falsche Übermittlung von ihm zum Empfänger geht auf dessen Risiko (§ 130 Rn 7, 9 [aa]).

3. Wirkung. Bei unbewußt falscher Übermittlung besteht Anfechtungsrecht, 6 wenn Erklärender die übermittelte Erklärung entspr § 119 Rn 18 nicht abgegeben hätte. **Schadensersatzanspruch** des Erklärungsempfängers gegen den Erklärenden gem § 122.

§ 121 Anfechtungsfrist

(1) ¹**Die Anfechtung muss in den Fällen der §§ 119, 120 ohne schuldhaftes Zögern (unverzüglich) erfolgen, nachdem der Anfechtungsberechtigte von dem Anfechtungsgrund Kenntnis erlangt hat.** ²**Die einem Abwesenden gegenüber erfolgte Anfechtung gilt als rechtzeitig erfolgt, wenn die Anfechtungserklärung unverzüglich abgesendet worden ist.**

(2) **Die Anfechtung ist ausgeschlossen, wenn seit der Abgabe der Willenserklärung zehn Jahre verstrichen sind.**

1. Allgemeines. Betrifft nur §§ 119 f. Für § 123 vgl § 124. – Legaldefinition 1 von „unverzüglich" (I 1) gilt im gesamten bürgerlichen Recht (zB HGB 377 I, III; AktG 92 I), öffentl Recht (zB GG 77 I 2, ZPO 216 II, 271 I, StPO 25 II Nr 2) und Strafrecht (StGB 142 II).

2. Anfechtungsfrist. a) Beginn mit Kenntnis des Anfechtungsgrundes (Irr- 2 tum, § 119; fehlerhafte Übermittlung, § 120) sowie der Person des Anfechtungsgegners iSv § 143 (v. Tuhr II § 67 Fn 116; RG 124, 118). Stellt sich Irrtum erst im Prozeß heraus, weil Gericht die Erklärung in bestimmtem Sinn auslegt (vgl § 119 Rn 2), so ist Eventualanfechtung (BGH NJW 79, 765) geboten, um Frist zu wahren. **b) Länge** der Frist ist vom Einzelfall abhängig (bei Anfechtung eines 3 Arbeitsvertrags gem § 119 II Höchstfrist entspr § 626 II zwei Wochen: BAG NJW 91, 2726). Frist umfaßt den Zeitraum, in dem *unverzüglich* – dh ohne schuldhaftes Zögern, I 1, nicht „sofort" (zum Unterschied § 859 Rn 2) – angefochten werden konnte. Dazu gehört angemessene Zeit zur Prüfung und Entscheidung unter Berücksichtigung der Interessen des Gegners (vgl RG 124, 118). Irrtum darüber, ob Anfechtung notwendig, entschuldigt selten (vgl RG 152, 232 ff). Zur Fristwahrung genügt unverzügliche Absendung, I 2, sofern sie die Erklärung direkt zum Empfänger bringen soll; idS ungenügend Anfechtung in Klageschrift (BGH NJW-RR 96, 1458). Trotz I 2 wird die Erklärung erst mit Zugang wirksam (BGH 101, 52). **c) Ausgeschlossen** ist die Anfechtung, auch bei Unkenntnis von Grund 4 und Gegner, *10 Jahre* nach Abgabe der anfechtbaren Erklärung, II. Für II gilt Erleichterung nach I 2 (Rn 3) nicht. **d) Das Anfechtungsrecht erlischt** mit 5 Ablauf (Rn 3, 4) der Ausschlußfrist. Als Gestaltungsrecht verjährt es nicht bloß.

§ 122 Schadensersatzpflicht des Anfechtenden

(1) **Ist eine Willenserklärung nach § 118 nichtig oder auf Grund der §§ 119, 120 angefochten, so hat der Erklärende, wenn die Erklärung einem**

Jauernig

§ 123 Buch 1. Abschnitt 3. Rechtsgeschäfte

anderen gegenüber abzugeben war, diesem, andernfalls jedem Dritten den Schaden zu ersetzen, den der andere oder der Dritte dadurch erleidet, dass er auf die Gültigkeit der Erklärung vertraut, jedoch nicht über den Betrag des Interesses hinaus, welches der andere oder der Dritte an der Gültigkeit der Erklärung hat.

(2) **Die Schadensersatzpflicht tritt nicht ein, wenn der Beschädigte den Grund der Nichtigkeit oder der Anfechtbarkeit kannte oder infolge von Fahrlässigkeit nicht kannte (kennen musste).**

1   1. **Allgemeines. a) Zur Funktion** von § 122 vgl § 119 Rn 3. **b) Vorausgesetzt** in § 122 ist Nichtigkeit gem § 118 oder §§ 119 f, 142 I. Ist die Erklärung (schon) aus einem anderen Grunde nichtig (vgl Rn 18, 22 vor § 104), so scheidet § 122 aus. **c) Legaldefinition** von „kennen müssen" (II) gilt im gesamten bürgerlichen Recht (zB HGB 15 II).

2   2. **Berechtigt** ist bei empfangsbedürftigen Willenserklärungen nur der Empfänger, bei nichtempfangs- und bei amtsempfangsbedürftigen (Begriffe Rn 8 vor § 104) jeder Geschädigte. **Verpflichtet** ist derjenige, dessen Erklärung gem § 118 oder §§ 119 f, 142 I nichtig ist. Verschulden nicht erforderlich: Veranlassungshaftung (BGH NJW 69, 1380). **Verjährung:** § 199 III.

3   3. **Zu ersetzen** sind alle Vermögensnachteile, die der Geschädigte aufgrund seines Vertrauens in die Gültigkeit der Erklärung erlitten hat (BGH NJW 84, 1950 f: **Vertrauensschaden,** sog negatives Interesse), dh er ist so zu stellen, als wäre die nichtige (§§ 118, 142 I) Erklärung nicht abgegeben worden. Zu ersetzen sind zB Vertragsabschlußkosten, infolge Ablehnung oder Unterlassung anderweiten Geschäfts entgangener Gewinn. Oberste Grenze des Schadensersatzes: Erfüllungsinteresse, sog positives Interesse (wie stünde der Berechtigte bei Gültigkeit der Willenserklärung?).

4   4. **Der Anspruch ist ausgeschlossen, II,** wenn Geschädigter den Nichtigkeits- (§ 118) oder Anfechtungsgrund (§§ 119 f) kannte oder fahrlässig nicht kannte. Jede Fahrlässigkeit genügt. Dann bestand kein schutzwürdiges Vertrauen. Liegt II nicht vor, so kann der Anspruch gem § 254 I analog ausgeschlossen oder gemindert sein, wenn der Geschädigte den Irrtum schuldlos obj mitveranlaßt hat (BGH NJW 69, 1380); Grund: Erklärender haftet seinerseits kraft bloßer Veranlassung (Rn 2). Haftungsausschluß nach II kann nicht entspr § 254 I eingeengt werden (RG 57, 89 f).

5   5. **Neben I** kommen Schadensersatzansprüche aus cic (§§ 280 I, 241 II, 311 II, III), §§ 823 ff in Betracht. Für erbrachte Leistungen gelten neben I die §§ 812 ff.

§ 123 Anfechtbarkeit wegen Täuschung oder Drohung

(1) **Wer zur Abgabe einer Willenserklärung durch arglistige Täuschung oder widerrechtlich durch Drohung bestimmt worden ist, kann die Erklärung anfechten.**

(2) ¹**Hat ein Dritter die Täuschung verübt, so ist eine Erklärung, die einem anderen gegenüber abzugeben war, nur dann anfechtbar, wenn dieser die Täuschung kannte oder kennen musste.** ²**Soweit ein anderer als derjenige, welchem gegenüber die Erklärung abzugeben war, aus der Erklärung unmittelbar ein Recht erworben hat, ist die Erklärung ihm gegenüber anfechtbar, wenn er die Täuschung kannte oder kennen musste.**

1   1. **Allgemeines. a) Schutz der Willensfreiheit** bei Abgabe von Willenserklärungen jeder Art ist Ziel des § 123. Die Erklärung ist gültig, aber vernichtbar (Rn 22 vor § 104). Zum *Anfechtungsgegenstand* s § 119 Rn 3. Bes Regelung von
2   Täuschung und Drohung in § 1314 II Nr 3, 4, § 1315 I Nr 4, § 1317. **b) Abgrenzungen.** Arglistige Täuschung oder widerrechtliche Drohung gegenüber (Vertrags-)Partner (BGH NJW 88, 903) machen die Willenserklärung nicht gem

Titel 2. Willenserklärung **§ 123**

§ 138 I nichtig (arg § 123 I mit § 142 I: Anfechtbarkeit ist nur Vernichtbarkeit). Vielmehr müssen weitere Umstände vorliegen, die das Geschäft als sittenwidrig erscheinen lassen (BGH NJW 95, 3315); sa Rn 14 (Widerrechtlichkeit der erstrebten Willenserklärung). – Recht zur außerordentlichen Kündigung läßt Anfechtungsrecht unberührt (BAG BB 97, 843). – Zum Verhältnis zu **§ 116 S 2** vgl § 116 Rn 4 (c). –

2. Arglistige Täuschung. a) Täuschung ist bewußtes, dh vorsätzliches Erregen- oder Aufrechterhaltenwollen eines Irrtums durch Vorspiegeln falscher oder Unterdrücken wahrer Tatsachen (nicht Werturteile), um den Getäuschten vorsätzlich zur Abgabe einer bestimmten Willenserklärung zu veranlassen (zur mißglückten Täuschung Rn 18). *Bedingter Vorsatz* genügt bzgl der Unrichtigkeit angegebener Tatsachen (BGH NJW 98, 2361: vertragswesentliche Erklärung „ins Blaue"), bzgl der Wahrheit unterdrückter Tatsachen (BGH WM 83, 990) sowie für den Veranlassungsvorsatz (LM Nr 42). Nicht erforderlich sind Schädigungsvorsatz, Eintritt eines Vermögensschadens (LM Nr 10), da § 123 die Willensfreiheit und nicht das Vermögen schützt (LM Nr 35); Verschulden des Getäuschten ist unerheblich (BGH NJW 89, 288). Täuschung geschieht idR durch *positives Tun:* durch ausdr Vorspiegeln von Tatsachen oder durch ein Verhalten, das insgesamt als schlüssige Bekundung von Tatsachen erscheint. Wer zB als Verkäufer eines Pkw über *bestimmte* Unfallschäden Angaben macht, kann damit zugleich vorspiegeln, daß der Wagen iü unfallfrei sei. Stimmt das nicht, so liegt darin zugleich ein Unterdrücken wahrer Tatsachen (dh der weiteren Unfallschäden). Sowohl das Ob wie der Umfang einer **Pflicht zum Reden** (zwecks Aufklärung des Gegners) werden durch § 242 3 bestimmt. Dafür sind ua Art und Dauer des Geschäfts sowie Stellung und Fähigkeiten der Beteiligten beachtlich (BGH NJW 92, 302 mN), auch daß bei Vertragsverhandlungen die Parteien idR gegenläufige Interessen verfolgen und entspr auf eigenen Vorteil bedacht sind. Deshalb **keine allg Aufklärungspflicht** über Umstände, die für den Entschluß des Gegners offenbar relevant sind (BGH NJW-RR 98, 1406), erst recht nicht bei Risiko- und Spekulationsgeschäften bzgl der Risiko- und Spekulationsfaktoren. **Entscheidend** ist, ob der Gegner aufgrund der konkreten Lage nach Treu und Glauben und nach der Verkehrsauffassung eine Aufklärung über solche Umstände erwarten durfte, die für ihn von entscheidender Bedeutung sind (BGH NJW 00, 2498; 01, 64), und die gebotene Aufklärung bewußt unterbleibt (Rn 7; BGH NJW 90, 79). Eine unverlangte **Auskunft** 6 muß auch ohne Auskunftspflicht wahr sein (LM Nr 30 a). *Zulässige* **Fragen** (ds solche, an denen ein berechtigtes, schutzwürdiges Interesse besteht) sind wahrheitsgemäß zu beantworten, zB Frage nach Wiederverkaufsabsicht (BGH BB 92, 669). Die Zulässigkeit von Fragen ist bes bedeutsam bei Begründung von Arbeitsverhältnissen (dazu Thüsing/Lambrich BB 02, 1146 ff). Uneingeschränkt zulässig ist die Frage nach AIDS (Klak BB 87, 1383 f, str; zum Begriff BAG NJW 90, 142), Tätigkeit für den DDR-Staatssicherheitsdienst (BAG NZA 98, 1052 mit BVerfG NJW 97, 2309 f für Tätigkeit nach 1970; BAG NJW 01, 702 für schwerwiegende Tätigkeiten vor 1970). Die Zulässigkeit hängt iü von der *Tätigkeitsrelevanz* ab: bei der Frage nach Krankheiten (BAG NJW 85, 645 f; bzgl Alkoholismus Künzl BB 93, 1581 ff), Vorstrafen (BAG NJW 99, 3654; hier gilt io BZRG 53 I, s BAG NJW 91, 2724), Behinderungen (bzgl der Schwerbehinderteneigenschaft ließ BAG NJW 01, 1885, stRspr, unbeschränktes Fragerecht zu; überholt durch das Behindertendiskriminierungsverbot in SGB IX 81 II, so Düwell BB 01, 1529 f; Rolfs/Paschke BB 02, 1261; sa GG 3 III 2). Fraglich ist, ob die Rspr des EuGH erlaubt, wenigstens dann nach der Schwangerschaft eine Bewerberin zu fragen, wenn für die Schwangere ein Beschäftigungsverbot für die ganze Dauer des befristeten Arbeitsvertrags besteht (vgl EuGH NJW 00, 1020: befristetes Beschäftigungsverbot ab Beginn eines unbefristeten Arbeitsvertrags; EuGH NJW 02, 124: befristetes Beschäftigungsverbot für wesentliche Teile der Laufzeit eines befristeten Vertrags; Thüsing/Lambrich BB 02, 1147 verneinen jedes Fragerecht); jedenfalls besteht

Jauernig

§ 123 Buch 1. Abschnitt 3. Rechtsgeschäfte

keine Redepflicht der AN, auch wenn sie ihre Schwangerschaft und das Beschäftigungsverbot kennt (vgl EuGH NJW 02, 124); sa § 119 Rn 14). Stets unzulässig ist die Frage nach letztem Geschlechtsverkehr einer Bewerberin (Folge: Rn 11). Ein *Gebrauchtwagenverkäufer* muß ungefragt über solche Unfälle aufklären, die für den Kaufentschluß üblicher- oder erkennbarerweise relevant sind (also nicht über Bagatellschäden, BGH NJW-RR 87, 437: Pkw; großzügiger für Lkw: NJW 82, 1386), sofern der Käufer nicht schon aus den Umständen (zB Aussehen, Preis) die Vergangenheit des Fahrzeugs erkennt (Erkennenkönnen ungenügend, LM Nr 42).

7 **b) Arglist** ist nur (bedingter) Vorsatz (allgM) und somit bereits vom Täuschungsbegriff (Rn 3) umfaßt (s BGH NJW 00, 2499: „Arglist" = Veranlassungsvorsatz). Verwerfliche Gesinnung wird nicht gefordert. Daher ist Arglist (Vorsatz!) auch gegeben, wenn der Täuschende „das Beste" des Getäuschten wollte (MK/Kramer
8 9 mN; aA LM Nr 9, 14; s aber auch BGH 109, 333). **c) Täuschender. aa) Bei nichtempfangsbedürftigen Willenserklärungen** (Begriff Rn 8 vor § 104) kann
9 das jedermann sein. **bb) Bei empfangsbedürftigen Willenserklärungen** (Begriff Rn 8 vor § 104) muß idR der Empfänger täuschen. Hat ein **Dritter** getäuscht, so genügt das nur, wenn der Empfänger **(II 1)** oder derjenige, der aus der Erklärung unmittelbar ein Recht erworben hat **(II 2)**, zB als Dritter iSv § 328, die Täuschung kannte oder fahrlässig (zB wegen gebotener, aber unterlassener Information: BGH NJW-RR 92, 1006) nicht kannte, II mit § 122 II (sa BGH NJW 98, 532 f: Bei Vertragsübernahme Täuschung durch den Übernehmer). Um die Anfechtungsmöglichkeit nicht unbillig auszuschließen, wird der Begriff des Dritten
10 eng aufgefaßt. **Dritter iSv II ist nicht** derjenige, dessen Täuschung sich der Erklärungsempfänger „nach Billigkeitsgesichtspunkten unter Berücksichtigung der Interessenlage zurechnen lassen muß" (BGH NJW 90, 1662), weil er „im Lager" des Empfängers steht (BGH NJW 01, 358: „Hilfsperson"). Deshalb ist nicht „Dritter" der Stellvertreter (§§ 164 ff) des Empfängers (auch nicht der vollmachtlose nach Genehmigung: BGH WM 79, 237), nicht sein Verhandlungsgehilfe (ie BGH NJW 96, 1051; stRspr) oder sonstige Vertrauensperson (BGH NJW-RR 92, 1006; sa BB 02, 427); ferner nicht, wer in mittelbarer Täterschaft durch einen anderen täuschen läßt (BGH NJW 90, 1915). Täuschung durch sie berechtigt gem I zur Anfechtung auch ohne Kenntnis oder fahrlässige Unkenntnis des Empfängers. Bsp für Verhandlungsgehilfen: Beauftragter, der ohne Abschlußvollmacht Vertrag aushandelt (vgl RG 72, 136 f; zur RG-Rspr LM Nr 30, 31); Verkäufer beim finanzierten Kreditkauf bzgl des Kreditvertrags, wenn er über die Kreditgewährung
11 verhandelt hat (BGH 47, 227 ff). **d) IdR** ist die Täuschung **rechtswidrig** (in I übergangen); anders bei lügenhafter Anwort auf unzulässige Frage (Rn 6; BAG NJW 99, 3653).

12 **3. Widerrechtliche Drohung. a) Drohung** ist die vom Gegner ernst genommene Ankündigung eines künftigen Übels, das nach Bekundung des Drohenden und der Ansicht des Gegners vom Drohenden herbeigeführt werden kann und soll, wenn der Bedrohte die angesonnene Willenserklärung nicht abgibt (BAG NJW 99, 2060 f). Der Drohende muß sich bewußt sein, auf die Willensentschließung des anderen einzuwirken (BGH NJW-RR 96, 1282). Das angedrohte Übel muß nicht den Bedrohten in Person treffen (Bsp: Geiselnahme, um Angehörige zu erpressen). **Keine** Drohung ist Hinweis auf ohnehin schon bestehende und vom „Drohenden" nicht beeinflußbare Zwangslage (BGH 6, 351) oder deren Ausnutzung (BGH NJW 88, 2601). Drohung ist psychischer Zwang (vis compulsiva), nicht körperliche Gewalt (vis absoluta); zur Bedeutung für das Vorliegen einer Willenserklärung
13 Rn 4 vor § 116. **b) Widerrechtlichkeit** liegt in drei Fällen vor (BAG NJW 99, 2061): **aa) Das Mittel**, dh das angedrohte Verhalten, ist widerrechtlich. Bsp: Gläubiger droht Schuldner eine Tracht Prügel an, wenn er nicht sofort bezahlt; Bestehen der Schuld unerheblich, weil für Drohung kein Rechtfertigungsgrund, zB gem §§ 227 ff, gegeben ist. Erzwungene Erklärung kann nichtig sein (§ 116
14 Rn 4 [c]). **bb) Der Zweck**, dh die erpreßte Willenserklärung, ist widerrechtlich

Titel 2. Willenserklärung **§ 124**

(LM Nr 32). Daher ist die Erklärung schon nach §§ 134, 138 nichtig (zur Anfechtung in solchen Fällen vgl Rn 22 vor § 104). **cc) Inadäquanz von Mittel und Zweck** (BGH WM 83, 1019): Beide sind für sich betrachtet rechtmäßig, aber der Einsatz *dieses* Mittels zu *diesem* Zweck ist widerrechtlich (Mittel-Zweck-Relation). Hauptproblem: Abgrenzung der widerrechtlichen Nötigung vom noch gestatteten, weil noch sozialadäquaten Geschäftsgebaren (BGH NJW 69, 1627). Anspruch auf erstrebte Willenserklärung schließt Rechtswidrigkeit nur idR aus (BGH 25, 219), nicht zB bei Drohung mit Strafanzeige wegen Trunkenheit am Steuer, um Erfüllung bestehenden Kaufpreisanspruchs zu erreichen (Strafanzeige ist mangels sachlicher Beziehung zum verfolgten Zweck „unangemessen", dh widerrechtlich). Wegen Sozialadäquanz *keine Widerrechtlichkeit* bei Drohung mit Zahlungsklage, um Schuldbegleichung zu erwirken; ebenso bei Drohung mit Betrugsanzeige gegen Schuldner, um dessen am Geschäft mit dem Gläubiger interessierte Ehefrau zur Verbürgung zu veranlassen, auf die kein Anspruch besteht (vgl BGH 25, 217 ff; sa NJW 97, 1981; BAG NJW 99, 2061, je mN); bei Drohung mit (außer)ordentlicher Kündigung, wenn Kündigung aus der Sicht eines verständigen AG vertretbar (BAG BB 99, 2511 f). **dd) Irrtum** über die Widerrechtlichkeit der Drohung ist unbeachtlich (BGH NJW 82, 2302). Sind dem Drohenden Umstände, aus denen die Widerrechtlichkeit folgt, schuldlos unbekannt, so soll das die Widerrechtlichkeit und damit die Anfechtbarkeit ausschließen (BGH 25, 224 f; LM Nr 28). Abzulehnen: Schuldlose Unkenntnis beseitigt nicht die Rechtswidrigkeit (arg § 231); das damit gegebene Risiko kann nicht vom Drohenden auf den Bedrohten abgewälzt werden mit der Folge, diesem das Anfechtungsrecht vorzuenthalten (MK/Kramer 51 mN). **c) Drohender** kann der Erklärungsempfänger und jeder Dritte sein, II gilt nicht. Deliktsfähigkeit (§§ 827 f) nicht erforderlich, str.

4. Kausalität. Ohne (erfolgreiche) Täuschung oder Drohung wäre die Willenserklärung nicht, nicht so oder nicht zu dieser Zeit abgegeben worden (BGH NJW 98, 1860; Mitverursachung genügt, BAG NJW 00, 2446). Ob das zutrifft, ist subj-konkret, dh für den Erklärenden, zu bestimmen. Durchschaute Täuschung ist nicht kausal für die Abgabe der Willenserklärung (BGH NJW-RR 89, 1143; nach BAG NJW 01, 1885 mit Erm/Palm 24 muß zunächst Kausalität zwischen Täuschungshandlung und Irrtum bestehen – überflüssig). Ist Täuschung oder Drohung für Verpflichtungsgeschäft, zB Kauf, kausal, so ist sie es idR auch für das Erfüllungsgeschäft (anders bei § 119); vgl Grigoleit AcP 199, 404. Für Ursächlichkeit gilt **Anscheinsbeweis** (Köln NJW-RR 99, 883, str; die Rspr schwankt, s BGH JZ 78, 112).

5. Zur Wirkung der Anfechtung im allg Rn 22 vor § 104, ferner § 142 Rn 3. Für erbrachte Leistungen gelten §§ 812 ff, ggf auch §§ 985 ff, nach BGH NJW-RR 98, 906 bei Vermögensschaden auch §§ 823 ff für Rückzahlungsanspruch. Der Anfechtungsberechtigte kann idR Vertragsaufhebung als Schadensersatz aus cic (§§ 280 I, 241 II, 311 II, III), §§ 823 ff verlangen, auch ohne Vermögensschaden, da § 311 II Nr 2 ua das bloße Interesse schützt (str). Ob Aufhebung auch nach Ablauf der Frist des § 124 verlangt werden kann, ist str (s § 124 Rn 2). Eigene Arglist schließt Ersatzansprüche idR aus (Anfechtungsrecht bleibt, BGH 33, 310).

§ 124 Anfechtungsfrist

(1) **Die Anfechtung einer nach § 123 anfechtbaren Willenserklärung kann nur binnen Jahresfrist erfolgen.**

(2) **¹Die Frist beginnt im Falle der arglistigen Täuschung mit dem Zeitpunkt, in welchem der Anfechtungsberechtigte die Täuschung entdeckt, im Falle der Drohung mit dem Zeitpunkt, in welchem die Zwangslage aufhört. ²Auf den Lauf der Frist finden die für die Verjährung geltenden Vorschriften der §§ 206, 210 und 211 entsprechende Anwendung.**

(3) **Die Anfechtung ist ausgeschlossen, wenn seit der Abgabe der Willenserklärung zehn Jahre verstrichen sind.**

§ 125 Buch 1. Abschnitt 3. Rechtsgeschäfte

1   **1. Allgemeines.** Betrifft nur Anfechtung nach § 123; Sonderregelung in § 318 II 2, 3. Für § 119 vgl § 121.

2   **2. Anfechtungsfrist** (I, III) ist Ausschluß-, nicht Verjährungsfrist (§ 121 Rn 5). Nur bestimmte Verjährungsregeln (keine anderen) finden entspr Anwendung, II 2. Jahresfrist (I) *beginnt* gem II 1 mit Entdeckung der Täuschung, dh mit Erkennen des Irrtums *und* seiner arglistigen Herbeiführung, oder mit Schluß der Zwangslage, dh mit Ende der Angst vor dem angedrohten Übel (gilt auch für Anfechtung eines Arbeitsvertrags, BAG BB 84, 534). In jedem Fall erlischt Anfechtungsrecht nach 10 Jahren. Nach *Fristablauf* steht dem Getäuschten (Bedrohten) *nicht* allein aufgrund der Anfechtungstatsachen eine *Arglisteinrede* zu, um zB die Vertragserfüllung abzuwehren; anders nur, wenn unerlaubte Handlung (§§ 823, 826, 853) oder sonstige bes Umstände (§ 242) vorliegen (BGH NJW 69, 604 f; Leßmann JuS 70, 504 ff), cic (vgl § 311 II) allein genügt nicht (MK/Kramer § 123, 35 mN; aA BGH NJW 98, 303 f; NJW-RR 02, 1133; sa § 123 Rn 19).

§ 125 Nichtigkeit wegen Formmangels

¹Ein Rechtsgeschäft, welches der durch Gesetz vorgeschriebenen Form ermangelt, ist nichtig. ²Der Mangel der durch Rechtsgeschäft bestimmten Form hat im Zweifel gleichfalls Nichtigkeit zur Folge.

Lit: Häsemeyer, Die ges Form der RGeschäfte, 1971; Köbl, Die Bedeutung der Form im heutigen Recht, DNotZ 83, 207.

1   **1. Allgemeines. a) Grundsatz:** *RGeschäfte* sind nach BGB *grundsätzlich formfrei* gültig. Zuweilen ist Form ges vorgeschrieben, sonst rechtsgeschäftliche Bestimmung durch Vertrag oder einseitig (zB in Vollmachtserteilung, Testament) möglich.
2   Formgebundene Erklärung kann nicht schlüssig erklärt werden. **b) Ges Formen:** Schriftform (§ 126 I, II), elektronische Form (§§ 126 III, 126 a), Textform (§ 126 b), öffentl Beglaubigung (§ 129), notarielle Beurkundung (BeurkG 6 ff; sa §§ 127 a, 128), gerichtl Vergleich (§ 127 a, ZPO 794 I Nr 1). Die strengere Form ersetzt die mildere (§§ 126 IV, 127 S 1, 127 a, 129 II). Weitere ges Formen:
3   §§ 925, 1310 I 1, 1311, 2231 ff. **c) Hauptfunktionen der ges Form. aa)** Schutz vor unbedachten Willenserklärungen: *Warnfunktion* (nur bei Verpflichtungsgeschäften praktisch). **bb)** Klarstellung, leichte Beweisbarkeit von Abschluß und Inhalt eines RGeschäfts: *Klarstellungs- und Beweisfunktion.* **cc)** Belehrung der Beteiligten, insbes durch Einschaltung eines Notars (BeurkG 17, 30): *Belehrungsfunktion.* – Mehrere Funktionen können zusammentreffen, zB in § 311 b I (BGH 144, 334 f
4   zu § 313 aF). **d) Funktionen der gewillkürten Form.** Formwahrung kann Gültigkeitsvoraussetzung sein oder nur Klarstellungs- und Beweisfunktion haben.
5   Zur Bedeutung Rn 11. **e) Keine Erstreckung** des Formzwangs idR auf Bevollmächtigung (§ 167 II) und Zustimmung (§ 182 II). S aber § 167 Rn 10, § 182
6   Rn 6. **f) Vertretungsform der GemOen.** Ihre Verletzung begründet Vertretungs-, nicht Formmangel iSv § 125 (BGH 147, 383 f mN; stRspr; differenzierend Schmidt-Jortzig/Petersen JuS 89, 28 f.

7   **2. Umfang des ges Formzwangs.** Vgl zunächst § 126 Rn 7–11. **a) Formbedürftig sind** idR auch Nebenabreden. Darüber entscheidet Zweck der Formvorschrift (BGH NJW 89, 1484; stRspr). Verbindet der Parteiwille mehrere RGeschäfte, von denen eines formbedürftig ist, *rechtlich* zu einem einheitlichen Geschäft (zB Bauvertrag und Grundstückskauf: BGH NJW 94, 722), so ist dieses insgesamt formbedürftig. Identität der Parteien bei allen Geschäften ist nicht erforderlich (BGH NJW 89, 899). Es genügt der erkennbare Einheitswille einer Partei, den die andere hinnimmt (BGH NJW-RR 91, 1032; § 139 Rn 3). **Anscheinsbeweis** spricht bei getrennt abgeschlossenen Verträgen *gegen,* bei Zusammenfassung in einer Urkunde *für* Einheitswillen (BGH 104, 22 f; 89, 43).
b) Nachträgliche *Ergänzungen und Änderungen* sind idR formbedürftig (zu Ausnahmen BGH NJW 98, 1483). **c) Aufhebung** des gesamten RGeschäfts ist
8

Titel 2. Willenserklärung   § 125

formfrei, sofern dadurch nicht Pflichten entstehen, deren Begründung formbedürftig ist (Ausnahmen §§ 2290 IV, 2351); zur Aufhebung eines Grundstückskaufvertrags s BGH 127, 173 f. – *Teil*aufhebung, zB Ermäßigung der Vertragspflichten einer Partei, ist formbedürftig, wenn dadurch die formgebundene Rechtsstellung der anderen Partei geschmälert wird. Bsp: Herabsetzung der formgebundenen Verkäuferpflichten schmälert die formgebundene Rechtsposition des Käufers und ist daher im Fall des § 311 b I formbedürftig (sa BGH NJW 82, 882); die Einschränkung der formgebundenen Bürgenpflichten schmälert nur die formfreie Rechtsstellung des Gläubigers (vgl § 766 S 1) und ist daher formfrei (RG 71, 415 f).

3. Umfang des gewillkürten Formzwangs ist durch Auslegung (§§ 133, 157) zu ermitteln; gilt auch für die Frage der Formbedürftigkeit des Vorvertrags, wenn Hauptvertrag gewillkürt formbedürftig (LM Nr 4 zu § 154).   9

4. Mangel der ges Form bewirkt *Nichtigkeit* der formwidrigen Erklärung, **S 1**, teilw Formnichtigkeit bewirkt idR Totalnichtigkeit, § 139. Ausnahmen: §§ 550 S 1, 578 I, teilw §§ 494 I, 502 III 1.   10

5. Ob **Mangel der gewillkürten Form** die formwidrige Erklärung nichtig macht, ist durch Auslegung des formbestimmenden RGeschäfts zu entscheiden. Hat danach die Formwahrung nur Klarstellungs- und Beweisfunktion, so ist die formwidrige Erklärung gültig (BGH NJW-RR 96, 642; § 154 Rn 4); vereinbarte Übermittlungsform, zB Übergabe-Einschreiben, hat iZw nur Beweisfunktion (BGH NJW-RR 00, 1561). Ist die Form Gültigkeitsvoraussetzung (Rn 4), so ist die Erklärung nichtig, **S 2**. Letzteres gilt auch, wenn die gewollte Rechtsfolge des Formmangels trotz Auslegung unklar bleibt (S 2: „iZw": Auslegungsregel). Bei teilw Formnichtigkeit gilt § 139. Von S 2 abw Regelung für Verträge in § 154 II (keine Nichtigkeit, sondern mangelnder Vertragsschluß). S 2 ist praktisch kaum bedeutsam: Die formwidrige, insbes mündliche Erklärung ist gültig, wenn die Parteien das übereinstimmend und eindeutig wollen (BGH 119, 291 mN), mögen sie auch die Formabrede vergessen haben (BAG FamRZ 84, 692); denn damit wird zugleich das formbestimmende RGeschäft (Rn 1) ganz oder zT aufgehoben (s Fischer Anm LM Nr 28; BGH NJW 00, 357: Aufhebung kraft einverständlicher Vertragserfüllung, dann ist § 154 II unanwendbar. Formfreie Aufhebung ist ausgeschlossen, wenn auch die Aufhebung dem vereinbarten Formzwang unterliegt (BGH 66, 381 f [dazu BB 81, 266] für Individualvertrag unter Kaufleuten; str). – Zur *Schriftformklausel in AGB* s 305 b Rn 3.   11

6. Heilung der Formnichtigkeit nur in ges bestimmten Fällen mit Wirkung für die Zukunft (aber tatsächliche Vermutung für Parteiwillen iSv § 141 II, BGH MDR 79, 298 mN, hM); Bsp: §§ 311 b I 2, 494 II, 502 III 2, 518 II, 766 S 3, 2301 II, ZPO 1031 VI, GmbHG 15 IV 2. Davon abgesehen gibt es keine Heilung formnichtiger Schuldverträge durch Erfüllung, hM (einschr bzgl möglicher Rückabwicklungsansprüche Flume II § 15 III 4 c ff). **Bestätigung** des nichtigen RGeschäfts ist Neuvornahme (§ 141 I), daher formbedürftig.   12

7. Formnichtigkeit und Treu und Glauben. a) Bloße Billigkeitserwägungen können § 125 nicht verdrängen (allgM; krit Hagen, Deutscher Notartag, 1985, S 39 f). Das gilt praktisch nur für ges Form (zum Grund Rn 11). **b) Schlechthin untragbare Rechtsfolgen** der Nichtigkeit (nicht bloß harte Konsequenzen) für die betroffene Partei – insbes Existenzgefährdung, bes schwere Treupflichtverletzung – verdrängen nach hM § 125 (BGH NJW 02, 1051 mN für S 1; weniger streng BGH 66, 383 für S 2, dazu Rn 11); Folge: Das RGeschäft ist trotz Formmangels gültig. **Anwendungsbereich:** insbes Verträge gem § 311 b I, auch nach DDR-Recht formbedürftige Verträge (BGH DtZ 94, 340), ferner Verträge mit Gemeinden bei Mangel reiner Förmlichkeiten wie Schriftform, Amtsbezeichnung, Dienstsiegel (BGH 147, 389). **c) Kritik.** Das Problem stellt sich nur, wenn die Nichtigkeit für eine Partei günstig, für die andere ungünstig ist. Daher   13, 14, 15

Jauernig

sind die Belange beider Seiten zu beachten. Ist die Nichtigkeit für die eine Partei schlechthin untragbar, so ist ein Absehen von § 125 für die andere nur zumutbar, wenn ihr eigenes Verhalten bzgl des Formmangels schlechthin untragbar ist. Dafür genügt obj Verursachung des Formmangels nicht (BGH NJW 77, 2072 f gegen fr; s aber Hagen DNotZ 84, 293); nötig ist vorsätzliche Verhinderung der Form in der Absicht, sich ggf später durch Berufung auf § 125 rechtsgeschäftlichen Pflichten zu entziehen (ähnlich die ältere Rspr des RG, vgl RG 96, 315, dazu Flume II § 15 III 4 b mwN; weit weniger streng die heute hM, vgl BGH WM 81, 492; 82, 1435; die Aufweichung geht weiter, s BGH NJW 96, 1960, 2504, je mN; wieder strenger BGH 142, 34; NJW 98, 2352). Bei schuldhafter Verhinderung der Form hat der andere Teil, der auf Gültigkeit vertraut, Schadensersatzanspruch aus cic (§§ 280 I, 241 II, 311 II, III) auf Ersatz des Vertrauensschadens in Geld, nicht auf Erfüllung, weil sonst das Nichtigkeitsverdikt des § 125 auf dem Wege des Schadensersatzes (§ 249) umgangen würde (anders die hM; zum Streit vgl RG 117, 124 ff; BGH NJW 89, 167; Flume II § 15 III 4 c dd, aber auch cc: bei arglistiger Täuschung über den Formzwang bestehe Erfüllungsanspruch). Wer die Formnichtigkeit kennt, vertraut nicht auf die Gültigkeit des RGeschäfts; cic scheidet aus, § 125 gilt voll (RG 117, 124 f; BGH NJW 95, 449; Jena NJW-RR 99, 1687 f; aA BGH 48, 397 [dazu Jena aaO]; WM 81, 492 mN).– Sind Folgen des Formverstoßes abw von § 125 S 1 ges geregelt, so scheidet Rückgriff auf § 242 aus (BGH NJW 02, 370 zu VerbrKrG 6 II 1, 2 = § 494 II 1, 2). **d) Nicht jedes RGeschäft** kann trotz Formmangels entspr Rn 14, 15 als gültig angesehen werden. Zu verneinen für erbrechtliche Geschäfte, zB Erbvertrag (Stuttgart NJW 89, 2701; anders BGH NJW 95, 449 für Vertrag gem § 312 II aF = § 311 b V 2). Str für formgebundene Verfügungen; ja: LM Nr 1 zu § 105 PreußAllgBergG; nein: Flume II § 15 III 4 c aa; PalHeinrichs 17 mN.

§ 126 Schriftform

(1) **Ist durch Gesetz schriftliche Form vorgeschrieben, so muss die Urkunde von dem Aussteller eigenhändig durch Namensunterschrift oder mittels notariell beglaubigten Handzeichens unterzeichnet werden.**

(2) ¹**Bei einem Vertrag muss die Unterzeichnung der Parteien auf derselben Urkunde erfolgen.** ²**Werden über den Vertrag mehrere gleichlautende Urkunden aufgenommen, so genügt es, wenn jede Partei die für die andere Partei bestimmte Urkunde unterzeichnet.**

(3) **Die schriftliche Form kann durch die elektronische Form ersetzt werden, wenn sich nicht aus dem Gesetz ein anderes ergibt.**

(4) **Die schriftliche Form wird durch die notarielle Beurkundung ersetzt.**

Lit: bei § 125.

1. Allgemeines. a) „Ges" iSv I ist jede Rechtsnorm (EGBGB 2) des *privaten* Rechts. Zum *öffentl-rechtlichen Vertrag* vgl VwVfG 62, 57. *Prozeßhandlungen* folgen eigenen Regeln. **b) I erfordert** eigenhändige Unterzeichnung der Urkunde (Unterschriftsform); abw zB § 2247 I: Gesamtschriftform). Für Verträge gilt ergänzend II. Zu IV vgl § 125 Rn 2. Die Urkunde kann in jeder Sprache abgefaßt sein, die (ggf durch Übersetzung) allgemeinverständlich gemacht werden kann (Brandenburg NJW-RR 99, 545). **c) Funktionen der Unterschrift** (s Köhler AcP 182, 147 ff): *Abschlußfunktion* (in zweifachem Sinn: Abgrenzung vom bloßen Entwurf; räumlicher Abschluß durch *Unter*schrift, BGH NJW 91, 488), *Identitätsfunktion* (Erkennbarkeit des Ausstellers), *Echtheitsfunktion* (erkennbare Urheberschaft des Unterzeichners), *Warnfunktion* (Schutz vor unbedachten Erklärungen). Die „**Oberschrift**" auf den maschinenlesbaren Überweisungsformularen von Banken usw ist keine Unterschrift iSv I, § 127 S 1, ihr fehlt die *räumliche Abschlußwirkung*

Titel 2. Willenserklärung **§ 126**

(BGH 113, 53 f [unentschieden NJW 95, 45; abl Köhler, FS Schippel, 1996, S 219 f mN]; zutr: Formulare müssen dem Ges entsprechen, nicht umgekehrt; neuere Formulare entsprechen wieder dem Ges); entspr für „Nebenschrift" BGH NJW 92, 830 (zu ZPO 416, 440 II).

2. Eigenhändige Namensunterschrift, I (zum notariell beglaubigten Handzeichen BeurkG 39, 40 VI). **a) Name** ist die zweifelsfreie Kennzeichnung des Ausstellers. Ausgeschriebener Vor- und Familienname genügt idR, uU auch Vorname allein, Pseudonym; für Kaufmann s HGB 17, 30. Zulässig ist Unterschrift durch **Vertreter** mit eigenem Namen, Vertreterstellung muß aus der Urkunde ersichtlich sein (vgl RG 96, 289); nach hM darf er mit Namen des Vertretenen unterschreiben (BGH MDR 76, 570; fraglich, abl Holzhauer, Die eigenhändige Unterschrift, 1973; Köhler, FS Schippel, 1996, S 212 f; zurückhaltend BGH NJW 81, 375). *Ungenügend* bloße Paraphe (vgl BGH NJW 78, 1255 mN), Verwandtschaftsbezeichnung („Eure Mutter"), Titel. Abw von I fordert § 2247 III für Testament keine *Namens*unterschrift. **b) Die Unterschrift,** nicht die gesamte Urkunde (Rn 1 [b]), muß *eigenhändig,* dh *handschriftlich* vom Aussteller selbst (BGH 140, 171) geleistet sein (daher ungenügend Druck, Schreibmaschine, Namensstempel, Fernschreiben, Telegramm: [s BGH NJW 81, 1205], Telefax [BGH NJW 97, 3170]). Individuelles Schriftbild nötig, Leserlichkeit nicht (vgl BGH MDR 85, 407 f). *Schreibhilfe* ist zulässig, sofern Unterschrift vom Willen des Unterzeichners abhängig bleibt (BGH NJW 81, 1901). Einschränkung der Handschriftlichkeit zB in § 793 II 2, AktG 13 S 1 (dazu BGH NJW 70, 1080). Zur Möglichkeit weiterer Einschränkungen Köhler AcP 182, 150 ff; zu deren Notwendigkeit (Rationalisierung!) R. Schmidt AcP 166, 6 ff. Zur elektronischen Signatur Rn 12. **c) Unter der Erklärung** muß die *Unter*schrift stehen, sie räumlich abschließen (Rn 2; BGH NJW 98, 60; zur „Oberschrift" und „Nebenschrift" Rn 2); dann sind auch spätere Zusätze/Änderungen im Text gedeckt (Köln NJW-RR 89, 1336). Gilt auch für **Vertragsurkunden, II 1;** Erleichterung in **II 2** (die ausgetauschten Urkunden müssen den gesamten Vertragstext enthalten). Austausch von Antrag und Annahme genügt für § 126 nicht (anders §§ 492 I 3, 501 S 1, 507 und bei gewillkürter Form, § 127 II 1), sofern der Vertrag insgesamt, nicht nur die Erklärung eines Teils, formbedürftig ist (BGH NJW 01, 222 f). **d) Blankounterschrift** ist wörtlich Widerspruch in sich, aber gewohnheitsrechtlich zugelassen (nicht für § 2267 S 1: Hamm NJW-RR 93, 270). Sie deckt später errichtete Urkunde idR so wie nachträgliche Unterschrift (BGH 140, 171). Unter Aufgabe jahrzehntelanger Rspr läßt BGH 132, 122 ff Blankounterschrift des Bürgen und Ausfüllung formbedürftiger Bürgschaftserklärung durch mündlich vom Bürgen ermächtigten Dritten für § 766 S 1 nicht genügen (Folge: § 125 S 1); jetzt hM (BGH 140, 171; NJW 00, 1180, je mN; dazu krit Benedict Jura 99, 78 ff); bedenklich, da (angebliche) Fehlauslegung von § 766 S 1 Gewohnheitsrecht geworden (allg BGH 37, 224 f) oder an ihr im Interesse von Rechtssicherheit und Vertrauensschutz festzuhalten sein dürfte (allg BGH 85, 66). Von der Formfrage zu unterscheiden ist, ob die Urkunde eine Erklärung des blanko Unterschreibenden enthält (BGH NJW 84, 798, dazu abl Reinicke/Tiedtke JZ 84, 550 ff); hierfür gilt ZPO 440 (BGH 132, 126; NJW 00, 1180 f; unanwendbar für „Ober"- und „Nebenschrift", BGH 113, 50 ff; NJW 92, 830, sa Rn 2). Bei Mißbrauch eines weggegebenen Blanketts gilt § 172 II entspr (BGH 132, 127 f; NJW 01, 2969 mN; gilt nicht für Blankett*ober*schrift, BGH 113, 53 f). Bei Ausfüllen eines abhanden gekommenen Blanketts kann Handeln unter fremdem Namen vorliegen (Flume II § 15 II 1 d; allg § 177 Rn 8).

3. Das ganze formbedürftige RGeschäft muß in der Urkunde enthalten sein. **a) Durch Auslegung** sind Inhalt und Umfang des RGeschäfts zu ermitteln (wie beim formfreien Geschäft), **erst dann** wird geprüft, ob die **Form** gewahrt ist. Formwahrung verlangt: formgültige Urkunde; Erfüllung der Formzwecke; Vorstellung des (der) Erklärenden, daß das Erklärte dem Gewollten entspricht (Häsemeyer JuS 80, 6 f; Flume NJW 83, 2007 ff; Brox JA 84, 552 ff; abl zum Genügen subj

Jauernig 69

§ 126 a Buch 1. Abschnitt 3. Rechtsgeschäfte

Vorstellungen BGH 142, 165 f). *Nicht erforderlich* ist, daß der wirkliche (§ 133 Rn 9) oder hypothetische Parteiwille (§ 157 Rn 4) in der Urkunde *angedeutet* ist. Das gilt für die *Auslegung* (BGH 94, 38; 125, 178; NJW 96, 2793; aA NJW 00, 1570; 01, 3328, je mN; dunkel FamRZ 87, 476), aber auch für die *Formwahrung* (aA BGH NJW 96, 2793 mN), wenn und weil die Formzwecke „Andeutung" nicht erfordern, so beim Testament (Gerhards JuS 94, 642 ff); aA BGH 94, 38, 42 f, hM: „Andeutungstheorie") und Grundstücksvertrag iSv § 311 b 1 (Bsp Parzellenverwechslung: Die übereinstimmend gemeinte, aber *unbewußt* falsch bezeichnete
8 Parzelle ist verkauft und aufgelassen, sa § 133 Rn 9: **falsa demonstratio non nocet;** ebenso BGH NJW 86, 1868 mN in ungelöstem Widerspruch zur sonst geforderten „Andeutung zwecks Formwahrung": Bei unbewußter Falschbezeichnung der Parzelle gelte das übereinstimmend Gewollte, wenn das obj Erklärte der Form genüge; hier scheidet Andeutung des Gewollten zwangsläufig aus [ebenso BGH NJW 89, 1485; sa 93, 2936; 02, 1039; inkonsequent NJW-RR 88, 265]. Zur Grundbucheintragung s aber § 873 Rn 9). Die falsa-demonstratio-Regel gilt *nicht* für die *bewußt falsche* formbedürftige Erklärung, da der Erklärende nicht annimmt, das förmlich Erklärte entspreche dem Gewollten (Bsp Schwarzkauf, § 117 Rn 3).
9 **b) Der Erfahrungssatz,** daß die Parteiabreden in der Urkunde **vollständig und richtig** niedergelegt sind (keine Vermutung mit Beweislastumkehr: Häsemeyer JuS 80, 7, sondern tatsächliche Vermutung, Baumgärtel/Laumen I § 125, 2), gilt nur
10 für die Parteien (BGH 109, 244 f). **c) Mehrere Blätter** sind nur bei körperlicher (fester) oder anderweitig bewirkter eindeutiger Zusammenfassung (zB durch fortlaufende Paginierung) *eine* Urkunde, sog Einheitlichkeit der Urkunde (BGH 142, 160 f). Für Mietverträge aus mehreren Blättern gilt nichts anderes (feste körperliche Verbindung nicht nötig, BGH 136, 360 ff; 142, 160 f, je zu § 571 aF = § 578 I mit § 550), ebenso für ihre in andere Schriftstücke „ausgelagerten" weiteren Vertragsbestimmungen (BGH NJW 99, 3258), wesentliche Änderungen und Ergänzungen (unwesentliche sind formfrei, BGH NJW 00, 358). Die Zusammenfassung muß
11 dem Willen der Beteiligten entsprechen (BGH 50, 42). **d) Empfangsbedürftige Willenserklärung** muß in der Form von I–III mit § 126 a *zugehen,* da die Erklärung nur dann „wirksam" werden kann, wenn sie in ihrer Abgabe vorgeschriebenen Form zugegangen ist (Urschrift oder Ausfertigung, BeurkG 47: BGH NJW 95, 2347; bei der elektronischen Form ist die Erklärung oder das gesamte Vertragsdokument [sa § 126 a] samt elektronischer Signierung der Erklärung bzw des Vertragsdokuments zuzusenden). Gilt auch für schriftformgebundene Vertragserklärungen (ungenügend ist die Zusendung eines schriftformgebundenen Angebots per Fax, da nur das beim Anbieter verbleibende Original unterzeichnet ist: BGH NJW 97, 3170; Ausnahme für Annahme in § 151, BGH NJW-RR 86, 1301; § 152 betrifft nur notarielle Beurkundung, BGH NJW 62, 1390).
12 4. Die Schriftform (I, II) kann durch die **elektronische Form, III,** ersetzt werden, außer sie ist ges ausgeschlossen (so in §§ 484 I 2, 492 I 2, 501, 507, 623, 630 S 3, 761 S 2 [partiell], 766 S 2, 780 S 2, 781 S 2), sa § 111 Rn 5 und §§ 170–173 Rn 8. Zu den Anforderungen der elektronischen Form vgl § 126 a.

§ 126 a Elektronische Form

(1) **Soll die gesetzlich vorgeschriebene schriftliche Form durch die elektronische Form ersetzt werden, so muss der Aussteller der Erklärung dieser seinen Namen hinzufügen und das elektronische Dokument mit einer qualifizierten elektronischen Signatur nach dem Signaturgesetz versehen.**

(2) **Bei einem Vertrag müssen die Parteien jeweils ein gleichlautendes Dokument in der in Absatz 1 bezeichneten Weise elektronisch signieren.**

1 1. **Allgemeines. a)** Die Verwendung der **elektronischen Form** bedarf eines **erheblichen** technischen und Anwender-**Aufwands,** I mit den einschlägigen

Titel 2. Willenserklärung **§ 126 a**

Bestimmungen des SigG. Der **Anwender** (Aussteller des elektronischen Dokuments) **benötigt:** geeignete Hard- und Software (SigG 2 Nr 10; 5 VI), ein qualifiziertes Zertifikat, das bestimmte Angaben enthalten (SigG 7) und eine qualifizierte elektronische Signatur (SigG 2 Nr 3) tragen muß. Die Signierung des Dokuments erfolgt mit dieser qualifizierten elektronischen Signatur, und zwar durch Eingabe einer Chipkarte (in Form einer Scheckkarte) in den PC (Lesegerät als Zusatzgerät erforderlich) und einer PIN; die Karte enthält (ua, s SigG 7 I Nr 2, 3) den öffentl Signaturprüfschlüssel und den privaten, nur dem Signaturschlüssel-Inhaber bekannten Schlüssel. Der Empfänger kann mit Hilfe eines Verzeichnisses des Zertifizierungsdiensteanbieters (SigG 2 Nr 8) den passenden öffentl Schlüssel erhalten und damit feststellen, ob das Dokument vom Absender, dessen Namen das Dokument enthält (I), stammt und unverändert zugegangen ist. Dazu Hähnchen NJW 01, 2833. **b)** Der **Aufwand** (Rn 1) **beschränkt faktisch den Anwenderkreis** auf 2 Wirtschaftsunternehmen iwS. Für den (Normal-)Verbraucher ist die elektronische Form keine reizvolle Alternative zur ges Schriftform (§ 126 I, II): Um diese Form zu wahren, ist der Aufwand („Stift und Papier") gering, billig, idR sofort und überall zu leisten; die Beteiligten haben die Erklärung sogleich in der Hand, und die Schriftform ist mindestens so sicher wie die elektronische Form (zur Problematik insbes bzgl der Identitätsfunktion Boente/Riehm JURA 01, 797). Dem Desinteresse des Verbrauchers trägt das Ges Rechnung, indem es für verbraucherrelevante Erklärungen die elektronische Form weitgehend ausschließt (zB in § 481 I mit § 484 I 2; § 491 I mit § 492 I 2; § 501 mit § 492 I 2; §§ 623, 761, 766).

2. Die **Schriftform kann** durch die elektronische Form **ersetzt werden,** 3 § 126 III. Im Gegensatz zur Formulierung in §§ 126 IV, 127 a, 129 II, wonach die notarielle Beurkundung automatisch die anderen Formen ersetzt, bietet § 126 III nur eine **mögliche Form anstelle der Schriftform.** Diese ist die **Regel,** ihre **Abbedingung** bedarf der ausdr oder stillschweigenden Einverständnisses der Beteiligten (idR des Empfängers der Erklärung), zB durch Bekanntgabe der E-Mail-Adresse auf Geschäftsbriefen, Rechnungen und dergl (ähnliche Problematik bei Bezahlung mit „Buchgeld" statt mit geschuldetem Bargeld, BGH 98, 29 f; §§ 364, 365 Rn 4).

3. Voraussetzungen, I. a) Die elektronische Form ersetzt gegenüber der ges 4 Schriftform der Sache nach nur die Unterschrift. **Anzugeben ist** (nur) der **Name,** aber nicht als Unterschrift. Es genügt, daß er an irgendeiner Stelle der Erklärung hinzugefügt wird. **b) Signierung** des Dokuments mit der zugeteilten (SigG 5, 7) 5 qualifizierten elektronischen Signatur, die auf einem zum Zeitpunkt ihrer Erzeugung gültigen qualifizierten Zertifikat beruht (SigG 2 Nr 3 Buchst a, Nr 7) und mit einer sicheren Signaturerstellungseinheit (SigG 2 Nr 10) erzeugt wird (SigG 2 Nr 3 Buchst b). **Eigenhändige** Signierung durch den Aussteller (Signaturschlüssel-Inhaber, SigG 2 Nr 9; 7 Nr 1–3) ist **nicht nötig;** mit seiner Zustimmung kann ein Dritter wirksam signieren (ohne Zustimmung: Mißbrauch, s Rn 8). **c)** Wie bei 6 der Schriftform gilt der Grundsatz der **Einheitlichkeit der Urkunde** (§ 126 Rn 10).

4. Für **Verträge** enthält **II** entspr § 126 II 2 (s § 126 Rn 5) eine **bes Regelung.** 7 Wie dort genügt nicht der Austausch von Angebot und Annahme. Die ausgetauschten Dokumente müssen den gesamten Vertrag enthalten, und jede Partei muß das für die andere Partei bestimmte Dokument signieren. Die Parteien müssen nicht von II Gebrauch machen; daher ist Doppelsignierung auf einem Dokument (mit vollständigem Vertragstext) möglich, ebenso Signierung durch eine Partei und handschriftliche Unterschrift durch die andere, jeweils des gesamten Vertrags.

5. ZPO 292 a enthält eine bes Vorschrift für den **Anscheinsbeweis** der Echtheit 8 einer elektronischen Willenserklärung. Er kann – entspr allg Grundsätzen (Jauernig, ZPR, § 50 V) – nur durch Tatsachen erschüttert werden, die ernstliche Zweifel daran begründen, daß die Erklärung mit Willen des Signaturschlüssel-Inhabers abgegeben worden ist. Praktisch kann das werden, wenn der Signaturschlüssel-In-

§§ 126 b, 127 Buch 1. Abschnitt 3. Rechtsgeschäfte

haber behauptet, ein Dritter habe **mißbräuchlich** das Dokument signiert (dazu gehört nur der Besitz der Chipkarte und die Kenntnis der PIN, ähnlich wie beim Mißbrauch einer Kredit- oder EC-Karte); vgl Boente/Riehm JURA 01, 797 f.

§ 126 b Textform

Ist durch Gesetz Textform vorgeschrieben, so muss die Erklärung in einer Urkunde oder auf andere zur dauerhaften Wiedergabe in Schriftzeichen geeignete Weise abgegeben, die Person des Erklärenden genannt und der Abschluss der Erklärung durch Nachbildung der Namensunterschrift oder anders erkennbar gemacht werden.

1   1. Die **Textform** gibt der Formlosigkeit eine „Form", die keinem der herkömmlichen Formzwecke (§ 125 Rn 3, 4, auch § 126 Rn 2) entspricht. In Anlehnung an MHG 8 ist die Textform für Mitteilungen, Informationen, Dokumentationen in Fällen gedacht, in denen die Schriftform zu viel, die totale Formlosigkeit (= Mündlichkeit) zu wenig ist.

2   2. **Voraussetzungen.** Die Erklärung muß **lesbar** sein (dauerhafte Wiedergabemöglichkeit in Schriftzeichen nötig; mündliche Erklärung, zB auf Anrufbeantworter, ungenügend. Die **Person des Erklärenden** muß genannt und der **Abschluß der Erklärung** erkennbar gemacht werden, zB durch Nachbildung der Namensunterschrift (kein Unterschriftserfordernis) oder Hinweis, daß vorstehende Erklärung auch ohne Unterschrift rechtsgültig ist. Die Erklärung muß nicht mit Hilfe automatischer Einrichtungen gefertigt sein (anders MHG 8).

3   3. **Empfangsbedüftige Willenserklärungen** müssen in der vorgeschriebenen Form dem Empfänger **zugehen**. Dafür genügt, daß die für den Empfang bestimmte Einrichtung das Dokument aufgezeichnet hat, Lesbarkeit am Bildschirm genügt. Für die elektronische Übermittlung und damit für den wirksamen Zugang bedarf es des Einverständnisses entspr § 126 a Rn 3.

4   4. Die **Textform kann** durch jede strengere Form **ersetzt** werden, da sie in dieser aufgeht. Sa § 125 Rn 2.

§ 127 Vereinbarte Form

(1) **Die Vorschriften des § 126, des § 126 a oder des § 126 b gelten im Zweifel auch für die durch Rechtsgeschäft bestimmte Form.**

(2) [1] **Zur Wahrung der durch Rechtsgeschäft bestimmten schriftlichen Form genügt, soweit nicht ein anderer Wille anzunehmen ist, die telekommunikative Übermittlung und bei einem Vertrag der Briefwechsel.** [2] **Wird eine solche Form gewählt, so kann nachträglich eine dem § 126 entsprechende Beurkundung verlangt werden.**

(3) [1] **Zur Wahrung der durch Rechtsgeschäft bestimmten elektronischen Form genügt, soweit nicht ein anderer Wille anzunehmen ist, auch eine andere als in § 126 a bestimmte elektronische Signatur und bei einem Vertrag der Austausch von Angebots- und Annahmeerklärung, die jeweils mit einer elektronischen Signatur versehen sind.** [2] **Wird eine solche Form gewählt, so kann nachträglich eine dem § 126 a entsprechende elektronische Signierung oder, wenn diese einer der Parteien nicht möglich ist, eine dem § 126 entsprechende Beurkundung verlangt werden.**

1   1. **Allgemeines** zur gewillkürten Form § 125 Rn 1, 4, 9, 11. Für **AGB** s § 309 Nr 13. **I** gibt **Auslegungsregel:** Sagt das formbestimmende RGeschäft nicht klar, was unter „Schriftform", „elektronischer Form" oder „Textform" ie verstanden werden soll, so ergibt sich der Inhalt der rechtsgeschäftlichen Formbestimmung aus §§ 126, 126 a oder 126 b. **II** schränkt diese Verweisung durch dispositive Norm ein. Zur Erklärung über Btx s Köhler in: Rechtsprobleme des Btx, 1986, S 65 f.

Titel 2. Willenserklärung §§ 127a-129

2. a) **Soweit § 126, 126a oder 126b anzuwenden** ist (vgl Rn 1), sa Anm 2 dort. b) **II 1** läßt jede Form telekommunikativer Übermittlung genügen (Telefon, Fernschreiben, Teletext, Fax, Computerfax, E-Mail). Entbehrlich ist nicht Schriftform überhaupt, sondern nur die Unterschrift. – **Vertragsschluß** ist **durch Briefwechsel** möglich. II 1 aE modifiziert nur § 126 II und befreit nicht von § 126 I; daher Unterschrift nötig. Nach hM genügt aber als „Briefwechsel" auch der Austausch von Brief und (nicht unterschriebenem) Telegramm, Fax usw und darüber hinaus der Austausch von (nicht unterschriebenen) Telegrammen usw, so daß das von § 126 I postulierte Unterschriftserfordernis von einem zwingenden Formerfordernis zu einer bloßen Ausstellerangabe mutiert ist. **II 2** betrifft nur nachträgliche Beurkundung des bereits formgültigen RGeschäfts. Bei Verwendung eines Telegramms muß Empfangstelegramm schriftlich zugestellt werden, telefonische Durchsage genügt für *Schrift*form nicht.

3. Für **elektronische Form, III 1,** genügt eine einfachere Signatur als die nach 3 § 126a, insbes die einfache oder fortgeschrittene (SigG 2 Nr 1 und 2). Bei **Verträgen** genügt, abw von § 126 II, Austausch von Angebot und Annahme, die jeweils signiert sind; sa Rn 2. **III 2** betrifft nur die qualitativ höher angesetzte Form für ein bereits formgültiges RGeschäft.

§ 127a Gerichtlicher Vergleich

Die notarielle Beurkundung wird bei einem gerichtlichen Vergleich durch die Aufnahme der Erklärungen in ein nach den Vorschriften der Zivilprozessordnung errichtetes Protokoll ersetzt.

1. Zur notariellen Beurkundung § 128 mit Anm. 1

2. Notarielle Beurkundung wird durch Protokollierung in einem wirksamen 2 **Prozeßvergleich** (ZPO 160 ff, 794 I Nr 1) oder Schiedsspruch mit vereinbartem Wortlaut (ZPO 1053 III), nicht durch einen Anwaltsvergleich (ZPO 796 a–c) ersetzt. Gilt für alle Arten von Gerichtsverfahren (BVerwG NJW 95, 2179 f), auch vor Rechtspfleger, soweit ihm Verfahren übertragen (zB gem RpflG 20 Nr 4). Ohne Protokollierung ist materiellrechtliche Form nicht gewahrt, Folge: § 125; fehlender Vermerk nach ZPO 162 I 3 ist unschädlich (BGH 142, 88).

§ 128 Notarielle Beurkundung

Ist durch Gesetz notarielle Beurkundung eines Vertrags vorgeschrieben, so genügt es, wenn zunächst der Antrag und sodann die Annahme des Antrags von einem Notar beurkundet wird.

1. **Allgemeines.** Für öffentl Beurkundung sind idR die *Notare* zuständig (Be- 1 urkG 1, 56IV). Zum Beurkundungsvorgang BeurkG 6 ff, BeurkÄndG.

2. **Anwendungsbereich. a) Gilt für Verträge,** also nicht, wenn die Erklärung 2 nur eines Beteiligten zu beurkunden ist (Bsp § 518 I). Es genügt sukzessive Beurkundung an verschiedenen Orten durch verschiedene Notare. Mangelnde Angabe von Ort und Tag unschädlich, BeurkG 9 II. Zum Zustandekommen des Vertrags vgl § 152. **b) Ist gleichzeitige Anwesenheit** der Parteien *bei der Beurkundung* ges 3 vorgeschrieben (zB in §§ 1410, 2276; nicht § 925, der keine Beurkundung vorschreibt), so gelten §§ 128, 152 nicht. **c) Bei rechtsgeschäftlich bestimmter** Beurkundung gilt iZw § 128.

§ 129 Öffentliche Beglaubigung

(1) ¹**Ist durch Gesetz für eine Erklärung öffentliche Beglaubigung vorgeschrieben, so muss die Erklärung schriftlich abgefasst und die Unterschrift des Erklärenden von einem Notar beglaubigt werden.** ²**Wird die Erklärung von dem Aussteller mittels Handzeichens unterzeichnet, so ist**

§ 130 Buch 1. Abschnitt 3. Rechtsgeschäfte

die im § 126 Abs. 1 vorgeschriebene Beglaubigung des Handzeichens erforderlich und genügend.

(2) Die öffentliche Beglaubigung wird durch die notarielle Beurkundung der Erklärung ersetzt.

1 1. **Allgemeines.** Öffentl Beglaubigung (Begriff: I 1) bezeugt die Richtigkeit (Echtheit) von Unterschrift oder Handzeichen (BGH 37, 86). Form: BeurkG 39, 40. Zuständig ist idR der Notar (BeurkG 56 IV; sa 63 für abw Landesrecht). Zur amtlichen Beglaubigung s VwVfG 33, 34.

2 2. **Beglaubigt wird** nur die *Unterschrift* (das Handzeichen, I 2, BeurkG 40 VI), nicht die Urkunde iü, für diese genügt § 126. a) „**Beglaubigung**" der Erklärung (zB § 77) oder Urkunde (zB § 403) **heißt**: Beglaubigung der Unterschrift (vgl BeurkG 39, 40 I) des Unterschreibenden (ie BayObLG NJW-RR 97, 1016).

3 b) **Unterschreibt Vertreter** mit Namen des Vertretenen (§ 126 Rn 3), so muß Beglaubigungsvermerk auch Person des Vertreters bezeichnen (BeurkG 40 III).

4 c) **Spätere Änderungen** sind durch beglaubigte Unterschrift gedeckt (str), da beglaubigte Blankounterschrift [§ 126 Rn 6] zulässig und BeurkG 40 V nur Sollvorschrift ist. Nach RG 60, 397 ist jedenfalls unwesentliche Änderung formfrei.

5 3. **Ersatz** der Beglaubigung durch notarielle Beurkundung (II), protokollierten Prozeßvergleich (§ 127 a) oder Schiedsspruch mit vereinbartem Inhalt (ZPO 1053 III), nicht Anwaltsvergleich (ZPO 796 a–c), nicht Schriftform oder elektronische Form (§ 126), da „weniger".

§ 130 Wirksamwerden der Willenserklärung gegenüber Abwesenden

(1) ¹**Eine Willenserklärung, die einem anderen gegenüber abzugeben ist, wird, wenn sie in dessen Abwesenheit abgegeben wird, in dem Zeitpunkt wirksam, in welchem sie ihm zugeht.** ²**Sie wird nicht wirksam, wenn dem anderen vorher oder gleichzeitig ein Widerruf zugeht.**

(2) **Auf die Wirksamkeit der Willenserklärung ist es ohne Einfluss, wenn der Erklärende nach der Abgabe stirbt oder geschäftsunfähig wird.**

(3) **Diese Vorschriften finden auch dann Anwendung, wenn die Willenserklärung einer Behörde gegenüber abzugeben ist.**

1 1. **Allgemeines.** Abgabe und Wirksamwerden einer Willenserklärung sind zu unterscheiden. a) **Abgegeben** ist eine Willenserklärung, wenn sie vom Erklärenden mit seinem Willen (und bei empfangsbedürftigen: in Richtung auf den Empfänger) verlautbart worden ist (BGH WM 83, 712 f). Daran fehlt es, wenn das schriftliche Vertragsangebot ohne Willen des „Anbieters" durch einen Dritten abgesandt wird (vgl BGH 65, 14 f); hier mangelt es zwar obj an einer Abgabehandlung des „Erklärenden" (s Rn 4 vor § 116), doch ist dem Empfänger nicht erkennbar und daher „Abgabe" zu bejahen (nach aA nur, wenn Verlautbarung vom „Erklärenden" zu vertreten, PalHeinrichs 4); Anfechtung samt Haftung nach §§ 119, 122 wie bei fehlendem Erklärungswillen (Rn 5 vor § 116). Nach hM ohne Abgabewillen keine Abgabe; der „Erklärende" haftet nur bei Verschulden (BGH 65, 18: cic, jetzt §§ 280 I, 241 II, 311 II, nach aA analog § 122 I, so BT-Drs 14/4987 S 11 für versehentlich abgegebene elektronische Willenserklärung, zB versehentlich abgeschickte E-Mail) auf das negative Interesse. Nur die idS „abgegebene" (dh rechtlich existente) Erklärung kann **wirksam** werden, dh ihre

2 bestimmungsgemäßen Rechtswirkungen entfalten. b) **Empfangs- und nichtempfangsbedürftige Erklärung** werden unterschiedlich abgegeben und wirksam. aa) **Bei nichtempfangsbedürftigen** Erklärungen fallen Abgabe und Wirksamwerden zusammen. Bsp: Das eigenhändige Testament ist mit seiner Errichtung (§ 2247 I) abgegeben und wirksam, daher ein widersprechendes früheres Testament schon jetzt, nicht erst mit dem Tod des Testators, widerrufen (§§ 2253 I, 2254); sa

3 § 151 Rn 1, § 152 Rn 1. bb) **Erklärungen unter Abwesenden** werden gem

Titel 2. Willenserklärung **§ 130**

§§ 130–132 wirksam. Entspr Vorschriften für Erklärungen unter **Anwesenden** fehlen (Rn 11, 12). Voraussetzung des Wirksamwerdens ist auch hier die Abgabe (Rn 1 [a]). c) §§ **130–132** gelten im gesamten bürgerlichen Recht. d) **Zugang formbedürftiger Erklärungen:** § 126 Rn 11.

2. Empfangsbedürftige Willenserklärungen unter Abwesenden. a) Unter 4
Abwesenden fallen Abgabe der Erklärung (Rn 1, 3) und Möglichkeit der Kenntnisnahme durch Empfänger auseinander. Die abgegebene Erklärung wird wirksam mit ihrem **Zugang,** I 1. Dieses Überwechseln aus dem Risikobereich des Erklärenden in den des Empfängers liegt vor, wenn die Erklärung so in den Machtbereich des Empfängers gelangt, daß unter normalen Verhältnissen damit zu rechnen ist, er könne von ihr Kenntnis nehmen (BGH NJW 02, 2393, stRspr; daher verfehlte Fiktion in § 312 e I 2, s Artz JuS 02, 534 f); maßgebend ist die Verkehrsanschauung. Mit früherer tatsächlicher Kenntnisnahme ist zugegangen (PalHeinrichs 5). Gleichgültig für den Zugang ist nach hM, ob die Erklärung verkörpert ist oder nicht; das trifft nur idR zu (Rn 9, 10). **b) Zugang verkörperter Erklärun-** 5
gen. aa) Ja: Stets mit *Aushändigung* an Empfänger (Kenntnisnahme, Verstehen idR gleichgültig; anders uU bei Sprachunkundigkeit [LAG Hamm NJW 79, 2488 für Gastarbeiter, sa BAG NJW 85, 824; allg Schlechtriem, FS Weitnauer, 1980, S 136 f; Spellenberg, FS Ferid, 1988, S 476 ff]; krit MK/Einsele 31, 32). Str ist, ob ein **Fax** bereits mit der (Zwischen-)Speicherung (Taupitz/Kritter JuS 99, 841) oder erst mit dem Ausdruck (MK/Einsele 20) in den Machtbereich des Empfängers gelangt ist. Speicherung genügt, so daß Papierstau oder Papiermangel im Empfangsgerät Zugang nicht hindert. Entspr gilt für E-Mail; es genügt, daß sie abrufbereit in die Mailbox des Empfängers gelangt ist (Taupitz/Kritter aaO; anders beim unmittelbaren Dialog von PC zu PC, Rn 12). Vorausgesetzt wird stets, daß der Empfänger zu erkennen gegeben hat, am elektronischen Rechtsverkehr teilnehmen zu wollen (Parallelproblem beim Gebrauch der elektronischen Form, § 126 Rn 3); das ist bei Teilnahme am Geschäftsverkehr zu bejahen. – Mit Einwurf in den **Briefkasten** gelangt die Erklärung ebenfalls in den Machtbereich des Empfängers. **Zugegangen** ist sie aber erst und nur, sofern und sobald mit Leerung zu rechnen (Hamm NJW-RR 95, 1188), also nicht nachts, sonntags, aber während urlaubs- oder haftbedingter Abwesenheit (BAG NJW 93, 1093 f, 1095; krit zur Kündigung des beurlaubten AN Nippe JuS 91, 287 ff ohne Beachtung von § 132 I), bei Geschäftsbriefkasten nur in gewöhnlicher Geschäftszeit (idR nicht mehr samstags); entspr Einschränkung wie beim Briefeinwurf gilt für *Fernschreiben, Telefax, -brief,* Aufsprechen auf *Anrufbeantworter, E-Mail* (Ernst NJW-CoR 97, 166; Ultsch NJW 97, 3007 ff; Taupitz/Knitter JuS 99, 841 f mit zur Unterscheidung v Geschäfts- und Privatverkehr), Erklärung im *Btx-Telex-Dienst* (Köln NJW 90, 1609); bei Einlegen in *Postschließfach* (BAG NJW 84, 1652) oder Bereitstellen einer auf Veranlassung des Empfängers *postlagernd* verwahrten Sendung zur Abholung (RG 144, 293), sofern und sobald mit Abholung zu rechnen (bei Einlage kurz vor Geschäftsschluß Zugang erst bei Beginn der nächsten üblichen Geschäftszeit, LM Nr 2; wichtig, wenn Erklärung, zB Kündigung, bis zu bestimmtem Zeitpunkt zugehen muß). – **Nein:** bei Eingang *verstümmelter Erklärung;* bei *berechtigter Annahmeverweigerung* 6
durch Empfänger (vgl BGH NJW 83, 930), zB wegen mehrdeutiger Adressierung (vgl aber RG 125, 75 f) oder Verlangen von Strafporto (RG 110, 36 f fordert keinen triftigen Verweigerungsgrund, dazu BGH NJW 83, 930; sa BAG NJW 93, 1094: grundlose Annahmeverweigerung durch Empfangsboten); bei Hinterlassung eines *Benachrichtigungszettels* über versuchte Ablieferung eines – am 1. 9. 1997 eingeführten – Übergabe-Einschreibens (entspricht dem bisherigen Einschreiben, zu ihm BAG NJW 97, 147; BGH 137, 208, je mN; Franzen JuS 99, 429 ff; aA Singer Anm LM Nr 27 mwN), doch kann Zugang erreicht werden (Rn 15). Das auch am 1. 9. 1997 eingeführte Einwurf-Einschreiben geht wie gewöhnlicher Brief zu (Rn 5), Posteinlieferung und Einwurf beim Empfänger werden dokumentiert (nicht durch öffentl Urkunden iSv ZPO 418, da ZPO 182 I 2 nicht eingreift).

Jauernig 75

§ 130 Buch 1. Abschnitt 3. Rechtsgeschäfte

bb) **Mit Aushändigung an Empfangsboten** ist die Erklärung dem Empfänger zugegangen, sofern und sobald Empfänger unter normalen Verhältnissen von ihr Kenntnis nehmen konnte (BGH 136, 324). Ab Zugang trägt Empfänger das Risiko falscher, verspäteter, unterbliebener Weiterleitung der Erklärung an ihn (BAG DB 77, 546). Empfangsbote ist, wer vom Empfänger dazu bestellt oder (mangels bes Anhaltspunkte: nach Verkehrsanschauung) zur Übermittlung geeignet und auch bereit ist (BGH NJW 02, 1566). Das sind bei Privatleuten: zB der Ehegatte (BGH NJW 94, 2614), andere in der Wohnung lebende Mitmieter (BGH 136, 324), Familien- oder Haushaltsmitglieder (BAG NJW 93, 1094; zu letzteren gehört der sog Lebensgefährte), idR der Mieter gegenüber Untermieter (BAG aaO); bei Geschäftsleuten: kaufmännische Angestellte (BGH NJW 02, 1566 f; sa BAG DB 77, 546). Bei Aushändigung außerhalb von Haus oder Geschäft hat Empfänger (noch) keine Möglichkeit der Kenntnisnahme, daher (noch) kein Zugang (BGH
8 NJW-RR 89, 759). – Der **Empfangsvertreter** (§ 164 III) ist kein Empfangsbote; Erklärung wird wirksam mit Zugang bei ihm (vgl BGH NJW-RR 89, 758; NJW
9 02, 1042). **c) Für Zugang nicht verkörperter Erklärungen** gilt § 130 nicht uneingeschränkt (str, Rn 4). aa) Empfangsbote. § 130 gilt, dh Zugang ist durch (fern-)mündliche Erklärung an ihn erfolgt, wenn die Voraussetzungen entspr Rn 7 vorliegen und er die Erklärung akustisch richtig verstanden hat (entspr Rn 12). Zum Risiko falscher usw Übermittlung nach Zugang gilt Rn 7. An Boteneignung sind erheblich höhere Anforderungen als in Rn 7 zu stellen, da mündliche Weiterleitung der zugegangenen Erklärung schwieriger ist als Ablieferung eines Briefes (RG 60, 336 f; BGH NJW 02, 1566). *Empfangsbote ohne Botenmacht* kann Bote des Erklärenden sein (RG JR 26 Nr 1602); dann gilt Rn 10. – Der **Empfangsvertreter** (§ 164 III) ist kein Empfangsbote. (Fern-)mündliche Erklärung an ihn wird
10 Erklärung unter Anwesenden. bb) **Erklärungsbote.** Bei (fern-)mündlicher Übermittlung durch ihn fallen Abgabe der Erklärung durch Erklärenden (an den Boten!) und Möglichkeit der Kenntnisnahme durch Empfänger auseinander. Obwohl idS Erklärung unter Abwesenden vorliegt (Rn 4), ist § 130 unanwendbar, da bei (fern-)mündlicher Erklärung durch den Erklärenden selbst nur die vom Empfänger akustisch richtig verstandene Erklärung wirksam wird (Rn 12), das Risiko der Kenntnisnahme also beim Erklärenden liegt. Dabei muß es trotz Einschaltung eines Erklärungsboten bleiben. Deshalb gilt die Erklärung als solche unter Anwesenden (dazu Rn 12). Ebenso Flume II § 14, 3 f; aA PalHeinrichs 14.

11 **3. Empfangsbedürftige Willenserklärungen unter Anwesenden.** Unter Anwesenden fallen Abgabe der Erklärung und Möglichkeit der Kenntnisnahme zusammen. Das BGB regelt Wirksamwerden nicht bes. **a) Für verkörperte Erklärungen** gilt § 130 entspr (BGH NJW 98, 3344), dh Empfänger muß tatsächliche Verfügungsgewalt über die Erklärung erlangt haben (RG 61, 415); Kennt-
12 nisnahme vom Inhalt entbehrlich, mag aber möglich sein. **b) Nicht verkörperte,** ds (fern-)mündliche Erklärungen werden wirksam, wenn sie Empfänger akustisch richtig verstanden hat (Vernehmungstheorie: Flume II § 14, 3 f; BAG NJW 83, 2835 mwN; hM). Versteht Erklärungsempfänger die Sprache nicht (Gastarbeiter!), ist er bewußtlos oder taub und außerstande, vom Mund abzulesen, so wird eine mündliche Erklärung nicht wirksam (Neuner NJW 00, 1825, str). Für Wirksamwerden soll es genügen, wenn nach den Umständen am akustisch richtigen Verstehen kein vernünftiger Zweifel bestehen konnte (Larenz, AT, § 26, 32; LAG BW BB 80, 630); aber: „vernünftige Zweifel" sind nur auszuräumen, wenn Empfänger die Erklärung wörtlich wiederholt und Erklärender die Wiederholung akustisch richtig versteht – eine Schraube ohne Ende. Das Fehlen vernünftiger Zweifel hat nur Bedeutung für den *Beweis* des Verstehens. – Willenserklärungen, die bei einem **unmittelbaren Dialog** von Erklärendem und Empfänger „**von PC (Person) zu PC (Person)**", s § 147 I 2, abgegeben werden, können (fast) im selben Moment zur Kenntnis genommen werden, und sind daher Willenserklärungen unter Anwesenden (MK/Säcker Einl 167; MK/Einsele 18; sa § 147 Rn 8).

Titel 2. Willenserklärung   **§ 131**

4. Abw Regelung des Wirksamwerdens. Durch **Ges** zB in §§ 151 S 1, 152   13
S 1: Zugang entbehrlich. Entspr **Vereinbarung** zulässig (BGH 130, 75); einschr
§ 308 Nr 6 für Zugangsfiktion in **AGB**.

5. Verurteilung zur Abgabe einer Willenserklärung **(ZPO 894)** ersetzt nicht   14
den Zugang. Für Zugang an Vollstreckungsgläubiger genügt Urteilserlaß (hM, vgl
Jauernig, ZwV, § 28 II mN). Für Zugang an Dritten ist Vorlage oder Mitteilung
des rechtskräftigen Urteils durch Vollstreckungsgläubiger nötig.

6. Zugangsstörungen. Wird rechtzeitiger Zugang durch Umstände im Be-   15
reich des Empfängers verhindert, obwohl mit dem Empfang von Erklärungen
konkret oder generell zu rechnen war, so ist gem § 242 rechtzeitiger Zugang
anzunehmen, sofern der Erklärende (ggf auch nach Fristablauf) alles Erforderliche
und Zumutbare unternimmt, um Zugang zu erreichen, BGH 137, 209 (bei
Zugangsvereitelung im Rahmen eines Vertragsverhältnisses ist erneuter Zugangs-
versuch unnötig, BGH 137, 209; wohl auch BAG NJW 97, 147: *Zugangsfiktion*;
Zugangsfiktion ferner bei arglistiger Zugangsverhinderung durch Adressaten, BGH
137, 209 f). Bei befürchteter Zugangsvereitelung empfiehlt sich § 132 I.

7. Vorheriger oder gleichzeitiger Widerruf verhindert Wirksamwerden der   16
Erklärung unter Abwesenden, **I 2.** Zugang, nicht Kenntnis des Widerrufs entscheidet (BGH NJW 75, 384; hM); denn schon der Widerruf (nicht erst die Kenntnis
von ihm) ändert die Rechtsposition des Empfängers, zB gem § 145 Rn 4. Zum
abw Widerrufsrecht bei Verbraucherverträgen s § 355.

8. Trotz Tod oder Verlust der unbeschränkten Geschäftsfähigkeit nach   17
Abgabe (Rn 1, 3) wird die Erklärung wirksam (ggf für die Erben; vgl BGH NJW
78, 2027), **II.** Empfangsbedürftige Erklärung, zB Schenkungswiderruf, ist mit
Aufnahme in ein Testament abgegeben, das erst nach dem Tod des Schenkers dem
Beschenkten mitzuteilen ist (RG 170, 382 ff). Zur Einschränkung von II durch
§ 2271 vgl BGH 9, 234 ff. – II gilt **nicht** für nachträglichen Wegfall der **Ver-
fügungsbefugnis.** Sie muß zZ des Wirksamwerdens vorliegen (BGH 27, 366).
Für Grundstücksgeschäfte s aber § 878.

9. Amtsempfangsbedürftige Willenserklärungen (Begriff Rn 8 vor § 104)   18
sind nicht iSv I „einem anderen", sondern einer Behörde gegenüber abzugeben.
Dennoch gelten für Wirksamwerden unter Abwesenden I, II: **III.**

10. Die **Beweislast** für den Zugang trägt, wer sich auf ihn beruft (BGH NJW   19
95, 666). Kein Anscheinsbeweis für Zugang von Briefen, E-Mail, Telefax, Telex
(BGH NJW 95, 666; aA Burgard BB 95, 223 f für Telefax).

§ 131 Wirksamwerden gegenüber nicht voll Geschäftsfähigen

(1) **Wird die Willenserklärung einem Geschäftsunfähigen gegenüber abgegeben, so wird sie nicht wirksam, bevor sie dem gesetzlichen Vertreter
zugeht.**

(2) ¹**Das Gleiche gilt, wenn die Willenserklärung einer in der Geschäftsfähigkeit beschränkten Person gegenüber abgegeben wird.** ²**Bringt die
Erklärung jedoch der in der Geschäftsfähigkeit beschränkten Person lediglich einen rechtlichen Vorteil oder hat der gesetzliche Vertreter seine Einwilligung erteilt, so wird die Erklärung in dem Zeitpunkte wirksam, in
welchem sie ihr zugeht.**

1. Geschäftsunfähiger (§ 104) ist außerstande, Willenserklärungen zu empfan-   1
gen. Daraus zieht **I** Konsequenzen. I gilt nicht für die in § 105 II Genannten, so
daß verkörperte Erklärung einem Bewußtlosen zugehen kann.

2. Beschränkt Geschäftsfähige (§ 106). **a) Für sie gilt** grundsätzlich I **(II 1).**   2
Soweit §§ 112 f eingreifen, gilt II nicht. **b) Ausnahmen** nach **II 2:** Erklärung   3
bringt lediglich rechtlichen Vorteil (§ 107 Rn 5); ges Vertreter hat eingewilligt
(Genehmigung ungenügend, BGH 47, 358). Ferner für Annahme des Vertrags-

Jauernig   77

§§ 132, 133 Buch 1. Abschnitt 3. Rechtsgeschäfte

antrags eines Minderjährigen (hier geht § 108 vor: v. Tuhr II 1 § 61 III 7; die hM übersieht das, zB MK/Einsele 5; unklar BGH 47, 358); für Erklärungen gem §§ 109 I 2 (entspr für § 130 I 2, dort Rn 1), 111 S 2. In den Ausnahmen wird die Erklärung auch wirksam, wenn sie gegenüber dem beschränkt Geschäftsfähigen abgegeben wird und ihm zugeht. **c)** II gilt **entspr** für einen **Betreuten,** wenn und soweit ein Einwilligungsvorbehalt angeordnet ist, § 1903 I 2 (§ 106 Rn 1).

4 **3. Zugang an ges Vertreter** nach allg Regeln. Für Gesamtvertretung vgl § 167 Rn 5 (b).

§ 132 Ersatz des Zugehens durch Zustellung

(1) ¹Eine **Willenserklärung gilt auch dann als zugegangen, wenn sie durch Vermittlung eines Gerichtsvollziehers zugestellt worden ist.** ²Die **Zustellung erfolgt nach den Vorschriften der Zivilprozessordnung.**

(2) ¹**Befindet sich der Erklärende über die Person desjenigen, welchem gegenüber die Erklärung abzugeben ist, in einer nicht auf Fahrlässigkeit beruhenden Unkenntnis oder ist der Aufenthalt dieser Person unbekannt, so kann die Zustellung nach den für die öffentliche Zustellung einer Ladung geltenden Vorschriften der Zivilprozessordnung erfolgen.** ²**Zuständig für die Bewilligung ist im ersteren Falle das Amtsgericht, in dessen Bezirk der Erklärende seinen Wohnsitz oder in Ermangelung eines inländischen Wohnsitzes seinen Aufenthalt hat, im letzteren Falle das Amtsgericht, in dessen Bezirke die Person, welcher zuzustellen ist, den letzten Wohnsitz oder in Ermangelung eines inländischen Wohnsitzes den letzten Aufenthalt hatte.**

1 **1. Zustellung als Zugangsersatz** nach I allg möglich. II regelt Sonderfall.

2 **2. a) Zustellung nach I** muß vom Gerichtsvollzieher vermittelt sein (BGH 67, 277 mN); möglich auch als Ersatzzustellung (ZPO 191 mit 178 ff, 193 I 2), zB gem ZPO 181, bei der die Erklärung nicht in den Empfängerbereich gelangt (Unterschied zum Zugang, vgl BGH 31, 7; § 130 Rn 4). Verfahren: ZPO 191, 192 I, II, 170, 177, 193 I 1 (mit 182 II), 194. Gem I 2 verdrängen ZPO 191, 170 I den § 131. Trotz Mängel kann Zustellung als bewirkt angesehen werden, I 2 mit
3 ZPO 191, 189. **b) Öffentl Zustellung, II,** ermöglicht Wirksamwerden der Erklärung, wo Zugang praktisch unmöglich. Zwei Fälle: schuldlose Unkenntnis über Person oder unbekannter Aufenthalt des Empfängers. Verfahren: ZPO 186–188. Erschlichene öffentl Zustellung ist wirksam (Jauernig, ZPR, § 79 II 1 d mN, str),
4 Berufung auf ihre Rechtsfolgen uU gem § 242 unzulässig (BGH 64, 8 f). **c) Zustellungsgegenstand** (Urschrift, Ausfertigung, beglaubigte Abschrift). Ihn bestimmt das materielle Recht; sa BeurkG 47; BGH NJW 81, 2300. Für Zustellung einer privatschriftlichen Erklärung genügt die einer beglaubigten Abschrift (BGH NJW 67, 824).

§ 133 Auslegung einer Willenserklärung

Bei der Auslegung einer Willenserklärung ist der wirkliche Wille zu erforschen und nicht an dem buchstäblichen Sinne des Ausdrucks zu haften.

1 **1. Gegenstand, Notwendigkeit und Mittel der Auslegung. a) Im Wortsinn** kommt „Auslegung einer Willenserklärung" nur in Betracht, wenn der Erklärungsinhalt *auslegungsbedürftig und auslegungsfähig* ist. Dieser Begriff ist *zu eng.* Auslegung befaßt sich zunächst mit der Frage, *ob* überhaupt eine *Willenserklärung* vorliegt, dh ein tatsächlicher Erklärungsakt mit rechtlichem Erklärungswert (zur Bedeutung vgl Rn 7–12 vor § 116). Ist das zu bejahen, so ist durch Auslegung ieS der *Inhalt* der Willenserklärung zu ermitteln. Ob eine Erklärung vorliegt und welchen Inhalt sie hat, läßt sich zwar theoretisch trennen; im praktischen Einzelfall

Titel 2. Willenserklärung **§ 133**

entscheidet aber uU erst der mögliche Inhalt darüber, ob (insoweit) überhaupt eine Willenserklärung vorliegt (Bsp: Rn 11 vor § 116). **b) Klare, eindeutige Erklä-** 2 **rungen** sind nach hM nicht auslegungsbedürftig oder -fähig (BGH NJW 84, 290; 96, 2650; NJW-RR 99, 594). Aber Klarheit und Eindeutigkeit sind erst Ergebnis einer Auslegung (BAG DB 75, 1368; BGH NJW 02, 1261; sa BGH NJW 94, 2613; BGH NJW 96, 2575 gegen BGH 124, 44 f). *Widersprüchliche oder widersinnige Erklärungen* sollen nicht auslegungsfähig sein (RG JW 10, 801; s aber BGH NJW 86, 1035 f). Das bedeutet nur: Auslegung kann nicht jeder Erklärung einen Sinn geben; bleibt sie sinnlos oder mehrdeutig, so ist sie nichtig (vgl BGH 20, 110 f). **c) Mittel der Auslegung,** nicht Gegenstand, sind außerhalb des Erklärungsakts 3 liegende Umstände, die das Ob und den Inhalt seines rechtlichen Erklärungswerts aufhellen sollen. Bsp: Vertragsvorverhandlungen (BGH NJW 02, 1261); Zeit, Ort und Begleitumstände, unter denen eine Erklärung ihren Empfänger erreichte; bes Beziehungen zwischen Erklärendem und Empfänger. Ein Katalog der im Einzelfall zu berücksichtigenden Umstände wäre unendlich. **d) Die Verkehrssitte** wird in 4 § 157 als Auslegungsmittel bes genannt (sa HGB 346). Sie ist keine Rechtsnorm, sondern die schon längere Zeit (BGH NJW 90, 1724) den Verkehr beherrschende tatsächliche Übung (LM Nr 1 zu § 157 [B]). Sie ist auslegungsrelevant, wenn sie sich in den Kreisen der Beteiligten gleichmäßig und einhellig herausgebildet hat; Kenntnis der Parteien unerheblich (LM Nr 1 zu § 157 [B]). Im Verkehr geübte Unsitte ist kein Auslegungsmittel (vgl RG 124, 13 ff). Zum **Handelsbrauch** als die Verkehrssitte des Handels BGH NJW 93, 1798. **e) Formbedürftige Erklärun-** 5 **gen** sind ebenfalls durch Umstände aller Art, auch solche außerhalb der Urkunde, auslegungsfähig. Erst die so ausgelegte Erklärung ist auf Einhaltung der Form zu prüfen (§ 126 Rn 7). **f) Bei nichtempfangsbedürftigen Willenserklärungen** 6 sind alle Umstände als Auslegungsmittel erheblich, so daß idR der wahre Wille berücksichtigt werden kann. Bei **empfangsbedürftigen** sind (außer im Fall Rn 9) nur solche Umstände beachtlich, die dem Empfänger zZ des Wirksamwerdens (insbes Zugangs) bekannt oder obj erkennbar waren (BGH NJW-RR 93, 946; NJW 97, 861, je mN; **Maßgeblichkeit des Empfängerhorizonts**). Sa Rn 10.

2. § 133 und § 157. Dem Wortlaut nach gilt **§ 133** nur für die Auslegung einer 7 einzelnen Willenserklärung, wird aber auch bei Verträgen und Beschlüssen herangezogen. § 133 verbietet reine Buchstabeninterpretation. Der Rückgriff auf den unerklärt gebliebenen Willen ist aber unzulässig (vgl § 116 S 1; Ausnahme Rn 9). § 157 gilt dem Wortlaut nach nur für Verträge, doch sind auch einseitige RGeschäfte (nicht Testamente: § 2084 Rn 2) nach Treu und Glauben mit Rücksicht auf die Verkehrssitte auszulegen. § 133 zielt auf eine subj, § 157 auf eine obj Auslegung (zu den Unterschieden SoeHefermehl 2; StDilcher §§ 133, 157, 7 ff). In der Praxis werden beide Vorschriften vielfach ungeschieden nebeneinander angewandt (Bsp: RG 128, 245; BGH NJW-RR 02, 1096); das ist unproblematisch.

3. Auslegungsgrundsätze. a) Ges Regeln gibt es nur für Einzelfälle (zB 8 §§ 186 ff, 311 c, 364 II, 449 I); zu ihrer Unterscheidung vom dispositiven Recht Larenz, AT, § 28, 103–107. Allg Auslegungsregeln kennt das BGB nicht. **b) Die Rechtspraxis** hat zahlreiche Auslegungsregeln als „Erfahrungssätze praktischer Logik" (Flume II § 16, 3 e) entwickelt. Die Auslegung von Willenserklärungen durchläuft *mehrere Stufen.* **aa)** Steht der **wirkliche Wille** des Erklärenden zZ der 9 Erklärung (BGH NJW 97, 1232; allg 98, 3269 f) fest und hat der Erklärungsempfänger ihn idS verstanden (nicht nur: verstehen können), so ist *erklärt,* was *gewollt* ist, mag auch ein Dritter („obj") die Erklärung anders verstehen (BGH 71, 247; NJW 00, 805; 02, 1039 mwN): **falsa demonstratio non nocet.** Die Partei, die das Vorliegen einer falsa demonstratio behauptet, ist beweisbelastet (BGH NJW 01, 145). Für den wirklichen Willen kann das spätere Verhalten der Parteien Anhaltspunkte liefern **(Selbstinterpretation),** BGH NJW-RR 00, 1583; sa § 154 Rn 3. Auslegung darf der Erklärung keinen abw Sinn geben (BGH NJW 99, 487; stRspr). Gleichgültig ist, ob die obj anders zu verstehende Erklärung bewußt oder

Jauernig 79

irrtümlich gewählt ist, es gilt das Gewollte und als solches Erkannte (für formbedürftige Geschäfte s aber § 126 Rn 7, 8). Bsp für unschädliche Falschbezeichnungen: übereinstimmende, aber falsche Bezeichnung der Kaufsache (Haifischfleisch statt Walfischfleisch, RG 99, 148; zur Parzellenverwechslung bei Grundstücksveräußerung § 126 Rn 7, 8, auch § 873 Rn 9); der Verkäufer allein gebraucht den falschen Ausdruck, der Käufer erkennt aber das wirklich Gewollte (LM Nr 6 zu § 119, auch RG 93, 299; 109, 336 f), oder er gebraucht den vom Verkäufer

10 gewollten, aber nicht verwendeten Ausdruck (Flume II § 21, 2). **bb) Steht der wirkliche Wille** (und das entspr Verständnis des Erklärungsempfängers) **nicht fest**, so ist durch Auslegung der **obj erklärte Wille** (nicht der davon abw innere) zu ermitteln (BGH NJW-RR 00, 130). Der obj Erklärungswert bestimmt, was erklärt ist. Daher gilt die Erklärung so, wie sie zZ des Wirksamwerdens (s Rn 6) nach Treu und Glauben und der Verkehrssitte von denen verstanden werden mußte, für die sie bestimmt war (BGH NJW-RR 93, 946; BAG NJW 94, 3373). *Empfangsbedürftige Erklärungen* sind für den Empfänger bestimmt (BGH NJW 95, 46); *andere* Erklärungen sind bestimmt für die von ihr Betroffenen (bei Vereinssatzung sind es die wechselnden Mitglieder, daher „obj" Auslegung, BGH 113, 240 mN, aber auch NJW 94, 52), uU für die Allgemeinheit (zB Auslobung). Ermittlung des obj Erklärungswerts setzt am Wortlaut an (BGH NJW 01, 2535 mN); aber keine Buchstabeninterpretation (Rn 7), zB kann „Darlehen" als Mietvorauszahlung zu verstehen sein (LM Nr 1 zu § 57 b ZVG), aber nicht vom Anwalt erklärter „Rücktritt" als „Kündigung" (BGH NJW 96, 2650; anwaltfreundlicher für Prozeßerklärungen BGH NJW 96, 1211 mN). Beachtlich: allg Sprachgebrauch (LM Nr 17 [C]), ggf derjenige unter den Beteiligten; Zeit (RG 148, 44 f) und Ort der Erklärung; Vorverhandlungen (Rn 3). Auslegung ist stets an Zweck und Ziel des Geschäfts zu orientieren, soweit die hierfür maßgebenden Umstände dem Betroffenen (Empfänger, Dritter, Allgemeinheit) bei Wirksamwerden der Erklärung (s o) erkennbar waren (RG 131, 351). Notwendig ist eine beiderseits interessengerechte (BGH NJW-RR 02, 21, 852; NJW 02, 506, 669, 748, je mN) und am Zweck der Vereinbarungen orientierte Auslegung (BGH-RR 01, 1105). **Maßgebend** ist nicht, was der Richter im Entscheidungszeitpunkt als interessengerecht ansieht, sondern der Einfluß, den das **Interesse der Parteien** auf den obj Erklärungswert ihrer Äußerungen **bei** deren **Abgabe** hatte (BGH NJW 01, 1928 f). Unter mehreren möglichen Interpretationen ist die zu wählen, die zur Rechtswirksamkeit führt (BGH NJW-RR 90, 818; sa NJW 98, 2966; ferner 94, 1538 für Prozeßerklärungen) oder der Regelung einen Sinn gibt (BGH NJW 02, 440). IZw ist gewollt, was vernünftig ist und der wohlverstandenen Interessenlage entspricht (BGH NJW 01, 3327; 02, 1039), was idR keine Auslegung gegen den Wortlaut rechtfertigt (BGH NJW-RR 02, 646). Zur Auslegung formbedürftiger Erklärungen § 126 Rn 7, 8.

11 **c) Mangelnde Eindeutigkeit** geht nicht generell zu Lasten des Urhebers der Erklärung (vgl LM Nr 14 zu § 157 [A]). Anders § 305 c II für Verwender von AGB.

12 **4. Zur Auslegung** von **Grundbucheintragungen** § 873 Rn 35; von **AGB** s § 305 b Rn 1; 305 c Rn 5; 306 Rn 3, 5.

§ 134 Gesetzliches Verbot

Ein Rechtsgeschäft, das gegen ein gesetzliches Verbot verstößt, ist nichtig, wenn sich nicht aus dem Gesetz ein anderes ergibt.

1 **1. Allgemeines.** Ges verbotene RGeschäfte sind nicht stets, sondern nur dann nichtig, „wenn sich nicht aus dem (Verbots-)Ges ein anderes ergibt". Zur Bedeutung Rn 8 (b).

2 **2. Abgrenzungen.** *Keine VerbotsGes* sind die ges Begrenzungen privatautonomer Befugnisse einer Person. Bei Grenzüberschreitungen ist das RGeschäft grundsätzlich (Rn 7) endgültig oder schwebend unwirksam, weil es jenseits des rechts-

Titel 2. Willenserklärung **§ 134**

geschäftlichen Könnens (nicht: Dürfens) liegt. Daher stellt sich nicht die Frage, ob das Geschäft erlaubt oder verboten ist. Vgl Flume II § 17, 2; BGH 13, 184; 47, 35 ff. **Bsp: a) Allg Einschränkung der privatautonomen Gestaltungsbefug-** 3 **nis** („Zuständigkeit", „Kompetenz") in §§ 137 S 1, 181, 202 (unzutr BGH NJW 88, 1260 zu § 225 S 1 aF: § 134]), 276 III, AktG 112 (BGH NJW 93, 2308). Sa §§ 135, 136 Rn 3. **b) Einschränkung der Rechtsmacht von ges Vertretern,** 4 Vertretungsorganen jur Personen des öffentl Rechts (BGH 20, 126 f; 47, 37); von gerichtl bestellten Vermögensverwaltern wie Testamentsvollstrecker, Insolvenzverwalter, Sequester (BGH 118, 379 f). **c) Ges Ausschluß** der *Übertragbarkeit eines* 5 *Rechts* (zB in § 400 [unzutr BGH NJW 88, 87, 2823; BAG NJW 01, 1448: § 134]), § 719 I [unzutr BayObLG NJW-RR 99, 621: § 134]) sowie *ges Beschränkung der Rechtstypenwahl,* zB durch numerus clausus der Sachenrechte (Rn 3 vor § 854), § 1409. **d) Erfordernis behördlicher Genehmigung** macht ungeneh- 6 migtes Geschäft idR nur schwebend unwirksam (Begriff Rn 20 vor § 104). Fällt Genehmigungspflicht in Zeit des Rechtsbestandes weg, so ist RGeschäft gültig (BGH 127, 375). Ie § 182 Rn 7. **e) Ist obj zweifelhaft,** ob RGeschäft noch innerhalb der 7 privatautonomen Kompetenz (Rn 3, 4) liegt, sprechen aber ernsthafte obj Gründe dafür, so ist das Geschäft wirksam. Vgl BGH 65, 150 ff (wettbewerbsbeschränkende Abrede); WM 80, 1152 f (Vergleichsverwalter bei Liquidationsvergleich); BVerwG NJW 84, 2427 (Konkurs-, jetzt Insolvenzverwalter).

3. VerbotsGes. a) Begriff des Ges: EGBGB 2. § 134 betrifft *inländische* Ges 8 (Bundes- und Landesrecht); zunehmend wichtig: EG-Recht, zB EG 82, nicht EG 81, der selbst Verbot und Nichtigkeit wettbewerbsbeschränkender Vereinbarungen anordnet, so daß ein Rückgriff auf § 134 „überflüssig" ist, vgl allg BGH 143, 286. **b) Verstoß** gegen ges Verbot führt nicht immer zur Nichtigkeit, auch nicht „iZw" (aA StSack 58, 59 mN). Maßgebend ist, ob *Wortlaut* (selten), *Sinn und Zweck* des einzelnen VerbotsGes (Auslegungsfrage) die Nichtigkeit fordern (BGH 143, 286). Dafür ist die *Kenntnis* des Verbots idR irrelevant (MK/Mayer-Maly/Armbrüster 110). Verstoß gegen dispositives Recht führt nicht zur Nichtigkeit (BGH 143, 288). **c) Trifft das Verbot nur die äußeren Umstände** des rechtsgeschäftlichen 9 Handelns, so ist das RGeschäft idR gültig (LM Nr 70). Bsp: Verkauf nach ges Ladenschlußzeit; Abgabe rezeptpflichtiger Arznei ohne Rezept (BGH NJW 68, 2286 f; anders für Betäubungsmittel, da strafbar: BtMG 13 II, 29 I Nr 7); Gastaufnahme nach Polizeistunde (RG 103, 264 f); bei bloßem Verstoß gegen gewerbe- oder ordnungspolizeiliche Vorschriften (BGH 108, 368; Verbraucherdarlehensverträge im Reisegewerbe können vom Darlehensnehmer (Verbraucher) nur nach §§ 495 I, 355 widerrufen werden, keine Nichtigkeit nach § 134 (BGH 131, 389 f zum fr Recht: Widerrufsrecht schützt genügend); entgeltliche Darlehensvermittlungsverträge (GewO 56 I Nr 6) sind nichtig, § 134, da nur dann der Darlehensnehmer genügend geschützt ist (BGH NJW 99, 1637). Str ist, ob ein noch nicht erfülltes verbotswidriges, aber nicht gem § 134 nichtiges Verpflichtungsgeschäft einen Leistungsanspruch gewährt oder ob insoweit § 134 eingreift (für letzteres Flume II § 17, 4; sa LM Nr 70); sicher ist, daß die verbotene Vornahme der Leistungshandlung nicht verlangt werden kann (BGH NJW 86, 2361 f; sa 94, 730). Zur Steuerhinterziehung § 117 Rn 5. **d) Trifft das Verbot den Regelungs-** 10 **gehalt des RGeschäfts,** so ist das verbotswidrige Geschäft nichtig (BGH 143, 144 f). Damit soll zugleich dem Abschluß solcher Geschäfte vorgebeugt werden. Deshalb muß Verbot idR bei Geschäftsvornahme bestehen. Späteres Verbot von Dauerschuldverhältnissen, das deren Regelungsgehalt trifft, wirkt ex nunc (Düsseldorf NJW-RR 93, 250). **aa) Ges Anordnung der Nichtigkeit** (Unwirksamkeit) als Rechtsfolge eines Verstoßes macht das Ges nicht schon zum VerbotsGes (s allg Rn 2, ferner zB §§ 105, 125). **bb) Der Gebrauch bestimmter Wendungen** („darf nicht", „darf nur", „soll nicht", „soll nur", vgl zB §§ 51, 627 II) besagt wenig für die Qualifizierung als VerbotsGes. Im BGB enthält eine Soll(-nicht-)Vorschrift kein Verbot mit Nichtigkeitsfolge. **cc) Ob Nichtigkeit als Verbotsfolge** 11

Jauernig

§ 134 Buch 1. Abschnitt 3. Rechtsgeschäfte

eintritt, bestimmt sich nach der Rspr (seit RG 60, 276 f; vgl BGH 143, 287) im wesentlichen danach, ob das Verbot an alle Beteiligten (insbes **beide** Vertragsparteien) **oder nur an eine Partei** gerichtet ist. **Entspr** gilt, wenn die Handlung nur für einen oder für beide Beteiligte mit **Strafe oder Bußgeld** bedroht ist (BGH 115, 125; nach BGH 118, 144 f, 188 gibt Strafdrohung gegen beide – nur? – „gewichtigen Hinweis" für ges Wertung als nichtig). Richtet sich das **Verbot gegen beide Parteien**, so ist das Geschäft idR nichtig (BGH 143, 287). Ist **nur für einen Beteiligten** die Vornahme des RGeschäfts *verboten*, so ist es idR gültig; doch kann auch hier der Zweck des Ges die Nichtigkeit verlangen (BGH 147, 44 mN), zB bei verbotener Rechts- (BGH NJW 02, 2326 mN) oder Steuerberatung (BGH NJW 96, 1955), Arbeitsvermittlung oder Heilmittelwerbung (BGH 78, 271 mN), Verstoß gegen HeimG 14 (BGH 110, 240; Frankfurt/M NJW 01, 1505 zur Gesetzesumgehung) oder BRAO 49 b II (Vereinbarung von Erfolgshonorar oder quota litis; zur internationalprivatrechtlichen Anwendung auf deutsche Anwälte in

12 ausländischen Wiedergutmachungssachen zutr Heß NJW 99, 2485 f). **Einseitige Verstöße im Arzt- und Anwaltsbereich**, die zur Nichtigkeit führen, sind für *Ärzte* (StGB 203 I Nr 1) **Abtretung von Honorarforderungen** (insbes an Verrechnungsstellen), Veräußerung von Patientenkartei, jeweils ohne Patientenzustimmung (BGH NJW 96, 775 [Abtretung]; 96, 774 [Patientenkartei]); für *Rechtsanwälte* (StGB 203 I Nr 3) Abtretung von **Gebührenforderungen** *an Nicht-Anwälte* (außer gem BRAO 49 b IV 2, in Kraft seit 9. 9. 1994). Abtretung *an Rechtsanwalt* ohne Zustimmung des Mandanten ist zulässig, da er wie der Zedent zur Verschwiegenheit verpflichtet ist (BRAO 49 b IV 1, in Kraft seit 9. 9. 1994; sa BGH NJW 95, 2027, 2916; 97, 188; aA LG Karlsruhe NJW-RR 02, 706 ff). Notwendige Informationen und Urkunden sind vom Zedenten zu gewähren (§ 402); dazu dient die Übergabe der Handakten (ohne gültigen Praxiskaufvertrag zulässig wohl nur mit Mandantenzustimmung, denn der *außenstehende* Anwalt ist kein „Dritter" iSv StGB 203 I [vgl BGH NJW 01, 2463 f]; daher läuft BRAO 49 b IV 1 weitgehend leer). Abtretung und Aktenübergabe sind vor allem für **Praxisverkäufe** relevant. Der BGH hielt sie bisher schon an Sozius, angestellten Anwalt (NJW 95, 2916) und Abwickler (NJW 97, 188) *ohne* Mandantenzustimmung für zulässig (kein Fall von StGB 203 I Nr 3!) oder nicht an amtlich bestellten Vertreter (NJW 95, 2027; ebenso KG NJW-RR 01, 1216 f; zusammenfassend BGH NJW 01, 2463 f). Diese Differenzierung überzeugt nicht (zutr Michalski/Römermann NJW 96, 1308 ff: Information innerhalb des „Unternehmens Anwaltskanzlei", auch an Käufer, unterfällt nicht StBG 203 I; ebenso Hüffer NJW 02, 1382 ff). Sa LG Baden-Baden NJW-RR 98, 202 f. Nichtig ist Vereinbarung eines **Erfolgshonorars** (BRAO 49 b II; Rn 11, sa § 138 Rn 15). **Weitere einseitige Verstöße:** „Ersatz-(oder Leih-)Muttervertrag" (arg ESchG I 1 Nr 7, III, auch AdVermiG 13 c; differenzierend Vieweg, FS Stree/Wessels, 1993, S 981 ff, aber zu stark auf Ein- oder Beidseitigkeit der Strafdrohung statt auf den Gesetzeszweck abstellend, s S 987); einseitiger Verstoß gegen BSchwArbG (Kern, FS Gernhuber, 1993, S 191 ff; aA BGH NJW-RR 02, 557: gültig; Canaris Anm ebda: halbseitig gültig); Verstoß gegen MaBV 12 (BGH 146, 257 f); Abtretung von Honoraransprüchen unter Verstoß gegen StBerG 64 II (BGH NJW 99, 1546); zum einseitigen Wucherverbot vgl

13 Rn 15, § 138 Rn 19. **dd) Aus dem Ges** muß sich das Verbot ergeben (zumindest mittelbar, insbes aus einer ges Institution); ausdr Nennung in einem bestimmten Ges ist unnötig (BGH 51, 262 mN).

14 **4. Wirkung.** Das verbotene RGeschäft ist *soweit nichtig wie nötig*, um Wortlaut, Sinn und Zweck des VerbotsGes durchzusetzen. Nach Aufhebung des VerbotsGes bleibt RGeschäft nichtig (BGH DtZ 94, 348; allg Rn 18 vor § 104). **a) Totalnichtigkeit**
15 ist die Regel. **b) Soweit Teilnichtigkeit** nach dem Sinn und Zweck des VerbotsGes genügt, kann sich Totalnichtigkeit aus *§ 139* ergeben (zB bei vereinbarter Überschreitung der zulässigen Höchstarbeitszeit, BGH NJW 86, 1487). § 139 ist aber unanwendbar, wenn der Zweck des VerbotsGes bloße Teil-

82 *Jauernig*

Titel 2. Willenserklärung **§ 135**

nichtigkeit samt Aufrechterhaltung des verbleibenden RGeschäfts verlangt (§ 139 Rn 15); dann hängt das Bestehenbleiben des Restgeschäfts nicht wie nach § 139 vom mutmaßlichen Parteiwillen ab (BGH 47, 179; übersehen in 65, 370 ff). IdS sind Verstöße gegen *Preisvorschriften* zu behandeln (BGH 89, 319 f), so daß der Vertrag mit dem ges normierten zulässigen Preis (BGH WM 77, 346) oder Versicherungsbeitrag (LG Freiburg WM 79, 678 mN) bestehen bleibt (zur staatlichen Preisbildung Liebing BB 83, 667 ff). Entspr gilt für Verstöße gegen *WiStG 4, 5* (v. Olshausen ZHR 146, 276 f, 288 ff; zu WiStG 5 s § 139 Rn 9), für den *Mietwucher* sowie *sonstige Wuchergeschäfte* iSv StGB 291, sofern der angemessene Preis normativ festgelegt oder zu ermitteln ist (ie § 139 Rn 9, 10), ferner für bestimmte Kreditverträge (§ 494). c) **Nichtigkeit des Erfüllungsgeschäfts ist**, bei Nichtigkeit des Verpflichtungsgeschäfts, gesondert zu prüfen (BGH 122, 122 mN und BAG NJW 93, 2703 betr Abtretung; zum Grund Rn 17, 18 vor § 854). Nichtigkeit des Erfüllungsgeschäfts gem § 134 macht Verpflichtungsgeschäft ebenfalls nach § 134 nichtig (BGH NJW 95, 2027; aA BGH 143, 286: § 306 aF; den aber das SchRModG Art 1 I Nr 13 aufgehoben hat, anfängliche obj Unmöglichkeit ist kein Nichtigkeitsgrund mehr, vgl §§ 275, 311a; erbrachte Leistungen sind gem §§ 812 ff, 817 S 1 zurückzugewähren (ausgeschlossen gem §§ 814, 817 S 2; einschr zu § 817 S 2 BGH NJW 90, 2542 f). Zum Anspruch auf Schadensersatz vgl §§ 311 II. d) **Keine Nichtigkeit,** wenn Vertrag *im Hinblick auf Verbotswegfall* **aufschiebend bedingt** (§ 158 I; sa §§ 309, 308 II aF) geschlossen ist. e) **Gem § 242** soll ausnahmsweise die Nichtigkeit außer acht bleiben (BGH 118, 191 f; NJW 90, 2542 f für BSchwArbG). Abzulehnen, da „Treu und Glauben" nicht ein ges Verbot verdrängt. Bei beiderseitiger (fast) völliger Erfüllung kann uU Verbotswirkung entfallen; das gilt nicht bei generalpräventiver Funktion von VerbotsGes und Nichtigkeit (Fenn Anm ZIP 83, 466 f).

16

17

5. Umgehungsgeschäfte (Lit: Teichmann, Die Gesetzesumgehung, 1962). Zu fragen ist, *was* umgangen werden soll. Danach bestimmen sich die Rechtsfolgen der Umgehung. Die Umgehung eines *ges Verbots* ist ausgeschlossen: Entweder wird das Geschäft von Sinn und Zweck (Auslegung!) des VerbotsGes erfaßt oder nicht; stets wird § 134 angewandt und nicht umgangen, die Gesetzesumgehung scheitert (zumindest schief BAG NJW 99, 2541); Kenntnis oder Absicht der Gesetzesumgehung ist unnötig (BGH 56, 289; insoweit zutr BAG NJW 99, 2541; differenzierend MK/Mayer-Maly/Armbrüster 18). Die Umgehung eines (zB Verbraucher-)*SchutzGes* scheitert, weil der Schutzzweck des Ges seine Anwendung fordert (darauf beruhen zB §§ 306 a, 312 f S 2, 487 S 2, 506 S 2, 507; sa BGH BB 86, 1877 zu § 313 aF = § 311b I; BAG NJW 96, 151 zu arbeitsrechtlichen Schutzbestimmungen; Oldenburg NJW-RR 98, 1229 zur Umgehung des Genehmigungsvorbehalts gem BauGB 144 II). Zweifelhaft kann sein, ob durch Vermeidung der an sich zutr Rechtsform und die Wahl einer anderen deren Vorteile in Anspruch genommen werden können (AO 42 [BFH NJW 96, 3167 mN] und SubvG 4 II: bei Mißbrauch nein, sa BGH 110, 233 f zu § 506 aF = § 465; SÜ statt Mobiliarpfandrecht: ja, s § 930 Rn 20). – Zur Abgrenzung vom Scheingeschäft § 117 Rn 3.

18

§ 135 Gesetzliches Veräußerungsverbot

(1) ¹**Verstößt die Verfügung über einen Gegenstand gegen ein gesetzliches Veräußerungsverbot, das nur den Schutz bestimmter Personen bezweckt, so ist sie nur diesen Personen gegenüber unwirksam.** ²**Der rechtsgeschäftlichen Verfügung steht eine Verfügung gleich, die im Wege der Zwangsvollstreckung oder der Arrestvollziehung erfolgt.**

(2) **Die Vorschriften zugunsten derjenigen, welche Rechte von einem Nichtberechtigten herleiten, finden entsprechende Anwendung.**

Jauernig

§ 136 Behördliches Veräußerungsverbot

Ein Veräußerungsverbot, das von einem Gericht oder von einer anderen Behörde innerhalb ihrer Zuständigkeit erlassen wird, steht einem gesetzlichen Veräußerungsverbote der im § 135 bezeichneten Art gleich.

Anmerkungen zu den §§ 135, 136

1   1. **Anwendungsbereich.** §§ 135, 136 betreffen *Verfügungsverbote zum Schutz bestimmter Personen*, sog **relative Verfügungsverbote**. Der Begriff „Veräußerungsverbot" ist zu eng, da auch andere Verfügungen als Veräußerungen erfaßt werden.
2   a) **Absolute Verfügungsverbote** bezwecken kraft Ges den Schutz der Allgemeinheit. Sie fallen unter § 134, vgl §§ 135 f. Bsp: StPO 290–292, 443.
3   b) **Verfügungsbeschränkungen** gem §§ 1365 ff (Ehegatten), 1643 ff (Eltern), 1804 ff (Vormund), 2211 (Erben bei Testamentsvollstreckung) betreffen das rechtliche Können (nicht: Dürfen) und unterfallen daher weder § 134 (vgl § 134 Rn 2) noch §§ 135 f (vgl allg BGH 13, 182 ff). Das gilt auch für § 719 (BGH 13, 183 f) und § 399 Fall 2 (vgl BGH WM 78, 515; § 137 Rn 1). c) **Verlust der Verfügungsbefugnis** durch Anordnung nach InsO 21 II Nr 2 (InsO 24 I) sowie durch Eröffnung des Insolvenzverfahrens (InsO 80, 81) unterfällt nicht §§ 135 f, denn unbefugte Verfügungen sind für jedermann („absolut"), nicht nur gegenüber den Insolvenzgläubigern („relativ") unwirksam (Insolvenzverwalter kann aber ge-
4   nehmigen, § 185 II). d) **Praktische Bsp** *für § 135* gibt es, zumindest im BGB, *nicht* (str). Jedenfalls gewinnt § 135 Bedeutung erst durch § 136. Die Verweisung begrenzt § 136 auf relative Verfügungsverbote von Behörden und Gerichten. Bsp für *§ 136:* Beschlagnahme in der *Zwangsvollstreckung* (vgl ZPO 829, 846, 857 I, ZVG 23 I 1, 146 I; gilt auch für bewegliche Sachen); *einstw Verfügungen* (dem Veräußerungsverbot, vgl ZPO 938 II, steht das gem ZPO 938 I zulässige *Erwerbsverbot* gleich; zum Erwerbsverbot an Grundstückskäufer § 888 Rn 8); Anordnungen nach *StGB* 73 e II, 74 e III, *StPO* 111 b I, 111 c (München NJW 84, 2330 f); einstw Anordnung gem BVerfGG 32 (BVerfG NJW-RR 92, 898 f).

5   2. **Wer geschützt** wird, ergibt Ges (§ 135) oder ges Grundlage der Verbotsanordnung (§ 136).

6   3. **Wirkung. a) Nur gegenüber den geschützten Personen** (Rn 5), dh relativ, ist die verbotswidrige Verfügung oder Vollstreckungsmaßnahme (§ 135 I 2) unwirksam. Unwirksamkeit ist bloß beachtlich, wenn sich Geschützter auf sie beruft; daher kann er auf sie verzichten. Bsp: Käufer K hat einstw Verfügung gegen Eigentümer und Verkäufer V erwirkt, die diesem die Veräußerung der von K gekauften Vase verbietet (ZPO 938 II); veräußert V dennoch an den D, so ist D gegenüber jedermann Eigentümer, nur nicht gegenüber K (str, s Rn 19 vor § 104). Für K ist weiterhin V Eigentümer (vorbehaltlich Rn 7), so daß K von V zB Erfüllung (= Übereignung) verlangen kann (also kein nachträgliche subj Unmöglichkeit bei V durch Veräußerung an D); hat V an K übereignet (durch schlichte Einigung entspr § 931 Rn 10), so kann K gem § 985 von D Herausgabe fordern, § 986 scheidet aus. Abw und nur iE zutr BGH 111, 368 f: „Übereignung" von V an K gem § 931 scheide aus, da Ansprüche aus einem Besitzmittlungsverhältnis nicht bestünden und der Anspruch aus § 985 durch das Besitzrecht des K gegenüber V ausgeschlossen, iü auch nicht selbständig abtretbar sei; daher genüge die Übertragung der bei V „verbliebenen Rechtsmacht" auf K, damit dieser gem § 985 – dh als Eigentümer! – Herausgabe von D verlangen könne. Da K durch die „Übertragung" Eigentum erlangt, kann die bei V „verbliebene Rechtsmacht" selbst nur Eigentum sein; dieses kann – was nicht nur der BGH aaO übersieht – durch schlichte Einigung übertragen werden (s o). Nach MK/Mayer-Maly § 135, 33 und Anm JZ 91, 41 kann K von D direkt Herausgabe verlangen (aber wie wird K Eigentümer?). – Einer Vollstreckung in die Vase durch Gläubiger des D kann K widersprechen (ZPO 772, 771). Hat V entspr dem Verbot nicht veräußert und wird

Titel 2. Willenserklärung **§§ 137, 138**

das Insolvenzverfahren eröffnet, so wird Verbot unwirksam (InsO 80 II 1). **b) Zugunsten des Erwerbers** gelten die Vorschriften über den Erwerb vom Nichtberechtigten, insbes §§ 892 ff, 1138, 1155, 932 ff, nur *entspr* (§ 135 II), da der Verfügende trotz Verbots Rechtsinhaber, also Berechtiger, geblieben ist. Daher muß sich Kenntnis (§ 892) oder böser Glaube (§ 932 II) auf bestehendes Verfügungsverbot beziehen. Bei Forderungen und anderen Rechten (§ 413) wird Erwerber nur ausnahmsweise geschützt (zB § 2366). Schuldnerschutz analog §§ 407 f bei verbotswidriger Zahlung an Gläubiger (vgl BGH 86, 338 f). **c) Wirksamkeit gem § 185** (I, II) ist möglich.   7

8

§ 137 Rechtsgeschäftliches Verfügungsverbot

¹**Die Befugnis zur Verfügung über ein veräußerliches Recht kann nicht durch Rechtsgeschäft ausgeschlossen oder beschränkt werden.** ²**Die Wirksamkeit einer Verpflichtung, über ein solches Recht nicht zu verfügen, wird durch diese Vorschrift nicht berührt.**

Lit: Chr. Berger, Rechtsgeschäftliche Verfügungsbeschränkungen, 1998.

1. Anwendungsbereich. Gilt für Rechte aller Art, nicht nur für veräußerliche   1
(zu eng BGH 56, 278). Daher erfaßt § 137 auch die Abrede, unveräußerlichen (§ 1059 S 1) Nießbrauch nicht aufzuheben oder inhaltlich zu ändern (Weitnauer, FS Weber, 1975, S 430 f; aA MK/Mayer-Maly/Armbrüster 10). Vertragliches Abtretungsverbot (§§ 399, 413; einschr HGB 354 a) ist keine Ausnahme von S 1, sondern Inhaltsbestimmung des Rechts (BGH NJW-RR 92, 791; sa § 182 Rn 1). Entspr gilt für vereinbartes Aufrechnungsverbot (sa §§ 309 Nr 3, 391 II, 556 b II; BGH BB 84, 496). Ausnahmen von S 1 in ErbbauVO 5, WEG 12 I, 35.

2. Zweck von S 1 ist Schutz der rechtlichen Handlungsfähigkeit, eingeschränkt   2
durch S 2; zugleich dient S 1 der Rechtsklarheit und Rechtssicherheit: Vermögensgegenstände können dem Rechtsverkehr nicht durch RGeschäft entzogen werden (nur darauf stellt BGH 56, 278 f ab; zum Streit über S 1 s MK/Mayer-Maly/Armbrüster 2 ff). S 1 ist *kein VerbotsGes* iSv § 134 (s dort Rn 3). Bei Verstoß gegen S 1 ist Abrede ungültig, abredewidrige Verfügung gültig (BGH BB 82, 891). S 1 erfaßt auch Abreden, die *mittelbar* eine Verfügung *dinglich* unwirksam machen sollen; Bsp: A veräußert an B ein Recht unter der auflösenden Bedingung, daß B seinerseits über das Recht verfügt; die Bedingung ist ungültig (aA die hM, vgl BGH 134, 187 mN). Entspr gilt für den durch Weiterveräußerung bedingten Rückauflassungsanspruch (aA BGH 134, 186 f mN, hM: Anspruch sei vormerkungsfähig, da gültig); zulässiger Weg: §§ 1094 ff.

3. Die Verpflichtung, nicht zu verfügen, ist wirksam, **S 2**; § 311 b I 1 gilt   3
hierfür nicht (BGH 103, 238). Bei Verstoß ggf Schadensersatzanspruch. In diesem Rahmen ist Vertragsanspruch auf Unterlassung von Verfügungen auch rechtsgeschäftlich sicherbar (zB durch Bürgschaft, Vertragsstrafe). Sicherung auch durch gerichtl Veräußerungsverbot (ZPO 938 II; BGH 134, 187 mN). – *Ausnahmen* von S 2 in §§ 1136, 2302.

§ 138 Sittenwidriges Rechtsgeschäft; Wucher

(1) **Ein Rechtsgeschäft, das gegen die guten Sitten verstößt, ist nichtig.**

(2) **Nichtig ist insbesondere ein Rechtsgeschäft, durch das jemand unter Ausbeutung der Zwangslage, der Unerfahrenheit, des Mangels an Urteilsvermögen oder der erheblichen Willensschwäche eines anderen sich oder einem Dritten für eine Leistung Vermögensvorteile versprechen oder gewähren lässt, die in einem auffälligen Missverhältnis zu der Leistung stehen.**

1. Allgemeines. a) Begrenzung der Privatautonomie (Rn 1 vor § 104)   1
durch die guten Sitten ist Aufgabe jeder Rechtsordnung, mag es auch schwierig sein

Jauernig 85

§ 138 Buch 1. Abschnitt 3. Rechtsgeschäfte

2 zu bestimmen, was im Einzelfall „gute Sitten" sind (vgl Rn 6, 7). **b) RGeschäfte aller Art** werden von § 138 erfaßt. Zur Sittenwidrigkeit von Erfüllungsgeschäften
3 Rn 25. **c) Maßgebender Zeitpunkt** für die Sittenwidrigkeit ist die Vornahme des RGeschäfts (BGH NJW 02, 431 mN; stRspr). Hat sich aber nach diesem Zeitpunkt die Wertung der maßgebenden Umstände *geändert,* so ist zu unterscheiden: **aa) ZZ der Vornahme** war das Geschäft sittenwidrig. Dann bleibt es trotz nachträglichen Wertungswandels nichtig (krit Mayer-Maly JZ 81, 801 ff). Abw gilt beim *Testament:* Maßgebender Bewertungszeitpunkt ist der Tod des Erblassers (RG DR 44, 495; Hamm MDR 80, 53 f; Flume II § 18, 6. – AA BGH 20, 73 ff: maßgebend ist
4 Errichtungszeit). **bb) Das RGeschäft ist noch nicht abgewickelt.** Wird es infolge Wertungswandels während seiner Laufzeit zu einem obj sittenwidrigen, so können jedenfalls jetzt keine Rechte mehr aus ihm hergeleitet werden (unzulässige Rechtsausübung: BGH DtZ 96, 82 mN, hM; anders bei „sittengemäßer" rechts-
5 kräftiger Verurteilung: BGH NJW-RR 89, 304 f). **d) Konkurrenzen.** Neben **AnfG 3 f, InsO 130 ff** ist § 138 nur anwendbar, wenn zum Anfechtungstatbestand weitere Umstände hinzutreten, die das Geschäft als sittenwidrig erscheinen lassen (BGH BB 02, 1229 mN; entspr gilt für **UWG 1** (BGH NJW 98, 2532). – Zum Verhältnis zu § **123** s dort Rn 2, zu § **134** s Rn 19, zu § **826** s § 930 Rn 55. – Das Verhältnis zur ges **Regelung des Rechts der AGB** (bisher AGBG, dort vor allem §§ 9 ff; jetzt §§ 305 ff, insbes §§ 307 ff) ist str; daran ändert sich nichts, da der materiellrechtliche Teil des AGBG im wesentlichen in das BGB übernommen worden ist. Nach ABGB 3, 9–11 (jetzt §§ 305 c I, 307 I, II, 308, 309) unwirksame AGB bezog der BGH (s BGH 136, 355 f mN) in die Gesamtwürdigung nach I mit ein; Folge: ggf Totalnichtigkeit (Ulmer § 6, 21; § 9, 33). Eine bloße Vielzahl unangemessener AGB begründet aber nicht die Sittenwidrigkeit nach I des gesamten Vertrags; das wäre mit § 306 unvereinbar (Ulmer § 6, 22).

6 **2. Begriff der guten Sitten. a) Das Durchschnittsempfinden,** „das Anstandsgefühl aller billig und gerecht Denkenden" (Mot II 727; BGH 141, 361), ist maßgebend (vgl aber Rn 7). Das subj Empfinden des Richters ist ebenso unbeachtlich wie Überempfindlichkeit oder Laxheit. „Gute Sitten" meinen nicht Sittlichkeit im gesinnungsethischen Sinne, sondern ein **Minimum von sittlicher Handlungsweise** im Rechtsverkehr (v. Tuhr II 2 § 70 I), dessen Nichtbeachtung ein RGeschäft nichtig macht. Was idS als ethisches Minimum zu beachten ist, ist weitestgehend den *Grundwerten der geltenden Rechtsordnung* zu entnehmen. Hier wirkt insbes die *obj Wertordnung des GG* mittelbar über § 138 auf das Privatrecht ein (hierzu und zur sog Drittwirkung der Grundrechte vgl allg BVerfG 81, 256; WM 87, 90 mN; BGH 140, 128; 142, 307; krit Canaris AcP 184, 201 ff, 232 ff; JuS 89, 161 ff; Diederichsen AcP 198, 199 ff). Damit gehen aber die guten Sitten als „Sozialmoral" nicht in der rechtssatzmäßig konkretisierten „Rechtsmoral" auf. Ihre Selbständigkeit setzt GG 2 I voraus, der das Grundrecht der allg Handlungsfreiheit durch die SittenGes beschränkt (aA Jarass/Pieroth Art 2, 19 mN: Sittengesetz geht in der durchnormierten verfassungsmäßigen Ordnung auf. – Zur Verschränkung von
7 Rechts- und Sittenmoral BVerfG 6, 433 f; MD Art 2 I, 16, 74). **b) Soweit die guten Sitten in der Rechtsordnung konkretisiert** sind (s Rn 6), ist darauf zurückzugreifen; abw Durchschnittsempfinden ist irrelevant (arg GG 20 III). Soweit eine Konkretisierung fehlt, also das „allg" SittenGes maßgebend ist, muß beachtet werden, daß in einer pluralistischen Gesellschaft sich nur in sehr begrenztem Umfang eine herrschende (Sozial-)Moral feststellen läßt. Das gilt bes für den sexuellen Bereich. Hier ist Zurückhaltung geboten. **I unterfallen** zB: Arbeitsvertrag über öffentl Vorführung des Geschlechtsverkehrs (BAG NJW 76, 1958 f, s auch BGH NJW 85, 208; das ProstG erfaßt nicht das öffentl Vorführen sexueller Handlungen gegen Entgelt; zum ProstG sa § 107 Rn 5); Ausbeutung von Prostituierten iSv StGB 180 a durch RGeschäft; Verlöbnis mit Noch-Verheiratetem (Karlsruhe NJW 88, 3023); nicht mehr der Vertrag über entgeltlichen Geschlechtsverkehr oder andere sexuelle Handlungen („Sex gegen Geld"), ProstG 1 (sa BGH NJW 02, 361 f und Rn 17);

Titel 2. Willenserklärung **§ 138**

mit Einschränkungen: Miet- und Pachtverträge mit Dirnen unterfallen I nur bei deren wirtschaftlicher Knebelung oder Ausbeutung (BGH NJW-RR 88, 1379); ein „Geliebten-Testament" ist sittenwidrig nur, wenn es selbst Ausdruck verwerflicher Gesinnung ist, da I nicht einen sittenwidrigen Lebenswandel des Erblassers bestrafen will (s BGH NJW 84, 2150 f); Zuwendungen in nichtehelicher dauernder, verinnerlichter Lebensgemeinschaft sind, da sogar ein entgeltliches Dauerverhältnis mit einer Prostituierten nicht mehr I unterfällt (arg ProstG 1 S 2), nicht sittenwidrig (BGH 112, 262), ebensowenig Abfindungsvereinbarung für künftige Scheidung (BGH NJW 91, 914). Zur schrittweise geänderten Bewertung des Verkaufs einer Arzt- oder Anwaltspraxis vgl RG 153, 284 ff, 296 ff; 161, 155 und jetzt BGH NJW 89, 763 mN (statt idR nichtig nunmehr idR gültig), Zuck NJW 93, 3118 f (auch zur Verpachtung); s aber § 134 Rn 12 zur zustimmungslosen Veräußerung von Patientenkartei oder Anwaltshandakten und Abtretung von Anwaltshonoraren. Zur eingeschränkten Veräußerbarkeit einer Kassenarztpraxis SGB V 103 IV.

3. Die Sittenwidrigkeit ergibt sich aus einer Gesamtwürdigung des RGeschäfts anhand seines Inhalts, Motivs und Zwecks (BGH 141, 361, stRspr), wobei obj und subj Momente zu beachten sind (BGH NJW-RR 98, 591; vgl aber Rn 10). Richterliches Ermessen hat weiten Spielraum (Mot I 211 f). Einige *Anhaltspunkte* lassen sich geben. **a) Obj sittenwidrig** ist **aa) nach dem Inhalt** zB Vertrag über öffentl Vorführung des Geschlechtsverkehrs gegen Entgelt (Rn 7), über Zahlung von Bestechungsgeld (BGH 94, 272 f). Auffälliges Mißverhältnis von Leistung und Gegenleistung allein genügt nicht (BGH NJW 02, 56 f mN; sa Rn 16); **bb) nach Motiv oder Zweck:** Darlehensvertrag für Religionswechsel; Kaufvertrag über Gift, um Menschen zu ermorden (Darlehensvertrag, Kaufvertrag sind *inhaltlich* indifferent; krit Nüßgens, FS Stimpel, 1985, S 23). **b) Ist der Inhalt des RGeschäfts sittenwidrig,** so ist es ohne weiteres nichtig. Da die die Sittenwidrigkeit begründenden Umstände im Geschäftsinhalt liegen, sind sie den Beteiligten notwendig bekannt; ein (weiterer) *subj Tatbestand wird nicht gefordert:* Handeln im Bewußtsein der Sittenwidrigkeit wird nicht verlangt (BGH NJW 94, 188; stRspr). **c) Begründet erst Motiv oder Zweck die obj Sittenwidrigkeit,** so setzt das Nichtigkeitsverdikt nach I einen *subj Tatbestand* voraus: Kenntnis oder grobfahrlässige Unkenntnis derjenigen Umstände, aus denen sich die obj Sittenwidrigkeit ergibt (BGH 146, 301 [vgl Rn 16]; Flume II § 18, 3); nicht erforderlich ist Schädigungsabsicht oder Bewußtsein sittenwidrigen Handelns (BGH 146, 301). Der subj Tatbestand muß bei allen Beteiligten vorliegen, wenn sich der *Sittenverstoß gegen die Allgemeinheit oder Dritte* richtet (BGH NJW 95, 2284). Sonst wäre zB der Kauf eines Brotmessers, um einen Menschen zu ermorden, auch dann nichtig, wenn der Verkäufer vom Mordplan des Käufers nichts wissen konnte. Richtet sich der *Sittenverstoß gegen den Geschäftsgegner,* so muß der subj Tatbestand nur bei sittenwidrig Handelndem vorliegen (BGH 50, 70). **d) Fallgruppen der Rspr** (scharfe Abgrenzung fehlt). **aa) Knebelungsverträge** beschränken im Übermaß die persönliche oder geschäftliche Handlungsfreiheit. Sie sind zumindest idR schon dem Inhalt nach sittenwidrig (Folge: Rn 10). Bsp: Bierlieferungsvertrag auf mehr als 20 Jahre (BGH NJW 85, 2695 mN; vgl § 139 Rn 11; [dort allg zur geltungserhaltenden Reduktion überlanger Laufzeit]); Wettbewerbsverbot, das die Berufsausübung übermäßig beschränkt (BGH NJW-RR 89, 801; NJW 00, 2585, s § 139 Rn 11); Betriebsführungsvertrag von übermäßiger Dauer (BGH ZIP 82, 584); Tankstellen-Stationärvertrag ohne Auflösungsrecht (BGH 83, 316 ff). Als bes Fall eines Knebelungsgeschäfts (aA Gernhuber JZ 95, 1088 mN) kommt die **Mitverpflichtung** eines **vermögens- und einkommensschwachen Ehegatten** (Lebensgefährten, BGH NJW 00, 1184) **oder Kindes** („jungen Erwachsenen"), ausnahmsweise v erwachsenen Geschwistern (BGH 137, 334 f) als Bürge oder Mitschuldner zugunsten des anderen Ehegatten, Lebensgefährten zZ der Haftungsübernahme (BGH 136, 350), der Eltern oder zugunsten von Schwester/Bruder gegenüber einem Kreditinstitut oder einem anderen gewerblichen oder beruflichen

8

9

10

11

12

§ 138 Buch 1. Abschnitt 3. Rechtsgeschäfte

Kreditgeber in Betracht (BGH NJW 02, 747). Entscheidend für die Sonderstellung dieser Fallgruppe ist die **emotionale Bindung** zwischen den Mithaftenden als (Mit-)Ursache für die Eingehung der übermäßigen (s u) (Mit-)Verpflichtung als Bürge oder Schuldmitübernehmer (zur möglichen emotionalen Bindung eines GmbH-Gesellschafters an die die GmbH wirtschaftlich beherrschende Person s BGH NJW 02, 956 f). Auch hier verlangt I eine Gesamtwürdigung aller obj und subj Umstände des Einzelfalls (Rn 11; BGH 136, 355). Grundvoraussetzung für I ist ein Mißverhältnis zwischen Leistungsfähigkeit und Umfang der Verpflichtung. Das allein genügt nicht für die Sittenwidrigkeit, denn der leistungsschwache Schuldner wird grundsätzlich nicht durch eine Begrenzung der materiellen Haftung, sondern des Vollstreckungszugriffs (ZPO 811 ff, 850 ff) geschützt (s BGH 125, 209 f; kraß aA Kothe ZBB 94, 175: Titulierung und Vollstreckung dürften nur für Forderungen aus fairen und akzeptablen Vereinbarungen erfolgen); der Schuldnerschutz durch Restschuldbefreiung (InsO 286 ff, 305 I Nr 2) ist auch nach der Reform durch Ges v 26. 10. 2001 schwer zu erlangen und daher zu vernachlässigen (aA Medicus JuS 99, 836, 838; Aden NJW 99, 3763 f). Nach einer den Rahmen sachlicher Auseinandersetzung sprengenden Kontroverse zwischen dem IX. und XI. ZS des BGH (vgl. Vorlagebeschluß nach GVG 132 IV des XI. ZS NJW 99, 2584 ff, dazu „Stellungnahmebeschluß" des IX. ZS NJW 00, 1185 f; erledigt durch Rücknahme der Revision) haben beide ZS zu einer im wesentlichen einheitlichen Linie gefunden (BGH NJW 02, 744, 2229 mN): **Entscheidend für I** ist der **Grad des Mißverhältnisses** zwischen Leistungsfähigkeit und Verpflichtungsumfang, es muß **kraß** sein. Die wirtschaftliche Leistungsfähigkeit richtet sich allein nach dem Leistungsvermögen des Betroffenen (BGH 146, 43; NJW 02, 2229). Für ein krasses Mißverhältnis genügt es idR nicht, daß der Betroffene voraussichtlich (dh zZ der Übernahme der Mitverpflichtung) außerstande ist, die laufenden Zinsen aus seinem pfändbaren Einkommen zu zahlen. Diese Überforderung begründet aber die **widerlegliche** tatsächliche **Vermutung,** daß die Mitverpflichtung allein aus emotionaler Verbundenheit mit dem Kreditnehmer übernommen ist und daß die Bank dies in unsittlicher Weise ausgenützt hat (BGH NJW 02, 2229 mN; gilt grundsätzlich nicht für mithaftende oder bürgende Kommanditisten, BGH BB 02, 1563 f). Anderweitige Sicherheiten des Kreditgebers beseitigen nur dann das krasse Mißverhältnis, wenn sie das Haftungsrisiko des Mitverpflichteten, rechtlich abgesichert, auf ein vertretbares Maß beschränkt (BGH NJW 02, 2229). Sind die Eigenmittel des Mitverpflichteten angesichts der hohen finanziellen Belastung praktisch bedeutungslos und hat der Gläubiger kein rechtlich vertretbares Interesse am vereinbarten Haftungsumfang, so kann das Sicherungsgeschäft schon wegen seiner wirtschaftlichen Sinnlosigkeit I unterfallen (BGH NJW 00, 363); das Abstellen auf wirtschaftlichen (Un-)Sinn ist freilich problematisch. Das Interesse, sich vor **künftigen Vermögensverschiebungen** zwischen den Eheleuten (Lebenspartnern) zu schützen, soll an der Sittenwidrigkeit einer den Mitverpflichteten kraß überfordernden Mitverpflichtung nichts ändern, es sei denn, daß die Mitverpflichtung den vertraglich festgelegten Zweck hat, Vermögensverschiebungen abzuwehren und/oder künftiges Vermögen des Mitverpflichteten zu erfassen. Die Notwendigkeit vertraglicher Haftungsbegrenzung, um das Verdikt der Sittenwidrigkeit zu vermeiden, sollte nach BGH (IX.ZS) NJW 99, 60 erst für Verträge ab 1. 1. 1999 gelten. Nach BGH NJW 02, 2229 f (XI.ZS, der ab 1. 1. 2001 anstelle des IX.ZS des BGH für Bürgschaftssachen zuständig ist) gilt das auch für Verträge vor dem 1. 1. 1999. Eine nur stillschweigend getroffene Beschränkung der Haftung auf eingetretene Vermögensverschiebungen will der BGH (XI.ZS) nur bei bes, vom Kreditgeber darzulegenden und ggf zu beweisenden Anhaltspunkten anerkennen (NJW 02, 2230, 2231). Erlangt der mithaftende Ehegatte (Lebenspartner) aufgrund des Kredits unmittelbare und ins Gewicht fallende eigene geldwerte Vorteile, so kann das I ausschließen (BGH 146, 45); Mitwohnen in dem mit dem Kredit erbauten Haus genügt nicht (BGH NJW 00, 1184). Zur Entwicklung der Rspr Emmerich JuS 00, 494 f; Tiedtke NJW 01, 1015 ff, insbes 1022 ff. **Fehlt krasse finanzielle Über-**

88 *Jauernig*

Titel 2. Willenserklärung **§ 138**

forderung, so ist Sittenwidrigkeit der Mitverpflichtung nur aufgrund bes erschwerender und der Bank (Kreditgeber) zurechenbarer Umstände zu bejahen (BGH NJW 01, 2467, 3331). In Betracht kommen (BGH 132, 329 f; NJW 99, 136; 00, 363, je mN): Der Gläubiger verharmlost die übernommenen Pflichten und Risiken, er begründet eine Zwangslage oder nutzt sie oder die Geschäftsunerfahrenheit des dem (Haupt-)Schuldner emotional verbundenen Mitzuverpflichtenden aus, so daß dessen Entscheidungsfreiheit wesentlich eingeschränkt oder ausgeschaltet ist. – Den **Anstoß für die Rspr** zur Sittenwidrigkeit der Mitverpflichtung eines vermögens- und einkommensschwachen Ehegatten (Lebensgefährten) oder Kindes **gab das BVerfG** (BVerfG 89, 232; NJW 94, 2750; 96, 2021; s BGH NJW 02, 747). Es sah hier eine Kollision der den beiden Vertragsteilen (Gläubiger, Mitverpflichteter) durch GG 2 I gewährleisteten Privatautonomie. Eine etwa notwendige Korrektur soll insbes über I erfolgen (BVerfG NJW 96, 2021). Die Annahme kollidierender Grundrechtspositionen und die Lösung der Kollision über I passen nicht zusammen. Für das BVerfG ging es nicht um die Begrenzung der „formalen" Privatautonomie des Stärkeren (dem dient I!), sondern um die Durchsetzung der „materialen" Privatautonomie des Schwächeren (dem dient auch der Hinweis auf das Sozialstaatsprinzip [GG 20 I, 28 I: BVerfG NJW 96, 2021], dazu Medicus, Abschied von der Privatautonomie im Schuldrecht?, 1994, S 17 f); Folge: ein Vertrag ist nach I nichtig, wenn er sich als höchst schweres Mittel der Fremdbestimmung oder als offensichtlich unangemessener Interessenausgleich darstellt (s BVerfG NJW 96, 2021; Düsseldorf NJW-RR 96, 620). Die den Zivilgerichten zur Durchsetzung dieser „Privatautonomie" abverlangte Inhaltskontrolle *aller* Verträge (Honsell NJW 94, 566) mit Hilfe von I, § 242 ist mit der Gewährleistung von Vertragsfreiheit unvereinbar (zutr Canaris, FS Lerche, 1993, S 887), die auch und gerade in einseitigen Stellen von Bedingungen für Individualverträge besteht (anders nach §§ 307, 310 III; zur Inhaltskontrolle von Individualverträgen im Zuge der Umsetzung der RiLi 93/13/EWG instruktiv Schulte-Nölke NJW 99, 3176). Das verschleiert, wer die (angeblich obsolete) „formale" Vertragsfreiheit oder Privatautonomie durch eine „materiale" ersetzt (vgl Kothe ZBB 94, 174 f; Grün WM 94, 714; unklar Schwenzer AcP 196, 101 f). Die Fälle einer Mitverpflichtung einkommens- und vermögensschwacher naher Angehöriger sind also nur der **Anlaß zu** einer grundlegenden **Umformung von Vertragsfreiheit** (Privatautonomie). Damit soll das im „Sonderprivatrecht" des Verbraucherschutzrechts anzutreffende Verständnis von „Vertragsfreiheit" auch im allg Zivilrecht Eingang finden (Kothe ZBB 94, 174, 176). Dem leistet die Integration von Verbraucherschutzgesetzen (s UKlaG 2 II Nr 1) in das BGB – wohl nicht ohne Absicht – Vorschub (treffend Ulmer BB 01/Heft 46 Erste Seite: „Wie viele ‚Tropfen sozialistischen Öles' verträgt das BGB?"; Adomeit NJW 02, 1622 f), nicht zuletzt befördert durch eine „Europäisierung" des Zivilrechts, zB durch die RiLi 93/13/EWG v 5. 4. 1993 über mißbräuchliche Klauseln in Verbraucherverträgen (so Tonner JZ 96, 540 f, sa BB 99, 1772 f, ferner Reich NJW 99, 2398 in und bei Fn 12 [zur RiLi 1999/44/EG]; mR abl Medicus, Abschied aaO, S 29 ff. Der zurückgezogene **DiskEntw** eines **Ges zur Verhinderung der Diskriminierung im Zivilrecht** (Übersicht in ZGS 02, 45 f; sa Adomeit NJW 02, 1622 f; v. Westphalen ZGS 02, 283 ff) will auf der Grundlage von EG 13 Diskriminierung noch weiter als die RiLi 2000/43/EG des Rates v 29. 6. 2000 verhindern. Praktisch entscheidend ist die Verteilung der Beweislast. Sie trägt nach allg Grundsätzen der (angeblich) Diskriminierte, da er aus der behaupteten Diskriminierung Rechte ableitet. RiLi aaO Art 8 kehrt Beweislast um: Die (idR problemlos mögliche) schlüssige Behauptung einer Diskriminierung genügt; wird sie nicht widerlegt, steht die Diskriminierung fest, was zum Zwangsvertrag mit dem Diskriminierten führen kann. Daher werden Diskriminierte gegenüber Nicht-Diskriminierten nicht nur gleich-, sondern besser gestellt (sa Rn 11 vor § 145). – Ist I unanwendbar, so sind uU Rechte aus §§ 123, 311 II (BGH NJW 97, 3231 [Verletzung von Aufklärungspflichten; zu diesen Singer ZBB 98, 141 ff]; Medicus ZIP 89, 821 f; allg St. Lorenz, Der Schutz vor dem uner-

§ 138 Buch 1. Abschnitt 3. Rechtsgeschäfte

wünschten Vertrag, 1997 [dort S 4–14 auch zur Problematik „Sonderprivatrecht Verbraucherschutz versus allg Privatrecht"]) oder „nachträglicher" pVV, § 280 (Knütel ZIP 91, 497 f) gegeben. Zur BürgschaftsRspr 1995 s Pape NJW 96, 887 ff,
13 für 1996: NJW 97, 980 ff. **bb) Ausnutzung wirtschaftlicher Macht,** insbes einer Monopolstellung. Bsp: Preisvereinbarung mit Monopolunternehmen der Energieversorgung (LM Nr 4 [Cc]); Haftungsfreizeichnung (LM Nr 1 [Cc]).
14 **cc) Gläubigerbenachteiligung und Kredittäuschung** (vgl BGH NJW 98, 2594 f). Bsp: Übermäßige Sicherungsgeschäfte, die für andere Gläubiger kaum Haftungsobjekte übrig lassen oder, weil Rechtsverlust des Sicherungsgebers idR nach außen nicht erkennbar (Übereignung nach § 930; verdeckte Zession!), über dessen Kreditwürdigkeit täuschen (vgl § 930 Rn 55). Ist das Sicherungsgeschäft schon dem Inhalt nach sittenwidrig, so ist es auch ohne Vorliegen eines subj
15 Tatbestands nichtig (Rn 10). **dd) Standesrecht.** Erheblicher Verstoß gegen wesentliche Regeln macht nichtig (BGH DB 84, 611). Alle Umstände des Einzelfalles entscheiden (BGH NJW 00, 3068). Die Vereinbarung eines Erfolgshonorars durch einen Rechtsanwalt war vor dem 8. 9. 1994 sittenwidrig (BGH 96, 2500), seitdem ist sie unzulässig (§ 134 Rn 12). Entgeltliche Vermittlung von Mandanten an Anwalt, von Patienten an Arzt ist wegen Standeswidrigkeit
16 nichtig (Nachw in BGH NJW 99, 2360). **ee) Wucherähnliches RGeschäft.** Ein **auffälliges Mißverhältnis** zwischen Leistung und Gegenleistung eines auf Leistungsaustausch gerichteten Vertrags *(obj Tatbestand)* allein macht nicht sittenwidrig (BGH NJW 02, 56 f). Hinzukommen muß ein *subj Tatbestand* als **weitere sittenwidrige Umstände,** zB eine verwerfliche Gesinnung des durch den Vertrag Begünstigten (BGH NJW-RR 02, 8), etwa das Bewußtsein oder leichtfertige Nichterkennen, daß der andere sich nur wegen seiner schwierigen Lage (sa II) auf das RGeschäft einläßt (BGH NJW 02, 430, stRspr), oder Ausbeuten der schwierigen Lage oder der Unerfahrenheit des Partners für das eigene unangemessene Gewinnstreben (BGH NJW 00, 1255; 02, 56 f). Ein **bes auffälliges** (BGH NJW 02, 57), bes grobes (BGH NJW 02, 430) oder grobes, bes krasses (BGH NJW 00, 1255) **Mißverhältnis** zwischen Leistung und Gegenleistung läßt auf eine verwerfliche Gesinnung des Begünstigten schließen (**tatsächliche Vermutung,** BGH 146, 304 f; die Vermutung greift nicht, wenn der Benachteiligte ein Kaufmann oder Selbständiger, zB ein Landwirt, ist, BGH 128, 267; NJW 91, 1811; BGH NJW 02, 57, stRspr. Ein solches Mißverhältnis liegt bei Kaufverträgen über Grundstücke und ähnlich wertvolle Mobilien idR vor, wenn der Wert der Leistung knapp doppelt so hoch ist wie der Wert der Gegenleistung (BGH NJW 01, 1128; 02, 432), die obj Werte bestimmen sich nach dem Marktpreis zZ des Vertragsschlusses (BGH NJW 00, 1255). Bei Kreditverträgen besteht nach der BGH-Rspr ein solches Mißverhältnis, wenn der geforderte Zins den marktüblichen um relativ 100% (BGH NJW 00, 2669; NJW-RR 00, 1432; Richtwert) oder um absolut 12% übersteigt (BGH 110, 340: Richtwert); dagegen zutr Canaris AcP 00, 303 f: „sozialistische Überregulierung zum Schutz des ‚Schwächeren'", idR überflüssig wegen Verbraucheraufklärung gem VerbrKrG 4, 1, jetzt § 492. Die tatsächliche Vermutung macht den subj Tatbestand praktisch bedeutungslos (s Nüßgens, FS
17 Stimpel, 1985, S 23 f; das bestreitet BGH NJW 02, 57). **ff) Kommerzialisierung des Intimbereichs.** Bsp Rn 7; BGH NJW 84, 1952, auch 86, 1168 (Elternteil verzichtet auf Umgangsrecht gegen Unterhaltsfreistellung), einschr Frankfurt/M FamRZ 86, 596 f (zweifelhaft); zum „Ersatz-(oder Leih-)Muttervertrag" § 134 Rn 12. „Telefonsex" war (entgegen BGH NJW 98, 2895 f) schon vor Inkrafttreten des ProstG (1. 1. 2002) nicht sittenwidrig (Vorauf Rn 17) und ist es jetzt erst recht
18 nicht mehr (sa BGH NJW 02, 361 f). **gg) Abrede,** die auf **Vertragsbruch** zielt (BGH NJW 81, 1952; 99, 2589 für Globalabtretung künftiger Forderungen, die v verlängertem EV erfaßt sind). **hh) Schmiergeldversprechen** (-gewährung) für *künftige* Bevorzugung gegenüber Konkurrenten (BGH NJW-RR 90, 443). Der durch Zahlung von Schmiergeld, zB an den Verhandlungsvertreter, zustande gekommene Hauptvertrag ist idR ebenfalls nichtig (BGH NJW 01, 1067). **ii) Kopp-**

Jauernig

Titel 2. Willenserklärung **§ 138**

lungsgeschäfte; Ämter-, Titel-, Namenskauf. Erfüllung amtlicher Aufgaben gegen wirtschaftliche Gegenleistung (BGH NJW 99, 209). „Kauf" öffentl Ämter und Titel (BGH NJW 94, 187f) oder von Adelsprädikaten (BGH NJW 97, 48). **jj)** Überlassung von Internet Domains (Begriff § 12 Rn 3), die vom Veräußerer aufgrund **Domain-Grabbing** (spekulative Domain-Registrierung) berühmter Namen, Firmen usw mit dem Ziel erlangt sind, daß der Namensträger usw sich die Benutzung des eigenen Namens usw (hier: vom Domain-Erwerber) zurückkauft (LG Frankfurt/M NJW-RR 98, 1000f).

4. Wucher, II, konkretisiert I. Mit II ist daher auch I erfüllt. **a)** Wuchergeschäfte sind gem StGB 291 (nur für den Wucherer) **strafbar** und daher gem § 134 nichtig. Da § 134 dem § 138 vorgeht (BGH NJW 83, 869f; BAG NJW 93, 2703) und StGB 291 sich mit II deckt, ist **II gegenstandslos.** Davon abgesehen, muß die Auslegung von II und StGB 291 gleich sein (s GVG 132 II). **b) Voraussetzungen. aa) Ein Austauschgeschäft** (Vermögensvorteil als Gegenleistung!). Fehlt bei Bürgschaft (BGH NJW 01, 2467 mN) und familienrechtlichen Verträgen (BGH NJW 92, 3165). **bb) Mißverhältnis** ergibt sich aus Vergleich der vereinbarten beiderseitigen Leistungen nach ihrem obj Wert (BGH NJW 79, 758). Bei § 779 bestehen die Leistungen im beiderseitigen Nachgeben (BGH NJW 99, 3113). *Auffällig:* Zum „Richtwert" Rn 16; Einzelfallprüfung, zu berücksichtigen ist zB übernommenes Risiko (BGH NJW 82, 2767) in angemessenem Umfang (KG WM 79, 589). **cc) Zwangslage:** erhebliche Bedrängnis (uU eines Dritten, BGH NJW 80, 1575), wirtschaftlicher (BGH NJW 94, 1276), politischer, gesundheitlicher (BGH WM 81, 1051) oder sonstiger Art (BGH NJW 91, 1047). *Unerfahrenheit:* fehlende *allg* Lebens- oder Geschäftserfahrung; unzureichend, daß sie nur auf bes Gebieten fehlt (BGH WM 82, 849). *Mangel an Urteilsvermögen:* Unfähigkeit zur Beurteilung der Vor- und Nachteile des Geschäfts. *Erhebliche Willensschwäche:* Unfähigkeit, eine zutr Beurteilung des Geschäfts in die Tat umzusetzen. **dd) Ausbeuten:** Betätigung verwerflicher Gesinnung durch bewußtes Ausnutzen der in Rn 22 genannten Umstände in Kenntnis des auffälligen Mißverhältnisses der beiderseitigen Leistungen (BGH NJW-RR 90, 1199; stRspr). Bei bes grobem Mißverhältnis (nicht schon bei auffälligem, s Rn 16) spricht eine tatsächliche Vermutung für Ausbeutung (BGH NJW-RR 00, 1432f mN). **c) Ist II nicht voll erfüllt,** so kann RGeschäft als **wucherähnlich** nach I nichtig sein (Rn 16).

5. Wirkung des Sittenverstoßes: *Nichtigkeit.* **a) Verpflichtungs- und Erfüllungsgeschäft.** Sittenwidrigkeit und Nichtigkeit des ersteren ergreift nicht ohne weiteres das letztere (BGH NJW 02, 432; Abstraktionsprinzip, Rn 17 vor § 854). Das Mißverhältnis von Leistung und Gegenleistung betrifft nur das Verpflichtungsgeschäft. Das Erfüllungsgeschäft ist *inhaltlich* sittlich indifferent. Nach *Motiv oder Zweck* kann es aber nach hM sittenwidrig sein (vgl BGH NJW 97, 860; OVG Münster NJW 89, 2834f; Stuttgart BB 96, 2060; Rn 19 vor § 854). Nach II ist auch *Erfüllungsgeschäft des Bewucherten* („gewähren") nichtig, zB Bestellung einer Hypothek oder Grundschuld für Wucherdarlehen (BGH NJW 94, 1275; abl Zimmermann JR 85, 49); das des Wucherers ist es nicht (hM). **b) Bei Teilnichtigkeit** gilt grundsätzlich § 139: Der nicht sittenwidrige Teil kann nur bestehen bleiben, wenn das dem mutmaßlichen Parteiwillen entspricht (BGH 41, 170; 52, 24f). Vgl ie § 139 Rn 7–12. **c) Gem § 242 soll** ausnahmsweise die **Nichtigkeit außer acht** bleiben: BGH NJW 86, 2945 („Treu und Glauben" verdrängt „Sittenwidrigkeit"?!); aA zutr BAG NJW 76, 1959. **d)** Ist der Vertrag wegen Benachteiligung des einen Teils nach I nichtig, und hat der andere Teil den Vertragsschluß herbeigeführt, so kann dieser nach BGH 99, 106 ff auf das **negative Interesse** haften (cic). Ebenso, wenn der Benachteiligte an dem wegen überhöhter Leistung nichtigen Vertrag festhält (kein Anspruch auf Erfüllungsinteresse, da Vertrag nichtig), BGH NJW 96, 1204; zum Wucherkauf § 139 Rn 9.

Jauernig

§ 139 Teilnichtigkeit

Ist ein Teil eines Rechtsgeschäfts nichtig, so ist das ganze Rechtsgeschäft nichtig, wenn nicht anzunehmen ist, dass es auch ohne den nichtigen Teil vorgenommen sein würde.

1   **1. Allgemeines. a) IdR** erfaßt ein Nichtigkeitsgrund das *ganze* RGeschäft. Dann ist § 139 unanwendbar. Ist aber ein *einheitliches RGeschäft* (Rn 3, 4) *teilbar* (Rn 5–12) und nur ein *Teil nichtig*, so ist gem § 139 grundsätzlich auch der Rest nichtig (widerlegliche Vermutung, BGH BB 00, 1215). Ausnahmen: Rn 13 (b), 14–17. **b) Nichtigkeit.** *Begriff:* Rn 18 vor § 104. *Grund* der (Teil-!) Nichtigkeit ist gleichgültig (aA implizite BGH 45, 379 für Nichtigkeit gem §§ 116 S 2, 117 I; s Rn 13 [b]). Erfaßt werden auch rückwirkende Nichtigkeit (§ 142 I; vgl LM Nr 43), endgültige Unwirksamkeit nach Verweigerung notwendiger Genehmigung gem §§ 108, 177, 1829 usw (LM Nr 24), nachträgliche Teilnichtigkeit infolge Gesetzesänderung (StRoth 32). Bei schwebender Unwirksamkeit gilt § 139 nicht: Das restliche Geschäft ist idR (noch) nicht wirksam (vgl BayObLG MDR 80, 757; sa BGH NJW-RR 93, 246). Ein Widerruf nach § 355 macht den Vertrag weder nichtig noch unwirksam, sondern wandelt ihn in ein Rückgewährschuldverhältnis um (§§ 357 I 1, 346, 348), § 355 Rn 3, 16.

3   **2. Einheitliches RGeschäft. a) Kein Hindernis** ist, daß mehrere RGeschäfte unterschiedlichen Typs (zB Pachtvertrag, Einräumung eines Vorkaufsrechts) bestehen, die die Beteiligung von zT verschiedenen Personen aufweisen (BGH NJW 92, 3238). Rein äußere Verbindung der mehreren Geschäfte (zB in einer Urkunde) begründet Einheitlichkeit nicht (vgl aber u; äußere Trennung (zB durch mehrere Urkunden) schließt sie nicht aus. **Entscheidend ist** der unter Berücksichtigung der Interessen aller Beteiligten und ihres erklärten Willens mit Rücksicht auf die Verkehrssitte (§ 157) zu ermittelnde Einheitlichkeitswille der Beteiligten zZ der Vornahme der mehreren Geschäftsakte, daß diese miteinander „stehen und fallen" sollen (BGH NJW 94, 2885; 00, 951, stRspr). Es genügt, daß der Wille des einen Vertragspartners vom anderen erkannt und hingenommen worden ist (BGH NJW-RR 98, 951). Die Aufnahme in *einer* Urkunde begründet „tatsächliche Vermutung" (BGH NJW-RR 88, 351) iSd Anscheinsbeweises für vorhandenen (BGH NJW 87, 2007); die Aufnahme in verschiedene Urkunden für mangelnden Einheitlichkeitswillen (BGH NJW 92, 3238; Vermutung ist widerlegt bei urkund-
4   licher Verlautbarung des Einheitlichkeitswillens, BGH 104, 22 f). **b) Verpflichtungs- und Erfüllungsgeschäft** sind kein einheitliches RGeschäft iSv § 139, sonst könnten die Parteien das im Ges begründete Abstraktionsprinzip (Rn 17 vor § 854) unterlaufen. Insoweit ist die Parteiautonomie aber begrenzt. Zulässig nur, daß die Parteien bei Zweifeln über das Vorliegen eines gültigen Verpflichtungsgeschäfts dieses zur Voraussetzung des Erfüllungsgeschäfts machen (Rn 20 vor § 854). *Gegen* Anwendbarkeit von § 139: Baur Rn 56; Flume II § 12 III 4, § 32, 2 a; Jauernig JuS 94, 724; StGursky § 873, 146; StRoth 49, je mN. *Dafür* (außer für Kausalgeschäfte und Auflassung) „theoretisch" der BGH (s Jauernig JuS 94, 724); StWiegand § 929, 27 (bei eindeutigem Parteiwillen).

5   **3. Teilbarkeit. a) Der vom Nichtigkeitsgrund nicht betroffene Teil** muß als *selbständiges RGeschäft* Bestand haben können. Bsp: Pacht und formnichtige Einräumung eines Vorkaufsrechts für die Pachtzeit als einheitliches RGeschäft; Pacht kann als selbständiges Geschäft bestehen. An der Selbständigkeit fehlt es, wenn die Erklärung eines Gesamtvertreters nichtig ist; denn die Erklärungen der anderen können nicht allein bestehen (BGH 53, 214 f). Entspr gilt, wenn bei einem Vertrag (nur) Antrag oder Annahme nichtig ist (zB gem § 105); die gültige Erklärung ist
6   kein selbständiges RGeschäft, daher ist der Vertrag insgesamt nichtig. **b) Nichtigkeit von Einzelbestimmungen.** Es gilt § 139. **c) Mehrere Beteiligte.** Ist das RGeschäft nur mit einem von ihnen nichtig, so gilt § 139 für das Geschäft mit den anderen (BGH NJW 94, 1471; 01, 3328; einschr BGH NJW 98, 532 f, s § 123

Titel 2. Willenserklärung **§ 139**

Rn 9). Ebenso, wenn jemand im eigenen Namen und zugleich unwirksam als *Vertreter ohne Vertretungsmacht* handelt (BGH NJW 70, 241). **d) Keine Teilbarkeit** 7 und (mögliche) Teilnichtigkeit gem § 139, sondern Totalnichtigkeit ist anzunehmen, wenn der aufrechtzuerhaltende Teil entscheidend vom *Charakter des einheitlichen RGeschäfts abweichen* würde. Daher ist Einsetzung zum Alleinerben des Gesamtvermögens nicht teilbar in Einsetzung zum Miterben eines Vermögensteils (aA BGH 53, 381 ff); die Stellung des Alleinerben unterscheidet sich wesentlich von der des Miterben (vgl nur §§ 2033 II, 2034, 2038 ff). **e) Herabsetzung der sittenwid-** 8 **rig überhöhten einheitlichen Leistung** auf einen angemessenen Umfang **(geltungserhaltende Reduktion)** ist zulässig, wenn der sittenwidrige Teil genau bestimmt und ausgesondert werden kann und der sittengemäße Rest nach dem mutmaßlichen (hypothetischen) Parteiwillen bestehen bleiben soll (BGH 107, 358; 146, 47 f; allg H. Roth JZ 89, 411 ff). Problematisch sind die Maßstäbe für die Trennbarkeit in sittenwidrigen und -gemäßen Teil (vgl BGH NJW 01, 817 zum teilw sittenwidrigen Schuldbeitritt). Bei überlanger Laufzeit (Rn 11) wird von der Rspr im Einzelfall ein „sittengemäßer Zeitraum" gegriffen (was Flume II [1. Aufl] § 32, 2 d ablehnte, seit der 2. Aufl aber mit einer [nebulosen] „bestimmten Bindungsgrenze" bejaht). Bei Wucher und wucherähnlichen Geschäften (§ 138 Rn 16, 19) wird Teilbarkeit von der Rspr idR verneint (ie Rn 9–12). Ähnliche Ergebnisse wie eine geltungserhaltende Reduktion erzielt zuweilen eine Billigungsprüfung gem **§ 315 III 2,** die eine Prüfung der Sittenwidrigkeit verdrängt (s BGH NJW 98, 3191 f mN zur Monopolpreiskontrolle; zum Problem Köhler ZHR 137, 237, insbes 253 ff; Kronke AcP 183, 124 ff, je mwN). BVerfG 81, 256 sieht in §§ 138, 242, 315 Normen, die als Übermaßverbote wirken; idS wirkt eine geltungserhaltende Reduktion. **aa) Wucher- und wucherähnliche Geschäfte** können nach hM nicht 9 mit angemessener Gegenleistung aufrechterhalten werden (BGH 68, 207 mN, stRspr; SoeHefermehl 29, 31–33 mwN; aA MK/Lieb § 817, 16 ff). Das trifft nur eingeschränkt zu (sa StRoth 70). Wuchergeschäfte iSv § 138 II sind (bereits) gem § 134 iVm StGB 291 nichtig. Sinn und Zweck des Wucherverbots (StGB 291) fordern nur die Teilnichtigkeit und verlangen dort die Aufrechterhaltung des RGeschäfts, wo der zulässige (angemessene) Preis normativ festgelegt oder zu ermitteln ist (§ 134 Rn 15); sa BGH 107, 358 zur Bedeutung einer vertraglichen oder ges „Vorregelung"). Das Bestehenbleiben zum zulässigen (angemessenen) Preis folgt somit aus dem VerbotsGes, nicht aus § 139 (er ist hier ausgeschlossen, Rn 15). Der **Wucherkauf** ist idR total nichtig (aA StRoth 70), weil der Kaufpreis zumeist nicht normativ zu ermitteln ist und daher eine Vielzahl von Reduktionsmöglichkeiten besteht (zu einem Ausnahmefall BGH NJW-RR 95, 11: Kauf eines Eigenheims von gemeinnützigem Wohnungsunternehmen; sa II. BV 1 I Nr 1, 3). Anders beim **Mietwucher,** soweit Mietpreis normativ feststellbar (Bsp: Wohnungsmiete; sa WiStG 5 II nF [BGH 89, 321 ff ist überholt], StGB 291); andernfalls tritt gem § 139 idR Totalnichtigkeit ein. Beim **Lohnwucher** ist nur die Vereinbarung eines „Hungerlohns" gem §§ 134, 138 nichtig; die Lücke wird durch § 612 II gefüllt (Entgelt ist normativ zu ermitteln), § 139 greift nicht ein (Kohte NJW 82, 2806 mN; nur zT iE ebenso BAG MDR 60, 612 f; LAG Berlin NZA-RR 98, 392); sa BAG 14, 185 ff: Lohnanspruch für zT illegale Tätigkeit. Zweifelhaft ist, ob **Wucherdarlehen** zum 10 angemessenen Zins aufrechterhalten werden kann. Dafür spricht, daß die auf § 817 S 2 gestützte Übermaßreaktion der hM (BGH NJW 89, 3218 [für §§ 134, 138 I]) vermieden wird, wonach der Bewucherte das Darlehen *unentgeltlich* bis zum (unwirksam vereinbarten) Rückzahlungstermin behalten darf. Andere (zB StLorenz § 817, 12 mN; zur Problematik Bunte NJW 83, 2676 f) wollen das Ergebnis der hM so vermeiden, daß § 817 S 2 seinen Strafcharakter verliert und gem § 818 II marktgerechter Zins zu zahlen ist. Das ist halbherzig; denn damit hält man am Strafcharakter der *Total*nichtigkeit (BGH 68, 207; krit 107, 358) fest, obwohl sie hier weder von § 134 iVm StGB 291 noch von § 138 gefordert wird. Bei Nichtigkeit gem § 134 (§ 138 Rn 19) wegen Wuchers ist § 139 ausgeschlossen (s o), der angemessene Zins ergibt sich aus § 246 (dafür iVm §§ 819 I, 818 IV, 291: BGH NJW 89, 3218

Jauernig

§ 139 Buch 1. Abschnitt 3. Rechtsgeschäfte

[erst] ab Fälligkeit der einzelnen Rate), HGB 352 I. Bei Nichtigkeit *wucherähnlicher Darlehen* gem § 138 I (§ 138 Rn 16) greift § 139 ein, sa § 494 (aA H. Roth ZHR 153, 440 ff). Zum Problem § 817 Rn 17; Hübner, FS Wieacker, 1978, S 408 f.

11 bb) Sittenwidrigkeit wegen überlanger Laufzeit hängt von vertragstypischen und von Umständen des Einzelfalls ab (BGH 143, 115 f). Liegt sie vor, so greift § 139 analog ein (Möglichkeit geltungserhaltender Reduktion). So kann überlanger *Bierbezugsvertrag* im Einzelfall auf maximal 20 Jahre begrenzt werden, sofern mutmaßlicher Parteiwille iSv § 139 zu bejahen (BGH NJW-RR 90, 816 mN und dem Hinweis auf RsprTendenzen, unter 20 Jahre zu gehen; NJW 00, 1112 f); zur Gruppenfreistellungs VO für vertikale Wettbewerbsbeschränkungen – VO (EG) Nr 2790/1999 vom 22. 12. 1999 – s Pukall NJW 00, 1375 ff (praktisch zB für Alleinbezug von Bier, Benzin). Die Laufzeitreduzierung beseitigt das Mißverhältnis von Leistung – Gegenleistung, daher bleibt Vertrag iü unverändert (BGH NJW 92, 2146). Laufzeiten aufeinanderfolgender Verträge werden bei innerem Zusammenhang zusammengerechnet (BGH NJW-RR 90, 816 f; aA Götz BB 90, 1218 ff). Entspr Laufzeitbegrenzung gilt für Tankstellenbelieferungsvertrag (BGH NJW 98, 160), für *vertragliches Wettbewerbsverbot* (sofern nicht weitere Gründe für Sittenwidrigkeit vorliegen, zB qualitative Überdehnung des Konkurrenz- zum Tätigkeitsverbot, s BGH NJW 97, 3089 f [Tierarztpraxis]; 00, 2585 [Freiberuflersozietät]); für *Ankaufspflicht* im Rahmen eines Erbbaurechtsvertrags (BGH 114, 339); für *Betriebsführungsvertrag* (BGH ZIP 82, 584); für *Dienstvertrag* (BGH NJW 97, 2944); für gesellschaftsvertraglich vereinbartes *unbefristetes Kündigungsrecht* (BGH 105, 220 ff; sa 107, 355 ff); nicht ohne weiteres für zeitlich unbegrenzten Werkvertrag (BGH NJW-RR 93, 1460 f). Ist die

12 Laufzeit aus anderen Gründen überlang, so gilt entspr: für *Miet- oder Pachtvertrag*, der auf eine iSv § 1822 Nr 5, § 1643 I genehmigungsfreie Zeit herabsetzbar ist (LM Nr 24); für *Lebensversicherungsvertrag* (BGH 28, 83 f verneint generell nur den hypothetischen Parteiwillen, nicht die Teilbarkeit, zu beidem Rn 8), sa VVG 8 I. Sa ges Laufzeitbegrenzung (20 Jahre) für Wegenutzungsverträge in EnWG 13 II.

13 4. Wirkung. a) IdR Totalnichtigkeit, HS 1. **b) Ausnahmsweise** bleibt der vom Nichtigkeitsgrund nicht betroffene Teil bestehen, wenn ihn die Parteien nach ihrem *mutmaßlichen Willen* zZ der Vornahme des RGeschäfts (BGH NJW-RR 89, 801), dh in Kenntnis der Nichtigkeit und im Hinblick auf den mit dem RGeschäft erkennbar verfolgten Zweck, vernünftigerweise vorgenommen hätten (zur Lage bei Beschränkung des sittenwidrigen Übermaßes [Rn 8] s Lindacher BB 83, 156). Andernfalls ist das restliche Geschäft ebenfalls nichtig (vgl LM Nr 42). Vermutlicher Parteiwille ist nur relevant, wenn *wirklicher Parteiwille* nicht erkennbar (BGH NJW 94, 1653). *Wirklicher Wille* ist erkennbar bei Vorsorge für Teilnichtigkeit (salvatorische Klausel: „Rest soll gelten" wandelt Vermutung der Totalnichtigkeit in die der Restgültigkeit um, BGH NJW 99, 1406; sa Rn 14) oder bei Abschluß in Kenntnis der Teilnichtigkeit; im zweiten Fall aA die hM (SoeHefermehl 39 mN; RG 122, 140 ff; BGH 45, 379 mN; sa LM Nr 42; abw NJW 76, 238; 95, 449; wie hier StRoth 24; Keim NJW 99, 2866 ff): § 139 unanwendbar, weil kein teilnichtiges, sondern insoweit nur ein Schein-RGeschäft (Rn 17 vor § 104) vorliege; die Folgen dieser unzutr Ansicht versuchen BGH NJW 75, 205 f; 85, 2423 zu korrigieren. Bevorzugt die Teilnichtigkeit nur den einen Vertragspartner, so hat der andere die (entspr § 350 befristet vorzunehmende) Wahl, beim teilgültigen Vertrag stehenzubleiben oder für Totalnichtigkeit zu optieren, sog *Vorteilsregel* (ie Ulmer, FS Steindorff, 1990, S 799 ff; BGH NJW-RR 97, 686: Berufung auf § 139 verstieße gegen § 242).

14 5. Ausschluß. a) Soll **nach dem wirklichen Parteiwillen** (Rn 13) der Rest bestehen bleiben, so führen nur bes Umstände zur Totalnichtigkeit, allg BGH NJW-RR 97, 685 (Bsp: Teilnichtigkeit wegen Sitten- oder Gesetzwidrigkeit [BGH NJW 94, 1653; 00, 1335]; trotz salvatorischer Klausel deckt Parteiwille nicht
15 das Restgeschäft [BGH NJW 96, 774]). **b) Für Erbrecht** Sonderregeln in §§ 2085, 2298. **c) Wortlaut, Sinn und Zweck** der Nichtigkeitsanordnung können die Aufrechterhaltung des restlichen Geschäfts gebieten (vgl BGH 89, 319 f);

94 *Jauernig*

Titel 2. Willenserklärung **§ 140**

dann ist § 139 nur aus anderen Gründen anwendbar (BGH 71, 39 f). Aufrechterhaltung ist geboten bei Verstoß gegen Vorschriften, die den *Schutz eines Vertragsteils* vor bestimmten Vertragsklauseln bezwecken, ihm iü aber den Vertrag erhalten wollen (Bsp: §§ 276 III, 444, 536 d, 547 II, 551 IV, 571 III, 572 II, 573 c IV, 574 IV, 639; 611 a, 612 III, 612 a; HGB 89 [BGH 40, 239]). Hier tritt an die Stelle des teilnichtigen Geschäfts das zwingende Ges. Für **AGB** gilt § 306 (vgl dort), ebenso für **Verbraucherverträge** iSv § 310 III (vgl dort). – Zum Ausschluß von § 139 bei *Verstoß gegen Preisvorschriften* vgl § 134 Anm 4 b, bei *Wuchergeschäften* Anm 3 e aa. **d) Bei autonom geschaffenen normähnlichen Regelungen** läßt Teilnichtigkeit auch in sich geschlossene Restregelung unberührt, so bei *Tarifverträgen* (BAG BB 86, 1777); *Betriebsvereinbarungen* (BAG DB 84, 723); Satzungen und anderen körperschaftsrechtlichen *Vereinsnormen,* zB einer Ehrengerichtsordnung (BGH 47, 179 ff); *Gesellschaftsverträgen* (vgl Ulmer NJW 79, 85 mN). **e) Gem** § 242 kann die Berufung auf § 139 treuwidrig und unzulässig sein, zB Berufung auf § 139 wegen Nichtigkeit einer Bestimmung, die bei der Vertragsdurchführung irrelevant war (BGH NJW 91, 107), ferner Rn 13.   16

  17

§ 140 Umdeutung

Entspricht ein nichtiges Rechtsgeschäft den Erfordernissen eines anderen Rechtsgeschäfts, so gilt das letztere, wenn anzunehmen ist, dass dessen Geltung bei Kenntnis der Nichtigkeit gewollt sein würde.

1. Allgemeines. Umdeutung (Konversion) gem § 140 dient, wie die Aufrechterhaltung eines teilnichtigen Geschäfts (§ 139), der *Durchsetzung des mutmaßlichen Parteiwillens* (LM Nr 9), begrenzt durch den feststehenden wahren Parteiwillen (Rn 5). Liegen die Voraussetzungen (Rn 2–5) vor, so gilt das umgedeutete RGeschäft kraft Ges, nicht erst aufgrund richterlichen Gestaltungsakts (schief BGH 19, 273 f; unentschieden LM Nr 4).   1

2. Voraussetzungen. a) Nichtigkeit (Begriff: Rn 18 vor § 104) des gesamten RGeschäfts (Unterschied zu § 139: dort [zunächst] *Teil*nichtigkeit; erst wenn sie, wie idR, zur *Total*nichtigkeit wird, ist § 140 anwendbar). § 140 erfaßt auch angefochtene (§ 142 I; StRoth 15, str), ferner ehemals schwebend, jetzt endgültig unwirksame Geschäfte (BGH 40, 222 f). Ist das RGeschäft wegen Formverstoßes nichtig, so ist Umdeutung nur möglich, wenn damit der Formzweck nicht vereitelt wird (BGH NJW 80, 2517 zu GWB 34). Tritt Nichtigkeit ein, weil der mit dem RGeschäft erstrebte Erfolg von der Rechtsordnung mißbilligt wird (Hauptfälle: §§ 134, 138), so ist Umdeutung ausgeschlossen, sonst bliebe die rechtliche Mißbilligung praktisch wirkungslos. Einer Umdeutung unzugänglich sind anfechtbare (aber nicht angefochtene), schwebend und relativ unwirksame sowie bestätigte (§ 141) Geschäfte. **b) Auslegung geht Umdeutung vor.** Daher ist Nichtigkeit erst zu bejahen und Umdeutung möglich, wenn Auslegung (§§ 133, 157) nicht zu einem gültigen, wenn auch uU anfechtbaren Geschäft geführt hat. **c) Das nichtige RGeschäft** muß *alle wesentlichen Merkmale* des anderen, zulässigen RGeschäfts, in das umgedeutet werden soll, mit (annähernd) gleichen, aber nicht weitergehenden Wirkungen wie das nichtige aufweisen (BGH NJW 86, 2945). **d) Das umgedeutete RGeschäft** (Rn 4) muß dem *mutmaßlichen Parteiwillen* zZ der Vornahme des nichtigen Geschäfts (BGH NJW 80, 2517) entsprechen. Zu *bejahen,* wenn die Parteien bei Kenntnis der Nichtigkeit und im Hinblick auf den mit dem nichtigen Geschäft verfolgten Zweck das umgedeutete Geschäft vernünftigerweise vorgenommen hätten (vgl LM Nr 8); ausschlaggebend ist der Wille der durch die Umdeutung benachteiligten Vertragspartei (BayObLG NJW-RR 99, 621). Zu *verneinen,* wenn feststeht, daß auch nur eine Partei das umgedeutete Geschäft nicht wollte (BGH 19, 273 f), insbes aufgrund eindeutiger Erklärungen bei Abschluß des nichtigen Vertrags (LM Nr 8), oder daß die Parteien die Nichtigkeit kannten (vgl BGH 125, 364).   2

  3

  4

  5

Jauernig

§ 141 Buch 1. Abschnitt 3. Rechtsgeschäfte

6 3. **Bsp. Umdeutung bejaht:** Pfandrechtsbestellung an Hypothek in vertragliches Zurückbehaltungsrecht am Hypothekenbrief (RG 66, 26 f); Erbschaftskauf (§§ 2371 ff) in Erbauseinandersetzung gem § 2042 (RG 129, 123); OHG-Vertrag in BGB-Gesellschaftsvertrag (BGH 19, 272 ff); Zusage von Grundstücksmit- und Wohnungseigentum in Einräumung eines Dauerwohnrechts (LM Nr 4); Übertragung des Erbanteils bei Lebzeiten des Erblassers (§ 311 b IV) in Erbverzicht zugunsten der ins Auge gefaßten Erwerber des Erbanteils (LM Nr 9); Erbvertrag in Schenkung unter Lebenden (BGH NJW 78, 423 f; krit Schubert JR 78, 289 f; Tiedtke NJW 78, 2572 ff) oder Testament (BayObLG NJW-RR 96, 8); Abtretung in Einziehungs- (BGH NJW 87, 3122) oder Kündigungsermächtigung (BGH NJW 98, 897 f), sa § 894 Rn 8, § 985 Rn 10, § 1059 Rn 7; unwirksame außerordentliche in ordentliche Kündigung eines Arbeits- (BAG NJW 88, 581 f; zur materiell- und prozeßrechtlichen Problematik Schmidt NZA 89, 661 ff), Dienst- (BGH NJW-RR 00, 988 mN), Gesellschafts- (BGH NJW 98, 1551) oder Pachtvertrags (BGH NJW 81, 977) bei eindeutig erklärtem Willen, die Zusammenarbeit
7 auf jeden Fall aufzulösen. IdR **verneint:** unberechtigte fristlose Kündigung eines Mietvertrags in Angebot eines Aufhebungsvertrags (BGH NJW 81, 977); generell verneint: nichtige Verschmelzung in Vermögensübertragung (BGH NJW 96, 660); sa § 1008 Rn 2. – **Keine Verallgemeinerungen,** jeder Fall ist auf seine Eigenheiten hin zu prüfen.

§ 141 Bestätigung des nichtigen Rechtsgeschäfts

(1) **Wird ein nichtiges Rechtsgeschäft von demjenigen, welcher es vorgenommen hat, bestätigt, so ist die Bestätigung als erneute Vornahme zu beurteilen.**

(2) **Wird ein nichtiger Vertrag von den Parteien bestätigt, so sind diese im Zweifel verpflichtet, einander zu gewähren, was sie haben würden, wenn der Vertrag von Anfang an gültig gewesen wäre.**

1 **1. Allgemeines.** § 141 beruht darauf, daß ein nichtiges RGeschäft bei späterem Wegfall des Nichtigkeitsgrundes nichtig bleibt (vgl Rn 18 vor § 104).
2 **2. Voraussetzungen. a) Nichtigkeit** (Begriff: Rn 18 vor § 104) des RGeschäfts (Grund gleichgültig, § 142 I genügt). Entspr Anwendung bei Unwirksamkeit durch Genehmigungsverweigerung, zB nach § 177 Rn 6 (BGH NJW 99,
3 3705). **b) Bestätigung durch Neuvornahme** des nichtigen RGeschäfts seitens derjenigen, die es ursprünglich abgeschlossen haben, I. Neuvornahme bedeutet: **aa) Weder der alte noch ein neuer Nichtigkeitsgrund** darf vorliegen. Bei Nichtigkeit gem § 134 darf daher das ges Verbot (BGH 11, 60), bei § 138 der Sittenverstoß nicht mehr bestehen (BGH NJW 82, 1981 f; s aber § 138 Rn 3). **bb) Formvorschriften** sind bei Neuvornahme einzuhalten, auch wenn das fr RGeschäft die vorgeschriebene Form gewahrt hat (BGH NJW 85, 2580). AA StRoth 16 mit 1, 13, da „Bestätigung" nur die Wirkung einer Neuvornahme habe; insoweit zust BGH NJW 99, 3705. **cc) Alle sonstigen Tatbestandsmerkmale** (zB Willensübereinstimmung beim Vertrag, BGH NJW 99, 3705) und Wirksam-
4 keitsvoraussetzungen des RGeschäfts (Rn 3 vor § 104) müssen vorliegen. **c) Bestätigungswille** setzt bei allen Beteiligten zumindest Zweifel an der Gültigkeit des RGeschäfts voraus (BGH 140, 173), nicht nur bei schlüssiger Bestätigung (so aber BGH NJW 98, 2352). Der Wille muß nach außen erkennbar in Erscheinung treten. Das ist unproblematisch bei *ausdr Bestätigung* (zB Neuvornahme eines formgebundenen Geschäfts), problematisch bei Bestätigung durch (zulässiges, BGH 11, 60) *schlüssiges Verhalten* (Problem: Abgrenzung zum Festhalten an unerkannt nichtigem Geschäft). Hier muß Verhalten für alle Beteiligten eindeutig als Bestätigung des nichtigen RGeschäfts zu verstehen sein (BGH NJW 71, 1800). Daran fehlt es, wenn das Verhalten anders, zB als bloße Erfüllung des unheilbar nichtigen Geschäfts, erklärt werden kann (RG 150, 389 f).

96 *Jauernig*

Titel 2. Willenserklärung **§ 142**

3. Wirkung. a) Erst ab Neuvornahme wirkt das bestätigte RGeschäft für die **5** Zukunft. **b) II gibt Auslegungsregel** für Verträge, wonach sich die Parteien iZw so zu stellen haben, wie sie bei anfänglicher Gültigkeit stünden.

4. Abgrenzungen. Keine Bestätigung iSv § 141 sind **a) Heilung** durch Erfül- **6** lung (§§ 311 b I 2, 518 II; vgl § 125 Rn 12), die keinen Bestätigungswillen (Rn 4) verlangt; **b) Bestätigung** eines anfechtbaren, also (noch) nicht nichtigen RGeschäfts (§ 144 mit § 142 I); **c) Genehmigung** schwebend unwirksamer RGeschäfte (§ 184), die idR durch Dritte geschieht (§ 182; abw zB § 108 III); **d) Ergänzung** eines unvollständigen RGeschäfts, zB nach Entdeckung eines versteckten Dissenses (§ 155).

§ 142 Wirkung der Anfechtung

(1) **Wird ein anfechtbares Rechtsgeschäft angefochten, so ist es als von Anfang an nichtig anzusehen.**

(2) **Wer die Anfechtbarkeit kannte oder kennen musste, wird, wenn die Anfechtung erfolgt, so behandelt, wie wenn er die Nichtigkeit des Rechtsgeschäfts gekannt hätte oder hätte kennen müssen.**

1. Allgemeines zur Anfechtung. a) Begriff der Anfechtbarkeit: Rn 22 vor **1** § 104. **b) Teilanfechtung** nur bei Teilbarkeit des RGeschäfts iSv § 139 (dort Rn 5, 6) möglich. Ob Teil- oder Totalnichtigkeit eintritt, bestimmt § 139 (BGH BB 83, 928). **c)** Zu Irrtum, Täuschung, Drohung bei **Verpflichtungs- und Erfüllungsgeschäft** vgl § 123 Rn 18. **d)** Zur Bedeutung und Durchbrechung des **Abstraktionsprinzips** bei Nichtigkeit des Verpflichtungsgeschäfts gem I vgl Rn 17, 18 vor § 854. **e) Anfechtbarkeit nichtiger RGeschäfte:** Rn 22 vor § 104.

2. Vor erklärter **Anfechtung** ist anfechtbares RGeschäft gültig (Rn 22 vor **2** § 104). Anfechtbarkeit gewährt einem (mit-)haftenden Dritten, wenn der Anfechtungsberechtigten (§ 143 Rn 1), ein Leistungsverweigerungsrecht (Einrede), vgl §§ 770, 1137, 1211, HGB 129 II, 130 I, 161 II, 176, PartGG 8 I 2. Mit Ablauf der Anfechtungsfrist erlöschen Anfechtungsrecht und Einrede. Zum *Ausschluß* der Anfechtung wegen Irrtums (§ 119) nach § 242 s § 119 Rn 4 (ff); zum Ausschluß der Nichtigkeit(sfolgen) gem § 242 s Rn 3.

3. Nach wirksamer Anfechtung ist das RGeschäft idR (s Rn 22 vor § 104) **3** als *von Anfang an* (dh rückwirkend, *ex tunc*) *nichtig* anzusehen, **I.** Das bedeutet: Von nun an ist das RGeschäft so zu bewerten, als sei es seit jeher nichtig. Die Nichtigkeit wirkt absolut; zB verliert der Zessionar die Forderung, wenn der Forderungserwerb seines Zedenten von dessen Zedenten wirksam angefochten wird. Einseitige Wiederherstellung des nichtigen RGeschäfts durch Zurücknahme der Anfechtung ist ausgeschlossen (RG 74, 3), möglich aber durch Anfechtung der Anfechtungserklärung. Die **Berufung auf die Nichtigkeit** verstößt gegen **Treu und Glauben,** wenn der Gegner das bereits angefochtene RGeschäft so, wie vom Irrenden (§ 119) gemeint, gelten läßt (das entspricht dem Ausschluß der Anfechtung vor deren Erklärung, § 119 Rn 4 [ff]). Das gilt nicht, wenn gem § 123 angefochten ist (sa BGH NJW 00, 2894 für Wegfall des Anfechtungsgrundes). – Zur Bestätigung des wirksam angefochtenen Geschäfts vgl § 141.

4. Die Anfechtung von Verfügungsgeschäften nimmt dem Verfügungsemp- **4** fänger (zB Zessionar, Eigentumserwerber) rückwirkend die Berechtigung. Verfügt er bereits vor der Anfechtung zugunsten eines Dritten weiter, so ist er in diesem Zeitpunkt Berechtigter, erst ab Anfechtung wird er rückwirkend Nichtberechtigter (Rn 3). Daher kann der Dritte zZ der Anfechtung noch bösgläubig bzgl der Berechtigung sein. Deshalb macht **II** zum *Gegenstand der Bösgläubigkeit* die Anfechtbarkeit des (später angefochtenen) RGeschäfts. Erwerb ist aber auch über II nur möglich, soweit Erwerb vom Nichtberechtigten vorgesehen ist (zB §§ 892 f, 932 ff, 1138, 1155, 1207 f, 1244), für Forderungen und andere Rechte (§ 413) also nur ausnahmsweise (Bsp: § 2366). Die *subj Voraussetzungen* der Bösgläubigkeit (Kennt-

Jauernig

§ 143 Buch 1. Abschnitt 3. Rechtsgeschäfte

nis, schuldhafte Unkenntnis) bestimmen sich nach den entspr anzuwendenden Vorschriften über den Erwerb vom Nichtberechtigten, so daß zB bei §§ 892, 2366 nur Kenntnis, bei § 932 auch grobfahrlässige Unkenntnis der Anfechtbarkeit schadet (BGH NJW-RR 87, 1457).

5   5. Bei **Anfechtung von Verpflichtungsgeschäften** hat II Bedeutung für §§ 819 I, 818 IV (Mangel des rechtlichen Grundes = Anfechtbarkeit des Verpflichtungsgeschäfts).

§ 143 Anfechtungserklärung

(1) **Die Anfechtung erfolgt durch Erklärung gegenüber dem Anfechtungsgegner.**

(2) **Anfechtungsgegner ist bei einem Vertrag der andere Teil, im Falle des § 123 Abs. 2 Satz 2 derjenige, welcher aus dem Vertrag unmittelbar ein Recht erworben hat.**

(3) **[1] Bei einem einseitigen Rechtsgeschäft, das einem anderen gegenüber vorzunehmen war, ist der andere der Anfechtungsgegner. [2] Das Gleiche gilt bei einem Rechtsgeschäft, das einem anderen oder einer Behörde gegenüber vorzunehmen war, auch dann, wenn das Rechtsgeschäft der Behörde gegenüber vorgenommen worden ist.**

(4) **[1] Bei einem einseitigen Rechtsgeschäft anderer Art ist Anfechtungsgegner jeder, der auf Grund des Rechtsgeschäfts unmittelbar einen rechtlichen Vorteil erlangt hat. [2] Die Anfechtung kann jedoch, wenn die Willenserklärung einer Behörde gegenüber abzugeben war, durch Erklärung gegenüber der Behörde erfolgen; die Behörde soll die Anfechtung demjenigen mitteilen, welcher durch das Rechtsgeschäft unmittelbar betroffen worden ist.**

1   1. **Allgemeines.** Vgl zunächst § 142 Rn 1. *Anfechtungsberechtigt* ist idR nur der Irrende, Getäuschte, Bedrohte; abw §§ 166 I, 318 II 1, 2080, 2285. *Anfechtungsfristen:* §§ 121, 124, 318 II 2, 3; 2082, 2283. Sonderregeln in §§ 1955, 2081, 2282, 2308 II.

2   2. **Anfechtungserklärung** ist formfreie, empfangsbedürftige Willenserklärung (Begriff Rn 8 vor § 104), I. Sie ist Ausübung eines Gestaltungsrechts, daher bedingungsfeindlich (§ 158 Rn 11); Eventualanfechtung zB für den Fall (in eventum), daß das RGeschäft gültig sein sollte, ist zulässig (BGH NJW 91, 1674; ferner § 121 Rn 2). Mit Ausübung **erlischt** das Recht. Die Erklärung muß eindeutig erkennen lassen, daß das RGeschäft *wegen eines Willensmangels* von Anfang an (ex tunc, str; aA StRoth 5) nicht gelten soll (nur so ist schlüssige Anfechtungs- von schlüssiger Rücktrittserklärung zu unterscheiden, vgl RG 105, 207 f); das Wort „Anfechtung" muß
3   nicht fallen (BGH 91, 331 f). Str ist, ob die Erklärung nur bei **Angabe des Anfechtungsgrundes** wirksam ist (vgl MK/Mayer-Maly/Busche 7 ff; unentschieden LM Nr 4). Bejaht man das, so ist das „Nachschieben" anderer Gründe eine weitere Anfechtung (mit eigener Frist!). Dafür BGH NJW 95, 191 (sa LM Nr 4), Nürnberg NJW-RR 99, 677 mN, *wenn* ein Grund angegeben worden ist.

4   3. **Anfechtungsgegner. a) Bei einem Vertrag** der andere Teil (bei mehreren
5   Personen: alle, vgl BGH NJW 98, 532), Ausnahme bei § 123 II 2: **II. b) Bei einseitigen empfangsbedürftigen** RGeschäften der Empfänger, **III 1,** auch wenn RGeschäft wahlweise gegenüber Behörde vorgenommen werden konnte und
6   wurde, III 2 (Bsp §§ 875 I 2, 876 S 3, 1183 S 2). **c) Für einseitige nicht empfangsbedürftige** RGeschäfte (zB § 959) vgl **IV 1.** Für *amtsempfangsbedürftige* RGeschäfte vgl **IV 2** HS 1; Mitteilung nach HS 2 ist keine Wirksamkeitsvoraussetzung.

98   *Jauernig*

Titel 3. Vertrag **§ 144, Vor § 145**

§ 144 Bestätigung des anfechtbaren Rechtsgeschäfts

(1) **Die Anfechtung ist ausgeschlossen, wenn das anfechtbare Rechtsgeschäft von dem Anfechtungsberechtigten bestätigt wird.**

(2) **Die Bestätigung bedarf nicht der für das Rechtsgeschäft bestimmten Form.**

1. Allgemeines. Vgl zunächst § 142 Rn 1. Bestätigung betrifft ein *gültiges* 1 *RGeschäft*, da Anfechtung nicht erfolgt ist (BGH WM 79, 237). Bestätigung gilt daher (abw von § 141) nicht als Neuvornahme, s Rn 2 (b).

2. Bestätigung. a) Sie ist ein RGeschäft (einseitig; nichtempfangsbedürftig; 2 formfrei, II), das ersichtlich in Kenntnis oder im Bewußtsein der Möglichkeit eines Anfechtungsrechts (BGH 129, 377) vorgenommen wird. An die Ersichtlichkeit und damit an das Vorliegen einer Bestätigung sind im Falle *schlüssigen Verhaltens* strenge Maßstäbe anzulegen, jede andere nach den Umständen einigermaßen verständliche Bedeutung des Verhaltens muß ausscheiden (BGH NJW-RR 92, 780, str; sa § 141 Rn 4). Die Bestätigung muß zwar nicht dem Anfechtungsgegner (§ 143) gegenüber erklärt werden (RG 68, 399 f, hM; aA StRoth 4 mN), aber ihm, nicht nur einem Dritten, erkennbar sein (sa Windel AcP 199, 442 f). **b) Bestätigung wirkt** wie ein Verzicht auf das Anfechtungsrecht (RG 68, 400). Das Recht erlischt (LM Nr 16 zu § 123), soweit Bestätigung reicht (BAG NJW 91, 2725).

Titel 3. Vertrag

Vorbemerkungen

1. Anwendungsbereich. Die §§ 145–156 enthalten Vorschriften über das Zu- 1 standekommen von Verträgen jeder Art. Zum schrittweisen Vertragsschluß aufgrund von „Letter of Intent" s Lutter, Der Letter of Intent, 3. Aufl 1998.

2. Begriff des Vertrags. Der Vertrag ist der *Hauptfall des mehrseitigen RGeschäfts*. 2 **a) Er besteht** in jedem Fall aus (mindestens) *zwei aufeinander bezogenen* (korrelierenden) *Willenserklärungen* (Antrag, Annahme), die den wesentlichen Vertragsinhalt, sog essentialia negotii, zumindest bestimmbar machen (durch Rückgriff auf ges Regelung; HGB 375; §§ 315 ff; ergänzende Vertragsauslegung, § 157). Zum Vertragsschluß im **Internet** BGH NJW 02, 363 ff (dazu Lettl JuS 02, 219 ff; Mehrings BB 02, 469 ff). Zum **Fernabsatzvertrag** §§ 312 b, 312 c. **b) Weitere Tatbestands-** 3 **merkmale** müssen zuweilen hinzutreten, damit der beabsichtigte Rechtserfolg eintritt, zB Übergabe (§ 929 S 1), Eintragung (§ 873 I); vgl Rn 2 vor § 104.

3. Die Typen der Verträge lassen sich unter verschiedenen Gesichtspunkten 4 kategorisieren. **a) Nach dem Sachgehalt:** Schuldverträge (vgl § 305), sachenrechtliche (insbes die dingliche Einigung, § 873 Rn 17, § 929 Rn 4), familienrechtliche (zB § 1408), erbrechtliche (§§ 1941, 2346). **b)** Zur vertraglichen **Verpflichtung und Verfügung** vgl Rn 9, 10 vor § 104. Zur Untergliederung der Verpflichtungsverträge vgl Rn 2 vor § 433. **c)** Vom **Hauptvertrag** sind zu unter- 5 scheiden (vgl Henrich, Vorvertrag, Optionsvertrag, Vorrechtsvertrag, 1965), Terminologie schwankt (BGH 97, 151 f): **aa) Der Vorvertrag** (Ritzinger NJW 90, 1201 ff): Er verpflichtet zum Abschluß des Hauptvertrags, der Schuldvertrag sein muß (BGH NJW-RR 92, 977). Vertragliche Verpflichtung zu einer Verfügung ist Hauptvertrag (Karlsruhe NJW 95, 1562 mN). Ist der Hauptvertrag ges formbedürftig, um vor Übereilung zu schützen (Warnfunktion: § 125 Rn 3 [aa]), so ist es auch der Vorvertrag (BGH 61, 48). Für vereinbarte Form gilt § 154 II. Der Inhalt des Hauptvertrags muß aufgrund des Vorvertrags mindestens gem §§ 133, 157, 315 ff (str) bestimmbar sein (vgl Bremen NJW-RR 95, 1453), so daß Leistungsklage auf Abschluß des Hauptvertrags (Annahme eines noch abzugebenden Angebots, BGH NJW 01, 1286) erhoben werden kann und muß (BGH NJW-RR 94, 1272 f); ist der Hauptvertrag im Vorvertrag vollständig ausformuliert, so ist auf

Jauernig

Annahme des vorgelegten Angebots zu klagen (BGH NJW 01, 1273). Mit der Klage auf Abschluß des Hauptvertrags kann Klage auf künftige Leistung aus abzuschließendem Hauptvertrag verbunden werden (BGH NJW 01, 1286). Das alles ist sehr kompliziert, wird aber kaum praktisch, da (Auslegung!) idR sofort der Hauptvertrag, selten ein Vorvertrag geschlossen wird (BGH NJW-RR 89, 801; 92, 977). UU können Ansprüche, die sich idR (BGH NJW 86, 2824) erst aus dem Hauptvertrag ergeben, schon aufgrund des Vorvertrags bestehen (BGH NJW 72,
6 1190 f für Auflassungsanspruch; NJW 90, 1233 für Erfüllungsinteresse). **bb) Der Optionsvertrag** gewährt ein Gestaltungsrecht, durch einseitige Willenserklärung das vereinbarte Rechtsverhältnis in Wirkung zu setzen oder zu verlängern (BGH 94, 31). Das ist ein bes Vertragstyp, kein durch die Erklärung aufschiebend bedingter Hauptvertrag (§ 158 Rn 4). Mangels klarer abw Abrede erlischt Optionsrecht durch Ausübung (BGH NJW-RR 95, 714). Die Form des Optionsvertrags richtet sich nach der des Hauptvertrags. Die Gestaltungserklärung ist formbedürftig, wenn es auch die Vertragserklärung des Optionsberechtigten ist, wichtig zB für §§ 518 I, 766 S 1 (vgl Larenz, SchR II 1, § 44 IV 3). AA (auf der Grundlage eines formbedürftigen aufschiebend bedingten Hauptvertrags) für die einseitige Erklärung LM Nr 16 zu § 433 (dazu BGH 71, 280): formfrei. Vom Optionsvertrag ist *bindendes Vertragsangebot* zu unterscheiden (oft Optionsrecht genannt); Annahme ist formbedürftig, wenn für sie oder den Vertrag Form vorgeschrieben (vgl BGH NJW 75,
7 1170 f mit abw Terminologie). **cc) Der Rahmenvertrag** eröffnet auf Dauer angelegte Geschäftsverbindung, legt Einzelheiten künftiger Verträge fest, ohne daß auf deren Abschluß geklagt werden könnte, da Bestimmtheit idR fehlt, doch kann Nichtabschluß pVV (§ 280 I) des Rahmenvertrags sein (BGH NJW-RR 92, 978).

8   **4. Der Vertrag in der Privatrechtsordnung.** Der Vertrag ist das wichtigste Mittel zur Verwirklichung der Privatautonomie, dh zur – hier: einverständlichen – Selbstgestaltung von Rechtsverhältnissen. Das Grundrecht auf Selbstbestimmung (GG 2 I: allg Handlungsfreiheit) wird in der **Vertragsfreiheit** konkretisiert (zur Einschlägigkeit von GG 9 I, 12 I, 14 Cornils NJW 01, 3758 zu BVerfG GRUR 01, 266 mN). Sie war schon vor dem GG nicht grenzenlos (s §§ 138, 242, 826). Heute gewährleistet das GG sie (nur) in den Schranken der verfassungsmäßigen Ordnung, zu der für den Bürger jede formell und materiell verfassungsmäßige Rechtsnorm gehört (BVerfG 6, 38). Die Selbstbestimmung durch Vertrag(sschluß) ist notwendig verbunden mit der Selbstbindung durch den geschlossenen Vertrag. Zur Problematik der Begrenzung von Vertragsfreiheit (Privatautonomie) s § 138 Rn 12. Die Kehrseite der Vertragsfreiheit ist die unbeschränkte Vermögenshaftung (BGH 107, 102). Vertragsfreiheit erscheint als die Freiheit, einen Vertrag (nicht) zu schließen, ihn aufzulösen und inhaltlich zu gestalten: *Abschlußfreiheit und Inhaltsfreiheit*. Beide erfahren *Begrenzungen* (zu ihrer aktuellen Gefährdung durch Bestrebungen der grundlegenden Umformung von Vertragsfreiheit s § 138 Rn 12). **a) Einschränkungen**
9 **der Abschlußfreiheit** werden auf mehreren Wegen erreicht. **aa) Unmittelbarer Abschlußzwang** (Kontrahierungszwang). Für wichtige Bereiche der Daseinsvorsorge besteht **kraft Ges** die Pflicht zum Vertragsschluß, zB im Bereich des Personen- und Gütertransports (AEG 10; PBefG 22, 47 IV), Versorgung mit Strom und Gas (EnWG 10), Pflichtversicherung (PflVG 5 II, IV; SGB XI 110 I Nr 1), ges gebotene Vertretung oder Beratung durch Rechtsanwalt (BRAO 48 ff), Benutzung öffentl Einrichtungen der Gemeinde durch deren Einwohner (zB bwGemO 10 II 2; sa Rn 10). Nach BVerfG 86, 129 ff soll an sich nicht bestehender Anspruch auf Arbeitsvertragsschluß durch GG 5 I 1 begründet werden; aA mR Boemke NJW 93,
10 2083 ff. Weitere Ges (zT aufgehoben) bei Kilian AcP 180, 53 f. **bb) Unmittelbarer Abschlußzwang** soll über aa hinaus allg für Unternehmen mit einem **faktischen Monopol** bestehen, die im Rahmen *öffentl Daseinsvorsorge* (Rn 19) geschaffen oder staatlich konzessioniert sind, um lebensnotwendige Leistungen für die Bevölkerung zu erbringen (ie str, BGH NJW 90, 762 f). Grundlage: Gesamtanalogie zu den ges Regelungen (Rn 9) iVm dem Verfassungsprinzip des sozialen Rechtsstaats. *Abzuleh-*

Titel 3. Vertrag **Vor § 145**

nen: Der so angestrebte allg Abschlußzwang besteht weitestgehend kraft bes Ges (Rn 9), iü ist er zu vage. So ist zB ein allg Recht zum Besuch städtischer Museen, Theater, Bibliotheken (dafür PalHeinrichts 10) unvereinbar mit den GemOen, die das Recht nur den Einwohnern als Äquivalent für die sie treffenden Gemeindelasten und anderen Aufgaben in der Gemeinde einräumen (vgl zB bwGemO 10 II, V).

cc) Mittelbarer Abschlußzwang besteht, wo Ablehnung des Vertragsschlusses **11** sittenwidrige Schädigung iSv § 826 ist und somit gem § 249 zur Naturalrestitution, dh zum Vertragsschluß, verpflichtet (hM; nach aA begründet die Sittenwidrigkeit einer Ablehnung allein den Abschlußzwang, s Larenz, SchR I, § 4 I a). So insbes bei Mißbrauch einer *Monopolstellung* oder erheblicher wirtschaftlicher und sozialer Macht (sa Rn 12), aber, da sittenwidrige Schädigung nötig, nur, soweit es um Güter, Leistungen oder Rechtspositionen geht, die für den anderen Teil von (nicht unbedingt: lebens-)wichtiger Bedeutung und anderweit nicht erhältlich sind, und wenn die Ablehnung des Vertragsschlusses willkürlich, zur Erlangung bes Vorteile oder zwecks Schädigung erfolgt. Bsp: Aufnahmepflicht für Verein mit Monopolstellung (BGH 63, 284 f). Zum problematischen Kontrahierungszwang zwecks Meidung von **Diskriminierung** in Umsetzung der RiLi 2000/43 EG des Rates: Adomeit NJW 02, 1623; verharmlosend v. Westphalen ZGS 02, 283 ff; sa § 138 Rn 12; § 145, 4; problematische Folge: Der Diskriminierte wird gegenüber Nicht-Diskriminierten nicht nur gleich-, sondern bessergestellt. **dd) Mittelbarer Abschlußzwang** für **12** Unternehmen gem **GWB** 19–22, 33 iVm § 249 (hM; krit zur Schadensersatzkonstruktion Larenz, SchR I, § 4 I a, vgl Rn 11). Bsp: Aufnahmepflicht für Berufs- oder Wirtschaftsverband (GWB 20 VI; sa § 38 Rn 2), Gewährung des Zugangs zu Infrastruktureinrichtungen (GWB 19 IV Nr 4), Abschluß eines Liefervertrags (BGH 49, 98 f verurteilt sofort und nur zur Lieferung, wenn Angebot des anderen Teils vorliegt). Zur gebotenen Differenzierung von Anbieter und Nachfrager BGH 101, 81 ff. **ee) Ges verfügter Eintritt** in bestehendes Vertragsverhältnis, zB §§ 565, **13** 566, 578, 581 II, 593 a S 1, 593 b, 613 a. **ff) Diktierter Vertrag,** dh Begründung eines privatrechtlichen Vertragsverhältnisses durch Staatsakt (vgl LM Nr 1 zu § 284). Bsp: HausratsVO 5, LPartG 18. **b) Abschlußzwang kann Auflösungsbefugnis 14 begrenzen.** Bsp: Bei Aufnahmepflicht hat Verein kein Recht zur Ausschließung, nur zur Kündigung aus wichtigem Grund (§ 25 Rn 5). **c) Einschränkungen der 15 Inhaltsfreiheit: aa) durch ges Typenzwang,** insbes im Sachenrecht (Rn 3 vor § 854), Familien- und Erbrecht; **bb) durch zwingendes Recht,** das insbes dem *Schutz des anderen Teils* dient, insbes im Wohnungsmietrecht, Reiserecht, Telekommunikation, Recht der Pflegeversicherung (SGB XI 23 VI, 110 I Nr 2), Arbeitsrecht, Recht des Verbraucherkredits und der AGB; hierzu gehören auch die Vorschriften, die den angemessenen Preis einer Leistung normativ festlegen oder bestimmbar machen (zur Problematik § 134 Rn 15, § 139 Rn 9, 10); **cc) durch staatliche Genehmigungsvorbehalte** zB für Beförderungstarife; **dd) allg Grenzen** in §§ 134, 138 (s dort Rn 12), 226, 242, 826.

5. Faktische Vertragsverhältnisse (Lit: Esser AcP 157, 86; Gudian JZ 67, **16** 303; Haupt, Über faktische Vertragsverhältnisse, 1943; Köhler JZ 81, 464; Larenz NJW 56, 1897; Lehmann NJW 58, 1; Siebert, Faktische Vertragsverhältnisse, 1958; Wieacker, FS OLG Celle, 1961, S 263).

Unter „faktischen Vertragsverhältnissen" verstand Haupt (aaO) Vertragsverhältnisse, die nicht durch Vertrag, dh rechtsgeschäftlich, sondern durch tatsächliche Vorgänge begründet werden, so daß rechtsgeschäftlich bedingte Nichtigkeits- und Anfechtungsgründe weitgehend ebenso entfallen wie die Problematik der Willensmängel und der Schutz nicht voll Geschäftsfähiger. Von den Haupt erörterten Fragen sind, abgewandelt, heute noch in drei Bereichen aktuell. **a) Beim fehlerhaften 17 Arbeitsvertrag** ist die Relevanz von Nichtigkeits- und Anfechtungsgründen stark eingeengt; vgl ie Rn 5 vor § 611. **b) Bei der vollzogenen fehlerhaften Gesell- 18 schaft** (§§ 705 ff; OHG, KG) führt die Geltendmachung der Nichtigkeit ebenso wie die Anfechtung des Gesellschaftsvertrags idR (BGH 75, 217 f zu § 134) ebenfalls

Jauernig

§ 145 Buch 1. Abschnitt 3. Rechtsgeschäfte

nur zur Beendigung der bis dahin wirksamen Gesellschaft für die Zukunft; vgl ie
19 § 705 Rn 19, 20. **c) Die Daseinsvorsorge** als Sorge für elementare Lebensbedürfnisse ist eine öffentl Aufgabe (aber mit zunehmender Privatisierung), insbes in den Bereichen Transport, Verkehr, Nachrichtenübermittlung, Wasser- und Energieversorgung, Entsorgung. Soweit das Verhältnis zum Benutzer öffentl-rechtlich organisiert ist, sind privatrechtliche Nichtigkeits- und Anfechtungsgründe weitgehend unbeachtlich. Ein ähnliches Ergebnis (mangelfreier Vertragsschluß) wird heute idR auch bei privatrechtlicher Organisation des Massenverkehrs erreicht, und zwar durch Objektivierung der „Willens"-Erklärung, Auslegung tatsächlichen Verhaltens als rechtsgeschäftliche Äußerung und Zurückdrängen der Anfechtbarkeit bei Willens-
20 mängeln. Weitergehend sollen Vertragsangebote auch durch **soziatypisches Verhalten** angenommen werden können (BGH 21, 333 ff; 23, 177 f). Damit will der BGH „den bes Verhältnissen des Massenverkehrs" (NJW-RR 87, 938; sa 91, 176 f) und der „öffentl Daseinsvorsorge" (BGH 113, 33) gerecht werden. IdS soll nach AVBEltV, -GasV, -FernwärmeV, -WasserV, je § 2 II, durch bloße Entnahme von Energie, Wärme oder Wasser ein „faktischer Vertrag" zustande kommen (Saarbrücken NJW-RR 94, 436 f, aber unzutr zu § 151 S 1; sa StBork § 151, 19). Die Lehre vom soziatypischen Verhalten ist mit dem BGB jedoch unvereinbar. Das gilt zunächst für die – mit dem soziatypischen Verhalten eng verknüpfte (Köhler aaO S 464) – Annahme der hM (BGH 95, 399 mN), daß die ausdr Erklärung des mangelnden Bindungswillens als *protestatio facto contraria* unbeachtlich und folglich das tatsächliche Verhalten als schlüssige Willenserklärung zu verstehen sei (vgl BGH NJW 65, 388 mN). Die Erklärung ist jedoch mit Rücksicht auf die Privatautonomie beachtlich, wenn sie *vor oder gleichzeitig* mit dem tatsächlichen Verhalten erfolgt; dann greifen §§ 812 ff ein (Köhler aaO S 467 mN; zur Haftung auf die tarifmäßige Vergütung vgl BGH 55, 130 ff). Für Unbeachtlichkeit der Erklärung eines **Bahn-Schwarzfahrers** Weth JuS 98, 795 ff mN; eine klare Unterscheidung der Sachverhalte fehlt. Wer beim Betreten der Bahn lauthals verkündet, entgegen den Beförderungsbedingungen (für Straßenbahnen VO v 27. 2. 1970 § 6) nichts zahlen zu wollen, hat kein Recht auf Beförderung (PBefG 22 Nr 1) und wird an die Luft gesetzt (VO aaO § 6 V). Ein Vertrag kommt nicht zustande (kein Recht auf Beförderung!). Das ist selten und für die Verkehrsbetriebe unproblematisch (verkannt von Weth aaO S 796 sub b); schädlich sind nur die schweigenden, nicht entlarvten Schwarzfahrer, die zwar konkludent einen Beförderungsvertrag geschlossen haben (ihr entgegenstehender Wille ist irrelevant, § 116 S 1; übergangen von Weth aaO), aber nichts zahlen (wollen); sa Düsseldorf NJW 00, 2120 f zu StGB 265 a.
21 **6. AGB.** Zur Bedeutung und Problematik s § 305 Rn 1.

§ 145 Bindung an den Antrag

Wer einem anderen die Schließung eines Vertrags anträgt, ist an den Antrag gebunden, es sei denn, dass er die Gebundenheit ausgeschlossen hat.

1 **1. Vertragsantrag** (Angebot, Offerte). **a) Er ist notwendig empfangsbedürftige Willenserklärung** (Begriff Rn 8 vor § 104), aber nicht selbst RGeschäft, sondern unvollständiger Tatbestand eines solchen (Rn 6, 16 vor § 104).
2 **b) Inhalt und Gegenstand** müssen im Antrag so *bestimmt* oder gem §§ 133, 157, 315 ff so bestimmbar angegeben sein, daß Annahme durch schlichtes „Ja" möglich ist. Sonst liegt kein Antrag vor; zum Antrag *ad incertas personas* Rn 3. **c) Schlüssige**
3 **Erklärung** ist (nur) bei *formfreiem* Antrag möglich. **d) Ob Aufforderung zur Abgabe eines Antrags** (invitatio ad offerendum) oder Antrag vorliegt, ist Auslegungsfrage (Rn 12 vor § 116); ein Antrag kann *ad incertas personas* gerichtet sein (§ 929 Rn 4; BGH NJW 02, 364). Versandkataloge, Preislisten, Anzeigen in Zeitungen und auf Plakaten, Theaterspielpläne (RG 133, 391), Speisekarten, TV- und Internet-Shopping (Taupitz/Kritter JuS 99, 840 f; allg: teleshopping, Köhler NJW 98, 185 ff) sind idR Aufforderungen, keine Anträge, da obj der Bindungswille fehlt (doch können Katalogangaben, zB Maße, durch Bezugnahme im Antrag und

Titel 3. Vertrag **§ 145**

unbeschränkte Annahme Vertragsinhalt werden. Ob die Qualifizierung als Aufforderung Bestand haben kann, ist wegen RiLi 2000/43/EG Art. 3 I str (s Baer ZPR 02, 293: bindendes Angebot mit Kontrahierungszwang zur Diskriminierungsvermeidung; das ist Abschaffung der Vertragsfreiheit). Prospektangaben von Reiseveranstaltern binden diese idR (BGB-InfoV 4). Bloße Aufforderung ist auch die **Warenauslage im Schaufenster,** die in PAngV 4 I vorgeschriebene Preisauszeichnung ändert daran nichts (BGH NJW 80, 1388; hM), auch nicht der Hinweis auf Schlußverkauf oder sonstigen Sonderverkauf (str). Gleiches gilt für Warenauslage im Regal des **Selbstbedienungsladens:** Antrag liegt erst im Vorzeigen der Ware an der Kasse, Annahme in der Preisfeststellung durch die Registrierkasse, nach aA schon mit Vorzeigen an der Kasse oder erst mit Bezahlung (s Beckmann NJW-CoR 00, 45 mN). Zum **Selbstbedienungstanken** Rn 7. **e) Antrag ist** mit 4 Wirksamwerden (§ 130 Rn 4–12) **bindend** (vorbehaltlich HS 2, Rn 5), dh nicht einseitig durch Antragenden widerruflich (sa § 873 Rn 18), und erlischt erst gem § 146. Bindung begründet vorvertragliches Vertrauensverhältnis; Verletzung der Sorgfaltspflichten bei Behandlung des Antrags kann schadensersatzpflichtig machen, § 278 anwendbar (RG 107, 242 f). Infolge Bindung des Antragenden liegt es allein am Antragsempfänger, ob durch sein „Ja" Vertrag zustandekommt. Diese Rechtsposition des Empfängers ist ein Gestaltungsrecht (str; Bezeichnung bedeutungslos). Sie kann im Einzelfall (Auslegung, §§ 133, 157) übertragbar (§ 413), pfändbar und vererblich sein; iZw bezieht sich der Antrag nur auf den Empfänger. **f) Ausschluß der Bindung** (HS 2) bedeutet idR, daß es sich um eine Aufforderung, nicht um einen Antrag handelt (Rn 3; BGH NJW 96, 919 f). Liegt ausnahmsweise ein Antrag vor, so kann er bis zur wirksamen Annahme einseitig widerrufen werden (str, vgl BGH NJW 84, 1885 f mN). Ausschluß muß spätestens gleichzeitig mit dem Antrag zugehen, sonst ist Bindung bereits eingetreten. 5

2. Einzelfälle. a) Zusendung unbestellter Waren ist idR Antrag auf Ab- 6 schluß eines Kaufvertrags und – bei Annahme – auf Übereignung. Durch Schweigen kommt idR kein Vertrag zustande (vgl Rn 9, 10 vor § 116). Der Empfänger ist zu nichts verpflichtet; so § 241 a I für den Fall, daß Empfänger ein Verbraucher (§ 13), Lieferant ein Unternehmer (§ 14) ist. Bei Lieferung berufs- oder gewerbebezogener Sachen an Selbständigen (§ 13 Rn 2) hat sich die Rechtslage nicht geändert, sie entsprach und entspricht – entgegen der hM (PalHeinrichs § 241 a, 1) – weitgehend dem § 241 a: Der Nicht-Verbraucher ist ebenfalls zu nichts verpflichtet, auch nicht zur Verwahrung (aA LM Nr 77 zu § 1 UWG; für Haftungsminderung entspr §§ 300 ff Flume II § 35 II 3 aE; MK/Medicus 16 vor § 987 [für §§ 987 ff]). Zusendung ist rechtswidriger Einbruch in geschützte Individualsphäre (vgl LM Nr 77 zu § 1 UWG; sa BGH NJW 89, 2820), gegen die sich Empfänger (auch, oft nur) durch Wegwerfen der Ware schützen kann (zust Windel AcP 199, 448 f). Dem Recht des Empfängers zum Wegwerfen entspricht auf Seiten des Lieferanten, daß in der Zusendung zugleich sein Angebot auf kostenlose Übereignung liegt, bedingt durch Ablehnung eines Kaufvertrags; nur dann ist die Rechtswidrigkeit der Zusendung eliminiert. Dem entspricht die Praxis seit und wegen LM Nr 77 zu § 1 UWG. Ein Kaufvertrag kommt erst durch Bezahlung der unverlangt gelieferten Sache zustande. **b) Zum Aufstellen von Warenautomaten** als Angebot ad incertas personas vgl § 929 Rn 4. **c) Beim Selbstbedienungstanken** liegt in der Freigabe 7 der Zapfsäule das stets zugangsbedürftige Angebot, im Einfüllen die nicht zugangsbedürftige Annahme (§ 151 Rn 1) für Kauf und Einigung gem § 929 S 1 (so implicite auch BGH NJW 84, 501 für den Kaufvertrag; ohne Stellungnahme BGH NJW 83, 2827; Köln NJW 02, 1059). Ein EV scheidet aus (aA Westermann § 38, 5), da ein Bar-, kein Kreditkauf vorliegt und das Benzin zum alsbaldigen Verbrauch bestimmt ist (s Bunte JA 82, 325). **d) Zur Warenauslage** im Schaufenster und Selbstbedienungsladen vgl Rn 3. **e) Zur Warenbestellung über Btx** s Köhler (wie 8 § 127 Rn 1) S 51 ff; Paefgen JuS 88, 592 ff; Mehrings MMR 98, 32 f, je mwN: Erklärungen unter Abwesenden (sa § 130 Rn 5).

Jauernig

§§ 146, 147 Buch 1. Abschnitt 3. Rechtsgeschäfte

§ 146 Erlöschen des Antrags

Der Antrag erlischt, wenn er dem Antragenden gegenüber abgelehnt oder wenn er nicht diesem gegenüber nach den §§ 147 bis 149 rechtzeitig angenommen wird.

1 1. **Antrag erlischt** durch Ablehnung (§ 146), Fristablauf (§§ 147–149, 151 S 2, 152 S 2), Widerruf des nicht bindenden Antrags (§ 145 Rn 5), sa §§ 153, 156 S 2. **a) Ablehnung** ist formfreies, einseitiges, empfangsbedürftiges RGeschäft; zur Ablehnungsfrist § 308 Nr 1. Modifizierende Annahme gilt als Ablehnung, § 150 II. Beschränkt Geschäftsfähiger bedarf der Zustimmung des ges Vertreters (ie § 111 Rn 3–5), weil Ablehnung nicht lediglich rechtlichen Vorteil bringt (§ 107; vgl
2 § 145 Rn 4). **b) Antrag an Abwesenden** erlischt mit Ablauf gesetzter Frist (§§ 148, 151 S 2, 152 S 2) oder ges Normalfrist (§ 147 II). Antrag an **Anwesenden** erlischt, wenn er nicht sofort (§ 147 I) oder in gesetzter Frist (§ 148) angenommen wird.
3 2. **Wirkung.** Mit Erlöschen existiert der Antrag rechtlich nicht mehr (zutr BGH NJW-RR 94, 1164 gegen NJW 73, 1790). Verspätete Annahme gilt als neuer Antrag, § 150 I. Annahme nach Ablehnung kann Antrag sein (§§ 133, 157).

§ 147 Annahmefrist

(1) ¹Der einem Anwesenden gemachte Antrag kann nur sofort angenommen werden. ²Dies gilt auch von einem mittels Fernsprechers oder einer sonstigen technischen Einrichtung von Person zu Person gemachten Antrag.

(2) Der einem Abwesenden gemachte Antrag kann nur bis zu dem Zeitpunkt angenommen werden, in welchem der Antragende den Eingang der Antwort unter regelmäßigen Umständen erwarten darf.

1 1. **Vertragsannahme. a)** Sie ist idR empfangsbedürftige **Willenserklärung** (Begriff Rn 8 vor § 104). Empfangsbedürftigkeit (Zugangsbedürftigkeit), nicht Erklärung der Annahme entfällt gem §§ 151, 152 (str, vgl § 151 Rn 1).
2 **b) Inhalt:** uneingeschränkte Bejahung des unveränderten Antrags, sonst § 150 II.
3 **c) Schlüssige Erklärung** ist (nur) beim *formfreier* Annahme möglich (BGH MDR
4 82, 993). **d) Bloßes Schweigen** enthält idR keine Annahme (dazu allg Rn 9, 10 vor § 116), auch nicht im kaufmännischen Verkehr (BGH NJW 95, 1281). *Ausnahmen:* **aa) Beredtes Schweigen:** Kraft Auslegung oder Parteiabrede ist Schweigen als Annahme aufzufassen. Bsp: Schweigen auf Vertragsangebot in bestimmter Frist gilt nach Parteiabrede als Annahme (BGH NJW 75, 40, s aber § 308 Nr 5); uU ebenso Schweigen durch Antragenden auf verspätete Annahme (§ 150 I; BGH NJW-RR 99, 819) oder Schweigen auf Antrag nach umfassenden einverständlichen Vorverhandlungen (unklar BGH NJW 95, 1281 f; 96, 920: Schweigen als Annahme oder Annahme gem § 151 S 1; s Scheffer NJW 95, 3166 ff; sa § 151 Rn 1). **bb) Annahme kraft des normierten Schweigens.** Bsp: § 516 II, HGB 362. **cc) Kontrahierungszwang** macht Annahme unvermeidlich (LM Nr 1 zu § 284; einschr Bydlinski JZ 80, 379). **dd) Treu und Glauben** fordern Ablehnung des Angebots (BGH NJW 81, 44; sa BB 86, 554; zweifelhaft). **ee) Schweigen auf kaufmännisches Bestätigungsschreiben** (ie Rn 5, 6). **ff) Kein Vertragsschluß** gem § 663, BRAO 44, aber Nicht-Annahme (BGH NJW 84, 867) des Antrags ist unverzüglich (§ 121 I 1) zu erklären, sonst ggf Schadensersatzpflicht.
5 2. **Kaufmännisches Bestätigungsschreiben. a) Allgemeines.** Unter gewerblich tätigen Unternehmern („Kaufleuten") und anderen Personen (insbes Freiberuflern), die wie ein solcher Unternehmer in größerem Umfang am Rechtsverkehr teilnehmen (BGH NJW 87, 1941), ist es Brauch, daß ein mündlich, fernmündlich, telegraphisch, fernschriftlich oder durch Telefax bereits geschlossener Vertrag schriftlich bestätigt wird (zur Bestätigung per E-Mail Ernst NJW-CoR

Titel 3. Vertrag **§ 147**

97, 167); selten beruht das Schreiben auf einer Formabrede, dann gilt § 154 II (vgl BGH NJW 64, 1270). Stimmt das Bestätigungsschreiben mit dem abgeschlossenen Vertrag überein, so hat es nur prozessuale Bedeutung als Beweismittel (vgl BGH NJW 64, 1270). Weicht es ab, so kann ihm materiellrechtliche Bedeutung zukommen (Rn 6). **b) Entspricht das Schreiben nicht dem Vertrag,** so wird dieser 6 grundsätzlich entspr dem Schreiben abgeändert oder ergänzt, wenn der Empfänger nicht widerspricht (zur nachträglichen Einbeziehung von *AGB* s u und § 305 Rn 21). Bestand entgegen dem Schreiben in Wahrheit **noch kein** (wirksamer) **Vertrag,** so kommt er bei widerspruchsloser Hinnahme des Bestätigungsschreibens mit dessen Inhalt zustande (BGH NJW 94, 1288), sofern die ges (BGH NJW 81, 2247) oder vereinbarte Form eingehalten ist und andere Gültigkeitsmängel (zB §§ 134, 138) fehlen (BGH NJW-RR 91, 1290). Das Bestätigungsschreiben muß sich zeitlich und inhaltlich unmittelbar an (fern-) mündliche, telegraphische, fernschriftliche oder gefaxte Vertragsverhandlungen, die stattgefunden haben (BGH NJW 90, 386), anschließen (BGH JZ 67, 575) und eindeutig den (behaupteten) Vertragsschluß wiedergeben (BGH NJW 72, 820); seine Vollständigkeit wird tatsächlich vermutet (BGH NJW-RR 86, 393). Das Schreiben darf vom Inhalt der Besprechungen nicht so weit abweichen, daß der Absender vernünftigerweise nicht mit dem Einverständnis des Empfängers rechnen konnte (BGH NJW 94, 1288); das gilt auch für solche AGB, mit deren Hinnahme nicht zu rechnen ist (BGH NJW 80, 449; 82, 1751; Ulmer/Schmidt JuS 84, 20 f). Erst recht darf es keine bewußt falsche Bestätigung enthalten (BGH JZ 67, 575; zur Beweislast DB 84, 2190). Erfüllt das Schreiben diese Anforderungen, so gilt Schweigen nach Zugang (§ 130) als Einverständnis. Das verhindert nur unverzüglicher (§ 121 I 1) Widerspruch. Unverzüglichkeit bestimmt sich nach den Umständen des Einzelfalls (BGH NJW 62, 246 f). Eine Woche ist idR zu lang (BGH NJW 62, 104); RG 105, 390 hält 1 bis 2 Tage für angemessen, BGH NJW 62, 247 uU 3 Tage. Entspricht das Schreiben nicht den Anforderungen, so liegt im Schweigen kein Einverständnis. Das gilt idR auch, wenn Gegenbestätigung erbeten wird (BGH NJW 64, 1270 stellt ganz auf den Einzelfall ab). **c) Auftragsbestätigung** ist Annahme eines 7 Vertragsangebots, zielt also nicht wie das Bestätigungsschreiben auf Fixierung eines bereits geschlossenen Vertrags. Ob Auftragsbestätigung oder Bestätigungsschreiben vorliegt, ist Auslegungsfrage, gebrauchter Ausdruck entscheidet nicht (BGH NJW 91, 38). Weicht Auftragsbestätigung vom Antrag ab (zB durch Beifügen von AGB), so gilt § 150 II (sog *modifizierte Auftragsbestätigung*); Schweigen darauf bedeutet auch im kaufmännischen Verkehr grundsätzlich nicht Zustimmung (anders bei widerspruchsloser Entgegennahme der Gegenleistung, BGH NJW 95, 1672).

3. Antrag unter Anwesenden (Begriff § 130 Rn 11) kann, wenn keine Frist 8 (§ 148) gesetzt ist, nur sofort, dh so schnell wie obj möglich (§ 859 Rn 2) angenommen werden, **I 1.** Mündlicher und fernmündlicher Antrag stehen gleich; dem Fernsprecher sind sonstige technische Einrichtungen gleichgestellt, **I 2.** Entscheidend ist, daß ein „unmittelbarer Dialog" von Person zu Person stattfindet; das ist zB der Fall bei Videokonferenzen (für den Zivilprozeß vgl. ZPO 128 a I 2), auch bei sog Chats (BT-Drs 14/4987 S 21), bei denen Abgabe und Kenntnisnahme der Willenserklärung fast zusammenfallen (§ 130 Rn 12). Mündlicher, fernmündlicher sowie diesem gleichgestellter (I 2) Antrag durch oder an Vertreter (mit oder ohne Vertretungsmacht, BGH NJW 96, 1064) ist solcher unter Anwesenden (§ 130 Rn 9). Antrag durch oder an Boten ist solcher unter Abwesenden, I also unanwendbar; aber: (fern-)mündlicher usw Antrag durch Boten steht für Wirksamwerden (§ 130) einer Erklärung unter Anwesenden gleich (§ 130 Rn 10).

4. Antrag unter Abwesenden (Begriff § 130 Rn 4) ohne Fristbestimmung 9 nach § 148, **II.** Frist läuft ab Abgabe, nicht erst ab Zugang (Begriffe § 130 Rn 1–3) des Antrags, solange, bis der Antragende das Wirksamwerden einer Annahme unter regelmäßigen Umständen erwarten darf, angemessene Überlegungsfrist des Antragsempfängers eingeschlossen. Verzögernde Umstände, die dem Antragenden

Jauernig

§§ 148–150 Buch 1. Abschnitt 3. Rechtsgeschäfte

bekannt sind (zB notwendige Rücksprache des Empfängers mit Dritten; Urlaubszeit), wirken fristverlängernd. Verhalten des Antragenden ist für Fristdauer beachtlich: Telegraphisches Angebot verlangt möglicherweise beschleunigte Annahme, der Gebrauch von Fax oder E-Mail beruht oft auf Bequemlichkeit und Kostenersparnis; erkennbar mangelndes Beschleunigungsinteresse des Antragenden verlängert die Frist (vgl RG 142, 404 f). Nach Fristablauf erlischt das Angebot (§ 146 Rn 3).

10   **5. Zur verspäteten Annahme** §§ 149, 150 I mit Anm.

§ 148 Bestimmung einer Annahmefrist

Hat der Antragende für die Annahme des Antrags eine Frist bestimmt, so kann die Annahme nur innerhalb der Frist erfolgen.

1   1. Zur *Bedeutung* der Annahmefrist vgl § 146 Rn 1–3. *Berechnung:* §§ 186 ff. **Fristsetzung** auch durch schlüssige, insbes aus den Umständen zu entnehmende Erklärung möglich. Ohne Fristbestimmung in oder mit dem Antrag läuft unter *Abwesenden* ges Frist der §§ 147 II, 151 S 2 oder 152 S 2; unter *Anwesenden* gilt dann § 147 I. Nachträgliche einseitige **Fristverlängerung** (nicht Verkürzung) ist möglich. Auslegungsfrage, ob Frist schon mit Abgabe (so idR) oder erst mit Zugang des Antrags beginnt und ob Abgabe oder (so idR) Zugang der Annahme in die Frist fallen muß. Nach BGH NJW 73, 1790 muß **Annahme durch vollmachtlosen Vertreter** noch innerhalb der Annahmefrist vom Vertretenen genehmigt werden (§§ 177, 184), da mit Fristablauf keine Bindung an den Antrag mehr bestehe, was die Rückwirkung der Genehmigung nach Fristablauf nicht überwinde; dagegen § 184 Rn 2.

2   2. **Überlange Annahmefristen in AGB** zugunsten des Verwenders als Antragsempfänger sind unwirksam, § 308 Nr 1. Es gilt § 147 II (§ 306 I, II).

§ 149 Verspätet zugegangene Annahmeerklärung

¹ Ist eine dem Antragenden verspätet zugegangene Annahmeerklärung dergestalt abgesendet worden, dass sie bei regelmäßiger Beförderung ihm rechtzeitig zugegangen sein würde, und musste der Antragende dies erkennen, so hat er die Verspätung dem Annehmenden unverzüglich nach dem Empfang der Erklärung anzuzeigen, sofern es nicht schon vorher geschehen ist. ² Verzögert er die Absendung der Anzeige, so gilt die Annahme als nicht verspätet.

1   1. **Verspätete Annahme** gilt als rechtzeitig, wenn Verspätung nur auf unregelmäßiger Beförderung beruht, der Antragende das erkennen mußte (zB aufgrund des Poststempels) und dennoch nicht unverzüglich (§ 121 I 1) dem Annehmenden die Verspätung anzeigt. Bei Unterlassen, Verzögern oder anderem Inhalt der Anzeige gilt Annahme als rechtzeitig, Vertrag als geschlossen (RG 105, 257), andernfalls greift § 150 I ein.

§ 150 Verspätete und abändernde Annahme

(1) **Die verspätete Annahme eines Antrags gilt als neuer Antrag.**

(2) **Eine Annahme unter Erweiterungen, Einschränkungen oder sonstigen Änderungen gilt als Ablehnung verbunden mit einem neuen Antrag.**

1   1. Ist die **Annahme verspätet** (§§ 147–149), so scheitert der Vertragsschluß, weil das Angebot rechtlich nicht mehr existiert. Annahme gilt als *neuer Antrag,* **I** (Auslegungsregel). Bei Schweigen des Gegners kann uU Vertrag zustandekommen (§ 147 Rn 4). Annahme des neuen Antrags (I) auch gem § 151 möglich.

2   2. **Abändernde Annahme** gilt als Ablehnung (daher scheitert Vertragsschluß, s BGH NJW-RR 93, 1036) und *neuer Antrag,* **II** (Auslegungsregel); sa § 147 Rn 7.

Titel 3. Vertrag **§ 151**

Der Empfänger des „alten" Antrags muß seinen von diesem abw Willen in der Annahmeerklärung klar und eindeutig ausdrücken, sonst scheidet II aus (BGH WM 83, 314). Die Abweichung in unwesentlichen Punkten genügt (BGH NJW 01, 222). Iü ist es *Auslegungsfrage*, ob Annahme mit Zusatz auf Antragsänderung zielt (dann II) oder ob Antrag unverändert akzeptiert und daneben eine Änderung des eben abgeschlossenen Vertrags angeboten wird (BGH NJW 01, 222; Bsp: Annahme bzgl einer größeren als der angebotenen Menge bewirkt Vertragsschluß über angebotene Menge und enthält daneben Antrag auf Vertragserweiterung). – Zum Vertragsschluß bei einander widersprechenden AGB s § 305 Rn 23. – Zur Annahme durch Schweigen vgl § 147 Rn 4, auch BGH NJW 95, 1672. Annahme des neuen Antrags (II) auch gem § 151 möglich.

§ 151 Annahme ohne Erklärung gegenüber dem Antragenden

¹Der Vertrag kommt durch die Annahme des Antrags zustande, ohne dass die Annahme dem Antragenden gegenüber erklärt zu werden braucht, wenn eine solche Erklärung nach der Verkehrssitte nicht zu erwarten ist oder der Antragende auf sie verzichtet hat. ²Der Zeitpunkt, in welchem der Antrag erlischt, bestimmt sich nach dem aus dem Antrag oder den Umständen zu entnehmenden Willen des Antragenden.

1. **Allgemeines.** Die Vertragsannahme ist idR empfangsbedürftige Willenserklärung, bedarf also des Zugangs, um wirksam zu werden. Im Fall des § 151 (sa § 152) muß die Annahme nicht „dem Antragenden gegenüber" erklärt werden, sie ist also eine **nichtempfangsbedürftige Willenserklärung**, die bereits mit Abgabe, nicht erst mit Zugang wirksam wird (BGH WM 77, 1020; allg § 130 Rn 2). Nach BGH NJW 01, 2324 mN (aA BGH NJW 99, 1328) wird statt einer Willens*erklärung* nur eine Willens*betätigung* („Annahme als solche") verlangt; für eine Annahmeerklärung (!) besteht nach BGH NJW 90, 1657 kein „Erklärungsbedürfnis" (?), nach BGH NJW 99, 2179 keine „Erklärungsbedürftigkeit" (vielleicht gemeint: „Empfangsbedürftigkeit", s BGH NJW 00, 277), nach BAG BB 02, 360 ist sogar die „Annahme" entbehrlich. Das schafft Verwirrung; denn die Willensbetätigung unterscheidet sich in nichts von einer nichtempfangsbedürftigen schlüssigen Willenserklärung (zur Auslegung § 133 Rn 6, zum Erklärungs- [hier: Annahme-]willen Rn 5 vor § 116 einerseits, BGH 111, 101 und NJW 90, 1657 andererseits). Auslegung kann ergeben, daß keine Annahme vorliegt (Bsp BGH NJW 01, 2324 f **„Erlaßfalle":** Schuldner bietet schriftlich Erlaßvertrag für hohe Schuldsumme an, der durch Einlösung des beigefügten Schecks über Minimalbetrag zustande kommen soll; Einlösung ist obj keine Annahme, sie wäre absurd (BGH NJW 01, 2325: Angebot von 0,68% der Hauptforderung obj absurd); anders Hamm NJW-RR 98, 1662 f für Scheck über 70% der Schuldsumme; ie Eckardt BB 96, 1945 ff). Da bei Annahmeerklärung nach S 1 der Zugang entfällt, ist § 130 I 2 unanwendbar (str); für Anfechtung gelten allg Regeln (hM; aA MK/Kramer 51 mN; BGH NJW 90, 1658 läßt offen). Die Annahmeerklärung erfolgt zumeist, aber nicht notwendig, **schlüssig.** Bsp: Absenden der bestellten Ware (RG 102, 372); kurzfristige Reservierung von Hotelzimmer (kann auch ausdr Erklärung sein); Garantievertrag zwischen Hersteller und Endabnehmer (BGH 104, 85); weitere Bsp § 145 Rn 6, 7. Von der (idR schlüssigen) Annahmeerklärung gem § 151 ist die Annahme durch bloßes Schweigen zu unterscheiden (§ 147 Rn 4; allg Rn 8, 9 vor § 116). Bsp für *praktische Bedeutung* des § 151: Kauf beim Versandhaus kommt schon mit Absendung, nicht erst mit „Zugang" (Empfang) der Ware zustande, so daß für Transportschäden § 447 eingreifen kann (RG 102, 372); das liegt im Verkäuferinteresse. Für den Verbrauchsgüterkauf ist § 447 ausgeschlossen: § 474 II.

2. **Zugang entbehrlich** in zwei Fällen. **a) Verzicht** kann stillschweigend erfolgen, sich insbes aus den Umständen ergeben, BGH NJW-RR 86, 1301 (Bsp: so kurzfristige schriftliche Bestellung eines Hotelzimmers, daß Antwort ausgeschlossen; Verhalten bei früheren Käufen, vgl LM Nr 2 zu § 148). **b)** Zur **Verkehrssitte**

Jauernig

§§ 152, 153   Buch 1. Abschnitt 3. Rechtsgeschäfte

allg § 133 Rn 4. Bei entspr Verkehrssitte liegt obj stillschweigender Verzicht vor (MK/Kramer 52; abw StBork 5); bei unentgeltlicher Zuwendung und bei einem für den Antragsempfänger lediglich vorteilhaftem Geschäft besteht Verkehrssitte (BGH NJW 99, 1328; 00, 277).

4   3. **Erlöschen des Antrags** nach S 2 mit Ablauf der im Antrag gesetzten Frist, sonst nach dem aus den Umständen zu entnehmenden Willen des Antragenden (obj Bestimmung entspr § 147 II gilt nicht, BGH NJW 99, 2180).

§ 152 Annahme bei notarieller Beurkundung

¹ **Wird ein Vertrag notariell beurkundet, ohne dass beide Teile gleichzeitig anwesend sind, so kommt der Vertrag mit der nach § 128 erfolgten Beurkundung der Annahme zustande, wenn nicht ein anderes bestimmt ist.** ² Die Vorschrift des § 151 Satz 2 findet Anwendung.

1   1. **Allgemeines.** Annahmeerklärung ist wie bei § 151 **nicht empfangsbedürftig** (vgl § 151 Rn 1). Sie wird bereits mit der notariellen Beurkundung ihrer Abgabe, nicht erst mit Zugang wirksam. § 152 gilt nicht für Privatschriftform (vgl § 126 Rn 11). Für die Dauer der Annahmefrist gilt § 151 S 2 **(S 2)**, vgl § 151 Rn 3, aber auch u Rn 2.

2   2. § 152 ist **abdingbar.** „Anderes bestimmt" ist idR (Auslegungsfrage, RG 96, 275; BGH NJW 02, 214) konkludent durch Setzen einer Annahmefrist idS, daß in der Frist Zugang oder wenigstens zuverlässige Nachricht von der Annahme erfolgen soll.

§ 153 Tod oder Geschäftsunfähigkeit des Antragenden

Das Zustandekommen des Vertrags wird nicht dadurch gehindert, dass der Antragende vor der Annahme stirbt oder geschäftsunfähig wird, es sei denn, dass ein anderer Wille des Antragenden anzunehmen ist.

1   1. **Allgemeines. a) § 153 ergänzt § 130 II:** Dieser erhält die Zugangsfähigkeit einer Willenserklärung (§ 130 Rn 17); handelt es sich um einen Antrag, so bleibt er nach § 153 idR *annahmefähig,* wenn der Antragende vor der Annahme stirbt
2 oder geschäftsunfähig wird. **b) Wird Antragender beschränkt geschäftsfähig** (vor Zugang oder Annahme), zB durch Rücknahme der Ermächtigung gem §§ 112 II, 113 II, so bleibt Antrag zugangs- bzw annahmefähig; § 153 gilt nicht (str). Zum Zugang der Annahmeerklärung beim beschränkt Geschäftsfähigen vgl
3 § 131 Rn 3. **c) Bei Eröffnung des Insolvenzverfahrens** über Vermögen des Antragenden gilt § 153 entspr nur für Antrag auf Abschluß eines verpflichtenden, nicht eines verfügenden (dafür InsO 81, 91) Vertrags (BGH NJW 02, 214 mN).

4   2. **Anderer Wille des Antragenden.** Ist er – als *hypothetischer* Wille (str) – zu bejahen (Auslegungsfrage), so entfällt die Annahmefähigkeit; dem Antragsempfänger ist das negative Interesse zu ersetzen (§ 122 analog), hM. Nach aA (MK/Kramer 4 mN) entfällt Annahmefähigkeit nur, wenn das Angebot obj personenbezogen ist (Bsp: Kreditgeschäft); folgerichtig wird bei Scheitern des Vertrags Schadensersatz abgelehnt (Flume II § 35 I 4).

5   3. **Tod oder Geschäftsunfähigkeit des Antragsempfängers. a) Tod vor Zugang** des Antrags verhindert idR Wirksamwerden; anders nur, wenn Antrag auch für die Erben gelten soll (Auslegungsfrage), dann Zugang bei ihnen nötig. **b) Bei Tod nach Zugang** und vor Annahme ist entscheidend, ob Annahmerecht vererblich und damit Annahme noch möglich ist (§ 145 Rn 4). **c) Tod nach Abgabe** der Annahmeerklärung hindert nicht deren Wirksamwerden (§ 130 II). Vertrag kommt zustande. **d) Wird Empfänger geschäftsunfähig,** so entfällt Annahmefähigkeit, wenn Geschäftsfähigkeit für das beabsichtigte Vertragsverhältnis nötig ist (zB bei angetragener Einstellung als leitender Angestellter); Auslegungsfrage. Sonst kann ges Vertreter annehmen.

Titel 3. Vertrag §§ 154, 155

§ 154 Offener Einigungsmangel; fehlende Beurkundung

(1) ¹Solange nicht die Parteien sich über alle Punkte eines Vertrags geeinigt haben, über die nach der Erklärung auch nur einer Partei eine Vereinbarung getroffen werden soll, ist im Zweifel der Vertrag nicht geschlossen. ²Die Verständigung über einzelne Punkte ist auch dann nicht bindend, wenn eine Aufzeichnung stattgefunden hat.

(2) Ist eine Beurkundung des beabsichtigten Vertrags verabredet worden, so ist im Zweifel der Vertrag nicht geschlossen, bis die Beurkundung erfolgt ist.

1. Allgemeines. Die in I (Inhalt) und II (Form) geregelten Tatbestände sind 1 unvergleichbar, nur das Ergebnis ist gleich: „IZw" ist der Vertrag nicht geschlossen (Auslegungsregel, BGH NJW 02, 818 betr I), nicht etwa ist er nichtig. Abw Parteiwille geht, wenn feststellbar (dann Zweifel ausgeräumt), vor.

2. Offener Dissens (offener Einigungsmangel; zum versteckten vgl § 155), I. 2 **a) Vertragliche Einigung** setzt (mindestens) zwei aufeinander bezogene (korrelierende) Willenserklärungen voraus, die den wesentlichen Vertragsinhalt zumindest bestimmbar machen (Rn 2 vor § 145). Haben sich die Parteien, wie sie wissen (sa § 155 Rn 1), über einen *obj wesentlichen Vertragspunkt,* zB Kaufgegenstand, nicht geeinigt, so ist nach allg Grundsätzen idR kein Vertrag zustande gekommen (vgl aber Rn 3). Dasselbe gilt **iZw,** wenn nach dem erkennbaren (genügend: schlüssig erklärten) Willen auch nur einer Partei über *irgendeinen Punkt* eine Einigung für den Vertragsschluß nötig, aber (noch) nicht erreicht ist, **I 1;** obj wesentlich muß der Punkt nicht sein (LM Nr 2). Einigung über andere Punkte genügt also **iZw** nicht zum Vertragsschluß bzgl dieser Punkte, auch nicht bei deren Aufzeichnung (sog Punktation), **I 2.** Die Berufung auf den Einigungsmangel kann aber gegen Treu und Glauben verstoßen (LM Nr 2). **b) I gilt nicht,** wenn die Parteien trotz 3 in Einzelpunkten fehlender Einigung erkennbar (Selbstinterpretation, zB durch Leistungsaustausch) den Vertragsschluß wollen (BGH 119, 288; sa BGH NJW 98, 3196; § 133 Rn 9; § 305 Rn 23). Dabei kann es sich auch um obj wesentliche Punkte handeln (zB Kaufpreis [Hamm NJW 76, 1212], Dienstlohn). Vertragsschluß ist möglich, wenn und weil der wesentliche Vertragsinhalt wenigstens bestimmbar ist durch Rückgriff auf ges Regelung (BGH NJW 02, 818), ergänzende Vertragsauslegung (§ 157), §§ 315 ff (BGH NJW-RR 00, 1659). Die Parteien können den offenen Punkt, soweit er nicht schon zwingend ges geregelt ist, aber auch einem weiteren (ergänzenden) Vertrag vorbehalten (vgl BGH 41, 275 f; Hamm NJW 76, 1212).

3. Vorab vereinbarte Beurkundung des Vertrags ist **iZw Abschlußvoraus-** 4 **setzung, II** (Auslegungsregel, BGH NJW 99, 1329; BAG NJW 97, 1597; abw BGH 95, 1543: Vermutung). Für Beurkundung genügt entspr der Vereinbarung Privatschriftform (§§ 126, 126 a, 127). II gilt nicht, wenn Form nicht konstitutiv wirken, sondern nur Beweiszwecken dienen soll (BGH NJW 00, 357; zur Beweislast BAG aaO). Für wichtige oder langfristige Verträge wird Abrede iSv II vermutet (BGH aaO). Nachträgliche Formvereinbarung zielt idR auf Beschaffung eines Beweismittels, sonst liegt darin Vertragsaufhebung und Abschluß iSv II. Sa § 125 Rn 11.

§ 155 Versteckter Einigungsmangel

Haben sich die Parteien bei einem Vertrag, den sie als geschlossen ansehen, über einen Punkt, über den eine Vereinbarung getroffen werden sollte, in Wirklichkeit nicht geeinigt, so gilt das Vereinbarte, sofern anzunehmen ist, dass der Vertrag auch ohne eine Bestimmung über diesen Punkt geschlossen sein würde.

§§ 156, 157 Buch 1. Abschnitt 3. Rechtsgeschäfte

1 1. **Allgemeines.** Meinen die Parteien irrtümlich, sich über alle **obj wesentlichen Vertragspunkte** (sog essentialia negotii) geeinigt zu haben (zB Kaufpreis), so ist nach allg Grundsätzen idR kein Vertrag zustande gekommen (RG 93, 299). Das Fehlen der Einigung kann auf einem Übersehen oder darauf beruhen, daß die Parteien irrtümlich meinen, sich geeinigt zu haben (Bsp: RG 104, 265 f). Ob Einigung idS besteht, ist Auslegungsfrage. Liegt obj die Einigung und damit der Vertragsschluß vor, so kann Irrtum gegeben sein, der gem § 119 zur Anfechtung berechtigt (§ 119 Rn 2).

2 2. **Versteckter Dissens** (verdeckter Einigungsmangel) iSv § 155 erfaßt entspr Rn 1 nur Mißverständnis über Einigung *in Nebenpunkten* (RG 93, 299). Ob Einigung vorliegt, ist auch hier Auslegungsfrage (vgl BGH WM 86, 858). Fehlt Einigung über Nebenpunkt, so gilt gem § 155 das Vereinbarte nur, wenn die Parteien den Vertrag auch ohne den Nebenpunkt geschlossen hätten (andernfalls ist der Vertrag nicht geschlossen, nicht – wie oft gesagt wird – nichtig; zum Unterschied Rn 17, 18 vor § 104). Ein Vertragsschluß ist um so eher anzunehmen, je bedeutungsloser die Lücke ist. Sie ist mit Hilfe ges Regelung, ergänzender Vertragsauslegung (§ 157) oder §§ 315 ff zu schließen (vgl RG 88, 379).

3 3. Hat die eine Partei den Einigungsmangel und damit das Scheitern des Vertragsschlusses verschuldet, so haftet sie nach hM der anderen aus cic (§ 280 I)auf das **Vertrauensinteresse** (StBork 17); bei beiderseitigem Verschulden soll § 254 gelten. Haftung ist jedoch abzulehnen (MK/Kramer 14 mN); denn „jeder Erklärende (muß) sich beim Wort nehmen und sich gefallen lassen, daß seine Erklärung so verstanden wird, wie die Allgemeinheit sie auffaßt. Anderseits muß jeder Teil die Erklärung des Gegners so gegen sich gelten lassen, wie sie nach Treu und Glauben mit Rücksicht auf die Verkehrssitte zu verstehen ist" (RG 165, 198). Folglich ist auch der Dissens jeder Partei gleichermaßen zuzurechnen, was eine Haftung ausschließt (Flume II § 34, 5).

§ 156 Vertragsschluss bei Versteigerung

¹Bei einer Versteigerung kommt der Vertrag erst durch den Zuschlag zustande. ²Ein Gebot erlischt, wenn ein Übergebot abgegeben oder die Versteigerung ohne Erteilung des Zuschlags geschlossen wird.

1 1. Enthält bes Regelung für **Vertragsschluß in Versteigerungen**: Antrag ist das Gebot, (nichtempfangsbedürftige) Annahme der Zuschlag, **S 1**, BGH NJW 98, 2350 (zum vorherigen schriftlichen „Gebot" BGH WM 84, 1057). Betrifft nur Verpflichtungs-, nicht Erfüllungsgeschäft (zB Übereignung); § 311 b I gilt (BGH NJW 98, 2350). Meistbietender hat kein Recht auf den Zuschlag. Gebot (Antrag) erlischt gem **S 2;** abw Vereinbarung möglich. Gebot und Zuschlag können auch durch elektronische Übermittlung einer Datei im Internet (online) abgegeben und wirksam werden (BGH NJW 02, 364). Zur Versteigerung („Auktion") im Internet BGH NJW 02, 364 f (Revisionsentscheidung zu Hamm NJW 01, 1142 f); Heckmann NJW 00, 1373 f (insbes zur gewerberechtlichen Erlaubnis); Ulrici NJW 01, 1112 f und JuS 00, 947 ff. Kein Widerrufsrecht gem § 355 bei Fernabsatzvertrag, der in der Form des § 156 abgeschlossen wird, § 312 d IV Nr 5.

2 2. **§ 156 gilt auch** für ges geregelte privatrechtliche Versteigerungen: §§ 383, 489, 753, 966, 975, 979, 983, 1219, 1233 ff; HGB 373, 376, 389; ferner für Versteigerung gem ZPO 817, nicht für Zwangsversteigerung nach dem ZVG.

§ 157 Auslegung von Verträgen

Verträge sind so auszulegen, wie Treu und Glauben mit Rücksicht auf die Verkehrssitte es erfordern.

1 1. Zur **Auslegung im allg** vgl Anm zu § 133. Zum Begriff der Verkehrssitte § 133 Rn 4. Zum Verhältnis von § 133 zu § 157: § 133 Rn 7.

Titel 4. Bedingung und Zeitbestimmung **§ 158**

2. Ergänzende Vertragsauslegung. a) Voraussetzung ist eine **Lücke** der 2 vertraglichen Regelung (BGH 9, 277 f, grundsätzlich), auch in AGB (hier aber Ergänzung nach obj Kriterien entspr § 305 b Rn 1; beruht die Lücke auf Nichteinbeziehung oder Unwirksamkeit von AGB, so gilt § 306 II, s dort Rn 5). Gleichgültig ist, ob eine Regelung versehentlich (BGH 74, 376) oder bewußt (Düsseldorf NJW-RR 95, 1456) unterlassen ist (wegen der „bewußten Lücke" ist es mißverständlich, die Lücke allg als „planwidrige" Unvollständigkeit der rechtsgeschäftlichen Regelung zu bezeichnen, so aber BGH NJW 02, 2310 mN, stRspr; besser BGH NJW 93, 2937: Regelungsplan der Parteien ist vervollständigungsbedürftig). Gleichgültig ist ferner, ob die Lücke von Anfang an bestand oder erst später entstanden ist, weil die Umstände sich anders entwickelt haben als vorgesehen (BGH NJW-RR 94, 1165). Aber **keine Lücke**, wenn die getroffene Regelung bewußt abschließend sein soll (BGH NJW 90, 1724; 02, 1262); ebenso, wenn die eindeutige Regelung (insbes die Risikoverteilung, BGH 74, 373 ff) zu Unbilligkeiten führt (s BGH BB 84, 695). **b) Dispositives Ges und ergänzende Ver-** 3 **tragsauslegung.** Nicht jeder unvollständige Vertrag kann gem § 157 „ergänzt" werden, weil sonst das dispositive Recht praktisch obsolet würde. Vielmehr: Je größer die Annäherung an einen ges Vertragstyp, desto stärker ist dessen dispositive Regelung heranzuziehen; je geringer die Annäherung, desto mehr greift § 157 ein (Flume II § 16, 4 b; undifferenziert für Vorrang des dispositiven Rechts BGH 146, 261). Bei Gesellschaftsverträgen soll aber ergänzende Auslegung (§ 157) dem dispositiven Ges vorgehen, weil das Ges idR veraltet sei (BGH 107, 355; 123, 286); krit Stürner NJW 79, 1230: „Ältere Kodifikationen werden leicht als Prokrustesbett empfunden, dem man im Wandeln auf der Lustwiese freier Rechtsschöpfung vorgezogen wird". **c) Grundlage der Lückenfüllung.** Der lückenhafte Vertrag 4 bildet eine Art Normengefüge, in dem sich die Bewertungsmaßstäbe der Parteien sowie Sinn und Zweck der Abrede niedergeschlagen haben. Dieses Gefüge ist gem § 157 aus sich heraus nach Treu und Glauben mit Rücksicht auf die Verkehrssitte (Begriff § 133 Rn 4) folgerichtig weiterzuentwickeln. Es kommt also nicht darauf an, wie die Lücke von den konkreten Parteien geschlossen worden wäre (zu welcher Regelung zB die eine die andere überredet hätte). Der hier oft genannte *hypothetische Parteiwille* ist deshalb ein *normatives* Kriterium (Flume II § 16, 4 a). Nach ihm ist entscheidend, „welche Regelung die Parteien im Hinblick auf den mit dem Vertrag verfolgten Zweck bei sachgerechter Abwägung ihrer beiderseitigen Interessen nach Treu und Glauben und unter Berücksichtigung der Verkehrssitte getroffen hätten" (BGH NJW-RR 90, 819), wenn sie den nicht geregelten Fall bedacht hätten (BGH 127, 142). Maßgebender Zeitpunkt hierfür ist nicht der des Vertragsschlusses (so aber BGH 123, 285), sondern die Gegenwart (Flume II § 16, 4 c, d). Die Lücke muß stets innerhalb des gegebenen vertraglichen Rahmens liegen (BGH 134, 65). Daher kann eine ergänzende Vertragsauslegung grundsätzlich nicht den Vertragsgegenstand erweitern und so einer Partei etwas verschaffen, was sie hat erreichen wollen, aber nicht erzielt oder vergessen hat (BGH NJW-RR 95, 854). Bestehen mehrere Gestaltungsmöglichkeiten, aber kein Anhalt, welche die Parteien gewählt hätten, so scheidet § 157 aus (BGH 143, 121 mN). Ist die Regelungslücke mangels greifbaren Anhalts im Vertragsgefüge nicht zu schließen, so kann bei beiderseitigem Irrtum über den ungeregelten Punkt ausnahmsweise Anpassung durch Richterspruch gem § 242 in Frage kommen (BGH NJW 93, 2936; sa NJW-RR 90, 602; allg Larenz Karlsruher Forum 83, 156 ff).

Titel 4. Bedingung und Zeitbestimmung

§ 158 Aufschiebende und auflösende Bedingung

(1) **Wird ein Rechtsgeschäft unter einer aufschiebenden Bedingung vorgenommen, so tritt die von der Bedingung abhängig gemachte Wirkung mit dem Eintritt der Bedingung ein.**

§ 158   Buch 1. Abschnitt 3. Rechtsgeschäfte

(2) Wird ein Rechtsgeschäft unter einer **auflösenden Bedingung** vorgenommen, so endigt mit dem Eintritt der Bedingung die Wirkung des Rechtsgeschäfts; mit diesem Zeitpunkt tritt der frühere Rechtszustand wieder ein.

1 **1. Begriff. a) Allgemeines.** Bedingung iSd §§ 158 ff (**echte Bedingung**) ist die *Nebenabrede innerhalb eines RGeschäfts,* wonach dessen Rechtswirkungen von einem *künftigen, obj ungewissen Ereignis* abhängen. Auch das Ereignis selbst heißt Bedingung (vgl I aE!); *ob* es eintritt, muß ungewiß sein; *wann* es eintritt, kann gewiß (zB 18. Geburtstag eines Säuglings) oder ungewiß (zB Bezahlung des Kaufpreises, § 449 I) sein. Für die Selbständigkeit der „Nebenabrede" gegenüber dem RGeschäft ist zwischen aufschiebender und auflösender Bedingung zu unterscheiden (Flume II § 38, 4 c), wie sich ua bei der unmöglichen, unerlaubten oder
2 unsittlichen Bedingung (Rn 13, 14) und bei der Beweislast (Rn 15) zeigt. **b) Aufschiebende (I) und auflösende (II) Bedingung.** Bei der *aufschiebenden* hängt der *Eintritt,* bei der *auflösenden* das *Fortbestehen* der Rechtswirkungen von dem Ereignis ab. Welche Art von Bedingung vorliegt, ist Auslegungsfrage. Das Ges gibt nur im
3 Einzelfall Auslegungsregeln, zB § 449 I. **c) Potestativbedingung** (Willkürbedingung) knüpft Eintritt oder Fortbestehen der Rechtswirkung an ein willkürliches Verhalten einer Partei, das sich nicht auf das bedingte RGeschäft bezieht. Sie ist zulässig (Hauptfall § 449 I: Die Zahlung oder Nichtzahlung liegt in der Willkür des Käufers; mit der bedingten dinglichen Einigung hat die [Nicht-]Zahlung nichts
4 zu tun). **d) Wollensbedingung.** Bei ihr hängt Eintritt oder Fortbestehen der Rechtswirkung und damit die Geltung des RGeschäfts selbst vom erklärten *bloßen Wollen* einer Partei (nicht eines Dritten!) ab (Unterschied zur Potestativbedingung, Rn 3). Ihre Zulässigkeit ist str, insbes, ob bei *aufschiebender* Wollensbedingung bereits ein bindender (Rn 7) Vertrag geschlossen ist. Dafür ein Hinweis auf § 495 I aE = § 454 I PalHeinrichs 10 vor § 158 mit abw Terminologie; ebenso für gegenseitige Verträge, sofern die Parteien sich binden wollen: BGH NJW-RR 96, 1167 zu § 433; BGH 134, 187 f (mit abw Terminologie). Ein bindender Vertrag liegt jedoch nicht vor; denn aufschiebende Wollensbedingung und ein Bindungswille der Partei, die auch ihr Nicht-Wollen noch erklären kann, widersprechen sich, ein Bindungswille allein der anderen Partei genügt zum Vertragsschluß nicht (abl auch StBork 16–18 vor § 158 mit zT abw Terminologie). Bei bloß einseitiger Bindung kann Vertragsangebot mit verlängerter Bindungswirkung oder bes Vertrag (Angebots- oder Optionsvertrag) vorliegen (Rn 6 vor § 145). *Auflösende* Wollensbedingungen geben bei Schuldverträgen der Sache nach ein Rücktritts- oder Kündigungsrecht, bei Verfügungen sind sie unzulässig (Flume II § 38, 2 d aE).

5 **2. Keine Bedingungen** sind a) **Geschäftsbedingungen** (sa § 305 I) als inhalt-
6 liche Ausgestaltung eines RGeschäfts; b) **gegenwärtige oder vergangene Ereignisse,** sie können nur subj ungewiß sein; sog uneigentliche Bedingung, Unterstellung oder Voraussetzung (vgl Flume II § 38, 1 b). Sie kann zulässig sein, §§ 158 ff gelten entspr (ie § 139 Rn 4; Rn 20 vor § 854; § 930 Rn 41; § 1191 Rn 8); c) **Rechtsbedingungen** als ges Voraussetzungen für Zustandekommen eines RGeschäfts (BGH NJW 52, 1331 f), auch für bedingungsfeindliche Gestaltungserklärung (BGH NJW 98, 2353 f: behördliche Genehmigung als Rechtsbedingung); zum privaten Genehmigungsvorbehalt (§§ 182 ff) als Rechtsbedingung BGH NJW 00, 2273; Lit: Egert, Die Rechtsbedingung usw, 1974; d) **Auflagen** (zB §§ 525 ff); sie verpflichten den Zuwendungsempfänger zu der auferlegten Handlung, berühren aber nicht die Wirksamkeit des RGeschäfts. e) **Befristungen,** s § 163 mit Anm.

7 **3. Rechtsfolgen** der Bedingung. **a) Das aufschiebend bedingte RGeschäft** ist vollendet (daher keine schwebende Unwirksamkeit: Rn 21 vor § 104), nur treten seine Rechtswirkungen erst später, mit *Eintritt* der Bedingung, unabhängig vom Parteiwillen und ohne Rückwirkung (vgl I, § 159) ein. Bis zum Eintritt (Ausfall) der Bedingung besteht ein *Schwebezustand,* während dessen die Vertragsparteien zu vertragstreuem, rücksichtsvollem Verhalten verpflichtet sind (BGH NJW 92, 2490).

Titel 4. Bedingung und Zeitbestimmung **§ 159**

Dem bedingt Berechtigten, bei einem Vertrag uU beiden Parteien, steht ein **Anwartschaftsrecht** (allg Definition: BGH 125, 338 f) zu; zur Sicherung des bedingt Berechtigten §§ 160 I, 161 I, 162. Es ist Vorwirkung des Vollrechts. Daher ist der Zeitpunkt der Geschäftsvornahme (nicht erst des Bedingungseintritts) maßgebend für Geschäftsfähigkeit, Verfügungsbefugnis (BGH 27, 367), Einhaltung von Formvorschriften, Feststellung der Nichtigkeit nach §§ 134 und 138, Bösgläubigkeit (BGH 30, 377). Zu Anspruchsentstehung und Verjährung § 199 Rn 3. Mit *Ausfall* der Bedingung endet der Schwebezustand, RGeschäft wird endgültig unwirksam.
b) Das auflösend bedingte RGeschäft ist voll wirksam. Mit *Ausfall* der Bedingung wird das RGeschäft *endgültig* voll wirksam; mit *Eintritt* wird ohne weiteres und ohne Rückwirkung (vgl II, § 159) der Zustand hergestellt, der vor Geschäftsvornahme bestand. Bis zum Eintritt (Ausfall) besteht ein *Schwebezustand,* während dessen dem vom Eintritt der Bedingung Begünstigten (vgl §§ 160 II, 161 II, 162) ein **Anwartschaftsrecht** zusteht (BGH NJW 72, 160). Bei einer auflösend bedingten Verfügung hat der Verfügende ein Anwartschaftsrecht auf Rückerwerb (vgl § 930 Rn 43). **c) Ausfall** der Bedingung: wenn Eintritt obj nicht mehr möglich ist; uU durch Zeitablauf (BGH NJW 85, 1557: nach Fristsetzung entspr §§ 146, 148). Einseitiger **Verzicht** auf vereinbarte Bedingung soll möglich sein (BGH NJW 98, 2362); das ist, weil einseitige Vertragsänderung, abzulehnen (sa § 929 Rn 63). 8

9

4. Zulässigkeit. a) Sie ist die Regel. Bei Zuwendungen können Verpflichtungs- und Erfüllungsgeschäft oder eines von beiden (vgl § 449 I: nur Erfüllungsgeschäft) bedingt sein. **b) Bedingungsfeindlich** ist ein RGeschäft kraft Ges (zB §§ 388, 925 II, 1311 S 2; LPartG 1 1 1) oder wegen Unerträglichkeit eines Schwebezustands bei einseitigen Gestaltungsgeschäften, zB Rücktritts- oder Anfechtungserklärung. Schwebezustand ist erträglich, **Bedingung** also **zulässig,** wenn Empfänger mit Bedingtheit einverstanden (RG 91, 309) oder auf ihn abgestellte Potestativbedingung (Anm 1 c) vorliegt (BGH 97, 267 für Rücktritt; Hamburg NJW-RR 91, 153 für Mietkündigung; BAG NJW 01, 3355 f für Kündigung eines Arbeitsverhältnisses; ferner Änderungskündigung [insoweit unzutr BAG NJW 99, 2542] außerhalb von KSchG 2). **c) Die Rechtsfolge unzulässiger Bedingtheit** (Anm 4 b) ergibt sich aus dem Ges (zB § 925 II: Auflassung unwirksam; § 1314 I Ehe aufhebbar; § 134 greift allein wegen der Bedingungsfeindlichkeit nicht ein, s aber Rn 14), sonst macht Unerträglichkeit eines Schwebezustands das RGeschäft unwirksam (RG 91, 308 f; str). Beifügung einer Rechtsbedingung (Rn 6 [c]) ist unschädlich (BGH NJW 98, 2353 f). Zum Abhängigmachen von einem gegenwärtigen oder vergangenen Ereignis („unechte Bedingung": Rn 6 [c]) s Rn 20 vor § 854. 10

11

12

5. Mangelhafte Bedingungen. a) Unmögliche Bedingung, die von Anfang an nie eintreten kann. Als aufschiebende macht sie das RGeschäft endgültig unwirksam (nichtig), als auflösende ist sie bedeutungslos. **b) Sofern gesetzwidrige oder unsittliche** Bedingung das RGeschäft als solches zu einem verbotenen (§ 134) oder sittenwidrigen (§ 138) macht, ist es nichtig. Dasselbe gilt, wenn allein eine *aufschiebende* Bedingung gegen §§ 134, 138 verstößt; bei einer *auflösenden* Bedingung kann das RGeschäft uU gem §§ 139, 140 als unbedingtes wirksam sein. 13

14

6. Beweislast. Bei Klage auf Erfüllung trägt sie der Kläger, wenn der Beklagte behauptet, das RGeschäft sei von Anfang an aufschiebend bedingt (BGH NJW 85, 497); der Beklagte trägt sie für die spätere Vereinbarung einer aufschiebenden sowie Vorliegen und Eintritt einer auflösenden Bedingung (BGH NJW 00, 363). 15

§ 159 Rückbeziehung

Sollen nach dem Inhalt des Rechtsgeschäfts die an den Eintritt der Bedingung geknüpften Folgen auf einen früheren Zeitpunkt zurückbezogen werden, so sind im Falle des Eintritts der Bedingung die Beteiligten verpflichtet, einander zu gewähren, was sie haben würden, wenn die Folgen in dem früheren Zeitpunkt eingetreten wären.

§§ 160, 161 Buch 1. Abschnitt 3. Rechtsgeschäfte

1   1. **Der Eintritt** der Bedingung **wirkt nicht zurück** (zum Begriff der Rückwirkung § 184 Rn 2). Rechtsgeschäftlich bestimmte Rückwirkung hat nur schuldrechtliche Folgen. Rückabwicklung bei auflösender Bedingung richtet sich nach Parteiabrede (Auslegung; StBork 3: idR, str), hilfsweise nach §§ 812 ff (LM Nr 1; str).

§ 160 Haftung während der Schwebezeit

(1) Wer unter einer aufschiebenden Bedingung berechtigt ist, kann im Falle des Eintritts der Bedingung Schadensersatz von dem anderen Teil verlangen, wenn dieser während der Schwebezeit das von der Bedingung abhängige Recht durch sein Verschulden vereitelt oder beeinträchtigt.

(2) Den gleichen Anspruch hat unter denselben Voraussetzungen bei einem unter einer auflösenden Bedingung vorgenommenen Rechtsgeschäft derjenige, zu dessen Gunsten der frühere Rechtszustand wieder eintritt.

§ 161 Unwirksamkeit von Verfügungen während der Schwebezeit

(1) ¹Hat jemand unter einer aufschiebenden Bedingung über einen Gegenstand verfügt, so ist jede weitere Verfügung, die er während der Schwebezeit über den Gegenstand trifft, im Falle des Eintritts der Bedingung insoweit unwirksam, als sie die von der Bedingung abhängige Wirkung vereiteln oder beeinträchtigen würde. ²Einer solchen Verfügung steht eine Verfügung gleich, die während der Schwebezeit im Wege der Zwangsvollstreckung oder der Arrestvollziehung oder durch den Insolvenzverwalter erfolgt.

(2) Dasselbe gilt bei einer auflösenden Bedingung von den Verfügungen desjenigen, dessen Recht mit dem Eintritt der Bedingung endigt.

(3) Die Vorschriften zugunsten derjenigen, welche Rechte von einem Nichtberechtigten herleiten, finden entsprechende Anwendung.

Anmerkungen zu den §§ 160, 161

1   **1. Allgemeines.** §§ 160, 161, auch 162 sollen den vereinbarten Rechtserwerb bei Bedingungseintritt sichern.

2   **2. Anspruch auf vollen Schadensersatz, § 160,** nur bei Bedingungseintritt. Für bedingte Verpflichtungsgeschäfte hat § 160 nur klarstellende, für bedingte Verfügungen konstitutive Bedeutung (MK/Westermann § 160, 3, 4 mN).

3   **3. a) Zwischenverfügungen** des (noch) Berechtigten werden mit Bedingungseintritt gegenüber jedermann („absolut": Rn 19 vor § 104) unwirksam, soweit sie das Recht des Erwerbers vereiteln oder beeinträchtigen, § 161 I, II. Das Ges beschränkt also die Verfügungsmacht des bedingt Verfügenden; die Beschränkung wird aber erst mit Bedingungseintritt relevant. Die Zwischenverfügung ist und bleibt jedoch bei „redlichem" rechtsgeschäftlichen Erwerb wirksam, da gem § 161 III die §§ 892 f, 1138, 1155 (Grundstücksrechte), 932–936 (zur Veräußerung durch den VVerkäufer s aber § 929 Rn 40), 1032, 1207 f (Fahrnis), HGB 366 f anwendbar sind; doch gelten diese Vorschriften nur „entspr", denn der Verfügende ist zZ der Zwischenverfügung noch Berechtigter, so daß sich der böse Glaube (vgl § 932 II) oder die Kenntnis (vgl § 892 I) nicht auf sein fehlendes Recht, sondern nur auf dessen Bedingtheit (= Mangel der Verfügungsmacht) beziehen kann. Den rechtsgeschäftlichen Verfügungen sind gleichgestellt Verfügungen in Zwangsvollstreckung, Arrestvollziehung, Insolvenzverfahren (§ 161 I 2).

4   **b) Mit Zustimmung** des Begünstigten ist die Zwischenverfügung wirksam oder wird es rückwirkend, § 185 entspr (BGH NJW-RR 98, 1067 mN).

114   *Jauernig*

Titel 4. Bedingung und Zeitbestimmung **§§ 162, 163**

§ 162 Verhinderung oder Herbeiführung des Bedingungseintritts

(1) **Wird der Eintritt der Bedingung von der Partei, zu deren Nachteil er gereichen würde, wider Treu und Glauben verhindert, so gilt die Bedingung als eingetreten.**

(2) **Wird der Eintritt der Bedingung von der Partei, zu deren Vorteil er gereicht, wider Treu und Glauben herbeigeführt, so gilt der Eintritt als nicht erfolgt.**

1. **Anwendungsbereich. a) Echte Bedingungen** (§ 158 Rn 1–4), insbes keine Rechtsbedingungen (nur ausnahmsweise: BGH NJW 96, 3340). **b) Bei Potestativbedingungen** (§ 158 Rn 3) ist § 162 insoweit unanwendbar, als es um die Willkür der Partei geht (Knütel FamRZ 81, 1079 mN, hM; grundsätzlich ebenso BGH NJW 66, 1405, sa 82, 2553). **c) Bei Wollensbedingungen** (Begriff und Zulässigkeit: § 158 Rn 4) erfaßt § 162 jedenfalls nicht das Wollen der Partei, das Bedingung ist (BGH NJW 96, 3340). **d) Allg Rechtsgedanke** des § 162: Wer treuwidrig eine bestimmte Situation herbeiführt, darf aus ihr keinen Vorteil ziehen (BGH NJW-RR 91, 178). 1

2

2. **Voraussetzungen. a) Treuwidriges Handeln.** § 162 ist Ausfluß v § 242 (hM) und des allg Grundsatzes, daß niemand sich auf Eintritt oder Nichteintritt eines Ereignisses berufen darf, den er selbst treuwidrig herbeigeführt oder verhindert hat. Wider Treu und Glauben handelt, wer sich anders verhält, als es im Hinblick auf Eintritt oder Nichteintritt der Bedingung dem nach Treu und Glauben ermittelten Sinn und Zweck des RGeschäfts entspricht (Flume II § 40, 1 b). **b) Kausale obj Treuwidrigkeit** genügt (StBork 10; Karlsruhe NJW-RR 96, 80; aA BGH NJW-RR 89, 802: Verschulden erforderlich); Grund: § 162 ist Ausfluß v § 242 (Rn 2). **Beweisbelastet** ist, wer sich auf Treuwidrigkeit beruft (BGH NJW-RR 97, 305). 3

4

3. **Rechtsfolgen.** Bei Verhinderung (I) oder Herbeiführung (II) des Bedingungseintritts wird das jeweilige Gegenteil **fingiert.** Fingierter Nichteintritt kann zum früheren Schwebezustand (§ 158 Rn 7) oder zum Bedingungsausfall (§ 158 Rn 7, 8) führen. Fiktion des Bedingungseintritts greift ein, sobald feststeht, daß der Eintritt verhindert ist, nicht erst zum Zeitpunkt des mutmaßlichen Eintritts (str, vgl BGH NJW 75, 206; differenzierend StBork 12). 5

§ 163 Zeitbestimmung

Ist für die Wirkung eines Rechtsgeschäfts bei dessen Vornahme ein Anfangs- oder ein Endtermin bestimmt worden, so finden im ersteren Falle die für die aufschiebende, im letzteren Falle die für die auflösende Bedingung geltenden Vorschriften der §§ 158, 160, 161 entsprechende Anwendung.

1. **Allgemeines.** Zeitbestimmung ist wie Bedingung (§ 158 Rn 1) *rechtsgeschäftliche Nebenabrede.* Sie macht als **Anfangstermin** (s aber u) den Eintritt, als **Endtermin** das Ende der Rechtswirkungen von einem zukünftigen gewissen Ereignis abhängig; *wann* das Ereignis eintritt, kann oder ungewiß sein (LM Nr 14 zu § 158; BayObLG NJW 93, 1164 f). Anfangstermin entspricht der aufschiebenden, Endtermin der auflösenden Bedingung. § 162 ist entspr anwendbar, wenn ungewiß, zu welchem Zeitpunkt das gewisse Ereignis (zB Tod eines Menschen) eintritt und bzgl des Zeitpunkts manipuliert wird (zB durch Mord). § 159 anwendbar. „Anfangstermin" kann abw von o „Betagung" (Rn 4) bedeuten (Auslegungsfrage). 1

2. **Auslegung** entscheidet, wenn zweifelhaft ist, ob ein zukünftiges Ereignis nach den Parteivorstellungen ungewiß (dann Bedingung) oder gewiß ist (dann Zeitbestimmung = Befristung). 2

Jauernig

§ 164   Buch 1. Abschnitt 3. Rechtsgeschäfte

3   **3. Bedingungsfeindliche Geschäfte** (§ 158 Rn 11) sind zumeist auch **befristungsfeindlich**. Ges und Klarheitsgebot erlauben zB Kündigung mit Anfangstermin.

4   **4. Aufschiebend befristete** Verbindlichkeit entsteht erst; **betagte Verbindlichkeit** besteht schon, ist aber noch nicht fällig (zB anfänglich gestundete Kaufpreisforderung, § 199 Rn 3; monatlich zu zahlende Leasingrate, str, s BGH NJW 97, 157; Maklerprovision, BGH NJW 86, 1035); vgl InsO 41. Unterscheidung wichtig für § 813 II (str, s StBork 2): Vorzeitig gezahlte Miete nur rückforderbar, wenn sie aufschiebend befristete Verbindlichkeit ist (sa BGH NJW 97, 156 f). Zu § 199 I Nr 1 s dort Rn 3.

Titel 5. Vertretung und Vollmacht

§ 164 Wirkung der Erklärung des Vertreters

(1) ¹**Eine Willenserklärung, die jemand innerhalb der ihm zustehenden Vertretungsmacht im Namen des Vertretenen abgibt, wirkt unmittelbar für und gegen den Vertretenen.** ²**Es macht keinen Unterschied, ob die Erklärung ausdrücklich im Namen des Vertretenen erfolgt oder ob die Umstände ergeben, dass sie in dessen Namen erfolgen soll.**

(2) **Tritt der Wille, in fremdem Namen zu handeln, nicht erkennbar hervor, so kommt der Mangel des Willens, im eigenen Namen zu handeln, nicht in Betracht.**

(3) **Die Vorschriften des Absatzes 1 finden entsprechende Anwendung, wenn eine gegenüber einem anderen abzugebende Willenserklärung dessen Vertreter gegenüber erfolgt.**

1   **1. Voraussetzungen wirksamer Stellvertretung**: Abgabe oder Empfang einer Willenserklärung (Rn 2) im Namen des Vertretenen (Rn 3–5) mit Vertretungsmacht (Rn 6–8) bei Zulässigkeit einer Vertretung (Rn 9), sog **offene** (direkte, unmittelbare) **Stellvertretung**.

2   **2. Gegenstand der Vertretung** sind Willenserklärungen (Abgabe, I, oder Empfang, III) und geschäftsähnliche Handlungen (nicht Tathandlungen, zB Besitzerwerb nach § 854 I, „Ersatz": § 855); Begriffe: Rn 1, 23, 24 vor § 104. Im Rahmen der „rechtlichen Betreuung" (Überschrift von Titel 2 vor § 1896) kann auch in Gesundheitsangelegenheiten Vollmacht erteilt werden (vgl §§ 1904 II, 1906 V).

3   **3. Handeln im Namen des Vertretenen.** §§ 164 ff regeln die *offene* (unmittelbare, direkte) Stellvertretung. **a) Fremdbezogenheit** muß zumindest aus den Umständen erkennbar sein (I 2; obj Erklärungswert entscheidet: § 133 Rn 10; BGH 125, 178). So liegt es beim Abschluß eines auf ein **bestimmtes Unternehmen** bezogenes RGeschäft, das nach dem Willen der Beteiligten iZw (Auslegungsregel) für und gegen den Unternehmensinhaber wirken soll, gleich, ob der Geschäftsgegner den Handelnden als den wahren Inhaber oder als dessen Vertreter ansieht (BGH NJW-RR 97, 528; NJW 00, 2985, je mN und unter Vermengung von „Unternehmen" und „Unternehmensinhaber"). Der Vertreter haftet uU daneben aus Rechtsschein, weil er so aufgetreten ist, als betreibe er das vertretene Unternehmen selbst in unbeschränkter persönlicher Haftung, obwohl es sich zB um eine GmbH handelt (BGH NJW 98, 2897). Wird irrtümlich (ungewollt) im Namen eines anderen gehandelt, so liegt dennoch Vertretung vor (BGH 36, 33 f), aber Anfechtung (§ 119) durch Vertreter möglich (Flume II § 44 III; str). Ist die Fremdbezogenheit des Handelns nicht erkennbar, obwohl „Vertreter" das meint (Irrtum!), so ist Anfechtung ausgeschlossen **(II)**, das Geschäft ist Eigengeschäft (folgt aus II); die *Beweislast* für die Fremdbezogenheit liegt beim „Vertreter" (BGH NJW 00, 2985). Vertreter kann zugleich im eigenen Namen handeln

Titel 5. Vertretung und Vollmacht **§ 164**

(§ 181 Rn 5; BGH 104, 100). **b) Einschränkungen des Offenheitsprinzips.** 4
aa) Offenes Geschäft für den, den es angeht: Handeln für einen Dritten, dessen Name nicht genannt wird (LM Nr 10; BFH BB 00, 1281) oder der (noch) unbekannt ist (BGH NJW 98, 63; erst mit nachträglicher Bestimmung des Dritten kommt Geschäft zustande). Das ist unzulässig, wenn der Geschäftstyp Offenlegung fordert, zB Auflassung (AG Hamburg NJW 71, 102 f; sa BayObLG MDR 84, 232). Zur Haftung des Vertreters (§ 179 analog), wenn Namensnennung nötig, aber unterbleibt, s BGH 129, 149 f; § 179 Rn 11. **bb) Verdecktes Geschäft für den,** 5
den es angeht: Vertreter handelt bei Geschäftsvornahme gewollt, aber unerkennbar (sonst I 2), für einen anderen, wenn Geschäftsgegner ist die Person des Kontrahenten gleichgültig (BGH 114, 80). Hauptfall: dinglicher Rechtserwerb bei Bargeschäften des täglichen Lebens, insbes Eigentumserwerb an gewöhnlicher Fahrnis (RG 140, 229; nach BGH 114, 79 f auch bei Veräußerung unter EV iSv § 455 I aF = § 449 I an Eheleute; sa § 929 Rn 21), nicht an Schecks (Stuttgart ZIP 80, 861) oder Grundstücken (vgl BGH WM 78, 13). Zurückhaltung wegen Durchbrechung von I geboten (LM Nr 33 für Krankenhaus-Pflegevertrag).

4. Vertretungsmacht. a) Grundlage: Ges (Eltern, § 1629 I [keine Einschrän- 6
kung durch § 1629a, nur Haftungsbegrenzung für den volljährig Gewordenen im Vollzug von BVerfG 72, 167 ff]; Ehegatten, § 1357 I, str [BGH 94, 5: Rechtsmacht zur Verpflichtung; sa 114, 75 ff: keine „dingliche Wirkung"], § 1357 ist verfassungsmäßig [BVerfG NJW 90, 175 f], registrierte Lebenspartner, LPartG 8 II mit § 1357 analog), staatliche Bestellung (Vormund, §§ 1789, 1793; Betreuer, § 1902; Pfleger, § 1915), Organstellung (Vorstand, § 26) – sog *ges Vertreter* – oder RGeschäft (Bevollmächtigung), sog *gewillkürter Vertreter*. Die Vertretungsmacht wirkt nach außen; davon ist das Innenverhältnis zwischen Vertreter und Vertretenem zu unterscheiden (§ 167 Rn 1). **b) Fehlt die Vertretungsmacht,** so gelten die 7
§§ 177–180. Sie fehlt auch, soweit vorhandene überschritten wird. **c) Mißbrauch** 8
der Vertretungsmacht liegt vor, wenn der Vertreter sie unter Verletzung des Innenverhältnisses (§ 167 Rn 1) gebraucht; Vorsatz unnötig (BGH NJW 88, 3013; stRspr). Folge: Vertretung ist wirksam; das Mißbrauchsrisiko trägt der Vertretene. Erkennt aber der Geschäftsgegner den Mißbrauch oder drängt sich ihm diese Erkenntnis nach den Umständen geradezu auf, so kann sich der Vertretene nicht auf die Vertretungsmacht berufen (BGH 141, 363 f; NJW 99, 2883; 02, 1498, je mN); das gilt auch für ges Vertreter einer jur Person (BGH NJW 84, 1462: GmbH-Geschäftsführer; 90, 385), Testamentsvollstrecker (BGH NJW-RR 89, 642 f) und bei ges umgrenzter Vertretungsmacht (BGH WM 81, 67). Hier gelten §§ 177 ff analog (BGH 141, 384); ob auch § 254 für die Verteilung nachteiliger Folgen des Vertretergeschäfts gilt, ist str (BGH NJW 99, 2884 läßt offen). Haben Geschäftsgegner und Vertreter bewußt zum Nachteil des Vertretenen zusammengewirkt **(Kollusion),** so ist Vertretergeschäft nichtig, § 138 I (BGH NJW-RR 89, 642 f [Testamentsvollstrecker]); sa § 181 Rn 13. – Ie besteht über den Mißbrauch uferloser Streit (vgl MK/Schramm 106–128 mN).

5. Unzulässig ist *jede* Stellvertretung, wenn das Ges „persönliche" Vornahme 9
fordert (Bsp § 1311 S 1, gilt für Verlobung entspr; LPartG 1 I 1; §§ 2064, 2274); unzulässig ist *gewillkürte* Stellvertretung, wenn Vornahme „durch einen Bevollmächtigten" ausgeschlossen (Bsp § 1600a I). Vereinbarter Ausschluß gewillkürter Vertretung ist zulässig (BGH 99, 94).

6. Wirkung. Liegen die Voraussetzungen (Rn 1) vor, so wirkt das Geschäft nur 10
für und gegen den Vertretenen (I, III). Der Vertreter haftet daher nicht aus dem Geschäft, doch Haftung aus unerlaubter Handlung möglich; ferner bei starkem eigenem wirtschaftlichen Interesse am Vertragsschluß (§ 311 III 1 mit §§ 241 II, 280 I entspr der fr Rspr, s u; Interesse an Provision ungenügend, BGH NJW 97, 1233 f mN) *oder* bei außerordentlicher Inanspruchnahme persönlichen Vertrauens durch Vertreter, wodurch Vertragsverhandlungen und Vertragsschluß erheblich beeinflußt worden sind (§ 311 III 2 mit §§ 241 II, 280 I entspr der fr stRspr;

Jauernig 117

§§ 165, 166   Buch 1. Abschnitt 3. Rechtsgeschäfte

BGH NJW-RR 93, 344), Entgegenbringen von Vertrauen durch den Gegner ungenügend (BGH NJW-RR 93, 344, stRspr).

11   7. **Keine Stellvertreter** iSd §§ 164ff sind: **a) verdeckter** (indirekter, mittelbarer) **Stellvertreter**. Er handelt in fremdem Interesse und in eigenem Namen, seine Geschäfte sind Eigengeschäfte (Hauptfall: Kommissionär, HGB 383ff);
12   **b) Treuhänder**. Er handelt wie der verdeckte Stellvertreter (Rn 11) in eigenem Namen, aber iGgs zu diesem regelmäßig in Wahrnehmung eigener Rechte, die ihm durch Ges oder RGeschäft zugewiesen sind. Auch der „**Strohmann**" ist ein Treuhänder, dessen Treuhänderstellung aber geheim bleiben soll (daher handelt er im eigenen Namen, aber im Interesse und für Rechnung des Hintermanns, BGH
13   NJW 95, 727 f); **c) Amtsverwalter** (Insolvenz-, Nachlaß-, Zwangsverwalter, Testamentsvollstrecker). Sie sind materiellrechtlich Treuhänder, im Prozeß Partei kraft
14   Amtes (str, s Jauernig, ZPR, § 18 V 4); **d) Bote**. Er hat die Willenserklärung eines anderen lediglich zu übermitteln (Erklärungsbote) oder zu empfangen (Empfangsbote), s § 130 Rn 7, 10. Das sind Tathandlungen, daher kann ein Geschäftsunfähiger Bote sein. Ob jemand Bote oder Stellvertreter ist, richtet sich nach seinem Auftreten (BGH 12, 334 f, hM); **e)** wer **unter fremdem Namen** handelt (§ 177 Rn 8). **f)** Zu § 185 s dort Rn 1. Zum Unterschied zwischen § 185 und § 164 BGH NJW-RR 02, 21 f.

§ 165 Beschränkt geschäftsfähiger Vertreter

Die Wirksamkeit einer von oder gegenüber einem Vertreter abgegebenen Willenserklärung wird nicht dadurch beeinträchtigt, dass der Vertreter in der Geschäftsfähigkeit beschränkt ist.

1   1. **Beschränkt Geschäftsfähiger** kann (auch ges) Vertreter sein, da er aus dem RGeschäft nicht haftet (§ 164 Rn 10); § 131 II 2 ist für Bevollmächtigung anwendbar. Grundsätzliche Haftungsfreistellung auch bei fehlender Vollmacht: § 179 III 2.

2   2. **Geschäftsunfähiger** kann höchstens Bote sein (s § 164 Rn 14; § 130 Rn 9); das ist verfassungsgemäß (aA Canaris JZ 87, 998; sa § 105 Rn 2). Zum Ausnahmefall einer Rechtsscheinhaftung des Vertretenen für Vertreterhandeln eines Geschäftsunfähigen BGH 115, 80 ff; K. Schmidt JuS 91, 1005 (§§ 177, 180, 105 I unanwendbar); sa § 167 Rn 5 (c).

§ 166 Willensmängel; Wissenszurechnung

(1) Soweit die rechtlichen Folgen einer Willenserklärung durch Willensmängel oder durch die Kenntnis oder das Kennenmüssen gewisser Umstände beeinflusst werden, kommt nicht die Person des Vertretenen, sondern die des Vertreters in Betracht.

(2) ¹**Hat im Falle einer durch Rechtsgeschäft erteilten Vertretungsmacht (Vollmacht) der Vertreter nach bestimmten Weisungen des Vollmachtgebers gehandelt, so kann sich dieser in Ansehung solcher Umstände, die er selbst kannte, nicht auf die Unkenntnis des Vertreters berufen.** ²**Dasselbe gilt von Umständen, die der Vollmachtgeber kennen musste, sofern das Kennenmüssen der Kenntnis gleichsteht.**

Lit: Schilken, Wissenszurechnung im Zivilrecht, 1983.

1   1. **Anwendungsbereich. a) Willensmängel** (§§ 116–123) sind grundsätzlich nur in der Person des *Vertreters* beachtlich (I); denn er allein handelt rechtsgeschäft-
2   lich und repräsentiert damit den Vertretenen (Repräsentationstheorie). **b) Für Kennen oder Kennenmüssen** (fahrlässige Unkenntnis: § 122 II) gilt das gleiche, zB bei Erwerb vom Nichtberechtigten entspr den jeweiligen subj Voraussetzungen (§§ 892, 932 ff, HGB 366 f). Darin liegt ein allg Rechtsgedanke (BGH NJW 84, 2936). Dementspr ist bei der *Auslegung* auf den Kenntnisstand des Vertreters

Titel 5. Vertretung und Vollmacht **§ 167**

abzustellen (BGH BB 84, 565). Bei Gesamtvertretern genügt Kenntnis usw bei einem (BGH NJW-RR 90, 1332); ebenso bei Einzelvertretung in OHG, KG, GbR jedenfalls, wenn das Unterlassen der Wissensweitergabe vom Wissenden an den Handelnden eine Organisationspflicht der Gesellschaft verletzt (BGH NJW 99, 286; 01, 360 insbes zur GbR). **c) I gilt für** *Vertreter* iSv § 164 Rn 6, für *Vertreter* **3** *ohne Vertretungsmacht* nach Genehmigung durch Vertretenen (BGH NJW 00, 2273), *entspr* für den, dessen sich der „Vertretene" *wie eines Vertreters* bedient, sog Wissensvertreter (BGH 132, 35 ff; sa § 123 Rn 10; ferner BGH NJW 00, 1406: Wissensvertreter der einen Vertragspartei kann zugleich Vertreter der anderen sein, I gilt dann insoweit direkt). Allg: Wer einen anderen, unabhängig von einem Vertragsverhältnis, damit betraut, bestimmte Angelegenheiten zu regeln, muß sich dessen Wissen zurechnen lassen (BGH NJW-RR 01, 128); bei beurkundungsbedürftigen Verträgen (zB § 311 b I) jedoch keine Zurechnung analog I (BGH NJW 01, 1062). Erweitert ist die Zurechnung des Wissens von Mitarbeitern einer jur Person hinsichtlich solcher Vorgänge, deren spätere Relevanz im Bereich des Wissenden erkennbar sind und die deshalb dokumentiert oder an andere im Organisationsbereich weitergegeben werden müssen (BGH NJW 01, 2536; sa Frankfurt/M NJW-RR 02, 778 f).

2. a) Hat der bevollmächtigte (II) Vertreter nach **Weisungen** (Begriff weit zu **4** fassen: BGH 50, 368) des Vertretenen gehandelt, so ist dessen Kenntnis oder fahrlässige Unkenntnis neben der des Vertreters (I Fall 2 gilt!) erheblich: **II.** Grund: Der Vertretene soll sich „nicht hinter der Gutgläubigkeit seiner Weisungen befolgenden Vertreters verstecken dürfen" (BGH 51, 147). **b) II gilt entspr: aa) für ges** **5** **Vertreter,** der wie ein weisungsgebundener Bevollmächtigter handelt (StSchilken 30); **bb) zugunsten des Vertretenen,** wenn seine Weisung bzgl des Vertreter- **6** geschäfts an Willensmängeln krankt (MK/Schramm 54; „zumindest" für Täuschung auch BGH 51, 145 ff); Bsp: Der Geschäftsgegner hat durch Täuschung eine Weisung des Vertretenen veranlaßt; das Vertretergeschäft ist anfechtbar, § 123. Willensmängel in bezug auf die Bevollmächtigung gehören nicht hierher (§ 167 Rn 11).

§ 167 Erteilung der Vollmacht

(1) Die Erteilung der Vollmacht erfolgt durch Erklärung gegenüber dem zu Bevollmächtigenden oder dem Dritten, dem gegenüber die Vertretung stattfinden soll.

(2) Die Erklärung bedarf nicht der Form, welche für das Rechtsgeschäft bestimmt ist, auf das sich die Vollmacht bezieht.

1. Vollmacht ist die durch einseitiges RGeschäft, die *Bevollmächtigung* (vgl **1** § 172 I), erteilte Vertretungsmacht (§ 166 II). Erteilung durch Vertrag mit einem der in I Genannten möglich (Köhler BB 79, 914; hM). Vollmacht betrifft nur das *Außenverhältnis* zwischen dem Vertreter und einem Dritten. Sie schließt die Verpflichtungs-, Verfügungs- und Erwerbsmacht des Vollmachtgebers nicht aus; eine sog **verdrängende** Vollmacht mit „dinglicher" Wirkung ist unzulässig (MK/Schramm 114; für unwiderrufliche Vollmacht ebenso BGH WM 85, 1232 mN; aA Müller-Freienfels, FS Hübner, 1984, S 637 Fn 55 mN; Gernhuber JZ 95, 381 ff; sa Ulmer ZHR 146, 572 f); Verpflichtung zum Nichtgebrauch der konkurrierenden Verfügungsmacht usw ist zulässig, arg § 137 S 2. – Die Bevollmächtigung (ungenau: Vollmacht) ist zu **unterscheiden von** dem ihr **zugrundeliegenden Rechtsverhältnis** *(Grund- oder Innenverhältnis)* zwischen Vertreter und Vollmachtgeber (das ist idR der Vertretene, zB Auftrag, Geschäftsbesorgungsvertrag, Dienstvertrag (so bahnbrechend, aber nicht als Erster, Laband ZHR 10 [1866], 203 ff, dem das BGB folgt). Bevollmächtigung und Grundverhältnis sind nicht nur getrennt, jene ist zugleich in ihrem Bestand von diesem unabhängig (abstrakt). Das gilt auch für die verliehene Rechtsmacht „Vollmacht", sie ist ebenfalls **abstrakt** (hM; s aber u). Folglich bleibt (Innen-)Vollmacht trotz Nichtigkeit des Grundverhältnisses gültig

Jauernig

§ 167 Buch 1. Abschnitt 3. Rechtsgeschäfte

(StSchilken 33 vor § 164; aA StRoth § 139, 56; BGH NJW 92, 3238: § 139 gilt). Dennoch kann und muß zur Ermittlung von Umfang (BGH NJW 77, 623) und Ende (§ 168 Rn 1 [c]) der Vollmacht auf das Grundverhältnis zurückgegriffen werden. Eine **isolierte Vollmacht,** dh ohne (wirksames) Grundverhältnis, ist anzuerkennen (BGH 110, 367). Zur **postmortalen Vollmacht** Rn 2 vor § 2197. Zur **Vorsorgevollmacht** Rn 5 vor § 1896; MK/Schwab § 1896, 47–58 mN.

2 **2. Umfang der Vollmacht. a) Ihn bestimmt** grundsätzlich (Rn 3 [c]) der Vollmachtgeber. Man unterscheidet Generalvollmacht (Rn 3), Art- oder Gattungsvollmacht (für bestimmte Art von Geschäften), Spezialvollmacht (für bestimmte[s] Geschäft[e]). Maßgebend ist die Auslegung (§§ 133, 157) der Vollmachtserteilung nach dem Empfängerhorizont (§ 133 Rn 10), unterschieden bei Innen- und Außenvollmacht (BGH NJW 91, 3141; NJW-RR 00, 746; Begriffe Rn 6). Fehlt eine ausdr Bestimmung, so richtet sich der Umfang nach Treu und Glauben sowie
3 der Verkehrssitte (BGH NJW 60, 859). **b) Generalvollmacht** ist unbeschränkte Vollmacht (BGH 36, 295). Der Name allein besagt für den Umfang nichts, es gilt Rn 2. Zum Generalbevollmächtigten vgl Spitzbarth, Vollmachten im Unternehmen, 3. Aufl 1999. **c) Ges Bestimmung** ist selten. Bsp: Prokura und Handlungsvollmacht (HGB 49, 54 ff).

4 **3. Untervollmacht** kann der Hauptbevollmächtigte erteilen, wenn seine Vollmacht soweit reicht (Rn 2). Der Unterbevollmächtigte vertritt den Hauptvollmachtgeber (Geschäftsherrn), nicht den Hauptbevollmächtigten, er ist nicht „Vertreter des Vertreters" (Flume II § 49, 5; hM. – BGH 32, 253 f; 68, 395 bejahen beide Möglichkeiten). Der Unterbevollmächtigte handelt ohne Vertretungsmacht, wenn Haupt- oder Untervollmacht fehlt; zur Bedeutung § 179 Rn 3.

5 **4. Mehrere Vertreter** können für sich allein *(Einzelvertretung)* oder mehrere gemeinsam (Mehrheitsprinzip, zB 3 von 5) oder nur alle gemeinsam *(Gesamtvertretung)* vertretungsberechtigt sein (BGH NJW 01, 3183 f: „echte" bei Vertretern gleichen Ranges, „unechte" zB bei GmbH-Geschäftsführer mit Prokurist). Das bestimmt zuweilen das Ges (zB ZPO 84: Einzelvertretung; §§ 714 [mit 709 I, 710 S 2], 1629 I 2, HGB 125 II 1, AktG 78 II 1, GmbHG 35 II 2: Gesamtvertretung für aktive Vertretung; für passive s Rn 5 (b); eine Bevollmächtigung ist entspr Rn 2 auszulegen. Gesamtvertreter (auch gewillkürte) können einzelne von ihnen begrenzt bevollmächtigen (BGH NJW 01, 3184 mN; sa LM Nr 48 zu § 1 GWB). **a) Willensmängel,** Kennen(müssen) eines Gesamtvertreters genügen für § 166 I (§ 166 Rn 2). **b) Passivvertretung** ist zwingend Einzelvertretung (vgl §§ 28 II, 1629 I 2 HS 2, AktG 78 II 2, GmbHG 35 II 3, HGB 125 II 3, GenG 25 I 3), BGH 136, 323, auch bei ges Gesamtvertretung (vgl BGH FamRZ 77, 245); zur GbR BGH 136, 323. **c)** Kein handelnder Gesamtvertreter darf **geschäftsunfähig** sein (einschr Hamm NJW 67, 1042 f [mit abl Anm Prost]; § 165 Rn 2); sonst gelten §§ 177 ff (BGH 53, 214 f; § 139 Rn 5). **d)** Gesamtvertreter können **einzeln und zeitlich getrennt** handeln (als Vertreter, § 164, oder Genehmigende, § 177, BGH NJW 01, 3183).

6 **5. Bevollmächtigung. a) Begriff** s Rn 1. Sie erfolgt gegenüber dem zu Bevollmächtigenden *(Innenvollmacht)* oder gegenüber dem Dritten *(Außenvollmacht)* – in beiden Fällen ist sie empfangsbedürftig – oder durch *öffentl* Bekanntmachung.

7 **b) Ausdr oder schlüssige** Bevollmächtigung ist möglich (abw HGB 48 für Prokura: ausdr). Bevollmächtigung durch *Stillschweigen* (Nichtstun) scheidet praktisch aus. Ob Bevollmächtigung durch schlüssiges Verhalten vorliegt, ist Auslegungsfrage; ges Bsp: HGB 56; Bsp aus der Rspr: Überlassung der Geschäftsleitung an einen Angestellten (RG 106, 202 f; aA LM Nr 9 zu § 164, Nr 17 zu § 167: nur Anscheinsvollmacht, vgl Rn 9); Bestellung zum Leiter der Depositenkasse einer Großbank erweckt „nicht nur den Schein der Vollmacht", sondern bevollmächtigt „zu allen Geschäften", „wie sie nach der Auffassung des Verkehrs bei den Kassen vorgenommen werden" (RG 118, 240; sa BGH NJW 02, 1041 f; einschr für
8 Kundenkreditbank BGH NJW 80, 2410 f). **c) Duldungsvollmacht.** Ihre Grund-

120 *Jauernig*

Titel 5. Vertretung und Vollmacht **§ 167**

lage ist str. Nach stRspr des BGH (NJW 97, 314) beruht sie auf einem nichtrechtsgeschäftlichen Rechtsscheintatbestand; dh die §§ 164 ff sind anwendbar, wenn und weil der Geschäftsherr „das Handeln eines anderen, nicht zu seiner Vertretung Befugten kennt und es duldet, falls der Geschäftsgegner diese Duldung dahin wertet und nach Treu und Glauben auch dahin werten darf, daß der Handelnde Vollmacht habe" (LM Nr 13; sa BGH NJW 02, 2327). Wissen und Dulden sind aber ihrem obj Erklärungswert nach als *schlüssige Bevollmächtigung* (Rn 7) auszulegen (LM Nr 4; Flume II § 49, 3); die Vollmacht ist dem Geschäftsgegner gegenüber erteilt (Außenvollmacht, Rn 6). Am Tatbestand einer Bevollmächtigung (Willenserklärung) fehlt es auch dann nicht, wenn dem Geschäftsgegner der Erklärungswille fehlt (Rn 5 vor § 116). Konsequenz dieser rechtsgeschäftlichen Qualifizierung: Bei Irrtum über die Rechtsfolgen des schlüssigen Verhaltens ist die Bevollmächtigung anfechtbar, § 119 I (Flume II § 49, 2 c aE mit 3), während bei Annahme eines Rechtsscheintatbestands eine Willenserklärung fehlt und daher insoweit Anfechtung ausscheidet (für Anfechtung trotz Annahme eines Rechtsscheins MK/Schramm 52).
d) Anscheinsvollmacht. Sie beruht (iGgs zur Duldungsvollmacht, Rn 8) auf **9** einem Rechtsscheintatbestand (BGH NJW 98, 1855). Hier kannte der Geschäftsherr das Verhalten des Vertreters nicht, hätte es aber bei pflichtgemäßer Sorgfalt kennen und verhindern können, während der Geschäftsgegner nach Treu und Glauben, insbes ohne Verschulden (BGH NJW 98, 1855), annehmen durfte und angenommen hat, daß dem Geschäftsherrn das Gebaren seines Vertreters bei verkehrsgemäßer Sorgfalt nicht habe verborgen bleiben können (BGH NJW-RR 86, 1169); beides setzt idR eine gewisse Dauer und damit Häufigkeit des Vertreterhandelns voraus (BGH NJW 98, 1855). Das so vom Geschäftsherrn veranlaßte Vertrauen muß für den Entschluß des Geschäftsgegners in irgendeiner Weise ursächlich gewesen sein (BGH WM 81, 172). Wenn der Geschäftsherr voll geschäftsfähig ist, gelten die Stellvertretungsregeln, nicht §§ 177 ff (BGH 86, 275 f; abl Crezelius ZIP 84, 794 f; Lieb, FS Hübner, 1984, S 575 ff: Wahlrecht des Dritten zwischen § 179 und Vertretungswirkung [„Rosinentheorie"], dagegen zutr K. Schmidt, FS Gernhuber, 1993, S 435 ff). Anfechtung wegen Irrtums über die Rechtsfolgen des Rechtsscheintatbestands ist ausgeschlossen. Gegen Haftung kraft Anscheinsvollmacht (außer im kaufmännischen Verkehr) zutr Flume II § 49, 4: Der unwissende Vertreter ohne Vertretungsmacht hafte nur gem § 179 II, für den unwissend Vertretenen müsse entspr gelten (Haftung aus cic); zust Picker NJW 73, 1800 f mN; Canaris JZ 76, 133 (zu BGH 65, 13 ff: Dort wird Erfüllungshaftung des Geschäftsherrn trotz leichtfertiger Aufbewahrung einer Vollmachtsurkunde, vgl § 172, abgelehnt!). Zu einer Erweiterung entspr der Anscheinshaftung s § 165 Rn 2.

6. Form der Bevollmächtigung. a) IdR formfrei (BGH NJW 98, 1858 f zu **10** § 1410), II. **b) Form** ist *erforderlich*, wenn ges vorgeschrieben (zB §§ 492 IV 1, 1945 III 1); ferner, wenn formlose Bevollmächtigung gegen den Zweck einer ges Formvorschrift verstieße, so bei unwiderruflicher Vollmacht für Grundstücksveräußerung oder -erwerb (vgl BGH 89, 47; stRspr; zum Urkundeninhalt BGH NJW 01, 3479); s ferner § 126 Rn 6 sowie Rösler NJW 99, 1150 ff. Zu GBO 29 s § 925 Rn 13. Bei **Formnichtigkeit** gelten §§ 177 ff; Genehmigung ist formfrei (str, s § 177 Rn 6).

7. Die Bevollmächtigung ist, weil Willenserklärung, **anfechtbar** nach §§ 119 ff **11** (BGH NJW 89, 2880, hM; aA Brox JA 80, 450 ff mN, wenn Vertretergeschäft bereits getätigt ist). **Anfechtungsgegner:** Vertreter oder Dritter, arg § 143 III 1, § 168 S 3 (str, s Brox JA 80, 450). Ist angefochten, so hat der Vertreter ohne Vollmacht gehandelt (§ 142 I), es gilt § 179 (StSchilken 81, str); der Vertretene haftet seinem Gegner gem § 122 (SoeLeptien § 166, 23; str). – Zur Anfechtung bei der Duldungsvollmacht Rn 8, der Anscheinsvollmacht Rn 9. – Zur Anfechtung sa §§ 170–173 Rn 7.

§§ 168-170

§ 168 Erlöschen der Vollmacht

¹Das Erlöschen der Vollmacht bestimmt sich nach dem ihrer Erteilung zugrunde liegenden Rechtsverhältnis. ²Die Vollmacht ist auch bei dem Fortbestehen des Rechtsverhältnisses widerruflich, sofern sich nicht aus diesem ein anderes ergibt. ³Auf die Erklärung des Widerrufs findet die Vorschrift des § 167 Abs. 1 entsprechende Anwendung.

1   1. **Erlöschen der Vollmacht: a) mit Fristablauf** bei zeitlicher Begrenzung; b) **mit Zweckerreichung** der Vollmacht (zB Vertretergeschäft ist vorgenommen). c) Scheiden a und b aus, so gilt S 1 (Rn 4). Hier zeigt sich die eigentümliche Verbindung von Vollmacht und Grundverhältnis (vgl § 167 Rn 1). Die *isolierte*
2   *Vollmacht* erlischt gem Rn 1, 5, 6. d) **Bei dauernder Geschäftsunfähigkeit** *des Vertreters* (§ 104 Nr 2) erlischt die Vollmacht (arg § 165); s aber § 165 Rn 2. Eintritt dauernder Geschäftsunfähigkeit des *Vollmachtgebers* läßt Vollmacht nicht erlöschen (Köln NJW-RR 01, 653 f mit Einschränkungen im Betreuungsfall).
3   e) Durch Eröffnung des **Insolvenzverfahrens** über das Vermögen des Vollmachtgebers erlischt die Vollmacht (auch die isolierte, § 167 Rn 1), arg InsO 80, 81 (entspr KO 6, 7; dazu Jaeger/Henckel § 23, 48 mN), nicht gem InsO 115 iVm § 168 S 1 (so aber BGH NJW 00, 739 für Prozeßführungsermächtigung: § 168 S 1, KO 23 I 1 analog). f) Zum Erlöschen durch **Widerruf** Rn 5. – Zur **postmortalen Vollmacht** Rn 2 vor § 2197.

4   2. **Erlöschen nach Maßgabe des Grundverhältnisses, S 2.** Für Auftrag vgl §§ 671–673 (für § 674: § 169), für Geschäftsbesorgungsvertrag statt § 671: §§ 621 Nr 5, 626, 627, 675; für Gesellschaft §§ 712, 714, 715, 723 ff, 736 f. Zu InsO 115 s Rn 3. Bei Nichtigkeit des Grundgeschäfts ist die Vollmacht nur ausnahmsweise nach § 139 unwirksam (BGH 102, 62; 110, 369 f; unentschieden BGH 144, 231).

5   3. **Erlöschen durch Widerruf. a) Grundsätzlich stets** möglich; er wird erklärt wie eine Bevollmächtigung, **S 3** (§ 167 Rn 6). Externe Bevollmächtigung kann intern widerrufen werden. Daher sind vertrauende Dritte schutzbedürftig
6   (dazu §§ 170–173). b) **Ausschluß des Widerrufs** nur durch Vertrag (arg S 1, 2; hM). Ob Ausschluß vorliegt, ist Auslegungsfrage. Unwiderruflichkeit ist zu bejahen, wenn die Vollmacht einem des Interesse des Vertreters dient (BGH NJW-RR 91, 441 f; hM). Widerruf aus *wichtigem Grund* aber stets möglich (BGH WM 85, 647). Generalvollmacht (§ 167 Rn 3) und isolierte Vollmacht (§ 167 Rn 1) sind immer widerruflich (MK/Schramm 21, 26; BGH 110, 367; hM); Ausschluß des Widerrufs ist nichtig (§ 138 I), Nichtigkeit der Bevollmächtigung ist entgegen § 139 iZw zu verneinen (hM; aA StSchilken 10).

§ 169 Vollmacht des Beauftragten und des geschäftsführenden Gesellschafters

Soweit nach den §§ 674, 729 die erloschene Vollmacht eines Beauftragten oder eines geschäftsführenden Gesellschafters als fortbestehend gilt, wirkt sie nicht zugunsten eines Dritten, der bei der Vornahme eines Rechtsgeschäfts das Erlöschen kennt oder kennen muss.

1   1. Umkehrung des § 168 S 1 für unredlichen Dritten. Kennenmüssen: § 122 II.

§ 170 Wirkungsdauer der Vollmacht

Wird die Vollmacht durch Erklärung gegenüber einem Dritten erteilt, so bleibt sie diesem gegenüber in Kraft, bis ihm das Erlöschen von dem Vollmachtgeber angezeigt wird.

Titel 5. Vertretung und Vollmacht   §§ 171–173

§ 171 Wirkungsdauer bei Kundgebung

(1) Hat jemand durch besondere Mitteilung an einen Dritten oder durch öffentliche Bekanntmachung kundgegeben, dass er einen anderen bevollmächtigt habe, so ist dieser auf Grund der Kundgebung im ersteren Falle dem Dritten gegenüber, im letzteren Falle jedem Dritten gegenüber zur Vertretung befugt.

(2) Die Vertretungsmacht bleibt bestehen, bis die Kundgebung in derselben Weise, wie sie erfolgt ist, widerrufen wird.

§ 172 Vollmachtsurkunde

(1) Der besonderen Mitteilung einer Bevollmächtigung durch den Vollmachtgeber steht es gleich, wenn dieser dem Vertreter eine Vollmachtsurkunde ausgehändigt hat und der Vertreter sie dem Dritten vorlegt.

(2) Die Vertretungsmacht bleibt bestehen, bis die Vollmachtsurkunde dem Vollmachtgeber zurückgegeben oder für kraftlos erklärt wird.

§ 173 Wirkungsdauer bei Kenntnis und fahrlässiger Unkenntnis

Die Vorschriften des § 170, des § 171 Abs. 2 und des § 172 Abs. 2 finden keine Anwendung, wenn der Dritte das Erlöschen der Vertretungsmacht bei der Vornahme des Rechtsgeschäfts kennt oder kennen muss.

Anmerkungen zu den §§ 170–173

1. Allgemeines. §§ 170–173 schützen einen Dritten, der kraft Rechtsscheins 1
auf Entstehen und Fortbestehen einer *Vollmacht* (nicht: des Grundverhältnisses) vertraut und vertrauen darf (BGH NJW 85, 730 f).

2. § 170 betrifft (auch unwirksame, str) Außenvollmacht (§ 167 Rn 6), die der 2
Dritte bei Geschäftsabschluß kennt (MK/Schramm § 170, 5; sa Rn 5). Gilt zB bei internem Widerruf (§ 168 S 3). Einschränkung in § 173.

3. § 171. **a) Bevollmächtigung durch öffentl Bekanntmachung** (§ 167 Rn 3
6) meint § 171 *nicht.* **b) Bes Mitteilung und öffentl Bekanntmachung** betref- 4
fen nach dem Ges eine bereits erteilte Vollmacht, haben also insoweit nur *deklaratorische Bedeutung* (MK/Schramm § 171, 1, hM; aA Pawlowski JZ 96, 126 f; sa Rn 6). Die Mitteilung usw muß den Vertreter nennen und von einem Geschäftsfähigen ausgehen (Schutz des Minderjährigen, s Rn 23 vor § 104; BGH NJW 77, 623).
c) Der Kundgabeakt (Rn 4) wirkt bei bes Mitteilung zugunsten des Empfängers, 5
bei öffentl Bekanntmachung zugunsten jedes Dritten wie eine wirksame Bevollmächtigung (I), muß also bei Vornahme des RGeschäfts bekannt sein (Begründung des Rechtsscheins, daher genügt Zugang allein nicht); Einschränkung in § 173. Beendigung dieser Wirkung durch **Widerruf** (II). **d) Gleichgültig für den** 6
Schutz ist, ob der Kundgabe eine *wirksame* Bevollmächtigung vorausging oder mit ihr verbunden war oder die wirksame erteilte Vollmacht erloschen ist (LM Nr 1 zu § 173). **e) Rückwirkende Beseitigung des Rechtsscheins** des Kund- 7
gebungsaktes (Rn 4) *durch Anfechtung,* §§ 119 ff, ist ausgeschlossen; sie widerspräche dem Schutzzweck des § 171 (aA die hM: StSchilken 4 mN). Eine *Bevollmächtigung* durch öffentl Bekanntmachung iSv Rn 3 ist zwar anfechtbar, aber der Kundgebungsakt bleibt auch hier wegen des Schutzzwecks von § 171 bestehen. Unbilligkeiten werden durch §§ 173, 142 II vermieden (vgl BGH NJW 89, 2880). Sa § 167 Rn 11.

4. § 172. Es gelten dieselben Grundsätze wie bei bes Mitteilung einer erfolgten 8
Bevollmächtigung (§ 171). Vgl Rn 4–7. Vollmachtsurkunde muß Urschrift oder Ausfertigung (BeurkG 47) sein (BGH NJW 02, 2326). Notwendig ist zumindest Schriftform (§ 126 I). Wegen der ges Regelung in §§ 172, 174 S 1, 175, 176 ist

Jauernig   123

§§ 174–176 Buch 1. Abschnitt 3. Rechtsgeschäfte

die elektronische Form (126 a) ausgeschlossen, § 126 III aE. Schuldhaft ermöglichte Entwendung der Urkunde beim Geschäftsherrn genügt für § 172 nicht (BGH 65, 13 ff; hM). **II:** Anspruch auf Rückgabe § 175, bei Teilwiderruf nur Anspruch auf entspr Vermerk (BGH NJW 90, 508); Kraftloserklärung § 176.

9   5. § 173 ergreift trotz des Wortlauts auch den Fall, daß die Vollmacht nicht entstanden ist (BGH NJW 85, 730; aA für § 170 MK/Schramm § 170, 6). Im Rahmen des § 173 besteht keine allg Überprüfungs- und Erkundigungspflicht (BGH 144, 230).

§ 174 Einseitiges Rechtsgeschäft eines Bevollmächtigten

¹ **Ein einseitiges Rechtsgeschäft, das ein Bevollmächtigter einem anderen gegenüber vornimmt, ist unwirksam, wenn der Bevollmächtigte eine Vollmachtsurkunde nicht vorlegt und der andere das Rechtsgeschäft aus diesem Grunde unverzüglich zurückweist.** ² **Die Zurückweisung ist ausgeschlossen, wenn der Vollmachtgeber den anderen von der Bevollmächtigung in Kenntnis gesetzt hatte.**

1   1. § 174 zieht die Konsequenz aus §§ 180 S 1, 172 II (sa § 111) und sichert, daß die Vollmacht (noch) besteht. Er gilt nur für einseitige empfangsbedürftige RGeschäfte (Begriff Rn 8 vor § 104), zB Kündigung (BAG NJW 81, 2374 f), ebenso (analog) für Vertragsannahme (nicht: -antrag) durch Vertreter (StSchilken 7; hM), Mieterhöhungsverlangen gem § 558 (Hamm NJW 82, 2076 f zu MHRG 2), geschäftsähnliche Handlungen (BGH NJW 83, 1542: Mahnung; nicht mehr für Anspruchsgeltendmachung nach § 651 g I: § 651 g I 2). Vollmachtsurkunde muß sich auf dieses RGeschäft beziehen (BAG AnwBl 80, 149). Vorzulegen ist Urschrift oder Ausfertigung (BeurkG 47; s BGH 102, 63). Beglaubigte Kopie (BGH NJW 94, 1472) oder Telefax (Hamm NJW 91, 1185 f) genügt nicht; Schriftform kann wegen der ges Regelung nicht durch elektronische Form ersetzt werden (s § 126 III aE; §§ 170–173 Rn 8). § 174 gilt für Bevollmächtigte aller Art, auch Anwälte (aber unanwendbar im Bereich von § 651 g I 2). Unanwendbar auf ges Vertreter (Begriff § 164 Rn 6), RG 74, 265, grundsätzlich auch nicht auf organschaftlichen Vertreter, wohl aber auf Vertreter einer GbR, BGH NJW 02, 1195 mN, (jedenfalls entspr) anwendbar auf (zB gem HGB 125 II 2) ermächtigten ges Gesamtvertreter (BAG NJW 81, 2374; BGH NJW 02, 1195; § 167 Rn 5 vor a). Unverzüglich: § 121 I 1; schließt Überlegungsfrist nicht stets aus. Berechtigung zur Zurückweisung hat darzulegen und zu beweisen, wer sich auf deren Rechtzeitigkeit beruft (BGH NJW 01, 221). Bei Kündigung durch Personalchef ist S 1 ausgeschlossen, da (zu kündigende) Betriebsangehörige durch Bestellung des Kündigungsberechtigten iSv **S 2** in Kenntnis gesetzt sind (BAG NJW 97, 1868; sa Frankfurt/M NJW-RR 96, 10).

§ 175 Rückgabe der Vollmachtsurkunde

Nach dem Erlöschen der Vollmacht hat der Bevollmächtigte die Vollmachtsurkunde dem Vollmachtgeber zurückzugeben; ein Zurückbehaltungsrecht steht ihm nicht zu.

1   1. Zweck: Schutz des Vollmachtgebers vor Urkundenmißbrauch, s § 172 II.

§ 176 Kraftloserklärung der Vollmachtsurkunde

(1) ¹ **Der Vollmachtgeber kann die Vollmachtsurkunde durch eine öffentliche Bekanntmachung für kraftlos erklären; die Kraftloserklärung muss nach den für die öffentliche Zustellung einer Ladung geltenden Vorschriften der Zivilprozessordnung veröffentlicht werden.** ² **Mit dem Ablauf eines Monats nach der letzten Einrückung in die öffentlichen Blätter wird die Kraftloserklärung wirksam.**

Titel 5. Vertretung und Vollmacht **§ 177**

(2) **Zuständig für die Bewilligung der Veröffentlichung ist sowohl das Amtsgericht, in dessen Bezirk der Vollmachtgeber seinen allgemeinen Gerichtsstand hat, als das Amtsgericht, welches für die Klage auf Rückgabe der Urkunde, abgesehen von dem Wert des Streitgegenstands, zuständig sein würde.**

(3) **Die Kraftloserklärung ist unwirksam, wenn der Vollmachtgeber die Vollmacht nicht widerrufen kann.**

1. Keine gerichtl Prüfung der Kraftloserklärung, lediglich gerichtl Bewilligung der Veröffentlichung (Verfahren der fG). Öffentl Zustellung: ZPO 185. Zur unwiderruflichen Vollmacht (III) vgl § 168 Rn 6. **1**

§ 177 Vertragsschluss durch Vertreter ohne Vertretungsmacht

(1) **Schließt jemand ohne Vertretungsmacht im Namen eines anderen einen Vertrag, so hängt die Wirksamkeit des Vertrags für und gegen den Vertretenen von dessen Genehmigung ab.**

(2) ¹**Fordert der andere Teil den Vertretenen zur Erklärung über die Genehmigung auf, so kann die Erklärung nur ihm gegenüber erfolgen; eine vor der Aufforderung dem Vertreter gegenüber erklärte Genehmigung oder Verweigerung der Genehmigung wird unwirksam.** ²**Die Genehmigung kann nur bis zum Ablaufe von zwei Wochen nach dem Empfang der Aufforderung erklärt werden; wird sie nicht erklärt, so gilt sie als verweigert.**

1. **a) Die Wirkungen der Stellvertretung** (§ 164 Rn 10) treten **nicht** ein, wenn die Vertretungsmacht bei Abgabe (nicht erst bei Zugang, str) oder Empfang der Willenserklärung fehlt (s § 164 I 1, III). Ist das Vertretergeschäft ein Vertrag, so gelten die §§ 177–179; ist es ein einseitiges RGeschäft, dann gilt § 180. §§ 177 f, 180 sind den §§ 108 f, 111 nachgebildet; s Anm dort. **b) Unzulässigkeit** einer Stellvertretung (§ 164 Rn 9) macht die §§ 177–180 unanwendbar. **1 2**

2. **Die Vertretungsmacht fehlt,** wenn und soweit sie **a) nicht wirksam erteilt oder wieder erloschen** ist (und keine Rechtsscheinvollmacht [§ 167 Rn 9; §§ 170–173 Rn 1] vorliegt); **b) überschritten** wird (bewußt oder unbewußt). Deckt sie einen abgrenzbaren Teil des Vertretergeschäfts, so greift § 139 ein (vgl BGH 103, 278); **c) von ihr kein Gebrauch** gemacht wird (muß erkennbar sein), s MK/Schramm 12 mN. **d)** Vgl ferner Rn 7–9. **3 4 5**

3. **Ein Vertrag** (jeder Art, soweit Vertretung zulässig, Rn 2), der ohne Vertretungsmacht geschlossen wird, ist zunächst schwebend unwirksam, so daß weder Erfüllung noch Schadensersatz statt der Leistung (§ 283) verlangt werden kann; die Vereinbarung von Leistungspflichten, die hinter den Hauptpflichten zurückbleiben, ist möglich (BGH NJW 99, 1329; § 182 Rn 2). Mit Genehmigung wird der Vertrag rückwirkend (§ 184 I) wirksam, mit ihrer *Verweigerung* (s § 108 Rn 1) endgültig unwirksam, jeweils vorbehaltlich II 1 HS 2. Erklärungsempfänger: § 182 I, modifiziert durch § 177 II 1 HS 1. Genehmigung ist stets formfrei (§ 182 II), denn sie erfolgt *nachträglich* (§ 184 I) und ist kraft Ges unwiderruflich (arg e contrario aus § 183 S 1); das unterscheidet sie von der einwilligungsähnlichen Bevollmächtigung, die *vorher* erfolgt (arg I) und nur kraft bes Abrede unwiderruflich ist (§ 168 Rn 6), weshalb sie (nur) ausnahmsweise formbedürftig ist (§ 167 Rn 10); zutr Wieling Anm LM Nr 5 zu § 183 mit BGH 125, 221 ff; NJW 98, 1484; 00, 2274). Einschränkung der Rückwirkung gem § 184 II. Vertragsgegner kann auf Beendigung des Schwebezustands dringen: **II,** sa § 108 Rn 2, § 178 Rn 1. Genehmigung hat dieselbe Wirkung wie Vertragsschluß mit Vertretungsmacht (§ 164 Rn 10). Genehmigen kann der Vertretene oder sein Vertreter (das kann auch der vertragschließende Vertreter sein, wenn er nunmehr Vertretungsmacht hat, BGH NJW-RR 94, 293). Ein Anspruch auf Genehmigung besteht grundsätzlich nicht. **6**

Jauernig

§§ 178, 179 Buch 1. Abschnitt 3. Rechtsgeschäfte

Zur Genehmigung durch *Gesamtvertreter* BGH MDR 65, 818. Zur *schlüssigen* Genehmigung § 108 Rn 1 aE. Zum *Zeitpunkt* § 184 Rn 2.

7   **4. Entspr** gelten die §§ 177–180 **a) bei Mißbrauch** der Vertretungsmacht
8   (§ 164 Rn 8); **b) bei Handeln unter fremdem (falschem) Namen** (dh dem Namen einer existierenden anderen Person), wenn für den Geschäftsgegner die Person des Namensträgers entscheidend ist (A gibt sich für den notorisch reichen B aus, um Kredit zu erschwindeln: Täuschung über die Identität). Keine Stellvertretung (BGH NJW 91, 40), auch kein Eigengeschäft des A (arg § 164 II); daher §§ 177 ff entspr anwendbar (aber auch §§ 164 ff; zur Bedeutung BGH 45, 195 f, auch 62, 220 f). Kommt es dem Geschäftsgegner auf den Handelnden, nicht auf den Namensträger an, dann liegt Eigengeschäft des Handelnden vor (BGH NJW-RR 88, 815 mN). Diese Unterscheidung ist auch beim gutgl Erwerb zu beachten (vgl Giegerich und Mittenzwei NJW 86, 1975 f, 2472 ff; Düsseldorf NJW
9   89, 906 f); **c) bei Handeln eines Boten**, der bewußt entweder vom erteilten Auftrag abweicht oder ohne Auftrag handelt (§ 120 Rn 4). **d)** Zur entspr Anwendung allein von § 179 vgl dort Rn 11.

§ 178 Widerrufsrecht des anderen Teils

¹**Bis zur Genehmigung des Vertrags ist der andere Teil zum Widerruf berechtigt, es sei denn, dass er den Mangel der Vertretungsmacht bei dem Abschluss des Vertrags gekannt hat.** ²**Der Widerruf kann auch dem Vertreter gegenüber erklärt werden.**

1   **1. Zweck:** Schutz des kenntnislosen Vertragsgegners (bei Kenntnis bleibt nur § 177 II). Widerruf muß zeigen, daß Vertreterhandeln unwirksam sein soll (BAG NJW 96, 2595). Er macht den Vertrag endgültig unwirksam.

§ 179 Haftung des Vertreters ohne Vertretungsmacht

(1) **Wer als Vertreter einen Vertrag geschlossen hat, ist, sofern er nicht seine Vertretungsmacht nachweist, dem anderen Teil nach dessen Wahl zur Erfüllung oder zum Schadensersatz verpflichtet, wenn der Vertretene die Genehmigung des Vertrags verweigert.**

(2) **Hat der Vertreter den Mangel der Vertretungsmacht nicht gekannt, so ist er nur zum Ersatz desjenigen Schadens verpflichtet, welchen der andere Teil dadurch erleidet, dass er auf die Vertretungsmacht vertraut, jedoch nicht über den Betrag des Interesses hinaus, welches der andere Teil an der Wirksamkeit des Vertrags hat.**

(3) ¹**Der Vertreter haftet nicht, wenn der andere Teil den Mangel der Vertretungsmacht kannte oder kennen musste.** ²**Der Vertreter haftet auch dann nicht, wenn er in der Geschäftsfähigkeit beschränkt war, es sei denn, dass er mit Zustimmung seines gesetzlichen Vertreters gehandelt hat.**

1   **1. Allgemeines. a)** Haftung nach § 179 I, II setzt *Verweigerung der Genehmigung* voraus (§ 177 II 2 HS 2 genügt), außerdem *Fehlen der Vertretungsmacht* (Be-
2   weislast s Rn 5); weiterer Fall § 164 Rn 4. § 179 betrifft Verträge aller Art. **b) Art der fehlenden Vertretungsmacht** (rechtsgeschäftliche, ges; s § 164 Rn 6) ist
3   gleich (vgl BGH 39, 52). **c) Der Untervertreter** ist Vertreter des Hauptvollmachtgebers (§ 167 Rn 4). Von diesem leitet er, vermittelt durch den Hauptvertreter, seine Vertretungsmacht ab. Daher soll er gem § 179 sowohl bei Fehlen oder Nichterweislichkeit der Haupt- wie der Untervollmacht haften (SoeLeptien § 167, 62 mN). Das ist für den Untervertreter zu hart, für den Geschäftsgegner zu günstig, wenn der Untervertreter vom vollmachtlosen Hauptvertreter bevollmächtigt worden ist und die mehrstufige Vertretung aufgedeckt hat; dann haftet der Unterbevollmächtigte gem § 179 nur für Bestand und Nachweis der Untervollmacht als solcher, iü haftet der Hauptvertreter (BGH 68, 394 ff; iE ebenso Flume II § 49, 5;

Titel 5. Vertretung und Vollmacht **§ 180**

trotz anderen Ausgangspunktes – vgl § 167 Rn 4 – auch BGH 32, 254 f; BB 63, 1193). Ohne Offenlegung sowie bei gültiger Haupt-, aber fehlender Untervollmacht haftet er gem § 179. **d) § 179 begründet ges Garantiehaftung (Vertrauenshaftung)** des Vertreters aus von ihm veranlaßtem Vertrauen (BGH 147, 390). § 179 setzt voraus, daß nur die Vertretungsmacht fehlt (vgl RG 145, 43); daher keine Haftung bei Widerruf gem § 178, bei Geschäftsunfähigkeit des Vertreters (arg § 165), bei Nichtigkeit gem §§ 125, 134, 138, 142 I (BGH NJW-RR 91, 1075). UU ist § 179 entspr anwendbar (Rn 11). **e) Haftungsschema. aa) Vertreter haftet nicht:** wenn er mit Vertretungsmacht gehandelt hat (*Beweislast* für deren Begründung bei ihm); wenn der Gegner gem § 178 widerrufen oder den Mangel der Vertretungsmacht kannte oder fahrlässig nicht kannte (**III 1, § 122 II**; Erkundigungspflicht nur bei Anhalt für Fehlen der Vertretungsmacht, BGH 147, 385); wenn der Vertreter geschäftsunfähig war (Rn 4) oder als beschränkt Geschäftsfähiger ohne Zustimmung des ges Vertreters gehandelt hat (**III 2);** wenn der Vertreter wegen arglistiger Täuschung angefochten hat (BGH NJW 02, 1868). **bb) Vertreter haftet gem II** auf das Vertrauensinteresse, wenn ihm der Nachweis nach aa nicht gelingt (*Beweislast* bei ihm), er aber seine Unkenntnis des Mangels nachweisen kann (*Beweislast* bei ihm). **cc) Vertreter haftet gem I,** wenn ihm auch der Nachweis nach bb (*Beweislast* bei ihm) gelingt.

2. Gem I haftet der Vertreter auf Erfüllung oder Schadensersatz (zur Haftungsbefreiung und -begrenzung gem II, III vgl Rn 5 [aa, bb]). **a) §§ 263 ff** (Wahlschuld) sind anwendbar (RG 154, 61 f). **b) Erfüllungsverlangen** macht den Vertrag nicht wirksam, den Vertreter rechtlich nicht zur Vertragspartei (BGH 68, 360 f). Daher beruht der Erfüllungsanspruch auf Ges (BGH NJW 91, 40). Inhalt und Abwicklung bestimmen sich wie bei Wirksamkeit des Vertrags (RG 120, 128 f), zB gem §§ 320 ff (wichtig, weil Vertreter vor Erbringen der eigenen Leistung keinen Erfüllungsanspruch hat, BGH NJW 01, 3185). **c) Schadensersatz** umfaßt das Erfüllungsinteresse; geht nur auf Geld, da Naturalherstellung (§ 249 S 1) „Erfüllung" wäre.

3. Haftung nach II geht nur auf Ersatz des Vertrauensinteresses (§ 122 Rn 3). Kein Erfüllungsanspruch.

4. a) Zum Haftungsausschluß nach **III 1** vgl Rn 5 (aa, auch bb). **b) III 2** schützt den beschränkt Geschäftsfähigen gegen ges Garantiehaftung (Rn 4). Zustimmung: §§ 183 S 1, 184 I.

5. Ist der **Vertretene außerstande,** den Vertrag wirksam **zu genehmigen** (zB mangels Existenz, wegen fehlender Rechts- oder Geschäftsfähigkeit), so haftet der Vertreter entspr § 179, wenn und weil er zum Ausdruck gebracht hat, eine existente rechts- und geschäftsfähige Person mit Vertretungsmacht zu vertreten (vgl BGH NJW 96, 1054). UU besteht Wahlrecht nach I (RG 106, 74).

6. Sämtliche Ansprüche aus § 179 **verjähren** ab Verweigerung der Genehmigung in der Frist, die für den Erfüllungsanspruch aus dem nicht genehmigten Vertrag gegolten hätte (BGH 73, 269 ff).

7. Beweislast s Rn 5.

§ 180 Einseitiges Rechtsgeschäft

¹**Bei einem einseitigen Rechtsgeschäft ist Vertretung ohne Vertretungsmacht unzulässig.** ²**Hat jedoch derjenige, welchem gegenüber ein solches Rechtsgeschäft vorzunehmen war, die von dem Vertreter behauptete Vertretungsmacht bei der Vornahme des Rechtsgeschäfts nicht beanstandet oder ist er damit einverstanden gewesen, dass der Vertreter ohne Vertretungsmacht handele, so finden die Vorschriften über Verträge entsprechende Anwendung.** ³**Das Gleiche gilt, wenn ein einseitiges Rechtsgeschäft gegenüber einem Vertreter ohne Vertretungsmacht mit dessen Einverständnis vorgenommen wird.**

§ 181 Buch 1. Abschnitt 3. Rechtsgeschäfte

1   **1. Grundsatz** (S 1). Einseitige RGeschäfte von oder gegenüber einem machtlosen Vertreter sind nichtig und nicht genehmigungsfähig. Das gilt ausnahmslos für nichtempfangsbedürftige Willenserklärungen (Begriff: Rn 8 vor § 104), zB Auslobung; für empfangsbedürftige s Rn 2.

2   **2. Ausnahmen** (S 2, 3). **a)** Beanstandung ist unverzügliche (§ 121 I 1) Zurückweisung (s § 174 Rn 1; Köln NJW-RR 95, 1464). S 3 betrifft Passivvertretung, der Empfänger spielt sich als Vertreter auf. Es gelten §§ 177–179. **b)** Ob weitere Ausnahme für amtsempfangsbedürftige Willenserklärungen (Begriff: Rn 8 vor § 104) gilt, ist str.

§ 181 Insichgeschäft

Ein Vertreter kann, soweit nicht ein anderes ihm gestattet ist, im Namen des Vertretenen mit sich im eigenen Namen oder als Vertreter eines Dritten ein Rechtsgeschäft nicht vornehmen, es sei denn, dass das Rechtsgeschäft ausschließlich in der Erfüllung einer Verbindlichkeit besteht.

Lit: Honsell JA 77, 55; Hübner, Interessenkonflikt und Vertretungsmacht, 1977.

1   **1. Allgemeines.** § 181 enthält ges Begrenzung der – iü vorhandenen – Vertretungsmacht. Fehlt diese überhaupt, so scheidet § 181 aus. Die Vorschrift enthält kein ges Verbot, sondern beschränkt das rechtliche Können (§ 134 Rn 3) für sog **Insichgeschäfte** (Rn 4).

2   **2. Persönlicher Geltungsbereich.** Gilt für alle Arten von Vertretern iSv § 164 Rn 6, außerdem entspr für Amtsverwalter (§ 164 Rn 13): Testamentsvollstrecker (BGH 108, 24), Insolvenzverwalter (BGH 113, 270 für Konkursverwalter), Zwangsverwalter, Nachlaßverwalter (MK/Schramm 38).

3   **3. Sachlicher Geltungsbereich. a) Erfaßt** werden RGeschäfte, bei denen Vertretung zulässig ist (§ 164 Rn 9) und die einem anderen gegenüber vorzunehmen sind. Letzteres ist notwendig, weil § 181 Personenidentität auf beiden Seiten des RGeschäfts voraussetzt (Rn 5, 6). Ein „Gegenüber" fehlt bei nichtempfangsbedürftigen einseitigen RGeschäften wie Auslobung (§ 657), Eigentumsaufgabe (§ 959). **b) Zwei Arten** des Insichgeschäfts sind erfaßt: **aa) Selbstkontrahieren** (Geschäftsvornahme „im Namen des Vertretenen mit sich im eigenen Namen"); Bsp: Vertreter des Verkäufers schließt mit sich als Käufer einen Kaufvertrag oder erklärt sich als Käufer an sich als Verkäufervertreter die Kaufpreisminderung; **bb) Mehrvertretung** (Geschäftsvornahme „im Namen des Vertretenen mit sich als Vertreter eines Dritten"); Bsp: A vertritt Verkäufer und Käufer beim Kaufabschluß. **c) Fehlt Personenidentität** auf beiden Seiten des RGeschäfts, so ist § 181 grundsätzlich unanwendbar (s aber Rn 8). Sie fehlt (auch), wenn Vertreter das Geschäft zugleich für den Vertretenen und sich selbst einem Dritten gegenüber vornimmt (RG 127, 105 f; sa § 164 Rn 3; Bsp: M kündigt für sich und seine Frau [Mitmieterin] den Mietvertrag). Sie fehlt ferner (auch), wenn der Vertreter mehrere Personen auf einer Seite gegenüber einem Dritten vertritt (BGH 50, 10; Bsp: A kündigt im Namen des Mieter-Ehepaars). **d) Nach seinem Wortlaut** unterbindet § 181 Insichgeschäfte im Falle der Personenidentität (Rn 3, 5). Das ist ein leicht feststellbares formales Kriterium und macht § 181 zu einer formalen Ordnungsvorschrift (BGH WM 81, 66), zumindest im Grundsatz (BGH 113, 270 mN). Die mit § 181 verfolgte *Abwehr einer Interessenkollision* ist dann nur gesetzgeberisches Motiv, und für die Anwendung von § 181 ist ein solcher weder nötig noch ausreichend, daß im Einzelfall eine Interessenkollision besteht (BGH 50, 1 mN; zust 113, 270; sa BFH NJW-RR 00, 1196 f; fr hM). Dieses Gesetzesverständnis führt zu *unbefriedigenden Ergebnissen:* § 181 ist anwendbar, wenn Personenidentität, aber keine Interessenkollision besteht; er ist unanwendbar, wenn Interessenkollision gegeben ist, aber keine Personenidentität. Daher liegt es nahe, im ersten Fall § 181 einzuschränken (vgl Rn 7), im zweiten auszudehnen (vgl Rn 8). Die Kriterien der Grenzziehung sind jedoch fragwürdig. **aa) Personenidentität ohne Interessenkollisi-**

Titel 5. Vertretung und Vollmacht **§ 181**

on. Fehlt Interessenkollision nur im Einzelfall, so ist § 181 anwendbar (BGH 56, 102). Er ist *unanwendbar,* wenn in einem festumrissenen Rechtsbereich die Gefahr einer Interessenkollision schlechthin, dh ohne Rücksicht auf den Einzelfall, nicht besteht. Beide Voraussetzungen – *genau abgegrenzter Rechtsbereich, Interessenkollision abstrakt undenkbar* – liegen nach BGH 52, 318; 65, 96 ff vor bei gewöhnlichen Gesellschafterbeschlüssen (zweifelhaft); § 181 aber anwendbar bei vertragsändernden (BGH NJW 61, 724 [OHG-Vertrag]; 89, 169 [GmbH-Satzung]), ebenfalls für Geschäftsführerwahl bei GbR (BGH 112, 340 ff). § 181 ist ferner *anwendbar* bei Insichgeschäften des geschäftsführenden Alleingesellschafters einer GmbH (GmbHG 35 IV, dazu Kreutz, FS Mühl, 1981, S 409 ff; abw zum alten Recht BGH 95, 95 f, dazu krit 94, 236), erst recht bei gewöhnlichem Geschäftsführer; Ausschluß durch Satzung(sänderung) möglich, Eintragung ins Handelsregister nötig (Köln NJW 93, 1018 mN). § 181 ist ferner anwendbar bei Insichgeschäften, die dem Vertretenen lediglich einen rechtlichen Vorteil bringen, da dieser Rechtsbereich nicht fest umrissen ist (aA BGH NJW 89, 2543 mN; BFH NJW 93, 1415; s § 107 Rn 2–5), außerdem würde sonst allg die Möglichkeit aufgedrängter Schenkungen geschaffen (Schubert WM 78, 291 ff; übergangen in BGH 94, 236).
bb) Interessenkollision ohne Personenidentität besteht bei *einseitigen amtsempfangsbedürftigen Erklärungen* (Rn 8 vor § 104), die der Vertreter gegenüber einer *Behörde* (einem *Gericht*) statt (wie auch möglich) an sich als sachlich Betroffenen abgibt (Bsp: Eigentümer erklärt als Vertreter des Hypothekars die Aufgabe der Hypothek gegenüber dem Grundbuchamt statt an sich, § 875 I 2); hier gilt § 181 (BGH 77, 9 f). Unanwendbar soll er bei einseitigen (privat-)empfangsbedürftigen Erklärungen mit Empfängerwahl (Hauptfall: § 182 I) sein (BGH 94, 137; krit Hübner Anm JZ 85, 745 f); Bsp: Vertreter schließt Vertrag und erklärt seine notwendige Zustimmung dem Gegner, nicht sich. – § 181 gilt *analog:* Der Vertreter bestellt einen Untervertreter (bzw für sich einen Eigenvertreter) und kontrahiert mit ihm in eigenem (bzw fremdem) Namen (BGH NJW 91, 692; aA RG 157, 31 f); ein *Gesamtvertreter einer OHG* (KG) schließt für sich einen Pachtvertrag mit seiner Gesellschaft, die dabei vom anderen Gesamtvertreter aufgrund einer Ermächtigung (HGB 125 II 2) vertreten wird (aA BGH 64, 74 ff); GmbH, vertreten durch 2 Prokuristen, kontrahiert mit eV-Vorstand, der zugleich Geschäftsführer der GmbH ist (aA BGH 91, 336 f). – *Keine Analogie* bei sog *Interzession* (= Eintreten für die Schuld eines anderen), Bsp: Vertreter schließt in fremdem Namen einen *Bürgschaftsvertrag für eigene Schuld* (RG 71, 219 ff; Düsseldorf WM 93, 354 f); hier liegt Überschreiten oder erkannter Mißbrauch der Vertretungsmacht vor mit den gleichen Folgen wie bei Verstoß gegen § 181 (vgl Rn 14; § 164 Rn 7, 8).   8

4. Erlaubtes Insichgeschäft. a) Gestattung. Verschiedene Möglichkeiten: 9
aa) Die Vollmacht (§ 167 Rn 1) kann auch die Vornahme von Insichgeschäften umfassen; das muß eindeutig sein (Auslegungsfrage, vgl KG DR 43, 802).
bb) Selbständige Gestattung durch Einwilligung (§ 183), die selbst § 181 unterfällt (BGH 58, 118) und schlüssig erklärt werden kann (BGH BB 71, 1213). Sie betrifft meist ein Einzelgeschäft. Ist dem Vertreter das Insichgeschäft nicht gestattet, so kann er es auch nicht einem Untervertreter gestatten, weil ihm insoweit die Vertretungsmacht fehlt (vgl BGH 64, 74); folglich kann er ein Insichgeschäft des Untervertreters auch nicht genehmigen (Harder AcP 170, 302 ff mN; aA KG DR 41, 997). **cc) Bei ges Vertretung** (§ 164 Rn 6) Gestattung insbes durch Ges (zB BBiG 3 III für Berufsausbildungsvertrag). Nach hM kann das VormundschaftsG nicht gestatten (BGH 21, 234; Hamm FamRZ 93, 1124); idR ist ein Pfleger zu bestellen, § 1909. **dd) Gestattung durch Verkehrsübung** (Flume II § 48, 6; früher hM), zB Geldwechseln durch Kassierer für sich selbst. Hierher gehören auch verkehrsübliche (also nicht alle) Schenkungen von Eltern an geschäftsunfähiges Kind (Flume II § 48, 6 [zum Vollzug § 930 Rn 15]; aA BGH 59, 240 f: § 181 unanwendbar, vgl Rn 7). **b) Erfüllung einer Verbindlichkeit** des Vertretenen 10 gegen den Vertreter oder umgekehrt. Nur reines Erfüllungsgeschäft; nicht: Leistung

Jauernig 129

§ 182 Buch 1. Abschnitt 3. Rechtsgeschäfte

an Erfüllungs Statt, Erfüllung unter Preisgabe einer Einrede des Vertretenen (MK/ Schramm 59), Aufrechnung, wenn nur Vertreter dazu berechtigt ist (SoeLeptien 43; aA MK/Schramm 57, hM). Die Verbindlichkeit muß wirksam sein und nicht erst, wie bei § 313 S 2, durch Erfüllung wirksam werden (BGH FamRZ 61, 475). *Erlaubtes Insichgeschäft* liegt *nicht* vor, wenn der ges Vertreter seine Verbindlichkeit aus einer nach § 107 wirksamen Schenkung an den beschränkt geschäftsfähigen Vertretenen (Minderjährigen, § 106) durch ein RGeschäft erfüllt oder dieses genehmigt, das für den Vertretenen nachteilig ist (§§ 107, 108 I); Grund: die ges Gestattung des Insichgeschäfts darf den Schutz der §§ 107 f nicht ausschalten; deshalb bedarf es einer teleologischen Reduktion von § 181 HS 2, (Jauernig JuS 82, 576 f; sa BayObLG ZNotP 97, 114; nur iE ebenso BGH 78, 33 ff und BayObLG NJW 98, 3575 f aufgrund einer „Gesamtbetrachtung" von Schenkung und Erfüllungsgeschäft, s § 107 Rn 2); Folge: Pflegerbestellung, § 1909, nötig.

11 **c) Durch teleologische Reduktion** des § 181 HS 1 hat die Rspr weitere Fall-
12 gruppen erlaubter Insichgeschäfte geschaffen (Rn 7). **d) Nach außen erkennbar** muß das Insichgeschäft sein (BGH NJW 91, 1730). Wichtig insbes bei dinglichen
13 Verfügungen (vgl RG 116, 202; 140, 230; § 930 Rn 18). **e) Bewußter Mißbrauch** der Vertretungsmacht beim Selbstkontrahieren (Rn 4 [aa]) zum Nachteil des Vertretenen macht Vertretergeschäft nichtig, § 138 I (BGH NJW-RR 93, 370); sa § 164 Rn 8 (Kollusion).

14 **5. Verletzungsfolgen.** § 181 enthält eine ges Begrenzung der Vertretungsmacht, die der Geschäftsherr durch vorherige Gestattung aufheben kann (Rn 9). Um auch eine nachträgliche Gestattung (= Genehmigung) zuzulassen, ist trotz des Gesetzeswortlauts („kann nicht") das unerlaubte Insichgeschäft nur schwebend unwirksam (Rn 18, 20 vor § 104); §§ 177–180 sind anwendbar (BGH NJW-RR 94, 292 f; NJW 95, 728). Genehmigung des Geschäfts (§§ 177, 180 S 2, 3) ist auch durch die Erben des Vertretenen möglich (Hamm MDR 79, 227 f), im Fall Rn 9 (cc) durch den jetzt Geschäftsfähigen (arg § 108 III), aber nicht durch den insoweit unbefugten Vertreter (zum Untervertreter Rn 9 [bb], sa § 177 Rn 6). Vor Genehmigung ist Vertreter nicht gebunden; den Gegner trifft (noch) keine Leistungspflicht (BGH 65, 126 f).

Titel 6. Einwilligung und Genehmigung

§ 182 Zustimmung

(1) Hängt die Wirksamkeit eines Vertrags oder eines einseitigen Rechtsgeschäfts, das einem anderen gegenüber vorzunehmen ist, von der Zustimmung eines Dritten ab, so kann die Erteilung sowie die Verweigerung der Zustimmung sowohl dem einen als dem anderen Teil gegenüber erklärt werden.

(2) Die Zustimmung bedarf nicht der für das Rechtsgeschäft bestimmten Form.

(3) Wird ein einseitiges Rechtsgeschäft, dessen Wirksamkeit von der Zustimmung eines Dritten abhängt, mit Einwilligung des Dritten vorgenommen, so finden die Vorschriften des § 111 Satz 2, 3 entsprechende Anwendung.

Lit: Thiele, Die Zustimmungen in der Lehre vom RGeschäft, 1966.

1 **1. Allgemeines. a) Terminologie.** Vorherige Zustimmung = *Einwilligung* (§ 183), nachträgliche Zustimmung = *Genehmigung* (§ 184 I). Terminologie im Ges nicht stets beachtet (Bsp: § 709 I; „Genehmigung" durch VormundschaftsG); was gemeint ist, richtet sich nach dem ges Zweck. – *Zustimmungsbedürftigkeit* besteht idR nur kraft Ges (arg § 137 S 1). Ausnahmen: Zustimmung zur Vertragsübernahme (BGH NJW 98, 532), zum Vertragsbeitritt (BGH NJW-RR 98, 594),

Titel 6. Einwilligung und Genehmigung **§ 183**

zur Übertragung der Mitgliedschaft (MK/Schramm 12 vor § 182); in diesen Fällen gelten §§ 182 ff entspr. Zum privaten Genehmigungsvorbehalt (§§ 182 ff) als Rechtsbedingung BGH NJW 00, 2273). Bes gilt für die „Zustimmung" zur Abtretung einer gem § 399 Fall 2 unabtretbaren Forderung (s BGH NJW-RR 91, 764 einerseits, NJW 97, 3435 andererseits; StGursky 31, 32 vor § 182). Rechtsgeschäftlich angeordnete „Zustimmung" kann Bedingung, §§ 158 ff, sein. **b) Bedeutung der Zustimmung(sbedürftigkeit).** Zustimmungsbedürftiges Geschäft (Vertrag; einseitiges empfangsbedürftiges RGeschäft) ist mit Einwilligung von Anfang an wirksam. Ohne oder bei zuvor verweigerter (s aber § 183 Rn 3) Einwilligung ist Vertrag schwebend unwirksam (BGH 13, 184 f), ebenso analog § 180 S 2, 3 einseitiges empfangsbedürftiges RGeschäft (StGursky 36; str), soweit nicht §§ 111 S 1, 180 S 1, 1367, 1831 eingreifen; die Parteien sind gebunden (Ausnahmen zB §§ 109, 178), RG 64, 154; s aber auch § 184 Rn 2. Aufgrund schwebend unwirksamen Vertrags kann Leistung (noch) nicht verlangt werden (BGH BB 79, 191), aber Vereinbarung von Leistungspflichten, die hinter den Hauptpflichten zurückbleiben, zB Hinterlegung des Kaufpreises, ist möglich (BGH NJW 99, 1329). Schwebezustand endet mit (unwiderruflicher) Verweigerung oder Erteilung der **Genehmigung.** Erteilung wirkt idR zurück, Rückwirkung ist vertraglich abdingbar, auch stillschweigend (§ 184 I); Verweigerung macht RGeschäft endgültig unwirksam (BGH 125, 358; gegen ausnahmslose Endgültigkeit K. Schmidt JuS 95, 102 ff; sa §§ 108 II, 177 II, 1365 II, 1366 III, StGursky 32, 33).

2. Zustimmung ist einseitiges empfangsbedürftiges RGeschäft (Begriff Rn 5, 8 vor § 104) und abstrakt (Begriff Anm 2 d bb vor § 104). Zustimmung muß sich auf bestimmtes RGeschäft beziehen (Irrtum über dessen Art und Inhalt macht uU Zustimmung – nur – anfechtbar). Erklärungsempfänger ist, soweit das Ges nichts anderes vorsieht (zB §§ 876, 1178), der zustimmungsbedürftig Handelnde oder sein Geschäftsgegner **(I),** niemand sonst (BGH NJW 53, 58).

3. a) Form, II: Einwilligung ist idR (Rn 6), Genehmigung stets formfrei. Schlüssige Zustimmung möglich (außer bei Formbedürftigkeit). Zustimmender muß Zustimmungsbedürftigkeit weder kennen noch mit ihr rechnen (BGH NJW 98, 1859 für ausdr Genehmigung; aA StGursky 12–14); entscheidend ist, wie der Empfänger den Erklärungsakt verstehen muß. **b) Einseitiges RGeschäft** nicht zurückgewiesen werden, wenn Einwilligung in Schriftform (§ 126; Original, Ausfertigung, wie § 174 Rn 1) vorgelegt wird, **III** iVm § 111 S 2, auch 3. Elektronische Form ist ausgeschlossen (wie §§ 170–173 Rn 8; § 174 Rn 1). **c) Ausnahmsweise** ist Form erforderlich, zB § 1516; GBO 29; wenn, insbes wegen Unwiderruflichkeit der Einwilligung (§ 183 Rn 2), das formbedürftige RGeschäft den Einwilligenden binden würde (gilt nicht für Genehmigung, § 177 Rn 6).

4. Zustimmung von Behörden zu privaten RGeschäften. Sie regelt sich nach öffentl Recht (StGursky 53 vor § 182). Ihr Fehlen führt zur schwebenden Unwirksamkeit (BGH 142, 58 f: genehmigungsbedürftige Bürgschaft eines Landkreises). Erst mit unanfechtbarer Versagung der Genehmigung wird das Geschäft unwirksam (nichtig), BGH 127, 377; 142, 58; die Genehmigungsfähigkeit entfällt (K. Schmidt AcP 189, 12 f). Sa § 134 Rn 6. – Kannten die Parteien die Genehmigungsbedürftigkeit, wollten sie aber das RGeschäft von Anfang an ungenehmigt durchführen, so ist es nichtig (BGH WM 81, 188: wegen § 138 I).

§ 183 Widerruflichkeit der Einwilligung

¹**Die vorherige Zustimmung (Einwilligung) ist bis zur Vornahme des Rechtsgeschäfts widerruflich, soweit nicht aus dem ihrer Erteilung zugrunde liegenden Rechtsverhältnis sich ein anderes ergibt.** ²**Der Widerruf kann sowohl dem einen als dem anderen Teile gegenüber erklärt werden.**

§ 184 Buch 1. Abschnitt 3. Rechtsgeschäfte

1 1. Zur **Bedeutung, Rechtsnatur** und **Form** der Einwilligung § 182 Rn 2–6; zur Terminologie § 182 Rn 1.

2 2. **a) Unwiderruflich** ist die Einwilligung kraft Ges (zB §§ 876, 880 II), aufgrund des Rechtsverhältnisses zwischen Einwilligendem und Geschäftsgegner oder infolge Verzichts oder Vertrags. Widerruf aus wichtigem Grund möglich, ausnahmsweise nicht (s BGH 77, 397 ff). **b) Widerruflich** ist sie, von Rn 2 abgesehen, bis zur (wirksamen) Vornahme des RGeschäfts. Vorgenommen ist es, wenn RGeschäft bindend geworden (vgl BGH NJW 63, 37; LM Nr 7 zu § 407). Widerrufsempfänger s S 2. Für widerrufene Einwilligung gelten §§ 170–173 entspr (StGursky 16).

3

4 3. **Einwilligung in Verletzung immaterieller Rechtsgüter** fällt nicht unter § 183; vgl Rn 24 vor § 104, § 823 Rn 54.

§ 184 Rückwirkung der Genehmigung

(1) **Die nachträgliche Zustimmung (Genehmigung) wirkt auf den Zeitpunkt der Vornahme des Rechtsgeschäfts zurück, soweit nicht ein anderes bestimmt ist.**

(2) **Durch die Rückwirkung werden Verfügungen nicht unwirksam, die vor der Genehmigung über den Gegenstand des Rechtsgeschäfts von dem Genehmigenden getroffen worden oder im Wege der Zwangsvollstreckung oder der Arrestvollziehung oder durch den Insolvenzverwalter erfolgt sind.**

1 1. Zur **Bedeutung, Rechtsnatur** und **Form** der Genehmigung § 182 Rn 2–6; zur Terminologie § 182 Rn 1. Genehmigender muß zwar nicht zZ der zu genehmigenden Verfügung (MK/Schramm 25), aber zZ der Genehmigung *verfügungsbefugt* sein (BGH 107, 341 f mN, hM); Bsp für Ausnahme: Der Verfügungsgegenstand ist vernichtet und die Verfügung iSv § 816 soll durch Genehmigung (§ 185 II 1) wirksam werden (BGH 56, 133).

2 2. **a) Rückwirkung.** Wirksame Genehmigung wirkt idR zurück, dh ab Genehmigung wird das RGeschäft so bewertet, als sei es bereits von Anfang an wirksam. Das gilt auch für die eingeklagte Genehmigung (ZPO 894; aA BGH 108, 384, dagegen Jauernig, FS Niederländer, 1991, S 291 ff; StGursky 40). Die Rückwirkung kann schuldrechtliche und dingliche Geschäfte betreffen. Von der Rückwirkung unberührt bleiben Vorgänge, die vor der Genehmigung liegen und nicht unmittelbar zum rückwirkend anders bewerteten RGeschäft gehören, wie zB die vor der Genehmigung erfolgte Löschung einer Grundbucheintragung (BGH MDR 71, 380). Zur Verjährung s § 199 Rn 3. – Abzulehnen sind BGH 32, 382 f (die Ausübung eines Vorkaufsrechts [Gestaltung] durch unberechtigten Vertreter könne gem § 180 S 2, § 177 nur vor Ablauf der Ausschlußfrist für die Rechtsausübung genehmigt werden) und NJW 73, 1790 (die Vertragsannahme durch einen unberechtigten Vertreter könne nur innerhalb der Annahmefrist, § 148, genehmigt werden); hier werden die §§ 180 S 2, 177 II (insbes S 1 HS 2), 108 II (insbes S 1 HS 2) weitgehend ausgehöhlt, die Bindung des anderen Teils (§ 182 Rn 2; sa BGH 65, 126) wird ignoriert und übersehen, daß die Genehmigung (anders als die Ausübung des Vorkaufsrechts, die Vertragsannahme) auch dem unberechtigten Vertreter (beschränkt Geschäftsfähigen) gegenüber erklärt werden kann (§ 182 I; anders nur nach §§ 108 II 1, 177 II 1); ie Jauernig, FS Niederländer, 1991, S 285 ff; zust StGursky 19; zutr für § 147 BGH NJW 96,

3 1064. **b) Zur Verweigerung** § 182 Rn 2. **c) Kein Widerruf** von Erteilung oder Verweigerung der Genehmigung, die in den Schwebezustand (§ 182 Rn 2)

4 beenden (BGH 125, 358). **d) Zustimmungsbedürftige einseitige Gestaltungserklärungen** vertragen *idR* keinen Schwebezustand und sind daher mangels Genehmigungsfähigkeit nichtig (BGH 11, 37; zumindest schief 114, 366; NJW 98, 3060: [nur?] Rückwirkung entfalle). Ausnahmen: Rn 2, § 182 Rn 2. **e) Frist**

Titel 6. Einwilligung und Genehmigung **§ 185**

für Entscheidung über Genehmigung besteht idR nicht (anders zB nach §§ 108 II, 177 II, 1366 III; sa Rn 2), doch kann in bes Ausnahmefällen Recht zur Genehmigung *verwirkt* werden (Zurückhaltung geboten, vgl Stuttgart NJW 54, 36).

3. Wirksame Zwischenverfügung des Genehmigenden oder Zwangsverfügung gegen ihn wird in **II** vorausgesetzt (BGH 70, 302). Dadurch verliert er seine Verfügungs- und Genehmigungsbefugnis (Rn 1), so daß Genehmigung unwirksam, nicht nur (wie II sagt) in der Rückwirkung begrenzt ist (str, sM MK/Schramm 31). 5

§ 185 Verfügung eines Nichtberechtigten

(1) **Eine Verfügung, die ein Nichtberechtigter über einen Gegenstand trifft, ist wirksam, wenn sie mit Einwilligung des Berechtigten erfolgt.**

(2) ¹**Die Verfügung wird wirksam, wenn der Berechtigte sie genehmigt oder wenn der Verfügende den Gegenstand erwirbt oder wenn er von dem Berechtigten beerbt wird und dieser für die Nachlassverbindlichkeiten unbeschränkt haftet.** ²**In den beiden letzteren Fällen wird, wenn über den Gegenstand mehrere miteinander nicht in Einklang stehende Verfügungen getroffen worden sind, nur die frühere Verfügung wirksam.**

1. Begriff der Verfügung. a) Allgemeines s Rn 10 vor § 104. **b) Nur Verfügung in eigenem Namen** meint § 185. Bei Verfügung in fremdem Namen liegt Stellvertretung, §§ 164 ff, vor; § 185 ist unanwendbar. **c) Einseitige Verfügungen** wie Aufrechnung, Kündigung können mit Einwilligung (I) vorgenommen werden, es gilt § 182 III. Ohne sie sind sie idR nichtig, so daß II ausscheidet (zu Grund und Ausnahmen § 184 Rn 4); iE ebenso BGH NJW 62, 1345; Köln Rpfleger 80, 223 f. **d) Reine Verpflichtungsgeschäfte** betrifft § 185 nicht (eine Verpflichtungsermächtigung ist abzulehnen, str; vgl F. Peters AcP 171, 234 ff mN), wohl aber schuldrechtliche Verfügungen, zB Stundung (BGH NJW 90, 2680). Einwilligung iSv I ist die **Einziehungsermächtigung** (BGH NJW-RR 89, 317; sa § 398 Rn 26), aber nicht die Einzugsermächtigung des Lastschriftschuldners (BGH NJW 89, 1673, str), nicht die Ermächtigung zur **gewillkürten Prozeßstandschaft** (BGH NJW-RR 93, 670 f; § 398 Rn 27; zum Inkassomandat mit Einziehungsermächtigung und zur Inkassozession Behr BB 90, 796 f). **e) „Gegenstand"** der Verfügung (II 1) muß ein verfügungsfähiges Recht sein. Unübertragbares Vermögensrecht kann gem I **zur Ausübung überlassen** werden (BGH NJW-RR 98, 89), sa § 140 Rn 6. 1 2 3 4

2. Nichtberechtigt handelt, wem die Verfügungsmacht zu der betr Verfügung fehlt. Nichtberechtigt ist auch der Verfügungsberechtigte, der seine Macht überschreitet (BGH 106, 4), ferner der nichtverfügungsberechtigte Rechtsinhaber. Maßgebend ist der Zeitpunkt der Verfügung (§ 184 Rn 1; ie MK/Schramm 26–28). 5

3. Wirksamkeit der Verfügung. a) Bei Einwilligung des Berechtigten (Begriff: Gegenteil des Nichtberechtigten, Rn 5) besteht sie von Anfang an, **I.** Zur Einwilligung § 183 mit Anm. **b) Bei Genehmigung** durch den Berechtigten (Rn 6) tritt sie rückwirkend ein, **II 1 Fall 1**, § 184 I, auch wenn der Verfügungsgegenstand bereits untergegangen ist (§ 184 Rn 1). Zur Genehmigung § 184 mit Anm. **c) Bei Konvaleszenz** tritt sie *ohne Rückwirkung* (BGH NJW 62, 1345) durch nachträglichen Erwerb der Verfügungsmacht ein **(II 1 Fälle 2 und 3): aa) bei Erwerb** des Gegenstands durch verfügenden Nichtberechtigten, sofern Veräußerungsverbot (LM Nr 9); auch bei Erwerb nach Verfügung im Wege der Zwangsvollstreckung (Bsp: Vollstreckungsschuldner erwirbt ge pfändete schuldnerfremde Sache), StGursky 87, hM; **bb) bei Beerbung** des nicht berechtigt Verfügenden durch Berechtigten, sofern Erbe unbeschränkt und unbe- 6 7 8

Jauernig 133

§§ 186–188

schränkbar (Stuttgart NJW-RR 95, 968) haftet; **cc) von widersprechenden Verfügungen** wird bei aa und bb nur die frühere wirksam, II 2. **cc)** Str ist, ob Konvaleszenz bei aa und bb voraussetzt, daß der Nichtberechtigte den Verfügungserfolg noch schuldete. *Gegen* solche Rechtsgrundabhängigkeit der Konvaleszenz (Abstraktionsprinzip!) generell mR StGursky 64, 76; bei aa wohl hM; bei bb *für* Abhängigkeit BGH NJW 94, 1471, hM.

Abschnitt 4. Fristen, Termine

Vorbemerkungen

1   1. **Allgemeines.** §§ 187–193 geben nur Auslegungsregeln. **Frist:** Abgegrenzter, dh zumindest bestimmbarer Zeitraum, der (§ 191!) auseinandergerissen sein kann (RG 120, 362). **Termin:** Bestimmter Zeitpunkt, an dem rechtlich Relevantes geschehen soll (anders der Termin iSv ZPO 214 ff).

2   2. §§ 187–193 gelten gem § 186, EGBGB 2 in allen Rechtsgebieten (Sonderregeln vorbehalten wie in HGB 359 II), sa AO 108.

§ 186 Geltungsbereich

Für die in Gesetzen, gerichtlichen Verfügungen und Rechtsgeschäften enthaltenen Frist- und Terminsbestimmungen gelten die Auslegungsvorschriften der §§ 187 bis 193.

§ 187 Fristbeginn

(1) Ist für den Anfang einer Frist ein Ereignis oder ein in den Lauf eines Tages fallender Zeitpunkt maßgebend, so wird bei der Berechnung der Frist der Tag nicht mitgerechnet, in welchen das Ereignis oder der Zeitpunkt fällt.

(2) ¹Ist der Beginn eines Tages der für den Anfang einer Frist maßgebende Zeitpunkt, so wird dieser Tag bei der Berechnung der Frist mitgerechnet. ²Das Gleiche gilt von dem Tage der Geburt bei der Berechnung des Lebensalters.

§ 188 Fristende

(1) Eine nach Tagen bestimmte Frist endigt mit dem Ablaufe des letzten Tages der Frist.

(2) Eine Frist, die nach Wochen, nach Monaten oder nach einem mehrere Monate umfassenden Zeitraume – Jahr, halbes Jahr, Vierteljahr – bestimmt ist, endigt im Falle des § 187 Abs. 1 mit dem Ablauf desjenigen Tages der letzten Woche oder des letzten Monats, welcher durch seine Benennung oder seine Zahl dem Tage entspricht, in den das Ereignis oder der Zeitpunkt fällt, im Falle des § 187 Abs. 2 mit dem Ablauf desjenigen Tages der letzten Woche oder des letzten Monats, welcher dem Tage vorhergeht, der durch seine Benennung oder seine Zahl dem Anfangstag der Frist entspricht.

(3) Fehlt bei einer nach Monaten bestimmten Frist in dem letzten Monat der für ihren Ablauf maßgebende Tag, so endigt die Frist mit dem Ablauf des letzten Tages dieses Monats.

1   1. **Ablauf des Tages:** 24 Uhr (Jauernig JZ 89, 616; BAG NJW 93, 3345; BGH NJW 00, 1328; falsch v. Münch [zu GG 145 II] NJW 00, 3).

Titel 1. Gegenstand und Dauer der Verjährung **§§ 189–194**

§ 189 Berechnung einzelner Fristen

(1) Unter einem halben Jahr wird eine Frist von sechs Monaten, unter einem Vierteljahr eine Frist von drei Monaten, unter einem halben Monat eine Frist von fünfzehn Tagen verstanden.

(2) Ist eine Frist auf einen oder mehrere ganze Monate und einen halben Monat gestellt, so sind die 15 Tage zuletzt zu zählen.

§ 190 Fristverlängerung

Im Falle der Verlängerung einer Frist wird die neue Frist von dem Ablauf der vorigen Frist an berechnet.

§ 191 Berechnungen von Zeiträumen

Ist ein Zeitraum nach Monaten oder nach Jahren in dem Sinne bestimmt, dass er nicht zusammenhängend zu verlaufen braucht, so wird der Monat zu 30, das Jahr zu dreihundertfünfundsechzig365 Tagen gerechnet.

§ 192 Anfang, Mitte, Ende des Monats

Unter Anfang des Monats wird der erste, unter Mitte des Monats der 15., unter Ende des Monats der letzte Tag des Monats verstanden.

§ 193 Sonn- und Feiertag; Sonnabend

Ist an einem bestimmten Tag oder innerhalb einer Frist eine Willenserklärung abzugeben oder eine Leistung zu bewirken und fällt der bestimmte Tag oder der letzte Tag der Frist auf einen Sonntag, einen am Erklärungs- oder Leistungsort staatlich anerkannten allgemeinen Feiertag oder einen Sonnabend, so tritt an die Stelle eines solchen Tages der nächste Werktag.

1. § 193 betrifft nur Abgabe (gemeint: Wirksamwerden iSv § 130 Rn 1–3; s v. Tuhr II 2 § 90 IV 5) einer *Willenserklärung,* Vornahme einer *geschäftsähnlichen Handlung* (Begriff Rn 23 vor § 104) und Bewirken einer *Leistung.* Entspr anwendbar für Verjährungsfrist (wichtig für Unterbrechung, zB durch Einreichung der Klageschrift, ZPO 270 III; sa BGH WM 78, 464 zu ZPO 261 II, 198). § 193 gewährt Fristverlängerung, verbietet aber nicht Vornahme der Handlung am Wochenende. Staatlich anerkannte allg Feiertage werden durch Landesrecht und BundesGes (s EinV 2 II: 3.10.) bestimmt. Auf ges Kündigungsfristen, die den Kündigungsempfänger schützen sollen, ist § 193 nicht (entspr) anzuwenden, wenn dadurch die ges Mindestfrist verkürzt würde. Ist zB spätestens am 15. eines Monats zum Ablauf dieses Monats zu kündigen (s § 573 c III), so gilt das auch, wenn der 15. ein Sonntag ist (vgl BGH 59, 267 ff). 1

Abschnitt 5. Verjährung

Titel 1. Gegenstand und Dauer der Verjährung

§ 194 Gegenstand der Verjährung

(1) **Das Recht, von einem anderen ein Tun oder Unterlassen zu verlangen (Anspruch), unterliegt der Verjährung.**

(2) **Ansprüche aus einem familienrechtlichen Verhältnis unterliegen der Verjährung nicht, soweit sie auf die Herstellung des dem Verhältnis entsprechenden Zustands für die Zukunft gerichtet sind.**

Lit: Heinrichs BB 01, 1417 ff; Mansel NJW 02, 8 ff; Mansel/Budzikiewicz, Das neue Verjährungsrecht, 2002; Witt JuS 02, 105 ff.

Jauernig 135

§ 194 Buch 1. Abschnitt 5. Verjährung

1 1. **Allgemeines.** Das SchRModG hat das **Verjährungsrecht grundlegend umgestaltet:** Die regelmäßige Verjährungsfrist beträgt 3 (bisher 30) Jahre (§ 195); der Fristbeginn knüpft an obj und subj Voraussetzungen an (§ 199 I); ohne Rücksicht auf die subj Voraussetzungen tritt Verjährung spätestens nach 10 oder 30 Jahren ein (§ 199 II–IV); die Unterbrechungsgründe des fr Rechts sind Hemmungsgründe geworden (außer bei Anerkennung oder Antrag/Vornahme einer Vollstreckungshandlung, § 212 I: „Neubeginn der Verjährung"); die Hemmungsgründe sind erweitert (zB verallgemeinert § 203 den fr § 852 II); Verjährung kann durch RGeschäft erleichtert (einschr § 202 I) und in Grenzen erschwert werden (§ 202 II). Trotz der Reform gibt es (auch noch) im BGB Verjährungsfristen unterschiedlicher Dauer: 30 Jahre (zB § 197 I), 10 Jahre (zB § 196), 5 Jahre (zB § 438 I Nr 2), 4 Jahre (§ 804 I 3), 3 Jahre (zB § 195), 2 Jahre (zB § 438 I Nr 3), 6 Monate (zB § 548 I). – Zur **Überleitung** vom alten zum neuen Verjährungsrecht EGBGB 229 § 6; Mansel/Budzikiewicz aaO S 253 ff.

2 2. **Gegenstand der Verjährung:** nur Ansprüche. Begriffsbestimmungen in **I:** Tun ist jedes Handeln; Unterlassen jedes Nichthandeln, Dulden eingeschlossen. Ansprüche gibt es im gesamten Zivilrecht. Verjährbar ist auch ein *Gesamtanspruch* auf kurzzeitig und laufend wiederkehrende Leistungen (zB auf jährliche Steuererstattung), der idR durch Einfordern der fälligen Einzelleistung realisiert wird (RG 136, 430 ff; sa BGH NJW 73, 1685). **Unverjährbar** sind bestimmte familienrechtliche Ansprüche (**II,** betrifft nur die Zukunft, zB §§ 1353, 1360, 1632) und andere Ansprüche kraft ges Bestimmung (zB §§ 898, 902, 924). Unverjährbar, weil keine Ansprüche, sind *Dauerschuldverhältnisse*, zB Mietverhältnisse, als solche und *absolute Rechte*, wie Eigentum, Namensrecht, Urheberrecht. Sie sind Grundlage verjährbarer Ansprüche (zB auf Herausgabe, Schadensersatz), uU eines Gesamtanspruchs (s o). Unverjährbar sind Gestaltungsrechte (Rn 3 [a]), anspruchsunabhängige *Leistungsverweigerungsrechte* (zB aus § 320); anspruchsabhängige Einreden verjähren mit Anspruchsverjährung (Ausnahmen zB in §§ 438 IV, 634 a IV 2, 821, 853).

3 3. **Voraussetzung:** subj und obj Umstände, letzten Endes bloßer Zeitablauf (dazu § 199 II–IV: „Höchstfristen").

4 4. **Wirkung.** Der verjährte Anspruch bleibt bestehen (BGH NJW 83, 392). Der Anspruchsgegner erwirbt lediglich ein Leistungsverweigerungsrecht (§ 214 I): die Verjährungseinrede. Sie ist ein Gestaltungsrecht, denn sie wirkt erst und nur beachtet, wenn der Einredeberechtigte sie erhoben hat (gleich, ob inner- oder außerhalb eines Prozesses, BGH 1, 239; Düsseldorf NJW 91, 2089 f). Werden im Prozeß, gleich von welcher Partei, Tatsachen vorgetragen, aus denen sich Berechtigung und erfolgte Erhebung der Verjährungseinrede ergeben, so ist die Verjährung geltend gemacht (Prozeßhandlung) und die Klage des Anspruchsinhabers als unbegründet abzuweisen; ob Anspruch besteht, kann offenbleiben. Der verjährte Anspruch kann erfüllt werden (§§ 214 II, 813 I 2); weitere Abschwächung der Verjährung in §§ 215, 216.

5 5. **Ähnliche Rechtsinstitute: a) Ausschlußfrist** (Präklusivfrist). Mit ihrem Ablauf *erlischt* das Recht. Ausschlußfristen bestehen für Gestaltungsrechte (zB §§ 121, 124, 532), zuweilen für Ansprüche (zB § 864; ProdHaftG 13, s aber auch 12). Verjährungsvorschriften sind analog anwendbar, soweit ges angeordnet (zB § 124 II 2, 1002) oder wenn es Sinn und Zweck der jeweiligen Ausschlußfrist zulassen (BGH NJW 93, 1586 mN). Berufung auf Ablauf einer Ausschlußfrist kann rechtsmißbräuchlich sein. **b) Verwirkung,** ein Unterfall des Rechtsmißbrauchs, führt zum Erlöschen des Rechts (str; ie § 242 Rn 63). **c) Rechtserwerb durch Zeitablauf** (gemeinrechtlich: erwerbende Verjährung). Hauptfall: Ersitzung (§§ 900, 927, 937, 1033).

6 6. **Zweck der Verjährung** (dazu BGH NJW 98, 1059) sind Schuldnerschutz und Rechtsfriede: Mögliche Verjährung beschleunigt die Abwicklung des Rechtsverhältnisses; eingetretene Verjährung schützt den Gegner vor Beweisschwierig-

Titel 1. Gegenstand und Dauer der Verjährung **§§ 195, 196**

keiten wegen Zeitablaufs; bei längerer Untätigkeit des Berechtigten besteht erfahrungsgemäß oft kein Anspruch (mehr).

7. Verjährung bei Anspruchskonkurrenz. Anspruchskonkurrenz liegt vor, 7 wenn einem Berechtigten *mehrere selbständige Ansprüche auf dieselbe Leistung* zustehen, die alle erlöschen, wenn auch nur einer erfüllt wird. In diesen Fällen verjährt grundsätzlich jeder Anspruch selbständig (vgl BGH 116, 300; 119, 41), die Verjährungseinrede hat daher erst nach Ablauf der längsten Verjährungsfrist Erfolg. Das war nach fr Recht relevant insbes bei Zusammentreffen von Schadensersatzansprüchen aus Vertrag und Delikt (BGH 116, 299 f). Dieser Problemfall ist erledigt, weil jetzt für beide Ansprüche grundsätzlich die Regelfrist (§ 195) gilt. Der **Grundsatz selbständiger Verjährung** gilt, wenn die Regelfrist (§ 195) mit einer kürzeren oder längeren Frist zusammentrifft, zB Rückgabeanspruch aus Mietvertrag (§ 546 I) und aus Eigentum (§ 197 I Nr 1, dazu § 985 Rn 12 [a]). Verjährt jedoch aus Gründen praktischer Zweckmäßigkeit ein Vertragsanspruch schnell, so verjähren konkurrierende Ansprüche gleich schnell, wenn sonst der Zweck der kurzen vertraglichen Verjährungsfrist vereitelt oder wesentlich beeinträchtigt würde (zum fr Recht BGH 119, 41; 130, 293, je mN). So gilt die kurze Verjährung des § 548 I bei Zusammentreffen von dort genannten Ansprüchen mit entspr Ersatzansprüchen wegen Veränderung oder Verschlechterung der Mietsache aus Delikt oder einem anderen Rechtsgrund (zum fr Recht BGH NJW 93, 2798 [unentschieden für § 826]).

8. Die Erhebung der Verjährungseinrede kann **unzulässige Rechtsausübung** 8 sein. Der Hauptfall – Gläubiger vertraute berechtigterweise aufgrund des Verhaltens des Schuldners, daß dieser die Einrede (noch) nicht erheben werde – ist im wesentlichen durch § 203 ges geregelt. Sa §§ 214–217 Rn 3.

9. Die Beweislast für Verjährungseintritt trägt, wer sich auf ihn beruft (LM Nr 9 27 zu § 249 [Bb]).

§ 195 Regelmäßige Verjährungsfrist

Die regelmäßige Verjährungsfrist beträgt drei Jahre.

1. Das SchRModG hat die (in Wahrheit ausgehöhlte) fr **ges Regelfrist** (§ 195 1 aF) von 30 Jahren auf 3 Jahre herabgesetzt. Das ist dem Gläubiger **zumutbar,** weil der Fristbeginn nicht nur an eine obj Voraussetzung (Entstehung = Fälligkeit des Anspruchs, § 199 Rn 3) anknüpft, sondern auch an eine subj (Kenntnis oder auf grober Fahrlässigkeit beruhende Unkenntnis von den anspruchsbegründenden Umständen und der Person des Schuldners), § 199 I.

2. Die ges Regelfrist (§§ 195, 199 I) gilt für alle privatrechtlichen Ansprüche, 2 vorbehaltlich abw ges oder rechtsgeschäftlicher (§ 202) Regelung. Ges Sonderregelungen – mit Vorrang vor § 195 – zB in §§ 197, 438, 548, 606, 634a, 852, 1057, 1226. Die ges Regelfrist erfaßt insbes **Erfüllungsansprüche aus Vertrag** (Ausnahme: § 196), **Schadensersatzansprüche,** Ansprüche aus **ungerechtfertigter Bereicherung** (besteht die Bereicherung in der Erfüllung eines kürzer verjährenden Anspruchs durch einen Dritten, so gilt die kürzere Frist auch für § 812 gegen den befreiten Schuldner, BGH 89, 87; NJW 00, 3492 gegen BGH 32, 15 f), Ansprüche aus **GoA** (auch bei Bezahlung kürzer verjährender Schuld, BGH 47, 375 f).

3. Für **öffentl-rechtliche Ansprüche** gelten mangels eigener Verjährungsvor- 3 schriften die §§ 195 ff entspr, insbes §§ 195, 199, auch 197 I Nr 1 (öffentl-rechtlicher Herausgabeanspruch), Nr 3–5.

3. Zur fristrelevanten **Anspruchskonkurrenz** § 194 Rn 7. 3

§ 196 Verjährungsfrist bei Rechten an einem Grundstück

Ansprüche auf Übertragung des Eigentums an einem Grundstück sowie auf Begründung, Übertragung oder Aufhebung eines Rechts an einem

Jauernig

§ 197 Buch 1. Abschnitt 5. Verjährung

Grundstück oder auf Änderung des Inhalts eines solchen Rechts sowie die Ansprüche auf die Gegenleistung verjähren in zehn Jahren.

1   **1. Allgemeines.** Die in § 196 genannten Ansprüche (Rn 2–6) unterliegen nicht der ges Regelfrist des § 195. Grund: Da die Voraussetzungen für den Fristbeginn nach § 199 I idR bei Anspruchsentstehung (= Fälligkeit, § 199 Rn 3) vorliegen, würden die Ansprüche schon nach 3 Jahren (gerechnet ab Schluß des Entstehungsjahres) verjähren. Diese Frist ist für eine etwa notwendige Grundstücksvermessung (vgl § 925 Rn 4) und die Beschaffung einer Unbedenklichkeitsbescheinigung des Finanzamts (vgl § 925 Rn 21) zu kurz; die möglichen Verzögerungen liegen nicht im Einflußbereich der Parteien. Ein weiterer Anwendungsfall ist die „stehengelassene" Sicherungsgrundschuld: Nach Rückzahlung des gesicherten Darlehens steht dem Eigentümer(schuldner) ein Rückgewähranspruch zu (§ 1191 Rn 12), den er aber nicht geltend macht, um die Grundschuld ggf erneut zu Sicherungszwecken einzusetzen. In 10 Jahren ist der Rückforderungsanspruch verjährt; das gilt entgegen Otte ZGS 02, 57 f für den gesamten Inhalt des Anspruchs, auch für den auf Verzicht (§ 1191 Rn 15), der auf dem Sicherungsvertrag, nicht auf Eigentum beruht, so daß § 902 nicht eingreift; die Einrede gegen die Geltendmachung der Sicherungsgrundschuld beruht auf dem Rückforderungsanspruch und verjährt als anspruchsabhängige Einrede wie dieser (§ 194 Rn 2; übersehen von Otte ZGS 02, 58).

2   **2. Erfaßt werden Ansprüche a) auf Übertragung des Eigentums** an einem Grundstück (Alleineigentum, Miteigentum nach Bruchteilen, Wohnungseigentum
3   [Rn 5 vor § 903], ferner Erbbaurecht [ErbbauVO 11, Rn 2 vor § 90]); **b) Begründung** (= Belastung des Grundstückseigentums, Rn 10 vor § 104), **Übertragung, Aufhebung, Inhaltsänderung** eines Rechts an einem Grundstück (gemeint: am Grundstückseigentum), ds die beschränkten dinglichen Rechte (Rn 6 vor § 854), Erbbaurecht (ErbbauVO 1 I), Dauerwohn- und Dauernutzungsrecht (WEG 31 I 1, II). Nach PalErgB/Heinrichs Rn 3 scheidet § 196 aus, wenn Grundpfandrecht nach § 1154 I 1, also ohne Eintragung im Grundbuch, übertragen werden soll (teleologische Reduktion); abzulehnen, da dem Zedenten idR freisteht, die schriftliche Abtretungserklärung durch Grundbucheintragung ersetzen
4   zu lassen (§ 1154 II); **c) auf die Gegenleistung.** Für sie gilt die Frist von 10 Jahren unabhängig von der (uU schnellen) Erfüllung der Ansprüche nach Rn 2, 3;
5   **d) gleichgültig,** aus welchem Rechtsgrund: **Vertrag, Ges,** zB § 812; **e)** str ist,
6   ob **Besitzverschaffungsansprüche** einzubeziehen sind, für die sonst die Regelfrist (§§ 195, 199 I) gelten würde mit der Folge einer fr Verjährung gegenüber den Ansprüchen Rn 2–4 (für Einbeziehung Mansel/Budzikiewicz § 4 Rn 27, 28; aA PalHeinrichs ErgB Rn 6). Praktische Bedeutung kommt dem Streit kaum zu, da idR die Besitzübertragung der Eigentumsverschaffung vorausgeht.

7   **3. Die 10-Jahresfrist beginnt taggenau** (anders § 199 I) mit der Entstehung (= Fälligkeit, § 199 Rn 3) des Anspruchs, § 200 S 1. Maßgebend ist also allein ein obj Umstand; subj Voraussetzungen (wie in § 199 I Nr 2) scheiden aus. Fristberechnung: §§ 187 I, 188.

§ 197 Dreißigjährige Verjährungsfrist

(1) **In 30 Jahren verjähren, soweit nicht ein anderes bestimmt ist,**
1. **Herausgabeansprüche aus Eigentum und anderen dinglichen Rechten,**
2. **familien- und erbrechtliche Ansprüche,**
3. **rechtskräftig festgestellte Ansprüche,**
4. **Ansprüche aus vollstreckbaren Vergleichen oder vollstreckbaren Urkunden und**
5. **Ansprüche, die durch die im Insolvenzverfahren erfolgte Feststellung vollstreckbar geworden sind.**

Titel 1. Gegenstand und Dauer der Verjährung **§ 197**

(2) Soweit Ansprüche nach Absatz 1 Nr. 2 regelmäßig wiederkehrende Leistungen oder Unterhaltsleistungen und Ansprüche nach Absatz 1 Nr. 3 bis 5 künftig fällig werdende regelmäßig wiederkehrende Leistungen zum Inhalt haben, tritt an die Stelle der Verjährungsfrist von 30 Jahren die regelmäßige Verjährungsfrist.

1. Allgemeines. I Nr 3–5, II entspricht § 218 aF. Für I Nr 1, 2 galt bisher 1
§ 195 aF (30-Jahre-Frist), dabei ist es geblieben.

2. Herausgabeansprüche, I Nr 1. Nur solche **aus dinglichem Recht** (Be- 2
griff Rn 1 vor § 854), insbes Eigentum (§ 985), Nießbrauch (§ 1036 I), Pfandrecht (§§ 1227, 1231, 1251), auch Vermieter- und Verpächterpfandrecht (§§ 562 b II 1, 581 II, 592 S 4). Beseitigungs- und Unterlassungsansprüche gehen nicht auf Herausgabe; Herausgabeansprüche aus §§ 861, 1007 beruhen nicht auf dinglichem Recht (daher gelten für diese Ansprüche §§ 195, 199 I). Zu beachten ist, daß § 985 und § 1004 I 1 nebeneinander anwendbar sind (§ 1004 Rn 26); dann gilt selbständige Verjährung (§ 194 Rn 7). – **Beginn der Verjährung: § 200.**

3. Familienrechtliche Ansprüche, I Nr 2, II. a) Sie wurzeln in familien- 3
rechtlichen Beziehungen der Beteiligten (zB zwischen Eheleuten [§ 1481], Eltern und Kind [s § 1664 II], Lebenspartnern); nicht hierher gehören Beziehungen zwischen Partnern nichtehelicher Gemeinschaften, zwischen Betreuer und Betreutem. **Beginn der Verjährung: § 200. b)** Abw von I gilt für **Unterhaltsansprü-** 4
che die ges Regelfrist (§§ 195, 199 I), **II.** Bei Ansprüchen auf **regelmäßig wiederkehrende Leistungen** geht es charakteristischerweise nur um fortlaufende Leistungen, die zu ges oder einvernehmlich bestimmten regelmäßig wiederkehrenden Terminen erfolgen; die Höhe kann schwanken (BGH NJW-RR 89, 215). Auch sie verjähren in der ges Regelfrist (§§ 195, 199 I), **II. c) Abw Bestimmun-** 5
gen iSv § 197 I. **aa) Unverjährbar** sind familienrechtliche Ansprüche, die unter § 194 II fallen, zB Anspruch auf Kindesherausgabe, § 1632 I. **bb) Eigene Verjährungsregelung,** zB in § 1302 (2 Jahre); I Nr 3–5 (30 Jahre). **d)** Die Verjährung 6
kann nach §§ 207, 208 **gehemmt** sein.

4. Erbrechtliche Ansprüche, I Nr 2, II. a) Sie wurzeln in erbrechtlichen 7
Beziehungen. Wichtig: Herausgabeansprüche auf erbrechtlicher Grundlage (§§ 2018, 2031), Vermächtnisanspruch (§ 2174). – **Beginn der Verjährung.** § 200. **b)** Für **Unterhaltsansprüche** gilt abw von I die ges Regelfrist (§§ 195, 199 I), zB für Anspruch aus § 1963. Ebenso für Ansprüche auf **regelmäßig wiederkehrende Leistungen** (Begriff: Rn 4), zB aufgrund Vermächtnisses.

5. a) Nach **formell rechtskräftiger Feststellung** verjährt der Anspruch in 30 8
Jahren, **I Nr 3. Feststellung** kann geschehen durch Endurteil (Leistungsurteil, Feststellungsurteil [BGH NJW 91, 2015]), Vorbehaltsurteil (ZPO 305, 599: bedingtes Urteil), Schiedsspruch (ZPO 1055), Vollstreckungsbescheid (vgl ZPO 700), Kostenfestsetzungsbeschluß (ZPO 104); genügend ist Sachabweisung negativer Feststellungsklage, wenn sie positive Feststellung des Rechts enthält (BGH NJW 75, 1321). **Ungenügend** Grundurteil, ZPO 304 (BGH NJW 85, 792). Anerkennungsfähige **ausländische Entscheidungen** fallen unter I Nr 3, wenn nach deutschem IPR deutsches Verjährungsrecht anwendbar und der Anspruch rechtskräftig festgestellt ist (Mansel/Budzikiewicz § 4, 102, 103). **b)** Der Feststellung durch eine 9
Entscheidung **stehen gleich, I Nr 4, 5:** vollstreckbarer Vergleich (vgl ZPO 794 I Nr 1; Vollstreckbarkeit ieS unnötig, gerichtl Feststellungsvergleich genügt, weil Feststellungsurteil ausreicht, Rn 8 und BGH NJW-RR 90, 665), vollstreckbarer Anwaltsvergleich (ZPO 796 a–c), vollstreckbare Urkunde (ZPO 794 I Nr 5), Schiedsspruch mit vereinbartem Wortlaut (ZPO 1053 II mit 1055), vollstreckbare Feststellung zur Insolvenztabelle (InsO 201 II; 215 II 2, 257 [iVm dem rechtskräftig bestätigtem Insolvenzplan]), Schuldnerbereinigungsplan (InsO 308 I 2). – **Beginn der Verjährung:** § 201. **c)** Ansprüche auf künftig fällig werdende **regel-** 10
mäßig wiederkehrende Leistungen (Begriff: Rn 4) verjähren in ges Regelfrist

Jauernig

§§ 198, 199 Buch 1. Abschnitt 5. Verjährung

(§§ 195, 199 I). **II.** Das gilt nicht für titulierte Verzugszinsen als Nebenforderungen beim Verbraucherdarlehen, § 497 III 4, 5; es gilt die 30-Jahre-Frist, I.

§ 198 Verjährung bei Rechtsnachfolge

Gelangt eine Sache, hinsichtlich derer ein dinglicher Anspruch besteht, durch Rechtsnachfolge in den Besitz eines Dritten, so kommt die während des Besitzes des Rechtsvorgängers verstrichene Verjährungszeit dem Rechtsnachfolger zugute.

1   **1. Dingliche Ansprüche** gegen Sachbesitzer erlöschen mit Besitzverlust und entstehen gegen neuen Besitzer. Dennoch gilt bei **abgeleitetem Besitzerwerb** die bereits für erloschenen Anspruch verstrichene Verjährungszeit als solche des neuen Anspruchs (sa BGH 98, 241). War der Anspruch vor seinem Erlöschen schon verjährt, so ist es der neue ab Entstehung. Rechtsnachfolge (besser: Besitznachfolge) ist Einzelnachfolge (dann Willenseinigung nötig) oder Gesamtnachfolge.

§ 199 Beginn der regelmäßigen Verjährungsfrist und Höchstfristen

(1) Die regelmäßige Verjährungsfrist beginnt mit dem Schluss des Jahres, in dem
1. der Anspruch entstanden ist und
2. der Gläubiger von den den Anspruch begründenden Umständen und der Person des Schuldners Kenntnis erlangt oder ohne grobe Fahrlässigkeit erlangen müsste.

(2) Schadensersatzansprüche, die auf der Verletzung des Lebens, des Körpers, der Gesundheit oder der Freiheit beruhen, verjähren ohne Rücksicht auf ihre Entstehung und die Kenntnis oder grob fahrlässige Unkenntnis in 30 Jahren von der Begehung der Handlung, der Pflichtverletzung oder dem sonstigen, den Schaden auslösenden Ereignis an.

(3) ¹Sonstige Schadensersatzansprüche verjähren
1. ohne Rücksicht auf die Kenntnis oder grob fahrlässige Unkenntnis in zehn Jahren von ihrer Entstehung an und
2. ohne Rücksicht auf ihre Entstehung und die Kenntnis oder grob fahrlässige Unkenntnis in 30 Jahren von der Begehung der Handlung, der Pflichtverletzung oder dem sonstigen, den Schaden auslösenden Ereignis an.

²Maßgeblich ist die früher endende Frist.

(4) Andere Ansprüche als Schadensersatzansprüche verjähren ohne Rücksicht auf die Kenntnis oder grob fahrlässige Unkenntnis in zehn Jahren von ihrer Entstehung an.

(5) Geht der Anspruch auf ein Unterlassen, so tritt an die Stelle der Entstehung die Zuwiderhandlung.

1   **1. Allgemeines. I** bestimmt **Beginn** der ges Regelfrist des § 195 (3 Jahre). I gilt auch, wenn in anderer Vorschrift die Regelfrist namentlich als solche genannt ist (zB § 197 II); gilt nicht, wenn nur eine „Frist von 3 Jahren" vorgesehen ist (zB § 1378 IV 1 HS 1), die Frist beginnt dann entweder gem Sondervorschrift (zB § 1378 IV 1 HS 2) oder gem § 200 (keine Jahresschlußverjährung, anders I); vgl Mansel/Budzikiewicz § 3, 64.

2   **2. Beginn der ges Regelfrist, I.** Er knüpft kumulativ an **zwei Voraussetzungen** an, I Nr 1, 2: **a) aa) Entstehung des Anspruchs, I Nr. 1.** „Entstanden", dh hier: **fällig** (s aber § 163 Rn 4), ist der Anspruch, **sobald er geltend gemacht werden kann**, ggf durch Klage; Feststellungsklage (BGH 113, 193) und Klage auf künftige Leistung genügen. *Ursprüngliche Stundung* schiebt die Fälligkeit hinaus (BGH NJW-RR 92, 255). Der Anspruch entsteht auch, wenn er noch nicht

Titel 1. Gegenstand und Dauer der Verjährung **§ 199**

beziffert werden kann (wichtig bei *Schadensersatzansprüchen,* wenn der Schaden zwar noch nicht eingetreten, aber vorhersehbar ist, er gehört zum einheitlichen Schadensersatzanspruch, sog **Grundsatz der Schadenseinheit,** BGH NJW 91, 2835; Feststellungklage zur Hemmung der Verjährung möglich, BGH 113, 193 zum fr Recht). Anspruch entsteht erst mit *Eintritt aufschiebender Bedingung* (BGH NJW 87, 2745: frühestens; sa § 883 Rn 7): mit *Erteilung notwendiger Genehmigung* (vgl BGH 37, 235 f), so daß Verjährungsfrist nicht rückwirkend in Gang gesetzt wird (RG 65, 248 f). Setzt Fälligkeit eines Anspruchs *Kündigung oder Anfechtung* voraus, so entsteht Anspruch erst mit wirksamer Kündigung oder Anfechtung (anders §§ 199, 200 aF). **bb) Unterlassungsansprüche** verjähren (sofern I Nr 2 3 erfüllt und Sonderregeln nicht bestehen) erst ab Zuwiderhandlung, **V,** auch wenn sie vorher schon bestanden. Gilt entspr für Anspruch auf dauernde positive Leistung (zB Nutzungsüberlassung), BGH NJW 95, 2549. **b) Kenntnis oder auf grober** 4 **Fahrlässigkeit beruhende Unkenntnis, I Nr 2. aa)** Maßgebend ist die Kenntnis (grob fahrlässig begründete Unkenntnis) des **Gläubigers.** Sind mehrere Personen beteiligt, so ist zu prüfen, wer iSv I Nr 2 Kenntnis (grob fahrlässige Unkenntnis) aufweisen muß (zB bei Drittschadensliquidation ist es der Anspruchsteller, nicht der Dritte). **bb) Kenntnis der anspruchsbegründenden Umstände** ist *Tatsa-* 5 *chenkenntnis.* Nicht notwendig ist der Schluß von den Tatsachen auf die Anspruchsbegründung; daher hindert Rechtsirrtum – Annahme, aus den bekannten Tatsachen ergebe sich kein Anspruch – den Fristbeginn. *Anspruchsbegründend* sind die Umstände, die die Anspruchsnorm ausfüllen, zB die Tatsachen, aus denen sich die schädigende Handlung oder Pflichtverletzung ergibt. Der Kenntnis **gleich-** 6 **gestellt** ist die **auf grober Fahrlässigkeit beruhende Unkenntnis.** Das mangelnde Bemühen des Gläubigers um Tatsachenkenntnis beruht auf einem (Nicht-)Handeln, bei dem die im Verkehr erforderliche Sorgfalt nach den gesamten Umständen in ungewöhnlich großem Maß verletzt worden und bei dem das unbeachtet geblieben ist, was im gegebenen Fall jedem hätte einleuchten müssen (idS besteht eine **Informationspflicht,** sa § 932 Rn 17). **cc) Kenntnis der Person** 7 **des Schuldners** nach Namen und Anschrift. Auch hier ist die **grob fahrlässige Unkenntnis** gleichgestellt; es gilt Rn 7, insbes zur **Informationspflicht. c) Jah-** 8 **resschlußverjährung, I am Anfang.** Die ges Regelfrist (§ 195) beginnt mit dem Schluß des Jahres, in dem die beiden Voraussetzungen (I Nr 1 und 2) erstmals *gleichzeitig* vorliegen. Beginn: 31. 12., 24 Uhr, Ende 3 Jahre später am 31. 12., 24 Uhr (Jauernig, JZ 89, 616; Mansel/Budzikiewicz § 3, 143).

3. **Höchstfristen, II–IV.** Sie sind eingeführt worden, weil sonst bei Nichtvor- 9 liegen der subj Voraussetzungen von I Nr 2 eine Verjährung nicht eintreten könnte. **a) Regelhöchstfrist, IV.** Schadensersatzansprüche ausgenommen (für sie gelten II, III) tritt Verjährung ohne Rücksicht auf Kenntnis (grob fahrlässige Unkenntnis) **10 Jahre** nach Entstehung des Anspruchs ein. **b) Höchstfristen für Schadens-** 10 **ersatzansprüche. aa) Privilegierte** Schadensersatzansprüche wegen Körperverletzung usw, gleich aus welchem Rechtsgrund, **II.** Sie verjähren in **30 Jahren** von der Begehung der Handlung, der Pflichtverletzung oder dem sonstigen schadensauslösenden Ereignis an; auf Entstehung und Kenntnis (grob fahrlässige Unkenntnis) kommt es nicht an. Das ist zT mißverständlich: Ein nicht entstandener Anspruch kann „eigentlich" nicht verjähren. Die Formulierung erklärt sich aus der Besonderheit des Schadensersatzanspruchs **(„Grundsatz der Schadenseinheit"):** Ist ein Schaden zwar noch nicht eingetreten, aber vorhersehbar, so besteht ein Ersatzanspruch nur „dem Grunde nach"; er ist nicht bezifferbar, daher Leistungsklage unzulässig, aber Feststellungsklage zulässig (Rn 2). **bb) Andere Schadens-** 11 **ersatzansprüche** verjähren ohne Rücksicht auf Kenntnis (grob fahrlässige Unkenntnis) in **10 Jahren, III 1 Nr 1:** Der Anspruch muß nicht nur „dem Grunde nach" (Rn 10) entstanden, es muß also ein Schaden eingetreten sein. Nach **III 1 Nr 2** kommt es weder auf die Entstehung (vgl Rn 10) noch auf Kenntnis (grob fahrlässige Unkenntnis) an; die Frist beginnt mit der Begehung der Handlung, der

Jauernig 141

Pflichtverletzung oder dem sonstigen schadensauslösenden Ereignis und läuft **30 Jahre**. Maßgebend ist, welche Frist – III 1 Nr 1 oder Nr 2 – in casu fr endet (nicht, welche kürzer ist), **II 2**. Bsp: Entsteht durch eine Pflichtverletzung im Jahre 2002 erst 2034 ein Schaden (und entsteht damit ein Schadensersatzanspruch (s o und Rn 10), so tritt Verjährung nach III 1 Nr 1 erst 2044 ein; nach III 1 Nr 2 ist Verjährung aber schon 30 Jahre nach der Pflichtverletzung, also 2032, eingetreten. Daher ist die 30-Jahre-Frist, obwohl länger, maßgebend.

§ 200 Beginn anderer Verjährungsfristen

¹**Die Verjährungsfrist von Ansprüchen, die nicht der regelmäßigen Verjährungsfrist unterliegen, beginnt mit der Entstehung des Anspruchs, soweit nicht ein anderer Verjährungsbeginn bestimmt ist.** ²**§ 199 Abs. 5 findet entsprechende Anwendung.**

1   1. **Allgemeines.** Der Anwendungsbereich der Vorschrift ist begrenzt. Sie wird insbes von § 199 I (mit § 195) verdrängt. Die Verjährung nach § 200 ist keine Jahresschlußverjährung (wie § 199 I), sondern beginnt taggenau.

2   2. **Unter § 200 fallen** die Ansprüche aus § 196, 197 I Nr 1, 2. **Entstehung des Anspruchs:** § 199 Rn 3, des **Unterlassungsanspruchs:** § 199 Rn 4.

§ 201 Beginn der Verjährungsfrist von festgestellten Ansprüchen

¹**Die Verjährung von Ansprüchen der in § 197 Abs. 1 Nr. 3 bis 5 bezeichneten Art beginnt mit der Rechtskraft der Entscheidung, der Errichtung des vollstreckbaren Titels oder der Feststellung im Insolvenzverfahren, nicht jedoch vor der Entstehung des Anspruchs.** ²**§ 199 Abs. 5 findet entsprechende Anwendung.**

1   1. **Allgemeines.** Die Vorschrift regelt ausdr, was schon bisher galt.

2   2. **Satz 1: Verjährung** von rechtskräftig festgestellten **Ansprüchen** (§ 197 I Nr 3) beginnt mit der formellen Rechtskraft der Entscheidung (zu ihr § 197 Rn 8); von Ansprüchen iSv § 197 I Nr 4 mit Errichtung des vollstreckbaren Titels (zu ihm § 197 Rn 9); von Ansprüchen iSv § 197 I Nr 5 mit Feststellung im Insolvenzverfahren (dazu § 197 Rn 9).

3   3. Verjährung von **Unterlassungsansprüchen** beginnt erst mit der Zuwiderhandlung, **Satz 2** mit § 199 V analog (§ 199 Rn 3).

§ 202 Unzulässigkeit von Vereinbarungen über die Verjährung

(1) **Die Verjährung kann bei Haftung wegen Vorsatzes nicht im Voraus durch Rechtsgeschäft erleichtert werden.**

(2) **Die Verjährung kann durch Rechtsgeschäft nicht über eine Verjährungsfrist von 30 Jahren ab dem gesetzlichen Verjährungsbeginn hinaus erschwert werden.**

1   1. **Allgemeines.** Die Gesetzesüberschrift ist irreführend. **I** bestimmt Unzulässigkeit einer Vereinbarung lediglich für bestimmten Fall. **II** beschränkt nur die vorausgesetzte Vertragsfreiheit („Übermaßverbot").

2   2. **Vereinbarung** ist idR **formfrei.** Ihr Inhalt ist in den Grenzen von I, II frei gestaltbar, zB bzgl Fristbeginn, Fristlänge, auch nach eingetretenem Fristablauf.

3   3. Einseitiger **Verzicht** ist – wie bisher – nach Ablauf der Verjährungsfrist zulässig. Entgegen fr (§ 225 S 1 aF; BGH NJW 98, 903: allgM) ebenfalls der *vorhergehende*, da § 225 S 1 aF aufgehoben ist und der (vorherige) Verzicht eine zulässige rechtsgeschäftliche Verjährungserschwerung darstellt (Mansel/Budzikiewicz § 6, 13).

Titel 2. Hemmung, Ablaufhemmung und Neubeginn der Verjährung

§ 203 Hemmung der Verjährung bei Verhandlungen

¹Schweben zwischen dem Schuldner und dem Gläubiger Verhandlungen über den Anspruch oder die den Anspruch begründenden Umstände, so ist die Verjährung gehemmt, bis der eine oder der andere Teil die Fortsetzung der Verhandlungen verweigert. ²Die Verjährung tritt frühestens drei Monate nach dem Ende der Hemmung ein.

1. **Allgemeines.** S 1 übernimmt den Rechtsgedanken von § 852 II aF als allg Regelung.

2. Die **Verhandlungen** müssen den Anspruch oder anspruchsbegründende Umstände betreffen. *Keine* Verhandlung, wenn in dem Meinungsaustausch sofort jeder Ersatz oder anderweitige Kompensation abgelehnt wird, *genügend* jedoch Gespräch über (Nicht-)Eintritt der Verjährung. **Anspruch** ist nicht eng zu sehen, gemeint ist die Berechtigung aufgrund von Umständen, die die Berechtigung begründen. Wer zB (nur) über Vertragsansprüche spricht, verhandelt idR auch über konkurrierende Deliktsansprüche.

3. **Ende der Hemmung** tritt ein, wenn ein Teil die Fortsetzung der Verhandlung verweigert, S 1. Die Verweigerung muß klar und eindeutig sein (BGH NJW 98, 2820). Läßt der Gläubiger die Verhandlungen einschlafen, so endet die Hemmung zu dem Zeitpunkt, zu dem eine Antwort von ihm zu erwarten gewesen wäre (Düsseldorf VersR 99, 69).

§ 204 Hemmung der Verjährung durch Rechtsverfolgung

(1) **Die Verjährung wird gehemmt durch**
1. die Erhebung der Klage auf Leistung oder auf Feststellung des Anspruchs, auf Erteilung der Vollstreckungsklausel oder auf Erlass des Vollstreckungsurteils,
2. die Zustellung des Antrags im vereinfachten Verfahren über den Unterhalt Minderjähriger,
3. die Zustellung des Mahnbescheids im Mahnverfahren,
4. die Veranlassung der Bekanntgabe des Güteantrags, der bei einer durch die Landesjustizverwaltung eingerichteten oder anerkannten Gütestelle oder, wenn die Parteien den Einigungsversuch einvernehmlich unternehmen, bei einer sonstigen Gütestelle, die Streitbeilegungen betreibt, eingereicht ist; wird die Bekanntgabe demnächst nach der Einreichung des Antrags veranlasst, so tritt die Hemmung der Verjährung bereits mit der Einreichung ein,
5. die Geltendmachung der Aufrechnung des Anspruchs im Prozess,
6. die Zustellung der Streitverkündung,
7. die Zustellung des Antrags auf Durchführung eines selbständigen Beweisverfahrens,
8. den Beginn eines vereinbarten Begutachtungsverfahrens oder die Beauftragung des Gutachters in dem Verfahrens nach § 641 a,
9. die Zustellung des Antrags auf Erlass eines Arrests, einer einstweiligen Verfügung oder einer einstweiligen Anordnung, oder, wenn der Antrag nicht zugestellt wird, dessen Einreichung, wenn der Arrestbefehl, die einstweilige Verfügung oder die einstweilige Anordnung innerhalb eines Monats seit Verkündung oder Zustellung an den Gläubiger dem Schuldner zugestellt wird,

Jauernig

§ 204 Buch 1. Abschnitt 5. Verjährung

10. die Anmeldung des Anspruchs im Insolvenzverfahren oder im Schifffahrtsrechtlichen Verteilungsverfahren,
11. den Beginn des schiedsrichterlichen Verfahrens,
12. die Einreichung des Antrags bei einer Behörde, wenn die Zulässigkeit der Klage von der Vorentscheidung dieser Behörde abhängt und innerhalb von drei Monaten nach Erledigung des Gesuchs die Klage erhoben wird; dies gilt entsprechend für bei einem Gericht oder bei einer in Nummer 4 bezeichneten Gütestelle zu stellende Anträge, deren Zulässigkeit von der Vorentscheidung einer Behörde abhängt,
13. die Einreichung des Antrags bei dem höheren Gericht, wenn dieses das zuständige Gericht zu bestimmen hat und innerhalb von drei Monaten nach Erledigung des Gesuchs die Klage erhoben oder der Antrag, für den die Gerichtsstandsbestimmung zu erfolgen hat, gestellt wird, und
14. die Veranlassung der Bekanntgabe des erstmaligen Antrags auf Gewährung von Prozesskostenhilfe; wird die Bekanntgabe demnächst nach der Einreichung des Antrags veranlasst, so tritt die Hemmung der Verjährung bereits mit der Einreichung ein.

(2) ¹Die Hemmung nach Absatz 1 endet sechs Monate nach der rechtskräftigen Entscheidung oder anderweitigen Beendigung des eingeleiteten Verfahrens. ²Gerät das Verfahren dadurch in Stillstand, dass die Parteien es nicht betreiben, so tritt an die Stelle der Beendigung des Verfahrens die letzte Verfahrenshandlung der Parteien, des Gerichts oder der sonst mit dem Verfahren befassten Stelle. ³Die Hemmung beginnt erneut, wenn eine der Parteien das Verfahren weiter betreibt.

(3) **Auf die Frist nach Absatz 1 Nr. 9, 12 und 13 finden die §§ 206, 210 und 211 entsprechende Anwendung.**

1   1. **Allgemeines.** Geltendmachung des Anspruchs durch den Gläubiger hindert die Verjährung. Was dazu zu tun ist und wie lange die Verjährung gehemmt ist, bestimmt § 204, aber nicht abschließend.

2   2. **Klageerhebung, I Nr 1.** Stimmt mit § 209 I aF – abgesehen von der Rechtsfolge (Unterbrechung statt jetzt Hemmung) – überein. Daher kann Rspr zu § 209 I aF herangezogen werden. – **Hemmung** nur durch **wirksame** (BGH NJW-RR 97, 1217) Erhebung einer **Klage** auf Leistung, auch in Stufen (ZPO 254; BGH NJW-RR 95, 771) oder auf künftige Leistung (ZPO 257 ff), auf positive Feststellung (ZPO 256), auf Erteilung der Vollstreckungsklausel (ZPO 731, 796, 797, 797 a, 800), auf Erlaß des Vollstreckungsurteils (ZPO 722). Str ist, ob substantiierter Antrag auf Sachabweisung einer negativen Feststellungsklage hemmt (nein: BGH NJW 94, 3108; stRspr; ja mR: Hinz, FG v. Lübtow, 1980, S 735 ff, da der Berechtigte [= Beklagter] aktiv sein Recht verfolgt, denn mit Rechtskraft der substantiierten Abweisung ist es festgestellt, vgl BGH NJW 86, 2508). Zum **Zeitpunkt der Klageerhebung** s ZPO 253 I, 261, 495, 498; uU ist die Klageeinreichung maßgebend, s ZPO 207, 270 III, 495. Erforderlich ist **Klage des Berechtigten.** Daher keine Hemmung, wenn Aktiv-oder Passivlegitimation (BGH NJW 95, 1676) oder die Verfügungsbefugnis (BGH NJW 83, 454) fehlt. Ein **Parteiwechsel** durch Eintritt des berechtigten Klägers hemmt ex nunc (auch wenn das nicht mehr mit BGH NJW-RR 89, 1269 auf entspr Anwendung von §§ 209, 212 aF gestützt werden kann). Klage in **Prozeßstandschaft** hemmt erst, wenn diese offengelegt wird oder offensichtlich ist (BGH NJW 02, 2110). *Zunächst* hemmt auch eine **unzulässige** oder **unbegründete Klage**; Zulässigkeit und
3   Begründetheit müssen noch nicht zZ der Klageerhebung gegeben sein (BGH NJW 99, 2115). **Hemmung umfaßt grundsätzlich** (nur) die Ansprüche iSv § 194, die im **Streitgegenstand** der erhobenen Klage aufgehen (BGH NJW 00, 2679), daher bei **Teilklage** bloß Teilhemmung (BGH NJW 02, 2167 f; aA Zeuner, FS Henckel, 1995, S 951 ff, soweit ZPO 265 Nr 2 Klageerweiterung zulasse). Nach **§ 213**

Titel 2. Hemmung, Ablaufhemmung und Neubeginn **§ 204**

werden – in Anlehnung und Erweiterung der Rspr (BGH NJW 93, 2440) und der Regelung in §§ 477 III, 639 I aF – auch **streitgegenstandsfremde Ansprüche** (insoweit keine Rechtshängigkeit!) von der Hemmung erfaßt (Henckel JZ 62, 335 ff; BGH NJW 91, 2825). So hemmt Schadensersatzklage für Ersatzanspruch in jeder Form (so schon zum fr Recht BGH 104, 271 f; sa Henckel JZ 62, 338). Unbezifferte Schmerzensgeldklage hemmt idR für gesamten Anspruch, nicht nur in Höhe der vom Kläger anzugebenden Größenordnung. Inanspruchnahme des Primärrechtsschutzes im Verwaltungs(gerichts)verfahrens hemmt für Anspruch aus GG 34 (BGH NJW 98, 2051).

3. Vereinfachtes Unterhaltsverfahren, I Nr 2: ZPO 646 I Nr 6 mit 647 I 1. **4**

4. Mahnverfahren, I Nr 3: ZPO 690 I Nr 3 mit 693 (ie BGH NJW 99, 3718; **5** krit Vollkommer, FS G. Lüke, 1997, S 865 ff, dagegen BGH NJW 01, 306 f betr Individualisierung und deren Zeitpunkt).

5. Güteantrag, I Nr 4: S ZPO 794 I Nr 1, EGZPO 15 a. **6**

6. Aufrechnung, I Nr 5: Erst die prozessuale Geltendmachung der materiell- **7** rechtlich erklärten Aufrechnung hemmt, vorausgesetzt, der Anspruch ist durch die erklärte Aufrechnung (noch) nicht erloschen (allgM), sei es aus *prozessualen* Gründen (zB bei Prozeßabweisung der Klage, bei [unnötiger] Eventualaufrechnung [BGH 80, 225 f], bei prozessual unzulässiger Aufrechnung [ZPO 296, 340 III, 530; auch 533, denn es geht entgegen dem GesText nicht um die Erklärung, sondern um die prozessuale Geltendmachung der erklärten Aufrechnung, Jauernig, ZPR, § 45 I; ferner ZPO 767 II, str]), sei es aus *materiellrechtlichen* Gründen (doch muß der Tatbestand einer Aufrechnung iSv § 387 vorliegen; aA, aber widersprüchlich, BGH 80, 226 f [mR abl StPeters § 209, 77]; undifferenziert BGH 83, 270 f: jede aus prozessualen oder materiellrechtlichen Gründen unzulässige Aufrechnung falle unter § 209 II Nr 3 aF = § 204 I Nr 5). Hemmung nur in Höhe des gegnerischen Anspruchs.

7. Streitverkündung, I Nr 6: Sie geschieht durch Schriftsatz (ZPO 73, **8** 270 III, 495), hemmt unter den Voraussetzungen von ZPO 72 (Hamm NJW-RR 86, 1506 mN).

8. Selbständiges Beweisverfahren, I Nr 7: ZPO 485, 487, 270 III, 495. Der **9** Antrag muß vom Berechtigten gestellt sein (wie Rn 2).

9. Begutachtungsverfahren, I Nr 8: Erfaßt werden von den Parteien verein- **10** barte Begutachtungsverfahren und das spezielle Begutachtungsverfahren nach § 641 zu Erwirkung der werkvertraglichen Fertigstellungsbescheinigung.

10. Arrest, einstw Verfügung, einstw Anordnung, I Nr 9: Daß bereits mit **11** Zustellung oder Einreichung (ZPO 270 III und Fall 2 der Nr 9) des Antrags die Verjährung gehemmt wird, ist eine praktisch wichtige Neuerung des SchRModG. „Anspruch" ist der zu sichernde Anspruch (Arrest, Sicherungsverfügung) oder zu befriedigende (Leistungsverfügung). Für die Monatsfrist gelten §§ 206, 210, 211 entspr, **III.** Antragsteller muß der Berechtigte sein (wie Rn 2).

11. Insolvenzverfahren, I Nr 10: InsO 28, 174 ff. Vertragseröffnung hemmt **12** noch nicht. Erfaßt sind nur Insolvenzforderungen in der angemeldeten Höhe.

12. Schiedsrichterliches Verfahren, I Nr 11: Zum Beginn ZPO 1044 (vor- **13** behaltlich abw Vereinbarung: ZPO 1044 S 1).

13. Verwaltungsbehördliche Vorentscheidung, I Nr 12 ist Zulässigkeits- **14** voraussetzung (Prozeßvoraussetzung) der Klage.

14. Zuständigkeitsbestimmung durch das höhere Gericht, I Nr 13 für die **15** Bestimmung des Gerichts nach ZPO 36 betr Klage und Anträge, zB den Mahnantrag.

15. Prozeßkostenhilfe, I Nr 14: Der erstmalige Antrag (nicht ein möglicher **16** wiederholter) ist Grundlage. Seine Bekanntgabe erfolgt nach ZPO 118 I 1 (damit

Jauernig

§§ 205–208 Buch 1. Abschnitt 5. Verjährung

Gelegenheit für den Gegner zur Stellungnahme) und kann ausnahmsweise unterbleiben. In jedem Fall muß Antragsteller auf Bekanntgabe hinwirken und sie erreichen (sie „veranlassen"), sonst keine Hemmung. Nach HS 2 vorgezogener Hemmungseintritt, ZPO 270 III.

17 16. **Hemmung endet** in allen Fällen von I einheitlich in 6 Monaten nach rechtskräftiger Entscheidung oder sonstigem Verfahrensende, **II 1**. Gem **II 2** endet die Hemmung mit der letzten Verfahrenshandlung eines Beteiligten, wenn der **Stillstand des Verfahrens** nach außen erkennbar, zB auf Untätigkeit des Klägers (Antragstellers) oder der Parteien (zB nach ZPO 251, 251 a), allg: auf grundloser Untätigkeit beruht (BGH NJW 99, 3775: 01, 219, je mN), *nicht* bei gerichtl Untätigkeit (BGH 134, 391) oder gerichtl Aussetzung (BGH NJW-RR 93, 742), wenn der Grund des Stillstands im Verantwortungsbereich des Gerichts liegt (BGH NJW 99, 1102). Hemmung endet ebenfalls *nicht,* wenn Verfahrensverzögerung oder Verfahrenserledigung nach außen erkennbar prozeßwirtschaftlich vernünftig erscheint (BGH NJW 00, 132 f; enger NJW 01, 219; notwendig ist triftiger, nach außen erkennbarer Grund für Ausschluß von **II 2**). Mit Weiterbetreiben nach Stillstand (II 2) beginnt Hemmung erneut, **II 3**.

§ 205 Hemmung der Verjährung bei Leistungsverweigerungsrecht

Die Verjährung ist gehemmt, solange der Schuldner auf Grund einer Vereinbarung mit dem Gläubiger vorübergehend zur Verweigerung der Leistung berechtigt ist.

§ 206 Hemmung der Verjährung bei höherer Gewalt

Die Verjährung ist gehemmt, solange der Gläubiger innerhalb der letzten sechs Monate der Verjährungsfrist durch höhere Gewalt an der Rechtsverfolgung gehindert ist.

§ 207 Hemmung der Verjährung aus familiären und ähnlichen Gründen

(1) ¹Die Verjährung von Ansprüchen zwischen Ehegatten ist gehemmt, solange die Ehe besteht. ²Das Gleiche gilt für Ansprüche zwischen

1. Lebenspartnern, solange die Lebenspartnerschaft besteht,
2. Eltern und Kindern und dem Ehegatten eines Elternteils und dessen Kindern während der Minderjährigkeit der Kinder,
3. dem Vormund und dem Mündel während der Dauer des Vormundschaftsverhältnisses,
4. dem Betreuten und dem Betreuer während der Dauer des Betreuungsverhältnisses und
5. dem Pflegling und dem Pfleger während der Dauer der Pflegschaft.

³Die Verjährung von Ansprüchen des Kindes gegen den Beistand ist während der Dauer der Beistandschaft gehemmt.

(2) § 208 bleibt unberührt.

§ 208 Hemmung der Verjährung bei Ansprüchen wegen Verletzung der sexuellen Selbstbestimmung

¹Die Verjährung von Ansprüchen wegen Verletzung der sexuellen Selbstbestimmung ist bis zur Vollendung des 21. Lebensjahres des Gläubigers gehemmt. ²Lebt der Gläubiger von Ansprüchen wegen Verletzung der sexuellen Selbstbestimmung bei Beginn der Verjährung mit dem Schuldner in häuslicher Gemeinschaft, so ist die Verjährung auch bis zur Beendigung der häuslichen Gemeinschaft gehemmt.

Titel 2. Hemmung, Ablaufhemmung und Neubeginn §§ 209–211

§ 209 Wirkung der Hemmung

Der Zeitraum, während dessen die Verjährung gehemmt ist, wird in die Verjährungsfrist nicht eingerechnet.

Anmerkungen zu den §§ 205–209

1. Hemmung. Die Verjährung ruht, solange der Hemmungsgrund besteht, vgl § 209. Danach läuft die Verjährungsfrist weiter.

2. § 205. Vereinbarung: Abrede, Anspruch vorübergehend nicht geltend zu machen (*pactum de non petendo*, Stillhalteabkommen, BGH NJW 00, 2662; Klage ist als unbegründet abzuweisen, weil der behauptete Anspruch als rechtlich verfolgbarer zZ nicht besteht, nach hM ist die Klage unzulässig). „Konkurrenz" mit § 203 möglich, da der Vereinbarung vielfach ein Verhandeln iSv § 205 Rn 2 vorausgeht.

3. Hemmung nach § 206. Grund: höhere Gewalt (dazu gehört auch Stillstand der Rechtspflege, zB durch Naturkatastrophe). Begriff: Der Berechtigte ist auch bei äußerster, nach den Umständen vernünftigerweise zu erwartender Sorgfalt an der Rechtsverfolgung gehindert (maßgebend sind die letzten 6 Monate der Verjährungsfrist; dazu Köln NJW 94, 3361 mN). Rechtsunkenntnis und -irrtum genügen nur, wenn sie unvermeidbar gewesen sind oder auf Fehler von Behörden oder Gerichten zurückgehen (BGH NJW 97, 3164). Eigenes oder zurechenbares Verschulden Dritter schließt höhere Gewalt aus.

4. Hemmung nach § 207. Die Vorschrift gilt für alle Ansprüche zwischen den genannten Personen, **I.** Nach § 208 **(II)** kann sich ein längerer Hemmungszeitraum ergeben; Bsp: Bei Beendigung der Vormundschaft (I Nr 3 mit §§ 1882, 1773), dh bei Beginn der Verjährung, lebt der (ehemalige) Mündel mit dem (ehemaligen) Vormund in häuslicher Gemeinschaft.

5. § 208. Sexuelle Selbstbestimmung ist im 13. Abschnitt des StGB geschützt. Die **Altersgrenze** des Opfers (21 Jahre), **S 1**, ist JGG 1 II, 105 nachempfunden, steht aber in merkwürdigem Gegensatz zu §§ 2, 1773 I, GG 38 II, ProstG (zu letzterem § 107 Rn 5).

§ 210 Ablaufhemmung bei nicht voll Geschäftsfähigen

(1) ¹Ist eine geschäftsunfähige oder in der Geschäftsfähigkeit beschränkte Person ohne gesetzlichen Vertreter, so tritt eine für oder gegen sie laufende Verjährung nicht vor dem Ablauf von sechs Monaten nach dem Zeitpunkt ein, in dem die Person unbeschränkt geschäftsfähig oder der Mangel der Vertretung behoben wird. ²Ist die Verjährungsfrist kürzer als sechs Monate, so tritt der für die Verjährung bestimmte Zeitraum an die Stelle der sechs Monate.

(2) Absatz 1 findet keine Anwendung, soweit eine in der Geschäftsfähigkeit beschränkte Person prozessfähig ist.

§ 211 Ablaufhemmung in Nachlassfällen

¹Die Verjährung eines Anspruchs, der zu einem Nachlass gehört oder sich gegen einen Nachlass richtet, tritt nicht vor dem Ablauf von sechs Monaten nach dem Zeitpunkt ein, in dem die Erbschaft von dem Erben angenommen oder das Insolvenzverfahren über den Nachlass eröffnet wird oder von dem an der Anspruch von einem oder gegen einen Vertreter geltend gemacht werden kann. ²Ist die Verjährungsfrist kürzer als sechs Monate, so tritt der für die Verjährung bestimmte Zeitraum an die Stelle der sechs Monate.

§§ 212-214 Buch 1. Abschnitt 5. Verjährung

Anmerkungen zu den §§ 210, 211

1 1. **Ablaufhemmung** (§ 210) schiebt das Fristende hinaus.
2 2. § 210 I gilt nicht für jur Personen, nicht im Rahmen der §§ 112 f.
3 3. § 211: Annahme der Erbschaft, § 1943; Nachlaßinsolvenzverfahren, InsO 315; Nachlaßvertreter sind der Nachlaßpfleger (§ 1960), Nachlaßverwalter (§ 1975), Testamentsvollstrecker (§ 2197), Abwesenheitspfleger (§ 1911).

§ 212 Neubeginn der Verjährung

(1) Die Verjährung beginnt erneut, wenn
1. der Schuldner dem Gläubiger gegenüber den Anspruch durch Abschlagszahlung, Zinszahlung, Sicherheitsleistung oder in anderer Weise anerkennt oder
2. eine gerichtliche oder behördliche Vollstreckungshandlung vorgenommen oder beantragt wird.

(2) Der erneute Beginn der Verjährung infolge einer Vollstreckungshandlung gilt als nicht eingetreten, wenn die Vollstreckungshandlung auf Antrag des Gläubigers oder wegen Mangels der gesetzlichen Voraussetzungen aufgehoben wird.

(3) Der erneute Beginn der Verjährung durch den Antrag auf Vornahme einer Vollstreckungshandlung gilt als nicht eingetreten, wenn dem Antrag nicht stattgegeben oder der Antrag vor der Vollstreckungshandlung zurückgenommen oder die erwirkte Vollstreckungshandlung nach Absatz 2 aufgehoben wird.

1 1. **Allgemeines.** Die Vorschrift übernimmt einen kleinen Teil der fr Unterbrechungstatbestände (§§ 208, 209 II Nr 5, 216 aF). Wie nach § 217 aF beginnt die Verjährung erneut mit den vorgesehenen Fristen.

2 2. **Tatbestände des Neubeginns. a) Anerkenntnis, I Nr. 1.** Es ist geschäftsähnliche Handlung (StPeters § 208, 7), setzt Beginn der Verjährungsfrist voraus (BGH NJW 98, 2973). Es genügt jedes tatsächliche Verhalten dem Berechtigten gegenüber, aus dem sich das Bewußtsein des Verpflichteten vom Bestehen des Anspruchs unzweideutig ergibt, weshalb der Gläubiger darauf vertraut, daß die Erhebung der Verjährungseinrede unterbleibt (BGH NJW 00, 2663). Bei Anerkenntnis eines Einzelanspruchs beginnt auch für den Gesamtanspruch die Verjährung erneut (Köln MDR 84, 755). **b) Zur Vollstreckungshandlung, I Nr 2** vgl BGH NJW 98, 1059. Zum rückwirkenden Wegfall des Neubeginns vgl **II, III.**

§ 213 Hemmung, Ablaufhemmung und erneuter Beginn der Verjährung bei anderen Ansprüchen

Die Hemmung, die Ablaufhemmung und der erneute Beginn der Verjährung gelten auch für Ansprüche, die aus dem selben Grunde wahlweise neben dem Anspruch oder an seiner Stelle gegeben sind.

1 1. Vgl. § 204 Rn 3.

Titel 3. Rechtsfolgen der Verjährung

§ 214 Wirkung der Verjährung

(1) Nach Eintritt der Verjährung ist der Schuldner berechtigt, die Leistung zu verweigern.

(2) ¹Das zur Befriedigung eines verjährten Anspruchs Geleistete kann nicht zurückgefordert werden, auch wenn in Unkenntnis der Verjährung

Titel 3. Rechtsfolgen der Verjährung §§ 215–217

geleistet worden ist. ²Das Gleiche gilt von einem vertragsmäßigen Anerkenntnis sowie einer Sicherheitsleistung des Schuldners.

§ 215 Aufrechnung und Zurückbehaltungsrecht nach Eintritt der Verjährung

Die Verjährung schließt die Aufrechnung und die Geltendmachung eines Zurückbehaltungsrechts nicht aus, wenn der Anspruch in dem Zeitpunkt noch nicht verjährt war, in dem erstmals aufgerechnet oder die Leistung verweigert werden konnte.

§ 216 Wirkung der Verjährung bei gesicherten Ansprüchen

(1) Die Verjährung eines Anspruchs, für den eine Hypothek, eine Schiffshypothek oder ein Pfandrecht besteht, hindert den Gläubiger nicht, seine Befriedigung aus dem belasteten Gegenstand zu suchen.

(2) ¹Ist zur Sicherung eines Anspruchs ein Recht verschafft worden, so kann die Rückübertragung nicht auf Grund der Verjährung des Anspruchs gefordert werden. ²Ist das Eigentum vorbehalten, so kann der Rücktritt vom Vertrag auch erfolgen, wenn der gesicherte Anspruch verjährt ist.

(3) Die Absätze 1 und 2 finden keine Anwendung auf die Verjährung von Ansprüchen auf Zinsen und andere wiederkehrende Leistungen.

§ 217 Verjährung von Nebenleistungen

Mit dem Hauptanspruch verjährt der Anspruch auf die von ihm abhängenden Nebenleistungen, auch wenn die für diesen Anspruch geltende besondere Verjährung noch nicht eingetreten ist.

Anmerkungen zu den §§ 214–217

1. Allgemeines. Zur Wirkung der Verjährung § 194 Rn 4. Erhebung der Verjährungseinrede ist, ohne Hinzutreten bes Umstände, nicht treu- oder sittenwidrig (Rn 3). 1

2. § 214. a) Zu I s § 194 Rn 4. **b)** II 1 enthält Ausnahme von § 813 I 1 (ie BGH NJW 93, 3329). II 2 meint Anerkenntnis iSv § 781 (BGH WM 86, 430); ungenügend Anerkenntnis iSv § 212 I Nr 1 (Begriff: § 212 Rn 2). **Einredeerhebung ist treuwidrig** (§ 242), wenn der Gläubiger aufgrund des Schuldnerverhaltens darauf vertraut hat und vertrauen durfte, daß der Schuldner die Einrede nicht erheben werde (strenger Maßstab: BGH NJW-RR 93, 1061). Nach Wegfall der Vertrauensgrundlage (zB durch Einredeerhebung) muß der Gläubiger in angemessener Frist (idR ein Monat: BGH NJW 98, 1490, sa 2277; die 3-Monats-Frist des § 203 ist zu lang) seinen Anspruch gerichtl geltend machen (BGH NJW 93, 1005), sonst verliert er seinen Einwand aus § 242. Vor dem Rückgriff auf § 242 ist zu prüfen, ob Verjährung nicht gem § 203 gehemmt ist; sa § 194 Rn 8. 2

3. § 215. Die Vorschrift übernimmt entspr der bisherigen Rspr und Lit (BGH 48, 116 ff mN) den vom SchRModG aufgehobenen § 390 S 2 und erweitert ihn um das Zurückbehaltungsrecht. Zur rechtspolitischen Grundlage BGH 48, 117. 3

4. § 216. *Zweck:* Der Gläubiger soll die ihm zustehende Realsicherheit (I, II) trotz Verjährung des gesicherten Anspruchs verwerten können; *Grund:* Verjährter Anspruch besteht (§ 194 Rn 4), BGH NJW 00, 1331 (zur Hinterlegung bei Notar). **a) I lockert Akzessorietät** *dinglicher* Sicherheiten (vgl §§ 1137, 1211, SchiffsRG 41); gilt auch für ges Pfandrechte (StPeters 223, 3, hM), aber nicht für schuldrechtliche Sicherheiten, zB Bürgschaft (BGH NJW 98, 982). **b) II 1** gilt für **nichtakzessorische Sicherungsrechte** wie Grundschuld, SÜ und Sicherungs- 4

5

6

Jauernig 149

§§ 218–226

abtretung (BGH NJW 93, 3320 mit Verwechselung von nichtakzessorisch und abstrakt); auch **EV, II 2**, er wird durch Verjährung der Kaufpreisforderung nicht unwirksam, trotz Verjährung ist der Rücktritt vom Kaufvertrag möglich, II 2 mit
7 § 218 I 3. **c) III** fordert *nicht regelmäßige* Wiederkehr.
8   5. **Abhängende Nebenleistungen, § 217**, sind zB Zinsen, Früchte, Provisionen. Verjährung des Hauptanspruchs unbeachtlich, wenn bereits Klage auf Nebenleistung erhoben (BGH 128, 81 ff).

§ 218 Unwirksamkeit des Rücktritts

(1) ¹**Der Rücktritt wegen nicht oder nicht vertragsgemäß erbrachter Leistung ist unwirksam, wenn der Anspruch auf die Leistung oder der Nacherfüllungsanspruch verjährt ist und der Schuldner sich hierauf beruft.** ²**Dies gilt auch, wenn der Schuldner nach § 275 Abs. 1 bis 3, § 439 Abs. 3 oder § 635 Abs. 3 nicht zu leisten braucht und der Anspruch auf die Leistung oder der Nacherfüllungsanspruch verjährt wäre.** ³**§ 216 Abs. 2 Satz 2 bleibt unberührt.**

(2) **§ 214 Abs. 2 findet entsprechende Anwendung.**

1   1. **Allgemeines.** Rücktritt scheitert, wenn der rücktrittsbegründende Anspruch verjährt ist, gleich ob Rücktrittsrecht auf Ges oder RGeschäft beruht. Ausnahme: Rücktrittsrecht des VVerkäufers wegen Nichterfüllung des durch EV gesicherten Kaufpreisanspruchs (I 3 mit §§ 216 II 2, 449 II).

2   2. **Voraussetzungen.** *Rücktrittsrecht* aus den in I 1, 2 genannten Gründen; *Verjährung* des in I 1, 2 genannten Anspruchs; *Erhebung der Einrede* durch den Schuldner, I 1 (entspr der Erhebung der Verjährungseinrede, § 214 I). **Wirkung:** Mit Einredeerhebung wird der zunächst wirksame Rücktritt *ex nunc* unwirksam, I 1.

3   3. Zu II vgl §§ 214–217 Rn 2.

§§ 219 bis 225 *(weggefallen)*

Abschnitt 6. Ausübung der Rechte, Selbstverteidigung, Selbsthilfe

§ 226 Schikaneverbot

Die Ausübung eines Rechts ist unzulässig, wenn sie nur den Zweck haben kann, einem anderen Schaden zuzufügen.

1   1. **a)** § 226 enthält **allg Grundsatz der Rechtsausübung:** Sie ist unzulässig, dh rechtswidrig (RG 58, 216), wenn Schadenszufügung obj der *einzige* Zweck des Handelns ist, sog **Schikane** (BGH NJW 75, 1314). Unzulässigkeit auch zu bejahen, wenn nur eine mildere Form der Rechtsausübung gestattet ist (schikanöser Überschuß): Vater verbietet dem Sohn, jemals sein Grundstück zu betreten, auf dem die Mutter beerdigt ist, weil er herzleidend und mit dem Sohn völlig zerstritten ist; hier muß Zugang, aber nur zu bestimmten Zeiten (um ein Zusammentreffen der Parteien zu vermeiden), gestattet werden (RG 72, 251 ff; § 826 hätte zum selben Ziel geführt, s Rn 2). Wenn stärkere Form der Rechtsausübung zulässig ist, so scheidet Schikane aus (aA Düsseldorf NJW-RR 01, 162 f mit der Folge, daß
2   *nur* einem „Schikanierten" ein Nutzungs*recht* erwächst!). **b) Auch im Prozeßrecht** gilt § 226 (BGH 100, 35), soweit nicht Sondervorschriften eingreifen wie
3   ZPO 296. **c)** § 226 ist **SchutzGes** iSv § 823 II (StWerner 15).

4   2. **Die praktische Bedeutung des § 226** ist wegen seines begrenzten Anwendungsbereichs (Rn 1) gering Die Rechtsausübung wird heute begrenzt durch

Ausübung der Rechte **§ 227**

§ 826 (sittenwidrige Rechtsausübung ist unzulässig; Schädigungsvorsatz insoweit entbehrlich) und vor allem **§ 242** (obj treuwidrige Rechtsausübung ist unzulässig).

§ 227 Notwehr

(1) **Eine durch Notwehr gebotene Handlung ist nicht widerrechtlich.**

(2) **Notwehr ist diejenige Verteidigung, welche erforderlich ist, um einen gegenwärtigen rechtswidrigen Angriff von sich oder einem anderen abzuwenden.**

1. Notwehr rechtfertigt, I. Notwehrhandlung ist daher weder verbotene 1 Eigenmacht (§ 858 I) noch Delikt (§§ 823 ff). „Notwehr" gegen Notwehr ist rechtswidrig.

2. Notwehrvoraussetzungen, II (sa StGB 32 II). **a) Angriff** ist jedes Tun 2 eines Menschen, auch Unterlassen, sofern Rechtspflicht zum Handeln besteht (im Strafrecht hM, Lackner/Kühl § 32, 2; aA die hM im Zivilrecht, s ErmHef 7), das rechtlich geschützte Individualinteressen verletzt oder zu verletzen droht. Für Angriffe durch Sachen (zB Tiere, § 90a Rn 1) gilt nur § 228. Ist die Sache *Angriffsmittel* (Katze als „Wurfgeschoß"), so gilt nur § 227. **b) Notwehrfähig** ist 3 jedes Recht oder Rechtsgut eines Einzelnen, nicht nur die in § 823 I genannten, auch Ehre, allg Persönlichkeitsrecht, das auch dem Verteidiger oder einem angegriffenen Dritten zustehen (hier leistet der Verteidiger *Nothilfe*). Nicht notwehrfähig ist die öffentl Ordnung (BGH 64, 179 f), wohl aber Lebensinteressen des Staates (MK/Grothe 6). **c) Gegenwärtig** ist der Angriff mit Beginn der konkreten 4 Gefährdung des notwehrfähigen Gutes durch unmittelbares Bevorstehen der Verletzungshandlung (BGH NJW 73, 255) bis zum endgültigen Ende der Gefährdung. Solange Diebesbeute noch nicht gesichert ist, dauert Angriff fort (RG 111, 371), Wegnahme der Beute als Notwehr möglich. **d) Rechtswidrig** ist der Angriff, 5 wenn der Angegriffene zur Duldung nicht verpflichtet ist. Hier wird auf den Erfolg des Angriffs abgestellt (*Erfolgsunrecht;* im Zivilrecht hM). Daher Notwehr auch zulässig, wenn Angreifer sich zB beim Befahren einer Straße verkehrsrichtig verhält, seine Handlung also nach BGH 24, 25 ff rechtmäßig ist, und dennoch ein Passant in Gefahr kommt, überfahren zu werden (§ 823 Rn 50; hM). In der praktischen Rechtsanwendung gilt ein Angriff solange als rechtswidrig, wie kein Rechtfertigungsgrund dargetan ist; umgekehrt ist bei „offenen Verletzungstatbeständen" (Recht am eingerichteten und ausgeübten Gewerbebetrieb, allg Persönlichkeitsrecht) die Rechtswidrigkeit darzutun (BGH NJW 80, 882 mN). Der Angriff muß nicht verschuldet sein; daher Notwehr auch gegen Kinder und Geisteskranke möglich (hM). **e) Verteidigungshandlung. aa)** Sie muß nach hM von einem 6 **Verteidigungswillen** getragen sein (BGH 92, 359). **Abzulehnen:** Auch der Angriff erfordert nicht einen entspr Willen (LK/Spendel § 32, 24, 25, 138 mN; Braun NJW 98, 941 ff); die obj Notwehrlage beseitigt den allein relevanten Erfolgsunwert (der nach hM im Strafrecht daneben postulierte Handlungsunwert soll erst durch den Verteidigungswillen beseitigt werden [s Spendel, FS Bockelmann, 1979, S 250 f; Geilen Jura 81, 308 ff mwN; MK/Grothe 14]; auf den Handlungsunwert kommt es aber im Zivilrecht nicht an, s § 823 Rn 50). **bb) Die Erforderlichkeit** 7 der Verteidigungshandlung wird von der Intensität des abzuwehrenden Angriffs bestimmt. Eine Abwägung zwischen Art des Angriffsobjekts und Folgen möglicher Abwehr findet, iGgs zu § 228, nicht statt (hM). Die mildeste zur sofortigen und endgültigen Gefahrenbeseitigung geeignete Abwehr ist zu wählen (BGH NJW 00, 1349; 01, 1076, stRspr). Welche **Handlung geboten** ist, **II**, ergibt sich idR aus ihrer Erforderlichkeit (Rn 7 [aa]). Doch ist das Notwehrrecht nach hM ua aus sozialethischen Gründen **eingeschränkt** (BSG NJW 99, 2302). So darf ein schuldhaft *provozierter Angriff* nach hM (BGH NJW 96, 2315 mN) jedenfalls zunächst (BGH NJW 91, 505; 01, 1075 f) nur zurückhaltend abgewehrt werden (zur sog Absichtsprovokation BGH NJW 83, 2267 [dazu Lenckner JR 84, 206 ff]; 01,

§ 228   Buch 1. Abschnitt 6

1075 f; zur sog Vorsatzprovokation BGH NJW 94, 872; zur nicht-absichtlichen Provokation Loos, FS Deutsch, 1999, S 233 ff); enge persönliche Beziehungen, zB Ehe, sollen uU dazu zwingen, Angriff zu ertragen (einschr BGH NJW 84, 986 f = JuS 84, 563 f [Hassemer]). Das ist bedenklich: Das Ges stellt nur „Angriff" (Unrecht) und „Verteidigung" (Recht) gegenüber, beachtet weder deren Vorgeschichte („Provokation", „Provokation der Provokation" usw) noch persönliche Beziehungen der Beteiligten. Die abw hM betont, daß Notwehr (auch) Bewährung der Rechtsordnung sei, der Notwehrende als „Repräsentant und Bewahrer der Rechtsordnung" (Roxin ZStW 75, 567; ebenso BSG NJW 99, 2302) also eine staatliche Aufgabe erfülle. Dann ist Verteidigung konsequenterweise nur insoweit „geboten", als sie mit den Zielen staatlicher Kriminalpolitik (zB Verhältnismäßigkeitsprinzip, vorrangiges Interesse am Täter statt am Opfer) vereinbar erscheint. Soweit das nicht der Fall ist, verlangt die hM das Dulden eines rechtswidrigen Angriffs; das widerspricht § 227. Gegen die hM zutr Hassemer, FS Bockelmann, 1979, S 225 ff mN. MRK 2 II Buchst a (absichtliche Tötung eines Angreifers nur zur Verteidigung von Menschenleben) hat für § 227 nichts geändert (MK/Grothe 13 mN, str).

8   **3. Beeinträchtigung unbeteiligter Dritter** ist, da diese nicht angreifen (Rn 2), keine Notwehr; uU liegt Notstand (zB § 904) vor. Sa BGH NJW 78, 2029: UU besteht für (noch) nicht Angegriffenen die Pflicht, auf Herbeiführung einer Notwehrlage zu verzichten, um Dritte zu schonen.

9   **4. a) Putativnotwehr.** Sie begeht, wer irrtümlich eine Notwehrlage (Rn 2–5) annimmt. Er handelt rechtswidrig. Schadensersatzpflicht (§§ 823 ff) nur bei Ver-
10   schulden des Handelnden (BGH NJW 87, 2509). **b) Notwehrexzeß.** Wer bei gegebener Notwehrlage (Rn 2–5) das erforderliche Maß der Abwehr (Rn 7) überschreitet, handelt rechtswidrig. Schadensersatzpflicht (§§ 823 ff) nur bei Verschul-
11   den des Abwehrenden (BGH NJW 76, 42). **c) Gegen** Putativnotwehr und Notwehrexzeß ist, da sie rechtswidrig sind (Rn 9, 10), *Notwehr* zulässig.

§ 228 Notstand

¹**Wer eine fremde Sache beschädigt oder zerstört, um eine durch sie drohende Gefahr von sich oder einem anderen abzuwenden, handelt nicht widerrechtlich, wenn die Beschädigung oder die Zerstörung zur Abwendung der Gefahr erforderlich ist und der Schaden nicht außer Verhältnis zu der Gefahr steht.** ²**Hat der Handelnde die Gefahr verschuldet, so ist er zum Schadensersatz verpflichtet.**

1   **1. Allgemeines.** § 228 behandelt den **Verteidigungsnotstand;** Ergänzung in § 904 (Angriffsnotstand). Notstandshandlung ist rechtmäßig, Notwehr gegen sie ausgeschlossen. § 228 richtet sich gegen gefahrdrohende, § 904 gegen unbeteiligte Sache; das erklärt die Unterschiede zwischen § 228 und § 904.

2   **2. Notstandsvoraussetzungen. a) Gefahr** muß, wenn auch nur mittelbar (RG 143, 387; krit StWerner 10), durch diejenige fremde oder herrenlose Sache (auch Tier, § 90 a Rn 1) drohen, gegen die sich die Verteidigung (Rn 2 [d]) richtet. **b) Irgendein Rechtsgut** muß gefährdet sein (entspr § 227 Rn 3). **c) Drohen** der Gefahr genügt, sie muß nicht schon gegenwärtig sein (anders §§ 227, 904). **d) Notwendigkeit der Abwehr** verlangt zweierlei. **aa) Erforderlichkeit;** sie ist obj zu bestimmen. **bb)** Drohende Gefahr und Abwehrschaden dürfen **nicht außer Verhältnis** stehen. Das ist obj zu beurteilen, jedoch sind Affektionswerte beachtlich (SoeFahse 18 mN). Leben und Gesundheit eines Menschen sind höherwertig als Sachen (Düsseldorf NJW-RR 01, 238), Tiere eingeschlossen (arg § 90 a S 3). **cc) Verteidigungswille** unnötig (§ 227 Rn 6 gilt entspr; Braun NJW 98, 942 f; aA BGH 92, 359).

3   **3. Verteidigung in selbstverschuldetem Notstand** ist ebenfalls rechtmäßig, macht aber schadensersatzpflichtig, S 2. Verschulden bezieht sich auf Herbeiführung der Gefahr; §§ 827 f gelten analog.

Ausübung der Rechte **§§ 229–231**

4. Für **Notstandsexzeß** und **Putativnotstand** gilt § 227 Rn 9–11 entspr. 4
Schadensersatz (§§ 823 ff) nur bei Verschulden, § 228 S 2 unanwendbar.

5. Zum **strafrechtlichen Notstand** vgl StGB 34 (rechtfertigender Notstand), 5
35 (entschuldigender Notstand). § 228 geht dem StGB 34 vor (Lackner/Kühl
§ 34, 14).

§ 229 Selbsthilfe

Wer zum Zwecke der Selbsthilfe eine Sache wegnimmt, zerstört oder
beschädigt oder wer zum Zwecke der Selbsthilfe einen Verpflichteten,
welcher der Flucht verdächtig ist, festnimmt oder den Widerstand des
Verpflichteten gegen eine Handlung, die dieser zu dulden verpflichtet ist,
beseitigt, handelt nicht widerrechtlich, wenn obrigkeitliche Hilfe nicht
rechtzeitig zu erlangen ist und ohne sofortiges Eingreifen die Gefahr
besteht, dass die Verwirklichung des Anspruchs vereitelt oder wesentlich
erschwert werde.

§ 230 Grenzen der Selbsthilfe

(1) Die Selbsthilfe darf nicht weiter gehen, als zur Abwendung der
Gefahr erforderlich ist.

(2) Im Falle der Wegnahme von Sachen ist, sofern nicht Zwangsvollstreckung erwirkt wird, der dingliche Arrest zu beantragen.

(3) Im Falle der Festnahme des Verpflichteten ist, sofern er nicht wieder
in Freiheit gesetzt wird, der persönliche Sicherheitsarrest bei dem Amtsgericht zu beantragen, in dessen Bezirk die Festnahme erfolgt ist; der
Verpflichtete ist unverzüglich dem Gericht vorzuführen.

(4) Wird der Arrestantrag verzögert oder abgelehnt, so hat die Rückgabe
der weggenommenen Sachen und die Freilassung des Festgenommenen
unverzüglich zu erfolgen.

§ 231 Irrtümliche Selbsthilfe

Wer eine der im § 229 bezeichneten Handlungen in der irrigen Annahme vornimmt, dass die für den Ausschluss der Widerrechtlichkeit
erforderlichen Voraussetzungen vorhanden seien, ist dem anderen Teil
zum Schadensersatz verpflichtet, auch wenn der Irrtum nicht auf Fahrlässigkeit beruht.

Anmerkungen zu den §§ 229–231

Lit: Schünemann, Selbsthilfe im Rechtssystem, 1985.

1. Allgemeines zu §§ 229–231. Ansprüche auf eigene Faust zu sichern oder
durchzusetzen, ist grundsätzlich unzulässig. Der Berechtigte ist auf gerichtl Hilfe
angewiesen. Selbsthilfe ist nur kraft ges Gestattung erlaubt: §§ 229; 859 II–IV, 860,
865, 1029 (Besitzkehr); ferner 562 b, 581, 592, 910, 962.

2. Voraussetzungen erlaubter Selbsthilfe, § 229. **a) Vollstreckungs- oder
Arrestfähigkeit** des durchzusetzenden oder zu sichernden, wirklich bestehenden
Anspruchs (s § 230 II, III, ZPO 916, 936). Verjährung allein hindert nicht (Jahr
JuS 64, 299); **b) keine rechtzeitige obrigkeitliche** (insbes staatliche) **Hilfe.** Da- 3
ran fehlt es insbes, wenn Arrest oder einstw Verfügung rechtzeitig zu erlangen ist
(RG 146, 189); zur polizeilichen Hilfe bei Hausbesetzungen s Jauernig, ZwV, § 26
II 3; **c) Gefährdung der Anspruchsverwirklichung.** Endgültiger Anspruchs- 4
verlust ist nicht erforderlich. Ausgleich der unterbliebenen Erfüllung durch einen
Schadensersatzanspruch beseitigt die Gefahr nicht. Gefahr wird nicht begründet

Vor § 232, § 232

durch drohendes Insolvenzverfahren, schlechte Vermögenslage des Schuldners und drohenden Ansturm anderer Gläubiger (Arrestgrund fehlt [Foerste ZZP 106, 143 ff; str], hier beachtlich wegen § 230 II).

5   **3. Zulässige Selbsthilfemaßnahmen. a) Der Anspruchsinhaber,** sein ges Vertreter oder ein Beauftragter muß sie ergreifen; es gibt keine Selbsthilfe für Dritte (anders §§ 227 f). Str, ob (genehmigte) GoA Rechtswidrigkeit ausschließt (ja: MK/
6   Grothe § 229, 2). **b) Einzelne Maßnahmen. aa) Zerstörung oder Beschädigung** einer Sache; **Wegnahme** einer Sache, in die vollstreckt werden kann (arg § 230 II mit ZPO 928, 936, 808, 883 ff; Pfändbarkeit der Sache nur nötig bei Sicherung eines Geldanspruchs, nicht bei Durchsetzung eines Herausgabeanspruchs, sa Rn 8). **bb) Festnahme** des Verpflichteten bei Fluchtverdacht; nur subsidiär zulässig (arg § 230 III, IV, ZPO 918). Sa StPO 127. **cc) Beseitigung**
7   **von Widerstand** entspr ZPO 892. **c) Erforderlichkeit** der Maßnahme, § 230 I (s § 227 Rn 7). **d) Selbsthilfewille** ist, damit rechtmäßiger Angriff (Unterschied zu § 227 Rn 6) vorliegt, erforderlich.
8   **4. Die Maßnahmen** haben grundsätzlich nur **vorläufig** Bestand, **§ 230 IV.** Zum dinglichen und persönlichen Arrest ZPO 916–918. Erfolgt die Festnahme zur Sicherung eines vollstreckbaren, aber nicht arrestfähigen Individualanspruchs, zB auf Herausgabe, so ist statt Arrest eine einstw Verfügung zu beantragen (ZPO 935, 938). Ist eine Sache weggenommen, die vom Verpflichteten herauszugeben war, dann ist der Anspruch durchgesetzt, einstw Verfügung unzulässig, § 230 II, IV unanwendbar (ErmHef 4, einschr StWerner 5, je zu § 230). Bei Verletzung von § 230 IV ist Berechtigter schadensersatzpflichtig.
9   **5.** Für **Putativselbsthilfe** und **Selbsthilfeexzeß** gilt § 227 Rn 9–11 entspr, doch besteht stets **Schadensersatzpflicht** ohne Verschulden, **§ 231.**
10 **6. Vertragliche Erweiterung des Selbsthilferechts,** zB durch Einräumung eines Wegnahmerechts, ist wegen § 229 unzulässig, jedenfalls könnte ein solches Recht nur gerichtl durchgesetzt werden (RG 131, 222 f). Sa § 858 Rn 4.

Abschnitt 7. Sicherheitsleistung

Vorbemerkungen

Lit: Kohler, Die Fälle der Sicherheitsleistung im BGB, ZZP 102, 58.

1   **1. Allgemeines zu §§ 232–240.** Eine **Pflicht** zur Sicherheitsleistung kann bestehen kraft RGeschäfts (BGH NJW 86, 1038), behördlicher Anordnung oder Ges (zB §§ 648 a II, VI, 843 II, 1389). Häufig besteht auch ein **Recht** zur Sicherheitsleistung, insbes zwecks Abwehr von Nachteilen (zB §§ 257, 775 II). Allg Vorschriften, wann Sicherheit zu leisten ist, fehlen. §§ 232 ff betreffen nur Sicherheitsleistung aus **materiellrechtlichen** Gründen. Für prozessuale Sicherheitsleistung vgl ZPO 108 ff und Einzelvorschriften, zB ZPO 709, 712.

2   **2. § 232** zählt die **Mittel** der Sicherheitsleistung auf (erweitert in § 648 a II. – §§ 1382 IV, 1667 IV 2 überlassen es dem FamG, das Mittel zu bestimmen). § 232 begrenzt nicht die Mittel *vereinbarter* Sicherheitsleistungen. Die **Höhe** richtet sich mangels bes Anordnung nach dem Wert des zu sichernden Rechts. Unter den Mitteln des § 232 I hat der Verpflichtete die **Wahl** (keine Wahlschuld), § 264 I gilt analog. Sicherheitsleistung durch Bürgen kann nur subsidiär angeboten werden, § 232 II (dazu § 239), zuweilen ist sie ausgeschlossen (zB § 273 III 2).

§ 232 Arten

(1) **Wer Sicherheit zu leisten hat, kann dies bewirken durch Hinterlegung von Geld oder Wertpapieren,**

durch Verpfändung von Forderungen, die in das Bundesschuldbuch oder das Landesschuldbuch eines Landes eingetragen sind,
durch Verpfändung beweglicher Sachen,
durch Bestellung von Schiffshypotheken an Schiffen oder Schiffsbauwerken, die in einem deutschen Schiffsregister oder Schiffsbauregister eingetragen sind,
durch Bestellung von Hypotheken an inländischen Grundstücken,
durch Verpfändung von Forderungen, für die eine Hypothek an einem inländischen Grundstück besteht, oder
durch Verpfändung von Grundschulden oder Rentenschulden an inländischen Grundstücken.

(2) Kann die Sicherheit nicht in dieser Weise geleistet werden, so ist die Stellung eines tauglichen Bürgen zulässig.

§ 233 Wirkung der Hinterlegung

Mit der Hinterlegung erwirbt der Berechtigte ein Pfandrecht an dem hinterlegten Geld oder an den hinterlegten Wertpapieren und, wenn das Geld oder die Wertpapiere in das Eigentum des Fiskus oder der als Hinterlegungsstelle bestimmten Anstalt übergehen, ein Pfandrecht an der Forderung auf Rückerstattung.

§ 234 Geeignete Wertpapiere

(1) [1] Wertpapiere sind zur Sicherheitsleistung nur geeignet, wenn sie auf den Inhaber lauten, einen Kurswert haben und einer Gattung angehören, in der Mündelgeld angelegt werden darf. [2] Den Inhaberpapieren stehen Orderpapiere gleich, die mit Blankoindossament versehen sind.

(2) Mit den Wertpapieren sind die Zins-, Renten-, Gewinnanteil- und Erneuerungsscheine zu hinterlegen.

(3) Mit Wertpapieren kann Sicherheit nur in Höhe von drei Vierteln des Kurswerts geleistet werden.

§ 235 Umtauschrecht

Wer durch Hinterlegung von Geld oder von Wertpapieren Sicherheit geleistet hat, ist berechtigt, das hinterlegte Geld gegen geeignete Wertpapiere, die hinterlegten Wertpapiere gegen andere geeignete Wertpapiere oder gegen Geld umzutauschen.

§ 236 Buchforderungen

Mit einer Schuldbuchforderung gegen den Bund oder ein Land kann Sicherheit nur in Höhe von drei Vierteln des Kurswerts der Wertpapiere geleistet werden, deren Aushändigung der Gläubiger gegen Löschung seiner Forderung verlangen kann.

§ 237 Bewegliche Sachen

[1] Mit einer beweglichen Sache kann Sicherheit nur in Höhe von zwei Dritteln des Schätzungswerts geleistet werden. [2] Sachen, deren Verderb zu besorgen oder deren Aufbewahrung mit besonderen Schwierigkeiten verbunden ist, können zurückgewiesen werden.

§ 238 Hypotheken, Grund- und Rentenschulden

(1) Eine Hypothekenforderung, eine Grundschuld oder eine Rentenschuld ist zur Sicherheitsleistung nur geeignet, wenn sie den Voraussetzungen entspricht, unter denen am Orte der Sicherheitsleistung Mündelgeld in Hypothekenforderungen, Grundschulden oder Rentenschulden angelegt werden darf.

(2) Eine Forderung, für die eine Sicherungshypothek besteht, ist zur Sicherheitsleistung nicht geeignet.

§ 239 Bürge

(1) Ein Bürge ist tauglich, wenn er ein der Höhe der zu leistenden Sicherheit angemessenes Vermögen besitzt und seinen allgemeinen Gerichtsstand im Inland hat.

(2) Die Bürgschaftserklärung muss den Verzicht auf die Einrede der Vorausklage enthalten.

§ 240 Ergänzungspflicht

Wird die geleistete Sicherheit ohne Verschulden des Berechtigten unzureichend, so ist sie zu ergänzen oder anderweitige Sicherheit zu leisten.

Buch 2. Recht der Schuldverhältnisse

Abschnitt 1. Inhalt der Schuldverhältnisse

Titel 1. Verpflichtung zur Leistung

Vorbemerkungen

1. Bedeutung und Aufgaben des Schuldrechts. Das Schuldrecht bildet (zusammen mit dem Allg Teil und dem Sachenrecht) das Kernstück des bürgerlichen **Vermögensrechts.** Während das Sachenrecht Vermögensgüter (durch Gewährung absoluter Rechte) dem Berechtigten zuordnet, bereitet das Schuldrecht den Güterumsatz und die Erbringung von Leistungen (der verschiedensten Art) vor und dient damit der Befriedigung von materiellen und kulturellen Bedürfnissen aller Art und dem Ausgleich von idR wirtschaftlichen Interessen. Das Schuldrecht regelt keinen einheitlichen, abgeschlossenen Lebensbereich, den im II. Buch erfaßten Gegenständen ist lediglich die rechtstechnische Struktur als (vertragliches oder ges) Schuldverhältnis (dazu § 241 Rn 1 ff) gemeinsam. **Hauptaufgaben** des Schuldrechts sind: **a) Regelung des rechtsgeschäftlichen Verkehrs.** Das Schuldrecht stellt eine umfassende **Vertragsordnung** auf, mit deren Hilfe die Wirtschafts- und Güterverkehr in der Form des Vertrags abgewickelt werden kann. Der Gegenstand der zu erbringenden Leistungen ist ges nicht abschließend bestimmt (kein *numerus clausus* der vertraglichen Schuldverhältnisse). Einzelne Schuldvertragstypen sind im **bes Teil** und (immer noch) auch in **SonderGes** (HGB; WG; ScheckG; VVG; VerlG ua) ges geregelt. Seit dem 1. 1. 2002 ist das AGBG und die meisten verbraucherschützenden NebenGes (VerbrKrG, HWiG, TzWrG, FernAbsG) ins BGB integriert. Der Verbraucherschutz als „schuldrechtsimmanenter Schutzgedanke" (Begr BT Drs 14/6040, S 91) ergibt sich damit unmittelbar und einheitlich aus dem BGB selbst. Das Schuldrecht ist weitgehend nachgiebiges Ergänzungsrecht, das eingreift, wenn die Parteien nichts Abweichendes vereinbart haben (Vertragsfreiheit). Die Privatautonomie findet ihre Grenzen an ges Verboten (§§ 248 I, 276 III, 289 S 1) und dem zwingenden Recht; dazu gehören außer den wenigen (Formfreiheit) Formvorschriften (§§ 311 b, 492, 494, 518, 550, 766, 780) die zunehmend (halb-)zwingend ausgestalteten Vertragsformen (Verbrauchsgüterkauf, Wohnungsmiete, Verbraucherdarlehen); gegenüber abw Vereinbarungen in AGB kann auch das dispositive Recht Bestand haben (§ 307 II Nr 1). Ferner sind durch die Generalklauseln (§§ 138, 242, 313, 826) die Wertentscheidungen des Grundrechtsteils des GG, insbes auch die Sozialstaatsklausel (GG 20, 28) im Schuldrecht zu aktivieren (BVerfG 81, 255; 89; 232; NJW 94, 2749; 96, 2021; BGH 80, 157 mN; 134, 48; MK/Säcker Einl 55 ff vor § 1; StSchmidt Einl 536 ff vor § 241 und allg § 242 Rn 3). **b) Personen- und Güterschutz.** Durch uH wird eine Schadensersatzpflicht (§§ 823 ff, 249 ff) und damit ein ges Schuldverhältnis begründet. Die §§ 823 ff werden durch zahlreiche Sondergesetze mit Tatbeständen der Gefährdungshaftung ergänzt (Rn 10 vor § 823). **c) Ausgleichsordnung bei ungerechtfertigten Vermögensverschiebungen** (§§ 812 ff); soweit es um einen Ausgleich fehlgeschlagener Leistungen geht, ergänzt sie das Vertragsrecht (Leistungskondiktion), im Rechtsgüterschutz (Eingriffskondiktion); Fälle sog ges Schuldverhältnisse. Weiteres Bsp: GoA (§§ 677 ff).

2. Der **Aufbau** von Buch 2 folgt der abstrahierenden und generalisierenden Methode (Ausklammerungsprinzip). Der Abschnitt 8 („Einzelne Schuldverhältnisse", §§ 433–853) enthält in insgesamt 27 Titeln eine Reihe von verschiedenen

§ 241 Buch 2. Abschnitt 1. Inhalt der Schuldverhältnisse

Vertragstypen (§§ 433 ff), sowie das Bereicherungs- (§§ 812 ff) und Deliktsrecht (§§ 823 ff). Eingebürgerte Bezeichnung: **Bes Teil** des Schuldrechts. Die Abschnitte 1–7 (§§ 241–432) geben Regeln für typische, bei allen Schuldverhältnissen mögliche Situationen (zB Leistungsort und -zeit, Pflichtverletzung und Leistungshindernisse). Ie handelt es sich um Normen von verschiedenem Abstraktionsgrad (zB nur für vertragliche Schuldverhältnisse gelten die §§ 305–359). Eingebürgerte Bezeichnung: **Allg Teil** des Schuldrechts; er wird durch den Allg Teil des BGB (insbes §§ 104 ff; 116 ff; 145 ff; 164 ff) ergänzt. Konsequenz: Zusammentreffen einer Vielzahl von Normen verschiedener Abstraktionsstufe.

6   **3. Anwendungsbereich.** Die Regeln des allg Schuldrechts gelten unmittelbar für die Schuldverhältnisse des Schuldrechts, für die Schuldverhältnisse in den übrigen Büchern des BGB und außerhalb des BGB entspr, soweit das mit den Besonderheiten der jeweiligen Regelung vereinbar ist (vgl zB BGH 80, 237; § 823
7   Rn 89 ff). **a) Sachenrecht:** Eigentümer-Besitzer-Verhältnis (§§ 987 ff); Verhältnis zwischen Verlierer und Finder (§§ 965 ff); zwischen Nießbraucher und Eigentümer (§§ 1030 ff); zwischen Pfandgläubiger und Eigentümer (§§ 1215 ff) – sämtl ges
8   Schuldverhältnisse; vgl auch Rn 13 und 15 vor § 854. **b) Familienrecht:** Unterhaltsanspruch (zB §§ 1360 ff; 1601 ff; 1569 ff); schuldrechtlicher Versorgungsausgleich (§§ 1587 f–1587 m). **c) Erbrecht:** Vermächtnis (§ 2174); Pflichtteils-
9   anspruch (§§ 2303 ff). **d) Öffentl Recht:** In Frage kommen namentlich öffentlich-rechtliche Benutzungs- und Leistungsverhältnisse der Daseinsvorsorge, bei denen eine nähere Regelung fehlt (BGH 63, 172; 135, 344; vgl auch § 275 Rn 2; § 278 Rn 4; § 280 Rn 2; § 311 Rn 42; Rn 7 vor § 677; § 688 Rn 6).

10   **4. Abgrenzung zum Sachenrecht.** Das Schuldrecht regelt eine Sonderbindung zwischen bestimmten Personen (§ 241 Rn 1), das Sachenrecht die Beziehung einer Person zur Sache. Strukturelement des Schuldrechts ist das Recht auf die Leistung (Forderung; § 241 Rn 4); es handelt sich um ein relatives Recht, das idR nur durch den Schuldner verletzbar ist; das Sachenrecht ist dagegen ein (gegenüber jedermann wirkendes) absolutes Recht (§§ 985, 1004; Rn 11 vor § 854). Das Schuldrecht ist „dynamisch", es zielt auf die Änderung des gegenwärtigen Zustands (Erfüllung durch Erbringung der geschuldeten Leistung, § 362; „Umsatzrecht"); das Sachenrecht ist „statisch", es zielt auf die Erhaltung des gegenwärtigen Zustands (Beherrschung der Sache, § 903; „Herrschaftsrecht"). Schuld- und sachenrechtliche Geschäfte sind in ihrer Wirksamkeit grundsätzlich voneinander unabhängig (**Abstraktionsprinzip**, vgl Rn 17 vor § 854).

11   **5. Neue Bundesländer.** Entstandene Schuldverhältnisse bestehen nach bisherigem Recht fort (ie EGBGB 232), bestimmte Nutzungsverhältnisse wurden BGB-konform angepaßt; s SchuldRÄndG und dazu MK/Kramer Rn 129 mwN.

§ 241 Pflichten aus dem Schuldverhältnis

(1) ¹**Kraft des Schuldverhältnisses ist der Gläubiger berechtigt, von dem Schuldner eine Leistung zu fordern.** ²**Die Leistung kann auch in einem Unterlassen bestehen.**

(2) **Das Schuldverhältnis kann nach seinem Inhalt jeden Teil zur Rücksicht auf die Rechte, Rechtsgüter und Interessen des anderen Teils verpflichten.**

Lit: Gernhuber, Das Schuldverhältnis, 1989.

1   **1. Schuldverhältnis. a) Begriff des Schuldverhältnisses.** Es ist eine zwischen (mindestens) zwei bestimmten Personen bestehende **rechtliche Sonderbindung,** durch die Ansprüche (Rn 4) begründet werden. Sprachgebrauch des BGB ist nicht einheitlich, deshalb **Unterscheidung: aa)** Schuldverhältnis iwS ist die Gesamtheit der sich aus der Sonderbindung (vgl o a) ergebenden konkreten Rechtsfolgen (Forderungsrechte bzw Leistungspflichten, einschließlich der Neben-

Titel 1. Verpflichtung zur Leistung **§ 241**

und Schutzpflichten sowie der Gestaltungsrechte [zB Kündigungs- und Rücktrittsrechte] und Rechtslagen), also das gesamte Rechtsverhältnis. Bildhafte Umschreibungen: Schuldverhältnis als „Organismus", „konstante Rahmenbeziehung", in der Zeit ablaufender „Prozeß". Schuldverhältnis iwS meint Überschrift vor § 241 („Recht der Schuldverhältnisse"), vor § 433 („Einzelne Schuldverhältnisse"), §§ 273 I, 425 I, ua. **bb)** Schuldverhältnis **ieS** ist das aus der Sonderverbindung (Rn 1) erwachsende Recht auf eine bestimmte Leistung (§ 241 I 1), also das einzelne Forderungsrecht des Gläubigers (Anspruch, § 194 I), dem eine entspr Leistungspflicht des Schuldners (Schuld) gegenübersteht (die **einzelne Leistungsbeziehung**). Das Schuldverhältnis iwS kann mehrere Schuldverhältnisse ieS umfassen, deshalb kann im Schuldverhältnis iwS jede Partei zugleich Gläubiger und Schuldner sein. Das BGB meint idR das Schuldverhältnis ieS, so zB in Überschrift vor § 362 („Erlöschen der Schuldverhältnisse"; Schuldverhältnis iwS wird nicht durch Erfüllung, sondern durch Rücktritt oder Kündigung beendet; andererseits kann das Schuldverhältnis iwS auch nach Erfüllung aller Einzelansprüche noch „Nachwirkungen" begründen, dazu § 242 Rn 28 ff), ferner zB §§ 362 I, 364 I, 397 I, 812 II. **b) Arten der Schuldverhältnisse.** Einteilungsgesichtspunkte sind der Entstehungsgrund (s u aa) und die Dauer der zeitlichen Bindung (s u bb). **aa) Rechtsgeschäftliche** (insbes vertragliche, vgl § 311 I) und nichtrechtsgeschäftliche **(ges) Schuldverhältnisse** (zB gem § 311 II). **bb) Schuldverhältnisse auf einmaligen Leistungsaustausch** (Leistungspflicht erschöpft sich in einmaliger Leistungserbringung) und **Dauerschuldverhältnisse** (dauernde Leistungspflicht ist geschuldet, zB Herstellung eines Zustands, längerwährendes Verhalten, Einzelleistungen über längeren Zeitraum; s § 314 I 1 mit Anm). Bsp: §§ 535, 488, 607, 611, 705, Sukzessivlieferungsvertrag (vgl § 311 Rn 14 ff).

2. Relativität der Schuldverhältnisse. (Lit. Henke, Die sog Relativität des Schuldverhältnisses, 1989). Die Rechtswirkungen des Schuldverhältnisses (Rn 1 und s u a) sind grundsätzlich auf die an ihm Beteiligten beschränkt (Zweiparteienverhältnis; Rn 5); die Rechtsstellung **dritter Personen** wird durch das Schuldverhältnis nicht berührt (Ausnahmen: Rn 6). **a) Die Forderung** ist das gegen eine bestimmte Person (Schuldner) auf eine bestimmte (vermögensrechtliche) Leistung gerichtete **schuldrechtliche** („obligatorische") **Anspruch** (§§ 241 I 1, 194). Kehrseite des Anspruchs des Gläubigers ist die Leistungspflicht (Schuld) des Schuldners. Als **relatives Recht** unterscheidet sich die Forderung grundlegend von den gegenüber jedermann wirkenden, umfassenden Drittschutz genießenden **absoluten Rechten** (zu diesen Rn 2 ff und 11 ff vor § 854). **Einzelheiten:** Das relative Recht besteht nur gegenüber dem Schuldner, es kann nur durch den Schuldner (nicht durch Dritte) verletzt werden. Auch wenn Leistungsobjekt eine Sache ist (vgl § 433 I 1), besteht nur ein Recht gegen den Schuldner „auf" die Sache, nicht ein gegenüber Dritten durchsetzbares „Recht zur Sache" (kein „*ius ad rem*", vgl RG 103, 420; Wieling JZ 82, 840 f; Ausnahme: § 883). Das Forderungsrecht genießt grundsätzlich keinen Dritt-(Delikts-)schutz (BGH NJW 81, 2185), es ist kein „sonstiges Recht" iSv § 823 I (§ 823 Rn 17). Vorsätzliche und sittenwidrige Verleitung des Schuldners zum Vertragsbruch begründet Schadensersatzpflicht gem § 826, Sittenwidrigkeit aber nur bei Vorliegen besonderer Umstände gegeben. Bsp: Freistellung von den Ansprüchen des ersten Käufers bei Doppelverkauf (BGH NJW 81, 2186; ie § 826 Rn 19 mit Bsp). **b) Zweiparteienverhältnis.** Auf Schuldner- und Gläubigerseite kann eine Mehrheit von Personen stehen (§§ 420 ff; 428 ff). Nachträglicher **Wechsel** in der Person des Gläubigers (Übertragbarkeit der aus dem Schuldverhältnis entstandenen Forderung: §§ 398 ff) und des Schuldners (Schuldübernahme: § 414 ff) ist möglich, desgl eine Rechtsnachfolge in das Schuldverhältnis im ganzen; ges Fälle: §§ 565, 566, 613 a, 1922; vertragliche Vertragsübernahme: BGH 96, 308 und § 398 Rn 32 f; Schranken: § 309 Nr 10). Bei Vereinigung von Forderung und Schuld in einer Person (Konfusion) erlischt das Schuldverhältnis (vgl § 1922 Rn 9). **c) Drittwirkungen** be-

2

3

4

5

6

§ 241 Buch 2. Abschnitt 1. Inhalt der Schuldverhältnisse

stehen im allg nicht (BGH 83, 257; Rn 4). Ausnahmen: §§ 565, 566, 581 II; weitere Bsp: Weitnauer, FS Larenz, 1983, S 712 ff. Durch vertragliche Schuldverhältnisse kann die Rechtsstellung Dritter verbessert (berechtigender Vertrag zgDr: §§ 328 ff; Vertrag mit Schutzwirkung für Dritte: § 328 Rn 19 ff.; Haftungsmilderung(-ausschluß) zgDr: § 276 Rn 58; vgl auch § 618 III), niemals aber verschlechtert werden (kein Vertrag zu Lasten Dritter: § 328 Rn 7). Dritte können durch Erbringung der Leistung auf das Schuldverhältnis einwirken (§§ 267, 362). Der Schuldner kann sich aber idR nicht einredeweise auf Rechte Dritter berufen (vgl Denck JuS 81, 9).

7   **3. Verpflichtung zur Leistung** (vgl Titel-Überschrift vor § 241). **a) Begriff der Leistung.** § 241 gibt keine Begriffsbestimmung, wie überhaupt das BGB keinen einheitlichen Leistungsbegriff kennt (vgl BGH 93, 230; sa § 812 Rn 2 ff). Unter Leistung kann sowohl das vom Schuldner geschuldete pflichtgemäße Verhalten (die **Leistungshandlung**) als auch das Ergebnis der Leistungshandlung (der **Leistungserfolg**) verstanden werden. Der Leistungserfolg ist eingetreten, wenn das Gläubigerinteresse tatsächlich befriedigt ist. Leistungshandlung und Leistungserfolg können je nach der Art des Schuldverhältnisses zusammen- (tätigkeitsbezogene Schuldverträge; Bsp: §§ 611, 662, 675) oder auseinanderfallen (erfolgsbezogene Schuldverträge; Bsp: §§ 433, 535, 631, 652). Der Eintritt des Leistungserfolgs braucht nicht allein vom Verhalten des Schuldners, er kann auch von weiteren, zusätzlichen Umständen (Mitwirkung des Gläubigers, eines Dritten, einer Behörde) abhängen. Bsp: Bei Grundstücksübereignung besteht die Leistungshandlung in der Auflassung (§ 925), der Eintritt des Leistungserfolgs setzt die (uU von der Erfüllung öffentl-rechtlicher Voraussetzungen abhängige) Umschreibung im Grundbuch voraus (§ 873). Ob „Leistung" iSv Leistungshandlung (so zB in §§ 269, 271; sa § 243 II) oder Leistungserfolg (so zB in §§ 362, 267) oder iSv beidem (so zB beim Ausschluß der Leistungspflicht gem § 275) gemeint ist, ist für jede Vorschrift gesondert zu ermitteln. Bei erfolgsbezogenen Schuldverhältnissen schuldet der Schuldner (trotz § 275) iZw nicht nur die ordnungsgemäße Leistungshandlung, sondern auch den darüber hinausgehenden Leistungserfolg. Grund: Solange die Leistungspflicht besteht (kein Ausschluß gem § 275 I–III) braucht der Gläubiger nicht Schadensersatz „statt der Leistung" verlangen (§§ 275 IV, 283). Die Leistung braucht für den Gläubiger keinen Vermögenswert zu haben (MK/ Kramer Einl 44 vor § 241), jedes rechtlich schutzwürdige Interesse des Gläubigers genügt (zur Abgrenzung vom lediglich außerrechtlichen Interesse vgl Rn 23 f). Bsp: Verpflichtung zum Widerruf ehrkränkender Behauptung in besonderer Form
8   gegenüber bestimmten Dritten. **b) Inhalt der Leistung.** Als Leistungshandlung (Rn 7) kommt jedes **bestimmte** oder wenigstens **bestimmbare** (§§ 315–317) positive oder negative, (rein) tatsächliche oder rechtsgeschäftliche Verhalten des Schuldners in Frage; ist der Leistungsinhalt (endgültig) nicht bestimmbar, fehlt es an einem Schuldverhältnis überhaupt (Larenz, SchR I, § 6 II; BGH 55, 250; NJW-RR 90, 271; KG DNotZ 87, 104). Bsp für positives **Tun:** Zahlung von Geld, Einräumung und Übertragung von Rechten, Verschaffung und Herausgabe von Sachen, Gebrauchsüberlassung, Erbringung von Dienstleistungen aller Art, Herbeiführung eines bestimmten Erfolgs (auch einer bloßen Befreiung, zum Befreiungsanspruch vgl §§ 256, 257 Rn 5), Übernahme der Haftung usw. Für **Unterlassen** kommt jede Tätigkeit in Frage, zu der der Schuldner an sich berechtigt wäre; daher **nicht:** allg Rechtspflicht, Eingriffe in die fremde Rechtssphäre zu unterlassen. Unterlassen kann Haupt- oder Nebenpflicht (Rn 9; § 242 Rn 29 f) sein. Bsp für Hauptpflichten: Vertragliches Wettbewerbsverbot, vertragliches Bauverbot (vgl auch Verdinglichung gem §§ 1018, 1090), vereinbartes Veräußerungsverbot (§ 137), Bieterverbot in Versteigerung, vereinbarte Schweigepflicht. **Lit:** Köhler AcP 190, 496. Bei **Duldung** verpflichtet sich der Schuldner zur Unterlassung der ihm an sich zustehenden Gegenrechte (zB Beseitigungsanspruch gem § 1004). Der **vorbeugenden Unterlassungsklage** liegt kein vertraglicher Unterlassungs-

Titel 1. Verpflichtung zur Leistung § 241

anspruch is einer Haupt-(Neben-)leistungspflicht zugrunde, sondern eine ges Unterlassungspflicht (ie str, dazu Henckel AcP 174, 120); Voraussetzungen: Rn 6 vor § 823.

4. Pflichten aus dem Schuldverhältnis (vgl Überschrift von § 241). 9
a) Arten. Seit langem unterschieden werden Leistungs- und Schutz- oder weitere Verhaltenspflichten. **Leistungspflichten (I)** sind je nach ihrer Bedeutung für das Schuldverhältnis Haupt- oder Nebenleistungspflichten (sa u b). Die **Schutzpflichten** sind ohne ausdr allg ges Grundlage im BGB (aF) erst von Rspr und Lit entwikkelt worden (Rn 10). Eine entspr ges Klarstellung enthält nunmehr **II** (eingefügt durch das SchRModG). Die Hauptbedeutung von II liegt im Leistungstörungsrecht (s §§ 282, 311 II und III, 324). Weitere Unterscheidungen: Rn 11–13.
b) Die **Hauptleistungspflichten** bestimmen den Schuldvertragstyp (zB §§ 433, 631), bedürfen idR ausdr Vereinbarung (betreffen die *„essentialia negotii";* sonst §§ 315–319), stehen bei gegenseitigen Verträgen im Gegenseitigkeitsverhältnis (§§ 320 ff). Die **Nebenleistungspflichten** dienen der Vorbereitung, Unterstüzung, Sicherung und vollständigen Erfüllung (Durchführung) der Hauptleistung; sie ergänzen die Hauptleistungspflicht, haben aber neben ihr keine selbständige Bedeutung (leistungsbezogene Nebenpflichten iGgs zu Schutzpflichten). Erfüllungsanspruch besteht (selbständig einklagbar); Fortbestand nach Beendigung des Schuldverhältnisses ist möglich (nachwirkende Nebenpflichten; dazu BGH NJW 82, 1808 mN und § 242 Rn 28 ff). Rechtsgrundlage: selten ausdr ges Vorschrift (zB §§ 402, 666), idR bes Vereinbarung (zB über Verpackungs-, Versendungs- und Versicherungspflicht), daneben ergänzende Vertragsauslegung (§§ 157, 242) oder allg Treu und Glauben (§ 242). **c) Schutzpflichten** (grundlegend: Canaris, FS 10 Larenz, 1983, S 84 ff; sa Gernhuber aaO S 22 ff). Die (Haupt- und Neben-)Leistungspflichten (Rn 9) bezwecken die Sicherung des Erfüllungsinteresses des Gläubigers, die **Schutzpflichten** (andere Bezeichnungen: **weitere Verhaltens-,** Fürsorge-, Obhuts-, Sorgfalts-, unselbständige Nebenpflichten) die des Erhaltungs-(Integritäts-)interesses des „anderen Teils" **(II).** Jeder Teil hat sich im Rahmen des Schuldverhältnisses stets so zu verhalten, daß der andere Teil vor (Begleit-)Schäden an anderen Rechtsgütern (einschließlich des Vermögens als solchem) nach Möglichkeit bewahrt wird. Die Verhaltenspflichten ergeben sich meist (vgl aber § 618) unmittelbar aus § 242 (s § 242 Rn 24–26). Sie gelten sowohl in vertraglichen als auch in ges Schuldverhältnissen (zB bei Aufnahme von Vertragsverhandlungen, bei Vertragsanbahnung, § 311 II, und nach Vertragsende, v. Bar AcP 179, 460 f für nachwirkende Vertragspflichten), können sich auch auf Dritte erstrecken (Schuldverhältnis mit Schutzwirkung für Dritte, vgl § 328 Rn 23) und gegenüber Dritten bestehen (§ 311 III). Sie hängen nicht vom Vertragstyp ab, ihr Inhalt (**Rücksichtnahme, Aufklärung,** Warnung, Sicherung, Obhut, Fürsorge, vgl ie § 242 Rn 19 ff) steht nicht von vornherein fest, sondern richtet sich nach der jeweiligen Situation. Bei Schuldverhältnissen mit längerer zeitlicher Bindung (Dauerschuldverhältnisse, vgl Rn 3) oder personenrechtlichem Einschlag (§ 611; § 705) nimmt die Intensität der Verhaltenspflichten zu. Sie sind nicht in das Gegenseitigkeitsverhältnis einbezogen und nicht selbständig einklagbar (hM, aA Motzer JZ 83, 886; vorbeugende Behelfe: Unterlassungsanspruch und ZPO 935, vgl Stürner JZ 76, 384). Folge bei Verletzung: Schadensersatzpflicht, §§ 280 I, 282. § 278 gilt (Pal/Heinrichs ErgBd Rn 7). **d) Primäre und sekundäre Leistungspflichten.** 11 **Primäre** Leistungspflichten sind alle Haupt- und Nebenleistungspflichten (Rn 9). Ihr Leistungsgegenstand ist von Anfang an geschuldet. **Sekundäre** Leistungspflichten entstehen erst aus der Verletzung der primären Leistungspflichten. Bsp: Schadensersatzpflicht bei Leistungsstörungen (§§ 280 ff, 323 ff); Abwicklungspflichten bei Rücktritt (§§ 346 ff). Schuldverhältnisse ohne primäre Leistungspflichten sind möglich; Bsp: cic (vgl § 311 II und dort Rn 34). **e) Gegenseitiges Verhältnis.** 12 Haupt- und Nebenpflichten (Nebenleistungs- und Verhaltenspflichten) schließen sich gegenseitig aus. Dagegen können Nebenleistungspflichten und Verhaltens-

§ 241
Buch 2. Abschnitt 1. Inhalt der Schuldverhältnisse

(Schutz-)pflichten inhaltlich übereinstimmen. Bsp: Die Verschaffung einer vollständigen Bedienungsanleitung beim Verkauf einer Maschine ist idR zugleich Nebenleistungs- und Schutzpflicht (vgl BGH 47, 315 ff: Sicherung von richtigem – Verhütung von fehlerhaftem – Einsatz), uU sogar Hauptleistungspflicht (BGH
13 NJW 89, 3223; 93, 462 für Computer). **f) Pflichten und Obliegenheiten.** Der Leistungspflicht entspricht eine Forderung des Gläubigers (Rn 4). Die Obliegenheit ist keine echte Pflicht (der Gegner hat weder Erfüllungs- noch Schadensersatzanspruch), sondern eine „Last"; ihre Erfüllung liegt im wohlverstandenen eigenen Interesse des „Belasteten", da sonst Rechtsnachteile eintreten („Verpflichtung gegen sich selbst"). Bsp: Schadensabwendungs- und -minderungs„pflicht" (§ 254 II 1); Anzeigepflicht (§ 651 d II); Untersuchungs- und Rüge„pflicht" beim Handelskauf (HGB 377; vgl. BGH 91, 299); Obliegenheiten des Gläubigers im Fall des Leistungsverzugs (vgl § 309 Nr 4) und des Annahmeverzugs (§ 293 Rn 2); der anderen Vertragspartei zur Widerrufsbelehrung (§ 355 II 1); des Drittschuldners (ZPO 840 I; vgl BGH 91, 128); des Versicherungsnehmers (VVG 6 I 2, 62, 158 i) usw.

14   **5. Zusammentreffen mehrerer Schuldverhältnisse (Konkurrenzen). a) Allgemeines.** Durch denselben Vorgang kann eine Mehrheit (Konkurrenz) von Schuldverhältnissen und damit Ansprüchen (Rn 2) entstehen. Bei **Anspruchskonkurrenz** (Begriff: § 194 Rn 7) steht dem Gläubiger eine Mehrheit selbständiger, im wesentlichen auf die gleiche Leistung gerichteter Ansprüche gegen denselben Schuldner aufgrund verschiedener (gleichrangiger) Anspruchsgrundlagen aus demselben Sachverhalt zu (Bsp: Rn 16), bei **Gesetzeskonkurrenz** nur ein (einziger) Anspruch aus einer vorrangigen Anspruchsgrundlage; die übrigen werden verdrängt. Bei der **Anspruchskonkurrenz** richten sich die verschiedenen Ansprüche nach Voraussetzungen, Inhalt und Durchsetzung grundsätzlich nur (Ausnahme: Rn 17) nach den für sie maßgeblichen Bestimmungen (**Selbständigkeitsregel;**
15   vgl Rn 3 vor § 823; sa § 194 Rn 7). **b) Zusammentreffen von Ansprüchen aus Vertrag und Delikt** (Lit: Schlechtriem, Gutachten II, S 1591; Schwenzer JZ 88, 525). Vertrags- und Deliktshaftung sind in verschiedener Hinsicht unterschiedlich ausgestaltet. Dies gilt namentlich für die Ersatzfähigkeit von allg Vermögensschäden (vgl § 823 I), Gehilfenhaftung (§§ 278, 831), Verschuldensmaßstab (§§ 276, 521, 599, 680, 690, 708), Beweislast (§ 280 I 2) und Gerichtsstand (ZPO 29, 32). Die früheren Unterschiede beim Umfang der Ersatzpflicht (§§ 253 aF, 847 aF) und bei der Verjährung (bes deliktische Verjährung gem § 852 aF) sind praktisch beseitigt (vgl nunmehr allg §§ 195, 199; § 253 nF; Streichung von § 847 aF; s
16   auch Rn 17 [1]. **aa) Grundsatz.** Durch Hinzukommen eines Vertrags wird die allg Rechtspflicht, andere nicht zu schädigen, nicht beseitigt, sondern verstärkt. Durch Verletzung einer Vertragspflicht kann daher zugleich eine uH begangen werden: vertragliche und deliktische Haftung können dann nebeneinander (gehäuft) zur Anwendung (Fall echter **Anspruchskonkurrenz:** BGH 101, 343 f; 116, 299 ff mN; 123, 398, stRspr und iE allgM, s Rn 3 vor § 823). § 203 gilt allg auch
17   für konkurrierende Ansprüche (BGH 93, 69 f zu § 852 II aF). **bb) Ausnahmen.** Abw vom Grundsatz der Selbständigkeit (Rn 14) wirkt uU die Regelung der Vertragshaftung auch auf deliktische Ansprüche ein. **Fallgruppen:** (1) Die regelmäßige Verjährung (s Rn 15 aE) wird durch die **kurze Verjährung** bei Gebrauchsüberlassungsverhältnissen verdrängt (vgl §§ 548, 606, 1057 und Anm dort); dagegen läßt eine kürzere Verjährung für Mängelansprüche die Regelverjährung deliktischer Ansprüche unberührt (vgl §§ 438, 634 a und Anm dort). Umgekehrt schließt UWG 21 bei konkurrierenden vertraglichen Unterlassungsverpflichtungen § 195 aus (BGH 130, 293 ff zur aF). (2) **Ges Einschränkungen der Vertragshaftung** können auch Deliktsansprüche ergreifen (Bsp: § 690 mit Anm; sa BGH 86, 239); in den Fällen von §§ 521, 524, 599 ist dies str; s Anm dort und Rn 4 vor § 823 mN. (3) Inwieweit **vertragliche Haftungsmilderungen(-ausschlüsse)** auch konkurrierende Deliktsansprüche umfassen, ist Frage des Einzelfalls (BGH

Titel 1. Verpflichtung zur Leistung **§ 241**

64, 359; 67, 366; 100, 182 mN). Bei ausdr (eindeutiger) Erstreckung der Freizeichnung insbes auf konkurrierende Produzentenhaftung sind die Schranken gem §§ 307 II Nr 2, 309 Nr 7 und ProdHaftG 14 zu beachten (ie § 276 Rn 54, 57).

6. Schuld und Haftung. a) Begriffe. Schuld bezeichnet die materiellrechtliche Leistungspflicht des Schuldners (Rn 4), das Leistensollen. **Haftung** wird häufig (untechnisch) gleichbedeutend iS einer Einstandspflicht, insbes bei einer Verpflichtung zum Schadensersatz gebraucht (zB §§ 179 III, 276 III, 566 II, 767 II, 778, 818 IV, 840 I); in der Gegenüberstellung zur Schuld bedeutet Haftung (technisch) das Unterworfensein des Schuldnervermögens unter den Vollstreckungszugriff des Gläubigers, dh die prozessuale Durchsetzbarkeit der Schuld. **b) Grundsatz. Keine Schuld ohne Haftung.** Jede materiellrechtliche Forderung ist grundsätzlich **einklagbar** und damit **vollstreckbar** (Ausnahmen Rn 20 ff). Gegenstand der Zwangsvollstreckung wegen Geldforderungen (vgl ZPO 803 ff) ist (nur) das Schuldnervermögen, die Person des Schuldners unterliegt grundsätzlich nicht dem Vollstreckungszwang. Anders bei unvertretbaren Handlungen (ZPO 888 I); Bsp: Auskunft; Widerruf ehrkränkender Behauptung, vgl § 823 Rn 86; ZPO 901, 918. IdR erstreckt sich die Haftung auf das gesamte Schuldnervermögen außer den Gegenständen, die dem Vollstreckungsschutz unterliegen (ZPO 811, 850–850 i). Ausnahmsweise ist der Vollstreckungszugriff auf bes Vermögensteile beschränkt. Bsp: Beschränkte Haftung von Erben (§§ 1975, 1990, und von Minderjährigen (§ 1629 a).

7. Unvollkommene Verbindlichkeiten. a) Allgemeines. Unter unvollkommenen Verbindlichkeiten iwS versteht man Forderungen, die prozessual nicht (bzw nicht gegen den Willen des Schuldners) durchgesetzt werden können, jedoch einen Erwerbsgrund für die freiwillige Leistung bilden. Terminologie uneinheitlich (auch „natürliche" Verbindlichkeiten, „Naturalobligationen"), Begriff ie umstr, Brauchbarkeit zweifelhaft (abl Larenz, SchR I, § 2 III). **b) Fallgruppen. aa) Unklagbare Verbindlichkeiten** sind materiellrechtlich verbindliche Forderungen, denen die Prozeßvoraussetzung der Klagbarkeit fehlt (vgl RoSchwab/Gottwald § 92 III); Bsp: §§ 1001 (str, vgl dort Rn 1), 1297 (Rn 22 vor § 1297), HGB 375. Vertragliche Vereinbarung möglich (StSchmidt Einl 154 ff vor § 241, str), doch iZw nicht anzunehmen. **bb) Forderungen ohne materiellrechtliche Verbindlichkeit** führen zur Klageabweisung als unbegründet, sind aber Rechtsgrund iSv § 812 I 1 („unvollkommene Verbindlichkeiten" ieS, vgl § 762 Rn 6 ff); Bsp: §§ 656 (str; nach aA Fall von Rn 21), 762, 764; InsO 301 III. **cc) Verjährte Forderungen** (s § 194 Rn 4).

8. Gefälligkeitsverhältnis (Lit: Plander AcP 176, 425; Willoweit JuS 84, 909; 86, 96). **a) Begriff:** Sonderbeziehung zwischen einem uneigennützig handelnden Teil (Gefälliger) und einem anderen (Begünstigter), die iGgs zu Rn 1 **nicht** in einem **Rechtsverhältnis** (Gefälligkeitsvertrag; GoA) besteht. **b)** Die häufig schwierige **Abgrenzung** zu den **Gefälligkeitsverträgen** (§§ 516, 598, 662, 690), insbes zum Auftrag (vgl § 662 Rn 5) ergibt sich aus dem (Nicht-)Vorliegen eines Rechtsbindungswillens (dazu allg Rn 17 vor § 104; Rn 11 vor § 116), der ggf aus den Umständen zu erschließen ist (s BGH 97, 381; NJW 95, 3389 mN). Von Bedeutung sind: Art und Zweck der Gefälligkeit sowie Interessenlage der Beteiligten, erkennbare wirtschaftliche und rechtliche Bedeutung der Angelegenheit (zB Wert der anvertrauten Sache; Aufwendungen und Vorleistungen; dem Begünstigten drohende Gefahren und Schäden bei fehlerhafter Leistung, eigenes wirtschaftliches oder rechtliches Interesse des Gefälligen (dann idR rechtliche Bindung; BGH 21, 107; 88, 382 und 384; 92, 168), unverhältnismäßiges Haftungsrisiko (dann idR keine rechtliche Bindung; BGH NJW 74, 1705). **Bsp** für Gefälligkeitsverhältnisse (Einzelfall entscheidend): Gefälligkeitshandlungen und -zusagen des täglichen Lebens, zB Zeitschriftenauslage in Wartezimmern (vgl BGH 92, 55); Hüttenüberlassung (München NJW-RR 93, 215 f); „gentlemen's agreement" (vgl BGH MDR 64, 570); Lottotippgemeinschaft (BGH NJW 74, 1705, str; krit Plander AcP 176,

18

19

20

21

22

23

24

§ 241 a Buch 2. Abschnitt 1. Inhalt der Schuldverhältnisse

425); Gefälligkeitsfahrt (BGH 30, 46; NJW 92, 498 f; ie Mersson DAR 93, 91 mN), -ritt (BGH NJW 92, 2474; 93, 2611) und -flug (BGH 76, 32); Haftungsübernahme (BGH NJW 86, 979 f), **idR nicht** aber Kfz-Fahrgemeinschaften (BGH NJW 92, 499 mN), Bankauskünfte (§ 675 II mit Anm), Zusagen im Rahmen von Preisausschreiben (§ 661 Rn 1), Gratisbehandlungen zwischen Ärzten (BGH NJW 77, 2120), Zusagen im Rahmen nichtehelicher Lebensgemeinschaft (BGH 97, 381) sowie Übernahme von Kinderbeaufsichtigung (Celle NJW-RR 87, 1384; sa
25 Rn 17 vor § 104; § 832 Rn 4). **c) Rechtsfolgen. aa)** Gefälligkeitsverhältnisse sind für die Beteiligten **unverbindlich;** der Belastete kann es jederzeit (nach BGH NJW 86, 980 bei „einem vernünftigen Grund") beenden, der Begünstigte hat keinen (vertragsähnlichen) **Erfüllungs-,** der Gefällige keinen **Aufwendungsersatz**anspruch. Soweit der Vollzug des Gefälligkeitsverhältnisses „geschäftsähnlichen Kontakt" zwischen den Beteiligten begründet, können den Gefälligen aber Schutzpflichten (Rn 10) aus einem „ges Schuldverhältnis" (ähnlich cic) treffen (vgl § 311 II Nr 3: „ähnliche geschäftliche Kontakte"). § 278 ist anwendbar (Rn 10).
26 bb) Grundlage für die **Haftung des Gefälligen** sind §§ 823 ff (BGH NJW 92, 2475), uU auch ges Schutzpflichtverletzung (vgl Rn 25), ab 1. 8. 2002 auch StVG 7 I (Folge von StVG 8 a nF iVm Übergangsvorschrift gem Art 12 § 8 Nr 4 des 2. Ges zur Änderung schadensersatzrechtlicher Vorschriften vom 19. 7. 2002, BGBl I, S 2674), ferner § 833 S 1 (BGH NJW 93, 2611 mN, str; aA Hasselblatt NJW 93, 2579; Westerhoff JR 93, 497). **Haftungsmaßstab** ist grundsätzlich § 276, eine allg Haftungsmilderung entspr §§ 521, 599, 690 ist abzulehnen (arg §§ 662, 680; BGH 21, 110; 30, 46; NJW 92, 2475 mN auch zur aA, stRspr; MK/Kramer Einl 41 f vor § 241). Im Einzelfall kann die Haftung unter dem Gesichtspunkt des vertraglichen Haftungsverzichts (§ 276 Rn 55) oder des Handelns auf eigene Gefahr (BGH 34, 355 und § 254 Rn 14 ff; § 823 Rn 55) entfallen oder beschränkt sein. In entspr stillschweigende Vereinbarungen (selten) sind strenge Anforderungen zu stellen (BGH 76, 34 mN; NJW 92, 2475; Mersson DAR 93, 91 mN; Bsp: Gefälligkeitsbeförderungen, -überlassungen).
27 **9. EinV.** Für vor dem 3. 10. 1990 entstandene Schuldverhältnisse bleibt das bisherige Recht maßgebend (EGBGB 232 § 1), ggf mit Modifikationen, s mN § 242 Rn 11.

§ 241 a Unbestellte Leistungen

(1) **Durch die Lieferung unbestellter Sachen oder durch die Erbringung unbestellter sonstiger Leistungen durch einen Unternehmer an einen Verbraucher wird ein Anspruch gegen diesen nicht begründet.**

(2) **Gesetzliche Ansprüche sind nicht ausgeschlossen, wenn die Leistung nicht für den Empfänger bestimmt war oder in der irrigen Vorstellung einer Bestellung erfolgte und der Empfänger dies erkannt hat oder bei Anwendung der im Verkehr erforderlichen Sorgfalt hätte erkennen können.**

(3) **Eine unbestellte Leistung liegt nicht vor, wenn dem Verbraucher statt der bestellten eine nach Qualität und Preis gleichwertige Leistung angeboten und er darauf hingewiesen wird, dass er zur Annahme nicht verpflichtet ist und die Kosten der Rücksendung nicht zu tragen hat.**

1 **1. Allgemeines. a) Zweck.** Die Vorschrift dient der (überschießenden, AnwK/Krebs 3) Umsetzung von Art 9 FernAbsRiLi (s dazu § 312 b Rn 2). Es handelt sich um eine verunglückte, systemwidrig ins BGB eingestellte, wettbewerbsrechtliche Vorschrift, die anstößige Vertriebsformen durch ihren Sanktionscharakter (Rn 5) verhindern soll (BT-Drs 14/3195 S 32). Die **Einordnung** zwischen den schuldrechtlichen Grundvorschriften der § 241 und § 242 ist ein beispielloser gesetzgeberischer Mißgriff (Flume ZIP 00, 1427; Standort besser nach § 312 f). § 241 a muß trotz seiner Stellung im BGB nach seinem wettbewerbsrecht-

Titel 1. Verpflichtung zur Leistung **§ 241 a**

lichen Zweck ausgelegt werden (vgl Rn 4, 5, 6). **b) Anwendungsbereich.** § 241 a erfaßt nicht Ansprüche des Unternehmers gegenüber Dritten (Rn 5) oder Dritter (zB Vorbehaltseigentümer) gegen den Verbraucher, soweit sie nicht nach I tätig geworden sind. Eine **entspr** Anwendung von § 241 a auf den Handelsverkehr scheidet aus (HGB 362 gilt).

2. Voraussetzungen. a) Mit der unbestellten Zusendung von Sachen oder der Erbringung von sonstigen Leistungen muß ein Verbrauchervertrag (§ 310 III) angebahnt werden. Abzustellen ist dabei auf die Rechtslage, die gelten würde, wenn der Empfänger die Leistung tatsächlich bestellt hätte. Es muß sich aber nicht um einen Fernabsatzvertrag (§ 312 b I) handeln (aA Berger JuS 01, 652). Die berechtigte GoA (§§ 677, 683) fällt nicht in den Anwendungsbereich, da die Leistungserbringung des Geschäftsführers nicht auf den (für §§ 13, 14 entscheidenden) Abschluß eines Vertrages zielt (Bsp Arzt, Nothelfer; iErg Pal/Heinrichs 4 aE). Die Erbringung einer „Leistung" ist der Oberbegriff, der auch die Lieferung einer Sache umfaßt. **b) Unbestellte Leistungen nach I. aa)** Bestellung ist das Einverständnis des Verbrauchers mit der später erfolgten Lieferung/Leistung. Erfaßt sind sowohl der Antrag (§ 145) als auch die „invitatio ad offerendum" des Verbrauchers (Bsp: Bestellung zur Ansicht; Berger JuS 01, 651). Spätere Anfechtung des Vertrages eröffnet den Anwendungsbereich des § 241 a nicht. **bb) Keine** unbestellte Leistung liegt unter den Voraussetzungen des III vor. Danach muß die erbrachte Leistung (oder gelieferte Sache, Rn 2) nach Qualität und Preis im Vergleich mit der bestellten Leistung gleichwertig sein und die Zusendung einen Hinweis des Unternehmers darauf enthalten, daß keine Verpflichtung zur Abnahme und zur Kostentragung bei Rücksendung besteht. Lieferung mangelhafter Sachen fällt nicht unter I, sondern führt zur Anwendung von § 437 (Berger JuS 01, 652); bei aliud-Lieferung geht **I iVm III (bzw II)** der Regelung des § 434 III vor. **c) Unbestellte Leistungen nach II** werden in zwei Fällen aus dem (nach Rn 2–3 eröffneten) Anwendungsbereich des I herausgenommen und privilegiert geregelt (Rn 6). Erfaßt sind **(1)** Leistungen, die nicht für den tatsächlichen Empfänger bestimmt sind (**II, 1. Fall: Fehlleitung** durch Unternehmer oder Auslieferer), ohne daß es darauf ankommt, ob der Verbraucher diesen Fehler erkennen kann (aA MK/Kramer 14; AnwK/Krebs 21; Hk-BGB/Schultze 4). Hier realisiert sich ein allg Risiko und kein wettbewerbswidriges Verhalten, vor dem der Verbraucher geschützt werden muß. **(2)** Leistungen, bei denen der Unternehmer irrig annimmt, es gäbe eine entspr Bestellung des Verbrauchers (Irrtum über „Ob" oder Inhalt der Bestellung) *und* der Verbraucher den Irrtum erkennen kann (**I, 2. Fall**). Die Voraussetzung der Erkennbarkeit des Irrtums des Unternehmers durch den Verbraucher verhindert, daß die Regelung des **I** umgangen wird. **II, 2. Fall** gilt **entspr**, wenn der Unternehmer bewußt eine höherwertige Sache als bestellt liefert und den Hinweispflichtigen nach **III** nachgekommen ist (MK/Kramer 20).

3. Rechtsfolgen. a) I ordnet bei Zusendung unbestellter Leistungen (Rn 3) den vollständigen **Ausschluß von ges und vertraglichen Ansprüchen** des Unternehmers gegen den Verbraucher an. Erfaßt sind nach bestr Ansicht auch Herausgabeansprüche aus §§ 985, 812 (BT-Drs 14/2658 S 46: „Sanktion des Wettbewerbsverstoßes"; S. Lorenz JuS 00, 841; AnwK/Krebs 14; aA Hk-BGB/Schulze Rn 7; insbes bei Fehlen von Wettbewerbsverstoß aber § 242 beachten). Der Verbraucher schuldet keinen Nutzungsersatz (BT-Drs 14/2658 S 46; S. Lorenz JuS 00, 841; aA Berger JuS 01, 653); er kann die Sache auch preisgeben oder ohne Haftungsfolgen vernichten (Berger JuS 01, 653). Der Verbraucher erwirbt an den zugesandten Sachen kein Eigentum und hat auch kein Besitzrecht. Veräußert der Verbraucher die unbestellt zugesandte Sache, kann der Unternehmer nach § 816 auf den Erlös zugreifen; gegenüber dem bösgläubigen Erwerber gilt § 985. Hinsichtlich **vertraglicher Ansprüche** ordnet **I** an, daß im Schweigen auf die Zusendung und in sonstigen Zueignungs- und Gebrauchshandlungen des Verbrauchers keine Annahme (§ 151) liegt und auch kein (stillschweigender) Verwahrungsvertrag geschlossen wird. Die in

§ 242 Buch 2. Abschnitt 1. Inhalt der Schuldverhältnisse

der Zusendung liegende Offerte des Unternehmers kann vom Verbraucher aber durch Kaufpreiszahlung oder ähnlich eindeutige Handlungen angenommen werden (Berger JuS 01, 654; aA Schwarz NJW 01, 1451; ggf besteht Widerrufsrecht nach
6 § 312 d). **b)** Liegen **Leistungen nach II** vor (Rn 4), stehen dem Unternehmer die ges Ansprüche aus §§ 985 ff; 823 ff; 812 ff zu; der Verbraucher haftet nur nach den allgemeinen Grundsätzen bei Zusendung unbestellter Ware (§ 146 Rn 6; § 300 I gilt); keine Rücksendepflicht. Sendet er die Ware doch zurück, erwirbt er Aufwendungserstattungsanspruch (§ 683, MK/Kramer 16). Für vertragliche Ansprüche gilt Rn 5. **c)** Abgrenzung zu **Lieferungen nach III**: Rn 3 [bb]. **d) Unterlassungs- und Auskunftsansprüche** gegen den Unternehmer: UKlaG 2 I, II Nr 1; 13, 13 a.

§ 242 Leistung nach Treu und Glauben

Der Schuldner ist verpflichtet, die Leistung so zu bewirken, wie Treu und Glauben mit Rücksicht auf die Verkehrssitte es erfordern.

I. Allgemeines

Lit: Canaris, Die Vertrauenshaftung im deutschen Privatrecht, 1971; Gernhuber, § 242 BGB usw, JuS 83, 764; v. Hoyningen-Huene, Die Billigkeit im Arbeitsrecht, 1978; Strätz, Treu und Glauben I, 1974; Weber, Entwicklung und Ausdehnung des § 242 BGB usw, JuS 92, 631; Wieacker, Zur rechtstheoretischen Präzisierung des § 242 BGB, 1956.

1 **1. Treu und Glauben als allg Rechtsgrundsatz. a) Formulierung.** Der Rechtsgrundsatz von Treu und Glauben kommt in § 242, der sich seinem Wortlaut und seiner Stellung nach nur auf die Art und Weise der Leistung des Schuldners bezieht (ie Rn 16), nur unzulänglich zum Ausdruck. Die heute allg anerkannte – weite – Interpretation des § 242 (ie Rn 5 ff) entspricht der vorbildlichen Formulierung in SchwZGB 2: *„Jedermann hat in der Ausübung seiner Rechte und in der Erfüllung seiner Pflichten nach Treu und Glauben zu handeln. – Der offenbare Mißbrauch*
2 *eines Rechtes findet keinen Rechtsschutz."* **b) Bedeutung.** Dem Rechtsgrundsatz von Treu und Glauben kommt im gesamten Rechtsleben überragende Bedeutung zu (ie Rn 10). Der „königliche §" 242 (vgl Weber JuS 92, 631) ist eine der wichtigsten **Generalklauseln** des BGB (Rn 4), der Grundsatz von Treu und Glauben ein **„rechtsethisches Prinzip"** (Larenz, Methodenlehre der Rechtswissenschaft, 6. Aufl, S 421 ff). Die Gebote von Treu und Glauben sind **zwingend** und der Parteidisposition entzogen (StSchmidt 256 ff; Verhältnis zu sonstigem zwingenden Recht: Rn 10). § 242 ist eine Norm des **Billigkeitsrechts** (BGH 108, 183; StWeber 11. Aufl A 137), gibt jedoch keine Ermächtigung zu einer allg Billigkeitsrechtsprechung (ie Rn 9). § 242 ist idR (BGH 88, 351; 95, 399; 113, 389; Ausnahmen: §§ 259–261 Rn 3; § 906 Rn 15; Rn 5 vor § 1569) **keine Anspruchsgrundlage**, kann aber mittelbar für eine solche von Bedeutung sein (zB für
3 Haftung bei Verletzung von Neben- und Schutzpflichten, ie Rn 16 ff). **c) Treu und Glauben als obj Maßstab.** Treu und Glauben (den Begriff verwenden ferner §§ 157, 162, 307 I, 320 II, 815) ist *Verhaltensmaßstab* für die an einer Sonderbindung (Rn 10) Beteiligten und *Entscheidungsmaßstab* für das Gericht (vgl BGH 111, 312 ff zu § 817 S 2; BGH 132, 130 ff: Rückwirkende Rspr-Änderung). Sein Inhalt steht nicht von vornherein abschließend fest, sondern bedarf wertender Konkretisierung im Einzelfall. Erste Anhaltspunkte liefert die **Wortinterpretation. Treue** verweist auf Rechtstugenden der Verläßlichkeit (s BGH 94, 354), des Worthaltens und der Loyalität; **Glauben** meint das Vertrauen auf die Treue des anderen Teils (zur sprachlichen Bedeutung näher Strätz aaO S 47 f). „Treu und Glauben" bedeutet damit den Grundsatz des anständigen und rücksichtsvollen Verhaltens, das Gebot der billigen Rücksichtnahme auf die berechtigten Belange des anderen Teils (vgl Larenz, SchR I, § 10 I; SoeTeichmann 4; MK/Roth 5); er umfaßt das Prinzip des *Vertrauensschutzes* (BGH 94, 351 f; MK/Roth 9; Canaris aaO S 266). Bei der inhaltlichen Konkretisierung von Treu und Glauben ist nicht

Titel 1. Verpflichtung zur Leistung **§ 242**

nur auf die in § 242 ausdrücklich genannte **Verkehrssitte** (Begriff: § 133 Rn 4) zurückzugreifen, sondern vor allem auch auf die in der Rechtsgemeinschaft anerkannten **obj Werte** (Gernhuber JuS 83, 764). Auf diese Weise gewinnt die „Wertordnung des Grundgesetzes" (vgl zB BVerfG 7, 205; 39, 67, stRspr), wie sie namentlich im Grundrechtsteil des GG ihren Ausdruck gefunden hat, Eingang ins bürgerliche Recht (sog mittelbare Drittwirkung der Grundrechte, hM, zB BVerfG 7, 206; 73, 269; 81, 254; 89, 231; BGH 134, 48; 142, 307, stRspr; ie Canaris AcP 184, 201; Hager JZ 94, 373 ff; Bsp: Rn 40; sa § 138 Rn 6; § 311 I mit Anm). Die *persönlichen* Wertvorstellungen des Urteilenden sind dagegen idR nicht maßgebend (ie Rn 4). **d) Entscheidung nach Treu und Glauben.** Als „ausfüllungsbedürftige Generalklausel" (BGH 77, 69), dh als eine notwendig allg, inhaltlich noch unbestimmte Vorschrift ist § 242 nicht ohne weiteres subsumierbar (Larenz, Methodenlehre, 6. Aufl, S 274 f, 289 f). Erforderlich ist eine umfassende **Interessenabwägung** im Einzelfall (BGH 49, 153; 135, 337; MK/Roth 45 ff) am Maßstab von Treu und Glauben (Rn 3). Die danach zu treffende Entscheidung ist keine „lediglich nach dem ‚Rechtsgefühl' oder nach ‚billigem Ermessen' des zur Urteilsfindung jeweils Berufenen, sondern eine Entscheidung nach einem zwar konkretisierungsbedürftigen, aber doch bis zu einem gewissen Grade obj bestimmbaren Maßstab" (Larenz, SchR I, § 10 I). Zu reinen Billigkeitsurteilen berechtigt § 242 daher nicht (zur Abgrenzung v. Hoyningen-Huene aaO S 91; sa Rn 9). Das durch Konkretisierung eines obj Maßstabs gefundene Ergebnis ist prozessual Feststellung, nicht Rechtsgestaltung (hM; Rn 94). 4

2. Funktionen. Die Tragweite des Grundsatzes von Treu und Glauben wird am besten durch einen Überblick über seine verschiedenen Wirkungsweisen veranschaulicht. Zu unterscheiden ist seine Einwirkung auf das einzelne Schuldverhältnis (Rn 6 ff) von der Bildung von spezielleren aus § 242 abgeleiteten Rechtssätzen (Rn 9). Die verschiedenen Funktionen können sich im Einzelfall überschneiden. **a) Ergänzungsfunktion.** Treu und Glauben führt zu einer näheren inhaltlichen Ausgestaltung des einzelnen Schuldverhältnisses durch Konkretisierung und Präzisierung der Hauptpflichten (Rn 17). Über diesen unmittelbaren Anwendungsbereich von § 242 (vgl Rn 16) hinaus bildet der Grundsatz von Treu und Glauben die Grundlage für eine Fülle von **ergänzenden** leistungsbezogenen Nebenpflichten und – nicht leistungsbezogenen – Schutz- und Erhaltungspflichten (ie Rn 16, 19 ff); letztere Gruppe von Pflichten setzt keine Leistungsbeziehung voraus (vor- und nachvertragliche Pflichten, vgl Rn 19 f; 23; 28 ff). Im Rahmen seiner Ergänzungsfunktion erweitert der Grundsatz von Treu und Glauben die Pflichtenstellung des Schuldners und jedes am Schuldverhältnis Beteiligten. Der Erweiterung der Leistungs-(Verhaltens-)pflichten des einen Teils entspricht die Begründung einer entspr Berechtigung (Begünstigung) des anderen. **b) Schranken-(Kontroll-) funktion.** Treu und Glauben bildet eine allen Rechten und Rechtspositionen immanente Schranke (ie Rn 33). Im Gegensatz zur Ergänzungsfunktion (vgl Rn 6) wendet sich die Schrankenfunktion an den *Rechts-Inhaber* und unterwirft ihn bei der Rechtsausübung iwS (vgl Rn 34) einer wirksamen Kontrolle am Maßstab von Treu und Glauben (ie Rn 32 ff, 53 ff). Die Schrankenfunktion von Treu und Glauben findet im Wortlaut des § 242, der nur vom „Schuldner" spricht, keinen Niederschlag (vgl demgegenüber SchwZGB 2, o Rn 1). Die „unzulässige Rechtsausübung" bildet mit ihren verschiedenen Einzelausprägungen („individueller Rechtsmißbrauch", „venire contra factum proprium", „Verwirkung" usw) einen der wichtigsten Anwendungsbereiche des Grundsatzes von Treu und Glauben. **c) Korrekturfunktion.** Den wichtigsten Anwendungsfall bildeten die von Rspr und Lehre aus § 242 entwickelten Grundsätze über die Störung der Geschäftsgrundlage (s 9. Aufl Rn 64–103). Der GesGeber hat sie nun mehr in einer offenen Regelung verankert, ohne der weiteren Rechtsentwicklung vorzugreifen (s § 313 mit Anm). Allg zeigt sich die Korrekturfunktion in der Flexibilität der von Treu und Glauben geforderten Rechtsfolge (zB Rn 36; sa § 313 Rn 27 ff). 5

6

7

8

Vollkommer

§ 242 Buch 2. Abschnitt 1. Inhalt der Schuldverhältnisse

d) Ermächtigungsfunktion. Die Generalklausel des § 242 ist eine allg Ermächtigungsgrundlage zur Entwicklung von Rechtssätzen des Billigkeitsrechts (vgl Rn 2) im Wege richterlicher Rechtsfortbildung (im Grundsatz allg anerkannt, Grenzen ie str, vgl MK/Roth 20 ff; Weber JuS 92, 635 f; zB BGH 108, 186). **Schranke:** § 242 gibt keine Ermächtigung zu einer Billigkeitsjustiz in dem Sinn, daß der Richter befugt wäre, *anstelle* der aus Ges oder Vertrag sich ergebenden Rechtslage eine Billigkeitsentscheidung im Einzelfall zu treffen (BGH NJW 85, 2580; Gernhuber JuS 83, 767; o Rn 4 und näher u Rn 41); vielmehr müssen aus der Generalklausel einzelne (neue) Rechtsinstitute entwickelt werden, die zur Vermeidung „untragbarer Ergebnisse" einen „billigen Interessenausgleich" ermöglichen (BGH 102, 105). Mit deren zunehmender tatbestandlicher Verfestigung wird die Anwendbarkeit der Generalklausel selbst in der Rechtspraxis wiederum erleichtert. SchwZGB 1 II, III *(„Kann dem Ges keine Vorschrift entnommen werden, so soll der Richter nach ... der Regel entscheiden, die er als Gesetzgeber aufstellen würde. − Er folgt dabei bewährter Lehre und Überlieferung")* trifft auch die Idee der „Ausfüllung" von Generalklauseln zu. Bsp: Rechtsinstitute des Rechtsmißbrauchs, der Verwirkung, des Vertrags mit Schutzwirkung für Dritte (ie Rn 32 ff, 53 ff, § 328 Rn 19 ff). Richterrechtliche Rechtsgrundsätze bilden ihrerseits wiederum den Gegenstand „nachzeichnender" Gesetzgebung. Bsp: Schutzpflichten (§ 241 II), cic (§ 311 II), Kündigung von Dauerschuldverhältnissen aus wichtigem Grund (§ 314); s auch Rn 8.

10 **3. Anwendungsbereich. a) Allgemeines.** § 242 enthält einen allg Rechtsgedanken mit umfassendem Anwendungsbereich. Der Grundsatz von Treu und Glauben beherrscht die gesamte Rechtsordnung (BGH 85, 48; 118, 191; Rn 11[c]); Rechtsgebiete, in denen er generell ausgeschlossen wäre, gibt es nicht (BGH 68, 304; vgl aber Rn 11), insbes bilden auch die Vorschriften des *zwingenden Rechts* für die Gebote von Treu und Glauben keine unüberwindliche Schranke (BGH NJW 85, 2580; 95, 2923 Nr 9; StSchmidt 222 f, hM, ie str); § 242 gilt auch im Rahmen nichtiger RGeschäfte (BGH 111, 313; NJW 81, 1439; Tiedtke NJW 83, 713; DB 90, 2307; Einzelfragen zB Rn 50, 52; § 125 Rn 13 ff). **Allg Anwendungsvoraussetzung** für den Grundsatz ist das Bestehen einer *rechtlichen Sonderbeziehung* (Larenz, SchR I, § 10 I; BGH 95, 279; NJW 89, 390; 96, 2724, str; aA StSchmidt 159; offenlassend für „irgendwelche Rechtsbeziehungen" BGH 102, 102); dafür genügt bereits qualifizierter sozialer Kontakt (MK/Roth 74; ie Weber JuS 92, 635 mN; aA BGH WM 83, 1189 [1192]), ein bereits vorhandenes (vertragliches oder ges) Schuldverhältnis (§ 241 Rn 1) ist nicht notwendig (allgM; zu

11 einzelnen Anwendungsfällen vgl zB Rn 35). **b) Einzelne Rechtsgebiete.** Der Grundsatz von Treu und Glauben gilt nicht nur im Schuld-, sondern im gesamten Privatrecht, namentlich im Sachen- (vgl BGH 88, 351; 96, 376; 101, 293), Familien- (BGH NJW 85, 733) und Erbrecht (BGH 4, 91), im Arbeits- (§ 611 Rn 23 ff, 38 ff) und Gesellschaftsrecht (§ 705 Rn 3), ferner im Versicherungs- (BGH 100, 64) und Verfahrensrecht (BGH 43, 292; 112, 349; NJW 97, 3379) sowie im öffentl (BVerfG 59, 167; BGH 95, 113 f; BVerwG NJW 98, 329), Sozial- (BSG NJW 87, 2039) und Steuerrecht (BFH NJW 90, 1251). Im Rahmen der gebotenen Abwägung sind die *Eigenarten* des jeweiligen Rechtsgebiets und etwa bestehende öffentl Interessen zu berücksichtigen (BFH DB 84, 332; MK/Roth 96 ff; Bsp: Rn 62); dies kann ie zu Modifikationen und Einschränkungen gegenüber den allg Grundsätzen (Rn 16–102) führen (vgl BGH NJW 78, 426 betr das Prozeßrecht). **c) EinV.** § 242 gilt als *überges* Rechtssatz auch, soweit (s § 241 Rn 27) bisheriges Recht anwendbar ist (StaatsV Leitsätze A I Nr 2 S 2; BGH 121, 391; 126, 104 f; 128, 329 f; 131, 214 mN; 136, 242).

12 **4. Abgrenzung. a) Die ergänzende Auslegung** (§ 157 Rn 2 ff) dient der Schließung von Vertragslücken; dabei geht es nicht ausschließlich um die Aufhellung eines nur undeutlich zum Ausdruck gekommenen („hypothetischen") Parteiwillens, sondern um eine normative Ergänzungstätigkeit (§ 157 Rn 4); der maßgebliche Wertungsmaßstab (vgl § 157) stimmt mit dem des § 242 überein. § 242

Titel 1. Verpflichtung zur Leistung **§ 242**

ermöglicht demgegenüber uU eine Kontrolle und Korrektur von Verträgen mit feststehendem Inhalt (Fälle des – namentlich institutionellen – Rechtsmißbrauchs; vgl Rn 32 ff). § 157 und § 242 überschneiden sich dagegen in den Anwendungsfällen der Begründung von ergänzenden Rechten und Pflichten (Rn 16 ff). Allg geht die Vertragsauslegung der Vertragskontrolle(-korrektur) gem § 242 vor. **b) Sittenverstoß.** Die Maßstäbe in § 138 I und § 242 stimmen nicht überein. **13** Sittenwidrigkeit (strenge Anforderungen; ie § 138 Rn 6 f) ist immer zugleich auch ein grober Verstoß gegen Treu und Glauben (häufig Fall der unzulässigen Rechtsausübung, Rn 32 ff), umgekehrt ist nicht jede Treuwidrigkeit zugleich ein Sittenverstoß (StSchmidt 238). Gegenüber der im Fall des § 138 idR eintretenden Totalnichtigkeit (s aber § 138 Rn 26 mit § 139 Rn 7, 8–12) ermöglicht § 242 auch weniger einschneidende Rechtsfolgen, uU eine inhaltliche Korrektur des Vertrags (Rn 8; 32–102). § 138 geht als „folgenschwerere" Norm dem § 242 vor. **c) Schi-** **14** **kane** (§ 226; Abgrenzung zu § 242: dort Rn 4) und **sittenwidrige Rechtsausübung** (Abgrenzung zur Sittenwidrigkeit: Rn 13; Fallgruppen: § 826 Rn 22, 23) sind Sonderfälle unzulässiger Rechtsausübung (§ 226 Rn 1 und 4; u Rn 35); sie setzen keine bestehende rechtliche Sonderverbindung voraus (vgl demgegenüber Rn 10) und begründen uU eine Schadensersatzpflicht des „Rechts"-Inhabers (§ 226 Rn 3 f). **d) Inhaltskontrolle.** Bei AGB-Verträgen gehe die §§ 307 ff als **15** spezielle Vorschriften der Inhaltskontrolle dem § 242 vor; dies gilt auch bei Verbraucherverträgen für Vertragsbedingungen, die keine AGB sind (§ 310 III Nr 2 und Anm dort). Bei (ausgehandelten) Individualvereinbarungen bleibt dagegen § 242 Grundlage der Inhaltskontrolle von Verträgen (BGH 101, 353 ff mN, ie str). Bsp: Gesellschaftsvertrag einer Publikums-KG (BGH 102, 177; 104, 53; Nassall BB 88, 286); formelhafte notarielle Individualverträge (BGH 108, 168 ff mN; einschr NJW 91, 844; ie Brambring DNotZ 90, 99). Der Inhaltskontrolle unterliegen auch Verbandsnormen (BGH 142, 306 mN, stRspr). Auch im Anwendungsbereich der §§ 307–310 kommt Treu und Glauben als *Maßstab* der Inhaltskontrolle entscheidende Bedeutung zu (vgl § 307 I). Uneingeschränkt auf AGB-Verträge anwendbar geblieben sind die übrigen Anwendungsfälle des § 242, insbes das Verbot des individuellen Rechtsmißbrauchs (Rn 37 ff; vgl BGH 105, 88 mN).

II. Erweiterung und Begründung von Pflichten

Lit: v. Bar, „Nachwirkende" Vertragspflichten, AcP 179, 452; Strätz, Über sog „Nachwirkungen" des Schuldverhältnisses und den Haftungsmaßstab bei Schutzpflichtverstößen, FS Bosch, 1976, S 999; Stürner, Anspruch auf Erfüllung von Treue- und Sorgfaltspflichten, JZ 76, 384.

1. Allgemeines. Die **Begründung von Nebenpflichten** ist der erste Haupt- **16** anwendungsfall des § 242 (Rn 6). Seinem Wortlaut und seiner Stellung nach betrifft § 242 allerdings nur Nebenpflichten im Zusammenhang mit der Erbringung der Hauptleistung („Leistung so ..., wie") und führt damit zu einer Konkretisierung und ggf zu einer Erweiterung der Hauptleistungspflicht. In seinem unmittelbaren Anwendungsbereich regelt § 242 damit die Art und Weise der Leistung (Rn 17 f) und ergänzt insoweit die §§ 243–274. Von ungleich größerer praktischer Bedeutung ist die Herleitung von **ergänzenden** (selbständigen und unselbständigen) **Nebenpflichten** aus Treu und Glauben (s § 241 II und dort Rn 9, 10). Diese sind nicht unmittelbar auf die Erbringung der Leistung selbst, sondern auf deren Vorbereitung, Unterstützung, Sicherung und vollständige Durchführung gerichtet und setzen zT keinerlei primäre Leistungspflicht voraus (einzelne Nebenpflichten: Rn 19 ff; zu ihrer Einteilung vgl auch § 241 Rn 9 ff; zur Beweislast BGH 97, 193). Die Nebenpflichten sind – zT – nicht auf Vertragsschuldverhältnisse beschränkt, sondern gelten auch im Rahmen gesetzl Schuldverhältnissen (BGH 106, 350 f), zB bei der Vertragsanbahnung (§ 311 II, III; zu Aufklärungs- und Schutzpflichten s Rn 19 f, 24 ff); sie bestehen zT nach Vertragsende fort (Rn 28 ff). Die Entwicklung von Nebenpflichten (insbes von Schutzpflichten) ermöglicht die Zurechnung von Schäden im Zusammenhang mit der Anbahnung und Durchführung von Schuldverhältnissen (vgl §§ 280 I 1, 282; § 328 Rn 19 ff).

17 **2. Art und Weise der Leistung. a) Rücksichtspflicht des Schuldners.** Der Schuldner hat bei der Erbringung der Leistung auf die Interessen des Gläubigers Rücksicht zu nehmen (vgl § 241 II); er schuldet die Erfüllung nicht nur dem „Buchstaben", sondern auch dem „Geist" des Schuldverhältnisses nach (Larenz, SchR I, § 10 II). Bsp: Der Schuldner hat nicht zur Unzeit leisten (vgl HGB 358) oder versenden; ist die Leistung am (vertraglichen oder ges) Erfüllungsort unmöglich oder für den Gläubiger nicht zumutbar, ist an einem angemessenen anderen Ort zu leisten (RG 107, 122; OGH NJW 49, 465); der Schuldner hat auch bei Abtretungsausschluß an einen vom Gläubiger verschiedenen Dritten zu leisten, dem die Leistung bestimmungsgemäß zugute kommen soll (BGH 93, 400); eine Teilaufrechnung ist unzulässig, soweit sie zu einer unzumutbaren Belästigung für
18 den Gläubiger führt (§ 266 Rn 3). **b) Rücksichtspflicht des Gläubigers.** Der Gläubiger muß mit seinem Leistungsverlangen auf die Belange des Schuldners Rücksicht nehmen (vgl § 241 II: „jeder Teil"); vielfach handelt es sich dabei nicht um eine echte Pflicht, sondern um eine inhaltliche Beschränkung seiner Berechtigung (vgl Rn 42). Unerhebliche Abweichungen in der Leistungsabwicklung hat der Gläubiger hinzunehmen, wenn sachliche Interessen nicht entgegenstehen und der gleiche wirtschaftliche Erfolg herbeigeführt wird. Bsp: Hingabe von (gedecktem) Scheck statt Barzahlung (RG 78, 142); Gutschrift auf einem anderen Konto des Empfängers (BGH NJW 69, 320; sa § 665 Rn 8); zumutbare Teilleistungen darf der Gläubiger entgegen § 266 nicht zurückweisen (§ 266 Rn 10); er kann uU zu bestimmten Schonungsmaßnahmen gegenüber dem Zahlungsschuldner (Bewilligung von Teilzahlung; Stundung) verpflichtet sein (BGH NJW 77, 2358; § 266 Rn 4; weitere Bsp: Rn 40–42).

19 **3. Einzelne Nebenpflichten** (s allg § 241 Rn 9, 10). **a) Aufklärungs-**(Anzeige-, Hinweis-, Mitteilungs-, Offenbarungs-, Informations-)**pflichten** (Lit: Breidenbach, Die Voraussetzungen von Informationspflichten beim Vertragsschluß, 1989; Lang, Aufklärungspflichten bei der Anlageberatung). **aa)** Jede Partei ist nach Treu und Glauben (§ 242) verpflichtet, die andere über (ihr unbekannte) Umstände aufzuklären, die für das Zustandekommen des Vertrags (zB Form-, Genehmigungs- oder sonstige bes Erfordernisse), seine ordnungsmäßige Durchführung (entgegenstehende Erfüllungshindernisse) oder überhaupt für die Erreichung des Vertragszwecks erkennbar von entscheidender Bedeutung sind (BGH 114, 91; NJW 96, 452; NJW-RR 90, 432 mN). Die Aufklärungspflicht (nicht selbständig einklagbare Verhaltenspflicht, vgl § 241 Rn 10) besteht bereits vor Vertragsschluß und richtet sich nach den Umständen des Einzelfalls (keine allg Aufklärungspflicht: BGH NJW 83, 2494; 87, 2084; NJW-RR 91, 170), zB Art des Geschäfts (Umsatzgeschäft oder Dauerschuldverhältnis; Bar- oder Kreditgeschäft; sicheres oder Risikogeschäft, vgl BGH 124, 151, dazu Grün NJW 94, 1330; [Kapital-]Anlagegeschäft, vgl Köndgen NJW 96, 569 f; sa § 676 Rn 5; § 764 Rn 4), Geschäftsgegenstand (Grundstück, Unternehmen, Maschine, Anlage, vgl BGH NJW-RR 87, 1306 mN; neu hergestellter oder gebrauchter Gegenstand), Bindungsdauer, bes Sach- und Fachkunde (BGH NJW-RR 87, 665) und konkreter Wissensvorsprung einer Partei (BGH NJW 89, 2881; 94, 997; 98, 306; München ZIP 99, 1751; sa § 665 Rn 7), bes Unerfahrenheit der anderen (BGH 80, 85; NJW 92, 302: bei Jugendlichen), bestehende Interessenkonflikte (BGH NJW 91, 693 f), bes Gefahren bei der Vertragsdurchführung (BGH 116, 382 ff; NJW 78, 42, zB Risiken einer neuen Bauweise: BGH NJW-RR 93, 26 mN), Erkennbarkeit des Umstands (vgl BGH 132, 34: Bodenverunreinigung) und bestehende Informationsmöglichkeiten (idR keine Aufklärung über die Marktlage, RG 111, 234). **Grenzen** der Aufklärungspflicht: Eigene Kalkulation (BGH 114, 90); Vertragsrisiko des anderen Teils (BGH 117, 284 ff; NJW-RR 91, 170), doch darf dieses nicht verschleiert werden

Titel 1. Verpflichtung zur Leistung **§ 242**

(vgl BGH 79, 344; 80, 84 f; NJW 91, 834 mit Anm Grün JZ 91, 834; § 765 Rn 18 ff), Verkehrsauffassung (vgl BGH 114, 91 mN; NJW 96, 452). Auch bei **fehlender** Aufklärungspflicht darf keine positive Falschinformation gegeben werden (BGH NJW-RR 91, 178). **Prospektangaben** dürfen nicht irreführend sein (BGH NJW-RR 91, 1247 f). **bb) Einzelfragen:** Die **vorvertragliche Aufklärungspflicht** (dazu BGH 71, 396; 85, 77; 95, 175 f; 116, 211 ff mN), ist bedeutsam für arglistige Täuschung (§ 123 Rn 3), Haftung aus cic (§ 311 II, III), arglistiges Verschweigen von Sach- und Rechtsmängeln (§§ 434, 435, 442 I 2). Die Aufklärung kann die **persönlichen Verhältnisse** der Vertragspartei (zB Vermögensverhältnisse bei Kreditgeschäft, BGH NJW 84, 2286 mN; drohende Zahlungsunfähigkeit bei BGH 87, 34 mN, uU Vorstrafen bei Arbeitsvertrag, BAG NJW 58, 516), die **Vertragsgestaltung** (zB gefährliche Klausel; BGH 47, 207; 68, 127; bes Vertragsrisiken: BGH 80, 82; 95, 176; 124, 154; steuerliche Absetzbarkeit: BGH NJW-RR 88, 350) oder den **Vertragsgegenstand** betreffen. Bei Einschaltung von Hilfskräften ist **Klarstellung der Vertretungsverhältnisse** geboten (sonst uU Organisationsverschulden: BGH NJW 80, 2410). UU (vom Vertragsgegenstand ausgehende typische Gefahren) kann die Aufklärungspflicht zur **Warnpflicht** werden (Bsp: BGH 116, 65 f; NJW 87, 318), uU (bes Vertrauensverhältnis, bes Sachkunde) zur **Beratungspflicht** (zB für Arzt BGH NJW 96, 778 f, Bank, BGH 100, 120 ff; § 276 Rn 32; § 675 II mit Anm, **RA,** BGH 89, 181; NJW 92, 1160 mN, Steuerberater, BGH 128, 361; NJW 98, 1221, Gewerkschaft, LG Essen NJW-RR 90, 1180). **Ges Fälle** von Mitteilungs-, Anzeige- und Belehrungspflichten: §§ 355 II, 469, 536 c, 568 II, 663; 673, 681, 694; VVG 12 III; ArbGG 12 a I 2. Ein zur Aufklärung verpflichtendes ges Schuldverhältnis begründet die berechtigte **Abmahnung** iSd UWG (vgl BGH NJW 95, 716 mN; PalErgB/Heinrichs § 311 Rn 10). **b) Auskunftspflichten.** Die Parteien sind unter bestimmten Voraussetzungen zur Erteilung von Auskünften und Rechenschaftslegung verpflichtet (selbständig einklagbare Nebenpflicht, uU auch als nachwirkende Vertragspflicht − Rn 28 ff − möglich). Über die ges bestimmten Fälle (s Lorenz JuS 95, 569) hinaus besteht bei Unkenntnis über den Umfang eines Rechts ein unmittelbar aus Treu und Glauben hergeleiteter Auskunftsanspruch (§§ 259−261 Rn 3 ff). **c) Vorlegungs- und Einsichtsgewährungspflichten.** Entstehen bei Vertragsdurchführung bestimmungsgemäß bei einer Partei Unterlagen, an deren Kenntnis die andere ein schutzwürdiges Interesse hat, so hat diese einen − ggf beschränkten − Anspruch auf Vorlegung und Einsicht (vgl Anm zu § 667; §§ 809−811); Bsp: Anspruch auf Einsicht in Vertrags- (BGH NJW-RR 92, 1073) und Krankenunterlagen (BGH 85, 33 ff und 342; 106, 147; Gitter, GS Küchenhoff, 1987, 323); uU auf Vertragskopie (LG Köln NJW-RR 90, 1074). **Ges Fälle:** §§ 492 III, 716, 810, 1799 II; HGB 87 c IV, 118; GmbHG 51 a; AktG 111. **d) Mitwirkungspflichten** (**Lit:** Hüffer, Leistungsstörungen durch Gläubigerhandeln, 1976, 41 ff; 202 ff; 221 ff; 245 ff − einschr; Nicklisch BB 79, 533). Die Parteien (insbes auch der Gläubiger: § 293 Rn 10) sind verpflichtet, zur Erreichung des Vertragszwecks (Leistungserfolgs) zusammenzuwirken und entgegenstehende Hindernisse zu beseitigen (BGH WM 89, 1679 mN; selbständig einklagbare Nebenpflicht). Bsp: Ist für den Vertrag oder die Vertragsdurchführung **behördliche Genehmigung** (zB PaPkG 2; BauGB 51) erforderlich, müssen die Parteien die Voraussetzungen für die Erteilung der Genehmigung schaffen und dürfen deren Erteilung nicht vereiteln (RG 129, 376, stRspr). Im Rahmen des Zumutbaren ist der Vertrag so zu ändern, daß er genehmigungsfähig wird (BGH 67, 35 mN). Bei Versagung der Genehmigung kann eine Verpflichtung zum Neuabschluß des (ganz oder teilweise unwirksam gewordenen) Vertrags bestehen (BGH 87, 165). Bei Formnichtigkeit (§ 125) wird idR der Formzweck einer Pflicht zum Neuabschluß entgegenstehen (vgl BGH NJW 75, 43). Echte Mitwirkungspflichten bestehen ferner immer dann, wenn einverständlich eine Leistung oder überhaupt die Vertragsgrundlagen an veränderte Umstände angepaßt werden sollen. Bsp: Einverständliche Preisanpassung aufgrund eines Leistungsvorbehalts (BGH 71, 284; sa allg §§ 244, 245

20

21

22

23

Rn 20 f); Anpassung von Gesellschaftsverträgen an veränderte Umstände (BGH 98, 279 f); Vertragsanpassung bei Wegfall der Geschäftsgrundlage (§ 313 I). **e) Schutzpflichten** (§ 241 II). Die Parteien haben sich bei der Anbahnung und Durchführung des Schuldverhältnisses, insbes der Leistungserbringung so zu verhalten, daß Person, Eigentum und sonstige Rechtsgüter (auch das Vermögen als solches) des anderen Partners nicht verletzt werden (BGH NJW 83, 2814; NJW-RR 95, 1242). Diese Verhaltenspflichten (vgl § 241 Rn 10) bestehen bereits im Verhandlungsstadium vor Vertragsschluß (BGH NJW 77, 376; ges Schuldverhältnis, vgl § 311 II). Auch soweit sie sich inhaltlich mit den deliktischen Verkehrssicherungspflichten (§ 823 Rn 35 ff) decken, stellen sie doch echte Schuldnerpflichten dar (vgl RAusschuß BT-Drs 14/7052, S 11, 182 zu § 241 II nF). Iü gilt: Im Schuldverhältnis muß sich eine Partei häufig in den Gefahrenbereich der anderen begeben oder ihr ihre Rechtsgüter anvertrauen; dem entspricht eine Steigerung der Pflichtenstellung des Schuldners (*„alteram partem non laedere"*) im Vergleich zu der eines Dritten (*„neminem laedere"*). **Einzelnes: aa) Schutzpflichten gegenüber der Person** des Vertrags-(Verhandlungs-)partners: Dienst-, Miet-, Geschäftsräume müssen sich in einem für den Arbeitnehmer (Mieter, Kunden) gefahrlosen Zustand befinden (vgl §§ 535 I, 618; HGB 62; § 311 mit Anm). Durch an seiner Person ausgeführte Dienst- und Werkleistungen darf der Partner nicht in seiner Gesundheit geschädigt werden (Bsp: Heilbehandlung; Personenbeförderung; vgl § 611, § 631 mit Anm, insbes §§ 618, 619). **bb) Schutzpflichten gegenüber Eigentum und Vermögen** des Vertrags-(Verhandlungs-)partners: *Obhut* für die dem Vertragspartner gehörende Sache während Reparatur, Verwahrung (vgl Anm zu §§ 631, 688), Miete (vgl BGH 66, 353); für die geschuldete Sache vor (§ 433 I 1) und – bei Beanstandung – nach der Versendung (vgl HGB 379 I; BGH NJW 79, 812), während der Beförderung, während des Annahmeverzugs (RG 108, 343; sa § 300 Rn 2); *fremden Vermögens* vor Schädigung durch Schlechtlieferung oder durch fehlerhafte Erfüllungshandlung (§ 280 I 1). **cc) Schutzpflichten gegenüber Dritten:** § 328 Rn 24 ff. **f) Leistungstreuepflicht.** Es handelt sich um eine Zusammenfassung verschiedener Einzelpflichten, bei denen der Treue-, Fürsorge- und Rücksichtsgedanke bes ausgeprägt ist (ähnlich MK/Emmerich 241 vor § 275: nur Oberbegriff). Die Parteien haben danach (negativ) alles, was den Vertragszweck oder Leistungserfolg beeinträchtigen, gefährden oder vereiteln könnte, kurz jedes vertragsstörende Verhalten zu unterlassen; der Schuldner hat insbes (positiv) alles zu tun, um den Leistungserfolg vorzubereiten, herbeizuführen und zu sichern (BGH 93, 39; 136, 298 f; NJW 78, 260; 83, 998). IdR geht es um – zeitlich uU über die Vertragsbeendigung fortwirkende (Rn 28 ff) – Nebenpflichten (§ 241 Rn 9), uU sogar um Hauptpflichten (bei § 618, § 611 Rn 23 ff und 38 ff; ferner § 705 Rn 1 ff). Bsp: Der Vermieter muß den Mieter vor Konkurrenz (Karlsruhe NJW-RR 90, 1235) und gegen von Dritten ausgehende Störungen des vertragsmäßigen Gebrauchs schützen (BGH 99, 191); der Verkäufer hat uU Vermögensinteressen seines Vertragspartners gegenüber Dritten zu wahren (zB im Fall § 447); eine Bank hat bei nachträglicher Übersicherung Sicherheiten freizugeben (BGH 137, 212); der Leistende hat dem Leistungsempfänger uU eine Rechnung gem UStG 14 I zu erteilen (BGH 103, 287, 297); bei der Vertragsbeendigung hat die handelnde Partei die gebotene Rücksicht walten zu lassen: Keine Kündigung zur Unzeit (§§ 671 II, 675, 723 II); Kündigung (Rücktritt) uU erst nach Abmahnung (§ 314 II 1; sa Rn 40); unberechtigte Kündigungen von Dauerschuldverhältnissen (zB Miete) sind gegen die Treuepflicht verstoßendes vertragswidriges Verhalten (§§ 280, 282). Bes intensiv ist die Treupflicht des Gesellschafters (BGH 129, 142 ff; Flume ZIP 96, 161 ff).

4. Nachwirkende Vertragspflichten. Nach vollständiger Abwicklung des Vertragsverhältnisses können noch Nachwirkungen der vertraglichen Bindung bestehen (vgl BGH NJW-RR 90, 141 f mN; für das Arbeitsverhältnis ausdr ArbGG 2 Nr 3 c). Nachwirkende Hauptpflichten (Rn 29) ergeben sich aus dem insoweit

Titel 1. Verpflichtung zur Leistung **§ 242**

noch nicht erfüllten (§ 362) Vertrag, nachwirkende Neben- und Schutzpflichten (Rn 30 f) aus der auch nach Austausch der Hauptleistungen fortbestehenden Leistungstreuepflicht (Rn 27). a) **Nachvertragliche Haupt-(leistungs-)pflichten** 29 sind vielfach selbständige **Unterlassungspflichten,** die dem durchgeführten Vertrag im Wege ergänzender Auslegung (§§ 157, 242) entnommen werden. Bsp: Wettbewerbsbeschränkungen bei Unternehmensveräußerung (RG 117, 179; BGH 84, 127); Rückkehrverbot bei Praxistausch zweier Ärzte (BGH 16, 77); Verbot beeinträchtigender Bebauung des Restgrundstücks nach Verkauf von Baugrundstück (RG 161, 339). b) **Nachvertragliche Nebenpflichten** können auf 30 Unterlassung, Duldung, Vornahme bestimmter (Mitwirkungs-)handlungen, uU sogar auf Neuabschluß eines Vertrages gerichtet sein. Bsp: Verschwiegenheitspflicht des Dienstverpflichteten nach Beendigung des Dienstverhältnisses (BGH 80, 28; sa HGB 90, UWG 17, StGB 203); Pflicht des Vermieters zur Duldung eines Umzugsschildes (Düsseldorf NJW 88, 2545); des Verkäufers langlebiger Industrieprodukte zu Vorhaltung und Lieferung von Ersatzteilen für angemessene Dauer (Kühne BB 86, 1528 mN); des AG zur Wiedereinstellung des AN nach Wegfall bestimmter Kündigungsgründe (ie umstr, vgl BAG NJW 97, 2257; einschr MDR 98, 422), uU zur Nachsendung von Arbeitspapieren (BAG 79, 258). c) **Nachvertragliche** 31 **Schutzpflichten** sind idR Aufklärungs-, Mitteilungs-, Warn-, Obhuts- und Sorgfaltspflichten. Bsp: Die Bank oder den Arbeitgeber trifft nach Auskunftserteilung uU eine nachträgliche Berichtigungspflicht (BGH 61, 179; 74, 285; sa § 675 II mit Anm), den Architekten uU nach Abschluß des Architektenwerks eine Untersuchungs- und Beratungspflicht (BGH 92, 258 mN; entspr zum RA vgl BGH NJW 85, 1152 mN; 96, 842), den Arzt nach Abschluß der Behandlung eine Pflicht zur Gewährung von Einsicht in Krankenunterlagen (Rn 22), den Produzenten zur Produktbeobachtung (BGH 99, 173) und uU zum Rückruf (vgl BGH 80, 202 mN), den Mieter zur Objektsicherung (BGH 86, 208), den Vermieter zur schonenden und rücksichtsvollen Verwertung eingebrachter Sachen (Fall der *culpa post contrahendum,* vgl Frankfurt OLGZ 79, 339 ff; v. Bar AcP 179, 452 f, 463).

III. Unzulässige Rechtsausübung

Lit: Singer, Das Verbot widersprüchlichen Verhaltens, 1993.

1. Allgemeines. a) Begriff. Unzulässige Rechtsausübung ist jede Geltendma- 32 chung eines „an sich" gegebenen Rechts und jede Ausnutzung einer „an sich" bestehenden günstigen Rechtsposition oder Rechtslage im Widerspruch zu den Anforderungen von § 242. b) **Bedeutung.** Treu und Glauben bilden eine allen 33 Rechten, Rechtsstellungen, Rechtslagen, Rechtsinstituten und Rechtsnormen **immanente Inhaltsbegrenzung** (sog Innentheorie; vgl MK/Roth 62; EnnN § 239 III 6; BGH 30, 145; BAG 77, 128, 135; NJW 97, 2258, hM). Die Geltendmachung eines „an sich" bestehenden Rechts, die Ausnutzung einer „an sich" gegebenen Rechtsstellung im Widerspruch zu Treu und Glauben ist **Rechtsüberschreitung** und damit mißbräuchlich („unzulässig"; BGH 12, 157; BAG 77, 133). c) **Anwendungsbereich.** Unzulässige Rechtsausübung umfaßt in ihrem Kern- 34 bereich die Fälle der mißbräuchlichen Geltendmachung von subj Rechten und Einreden (individueller „Rechtsmißbrauch" und „Rechtsfehlgebrauch"), ferner aber auch die mißbräuchliche Ausnutzung von Rechtsstellungen und Rechtslagen jeder Art, von Rechtsinstitutionen und rechtlichen Gestaltungsformen (insoweit zT „Normenmißbrauch" oder „institutioneller Rechtsmißbrauch" genannt; Terminologie uneinheitl, vgl SoeTeichmann 13 f; BAG NZA 84, 199). Bsp: Mißbrauch der Vertragsfreiheit durch AGB (Inhaltskontrolle nach § 307 iVm § 242), Mißbrauch von Gestaltungsformen des bürgerlichen oder Arbeitsrechts zB bei finanzierten RGeschäften (Einwendungsdurchgriff gem § 359, früher Fall von § 242), bei Verwendung der Rechtsform der jur Person (Haftungsdurchgriff gem § 242; vgl BGH 68, 315 mN; ie Coing NJW 77, 1793) und allg in den Fällen des

§ 242   Buch 2. Abschnitt 1. Inhalt der Schuldverhältnisse

35   „schuldrechtlichen Durchgriffs" (vgl BGH 102, 103). **d) Voraussetzungen im allg.** Der Inhalt des (konkretisierungsbedürftigen) Tatbestands der „unzulässigen Rechtsausübung" ergibt sich aus den einzelnen Anwendungsfällen, die sich in stRspr herausgebildet haben (Rn 37 ff; 53 ff); den Auffangtatbestand bildet die Fallgruppe des rücksichtslosen Eigennutzes (Rn 43). Allg Voraussetzung für die Anwendung der Grundsätze ist das **Bestehen einer Sonderbeziehung** zwischen den Beteiligten (vgl Rn 10, 14; MK/Roth 355); *außerhalb* einer solchen gelten für die Rechtsausübung nur die allg Schranken gem §§ 138, 226, 826. Bejahung unzulässiger Rechtsausübung setzt nicht notwendig **Verschulden** der handelnden Partei voraus (BGH 64, 9; MDR 86, 733, hM, vgl StSchmidt 122 mN; ie Rn 37, 44, 48), umgekehrt setzt die Gegenpartei nicht notwendig fehlendes Verschulden voraus (uU dann aber Abwägung gem § 254 entspr, vgl BGH 50, 114; 76, 217 und dazu Rn 45); es genügt, daß die Rechtsausübung **obj** gegen Treu und Glauben verstößt (BGH 12, 157; Rn 37, 44). Vorhandensein und Schwere eines Verschuldens sind jedoch im Rahmen der gebotenen umfassenden Interessenabwägung gebührend zu berücksichtigen (MK/Roth 45 f, allgM; Bsp:
36   BGH 122, 168). **e) Rechtsfolgen.** Die „unzulässige" Rechtsausübung (Rechtsmißbrauch, Rechtsformfehlgebrauch usw, vgl Rn 34) genießt keinen Rechtsschutz (vgl SchwZGB 2 II, dazu o Rn 1), dh von der „an sich" bestehenden Rechtslage ist zum Nachteil der sich „unzulässig" verhaltenen Partei *(Rechtsbeschränkung)* und zu Gunsten der Gegenpartei *(Rechtsbegünstigung)* abzuweichen. Ie kann die Abweichung in der Versagung der Durchsetzbarkeit von Rechten, der Nichtberücksichtigung „an sich" erheblicher Umstände oder der „Ersetzung" (vgl Canaris aaO S 268) „an sich" fehlender Erfordernisse bestehen. Bsp: Mißbräuchlich geltend gemachte Rechte sind – zeitweilig oder auf Dauer – nicht durchsetzbar (sa § 273 Rn 1); uU (zB bei Verwirkung) tritt endgültiger Rechtsverlust ein (Rn 63); ein mißbräuchlich ausgeübtes Gestaltungsrecht (Kündigung, Rücktritt, Anfechtung, Aufrechnung, Prozeßhandlung) führt die erstrebte Rechtsfolge nicht herbei (vgl BGH 20, 206; 94, 246; BAG 77, 133) oder löst anspruchsbegründende Wirkungen aus (BAG NJW 97, 2258 f), eine mißbräuchlich erhobene Einrede bleibt unbeachtet (BGH 91, 134; Rn 51); bei mißbräuchlicher Berufung auf eine günstige Rechtslage (Ablauf einer Ausschlußfrist; Formnichtigkeit; Gesetzwidrigkeit) können rechtsvernichtende Umstände unbeachtet bleiben (befristetes Recht wird trotz Ablaufs der Ausschlußfrist als fortbestehend behandelt, vgl Rn 52) oder fehlende rechtsbegründende Merkmale „ersetzt" werden (Erfüllungsanspruch der Gegenpartei trotz Formmangels und Gesetzesverstoßes; vgl Rn 10, 50; § 125 Rn 14). Zur Anwendung der Grundsätze der unzulässigen Rechtsausübung ist die Erhebung einer **Einrede** nicht erforderlich (MK/Roth 66, 345), ihre Berücksichtigung erfolgt im Prozeß **von Amts wegen** (Folge der Inhaltsbegrenzung, vgl Rn 33; anders aber im Fall von § 313 I). **Beweislast:** Die begünstigte Partei (BGH NJW 83, 1736; BAG 77, 137; BVerfG NJW 88, 2233 mN).

37   **2. Mißbräuchliche Rechtsausübung. a) Allgemeines.** Die Ausübung eines Rechts kann im Einzelfall unzulässig sein, wenn der Berechtigte kein schutzwürdiges Eigeninteresse verfolgt oder überwiegende schutzwürdige Interessen der Gegenpartei entgegenstehen und die Rechtsausübung im Einzelfall zu einem grob unbilligen, mit der Gerechtigkeit nicht mehr zu vereinbarenden Ergebnis führen würde **(individueller Rechtsmißbrauch).** Der Tatbestand des Rechtsmißbrauchs ist aus der Einrede der gegenwärtigen Arglist *(exceptio doli praesentis)* hervorgegangen, überschneidet sich teilweise mit der des Schikane (§ 226) und der sittenwidrigen Schadenszufügung (§ 826), setzt aber iGgs zu diesen weder ein Verschulden noch eine Pflichtwidrigkeit notwendig voraus; maßgebend ist die obj Interessenabwägung im Einzelfall (SoeTeichmann 290; v. Olshausen JZ 83, 290).
38   **b) Fallgruppen. aa) Fehlendes schutzwürdiges Eigeninteresse des Berechtigten.** Unzulässig ist die Rechtsausübung, mit der der Berechtigte kein sachliches – dauerndes – Eigeninteresse verfolgt, die Rechtsausübung vielmehr nur Vorwand

Titel 1. Verpflichtung zur Leistung **§ 242**

zur Erreichung rechts-(vertrags-)fremder oder unlauterer Zwecke ist (vgl BGH 5, 186; 134, 330; NJW 80, 451; 91, 1947; 93, 2042 mN). Dies gilt auch bei der Ausübung prozessualer Befugnisse (BGH 74, 15; Schneider NJW 80, 2384). **Bsp:** Mißbrauch von Informationsrechten zur Ausspähung von Kunst- und Gewerbegeheimnissen (BGH 93, 206, 211; sa §§ 259–261 Rn 5 f; §§ 809–811 Rn 4); Ausübung eines ges Vorkaufsrechts aus sachfremden (vgl BauGB 24 II) Gründen (BGH 29, 116; 36, 157 f); Rücktritt vom Kauf nach Wegfall des Mangels (BGH 90, 205); mißbräuchliche Verweigerung einer zu erteilenden Genehmigung (BGH 108, 385); mißbräuchliche Aufklärungsrüge des Patienten (Köln NJW 90, 2940; LG Bückeburg NJW-RR 90, 1505); Kündigung aus Willkür (BGH NJW 87, 2808), unter Machtmißbrauch (BGH 81, 268) oder zur Disziplinierung für private Lebensführung (BAG 77, 136 f); mißbräuchliches Hausverbot; Stimmrechtsmißbrauch (BGH 88, 328 f); mißbräuchliche Einleitung und Durchführung eines gerichtl Verfahrens zu verfahrensfremden Zwecken (vgl BGH 74, 15; 95, 19), zB „räuberische" Aktionärsklage (BGH 107, 309; 112, 23 ff); mißbräuchliche Mehrfachverfolgung (BGH 144, 165); mißbräuchliche Mehrfachabmahnung (BGH 149, 371). **bb) Pflicht zur alsbaldigen Rückgewähr.** Die Forderung einer Leistung **39** ist unzulässig, wenn sie aus einem anderen Rechtsgrund dem Schuldner alsbald zurückgewährt werden muß (BGH 110, 33; 115, 137; 117, 155; 140, 223; *dolo agit, qui petit, quod statim redditurus est*). Ges Ausprägung: §§ 387, 273. Bsp: Der Schuldner kann nicht auf Erfüllung in Anspruch genommen werden, wenn ihm das als Erfüllung Geleistete als Schadensersatz (BGH 66, 305; 116, 203) oder ungerechtfertigte Bereicherung (BGH 74, 293 [300]) zurückerstattet werden müßte. Vom unrichtig Eingetragenen kann nicht Grundbuchberichtigung (§ 894) verlangen, wer ihm schuldrechtlich zur Bestellung des eingetragenen Rechts verpflichtet ist (BGH NJW 74, 1651). Allg handelt unzulässig, wer *obj Zweckloses* verlangt (BGH 93, 350). **cc) Geringfügigkeit und Unverhältnismäßigkeit (Übermaßver-** **40** **bot).** Lit: Canaris JZ 87, 993; Medicus AcP 192, 35. Unzulässig ist eine Rechtsverfolgung, die geringfügige, dem Berechtigten im Einzelfall unschädlich gebliebene Verfehlungen oder Mängel zum Anlaß nimmt, weitreichende Rechtsfolgen geltend zu machen. Ges Ausprägungen: §§ 259 III, 320 II, 323 V 2, 439 III 1, 543 II Nr 2 und Nr 3 a, 569 III Nr 1, BRAO 50 III 2. Allg darf sich die Rechtsausübung nicht als eine *unverhältnismäßige* Reaktion auf das Verhalten des anderen Teils darstellen (vgl BGH 88, 95; NJW 85, 267 mN; 88, 699; BAG NZA 92, 690 mN; allg Canaris JZ 87, 1002; Buß NJW 98, 343). Der Verhältnismäßigkeitsgrundsatz und das aus ihm folgende Übermaßverbot wirken auch in den Privatrechtsbereich hinein (BVerfG 81, 256; BGH 109, 312 f; 118, 343; 123, 378; BAG GS NJW 93, 1734; für öffentl-rechtliche Gläubiger bereits BGH 93, 381 ff; ie str, s Medicus AcP 192, 35 ff). Ges Ausprägungen: §§ 251 II, 275 II, 635 III; BRAO 50 III 2. Bsp: Bei Überschreitung der **Opfergrenze** kann der Schuldner seine Leistung verweigern (§ 275 II); ein Rücktritt wegen Überschreitung der vereinbarten Frist ist uU dann unzulässig (unwirksam), wenn die Verspätung (rückständige Leistung) ganz geringfügig ist und unter Würdigung des sachlichen Interesses des Berechtigten an der Einhaltung der Frist als unwesentlich erscheint (vgl BGH NJW 85, 267); das gleiche gilt für die Geltendmachung von Vertragsstrafen und Verfallklauseln bei ganz geringfügigen Zahlungsrückständen (BGH 95, 374), die Ausübung von Zurückbehaltungsrechten (BAG NZA 85, 356; LG Düsseldorf NJW-RR 95, 906) und die Kündigung von Dauerschuldverhältnissen wegen geringfügiger Verfehlungen ohne vorherige Abmahnung (BGH NJW 92, 497; BAG NZA 92, 1030 f mN; vgl auch § 314 II 1); bei geringfügiger Obliegenheitsverletzung des Versicherungsnehmers kann sich der Versicherer nicht auf Leistungsbefreiung berufen (BGH 100, 64 f; 130, 176; Canaris JZ 87, 1003 f), desgl kann der Verkäufer auf geringfügige, unschädlich gebliebene Überschreitung der Rügefrist (Karlsruhe WM 87, 113) oder der Besteller auf ganz unbedeutende und leicht zu behebende Mängel (BGH NJW 96, 1281 mN). **dd) Überwiegendes schutz-** **41** **würdiges Interesse der Gegenpartei.** Der Gläubiger braucht zwar nicht schon

Vollkommer

§ 242 Buch 2. Abschnitt 1. Inhalt der Schuldverhältnisse

deshalb von der Durchsetzung von Rechten abzusehen, weil die Rechtsausübung den Gegner hart treffen würde (kein Verbot bloß „unbilliger Rechtsausübung"; vgl BGH 19, 75; JZ 80, 767; MK/Roth 344); stets müssen Umstände hinzukommen, die die Rechtsausübung im Einzelfall als eine grob unbillige, mit der Gerechtigkeit nicht zu vereinbarende Benachteiligung des Schuldners erscheinen lassen (zB BGH NJW 91, 974; ähnlich BGH 68, 304: „schlechthin unzumutbares" Ergebnis). Bsp: Aufrechnungsverbot bei nachträglichem Vermögensverfall des Gläubigers (BGH NJW-RR 91, 972 mN); zweckwidrige Inanspruchnahme von Ehegatten-Bürgschaft (BGH 134, 330; sa Rn 42; § 765 mit Anm). Inanspruchnahme eines ausgleichsberechtigten Gesamtschuldners nach Aufgabe von Sicherheiten (BGH NJW 83, 1424: Regreßbehinderung); Berufung auf Unterhaltsverzicht ohne Rücksicht auf die spätere Entwicklung (BGH NJW 92, 3165 f mN; sa § 1585 c Rn 11). Die *Unzumutbarkeit der Leistung* kann ausnahmsweise iVm weiteren Umständen zur Leistungsbefreiung (Einrede; Kündigungsrecht) führen (BGH NJW 88, 700; ie Henssler AcP 190, 546 ff; sa Rn 40). Bsp: Fälle echter unverschuldeter Gewissensnot (s § 276 Rn 14; strenge Anforderungen geboten, vgl MK/Roth 54 mN, ie str; im Fall sog Stromzahlungsboykotts zu verneinen, Hamm NJW 81, 2475 mN; sa § 273 Rn 11 aE); Fälle nachträglicher „überobligationsmäßiger Leistungserschwerung" (vgl § 275 II). **ee)** Unzulässig ist die **Ausnutzung formaler Rechtspositionen** im Widerspruch zu den zugrundeliegenden Rechtsbeziehungen (BGH 100, 105). Bsp: Geltendmachung von Sicherungsrechten nach Wegfall (BGH aaO) oder vor Eintritt (BGH 134, 330) des Sicherungszwecks, von Rechten aus Akkreditiv bei Lieferung von zur Vertragserfüllung gänzlich ungeeigneter Ware (BGH 101, 91 f mN; NJW 89, 160), Inanspruchnahme von Garantie ohne Vorliegen eines „materiellen" Garantiefalls (BGH 90, 292); diskriminierende Kündigung in der Probezeit (BAG 77, 133 ff); Berufung auf eine öffentliche Zustellung (BGH 149, 320) oder (uU) auf die Rechtskraft (BGH NJW 93, 3205). **ff) Rücksichtsloser und übermäßiger Eigennutz.** Hierher gehören die Fälle, in denen der Gläubiger seine eigenen Interessen unter gröblicher Verletzung der ihm dem Schuldner gegenüber obliegenden Rücksichtspflicht (Rn 18) durchsetzt. Es handelt sich um den Auffangtatbestand des Rechtsmißbrauchs. Bsp: Übermäßig belastende zeitliche Bindung bei Verträgen mit Ausschließlichkeits- oder Ankaufsbindung (vgl BGH 68, 5); Stimmrechtsausübung unter Mißachtung berechtigter Belange der anderen Gesellschafter (BGH 88, 328 f); Geltendmachung von Rechten aus einer Pauschalierungsabrede, die im groben Mißverhältnis zu dem tatsächlich entstandenen Schaden stehen (vgl BGH 12, 157); Bestehen auf sofortiger Leistung nach jahrelanger vertragswidriger Nichtabnahme (BGH WM 87, 1497); weitere Einzelfälle: SoeTeichmann 311; StSchmidt 799; MK/Roth 380 ff; 559 ff.

3. Unredliches früheres Verhalten. a) Allgemeines. Die Ausübung eines Rechts ist unzulässig, wenn das Recht durch das gesetz-, sitten- oder vertragswidrige Verhalten des „Berechtigten" begründet worden ist; das gleiche gilt für die Schaffung von günstigen Rechtslagen und deren Ausnutzung sowie umgekehrt von der Vereitelung von Rechten des Gegners und ihm günstiger Rechtslagen. Grund: Niemand darf aus seinem eigenen unredlichen Verhalten rechtliche Vorteile ziehen (BGH 94, 131; 122, 168; NJW 85, 1826 mN). Bsp: Gegenüber dem Rückforderungsanspruch des Leistenden kann der sittenwidrig handelnde Empfänger nicht aufrechnen (BGH 94, 131). Beim gegenseitigen Vertrag unterliegt die Rechtsausübung Schranken, wenn der Gläubiger im inneren Zusammenhang mit dem geltend gemachten Recht stehende Vertragspflichten gröblich verletzt oder den Vertragsgegner vorsätzlich geschädigt hat (Rn 47). Der Tatbestand der „früheren Unredlichkeit" ist aus der alten „Einrede der früheren Arglist" *(exceptio doli praeteriti)* hervorgegangen, setzt aber ein arglistiges oder doch vorwerfbares Verhalten nicht notwendig voraus; idR genügt obj Pflichtwidrigkeit (BGH LM Nr 5 Cd; ie Hohmann JA 82, 113 mN). **b) Fallgruppen. aa) Unredlicher Erwerb von Rechten und unredliche Schaffung von Rechtsstellungen.** Wer

Titel 1. Verpflichtung zur Leistung **§ 242**

die Voraussetzungen einer vertraglichen oder ges Rechtsgrundlage oder einer sonstigen günstigen Rechtsstellung in mißbilligenswerter Weise selbst geschaffen hat, kann aus ihr keine Rechte oder Rechtsvorteile herleiten (Rn 44). Grund: Niemand darf sich zur Begründung seines Rechts auf sein eigenes unredliches Verhalten berufen (*turpitudinem suam allegans non auditur*; vgl Wieacker aaO S 31; BVerfG 83, 86). Ges Ausprägung: § 162 II. Unzulässig ist deshalb die Geltendmachung oder Durchsetzung von Rechten aus Verträgen, die in mißbilligenswerter Weise zustandegekommen sind. Bsp: Vertragsschluß bei erkanntem Mißbrauch der Vertretungsmacht (BGH 94, 138; ie § 164 Rn 8); Rechtserwerb durch arglistige Täuschung, auch wenn die Frist des § 124 verstrichen ist (§ 124 Rn 2; ges Ausprägung: § 853); vorwerfbare Herbeiführung der eigenen Leistungsunfähigkeit durch den Unterhaltsschuldner (BGH NJW 88, 2241; Bamberg NJW-RR 88, 1096). Unzulässig ist die Geltendmachung einzelner vertraglicher oder ges Rechte, wenn der Berechtigte die Voraussetzungen für ihre Entstehung in mißbilligenswerter Weise herbeigeführt hat (BGH 72, 322; 94, 131 mN; 122, 168; BVerwG NJW 94, 955). Bsp: Geltendmachung von Eigenbedarf nach treuwidriger Herbeiführung von Alternativwohnung (BVerfG 83, 86), von Schadensersatz nach gezielter Herbeiführung der Mangelhaftigkeit der Gegenleistung (BGH 127, 384); Inanspruchnahme von Sicherheit nach treuwidriger Herbeiführung des Garantiefalls (BGH WM 84, 586; MDR 80, 561); Geltendmachung von treuwidrig selbst herbeigeführten Erstattungskosten (BGH 100, 310 f). Unzulässig ist die **Ausnutzung unredlich erworbener Rechtspositionen**. Bsp: Erschleichung der öffentl Zustellung (§ 132 Rn 3); Berufung auf erschlichene unanfechtbare Gesellschaftsbeschlüsse (BGH 101, 120 ff) oder Urteile (§ 826 Rn 22 f), auf die durch grobe eigene Vertragsverletzung herbeigeführte Weitervermietung im Fall des § 537 II (BGH 122, 168); Verhinderung rechtzeitiger Klageerhebung (BGH MDR 81, 737; sa Rn 51).

bb) Vereitelung von Rechten der Gegenpartei und ihr günstigen Rechtslagen. Wer die Entstehung eines Rechts der Gegenpartei oder einer ihr günstigen Rechtslage treuwidrig vereitelt, muß sich so behandeln lassen, als sei das Recht (die Rechtslage) entstanden (Rechtsgedanke gem §§ 162 I, 815). Bsp: Hat eine Partei den Zugang oder die Zustellung einer an sie gerichteten Willenserklärung verhindert oder verzögert, so muß sich so behandeln lassen, als sei die Erklärung in dem entspr Zeitpunkt zugegangen (BGH 137, 209 ff mN, stRspr; ie § 130 Rn 15); hat der Verkäufer das formgültige Zustandekommen des Vertrags verhindert, um sich später auf den Formmangel berufen zu können, so ist der Vertrag als wirksam zu behandeln (RG 96, 315; ie § 125 Rn 13 ff); hat eine Partei in zu mißbilligender Weise die Verschlechterung der Beweislage zum Nachteil der anderen Partei verschuldet, muß sie mit beweisrechtlichen Nachteilen bis hin zur Umkehr der Beweislast rechnen (BGH 72, 139; 85, 217 f; NJW 86, 60 f mN). **cc) Eigene Vertragsuntreue des Gläubigers.** Die Geltendmachung von Rechten aus einem Vertrag kann uU unzulässig sein, wenn sich die handelnde Partei selbst vertrags-(rechts-)untreu verhalten hat (**tu quoque**-Einwand; s BGH NJW 99, 352). Zu weit geht aber der allg Satz, wonach nur die selbst vertragstreue Partei von der anderen Vertragstreue verlangen könne (ebenso BGH NJW 00, 505 [506]; Soe-Teichmann 287; MK/Roth 521, str; aA Wieacker aaO S 31). Wechselseitige Vertragsverletzungen sind vielmehr nach den Grundsätzen der Leistungsstörung (ggf iVm §§ 273, 387) abzuwickeln. Die Geltendmachung bestimmter weitreichender Befugnisse (Rücktritt, Kündigung, Leistungsbefreiungsvorbehalt) ist allerdings der selbst vertragstreuen Partei vorbehalten (BGH NJW 99, 352). Bsp: Der Lieferant, der den Ausfall der Selbstbelieferung selbst verschuldet hat, kann sich auf den Befreiungsvorbehalt (§ 433 Rn 8) nicht berufen (BGH 92, 403); die Partei, die sich selbst grundlos vom Vertrag losgesagt hat, kann nicht wegen Leistungsverzögerung der Gegenpartei zurücktreten (BGH NJW 99, 352 f); die Partei, die nach fehlgeschlagener Zustellung keinen erneuten Zustellungsversuch unternimmt, kann sich nicht auf Zugangsvereitelung (Rn 46) berufen (BGH 137, 209). Weitergehend kann die **vorsätzliche Schädigung des Vertragsgegners** oder die **Verletzung von Ver-**

46

47

§ 242 Buch 2. Abschnitt 1. Inhalt der Schuldverhältnisse

tragspflichten, die mit den Rechten des Gläubigers in innerem Zusammenhang stehen, zu einer Beschränkung seiner Rechtsstellung, uU sogar zu einem **Rechtsverlust ("Verwirkung" durch Treueverstoß)** führen (vgl BGH 55, 280; NJW 93, 1646; ges Anwendungsfall: § 654). Bsp: Verwirkung von Unterhaltsansprüchen durch Verschweigen eigener Einkünfte (Schleswig NJW-RR 87, 1482); von Zinsansprüchen bei Erschwerung der Finanzierung durch Verzögerung der Enthaftung des Grundstücks von Grundpfandrechten (BGH NJW 78, 1482); uU von Versicherungsleistungen bei Falschangaben über den Schaden (BGH NJW-RR 91, 1371; sa VVG 6 III) oder von Bürgschaftsansprüchen bei bes gröblicher Verletzung von Bürgeninteressen (s Frankfurt WM 96, 716 f); auf einen vertraglichen oder ges Ausschluß der Aufrechnung (Zurückbehaltung) kann sich eine Partei gegenüber einem Anspruch aus vorsätzlicher uH nicht berufen (RG 60, 296; BGH 30, 38, stRspr; Frage des Einzelfalls bei vorsätzlicher Vertragsverletzung: BGH NJW 66, 1452; sa § 394 Rn 4).

48 **4. Widersprüchliches Verhalten. a) Allgemeines.** Die Rechtsausübung kann unzulässig sein, wenn sich der Berechtigte mit ihr in Widerspruch zu seinem eigenen Vorverhalten setzt *(venire contra factum proprium).* Der Treueverstoß liegt bei diesem Anwendungsfall in der sachlichen Unvereinbarkeit der Verhaltensweisen des Berechtigten, idR auch im Widerspruch zu einem geschaffenen Vertrauenstatbestand (BGH 118, 191 f; 136, 9; einschr in „Ausnahmefall" BGH 131, 375 mit krit Anm Martinek JZ 96, 470). Das frühere Verhalten ist als solches (Unterschied zu Rn 44 ff) nicht zu mißbilligen. Ein Verschulden des „Berechtigten" ist nicht erforderlich (MK/Roth 427). Das widersprüchliche Verhalten kommt auch bei unverzichtbaren Rechten in Frage (BGH 129, 301, ie str) und bildet iGgs zum **Verzicht** keinen rechtsgeschäftlichen Tatbestand (zutr MK/Roth 430, abw Wieling AcP 176, 334), dem Zeitablauf kommt – im Gegensatz zu dem Sonderfall der
49 **Verwirkung** (Rn 59 f) – keine entscheidende Bedeutung zu. **b) Fallgruppen. aa) Unlösbarer Selbstwiderspruch** (s BGH 130, 375). Bsp: Wer sich im Schiedsgerichtsverfahren auf die Zuständigkeit des ordentlichen Gerichts berufen hat, kann im Verfahren vor dem ordentlichen Gericht nicht mehr die Einrede des Schiedsverfahrens erheben (BGH 50, 191) und umgekehrt (BGH NJW-RR 87, 1195); desgl kann eine Partei die Schiedseinrede nicht erheben, wenn das Schiedsverfahren wegen der eigenen finanziellen Leistungsunfähigkeit nicht durchgeführt werden kann (BGH 102, 202). Wer als freier Mitarbeiter tätig sein will und deshalb keinen Arbeitsvertrag abschließt, kann sich nicht nachträglich darauf berufen, AN gewesen zu sein (BAG NJW 97, 2619; sa BAG aaO S 2618). Wer jahrelang einen Vertrag als eigene Angelegenheit abgewickelt hat, kann nachträglich seine Passivlegitimation bestreiten (BGH NJW 96, 2724 f mN: unzuständiger Haftpflichtversicherer). Wer definitiv eine Kündigung ausgesprochen hat, kann sich nicht nachträglich auf die Unwirksamkeit seiner eigenen Erklärung berufen (BAG BB 98, 53). Die Vertragspartei, die sich bei der Abgabe ihrer Erklärung in Irrtum befunden hat, kann ihre Erklärung nicht anfechten, wenn die Gegenpartei dazu bereit ist, sie so gelten zu lassen, wie sie gemeint war (Flume II § 21, 6; OR 25 II); hierher gehören auch die Fälle der „unbeachtlichen Verwahrung" bei verkehrstypischem Verhalten *(protestatio facto contraria,* vgl. BGH 95, 399 mN). Ges Anwen-
50 dungsfall: § 814. **bb) Widerspruch zu begründetem Vertrauenstatbestand im allg.** Der Berechtigte hat durch sein früheres Verhalten bei dem Verpflichteten den Eindruck erweckt, er werde sein Recht nicht in dieser Form, nicht zu dieser Zeit oder überhaupt nicht geltend machen, und dieser hat sich im Vertrauen darauf in einer Weise eingerichtet, daß ihm eine Anpassung an eine veränderte Rechtslage nach Treu und Glauben nicht zugemutet werden kann (BGH 94, 351 f mN; NJW 85, 2590; 86, 2107; Canaris aaO S 301 f). Bsp: Der Erbe, unter dessen Mitwirkung ein geschäftsunfähiger Erblasser ein Grundstück verkauft hat, kann nicht später die Nichtigkeit des Vertrags geltend machen (BGH 44, 367). Der Architekt, der in Kenntnis der für die Berechnung maßgebenden Umstände

Titel 1. Verpflichtung zur Leistung **§ 242**

Schlußrechnung erteilt oder eine Pauschale unter den Mindestsätzen der HOAI vereinbart hat, kann mit Nachforderungen ausgeschlossen sein (BGH 120, 135 ff mN; 136, 9 f). Wichtige Anwendungsfälle des widersprüchlichen Verhaltens sind: Geltendmachung von Rechten im Widerspruch zu erteilten Auskünften (vgl auch VwVfG 38), Mitteilungen ua – uU auch formlosen – Zusicherungen (SoeTeichmann 317 mN; BGH NJW 73, 1494) oder nach (unwirksamem) Verzicht unter Berufung auf strikte Ordnungsvorschriften (vgl. Spickhoff AcP 197, 413 ff, abw BGH 129, 305 f zu § 1593 aF); mißbräuchliche Erhebung der Einrede der Verjährung (Rn 51), mißbräuchliche Berufung auf den Ablauf von Ausschlußfristen (Rn 52), auf **Formmängel** (zB BGH 48, 398; 85, 318; 124, 324; 140, 173; 149, 331 mN; sa § 125 Rn 13 ff; § 311 b Rn 32), **Gesetzwidrigkeit** (§ 134; zB BGH 111, 311; 118, 191; Tiedtke NJW 83, 713; o Rn 10), auf Mängel der **Geschäftsfähigkeit** (BGH 44, 371), der **Vertretungsbefugnis** (BGH 108, 385; WM 60, 803 [805]; aA für öffentl-rechtliche Körperschaft BGH 92, 174 mN; NJW 94, 1528) und allg auf **Vertragsnichtigkeit**. Bes Ausprägungen sind: Verwirkung (Rn 53 ff), Handeln auf eigene Gefahr (§ 254 Rn 18) und Einschränkung des Rücktrittsrechts gem § 323 VI. **cc) Mißbräuchliche Geltendmachung der** 51 **Verjährungseinrede.** Hat der Schuldner den Gläubiger, auch schuldlos, von der Hemmung der Verjährung abgehalten, ist die Ausübung der Verjährungseinrede unzulässig und damit unbeachtlich (BGH 93, 66 f mN; 123, 400 f, stRspr; strenger Maßstab gilt: BGH 126, 104 f mN). Bsp: Führung von Verhandlungen über den Grund oder die Höhe des Anspruchs durch den Schuldner oder seinen Haftpflichtversicherer (§ 203); Abwarten von Entscheidung in Parallelsache (BGH NJW 85, 1152); uU pflichtwidrige Unterlassung der Belehrung (Rn 19 f) über den Lauf der Verjährungsfrist (vgl BGH NJW 90, 2465); uU kann schuldlose Versäumung sehr kurzer Verjährungsfrist ausreichen (vgl BGH 77, 223 zu § 477 aF; BGH NJW-RR 89, 1271 zu HGB 414, 439). Die Vereinbarung über die Führung eines Musterprozesses schließt die Verjährungseinrede in den einzelnen Parallelsachen idR aus (BAG BB 75, 881). **dd) Mißbräuchliche Berufung auf den Ablauf von Aus-** 52 **schlußfristen.** Ist der Berechtigte durch das (nicht vorwerfbare) Verhalten des Verpflichteten von der Wahrung einer (ges oder vertraglichen) Ausschlußfrist abgehalten worden, so ist die Berufung auf den Ablauf der Ausschlußfrist unzulässig (BGH NJW-RR 87, 157). Mit Wegfall des Hindernisses beginnt keine neue Frist zu laufen, jedoch hat der Berechtigte in angemessener Zeit die versäumte Handlung nachzuholen (BGH NJW 93, 1005). Ie ist zwischen den verschiedenen Ausschlußfristen zu unterscheiden (BGH 31, 83; NJW 75, 1698). Bsp: Auf den Ablauf der Frist gem VVG 12 III kann sich der Versicherer nicht berufen, wenn der Versicherungsnehmer die Frist ohne Verschulden versäumt hat (BGH 43, 235); zur Unzulässigkeit der Berufung auf den Ablauf der Frist gem § 626 II bei erbetener Bedenkzeit vgl § 626 Rn 19 ff.

IV. Verwirkung

Lit: Kegel, Verwirkung, Vertrag und Vertrauen, FS Pleyer, 1986, 513; Stauder, Die Verwirkung zivilrechtlicher Rechtspositionen, 1995.

1. Allgemeines. a) Zweck der Verwirkung ist der *Ausschluß der illoyalen Ver-* 53 *spätung der Rechtsausübung* (BGH 92, 187 mN; 105, 256). Die Verwirkung begründet damit – ggf in Ergänzung zu bestehenden Verjährungs- und Ausschlußfristen – eine flexible Ausübungsschranke für Rechte in zeitlicher Hinsicht. **b) Be-** 54 **griff.** Ein Recht (Rn 56) ist verwirkt, wenn es der Berechtigte über einen *längeren Zeitraum* hinweg *nicht geltend macht,* obwohl er dazu in der Lage wäre ("Zeitmoment"), und der Verpflichtete sich mit Rücksicht auf das *gesamte Verhalten des Berechtigten* darauf einrichten *durfte* und *eingerichtet hat,* daß dieser sein Recht auch in Zukunft nicht geltend machen werde ("Umstandsmoment"; vgl BGH 84, 281; 103, 70; 122, 315; 146, 220 mN; dazu ie Rn 59 ff). **c) Grundgedanken.** Die 55 Verwirkung ist ein Unterfall der unzulässigen Rechtsausübung wegen wider-

Vollkommer 179

§ 242 Buch 2. Abschnitt 1. Inhalt der Schuldverhältnisse

sprüchlichen Verhaltens (BGH 84, 284; Kegel, FS Pleyer, 1986, S 523; vgl Rn 58); sie beruht auf dem Gedanken des Vertrauensschutzes (MK/Roth 464; Canaris aaO S 266; sa Rn 61). Der Verwirkungseinwand ist ein „außerordentlicher Rechtsbehelf", der nicht zur Aushöhlung bestehender Verjährungs- und Ausschlußfristen führen darf; er muß auf Ausnahmefälle beschränkt bleiben (BGH NJW-RR 92,
56 1241; SoeSiebert/Knopp, 10. Aufl, 293; ErmWerner 85). **d) Anwendungsbereich.** Der Verwirkung unterliegen grundsätzlich alle (auch rechtskräftig festgestellten) Rechte, Rechtsstellungen und (prozessualen) Befugnisse; Ausnahme: Unterlassungsansprüche gem UKlaG 1 (vgl BGH NJW 95, 1489). Die Grundsätze der Verwirkung gelten in allen Gebieten des Privatrechts (einschr BGH NJW 92, 3295: § 1587 c) und im Arbeitsrecht (Bsp: BAG BB 88, 978 f; Ausnahme: TVG 4 IV 2), ferner auf dem Gebiet des öffentl Rechts (Bsp: OVG Münster NJW 81, 598) einschließlich des Sozial- (BSG NJW 69, 767) und Prozeßrechts (BGH 43, 292; 97, 220; einschr NJW-RR 90, 887; BayObLG DNotZ 94, 184). Bei der Anwendung der Verwirkung ist den Besonderheiten des jeweiligen Rechtsgebiets Rechnung zu tragen. Den Hauptanwendungsbereich der Verwirkung bildeten bish Ansprüche, für die übermäßig lange Verjährungsfristen galten, sowie unbefristete Gestaltungsrechte und Rechtsbehelfe (ie Rn 59). Zeitliche Schranke für die Verwirkung ist die Erfüllung (BGH 92, 187).

57 **2. Abgrenzung. a) Verjährung und Ablauf einer Ausschlußfrist.** Durch das Bestehen einer Verjährungs- oder Ausschlußfrist wird die Verwirkung nicht ausgeschlossen (Rn 53, 59 f). Bei der Verjährung (Befristung) entscheidet allein der Ablauf der fristbestimmten Zeit; dagegen genügt „längerer Zeitablauf" allein für die Verwirkung niemals, stets müssen bes Umstände hinzutreten, die die spätere Geltendmachung des Rechts als gegen Treu und Glauben verstoßend erscheinen lassen (BGH 146, 220 und 225); ist Verjährung schon längere Zeit eingetreten, sind an Verwirkung nur noch geringe Anforderungen zu stellen (Frankfurt MDR 80, 755). Die Rechtsfolgen von Verjährung (§ 214), Befristung (Erlöschen des
58 Rechts) und Verwirkung stimmen nicht überein (Rn 63). **b)** In der *bewußten* langdauernden Nichtausübung eines Rechts kann ein stillschweigend erklärter **Verzicht** liegen (§ 157; strenge Anforderungen: BGH NJW 96, 588 mN; NJW-RR 96, 237); demgegenüber ist die Verwirkung kein rechtsgeschäftlicher Tatbestand (BGH 82, 282) und damit vom Willen des Berechtigten unabhängig (BGH 25, 52); auch die Kenntnis des Rechts (Voraussetzung für einen Verzichtswillen) ist für die Verwirkung nicht unerläßlich (Rn 61 f); maßgebend ist das in der verspäteten Rechtsausübung liegende widersprüchliche Verhalten (Rn 55). **c)** Das Rechtsinstitut der **Erwirkung** bewirkt umgekehrt, daß an sich nicht bestehende Ansprüche zur Entstehung gelangen (vgl Nürnberg NJW 97, 2197). **d)** IGgs zur Verwirkung durch Zeitablauf knüpft die **„Verwirkung"** wegen schwerer Verfehlung an ein früheres mißbilligtes Verhalten **(Treueverstoß)** an (Rn 47).

59 **3. Voraussetzungen. a) Zeitmoment. aa) Zeitablauf.** Seit der Möglichkeit der Geltendmachung des Rechts und seiner tatsächlichen Ausübung muß eine längere Zeitspanne liegen, während der der Berechtigte untätig geblieben ist (Rn 60). Die erforderliche **Dauer des Zeitablaufs** richtet sich nach den Umständen des Einzelfalls (BGH 146, 224 f). Von Bedeutung sind insbes: Art und Bedeutung des Rechts, Art des Rechtsverhältnisses, Intensität des vom Berechtigten geschaffenen Vertrauenstatbestands (Rn 61) und Ausmaß der „Vertrauensinvestitionen" der Gegenpartei (Rn 62). Je kürzer eine bestehende Verjährungs-(Ausschluß-)frist (Rn 57) ist, desto weniger ist idR Raum für eine Verwirkung (BGH 103, 68; NJW 92, 1756); jedoch braucht auch bei (noch) dreißigjähriger Verjährung ein Anspruch nach 28 Jahren noch nicht verwirkt zu sein (BGH WM 71, 1086), andererseits ist bei Ansprüchen mit 6-monatiger Verjährung (vgl § 548 I 1, insbes vor Beginn gem § 548 I 2) Verwirkung nicht ausgeschlossen (BGH JZ 65, 682). Insbes bei Rechten aus Dauerschuldverhältnissen kann eine kurzfristige Ver-

Titel 1. Verpflichtung zur Leistung **§ 242**

wirkung in Frage kommen. Bsp: Ansprüche des Vermieters auf Nebenkosten nach Ablauf der Abrechnungsperiode (vgl BGH 91, 71 f mN; 101, 251; NJW 84, 1684 f); Unterhaltsansprüche (§ 1361 Rn 38 f); allg Gestaltungsrechte (Bsp: § 121; sa § 626 II). **bb) Untätigbleiben des Berechtigten.** Während der Zeitspanne 60 gem Rn 59 darf der Berechtigte sein Recht nicht geltend gemacht haben. Jede in Ausübung des Rechts vorgenommene und zur Rechtswahrung geeignete Handlung schließt **Untätigkeit** (und damit Verwirkung) aus, eine Hemmungshandlung iSv § 204 ist nicht erforderlich. Bsp: Widerspruch, Abmahnung, Rechtsverwahrung (ie MK/Roth 493), Beharren auf Rechtsstandpunkt nach Scheitern von Verhandlungen (BGH NJW 80, 880). Die Untätigkeit ist dem Berechtigten **zuzurechnen,** wenn ihm Schritte zur Rechtswahrung möglich und zumutbar waren und auch von ihm erwartet werden konnten (vgl BVerfG 32, 308 f). Das ist idR der Fall, wenn dem Berechtigten sein Recht (die Rechtsbeeinträchtigung des Verletzers) **bekannt** oder in Folge von **Fahrlässigkeit** unbekannt war (BGH 146, 222 mN, 224, 225, insoweit allgM); uU kann für bestimmte Gestaltungsrechte stets Kenntnis des Rechts bzw seines Grundes erforderlich sein (so für fristlose Kündigung BAG NJW 78, 723; ebenso für Anspruch aus § 826 BGH NJW-RR 89, 1259). Bei unverschuldeter Unkenntnis des Berechtigten von seinem Recht scheidet dagegen eine Verwirkung idR aus (aA wohl hM, vgl PalHeinrichs 94; StSchmidt 551); Ausnahmen können bei sehr langem Zeitablauf und bes schutzwürdigen Vertrauenspositionen des Gegners anzuerkennen sein (BGH NJW 66, 645 obiter). **b) Umstandsmoment. aa) Schutzwürdiges Vertrauen der Ge-** 61 **genpartei.** Die Gegenpartei muß tatsächlich darauf vertraut haben und auch bei verständiger Würdigung aller Umstände darauf vertraut haben dürfen, der Berechtigte wolle und werde sein Recht nicht mehr geltend machen (BGH 146, 222 f); dies kann bei längerer (uU genügt schon ein Jahr) Nichtgeltendmachung von Unterhalt der Fall sein (BGH 103, 70; 105, 256 f); das Unterhaltsrecht als solches kann jedoch nicht verwirkt werden (BGH 84, 284). Auch rechtskräftige Anspruchsfeststellung schließt Entstehung eines Vertrauenstatbestands nicht notwendig aus (Hamm NJW 82, 342 für Räumungsanspruch). Nicht schutzwürdig ist das Vertrauen der Gegenpartei, wenn sie sich selbst unredlich verhalten und dadurch die verspätete Geltendmachung des Rechts veranlaßt hat (BGH 25, 53). **bb) Un-** 62 **zumutbarkeit der verspäteten Rechtsausübung für die Gegenpartei.** Die verspätete Inanspruchnahme muß unter Berücksichtigung aller Umstände des Einzelfalls als eine mit Treu und Glauben nicht zu vereinbarende Belastung erscheinen (MK/Roth 499). Dies ist idR der Fall, wenn die Gegenpartei im Vertrauen auf den Fortbestand des bestehenden Zustands Vermögensdispositionen getroffen hat oder sich sonst auf ihn eingerichtet hat (BGH 67, 68; 122, 315; 137, 76; 146, 223). Bsp: Bish Zustand als Kalkulationsbasis im Mietrecht (LG Mannheim MDR 68, 417); Schaffung eines „wertvollen Besitzstands" im Patent-, Kennzeichen- und Wettbewerbsrecht (vgl BGH 126, 294 f; 146, 222 mN). Sondervorschrift: MarkenG 21 I–III. Im Rahmen der gebotenen umfassenden Abwägung (Bsp: BGH 146, 224 ff) können auch *öffentl Interessen* zu berücksichtigen sein, so die Gewährleistung des Rechtsschutzes (keine Verwirkung des Klagerechts: BGH NJW-RR 90, 887 mN; MK/Roth 90; aA BAG ZIP 88, 1597 mN; Hamm NJW-RR 97, 989) und der Rechtsklarheit (Einschränkung der Verwirkung in Grundbuchsachen: BGH 48, 351; bejahend für § 894 BGH 122, 314 ff), aber auch der Erhaltung des Rechtsfriedens (Verwirkbarkeit unbefristeter Rechtsbehelfe: BVerfG 32, 308 f; BGH 43, 292; befristeter Rechtsbehelfe: BGH NJW-RR 89, 768) sowie überragende Allgemeininteressen (BGH 126, 295).

4. Rechtsfolgen. Die Verwirkung begründet eine inhaltliche Begrenzung des 63 Rechts (BGH 67, 68; vgl allg Rn 33), die iE einem *Rechtsverlust* gleichkommt (vgl Canaris aaO S 3; SoeTeichmann 343), nicht nur eine „Einrede" (SoeTeichmann 343, hM; krit MK/Roth 481). Im Prozeß ist sie *von Amts wegen* zu berücksichtigen (BGH NJW 66, 345; Celle FamRZ 89, 1194; Rn 36). Die **Beweislast** für

§ 243 Buch 2. Abschnitt 1. Inhalt der Schuldverhältnisse

ihre Voraussetzungen, insbes die längere Untätigkeit des Berechtigten trifft die Gegenpartei (BGH NJW 58, 1188), den Berechtigten eine gesteigerte Darlegungs-(nicht Beweis-)last hinsichtlich rechtswahrender Handlungen (Baumgärtel/Strieder 10).

§ 243 Gattungsschuld

(1) Wer eine nur der Gattung nach bestimmte Sache schuldet, hat eine Sache von mittlerer Art und Güte zu leisten.

(2) Hat der Schuldner das zur Leistung einer solchen Sache seinerseits Erforderliche getan, so beschränkt sich das Schuldverhältnis auf diese Sache.

Lit: Ernst, Die Konkretisierung in der Lehre vom Gattungskauf, GS Knobbe-Keuk, 1997, S 49; Lemppenau, Gattungsschuld und Beschaffungspflicht, 1972.

1 1. **Allgemeines. a) Bedeutung.** Teilregelung der häufig vorkommenden **Gattungsschuld** (I: Rn 7; II: Rn 9 ff); ergänzend greifen (noch) ein: §§ 300 II, 524 II, 2155, 2182 f; HGB 360, 373 ff; durch das SchRModG aufgehoben wurden die §§ 279, 480 aF. Beim Kauf hat die Abgrenzung zur Stückschuld (Rn 4) nach
2 der Rechtsangleichung (Rn 7) an Bedeutung verloren. **b) Anwendungsbereich.** § 243 gilt **unmittelbar** bei Sachleistungsschulden, insbes Gattungskauf und Handelskauf (HGB 373); **entspr** bei Rechtsverschaffung (Bsp: Abtretung von Kundenforderungen), Gattungsmiete (Bsp: Bestellung eines Hotelzimmers; Leasingvertrag), Dienst-, Werk- (Bsp: Schönheitsreparaturen, BGH 105, 78; ie StSchiemann 46 ff) und Reiseleistungen (BGH 100, 174).

3 2. **Gattungsschuld. a) Begriff:** Schuldverhältnis, bei dem der Leistungsgegenstand (idR eine Sache oder eine Mehrheit von Sachen, I; vgl aber Rn 2) nur **gattungsmäßig** festgelegt, ein konkretes Leistungsobjekt aber noch nicht geschuldet ist (Schuld mit unbestimmtem Leistungsgegenstand; zur Konkretisierung vgl Rn 9 ff). **Gattung** *(genus)* ist die durch gemeinschaftlich gefaßte Merkmale (zB Sorte, Type, Serie, sonstige **Qualifikation**) zusammengefaßte Sachgruppe. Bsp für Gattungsschuld: Lieferung eines fabrikneuen Pkw eines bestimmten Typs. Die Bestimmung der Gattung und ihres Umfanges (dazu Rn 8) obliegt den Parteien (subj Maßstab; BGH NJW 89, 219); sonst entscheidet die Verkehrsauffassung (BGH NJW 84, 1955). Die Gattungsschuld ist idR auf Leistung vertretbarer Sachen (§ 91) gerichtet (Bsp: Lieferung von Handelsware), jedoch nicht notwendig, da Vertretbarkeit einer Sache Frage der Verkehrsüblichkeit (obj Maßstab entscheidet, § 91 Rn 1 ff). Bsp einer Gattungsschuld über nicht vertretbare Sache: Beschaffung von
4 Grundstücksparzelle in X mit Seeblick. **b) Abgrenzung.** Gegensatz zur Gattungsist die **Stück-**(Spezies-)**schuld**, bei der ein individuell bestimmter einzelner Gegenstand oder eine Sachgesamtheit geschuldet ist. Bsp: Gebrauchter Pkw nach Besichtigung; gesamter Vorrat (Rn 8); Auslegungsfrage bei „rollender" Ware (vgl München NJW 57, 1801). Übergang der Gattungs- in Stückschuld: Rn 9 ff. Bei der **Wahlschuld** (§§ 262–265) sind mehrere unterschiedliche Leistungen, die auch gattungsmäßig bestimmt sein können (§ 262 Rn 1), geschuldet, während die Gattungsschuld auf eine gleichartige Leistung gerichtet ist (Rn 7). Die **Geldschuld**
5 (§§ 244, 245) ist reine Wertschuld (vgl §§ 244, 245 Rn 6). **c) Arten. aa)** Die **marktbezogene Gattungsschuld** (dazu Ballerstedt, FS Nipperdey, 1955, 272) ist **Beschaffungsschuld.** Befreiung des Schuldners idR nur, wenn die gesamte Gattung untergeht (selten: „*genus perire non censetur*"); Grund: Übernahme des Beschaffungsrisikos (s § 276 I 1 aE).**bb)** Bei der **beschränkten Gattungsschuld** (Vorratsschuld) ist auch nur aus einem bestimmten Vorrat zu leisten (ie
6 Rn 8). **d) Inhalt. aa) Allgemeines.** Der Gattungsschuldner hat ein Auswahlrecht (Grenzen: Rn 7) und bis zur Erfüllung ein Dispositionsrecht hinsichtlich des konkreten Leistungsgegenstandes (Rn 11); andererseits wird er bis zur Konkretisierung (II) bei zufälligem Untergang der zur Erfüllung vorgesehenen Sache nicht frei, da

Titel 1. Verpflichtung zur Leistung　　　　　　　　　　　　　　**§ 244**

es noch an einem geschuldeten bestimmten Leistungsobjekt fehlt (Rn 3, 10).
bb) Leistungspflicht (I). Der Schuldner hat aus der vereinbarten Gattung man- 7
gelfreie Sachen mittlerer Art und Güte auszuwählen (sa HGB 360). Abw Qualitätsvereinbarungen sind möglich, zB „prima Ware", „Ramschware" uä. Bei Abweichung von Gütemerkmalen nach unten wie auch von Gattungs-(Qualifikations-)merkmalen keine vertragsmäßige Leistung; Rechte des Gattungskäufers bei Qualitäts- oder Qualifikationsmangel: §§ 434 III, 437 Nr 1, 439 I, 2. Alt. Der Anspruch auf Lieferung mangelfreier Ware besteht auch nach Annahme in Unkenntnis des Mangels (vgl BGH 142, 39). Grund: Keine Konkretisierung (s Rn 9).

3. Die **beschränkte Gattungsschuld** (Vorratsschuld; Rn 5 [bb]) ist Gattungs- 8
schuld iSv Rn 3, doch ist der Umfang der Gattung, aus der der Schuldner zu leisten hat, in dem Verpflichtungsgeschäft auf einen bestimmten Vorrat beschränkt (kein Fall von § 276 I 1 aE). IZw anzunehmen, wenn der Produzent Schuldner der Ware ist (RG 88, 288). Bsp: Kohlen aus einer bestimmten Zeche (Karlsruhe JZ 72, 121), landwirtschaftliche Erzeugnisse eines bestimmten Gutes, Produkte mit Markennamen(-zeichen) oder einer Unternehmensgruppe (vgl Westermann JA 81, 599), ferner erlaubte Sammelsendungen (Hönn AcP 177, 396, 416, str). **Keine** beschränkte Gattungsschuld liegt vor, wenn der gesamte Vorrat geschuldet ist (Speziesschuld über Sachgesamtheit) oder wenn empfangene Geldbeträge oder Gutschriften auf Girokonten (zB gem §§ 667, 818 I, II) herauszugeben sind (reine Herausgabeschuld, zT verkannt in BGH 83, 301; sa § 270 Rn 2). Bsp: Verkauf der gesamten Ernte. Bei unverschuldetem **Untergang** des gesamten Vorrats wird der Schuldner frei (§ 275 I), ein Beschaffungsrisiko (vgl § 276 I 1 aE) trifft ihn nicht. Bei teilw Untergang des Vorrats steht dem Schuldner das Recht zu, die Forderungen seiner Gläubiger anteilig zu kürzen (RG 84, 125; Lemppenau aaO S 81, str; nach Ernst aaO S 97 ff uU quotenmäßige Gefahr- und Verlustbeteiligung).

4. Konkretisierung (II). a) Voraussetzungen. Unerläßlich sind Auswahl, 9
Aussonderung und Angebot einer den Anforderungen des I (Rn 7) entspr Sache. Iü ist nach der erforderlichen Leistungshandlung des Schuldners (s § 269 Rn 1) zu unterscheiden: bei Bringschuld ist körperliches Angebot beim Gläubiger erforderlich, bei Schickschuld (§ 447) Versendung der Sache (Köln NJW 95, 3128), bei Holschuld Ausscheidung und Benachrichtigung oder Aufforderung des Gläubigers zur Abholung (Larenz, SchR I, § 11 I; arg § 300 II krit Ernst aaO S 83 ff: Annahmeverzug erforderlich). **b) Rechtsfolgen. aa) Gefahrübergang.** Mit der Kon- 10
kretisierung wird die Gattungsschuld (vorläufig: Rn 11) zur Stückschuld, dh die **Leistungsgefahr** geht gem § 275 I auf den Gläubiger über. Spätester Zeitpunkt des Gefahrübergangs, auch bei noch nicht eingetretener Konkretisierung (s § 300 Rn 4), ist Annahmeverzug, § 300 II. Für Gegenleistungs-(Preis-)gefahr gelten §§ 326 I, 447. **bb) Rückgängigmachung.** Die Konkretisierung wirkt nur zu- 11
gunsten des Schuldners, bindet ihn aber nicht (StSchiemann 42 f; Hager AcP 190, 332; iE auch Ernst aaO S 97, 102 ff, str; aA Köln NJW 95, 3129; van Venrooy WM 81, 890 ff mN; offen geblieben in BGH BB 65, 349). Verfügt er aber über die ausgeschiedene und konkretisierte Ware, lebt Gattungsschuld idR wieder auf (StSchiemann 39 ff; iE auch Ernst aaO S 97), macht sich aber uU (zB nach Versandanzeige) ersatzpflichtig (vgl §§ 280, 282, 241 II).

§ 244 Fremdwährungsschuld

(1) Ist eine in einer anderen Währung als Euro ausgedrückte Geldschuld im Inland zu zahlen, so kann die Zahlung in Euro erfolgen, es sei denn, dass Zahlung in der anderen Währung ausdrücklich vereinbart ist.

(2) Die Umrechnung erfolgt nach dem Kurswert, der zur Zeit der Zahlung für den Zahlungsort maßgebend ist.

§ 245 Geldsortenschuld

Ist eine Geldschuld in einer bestimmten Münzsorte zu zahlen, die sich zur Zeit der Zahlung nicht mehr im Umlauf befindet, so ist die Zahlung so zu leisten, wie wenn die Münzsorte nicht bestimmt wäre.

§ 2 Preisangaben- und Preisklauselgesetz

(1) Der Betrag von Geldschulden darf nicht unmittelbar und selbsttätig durch den Preis oder Wert von anderen Gütern oder Leistungen bestimmt werden, die mit den vereinbarten Gütern oder Leistungen nicht vergleichbar sind. Das Bundesministerium für Wirtschaft kann auf Antrag Ausnahmen genehmigen, wenn Zahlungen langfristig zu erbringen sind oder besondere Gründe des Wettbewerbs eine Wertsicherung rechtfertigen und die Preisklausel nicht eine der Vertragsparteien unangemessen benachteiligt. Der Geld- und Kapitalverkehr, einschließlich der Finanzinstrumente im Sinne des § 1 Abs. 11 des Kreditwesengesetzes sowie die hierauf bezogenen Pensions- und Darlehensgeschäfte, bleibt vom Indexierungsverbot ausgenommen. Desgleichen bleiben Verträge von gebietsansässigen Kaufleuten mit Gebietsfremden vom Indexierungsverbot ausgenommen.

(2) Die Bundesregierung wird ermächtigt, durch Rechtsverordnung ohne Zustimmung des Bundesrates

1. *die Voraussetzungen näher zu bestimmen, unter denen Ausnahmen vom Preisklauselverbot nach Absatz 1 Satz 2 einzeln oder allgemein genehmigt werden können, oder solche Ausnahmen festzulegen,*
2. *die Ausnahmen nach Absatz 1 Satz 3 und 4 für bestimmte Arten von Rechtsgeschäften aus Gründen des Verbraucherschutzes zu begrenzen und*
3. *statt des Bundesministeriums für Wirtschaft eine andere Bundesbehörde zu bestimmen, die für die Erteilung dieser Genehmigung zuständig ist.*

Gem Art 16 EuroEG in Kraft seit 1. 1. 1999. Gleichzeitig in Kraft getreten ist die Preisklauselverordnung (PrKV) vom 23. 9. 1998 (BGBl I, S 3043).

Anmerkungen zu den §§ 244, 245

1 **1. Allgemeines. a) Bedeutung.** Die am häufigsten vorkommende **Geldschuld** ist im BGB nicht allg geregelt. §§ 244, 245 betreffen nur die Fremdwährungsschuld (Rn 6–11) und Geldsortenschuld (Rn 6). Das SchRModG hat ohne sachliche Änderung § 244 an die Euro-Umstellung (Rn 5) angepaßt. Weitere Vorschriften enthalten zB §§ 251, 253, 270, 288, 488; ZPO 803 ff; InsO 45, PaPkG 2,
2 PrKV (dazu Rn 18–27). **b) Geld. aa) Begriff.** Geld iSd **Geldschuld** (Rn 6–11) ist in Währungseinheiten ausgedrückte abstrakte Vermögensmacht (SoeTeichmann § 244, 4). Verkörpertes Geld *(Bargeld)* sind die Geldzeichen (Banknoten, Münzen) der Euro- oder einer anderen Währung (vgl § 244), nicht verkörpertes Geld jederzeit verfügbare Bankguthaben **(Buchgeld).** Letzteres wird dem verkörperten weitgehend gleichbehandelt (vgl zB § 270 Rn 4 und allg Larenz, SchR I, § 12 I aE; BGH WM 84, 946). **Geld** iSd **Währungsrechts** sind nur diejenigen (verkörperten) Geldzeichen, die kraft staatlicher Anordnung zur Schuldtilgung angenommen
3 werden müssen **(gesetzliches Zahlungsmittel;** dazu Rn 5). **bb) Wirtschaftliche Bedeutung.** Geld ist **allg Tauschmittel** zur Erlangung von Gütern und Dienstleistungen aller Art und damit zugleich **allg Wertmaßstab** und allg Wertausdrucksmittel (Rechnungseinheit). Im Rahmen von Geldgeschäften iwS (zB § 488) ist das Geld Mittel der Wertbewahrung und Wertübertragung, bei Erfüllung
4 ges Geldschulden (zB Unterhalt, Schadensersatz) **Zahlungsmittel ieS. cc) Wert.** Der **Nennwert** ist nur staatliche Kennzeichnung des Geldzeichens (Rn 2), kein Wert im wirtschaftlichen Sinn. Der **Außenwert** des Geldes ergibt sich aus seinem Verhältnis zu anderen Zahlungsmitteln **(Valutakurs),** der **Binnenwert** des Geldes im Währungsgebiet entspricht seiner **Kaufkraft.**
5 **2. Euro-Währung.** Seit dem 1. 1. 2002 ist der Euro in der Bundesrepublik (und den Ländern der Währungsunion) ges Zahlungsmittel. Die Euro-Währung gilt bereits seit dem 1. 1. 1999; in der Übergangszeit bis zum 31. 12. 2001 galt die DM als eine (nicht-dezimale) Untereinheit des Euro. **Rechtsgrundlagen** der Euro-Einführung sind: Die VO (EG) Nr 1103/97 vom 17. 6. 1997 über bestimmte Vorschriften im Zusammenhang mit der Einführung des Euro **(Euro-VO I);** die

Titel 1. Verpflichtung zur Leistung **§ 245**

VO (EG) Nr 974/98 vom 3. 5. 1998 über die Einführung des Euro (**Euro-VO II**); die VO (EG) Nr 2866/98 vom 31. 12. 1998 über die Umrechnungskurse zwischen dem Euro und den Währungen der Mitgliedstaaten, die den Euro einführen (**Euro-VO III**); hinzu kommen (ab 9. 6. 1998) zahlreiche EuroEG (zuletzt das 10. EuroEG vom 15. 12. 2001, BGBl I, 3762). Alle auf DM lautenden „Rechtsinstrumente" (Ges, Verträge, Urteile usw) werden zum 1. 1. 2002 auf Euro umgerechnet (Art 14 Euro-VO II). Der Umrechnungskurs beträgt 1,95583 DM = 1 Euro (Euro-VO III). Die Anpassung des deutschen Rechts an den Euro ist durch die zehn Euro-Einführungsgesetze im wesentlichen abgeschlossen. Als bloße Währungsumstellung begründet die Einführung des Euro keinen Wegfall der Geschäftsgrundlage (sa § 313 Rn 38), es gilt der Grundsatz der **Vertragskontinuität** (Art 3 Euro-VO I; DÜG 4). Auswirkungen der Euro-Umstellung auf die **Wertsicherung** von Geldforderungen: Rn 18–27.

3. Geldschuld. a) Allgemeines. aa) Begriff. Geldschuld ist das auf Geld (Rn 2) als Leistungsobjekt gerichtete Schuldverhältnis. **bb) Rechtsnatur.** Die Verpflichtung des Geldschuldners besteht in der Verschaffung der durch das Geld vermittelten abstrakten Vermögensmacht (vgl Rn 2), die Geldschuld ist daher **Wert-**(verschaffungs-)**schuld** (auch im Fall der Rn 9 ff), nicht Sachschuld und damit auch **keine** Gattungsschuld (Larenz, SchR I, § 12 III; StKSchmidt Vorbem C 7, str; teilw aA Fülbier NJW 90, 2797; unklar BGH 83, 300). Die *unechte Geldsortenschuld* (§ 245) ist echte Geldschuld mit der Besonderheit, daß die Erfüllung in einer bestimmten Geldsorte zu erfolgen hat (vgl aber Rn 10). **cc) Abgrenzung. Keine** Geldschuld liegt vor, wenn individuell (dann Stückschuld) oder der Art nach (dann Gattungsschuld; sog echte Münzsortenschuld) bestimmte Münzen oder Banknoten geschuldet sind. Bsp: Ankauf bestimmter Münzen oder Münzen bestimmter Sorte durch Sammler; auf Geld (Guthaben) gerichtete Herausgabeansprüche, zB gem §§ 667, 818 I, II (s § 270 Rn 2; anders für §§ 818 IV, 819 I BGH 83, 300, krit Wilhelm AcP 183, 10 f). **dd) Arten.** Nach der Art der betragsmäßigen Fixierung unterscheidet man die *Geldsummen-* (Rn 9 ff) und die *Geldwertschuld* (Rn 11); nach der Art der geschuldeten Währung Euro- und *Fremdwährungsschulden* (Rn 12 ff). **b) Geldsummenschuld** (Geldbetragsschuld). **aa)** Bei ihr (normale Geldschuld) ist die geschuldete Geldleistung ausschließlich summen- (betrags-)mäßig in Währungseinheiten festgelegt. Bsp: Kaufpreis- (§ 433 II) oder Darlehensschuld (§ 488 I) sowie ges Rückzahlungspflichten (BGH 101, 306 f mN). Gegensatz: Bestimmung des Schuldbetrags durch *außermonetäre* Faktoren (dazu Rn 11). Die Leistungspflicht des Geldsummenschuldners richtet sich nur nach dem **Nennbetrag** der Schuld (Grundsatz des schuldrechtlichen **Nominalismus;** vgl BGH 79, 194 mN; StKSchmidt Vorbem D 20 ff; sa Rn 18), **nicht** nach dem (zZ der Tilgung uU veränderten) inneren Wert des Geldbetrags (dafür der – nur ausnahmsweise für einzelne Geldschulden anzuerkennende – **Valorismus;** dazu neigend v. Maydell, Geldschuld und Geldwert, 1974, S 105 ff). Konsequenz: Der Geldgläubiger trägt das Entwertungsrisiko; Abhilfe: Vertragliche Wertsicherung von Geldschulden (Rn 18 ff), uU Anpassung gem § 313. **bb) Rechtliche Behandlung:** Die Vorschriften über Sachschulden (Wegfall der Leistungspflicht) sind unanwendbar, auch bei der unechten Geldsortenschuld (Nebenbestimmung entfällt: § 245); nach dem Grundsatz der unbeschränkten Vermögenshaftung (vgl § 241 Rn 19) folgt, daß der Schuldner für seine finanzielle Leistungsfähigkeit stets einzustehen hat (§ 276 I 1: „Inhalt des Schuldverhältnisses"). Zahlungsverzug ist daher immer zu vertreten (§ 286 IV). Auf Geldschuld entspr anwendbar ist § 300 II (Larenz, SchR I, § 25 II b). **c) Geldwertschuld.** Bei ihr wird nicht ein bestimmter Nennbetrag, sondern eine aufgrund anderer Faktoren (zB Lebensbedarf des Gläubigers; Wert von Gegenständen oder Vermögenskomplexen) zu ermittelnde Geldsumme geschuldet. Bsp: Unterhaltsansprüche, Ansprüche auf Schadensersatz, Wertersatz (zB gem § 818 II), Aufwendungsersatz, Entschädigung wegen Enteignung (GG 14 III) oder enteignungsgleichen Eingriffs

6

7

8

9

10

11

§ 245   Buch 2. Abschnitt 1. Inhalt der Schuldverhältnisse

(BGH 11, 165), Pflichtteil (BGH 65, 75) und Zugewinnausgleich. Geldwertschulden sind bis zu ihrer betragsmäßigen Fixierung (Vertrag, Urteil) – uU auch darüber hinaus (ZPO 323 und § 313) – von Natur aus wertbeständig (vgl BGH 79, 194; Kollhosser JA 83, 51).

12   **4. Fremdwährungsschuld,** auch **Valutaschuld (§ 244). a) Allgemeines. aa) Begriff:** Geldschuld (Rn 6 ff), bei der die geschuldete Leistung nach dem **Inhalt des Vertrags** in anderer Währung als Euro bezeichnet ist (BGH 101, 302). Bloße Abrede über die **Art der Zahlung** genügt nicht. Ab dem 1. 1. 2002 ermöglicht § 244 I eine Zahlung von Geldschulden anderer Währung (Rn 16) in
13   Euro-Währung. **bb) Arten.** Danach, ob die ausländische Währung effektives Zahlungsmittel oder nur Bestimmungsmaßstab der Schuld ist, unterscheidet man (eingehend StKSchmidt § 244, 13 ff) echte (Rn 15) und unechte Valutaschulden
14   (Rn 16 f). **cc) Abgrenzung.** Sicherung durch eine Fremdwährungsklausel (sa u dd) ändert an reiner Euro-Schuld nichts. **dd) Schranken.** Eine Genehmigungspflicht für die Eingehung von Fremdwährungsschulden besteht seit dem Wegfall von WährG 3 S 1 (vgl EuroEG Art 9 § 1) am 1. 1. 1999 nicht mehr. Vor dem 1. 1. 1999 geschlossene, ungenehmigte Verträge sind nach dem Wegfall des Genehmigungserfordernisses endgültig wirksam (sa § 134 Rn 6). Wurde die Genehmigung vor dem 1. 1. 1999 versagt, so bleiben die Verträge ungültig. **ee) Umwandlung** durch Vereinbarung in Euro-Schuld ist möglich, uU durch ergänzende
15   Vertragsauslegung, sa § 157 Rn 2 ff. **b) Echte (effektive) Valutaschuld.** Sie ist nicht nur in ausländischer Währung ausgedrückt, sondern auch nur durch Zahlung in ausländischer Währung zu erfüllen. Echte Valutaschuld ist iZw anzunehmen, wenn die Schuld außerhalb der Währungsunion gezahlt werden soll (Erfüllungsort dort), oder bei ausdrücklicher Vereinbarung, zB der Klauseln „effektiv",
16   „zahlbar in". § 244 I ist insoweit unanwendbar. **c) Unechte (einfache) Valutaschuld. aa) Begriff (§ 244 I).** Sie lautet zwar auf eine andere Währung, kann aber wahlweise (Ersetzungsbefugnis nur des Schuldners: BGH 104, 272; Köln WM 97, 2031) in ausländischer oder Euro-Währung getilgt werden (BGH 104, 274), auch durch Aufrechnung (KG NJW 88, 2181). IZw ist eine unechte Valutaschuld anzunehmen, wenn die Schuld im Inland (§ 244 I) oder im Gebiet der Währungsunion zu zahlen ist. Maßgebend ist der Erfüllungsort (LG Braun-
17   schweig NJW 85, 1169). **bb) Umrechnung (§ 244 II).** Maßgebend ist der Kurswert am Zahlungsort zZ der **tatsächlichen** Zahlung (BGH WM 93, 2012), nicht der Fälligkeit (RG 101, 313), bei der Aufrechnung der zZ des Zugangs der Aufrechnungserklärung (RG 167, 63; StSchmidt § 244, 50 mN), im Insolvenzverfahren der am Tag der Verfahrenseröffnung (Köln WM 88, 1650). § 244 II gilt **nicht** für Wertschulden (Rn 11). **Besonderheiten** gelten bei der Umrechnung von Unterhaltsschulden (s BGH FamRZ 87, 372; LG Düsseldorf DGVZ 89, 140; StKSchmidt § 244, 33 ff).

18   **5. Wertsicherung von Geldschulden. a) Begriff. Wertsicherungsklauseln** sind Vereinbarungen, durch die eine Geldschuld (Rn 6 ff) wertbeständig gemacht werden soll (BGH NJW 75, 105). **b) Bedeutung.** Wertsicherungsklauseln dienen der Absicherung des Geldgläubigers (insbes einer Nennbetragsschuld) gegen Verluste aus einem Kaufkraftschwund der Währung (ie Rn 20–27). **c) Zulässigkeit.** Bisher enthielt der – durch EuroEG Art 9 § 1 aufgehobene – WährG 3 S 2 aus währungspolitischen Gründen ein Indexierungsverbot mit Erlaubnisvorbehalt. Da solche Klauseln auch Auswirkungen auf die nationale Wirtschaft, die Preisstabilität und den Verbraucherschutz haben können, stellt nunmehr das **Preisangaben- und Preisklauselgesetz (PaPkG)** bestimmte Wertsicherungsklauseln unter ein *repressives Verbot mit Ausnahmevorbehalt* **(Indexierungsverbot);** Abdruck oben vor Rn 1. Die aufgrund PaPkG 2 II erlassene **Preisklauselverordnung (PrKV)** von 23. 9. 1998 (BGBl I S 3043) regelt die Voraussetzungen und die Ausnahmen vom Indexierungsverbot. Bsp für Ausnahme: Indexmiete (§ 557 b). Eine Anpassung ohne vertragliche Vereinbarung ist möglich bei Betriebsrenten

186   *Vollkommer*

Titel 1. Verpflichtung zur Leistung **§ 245**

nach der Sondervorschrift des BetrAVG 16 sowie allg nach § 313. **d) Arten.** 19
Man unterscheidet nach dem Genehmigungserfordernis (PaPkG 2 I 2) genehmigungsfreie (Rn 20 ff) und genehmigungsbedürftige (Rn 25 ff) Wertsicherungsklauseln. In den Anwendungsbereich von PaPkG 2 fallen nämlich – in Anlehnung an die BGH-Rechtsprechung zu WährG 3 S 2 – nur Klauseln, durch die der Betrag von Geldschulden „unmittelbar und selbsttätig" durch den Preis oder Wert von anderen Gütern oder Leistungen bestimmt wird (PaPkG 2 I S 1). Die Klausel muß zu einer **automatischen Anpassung** – ohne ein Zutun der Beteiligten – führen (BT-Dr 13/10334). Genehmigungsfrei hingegen sind Wertsicherungsklauseln, die eine Anpassungsverpflichtung oder ein Anpassungsrecht begründen. Die automatisch wirkenden Spannungs- und Kostenelementeklauseln (PrKV 1 Nrn 2 u 3; sa Rn 21, 22) nimmt PrKV 1 von der Genehmigungspflicht aus.

6. Genehmigungsfreie Wertsicherungsklauseln. a) Leistungsvorbehalts- 20
klauseln. aa) Begriff: Klauseln, die hinsichtlich des Ausmaßes der Änderung des geschuldeten Betrags einen Ermessensspielraum lassen, der es ermöglicht, die neue Höhe der Geldschuld nach Billigkeitsgrundsätzen zu bestimmen (PrKV 1 Nr 1). Der Inhalt des Leistungsvorbehalts (Voraussetzung, Maßstab) ist ggf durch Auslegung zu bestimmen (BGH NJW 92, 2088). **Abgrenzung:** IGgs zur genehmigungsbedürftigen Gleitklausel (Rn 23) fehlt eine Anpassungsautomatik (BGH 63, 136; NJW 67, 830). Zur Änderung der Leistungspflicht bedarf es (formell) eines bes bestimmenden Rechtsakts; auch muß bei der Anpassung der geschuldeten Leistung (materiell) ein ausreichender Ermessensspielraum bestehen, der die Berücksichtigung von „Billigkeitsgrundsätzen" zuläßt (BGH MDR 76, 571). **bb) Anpassungsvoraussetzungen.** Die Änderung der Bezugsgröße darf nur die Voraussetzung der Neufestsetzung, nicht aber alleiniger Anpassungsmaßstab sein (BGH BB 77, 619). „Erhebliche" oder „wesentliche Veränderung der wirtschaftlichen Verhältnisse" ist idR bei einem Ansteigen der Lebenshaltungskosten um mehr als 10% anzunehmen (BGH NJW 95, 1360), „nachhaltige" bei entspr Änderung um mehr als 20% (BGH NJW 92, 2088). **cc) Zeitpunkt der Anpassung.** IZw (§§ 157, 242) Zugang der Anpassungserklärung (BGH 81, 146; NJW 78, 154) oder Erlaß des sie ersetzenden Urteils (§ 319; BGH 81, 146 mN); zu den Anforderungen an die Bestimmtheit der Erklärung: BGH NJW 74, 1464 mit Anm Bilda S 1947. Haben die Parteien einem Sachverständigen die Anpassung übertragen, so ist dieser iZw Schiedsgutachter, nicht Schiedsrichter (Bulla BB 76, 389; JuS 76, 20; sa § 317 Rn 5). **b) Spannungsklauseln. Begriff:** Klauseln, bei denen 21
die in ein Verhältnis zueinander gesetzten Güter oder Leistungen im wesentlichen gleichartig oder zumindest vergleichbar sind (PrKV 1 Nr 2). **Abgrenzung** zur genehmigungsbedürftigen Gleitklausel: Verknüpfung der Geldschuld mit dem Preis oder Wert von „anderen", dh **andersartigen** Gütern und Leistungen (vgl PaPkG 2 I 1). **Bsp:** Genehmigungsfrei ist die Bindung von Gehalt oder Ruhegehalt an die Entwicklung der Beamtenbesoldung (BGH NJW 74, 273; 80, 1741) oder der Tarifgehälter (BAG DB 77, 503); Bindung von Miet- und Pachtzinsen an die Preisentwicklung für vergleichbare Räume (BGH NJW 76, 422), **nicht** aber an die Entwicklung eines Beamtengehalts (BGH NJW 83, 1010). **Auslegung:** Die vereinbarte Vergleichsgröße (zB Beamtengehalt, Tariflohn) ist idR auch dann maßgebend, wenn ihre spätere Veränderung mit dem tatsächlichen Kaufkraftschwund nicht übereinstimmt (BGH NJW 71, 835; 74, 274; 75, 105). **c) Kosten-** 22
elementeklauseln. Begriff: Klauseln, nach denen der geschuldete Betrag insoweit von der Entwicklung der Preise oder Werte für Güter oder Leistungen abhängig gemacht wird, als diese die Selbstkosten (zB Lohn- und Materialkosten) des Gläubigers bei der Erbringung der Gegenleistung unmittelbar beeinflussen (PrKV 1 Nr 3). Solche Klauseln sind **genehmigungsfrei** wirksam, soweit lediglich eine Überwälzung von effektiv entstandenen Mehrkosten auf den Schuldner vereinbart ist. Iü sind bei Vereinbarung von Preisvorbehalten in AGB die Schran-

Vollkommer 187

§ 245 Buch 2. Abschnitt 1. Inhalt der Schuldverhältnisse

ken gem §§ 309 Nr 1, 310 iVm § 307 zu beachten (ie Matusche/Beckmann ZIP 89, 1198 ff).

23 **7. Genehmigungsbedürftige Wertsicherungsklauseln. a) Anwendungsbereich.** Nur solche Klauseln sind gem PaPkG 2 I genehmigungsbedürftig, durch die der Schuldbetrag unmittelbar durch eine andersartige (vertragsfremde) Bezugsgröße (zB Index, Beamtengehalt) fest „bestimmt" wird, so daß bei Änderung der Vergleichsgröße sich der Schuldbetrag automatisch „selbsttätig", dh ohne Zutun der Parteien – ändert (**Gleitklausel;** vgl BGH 53, 318; 63, 134; 105, 246).

24 **b) Bereichsausnahmen. aa) Geld- und Kapitalverkehr.** Ausdrücklich ausgenommen vom Indexierungsverbot sind der Geld- und Kapitalverkehr, einschließlich der Finanzierungsinstrumente iS des KWG 1 XI sowie die hierauf bezogenen Pensions- und Darlehensgeschäfte (PaPkG 2 I 3). Indexierungsklauseln sind zB zulässig in Schuldverschreibungen, Schatzbriefen und ähnlichen Finanzierungsinstrumenten (Schmidt-Räntsch NJW 98, 3166). Genehmigungsbedürftig sind jedoch aufgrund des Vorbehalts in PrKV 6 S 1 Kreditverträge mit Verbrauchern iSv § 491. **bb) Außenhandelsgeschäfte.** Keiner Genehmigung bedürfen Klauseln in Verträgen von gebietsansässigen Kaufleuten mit Gebietsfremden (PaPkG 2 I 4). Grund: Verhinderung von Wettbewerbsnachteilen. Gebietsfremd sind alle jur und natürlichen Personen mit Sitz außerhalb Deutschlands (Schmidt-Räntsch aaO). Der Begriff „Kaufmann" ist weit auszulegen; erfaßt werden auch Nichtkaufleute, die gewerblich tätig werden, und Freiberufler (Schmidt-Räntsch aaO). **cc) Wohnraummietverträge** (s dazu oben Rn 18 [c]). **dd) Sonstige Gebäudemietverträge.** Unter den Voraussetzungen des PrKV 4 I sind Preisklauseln in Mietverträgen über sonstige Gebäude oder Räume nicht genehmigungsbedürf-

25 tig; sie „gelten" als genehmigt. **c) Genehmigungsvoraussetzungen. aa) Allgemeines.** Die Preisklausel ist nur genehmigungsfähig, wenn sie **hinreichend bestimmt** (PrKV 2 I) ist und keine Vertragspartei **unangemessen benachteiligt** (PaPkG 2 I 2; PrKV 2 II). Eine unangemessene Benachteiligung liegt idR bei sog Einseitigkeitsklauseln (vgl PrKV 2 II Nr 1) und bei Klauseln, die zu einer überproportionalen Änderung der Geldschuld führen können (PrKV 2 II Nr 2), vor. I ü unterliegen genehmigungspflichtige Gleitklauseln den §§ 307, 310 (vgl Schmidt-Räntsch NJW 98, 3166). **bb) Langfristige Verträge** (PaPkG 2 I 2; PrKV 3). „Langfristig" ist – entspr den früheren Grundsätzen der BBank – eine Zahlung zu erbringen, wenn der Gläubiger für mindestens zehn Jahre auf das Recht zur ordentlichen Kündigung verzichtet oder der Schuldner die Vertragsdauer für mindestens zehn Jahre verlängern kann (sa PrKV 3 I Nr 1). Eine solche Preisklausel ist „insbesondere" dann genehmigungsfähig, wenn sie sich auf eine der in PrKV 3 I 2 genannten Bezugsgrößen bezieht. **cc) Besondere Gründe des Wettbewerbs** (PrKV 5). Solche „besonderen Gründe" können darin liegen, daß in anderen Ländern Verträge mit Indexierungen zugelassen sind und dieser Umstand dazu führt, daß deutsche Unternehmen Vertragspartner verlieren oder das deutsche Recht

26 nicht mehr vereinbaren können (BT-Dr 13/10334). **d) Zuständigkeit.** Für die Erteilung der Genehmigung zuständig ist nun das Bundesamt für Wirtschaft (früher: BBank; s PaPkG 2 II Nr 3, PrKV 7). **e) Rechtsfolgen bei fehlender, versagter und erteilter Genehmigung.** Bis zur Erteilung der Genehmigung ist die Klausel – iZw nicht auch das Gesamtgeschäft, § 139 gilt insoweit nicht (BGH

27 63, 136; NJW 83, 1910) – schwebend unwirksam (BGH 101, 303 f). **f) Alte Genehmigungen.** Nach WährG 3 S 2 bereits erteilte Genehmigungen gelten nach dem 1. 1. 1999 fort (PrKV 8 S 1). Eine (zusätzliche) Genehmigung nach PaPkG 2 I ist nicht erforderlich (Schmidt-Räntsch NJW 98, 3166). Im übrigen werden nicht erledigte Genehmigungsanträge auf das Bundesamt für Wirtschaft übergeleitet (PrKV 8 S 2). Wurde die Genehmigung vor dem 1. 1. 1999 versagt, so bleiben die Klauseln ungültig.

Titel 1. Verpflichtung zur Leistung **§ 246**

§ 246 Gesetzlicher Zinssatz

Ist eine Schuld nach Gesetz oder Rechtsgeschäft zu verzinsen, so sind vier vom Hundert für das Jahr zu entrichten, sofern nicht ein anderes bestimmt ist.

1. **Allgemeines.** Der nur subsidiär eingreifende („sofern nicht...") ges Zinssatz 1
hat durch die eigenständige Regelung des Verzugszinses (§§ 288, 291, 497) mit dem periodisch anzupassenden *Basiszinssatz* (§ 247) als Bezugsgröße erheblich an **Bedeutung verloren.** § 246 gilt für Zinsschulden aus ges oder rechtsgeschäftlich begründeten Geldschulden (s Rn 6) außer Verzug und Rechtsverfolgung (Rn 7), für rechtsgeschäftliche Zinsschulden bei (ausnahmsweise) fehlender Vereinbarung über die Zinshöhe (Rn 8).

2. **Zinsbegriff. a) Zinsen** sind die laufzeitabhängige, gewinn- und umsatz- 2
unabhängige, in Geld oder anderen vertretbaren Sachen zu entrichtende Vergütung für den Kapitalgebrauch (Canaris NJW 78, 1892; StBlaschczok 6; BGH NJW-RR 92, 592). Wiederkehrende Entrichtung ist kein Begriffsmerkmal der Zinsen, deshalb war der früher in der Rspr verwendete Zinsbegriff (zB RG 168, 285; BGH WM 63, 318) zu eng. Auch einmalige Zuschläge oder Abzüge können Zins („Vorauszins") sein (ie Rn 4). Rechtlich erfolgt die Kapitalgebrauchsüberlassung zumeist in der Form des § 488; sa Rn 6. **b) Abgrenzung. aa)** Ob eine Leistung Zins darstellt oder nicht, richtet sich nicht nach ihrer Bezeichnung („Gebühr", „Provision", „Spesen" usw, vgl Rn 4), sondern nach ihrem wahren wirtschaftlichen Zweck. Grund: Verhinderung der Umgehung der zwingenden Zinsvorschriften (§§ 248, 289 S 1; 489). **bb) Keine Zinsen** sind: *Selbständige Hauptleistungen;* Bsp: Renten (LM Nr 2 zu § 248: Kaufpreisrente; sa § 759); Vergütungen für eine *ungleichartige Gegenleistung;* Bsp: Miet-, Pacht- und Erbbau- „zinsen"; Entschädigung für Nutzungsentzug (BGH NJW 64, 294); der *Tilgung der Hauptschuld* (Rn 5) dienende Leistungen; Bsp: Tilgungsraten, Amortisationsquoten (RG 91, 299); *erfolgsabhängige Vergütungen;* Bsp: Gewinn- und Umsatzbeteiligungen (BGH 85, 63 f), Dividenden, Tantiemen; Vergütungen für *bes Leistungen (Aufwendungen) bei der Kapitalbeschaffung und -auszahlung;* Bsp: Bereitstellungs-,-„zinsen" (BGH NJW-RR 86, 469); echte Bearbeitungs- und Verwaltungsgebühren (BGH WM 86, 9); Kosten der Kreditvermittlung (BGH 80, 166) und Restschuldversicherung (BGH 80, 167); sonstige Kreditnebenkosten (vgl BGH 80, 166; 124, 257, 261); uU handelt es sich aber um verschleierte Zinsen (Rn 4); unabhängig davon sind Kreditkosten beim „effektiven Jahreszins" zu berücksichtigen (Rn 10); inwieweit einmalige Vorabzüge *(Disagio, Damnum)* Kreditnebenkosten sind, ist Auslegungsfrage (BGH 133, 358 mN; ie Rn 4). Früher sog *Strafzinsen* (vgl Gotthardt WM 87, 1382 mN) sind idR Vertragsstrafe oder Schadenspauschalierung (ie § 288 Rn 2). **cc) Zinsen sind:** *Kreditgebühren* beim 4
Teilzahlungskredit (BGH NJW 79, 806 mN, jetzt stRspr und allgM); ihre Einbeziehung in den Darlehensbetrag stellt in Wahrheit nur eine bes Zahlungsabrede dar (Canaris NJW 78, 1893; sa BGH NJW 89, 223); zur effektiven Zinshöhe vgl Rn 10; *Überziehungsentgelte* (BGH 118, 126). Einmalige Sonderleistungen (Rn 3) sind dann *verschleierte Zinsen,* wenn es sich in Wahrheit um Kapitalüberlassungsvergütung handelt (Canaris NJW 78, 1892). Bsp: Einmalige *Bearbeitungsgebühr* von 2% beim Teilzahlungskredit (BGH 104, 105 mN); idR zur Senkung des Nominalzinses führendes *Disagio* (BGH 133, 358); Folge: Bei vorzeitiger Vertragsbeendigung anteilige (Zinsfestschreibungsdauer entscheidet: BGH NJW 95, 2778) Erstattung gem § 812, außer bei rechtlich geschützter (zB gem § 249) Zinserwartung des Kreditgebers (unterscheidend BGH 133, 358 ff).

3. **Zinsschuld. a) Begriff:** Schuldverhältnis, das auf Leistung von Zinsen 5
(Rn 2, 4) gerichtet ist. **b) Verhältnis zur Hauptschuld.** Die Zinsschuld ist eine sich ständig erneuernde **Nebenschuld** (LM Nr 2 zu § 248). In der **Entstehung** ist sie von der Hauptschuld abhängig (Ausnahme: § 803); Sicherungen der Haupt-

§ 247 Buch 2. Abschnitt 1. Inhalt der Schuldverhältnisse

schuld gelten auch für die Zinsschuld, §§ 1118, 1192, 1210, 1289. Hinsichtlich des **Fortbestandes** ist die Zinsschuld **selbständig;** sie ist (allein) abtretbar, pfändbar und verpfändbar und kann gesondert eingeklagt werden. Sie unterliegt grundsätzlich (Einschränkung: § 217) der regelmäßigen Verjährung (§§ 195, 197 II). Ihre **Berechnung** richtet sich nach der tatsächlich noch bestehenden Kapitalschuld (vgl aber HypBG 20 II); abw AGB-Vereinbarung ist bei hinreichender Transparenz möglich (BGH 116, 2 ff mN; NJW 95, 2287 mN; sa Köln NJW-RR
6   95, 1014; zum Ganzen Metz NJW 91, 668). **c) Arten.** Einteilung nach dem Entstehungsgrund: **aa) Vertraglich begründete Zinsschulden.** Bsp: § 488. Vereinbarte Höhe des Zinses: Rn 8. **bb) Ges begründete Zinsschulden.** Sie sind nur bei (vertraglichen oder ges) Geldschulden möglich. **Fälle** (Bsp): §§ 256 (Aufwendungen), 288 (Verzugszinsen), 290 (Wertersatz), 291 (Prozeßzinsen), 504 S 2 (vorzeitige Zahlung), 641 II (Werklohn), 668, 698, 819 I, 820 II, 849 (Ersatz-
7   summe), 1834, 1915; HGB 353, 354 II. **d) Zinshöhe. aa)** Der **ges Zinssatz** beträgt grundsätzlich **4%** (§ 246); Ausnahmen: **5%** bei beiderseitigem Handelsgeschäft (HGB 352), bei inländischen Wechsel- und Scheckverbindlichkeiten **2%** über dem Basiszinssatz, mindestens aber **6%** (WG 28, 48, 49; ScheckG 45, 46). Der ges Zinssatz gilt bei ges Zinsschulden (s Rn 6) außer bei Verzug und Rechtsverfolgung (dazu sogleich bb) sowie bei mangelnder Festlegung bei vertraglichen
8   Zinsschulden (s auch Rn 8). **bb)** Der **Verzugszins** beträgt idR 5%, uU 8% über dem Basiszinssatz (§§ 288 I, II, 291, 497 I; s auch ZPO 104). **cc)** Durch **Vereinbarung** kann der Zinssatz in den Schranken von §§ 138, 134 iVm StGB 291 I 1 Nr 2, auch §§ 248, 289 festgelegt werden. Vereinbarung *bestimmter* Höhe ist nicht erforderlich. Bsp: vereinbarter Gleitzins (vgl § 489 II). Vereinbart sind iZw Jahreszinsen (Saarbrücken OLGZ 79, 308; Frankfurt Rpfleger 80, 18 mN). Vereinbarung innerhalb gewisser Schranken auch bei ges Zinspflicht möglich (vgl
9   § 288 III); Bsp: vertragliche Verzugszinsen (§ 288 Rn 9). **dd)** Bei Vereinbarung von „**Kreditgebühren**" (Rn 4) entspricht die *effektive* Zinshöhe (Berechnung: Rn 10) nicht dem rechnerisch zugrundegelegten Monatszinssatz. Bei Würdigung der Zinshöhe gem **§ 138 I und II** sind auch alle Nebenleistungen und Kosten (zB für *Vermittlung* [BGH 101, 391 f; NJW 87, 181; NJW-RR 89, 304; NJW-RR 89, 303], nicht dagegen Kosten für *Restschuldversicherung* [BGH 99, 336; NJW 88, 1662 mN; anders bei Rn 10) des Zinsschuldners ohne Rücksicht auf ihre Zinsnatur (dazu Rn 2 ff) mitzuberücksichtigen (so BGH stRspr, zusammenfassend
10 BGH 80, 166 ff mN, str; keit Reifner NJW 88, 1948). **e) Effektiver Jahreszins** (Begriff: § 492 II iVm PAngV 6 idF der Bek vom 28. 7. 2000, BGBl I, S 1245) ist die in einem Prozentsatz des Nettodarlehensbetrags anzugebende Gesamtbelastung pro Jahr. Gesamtbelastung ist die Summe aus Zinsen und sonstigen Kosten des Darlehens; einzubeziehen sind die vom Darlehensnehmer zu tragenden Vermittlungskosten sowie eine notwendige Restschuldversicherung. Der effektive Jahreszins ist mit banküblicher Genauigkeit zu berechnen (mathematische Formel: PAngV 11 Nr 1).

§ 247 Basiszinssatz

(1) ¹**Der Basiszinssatz beträgt 3,62 Prozent.** ²**Er verändert sich zum 1. Januar und 1. Juli eines jeden Jahres um die Prozentpunkte, um welche die Bezugsgröße seit der letzten Veränderung des Basiszinssatzes gestiegen oder gefallen ist.** ³**Bezugsgröße ist der Zinssatz für die jüngste Hauptrefinanzierungsoperation der Europäischen Zentralbank vor dem ersten Kalendertag des betreffenden Halbjahres.**

(2) **Die Deutsche Bundesbank gibt den geltenden Basiszinssatz unverzüglich nach den in Absatz 1 Satz 2 genannten Zeitpunkten im Bundesanzeiger bekannt.**

Titel 1. Verpflichtung zur Leistung **§ 248**

1. Allgemeines. Der „Basiszinssatz nach § 247 BGB" ist zentrale Bezugsgröße 1
für Zinsen (vgl 1. und 2. VO zur Ersetzung von Zinssätzen vom 5. 4. und 13. 5.
2002, BGBl I, S 1250 und 1582), insbes den Verzugszins (vgl §§ 288 I, II, 291, 497
I, 676 b I 2; ScheckG 45 II, 46 Nr 2; WG 48 I Nr 2, 49 Nr 2; ZPO 104; s auch
§ 246 Rn 7), aber auch für den Zugang zum Mahnverfahren (ZPO 688 II Nr 1).
Ein zT abw bestimmter Basiszinssatz ist ab 1. 1. 1999 an die Stelle des Diskontsatzes der Deutschen Bundesbank getreten (DÜG 1 iVm Basiszins-Bezugsgrößen-VO vom 10. 2. 1999, BGBl I S 139). Die Regelung wurde (mit Änderungen) durch das SchRModG mit Wirkung vom 1. 1. 2002 als (neuer) § 247 ins
BGB eingeführt und damit die seit 1987 (durch Aufhebung des § 247 aF) entstandene Lücke wieder geschlossen. **Einführungs- und Übergangsrecht:** Überleitungsvorschrift: EGBGB 229 § 7. Das DÜG und die Basiszins-usw-VO sind zum
4. 4. 2002 aufgehoben worden; vgl Ges vom 26. 3. 2002, BGBl I, S 1219; zum
ganzen näher Petershagen NJW 02, 1455.

2. Höhe und Anpassung des Basiszinssatzes. I 1 bezeichnet (nur) den bei 2
Inkrafttreten des SchRModG geltenden Basiszinssatz. Er hat sich vom 1. 1. 2002
(nach einer logischen Sekunde) bis 30. 6. 2002 auf **2,57%** vermindert (vgl die Mitt
der Deutschen Bundesbank vom 28. 12. 2001, BAnz Nr 3/2002, S 98), ab dem
1. 7. 2002 auf **2,47%** (vgl die Mitt der Deutschen Bundesbank vom 25. 6. 2002,
BAnz Nr 118/2002, S 14538; zum Zeitraum ab 2000 s NJW 02, 1481). Der
Anpassungsrhythmus ist halbjährig, Anpassungszeitpunkte sind der 1. 1. und 1. 7.
(I 2). Bezugsgröße für den Basiszinssatz ist der Zinssatz der EZB für Hauptrefinanzierungsgeschäfte **(I 3)**. Die in **II** ausdr vorgeschriebene Bekanntgabe des
jeweiligen Basiszinssatzes durch die Deutsche Bundesbank im BAnz hat nur deklatorische Bedeutung.

§ 248 Zinseszinsen

(1) **Eine im Voraus getroffene Vereinbarung, dass fällige Zinsen wieder Zinsen tragen sollen, ist nichtig.**

(2) ¹**Sparkassen, Kreditanstalten und Inhaber von Bankgeschäften können im Voraus vereinbaren, dass nicht erhobene Zinsen von Einlagen als neue verzinsliche Einlagen gelten sollen.** ²**Kreditanstalten, die berechtigt sind, für den Betrag der von ihnen gewährten Darlehen verzinsliche Schuldverschreibungen auf den Inhaber auszugeben, können sich bei solchen Darlehen die Verzinsung rückständiger Zinsen im Voraus versprechen lassen.**

1. Allgemeines. a) Bedeutung. Das **Zinseszinsverbot** (vgl auch § 289 S 1; 1
HGB § 353 S 2) ist Schuldnerschutzvorschrift; ergänzend gelten §§ 138, 309
Nr 6, 339 ff (vgl Belke BB 68, 1220). **b) Zweck:** Verhinderung übermäßiger,
schwer durchschaubarer Zinskumulation (vgl Köln OLGZ 92, 473; Reifner NJW
92, 339; StKSchmidt 2).

2. Anwendungsbereich. a) Gilt für vertragliche und ges Zinsen (vgl Rn 1; 2
§ 246 Rn 2). Bei Disagio entscheidet Auslegung als Zins (vgl § 246 Rn 3, 4; aA
BGH NJW 00, 352); bei Anwendung auf *Kreditgebühren* (§ 246 Rn 4, 9) ist
Trennung von Tilgungs- und Zinsanteil erforderlich (Emmerich WM 86, 542).
Nicht ausgeschlossen ist die Vorwegabrede einer Zinsfußerhöhung bei unpünktlicher Zahlung (K. Schmidt JZ 82, 832 mN; vgl auch § 246 Rn 3 aE). **b) Ausnahmen** bestehen nach **II** für bestimmte Bankgeschäfte (Einlagen bei – Darlehen 3
von – Kreditanstalten iSd KWG) und **HGB 355** (Zinsen vom Kontokorrentüberschuß). **c) Einschr Auslegung von I:** Im Rahmen von Rn 1 (b) möglich (Köln
OLGZ 92, 472 ff; allg krit Reifner NJW 92, 335 ff).

Vorbemerkungen zu den §§ 249–253

Lit: Brinker, Die Dogmatik zum Vermögensschadensersatz, 1982; Fischer, Der Schaden nach dem BGB für das Deutsche Reich, 1903; Huber, Fragen der Schadensberechnung, 1993; Keuk, Vermögensschaden und Interesse, 1972; Köndgen, Ökonomische Aspekte des Schadensproblems, AcP 177, 1; Lange, Schadensersatz, 2. Aufl 1990; Magnus, Schaden und Ersatz, 1988; Mertens, Der Begriff des Vermögensschadens im Bürgerlichen Recht, 1967; Michaelis, Beiträge zur Gliederung und Weiterbildung des Schadensrechts, 1943; Mommsen, Zur Lehre von dem Interesse, 1855; Neuner, Interesse und Vermögensschaden, AcP 133, 277; Rother, Haftungsbeschränkung im Schadensrecht, 1965; Schiemann, Argumente und Prinzipien bei der Fortbildung des Schadensrechts, 1981; Stoll, Begriff und Grenzen des Vermögensschadens, 1973; Wilk, Die Erkenntnis des Schadens und seines Ersatzes, 1983; Wussow/Küppersbusch, Ersatzansprüche bei Personenschaden, 7. Aufl 2000.

I. Allgemeines

1 **1. Stellenwert der §§ 249 ff.** Die Bestimmungen über den Schadensersatz *(Schadensersatzrecht)* stellen keine Anspruchsgrundlagen dar, sondern haben eine „Hilfsfunktion" (Esser/Schmidt I/2, § 30 II): Sie regeln, soweit keine Sonderbestimmungen bestehen (zB ProdHaftG 7–9, s Anh § 823), zentral Art, Inhalt und Umfang der Schadensabwicklung, nachdem die Verpflichtung zum Schadensersatz selbst aus anderen Normen innerhalb und außerhalb des BGB, aus Vertrag oder anderen Rechtsverhältnissen begründet worden ist. Die §§ 249 ff werden durch Sonderregelungen ergänzt, zB durch die summenmäßige Begrenzung des Ersatzes im Rahmen der Gefährdungshaftung (zB StVG 12, LuftVG 37).

2 **2. Prinzipien des Ersatzrechts.** Aus dieser Hilfsfunktion der §§ 249 ff für das gesamte Privatrecht folgt, dass die Entscheidung, ob, aus welchem Anlass und zu welchem Zweck Schadensersatz geleistet werden muss, nicht hier getroffen werden kann, sondern in den die Haftung begründenden Normenkomplexen *(Haftungsrecht)* zu fällen ist. Allg bestimmt werden kann hier zum einen die **Ausgleichsfunktion**; danach soll der Ersatz allein zur Wiedergutmachung führen. Das Ausgleichsprinzip wird von Elementen umlagert, die auf Prävention oder Sanktion des Täters zielen (krit Larenz, SchR I, § 27 I). Daraus folgt die häufig bemängelte Verworrenheit oder Widersprüchlichkeit des Schadensersatzrechtes (zB Keuk aaO S 14; Diederichsen, FS Klingmüller, 1974, S 78 ff; Schiemann aaO 145 ff). Ein neuerer Ansatz versucht, mit Hilfe ökonomischer Modelle zu plausibleren Ergebnissen zu gelangen (s zB Huber, aaO 28 ff). Der Ausgleich geschieht nach dem BGB **individuell**. Es stehen sich Geschädigter als Anspruchsberechtigter und Schädiger als Anspruchsverpflichteter gegenüber, ohne dass zunächst die sozialen Sicherungssysteme auf beiden Seiten in das Blickfeld treten (Bsp: Der Verletzte hat nach LFZG 1, § 616 III gegen seinen Arbeitgeber einen Anspruch auf Lohnfortzahlung trotz zeitweiliger Arbeitsunfähigkeit; er ist bei dauernder Arbeitsunfähigkeit sozialversichert; der Schädiger ist freiwillig oder als Kfz-Fahrer gesetzlich haftpflichtversichert). Demzufolge wird der Umfang des Schadensersatzes idR auch ohne Reflexion über die Verteilungsauswirkungen innerhalb der sozialen Sicherungssysteme (dazu zB Weyers, Unfallschäden, 1971, S 481 ff, 534 ff; Brüggemeier AcP 182, 402 ff) festgelegt. Die Träger der sozialen Sicherungen machen, sofern sie den Schaden des Verletzten ausgeglichen haben, ihre Ansprüche aus abgeleitetem Recht (zB gem AVG 77 II; BBG 87 a; LFZG 4: SGB X 116 I, 119) geltend (ie s Rn 37). Für die *Höhe* des Ersatzes gilt das Prinzip der sog **Totalreparation** („Alles-oder-Nichts-Prinzip"): Der Schädiger hat alle Schäden, auch außergewöhnlich hohe (ie s Rn 24 ff), ohne Abstufung etwa nach dem Grad des Verschuldens oder den Vermögensverhältnissen der Beteiligten zu ersetzen (zu Reformbestrebungen s Hohloch, Gutachten I, 459 ff). Möglich ist allein die systematisch anders gelagerte Berücksichtigung eines Mitverschuldens gem § 254.

Titel 1. Verpflichtung zur Leistung **Vor §§ 249–253**

II. Der Begriff des Vermögensschadens

1. Der Dualismus des Schadensbegriffs. Soweit Schadensersatz in Geld zu leisten ist (§§ 250, 251), trennt das BGB, anders als andere Rechtsordnungen, scharf zwischen dem zu ersetzenden **Vermögensschaden** und dem sog **Nichtvermögensschaden,** für den gem § 253 nur eingeschränkt Ersatz verlangt werden kann. Damit muss genau zwischen beiden Bereichen differenziert werden. Dies führt zu großen Schwierigkeiten. Bsp: Ein Unternehmer ist längere Zeit dienstunfähig, ohne dass der Umsatz seines Unternehmens sinkt (BGH 54, 45); ein beschädigtes Kfz kann während der Reparaturzeit nicht benutzt werden, ohne dass Mehrkosten für einen Mietwagen entstehen (Rn 10); der Wagen einer Fahrschule fällt infolge der Beschädigung aus, die Fahrstunden können aber nachgeholt werden (BGH 55, 329). Zur Abgrenzung beider Schadenskategorien sind verschiedene Theorien entwickelt worden (ausführlich Mertens aaO 17 ff, 50 ff): 3

2. Die **Lehre vom „natürlichen" oder realen Schaden** (s PreußALR I 6 § 1) versteht entspr dem allg Sprachgebrauch als Schaden jede Einbuße, die jemand an seinen Lebensgütern wie Gesundheit, Ehre oder Vermögen erleidet (Larenz, SchR I, § 27 II). Ein solcher, auch im Strafrecht geltender Schadensbegriff (Bsp: Wegen Tötung wird bestraft, wer auf einem sinkenden Schiff aus Rache einen unrettbar Ertrinkenden erschießt) hat die Sicherung von Rechtsgütern zum Ziel (Mertens aaO S 64 f in Auseinandersetzung mit Larenz). Er ist, wenn man dem Ersatzrecht lediglich eine Ausgleichsfunktion zuweist, nicht verwertbar. Die Lehre vom realen Schaden hat deshalb für das BGB wohl als Ausgangspunkt gedient (Prot I 296), jedoch im Ergebnis keinen Eingang gefunden. 4

3. Die **Lehre vom Interesse,** die von den Verfassern des BGB im Wesentlichen aufgenommen worden ist, geht auf Mommsen (aaO S 3) zurück und bildet auch heute noch die Basis für die Schadensberechnung (BGH NJW 97, 2378 mwN; krit Schermaier JZ 98, 857; zum damit nicht erfaßbaren Nutzungswert s Rn 13). Schaden ist danach „die Differenz zwischen dem Betrage des Vermögens einer Person, wie derselbe in einem gegebenen Zeitpunkte ist, und dem Betrage, welchen dieses Vermögen ohne die Dazwischenkunft eines ... schädigenden Ereignisses ... haben würde". Zu vergleichen ist also die tatsächliche Vermögenssituation des Ersatzberechtigten nach dem schädigenden Ereignis mit der – hypothetischen – Situation, die bestehen würde, wenn es zur Rechtsgutsverletzung nicht gekommen wäre (sog **Differenzschaden**). Bsp bei einer Körperverletzung oder Sachbeschädigung: Kosten einer Heilbehandlung, Mehraufwendungen infolge der Verletzung (s § 843 Rn 2), Verdienstausfall, entgangener Gewinn, Umschulungskosten, Aufwendungen für die Rechtsverfolgung, Reparaturkosten, technischer und merkantiler Minderwert (ie s § 249 Rn 4 ff). Die Notwendigkeit eines Vermögensvergleichs erfordert verschiedene **Einschränkungen des Ersatzanspruchs:** Verglichen werden kann nur anhand eines obj Wertes, also des Verkehrs- oder Marktwertes. Damit ist zutr zB der bes Erinnerungswert einer Sache oder der persönliche Liebhaberwert eines getöteten Tieres (sog **Affektionsinteresse**) nicht messbar. Eine Verschlechterung der tatsächlichen Vermögenssituation im Vergleich zur hypothetischen lässt sich nach der Lehre vom Interesse aber auch zB dann nicht feststellen, wenn der Geschädigte die beeinträchtigte Rechtssache **nicht hätte nutzen können** (Bsp: Der Eigentümer eines selbst gefahrenen Taxis, das beschädigt wurde, erkrankt; der im Zug von einem Schwarzfahrer besetzte Platz wäre frei geblieben), wenn derselbe Schaden auch auf andere Weise eingetreten wäre (sog **hypothetische Kausalität,** vgl das Bsp in Rn 3, sa Rn 42) oder wenn das schadenstiftende Ereignis auch **Vorteile** auslöst (Bsp: eine Baubeschränkung entfällt durch die Zerstörung, BGH NJW 88, 1837, iE bedenklich). Das bloße Berücksichtigen einer Vermögensdifferenz würde dazu führen, dass der Schädiger von Zufällen in der Geschädigtensphäre profitiert oder Verletzter bzw Dritte „in die Tasche des Schädigers sparen". 5

Teichmann

6   4. Diese und andere Unbilligkeiten will die auf Neuner und Wilburg zurückgehende **Lehre vom normativen Schaden** vermeiden (ie zB Mertens aaO S 50 ff). Der Schaden wird hier nicht wirtschaftlich als Differenz zweier Vermögenslagen verstanden, sondern er soll aus dem Normzweck entwickelt werden. Normzweck sei aber neben dem Ausgleich uU die **Sanktion**, so dass der Schädiger, falls es die Norm gebiete, auch dann Ersatz leisten müsse, wenn der Geschädigte keine Vermögenseinbuße erleidet. Als ges Beispiel zählt § 843 IV. Vermögensschaden ist dann nicht „natürlich" eine Wirtschaftseinbuße, sondern es geht um einen „rechtlich ersatzfähigen" Vermögensschaden (Larenz, SchR I, § 27 II). Dieser Schaden lässt sich zB beschreiben als der obj Wert eines Gutes, das im Verkehr gegen Geld erworben und veräußert wird (Neuner AcP 133, 290), und zwar ohne Rücksicht darauf, ob der Geschädigte den Verlust spürt. Die Einzelheiten sind auch innerhalb der Anhänger eines normativen Schadensbegriffs kontrovers (zur Kritik s zB Mertens aaO S 87 ff, der aber weitgehend zu gleichen Ergebnissen kommt; Keuk aaO S 43 ff, insbes gegen die Annahme, das Schadensersatzrecht habe eine Rechtsverfolgungsfunktion).

III. Einzelprobleme des Vermögensschadens

7   **1. Allgemeines.** Zwischen den Lehren vom Differenzschaden und vom normativen Schaden sind bes einige Bereiche kontrovers geworden, die sich in einem etwas groben Verfahren in zwei Gruppen einteilen lassen. Zum einen geht es um Fälle, in denen der Geschädigte einen Schadensausgleich von **Dritten** erhält und damit rechnerisch selbst keine Vermögenseinbuße erfährt (Rn 8, 9). Hier hat sich der BGH trotz grundsätzlichen Festhaltens am traditionellen Schadensbegriff ausdrücklich auf den normativen Schaden bezogen und gleichzeitig die Anwendung des Begriffs auf diesen Bereich beschränkt (BGH 54, 50 f; zur Analyse der Rspr sa Baur, FS L. Raiser, 128 f). Eine zweite Gruppe umfasst Beeinträchtigungen, die sich nicht unmittelbar im Vermögen niederschlagen, die aber heute nach einer schlagwortartig als **„Kommerzialisierung"** bezeichneten Wertvorstellung von einem Großteil der Meinungen als entschädigungspflichtig empfunden werden. Ein Beispiel dafür ist der zeitweilige Ausfall von Kraftfahrzeugen (Rn 10) und anderen Gütern (Rn 13–16).

8   **2. Verletzung des Arbeitnehmers.** Wird ein Arbeitnehmer (Angestellter, Beamter) verletzt, so erleidet er häufig keine Vermögenseinbuße, weil ihm sein Gehalt trotz seiner Arbeitsunfähigkeit weitergezahlt wird. Dem Arbeitgeber steht gegen den Schädiger kein eigener Anspruch zu; wegen des Grundsatzes von der Subjektbezogenheit des Schadens (Rn 18) kann der Arbeitnehmer seinerseits den Schaden des Arbeitgebers nicht geltend machen. Zudem steht auch nicht fest, ob der Arbeitgeber einen Schaden erleidet; denn möglicherweise fangen Arbeitskollegen den Arbeitsausfall auf. Um den Schädiger nicht zu Lasten anderer frei ausgehen zu lassen, hat der BGH mehrfach in einer „am Gesetzeszweck orientierten Betrachtung" und damit normativ als Schaden *des Arbeitnehmers* auch angesehen, was er vom Arbeitgeber trotz seiner Arbeitsunfähigkeit weiter erhält bzw was zu seinen Gunsten weiter geleistet wird: Bruttogehalt einschließlich der Zusatzleistungen wie Arbeitgeberanteile zur Sozialversicherung (BGH 43, 383; desgl Selb, Schadensbegriff und Regreßmethoden, 1963, S 49 f; krit Hagen JuS 69, 61; Kilian AcP 169, 443), anteiliges Weihnachts- und Urlaubsgeld (BGH 133, 4 ff). Diese Ansprüche kann der Arbeitgeber aus abgeleitetem Recht infolge ges Forderungsübergangs (zB LFZG 4; BRRG 52; BBG 87 a) oder einer Abtretung (Verpflichtung zB aus § 285) geltend machen.

9   **3. Verletzung des im Haushalt tätigen Ehepartners.** Die Rspr (BGH 38, 55; 50, 304; 59, 172) hat einen eigenen (normativen) Schaden des Verletzten darin gesehen, dass er seiner Aufgabe im Haushalt nicht nachkommen kann. Gleichgültig ist damit für den Ersatzanspruch, ob eine Haushaltshilfe beschäftigt wird oder ob die übrigen Familienmitglieder die notwendigen Arbeiten selbst tun; sa § 842

Titel 1. Verpflichtung zur Leistung **Vor §§ 249–253**

Rn 3, 4 (Verletzung) und § 844 Rn 6 (Tötung). Zu einem systematisch ähnlichen Fall s § 249 Rn 6.

4. Nutzungsausfall für Kraftfahrzeuge. Lit: Mertens, Der Begriff des Vermögensschadens im Bürgerlichen Recht, 1967, S 157; Schulte, Schadensersatz in Geld für Entbehrungen, 1978, S 25; Ströfer, Schadensersatz und Kommerzialisierung, 1982, S 88 ff mit Bespr Hagen AcP 182, 573. **a) Grundsatz.** Kann jemand nach einem Verkehrsunfall seinen Pkw in der Reparaturzeit nicht nutzen oder erhält er ihn im Rahmen eines (Kauf-)Vertrages nicht rechtzeitig ausgehändigt (BGH 85, 13, krit Schirmer JuS 83, 265; desgl zum Kfz-Brief BGH 88, 14), so hat der BGH (s BGH 85, 13 mwN) einen Vermögensschaden auch dann bejaht, wenn der Eigentümer diese Zeit ohne Pkw überbrückt und keine bes Aufwendungen (Mietwagen, Taxi) gehabt hat. Da sich beim Geschädigten eine Vermögenseinbuße iSd Lehre vom Interesse (Rn 5) nicht feststellen lässt – er hat zB im Gegenteil bei Benutzung öffentlicher Verkehrsmittel geringere Ausgaben als sonst – musste der BGH faktisch auf einen normativen Schadensbegriff zurückgreifen. – Unabhängig von den tatsächlichen Kosten wurde die Verfügungsmöglichkeit über das eigene Kfz selbst als Vermögenswert bezeichnet. Damit ergibt sich ein Vermögensschaden, wenn diese Gebrauchsmöglichkeit auf Zeit entfällt. Die Einzelargumentation des BGH schwankt (Zusammenstellung in BGH NJW 86, 2037 mwN; ie Schulte aaO S 26 ff; zur Entscheidung des Großen Senats s Rn 13). **b) Einschränkungen.** Die Rspr hält jedoch an einzelnen Elementen der Lehre vom Interesse (Rn 5) insoweit fest, als sie verlangt, dass der Nutzwert für den Eigentümer auch **realisierbar** gewesen wäre (ie s Werber AcP 173, 158). Ist er selbst verletzt (BGH NJW 68, 1778; zust Herkner VersR 68, 1057; Zeuner AcP 163, 397 f; abl Hamann NJW 70, 889; Frössler NJW 72, 1795; sa Hamm NJW 98, 2292), ist ihm der Führerschein entzogen worden (BGH 63, 207; 65, 173; krit Larenz, FG Oftinger, 1969, S 162) oder sollte der Pkw nicht eingesetzt werden (BGH NJW 85, 2471), so soll für ihn keine „fühlbare" und auch keine ersatzbare Vermögenseinbuße vorliegen. Wirtschaftlich – nicht systematisch – damit im Zusammenhang steht das aus der **Subjektbezogenheit des Schadens** (Rn 18) folgende Erfordernis, der Nutzungsausfall müsse den Eigentümer selbst, nicht einen Dritten treffen (BGH NJW 74, 33 mwN); der BGH hat jedoch einen eigenen Schaden des Eigentümers auch dann angenommen, wenn er den Wagen Dritten zur (Mit-)Benutzung überlassen hatte und diese auf ihn verzichten müssen (BGH NJW 74, 33; 75, 923). Damit ist das Erfordernis der Subjektbezogenheit faktisch unterlaufen (krit auch Stoll JZ 76, 283). Für den Sonderfall, dass **Vorhaltekosten** bei gewerblichen Fahrzeugen geltend gemacht werden (§ 249 Rn 5), hat der BGH einen Nutzungsausfall nicht anerkannt (BGH NJW 78, 812). **c)** Die **Höhe der Nutzungsentschädigung** liegt bei einem Tagessatz, der die gebrauchsunabhängigen Gemeinkosten (zB für Steuer, Versicherung, zeitbedingte Abschreibung) maßvoll überschreitet und 25% bis 35% der Mietkosten für einen gleichartigen Ersatzwagen entspricht (BGH 56, 220; NJW 70, 1121; ie s Tabelle für Pkws usw in NJW 02, Sonderbeil Heft 10; Kuhn, Dt Autorrecht 02, 1).

5. Nutzungsausfall für andere Gegenstände. Lit: s Rn 10; Ott/Schäfer ZIP 86, 613; Flessner JZ 87, 271. Die Argumente zum Nutzungsausfall für Pkws lassen sich auch auf andere Vermögensgegenstände übertragen. Nach mehrfachem Schwanken (zu den stattgebenden Urteilen s Schulte aaO S 55 ff; anders dann BGH 89, 60) hat der GS (BGH 98, 212, dazu Schiemann JuS 88, 20; desgl BGH NJW 92, 1500) nach einem Vorlagebeschluss des V. ZS (BGH NJW 86, 2037 mwN, sehr ausführlich; dazu Zeuner JZ 86, 395; Rauscher NJW 86, 2011) den Ausgleich des *entgangenen Nutzungswerts* grundsätzlich für möglich gehalten, nämlich dann, wenn er fühlbar ist und wenn es sich um eigengenutzte Güter handelt, auf deren jederzeitige Verfügbarkeit die eigenwirtschaftliche Lebenshaltung maßgeblich angewiesen ist (Bsp: gesamter Hausrat, LG Kiel NJW-RR 96, 559; Einfamilienhaus, Koblenz DWW 89, 331; nicht Garage, BGH WM 93, 1256; Fahrrad,

KG NJW-RR 93, 1438). Der Entscheidung, die möglicherweise Rückwirkungen auf die Berechnung des Nutzungsausfalls für Pkws hat, ist trotz der auftretenden Abgrenzungsschwierigkeiten zuzustimmen.

14 **6. Vertaner Urlaub. a)** Die Frage nach dem Charakter der vertanen Urlaubszeit als Vermögenswert stellt sich zum einen als Problem des **Folgeschadens,** wenn zB wegen einer Körperverletzung oder der Beschädigung des Pkw's der Urlaub nicht angetreten werden konnte. Hier hat die Rspr einen Anspruch abgelehnt und lediglich die entgangene Urlaubsfreude bei der Höhe des Schmerzens-
15 geldes für berücksichtigungsfähig gehalten (s BGH 86, 212 mwN). **b)** Ein Anspruch wurde jedoch bejaht, wenn der Urlaub infolge der **Nicht- oder Schlechterfüllung des Vertragspartners** (Reiseveranstalters) keinen Erholungswert vermittelt. Dabei wie diese Urlaubszeit selbst als Vermögenswert angesehen worden (BGH 63, 98; 77, 124; wN bei Schulte aaO S 71) und zwar mit der Begründung, dass der Urlaub „erkauft" sei – wobei das Erkaufen teilw aus dem Preis für die Reise gefolgert wurde (zB BGH NJW 56, 1235; Hamm VersR 78, 1147), überwiegend aber auf die Arbeitsleistung (Lebensleistung) bezogen ist (zB BGH NJW 82, 1521). Von dieser Begründung aus müsste freilich ein Ausfall des Urlaubs infolge einer Rechtsgutsverletzung (als Folgeschaden) anerkannt werden, falls er sich nicht anderweitig nachholen lässt; sa Rn 14. Seit Erlass des § 651 f II sieht der BGH im Anschluss an einen Teil der Lit (Blaurock NJW 80, 1949) in dieser Norm eine Durchbrechung des § 253 I und versteht den Urlaubsschaden als Nichtvermögensschaden (so auch die hL, vgl Rn SoeEckert § 651 f, 16; MK/Tonner § 651 f, 35 f). Es bleiben freilich die Fälle übrig, in denen keine „Reiseleistung" iSd § 651 a vorliegt (s zB BGHZ 80, 366, Aufenthalt in Kurklinik). Eine Qualifikation desselben Urlaubs als Vermögensschaden (etwa beim Mieten einer Ferienwohnung von einem Privaten) und als Nichtvermögensschaden (im Reisevertrag) ist wohl kaum möglich. Es sollte deshalb § 651 f II auf vergleichbare Fälle entspr angewandt werden. Zur Höhe s § 651 f Rn 6.

16 **7. Vertane (Frei-)Zeit.** Lit: Lipp NJW 92, 1913. Ein Freizeitverlust tritt idR allein als Folge einer anderen Rechtsgutsverletzung ein, so dass parallel zur Urlaubszeit (Rn 14) eine Entschädigung ausscheidet. Dennoch hat sich die Rspr mit einer solchen Begründung nicht begnügt, sondern zutr einen Freizeitverlust trotz der fließenden Übergänge (verlängertes Wochenende, Kurzurlaub im Anschluss an Feiertage) als nicht ersetzbaren immateriellen Schaden eingestuft, der gem § 253 I nicht zu entschädigen sei (BGH 106, 31 ff mwN). Verneinend hat der BGH auch den Sonderfall entschieden, dass Freizeit für die Abwicklung eines Schadensfalles verwandt wurde (BGH 127, 351 mwN); diese Mühewaltung sei im Rahmen des Üblichen dem Pflichtenkreis des Geschädigten zuzuordnen. Diese Argumentation zielt aber nicht mehr auf die Frage nach der Qualifikation von Zeit als Vermögenswert, sondern auf die Abgrenzung des Schutzbereichs im Rahmen der haftungsausfüllenden Kausalität (Rn 31 ff); entspr hat der BGH auch finanzielle Aufwendungen zur Schadensabwicklung als nicht ersatzfähig behandelt (BGH 75, 231 ff, dazu Klimke VersR 81, 1115).

IV. Ersatzberechtigter, Drittschadensliquidation

17 **1. Grundsatz. a) Ausgangspunkt.** Die Frage, wessen Schaden zu ersetzen ist, beantwortet sich nach dem *Haftungsrecht*. Das Ges hat den Kreis der Ersatzberechtigten eng gezogen: Im Rahmen eines Vertragsverhältnisses steht der Anspruch grundsätzlich nur dem Vertragspartner selbst zu (RG 77, 101; Larenz, SchR I, § 27 IV a), ausnahmsweise bei einem Vertrag zgDr dem begünstigten Dritten (s § 328 Rn 16) und bei einem Vertrag mit Schutzwirkung für Dritte dem in den Schutzkreis Einbezogenen (s § 328 Rn 29). Im Bereich der unerlaubten Handlung ist die Berechtigung ebenfalls einengend festgelegt (ie s Rn 1 vor §§ 844–846). Zweck dieser Eingrenzung ist die Reduktion des Risikos (Esser/Schmidt I/2,

Titel 1. Verpflichtung zur Leistung **Vor §§ 249–253**

§ 34; Hagen, Die Drittschadensliquidation im Wandel der Rechtsdogmatik, 1971, S 96 ff): Der Schädiger solle nicht mit Ersatzansprüchen einer Kette von wirtschaftlich beeinträchtigten Personen überzogen werden; dadurch würde letztlich seine Entschluss- und Handlungsfreiheit gebremst. Erträglicher schien es dem Gesetzgeber, daß die nur „mittelbar" Betroffenen ihren Schaden als Lebensrisiko selbst tragen. **b) Auswirkungen.** Will das Schadensersatzrecht diesen Grundsatz **18** des Haftungsrechts nicht aushöhlen, so darf es seinerseits auch nur die Schäden des Berechtigten selbst als ersetzbar ansehen (sog **Subjektbezogenheit des Schadens**). Im Einzelnen ergeben sich freilich **Abgrenzungsschwierigkeiten.** So hat zB der BGH bei einem Kfz einen Schaden des Eigentümers auch dann bejaht, wenn andere den Wagen in seinem Einverständnis nutzen (BGH NJW 74, 33; 75, 923; ie s Rn 11), und in der Beeinträchtigung des Vermögens einer GmbH bzw einer AG einen Schaden ihres Alleingesellschafters gesehen (BGH ZIP 89, 99; zutr krit Schulte BB 89, 376 mwN). Zu berücksichtigen ist weiter, dass die Verwendung des normativen Schadensbegriffs durch den BGH in einigen Fällen (Rn 6, 7) auch dazu dient, wirtschaftlich die bei Dritten entstandenen Schäden durch den Berechtigten liquidieren zu lassen. Immerhin halten sich die Erweiterungen, die das Prinzip der Subjektbezogenheit des Schadens erfährt, in engen Grenzen.

2. Ausnahme: Drittschadensliquidation. Lit: v. Caemmerer, Das Problem **19** des Drittschadensersatzes, ZHR 127, 241; Hagen, Die Drittschadensliquidation im Wandel der Rechtsdogmatik, 1971; Reinhardt, Der Ersatz des Drittschadens, 1933; Tägert, Die Geltendmachung des Drittschadens, 1938. **a) Begründung.** Hat der Grundsatz von der Subjektbezogenheit des Schadens den Sinn, personale Anspruchskumulierungen zu verhindern, so verfehlt er seinen Zweck, wenn ein Schaden in bestimmten Fallkonstellationen typischerweise nicht beim Anspruchsberechtigten selbst, sondern *nur bei einem Dritten* entstehen kann. Hier würde im Gegenteil der Schädiger ungerechtfertigt frei ausgehen. Wegen dieser **Schadens**- oder **Gefahrverlagerung** (Interessenverlagerung) wird es von einem Teil der Lit (insbes Tägert aaO S 36; Larenz, SchR I, § 27 IV b; Fikentscher § 50 II 3; StSchiemann 62 ff; SoeMertens 247 ff) und der Rspr (BGH 40, 100; 51, 93) für notwendig angesehen, dass in derartigen Fällen der zum Ersatz Berechtigte den Schaden des Dritten geltend machen darf. Dabei finden sich für die dogmatische Basis unterschiedliche Begründungen (zB RG 170, 249; BGH 15, 228: ergänzende Auslegung des Vertrages zwischen Schädiger und Berechtigtem; Berg JuS 77, 366: § 843 IV). Andere halten die Schadensverlagerung nicht für ein Kennzeichen der behandelten Fallgruppen (Rn 20), sie verneinen die Zulässigkeit der Drittschadensliquidation und gelangen idR zu denselben Ergebnissen auf andere Weise (Hagen aaO, Zusammenfassung S 285 ff; Selb NJW 64, 1765). Zur str Abgrenzung zum Vertrag mit Schutzwirkung für Dritte (§ 328 Rn 19 ff) s ie Medicus, BR, Rn 842 f; Berg JuS 77, 363 ff. **b)** Auf **Fallgruppen** haben sich bisher herausgebildet **20** (s zB BGH 40, 100 f): **aa) Mittelbare Stellvertretung.** Schließt jemand für einen anderen ein RGeschäft, ohne seine Vertreterfunktion offenzulegen, so wird idR er Vertragspartner (sa § 164 Rn 3 ff). Er soll dann den Schaden des Hintermannes geltend machen können (zB RG 58, 39, Kommissionär; 90, 240; BGH WM 87, 582, Treuhänder BGH NJW 95, 1283, Sicherungsnehmer). **bb) Obligatorische Gefahrentlastung.** Der Vertragspartner des Schädigers war verpflichtet, die beschädigte oder zerstörte Sache einem Dritten zu übereignen; er wird seinerseits gem § 275 I frei und behält aufgrund bes Gefahrtragungsregelungen (zB §§ 447, 644 II) den Anspruch gegenüber dem Dritten. Teilw wird angenommen, in Wirklichkeit handele es sich um den eigenen Schaden des Verletzten (Medicus, Unmittelbarer und mittelbarer Schaden, 1977, S 18 mwN; Hagen JuS 70, 442; offengelassen in BGH 49, 361). **cc) Obhut.** Hat jemand eine fremde Sache in Obhut und wird sie im Rahmen eines Vertragsverhältnisses mit dem Schädiger zerstört, so fehlt es am Schaden des vertraglich zum Ersatz Berechtigten, wenn dieser seinerseits dem Eigentümer – mangels Vertretenmüssens – keinen Ersatz zu

Teichmann

Vor §§ 249–253   Buch 2. Abschnitt 1. Inhalt der Schuldverhältnisse

leisten braucht (der unmittelbare Anspruch des Eigentümers gegen den Schädiger kann an § 831 I 2 scheitern). Bsp: BGH 15, 228: Treuhand (dazu krit v. Caemmerer aaO S 249; Esser/Schmidt, I/2, § 34 IV c; Hagen aaO S 270 ff; sa Düsseldorf NJW-RR 96, 591). **dd)** In anderen Fallkonstellationen hat die Rspr bisher die Grundsätze der Drittschadensliquidation für **nicht anwendbar** gehalten (BGH 51,
21   95, Produzentenhaftung). **c) Anwendungsbereich.** Gemeinsam ist den geschilderten Fällen, daß **vertragliche Beziehungen** zwischen Schädiger und Ersatzberechtigtem bestehen. Bei sonstigen Ansprüchen läßt die hM (Hamm NJW 70, 1793; aA Reinhardt aaO S 154) eine Drittschadensliquidation nicht zu. Eine Ausnahme hat der BGH bei einem Anspruch aus **Amtspflichtverletzung** für
22   möglich gehalten (BGH NJW 91, 2697, dazu zutr krit Hagen aaO S 230). **d)** Der **Umfang des Schadens** richtet sich nach den Verhältnissen beim Dritten (BGH VersR 72, 1140; v. Caemmerer aaO S 262). Im Gegenzug muß ein **Mitverschulden des Vertragspartners** und seiner Hilfspersonen berücksichtigt werden, da der Dritte sonst die Vorteile eines vertraglichen Anspruchs gegen den Schädiger hätte,
23   nicht aber dessen Nachteile (BGH NJW 72, 289). **e) Prozessuales.** Der Schaden ist, solange der Anspruch nicht an den geschädigten Dritten abgetreten wurde, vom Ersatzberechtigten geltend zu machen; der Ersatzberechtigte kann den Dritten auch zur Geltendmachung im eigenen Namen ermächtigen (BGH 25, 250).

V. Das Ausmaß des zu ersetzenden Schadens (haftungsausfüllende Kausalität)

Lit: v. Caemmerer, Das Problem des Kausalzusammenhangs im Privatrecht, GS I, S 395; Deutsch, HaftungsR I, Rn 127; Huber, Normzwecktheorie und Adäquanztheorie, JZ 69, 678; ders, Verschulden, Gefährdung und Adäquanz, FS E. Wahl, 1973, 301; Heinrich Lange, Herrschaft und Verfall der Lehre vom adäquaten Kausalzusammenhang, AcP 156, 114; Hermann Lange, 43. DJT, Gutachten I 1, S 5; Stoll, Kausalzusammenhang und Normzweck im Deliktsrecht 1968; Träger, Der Kausalbegriff im Straf- und Zivilrecht, 1904; Weitnauer, Zur Lehre vom adäquaten Kausalzusammenhang; Versuch einer Ehrenrettung, FG K. Oftinger, 1969, S 321; Wilburg, Die Elemente des Schadensrechts, 1941; J. G. Wolf, Der Normzweck im Deliktsrecht, 1962.

24   **1. Abgrenzung zwischen haftungsbegründender und haftungsausfüllender Kausalität. a) Allgemeines.** Hat der Schädiger zurechenbar ein geschütztes Rechtsgut des Geschädigten verletzt (Rn 17), so ist er nach dem Grundsatz der Totalreparation (Rn 2) zum Ersatz allen Schadens verpflichtet, der aus diesem Ereignis entsteht, auch wenn der Schädiger auf dessen Ausmaß keinen Einfluß hat. Zu unterscheiden sind also zwei Kausalketten: Die den Ersatzanspruch auslösende und damit systematisch zum *Haftungsrecht* (s Rn 2) zählende sog **haftungsbegründende Kausalität** (§ 823 Rn 22, 23 und 29 ff) erstreckt sich von der Handlung des Schädigers bis zur Rechtsgutsverletzung beim Geschädigten bzw bis zum Verstoß gegen die den Geschädigten schützende Norm. Die für das *Schadensersatzrecht* maßgebliche sog **haftungsausfüllende Kausalität** beginnt bei der Rechtsguts- bzw der Normverletzung und umfaßt die daraus entstehenden Schäden. Die Zuordnung kann im Einzelfall diffizil sein, sie wirkt auch teilw willkürlich. Schnittpunkt ist idR (zu Ausnahmen s Stoll aaO S 28 ff) die erste Rechtsgutsverletzung gleich welcher Art bei demselben **Rechtsträger** (sog Erstverletzung). Führt zB die Beschädigung eines Pkws zu einer nicht erkannten Verkehrsuntauglichkeit des Wagens und zu einem späteren Unfall mit Personenschaden, so liegt die Körperverletzung des Eigentümers im Rahmen der haftungsausfüllenden Kausalität (der Sachbeschädigung), die eines Mitfahrers im Rahmen der haftungsbegründenden Kausalität (eigenständige Gesundheitsverletzung). Unterschiedliche Schnittpunkte ergeben sich beim Zusammentreffen von Ansprüchen aus Rechtsguts- und aus Normverletzungen (vgl die Abgrenzung in BGH NJW 76, 1143). Führt zB jemand durch Nichtbeachtung der Vorfahrt (StVO 8) einen Verkehrsunfall herbei, so reicht unter dem Aspekt des § 823 I (Verletzung des

198   *Teichmann*

Titel 1. Verpflichtung zur Leistung **Vor §§ 249–253**

Eigentums am Pkw) die haftungsbegründende Kausalität bis zum Zusammenstoß, unter dem Blickwinkel des § 823 II iVm StVO 8 jedoch nur bis zum Nichtbeachten der Vorfahrt; die Verletzung des Eigentums ist Folgeschaden der Schutzgesetzverletzung (zum Sinn dieser Haftungsvorverlagerung s § 823 Rn 40). **b) Beweislast.** Haftungsbegründende Kausalität ZPO 286, haftungsausfüllende Kausalität ZPO 287 (BGH VersR 98, 1153, stRspr). 25

2. Ausgangspunkt: Äquivalente Kausalität. Folgeschäden können dem Verursacher nur dann zugerechnet werden, wenn die Erstverletzung im naturwissenschaftlichen Sinn kausal ist. Als kausal gilt jede Ursache, die nicht hinweggedacht werden kann, ohne daß der Geschehensablauf ein anderer gewesen, das Ereignis nicht oder nicht zu diesem Zeitpunkt eingetreten wäre (Theorie der condicio sine qua non; zB Larenz, SchR I, § 27 III a). Bsp für eine fehlende Kausalität: Der Verlust des **Schadensfreiheitsrabatts** in der Haftpflichtversicherung ist auch bei einem Mitverschulden des am Unfall Beteiligten nicht Folge der Beschädigung des eigenen Pkws durch den anderen (BGH 66, 400; VersR 77, 767; zust Honsell JuS 78, 745); spätere Sicherungsmaßnahmen zum Eigentumsschutz sind nicht durch den Diebstahl verursacht (BGH 75, 237, s § 249 Rn 5). Die eher pragmatisch zu verstehende Formel zur äquivalenten Kausalität (SoeMertens 117) versagt gelegentlich, ohne daß die Ersatzpflicht daran scheitert. Haben zB zwei Handelnde Schadstoffe in ein Gewässer eingeleitet und damit gegen WHG 38 verstoßen, so haften beide auch dann, wenn die Schadstoffe des jeweils anderen den gesamten Folgeschaden herbeigeführt haben könnten, die Erstverletzung des einen also hinweggedacht werden kann (sog kumulative Kausalität, weitere Bsp bei Deutsch aaO Rn 153). 26

3. Einschränkung: Adäquate Kausalität. a) Zweck. Kausalitätsketten können endlos sein, sie können auch durch zufälliges Zusammentreffen unglücklicher Umstände weitergeführt werden. Dann mag es unbillig erscheinen, dem Schädiger derartige Folgerisiken aufzuerlegen. Die Adäquanztheorie versucht, den „Kreis der rein logischen Folgen im Interesse billiger Ergebnisse auf die zurechenbaren Folgen einzuschränken" (BGH 3, 265 ff; 18, 288), das Haftungsrisiko zu begrenzen und die hier ausgeklammerten Schäden dem Lebensrisiko des Geschädigten zuzuweisen. Es geht also nicht um die Bestimmung einer anderen Kausalität, sondern um ein *juristisches Korrektiv* zum Ausfiltern unbilliger Schadensersatzansprüche. Somit kommt es auch auf die Art des Anspruchs an, zB aus Gefährdungshaftung, aus § 826 (BGH 79, 259; NJW 83, 232). Das von dem Naturwissenschaftler v. Kries gewählte und an ein naturwissenschaftliches Ereignis, nämlich die Wahrscheinlichkeit anknüpfende Kriterium läßt den Wertungscharakter nicht deutlich genug erkennen. **b) Formeln.** Die Adäquanz wird in verschiedenen Formeln umschrieben. **Positiv** muß, wenn der Folgeschaden dem Schädiger zugerechnet werden soll, die Schadensursache „die objektive Möglichkeit eines Erfolges generell in nicht unerheblicher Weise erhöht" haben (zB Träger aaO S 159; RG 69, 59; grundlegend BGH 3, 261, s dazu aber Weitnauer aaO S 329; München VersR 91, 1391). **Negativ** formuliert soll derjenige Folgeschaden nicht zugerechnet werden, der nur aufgrund einer ganz ungewöhnlichen Verkettung von Umständen eintreten konnte (Larenz, SchR I, § 27 III b; ebenso BGH NJW 98, 140 mwN). Teilw werden beide Formulierungen **gemischt:** Das Ereignis müsse im allgemeinen und nicht nur unter bes eigenartigen, unwahrscheinlichen und nach dem gewöhnlichen Verlauf der Dinge außer Betracht zu lassenden Umständen geeignet sein, einen Erfolg (den Folgeschaden) dieser Art herbeizuführen (RG 158, 38; BGH 7, 204; JZ 72, 439 mit Anm Lieb; NJW 02, 2233). Die geforderte Prognose soll nach den maximalen Erfahrungswissen und unter Berücksichtigung derjenigen Umstände gestellt werden, die einem erfahrenen (Larenz, SchR I, § 27 III b) oder optimalen (Träger aaO S 159; BGH 3, 261) Beobachter zum Zeitpunkt des schadenstiftenden Ereignisses bekannt sind, zusätzlich aller dem Schädiger bekannten Umstände. **c)** Die **Kritik** an der Adäquanzlehre wird grundsätzlich und 27 28 29

Vor §§ 249–253

praktisch geführt (ie s zB v. Caemmerer GS 402; Hermann Lange JZ 76, 199 mwN). Sie verdecke nicht nur ihren Wertungscharakter (s Rn 27), sondern verschiebe die Zurechenbarkeit auf das rein quantitative Merkmal der statistischen Häufigkeit bestimmter Folgeschäden. Durch das Abstellen auf einen optimalen, also fast alles wissenden Beobachter komme sie faktisch der unbegrenzten Haftung für äquivalente Schäden nahe, die ursprüngliche Begrenzungsfunktion sei verlorengegangen. **d) Fälle.** IdR hat die Rspr die Adäquanz *bejaht*. Bsp: Entstehen bes schwerer Schäden, weil der Verletzte eine geschwächte Konstitution hatte (RG 155, 41; BGH 7, 206; JZ 69, 703; NJW 74, 1510, stRspr); Schäden aus erneuten Unfällen auch nach längerer Zeit, wenn die Erstverletzung Schwächen zurückgelassen hatte (RG 119, 207, Beinprothese; anders BGH NJW 52, 1010, Beinamputierter und Artilleriebeschuß, s dazu zB Kramer JZ 76, 388, 344 mwN); Schäden durch unsachgemäßes Eingreifen helfender Dritter (RG 66, 407; Hamm NJW 96, 790, ärztlicher Kunstfehler; allg BGH 43, 181), es sei denn, der Dritte handele bes leichtfertig (BGH VersR 77, 519, Brandschaden bei Autoreparatur) und außerhalb der eigenen Erfahrung (RG 102, 231, Arzt; 140, 9, Anwalt; BGH VersR 77, 325, Schiffsführer); Schäden durch das rechtswidrige Eingreifen Dritter, wenn der Verletzer Sicherungseinrichtungen zerstört (BGH NJW 79, 712, beschädigter Weidezaun und Diebstahl; BGH NJW 97, 866, Unfall eines Geldtransporters) oder die Gefahrenquelle geschaffen hat (Stuttgart JZ 84, 101, Verkauf von Streichhölzern an Kinder). *Verneint* wurde die Kausalität zB bei der ungewöhnlichen Häufung unglücklicher Umstände (BGH 3, 261, Schleusenfall) oder bei einem mit dem Schadensereignis nicht in unmittelbarem Zusammenhang stehenden, nicht „herausgeforderten" Eingreifen des Geschädigten (BGH NJW 97, 253) bzw eines Dritten (BGH 25, 86, zusätzlicher Eingriff gelegentlich einer unfallbedingten Operation).

31 **4. Einschränkung: Lehre vom Schutzbereich** (der Norm, des Vertrages). **a) Auslegung.** Wegen der geschilderten Schwächen der Adäquanztheorie (Rn 29) ist versucht worden, den Umfang der Schadensersatzpflicht zum einen durch **Auslegung** der die Haftung begründenden **Normen** zu bestimmen. Ersetzt werden müsse nur derjenige (Folge-)Schaden, vor dessen Eintritt die Norm schützen wolle. Die Schutzzwecklehre will damit in offengelegter Wertung das Schadensersatzrecht an das Haftungsrecht ankoppeln, dh den Umfang des zu leistenden Ausgleichs dem Haftungsgrund selbst entnehmen. Die im wesentlichen von Rabel (Das Recht des Warenkaufs, Bd 1, S 459 ff), Wilburg (aaO, S 244) und v. Caemmerer (GS 402 ff) entwickelte Lehre hat weiten Anklang gefunden (zB J. G. Wolf aaO, S 48; Hermann Lange JZ 76, 205; Fikentscher, § 49 III 3; Esser/Schmidt, I/2, § 33 III), sie ist aber auch mit der Argumentation auf Kritik gestoßen (Keuk, Vermögensschaden und Interesse, 1972, S 224 ff; Larenz SchR I, § 27 III b 2), daß den haftungsbegründenden Normen idR nicht entnommen werden könne, welche Art von Folgeschäden zu ersetzen sei. Bsp für die Anwendung: Die StVO soll ua die Verletzung anderer Verkehrsteilnehmer verhindern, nicht aber davor schützen, daß bei einer Unfalloperation eine verborgene, die Dienstunfähigkeit bewirkende Krankheit entdeckt wird (BGH NJW 68, 2287, dazu zB Kramer, JZ 76, 343). Wird pflichtwidrig eine Behörde oder ein Gericht nicht angerufen, so ist auf die Entscheidung abzustellen, die richtigerweise hätten getroffen werden müssen (BGH 79, 225 f; anders bei ständigem fehlerhaften Ermessensgebrauch). Im Rahmen von **vertraglichen Ansprüchen** ist bei einer Interessenverletzung gem § 241 II (BGH 116, 212), bei Ansprüchen aus §§ 463, 480 II aF (BGH 50, 200 f; NJW 73, 843), § 536 a (Larenz, SchR II 1, § 48 III b 3), § 634 Nr 4 (BGH 65, 112) und § 675 (BGH WM 97, 2086) auf den durch **Vertragsauslegung gewonnenen Schutzzweck** zurückgegriffen worden (zum Problem ie mit Differenzierungen Lange, 43. DJT, Gutachten S. 46 f).

32 **b) aa)** Teilw werden Folgeschäden durch eine auf **allg rechtlichen Wertungen** beruhende Zurechenbarkeit begrenzt. Zumeist geht es um die Frage der Gefahren-

Titel 1. Verpflichtung zur Leistung **Vor §§ 249–253**

erhöhung durch die schädigende Handlung bzw spiegelbildlich darum, ob der Geschädigte kausal eingetretene Folgeschäden selbst tragen muß, weil sie einem von ihm gesetzten Risiko entstammen (BGH 115, 88) oder seinem Lebensrisiko zuzurechnen sind (BGH NJW 91, 3275). Bsp: Bei einem **nicht gewünschten Kind** infolge fehlerhafter genetischer Beratung (BGH NJW 97, 1638) oder bei fehlgeschlagener Sterilisation („wrongful life") liegt nach BGH (BGH 129, 178, 180; zust Giesen JZ 94, 286; zutr krit Picker AcP 195, 483, Roth NJW 95, 2399, kontrovers BVerfG 96, 395 und 96, 409 ff; krit Stürner JZ 98, 317) der Unterhaltsbedarf im Schutzbereich der Vertragsverletzung gegenüber den Eltern, nicht aber deren Verdienstausfall infolge der Pflege des Kindes (BGH NJW 97, 1640). Bei **unterbliebener Abtreibung** trotz Röteln- oder anderer Gefährdung („wrongful birth", s Picker, Schadensersatz für das unerwünschte eigene Leben, 1995) sollen den Eltern – bei recht unklarer Abgrenzung – die Mehraufwendungen für das kranke Kind als Schadensersatz zustehen, wenn sich der Behandlungsvertrag auch auf die Entscheidung über die Abtreibung bezog (BGH 143, 393 mwN, BGH NJW 02, 886). Das **Kind selbst** hat keinen Anspruch (BGH 86, 250 ff; BGH VersR 02, 192; ie s Reinhart VersR 01, 1081). Auch auf **psychischen Folgeerkrankungen** beruhende Schäden (Bsp: eingetretene Arbeitsunfähigkeit) sind zu ersetzen (BGH NJW 00, 863 mwN). Beruht die Arbeitsunfähigkeit auf einer sog *Begehrensneurose* (Wunsch, nicht mehr arbeiten zu müssen, BGH VersR 98, 203 in Abgrenzung zur sog *Konversionsneurose*, einer Auslösung vorhandener psychischer Konflikte infolge der Verletzung, die zur Arbeitsunfähigkeit führt) und stehen Anlaß und Erkrankung in einem nicht nachvollziehbaren Verhältnis, so wird die Schutzwürdigkeit verneint (BGH NJW 97, 2175, sehr stark eingrenzend BGH 137, 146; zust Schiemann JZ 98, 683). **Strafverteidigerkosten** aus Anlaß eines Verkehrsunfalls sind nicht zu ersetzen (BGH 27, 137; krit zur Begr Larenz, SchR I, § 27 III), jedoch **Anwaltskosten** im Zivilverfahren (BGH ZIP 86, 986 mwN); desgl nicht die Kosten eines **Privatklageverfahrens** (Düsseldorf VersR 72, 52) oder einer **Nebenklage** (BGH 24, 266). Zeit- und Verwaltungsaufwendungen für die **Schadensabwicklung** zählen zur Risikosphäre des Geschädigten (s Rn 16). Schließt der Verletzte mit einem Drittbetroffenen einen **Vergleich**, so ist der Verzicht auf Ansprüche ein zu ersetzender Folgeschaden, wenn dies aufgrund einer vertretbaren Würdigung der Sach- und Rechtslage geschieht (BGH NJW 93, 1589 mwN; zum Handeln des Verletzten sa § 823 Rn 28). Der spätere **Unfall** eines getäuschten Kfz-Käufers soll in den Schutzbereich fallen (BGH 57, 142; aA v. Caemmerer, FS Larenz, 1973, 641; Huber JuS 72, 441; Lieb JZ 72, 443). **bb)** Bei **speziellen Schutzgesetzverletzungen** sind idR zwei häufig nicht **33** auseinandergehaltene Problemkreise zu unterscheiden (zutr Huber, FS E. Wahl, 1973, S 320 ff): Zunächst muß im Rahmen des **Haftungsrechts** gefragt werden, ob die betr Norm überhaupt den Schutz des verletzten Rechtsguts bezweckt, das Rechtsgut also in den Schutzbereich fällt (s § 823 Rn 23). Hier sieht im Teil der Lehre – unzutr – die alleinige Funktion der Theorie vom Schutzbereich (zB Larenz, SchR I, § 27 III b 2; Stoll aaO 27 f). Im Rahmen des **Schadensersatzrechts** tauchen dann dieselben Probleme wie in Rn 32 auf (Huber, FS E. Wahl, 1973, S 320). Bsp: Der bei einem Verkehrsunfall Verletzte kann zwar Ersatz dafür verlangen, daß ein Prüfungstermin nicht wahrgenommen werden konnte, nicht aber dafür, daß ein späterer Prüfungstermin wegen eines studentischen Boykotts ausfällt (Lange JZ 76, 205 mN); sa das Bsp in Rn 31. **c)** Das **Verhältnis zur** **34** **Adäquanztheorie** ist sehr str. Entgegen der Auffassung, die Lehre vom Normzweck habe die Adäquanztheorie verdrängt (v. Caemmerer GS I S 408; J. G. Wolf aaO S 58 ff; Huber JZ 69, 683; Hermann Lange aaO S 59), sind beide Methoden nebeneinander anwendbar, soweit sie sich ergänzen (hM, PalHeinrichs 61; BGH VersR 92, 499; ie mit Differenzierungen Deutsch aaO Rn 315). Bei einem Konflikt ist uU auch ein „unwahrscheinlicher" Schaden zu ersetzen, wenn er in den Schutzbereich fällt (BGH NJW 82, 572, Beurkundungsfehler des Notars und anschließendes Fehlurteil eines OLG).

VI. Schadensmindernde Faktoren

35 **1. Vorteilsausgleichung.** Lit: Selb, Schadensbegriff und Regreßmethoden, 1963, S 21; Sonnenberger, FS für Trinkner, 723 ff; Thiele AcP 167, 193. **a) Allgemeines.** „Vorteilsausgleichung" erscheint als Sammelbegriff für eine Fülle dogmatisch unterschiedlich strukturierter Fallkonstellationen, in denen die zum Schaden führende Handlung gleichzeitig andere Maßnahmen oder Ereignisse auslöst, die den Vermögensschaden des Betroffenen mindern oder auch zu einer Vermögensvermehrung führen können. Bsp: Eine Unfallversicherung fängt den Schaden auf; der zu leistende Schadensersatz geht notwendigerweise über den eigentlichen Ausgleich hinaus (der Krankenhausaufenthalt erspart zT allg Aufwendungen für die Lebensführung); die durch das Schadensereignis ausgelöste Kausalkette bringt dem Geschädigten – vorhersehbar oder nicht vorhersehbar – Vermögensvorteile (Esser/Schmidt I/2, § 33 V: Die Umschulung des Verletzten bringt ihm höhere Einkünfte; Larenz, SchR I, § 30 II a: Das verletzte Mädchen lernt im Krankenhaus eine alte Dame kennen, die es zur Erbin einsetzt). Von der Ausgleichsfunktion des Schadensersatzes her (Rn 2) ist zweifelhaft, ob der Geschädigte dennoch den vollen Wert der Rechtsgutsbeeinträchtigung verlangen und damit an der Verletzung „verdienen" kann; andererseits mag es unbillig sein, den Schädiger zu entlasten.

36 **b) Formeln.** Das RG hat zunächst parallel zur Ermittlung des Schadensumfangs (Rn 27 ff) mindernd berücksichtigt, was adäquat durch das schadenstiftende Ereignis verursacht worden ist (RG 80, 155; 84, 388). Der BGH verwendet im Anschluß an jüngere Entscheidungen des RG (zB RG 146, 287; zur Entwicklung der Rspr s Cantzler AcP 156, 33 ff) eine den Wertungscharakter stärker betonende Formel (stRspr, zB BGH NJW 97, 2378 mwN): Ein Vorteil sei dann auf den Schaden anzurechnen, wenn er adäquat durch das schadenstiftende Ereignis verursacht worden, seine Anrechnung dem Geschädigten zumutbar sei, dem Zweck des Schadensersatzes entspreche (zB nicht bei arglistiger Täuschung, München NJW 80, 1581) und den Schädiger nicht unbillig entlaste (krit Esser/Schmidt I/2, § 33 V 3: Allerweltsformel ohne jegliche Rationalisierungsgarantie); auch müsse ein „innerer Zusammenhang" bestehen (BGH NJW 89, 2117 mwN). Ob eine Formel überhaupt hilfreich ist, mag angesichts der vielschichtigen Problematik zweifelhaft sein (krit auch Keuk aaO S 249 f Anm 80). Vorerst hilft wohl nur die Bildung von

37 **c) Fallgruppen** weiter, in denen die allg Grundsätze des BGH zu konkretisieren sind. **aa)** Bei **Leistungen Dritter aufgrund** (ges oder vertraglicher) **Verpflichtung** (zB Versorgungsbezüge bei Invalidität, Sterbegeld) liegt häufig überhaupt kein Problem der Vorteilsausgleichung vor. Vielmehr kann der Dritte die Ansprüche des Geschädigten aus ges übergegangenem oder abgetretenem Recht geltend machen (s Rn 2). Ist keine Abtretung vorgesehen, so muß darauf abgestellt werden, welcher Zweck mit der Verpflichtung des Dritten verfolgt wird (Cantzler AcP 156, 57 f; Deutsch, HaftungsR I, Rn 848; Thiele aaO S 227 ff); idR soll dem Geschädigten geholfen, nicht aber der Schädiger entlastet werden, so daß keine Anrechnung geschieht (zB BGH 7, 30; NJW 78, 537 mwN). Der Bezug mit **Vorruhestandsgeld** mindert allerdings den Schaden (BGH NJW 01, 1274). Ähnliche Grundsätze gelten für Versicherungen. **Schadensversicherungen** erwerben den Ersatzanspruch des Geschädigten gem VVG 67, Fragen des Vorteilsausgleichs entstehen nicht. Eine **Unfallversicherung des Geschädigten** soll nicht dem Schädiger zugutekommen, es erfolgt keine Anrechnung (BGH NJW 79, 761). Besteht eine **Unfallversicherung des Schädigers** (zB Kfz-Insassenversicherung), so kann der Schädiger die Anrechnung der an den Geschädigten ausgezahlten Versicherungssumme verlangen, ohne daß die Grundsätze der Vorteilsausgleichung anwendbar sind (BGH 64, 260; StSchiemann 159 ff; aA zB Thiele aaO S 230; Esser/Schmidt I/2, § 33 V 3 a); auch bei einer **Lebensversicherung** findet kein Vorteilsausgleich statt (BGH 73, 111 mwN; SG München VersR 01, 1430, private Berufsunfähig-

38 keitsrente). **bb) Freiwillige Leistungen Dritter** werden nicht angerechnet,

Titel 1. Verpflichtung zur Leistung **Vor §§ 249–253**

der Dritte die Zuwendungen (idR) dem Geschädigten, nicht dem Schädiger zugutekommen lassen will (BGH NJW 70, 1121 f, Nutzungsausfallentschädigung, obwohl ein Dritter einen Ersatzwagen zur Verfügung stellt; BGH NJW 70, 96, Mehrarbeit eines Mitgesellschafters; zum Grundsatz Deutsch, HaftungsR I Rn 847 f; Larenz, SchR I, § 30 II b; ie Thiele aaO S 225 ff). **cc) Schadensmin-** 39 **dernde Leistungen des Geschädigten selbst** sind zu berücksichtigen, soweit sie nach § 254 II geboten waren, im Übrigen nicht (BGH NJW 74, 602; BGH 55, 329). **dd) Ersparte Aufwendungen** werden angerechnet (zur dogmatischen Einordnung s zB SoeMertens, 205, 208, Larenz, SchR I, § 30 II). **Bsp:** Verpflegungskosten bei Krankenhausaufenthalt (BGH NJW 71, 240 mit Differenzierungen; aA Stamm VersR 75, 690; ie Plaumann VersR 76, 124); ersparte Wegekosten zur Arbeitsstelle bei Dienstunfähigkeit (BGH NJW 80, 1787); Unterhaltsaufwendungen bei Tod des Ehepartners (s § 844 Rn 6); Generalunkosten für den eigenen Pkw bei der Geltendmachung von Nutzungsausfall (s Rn 10) während der Reparaturzeit (BGH NJW 63, 1399, grundlegend; KG DAR 76, 241; 77, 185; ie Klimke, VersR 76, 17); ersparte **Versicherungsbeiträge** (BGH VersR 86, 915) und **Steuern** (BGH NJW 89, 3150); idR ist aber auch der geleistete Ersatz zu versteuern, es tritt also keine Ersparnis ein (BGH NJW 90, 571; ie Kullmann VersR 93, 385). **ee) Wertsteigerungen** sind grundsätzlich zu berücksichtigen (BGH NJW 80, 40 2187), nicht jedoch ein über dem Verkehrswert liegender Erlös bei einem Deckungsverkauf; dieser steht dem Verkäufer zu (BGH NJW 97, 2378; zust Schubert JR 98, 238). Ein Ausgleich **neu für alt** für die den ursprünglichen Zustand überschießende Lebensdauer ist vorzunehmen (s BGH NJW 96, 585; ie BGH 102, 331; nicht bei Pkws mit weniger als 1000 km, aA Schleswig VersR 85, 373). Erfaßt werden jedoch nur Reparaturen, die sich erfahrungsgemäß während der Lebensdauer der Sache auswirken (München VersR 70, 261, Ganzlackierung eines sechs Jahre alten Pkws). Hätte das ursprüngliche Teil die Lebensdauer ebenfalls erreicht, so liegt keine Wertsteigerung vor (Geigel/Schlegelmilch, Der Haftpflichtprozess, 23. Aufl. 2001, 4, 51). **ff)** Gegenüber dem Anspruch aus § 844 II ist eine **vorzeitig** 41 **erlangte Erbschaft** in dem Ausmaß anzurechnen, als aus ihr bzw ihren Erträgnissen der Unterhalt bestritten worden wäre (Frankfurt VersR 92, 595 mwN).

2. Sog überholte (überholende) **und hypothetische Kausalität. Lit:** v. Caem- 42 merer, GS I S 411; Grunsky, FS Hermann Lange, 1992, 469 ff; Kahrs, Kausalität und überholende Kausalität im Zivilrecht, 1969. **a)** Als **Problem** stellen sich zwei (Niederländer AcP 153, 41 f) Fallkomplexe. **(aa)** Nach einer Rechtsgutsverletzung wäre es davon unabhängig zu ders Rechtsgutsverletzung gekommen; diese „Reserveursache" (v. Caemmerer GS I S 434) schlägt aber ins Leere, sie bleibt „hypothetisch". Bsp: Der gestohlene und vom Dieb beschädigte Pkw wäre in derselben Nacht bei einem Garagenbrand zerstört worden. **(bb)** Eine bestimmte (Reserve-)Ursache hatte die Rechtsgutsverletzung bereits eingeleitet, sie wird aber vom tatsächlichen Schadensereignis „überholt". Bsp: A wäre in zwei Jahren wegen einer Krankheit dienstunfähig geworden; er wird jetzt durch B schwer verletzt und sofort arbeitsunfähig. Zu fragen ist, ob der Schädiger für den gesamten Schaden auch hier aufkommen muß; denn er braucht nach der Differenzlehre (Rn 5) den Geschädigten nur so zu stellen, als hätte er die Schädigung nicht herbeigeführt. Dann aber wäre es durch die Reserveursache zu demselben oder einem ähnlichen Schaden gekommen. An dieser Fragestellung wird deutlich, daß es nicht um die haftungsbegründende Kausalität geht, die von dem eigentlichen Schädiger unzweifelhaft in Gang gesetzt wurde, sondern um eine *Schadensberechnung* (BGH NJW 67, 552; Hermann Lange aaO S 160; v. Caemmerer GS I S 411 ff; Zeuner aaO S 441). **b)** Die **Lösungsver-** 43 **suche** sind außerordentlich vielfältig; zT wird zur die volle Berücksichtigung der Reserveursache gefordert, weil eben nur die Differenz zu ersetzen sei (Lemhöfer JuS 66, 338). Das RG hatte andererseits hypothetische Schadensursachen generell als unbeachtlich angesehen, da ein Ersatzanspruch mit der tatsächlichen Verletzung in voller Höhe entstanden sei und als Geldanspruch nicht mehr beeinträchtigt werden könne

Vor §§ 249–253

(RG 141, 367 f; 144, 84; anders für sog Anlagefälle, s zB RG 148, 56; 169, 120). Andere differenzieren: Larenz (NJW 50, 491 f; VersR 63, 1; SchR I, § 30 I; desgl Coing, SJZ 50, 871; Anklänge auch in BGH 29, 215) will den Schadensbegriff gliedern und hypothetische Ursachen nicht beim unmittelbaren Schaden am Rechtsgut, wohl aber bei Folgeschäden wie beim Verdienstausfall berücksichtigen (ähnlich vom Begriff des normativen Schadens her Neuner AcP 133, 286; Wilburg, IherJb 82, 130; krit Schmidt AcP 152, 121; v. Caemmerer I S 417; Esser/Schmidt I/2, § 33 IV 1 a). Überwiegend wird – ie unterschiedlich – eine Aufgliederung nach typischen Gruppen von dem Ausgangspunkt aus versucht, daß iSd Differenzlehre Reserveursachen grundsätzlich zu beachten sind, unbillige Ergebnisse jedoch vermieden werden müssen (s zB Hermann Lange aaO S 168; v. Caemmerer GS I S. 411 ff; Zeuner AcP 157, 450 ff; Fikentscher § 55 IV 4). Gefolgt wird hier im 44 Wesentlichen v. Caemmerer. **c) Grundsätze. aa) Ausgangspunkt.** Die überholte Kausalität der Reserveursache führt relativ unproblematisch zur Reduktion des Schadensersatzanspruchs in den sog **Anlagefällen,** in denen der Schaden später eingetreten wäre (nicht zu verwechseln mit der Verletzung einer schwachen Konstitution, s BGH NJW 96, 2446). Bsp: BGH VersR 85, 62 mwN, Vorerkrankung; BGH BB 68, 1308, nicht lebensfähiger Betrieb; BGH 78, 209 m krit Bespr Backhaus VersR 82, 210, Gefährdung durch den ersten Teil einer Injektion. Hier haftet der Schädiger nur für die Verkürzung der Zeitspanne bis zum Eintritt des Schadens. Gleichzustellen sind die ähnlichen Sachverhalte der **konkreten Gefahrbedrohung,** in denen die hypothetisch gebliebene Ursache für einen obj Beobachter erkennbar bereits auf dem Gegenstand, bildlich gesprochen, lastete (RG 156, 191, Schleusenfall; BGH 20, 280, Brandgasse; 29, 215, Hausabbruch). Darüber hinaus wird man aber (sehr str; aA zB BGH 125, 61) wegen der Schwierigkeit der Abgrenzung alle Ereignisse, die zur Rechtsgutsverletzung geführt haben, ohne Rücksicht auf die zum Zeitpunkt des Schadensereignisses schon feststellbare Konkretisierung der Gefahr zu beachten haben (Bsp: die eingeworfene Scheibe wäre durch eine spätere Explosion 45 in der Nähe zerstört worden). **bb) Einschränkungen.** In den Fällen der hypothetisch gebliebenen Gefahr bleibt die Reserveursache jedoch außer Betracht, wenn sie zur Einstandspflicht eines Dritten (des Schädigers, einer Versicherung) geführt hätte; denn sonst ginge der Geschädigte, da just jene Haftung nicht realisiert, leer aus 46 (v. Caemmerer GS I S 433 mw Ausnahmen; BGH NJW 58, 705; 67, 552). **d) Prozessuales.** Die Tatsache, daß ein an sich bestehender Schadensersatzanspruch nachträglich reduziert oder weggefallen ist, muß der **Schädiger beweisen** (BGH 78, 214). Maßgebend – iS einer prozessualen Festlegung (s Rn 55) – ist nach hL der **Zeitpunkt** der letzten mündlichen Verhandlung vor dem Tatsachengericht (v. Caemmerer GS I S 437; Schmidt aaO S 134 f; StSchiemann 93 mit materiellrechtlichen Differenzierungen; aA Grunsky, Aktuelle Probleme zum Begriff des Vermögensschadens, 1968, S 65; Lemhöfer JuS 66, 344: Zeitpunkt der Leistung).

47 **3. Exkurs: Rechtmäßiges Alternativverhalten (rmAV). Lit:** v. Caemmerer GS I S 445; Deutsch, HaftungsR I, Rn 186 ff; Gotzler, Rechtmäßiges Alternativverhalten im haftungsbegründenden Zusammenhang, 1977; Hanau, Die Kausalität der Pflichtwidrigkeit, 1971. **a) Beschreibung.** Typologisch steht dem Einwand der hypothetischen Kausalität die Argumentation nahe, auch bei einem möglichen rechtmäßigen (ähnlichen) Vorgehen des Schädigers wäre es ganz oder teilw zu den gleichen Folgen für den Betroffenen gekommen. Bsp (nach BGHSt 11, 1; s zB Larenz, SchR I, § 30 I): Ein Lkw überholt einen nicht erkennbar betrunkenen Radfahrer in zu dichtem Abstand, der Radfahrer gerät unter den Anhänger und wird verletzt; derselbe Unfall wäre vermutlich geschehen, wenn der Lkw-Fahrer den vorschriftsmäßen Abstand eingehalten hätte (weitere Bsp bei Hanau aaO S 14 ff). Die dogmatischen Unterschiede zur sog hypothetischen Kausalität sind jedoch erheblich (aA Lemhöfer JuS 66, 341): Es wird nicht die tatsächliche Kausalität mit einer latent realen (hypothetisch gebliebenen bzw überholten) Kausalkette zur Ermittlung der Schadensdifferenz in Bezug gesetzt (Rn 42), sondern der Verlet-

zungshandlung wird ein rein theoretisches Verhalten des Schädigers selbst als gerechtfertigte Schädigungsmöglichkeit gegenübergestellt. Der Einwand ist systematisch an zwei Stellen denkbar. Er bezieht sich im Schwerpunkt auf die **haftungsbegründende Kausalität:** Bsp: Gegenüber dem Anspruch des verletzten Radfahrers aus § 823 I wird geltend gemacht, auch bei rechtmäßigem Verhalten wäre es zur Rechtsgutsverletzung gekommen. Möglich ist der Einwand aber auch im Rahmen der **haftungsausfüllenden Kausalität.** Bsp: Dem Anspruch des Radfahrers aus § 823 II iVm StVO 5 wird entgegengehalten, die Körperverletzung hätte sich auch als Folge eines rechtmäßigen Verhaltens ergeben; zu der Schwierigkeit, die beiden Kausalketten abzugrenzen, s Rn 24. **b) Lösungsversuch.** Nach hM (v. Caemmerer GS I S 446; Deutsch, HaftungsR I, Rn 188; Fikentscher § 55 V; weitergehend Hanau aaO S 114 ff; aA Esser/Schmidt I/2, § 33 III 2 a) ist der Einwand rmAVs zu berücksichtigen, wenn die verletzte Norm (wie im Bsp Rn 47) allein die Rechtsgutsverletzung verhindern will; dann wurzele die Verletzung nicht eigentlich im verbotenen Verhalten. Schütze die Norm jedoch noch andere Interessen, wolle sie zB bestimmte Verfahren im Zusammenhang mit einer Rechtsgutsverletzung garantieren oder Entscheidungsspielräume (des Verletzten selbst, von Dritten) sichern, so sei der Einwand nicht zulässig. Bsp: ein unter Nichtbeachtung von Verfahrensregeln ausgelöster Streik macht auch dann ersatzpflichtig, wenn es beim Einhalten der Regeln ebenfalls zum Streik gekommen wäre (BAG 6, 321; zust Medicus, BR, Rn 853; Lange, SchadErs, § 4 XII 5; aA Hanau aaO S 115); hingegen schützt ein Vertrag idR nur die Vertragsinteressen selbst, so daß bei einer Vertragsverletzung eingewandt werden kann, derselbe Schaden wäre bei ordnungsgemäßem Verhalten entstanden (BAG NJW 84, 2846, Nichteinhalten der Kündigungsfrist). Methodisch ist die Berücksichtigung des rmAV damit eine Frage nach dem **Schutzbereich** der verletzten Norm (Rn 31, § 823 Rn 26; hM, vgl v. Caemmerer, Deutsch aaO, Larenz, SchR I § 27 III b 2; aA Hanau aaO S 83: Kausalität). **c)** Die **Beweislast** trifft den Schädiger (PalHeinrichs 107). 48

49

VII. Art und Zeitpunkt der Schadensberechnung

1. Schadensberechnung. Lit: Berger, Abkehr von der konkreten Schadensberechnung, VersR 85, 403; Mertens aaO (s vor Rn 1) S 220; Steindorff AcP 158, 431; Steffen VersR 85, 605. **a) Konkrete Schadensberechnung.** Der Geschädigte ist grundsätzlich verpflichtet, seinen erlittenen Schaden „konkret" zu berechnen (Larenz, SchR I, § 29 III a; Esser/Schmidt I/2, § 32 III 1); maßgebend ist damit die tatsächliche, sich aus der eingetretenen Verminderung des Vermögens *(damnum emergens)* und seiner ausbleibenden Vermehrung *(lucrum cessans)* zusammensetzende Einbuße in der individuellen Situation des Geschädigten. Die für den Schadensumfang relevanten Einzelheiten (s dazu BGH WM 83, 418) hat der Geschädigte darzulegen und zu beweisen, wobei ihm hier eine Erleichterung durch ZPO 287 zugute kommt. **b) Abstrakt-typisierende Berechnung. aa) Grundsatz.** Die konkrete Schadensberechnung kann den Geschädigten trotz ZPO 287 in Beweisschwierigkeiten bringen; sie würde ihn vor allem, etwa bei Wettbewerbsverletzungen oder auch ausgebliebenen Warenlieferungen, zwingen, im Prozeß mit dem Schädiger Geschäftsinterna offenzulegen. Gestützt auf § 252 S 2 hat die Rspr deshalb für den entgangenen Gewinn die „abstrakte" Schadensberechnung zugelassen (BGH NJW 94, 2478 mwN; StSchiemann 252, 21 ff; PalHeinrichs § 252, 7). Systematisch handelt es sich dabei um eine Anwendung des *prima-facie-Beweises,* wonach bei typischen Geschehensabläufen nach der Lebenserfahrung von einem eingetretenen Erfolg auf bestimmte Ursachen geschlossen werden kann (s dazu Th/P § 286, 4; RoSchwab/Gottwald § 115 III) oder hier von der Rechtsgutsverletzung aus bestimmte typische Folgeschäden angenommen werden. Der Anschein ist durch Tatsachen zu entkräften, aus denen die ernsthafte Möglichkeit eines vom gewöhnlichen Verlauf abweichenden Geschehens folgt. Dann ist der Geschädigte wiederum zur konkreten Schadensberechnung genötigt. Bei der abstrakten Scha- 50

51

Vor §§ 249–253 Buch 2. Abschnitt 1. Inhalt der Schuldverhältnisse

densberechnung kann der Geschädigte zB die übliche Gewinnspanne (BGHZ 62, 105) oder den üblichen Zins bei vermuteter Kapitalanlage (BGH NJW 92, 1224
52 mwN) als Schaden verlangen. **bb) Anwendungsbereich.** Die abstrakte Schadensberechnung wird auf Kaufleute und auf ihre jeweils typischen Geschäfte begrenzt (BGH 62, 106), weil nur dort ein bestimmter Gewinn als wahrscheinlich erwartet werden kann (Knobbe-Keuk VersR 76, 404; StSchiemann § 252, 22 f mN). Sie sollte jedoch auch dort möglich sein, wo typische Geschehensabläufe ein starkes Indiz für dieselbe Entwicklung beim Geschädigten sind (s BGH NJW 95, 558, uU
53 Grundstückspreise in demselben Erschließungsgebiet). **c) Abstrakt-normative Schadensberechnung. Lit:** Bardo, Die „abstrakte" Berechnung des Schadensersatzes wegen Nichterfüllung beim Kaufvertrag, 1989. **aa) Terminologie.** Als „abstrakte" Schadensberechnung wird zT auch die Möglichkeit bezeichnet, in Einzelfällen Ansprüche geltend zu machen, obwohl eine Einbuße nicht eingetreten ist (Larenz, SchR I, § 29 III a; Esser/Schmidt I/2, § 32 III 2). Mit Mertens (aaO S 76 Anm 76) sollte man den systematischen Unterschied zur typisierenden Betrachtung und die Nähe zum normativen Schadensbegriff (Rn 6) auch terminolo-
54 gisch kennzeichnen. **bb)** Eine Begründung fehlt, die Bsp tragen bisher nur eher zufälligen Charakter. Bei der **Verletzung von Immaterialgüterrechten** und vergleichbaren Leistungspositionen gewährt die Rspr neben dem ges Anspruch auf Herausgabe des Gewinns (s zB UrhG 97 I 2; PatG 47 II 2; GeschmMG 14 a I) bzw auf billige Entschädigung (GebrMG 24 II 2) statt des schwer nachweisbaren konkreten Schadens auch eine angemessene Lizenzgebühr als Schadensersatz (Grundsatz der **Lizenzanalogie**, BGH 77, 23 ff; BAG ZIP 86, 1352, stRspr, ie s Steindorff AcP 158, 455 f; Loewenheim ZHR 135, 99 ff; Fezer, MarkenR, § 14 Rn 522). Mehrfach hat der BGH der GEMA bei **unberechtigten Musikaufführungen** im Blick auf die hohen allg Überwachungskosten einen Anspruch auf doppelte Lizenzgebühr zugesprochen (BGH 17, 383; 59, 286, dazu Loewenheim aaO; zur Unübertragbarkeit auf andere Vervielfältigungen s BGH 97, 37). Ohne Nachweis wird zT ein **pauschalierter Mindestschaden** gewährt, so daß der Geschädigte zur konkreten Berechnung erst dann gezwungen ist, wenn er höhere Beträge geltend machen will. Als ges Bsp zählen § 288 I (s BGH 74, 238) und HGB 376 II. Zutr fordert Knobbe-Keuk (VersR 76, 407 ff mN) gegen BGH 54, 45, daß bei der Verletzung eines Unternehmers oder des Gesellschafters einer Personengesellschaft unbeschadet der Auswirkungen auf das Geschäftsergebnis ein Mindestschaden in Höhe einer angemessenen Tätigkeitsvergütung gezahlt werden müsse. In einem Sonderfall hat der BGH einer Prostituierten einen an einer ungelernten Kraft orientierten Mindestschaden zugebilligt, weil der konkrete Ausfall wegen der Sittenwidrigkeit des Erwerbs nicht ersatzfähig sei (BGH 67, 127 mit krit Anm Stürner JZ 77, 176 und Born VersR 77, 628; München NJW 84, 2474).
55 **2. Zeitpunkt.** Leistet der Schädiger freiwillig, so ist der Zeitpunkt der Zahlung maßgeblich. Es liegt dann im Risiko des geschädigten Gläubigers, wie er mit dem Geldbetrag umgeht (SoeMertens 50 ff). Iü ist grundsätzlich die letzte mündliche Verhandlung vor der Tatsacheninstanz entscheidend (BGH NJW 99, 136 mwN; v. Caemmerer GS I S 437). Dabei sind erkennbare künftige, den Schaden beeinflussende Umstände zu berücksichtigen (BGH 27, 188). Bei unübersehbarer Entwicklung ist eine Feststellungsklage gem ZPO 256 möglich. Treten spätere Umstände auf, die nicht berücksichtigt werden konnten, so ist eine neue Klage zulässig (PalHeinrichs 174). Sind wiederkehrende Leistungen zu erbringen (zB Rente), so besteht bei wesentlicher Veränderung der Umstände die Möglichkeit einer Abänderungsklage nach ZPO 323 (ie s zB ThP § 323, 2). Zum Einfluß neuer Umstände im Rahmen der sog hypothetischen Kausalität s Rn 46.

§ 249 Art und Umfang des Schadensersatzes

[1] Wer zum Schadensersatze verpflichtet ist, hat den Zustand herzustellen, der bestehen würde, wenn der zum Ersatz verpflichtende Umstand

Titel 1. Verpflichtung zur Leistung **§ 249**

nicht eingetreten wäre. ²**Ist wegen Verletzung einer Person oder wegen Beschädigung einer Sache Schadensersatz zu leisten, so kann der Gläubiger statt der Herstellung den dazu erforderlichen Geldbetrag verlangen.**

Lit: *Sanden/Völtz*, Schadensrecht des Kraftverkehrs, 6. Aufl 1994; *Wolter*, Das Prinzip der Naturalrestitution in § 249 BGB, 1985; *Würthwein*, Schadensersatz für Verlust der Nutzungsmöglichkeit einer Sache oder für entgangene Gebrauchsvorteile?, 2001. Zur Schadensersatzrechtsreform: *Däubler*, Die Reform des Schadensersatzrechts, JuS 02, 625; *Haas/Horcher*, DStR 01, 2118; *Huber*, Das neue Schadensersatzrecht, in *Dauner-Lieb* ua, Das neue Schuldrecht, 2002; *Wagner*, Das Zweite Schadensersatzrechtsänderungsgesetz, NJW 02, 2049.

1. Allgemeines. a) Entstehungsgeschichte. § 249 aF ist durch Ges vom **1**
25. 7. 2002 (BGBl I S 2674, s dazu BT-Drs 14/7752, 14/8780; Inkrafttreten: 1. 8. 2002, EGBGB 229 § 5) dahin abgeändert worden, daß § 249 aF zu **I**, § 249 S 2 aF zu **II** geworden ist und **III** hinzugefügt wurde. **b)** Im **Aufbau** ist zwischen § 249 iVm § 252 einerseits und §§ 250–253 andererseits zu unterscheiden. § 249 ist Ausdruck des Gedankens, daß der Geschädigte in seinem Integritätsinteresse geschützt sein soll. Er kann daher in erster Linie **Naturalrestitution** fordern oder sie selbst vornehmen (§ 249 II). Nur wenn die Wiederherstellung nicht rechtzeitig geschieht (§ 250), unmöglich oder unter sehr erschwerten Bedingungen durchzuführen ist (§ 251), besteht ein Anspruch auf Geldersatz, sog **Kompensation** (sa für den Verkauf eines nicht reparierten Pkws Rn 5). **c) Anspruch auf Herstel-** **2**
lung. aa) Allgemeines. Der Geschädigte hat ein *Wahlrecht* zwischen I und II (um nicht vom Schädiger abhängig zu sein). Fordert er zunächst Herstellung durch den Schädiger, so sollte bei einem Übergang auf **II** § 637 III entspr angewandt werden (desgl iE Düsseldorf NJW-RR 96, 1370). Im Rahmen der Herstellung besteht *keine* Trennung zwischen einer vermögenswerten und einer immateriellen Beeinträchtigung. Bsp: Widerruf einer beleidigenden Äußerung (BGH 37, 187), Entfernen eines unrichtigen Zeugnisses aus der Personalakte (BAG NJW 72, 2016), Herausgabe unberechtigt angefertigter Kopien (s RG 94, 4). Kann der Verletzte die Herstellung selbst vornehmen (Bsp: Anzeige in Presse), so ist II anwendbar.

2. Wiederherstellungskosten bei einer Sachbeschädigung. a) Beschrei- **3**
bung. aa) Reine Sachschäden. Herstellung ist idR die Reparatur (Ausnahme bei neuen Pkws bis 1000 km Laufleistung oder innerhalb eines Monats nach Zulassung: Neuwagen, s zB Nürnberg NJW-RR 95, 919). Zu leisten ist zunächst der dafür erforderliche und angemessene Geldbetrag (bei Pkw: bis zu 130% des Wiederbeschaffungswerts, sonst § 251 I, BGH 115, 380; Hamm NJW 98, 3500; zu dieser Konsequenz krit Roth JZ 94, 1097). Ist der Geschädigte schon tätig geworden, so kann er Ersatz der Aufwendungen verlangen, die er bei verständiger Würdigung für erforderlich halten durfte (BGH NJW 93, 1849). Neben den Reparaturkosten sind auch die Mehrkosten ersatzfähig, die durch unwirtschaftliche oder unsachgemäße Maßnahmen der Werkstatt entstanden sind (BGH 66, 182; ie Medicus JuS 69, 449) sowie die Finanzierungskosten, falls die Herstellung dem Geschädigten nur durch Aufnahme von Fremdmitteln möglich oder zumutbar ist (ie BGH 61, 346; Himmelreich NJW 74, 1897). Bei Herstellung im eigenen Betrieb können nur die tatsächlichen Aufwendungen zuzüglich eines Anteils für die Gemeinkosten verlangt werden (BGH 54, 88). Der Erwerb eines gleichwertigen Ersatzfahrzeugs soll ebenfalls Naturalrestitution sein (BGH 115, 368; 115, 380 stRspr, sehr bedenklich). **bb) Sachfolgeschäden.** Zu den Sachschäden zählen **4**
auch die Aufwendungen, die der Geschädigte im Zusammenhang mit der Wiederherstellung des bisherigen Zustandes hatte, wie zB die **Rechtsverfolgungskosten** für einen Anwalt (BGH 30, 154) sowie die Kosten für ein Sachverständigengutachten, soweit erforderlich (BGH 61, 346; Stuttgart NJW 74, 951). **Eigene Aufwendungen im Zuge der Schadensabwicklung** gehören jedoch zum allg Lebensrisiko und fallen nicht in den Schutzbereich (BGH 127, 351; sa Rn 16 aE vor § 249). Zu den Herstellungskosten zählen weiter die angemessenen Aufwendungen für einen **Mietwagen** während der Zeit der Nicht-Benutzbarkeit (BGH

Teichmann 207

§ 249 Buch 2. Abschnitt 1. Inhalt der Schuldverhältnisse

NJW 96, 1958, krit Schiemann JZ 96, 1077; ie s Notthoff VersR 96, 1200, Rspr-Übersicht), idR einschließlich der erforderlichen Versicherungen (ie BGH 61, 325 mwN); zur Tabelle möglicher Ersatzwagen ohne Eigenanteil s VersR 91, 1113, zur Nutzungsentschädigung s Rn 10 vor § 249. Setzt der Geschädigte ein **Ersatzfahrzeug** ein, so sind die **Vorhaltekosten** ersatzfähig, wenn die unterhaltene Betriebsreserve auch nach dem Risiko von Ausfällen infolge fremdverschuldeter Unfälle bemessen ist, insgesamt also höher liegt, als sie ohne Berücksichtigung derartiger Ausfälle hätte kalkuliert werden müssen (BGH NJW 78, 812; Nachw der Lit bei Littbarski BB 80, 1448; zur Berechnung s Tabelle von Danner/Echtler in VersR 88, 335). Eine Nutzungsentschädigung ist daneben nicht möglich (BGH NJW 78, 813). Beim **Ladendiebstahl** sind Vorkehrungen zur Diebstahlsabwehr (Fernsehkameras, Einstellen von Hausdetektiven) als allg, nicht dem konkreten Diebstahl zuzurechnende Sicherungsmaßnahmen nicht erstattungsfähig (zB Wollschläger NJW 76, 13 f; BGH 75, 235; aA Canaris NJW 74, 524). Die sog Fangprämie soll demgegenüber bis 50 Euro erstattungsfähig sein (s BGH 75, 235, 240
5 als Ausgangsentscheidung). **b) Verwendung der erhaltenen Mittel.** Während der Geschädigte die Folgekosten (Rn 4) nur geltend machen kann, wenn sie ihm tatsächlich entstanden sind, braucht er nach stRspr (BGH NJW 97, 520) den Betrag, den er zur Wiederherstellung der Sache selbst erhält, dafür nicht zu verwenden; er sei in seiner Dispositionsbefugnis frei (anders BGH NJW 01, 2250, Veräußerung eines geschädigten Grundstücks; s § 251 Rn 3). Bsp: Veräußern des beschädigten Pkws bei Geltendmachen der Reparaturkosten durch eine Werkstatt (BGH NJW 92, 903 mit Beschränkung auf den Wiederbeschaffungswert); volle Reparaturkosten bei selbst vorgenommener Ausbesserung; Urlaubsreise statt Reparatur oder Neuanschaffung. Der Gesetzgeber hat diese bedenkliche Rspr – systematisch liegt ein unter § 251 einzuordnender Sachverhalt vor – faktisch akzeptiert und in III die Konsequenz daraus gezogen: Die **Umsatzsteuer** soll dem Geschädigten nur zustehen, wenn er sie tatsächlich zur Schadensbeseitigung aufwenden muss. Bsp: Umsatzsteuer für die ganze Reparatur, wenn sie von einer Werkstatt vorgenommen wird, nicht für Ersatzteile, wenn der Geschädigte sie selbst einbaut. Beim Kauf einer Ersatzsache kommt es darauf an, ob Umsatzsteuer gezahlt (Kauf von einem Unternehmer) oder nicht geleistet werden muss (gebrauchter Pkw von einer Privatperson). Die **Beweislast** dafür, daß Umsatzsteuer gezahlt wurde oder geleistet werden muss, trägt der Verletzte.

6 **3. Wiederherstellungskosten bei der Verletzung einer Person. a) Umschreibung.** Wiederherstellungskosten sind alle Kosten zur Herstellung der Gesundheit, die der Verletzte für erforderlich halten durfte. Bsp: Operation einschl erforderlicher kosmetischer Operation (BGH 63, 295), Inanspruchnahme eines dem Lebensstandard entspr Zwei- oder Einbettzimmer im Krankenhaus (s BGH VersR 70, 130; Hamm VersR 77, 151), Kur (Celle VersR 75, 1103), Hilfe im Haushalt (Celle VersR 83, 40), Umschulung im Rahmen des Angemessenen (BGH NJW 87, 2742). Zu den eigenen Kosten des Verletzten zählen in Anwendung des normativen Schadensbegriffs (s Rn 6 und das Parallelbeispiel in Rn 9 vor § 249) die Aufwendungen der Angehörigen für Besuche im Krankenhaus (BGH NJW 91, 2341 mit Eingrenzungen; ie Seidel VersR 91, 1319; weitergehend Grunsky JuS 91, 907), auch dadurch notwendige Babysitter-Kosten (BGH VersR 89, 1309). Zu weiteren Ansprüchen s § 251 Rn 3. **b) Verwendung der erhaltenen Mittel.** Anders als bei den reinen Sachschäden kann der Verletzte nach der Rspr Erstattungen nur derjenigen Kosten verlangen, die er tatsächlich für die Wiederherstellung verwendet. **III** bezieht sich deshalb nicht auf diese Fallgruppe.

7 **4.** Zu den Heilungskosten für ein **Tier** s § 251 Rn 10.

8 **5. Ersatz nutzlos gewordener Aufwendungen bei nicht ordnungsgemäßer Vertragserfüllung** (zB bei § 179, nach Rücktritt iVm § 325, gem §§ 280, 281 I, 282, 283). Nutzlos gewordene Aufwendungen im Zusammenhang mit dem geplanten Vertrag sind dann ersatzbar, wenn sie bei ordnungsgemäßer Erfüllung

wieder erwirtschaftet worden wären. Bsp: Vertragskosten, (nicht überteuerte) Aufwendungen auf die Sache, Versicherungskosten. Eine – vom Verletzer widerlegbare – „Rentabilitätsvermutung" spricht dafür, daß den Aufwendungen eine entspr Amortisationserwartung gegenübersteht (BGH 114, 197; BGH NJW 99, 2269 mwN, stRspr); iü s § 285.

§ 250 Schadensersatz in Geld nach Fristsetzung

¹Der Gläubiger kann dem Ersatzpflichtigen zur Herstellung eine angemessene Frist mit der Erklärung bestimmen, dass er die Herstellung nach dem Ablauf der Frist ablehne. ²Nach dem Ablauf der Frist kann der Gläubiger den Ersatz in Geld verlangen, wenn nicht die Herstellung rechtzeitig erfolgt; der Anspruch auf die Herstellung ist ausgeschlossen.

1. Die **Funktion** ist umstr; zutr nimmt die hM an, § 250 gebe dem Geschädigten die Möglichkeit, unter den im Tatbestand genannten Voraussetzungen von der Naturalrestitution auf die Kompensation überzugehen, dh nach Fristablauf Wertersatz zu fordern (StSchiemann 1; PalHeinrichs 1; Larenz, SchR I, § 28 II; BGH 27, 185; aA – Ausdehnung des Erstattungsanspruchs gem § 249 S 2 auf andere Fälle – Frotz JZ 63, 391; Esser/Schmidt I/2, § 32 I 2; wohl auch BGH 11, 163); ie s dazu § 251 Rn 1 ff.

2. Einer **Fristsetzung** bedarf es nicht, wenn sie sinnlos wäre, weil zB der Verpflichtete zu erkennen gibt, er könne oder wolle keine Naturalrestitution leisten (BGH 40, 352, sa § 281 II). Hat der Geschädigte eine zu kurze Frist gesetzt, so ist sie auf eine angemessene Spanne zu verlängern (hM, s StSchiemann 5 mwN).

§ 251 Schadensersatz in Geld ohne Fristsetzung

(1) Soweit die Herstellung nicht möglich oder zur Entschädigung des Gläubigers nicht genügend ist, hat der Ersatzpflichtige den Gläubiger in Geld zu entschädigen.

(2) ¹Der Ersatzpflichtige kann den Gläubiger in Geld entschädigen, wenn die Herstellung nur mit unverhältnismäßigen Aufwendungen möglich ist. ²Die aus der Heilbehandlung eines verletzten Tieres entstandenen Aufwendungen sind nicht bereits dann unverhältnismäßig, wenn sie dessen Wert erheblich übersteigen.

Lit: Giesen, Kraftfahrzeug-Totalschaden und Haftpflichtrecht, NJW 79, 2065; Medicus, Naturalrestitution und Geldersatz, JuS 69, 449; Wussow/Küppersbusch, Ersatzansprüche bei Personenschaden, 7. Aufl 2000.

1. **Funktion.** § 251 konkretisiert in I, wann der Geschädigte nicht mehr die Wiederherstellung des ursprünglichen Zustandes – und damit auch nicht mehr die Wiederherstellungskosten gem § 249 S 2 – fordern kann, sondern auf den uU niedrigeren Wertersatz verwiesen wird. II schränkt den Grundsatz der Naturalrestitution dadurch noch weiter ein, daß der Schädiger auf Wertersatz ausweichen kann.

2. **§ 251 I. a) Allgemeines.** Die Bestimmung fordert kein strenges Entweder-Oder, sondern läßt, wie mit dem Ausdruck „soweit" angedeutet, zu, daß teilw Wiederherstellung gem § 249, teilw Wertersatz verlangt wird. Bsp: Neben den Reparaturkosten für einen Pkw nach § 249 sind gem § 251 der Nutzungsausfall (Rn 10 vor § 249) und der merkantile Minderwert zu ersetzen. **b) Voraussetzungen. aa)** Die (anfängliche oder nachträgliche) **Unmöglichkeit der Herstellung** kann auf tatsächlichen und rechtlichen Gründen beruhen (vgl § 275). Bsp: Bei einer *Verletzung einer Person* die Minderung der Erwerbsfähigkeit (§ 842); Erhöhung von Aufwendungen (auch Versicherungsprämien, BGH NJW 84, 2627); Zerstörung einer *nicht vertretbaren* (BGH NJW 85, 2414) *Sache* (Individualanfertigung, BGH 92, 85), getragene Kleidung; Bäume (Koch VersR 90, 573; Düsseldorf NJW-RR 97, 856); idR nicht Haus (BGH 102, 325 ff), Gartenmauer, (BGH NJW

§ 251 Buch 2. Abschnitt 1. Inhalt der Schuldverhältnisse

92, 2884); Veräußerung der geschädigten Sache (es sei denn, der Anspruch aus § 249 S 2 werde mit abgetreten, BGH NJW 01, 2250); Löschung einer Hypothek, wenn zwischenzeitlich wirksam ein Recht für einen Dritten eingetragen worden ist (RG Recht 12 Nr 181); Abtretung einer nicht bestehenden Forderung (RG JR 25 Nr 1622). Hat eine Sache (zB Pkw, BGH 35, 397; Gebäude, BGH 55, 198; DB 78, 1590), die nicht zu alt ist (bei Pkw: nicht älter als 5 Jahre bzw Fahrleistung unter 100 000 km, Schlund BB 76, 909 mwN), Schäden von einigem Gewicht (Köln VersR 89, 60) erlitten und wird sie trotz technisch ordnungsgemäßer Reparatur im Verkehr niedriger als eine unbeschädigte Sache bewertet, so ist auch der **merkantile Minderwert** zu ersetzen (zur Berechnung s Hamm MDR 83, 315). Bei der Zerstörung *vertretbarer Sachen* (zu neuwertigen Pkw s § 249 Rn 3) liegt idR keine Unmöglichkeit der Herstellung vor; der Geschädigte kann gem § 249 S 1 die Lieferung eines gleichen Gegenstandes verlangen. Zum gebrauchten Pkw s §

4 249 Rn 3 aE. bb) **Ungenügend** ist die Wiederherstellung bei oder Unsicherheit über die Dauerhaftigkeit des Erfolges (RG 76, 149) oder dann, wenn sie dem Geschädigten nicht zugemutet werden kann (Reparatur einer praktisch neuen

5 Sache bei empfindlicher Beschädigung, Frankfurt NJW-RR 89, 857). **c) Rechtsfolgen.** Die Geldentschädigung erfolgt bei Zerstörung in Höhe des **Wiederbeschaffungswertes,** des Betrages also, der zum Ankauf einer gleichwertigen Sache bei einem seriösen Händler erforderlich ist (ca 15% bis 20% über dem Zeitwert, zur Berücksichtigung der Händlerspanne einschl der Nebenkosten s zB Bamberg NJW 72, 828; ie Giesen NJW 79, 2067) und einschließlich der MWSt (BGH NJW 82, 1864 mwN; str). Darauf ist bei einer Veräußerung der beschädigten Sache (Unfallwagen) der zu erzielende **Restwert** abzuziehen. Sowohl bei der Wiederbeschaffung als auch bei der Veräußerung muß der Geschädigte im Rahmen des Zumutbaren den wirtschaftlichsten Weg gehen (BGH 143, 193 mwN). Erwirbt der Geschädigte statt eines ehemals neuen Wagens einen Gebrauchtwagen, so soll ihm ein sog Zweithandzuschlag nur zustehen, wenn er den Schaden konkret nachweist (BGH NJW 78, 1373, bedenklich). Die Berechnung des **merkantilen Minderwerts** ist str (s zB Schlund BB 76, 910: je nach Alter 50% bis 25% der für den Minderwert ausschlaggebenden Reparaturkosten); zum zeitweiligen Nutzungsausfall s Rn 12 vor § 249; zur Geldrente bei Erwerbsunfähigkeit s § 843 Rn 3.

6 **3. § 251 II 1. Lit:** Oetker NJW 85, 345. **a) Allgemeines.** § 251 II gilt für beide Formen der Restitution nach § 249, also sowohl für den Herstellungs- wie auch für den Gelderstattungsanspruch (BGH VersR 89, 2415; SoeMertens 1).

7 **b) Tatbestand.** Für die *Unverhältnismäßigkeit* von Aufwendungen zur Wiederherstellung des früheren Zustandes können sehr unterschiedliche Gesichtspunkte eine Rolle spielen (s BGH NJW 93, 2321, Miete für Ersatztaxi). Die Kosten für die Herstellung einer **Sache** (nach Abzug „neu für alt", BGH NJW 88, 1836, s dazu Rn 40 vor § 249) sind nur dann zu hoch, wenn sie ganz erheblich (etwa 30%, BGH 115, 371; Hamm, NJW-RR 01, 1390) über dem Wiederbeschaffungswert liegen; das Prognoserisiko trägt der Schädiger grundsätzlich (BGH NJW 72, 1801; Medicus JuS 73, 213). Bei immateriellen Beeinträchtigungen (zB Gesund-

8 heitsverletzungen) einer **Person** ist die Norm wegen der Unvergleichbarkeit einer Wiederherstellung mit dem „Wert" eines belassenen Verletzungszustandes nicht anwendbar (Esser/Schmidt I/2; § 32 II 2b); allerdings hat die Rspr (BGH 63, 300 f; krit Jochem JR 75, 329) in Ausnahmefällen bei ganz geringfügigen Verletzungen (kleine Narbe) zugelassen, daß der Schädiger den Geschädigten auf das

9 Schmerzensgeld verweist. **c) Einschränkungen.** Da § 251 II eine Ausprägung von § 242 darstellt, kann dem Schädiger das Berufen auf diese Norm etwa in Fällen bes schweren Unrechts versagt bleiben (hM; BGH NJW 70, 1181).

10 **4. Wiederherstellung bei der Verletzung eines Tieres (II 2).** Die Bestimmung, 1990 eingefügt (BGBl I 1762), zieht die Konsequenz aus einer veränderten gesellschaftlichen Wertung. Obergrenzen für die Entscheidung, ob eine Heilung – oder eine Tötung – geschehen soll, erscheinen dennoch unvermeidbar. Die Gren-

Titel 1. Verpflichtung zur Leistung §§ 252, 253

zen werden in der Rspr relativ hoch angesetzt (LG Bielefeld NJW 97, 3320: 3000 DM für eine Katze). Generell ist zu berücksichtigen, welche Funktion und welche Lebenserwartungen das Tier hat (hohes Affektionsinteresse – zum Schlachten vorgesehenes sog. Nutztier). Zu den Einschränkungen s Rn 9.

§ 252 Entgangener Gewinn

¹Der zu ersetzende Schaden umfasst auch den entgangenen Gewinn. ²Als entgangen gilt der Gewinn, welcher nach dem gewöhnlichen Lauf der Dinge oder nach den besonderen Umständen, insbesondere nach den getroffenen Anstalten und Vorkehrungen, mit Wahrscheinlichkeit erwartet werden konnte.

1. S 1. Die Bestimmung stellt klar, daß entspr dem Grundsatz der Totalreparation (Rn 2 vor § 249) der Geschädigte unabhängig von der Art des Schadensersatzanspruches Ersatz des entgangenen Gewinns fordern kann. Dies gilt jedoch nicht, wenn der Gewinn auf gesetzeswidrige Weise erzielt worden wäre (BGH NJW 86, 1486; ie Stürner VersR 76, 1012 mit Differenzierungen und wN); zum Schadensersatzanspruch einer Dirne s Rn 54 vor § 249. 1

2. S 2 hat die Funktion einer **Beweiserleichterung** im Rahmen von ZPO 287 (StSchiemann 3 ff; ErmKuckuk 10; BGH NJW 96, 654). Der Geschädigte braucht nur die Umstände zu beweisen, aus denen sich die Wahrscheinlichkeit des Gewinneintritts ohne Schadensereignis ergibt. Es obliegt dann dem Schädiger zu beweisen, daß der Gewinn aus bestimmten Gründen dennoch nicht entstanden wäre. Zur abstrakten bzw konkreten Berechnung s Rn 50 vor § 249, zum maßgeblichen Zeitpunkt s Rn 55 vor § 249; zum entgangenen künftigen Einkommen des Verletzten s § 842 Rn 3. 2

§ 253 Immaterieller Schaden

Wegen eines Schadens, der nicht Vermögensschaden ist, kann Entschädigung in Geld nur in den durch das Gesetz bestimmten Fällen gefordert werden.

Lit: *Hacks,* Schmerzensgeldbeträge, 19. Aufl 1999; *Hempting,* Ärztliche Fehler – Schmerzensgeld-Tabellen, 1989; *Heß,* Das Schmerzensgeld, Zeitschrift für SchadensR 01, 532; *Jäger,* Verlagerung der Schmerzensgeldregelung vom Deliktsrecht in das allgemeine Schuldrecht, Zeitschrift für SchadensR 01, 532; *Kern,* Die Genugtuungsfunktion des Schmerzensgeldes, AcP 191, 247 ff; *E. Lorenz,* Immaterieller Schaden und „billige Entschädigung in Geld", 1981 (dazu Pecher AcP 185, 383); *Pecher,* Der Anspruch auf Genugtuung als Vermögenswert, AcP 171, 44; *Slizyk,* Beck'sche Schmerzensgeldtabelle, 4. Aufl. 2001; *Steffen,* Schmerzensgeld bei Persönlichkeitsverletzungen, NJW 97, 10.

1. Normzweck. Die Verlagerung des § 847 (mit tatbestandlichen Erweiterungen s Rn 4) in **II** durch Ges vom 25. 7. 2002 (BGBl I S 2674, Inkrafttreten: 1. 8. 2002) hat zum erklärten Ziel, den Anspruch auf Schmerzensgeld aus dem ausschließlichen Zusammenhang mit der unerlaubten Handlung zu lösen und ihn auch bei vertraglichen Pflichtverletzungen sowie Ansprüchen aus Gefährdungshaftung zu gewähren, wenn die in **II** genannten Rechtsgüter betroffen sind (BT-Drs 14/7752 S 14 ff). Durch diese Änderung soll ein seit längerem geltend gemachtes Gerechtigkeitspostulat realisiert und gleichzeitig ein Vereinfachungseffekt in der Rechtsanwendung erreicht werden, weil nun neben einer Gefährdungshaftung oder Vertragsverletzung das Vorliegen einer unerlaubten Handlung mit uU strengeren Beweisanforderungen nicht mehr geprüft werden muß. 1

2. Anwendung des I. a) Beschreibung. Die Bedeutung der Bestimmung beschränkt sich nun darauf, eine Geldentschädigung für immaterielle Schäden bei der Verletzung anderer Rechtsgüter als den in II genannten einzuschränken. Sie bezieht sich nicht auf § 249, so daß der Anspruch auf den für die Wiederherstellung erforderlichen Geldbetrag nicht ausgeschlossen ist (Bsp: Veröffentlichungskosten für 2

§ 253 Buch 2. Abschnitt 1. Inhalt der Schuldverhältnisse

eine Widerrufserklärung). **b) Tatbestand.** „Durch das Ges bestimmte Fälle" sind zB §§ 651 f II (s § 651 f Rn 5 f), UrhG 97 II, EMRK 50. Zur Abgrenzung zwischen Vermögensschäden und Nichtvermögensschäden s Rn 3 ff vor § 249.

3 3. Schmerzensgeld II. a) Funktion. Schmerzensgeld hat nach der bisher zu § 847 aF ergangenen stRspr (BGH GS 18, 154 f; 128, 120 mwN) eine Doppelfunktion: Der Geschädigte soll einen *Ausgleich* für erlittene Schmerzen und seelische Leiden erfahren; darüber hinaus soll das Schmerzensgeld *Genugtuung* für das verschaffen, was ihm der Schädiger, insbes bei vorsätzlichen Handlungen, angetan hat. Die sog Genugtuungsfunktion ist teilw auf erhebliche Kritik gestoßen (zB Pecher AcP 171, 70 ff; Lorenz aaO S 95 ff; Nehlsen–v. Stryk JZ 87, 119 mwN; sa Köln NJW-RR 98, 1405). Sie ist bisher insbes dann problematisch geworden, wenn der Geschädigte sein Leid wegen einer Schwerstschädigung nicht mehr zu empfinden vermag. Zutr hat der BGH hier nicht mehr auf die Genugtuung zurückgegriffen und auch die Ausgleichsfunktion neu umschrieben, nämlich als Ausgleich des immateriellen Schadens, der bei Schwerstschäden *in der Einbuße der Persönlichkeit selbst* ohne Rücksicht darauf liegt, ob der Geschädigte dies als Leid empfindet (BGH 120, 4 ff; G. Müller VersR 93, 916; Giesen JZ 93, 519). Hier werden teilw recht hohe Beträge zugesprochen (zB Düsseldorf VersR 97, 65, Köln NJW-RR 98, 1405 mwN bei siebentägigem Koma). Nach dem Erstrecken des Anspruchs auf Vertragsverletzungen kann die Genugtuungsfunktion nur noch eine eingeschränkte, bei Ansprüchen aus Gefährdungshaftung keine Rolle mehr spielen. Dies schließt nicht aus, bei schwer schuldhaft verursachten Rechtsgutverletzungen einen erhöhten Betrag zuzusprechen (BT-
4 Drs 14/7752 S 14 f). **b) Rechtsvoraussetzungen. aa) Rechtsgutsverletzung.** Zur Verletzung von **Körper, Gesundheit und Freiheit** s § 823 Rn 3 f, 5, 6 ff. Die **sexuelle Selbstbestimmung** wird bei Verstößen gegen § 825 sowie gegen StGB 174–182 iVm StGB 184 a Nr 1 verletzt. **bb)** Die das Schmerzensgeld auslösende Beeinträchtigung der Lebensführung (Rn 1) muß sich als **Folgeschaden der Rechtsgutsverletzung** (s Rn 24 f vor § 249) darstellen. **cc) Bestehen eines Anspruchs auf Schadensersatz.** Der Tatbestand einer Schadensersatz zusprechenden Norm muß erfüllt sein; nach dieser Norm richtet sich damit auch, ob der Schädiger schuldhaft gehandelt haben muß und wer die **Beweislast** für ein Verschulden trägt (s
5 zB § 280 I 2). **c) Entschädigung in Geld. aa)** Die nach Billigkeit festzulegende **Höhe** richtet sich zum einen nach den Verhältnissen des **Geschädigten,** insbes nach der Schwere der Verletzung und des dadurch ausgelösten Ausmaßes an Leiden (Art, Schwere und Dauer) sowie nach der Wahrnehmungsmöglichkeit durch den Verletzten (BGH 138, 391 mwN). Dies führt wohl – anders als im Fall einer Persönlichkeitszerstörung (s Rn 3) – zu einer Reduktion in der Höhe, wenn der Verletzte in ein künstliches Koma versetzt wird (BGH aaO). Stirbt der Verletzte, so wird das Schmerzensgeld auch dann auf die Lebenszeit begrenzt, wenn Todesursache die Schädigungshandlung selbst war (BGH aaO mwN; Düsseldorf VersR 01, 1384). Auf der Seite des **Schädigers** können Art und Weise des Verletzungshandelns, insbes sein Verschulden, daneben seine Vermögensverhältnisse und seine Leistungsfähigkeit einschließlich einer Haftpflichtversicherung (BGH NJW 93, 1532) berücksichtigt werden. Ein **Mitverschulden** gem § 254 I einschließlich der zu berücksichtigenden Gefährdungstatbestände (BGH 20, 262), aber auch dem § 254 II 1, 2. Alt (BGH NJW 70, 1037) führt zu einer Reduktion. Zur Höhe im Einzelnen s die Entscheidungstabellen (s bei Lit). Ältere Entscheidungen sind um die Entwertung und auch an die großzügigere Praxis anzupassen (Köln VersR 92, 1013). **d)** Die **Zahlungsweise** – einmaliger Betrag, Rente oder Mischform – sollte davon abhängen, was dem Normzweck am besten entspricht. Regelmäßig wird von einem Festbetrag ausgegangen. Eine Rente *statt* des Festbetrags komme bei dauernden Folgen (BGH 18, 167) oder auch dann in Betracht, wenn der Schädiger derzeit nicht so entscheidend belastet (BGH aaO). Eine Rente *neben* dem einmaligen Betrag soll hingegen nur dann möglich sein, wenn „schwerste Schäden" mit Dauerwirkung vorliegen (BGH NJW 94, 1592, bedenklich). **e) Übertragbarkeit, Vererblichkeit.** Der

Titel 1. Verpflichtung zur Leistung **§ 254**

Anspruch ist ohne Einschränkungen (BGH NJW 95, 783) übertragbar, pfändbar und vererblich. **f) Prozessuales.** Entgegen ZPO 253 II Nr 2 ist ein **unbezifferter** 6 **Klageantrag** möglich. Um dem Zulässigkeitserfordernis der grds Bestimmtheit zu genügen, muß jedoch die Größenordnung angegeben werden, in der sich das Urteil bewegen soll (BGH NJW 84, 2348 mit zust Anm Lindacher JR 84, 503; ie Dunz NJW 84, 1736). Dabei kann ein Mindestbetrag angegeben werden, dessen Unterschreitung eine Beschwer darstellt. Nach oben ist das Ermessen des Gerichts, wenn der Kläger keine Obergrenze nennt, nicht begrenzt (BGH 132, 351). Eine weitere Klage ist nur bei obj nicht erkennbaren Verletzungsfolgen zulässig (iE BGH NJW 88, 2300). Die unbezifferte Klage hemmt die Verjährung (§ 204) für den gesamten Anspruch (BGH NJW 74, 1551). Kommt es zu Folgeschäden, die bisher nicht berücksichtigt werden konnten, so kann auch nach Rechtskraft ein weiteres Schmerzensgeld zuerkannt werden (BGH NJW 95, 1614).

4. Geldentschädigung bei Verletzungen des Persönlichkeitsrechts. In 7 stRspr (seit BGH 26, 349, Herrenreiter; sa BVerfG 34, 269) hat der BGH bei einer schwerwiegenden Persönlichkeitsverletzung ein (idR numerisch sehr hohes) Schmerzensgeld zuerkannt. Nach der jüngeren Rspr soll es sich um eine Geldentschädigung als eigenständiger Rechtsbehelf handeln, der den Schutzauftrag von GG Art 1 und 2 (durch zivilrechtliche Sanktionen) realisiere (BGH 128, 14 f mwN, BGH NJW 96, 885; 96, 986 Caroline von Monaco I–III; sa BVerfG NJW 00, 2198; dem BGH zust Schlechtriem JZ 95, 362; Körner NJW 00, 241, 244; krit zB MK/Schwerdtner, § 847 aF, 289; Seitz NJW 96, 2848). Ermöglicht werden soll, stärker eine *Genugtuung* und insbes auf eine *Prävention* bei Verletzungshandlungen durch die Medien abzustellen und bei der Höhe der Entschädigung – ohne eigentliche Gewinnabschöpfung – den vom Schädiger erzielten oder beabsichtigten Gewinn als Faktor mit zu berücksichtigen. Diese Rspr soll, obwohl es zu einer Kodifikation gekommen ist, durch die Neufassung des II nicht beeinträchtigt werden (BT-Drs 14/7752 S 49, 55). In der Lit wird zutr darauf hingewiesen, daß der Anspruch besser aus Eingriffskondition (s § 812 Rn 49 ff) begründet werden kann (Canaris, FS f Deutsch, S 85, 87 ff; Vollkommer, FS f Leisner, S 599, 604 f; Siemes AcP 201, 202, 228 ff); teilw wird ein Anspruch aus § 687 II bejaht (Vollkommer aaO S 607 ff; Siemes aaO S 228 ff).

§ 254 Mitverschulden

(1) Hat bei der Entstehung des Schadens ein Verschulden des Beschädigten mitgewirkt, so hängt die Verpflichtung zum Ersatz sowie der Umfang des zu leistenden Ersatzes von den Umständen, insbesondere davon ab, inwieweit der Schaden vorwiegend von dem einen oder dem anderen Teil verursacht worden ist.

(2) ¹Dies gilt auch dann, wenn sich das Verschulden des Beschädigten darauf beschränkt, dass er unterlassen hat, den Schuldner auf die Gefahr eines ungewöhnlich hohen Schadens aufmerksam zu machen, die der Schuldner weder kannte noch kennen musste, oder dass er unterlassen hat, den Schaden abzuwenden oder zu mindern. ²Die Vorschrift des § 278 findet entsprechende Anwendung.

Lit: Deutsch, HaftungsR I, Rn 563 ff; Greger, NJW 85, 1130; Roth, Haftungseinheiten bei § 254 BGB, 1982; Rother, Haftungsbeschränkung im Schadensrecht, 1965, S 30.

1. Allgemeines. a) Die **Funktion der Norm** liegt darin, daß sie das Prinzip 1 der Totalreparation (Rn 2 vor § 249) durchbricht und eine **Schadensabwägung** erlaubt. Aus dieser zentralen Bedeutung erklären sich die Versuche, den Anwendungsbereich weit auszudehnen: § 254 gilt bei allen Schadensersatzansprüchen – innerhalb und außerhalb des BGB – und zwar aus **Verschuldenshaftung**, etwa aus Vertrag einschließlich vorvertraglicher Ansprüche, aus §§ 823–839, §§ 989, 990, § 1833, § 2219, aus **Gefährdungshaftung**, zB § 701 (RG 75, 394), § 833 S 1 (BGH LM Nr 3 a zu § 833), sa StVG 9, HPflG 4, LuftVG 34, AtomG 27, aus

§ 254   Buch 2. Abschnitt 1. Inhalt der Schuldverhältnisse

Vertrauenshaftung, zB aus § 122 (BGH NJW 69, 1380). Die Norm wird entspr angewandt, wenn ein **beiderseitiges Verschulden** gegeneinander **abzuwägen** ist, zB beim Rücktritt gem §§ 323, 326 V (Medicus, BR, Rn 270), bei Vollmachtmißbrauch (BGH 50, 114), bei einem Beseitigungsanspruch gem § 1004 (BGH NJW 97, 1235; zust Herrmann JR 98, 242; krit Roth JZ 98, 94). Im Rahmen des Bereicherungsrechts (BGH 57, 152) und bei § 546a (BGH 104, 290f) hat der BGH die Anwendung der Bestimmung abgelehnt, dieselbe Abwägung jedoch unter § 242 vorgenommen. Auf Erfüllungsansprüche ist § 254 nicht anwendbar. Bestehen **Sonderregelungen** (zB HGB 736; StVG 9, 17), so wird § 254 verdrängt (SoeMertens 13; Köln DAR 75, 214). Diese Sonderregelungen gelten jedoch nur für Ansprüche aus ihrem Bereich. Für andere Ansprüche wegen desselben Sach-
2 verhalts bleibt § 254 weiterhin anwendbar (BGH NJW 65, 1274). **b)** Der **Aufbau** des § 254 ist etwas kompliziert. Die Rechtsfolge ist in I, 2. HS formuliert („... so hängt die Verpflichtung ... davon ab, inwieweit ... verursacht worden ist."). Die Norm enthält drei Tatbestände, nämlich das Mitwirken des Verletzten bei der Rechtsgutverletzung **(I)**, das Unterlassen einer Warnung durch den Geschädigten **(II 1, 1. Alt)** sowie das Unterlassen einer Schadensabwendung oder -minderung **(II 1, 2. Alt)**. Schließlich regelt § 254 II 2 das Einstehenmüssen des Geschädigten für das Verhalten Dritter, wobei der Anwendungsbereich dieses Komplexes sehr str
3 ist (s Rn 11). **c)** Zur **dogmatischen Struktur** des § 254 werden verschiedene Auffassungen vertreten. Einigkeit besteht insoweit, als die Norm keine Schuldnerpflicht iSv § 276 enthält, sich nicht zu schädigen. Man verwendet deshalb teilw den Ausdruck „Obliegenheit" (oder Verschulden gegen sich selbst) als eine Verpflichtung minderer Intensität (Larenz, SchR I, § 31 I a; krit SoeMertens 4). Diese Obliegenheit ist verletzt, wenn jemand in zurechenbarer Weise gegen sein eigenes wohlverstandenes Interesse handelt (BGH 57, 145; wN bei Rother aaO S 84 Anm 2). Teilw und zutr wird § 254 als ein ges Verbot des venire contra factum proprium verstanden. Der Geschädigte dürfe nicht Schadensersatz verlangen, ohne zu berücksichtigen, daß er selbst den Schaden zurechenbar mit ausgelöst habe (zB Henke JuS 88, 753; BGH 34, 364; NJW 74, 798; aA SoeMertens 4; nach I und II
4 unterscheidend Wieling AcP 176, 350). **d)** Zum Mitverschulden bei der Verletzung durch **mehrere Schädiger** s § 840 Rn 4.

5 **2. Begriff des Mitverschuldens. a) Elemente.** Aus dem weiten dogmatischen Verständnis des § 254 (Rn 1) folgt eine extensive Interpretation. Als Mitverschulden werden von einen angesehen alle Formen von **Vorsatz** und **Fahrlässigkeit**, bezogen auf den Schutz der eigenen Rechtsgütersphäre (zB Nichtanlegen von Gurten im Pkw, StVO 21a), darüber hinaus ein zurechenbares ursächliches Verhalten, das der **Risikosphäre** des Geschädigten zuzurechnen ist (Bsp: unterlassene Überwachung des eigenen Bankkontos, BGH NJW 68, 743; Beauftragen eines Nichtfachmannes, BGH WM 74, 311; Schwarzarbeiters, Celle JZ 73, 248; nächtliches Offenlassen einer Balkontür im Hotel, Koblenz VersR 55, 440; Mitfahrt bei einem erkennbar fahruntauglichen Fahrer, Hamm VersR 83, 90, nicht: bes Vertrauen gegenüber Freund, BGH NJW 02, 1335); schließlich **Sach- und Betriebsgefahren** (s zB StVG 7, 17; HaftpflG 1 I), die, wenn die Verletzung vom Geschädigten ausgegangen wäre, ihn zum Ersatz verpflichten würden (BGH NJW 72, 1415; Larenz VersR 81, 355). Andere Umstände (zB verwandtschaftliche Beziehungen, Gefälligkeit) sind nicht zu berücksichtigen, da § 254 keine allg Billigkeitsabwägung erlaubt (Deutsch, HaftungsR I, Rn 583; str, aA Schlierf NJW 65, 677).
6 **b) Schrittfolge bei der Prüfung.** Da die genannten Elemente unterschiedliches Gewicht haben und im gleichen Sachverhalt gekoppelt auftreten können, muß die Prüfung, auch im Hinblick auf den Wortlaut des § 254, strukturiert werden. Sie geschieht zweckmäßigerweise zweistufig, wobei freilich Überschneidungen bestehen (Dunz NJW 64, 2133). **aa)** In erster Linie ist das **Ausmaß der Verursachung** zu ermitteln, dh, mit welchem Grad an Wahrscheinlichkeit die jeweiligen Verhaltensweisen die Rechtsgutsverletzung herbeigeführt haben (stRspr, zB BGH NJW

Titel 1. Verpflichtung zur Leistung **§ 254**

52, 538 f; 94, 379; Deutsch, HaftungsR I, Rn 581; StSchiemann 119; krit Rother aaO S 58 f). Auf die zeitliche Reihenfolge der Ursachenketten kommt es grundsätzlich nicht an. Der Schutzbereich der Norm (s Rn 31 vor § 249) spielt hier ebenfalls eine Rolle (SoeMertens 33). **bb)** In zweiter Stufe ist der **Grad des Verschuldens** (uU von Organen, BGH ZIP 84, 160; auch von Hilfspersonen, s dazu Rn 11) zu berücksichtigen (Karlsruhe WM 75, 462, Überprüfung eines Schecks auf Fälschung). Dies gilt selbst dann, wenn eine Haftung auch ohne Verschulden eintreten würde (BGH NJW 69, 789 zu § 701; BGH NJW 76, 2131 zu § 833); die Betriebsgefahr wird durch das Verschulden erhöht (s KG VersR 76, 371; Düsseldorf DAR 77, 188). Gegenüber einem Vorsatz bleibt Fahrlässigkeit grds (zu Ausnahmen s BGH NJW 02, 1646 mwN) außer Betracht, BGH ZIP 84, 160. **c)** Die **Verschuldensfähigkeit** (§§ 827, 828) des Geschädigten muß, abgesehen von den Fällen der Sach- und der Betriebsgefahr, nach hL gegeben sein (Larenz, SchR I, § 31 I b; PalHeinrichs 13; ErmKuckuk 25; BGH LM Nr 96 zu § 823 [Dc] mwN; aA Esser/Schmidt I/2, § 35 I 3 b; Wieling AcP 176, 354; Medicus, BR, Rn 869), wobei die Rspr allerdings auch § 829 in Sonderfällen anwendet (s § 829 Rn 1). 7

3. Einzeltatbestände. a) Mitwirkung bei der Schadensverursachung (I). 8
Das neben den allg Grundsätzen (Rn 5 ff) allein zu prüfende Merkmal der Verursachung meint die haftungsbegründende Kausalität (§ 823 Rn 20). **b) Unterlassen** 9
der Warnung (II 1, 1. Alt). § 254 knüpft an einen „ungewöhnlich" hohen Schaden an, also an einen Schaden, dessen Entstehen auf außergewöhnlichen Umständen beruht (SoeMertens 63). Diese Umstände müssen freilich noch im Rahmen der haftungsausfüllenden Kausalität (Rn 24 ff vor § 249) liegen, da sonst ein Anspruch gegen den Schädiger überhaupt nicht besteht. Voraussetzung ist weiter, daß der Geschädigte die Gefahr erkannt hat oder hätte erkennen können (BGH VersR 64, 951) und zwar besser als der Schädiger (BGH VersR 53, 14). Die Warnung muß nach Möglichkeit konkret erfolgen (BGH VersR 60, 527). Hätte die Warnung die Rechtsgutverletzung nicht verhindert, so tritt keine Kürzung des Ersatzanspruches ein (Beweislast beim Geschädigten). **c) Unterlassen der Schadensabwendung** 10
oder -minderung (II 1, 2. Alt). Der Ersatzanspruch des Geschädigten verringert sich, wenn es ihm zumutbar war, durch geeignete Maßnahmen einen Schaden zu verhindern oder ihn in engeren Grenzen zu halten. Notwendig ist eine Interessenabwägung im Einzelfall. Bsp: Verstoß gegen die Gurtanlegepflicht (BGH NJW 2001, 1485); Hinnahme einer ärztlichen Behandlung (BGH VersR 61, 1125) oder einer Operation, wenn sie einfach und gefahrlos ist, zu keinen bes Schmerzen führt, hinreichend aussichtsreich ist und der Schädiger für die damit verbundenen Kosten und Aufwendungen aufkommt (BGH NJW 94, 1593); Übernahme einer zumutbaren Tätigkeit (BGH NJW 96, 653 mwN); Umschulung bei Arbeitsunfähigkeit im erlernten Beruf (BGH 10, 18; zur Beweislast s BGH NJW 79, 2142); Aufnahme von Arbeit außerhalb des Wohnortes (BGH VersR 62, 1100); Aufnahme eigener Berufstätigkeit durch den gem § 844 II berechtigten Hinterbliebenen (BGH NJW 76, 1502); Nachholen ausgefallener Arbeiten (BGH 55, 332; NJW 74, 603; sa Rn 37 vor § 249); Sicherung der beschädigten Sache vor weiterem Verfall oder zum Ermöglichen der weiteren Benutzung (Fischbehälter; Köln VersR 67, 1082, vorläufige Reparatur eines Pkws); zügige Entscheidung über Reparatur oder Neuanschaffung einer Ersatzsache (Hamm NJW 64, 407; Oldenburg VersR 67, 362, Pkw; idR nicht Kreditaufnahme zur Schadensbeseitigung (BGH VersR 88, 1178).

4. Einstehen für das Verhalten Dritter (II 2). a) Der **Anwendungsbereich** 11
der Norm ist nicht sehr str (s zB Medicus, BR, Rn 865 ff; Rother aaO S 127 ff). Im Grundsatz gilt sie für alle drei Tatbestände (s Rn 8 ff). Die **Rspr** schließt aus dem Verweis auf § 278, daß der Verletzte einen Anspruch gegen einen „Schuldner", also aus einer rechtlichen Sonderbeziehung geltend machen muß (BGH 103, 342, stRspr; Hamm NJW-RR 98, 1182; desgl StSchiemann 95 ff; SoeMertens 88; ErmKuckuk 72; Fikentscher § 55 VII 2). Bsp: Ansprüche aus Vertrag oder vertragsähnlichem Verhältnis (BGH VersR 70, 934), aus dem Vertrag eines Dritten mit Schutzwirkung

§ 254 Buch 2. Abschnitt 1. Inhalt der Schuldverhältnisse

für den Geschädigten (BGH 9, 318; NJW 75, 869, dazu Denck JuS 76, 429); aus Drittschadensliquidation (BGH NJW 72, 289). § 254 II 2 gilt dann auch für die auf unerlaubte Handlung usw gestützten Ansprüche aus demselben Sachverhalt (zB BGH NJW 68, 1323). Liegt keine Sonderbeziehung vor, so wird § 831 entspr angewandt (RG 142, 359; 164, 269; krit Larenz, SchR I, § 31 I d). In der **Lit** wird § 254 II zT auf Ansprüche außerhalb von Sonderbeziehungen uneingeschränkt angewandt (Gernhuber AcP 152, 82 f; Deutsch, HaftungsR, Rn 577), dort aber nur auf Erfüllungsgehilfen und nicht auf ges Vertreter bezogen (Larenz aaO), teilw auf sog Obhutspersonen auch außerhalb der ges Bestimmungen (zB StVG 9; LuftVG 34;
12 HPflG 4) beschränkt (Esser/Schmidt I/2, § 35 III 1). **b) Erfüllungsgehilfe** ist auch nach der Rspr wegen der Zielrichtung des § 254 über den Tatbestand des § 278 hinaus derjenige, der vom Geschädigten zum Rechtsgüterschutz eingesetzt ist (BGH NJW 94, 1212 mwN). Die mit der Herstellung gem § 249 S 2 beauftragte Person wird nicht als Erfüllungsgehilfe angesehen (BGH 63, 186, Kfz-Werkstatt). Bei einem Anspruch aus Vertrag mit Schutzwirkung für Dritte (BGH NJW 75, 868) oder aus einer Drittschadensliquidation (BGH NJW 72, 289) muß sich der Verletzte gewissermaßen im Gegenzug für die Vorteile des vertraglichen Anspruchs ein Verschulden
13 des Vertragspartners auf seiner Seite anrechnen lassen. **c)** Der **ges Vertreter** muß als solcher tätig geworden sein (BGH 33, 142, dazu Medicus, BR, Rn 870: Vormund).

14 **5. Sonderproblem: Handeln auf eigene Gefahr** (HaeG). Lit: Rother, Haftungsbeschränkung im Schadensrecht, 1965, S 110; Stoll, Das Handeln auf eigene Gefahr, 1961; ders, Handeln des Verletzten auf eigene Gefahr, FG 50 Jahre BGH, S 223; **a) Beschreibung.** Nach dem historisch gewachsenen Verständnis handelt auf eigene Gefahr, wer sich ohne triftigen Grund in eine Situation drohender Eigengefährdung begibt, obwohl er die bes Umstände kennt, die für ihn eine konkrete Gefahrenlage begründen (OGH NJW 50, 143; BGH 75, 358; Kennenmüssen genügt nicht, BGH 2, 163 mwN). Beschrieben wird also ein bestimmtes tatsächliches Verhalten, das keine eigene jur Denkfigur darstellt (Stoll aaO S 345 ff, 365 ff; Fikentscher § 52 III 7; Weidner aaO S 35 ff); es ist vielmehr unter verschiedene, zueinander abgestufte Konstruktionen einzuordnen (zT wird das HaeG allein als analog zu § 254 zu behandelnder Fall verstanden, zB Deutsch,
15 HaftungsR I, S 328). **b) Systematische Kategorien. aa)** Dringt jemand in ein hinreichend (zu den Voraussetzungen s zB Stuttgart VersR 61, 1027) durch ein Warnschild („Betreten auf eigene Gefahr") gesichertes Grundstück ein, so wird nach hier vertretener Auffassung (s § 823 Rn 29 und 37) bereits ein **Tatbestand** einer Verletzungshandlung durch den Eigentümer nicht verwirklicht; nach aM
16 fehlt es an der Rechtswidrigkeit). **bb)** Das HaeG kann sich als eine die **Rechtswidrigkeit** ausschließende (s § 823 Rn 54 ff) Einwilligung in die potentielle Verletzung darstellen. Zeitweilig hatte die Rspr in allen hier dargestellten Fällen eine Einwilligung angenommen (zB RG 141, 265; BGH VersR 59, 368; NJW 74, 235; ausdrücklich anders BGH 34, 360 ff). Eine solche Einwilligung wird man allerdings nur sehr selten annehmen können, etwa bei Sportarten, die auf Verletzung des
17 Gegners zielen (Boxen, auch insoweit abl Flume JZ 61, 605). **cc)** HaeG kann eine Form des **Mitverschuldens** gem § 254 darstellen. Bsp: Mitfahren im Auto eines anderen, dessen Fahruntüchtigkeit erkannt wurde (Alkohol, Hamm NJW-RR 98, 1180 mwN; noch keine Fahrerlaubnis, BGH 34, 355, wohl nicht, wenn die Fahrerlaubnis auf Zeit entzogen ist); unbefugtes Eindringen in einen als gefährlich erkannten, nicht genügend gesicherten Bereich (Zweibrücken NJW 77, 111,
18 Besteigen eines Hochspannungsmastes; sa Stoll aaO S 266). **dd)** Kein Mitverschulden trifft, wer § 254 an erlaubten und hinreichend abgesicherten (s Hamm NJW 97, 949) **sportlichen Spielen** teilnimmt, bei denen sich Verletzungen auch beim Einhalten der Spielregeln oder ihrem geringfügigen Überschreiten nicht vermeiden lassen (zB Fußball, Hallenhandball, auch Eishockey). Dennoch wäre es unbillig, wenn der Verletzte, der sich freiwillig in dieses Risiko begeben hat, Ansprüche gegen den eher zufälligen Verletzer geltend machen würde. Teilw wird die Rechts-

216 *Teichmann*

Titel 1. Verpflichtung zur Leistung **§ 255**

widrigkeit einer solchen Verletzung unter Berufen auf eine anzunehmende Einwilligung des Verletzten in das Risiko (s § 823 Rn 55) oder auf die Sozialadäquanz der Verletzung (Weidner aaO S 40 ff; Stoll aaO S 263 ff; zur Theorie vom regelgerechten Verhalten s § 823 Rn 49) verneint. Richtiger erscheint es, eine solche Verletzung weiterhin als rechtswidrig und damit auch durch eine Notwehrhandlung verhinderbar anzusehen. Dem Verletzten steht aber, falls der Schädiger schuldhaft gehandelt hat (sonst entfällt dessen Haftung völlig, s Hamburg VersR 02, 500: Härte beim Fußballspiel), und sein Verschulden nicht zu hoch ist, nach den Grundsätzen des **venire contra factum proprium** ein Ersatzanspruch nicht oder nur teilw zu (Düsseldorf VersR 92, 248 mwN). Die Regeln über das HaeG können also die Überwälzung des Unfallrisikos auf den Gegner ausschließen (BGH JZ 85, 275 und Ströfer NJW 79, 2554: der Händler trägt das Risiko einer Probefahrt). Sieht man in § 254 einen ges Niederschlag dieses Prinzips (s Rn 3), so kann auf den Grundgedanken der Norm zurückgegriffen werden.

6. Prozessuales. Die Einwendung des Mitverschuldens ist von Amts wegen zu 19 berücksichtigen (BAG NJW 71, 959; StSchiemann vor § 249, 91; SoeMertens 132), und zwar idR als Quote (anders bei Ansprüchen auf Schmerzensgeld, BGH VersR 70, 624; Köln MDR 75, 148) bereits im Grundurteil nach ZPO 304 (SoeMertens 135; BGH VersR 79, 1935). Die Beweislast, daß ein Mitverschulden vorgelegen hat und dies für den Schaden kausal war (BGH NJW 80, 2125), trifft idR den Schädiger (sa Rn 8). Für die Höhe eines Abzugs gilt ZPO 287.

§ 255 Abtretung der Ersatzansprüche

Wer für den Verlust einer Sache oder eines Rechts Schadensersatz zu leisten hat, ist zum Ersatz nur gegen Abtretung der Ansprüche verpflichtet, die dem Ersatzberechtigten auf Grund des Eigentums an der Sache oder auf Grund des Rechts gegen Dritte zustehen.

Lit: Selb, Entstehungsgeschichte und Tragweite des § 255, FS Larenz, 1973, S 517.

1. Allgemeines. § 255 hat einen sehr eingeschränkten Anwendungsbereich. 1 Durch die Norm, deren Entstehen nicht auf einer klaren Konzeption beruht (Selb aaO S 523 ff), soll zum einen verhindert werden, daß der Geschädigte bei mehreren Schuldnern mehrfach liquidiert; zum anderen soll ein Verantwortlicher, der von der Schädigung „weiter entfernt" ist, die Möglichkeit gewinnen, sich kraft Abtretung gem § 255 an denjenigen zu halten, der „näher daran" ist, den Schaden zu tragen (Selb aaO; Larenz, SchR I, § 32 I). Damit tritt § 255 aber einmal in Konkurrenz zu den Fällen ges **Forderungsüberganges** (zB VVG 67; BBG 87a; BRRG 52; LFZG 4; SGB X 116 I, 119), die als weiterreichende Regelungen – Legalzession statt Anspruch auf Abtretung – vorgehen. Insbesondere wird aber dasselbe Ziel, das § 255 verfolgt, durch die Regeln über die **Gesamtschuld** erreicht, die ebenfalls eine Mehrfachleistung an den Geschädigten verhindern und für die Rechtsverhältnisse zwischen den Schädigern in den §§ 426 I, 840 II, III eine differenziertere Regelung als § 255 anbieten. Auch jener Normenkomplex verdrängt wegen der Möglichkeit gerechteren Ausgleichs die Anwendung des § 255. Übrig bleiben damit nur wenige Fälle: Eine Gesamtschuld scheitert etwa an der Verschiedenartigkeit der Ansprüche (a) oder daran, daß Ansprüche aus unerlaubter Handlung mit lediglich vertraglichen zusammentreffen (b), so daß § 840 nicht eingreift (§ 840 Rn 3). Bsp für (a): Der Mieter M eines Pkws ermöglicht fahrlässig den Diebstahl durch D; M kann, falls er wegen zu vertretender Unmöglichkeit der Rückgabe von dem Eigentümer in Anspruch genommen wird, die Abtretung des Anspruchs aus § 985 (str; aA § 985 Rn 4 ff mwN) gegen D verlangen. Bsp für (b): Der Abzahlungsverkäufer V macht gegenüber der finanzierenden Bank vorsätzlich unzutreffende Angaben über den Käufer K ohne dessen Wissen (sonst Gesamtschuld!) und wird von ihr bei notleidender Drittfinanzierung in Anspruch genommen (vgl den ähnlichen Sachverhalt bei Bamberg OLGZ 76, 451).

§§ 256, 257 Buch 2. Abschnitt 1. Inhalt der Schuldverhältnisse

2   2. **Voraussetzungen.** Auf welcher Grundlage die **Schadensersatzverpflichtung** beruht, ist gleichgültig. Bsp: Vertrag, §§ 823 ff, Gefährdungshaftung, §§ 989 ff, § 678. Der **Verlust der Sache** beim Schädiger umfaßt den Untergang (aA SoeMertens 3) sowie den Verlust des Besitzes (zB durch Diebstahl) und des Eigentums (zB infolge gutgläubigen Erwerbs, infolge Genehmigung der Veräußerung durch den Eigentümer gem § 185). Ein **Verlust des Rechts** liegt auch vor, wenn der Geltendmachung eine dauernde Einrede entgegensteht oder das Recht beim Schuldner faktisch, zB wegen dessen Zahlungsunfähigkeit, nicht durchgesetzt werden kann (ErmKuckuk 2 mN).

3   3. **Rechtsfolgen. a)** Dem Schädiger steht, wenn die Möglichkeit einer Ersatzforderung gegen Dritte gegeben ist (BGH WM 90, 725), gegenüber dem Geschädigten ein **Zurückbehaltungsrecht** zu (s BGH WM 97, 1062: Klage auf Leistung gegen Abtretung der Ansprüche). Hat er bereits Schadensersatz geleistet, so wird § 255 über den Wortlaut hinaus als **Anspruchsgrundlage** hinsichtlich der Abtre-
4   tung verstanden (BGH 52, 42). **b) Abzutreten** sind alle Ansprüche, die aufgrund des Eigentums- oder Rechtsverlustes entstanden sind, zB aus §§ 989 ff, § 823 I, wohl auch § 823 II, soweit sich das SchutzGes auf das Eigentum bzw den Rechtsbestand bezieht, § 816 (hM; Larenz, SchR I, § 32 I; ErmKuckuk 4; BGH 59, 102; aA – nur § 985 – Ehmann, Die Gesamtschuld, 1972, S 69 f; Thiele – nur §§ 985 ff – JuS 68, 153).

§ 256 Verzinsung von Aufwendungen

¹ Wer zum Ersatz von Aufwendungen verpflichtet ist, hat den aufgewendeten Betrag oder, wenn andere Gegenstände als Geld aufgewendet worden sind, den als Ersatz ihres Wertes zu zahlenden Betrag von der Zeit der Aufwendung an zu verzinsen. ² Sind Aufwendungen auf einen Gegenstand gemacht worden, der dem Ersatzpflichtigen herauszugeben ist, so sind Zinsen für die Zeit, für welche dem Ersatzberechtigten die Nutzungen oder die Früchte des Gegenstands ohne Vergütung verbleiben, nicht zu entrichten.

§ 257 Befreiungsanspruch

¹ Wer berechtigt ist, Ersatz für Aufwendungen zu verlangen, die er für einen bestimmten Zweck macht, kann, wenn er für diesen Zweck eine Verbindlichkeit eingeht, Befreiung von der Verbindlichkeit verlangen. ² Ist die Verbindlichkeit noch nicht fällig, so kann ihm der Ersatzpflichtige, statt ihn zu befreien, Sicherheit leisten.

Anmerkungen zu den §§ 256, 257

1   1. **Voraussetzungen. a)** Der Aufwendungserstattungsanspruch (Rn 3) **entsteht** durch Vertrag oder Ges. **Fälle** (Bsp): §§ 284, 304, 347 II, 459, 503 II, 526, 536 a II, 539, 634 Nr 2 und 4, 670, 683, 684 S 2, 693, 850, 970, 994 ff, 1648, 1835, 2022, 2124, 2185, 2381. – §§ 256, 257 (keine selbständige Anspruchsgrund-
2   lage) regeln nur die inhaltliche Ausgestaltung des Anspruchs (Rn 4 f) mit dem Ziel umfassender Ausgleichsgewährung. **b) Aufwendung:** Freiwillige Aufopferung von Vermögenswerten im Interesse eines anderen (vgl § 670 Rn 2) einschließlich der Übernahme (Eingehung) von Verbindlichkeiten (RG 151, 99); meist handelt es sich einer bestimmten Sache zugutekommende „Verwendungen" (Begriff: § 951 Rn 22; Bsp: §§ 994 ff), dagegen idR (Ausnahme: § 670 Rn 8 ff) nicht Schäden; zur Abgrenzung im allg s MK/Keller § 256, 3; BGH 131, 224 ff.

3   2. **Rechtsfolgen. a) Ersatzpflicht** zielt auf Erstattung bzw Wertersatz, nicht auf Naturalersatz; deshalb Leistung idR in Geld (BGH 5, 199), anders nur in
4   wirtschaftlichen Ausnahmefällen (Braunschweig MDR 48, 112). **b) Verzinsung**

Titel 1. Verpflichtung zur Leistung §§ 258, 259

(§ 256). Zum Zinsbegriff und zur Höhe mangels besonderer Bestimmung vgl § 246 Rn 2, 7 ff. Zinspflicht beginnt mit Zeitpunkt der Aufwendung und ist vom Verzug unabhängig (allgM). Zu Nutzungen und Früchten vgl §§ 99, 100. Keine Zinspflicht bei schuldhaft versäumter Fruchtziehung durch Berechtigten (zB § 993). **c) Befreiung (§ 257). Lit:** Rimmelspacher, JR 76, 89 und 183; Bischof ZIP 84, 1444. Eingehung der Verbindlichkeit muß Aufwendung (Rn 2) sein, sonst Befreiungsanspruch zB über § 249 oder § 775. Erlangte Vorteile sind nicht notwendig anzurechnen (BAG 43, 246 f). Der ges Befreiungsanspruch ist sofort (auch bei erst künftiger Fälligkeit der Drittforderung) fällig (arg §§ 257 S 2, 738 I 3, 775 II), Auslegungsfrage, ob dies auch beim vertraglichen gilt (BGH 91, 77 ff). Art und Weise der Erfüllung des Befreiungsanspruchs bestimmt der Schuldner (BGH 91, 77). Abtretung des Befreiungsanspruchs ist nur an den Gläubiger der Drittforderung (dann Umwandlung in Zahlungsanspruch: BGH 71, 170; 107, 110), nicht an Dritte zulässig (BGH 96, 149 mN; vgl auch §§ 399, 400 Rn 2 ff). Abwendungsbefugnis durch **Sicherheitsleistung:** S 2 iVm §§ 232 ff.

§ 258 Wegnahmerecht

¹ Wer berechtigt ist, von einer Sache, die er einem anderen herauszugeben hat, eine Einrichtung wegzunehmen, hat im Falle der Wegnahme die Sache auf seine Kosten in den vorigen Stand zu setzen. ² Erlangt der andere den Besitz der Sache, so ist er verpflichtet, die Wegnahme der Einrichtung zu gestatten; er kann die Gestattung verweigern, bis ihm für den mit der Wegnahme verbundenen Schaden Sicherheit geleistet wird.

1. Voraussetzungen. a) Das Wegnahmerecht (Rn 2) **entsteht** durch Vertrag oder Ges. **Fälle** (Bsp): §§ 539 II, 552, 581 II, 601 II, 997, 2125 II. **b) Einrichtung** ist eine Sache, die mit einer anderen zu deren wirtschaftlichem Zweck körperlich verbunden ist. Verbindung zu vorübergehendem Zweck genügt, Eigenschaft als wesentlicher Bestandteil (§ 93) steht nicht entgegen (vgl § 997).

2. Rechtsfolgen. a) Wegnahmerecht. Solange der Wegnahmeberechtigte die Sache besitzt, hat er ein Trennungs- und uU (bei wesentlichen Bestandteilen, § 997) ein Aneignungsrecht **(S 1)**. Nach Besitzübergang besteht ein dinglicher (vgl BGH 101, 42 mN) Gestattungsanspruch **(S 2, HS 1). b) Wiederinstandsetzungspflicht.** Der Wegnahmeberechtigte hat den vor der Hinzufügung der Einrichtung bestehenden Sachzustand wiederherzustellen (Bsp: BGH NJW 70, 754). Ist dies unmöglich, ist bei gleichwohl bestehendem Wegnahmerecht Geldentschädigung zu leisten (arg S 2, HS 2; RG 106, 149). **c)** Dem Gestattungsverpflichteten steht als aufschiebende **Einrede** bis zur Sicherheitsleistung (§§ 232 ff) ein Leistungsverweigerungsrecht (§ 273) zu **(S 2, HS 2)**.

§ 259 Umfang der Rechenschaftspflicht

(1) Wer verpflichtet ist, über eine mit Einnahmen oder Ausgaben verbundene Verwaltung Rechenschaft abzulegen, hat dem Berechtigten eine die geordnete Zusammenstellung der Einnahmen oder der Ausgaben enthaltende Rechnung mitzuteilen und, soweit Belege erteilt zu werden pflegen, Belege vorzulegen.

(2) Besteht Grund zu der Annahme, dass die in der Rechnung enthaltenen Angaben über die Einnahmen nicht mit der erforderlichen Sorgfalt gemacht worden sind, so hat der Verpflichtete auf Verlangen zu Protokoll an Eides statt zu versichern, dass er nach bestem Wissen die Einnahmen so vollständig angegeben habe, als er dazu imstande sei.

(3) In Angelegenheiten von geringer Bedeutung besteht eine Verpflichtung zur Abgabe der eidesstattlichen Versicherung nicht.

§§ 260, 261 Buch 2. Abschnitt 1. Inhalt der Schuldverhältnisse

§ 260 Pflichten bei Herausgabe oder Auskunft über Inbegriff von Gegenständen

(1) Wer verpflichtet ist, einen Inbegriff von Gegenständen herauszugeben oder über den Bestand eines solchen Inbegriffs Auskunft zu erteilen, hat dem Berechtigten ein Verzeichnis des Bestands vorzulegen.

(2) Besteht Grund zu der Annahme, dass das Verzeichnis nicht mit der erforderlichen Sorgfalt aufgestellt worden ist, so hat der Verpflichtete auf Verlangen zu Protokoll an Eides statt zu versichern, dass er nach bestem Wissen den Bestand so vollständig angegeben habe, als er dazu imstande sei.

(3) Die Vorschrift des § 259 Abs. 3 findet Anwendung.

§ 261 Abgabe der eidesstattlichen Versicherung

(1) ¹Die eidesstattliche Versicherung ist, sofern sie nicht vor dem Vollstreckungsgericht abzugeben ist, vor dem Amtsgericht des Ortes abzugeben, an welchem die Verpflichtung zur Rechnungslegung oder zur Vorlegung des Verzeichnisses zu erfüllen ist. ²Hat der Verpflichtete seinen Wohnsitz oder seinen Aufenthalt im Inland, so kann er die Versicherung vor dem Amtsgericht des Wohnsitzes oder des Aufenthaltsorts abgeben.

(2) Das Gericht kann eine den Umständen entsprechende Änderung der eidesstattlichen Versicherung beschließen.

(3) Die Kosten der Abnahme der eidesstattlichen Versicherung hat derjenige zu tragen, welcher die Abgabe der Versicherung verlangt.

Anmerkungen zu den §§ 259–261

Lit: Lorenz, Auskunftsansprüche usw, JuS 95, 569; Stürner, Die Aufklärungspflicht der Parteien des Zivilprozesses, 1976, §§ 19–22; Tilmann, Der Auskunftsanspruch, GRUR 87, 251; Winkler v. Mohrenfels, Abgeleitete Informationspflichten im deutschen Zivilrecht, 1986.

1 **1. Allgemeines. a) Zweck und Bedeutung.** Die Ansprüche auf Auskunft und Rechenschaftslegung dienen der Unterrichtung des Berechtigten eines Hauptanspruchs (zB auf Herausgabe, Schadensersatz, Provision, Pflichtteil). Die §§ 259–261 sind idR keine selbständige Anspruchsgrundlage (Düsseldorf OLGZ 85, 376; vgl Rn 3, 7). Die Pflicht zur Rechenschaftslegung (Rn 7 f) ist ein speziellerer und weitergehender Unterfall der Auskunftspflicht (Rn 3 ff; zum gegenseitigen Verhältnis s BGH 93, 329 f). Die Auskunfts- (Rechenschaftslegungs-)pflicht wird durch die Pflicht zur Abgabe einer eidesstattlichen Versicherung gesichert (Rn 9 ff).

2 **b) Abhängigkeit vom Hauptanspruch.** Als (selbständiger) Nebenanspruch (§ 241 Rn 9) ist der Anspruch auf Auskunft (Rechenschaftslegung) idR nur zusammen mit dem Hauptanspruch **abtretbar** (BGH 107, 110 mN; zust Herrmann JR 89, 423). Dessen Abtretung erstreckt sich iZw auch auf den Auskunftsanspruch. Der Anspruch ist aktiv und passiv **vererblich** (BGH 104, 371 f; gilt auch für § 259 II), jedoch kann die Auskunftspflicht des Erben uU eingeschränkt sein (vgl BGH 104, 373). **Verjährung:** drei Jahre (§ 195), spätestens jedoch mit dem Hauptanspruch (BGH 33, 379). **Klage** auf Auskunft (Rechnungslegung) kann gem ZPO 254 mit der Klage auf Abgabe der eidesstattlichen Versicherung und Hauptleistung verbunden werden. Die **Zwangsvollstreckung** aus Urteil auf Auskunft (Rechnungslegung) erfolgt gem ZPO 888, ausnahmsweise nach ZPO 887 (Lüke JuS 86, 7).

3 **2. Auskunftspflicht, § 260 I. a) Voraussetzungen.** Auskunftspflicht kann sich aus Vertrag (idR als Nebenpflicht, Rn 2) oder Ges ergeben, eine allg Auskunftspflicht besteht nicht (BGH 74, 380, 382; NJW 80, 2463 f mN; 95, 1223; BAG NJW 90, 3293; Stürner aaO S 325). § 260 ist selbständige Anspruchsgrund-

Titel 1. Verpflichtung zur Leistung **§ 261**

lage nur, soweit ein Inbegriff von Gegenständen (Rn 4) herauszugeben ist (vgl BGH 86, 26 f). **Fälle** ges Auskunftspflicht (Überblick: Lorenz JuS 95, 569): §§ 402, 666, 681 S 2, 687 II, 713, 740 II, 1361 IV 4, 1379, 1435, 1580, 1587 e und k, 1605, 2127, 2218 I, 2314; HGB 74 c III, 87 c; AktG 131; GmbHG 51 a, PatG 140 b, UrhG 101 a, MarkenG 19, VVG 34; ZPO 836 III (nicht auch 840: BGH 91, 128), InsO 97; ArzneiMG 84 a; BDSG 13, 26, 34; BSHG 116 I; UKlaG 13, 13 a; UmweltHG 8–10; GenTG 35; ferner ausnahmsweise auch **§ 242,** wenn es die zwischen den Parteien bestehenden Rechtsbeziehungen (vgl § 242 Rn 10) mit sich bringen, daß der Anspruchsberechtigte in entschuldbarer Weise über das Bestehen oder den Umfang seines Rechts im Ungewissen ist, sich die Auskunft nicht auf zumutbare Weise selbst beschaffen kann, der Verpflichtete aber in der Lage ist, sie unschwer zu erteilen (BGH 95, 278 f und 287 f mN; 125, 329; 126, 113 mN; 141, 318; NJW 02, 2476, stRspr, nach BGH 125, 329 Gewohnheitsrecht; sa § 242 Rn 21). **b) Inhalt, Umfang, Grenzen. aa)** Vorlegung eines schriftlichen **Bestandsverzeichnisses** bei Pflicht zur Herausgabe eines **Inbegriffs** von Gegenständen oder bei Bestehen entspr Auskunftspflicht. Darunter versteht man jede Mehrheit von Sachen und Rechten, die unter einheitlicher Bezeichnung zusammengefaßt sind, zu deren einzelner Bezeichnung der Herausgabeberechtigte nicht in der Lage ist und die auf Grund eines einheitlichen Verpflichtungsgrundes herauszugeben sind (RG 90, 139). Bsp: Nachlaß, Unternehmen, Bibliothek. **Materielle Mängel** des Verzeichnisses begründen lediglich einen Anspruch gem Rn 9 ff (BGH 104, 373 f), bei offenbarer **Unvollständigkeit** besteht aber Anspruch auf Ergänzung (BGH 89, 140; 92, 69; zur Abgrenzung Reischl JR 97, 405 f). **bb)** Allg muß die **Auskunft so weit** gehen, wie zur Durchsetzung des Anspruchs des Gläubigers erforderlich, ohne den Verpflichteten unbillig zu belasten (BGH 95, 280 und 293); uU ist Auskunft in beschränktem Umfang („Grundauskunft") zu erteilen (BGH 95, 294), uU kann sie zu wiederholen sein (BGH NJW-RR 88, 1073). Die Auskunft muß eine Nachprüfung ermöglichen (sa Rn 8). Ggf ist aus Gründen des Wettbewerbs lediglich eine Nachprüfung durch einen zur Verschwiegenheit verpflichteten Dritten geboten (HGB 87 c IV entspr, vgl BGH 126, 116 mN; NJW 00, 3780); der Anspruch kann dann uU auch ganz entfallen (BGH NJW 66, 1119). Teilauskünfte genügen, soweit sie insgesamt eine ausreichende Auskunft darstellen (LM Nr 14 zu § 260). **cc) Grenzen.** Der **Anspruch entfällt,** wenn feststeht, daß keinesfalls etwas zu fordern ist (BGH 85, 29; einschr Stürner aaO S 336; Bsp: Verjährung des Hauptanspruchs, Düsseldorf NJW 88, 2390) oder durch die Auskunft erst das Material für die Geltendmachung eines Anspruchs (auch gegen einen Dritten) gewonnen werden soll (unzulässige Ausforschung; vgl BGH 74, 383; 97, 193; NJW-RR 89, 450; Stürner JZ 76, 320; ders aaO S 376; anders bei der Ermittlung des Umfangs eines entstandenen Schadens: BGH NJW 90, 1358; 96, 2098), nicht aber schon dann, wenn der Schuldner sich einer strafbaren Handlung bezichtigen müßte (BGH 41, 322). Der zur Erteilung erforderliche Arbeits- und Zeitaufwand, auf dessen Ersatz der Schuldner keinen Anspruch hat (BAG NJW 85, 1182), darf nicht unverhältnismäßig sein (BGH 70, 91); uU kann der Schuldner den Auskunftsberechtigten (ggf durch einen zur Verschwiegenheit verpflichteten Sachverständigen, vgl Rn 5) auf eine Einsichtnahme in Geschäftsunterlagen verweisen (vgl BGH NJW 00, 3779 f; sa InsO 167 II 2). Bei jahrelangem Zuwarten kann Geltendmachung uU gegen Treu und Glauben verstoßen (BGH 39, 87).

3. Pflicht zur Rechenschaftslegung, § 259 I. a) Voraussetzungen. Vgl zunächst Rn 3. Fälle ges Pflicht zur Rechenschafts-(Rechnungs-)legung: §§ 666, 675, 681 S 2, 713, 1214, 1698, 1890, 2130 II, 2218, WEG 28 III und IV, HGB 87 c, UrhG 97 I 2, MaBV 8. Diesen ausdr geregelten Fällen ist iVm § 242 der Grundsatz zu entnehmen, daß rechenschaftspflichtig jeder ist, der **fremde Angelegenheiten** besorgt oder solche, die zugleich fremde und eigene sind (BGH NJW 79, 1305 mN, stRspr). Durch einen unerlaubten Eingriff in fremde Rechte wird

Vollkommer

§ 262 Buch 2. Abschnitt 1. Inhalt der Schuldverhältnisse

(arg § 687 II) eine Rechenschaftslegungspflicht begründet, wenn durch die schädigende Handlung obj ein Geschäft des Geschädigten besorgt worden ist und dieser ein schutzwürdiges Interesse an der Rechenschaftslegung besitzt (BGH 92, 64 f,
8   67). **b) Inhalt, Grenzen.** Rechnungslegung ist die Bekanntgabe der Einnahmen und Ausgaben in verständlicher, übersichtlicher, eine Nachprüfung ermöglichender Form (BGH 93, 330; 126, 116). Ein allg Anspruch auf Überprüfung der Rechnung durch einen Sachverständigen besteht nicht (BGH 92, 68 f). Der **Umfang** bemißt sich nach der Zumutbarkeit (BGH 126, 117; NJW 82, 574). Wichtige Belege sind idR mit vorzulegen (BGH 126, 116), bei Schätzungen sind die Schätzungsgrundlagen anzugeben (BGH 92, 69), beim Bauträgervertrag ist Gesamtabrechnung über die Verwendung der erhaltenen Vermögenswerte vorzulegen (vgl MaBV 8). Handelsrechtliche Sondervorschriften über die Art der Rechnungslegung gehen vor. Zur Untunlichkeit der Mitteilung einer geordneten Aufstellung: Stuttgart MDR 58, 513; zu Ansprüchen auf zusätzliche Information, falls Auskunft gem § 260 genügt oder schon erteilt ist: BGH 93, 330 mN. Vgl iü auch Rn 4 ff.
9   **4. Offenbarungsversicherung, §§ 259 II, 260 II, 261. a) Voraussetzungen:** Es ist Rechnung gelegt bzw Auskunft erteilt und es besteht Grund zu der Annahme, daß dabei nicht die erforderliche Sorgfalt aufgewandt wurde (BGH 89, 139; 92, 64 f; Zweibrücken NJW-RR 97, 1475). Bsp: Inhaltliche Mängel (Unvollständigkeit, Unrichtigkeit) des Verzeichnisses, soweit vermeidbar (BGH 89, 139 f; andernfalls ggf Anspruch auf Ergänzung Rn 4 aE), nicht aber ursprüngliche Verweigerung der Auskunft (BGH NJW 66, 1117); die Einlassung des Rechnungslegungspflichtigen im Prozeß kann berücksichtigt werden (BGH WM 56, 31). Die Tatsachen, die den **Verdacht mangelnder Sorgfalt** begründen, sind zu **beweisen** (Baumgärtel/Strieder § 259, 2; SoeWolf § 259, 43), bloße Glaubhaftmachung
10 genügt nicht (str, s 4. Aufl). **b) Umfang.** Die eidesstattliche Versicherung erstreckt sich bei der **Rechenschaftslegung** idR nur auf die Vollständigkeit der Einnahmen (vgl § 259 II; BGH 92, 66), beim **Bestandsverzeichnis** uU auch auf die der Passiva (BGH 33, 375), ebenso bei der ges nicht geregelten Informationspflicht nach Schutzrechtsverletzungen (BGH 92, 67 f). Keine Verpflichtung besteht in Angelegenheiten von geringer Bedeutung, **§§ 259 III, 260 III** (dazu BGH 89, 141). Bsp: Nachträgliche Ergänzung und Berichtigung durch den Erben (BGH
11 104, 374). **c) Prozessuales.** Freiwillige Abgabe der eidesstattlichen Versicherung: FGG 163, 79; Zuständigkeit: § 261 I; Abgabe vor dem Vollstreckungsgericht: ZPO 889; **Kosten:** § 261 III gilt auch in diesen Fällen (BGH NJW 00, 2113). Besteht Bucheinsichtsrecht, kann Klage gem § 259 II das Rechtsschutzinteresse fehlen (BGH NJW 98, 1636). Ein Urteil auf Abgabe der Versicherung wird gem ZPO 889 vollstreckt. Flexible Fassung der Formel der Offenbarungsversicherung ist möglich (BGH 104, 373), uU deren Änderung noch nach rechtskräftiger Festlegung im Urteil (vgl § 261 II und Bamberg NJW 69, 1304 mit abl Anm Winter S 2244; str).

§ 262 Wahlschuld; Wahlrecht

Werden mehrere Leistungen in der Weise geschuldet, dass nur die eine oder die andere zu bewirken ist, so steht das Wahlrecht im Zweifel dem Schuldner zu.

Lit: Ziegler AcP 171, 193

1   **1. Wahlschuld** (Alternativobligation). **a) Begriff:** Schuldverhältnis, bei dem mehrere verschiedene Leistungen in der Weise geschuldet werden, daß je nach Wahl idR (Rn 2 f) einer Partei nur die eine oder die andere zu erbringen ist (einheitlicher Anspruch [§ 241 Rn 2] mit alternativem Inhalt). Unterschied in den Leistungsmodalitäten (Zeit, Ort usw) genügt (BGH NJW 95, 464, hM; aA Larenz SchR I § 11 II), auch gattungsmäßige Bestimmung (§ 243) der verschiedenen Lei-
2   stungen möglich (BGH NJW 60, 674). **b) Arten:** Wahlschuld mit **Wahlrecht**

Titel 1. Verpflichtung zur Leistung **§ 263**

aa) des Gläubigers. Bsp: Entrichtung von Pachtzins in Geld oder Naturalien nach Wahl des Verpächters (vgl BGH NJW 62, 1568); Freigabe einzelner Sicherheiten zur Vermeidung einer Übersicherung (BGH 137, 219); Rechte des Eigentümers gegen den Inhaber einer Grundschuld auf Abtretung, Aufhebung (Löschung) oder Verzicht (BGH 108, 244; sa § 1191 Rn 15); Rechte des Käufers aus einer Gutschrift für zurückgenommene Ware (AG Hamburg NJW 90, 125). Ges Wahlschulden: §§ 179 (dort Rn 6), 311 a II, 546 a, HGB 61 (str). **bb) des Schuldners.** Nach der **Auslegungsregel** des § 262 (str) iZw der Fall. Rechtspolitisch bedenklich, im Geschäftsverkehr herrscht Gläubigerwahlrecht vor. **cc) eines Dritten** (zulässig, arg § 2154 I 2, § 317 − „billiges Ermessen" − paßt nicht; str). **c) Entstehung:** Durch RGeschäft (auch letztwillige Verfügung, § 2154) oder Ges (Rn 2). **Bedeutung** gering (Ziegler aaO). **d) Abgrenzung aa)** zur (beschränkten) Gattungsschuld (§ 243): Verschiedenartigkeit der Leistungen bei der Wahlschuld; Bestimmungs-(Spezifikations-)kauf (HGB 375) ist (nur) Gattungsschuld. **bb)** zur **Ersetzungsbefugnis** (Rn 5 ff): Nur die Primärleistung ist geschuldet. **cc)** zur **alternativen Konkurrenz:** Mehrere (alternativ konkurrierende) Ansprüche oder Gestaltungsrechte mit unterschiedlichem Inhalt. Bsp: §§ 285 II, 325.

3

4

2. Ersetzungsbefugnis (alternative Ermächtigung, *facultas alternativa*). **a) Allgemeines. Begriff:** Recht einer Partei, anstelle der geschuldeten Leistung eine andere **erbringen** (Rn 6 f) oder **verlangen** zu können (Rn 8 f). Keine ges Regelung, die §§ 262–265 sind idR **nicht** entspr anwendbar. **Bedeutung:** Häufig bei vertraglicher Begründung von „Wahlrechten". **b) Ersetzungsbefugnis des Schuldners** (Lösungs-[Abfindungs-]befugnis). **aa)** Ges Anwendungsfälle: §§ 244 I; 251 II; 528 I 2; 775 II; 2170 II 2 ua. Begründung durch Individualvertrag möglich. Bsp: Ersetzungsbefugnis des Käufers bei Inzahlungnahme von Gebrauchtwagen (so BGH 89, 128 mN, str; aA Behr AcP 185, 412 ff), soweit der Neuwagenverkäufer nicht nur als Vermittler tätig wird (zur neueren Geschäftspraxis Reinking/Eggert Der Autokauf, 6. Aufl 1996, Rn 324 ff; 1258 ff; § 365 Rn 2. Bei Vereinbarung mittels **AGB** bestehen Schranken gem § 308 Nr 4. Bsp für unzulässige **Leistungsänderungsvorbehalte** (zB „Abweichungen in Material, Maß, Farbe usw bleiben vorbehalten"): s Anm zu § 308 Nr 4; vgl auch § 315 Rn 6. **bb)** Nicht zu vertretende **Unmöglichkeit** der Primärleistung führt zur gänzlichen Leistungsbefreiung des Schuldners (vgl §§ 275 I, 280 I 2, 283), auch wenn die Ersatzleistung noch erbringbar (grundlegender Unterschied zu § 265); Untergang der Ersatzleistung läßt Leistungspflicht des Schuldners unberührt (RG 94, 60). **c) Ersetzungsbefugnis des Gläubigers** (Abfindungsanspruch). Unterschied zur Wahlschuld mit Gläubigerwahlrecht (Rn 2) gering. **aa)** Ges Anwendungsfälle: §§ 249 II; 285 II; 340 I; 843 III; 915; 1585 II. Bsp für vertragliche Begründung: Gläubiger kann statt Zahlung in Geld Lieferung von Naturalien (zB Roggen) verlangen (BGH 81, 137). **bb)** Bei zufälliger **Unmöglichkeit** der Primärleistung entfällt auch die Wahlberechtigung; abw Auslegung möglich (EnnL § 10 II).

5

6

7

8

9

§ 263 Ausübung des Wahlrechts; Wirkung

(1) **Die Wahl erfolgt durch Erklärung gegenüber dem anderen Teil.**
(2) **Die gewählte Leistung gilt als die von Anfang an allein geschuldete.**

1. Ausübung der Wahl (I): Bis zum Beginn der Zwangsvollstreckung (§ 264 Rn 1) durch einseitige, rechtsgestaltende, unwiderrufliche, empfangsbedürftige Erklärung im Rahmen von § 242 (BGH WM 83, 928). Stillschweigend möglich (durch Angebot, Annahme, Klage). **Rechtsfolgen** der Wahl **(II):** Rückwirkende Konzentration (Beschränkung) des Schuldverhältnisses auf die gewählte Leistung, das Wahlrecht erlischt (Wahlberechtigter hat kein *jus variandi*, rechtspolitisch bedenklich); eine Geldschuld ist ggf (zB gem HGB 353) rückwirkend zu verzinsen.

1

Vollkommer

§ 264 Verzug des Wahlberechtigten

(1) Nimmt der wahlberechtigte Schuldner die Wahl nicht vor dem Beginn der Zwangsvollstreckung vor, so kann der Gläubiger die Zwangsvollstreckung nach seiner Wahl auf die eine oder auf die andere Leistung richten; der Schuldner kann sich jedoch, solange nicht der Gläubiger die gewählte Leistung ganz oder zum Teil empfangen hat, durch eine der übrigen Leistungen von seiner Verbindlichkeit befreien.

(2) ¹Ist der wahlberechtigte Gläubiger im Verzug, so kann der Schuldner ihn unter Bestimmung einer angemessenen Frist zur Vornahme der Wahl auffordern. ²Mit dem Ablauf der Frist geht das Wahlrecht auf den Schuldner über, wenn nicht der Gläubiger rechtzeitig die Wahl vornimmt.

1   1. **Allgemeines.** Keine Wahlpflicht des wahlberechtigten Teils, der Verzug führt als solcher nicht zum Verlust des Wahlrechts. Bei Verzug des wahlberechtigten Dritten (§ 262 Rn 3) ist § 319 I 2 entspr anzuwenden. Bei **Schuldnerverzug** kann der Gläubiger Leistungsklage mit alternativem Klageantrag erheben und anschließend die Zwangsvollstreckung in die eine oder die andere Leistung betreiben **(I 1. HS)**. Nach **Beginn** der Zwangsvollstreckung (ZPO 750; 803 ff; 829) kann der Schuldner die Wahl nur noch durch entsprechende Leistungserbringung ausüben **(I 2. HS**; sa BGH NJW 95, 3190). Sobald der Gläubiger (teilw) befriedigt ist, erlischt das Wahlrecht **(I 2. HS)**. Bei **Annahmeverzug** (§ 295) des wahlberechtigten Gläubigers kann der Schuldner durch Fristsetzung **(II 1)** Übergang des Wahlrechts auf sich herbeiführen **(II 2)**.

§ 265 Unmöglichkeit bei Wahlschuld

¹Ist eine der Leistungen von Anfang an unmöglich oder wird sie später unmöglich, so beschränkt sich das Schuldverhältnis auf die übrigen Leistungen. ²Die Beschränkung tritt nicht ein, wenn die Leistung infolge eines Umstands unmöglich wird, den der nicht wahlberechtigte Teil zu vertreten hat.

1   1. a) **Bedeutung:** Dispositive Sondervorschrift für die **Konzentration** (Beschränkung) der Wahlschuld bei anfänglicher oder nachträglicher, von keinem Teil oder vom wahlberechtigten Teil zu vertretender Unmöglichkeit **einer** Leistung
2   vor Wahlausübung. b) **Anwendungsbereich.** Bei Unmöglichkeit **aller** Leistungen und bei Unmöglichkeit **nach** Wahlausübung gelten die allg Vorschriften (§§ 311 a I, II; 263 II; 275 I–III, 280 I, 283). Entspr anwendbar bei Nichtigkeit
3   einer Leistungspflicht gem §§ 125, 134 (Köln VersR 93, 323 mN). c) **Keine Konzentration,** wenn die Unmöglichkeit vom nicht wahlberechtigten Teil zu vertreten ist **(S 2)**; der wahlberechtigte Teil kann dann auch die unmöglich gewordene Leistung wählen und (als Schuldner) sich dadurch von der Leistungspflicht befreien (§ 275, ggf mit § 326 I) bzw (als Gläubiger) Schadensersatz verlangen (§§ 280 I, III, 283).

§ 266 Teilleistungen

Der Schuldner ist zu Teilleistungen nicht berechtigt.

1   1. **Allgemeines. a) Zweck:** Schutz des Gläubigers vor Belästigung (RG 79, 361). b) **Bedeutung** gering, § 266 wird ausgeschlossen durch zahlreiche Sondervorschriften (Rn 4) und eingeschränkt durch den Grundsatz von Treu und Glauben
2   (Rn 10). c) **Abdingbar** im AGB nur im Rahmen von §§ 307, 308 Nr 4, 309 Nr 8 a; Stuttgart NJW-RR 95, 116), auch stillschweigend und durch die Natur des Schuldverhältnisses (Werner BB 84, 221). Bsp: Sukzessivlieferungsvertrag; Teilzah-
3   lungsgeschäft. d) **Anwendungsbereich. aa)** § 266 gilt entspr für die **Hinterlegung** eines Teilbetrags (aber Rn 8, 10 beachten) und die (fälligkeitsbegründende) **Kündigung** (RG 111, 401), **nicht** dagegen für die **Aufrechnung;** zulässig ist

Titel 1. Verpflichtung zur Leistung **§ 266**

nicht nur Aufrechnung mit der (ganzen) niedrigeren Gegenforderung, sondern auch Teilaufrechnung, soweit diese nicht zu einer unzumutbaren Belästigung des Gläubigers führt (vgl RG 79, 361). **bb) Sondervorschriften** (kein Zurückweisungsrecht) enthalten: § 497 III 2; WG 39 II, 77 I; ScheckG 34 II; ZPO 757 I; InsO 187 II. Teilzahlungsbewilligung durch den Richter: §§ 1382, 2331a; ZPO 813a, 900; ZVG 60; ferner gem § 242, s u Rn 10, § 242 Rn 18; § 313 I 1. **cc)** § 266 gilt nur für den **Schuldner.** Das Recht des Gläubigers, Teilleistungen zu verlangen, insbes (im Kosteninteresse) Teilklagen zu erheben, wird durch § 266 nicht berührt; erst recht kann er unter Vorbehalt den mindestens geschuldeten Betrag verlangen (BGH 80, 278). Höchstbeträge **zulässiger** Teilleistungen bestimmt MaBV 3 II. 4

2. Voraussetzung des Zurückweisungsrechts: **Teilleistung. a) Begriff:** Eine, gemessen an der geschuldeten Leistung unvollständige Leistung (obj Betrachtungsweise entscheidet, vgl Rn 8); von der zu bewirkenden Gesamtleistung darf sie sich ihrem Wesen und Wert nach nicht unterscheiden (quantitatives Minus) und setzt damit **Teilbarkeit** der Leistung voraus (StSelb 3, str; aA Gernhuber, Erfüllung, S 141); Bsp dafür: Geld- und Gattungsschuld; Schuld einer Mehrheit von Gegenständen, aber uU auch Stückschuld, soweit der Leistungsgegenstand selbst teilbar (zB Grundstück; vgl BayObLG Rpfleger 72, 17). **b) Abgrenzung. aa)** Die **Aliudleistung** unterscheidet sich von der geschuldeten Leistung qualitativ (keine **teilw** Erfüllung möglich; vgl aber § 434 III, 1. Alt). **bb) Vollständige Erfüllung** eines Einzelanspruchs (oder mehrerer Einzelansprüche) kann vorliegen, wenn der Schuldner bei Konkurrenz mehrerer selbständiger Ansprüche des Gläubigers nicht umfassend befriedigt (kein Fall des § 266). Bsp: Zusammentreffen von **mehreren Raten** einer Mietzins-(Unterhalts-)forderung; von Hauptsache und **Nebenansprüchen,** die auf selbständiger Rechtsgrundlage beruhen, wie vertragliche Zinsen, Vertragsstrafen, weiterer Verzugsschaden, Prozeßkosten usw (vgl Weber MDR 92, 828f mN; PalHeinrichs 4, str; teilw aA StSelb 3). **cc)** Liegen bei **Teilunmöglichkeit** (vgl § 275 I: „soweit") die Voraussetzungen für Schadensersatz statt der ganzen Leistung oder Rücktritt vom ganzen Vertrag (§§ 281 I 2, 283 S 2, 323 V) nicht vor, ist Erbringung des möglichen Leistungsteils keine Teilleistung iSv § 266. **dd) Teilleistung** liegt aber vor, wenn der Schuldner, insbes bei **streitiger Höhe** des geschuldeten Betrags, mit einer obj zu geringen Leistung die Forderung in vollem Umfang erfüllen will (vgl Rn 5; Schmidt DAR 68, 143; Baumgärtel VersR 70, 971, str). Eine **Ausnahme** muß aber dann gelten, wenn der Schuldner in entschuldbarer Weise über die Höhe der Forderung in Unkenntnis ist, insbes in den Fällen, in denen diese von einer Schätzung (zB gem §§ 254, 847; ZPO 287) oder Festsetzung (Bsp: zu niedrig festgesetzte Enteignungsentschädigung; vgl BGH 44, 59; NJW 67, 2011; krit dazu E. Schneider MDR 65, 891) abhängt (so auch Gernhuber, Erfüllung, S 147 mN, str; nach hM Fall der Rn 10). 5

6

7

8

3. Rechtsfolgen. a) Allgemein. Unzulässige Teilleistung kann Gläubiger ablehnen (bei Annahme trotz § 266 ist § 363 zu beachten); er kommt nicht in Annahmeverzug (§ 293), für den Schuldner treten hinsichtlich der **Gesamt**leistung die Nichterfüllungsfolgen ein (§§ 286, 320, 326). **b) Einschränkung gem § 242.** Rn 9 gilt nicht, wenn dem Gläubiger die Annahme bei verständiger Würdigung der Lage des Schuldners und seiner eigenen schutzwürdigen Interessen **zuzumuten** ist (Karlsruhe FamRZ 85, 956, stRspr). Annahmepflicht daher idR zu bejahen bei geringfügigem offenem Betrag (Bremen NJW-RR 90, 6f), bei fehlender weitergehender Leistungsfähigkeit des Schuldners, aber idR auch dann, wenn der Schuldner annehmen durfte, er leiste alles, was er schulde (vgl Rn 8), was auf Teilleistungen von Haftpflichtversicherern meist zutrifft (vgl Düsseldorf NJW 65, 1763; Hamm VersR 67, 383; Baumgärtel VersR 70, 971, str; iE auch Gernhuber, Erfüllung, S 147 mN); anders jedoch, wenn die Annahme als Verzicht auf die Mehrforderung gedeutet werden könnte (Düsseldorf VersR 66, 1055; KG VersR 71, 966; Stuttgart VersR 72, 448). Zu § 242 vgl auch Rn 4 aE. 9

10

Vollkommer

§ 267 Leistung durch Dritte

(1) ¹Hat der Schuldner nicht in Person zu leisten, so kann auch ein Dritter die Leistung bewirken. ²Die Einwilligung des Schuldners ist nicht erforderlich.

(2) Der Gläubiger kann die Leistung ablehnen, wenn der Schuldner widerspricht.

1 **1. Allgemeines. a) Grundgedanke** von I: Regelmäßig fehlendes Interesse des Gläubigers an der Person des Leistenden (Ausnahmen: Rn 3). Ist Leistung durch einen Dritten an sich zulässig, trägt II abw Interessenlage im Einzelfall Rechnung.

2 **b) Anwendungsbereich:** Alle Schuldverhältnisse (Hauptanwendungsfall: Geld- und Sachleistungsschulden; aber auch Grundschulden: vgl BGH NJW-RR 89, 1036; auch Schulden aus öffentl-rechtlichen Schuldverhältnissen, vgl AO 48 I), ausgenommen solche, bei denen der Schuldner **in Person** (dh persönlich; jedoch Zuziehung von Erfüllungsgehilfen idR auch dann gestattet) zu leisten hat. **Fälle:**
3 **aa) Parteivereinbarung** und **Natur des Schuldverhältnisses,** zB Unterlassungsanspruch; Geldstrafe (RGSt 30, 232); **bb) Gesetz,** zB §§ 27 III, 613, 664 I 1, 691, 713, 2218 I (Auslegungsregeln); **cc) Besonderheiten in der Person** des in Aussicht genommenen Dritten (§ 242). **c) Abgrenzung.** § 267 gilt **nicht** bei Zah-
4 lung vermeintlich eigener Schulden durch den Putativschuldner (vgl Rn 6 [4]); hier (iGgs zu Rn 9 [a]) keine Schuldtilgung, der Bereicherungsausgleich erfolgt (anders als Rn 11) im Verhältnis zum Gläubiger (hM; vgl BGH NJW 70, 134; ie § 812 Rn 74 f).

5 **2. Voraussetzungen. a) Dritter. aa) Fremdtilgungswille.** Dritter ist, wer (zumindest auch) **zur Erfüllung der Verbindlichkeit des Schuldners** leistet (BGH 70, 397; 137, 95 mN, hM); dabei kommt es nicht auf den inneren Willen des Leistenden an, sondern darauf, wie der Gläubiger das Verhalten des Dritten verstehen durfte (BGH 72, 248 f; 105, 369; NJW 95, 129 mN, str; sa § 812 Rn 26). Eine nachträgliche Änderung der Tilgungsbestimmung ist möglich (vgl BGH NJW 86, 2700 f, str; offenlassend BGH 137, 95 mN; ie § 812 Rn 75), sie wirkt aber nicht auf den Zeitpunkt der Leistung zurück (KG NJW 85, 1715;
6 offenlassend BGH 106, 168); zur Anfechtbarkeit s Rn 6 (4). **bb) Abgrenzung.** Dritter iSd § 267 ist **nicht: (1)** Wer im Namen des Schuldners oder als seine Hilfsperson (§ 278) oder auf seine Rechnung als Leistungsmittler (§ 812 Rn 32 ff) leistet; **(2)** wer **in Ausübung eines ges Ablösungsrechts** gem §§ 268, 1142, 1150, 1249 leistet (RG 150, 60) oder aufgrund einer Abtretungsvereinbarung (BGH NJW 97, 731 mN); **(3)** wer ausschließlich **zur Erfüllung einer eigenen Verbindlichkeit leistet,** wie idR der Bürge, § 774 (BGH NJW 86, 251), Gesamtschuldner, § 426, Drittschuldner bei ZPO 829, 835 (LG Bremen NJW 71, 1367, hM, str), Forderungskäufer (München WM 88, 1847), die einen Wechsel einlösende Bank (BGH 67, 79), *nicht dagegen* der Erfüllungsübernehmer gem §§ 415 III, 328 (BGH 72, 250) oder der eintretende Haftpflichtversicherer (LG Zweibrücken NJW-RR 95, 917); **(4)** wer nur vermeintlich eigene Schulden tilgen will (Rn 4);
7 jedoch ist irrtümliche Tilgungsbestimmung anfechtbar (BGH 106, 166). **b)** Nur die geschuldete **Leistung selbst** kann der Dritte bewirken, **nicht** dagegen **Erfüllungssurrogate** vornehmen (RG 119, 4) wie Leistung an Erfüllungs statt (LG Düsseldorf NJW-RR 91, 311; aA Gernhuber, Erfüllung, S 426), Aufrechnung und
8 Hinterlegung (hM, str). **c) Fehlen** entgegenstehenden Widerspruchs von Gläubiger **und Schuldner (II).**

9 **3. Rechtsfolgen. a) Tilgung** der Hauptschuld gem § 362, auch sichernde Rechte (zB Bürgschaft) erlöschen (BGH MDR 76, 220; sa Rn 11 f). Bei Schlechtleistung haftet der Dritte nicht (ie Rieble JZ 89, 830). **b)** Verweigert der Gläubiger die Annahme, gerät er in Annahmeverzug (§§ 293 ff), falls der Schuldner nicht
10 widersprochen hat **(II). c) Ausräumung des Widerspruchsrechts des Schuldners** im Falle einer unter EV vom Gläubiger an den Schuldner gelieferten Sache ist

Titel 1. Verpflichtung zur Leistung **§ 268**

möglich durch Pfändung des Anwartschaftsrechts gem ZPO 857 (vgl BGH 75, 228); entspr gilt bei auflösend bedingter Sicherungsübereignung (Celle NJW 60, 2196). **d)** Das **Rückgriffsrecht** des Dritten wird bestimmt durch sein Rechtsverhältnis zum Schuldner (zB Auftrag, GoA [Wieling JuS 78, 804], Gesellschaft, ggf Rücktritt [BGH 72, 248] oder ungerechtfertigte Bereicherung [BGH 137, 95 mN; § 818 III gilt idR nicht [BGH NJW 96, 926]; sa § 812 Rn 71 ff); kein Forderungsübergang kraft Ges wie in § 268 (dort Rn 8). **e)** Bestand die zu tilgende Schuld nicht, haftet dem Dritten der **Scheingläubiger** gem § 812 I 1 Alt 1 unmittelbar (BGH 113, 69 mN; Jakobs NJW 92, 2524, hM, str; zT abw Canaris NJW 92, 868; sa § 812 Rn 71). 11

12

§ 268 Ablösungsrecht des Dritten

(1) ¹Betreibt der Gläubiger die Zwangsvollstreckung in einen dem Schuldner gehörenden Gegenstand, so ist jeder, der Gefahr läuft, durch die Zwangsvollstreckung ein Recht an dem Gegenstand zu verlieren, berechtigt, den Gläubiger zu befriedigen. ²Das gleiche Recht steht dem Besitzer einer Sache zu, wenn er Gefahr läuft, durch die Zwangsvollstreckung den Besitz zu verlieren.

(2) Die Befriedigung kann auch durch Hinterlegung oder durch Aufrechnung erfolgen.

(3) ¹Soweit der Dritte den Gläubiger befriedigt, geht die Forderung auf ihn über. ²Der Übergang kann nicht zum Nachteil des Gläubigers geltend gemacht werden.

1. Allgemeines. a) Zweck: Schutz des am Gegenstand der Zwangsvollstreckung berechtigten Dritten vor Rechtsverlusten. **b) Bedeutung:** Eigenes Befriedigungsrecht des Dritten (RG 150, 60) ohne Widerspruchsrecht des Schuldners (vgl Rn 3). Die Befriedigung kann bei Vorliegen der entspr Voraussetzungen (außer Gegenseitigkeit bei § 387) auch durch Hinterlegung und Aufrechnung erfolgen (**II**; vgl demgegenüber § 267 Rn 7). **c) Anwendungsbereich:** Gilt auch bei Ablösung **öffentl-rechtlicher** Forderungen (RG 146, 319; BGH NJW 56, 1197); **Sondervorschriften** enthalten: §§ 1142, 1143, 1150, 1223 II, 1224, 1249. **d) Abgrenzung:** § 267 ist unanwendbar (vgl Rn 1 [b], 8). Ist der Vollstreckungsgegenstand nicht Schuldnereigentum (vgl Rn 5), kann Dritter gem ZPO 771 vorgehen. 1

2

3

2. Voraussetzungen. a) Beginn der Zwangsvollstreckung (außer Zwangsverwaltung) wegen einer Geldforderung (ZPO 803 ff). Nach ihrer Beendigung besteht kein Ablösungsrecht mehr (vgl RG 123, 340 für das Verteilungsverfahren nach Zuschlag). Vorverlegung durch Sondervorschriften Rn 2. **b)** Vollstreckung in einen dem **Schuldner gehörenden Gegenstand** (Rn 3). **c) Drohender Rechts-(Besitz-)verlust** bei Zwangsvollstreckung für den **Dritten** (vgl insbes § 1242 II; ZVG 91). **Rechte** am Vollstreckungsgegenstand (**I 1**): Grundsätzlich nur dingliche (Köln Rpfleger 88, 32); auch Zwangshypothek (LG Verden Rpfleger 73, 296) und Vormerkung (§ 883; BGH NJW 94, 1475). **Besitz** am Vollstreckungsgegenstand (**I 2**): unmittelbarer und mittelbarer; wichtig für Pächter und Mieter wegen ZVG 57, 57a, 57b. **d) Nicht** erforderlich ist die **Absicht der Abwendung der Zwangsvollstreckung** durch die Ablösung (BGH NJW 94, 1475 mN; aA 7. Aufl), auf die Willensrichtung des Dritten und sein Verhältnis zum Schuldner kommt es nicht an (BGH aaO), unerheblich ist ein Widerspruch (vgl § 267 II) des Schuldners (s BGH NJW 96, 2792). 4

5

6

7

3. Rechtsfolgen. a) Ges Forderungsübergang (**III 1**) samt allen Sicherungs-, Neben- (§§ 412, 401) und Vorrechten (s § 401 Rn 7) auf den Dritten; Unterschied zu § 267: dort Rn 9. **b) Einschränkung:** Der Gläubiger darf durch den Übergang nicht schlechter gestellt werden, als wenn der Schuldner geleistet hätte (**III 2**); Rangfolge bei **Teilbefriedigung:** Das dem Gläubiger verbliebene 8

9

Restgrundpfandrecht geht dem Recht des Dritten vor (BGH und Celle WM 90, 861 f); zum ganzen Herpers AcP 166, 454.

§ 269 Leistungsort

(1) Ist ein Ort für die Leistung weder bestimmt noch aus den Umständen, insbesondere aus der Natur des Schuldverhältnisses, zu entnehmen, so hat die Leistung an dem Orte zu erfolgen, an welchem der Schuldner zur Zeit der Entstehung des Schuldverhältnisses seinen Wohnsitz hatte.

(2) Ist die Verbindlichkeit im Gewerbebetriebe des Schuldners entstanden, so tritt, wenn der Schuldner seine gewerbliche Niederlassung an einem anderen Orte hatte, der Ort der Niederlassung an die Stelle des Wohnsitzes.

(3) Aus dem Umstand allein, dass der Schuldner die Kosten der Versendung übernommen hat, ist nicht zu entnehmen, dass der Ort, nach welchem die Versendung zu erfolgen hat, der Leistungsort sein soll.

Lit: Köhler, Der Leistungsort bei Rückgewährschuldverhältnissen, FS Heinrichs, 1998, S 367; Schack, Der Erfüllungsort usw, 1985.

1 **1. Allgemeines. a) Leistungs-(Erfüllungs-)ort** ist der Ort, an dem der Schuldner die (abschließende) **Leistungshandlung vorzunehmen** hat. Der Leistungsort kann mit dem Ort, an dem der Leistungserfolg (Erfüllung, § 362) eintritt (Erfolgsort), zusammenfallen (so bei Hol- und Bringschuld), muß es aber nicht (so bei Schickschuld). Bei der Holschuld ist Leistungsort der Wohnsitz des Schuldners, bei der Bringschuld der Wohnsitz des Gläubigers; ein Unterfall der Holschuld ist die Schickschuld, bei der Schuldner zur Vornahme der Absendung an den Bestimmungs-(Ablieferungs-)ort verpflichtet ist (Nebenpflicht, § 241 Rn 9; vgl § 447 I). Ges Regelfall ist die Holschuld (Rn 9); Bring- und Schickschulden sind idR zu vereinbaren (Rn 5). Ges Fall der Schickschuld ist die Geldschuld, § 270 I, IV; vereinbarte Schickschuld: Versendungskauf, § 447; uU kann Nebenpflicht (§ 242 Rn 16 ff) zur Ver-(Nach-)sendung bestehen (s BAG 79, 258 für Arbeitszeugnis). Bestimmung des Leistungsorts: Rn 4 f und 6 ff. **b) Bedeutung.** Ob der
2 Schuldner die Leistungshandlung am „richtigen" Ort vorgenommen hat, ist bedeutsam für den Schuldner- (§§ 286 ff) und Annahmeverzug (§§ 293 ff), insbes bei Geldschulden auch für die Rechtzeitigkeit der Leistung (§ 270 Rn 7), das Zurückbehaltungsrecht des anderen Vertragsteils, §§ 273, 320, die Konkretisierung von Gattungsschulden, § 243 II, und die Frage des Gefahrübergangs, §§ 447, 644 II. Der Erfüllungsort ist bei Verträgen Anknüpfungspunkt für den **Gerichtsstand** (ZPO 29 I, zu berücksichtigen aber auch ZPO 29 II) und die **internationale Zuständigkeit** (EuGVÜ 5 Nr 1, nunmehr EuGVVO), nicht mehr für das **an-**
3 **wendbare Recht** (vgl EGBGB 28 ff). **c) Anwendungsbereich.** § 269 gilt für alle Schuldverhältnisse, auch für sachenrechtliche (s § 985 Rn 7); er ist auch auf Unterlassungspflichten anzuwenden (Rn 8). Zur entspr Anwendung im Platzverkehr Rn 9.

4 **2. Der vertraglich vereinbarte Leistungsort** gilt in erster Linie. **a) Abschluß der Leistungs-(Erfüllungs-)ortsvereinbarung.** Vertragliche Einigung (nicht in AGB gegenüber Verbraucher; vgl Frankfurt NJW-RR 95, 439 mN, str) ist erforderlich, einseitige Erklärungen nach Vertragsschluß genügen nicht, etwa Fakturenvermerke (RG 65, 331, stRspr). Die Vereinbarung kann ausdr (zB schriftliche Erfüllungsortsklausel; Zahlungsort bei Domizilwechsel, WG 4), oder **stillschweigend** getroffen werden. Bsp: Wiederholungsgeschäft bei langandauernder Geschäftsbeziehung (einschr RG 52, 135); Erfüllungsort kraft Handelsbrauchs und
5 Verkehrssitte, vgl § 157, HGB 346. **b) Inhalt.** Die Vereinbarung muß sich auf den Leistungsort (Rn 1) beziehen. Durch Vereinbarung eines „Erfüllungsorts" wird aber häufig lediglich Gerichtsstand und anwendbares Recht festgelegt (s Pal Heldrich EGBGB 27 Rn 6). Der ges Leistungsort (Rn 6 ff) muß abgeändert werden, also zB

Titel 1. Verpflichtung zur Leistung **§ 269**

anstelle der regelmäßigen Hol- eine Bringschuld begründet werden. Bsp: Versandhandel (Stuttgart NJW-RR 99, 1577). Dafür genügt es aber nicht, daß die Parteien einen Bestimmungs-(Ablieferungs-)ort für Ware oder Geld festlegen (nur Schickschuld, vgl Rn 1). Der Leistungsort wird daher nicht geändert durch die Vereinbarung eines **Zahlungsorts** („zahlbar in X"; nur Wiederholung von § 270 I, arg § 270 IV), durch die Bestimmung einer Akkreditivbank (BGH NJW 81, 1905), durch die **Übernahme der Versendungskosten (III)** und der grundsätzlich beim Gläubiger liegenden (§ 447 I) Versendungsgefahr (RG 68, 78; 114, 408; sa § 270 I). Bloße **Kostenklauseln** sind idR „bahnfrei", „franko X" und „frei Haus X" (Saarbrücken NJW 00, 671), anders uU „frei ... Bestimmungsort" (BGH 134, 207). Bei der handelsrechtlichen **cif-Klausel** *(cost, insurance, freight)* ist der (überseeische) Abladehafen Erfüllungsort (BGH WM 83, 1238; Folge für Gegenleistung: § 320 Rn 21), bei der **fob-Klausel** *(free on board)* das Schiff (BGH 55, 342; 60, 6; ie Baumbach/Duden, Anh 6 „Incoterms"; Hager, Die Gefahrtragung beim Kauf, 1982, S 111 f, 135 f; Schüssler DB 86, 1161; Sieg RIW 95, 101). Wird für einen gegenseitigen Vertrag ein Leistungsort vereinbart, ist iZw ein **gemeinsamer Leistungsort** gewollt (vgl aber Rn 8 f).

3. Der **ges Leistungsort** gilt, wenn eine wirksame vertragliche Vereinbarung 6 (Rn 4 f) fehlt. Er entspricht, soweit sich nicht aus ges Sondervorschriften (Rn 7) oder aus den „Umständen", insbes aus der „Natur des Schuldverhältnisses" (Rn 8) etwas anderes ergibt, dem Wohnsitz des Schuldners zur Zeit der Entstehung des Schuldverhältnisses (Rn 9). **a) Ges Sonderregeln** für den Leistungsort enthalten 7 die §§ 261, 374, 439 II, 546 I, 556 I, 604 I (Bringschuld, Köln BB 72, 1526), 697, 700, 811, 1194, 1200; VVG 36; ScheckG 2 II und III; WG 2 III, 75 Nr 4, 76 III. **b)** Aus den **Umständen**, insbes aus der **Natur des Schuldverhältnisses** kann 8 sich ein von Rn 9 abw Leistungsort ergeben bei bes Ortsgebunden- oder -bezogenheit der Leistung. Zu den erheblichen Umständen gehört die Verkehrssitte, soweit diese nicht bereits zu einer stillschweigenden vertraglichen Festlegung geführt hat (Rn 4). Bsp: Leistungsort ist der Ort des Bauwerks für beiderseitige Verpflichtungen aus dem Bauvertrag (BGH NJW 86, 935; Schleswig MDR 00, 1453 mN, hM) und zT aus dem Architektenvertrag (BGH NJW 01, 1936); der Laden für Ladenverkäufe; die Verkaufsstelle für Rücknahme von *Verkaufs-*, der Sitz des Lieferanten von *Transportverpackungen* (VerpackV 4, 6 I 1); die Werkstatt für Verpflichtungen aus Reparaturaufträgen für Kfz (Düsseldorf MDR 76, 496; sa u); der Beherbergungsort für Verpflichtungen aus Gastaufnahmevertrag (LG Kempten BB 87, 929 mit Anm Nettesheim); der Klinikort beim Krankenhausaufnahmevertrag (Celle NJW 90, 777; abl AG Frankfurt NJW 00, 1803); der Internatsort beim Internatsschulvertrag (Hamm NJW-RR 89, 1530 f); der Betriebsort für sämtliche Ansprüche aus Arbeitsvertrag (BGH NJW 85, 1287; BAG 41, 131; 79, 260; sa o Rn 1), bei Reisetätigkeit jedoch der Wohnsitz des AN (BAG NJW-RR 88, 483 f). **Nicht** ist aber der Ort des Mietgrundstücks Erfüllungsort für die Mietzinszahlung (RG 140, 67; abw Hamm OLGZ 91, 80 für Pacht), das Geschäftslokal der kreditgewährenden Bank Erfüllungsort für den Darlehensanspruch (Stuttgart WM 93, 18 mN; BayObLG NJW-RR 96, 956), der Ort der Zuwiderhandlung Erfüllungsort für Unterlassungspflichten (vgl EuGH NJW 02, 1409), vielmehr gilt idR Rn 9 (zB BGH NJW 95, 1547), idR nicht der Ort der Werkleistung für den Werklohnanspruch (Schleswig NJW-RR 93, 314; sa o). **Akzessorische Verbindlichkeiten** sind hinsichtlich des Leistungsorts selbständig (Bsp: Bürgschaftsschuld, vgl Vollkommer Rpfleger 74, 365 mwN), bloße **Nebenpflichten** nicht (hM, krit Gernhuber, Erfüllung S 22 ff); Bsp: Vorlage von Nebenkostenabrechnungen bei Wohnungsmiete (str, s Kleffmann ZMR 84, 109; Korff ZMR 86, 7 mN). Der Umstand, daß beim gegenseitigen Vertrag die Leistungen *Zug um Zug* zu erfüllen sind (§ 320), genügt für sich allein idR nicht zur Annahme eines **gemeinsamen Leistungsorts** (BGH NJW 95, 1546; MK/Keller 10; StSelb 15; Gernhuber, Erfüllung, S 19 ff, 32; Schleswig NJW-RR 93, 314; str; aA Stuttgart NJW 82, 529;

§ 270 Buch 2. Abschnitt 1. Inhalt der Schuldverhältnisse

sa Rn 5 aE). Gemeinsamer Leistungsort ist bei dem an die Stelle der bish Wandlung (§ 462 aF) getretenen **Rücktritt** (§§ 437 Nr 2, 440) weiter der Ort, an dem sich die Sache vertragsgemäß befindet (BGH 87, 109; Stuttgart NJW-RR 99, 1577); das muß auch bei Verbindung von Rücktritt und Schadensersatz gelten (§§ 437 Nr 3, 440, 280, 281; 325 – früher sog großer Schadensersatz gem § 463 aF, vgl Hamm MDR 89, 63, hM, str; unterscheidend Köhler aaO S 375 ff). Bei anderen Rückgewährschuldverhältnissen, zB aus Bereicherung nach Anfechtung des Kaufvertrags, ist idR der Empfangsort maßgebend (so Köhler aaO S 377 ff mwN, str).

9 c) Regelmäßig ist ges Leistungsort der **Ort des Wohnsitzes** (bei Gewerbeschulden der gewerblichen Niederlassung, II) **des Schuldners bei Entstehung des Schuldverhältnisses (I).** Bei bedingten (befristeten) Geschäften ist der Abschlußzeitpunkt entscheidend (Stuttgart NJW-RR 87, 1076). Ort meint die (politische) Gemeinde (BGH 87, 110). Für Platzgeschäfte innerhalb eines Ortes gilt § 269 entspr (RG 78, 141). Leistungsstelle ist dann iZw die Wohnung (das Geschäftslokal des Gewerbebetriebes) des Schuldners (sa BGH 87, 111). Nachträgliche Wohnsitzänderung (Sitzverlegung) ist bedeutungslos (BGH 36, 15), auch bei Dauerschuldverhältnissen (BGH NJW 88, 1914). Bei gegenseitigen Verträgen ist der Leistungsort für jede Verbindlichkeit gesondert zu bestimmen, er ist für beide Vertragsparteien nicht notwendig ein einheitlicher (Gernhuber, Erfüllung, S 21; Koblenz NJW-RR 88, 1401; vgl aber Rn 5, 8).

§ 270 Zahlungsort

(1) **Geld hat der Schuldner im Zweifel auf seine Gefahr und seine Kosten dem Gläubiger an dessen Wohnsitz zu übermitteln.**

(2) **Ist die Forderung im Gewerbebetrieb des Gläubigers entstanden, so tritt, wenn der Gläubiger seine gewerbliche Niederlassung an einem anderen Orte hat, der Ort der Niederlassung an die Stelle des Wohnsitzes.**

(3) **Erhöhen sich infolge einer nach der Entstehung des Schuldverhältnisses eintretenden Änderung des Wohnsitzes oder der gewerblichen Niederlassung des Gläubigers die Kosten oder die Gefahr der Übermittlung, so hat der Gläubiger im ersteren Falle die Mehrkosten, im letzteren Falle die Gefahr zu tragen.**

(4) **Die Vorschriften über den Leistungsort bleiben unberührt.**

Lit: v. Caemmerer, Zahlungsort, FS Mann, 1977, 3

1 **1. Allgemeines. a)** Nach der **Auslegungsregel** des I sind Geldschulden (Rn 2) qualifizierte Schickschulden. Geld hat der Schuldner iZw auf seine Gefahr (Rn 6 f) und Kosten (Rn 8) an den (jeweiligen) Wohnsitz des Gläubigers zu übermitteln (Rn 4 f). Dadurch wird der Leistungsort (§ 269 Rn 1) nicht berührt **(IV)**, der iZw dem Schuldnerwohnsitz zur Zeit der Entstehung des Schuldverhältnisses entspricht (§ 269 Rn 9). Wichtig namentlich für Gerichtsstand (ZPO 29) und Rechtzeitigkeit der Geldzahlung (Rn 7). Abw Vereinbarungen: § 269 Rn 5.
2 **b) Anwendungsbereich.** § 270 gilt für alle Geld-(Zahlungs-)schulden (§§ 244, 245 Rn 9 f, 11), nicht aber für auf Geld gerichtete Herausgabeansprüche, zB gem § 667 (BGH 71, 381 f; 143, 378; Medicus JuS 83, 902 mN, str) oder § 818 I, II (§§ 244, 245 Rn 7). Anwendbar sowohl im Distanz- als auch im Platzverkehr (RG
3 78, 141). **c) Abgrenzung.** Eine Lastschriftabrede begründet eine Holschuld (BGH NJW 84, 872; WM 85, 462; Köln NJW-RR 86, 390).

4 **2. Geldübermittlung. a)** Die **Art und Weise der Übermittlung** bestimmt der Schuldner. Unmittelbare Geldübermittlung (zB Geldbrief) ist bei Distanzzahlung selten. In Frage kommen: Banküberweisung, (Verrechnungs-)Scheck, Postanweisung; nicht hierher gehört das Lastschriftverfahren (Rn 3). Die Übermittlung ist mit Erfüllung (§ 362) beendet, also mit Auszahlung – Empfang – des Geldbetrags im Barzahlungsverkehr oder Gutschrift bei bargeldloser Zahlung (BGH 6,

Titel 1. Verpflichtung zur Leistung **§ 271**

122). In der Bekanntgabe von Konto liegt Einverständnis mit dieser abw Erfüllungsart (§§ 364, 365 Rn 4, hM, str; nach aA Fall von § 362); Leistungsempfänger ist der Gläubiger, nicht die Bank (BGH 72, 318). Übersendung von Scheck erfolgt iZw erfüllungshalber (§ 364 II; vgl BGH 85, 349), Erfüllung tritt erst mit Auszahlung oder (vorbehaltsloser) Gutschrift ein (s allg BGH 103, 146 ff; ie Häuser/Welter WM 94, 780 ff). Zur Rechtzeitigkeit der Leistung bei (bargeldloser) Zahlung am Leistungsort Rn 7. **b) Zahlungsort.** Zu übermitteln ist an den **jeweiligen Wohnsitz des Gläubigers (I),** bei Gewerbeforderung an den Ort seiner **Niederlassung (II).** Dies gilt auch bei Verlegung des Wohnsitzes (der Niederlassung) durch den Gläubiger nach Entstehung des Schuldverhältnisses (Abweichung zu § 269 Rn 9). Eine Verschlechterung der Rechtslage des Schuldners hinsichtlich der Gefahr- und Kostentragung tritt dadurch nicht ein (**III** und Rn 6, 8). 5

3. Gefahrtragung. „Gefahr" iS des **I** ist nur die Verlust- (s u [a]), nicht die Verzögerungsgefahr (Rn 7). **a)** Die **Verlustgefahr** (Transportgefahr) trägt der Schuldner, dh er muß bei Geldverlust nochmals leisten (RG 78, 140). Damit unterscheidet sich die Geldschuld von der gewöhnlichen Schickschuld, bei der Gläubiger die Gefahr trägt (zB bei Gattungsschuld, §§ 243 II, 275 I) und ähnelt insoweit der Bringschuld (§ 269 Rn 1). Zur Verlust- gehört auch die Geldentwertungsgefahr (vor Leistungshandlung vgl §§ 244, 245 Rn 9 aE). Bei Gefahrerhöhung infolge nachträglicher Wohnsitz- (Niederlassungs-)änderung des Gläubigers entfällt die Gefahrtragung des Schuldners gänzlich (**III**). **b)** Die **Verzögerungsgefahr,** dh die Gefahr verspäteten Eingangs trotz rechtzeitiger Leistungshandlung fällt nicht unter § 270; sie trägt der Gläubiger (BSG NJW 88, 2501; Koblenz MDR 93, 213). Grund: Mit Absendung des Geldes am Leistungsort (§§ 270 IV, 269 I) hat der Schuldner die ihm obliegende Leistungshandlung vorgenommen (Rn 1). Der Schuldner hat daher **rechtzeitig geleistet,** wenn er das Geld vor Fristablauf am Leistungsort bei der Post auf Postanweisung oder Zahlkarte eingezahlt hat (RG 78, 140). Im Überweisungsverkehr (Bank-, Postgiroüberweisung) muß der (angenommene: § 676 a) Überweisungsauftrag beim Geldinstitut (Bank, Postgiroamt) bei vorhandener Kontodeckung vor Fristablauf eingehen, nicht erforderlich ist die Abbuchung des überwiesenen Betrags vom Schuldnerkonto (so aber Larenz, SchR I, § 14 IV c für Banküberweisung), erst recht nicht Gutschrift auf dem Gläubigerkonto (BSG NJW 88, 2501 mN; abw Vereinbarung erforderlich: Koblenz MDR 93, 213). Bei Zahlung durch (entgegengenommenen) Bank- oder Postscheck genügt rechtzeitige Absendung (BSG NJW 88, 2501) oder sonstige endgültige Entäußerung (Düsseldorf DB 84, 2686 mN). Zum Risiko der „stekkengebliebenen" Überweisung vgl PalHeinrichs 10; sa allg § 667 Rn 7. 6, 7

4. Die Pflicht des Schuldners zur **Kostentragung (I)** entspricht der (einfachen) Schickschuld (vgl § 269 III). Mehrkosten im Falle des **III** treffen den Gläubiger. Nicht zu den Kosten iSd **I** gehören die Kontoführungsgebühren bei (zulässiger) bargeldloser Lohnzahlung (idR aber tarifvertragliche Regelung; vgl BAG 46, 309). 8

§ 271 Leistungszeit

(1) **Ist eine Zeit für die Leistung weder bestimmt noch aus den Umständen zu entnehmen, so kann der Gläubiger die Leistung sofort verlangen, der Schuldner sie sofort bewirken.**

(2) **Ist eine Zeit bestimmt, so ist im Zweifel anzunehmen, dass der Gläubiger die Leistung nicht vor dieser Zeit verlangen, der Schuldner aber sie vorher bewirken kann.**

1. Allgemeines. a) Bedeutung aa) von **I:** Dispositive Ergänzungsnorm bei fehlender (ges oder vertraglicher) Leistungszeitbestimmung (dazu Rn 6 ff); sofortige Fälligkeit der Leistung ist Regeltatbestand (Folgen: Rn 16). **bb)** von **II:** Auslegungsregel für vertragliche Leistungszeitbestimmung (Rn 15); zwingende Ausgestaltung beim Verbraucherkredit (Rn 3). **b) Begriffe. aa) Fälligkeit** einer For- 1, 2

§ 271 Buch 2. Abschnitt 1. Inhalt der Schuldverhältnisse

derung bezeichnet den Zeitpunkt, zu dem der Gläubiger die Leistung verlangen (insbes Leistungsklage erheben) kann (s aber ZPO 259); Rechtsfolgen bei Nicht-
3 leistung: Rn 16. **bb) Erfüllbarkeit** bezeichnet den Zeitpunkt, von dem ab der Schuldner die Leistung bewirken darf; Rechtsfolgen bei Nichtannahme der Leistung durch den Gläubiger: Rn 16. Bei Teilzahlungsgeschäften (§§ 501, 502) ist
4 vorzeitige Erfüllbarkeit für den Verbraucher **unabdingbar** (§§ 504, 506). **cc) Verhältnis zueinander.** Beide Zeitpunkte fallen idR zusammen (**I**; Rn 14). Die Erfüllbarkeit kann jedoch auch vor (**II**; Rn 15) bzw erst nach der Fälligkeit eintreten (sog verhaltener Anspruch; Bsp: Ersatzherausgabeanspruch gem § 285 [dort Rn 10]; zum Begriff vgl näher Gernhuber, Erfüllung, S 56 f mit weiteren Bsp).
5 **c) Anwendungsbereich:** Gilt für alle Schuldverhältnisse (auch ges), II nicht für dingliche Rechte (Rn 15). **d) Abgrenzung.** Beim Verbraucherdarlehen besteht ein unabdingbares ges Kündigungsrecht gem § 489 I Nr 2, IV.

6 **2. Bestimmung der Leistungszeit.** Eine (von I abw) Leistungszeit kann sich ergeben aus **Ges** (s u [a]), **vertraglicher Vereinbarung** (Rn 7–12) oder **den Umständen** (Rn 13). **a) Fälle ges Leistungszeitbestimmung** enthalten zB §§ 488 II, 556 b I, 579, 587, 609, 614, 641 I, 695, 721, 1361 IV, 1585 I, 1612 III, 2181 (sämtlich dispositiv); Sonderregelung im Insolvenzverfahren: InsO 41 I.
7 **b) Vertragliche Leistungszeitvereinbarungen** können Termin oder Frist festlegen; Auslegungsregeln: §§ 187–193 sowie allg §§ 157, 242; Bsp: Lieferung „baldigst" meint uU spätestens innerhalb von 6–8 Wochen (Nürnberg NJW 81, 1104), „schnellstmöglich" uU 12 Wochen (Köln NJW-RR 92, 561), „zügige" Bauwerkherstellung uU ca 8 Monate (BGH NJW-RR 01, 806). Schranken bei Verwendung von **AGB** (ie Walchshöfer WM 86, 1541): §§ 307, 308 Nr 1 (unzulässig zB einseitige Verlängerung der Lieferfrist um 6 Wochen, BGH 92, 26 ff), ferner § 309 Nr 2 a, soweit Zug-um-Zug-Leistung betroffen (§ 320 Rn 21). Typische **Klauseln:** „Netto Kasse gegen Rechnung" bedeutet Fälligkeit schon mit Empfang der Rechnung vor Übergabe der Ware (BGH BB 88, 1210); „Zahlung gegen Dokumente" bedeutet Fälligkeit (erst) mit Vorlage der Verladungsnachweise (BGH 55, 342), jedoch unabhängig von der Beschaffenheit der Ware (BGH NJW 87, 2435 f).
8 **c)** Möglich ist auch, dem Schuldner oder Gläubiger (vor allem bei Abrede der Leistung auf **Abruf**) die Zeitbestimmung zu überlassen (vgl § 315) oder durch
9 **Kündigung** die Fälligkeit herbeizuführen (vgl § 488 III). **d) Stundung. aa) Begriff.** Hinausschieben der Fälligkeit einer Forderung bei bestehenbleibender Erfüllbarkeit durch Vertrag (vgl BGH 95, 369; NJW 98, 2060). Keine Stundung durch den Richter; Ausnahmefälle: §§ 1382, 2331 a; sa § 242 Rn 18; § 266 Rn 4.
10 **bb) Zustandekommen.** Die Stundungs-(Teilzahlungs-)abrede kann Nebenbestimmung des Vertrags (Bsp: §§ 449 I, 499 ff) oder nachträglich vereinbart sein (dann Vertragsänderung). Bsp für **stillschweigenden** Abschluß: Annahme von Leistung erfüllungshalber (§ 364 II) mit hinausgeschobener Fälligkeit (zB Dreimonatsakzept; vgl BGH 96, 193). IZw aber **keine** Stundung, wenn Gläubiger verspricht, aus dem Titel bis zur Rechtskraft nicht zu vollstrecken (Bürck ZZP 85, 402). Die Vereinbarung eines Zinses für eine später mögliche Stundung ist auch in
11 AGB zulässig (BGH 95, 370). **cc) Widerruf** der Stundung ist idR möglich, wenn der Schuldner den Anspruch bestreitet (BGH NJW 81, 1667 mN) oder sich die Verhältnisse des Schuldners nachträglich wesentlich verschlechtern (BGH WM 74, 839 und § 321) oder sonst ihre Geschäftsgrundlage entfällt (BGH NJW-RR 92, 1141). **Fälligstellungsklauseln** sind nur bei Verzug (§ 286) wirksam (BGH
12 96, 192; sa § 339 Rn 8). **dd) Abgrenzung.** (1) **Pactum de non petendo** (echte Einrede) ist das Versprechen des Gläubigers, die schon fällige Forderung zeitweise nicht geltend zu machen; Wirkung: § 205; zu **Vollstreckungsvereinbarungen** vgl Rn 10 aE. (2) Durch eine **Zeitbestimmung** iSd **§ 163 (Befristung)** wird das Wirksamwerden der Verpflichtung hinausgeschoben (zur Abgrenzung von der betagten Verbindlichkeit vgl § 163 Rn 4). (3) Eine **Skontoabrede** bedeutet idR
13 keinen Fälligkeitsaufschub (s Nehls WM 95, 1657). **e) Aus den Umständen** sich

232 Vollkommer

Titel 1. Verpflichtung zur Leistung **§ 272**

ergebende Leistungszeit (Abgrenzung zur stillschweigenden Vereinbarung fließend). Dazu gehören wie bei § 269 die Natur des Schuldverhältnisses, der mutmaßliche Wille der Beteiligten und die Beschaffenheit der Leistung. Bsp: Für Erstellung einer Werkleistung (§ 631) erforderlicher Zeitraum; Erteilung der Genehmigung bei genehmigungsbedürftiger Leistung (BGH NJW 74, 1080 für Baugenehmigung); behördliche Festsetzung von Entschädigungsleistung (vgl BGH 44, 58); Abrechnungsmöglichkeit bei Erschließungskosten (BGH NJW 90, 1171).

3. Zeitpunkt der Fälligkeit. a) Sofortige Fälligkeit bei fehlender Leistungszeitbestimmung **(I).** „Sofort" bedeutet so schnell als der Schuldner nach den Umständen (§ 242; sa Rn 13) leisten kann (ie München OLGZ 92, 341 mN). Auch hinsichtlich des genauen Leistungszeitpunkts (Tageszeit) gilt allg § 242 (dh nicht zu unpassender Zeit), sofern nicht ohnehin die Sonderbestimmung HGB 358 eingreift. **b) Hinausgeschobene Fälligkeit (II).** Die Leistungszeitbestimmung (Rn 6 ff) wirkt iZw nur **zu Gunsten des Schuldners,** dh dieser darf bereits vorher leisten bzw kann in Annahmeverzug begründender Weise anbieten. Eine **Ausnahme** besteht, wenn der Gläubiger durch die vorzeitige Tilgung ein vertragliches Recht verliert (uU genügt rechtlich geschütztes Interesse), wie zB beim verzinslichen Darlehen (arg § 488 III 3; sa BGH NJW 70, 603: Wohnungsbesetzungsrecht beim Baudarlehen). Kein Recht zur vorzeitigen Leistung besteht auch bei Wechsel- und Hypothekenforderungen (für Grundschulden gilt II ohnehin nicht, Rn 5). Beim Ruhegehalt ist Vorauszahlung nur für eine angemessene Zeit (6 Monate) zulässig (BGH NJW 72, 154). **Sondervorschriften** beim Verbraucherkredit: §§ 489 I Nr 2, IV (Rn 5); 504, 506 (Rn 3). 14

15

4. Rechtsfolgen. a) Nichteinhaltung der Leistungszeit führt (uU ohne Mahnung, vgl § 286 II, III) zum Schuldnerverzug (§ 286), beim absoluten Fixgeschäft zur dauernden Unmöglichkeit (BGH 60, 16), beim einfachen Fixgeschäft uU zur Vertragsauflösung (§ 323 II Nr 2). Erfüllbarkeit der geschuldeten Leistung genügt für Annahmeverzug begründendes Angebot (§ 294 Rn 3), Erfüllbarkeit der Gegenforderung für Aufrechnungslage (§ 387; BGH NJW 72, 154). Vorzeitige Kreditrückzahlung iSv Rn 3 führt zu Zinsrückvergütung und Neuberechnung gem § 504. **b)** Die **Beweislast** für eine abw von I vereinbarte hinausgeschobene Fälligkeit trägt idR der Schuldner (München OLGZ 92, 339 mN; Baumgärtel 1. Aufl Rn 2 mN [abw Strieder 2. Aufl], str; Konsequenz aus Rn 1 [aa]); das gleiche gilt für die nachträglich gewährte Stundung (RG 68, 306, allgM); anders (Beweislast des Gläubigers/Verkäufers), wenn die Teilzahlungsabrede (wie bei § 502 I, III 1) zugleich die Wirksamkeit des Vertrags betrifft (BGH NJW 75, 207; LG Tübingen NJW 90, 1186 mN, str). 16

17

§ 272 Zwischenzinsen

Bezahlt der Schuldner eine unverzinsliche Schuld vor der Fälligkeit, so ist er zu einem Abzug wegen der Zwischenzinsen nicht berechtigt.

1. a) Bedeutung. Kein Ausgleich des Zinsvorteils, den der Gläubiger einer unverzinslichen Geldforderung dadurch erlangt, daß der Schuldner (uU auch nur irrtümlich, s § 813 II) vor Fälligkeit erfüllt; Grund: Zahlung beruht auf freiem Willen. **b) Begriff. Zwischenzins** (Interusurium, Diskont) ist der auf den gezahlten Betrag von Zeitpunkt der Zahlung bis zur Fälligkeit entfallende Zins. Die **Berechnung** nach der sog Hoffmann'schen Methode vgl BGH 115, 310. **c) Ausnahmen aa)** durch **Ges:** §§ 1133 S 3, 1217 II S 2; InsO 41 II, 46, ZVG 111. **bb)** durch **Parteivereinbarung** (s § 271 Rn 12 [3]); ein entspr allg Handelsbrauch besteht nicht. **cc)** bei vorzeitiger (zB gem § 252) **Verurteilung** zu Schadensersatz (BGH 115, 310). 1

2

3

Vollkommer 233

§ 273 Buch 2. Abschnitt 1. Inhalt der Schuldverhältnisse

§ 273 Zurückbehaltungsrecht

(1) Hat der Schuldner aus demselben rechtlichen Verhältnis, auf dem seine Verpflichtung beruht, einen fälligen Anspruch gegen den Gläubiger, so kann er, sofern nicht aus dem Schuldverhältnis sich ein anderes ergibt, die geschuldete Leistung verweigern, bis die ihm gebührende Leistung bewirkt wird (Zurückbehaltungsrecht).

(2) Wer zur Herausgabe eines Gegenstands verpflichtet ist, hat das gleiche Recht, wenn ihm ein fälliger Anspruch wegen Verwendungen auf den Gegenstand oder wegen eines ihm durch diesen verursachten Schadens zusteht, es sei denn, dass er den Gegenstand durch eine vorsätzlich begangene unerlaubte Handlung erlangt hat.

(3) ¹**Der Gläubiger kann die Ausübung des Zurückbehaltungsrechts durch Sicherheitsleistung abwenden.** ²**Die Sicherheitsleistung durch Bürgen ist ausgeschlossen.**

Lit: H. Roth, Die Einrede des Bürgerlichen Rechts, 1988, 183 ff; Diederichsen, Das Zurückbehaltungsrecht im Familienrecht, FS Heinrichs, 1998, S 181.

1   1. **Allgemeines. a) Begriff.** Vgl die Legaldefinition in **I.** Danach setzt das (allg) **Zurückbehaltungsrecht** voraus: Gegenseitigkeit der Forderungen (Rn 7), Fälligkeit der Gegenforderung (Rn 8) und Konnexität von Forderung und Gegenforderung (Rn 9). **b) Bedeutung.** Bes Rechtsbehelf des Schuldners, der es ihm ermöglicht, die rechtlich gemeinsame Behandlung von Zusammengehörigem herbeizuführen (vgl § 274 Rn 1 ff). Ausprägung von § 242 (BGH 91, 83 mN; sa
2   Rn 9, 17; § 242 Rn 36). **c) Zweck: Sicherung** des Schuldners im Hinblick auf seine Gegenforderung (vgl **III**; BGH NJW 87, 3255); zugleich mittelbarer Erfül-
3   lungsdruck auf den Gläubiger (vgl Frankfurt NJW 85, 3083). **d) Rechtsnatur:** Rn 19. **e) Anwendungsbereich.** Gilt auch gegenüber dinglichen (BGH 41, 30; 87, 277; NJW 90, 1171 f; ZIP 02, 860; Bsp: § 894 Rn 10; sa u Rn 13 aE) und erbrechtlichen Ansprüchen (Ausnahmen: BGH 92, 198) sowie für die Tätigkeit eines Schiedsgerichts (BGH 94, 95: Ausbleiben des Vorschusses), mit Einschränkungen auch bei familienrechtlichen Ansprüchen vermögensrechtlicher Art (ie Diederichsen aaO) und öffentl-rechtlichen Ansprüchen (KG OLGZ 91, 21 mN), **nicht** gegenüber Feststellungs- (RG 163, 63) und Rechtsgestaltungsklagen (BGH 71, 22). **f)** In AGB nur beschränkt **abdingbar** (Rn 18), vertragliche **Erweiterung**
4   möglich (Rn 27). **g) Abgrenzung. aa) Sonderfälle** des Zurückbehaltungsrechts enthalten **II**, §§ 359, § 1000, HGB 369 ff (dazu Rn 25 ff), BRAO 50 III; StBerG
5   66 IV. **bb) Die Einrede des nichterfüllten Vertrages** (§ 320) ist kein Unterfall des § 273 (vgl MK/Krüger 101; Roth aaO S 183 f, str; aA hM). Sie gilt nur beim gegenseitigen Vertrag, kennt keine Abwendungsbefugnis durch Sicherheitsleistung
6   (s dazu Rn 23) und muß nicht erhoben werden (§ 320 Rn 18). **cc)** Die **Aufrechnung** (§ 387) ist RGeschäft mit unterschiedlichen Voraussetzungen (Gleichartigkeit, keine Konnexität) und führt zur Befriedigung. Fehlgeschlagene Aufrechnung kann Ausübung (Rn 21) von Zurückbehaltungsrecht sein (BGH ZIP 83, 1088).

7   **2. Voraussetzungen des allgemeinen Zurückbehaltungsrechts (I). a) Gegenseitigkeit.** Der zurückhaltende Schuldner muß Gläubiger der Gegenforderung sein, deren Schuldner wiederum der Gläubiger ist (beiderseitige persönliche und rechtliche Identität von Gläubiger und Schuldner). Es genügt, daß dem Schuldner die Gegenforderung in Gemeinschaft mit anderen zusteht (BGH 38, 125; WM 88, 1143) oder (wie bei der Sicherungsabtretung), daß der Schuldner klagebefugt ist (BGH NJW 00, 278). Das Zurückbehaltungsrecht wirkt gegenüber dem Zessionar nach § 404 (Bsp dazu: BGH 64, 127), gegenüber dem Dritten beim Vertrag zgDr gem § 334 (BGH NJW 80, 450), in dreiseitigen Rechtsverhältnissen uU gegenüber beiden Vertragspartnern (vgl Gernhuber, FS Larenz, 1973, 465 mN; Sonderfall: § 359). Die Forderungen müssen vermögensrechtlicher Natur sein; nicht erforderlich sind Gleichartigkeit (dann idR § 387; Ausnahmefall: BGH 38,

Titel 1. Verpflichtung zur Leistung **§ 273**

126; NJW 00, 279; sa Rn 12 ff) und „Liquidität" (dh sofortige Beweisbarkeit) der Gegenforderung (verkannt in BGH NJW 81, 2802). **b) Fälliger Gegenanspruch.** 8 Die Gegenforderung muß vollwirksam entstanden und durchsetzbar sein. Bedingte, künftige (BGH NJW-RR 86, 543) oder unvollkommene (§§ 656, 762) Ansprüche scheiden daher idR (vgl BGH aaO) aus, ferner Ansprüche, denen eine Einrede entgegensteht (vgl § 390; Ausnahme bei Zurückbehaltungsrecht des Gläubigers gegenüber dem Gegenanspruch: § 274 Rn 2). Es genügt, daß der Gegenanspruch spätestens bis zum Zeitpunkt der Erbringung der geschuldeten Leistung entsteht und fällig wird (BGH 73, 319; 116, 247 f mN, hM; Bsp: §§ 371, 1223 I, Anspruch auf Rückgabe gem UStG 14, München NJW 88, 271); Verzug ist nicht erforderlich (BAG NZA 85, 356). Besonderheiten bei § 1000 (dazu Rn 25 [bb]) und beim vertraglichen Zurückbehaltungsrecht Rn 27. Gem § 215 begründet eine **verjährte Gegenforderung** dann ein Zurückbehaltungsrecht, wenn die Verjährung in dem Zeitpunkt noch nicht eingetreten war, in dem erstmals die Leistung verweigert werden konnte. **c) Konnexität.** Beide Forderungen beruhen auf „demselben 9 rechtlichen Verhältnis" (Wortlaut von I zu eng, weite Auslegung geboten), wenn ihnen ein **innerlich zusammengehöriges, einheitliches Lebensverhältnis** zugrunde liegt; dafür genügt ein solcher natürlicher und wirtschaftlicher Zusammenhang, daß es gegen Treu und Glauben verstieße, wenn der eine Anspruch ohne Rücksicht auf den anderen geltend gemacht werden könnte (BGH 92, 196; 115, 103 f, stRspr). Bsp: Konnexität ist idR zu **bejahen** bei Ansprüchen aus verschiedenen Verträgen im Rahmen einer stdg Geschäftsverbindung (BGH 54, 250; Düsseldorf NJW 78, 703); bei beiderseitigen Ansprüchen aus nicht zustandegekommenen oder nichtigen (angefochtenen) Verträgen (RG 108, 336; BGH NJW-RR 90, 848), soweit nicht bereits die Saldotheorie (§ 818 Rn 40 ff) eingreift; bei Ansprüchen aus Wechsel (Scheck) und Grundgeschäft (BGH 57, 300; 85, 348 f; NJW 86, 1873; ie str; s Zöllner ZHR 148, 313 ff); bei vermögensrechtlichen Ansprüchen aus Auflösung (Auseinandersetzung) einer Ehe (BGH 92, 196), Gemeinschaft (BGH NJW-RR 90, 134) oder Gesellschaft (BGH NJW 90, 1172); ges Anwendungsfall: **II** (vgl Rn 25 [bb]); sie wurde zB **verneint** für Ansprüche gegen einen Gesellschafter aus dem Gesellschaftsverhältnis und aus gesellschaftsfremden RGeschäften (RG 118, 300; sa BGH NJW-RR 90, 134 zu § 749 I). **d) Negative** 10 **Voraussetzungen: aa)** Kein **Ausschluß** (vgl **I:** „. . . sofern nicht aus dem Schuldverhältnis sich ein anderes ergibt . . ." und dazu Rn 11 ff) und **bb)** keine **Abwendung** des Zurückbehaltungsrechts (vgl **III** und Rn 23).

3. Ausschluß des Zurückbehaltungsrechts a) aufgrund Ges. Fälle: §§ 175, 11 570, 578 I, 580, 581 II; 596 II; GmbHG 19 II; **Einschränkung:** HGB 88 a; BRAO 50 III 2; BBG 84 II; ferner AVBEltV, AVBWasserV, AVBGasV und AVBFernwärmeV je 30, 33 (Zurückbehaltungsrecht für Kunden nur bei offensichtlichen Fehlern und nur bei Geltendmachung innerhalb von zwei Jahren nach Zugang der fehlerhaften Rechnung, für Versorgungsunternehmen nur unter Wahrung der Verhältnismäßigkeit). In den Fällen des Strom-Teilzahlungsboykotts fehlt es aber bereits an einem Gegenanspruch iSd Rn 8 (zutr Hamm NJW 81, 2475); Stromsperre bei Zahlungsverzug ist uU Rechtsmißbrauch (BGH 115, 102). **b) aus** 12 **der Natur des Schuldverhältnisses.** Grenzen des Zurückbehaltungsrechts ergeben sich aus seinem beschränkten Zweck (Rn 2), der bes Schutzwürdigkeit des Gläubigers und der mangelnden Schutzwürdigkeit des Schuldners. Die Ausübung des Zurückbehaltungsrechts darf nicht zu einer dauernden und gänzlichen Vereitelung des Gläubigerrechts führen (BGH 91, 83; deshalb idR keine Leistungsverweigerung gegenüber Unterlassungsanspruch, BAG DB 83, 834 zu § 320; sa dort Rn 7 und 15) und darf die Befriedigung durch den Gläubiger nicht vorwegnehmen oder verhindern (Bsp: KG MDR 74, 317). Gegenüber einem Geldanspruch ist die Zurückbehaltung ausgeschlossen, soweit ein Aufrechnungsverbot besteht (zB § 394) und die Zurückbehaltung einer unzulässigen Aufrechnung gleichkäme (BGH 38, 129; vgl aber auch Rn 7). Fallgruppen für **Ansprüche,** denen gegen-

§ 273 Buch 2. Abschnitt 1. Inhalt der Schuldverhältnisse

13 über die **Zurückbehaltung** idR **ausgeschlossen ist: aa) Hilfsansprüche zum Zweck der Rechtsverfolgung und Rechtswahrung:** Ansprüche auf Auskunft und Rechnungslegung (BGH NJW 78, 1157; Frankfurt NJW 85, 3083 mN; ie Diederichsen aaO S 192 ff); auf Erteilung einer Quittung (§ 368), Rückgabe des Schuldscheins (§ 371) oder Hypothekenbriefs und der zur Löschung der Hypothek erforderlichen Urkunden (§ 1144; BGH 71, 22); auf Aushändigung eines Wechsels gegen Zahlung (WG 39) oder bei Nichtbestehen der Wechselschuld (BGH MDR 84, 47); ausnahmsweise auf Grundbuchberichtigung (§ 894); Bsp: Eintragung beruht auf Geschäftsunfähigkeit (BGH NJW 88, 3261; idR abw aber BGH NJW
14 90, 1171 mN; 00, 278 und allg Rn 3). **bb) Ansprüche, die der Sicherung oder der Existenzgrundlage des Gläubigers dienen:** Ansprüche auf Sicherheitsleistung (LG Nürnberg-Fürth NJW-RR 92, 335: Mietkaution); ges Unterhaltsansprüche (vgl BGH NJW 80, 450; einschr Hamm NJW-RR 96, 5: uU § 242); Ansprüche auf unpfändbaren Lohn und Gehalt (§ 394 entspr iVm ZPO 850 ff; RG
15 85, 110; sa BBG 84 II). **cc)** Bestimmte **Ansprüche aus Treuhand- und sonstigen Vertrauensverhältnissen** (vgl RG 160, 59), wie Ansprüche auf Herausgabe von Buchhaltungsunterlagen (str; s ie Zeiler DB 87, 2136 mN; aA Nürnberg MDR 90, 820; einschr bei selbst gefertigten Unterlagen des Zurückhaltenden BGH NJW 88, 2608), Geschäftspapieren (BGH NJW 97, 2945), Belegen (Stuttgart ZIP 82, 81), Krankenunterlagen (AG Freiburg NJW 90, 770) usw (s § 667
16 Rn 4). Sondervorschriften: HGB 88 a II; BRAO 50 III 2. **dd) Schadensersatzansprüche, die auf einer vorsätzlich rechtswidrigen Handlung des Schuldners beruhen** (§ 393 entspr; BAG NJW 68, 565); über **II** hinaus auch Ansprüche auf Herausgabe eines Gegenstandes, der durch uH erlangt worden ist (vgl dazu
17 Koblenz MDR 77, 667 und Rn 25). **c) nach Treu und Glauben.** Die Ausübung des Zurückbehaltungsrechts kann im Einzelfall unzulässige Rechtsausübung (§ 242 Rn 32 ff) sein. Bsp (sa Rn 11): Zurückbehaltung gegenüber nach Grund und Höhe unbestrittener Forderung wegen Gegenforderung, deren Klärung schwierig und zeitraubend ist (BGH 91, 83; NJW 90, 1172 mN); bei Gefährdung einer erb-, güter- oder gemeinschaftsrechtlichen Auseinandersetzung (BGH 92, 198 f mN; NJW-RR 90, 134); Zurückhaltung der Arbeitsleistung wegen geringfügigen Lohnanspruchs (BAG NJW 85, 2494; 97, 275 f); Verweigerung trotz anderweitiger hinreichender Sicherung des Schuldners (arg III; BGH 7, 127; BAG NZA 85, 356).
18 **d) aufgrund Vereinbarung.** Schranken: §§ 307, 309 Nr 2 b, 556 b II und allg § 242 (s Rn 17); zu Einschränkungen im kaufmännischen Verkehr s Hamburg NJW-RR 98, 586. Ausschluß des Zurückbehaltungsrechts zB unwirksam bei zweifelsfreier Gegenforderung (BGH 92, 316 mN; sa NJW-RR 93, 520) oder bei eigener schwerer Vertragsverletzung des Gläubigers (BGH 48, 270; DB 72, 868). Stillschweigender Ausschluß liegt in Vereinbarung der Vorleistungspflicht des Schuldners; Auslegungsfrage bei vertraglichem Einwendungsausschluß (vgl BGH 92, 197; zum Aufrechnungsausschluß s BGH NJW 87, 3255; MK/Krüger 80 mN).

19 **4. Rechtsfolgen. a) Wesen.** Das Zurückbehaltungsrecht ist **Leistungsverwei-**
20 **gerungsrecht;** es begründet eine aufschiebende **Einrede. b) Gegenstand** des Zurückbehaltungsrechts. Jede Leistung in den Schranken der Rn 11 ff; neben **Sachen** und Gegenständen (Rn 25) auch Geld, Wert- und Legitimationspapiere (zB Hypotheken- und Grundschuldbriefe, RG 66, 24; Sparkassenbücher, Versicherungsscheine), unabhängig von ihrer selbständigen Pfändbarkeit; ferner **Handlungen jeder Art,** zB Dienst- und Arbeitsleistungen (BAG NJW 97, 275; BGH 55, 347), Anspruch auf Befreiung von Drittschulden (BGH 91, 76), idR **nicht** aber Unterlassungen (Rn 12) und Urkunden, die der Rechtswahrung des Gläubigers dienen (vgl §§ 175, 368, 371, 1144 usw; auch Reisepaß: LG Baden-Baden NJW
21 78, 1750; vgl ferner Rn 13). **c) Geltendmachung. aa) Außerprozessual.** Ausdr oder stillschweigende (Gegenanspruch muß erkennbar sein, arg III; vgl Rn 23) Verweigerung der Leistung bis zur Bewirkung der Gegenleistung; die Ausübung hat rechtsgestaltende Wirkung (BGH NJW-RR 86, 992). **bb) Im Prozeß** wird

Titel 1. Verpflichtung zur Leistung **§ 274**

nur das *ausgeübte* Zurückbehaltungsrecht berücksichtigt. Gleichgültig ist, welche Partei Geltendmachung gem Rn 21 aa vorträgt (sog Nichtberücksichtigung von Amts wegen daher mißverständlich). Für (erstmalige) Geltendmachung im Prozeß genügt der Klageabweisungsantrag allein nicht (uU aber dessen Begründung: Hamm MDR 78, 403), bei Antragstellung ist nicht erforderlich, wohl aber genaue Bezeichnung der Gegenleistung (MK/Krüger § 274, 5); wirksame Geltendmachung wirkt in der höheren Instanz fort (BGH NJW-RR 86, 992). **d) Materiellrechtliche Wirkungen.** Geltendmachung (Rn 21) schließt den Schuldnerverzug (§ 286) und den Anspruch auf Prozeßzinsen nach § 291 aus (§ 280 Rn 36; § 286 Rn 13; § 291 Rn 5). Zur Heilung bereits eingetretenen Verzuges ist Angebot der eigenen Leistung des Schuldners Zug-um-Zug gegen Erfüllung der Gegenanspruchs erforderlich (§ 280 Rn 36, 45). Dagegen beseitigt das Zurückbehaltungsrecht nicht die Fälligkeit des Anspruchs (Hamburg WM 86, 386; aA KG NJW-RR 90, 553) und hemmt nicht seine Verjährung (kein Fall von § 205). Das Zurückbehaltungsrecht begründet kein Recht zum Besitz iSd § 986 (Seidel JZ 93, 182 ff mN; § 986 Rn 8, str; aA BGH 64, 124; NJW-RR 86, 283) oder Gebrauch (BGH 65, 59); im **Insolvenzverfahren** des Gegners ist es idR (Ausnahmen: InsO 51 Nr 2 und 3) nicht durchsetzbar (BGH ZIP 02, 861). **e) Prozessuale Wirkungen:** § 274 mit Anm. **f) Abwendung durch Sicherheitsleistung:** III iVm §§ 232 ff (§ 232 II ist ausgeschlossen durch III 2); Erbieten genügt nicht (vgl BGH NJW 88, 484), Erfüllungsverweigerung des Schuldners macht Sicherheitsleistung nicht entbehrlich (BGH aaO S 485). Die Absicht, das Zurückbehaltungsrecht geltend zu machen, muß daher bekanntgegeben werden, ansonsten Schuldnerverzug. Abw Regelung bei § 320 (dort Rn 18). **g) Erlöschen:** Mit Beendigung des Gegenseitigkeitsverhältnisses (Rn 1 [a]), also mit der Leistung des Schuldners, auch der erzwungenen (RG 109, 105), im Fall des **II** mit dem Besitzverlust. Ist irrtümlich geleistet, besteht kein Anspruch auf Rückgewähr nach § 813.

5. Sonderfälle des Zurückbehaltungsrechts. a) Zurückbehaltung von Sachen und Gegenständen wegen bestimmter Gegenansprüche (II). aa) Voraussetzungen: (1) Der Schuldner hat **auf** einen **herauszugebenden Gegenstand** (auch Recht, Buchrecht, vormerkungswidrige Rechtsposition) **Verwendungen** (Begriff: § 951 Rn 22; Abgrenzung: § 256 Rn 2) gemacht (zum ganzen BGH 75, 293 f; Bsp: § 459) oder (2) dem Schuldner ist **durch den herauszugebenden Gegenstand** ein **Schaden** entstanden. (3) Der Schuldner darf den Gegenstand nicht durch eine vorsätzlich begangene uH erlangt haben; nach Schleswig WM 72, 1259, 1478 gilt dies entspr bei vorsätzlicher Vertragsverletzung (str). **bb) Sonderfall:** Zurückbehaltungsrecht nach § 1000; dafür ist im Gegensatz zu II Fälligkeit des Gegenanspruchs nicht erforderlich (vgl § 1001 S 1). **b) Kaufmännisches Zurückbehaltungsrecht** (HGB 369 ff). Besonderheiten: Konnexität nicht erforderlich, auch an eigener Sache möglich; gibt Befriedigungsrecht (HGB 371) und im Insolvenzverfahren Absonderungsrecht (InsO 51 Nr 3). **c) Vertragliches Zurückbehaltungsrecht.** Bedeutung: Erweiterung des Zurückbehaltungsrechts auf nicht fällige und nicht konnexe Gegenforderungen (vgl BGH NJW 91, 2563). Folge für Verjährung: § 205. Unangemessene AGB-Erweiterung: uU § 307. Ausgestaltung mit dinglicher Wirkung **nicht** möglich (RG 66, 26).

§ 274 Wirkungen des Zurückbehaltungsrechts

(1) **Gegenüber der Klage des Gläubigers hat die Geltendmachung des Zurückbehaltungsrechts nur die Wirkung, dass der Schuldner zur Leistung gegen Empfang der ihm gebührenden Leistung (Erfüllung Zug um Zug) zu verurteilen ist.**

(2) **Auf Grund einer solchen Verurteilung kann der Gläubiger seinen Anspruch ohne Bewirkung der ihm obliegenden Leistung im Wege der Zwangsvollstreckung verfolgen, wenn der Schuldner im Verzug der Annahme ist.**

Vor §§ 275–292

1   **1. a) Bedeutung:** Prozessuale Durchführung der Abhängigkeit der beiden Forderungen in der Erfüllung (vgl § 273 Rn 1 [b], 7). Zur Berücksichtigung des
2   Zurückbehaltungsrechts im Prozeß allg § 273 Rn 21 [bb]. **b) Urteil (I).** Das (nachgewiesene) Zurückbehaltungsrecht führt **nicht** zur Klageabweisung (eine Ausnahme gilt bei der Verweisung des Gläubigers auf eine bestehende Aufrechnungslage, vgl BGH 38, 129), sondern nur zur **Zug-um-Zug-Verurteilung** des Schuldners (vgl BGH 92, 197), auch dann, wenn der Kläger eine uneingeschränkte Verurteilung begehrt (BGH NJW 51, 517) oder wenn der Schuldner sich bereits im Annahmeverzug (§§ 293 ff) befindet (BGH 90, 358 mN; Köln NJW-RR 96, 500 mN; bedeutsam allerdings für die Kosten und die Vollstreckung, vgl II und Rn 3). Das Bestehen des Zurückbehaltungsrechts gehört nicht zum Grund des Anspruchs iSv ZPO 304 (RG 123, 7). Die Entscheidung über die Gegenforderung entfaltet keine Rechtskraftwirkung (ZPO 322 II unanwendbar: BGH 90, 197 mN). Ist die vom Gläubiger „Zug um Zug" zu erbringende (Gegen-)Leistung ihrerseits von einer Gegenleistung des Schuldners abhängig, ergeht **„doppelte Zug-um-Zug-Verurteilung"** (BGH 90, 358 ff). Bsp: Verurteilung zur Zahlung der Restvergütung gegen Mängelbeseitigung, diese gegen Zuschußzahlung; vgl
3   PalErgB/Sprau § 635 Rn 7. **c) Zwangsvollstreckung (II).** Das Zug-um-Zug-Urteil ist ein Titel nur für den Gläubiger. Die Vollstreckung daraus setzt entweder die Befriedigung des Schuldners wegen der Gegenforderung oder (nachgewiesenen) Annahmeverzug des Schuldners (II; gem ZPO 256 bereits im Zug-um-Zug-Urteil feststellbar: BGH NJW 00, 2281; s § 293 Rn 7) oder gleichzeitiges Angebot der (Gegen-)Leistung des Gläubigers voraus (vgl ZPO 726 II, 756, 765; BGH 90, 359; ie Schilken AcP 181, 355).

Vorbemerkungen zu den §§ 275–292

Lit: *Anders,* Der zentrale Haftungsgrund der Pflichtverletzung im Leistungsstörungsrecht usw, ZIP 01, 184; *Canaris,* Zur Bedeutung der Kategorie der „Unmöglichkeit" für das Recht der Leistungsstörungen, in: Die Schuldrechtsreform vor dem Hintergrund des Gemeinschaftsrechts, 2001, S 43–66; *ders,* Die Reform des Rechts der Leistungsstörungen, JZ 01, 499–524; *ders,* ZRP 01, 329; *ders,* Schadensersatz wegen Pflichtverletzung usw, DB 01, 1815; *U. Huber,* Das geplante Recht der Leistungsstörungen, in: Zivilrechtswissenschaft und Schuldrechtsreform, 2001, S 31–183; *ders,* Die Pflichtverletzung als Grundtatbestand usw, ZIP 00, 2273; *St. Lorenz,* Schadensersatz wegen Pflichtverletzung usw, JZ 01, 742; *Magnus,* Der Tatbestand der Pflichtverletzung, in: Die Schuldrechtsreform vor dem Hintergrund des Gemeinschaftsrechts, 2001, S 67–80; *Teichmann,* Strukturveränderungen im Recht der Leistungsstörungen usw, BB 01, 1485; *Zimmer,* Das neue Recht der Leistungsstörungen, NJW 02, 1.

1   **1. Überblick über die Leistungsstörungen.** Als Leistungsstörungen (kein ges Begriff) werden die Tatbestände zusammengefaßt, bei denen es nicht zu einer ordnungsgemäßen Abwicklung des Schuldverhältnisses (Erbringung der Leistung zur rechten Zeit am rechten Ort in der richtigen Art und Weise) kommt. Folge der Leistungsstörung ist eine inhaltliche Umgestaltung des Schuldverhältnisses; die ursprüngliche Leistungspflicht kann entfallen, sich verändern oder durch eine zusätz-
    liche Schadensersatzpflicht ergänzt werden (Überblick über die Rechtsfolgen
2   jeweils bei den einzelnen Tatbeständen). – Das BGB stellt (jetzt) die **Pflichtverletzung** (s Rn 6) als neuen Grundtatbestand in den Mittelpunkt der Regelung (§ 280 I). Das Merkmal der Pflichtverletzung verlangt nur den obj Verstoß gegen eine Pflicht aus dem Schuldverhältnis. Es kommt nicht darauf an, daß dem Schuldner die Pflichtverletzung vorgeworfen werden kann, auf welchen Gründen sie beruht oder welchen Folgen sie hat (BT-Drs 14/7052 S 174). Der Begriff der Pflichtverletzung umfaßt dabei die beiden Grundtypen der Leistungsstörung, die Nichterfüllung und die Schlechterfüllung, einschließlich der Verletzung von Nebenpflichten. Die bisherigen Haupttypen der Leistungsstörung, die Unmöglichkeit, der Verzug und die bislang nicht gesondert geregelte pVV, gehen in diesem Tatbestand auf. Insbes ist die Unmöglichkeit nur noch eine Erscheinungsform der Pflichtverletzung; mit

Titel 1. Verpflichtung zur Leistung **Vor §§ 275–292**

„Unmöglichkeit" is der bish Terminologie (zB in §§ 265, 338, 425 II) sind sämtliche Fälle des § 275 gemeint. Die Sonderregeln der Mängelhaftung bei Kauf- und Werkvertrag (§§ 459 ff aF; 633 ff aF) sind beseitigt. Bei Mängeln der Kaufsache oder des Werkes haftet der Schuldner jetzt nach den allg Regelungen des Leistungsstörungsrechts (§§ 437, 634 a), die aber teilw modifiziert werden (s Rn 15). Geblieben sind aber die Sonderregelungen bei der Miete, Leihe und im Reisevertrag (§§ 536 f., 600, 651 c ff), die in ihrem Anwendungsbereich den §§ 275 ff, 280 ff, 311 a vorgehen. – Kein Fall der Leistungsstörung ist die **bloße** Nichterfüllung; solange nicht Verzug (§ 280 II) oder sonstiges vertragsgefährdendes Verhalten (vgl § 280 Rn 17 ff; § 281 Rn 9) hinzukommt, hat der Gläubiger nur den Erfüllungsanspruch. 3

2. Erfüllungsanspruch und Grenzen der Leistungspflicht. Das SchRModG 4 trennt klar zwischen der Verpflichtung des Schuldners zur Erbringung der (primären) Leistung und Sekundäransprüchen des Gläubigers, wenn es zu Störungen bei der Vertragsabwicklung kommt. Aus § 275 I (obj und subj Unmöglichkeit) und den Tatbeständen der § 275 II und III, die I näher definieren, ergibt sich, bis zu welcher Grenze der Schuldner die Leistung erbringen muß und wann er von seiner primären Leistungspflicht befreit ist. Anfängliche (obj und subj) Leistungshindernisse lassen die Wirksamkeit des Vertrages unberührt (Aufhebung von § 306 aF); sie schließen lediglich gem § 275 den Anspruch auf die Leistung aus. In diesem Fall beschränkt sich das Schuldverhältnis von vorne herein auf sekundäre Ansprüche (zB auf Herausgabe des Surrogats oder auf Schadensersatz). – Welche **Rechte** dem Gläubiger bei Vor- 5 liegen eines Leistungshindernisses zustehen, ergibt sich aus den Tatbeständen der §§ 280, 283 bis 285, 311 a, 326. Das Vorliegen eines Leistungshindernisses bildet lediglich einen Unterfall der Haftung wegen Pflichtverletzung: Bei nachträglicher obj und subj Unmöglichkeit gelten §§ 280, 283, bei anfänglicher obj und subj Unmöglichkeit § 311 a II. Das Schicksal der Gegenleistung ergibt sich aus § 326 I, II.

3. Der neue Tatbestand der Pflichtverletzung. a) Die Pflichtverletzung, 6 und nicht länger die Unmöglichkeit, ist nach dem SchRModG der **Grundtatbestand des neuen Leistungsstörungsrechts.** Die Pflichtverletzung ist sowohl Anknüpfungspunkt für Ansprüche auf Schadensersatz (§ 280 I), als auch für den Rücktritt (§§ 323, 326 V). Erfüllt der Schuldner zurechenbar (§§ 276–278) eine Pflicht aus dem Schuldverhältnis nicht oder nicht wie geschuldet (Pflichtverletzung), kann der Gläubiger Ersatz des hieraus entstehenden Schadens verlangen (§ 280 I). Hinsichtlich des Ersatzes des Verzögerungsschadens und des Schadens, der statt der Leistung begehrt wird, müssen neben dem Tatbestand des § 280 I die weiteren Voraussetzungen des § 280 II (zB Mahnung) und des § 280 III (idR erfolglose Fristsetzung) erfüllt sein. Nach § 280 III iVm § 283 stellen (nachträgliche) Leistungshindernisse eine Pflichtverletzung dar, die dem Gläubiger einen Anspruch auf Schadensersatz statt der Leistung ohne vorherige Fristsetzung gewähren. Einen eigenen Haftungstatbestand haben lediglich anfängliche (obj und subj) Leistungshindernisse mit § 311 a II gefunden. Der Verschuldensvorwurf gegenüber dem Schuldner bezieht sich hier nicht auf die Herbeiführung des anfänglichen Leistungshindernisses, sondern darauf, den Vertrag in Kenntnis (oder vorwerfbarer Unkenntnis) seiner fehlenden Leistungsfähigkeit geschlossen zu haben. – **b)** Ver- 7 **tretenmüssen.** Der Schuldner ist nur zum Schadensersatz verpflichtet, wenn er die Pflichtverletzung gem §§ 276–278 zu vertreten hat. Beim Vertretenmüssen geht es um das „warum" der nach § 280 I obj vorliegenden Pflichtverletzung und ob dem Schuldner deshalb ein Vorwurf zu machen ist.

4. Rechtsfolgen der Pflichtverletzung. a) Regelung zum Schadensersatz 8 **(§§ 280–283, 311 a). aa) Systematik und Anwendungsbereich.** Ansprüche auf Schadenersatz wegen Pflichtverletzung ergeben sich für sämtliche Schuldverhältnisse aus §§ 280–283, 286, 311 a II. Die Unterscheidung nach gegenseitigen (§§ 286 I, 325 f aF) und sonstigen Schuldverhältnissen (§§ 280, 286 II aF) ist überholt. Sonderregelungen für den gegenseitigen Vertrag bestehen nur noch für das Rücktrittsrecht des Gläubigers bei einer Pflichtverletzung des Schuldners

Vollkommer 239

Vor §§ 275–292 Buch 2. Abschnitt 1. Inhalt der Schuldverhältnisse

(§ 323), das Schicksal der Gegenleistung bei Leistungshindernissen (§ 326) und für die Abwicklung im Synallagma (§§ 320 ff). Bei der Prüfung von Schadensersatzansprüchen ist von der begehrten Rechtsfolge (Verzögerungsschaden usw) auszugehen. Aufgrund der Rechtsfolge ist dann die vollständige Anspruchsnorm zu ermit-

9 teln. – **bb) Ersatz des Begleitschadens (§ 280 I).** § 280 I enthält den Grundtatbestand, der für jede zu vertretende Pflichtverletzung im vertraglichen oder ges Schuldverhältnis eine Schadensersatzpflicht anordnet. Nach § 280 II und III sind allerdings für Verzögerungsschäden und Schadensersatz statt der (primären) Leistung zusätzliche Voraussetzungen erforderlich. Für diese Schadensposten muß der Grundtatbestand des § 280 I um die zusätzlichen Voraussetzungen der §§ 281–283

10 ergänzt werden. – **cc) Ersatz des Verzögerungsschadens (§ 280 II).** Obwohl die Nichtleistung trotz Fälligkeit eine Pflichtverletzung darstellt, löst dies noch keinen Schadensersatzanspruch aus. Erst wenn die zusätzlichen Voraussetzungen des Verzuges vorliegen (§ 280 II iVm § 286), kann der Gläubiger den Verzö-

11 gerungsschaden ersetzt verlangen. – **dd) Schadensersatz statt der Leistung (§ 280 III).** Der Anspruch auf Schadensersatz statt der Leistung tritt an die Stelle der (Primär-)Leistung, wenn zusätzlich zu den Erfordernissen des § 280 I auch die §§ 281, 282 oder 283 erfüllt sind. Den wichtigsten Fall regelt § 281, wenn die Leistung (jeder Art) nicht oder nicht wie geschuldet erbracht wird (bish §§ 283, 326 aF). Der Gläubiger muß regelmäßig zuvor erfolglos eine angemessene Nachfrist setzen; eine damit verbundene Ablehnungsandrohung ist nicht erforderlich. Die Fristsetzung sichert den Vorrang des Erfüllungsanspruchs. Bei der Verletzung von Pflichten nach § 241 II muß die Leistungserbringung für den Gläubiger unzumutbar sein (§ 282). Bei nachträglicher Unmöglichkeit gilt § 283.

12 **5. Ersatz vergeblicher Aufwendungen.** Nach § 284 kann der Gläubiger anstelle des Schadensersatzes statt der Leistung Ersatz seiner Aufwendungen verlangen, die er im Vertrauen auf den Erhalt der Leistung gemacht hat und billigerweise machen durfte. Diese Regelung ersetzt auch den weggefallen Anspruch des Käufers auf Ersatz der Vertragskosten bei Mängeln (§ 467 S 2 aF), verlangt aber das Vertretenmüssen des Mangels durch den Verkäufer.

13 **6. Rücktritt und Schicksal der Gegenleistung bei Leistungshindernissen. a)** Der **Rücktritt** setzt, gleichgültig ob die Pflichtverletzung in der Nicht- oder nicht rechtzeitigen Leistung oder in der Verletzung einer Pflicht nach § 241 II besteht, nicht länger voraus, daß der Schuldner die Pflichtverletzung zu vertreten hat (§§ 323, 324). Bei der Verletzung einer Leistungspflicht muß grundsätzlich eine Fristsetzung erfolgen (§ 323 I); einer Ablehnungsandrohung bedarf es nicht. Die Rücktrittserklärung hindert den Gläubiger nicht, Schadensersatz statt der Leistung zu verlangen (§ 325). Das Rückgewährschuldverhältnis führt zur Rückgewähr der ausgetauschten Leistungen (§ 346 I) oder zur Rückabwicklung dem Werte nach (§ 346 II, III). Der Rücktrittsberechtigte haftet beim ges Rücktritt

14 privilegiert (§ 346 III Nr 3). – **b) Schicksal der Gegenleistung bei Leistungshindernissen.** Soweit der Schuldner nach § 275 nicht zu leisten braucht, entfällt nach § 326 I 1 beim gegenseitigen Vertrag sein Anspruch auf die Gegenleistung. Daneben kann der Gläubiger (bei Zweifeln am Vorliegen eines Leistungshindernisses) nach § 326 V zurücktreten. Bes Gefahrtragungsregeln enthält § 326 II.

15 **7. Die Haftung für Sach- und Rechtsmängel beim Kauf- und Werkvertrag** folgt den allg Regeln der §§ 280, 281, 283, 311 und 326. Ein selbständiges Gewährleistungsrecht gibt es nicht mehr. Die bes Regelungen der §§ 437 ff, 634 a ff gelten erst ab Gefahrübergang (§§ 446, 447, 640). Unterschiede bestehen bei der Verjährung (§§ 195, 199 einerseits, §§ 438 andererseits) und (weniger bedeutend) bei den Grenzen der Leistungspflicht (§ 275 und §§ 439 III, 635 III). Die allg Rechtsbehelfe werden durch bes Rechtsfolgen ergänzt: Minderung (§§ 441, 638), Selbstvornahme (§ 637).

16 **8. Das SchRModG hat bish ungeschriebene Rechtsinstitute** im BGB kodifiziert. **a)** Die **cic** hat in § 311 II und III eine normative Grundlage gefunden,

Titel 1. Verpflichtung zur Leistung **§ 275**

ohne daß subsumtionsfähige Tatbestände vorliegen. Anspruchsgrundlage für Schadensersatz wegen vorvertraglicher Pflichtverletzungen ist § 280 I. **b)** Das Institut der **Störung der Geschäftsgrundlage** ist in § 313 kodifiziert worden. Die Vorschrift übernimmt die in der Rspr anerkannten Tatbestände; eine notwendige Anpassung tritt aber nicht mehr kraft Gesetzes ein, vielmehr steht der benachteiligten Partei ein Anspruch auf Vertragsanpassung zu (wie § 60 VwVfG). **c)** Die **fristlose Kündigung von Dauerschuldverhältnissen** aus wichtigem Grund übernimmt in § 314 die Ergebnisse der bisherigen Rspr.

9. Übergangsrecht. Das neue Leistungstörungsrecht gilt nach EGBGB 229 § 5 17 für alle Schuldverhältnisse, die nach dem 31. 12. 2001 entstehen. Alte Dauerschuldverhältnisse werden ab dem 1. 1. 2003 auf das neue Recht umgestellt (EGBGB 229 § 5 S 2).

§ 275 Ausschluss der Leistungspflicht

(1) **Der Anspruch auf Leistung ist ausgeschlossen, soweit diese für den Schuldner oder für jedermann unmöglich ist.**

(2) ¹Der Schuldner kann die Leistung verweigern, soweit diese einen Aufwand erfordert, der unter Beachtung des Inhalts des Schuldverhältnisses und der Gebote von Treu und Glauben in einem groben Missverhältnis zu dem Leistungsinteresse des Gläubigers steht. ²Bei der Bestimmung der dem Schuldner zuzumutenden Anstrengungen ist auch zu berücksichtigen, ob der Schuldner das Leistungshindernis zu vertreten hat.

(3) Der Schuldner kann die Leistung ferner verweigern, wenn er die Leistung persönlich zu erbringen hat und sie ihm unter Abwägung des seiner Leistung entgegenstehenden Hindernisses mit dem Leistungsinteresse des Gläubigers nicht zugemutet werden kann.

(4) **Die Rechte des Gläubigers bestimmen sich nach den §§ 280, 283 bis 285, 311 a und 326.**

Lit: *Fischer* DB 2001, 1923 ff; *Wilhelm/Deeg* JZ 2001, 223 ff.

1. Allgemeines. a) Bedeutung. Das allg Schuldrecht unterscheidet zwischen 1 der Primärleistung („Leistung") und den Sekundäransprüchen, die sich aus einer Pflichtverletzung des Schuldners ergeben. § 275 regelt die Grenzen der *primären* Leistungsverpflichtung (§ 275 IV) und führt zur **Leistungsbefreiung** des Schuldners, bei der es idR nicht mehr auf das fehlende Vertretenmüssen des Leistungshindernisses durch den Schuldner ankommt. Die (sekundären) Ansprüche des Gläubigers bei Vorliegen eines Leistungshindernisses nach § 275 auf Schadensersatz, auf Herausgabe eines Surrogates oder das Recht zum Rücktritt ergeben sich aus §§ 280, 283 bis 285, 311 a, 326 V. Das Schicksal der Gegenleistung beim gegenseitigen Vertrag bestimmt sich nach § 326 I, II. **b) Anwendungsbereich.** 2 § 275 gilt für alle vertraglichen und ges Schuldverhältnisse. Die Vorschrift findet auf Geldschulden keine Anwendung, da der Schuldner für seine finanzielle Leistungsfähigkeit immer einstehen muß (PalErgB/Heinrichs 3; Larenz, SchR I, § 21 I d). Bei der Herausgabepflicht hinsichtlich bestimmter Banknoten oder eines in Geld bestehenden Surrogats nach § 285 (BGH 140, 239 f) liegt keine Geldschuld vor (§§ 244, 245 Rn 7), weshalb § 275 anwendbar ist. Auf Schuldverhältnisse außerhalb des Buch 2 des BGB bedarf die Anwendbarkeit des § 275 jeweils der Einzelprüfung (zB BGH 53, 33 bzgl dinglichen Anspruch; gem VwVfG 62 S 2 zu bejahen für den öffentl-rechtlichen Vertrag (VwVfG 54). **c) Abgren-** 3 **zung. aa)** Der Maßstab des **II** wird für den Nacherfüllungsanspruch wegen des Vorliegens von Mängeln im Kauf- und Werkvertrag durch die **Sonderregelungen** der § 439 III bzw § 635 III näher bestimmt. Bei Schadensersatzansprüchen geht § 251 II 1 vor. **bb) Geschäftsgrundlage (§ 313).** In seinem Anwendungsbereich

Vollkommer 241

§ 275 Buch 2. Abschnitt 1. Inhalt der Schuldverhältnisse

geht § 275 dem § 313 vor. Störungen des Äquivalenzverhältnisses (Verknappung von Bezugsmöglichkeiten, Geldentwertung, Fehler in der Kalkulation) werden nach § 313 behandelt (ie § 313 Rn 16 ff, 26).

4 2. **Grenzen der Leistungspflicht** (Unmöglichkeit). a) **Überblick.** § 275 kennt drei Tatbestände, welche die primäre Leistungspflicht des Schuldners entfallen lassen. Die Fälle der **II** und **III**, die dem Schuldner lediglich ein Leistungsverweigerungsrecht gewähren, sollen die (obj und subj) Unmöglichkeit des **I** bei normativ geprägten Leistungshindernissen näher präzisieren (Canaris JZ 01, 504 f). Ihre rechtliche Einordnung folgt den Fällen des **I**. Das fehlende Vertretenmüssen des Leistungshindernisses durch den Schuldner ist keine Voraussetzung für das Eingreifen des § 275; ein vorwerfbares Verhalten des Schuldners kann aber bei der Bestimmung der Opfergrenze nach **II** verschärfend mit herangezogen werden (**II**
5 **2**). b) Die drei Leistungsbefreiungstatbestände des § 275 (im folgenden Unmöglichkeit stellvertretend für die in § 275 geregelten Leistungshindernisse) erfassen folgende **Anwendungsfälle: aa)** Sowohl **nachträgliche als auch anfängliche Unmöglichkeit** (I: „unmöglich ist"). Auch bei anfänglicher obj Unmöglichkeit ist der Vertrag gültig (§ 311 a I), jedoch braucht (kann) der Schuldner die (primäre)
6 Leistung nicht zu erbringen. **bb) Obj und subj Unmöglichkeit** werden gleich
7 behandelt. Wie bei § 275 aF steht die subj Unmöglichkeit der obj gleich. **cc) Vollständige, teilweise und qualitative Unmöglichkeit.** (1) Bei **teilw Unmöglichkeit** tritt nur eine auf den unmöglich gewordenen Leistungsteil beschränkte (teilw) Leistungsbefreiung ein, hinsichtlich des noch möglichen Teils bleibt die Leistungspflicht bestehen (**I:** „soweit"). Die Verpflichtung zur Gegenleistung ist
8 entspr herabgesetzt (§ 326 I 1, 2. HS). (2) **Ausnahmsweise** steht volle Unmöglichkeit vollständiger gleich in folgenden Fällen: α) Teilunmöglichkeit bei unteilbarer Leistung (oder Gegenleistung, vgl Huber/Faust 3/161; s BGH NJW 00, 1256: Übergabe und Eigentumsverschaffung beim Kauf; iE ebenso MK/Emmerich 35: Vollunmöglichkeit). Bsp: Das verkaufte Haus brennt teilw ab; anders bei verpachtetem Hof: BGH 116, 337; β) nach dem bes Inhalt und Zweck des Vertrags ist dem Gläubiger nur mit der vollen Leistung gedient, eine Teilleistung für ihn dagegen sinnlos (BGH NJW-RR 95, 854 mN; ErmBattes 9 mN). Bsp: Einheitlicher Vertrag über Mehrheit von Gegenständen, zB Tod eines Pferdes bei Kauf
9 eines Gespanns (eingehend Scherner JZ 71, 534). (3) **Qualitative Unmöglichkeit.** Kann die Leistung nicht in der vertragsmäßigen Beschaffenheit (§§ 434, 435, 633) erbracht werden (insbes unbehebbare Sach- oder Rechtsmängel beim Kauf nicht vertretbarer Sachen), liegt sog **qualitative Unmöglichkeit** vor (Bsp: der als „unfallfrei" verkaufte Gebrauchtwagen war in einen schweren Unfall verwickelt; der Reparaturaufwand übersteigt die Opfergrenze des II), soweit nicht Sondervorschriften über die Gewährleistung (zB §§ 536 f) eingreifen. Der Vertrag ist wirksam (§ 311 a I), und der Schuldner (Verkäufer, Werkunternehmer) aber von der primären Leistungspflicht (bzw von der Pflicht zur Nacherfüllung gem §§ 439 I, 635 I) nach § 275 frei (S. Lorenz JZ 01, 743). Die Rechte des Gläubigers bestimmen sich nach §§ 326 V, 323 (Rücktritt), §§ 280, 283, 311 a II (Schadensersatz), § 285 (Surrogat); beim Kauf- und Werkvertrag auch Minderung (§§ 441, 638).
10 **dd) Dauernde** (obj oder subj) Unmöglichkeit ist erforderlich (BT-Drs. 14/7052 S 183), vorübergehende (zeitweilige) Leistungshindernisse begründen, soweit zu vertreten, idR nur Verzug (vgl § 286 Rn 5). Bei Zweifeln am Vorliegen eines dauernden Leistungshindernisses muß der Gläubiger nach §§ 280, 281 oder § 323 vorgehen. Maßgebender **Zeitpunkt** für die Unterscheidung ist idR der des **Eintritts** des Leistungshindernisses (BGH 96, 390 mN; einschr BGH NJW-RR 94, 1357: uU Mitberücksichtigung auch späterer Entwicklung). An danach anzunehmender dauernder Unmöglichkeit ändert auch späteres Wiedermöglichwerden der Leistung nichts (LM Nr 4; differenzierend Larenz, SchR I, § 21 I a); uU kann aber für die Parteien Pflicht zum Neuabschluß bestehen (§ 242; RG 158, 331). Mit Ablauf des Erfüllungszeitraumes wird vorübergehendes Leistungshindernis (allg)

Titel 1. Verpflichtung zur Leistung **§ 275**

zum endgültigen (RG 107, 159; § 286 Rn 5). **Ausnahmsweise** steht ein vorübergehendes Leistungshindernis einem dauernden gleich, wenn die Erreichung des Vertragszwecks durch die vorübergehende Unmöglichkeit in Frage gestellt wird und dem Gegner deshalb nach Treu und Glauben die Einhaltung des Vertrags bis zum (ungewissen) Wegfall des Leistungshindernisses nicht zugemutet werden kann (BGH 83, 200, stRspr; dazu Kronke JuS 84, 758). Bsp: Kriegsausbruch; politische Unruhen am Ort der Leistung. Handels- und Finanzsanktionen bilden auch nach ihrer Aufhebung ein dauerndes Leistungshindernis (vgl House of Lords bei Vorpeil RIW 02, 314 zu Art 2 EG-VO 3541/92: Irak-Sanktion). Bei Dauerschuldverhältnissen werden diese Voraussetzungen idR vorliegen (LM Nr 3, 4). – **ee) Nicht** 11 unter § 275 fällt die sog **wirtschaftliche Unmöglichkeit**, bei der die Leistung zwar möglich, für den Schuldner aber mit solchen („überobligationsmäßigen") Schwierigkeiten verbunden ist, daß sie für ihn unzumutbar ist (Fälle der „übermäßigen Leistungserschwerung"). Bsp: Unverhältnismäßige Erschwerung des Leistungsaufwands infolge völliger Veränderung der wirtschaftlichen Verhältnisse. Diese Fälle fallen nicht unter die Befreiungstatbestände des § 275 II oder III (Canaris JZ 01, 501), da sich Aufwand des Schuldners und Leistungsinteresse des Gläubigers proportional im gleichen Ausmaß erhöhen (Unterschied zu Rn 23 ff; BGH NJW-RR 91, 205). Es handelt es sich um Fälle des Wegfalls der Geschäftsgrundlage (Rn 3 [bb]), uU der ergänzenden Vertragsauslegung (vgl Koller NJW 96, 300 mN) oder des Rechtsmißbrauchs (§ 242 Rn 40).

3. Obj Unmöglichkeit (I, 2. Fall). a) Begriff: Obj Unmöglichkeit liegt vor, 12 wenn die Erfüllbarkeit der Leistung aus sachlichen Gründen ausgeschlossen ist, die Leistung also von niemandem (den Schuldner selbst eingeschlossen) bewirkt werden kann. **b) Fallgruppen.** Nach den Gründen der Unmöglichkeit lassen sich unterscheiden (für die Rechtsfolgen belanglos): **aa) Naturges** (physische) **Un-** 13 **möglichkeit** („Unerbringlichkeit"): Die Hauptleistung kann nach den Naturgesetzen oder nach dem Stand von Wissenschaft und Technik (Micklitz NJW 85, 2008) nicht erbracht werden. Bsp: Bei Lieferverpflichtung **Untergang** der geschuldeten Speziessache, aber auch **Verschlechterung** in einem solchen Maß, daß es sich wirtschaftlich um eine andere Sache handelt (Oldenburg NJW 75, 1788: verrotteter Gebrauchtwagen; Frankfurt NJW 98, 84: zwischenzeitlich veraltete Software; s auch Rn 9); Verpflichtung zum Einsatz magischer Kräfte zu Problemlösungen (LG Kassel NJW 85, 1642; LG Aachen MDR 89, 63). Bei Gattungsschulden, wenn die ganze Gattung untergeht oder den gleichen unbehebbaren Mangel aufweist (Huber/Faust 2/16). Beim Rechtskauf **Erlöschen** des zu verschaffenden Rechts. **Unausführbarkeit** der geschuldeten Dienst- oder Werkleistung infolge einer Veränderung der Umstände (Fälle des Untergangs des Leistungssubstrats). Bsp: Wegfall des Gegenstands an (mit) dem die Leistung auszuführen ist: Das zu streichende Haus brennt ab, das zu bergende Schiff sinkt; Mitwirkungshindernisse in der Person, (an) der die Leistung erbracht werden soll: Zu unterrichtendes Kind stirbt (vgl Beuthien, Zweckerreichung und Zweckstörung im Schuldverhältnis, 1969, S 16 f; Köhler, Unmöglichkeit und Geschäftsgrundlage usw, 1971, S 22 ff; 34). **Anderweitiger Eintritt des Leistungserfolgs** (früher sog Fälle der Zweckerreichung). Bsp: Zu bergendes Schiff wird flott; zu behandelnder Patient wird gesund (vgl Larenz, SchR I, § 21 I c). Stets ist der Inhalt der Leistungspflicht maßgebend; deshalb Verpflichtung zur Erstellung eines astrologischen Gutachtens nicht ohne weiteres „unmöglich" (vgl Voss NJW 53, 1553 gegen Düsseldorf). **bb) Unmöglichkeit** durch Zeitablauf tritt ein beim **absoluten** 14 **Fixgeschäft** (zB Hotelzimmerreservierung; Vermietung für bestimmte Veranstaltung, vgl BGH 99, 189) und zeitgebundenen Dauerschuldverhältnissen (zB Arbeitsvertrag; BAG NJW 01, 1298). Kein absolutes Fixgeschäft liegt vor, wenn innerhalb eines bestimmtes Zeitraums eine festgelegte Zahl von Leistungen vorgenommen werden soll (BGH NJW 01, 2878: Musikproduktion). **cc) Rechtliche** 15 (jur) **Unmöglichkeit:** Die Leistung kann aus rechtlichen Gründen nicht erbracht

Vollkommer 243

§ 275 Buch 2. Abschnitt 1. Inhalt der Schuldverhältnisse

werden. **Fälle:** Die Leistung ist auf Herbeiführung eines Rechtszustands gerichtet, der von der Rechtsordnung nicht anerkannt wird (Bsp: Herbeiführung einer unbekannten Rechtsfolge, zB von besitzlosem Pfandrecht); der herbeizuführende Rechtszustand besteht bereits (Bsp: Verkauf der dem Gläubiger schon gehörenden Sache), tritt ohne Zutun des Schuldners ein (Erfolgserreichung, Rn 13) oder ist **aus Rechtsgründen dauernd ausgeschlossen** (Bestellung von Erbbaurecht auf unbebaubarem Grundstück: BGH 96, 388; Enteignung des herauszugebenden Grundstücks: BGH 90, 292; DtZ 96, 28); Leistungserbringung ist ges **verboten** (§§ 134, 138; Bsp: Importverbot: BGH NJW 83, 2874; absolutes Veräußerungsverbot; Abtretungsverbot: BGH 122, 117; NJW 95, 2026 – RA-Honorarforderung), eine für das Erfüllungsgeschäft erforderliche **Genehmigung** wird **versagt**. Ein Fall nachträglicher Unmöglichkeit liegt vor, wenn bei **Genehmigungsbedürftigkeit** nur des *Erfüllungsgeschäfts* (Bsp: BBauG 19 II Nr 1 aF [zur nF offen BGH NJW-RR 92, 558 f]; GrdstVG 2 I 1, 1. Alt; II) die Genehmigung endgültig versagt wird (BGH NJW-RR 97, 686 [688 mN], stRspr und hM, str) oder nicht mehr zu erlangen ist (BGH WM 94, 1250 f: GVVO-DDR) und auch eine ggf abgeänderte Leistung nicht in Frage kommt (BGH 38, 149; 67, 36). Besteht das Genehmigungserfordernis dagegen für das *Verpflichtungsgeschäft* (Bsp: PaPkG 2 iVm PrKV; GrdstVG 2 I 1, 1. Alt), ist der Vertrag zunächst schwebend unwirksam (§ 134 Rn 6; §§ 244, 245 Rn 26) und wird bei (endgültiger) Versagung der Genehmigung endgültig unwirksam (BGH JZ 72, 368; MK/Emmerich 24). Während des Schwebezustands bestehen bereits Mitwirkungspflichten (BGH 67, 35; 87,

16 165; § 242 Rn 23). – Die Erfüllung einer **Unterlassungspflicht** wird mit Zuwiderhandlung unmöglich (vgl BGH 52, 398 mN), jedoch wird eine bestehende (sonstige) Leistungspflicht nicht schon deshalb unmöglich, weil der Schuldner mit ihrer Erfüllung gegen eine vertragliche (auch rechtskräftig festgestellte) Unterlassungspflicht verstieße (BAG DB 65, 1141).

17 **4. Subj Unmöglichkeit (I, 1. Fall). a) Begriff: Subj Unmöglichkeit** (früher „Unvermögen") liegt vor, wenn zwar der Schuldner die Leistung nicht (allein) erbringen kann, sie aber von einem Dritten erbracht werden könnte (ausschließlich in der Person des Schuldners liegendes Leistungshindernis). **Kein Fall** des **I**, sondern uU des **II** liegt vor, wenn der Schuldner auf den Dritten, von dessen Willen die Leistung abhängt, rechtlich oder tatsächlich einwirken kann (BGH 131, 183 mN). Bsp: Verschaffung von Berichtigungsbewilligung (GBO 19) eines eingetragenen Eigentümers (BGH NJW 86, 1676, von Löschungsbewilligung eines gem § 883 I eingetragenen Berechtigten (BGH NJW 88, 700); Einwirkung des ausgezogenen (Mit-)Mieters auf die Rückgabe der Mietsache durch den noch besit-

18 zenden Mitmieter (vgl BGH 131, 183 f). **b) Bedeutung** des **I, 1. Fall** ist neben **II** gering: Der wichtigste Fall des auf mangelnder finanzieller Leistungsfähigkeit beruhenden nachträglichen Unvermögens ist rechtlich unerheblich (Rn 2).

19 **c) Fallgruppen. aa) Tatsächliche Leistungshindernisse:** Schuldner ist aus tatsächlichen Gründen an der Erbringung der Leistung gehindert. Bsp: Erkrankung des Dienstverpflichteten; Eingehung mehrerer Arbeitsverhältnisse für den gleichen Zeitraum (sa BGH NJW-RR 88, 420); Verkauf einer tatsächlich und rechtlich (noch) nicht existierenden Eigentumswohnung (BGH NJW 88, 564); die geschuldete Sache ist gestohlen, der Verbleib nicht zu ermitteln (s OGH 1, 110; Abgrenzung zu **II**: die Leistung ist dem Schuldner hier schon theoretisch nicht möglich, BT-Drs 14/6040 S 128). Beschaffungsschwierigkeiten bei der **Gattungsschuld,**

20 fallen unter **II** (Rn 26; § 276 Rn 49, 51). **bb) Rechtliche Leistungshindernisse:** Dem Schuldner fehlt die für Leistungserbringung erforderliche Rechtsmacht (Eigentum, Rechtszuständigkeit, Verfügungsbefugnis, Besitz). Bsp: Verkauf einer fremden (dem Eigentümer gestohlenen) Sache, wenn der Eigentümer zu der erforderlichen Genehmigung (§ 185 II 1) nicht bereit ist (BGH 8, 231). Ist Genehmigung (Rückerwerb; Löschungsbewilligung, vgl Rn 18) an sich möglich, haftet der Verkäufer nach **II** bis zur Opfergrenze („indiskutabler Aufwand": BT-Drs

244 *Vollkommer*

Titel 1. Verpflichtung zur Leistung **§ 275**

14/6040 S 129; Rn 25 f) auf Erfüllung (so schon bisher BGH NJW 88, 700, hM; krit Brehm JZ 87, 1092 f); Veräußerung (Zwangsversteigerung) der bereits verkauften Sache an einen Dritten (abw BGH NJW-RR 90, 651: Unmöglichkeit), Bestehen eines Arbeitsverbotes (BAG NJW 95, 1775; BT-Drs 14/6040 S 129). **d) Abgrenzung. aa)** Zu obj Unmöglichkeit führt persönliches Leistungshindernis bei höchstpersönlichen Leistungspflichten. Bsp: Die allg menschliche Leistungsfähigkeit überschreitendes Arbeitspensum (BAG NJW 82, 2142: Krankenhaus-Bereitschaftsdienst). **bb) Verzug** liegt vor, wenn fehlende Leistungsfähigkeit auf mangelnder finanzieller Leistungsfähigkeit beruht (§ 276 Rn 40 und 45). **cc)** Ein Fall des **II** liegt vor, wenn das Leistungshindernis nur durch überobligatorische Anstrengungen (Rn 24 ff) überwunden werden kann. 21

22

23

5. Faktische Leistungshindernisse oder (faktische) **Unmöglichkeit** („Unerreichbarkeit"; **II**): Die Leistung ist zwar theoretisch noch erbringbar, doch stünde der damit verbundene Aufwand (obj) in keinem Verhältnis zu ihrem Wert (BGH NJW 83, 2874). Bsp: Verschaffung von Ring auf dem Meeresboden; Wiederherstellung nach wirtschaftlichem Totalschaden (BGH NJW-RR 91, 205); Veräußerung einer einem Dritten abhanden gekommenen Sache (dazu LG Augsburg NJW 78, 2034 und Rn 20). Das Leistungshindernis muß wertungsmäßig den Fällen des **I** gleichstehen; die Vorschrift ist daher eng auszulegen (PalErgB/Heinrichs 27). Das Leistungshindernis nach **II** kann sich, wie bei **I**, auf die ganze Leistung, einen Teil der Leistung oder auf die vertragmäßige Beschaffenheit (Sach- oder Rechtsmangel, Bsp: Verkauftes Hausgrundstück wird durch einen Brand stark beschädigt) beziehen. Das Vorliegen des Leistungshindernisses ist durch eine Verhältnismäßigkeitsprüfung zu ermitteln: **a)** Bezugspunkt der nach **II** gebotenen Abwägung des gesamten (Huber/Faust 2/36) vom Schuldner zu erbringenden Aufwandes (Aufwendungen in Geld, Tätigkeiten, sonstige persönliche Anstregungen) ist das obj **Leistungsinteresse des Gläubigers.** Das Interesse des Gläubigers ergibt sich aus dem Inhalt des Vertrages, dem darin vereinbarten oder vorausgesetzten Zweck der Leistung und kann auch ideelle/immaterielle Motive verfolgen (AnwKomBGB/ Dauner-Lieb 15; zB optischer Eindruck des Bauwerks, Besuch einer Theateraufführung). Die eigenen Interessen des Schuldners (zB die Höhe des vereinbarten Entgelts) spielen keine Rolle. Daher fallen die Fälle der wirtschaftlichen Unmöglichkeit nicht unter **II** (Canaris JZ 01, 502). Die rechtlichen Folgen, die sich aus der Leistungsbefreiung ergeben können, sind nicht mit zu berücksichtigen (Huber/Faust 2/31 f). Der Gläubiger kann sich am Aufwand des Schuldners beteiligen und dadurch seinen Anspruch auf die Leistung aufrechterhalten (Huber/Faust 2/38). **b)** Zwischen dem Aufwand und dem Gläubigerinteresse muß ein **grobes Mißverhältnis** bestehen. Diese Grenze wird nur überschritten, wenn einem obj geringen Interesse des Gläubigers ein ganz erheblicher und deshalb unangemessener Aufwand des Schuldners gegenübersteht. Die Vorschrift ist auf Extremfälle zugeschnitten. Der Aufwand des Schuldners muß regelmäßig über (Faustregel: 110%, Huber/Faust 2/68) dem Leistungsinteresse des Gläubigers (Rn 25) liegen. Bei der Abwägung ist die allg Risikoverteilung des Vertrages (Bsp: Erfüllungsrisiko des Werkunternehmers), eine bes Risikoübernahme (Bsp: Bergungsvertrag) oder eine vertragliche Milderung (Bsp: Selbstbelieferungsklausel) mit zu berücksichtigen. Bei *Beschaffungsschulden* ergibt die Vertragsauslegung, welche Risiken der Schuldner mit ihr übernommen hat (**II 2** iVm § 276 Rn 50). Insgesamt müssen jeweils die Umstände des Einzelfalles berücksichtigt werden (Bsp: Wahrscheinlichkeit, daß der Aufwand die Leistung ermöglichen wird, Huber/Faust 2/75 f). Dabei kann von Bedeutung sein, ob der Gläubiger seinen Anspruch ersatzlos verliert oder eine andere Kompensation erhält (Canaris JZ 01, 502). **c)** Ein **Verschulden des Schuldners** hinsichtlich des Leistungshindernisses kann die von ihm zu erwartenden Anstrengungen über Rn 26 hinaus erhöhen (**II 2**), bis zu 150% des Leistungsinteresses des Gläubigers (Huber/Faust 2/68; Bsp: Doppelverkauf einer Sache). Aber auch ohne ein Verschulden kann der Schuldner gehalten sein, dem Dritten 24

25

26

27

Vollkommer 245

§ 275   Buch 2. Abschnitt 1. Inhalt der Schuldverhältnisse

28 einen über dem Marktpreis liegenden Preis zu bezahlen, um die Sache wiederzuerlangen (BT-Drs. 14/6040, S. 131). **d) Verantwortlichkeit des Gläubigers** an der Leistungserschwerung entlastet den Schuldner (arg §§ 323 VI, 326 II;
29 Huber/Faust 2/50 f, 72). **e) Abgrenzung.** Gegenüber dem Nacherfüllungsanspruch sehen §§ 439 III, 635 III (nach Gefahrübergang) schon bei unverhältnismäßigen Kosten (und nicht erst bei einem groben Mißverhältnis) ein Leistungsverweigerungsrecht des Schuldners vor (ähnlich §§ 651 II, 251 II 1). Bei Störungen des Äquivalenzverhältnisses greift § 313 ein (s Rn 3).

30 6. Für **faktische Leistungshindernisse bei persönlicher Leistungspflicht** durch den Schuldner bei Arbeits-, Dienst- oder Werkvertrag trifft III eine Sonderregelung, die II vorgeht (**„personale Unmöglichkeit"**). Für Umstände, die subj Unmöglichkeit begründen (zB Krankheit, Rn 19), verbleibt es bei **I, 1. Fall**. Anders als II stellt III (wegen der auf die Person des Schuldners ausgerichteten Leistung) bei der gebotenen Abwägung auch auf seine persönlichen Umstände ab (BT-Drs. 14/6040, S. 130). III greift beispielsweise ein bei Tod oder schwerer Erkrankung eines nahen Angehörigen, Behinderungen auf dem Weg zur Arbeit durch Wetterverhältnisse oder Smogalarm (BAG DB 83, 396), der Wahrnehmung von Gerichtsterminen oder bei Ableistung des Wehrdienstes im Heimatstaat, wenn bei Nichtbefolgen des Einberufungsbefehls mit der Todesstrafe gerechnet werden muß (AnwKomBGB/Dauner-Lieb 19). Bei einer Leistungsverweigerung aus Gewissensgründen soll nach der Gesetzesbegründung ein Fall des § 313 vorliegen (BT-Drs. 14/6040, S. 130; krit AnwKomBGB/Dauner-Lieb 19). Bei wirtschaftlichen Leistungserschwerungen gilt § 313, s § 313 Rn 17.

31 7. **Rechtsfolgen. a)** In den Fällen des I ist der **Erfüllungsanspruch kraft Ges ausgeschlossen** (rechtshemmende oder rechtsvernichtende Einwendung), gleichgültig, ob das Leistungshindernis vor oder nach Vertragsschluß aufgetreten ist und ob der Schuldner es zu vertreten hat. Iü bleibt das Schuldverhältnis im ganzen bestehen (s § 241 Rn 1). Statt des Anspruchs auf die Leistung können Ansprüche des Gläubigers aus § 285 (Surrogat) oder auf Schadensersatz (§§ 280, 283, 311 a)
32 bestehen. Aus § 242 folgt uU Anzeigepflicht. **b)** In den Fällen des **II** und **III** steht dem Schuldner ein **Leistungsverweigerungsrecht** zu. Der Schuldner wird von seiner primären Leistungspflicht erst frei, wenn er die Einrede erhebt (rechtsvernichtende Einrede). Er kann wählen, ob er im Einzelfall auch eine überobligationsmäßige Leistung erbringen will. Sekundäransprüche des Gläubigers wegen eines Leistungshindernisses nach II oder III entstehen erst, wenn sich der Schuldner auf die Einrede berufen hat. Bis dahin muß der Gläubiger mit Fristsetzung nach §§ 280, 281 oder § 323 vorgehen (vgl auch § 326 V mit Rn 29). Die Erhebung der Einrede wirkt auf den Zeitpunkt des Auftretens des Leistungshindernisses zurück (dann ggf Ansprüche des Gläubigers aus §§ 280, 283 oder aus § 311 a II). Im Prozeß muß die vom Schuldner erhobene Einrede vorgebracht werden, um die Verurteilung zur Erbringung der primären Leistung auszuschließen (vgl § 322
33 Rn 2; aA Teichmann BB 01, 1487). **c) Beweislast.** Der Schuldner trägt für die Voraussetzungen des § 275 die Beweislast. Ist die Unmöglichkeit streitig, muß über sie Beweis erhoben werden. Die frühere Regelung, daß eine Beweiserhebung entbehrlich war, wenn der Schuldner die von ihm behauptete Unmöglichkeit zu vertreten hatte (§ 283 aF), ist für den Erfüllungsanspruch überholt. Zum Schadens-
34 ersatzanspruch s § 283 Rn 11. **d) Rechte des Gläubigers und Gefahrtragung. aa)** Die **Rechte des Gläubigers** bestimmen sich bei Vorliegen eines Leistungshindernisses nach § 275 nach **§§ 280, 283, 285, 311 a** und **326 (IV)**. Hat der Schuldner das Leistungshindernis zu vertreten, steht dem Gläubiger den Schadensersatzanspruch statt der Leistung bei nachträglichen Leistungshindernissen aus §§ 280, 283 und bei anfänglichen Leistungshindernissen aus § 311 a II zu. Das Schicksal der Gegenleistung bestimmt sich (unabhängig vom Vertretenmüssen des Schuldners) nach § 326. Schließlich kann dem Gläubiger noch ein Anspruch auf

Titel 1. Verpflichtung zur Leistung **§ 276**

Herausgabe des Surrogates nach § 285 zustehen. **bb)** § 275 enthält eine **Gefahr-** 35
tragungsregel (Gläubiger trägt Leistungsgefahr), die im gegenseitigen Vertrag
durch § 326 I 1 für die Gegenleistung ergänzt wird (Preis- oder Gegenleistungsgefahr beim Schuldner).

§ 276 Verantwortlichkeit des Schuldners

(1) ¹**Der Schuldner hat Vorsatz und Fahrlässigkeit zu vertreten, wenn
eine strengere oder mildere Haftung weder bestimmt noch aus dem sonstigen Inhalt des Schuldverhältnisses, insbesondere aus der Übernahme
einer Garantie oder eines Beschaffungsrisikos, zu entnehmen ist.** ²Die
Vorschriften der §§ 827 und 828 finden entsprechende Anwendung.

(2) Fahrlässig handelt, wer die im Verkehr erforderliche Sorgfalt außer
Acht lässt.

(3) **Die Haftung wegen Vorsatzes kann dem Schuldner nicht im Voraus
erlassen werden.**

I. Allgemeines

1. Bedeutung und Überblick. Die §§ 276–278 enthalten ergänzende Vor- 1
schriften, die immer dann eingreifen, wenn das BGB den Begriff des Vertretenmüssens („vom Schuldner zu vertreten") verwendet. Bsp: §§ 275 II 2, 280 I 2,
286 IV, 309 Nr 8 a, 311 a II 2, 536 a I und 651 f iVm **I 1**. § 276 faßt verschiedene
ungleichartige Vorschriften mit unterschiedlichem Anwendungsbereich (Rn 4 ff)
zusammen. Das SchRModG hat § 276 redaktionell überarbeitet, ohne seinen
Regelungsgehalt inhaltlich anzutasten (BT-Drs 14/6040 S 131). **a) I 1** bestimmt 2
als grundlegende Zurechnungsnorm die Verantwortlichkeit des Schuldners; er ist
Ausdruck des das BGB beherrschenden **Verschuldensprinzips** (Rn 8 ff). Ie legt
I 1 nur den „Haftungsmaßstab" der (selbständig zu begründenden) Verschuldenshaftung fest, enthält aber **keine selbständige Anspruchsgrundlage** (PalErgB/
Heinrichs 2; die frühere zT abw Auffassung ist durch § 280 I nF überholt). **b) I 2** 3
regelt die **Verschuldensfähigkeit** (Rn 12) durch Verweisung auf das Deliktsrecht.
c) III stellt **zwingende Schranken** für die Haftungsfreizeichnung auf (ie Rn 39,
41).

2. Anwendungsbereich. a) I 1 setzt ein bestehendes oder angebahntes 4
Schuldverhältnis (§ 241 Rn 1 f; § 311 a II, III) voraus (**I 1**: „Schuldner"), der
Entstehungsgrund (vgl § 241 Rn 3) ist gleichgültig (sa Rn 7). Gilt nicht bei
Begehung von uH (§§ 823 ff); durch sie wird ein Schuldverhältnis erst begründet
(Rn 2 vor § 823). **b)** Die in II enthaltene Begriffsbestimmung der Fahrlässigkeit 5
(Rn 23, 28 ff) gilt – weitergehend als I 1 – für das **gesamte bürgerliche Recht**
(LM Nr 2 [Be]; § 823 Rn 57) und auch außerhalb des BGB (nicht: StGB; dazu
Rn 23); das gleiche gilt für den Begriff des im BGB nicht definierten Vorsatzes
(Rn 15). **c) I 2** hat nur für das Vertragsrecht (Sonderverbindungen) Bedeutung
(unmittelbare Geltung der §§ 827, 828 im Deliktsrecht). **d)** Die Schranken der 6
Freizeichnung **(III)** gelten (umfassend) auch für die deliktische Haftung (BGH 9,
306; sa § 241 Rn 17 aE). **e)** § 276 gilt entspr für **öffentl-rechtliche Verhältnisse**, 7
soweit diese schuldrechtliche Verpflichtungen begründen und die Eigenart des
öffentl Rechts nicht entgegensteht (VwVfG 62 S 2; SGB X 61 S 2; BGH 61, 11;
135, 341, stRspr; ie § 280 Rn 2; § 278 Rn 4).

3. Verschuldensprinzip. Lit: *v. Caemmerer* RabelsZ 78, 5; rechtsvergleichend: 8
Zweigert/Kötz, Einführung in die Rechtsvergleichung, 3. Aufl 1996, S 484 ff,
501 ff. **a) Inhalt:** Verantwortlichkeit des Schuldners (nur) für sein (eigenes) schuldhaftes Verhalten (BGH 119, 168). Das Verschuldensprinzip liegt vielen kontinenta-
len Rechten (anders zB CISG 79) zugrunde, ist rechtsethisch fundiert und beruht
auf der Anerkennung der frei handelnden sittlichen Persönlichkeit (vgl Larenz,

Vollkommer 247

§ 276 Buch 2. Abschnitt 1. Inhalt der Schuldverhältnisse

SchR I, § 20 I). Das SchRModG hat es ausdr anerkannt und bestätigt (BT-Drs 14/6040 S 131). Im **BGB** ist der Grundsatz (vgl **I 1**: „... wenn eine strengere ... Haftung weder bestimmt noch aus dem sonstigen Inhalt des Schuldverhältnisses ... zu entnehmen ist") nicht streng durchgeführt und wird durch Haftungsprinzipien, die eine „obj Verantwortlichkeit" (Larenz) des Schuldners begründen (Garantie-,
9 Vertrauenshaftung; Risikozurechnung), eingeschränkt. **b) Durchbrechungen. aa) Vertragsrecht.** Fälle der Haftung des Schuldners ohne eigenes (persönliches) Verschulden: Einstandspflicht für die eigene Leistungsfähigkeit (Übernahme einer Garantie oder eines Beschaffungsrisikos, s Rn 41 ff); Haftung für fremdes Verschulden (§ 278); Vertrauens-, Erklärungs- und Garantiehaftung (§§ 122 I, 179 II; 311 III 2; 437 Nr 1, 2; 536 f; 634 Nr 1 – 3; 651 c ff); Zufallshaftung (Rn 11); Sphärenhaftung (BGH 114, 243 ff; 115, 45; 119, 169); Objektivierung des Fahrlässigkeitsmaßstabs (Rn 23, 29); Umkehrung der Beweislast (§§ 280 I 2, 286 IV, 311 a II 2). **bb) Deliktsrecht.** Gefährdungshaftung (Rn 9 ff vor § 823); Beweislastumkehr bei Produkthaftung s § 823 Rn 134 und ProdHaftG 1 IV.

10   **4. Verschulden. a) Begriff. aa) Verschulden** iSd **BGB** ist „ein auf Vorsatz oder Fahrlässigkeit beruhendes Verhalten" (Mot I 281). Es bildet damit den Oberbegriff für die beiden „Schuldformen" Vorsatz und Fahrlässigkeit (Larenz, SchR I, § 20 I; ErmBattes 6). Für „Verschulden" (Bsp: §§ 254, 278, 823 II, 989; sa Überschrift von § 309 Nr 7) genügt damit (leichte) Fahrlässigkeit. Ie setzt Verschulden **Verschuldensfähigkeit** („Zurechnungsfähigkeit"; Rn 12) und Vorliegen einer **Schuldform** (Rn 15 ff, 23 ff) voraus. Die neuere Lehre vom Verhaltensunrecht (Rn 13) rechnet demgegenüber die obj Fahrlässigkeit zur **Rechtswidrigkeit** (so Nipperdey NJW 57, 1780; EnnN § 209 IV B 2 b; Esser/Schmidt § 25 IV 1 c). Konsequenzen für den Fahrlässigkeitsmaßstab (dazu Rn 29) dürfen aus dieser Einordnung nicht gezogen werden (zutr BGH [GS] 24, 27; ie Stathopoulos, FS Larenz, 1983, S 634 ff). **bb)** Die Rechtslehre versteht unter Verschulden das rechts-(pflicht-)widrige und subj vorwerfbare Verhalten eines Zurechnungsfähigen (vgl Larenz, SchR I, § 20 I; PalErgB/Heinrichs 5). Im Rahmen der Haftung für einfache Fahrlässigkeit ist aber Verschulden iS individueller Vorwerfbarkeit nicht
11 notwendig erforderlich (Rn 23, 29). **b) Abgrenzung.** Fehlt ein Verschulden, so ist das Ereignis im Rechtssinn „zufällig" (Deutsch, HaftungsR I, Rn 419). Arten des Zufalls: Gewöhnlicher Zufall und höhere Gewalt (Begriff: §§ 205–209 Rn 3; sa zu § 651 j I). Die **Zufallshaftung** (zB gem § 287 S 2, 701, 848) erfaßt idR nur den einfachen Zufall (aA Knütel NJW 93, 900 für § 287 S 2), grundsätzlich besteht keine Haftung für höhere Gewalt (vgl zB § 701 III; HGB 454; HPflG 1 II; StVG
12 7 II). **c) Verschuldensfähigkeit.** Vgl zunächst Rn 10. Ihre Voraussetzungen ergeben sich aus §§ 827, 828, die im Rahmen der Vertragshaftung **entspr** gelten (**I 2; Rn 5** [c]). Unanwendbar sind der nicht angeführte § 829 (str; aA StLöwisch 92 mN) sowie die §§ 104 ff (allgM). Bei fahrlässigem Handeln von Minderjährigen ist zwischen Verschuldensfähigkeit (insbes § 828 II) und – obj – Verschulden zu
13 unterscheiden (LM Nr 2 [Be]; Nr 1 zu § 828; dazu Rn 29; § 828 Rn 2). **d)** Verschulden setzt **Rechtswidrigkeit** voraus (allgM). Rechtswidrig ist ein Verhalten, durch das rechtlich geschützte Interessen eines anderen im Widerspruch zur Rechtsordnung verletzt werden. Im Rahmen des **Vertragsrechts** deckt sich die Rechtswidrigkeit im wesentlichen mit der Verletzung der durch das Schuldverhältnis begründeten Leistungs-(Verhaltens-)pflicht, dh mit der **Pflichtverletzung** iSv § 280 I (s § 280 Rn 1, 8 ff); so iE übereinstimmend Larenz, SchR I, § 20 IV; MK/Hanau 29 f; StLöwisch 10; SoeWolf 32; Löwisch AcP 165, 422). Der in Deliktsrecht bestehende Streit, ob für die Rechtswidrigkeit maßgeblich an der *Rechtsbeeinträchtigung des Verletzten* (so die Lehre vom Erfolgsunrecht, hM; zB ErmBattes 10; vermittelnd Larenz/Canaris, SchR II/2, § 75 II 3 b und Deutsch, HaftungsR I, Rn 246 ff) oder an das *pflichtwidrige Verhalten des Handelnden* (so die Lehre vom Verhaltensunrecht; zB Nipperdey, Wiethölter; ie Hager, FS E. Wolf, 1985, S 133 ff) anzuknüpfen ist (dazu eingehend § 823 Rn 47 ff), ist für das Ver-

Titel 1. Verpflichtung zur Leistung **§ 276**

tragsrecht nur von untergeordneter Bedeutung (vgl U. Huber, FS E. R. Huber, 1973, 281). Vertragsverletzungen können uU **gerechtfertigt** sein (StLöwisch 13). Bsp: zT Rn 14 aE. **e) Schuldausschließung.** Bes Entschuldigungs-(„Ent- 14 lastungs-")gründe sind dem Zivilrecht nicht bekannt (für Anwendbarkeit der strafrechtlichen Fikentscher § 53 V), jedoch ist allg ein Verschulden zu verneinen, wenn dem Schuldner in der konkreten Situation ein anderes (richtiges) Verhalten **nicht zumutbar** gewesen ist (EnnN § 213 IV; RGRK/Alff 16, str). **Einzelfragen** (Behandlung ie umstr, Schuldausschließung iZw zu verneinen): Irrtum (Rn 21, 30; § 280 Rn 42); Unfälle im privaten Bereich (Grasmann, FS Ferid, 1978, S 512); Pflichten- (StLöwisch 13 mN) und Rechtsgüterkollision (Henssler AcP 190, 538); echte Gewissensnot (Larenz, SchR I, § 10 II c; BAG 62, 66 ff mN; mN); Freitod (BGH NJW-RR 91, 76 mN); Arbeitskampf (Richardi JuS 84, 828 ff; LG Frankfurt NJW 80, 1696 zu Hotelstreik); Entlastungsvoraussetzungen nach CISG 79. **Abgrenzung** zur Leistungsbefreiung bei *persönlichen Leistungshindernissen:* § 275 II, III und dort Rn 25–30.

II. Vorsatz

Lit: *Deutsch,* HaftungsR I, 2. Aufl 1996, Rn 331 ff.

1. Allgemeines. a) Begriff. Eine Legaldefinition fehlt (vgl demgegenüber 15 früher ZGB 333 II: „Vorsätzlich handelt ..., (wer) den Schaden bewußt herbeifühlt oder sich bewußt damit abfindet, daß als mögliche Folge seines Handelns ein Schaden eintritt."). Vorsatz ist Wissen und Wollen des rechtswidrigen Erfolgs im Bewußtsein der Rechts-(Pflicht-)widrigkeit. IGgs zu der im Strafrecht geltenden Schuldtheorie (vgl StGB 17; BGHSt [GS] 2, 206, 208; Lackner § 15 Rn 34) bildet im Bereich des Zivilrechts (vgl Rn 5) das Bewußtsein der Rechts- (Pflicht-)widrigkeit einen Bestandteil des Vorsatzes (RG 72, 6; BGH 115, 299, stRspr; Larenz, SchR I, § 20 II; ErmBattes 17; mit Einschränkungen auch StLöwisch 20 mN, sog Vorsatztheorie; aA EnnN § 210 I 2; BAG 1, 79). Bei Verletzung eines strafrechtlichen SchutzGes (vgl § 823 II) wird jedoch Vorliegen von Vorsatz iSd Strafrechts genügen (so BGH NJW 85, 135, zweifelhaft; vgl § 823 Rn 61). An das Bewußtsein der Rechts-(Pflicht-)widrigkeit sind keine zu hohen Anforderungen zu stellen; wer einer elementaren Verhaltenspflicht zuwiderhandelt, braucht sich der Verletzung der (mitumfaßten) bes Vertragspflicht nicht bewußt zu sein (BGH NJW 70, 1082). Zur beschränkten Bedeutung des Theoriengegensatzes im BGB vgl Rn 13. **b) Arten. aa)** Bei der **Absicht** ist die Herbeiführung des 16 Erfolgs Handlungsmotiv; sie ist für den Vorsatz grundsätzlich nicht erforderlich (RG 57, 241; Ausnahmen: zB §§ 123, 1375 II Nr 3), aber stets ausreichend. **bb)** Beim **direkten Vorsatz** *(dolus directus)* sieht der Handelnde den Erfolg als 17 **notwendige** (sichere) Folge seines Handelns voraus und handelt trotzdem. **cc)** Beim **bedingten Vorsatz** *(dolus eventualis)* sieht der Handelnde den Erfolg als 18 möglich voraus und nimmt ihn für den Fall seines Eintritts billigend in Kauf (BGH 7, 313; 117, 368; NJW 85, 1770 f). Abgrenzung zur bewußten Fahrlässigkeit: Rn 24. **c) Umfang.** Der Vorsatz muß sich nur auf den **Haftungstatbestand** 19 (Vertragsrecht: Pflichtverletzung; Deliktsrecht: Rechtsguts-[SchutzGes-; Amtspflichts-]verletzung) erstrecken, **nicht** auch auf den eingetretenen (weiteren) **Schaden** (BGH 75, 329; NJW 01, 3115; StLöwisch 19; sa § 823 Rn 58 f; § 839 Rn 16). Besonderheiten gelten beim Schmerzensgeldanspruch (§ 253 Rn 5), bei § 826 (dort Rn 9) und beim Rückgriff gem SGB VII 110. **d) Die Abgrenzung** 20 **zur Fahrlässigkeit** hat im Hinblick auf die umfassende Fahrlässigkeitshaftung nur geringe Bedeutung. Ausnahmen: Ges Vorsatzhaftung (zB § 826); ges oder vertragliche Haftungsausschlüsse (zB SGB VII 104; VVG 152, 181; § 276 III; sa § 309 Nr 7 und u Rn 54 ff).

2. Ausschluß des Vorsatzes. a) Irrtumsfälle. Sowohl der Irrtum über tat- 21 sächliche Umstände (vgl StGB 16; insoweit allgM) als auch der Rechts-(Verbots-)

§ 276 Buch 2. Abschnitt 1. Inhalt der Schuldverhältnisse

irrtum (insoweit aA die Schuldtheorie, vgl Rn 15) schließt den Vorsatz aus (eingehend mN Deutsch aaO S 261 ff). War der Irrtum **vermeidbar,** greift Fahrlässigkeitshaftung ein (Rn 30), war er **unvermeidbar,** entfällt jede Verschuldenshaftung. **Unerheblich** ist der Irrtum über Einzelheiten des Kausalverlaufs (ErmBattes 18)
22 und der reine Rechtsfolgeirrtum (Deutsch aaO S 350). **b) Beweislast:** Verletzter für Vorsatz, Schädiger für ihn ausschließenden Irrtum (BGH 69, 143; Baumgärtel 5, 12).

III. Fahrlässigkeit

Lit: *Deutsch,* Fahrlässigkeit und erforderliche Sorgfalt, 2. Aufl 1995; *ders,* HaftungsR I, 2. Aufl 1996, Rn 365 ff; *ders,* Die Fahrlässigkeit als Außerachtlassung der äußeren und inneren Sorgfalt, JZ 88, 993; *U. Huber,* Zivilrechtliche Fahrlässigkeit, FS E. R. Huber, 1973, 253; *Stathopoulos,* Bemerkungen zum Verhältnis zwischen Fahrlässigkeit und Rechtswidrigkeit, FS Larenz, 1983, 631.

23   **1. Allgemeines. a) Begriff.** Fahrlässigkeit ist nach der Legaldefinition des II die **Außerachtlassung der im Verkehr erforderlichen Sorgfalt.** Ie setzt Fahrlässigkeit Voraussehbarkeit (Rn 28) und Vermeidbarkeit des rechtlich mißbilligten Erfolgs, beides bei Anwendung der gebotenen Sorgfalt voraus; dabei kann der Fahrlässigkeitsvorwurf darin bestehen, daß die vorausgesehene Schädigung nicht vermieden (Rn 24) oder der Eintritt der Schadensverwirklichung nicht vorausgesehen und damit nicht abgewendet wurde (Rn 25). Infolge des zugrundezulegenden obj Sorgfaltsmaßstabs (Rn 29) bedeutet die Bejahung eines Verstoßes nicht notwendig einen persönlichen Schuldvorwurf („obj Verantwortlichkeit", vgl Rn 8; Buchner NJW 67, 2382; Düsseldorf NJW 75, 171); der bürgerlichrechtliche Fahrlässigkeitsbegriff unterscheidet sich damit vom strafrechtlichen, der individuelle Schuldfeststellung voraussetzt (hierzu Deutsch, Fahrlässigkeit und
24 erforderliche Sorgfalt, S 76 ff). **b) Arten. aa) Bewußte Fahrlässigkeit:** Der Handelnde hat die Gefahrenlage zwar erkannt, handelt aber unter Außerachtlassung der gebotenen Sicherungsvorkehrungen im Vertrauen auf den Nichteintritt des Schadens. **Abgrenzung** zum bedingten Vorsatz (Rn 18): Keine bewußte Inkaufnahme (Billigung) des Erfolgseintritts (LM Nr 2 zu § 152 VVG; BAG
25 VersR 71, 528); zur groben Fahrlässigkeit: Rn 34. **bb) Unbewußte Fahrlässigkeit:** Der Handelnde sieht die Erfolgsmöglichkeit nicht voraus, hätte sie aber bei Anwendung gehöriger Sorgfalt voraussehen und entspr anders verhalten
26 können und müssen. **c) Grade (Stufen). aa) Grobe Fahrlässigkeit** liegt vor, wenn die Sorgfaltsverletzung als bes schwere erscheint (ie Rn 33); nicht identisch
27 mit „bewußter" Fahrlässigkeit (Rn 34). **bb) Einfache** („leichte", gewöhnliche) **Fahrlässigkeit** ist jede andere (ie Rn 28 ff). Dem BGB unbekannt ist die **leichteste Fahrlässigkeit** (Mayer-Maly AcP 163, 118). Die Rspr des BAG unterscheidet jetzt bei jeder betrieblich veranlaßten (BAG [GS] 78, 56; Ahrens DB 96, 935 ff) Tätigkeit des AN wieder zwischen leichtester und normaler (mittlerer) Fahrlässigkeit (BAG 57, 59 ff unter Aufgabe von BAG 42, 136 ff; [GS] 78, 60, str; zust BGH NJW 94, 856; 96, 1532; ie Hanau/Rolfs NJW 94, 1439; Schnorbus MDR 94, 961; sa u Rn 36; § 611 Rn 48 ff). **cc) Konkrete Fahrlässigkeit:** § 277 Rn 3.

28   **2. Einfache Fahrlässigkeit. a) Vorhersehbarkeit.** Die Fahrlässigkeit muß sich (nur) auf den Haftungstatbestand beziehen (wie Rn 19). IdR genügt allg Vorhersehbarkeit des Erfolgseintritts; nicht erforderlich ist, daß der Handelnde die Folgen seines Verhaltens in allen Einzelheiten, insbes Art und Umfang des eingetretenen Schadens als möglich vorausgesehen hat (BGH 93, 357; NJW 93, 2234 mN; PalErgB/Heinrichs 20 mN, allgM). Bei Verwirklichung eines entfernteren („sozialadäquaten"; „erlaubten") Risikos kann uU bereits der adäquate Kausalzusammenhang (Rn 27 ff vor § 249; § 823 Rn 23 ff, 33) oder die Rechtswidrigkeit (vgl Nipperdey NJW 57, 1777; Esser/Schmidt § 25 IV 1 b, sehr str; zum ganzen § 823 Rn 49) zu verneinen sein. Bsp: Verletzungen bei Spiel und Sport

250 *Vollkommer*

Titel 1. Verpflichtung zur Leistung **§ 276**

(Rn 32). **b) Sorgfaltsmaßstab.** Abw vom Strafrecht (vgl Rn 23 aE) gilt im BGB 29
(Rn 5) ein **obj-abstrakter** (typisierender) **Sorgfaltsmaßstab** (BGH 24, 27; 39,
283 mN; 87, 35; 103, 346; 106, 330; 113, 303 mN; 129, 232; Larenz, SchR I,
§ 20 III; ErmBattes 20; StLöwisch 23 mN; Stathopoulos aaO S 631 ff, 635, hM;
aA EnnN § 213 III 3; Nipperdey NJW 57, 1781). Gründe: Im Rahmen der
Vertragshaftung verlangt der Vertrauensschutz, daß der Schuldner dafür einsteht,
daß er die nach der Verkehrserwartung zur Leistungserbringung erforderlichen
Kenntnisse und Fähigkeiten besitzt; im Rahmen der außervertraglichen Haftung
ermöglicht der obj Sorgfaltsmaßstab einen angemessenen Schadensausgleich. Nur
soweit diese Gesichtspunkte nicht zutreffen gilt **ausnahmsweise** ein subj Maßstab;
Bsp: § 254; Handeln im Fremdinteresse (vgl Larenz, SchR I, § 20 III; Deutsch,
Fahrlässigkeit und erforderliche Sorgfalt, S 337, 361, 385). Wegen der groben
Fahrlässigkeit vgl Rn 33. Der obj Sorgfaltsmaßstab ist konkretisierungsbedürftig
(StLöwisch 32). Ie gilt: Die **im Verkehr** erforderliche Sorgfalt *(obj Maßstab)* meint
diejenige Sorgfalt, die nach dem Urteil besonnener und gewissenhafter Angehöri-
ger des in Betracht kommenden Verkehrskreises zum Zeitpunkt des zu beurtei-
lenden Verhaltens zu beachten ist (Maßstab nach Berufs- und Verkehrskreisen;
BGH 113, 303 f; NJW 88, 909 mN; 94, 2233 mN; Taupitz NJW 91, 1506); dazu
gehört idR die Einhaltung der allg anerkannten Regeln der Technik (näher
Marburger, S 441 f). Der engere Verkehrskreis entscheidet („gruppentypische"
Bestimmung des Fahrlässigkeitsmaßstabs). Bsp: Sorgfalt eines (einer) „ordentlichen" Kaufmanns (HGB 347, 408; BGH 92, 402), Frachtführers (HGB 429),
Geschäftsleiters (AktG 93 I, 116; GmbHG 43 I; GenG 34), Insolvenzverwalters
(vgl InsO 60 I 2), Kraftfahrers (BGH NJW 88, 909), Gewerbetreibenden (BGH
31, 358), Bauherrn (BGH NJW 94, 2233), Prozeßpartei (ZPO 282 I), Hausfrau
(Hamm NJW 85, 332), eines ‚erfahrenen" Facharztes, Operateurs (BGH 88, 259;
NJW 95, 777 mN) usw (Einzelheiten: § 280 Rn 60). Die **erforderliche** Sorgfalt
(normativer Maßstab) entspricht nicht notwendig der „üblichen" (BGH 8, 140;
NJW 86, 1100; vgl aber auch LM Nr 2 zu § 286 ZPO [D]). Eingerissene
Verkehrsunsitten (BGH 30, 15), Nachlässigkeiten (BGH 5, 319; NJW 71, 1882;
Köln OLGZ 93, 202) und Unzulänglichkeiten im organisatorischen Bereich
(BGH 89, 271) entschuldigen nicht. Bsp: Personelle Unterversorgung im ärztlichen Dienst einer Klinik (BGH 95, 73). Die persönliche Eigenart des Handelnden, seine Fähigkeiten, Kenntnisse, Erfahrungen und der Grad seiner Einsicht,
wirken nicht entlastend *(abstrakter Maßstab;* BGH 24, 27; NJW 94, 2233; 95,
1151), insbes kann sich der Schuldner nicht darauf berufen, daß er für die
übernommene Leistung nicht die erforderliche Fachkunde besitzt (BGH 106, 330;
sonst *Übernahmeverschulden:* BGH 88, 259 f; NJW 88, 2299 – Berufsanfänger);
wohl aber können bes Fähigkeiten und Kenntnisse zur Begründung einer höheren
Sorgfaltspflicht führen (BGH NJW 87, 1480 mit zust Anm Deutsch; 94, 2233
mN; SoeWolf 77). Zulässig ist die Berücksichtigung von **Altersgruppen** (LM
Nr 2 [Be]; Nr 1, 3 zu § 828), der Besonderheiten der jeweiligen **Situation** und
des **Geschäftstyps** und der typischerweise daran **Beteiligten** (StLöwisch 35, 46).
Den **Zwischenhändler** trifft idR keine Prüfungspflicht gegenüber dem Abnehmer hinsichtlich der weiterveräußerten Ware (BT-Drs 14/6040 S 210; BGH 74,
388; MDR 77, 390 mN; PalErgB/Heinrichs § 280 Rn 19, str; krit U. Huber AcP
177, 301; differenzierend Rathjen MDR 79, 449; sa § 278 Rn 16; § 433 Rn 25
aE). Bei **Jugendlichen** ist maßgebend, was ein normal entwickelter Jugendlicher
dieses Alters hätte voraussehen müssen (BGH NJW 84, 1959; Celle NJW-RR 89,
792; sa Rn 12; § 278 Rn 13). Kindlicher Übereifer beim **Spiel** ist uU keine
Fahrlässigkeit (LM Nr 1 zu § 828; Düsseldorf MDR 76, 755). Ein **Sportler** haftet
nur für regelwidriges Verhalten (BGH 63, 140; ie Scheffen NJW 90, 2658; sa
§ 254 Rn 18). Unsachgemäßes Verhalten in nicht verschuldeten und nicht vorher-
sehbaren Gefahrenlagen ist nicht notwendig schuldhaft (BGH NJW 76, 1504).
Aus der Art des geschlossenen Geschäfts kann sich ergeben (I 1, HS 2: „Inhalt des
Schuldverhältnisses"; §§ 157, 242; U. Huber, aaO S 284), daß nur ein geringes

§ 276 Buch 2. Abschnitt 1. Inhalt der Schuldverhältnisse

Maß an Sorgfalt geschuldet ist (BGH NJW 71, 151); andererseits kann ein bes Vertragsrisiko bei Beteiligung eines idR unerfahrenen Personenkreises zu gesteigerter Sorgfalt führen (**I 1,** HS 2: „Inhalt des Schuldverhältnisses"; U. Huber aaO
30 S 286; sa § 280 Rn 60 „Bank"). **c) Ausschluß.** Vermeidbarer **Irrtum** schließt Fahrlässigkeit nicht aus (Rn 21), unvermeidbarer Irrtum ist dagegen Entschuldigungsgrund (BGH 36, 346; 101, 292 f). Rechts- und Tatsachenirrtum stehen gleich (Deutsch, HaftungsR I, Rn 409). Bei **Rechtsirrtum** sind an die Entschuldbarkeit strenge Anforderungen zu stellen (BGH 89, 303 mN; 100, 62 f; 131, 354; NJW 01, 3114 [3115]; s auch § 286 IV und dort Rn 40). Wegen weiterer
31 Entschuldigungsgründe vgl Rn 14. **d) Prozessuales. Beweislastumkehr:** § 280 I 2, dort Rn 23 f; § 286 IV, dort Rn 40; § 311 a II 2, dort Rn 9; sa § 823
32 Rn 132. **Revisibilität:** Rn 35. **e) Einzelfälle** von Pflichtverletzungen s § 280 Rn 60.

33 **3. Grobe Fahrlässigkeit. a) Begriff:** Außerachtlassung der verkehrserforderlichen Sorgfalt in bes schwerem, ungewöhnlich hohem Maß (sa SGB X 45 II 3 Nr 3); der Fall, wenn einfachste ganz naheliegende Überlegungen nicht angestellt werden und dasjenige unbeachtet bleibt, was unter den gegebenen Umständen jedem einleuchten mußte (BGH 77, 276; 89, 161; NJW 94, 2094, stRspr). Grobe Fahrlässigkeit setzt in *obj* Hinsicht eine das gewöhnliche Maß der Fahrlässigkeit erheblich übersteigende Schwere des Sorgfaltsverstoßes (Bsp: BGH 74, 169), in *subj* Hinsicht persönliche Vorwerfbarkeit voraus (StLöwisch 84; BGH NJW 85, 2648 mN; 92, 317; BAG 42, 136; NJW 89, 2076 f). Abw von der leichten Fahrlässigkeit (Rn 29) sind daher auch in der Person des Handelnden liegende subj Umstände zu berücksichtigen (BGH NJW 89, 149; NJW 88, 1266), zB verminderte Einsichtsfähigkeit (BGH NJW 89, 1612); das Bewußtsein der Gefährlichkeit ist idR erforderlich (BGH WM 89, 1183; aA Karlsruhe NJW-RR 88, 669); es gilt **kein ausschließlich obj Maßstab** (BGH 119, 149; ErmBattes 70, hM; differenzierend Deutsch, HaftungsR I, Rn 425 f; weitergehend Röhl JZ 74, 527: subj Maßstab). **b) Abgren-**
34 **zung. aa)** Grobe Fahrlässigkeit ist nicht identisch mit *bewußter Fahrlässigkeit* (Rn 24); diese braucht nicht zugleich grobe zu sein (BayObLG VersR 76, 33; Larenz, SchR I, § 20 V; StLöwisch 89; aA – idR Gleichstellung – Röhl JZ 74,
35 526). **bb)** Die Abgrenzung zur *einfachen Fahrlässigkeit* ist als Frage rechtlicher und tatsächlicher Wertung uU schwierig (BGH 129, 163; krit zur Rspr Röhl JZ 74, 521 mN); die Entscheidung ist nur auf Einhaltung des Rechtsbegriffs der – groben – Fahrlässigkeit revisibel (BGH 89, 160 f; 131, 296). Wegen der Bedeutung der subj Umstände (Rn 33) sind die Grundsätze des Anscheinsbeweises idR nicht anwendbar (BGH VersR 86, 254 mN; BAG BB 73, 1396; Düsseldorf NJW-RR 96, 220). Bsp: Grobe Fahrlässigkeit idR gegeben bei Steuern eines Kfz unter Alkoholeinfluß (BGH NJW 85, 2648; 92, 119: 1,1‰; sa Berger VersR 92, 169), Ampelverstößen (BGH 119, 148; einschr München NJW-RR 96, 407), nicht stets bei Verstoß gegen Unfallverhütungsvorschrift (BGH NJW 88, 1266 mN; NJW-RR 89, 340) oder bei Belassen des Kfz-Scheins im (später gestohlenen) Kfz (BGH NJW-RR 96, 734); sie entfällt nicht schon bei sog Augenblicksversagen
36 (BGH 119, 149 ff; Roemer VersR 92, 1187). **c) Bedeutung.** Für grobe Fahrlässigkeit haftet der Schuldner in den Fällen ges **Haftungserleichterungen** (§§ 277 [dort Rn 2], 300 I, 521, 599, 680, 968; AVBEltV, AVBFernwärmeV, AVBGasV, AVBWasserV, je 6 I Nr 2, 3), der *gerichtliche Sachverständige* (§ 839 a I), der *AN* (uU aber nicht voll) in Ausführung einer betrieblichen Tätigkeit (Rn 27; BAG vom 18. 4. 2002 – 8 AZR 348/01; § 611 Rn 50) und die *Prozeßpartei* bei unberechtigter Verfahrenseinleitung (BGH 95, 19 ff für Einstellungsantrag gem ZPO 771 III); **kein** entspr Haftungsprivileg besteht allg in den Fällen altruistischen Handelns (§ 241 Rn 26). Die grobe Fahrlässigkeit bildet ferner die **Schranke** bei **vertraglicher Freizeichnung** durch AGB (§ 309 Nr 7 b; sa §§ 651 h I Nr 1, 702 a I 2). **Sonstige Fälle** (Bsp): § 932 II, WG 16 II (Ausschluß gutgläubigen Erwerbs; s § 932 Rn 17), ScheckG 21 (dazu BGH NJW 96, 657; Bülow WM 97, 10); VVG

Titel 1. Verpflichtung zur Leistung **§ 276**

61 (Leistungsfreiheit des Versicherers; dazu BGH 119, 147; NJW-RR 96, 734; Roemer VersR 92, 1187); GG 34 S 2, BRRG 46, BBG 78 (Rückgriffshaftung des Beamten); **Beginn der Verjährung** nach § 199 I Nr 2 bei grob fahrlässiger Unkenntnis von den den Anspruch begründenden Umständen und der Person des Schuldners.

IV. Haftungserweiterungen und Haftungsbeschränkungen

Lit: *Kötz,* Zur Wirksamkeit von Freizeichnungsklauseln, NJW 84, 2447; *Medicus,* Zur Reichweite ges Haftungsmilderungen, FS Odersky, 1996, 589; *Schiemann,* Haftungsbeschränkungen/Karlsruher Form 1999 (Schriftenreihe VersR); *Schlechtriem,* Summenmäßige Haftungsbeschränkungen in AGB, BB 84, 1177; *Schlosser,* Freizeichnungsklauseln usw, in: Heinrichs/Löwe/Ulmer (Hgb), 10 Jahre AGB-Ges, 1987, 121; *v. Westphalen,* Haftungsfreizeichnungs- und Haftungsbegrenzungsklauseln usw, WM 83, 974; *M. Wolf,* Freizeichnungsverbote usw, NJW 80, 2433.

1. Allgemeines. a) Haftungserweiterungen verschlechtern die Rechtsstellung des Schuldners gegenüber der Verschuldenshaftung. Formen: Haftung ohne Verschulden; sonstige Haftungsverschärfung durch Beseitigung von (im Interesse des Schuldners an sich erforderlichen) Haftungsvoraussetzungen. Die **ges** Haftungserweiterungen entsprechen den Ausnahmen vom Verschuldensprinzip (Rn 9). **Vertragliche** Haftungsverschärfungen können in Individualvereinbarungen erfolgen (**I 1:** „strengere Haftung bestimmt"; Bsp: vertragliche Garantiehaftung, dazu Rn 11 ff vor § 765; selbständige Garantie des Verkäufers oder eines Dritten, dazu § 443 Rn 2, 7; oder sich auch aus dem sonstigen Inhalt des Schuldverhältnisses ergeben (Bsp: Übernahme eines Beschaffungsrisikos oder einer Garantie). Es gelten die Grenzen der §§ 138, 242 (BGH 115, 43 ff mN; 119, 168); weitergehende Schranken gelten für den Verwender von AGB und im Verbrauchervertrag; s § 307 II Nr 1 iVm § 276 (Bsp: BGH 119, 168 f; NJW 92, 1761); §§ 309 Nr 4–6; 11 Nr 15. Einzelheiten: Rn 40 ff. **b) Haftungsausschlüsse und -beschränkungen (Freizeichnungen)** verbessern die Rechtsstellung des Schuldners gegenüber der Verschuldenshaftung, führen also zu einem Ausschluß oder zu einer Einschränkung der Haftung bei eigenem Verschulden des Schuldners und (oder) Verschulden seiner Hilfspersonen. Formen: Beschränkung der Haftung auf bestimmte **Schuldgrade** (Haftung nur für eigenes grobes Verschulden, bei Gehilfenhaftung nur für eigenes Auswahlverschulden); auf bestimmte **Arten von Schäden** (Haftung nur für Personen- und „unmittelbare" [Sach-]Schäden, nicht für „mittelbare" oder „Folgeschäden") oder auf bestimmte **Höchstbeträge** (summenmäßige Begrenzung; Bsp: § 651 h I); Schaffung zusätzlicher Haftungsvoraussetzungen (zB Anzeigepflichten und Fristen); Abkürzung der Verjährung (vgl §§ 202 I; 307 II Nr 1 [Bsp: BGH 64, 241]; 309 Nr 8 b ff).

2. Haftungserweiterungen durch den Inhalt des Schuldverhältnisses (I 1, HS 2). Haftungsverschärfungen können sich außer aus ges oder rechtsgeschäftlichen Bestimmungen auch im Wege der Auslegung aus dem sonstigen Inhalt des Schuldverhältnisses ergeben (BT-Drs 14/6040 S 131). Die Erwähnung dieser Möglichkeit in **I 1, HS 2** führt zu keiner Änderung der Rechtslage. **a) Geldschulden.** Die **Geldschuld** ist Wertschuld (§§ 244, 245 Rn 6), nach § 245 befreit selbst der Untergang der gesamten Geldsorte den Schuldner nicht. Haftung für **finanzielle Leistungsunfähigkeit** folgt aus allg Grundsätzen (BT-Drs 14/7052 S 184; Larenz, SchR I, § 21 I d; sa Rn 45). **b) Übernahme einer Garantie** kann eine Haftungsverschärfung für den Schuldner bedeuten. Sie ersetzt im Kaufvertrag die weggefallene Haftung des Verkäufers für zugesicherte Eigenschaften (§§ 463, 480 II aF). **aa) Voraussetzungen:** Inhalt, Umfang und Rechtsfolgen der Garantie sind im Wege der Auslegung zu ermitteln; sie kann Haftungsobergrenzen enthalten (PalErgB/Putzo § 444 Rn 12) oder bestimmte Rechtsfolgen (zB Rücktritt) ausschließen (i Erg Hermanns ZIP 2002, 699). **bb) Anwendungsfälle.** Beim **Kaufvertrag** bewirkt die Übernahme einer Garantie nach §§ 276 I 1,

37

38

39

40

41

42

§ 276 Buch 2. Abschnitt 1. Inhalt der Schuldverhältnisse

442, 444, daß der Verkäufer die im Sach- oder Rechtsmangel (§§ 434, 435) liegende Pflichtverletzung unabhängig von einem Verschulden zu vertreten hat (§ 280 I 2). Sachverhalte, bei denen früher eine zugesicherte Eigenschaft bejaht wurde, können nach **I 1** beim Fehlen einer nach § 434 I vereinbarten Beschaffenheit zur verschuldensunabhängigen Haftung des Verkäufers auf Schadensersatz nach §§ 280, 281, 283, 311a II führen. Beim Rechtskauf kann uU Garantie für das anfängliche Bestehen des verkauften Rechts vorliegen (Folge: Anspruch § 311a II besteht verschuldensunabhängig, BT-Drs 14/6040 S 242). Von der Garantie nach **I 1** zu unterscheiden ist die unselbständige (Beschaffenheits- oder Haltbarkeits-)Garantie nach § 443, die neben die Rechte aus § 437 tritt (BT-Drs 14/6040 S 236; Hk-BGB/Saenger § 443 Rn 2). Beim Werk- und Mietvertrag ist die Bedeutung der Garantieübernahme nach **I 1** gering (PalErgB/Heinrichs 29).

43 c) **Übernahme eines Beschaffungsrisikos** bedeutet eine Haftungsverschärfung für den Schuldner einer Beschaffungsschuld, den eine **verschuldensunabhängige Einstandspflicht** (Rn 9) für sein Leistungs-(Beschaffungs-)vermögen trifft.

44 aa) **Grund:** Der Beschaffungsschuldner übernimmt die Gewähr für die Beschaf-
45 fungsmöglichkeit und trägt damit das **Beschaffungsrisiko.** bb) **Abgrenzung.** Hängt die Beschaffungsmöglichkeit nur von der finanziellen Leistungsfähigkeit des Schuldners ab, so folgt dessen Einstandspflicht bereits aus dem **allg Rechtsgrundsatz,** daß Zahlungsunfähigkeit nicht von der Leistungspflicht befreit (BGH 107, 102 mN; 140, 240; Larenz, SchR I, § 12 III; Medicus AcP 188, 501, 507, iE

46 allgM; sa Rn 40). cc) **Anwendungsbereich. (1)** Beschaffungsschuld ist die nicht konkretisierte (sonst Stückschuld: § 243 Rn 10) marktbezogene **Gattungsschuld** (§ 243 Rn 5 [aa]), **nicht** dagegen für die **Vorratsschuld** (§ 243 Rn 8) und **ges Geld-(herausgabe-)schulden** (Bsp EGBGB 233 § 111 4, dazu BGH 140, 239 f); Grund: Bei diesen obliegt dem Schuldner keine Beschaffungspflicht (vgl § 243 Rn 5 [bb]), so daß der Grund der gesteigerten Einstandspflicht (Rn 37, 43

47 f]) nicht zutrifft (Larenz, SchR I, § 21 Id, str; aA StLöwisch 15). **(2)** Bei **Stückschuld,** wenn der Schuldner durch Aufwendung von Geldmitteln einen bestimmten Gegenstand zu verschaffen hat (**Beschaffungsschuld ieS;** RG 75, 337; Coester-Waltjen AcP 183, 289, hM). **(3)** Bei der Haftung nach §§ 818 IV, 819 I (§ 818 Rn 46 f) trifft Schuldner das Beschaffungsrisiko (BGH 83, 300; NJW

48 85, 1829; krit Wilhelm AcP 183, 12 ff; Medicus JuS 83, 902). **dd)** Der **Umfang der Risikoübernahme** umfaßt alle vertragstypischen Leistungs-(Lieferungs-)erschwernisse ohne Rücksicht auf ein Verschulden, dagegen nicht die der Qualität (Mangelfreiheit) des zu beschaffenden Gutes (AnwKomBGB/Dauner-Lieb 26; PalErgB/Heinrichs 32; aA Canaris DB 01, 1815 f). Jedoch befindet sich der Schuldner einer Gattungsschuld mit der Geltendmachung des Nachlieferungsanspruchs (§§ 439 I 2. Fall) regelmäßig im Verzug (§§ 280 II, 286, 276 I 1; vgl zum bish Recht: Soe/Huber § 480, 25). Bsp: Mangel von persönlichen Kenntnissen und Fähigkeiten, an den erforderlichen Sach-(Geld-)mitteln (vgl Rn 40), Geschäftsverbindungen usw als Beschaffungshindernis. Im Rahmen der Risikoübernahme kann sich der Schuldner auch nicht auf § 275 II berufen (arg § 275 II 2). Beschaffungsschwierigkeiten, die mit der Eigenart der Gattungsschuld nicht zusammenhängen (Bsp: Krankheit; unverschuldete Freiheitsbeschränkung), und idR arbeitskampfbedingte Beschaffungsschwierigkeiten (ie Kreissl MDR 94, 958)

49 sind dem Schuldner jedoch **nicht** zuzurechnen. – **Grenzen des Beschaffungsrisikos:** Die Beschaffungspflicht bezieht sich nur auf Waren, die sich auf dem – ggf räumlich begrenzten – Markt befinden und einen Marktpreis haben; aus den Händen der Verbraucher – aus dem nichteuropäischen Ausland bei reinem Binnenmarktgeschäft – braucht sich der Schuldner Handelsware nicht zu beschaffen (vgl früher RG 57, 118; 88, 174; 107, 158; BGH NJW 72, 1703, hM). Unvorhersehbare Verweigerung der Belieferung durch den Hersteller entlastet nicht ohne weiteres (BGH NJW 94, 516 mit Anm Hübner/Beckmann JZ 94, 627: zusätzliche Anstrengungen noch erforderlich). Dagegen sind Leistungshindernisse nach § 275 I 2. Fall vom Beschaffungsrisiko üblicherweise nicht erfaßt. Ie ergeben

Titel 1. Verpflichtung zur Leistung **§ 276**

sich die **Grenzen** der Einstandspflicht aus dem sonstigen **Vertragsinhalt** (§ 157; ie StLöwisch 18) und **Treu und Glauben** (§ 242 Rn 12, 17 f). Die bloße Kenntnis des Gläubigers von der bestimmten Bezugsquelle des Schuldners rechtfertigt idR nicht die Annahme einer entspr Beschränkung des Beschaffungsrisikos (BGH NJW 72, 1702; 94, 516). Die **vertragliche Begrenzung** der Einstandspflicht 50 erfolgt idR durch Verwendung bestimmter Klauseln. **Bsp:** Die Klausel: „richtige und rechtzeitige Selbstbelieferung vorbehalten" befreit den Schuldner, wenn ihn sein Lieferant nicht beliefert (BGH 92, 399; Rn 8 vor § 433); enger wirkt „Lieferungsmöglichkeit vorbehalten" (BGH NJW 58, 1628); zur Bedeutung von „Höhere Gewalt-", insbes von Arbeitskampfklauseln vgl Löwisch BB 74, 1497; Schmid NJW 79, 15; LG Frankfurt NJW-RR 87, 824 f. Bei Befreiungsvorbehalten in AGB sind § 308 Nr 3 und Nr 8 a zu beachten (s Anm dort und BGH 92, 398 f; Salger WM 85, 625). **ee) Rechtsfolgen. (1) Erfüllungsanspruch.** Untergang 51 der zur Erfüllung bestimmten Gegenstände vor Konkretisierung berührt den Erfüllungsanspruch nicht (Konsequenz von § 243 II, dort Rn 6). **Leistungshindernisse nach § 275 I** (s § 275 Rn 13) sind bei Gattungsschuld selten. Bsp: Geschuldete Ware ist gänzlich vom Markt verschwunden; Beschlagnahme der gesamten Gattung. Die sog **wirtschaftliche Unmöglichkeit** (§ 275 Rn 11) fällt auch nicht unter § 275 II, jedoch sind die dazu gerechneten Fälle (wesentliche Warenverknappung, ungewöhnliche Preissteigerung als Folge grundlegender Veränderung der wirtschaftlichen Verhältnisse) unter dem Gesichtspunkt des Fehlens der Geschäftsgrundlage (insbes Äquivalenzstörung, § 313 Rn 16) zu berücksichtigen (hM, vgl BGH NJW 94, 516; Larenz, SchR I, § 21 I e; StLöwisch 24 mN, in der Begründung zT abw die frühere Rspr; zum Problem Salger, Beschaffung und Beschaffenheit, 1985, S 46 ff mN). In den Fällen der Rn 49 kann der Leistungsanspruch nach **§ 275 II** erlöschen sein (§ 275 Rn 26). **(2) Schadensersatzanspruch.** Leistet 52 der Beschaffungsschuldner (idR nach erfolgloser Fristsetzung) nicht oder verspätet, so hat der Gläubiger einen Schadensersatzanspruch nach §§ 280, 281, 286 wegen Pflichtverletzung, wenn sich das Beschaffungsrisiko verwirklicht (arg **I 1** „hat zu vertreten").

3. Die **ges Haftungsbeschränkungen** betreffen idR den Schuldgrad (Rn 36), 53 in den Fällen der Gefährdungshaftung (Rn 9 ff vor § 823) besteht idR eine Begrenzung nach **Höchstsummen** (sa § 702; HPflG 9, 10; ProdHaftG 10; UmweltHG 15; AVBElt/GasV 6; dazu BGH 138, 123 ff). Aus dem **Inhalt des Schuldverhältnisses** ergibt sich die richterrechtlich anerkannte Haftungsbeschränkung des **AN** gegenüber dem AG (nicht im Außenverhältnis gegenüber Dritten: BGH 108, 308 ff; NJW 94, 854) nicht nur bei gefahrgeneigter Arbeit (so bisher BAG 57, 47 ff; 63, 132 ff; BGH 116, 207), sondern allg bei **betrieblicher Tätigkeit** (neuere Rspr, s BAG [GS] 78, 60; zust BGH NJW 94, 856; 96, 1532; sa o Rn 27; § 611 Rn 46 ff), dagegen besteht keine generelle Haftungsmilderung im Rahmen sog **Gefälligkeitsverhältnisse**, wie zB bei der **Gefälligkeitsfahrt** (§ 241 Rn 26; AnwKomBGB/Dauner-Lieb 15) oder bei familienrechtlichen Beziehungen (BGH 75, 135; sa § 277 Rn 2); zur Probefahrt s Rn 55.

4. Vertragliche Haftungsbeschränkungen (Freizeichnungen). a) Allgemeines. Durch die **vor Schadenseintritt** getroffene Vereinbarung wird das 54 Entstehen der Schadensersatzforderung von vornherein gehindert oder der Anspruch in der Entstehung begrenzt (BGH 22, 119); es handelt sich weder um den Ausschluß einer künftigen Forderung noch um ein bloßes *pactum de non petendo* (Vereinbarung, bestehende Forderung nicht geltend zu machen; s BGH NJW 98, 2274 [2277]). **Schranken:** Haftungsausschlüsse (-beschränkungen) sind nur in gewissen Grenzen zulässig (bes ges Ermächtigung: § 651 h; BRAO 51 a; PartGG 8 II, III); **Verbote** enthalten: StVG 8 a II, HPflG 7, LuftVG 49, FernUSG 2 V Nr 3. Allg Schranken für individuell vereinbarten Haftungsausschluß: **III,** § 278 S 2, ferner §§ 138, 242 (Bsp: BGH NJW 87, 3125: Haftungsbeschränkung während laufender Geschäftsbeziehung); sa §§ 618, 619, 651 h I iVm 651 k, 702 a;

§ 276 Buch 2. Abschnitt 1. Inhalt der Schuldverhältnisse

Freizeichnung mittels **AGB und im Verbrauchervertrag** ist weitergehend nur im Rahmen von §§ 307, 309 Nr 7 ff zulässig; Schadensersatzansprüche wegen Körper- Gesundheitsverletzungen können nicht ausgeschlossen werden (ie Rn 57); Sondervorschriften für RA: BRAO 51 a, PartGG 8 II (ie v. Westphalen MDR 97, 989). Freizeichnung auch für leichtes Verschulden kann gegen § 307 II Nr 1 oder Nr 2 verstoßen, wenn dadurch eine für die Erreichung des Vertragszwecks wesentliche Pflicht (sog Kardinalpflicht) ausgehöhlt wird (BGH 95, 183; 103, 322; 108, 351; NJW 92, 2017; 93, 335 mN; 94, 2229; Ulmer § 11 Nr 7 Rn 24, 26; krit Schlosser aaO; einschr BGH 138, 125). Bsp: Leichtfahrlässige Verletzung von Berufspflichten durch Arzt (Deutsch NJW 83, 1352 f); Stellung eines (von Anfang an) fahr- oder ladungsuntüchtigen Schiffs (BGH 82, 168 f mN; Nichterreichen der erforderlichen Kühltemperatur durch Kühlhaus (vgl BGH 89, 368 f); Beschädigung in vollautomatischer Waschanlage (KG NJW-RR 91, 698); Verzögerungen beim Scheckinkasso (BGH NJW-RR 88, 561 mN); falsche Auskunft der Bausparkasse (KG NJW-RR 90, 556); Haftung des Vermieters im Wohnungsmietvertrag (BGH NJW 02, 673); verneinend für Unterbrechung der Stromversorgung: BGH 138, 123 ff. Verzicht auf **entstandene** Schadensersatzansprüche ist ohne die genannten Schranken gem § 397 zulässig (Larenz, SchR I,
55 § 31 III). **b) Zustandekommen: nur** durch Vereinbarung, idR als Bestandteil eines bestimmten Schuldvertrags, aber auch selbständiger Vertrag möglich (Larenz, SchR I, § 31 III, str), nie durch einseitigen Vorbehalt des Schuldners (BGH NJW 82, 1144; dann uU § 254). Der Abschluß erfolgt idR **ausdr**, ist aber auch stillschweigend möglich (selten: BGH 96, 28). Bsp: Probefahrt (so BGH NJW 86, 1099 mN; einschr Köln NJW 96, 1289, str; sa § 599 Rn 3), privates Autorennen (Hamm NZV 97, 515), mietvertragliche Übernahme von Gebäudefeuerversicherung (BGH 131, 292 f), nicht ohne weiteres bei Gefälligkeitshandlungen (BGH 76, 34; im Einzelfall bejahend LG Bonn NJW-RR 94, 798 mN: Mithilfe bei privatem Umzug; sa Rn 53), bei Trunkenheitsfahrt (Bamberg NJW-RR 86, 252) oder bei Bestehen ungestörter ehelicher Gemeinschaft (BGH 75, 135; Frankfurt VersR 87, 912). Kein Fall eines stillschweigenden Haftungsverzichts, sondern nach § 254 zu würdigen ist das sog **Handeln auf eigene Gefahr** (§ 254 Rn 14 ff). AGB müssen gem § 305 II, III, § 305 a einbezogen sein, Aushang (zB an Garderobe) genügt nur unter den Voraussetzungen von § 305 II Nr 1 aE (s BGH
56 NJW 82, 1144). **c) Auslegung.** Haftungsausschlüsse (-beschränkungen) sind **eng** und **gegen** den Begünstigten auszulegen (BGH 22, 96; 67, 366; 88, 231; NJW 86, 2758, stRspr, sog Restriktionsprinzip), bei AGB gilt § 305 c II. Haftungsbeschränkungen im Rahmen der Gewährleistung erstrecken sich deshalb iZw nicht auf Ansprüche aus uH (BGH 67, 367; NJW 92, 2017; sa § 241 Rn 17). Weitere Bsp: Ulmer Rn 24 ff; MK/Basedow Rn 106 f, je zu AGBG 11 Nr 7 mN. Eine **geltungserhaltende Reduktion** von umfassenden Ausschlüssen scheidet
57 aus (BGH 96, 25; NJW 96, 1407 f mN). **d) Gegenstand der Freizeichnung.** In den Schranken von Rn 54 die vertragliche Haftung (arg **III:** „Schuldner"), uU auch die mit ihr konkurrierende deliktische Haftung (vgl BGH 100, 182 mN; ie § 241 Rn 17 [3]; § 309 Rn Nr 7 mit Anm); eine isolierte Freizeichnung der Deliktshaftung dürfte jedenfalls für Schäden an Leib und Leben ausscheiden (so Deutsch, HaftungsR I, Rn 619; M. Wolf NJW 80, 2440 und für AGB und Verbrauchervertrag nunmehr ausdr § 307 Nr 7 a und § 310 III; aA bish wohl hM,
58 zB BGH NJW 82, 1144). **e) Parteien:** Außer den Parteien des Schuldvertrags **Dritte,** soweit sie in den Schutzbereich des Vertrags mit einbezogen sind, wie Erfüllungsgehilfen (AN, abhängige Subunternehmer) des Schuldners beim Miet-, Dienst- und Werkvertrag (vgl § 328 Rn 32 ff, sog **Haftungsfreizeichnung zgDr,** BGH 49, 280; 108, 319 mN; 130, 228 ff mN). **Ges Erstreckung** der Freizeichnung beim Frachtgeschäft: HGB 436, 437, 461. Vereinbarung in den Schranken des 309 Nr 7 auch in AGB zulässig (BGH 130, 230 mN). Bei Eigenhaftung des Abschlußvertreters (§ 311 III 2) kommt ihm vertragliche Freizeichnung zugute (s Anm dort).

Titel 1. Verpflichtung zur Leistung §§ 277, 278

§ 277 Sorgfalt in eigenen Angelegenheiten

Wer nur für diejenige Sorgfalt einzustehen hat, welche er in eigenen Angelegenheiten anzuwenden pflegt, ist von der Haftung wegen grober Fahrlässigkeit nicht befreit.

1. Allgemeines. a) Bedeutung. Bes Fahrlässigkeitsgrad (§ 276 Rn 26 f), der 1
uU zu einem Haftungsausschluß für leichte oder doch sehr leichte Fahrlässigkeit führt. Grund: Enge Beziehung zwischen den Beteiligten oder ges Privilegierung des Schuldners im Rückgewährschuldverhältnis (§§ 346, 357), der für die Rückabwicklung nicht verantwortlich ist. Indem der kraft Ges zum Rücktritt (§ 346) oder Widerruf (§ 357) Berechtigte bis zur Kenntnis vom Rücktrittsgrund (vgl § 346 Rn 8 [e]) nur nach § 277 haftet, hat das SchRModG den Anwendungsbereich dieser systemwidrigen Haftungsmilderung (vgl Rn 3 gegenüber § 276 Rn 29) trotz rechtspolitischer Kritik (vgl Larenz, FS H. Westermann, 1974, 299 und SchR I, § 20 V aE; Deutsch, HaftungsR I, Rn 429) erheblich erweitert. **b) Anwendungsbereich.** Ges Fälle eigenüblicher Sorgfalt: §§ 346 III Nr 3, 347 I 2, 2
357 I, 690, 708 (nicht auch § 741: BGH 62, 245), 1359, 1664, 2131. Die Haftungserleichterung gilt entspr im Rahmen einer nichtehelichen Lebensgemeinschaft (Oldenburg FamRZ 86, 676 mit zust Anm Bosch). Bei **gemeinsamer Teilnahme am Straßenverkehr** ist die Haftungserleichterung unanwendbar (BGH 46, 313; 53, 352; 90, 301 f; NJW 88, 1208); Grund: teleologische Reduktion (vgl Larenz, FS Westermann, 1974, S 302; krit Medicus, BR Rn 930).

2. Konkrete Fahrlässigkeit *(diligentia quam in suis)*. Die Begriffe der groben 3
(§ 276 Rn 33 ff) und der eigenüblichen Sorgfalt werden vorausgesetzt. Bei letzterer ist der Umfang der Sorgfaltspflicht nach einem subj (individuellen) Maßstab (BGH 103, 346; StLöwisch 1) bestimmt und begrenzt („nur"). Maßgebend ist gewohnheitsmäßiges Verhalten und Veranlagung (gegen deren Berücksichtigung Deutsch JuS 67, 497) des Verpflichteten (RGRK/Alff 2; krit Hoffmann NJW 67, 1208); Beweislast hierfür trifft den Handelnden (Baumgärtel 8). **Grenze** der Haftungsbeschränkung: Grobe Fahrlässigkeit (vgl Rn 1; § 276 Rn 36).

§ 278 Verantwortlichkeit des Schuldners für Dritte

¹Der Schuldner hat ein Verschulden seines gesetzlichen Vertreters und der Personen, deren er sich zur Erfüllung seiner Verbindlichkeit bedient, in gleichem Umfang zu vertreten wie eigenes Verschulden. ²Die Vorschrift des § 276 Abs. 3 findet keine Anwendung.

Lit: *v. Caemmerer*, Verschulden von Erfüllungsgehilfen, FS Hauß, 1978, S 33; *Lorenz*, Die Haftung für Erfüllungsgehilfen, FG BGH 1, 2000, 329; *Lüderitz*, Sind Amtsträger Erfüllungsgehilfen? NJW 75, 1; *Rathjen*, Zweifelsfragen usw. Zur Einschaltung von Vorlieferanten bei der Erfüllung, MDR 79, 446; *E. Schmidt*, Zur Dogmatik des § 278, AcP 170, 502.

1. Allgemeines. a) Überblick und Bedeutung. Bei der **Gehilfenhaftung** ist 1
zwischen Schädigung innerhalb und außerhalb bestehender Schuldverhältnisse zu unterscheiden (ie Rn 3 ff). Der „Schuldner" haftet für Verschulden von Erfüllungsgehilfen (Rn 6 ff) und ges Vertretern (Rn 17 ff), der Geschäftsherr für vermutetes eigenes Verschulden bei Schädigung Dritter durch Verrichtungsgehilfen (§ 831). Die Unterscheidung spielt keine Rolle für die Zurechnung des Verschuldens von Organen im Verhältnis zur jur Person (§§ 31, 89; § 31 Rn 1). Die als unbefriedigend empfundene Regelung der Gehilfenhaftung im Deliktsrecht (vgl § 831 Rn 4) ist ein entscheidender Grund für die starke Ausdehnung der vertraglichen Haftung und damit des Anwendungsbereichs von § 278 (vgl § 280 Rn 8 ff, 14 ff, 16 ff; § 311 II, III [dort Rn 35]; § 328 Rn 20, 28; ie u Rn 3). § 278 enthält **keine** selbständige **Anspruchsgrundlage,** sondern füllt nur (wie § 276, dort Rn 2) das Merkmal des „Vertretenmüssens" in einem gegebenen Haftungstatbestand aus (Rn 14). Zur Zurechnung der Kenntnis und des Kennenmüssens bei anfänglichen Leistungshindernissen gem § 311 a s dort Rn 7. **b) Grundgedanken. aa)** Die 2

Vollkommer 257

§ 278 Buch 2. Abschnitt 1. Inhalt der Schuldverhältnisse

Garantiehaftung für Erfüllungsgehilfen (Durchbrechung des Verschuldensprinzips, vgl § 276 Rn 9) beruht auf der Erwägung, daß der Schuldner mit der Gehilfeneinschaltung im eigenen Interesse seinen Geschäftskreis erweitert und daher das mit der Arbeitsteilung verbundene „Personalrisiko" tragen muß (ie Larenz, SchR I, § 20 VIII; Lüderitz NJW 75, 5; BGH 95, 132; 131, 204; NJW 96, 451). **bb)** Die Einstandspflicht für ges Vertreter ist ein Fall der **Repräsentationshaftung,** durch die den ges Vertretenen erst die uneingeschränkte Teilnahme

3 am Rechtsverkehr ermöglicht wird. **c) Anwendungsbereich.** § 278 setzt ein **bereits bestehendes Schuldverhältnis** voraus (**S 1:** „Schuldner"; BGH 16, 262). Sämtliche Arten von Schuldverhältnissen (§ 241 Rn 1 f) kommen in Frage: **aa)** Vertragliche Beziehungen nicht nur im Verhältnis zwischen den vertragsschliessenden Parteien, sondern unter Einschluß der in den „Schutzbereich" des Vertrags einbezogenen Dritten (§ 328 Rn 23 ff); ges Schuldverhältnisse (BGH 93, 284), zB aus rechtsgeschäftlichem (§ 311 II, III [dort Rn 34] – uU auch „sozialem" (§ 241 Rn 26) – Kontakt oder aus ungerechtfertigter Zwangsvollstreckung (BGH 58, 215; Henckel JZ 73, 32); aus ges Schuldverhältnissen außerhalb von Buch 2; Bsp: Verhältnis zwischen Eigentümer und Besitzer (Rn 1 vor § 985; Rn 1 vor § 987), Finder und Verlierer (Rn 2 vor § 965), uU Grundstückseigentümern (§§ 1020–1022 Rn 1), Wohnungseigentümern (BayObLGZ 92, 150), Massegläu-

4 biger und Insolvenzverwalter (BGH 93, 283 f). **bb)** § 278 gilt **entspr** für **öffentlrechtliche Verträge** (VwVfG 62 S 2; SGB X 61 S 2) und sonstige öffentl-rechtliche Sonderbeziehungen (BGH 131, 204 mN), zB Benutzungsverhältnisse (BGH 61, 11; NJW 84, 617; ie StLöwisch 10 ff mN); Registereinsicht durch Hilfsperson von Notar (BGH 131, 205 ff; ie Preuß DNotZ 96, 508 ff; Grziwotz JR 96, 461).

5 cc) Kein Schuldverhältnis (§ 278 nicht anwendbar) begründen die schlichte Rechtsgemeinschaft (BGH 62, 246, str; ie § 741 Rn 1), das nachbarrechtliche Gemeinschaftsverhältnis (BGH 95, 148, str; ie § 909 Rn 3), Unterlassungspflichten gem UWG (Hamburg GRUR 85, 473) und vor allem die allg Rechtspflicht, andere nicht zu schädigen, sowie bestehende Verkehrssicherungspflichten (s BGH 103, 342 f; § 831 gilt; vgl Rn 1 vor § 823; § 823 Rn 32; § 831 Rn 2); erst die Verletzung dieser Verpflichtungen begründet ein Schuldverhältnis zwischen Schädiger und Verletztem (§§ 249 ff; zu § 254 II 2 s BGH 103, 344; § 254 Rn 11 ff sowie u Rn 14 aE).

6 2. **Haftung für Erfüllungsgehilfen. a) Person des Erfüllungsgehilfen. aa) Begriff.** Erfüllungsgehilfe ist, wer nach den rein tatsächlichen Umständen mit dem Willen des Schuldners bei der Erfüllung einer diesem obliegenden Verbindlichkeit als seine Hilfsperson tätig wird (BGH 13, 113; 98, 334; 100, 122; NJW 96, 451 mN, stRspr). Die Gehilfentätigkeit muß sich damit als eine vom Schuldner gewollte und gebilligte Mitwirkung bei der Vertragserfüllung darstellen (**S 1:** „sich ... bedient"; ie Rn 11). Nicht maßgebend ist, in welchen Beziehungen die Gehilfe zum Schuldner (BGH 95, 180; NJW-RR 88, 243) oder zum Gläubiger steht (BGH 98, 334), insbes muß die Hilfsperson (iGgs zu § 831, vgl dort Rn 5 ff) weder den Weisungen des Schuldners unterliegen (BGH 100, 122; NJW 96, 451) noch in einem sozialen Abhängigkeitsverhältnis zu ihm stehen; unerheblich ist auch, ob der Erfüllungsgehilfe weiß, daß er eine Verbindlichkeit eines anderen erfüllt (BGH 13, 111; 98, 334, unbewußter Erfüllungsgehilfe). Daß der Schuldner die Leistung nicht selbst erbringen kann und sich *notwendig* der Hilfe eines Dritten bedienen muß, dem gegenüber ihm jede Einwirkungsmöglichkeit fehlt, schließt § 278 nicht aus (BGH 62, 124; selbständiger Erfüllungsgehilfe); jedoch ist sorgfältig zu prüfen (§ 157), ob der vom Dritten erbrachte Leistungsteil zum Pflichtenkreis (Rn 11) des Schuldners gehört; idR zu verneinen bei notwendiger Mitwirkung von Behörden

7 und Amtsträgern (Lüderitz NJW 75, 6; Lorenz aaO S 369 f). – **bb) Beispielsfälle.** Als Erfüllungsgehilfen kommen in Frage (ob tatsächlich der Fall, Frage des konkreten Einzelfalls; vgl RG 108, 223; LM Nr 2/3, ie Rn 16): **Hilfskräfte** im Unternehmen und Haushalt des Schuldners, wie gewerbliche Arbeiter, Angestellte

Titel 1. Verpflichtung zur Leistung **§ 278**

und Lehrlinge (BGH 31, 358) von Gewerbetreibenden (vgl HGB 431: „Leute");
Familienangehörige, Hausgehilfen und Gäste des Mieters; **leitende Angestellte**
mit weisungsfreiem Aufgabenbereich, zB Chefarzt eines Krankenhauses und nachgeordneter ärztlicher Dienst (Rn 16); Rennfahrer im Verhältnis zum Veranstalter
des Rennens (RG 127, 313); Verhandlungsgehilfen (BGH FamRZ 89, 612);
selbständige Beauftragte des Schuldners, wie RA (BGH 58, 207; 74, 281),
Architekt (BGH 95, 131 mN; NJW 87, 645), Statiker (Frankfurt NJW-RR 90,
1497); Stimmrechtsvertreter iSv AktG 135 IX Nr 1 (BGH 129, 151, str; krit
Lamprecht ZIP 96, 1372); uU **selbständige Unternehmer,** wie zB Bahn (dazu
BGH 50, 37), Postdienste (StLöwisch 84), Frachtführer und Spediteur bei Bringschuld (Rn 11); Bank bei Überweisungsauftrag des Geldschuldners (Rn 16); Subunternehmer des Schuldners (BGH 66, 43; Karlsruhe NJW-RR 97, 1240); Vermittler (BGH 95, 178 f; NJW 96, 451 f; NJW-RR 97, 116; u Rn 16; Rn 4 vor
§ 652); Leistungsträger im Verhältnis zum Reiseveranstalter (Rn 16); Verlag im
Verhältnis zum Anzeigenkunden (BGH NJW 98, 3342); idR aber **nicht** Hersteller
und Lieferanten im Verhältnis zum Verkäufer (Rn 16); nur ausnahmsweise Amtsträger, wie Notar (BGH 62, 124; NJW 93, 652 mN; sa BNotO 1). Erfüllungsgehilfen sind auch die vom Erfüllungsgehilfen mit ausdr oder stillschweigendem
Einverständnis des Schuldners zugezogenen **weiteren** Hilfspersonen (BGH NJW
88, 1908 mN; mittelbare Erfüllungsgehilfen); Bsp: Arzthelferin im Verhältnis zum
angestellten Krankenhausarzt (sa Rn 16); AN des selbständigen Unternehmers;
Unterfrachtführer des Hauptfrachtführers (s BGH 130, 227 ff). Ist Zuziehung nicht
gestattet, liegt idR Verschulden (§ 276) des ersten Erfüllungsgehilfen vor. **cc) Abgrenzung. Nicht** Erfüllungsgehilfen sind Dritte, die freiwillig (GoA) oder im
Auftrag des Gläubigers (möglich: § 267 I) die Aufgaben des Schuldners wahrnehmen (Einschaltung *ohne* den Willen des Schuldners). Bsp: Deckungsgeschäft des
Gläubigers während des Schuldnerverzugs; beim Reparaturauftrag des Geschädigten trägt aber der Schädiger das „Werkstattrisiko" (Rn 16). **Nicht** Erfüllungsgehilfe
ist der vom Schuldner (berechtigt) zugezogene Ersatzmann (**Substitut;** §§ 664 I 2;
691 S 2; ie § 664 Rn 2 ff); bei unberechtigter Zuziehung gilt § 276. Bei mehreren
Erfüllungsgehilfen mit selbständige Aufgabenkreis gilt im Verhältnis untereinander § 278 nicht; Bsp: Verkehrsanwalt und Hauptbevollmächtigter (BGH NJW 88,
1082); nacheinander tätige RAe (BGH NJW 93, 1781; anders bei § 254 II 2: BGH
NJW 94, 1212); planender und bauüberwachender Architekt (BGH NJW-RR 89,
89). **b) Voraussetzungen der Haftung:** Schuldhaftes Fehlverhalten (Rn 12 f) **9**
einer vom Schuldner (Rn 3) im Rahmen seines Pflichtenkreises (Rn 11) zur
Erfüllung einer Verbindlichkeit (Rn 10) eingesetzten Hilfsperson (Rn 6 ff).
aa) Verbindlichkeit des Schuldners. Jede Schuldnerverbindlichkeit kann durch **10**
Hilfspersonen wahrgenommen werden: Hauptleistungs-, Neben- und Schutzpflichten (Bsp: Aufklärungs- und Hinweispflichten: BGH 95, 179 mN), Handlungs- und Unterlassungspflichten (BGH NJW 87, 3253; 88, 1908; StLöwisch 33,
str), also das geschuldete Gesamtverhalten (RG 160, 314). Der Schuldner haftet
daher nicht nur für Verschulden seiner Erfüllungsgehilfen bei der eigentlichen
Leistungserbringung, sondern auch im gesamten Schutzpflichtbereich (§ 241 II;
§ 280 Rn 16). Bsp: Obliegt dem Schuldner als Mieter eine vertragliche Schutz-
und Obhutspflicht in bezug auf eine Sache (§§ 536 c, 541, 543 II 1 Nr 2), bedient
er sich aller Personen als Erfüllungsgehilfen, denen er die Einwirkung auf die Sache
ermöglicht. Erfüllungsgehilfen sind daher außer Familienangehörigen, Haus- und
Bürogehilfen (Rn 7), Untermietern (§ 540), auch seine Patienten, Privatschüler
(BGH NJW 64, 35), Gäste und Möbelspediteure (RG 106, 133); beim gewerblichen Mieter Arbeitnehmer, Lieferanten und Handwerker (BGH 66, 354). Zu den
Schuldnerverbindlichkeiten gehören auch bestimmte **Obliegenheiten,** zB die
Schadensminderungs„pflicht" (§ 254 II 2 und dort Rn 12), **nicht** aber die des
Versicherungsnehmers gem VVG 61 (BGH 11, 122; NJW 81, 1953 mN, stRspr; ie
ErmBattes 47 f; StLöwisch 38). **bb) Pflichtenkreis des Schuldners.** Sein *Umfang* **11**
richtet sich nach Art und Inhalt des *konkreten* Schuldverhältnisses. Abzustellen ist auf

Vollkommer

§ 278   Buch 2. Abschnitt 1. Inhalt der Schuldverhältnisse

die *einzelne* Verpflichtung. Innerhalb eines Vertrages kann ein Dritter für bestimmte Verpflichtungen Erfüllungsgehilfe sein, für andere nicht (BGH NJW 78, 2295 f). Ein Handeln im Pflichtenkreis des Schuldners liegt aber nicht vor, wenn der Dritte *ausschließlich* eigene Verpflichtungen erfüllt (wie idR Lieferanten oder selbständige Vermittler, vgl Rn 16). Fehlt es bereits an einer entspr Schuldnerverbindlichkeit überhaupt, ist für eine Gehilfeneinschaltung kein Raum. Bsp: Schuldet der Verkäufer die Transportleistung (Bringschuld), ist die Transportperson (-anstalt) Erfüllungsgehilfe des Verkäufers; schuldet er dagegen lediglich Versendung der Ware (§ 447), ist sie es nicht (BGH 50, 32; vgl § 447 Rn 8). Geht die Verpflichtung des Schuldners nur auf **Auswahl** (Zuziehung) eines Dritten, ist dieser nicht Erfüllungsgehilfe des Schuldners. Bsp (nach Larenz): Vater zieht für das Kind einen Arzt zu, dem Kunstfehler unterläuft. Der Pflichtenkreis des Schuldners findet seine **Grenze** am *eigenen Verantwortungsbereich des Gläubigers* (BGH 95, 132 f). Einzelfälle: Rn 16.

12 **cc) Fehlverhalten des Gehilfen „bei Erfüllung", nicht nur „bei Gelegenheit".** Die schuldhafte Gehilfenhandlung (-unterlassung) muß in **unmittelbarem inneren Zusammenhang** mit den Aufgaben stehen, die ihm im Hinblick auf die Vertragserfüllung zugewiesen waren (BGH 23, 323; 31, 366; 114, 270, stRspr; krit zur Unterscheidung U. Huber, Gutachten I, S 725). Doch ist Verschulden bei der Erfüllungshandlung selbst (Bsp: Schädigung von Rechtsgütern des Gläubigers bei der Leistungserbringung) nicht erforderlich; es genügen bereits vorbereitete Handlungen vor dem Vertragsschluß, die im Zeitpunkt der Erfüllung noch fortwirken (Bsp: Herstellungsfehler vor Abschluß des Liefervertrags, RG 108, 221; sa StLöwisch 31; Rathjen MDR 79, 448). Innerer Zusammenhang mit der Erfüllungshandlung ist idR auch dann gegeben, wenn der Gehilfe seinen Auftrag überschreitet (BGH 31, 358), seine Befugnisse mißbraucht (BGH NJW 93, 1705; 97, 1234 f) oder den Interessen des Schuldners zuwiderhandelt (BGH NJW-RR 89, 1184 f); bei entspr Aufgabenkreis können auch deliktische und Neugierhandlungen des Gehilfen „in Erfüllung" der Schuldnerverbindlichkeit begangen sein. Bsp: Diebstahl des angestellten Wachpersonals (LM Nr 15 zu § 459 ZPO); Schwarzfahrt des Hotelangestellten (BGH NJW 65, 1709); Versicherungsbetrug des Verhandlungsgehilfen (BGH NJW-RR 89, 1183); strafbarer Vollmachtsmißbrauch des Bankangestellten (BGH NJW 91, 3209 f); Fälschung von Überweisungsauftrag durch Mitarbeiter (BGH NJW 94, 3345, im Einzelfall verneinend); uU Brandstiftung durch AN des Mieters (Düsseldorf NJW-RR 97, 1098); idR zu verneinen bei reinen Gelegenheitsdelikten des Gehilfen (BGH NJW 94, 3345; Hamburg MDR 77, 752; StLöwisch 41; ErmBattes 41, hM, str; weitergehend Esser/Schmidt § 27 I 4; SoeWolf 37, 41). Das Fehlverhalten des Gehilfen kann auch in *Untätigkeit*
13 bestehen (ie Kaiser/Rieble NJW 90, 218, str). **dd) Verschulden.** Da Verschulden des Gehilfen zugerechnet wird, muß dessen Verschuldensfähigkeit (§§ 276 I 2, 827, 828; vgl § 276 Rn 12) gegeben sein (beachte BayObLG NJW 70, 1554; Lorenz aaO S 377 f, hM; aA Larenz, SchR I, § 20 VIII; Kupisch JuS 83, 821); für einen verschuldensunfähigen Gehilfen haftet aber der Schuldner idR bereits nach § 276. Maßgeblicher Sorgfaltsmaßstab ist idR der des Schuldners, nicht des Gehilfen (BGH 31, 367, hM), bei Auftreten des Gehilfen als Fachmann aber der strengere des Fachmanns (BGH 114, 272). Auch etwaige Haftungserleichterungen (zB § 277) richten sich nach der Person des Schuldners (**S 1**: „in gleichem Umfang"). Bei Haftungsverschärfung (zB § 287 S 2) kommt es ohnehin nicht auf ein Verschulden
14 an. **c) Rechtsfolgen. aa)** Haftung des **Schuldners** nach Maßgabe der jeweiligen Anspruchsgrundlage, die durch § 278 ergänzt wird (vgl Rn 1), zB § 280 I (dort Rn 7 ff; § 328 Rn 19 ff) ggf iVm §§ 241 II, 311 II (§ 311 Rn 36, 50, 51) usw. Der **Erfüllungsgehilfe** selbst haftet grundsätzlich nur aus Delikt (§§ 823 ff), ausnahmsweise auch aus § 280 I (iVm § 311 III), uU auch aus „nachvertraglicher" cic (BGH 70, 344, str, im Einzelfall verneinend NJW-RR 90, 460; vgl § 311 Rn 48 f). Für den **Gläubiger** führt § 278 im Fall des § 254 II 2 zu Anspruchsbeschränkung, uU
15 -verlust (BGH 103, 343; ie § 254 Rn 11 ff). **bb) Freizeichnung (S 2).** Die Haftung des Schuldners für Erfüllungsgehilfen kann in vollem Umfang (über § 276 III

260   *Vollkommer*

Titel 1. Verpflichtung zur Leistung **§ 278**

hinaus) nur durch **Individualvereinbarung** ausgeschlossen werden, durch **AGB** im *nichtkaufmännischen Rechtsverkehr* und *im Verbrauchervertrag* nur für leichte Fahrlässigkeit (§§ 309 Nr 7 b; 310 III Nr 2; Bsp: BGH 71, 230; 101, 324), nicht aber für Körper- und Gesundheitsschäden (§§ 309 Nr 7 a; 310 III Nr 2). Weitergehend im *kaufmännischen Rechtsverkehr* (Umfang ie str), nicht aber bei grobes Verschulden (auch) nicht leitender Erfüllungsgehilfen hinsichtlich von ihnen verletzter Hauptpflichten (BGH 89, 365 ff; 95, 182 f; ie Koller ZIP 86, 1098 ff; zur Verletzung nicht wesentlicher Pflichten s BGH 103, 328). Die im Widerspruch zu den Tatsachen stehende Erklärung, eine Hilfsperson sei nicht Erfüllungsgehilfe (Bsp: Verkäufer beim finanzierten Kauf, BGH 47, 234; Lieferant beim Leasingvertrag, BGH NJW-RR 88, 242; vgl Rn 16), stellt eine – uU unwirksame – Freizeichnung dar (BGH 61, 281; StLöwisch 19 mN). Haftet der Erfüllungsgehilfe selbst (Rn 14), wirkt eine Haftungsbeschränkung auch zu seinen Gunsten (§ 311 Rn 49, 51 aE). **cc) Beweislast:** §§ 280 I 2 (dort Rn 24), 286 IV (dort Rn 40) gelten. **d) Einzelfälle.** Sa Rn 7. Bei dem idR geschlossenen (vgl BGH 95, 68 ff) „totalen Krankenhausaufnahmevertrag" (Rn 24 vor § 611) sind die behandelnden **Ärzte** und das gesamte Klinikpersonal Erfüllungsgehilfen des Krankenhausträgers (BGH 95, 70 f; 96, 368). Dies gilt auch beim Abschluß eines Arztzusatzvertrags (BGH 95, 70 f). Beim „**aufgespaltenen Arzt-Krankenhaus-Vertrag**" (BGH 5, 321; selten: BGH 95, 68; krit und abl Kramer NJW 96, 2398) sind die beiderseitigen Pflichtenkreise gegeneinander abzugrenzen (LM Nr 24). Der Arzt ist nicht Erfüllungsgehilfe des Krankenhauses (Daniels NJW 72, 305), der nachgeordnete ärztliche Dienst des Krankenhauses nicht Erfüllungsgehilfe des Arztes (LG Aachen NJW 76, 1155). Bsp: Vertrag mit Belegkrankenhaus und Belegarzt (BGH 129, 13 f). Im Überweisungsverkehr ist die vom (Zahlungs-)Schuldner beauftragte **Bank** dessen Erfüllungsgehilfin (bei gewöhnlicher Geldschuld aber nicht hinsichtlich der Rechtzeitigkeit der Übermittlung: § 270 Rn 7); weitere zwischengeschaltete Banken sind idR Erfüllungsgehilfen der erstbeauftragten Bank (vgl § 676 c I 3); im Lastschriftverfahren sind die beteiligten Banken Erfüllungsgehilfen des Gläubigers (LG Berlin WM 75, 530; einschr Hadding WM 78, 1379). Bei **Bauwerkverträgen** ist der Vorunternehmer idR nicht Erfüllungsgehilfe des Auftraggebers im Verhältnis zum Nachfolgeunternehmer (BGH 95, 130 ff; abl Grieger BauR 90, 406). Beim **Internatsvertrag** ist uU das Kind Erfüllungsgehilfe seiner Eltern (BGH NJW 84, 2093 f; Karlsruhe OLGZ 88, 200). Beim **finanzierten Kauf** (s allg § 358 Rn 2 ff; § 503 Rn 7) ist der Verkäufer idR Erfüllungsgehilfe der Bank beim Zustandekommen des Darlehensvertrags (s § 358 III 2); das gleiche gilt für den Kreditvermittler (BGH NJW 78, 2295; LG Essen BB 78, 886; sa u „Makler"); bei weisungsgemäßer Entgegennahme der Darlehensvaluta ist dieser aber Erfüllungsgehilfe des Darlehensnehmers (BGH NJW 78, 2294 [2296]; Frankfurt WM 89, 1462, str). Der **Lieferant** des Verkäufers ist **grundsätzlich nicht** Erfüllungsgehilfe des Verkäufers bei der Lieferpflicht (BGH 48, 120 mN; NJW-RR 89, 1190, hM; einschr Lorenz aaO S 345 ff); Grund: Er erfüllt idR *nur* seine eigene Verpflichtung gegenüber dem Verkäufer, *nicht zugleich* die des Verkäufers gegenüber dem Käufer; die Neukonzeption des Kaufrechts hat daran nicht geändert (PalErgB/Heinrichs 13). Entspr gilt für die **Zulieferer** des Unternehmers (Verkäufers) beim Lieferungskauf (BGH 48, 121; NJW-RR 89, 1190) und beim Werkvertrag (BGH NJW 78, 1157; abw Karlsruhe NJW-RR 97, 1240; Lorenz aaO S 350 ff; sa § 823 Rn 123). **Besonderheiten.** Tritt der Lieferant in unmittelbare Beziehungen zum Käufer, kann er diesem gegenüber Erfüllungsgehilfe des Verkäufers bei der Lieferung sein (so RG 108, 223; Frankfurt BB 77, 13; Rathjen MDR 79, 448; aA BGH NJW 68, 2239 für sog Streckengeschäft). Trifft den Verkäufer hinsichtlich des Kaufgegenstandes eine Unterweisungspflicht und bedient er sich dafür der Bedienungsanleitung des **Herstellers,** so ist dieser insoweit sein Erfüllungsgehilfe (BGH 47, 316). Gleiches gilt, wenn sich der Verkäufer bei der **Nacherfüllung** (§ 439 I) zur Beseitigung des Mangels der Hilfe des Herstellers bedient. Obliegt dagegen dem Verkäufer als bloßem **Zwischenhändler** keine eigene Untersuchungspflicht (§ 276 Rn 29), so

16

§ 278

kann auch der **Hersteller** nicht sein Erfüllungsgehilfe sein (BT-Drs 14/6040 S 210; BGH MDR 77, 390); anderseits wird der Hersteller nicht deswegen zum Erfüllungsgehilfen des Händlers, weil dessen eigene Untersuchungspflicht infolge seines berechtigten Vertrauens auf die Zuverlässigkeit des Herstellers entfällt (LM Nr 2 zu § 276 [H b]). Beim **Leasingvertrag** sind Erfüllungsgehilfen des Leasinggebers der Leasingnehmer im Verhältnis zum Lieferanten (BGH 90, 309; 110, 138) und der Lieferant im Verhältnis zum Leasingnehmer (BGH 95, 179; 104, 397; NJW 89, 288 mN). Beim **Leiharbeitsverhältnis** (§ 611 Rn 3) ist der „überlassene" AN nur Erfüllungsgehilfe des „Entleihers" (BGH NJW 75, 1696; Becker NJW 76, 1827). Entspr gilt beim **Dienstverschaffungsvertrag** (Rn 12 vor § 611; Bsp: Stellung von Baumaschine mit Bedienungspersonal); der Verpflichtete haftet (nur) für eigene sorgfältige Auswahl (BGH NJW 71, 1129; Hamm VersR 78, 548; abw Gestaltung möglich, vgl München BB 97, 1918: §§ 631, 278); dagegen ist beim Lohnfuhrvertrag der Fahrer idR Erfüllungsgehilfe des Fuhrunternehmers (BGH NJW 75, 780). Beim Vertrag mit einem **RA** sind dessen Sozien Erfüllungsgehilfen (BGH NJW 85, 1153). Beim **Reiseveranstaltungsvertrag** (vgl § 651 a I) ist der Leistungsträger (zB Hotel; Ferienhauseigentümer; Beförderungsunternehmen; Fluggesellschaft) – trotz § 651 h I Nr 2 – Erfüllungsgehilfe des Reiseveranstalters (BGH 93, 274 f; 119, 166 f; sa § 651 f Rn 2), bei der **Prospekthaftung** die Publikums-KG im Verhältnis zum Treuhandkommanditisten (BGH 84, 143), die Anlagevermittler im Verhältnis zu den Gründungsgesellschaftern (BGH NJW-RR 91, 804). In Vertragsverhandlungen eingeschaltete selbständige **Vermittler (Makler)** sind idR nicht Erfüllungsgehilfe des Auftraggebers (BGH NJW 96, 451, zur Abgrenzung S 452; NJW-RR 97, 116; sa Rn 4 vor § 652). Die vom Geschädigten mit der Instandsetzung beauftragte **Werkstatt** ist nicht Erfüllungsgehilfen des Geschädigten (BGH 63, 186; 115, 370; § 254 Rn 12). Keine Erfüllungsgehilfen des **Arbeitgebers** sind Werkunternehmer, die auf dem Firmenparkplatz Arbeiten ausführen und dabei den PKW des AN beschädigen (BAG NJW 00, 3369; dazu Kamanabrou NJW 01, 1187).

17 3. **Die Haftung für ges Vertreter. a)** Der **Begriff** des ges Vertreters ist iwS zu verstehen; er umfaßt alle Personen, die aufgrund ges Vorschriften mit Wirkung für andere handeln können (BGH NJW 58, 670). Ges Vertreter sind: Eltern (§§ 1626 ff), Vormund (§§ 1793 ff), Betreuer (§§ 1896 ff), Pfleger (§ 1915), Jugendamt als Beistand (§§ 1716, 1915 I, 1793 S 1), der Ehegatte bei § 1357 und im Rahmen des fortgeltenden FGB 15, der verwaltungsberechtigte Ehegatte bei Gütergemeinschaft (§§ 1422 ff), ferner die sog Parteien kraft Amtes (BGH NJW 58, 670); Bsp: Testamentsvollstrecker (RG 144, 402), Nachlaß-, Insolvenz- (BGH 100, 351) und Zwangsverwalter. **Keine** ges Vertreter iSd § 278 sind die Organe jur Personen und die ihnen Gleichgestellten (persönlich haftende Gesellschafter von OHG und KG; Vorstand des nichtrechtsfähigen Vereins: § 31 Rn 3; § 54 Rn 13), auch soweit diese als „ges Vertreter" gelten (vgl § 26 II); Grund: Haftung für *Eigen*verschulden gem §§ 31, 40, 89, 276 (beachte III) geht vor und schließt § 278 (wichtig wegen **S 2**) aus (§ 31 Rn 1 mN, str; aA zB StLöwisch 98 mN; ErmBattes
18 9 mN: Konkurrenz). **b) Voraussetzungen.** Wegen des Handelns in Erfüllung einer Verbindlichkeit des Schuldners gilt grundsätzlich dasselbe wie beim Erfüllungsgehilfen (Rn 9 ff). **Besonderheiten:** Das **Verschulden** ist ausschließlich aus der Person des ges Vertreters zu bestimmen (Abweichung gegenüber Rn 13; ebenso E. Schmidt AcP 170, 515, str; aA StLöwisch 101). Bei Gesamtvertretung
19 (zB § 1629 I) genügt das Verschulden eines Vertreters (RG 110, 146). **c) Rechtsfolgen:** wie Rn 14 f. Nach hM besteht die Haftung des Schuldners auch im Fall der Schutzpflichtverletzung des ges Vertreters (StLöwisch 102; aA Esser/Schmidt
20 § 27 II 1 b: insoweit *nur* Eigenhaftung gem Rn 20). **d) Eigenhaftung von ges Vertretern:** IdR nur aus Delikt (§§ 823 ff), ausnahmsweise als Sachwalter (§ 311 Rn 64) aus cic (s § 311 III mit Anm). UU greift Amtshaftung (GG 34, § 839) ein (so BGH 100, 313 für früheren Amtsvormund).

Titel 1. Verpflichtung zur Leistung **§§ 279, 280**

§ 279 *(aufgehoben durch das SchRModG)*

§ 280 Schadensersatz wegen Pflichtverletzung

(1) ¹Verletzt der Schuldner eine Pflicht aus dem Schuldverhältnis, so kann der Gläubiger Ersatz des hierdurch entstehenden Schadens verlangen. ²Dies gilt nicht, wenn der Schuldner die Pflichtverletzung nicht zu vertreten hat.

(2) Schadensersatz wegen Verzögerung der Leistung kann der Gläubiger nur unter der zusätzlichen Voraussetzung des § 286 verlangen.

(3) Schadensersatz statt der Leistung kann der Gläubiger nur unter den zusätzlichen Voraussetzungen des § 281, des § 282 oder des § 283 verlangen.

I. Allgemeines

1. Bedeutung. § 280 I ist die einzige Anspruchsgrundlage bei zu vertretenden 1 Pflichtverletzungen. Die **Pflichtverletzung** erfaßt alle Arten von Leistungsstörungen. I gilt gleichermaßen für die Verletzung von Leistungs-, Nebenleistungs- und sonstigen Schutzpflichten (§ 241 II). Im Tatbestand des § 280 I gehen sowohl die bish pVV als auch die Haftung wegen Verzuges und Unmöglichkeit auf (ie Mayerhöfer MDR 02, 549 zu pVV). Auch das Recht zum Rücktritt steht dem Gläubiger nur zu, wenn dem Schuldner eine Pflichtverletzung zur Last fällt (§ 323).

2. Anwendungsbereich. § 280 gilt für alle Schuldverhältnisse. Nicht nur **ver-** 2 **tragliche,** sondern auch **ges Schuldverhältnisse** (§ 241 Rn 3), vertragsähnliche Sonderverbindungen (cic, § 311 II, III), grundsätzlich auch soweit **öffentl-rechtlicher** Natur (BGH 61, 11 mN; 135, 344 ff mN; vgl Meyer NJW 77, 1712). Zur *stdg Geschäftsverbindung* s Müller-Graff JZ 76, 153; zur Sonderbeziehung aus *Vollstreckungseingriff* s BGH NJW 85, 3081. Die vom Tatbestand des **I** vorausgesetzte Pflicht ist dem jeweiligen Schuldverhältnis (ggf durch Auslegung) zu entnehmen; § 280 (ggf iVm §§ 281–283) stellt lediglich die haftungsbegründende Norm dar.

3. Verhältnis des Abs. I zu II und III. a) Die Rechtsfolge des **I** ist die 3 Verpflichtung des Schuldners zum Schadensersatz (§§ 249 ff). Im Umkehrschluß zu **II** und **III** ergibt sich, daß damit nicht der Verzögerungsschaden und der Schaden statt der Leistung erfaßt sind. Um diese Schäden ersetzt verlangen zu können, müssen zusätzlich zum Tatbestand des **I** noch die Voraussetzungen des § 286 **(II)** oder der §§ 281–283 **(III)** vorliegen. Auch soweit der Anspruch von diesen zusätzlichen Voraussetzungen abhängt, enthält **I** die zum Schadensersatz verpflichtende Haftungsanordnung und die Entlastungsmöglichkeit für den Schuldner **(I 2)**.
b) Die Abgrenzung der verschiedenen **Schadensarten** erfolgt nach den geltend 4 gemachten Schadensposten. Der Schadensersatz statt der Leistung **(III)** erfaßt alle Posten, die durch ordnungsgemäße Erfüllung noch verhindert werden können, zB mangelbedingter Minderwert, Deckungskauf, entgangener Gewinn aus Weiterverkauf. Der Verzögerungsschaden **(II)** umfaßt Posten, die durch die verspätete Leistung entstanden sind und auch mit der späteren (ordnungsgemäßen) Erfüllung nicht mehr verhindert werden können, zB Zinsaufwendungen, Wert-(Kurs-)Verluste. Der Verzögerungsschaden und der Schadensersatz statt der Leistung überschneiden sich zeitlich nicht (Huber/Faust Rn 3/184). Unter **I** fallen alle sonstigen Posten, die weder durch eine spätere korrekte Leistungserbringung zu vermeiden gewesen wären, noch alleine auf der Verzögerung der Leistung beruhen (Lorenz/Riehm 185). Bei sich fortlaufend erneuernden Schadensposten (zB Betriebsausfall bei mangelhafter Lieferung, BT-Drs 14/6040 S 225 und Rn 12) kann zunächst ein Fall des **I**, später aber des **II** (soweit Schaden durch Nacherfüllung hätte abgewendet werden können) vorliegen (aA Huber/Faust Rn 13/106: Fall des § 281).

§ 280 Buch 2. Abschnitt 1. Inhalt der Schuldverhältnisse

5   **4. Abgrenzung. a)** Bei anfänglichen, nicht behebbaren (auch „qualitativen") Leistungshindernissen (§ 275 Rn 9) ergibt sich der Schadensersatzanspruch statt
6   der Leistung nicht aus § 280, sondern nur aus § 311a II. **b)** Die ges geregelten Fälle der Haftung für Mängel in §§ 536a, 600, 651f und § 2376 regeln die Haftung des Schuldners eigenständig und ohne Rückgriff auf § 280. Bei diesen Verträgen kommt § 280 nur für Pflichtverletzungen zur Anwendung, die nicht mit einem Mangel begründet sind. Dagegen verweisen §§ 437 und 634 für die Haftung wegen Mängeln im Kauf- und Werkvertrag auf §§ 280 ff.

II. Schadensersatz nach § 280 I

7   **1. Schuldverhältnis.** Im Zeitpunkt der schädigenden Handlung muß zwischen dem Schuldner und dem Geschädigten ein Schuldverhältnis (Rn 2) bestehen.
8   **2. Pflichtverletzung. a)** Eine **Pflichtverletzung** liegt vor (s allg Rn 1), wenn das (wirksame) Leistungsversprechen nicht wie geschuldet erfüllt oder eine sich aus dem (ggf ges) Schuldverhältnis ergebende (Neben-)Pflicht (vgl §§ 242, 241 II) nicht eingehalten wird. Daher liegt auch bei Nichterfüllung wegen eines Leistungshindernisses nach § 275 eine Pflichtverletzung vor (BT-Drs 14/6040 S 125; Canaris JZ 01, 512). Einzelfälle von Pflichten bzw Pflichtverletzungen s Rn 60. Im Einzelnen lassen sich folgende Fallgruppen von Pflichtverletzungen unterscheiden:
9   **b)** Die **Nichterfüllung** und **verspätete Erfüllung** einer Leistungspflicht stellt eine Pflichtverletzung dar. Sie begründet aber nach **I** noch keine Schadensersatz-
10 pflicht (PalErgB/Heinrichs 13; 2 vor § 275), sondern nur unter den weiteren Voraussetzungen der **II, III.** Ausnahme: Rn 17. **c) Schlechterfüllung** einer Leistungspflicht. Durch die vom Schuldner schuldhaft mangelhaft erbrachte (bei Rn 12 idR gegenständliche) Leistung erleidet der Gläubiger einen uU über das Erfüllungsinteresse hinausgehenden Schaden an seinem Vermögen oder sonstigen Rechtsgütern **(Begleitschaden).** Ie ist wegen Rn 6 zwischen Schuldverhältnissen
11 ohne und mit bes Mängelhaftung zu unterscheiden. **aa)** Fehlt Mängelhaftung (Bsp: §§ 611 ff; 662 ff, 675; 688 ff; 705 ff), wird Schlechtleistung (vorbehaltlich §§ 823 ff) nur von **I** erfaßt (PalErgB/Heinrichs 16). Bsp: Arzt begeht Kunstfehler oder berät Patienten falsch (BGH 124, 138); RA führt Prozeß schuldhaft schlecht (Versäumung von Rechtsmittelfrist) oder berät den Mandanten falsch; Bank erteilt unrichtige Auskunft, Kunde erleidet dadurch Schaden (vgl zu § 675 II); Gesellschafter kommt ihm obliegender Vertriebspflicht nicht ordnungsgemäß nach (BGH NJW 83, 1188) oder überschreitet seine Geschäftsführungsbefugnis (Köln NJW-RR 95, 548); Treuhänder eines Bauherrenmodells vernachlässigt Vermögensinteressen des
12 Bauherrn (BGH NJW-RR 91, 661; 663; 1121). **bb)** Beim **Kauf- und Werkvertrag** kommt bei Sach- und Rechtsmängeln **I** zur Anwendung (vgl Rn 15 vor § 275). Bei anfänglichen, nicht behebbaren Sach- und Rechtsmängeln gilt § 311a II (Rn 5). Die Pflichtverletzung liegt – auch beim Stückkauf – in der Lieferung der mangelhaften Sache. Bei verschuldeter (§ 276 Rn 29; keine allg Prüfungs- und Untersuchungspflicht des Händlers: BT-Drs 14/6040 S 210, § 433 Rn 25 aE) Schlechtleistung sind **Begleitschäden** nach **I** zu ersetzen. Die danach ersatzfähigen Schäden gehen über die früher sog Mangelfolgeschäden hinaus, weshalb diese Begrifflichkeit nicht fortgeführt werden sollte (Schubel JuS 02, 319; aA PalErgB/Heinrichs 18). Die Abgrenzung des **I** zu **II** und **III** richtet sich nur nach den in Rn 3f genannten Kriterien. Bsp für Begleitschäden: Pferde gehen an geliefertem vergifteten Pferdefutter ein (vgl RG 66, 289); Motorschaden infolge Lieferung verunreinigten Treibstoffs (vgl BGH NJW 68, 2238); Außenputzschaden durch Lieferung von verunreinigtem Mörtel (BGH NJW-RR 94, 602); Verderb von Wein durch mangelhafte Korken (BGH 101, 337); Verletzung von Kfz-Käufer bei Unfall infolge mangelhafter Bremsen (BGH JZ 71, 29) oder Reifen (BGH NJW 78, 2241 zu § 463 aF); Vermögensverluste durch Gebrauch eines fehlerhaften Gutachtens (BGH 67, 1); Einbruchsschaden wegen fehlerhafter Sicherungsanlage (BGH 115, 32; dazu Ackmann JZ 92, 671); Schaden bei Notlandung wegen fehler-

Titel 1. Verpflichtung zur Leistung **§ 280**

hafter Tankanzeige (BGH NJW 93, 924). Im Schaden kann sich aber auch die *Minderwertigkeit der Kaufsache* oder *des Werkes abbilden;* Bsp: Nutzungsausfall infolge der Reparaturbedürftigkeit (der Gläubiger muß den Schuldner nach § 242 unverzüglich auf die Pflichtverletzung hinweisen, vgl auch Rn 4); Gutachterkosten (BGH NJW 02, 141); Schäden an dem vom Käufer auf dem erworbenen Grundstück errichteten Bauwerk, die entstanden, weil sich der Boden wegen eingebrachter Altlasten angehoben hat (vgl BGH NJW 01, 1347 f zu § 823); Unbrauchbarkeit des Endprodukts infolge mangelhafter Zulieferteile (vgl BGH 117, 183; 138, 230; sog weiterfressende Schäden); **Abgrenzung zu III:** Nur unter den Voraussetzungen der §§ 281, 283 sind Schäden zu ersetzen, die die Kaufsache (das Werk) betreffen und durch Nacherfüllung zu beseitigen sind (Grigoleit ZGS 02, 78; vgl BGH 67, 359; 86, 256). **Verjährungsfrist:** §§ 438, 634 a (2 oder 5 Jahre). **cc)** Neben einer **abschließenden besonderen Schadensersatzhaftung** 13 **wegen Mängeln** kommt I nicht zur Anwendung (Rn 6). **d) Verletzung von** 14 **leistungsbezogenen Nebenpflichten. aa)** Die erbrachte Leistung als solche ist mangelfrei, jedoch erleidet der Gläubiger infolge fehlerhafter (unterbliebener) Anweisung (Aufklärung; Mitwirkung) Schaden. Die Haftung aus **I** wird insoweit durch bes Mängelhaftung (zB §§ 437, 438, 634, 634 a) nicht berührt. Der Schadensersatzanspruch tritt nicht an Stelle einer Leistungspflicht, sondern ergibt sich unmittelbar aus **I.** Bsp: Lieferung von Maschine mit unvollständiger Bedienungsanleitung (BGH 47, 312), s aber § 434 II 2: uU Sachmangel; Weiterbelieferung mit Ware ohne Hinweis auf geänderte Beschaffenheit (BGH 107, 336 ff); Nichtaufklärung über von der Kaufsache ausgehende typische Gefahren. **bb) Abgren-** 15 **zung:** Bezieht sich die Nebenpflichtverletzung dagegen auf einen Mangel oder läßt sie diesen erst entstehen, haftet der Schuldner (nur) wegen der im Mangel liegenden Pflichtverletzung. Die „Nebenpflichtverletzung" hat zur Folge, daß Schuldner die nicht ordnungsgemäße Erfüllung der Leistungspflicht gem **I** 2 zu vertreten hat. Ein von §§ 437, 280 bzw §§ 634, 280 zu unterscheidender Schadensersatzanspruch entsteht nicht; insbes greifen die kurzen Verjährungsvorschriften der §§ 438, 634 a ein. Bsp: Weiterbelieferung ohne Hinweis auf geänderte Beschaffenheit führt zu versteckten Mangel [vgl BGH 132, 178]; schuldhafte Falschberatung des Käufers über Eigenschaften des Kaufgegenstands; unterbliebener Hinweis auf nicht vollständig erbrachte Werkleistung (vgl BGH WM 02, 875). S auch § 311 Rn 38. **e) Verletzung von Schutzpflichten (§ 241 II):** Schädi- 16 gung der Rechtsgüter des Gläubigers anläßlich (gelegentlich) der Leistungserbringung; das Schuldnerverhalten erfüllt idR zugleich den Tatbestand einer uH (§§ 823 ff). Anspruch nach **I** erfährt insoweit keine Einschränkung durch bes Vorschriften der Mängelhaftung (§§ 438, 634 a). Bsp: Sachbeschädigung durch unvorsichtiges Hantieren des Handwerkers bei Werkleistung (ie § 631 Rn 15); durch Nichtentfernen eines Farbsicherungsetiketts (Düsseldorf NJW 97, 3320); Schädigung bei Einfüllen von Kraftstoff (BGH 107, 254); Brandschaden infolge unsachgemäßer Verpackung und Versendung (BGH 66, 208); Verletzung von Kunden und Gästen infolge nicht gefahrfreier Zu- und Abgänge in Kauf- und Gasthäusern (BGH 66, 51; NJW 94, 2617); Ladendiebstahl gelegentlich eines Einkaufs (Hamburg NJW 77, 1347, str; aA: cic). Auch die **Verletzung von Rücksichtnahmepflichten** kann Anspruch nach **I** auslösen. Bsp: Vom Hersteller durch „Schockwerbung" bei den Vertragshändlern (Vertriebsmittlern) herbeigeführte Umsatzeinbußen (dazu BGH 136, 295). **f) Erfüllungsverweigerung und Vertragsaufsage.** 17 **aa) Erfüllungsverweigerung:** Ernsthafte und endgültige Verweigerung der – auch noch nicht fälligen – Leistung oder Abhängigmachen von unberechtigten zusätzlichen Bedingungen (BGH 65, 375; 89, 375 f; 99, 189; NJW 88, 252 mN; 94, 1654; vgl ie Leser, FS Rheinstein II, 1969, S 649) ist Pflichtverletzung; die Rspr stellte bish zurecht strenge Anforderungen (BGH NJW 86, 661); gleiches gilt für die **Vertragsaufsage:** Unberechtigte Lossagung vom (unerfüllten) Vertrag (RG 67, 317; BGH NJW 77, 581). Formen: Bestreiten eines wirksamen Vertrags (BGH 50, 177); unberechtigte „Annullierung" durch einseitige Erklärung (RG 57, 113),

§ 280   Buch 2. Abschnitt 1. Inhalt der Schuldverhältnisse

zB Anfechtung, „beharrlicher" Rücktritt (BGH NJW 86, 842; 87, 253) oder (fristlose) Kündigung (BGH 89, 302; NJW 88, 207); Vertragsbruch (BAG NJW 81, 2430; NZA 84, 122 f; 85, 25) und Verleiten dazu (BGH WM 94, 808 f). S auch
18 § 281 Rn 9. **bb) Rechtsfolgen:** Ersatz des **Begleitschadens** (zB Beratungskosten) ergibt sich unmittelbar aus I. Der **Schadensersatz statt der Leistung** ergibt sich aus §§ 280, 281, ohne daß es einer Fristsetzung bedarf (§ 281 II, s § 281 Rn 9). Auch bei ernsthafter und endgültiger **Erfüllungsverweigerung usw vor Fälligkeit der Leistung** ergibt sich der Anspruch auf Schadensersatz statt der Leistung aus **I iVm § 281 I**, da der Schuldner dann „nicht wie geschuldet" erfüllt (§ 281 Rn 5): Der Schuldner verletzt seine Leistungspflicht schon durch die Erfüllungsverweigerung (U. Huber § 51 II 2; Huber/Faust 3/138, 152; aA Lorenz/Riehm 361: Fall des § 282, der aber leistungsbezogene Nebenpflichten nicht erfaßt, s § 282 Rn 4). Das Abwarten der Fälligkeit der Leistung nach § 281 wäre wie eine Fristsetzung leere Förmlichkeit (arg §§ 281 II, 323 IV). Weitere Fälle: § 281 Rn 9. Anspruch auf die Leistung erlischt erst mit Erklärung gem § 281 IV.
19 **g) Unbegründete Kündigung von in Vollzug gesetzten Dauerschuldverhältnissen.** Da die unwirksame Kündigung nicht zur Vertragsbeendigung führt, verstößt der unberechtigt Kündigende gegen die fortbestehende Pflicht zur ungestörten Vertragsdurchführung (BGH 89, 302; 99, 62; NJW 88, 1269, ie str; s Klinkhammer NJW 97, 221 mN). Bsp: Bestreiten des geschuldeten Mietgebrauchs. Ein Schadensersatzanspruch statt der Leistung ergibt sich aus §§ 280, 281 (Rn 18); Bsp: Unredliches oder unlauteres Vorgehen des Kündigenden (Bsp: § 573 Rn 4); eine aus *Rechtsgründen* unwirksame Kündigung genügt nicht; entspr gilt für Kündigungsandrohung und unberechtigte Verfahrenseinleitung (Hamm NJW-RR 96, 1294).

20 **3. Vertretenmüssen der Pflichtverletzung (I 2).** Erforderlich ist Verschulden, eigenes oder das von Erfüllungsgehilfen (§§ 276, 278). Bedeutung hat diese Einschränkung der Haftung des Schuldners (dazu § 276 Rn 9) insbes bei erfolgsbezogenen Leistungspflichten (Fälle der nicht oder nicht ordnungsgemäßen Leistung). Dagegen fallen bei der Verletzung von Nebenpflichten (insbesondere bei Schutzpflichtverletzungen, vgl Rn 14 ff) die obj Pflichtverletzung nach **I 1** und das Vertretenmüssen praktisch zusammen (Canaris JZ 01, 512; s aber auch § 276 Rn 13).

21 **4. Rechtsfolgen. a) Überblick. I** begründet **stets** einen Anspruch auf Ersatz des **Begleitschadens;** iÜ bleibt das Schuldverhältnis unverändert. Weitergehende Folgen hat nur der Schadensersatz statt der Leistung **(III)**. Rechtsfolgen in Sonderfall: Rn 18. **Verjährung** des Ersatzanspruchs: Grundsätzlich (insbes in den Fällen der Rn 11, 13 ff) gelten §§ 195, 199, sowie nicht kürzere vertragliche Verjährung besteht (zB gem §§ 558, 606; VVG 12 I [dazu Hamm NJW-RR 89, 1302]; BRAO 51 b [dazu BGH NJW 96, 661]); bei verschuldeten Mängeln beim Kauf- und Werkvertrag greift die uU kürzere Verjährung nach §§ 438, 634a ein (Pal-ErgB/Heinrichs 17, 33). Eine Unterscheidung zwischen unmittelbaren und mittelbaren Mangelfolgeschäden gibt es nicht. **Anspruchskonkurrenz** mit deliktischen Ansprüchen möglich (Rn 15; § 241 Rn 15 ff). **Freizeichnung** in AGB und im Verbrauchervertrag für vorsätzlich oder grobfahrlässig begangene Pflichtverletzung ist unwirksam, für Körper- und Gesundheitsschäden scheidet jede Freizeichnung
22 aus, §§ 307 Nr 7, 310 III Nr 2. **b) Ersatz des durch die Pflichtverletzung verursachten Schadens.** Der Schadensersatzanspruch besteht **neben** dem Erfüllungsanspruch (BGH 11, 84). Umfang der Ersatzpflicht: §§ 249 ff gelten. Vor voller Schadensverwirklichung besteht uU ein *Unterlassungsanspruch* (BGH NJW 95, 1285 mN). Eigene Vertragsverletzung des Gläubigers steht dem Schadensersatzanspruch nicht entgegen (BGH NJW 71, 1747 mN). Grund: Vertragswidriges Verhalten einer Partei gibt der anderen kein Recht zur Pflichtverletzung (BGH NJW 62, 2199).

Titel 1. Verpflichtung zur Leistung **§ 280**

5. **Beweislast. a) Obj Pflichtverletzung.** Die **Beweislast** trägt der Gläubiger 23
(PalErgB/Heinrichs 34; Bsp: Vorliegen eines Mangels, §§ 434, 633), auch wenn
die Pflichtverletzung in einem Unterlassen besteht (BGH NJW-RR 90, 1423 mN);
Bsp: Verletzung von Beratungs- und Aufklärungspflicht (BGH NJW 93, 1140).
Insoweit kann auch die bisherige Rechtsprechung zur **Beweislastverteilung nach
Gefahrenbereichen** (BGHZ 8, 241; 48, 312; 126, 124; NJW 2000, 2812; durch
AGB nicht abdingbar, § 309 Nr 12a und BGH NJW 85, 3017 mN) herangezogen
werden. Folge: Beweislastumkehr zugunsten des Gläubigers, die den Schluß von
der Schädigung auf eine Pflichtverletzung gestattet. **b)** Für **Schaden und Kausali-** 24
tät trägt der Gläubiger die Beweislast. Ist Schaden typische Folge einer (feststehenden) Pflichtverletzung, eines Mangels oder eines Zustands der Verkehrswidrigkeit,
kommt dem Geschädigten beim **Beweis der Ursächlichkeit** der Anscheinsbeweis
zugute (BGH NJW 78, 2197); weitergehend gilt Beweislastumkehr entspr Rn 23,
wenn mehrere nur aus dem Gefahrenbereich des Schuldners stammende Schadensursachen in Frage kommen (BGH NJW 80, 2187; insoweit krit Baumgärtel Anh
§ 282 Rn 29, 38 ff; sa § 282 Rn 8). **c) Vertretenmüssen der Pflichtverletzung.** 25
aa) Nichtvertretenmüssen. Umfang: § 276 Rn 19, 28. Der Schuldner muß
nachweisen, daß weder ihn selbst noch seinen Erfüllungsgehilfen ein Sorgfaltsver-
stoß trifft (§§ 276, 278, I 2). An den Entlastungsbeweis dürfen aber keine zu hohen
Anforderungen gestellt werden (vgl BGH 116, 337). Erforderlich, aber auch ausreichend, ist im allg die Darlegung überwiegender Wahrscheinlichkeit (nicht nur
die Möglichkeit), daß die Pflichtverletzung nicht auf vom Schuldner zu vertretenden Umständen beruht (BGH NJW-RR 92, 1338). Die Grundsätze des Anscheinsbeweises können zugunsten des Schuldners eingreifen (vgl Rn 6). Besteht eine
Haftungsmilderung (vgl § 276 Rn 36, 53), hat sich der Schuldner nur im Rahmen
des beschränkten Sorgfaltsmaßstabs zu entlasten. **bb) Kausalität.** Der Schuldner 26
muß beweisen, daß die von ihm zu vertretenden Umstände für die Pflichtverletzung **nicht kausal** sind. Fällt die (nicht näher bekannte) Schadensursache in den
Gefahrenbereich des Schuldners, ist dieser zu deren Aufklärung verpflichtet; ein
non liquet geht zu seinen Lasten (Düsseldorf MDR 74, 1017; für pVV ebenso
BGH 59, 309; 66, 351; NJW 80, 2187; Larenz, SchR I, § 24 I und FS Hauß,
1978, S 234; Stoll AcP 176, 153, str; aA Musielak AcP 176, 478). **d) Beweislast-** 27
verteilung in Sonderfällen. aa) Arzthaftung. Lit: *Müller* NJW 97, 3049. Im
allg hat der Patient sowohl den Behandlungsfehler als auch den Ursachenzusam-
menhang zwischen diesem und dem Schaden zu beweisen (BGH 99, 398; 132,
49 ff; sa BVerfG 52, 158; Schmid NJW 94, 771 ff). Steht die obj Pflichtverletzung
fest, muß der Arzt nach I 2 beweisen, daß er sie nicht zu vertreten hat (anders die
Rspr zu § 282 aF, der im Kernbereich ärztlichen Handelns nur ausnahmsweise
gelten sollte, BGH stRspr, zB NJW 81, 2004; Weber NJW 97, 762 ff mN; iü blieb
er im voll beherrschbaren Gefahrenbereich anwendbar, BGH NJW 91, 1451 mwN
und Bsp wie mangelhaftes Behandlungsgerät; iE auch BGH NJW 114, 296 ff: sorgfalts-
widrig gewonnene Blutkonserve; sa Müller NJW 97, 3050 mwN). Eine Umkehr
der Beweislast zu Lasten des Arztes tritt (sowohl bei vertraglicher als auch deliktischer Haftung; vgl BGH NJW 87, 706) ein, wenn der Arzt schuldhaft einen groben
Behandlungsfehler (Begriff: BGH 138, 6; NJW; 96 2428) begangen hat, der
geeignet war, den tatsächlich eingetretenen Schaden herbeizuführen (BGH 72,
136; 85, 216 f; 104, 332; 107, 228; 126, 223, stRspr); der Arzt muß dann die
Nichtursächlichkeit seines Verschuldens für den eingetretenen „Primärschaden"
(dazu BGH NJW 88, 2948 mN; 94, 803) beweisen (stRspr und hM, vgl BGH 61,
120 mN; ie – zT krit – Musielak JuS 83, 612 ff). Das gleiche gilt bei Operation
(Behandlung) durch einen nicht ausreichend qualifizierten Assistenzarzt (BGH 88,
257; NJW 92, 1561; 94, 3008 f – „Anfängeroperation"). Beweiserleichterungen für
den Patienten bis hin zu einer Beweislastumkehr kommen in Frage bei Mängeln
der ärztlichen Dokumentation (BGH 72, 139; 85, 217 f; NJW 93, 2376; 96, 780 f),
bei Fehlen gebotener Befunderhebung oder -sicherung (ie BGH 132, 47; 138, 1)
oder bei groben Organisationsfehlern (BGH NJW 94, 1595). Die Beweislast für

Vollkommer

die gehörige Aufklärung des Patienten (§ 823 Rn 121) liegt beim Arzt (BGH NJW 84, 1808; 92, 2352; 94, 2414; Baumgärtel § 823 Anh C II 50 ff, hM; sa Rn 29). **bb)** Bei einer **groben Verletzung sonstiger Berufspflichten,** die dem Schutz von Leben und Gesundheit dienen, gilt die Beweislastumkehr gem Rn 27 entspr (vgl BGH 1962, 959 betr Bademeister; BGH NJW 1971, 243 betr Krankenpflegepersonal; abl für Vermögensschäden BGH 126, 223 f mN betr RA, aA Heinemann NJW 90, 2352 f). **cc)** Bei **Verletzung einer vertraglichen Aufklärungs- oder Beratungspflicht** greifen beim Nachweis der *Ursächlichkeit* für den eingetretenen Schaden Beweislasterleichterungen bis hin zur Beweislastumkehr ein (s Grunewald ZIP 94, 1162; Vollkommer, FS Baumgärtel, 1990, S 585). Die neuere Rspr unterscheidet (wenig überzeugend) nach Fallgruppen. Bei Verträgen mit rechtlichen Beratern kommt dem Mandanten der *Anscheinsbeweis* „aufklärungsrichtigen" Verhaltens zugute (BGH 123, 311; 126, 222; NJW 98, 750; dazu zust Baumgärtel JR 94, 466, teilw krit Teske JZ 95, 473); dagegen wird eine *Beweislastumkehr* zu Lasten des Aufklärungspflichtigen bejaht bei Terminoptionsgeschäften (BGH 124, 159; krit Grün NJW 94, 1332) sowie bei Kauf- und Werkverträgen (BGH 61, 122; 64, 51; 72, 106; 111, 81; NJW 96, 2503 mN; 98, 303 mN).

30 **dd)** Entspr Beweiserleichterungen einschließlich einer Beweislastumkehr (BGH 104, 333; NJW 93, 529 mN) gelten auch bei der **Deliktshaftung des Produzenten** (§ 823 Rn 134; sa ProdHaftG 4 IV; ie Kullmann NJW 94, 1704 ff) und Emittenten (BGH 92, 147 ff; sa zur Kausalitätsvermutung um UmweltHG 6, 7:

31 Hager NJW 91, 137 ff; Schmidt-Salzer VersR 92, 391 ff). **ee)** Im **Arbeitsrecht** ist die Beweisverteilung des **I 2** nur auf den AG anwendbar; gegenüber dem AN muß der AG nach § 619 a auch nachweisen, daß der AN die Pflichtverletzung zu vertreten hat. Bsp: Mankohaftung (so schon BAG 90, 9).

III. Schadensersatz wegen Verzögerung der Leistung (II iVm § 286)

32 **1. Überblick.** Die **Pflichtverletzung nach I** liegt in der nicht rechtzeitigen Leistung (Rn 33 ff); die **zusätzlichen Voraussetzungen** gegenüber I für den Ersatz des Verzögerungsschadens sind § 286 zu entnehmen. Dies ist grundsätzlich die Mahnung (§ 286 I), soweit diese nicht entbehrlich ist (§ 286 II). Bei Entgeltschulden kann Verzug nach § 286 III durch Rechnungsstellung und Zeitablauf eintreten (Einzelheiten: § 286 Rn 33 ff). Bes Bedeutung gewinnt die Haftung nach **II** im Kauf- und Werkvertrag, wenn der Schuldner zwar schuldlos eine mangelhafte Leistung erbringt, hinsichtlich des Nacherfüllungsanspruchs (§§ 439, 635) aber in Verzug kommt (s Rn 41; § 276 Rn 48).

33 **2. Verzug nach II iVm § 286.** Pflichtverletzung ist die Nichterfüllung des fälligen und durchsetzbaren Anspruchs. **a) Vollwirksamkeit** des Anspruchs und **Fälligkeit der Leistung. aa)** Der Anspruch muß **vollwirksam** entstanden sein (nicht der Fall bei fehlender Zustimmung gem §§ 182 ff, vgl Karlsruhe NJW-RR 86, 57, ferner bei §§ 656, 762, vgl § 241 Rn 22) und **durchsetzbar** sein, dh ihm darf keine dauernde (zerstörende) oder aufschiebende (hemmende) Einrede (§§ 205–209 Rn 2) entgegenstehen. Bereits das bloße Bestehen des Einrederechts schließt die Pflichtverletzung idR (Rn 34 f) aus, ausnahmsweise ist Geltendmachung erforderlich (Rn 36). **(1) Dauernde oder aufschiebende Einreden** (§§ 214 I, 275 II, III, 439 III, 636 III, 771, 821, 853, 986, 2014) hindern den Verzugseintritt (BGH 104, 11, hM, str; vgl Roth aaO S 151 f mN), wenn sich der Schuldner spätestens im Prozeß auf die Einrede beruft (vgl § 218 I für den Rücktritt nach § 323); andernfalls bleibt sie unberücksichtigt (so zuerst Larenz, SchR I, 23 I c mN; Roth aaO S 157 ff, str; offenlassend BGH 113, 236 mit Anm Grün JZ

35 92, 157 mN). **(2) Einrede des nichterfüllten Vertrags** (§ 320 I 1). Beim gegenseitigen Vertrag kommt keine Partei in Leistungsverzug, solange nicht die andere die ihr obliegende Leistung in einer den Annahmeverzug begründenden Weise anbietet (so Larenz SchR I § 23 I c; Roth aaO S 174; BGH 116, 249; NJW 96,

Titel 1. Verpflichtung zur Leistung **§ 280**

923 mN; NJW-RR 96, 854; 98, 124, hM; einschr Schleswig NJW-RR 92, 1161; sa §§ 293 ff; § 320 Rn 18). (3) Ein **Zurückbehaltungsrecht** (§ 273) muß der 36 Schuldner ausüben, um den Eintritt des Verzugs zu verhindern (RG 77, 438, hM; offen gelassen in BGH 60, 323; arg §§ 273 III, 274 I, vgl § 273 Rn 22). Geltendmachung des Zurückbehaltungsrechts nach Eintritt des Verzugs beseitigt diesen nicht; der Schuldner hat vielmehr seine Leistung anzubieten (BGH NJW 71, 421; NJW-RR 95, 565 mN [zu § 320], str; aA Roth aaO S 187; sa Rn 45). (4) Beste- 37 hende **Aufrechnungslage** (§ 387) mit Aufrechnungsbefugnis des Schuldners schließt Verzug aus, soweit der Schuldner die Aufrechnung erklärt (arg § 389). **bb) Fälligkeit:** § 271 Rn 2; Beweislast trägt Gläubiger. Verbindung der fälligkeits- 38 begründenden Handlung mit der Mahnung ist möglich (§ 286 Rn 20). Während einer Stundungsfrist ist die Fälligkeit hinausgeschoben (RG 147, 381; § 271 Rn 9), nicht aber während einer Räumungsfrist gem ZPO 721 (BGH NJW 53, 1586; Celle MDR 67, 1013; vgl auch § 571 II). Verweigert der Gläubiger die zur Leistung notwendige **Mitwirkung**, kommt der Schuldner nicht in Verzug (BGH NJW 96, 1746; sa Rn 32 ff). **b) Voraussetzungen des Verzugs (§ 286).** Mah- 39 nung (§ 286 I 1) oder ein Surrogat (§ 286 I 2): S § 286 Rn 15, 21. Die Mahnung ist unter den Voraussetzungen des § 286 II entbehrlich (s § 286 Rn 27 ff). Bei Entgeltforderungen tritt Verzug zusätzlich unter den Voraussetzungen des § 286 III ein (§ 286 Rn 31 ff). **c) Vertretenmüssen der Pflichtverletzung (I 2). aa) Vor-** 40 **aussetzungen.** Pflichtverletzung ist die nicht rechtzeitige Leistung (Rn 32). Zum Vertretenmüssen s zunächst Rn 20, ferner bei **Beschaffungsschulden** auch unverschuldete Verzögerungen, soweit sie in seiner wirtschaftlichen Leistungs-(un-)fähigkeit ihren Grund haben (vgl § 276 Rn 44 ff; BGH 36, 345; WM 82, 400; allg Coester-Waltjen AcP 183, 287 ff). Allg schließt der Mangel der zur Erfüllung erforderlichen Geldmittel Verzug nicht aus (Larenz, SchR I, § 21 I d; §§ 244, 245 Rn 10; § 276 Rn 45). **Abgrenzung:** Vom **Gläubiger** zu vertretende Leistungsverzögerung schließt Verzug aus (BGH NJW 96, 1746). **bb) Als Entschuldi-** 41 **gungsgründe** kommen in Frage: **(1)** Vorübergehende Leistungshindernisse tatsächlicher Art. Bsp: Schwere Erkrankung, insbes bei Verpflichtung zur Leistung in Person; schuldlose Unkenntnis der (zB nach Erbfall) geänderten Anschrift des Gläubigers (BGH MDR 73, 404); Durchführung einer Wertermittlung zur Feststellung der Forderungshöhe (BGH 80, 277) oder einer Sachverhaltsaufklärung (München NJW-RR 90, 1433 f); bei Räumungsverpflichtung uU Schwierigkeiten bei der Beschaffung von Ersatzraum (Braunschweig NJW 63, 1110; Celle MDR 67, 1013); auf „höherer Gewalt" (zB Kriegseinwirkungen, Naturereignisse) beruhende Betriebsstockung, Transportbehinderung uä. Erfährt der Schuldner erst durch die Mahnung von der fälligen Verbindlichkeit (zB beim Nacherfüllungsanspruch gem § 439 I), tritt Verzug erst ein, wenn eine angemessene Frist verstrichen ist (U. Huber Bd I § 19 I 3 b), soweit keine verschuldensunabhängige Haftung eingreift (§ 276 Rn 43 ff). **(2)** Vorübergehende Leistungshindernisse 42 rechtlicher Art. Bsp: Verzögerung einer rechtzeitig beantragten behördlichen Genehmigung (uU ist aber schon Fälligkeit [§ 286 Rn 13 f] hinausgeschoben, vgl BGH NJW 74, 1080; abw BGH NJW 02, 1568 [1569]; § 271 Rn 13); vorübergehende Einfuhrbeschränkungen oder Beschränkungen des internationalen Zahlungsverkehrs (RG 161, 105); Unkenntnis der genauen Tatumstände bei Ansprüchen aus uH (Celle NJW 63, 1205; sa § 286 Rn 25) oder auf Freistellung (BGH NJW 83, 1730). **(3)** Unverschuldeter Rechtsirrtum über die Leistungspflicht 43 oder Einrederechte (bestehen sie wirklich, fehlt es bereits an den Voraussetzungen des Verzugs, vgl Rn 32 ff). An den Entlastungsbeweis sind strenge Anforderungen zu stellen (BGH 89, 303; 114, 103; 131, 354; NJW 01, 3115; sa § 276 Rn 30). Der Schuldner muß die Rechtslage sorgfältig prüfen (BGH 131, 354 f) und ggf Rechtsrat einholen (BGH 140, 239; NJW 01, 3115); unrichtige anwaltliche Auskunft ist aber nicht stets Entschuldigungsgrund (vgl BGH 74, 281; LAG Düsseldorf BB 93, 1149), uU Zurechnung gem § 278 möglich (ie v. Caemmerer, FS Weitnauer, 1980, S 266, 273 ff). Muß der Schuldner mit einer abw Beurteilung durch das zuständige

§ 280   Buch 2. Abschnitt 1. Inhalt der Schuldverhältnisse

Gericht rechnen, verweigert er die Leistung auf sein Risiko (BGH 89, 303; NJW-RR 90, 161). Bsp: Kein Verzug bei Vertrauen auf den Fortbestand einer hM bei Änderung einer feststehenden Rspr (BGH NJW 72, 1045; BAG DB 93, 1037).

44   **3. Verzögerung der Leistung. a) Beginn des Schuldnerverzugs:** Tag des Zugangs der Mahnung bei § 286 I 1, der Zustellung der Klage oder des Mahnbescheids bei § 286 I 2, der Erklärung der Erfüllungsverweigerung oder kalendermäßig bestimmter (berechneter) Tag bei § 286 II (Einzelheiten § 286 Rn 15 ff). Für die Rechtzeitigkeit der Leistung kommt es auf den Zeitpunkt der Vornahme der **Leistungshandlung**, nicht den des Eintritts des **Leistungserfolgs** an (BGH NJW 69, 875; sa § 241 Rn 7). Bsp: Bei Schickschuld entscheidet Absendung (wie
45   § 281 Rn 7; s auch § 269 Rn 2; § 270 Rn 7). **b) Beendigung** (Heilung) **des Schuldnerverzugs** tritt ein (ex nunc): **aa)** durch **Leistung** des Schuldners (auch zur Abwendung der Zwangsvollstreckung: BGH NJW 81, 2244; Krüger NJW 90, 1211 ff, str) oder **Angebot** der Leistung in Annahmeverzug begründender Weise (Düsseldorf NJW-RR 99, 1396; Grund: § 293 Rn 9). Str, ob das Angebot Verzugsschaden und -zinsen (§§ 280 II, 288) mitumfassen muß (verneinend Eisenhardt JuS 70, 492; Scherner JR 71, 441 gegen hM; iErg ebenso BAG BB 75, 1578);
46   **bb)** durch Entstehung eines dauernden Einrederechts (Rn 34). Bsp: Eintritt der **Verjährung** während des Verzugs (BGH 104, 11 mN; Roth aaO S 161). Nachträgliche Geltendmachung eines Zurückbehaltungsrechts (§ 273) beseitigt den bereits
47   eingetretenen Verzug nicht (Rn 36); **cc)** durch **Stundung** (RG 113, 56; BGH NJW-RR 91, 822) und nachträgliches **Leistungshindernis (§ 275)** (Rn 33, 38); **dd)** durch **Rücknahme** der Mahnung (BGH NJW 87, 1547; Hamm FamRZ
48   90, 521). **c) Rückgängigmachung** bereits eingetretener Verzugsfolgen verlangt idR **Erlaßvertrag** (BGH NJW 95, 2033 mN).

49   **4. Verzögerungsschaden. a) Allgemeines.** Der Anspruch besteht **neben** dem Leistungsanspruch, setzt aber dessen Fortbestand nicht voraus. Ist die Leistung während des Verzugs aus einem vom Schuldner zu vertretenden Umstand (vgl § 287) unmöglich geworden, kann neben dem bis zum Untergang entstandenen Verzugsschaden auch Schadensersatz statt der Leistung gem §§ 280, 283 geltend gemacht werden. Der gleiche Schadensfaktor kann aber nur einmal berücksichtigt werden (BGH NJW 53, 337). Der Anspruch unterliegt selbständiger **Verjährung** (§§ 195, 199), die sich nach dem jeweiligen Vertrag richtet (BGH MDR 59, 910).
50   Vertragliche Beschränkungen und Erweiterungen: Rn 55. **b)** Der Verzögerungsschaden umfaßt alle Vermögensnachteile, die dadurch entstehen, daß der Schuldner nicht rechtzeitig, sondern verspätet erfüllt; verzögerungsbedingte Vorteile sind anzurechnen (BGH NJW 83, 2138 mN). Zwischen Verzug und Schaden muß ursächlicher Zusammenhang (Rn 24 ff vor § 249) bestehen. Für Inhalt und Umfang des Schadensersatzanspruchs gelten §§ 249–255; vgl ie u Rn 51–55. Er ist idR auf Geld gerichtet (BGH NJW 86, 987 f mN), geht uU aber auch auf Herstellung (§ 249 S 1; Bsp: Freistellungsanspruch bei verzugsbedingtem Haftungsschaden). Bei Abtretung (§ 398) richtet sich der zu ersetzende Schaden idR nach der Person des Zessionars (BGH 128, 376; Junker AcP 195, 12; Ausnahme:
51   Sicherungszession, BGH aaO mN; WM 97, 2172; sa § 398 Rn 3). **c) Fallgruppen: aa) Besondere Aufwendungen** (Ausgaben), insbes die **Kosten** der außergerichtlichen Rechtsverfolgung (BGH NJW 90, 1905 f; KG NJW 91, 500, sonst ZPO 91, 103 ff; vgl BGH 66, 114; NJW-RR 01, 170; sa § 497 III 1) und des Antrags auf Eröffnung des Insolvenzverfahrens (LG Essen MDR 83, 753). Weitere Bsp: Aufwendungen für Miete einer Ersatzwohnung bei verspäteter Fertigstellung von Wohnhaus (Zurverfügungstellung der gemieteten Wohnung vgl BGH 66, 281; zur Frage des Ersatzes von Nutzungsausfallschaden vgl Rn 53), nicht aber nutzlos gewordene Aufwendungen, die auch bei rechtzeitiger Leistung angefallen wären (BGH 71, 239; insoweit krit E. Schmidt JuS 80, 639 f); nach Verzugseintritt entstandene vorprozessuale **Mahnkosten** (vgl BGH 52, 398; MK/Thode § 286, 21); dazu können die Kosten der sachlich gebotenen Zuziehung eines RA (BGH 30,

Titel 1. Verpflichtung zur Leistung **§ 280**

154) und die eines **Inkassounternehmens** gehören (Löwisch NJW 86, 1725; Jäckle NJW 86, 2692; BB 93, 2463; Frankfurt NJW-RR 90, 729 mN; stark einschr Dresden NJW-RR 94, 1140 ff mN, dazu Jäckle NJW 95, 2767; LG Berlin BB 96, 290, ie str); ferner **Bearbeitungsgebühren** (Unkostenpauschalen), soweit wirksam vereinbart (str, s Wilhelm ZIP 87, 1503 f). Die Kosten der verzugsbegründenden Mahnung selbst sind nicht ersatzfähig (BGH NJW 85, 324), eine anderslautende AGB-Klausel verstößt gegen § 304 Nr 4 (vgl BGH NJW 85, 324 zur aF); ersatzfähig sind aber aufgewendete Sollzinsen (§ 288 Rn 10 [b]) und sonstige Kreditkosten (§ 288 Rn 10) bei Zahlungsverzug sowie **Finanzierungskosten** bei Bauverzögerung (ie BGH 121, 213; sa u Rn 53), ferner die Kosten einer erforderlichen **Ersatzvornahme** (BGH 87, 109 ff, str; aA Rupp/Fleischmann NJW 84, 219 f; Baier NJW 84, 2931), idR nicht Mehrkosten eines Deckungskaufs (München NJW 95, 2363 mN, für Sonderfall abw BGH NJW 89, 1215, sonst nur gem § 281, s dort Rn 19). Der **Zeit-** (Freizeiteinbuße) und **Arbeitsaufwand** für Mahnschreiben und -reisen sind idR nicht erstattungsfähig (vgl Frankfurt NJW 76, 1320 mit Anm Stoll JZ 77, 96; AG Berlin-Wedding NJW-RR 91, 687; sa BGH 66, 112; 75, 231; krit R. Wilhelm WM 88, 281 ff; J. Wilhelm ZIP 87, 1500 ff; ie Rn 16 vor § 249; § 249 Rn 7). Verzögerungsschaden sind aber sonstige **Mehrkosten** des Verzugsgläubigers, wie zB eigener Haftungsschaden (BGH NJW 89, 1215), nicht ohne weiteres aber eine verwirkte Vertragsstrafe (Dresden NJW-RR 97, 83). **bb) Entgangener Gewinn** ist ersatzfähig (§ 252). Bsp: Sinken des Wiederverkaufspreises während des Lieferverzugs; entgangene Anlagezinsen bei Zahlungsverzug (§ 288 Rn 10 [a]); entgangener Gewinn aus Spekulationsgeschäften in Aktien (BGH NJW 02, 2553), nicht aber der auf den Verzugszeitraum entfallende Zinsanteil bei rechtzeitig erbrachter Gegenleistung (BGH 71, 236; insoweit zust E. Schmidt JuS 80, 638); entgangener Mietzins abzüglich des Erhaltungsaufwands bei verspäteter Fertigstellung eines Mietshauses (vgl BGH NJW 93, 2675 f mN). **cc) Entgangene Nutzungsmöglichkeiten** sind ersatzfähiger Vermögens-(Verzögerungs-)Schaden (sa §§ 292, 987 II), wenn sie Wirtschaftsgüter von allg, zentraler Bedeutung für die eigenwirtschaftliche Lebenshaltung betreffen (BGH – GSZ – 98, 220 ff für deliktische Haftung; verallgemeinernd BGH 117, 262 mN; Flessner JZ 87, 281; Medicus NJW 89, 1894; Schiemann JuS 88, 25; Lipp JR 93, 193; ie Rn 10–13 vor § 249). Bsp: Herausgabe- und Lieferverzug mit Kfz (BGH 85, 14 ff; 88, 14 ff; NJW 88, 485 f), mit für die Eigennutzung bestimmten Haus oder mit Wohnung (BGH 98, 216 f; 117, 262; NJW 93, 1794), mit Wohnungseinrichtungsgegenständen (LG Tübingen NJW 89, 1613; LG Kiel NJW-RR 96, 559); Vorenthaltung einer vertraglich eingeräumten, zeitlich begrenzten Gebrauchsmöglichkeit (BGH 101, 332 betr Ferienhaus; zust Zeuner JZ 88, 200), **nicht** aber die Vorenthaltung von Luxusgütern (vgl BGH 76, 186; 86, 132 f; 89, 64, str; krit Medicus NJW 89, 1889). Zum Verhältnis zum gleichzeitig erklärten Rücktritt: § 325 Rn 5. **dd) Wert- und Kursverluste.** Beim Verzug mit der *Rückgabe einer Sache* ist die verzugsbedingte Entwertung zu ersetzen (BGH NJW 01, 3115), andererseits auch eine im Verzugszeitraum eingetretene Wertsteigerung schadensmindernd anzurechnen (BGH 77, 154 f; sa Rn 35 ff vor § 249). Geldentwertungsschäden durch währungsbedingte Entwertung von *Geld-(summen-)schulden* (§§ 244, 245 Rn 9 ff) sind idR konkret nachzuweisen (vgl Grunsky, GS Bruns, 1980, S 24 f; Frankfurt MDR 81, 1016; München RIW 88, 299; zur Ersatzfähigkeit des Entwertungsschadens allg § 313 Rn 31), doch dürfte in bestimmten Fallgruppen (Unterhalts-, Lohn- und Gehaltsforderungen; Kaufmann als Gläubiger) abstrakte Berechnung zuzulassen sein (so überzeugend Grunsky aaO S 29 ff). Nachteile aus verzögerungsbedingten Kursverlusten sind Verzögerungsschaden (BGH MDR 76, 661; Frankfurt NJW-RR 88, 1109; Düsseldorf WM 89, 57; ie v. Maydell, Geldschuld und Geldwert, 1974, S 138 ff; 334). **ee) Mehrwertsteuer** fällt auf Verzögerungsschaden nicht an und bildet damit selbst keinen weiteren Verzugsschaden (s § 288 Rn 10). **d) Vertragliche Beschränkungen** (allg Grenzen: § 276 Rn 54 ff) sind möglich, in AGB zugunsten des Verwenders und in

52

53

54

55

Vollkommer 271

§ 280 Buch 2. Abschnitt 1. Inhalt der Schuldverhältnisse

Verbraucherverträgen zugunsten des Unternehmers jedoch nur in den Schranken von §§ 308 Nr 3 (s BGH NJW 83, 1321); 309 Nr 8 a iVm Nr 7. In der vorbehaltlosen Annahme der (verspäteten) Leistung (oder eines Teils) liegt iZw kein **Verzicht** auf den Verzugsschaden (RG 43, 268). **Vertragliche Erweiterungen** der Verzugsfolgen durch Vereinbarung von bes Mahn-, Inkasso-, Bearbeitungsgebühren, Stundungs- uä Verzugszinsen (sa § 288 Rn 4), Unkostenpauschalen und Fälligkeitsklauseln (sa § 339 Rn 8) sind nur noch in engen Grenzen möglich (vgl §§ 248 I, 289, 497 und näher § 286 Rn 9; § 288 Rn 9).

IV. Schadensersatz statt der Leistung (III)

56   **1. Überblick über die §§ 281–283.** Der zu ersetzende Schaden umfaßt das **Erfüllungsinteresse** und besteht stets in Geld, zB entgangenem Gewinn, zusätzlichem Aufwand für ein Deckungsgeschäft (s Rn 4). Der Schadensersatzanspruch tritt an die Stelle des Anspruchs auf die Leistung. Anspruchsgrundlage ist **I**, der um **zusätzliche Voraussetzungen** aus § 281, § 282 oder § 283 erweitert wird. Einzelheiten s bei den jeweiligen Vorschriften.

57   **2. Schadensersatz statt der Leistung wegen Ausschluß der Leistungspflicht (§ 283).** Braucht der Schuldner nach § 275 nicht zu leisten, ergibt sich seine Pflicht zum Schadensersatz statt der Leistung aus § 280 iVm § 283, wenn er das Leistungshindernis zu vertreten hat.

58   **3. Schadensersatz statt der Leistung wegen nicht oder nicht wie geschuldet erbrachter Leistung (§ 281).** Voraussetzungen: Die fällige Leistung wird nicht oder nicht wie geschuldet erbracht. Grundsätzlich erforderlich ist die erfolglose Fristsetzung gem § 281 I (Zweck: Rn 11 vor § 275), soweit sie nicht nach § 281 II entbehrlich ist, so idR bei schwerer Vertragsgefährdung (BGH 11, 86; NJW 78, 260 [261]; NJW-RR 95, 243; strenge Anforderungen: BGH NJW 77, 37; MDR 76, 393) oder bei endgültiger Erfüllungsverweigerung (BGH NJW 86, 661 mN; Rn 16 f).

59   **4. Schadensersatz statt der Leistung wegen Verletzung einer Pflicht nach § 241 II (iVm § 282).** Voraussetzungen: Schwere **Nebenpflichtverletzungen** (§ 241 II), die das Vertragsverhältnis so schwerwiegend stören (die Erreichung des Vertragszwecks so gefährden), daß dem vertragstreuen Teil nach § 282 ein Festhalten am Vertrag unzumutbar gemacht wird. **Anwendungsfälle:** Unzumutbarkeit der Vertragsfortsetzung wegen vertragswidrigen Verhaltens eines Vertragspartners (BGH 11, 84), zB schwerwiegender Unzuverlässigkeit bei der Vertragsabwicklung (BGH MDR 77, 40; BayObLGZ 85, 67). **Abgrenzung:** Unter §§ 280, 281 fallen alle leistungsbezogenen (Neben-)Pflichtverletzungen wie **Vertragsaufsage** und **Erfüllungsverweigerung vor Fälligkeit** (Rn 16 f), Schlechtleistung beim **Sukzessivlieferungsvertrag** mit uU bereits einer Teillieferung (§ 281 Rn 23).

V. Einzelfälle von Pflichtverletzungen

60   **1. Einzelfälle von Pflichtverletzungen nach I** sind: Der **Architekt** hat im Rahmen seines Aufgabengebiets auch Mängel des eigenen Architektenwerks unverzüglich zu offenbaren (BGH NJW 96, 1279 mN). Der **Arzt** hat sich durch Studium von Fachzeitschriften über den Fortgang der medizinischen Wissenschaft auf dem laufenden zu halten (vgl BGH 113, 304 ff mN); ihm obliegt die Pflicht zu angemessener Dokumentation (BGH 72, 137 f; zust Stürner NJW 79, 1228) und Befundsicherung (BGH 99, 396); zur ärztlichen Aufklärungspflicht vgl ie Laufs NJW 94, 1566 f; Scholz MDR 96, 649 ff; sa § 242 Rn 19 f; § 823 Rn 114 ff; zur Beweislast Rn 27; § 823 Rn 118 ff. Eine **Bank** trifft idR keine Pflicht zur Warnung vor gefährlichen Kreditgeschäften (BGH 72, 102 mN; NJW 91, 693; vgl aber auch § 665 Rn 7; § 666 Rn 2 ff); ist aber erkennbar, daß das Geschäft den unerfahrenen Kunden ungewöhnlich stark belastet, treffen die Bank Aufklärungs-, Hinweis- und Auskunftspflichten; sie darf ihre Interessen nicht auf Kosten des struktu-

Titel 1. Verpflichtung zur Leistung **§ 281**

rell unterlegenen Vertragsteils einseitig durchsetzen (BVerfG 89, 231, 235 f; NJW 94, 2750). Eine **Anlageberatung** der Bank muß „anlegergerecht" und „objektgerecht" sein (BGH 123, 126); daraus ergeben sich auch Pflichten zu Rückfragen, Nachforschung, eigener Prüfung und Beobachtung und zur Offenbarung (BGH 123, 128 ff; Braunschweig NJW-RR 98, 626; einschr bei schon bestehender Vermögensbetreuung: BGH NJW 96, 1744; sa zu § 675 II). Bei Wertpapierdienstleistungen (zB Anschaffung und Veräußerung von Wertpapieren für andere; entspr Vermittlung) hat das Kreditinstitut strenge ges „*Verhaltensregeln*" zu beachten (WpHG 31 ff): Es muß seine Leistungen *mit der erforderlichen Sachkenntnis, Sorgfalt und Gewissenhaftigkeit im Interesse des Kunden erbringen;* die Erfahrungen und Kenntnisse des Kunden für das beabsichtigte Geschäft und seine finanziellen Verhältnisse sind zu prüfen; bei Interessengegensatz zum Kunden darf es nicht beratend tätig werden; zu WpHG 31 ff näher s Gaßner/Escher WM 97, 93. Anlageempfehlung eines **Börsendienstes** darf nicht unrichtig sein (vgl BGH 70, 361 ff). Der **Vermögensberater** muß auch über besondere Risiken beim Handel an Computerbörsen aufklären (BGH ZIP 02, 797 [NASDAQ]). Die von einer **Anlagegesellschaft** in Verkehr gebrachten Werbe-(Emissions-)prospekte für Kapitalanleger müssen vollständig und richtig sein (BGH 84, 143 mN; 123, 109; NJW 95, 130; Frankfurt NJW-RR 94, 946; zum Bauherrenmodell: BGH NJW 01, 436). Einem **Kfz-Betrieb** obliegt Sicherung gegen Schäden (BGH NJW 83, 113), einem **Kfz-Händler** bei Annahme eines Vermittlungsauftrags eine Versicherungspflicht (BGH NJW 86, 1100). Der **RA** ist zu umfassender Rechts- und Interessenwahrung gegenüber seinem Auftraggeber verpflichtet (BGH 89, 181 mN; NJW 94, 1212 und 1472 f; 96, 2649; ie Henssler JZ 94, 178, Ganter MW 01, Beil 6), zB zu sorgfältiger Prüfung von Verjährungs- (BGH NJW 92, 820; 93, 1780) und Ausschlußfristen (BGH NJW 83, 1665; NJW-RR 95, 253); ihn trifft die Pflicht zu genauer Sachverhaltsaufklärung (BGH NJW 98, 2049; 2000, 730) und uU eine erschöpfende Belehrungspflicht (BGH NJW 93, 1322 und 2045); er muß mit der allg Lehre und der höchstrichterlichen Rspr vertraut sein (BGH 97, 376 f und 380), auch auf einem Spezialgebiet (Bsp: BGH NJW 85, 265, NJW 01, 675; aber keine Überspannung in Übergangsfällen: BGH NJW 79, 877), ua trifft uU sogar mit der Rspr einer örtlichen Spezialkammer (KG MDR 93, 178), und hat stets den sichersten Weg zu wählen (BGH 85, 260; NJW 88, 3015; 93, 332 f; 95, 52 und 2552); uU sind Änderungen in der höchstrichterlichen Rspr in Betracht zu ziehen (BGH NJW 93, 3324 f; dazu Ernst ZIP 94, 605; Henssler JZ 94, 506); er hat Fehlern des Gerichts entgegenzuwirken (BGH NJW 88, 3016) auch beim Vergleichsabschluß (BGH NJW 2002, 292); im Rahmen seiner umfassenden Aufklärungs- und Beratungspflicht hat er seinen Mandanten ggf auch auf einen gegen ihn selbst gerichteten Regreßanspruch hinzuweisen (BGH 94, 385 ff mN; NJW 94, 2824; 96, 662). Kann der Schaden des Mandanten noch durch einen weiteren Rechtsstreit beseitigt werden, muß RA diesen auf eigene Kosten und Risiko führen (BGH NJW 2000, 3560). Diese Pflichten treffen den **Steuerberater** entspr (BGH 128, 361; 129, 391 ff; NJW 96, 313; 98, 1487). Der **Sachverständige** muß die tatsächlichen Grundlagen seines Gutachtens selbst überprüfen (BGH NJW 98, 1061). Ein **Wirtschaftsprüfer** haftet seinem Auftraggeber (idR nicht auch Dritten) für die Richtigkeit des geprüften Abschlusses (BGH NJW 73, 321; Düsseldorf NJW-RR 86, 522). Den **Zwischenhändler** trifft idR keine Prüfungspflicht gegenüber dem Abnehmer hinsichtlich der weiterveräußerten Gattungsware (s § 276 Rn 29).

2. Verletzung von Nebenpflichten s § 241 Rn 10; § 282 Rn 4.   61

§ 281 Schadensersatz statt der Leistung wegen nicht oder nicht wie geschuldet erbrachter Leistung

(1) [1] Soweit der Schuldner die fällige Leistung nicht oder nicht wie geschuldet erbringt, kann der Gläubiger unter den Voraussetzungen des § 280 Abs. 1 Schadensersatz statt der Leistung verlangen, wenn er dem

§ 281 Buch 2. Abschnitt 1. Inhalt der Schuldverhältnisse

Schuldner erfolglos eine angemessene Frist zur Leistung oder Nacherfüllung bestimmt hat. ²Hat der Schuldner eine Teilleistung bewirkt, so kann der Gläubiger Schadensersatz statt der ganzen Leistung nur verlangen, wenn er an der Teilleistung kein Interesse hat. ³Hat der Schuldner die Leistung nicht wie geschuldet bewirkt, so kann der Gläubiger Schadensersatz statt der ganzen Leistung nicht verlangen, wenn die Pflichtverletzung unerheblich ist.

(2) Die Fristsetzung ist entbehrlich, wenn der Schuldner die Leistung ernsthaft und endgültig verweigert oder wenn besondere Umstände vorliegen, die unter Abwägung der beiderseitigen Interessen die sofortige Geltendmachung des Schadensersatzanspruchs rechtfertigen.

(3) Kommt nach der Art der Pflichtverletzung eine Fristsetzung nicht in Betracht, so tritt an deren Stelle eine Abmahnung.

(4) Der Anspruch auf die Leistung ist ausgeschlossen, sobald der Gläubiger statt der Leistung Schadensersatz verlangt hat.

(5) Verlangt der Gläubiger Schadensersatz statt der ganzen Leistung, so ist der Schuldner zur Rückforderung des Geleisteten nach den §§ 346 bis 348 berechtigt.

1   **1. Allgemeines. a) Zweck.** Der Gläubiger kann mit § 281 den fälligen Leistungsanspruch durch Fristsetzung (Ausnahmen **II**, § 283) in einen Schadensersatzanspruch umwandeln. § 281 ist nur auf Schäden anwendbar, die durch Erbringung der geschuldeten Leistung noch hätten verhindert werden können (§ 280 Rn 3 f;
2   Rn 16 ff). Anspruchsgrundlage ist § 280 I iVm § 281 (§ 280 III). **b) Anwendungsbereich. aa) Grundsatz.** § 281 gilt für alle Schuldverhältnisse und unabhängig von ihrem Inhalt (Tun oder Unterlassung). Erfaßt sind (vorbehaltlich § 242) auch vertragliche Rückgabeansprüche (§§ 346, 546). Hier kann der Gläubiger aber nur Schadensersatz Zug um Zug gegen Übereignung der (nicht mehr) zurückzugewährenden Sache verlangen (PalErgB/Heinrichs 4). Anwendbar auf Ansprüche auf Geld; praktische Bedeutung hat § 281 hier aber nur im gegenseitigen
3   Vertrag (insbes in Kombination mit Rücktritt, § 325). **bb) Ausnahmen.** Schadensersatzansprüche (wegen § 250), dingliche Ansprüche (§§ 985, 1004, 1007), da der Anspruch auch nicht vorübergehend **(IV)** vom Eigentum (Besitz) gelöst wer-
4   den kann (aA PalErgB/Heinrichs 4). **c) Überblick.** § 281 ist die Grundnorm für Schadensersatz statt der Leistung. Er ist anwendbar, wenn der Schuldner eine Leistungspflicht nicht oder nicht wie geschuldet erbringt. Beruht die Nichterfüllung auf einem Leistungshindernis des § 275, befreit § 283 von der Fristsetzung nach § 281. Verletzt der Schuldner eine Pflicht nach § 241 II, ergibt sich der Schadensersatzanspruch statt der Leistung aus § 282 iVm § 280 I.

5   **2. Voraussetzungen (I 1). a) Pflichtverletzung.** § 281 I 1 setzt voraus, daß der Schuldner die Leistung nicht oder nicht wie geschuldet (dh mangelhaft oder unter Verletzung leistungsbezogener Nebenpflichten) erbringt. Der (Nacherfüllungs-)Anspruch muß **vollwirksam** entstanden und **durchsetzbar** sein, dh ihm darf bis zum Ablauf der Nachfrist keine dauernde (zerstörende) oder aufschiebende (hemmende) Einrede (Bsp: §§ 275 II, III, 439 III, 635 III) entgegenstehen. Bereits das bloße Bestehen des Einrederechts schließt **I** idR (vgl Verjährung beim Rücktritt, § 218 I) aus, ausnahmsweise ist Geltendmachung erforderlich; Einzelheiten: § 280 Rn 33 ff. Um die Einrede des nichterfüllten Vertrags (§ 320) auszuschließen, muß der Gläubiger selbst iSv §§ 294 ff leistungsbereit und -fähig sein (BGH NJW 96, 923 f) und seine Leistung in der dem Annahmeverzug entsprechen-
6   den Weise anbieten (BGHZ 116, 249). Zur Fälligkeit s § 280 Rn 37. **b)** Die **Fristsetzung gem I 1** (Zweck: Rn 11 vor § 275) ist die Aufforderung zur Bewirkung der genau bezeichneten (Huber/Faust 3/130) Leistung binnen einer hinreichend (nicht notwendig nach Zeiteinheiten, zB Tagen usw) bestimmten Frist. **Zeitpunkt: nach** Fälligkeit, noch **vor** Undurchsetzbarkeit des Anspruchs. Fristset-

Titel 1. Verpflichtung zur Leistung **§ 281**

zung **vor** Fälligkeit ist unwirksam; Ablehnungsandrohung nicht erforderlich. Fristsetzung ist geschäftsähnliche Handlung (wie § 286 Rn 16), kann gem ZPO 255 auch durch Urteil bestimmt werden; nach Sicherungsabtretung kann sie vom Zedenten wirksam erklärt werden (BGH NJW 02, 1568 zu § 326 aF). Die gesetzte Frist muß **angemessen** sein (ie Thamm BB 82, 2018 zu § 326 aF mN und Bsp); Angemessenheit bestimmt im Streitfall das Gericht (§ 242) nach obj Maßstäben (BGH NJW 85, 2641). Dabei ist zu berücksichtigen, daß die Nachfrist dem Schuldner die Leistung nicht erst ermöglichen, sondern ihm eine letzte Gelegenheit geben soll, die in die Wege geleitete (vorbereitete) Erfüllung zu vollenden (BGH NJW 85, 2640 mN); die Nachfrist ist keine „Ersatzleistungsfrist" (BGH NJW 85, 857). Angabe eines bestimmten Zeitabschnitts nicht unbedingt nötig, uU (zB bei bes Dringlichkeit) kann Aufforderung zu „unverzüglicher" Leistung genügen (RG 75, 357). Eine zu kurz bemessene Nachfrist ist nicht wirkungslos, sondern setzt eine angemessene Frist in Lauf (BT-Drs 14/6040 S 138; BGH NJW 96, 1814); dies gilt nicht bei Unterschreitung der nach dem eigenen AGB einzuhaltenden Mindestfrist (Hamm NJW-RR 95, 503). **Schranken**: Vorbehalt unangemessen langer oder nicht hinreichend bestimmter Nachfristen in AGB zugunsten des Verwenders sind unwirksam (§ 308 Nr 2; Bsp dort Rn 4), desgl über (einfache) Schriftform hinausgehende Formerfordernisse zu Lasten des Kunden (§ 309 Nr 13). c) **Versäumung** 7 **der Nachfrist.** Die Frist ist **gewahrt**, wenn der Schuldner innerhalb des bestimmten Zeitraums (Rn 9) die Leistungshandlung vollständig vorgenommen hat (BGH 12, 269; LG Stuttgart MDR 79, 139), mag auch der Leistungserfolg erst nach Fristablauf eingetreten sein (s § 280 Rn 44; anderes gilt nur bei abw Vereinbarung, vgl BGH 12, 269 f). Bei zurückgewiesenem Teilangebot (§ 266) ist die Frist hinsichtlich der ganzen Leistung versäumt (bei Annahme gelten Rn 21 ff); fehlt nur geringfügiger Rest, ist Frist gewahrt (§ 242; RG 76, 153). Der Schuldner muß vollständig und in der **geschuldeten Qualität** leisten (sonst Zurückweisungsrecht des Gläubigers); nimmt der Gläubiger die Leistung gleichwohl vorbehaltlos an, kann er sich nach nochmaliger Fristsetzung Schadensersatz statt der Leistung verlangen (PalErgB/Heinrichs 12; aA Canaris DB 01, 1816). Für **Versäumung** genügt idR schon geringfügige Überschreitung der Frist (BGH NJW 74, 360; Ausnahme: § 242). d) **Abmahnung (III)** ist die ernsthafte Aufforderung (s § 286 Rn 18 f) an 8 den Schuldner, weitere Zuwiderhandlungen zu unterlassen. Sie tritt an die Stelle der Fristsetzung, wo diese unpraktikabel ist (Bsp: Unterlassungspflichten [soweit nicht der Verstoß ohnehin zur Unmöglichkeit führt § 275 Rn 16]; Dauerschuldverhältnisse, s Rn 25), setzt also eine vorangegangene Pflichtverletzung voraus (bei drohenden Zuwiderhandlungen Rn 9 und § 280 Rn 17 f). e) **Entbehrlichkeit** 9 **der Fristsetzung (II). aa)** Bei **ernsthafter und endgültiger Erfüllungsverweigerung** des Schuldners (vgl BGH 115, 297; strenge Anforderungen: BGH 104, 13; NJW 91, 1823 f; 97, 51 f; 98, 535) ist Fristsetzung überflüssig (BGH NJW 02, 1573). Bei sonstigen den Vertragszweck gefährdenden Pflichtverletzungen des Schuldners (Bsp: Erwecken von begründeten Zweifeln an seiner Leistungsbereitschaft oder -fähigkeit zZ der Fälligkeit ohne endgültige Leistungsverweigerung) kann der Gläubiger dem Schuldner uU bereits vor Fälligkeit der Leistung **entspr I 1** eine **Erklärungsfrist** bestimmen (vgl Rn 5 f; BGH NJW 83, 990; Hamm NJW-RR 95, 1519). Nach fruchtlosem Fristablauf (Schuldner stellt seine Erfüllungsbereitschaft nicht klar) kann der Gläubiger nach §§ 280, 281 Schadensersatz statt der Leistung verlangen. Gleiches gilt bei endgültiger **Erfüllungsverweigerung vor Fälligkeit** (Huber/Faust 3/138, 152, s § 280 Rn 16 f; aA Lorenz/Riehm 361: § 282). Zum Schadensersatz bei der Leistung wegen künftiger Raten beim Sukzessivlieferungsvertrag s Rn 24 f. Bei berechtigter Leistungsverweigerung nach § 275 II, III ist § 283 einschlägig. **bb)** Nach **II** ist eine Fristsetzung ferner entbehrlich, wenn **besondere Umstände** vorliegen, die unter Abwägung der beiderseitigen Interessen die sofortige Geltendmachung des Schadensersatzanspruchs rechtfertigen. Diese können sein: „Just in time"-Verträge (BT-Drs 14/6040, S. 140); wenn mit Sicherheit feststeht, daß der Schuldner auch innerhalb der Nachfrist nicht

Vollkommer 275

§ 281 Buch 2. Abschnitt 1. Inhalt der Schuldverhältnisse

leisten kann (Huber/Faust 3/143); polizeilich angedrohte Schließung des Geschäftsbetriebs (vgl BGH WM 02, 881); Fälle, bei denen früher nach § 326 II aF ein Interessewegfall angenommen wurde (zB bei Lieferung von Saisonware), Eingehen einer gebotenen anderweitigen Exklusivbindung des Künstlers beim Musikproduktionsvertrag (BGH NJW 01, 2879), uU Übernahme einer Garantie (§ 276 Rn 42; AnwKomBGB/Dauner-Lieb 21) des Schuldners für bestimmte Beschaffenheit der Ware, nachträgliche Leistunghindernisse (§ 283). Nicht ausreichend ist relatives
11 Fixgeschäft (Umkehrschluß aus § 323 II Nr 2). cc) Beim **Kauf- und Werkvertrag,** wenn der Verkäufer/Werkunternehmer die Nacherfüllung nach § 439 III, § 635 III verweigern darf oder die Nacherfüllung für den Käufer/Besteller unzu-
12 mutbar ist (§§ 440, 636). f) **Vertretenmüssen (§ 280 I 2).** Wie § 280 Rn 25 f. Bezugspunkt ist das Vorliegen der Pflichtverletzung bei Fristablauf (oder dem nach II maßgeblichen Ereignis, PalErgB/Heinrichs 16). Den Schuldner muß nach §§ 276, 278 der Vorwurf treffen, seine Leistung bis zum Fristablauf nicht ordnungsgemäß erbracht zu haben; § 287 ist dabei zu beachten (s dort Rn 1). Unerheblich ist, ob der Schuldner die Nicht- (nicht ordnungsgemäße) Leistung schon bei Fristsetzung zu vertreten hatte (Huber/Faust Rn 3/153). Bsp: Hat der Verkäufer ohne Verschulden eine mangelhafte Sache geliefert, schuldet er gleichwohl Schadensersatz statt der Leistung, wenn er innerhalb der Nachfrist den Nacherfüllungs-
13 anspruch (§ 439 I) nicht erfüllt und *diese* Pflichtverletzung zu vertreten hat. g) **Eigene Vertragstreue des Gläubigers** ist **keine** selbständige Voraussetzung des Anspruchs aus § 281 (anders zur bisherigen Rechtslage bei § 326 aF, s 9. Aufl § 326 Rn 7). Dies ergibt sich im Umkehrschluß aus § 323 VI (AnwKomBGB/Dauner-Lieb 28) und daraus, daß § 281 nicht nur für den gegenseitigen Vertrag gilt (Rn 1, PalErgB/Heinrichs 35). Vorangegangene Pflichtverletzungen des Gläubigers können aber einer Pflichtverletzung des Schuldners entgegenstehen (Bsp fehlende Mitwirkungsbereitschaft, vgl § 280 Rn 38), den Schuldner nach § 280 I 2 entlasten oder zu einer Kürzung des Anspruchs führen (§ 254).

14   3. **Erlöschen des Leistungsanspruchs (IV). a) Bedeutung.** Nach Ablauf der Nachfrist (oder bei Vorligen des II) bestehen Schadensersatzanspruch und Leistungsanspruch nebeneinander. Erst das **Verlangen** des Schadensersatzes (geschäftsähnliche Handlung, wie Mahnung, vgl § 286 Rn 16) führt zum (endgültigen; BT-Drs 14/6040 S 141; BGH NJW 99, 3115) Untergang des Leistungsanspruchs (und von Fälligkeitszinsen, BGH NJW 00, 72). Im gegenseitigen Vertrag entfällt der Anspruch auf die Gegenleistung (§ 326 I entspr, s aber Rn 18). Ist kein Schaden entstanden oder liegen die sonstigen Voraussetzungen der §§ 280, 281 nicht vor, geht das Verlangen ins Leere und der Leistungsanspruch besteht weiter
15 (BT-Drs 14/6857 S 50). **b) Einzelheiten.** Die Erklärung des Gläubigers muß eindeutig den Willen erkennen lassen, sich auf den Schadensersatzanspruch zu beschränken und die Erfüllung abzulehnen. Sie kann erst nach Entstehen des Schadensersatzanspruchs abgegeben werden. Bis zur Erklärung nach **IV** kann der Schuldner die Leistung noch in annahmeverzugsbegründender Weise anbieten und dadurch die Schwebelage beenden. Der Gläubiger kann die Leistung dann nicht durch Erklärung nach **IV** zurückweisen. **IV** gilt reziprok, wenn der Gläubiger nach Fristablauf statt Schadensersatz (doch wieder) Erfüllung verlangt. Er muß erneut nach **I** vorgehen, um wieder Schadensersatz statt der Leistung verlangen zu können.

16   4. **Schadensersatz statt der Leistung (I 1). a) Überblick.** Nach **I 1** schuldet der Schuldner Schadensersatz statt der Leistung, **soweit** er die geschuldete Leistung nicht oder nicht wie geschuldet erbringt. Der Anspruch ist auf das Erfüllungsinteresse (in Geld) gerichtet und tritt an Stelle der Primärleistung. Der Anspruch erfaßt den Schaden, daß der Schuldner bei Fristablauf (Zeitpunkt des **II**) nicht geleistet hat (§ 280 Rn 4). Der Gläubiger ist so zu stellen, wie er bei dann ordnungsgemäßer Leistung des Schuldners stehen würde (§§ 249 ff). Ersparnisse des Gläubigers sind abzuziehen (Beweislast: Schuldner, BGH NJW 01, 3537). Der **Verzö-**

Titel 1. Verpflichtung zur Leistung **§ 281**

gerungsschaden (zB Mietausfall, BGH NJW 98, 1304) wird ausschließlich nach §§ 280 I, II, 286 ersetzt. Er kann nicht in den Schadensersatz nach §§ 280, 281 einbezogen werden (Huber/Faust 3/185; aA PalErgB/Heinrichs 17; anders die frühere Rechtslage), da der Verzug keine Voraussetzung des Anspruchs aus **I 1** ist. Im Einzelnen ist bei der Schadensberechnung danach zu unterscheiden, ob der Schuldner bei Fristablauf (im Zeitpunkt des **II**) vollständig (dazu 17) oder teilw nicht erfüllt (dazu Rn 21–26) oder nicht ordnungsgemäß (dazu Rn 27–31) erfüllt hat. b) **Vollständige Nichterfüllung** der Leistungspflicht führt zum Schadens- 17 ersatzanspruch nach **I 1**. Er tritt gem **IV** an die Stelle des untergegangen Anspruchs auf die Leistung. Andere Ansprüche in zweiseitigen Schuldverhältnissen bleiben bestehen. Bsp: Geht der Auftraggeber wegen seines Anspruchs aus § 667 nach §§ 280, 281 vor, bleibt der Anspruch des Beauftragten aus § 670 unberührt. Zu Rückgabeansprüchen s Rn 2. c) **Besonderheiten bei gegenseitigen Vertrag.** 18 **aa) Arten der Schadensberechnung.** Der Gläubiger kann wählen, ob er im Falle des **I 1** seine eigene Leistung noch erbringt und den vollen Wert der Gegenleistung liquidiert (Surrogationstheorie) oder sich darauf beschränkt, die Differenz der Vermögenswerte von Leistung und Gegenleistung zu verlangen (Differenztheorie). Das **Wahlrecht** ergibt sich aus der Möglichkeit der Kombination von Rücktritt und Schadensersatz in § 325, die entwertet wäre, wenn der Gläubiger nur nach der Differenztheorie abrechnen könnte (Lorenz/Riehm 211). Hat der Gläubiger umgekehrt seine Gegenleistung schon erbracht, kann er diese nach Rücktritt zurückverlangen (§§ 346, 323) und seinen weitergehenden Schaden nach der Differenztheorie berechnen (PalErgB/Heinrichs 21 f). Regelmäßig bietet es sich an, den Schaden nach der Differenztheorie zu ermitteln (PalErgB/Heinrichs 20). Die einzelnen Leistungen werden dann Rechnungsposten eines einseitigen stets auf Geld lautenden Anspruchs des Gläubigers auf Ersatz seines Interesses an der Erfüllung des **ganzen** Vertrags (BGH NJW 01, 3535; 99, 3625). Ergibt sich wegen erbrachter Leistungen des Schuldners ausnahmsweise ein Überschuß zu dessen Gunsten, kann sie der Schuldner gem § 346 herausverlangen (arg §§ 281 V, 323, 326; aA PalErgB/Heinrichs 20: § 812 wie BGH NJW 00, 278); im übrigen kann der Gläubiger zurücktreten und damit den für ihn ungünstigen Leistungsaustausch beenden (§ 325). **bb) Berechnung des Schadensersatzes** statt der 19 Leistung: Stets **konkret** möglich, dann ist die gesamte Schadensentwicklung zu berücksichtigen, vom Fristablauf (Ereignis nach **II**) bis zum Schluß der mündlichen Verhandlung im Prozeß (BGH 136, 55; NJW 98, 2902 f); daneben kann ein Anspruch aus §§ 280 II, 286 wegen des Verzögerungsschadens bestehen. **Bsp:** Bisher enstandene Vertragskosten (BGH NJW 85, 2697 f) und nutzlose Aufwendungen zur Vertragsdurchführung (BGH 99, 197 mN; 123, 99 ff, zB Finanzierungskosten, Werbungsaufwand); bei Lieferverzug Mehrkosten eines Deckungskaufs (BGH NJW 98, 2903) oder Haftungsschäden gegenüber Abnehmern (Köln MDR 93, 318), bei Abnahme-(Zahlungs-)verzug Unterschied zwischen Vertragspreis und niedrigerem Einkaufs-(Herstellungs-)preis (BGH 107, 69) bzw Deckungsverkaufspreis (BGH 126, 134; trotz fehlender Preisdifferenz uU entgangener Gewinn: BGH 126, 308; krit Pohlmann NJW 95, 3169), bei Darlehen Zinsverlust bis zum nächstmöglichen Kündigungstermin (BGH NJW 91, 1817 mN; dazu Bekkers WM 91, 2052); **Vorteile** sowie ersparte Kosten (dazu BGH 107, 69 f) sind **anzurechnen;** Bsp: Beim Deckungsverkauf erzielter Mehrerlös bis zum Verkehrswert (ie BGH 136, 54 ff); Nutzungsvorteile (BGH NJW 82, 1280). Soweit **abstrakte** Schadensberechnung zulässig (vgl §§ 252 S 2; 309 Nr 5 a und BGH 62, 105; 126, 308; sa allg Rn 51 f vor § 249), ist als **maßgebender Stichtag der Fristablauf** (bzw Zeitpunkt des **II**) heranzuziehen (aA PalErgB/Heinrichs 34: Wahlweise auch Zeitpunkt der Pflichtverletzung; zum früheren § 326 aF s 9. Aufl § 326 Rn 17). Grund: Die schlichte Nichterfüllung ist zwar Pflichtverletzung, führt aber nicht zu einem Schadensersatzanspruch des Gläubigers (§ 280 Rn 9). Der Zeitpunkt des Erlöschens des Erfüllungsanspruchs (so Huber/Faust 3/214) hängt von der Erklärung des Gläubigers nach **IV** ab; der Gläubiger darf aber nicht

§ 281 Buch 2. Abschnitt 1. Inhalt der Schuldverhältnisse

auf Kosten des Schuldners spekulieren. Die zwischenzeitliche Minderung des entgangenen Gewinns ist Verzögerungsschaden (§ 280 II iVm § 286; § 280 Rn 52; Huber/Faust 3/216; vgl RG 90, 425). Bsp: Bei Handelsgeschäft Differenz zwischen Vertragspreis und (gestiegenem oder gefallenem) Marktpreis am Stichtag (BGH NJW 98, 2902); sa HGB 376 II; InsO 104 III. Übergang von der einen zur
20 anderen Berechnungsart möglich (BGH NJW 53, 337). **cc)** § 254 ist anwendbar (BGH NJW 97, 1232), doch kommt allein das Verhalten des Gläubigers nach Vertragsschluß in Frage (BGH NJW 87, 253 mN).

21 **5. Teilweise Nichterfüllung der Leistung (I 2). a)** I 2 setzt **Teilbarkeit** der Leistung (und Gegenleistung, Huber/Faust 3/161 mN) voraus, auch bei technischer oder vereinbarter Unteilbarkeit gilt **I 1** (BGH NJW 00, 1256: Lastenfreie Eigentumsverschaffung und Übergabe beim Kauf; Koblenz NJW-RR 92, 689 zu
22 § 326 I 3 aF). Vgl die Parallelvorschrift des § 323 V für den Rücktritt. **b)** Im Falle einer nur teilw erbrachten (und vom Gläubiger angenommenen, § 266, sonst **I 1**) Leistung bezieht sich der Schadensersatzanspruch nach **I 1** auf die bei Fristablauf noch ausstehende Teilleistung („soweit"; **kleiner Schadensersatz**); der Gläubiger muß die Teilleistung behalten. Bei **Interesse** des Gläubigers an teilw Vertragserfüllung führt Geltendmachung von Schadensersatz statt der Leistung zur Vertragstrennung (Aufrechnung des Schadensersatzanspruchs gegen den anteiligen Vergütungsanspruch aus dem bestehenbleibenden Teil möglich, BGH 36, 318). Hat der Gläubiger an teilw Vertragserfüllung **kein Interesse** (vgl BGH NJW 90, 3013), so kann er **großen Schadensersatz** (statt der ganzen Leistung) unter Rückgabe der schon erhaltenen Teilleistung (**V**) verlangen (**I 2**). Gilt nicht bei geringfügigen Leistungsrückständen (§ 242). In AGB des Schuldners können diese Rechte nicht zum Nachteil des Kunden (Verbrauchers) ausgeschlossen werden (§ 309 Nr 8).
23 **c)** Kommt beim **Sukzessivlieferungsvertrag** (Begriff: § 311 Rn 14) der Schuldner mit einer oder mehreren Teilleistungen (Raten) in Verzug, stehen dem Gläubi-
24 ger nach **I** folgende Rechte zu: **aa)** Anspruch auf Erfüllung der Restleistung und Ersatz des Verzögerungsschadens (§§ 280 II, 286); **bb)** nach Fristsetzung Schadensersatz statt der Leistung hinsichtlich der verzögerten Teilleistung (**I 1**; BGH
25 NJW 86, 126); **cc)** der Gläubiger kann Schadensersatz statt der Leistung wegen des ganzen noch nicht erfüllten Vertrages einschließlich der noch nicht fälligen Raten nach § 280 iVm §§ 281 I, IV verlangen, wenn er den Schuldner bei Fristsetzung entsprechend **III** abgemahnt hat (Lorenz/Riehm, 250 f; vgl die „erweiterte Ablehnungsandrohung" nach Fristsetzung und den [kündigungsgleichen] Rücktritt nach früheren Recht, U. Huber Bd II § 42 III 1 und 9. Aufl § 326 Rn 24); der schon abgewickelte Teil des Vertrages bleibt unberührt. Eine Rückabwicklung des gesamten Vertrages (einschließlich der schon fehlerfrei erbrachten Teile) ist nur unter den
26 Voraussetzungen des **I 2** (§ 323 V 1) möglich. **d)** Bei **Kauf- und Werkvertrag** ist im Hinblick auf §§ 434 III, 633 II 3 zu unterscheiden: Sollte mit der erbrachten Leistung vollständig erfüllt werden, liegt nach §§ 434 III, 633 II 3 eine nicht ordnungsgemäße Leistung vor (Folge: **I 3** anwendbar, Rn 27). Liegt dagegen eine reine Teilerfüllung (§ 266) vor (Bsp: Verkäufer liefert 90 der bestellten 100 Kisten und kündigt den Eingang der fehlenden 10 für einen späteren Termin an), liegt ein Fall des **I 2** vor (str; PalErgB/Heinrichs 38; AnwKomBGB/Dauner-Lieb, 18; Huber/Faust 3/164: immer **I 3**; keine Anwendung der §§ 434 III, 633 II 3 in §§ 281, 323 V: Lorenz/Riehm, 219; Canaris ZRP 01, 335).

27 **6. Nicht ordnungsgemäße Leistung (I 3)** erfaßt vor allem die (bei Fristablauf, sonst **II**, §§ 440, 636) mangelhaft erbrachte (Sach-)Leistung (§§ 434, 435, 633). Lehnt der Gläubiger die Annahme der Leistung wegen des Mangels ab, gilt **I 1** (Grenze: § 242). Bes Gewährleistungsregelungen (§§ 536a, 651f) gehen vor, § 280 Rn 6, 13. Zur nicht ausdr geregelten Teil- und Schlechtleistung s BT-Drs 14/6040, S. 187; AnwKomBGB/Dauner-Lieb 18; Lorenz/Riehm 221; Canaris
28 ZRP 01, 334f; nach Rn 26 ist **I 3** anwendbar. Im Einzelnen: **a) Kleiner Schadensersatz.** Der Gläubiger behält nach **I 1** die mangelhafte Sache und macht

Titel 1. Verpflichtung zur Leistung § 282

lediglich Ersatz des Wertunterschieds zwischen mangelfreier und mangelhafter Sache (Minderwert) geltend (kleiner Schadensersatz); Bsp: Reparaturaufwand (BGH 108, 156), Mindererlös bei Weiterverkauf. **b)** Beim **großer Schadensersatz** stellt der Gläubiger die abgenommene Sache (das Werk) zur Verfügung (Rückabwicklung nach **V**) und verlangt Schadensersatz statt der *ganzen* Leistung (großer Schadensersatz). Dieser berechnet sich wie nach **I 1** (Rn 17 f). **c) Grenzen des Wahlrechts (I 3). aa)** Der Gläubiger kann den großen Schadensersatz nicht verlangen, wenn die Pflichtverletzung (dh der Mangel) unerheblich ist (auch kein Rücktritt möglich, § 323 V 2). Es handelt sich zunächst um Mängel unterhalb der Bagatellgrenze (vgl §§ 459 I 2, 634 III aF); im Einzelnen ist eine auf der Grundlage des Vertrages zu treffende umfassende Interessenabwägung (Beseitigungsaufwand, Beeinträchtigungen, uU Garantie usw) erforderlich (PaErgBl/Heinrichs 48). Bsp für erhebliche Mängel: fehlendes Benutzerhandbuch bei Lieferung von Hard- und Software (BGH NJW 93, 462); unterbliebene Montage (BGH NJW 98, 3197); gefälschtes Kunstwerk [Schadensersatz statt der ganzen Leistung dann gem § 311a II, dort Rn 5], Kraftstoffmehrverbrauch bei Neuwagen von mehr als 10% (BGHZ 136, 94). **bb)** Wird beim **Sukzessivlieferungsvertrag** eine oder mehrere Teilleistungen mangelhaft erbracht, gelten Rechtsfolgen nach Rn 24 f. Eine Rückabwicklung des gesamten Vertrages einschließlich der schon erbrachten Teile ist nur unter den strengeren Voraussetzungen des **I 2** möglich. Die mangelfrei erbrachten Teile lassen sich beim Sukzessivlieferungsvertrag klar von der mangelhaften Teilleistung abtrennen, was eine teleologische Reduktion von **I 3** rechtfertigt (vgl BT-Drs 14/6040 S 187).

7. Anwendung von Rücktrittsrecht (V). Macht der Gläubiger den Schadensersatzanspruch statt der ganzen Leistung (großer Schadensersatz) geltend (Rn 22, 30), muß er die empfangene Leistung nach den Vorschriften über den Rücktritt zurückgeben (**V**). Auf die Schadensberechnung hat das keinen Einfluß (Huber/Faust 3/166). Der große Schadensersatz führt zu einer Kombination von Rücktritt und Schadensersatz (BT-Drs 14/6040 S 141). Will der Gläubiger auch die *von ihm erbrachte Leistung* vom Schuldner zurückverlangen, muß er zusätzlich noch den Rücktritt erklären (§ 325).

8. Die **Beweislast** für die Voraussetzungen des § 281 trägt der Gläubiger, insbes nach Gefahrübergang für das Vorliegen eines Mangels (§ 363; Ausnahme: § 476). Für das Nichtvertretenmüssen der Pflichtverletzung zum maßgeblichen Zeitpunkt (Rn 12) trägt der Schuldner die Beweislast (§ 280 I 2); s auch § 283 Rn 11.

29

30

31

32

33

§ 282 Schadensersatz statt der Leistung wegen Verletzung einer Pflicht nach § 241 Abs. 2

Verletzt der Schuldner eine Pflicht nach § 241 Abs. 2, kann der Gläubiger unter den Voraussetzungen des § 280 Abs. 1 Schadensersatz statt der Leistung verlangen, wenn ihm die Leistung durch den Schuldner nicht mehr zuzumuten ist.

1. Allgemeines. a) Zweck. § 282 ist anwendbar, wenn der Schuldner zwar seine Leistung ordnungsgemäß erbringt oder noch nicht erbringen muß, dem Gläubiger aber die weitere Vertragsdurchführung wegen erheblicher „leistungsbegleitender Pflichtverletzungen" (BT-Drs 14/7052 S 186) des Schuldners nicht mehr zumutbar ist. Der Gläubiger kann dann nach § 280 I iVm § 282 Schadensersatz statt der (Primär-)Leistung verlangen, wenn der Schuldner die Nebenpflichtverletzung zu vertreten hat (§ 280 I 2). **b) Anwendungsbereich.** Erfaßt sind alle Schuldverhältnisse mit (primären) Leistungspflichten, daher nicht das vorvertragliche Schuldverhältnis (BT-Drs 14/7052 S 186). Praktische Bedeutung kommt der Vorschrift nur bei vertraglichen Schuldverhältnissen zu. **c) Abgrenzung zu §§ 280, 281.** Von §§ 280, 281 erfaßt sind Störungen der (fälligen) Leistungspflicht, sowie die Verletzung von leistungsbezogenen Nebenpflichten, die eine „nicht wie

1

2

3

Vollkommer 279

§ 283 Buch 2. Abschnitt 1. Inhalt der Schuldverhältnisse

geschuldete Leistung", § 281 I 1 darstellen (dazu § 280 Rn 16 f; § 281 Rn 9). Erleidet der Gläubiger durch eine Pflichtverletzung nach § 241 II einen Begleitschaden (dazu § 280 Rn 20), ist dieser unmittelbar nach § 280 I zu ersetzen (§ 280 Rn 4, 20).

4 **2. Voraussetzungen. a) Pflichtverletzung.** Der Schuldner muß eine Pflicht nach § 241 II (nicht leistungsbezogene Schutzpflicht, BT-Drs 14/7052 S 186) verletzt haben. Bsp: Beschädigung des Eigentums des Gläubigers bei der Vertragsausführung, illoyales Verhalten, Beleidigungen und Kränkungen. Der Anwendungsbereich ist gering. **Abgrenzung:** Verstöße gegen die allg Leistungstreuepflicht fallen unter §§ 280, 281 (aA Lorenz/Riehm 361). Bsp: Vertragsaufsage vor Fälligkeit der Leistung (vgl § 323 IV zum Rücktritt, § 280 Rn 16 f), Störungen im Sukzessivlieferungsvertrag, soweit sie Einfluß auf die weitere Vertragsdurchführung
5 haben (§ 281 Rn 25). **b) Unzumutbarkeit.** Die Leistungserbringung muß für den Gläubiger unzumutbar sein. Dies setzt regelmäßig eine vorherige Abmahnung voraus (§ 314 II analog; s BGH DB 68, 1575), insbes, wenn die Pflichtverletzung Bezug zur Leistungserbringung hat. Die Unzumutbarkeit muß daneben aber besonders festgestellt werden (BT-Drs 14/7052 S 186). Die durch die Pflichtverletzung ausgelöste Störung des Schuldverhältnisses muß den Fällen des § 281 entspre-
6 chen. **c) Vertretenmüssen (§ 280 I 2).** Wie § 280 Rn 25. Bezugpunkt des Verschuldensvorwurfs ist die in Rn 4 genannte Pflichtverletzung.

7 **3. Rechtsfolgen.** Wie bei § 281, s dort Rn 16 ff. Geschuldet ist Schadensersatz statt der noch ausstehenden Leistung. Für Schadensersatz statt der *ganzen* Leistung müssen die Voraussetzungen des § 281 I 2, 3 vorliegen (dann § 281 V). Der Leistungsanspruch erlischt erst mit dem Verlangen des Schadensersatzes (§ 281 IV). Im gegenseitigen Vertrag kann der Gläubiger auch zurücktreten (§§ 324, 325).

8 **4. Beweislast.** Der Gläubiger trägt die Beweislast für die Voraussetzungen des § 282; der Schuldner muß beweisen, daß er die Pflichtverletzung (Rn 4) nicht zu vertreten hat.

§ 283 Schadensersatz statt der Leistung bei Ausschluss der Leistungspflicht

¹Braucht der Schuldner nach § 275 Abs. 1 bis 3 nicht zu leisten, kann der Gläubiger unter den Voraussetzungen des § 280 Abs. 1 Schadensersatz statt der Leistung verlangen. ² § 281 Abs. 1 Satz 2 und 3 und Abs. 5 findet entsprechende Anwendung.

1 **1. Allgemeines. a) Bedeutung. Anspruchsgrundlage** für Schadensersatz statt der Leistung bei **nachträglichen** Leistungshindernissen gem § 275 I – III ist § 280 I iVm § 283. Die Vorschrift hat klarstellende Bedeutung, indem sie bestimmt, daß bei Vorliegen eines nachträglichen Leistungshindernisses nach § 275 eine Pflichtverletzung im Sinne des § 280 I vorliegt (§ 280 Rn 8). Dies ergibt sich aber schon zwanglos daraus, daß auch in diesem Fall die Leistung nicht so erbracht wird (werden kann), wie sie geschuldet war. Im übrigen verzichtet § 283 auf eine Nachfrist nach § 281 I 1. Auch dies leuchtet ohne weiteres ein, da ein fälliger
2 Anspruch auf die Leistung wegen des Leistungshindernisses nicht besteht. **b) Abgrenzung zu § 311 a II.** Anspruchsgrundlage auf Schadensersatz statt der Leistung
3 wegen **anfänglichen Leistungshindernissen** ist § 311 a II. **c) Anwendungsbereich.** § 283 gilt für alle (vertragliche wie ges) Schuldverhältnisse.

4 **2. Voraussetzungen. a)** Zwischen dem Schuldner und dem Gläubiger muß
5 ein **wirksames Schuldverhältnis** bestehen. **b)** Der Schuldner muß nach **§ 275** von der Leistungspflicht nach Entstehen des Schuldverhältnisses befreit sein **(S 1).** Nachträgliche Leistungshindernisse liegen vor, wenn die Leistung zwar bei Entstehung des Schuldverhältnisses möglich war, später aber zu irgendeinem Zeitpunkt vor der Erfüllung ein Leistungshindernis nach § 275 entstanden ist. In den Fällen des § 275 II, III dürfen die obj Voraussetzungen der Leistungserschwerung noch

Titel 1. Verpflichtung zur Leistung **§ 284**

nicht bei Vertragsschluß vorgelegen haben; der Zeitpunkt der Erhebung der Einrede spielt keine Rolle. § 283 ist aber erst anwendbar, wenn der Schuldner die Einrede nach § 275 II, III erhoben hat (bis dahin: § 281). c) Bei einem **teilweisen** **Ausschluß** der Leistungspflicht (**S 2**) entsteht der Schadensersatzanspruch statt der Leistung bei teilbaren Leistungen (s § 281 Rn 21) soweit die Leistungspflicht nach § 275 entfällt (§ 275 Rn 7 f). Schadensersatz statt der *ganzen* Leistung (**großer Schadensersatz**) kann der Gläubiger bei schon teilw erbrachter Leistung unter den Voraussetzungen des § 281 I 2 (Gläubigerinteresse), bei nicht wie geschuldeter Leistung nach § 281 I 3 (Erheblichkeit des nicht behebbaren Mangels) verlangen. Hatte der Schuldner bei Eintritt des Leistungshindernisses noch nicht geleistet, kann der Gläubiger die nicht vertragsgemäße Leistung ablehnen (Bsp: Der verkaufte PKW wurde nach Vertragsschluß aber vor Gefahrübergang irreparabel beschädigt) und Schadensersatz statt der ganzen Leistung verlangen (Grenze: § 242, s § 281 Rn 22, 27). d) Der Schuldner muß das Leistungshindernis (Pflichtverletzung) gem § 276 ff, 287 S 2 zu vertreten haben (wie § 280 Rn 24 f).

3. Rechtsfolgen. a) Schadensersatz statt der Leistung. Wie § 281 Rn 16 ff; **Zeitpunkt:** Eintritt des Leistungshindernisses; in den Fällen des § 275 II, III das Vorliegen der objektiven Voraussetzungen des Leistungshindernisses (aA PalErgB/ Heinrichs 6: Erheben der Einrede; dies hängt aber vom Zufall ab, auch sonst spielt der Zeitpunkt der Einredeerhebung keine Rolle, s Rn 5 und § 311a Rn 3). Zu teilw Leistungshindernissen: Rn 6. **b) Wegfall der Gegenleistung** nach § 326 I (auch wenn der Schuldner das Leistungshindernis nicht zu vertreten hat); der Gläubiger kann auch nach §§ 326 V, 323 zurücktreten. **c) Die beiderseits** zu vertretende Unmöglichkeit ist nicht geregelt (s § 326 Rn 22; aA PalErgB/Heinrichs 4: immer § 254).

4. Die Beweislast für das Vorliegen des Leistungshindernisses trägt der Gläubiger; der Schuldner muß den Entlastungsbeweis führen (§ 280 I 2). Weiß der Gläubiger nicht, warum der Schuldner nicht leistet oder hat er Zweifel am Vorliegen eines Leistungshindernisses, muß er nach § 281 I 1 (Fristsetzung; ggf im Urteil zu bestimmen, ZPO 255) vorgehen. Dann muß der Schuldner beweisen, daß ein von ihm nicht zu vertretendes Leistungshindernis vorlag (§ 281 Rn 33). Mißlingt dies, ist die Prüfung der §§ 275, 283 überflüssig und der Anspruch aus §§ 280, 281, 283 gegeben (PalErgB/Heinrichs 7 vor § 281); die Rechtslage entspricht damit im wesentlichen der des § 283 aF (s § 287 Rn 1; unklar Schur NJW 02, 2518).

6

7

8

9

10

11

§ 284 Ersatz vergeblicher Aufwendungen

Anstelle des Schadensersatzes statt der Leistung kann der Gläubiger Ersatz der Aufwendungen verlangen, die er im Vertrauen auf den Erhalt der Leistung gemacht hat und billigerweise machen durfte, es sei denn, deren Zweck wäre auch ohne die Pflichtverletzung des Schuldners nicht erreicht worden.

1. Zweck. § 284 ist iVm §§ 280 I, III, 281–283, 311a II **Anspruchsgrundlage** auf Ersatz vergeblicher Aufwendungen. Verfolgt der Gläubiger einen ideellen oder konsumptiven Zweck, erleidet er regelmäßig durch die Pflichtverletzung keinen Vermögensschaden (§ 253 I). Er kann seine im Hinblick auf den Vertrag getätigten (frustrierten) Aufwendungen auch nicht als Mindestschaden nach der Rentabilitätsvermutung verlangen, da diese bei solchen Fallgestaltungen widerlegt ist (BGH 99, 198: abgesagte Parteiveranstaltung). Dieses Ergebnis korrigiert § 284, indem er dem Gläubiger anstelle des Schadensersatzes statt der Leistung einen Aufwendungserstattungsanspruch gewährt. Praktische Bedeutung hat § 284 für Verbraucher, die im Falle der Rückabwicklung des Vertrages ihre Vertragskosten (Rn 4) ersetzt verlangen können. **Abw Vereinbarungen** in AGB und im Verbrauchervertrag sind in den Grenzen der §§ 308 Nr 7, 307 möglich (Grigoleit ZGS 02, 124).

1

§ 284 Buch 2. Abschnitt 1. Inhalt der Schuldverhältnisse

2 **2. Anwendungsbereich.** Erfaßt sind sämtliche Schuldverhältnisse (wie § 281 Rn 2 f). Bei erwerbswirtschaftlichen Verträgen hat § 284 keine Bedeutung, da dort die Rentabilitätsvermutung (siehe dazu § 249 Rn 8) eingreift. Ist diese widerlegt, gewährt § 284 wegen Rn 7 keinen weitergehenden Anspruch für frustrierte Aufwendungen (PalErgB/Heinrichs 4; Grigoleit ZGS 02, 123; einschr Huber/Faust 4/45 f). **Entspr Anwendung** bei Gewährleistungsregelungen (§§ 523 II 1, 524 II 2, 536 a, 651 f), wenn (wie bei § 280 III) Schadensersatz wegen des positiven Interesses geschuldet wird (Huber/Faust 4/9), da diese Regelungen hinsichtlich des neuen § 284 nachträglich lückenhaft geworden sind (Bsp nach BGH 99, 198: Die Partei muß die angemietete Halle wegen schwerer Mängel umgehend wieder räumen).

3 **3. Voraussetzungen. a)** Sämtliche Voraussetzungen (insbes auch Vertretenmüssen des Schuldners) eines **Anspruchs auf Schadensersatz statt der Lei-**
4 **stung** (§§ 280 I, III, 281–283, 311 a II) müssen vorliegen. **b) Aufwendungen** iSv § 284 sind freiwillige Vermögensopfer des Gläubigers. Hierunter fallen insbes Vertragskosten (§ 467 S 2 aF) und sonstige Aufwendungen zum Erhalt der Leistung, zB Maklerkosten (s auch Rn 5), Abschluß von Versicherungen, die Beauftragung von Transportunternehmen, Kosten für die Inempfangnahme der Leistung (zB Reise- und Übernachtungskosten für Konzertbesuch, LG Lüneburg NJW 02, 614; Grigoleit ZGS 02, 123), Darlehensaufnahme zur Kaufpreisfinanzierung (vgl BGH 114, 197); Aufwendungen für die künftige Verwendung der Leistung des Schuldners (Bsp nach BT-Drs 14/6040 S 143: Umbaukosten, Werbung) sind ersatzfähig, soweit sie dem im Vertrag vereinbarten oder vorausgesetzten Verwendungszweck entsprechen (Huber/Faust 4/24 f). Die eigene Arbeitskraft ist unter den Voraussetzungen des § 1835 III (wie § 683 Rn 6) ersatzfähig. Entgangener Gewinn aus einem anderen Geschäft fällt nicht unter § 284 (BT-Drs 14/6040
5 S 144). Zur erbrachten Gegenleistung: Rn 8 aE. **c)** Die Aufwendungen müssen **im Vertrauen** auf den Erhalt der Leistung getätigt worden sein. Sie müssen nach wirksamer Begründung des Schuldverhältnisses (beachte: Rückwirkung der Genehmigung § 184 I, BGH NJW 99, 2269) erfolgt oder durch den Vertragsschluß bedingt (Bsp: § 652 I) sein. Nicht ersatzfähig sind Kosten der Vertragsverhand-
6 lungen. **d)** Die Aufwendungen müssen dem Grunde und der Höhe nach der **Billigkeit** entsprechen. Dies ist nicht der Fall, wenn die Aufwendungen außer Verhältnis zum Wert der Leistung stehen (Wert des geschuldeten Bildes: 1000, Wert des dafür hergestellten Rahmens: 8000), gänzlich unüblich sind oder zu einem Zeitpunkt getätigt werden, an dem die Leistungsstörung bereits absehbar ist (vgl § 254 II 1 1. Fall).

7 **4.** Der Anspruch ist **ausgeschlossen (letzter HS)**, wenn der vom Gläubiger mit dem Schuldverhältnis verfolgte Zweck aus anderen Gründen als der Pflichtverletzung nicht erreicht worden wäre (Zweckverfehlung). Insoweit sind hypothetische Ursachen (Rn 42 vor § 249) ausdr beachtlich. Handelt der Gläubiger erwerbswirtschaftlich, besteht kein Anspruch aus § 284, wenn er aus dem Geschäft ohnehin keinen Gewinn gezogen hätte, da die Leistungsstörung für ihn nicht zum „Glücksfall" werden darf (BT-Drs 14/6040 S 144). Im Gesetzgebungsverfahren wurde ein wahlweise bestehender Anspruch auf das negative Interesse ausdrücklich abgelehnt (BT-Drs 14/6040 S 143). Bei konsumptiven, spekulativen, ideellen oder marktstrategischen Zwecken (BT-Drs 14/6040 S 144) kommt es darauf an, ob dieser Zweck unabhängig von der Pflichtverletzung des Schuldners verfehlt worden wäre (Bsp [nach Rn 1]: Die Parteiveranstaltung wäre ohnehin abgesagt worden). Sind die Aufwendungen ausnahmsweise nicht frustriert (Bsp: Der Gläubiger kann den für das gekaufte Bild angefertigten Rahmen anderweitig verwenden), scheidet der Anspruch ebenfalls aus (Rn 1).

8 **5. Rechtsfolge.** Der **Aufwendungserstattungsanspruch** besteht wahlweise zum Anspruch auf Schadenserdsatz statt der Leistung; neben dem Anspruch auf kleinen Schadensersatz (§ 281 I 2, 3), soweit die Aufwendungen ausschließlich die

Titel 1. Verpflichtung zur Leistung **§ 285**

nicht erhaltene Leistung betreffen. Nicht ersetzt wird das negative Interesse (PalErgB/Heinrichs 9). Der Gläubiger kann bei der Berechnung seines Anspruchs auch noch später (im Rechtsstreit) von Schadensersatz statt der Leistung auf Aufwendungsersatz übergehen und umgekehrt. Der Anspruch kann analog § 254 gekürzt werden (PalErgB/Heinrichs 7); uU § 255. Kombination mit § 285 möglich (Huber/Faust 4/53). Die schon erbrachte Gegenleistung kann nach §§ 346, 323, 326 V, 325 zurückverlangt werden.

§ 285 Herausgabe des Ersatzes

(1) Erlangt der Schuldner infolge des Umstands, auf Grund dessen er die Leistung nach § 275 Abs. 1 bis 3 nicht zu erbringen braucht, für den geschuldeten Gegenstand einen Ersatz oder einen Ersatzanspruch, so kann der Gläubiger Herausgabe des als Ersatz Empfangenen oder Abtretung des Ersatzanspruchs verlangen.

(2) Kann der Gläubiger statt der Leistung Schadensersatz verlangen, so mindert sich dieser, wenn er von dem in Absatz 1 bestimmten Recht Gebrauch macht, um den Wert des erlangten Ersatzes oder Ersatzanspruchs.

1. Allgemeines. a) Bedeutung: Anspruchsgrundlage (Rn 10 ff) iVm § 275 **1** (vgl Rn 6). **b) Grundgedanke:** Nach dem (fortbestehenden) Schuldverhältnis **2** gebührt im Verhältnis der Parteien dem Gläubiger, dessen Anspruch auf die Leistung nach § 275 nicht besteht, was im Vermögen des Schuldners an deren Stelle getreten ist (vgl BGH NJW-RR 88, 903; Lobinger JuS 93, 456 ff); Fall der **„schuldrechtlichen Surrogation"** (Larenz, SchR I, § 21 I); er entspricht idR dem mutmaßlichen Parteiwillen (BGH 99, 388; 135, 289: ges geregelter Fall ergänzender Vertragsauslegung). **c) Anwendungsbereich:** Gilt für alle vertrag- **3** lichen und ges Schuldverhältnisse (§ 241 Rn 3) auf Leistung bestimmter Gegenstände (Rn 5), soweit die „allg Vorschriften" eingreifen, also zB im Fall der Haftung für Mängel im Kauf- und Werkvertrag (§§ 437, 634, dazu Rn 6), der gem §§ 818 IV, 819 verschärften Bereicherungshaftung (BGH 75, 207), des Rücktritts (BGH NJW 83, 930; § 346 IV), Vermächtnis (KG ZEV 99, 494) und bei aufschiebend bedingter Verpflichtung (BGH 99, 388 f), **nicht** dagegen für die einfache Bereicherungshaftung (Sonderregelung des § 818 II, III gilt, vgl BGH 75, 206; ie § 818 Rn 10 f), ferner nicht für den dinglichen Herausgabeanspruch gem § 985 (vgl dort Rn 4 ff mN). **d) Abgrenzung. aa) Sondervorschriften** enthalten **4** §§ 816 I; 687 II, 681, 667; HGB 384 II. **bb)** Ergänzende Vertragsauslegung (§§ 157, 242) kann zu entspr (auch weitergehender) Nebenpflicht führen (BGH 25, 10; Dresden NJW-RR 98, 373; s auch Rn 9).

2. Voraussetzungen. a) Auf Leistung eines bestimmten Gegenstandes (Rn 1 **5** vor § 90) gerichtetes Schuldverhältnis. „Gegenstand" umfaßt auch einen kraft Ges übergehenden Annex der Leistung (BGH 135, 288 f). Bsp für Schuldverhältnisse: Vertrag, zB gem § 433, wegen § 535 vgl Rn 9; uH; GoA. Nicht hierher gehören die in Rn 3 ausgenommenen Schuldverhältnisse, Gattungsschulden (§ 243 I) vor Konkretisierung (anders bei Untergang der ganzen Gattung, Rn 6), auf Handlung oder Unterlassung gerichtete Schuldverhältnisse. **b) Leistungshindernis.** Erfaßt **6** sind sowohl **anfängliche** als auch **nachträgliche** Leistungshindernisse gemäß § 275. Gleich bleibt, ob der Schuldner das Leistungshindernis des § 275 zu vertreten hat oder nicht (arg II), in den Fällen des § 275 II, III muß die Einrede erhoben sein (§ 275 Rn 32, sonst §§ 280, 281). **Quantitative** oder **qualitative** (dazu § 275 Rn 9) Unmöglichkeit genügt (BGH 114, 36 f; 129, 103); Anspruch auf das **Mangelsurrogat** besteht auch bei (anfänglichen oder nachträglichen) unbehebbaren Mängeln der Kaufsache oder des Werkes (Bsp: Das verkaufte Haus brennt vor Gefahrübergang ab oder wird schwer beschädigt, vgl auch Tiedtke NJW 95, 3084; Eckardt JR 96, 400 f; weitergehend Schaper/Kandelhard NJW 97,

Vollkommer

§ 285 Buch 2. Abschnitt 1. Inhalt der Schuldverhältnisse

839 ff zur früheren Rechtslage) oder wenn der Schuldner die **Nacherfüllung gem §§ 439 III, 635 III verweigert** (arg § 275 Rn 29). § 285 gilt **entsprechend**, wenn die Sachmangelhaftung vertraglich ausgeschlossen ist (Reinicke/Tiedke ZIP 97, 1093) oder soweit die Pflichtverletzung (§ 280 I) zur dauernden Entwertung der Leistung führt. Bsp: Einziehung der abgetretenen Forderung durch den Abtretenden mit der Folge des § 407 (RG 111, 303). **c) Erlangung von Ersatz oder Ersatzanspruch. aa) Allgemeines.** Sog **stellvertretendes commodum** ist jeder Vermögensvorteil, der wirtschaftlich im Schuldnervermögen an die Stelle der nach § 275 weggefallenen Leistung tritt; **Surrogat** im wirtschaftlichen Sinn genügt. Bsp: Schadensersatzleistung durch den Drittschädiger bei uH (entspr Schadensersatzanspruch); Entschädigungsleistung bei Enteignung; Restitutionsanspruch nach VermG (LM Nr 12; KG ZEV 99, 494); Versteigerungsübererlös in der Zwangsvollstreckung (BGH WM 87, 988); Versicherungssumme bei Zerstörung (Beschädigung) der geschuldeten Sache (dazu BGH 99, 388 f; 114, 34 ff; 129, 106 [insoweit krit Tiedtke NJW 95, 3084 f; Eckardt JR 96, 399]; sog **commodum ex re**); rechtsgeschäftlicher Gegenwert (Veräußerungserlös) bei anderweitiger Verfügung (sog **commodum ex negotiatione**; s Rn 8). **bb) Kausalzusammenhang** zwischen dem Leistungshindernis (Rn 6) und der Ersatzerlangung (Rn 7; **I: „infolge"**). Adäquater Kausalzusammenhang (Rn 27 ff vor § 249) genügt (BGH LM Nr 1); wirtschaftlich Zusammengehöriges gilt als Einheit. Bsp: Der Veräußerungserlös (Rn 7) ist herauszugeben, obwohl er auf dem schuldrechtlichen Vertrag beruht und nicht auf der erst zum Leistungshindernis führenden dinglichen Veräußerung (BGH 46, 264; NJW 83, 930, hM). **cc) Identität zwischen geschuldetem und ersetztem Gegenstand** (**I:** Ersatz „für" den geschuldeten Gegenstand). Ein Eigentumssurrogat ist nur dann herauszugeben, wenn die Eigentumsverschaffung, nicht aber, wenn (nur) Besitzverschaffung (Gebrauchsüberlassung) geschuldet war (vgl Jochem MDR 75, 180). Bsp: Bei Untergang einer vermieteten (verpachteten) Sache hat der Mieter (Pächter) keinen Anspruch auf Mieteinräumung am Ersatzgegenstand oder auf Zinsen aus der Entschädigung (BGH 25, 10; vgl aber Rn 4 [bb]). Bei der Veräußerung eines zu belastenden Grundstücks hat der Gläubiger keinen Anspruch auf den infolge der fehlenden Belastung erzielten Mehrerlös (BGH 46, 266). Eine Abfindung, die dem Hauptmieter für eine vorzeitige Auflösung des Hauptmietverhältnisses gewährt wird, gebührt dem Untermieter (BGH NJW-RR 86, 235 f).

3. Rechtsfolge: Anspruch auf Ersatzherausgabe (Abtretung des Ersatzanspruchs). **a) Allgemeines.** Der Anspruch ist kein Schadensersatzanspruch, kann aber mit einem solchen zusammentreffen (**II** und Rn 13), auch kein Bereicherungsanspruch. Er **entsteht** nicht kraft Ges, sondern erst mit dem Verlangen des Gläubigers („verhaltener Anspruch"); zum **Wahlrecht** des Gläubigers in zeitlicher Hinsicht vgl Rn 13. **b) Inhalt.** Alles Erlangte ist herauszugeben; maßgebend ist, was dem Schuldner tatsächlich zugeflossen ist (BGH 114, 39). Ein Veräußerungserlös (Rn 7 f) ist in voller Höhe (nicht nur in Höhe des gemeinen Werts) herauszugeben einschließlich des erzielten Geschäftsgewinns (RG 138, 48; Larenz, SchR I, § 21 I, hM) und des gezogenen Zinsertrags (BGH NJW 83, 930; Knütel JR 83, 356). Eigene Aufwendungen des Schuldners können dem Gläubiger nur entgegengehalten werden, soweit sie zu einem aufrechenbaren Gegenanspruch führen (BGH DtZ 97, 226 mN). **c) Abwicklung.** Die Herausgabeschuld, deren Verjährung und der Verschuldensmaßstab richten sich nach dem (fortbestehenden) ursprünglichen Schuldverhältnis (BGHZ 140, 240; BGH NJW-RR 88, 904 mN); der Anspruch auf das Mangelsurrogat (Rn 6) unterliegt nach Gefahrübergang der Verjährungsfrist der §§ 438, 634 a. §§ 275, 283 gelten (auch bei Herausgabe von Geld), nicht § 818 III.

4. Verhältnis zum Schadensersatzanspruch (II). Der Herausgabeanspruch gem Rn 10 ff schließt einen bestehenden Schadensersatzanspruch nicht aus, führt aber zu wertmindernder **Anrechnung**; Grund: Keine Besserstellung des Gläubi-

Titel 1. Verpflichtung zur Leistung **§ 286**

gers (Fall der Vorteilsausgleichung). Der Gläubiger, der Ersatzherausgabe verlangt hat (Rn 10), kann bis zu deren Leistung auf seine Forderung nach vollem Schadensersatz zurückkommen (RG 108, 187). Der Schuldner kann den Gläubiger, der Schadensersatz verlangt, nicht auf die Ersatzherausgabe verweisen (RG 105, 155). Für die Gegenleistung gilt § 326 III.

§ 286 Verzug des Schuldners

(1) ¹Leistet der Schuldner auf eine Mahnung des Gläubigers nicht, die nach dem Eintritt der Fälligkeit erfolgt, so kommt er durch die Mahnung in Verzug. ²Der Mahnung stehen die Erhebung der Klage auf die Leistung sowie die Zustellung eines Mahnbescheids im Mahnverfahren gleich.

(2) Der Mahnung bedarf es nicht, wenn
1. für die Leistung eine Zeit nach dem Kalender bestimmt ist,
2. der Leistung ein Ereignis vorauszugehen hat und eine angemessene Zeit für die Leistung in der Weise bestimmt ist, dass sie sich von dem Ereignis an nach dem Kalender berechnen lässt,
3. der Schuldner die Leistung ernsthaft und endgültig verweigert,
4. aus besonderen Gründen unter Abwägung der beiderseitigen Interessen der sofortige Eintritt des Verzugs gerechtfertigt ist.

(3) ¹Der Schuldner einer Entgeltforderung kommt spätestens in Verzug, wenn er nicht innerhalb von 30 Tagen nach Fälligkeit und Zugang einer Rechnung oder gleichwertigen Zahlungsaufstellung leistet; dies gilt gegenüber einem Schuldner, der Verbraucher ist, nur, wenn auf diese Folgen in der Rechnung oder Zahlungsaufstellung besonders hingewiesen worden ist. ²Wenn der Zeitpunkt des Zugangs der Rechnung oder Zahlungsaufstellung unsicher ist, kommt der Schuldner, der nicht Verbraucher ist, spätestens 30 Tage nach Fälligkeit und Empfang der Gegenleistung in Verzug.

(4) Der Schuldner kommt nicht in Verzug, solange die Leistung infolge eines Umstands unterbleibt, den er nicht zu vertreten hat.

1. Allgemeines. a) Das **SchRModG** hat die mißlungene Regelung der 30 Tages-Frist bei der Geldschuld in § 284 III aF idF des Gesetzes zur Beschleunigung fälliger Zahlungen (vom 30. 3. 2000, BGBl I 330) korrigiert (dazu Rn 31 ff); § 286 II Nr 2 und III setzen die Vorgaben der RL 2000/35/EG (ABl EG Nr L 200 vom 8. 8. 2000) über Zahlungsverzug um (Text: NJW 2001, 132). **b) Begriff.** Schuldner-(Leistungs-)**verzug** ist die pflichtwidrige vom Schuldner zu vertretende Verzögerung der (noch möglichen) Leistung. **c) Rechtsnatur:** Verletzung einer Leistungspflicht; ges geregelter (Unter-)fall der **Leistungsstörung** (Rn 1 vor § 275). **d) Anwendungsbereich** umfaßt auch Schuldverhältnisse außerhalb von Buch 2 (Rn 6 ff vor § 241), zB sachenrechtliche (§ 990 II; BGH 49, 265; 85, 13 mit Fehlzitat; verneinend für § 888: BGH NJW-RR 87, 76), nicht jedoch allg öffentl-rechtliche Rechtsverhältnisse (BGH NJW 82, 1277 f mN: verneinend für Fall öffentl-rechtlicher Entschädigung; ie sehr str, stets Einzelprüfung geboten (BGH 108, 270 f). **e) Abgrenzung. aa) Leistungshindernisse** nach § 275 schließen Schuldnerverzug aus; in den Fällen des § 275 II, III aber erst, wenn der Schuldner die Einrede erhoben hat. Die Leistung muß **nachholbar** sein (BGH NJW 88, 252), was bei vorübergehenden Leistungshindernissen der Fall ist (§ 275 Rn 10; BGH 84, 248). Während des Schuldnerverzugs kann ein Leistungshindernis nach § 275 entstehen (vgl §§ 287 S 2; 290; vgl hierzu § 287 Rn 1). UU kann auch die bloße Leistungsverzögerung die Unmöglichkeit (§ 275 I) herbeiführen. Fälle: Verzögerung bei zeitlich begrenzter **Dauerverpflichtung** (Bsp: Bei Miete vom 1. 8.–30. 9. wird Mietobjekt erst am 1. 9. zur Verfügung gestellt: Teilunmöglichkeit); beim **absoluten Fixgeschäft** (§ 275 Rn 14); bei Nichtbeschäftigung des AN während bestehender **Beschäftigungspflicht** (BAG NJW 86, 1832); bei

1

2

3

4

5

§ 286 Buch 2. Abschnitt 1. Inhalt der Schuldverhältnisse

zeitlich begrenzten und dauernden **Unterlassungspflichten** (nur Unmöglichkeit; vgl § 275 Rn 16); allg bei Ablauf des Erfüllungszeitraums (Larenz, SchR I,
6 § 21 I a). **bb) Gläubigerverzug:** § 293 Rn 9. **cc) Pflichtverletzung.** Die nicht
7 rechtzeitige Leistung stellt eine Pflichtverletzung dar, die unter den Voraussetzungen der §§ 280 I, 286 zum Ersatz des Verzögerungsschadens verpflichtet. Lediglich obj Leistungsverzögerung begründet keine Schadensersatzpflicht (§ 280 Rn 9), wohl aber uU die Verletzung von Anzeige-(Mitteilungs-)pflichten (§ 242 Rn 19 f) bei unverschuldeter Verzögerung der Leistung (RG 68, 194); ferner die vor oder nach Eintritt der Fälligkeit erklärte ernsthafte und endgültige, die Erreichung des Vertragszwecks gefährdende Erfüllungsverweigerung (§ 280 Rn 17 f; § 281 Rn 9).
8 **f) Prozessuales.** Das Vorliegen des Schuldnerverzuges kann nicht festgestellt werden (BGH NJW 00, 2281; vgl demgegenüber § 293 Rn 7 [d]).

9 **2. Überblick. a) Allg Regelung** des Schuldnerverzugs: §§ 286–290. **Nicht zwingend,** doch bestehen bei Verwendung von **AGB** Schranken, wenn die Haftung des Kunden verschärft oder die des Verwenders gemildert werden soll (§ 308 Nr 1, 2; 309 Nr 4, 5 a, b, 7, 8); zur vertraglichen Verzugsfolgenregelung ie § 280 Rn 55; § 288 Rn 9. **Sondervorschriften:** §§ 339, 536 a II Nr 1, 543 II Nr 3,
10 546 a, 775 Nr 3 ua. **b) Voraussetzung** des Schuldnerverzugs (§ 286) ist schuldhafte Nichtleistung trotz Mahnung nach Fälligkeit (geläufige Kurzformel, aber ungenau). Ie ist erforderlich: **Vollwirksam** entstandener und **fälliger** Anspruch; **obj Verzögerung** der (geschuldeten) Leistung (Pflichtverletzung, vgl § 280 Rn 33 ff); **Mahnung des Schuldners** (Rn 15 ff), soweit diese nicht ausnahmsweise entbehrlich ist (Rn 24 ff); kein Fall von **Nichtvertretenmüssen** des Schuldners **(IV)**; **Annahme-(Mitwirkungs-)bereitschaft** des Gläubigers (§ 297 entspr;
11 Gursky AcP 173, 450). **c) Rechtsfolgen** (§§ 280 II, 287–290). **aa) Schadensersatz.** Der Gläubiger kann den **Verzögerungsschaden** ersetzt verlangen (§ 280 II und dort Rn 49 ff). Für den Schadensersatz statt der Leistung nach §§ 280, 281 und das Rücktrittsrecht im gegenseitigen Vertrag (§ 323) ist der Verzug keine selbständige Anspruchsvoraussetzung; er wird aber regelmäßig zusammen mit der Fristsetzung eintreten (PalErgB/Heinrichs, § 281 Rn 7). **bb) Ver-**
12 **schärfte** und **erweiterte Haftung** des Schuldners (§§ 287, 290), **Verzinsungspflicht** bei der Geldschuld (§§ 288 f).

13 **3. Pflichtverletzung. Vollwirksamkeit** und **Fälligkeit** der **Leistung** (§ 280 Rn 33). **a)** Der Anspruch muß **vollwirksam** entstanden sein (nicht der Fall bei fehlender Zustimmung gem §§ 182 ff, vgl § 280 Rn 33) und **durchsetzbar** sein, dh ihm darf keine dauernde (zerstörende) oder aufschiebende (hemmende) Einrede entgegenstehen. Bereits das bloße Bestehen des Einrederechts schließt idR Verzugseintritt aus, ausnahmsweise ist Geltendmachung erforderlich (§ 280 Rn 34 ff). **b) Fäl-**
14 **ligkeit:** § 271 Rn 2; Beweislast trägt Gläubiger. Verbindung der fälligkeitsbegründenden Handlung mit der Mahnung ist möglich (Rn 20). Verweigert der Gläubiger die zur Leistung notwendige **Mitwirkung,** kommt der Schuldner nicht in Verzug (BGH NJW 96, 1746; sa § 280 Rn 37).

15 **4. Mahnung (I 1). a) Allgemeines. aa) Begriff:** An den Schuldner gerichtete Aufforderung des Gläubigers, die das bestimmte Verlangen zum Ausdruck
16 bringt, die geschuldete Leistung nunmehr unverzüglich zu bewirken. **bb) Rechtsnatur:** Einseitige empfangsbedürftige (§§ 130–132) geschäftsähnliche Handlung (BGH NJW 87, 1547 mN, hM), § 107 gilt entspr (Köln NJW 98, 320); aufschiebende Befristung möglich (allgM), Bedingung nicht (RG 75, 335, hM; str).
17 **cc) Zweck:** Warnfunktion. **dd) Notwendiger Inhalt:** Die Aufforderung muß
18 hinreichend bestimmt (Rn 25) und eindeutig sein (BGH NJW 98, 2133); sie muß erkennen lassen, daß das Ausbleiben der Leistung Folgen haben werde (klarstellend dazu BGH aaO). Nicht erforderlich ist die Ankündigung bestimmter Folgen (vgl BGH aaO; sie ergeben sich aus dem Ges) oder eine Rechtsfolgenbelehrung (Ausnahme: VVG 39). **ee) Formlos** möglich, damit auch durch schlüssiges Verhalten,
19 soweit es Rn 15 genügt. Bsp: Vorlage von Wechsel zur Zahlung (BGH 96, 194);

286 *Vollkommer*

Titel 1. Verpflichtung zur Leistung **§ 286**

Übersendung von ausgefüllter Zahlkarte, uU einer „zweiten Rechnung", auch Zahlungsaufforderung in Versform (LG Frankfurt NJW 82, 650); berechtigtes Nachlieferungsverlangen (§ 439 I; vgl BGH NJW 85, 2526 zum Gattungskauf), **nicht** dagegen schon mit der ersten Rechnung (arg III), einer Rechnung mit Zahlbarkeitsfrist (LG Paderborn MDR 83, 225; aA Wilhelm ZIP 87, 1500) oder einem bloßen (Kulanz-)Erinnerungsschreiben (Bsp: AG Gütersloh NJW 83, 1621; Abgrenzung zur Aufforderung in höflicher Form: BGH NJW 98, 2133). Schranken für gewillkürten Formzwang: § 309 Nr 13. **ff) Zeitpunkt: nach** Fälligkeit 20 (Rn 14) des **entstandenen** Anspruchs, *vorher* ist (und bleibt) eine Mahnung wirkungslos (BGH 103, 66; NJW 86, 842; 92, 1956); jedoch wird **Verbindung** von fälligkeitsbegründender Handlung und Mahnung zugelassen (RG 50, 261; BGH NJW 01, 3114 [3115]; MK/Thode § 284, 45 mN, hM, str; aA Larenz, SchR I, § 23 I a; sa Rn 22). Bsp: Abruf einer Leistung als Mahnung. Eintritt des Verzugsbeginns: Rn 38. **b)** Der Mahnung **gleichgestellte Fälle (I 2): aa)** Erhebung der 21 **Leistungsklage** (ZPO 253, 254 [BGH 80, 277], 281, auch 33); nicht ZPO 256; 257 ff; InsO 174. **bb)** Zustellung von **Mahnbescheid** (ZPO 688 ff). **cc)** Zustellung eines Antrags auf einstweilige Anordnung gem ZPO 620, 641 d, 644, zT (s ZPO 641 d I 1, 644) bereits iVm Prozeßkostenhilfeantrag **(I 2 entspr;** BGH NJW 88, 2240). **dd)** Zugang von Prozeßkostenhilfeantrag gem ZPO 114, 118 I **(I 2 entspr;** BGH NJW-RR 90, 325; krit Bamberg NJW-RR 90, 904). **ee)** Zustellung von **Urteil,** wenn die Leistung erst in diesem Zeitpunkt fällig wird **(I 2 entspr).** Bsp: Urteil über Weiterbeschäftigung des gekündigten AN (so iE auch BAG NJW 86, 1832). **c) Einzelfragen. aa) Gegenseitiger Vertrag** (§ 320). Der mahnende 22 Teil muß seine Gegenleistung iSv §§ 293 ff anbieten (§ 280 Rn 35; § 320 Rn 18). **bb)** Hat der Gläubiger bei der Leistung **mitzuwirken** (zB Holschuld), ist die 23 Mahnung nur wirksam, wenn der Gläubiger die erforderliche Mitwirkungshandlung vornimmt oder sich zu ihr bereit erklärt (BGH NJW-RR 90, 444; sa Rn 14). **cc) Zuvielmahnung** (auch durch Klageerhebung usw) ist wirksam, wenn sie der 24 Schuldner als Aufforderung zur Bewirkung der *tatsächlich geschuldeten* Leistung verstehen muß und der Gläubiger zur Annahme der Leistung im tatsächlich rückständigen Umfang bereit ist (BGH MDR 67, 826; Zweibrücken WM 96, 624 f). Nicht unverhältnismäßig überhöhte Zuvielforderung ist idR unschädlich (§ 242; BGH NJW-RR 87, 682; NJW 91, 1823 mN; abw für qualifizierte Mahnung gem VVG 39 I: BGH VersR 85, 533). **Zuwenigmahnung** begründet nur hinsichtlich des geltend gemachten Betrags Verzug (BGH NJW 82, 1985). Anmahnung eines **hilfsweise** geltend gemachten Anspruchs genügt (BGH NJW 81, 1732). **dd)** Bei betragsmäßig **unbestimmter Forderung** (Bsp: Schmerzensgeld) 25 müssen ausreichende konkrete Tatsachen zur Höhe vorgebracht sein (BGH 80, 276); Verzug tritt dann idR erst nach angemessener Prüfungsfrist ein (Grund: § 280 Rn 41); ist der Schuldner auskunftspflichtig (§§ 259–261 Rn 3), genügt unbestimmte Mahnung entspr ZPO 254 (BGH NJW-RR 90, 325 mN). Beim *Unterhaltsanspruch* genügt unbestimmte Mahnung (arg Erleichterung in § 1613 I; bisher schon Gießler FamRZ 84, 955) und damit Auskunftsverlangen (vgl die Gleichstellung in § 1613 I); bei Unterhaltsvereinbarung kann Mahnung gem **II Nr 1, 4** überhaupt entbehrlich sein (vgl BGH 105, 254; Rn 26); Mahnung für nachehelichem Unterhalt bereits vor Scheidungsrechtskraft ist unwirksam (s mN Rn 13). Bei Gläubigermehrheit ist für jeden Einzelanspruch Mahnung erforderlich (vgl Hamm NJW-RR 97, 962). **ee)** Bei Ansprüchen auf **wiederkehrende Lei-** 26 **stung** (Bsp: Unterhaltsanspruch) genügt **einmalige** Mahnung (BGH 103, 66); periodische Wiederholung ist nicht erforderlich (s aber BGH 103, 67 ff; 105, 256 und § 242 Rn 61).

5. Verzugseintritt ohne Mahnung (II). a) Kalendermäßig bestimmt 27 **(II Nr 1)** ist die Leistungszeit **nur,** wenn ein Kalendertag (wenigstens mittelbar) bezeichnet ist (BGH NJW 92, 1629; WM 95, 440 f mN), bloße Berechenbarkeit nach dem Kalender (Rn 28) genügt für **II Nr 1** nicht (aber uU nach **II Nr 2**).

§ 286 Buch 2. Abschnitt 1. Inhalt der Schuldverhältnisse

Die Bestimmung der Leistungszeit kann durch Vertrag (vgl § 315; entgegen LG Ansbach NJW-RR 97, 1479; Fahl JZ 95, 341 aber nicht einseitig) auch dem Gläubiger vorbehalten sein (BGH 110, 76); der Fristbeginn kann auch einvernehmlich während der Vertragsdurchführung festgelegt werden (BGH 149, 288). Die Genehmigungsbedürftigkeit des Vertrages schadet nicht, wenn der Vertrag vor dem Leistungszeitpunkt voll wirksam wird (BGH NJW 01, 365). Bsp: Verzug tritt **ohne** Mahnung ein bei Vereinbarung zB „spätestens am 10. April"; „noch im Laufe des April" (dann 30. 4., vgl § 192); „Ende Februar" (BGH NJW 82, 1279); „1. Dekade des Monats Juli" (BGH NJW 84, 49); „während jedes Kalenderjahres" (BGH NJW 01, 2879); „8. Kalenderwoche" (BGH WM 96, 1598); Ratenzahlung „jeweils am 15. eines jeden Monats, beginnend mit dem 15. 2. 1986" (KG WM 86, 285); „14 Tage ab (feststehendem) Bestelldatum" (BGH NJW 92, 1629); „4 Wochen nach (feststehender) Beurkundung" (BGH WM 95, 441) oder „binnen 20 Tagen ab Beurkundung" (BGH NJW 01, 365); „8 Monate nach (einvernehmlich später festgelegtem) Baubeginn" (BGH 149, 288). Erschwerung des Verzugs des Verwenders in **AGB und im Verbrauchervertrag** über **II Nr 1** hinaus kann gegen 307 II Nr 1 verstoßen (Ulmer § 11 Nr 4 Rn 7). Liegen im Zeitpunkt von **II Nr 1** die allg Verzugsvoraussetzungen (Rn 9 ff) noch nicht vor, ist Mahnung erforderlich (BGH NJW 01, 365; Karlsruhe NJW-RR 86,
28 57). **b)** Bei **Anknüpfung an ein vorausgehendes Ereignis** ist Mahnung entbehrlich **(II Nr 2),** wenn der Leistung ein bestimmtes Ereignis vorauszugehen hat und eine angemessene Zeit (dazu Hertel DNotZ 01, 915) für die Leistung in der Weise bestimmt ist, daß sie sich von dem Ereignis an nach dem Kalender berechnen läßt **(kalendermäßig berechenbare Zeiten)**. Ereignis und Frist müssen durch Gesetz, Urteil oder im Vertrag erfolgen. Ist die Frist zu kurz bemessen, wird automatisch eine angemessene in Lauf gesetzt (PalErgB/Heinrichs 23). Die Mahnung ist **nicht erforderlich** wenn ein Abruf, eine Lieferung, der Zugang einer notariellen Fälligkeitsmitteilung oder eine Kündigung zum Ausgangspunkt der kalendermäßigen Fristberechnung gemacht wird. Bsp: „2 Wochen nach Lieferung"; „1 Monat nach Abrechnung"; „3 Wochen nach Abruf"; „160 Arbeitstage ab Arbeitsbeginn" (BGH NJW 86, 2050). Nicht ausreichend ist eine Regelung, nach der „sofort" nach Lieferung gezahlt werden muß, da hier keine Frist nach dem Kalender gesetzt wird (Heinrichs BB 01, 157 f; aA Huber
29 JZ 00, 961; Gsell ZIP 00, 1868: Verstoß gegen RL 2000/35/EG). **c) Erfüllungsverweigerung (II Nr 3).** Eine Mahnung ist (da offensichtlich zwecklos) entbehrlich, wenn der Schuldner ernstlich und endgültig die Erfüllung des Vertrags verweigert (s bislang BGH NJW 86, 842; 88, 485, jeweils mN). Bsp: Grundlose
30 Einstellung jeder Unterhaltsleistung (Schleswig FamRZ 85, 735). **d) Besondere Gründe (II Nr 4):** Sich aus dem Vertragsinhalt ergebende Dringlichkeit der Leistung (RG 100, 43). Bsp: Zusage „schnellstmöglicher Reparatur" (BGH NJW 63, 1823) oder die Zusage einer Direktbank zur unverzüglichen Ausführung von Kundenorder (LG Itzehoe MMR 01, 833). In einer Terminzusage des Schuldners kann Verzicht auf die Mahnung liegen (BGH NJW-RR 97, 623: „Selbstmahnung"). Bei durch Vereinbarung oder Urteil geregelten Unterhaltsansprüchen ist (wiederholte) Mahnung entbehrlich, wenn (nur) die betragsmäßige Höhe der Veränderung unterliegt (BGH 105, 254 f; weitergehend Bamberg NJW-RR 90, 903 für ges Unterhaltsanspruch). Deliktische Sachentziehung (§§ 848, 849; „fur semper in mora").

31 **6. Verzug bei Entgeltforderung (III). a) Zweck und Bedeutung. III** setzt die **RL 2000/35/EG** (Rn 1) um. In seinem Anwendungsbereich ist zu unterscheiden, ob der Schuldner der Forderung Verbraucher (§ 13) ist oder nicht. **III** tritt neben **I, II,** die bei einer Entgeltforderung auch schon zu einem früheren Zeit-
32 punkt den Verzug begründen können **(III: „spätestens"). b) Anwendungsbereich.** Erfaßt sind nur rechtsgeschäftliche **Entgeltforderungen** für die Lieferung von Waren oder die Erbringung von sonstigen (Dienst-)Leistungen. Nicht erfaßt

Titel 1. Verpflichtung zur Leistung **§ 286**

sind Schadensersatzansprüche, Bereicherungsansprüche, Rückzahlungsansprüche aus § 346 (siehe aber Rn 37), Ansprüche aus GoA, Ansprüche auf die Versicherungsleistung, Zustimmung zur Mieterhöhung (LG Duisburg NJW-RR 99, 12).
c) Rechnung ist die nicht schon in der Vertragsurkunde enthaltene, gegliederte 33 Aufstellung über eine Entgeltforderung, dem Schuldner eine Überprüfung ermöglichen soll. Auf ihre Bezeichnung kommt es nicht an (dann: **Zahlungsaufstellung**). Wegen ihres Schutzzwecks ist die Rechnung in Textform und nicht formlos (mündlich) zu erteilen (§ 126 b). Auch soweit die Rechnung ausnahmsweise Fälligkeitsvoraussetzung ist (UStG 14; HOAI, VOB/B), beginnt die 30-Tagesfrist mit Rechnungszugang zu laufen. Verzug tritt nur ein, wenn die übrigen Verzugsvoraussetzungen (Rn 13 ff) vorliegen. **d) Zugang der Rechnung** setzt die 34 30-Tagesfrist in Lauf, wenn der Schuldner **kein Verbraucher** (§ 13) ist. Der Schuldner muß aber nicht Unternehmer (§ 14) oder Kaufmann (HGB 1) sein (zB rechtsfähiger Idealverein; Fiskus). Geht die Rechnung vor Fälligkeit oder vor Durchsetzbarkeit der Entgeltforderung zu, beginnt die Frist erst mit diesem Zeitpunkt (PalErgB/Heinrichs 30). Bei Unsicherheit über den Zugangszeitpunkt enthält III 2 eine Ersatzregelung (dazu Heinrichs BB 01, 159). Ein Bestreiten des vom Gläubiger vorgetragen Rechnungszugangs hat für einen Schuldner, der die Gegenleistung schon erhalten hat, keinen Sinn, wenn der behauptete Zugang nach Empfang der Gegenleistung liegt. **Fristberechnung:** Beginn: § 187; Fristende: §§ 188 I, 193: Tagesfrist (aA U. Huber JZ 00, 744: kein § 193). **e) Gegenüber** 35 **einem Verbraucher** (§ 13) gilt III 1 nur, wenn dieser in der Rechnung/Zahlungsaufstellung auf die Rechtsfolgen des III bes hingewiesen worden ist. Früherer (zB im Vertrag) oder später erfolgter Hinweis genügen nicht (Folge: Verzug nur nach **I, II**). Der Gläubiger muß den Rechnungszugang und den Hinweis beweisen (**III 2** gilt nicht). **f) Abweichende Vereinbarungen** (der Frist des Fristbeginns) sind auch in AGB und in Verbraucherverträgen möglich (Grenze: 36 § 307 II). Beim Individualvertrag gilt § 138 (BT-Drs 14/6040, S 82; Art 3 III–V RL 2000/35/EG verlangen eine Inhaltskontrolle zum Schutz der Gläubiger). **g) Entspr Anwendung** auf Rückzahlungsansprüche des Verbrauchers, wobei die 37 30-Tagesfrist mit dem Zugang der Widerrufs/Rückgabeerklärung beim Unternehmer beginnt (§ 357 I 2).

7. Verzögerung der Leistung. a) Beginn des Schuldnerverzugs: Tag des 38 Zugangs der Mahnung bei **I 1** (BGH NJW-RR 90, 324 mN, hM, str; s Zimmermann JuS 91, 231) bzw der Erklärung der Erfüllungsverweigerung gem **II Nr 3** (s Rn 29 und BGH NJW 85, 488; Hamm NJW-RR 94, 1515), der Zustellung der Klage oder des Mahnbescheids bei **I 2** (Göhner NJW 80, 570), kalendermäßig bestimmter (berechneter) Tag bei **II Nr 1, 2** (Rn 27 ff). Für die Rechtzeitigkeit der Leistung **(I)** kommt es auf den Zeitpunkt der Vornahme der **Leistungshandlung,** nicht den des Eintritts des **Leistungserfolgs** an (BGH NJW 69, 875; sa § 241 Rn 7). **b) Beendigung** (Heilung) **des Schuldnerverzugs** (ex nunc), s 39 § 280 Rn 45 ff. **c) Rückgängigmachung** bereits eingetretener Verzugsfolgen verlangt idR **Erlaßvertrag** (BGH NJW 95, 2033 mN).

8. Entlastungsbeweis des Schuldners (IV). Entspricht § 280 I 2 für Scha- 40 densersatz, mußte wegen der Rechtsfolgen der §§ 287 ff erneut angeordnet werden. Die (negative) Fassung als **Ausnahmevorschrift** stellt klar, daß dem Schuldner die Beweislast für das Nichtvertretenmüssen der obj Leistungsverzögerung obliegt, er sich aus bei Vorliegen der Voraussetzungen des § 286 **entlasten** (Entschuldigungsgründe: § 280 Rn 40 ff) muß (BGH 32, 222). Maßgeblicher Zeitpunkt ist das Vorliegen der obj Voraussetzungen der **I–III.**

9. Rechtsfolgen. a) Der Verzug ist Grundlage für den Anspruch des Gläubigers 41 auf **Ersatz des Verzögerungsschadens** (§ 280 I iVm II). Der Anspruch tritt neben den Erfüllungsanspruch; er bleibt bestehen, wenn sich der Erfüllungsanspruch in einen Schadensersatzanspruch statt der Leistung umwandelt (§ 281 IV, § 281 Rn 16) oder der Gläubiger im gegenseitigen Vertrag zurücktritt (§ 325). Zu

§§ 287, 288 Buch 2. Abschnitt 1. Inhalt der Schuldverhältnisse

42 Inhalt und Umfang des Anspruchs: § 280 Rn 49 ff. **b) Geldschulden** sind nach §§ 288 f zu verzinsen; **Verzinsung des Wertersatzes:** § 290; **Haftungsverschärfung:** § 287.

§ 287 Verantwortlichkeit während des Verzugs

¹Der Schuldner hat während des Verzugs jede Fahrlässigkeit zu vertreten. ²Er haftet wegen der Leistung auch für Zufall, es sei denn, dass der Schaden auch bei rechtzeitiger Leistung eingetreten sein würde.

1   **1. Verschärfte Verantwortlichkeit (S 1).** Der Verzugsschuldner hat auch bei ges Haftungserleichterung (§ 276 Rn 53; § 277 Rn 2) **leichte Fahrlässigkeit** zu vertreten (Gegenstück zu § 300 I). Praktische **Bedeutung** hat S 1 wegen Rn 2 bei Pflichtverletzungen, die nicht zum Untergang (zur Verschlechterung) des Leistungsgegenstands führen, also in den Fällen der Verzögerung und sonstigen Pflichtverletzungen nach § 241 II. Das SchRModG hat **S 2** redaktionell angepaßt. § 287 übernimmt iVm § 281 I nun mehr Aufgaben, die früher § 283 aF zukamen (nicht beachtet von Schur NJW 02, 2518). **Nicht zwingend;** gilt nicht, soweit Verzugshaftung für leichte Fahrlässigkeit (zulässig) ausgeschlossen ist (vgl § 309 Nr 8 iVm Nr 7, § 280 Rn 41 ff und allg § 276 Rn 54).

2   **2. Zufallshaftung (S 2). a) Bedeutung.** Der Verzugsschuldner haftet für **verschuldete** Leistungshindernisse (§ 275 I–III) gem § 280 I, III iVm § 283, **ohne** Verschulden, wenn das Leistungshindernis durch den Verzug **verursacht** ist (§§ 280 II, III, 283, 286); Grund: Eintreten des Leistungshindernisses gehört zur haftungsausfüllenden Kausalität, auf die sich das Verschulden nicht zu erstrecken braucht (vgl allg Rn 24 f vor § 249). **S 2, 1. HS** enthebt in diesem Fall den Gläubiger des Kausalitätsbeweises. **Selbständige** Bedeutung hat **S 2, 1. HS** nur, wenn kein Kausalzusammenhang zwischen Verzug und dem Leistungshindernis besteht (allgM). Die **Ausnahme** des **S 2, 2. HS** gestattet dem Schuldner die Berufung auf hypothetisches Schadensereignis (vgl allg Rn 42 ff vor § 249) beim Gläubiger. Bsp: Das Schiff, mit dem die Sache bei rechtzeitiger Versendung

3   befördert worden wäre, ist gesunken. **b) Anwendungsbereich** ist auf die **Leistung** beschränkt, S 2 gilt auch zB für Abnahmeverzug (RG 57, 406) und für

4   Pflichten aus § 241 II (BT-Drs 14/6040 S 148). **c) Voraussetzungen:** Vollständiger oder teilw vom Schuldner nicht zu vertretender **Wegfall der Leistungspflicht** gem § 275 I–III während des Verzugs (ursächlicher Zusammenhang mit dem Verzug nicht erforderlich, Rn 2) nicht und weitergehend alle sonstigen **Störungen der Leistung,** wie vorübergehendes Leistungshindernis oder das Entstehen eines Sach- oder Rechtsmangels (arg „wegen der Leistung"; BT-Drs 14/6040 S 148; Huber/Faust 3/30; zB Beschädigung der Sache). Führt die Leistungsstörung nicht zur Befreiung des Schuldners, bleibt es bei den Verzugsfolgen (§ 280 II, 286; Huber/

5   Faust 3/30). **d) Rechtsfolge:** Schadensersatz statt der Leistung bei Leistungshindernissen nach § 275 (§§ 280, 283); ü gem §§ 280, 281.

§ 288 Verzugszinsen

(1) ¹**Eine Geldschuld ist während des Verzugs zu verzinsen.** ²Der Verzugszinssatz beträgt für das Jahr fünf Prozentpunkte über dem Basiszinssatz.

(2) **Bei Rechtsgeschäften, an denen ein Verbraucher nicht beteiligt ist, beträgt der Zinssatz für Entgeltforderungen acht Prozentpunkte über dem Basiszinssatz.**

(3) **Der Gläubiger kann aus einem anderen Rechtsgrund höhere Zinsen verlangen.**

(4) **Die Geltendmachung eines weiteren Schadens ist nicht ausgeschlossen.**

Titel 1. Verpflichtung zur Leistung **§ 288**

1. Allgemeines. a) Zweck. Der Gläubiger einer Geldschuld (Rn 4; §§ 244, **1**
245 Rn 6 ff) hat nach **I** als Verzugsfolge Anspruch auf Verzugszinsen iHv 5 Prozentpunkten über dem Basiszinssatz (§ 247 I), um den Schuldner zur alsbaldigen Erfüllung anzuhalten und um die aus der Pflichtverletzung des Schuldners typischerweise entstehende Vorteile abzuschöpfen (BT-Drs 14/1246 S. 10 f). Der höhere Zinssatz des **II** beruht auf der RL 2000/35/EG (§ 286 Rn 1 und BT-Drs 14/7052 S 187) und hat im unternehmerischen Rechtsverkehr generalpräventiven Abschreckungscharakter. **b)** Der Zinssatz der **I, II** steht dem Gläubiger als Ersatz **2**
seines **obj Mindestschaden** zu. Gleichgültig ist, ob er tatsächlich einen entsprechenden Schaden erlitten hat (BAG DB 01, 2196). Die Regelung läßt keinen Gegenbeweis zu, daß dem Gläubiger tatsächlich ein niedriger Schaden entstanden ist (Ausnahme: § 497 I 3 für den **Verbraucherdarlehensvertrag**, s Rn 11).
c) Eine **Sonderregelung** trifft § 497 I 2 für *Immobiliardarlehensverträge* (§ 492 Ia 2 **3**
idF des Ges vom 23. 7. 2002, BGBl I, S 2850).

2. Verzugszinsen aus I. a) Die Zinspflicht des **I** besteht bei **Geldschulden** **4**
(§§ 244, 245 Rn 6 ff) jeder Art, auch für Kostenvorschußpflicht zur Mängelbeseitigung (§ 637 III; VOB/B 13 Nr 5; BGH 77, 62; 94, 332), Schadensersatzansprüche, Bereicherungsansprüche, Rückforderungsansprüche (§ 346) sowie die Unterhaltsschuld (Frankfurt FamRZ 85, 706; Hamm FamRZ 88, 952, str; offenlassend BGH NJW-RR 87, 386 mN, auch zur aA; sa § 291 Rn 2). Mit erfaßt ist der im Rechnungsbetrag der Vergütungsforderung mit enthaltene Mehrwertsteueranteil (Delcker NJW 86, 2936); bei Gehaltsansprüchen ist der Bruttobetrag maßgebend (BAG NJW 01, 3570; sa § 291 Rn 6). **I** gilt **nicht** bei Schenkung (§ 522), Erbbauzins (§ 289 Rn 1), Darlehenszinsen (vgl aber § 289 S 2) und allg bei der **Zinsschuld** (§ 289 Rn 1); zu öffentl-rechtlichen Ansprüchen vgl § 286 Rn 4.). **b)** Die **Zinshöhe** ist nach Maßgabe des Basiszins- **5**
satzes variabel (§ 247 Rn 2). Der Klageantrag lautet „Zinsen in Höhe von 5%-Punkten über dem jeweiligen Basiszinssatz seit dem ..." (Reichenbach MDR 01, 13). **c) Intertemporaler Anwendungsbereich.** Der Zinssatz des **I** gilt für **6**
alle Geldforderungen, die seit dem 1. 5. 2000 fällig geworden sind (EGBGB 229 § 1 I 3). Basiszinssatz nach § 247 ist nach EGBGB 229 § 7 I seit dem 1. 1. 2002 auch einschlägig für Forderungen aus Schuldverhältnissen, die vor dem 1. 1. 2002 entstanden sind.

3. Verzugszinsen aus II. a) Anwendungsbereich. Erfaßt sind nur **Entgelt-** **7**
forderungen (dazu § 286 Rn 31). Bsp: Kaufpreis, Werklohn, auch Abschlagszahlungen auf den Entgeltanspruch. Erfaßt sind nur Rechtsgeschäfte, an denen **kein Verbraucher** (§ 13) beteiligt ist. Gewollt ist damit eine Einschränkung des Anwendungsbereiches des **II** auf den Geschäftsverkehr zwischen Unternehmern (§ 14) unter Einschluß jur Personen des öffentl Rechts oder öffentl-rechtl Sondervermögen (Art 2 Nr 1 RL 2000/35/EG). Geboten ist daher eine teleologische Reduktion: **Nicht** von **II** erfaßt sind rückständige Lohnansprüche des AN (Boemke BB 02, 96) oder Rechtsgeschäfte unter Beteiligung von nicht unternehmerisch tätigen Idealvereinen (BT-Drs 14/6040 S. 149; aA AnwKomBGB/Schulte-Nölke 7). **Andere Geldforderungen** aus dem Schuldverhältnis fallen unter die Verzinsungspflicht des **I**. Bsp: Kostenvorschüsse (§ 637 III), Vertragsstrafe, Schadensersatz, Anspruch auf Versicherungsleistung, Darlehensforderung (§ 488 I 2). Wegen der einschneidenden Rechtsfolge ist **II** eng auszulegen: Wandelt sich ein Entgeltanspruch gem § 281 IV in einen Schadensersatzanspruch statt der Leistung um, kann der Gläubiger die Zinsdifferenz zwischen **II** und **I** auch nicht als weiteren Schaden **(IV)** ersetzt verlangen. Bei Gesamtschuldnern gilt ggf gespaltener Zinssatz (§ 425 I). **b) Intertemporaler Anwendungsbereich.** Erfaßt sind Forderungen, **8**
die nach dem 31. 12. 2001 entstanden sind (EGBGB 229 § 5 I 1) und ab dem 1. 1. 2003 alle Entgeltforderungen aus Dauerschuldverhältnissen (EGBGB 229 § 5 I 2).

§ 288 Buch 2. Abschnitt 1. Inhalt der Schuldverhältnisse

9   4. **Höhere Zinsen (III)** können sich nur aus einer **Individualabrede** (BGH 104, 339; NJW 00, 1408) ergeben, insbes kann die Fortzahlung eines Vertragszinses in AGB und im Verbrauchervertrag nicht vereinbart werden (BGH 104, 339 f; 115, 269; s §§ 307 II Nr 1, 309 Nr 5 a und 6; 310 III Nr 2; 497, 506 S 1), ebensowenig wie die eines (verzugsbedingt) überhöhten Überziehungszinses (Düsseldorf NJW 91, 2431; sa BGH 118, 126). Andere ges Zinssätze (vgl § 676 b I 2, HGB 352) stimmen mit I 2 überein oder sind niedriger (WG 48 I Nr 2, 49 Nr 2, ScheckG 45 Nr 2, 46 Nr 2).

10   5. **Zinsschaden (IV).** Einen über I 2 (Rn 5 f) hinausgehenden Zinssatz kann der Gläubiger unter dem Gesichtspunkt des **Verzugsschadens** (Anspruchsgrundlage: § 280 I, II iVm § 286) geltend machen. Mit der Neuregelung des ges Verzugszinses in IV ist die Bedeutung des **IV** gering. **Schranken** bestehen beim **Verbraucherkredit** (Rn 11). Zinsschaden kann bestehen **a)** im Verlust von Anlagezinsen (vgl BGH 104, 344 f; ie Kindler WM 97, 2017) und **b)** in der Aufwendung von Kreditzinsen (vgl BGH 121, 213). §§ 249 ff, insbes § 252 gelten. Grundsätzlich hat der Gläubiger seinen Zinsschaden darzulegen und ggf nachzuweisen (sog konkrete Schadensberechnung, vgl zB BGH NJW 83, 1423 für Bank), doch ergeben sich Erleichterungen aus der allg Lebenserfahrung (Anlage von Großbeträgen) und ZPO 287 (BGH 80, 279). Im **Fall b** ist zur Kausalität zwischen Verzug und Schaden (§ 280 Rn 50) verzugsbedingte Kreditaufnahme nicht erforderlich (BGH NJW 84, 372 mN); es genügt, daß der Gläubiger im Zeitpunkt des Verzugsbeginns Bankkredit in einer den rückständigen Betrag übersteigenden Höhe in Anspruch genommen hat (BGH NJW-RR 91, 794 [für Kaufleute], neuere Rspr). Iü können dem Gläubiger die Erleichterungen des Anscheinsbeweises zu Hilfe kommen (so wohl BGH 80, 279; NJW 83, 1423, str; aA bei Privatgläubiger LG Koblenz NJW-RR 91, 172). Bei Verzug des Kreditschuldners kann die **Bank** den Schaden abstrakt als institutsspezifischen Durchschnittszinssatz unter Zugrundelegung der zur Zeit des Verzuges marktüblichen Wiederanlagezinsen berechnen (BGH 104, 344 ff; 115, 271; NJW 92, 1621; 93, 1261; dazu Bruchner ZHR 153, 101 ff; sa Rn 11). Den *Vertragszins* kann sie bei Fehlen einer Vereinbarung (vgl Rn 9) nur beim vom Darlehensnehmer verschuldeter vorzeitiger Fälligkeit der Schuld entspr §§ 314 II, 628 II verlangen, jedoch zeitlich begrenzt durch die ursprüngliche vertragliche Laufzeit bzw den nächsten Kündigungstermin nach § 489 (BGH 104, 342 f; NJW 91, 1971; krit Nassall WM 89, 705, dazu abl BGH 115, 269). Da auf Verzugszinsen keine **Mehrwertsteuer** zu entrichten ist (EuGH NJW 83, 505), scheidet diese als weiterer Verzugsschaden aus (BGH 88, 230; 90, 206; sa § 280 Rn 55). **Prozessuales:** Die hM läßt im **Fall b** die Verurteilung zu „Zukunftszinsen" zu (krit Gottwald MDR 96, 980 mN); Geltendmachung gesunkenen Zinsniveaus über ZPO 323 (BGH 100, 213, str; aA: ZPO 767).

11   6. Beim **Verbraucherdarlehensvertrag** (§§ 491 ff) kann der Kreditgeber beim Zahlungsverzug ohne Schadensnachweis die Verzinsung nach I des „geschuldeten Betrags" (Hauptleistung, vor Eintritt des Verzugs angefallene Zinsen, Kosten der Rechtsverfolgung, sonstige Kosten) gem Rn 4 f geltend machen (§ 497 I 1; dazu ie Ungewitter JZ 94, 701); dies gilt im Anwendungsbereich des Verbraucherdarlehens (bei Immobiliardarlehensverträgen [§ 492 Ia 2 idF vom 23. 7. 2002] § 497 I 2 beachten) auch für (vor dem 1. 1. 1991 geschlossene) Altkredite durch Banken (BGH 115, 272 ff; NJW 92, 1621; sa Bülow NJW 92, 2051). Weitergehender Schaden muß insgesamt konkret („im Einzelfall") berechnet werden (§ 497 I 3), die sonst mögliche abstrakte Schadensberechnung und zeitweilige Fortentrichtung höherer Vertragszinsen (Rn 9) sind ausgeschlossen (vgl LG Stuttgart NJW 93, 209). Wegen der idR gegebenen Refinanzierungsmöglichkeit wird nur selten eine verzugsbedingt unterbliebene Neuvergabe (Anlagemöglichkeit) nachgewiesen werden können. Die Möglichkeit des Nachweises eines niedrigeren Schadens durch den Verbraucher ist praktisch bedeutungslos. Weitergehende Schranken bestehen für Zinsschaden bei Verzugszinsen (§ 289 Rn 2).

Titel 1. Verpflichtung zur Leistung §§ 289–291

§ 289 Zinseszinsverbot

¹Von Zinsen sind Verzugszinsen nicht zu entrichten. ²Das Recht des Gläubigers auf Ersatz des durch den Verzug entstehenden Schadens bleibt unberührt.

1. Bei der **Zinsschuld** (§ 246 Rn 5 ff) gilt § 288 I 1 nicht (S 1, Erweiterung von § 248 I; entspr anwendbar auf dingliche Erbbauzinsen, BGH NJW-RR 92, 592 mN, str; Ausnahme: HGB 355); dagegen besteht gem S 2 der Anspruch auf Ersatz des nachweislich entstandenen weiteren **Verzugsschadens** gem § 288 IV (dort Rn 10; ie BGH NJW 93, 1260 mN; teilw abw Reifner NJW 92, 342 f). Hinsichtlich der Zinsforderung müssen aber die Verzugsvoraussetzungen (§ 286 I–III) selbständig vorliegen (BGH NJW 93, 1261). Bsp: Verzinsliche Anlage von Zinsen (vgl BGH NJW-RR 86, 207 mN); da die abstrakte Berechnung des Zinsschadens in Höhe eines Durchschnittszinssatzes zugelassen wird (§ 288 Rn 10) und die Einstellung in ein Kontokorrent (HGB 355) nicht verboten ist, läuft das Verbot gem S 1 in der Bankpraxis weitgehend leer (vgl BGH NJW 93, 1261 mN). 1

2. Beim **Verbraucherdarlehensvertrag** (§§ 491 ff, 506) ist S 2 dahingehend eingeschränkt, daß Zinsschaden nur bis zur Höhe von **4%** geltend gemacht werden kann (§ 497 II 2 iVm § 246). Ein für Verzugszinsen (§ 497 I) bestehendes Saldierungsverbot (§ 497 II 1) schützt gegen Umgehung von S 1 und sichert die abw Tilgungsanrechnung gem § 497 III. 2

§ 290 Verzinsung des Wertersatzes

¹Ist der Schuldner zum Ersatz des Wertes eines Gegenstands verpflichtet, der während des Verzugs untergegangen ist oder aus einem während des Verzugs eingetretenen Grund nicht herausgegeben werden kann, so kann der Gläubiger Zinsen des zu ersetzenden Betrags von dem Zeitpunkt an verlangen, welcher der Bestimmung des Wertes zugrunde gelegt wird. ²Das Gleiche gilt, wenn der Schuldner zum Ersatz der Minderung des Wertes eines während des Verzugs verschlechterten Gegenstands verpflichtet ist.

1. Sondervorschrift für die Verzinsung (wie § 288) der **Wertersatzschuld** bei Untergang (**S 1**) oder Verschlechterung (**S 2**) eines Gegenstands während des Herausgabeverzugs; vgl § 280 Rn 49, § 287 Rn 2 ff. 1

§ 291 Prozesszinsen

¹Eine Geldschuld hat der Schuldner von dem Eintritte der Rechtshängigkeit an zu verzinsen, auch wenn er nicht im Verzug ist; wird die Schuld erst später fällig, so ist sie von der Fälligkeit an zu verzinsen. ²Die Vorschriften des § 288 Abs. 1 Satz 2, Abs. 2, Abs. 3 und des § 289 Satz 1 finden entsprechende Anwendung.

1. Allgemeines. Die praktische **Bedeutung** der selbständigen Anspruchsgrundlage ist beschränkt, da wegen § 286 I 2 idR (spätestens) mit Rechtshängigkeit (Rn 4) auch Verzug eingetreten ist (dann § 288). Selbständige Bedeutung hat S 1 in den Fällen des § 286 IV (zB bei entschuldbarer Unkenntnis vom Bestehen der Schuld, vgl § 286 Rn 40) und bei der Klage auf künftige Leistung (S 1, 2. HS; Rn 3 ff und § 286 Rn 21). Auf **öffentl-rechtliche** Geldansprüche ist S 1 idR **entspr** anwendbar (BVerwG NJW 95, 3135 mN und § 286 Rn 4). 1

2. Voraussetzungen: a) Geldschuld (§§ 244, 245 Rn 6 ff), umfaßt auch Unterhaltsschuld (BGH NJW-RR 87, 386; zust Roth-Stielow JR 87, 419), desgl Rückgewähransprüche (§§ 346, 357, 437 Nr 2); Bezifferung ist nicht notwendig (BGH NJW 65, 531 für Schmerzensgeldanspruch); **b)** Geltendmachung durch **Leistungsklage** (ZPO 253, Hilfsantrag genügt; bei Klage auf künftige Leistung vgl Rn 5; nicht: Feststellungsklage, BGH 93, 186 f, str) oder **Mahnantrag** (ZPO 690); 2 3

Vollkommer

§ 292 Buch 2. Abschnitt 1. Inhalt der Schuldverhältnisse

c) Eintritt der **Rechtshängigkeit** (ZPO 253, 261 I, II; 696 III, 700 II), bloße
5 Anhängigkeit (vgl ZPO 693) genügt nicht; **d) Fälligkeit** und **Durchsetzbarkeit**
des Anspruchs. Bei späterem Eintritt der Fälligkeit besteht Verzinsungspflicht erst
von da an (S 1, 2. HS); Bsp: Zeitpunkt des Eintritts des (späteren) Gewinnentgangs bei Anspruch gem §§ 249, 252 (BGH 115, 309). Bestehen eines Zurückbehaltungsrechts (§ 273) oder der Einrede des nichterfüllten Vertrags (§ 320) steht
mangelnder Fälligkeit der Forderung gleich (BGH 55, 198; KG NJW 71, 144;
Düsseldorf NJW 71, 2310).

6 3. **Rechtsfolge:** Anspruch auf **Prozeßzinsen**; Höhe: IdR 5%-Punkte über
dem Basiszinssatz (S 2 iVm § 288 I 2; § 497 I 1), bei gewerblichen Entgeltforderungen 8%-Punkte über dem Basiszinssatz (S 2 iVm § 288 II), uU aus anderem
Rechtsgrund geschuldete höhere Zinsen (S 2 iVm § 288 III und dort Rn 9); keine
Zinseszinsen (S 2), auch nicht als Schaden (Nichtzitat von § 289 S 2, s BGH NJW
93, 1261); liegt auch Verzug (§ 286) vor, mehrfach begründeter einheitlicher
Anspruch (Geltendmachung nebeneinander nicht möglich, RG 92, 285). Bei
Verurteilung zu Bruttobetrag sind Zinsen aus diesem geschuldet (BAG NJW 01,
3570; s ferner § 288 Rn 4).

§ 292 Haftung bei Herausgabepflicht

**(1) Hat der Schuldner einen bestimmten Gegenstand herauszugeben, so
bestimmt sich von dem Eintritt der Rechtshängigkeit an der Anspruch des
Gläubigers auf Schadensersatz wegen Verschlechterung, Untergangs oder
einer aus einem anderen Grunde eintretenden Unmöglichkeit der Herausgabe nach den Vorschriften, welche für das Verhältnis zwischen dem
Eigentümer und dem Besitzer von dem Eintritt der Rechtshängigkeit des
Eigentumsanspruchs an gelten, soweit nicht aus dem Schuldverhältnis
oder dem Verzug des Schuldners sich zugunsten des Gläubigers ein anderes ergibt.**

**(2) Das Gleiche gilt von dem Anspruch des Gläubigers auf Herausgabe
oder Vergütung von Nutzungen und von dem Anspruch des Schuldners
auf Ersatz von Verwendungen.**

1 1. **Allgemeines.** Begründet **Mindesthaftung** des verklagten **Herausgabeschuldners.** Eine bestehende weitergehende Haftung wegen Verzugs (§ 287) oder
nach der Art des Schuldverhältnisses (zB § 848; auch § 819 I: ab Zeitpunkt der
Kenntniserlangung) bleibt unberührt (**I aE**). Da bei Klageerhebung (wie bei § 291)
idR bereits Verzug vorliegt (Ausnahmen: § 291 Rn 1), ist die praktische Bedeutung gering. Bedeutsam aber als **Verweisungsnorm**, zB im Fall des § 818 IV.

2 2. **Voraussetzungen: a)** Schuldrechtlicher Herausgabeanspruch (zum dinglichen Rn 3 f). **Herausgabe** umfaßt auch Verpflichtung zur Rückgabe (zB § 604),
zur Rückauflassung gem § 883 II (BGH 144, 325) oder zur Übergabe (§ 433 I 1)
einer **bestimmten** Sache (nicht: Gattungssache), **Gegenstand** auch Vermögensrechte (vgl Rn 1 vor § 90). **b)** Eintritt der Rechtshängigkeit: wie § 291 Rn 4
außer ZPO 696 III, 700 II.

3 3. **Rechtsfolgen:** Die (beim dinglichen Herausgabeanspruch unmittelbar anwendbaren) Vorschriften über das Eigentümer-Besitzer-Verhältnis nach Rechtshängigkeit gelten kraft ausdr Verweisung (**I**). Dies bedeutet ie: **a) Haftung des
Schuldners für jedes Verschulden,** durch das die geschuldete Sache verschlechtert wird, untergeht oder aus einem sonstigen Grund nicht herausgegeben werden
4 kann (I, § 989); **b) Haftung des Schuldners** für gezogene und schuldhaft nicht
gezogene Nutzungen (II, 987); **c)** Beschränkung des **Verwendungsersatzanspruchs** des Schuldners (§§ 994 II, 995; 683, 684; nur notwendige Verwendungen, diese nur unter den Voraussetzungen der GoA); § 1000 ist anwendbar.

Titel 2. Verzug des Gläubigers

§ 293 Annahmeverzug

Der Gläubiger kommt in Verzug, wenn er die ihm angebotene Leistung nicht annimmt.

Lit: Hüffer, Leistungsstörungen durch Gläubigerhandeln, 1976; Kreuzer/Stehle, Grundprobleme des Gläubigerverzugs, JA 84, 69; Winderlich, Der Annahmeverzug des AG, 1994.

1. Allgemeines. a) Begriff. Gläubiger-(Annahme-)**verzug** ist die Verzögerung der Erfüllung einer (noch möglichen) Leistung, die darauf beruht, daß der Gläubiger eine seinerseits erforderliche Mitwirkung, insbes die Annahme der Leistung, unterläßt. **b) Rechtsnatur:** Gläubigerverzug ist als solcher **keine Verletzung einer** (Leistungs-)**Pflicht** (§ 241 Rn 9 ff), denn der Gläubiger ist zur Annahme der Leistung nur berechtigt, nicht verpflichtet (BGH NJW-RR 88, 1266); Entgegennahme der Leistung und Vornahme der Mitwirkungshandlung sind bloße Gläubiger**obliegenheiten** (Larenz, SchR I, § 25 I; SoeWiedemann 17 vor § 293, hM; krit Hüffer aaO S 224). Wichtige Ausnahmen: Echte Abnahmepflichten bei bestimmten Schuldverhältnissen (Rn 9), echte Mitwirkungspflichten gem § 242 (Rn 10). **c) Anwendungsbereich:** Alle Leistungspflichten, zu deren Erfüllung Mitwirkung des Gläubigers erforderlich ist; **nicht:** Pflichten auf Unterlassung, Abgabe von Willenserklärungen, uU Neben- und Sorgfaltspflichten. 1

2

3

2. Überblick. a) Voraussetzungen des Annahmeverzugs im allg (§§ 293–299): **aa) Leistungsvermögen des Schuldners** (§ 297; Rn 8). **bb) Ordnungsgemäßes Angebot** der Leistung durch den Schuldner (§§ 294–296). **cc) Nichtannahme der Leistung** oder Unterlassen der erforderlichen Mitwirkung auf Seiten des Gläubigers (§§ 293, 295, 296, 298). **dd) Keine** Voraussetzung des Gläubigerverzugs ist, daß der Gläubiger oder seine Hilfsperson die Nichtannahme oder die Nichtmitwirkung **zu vertreten** (verschuldet) hat, fehlendes Verschulden schließt Annahmeverzug nicht aus (BGH NJW-RR 94, 1470; § 299 Rn 1). Grund: Keine Pflichtverletzung des Gläubigers (Rn 2). **ee)** Der **Annahmeverzug endet** mit Wegfall seiner Voraussetzungen (zB Fall gem Rn 8 aE), insbes mit der Erklärung des Gläubigers, die Leistung des Schuldners als die vertraglich geschuldete anzunehmen; Annahmebereitschaft unter Vorbehalt oder unter Bedingungen genügt nicht (BAG NJW 86, 2847 f mN; s auch § 304 Rn 1). War der Annahmeverzug **ohne** ein Leistungsangebot des AN eingetreten (vgl § 296 Rn 3), ist zu seiner Beendigung eine Arbeitsaufforderung des AG erforderlich (BAG 90, 314).**b) Rechtsfolgen. aa) Allgemeines.** Der Gläubigerverzug gibt dem Schuldner weder einen Schadensersatzanspruch (vgl aber § 304) noch ein Recht zur Vertragsauflösung. Grund: Rn 2. Abw gilt nur bei Sondervorschriften (Anm 7 [c]). Die Rechtsfolgen sind in §§ 300–304 nur zT enthalten. Außerhalb von Titel 2 geregelt ist das **Recht zur Hinterlegung** (§§ 372 ff) und zur **Versteigerung** (zum Selbsthilfeverkauf) nicht hinterlegungsfähiger Gegenstände (§§ 383 ff; HGB 373), ferner die Durchsetzung der Gegenleistung bei gegenseitigen Verträgen (§§ 320, 322 II; 274 II). Weitere Rechtsfolgen: **bb)** Haftungserleichterung für den Schuldner (§ 300 I); **cc)** Übergang der Leistungs- (§ 300 II) und der Preisgefahr (§ 326 II 1) auf den Gläubiger; **dd)** Wegfall der Verzinsungspflicht (§ 301) und Beschränkung auf Herausgabe von tatsächlich gezogenen Nutzungen (§ 302); **ee)** Recht zur Besitzaufgabe (§ 303); **ff)** Aufwendungsersatz (§ 304 – einzige Anspruchsgrundlage). **c) Sondervorschriften:** §§ 264 II, 615, 642, 643, 644; HGB 373; KSchG 11; ZPO 726 II, 756, 765, 894 I 2. **d) Prozessuales.** Das Vorliegen des Annahmeverzuges kann gem ZPO 256 festgestellt werden (BGH NJW 00, 2281; vgl demgegenüber § 286 Rn 8). 4

5

6

7

3. Abgrenzung. a) Unmöglichkeit der Leistung (§ 275 I) und geltend gemachte Leistungshindernisse gem § 275 II, III schließen Annahmeverzug aus (BAG NJW 87, 2838; 92, 933; arg § 297, s dort). Für die Abgrenzung (wichtig wegen der 8

Vollkommer

§ 294 Buch 2. Abschnitt 1. Inhalt der Schuldverhältnisse

unterschiedlichen Rechtsfolgen für die Gegenleistung) ist entscheidend, ob die Leistung noch **nachholbar** ist; darauf, aus welcher „Sphäre" (Gläubiger, Schuldner, neutraler Bereich) das Leistungshindernis stammt, kommt es nicht an. **Annahmeverzug** liegt daher (nur) dann vor, wenn der Gläubiger zur Annahme nicht bereit oder vorübergehend daran (oder an der Mitwirkung) verhindert ist, dagegen Unmöglichkeit immer dann, wenn der Annahme der Leistung ein **dauerndes Mitwirkungshindernis** entgegensteht (neuere Ansicht, vgl Rückert ZfA 83, 8 mN; BGH 60, 17; aA die früher hM, vgl EnnL § 57 II 1 b; BGH 24, 96). Bsp: Unmöglichkeit liegt vor bei Nichtdurchführbarkeit einer Reise wegen des Gesundheitszustands des Bestellers (BGH 60, 17); bei Unausführbarkeit langfristiger Unternehmensberatung nach Einstellung des zu beratenden Betriebs (aA BGH 24, 96); bei witterungsbedingter Nichterbringbarkeit der Dienstleistung (BAG 41, 132; sa § 275 III und dort Rn 30; ferner § 615 S 3). Mit dem Unmöglichwerden der
9 Leistung **endet** der Annahmeverzug (vgl § 326 II 1). **b) Schuldner-(Leistungs-)verzug** kann mit Annahmeverzug in der Person des Gläubigers **zusammentreffen**, wenn die Annahme („Abnahme") der Leistung (Vornahme der Mitwirkungshandlung) ausnahmsweise (Rn 2) eine echte **Rechts-** und damit **Schuldnerpflicht** darstellt. Ges Fälle: §§ 433 II, 640 I, HGB 375; Beschäftigungspflicht des AG (BAG NJW 86, 1832). Bsp für vereinbarte Mitwirkungspflicht: Kauf auf Abruf (RG 57, 109; BGH NJW 72, 99). Abnahmepflicht gem § 433 II ist idR Nebenpflicht (vgl aber § 433 Rn 29), im Fall der § 640, HGB 375 Hauptpflicht. Rechtsfolgen bei Verzug (§§ 286) mit Abnahmepflicht: §§ 280 I, II, 286 und §§ 300 ff gelten nebeneinander, bei Hauptpflicht kommt auch §§ 280 III, 281 zur Anwendung. Annahmeverzug des Gläubigers und Leistungsverzug des Schuldners **schließen sich gegenseitig aus** (Gursky AcP 173, 454). Folge: Leistungsverzug endet, sobald Gläubiger in Annahmeverzug gerät; mit dessen Beendigung (s Rn 5) ist Leistungsverzug wieder möglich. Mahnung kann in der den Annahmeverzug
10 beseitigenden Handlung des Gläubigers liegen. **c) Pflichtverletzung** (§ 280 I) kann mit Annahmeverzug zusammentreffen, wenn der Gläubiger **schuldhaft** (§§ 276, 278) einer ihm obliegenden **Mitwirkungspflicht** (§ 242 Rn 23; § 281 Rn 13) zuwiderhandelt und dadurch die Erreichung des Vertragszweckes ernstlich gefährdet (BGH 11, 80; 50, 178; eingehend Hüffer aaO S 41 ff, 220 ff, 232 ff; Nicklisch BB 79, 543). Hierfür genügt bloße Passivität des Gläubigers idR nicht (dann nur §§ 293 ff), erforderlich ist ein weiteres Verhalten, aus dem sich die Unzuverlässigkeit des Gläubigers ergibt (Bsp: wiederholt falsche Angaben bei der Mitwirkung) oder seine Absicht, sich durch die Annahme-(Mitwirkungs-)verweigerung seinen eigenen Leistungspflichten zu entziehen (Fall der sog Erfüllungsverweigerung, § 280 Rn 17 f, 58). Rechtsfolgen: Schadensersatz gem § 281 und Rücktritt (§ 323 I, II Nr 1).

§ 294 Tatsächliches Angebot

Die Leistung muss dem Gläubiger so, wie sie zu bewirken ist, tatsächlich angeboten werden.

1 **1. Allgemeines.** Präzisierung des bereits in § 293 enthaltenen Erfordernisses des Leistungsangebots in zweierlei Richtung: a) Grundsatz des **tatsächlichen Angebots** (Rn 2; Ausnahmen: §§ 295, 296). b) Klarstellung, daß nur ein zur Erfüllung taugliches Angebot („so, wie die Leistung zu bewirken ist") ausreicht (**ordnungsgemäßes** Angebot, Rn 3).
2 **2. Tatsächliches Angebot** ist der Beginn der Leistungshandlung des Schuldners **(„Anleistung")**; seiner **Rechtsnatur** nach ist es Realakt, §§ 130 ff gelten nicht entspr (Larenz, SchR I, § 25 I a). Der Schuldner muß die ihm obliegenden Leistungshandlungen (§ 241 Rn 7) so weit vornehmen, daß der Gläubiger durch seine Mitwirkung (idR: Annahme) den Leistungserfolg herbeiführen kann (RG 109, 329: Gläubiger braucht „nichts als zuzugreifen und die angebotene Leistung anzunehmen"; ähnlich BGH 90, 359; 116, 249; NJW 96, 924 mN). Bloßes

Titel 2. Verzug des Gläubigers **§ 295**

Bereiterklären zur Leistung genügt nicht, anderseits sind weitere Erklärungen (zB Ankündigung) idR (Ausnahme: § 299) nicht erforderlich. **Bsp:** Bei Bring- und Schickschulden (auch beim Versendungskauf, § 447 betrifft nur den Gefahrübergang) genügt Absendung nicht, Andienung am Bestimmungsort ist erforderlich; zur Holschuld § 295 Rn 3. Beim zurückzuübereignenden Grundstück muß ein Notar-Termin mitgeteilt werden (BGH NJW 97, 581). Beim Dauerschuldverhältnis muß das Leistungsangebot von dem ernstlichen Willen begleitet sein, die angebotene Leistung in dem geschuldeten zeitlichen Umfang zu erbringen (BAG NJW 73, 1949).

3. Ordnungsgemäßes Angebot setzt voraus: Angebot zur rechten Zeit am rechten Ort (§§ 269–271; auch § 299) von der richtigen Beschaffenheit, in der rechten Weise, vollständig (§ 266) und vorbehaltslos (BAG NJW 86, 864). „Erfüllbarkeit" (§ 271 II) genügt, verspätete Leistung kann aber nur unter den Voraussetzungen der §§ 281 IV, 323 I abgelehnt werden. Gattungsware von nicht vertragsgemäßer Beschaffenheit (vgl § 243 I) kann der Gläubiger (Käufer) auf seine Gefahr ablehnen (RG 106, 297; Frankfurt MDR 84, 585). Eine mangelhafte Sache kann der Käufer zurückweisen und Nacherfüllung verlangen (§§ 437 Nr 1, 439). Der Vermieter darf Rücknahme der Mietsache in verschlechtertem Zustand nicht ablehnen (BGH 86, 209 f); der Mieter muß die mangelhafte Mietsache nicht abnehmen, solange eine Beseitigungspflicht des Vermieters besteht (arg § 536 a II Nr 1: „Verzug"). 3

§ 295 Wörtliches Angebot

¹Ein wörtliches Angebot des Schuldners genügt, wenn der Gläubiger ihm erklärt hat, dass er die Leistung nicht annehmen werde, oder wenn zur Bewirkung der Leistung eine Handlung des Gläubigers erforderlich ist, insbesondere wenn der Gläubiger die geschuldete Sache abzuholen hat.
²Dem Angebot der Leistung steht die Aufforderung an den Gläubiger gleich, die erforderliche Handlung vorzunehmen.

1. Allgemeines. S 1 enthält Durchbrechung des Erfordernisses eines **tatsächlichen** Angebots (§ 294 Rn 1 [a]) in zwei Ausnahmefällen (Rn 2 und 3). Das dann grundsätzlich **erforderliche** (hM, trotz Wortlaut: „genügt") **wörtliche Angebote** (Rn 4 ff) ist außer den Fällen des § 296 ausnahmsweise auch dann entbehrlich, wenn es nur „leere Form" oder „unzumutbar" wäre (Larenz, SchR I, § 25 I b; PalHeinrichs 4 aE; BAG 46, 234 [245]; BGH NJW-RR 86, 795 f). Die Unterausnahme des § 296 zum Fall der Rn 3 (s § 296 Rn 1) hat die neuere Rspr zu einer weiteren Fallgruppe der Entbehrlichkeit eines Angebots für den Annahmeverzug ausgebaut (s § 296 Rn 3). 1

2. Ausnahmefälle. a) Früher erklärte ernstliche Annahmeverweigerung des Gläubigers (S 1, 1. Fall). In Frage kommen insbes Vertragsaufsage und Erfüllungsverweigerung (vgl § 281 II und dort Rn 9), bei der Rückabwicklung die Verweigerung der *selbst* zu erbringenden Leistung (BGH NJW 97, 581), auch unberechtigte fristlose Kündigung durch den Dienstberechtigten (BGH NJW 88, 1201) oder den AG (BAG NJW 92, 933; ie § 296 Rn 3). Erklärt sich der Gläubiger nachträglich zur Annahme bereit, muß der Schuldner nunmehr tatsächlich anbieten (§ 294 Rn 2), andernfalls endet der Annahmeverzug. **b) Unterbleiben einer erforderlichen Mitwirkungshandlung des Gläubigers (S 1, 2. Fall).** Vgl allg zur Gläubigermitwirkung § 293 Rn 2, 9 f. Bsp für Mitwirkungshandlungen: Abholung bei Holschulden (S 1 aE); Abnahme bei Werkvertrag (§ 640 I); Übernahme der Miträume; Bereitstellung von Verpackungsmaterial; Bestimmung von Leistung und Leistungsmodalitäten (Spezifikation, HGB 375); Abruf; Gläubigerwahl bei § 262; Erteilung von Rechnung; Entgegennahme von Auflassung (vgl BGH 116, 250); auch Zurverfügungstellung von funktionsfähigem Arbeitsplatz und Zuweisung von Arbeit (BAG 65, 102 f; 90, 333; idR Fall von § 296, s dort Rn 3). 2 3

Vollkommer

§§ 296, 297 Buch 2. Abschnitt 1. Inhalt der Schuldverhältnisse

4   3. **Wörtliches Angebot.** a) Es ist die Mitteilung der Bereitschaft des Schuldners (Dritten im Fall des § 268) an den Gläubiger, die vertragsgemäße Leistung (§ 294 Rn 3) zu erbringen (Fall der Rn 2) oder des Vorliegens der Voraussetzungen für die Vornahme der Mitwirkungshandlung (Fall der Rn 3). Die **Aufforderung** zur Vornahme der Mitwirkungshandlung steht dem wörtlichen Angebot gleich (**S 2**). **Zeitlich** muß das Angebot im Fall der Rn 2 der Weigerung **nach-**
5   folgen (BGH NJW 88, 1201). b) **Formlos** möglich, auch stillschweigend. Bsp: In der Erhebung der Kündigungsschutzklage gem KSchG 4 liegt zugleich ein Dienstangebot (vgl BAG 46, 238; 65, 104; NJW 92, 933; sa § 296 Rn 3), ebenso in eindeutigem Widerspruch gegen die Kündigung (BGH MDR 86, 751; Koblenz NJW-RR 94, 1059); ferner in Antrag auf Zug-um-Zug-Verurteilung ein Lei-
6   stungsangebot (BGH NJW 97, 581). c) Angebot und Aufforderung sind zugangsbedürftige geschäftsähnliche Handlungen (§§ 130 ff gelten entspr, Larenz, SchR I,
7   § 25 I b, hM, str; aA EnnL § 57 II 2 c). d) Das Angebot ist nur wirksam, wenn die Leistungsbereitschaft tatsächlich vorliegt (§ 297; vgl BAG 46, 244 f; 65, 103), auch wenn die Leistungsfähigkeit (zunächst) noch fehlt (BAG NJW 92, 933; dazu Stephan NZA 92, 585). Es darf keine (unberechtigten) Vorbehalte und Bedingungen enthalten (BGH NJW 86, 987; sa § 294 Rn 3). Im Fall der Rn 3 muß der Schuldner entspr Leistungsvorbereitungshandlungen erbracht haben, im Fall der Rn 2 genügt bei Lieferverträgen, daß sich der Schuldner die Ware jederzeit beschaffen kann (RG 50, 260; BGH MDR 58, 335); bei Gattungsschulden ist eine Aussonderung (vgl § 243 II) nicht erforderlich (allgM; anders für Gefahrübergang nach § 300 II, vgl dort Rn 5 [bb]).

§ 296 Entbehrlichkeit des Angebots

¹Ist für die von dem Gläubiger vorzunehmende Handlung eine Zeit nach dem Kalender bestimmt, so bedarf es des Angebots nur, wenn der Gläubiger die Handlung rechtzeitig vornimmt. ²Das Gleiche gilt, wenn der Handlung ein Ereignis vorauszugehen hat und eine angemessene Zeit für die Handlung in der Weise bestimmt ist, dass sie sich von dem Ereignis an nach dem Kalender berechnen lässt.

1   1. **Allgemeines.** Ausnahme vom Fall des § 295 Rn 3 bei **termingebundener Mitwirkungshandlung des Gläubigers** (s § 295 Rn 1).
2   2. **Fälle. a)** Kalendermäßige Bestimmtheit (**S 1**) und Berechenbarkeit (**S 2**), entspricht dem geänderten § 286 II Nr 1, 2 (dort Rn 27 f). Bsp: Erscheinen zum Übergabe- (BGH NJW-RR 91, 268) oder Beurkundungstermin (BGH 116, 250); Stellung von Geräten; Zuweisung von Diensten (Rn 3). Die übrigen Voraussetzungen außer dem Angebot (der Aufforderung), namentlich die gem § 295 Rn 7,
3   müssen vorliegen. b) **Arbeits- und Beschäftigungsverhältnisse.** Hat der AN einer unwirksamen Kündigung widersprochen (zB durch Klage gem KSchG 4), kommt der AG ohne Rücksicht auf ein (weiteres) Angebot des AN in Annahmeverzug, wenn er nicht seinerseits den AN zur geschuldeten Leistung auffordert (BAG 46, 244; 65, 100; 90, 333); entspr gilt bei Abberufung als Geschäftsführer einer GmbH (BGH NJW 01, 287); sa § 293 Rn 5; § 297 Rn 1. Ohne Kündigung gilt § 294, nicht § 295 (s BAG MDR 94, 77). **Lit:** Stahlhacke ArbuR 92, 8; Stephan NZA 92, 585; Gamillscheg BB 92, 1631. **c) Weitere** Ausnahme: § 295 Rn 1.

§ 297 Unvermögen des Schuldners

Der Gläubiger kommt nicht in Verzug, wenn der Schuldner zur Zeit des Angebots oder im Falle des § 296 zu der für die Handlung des Gläubigers bestimmten Zeit außerstande ist, die Leistung zu bewirken.

1   1. **Klarstellung,** daß Leistungsvermögen und -bereitschaft des Schuldners zum maßgeblichen Zeitpunkt (Vornahme des tatsächlichen, Erklärung des wörtlichen

Titel 2. Verzug des Gläubigers **§§ 298–300**

Angebots bei §§ 294, 295; Termin der Gläubigerhandlung bei § 296) Voraussetzung des Annahmeverzugs ist (vgl BAG 65, 101; ie § 293 Rn 4f und 8; § 294 Rn 2 aE; § 295 Rn 7). War im Fall von § 296 Rn 3 der AN zZ der Kündigung (zB krankheitsbedingt) arbeitsunfähig, tritt Annahmeverzug daher erst mit Wiedergenesung (dann unabhängig von entspr Anzeige des AN) ein (BAG 65, 100 ff; NJW 92, 933; 93, 2638, neuere Rspr, str; sa § 615 Rn 2 ff); desgl gerät der AG nicht in Annahmeverzug, wenn (solange) der AN von der Arbeitspflicht befreit ist (BAG NJW 01, 1964). Aus der Fassung folgt, daß der Gläubiger die **Beweislast** für das Leistungsunvermögen und die fehlende Leistungsbereitschaft des Schuldners trägt (BAG 65, 102), doch steht dem Gläubiger ein Untersuchungsrecht zu (SoeR-Schmidt 10. Aufl Rn 3; sa BAG NJW 68, 2316).

§ 298 Zug-um-Zug-Leistungen

Ist der Schuldner nur gegen eine Leistung des Gläubigers zu leisten verpflichtet, so kommt der Gläubiger in Verzug, wenn er zwar die angebotene Leistung anzunehmen bereit ist, die verlangte Gegenleistung aber nicht anbietet.

1. Ergänzung von § 294 für **Zug-um-Zug-Leistungen** (zB §§ 274, 320, 348, 368, 371; gilt entspr bei Vorleistungspflicht des Gläubigers). Der nicht zur Gegenleistung bereite Gläubiger lehnt das ordnungsgemäße (§ 294 Rn 3) eingeschränkte Angebot des Schuldners (Leistung nur gegen Gegenleistung) ab; Folge: Gläubiger gerät in Gläubigerverzug hinsichtlich der Leistung, idR aber auch in Schuldnerverzug hinsichtlich der Gegenleistung (Mahnung liegt im eingeschränkten Angebot); kein Leistungsverzug des Schuldners (§ 293 Rn 9 aE; § 286 Rn 22). 1

§ 299 Vorübergehende Annahmeverhinderung

Ist die Leistungszeit nicht bestimmt oder ist der Schuldner berechtigt, vor der bestimmten Zeit zu leisten, so kommt der Gläubiger nicht dadurch in Verzug, dass er vorübergehend an der Annahme der angebotenen Leistung verhindert ist, es sei denn, dass der Schuldner ihm die Leistung eine angemessene Zeit vorher angekündigt hat.

1. Einschränkung des Grundsatzes, daß Eintritt des Annahmeverzugs vom Verschulden des Gläubigers unabhängig ist (§ 293 Rn 4 [dd]). **Grund:** keine Obliegenheit ständiger Annahmebereitschaft des Gläubigers bei unbestimmter Leistungszeit. **Ankündigung** ist geschäftsähnliche Mitteilung, § 130 gilt (Larenz, SchR I, § 25 I d). 1

§ 300 Wirkungen des Gläubigerverzugs

(1) **Der Schuldner hat während des Verzugs des Gläubigers nur Vorsatz und grobe Fahrlässigkeit zu vertreten.**

(2) **Wird eine nur der Gattung nach bestimmte Sache geschuldet, so geht die Gefahr mit dem Zeitpunkt auf den Gläubiger über, in welchem er dadurch in Verzug kommt, dass er die angebotene Sache nicht annimmt.**

1. Über die **Rechtsfolgen des Annahmeverzugs** im allg vgl § 293 Rn 6f. 1

2. Haftungserleichterung für den Schuldner (I). a) Bedeutung: Einschränkung der allg Verschuldenshaftung (§ 276 Rn 8f) zugunsten des Schuldners während des Annahmeverzugs; **Erweiterung** der Gläubiger bei der Stückschuld obliegenden **Leistungsgefahr** (§ 275 I iVm §§ 300 I, 276). **b) Anwendungsbereich.** Die Haftungserleichterung gilt **nur** bei **Untergang oder Verschlechterung** des Leistungsgegenstandes während des Annahmeverzugs, dagegen **nicht** bei Verletzung von nicht auf den Leistungsgegenstand bezogenen sonstigen Neben- und Sorgfaltspflichten (zB bei Durchführung eines Selbsthilfeverkaufs); insoweit haftet der Schuldner für jede zu vertretende Pflichtverletzung 2 3

§§ 301–303 Buch 2. Abschnitt 1. Inhalt der Schuldverhältnisse

(§ 280; zur bish Rechtslage ebenso SoeWiedemann 8; Larenz, SchR I, § 25 II a, hM, str; aA Köln NJW-RR 95, 54). **I** erfaßt auch konkurrierende Ansprüche aus uH (Köln aaO; sa § 241 Rn 17).

4   **3. Gefahrübergang auf den Gläubiger bei Gattungsschulden (II). a) Allgemeines.** II betrifft nur die Leistungsgefahr (§ 275 Rn 35), den Übergang der **Gegenleistungs-(Preis-)gefahr** regelt § 326 II 1. Da die Leistungsgefahr bereits idR gem § 243 II iVm § 275 auf den Gläubiger übergegangen ist, kommt **II** nur geringe selbständige **Bedeutung** zu (vgl Hönn AcP 177, 390; abw v. Caemmerer JZ 51, 744), so etwa in den Fällen der §§ 295, 296, wenn Konkretisierung noch nicht eingetreten ist (zB bei Bring- und Schickschuld, vgl § 243 Rn 9), ferner (in **entspr** Anwendung) bei Geldschulden (vgl § 270 I und §§ 244, 245 Rn 10).

5   **b) Voraussetzungen: aa)** Annahmeverzug des Gläubigers mit Gattungsschuld, gleich wie begründet, auch gem § 295 (allgM) oder § 296 (aA StLöwisch 17). **bb) Aussonderung** der zur Erfüllung bestimmten Sache, auch soweit kein tatsächliches Angebot (§ 294) erfolgt (RG 57, 404; BGH WM 75, 920; Larenz, SchR I, § 25 II b, hM; aA Schroeder MDR 73, 466). **cc) Aussonderungsanzeige** an den

6   Gläubiger (RG 57, 405, str; aA Larenz, SchR I, § 25 II b). **c) Rechtsfolgen:** Übergang der Leistungsgefahr, dh Befreiung des Schuldners, wenn die ausgesonderte Sache durch Zufall oder leichte Fahrlässigkeit des Schuldners oder seiner Hilfspersonen untergeht oder verschlechtert wird (II iVm I, §§ 276, 278).

§ 301 Wegfall der Verzinsung

Von einer verzinslichen Geldschuld hat der Schuldner während des Verzugs des Gläubigers Zinsen nicht zu entrichten.

1   **1. Geldschuld:** §§ 244, 245 Rn 6 ff. Endgültige **Befreiung** von der Zinspflicht, nicht nur Stundung. Gilt für **vereinbarte** und ges Zinsen (§ 246 Rn 6); Voraussetzungen von § 288 entfallen schon wegen § 293 Rn 9. Tatsächlich **gezogene** Zinsen sind gem § 302 herauszugeben (BGH NJW 58, 137). § 301 *begründet keine* Pflicht zur Weiterzahlung des Vertragszinses (über den Fälligkeitszeitpunkt hinaus) **bis zum Eintritt** des Annahmeverzugs (BGH 104, 341 mN; 115, 269, str).

§ 302 Nutzungen

Hat der Schuldner die Nutzungen eines Gegenstands herauszugeben oder zu ersetzen, so beschränkt sich seine Verpflichtung während des Verzugs des Gläubigers auf die Nutzungen, welche er zieht.

1   **1. Einschränkung** bestehender (idR weitergehender: §§ 292 II, 347, 987 II, 990) Herausgabepflicht auf die tatsächlich gezogenen Nutzungen (§ 100; sa § 301 Rn 1).

§ 303 Recht zur Besitzaufgabe

¹Ist der Schuldner zur Herausgabe eines Grundstücks oder eines eingetragenen Schiffs oder Schiffsbauwerks verpflichtet, so kann er nach dem Eintritt des Verzugs des Gläubigers den Besitz aufgeben. ²Das Aufgeben muss dem Gläubiger vorher angedroht werden, es sei denn, dass die Androhung untunlich ist.

1   **1. Ergänzung** der nur bei beweglichen Sachen bestehenden Hinterlegungsmöglichkeit (§ 293 Rn 6). Nur Recht zur **Besitz-** (§ 856), nicht auch Eigentumsaufgabe (vgl § 928). Folge der Aufgabe: Befreiung von Pflicht zur Besitzübertragung, Auflassungspflicht besteht ggf weiter.

§ 304 Ersatz von Mehraufwendungen

Der Schuldner kann im Falle des Verzugs des Gläubigers Ersatz der Mehraufwendungen verlangen, die er für das erfolglose Angebot sowie für die Aufbewahrung und Erhaltung des geschuldeten Gegenstands machen musste.

1. Anspruchsgrundlage für **notwendige** (arg: „machen mußte") **Mehraufwendungen.** Bsp: Mahn-, Transport-, Aufbewahrungs- und Erhaltungskosten, uU auch Versicherungsprämien (SoeWiedemann 2), **nicht** aber die Aufwendungen für die Wiederbeschaffung einer *vor* Aussonderung untergegangenen Gattungssache (Folge der beim Schuldner verbliebenen Leistungsgefahr; aA Hönn AcP 177, 412, 417). Folgen: §§ 256, 257; 273. Zur Beendigung des Annahmeverzugs (s allg § 293 Rn 5) hat der Gläubiger außer seiner Annahme (Mitwirkung) auch Erstattung der verlangten Mehraufwendungen anzubieten. **Weitergehende Ansprüche:** Sonstige Mehraufwendungen (vgl § 670) nur unter den Voraussetzungen der GoA (§§ 677, 683; allgM), **Schadensersatz** gem §§ 280 II, 286 **nur** (vgl § 293 Rn 6), wenn sich der Gläubiger zugleich im Leistungs-(Abnahme-)verzug befindet (§ 293 Rn 9); ferner bei zu vertretender Pflichtverletzung (§ 293 Rn 10).

Abschnitt 2. Gestaltung rechtsgeschäftlicher Schuldverhältnisse durch Allgemeine Geschäftsbedingungen

§ 305 Einbeziehung Allgemeiner Geschäftsbedingungen in den Vertrag

(1) ¹**Allgemeine Geschäftsbedingungen sind alle für eine Vielzahl von Verträgen vorformulierten Vertragsbedingungen, die eine Vertragspartei (Verwender) der anderen Vertragspartei bei Abschluss eines Vertrags stellt.** ²Gleichgültig ist, ob die Bestimmungen einen äußerlich gesonderten Bestandteil des Vertrags bilden oder in die Vertragsurkunde selbst aufgenommen werden, welchen Umfang sie haben, in welcher Schriftart sie verfasst sind und welche Form der Vertrag hat. ³Allgemeine Geschäftsbedingungen liegen nicht vor, soweit die Vertragsbedingungen zwischen den Vertragsparteien im Einzelnen ausgehandelt sind.

(2) Allgemeine Geschäftsbedingungen werden nur dann Bestandteil eines Vertrags, wenn der Verwender bei Vertragsschluss
1. die andere Vertragspartei ausdrücklich oder, wenn ein ausdrücklicher Hinweis wegen der Art des Vertragsschlusses nur unter unverhältnismäßigen Schwierigkeiten möglich ist, durch deutlich sichtbaren Aushang am Ort des Vertragsschlusses auf sie hinweist und
2. der anderen Vertragspartei die Möglichkeit verschafft, in zumutbarer Weise, die auch eine für den Verwender erkennbare körperliche Behinderung der anderen Vertragspartei angemessen berücksichtigt, von ihrem Inhalt Kenntnis zu nehmen,

und wenn die andere Vertragspartei mit ihrer Geltung einverstanden ist.

(3) **Die Vertragsparteien können für eine bestimmte Art von Rechtsgeschäften die Geltung bestimmter Allgemeiner Geschäftsbedingungen unter Beachtung der in Absatz 2 bezeichneten Erfordernisse im Voraus vereinbaren.**

1. Allgemeines. Das Vertragsrecht des BGB enthält, insbes im Schuldrecht, in erheblichem Maße dispositives Recht. In diesem Bereich können die Parteien ihre Vertragsbeziehungen abw vom Ges regeln (Vertragsfreiheit als Inhaltsfreiheit, Rn 8 vor § 145). Das geschieht in großem Umfang durch AGB. Durch sie werden Verträge des Massenverkehrs abw vom BGB standardisiert, ihre Abwicklung rationalisiert und vereinfacht; sie gestalten neue, dem BGB unbekannte Vertragstypen

§ 305

(zB Baubetreuungs-, Factoring-, Leasing-, Automatenaufstellvertrag); sie machen Geschäftsrisiken besser kalkulierbar. Bedenklich aber ist, daß AGB die Rechtsstellung des Verwenders (I 1) oft zu Lasten des Vertragspartners verbessern, indem sie die ausgewogene, aber dispositive ges Regelung verdrängen (zB durch Haftungsausschluß, Beweiserschwerung). Diese Verschlechterung bleibt dem nichtkaufmännischen Kunden zumeist verborgen („Kleingedrucktes" liest man nicht). Wissen hilft idR aber auch nicht weiter (weder dem Privat- noch dem Kaufmann), weil häufig die gleichen AGB in der gesamten Branche verwendet werden. Die Abhilfeversuche der Rspr (insbes durch eine Inhaltskontrolle als richterliche Gültigkeitskontrolle) erhielten nach jahrzehntelanger Diskussion (grundlegend: L. Raiser, Das Recht der AGB, 1935) eine ges Grundlage im AGBG v 9. 12. 1976. Das Ges in seiner Ursprungsfassung v 1976 schützte die andere Vertragspartei vor dem Verwender von AGB; auf deren prinzipiell gegensätzliche Interessen war das – durchaus (auch) von Verbraucherschutzgedanken getragene – AGBG zugeschnitten (BGH 128, 101). Eine unübersehbare Hinwendung zum primären Verbraucherschutz brachte die Umsetzung der **RiLi 93/13/EWG** v 5. 4. 1993 **über mißbräuchliche Klauseln in Verbraucherverträgen** durch Ges von 19. 7. 1996, vor allem durch Einfügung von AGBG 24 a: In „Verbraucherverträgen" wurden nunmehr sowohl Dritt- wie Einmalklauseln erfaßt und die konkreten individuellen Umstände des Vertragsschlusses berücksichtigt. Die genannten Klauseln waren iSv AGBG 1 I 1 keine AGB, so daß der beibehaltene Name „AGBG" nicht mehr zutraf. Die Eingliederung der materiellrechtlichen Teile des AGBG (und anderer Verbraucherschutz-Ges, s UKlaG 2 II Nr 1) in das BGB setzt diese Entwicklung fort. Das bisherige „Sonderprivatrecht" des Verbraucherschutzes und die ihm eigene Begrenzung der Vertragsfreiheit dürften nicht ohne Einfluß auf die nicht-sonderprivatrechtlichen Bereiche des bürgerlichen Rechts bleiben (zur Problematik § 138 Rn 12).

2 2. **Der Anwendungsbereich des Abschnitts 2 des Buches 2 (§§ 305 ff)** ist in I 1 bestimmt, erweitert durch § 310 III (sachlich) und eingeschränkt durch §§ 310 IV (sachlich), 310 I (persönlich). Vertragsbedingungen in der Form von Rechtsnormen unterfallen nicht dem Abschnitt 2 (zB die aufgrund AGBG 27, jetzt **3** EGBGB 243, erlassenen VOen wie die AVBWasserV, s BGH 100, 4). **a) Vertragsbedingungen** isV I 1 sind alle (auch die nur mittelbar, BGH 141, 126) inhaltsbestimmenden Vertragsklauseln, auch nichtrechtsgeschäftlicher Art (BGH NJW 90, 2314: Einwilligung in Obduktion). Sportliche Regelwerke sind keine AGB (BGH 128, 101 ff). Da I 1 Vertragsschluß nicht voraussetzt, können AGB auch sein: abschlußregelnde Klauseln (Ulmer § 1, 13; aA BGH NJW 85, 1394; unentschieden BGH 104, 98 f), Aushandlungsbestätigung (BGH 99, 376 f), ferner die in den Vertrag eingebundenen vom Verwender vorformulierten einseitigen Erklärungen des anderen Teils (materiellrechtliche [zB Bevollmächtigung, BGH NJW 87, 2011; Einverständnis mit Telefonwerbung, BGH NJW 00, 2677], oder verfahrensrechtliche [zB gem GBO 19, ZPO 794 I Nr 5; BGH NJW 02, 139]), allg Koblenz NJW-RR 94, 59. Höfliche Formulierung schließt Rechtscharakter als AGB nicht aus (BGH 133, 187 ff gegen BGH 124, 44 f). Auch bei *öffentl-rechtlich genehmigten* AGB ist Abschnitt 2 anwendbar (s UKlaG 8 II Nr 2, BGH 86, 291; Teilausnahmen in § 310 II). Für *öffentl-rechtliche Verträge* gilt der Abschnitt 2 entspr (arg VwVfG **4** 59 I). **b) Vielzahl von Verträgen** (abw § 310 III Nr 2: Einmalklausel genügt). Für sie müssen die AGB aufgestellt sein, gleich ob vom Verwender oder einem Dritten (MK/Basedow § 119). Der Verwender muß die Absicht der Mehrfachverwendung zZ des Vertragsschlusses haben (BGH NJW-RR 02, 14). Ob „Vielzahl" vorliegt, ergeben die Umstände (ie BGH NJW 98, 2287; 00, 1111). Genügend ist die einmalige Verwendung eines Vertragsformulars (Mustervertrags), zB eines Mietvertragsformulars, da das Formular für eine Vielzahl von Fällen gedacht ist (BGH NJW 91, 843). AGB sind die vom Verwender für eine *unbestimmte* Zahl von Fällen vorformulierten Klauseln (BGH NJW 98, 2600). Gleiches gilt für die beabsichtigte Verwendung in einer *bestimmten* Zahl von Fällen (minde-

Gestaltung durch Allgemeine Geschäftsbedingungen § 305

stens 3: BGH NJW 02, 139 mN); schon bei der ersten Verwendung handelt es sich um AGB. **c) Vorformuliert** (dh vorbereitet, zumindest „im Kopf", nicht notwendig schriftlich fixiert, BGH NJW 01, 2636; str) für eine Vielzahl von Verträgen (Rn 4), also nicht der schriftliche Entw eines Individualvertrags. Inhalts-, nicht Wortgleichheit ist gefordert (Heinrichs NJW 99, 1596 f mN). **d) Stellen durch den Verwender** (das ist eine der Parteien; abw erfaßt § 310 III Nr 1 auch Drittklauseln). Der Verwender muß die Einbeziehung *einseitig* und *diskussionslos veranlaßt* haben: „take it or leave it" (so ie BGH NJW 85, 2477; WM 86, 389; str); Verwender („Veranlasser") ist auch, wessen AGB die andere Partei in vorauseilendem Gehorsam in ihr Angebot aufnimmt, weil sonst erfahrungsgemäß Vertragsschluß nicht zu erwarten ist (BGH NJW 97, 2044). Bloße Verhandlungsbereitschaft schließt I 1 nicht aus (Rn 9). Kein „Stellen" liegt mangels Einseitigkeit vor, wenn beide Parteien Einbeziehung (zB der VOB/B) fordern. I scheidet auch aus, wenn ein *unbeteiligter Dritter*, zB (neutraler) Notar, beiden Parteien die Benutzung eines Vertragsmusters vorschlägt (BGH NJW-RR 02, 14 mN; abw § 310 III Nr 1 für Verbraucherverträge). I gilt aber, wenn sich eine Partei die von Drittem formulierten Klauseln zurechnen lassen muß (BGH NJW 94, 2826), sie ist dann („mittelbare") Verwenderin (Bsp: auf ihr Geheiß hat ihr „Hausnotar" vorformuliert, BGH NJW 02, 139). **e) Klarstellungen in I 2** (überflüssig). *Formularverträge,* die den Rn 3–6 entsprechen, sind AGB. – Der *Umfang* ist gleichgültig (ein Satz kann AGB sein, s BGH NJW 83, 1603), ebenso die *Schriftart* (zB Druck, Schreibmaschine, Handschrift) und *Form* (zB notarielle Beurkundung, sa Rn 6).

3. Individualabrede. I 3 schränkt die AGB-Definition (I 1, 2) und damit den Anwendungsbereich des Abschnitts 2 (Rn 2–7) ein. Die „ausgehandelte" Vertragsbedingung (auch eine konkludente) und nur sie („soweit") unterfällt nicht dem Abschnitt 2 (sa § 310 III Nr 2). **a) Aushandeln** ist mehr als Verhandeln und liegt vor, wenn der Verwender die gesetzesändernden oder -ergänzenden Klauseln seiner AGB ernsthaft und vom anderen Teil erkannt zur Disposition stellt und diesem eine reale Möglichkeit zur Klauseländerung zwecks Wahrung eigener Interessen einräumt (BGH NJW 98, 2601 mN). Bleibt es nach konkreter Einzelerörterung beim vorformulierten Text, weil er vom anderen Teil aus Sachgründen ausdr akzeptiert wird, so genügt das für I 3 (ähnlich BGH NJW 00, 1111 f; NJW-RR 01, 195, je mN). Diese hohen Anforderungen gelten auch im kaufmännischen Verkehr (krit Hensen NJW 87, 1987). IdR wird „Aushandeln" zur Klauseländerung führen, BGH NJW 00, 1112 (ist sie mit dem Abschnitt 2 unvereinbar, so ist das grundsätzlich unschädlich, Ulmer § 1, 47, str). **b) Nicht genügt:** bloßes Erörtern (BGH NJW 92, 2760); Verlesen und Belehrung durch Notar (BGH NJW 90, 576 f); wahlweises Ankreuzen unterschiedlicher vorformulierter Klauseln (s BGH NJW 97, 1000 f; aber bei Ausfüllen einer Leerstelle, zB für Vertragsdauer, ohne vorformulierten Entscheidungsvorschlag liegt idR Individualabrede vor, BGH NJW 98, 1067 f); formularmäßige Aufforderung zur Streichung von einzelnen Klausel(teile)n (BGH NJW 87, 2011); schriftliche Erklärung der anderen Partei, ausgehandelt zu haben (BGH NJW 77, 625 f); bloße Verhandlungsbereitschaft (s Rn 9; BGH NJW 98, 28); „kollektives Aushandeln" von Musterverträgen zwischen Verbänden für ihre Mitglieder. **c) Inhaltskontrolle vorformulierter Individualabreden** (§ 242) ist nach hM zulässig (BGH 108, 168 ff mN; Grundlage: § 242; nach aA: richterliche Rechtsfortbildung (ie Ulmer § 1, 78 ff). Zur zulässigen Inhaltskontrolle von Individualarbeitsverträgen Hromadka NJW 02, 2524 f mN.

4. Einbeziehungsvereinbarung, II. a) Geltungsgrund von AGB im konkreten Vertrag ist eine Geltungs- oder *Einbeziehungsvereinbarung* (II), nicht bloße einseitige Unterwerfung. Kennen oder Kennenmüssen der AGB genügt für Einbeziehung nicht. (Auch bei Unternehmern [Begriff: § 14] und in den anderen Fällen, in denen II nicht gilt [§§ 305 a I Nr 1, 2 Buchst a, b, 310 I], ist eine Vereinbarung nötig, Rn 16.) II gilt nicht für Formularverträge (Rn 7), BGH NJW 95, 190. II, III schützen nicht gegen AGB, da diese kraft Vereinbarung Vertragsbestandteil werden.

Jauernig 303

§ 305 Buch 2. Abschnitt 2

b) Die Einbeziehungsvereinbarung erfordert *kumulativ:* **aa) Ausdr Hinweis** bei, dh im Zusammenhang mit, dem Vertragsschluß (BGH NJW-RR 87, 114), schriftlich oder (fern-)mündlich oder in der vom Internet-Anbieter vorformulierten Annahmeerklärung der anderen Partei (Heinrichs NJW 98, 1450 mN), auf die AGB (auch in diesen, wenn er Durchschnittskunden ins Auge springt). Zur Einbeziehung, wenn der Kunde das Angebot abgibt, Mehrings BB 98, 2373 ff. *Ungenügend:* Hinweis auf VOB/B (BGH NJW 94, 2547 anders nach BGH NJW-RR 99, 1247, wenn Vertragspartner im Baurecht bewandert ist); Hinweis nach Vertragsschluß, zB in Rechnung (Ulmer § 2, 27, 57 mN); aber *nachträgliche Einbeziehung* bisheriger oder geänderter AGB entspr II möglich (Einverständnis [Rn 15] zur Vertragsänderung, BGH NJW-RR 87, 114; abl Bunte BB 83, 733 f). Statt des Hinweises genügt ausnahmsweise deutlich sichtbarer (ins Auge springender) **Aushang** am Ort des Vertragsschlusses (s II Nr 1). Unverhältnismäßige Schwierigkeiten sind insbes begründet bei Massenverträgen und relativer Geringwertigkeit des Vertragsobjekts (Bsp: Vertragsschluß im Selbstbedienungsladen, Kaufhaus, am Waren- oder Billettautomaten, Reinigung), auch bei Versteigerungsverträgen wegen der Art ihres Zustande-

14 kommens (BGH NJW 85, 850). **bb) Möglichkeit zumutbarer Kenntnisnahme,** II Nr 2, muß der Verwender *verschaffen.* Bei Vertragsschluß unter *Abwesenden* sind AGB idR zu übersenden. Unter *Anwesenden* genügt idR Auslage zur Einsicht (zum Aushang Rn 13); auf eine dem Verwender erkennbare körperliche Behinderung des anderen Teils ist angemessen Rücksicht zu nehmen (zB durch Zurverfügungstellen einer Lupe bei Sehbehinderung; durch unverlangte Zusendung der AGB bei Hörbehinderung am Telefon). Zur Kenntnisverschaffung bei Internet-Geschäften Taupitz/Kritter JuS 99, 844; Heinrichs NJW 99, 1598 mN. Am Telefon (s § 147 I 2) reicht zunächst ausdr Hinweis (Rn 13), da er Informationsmöglichkeit eröffnet (zB durch Vorlesen kurzer AGB; bei Anfordern nach §§ 147 II 2, 148 zu beachten); auf sie kann der Kunde ausdr verzichten, um sofortigen Vertragsschluß mit AGB zu erreichen (ie ErmHef § 2, 13). Bei Verweisung auf andere AGB („Staffelverweisung") gilt für diese II Nr 2 (BGH NJW 90, 3198). Reisevertrags-AGB sind idR vor Vertragsschluß vollständig zu übermitteln (BGB-InfoV 6 III–V). – **Zumutbarkeit** der Kenntnisnahme, sog **Transparenzgebot,** verlangt (sa § 307 I 2): AGB müssen für den Durchschnittskunden ohne Anstrengung lesbar (s Thamm/Detzer BB 89, 1133 ff), verständlich (idR Laienhorizont! Daher abgeschwächt im kaufmännischen Verkehr, BGH NJW 99, 944) und einigermaßen übersichtlich sowie der Bedeutung des Geschäfts umfangmäßig angepaßt sein. Verständlichkeit fehlt bei *salvatorischer Klausel* (zB „Haftungsausschluß, soweit ges zulässig"; s Wolf/H/L § 6, 44; abw BGH NJW-RR 96, 789: nur Verstoß gegen § 9 II Nr 1, jetzt § 307 II Nr 1 [betr kaufmännischen Verkehr]); das gilt auch bei zweifelhafter Rechtslage, da Unklarheiten bei Anwendung des AGBG den Verwender treffen sollen (Ulmer § 2, 53, str; allg BGH NJW 96, 1218). Übersetzung in fremde Sprache ist nicht schon erforderlich, weil der Kunde Ausländer ist (ausdr Hinweis oder Aushang [Rn 13] in der Verhandlungssprache nötig [BGH NJW 95, 190]; krit Spellenberg, FS Ferid, 1988, S 480 f).

15 **cc) Einverständnis** des Kunden (ausdr oder schlüssig). Formularmäßige Einverständniserklärung unterliegt der Inhaltskontrolle (Hensen ZIP 84, 146 f; aA BGH NJW 82, 1389, da abschlußregelnde, daher kontrollfreie Klausel [dagegen Rn 3]).

16 **5. Rahmenvereinbarungen, III,** nehmen entspr II (Rn 13–15) Einbeziehung vorweg, beschränkt auf bestimmte Art von RGeschäften und bestimmte (nicht: die jeweils gültigen) AGB. Zur nachträglichen Einbeziehung Rn 13.

17 **6. Gescheiterte Einbeziehung.** Nichtbeachtung von II Nr 1, 2 läßt Vertrag ohne uU nur zT betroffenen, weil zB bloß teilw unverständlichen) AGB entstehen; an ihre Stelle tritt das dispositive Recht (§ 306 I, II). Wird *Einverständnis verweigert* oder besteht bzgl Einbeziehung versteckter oder offener Dissens (§§ 154, 155), so scheitert der Vertragsschluß; verhalten sich die Parteien aber vertragsgemäß, so ist Vertrag ohne die betroffenen AGB (§ 306 I, II) geschlossen *(Selbstinterpretation),* s Rn 23 und § 154 Rn 3.

Gestaltung durch Allgemeine Geschäftsbedingungen **§ 305 a**

7. Einbeziehung unter Unternehmern (Begriff: § 14). Erfaßt werden nicht 18
nur gewerblich Tätige („Kaufleute" iSv AGBG 24 S 1 Nr 1 aF), sondern auch sog
Freiberufler. Was bisher nur für Kaufleute galt, gilt nun auch für sie. II und III
gelten nicht, § 310 I 1. Die Rspr (s BGH NJW 92, 1232) verlangt gegenüber II,
III erleichterte (ausdr oder stillschweigende) Einbeziehungsvereinbarung. **a) Weiß
der Vertragspartner** (zB durch ausdr oder konkludenten Hinweis), daß der
Verwender nur zu seinen klar bezeichneten (BGH NJW-RR 89, 1104) AGB
abschließen will, und läßt er sich darauf ein, so ist Einbeziehung zu bejahen
(§§ 133, 157; HGB 346), BGH NJW 95, 666, sa 00, 1155. Einzelkenntnis der
AGB ist unnötig bei Verzicht auf Kenntnisnahme (BGH NJW 76, 1887; sa II
Nr 2). **b) Wissenmüssen** steht dem Wissen (Rn 18) gleich, wenn *laufende Ge-* 19
schäftsverbindung besteht, in der wiederholt (daran fehlte es in BGH 117, 195 f) und
unbeanstandet auf die AGB hingewiesen worden ist (BGH NJW 00, 3778), uU
genügend in Rechnungen (BGH NJW-RR 91, 571), ungenügend in Lieferschei-
nen (BGH NJW 78, 2244). Gesamtumstände entscheiden (BGH NJW 78, 2243
mN). Auch *branchenübliche Verwendung* von AGB begründet (ohne Hinweis, Geschäftsverbindung) Wissenmüssen (aber nur für branchentypisch tätigen Kaufmann,
BGH MDR 76, 378; sa NJW 98, 1141). Stets gilt: Wird nicht widersprochen, so
sind AGB einbezogen (BGH NJW-RR 91, 571). **c) Kenntnisnahme** muß in 20
zumutbarer Weise möglich sein. Das setzt klare Bezeichnung der AGB voraus
(Rn 18). Verschaffen der Möglichkeit iSv II Nr 2 (Rn 14) ist nicht gefordert.
Außer bei üblichen, leicht beschaffbaren AGB besteht (nur) ein *Anspruch* auf
Einsicht oder Überlassung. Ihn muß der Verwender nicht von sich aus, sondern
nur auf Verlangen erfüllen (vgl BGH NJW 82, 1750). **Zumutbarkeit** entspr
Rn 14 nötig (zur Lesbarkeit BGH NJW-RR 86, 1311; zur „salvatorischen Klausel"
BGH NJW 96, 1408), doch ist vom (Durchschnitts-)Unternehmer mehr als vom
Nicht-Unternehmer zu verlangen (zB an Rechtskenntnis, Verstehenkönnen).
d) Kaufmännisches Bestätigungsschreiben kann AGB entspr § 147 Rn 6 21
nachträglich einbeziehen (nur bei Unternehmern, sonst gilt II). **e) Rahmenver-** 22
einbarungen können, abw von III, die jeweils gültige Fassung von AGB einbeziehen. **f) Verweisen beide Teile auf ihre einander widersprechenden AGB**, so 23
liegt in der letzten Verweisung kein neuer Antrag (§ 150 II), der durch vorbehaltlosen Leistungsempfang angenommen wird („Theorie des letzten Worts"; früher
hM, zB LM Nr 3, 6 zu § 150). Vielmehr gelten die AGB des einen Teils nur bei
eindeutigem, idR ausdr Einverständnis des anderen (Schweigen, Leistungsempfang
ungenügend). Fehlt es daran, so ergibt nachfolgendes vertragsgemäßes Verhalten,
daß der Vertrag geschlossen ist (*Selbstinterpretation;* sie beseitigt „Zweifel" iSv § 154
I 1; sa Rn 17); soweit die AGB einander widersprechen, gelten sie nicht; soweit sie
übereinstimmen, gelten sie (BGH NJW 91, 1606); soweit die AGB des einen Teils
„zusätzliche" Regelungen enthalten, gelten sie nur bei (ausdr oder schlüssigem)
Einverständnis des anderen Teils (BGH NJW-RR 01, 485); sa § 929 Rn 34:
kollidierende AGB und EV. **g) Kraft Handelsbrauchs** (HGB 346) geltende 24
AGB werden Vertragsbestandteil ohne Einverständnis und Kenntnis des Betroffenen. Handelsbrauch selbst ist keine AGB (BGH NJW-RR 87, 95).

§ 305 a Einbeziehung in besonderen Fällen

Auch ohne Einhaltung der in § 305 Abs. 2 Nr. 1 und 2 bezeichneten
Erfordernisse werden einbezogen, wenn die andere Vertragspartei mit
ihrer Geltung einverstanden ist,
1. **die mit Genehmigung der zuständigen Verkehrsbehörde oder auf
Grund von internationalen Übereinkommen erlassenen Tarife und
Ausführungsbestimmungen der Eisenbahnen und die nach Maßgabe
des Personenbeförderungsgesetzes genehmigten Beförderungsbedingungen der Straßenbahnen, Obusse und Kraftfahrzeuge im Linienverkehr in den Beförderungsvertrag,**

§ 305 b

2. die im Amtsblatt der Regulierungsbehörde für Telekommunikation und Post veröffentlichten und in den Geschäftsstellen des Verwenders bereitgehaltenen Allgemeinen Geschäftsbedingungen
   a) in Beförderungsverträge, die außerhalb von Geschäftsräumen durch den Einwurf von Postsendungen in Briefkästen abgeschlossen werden,
   b) in Verträge über Telekommunikations-, Informations- und andere Dienstleistungen, die unmittelbar durch Einsatz von Fernkommunikationsmitteln und während der Erbringung einer Telekommunikationsdienstleistung in einem Mal erbracht werden, wenn die Allgemeinen Geschäftsbedingungen der anderen Vertragspartei nur unter unverhältnismäßigen Schwierigkeiten vor dem Vertragsschluss zugänglich gemacht werden können.

1   **1. Allgemeines.** Die Vorschrift ersetzt AGBG 23 II Nr 1, 1a, 1b, III. Sie stärkt das **Konsensualprinzip** des § 305 II letzter HS insbes durch Wegfall von AGBG 23 III, der die AGB von Bausparkassen, Versicherungen und Kapitalanlagegesellschaften dadurch privilegierte, daß diese Bedingungen auch ohne Vorliegen der Einbeziehungsvoraussetzungen von AGBG 2 I, jetzt § 305 II, Vertragsbestandteil wurden.

2   **2.** Die **AGB bestimmter Bereiche (Nr 1, 2)** sind (gegenüber AGBG 23 eingeschränkt) **privilegiert:** Zwar gelten die Einbeziehungsvoraussetzungen des § 305 II Nr 1 und 2 nicht, aber die Einbeziehung setzt das Einverständnis der anderen Vertragspartei voraus (§ 305 a am Anfang, entspr § 305 II letzter HS: Konsensualprinzip, s Rn 1). **a) Nr 1:** Wegen öffentl Kundgabe der Tarife usw ist **3** § 305 II insoweit überflüssig. Sind Tarife Rechtsnormen (s EGBGB 243), so ist **4** Abschnitt 2 (§ 305 ff) unanwendbar, § 305 Rn 2. **b) Nr 2 Buchst a:** Betrifft nur Beförderungsverträge, die außerhalb von Geschäftsräumen des Beförderungsunternehmens (zZ praktisch nur für die Deutsche Post AG) durch Einwurf von Postsendungen in Briefkästen abgeschlossen werden, also – buchstabengetreu – nicht bei Einwurf in einen Briefkasten innerhalb des Post„amts". Vertragsschluß durch Briefeinwurf, auch durch Geschäftsunfähige und Minderjährige (§ 106), eröffnet dem totgesagten Vertragsschluß durch sozialtypisches Verhalten ein nicht ganz neues Anwendungsgebiet (vgl Jauernig NJW 72,2; FamRZ 74, 632; sa Rn 20 vor **5** § 145). **c) Nr 2 Buchst b:** Betrifft nur das Erbringen von Dienstleistungen, die *unmittelbar* durch ein Fernkommunikationsmittel (Definition: § 312 b II, zB Telefon) und *während* einer Telekommunikationsdienstleistung „in einem Mal" (dh *abschließend,* zB Telefonauskunft; nicht zB telefonische Warenbestellung, die eine Vertragsabwicklung in Gang setzt) erbracht wird, wenn die AGB der anderen Vertragspartei nur unter unverhältnismäßigen Schwierigkeiten vor dem Vertragsschluß zugänglich gemacht werden können, wie das idR der Fall ist. Überdies wird dem Kunden die schnelle Abwicklung des einmaligen Kontakts (zB Telefonauskunft) wichtiger sein als die vorherige Kenntnis der AGB.

§ 305 b Vorrang der Individualabrede

Individuelle Vertragsabreden haben Vorrang vor Allgemeinen Geschäftsbedingungen.

1   **1. Allgemeines zur Auslegung von AGB.** Die Rspr entwickelte für AGB bes Auslegungsregeln, die das AGBG zT aufnahm (AGBG 4, 5, auch 6) und die nunmehr im BGB wiederkehren (§§ 305 b, 305 c II, auch 306). AGB sind für eine Vielzahl von Verträgen vorformuliert (§ 305 I 1), weshalb sie nach ihrem typischen Sinn einheitlich so auszulegen sind, wie sie von verständigen, redlichen, rechtsunkundigen (BGH 108, 60), durchschnittlichen Vertragspartnern unter Abwägung der Interessen der normalerweise beteiligten Kreise verstanden werden (*obj Auslegung* iGgs zur einzelfallbezogenen Auslegung), BGH NJW 01, 2166;

Gestaltung durch Allgemeine Geschäftsbedingungen § 305 c

00,1196 (zu AVB), stRspr; die Entstehungsgeschichte der AGB ist irrelevant (BGH NJW-RR 00, 1342). Zu beachten ist auch, daß AGB einseitig (auf-)gestellt sind (§ 305 Rn 6). Erst nach Feststellung des Klauselinhalts durch Auslegung folgt die Inhaltskontrolle (BGH NJW 99,1634); bei der Überprüfung sind die obj Grundentscheidungen des GG (zB in GG 3 I, 12 I) zu berücksichtigen (BVerfG NJW 00, 3342). – Zum *Restriktionsprinzip* § 305 c Rn 4; zur *geltungserhaltenden Reduktion* § 305 c Rn 2, § 306 Rn 3; zur *ergänzenden Auslegung* § 306 Rn 5, sa § 157 Rn 2.

2. Individualabrede. Begriff § 305 Rn 8, 9. **a)** Sie enthält ausdr oder stillschweigend (BGH NJW-RR 96, 674) die gegenüber den (auch gegenüber einbezogenen) AGB *bes ausgehandelte* Regelung. Sie hat daher Vorrang und verdrängt die widersprechende Klausel. Das ist unproblematisch bei *direktem Widerspruch* (zB: in AGB Gewährleistungsausschluß / in bes Abrede Gewährleistung nach AGB), problematisch bei *indirektem,* wenn AGB und bes Abrede wortlautmäßig vereinbar sind, aber fraglich ist, ob letztere „nur" oder „auch" (dh ergänzend) gilt (Bsp: Kreditsicherung durch bes vereinbarte Übereignung bestimmter Sachen ist mit Forderungspfandrecht kraft AGB vereinbar [„auch"], außer bei Ausschließlichkeit [„nur"]; sa BGH NJW 81, 1959 f: Skontogewährung und Vorauszahlung). **b) Schriftformklausel** („Vereinbarungen, Zusicherungen, Änderungen sind nur in schriftlicher Form gültig"; „Mündliche Absprachen sind ohne schriftliche Bestätigung [des Verwenders] ungültig") verstößt nicht schlechthin gegen § 307; dafür maßgebend sind Inhalt und Geltungsbereich der konkreten Klausel (BGH NJW 86, 1810). Aber mündliche bes Abrede bei oder nach Vertragsschluß geht vor (BGH 104, 396); abw Vereinbarung mit *Vertreter* setzt entspr Vertretungsmacht (genügend HGB 54 f, Anscheinsvollmacht) voraus (BGH NJW 86, 1810 f für Abreden nach Vertragsschluß), sonst gelten §§ 177 ff. Lit: Teske, Schriftformklauseln in AGB, 1990. **c) Auslegung** nach allg Regeln (BGH 84, 273), nicht nach bes für AGB (zB §§ 305 c II, 306). Zur **Inhaltskontrolle** § 305 Rn 11.

2

3

4

§ 305 c Überraschende und mehrdeutige Klauseln

(1) Bestimmungen in Allgemeinen Geschäftsbedingungen, die nach den Umständen, insbesondere nach dem äußeren Erscheinungsbild des Vertrags, so ungewöhnlich sind, dass der Vertragspartner des Verwenders mit ihnen nicht zu rechnen braucht, werden nicht Vertragsbestandteil.

(2) Zweifel bei der Auslegung Allgemeiner Geschäftsbedingungen gehen zu Lasten des Verwenders.

1. Allgemeines. I erfaßt nur **„ungewöhnliche"** Klauseln, trennt sie also von „unangemessenen" und „unbilligen" Klauseln. Doch sind ungewöhnliche Klauseln oft auch unangemessen (s BGH NJW 85, 55; Schlosser ZIP 85, 465 f). Die schon vor der Normierung in AGBG 5 (jetzt **II**) anerkannte **Unklarheitenregel** (BGH 62, 89; stRspr) ist in II (fr AGBG 5) funktionell eingeschränkt (Rn 7).

1

2. Ungewöhnlich iSv I („überraschend", s Paragraphenüberschrift) ist eine Klausel, mit der der Vertragspartner vernünftigerweise nicht rechnen mußte. **a)** Maßgebend sind die gesamten Umstände, insbes der Grad des Abweichens vom dispositiven Ges (BGH NJW-RR 01, 196) auch das äußere bild des Vertrags (Unübersichtlichkeit; „Verstecken" einer Klausel), BGH NJW 92, 1235. Ob ein Überrumpelungseffekt besteht, richtet sich *generell* nach dem zu erwartenden Kundenkreis (BGH 130, 154; sa § 305 b Rn 1); doch können *Umstände des Einzelfalls* die Überraschung erst begründen (zB war nach den Vorverhandlungen das Fehlen der an sich nicht ungewöhnlichen Klausel zu erwarten, vgl BGH BB 01, 2019 mN) oder verhindern (zB bei ausdr Hinweis auf die an sich ungewöhnliche Klausel (BGH NJW 97, 2677; BB 01, 2020, je mN), str. Bei *notariellen Urkunden* wirken BeurkG 13, 17 idR überraschungshindernd (BGH NJW-RR 01, 1422; anders bei formularmäßiger Bezugnahme auf nicht verlesene Urkunde, s BGH 75,

2

§ 305 c   Buch 2. Abschnitt 2

20 ff). Eine (klare) ungewöhnliche Klausel kann nicht durch einengende Auslegung zu einer gewöhnlichen werden (BGH NJW 85, 971): Verbot geltungserhaltender Reduktion (hier: durch Auslegung); abw BGH 103, 80 (dazu H. Roth
3   JZ 89, 414 f); sa Rn 3, § 306 Rn 3, 5. **b) Bsp für I:** Formularmäßige Erstreckung der dinglichen Haftung bei Sicherungsgrundschulden auf alle bestehenden und künftigen Ansprüche „aus Anlaß" der Grundschuldbestellung für eine bestimmte Darlehensforderung gegen den in Kreditgeschäften unerfahrenen oder unberatenen (BGH NJW 91, 3142) und vom SG verschiedenen Darlehensnehmer (ie BGH NJW 92, 1822 f; „Anlaßrechtsprechung", s BGH 130, 27; anders bei individuellem Hinweis auf Erweiterung [BGH NJW 97, 2677] sowie bei Identität von SG und Darlehensnehmer [BGH NJW 97, 2321 f] entspr für die Haftungserstreckung aus Anlaß der Eingehung einer Bürgschaft (BGH 130, 26 ff [gegen früher]; NJW 97, 3232 mN: § 767 I 3 fordere summenmäßige Beschränkung der Bürgschaft; gegen diese Begründung mR Reinicke/Tiedtke DB 95, 2301 ff); ferner entspr für formularmäßige Ausdehnung eines Schuldbeitritts (BGH NJW 96, 249 f); in den Fällen der „Anlaßrechtsprechung" liegt Verstoß auch gegen § 307 vor (BGH NJW 96, 249 zu AGBG 9). *Nicht gewöhnlich* ist jedenfalls der einfache EV, nach hM auch der erweiterte und verlängerte (Begriffe: § 929 Rn 27, 28), Ulmer § 3, 33.

4   **3. a)** Die Einbeziehung **mehrdeutiger Klauseln** kann bereits an § 305 II Nr 2 (Unverständlichkeit) scheitern, weil zB die Zahl der Auslegungsmöglichkeiten sich
5   nicht in „vernünftigem Rahmen" hält (BGH NJW 85, 56). **b)** Die **Unklarheitenregel, II,** setzt **Zweifel** infolge **nicht behebbarer Mehrdeutigkeit** der Klausel voraus (mindestens zwei vertretbare Auslegungen). Der Auslegungsmaßstab ist str. Nach BGH NJW 02, 2103 (zu AGBG 5) setzt II die „Ausschöpfung der in Betracht kommenden Auslegungsmethoden" voraus, so daß zB auch Sinn und Zweck der Klausel relevant sind; das widerspricht der obj Auslegung, die auf den rechtsunkundigen Durchschnittskunden abstellt und daher vom Klauselwortlaut ausgeht (Schlechtriem, FS Heinrichs, 1998, S 506 ff; § 305 b Rn 1; idS wohl BGH NJW 98, 2207 mN). II greift nicht ein, wenn die Parteien die AGB übereinstimmend
6   verstehen (BGH NJW 02, 2103 mN). **c) Wirkung.** Wegen unbehebbarer Zweifel (Rn 5) wäre ein Individualvertrag mangels Einigung als nicht geschlossen anzusehen, § 155. Diese Folge vermeidet II für AGB: Im **Verbandsprozeß** (UKlaG 1) ist in Umkehrung von II von der scheinbar *kundenfeindlichsten* Auslegung der unklaren Klausel auszugehen. Da die nachfolgende Inhaltskontrolle, §§ 307–309, der so ausgelegten Klausel zu deren Unwirksamkeit führen kann, ist die Auslegung nur *scheinbar* kundenfeindlich (BGH 133, 189 f); damit wird dem Verwender die Möglichkeit abgeschnitten, sich „nach Bedarf" auf die eine oder andere Auslegungsalternative zu berufen. Nach hM im Schrifttum (Heinrichs NJW 95, 1397 mN) ist auch im **Individualprozeß** von der scheinbar *kundenfeindlichsten* Auslegung auszugehen; hält die Klausel stand, folgt die *kundenfreundlichste* Auslegung nach, wie es II anordnet (sympathisierend BGH NJW 94, 1799; aber wie bisher NJW 95, 57). Da die Auslegung nur *scheinbar* die kundenfeindlichste ist (s o), besteht kein Widerspruch zu RiLi 93/13/EWG Art 5 S 2. Auslegung geht der Inhaltskontrolle stets voraus, § 305 b Rn 1. Völlig fernliegende Auslegungsmöglichkeiten bleiben in beiden Prozessen außer Betracht (BGH NJW 94, 1779).

7   **4. Restriktionsprinzip.** Seine systematische Einordnung und praktische Bedeutung sind str (MK/Basedow § 5, 10, 11; Ulmer § 5, 37 ff; Wolf/H/L § 5, 37 ff). Es besagt: Klauseln, die den Verwender abw vom dispositiven Recht begünstigen (zB bzgl Haftung, Gewährleistung), werden zugunsten des Kunden eng ausgelegt (sa BGH 93, 75 f; 97, 217). Problematisch daran ist, daß im Wege enger Auslegung verdeckte Inhaltskontrolle betrieben werden kann, obwohl das Ges beide systematisch trennt. Weder durch Restriktion noch durch Anwendung von II darf einer an sich nach §§ 307 ff unwirksamen Klausel zu einem ges noch zulässigen Inhalt verholfen werden.

Gestaltung durch Allgemeine Geschäftsbedingungen **§ 306**

§ 306 Rechtsfolgen bei Nichteinbeziehung und Unwirksamkeit

(1) Sind Allgemeine Geschäftsbedingungen ganz oder teilweise nicht Vertragsbestandteil geworden oder unwirksam, so bleibt der Vertrag im Übrigen wirksam.

(2) Soweit die Bestimmungen nicht Vertragsbestandteil geworden oder unwirksam sind, richtet sich der Inhalt des Vertrags nach den gesetzlichen Vorschriften.

(3) Der Vertrag ist unwirksam, wenn das Festhalten an ihm auch unter Berücksichtigung der nach Absatz 2 vorgesehenen Änderung eine unzumutbare Härte für eine Vertragspartei darstellen würde.

Lit: H. Roth, Vertragsänderung bei fehlgeschlagener Verwendung von AGB, 1994.

1. Allgemeines. I schaltet § 139 für AGB aus und entspricht der Rspr schon 1 vor dem AGBG (zB BGH 62, 327). II zieht aus der Wirksamkeit des Vertrags Konsequenzen. Ausnahmsweise ist der Vertrag unwirksam, III. I bezweckt den Schutz der anderen Vertragspartei (BGH NJW 92, 879). Wirkt der nach I wirksame Rest-Vertrag kundenfeindlich, so wird der Schutzzweck von I verfehlt; daher muß I hinter § 139 zurücktreten (BGH 128, 166 läßt offen).

2. Wirksam bleibt der Vertrag, I (vorbehaltlich III): **a) trotz Nichteinbezie-** 2 **hung** (ganz oder teilw) der AGB (§§ 305 II, III, 305 c I; Zurücktreten nach § 305 b gehört nicht hierher). UU scheitert aber der Vertragsschluß wegen Nichteinbeziehung (§ 305 Rn 17). Zur geschilderten Einbeziehung widersprechender AGB s § 305 Rn 23; **b) trotz Unwirksamkeit** (ganz oder teilw) der AGB. Grund 3 der Unwirksamkeit ist gleich (zB §§ 307–309; 134, 138 [zu § 138 s aber dort Rn 5]). Unwirksamkeit einer Klausel ist zT vermeidbar, wenn inhaltlich und sprachlich ein zulässiger Regelungsteil abspaltbar, der eine eigenständige, sinnvolle Regelung enthält (BGH NJW 97, 3439; 98, 2286 [sei Ausnahme vom Verbot geltungserhaltener Reduktion]; anders BGH 130, 35 ff: „Umformulierung" erlaubt, das ist – gegen BGH 130, 35 – geltungserhaltende Reduktion, zutr Reich/ Schmitz NJW 95, 2534; wohl auch BGH NJW 96, 2100). Diese **geltungserhaltende Klauselabgrenzung** ist oft der Sache nach eine **geltungserhaltende Reduktion** (zutr H. Roth aaO S 41 ff; sa BGH NJW 97, 3439; 98, 451 [betr die richterliche „Umgestaltung" einer unzulässigen unbegrenzten in eine zulässige begrenzte Bürgschaft, dazu mR abl Pecher Anm LM Nr 124 zu § 765] zum Nebeneinander von Klauselabgrenzung, ergänzender Vertragsauslegung und geltungserhaltender Reduktion). Sa Rn 5. Der BGH lehnt zwar in stRspr eine solche Reduktion ab (BGH NJW 98, 2286 mN für Individual-, BGH 124, 262 für Verbandsprozeß), idR auch im kaufmännischen Verkehr (BGH NJW 96, 1407 f), weil sonst der Verwender gefahrlos Übermaßklauseln verwenden könne, denn das Gericht führe sie auf das gem §§ 307–309 zulässige Maß zurück (BGH 143, 119). Doch läßt der BGH Ausnahmen zu (für Zulassung in Grenzen H. Roth aaO S 27 ff mN), so für die Bereiche der ADSp und AGNB (BGH 129, 327; Grund: Zustandekommen dieser AGBG; abw BGH NJW-RR 00, 1342: Entstehungsgeschichte von AGB ist für deren Auslegung irrelevant). Generell sollte geltungserhaltende Reduktion erlaubt sein, wenn die Unwirksamkeit von Klausel oder (III) Vertrag den Interessenausgleich verfehlen, insbes der anderen Vertragspartei unberechtigte Vorteile verschaffen würde (s H. Roth aaO S 33). Dann bleibt insbes bei überzogenen Haftungsbeschränkungen kein Raum mehr für I.

3. Anstelle der nicht geltenden AGB gilt das dispositive Ges (zum Begriff sa 4 BGH NJW 83, 1672), **II. a) Abdingbar** ist II nur durch Individualabrede (§ 305 b), nicht durch formularmäßige *salvatorische Klausel,* wonach bei Unwirksamkeit statt II eine (noch nicht konkretisierte) Regelung gelten soll, die der inkriminierten Klausel wirtschaftlich möglichst entspricht (hM, s Ulmer § 6, 39 mN); s aber zur geltungserhaltenden Reduktion Rn 3 und 5. **b) Ergänzende** 5

Vor §§ 307–309

Auslegung zur Schließung von Lücken, die durch *Nichteinbeziehung* von AGB entstanden sind, ist (nur im Individualprozeß) möglich, wenn konkrete ges Regelung fehlt (Bsp Düsseldorf BB 86, 1466: Mietzinsbestimmung gem §§ 157, 315 f). Entspr verfährt der BGH (vgl NJW 98, 451 mN) bei *Unwirksamkeit* von AGB, wenn mangels konkreter ges Regelung die ersatzlose Streichung der Klausel den Interessen beider Parteien widerstreiten würde. Hier führt ergänzende Auslegung zu geltungserhaltender Reduktion (sa H. Roth JZ 89, 415 ff; BGH NJW 98, 451). Bes deutlich idS BGH (GS) 137, 218 ff: Ein formularmäßiger ermessensabhängiger Anspruch des SG auf Freigabe von Sicherungsgut (§ 930 Rn 58) ist unwirksam (§ 307 II Nr 2); an die Stelle dieser „zu weitgehenden Klausel" soll ein ermessensunabhängiger Anspruch treten, der gem § 157 insbes aus dem Treuhandcharakter der Sicherungsabrede zu entnehmen sei (§ 930 Rn 58); damit werde der Rechtszustand hergestellt, der ohne die unwirksame Klausel bestünde. Statt der unwirksam abbedingenen Klausel gilt also die weniger weitgehende, deren Geltung aber ebenfalls auf dem Sicherungsvertrag (§ 157) statt auf Ges beruht, wie II s fordert (und Serick für die SÜ annimmt [§ 930 Rn 20]). Die Gleichsetzung von § 157 und ges Regelung, wie sie BGH (GS) 137, 219, 221 f suggeriert, widerspricht der Vertragsbezogenheit ergänzender Auslegung (§ 157 Rn 4) und verschleiert, daß die ergänzende Auslegung auf eine geltungserhaltende Reduktion hinausläuft. – Nach BGH 90, 81 f unterscheiden sich beide Methoden: letztere suche nach der Grenze des gem §§ 307–309 „gerade noch Zulässigen" (ebenso BGH [GS] 137, 221), während ergänzende Auslegung einen beiden Seiten soweit als möglich gerecht werdenden Ausgleich bezwecke; die Gegenüberstellung ist unzutr, da auch die §§ 305 ff, insbes die §§ 307–309, auf Herbeiführung von Vertragsgerechtigkeit (Ulmer § 9, 59) durch einen den Interessen beider Seiten gerecht werdenden Inhalt von AGB hinwirken will (BGH 96, 25; sa 97, 143; NJW 85, 622 f: Prüfungsmaßstab für § 157 ist der des AGBG 9 = § 307); Folge: Ergänzende Auslegung und Reduktion sind hier austauschbar (vgl BGH BB 83, 663 mN; H. Roth aaO S 58 ff).

6   **4. Totalnichtigkeit, III,** ist seltene Ausnahme (s BGH NJW-RR 02, 1137: bei grundlegender Störung des Vertragsgleichgewichts und Unvorhersehbarkeit der Klauselunwirksamkeit). Für *Verwender* ist Festhalten am Vertrag kaum je unzumutbar („Verwenderrisiko"); für den *Vertragspartner* dann, wenn Vertrag ohne AGB inhaltsleer oder ganz unklar ist (zB ein atypischer Vertrag). Maßgebender Zeitpunkt für III ist das Geltendmachen von Vertragsrechten („Festhalten" am Vertrag), BGH NJW 96, 2094.

§ 306 a Umgehungsverbot

Die Vorschriften dieses Abschnitts finden auch Anwendung, wenn sie durch anderweitige Gestaltungen umgangen werden.

1   **1. Allgemeines.** Zum Umgehungsgeschäft s § 134 Rn 18. Aus den dort genannten Gründen ist § 306 a überflüssig, insbes werden „Umgehungsversuche" bzgl §§ 308, 309 von § 307 erfaßt (s Teichmann JZ 87, 751 f zu BGH 100, 161; Ulmer § 7, 7–10; sa BGH 112, 217).

Vorbemerkungen zu den §§ 307–309

Lit: Ulmer, Das AGB-Gesetz: ein eigenständiges Kodifizierungswerk, JZ 01, 49

1   **1. Allgemeines. a) Bisheriges Recht.** Die Bestimmungen übernehmen im Wesentlichen, teilw wörtlich AGBG 8–11; ie s die jeweiligen Erläuterungen. **b) Zweck der Normen.** Die Normen über die Inhaltskontrolle sind das Kernstück des Abschnitts zu den AGB. Sie schränken die Gestaltungsfreiheit bei der Abfassung erheblich, weit über die Schranken des § 138 hinaus ein und schaffen damit einen Ausgleich dafür, dass dem Kunden typischerweise die Möglichkeit genommen ist, von sich aus interessengerechte vertragliche Regelungen im Verhandlungswege zu erreichen (s § 305 Rn 1). Ziel der Inhaltskontrolle ist es, eine

unangemessene Benachteiligung des Kunden infolge der vorherigen Abfassung der AGB und gleich zu behandelnder Klauseln in Einzelverträgen (s § 310 III Nr 2) zu verhindern (§ 307). Dieser allg Grundsatz wird durch Einzelfälle in § 308 und § 309 teilw konkretisiert; dabei sind weitgehend Beispielsgruppen aufgenommen worden, die in der Rspr vor Erlass des AGBG eine Rolle gespielt haben und die bereits in gleicher Weise entschieden worden sind. Für die **Auslegung** ist zu berücksichtigen, dass die §§ 307 ff, bis auf § 307 I 2 (s dazu § 307 Rn 6 ff) weitgehend seit Erlass des AGBG unverändert, der Umsetzung der EG-RiLi 93/13 EWG (s NJW 93, 1838 ff) dienen und damit, soweit sie sich auf die RiLi beziehen, einer richtlinienkonformen Auslegung (mit uU der Vorlagepflicht zum EuGH) unterliegen. Dies sind neben dem Begriff der unangemessenen Benachteiligung in § 307 I zahlreiche Fälle der §§ 308 und 309 wegen der in Anh zu Art 3 Abs 3 der EG-RiLi erwähnten Beispielsfälle und insbes das sog Transparenzgebot (§ 307 I 2). Zu den unterschiedlichen **Auslegungszielen** im Individualprozess und im Verbandsprozess s § 305 c Rn 6. **c) Konkurrenzen.** Die §§ 307 ff haben dadurch 2 erheblich an Bedeutung verloren, dass die sog Mängelgewährleistungsrechte des Käufers im Rahmen des Verbrauchsgüterkaufs als solche, dh auch bei einer Individualvereinbarung zwingend sind, §§ 475–477. Die Rspr praktiziert weiter in Einzelfällen, ua in Notarverträgen über die Veräußerung neuer Häuser oder Eigentumswohnungen, eine Inhaltskontrolle bei der Freizeichnung von Gewährleistungsrechten (BGH 101, 350; 108, 164; krit zB Habersack AcP 189, 416 mwN); dazu besteht freilich kein Raum, soweit nicht § 310 III eingreift.

2. Anwendungsbereich. a) Seite des Verwenders. Von der Inhaltskontrolle 3 werden alle AGB iSd § 305 I 1 (s § 305 Rn 3) erfasst; die Inhaltskontrolle ist auf die Anwendung des § 307 beschränkt bei AGB, die unter § 310 II fallen. Erfasst werden weiter vorformulierte Einzelverträge gegenüber einem Verbraucher iSd § 310 III Nr 2. Innerhalb von AGB und den genannten Einzelverträgen wird die Inhaltskontrolle bei den gesetzeswiederholenden Klauseln (s § 307 III 1) auf das Transparenzgebot beschränkt. Zu den Ausnahmen bei bestimmten Vertragstypen s § 310 IV (s § 310 Rn 10 ff). **b) Seite des Vertragspartners.** Die Inhaltskontrolle ist insoweit gem § 310 I eingeschränkt (s § 310 Rn 2).

3. Prüfungsschritte bei der Inhaltskontrolle. a) Vorstufe. aa) Einbezie- 4 **hen des Klauselwerks als Ganzes.** Vor der eigentlichen Inhaltskontrolle (außer im Verfahren nach UKlaG 1, 3 ff) ist zunächst zu prüfen, ob die AGB insgesamt Vertragsbestandteil geworden sind. Dies setzt die Qualifikation des Textes als AGB iSd § 305, die nicht unter § 310 IV fallen, voraus. Bei der Frage des Einbeziehens in einen Vertrag ist danach zu unterscheiden, ob der Vertrag mit einem Verbraucher (§ 13) geschlossen wird (s §§ 305, 305 a) oder mit einem Unternehmer (§ 14) bzw einer der in § 310 I genannten jur Personen. **bb)** Bei dem **Einbeziehen der** entspr **Einzelklausel** ist zunächst zu fragen, ob eine Individualabrede vorgeht (§ 305 b) und ob die Klausel als überraschend nicht Vertragsbestandteil geworden ist (§ 305 c I). **b) Auslegung.** Steht fest, dass die betr Klausel Vertragsbestandteil ist, so muss der Inhalt, evtl unter Berücksichtigung des § 305 c II (Unklarheitenregel), ermittelt werden. **c)** Das Verfahren der Inhaltskontrolle gestaltet sich unter- 5 schiedlich je nachdem, wer Vertragspartner des Verwenders ist. **aa)** Stärker kontrolliert werden **Geschäfte mit Verbrauchern** (§ 13) und Verträge mit einem eV bzw einer GbR, die sich nicht auf gewerbliche Zwecke beziehen (Umkehrschluss aus § 310 I). Hier ist zunächst § 309 (Ausnahmen in § 310 II) als die gegenüber § 307 speziellere und gegenüber § 308 strengere Norm (ohne Wertungsmöglichkeit) heranzuziehen. Greift § 309 nicht ein, ist zunächst § 308 (Ausnahmen nur in § 310 II), dann die Auffangnorm des § 307 zu prüfen, wobei gesetzestechnisch § 307 II (vgl „im Zweifel") eine Konkretisierung von § 307 I darstellt und damit vorgeht. In der Praxis wird allerdings weitgehend innerhalb des § 307 nicht mehr differenziert. **bb)** Handelt es sich um einen Vertrag mit einem **Unternehmer** (s § 14), mit einer jur Person des öffentlichen Rechts bzw einem

§ 307 Buch 2. Abschnitt 2

entspr Sondervermögen oder einem Versorgungsunternehmen (§ 310 I, II), so findet nur § 307 Anwendung.

6   **4. Rechtsfolge** eines Verstoßes ist die Unwirksamkeit der betr Klausel (s jeweils den Einleitungssatz der §§ 307–309). Zu den Auswirkungen auf den Vertrag selbst s § 306.

§ 307 Inhaltskontrolle

(1) ¹**Bestimmungen in Allgemeinen Geschäftsbedingungen sind unwirksam, wenn sie den Vertragspartner des Verwenders entgegen den Geboten von Treu und Glauben unangemessen benachteiligen.** ²**Eine unangemessene Benachteiligung kann sich auch daraus ergeben, dass die Bestimmung nicht klar und verständlich ist.**

(2) Eine unangemessene Benachteiligung ist im Zweifel anzunehmen, wenn eine Bestimmung

1. mit wesentlichen Grundgedanken der gesetzlichen Regelung, von der abgewichen wird, nicht zu vereinbaren ist oder
2. wesentliche Rechte oder Pflichten, die sich aus der Natur des Vertrags ergeben, so einschränkt, dass die Erreichung des Vertragszwecks gefährdet ist.

(3) ¹Die Absätze 1 und 2 sowie die §§ 308 und 309 gelten nur für Bestimmungen in Allgemeinen Geschäftsbedingungen, durch die von Rechtsvorschriften abweichende oder diese ergänzende Regelungen vereinbart werden. ²Andere Bestimmungen können nach Absatz 2 Satz 2 in Verbindung mit Absatz 1 Satz 1 unwirksam sein.

Lit: v Westphalen NJW 02, 1688 (Rspr-Übersicht)

I. Kriterien der Inhaltskontrolle (I, II).

1   **1. Allgemeines. a) Bisheriges Recht.** I 1 und II entsprechen AGBG 9 I und II. I 2 nimmt das bisher ausdrücklich nicht geregelte sog Transparenzgebot auf. **b) Funktion.** Die Norm legt in Übereinstimmung mit der RiLi 93/13 den allg Wertmaßstab und damit den Schutzzweck der **Inhaltskontrolle** fest, der dann in **II** und noch weiter in den §§ 308, 309 konkretisiert wird. Gleichzeitig ist § 307 Auffangnorm in den Fällen, in denen die §§ 308, 309 gem § 310 I, II nicht anwendbar sind. Die Rspr neigt dazu, Verstöße gegen die §§ 308, 309 (AGBG 10, 11) bei AGB von Gewerbetreibenden etc unter § 307 (AGBG 9) zu subsumieren und damit faktisch denselben Schutz wie für Verbraucher aufzubauen (BGH 90, 278 f; 122, 243; zust Hensen NJW 87, 1986; krit Schlosser ZIP 85, 458 ff; ders JR 88, 1; ie s Baudenbacher aaO 173 ff). § 307 ist weiter Auffangnorm, weil die §§ 308, 309 deshalb nicht einschlägig sind, weil Anwender jenen Tatbeständen ausweichen und andere Ausgestaltungen wählen. § 307 bildet deshalb in der
2   faktischen Realisierung der Inhaltskontrolle den eindeutigen Schwerpunkt. **c) Die Konkretisierung** des genannten Wertmaßstabes orientiert sich an dem Bild, dass bei einem von einer Seite vorformulierten Vertrag die Gerechtigkeitsgarantie des Aushandelns fehlt und dass damit der Verwender einseitig Bedingungen setzen kann, die beim Aushandeln auf Widerstände stoßen würden. Da die Kundenfreundlichkeit von AGB idR kein Wettbewerbsparameter ist, werden weitgehend gleichartige Klauseln verwendet, so dass dem Kunden kaum realistische Alternativen verbleiben. Der durch die Inhaltskontrolle geschaffene Rechtsschutz – insbes durch die Verbandsklage gem UKlaG 1, 3 ff – soll also die Vertragsgerechtigkeit unter Berücksichtigung und Abwägung der gegenseitigen Interessen herstellen, die von den Parteien selbst wegen der geschilderten tatsächlichen Situation nicht geschaffen wird. Ein solches Ziel entzieht sich freilich bei der ungemein breiten Verwendung von AGB in den unterschiedlichsten Branchen einer Systematisie-

rung. Entstanden ist im Grunde reines Fallrecht, das in seiner Fortentwicklung schwer prognostizierbar ist und das idR alphabetisch aufgelistet wird (s zB PalHeinrichs 68 ff; MK/Basedow AGB 9, 52 ff; St Coester AGBG 9, 250 ff; Wolf/Wolf AGBG 9 A 1 ff; Erm/Hef/Wern AGBG 9, 100 ff). Aus Raumgründen kann hier nur eine allg Übersicht mit Beispielen gegeben werden, die eine Orientierung am Tatbestand versucht.

2. „Tatbestand" des I 1. a) Benachteiligung. aa) Allgemeines. Eine Schlechterstellung des Vertragspartners durch AGB kann nicht als solche, sondern nur im Vergleich mit der „richtigen" Situation festgestellt werden. Dafür bieten sich zwei Maßstäbe an, die bereits in II genannt sind. **bb)** Sie kann sich zum einen daraus ergeben, dass von der ges Aufteilung der gegenseitigen Rechte und Pflichten **(ges Leitbild)** abgewichen wird (s II Nr 1). Bsp: Ausschluss des Anfechtungsrechts gem § 119 auch für den Fall, dass der Verwender den Irrtum erkennt (BGH NJW 83, 1671); unbegrenztes Hinausschieben der Fälligkeit eines Anspruchs des Vermieters, so dass § 548 faktisch nicht eingreift (BGH NJW 94, 1788). **cc)** Des Weiteren – bei häufigen Überschneidungen – kann eine Benachteiligung des Vertragspartners daraus folgen, dass das **Gleichgewicht der Verpflichtungen zwischen den Parteien** in eine Schieflage gerät. So hat die Rspr bei den sog Tagespreisklauseln im Kfz-Neuwagenhandel und auch bei anderen Gütern beanstandet, dass sich der Verwender bei einer Lieferzeit von mehr als vier Monaten (zur kürzeren Frist s § 309 Nr 1) das Recht zur einseitigen, nicht begrenzten Preiserhöhung vorbehalten hat, ohne dem Käufer die Möglichkeit einzuräumen, sich vom Vertrag zu lösen (BGH 82, 24; BGH NJW 86, 3135 mwN). Bei der Abwägung ist der **gesamte Vertragsinhalt,** also nicht nur die einzelne Klausel zu betrachten (BGH 86, 142; BGH NJW 82, 1821; Ulmer AGBG 9 85). Ein Vorteil in einem Bereich kann also uU andere Nachteile ausgleichen. Ein niedrigerer Preis rechtfertigt allerdings eine Benachteiligung grds nicht (BGH 22, 98; 33, 219; MK/Basedow AGBG 9, 20); denn der Preisvorteil ist nicht nachprüfbar (Erm/Hef/Wern AGBG 9, 16), auch darf der Kunde dadurch nicht schutzlos werden. Ausnahmen: (echte) Wahlmöglichkeit zwischen mehreren unterschiedlich gestalteten Tarifen, Freizeichnung von hohen, für den Kunden berechenbaren oder versicherbaren (s MK/Basedow AGBG 9, 16 ff) Risiken bei relativ geringwertigen Wirtschaftsgütern (vgl BGH NJW 68, 1720, Parkplatzgebühr; BGH 64, 355, Stromversorgungsbedingungen). **dd)** Die Benachteiligung muss von **einigem Gewicht** sein (Hamm NJW 81, 1050). Keine wesentliche Benachteiligung ist eine numerische Übersicherung bei SÜ und EV, da sich eine Freigabeverpflichtung ab 20% (s BGH WM 93, 1997) aus § 157 (besser wohl § 242) ergibt (BGH NJW 98, 672 mwN). **b) Unangemessenheit entgegen dem Gebot von Treu und Glauben.** Das Ges knüpft damit an die frühere, von der Rspr gem § 242 praktizierte Inhaltskontrolle an. Die Formel zielt auf den Verwender in einer bestimmten sozialen Rolle (zB als Verkäufer, Nachfrager, Vermieter, Dienstleistungsunternehmen), der als vertrauenswürdiger Geschäftspartner bei der Formulierung der AGB die verständigen Interessen des anderen mitbedenkt und sie im Vertragswerk berücksichtigt. Dabei ergeben sich unterschiedliche Maßstäbe gegenüber Verbrauchern oder Kaufleuten, so dass im **kaufmännischen Verkehr** der Beurteilungsmaßstab großzügiger sein sollte (Schlechtriem, FS Duden, 1977, S 571 ff; Alisch JZ 82, 706; BGH 93, 260; zur Kritik an der weitgehenden faktischen Vermischung der Unterschiede s Rn 1). Obwohl im Text nicht enthalten, kann auch die Verkehrsüblichkeit (BGH 92, 368) oder die Anschauung der beteiligten Kreise (Erm/Hef/Wern AGBG 9, 7) eine Rolle spielen, ohne selbstverständlich die Unangemessenheit von vornherein auszuschließen (BGH 91, 319; BGH DB 84, 2343). Sind die AGB bereits von den gegenseitigen Interessengruppen gemeinsam formuliert, so sieht die Rspr erheblich geringere Gefahren und misst den Text idR nicht mehr an § 307 (BGH JZ 88, 39 mit zust Anm Peters, anders jedoch bei der Übernahme nur einzelner Bestimmungen, s BGH NJW 88, 55; vom Normzweck her bedenklich).

§ 307

Bsp für unangemessene Klauseln: Ausschluss des Kündigungsrechts aus wichtigem Grund (BGH NJW 86, 3134); Aufbürden von Rechtsverfolgungskosten, die über die ges begründeten hinausgehen (BGH NJW 85, 324 f); zu hohe Vertragsstrafe (BGH WM 90, 1200); Fälligstellen der Restschuld auch bei einer unverschuldeten Nichtzahlung (BGH NJW 85, 1705; 85, 2329; 86, 426); Zahlungspflicht von Abschlägen unabhängig vom Baufortschritt (BGH DB 86, 2176); Ausschluss der Wirksamkeit mündlicher Nebenabreden auch für bevollmächtigte Personen nach Vertragsschluss (BGH NJW 86, 1810 mwN zur sog Schriftformklausel allg).

6 **3. Transparenzgebot (I 2). a) Funktion.** Die Rspr hatte vor Erlass des § 307 I 2 in stRspr (zB BGH 104, 93 f; 106, 49 ff; 133, 32; BGH NJW 00, 653; 01, 2013; 01, 2016) entschieden, AGB dürften die Rechtspositionen des Vertragspartners (insbes des Verbrauchers) nicht unklar darstellen (verschleiern) und damit die Gefahr auslösen, dass der Vertragspartner seine Rechte nicht wahrnimmt oder Gegenansprüche nicht abwehrt. Ein weiteres Gefährdungspotential kann darin liegen, dass der Vertragspartner Risiken, auch preiserhöhende Bestandteile (BGH 118, 131, dort verneint; jetzt § 307 III 2) nicht erkennt und deshalb zu einem sonst nicht geschlossenen Vertrag verleitet wird. RiLi 93/13 EWG Art 5 S 1 ordnet an, dass schriftlich niedergelegte Klauseln „stets klar und verständlich abgefasst" sein müssen, und nimmt in Art 5 S 2 die Unklarheitenregelung (s § 305 c) auf. Damit wird deutlich, dass ein Verstoß gegen das Transparenzgebot schon aus systematischen Gründen nicht immer die Unwirksamkeit der Klausel zur Folge haben kann; auch würde der Vertragspartner uU bei einer Unwirksamkeit schlechter stehen als bei einer ihm günstigen Auslegung. Der RAusschuss hat deshalb, insoweit in Übereinstimmung mit der bisherigen Rspr, die Bestimmung so gefasst, dass – ohne Vermutungsregelung (nicht zB „im Zweifel" wie im RegE) – die Intransparenz als eine ganz zur Unwirksamkeit führende treuwidrige Benachteiligung gewertet werden „kann" (BT-Drs 14/7052 S 18, zur Begründung sa S 188).

7 **b)** Das Verhältnis zu **§ 305 c** wird man in dem Fall, in dem eine Klausel unter beide Normen subsumiert werden kann, dahin verstehen müssen, dass die Rechtsfolge des § 307 I 2 eingreift, wenn – im Individualprozess (s § 305 c Rn 6) – die Nichtigkeitsfolge für den Vertragspartner günstiger ist; dies ist Konsequenz dessen, dass der Verwender die Nachteile seiner Formulierungskompetenz tragen muss.

8 **c)** Als **Maßstab** für die gebotene Deutlichkeit einer Klausel ist auf die Kenntnismöglichkeit eines typischerweise bei Verträgen der geregelten Art zu erwartenden durchschnittlichen Vertragspartners (BGH 115, 185 mwN) abzustellen. Damit sind zB an einen Reisenden (BGH 108, 57) geringere Anforderungen zu stellen als an einen Vertreter eines kaufmännischen Unternehmens bei einer Globalzession (BGH 133, 32). Von der Aufgabe, selbst mögliche Schlussfolgerungen für die eigene Position zu ziehen oder auch Einzelberechnungen vorzunehmen, wird der Vertragspartner nicht entlastet (BGH 118, 131). **9 d) Fallgruppen: Fehlende formale Strukturierung,** so dass der Vertragspartner sachlich zu einem bestimmten Komplex gehörende Klauseln, die an anderer Stelle stehen, nicht findet (BGH NJW 96, 455); **fehlende Bestimmtheit** (Bsp: Preiserhöhungsklausel ohne Konkretisierung der Voraussetzungen und der Grenzen der Erhöhung, BGH NJW 86, 3135; Leistungsbestimmungsrecht für den Verwender ohne Festlegung von Anlass und Grenzen, BGH NJW 00, 651); **fehlende Verständlichkeit** (Bsp: unklare Abrechnungsklauseln im Leasingvertrag, BGH 97, 73; unklare Klausel über das mögliche Erlöschen einer Mietbürgschaft bei Abtretung der Miete, BGH 115, 185); **Gefahr der Irreführung** (BGH NJW 01, 1205).

10 **4. Tatbestand des II Nr 1 (Verstoß gegen das Leitbild).** Die dispositiven ges Bestimmungen wie auch ungeschriebene Rechtsgrundsätze (BGH NJW 86, 180) gewinnen eine gewisse Verbindlichkeit. Bsp: Schon vor Erlass des AGBG und später auf AGBG 9 II gestützt, hat die Rspr für den Maklervertrag entschieden, dass keine erfolgsunabhängige Provision (s § 652) vorgesehen werden darf (BGH 99, 382

Gestaltung rechtsgeschäftlicher Schuldverhältnisse durch Allgemeine **§ 307**

mwN). Gleiches gilt für „Hinzuziehungsklauseln" (BGH 88, 73; NJW 85, 2478), „Alleinauftragsklauseln" (BGH 60, 377), „Vorkenntnisklauseln" (BGH NJW 71, 1135; DB 76, 1711), „Folgegeschäftsklauseln" (BGH 60, 245) und Verbotsklauseln für Eigengeschäfte (BGH NJW 86, 1173). Nur eine angemessene, durch das Produkt gebotene Verlängerung der Verjährungsfrist ist in Einkaufs-AGB zulässig (BGH NJW 90, 2066); ein Verfall des Guthabens auf einer Telefonkarte nach Gültigkeitsablauf ohne Ausgleichsmöglichkeit verstößt gegen das Äquivalenzprinzip (BGH NJW 01, 2635); eine Vertragsstrafe muss hinreichend differenziert sein (BGH NJW 97, 3233); das Abbedingen des § 341 III weicht zu stark vom Leitbild der Vertragsstrafe ab (BGH WM 83, 87); sie darf nicht für den Fall vorgesehen werden, dass der Vertrag einverständlich aufgehoben wird (BGH NJW 85, 57); die Anrechnung von Tilgungsleistungen nur im Jahresrhythmus verstößt gegen § 362 (desgl iErg Löwe NJW 87, 937; aA Stuttgart NJW 87, 2021; Kollhosser ZIP 86, 1429; Canaris NJW 87, 2409); § 366 kann abbedungen werden (BGH 91, 380). Die Klausel in einem Heimvertrag, bei kurzfristiger Abwesenheit sei das volle Betreuungsgeld weiterzuzahlen, verstößt gegen das durch §§ 537, 615 geprägte Leitbild. Das Recht zur Kündigung gem § 627 (§ 314) kann in einem Partnerschaftsvermittlungsvertrag nicht ausgeschlossen werden (BGH ZIP 99, 73). Die Fortsetzungsklausel bei Fitness-Studios über sechs Monate hinaus trotz Nichtbenutzung entspricht nicht dem Leitbild dieses Vertrages (BGH JZ 97, 1008; zutr krit v Hippel JZ 97, 1009). Im Werkvertrag können Wegezeiten nicht als Arbeitszeiten angesehen werden (BGH 91, 320, dazu Thamm DB 85, 375). § 648 darf, jedenfalls soweit keine entspr Sicherheiten eingeräumt werden, nicht ausgeschlossen werden (BGH 91, 145); desgl nicht § 649 S 2 für den Fall grundloser Kündigung (BGH 92, 249). Unzulässig ist eine „Musterprozessklausel", nach der der Bauhandwerker nur einen vom Baubetreuer zu bestimmenden Bauherrn verklagen darf (BGH 92, 15); eine Bürgschaft für künftige Forderungen ohne summenmäßige Begrenzung verstößt gegen § 767 I 3 (BGH NJW 2000, 659); § 776 darf nicht pauschal ausgeschlossen werden (BGH NJW 2002, 295); das Fälschungsrisiko bei Schecks darf nicht auf den Kunden überwälzt werden (BGH WM 97, 910).

5. Tatbestand des II Nr 2 (Einschränkung von Rechten des Kunden oder 11
Pflichten des Verwenders). Erfasst werden sollen insbes Verträge, die kein ges Leitbild haben (zB Sicherungsübereignungsvertrag, BGH NJW 84, 1184; Künzl BB 85, 1884). Angeknüpft wird an die stRspr, nach der sich der Verwender nicht von der Nichterfüllung sog „Kardinalpflichten" freizeichnen bzw seine Haftung wesentlich einschränken kann (BGH 49, 363; 50, 20; 72, 208). Hierunter fallen insbes solche Pflichten, mit denen die Durchführung des Vertrages „steht und fällt", auf deren Erfüllung der Vertragspartner berechtigterweise vertraut (BGH NJW 93, 335 mwN). Davon werden auch bedeutsame Nebenregelungen erfasst (BGH 83, 308; NJW 85, 322; 85, 915). Bspr unwirksamer Klauseln: zeitlich unbegrenztes Kündigungsrecht bei einer Krankenhaustagegeldversicherung (BGH 88, 78); Ausschluss der Auslandsreise-Krankenversicherung für den Staat, dessen Angehöriger der Reisende ist (BGH NJW 2001, 1133); Recht der Brauerei in einem Bierlieferungsvertrag, bei Vertragsverletzungen des Gastwirts die Rückgabe des überlassenen Inventars bei fortbestehender Bezugsverpflichtung zu verlangen (BGH DB 85, 1684). **Freizeichnungsklauseln** unterliegen zunächst einer besonderen Regelung in § 309 Nr 7 und 8. § 307 II Nr 2 greift zusätzlich (zB beim Ausschluss der Haftung für leichte Fahrlässigkeit) ein, wenn sich die – völlige oder teilweise – Freizeichnung auf sog **Kardinalpflichten,** also den Kernbereich der zugesagten Leistung bezieht (BGH NJW 99, 1031 mwN; BGH DWW 02, 68), wenn für die Vertragserfüllung ein **bes Vertrauen** im Blick auf die fachliche Kompetenz und Sorgfalt in Anspruch genommen wird oder wenn der Vertragspartner vertraglich Einflussmöglichkeiten auf seine Lebensgüter oder auch auf erhebliche Vermögenswerte gewähren muss (Bsp: Krankenhausträger für ärztliche Leistung, BGH NJW 90, 761; Treuhänder bei einem Bauherrenmodell, Celle NJW 86, 260; Fachunter-

nehmen für Klimageräte bei EDV-Anlagen, BGH ZIP 85, 623; Autowaschanlage, BGH NJW-RR 98, 1426). Kann der Verwender relativ problemlos eine **Haftpflichtversicherung** abschließen oder ist dies ges bzw standesrechtlich vorgeschrieben, so ist eine Freizeichnung ebenfalls unangemessen (Ulmer ABGB 9, 153).

II. Der Inhaltskontrolle unterliegende Klauseln (III).

12 **1. Allgemeines. a) Bisheriges Recht.** III 1 nimmt AGBG 8 wörtlich auf; **III 2** erstreckt das Transparenzgebot (s Rn 6 ff) auf alle (zB preisregulierende, das Ges wiederholende) AGB, weil mangelnde Transparenz eine Benachteiligung in sich darstellen kann. **b) Normzweck.** Von dem Ansatz her, dass die §§ 307 ff – vom Transparenzgebot abgesehen – die rechtliche *Gestaltungsfreiheit* der Beteiligten (Parteiautonomie) unter den in den einzelnen Normen genannten Kriterien begrenzen sollen, kann sich die Inhaltskontrolle nur auf eine vertragliche Regelung beziehen, die die ges **Rechtsstellung** der Beteiligten gegenüber der sonst („objektiv") bestehenden (dispositiven) Rechtslage **verändert** oder in einem auch durch die Rspr **nicht geregelten** Bereich festlegt. Aus diesem Grundsatz ergeben sich verschiedene Teilaspekte und Fallgruppen.

13 **2. Tatbestand des III 1. a) Grundsatz.** Sog deklaratorische Klauseln, die eine auf den Sachverhalt anwendbare **ges Bestimmung** bzw einen allg, etwa aus § 242 entwickelten Rechtsgrundsatz (BGH WM 02, 1007) lediglich **wiederholen**, haben keinen eigenen Regelungsgehalt und fallen damit nicht unter die Norm. Gibt das Ges lediglich eine Ermächtigung zu einer die Rechtslage abändernden Vereinbarung wie zB in § 399 2. Alt, so unterliegt die von dieser Ermächtigung Gebrauch machende Klausel der Inhaltskontrolle (BGH 81, 232 für Preisspielräume einer Gebührenordnung). Ebenso geschieht eine Inhaltskontrolle, wenn ges Bestimmungen und allg Regeln für einen bestimmten Vertragstyp durch AGB auf andere Verträge übertragen werden. Bsp: Anwendung des § 367 auf Kreditgebühren, die mit jeder monatlichen Rate anteilig getilgt werden sollen (BGH 91, 57). **b)** Bestimmungen zur Sachleistung (**Leistungsbeschreibungen**) sind kontrollfrei, soweit keine ges Vorgabe besteht und damit eine *rechtliche Veränderung* (s Rn 12) ausscheidet (BGH NJW 01, 2014). Bsp: Kataloge, Prospekte, Erläuterungen in einer Baubeschreibung im Rahmen eines Ausschreibungsverfahrens, DIN-Normen, Beschreibungen des versicherten Risikos im Kernbereich (Hadding VersR 98, 627; aA Schünemann VersR 00, 144 mwN). Sobald jedoch *im Ges* festgelegte Hauptpflichten oder auch zB aus §§ 241 II, 242 folgende Nebenpflichten modifiziert werden, greifen die §§ 307–309 wieder ein. Bsp: Regelungen über den EV, die Lieferzeit, die Abnahme gem §§ 640 ff. Dasselbe gilt, wenn Klauseln die *vertragliche* (als solche nicht kontrollfähige) *Leistungszusage* einschränken oder modifizieren. Bsp: Deckungsausschluss in der Reise-Krankenversicherung für „akut behandlungsbedürftige" Erkrankungen (BGH NJW 93, 1134);

14 Leistungsausschlüsse in der Lebensversicherung (BGH NJW 01, 2014). **c) Preise für die Hauptleistung** sind mangels ges Fixierung nicht überprüfbar (BGH ZIP 98, 2098). Soweit im einzelnen ges Regelungen bestehen (Bsp: HOAI, GOÄ) oder taxmäßige Vergütungen etc als Maßstab herangezogen werden (s zB § 632 II), unterliegen Modifikationen wiederum der Inhaltskontrolle (BGH 115, 391); desgl fallen Klauseln zu **Preis- und Zahlungsmodifikationen** unter die Norm. Bsp: Preisberechnungsklauseln, die eigene Faktoren einführen (BGH 93, 358), Klauseln zur Preisbestimmung bzw -abänderung durch den Verwender oder einen Dritten (BGH 82, 26), Zinsanpassungsklauseln (Schimansky WM 01, 1169), sog Tagespreisklauseln, Skonti, Rabatte (BGH NJW 94, 1063; Ulmer, AGBG 8, 14), Regelungen zur Fälligkeit (BGH 81, 242). **d) Lit:** *Habersack*, Zinsänderungsklauseln im Lichte des AGBG und des VerbrKrG, WM 01, 753; *Steppeler*, Der Rechtsrahmen für Bankentgelte, WM 01, 1176. Fixierungen von **Preisbestandteilen für Neben- und Zusatzleistungen** sind nicht überprüfbar, wenn sie sich nicht auf

Gestaltung rechtsgeschäftlicher Schuldverhältnisse durch Allgemeine **§ 308**

rechtlich festgelegte Leistungsbestandteile beziehen; dann verändert eine Klausel nicht die Rechtslage (s Rn 12). Bsp: Klauseln zu Transport- und Verpackungskosten, Kosten für die Anfahrt (BGH 116, 119), Gebühren für die Inanspruchnahme von Geldautomaten (BGH NJW 96, 2023), für die Benutzung der Kreditkarte im Ausland (BGH 137, 30). Ist hingegen der Verwender ges oder zB aus § 242 zur Nebenleistung verpflichtet und wird diese damit grds vom Preis für die Hauptleistung erfasst, so unterliegen darauf bezogene Preisklauseln wie bei der Sachleistung (s Rn 13) der Inhaltskontrolle. Bsp: Gebühren für Freistellungsaufträge, da die Bank zur Bearbeitung ges verpflichtet ist (BGH 136, 264), Gebühren für Ein- und Auszahlungen am Bankschalter (BGH 133, 13); Gebühren für die Benachrichtigung über die Nichteinlösung eines Schecks von anderen Aufträgen mangels Deckung (BGH NJW 01, 1420). Im einzelnen sind freilich die Abgrenzungen, wie auch häufige Diskrepanzen zwischen dem BGH und den Berufungsgerichten zeigen (s zB BGH 137, 45 f, Gebühr für die Nichtausführung von Bankaufträgen mangels Deckung), unscharf (krit gegenüber einer weiten Ausdehnung der Inhaltskontrolle zB Canaris WM 96, 237; Joost ZIP 96, 1685; Meder NJW 96, 1849; Horn WM 97, Sonderbeil I; dem BGH zust Derleder/Metz ZIP 96, 573).

3. Zum **Transparenzgebot (III 2)** s Rn 6 ff. 15

§ 308 Klauselverbote mit Wertungsmöglichkeit

In Allgemeinen Geschäftsbedingungen ist insbesondere unwirksam

1. (Annahme- und Leistungsfrist)
eine Bestimmung, durch die sich der Verwender unangemessen lange oder nicht hinreichend bestimmte Fristen für die Annahme oder Ablehnung eines Angebots oder die Erbringung einer Leistung vorbehält; ausgenommen hiervon ist der Vorbehalt, erst nach Ablauf der Widerrufs- oder Rückgabefrist nach § 355 Abs. 1 und 2 und § 356 zu leisten;
2. (Nachfrist)
eine Bestimmung, durch die sich der Verwender für die von ihm zu bewirkende Leistung abweichend von Rechtsvorschriften eine unangemessen lange oder nicht hinreichend bestimmte Nachfrist vorbehält;
3. (Rücktrittsvorbehalt)
die Vereinbarung eines Rechts des Verwenders, sich ohne sachlich gerechtfertigten und im Vertrag angegebenen Grund von seiner Leistungspflicht zu lösen; dies gilt nicht für Dauerschuldverhältnisse;
4. (Änderungsvorbehalt)
die Vereinbarung eines Rechts des Verwenders, die versprochene Leistung zu ändern oder von ihr abzuweichen, wenn nicht die Vereinbarung der Änderung oder Abweichung unter Berücksichtigung der Interessen des Verwenders für den anderen Vertragsteil zumutbar ist;
5. (Fingierte Erklärungen)
eine Bestimmung, wonach eine Erklärung des Vertragspartners des Verwenders bei Vornahme oder Unterlassung einer bestimmten Handlung als von ihm abgegeben oder nicht abgegeben gilt, es sei denn, dass
    a) dem Vertragspartner eine angemessene Frist zur Abgabe einer ausdrücklichen Erklärung eingeräumt ist und
    b) der Verwender sich verpflichtet, den Vertragspartner bei Beginn der Frist auf die vorgesehene Bedeutung seines Verhaltens besonders hinzuweisen;
dies gilt nicht für Verträge, in die Teil B der Verdingungsordnung für Bauleistungen insgesamt einbezogen ist;
6. (Fiktion des Zugangs)
eine Bestimmung, die vorsieht, dass eine Erklärung des Verwenders von besonderer Bedeutung dem anderen Vertragsteil als zugegangen gilt;

§ 308

7. (**Abwicklung von Verträgen**)
eine Bestimmung, nach der der Verwender für den Fall, dass eine Vertragspartei vom Vertrag zurücktritt oder den Vertrag kündigt,
   a) eine unangemessen hohe Vergütung für die Nutzung oder den Gebrauch einer Sache oder eines Rechts oder für erbrachte Leistungen oder
   b) einen unangemessen hohen Ersatz von Aufwendungen verlangen kann;
8. (**Nichtverfügbarkeit der Leistung**)
die nach Nummer 3 zulässige Vereinbarung eines Vorbehalts des Verwenders, sich von der Verpflichtung zur Erfüllung des Vertrags bei Nichtverfügbarkeit der Leistung zu lösen, wenn sich der Verwender nicht verpflichtet,
   a) den Vertragspartner unverzüglich über die Nichtverfügbarkeit zu informieren und
   b) Gegenleistungen des Vertragspartners unverzüglich zu erstatten.

Lit: *Stoffels*, Schranken der Inhaltskontrolle, JZ 01, 843.

1   **1. Allgemeines. Bisheriges Recht.** § 308 übernimmt mit Modifikationen AGBG 10. Zum **Anwendungsbereich** s Rn 4 vor § 307, zum **Verhältnis zu § 309 und § 307** s § 307 Rn 1.

2   **2. Unangemessene Fristen für die Vertragsannahme und für die Leistung (Nr 1). Lit.:** *Walchshöfer* WM 86, 1041, 1541. **a)** Durch den Vorbehalt einer **Annahmefrist** erreicht der Verwender eine einseitige Bindung des Vertragspartners gem § 145. **aa) Unangemessen lange** ist eine Frist, die über den Tatbestand des § 147 II einschließlich einer sachlich gebotenen Überlegungszeit (uU mit dem Einholen notwendiger Informationen) wesentlich hinausgeht (s BGH NJW 01, 303: Beim Verkauf neuer Möbel vom Lager ist nur eine Frist angemessen, die der Verkäufer zur Bonitätsprüfung des Käufers eines Kaufens auf Kredit benötigt). Als Faustregel werden für Alltagsgeschäfte 10–14 Tage (StCoester-Waltjen AGBG 10 7; PalErgB/Heinrichs 4; zutr krit Ulmer AGB 10, Nr 1, 7), für Kreditgeschäfte ein Monat (BGH NJW 88, 2107), für die Bestellung eines neuen Kfz vier Wochen (BGHZ 109, 363) genannt. **bb) Nicht hinreichend bestimmt** ist eine Frist, wenn sie nicht rasch und nicht ohne weitere Ermittlungen festgestellt werden kann. Dies gilt insbesondere, wenn der Anfangszeitpunkt der Laufzeit von einem noch nicht zeitlich genau fixierten oder in die Sphäre des Verwenders fallenden Ereignis abhängig gemacht wird (BGH NJW 85, 856). IdR ist die Annahmefrist nach
3   Tagen, Wochen usw zu berechnen. **b)** Die Unangemessenheit der **Leistungsfrist** hängt sehr vom zu leistenden Gegenstand ab (zB im Handel frei erhältliche Konsumartikel, Anfertigung auf Bestellung, Eigentumswohnung im Hochhaus), uU auch davon, ob sich der Verwender die Ware selbst erst auf Anfrage beschaffen muss. Abzustellen ist darauf, wann die Leistung unter durchschnittlichen, auf dem Markt üblichen Bedingungen und unter Berücksichtigung einer angemessenen Sicherheitsreserve erbracht werden kann (BGHZ 92, 28). Unzulässig sind zB im Möbelhandel ohne Differenzierungen vier Wochen (BGH NJW 85, 323 mwN). Zur unzulässigen **Unbestimmtheit** s Rn 2. **aa) Ausnahme bei Verträgen mit Widerrufs- und Rückgaberecht (HalbS 2).** Kann der Kunde als Verbraucher gem § 355 seine zum Vertragsschluss führende Willenserklärung widerrufen, so muss es dem Anwender möglich sein, das Erbringen der Leistung vom Verstreichen der Widerrufsfrist abhängig zu machen (BT-Drs 14/2658 S 51). Ein Leistungsvorbehalt, bezogen auf das Verstreichen der Rückgabefrist gem § 356, macht nur Sinn bei Teil- oder Ratenlieferungen (Ulmer AGBG 10 Nr 1, 21 a). **c)** Bei **Verträgen zwischen Unternehmern** dürften die Maßstäbe in vergleichbarer Weise gelten (PalHeinrichs 10; für einen größeren Spielraum Ulmer AGB 10 Nr 1, 23).

Gestaltung rechtsgeschäftlicher Schuldverhältnisse durch Allgemeine **§ 308**

3. Unangemessenheit einer Nachfrist für die Leistung (Nr 2). a) Unan- 4
gemessene Dauer. Da die angemessene eigentliche Leistungszeit (s § 308 Nr 1) bereits vorausgeht, ist die *Verlängerungsfrist,* die allein den Interessen des Verwenders Rechnung trägt, relativ kurz festzusetzen. Richtschnur ist die Angemessenheit gem §§ 281 I, 323 I mit einem Pauschalierungszuschlag. Bsp: Unzulässig sind vier Wochen beim Möbelkauf (KG MDR 79, 1025); sechs Wochen bei Lieferung von Fenstern (Stuttgart NJW 81, 1106; sa Seifert BB 84, 863 mwN). **b)** Zur unzulässigen **Unbestimmtheit** s Rn 2. **c)** Für **Verträge zwischen Unternehmern** gilt dieselbe Wertung (Ulmer AGBG 10 Nr 2, 10).

4. Sachlich nicht gerechtfertigtes Rücktrittsrecht (Nr 3). a) Funktion. 5
Das Rücktrittsrecht des Verwenders für die Zeit *nach Vertragsschluss* führt zu einer einseitigen Bindung des Kunden (zur Bindung vor Vertragsschluss s Rn 2); er ist nicht sicher, ob er die Leistung erhält, und kann doch nicht frei disponieren. Der Verwender darf deshalb in AGB nur bestimmte, bei Vertragsschluss erkennbare Störungsrisiken überwälzen. **b)** Die **Rücktrittsgründe** müssen deshalb hinreichend deutlich **gekennzeichnet** sein (s zB BGH NJW 83, 1320, 1321: „Betriebsstörungen jeder Art" ist unzulässig). **c) Sachlich angemessene (RiLi 93/13 EWG: „triftige") Gründe** sind auf der Seite des **Vertragspartners** zB ein Insolvenz- oder Vergleichsverfahren, fehlende Kreditwürdigkeit, falsche, für die Kreditwürdigkeit relevante Auskünfte über die eigenen Vermögensverhältnisse (BGH NJW 85, 2271), erhebliche, für den Vertrag bedeutsame Verletzungen (BGH ZIP 85, 1204); auf Seite des **Verwenders** die Beschränkung auf den vorhandenen Vorrat, Ausbleiben der *nicht betriebsbezogenen* Selbstbelieferung (BGH NJW 83, 1320, 1321). **Unangemessene** Gründe sind zB die eigene kurzfristige Betriebsstörung (BGH NJW 83, 1321 mwN), ein zeitweiliger Arbeitskampf (BGH NJW 85, 857), die eigene Lieferfähigkeit, weil hier ein generelles Leistungsrisiko überwälzt werden soll (ähnlich Düsseldorf DB 82, 221). **d)** Für **Dauerschuldverhältnisse** und **Wiederkehrschuldverhältnisse** (s § 311 Rn 14, 15), die häufig ein Recht zur ordentlichen Kündigung kennen, gilt § 308 Nr 3 nicht. **e)** Auf **Verträge zwischen Unternehmern** sind dieselben Maßstäbe anzuwenden.

5. Unzumutbare Befugnis zur Leistungsänderung (Nr 4). Bei einer entspr 6
Klausel akzeptiert der Kunde spätere Abweichungen als vertragsgemäß, so dass etwa nach dem subj Fehlerbegriff (s § 434 Rn 2 u 8 ff) kein Mangel vorliegt. Zum Ausschluss einer solchen Gefahr erlaubt § 308 nur, diejenigen Änderungen vertraglich zu fixieren, die der Kunde als Gläubiger auch gem § 242 akzeptieren müsste (s § 242 Rn 18). Der Begriff der Zumutbarkeit ist hier wenig aussagekräftig. Die Formulierung soll zum Ausdruck bringen, dass der konkrete Vertragszweck sichergestellt bleiben muss und auch Anlass wie Ausmaß der Abweichung vorher abgeschätzt werden können. Bsp: Unzulässig ist der Vorbehalt der Leistung durch andere Unternehmen und Fluggeräte sowie abweichender Zwischenlandungspunkte im Linienflugverkehr (BGH NJW 83, 1324), die Erweiterung von Kfz-Reparaturen in nicht nur geringfügigen Umfang (BGH 101, 311 f), der Vorbehalt der Lieferung eines „Nachfolgemodells" (Koblenz ZIP 81, 509); zulässig ist jedoch der Vorbehalt „handelsüblicher Abweichungen in Farbe und Struktur" im Möbelhandel, soweit es sich um Naturprodukte handelt (BGH NJW 87, 1886). Für **Verträge zwischen Unternehmern** gilt dieselbe Wertung.

6. Festlegen eines Nichthandelns als Willenserklärung ohne angemes- 7
sene Schutzinstrumente (Nr 5). a) Normzweck. Kraft ihrer Autonomie können Parteien grundsätzlich bestimmen, in einer konkreten Situation sei Schweigen als Willenserklärung zu verstehen (s Rn 9 vor § 116). Die Gefahr, dass sich der Kunde der Tragweite einer solchen Vereinbarung nicht bewusst wird, ist sehr groß. Mit § 308 Nr 5 soll erreicht werden, dass dem Kunden ein Schweigen, das ihm aufgrund einer AGB-Klausel als Willenserklärung zugerechnet wird, kaum unbeabsichtigt unterlaufen dürfte. **b) Ausnahme: Vereinbarung der VOB/B insgesamt.** Da die VOB/B teilw Erklärungsfiktionen kennt, die Übernahme der

Teichmann 319

§ 309

VOB/B ihrerseits als Ganzes, dh ohne ins Gewicht fallende Einschränkungen, in stRspr als eine angemessene vertragliche Regelung angesehen wird (BGH 96, 133; BGH NJW-RR 89, 86), hat der Gesetzgeber diese Rechtsfrage unter Modifikation des bisherigen AGB 23 II Nr 5 ausdrücklich festgelegt (BR-Drs 338/01 S 354). **c)** Im **Verkehr zwischen Unternehmern** gilt grundsätzlich dieselbe Wertung. Zu beachten ist freilich, dass ein Handelsbrauch über ein Schweigen gem HGB 362 Wirkungen entfaltet und insoweit eine Fixierung in AGB zulässig ist. Ähnliches gilt iErg für HGB 377 (eine wiederholende Klausel ist kontrollfrei, s § 307 III 1).

8 **7. Zugangsfiktion (Nr 6). a) Normzweck.** Die Bestimmung erlaubt, in Abweichung von § 309 Nr 12, die Beweislast für den Zugang (§ 130) bestimmter Erklärungen (ohne bes Bedeutung) dem Vertragspartner als Empfänger aufzuerlegen. Die Beweislast für die *Absendung* muss weiter beim Verwender bleiben. Aus dem Schutzzweck folgt, dass dem Vertragspartner der Gegenbeweis des unterbliebenen Zugangs offen steht (Ulmer AGBG 10, 6); auch muss die Vermutung widerlegbar ausgestaltet werden (Bsp: „Eine Erklärung gilt 3 Tage nach Absendung als zugegangen, sofern sie nicht als unzustellbar zurückkommt"). **b)** Von **bes Bedeutung** sind die das Rechtsverhältnis abändernden Erklärungen wie Mahnung (Hamburg VersR 81, 125), Fristsetzung, Kündigung (BayObLG NJW 80, 2818). Übrig bleiben Anzeigen und Mitteilungen (zB über den Kontostand), und zwar auch dann, wenn sie feststellende Wirkung haben. **c)** Für **Verträge zwischen Unternehmern** gelten die Wertungen der Norm entspr.

9 **8. Unangemessen hohe Abwicklungsvergütungen (Nr 7). a) Allgemeines.** Die Bestimmung steht in engem Zusammenhang mit § 309 Nr 5 und 6 (pauschalierter Schadensersatz, Vertragsstrafe); denn die juristische Qualifikation des vom Verwender nach Beendigung geforderten Betrages ist häufig eine Frage der Formulierung. Dies muss eine einheitliche Interpretation der drei Bestimmungen auslösen (desgl Hamm NJW 83, 1503 für AGB § 11 Nr 5). **b) Voraussetzungen.** Festlegung der Vergütung im Fall der Kündigung, des Rücktritts, auch der Anfechtung (StCoester-Waltjen AGBG 10 Nr 7, 2), also nach Umwandlung des Vertrages in ein Rückgewährschuldverhältnis; nicht erfasst wird zB eine Restzahlung. **Entgelt** nach Nr 7 a oder b, unabhängig von der Formulierung. Bsp: Storno-, Annullierungs-, Bearbeitungsgebühr (s Hamm NJW 74, 1951). Die **Angemessenheit der Höhe** ist an einem generellen Maßstab zu überprüfen und zwar daran, was ohne Klausel geschuldet wäre (BGH NJW 85, 633: Berücksichtigung des § 649); umfasst sie zB den üblichen Unternehmergewinn, so ist sie zulässig (BGH NJW 83, 1489, 1491; 83, 1492; ie s § 309 Nr 5). Des Weiteren darf nicht der **Gegenbeweis** abgeschnitten werden, dass die (generell angemessene) Pauschalierung im Einzelfall tatsächlich wesentlich unterschritten worden ist; § 309 Nr 5 b gilt entspr (BGH NJW 85, 632 mwN). **c)** Für **Verträge zwischen Unternehmern** gelten die Wertungen der Norm entspr.

10 **9. Unangemessene Rücktrittsfolgeregelung im Fall der Nichtverfügbarkeit der Leistung (Nr 8). a) Normzweck.** Die durch das FernAbsG in Umsetzung der FernAbsRiLi eingeführte Bestimmung ergänzt Nr 3 in dem Fall, dass die AGB ein Rücktrittsrecht bei Nichtverfügbarkeit der vereinbarten Leistung enthalten (s Rn 5). Eine solche Klausel muss also durch eine Verpflichtung entspr dem Gesetzestext (zur Unverzüglichkeit s § 121) ergänzt werden. Hauptzweck ist, dass der Vertragspartner bereits geleistete Zahlungen möglichst bald, in jedem Fall binnen 30 Tagen zurückerhält (BT-Drs 14/2658 S 51). **b)** Die in der Norm getroffene Wertung ist für **Verträge zwischen Unternehmern** nicht übertragbar (BT-Drs 14/2658 S 51).

§ 309 Klauselverbote ohne Wertungsmöglichkeit

Auch soweit eine Abweichung von den gesetzlichen Vorschriften zulässig ist, ist in Allgemeinen Geschäftsbedingungen unwirksam

1. (Kurzfristige Preiserhöhungen)
eine Bestimmung, welche die Erhöhung des Entgelts für Waren oder Leistungen vorsieht, die innerhalb von vier Monaten nach Vertragsschluss geliefert oder erbracht werden sollen; dies gilt nicht bei Waren oder Leistungen, die im Rahmen von Dauerschuldverhältnissen geliefert oder erbracht werden;
2. (Leistungsverweigerungsrechte)
eine Bestimmung, durch die
   a) das Leistungsverweigerungsrecht, das dem Vertragspartner des Verwenders nach § 320 zusteht, ausgeschlossen oder eingeschränkt wird oder
   b) ein dem Vertragspartner des Verwenders zustehendes Zurückbehaltungsrecht, soweit es auf demselben Vertragsverhältnis beruht, ausgeschlossen oder eingeschränkt, insbesondere von der Anerkennung von Mängeln durch den Verwender abhängig gemacht wird;
3. (Aufrechnungsverbot)
eine Bestimmung, durch die dem Vertragspartner des Verwenders die Befugnis genommen wird, mit einer unbestrittenen oder rechtskräftig festgestellten Forderung aufzurechnen;
4. (Mahnung, Fristsetzung)
eine Bestimmung, durch die der Verwender von der gesetzlichen Obliegenheit freigestellt wird, den anderen Vertragsteil zu mahnen oder ihm eine Frist für die Leistung oder Nacherfüllung zu setzen;
5. (Pauschalierung von Schadensersatzansprüchen)
die Vereinbarung eines pauschalierten Anspruchs des Verwenders auf Schadensersatz oder Ersatz einer Wertminderung, wenn
   a) die Pauschale den in den geregelten Fällen nach dem gewöhnlichen Lauf der Dinge zu erwartenden Schaden oder die gewöhnlich eintretende Wertminderung übersteigt oder
   b) dem anderen Vertragsteil nicht ausdrücklich der Nachweis gestattet wird, ein Schaden oder eine Wertminderung sei überhaupt nicht entstanden oder wesentlich niedriger als die Pauschale;
6. (Vertragsstrafe)
eine Bestimmung, durch die dem Verwender für den Fall der Nichtabnahme oder verspäteten Abnahme der Leistung, des Zahlungsverzugs oder für den Fall, dass der andere Vertragsteil sich vom Vertrag löst, Zahlung einer Vertragsstrafe versprochen wird;
7. (Haftungsausschluss bei Verletzung von Leben, Körper, Gesundheit und bei grobem Verschulden)
   a) (Verletzung von Leben, Körper, Gesundheit)
   ein Ausschluss oder eine Begrenzung der Haftung für Schäden aus der Verletzung des Lebens, des Körpers oder der Gesundheit, die auf einer fahrlässigen Pflichtverletzung des Verwenders oder einer vorsätzlichen oder fahrlässigen Pflichtverletzung eines gesetzlichen Vertreters oder Erfüllungsgehilfen des Verwenders beruhen;
   b) (Grobes Verschulden)
   ein Ausschluss oder eine Begrenzung der Haftung für sonstige Schäden, die auf einer grob fahrlässigen Pflichtverletzung des Verwenders oder auf einer vorsätzlichen oder grob fahrlässigen Pflichtverletzung eines gesetzlichen Vertreters oder Erfüllungsgehilfen des Verwenders beruhen;
die Buchstaben a und b gelten nicht für Haftungsbeschränkungen in den nach Maßgabe des Personenbeförderungsgesetzes genehmigten Beförderungsbedingungen und Tarifvorschriften der Straßenbahnen, Obusse und Kraftfahrzeuge im Linienverkehr, soweit sie nicht zum

§ 309

Nachteil des Fahrgasts von der Verordnung über die Allgemeinen Beförderungsbedingungen für den Straßenbahn- und Obusverkehr sowie den Linienverkehr mit Kraftfahrzeugen vom 27. Februar 1970 abweichen; Buchstabe b gilt nicht für Haftungsbeschränkungen für staatlich genehmigte Lotterie- oder Ausspielverträge;

8. (Sonstige Haftungsausschlüsse bei Pflichtverletzung)
   a) (Ausschluss des Rechts, sich vom Vertrag zu lösen)
      eine Bestimmung, die bei einer vom Verwender zu vertretenden, nicht in einem Mangel der Kaufsache oder des Werkes bestehenden Pflichtverletzung das Recht des anderen Vertragsteils, sich vom Vertrag zu lösen, ausschließt oder einschränkt; dies gilt nicht für die in der Nummer 7 bezeichneten Beförderungsbedingungen und Tarifvorschriften unter den dort genannten Voraussetzungen;
   b) (Mängel)
      eine Bestimmung, durch die bei Verträgen über Lieferungen neu hergestellter Sachen und über Werkleistungen
      aa) (Ausschluss und Verweisung auf Dritte)
          die Ansprüche gegen den Verwender wegen eines Mangels insgesamt oder bezüglich einzelner Teile ausgeschlossen, auf die Einräumung von Ansprüchen gegen Dritte beschränkt oder von der vorherigen gerichtlichen Inanspruchnahme Dritter abhängig gemacht werden;
      bb) (Beschränkung auf Nacherfüllung)
          die Ansprüche gegen den Verwender insgesamt oder bezüglich einzelner Teile auf ein Recht auf Nacherfüllung beschränkt werden, sofern dem anderen Vertragsteil nicht ausdrücklich das Recht vorbehalten wird, bei Fehlschlagen der Nacherfüllung zu mindern oder, wenn nicht eine Bauleistung Gegenstand der Mängelhaftung ist, nach seiner Wahl vom Vertrag zurückzutreten;
      cc) (Aufwendungen bei Nacherfüllung)
          die Verpflichtung des Verwenders ausgeschlossen oder beschränkt wird, die zum Zwecke der Nacherfüllung erforderlichen Aufwendungen, insbesondere Transport-, Wege-, Arbeits- und Materialkosten, zu tragen;
      dd) (Vorenthalten der Nacherfüllung)
          der Verwender die Nacherfüllung von der vorherigen Zahlung des vollständigen Entgelts oder eines unter Berücksichtigung des Mangels unverhältnismäßig hohen Teils des Entgelts abhängig macht;
      ee) (Ausschlussfrist für Mängelanzeige)
          der Verwender dem anderen Vertragsteil für die Anzeige nicht offensichtlicher Mängel eine Ausschlussfrist setzt, die kürzer ist als die nach dem Doppelbuchstaben ff zulässige Frist;
      ff) (Erleichterung der Verjährung)
          die Verjährung von Ansprüchen gegen den Verwender wegen eines Mangels in den Fällen des § 438 Abs. 1 Nr. 2 und des § 634a Abs. 1 Nr. 2 erleichtert oder in den sonstigen Fällen eine weniger als ein Jahr betragende Verjährungsfrist ab dem gesetzlichen Verjährungsbeginn erreicht wird; dies gilt nicht für Verträge, in die Teil B der Verdingungsordnung für Bauleistungen insgesamt einbezogen ist;

9. (Laufzeit bei Dauerschuldverhältnissen)
   bei einem Vertragsverhältnis, das die regelmäßige Lieferung von Waren oder die regelmäßige Erbringung von Dienst- oder Werkleistungen durch den Verwender zum Gegenstand hat,

Gestaltung rechtsgeschäftlicher Schuldverhältnisse durch Allgemeine **§ 309**

   a) eine den anderen Vertragsteil länger als zwei Jahre bindende Laufzeit des Vertrags,
   b) eine den anderen Vertragsteil bindende stillschweigende Verlängerung des Vertragsverhältnisses um jeweils mehr als ein Jahr oder
   c) zu Lasten des anderen Vertragsteils eine längere Kündigungsfrist als drei Monate vor Ablauf der zunächst vorgesehenen oder stillschweigend verlängerten Vertragsdauer;
   dies gilt nicht für Verträge über die Lieferung als zusammengehörig verkaufter Sachen, für Versicherungsverträge sowie für Verträge zwischen den Inhabern urheberrechtlicher Rechte und Ansprüche und Verwertungsgesellschaften im Sinne des Gesetzes über die Wahrnehmung von Urheberrechten und verwandten Schutzrechten;
10. (Wechsel des Vertragspartners) eine Bestimmung, wonach bei Kauf-, Dienst- oder Werkverträgen ein Dritter anstelle des Verwenders in die sich aus dem Vertrag ergebenden Rechte und Pflichten eintritt oder eintreten kann, es sei denn, in der Bestimmung wird
    a) der Dritte namentlich bezeichnet oder
    b) dem anderen Vertragsteil das Recht eingeräumt, sich vom Vertrag zu lösen;
11. (Haftung des Abschlussvertreters)
    eine Bestimmung, durch die der Verwender einem Vertreter, der den Vertrag für den anderen Vertragsteil abschließt,
    a) ohne hierauf gerichtete ausdrückliche und gesonderte Erklärung eine eigene Haftung oder Einstandspflicht oder
    b) im Falle vollmachtsloser Vertretung eine über § 179 hinausgehende Haftung
    auferlegt;
12. (Beweislast)
    eine Bestimmung, durch die der Verwender die Beweislast zum Nachteil des anderen Vertragsteils ändert, insbesondere indem er
    a) diesem die Beweislast für Umstände auferlegt, die im Verantwortungsbereich des Verwenders liegen, oder
    b) den anderen Vertragsteil bestimmte Tatsachen bestätigen lässt;
    Buchstabe b gilt nicht für Empfangsbekenntnisse, die gesondert unterschrieben oder mit einer gesonderten qualifizierten elektronischen Signatur versehen sind;
13. (Form von Anzeigen und Erklärungen)
    eine Bestimmung, durch die Anzeigen oder Erklärungen, die dem Verwender oder einem Dritten gegenüber abzugeben sind, an eine strengere Form als die Schriftform oder an besondere Zugangserfordernisse gebunden werden.

Lit: *v Westphalen* NJW 2002, 1695 (Rspr-Übersicht)

1. Allgemeines. Bisheriges Recht. § 309 übernimmt mit Modifikationen AGBG 11. Zum **Anwendungsbereich** s Rn 4 vor § 307, zum Verhältnis zu §§ 308 und 307 s § 307 Rn 1. 1

2. Preiserhöhung bei Lieferung innerhalb von vier Monaten (Nr 1). a) Eine unzulässige **Preiserhöhung** liegt dann vor, wenn ein anderer (höherer) Preis als der zum Zeitpunkt des Vertragsschlusses geltende gezahlt werden soll. Bsp: Gleitklauseln in jeder Form (s dazu §§ 244, 245 Rn 22), Überwälzung möglicher Erhöhungen der Lohnkosten (BGH NJW 85, 856), der Mehrwertsteuer (BGHZ 77, 79), öffentl-rechtlicher Transporttarife (Frankfurt NJW 82, 2198); unzulässig sind auch sog Tagespreisklauseln wie „Verkaufspreis ist der am Liefertag gültige Listenpreis" (zu Tagespreisklauseln bei mehr als vier Monaten Lieferzeit s § 307 Rn 4). Keine Preiserhöhung stellt es dar, wenn der Kunde die tatsächlichen (und 2

§ 309

Buch 2. Abschnitt 2

damit uU später höheren) Nebenkosten, etwa für Verpackung oder Transport, als solche übernehmen muss. **b)** Die **Lieferung innerhalb von vier Monaten** ergibt sich idR aus der Individualabrede, die gem § 157 auszulegen ist; der ausdrücklichen Erwähnung einer Lieferzeit bedarf es nicht. Auf die tatsächliche Lieferung kommt es, da auf den Vertragsschluss abzustellen ist, nicht an, es sei denn als Auslegungselement. Die Vereinbarung einer längeren Frist und die „vorzeitige" Lieferung kann eine Umgehung (§ 306 a) darstellen. **c)** Zu den **Dauerschuldverhältnissen** (s § 314) zählen auch Wiederkehrschuldverhältnisse und Sukzessivlieferungsverträge (BGH NJW-RR 86, 212). Hier kann grundsätzlich eine Anpassung an das jeweilige Preisniveau, soweit ges zulässig (zu Mietverhältnissen über Wohnraum s § 557a), vereinbart werden. Zu den aus § 307 folgenden Grenzen s BGH WM 89, 1731. **d)** Für **Verträge zwischen Unternehmern** kann die Wertung nicht generell übernommen werden; zB sind Anpassungen an den jeweiligen Umsatzsteuersatz üblich und zulässig (ie s Wolf ZIP 87, 344).

3 **3. Einschränkung des Leistungsverweigerungs- oder Zurückbehaltungsrechts (Nr 2).** Die Bestimmung macht § 320 und § 273, Normen wegen ihrer Sicherungs- und Druckfunktion mit einem ganz hohen Gerechtigkeitswert (s §§ 320 Rn 2, 273 Rn 2), für AGB zum zwingenden Recht, geht aber nicht darüber hinaus. Damit bleibt die Vereinbarung einer Vorleistungspflicht (s § 320 I 1, „es sei denn ...") in den Schranken des § 307, also bei sachlicher Angemessenheit, zulässig (BGH NJW 02, 141 mwN; str); möglich sind auch – wiederum im Rahmen des § 307 – Regelungen über Gegenansprüche, die nicht unter § 273 und § 320 fallen (sa § 309 Nr 3). Für **Verträge zwischen Unternehmern** ist ein Abbedingen der §§ 320, 273 grundsätzlich zulässig (BGH 115, 327); es bestehen freilich Ausübungsschranken (s zB BGH 92, 316: Zurückbehaltungsrecht des Vertragspartners bei zB unbestrittenen oder rechtskräftig festgestellten Gegenforderungen).

4 **4. Einschränkung des Rechts zur Aufrechnung (Nr 3).** Aufrechnungsverbote können den Kunden erheblich belasten, weil sie ihm Liquidität entziehen und ihn in die Klägerrolle mit allen Risiken der Verzögerung und Vollstreckung drängen. Nr 3 verbietet deshalb, ein Aufrechnungsverbot bei zweifelsfreien Gegenforderungen zu vereinbaren. IGgs zum Leistungsverweigerungs- und Zurückbehaltungsrecht (Nr 2) ist ein Aufrechnungsverbot also nicht generell ausgeschlossen. Ein Verstoß gg Nr 3 liegt dann vor, wenn die Anforderungen an eine Aufrechnungsmöglichkeit enger als im Tatbestand des Nr 3 gefasst werden (unzutr LG Frankfurt BB 79, 496: zulässig sei, die Aufrechenbarkeit nur für Gegenforderungen zuzulassen, die ausdr vom Verwender anerkannt sind). In **Verträgen zwischen Unternehmern** kann ein Aufrechnungsverbot vereinbart werden („Kasse gegen Dokumente"), allerdings nicht für unbestrittene oder rechtskräftig festgestellte Gegenforderungen (BGH 92, 317; Ulmer AGBG 11 Nr 3, 12).

5 **5. Freistellung von Mahnung oder Fristsetzung (Nr 4).** Der Vertragspartner wird schwerwiegend benachteiligt, wenn der ges Schutz, den § 286 bzw die §§ 323 I, 281 I gewähren, vertraglich beseitigt wird; eine solche Regelung in AGB ist deshalb unzulässig. Wirksam bleiben Bestimmungen, die an § 286 II bzw an §§ 323 II, 281 II anknüpfen (s § 307 III 1; zur unzulässigen Ausübung s BGH NJW 95, 1488). Auf **Verträge zwischen Unternehmern** ist die Wertung übertragbar (BGH 110, 97).

6 **6. Pauschalierung von Schadensersatzansprüchen und anderen Abwicklungsregelungen (Nr 5) a) Höhe.** Will der Verwender den ihm durch eine Leistungsstörung des Kunden entstandenen Schaden nicht im Einzelfall berechnen (s dazu Rn 50 ff vor § 249), sondern vorher eine Schadenspauschale festlegen (zu den Abgrenzungsschwierigkeiten s § 308 Rn 9), so darf er in seiner Formulierung die nach dem gewöhnlichen Lauf der Dinge zu erwartenden Beträge nicht (auch nicht geringfügig!) überschreiten. Die Beweislast für die Angemessenheit obliegt ihm. Bsp: **Unzulässig** sind: pauschaler Schadensersatz für alle Fälle des Verzuges

Gestaltung rechtsgeschäftlicher Schuldverhältnisse durch Allgemeine **§ 309**

(Düsseldorf WM 85, 770; BGH NJW 88, 1968, pauschalierte Verzugszinsen); am Kaufpreis orientierte Lagergebühren im Möbelhandel (Karlsruhe BB 81, 1168). **Zulässig** sind angesichts des Arbeitsaufwandes Mahnkosten (nach Eintritt des Verzugs, BGH NJW 85, 324) bis zu 15,– € (s BGH NJW-RR 00, 719); Schadensersatz von 5% beim Werkvertrag (Fertighaus, BGH NJW 85, 632 zu AGBG 10 Nr 7); 15% im Kfz-Neuwagenhandel (BGH NJW 82, 2316); 20% im Gebrauchtwagenhandel (LG Oldenburg BB 98, 1280 mwN); 30% im Möbelversandhandel (Frankfurt NJW 82, 2564); 3% des Darlehensnennbetrags bei Nichtabnahme (BGH WM 90, 9 f). **b)** Die AGB müssen nunmehr **ausdrücklich** (s Gesetzestext, Buchst b) dem Vertragspartner den **Gegenbeweis** einer fehlenden oder wesentlich niedrigeren Belastung des Verwenders gewähren. **c)** In **Verträgen zwischen Unternehmern** kann auf ein ausdrückliches Gestatten eines Gegenbeweises verzichtet werden; er darf lediglich nicht ausgeschlossen sein (BGH NJW 94, 1068).

7. Vereinbarung einer Vertragsstrafe (Nr 6). Der Gesetzgeber hat die für den Vertragspartner gefährliche Vertragsstrafe nicht völlig, sondern nur für bestimmte Fallgruppen (s Gesetzestext) unterbunden; möglich bleibt sie bei der Erschleichung von Leistungen (das erhöhte Entgelt bei Schwarzfahrten in öffentl Verkehrsmitteln fällt nicht unter das AGBG, da es auf einer ges Vorschrift, § 9 der VO vom 27. 2. 1970, BGBl 1970 I 230, zuletzt geändert am 30. 6. 1989, BGBl I 1273, beruht, s Weth JuS 98, 800), des weiteren bei Ansprüchen gegen den Vertragspartner aus §§ 241 II, 280. § 309 Nr 6 gilt, wenn der Vertragspartner die Geldleistung (Regelfall) oder die Sachleistung schuldet (Bsp: Ankauf eines gebrauchten Pkw durch den Händler). Auf die in den AGB gewählte Bezeichnung kommt es nicht an, sondern allein auf die Funktion der vom Kunden zu erbringenden Leistung (zu den Abgrenzungsschwierigkeiten s § 308 Rn 9). Auf **Verträge zwischen Unternehmern** ist die Wertung eines absoluten Verbots von Vertragsstrafen in den ges genannten Bereichen nicht übertragbar. Die Vertragsstrafen müssen jedoch angemessen sein, dh sie dürfen in ihrer Höhe nicht über die Sicherung des Interesses des Verwenders an einer rechtzeitigen und vertragsgemäßen Leistung und des Schutzes seiner Sphäre gem § 241 hinausgehen (s zB BGH NJW 97, 3233; BGH ZIP 98, 1159).

8. Anspruchsbegrenzung auch für den Fall der Verletzung von Leben, Körper und Gesundheit (Nr 7 a). a) Allgemeines, Anwendungsbereich. Die neue Bestimmung setzt RiLi 93/13 EWG Anh 1 a um. Sie bezieht sich **sachlich** auf alle möglichen Schadensersatzansprüche aus Vertrag (§§ 241 II, 280) und zwar auch dann, wenn die Rechtsgutverletzung die Folge eines Mangels ist (BR-Drs 338/01 S 357 f), aus Vorvertrag (§§ 241 II, 311 II), soweit AGB bereits regelnd eingreifen, aus unerlaubter Handlung (s BGH NJW 95, 1489) und aus Gefährdungshaftung, soweit diese Ansprüche neben vertragliche Ansprüche treten. Im Blick auf die **Personen** kann der Verwender weder die eigene Haftung (zum Vorsatz s § 276 III) noch die Haftung von Vertretern oder Erfüllungsgehilfen (BGH 96, 95, str) beschränken; auf Seiten des Vertragspartners dürfen auch Ansprüche von Personen, die in den Schutzbereich einbezogen sind, nicht begrenzt werden (Düsseldorf WM 82, 575). **b) Umfang.** Unzulässig sind auch summenmäßige Begrenzungen; bei ges Höchstsummen für eine Gefährdungshaftung liegt in der Wiederholung keine Begrenzung vor (s § 307 III 1); ges Erlaubnisse (zB § 651 a II) können auch in AGB realisiert werden. Eine unzulässige Einschränkung stellt auch die Verkürzung der Verjährungsfrist dar (Düsseldorf NJW-RR 95, 440). **c)** Zu den **Ausnahmen im Beförderungsverkehr** s Gesetzestext unter Buchst b. **d)** Die in der Norm zum Ausdruck gekommene Wertung gilt auch für **Verträge zwischen Unternehmern.**

9. Anspruchsbegrenzung für den Fall groben Verschuldens (Nr 7 b). Die Bestimmung erfasst personell wie sachlich in Umfang und Höhe dieselben Schadensersatzansprüche wie Nr 7 a, allerdings nicht auf die Rechtsgüter, sondern auf den Verschuldensmaßstab bezogen. Ausschluss oder Beschränkung der Haftung

§ 309

auch für einfache Fahrlässigkeit kann gegen § 307 II Nr 2 verstoßen (s § 307 Rn 11). In **Verträgen zwischen Unternehmern** ist die Freizeichnung von eigenem Verschulden und dem leitender Angestellter (BGH WM 89, 855) wie auch von einem groben Organisationsverschulden (BGH NJW 74, 900) ebenfalls unzulässig. Die Freizeichnung von einem groben Verschulden von Erfüllungsgehilfen – außerhalb des Bereichs sog Kardinalpflichten etc. (BGH 93, 29) – ist zulässig (Ulmer AGBG 11 Rn 7, 30; aA PalErgB/Heinrichs 48 mit Ausnahmen).

10   10. **Ausschluss des Rechts, sich vom Vertrag zu lösen (Nr 8 a).** Die Bestimmung ist an das System des SchRModG angepasst worden. Rechte, sich vom Vertrag zu lösen, folgen (außerhalb der Mängelgewährleistung, s Rn 11 ff) zB aus §§ 323, 324, 326 V, 281, 282 (Übergehen vom Anspruch auf Leistung auf den Schadensersatzanspruch auch ohne Rücktritt), § 314 (Kündigung bei Dauerschuldverhältnissen). Erfasst werden auch vergleichbare Leistungserschwerungen (zB Verpflichtung zu Abstandszahlungen). Der Ausschluss des Lösungsrechts für den Fall nicht zu vertretender Pflichtverletzungen (zB gem §§ 323, 649) ist, vorbehaltlich der Anwendung des § 307 II Nr 2 zulässig. Zu den **Ausnahmen im Beförderungsverkehr** s Gesetzestext. Die Wertung gilt auch für **Verträge zwischen Unternehmern.**

11   11. **Einschränkung der Gewährleistung allg (Nr 8 b). a) Funktion.** Die innerhalb der Inhaltskontrolle zentrale Bestimmung versucht, im Detail zu vermeiden, dass dem Kunden wesentliche Gewährleistungsrechte durch AGB abgeschnitten werden und dadurch das Äquivalenzverhältnis iSd § 307 verzerrt wird. Angesichts dessen, dass für den Verbrauchsgüterkauf die Gewährleistung zwingend auch für Individualvereinbarungen ausgestaltet ist (§ 475 I) und Werkverträge über neu herzustellende bewegliche Sachen gem § 651 auch von den §§ 474 ff erfasst werden, ist die Bedeutung der Norm stark eingeschränkt. Wesentlich bleibt die Ausstrahlung auf die Leitbildfunktion gem § 307 Nr 1 insbes für Verträge zwischen Unternehmern (BR-Drs 338/01 S 362 f). **b) Voraussetzungen.** Die **Lieferung** bezieht sich auf Leistungen im Kauf (einschließlich der Verträge gem § 651) außerhalb der Anwendung des § 474 (dh auf Verträge zwischen Unternehmern, Verträge zwischen Verbrauchern, Veräußerung von Gebäuden und Eigentumswohnungen); bei Tausch und Schenkung. Gebrauchsüberlassungsverträge (Miete, Leasing) werden nicht erfasst. Zu **Sachen** zählen auch pflanzliche Produkte; auf Tiere ist die Bestimmung entspr anwendbar, s § 90 a. **Neu hergestellt** ist eine Sache, die ohne zu lange Wartezeit (Ladenhüter!), von kurzfristigen Erprobungen abgesehen, faktisch unbenutzt ist (wohl nicht mehr Vorführwagen). Auf Tiere soll die Norm dann anwendbar sein, wenn sie bald nach der Geburt veräußert werden (BGH NJW-RR 86, 52; zweifelhaft, da die Differenzierung zwischen vor Kurzem geborenen und erwachsenen Tieren wenig sinnvoll ist).

12   12. **Ausschluss der Gewährleistung unter Verweisung auf Dritte (Nr 8 b, aa). a) Systematik.** Die Bestimmung untersagt drei Gruppen der Gewährleistungsbeschränkung in unterschiedlicher Intensität. Sie muss weiter im Zusammenhang gesehen werden mit Nr 8 b, bb. **b)** Der **völlige Ausschluss** der Ansprüche aus §§ 437 ff, 634 ff, bezogen auf die ganze Sache oder einzelne Teile (Bsp: Elektronik, Reifen beim Kfz, Zubehör) ist unzulässig. Dem Vertragspartner muss mindestens *eine* Rechtsposition (zB ein Anspruch auf Nacherfüllung, iü s Rn 13) verbleiben (BGH NJW-RR 90, 1141). Auch ein bedingter Ausschluss, etwa für den Fall des Eingriffs durch einen Dritten, fällt unter diese Bestimmung (Hamm NJW-RR 00, 1224). **c)** Ein **Gewährleistungsausschluss, verbunden mit der Abtretung von Ansprüchen gegen Dritte** (Zulieferer, Produzenten) stellt den Vertragspartner zwar besser, beschwert ihn aber mit der Notwendigkeit, sich mit einem idR unbekannten Nicht-Vertragspartner auseinanderzusetzen. Eine solche Regelung ist deshalb ebenfalls unzulässig (anders im Leasingvertrag, da § 309 Nr 8 insgesamt nicht eingreift, s Rn 11). **d)** Eine **nur subsidiäre Eigenhaftung** ist zulässig; jedoch darf sie keine Verpflichtung umfassen, den Anspruch gerichtlich

Gestaltung rechtsgeschäftlicher Schuldverhältnisse durch Allgemeine § 309

geltend zu machen. Dem Vertragspartner muss deshalb das Recht eingeräumt werden, nach vergeblicher Aufforderung des Dritten und dem Verstreichen einer angemessenen Frist den Verwender mit dem ihm nach Rn 13 verbliebenen Gewährleistungsrecht in Anspruch zu nehmen. Eine Klausel, die die eigene Haftung erst für den Fall der Insolvenz oder Geschäftsaufgabe des Dritten aufleben lässt, verstößt gegen die Norm (Düsseldorf NJW-RR 97, 660).

13. Beschränkung der Gewährleistung auf Nacherfüllung (Nr 8 b, bb). 13
Die nach § 309 Nr 8 b, aa zunächst möglich erscheinende Beschränkung auf eine Ersatzlieferung oder Nachbesserung kann in Wirklichkeit nur als *Subsidiaritätsklausel* gestaltet werden. Das Recht zur Herabsetzung der eigenen Leistung und zum Rücktritt muss dem Kunden für den Fall verbleiben, dass Mängel nicht zu beheben sind oder ihre Behebung ungerechtfertigt verweigert/verzögert wird (BGH NJW 98, 678). Notwendig ist dabei ein ausdr Hinweis. Ausgenommen sind Verträge über Bauleistungen, da hier idR das Werk zerstört werden müsste. Bauträgerverträge fallen nicht unter die Ausnahme (BGH WM 02, 129). Die in der Norm getroffene Wertung gilt auch für **Verträge zwischen Unternehmern** (BGH WM 95, 1456).

14. Überwälzen von Nacherfüllungskosten (Nr 8 b, cc). Durch die Bestimmung werden §§ 439 II, 635 II für AGB unabdingbar gemacht. Eine **Garantie** des Verwenders kann Kosten nur bei Leistungen jenseits der Gewährleistung (zB nach den Fristen der §§ 438, 634 a) überwälzen; dies gilt wegen § 309 Nr 8 b, aa auch für Herstellergarantien, wenn sie die Gewährleistung des Verwenders ersetzen (desgl Bullinger NJW 79, 2555; Reinel NJW 80, 1610). Für **Verträge zwischen Unternehmern** gilt grundsätzlich dieselbe Wertung (BGH NJW 81, 1510); jedoch sind Pauschalregelungen zulässig, soweit dem Vertragspartner eine angemessene Kompensation eingeräumt wird (BGH NJW 96, 389; sa § 478 IV 1). 14

15. Abhängigmachen der Mängelbeseitigung von der Zahlung des gesamten Kaufpreises/Werklohnes (Nr 8 b, dd). Die Bestimmung verbietet nicht die generelle Vorleistungspflicht des Kunden (s dazu Rn 3). Ist der Kunde aber nicht vorleistungspflichtig und nach § 309 Nr 2 gegen eine einseitige Inanspruchnahme geschützt, so soll ihm für den Fall, dass er seinerseits (Beseitigungs-)Ansprüche geltend machen will, durch eine bes Klausel eine faktische Vorleistungspflicht aufgezwungen werden können (so bereits BGH 48, 268). § 309 Nr 8 b, dd sichert also das durch § 309 Nr 2 erreichte Ziel für eine andere prozessuale Rollenverteilung ab. Für **Verträge zwischen Unternehmern** gilt dieselbe Wertung (MK/Basedow AGBG 11, Nr 10, 57). 15

16. Einführung zu kurzer Fristen für die Anzeige von Mängeln (Nr 8 b, ee). Der Verwender darf für nicht offensichtliche Mängel keine kürzeren Anzeigefristen als die Verjährungsfristen vorsehen, faktisch also keine eigenständige Rügepflicht einführen; zum Reisevertrag s § 651 g I. Für die Festlegung der Anzeigefristen bei **offensichtlichen Mängeln** gilt mangels einer speziellen Norm § 307 I. Der Vertragspartner ist hier durch eine Zweiwochenfrist, bezogen auf das Absenden der Anzeige (BGH 139, 196), hinreichend geschützt (PalErgB/Heinrichs 71; Ulmer AGB 11 Nr 10, 72 mwN; str). In **Verträgen zwischen Unternehmern** ist der Wertungsmaßstab für offensichtliche und nicht offensichtliche Mängel aus HGB 377 zu entwickeln. 16

17. Verkürzung von Verjährungsfristen im Rahmen der Gewährleistung (Nr 8 b, ff). Die Bestimmung erfasst (wie Nr 8 insgesamt) nur Verträge, die nicht unter die §§ 474 ff fallen (s Rn 11); üi s Gesetzestext. 17

18. Zu lange Bindung bei Dauerschuldverhältnissen (Nr 9). Anwendungsbereich: Lieferungs- (auch Werklieferungs-), Werk- und Dienstverträge, nicht Gebrauchsüberlassungsverträge wie Miete (BGH DB 85, 1388) oder Leasing. Bsp: Verträge über den regelmäßigen Bezug von Zeitschriften, Büchern, Schallplatten, auch als Mitglied eines „Buchrings"; Bierlieferungsverträge, Unterrichts- 18

§ 309

verträge (Köln NJW 83, 1002; zum Fernunterricht s FernUSG 5), Verträge über die Lieferung von Energie, zeitlich bestimmte Werbeverträge (BGH 84, 113 f), Maklerverträge und Ehevermittlungsverträge. *Nicht erfasst* werden zB Verträge eines Zeitschriftenzirkels (Mietvertrag!), Verträge iSd § 309 Nr 9, 2. HalbS (insbes über Sachgesamtheiten wie mehrbändiges Lexikon). Zu den unwirksamen Klauseln ue s Gesetzestext. Die **Laufzeit** beginnt, da es auf die Bindung des Kunden an die Leistung ankommt, uU nicht mit dem Vertragsschluss, sondern mit dem vertraglich vorgesehenen Zeitpunkt der ersten (vom Verwender oder Kunden zu erbringenden) Leistung (Löwe 20; str, aA MK/Basedow AGBG 11 Nr 12, 12). Bei einem Verstoß gelten nicht die in Nr 9 genannten Fristen (MK/Basedow AGBG 11 Nr 12, 20); die Klausel ist vielmehr insgesamt unwirksam (BGH NJW 82, 2310). In **Verträgen zwischen Unternehmern** können längere Fristen vereinbart werden (s BGH NJW 00, 1110: idR keine längere Bindung als zehn Jahre).

19   19. **Unzulässigkeit eines Auswechselns des Vertragspartners auf Verwenderseite (Nr 10). Funktion.** Insbesondere bei der Werbung von Zeitschriftenabonnements war es durch die einseitige Auswechselung der Vertriebsfirmen zu Missbräuchen gekommen. Die Bestimmung untersagt die Ermächtigung des Verwenders zur Vertragsabgabe (s § 398 Rn 32 ff) und zum befreienden Schuldnerwechsel (s Rn 1 vor § 414). Sie bezieht sich nicht auf die ohne Zustimmung des Schuldners zulässige Abtretung und den Schuldbeitritt (s Rn 2 ff vor § 414). **Zulässig** ist die Auswechslung, wenn (Buchst **a**) der Dritte mit Adresse (BGH NJW 80, 2518 mwN) in dem AGB oder individuell (s § 305 b) benannt wird oder wenn (Buchst **b**) dem Kunden gestattet ist, sich ohne Sanktion vom Vertrag zu lösen.

20   20. **Einbeziehen des Abschlussvertreters des Vertragspartners in die Haftung (Nr 11). a)** Der **mit Vollmacht (Buchst a)** handelnde (rechtsgeschäftliche oder ges) Vertreter darf nicht mit einer Einstandspflicht (Bsp: Bürgschaft, BGH NJW 01, 3186) oder einer Garantiezusage (s Rn 11 ff vor § 765) belegt werden (Ausnahme: Er ist gleichzeitig auch Vertragspartner, BGH 104, 88). Zulässig ist, dass der Vertreter durch eine **ges und ausdrückliche Erklärung** verpflichtet wird (s Gesetzestext). Die Erklärung muss keine Individualvereinbarung sein und braucht auch nicht auf einem bes Blatt zu geschehen (BGH 104, 236). Sie muss jedoch deutlich vom Hauptvertrag abgesetzt sein; Text und Unterschriften müssen erkennen lassen, dass der Vertreter eine eigene Verpflichtung eingeht (BGH NJW 01, 3186). **b)** Durch **Buchst b)** soll im Wesentlichen das Abbedingen des § 179 III verhindert werden. **c)** Die Wertung der Norm gilt auch für **Verträge zwischen Unternehmern.**

21   21. **Änderung der Beweislast, Vorformulierung von Tatsachenbestätigungen (Nr 12). a)** Der Verwender darf die ges (s zB §§ 280 I 2, 311 a II 2, ProdHaftG 1 IV) oder von der Rspr (s zB § 823 Rn 63; 118 ff, 132 ff) getroffene **Beweislastverteilung** nicht zum Nachteil des Vertragspartners *abändern* (Ausnahme: Zugang nicht bedeutsamer Mitteilungen, § 308 Nr 5; Entstehen eines geringeren als des pauschalierten Schadens, § 309 Nr 5). Dies gilt wegen desselben Schutzzwecks auch für die Regeln des **prima-facie-Beweises** (Ulmer AGBG 11 Nr 15, 11; aA St Coester-Waltjen 11 Nr 15, 8; zum Begriff s Rn 51 vor § 249). **b)** Unzulässige vorformulierte (beweislast*ändernde*) **Tatsachenbestätigungen** sind zB die Erklärung, die Sache besichtigt, sie in Empfang genommen (BGH NJW 88, 2108, AGB), eine Abrechnung oder Skizze als richtig überprüft (BGH NJW 86, 2575), die Vertragsbestandteile ausgehandelt zu haben (BGH 99, 377 ff), gesund zu sein (BGH WM 89, 952). Zulässig, da die Beweislast nicht verändernd, ist die Klausel, mündliche Nebenabreden seien nicht getroffen (BGH NJW 85, 2231). **c)** Die beweislaständernde **Empfangsbestätigung** (s §§ 368, 369 Rn 1) ist als gesonderte Formulierung in AGB zulässig, sie gewinnt ihre Wirksamkeit durch die zusätzliche Unterschrift des Kunden. Zur „gesonderten" Unterschrift s § 355 Rn 15, zur gesonderten elektronischen Signatur s § 126 b. **d)** Die in der Norm enthaltene Wertung gilt auch für **Verträge zwischen Unternehmern.**

Gestaltung durch Allgemeine Geschäftsbedingungen **§ 310**

22. Erschwerungen für Anzeigen und Erklärungen des Kunden (Nr 13). 22 Funktion. Der Kunde soll nicht durch Erschwerungen gehindert werden, seine Rechte angemessen wahrzunehmen. Die Bestimmung bezieht sich allein auf **einseitige Erklärungen,** gleichgültig, ob rechtsgeschäftlicher oder tatsächlicher Art. Im Blick auf die Form dürfen die Voraussetzungen des § 126 (s § 126 Rn 3 ff) nicht überschritten werden. Unzulässig zB: Erfordernis, bestimmte Formulare zu benutzen. Gleichzeitig folgt aus Nr 13, dass die Schriftform (einschließlich der Ersetzungsbefugnis durch elektronischen Form nach § 126 III) gefordert werden kann (BGH NJW 99, 1633, Mitteilungen des Versicherungsnehmers an den Versicherer). Hinsichtlich **des Zugangs** gelten die Voraussetzungen des § 130 (s § 130 Rn 4 ff) als strengste mögliche Anforderung. Unzulässig zB: Notwendigkeit einer Abgabe von Anzeigen und Erklärungen nur als Einschreibbrief (BGH NJW 85, 2587), Bestimmen einer allein zuständigen Empfangsstelle im Bereich des Verwenders.

§ 310 Anwendungsbereich

(1) ¹§ 305 Abs. 2 und 3 und die §§ 308 und 309 finden keine Anwendung auf Allgemeine Geschäftsbedingungen, die gegenüber einem Unternehmer, einer juristischen Person des öffentlichen Rechts oder einem öffentlich-rechtlichen Sondervermögen verwendet werden. ²§ 307 Abs. 1 und 2 findet in den Fällen des Satzes 1 auch insoweit Anwendung, als dies zur Unwirksamkeit von in den §§ 308 und 309 genannten Vertragsbestimmungen führt; auf die im Handelsverkehr geltenden Gewohnheiten und Gebräuche ist angemessen Rücksicht zu nehmen.

(2) ¹Die §§ 308 und 309 finden keine Anwendung auf Verträge der Elektrizitäts-, Gas-, Fernwärme- und Wasserversorgungsunternehmen über die Versorgung von Sonderabnehmern mit elektrischer Energie, Gas, Fernwärme und Wasser aus dem Versorgungsnetz, soweit die Versorgungsbedingungen nicht zum Nachteil der Abnehmer von Verordnungen über Allgemeine Bedingungen für die Versorgung von Tarifkunden mit elektrischer Energie, Gas, Fernwärme und Wasser abweichen. ²Satz 1 gilt entsprechend für Verträge über die Entsorgung von Abwasser.

(3) Bei Verträgen zwischen einem Unternehmer und einem Verbraucher (Verbraucherverträge) finden die Vorschriften dieses Abschnitts mit folgenden Maßgaben Anwendung:
1. Allgemeine Geschäftsbedingungen gelten als vom Unternehmer gestellt, es sei denn, dass sie durch den Verbraucher in den Vertrag eingeführt wurden;
2. § 305 c Abs. 2 und die §§ 306 und 307 bis 309 dieses Gesetzes sowie Artikel 29 a des Einführungsgesetzes zum Bürgerlichen Gesetzbuche finden auf vorformulierte Vertragsbedingungen auch dann Anwendung, wenn diese nur zur einmaligen Verwendung bestimmt sind und soweit der Verbraucher auf Grund der Vorformulierung auf ihren Inhalt keinen Einfluss nehmen konnte;
3. bei der Beurteilung der unangemessenen Benachteiligung nach § 307 Abs. 1 und 2 sind auch die den Vertragsschluss begleitenden Umstände zu berücksichtigen.

(4) ¹Dieser Abschnitt findet keine Anwendung bei Verträgen auf dem Gebiet des Erb-, Familien- und Gesellschaftsrechts sowie auf Tarifverträge, Betriebs- und Dienstvereinbarungen. ²Bei der Anwendung auf Arbeitsverträge sind die im Arbeitsrecht geltenden Besonderheiten angemessen zu berücksichtigen; § 305 Abs. 2 und 3 ist nicht anzuwenden. ³Tarifverträge, Betriebs- und Dienstvereinbarungen stehen Rechtsvorschriften im Sinne von § 307 Abs. 3 gleich.

§ 310

1 **1. Allgemeines.** Entgegen der Überschrift regelt § 310 nicht den Anwendungsbereich des Abschnitts 2 (§ 305 ff), sondern schließt umgekehrt die Anwendung bestimmter Vorschriften des Abschnitts 2 in sachlicher und persönlicher Beziehung aus.

2 **2. I verbindet persönliche mit sachlicher Begrenzung** des Anwendungsbereichs. Sachliche Begrenzung: Abschnitt 2 gilt, außer §§ 305 II, III, 308, 309; **persönliche** Begrenzung: die sachliche Begrenzung greift nur gegenüber Unternehmern (Begriff: § 14), jur Personen des öffentl Rechts (§ 89 Rn 1) und nicht-rechtsfähigen öffentl-rechtlichen Sondervermögen. **Bedeutung des Ausschlusses von § 305 II, III:** Er erleichtert die Einbeziehung (§ 305 Rn 18–20); **von §§ 308, 309:** Er befreit von zT starren Begrenzungen und bindet die allg Inhaltskontrolle (§ 307 I, II) an die Beachtung von Handelsgewohnheiten und -gebräuchen (§ 1 2 HS 2). Der **Ausschluß von § 309** ist weitgehend **irrelevant**, da die Klauselverbote iSv § 309 idR ein Indiz für unangemessene Benachteiligung (§ 307 I, II) auch unter Unternehmern sein sollen (s BGH NJW 98, 677 f zu AGBG 24 in der bis zum Inkrafttreten des HRefG geltenden Fassung). § 309 Nr 9 Buchst a gibt kein Indiz (BGH NJW-RR 97, 942 mN zu AGBG 11 Nr 12 Buchst a).

3 **3. Ver- und Entsorgungsbedingungen, II.** Die AVBEltV, AVBFernwärmeV, AVBGasV, AVBWasserV sind RechtsVOen (sa EGBGB 243), unterliegen also nicht dem Abschnitt 2 (§ 305 Rn ; sa Rn 20 vor § 145). Bes Bedingungen für Sonderabnehmer bedürfen der Einbeziehung. Die daher an sich mögliche Inhaltskontrolle gem §§ 308, 309 ist zwecks Gleichbehandlung von Sonder- und Tarifabnehmern ausgeschlossen; Kontrolle gem § 307 I, II bleibt.

4 **4. Verbraucherverträge, III.** Diese Vorschrift entspricht dem AGBG 24 a, der durch Ges v 19. 7. 1996 zur Umsetzung der RiLi 93/13/EWG v 5. 4. 1993 in das AGBG eingefügt wurde (geändert durch HRefG Art 2 Nr 2). Er erfaßte Klauseln, die keine AGB sind (Nr 1: Drittklauseln, s § 305 Rn 6; Nr 2: Einmalklauseln, s § 305 Rn 4). Dazu allg § 305 Rn 1. § 24 a trat am 25. 7. 1996 in Kraft, war aber auch auf Verträge anzuwenden, die nach dem von Deutschland versäumten spätesten Termin für die Umsetzung der RiLi (1. 1. 1995 0 Uhr) geschlossen worden sind (Heinrichs NJW 95, 159; abl Ullmann NJW 98, 966 f wegen des unterschiedlichen Personenkreises in RiLi und § 24 a).

5 **5. Begriff des Verbrauchervertrags:** III am Anfang. **Beteiligte:** Unternehmer auf der einen, Verbraucher auf der anderen Seite. Daher kein Verbrauchervertrag: Vertrag nur zwischen Unternehmern oder nur zwischen Verbrauchern.

6 **a) Unternehmer.** Begriffsbestimmung: § 14, vgl Anm dort. **b) Verbraucher.** Begriffsbestimmung: § 13, vgl Anm dort. **c) Der Vertragsgegenstand** ist nicht auf Warenkäufe und Dienstleistungen beschränkt (abw von RiLi [Rn 4] 4 I iVm Erwägung Abs 7, 2, 5–7, 9; der damit durch III verstärkte Verbraucherschutz ist gem RiLi aaO 8 zulässig).

7 **6. Besonderheiten für Verbraucherverträge. a) III Nr 1.** Klauseln, die nicht vom Verwender „gestellt" werden, sondern von einem unbeteiligten Dritten, sind nach § 305 I 1 keine AGB. Abw davon gelten gem III Nr 1 **Drittklauseln** in Verbraucherverträgen grundsätzlich als AGB. Betroffen sind allen Klauseln, die auf Vorschlag eines unbeteiligten Dritten, insbes eines neutralen Notars (nicht: „Hausnotars"), verwendet werden (s § 1 Rn 6); aA Ulmer, FS Heinrichs, 1998, S 560 ff: Die von III Nr 1 geforderte „Vielzahl" (§ 305 Rn 4) fehle, wenn der Notar Formulierungen aus seiner stdg benutzten Mustersammlung benutze (zurückhaltend Heinrichs NJW 98, 1449). – Drittklauseln gelten dann **nicht als AGB**, wenn entweder der Verbraucher selbst sie in den Vertrag eingeführt hat (zB Klauseln seines „Hausnotars") oder es sich um eine Individualabrede gem § 305 I 3 handelt

8 (s § 305 Rn 8–10). **b) III Nr 2.** Nach § 305 I 1 müssen AGB für eine Vielzahl von Verträgen vorformuliert sein. Abw davon unterfallen gem III Nr 2 Klauseln, die zur *einmaligen* Verwendung in Verbraucherverträgen vorformuliert sind **(Einmalklau-**

Gestaltung durch Allgemeine Geschäftsbedingungen **§ 310**

seln), grundsätzlich den §§ 305 c II, 306, 307–309, EGBGB 29 a. Gleichgültig ist, ob die Klausel vom Unternehmer oder einem unbeteiligten Dritten stammt (hM, vgl Heinrichs NJW 98, 1449 f; gegen Einbeziehung eines [neutralen] Dritten, insbes Notars, Ulmer, FS Heinrichs, 1998, S 565 ff). Die genannten Vorschriften greifen nur ein, wenn der Verbraucher infolge der Vorformulierung der Klausel keinen Einfluß auf ihren Inhalt nehmen konnte. Ob er Einfluß nehmen konnte, bestimmt sich entspr III Nr 1 aE (dann fehlt schon die Vorformulierung) und entspr den Voraussetzungen einer Individualabrede gem § 305 I 3 (Heinrichs NJW 97, 1409; 98, 1449 f; aA Ulmer, FS Heinrichs, 1998, S 569 f). – Außer den in III Nr 2 genannten Bestimmungen sind auch § 305 II Nr 2 (Transparenzgebot, s § 305 Rn 14) und § 305 c I (Schutz vor überraschenden Klauseln) anzuwenden (PalErgB/Heinrichs 18; str). **c) Die Unangemessenheit** wird gem § 307 I, II nach einem abstrakt-generalisierenden Prüfungsmaßstab kontrolliert. Abw davon sind bei Verbraucherverträgen außerdem (nicht: statt dessen) die den **Vertragsabschluß begleitenden Umstände** zu berücksichtigen, **III Nr 3**. Das ist nur im Individualprozeß möglich. Die Unangemessenheit einer Vertragsklausel wird namentlich danach bestimmt, ob sich der Unternehmer dem Verbraucher gegenüber „loyal und billig" verhalten hat (RiLi [Rn 4] 4 I iVm Nr 16 der Erwägungen dazu). Eine entspr Berücksichtigung von Umständen des Einzelfalls, die sich für und gegen den Verbraucher auswirken kann, findet gem § 305 c I statt (s § 305 c Rn 2). **9**

7. Bereichsausnahmen, IV 1, betreffen Verträge bestimmter Rechtsgebiete. **10**
a) Familien- und Erbrecht. Da nur selten Formularverträge verwandt werden (ggf für Erbschaftskauf), ist der Ausschluß des Abschnitts 2 kaum von praktischer Bedeutung. Schuldrechtliche Verträge zwischen Eheleuten, Verwandten, Lebenspartnern gehören nicht hierher. **b) Gesellschaftsrecht.** Zu den Gesellschaften zählen: Handelsgesellschaften, stille Gesellschaft (BGH 127, 183 ff), BGB-Gesellschaft, Genossenschaft (BGH 103, 224 ff), Verein (BGH NJW 98, 454 f, auch zu Vertragsbedingungen für Mitglieder als unechter Satzungsteil eines VVaG). I gilt nicht für Abreden über Ausübung von Gesellschaftsrechten (zB Stimmrecht), Satzungsbestimmung über Rechtsbeziehungen zu Dritten. Gesellschaftsverträge körperschaftlich strukturierter Publikumsgesellschaften unterliegen der Inhaltskontrolle, § 242 (BGH 104, 53; stRspr); unentschieden zur Genossenschaftssatzung BGH 103, 226. **c) Arbeitsrechtliche Kollektivvereinbarungen.** Tarifverträge, Betriebs- und Dienstvereinbarungen sind ausgenommen, „da andernfalls das System der Tarifautonomie konterkariert würde" (Gegenäußerung der Bundesregierung zur Stellungnahme des Bundesrats, BT-Drs 14/6857 S 54). Diese Begründung trifft für Tarifverträge zu, aber nicht für die anderen Vereinbarungen (Annuß BB 02, 459). Betriebsvereinbarungen unterliegen nicht (mehr) einer gerichtl Billigkeitskontrolle (anders bisher die Rspr, vgl. Zöllner/Loritz § 38 VI; Annuß BB 02, 459, je mN). **11 12**

8. Arbeitsrechtliche Besonderheiten, IV 2, 3. a) Vgl zunächst Rn 12. **13**
b) Die **Einbeziehung** von AGB in Arbeitsverträge erfolgt nicht gem § 305 II; er ist ausgeschlossen, **IV 2 HS 2**. Grund: Der AN werde durch das NachwG (betr Nachweis der Arbeitsbedingungen, s PalPutzo § 611, 3) hinreichend geschützt, was nicht zutrifft, da das NachwG nur den Nachweis der Bedingungen eines *wirksamen* Arbeitsvertrags regelt (Annuß BB 02, 460; sa Zöllner/Loritz § 11 III 3: NachwG bestimmt keine Form für Arbeitsverträge). Die falsche Begründung des Ges ist für die Unanwendbarkeit von § 305 II irrelevant. **c)** Nach **IV 3** stehen die Tarifverträge, Betriebs- und Dienstvereinbarungen den **Rechtsvorschriften** iSv § 307 III gleich (zur verfehlten Gleichsetzung von Tarifverträgen mit den anderen Vereinbarungen s Rn 12). Eine Freistellung von der Inhaltskontrolle setzt voraus, daß die arbeitsvertragliche Regelung mit Regelungen in Tarifverträgen usw übereinstimmt, die ohnehin für den Arbeitsvertrag relevant sind. **Abweichung** liegt daher vor bei Bezugnahme auf sachlich nicht einschlägige Tarifverträge oder auf einzelne Bestimmungen eines einschlägigen, aber nicht normativ verbindlichen Tarifvertrags (An- **14 15**

nuß BB 02, 460; Hromadka NJW 02, 2526 f); entspr gilt für Betriebs- und Dienstvereinbarungen. Das entspricht der Rspr zu AGBG 8 (jetzt § 307 III): Inhaltskontrolle findet statt, wenn ges Bestimmungen und allg Regeln für einen bestimmten Vertragstyp durch AGB auf andere Verträge übertragen werden, zB BGH 74, 269 (keine wirksame Bestimmung in AGB, daß ein Werkvertrag nach Kaufrecht behandelt werden soll). Soweit die Abweichungen reichen, ist Inhaltskontrolle zulässig (§ 307 III 2). **d)** Die **Besonderheiten des Arbeitsrechts** sind bei Anwendung des Abschnitts 2 auf Arbeitsverträge angemessen zu berücksichtigen, **IV 2 HS 1.** Was das konkret heißt, ist dunkel (Hromadka NJW 02, 2528). Der Rechtsausschuß verbindet mit der von ihm vorgeschlagenen Bestimmung „die Erwartung, daß den Besonderheiten spezifischer Bereiche des Arbeitsrechts wie zB des kirchlichen Arbeitsrechts angemessenen Rechnung getragen werden kann" (BT-Drs 14/7052 S 189). Praktisch wichtig ist die Frage, ob ein AN arbeitsrechtlich „Verbraucher" iSv III ist. Im Rahmen des § 13, dh ohne Berücksichtigung arbeitsrechtlicher Besonderheiten, ist der AN „Verbraucher", zB bei Erwerb von Dienstkleidung (§ 13 Rn 3), aber nicht iSv III, weil arbeitsrechtlich „AG" und „AN" nicht mit „Unternehmer" und „Verbraucher" deckungsgleich sind (Bsp: Anstellung einer Pflegekraft als AN durch pflegebedürftige Privatperson, die nach § 14 kein „Unternehmer" ist). Der Arbeitsvertrag ist kein Vertrag iSv III (iE ebenso Hromadka NJW 02, 2524 mN, str). Zu weiteren – möglichen – Besonderheiten Annuß BGB 02, 461 ff mN.

Abschnitt 3. Schuldverhältnisse aus Verträgen

Titel 1. Begründung, Inhalt und Beendigung

Untertitel 1. Begründung

§ 311 Rechtsgeschäftliche und rechtsgeschäftsähnliche Schuldverhältnisse

(1) Zur Begründung eines Schuldverhältnisses durch Rechtsgeschäft sowie zur Änderung des Inhalts eines Schuldverhältnisses ist ein Vertrag zwischen den Beteiligten erforderlich, soweit nicht das Gesetz ein anderes vorschreibt.

(2) Ein Schuldverhältnis mit Pflichten nach § 241 Abs. 2 entsteht auch durch

1. die Aufnahme von Vertragsverhandlungen,
2. die Anbahnung eines Vertrags, bei welcher der eine Teil im Hinblick auf eine etwaige rechtsgeschäftliche Beziehung dem anderen Teil die Möglichkeit zur Einwirkung auf seine Rechte, Rechtsgüter und Interessen gewährt oder ihm diese anvertraut, oder
3. ähnliche geschäftliche Kontakte.

(3) [1]Ein Schuldverhältnis mit Pflichten nach § 241 Abs. 2 kann auch zu Personen entstehen, die nicht selbst Vertragspartei werden sollen. [2]Ein solches Schuldverhältnis entsteht insbesondere, wenn der Dritte in besonderem Maße Vertrauen für sich in Anspruch nimmt und dadurch die Vertragsverhandlungen oder den Vertragsschluss erheblich beeinflusst.

I. Allgemeines

1. Überblick und Bedeutung. Titel 1 von Abschnitt 3 (§§ 311–319) ist durch das SchRModG wesentlich umgestaltet worden (bish 1. Titel des 2. Abschnitts, §§ 305–319) und umfasst jetzt so unterschiedliche Gegenstände wie das allg (Schuld-)Vertragsrecht, die systematisch verfehlt (vgl Überschrift von Ab-

Titel 1. Begründung, Inhalt und Beendigung **§ 311**

schnitt 3) eingestellte Teil-Kodifizierung des ges Schuldverhältnisses der cic und das Verbraucherschutzrecht (Rn 2) bei „bes Vertriebsformen" (§§ 312–312 f). Ie enthält die Regelung die allg Vorschriften über die Begründung von rechtsgeschäftlichen und zT ges Schuldverhältnissen (§§ 311, 311 a), Unwirksamkeitsgründe (§ 311 b II, IV), Fälle der Formbedürftigkeit (§ 311 b I, III, V 2), Informationspflichten und Widerrufs-(Rückgabe-)rechte bei bes Verbraucherverträgen (§§ 312–312 f), die Anpassung und Beendigung von Verträgen bei Störung der Geschäftsgrundlage (§ 313) und durch Kündigung von Dauerschuldverhältnissen aus wichtigem Grund (§ 314) sowie die Inhaltsbestimmung bei unbestimmter – aber bestimmbarer – Leistungspflicht (§§ 315–319). Die §§ 311 I–311 c, §§ 313–319 ergänzen damit die Regeln im AT über **Verträge** (§§ 145–157); sie gelten (unmittelbar) für **alle Schuldverträge** (Anm III–V), als Ausdruck allg Rechtsgedanken in gewissem Umfang auch **entspr** für öffentl-rechtliche Verträge (vgl VwVfG 54 S 2; SGB X 61 S 2; ie Meyer NJW 77, 1709; PalHeinrichs 39 vor § 305). Nach der grundlegenden Bestimmung des § 311 I ist zur **rechtsgeschäftlichen** Begründung eines Schuldverhältnisses (§ 241 Rn 1 ff) grundsätzlich („soweit nicht") der Abschluß eines **Vertrags** erforderlich; das gleiche gilt für die Inhaltsänderung (Rn 18) und (in § 311 I nicht erwähnt) die Aufhebung eines Schuldverhältnisses (Rn 19). Durch **einseitiges** RGeschäft (Begriff: Rn 5 vor § 104) oder Leistungsversprechen wird nur ausnahmsweise ein rechtsgeschäftliches Schuldverhältnis begründet. Bsp: Stiftung (§ 82); Auslobung (§ 657); Vermächtnis (§§ 1939, 2147 ff); zweifelhaft sind die Fälle des § 783 (vgl § 784 Rn 2) und § 793 (dort Rn 11). Einseitige Leistungsversprechen können aber uU die Grundlage für eine ges Vertrauenshaftung bilden (ie Stoll, FS Flume, 1978, 748; sa **II Nr 2** und Rn 61; § 675 II mit Anm). Nicht ausdr ausgesprochen sind die der Regelung zugrundeliegenden Grundsätze der **Vertragsfreiheit** (Rn 3 ff) und der **Formfreiheit** (Rn 7 f).

2. Verbraucherschutz und EG-Recht. Die Regelungen des Untertitels 2 **2** dienen der Umsetzung folgender Richtlinien: RL 85/577/EWG vom 20. 12. 85 über Haustürgeschäfte (ABl EG Nr L 372 S 31 vom 31. 12. 1985); RL 97/7/EG über Fernabsatzverträge (ABl EG Nr L 144 S 19 vom 20. 5. 1997 = NJW 98, 212); RL 2000/31/EG über den elektronischen Geschäftsverkehr (ABl EG Nr L 178 S 1 vom 8. 6. 2000 = NJW 00, Beil zu Heft 36). Mit dem SchuldRModG erfolgte die (weiter fortschreitende) Anpassung des deutschen Zivilrechts an die Vorgaben des Gemeinschaftsrechts nicht länger in selbständigen Nebengesetzen, sondern innerhalb des BGB. Seine Regelungen sind Teil des europäischen Verbrauchervertragsrechts (im persönlichen Anwendungsbereich zT weitergehend: § 312 e). Ihre Auslegung erfolgt im Lichte der Richtlinien; ggf muß der EuGH angerufen werden (EGV 234). Für **Verbraucherverträge** (Definition: § 310 III), die unter Einsatz bestimmter Vertriebsformen (Haustürgeschäfte [§ 312], Fernabsatzverträge [§ 312 b I, III]) geschlossen werden, enthalten die §§ 312, 312 d Widerrufs- (bzw Rückgabe-)Rechte zugunsten des Verbrauchers (§ 13). Im Fernabsatz treffen den Unternehmer (§ 14) zahlreiche Informationspflichten (§ 312 c iVm InfV-BGB). Bei Verträgen im **elektronischen Geschäftsverkehr** hat der Unternehmer auch gegenüber Nichtverbrauchern vorvertragliche Aufklärungs- und Informationspflichten. Auch außerhalb dieses Untertitels sind zahlreiche Vorschriften des allg (§ 286 II, dazu dort Rn 31; § 288 II, dazu dort Rn 1) und des Schuldrechts auf Grundlage des Gemeinschaftsrechts erlassen (§§ 474 ff, dazu Rn 1 vor § 474; 491 ff; dazu Rn 1 vor § 491) oder von diesem beeinflußt (§§ 433 ff, dazu Rn 2 f vor §§ 433–480). Das BGB kennt neben der allg Definition des Verbrauchervertrages in § 310 III **bes Verbraucherverträge** (Bsp: Verbrauchsgüterkauf [§ 474], Verbraucherdarlehen [§ 491]), die es inhaltlich näher ausgestaltet. Kennzeichen des Verbraucherschutzrechts ist der einseitig zwingende Charakter seiner Regelungen (§§ 306 a, 312 f, 475 I, 506).

Vollkommer 333

II. Grundlagen rechtsgeschäftlicher Schuldverhältnisse (I)

3 **1. Grundsatz der Vertragsfreiheit.** Die Vertragsfreiheit bildet ein grundlegendes, ungeschriebenes, verfassungsrechtlich gewährleistetes (GG 2 I; s BVerfG 74, 151 f; BGH 70, 324; 130, 376; 137, 220 f), aber auch begrenztes (Rn 6) Prinzip unserer Rechtsordnung. § 311 I setzt sie voraus. **a) Inhalt.** Vertragsfreiheit ist das Recht der einzelnen Rechtssubjekte, ihre Rechtsbeziehungen zueinander einverständlich zu regeln. Sie ist der wichtigste Bestandteil der **Privatautonomie** (vgl BVerfG 81, 254; Flume II § 1, 8 a; sa Rn 8 ff vor § 145). Dem Recht auf rechtsgeschäftliche Selbstbestimmung entspricht das Einstehenmüssen für das mit dem Vertrag übernommene Risiko (BGH 107, 98 und 102). Die Vertragsfreiheit um-
4 faßt: **aa) Abschlußfreiheit.** Die Parteien können bestimmen, ob sie überhaupt einen Schuldvertrag abschließen wollen (Ablehnungsfreiheit), mit wem (Partnerwahlfreiheit), ferner, ob sie an einen geschlossenen Schuldvertrag noch gebunden
5 sein wollen (Lösungsfreiheit). **bb) Gestaltungs-(Inhalts-)freiheit.** Der Parteibestimmung unterliegt weiter die inhaltliche Ausgestaltung des Schuldvertrags (Bestimmung von Leistungsgegenstand, Preis, Bedingungen; aber auch **Typenfrei-**
6 **heit,** vgl dazu Rn 23 ff, 28 ff). **b) Schranken.** Die Vertragsfreiheit ist nicht unbegrenzt (BVerfG 81, 254 ff; 89, 231 ff; NJW 96, 2021; BGH 120, 274 ff; BAG 77, 135 f; 78, 66; MK/Thode § 305, 6 ff). Schranken der Abschlußfreiheit bestehen in den Fällen des *Kontrahierungszwangs* (ie Rn 9 ff vor § 145). Auch die Inhaltsfreiheit unterliegt vielfältigen Beschränkungen durch *zwingendes Recht* und *richterliche Inhaltskontrolle* am Maßstab der ges Generalklauseln (ie Rn 15 vor § 145; Rn 2 vor § 241). IdR keine (selbständigen) Einschränkungen der Vertragsfreiheit begründen die Grundrechte (außer GG 9 III 2); sie wirken aber als Wertordnung über die Generalklauseln mittelbar auf das Privatrecht ein (BVerfG 7, 205; 81, 256; 89, 231 ff, stRspr; BGH 142, 307; BAG 70, 343 ff; sog mittelbare Drittwirkung; dazu Flume II § 1, 10 b; Larenz, SchR I, § 4 IV 3; weitergehend EnnN § 15 II 4 c; sa § 242 Rn 3); das gleiche gilt auch für das **Sozialstaatsprinzip** (GG 20, 28; zB BVerfG 81, 255; Rn 2 vor § 241). Bei **Verbraucherverträgen** (§ 310 III) kann von den gesetzlichen Schutzbestimmungen idR nicht zum Nachteile des Verbrauchers abgewichen werden (s o Rn 2); vorformulierte Klauseln unterliegen einer verschärften richterlichen Inhaltskontrolle (§ 310 III).

7 **2. Grundsatz der Formfreiheit.** Schuldverträge können formfrei (und damit auch stillschweigend) geschlossen werden, sofern nicht ausnahmsweise aus bestimmten Gründen (§ 125 Rn 3) **Formgebote** aufgestellt sind. **a) Fälle ges Schriftform:** §§ 484 I, 492 I, 550, 578 I, 761, 766, 780, 781, 793; FernUSG 3 I; BRAGO 3 I; die idR durch die **elektronische Form** (§ 126 a) ersetzt werden kann (§ 126 III). Die **Textform** (§ 126 b) schließt nicht verkörperte Erklärungen aus: §§ 312 c II, 355 I 2, II 1, 356 II 2, 357 III, 477 II, 493 I 5, 502 II, 560 I 1, 651 g II 3, 655 b I 3; AktG 109 III. **b)** Fälle **notarieller Beurkundung:** §§ 311 b I, III, 518, 2371. **c)** Ausdehnung des Formzwangs durch **entspr Anwendung** von Formvorschriften ist unzulässig (BGH 82, 359 f; 125, 223; Kanzleiter, FS Hagen, 1999, S 310 f, str; aA BGH 82, 403; Köbl DNotZ 83, 213 ff).

8 **3. Grundsatz des Verbraucherschutzes.** Es ergibt sich nach der Integration der Verbraucherschutzgesetze durch das SchRModG jetzt unmittelbar aus dem BGB selbst (vgl Rn 2, 6; Rn 2 vor § 241).

III. Arten von rechtsgeschäftlichen Schuldverhältnissen (schuldrechtlichen Verträgen)

9 **1. Verpflichtungs- und Verfügungsverträge.** Verpflichtungsverträge sind schuldbegründende Verträge; sie begründen die Verpflichtung zu einer Leistung (§ 241 Rn 8); schuldrechtliche, „obligatorische" iSv verpflichtende (Schuld-)verträge (ges Regelfall). Einteilung der Verpflichtungsverträge: Rn 4 Einf vor § 433.

Titel 1. Begründung, Inhalt und Beendigung **§ 311**

Verfügungsverträge sind Verträge, die auf den Bestand eines Rechts (Rechtsverhältnisses) durch Übertragung, Inhaltsänderung, Belastung oder Aufhebung unmittelbar einwirken (BGH 75, 226; Rn 10 vor § 104). Verfügungsverträge sind für das Sachenrecht typisch. Die schuldrechtlichen Verfügungsverträge setzen ein bestehendes Schuldverhältnis als Gegenstand der Einwirkung (Änderung, Aufhebung) voraus. Bsp: Abänderungs- und Aufhebungs-(Befreiungs-)vertrag (ie Rn 18 ff); Erlaßvertrag (§ 397); Abtretung (§ 398); befreiende Schuldübernahme (§ 414); uU Vergleich (§ 779 Rn 2, 13).

2. „Kausale" und „abstrakte" Verträge (Lit: Kegel, FS Mann, 1977, 57). 10
Kausale Verträge enthalten außer der Einigung über das Leistungsversprechen die Einigung über den Rechtsgrund *(causa)* der geschuldeten Leistung(en). Die sog Zweckvereinbarung ist nicht zu verwechseln mit dem (einseitigen) Motiv einer Partei oder der Geschäftsgrundlage des Vertrages (dazu § 313 Rn 4). Kausale Verträge sind alle Verpflichtungsverträge (Rn 11). Bei **abstrakten Verträgen** ist der Rechtsgrund der Vereinbarung (obwohl idR im zugrundeliegenden Kausalvertrag vorhanden) nicht Bestandteil des Vertrages; sie sind unabhängig („losgelöst") vom Rechtsgrund gültig („zweckunempfindlich"). Fehlt der Rechtsgrund, besteht Anspruch auf Rückgängigmachung, § 812. Abstrakte Verträge sind die Verfügungsverträge (Rn 9), Verpflichtungsverträge nur, soweit es sich um einseitige Schuldversprechen handelt („selbständig" verpflichtende vertragliche Leistungsversprechen). Bsp: §§ 780, 781, 784, 793; HGB 350; Wechsel und Scheck.

3. Entgeltliche und unentgeltliche Verträge. Bei **entgeltlichen Verträgen** 11
stellt die Leistung der einen Partei den Ausgleich für eine (uU schon erbrachte oder erst künftig zu erbringende) Leistung der anderen dar (Austauschverhältnis von Leistung und Gegenleistung). Bsp: §§ 312 I (dazu BGH 131, 4); 433, 480, 488 I, 535, 581, 611, 631. Bei **unentgeltlichen Verträgen** wird durch die Leistung der einen Partei der anderen ein Vorteil erbracht, dem kein Gegenwert gegenübersteht (unentgeltliche Zuwendung, Gefälligkeitsverträge). Bsp: §§ 516, 598, 662, 690, unverzinsliches Darlehen (§ 488 III 3).

4. Einseitige, zweiseitige und gegenseitige Verträge. a) Einseitige Ver- 12
träge (einseitig verpflichtende Verträge) erzeugen (Hauptleistungs-)Pflichten notwendig nur für eine Vertragspartei. Bsp: §§ 518, idR auch 765. **b) Zweiseitige Verträge** (zweiseitig verpflichtende Verträge) sind: **aa) unvollkommen zweiseitige Verträge;** bei ihnen trifft notwendig eine Partei eine (vertragstypische) Leistungspflicht, uU kann aber auch die andere zu einer Leistung verpflichtet sein; diese Leistung stellt aber kein Entgelt für die notwendige Leistung dar. Es handelt sich idR um unentgeltliche Verträge. Bsp: Leihe (§§ 598, 601–604, 606); unverzinsliches Darlehen (§ 488 III 3); Auftrag (§§ 662–670); unentgeltliche Verwahrung (§§ 688–690, 693 ff). **bb) gegenseitige Verträge** (vollkommen zweiseitige 13
Verträge); beide Parteien treffen notwendig Hauptleistungspflichten, dh jede Partei ist stets Gläubiger und Schuldner zugleich. Jede Leistung ist Entgelt oder Gegenleistung für die andere, jede Leistung wird um der anderen willen geschuldet *(„do ut des"* – Verknüpfung; vgl BGH 15, 105; 77, 363). Gegenseitige Verträge sind immer entgeltliche Verträge (zB: §§ 433, 535, 611, 631; nicht: § 652), idR Austauschverträge (BGH NJW 86, 126; aber nicht nur: vgl § 705). Das **Abhängigkeitsverhältnis** zwischen Leistung und Gegenleistung wirkt sich in verschiedener Hinsicht aus: α) Kommt eine Leistungspflicht nicht zur Entstehung (zB bei Leistungshindernis, § 275), so entsteht auch die andere nicht (sog **genetisches Synallagma, § 326 I**). **Lit:** Klinke, Causa und genetisches Synallagma, 1983; Hager, Kolloqu v. Caemmerer, S 26 ff. β) Sind beide Leistungspflichten wirksam entstanden, so kann die eine nicht ohne Rücksicht auf die andere geltend gemacht werden („Leistung Zug um Zug"; Einrede des nichterfüllten Vertrags; §§ 320, 322; sa InsO 103). γ) Treten bei einer Leistungspflicht nachträglich Störungen ein (zB nachträgliche Leistungshindernisse, § 275), so wirkt sich dies auf die Verpflichtung zur Gegenleistung aus (§§ 326, 323; β und γ: **funktionelles Synallagma**). Im Gegen-

§ 311 Buch 2. Abschnitt 3. Schuldverhältnisse aus Verträgen

seitigkeitsverhältnis stehen nur die Hauptleistungspflichten (§ 241 Rn 9), nicht aber Neben-(leistungs-)pflichten, zB die Abnahmepflicht des Käufers beim Kauf (§ 433 II); Rückgabepflicht des Mieters nach Beendigung der Miete (§ 546 I).

14 **5. Verträge auf einmalige, dauernde oder wiederkehrende Leistungen. a) Begriffe. aa)** Bei Verträgen auf einmalige Leistung erschöpft sich die Leistungspflicht in einer einmaligen Leistungserbringung. **bb)** Bei **Dauerverträgen** ist eine dauernde Leistung (zB Herstellung eines Zustands für bestimmte Dauer; länger währendes Verhalten, sich über längeren Zeitraum erstreckende Einzelleistungen) geschuldet (PalErgB/Heinrichs § 314, 2). Bsp: §§ 488, 535, 581, 598, 611, 705; sa § 309 Nr 9, § 314, EGBGB 229 § 5 S 2. Unterfall des Dauervertrags ist der **Sukzessiv- (Teil-)lieferungsvertrag**. Begriff: Einheitlicher Vertrag, gerichtet auf die entgeltliche Lieferung einer (nicht notwendig abschließend festgelegten) Gesamtmenge vertretbarer Sachen in zeitlich aufeinanderfolgenden Raten zu festbestimmten Terminen oder auf Abruf (BGH NJW 81, 679; WM 86, 75 mN; MK/Thode § 305, 31). Bsp: Bierlieferungsvertrag (Rn 25 mN); Bausatzvertrag
15 (BGH 78, 380). **cc)** Das **Wiederkehrschuldverhältnis** ist (iGgs zu o bb) kein einheitliches Vertragsverhältnis, sondern durch ständige Wiederholung des Vertragsschlusses für bestimmte Abrechnungszeiträume gekennzeichnet (RG 148, 330). Bsp: Früher allg Versorgungsverträge über Strom, Gas, Wasser, Fernwärme usw (vgl Köln NJW 81, 1105, str). Seit 1. 4. 1980 sind die mit Tarifkunden geschlossenen Versorgungsverträge einheitliche Dauerlieferungsverträge (vgl die Kündigungsregelungen in AVBEltV, AVBGasV, AVBFernwärmeV, AVBWasserV, je
16 32, str; vgl MK/Thode § 305, 32 mN; offen BGH 83, 362; 91, 307). **b) Rechtsfolgen.** Das BGB setzt den Dauervertrag voraus und regelt allg nur das Kündigungsrecht aus wichtigem Grund (§ 314). Im Übrigen fehlen allg Vorschriften (vgl aber §§ 308 Nr 3; 309 Nr 1, 9; § 505). Ges und anerkannte Grundsätze sind: **aa) Dauerverträge** können aus wichtigem Grund gekündigt werden (§ 314), dessen Voraussetzungen in den bes Vertragstypen näher geregelt werden (vgl zB §§ 543, 569, 626, 723). Das Kündigungsrecht ist nicht durch AGB abdingbar (BGH 133, 320). Längerfristige Bindung bedarf der Individualvereinbarung (§ 309
17 Nr 9 a). **bb)** Nach **Vollzug** des Dauervertrags ist die **Rückwirkung** von Anfechtung und Rücktritt **eingeschränkt** (BGH NJW 76, 1354 mN). Durch Leistungsstörungen hinsichtlich einer Rate werden abgewickelte Teile grundsätzlich nicht berührt (§ 281 Rn 25; § 323 Rn 18). **cc)** Gesteigerte Treuepflicht: § 242 Rn 27 aE.

18 **6. Änderungs- und Aufhebungsverträge. a) Änderungsvertrag:** (Stets) verfügender, uU verpflichtender, zwischen den Parteien eines bestehenden Schuldverhältnisses geschlossener, frei zulässiger (Rn 3 ff) Vertrag, durch den dieses unter Wahrung seiner Identität (sonst Fall der Rn 20) inhaltlich abgeändert wird. Die Änderung kann die Leistungsmodalitäten (Bsp: Stundung [§ 271 Rn 9 ff]; veränderte Zahlungsweise und Abrechnungsart, vgl BGH MDR 78, 1011), die Hauptleistungen (Bsp: Austausch von Mietobjekt [s BGH NJW 92, 2284 f]; Anpassung des Mietzinses an veränderte Umstände) oder auch den Schuldgrund betreffen (Bsp: Kaufpreisschuld als Gegenstand eines Vereinbarungsdarlehens, Rn 6 ff vor § 488). Ges **Formzwang** für den geänderten Vertrag gilt idR auch für den Änderungsvertrag (§ 125 Rn 8; vgl aber § 311 b I Rn 21); iü ist Vertragsänderung auch stillschweigend möglich (BAG BB 76, 1128). Bei jahrelanger abw Vertragsdurchführung besteht eine tatsächliche Vermutung für entspr Vertragsänderung (BGH MDR 78, 1011). Gewillkürte Form steht formlosem Änderungsvertrag nicht notwendig entgegen (BGH 71, 164; Tiedtke MDR 76, 367; ie § 125 Rn 9, 11). Eine **Pflicht** zum Abschluß eines Änderungsvertrags kann vertraglich übernommen werden (Bsp: Leistungsvorbehalte, vgl §§ 244, 245 Rn 20 f; Neuverhandlungsklauseln, vgl Martinek AcP 198, 344) und sich uU aus Ges ergeben (Bsp: § 557 III; auch § 242, zB bei Abschluß von nicht genehmigungsfähiger Wertsicherungsabrede, § 242 Rn 91 f). Die Vertragsänderung läßt das Schuldverhältnis

Titel 1. Begründung, Inhalt und Beendigung **§ 311**

(§ 241 Rn 1) als solches unberührt, Sicherungsrechte bleiben im bisherigen Umfang bestehen (§§ 767 I 3; 1210 I 2). **Zeitpunkt** der Änderung: wie Rn 19. Rechtsgeschäftliche Abänderung erfordert grundsätzlich einen **Vertrag** (Rn 1), eine **einseitige Änderung** ist nur möglich, soweit ges zugelassen (Bsp: §§ 263 I; 281 I, IV) oder vertraglich vereinbart. Bsp: Anpassungsklauseln (dazu Bilda MDR 79, 89). Verzicht auf einzelne Rechte richtet sich nach § 397; einseitiger Verzicht auf Einreden: §§ 214–217 Rn 2; § 397 Rn 1. **b)** Der jederzeit frei zulässige (Lösungsfreiheit: Rn 3; zB BAG NJW 94, 1022 f) **Aufhebungsvertrag** *(contrarius consensus)* bedarf idR auch dann keiner Form, wenn er sich auf einen formbedürftigen Vertrag bezieht (BAG BB 77, 94 für TVG 1 II; § 125 Rn 3, § 311 b I Rn 20; MK/Thode § 305, 45). Auslegungsfrage, inwieweit die Aufhebung ex tunc oder ex nunc (dann Bestehenbleiben entstandener Rechte, zB auf Ersatz von Verzugsschaden) wirkt (BGH NJW 78, 2198). Beweislast für Rückwirkung (Wegfall bereits entstandener Rechte) trägt der Schuldner (BGH aaO). Rechtsfolgen: IZw §§ 346 ff entspr (BGH NJW-RR 96, 337). Rechtsgeschäftliche Vertragsaufhebung erfordert grundsätzlich einen **Vertrag** (Rn 1), **einseitige** ist möglich bei Bestehen von Rücktritts-, Kündigungs- (zur Abgrenzung BGH 52, 16) und Anfechtungsrechten. **c) Novation:** Verbindung der vertraglichen Aufhebung eines Schuldverhältnisses mit der Neubegründung eines anderen in der Weise, daß das neue an die Stelle des alten treten soll („Schuldersetzung"). Die ges Form des neuen Schuldvertrags (zB §§ 780, 781, vgl Rn 9 vor § 488, aber auch u) ist einzuhalten, iü gilt Rn 19. Das alte Schuldverhältnis erlischt, darauf gestützte Einwendungen sind ausgeschlossen, bestehende Sicherungsrechte entfallen (Unterschied zu Rn 18). Bsp: Kaufmännisches Saldoanerkenntnis bei HGB 355 (vgl aber HGB 356); Hingabe von Prolongationswechsel gegen Rückgabe des alten (RG 107, 35). Novation ist im Hinblick auf die weitgehenden Rechtsfolgen iZw nicht gewollt, sondern lediglich ein Abänderungsvertrag (BGH NJW 87, 3126 mN; 92, 2284 f). Ein neubegründetes Schuldverhältnis dient vielmehr idR nur der Schuldverstärkung (vgl § 364 II). **Keine** Novation liegt idR in einem Vereinbarungsdarlehen (Rn 6 ff vor § 488), Schuldanerkenntnis (§§ 780, 781 Rn 10), Vergleich (§ 779 Rn 11) oder in der (nicht beanstandeten) Übersendung von Konto-Tagesauszügen (BGH 50, 280; 73, 210; vgl dazu §§ 780, 781 Rn 21).

7. Haupt- und Vorverträge. Hauptverträge sind alle unmittelbar auf eine 21 Hauptleistung (§ 241 Rn 9) gerichteten Schuldverträge (Rn 8), Vorverträge sind auf den Abschluß eines Hauptvertrags gerichtet; zur Unterscheidung vgl Rn 5 vor § 145, zum Kauf-Vorvertrag insbes § 463 Rn 6, zum Vormiet- und Vorpachtvertrag s § 463 Rn 4; zum Mindestinhalt von Haupt- und Vorverträgen hinsichtlich der Leistungsbestimmung sa § 241 Rn 8; Prozessuales: BGH 97, 150; 98, 130.

8. Rahmenverträge regeln den Inhalt künftig erst abzuschließender (Ein- 22 zel-)Verträge (Horn, Gutachten I, S 563). Bsp: Rahmenvereinbarung über die Geltung von AGB (§ 305 III und dort Rn 16; BGH NJW-RR 87, 112); über die Zusammenarbeit von Bank und Verkäufer bei Finanzierungsgeschäften (vgl BGH 33, 309; s auch § 358 III); Leasingrahmenvertrag (BGH NJW-RR 87, 306); Eigenhändlervertrag (BGH NJW 82, 2432 mN; sa Rn 11 [h] vor § 433; § 456 Rn 4); Kreditkartenvertrag (BGH 114, 241 mit Anm Salje JR 92, 374); Just-in-Time-Rahmenliefervertrag (Nagel DB 91, 319); Architektenrahmenvertrag (BGH NJW-RR 92, 978).

IV. Typische und atypische Schuldverträge

1. Allgemeines. Das Vertragsrecht des BGB kennt **keinen Typenzwang** 23 (Rn 5). Die **ges normierten Vertragstypen** (Rn 24) werden ergänzt durch die (ges nicht geregelten) **verkehrstypischen Verträge** (Rn 25) und die **atypischen Verträge** (Rn 26). Die Einordnung eines konkreten Vertragsverhältnisses unter einen bestimmten Vertragstyp ist von Bedeutung für das anzuwendende Recht (Rn 27). Dabei ist nicht die Bezeichnung durch die Parteien (vgl BGH 101, 352;

§ 311 Buch 2. Abschnitt 3. Schuldverhältnisse aus Verträgen

106, 345), sondern der obj Gesamtinhalt des Vertrags maßgebend (BGH 74, 207 und 268 f; 75, 301 f; 87, 117 mN). Die im ges Vertragstyp zum Ausdruck kommende Risiko- und Lastenverteilung entspricht idR einem bes Gerechtigkeitsgehalt, der bei Abänderungen (insbes durch AGB im Verbrauchervertrag, vgl §§ 307 II Nr 1, 310 III Nr 2) zu beachten ist (sog **„Leitbildfunktion"** des dispositiven Rechts; stRspr, zB BGH 72, 227; 76, 374; 77, 132; § 307 Rn 10; sa Rn 11 vor § 652).

24 **2. Ges normierte Verträge** („benannte" Verträge): Vertragsinhalt ist Gegenstand einer speziellen ges Regelung, die den Vertrag zugleich mit einem bestimmten Namen bezeichnet. „Benannte Verträge" sind geregelt im Abschnitt 7 des Buchs 2 (Rn 2 Einf vor § 433), ferner in zahlreichen Sondergesetzen *außerhalb des BGB* (zB HGB, VVG, VerlagsG, FernUSG usw). Die ges Vertragstypen kommen nicht nur in Reinform vor, sondern sind Gegenstand vielfacher Abänderungen und **Vermischungen** (Rn 28 ff).

25 **3. Verkehrstypische Verträge** sind ges nicht normierte Verträge, die sich im Rechts- und Wirtschaftsverkehr aufgrund eines entspr Verkehrsbedürfnisses als selbständige Vertragstypen herausgebildet haben. Ihre Ausgestaltung ergibt sich häufig aus AGB. Teils handelt es sich um Neubildungen (zB Garantievertrag), teils um Abwandlungen und Vermischungen normierter Verträge (ie Rn 28 aE; 30 ff). **Bsp** (in alphabetischer Reihenfolge): **Alleinvertriebsvertrag** (BGH NJW 86, 125 f); **Altenheimvertrag** (BGH NJW 81, 342 mN; s a u „Heimverträge" sowie Rn 30); **Arztvertrag** (Rn 21 vor § 611; sa § 280 Rn 27); **Automatenaufstellvertrag** (Rn 16 f); **Bankvertrag** (§ 676 a Rn 2); **Baubetreuungsvertrag** (BGH 85, 42 mN; Rn 5 vor § 631; § 675 Rn 12); **Bauträgervertrag** (BGH 96, 277 f; 118, 238; Doerry WM Sonderbeil Nr 8/91, 4 mN; Rn 5 vor § 631); **Bielieferungsvertrag** (BGH 129, 371 ff; Rn 13, 27; § 433 Rn 8; Rn 14 vor § 488); **Energieversorgungsvertrag** im Sonder- und Tarifkundenbereich vgl Rn 15; **Factoring-Vertrag** (echtes Factoring – Forderungskauf –: BGH 76, 125; ie § 398 Rn 30; unechtes Factoring – Kreditgewährung –: BGH 82, 61; ie § 398 Rn 31; Rn 13 vor § 488); **finanzierte RGeschäfte**: §§ 358, 495 mit Anm; s a u Rn 29; **Franchisevertrag** (BGH 97, 351; 128, 160 ff; Haager NJW 99, 2081); **Garantievertrag** (BGH NJW-RR 01, 1611); **Heimverträge** (vgl HeimG 5; sa Rn 30); **Hofübergabevertrag** (BGH 3, 211); **Hotelaufnahmevertrag** (BGH 77, 177; NJW 63, 1449; Rn 30; § 701 Rn 3); **Inzahlungnahme** von Gebrauchtwagen bei Neuwagenkauf, in unterschiedlichen Formen möglich (BGH 83, 337 f); früher üblich: Ersetzungsbefugnis (BGH 46, 340, str; vgl BGH 89, 128 f mN; aA Oldenburg NJW-RR 95, 690; LG Wuppertal NJW-RR 97, 1416: Gemischter Vertrag – Kauf/Tausch); neuere Praxis: Agenturvertrag (BGH NJW 82, 1699 mN; vermittelnd Behr AcP 185, 410 ff; sa Rn 26; §§ 364, 365 Rn 2 und § 675 Rn 12 „Agenturverträge"); **Krankenhausaufnahmevertrag** (§ 278 Rn 16; Rn 24 vor § 611); **Kreditkartengeschäft** (BGH 114, 241; 125, 349); **Leasingvertrag** (Rn 5 ff vor § 535); **Lizenzvertrag** (BGH 105, 377 f); **Optionsvertrag** (§ 463 Rn 8); **Partnerschaftsvermittlung** (BGH 112, 122; § 656 Rn 3); **Poolvertrag** (BGH NJW 89, 896; Wenzel WM 96, 561); **Schiedsgutachtenvertrag** (§ 317 Rn 3 ff); **Schiedsrichtervertrag** (BGH 98, 34 f); **Schiedsvertrag** (§ 317 Rn 8); **Schuldmitübernahmevertrag** (kumulative Schuldübernahme; Rn 2 vor § 414; Rn 16 vor § 765); **Software-Verträge** (BGH 102, 139 ff mN); **Time-Sharing-Verträge** (BGH 125, 227 f; 130, 150; für nach dem 1. 1. 1997 geschlossene Verträge gilt das TzWrG bzw ab dem 1. 1. 2002 die §§ 481 ff; s dazu Bütter VuR 90, 414); **Treuhandvertrag** (BGH 101, 393; NJW 66, 1116; § 311 b Rn 24; § 675 Rn 12); **Trödelvertrag** (Mot II 516); **Unterrichtsverträge** (Gilles/Heinbuch/Gounalakis, Handbuch des Unterrichtsrechts, 1988); **Versteigerungsvertrag** (BGH ZIP 85, 551); **Werbeagenturvertrag** (München BB 95, 2290); **Zeitungsbezugs-**(Abonnements-)**vertrag** (BGH 70, 358).

Titel 1. Begründung, Inhalt und Beendigung **§ 311**

4. Atypische Verträge: Das Schuldverhältnis kann weder einem ges Vertragstyp 26 (Rn 24) noch einem verkehrstypischen Vertrag (Rn 25) zugeordnet werden. Es hat lediglich individuellen Charakter. Bsp: Unentgeltliche Theaternutzung (BGH NJW 92, 496); Sponsorzahlung (BGH NJW 92, 2690; ie Weiand NJW 94, 227); Dienstleistungen zwischen nahen Verwandten (BGH NJW-RR 86, 155); Unterhaltsvereinbarung in sog Stiefkindfällen (s Hamm NJW 88, 830); uU Vereinbarung nichtehelicher Lebensgemeinschaft (idR kein Vertrag: BGH 97, 378 mN; sa Rn 27).

5. Rechtliche Behandlung. Bei den ges normierten Verträgen (Rn 24) gilt in 27 erster Linie die Spezialregelung des entspr Vertragstyps, daneben allg Schuldrecht und AT; bei atypischen Verträgen (Rn 26) ist neben dem AT lediglich das allg Schuldrecht anwendbar; uU kann aber auch das Recht ähnlicher, ges geregelter Vertragstypen herangezogen werden. Bsp: Auf Partnerschaftsvertrag uU §§ 730 ff entspr (BGH 84, 390; sa § 705 Rn 15). Bei den verkehrstypischen Verträgen (Rn 25) kommt über § 157 („Verkehrssitte") die Verkehrsgewohnheit und -auffassung ergänzend zur Anwendung. Iü ist zu berücksichtigen, daß die Parteien an sich anwendbares dispositives Recht eines bestimmten Vertragstyps ausdr oder stillschweigend (ganz oder teilw) abdingen können. Dadurch werden die „Reinformen" der ges oder verkehrsüblichen Vertragstypen mehr oder weniger stark *abgewandelt* und *vermischt* (Rn 28 ff). Das „anwendbare Recht" richtet sich dann nach dem „nächsten" Vertragstyp (ie Rn 30 ff). Dies gilt jedoch nur für Individualvereinbarungen. Durch AGB kann der ges Vertragstyp nicht abgeändert werden (BGH 74, 269; Rn 23).

V. Vertragsverbindungen und gemischte Verträge

Lit: *Gernhuber,* Austausch und Kredit im rechtsgeschäftlichen Verbund, FS Larenz, 1973, 454; *Rother,* Der Vertrag als Vertragsgegenstand, FS Larenz, 1973, S 435.

1. Vertragsverbindung: Mehrere Verträge zwischen idR den gleichen Partei- 28 en, wobei zwischen den Verträgen ein tatsächlicher oder wirtschaftlicher Zusammenhang besteht. Die Verträge sind rechtlich selbständig, doch kann die Durchführung des einen die Geschäftsgrundlage (§ 313) des anderen sein (Larenz, SchR II/2, § 63 I 1 c). Bsp: Kauf- und Leasingvertrag (BGH 94, 48; 114, 61, 67); Inzahlungnahme von Altgerät und Neugeschäft (vgl BGH 83, 336; 89, 129; Esser/Weyers § 8 II 1), namentlich Neuwagenkauf und Agenturvertrag über Gebrauchtwagen (§ 675 Rn 12); Dienstvertrag und Mietvertrag über Werkwohnung (dazu §§ 576 ff).

2. Zusammengesetzte (gekoppelte) Verträge: Mehrere Verträge (nicht 29 notwendig: BGH 101, 396; NJW-RR 93, 1421 mN) zwischen den gleichen Parteien, die nach dem Parteiwillen lediglich Bestandteile eines einheitlichen Gesamtvertrages bilden, so daß sämtliche Geschäfte miteinander „stehen und fallen" sollen (BGH 76, 49; 101, 396; 112, 378). Anhaltspunkte für Vertragseinheit: Gleichzeitiger Abschluß, einheitliche Urkunde (BGH 89, 43; NJW 87, 2007), rechtlicher Zusammenhang zwischen den verschiedenen Vertragsbestandteilen (zB Bedingungsverhältnis; „wirtschaftliche Einheit" ist nur Indiz: BGH 101, 297; NJW-RR 88, 351; weitergehend § 358 III). Abschluß äußerlich getrennter Verträge kann für rechtliche Selbständigkeit sprechen (BGH 101, 396), nicht schon Aufteilung in mehrere Vertragsformulare (BGH 67, 394). **Bsp:** Brauereidarlehen und Bierbezugsvertrag (München NJW 68, 1881); Miete/Pacht und Getränkebezugsvertrag (München BB 95, 329); Franchisevertrag, Überlassungs- und Mietvertrag (BGH BB 86, 1116); Finanzierungsbearbeitung und Finanzierungsvermittlung (BGH NJW 83, 986); Grundstückskauf und Bauvertrag (BGH 78, 349; 79, 105: Bauträgervertrag; uU anders aber bei Hausbauauftrag in Erwartung des Grundstückskaufs, BGH 76, 49, uU überhaupt unzulässig, s u); Vertragswerk in Form des sog Ersterwerbermodells (BGH NJW-RR 88, 351);

Vollkommer

§ 311   Buch 2. Abschnitt 3. Schuldverhältnisse aus Verträgen

uU Vertrag über Hard- und Software (BGH NJW 87, 2007); Kreditvertrag und finanzierter Vertrag mit Verbraucher (vgl § 358 III und dort Rn 2 ff). **Koppelungsverbote** bestehen uU beim Kauf von Baugrundstücken für Architektenbindung (Ges zur Verbesserung des Mietrechts usw v. 4. 11. 1971, BGBl I S 1749, § 3), bei der Wohnungsvermittlung für Bezug von Waren oder Inanspruchnahme von Dienst- oder Werkleistungen (WoVermG 3 IV; dazu Rn 13 vor § 652) und beim Abschluß von Fernunterrichtsverträgen für Erwerb von nicht dem Vertragszweck dienenden Waren und Inanspruchnahme entspr Leistungen (FernUSG 2 V 2). **Rechtliche Behandlung** zusammengesetzter Verträge: Mangel eines Einzelvertrags (zB gem §§ 125, 311 b I) hat iSd §§ 139, 326, 346 Gesamtwirkung (BGH 71, 39 f; NJW 76, 1931 für Rücktritt; Rother aaO [vor Rn 28] S 439; Gernhuber aaO [vor Rn 28] S 480; ie § 139 Rn 3 und § 311 b Rn 19).

30   3. **Gemischte Verträge:** In einem einzigen Vertrag sind Bestandteile mehrerer Vertragstypen zu einer Einheit verbunden. Einteilung (sa Larenz, SchR II/2, § 63 I): **a) Typenkombinationsvertrag:** Die von einer Partei geschuldete Gesamtleistung setzt sich aus mehreren Hauptleistungen zusammen, die verschiedenen Vertragstypen zugehören. Bsp: Eigenheimerwerbsvertrag (Kauf und Werkvertrag, BGH NJW 82, 2243 mN; krit Köhler NJW 84, 1321); Bausatzvertrag (Kauf-, Dienst- und Werkvertrag, BGH 78, 377); Hotel-(Gast-)aufnahmevertrag (Miete und Kauf-, Dienst- und Werkvertrag, s § 701 Rn 3); Bewirtungsvertrag (Ramrath AcP 189, 559); Altenheimvertrag (Miete und Dienst- und Kaufvertrag, BGH 73, 351; NJW 81, 342; vgl HeimG idF vom 5. 11. 2001, BGBl I, S 2971, § 5); Abonnementsvertrag über Börsendienst (Liefer- und Beratungsvertrag, BGH 70, 360, str); vertragliche Nutzung von Datenbank (Pacht und Kaufvertrag, Mehrings NJW 93, 3105, str); Bauträgervertrag (Werk- bzw Werlieferungs-, Kauf-, Geschäftsbesorgungsvertrag bzw Auftrag; BGH 96, 277 f); Franchisevertrag (Kauf-, Pacht-, Dienst-/Werkvertrag; ie str, vgl abw Emmerich JuS 95, 762 f: Lizenzvertrag iSv Rechtspacht); Gestellung von Maschine und Bedienungsmann (idR Miete und Dienstverschaffungsvertrag, s § 278 Rn 16). Sind die Leistungspflichten untereinander nicht gleichwertig, so handelt es sich um einen typischen Vertrag (Rn 24 f) mit andersartiger Nebenverpflichtung. Früheres Bsp: Kauf mit Montage- oder Instandsetzungsverpflichtung (vgl 9. Aufl mN). Nach neuer Rechtslage beim Kauf begründet die „vereinbarte" Montage uU eine Hauptlei-
31   stungspflicht (vgl § 434 II 1 und dort Rn 18). **b) Austauschvertrag mit anderstypischer Gegenleistung:** Die Parteien tauschen Leistungen aus, die verschiedenen Vertragstypen angehören. Bsp: Hausmeistervertrag (Wohnungsüberlassung gegen Dienstleistung); Dienstleistung gegen Sozietätszusage (BAG BB 76,
32   139). **c) Typenverschmelzungsvertrag:** Die (einheitliche) Leistung des Schuldners ist wertmäßig (nicht in real trennbaren Teilen) verschiedenen Vertragstypen zugeordnet. Bsp: Gemischte Schenkung (einheitliche Sachleistung ist zT unentgeltlich [insoweit Schenkung], zT entgeltlich [insoweit Kauf]; dazu ie § 516
33   Rn 17 f). **d) Rechtliche Behandlung:** Auszugehen ist vom (mutmaßlichen) Parteiwillen (§§ 133, 157), der nach der Interessenlage zu ergänzen ist. Iü ist nicht notwendig auf das Recht der *Hauptleistung* abzustellen (uU aber im Einzelfall, so BGH 71, 177; 72, 232 f; 74, 275 für die Verjährung; BGH NJW 81, 342 für Anwendbarkeit des MiethöheG [jetzt: §§ 557 ff]; weitergehend die Absorptionstheorie: stets), desgl nicht notwendig auf das Recht des gestörten Vertragsbestandteils (so allg die Kombinationstheorie, im Einzelfall zB BGH 78, 377 f; NJW 86, 1680 für AbzG 1 b [nunmehr § 495]; BGH NJW 83, 2441 für Verjährung; BGH WM 84, 942 für Gewährleistung; Hamburg VersR 77, 567 für pVV; BAG BB 76, 139 für Zuständigkeit), sondern es ist das Recht sämtlicher beteiligter Vertragstypen zu berücksichtigen (iE ebenso EnnL § 100 B; ErmBattes Einl 21 ff vor § 305; StLöwisch § 305, 32; StMayer-Maly Einl 27 vor § 433). Sondervorschriften: §§ 358, 359; FernUSG 6.

Titel 1. Begründung, Inhalt und Beendigung **§ 311**

VI. Rechtsgeschäftsähnliche Schuldverhältnisse, Verschulden bei Vertragsverhandlungen (culpa in contrahendo) – II, III

Lit: *Dauner-Lieb,* Kodifikation von Richterrecht, in: Zivilrechtswissenschaft und Schuldrechtsreform, 2001, S 305–328; *Köndgen,* Die Positivierung der culpa in contrahendo als Frage der Gesetzgebungsmethodik, in: Die Schuldrechtsreform vor dem Hintergrund des Gemeinschaftsrechts, 2001, S 231–242; *Larenz,* FS Ballerstedt, 1975, S 397; *Liebs* AcP 174, 26 (fahrlässige Täuschung); *Lorenz,* Der Schutz vor dem unerwünschten Vertrag, 1997; *Singer,* Vertrauenshaftung beim Abbruch von Vertragsverhandlungen, in: Kontinuität im Wandel usw, Beiträge für C. W. Canaris, 2002, S 135; *Stoll,* FS v. Caemmerer, 1978, S 435 (Tatbestände und Funktionen); *Weber,* Haftung für in Aussicht gestellten Vertragsabschluß, AcP 192, 390; vgl auch Lit vor §§ 275–292.

1. Allgemeines. a) Grundlagen. Das SchRModG hat das gewohnheitsrechtlich anerkannte, bislang ungeschriebene Rechtsinstitut des Verschuldens bei Vertragsverhandlungen (culpa in contrahendo) in § 311 II, III kodifiziert. Es handelt sich um ein **ges Schuldverhältnis** ohne primäre Leistungspflichten, das für die Beteiligten bestimmte (vorvertragliche) Verhaltenspflichten nach § 241 II (zu Aufklärung, Mitteilung, Obhut, Sorgfalt) begründet. Grund: Einfaches, uU gesteigertes Vertrauen (Larenz, SchR I, § 9 I und FS Ballerstedt, 1975, S 399 ff; BGH 60, 223 und 226; 71, 393; NJW-RR 88, 786: „enttäuschtes Vertrauen"). **b) Bedeutung.** Das Schuldverhältnis nach **II, III** erstreckt die strengere Vertragshaftung (Schutz bei fahrlässiger Vermögensschädigung; § 280 I 2; § 278) auf das Stadium der Vertragsanbahnung und schließt damit die zwischen dem Vertrags- und dem (insoweit unzulänglichen) Deliktsrecht bestehende Haftungslücke (zu den unterschiedlichen Funktionen ie Stoll aaO S 435). Da seit dem 1. 8. 2002 bei Verletzung der in § 253 II genannten Rechtsgüter auch außerhalb deliktischer Ansprüche ein Schmerzensgeld verlangt werden kann, gewinnt die Haftung aus dem vorvertraglichen Schuldverhältnis zusätzlich an Bedeutung. **§ 311 II** nennt drei Tatbestände, in denen ein Schuldverhältnis mit den Pflichten des § 241 II entsteht (s Rn 43–45). **III** stellt klar, daß das Schuldverhältnis auch die Haftung eines Dritten begründen kann, der selbst nicht Vertragspartner werden soll (Rn 49). **c) Anspruchsgrundlage** ist § 280 I; vorvertragliche Pflichtverletzungen begründen kein Rücktrittsrecht nach § 324 und keinen Anspruch auf Schadensersatz statt der Leistung nach §§ 282, 280 (s § 323 Rn 5; § 281 Rn 4; aA AnwKomBGB/Krebs 38). Das Pflichtenprogramm, das mit dem Schuldverhältnis nach **II** und **III** begründet wird, wird in § 241 II nur umschrieben, aber nicht im Einzelnen festgelegt. Die bislang anerkannten Fallgruppen (dazu Rn 60 ff) behalten ihre Gültigkeit. **Wichtigste Fälle der Haftung** sind: Das angebahnte Vertragsverhältnis kommt nicht (wirksam) zustande, ein dem anderen Teil nachteiliger, sonst nicht geschlossener Vertrag kommt zustande oder der andere Teil wird in sonstiger Weise in seinen Rechtsgütern geschädigt. **d) Abgrenzung. aa)** Cic ist anwendbar neben §§ 119, 123 (Rn 63) und §§ 823 ff (Rn 63). **bb) Mängelhaftung** (zur fortbestehenden Bedeutung dieses Konkurrenzverhältnisses, Huber/Faust 14/24 f). Der Anspruch aus § 280 iVm **§ 311 II** wird im **Kauf- und Werkvertrag** durch die ges Regelungen für Sach- und Rechtsmängel (§§ 437, 634 a) ausgeschlossen, wenn sich die Aufklärungspflichtverletzung/auf einen Umstand bezieht, der zur Verletzung der Pflichten des Verkäufers/Werkunternehmers nach §§ 433, 434 (beachte: I 3), 435 bzw §§ 631, 634 führt (AnwKomBGB/Krebs 33 ff). Die Aufklärungspflichtverletzung begründet lediglich das Vertretenmüssen des Mangels (dh der Pflichtverletzung gem § 280 I) nach §§ 276, 278, geht aber iü in der weitergehenden Pflichtverletzung auf und begründet keinen eigenständigen Schadensersatzanspruch. Dies gilt (abw von der bish Rechtslage wegen § 438 III) auch bei vorsätzlichem Handeln (so iE auch PalErgB/Heinrichs 18; aA Huber/Faust 14/29; s auch § 280 Rn 14 f; § 437 Rn 34). Die Mängelhaftung im **Mietvertrag** gem § 536 f schließt Haftung nach § 311 II ebenfalls aus (vgl BGH 136, 106). Bei **selbständigen Beratungspflichten** (BGH NJW 97, 3228; NJW 99, 3192) und **sonstigen** 34

35

36

37

38

39

Vollkommer 341

§ 311 Buch 2. Abschnitt 3. Schuldverhältnisse aus Verträgen

Beratungspflichten (vgl BGH NJW 85, 2472), deren Verletzung nicht zu einem Mangel führt (vgl aber § 434 II 2), tritt der Anspruch aus § 280 iVm **II** neben die Ansprüche aus dem Kaufvertrag. Bsp: BGH NJW 99, 638 (Steuerersparnis);
40 Nürnberg NJW-RR 01, 1558 (Heizungsanlage). **cc)** Sonstige Fälle des Ausschlus-
41 ses der cic: VVG 16 ff (BGH NJW 84, 2815). **dd)** Mit dem Zustandekommen eines wirksamen Vertrags sind diesem die Pflichten nach § 241 II zu entnehmen,
42 sofern nicht ein Dritter (Rn 64) haftet. **e) Anwendungsbereich:** Umfaßt auch das öffentl Recht (BGH 71, 392 mN; NJW 86, 1109 f; NJW-RR 92, 1436; Jäckle NJW 90, 2521) und das fiskalische Handeln (BGH MDR 00, 1248; vgl § 280 Rn 2).

43 **2. Vorvertragliches Schuldverhältnis (II). a) Entstehung: aa) Aufnahme von Vertragsverhandlungen (II Nr 1)** bildet den Grundtatbestand des vorvertraglichen Schuldverhältnisses. Kein vorvertragliches Schuldverhältnis entsteht bei unbestellt zugesandter Ware an Verbraucher (§ 241 a I). Genaue Abgrenzung zu **II**
44 **Nr 2** schwierig, aber unerheblich. **bb) Anbahnung eines Vertrages (II Nr 2).** Tatsächliche Begründung eines „rechtsgeschäftlichen Kontakts" genügt (BGH 66, 54; Larenz, SchR I, § 9 I; Dahm JZ 92, 1170), Aufnahme der eigentlichen Vertragsverhandlungen ist nicht erforderlich. Bsp: Betreten von Verkaufsräumen als möglicher Kunde, wenn auch noch ohne festen Kaufentschluß, nicht aber von sonstigen Besuchern (Ladendieb, sich unterstellender Passant, vgl BGH 66, 55); Beteiligung an einem Ausschreibungsverfahren nach VOB/A oder VOL/A (BGH
45 NJW 00, 661; 01, 3698). **cc) Ähnliche geschäftliche Kontakte (II Nr 3)** bilden einen Auffangtatbestand, der klarstellt, daß die in **Nr 1** und **2** beschriebenen Situationen nicht abschließend sind (BT-Drs 14/6040 S 163). Der Kontakt muß aber ein bes Vertrauensverhältnis rechtfertigen. Dies kann der Fall sein, wenn ein mit dem wahren Schuldner verflochtenes Unternehmen den Gläubiger zu Vermögensdispositionen veranlaßt (BGH NJW 01, 2717); uU Auskünfte im Rahmen beruflicher Tätigkeit bes wesentliche Bedeutung für den Empfänger (Canaris JZ 01, 520; AnwKomBGB/Krebs 46). Nicht ausreichend sind bloße soziale Nähe-
46 verhältnisse ohne Bezug zu einem rechtsgeschäftlichen Handeln. **dd)** Das ges Schuldverhältnis **endet** mit (dem Verhandlungspartner erkennbarer) Aufgabe des geschäftlichen Kontakts und geht bei wirksamem Abschluß des angebahnten Vertrags (andernfalls Fortbestand) im vertraglichen Schuldverhältnis auf (Larenz, SchR I, § 9 II; StLöwisch 26, 63 vor § 275, hM); beim nichtigen Vertrag (Bsp §§ 134, 138) besteht Haftung aus **II** fort; wegen „nachvertraglicher" cic vgl Rn 48.
47 **b) Inhalt:** Nur Verhaltenspflichten (§ 241 II, dort Rn 10), keine primären Lei-
48 stungspflichten. **c) Parteien** sind die Verhandlungspartner, bei Einschaltung von Vertretern (Hilfspersonen) grundsätzlich der Vertretene (Partei des angebahnten Vertrags; BGH 71, 286; 88, 68; 103, 313; NJW-RR 88, 161), ausnahmsweise auch **„bes" Vertreter** und in die Vertragsverhandlungen (-durchführung) einbezogene Hilfspersonen (**III**; ie Rn 49 f), auch wegen eines Verhaltens **nach** Zustandekommen des Vertrags (BGH 70, 344: „nachvertragliche" Vertrauenshaftung; zust Zschoche VersR 78, 1089, krit Nirk, FS Hauß, 1978, S 276 ff, 285). Auch als **Berechtigte** können Dritte in den „Schutzbereich" des ges Schuldverhältnisses einbezogen sein (vgl § 328 Rn 23 und u Rn 49 aE). Bsp: Verletzung von Angehörigen (BGH 66, 57) und sonstigen Begleitpersonen (Dahm JZ 92, 1170 ff) einer Kaufhauskundin.

49 **3. Schuldverhältnis mit Dritten (III). a) Entstehung. III** stellt klar, daß ein ges Schuldverhältnis mit den Pflichten aus § 241 II auch zu Dritten bestehen kann, die nicht Vertragspartei werden sollen. Das SchRModG greift die von Rspr und Lehre entwickelte Haftung Dritter aus cic auf, ohne nähere Vorgaben für das Entstehen des Schuldverhältnisses aufzustellen. Lediglich beispielhaft greift **III 2** die Inanspruchnahme bes persönlichen Vertrauens durch den Dritten als Anwendungsfall auf. Daneben („insbes") gelten die bish anerkannten Fallgruppen der Haftung Dritter, insbes die des eigenen wirtschaftlichen Interesses des Dritten und der

Titel 1. Begründung, Inhalt und Beendigung **§ 311**

Sachwalterhaftung fort. S im Einzelnen Rn 54. **b) Inhalt. Nur** Verhaltenspflichten (§ 241 II; keine Leistungspflichten). **c) Wirkung.** Nach III wird nur die Haftung des Dritten begründet; die Berechtigung Dritter aus einem vorvertraglichen Schuldverhältnis ergibt sich aus dessen Einbeziehung in den Schutzbereich (vgl § 328 Rn 23; BT-Drs 14/6040 S 163; aA Canaris JZ 01, 520; Teichmann BB 01, 1492).

4. Voraussetzungen der Haftung aus § 280. a) Pflichtverletzung (§ 280 50 I 1 iVm § 241 II). Jede Verletzung einer vorvertraglichen Verhaltenspflicht (Rn 36) kommt in Frage, insbes einer Pflicht zu Aufklärung, Hinweis, Beratung, Schutz, Obhut, Fürsorge (vgl BGH 70, 343; 71, 396; 95, 175 f; ie § 241 Rn 10; § 242 Rn 19 ff, 24 ff). Für die Begründung der Pflicht ist häufig ein Vertrauenstatbestand entscheidend. Bsp: Bauunternehmen hat Hausbewerber über Formbedürftigkeit des Vorvertrages aufzuklären (vgl Rn 60). Bei der Anbahnung von Verbraucherverträgen gelten zahlreiche ges Aufklärungspflichten (InfV-BGB; dazu Grigoleit WM 01, 597 ff). **b) Vertretenmüssen (§ 280 I 2):** Eigenes Verschulden **51** (§ 276) oder das von Hilfspersonen (§ 278; vgl BGH 72, 97; 92, 175; 104, 397 und allg Rn 35; § 278 Rn 3), im Fall der Rn 61 weitergehend uU Garantieübernahme (§ 276 Rn 41) und im Fall der Rn 62 auch das aller „Nichtdritten" iSv § 123 II (BGH NJW 90, 1662; krit Medicus JZ 90, 342). **Beweislastverteilung:** § 280 Rn 25; Sondervorschrift mit teilw Beweislastumkehr: WpHG 37 d IV 2. **Geschäftsunfähige** (§ 104) und **beschränkt Geschäftsfähige** (§§ 106, 114) haften nicht (arg §§ 107, 108; Canaris NJW 64, 1987), werden aber berechtigt (BGH NJW 73, 1791; Canaris, FS Larenz, 1983, S 104). **Haftungsmaßstab:** IdR § 276 I 1, ges Haftungserleichterungen können sich uU aus dem angebahnten Geschäft ergeben (zB §§ 521, 690, str; vgl BGH 93, 27 ff [differenzierend]; Gerhardt JuS 70, 600; Strätz, FS Bosch, 1976, S 1008), ferner bei (früher gefahrgeneigter) betrieblicher Tätigkeit (s § 276 Rn 53; § 611 Rn 46 ff). Vertragliche **Freizeichnung** ist wirksam Vertragsschluß umfaßt iZw nicht die cic-Haftung (BGH NJW 81, 1035 f; WM 91, 10; abw Ziegler BB 90, 2345). Haftung für grob fahrlässige cic ist durch AGB nicht abdingbar (§§ 309 Nr 7 b; 310 III Nr 2), Haftung für einfache Fahrlässigkeit auch nicht im Hinblick auf Verletzung von Leben-, Körper und Gesundheit (§§ 309 Nr 7 a; 310 III Nr 2). Wirksame Haftungsbeschränkung kommt dem *persönlich* haftenden Dritten (Rn 64) idR zugute (BGH 63, 382; 79, 287). **c)** Der **52 Schaden** kann in Personen- und Sachschäden bestehen (Rn 63; Erhaltungsinteresse), bei Nichtzustandekommen des Vertrags (Rn 60 f) in Aufwendungen und entgangenen Geschäftsvorteilen (Vertrauensinteresse), uU auch im Interesse an der Wirksamkeit des Vertrags (Erfüllungsinteresse); bei Zustandekommen eines wirksamen Vertrags (Rn 62) in der vertraglichen Bindung, sofern diese zu einer Verschlechterung der Vermögenslage geführt hat (BGH NJW 98, 304; s Rn 56).

5. Rechtsfolgen. a) Allgemeines. Der **Schadensersatzanspruch** richtet sich **53** je nach der Art des eingetretenen Schadens (§§ 249 ff; BGH NJW 88, 2236 mN). Vergeblicher Zeit- und Arbeitsaufwand sowie entgangene Geschäftsvorteile (Rn 52) sind als entgangener Gewinn (§ 252) ersatzfähig (BGH 69, 36; NJW 88, 2236). § 254 ist anzuwenden (BGH 99, 108 f mN), §§ 122 II, 179 III gelten nicht. **Verjährung** nach §§ 195, 199, soweit nicht kürzere Fristen des angebahnten Vertrags eingreifen oder Geltung beanspruchen, zB KAAG 20 V, AuslInvestmG 12 V (Rn 65); BRAO 51 b; StBerG 68; WPO 51 a (BGH 100, 136); zum Ausschluß bei Prospekthaftung s BGH 126, 173 und u Rn 65 aE. Dem persönlich haftenden Vertreter (Rn 64) kommt bei wirksamem Vertragsschluß eine kurze vertragliche Verjährung zugute (ie BGH 87, 37). § 124 ist in den Fällen von Rn 62 nicht entspr anwendbar (BGH NJW 79, 1984; aA Reinicke JA 82, 6). Die Haftung wegen Verletzung von vorvertraglichen Aufklärungspflichten nach der InfV-BGB darf nicht zur Umgehung der Frist des § 355 III 1 führen, soweit echtes Verhandlungsverschulden fehlt. **Mitverschulden** (§ 254) ist zu verneinen, wenn der Geschädigte in bes Maße dem freundschaftlich verbundenen Schädiger vertrauen darf

§ 311 Buch 2. Abschnitt 3. Schuldverhältnisse aus Verträgen

54 (BGH NJW 02, 1335). **b) Anspruch auf Ersatz des Verletzungs-** und **Vertrauensschadens** ist regelmäßige Folge aus cic; der Anspruch ist der Höhe nach nicht durch das Erfüllungsinteresse aus dem angebahnten Geschäft beschränkt (BGH 69, 56; 136, 105 f; allg zur Berechnung s BGH NJW 81, 2051 mN; MDR 00, 1248), die Einschränkungen der §§ 122 I, 179 II gelten nicht (BGH 49, 82, hM; einschr **55** Freudling JuS 84, 194 ff). **c)** Ein **Anspruch auf Ersatz des Erfüllungsinteresses** besteht ausnahmsweise dann, wenn der Vertrag ohne die cic wirksam (mit dem erstrebten Inhalt) mit dem Vertragspartner oder mit einem Dritten zustandegekommen wäre (BGH 108, 207 f: Unterbliebene Zusatzversicherung; 120, 284: fehlerhafte Auftragsvergabe; NJW 98, 2900: Unrichtiger Verteilungsschlüssel) oder wenn ein bestehender, aber verjährter Anspruch sonst rechtzeitig geltend gemacht worden wäre (BGH NJW 01, 2718). Bei Formbedürftigkeit des Vertrags (insbes gem § 311 b I) geht der Anspruch nicht auf Vertragsabschluß oder -erfüllung (so Reinicke, Rechtsfolgen formwidrig abgeschlossener Verträge, 1969, S 127 und 129; sa § 242 Rn 36), sondern stets auf das Erfüllungsinteresse in Geld (BGH NJW 65, 814; Nirk aaO S 96, str; aA Larenz, SchR I, § 9 I 3 und aaO S 405; Häsemeyer, Die ges Form der RGeschäfte, 1971, S 64 ff; BGH 92, 175 f mN: nur Vertrauensinteresse). Bei Versicherungsverträgen kann cic Erfüllungshaftung des Versiche-
56 rers begründen (BGH NJW 89, 3096 mN). **d) Anspruch auf Rückgängigmachung (Aufhebung) des nachteiligen Vertrags** besteht bei Vermögensschaden in den Fällen von Rn 62, 65 (vgl noch BGH 111, 82; 115, 221; 145, 382 f; NJW 98, 304 mN, str; aA Liebs AcP 174, 26). Gegenüber dem Erfüllungsanspruch des anderen Teils begründet der Anspruch ein dauerndes Leistungsverweigerungsrecht (BGH 47, 214; NJW 79, 1983). Bei Rückabwicklung besteht Pflicht zum Aufwendungsersatz (s BGH 115, 220 f; 126, 173). Sondervorschrift (ges Rücktritts-
57 recht, „weiterer Schaden"): UWG 13 a I, III 2. **e) Anspruch auf Rückzahlung der überhöhten Gegenleistung.** Bleibt die geschädigte Partei in den Fällen der Rn 62 beim Vertrag stehen (stets zulässig: BGH 111, 82 mN, str), kann sie im Wege des Schadensersatzes Rückzahlung der geleisteten Vergütung verlangen, soweit diese den ihnen angemessenen Betrag übersteigt (BGH 111, 82 f mN; 114, 94; 145, 382 f mN, str; schadensersatzrechtliche *Minderung*); dies gilt auch im **58** Falle der Sachwalterhaftung (BGH NJW-RR 89, 151 mN). **f) Anspruch auf Ersatz von Mehraufwendungen.** Ist die Vergütung selbst angemessen, entstehen aber bei Rn 62 zusätzliche Kosten, kann der Geschädigte deren Erstattung verlangen (BGH 111, 83: zusätzliche Einfuhr-USt; BGH NJW-RR 91, 601: bei ordnungsgemäßem Zustandekommen nicht angefallene zusätzliche Kosten; BGH **59** NJW 94, 664: unnötiger zusätzlicher Aufwand; *positiver Vertrauensschutz*). **g)** Einen **Anspruch auf Erhöhung der Vergütung** hat die geschädigte Partei, wenn sie ihre Leistung infolge der cic nur unter erhöhten Aufwendungen erbringen konnte (RG 95, 58; Stoll aaO 465; StLöwisch 66 vor § 275; schadensersatzrechtliche *Vertragsanpassung;* sa § 313 Rn 28).

60 6. **Fallgruppen. a) Haftung bei nicht zustandegekommenem (unwirksamen) Vertragsschluß.** Die Vertragsverhandlungen führen zwar (scheinbar) zu einem Vertragsschluß, der Vertrag ist aber in Wahrheit nicht zustandegekommen (nichtig, unwirksam); bei pflichtgemäßem (sorgsamem) Verhalten (klarer Ausdrucksweise; Aufklärung über bestehende Form- und Genehmigungserfordernisse, Abschlußhindernisse usw) wäre entweder ein wirksamer oder überhaupt kein Vertrag geschlossen worden. Bsp: Schuldhaft verursachter Dissens (RG 104, 267) oder Vertretungsmangel (BGH 92, 175); schuldhafte Herbeiführung eines formnichtigen (BGH 116, 257 f mN), gesetz-(sitten-)widrigen (BGH 99, 107 mN) oder nicht genehmigungsfähigen (BGH MDR 82, 463) Vertrags; fehlender Hinweis auf (kommunal-)aufsichtliches Zustimmungs- oder Genehmigungserfordernis (BGH MDR 00, 1248); Verwendung unwirksamer AGB (BGH 99, 107; NJW 88, 198). Ausübung des Widerrufsrechts gem § 312 I ist kein Fall von cic (BGH 131, 7).
61 **b) Haftung bei Abbruch (Scheitern) von Vertragsverhandlungen.** Die die

Titel 1. Begründung, Inhalt und Beendigung **§ 311**

Vertragsverhandlungen ohne triftigen Grund (aus sachfremden Erwägungen) abbrechende Partei hat bei der anderen zurechenbar (§ 276 I gilt: Köln NJW-RR 87, 801 mN, hM, abw Larenz, SchR I, § 9 I: § 122 entspr) das Vertrauen auf das Zustandekommen des (idR formlos möglichen, s u) Vertrags erweckt und sie dadurch zu Aufwendungen (Vermögensdispositionen) veranlaßt, die sie andernfalls nicht getroffen hätte (BGH 71, 395 mN; 76, 349; DStR 01, 802; NJW 75, 43 und 1774 mN). Ist der Vertragsschluß als sicher hingestellt worden, ist Verschulden des Abbrechenden nicht erforderlich (so BGH NJW-RR 89, 629; DtZ 96, 144 mN, – jetzt: stillschweigende Garantieübernahme gem § 276 I, str; aA Reinicke/Tiedtke ZIP 89, 1097 ff; auch JZ 97, 449). Strenge Anforderungen, cic darf nicht zur Aushöhlung der Entschließungsfreiheit oder des Formzwecks führen (zutr BGH 92, 176). Im Bereich von **§ 311 b I 1** kommt eine Schadensersatzpflicht idR nur bei bes schwerwiegender (vorsätzlicher) Treuepflichtverletzung in Frage (BGH DStR 01, 802; NJW 96, 1885, str; krit Singer aaO [vor Rn 34] S 148 ff). c) **Haftung bei unlauterer Bestimmung zum Vertragsschluß.** Die Vertragsverhandlungen führen zu einem (wirksamen) Vertragsschluß, bei pflichtgemäßem Verhalten (ausreichender Aufklärung, richtiger Belehrung, zutr Unterrichtung usw) wäre ein Vertrag dieses Inhalts aber nicht zustandegekommen; das vorvertragliche Verschulden beeinträchtigt die Willensbildung des anderen Teils und führt zu einem für ihn (iSv § 249) nachteiligen Vertragsschluß (BGH NJW 98, 302). Bsp: Verheimlichung einer Schmiergeldzahlung an den Verhandlungsvertreter des Vertragspartners (BGH NJW 01, 1066); fehlender Hinweis auf eine Provisionsabrede mit dem Vermögensverwalter des Vertragspartners (BGH NJW 01, 963); fahrlässig gemachte unrichtige Angaben („fahrlässige Täuschung") bei den Vertragsverhandlungen (BGH 71, 101 und 105; 96, 311 f; 111, 80; NJW 98, 302), wie irreführende Prospektangaben gegenüber Kapitalanlegern (BGH 79, 344; 123, 109; Wolf NJW 94, 24; ie Rn 65) oder im Warenterminhandel (BGH NJW 81, 2810; NJW-RR 98, 1271; sa Rn 64; § 764 Rn 4); unvollständige Darstellung von steuerlichen Vorteilen beim Vertrieb von Ferienwohnungen (Köln NJW-RR 94, 144: Time-Sharing-Modell; sa nunmehr § 485 I); unrichtige Zuteilungsprognose beim Bausparvertrag (BGH NJW 91, 695); unzureichende Risikoaufklärung über eine Kapitalanlage (BGH NJW 98, 2898); falsche und irreführende Werbeangaben (s noch Lehmann, Vertragsanbahnung durch Werbung, 1981, S 352 f; NJW 81, 1239 ff; vgl aber auch § 434 I 3); „Überrumpeln" des Kunden (Bamberg NJW-RR 97, 694; s allg Lorenz NJW 97, 2579); fahrlässige Falschberatung des Käufers über die Verwendbarkeit des Kaufgegenstands (BGH NJW 62, 1197; sa § 433 Rn 23); unterlassene Aufklärung über spezielle Risiken trotz erkennbaren konkreten Wissensvorsprungs (BGH 124, 154, dazu Grün NJW 94, 1330: Terminoptionsgeschäft; München NJW 94, 667, dazu Böhner S 635: Franchise-Vertrag). Im Anwendungsbereich der §§ 437, 634, 536 a geht die Haftung wegen des Mangels vor (s Rn 38); dies gilt auch für den Unternehmenskauf (Wolf/Kaiser DB 02, 418; Gaul ZHR 166 [2002], 65 ff). Die Anfechtungsregelung der §§ 119 II, 123 f läßt die cic-Haftung unberührt (BGH NJW 98, 303 f mN, hM, str; aA Liebs AcP 174, 26); Frist gem § 124 I gilt nicht (BGH NJW-RR 88, 745 mN). d) **Haftung bei Verletzung von Schutzpflichten.** Bei (gelegentlich von) Vertragsverhandlungen kommt es zu Personen- und Sachschäden. Unerheblich dabei ist, ob (noch) ein Vertragsschluß zustandekommt. Bsp: Unfälle von Kaufhauskunden durch umfallende Gegenstände (RG 78, 239) oder durch nicht verkehrssichere Fußbodenbeschaffenheit (BGH 66, 51; BB 86, 1185 f); Beschädigung der vor Erteilung eines Reparaturauftrags übergebenen Sache (BGH NJW 77, 376); Beschädigung des Vorführwagens auf der Probefahrt (BGH NJW 68, 1472; zum Haftungsmaßstab s Rn 51). Haftung aus cic trifft idR mit § 823 ff zusammen. e) **Eigenhaftung von Vertretern und sonstigen Verhandlungsgehilfen („Sachwalterhaftung").** Ist der Tatbestand einer „fahrlässigen Täuschung" (Rn 62) von einem Vertreter oder einer sonstigen in die Vertragsverhandlungen eingeschalteten Hilfsperson (Erfüllungsgehilfe, ges Vertreter, Vermittler, Garant; sämtliche „Sachwalter" [zu diesem Begriff: BGH NJW 89, 294] iSd BGH-

62

63

64

§ 311 a Buch 2. Abschnitt 3. Schuldverhältnisse aus Verträgen

Rspr) begangen worden, so haften diese (ausnahmsweise) selbst, wenn sie am Abschluß des Vertrags ein unmittelbares eigenes wirtschaftliches Interesse (BGH 56, 83; 79, 286; 103, 313 mN; 126, 183; 129, 170) oder für sich persönlich bes Vertrauen in Anspruch genommen und dadurch die Vertragsverhandlungen oder die Vertragsdurchführung beeinflußt haben (BGH 63, 382; 70, 337; 103, 313; 126, 189; dazu auch Rn 48, 51). Bsp: Gebrauchtwagenhändler als Vermittler oder Abschlußvertreter für den nicht in Erscheinung tretenden Verkäufer (BGH 79, 281; 87, 304; Köln NJW-RR 90, 1144 mN); Auktionator im Kunsthandel (Düsseldorf OLGZ 78, 318); Vermittler im Handel mit (Waren-)Terminoptionen (BGH 80, 82; 124, 154 ff mN; NJW-RR 96, 947) und -direktgeschäften (BGH NJW 92, 1880 mN); Unternehmensberater bei Übernahme der Geschäftsführung (BGH NJW 90, 1908), uU Vertreiber von Nutzungsrechten im Time-Sharing-Modell (Köln NJW-RR 95, 1333; sa nun §§ 482, 484, 485), **nicht** aber schon Angestellte (Handelsvertreter) eines Handelsgeschäfts (BGH 88, 69 f; NJW 90, 506), Versicherungsagenten (BGH NJW-RR 91, 1242 mN), der an einer AG selbst beteiligte Vorstand (BGH BB 85, 352), der bei Vertragsverhandlungen hinzugezogene RA (BGH NJW 89, 294), Steuerberater (BGH NJW 92, 2083) oder Ehegatte (BGH NJW 87, 2512), der Betreuer (BGH NJW 95, 1214), der Sicherheiten zur Verfügung stellende Gesellschafter/Geschäftsführer einer GmbH (BGH 126, 181 ff; uU aber Garantiehaftung: BGH NJW-RR 01, 1611), der Stimmrechtsvertreter von Aktionären (BGH 129, 136, 170 f); wegen weiterer Bsp im Rahmen der Prospekthaftung vgl Rn 65. Lit: Bohrer, Die Haftung des Dispositionsgaranten, 1980; Kort

65 DB 90, 921; Ebenroth/Kräutter BB 90, 569. **f) Prospekthaftung.** Ist der Erwerber einer Kapitalanlage durch einen unrichtigen oder unvollständigen Prospekt (vgl § 280 Rn 60) zum Vertragsschluß bestimmt worden, so haften ihm „aus cic" die Geschäftsführer, Gründer und Initiatoren der Anlagegesellschaft (BGH 79, 337; 83, 224; 111, 317; 115, 217 ff; 123, 109 ff; 126, 169), ferner die bes Garanten des Prospekts (zB Wirtschaftsprüfer, RA: BGH 77, 177; 111, 319; 145, 197), selbständige Vermittler (BGH 74, 109; NJW 84, 2524), Treuhandkommanditisten (BGH 84, 143; NJW 91, 1608; 95, 130) sowie uU auch Finanzierungsbanken (vgl BGH 93, 266; NJW 92, 2149; NJW-RR 92, 882 ff mN). Dieser aus **III 2** und der Fallgruppe der Rn 62 entwickelte Haftungstatbestand (richtig: Fall der Vertrauenshaftung; so auch BGH 83, 223 f; WM 85, 533) ergänzt die nur Teilbereiche erfassende ges Regelung der „Prospekthaftung" (vgl BörsenG 45 ff; VerkaufsprospektG 13; KAAG 20; AuslInvestmG 12; sa § 482; StGB 264 a iVm § 823 II: BGH 116, 7). Kurze Prospekthaftungsverjährung entspr KAAG 20 V, AuslInvestmG 12 V gilt, soweit echtes Verhandlungsverschulden fehlt (BGH 83, 226; NJW 85, 381), iü allg §§ 195, 199 (BGH 83, 227; 84, 149; 126, 172 und Rn 53); beim **Bauherrenmodell** ist daher § 634 a unanwendbar (BGH 126, 172 mN), beim RA, Steuerberater und Wirtschaftsprüfer als Prospektverantwortlichen gelten BRAO 51 b, StBerG 68, WPO 51 a nicht (BGH 126, 173; NJW 95, 1025 [1027]). **Lit:** Assmann, Prospekthaftung, 1985; ders, NJW 91, 528; Gehrlein BB 95, 1965; Müller WM 91, 213; Schäfer ZIP 91, 1557; Wolf NJW 94, 24.

§ 311 a Leistungshindernis bei Vertragsschluss

(1) **Der Wirksamkeit eines Vertrags steht es nicht entgegen, dass der Schuldner nach § 275 Abs. 1 bis 3 nicht zu leisten braucht und das Leistungshindernis schon bei Vertragsschluss vorliegt.**

(2) ¹**Der Gläubiger kann nach seiner Wahl Schadensersatz statt der Leistung oder Ersatz seiner Aufwendungen in dem in § 284 bestimmten Umfang verlangen.** ²**Dies gilt nicht, wenn der Schuldner das Leistungshindernis bei Vertragsschluss nicht kannte und seine Unkenntnis auch nicht zu vertreten hat.** ³**§ 281 Abs. 1 Satz 2 und 3 und Abs. 5 findet entsprechende Anwendung.**

Titel 1. Begründung, Inhalt und Beendigung **§ 311 a**

Lit: *Canaris,* Zur Bedeutung der Kategorie der „Unmöglichkeit" für das Recht der Leistungsstörungen, in: Die Schuldrechtsreform vor dem Hintergrund des Gemeinschaftsrechts, 2001, S 43; *ders,* JZ 01, 499; Altmeppen DB 01, 1399; *Knütel,* NJW 01, 2519; *Grunewald,* JZ 01, 432; s auch Lit vor §§ 275–292.

1. Allgemeines. Das SchRModG hat § 306 aF abgeschafft **(I)** und die Rechtsfolgen bei anfänglichen obj und subj sowie anfänglichen und nachträglichen Leistungshindernissen nach § 275 vereinheitlicht **(II,** §§ 280, 283, 284, 326). Die Garantiehaftung bei anfänglicher subj Unmöglichkeit (dazu 9. Aufl § 306 Rn 10) wird von einer Verschuldenshaftung **(II 2)** abgelöst; bei anfänglichen obj Leistungshindernissen (obj Unmöglichkeit) besteht jetzt unter den Voraussetzungen des **II** ein Anspruch auf das positive Interesse (entgegen § 307 aF, der nur einen Anspruch auf das negative Interesse gewährte). 1

2. Anwendungsbereich. a) § 311 a gilt für alle schuldrechtlichen Verträge; bei Vermächtnissen gilt § 2171. Keine Bedeutung für ges Schuldverhältnisse (PalErgB/Heinrichs 3); entspr auch für Schuldverhältnisse aus einseitigen Rechtsgeschäften (Bsp § 657), nicht aber für dingliche Verträge. **b) Anfängliches Leistungshindernis.** Das Leistungshindernis nach § 275 I–III (dazu § 275 Rn 12 ff) muß schon **bei Vertragsschluß** vorgelegen haben; in den Fällen des § 275 II, III müssen die obj Voraussetzungen der Leistungserschwerung vorgelegen haben, auf den Zeitpunkt der Einredeerhebung kommt es nicht an (§ 283 Rn 5); auch Fälle der qualitativen Unmöglichkeit (§ 275 Rn 9) sind erfaßt; Bsp: Fälschung wird als Original verkauft (s BGH NJW 93, 2103). Genehmigungsbedürftige Rechtsgeschäfte s § 275 Rn 15. 2 3

3. Wirksamkeit des Vertrages (I). Bei anfänglichen Leistungshindernissen nach § 275 entsteht ein Vertrag ohne primäre Leistungspflicht (Canaris JZ 01, 506); im gegenseitigen Vertrag entfällt die Gegenleistung nach § 326 I. **I** hat nur klarstellende Bedeutung (BT-Drs 14/6040 S 164); das wirksame Schuldverhältnis ist Grundlage des Schadensersatzanspruchs nach **II** und eines Anspruchs auf das Surrogat gem § 285. Bestehen andere Wirksamkeitsmängel (§§ 104, 125, 134, 138, 142, 311 b I–IV), ist Vertrag nichtig; Rechtsfolge: Haftung aus §§ 311 II, 241 II, 280, 254, kein Anspruch aus § 311 a II (§ 311 Rn 60; BT-Drs 14/6040 S 165). Das Anfechtungsrecht des Schuldners aus § 119 II ist eingeschränkt, wenn sich der Irrtum auf das anfängliche Leistungshindernis bezieht (Hk-BGB/Schulze 5). 4

4. Schadensersatz bei anfänglichen Leistungshindernissen (II). a) Bedeutung. II enthält **eigene Anspruchsgrundlage** für Schadensersatz statt der Leistung bei anfänglichen Leistungshindernissen (Rn 3). Grundlage für die Haftung des Schuldners auf das Erfüllungsinteresse ist das nach **I** wirksame Leistungsversprechen. Kein Fall des § 280 I, da den Schuldner vor Vertragsschluß noch nicht die Pflicht trifft, sein Leistungsvermögen zu erhalten. Daher ersetzt **II** das Vertretenmüssen der Pflichtverletzung (des Leistungshindernisses) in § 280 I 2 durch den Vorwurf, den Vertrag unter Verletzung vorvertraglicher Informationspflichten in Kenntnis oder vorwerfbarer Unkenntnis des Leistungshindernisses geschlossen zu haben. In Aufbau, Struktur und Rechtsfolgen entspricht Anspruch aus **II** dem des §§ 280 I, 283. **b) Voraussetzungen** des Anspruchs aus **II** sind: **aa)** das Vorliegen eines **wirksamen Schuldverhältnisses** (s Rn 4) und **bb)** eines **anfänglichen Leistungshindernisses** (Rn 3). **cc)** Der Schuldner muß das Leistungshindernis **gekannt** oder seine **Unkenntnis zu vertreten** haben. Für das Vertretenmüssen gelten die §§ 276 ff. Der Schuldner ist danach für die „Zulänglichkeit seines eigenen Geschäftskreises" verantwortlich (Lorenz/Riehm 333); die Zurechnung der Kenntnis (fahrlässigen Unkenntnis) Dritter erfolgt nach § 278 (unter § 166), da es sich um die Verletzung vorvertraglicher Pflichten handelt (Rn 5; PalErgB/Heinrichs 9 und § 278, 12). Eine verschuldensunabhängige Haftung kann sich aus der **Übernahme einer Garantie** (dazu § 276 Rn 41 f) ergeben (Bsp: Bestehen der Forderung beim Rechtskauf). Die Übernahme eines Beschaffungsrisikos erfaßt dagegen nicht anfängliche Leistungshindernisse (§ 276 Rn 49). **c) Rechtsfolgen:** 5 6 7 8

Vollkommer 347

§ 311 b Buch 2. Abschnitt 3. Schuldverhältnisse aus Verträgen

aa) Schadensersatz statt der Leistung (s § 281 Rn 16 ff) oder **bb)** wahlweise Aufwendungsersatzanspruch (§ 284 Rn 3 ff). **cc)** Ist der Schuldner nur **teilweise** von seiner Leistungspflicht befreit oder liegt ein Fall **qualitativer Unmöglichkeit** vor,
9 gelten § 281 I 2, 3 und V (dazu § 281 Rn 21 ff). **d) Beweislast.** Schuldner muß sich, wie bei § 280, hinsichtlich des subjektiven Tatbestandes (Rn 7) entlasten. Ist das Vorliegen eines Leistungshindernisses unklar, muß Gläubiger nach §§ 280, 281 vorgehen (s § 283 Rn 11).

10 **5. Weitere Rechtsfolgen. a)** Der Gläubiger kann nach **§ 285** die Herausgabe des Ersatzes verlangen und im **gegenseitigen Vertrag** nach **§§ 326 V, 323**
11 zurücktreten. **b)** Anspruch aus cic (§ 311 II) geht im Anspruch aus **II** auf, soweit sich die vorvertragliche Pflichtverletzung auf das Leistungshindernis bezieht (Pal-
12 ErgB/Heinrichs 13). Anzeigepflicht s § 275 Rn 31. **c)** Gelingt dem Schuldner der Entlastungsbeweis nach **II 2**, trifft ihn auch keine Haftung entspr § 122 I (aA Canaris JZ 01, 507 f). Praktisch kann eine Analogie wegen § 122 II nur bei einem gemeinsamen Irrtum beider Vertragsteile werden, der aber nach § 313 zu behan-
13 deln ist (Dötsch ZGS 02, 164). **d)** Bei Lieferung einer unbehebbar mangelhaften Sache (Rn 3) haftet der Schuldner neben dem Anspruch auf Schadensersatz statt der Leistung aus **II** wegen des Begleitschadens (§ 280 Rn 4, 12) uU nach § 280 I (Dötsch ZGS 02, 161).

§ 311 b Verträge über Grundstücke, das Vermögen und den Nachlass

(1) ¹Ein Vertrag, durch den sich der eine Teil verpflichtet, das Eigentum an einem Grundstück zu übertragen oder zu erwerben, bedarf der notariellen Beurkundung. ²Ein ohne Beachtung dieser Form geschlossener Vertrag wird seinem ganzen Inhalt nach gültig, wenn die Auflassung und die Eintragung in das Grundbuch erfolgen.

(2) Ein Vertrag, durch den sich der eine Teil verpflichtet, sein künftiges Vermögen oder einen Bruchteil seines künftigen Vermögens zu übertragen oder mit einem Nießbrauch zu belasten, ist nichtig.

(3) Ein Vertrag, durch den sich der eine Teil verpflichtet, sein gegenwärtiges Vermögen oder einen Bruchteil seines gegenwärtigen Vermögens zu übertragen oder mit einem Nießbrauch zu belasten, bedarf der notariellen Beurkundung.

(4) ¹Ein Vertrag über den Nachlass eines noch lebenden Dritten ist nichtig. ²Das Gleiche gilt von einem Vertrag über den Pflichtteil oder ein Vermächtnis aus dem Nachlass eines noch lebenden Dritten.

(5) ¹Absatz 4 gilt nicht für einen Vertrag, der unter künftigen gesetzlichen Erben über den gesetzlichen Erbteil oder den Pflichtteil eines von ihnen geschlossen wird. ²Ein solcher Vertrag bedarf der notariellen Beurkundung.

I. Verpflichtung zur Veräußerung oder zum Erwerb eines Grundstücks (I)

Lit: *Bernard,* Formbedürftige RGeschäfte, 1979; *Einsele,* Formerfordernisse bei mehraktigen RGeschäften, DNotZ 96, 835; *Häsemeyer,* Die ges Form der RGeschäfte, 1971; *Heckschen,* Die Formbedürftigkeit mittelbarer Grundstücksgeschäfte, 1987; *Korte,* Handbuch der Beurkundung von Grundstücksgeschäften, 1990; *Pohlmann,* Die Heilung formnichtiger Verpflichtungsgeschäfte durch Erfüllung, 1992; *Reinicke,* Rechtsfolgen formwidrig abgeschlossener Verträge, 1969; *Wolf,* RGeschäfte im Vorfeld von Grundstücksübertragungen usw, DNotZ 95, 179; *Zeller,* Die Formbedürftigkeit nachträglicher Änderungen von Kaufverträgen, 1985.

1 **1. Allgemeines. a) Bedeutung.** Das SchRModG hat § 313 aF ohne inhaltliche Änderung in **I** übernommen. Der Formzwang hat (heute; vgl Rn 5) den **Zweck,** beide Vertragspartner vor übereilten und unüberlegten, meist folgenreichen Verpflichtungen zu schützen, sowie eine sachgemäße Beratung (BeurkG 17 I)

Titel 1. Begründung, Inhalt und Beendigung **§ 311 b**

zu gewährleisten und Streitigkeiten vorzubeugen (Warn-, Schutz-, Beweis- und Gewährsfunktion; vgl BGH 83, 400; 87, 153 f mN). Die Vorschrift gilt auch, wenn die Formzwecke uU auf andere Weise erreicht worden sind (BGH 53, 195; 58, 394; 127, 172 f). **b) Anwendungsbereich.** § 311b gilt **aa) sachlich:** nur für den schuldrechtlichen Vertrag (Rn 8 ff; zu unterscheiden von – ebenfalls formbedürftigen, § 925 – dinglichen Verfügungsgeschäft); auch für den **öffentl-rechtlichen Vertrag** (BGH 58, 392; 61, 385; BVerwG 70, 255), soweit nicht Sonderbestimmungen eingreifen (BauGB 110 II, 159 II 2, 167 III 2; vgl zum alten Recht BGH 92, 170; NJW 73, 657; PreußEnteignungsG 26, dazu BGH 88, 173), ferner **entspr** für bestimmte einseitige RGeschäfte (vgl Rn 9, 29). **bb) gegenständlich:** unmittelbar für Grundstücke und Miteigentumsanteile (Rn 16), **entspr** für Erbbaurecht (ErbbauVO 11 II, aber nicht die nachträgliche Erhöhung des Erbbauzinses: BGH NJW 86, 933) und Sondereigentum (WEG 4 III; vgl BGH NJW 84, 613 mN). **cc) örtlich: I 1** gilt für alle Verträge über im Inland belegene Grundstücke bei inländischem Vertragsstatut (vgl EGBGB 11 I, IV, 28 III); bei Abschluß im Ausland genügt Wahrung der Ortsform (EGBGB 11 I, 2. Alt; Celle RIW 88, 138 zur aF). **dd) zeitlich:** Formzwang für Erwerbsverpflichtung gilt ab 1. 7. 73 (vgl Ges v. 30. 5. 73, BGBl I S 501 und dazu BGH NJW 85, 2942 mN; Kanzleiter DNotZ 73, 526). **c) Sonstiges.** Zur Wirksamkeit eines Vertrags über Grundstücke ist zT **behördliche Genehmigung** erforderlich (zB gem GrdstVG 2; vgl § 433 Rn 7; § 873 Rn 32). **d)** Besonderheiten gelten für vor dem 3. 10. 1990 vorgenommene Beurkundungen über Grundstücke in den **neuen Ländern** (Rn 48). **e)** Bes Formvorschriften bestehen für grundstücksbezogene **Rückerstattungsansprüche** (Rn 28, 49).

2. Voraussetzungen des Formzwangs. Formbedürftig sind alle schuldrechtlichen Verträge (Rn 8 ff, 22 ff), die für mindestens eine Partei eine vertragliche Verpflichtung zur Übertragung oder zum Erwerb (Rn 11 ff) eines Grundstücks (Rn 16) neu begründen. **a) Schuldvertrag über Grundstück.** Vertrag iSd **I 1** ist nur der **schuldrechtliche Verpflichtungsvertrag,** durch den eine Partei eine Verpflichtung gem Rn 11 ff übernimmt. Bsp: Kauf, Tausch, Schenkung (**I 1** weitergehend als § 518 I 1, dort Rn 3), einseitige Erwerbsverpflichtung (vgl BGH 57, 394 zur aF); vgl ferner Rn 24, 26, 27. **Abgrenzung: Nicht** unter I 1 (formfrei möglich) fallen daher: **aa) einseitige** auf Grundstücksverträge bezogene **RGeschäfte** wie die Veräußerungs- oder Erwerbsvollmacht (vgl § 167 II; uU aber entspr Anwendung von **I 1** geboten; dazu Rn 29; vgl auch Rn 19 und 35), Genehmigung/Zustimmung (§ 182 II; BGH 125, 220 mN; krit Einsele DNotZ 96, 838 ff), Fristsetzung (§ 281 I 1), Ausübung von Gestaltungs- und Ankaufsrechten (BGH NJW-RR 96, 1167; ie Wolf DNotZ 95, 184 ff; teilw abw Einsele DNotZ 96, 854 ff, 861 ff); Bsp: §§ 315 II; 349; 456 I 2; 464 I 2; 577 (BGH NJW 00, 2665; aA Hammen DNotZ 97, 543); 1098 I 1; 1477 II; Stiftungsgeschäft (§ 81; Schleswig DNotZ 96, 770); sa Rn 15, 18 und 20. **bb) schuldrechtliche Verfügungsverträge** (zu dinglichen vgl Rn 2) wie die **Abtretung** des Auflassungsanspruchs (BGH 89, 46 mN, str; aA Ertl DNotZ 76, 81), der Rechte aus einem Meistgebot (RG 150, 404) oder des Anspruchs aus einem ausgeübten Vorkaufsrecht (RG 155, 176); der **Verzicht** auf einen Eigentumsverschaffungsanspruch (BGH 103, 179; sa Rn 20). Zur Formfreiheit entspr Verpflichtungsverträge vgl Rn 16. **b) Vertraglich übernommene Veräußerungs- und (oder) Erwerbspflicht. aa) Begriff und Abgrenzung.** Veräußerungs-(Erwerbs-)pflicht ist jede Verpflichtung, die auch nur mittelbar darauf gerichtet ist, die bestehenden **Eigentumsverhältnisse** an einem Grundstück zu verändern. **Nicht** unter **I 1** fallen daher die Verpflichtung zur **Belastung** eines Grundstücks (Ausnahmen: § 1094 Rn 1, 4; ErbbauVO 11 II), die **Verpflichtung, nicht** oder nicht an bestimmte Personen zu veräußern (BGH 103, 238 mN), bzw nicht oder nicht von diesen zu erwerben. **bb) Arten.** Die Veräußerungs-(Erwerbs-)pflicht kann **Haupt-** (Bsp: Veräußerungsverträge) oder **Neben**pflicht des Vertrags sein (zB Einbringungspflicht in Gesellschaft, Rn 25); die Ver-

Vollkommer 349

§ 311 b Buch 2. Abschnitt 3. Schuldverhältnisse aus Verträgen

äußerungspflicht kann sich auf ein **eigenes** oder ein **fremdes** Grundstück beziehen (München NJW 84, 243), dem **Vertragspartner** oder einem **Dritten** gegenüber bestehen (BGH 92, 170), zB bei Makler- oder Parzellierungsvertrag (Rn 27).

13 **cc) Mittelbare Bindung** des Verpflichteten genügt (BGH NJW 92, 3238 mN; zur Abgrenzung s BGH NJW 02, 1792), zB die Abhängigkeit der Verpflichtung von einer **Bedingung** (Celle NJW 77, 52), auch (soweit überhaupt zulässig: § 158 Rn 4) einer sog Wollensbedingung (BGH NJW-RR 96, 1167; Wolf DNotZ 95, 185, str). **Fälle:** Eine bedingte Veräußerungs-(Erwerbs-)pflicht begründen insbes der **Vorvertrag** (BGH 69, 263; 82, 403; 97, 154 f; ie Wolf DNotZ 95, 182 f; § 463 Rn 6), die Vereinbarung eines persönlichen (§ 463 Rn 12) oder dinglichen **Vorkaufsrechts** (BGH NJW-RR 91, 206 mN; ie Wolf DNotZ 95, 189 ff; aA Einsele DNotZ 96, 855 ff), eines **Wiederkaufs-(verkaufs-)rechts** (§ 456 Rn 6) oder eines **Optionsrechts** (Ankaufs- und Kaufanwärtervertrag, vgl BGH NJW 87, 1069; Abgrenzung zur formfreien Ausübung: Rn 9; Optionsentschädigung, vgl BGH NJW 86, 246), die einen indirekten Erwerbszwang begründende **Reservierungsvereinbarung** (BGH 103, 239 bejahend bei 10% der üblichen Maklergebühr; übersteigender Reservierungsgebühr; weitergehend Hamburg NJW-RR 92, 21 bei hohem Absolutbetrag), ferner die **Ausbietungsgarantie** (BGH 110, 321). Soweit die Ausgestaltung der **Vollmacht** bereits zu einer Bindung des Vollmachtgebers

14 führt, gilt **I 1** auch für diese entspr (Rn 29). **dd)** Die Übernahme **abhängiger Verpflichtungen** fällt unter **I 1**, wenn den Verpflichteten eine eigene Veräußerungs-(Erwerbs-)pflicht trifft (BGH NJW 96, 2504 mN: Vertragseintritt) oder der Veräußerer (Erwerber) in seiner Entschließungsfreiheit beeinträchtigt wird. **I 1** gilt daher für die **Schuld-(mit-)übernahme** der Veräußerungs- (RG 103, 156, hM) oder Abnahmepflicht beim Grundstückskauf, nicht aber der Kaufpreiszahlungspflicht (MK/Kanzleiter § 313, 16, 29), desgl nicht für die **Bürgschaft** auf Veräußerer- (RG 140, 219) oder Erwerberseite, es sei denn die Bürgschaft ist wesentlicher Bestandteil des Veräußerungsvertrags (BGH NJW 62, 586; Rn 19). Formbedürftig sind grundstücksbezogene **Vertragsstrafversprechen** (vgl § 344), desgl wegen ihres mittelbaren Zwangs zum Abschluß **uneigentliche Strafgedinge** (§ 343 II) für den Fall der Nichtveräußerung oder des Nichterwerbs eines Grundstücks (BGH 76, 47; Düsseldorf NJW-RR 93, 668; Rn 27, 30), idR aber nicht formbedürftige Verträge lediglich **vorbereitende** RGeschäfte (BGH NJW 90, 391 für Anlagevermittlung, im Einzelfall I 1 entspr bejahend; verneinend Köln NJW-RR 90, 1112 für

15 Architektenvertrag; sa Rn 27). **ee) Vertraglich neu geschaffene Verpflichtung.** Daran fehlt es, wenn in der Vereinbarung nur eine **kraft Ges** bestehende Verpflichtung zur Übertragung oder zum Erwerb eines Grundstücks bestätigt wird (BGH 92, 171). Formfrei gültig sind daher die Erklärung des **Rücktritts** (§ 349) vom Grundstückskauf (Wufka DNotZ 90, 354; sa Rn 20); die **Auseinandersetzung** einer **Gemeinschaft** gem § 752 (OGH NJW 49, 64) oder einer **Gesellschaft** (Mitbergemeinschaft) durch Ausscheiden eines Gesellschafters (Miterben) gem § 738 I 1 (BGH 138, 11); der **Auftrag** zum Grundstückserwerb (vgl § 667), sofern nicht für den Auftraggeber eine Erwerbspflicht (arg § 670) begründet wird (dazu

16 näher Rn 24). **c) Gegenstand** des Vertrags muß ein Grundstück oder Grundstücksteil (vgl Rn 18) sein; gleichgestellt ist der Miteigentumsanteil (vgl ferner Rn 3) und die Auflösungswartschaft (Rn 23), nicht aber der Auflassungsanspruch (Rn 10); Verpflichtungsverträge, über diesen zu verfügen, fallen nicht unter **I 1** (Rn 23). Nicht erforderlich ist, daß sich die Verpflichtung nur oder speziell auf ein Grundstück bezieht; Verpflichtung zur **Veräußerung eines Handelsgeschäfts,** zu dem ein Grundstück gehört, daher formbedürftig (BGH MDR 79, 469, hM), nicht dagegen der Verkauf von Anteilen einer Personengesellschaft, mag auch das Gesellschaftsvermögen im wesentlichen aus Grundstücken bestehen (ie Rn 25).

17 **3. Umfang des Formzwangs. a) Allgemeines.** Dem Beurkundungserfordernis (**I 1**, § 128, BeurkG 9) unterliegt nicht nur die Veräußerungs- und Erwerbspflicht, sondern der **ganze** Vertrag (BGH NJW 74, 271; sa § 126 Rn 7 f). Form-

Titel 1. Begründung, Inhalt und Beendigung **§ 311 b**

bedürftig sind daher alle Vereinbarungen, aus denen sich nach dem Willen der Parteien das gesamte schuldrechtliche Veräußerungsgeschäft zusammensetzt (BGH 85, 317; 89, 43; NJW 89, 899 mN; München NJW-RR 91, 86 f, stRspr und allgM; sa Rn 19). Zu beurkunden sind insbes alle **Haupt-** und **Nebenabreden** (vgl BGH 116, 254 f; NJW 97, 252 mN), soweit von den Parteien für wesentlich gehalten (andernfalls greift § 139 HS 2 ein, vgl Rn 34). Die willkürliche Aufspaltung eines einheitlichen Grundstücksgeschäfts in formbedürftige und nicht formbedürftige Teilgeschäfte ist nicht möglich (Stuttgart JZ 70, 289). Die Beurkundung muß so **bestimmt** sein, daß der rechtsgeschäftliche Wille wenigstens andeutungsweise in der Urkunde zum Ausdruck kommt (BGH 87, 154 mN; NJW 96, 2792 f, str; zur sog Andeutungstheorie s § 126 Rn 7 f). **Auslegung** (§§ 133, 157) und damit Berücksichtigung von außerhalb der Urkunde liegenden Umständen ist möglich (BGH 87, 154; § 133 Rn 5); maßgebend ist der Kenntnisstand der an der Beurkundung beteiligten Vertragspartei (München NJW-RR 93, 1169). Das übereinstimmend Gewollte gilt auch bei versehentlicher Falschbeurkundung (Rn 36). Schriftstücke (öffentl und private Urkunden) sowie Karten, Zeichnungen und Abbildungen (zB Baupläne, Baubeschreibungen) werden nur bei **Mitbeurkundung** (vgl BeurkG 9 I 2 und 3, 13, 13 a) Vertragsbestandteil, bloße Bezugnahme genügt nicht (zu den Anforderungen ie BGH NJW 94, 1289; NJW-RR 01, 953; ZIP 02, 860; Abgrenzung zu nicht beurkundungsbedürftigen lediglich identifizierenden Unterlagen: BGH NJW 98, 3197; sa Rn 19); wegen der vor dem 27. 2. 1980 abgeschlossenen Verträge vgl Rn 46 f). **Einzelheiten:** Rn 18–21. **b) Beurkundung der Leistungen.** Das Grundstück (Rn 16) ist in der Urkunde hinreichend bestimmt zu bezeichnen (Anforderungen bei nicht vermessener Teilfläche: BGH 74, 120 f mN; NJW 89, 898; bei noch nicht gebildeten Wohnungseigentum: BGH NJW-RR 02, 415; sa § 925 Rn 4; zur Falschbezeichnung sa Rn 36), die Gegenleistung, insbes der Preis, ist richtig und vollständig anzugeben (BGH 85, 318; 116, 254 f [„Überverbriefung"]; NJW 86, 248; sa Rn 35); ebenso die Verrechnung von Gegenforderungen (BGH NJW 00, 2100). Soll die Leistung (Grundstück, Preis) durch eine Vertragspartei oder einen Dritten bestimmt werden (§§ 315, 317), ist (nur) die Bestimmungsvereinbarung zu beurkunden (BGH 63, 364; NJW 98, 845), die Leistungsbestimmung selbst ist dagegen formfrei (BGH 97, 154 mN, stRspr). Nicht beurkundungsbedürftig ist der *Inhalt* einer mitübernommenen (bestehenden) Verpflichtung (BGH 125, 238). **c) Bei zusammengesetzten Verträgen** (zum Begriff vgl § 311 Rn 29) erstreckt sich der Formzwang auf die mit dem Grundstücksveräußerungs-(erwerbs-)geschäft in *rechtlichem Zusammenhang* stehenden Vereinbarungen und RGeschäfte (BGH 104, 22), auch soweit sie einzeln formfrei abgeschlossen werden könnten (BGH NJW 84, 613; 86, 845; NJW-RR 93, 1421 mN). Ein formbedürftiger einheitlicher **Gesamtvertrag** liegt vor, wenn die verschiedenen Vereinbarungen (RGeschäfte) nach dem Parteiwillen derart voneinander abhängen, daß sie miteinander „stehen und fallen" sollen (BGH 76, 49 mN; 101, 396 mN; NJW 94, 2885 mN; 95, 2548, stRspr; sa § 311 Rn 29); tatsächlicher oder wirtschaftlicher Zusammenhang ist nicht ausreichend (Hamm DNotZ 96, 1049). Keine Erstreckung des Formzwangs auf *einseitig* von der Veräußerung des Grundstücks abhängige nicht formbedürftige Abrede (BGH NJW 00, 951; 01, 227). Sind selbständig denkbare Vereinbarungen in *einer* Urkunde niedergelegt, so spricht die Vermutung für die Einheitlichkeit des RGeschäfts (BGH 89, 43; WM 85, 324). Bei getrennter Beurkundung muß der rechtliche Zusammenhang („Verknüpfungswille") urkundlich zum Ausdruck kommen (BGH 104, 22 f; NJW-RR 93, 1421). **Bsp** (Umstände des Einzelfalls entscheiden, zit Rspr iE zT verneinend): Kauf mit vorgeschaltetem Mietvertrag (München NJW-RR 87, 1042); Grundstücksveräußerung mit gleichzeitiger Zurückmietung (RG 97, 220); Pacht mit Einräumung von Ankaufsrecht (RG 169, 188); Grundstücksverkauf und Sicherungsabrede (BGH NJW 83, 565); Grundstückskauf und Treuhandvertrag im Rahmen eines Bauherrenmodells (BGH 101, 397; NJW-RR 90, 340 mN); Grundstückskauf und Übertragung der Rechte aus Bau-

18

19

§ 311 b Buch 2. Abschnitt 3. Schuldverhältnisse aus Verträgen

genehmigungsplanung (BGH NJW 98, 3197); Bauvertrag und Grundstückserwerb (BGH NJW 94, 722); uU Fertighaus-(bau-)vertrag und noch abzuschließender Grundstückskauf (so Köln NJW-RR 96, 1484 f; Hamm NJW-RR 95, 1045; aA Koblenz NJW-RR 94, 296); Verkauf von Grundstücken als zusammengehörig in getrennten Urkunden (BGH NJW 00, 2017; KG NJW-RR 91, 688). IdR rechtlich **selbständig** sind dagegen die im Veräußerungsvertrag mitbeurkundete Auflassungsvollmacht (einschr BGH NJW-RR 88, 351; 89, 1100; sa Rn 29) und Auflassung (RG 104, 104; sa Rn 35) sowie der nur in der Form von ZPO 1031 für das Grundstücksgeschäft geschlossene Schiedsvertrag (BGH 69, 260, str). **Vereinbarungen mit Dritten** sind idR nicht in den rechtlichen Zusammenhang einbezogen (vgl BGH NJW-RR 91, 1032 mN). Bsp für Ausnahme: BGH NJW 89, 899 mN; KG NJW-RR 91, 688. **d)** Bei der **Vertragsaufhebung** (sa § 125 Rn 8) ist zu unterscheiden (ie str, s Eckardt JZ 96, 934): Formzwang gilt für die Rückkaufsvereinbarung nach vollzogenem Kaufvertrag (BGH 104, 277; Grund: Erwerbspflicht gem **I 1** wird für den Verkäufer begründet); formfrei ist aber die Aufhebung bei (selten) Rückabwicklung ausschließlich gem §§ 812 ff (BGH 127, 173 f; krit zur Unterscheidung Eckardt aaO 937 ff). Formbedürftig ist die Vertragsaufhebung **nach** Erklärung der Auflassung und Stellung eines Eintragungsantrags (GBO 13) durch den Auflassungsempfänger oder Eintragung einer Auflassungsvormerkung (BGH 83, 399 ff; NJW 99, 352, str; aA Müller-Michaels NJW 94, 2743 mN; Grund: **I 1** gilt entspr [auch **I 2**: Rn 39] bei Aufhebung von entstandener Anwartschaft, BGH 103, 179, str); formfrei ist aber die Vereinbarung bei Mitaufhebung auch der Auflassung (BGH NJW 93, 3325 f; krit Ernst ZIP 94, 608 f; Eckardt aaO 940 ff; sa § 925 Rn 18; § 873 Rn 17 [e], 21; § 883 Rn 1, 15). **Vor** Auflassung ist Aufhebung formfrei möglich, auch wenn für den Erwerber eine Auflassungsvormerkung eingetragen ist (BGH 89, 44 f; 103, 179). Formfrei ist der **Rücktritt** kraft Vertrags oder Ges (Rn 15) sowie der **Erlaß** des Auflassungsanspruchs (Rn 10).

e) Vertragsänderungen, die anstelle der ursprünglichen Vereinbarung treten, sind grundsätzlich wie diese (s Rn 7–16) formbedürftig, wenn sie bis zur Auflassung getroffen werden (BGH 56, 163; 66, 271; NJW 88, 3263, hM; sa § 125 Rn 8). Eine Ausnahme besteht für Vereinbarungen, die lediglich der Vertragsabwicklung und -durchführung dienen und die den wesentlichen Vertragsinhalt nicht ändern (BGH 140, 221; NJW 01, 1932; Hagen DNotZ 84, 277, str; aA MK/Kanzleiter § 313, 58 f). Bsp: Verlängerung der Rücktrittsfrist (BGH 66, 270); nachträgliche Vereinbarung der Baubeginnfrist und eines Rücktrittsrechts, um beim Erwerbervertrag einen unvorhersehbaren Umstand zu regeln (BGH NJW 01, 1933); Regelung von Modalitäten der Kaufpreiszahlung, zB nachträgliche Kaufpreisstundung; anders uU bei teilw Kaufpreiserlaß (s BGH NJW 82, 435; Zeller aaO S 144 ff: nur bei Bagatelländerung). Nach der Auflassung sind Änderungen formfrei möglich (BGH 104, 277; NJW 85, 266); gilt entspr für Grundstück in der fr DDR nach Vollzug des Eigentumswechsels (BGH WM 01, 1154).

4. Formbedürftigkeit in Einzelfällen. a) Abänderung und **Aufhebung** des Vertrags (Rn 20 f). **Ankaufsrecht** s „Vorvertrag" (Rn 30). **Anrechnungsabrede** betr Vorauszahlung (BGH NJW 86, 248; Rn 18). **b)** Der **Auflassungsanspruch** ist formlos abtretbar (Rn 10); formfrei möglich ist auch die entspr *Verpflichtung* hierzu (BGH 89, 45 mN); bei der **Auflassungsanwartschaft** gilt für die Übertragung § 925 (§ 873 Rn 21 [aa]), für das zugrundeliegende Verpflichtungsgeschäft I 1 entspr (BGH 83, 400; 103, 179). **Auflassungsvollmacht:** s Rn 19, 29, 35.

c) Auftrag (oder **Geschäftsbesorgungsvertrag,** § 675) sind (immer) dann formbedürftig, wenn Beauftragter oder Auftraggeber zur Veräußerung oder zum Erwerb von Grundstückseigentum verpflichtet werden (zum Problem BGH 82, 294; 85, 248 f; 127, 170; NJW 96, 1960; Lode BB 86, 84 ff). Für den **Beschaffungs-(Erwerbs-) auftrag** besteht kein Formzwang gem **I 1, 1. Alt,** wenn der Beauftragte das Grundstück im eigenen Namen, aber für Rechnung des Auftraggebers zu erwerben hat (BGH 82, 294 mN, hM); Grund: Übereignungspflicht des

Titel 1. Begründung, Inhalt und Beendigung **§ 311 b**

Beauftragten ist dann nur ges Folge (s §§ 667, 675) des Auftrags (BGH 82, 294 und 296; 85, 248 f; 127, 170 f mN; NJW 96, 1960; aA Schwanecke NJW 84, 1586). Jedoch greift Formbedürftigkeit gem **I 1, 2. Alt** ein, wenn für den Beauftragten oder Auftraggeber eine (auch mittelbare) **Erwerbspflicht** begründet wird (BGH 127, 171 mN; NJW 96, 1960). Keine Erwerbspflicht besteht, wenn das Grundstück an Dritte übertragen werden soll (BGH NJW 87, 2071). Auf den Formmangel wegen einer Erwerbsverpflichtung des Auftraggebers gem I 1, 2. Alt kann sich jedoch der sonst zur Herausgabe verpflichtete Beauftragte uU wegen § 242 nicht berufen (BGH 85, 251 f; NJW 96, 1960 f: Einzelfallabwägung). Bsp für Erwerbspflicht des Auftraggebers: Baubetreuungs- und Verwaltungsauftrag (BGH NJW 85, 730 mN); von Auftraggeber und -nehmer: Ersteigerungsauftrag (BGH 85, 250 und 251). Beim **Bauherrenmodell** ist für den Formzwang zwischen den verschiedenen Einzelverträgen zu differenzieren (ie str, s Greuner/Wagner NJW 83, 193 ff mN); der Treuhand-(betreuungs-)vertrag ist idR formbedürftig (BGH 101, 397 f; NJW 92, 3238; Heckschen aaO S 103). Der **Auftrag zur Veräußerung** eines Grundstücks ist formfrei, soweit er noch keine Bindung zur Veräußerung begründet (vgl § 671 I; sa BGH 82, 403; NJW 70, 1916 sowie Rn 29); anders, wenn der beauftragte Eigentümer verpflichtet ist, an einen vom Auftraggeber benannten Dritten zu veräußern (BGH 92, 171) oder für den Grundstücksinteressenten eine Erwerbspflicht begründet wird (BGH NJW 87, 2071 f). **d) Ausbietungsgarantie** (Rn 13). **Bürgschaft** (Rn 14). **e) Gemeinschaftsauseinandersetzung** (Rn 15). 25
f) Gesellschaftsverträge (ie Grunewald, FS Hagen, 1999, S 277; Ulmer/Löbbe DNotZ 98, 711). Ist ein Gesellschafter zur **Einbringung** eines Grundstücks verpflichtet (zB bei Gründung, Beitritt), gilt **I 1**, wenn es auf die Gesellschaft übertragen werden soll (Grunewald aaO S 278 mN, allgM), dagegen nicht, wenn der Grundbesitz nur zur Nutzung überlassen (RG 109, 383) oder nur dem Wert nach eingebracht wird (Hamburg NJW-RR 96, 804). Formfrei ist die Gründung einer **Innengesellschaft,** wenn das eingebrachte Grundstück dem nach außen auftretenden Gesellschafter gehört, soweit nicht Verwertung vorgesehen (RG 166, 165, hM). Die Gründung einer **Gesellschaft** zum Zweck des Erwerbs und der Veräußerung von Grundstücken (zB Parzellierungsgesellschaft) ist (nur) formbedürftig, wenn eine (konkrete) Erwerbspflicht für einen (die) Gesellschafter begründet wird (vgl BGH NJW 96, 1280; 98, 376; Ulmer/Löbbe aaO 733 ff, str). Formfrei ist die Verpflichtung, in eine Personengesellschaft mit Grundbesitz einzutreten, aus ihr auszuscheiden oder Anteile an ihr zu übertragen oder zu erwerben (Grund: § 738 I 1; vgl BGH 138, 11; 140, 182; Grunewald aaO S 286); dies gilt auch dann, wenn das Gesellschaftsvermögen im wesentlichen aus Grundbesitz besteht (BGH 86, 370 f, str; einschr in Umgehungsfällen Ulmer/Löbbe aaO 718 ff; K. Schmidt ZIP 98, 6). Formbedürftig ist die Verpflichtung zur rechtsgeschäftlichen Grundstücksübertragung von einer Gesamthand auf eine personengleiche andere (RG 136, 406, hM). **g) Hofübergabevertrag,** uU bindet auch formlose Bestimmung des Übernehmers (ie BGH 119, 388 ff mN). **h) Maklervertrag.** 26 27
Formbedürftig ist die Verpflichtung gegenüber dem Makler, ein Grundstück an von diesem nachgewiesenen Interessenten zu verkaufen (BGH 82, 403; NJW 83, 1545) oder von diesem zu erwerben (BGH 89, 47; NJW 81, 2293; sa § 654 Rn 11 aE), ebenso eine Provisionsabrede unabhängig vom Erfolg (BGH 103, 239; NJW 90, 391 mN) oder ein Vertragsstrafeversprechen für den Fall des Unterlassens des Vertragsschlusses (BGH 76, 46 f mN; NJW 87, 54; München NJW 84, 243; Grund: Rn 14) und die Vereinbarung einer über bloßen Aufwendungsersatz (formlos zulässig: BGH 76, 48; ie § 652 Rn 32, 42) hinausgehenden „Unkostenpauschale" (BGH NJW 80, 1622; 87, 54 f; Dresden BB 99, 2342; krit Wolf DNotZ 95, 200 ff: Inhaltskontrolle) oder überhöhten „Reservierungsgebühr" (BGH 103, 239; o Rn 13). Besonderheiten bei der Heilung: Rn 39, 43. Für Maklerklauseln in Grundstücksverträgen gilt **I 1** (Piehler DNotZ 83, 23 f; sa Rn 8 vor § 652).
i) Öffentl-rechtlicher Vertrag (Rn 2). **k) Reservierungsvertrag** (Rn 13).
l) Abtretung des **Rückerstattungsanspruchs** nach VermG nebst Verpflichtung 28

Vollkommer 353

§ 311 b Buch 2. Abschnitt 3. Schuldverhältnisse aus Verträgen

hierzu (Rn 49). **Rückkauf** (Rn 20), **Rücktritt** (Rn 15, 20). **m)** Für die **Satzung** einer Genossenschaft, die zur Grundstücksverschaffung an ihre Mitglieder verpflichtet ist, gilt **I 1** nicht (BGH 15, 182; 73, 394 f; NJW 78, 2505; krit MK/ Kanzleiter § 313, 24); dies gilt auch für die Grundstückszuweisung (Karlsruhe
29 OLGZ 80, 447). **n) Schiedsvertrag** (Rn 19). **o) Schuld-(mit-)übernahme** (Rn 14); **Sicherungsabrede** (BGH NJW 83, 565). **p) Vollmacht und Genehmigung.** Veräußerungs- und Erwerbsvollmacht sind idR formfrei (§ 167 II), desgl die Genehmigung (§§ 182 II, 184 I; BGH 125, 220 ff mN, str; ie Rn 9). Ausnahmsweise besteht Formzwang bei Begründung einer tatsächlichen Bindungswirkung, wie bei unwiderruflicher Vollmacht (BGH 89, 47; 132, 124 mN; auch für das Grundgeschäft: BayObLG NJW-RR 96, 849 mN) und auch bei widerruflicher Vollmacht mit Recht zum Selbstabschluß (§ 181; BGH 132, 124 f mN; iE auch Wolf DNotZ 95, 199; ie § 167 Rn 10); ü kann die Vollmacht uU auch dann formbedürftig sein, wenn sie Bestandteil (vgl § 139) eines einheitlichen Veräußerungsgeschäfts ist (BGH NJW 92, 3238 mN; Korte DNotZ 84, 84 ff; vgl aber auch Rn 19 und 35). Die gleichen Grundsätze gelten für die **Auflassungsvollmacht**
30 (vgl RGRK/Ballhaus § 313, 58, str; aA MK/Kanzleiter 313, 46). **q) Verfallklausel** (BGH NJW 79, 307) und **Vertragsstrafeversprechen** (BGH 82, 403; NJW 87, 54; ie Rn 14 und 27). **r) Verzicht** auf **Auflassungsanspruch** (Rn 10, 20). **s) Vorkaufsrecht** (Rn 13). **t) Vorvertrag, Ankaufsrecht und Ausübung**
31 (Rn 9, 13). **u) Wohnungseigentum.** Der (zulässige) Bestimmungsvorbehalt des Verkäufers zur einseitigen Ausgestaltung der Teilungserklärung (Gemeinschaftsordnung) unterliegt **I 1** (BGH NJW 86, 845; sa Rn 18; iü str; vgl Reinelt, Brych, Löwe NJW 86, 826 f und 1478 f). **v) Zusammengesetzte** und **verbundene Verträge** (Rn 19, 24).

32 **5. Rechtsfolgen des Formmangels. a) Allgemeines.** Die heilbare (Rn 38 ff) Nichtigkeit (§ 125) iZw (§ 139 HS 1) des vollständigen Vertrags ist von Amts wegen zu beachten, auch wenn die Parteien auf den Einwand der Formnichtigkeit verzichtet haben (BGH NJW 69, 1169 mit Anm Reinicke). Erwerbsschutz durch Vormerkung (§ 883) nicht möglich (BGH 54, 63); uU besteht Anspruch auf Ersatz des Vertrauensschadens wegen Verschuldens bei Vertragsschluß (§ 311 II Rn 60, 61); ganz ausnahmsweise kann Berufung auf Formnichtigkeit durch **Treu und Glauben** (§ 242) ausgeschlossen sein (dazu BGH 85, 251 f und 318 f; 124, 324 ff; 127, 175; 149, 331 mN; weitergehend BGH ZIP 93, 710: auch auf andere Mängel; Rn 48; § 125 Rn 13 ff; § 242 Rn 50). Bis zur Eintragung (Rn 41) kann Geleistetes (zB mitbeurkundete oder später erteilte Auflassung) **kondiziert** werden (§ 812 I 1 oder I 2, 2. Alt), uU (trotz § 814) auch bei Kenntnis des Formmangels (vgl BGH 73, 205; NJW 76, 238; Häsemeyer aaO S 257, str; aA RG 133, 277); Ausschluß der Rückforderung: § 815 iVm § 242 (vgl BGH NJW 80, 451). Nutzlos aufgewendete Erwerbskosten (zB für Grundbuch, Finanzierung) kann der Käufer uU als Schadensersatz (§ 311 II Rn 54, 56), idR aber nicht als „Entreicherung" geltend machen (s BGH 116, 255 ff; dazu Canaris JZ 92, 1115; abl Eckert JR 92, 507; § 818 Rn 34, 39). **Fallgruppen** nach der Art des Form-
33 mangels: Rn 33–37. **b) Fehlende Beurkundung.** Ist ein formbedürftiger Vertrag überhaupt nicht oder nicht formgerecht beurkundet, ist er **insgesamt** nichtig (Rn 32); mit ihm verbundene nicht formbedürftige Vereinbarungen (RGeschäfte) sind aber gültig, soweit § 139 HS 2 eingreift (vgl Rn 19) oder den Parteien die Formnichtigkeit der formbedürftigen Abrede bekannt war (vgl RG 79, 437; 122,
34 141). **c) Unvollständige Beurkundung.** Ist ein formbedürftiger Vertrag unvollständig beurkundet, ist der nicht beurkundete **Teil** nichtig, die Gültigkeit des formgemäßen Teils richtet sich – soweit nicht Unvollständigkeit zur Unrichtigkeit führt – nach § 139 (BGH NJW 81, 222; 89, 899; 00, 2101); bei Kenntnis der Parteien von der Nichtigkeit des nicht beurkundeten Teils ist der übrige Teil iZw gültig (vgl BGH 45, 379 mN). Bei einer formnichtigen Kaufpreisverrechnungsabrede ist der Vertrag im übrigen gültig, wenn der Käufer die Belegung des

Titel 1. Begründung, Inhalt und Beendigung **§ 311 b**

Kaufpreises beweisen kann (BGH NJW 00, 2101). Hinsichtlich des formnichtigen Teils kann Heilung gem **I 2** in Frage kommen (Rn 40). **d) Unrichtige Beurkundung. aa)** Bei **bewußt unrichtiger Beurkundung** (insbes „Unter- oder Überverbriefung" des Kaufpreises) ist der beurkundete Vertrag als Scheingeschäft nichtig (§ 117 I), der gewollte Vertrag (trotz § 117 II) wegen Formmangels ungültig (§ 125; BGH 54, 62; 89, 43; NJW 86, 248, hM; zur Beweislast: BGH MDR 78, 567). Die in einem solchen Vertrag enthaltene Auflassung oder Auflassungsvollmacht ist iZw auch unwirksam (§ 139 HS 1), außer sie ist unabhängig vom beurkundeten Vertrag (zB zur Sicherung der Vollziehung) erteilt (BGH NJW-RR 89, 1100). **bb)** Bei **unbewußt unrichtiger Beurkundung** ist im Fall übereinstimmenden Parteiwillens der Vertrag mit dem gewollten Inhalt gültig zustandegekommen *(falsa demonstratio*, § 119 Rn 2, § 133 Rn 9; BGH NJW 02, 1039 mN; Hagen DNotZ 84, 283; Bsp: Irrtümliche Falschbezeichnung des Grundstücks, vgl BGH 87, 152 f mN, hM); versehentliche Beurkundung nicht vereinbarter Klausel (BGH NJW-RR 88, 971); **nicht** aber: Beurkundung von Kauf eines Miteigentumsanteils, wenn übereinstimmend Kauf einer Teilfläche gewollt war (BGH NJW-RR 88, 265: S 1, § 125 gilt). **Lit:** Scherer aaO S 46 ff, 79 ff. **cc) EinV.** Bei DDR-Grundstücksveräußerungen, die als Schein-(Umgehungs-)geschäfte nicht richtig beurkundet waren, kann die Geltendmachung des Formmangels durch das VermG ausgeschlossen sein oder gegen § 242 verstoßen (vgl BGH 122, 204; 124, 321; ie Tropf WM 94, 94 f; zum Ausschluß zivilrechtlicher Mängel sa allg BVerfG NJW 97, 447; Messerschmidt NJW 97, 169).

35

36

37

6. Heilung (I 2). a) Allgemeines. aa) Bedeutung: Einschränkung des Formzwangs. Der **Grund** liegt nicht so sehr in der Erledigung (Erreichung) der Formzwecke (so aber BGH 32, 13, hM; krit Häsemeyer aaO S 89 ff), sondern in der Aufrechterhaltung sachenrechtlich abgeschlossener Verhältnisse im Interesse der Rechtssicherheit (BGH 73, 397; 124, 323 f; 127, 137 mN); deshalb darf das Grundbuchamt eine Eintragung wegen Formmangels nicht verweigern (Oldenburg DNotZ 85, 713). **I 2** ist kein Anwendungsfall von § 141 I (BGH 32, 13). Eine dem **I 2** nachgebildete **Sondervorschrift** enthält VermG 3 I 2 HS 4 (Rn 49). **bb) Anwendungsbereich:** Wegen § 925 a Formmängel gem Rn 34 ff. **Entspr Anwendung** wird in Einzelfällen zur Minderung von Härten (Hagen DNotZ 85, Sonderheft S 39) bejaht, doch lehnt hM Ableitung eines allg Heilungsprinzips aus I 2, §§ 518 II, 766 S 2, GmbHG 15 IV ab (BGH NJW 67, 1131; Pohlmann aaO S 178 ff; krit Häsemeyer aaO S 105 ff, 259 ff). **Bsp** für Formheilung durch Erfüllung **entspr I 2:** Formungültiger Vorvertrag durch formgemäßen Abschluß des Hauptvertrags (BGH 82, 404; NJW 87, 1628; einschr NJW-RR 93, 522; allg Hagen DNotZ 84, 289 ff mN); formungültige Verpflichtung zur Veräußerung an einen Dritten (s Rn 27) durch formgültigen Abschluß des Kaufvertrags mit dem Dritten (BGH 82, 403 ff; NJW 94, 720; Reinicke/Tiedtke NJW 82, 1431 ff); formungültiger Maklervertrag durch notariellen Kaufvertrag (BGH NJW 87, 1628); formungültiger Kaufvertrag über ausländisches Grundstück (s Rn 4) durch Eigentumserwerb ohne Eintragung (BGH 52, 243; 73, 396 f); formungültige Vertragsaufhebung (Rn 20) durch Aufhebung entstandener Anwartschaft (Düsseldorf DNotZ 90, 371; Pohlmann DNotZ 93, 359: Löschung der Auflassungsvormerkung; offenlassend Saarbrücken NJW-RR 95, 1106). **b) Voraussetzungen. aa) Formwidrig geschlossener Grundstücksveräußerungsvertrag** oder formwidrige *sonstige* dem Formzwang unterliegende Vereinbarung (zB iSv Rn 27). **bb)** Die **Willensübereinstimmung der Parteien** muß bis zur Auflassung (Rn 41) **fortbestehen** (BGH 127, 137 mN, stRspr; abw Larenz, SchR I, § 5: Fehlen einseitigen Widerrufs). Kenntnis der Parteien vom Formmangel schließt tatsächlichen Bindungswillen nicht aus (BGH NJW 85, 2423; Oldenburg DNotZ 85, 713). Sonstige Unwirksamkeitsgründe dürfen nicht vorliegen (BGH DNotZ 69, 350; Rn 43 ff). Nach bindender (§ 925 Rn 16) Auflassung ist einseitiger Widerruf bedeutungslos (arg § 873 II); Möglichkeiten des Veräußerers zur Verhin-

38

39

40

§ 311 b Buch 2. Abschnitt 3. Schuldverhältnisse aus Verträgen

41 derung der Heilung: Rn 41. **cc) Wirksame Auflassung.** Zu den allg Wirksamkeitsvoraussetzungen, insbes Form- und Genehmigungserfordernissen vgl § 925 Rn 3 ff, 11 ff, 21. Ist die Auflassung in der **gleichen Urkunde** wie der formungültige Veräußerungsvertrag erklärt (häufig), führt dies idR nicht zu ihrer Formungültigkeit (Rn 19 und 35); das gleiche gilt für die mitbeurkundete Auflassungsvollmacht (Rn 19). Durch Klage auf **Kondiktion der Auflassung** (Rn 32) oder Eintragung eines Widerspruchs (RG 109, 334) kann die heilende Eintragung nicht verhindert werden (RG 109, 354). Der Veräußerer kann aber – auch noch nach Eingang des Eintragungsantrags – im Wege einstweiliger Verfügung ein **Erwerbsverbot** erwirken; trotzdem erfolgte Eintragung ist entspr
42 §§ 135, 136 relativ unwirksam (vgl BayObLG Rpfleger 78, 306 mN). **dd)** Die **vollzogene Eintragung** muß das veräußerte Grundstück betreffen; bei Fehleintragung keine Heilungswirkung (RG 60, 340; 61, 265). Werden mehrere Grundstückskaufverträge als einheitliches Geschäft abgeschlossen, tritt Heilung mit der letzten Eintragung ein (BGH NJW 00, 2017). Bewilligung und Eintragung
43 einer Auflassungsvormerkung genügen nicht (LM Nr 19). **c) Rechtsfolgen: Wirksamwerden des Vertrags. aa) Zeitpunkt:** Der wegen Formmangels nichtige Veräußerungsvertrag **wird** mit dem Zeitpunkt gültig, in dem Auflassung **und** Eintragung erfolgt sind. Die Heilung hat keine Rückwirkung (BGH 54, 63; 82, 406, hM, ebenso BGH 138, 203 für GmbHG 15 IV 2, str; aA Larenz, SchR I, § 5), jedoch führt entspr Anwendung von § 141 II (vgl BGH 32, 13; sa Rn 38) im Verhältnis zwischen den Parteien zu ähnlichem Ergebnis; vorher eingetragene Auflassungsvormerkung ist aber wirkungslos (BGH 54, 63; NJW 83, 1545, hM, str), für früheren Verzug ist idR kein Raum (BGH WM 79, 253), eine Vertragsstrafe ist nicht verwirkt (zutr Reinicke/Tiedtke NJW 82, 1434 ff gegen BGH 82, 406). Im Rahmen der **entspr Anwendung** des **I 2** (Rn 39) kann für die Heilung auch ein früherer Zeitpunkt in Frage kommen; Bsp: Abschluß des Hauptvertrags (vgl BGH 82, 404); Abschluß des Veräußerungsvertrags mit dem Dritten (BGH 82,
44 406); Zuschlag gem ZVG 90 (Eintragung offenlassend BGH 85, 251). **bb) Umfang.** Geheilt werden nur **Formmängel**, außer Verletzung von I 1 auch Verstöße gegen andere Formvorschriften, die keinen weitergehenden Schutzzweck verfolgen (BGH NJW 78, 1577 für § 761), nicht aber sonstige Mängel (BGH 124, 323 f; DNotZ 69, 350; Zweibrücken OLGZ 85, 47 für GmbHG 15 IV 1; KG DNotZ 87, 104; Rn 40). Die Heilung umfaßt den gesamten Inhalt des Vertrags (Rn 17) einschließlich aller Neben- und Änderungsvereinbarungen (BGH 59, 272; NJW 85, 2423), auch soweit sie für sich allein nicht formbedürftig waren, aber wegen des Zusammenhangs (Rn 19) zu beurkunden waren (BGH 89, 48; NJW 94, 720); eine formnichtige Wiederkaufsabrede wird daher bereits mit Auflassung und Eintragung des Erwerbers wirksam (BGH NJW 75, 206; § 456 Rn 6), **nicht** jedoch weitere den (nicht gem I 2 eingetragenen) Veräußerer treffende Übereignungspflichten gegenüber dem Erwerber (BGH 59, 273), desgl nicht formunwirksame Neben-
45 abreden, die *nach der Auflassung* getroffen wurden (BGH 104, 278). **cc) Die Verjährung** aller vertraglicher Ansprüche beginnt erst mit der Heilung (RG 134, 87).

46 **7. Heilung nach dem BeurkÄndG. a) Zweck.** Nach der neueren – zT im Widerspruch zur notariellen Beurkundungspraxis stehenden – „Bezugnahme-Rspr" des BGH (insbes BGH 74, 346; NJW 79, 1495, 1498, 1984; 96, 2793; weniger formstreng noch BGH 63, 359; NJW 77, 2072; Rspr-Überblick: Hagen NJW 79, 2135; Kamlah MDR 80, 532) waren zahlreiche notarielle Verträge, in denen auf Teilungserklärungen, Baubeschreibungen und Baupläne Bezug genommen war, nicht gehörig iSv BeurkG 9 I 2, 13 beurkundet und damit formunwirksam (§§ 125, 313). Das BeurkÄndG erklärt **vor** dem **27. 2. 1980** geschlossene, an bestimmten Beurkundungsmängeln leidende notarielle Verträge für „nicht nichtig" (BeurkÄndG 1 I iVm 5) und ordnet insoweit eine **rückwirkende Heilung** des Formmangels an (BGH NJW 81, 2803; 83, 2137: unbedenklich: BVerfG 72, 318 ff;
47 BGH ZIP 93, 709). **b)** Die beiden **Heilungstatbestände** betreffen Verstöße gegen

Titel 1. Begründung, Inhalt und Beendigung **§ 311 b**

Beurkundungsvorschriften bei der (ersetzenden) Bezugnahme auf Erklärungen iwS, wobei nach der Form des in Bezug genommenen Schriftstücks unterschieden wird. Bei Verweisung auf eine (nicht mitbeurkundete) öffentl Urkunde (Bsp: notarielle Teilungserklärung; behördliche Genehmigung) tritt die Heilung ohne weitere Voraussetzungen ein (BeurkÄndG 1 I 1); ist dagegen auf Karten, Zeichnungen (Bsp: Baupläne), Abbildungen oder Schriftstücke (Bsp: Baubeschreibungen) verwiesen, ist weiter erforderlich, daß sich der Inhalt der „Hauptinhalt" der beiderseitigen Vertragspflichten „in hinlänglich klaren Umrissen" aus der Vertragsurkunde ergibt (BeurkÄndG 1 I 2; zu diesem Erfordernis: BGH NJW 81, 229). Soweit die Heilungswirkung reicht, sind die in Bezug genommenen Schriftstücke nicht nur Auslegungsbehelf des beurkundeten Vertragsinhalts (vgl Rn 17), sondern selbst echter Vertragsbestandteil. **Lit:** Dietlein DNotZ 80, 195; Lichtenberger NJW 80, 864; Ludwig AcP 180, 385; Nieder BB 80, 1130; Kamlah MDR 80, 538; Winkler Rpfleger 80, 169.

8. EinV und VermG. Neuerungen durch das am 22. 7. 1992 in Kraft getretene **48**
2. VermRÄndG vom 14. 7. 1992 (BGBl I, S 1257): **a) Heilungsvorschrift.** Vor dem 3. 10. 1990 wurden zahlreiche Verträge über im Gebiet der damaligen DDR gelegene Grundstücke statt von den staatlichen Notaren der DDR (s ZGB 67 I 3, 297 I 2; RAnwendG 12 III) von Westnotaren beurkundet, deren *Beurkundungszuständigkeit* zweifelhaft war (s Begründung BT-Drs 12/2480, S 76); durch den dem BeurkÄndG (Rn 46 f) nachgebildeten EGBGB 231 § 7 wird ein möglicher Formmangel seit 22. 7. 1992 rückwirkend geheilt (s BGH ZIP 93, 709; PalHeinrichs EGBGB 231 § 7 Rn 3). Die Heilungswirkung bezieht sich nur auf den Beurkundungsmangel und erstreckt sich nicht auf andere (materiell-rechtliche) Unwirksamkeitsgründe (Begründung aaO), zB die fehlende notwendige Mitbeurkundung der Übereignungserklärung iSv ZGB 297 I 1 oder unrichtige Beurkundungen iSv Rn 35 ff; insoweit kann uU Heilung gem § 242 (vgl BGH 124, 324 ff) oder nach dem (Formrügen uU ausschließenden) VermG in Frage kommen (vgl BGH 122, 210 f; dazu Rn 37). Im Umfang der eingetretenen Heilung werden zwischenzeitlich geschlossene Vergleiche unwirksam (EGBGB 231 § 7 III).
b) Formvorschrift. Der notariellen Beurkundung (§ 128) bedarf die Abtretung **49** des *vermögensrechtlichen Rückerstattungsanspruchs* und die Verpflichtung hierzu, wenn der Rückerstattungsanspruch auf Rückübertragung eines Grundstücks, Gebäudes oder Unternehmens gerichtet ist (VermG 3 I 2 HS 2). Grund: Rechts-/Beweissicherheit für das Rückerstattungsverfahren, Warnfunktion (ie Begründung BT-Drs 12/2480, S 39). **Heilung** des Formmangels: VermG 3 I 2 HS 3.

II. Vertrag über künftiges Vermögen (II)

1. Allgemeines. a) Bedeutung: Selbständiger Nichtigkeitsgrund, Ausprägung **50** von § 138 I (abl Mayer-Maly AcP 194, 155). Das SchRModG hat § 310 aF ohne inhaltliche Änderung in **II** übernommen. **b) Zweck:** Schutz der freien Persönlichkeit vor übermäßiger Beeinträchtigung ihrer wirtschaftlichen Bewegungsfreiheit (Becker, FS Pleyer, 1986, S 491). **c) Anwendungsbereich.** Betrifft nur schuld- **51** rechtliche Verpflichtungsverträge (vgl Rn 57), nicht dagegen familien- (insbes §§ 1408 ff) und erbrechtliche Verträge (§§ 1941, 2274 ff; sa § 2302). Für verfügende (insbes dingliche) Verträge gilt ohnehin der Bestimmtheitsgrundsatz (vgl § 929 Rn 5; § 930 Rn 16), doch ist auf die Abtretung sämtlicher künftiger Geschäftsforderungen **II** entspr anwendbar (RG 67, 168). Gilt auch für **jur Personen** (RG 169, 83), doch bestehen für sie zT Sondervorschriften; für Verschmelzungsverträge gilt **II** nicht (vgl UmwG 4 I 2; Rn 55 [b]). Auf Verträge, die eine Geldschuld begründen (zB Darlehen, Bürgschaft), ist **II** auch bei Vermögenslosigkeit des Schuldners **nicht** entspr anwendbar (BGH 107, 100 f; NJW 91, 2016 mN; zust Reinicke/Tiedtke ZIP 89, 614; Medicus ZIP 89, 818; aA Stuttgart NJW 88, 833).
d) Die **Voraussetzungen** entsprechen, abgesehen davon, daß sich **II** auf **künfti-** **52** **ges** Vermögen bezieht, denen des III; vgl Rn 57 ff.

Vollkommer

§ 311 b   Buch 2. Abschnitt 3. Schuldverhältnisse aus Verträgen

53   **2. Rechtsfolgen. a) Nichtigkeit** des (schuldrechtlichen: Rn 57) Vertrages, uU Umdeutung (§ 140) in Erbvertrag (BGH 8, 34). Erfüllungsgeschäfte sind idR (Ausnahmen: § 138 Rn 25; § 139 Rn 4) nicht nichtig; §§ 812 ff (814!) finden Anwen-
54 dung. **b) Haftung für Vertrauensschaden** aus cic (§§ 280, 311 II) nur, wenn Vertrag im Einzelfall nicht (auch) gegen § 138 verstößt (ErmBattes § 310, 5); kein Anspruch aus § 311 a II (dort Rn 4).

III. Vertrag über gegenwärtiges Vermögen (III)

55   **1. Allgemeines. a) Zweck** des Formzwangs: Übereilungsschutz und Sicherung der Fachberatung (§ 128; BeurkG 17) wegen der bes Gefährlichkeit und Tragweite der übernommenen Verpflichtung. Das SchRModG hat § 311 aF unverändert in III übernommen. **b) Anwendungsbereich.** Betrifft nur schuldrechtliche Verpflichtungen (Rn 57; sa Rn 51). **Sondervorschriften** bestehen für gesellschaftsrechtliche Verschmelzungsverträge, vgl UmwG 6; Umwandlung von Ge-
56 sellschaften nach dem UmwG ist keine Vermögensübertragung. **c) Abgrenzung.** § 1365 (Schutz der Familiengrundlage) gilt nicht für Vermögensbruchteil, beschränkt auch die Verfügungsbefugnis (vgl BGH 106, 257 f).

57   **2. Voraussetzungen. a) Schuldrechtlicher Vertrag.** Art des Vertrags und der Gegenleistung sind gleichgültig (zB Kauf, Schenkung, Gesellschaftsvertrag, Leibrentenversprechen uä), verpflichtete Partei kann auch eine jur Person sein (RG
58 137, 348). **b) Gegenwärtiges Vermögen oder Bruchteil. Vermögen** iSd II, III ist das **Aktivvermögen** (RG 69, 285 und 418, hM) **als solches** (Gesamtheit oder Bruchteil; krit – weitergehend – Behr JA 86, 521 f: auch wesentliche Substanzstücke), Ausnahme von Vermögensstücken unbedeutenden Werts aber unschädlich (RG 137, 349). Nicht unter **II, III** fallen Verträge über **Sondervermögen** (BGH 25, 4) oder über **fremdes** Vermögen (RG 79, 285); ferner Verträge, die sich nur auf **einzelne Vermögensgegenstände** beziehen (BGH 25, 5; WM 76, 745), mögen diese auch das ganze Vermögen ausmachen (RG 69, 420; 94, 317; BGH NJW 91, 355, str; aA Knieper MDR 70, 979; Grund: Warnzweck gem Rn 55 ist erreicht). Auslegungsfrage (§§ 133, 157), ob sich bei Aufzählung im einzelnen die Verpflichtung auf das gesamte Vermögen erstreckt (dann
59 **II, III**; vgl RG 76, 3). **c) Verpflichtung:** Eigentums-(Rechts-)übertragung (auch zur Sicherung) oder Nießbrauchsbestellung. Formfrei zulässig ist dagegen die Verpflichtung zur Verpfändung oder zur Übertragung der Verwaltung auf einen Treuhänder der Gläubiger (RG 72, 118).

60   **3. Rechtsfolgen.** Bei Formmangel Nichtigkeit des Verpflichtungsvertrags (§ 125 S 1). Nach hM keine Heilung durch Erfüllung (für entspr Anwendung von **I 2**, §§ 518 II, 766 S 2 aber Knieper MDR 70, 982), uU jedoch bei einzelnen Gegenständen Umdeutung (§ 140) in entspr Einzelrechtsgeschäfte (RG 76, 3; auch bei Grundstück: RG 61, 285 arg **I 2**, § 139).

IV. Vertrag über den Nachlaß eines noch lebenden Dritten (IV)

Lit: Daniels, Verträge mit Bezug auf den Nachlaß eines noch lebenden Dritten, 1973; *Limmer;* Erbschaftsverträge nach § 312 BGB usw, DNotZ 98, 927.

61   **1. Erbschaftsverträge (IV). a) Bedeutung:** Das SchuRModG hat § 312 I aF in **IV** unverändert übernommen. Er enthält einen selbständigen Nichtigkeitsgrund; Ausprägung von § 138 I, sittliche Anstößigkeit im Einzelfall jedoch unerheblich (BGH 26, 326; 37, 324; NJW 95, 448). **Zweck:** Verhinderung von gefährlichen Geschäften unter Ausbeutung des Leichtsinns und von leichtfertiger Vermögens-
62 verschleuderung (BGH NJW 95, 448 mN; DtZ 96, 52). **b) Anwendungsbereich:** Betrifft nur Verpflichtungsgeschäfte (Rn 63), **Verfügungen** über den Nachlaß eines lebenden Dritten sind ohnehin rechtlich nicht möglich (dazu BGH 37, 324). Für Verträge des Erblassers selbst gelten erbrechtliche Vorschriften (§§ 1941, 2274 ff; 2346 ff). **IV 1** gilt nicht für DDR-Vertrag (ie BGH DtZ 96, 52).

Titel 1. Begründung, Inhalt und Beendigung **§ 311 c**

2. Voraussetzungen (ie Limmer aaO S 931 ff). **a) Schuldrechtlicher Vertrag.** Art und Rechtsgrund (zB Kauf, Rentenversprechen) gleichgültig (BGH 26, 326), zum Inhalt vgl Rn 64. Mindestens eine der vertragsschließenden Parteien darf nicht zum Personenkreis gem Rn 68 gehören (andernfalls gilt **V**), Beteiligung des **Erblassers** unerheblich (vgl aber Rn 66; auch § 2302). **Zeitpunkt:** Rn 65. 63

b) Vertrag über den Nachlaß: Jeder Vertrag, der irgendeine Verpflichtung in bezug auf den künftigen (Rn 65) Nachlaß (Erbanteil: §§ 1922 II, 2033 I 1), Pflichtteil **(IV 2)** oder ein Vermächtnis **(IV 2)** – im ganzen oder hinsichtlich eines Bruchteils – zum Gegenstand hat. Bsp: Vertragliche Verpflichtung zur Erbteilsübertragung (BGH 104, 280 f), zur Erbausschlagung oder zur Nichtgeltendmachung des Pflichtteils; Abfindungsvereinbarungen zwischen Schlußerben eines Berliner Testaments (BGH 37, 323, krit Wiedemann NJW 68, 771; zur Umdeutung in Erbverzicht vgl Rn 66); Rentenversprechen (auch aus dem Eigenvermögen des Versprechenden), deren Umfang sich nach dem (künftigen) Nachlaß richtet (BGH 26, 324, 327, str; aA Meincke JuS 76, 501); Erteilung einer unwiderruflichen Vollmacht durch den zukünftigen Erben an einen Dritten kann Umgehungsgeschäft sein (ErmBattes § 312, 3, hM). **Nicht** unter **IV** fallen dagegen Verträge über das Anwartschaftsrecht des **Nacherben** (BGH 37, 326), ferner Verträge über **einzelne Nachlaßgegenstände** (LM Nr 3), soweit sie nicht im wesentlichen den Nachlaß erschöpfen (aaO, str; aA Daniels aaO S 48); Versprechen einer festen Rente aus dem Nachlaß (BGH 26, 325, aA Johannsen Anm LM Nr 2). **c) Lebender Dritter:** Maßgebend ist die Vorstellung der Parteien (RG 93, 299, hM), nicht die obj Sachlage (dafür Daniels aaO S 76). 64 65

3. Rechtsfolgen: (abgesehen von **V**) stets Nichtigkeit, auch bei Zustimmung des lebenden Dritten (BGH NJW 95, 448 mN), dann aber uU Umdeutung gem §§ 140, 2352 (vgl BGH NJW 74, 43, nur iE zust J. Blomeyer FamRZ 74, 424 ff). 66

V. Erbschaftsverträge (V)

1. Erbschaftsverträge. Das SchRModG hat § 312 II aF in **V** unverändert übernommen. Er enthält eine Ausnahme zu **IV,** die dem Bedürfnis vorzeitiger Auseinandersetzung Rechnung trägt. 67

2. Voraussetzungen: Alle Vertragsschließenden müssen zZ des Vertragsschlusses zu den gem §§ 1924 ff berufenen möglichen (nächsten oder weiteren) Erben gehören (BGH NJW 56, 1152, hM, str; offenlassend BGH 104, 281 f), ein Erbverzicht (§ 2346) steht nicht entgegen (BGH NJW 95, 448). Vertrag muß sich idR auf ges Erbteil beziehen; gleich steht Pflichtteilsanspruch, ferner testamentarischer Erbteil und Vermächtnis im Umfang des ges Erbteils (BGH 104, 284 f mN, str; krit Limmer aaO S 937 f). Einhaltung der Beurkundungsform (**V 2**; § 128), auch bei Zustimmung des Erblassers (BGH NJW 95, 448 f). 68

3. Rechtsfolgen: Nur schuldrechtliche (keine unmittelbar erbrechtliche) Wirkung, zB nach Erbfall Übertragung gem § 2033 erforderlich. Der zur Verfügung über seinen Erbteil (Pflichtteil) Verpflichtete muß überhaupt Erbe (auch testamentarischer: BGH 104, 284; ErmBattes § 312, 4, str) oder Pflichtteilsberechtigter werden, sonst wird die übernommene Verpflichtung gegenstandslos. 69

§ 311 c Erstreckung auf Zubehör

Verpflichtet sich jemand zur Veräußerung oder Belastung einer Sache, so erstreckt sich diese Verpflichtung im Zweifel auch auf das Zubehör der Sache.

1. Das SchRModG hat § 314 aF unverändert als § 311 c eingeordnet. 1

2. Auslegungsregel des **Inhalts,** daß bei Veräußerungsverträgen (Kauf, Tausch, auch Schenkungsversprechen; vgl auch § 2164) sich die schuldrechtliche Verpflichtung (keine dingliche Wirkung; dazu vgl §§ 926, 1031) iZw auf das (auch schuld- 2

Vollkommer

nerfremde: Düsseldorf MDR 93, 144) Zubehör (§§ 97, 98) erstreckt. Auflistung des Zubehörs (Inventars) für Wahrung der Form nicht erforderlich (BGH NJW 00, 357). **Entspr anwendbar** auf Miete (BGH NJW 00, 357), Pacht, Leihe (hM), str, ob bei wirtschaftlicher Einheit mit dem veräußerten Gegenstand auch auf Rechte (dagegen Kohler DNotZ 91, 364 ff; Uhlig DNotZ 91, 670 ff, offenlassend BGH 111, 116 mN).

Untertitel 2. Besondere Vertriebsformen

Vorbemerkungen zu §§ 312–312 f

Lit: Grigoleit, Besondere Vertriebsformen im BGB, NJW 02, 1151.

1   **1. Allgemeines. a)** Untertitel 2 regelt mit Haustürgeschäften (§§ 312–312 a), Fernabsatzverträgen (§§ 312 b–312 d) und den Verträgen im elektronischen Geschäftsverkehr (§ 312 e) drei **„besondere Vertriebsformen"**, die sich dadurch auszeichnen, daß der Vertrag nicht im Geschäftsbetrieb des Anbieters geschlossen wird. Auf den Vertragsgegenstand kommt es nicht an. An den Vertragsgegenstand anknüpfende Verbraucherschutzvorschriften enthalten ua §§ 474 ff, 481 ff, 491 ff. **b)** Die §§ 312–312 f dienen der **Umsetzung** der HausTürRiLi, der FernAbsRiLi und wesentlicher Teile der E-CommerceRiLi. Bedeutung: Gebot richtlinienkonformer Auslegung und ggf Vorlage gem EG 234. **c)** Die §§ 312–312 d übernehmen im wesentlichen das HWiG und das FernAbsG, die durch das SchRModG aufgehoben wurden.

2   **2. Bedeutung. a)** Die §§ 312–312 d dienen in erster Linie dem **Verbraucherschutz**. Schutzinstrumente sind Informationspflichten (§ 312 c iVm BGB-InfoV 1) und Widerrufsrechte (§§ 312, 312 d; je iVm §§ 355 ff), abgesichert durch Beschränkungen der Privatautonomie und ein Umgehungsverbot (§ 312f). **b)** § 312 e entfaltet ebenfalls **verbraucherschützende Wirkung** (sa §§ 312 e III 2, 312 f), ist aber auch im Geschäftsverkehr **zwischen Unternehmern** (§ 14) anwendbar, insoweit freilich weithin abdingbar (§ 312 e II 2).

§ 312 Widerrufsrecht bei Haustürgeschäften

(1) ¹Bei einem Vertrag zwischen einem Unternehmer und einem Verbraucher, der eine entgeltliche Leistung zum Gegenstand hat und zu dessen Abschluss der Verbraucher

1. durch mündliche Verhandlungen an seinem Arbeitsplatz oder im Bereich einer Privatwohnung,
2. anlässlich einer vom Unternehmer oder von einem Dritten zumindest auch im Interesse des Unternehmers durchgeführten Freizeitveranstaltung oder
3. im Anschluss an ein überraschendes Ansprechen in Verkehrsmitteln oder im Bereich öffentlich zugänglicher Verkehrsflächen

bestimmt worden ist (Haustürgeschäft), steht dem Verbraucher ein Widerrufsrecht gemäß § 355 zu. ²Dem Verbraucher kann anstelle des Widerrufsrechts ein Rückgaberecht nach § 356 eingeräumt werden, wenn zwischen dem Verbraucher und dem Unternehmer im Zusammenhang mit diesem oder einem späteren Geschäft auch eine ständige Verbindung aufrechterhalten werden soll.

(2) **Die erforderliche Belehrung über das Widerrufs- oder Rückgaberecht muss auf die Rechtsfolgen des § 357 Abs. 1 und 3 hinweisen.**

(3) **Das Widerrufs- oder Rückgaberecht besteht unbeschadet anderer Vorschriften nicht bei Versicherungsverträgen oder wenn**

Titel 1. Begründung, Inhalt und Beendigung **§ 312**

1. im Fall von Absatz 1 Nr. 1 die mündlichen Verhandlungen, auf denen der Abschluss des Vertrags beruht, auf vorhergehende Bestellung des Verbrauchers geführt worden sind oder
2. die Leistung bei Abschluss der Verhandlungen sofort erbracht und bezahlt wird und das Entgelt 40 Euro nicht übersteigt oder
3. die Willenserklärung des Verbrauchers von einem Notar beurkundet worden ist.

1. Allgemeines. a) Zweck. Widerrufsrecht zum **Schutz der Entscheidungsfreiheit des Verbrauchers,** der außerhalb eines Ladengeschäfts (Begriff „Haustürgeschäft" zu eng, s I Rn 1–3) bei Anbahnung und Abschluß von Verträgen nicht selten zu unüberlegten Geschäftsabschlüssen gedrängt (vgl BGH NJW 92, 1889 [zu HWiG 1]) oder überrumpelt („situativer Übereilungsschutz", BGH NJW 00, 2268 [zu HWiG 1]) wurde; Beeinflussung der Willensbildung ist freilich nicht Tatbestandsvoraussetzung. Der Verbraucher soll sich durch Widerruf seiner Willenserklärung (s § 355 I 1) vom Vertrag lösen können. **I 1** bestimmt die Merkmale des Haustürgeschäfts und damit die Voraussetzungen des Widerrufs- bzw Rückgaberechts (I 2), das in **III** für bes Fallgruppen ausgeschlossen wird. **II** begründet Belehrungspflichten und bestimmt deren Umfang. Nähere Regelung des Widerrufs(-rechts) und der Rechtsfolgen s §§ 355 ff. **b)** § 312 dient **Umsetzung der HausTürRiLi.** § 312 übernimmt wesentliche Regeln des (durch das SchRModG aufgehobenen) HWiG; daher kann Rspr zum HWiG zur Auslegung herangezogen werden. **c) Abweichende Vereinbarungen** zu Lasten des Verbrauchers sind **unwirksam,** § 312 f. **d) Prozessuales:** Gerichtsstand s ZPO 29 c. **e) Konkurrenzen** s § 312 a. 2

2. Persönlicher Anwendungsbereich. a) § 312 setzt einen Vertrag zwischen 3 einem **Unternehmer** (§ 14) und einem **Verbraucher** (§ 13) voraus; kein Widerrufsrecht bei Verträgen nur zwischen Verbrauchern oder nur zwischen Unternehmern. Zu sowohl privater als auch beruflicher Nutzung des Vertragsgegenstands s § 13 Rn 3. Erforderlich ist, daß der *Verbraucher* in der Abschlußsituation des I 1 Nr 1 handelt; nicht, wenn Verbraucher Initiative ergreift und den Unternehmer aufsucht (anders nur bei I 1 Nr 2). **b)** Es genügt, wenn für den *Unternehmer* ein 4 **Vertreter** handelt; Abschlußvermittler oder sonstige Dritte nur, wenn Unternehmer Kenntnis iSv § 123 II hat (enger bei I 1 Nr 2). – Handelt für den *Verbraucher* ein Vertreter, ist nach dem Rechtsgedanken des § 166 I für das Vorliegen der Voraussetzungen des I Nr 1–3 und das Widerrufsrecht bzgl der Willenserklärung auf den Vertreter abzustellen (BGH NJW 00, 2268). Bei Weisungsgebundenheit des Vertreters kommt analog § 166 II Widerrufsrecht in Betracht (unentschieden BGH NJW 00, 2269). Umstr ist, ob die in der Situation der I 1 Nr 1–3 erklärte Vollmacht bzw der zugrundeliegende (Geschäftsbesorgungs-)Vertrag widerruflich sein kann (BGH NJW 00, 2269 läßt offen; dazu Möller ZIP 02, 333); Schutz des Unternehmers ggf gem §§ 172 f (BGH NJW 00, 2269).

3. Sachlicher Anwendungsbereich. a) Vertragsschluß. Wer Angebot bzw 5 Annahme erklärt, ist unerheblich. Auch formgebundene Willenserklärungen; sa III Nr 3. **b) Entgeltlicher Vertrag. aa)** Erforderlich ist **Vertrieb** von Waren oder 6 Dienstleistung gegen Entgelt. Unter I 1 fallen gegenseitige Verträge. Bsp: Kauf (§ 433) einschließlich Verbrauchsgüterkauf (§ 474, sa § 312 a); Werkvertrag (§ 631); Miete und Pacht beweglicher und unbeweglicher Sachen; Leasing; Makler-, Reisevertrag; Beitritt zu einer Gesellschaft (BGH NJW 96, 3414), auch mittelbar über Treuhänder (BGH NJW 01, 2719 mit Anm Schäfer JZ 02, 249 [Anteilserwerb an geschlossenem Immobilienfonds]); typengemischte Verträge wie Franchising, „Schlüssel-Funddienst" (BGH NJW 95, 324 [zu HWiG 1]) usw. Jedenfalls in richtlinienkonformer Auslegung (HausTürRiLi 1 setzt Entgelt nicht voraus, sa BGH NJW 96, 56) auch Tauschvertrag (§ 480). **bb) Sicherungsgeschäfte.** 7 **Bürgschaft,** falls der die Hauptschuld begründende Vertrag (§ 765 Rn 10) in einer

§ 312 Buch 2. Abschnitt 3. Schuldverhältnisse aus Verträgen

„Haustürsituation" gem I 1 Nr 1–3 geschlossen wurde (vgl BGH NJW 98, 2356; sa EuGH NJW 98, 1296 und § 765 Rn 8. **Verpflichtung zur Grundschuldbestellung,** wenn für den SG damit irgendein Vorteil verbunden ist (BGH NJW 96, 55); nicht die Verfügung selbst (Koblenz NJW-RR 99, 1178). **cc) Nicht** arbeitsrechtliche Aufhebungs- oder Änderungsverträge (Bauer/Kock DB 02, 42; str), da keine „bes Vertriebsform" (s Überschrift Untertitel 2), wohl aber entgeltliche Änderung eines Absatzvertrags. Regelmäßig nicht Vereinsbeitritt; anders bei Vertriebsverträgen zwischen Verein und Mitglied (PalErgB/Heinrichs 8).

8 **4. Voraussetzungen. a) Mündliche Verhandlung am Arbeitsplatz oder in Privatwohnung (I 1 Nr 1).** Grund: Verbraucher kann sich den Verhandlungen nicht durch Entfernen entziehen. **aa) Arbeitsplatz:** Jeder Ort auf dem Betriebs- oder Behördengelände, nicht nur die konkrete Stelle der Arbeitsleistung. Nur Arbeitsplatz des Kunden, nicht Dritter; es genügt Arbeitsplatz eines Selbständigen
9 oder Freieruflers (offengelassen von BGH NJW 94, 2759). **bb) Privatwohnung:** Privater räumlicher Lebensbereich einschl Zugangsräume, Flure (bei Mehrfamilienhäusern) und Garten, nicht private Baustelle. Auch Wohnung Dritter („Verkaufsparty"); *nicht* Privatwohnung des Unternehmers, die vom Kunden zu Zwekken der Vertragsverhandlungen aufgesucht wurde (BGH NJW 00, 3498).
10 **cc) Mündliche Verhandlungen** müssen für den Vertrag (mit-)ursächlich geworden sein. Es genügt, wenn Vertrag ohne Verhandlungen nicht oder anders geschlossen worden wäre (BGH 131, 392). *Abschluß* am Arbeitsplatz bzw in Wohnung *nicht* erforderlich; eine anbieterorientierte Kontaktaufnahme mit späterem Vertragsschluß reicht aus (BGH 131, 391). Enger zeitlicher Zusammenhang nicht erforderlich; jedoch kann bei zunehmendem zeitlichen Abstand die Indizwirkung für die Kausalität entfallen (BGH 131, 392). Wer Verhandlung führt (Unternehmer, Vertreter oder Dritter), ist unerheblich. **b)** Bei **Freizeitveranstaltung** steht der Erleb-
11 niswert für den Verbraucher im Vordergrund, der ihn in eine unbeschwerte Stimmung versetzt (BGH NJW 92, 1890), während der Vertriebszweck in den Hintergrund tritt. Bsp: Ausflugsfahrten zu Unterhaltung und Erholung, Bewirtung, Modenschau; nicht als solche angekündigte Verkaufsveranstaltungen, etwa Messen; *nicht,* wenn Verbraucher sich ungehindert dem Angebot entziehen kann (BGH NJW 92, 1890; Brandenburg NJW-RR 01, 1635 [„Grüne Woche"]). Freizeitveranstaltung kann auch in Geschäftsräumen des Unternehmers stattfinden
12 (BGH NJW-RR 91, 1524). **c) Verkehrsmittel und öffentl -flächen.** Bsp: Bahn, Bus, Flugzeug, Schiff, nicht privater Pkw. Verkehrsflächen insbes im Gemeingebrauch, ferner soweit tatsächlich allg zugänglich. Überraschendes Ansprechen: Ohne Ankündigung; bei verkehrsmitteltypischem Warenangebot entfällt Widerrufsrecht häufig gem III Nr 2.

13 **5. Rechtsfolgen. a) Widerrufsrecht (I 1)** des Verbrauchers iSd § 355 (s Anm dort). Handelt ein Vertreter ohne Vertretungsmacht (§ 179), kann er das Widerrufsrecht ausüben (BGH NJW-RR 91, 1075). Voraussetzung ist, daß den Vertretenen (bei gegebener Vertretungsmacht) ein Widerrufsrecht zustünde; also nicht, wenn er Unternehmer ist und der Vertragspartner keine Veranlassung zu einer Belehrung
14 sieht (s BGH aaO). **b)** Statt des Widerrufsrechts kann dem Verbraucher ein **Rückgaberecht** gem § 356 (s Anm dort) eingeräumt werden **(I 2).** Voraussetzung ist, daß zwischen Unternehmer und Verbraucher eine dauerhafte Geschäftsbeziehung begründet bzw aufrechterhalten werden soll; Bedeutung insbes im Versandhandel. **c) Widerrufsbelehrung (II)** muß zusätzlich zu den Erfordernissen des
15 § 355 II (s § 355 Rn 11 ff hinweisen auf (1) die Rückgewähr- bzw (iVm § 346 II) Wertersatzpflicht des Verbrauchers nach § 357 I (s § 357 Rn 2), (2) die Wertersatzpflicht gem § 357 III 1 (s § 357 Rn 7 ff) für die infolge bestimmungsgemäßer Ingebrauchnahme eingetretene Verschlechterung, und (3) die Einschränkungen nach § 357 III 2 und 3 (AnwKommBGB/Ring 24). Zweck: Verbraucher soll Widerrufs- bzw Rückgaberecht in Kenntnis der Rechtsfolgen ausüben. Gleichlauf mit Belehrung gem § 312 c II iVm BGB-InfoV 1 III Nr 1 (s § 312 c Rn 4).

Titel 1. Begründung, Inhalt und Beendigung   § 312 a

6. Ausschluß des Widerrufs- bzw Rückgaberechts (III). a) Versiche- 16
rungsverträge iSd VVG 1. Es besteht ein Widerrufs- bzw Rücktrittsrecht gem
VVG 8 IV, V; sa VVG 5 a. **b) Bestellung (Nr 1)** läßt Widerrufsrecht (nur) in der
Situation des I Nr 1 entfallen. Sie ist geschäftsähnliche Handlung (s Rn 23 vor
§ 104). Verbraucher muß Unternehmer zu Vertragsverhandlungen (nicht nur Präsentation oder Information [BGH 109, 135 zu HWiG 1]) an seinen Arbeitsplatz
bzw in seine Wohnung gebeten haben. Bestellung ist unbeachtlich, wenn sich der
Verbraucher in einem nicht von ihm veranlaßten Telefonat mit dem Besuch einverstanden erklärt (BGH 109, 134), sog „provozierte Bestellung". Eigene Initiative des
Verbrauchers ist nicht immer notwendig (BGH 109, 136), genügt aber für Beachtlichkeit (BGH NJW 01, 510). Bestellung muß Verhandlungen vorhergehen; nachträgliche „Genehmigung" scheidet aus. **c) Vollzogene Bagatellgeschäfte** 17
(Nr 2). Erforderlich ist vollständige Erfüllung im unmittelbaren Anschluß an Verhandlungen. Obergrenze: Entgelt 40 Euro; Spaltung eines einheitlichen Geschäfts
in mehrere unter der Grenze liegende Verträge ist Umgehung iSd § 312 f. **d) No-** 18
tarielle Beurkundung (Nr 3). Grund: Verbraucher ist insbes wegen BeurkG 17
nicht schutzbedürftig. Vereinbarte notarielle Beurkundung genügt. Vorherige (unbestellte) Verhandlungen soll Widerrufsrecht unberührt lassen (Stuttgart BB 99,
1453; aA MK/Ulmer HWiG 1 Rn 48).

§ 312 a Verhältnis zu anderen Vorschriften

Steht dem Verbraucher zugleich nach Maßgabe anderer Vorschriften ein Widerrufs- oder Rückgaberecht nach den § 355 oder § 356 dieses Gesetzes, nach den § 11 oder § 15 h des Gesetzes über den Vertrieb ausländischer Investmentanteile oder nach § 23 des Gesetzes über Kapitalanlagegesellschaften zu, ist das Widerrufs- oder Rückgaberecht nach § 312 ausgeschlossen.

1. Allgemeines. a) Konkurrenzregel. Das auf die Vertrags*abschluß*situation be- 1
zogene „Haustür"-Widerrufsrecht aus § 312 tritt zurück, wenn dem Verbraucher
ein anderweitiges (regelmäßig auf vertrags*inhalts*typische Gefährdungen abstellendes) Widerrufsrecht zusteht. Die Neufassung trägt EuGH NJW 02, 281 (dazu
Habersack/Mayer WM 02, 253; Hoffmann ZIP 02, 145) Rechnung. Danach hat
der Verbraucher gemäß HausTürRiLi 5 auch dann ein Widerrufsrecht, wenn ein
Realkreditvertrag in den Anwendungsbereich der HausTürRiLi fällt. Dieses Widerrufsrecht war nach VerbrKrG 3 II Nr 2 und § 491 III Nr 1 ausgeschlossen. Es
ergab sich gemäß § 312 a aF erst im Wege richtlinienkonformer Auslegung (Staudinger NJW 02, 655; aA Hochleitner/Wolf/Großerichter WM 02, 529 [je zu
HWiG 5 II]; die Streitfrage ist durch § 312 a nF überholt). Überleitungsvorschrift
OLGVertrÄndG 8 I 1 Nr 1. **b)** Gerichtsstand nach ZPO 29 c bleibt unberührt
(AnwKommBGB/Ring 8).

2. a) Vorrang genießen anderweitige Widerrufs- bzw. Rückgaberechte ua aus 2
Verbraucherdarlehensverträgen (§ 495), Finanzierungshilfen (§§ 499–501; sa
§ 503), Ratenlieferungs- (§ 505) und Fernunterrichtsverträgen (FernUSG 4). Für
den Vorrang dieser Rechte kommt es allein auf das Bestehen und die Möglichkeit
ihrer Ausübung an. Erlischt das anderweitige Widerrufsrecht infolge Nichtausübung innerhalb der Fristen des § 355 I 2, III, lebt das Widerrufsrecht des
§ 312 nicht auf. **b)** Der Widerruf nach § 312 ist nur ausgeschlossen, wenn ein 3
anderweitiges Widerrufsrecht nach dem konkreten Vertrag tatsächlich gegeben ist.
Bsp: Nimmt der Verbraucher „an der Haustür" unter den Voraussetzungen des
§ 312 I ein Kleindarlehen unter 200 Euro Nettodarlehensbetrag auf, entfällt gemäß
§ 249 II Nr 1 das Widerrufsrecht aus § 495. Das Widerrufsrecht nach § 312 ist in
diesem Fall nicht nach § 312 a ausgeschlossen.

§ 312 b Fernabsatzverträge

(1) **Fernabsatzverträge sind Verträge über die Lieferung von Waren oder über die Erbringung von Dienstleistungen, die zwischen einem Unternehmer und einem Verbraucher unter ausschließlicher Verwendung von Fernkommunikationsmitteln abgeschlossen werden, es sei denn, dass der Vertragsschluss nicht im Rahmen eines für den Fernabsatz organisierten Vertriebs- oder Dienstleistungssystems erfolgt.**

(2) Fernkommunikationsmittel sind Kommunikationsmittel, die zur Anbahnung oder zum Abschluss eines Vertrags zwischen einem Verbraucher und einem Unternehmer ohne gleichzeitige körperliche Anwesenheit der Vertragsparteien eingesetzt werden können, insbesondere Briefe, Kataloge, Telefonanrufe, Telekopien, E-Mails sowie Rundfunk, Tele- und Mediendienste.

(3) Die Vorschriften über Fernabsatzverträge finden keine Anwendung auf Verträge
1. über Fernunterricht (§ 1 des Fernunterrichtsschutzgesetzes),
2. über die Teilzeitnutzung von Wohngebäuden (§ 481),
3. über Finanzgeschäfte, insbesondere Bankgeschäfte, Finanz- und Wertpapierdienstleistungen und Versicherungen sowie deren Vermittlung, ausgenommen Darlehensvermittlungsverträge,
4. über die Veräußerung von Grundstücken und grundstücksgleichen Rechten, die Begründung, Veräußerung und Aufhebung von dinglichen Rechten an Grundstücken und grundstücksgleichen Rechten sowie über die Errichtung von Bauwerken,
5. über die Lieferung von Lebensmitteln, Getränken oder sonstigen Haushaltsgegenständen des täglichen Bedarfs, die am Wohnsitz, am Aufenthaltsort oder am Arbeitsplatz eines Verbrauchers von Unternehmern im Rahmen häufiger und regelmäßiger Fahrten geliefert werden,
6. über die Erbringung von Dienstleistungen in den Bereichen Unterbringung, Beförderung, Lieferung von Speisen und Getränken sowie Freizeitgestaltung, wenn sich der Unternehmer bei Vertragsschluss verpflichtet, die Dienstleistungen zu einem bestimmten Zeitpunkt oder innerhalb eines genau angegebenen Zeitraums zu erbringen,
7. die geschlossen werden
    a) unter Verwendung von Warenautomaten oder automatisierten Geschäftsräumen oder
    b) mit Betreibern von Telekommunikationsmitteln auf Grund der Benutzung von öffentlichen Fernsprechern, soweit sie deren Benutzung zum Gegenstand haben.

Lit: Lütcke, Fernabsatzrecht, 2002; Micklitz, Fernabsatz und E-Commerce im SchRModG, EuZW 01, 133.

1 1. **Allgemeines. a) Überblick.** §§ 312 b–312 d regeln den **Verbraucherschutz bei Fernabsatzverträgen.** Schutzinstrumente sind Informationspflichten (§ 312 c) und ein Widerrufsrecht (§ 312 d). § 312 b bestimmt die Merkmale des **2** Fernabsatzvertrags (I, II) und regelt Ausnahmen (III). **b) Zweck:** Fernabsatzverträge werden als für den Verbraucher bes risikoreich eingeschätzt, weil der Vertragspartner (oder sein Vertreter) und der Vertragsgegenstand (Ware, Dienstleistung) beim Vertragsschluß idR nicht physisch präsent sind. Vertragsschluß erfolgt daher in einer gesteigerten Ungewißheitssituation. Anknüpfungspunkt des Verbraucherschutzes ist daher nicht der Vertragsgegenstand, sondern die Abschlußsituation. **c)** §§ 312 b–312 d dienen der **Umsetzung der FernAbsRiLi** und übernehmen im wesentlichen die Bestimmungen des (durch das SchRModG aufgehobenen) FernAbsG. **d) Abweichende Vereinbarungen** zu Lasten des Verbrauchers sind

Titel 1. Begründung, Inhalt und Beendigung **§ 312 b**

unwirksam, § 312 f. **e) Konkurrenzen.** Verbraucherdarlehensverträge sind ausgenommen (III Nr 3). Sind Fernabsatz- und Verbraucherdarlehensvertrag verbunden iSv § 358 III, entfällt gem § 358 II 1 das Widerrufsrecht aus § 495; die Informationspflichten gem §§ 312 c, 492 sind insgesamt zu erfüllen. Da sich Haus- und Fernabsatzgeschäft tatbestandlich ausschließen, entfällt Konkurrenz von § 312 d mit § 312 regelmäßig (sa Rn 7). Widerrufs- und Rückgaberechte gemäß §§ 499–507 genießen Vorrang, vgl § 312 d V. **f) Teilzahlungsgeschäfte** im Fernabsatz s § 502 Rn 6. 3

2. Persönlicher Anwendungsbereich. Vertragsschluß zwischen **Unternehmer** (§ 14) und **Verbraucher** (§ 13); nicht bei Verträgen nur zwischen Verbrauchern oder nur zwischen Unternehmern. Unternehmer muß Anbieter (nicht Abnehmer) der Ware oder Dienstleistung sein. Zu sowohl privater als auch beruflicher Nutzung des Vertragsgegenstands s § 13 Rn 3. 4

3. Fernabsatzverträge (I). Voraussetzungen: a) Vertragsschluß. I sieht keine bes Bestimmungen für den Vertragsschluß vor; §§ 145 ff gelten, auch § 147 I 2. Im Fernabsatz liegt nicht selten Vertragsschluß gem § 151 vor. Auch § 156 möglich („Internet-Versteigerung"), sa § 312 d IV Nr 5. **b) aa)** Zustandekommen des Vertrags nur durch **Fernkommunikationsmittel**. Nach **II** fallen darunter alle Kommunikationsmittel, die einen Vertragsschluß (oder seine Anbahnung) ohne gleichzeitige körperliche Anwesenheit der Vertragsschließenden (nicht: „-parteien"; „Unternehmer" kann auch eine [stets unkörperliche] jur Person sein) am selben Ort. II HS 2 nennt – nicht abschließend – Bsp. Unter I fällt nicht nur der elektronische Geschäftsverkehr (s § 312 e), sondern auch der herkömmliche Versandhandel, ferner **„Internet-Auktionen"**, auch wenn der Vertrag nicht gem § 156, sondern zugunsten des zum Ende eines festen Gebotszeitraums höchsten Gebots zustande kommt. **bb)** Beim Vertragsschluß dürfen **ausschließlich** Fernkommunikationsmittel verwendet werden, auch unterschiedliche, zB Angebot per E-Mail, Annahme per Brief. *Nicht:* Vertragsschluß durch persönliche Anwesenheit von Vertretern (ggf aber durch Boten [„Brief"]). **„Mischfälle":** (1) Telefonische Vertragsanbahnung, persönlicher Vertragsschluß (zB bei Arzt usw) erfüllen I nicht (Bürger NJW 02, 466 [Rechtsanwalt]); (2) Persönlicher Kontakt bei Vertragsanbahnung (auch Vertreterbesuch), Vertragsschluß per Fernkommunikationsmittel fällt unter I (s PalErgB/Heinrichs 8). **c) Fernabsatzvertriebsystem.** *Gelegentliche* telefonische Vertragsschlüsse fallen nicht unter I. Enge Auslegung. Werbung unter Hinweis auf telefonische Bestellung genügt; Vertrags*abwicklung* per Fernkommunikationsmittel nicht erforderlich (und vielfach nicht möglich). Beweislast trifft den Unternehmer. **d) Vertragsgegenstand.** Warenlieferung (insbes Kauf- [§ 433], Lieferungsverträge [§ 651]) und Dienstleistungen (insbes Werk- [§ 631], Dienst- [§ 611], Geschäftsbesorgungsverträge [§ 675]). Waren sind bewegliche (sa III Nr 4) Sachen, ferner Gas, Strom, Wasser, Fernwärme (PalErgB/Heinrichs 10), auch „Internetdownload". Unter Dienstleistungen fallen zB Übersetzerdienste, Informations- und Datendienste, freiberufliche Tätigkeiten (zB als Rechtsanwalt [Chr. Berger NJW 01, 1530]). 5 6 7 8 9

4. Ausnahmen. Nach **III** (sa FernAbsRiLi 3 I) finden §§ 312 b, 312 c keine Anwendung auf **a) Fernunterrichtsverträge (Nr 1),** Verbraucherschutz nach FernUSG; **b) Teilzeitwohnrechteverträge (Nr 2),** Verbraucherschutz nach §§ 481 ff; **c) Finanzgeschäfte (Nr 3)** einschließlich deren Vermittlung (sa § 655 a). Darunter fallen Bankdienstleistungen (einschließlich Darlehen [Schutz gem §§ 481 ff] und Einlagengeschäft), Versicherungsverträge (Schutz gem VVG 8 IV, V), iü s Anh II der FernAbsRiLi. **d) Immobilienverträge (Nr 4),** (Verbraucher-)Schutz gem § 311 b I (mit Ausnahme der Bauwerkserrichtung); **e) Verträge über Lebensmittel und Bedarfsgegenstände (Nr 5),** Unternehmer muß häufig und regelmäßig selbst liefern (nicht: versenden); **f) Verträge über Unterbringung, Beförderung usw (Nr 6),** zB Hotelzimmer, Ferienwohnung, Pauschalreiseverträge (BT-Drs 14/2658 S 92); **g) Automatenverträge (Nr 7 a),** Lei- 10

§ 312 c Buch 2. Abschnitt 3. Schuldverhältnisse aus Verträgen

stungen werden sofort ausgetauscht; h) **Nutzung öffentl Fernsprecher (Nr 7 b)**, entspr bei Telefaxgeräten und E-Mail-Stationen (MK/Wendehorst HWiG 1 Rn 90).

§ 312 c Unterrichtung des Verbrauchers bei Fernabsatzverträgen

(1) ¹Der Unternehmer hat den Verbraucher rechtzeitig vor Abschluss eines Fernabsatzvertrags in einer dem eingesetzten Fernkommunikationsmittel entsprechenden Weise klar und verständlich zu informieren über
1. die Einzelheiten des Vertrags, für die dies in der Rechtsverordnung nach Artikel 240 des Einführungsgesetzes zum Bürgerlichen Gesetzbuche bestimmt ist, und
2. den geschäftlichen Zweck des Vertrags.

²Bei Telefongesprächen muss der Unternehmer seine Identität und den geschäftlichen Zweck des Vertrags bereits zu Beginn des Gesprächs ausdrücklich offenlegen.

(2) Der Unternehmer hat dem Verbraucher die in der Rechtsverordnung nach Artikel 240 des Einführungsgesetzes zum Bürgerlichen Gesetzbuche bestimmten Informationen in dem dort bestimmten Umfang und der dort bestimmten Art und Weise alsbald, spätestens bis zur vollständigen Erfüllung des Vertrags, bei Waren spätestens bei Lieferung an den Verbraucher, in Textform mitzuteilen.

(3) ¹Absatz 2 gilt nicht für Dienstleistungen, die unmittelbar durch Einsatz von Fernkommunikationsmitteln erbracht werden, sofern diese Leistungen in einem Mal erfolgen und über den Betreiber der Fernkommunikationsmittel abgerechnet werden. ²Der Verbraucher muss sich in diesem Fall aber über die Anschrift der Niederlassung des Unternehmers informieren können, bei der er Beanstandungen vorbringen kann.

(4) Weitergehende Einschränkungen bei der Verwendung von Fernkommunikationsmitteln und weitergehende Informationspflichten auf Grund anderer Vorschriften bleiben unberührt.

BGB-Info V

§ 1 Informationspflichten bei Fernabsatzverträgen

(1) Der Unternehmer muss den Verbraucher gemäß § 312c Abs. 1 Nr. 1 des Bürgerlichen Gesetzbuchs vor Abschluss eines Fernabsatzvertrags mindestens informieren über:
1. seine Identität,
2. seine Anschrift,
3. wesentliche Merkmale der Ware oder Dienstleistung sowie darüber, wie der Vertrag zustande kommt,
4. die Mindestlaufzeit des Vertrags, wenn dieser eine dauernde oder regelmäßig wiederkehrende Leistung zum Inhalt hat,
5. einen Vorbehalt, eine in Qualität und Preis gleichwertige Leistung (Ware oder Dienstleistung) zu erbringen, und einen Vorbehalt, die versprochene Leistung im Fall ihrer Nichtverfügbarkeit nicht zu erbringen,
6. den Preis der Ware oder Dienstleistung einschließlich aller Steuern und sonstiger Preisbestandteile,
7. gegebenenfalls zusätzlich anfallende Liefer- und Versandkosten,
8. Einzelheiten hinsichtlich der Zahlung und der Lieferung oder Erfüllung,
9. das Bestehen eines Widerrufs- oder Rückgaberechts,
10. Kosten, die dem Verbraucher durch die Nutzung der Fernkommunikationsmittel entstehen, sofern sie über die üblichen Grundtarife, mit denen der Verbraucher rechnen muss, hinausgehen und
11. die Gültigkeitsdauer befristeter Angebote, insbesondere hinsichtlich des Preises.

Titel 1. Begründung, Inhalt und Beendigung **§ 312 c**

(2) Der Unternehmer hat dem Verbraucher gemäß § 312 c Abs. 2 des Bürgerlichen Gesetzbuchs die in Absatz 1 Nr. 1 bis 9 bestimmten Informationen in Textform mitzuteilen.

(3) Der Unternehmer hat dem Verbraucher gemäß § 312 c Abs. 2 des Bürgerlichen Gesetzbuchs ferner folgende weitere Informationen in Textform und in einer hervorgehobenen und deutlich gestalteten Form mitzuteilen:
1. Informationen über die Bedingungen, Einzelheiten der Ausübung und Rechtsfolgen des Widerrufs- oder Rückgaberechts sowie über den Ausschluss des Widerrufs- oder Rückgaberechts,
2. die Anschrift der Niederlassung des Unternehmers, bei der der Verbraucher Beanstandungen vorbringen kann, sowie eine ladungsfähige Anschrift des Unternehmers und bei juristischen Personen, Personenvereinigungen oder -gruppen auch den Namen eines Vertretungsberechtigten,
3. Informationen über Kundendienst und geltende Gewährleistungs- und Garantiebedingungen und
4. die Kündigungsbedingungen bei Verträgen, die ein Dauerschuldverhältnis betreffen und für eine längere Zeit als ein Jahr oder für unbestimmte Zeit geschlossen werden.

1. Allgemeines. Sa § 312 b Rn 1. **a) Bedeutung.** Regelung der Informationspflichten des Unternehmers bei Fernabsatzverträgen gem § 312 b. Verbraucher soll insbes Daten über Anbieter, Vertragsgegenstand und Rechte erhalten. Einzelheiten der Pflichtangaben sind BGB-InfoV 1 (Grundlage: EGBGB 240) zu entnehmen. **b) Umsetzung** FernAbsRiLi 4 f. **c) Konkurrenzen (IV):** Weitergehende Einschränkungen (zB UWG 1, s BGH NJW 00, 2677 [unaufgeforderte geschäftliche Telefonwerbung]) und gesteigerte Informationspflichten (zB § 312 e, TDG 6) bleiben unberührt. 1

2. Die Informationspflichten unterscheiden sich nach **Geschäftsphasen. a) Beginn der Vertragsverhandlungen (I 2).** Bei **telefonischer** Kontaktaufnahme durch den Unternehmer (nicht bei Anruf durch Verbraucher, PalErgB/ Heinrichs 5) hat dieser zu Beginn seine Identität und den geschäftlichen Zweck des Telefonats (ungenau: „des Vertrags", der noch nicht geschlossen ist und der für den Verbraucher gerade nicht zu geschäftlichen Zwecken [arg § 13] geschlossen sein darf), ausdrücklich mitzuteilen. **b) Vor Vertragsschluß** sind mitzuteilen (1) gem **I 1 Nr 2** der (für den Unternehmer) geschäftliche Zweck des intendierten Vertrags (soweit nicht gem I 2 bereits erfolgt), ferner (2) gem **I 1 Nr 1** die sich aus BGB-InfoV 1 I ergebenden Einzelheiten ua über Vertragspartner, -gegenstand, -schluß, -laufzeit, -abwicklung und -kosten. Dies hat – in einer dem Fernkommunikationsmittel entspr Weise – klar und verständlich (s § 307 I 2 [„Transparenzgebot"]) in der Sprache der Vertragsverhandlungen zu erfolgen. Eine bes Form ist bei I nicht vorgesehen. – Als **AGB** werden die Angaben gem BGB-InfoV 1 I Nr 4, 5, 6, 7, 8, 11 gem § 305 II Vertragsbestandteil. Unwirksamkeit gem §§ 307–309 steht Erfüllung der Informationspflicht nicht entgegen (Ausnahme: § 307 I 2). **c) Nach Vertragsschluß** (bis [spätestens] zur Erfüllung bzw Lieferung) hat der Unternehmer dem Verbraucher die Informationen nach BGB-InfoV 1 I Nr 1–9 in *Textform* (§ 126 b) mitzuteilen (**II** iVm BGB-InfoV 1 II), ferner die Informationen gem BGB-InfoV 1 III. Zweck: Verbraucher soll über Informationen dauerhaft verfügen. **Ausnahme** gem **III**, zB bei telefonischem Ansagedienst; Verbraucher muß sich aber über Anschrift (BGB-InfoV 1 I Nr 2) für Beanstandungen informieren können. 2 3 4

3. Rechtsfolgen der Informationspflichtverletzung. a) Fernabsatzvertrag ist **nicht unwirksam** bei Verstoß gegen I, II. **b) Anspruch** des Verbrauchers auf Erfüllung (formgerechte Mitteilung der Informationen), ggf Schadensersatz gem §§ 280 I, 311 II (uU auf Vertragsaufhebung). **c) Widerrufsfrist** beginnt nicht zu laufen (§ 312 d II), wenn nicht Informationen gem II erteilt sind; I ist für Widerrufsfrist unerheblich. **d) Unterlassungsanspruch** gem UKlaG 2 I, II Nr 1; ggf UWG 1. 5

Chr. Berger

§ 312 d Widerrufs- und Rückgaberecht bei Fernabsatzverträgen

(1) ¹Dem Verbraucher steht bei einem Fernabsatzvertrag ein Widerrufsrecht nach § 355 zu. ²Anstelle des Widerrufsrechts kann dem Verbraucher bei Verträgen über die Lieferung von Waren ein Rückgaberecht nach § 356 eingeräumt werden.

(2) Die Widerrufsfrist beginnt abweichend von § 355 Abs. 2 Satz 1 nicht vor Erfüllung der Informationspflichten gemäß § 312 c Abs. 2, bei der Lieferung von Waren nicht vor dem Tage ihres Eingangs beim Empfänger, bei der wiederkehrenden Lieferung gleichartiger Waren nicht vor dem Tage des Eingangs der ersten Teillieferung und bei Dienstleistungen nicht vor dem Tage des Vertragsschlusses.

(3) Das Widerrufsrecht erlischt bei einer Dienstleistung auch, wenn der Unternehmer mit der Ausführung der Dienstleistung mit ausdrücklicher Zustimmung des Verbrauchers vor Ende der Widerrufsfrist begonnen hat oder der Verbraucher diese selbst veranlasst hat.

(4) Das Widerrufsrecht besteht, soweit nicht ein anderes bestimmt ist, nicht bei Fernabsatzverträgen
1. zur Lieferung von Waren, die nach Kundenspezifikation angefertigt werden oder eindeutig auf die persönlichen Bedürfnisse zugeschnitten sind oder die auf Grund ihrer Beschaffenheit nicht für eine Rücksendung geeignet sind oder schnell verderben können oder deren Verfalldatum überschritten würde,
2. zur Lieferung von Audio- oder Videoaufzeichnungen oder von Software, sofern die gelieferten Datenträger vom Verbraucher entsiegelt worden sind,
3. zur Lieferung von Zeitungen, Zeitschriften und Illustrierten,
4. zur Erbringung von Wett- und Lotterie-Dienstleistungen, oder
5. die in der Form von Versteigerungen (§ 156) geschlossen werden.

(5) ¹Das Widerrufsrecht besteht ferner nicht bei Fernabsatzverträgen, bei denen dem Verbraucher bereits auf Grund der §§ 499 bis 507 ein Widerrufs- oder Rückgaberecht nach den § 355 oder § 356 zusteht. ²Bei solchen Verträgen gilt Absatz 2 entsprechend.

1 **1. Allgemeines.** Sa § 312b Rn 1. **a)** Teilweise abweichend von §§ 355 ff Regelung des **Widerrufsrechts** und der **-frist** bei Fernabsatzverträgen iSv § 312 b. Gem I 2 kann Unternehmer dem Verbraucher bei Waren ein **Rückgaberecht** nach § 356 einräumen. **b) Umsetzung** FernAbsRiLi 6. **c)** Die näheren Voraussetzungen der Ausübung des Widerrufsrechts und die **Rechtsfolgen** ergeben sich aus §§ 355 ff, soweit § 312 d keine abweichenden Bestimmungen enthält.

2 **2. Widerrufsrecht (I 1). a) Voraussetzungen.** Fernabsatzvertrag iSv § 312 b. **b) Ausnahmen (IV).** Grundlage FernAbsRiLi 6 III. **aa) Lieferung von Waren** gem **Nr 1.** Gemeinsames Merkmal ist der Umstand, daß der Unternehmer die Waren (nach Rückgabe) nicht mehr anderweitig zu einem angemessenen Preis absetzen könnte. Die Bestimmung ist eng auszulegen. Grundsätzlich muß der Unternehmer nachteilige Veränderungen tragen (und entspr kalkulieren). *Kundenspezifikation* liegt nicht vor, wenn Unternehmer gleichartige Spezifikationen allen Kunden anbietet (zB: Sonderausstattung bei Pkw, anders individuell gefertigtes Behindertenfahrzeug). *Nicht zur Rücksendung* geeignet sind Waren, die danach nicht mehr körperlich mit der gelieferten Ware vollauf identisch sind, zB Heizöl, *nicht* elektronische Computerbausteine (Dresden MMR 02, 172). Verderb möglich auch bei Saisonware, zB Christbaum. **bb) Lieferung von Ton-, Bildträgern, Software (Nr 2),** falls Verbraucher eine vorhandene Versiegelung gebrochen hat.
3 Grund: Verbraucher soll daran gehindert werden, Inhalt des Datenträgers zu kopie-

Titel 1. Begründung, Inhalt und Beendigung **§ 312 e**

ren und das Widerrufsrecht auszuüben. Gilt bei Bezug über das Internet (sa § 312 b Rn 5 ff) entspr. **cc) Zeitungen, Zeitschriften, Illustrierte (Nr 3);** zu § 505 s Rn 2. **dd) Wett- und Lotteriedienstleistungen (Nr 4). ee) Versteigerungen** **4** **(Nr 5)** gem § 156. Grund: Widerrufsrecht würde den einer Versteigerung eigenen Preisfindungsprozeß untergraben; „**Internet-Auktionen**" (Vertragsschluß nicht gem § 156, s § 312 b Rn 6) bilden daher keine „Umgehung" iSv § 312 f S 2 (aA Heiderhoff MMR 01, 642 [zu HWiG 5 I]). Kaufvertrag gegen Höchstgebot (Anbieter behält sich Annahme vor, s AnwKommBGB/Ring § 312 b Rn 65) ist keine Versteigerung iSv § 156; Widerrufsrecht besteht. **ff) Beweislast** für IV Nr 1–5: Unternehmer. **gg) Rechtsfolgen:** Gem IV entfällt nur das Widerrufsrecht; Informationspflichten gem § 312 c bleiben unberührt. **hh) Konkurrenzen:** IV schließt nur das Widerrufsrecht gem I aus, nicht ein Widerrufsrecht nach anderen Vorschriften, zB § 505. **c) Ausschluß (V 1).** Das fernabsatzrechtliche **5** Widerrufs- und Rückgaberecht nach I tritt bei Finanzierungshilfen und Ratenlieferungsverträgen hinter das Widerrufs- bzw Rückgaberecht aus §§ 499–507 (iVm § 495 I) zurück. Damit genießen – wie beim Haustürwiderrufsrecht, vgl § 312 a – vertragsinhaltsbezogene Widerrufsrechte Vorrang. Zum Fristbeginn in diesen Fällen s Rn 11. **d) Erlöschen (III).** Widerrufsrecht erlischt bei *Dienstleistungen* (spä- **6** testens, üi § 355 Rn 5), wenn Unternehmer mit Zustimmung des Verbrauchers oder aufgrund seiner Veranlassung begonnen hat. Grund: Dienstleistungen sind regelmäßig individuell ausgerichtet und nicht anderweitig verwertbar. Zustimmung ist geschäftsähnliche Handlung; sie kann nur ausdr erklärt werden. Beginn muß für den Verbraucher nicht erkennbar sein (Chr. Berger NJW 01, 1535).

3. Beginn Widerrufsfrist (II) nur, wenn **a)** die **Informationspflichten** gem **7** § 312 c Rn 2 ff erfüllt sind (diese umfassen auch Angaben über das Widerrufsrecht [BGB-InfoV 1 III Nr 1]) und **b)** eine **Widerrufsbelehrung** gem § 355 II 1 erteilt ist (PalErgB/Heinrichs 5). **c) Bei Waren** beginnt die Frist zudem nicht vor dem **8** Tag des Eingangs (entspr „Ablieferung" iSv § 438 II) beim Empfänger bei wiederkehrender Lieferung gleichartiger Waren mit der ersten Teillieferung, bei ungleichartigen Waren (Buchlieferungen) mit der letzten Teillieferung. Grund: Verbraucher soll Ware prüfen können, wozu er im Fernabsatz bislang keine Gelegenheit hatte. Daher beginnt Frist **nicht,** wenn gelieferte **Ware mangelhaft** ist oder bei Aliud-Lieferung. Andersfalls würde Verbraucher mit Ausübung des Widerrufsrechts den Nacherfüllungsanspruch (§§ 439 I, 434 I, III) verlieren. Fristbeginn erst mit vollständiger Nacherfüllung bzw Minderung gem § 441 (wodurch der Verbraucher zu erkennen gibt, die gelieferte Ware behalten zu wollen). **d) Bei Dienstleistungen** **9** beginnt Widerrufsfrist mit dem Tag des Vertragsschlusses; Sonderregelung praktisch bedeutungslos. **e)** Zum Fristbeginn **im elektronischen Geschäftsver-** **10** **kehr** s § 312 e III 2: Unternehmer muß gegenüber Verbraucher also auch die Pflichten gem § 312 e I 1 erfüllen. **f)** Handelt es sich um im Fernabsatz geschlos- **11** sene „Finanzierungshilfen" oder Ratenlieferungsverträge, entfällt zwar das Widerrufsrecht aus I (Rn 5); der für den Verbraucher bzw Existenzgründer günstigere Beginn der Frist für das Widerrufs- bzw Rückgaberecht aus §§ 499–507 (iVm § 495) richtet sich – in Umsetzung von FernAbsRiLi 6 I – gemäß **V 2** jedoch nach II.

§ 312 e Pflichten im elektronischen Geschäftsverkehr

(1) ¹Bedient sich ein Unternehmer zum Zwecke des Abschlusses eines Vertrags über die Lieferung von Waren oder über die Erbringung von Dienstleistungen eines Tele- oder Mediendienstes (Vertrag im elektronischen Geschäftsverkehr), hat er dem Kunden

1. angemessene, wirksame und zugängliche technische Mittel zur Verfügung zu stellen, mit deren Hilfe der Kunde Eingabefehler vor Abgabe seiner Bestellung erkennen und berichtigen kann,

§ 312 e Buch 2. Abschnitt 3. Schuldverhältnisse aus Verträgen

2. die in der Rechtsverordnung nach Artikel 241 des Einführungsgesetzes zum Bürgerlichen Gesetzbuche bestimmten Informationen rechtzeitig vor Abgabe von dessen Bestellung klar und verständlich mitzuteilen,
3. den Zugang von dessen Bestellung unverzüglich auf elektronischem Wege zu bestätigen und
4. die Möglichkeit zu verschaffen, die Vertragsbestimmungen einschließlich der Allgemeinen Geschäftsbedingungen bei Vertragsschluss abzurufen und in wiedergabefähiger Form zu speichern.

²Bestellung und Empfangsbestätigung im Sinne von Satz 1 Nr. 3 gelten als zugegangen, wenn die Parteien, für die sie bestimmt sind, sie unter gewöhnlichen Umständen abrufen können.

(2) ¹Absatz 1 Satz 1 Nr. 1 bis 3 findet keine Anwendung, wenn der Vertrag ausschließlich durch individuelle Kommunikation geschlossen wird. ²Absatz 1 Satz 1 Nr. 1 bis 3 und Satz 2 findet keine Anwendung, wenn zwischen Vertragsparteien, die nicht Verbraucher sind, etwas anderes vereinbart wird.

(3) ¹Weitergehende Informationspflichten auf Grund anderer Vorschriften bleiben unberührt. ²Steht dem Kunden ein Widerrufsrecht gemäß § 355 zu, beginnt die Widerrufsfrist abweichend von § 355 Abs. 2 Satz 1 nicht vor Erfüllung der in Absatz 1 Satz 1 geregelten Pflichten.

BGB-Info V

§ 3 Kundeninformationspflichten des Unternehmers bei Verträgen im elektronischen Geschäftsverkehr

Bei Verträgen im elektronischen Geschäftsverkehr muss der Unternehmer den Kunden gemäß § 312 e Abs. 1 Satz 1 Nr. 2 des Bürgerlichen Gesetzbuchs informieren

1. über die einzelnen technischen Schritte, die zu einem Vertragsschluss führen,
2. darüber, ob der Vertragstext nach dem Vertragsschluss von dem Unternehmer gespeichert wird und ob er dem Kunden zugänglich ist,
3. darüber, wie er mit den gemäß § 312 e Abs. 1 Satz 1 Nr. 1 des Bürgerlichen Gesetzbuchs zur Verfügung gestellten technischen Mitteln Eingabefehler vor Abgabe der Bestellung erkennen und berichtigen kann,
4. über die für den Vertragsschluss zur Verfügung stehenden Sprachen und
5. über sämtliche einschlägigen Verhaltenskodizes, denen sich der Unternehmer unterwirft, sowie die Möglichkeit eines elektronischen Zugangs zu diesen Regelwerken.

Lit: Micklitz, Fernabsatz und E-Commerce im SchRModG, EuZW 01, 133; Nordhausen, Die E-Commerce-RiLi ..., in: Jahrbuch junger Zivilrechtswissenschaftler, 2001, 5287.

1 **1. Allgemeines. a) Bedeutung.** Gestaltungs-, Informations- und Mitteilungspflichten des Unternehmers, der Waren oder Dienstleistung im elektronischen Geschäftsverkehr absetzt. Keine (reine) Verbraucherschutzvorschrift; Kunde kann auch ein Unternehmer sein. Ein Widerrufsrecht begründet § 312 e nicht. **b) Umsetzung** E-CommerceRiLi 10 f. **c) Konkurrenzen (III 1).** Mit einem Verbraucher geschlossener Vertrag im elektronischen Geschäftsverkehr erfüllt idR zugleich § 312 b; Informationspflichten gem § 312 c bleiben unberührt. Folge: Unternehmer muß zahlreiche Informationen erteilen, insbes BGB-InfoV 1, 3. Unberührt bleiben auch TDG 6 und PAngV.

2 **2. Persönlicher Anwendungsbereich.** Anbieter muß Unternehmer (§ 14) sein; Kunde kann Verbraucher, aber auch Unternehmer sein.

3 **3. Sachlicher Anwendungsbereich. a) Vertrag im elektronischen Geschäftsverkehr** liegt vor, wenn Vertragsschluß unter Einsatz eines Tele- oder Mediendienstes (elektronische Kommunikationsmittel) erfolgt, nicht per Brief oder

Titel 1. Begründung, Inhalt und Beendigung **§ 312 f**

Telefon. **Teledienst** s TDG 2, zB Telebanking, Datendienste (Verkehrs-, Wetter-, Umwelt-, Börsendaten), Telespiele, interaktive Datenbanknutzung. **Mediendienste** s MDStV 2, insbes „Fernseheinkauf". Nur der Vertragsschluß, nicht die Erbringung der Leistung (Versandhandel) muß mittels elektronischen Kommunikationsmitteln erfolgen.

4. Rechtsfolgen. a) Unternehmerpflichten (I 1). aa) Berichtigung von Eingabefehlern (Nr 1): Unternehmer hat das elektronische Kommunikationsmittel so auszugestalten, daß der Kunde Eingabefehler vor Abgabe der Bestellung erkennen und berichtigen kann. **bb) Informationspflichten (Nr 2)** gem BGB-InfoV 3. **cc) Zugangsbestätigung (Nr 3):** Empfang der Bestellung (auch: invitatio ad offerendum, PalErgB/Heinrichs 6) des Kunden ist unverzüglich (§ 121 I) zu bestätigen. Bestätigung ist geschäftsähnliche Handlung. **I 2** regelt (in insoweit wörtlicher Übernahme von E-CommerceRiLi 1 als Fiktion, mR krit PalErgB/Heinrichs 7) den Zugang von Bestellung und Bestätigung entspr den allg Zugangskriterien (s § 130 Rn 4); maßgeblich ist, daß Unternehmer bzw Kunde sie unter gewöhnlichen Umständen abrufen kann. Für Annahmeerklärung des Angebotsempfängers gilt nichts anderes. **dd) Abruf und Speicherung der vertraglichen Abreden (Nr 4).** Unternehmer hat das elektronische Kommunikationsmittel so auszugestalten, daß der Kunde bei Vertragsschluß den gesamten Vertragsinhalt einschließlich der AGB abrufen und wiedergabefähig speichern kann. IdR liegen damit Voraussetzungen gem § 305 II Nr 1 und 2 vor (BT-Drs 14/6040 S 172). Die Pflichten sind aber auch erfüllt, wenn AGB nicht gem § 305 II Vertragsbestandteil werden. Unwirksamkeit gem §§ 307–309 steht Erfüllung der Pflicht gem I 1 Nr 4 nicht entgegen.

5. Ausnahmen (II 1). Die Pflichten gem I 1 Nr 1–3 sind auf vom Unternehmer vorstrukturierte Kommunikationsabläufe ausgerichtet, die dem Kunden insoweit keinen wesentlichen Gestaltungsspielraum belassen. Bei **Individualkommunikation** (zB: Vertragsschluß allein durch E-Mail anstelle Telefax, sa E-CommerceRiLi 10 IV, 11 III) gilt dies **nicht.** II 1 stellt den Unternehmer daher von den entspr Pflichten frei, *nicht* aber von der Mitteilung gem I 1 Nr 4, die dem Kunden Kenntnis und jederzeitigen Zugriff auf den Vertragsinhalt ermöglicht.

6. Rechtsfolgen einer Pflichtverletzung. a) Fernabsatzvertrag ist **nicht unwirksam** wegen Verletzung von I 1 (BT-Drs 14/6040 S 173). **b) Anspruch** des Verbrauchers auf Erfüllung (formgerechte Mitteilung der Informationen), ggf Schadensersatz gem §§ 280 I, 311 II (uU auf Vertragsaufhebung oder -anpassung). **c)** Steht dem Kunden ein Widerrufsrecht zu (insbes gem § 312 d als Verbraucher), beginnt die **Widerrufsfrist** nicht zu laufen (§ 312 d II), solange nicht die Pflichten gem I 1 erfüllt sind. **d) Unterlassungsanspruch** gem UKlaG 2 I, II Nr 1; ggf UWG 1.

7. Vertragsgestaltung. aa) Gegenüber einem **Verbraucher** sind die Pflichten gem I 1 und I 2 (Rn 4 f) unabdingbar, **§ 312 f. bb)** Gem **II 2** können gegenüber einem **Unternehmer** (insbes in Rahmenvereinbarungen) die Pflichten gem I 1 Nr 1–3 abbedungen oder modifiziert und das Risiko hinsichtlich des Zugangs von Erklärungen abweichend von I 2 verteilt werden.

§ 312 f Abweichende Vereinbarungen

¹**Von den Vorschriften dieses Untertitels darf, soweit nicht ein anderes bestimmt ist, nicht zum Nachteil des Verbrauchers oder Kunden abgewichen werden.** ²**Die Vorschriften dieses Untertitels finden, soweit nicht ein anderes bestimmt ist, auch Anwendung, wenn sie durch anderweitige Gestaltungen umgangen werden.**

1. Allgemeines. a) Beschränkung der Privatautonomie. **Verbraucherschutz** bei bes Vertriebsformen (Haustürgeschäfte, § 312 f; Fernabsatz, §§ 312 b ff; elektronischer Geschäftsverkehr, § 312 e) steht weder durch abweichende Abreden

Chr. Berger

§ 313 Buch 2. Abschnitt 3. Schuldverhältnisse aus Verträgen

(S 1) noch durch Umgehung (S 2) zur Disposition. Vereinbarungen im elektronischen Geschäftsverkehr zwischen *Unternehmern* sind gem § 312 e II 2 wirksam. **b) Umsetzung** HausTürRiLi 6; FernAbsRiLi 12 I. Sa EGBGB 29, 29 a I, IV Nr 3.

2 **2. Unabdingbarkeit, S 1. a)** Von den („halbzwingenden") §§ 312 ff kann nicht zum **Nachteil des Verbrauchers** vertraglich abgewichen werden. Entspr Vereinbarungen sind **unwirksam**, der Vertrag iü wirksam. Zulässig sind den Verbraucher begünstigende Vereinbarungen. **b)** Unwirksam ist auch ein in Kenntnis des Widerrufsrechts erfolgter **Verzicht** hierauf, *nicht* aber ein angesichts der Sach-, Rechts- und Beweislage angemessener Vergleich (PalErgB/Heinrichs 1).

3 **3. Umgehungsverbot, S 2.** Umgehung liegt vor, wenn eine ges verbotene Regelung iE durch eine andere rechtliche oder tatsächliche Gestaltung erreicht werden soll. Objektive Umgehung genügt, Umgehungsabsicht nicht erforderlich; sa § 134 Rn 18. (Str) Anwendungsfall s § 312 d Rn 4 (ee).

Untertitel 3. Anpassung und Beendigung von Verträgen

§ 313 Störung der Geschäftsgrundlage

(1) **Haben sich Umstände, die zur Grundlage des Vertrags geworden sind, nach Vertragsschluss schwerwiegend verändert und hätten die Parteien den Vertrag nicht oder mit anderem Inhalt geschlossen, wenn sie diese Veränderung vorausgesehen hätten, so kann Anpassung des Vertrags verlangt werden, soweit einem Teil unter Berücksichtigung aller Umstände des Einzelfalls, insbesondere der vertraglichen oder gesetzlichen Risikoverteilung, das Festhalten am unveränderten Vertrag nicht zugemutet werden kann.**

(2) **Einer Veränderung der Umstände steht es gleich, wenn wesentliche Vorstellungen, die zur Grundlage des Vertrags geworden sind, sich als falsch herausstellen.**

(3) ¹Ist eine Anpassung des Vertrags nicht möglich oder einem Teil nicht zumutbar, so kann der benachteiligte Teil vom Vertrag zurücktreten. ²**An die Stelle des Rücktrittsrechts tritt für Dauerschuldverhältnisse das Recht zur Kündigung.**

Lit: *Beuthien,* Zweckerreichung und Zweckstörung im Schuldverhältnis, 1969; *Fikentscher,* Die Geschäftsgrundlage als Frage des Vertragsrisikos, 1971; *Dauner-Lieb,* Kodifikation von Richterrecht, in: Ernst/Zimmermann, Zivilrechtswissenschaft und Schuldrechtsreform, 2001, S 305, 321; *Hey,* Die Kodifizierung der Grundsätze über die Geschäftsgrundlage usw. in Kontinuität im Wandel usw, Beiträge für C.-W. Canaris usw, 2002, S 21; *Köhler,* Die „clausula rebus sic stantibus" als allg Rechtsgrundsatz, 1991; *Köhler,* Unmöglichkeit und Geschäftsgrundlage bei Zweckstörungen im Schuldverhältnis, 1971; *ders,* Die Lehre von der Geschäftsgrundlage als Lehre von der Risikobefreiung, FG BGH I, 2000, S 295; *Larenz,* Geschäftsgrundlage und Vertragserfüllung, 3. Aufl. 1963; *Lörcher,* Die Anpassung langfristiger Verträge an veränderte Umstände, DB 96, 1269; vgl auch Lit vor § 275.

I. Allgemeines

1 **1. Regelung und Bedeutung. a)** Mit § 313 „verankert" das **SchRModG** das wichtige, von Rspr und Lehre entwickelte „ungeschriebene" Rechtsinstitut der Störung der Geschäftsgrundlage im BGB (vgl Rn 16 vor § 275). Es handelt sich mehr um die Aufnahme eines „Merkpostens" *(Canaris)* als um eine Kodifikation der Rspr-Grundsätze. Die Einordnung als § 313 (§ 313 aF wurde § 311 b I) statt – besser – im Anschluss an § 242 ändert nichts daran, dass es sich um eine Ausprägung des Grundsatzes von Treu und Glauben (so ausdr BT-Drs 14/6040 S 174) und damit der in ihm aufgegangenen (s Rn 2) *clausula rebus sic stantibus* handelt.

Titel 1. Begründung, Inhalt und Beendigung **§ 313**

Eine Änderung der bish Rechtslage ist durch § 313 (abgesehen von Randkorrekturen und Klarstellungen) nicht beabsichtigt, der Fort- und Weiterentwicklung des Rechtsinstituts sollen keine Grenzen gezogen werden. In **I** und **II** greift der GesGeber vorgefundene Unterscheidungen auf und gibt mit einer Umschreibung wichtiger Voraussetzungen Hilfen für die Rechtsanwendung; bei den Rechtsfolgen entscheidet er eine bestehende Streitfrage (Rn 29 f). **b)** Das nunmehr positivierte **2 Rechtsinstitut** der Störung der Geschäftsgrundlage ermöglicht unter bestimmten Voraussetzungen (Rn 14 ff) eine Anpassung des Vertragsinhalts an die veränderten Verhältnisse (Rn 16) und schränkt insoweit den Grundsatz der Vertragstreue *(pacta sunt servanda)* ein. Die in den Grundsätzen von Treu und Glauben aufgegangene gemeinrechtliche Lehre von der *clausula rebus sic stantibus* (vgl Köbler aaO S 95 ff, 136 ff; BGH 61, 160) kehrt nunmehr in der „schwerwiegenden Veränderung der Umstände" (gleichbedeutend mit der wesentlichen Veränderung der Verhältnisse) in **I** wieder (sa ZPO 323 I, IV). Die ges anerkannten Grundsätze zur Störung der Geschäftsgrundlage sind Grundlage verschiedener Rechte und Rechtsbehelfe (Rn 27 ff) und stellen damit eine **Ergänzung** des allg Vertragsrechts, insbes des Rechts der Leistungsstörungen dar (Rn 14 ff). Die Eingliederung der Störung der Geschäftsgrundlage im Zusammenhang mit der Reform des Leistungsstörungsrechts (Rn 16 vor § 275) erweist sich damit als folgerichtig.

2. Begriffe und Arten. a) Störung der Geschäftsgrundlage (s Überschrift von **3** § 313) ist der Oberbegriff; er umfasst sowohl den (nachträglichen) **Wegfall (I)** als auch das anfängliche **Fehlen** der Geschäftsgrundlage **(II)**. Geschäftsgrundlage sind die *„zur Grundlage des Vertrags gewordenen Umstände"* (vgl **I** HS 1, **II**); sie kann sowohl „subj" (dh durch die Parteien) bestimmt werden als sich auch „obj" aus sachlichen Kriterien ergeben (Rn 4–5). **b) Subj und obj Geschäftsgrundlage. 4** Die Unterscheidung knüpft an die Bestimmung der Geschäftsgrundlage (insbes) durch die Parteien oder (auch) nach obj Kriterien an. Nach der bisher vom **BGH** in **stRspr** und der **hM** vertretenen sog **subj Formel** wird die Geschäftsgrundlage eines Vertrages gebildet durch die nicht zum Vertragsinhalt erhobenen, aber bei Vertragsschluss zutage getretenen gemeinschaftlichen Vorstellungen beider Vertragsparteien oder die dem Geschäftsgegner erkennbaren und von ihm nicht beanstandeten Vorstellungen der einen Vertragspartei vom Vorhandensein, künftigen Eintritt oder Fortbestand gewisser Umstände, auf denen der Geschäftswille der Parteien aufbaut (BGH 129, 252 mN; 131, 214; 135, 338; NJW 01, 1205 mN; mR krit Köhler, FG BGH I, S 298). Demgegenüber war hauptsächlich im Schrifttum auch die **objektive Geschäftsgrundlage** anerkannt; darunter waren alle Umstände zu verstehen, deren Vorhandensein oder Fortdauer obj erforderlich ist, damit der Vertrag iSd Intentionen beider Vertragsparteien noch als eine sinnvolle Regelung bestehen kann (Larenz aaO S 185 und SchR I, § 21 II; BGH 61, 161; Nürnberg OLGZ 77, 77). Das **SchRModG** regelt in **I** die obj Geschäftsgrundlage und erwähnt in **II** nur einen Sonderfall der subj Geschäftsgrundlage (Rn 14); mit der „mehr auf obj Merkmale abstellenden Formulierung" will sich das Ges aber nur gegen die abw Begründung der iErg gebilligten Rspr wenden (vgl BT-Drs 14/6040 S 176). Die subj Formel verliert durch § 313 damit weitgehend an Bedeutung. § 313 ist damit (entgegen Dauner-Lieb aaO) das Gegenteil einer „Kodifikation durch Lehrbuchzitat". **c) Große und kleine Geschäftsgrundlage. 5** Erstere umfasst Einwirkungen von „Veränderungen in der Sozialexistenz" auf Vertragsverhältnisse, zB wesentlicher Währungsverfall, Krieg, kriegsähnliches und politisches Geschehen (zB Revolution im Iran: BGH NJW 84, 1746 f; dazu Wieling JuS 86, 272; Golfkrieg: Karlsruhe NJW 92, 3177; nicht allg Wechsel der Wirtschaftsordnung 1990 in der **DDR**, ie str, s BGH 121, 393; 124, 8; 127, 218; 128, 329; 131, 214), uU aber Wiedervereinigung bei urheberrechtlichen Nutzungsverträgen (s BGH 133, 293 mN) oder bei monatlichen Zahlungen für die Nichtausübung eines Wohnrechts (Naumburg DtZ 97, 363); **Lit:** Görk, Deutsche Einheit und Wegfall der Geschäftsgrundlage, 1995; Grün, Der Wegfall der Geschäfts-

§ 313 Buch 2. Abschnitt 3. Schuldverhältnisse aus Verträgen

grundlage bei DDR-Wirtschaftsverträgen usw, JZ 94, 763; sa mwN 9. Aufl § 242 Rn 102), allg Natur- und Umweltkatastrophen (zB Ölpest) und ähnliche „Massenkalamitäten" (Flume II § 26, 6; Esser/Schmidt § 24 II). Die **kleine Geschäftsgrundlage** umfaßt alle übrigen Fälle.

6   3. **Anwendungsbereich.** Die Grundsätze über das Fehlen (den Wegfall) der Geschäftsgrundlage finden auf alle schuldrechtlichen Verträge Anwendung (vgl Untertitel vor § 313: „Anpassung und Beendigung von Verträgen"), ohne Rücksicht darauf, ob es sich um auch beiderseits voll erfüllte (Rn 27) gegenseitige, unvollkommen zweiseitige oder einseitig verpflichtende Verträge (zB Bürgschaft, Schuldanerkenntnis) handelt (vgl Rn 22), auch auf Vorverträge (BGH 47, 393; NJW 58, 1531), nur mit Einschränkungen auf die normativen Regelungen in Tarifverträgen (BAG 46, 317); modifiziert jetzt dem DDR-Recht unterliegende Schuldverhältnisse (BGH 120, 21 ff; 131, 214 mN; ie Grün JZ 94, 763 ff; § 242 Rn 11 [c]; dagegen **nicht** auf einseitige RGeschäfte (BAG NJW 92, 2175: Kündigung; BGH NJW 93, 850: letztwillige Verfügung, str), auf ges Ansprüche und Schuldverhältnisse (ErmWerner § 242, 171), auch nicht auf das ges Schuldverhältnis der Vertragsverhandlungen (§ 311 Rn 34; vgl BGH NJW 56, 1275).

7   4. **Sonderregelungen** der Geschäftsgrundlage enthalten §§ 321, 490, 519, 527 (dort Rn 10 [cc]), 528, 530, 593, 594 e, 605, 626 (dazu BAG NJW 87, 919), 651 j (vgl BGH 85, 57), 723, 775, 779 I, 1301, 1612 a, 2077, 2079; ZPO 323, 654 f; UrhG 36 (dazu BGH 115, 66); ArbEG 12 VI (dazu BGH 61, 160); VHG; CISG 79; VwVfG 60; SGB X 59; DMBilG 32 II (dazu BGH 122, 40 ff; 131, 33). Lediglich im Anwendungsbereich der Sondervorschriften ist die Anwendung der Grundsätze gem § 313 ausgeschlossen (BGH WM 95, 2143; BAG MDR 88, 805; BayObLGZ 89, 481); sie bleiben aber anwendbar, soweit die (nicht abschließende) Sonderregelung nicht eingreift.

8   5. **Abgrenzung. a)** Die Geschäftsgrundlage ist nicht **Vertragsinhalt** (zB iS einer Bedingung oder eines vereinbarten Rechtsgrundes). Führt die (ggf ergänzende) **Vertragsauslegung** (§ 157) zu einer vertraglichen Regelung des betreffenden Umstands, scheidet § 313 aus (BGH 90, 74; NJW-RR 95, 854; ie Köhler, FG BGH I, S 301 ff, 304 ff). Bsp: Berichtigende Auslegung bei gemeinsamem Irrtum über Umrechnungskurs (so Flume II § 26, 4 a gegen RG 105, 406: § 119 I); Neuberechnung einer gesellschaftsvertraglichen Abfindung (BGH 126, 242).

9   **b) Anfechtung.** Irrtum über die Geschäftsgrundlage (Rn 26) ist weder (unbeachtlicher) Motivirrtum noch nur durch Anfechtung (Folge: § 122) geltend zu machender Geschäfts- oder Eigenschaftsirrtum (§ 119 I, II), sondern ein Fall der subj Geschäftsgrundlage (vgl Larenz, AT, § 38 Rn 4 f und SchR I, § 21 II, str); zum

10 beiderseitigen Motivirrtum als Fall von § 313 s Rn 26. **c) Haftung für Mängel.** Im Anwendungsbereich der Mängelhaftung (§§ 437 ff, 536 ff, 634 ff, 651 c ff) ist § 313 ausgeschlossen (BGH 98, 103 f mN; 117, 162; NJW-RR 92, 267; iE auch Köhler aaO S 174 ff). Dies gilt auch dann, wenn die Voraussetzungen der Mängelhaftung im Einzelfall (zB wegen Verjährung, Ausschließung) nicht eingreifen

11 (RG 135, 346; Hamm JZ 79, 267; sa BGH 117, 163 f). **d) Leistungshindernisse und -erschwerungen.** Die sog wirtschaftliche Unmöglichkeit (Begriff: § 275 Rn 11) bildet einen Fall des Wegfalls der Geschäftsgrundlage (Rn 17), das gleiche gilt für die Fälle der Zweckstörungen (Rn 18), soweit nicht der Zweck Vertrags-

12 inhalt ist (sonst Fall von Unmöglichkeit: vgl § 293 Rn 8). **e) Kündigung von Dauerschuldverhältnissen aus wichtigem Grund.** Durch das gleichzeitig eingeführte Kündigungsrecht aus wichtigem Grund (§ 314) wird § 313 verdrängt, soweit es um die Auflösung des Vertrages geht (§ 314 Rn 2); liegt zugleich eine Störung der Geschäftsgrundlage vor, kann Vertragsanpassung verlangt werden

13 (vgl § 314 Rn 2). **f) Nichteintritt des mit der Leistung bezweckten Erfolgs** (§ 812 I 2, 2. Fall). Bildet der – fehlgeschlagene – Leistungszweck die Geschäftsgrundlage (Rn 4) eines vertraglichen Schuldverhältnisses, so scheidet ein Bereicherungsanspruch wegen Nichterreichung des Leistungszwecks gem § 812 I 2, 2. Fall

Titel 1. Begründung, Inhalt und Beendigung **§ 313**

aus; Grund: Vorrang der vertraglichen Ansprüche, zu denen auch die Rechtsbehelfe aus gestörter Geschäftsgrundlage gehören, vor Bereicherungsansprüchen (BGH 84, 10 f; 108, 149; NJW 92, 2690; BAG NJW 87, 919; s ie § 812 Rn 14 ff).

II. Voraussetzungen der Störung der Geschäftsgrundlage (I, II)

1. Überblick. Als Störungstatbestände sind der (nachträgliche) Wegfall der 14 Geschäftsgrundlage und ihr (anfängliches) Fehlen zu unterscheiden. **Wegfall** der Geschäftsgrundlage kommt sowohl bei obj als auch subj Geschäftsgrundlage (s dazu Rn 4) in Frage; beide Fälle regelt **I** (vgl BT-Drs 14/6040 S 176). Anfängliches **Fehlen** der Geschäftsgrundlage ist nur bei der subj Geschäftsgrundlage möglich (Rn 4); es ist in **II** geregelt. Die drei Störungstatbestände unterscheiden sich bei den Merkmalen der Umstandsveränderung (Rn 16) und des (anfänglichen) Fehlens der Geschäftsgrundlage (Rn 25); im übrigen stimmen sie dagegen in Voraussetzungen und Rechtsfolgen überein (Rn 19–22).

2. Wegfall der obj Geschäftsgrundlage (I). a) Allgemeines. Eine Anknüp- 15 fung an (Fehl-)Vorstellungen der Parteien über nachträglich veränderte Umstände (vgl Rn 4) scheidet aus. Die erforderlichen obj Kriterien liegen bei der großen Geschäftsgrundlage (Rn 5) stets vor und ergeben sich iü aus allg anerkannten Fallgruppen wie „Äquivalenzstörungen", „Leistungserschwernissen", „Zweckstörungen" usw (vgl BT-Drs 14/6040 S 174). Ie setzt der Wegfall der obj Geschäftsgrundlage nach **I** voraus: Schwerwiegende Veränderung der Verhältnisse nach Vertragsschluss (Rn 16–19), durch die die Risikoverteilung zum Nachteil einer Vertragspartei gestört wird (Rn 20) mit der Folge, dass dem „benachteiligten Teil" (s **III**) ein Festhalten am unveränderten Vertrag unzumutbar ist (Rn 23 − „neue" *clausula rebus sic stantibus*). **b) Schwerwiegende Veränderung der Umstände** 16 **nach Vertragsschluss.** Sie ist bei Vorliegen einer der folgenden **Fallgruppen** idR gegeben. **aa) Wesentliche Äquivalenzstörung.** Infolge der unvorhergesehenen Änderung der Verhältnisse ist zwischen den beiderseitigen vertraglichen Leistungspflichten ein grobes Missverhältnis entstanden. Bsp: Wesentliche **Entwertung von Geldansprüchen** durch **Währungsverfall** erheblichen Ausmaßes (BGH 90, 227 ff; 111, 215 f; Einzelheiten: Rn 31); wesentliches Missverhältnis von Leistung und Gegenleistung bei DDR-Wirtschaftsverträgen infolge der Währungsunion (BGH 122, 40 ff; 126, 159 ff; ie Grün JZ 94, 763 ff). **bb) Übermäßige Leistungs-** 17 **erschwerungen.** Hierher gehören die (nicht unter § 275 II, III fallenden) Fälle der sog *wirtschaftlichen Unmöglichkeit* (§ 275 Rn 11), bei denen die Leistung für den Schuldner nur mit „überobligationsmäßigen" Anstrengungen möglich wäre (zur Abgrenzung Rn 11, § 275 Rn 24 ff). Bsp: Erhebliche Beschaffungshindernisse für den Sach-(Werk- usw)leistungsschuldner infolge unvorhergesehener Verknappung von Bezugsmöglichkeiten (vgl dazu BGH NJW 94, 515 f) oder tiefgreifender wirtschaftlicher Veränderungen, zB durch wesentliche Änderung des Preisgefüges (vgl aber auch Rn 20 ff); Bsp: Stahlpreiserhöhung 1969 (vgl Fikentscher aaO S 50 und allg S 74 ff), Ölpreiserhöhung 1973 (vgl BGH JZ 78, 235); unverhältnismäßige Mehrkosten von Bauleistungen unter unvorhergesehenen Erschwerungen (vgl Köhler FG BGH I S 314 ff mN). **cc) Zweckstörungen.** Infolge der unvorherge- 18 sehenen Veränderung der Verhältnisse ist der Vertragszweck durch die Erbringung der (an sich mögliche) Leistung endgültig nicht mehr erreichbar. Hauptanwendungsfälle sind „zweckbezogene" Miet- und Werkleistungen. Bsp: Fensterplatzmiete für Festzug, der ausfällt; Hotelzimmermiete in Badeort, Ölpest verseucht den Strand (vgl BGH 85, 57); Vermietung von Räumen zu gewerblicher Nutzung, die infolge allg behördlichen Verbots nicht mehr möglich ist (dazu eingehend mN Larenz aaO S 97 ff; Köhler aaO S 177 ff; Beuthien aaO S 176 ff). Nicht hierher gehören idR Lieferverträge, da bei ihnen Zweckverfehlungen meist in die Risikosphäre des Käufers fallen (Rn 20 ff); desgl idR nicht die vertragliche Übernahme der Haftung für fremde Schuld. Bsp: Ausscheiden aus der Gesellschaft bei Gesellschafterbürgschaft (vgl BGH 130, 22 f); anders bei Ehescheidung im Fall von (zins-

§ 313

19 losen) Verwandtendarlehen (vgl Köhler FG BGH I S 313 mN). **dd)** Als weitere Fallgruppen kommen in Frage: „**Änderung der Gesetzeslage** und **verfassungskonforme Auslegung**" einer Norm durch das BVerfG (BGH 148, 376). Bsp: Einführung neuer Steuern oder Steuersätze (einschr BGH WM 94, 1214 zum UStG 1990 DDR); Wegfall der Liquidationsbefugnis des Chefarztes eines Krankenhauses (BAG 42, 343); Aufhebung von Berufs- und Gewerbebeschränkungen (BGH NJW 60, 91, Apothekenkonzession); Nichtigerklärung (BGH NJW 83, 1552) oder abw verfassungskonforme Auslegung einer Norm durch das BVerfG (BGH NJW 90, 3022); Erlaß staatlicher wirtschaftslenkender Maßnahmen (dazu Ulmer AcP 174, 167); Beschränkung der Klagebefugnis (BGH 133, 319 und 335: UWG 13 II Nr 2 nF); **Änderung einer stRspr** (BGH 148, 377 ff). Bsp: Änderung der Anrechnungsmethode bei nachehelichem Unterhalt (BGH 148, 105 ff
20 und 380 f). **b) Störungen außerhalb der vertraglichen Risikozuweisung** (grundlegend Köhler, FG BGH I, S 301 ff). Durch Umstände, die in den Risikobereich einer Vertragspartei fallen, wird die Geschäftsgrundlage des Vertrags grundsätzlich nicht berührt (BGH 74, 120, 24 mN; 121, 392 mN; 129, 253, stRpr). Nicht zur Geschäftsgrundlage gehören daher Störungsereignisse, in denen sich Risiken verwirklichen, die eine Partei übernommen hat (Bsp: Übernahme des Planungsrisikos durch den Verkäufer, BGH 76, 25) oder die auf sie übergegangen sind (zB gem §§ 446 f) oder die zum allg Vertragsrisiko gehören (BGH 83, 289;
21 NJW 91, 1479). **aa)** Eine (stillschweigende) **Risikoübernahme** liegt in der Vereinbarung eines Festpreises (BGH 129, 253 mN); auch erhebliche Lohn- und Kostensteigerungen führen grundsätzlich nicht zum Wegfall der Geschäftsgrundlage (München DB 83, 2619 f); allerdings ist das übernommene Risiko nicht unbegrenzt (Kunth BB 78, 179; Rn 16). Bei **Risikogeschäften** scheidet im Rahmen des übernommenen Risikos die Berufung auf den Wegfall der Geschäftsgrundlage aus (BGH 74, 374 mN). Bsp: Kauf von noch ungeschützter Erfindung (BGH 83, 288 ff); Durchführung eines steuerlichen Konzepts bei Beteiligung an Abschrei-
22 bungsgesellschaft (BGH NJW-RR 86, 708). **bb)** Die zum normalen **Vertragsrisiko** gehörenden Störungen gehen zu Lasten der jeweils betroffenen Vertragspartei. Bsp: Beim **Kauf-** und **Werkvertrag** trägt (innerhalb gewisser Grenzen, Rn 16) das Beschaffungs-(Herstellungs-)risiko der Verkäufer (Unternehmer; BGH NJW 72, 1702; Stuttgart NJW-RR 88, 313), das Verwendungs- und Absatzrisiko der Käufer (Besteller; BGH 71, 295; NJW 84, 1747; Wieling JuS 86, 274), also der Käufer von Bauerwartungsland idR das Risiko der Bebaubarkeit (BGH 74, 374; 101, 151 f); das Finanzierungsrisiko trägt idR der Käufer und Besteller (BGH 120, 24 mN); beim **Mietvertrag** das Risiko der Gebrauchstauglichkeit des Mietobjekts der Vermieter, das seiner nutzbringenden Verwendung der Mieter (BGH NJW 81, 2406 mN; eingehend Joachim BB 88, 779 ff; uU einschr bei Ladenmiete in Einkaufszentrum: BGH NJW 00, 1716 f; NJW-RR 00, 1535); beim längerfristigen **Pachtvertrag** das Ertragsrisiko der Pächter (BGH NJW 78, 2390; einschr. BGH NJW 90, 569); beim **Darlehen** das Risiko der (weiteren) Verwendbarkeit der Darlehensnehmer (BGH 136, 164 mN); bei der **Bürgschaft** (Haftungsübernahme) trägt das Risiko der Bonität des Hauptschuldners der Bürge (BGH 104, 242 mN;
23 FamRZ 87, 569). **c) Unzumutbarkeit der unveränderten Vertragsdurchführung.** Die Störung ist nur **erheblich,** wenn der von der Störung betroffenen Partei die unveränderte Vertragserfüllung nicht zugemutet werden kann. Das ist idR nur der Fall, wenn das Festhalten am Vertrag zu untragbaren, mit Recht und Gerechtigkeit nicht mehr zu vereinbarenden Ergebnissen führen würde (BGH 84, 9 mN; 121, 393; 127, 218; 128, 238; 131, 216; 133, 321, stRspr, str; krit StSchmidt § 242, 948, 1234). Das Merkmal der Unzumutbarkeit ist nicht nur selbstständige Voraussetzung für die Beachtlichkeit der Grundlagenstörung, sondern auch im Rahmen der Rechtsfolgenbestimmung zu berücksichtigen (vgl **III** und dazu
24 Rn 29). **d) Keine Voraussehbarkeit?** Voraussehbare Risiken und Gefahren gehören idR nicht zur Geschäftsgrundlage; Vertragsschluss ohne Sicherung ist dann Risikogeschäft, bei dem die Berufung auf die Geschäftsgrundlage ausgeschlossen,

Titel 1. Begründung, Inhalt und Beendigung **§ 313**

zumindest das Festhalten am Vertrag nicht unzumutbar ist. Gleichwohl enthält **I** bewusst keine allg (negative) Voraussetzung der Nichtvoraussehbarkeit der Änderung der Umstände (vgl BT-Drs 14/6040 S 175); so kann im Einzelfall ein künftiger erhöhter Bedarf wahrscheinlich oder sicher eintreten, ohne dass deswegen bereits Vorsorge zu treffen wäre (s PalErgB/Heinrichs 18 mw Bsp).

3. Wegfall der subj Geschäftsgrundlage (I). Es gelten die gleichen Voraussetzungen wie beim Wegfall der obj Geschäftsgrundlage mit dem Unterschied, dass sich die Änderung der wesentlichen Verhältnisse auf die subj Geschäftsgrundlage (Rn 4) bezieht, mithin auf die übereinstimmenden oder erkannten und hingenommenen einseitigen Vorstellungen der Parteien. Ie gilt: Gegenstand der gemeinsamen Fehlvorstellungen sind der Eintritt künftiger oder der Fortbestand gegenwärtiger Verhältnisse; in Kenntnis der Unrichtigkeit dieser Erwartungen hätten die Parteien den Vertrag (mit diesem Inhalt) nicht geschlossen oder doch der Gegenpartei den Abschluß redlicherweise nicht angesonnen. Bsp: Nichtgenehmigungsfähigkeit von zu errichtendem Fertighaus (BGH JZ 66, 409; sa Rn 18); Nichtzustandekommen (Scheitern) eines weiteren in rechtlichem oder wirtschaftlichem Zusammenhang stehenden Vertrages (BGH DNotZ 70, 540; Hamm, NJW 75, 1521, aa § 311 Rn 28), zB Rückgängigmachung des Kaufvertrags zwischen Lieferant und Leasinggeber beim Finanzierungsleasing (BGH 109, 142 ff nN; 114, 61; NJW 94, 577; dazu Tiedtke JZ 91, 907); Nichterrichtung (Aufhebung) einer zugesagten Erbeinsetzung (BGH NJW 77, 950); Fortbestand (Änderung) der bestehenden Gesetzeslage (BGH 89, 23) oder einer dem Vertrag als feststehend zugrundelegten Rspr (BGH 58, 362; sa Rn 19). 25

4. Fehlen der Geschäftsgrundlage (II). Insoweit tritt an die Stelle des Merkmals der (nachträglichen) Veränderung der Umstände in **I** das (anfängliche) Fehlen der (subj) Geschäftsgrundlage (Rn 4); bei den übrigen Voraussetzungen (Störung der vertraglichen Risikoverteilung, Rn 20, Unzumutbarkeit, Rn 23) ergeben sich keine Änderungen. **II** betrifft die Fälle des beiderseitigen Irrtums über das Vorliegen der Geschäftsgrundlage, also des Irrtums über eine wesentliche Voraussetzung des Geschäfts (BGH 25, 390; NJW 90, 567; 93, 1641; 96, 1479). Darüber hinaus soll **II** auch die Fälle des gemeinschaftlichen Motivirrtums erfassen sowie die Fälle, in denen sich nur eine Partei falsche Vorstellungen macht, die andere Partei aber diesen Irrtum ohne eigene Vorstellungen hingenommen hat (BT-Drs 14/6040 S 176; sa BGH NJW 02, 292 [294]; PalErgB/Heinrichs 20). Bsp: Beiderseitiger Irrtum über den Umrechnungskurs (Larenz aaO S 23 ff gegen RG 105, 406 – Rubelfall –; nach aA Lösung mittels § 157, vgl Rn 8); Umsatzsteuerpflicht (Nürnberg NJW 96, 1479 f); Sittenwidrigkeit eines abgelösten Kredits (BGH 99, 337; NJW-RR 88, 363 f mN; krit zur Methode der Vertragsanpassung Münstermann WM 87, 745 ff); Zulässigkeit einer Enteignung (BayObLGZ 93, 27); uU Bierumsatz bei Gaststättenpacht (BGH NJW 90, 699); die Tragweite eines Abfindungsvergleichs (BGH NJW 02, 294); uU beiderseitiger Rechtsirrtum (vgl BGH NJW 86, 1349: über Verjährung; BAG NJW 87, 918: über Gesellschaft statt Arbeitsverhältnis; sa Rn 25 aE). IdR **kein** Fall von **II** ist der beiderseitige Kalkulationsirrtum beim Kauf (BGH NJW 81, 1552); WM 95, 2000 f; sa § 119 Rn 10; unterscheidend MK/Roth § 242, 777). 26

III. Rechtsfolgen der Störung der Geschäftsgrundlage (III)

1. Allgemeines. Das Fehlen (der Wegfall) der Geschäftsgrundlage führt idR nicht zur Auflösung des Vertragsverhältnisses (BGH 47, 52; NJW 84, 1747; 91, 1480), sondern verpflichtet die Vertragspartner in erster Linie zur Anpassung des Vertrages an die geänderten Verhältnisse (BGH 89, 238 f; 109, 229; 120, 26; 133, 296; 135, 339). Bsp für Anpassung: BGH 61, 35 betr Ruhegehalt. Der vom SchRModG – abw vom bish Rechtszustand – eingeführte „Anspruch" auf die Vertragsanpassung (**I**: „kann ... verlangt werden") soll eine „Verhandlungslösung" fördern (dazu Hey aaO S 38 ff). Im Streitfall hat das Gericht den Vertragswillen der 27

§ 313 Buch 2. Abschnitt 3. Schuldverhältnisse aus Verträgen

Parteien zu berücksichtigen (vgl BGH 9, 279; NJW 84, 1747; ids eingehend Medicus, FS Flume I, 1978, S 637 ff) und sich auf den schonendsten Eingriff in den Vertrag zu beschränken (BGH 135, 337). Bei Zuwendungen findet uU ein Billigkeitsausgleich statt (BGH 84, 365, 368 mN; 119, 396 f. Bsp: Rn 34). Bei beiderseits bereits vollständig erfüllten Verträgen soll eine Anwendung von § 313 idR nicht in Betracht kommen (BGH 131, 216 mN; NJW 01, 1206); die Störung der Geschäftsgrundlage ist jedoch zu berücksichtigen, wenn sie sich erst nach der Vertragsdurchführung herausstellt (Köhler, FG BGH I, S 318 ff; Bsp: Zahlung von Vertragsstrafe nach zwischenzeitlicher Verbotsaufhebung).

28   2. Durch die **Vertragsanpassung** sollen die Nachteile des „benachteiligten Teils" (vgl III) ausgeglichen werden, ohne durch eine Mehrbelastung des „anderen Teils" den Rahmen des geschlossenen Vertrags zu überschreiten (sonst Rn 29). Im Rahmen der *primär* geschuldeten Vertragsanpassung kommen im Einzelfall als Rechtsfolgen in Betracht: Herabsetzung oder (vollständige oder teilw) Aufhebung einer Verbindlichkeit (BGH 132, 332 ff: Ehegattenbürgschaft), Erhöhung der (entwerteten) Gegenleistung (Bsp: Rn 32 [2]), Begründung von Ansprüchen (zB auf Rückübertragung von Vermögensgegenständen: Rn 34; auf Erweiterung des räumlichen Geltungsbereichs von urheberrechtlichen Nutzungsrechten: BGH 133, 281), insbes Zubilligung eines **Ausgleichsanspruchs** für den (namentlich durch Äquivalenzstörungen) beeinträchtigten Vertragsteil (BGH NJW 58, 906; 62, 30; auch BGH 77, 305; allerdings unter Heranziehung von § 157), eines Anspruchs auf (uU teilw) Ersatz von Aufwendungen für eine zwecklos gewordene Leistung (BGH NJW 92, 2282 f) unter entspr Änderung der Risikoverteilung (BGH 109, 229; WM 95, 2072 f), uU auch auf Ersatz des entgangenen Geschäftsgewinns (Frankfurt MDR 74, 401) und allg auf Aufteilung eingetretener Verluste (vgl Köhler aaO S 323); Stundung einer Verbindlichkeit, Teilzahlungsbewilligung (ErmWerner § 242, 179; o Rn 18 aE). Beim **Vertrag zgDr** steht der Anspruch auf die angepaßte Leistung dem Dritten zu (BGH NJW 72, 152). Bei **Dauerverträgen** ist die Anpassung idR auf die Zukunft beschränkt (BGH NJW 83, 2144; sa § 314 Rn 2).

29   3. Eine **Vertragsauflösung** kommt als *subsidiärer* Rechtsbehelf nur dann in Frage, wenn eine Anpassung *nicht möglich* oder *nicht zumutbar* ist. Sie erfolgt durch rechtsgestaltende Rücktrittserklärung der benachteiligten Partei (**III 1** iVm §§ 346 ff); bei Dauerschuldverhältnissen tritt an die Stelle des Rücktrittsrechts das Recht zur Kündigung aus wichtigem Grund (**III 2**, § 314). Eine Vertragsauflösung kraft Ges oder durch (gestaltenden) Richterspruch hat das SchRModG (iGgs zu einer teilw vertretenen Meinung, s Hey aaO S 35 f) ausdr abgelehnt (BT-Drs 14/6040 S 174, 176).

30   4. **Prozessuales.** Die Störung der Geschäftsgrundlage ist nicht mehr (wie bish) von Amts wegen, sondern nur noch auf Einrede der benachteiligten Partei zu berücksichtigen (BT-Drs 14/6040 S 175 gegen die teilw abw bish Rspr); sie trägt für das Vorliegen der tatsächlichen Voraussetzungen die Beweislast (BGH 128, 134). Der Richter hat die in Frage kommenden Anpassungsmöglichkeiten mit den Parteien zu erörtern (ZPO 139) und auf sachgerechte Antragstellung hinzuwirken (BGH NJW 78, 695). Der Klageantrag geht unmittelbar auf die nach dem geänderten Vertragsinhalt geschuldete (zB erhöhte) Leistung, nicht erst auf Zustimmung zu einer Vertragsänderung (so schon bish BGH 91, 36 f; allg BT-Drs 14/6040 S 176 – neuer Fall der „Herstellungstheorie", s Schmidt-Kessel NJW 02, 2077 und 9. Aufl § 462 Rn 4).

IV. Einzelfragen von Störungen der Geschäftsgrundlage

31   1. **Geldentwertung. a) Allgemeines.** Inflationsbedingte Äquivalenzstörungen (Rn 16) sind unter den gegenwärtigen Verhältnissen nur in beschränktem Umfang beachtlich: Grundsätzlich trägt der Geldgläubiger das Inflationsrisiko, soweit der

Titel 1. Begründung, Inhalt und Beendigung **§ 313**

(vorhersehbare) Inflationsgrad gewisse Grenzen nicht übersteigt („schleichende" Inflation) und der Gläubiger sich durch Wertsicherungsklauseln (§§ 244, 245 Rn 18 f, 20 ff) schützen konnte. Iü wäre eine allg richterrechtliche (§ 313) Dynamisierung von Geldforderungen mit dem grundlegenden Nominalprinzip (§§ 244, 245 Rn 9, 18 f) unvereinbar (BGH 61, 38 und 392; BAG NJW 73, 960; einschr BGH 79, 194; zust Kollhosser JA 83, 55). Ausnahmsweise ist die Geldentwertung jedoch bei **Verträgen mit Versorgungscharakter** (BGH 61, 36, 37; 85, 67; 105, 245 f; Rn 32) und uU bei **Verträgen mit sehr langer Laufzeit** (BGH 90, 227; 91, 33 ff), bei der Berechnung bestimmter **Ausgleichsansprüche** (BGH 61, 385; 101, 67; 109, 94) und bei **Schadensersatzansprüchen** (BGH 79, 194; sa § 280 Rn 54) zu berücksichtigen. Weitergehende „Aufwertung" gem § 313 kommt nur bei akutem Währungsverfall (insbes „galoppierender" Inflation) in Frage (grundlegend: RG 107, 87). Das Ausmaß des erforderlichen Kaufkraftschwundes kann nicht allg angegeben werden (bejahend BGH 96, 375 bei Geldwertschwund um 60%; sa die Rn 32 genannte Rspr). **Ges Regelungen** bestehen für die Anpassung von **Betriebsrenten** (BetrAVG 16; dazu BAG NJW 82, 957 mN; ie Schaub ZIP 83, 23), zT für die Anpassung von **Erbbauzinsen** (ErbbauVO 9 a; dazu BGH 87, 198; NJW 92, 2088 f; daneben uU Anpassung gem § 313 möglich, dazu Rn 32) sowie für den **Minderjährigenunterhalt** (§ 1612 a iVm Regelbetrag-VO) und die **Mieterhöhung bei Wohnraum** (§ 558). **b) Fallgruppen. (1) Anpassung** gem § 242 (nunmehr § 313) wurde **bejaht** bei Ansprüchen aus Ruhegeldvereinbarungen von Vorstandsmitgliedern (BGH 61, 31); Unterhaltsvereinbarungen (Rn 33) und sonstigen langfristigen Verträgen mit Versorgungscharakter (einschr für Leibrentenvertrag Düsseldorf NJW 72, 1137; sa §§ 759–761 Rn 8), bei *Erbbaurechtsverträgen* ohne Anpassungsklauseln im Falle einer wesentlichen Äquivalenzstörung (BGH 111, 215 f mN; 119, 222 ff: Kaufkraftschwund des Entgelts um mehr als 60%; zum Anpassungsmaßstab s näher BGH 146, 280 und §§ 244, 245 Rn 20). (2) Dagegen wurde eine **Anpassung verneint** in folgenden Fällen: Vergütungs- („Zins"-)anspruch bei Kaliabbauverträgen (BGH NJW 59, 2203; 66, 105); langfristige gewerbliche Mietverträge (BGH NJW 76, 142); langfristige Lieferverträge (Kunth BB 78, 179 mN; für Fernwärmevertrag Anpassung verneinend BGH BB 77, 1574; eingehend zum Problem: Baur, Vertragliche Anpassungsregelungen, 1983). (3) DDR-Wirtschaftsverträge: vgl Rn 37. 32

2. Unterhaltsverträge unterliegen in bes Maße der Anpassung an veränderte Verhältnisse (Rspr: *clausula rebus sic stantibus* gilt; vgl zB BGH 85, 67; 105, 245 mN; 128, 329; 129, 309; sa Rn 2, 15 aE), insbes bei Kaufkraftminderung (BGH aaO). Besonderheiten bei Anpassung von Versorgungszusagen (BetrAVG 7 I 3 Nr 5) und Altenteilsleistungen (Düsseldorf NJW-RR 88, 326). Die Sondervorschriften gem ZPO 323, 655 f gelten auch für vertragliche Titel (s ZPO 323 IV, V), ausgenommen ZPO 323 II 1, III (BGH 85, 74 f; NJW-RR 91, 1155). Abgrenzung zum Unterhaltsverzicht: Rn 36. **Dauerschuldverhältnisse:** s Rn 12. 33

3. Bei sog unbenannten Zuwendungen unter Ehegatten handelt es sich um ehebezogene RGeschäfte eigener Art mit Ausgleichspflicht gem § 242 (nunmehr: § 313) nach Scheitern der Ehe, insbes bei Gütertrennung (vgl BGH NJW 97, 2747 mN); der Übertragung von Vermögenssubstanz steht die überobligationsmäßige Erbringung von Arbeitsleistungen durch den anderen Ehegatten gleich (zusammenfassend BGH 127, 48 ff mit Anm Jaeger DNotZ 94, 674, jeweils mN; 128, 133, stRspr, sa § 516 Rn 20; § 1372 Rn 1 ff; § 1374 Rn 9; § 1380 Rn 2 ff). **Lit:** Apfelbacher, ehebedingte Zuwendungen und Ehegatten-Eigenheimgesellschaft, 1993; Kleinle FamRZ 97, 1387. Entspr gilt auch bei vorehelichen Leistungen unter Verlobten (BGH 115, 264 f) sowie uU bei (ehebezogenen) elterlichen Zuwendungen an die Ehegatten (BGH 129, 263 mit insoweit krit Anm Tiedtke JZ 96, 201). Auch bei Zuwendungen (Leistungen) zwischen den Partnern einer gescheiterten **nichtehelichen Lebensgemeinschaft**) kommt ein Ausgleich gem § 242 (nunmehr: § 313) in Frage (BGH 112, 261; iE abl BGH NJW 97, 3372). 34

Vollkommer

§ 313 Buch 2. Abschnitt 3. Schuldverhältnisse aus Verträgen

35 4. Bei **Abfindungsvergleichen** ist bei Fehlbeurteilung der künftigen Schadensabwicklung die Berufung auf den Wegfall der Geschäftsgrundlage idR ausgeschlossen (BGH NJW 84, 115); Grund: Risikogeschäft (vgl Rn 20 ff); eine Ausnahme gilt bei unvorhersehbaren Spätschäden (vgl BGH NJW 91, 1535; näher s § 779 Rn 20 f).

36 5. Beim **Unterhaltsverzicht** scheidet ein Wegfall der Geschäftsgrundlage idR aus (Düsseldorf FamRZ 86, 172 f mN); Geltendmachung kann aber uU treuwidrig sein, s § 242 Rn 41; §§ 1585–1585 c Rn 9 ff.

37 6. Zu Fragen der Geschäftsgrundlage im Zusammenhang mit dem **Wegfall der DDR** s 9. Aufl § 242 Rn 102 mwN, zu Nutzungsverträgen ferner BGH NJW 02, 2098.

38 7. Keinen Fall des Wegfalls der Geschäftsgrundlage stellt die **Einführung des Euro** als ges Währung zum 1. 1. 1999 dar. Dies folgt aus allg Grundsätzen sowie darüber hinaus aus dem in der Euro-VO I (ABl EG L 162/1) festgelegten Grundsatz der Vertragskontinuität s Clausius NJW 98, 3150; §§ 244, 245 Rn 5). Ebenso führt die Ersetzung des Diskont- bzw. Lombardsatzes der Bundesbank durch den Basiszinssatz nach § 247 zu keinem Wegfall der Geschäftsgrundlage (DÜG 4; sa allg § 247 mit Anm).

§ 314 Kündigung von Dauerschuldverhältnissen aus wichtigem Grund

(1) ¹**Dauerschuldverhältnisse kann jeder Vertragsteil aus wichtigem Grund ohne Einhaltung einer Kündigungsfrist kündigen.** ²**Ein wichtiger Grund liegt vor, wenn dem kündigenden Teil unter Berücksichtigung aller Umstände des Einzelfalls und unter Abwägung der beiderseitigen Interessen die Fortsetzung des Vertragsverhältnisses bis zur vereinbarten Beendigung oder bis zum Ablauf einer Kündigungsfrist nicht zugemutet werden kann.**

(2) ¹**Besteht der wichtige Grund in der Verletzung einer Pflicht aus dem Vertrag, ist die Kündigung erst nach erfolglosem Ablauf einer zur Abhilfe bestimmten Frist oder nach erfolgloser Abmahnung zulässig.** ²**§ 323 Abs. 2 findet entsprechende Anwendung.**

(3) **Der Berechtigte kann nur innerhalb einer angemessenen Frist kündigen, nachdem er vom Kündigungsgrund Kenntnis erlangt hat.**

(4) **Die Berechtigung, Schadensersatz zu verlangen, wird durch die Kündigung nicht ausgeschlossen.**

1 1. **Allgemeines. a) Anwendungsbereich.** Das SchRModG hat das Kündigungsrecht aus wichtigem Grund in § 314 kodifiziert, der die bish Rspr und Lehre
2 ohne inhaltliche Änderungen übernimmt. **b) Abgrenzung.** Die für einzelne Vertragsverhältnisse bestehenden **Sonderregelungen** der Kündigung aus wichtigem Grund gehen als leges speziales § 314 vor (BT-Drs 14/6040 S 177). Dies gilt insbes für §§ 490, 543, 569, 626, 723; HGB 89 b, die in ihrem Anwendungsbereich eine abschließende Sonderregelung enthalten (PalErgB/Heinrichs Rn 4, 6). Die Kündigung aus wichtigem Grund verdrängt § 313, soweit es um die Auflösung des Vertrages geht (§ 313 Rn 29; PalErgB/Heinrichs § 313 Rn 26). Der nach § 314 zur Kündigung Berechtigte kann nach § 313 I Vertragsanpassung verlangen, wenn auch eine Störung der Geschäftsgrundlage vorliegt (Hk-BGB/Schulze 2). Gegen-
3 über § 323 geht § 314 vor (Schmidt-Räntsch 650). **c) Abdingbarkeit.** Abweichende individualvertragliche Regelungen sind nur eingeschränkt möglich. In AGB und im Verbrauchervertrag kann § 314 nicht ausgeschlossen oder eingeschränkt werden (Schmidt-Räntsch 641).

4 2. **Voraussetzungen. a) Dauerschuldverhältnis:** Begriff s § 311 Rn 14. Wegen Rn 2 hat § 314 in erster Linie Bedeutung für atypische und ges nicht normierte Dauerschuldverhältnisse: Franchisevertrag (BGH NJW 99, 1177); Pro-

Titel 1. Begründung, Inhalt und Beendigung §315

jektsteuerungsvertrag (BGH NJW 00, 202); Automatenaufstellvertrag (Hamburg MDR 76, 577); Belegarztvertrag; Lizenzvertrag; wettbewerbsrechtlicher Unterlassungsvertrag (BGH 133, 331); zu Gelddarlehen, Bürgschaft und Schuldbeitritt s § 488 Rn 1; § 765 Rn 6; Rn 3 vor § 414. **Nicht:** Bestellung eines dinglichen Wohnrechts (BGH NJW-RR 99, 376). **b) Wichtiger Grund (I 2)** sind schwere 5 Störungen der Vertrauensgrundlage, wie der Verletzung von Pflichten aus dem Vertrag, einschließlich der Verletzung von Schutzpflichten (§ 241 II; dazu Rn 6) und sonstige Umstände, die die Fortsetzung des Schuldverhältnisses bis zum Ablauf der vereinbarten Zeit oder der Frist für eine ordentliche Kündigung unter Berücksichtigung aller Umstände und unter Abwägung der beiderseitigen Interessen für den Gläubiger unzumutbar machen. Verschulden des anderen Teils ist weder erforderlich noch in jedem Fall ausreichend (BT-Drs 14/6040 S 178). Weit überwiegendes eigenes Verschulden des Gläubigers schließt Kündigungsrecht allerdings aus (vgl § 323 VI). Der wichtige Grund kann auch schon bei Vertragsschluß vorgelegen haben, wenn er dem Berechtigten erst nachträglich bekannt wird (BAG NJW 02, 163). Bei der gebotenen Interessenabwägung sind die Umstände des Einzelfalles und die Besonderheiten des jeweiligen Vertragsverhältnisses zu berücksichtigen (zB VVG 178 i I; dazu BT-Drs 14/6040 S 178).

Der wichtige Grund kann insbes auch in einer vertraglichen **Pflichtverletzung** 6 (Rn 6 vor § 275; § 280 Rn 60) liegen. Das Vertragsverhältnis muß so schwerwiegend gestört (die Erreichung des Vertragszwecks so gefährdet) sein, daß dem vertragstreuen Teil ein Festhalten am Vertrag nicht zugemutet werden kann (BGH 11, 84 mN; 59, 105; NJW 82, 1146, stRspr). **Anwendungsfälle: Vertragsaufsage** und **Erfüllungsverweigerung** (§ 280 Rn 17 f); Unzumutbarkeit der Vertragsfortsetzung wegen vertragswidrigen Verhaltens eines Vertragspartners (BGH 11, 84), zB schwerwiegender Unzuverlässigkeit bei der Vertragsabwicklung (BGH MDR 77, 40; BayObLGZ 85, 67), wesentliche Verletzung der **Pflichten nach § 241 II** (s § 324 Rn 4). IdR ist eine erfolglose vorherige **Abmahnung** erforderlich (II; BGH WM 00, 533; NJW-RR 99, 539; Bsp: Zweifel an der Erfüllungsbereitschaft; vgl BGH NJW 77, 35; MDR 77, 390 betr Sukzessivlieferungsvertrag; einschr Musielak JuS 79, 102; s § 281 Rn 25, 31). Eine bes Androhung von Rechtsfolgen (Ablehnungsandrohung oder dergl) ist nicht erforderlich (s § 281 Rn 6). Unter den Voraussetzungen des § 323 II ist die Abmahnung entbehrlich; so bei endgültiger Erfüllungsverweigerung (§ 323 II Nr 1; BGH NJW 86, 661; idR auch bei schwerer Vertragsgefährdung (§ 323 II Nr 3; BGH 11, 86; NJW 78, 260 [261]; NJW-RR 95, 243; strenge Anforderungen: BGH NJW 77, 37; MDR 76, 393).

3. Rechtsfolgen. a) Kündigung (I 1). Die Kündigung muß innerhalb ange- 7 messener Frist ausgeübt werden **(III)**. Für die Fristlänge kann § 626 II *nicht* entsprechend herangezogen werden (BT-Drs 14/6040 S 179; BGH 133, 331). Die Erklärungsfrist des **III** beginnt erst mit Kenntnis des Berechtigten vom Kündigungsgrund zu laufen (grobe Fahrlässigkeit [vgl § 199 I Nr 2] genügt nicht). **b) Schadensersatz (IV).** Der zu ersetzende Schaden umfaßt das **Erfüllungs-** 8 **interesse** (§§ 280–282; die ggf erforderliche Nachfristsetzung bzw Abmahnung fällt mit **II** zusammen) und besteht stets in Geld. Der zu ersetzende Schaden beschränkt sich auf die Zeit bis zum nächsten ordentlichen Kündigungstermin. Begleitschäden sind unabhängig von der Kündigung gem **I 1** nach § 280 I, Schäden wegen Verzögerung der Leistung nach §§ 280 I, II, 286 zu ersetzen.

Untertitel 4. Einseitige Leistungsbestimmungsrechte

§ 315 Bestimmung der Leistung durch eine Partei

(1) Soll die Leistung durch einen der Vertragschließenden bestimmt werden, so ist im Zweifel anzunehmen, dass die Bestimmung nach billigem Ermessen zu treffen ist.

Vollkommer

§ 315 Buch 2. Abschnitt 3. Schuldverhältnisse aus Verträgen

(2) Die Bestimmung erfolgt durch Erklärung gegenüber dem anderen Teil.

(3) ¹Soll die Bestimmung nach billigem Ermessen erfolgen, so ist die getroffene Bestimmung für den anderen Teil nur verbindlich, wenn sie der Billigkeit entspricht. ²Entspricht sie nicht der Billigkeit, so wird die Bestimmung durch Urteil getroffen; das Gleiche gilt, wenn die Bestimmung verzögert wird.

Lit: Baur, Vertragliche Anpassungsregelungen, 1983; Lübke-Detring, Preisklauseln in AGB, 1989; Wiedemann, Preisänderungsvorbehalte, 1991.

1 **1. Allgemeines. a) Überblick: I** gibt eine **Auslegungsregel** für den Inhalt der Bestimmungsvereinbarung (Rn 7; sa § 316 Rn 1); **II** regelt die Ausübung des **Bestimmungsrechts** (Rn 8 ff), III die Rechtsfolgen bei **fehlerhafter** oder **verzö-**
2 **gerter** Bestimmung nach billigem Ermessen (Rn 11 ff). **b)** Die nachträgliche Ergänzung des Vertragsinhalts durch einseitigen Gestaltungsakt einer Vertragspartei ist von **Bedeutung** bei längerfristigen Verträgen (Änderung der Kalkulationsgrundlagen zwischen Vertragsschluß und Leistung) und Verträgen mit anfänglich noch unbestimmtem Leistungsumfang (zB technische, künstlerische, ärztliche Leistungen). Ist die Leistung **nicht bestimmbar**, ist das Schuldverhältnis unwirksam
3 (BGH NJW 86, 845; sa § 241 Rn 8). **c)** §§ 315 ff sind **nicht anwendbar**, soweit die nicht abschließend festgelegte Leistung (notfalls) durch **ergänzende Vertragsauslegung** (§ 157 Rn 2 ff) bestimmt werden kann (§§ 133, 157; BGH NJW 75, 1116; 86, 125). Auch bei Fehlen entspr Auslegungsregeln (zB §§ 612 II, 632 II, 653 II) wird häufig stillschweigend ein **obj Bestimmungsmaßstab** vereinbart sein (sa Rn 6). Bsp: Kauf vertretbarer Sachen zu Ladenpreis, Tageskurs, Markt- oder ortsüblichem Preis; von Grundstück zum „Verkehrswert"; Vereinbarung eines „angemessenen" Mietzinses (BGH NJW-RR 92, 517). Schranken enthält ErbbauVO
4 9 a. **d)** I und III sind **entspr** anwendbar bei *einseitiger* Pauschalpreisfestlegung durch (staatliche) Unternehmen mit Monopolstellung (BGH NJW 93, 1129; NJW-RR 97, 1019 mN); dies gilt auch im Bereich der Daseinsvorsorge (BGH 115, 316 ff;
5 Düsseldorf NJW-RR 97, 890; einschr LG Hannover NJW-RR 92, 1198 f). **e) Sondervorschriften:** § 558 I (zum fr MHG s BayObLGZ 86, 80); BRAGO 12 (dazu Schmidt NJW 75, 1727); BetrAVG 16 (dazu BAG MDR 93, 208 mit Anm Langohr-Plato); BetrVG 76a (dazu BAG ZIP 93, 527); DMBilG (dazu BGH 122, 38).

6 **2. Vereinbarung des Bestimmungsrechts. a) Zustandekommen** idR durch **ausdr** vertragliche Einigung; **stillschweigende Vereinbarung** (selten: Köndgen/König ZIP 84, 133; Erleichterung: § 316 und dort Rn 3) liegt idR nicht in der Festlegung eines obj Bestimmungsmaßstabs (vgl Rn 3), auch nicht bei dessen Unwirksamkeit (BGH NJW-RR 92, 142). In **AGB** und im Verbrauchervertrag sind **Leistungs-** (Vorbehalt näherer Bestimmung des Leistungsgegenstands oder -umfangs; der Änderung von Terminen uä) und **Preisbestimmungsvorbehalte** (Bsp: Preis freibleibend; Preis vorbehaltlich endgültiger Festsetzung; Tagespreis bei Lieferung; Zinsanpassung usw) nur **eingeschränkt zulässig** (vgl §§ 307, 308 Nr 4, 309 Nr 1, 310 III und die Anm dort; ferner § 433 Rn 16; grundlegende Rspr: BGH 82, 21; 93, 252; 94, 335; 97, 212; 118, 131; ie Lübke-Detring, Wiedemann, Lit vor Rn 1); bei Mietanpassung für Wohnraum bestehen Schranken gem §§ 557, 557 b; bei Preisanpassung für ein Grundstück ist § 311 b I zu beachten (s § 311 b
7 Rn 18). **b) Inhalt. Bestimmungsmaßstab** ist bei Individualvereinbarung **iZw (I; Rn 1) billiges Ermessen,** bei AGB-Vereinbarung und im Verbrauchervertrag **stets** (sonst Verstoß gegen § 307 I und II Nr 1 iVm § 315 I, 310 III), dabei aber so präzise wie möglich (vgl BGH 118, 130 f). „Billig" ist die den Umständen des Einzelfalls angemessene Leistung. Was „der Billigkeit entspricht" (vgl III 1), ist unter Abwägung der Interessenlage **beider** Parteien und Berücksichtigung des in vergleichbaren Fällen Üblichen festzustellen (BGH 41, 279; 62, 316; BAG WM 90, 826); dabei sind auch Grundrechte (zB gem GG 4) zu berücksichtigen (BAG NJW

Titel 1. Begründung, Inhalt und Beendigung **§ 316**

90, 204f mN; ie Henssler AcP 190, 546ff). Bsp: Bei erstattetem Gutachten ist Umfang und Schwierigkeit der geleisteten Tätigkeit und der wirtschaftliche Wert für den Auftraggeber maßgebend (BGH NJW 66, 539); bei Ausübung des Direktionsrechts (s ie Hromadka DB 95, 1609ff) darf der AG den AN nicht in einen vermeidbaren Gewissenskonflikt bringen (BAG 62, 67ff mN; krit Henssler AcP 190, 543ff). Die **Beweislast** für die Billigkeit trägt die bestimmende Partei (BGH 115, 322). **Andere Bestimmungsmaßstäbe** (zB „freies Ermessen") können individuell vereinbart werden (§§ 307ff gelten nunmehr auch im Arbeitsverhältnis, s § 310 IV 1 und 2 sowie dort Rn 16), gegen die Leistungsbestimmung durch eine Vertragspartei (vgl dagegen § 319 II) nach „freiem Belieben" bestehen jedoch Bedenken (arg §§ 138, 241; mR krit Köndgen/König ZIP 84, 133f).

3. Bestimmungsrecht. a) Berechtigte Partei. Ob Gläubiger oder Schuldner ergibt sich aus der Bestimmungsvereinbarung (Rn 6f). **Auslegungsregel** für gegenseitige Verträge: § 316. **b) Gegenstand** des Bestimmungsrechts kann sein: Die Leistung (Bsp: Leistungsvorbehalte, Rn 6; Spezifikation gem HGB 375), die Gegenleistung (Preisvorbehalte, Rn 6) oder die Modalitäten der Leistung (Zeit, Ort, Art und Weise; Bsp: Abruf; Versandanweisungen usw); **nicht** Vertragsinhalt und -dauer als solche (BGH 89, 213 für AGB; allg Köndgen/König ZIP 84, 133f). **c) Ausübung:** Durch einseitige, empfangsbedürftige, rechtsgestaltende (hM, str), unwiderrufliche (keine nachträgliche Erhöhung des bestimmten Betrags), stets formlos gültige (BGH 97, 154), bestimmte (BGH NJW 74, 1465), idR ausdr (Saarbrücken NJW 88, 3211) Erklärung der berechtigten Partei gegenüber dem Gegner **(II).** §§ 116ff, 130–132 gelten; abw Vereinbarung möglich (BGH NJW-RR 86, 165; s allg § 130 Rn 13). 8

9

10

4. Unverbindlichkeit und Ersetzung der Bestimmung nach billigem Ermessen. a) Unverbindlich ist die nach billigem Ermessen (Rn 7) zu treffende Bestimmung, wenn sie nicht der Billigkeit entspricht **(III 1).** Die Gestaltungswirkung (Rn 2, 10) tritt nicht ein und damit weder Leistungs- noch Annahmeverzug. Das Bestimmungsrecht ist verbraucht. **b)** Die **Ersetzung** durch rechtsgestaltendes **Urteil (III 2, 1. HS)** setzt voraus: **Unbilligkeit** der getroffenen Bestimmung (Rn 11) oder **Verzögerung** (Verzug iSd § 286 nicht erforderlich: BGH NJW 98, 1390) der Leistungsbestimmung **(III 2, 2. HS).** Klage unmittelbar auf (die bestimmte) Leistung ist möglich (BGH NJW 00, 2986); in diesem Fall kann die Unverbindlichkeit gem III 1 als Einwand geltend gemacht werden (BGH NJW 83, 1778). Daneben besteht kein Anspruch auf Ausübung des Bestimmungsrechts, ferner kein Rücktrittsrecht (§ 323) wegen Verzögerung der Bestimmung (BGH MDR 71, 836), uU aber Anspruch auf Schadensersatz gem §§ 280, 281, 286 (Bestimmung ist Schuldnerpflicht, str bei Gläubiger, vgl ErmBattes 9). Fälligkeit tritt idR erst mit rechtskräftiger Leistungsbestimmung ein (BGH NJW 96, 1058); danach richtet sich auch Verjährungsbeginn und Schuldnerverzug (BGH NJW 96, 1056). Die Vereinbarung rückwirkender Festsetzung ist möglich (BGH NJW 96, 1748). Eine **Frist** für die Klageerhebung besteht nicht, uU tritt aber Verwirkung (§ 242 Rn 53ff) ein (BGH 97, 220f). **c)** Bei anderem Bestimmungsmaßstab (vgl Rn 7) ist **III entspr anwendbar** (ErmBattes 2, str; aA Hamburg JZ 90, 443). Die „maßstabwidrig" getroffene Leistungsbestimmung ist gem §§ 138, 242 endgültig unwirksam, Klage auf Leistungsbestimmung möglich. 11

12

§ 316 Bestimmung der Gegenleistung

Ist der Umfang der für eine Leistung versprochenen Gegenleistung nicht bestimmt, so steht die Bestimmung im Zweifel demjenigen Teil zu, welcher die Gegenleistung zu fordern hat.

1. a) Bedeutung: Auslegungs-(Ergänzungs-)regel (BGH 94, 101 mN) in zweifacher Hinsicht: **aa)** ergänzt fehlende Bestimmungsvereinbarung (§ 315 Rn 6; insoweit Einschränkung des § 154); **bb)** bestimmt bestimmungsberechtigte Partei 1

§ 317 Buch 2. Abschnitt 3. Schuldverhältnisse aus Verträgen

2 (§ 315 Rn 8; insoweit Ergänzung von § 315 I). **b) Voraussetzungen: aa) Entgeltlicher** – nicht notwendig gegenseitiger (§§ 320 ff) – **Vertrag** (BGH 94, 100 f mN; sa § 653 Rn 3); **bb)** die eine (Haupt-)**Leistung** ist im Vertrag (voll) bestimmt, der Umfang der (der Art nach festgelegten) **Gegenleistung** ist nicht (auch
3 nicht stillschweigend, vgl § 315 Rn 3) bestimmt. **c) Rechtsfolgen:** Bestimmungsrecht des Gläubigers der Gegenleistung; Bestimmungsvereinbarung wird vermutet, sofern sich kein entgegenstehender Wille ergibt („im Zweifel"). Bei Klausel: „Über den Preis werden wir uns schon einigen" nicht der Fall, der Verkäufer bestimmt dann den Preis gem § 315 I (BGH NJW-RR 88, 971). Bei Vereinbarung einverständlicher Preisanpassung kann § 316 ausgeschlossen sein (vgl BGH 71, 284; NJW 95, 1360 und § 242 Rn 23). Für den Inhalt und die Ausübung des Bestimmungsrechts gelten § 315 Rn 7, 8 ff und 11 f unmittelbar.

§ 317 Bestimmung der Leistung durch einen Dritten

(1) Ist die Bestimmung der Leistung einem Dritten überlassen, so ist im Zweifel anzunehmen, dass sie nach billigem Ermessen zu treffen ist.

(2) Soll die Bestimmung durch mehrere Dritte erfolgen, so ist im Zweifel Übereinstimmung aller erforderlich; soll eine Summe bestimmt werden, so ist, wenn verschiedene Summen bestimmt werden, im Zweifel die Durchschnittssumme maßgebend.

Lit: Volmer, Das Schiedsgutachten usw, BB 84, 1010; Wittmann, Struktur und Grundprobleme des Schiedsgutachtenvertrages, 1978; Wolf ZIP 81, 241.

1   1. **Allgemeines. a) Überblick:** Auslegungsregel des I entspr § 315 I (dort Rn 7); unterschiedliche Verbindlichkeit bei fehlerhafter Bestimmung: §§ 315 III 1, 319 I 1. **II** gibt Auslegungsregeln bei Mehrheit von Dritten (Rn 11). **b) Bedeutung:** Zur Leistungsbestimmung ist **bes Sachkunde** erforderlich, über die die Parteien nicht verfügen; Einschaltung des (unparteiischen) Dritten gewährleistet
2 **Neutralität** der Leistungsfestsetzung. **c) Anwendungsbereich.** Die §§ 317–319 gelten **aa) unmittelbar** für die Leistungsbestimmung durch rechtsgestaltende Vertragsergänzung des Dritten (entspr § 315 Rn 9; Schiedsgutachtenvertrag iwS, Rn 5), **bb) entspr** bei bindenden Vertragsklarstellungen und Tatsachenfeststellungen durch einen Dritten (Schiedsgutachtenvertrag ieS, Rn 6 f). Maßgebender **Zeitpunkt** für die Leistungsbestimmung ist iZw der des Zugangs des Änderungsverlangens an die andere Partei (BGH NJW 78, 154; sa §§ 244, 245 Rn 20).

3   2. **Schiedsgutachtenvertrag. a) Zustandekommen.** IdR durch ausdr Vereinbarung (Form von ZPO 1031 gilt nicht, vgl Rn 8) und als Teil eines Schuldvertrags (Schiedsgutachtenklausel), aber auch als isolierte (nachträglich getroffene) Abrede möglich (zB zur Beseitigung eines entstandenen Streits über den Inhalt der Leistung); als **AGB**-Vereinbarung idR unwirksam (so BGH 101, 318 f für Kfz-Reparaturbedingungen; BGH 115, 331 ff für Fertighausvertrag; LG Frankfurt NJW-RR 88, 1132 für Kfz-Leasingbedingungen; uU abw Beurteilung möglich).
4 **b) Inhalt:** Die Person des **Dritten** (idR Sachverständiger, auch Stelle, Behörde [soweit nicht ges zur Bestimmung zuständig: BGH 73, 116] oder Schiedsgericht, idR nicht staatliches Gericht [im Einzelfall aber bejahend: BGH NJW 98, 1390 mN], vgl auch §§ 315 III, 319 I 2) braucht nicht bestimmt zu sein, **Bestimmbarkeit** genügt (Auswahl durch bestimmte Behörde, zB Industrie- und Handelskammer). Nähere Festlegung von Bestimmungsmaßstab (iZw gilt I; vgl Rn 1 [a]) und zu berücksichtigenden Umständen zweckmäßig, fehlt es an dem zur Leistungsbestimmung erforderlichen Mindestinhalt, ist die Vereinbarung unwirksam (BGH
5 55, 250). **c) Arten.** Unterscheidungsmerkmal ist die jeweilige Aufgabe des Schiedsgutachters. **aa) Rechtsgestaltende Vertragsergänzung.** Das Schiedsgutachten ersetzt insoweit die fehlende Parteivereinbarung und schafft erst den Inhalt der Leistung – **unmittelbarer Anwendungsfall** der §§ 317–319 (Rn 2 c [aa]). Bsp: Ausfüllung einer Vertragslücke (zB offengebliebener Preis); Anpassung von

Titel 1. Begründung, Inhalt und Beendigung **§ 318**

Dauerschuldverhältnis an veränderte Umstände nach billigem Ermessen (vgl BGH 62, 314; NJW 91, 2761; Bulla BB 76, 389) oder vorgegebenen Kriterien (BGH NJW 96, 453 f). **bb) Vertragsklarstellung.** Verbindliche Feststellung eines obj **6** feststehenden, dem Unkundigen zwar verborgenen, dem Sachkundigen aber auffindbaren Leistungsinhalts. Obj Maßstab gilt, Aufgabe des Sachverständigen entspricht der des Gerichts bei „ergänzender Vertragsauslegung" (§ 315 Rn 3). Bsp: Ermittlung der „ortsüblichen" (BGH NJW 65, 150) oder „angemessenen" Miete (BGH NJW 75, 1557), des „Verkehrswerts" eines Grundstücks (BGH WM 75, 256), eines Auseinandersetzungsguthabens (BGH NJW 57, 1834) – **Schiedsgutachtenvertrag ieS** (Rn 2 [bb]). **cc) Bindende Feststellung von Tatsachen und** **7** **Entscheidungselementen.** Ermittlung und bindende Feststellung der für die Bestimmung der Vertragsleistung erst mittelbar maßgebenden Tatsachen und Tatbestandsmerkmale. Obj Maßstab gilt. Bsp: Feststellung von Schaden (BGH NJW 71, 1455), Kausalzusammenhang, Verschulden; Wertermittlungen und Schätzungen (zB von Kfz; dazu BGH NJW 83, 1855 mN; LG Frankfurt NJW-RR 88, 1132); Qualitätsfeststellung (zB von mangelhafter Werkleistung; dazu BGH 101, 318). Ebenfalls **Schiedsgutachtenvertrag ieS** (Rn 2 [bb]). **d) Abgrenzung.** **8** **aa) Schiedsvereinbarung** (ZPO 1029). Der Schiedsrichter entscheidet abschließend (vgl ZPO 1055; 1059) über das gesamte Rechtsverhältnis anstelle des ordentlichen Gerichts (BGH 98, 36); dem Schiedsgutachter kann zwar die bindende Entscheidung über Vorfragen übertragen werden (BGH 48, 30; NJW 75, 1556), jedoch unterliegt das Schiedsgutachten der inhaltlichen Kontrolle des Gerichts gem § 319 I 2. ZPO 1025 ff sind auf den Schiedsgutachtenvertrag unanwendbar (BGH 6, 341, stRspr, hM, str; aA zB StJSchlosser 28 ff vor § 1025). Abgrenzung im Einzelfall schwierig (grundlegend BGH 6, 338; MDR 82, 36 f mN; sa Kurth NJW 90, 2039 f), iZw ist Schiedsgutachtenvertrag anzunehmen (BGH MDR 82, 37). Grund: Geringerer Eingriff in den Rechtsschutz der Partei. **bb) Schiedsgutach-** **9** **tervertrag** ist der stets zwischen beiden Parteien (RG 87, 194; BGH 22, 346) und Schiedsgutachter geschlossene Vertrag (Geschäftsbesorgungsvertrag, vgl § 675 I). Der Schiedsgutachter haftet nur bei offenbarer Unbilligkeit (Unrichtigkeit) und damit Unbrauchbarkeit (arg § 319 I 1) des Gutachtens (BGH 43, 374, str), soweit es dann nicht schon an einem Schaden fehlt (s Schleswig NJW 89, 175). **cc) Wert-** **10** **sicherungsabreden.** Schiedsgutachtenverträge kommen als sog **Leistungsvorbehalte** in Frage (Bulla BB 76, 390; NJW 78, 398 und §§ 244, 245 Rn 20).

3. Mehrheit von Bestimmungsberechtigten. IZw **Einstimmigkeit** erfor- **11** derlich **(II 1. HS);** genügt Mehrheit (vgl II 2. HS), uU Pflicht des überstimmten Schiedsgutachters, auf grobe Unbilligkeit des Mehrheitsgutachtens hinzuweisen (BGH 22, 343); Grund: Ermöglichung von Kontrolle gem § 319 I. Durchschnittssumme **(II, 2. HS)** nicht maßgebend bei offenbarer Unrichtigkeit eines Gutachtens (BGH NJW 64, 2401: Fall des § 319 I).

§ 318 Anfechtung der Bestimmung

(1) **Die einem Dritten überlassene Bestimmung der Leistung erfolgt durch Erklärung gegenüber einem der Vertragschließenden.**

(2) ¹**Die Anfechtung der getroffenen Bestimmung wegen Irrtums, Drohung oder arglistiger Täuschung steht nur den Vertragschließenden zu; Anfechtungsgegner ist der andere Teil.** ²**Die Anfechtung muss unverzüglich erfolgen, nachdem der Anfechtungsberechtigte von dem Anfechtungsgrund Kenntnis erlangt hat.** ³**Sie ist ausgeschlossen, wenn dreißig Jahre verstrichen sind, nachdem die Bestimmung getroffen worden ist.**

1. Bestimmungserklärung: I entspricht § 315 II (vgl dort Rn 10). **Anfecht-** **1** **barkeit (II):** Besonderheiten: Anfechtungsberechtigt sind nur die Parteien. Grund: Sie treffen die Rechtsfolgen der Bestimmung. Erklärung stets unverzüglich (§ 121 I; § 124 ist ausgeschlossen;) § 123 II ist nicht anwendbar.

§ 319 Unwirksamkeit der Bestimmung; Ersetzung

(1) ¹Soll der Dritte die Leistung nach billigem Ermessen bestimmen, so ist die getroffene Bestimmung für die Vertragschließenden nicht verbindlich, wenn sie offenbar unbillig ist. ²Die Bestimmung erfolgt in diesem Falle durch Urteil; das Gleiche gilt, wenn der Dritte die Bestimmung nicht treffen kann oder will oder wenn er sie verzögert.

(2) Soll der Dritte die Bestimmung nach freiem Belieben treffen, so ist der Vertrag unwirksam, wenn der Dritte die Bestimmung nicht treffen kann oder will oder wenn er sie verzögert.

1   1. **Allgemeines. a) Überblick.** I 1 entspricht regelungsmäßig § 315 III 1 (dort Rn 11), der Unterschied in der Verbindlichkeit erklärt sich aus der größeren Richtigkeitsgarantie der Bestimmung durch einen Dritten (§ 317 Rn 1 [b]). Prüfungsmaßstab bei Schiedsgutachten ieS ist die offenbare Unrichtigkeit (entspr Anwendung; Rn 4). **II** regelt den Fall, daß Bestimmungsmaßstab „freies Belieben"
2   (Rn 5). **b)** I 1 enthält **nachgiebiges Recht** (aber strenge Anforderungen für abw Vereinbarungen), Zuständigkeit gem **I 2** kann einem Schiedsgericht (ZPO 1029) übertragen werden (BGH 6, 339). **c) Sondervorschriften:** VVG 64, 184.

3   2. **Unverbindlichkeit von Leistungsbestimmungen und Schiedsgutachten ieS. a) Leistungsbestimmungen nach billigem Ermessen** sind für die Parteien unverbindlich, wenn sie offenbar unbillig sind (**I 1**). **Offenbare Unbilligkeit** (Beweislast: der sie Behauptende [LG Frankfurt NJW-RR 88, 1132], anders § 315 Rn 7) ist gegeben, wenn die Bestimmung die Grundsätze von Treu und Glauben in grober Weise verletzt und sich ihre Unrichtigkeit, wenn auch nicht jedermann, so doch einem sachkundigen und unbefangenen Beurteiler sofort aufdrängt (BGH NJW 58, 2067; 91, 2761). Eine Beweisaufnahme zur Feststellung der offenbaren Unbilligkeit (nicht nur: Unrichtigkeit) ist nicht ausgeschlossen (RG 96, 62). Das sachliche Gesamtergebnis ist entscheidend (BGH NJW 91, 2762; Gelhaar DB 68, 744). **Bsp**: Außerachtlassung des Vertragsinhalts und einseitige Berücksichtigung der Interessen einer Partei (BGH 62, 316; NJW-RR 94, 1315), Nichtangabe von Berechnungsmaßstäben bei Mieterhöhung (BGH NJW 75, 1556), Nichtberücksichtigung wesentlicher Umstände (BGH 62, 319), nicht schon Fehleinschätzungen innerhalb der Toleranzgrenze (ie Frankfurt NJW-RR 95,
4   80 mN). **b) Schiedsgutachten ieS** (§ 317 Rn 6 f) sind für die Parteien unverbindlich, wenn sie **offenbar unrichtig** sind (**I 1 entspr**; BGH 43, 376; 81, 237 mN; 101, 318 und 320; NJW-RR 91, 228; Wittmann aaO [LitVerz § 317] S 87 mN, hM). Das ist der Fall, wenn sich die Unrichtigkeit dem sachkundigen Betrachter sofort aufdrängt (BGH 81, 237 mN; NJW-RR 93, 1035 mN, str) oder wenn das Schiedsgutachten in seinem Ergebnis nicht nachprüfbar ist (BGH NJW 77, 801; NJW-RR 88, 506 mN, krit Bulla NJW 78, 400). **Bsp** (Rspr-Überblick: Wolf ZIP 81, 242): Außerachtlassung anerkannter, vertraglich vorgegebener oder Zugrundelegung unrichtiger Bewertungsmaßstäbe (BGH 9, 198; 146, 285 f) oder -faktoren (BGH NJW 91, 2698); wesentliche Irrtümer und grobe Verstöße gegen die Regeln der Sachkunde (Annahme von Konstruktions- statt Bedienungsfehler, BGH MDR 73, 210); Häufung von Unrichtigkeiten in Einzelpunkten (Fischer LM Nr 7); schwerwiegende Begründungsmängel, auch wenn iE richtig (BGH 146, 285); schwerwiegende Ermessensfehler (BGH 146, 287 f). Beweislast: wie Rn
5   3. **c) Leistungsbestimmungen nach freiem Belieben (II)** sind auch bei offenbarer Unbilligkeit unwirksam (Unterschied zu Rn 3), jedoch bei Verstößen gegen §§ 134, 138, 242 unwirksam. Die Einhaltung dieser Grenzen kann das Gericht bei getroffener Bestimmung überprüfen; unterbleibt die Bestimmung (wegen Nichtkönnens, Nichtwollens oder Verzögerung), scheidet eine gerichtliche Ersetzung mangels eines obj Maßstabs aus und der Vertrag ist **unwirksam (II).**

6   3. **Gerichtliche Kontrolle (Ersetzung) der Bestimmung. a) Voraussetzungen** (alternativ): **aa) Unverbindlichkeit** einer nach billigem Ermessen getrof-

Titel 2. Gegenseitiger Vertrag   § 320

fenen Leistungsbestimmung oder eines Schiedsgutachtens ieS (Rn 3 f; **I 2, 1. HS**);
bb) Ausfall der Leistungsbestimmung (Gutachtenserstattung; **I 2, 2. HS**). Fälle 7
des „**Nichtkönnens**" sind der Wegfall des Dritten (BGH 57, 47), Verlust seiner
Eignung (BGH NJW-RR 94, 1315: Parteilichkeit) oder Nichteinigung bei mehreren Dritten (BAG BB 69, 579); Scheitern des Verfahrens zur Benennung des
Dritten (BGH 146, 285); **Verzögerung** (Begriff: § 315 Rn 12) kann auch auf
Nichternennung des Dritten durch eine Partei (BGH 74, 345), Verfahrensverschleppung (BGH NJW 90, 1232) uä beruhen (BGH NJW 98, 1390); ist ein
Vermittlungsverfahren zwingend vorgeschaltet, so genügt die Untätigkeit des Vermittlers (BGH NJW 78, 631). **b) Rechtsfolgen.** Das Gericht trifft, soweit die 8
Bestimmung (das Gutachten) nicht bindend ist (Rn 3 f), notfalls unter Zuziehung
von Sachverständigen, die Entscheidung, die der Billigkeit oder dem etwa in Frage
kommenden obj Maßstab entspricht (BGH WM 84, 64; 85, 174). Klage und
Entscheidung iü wie § 315 Rn 12.

Titel 2. Gegenseitiger Vertrag

§ 320 Einrede des nichterfüllten Vertrags

(1) ¹**Wer aus einem gegenseitigen Vertrag verpflichtet ist, kann die ihm
obliegende Leistung bis zur Bewirkung der Gegenleistung verweigern, es
sei denn, dass er vorzuleisten verpflichtet ist.** ²**Hat die Leistung an mehrere
zu erfolgen, so kann dem einzelnen der ihm gebührende Teil bis zur
Bewirkung der ganzen Gegenleistung verweigert werden.** ³**Die Vorschrift
des § 273 Abs. 3 findet keine Anwendung.**

(2) **Ist von der einen Seite teilweise geleistet worden, so kann die Gegenleistung insoweit nicht verweigert werden, als die Verweigerung nach den
Umständen, insbesondere wegen verhältnismäßiger Geringfügigkeit des
rückständigen Teils, gegen Treu und Glauben verstoßen würde.**

Lit: *Ernst*, Die Gegenseitigkeit im Vertragsvollzug, AcP 199, 485; *Oesterle*, Die Leistung
Zug um Zug, 1980; *H. Roth*, Die Einrede des Bürgerlichen Rechts, 1988.

1. Allgemeines. a) Begriff. Die **Einrede des nicht** (nicht vollständig, nicht 1
wie geschuldet) **erfüllten (gegenseitigen) Vertrags** ist das dem Schuldner zustehende Recht, die eigene Leistung bis zur (idR vollständigen) Erbringung der ihm
gebührenden Gegenleistung zu verweigern (ie Rn 1; ie Rn 15). **b) Bedeutung. I 1** ist 2
Ausprägung des funktionellen Synallagmas (§ 311 Rn 13). Danach kann der Gläubiger einer im Gegenseitigkeitsverhältnis stehenden Forderung (vgl Rn 7) nicht
Leistung schlechthin, sondern nur Leistung „Zug um Zug" gegen Erbringung der
ihm obliegenden „Gegenleistung" (vgl § 322 I), also nur **Leistungsaustausch**
verlangen (ie Roth aaO S 173 f mN). Die Ausgestaltung als **Einrede** (Rn 3 [d],
15) ist aus prozeßtechnischen Gründen erfolgt, da im Falle einer inhaltlichen
Beschränkung der beiderseitigen Leistungsansprüche der Kläger (Gläubiger) stets
eigene Erfüllung (bzw Vorleistungspflicht des Schuldners) behaupten müßte (vgl
Larenz, SchR I, § 15 I). **c) Zweck:** Nicht nur Sicherung der Gegenforderung (vgl 3
InsO 103), namentlich Erfüllungszwang gegenüber dem Gläubiger (BGH 141,
114; NJW 85, 852; 92, 1633; sa Rn 17). **d) Rechtsnatur:** Keine echte materiellrechtliche Einrede (vgl § 273 Rn 5; ie Rn 15), sondern prozessualer Rechtsbehelf
(Roth aaO S 178, str). **e) Anwendungsbereich.** §§ 320–322 gelten für **alle** 4
gegenseitigen Verträge (§ 311 Rn 13), nicht nur im Durchführungs-, sondern
auch im Abwicklungsstadium nach Rücktritt (§§ 348, 323) oder bei Leistungsstörung (Rn 6, 11), insbes für alle (ges geregelten oder atypischen) **Austauschverträge** (Bsp: Kaufverträge, §§ 433, 453 I; Bürgschaft gegen Entgelt, § 765 Rn 18;
partiarisches Gelddarlehen, Rn 18 vor § 488), auch soweit zwischen **mehr als
zwei Parteien** geschlossen (vgl Pfister JZ 71, 284; Gernhuber, FS Larenz, 1973,

§ 320 Buch 2. Abschnitt 3. Schuldverhältnisse aus Verträgen

284), mit Einschränkungen auch für die Gesellschaft (§ 705 Rn 18). Beim Dienstvertrag steht dem Berechtigten bei nicht wie geschuldeter Leistung des Dienstverpflichteten kein Recht aus § 320 zu (Ulrich NJW 84, 588), demgegenüber ist ein AN bei erheblichen Lohnrückständen berechtigt, seine Arbeitsleistung zurückzuhalten (LAG Baden-Württemberg BB 84, 785; ie § 611 Rn 16, 21). Die §§ 320 ff erfassen auch die **Ansprüche auf Nacherfüllung** im Kauf- und Werkvertrag (§§ 439 I, 635 I; vgl § 437 Rn 29; § 635 Rn 6) und die dem Mieter wegen Mängeln gem §§ 536 ff zustehenden Rechte (BGH 84, 45 f; NJW 89, 3224; LG Bonn NJW-RR 90, 19, str; § 536 Rn 1); zT gelten Sonderregelungen, Bsp
5 § 641 III. **f) Abdingbarkeit:** Nur durch Individualvereinbarung, insbes durch Übernahme einer Vorleistungspflicht (Rn 21 f) möglich, idR nicht dagegen durch AGB und im Verbrauchervertrag (§ 309 Nr 2 a und 8 b dd; vgl BGH 92, 316; 118, 241; NJW 93, 3265; zur Begründung einer Vorleistungspflicht s BGH 141, 114; NJW 02, 140 und § 309 Rn 3).

6 **2. Voraussetzungen. a) Gegenseitiger Vertrag** (Rn 4): Dieser muß wirksam abgeschlossen sein (für Leistungen in Erwartung des Zustandekommens gilt § 273) und muß – zumindest als Abwicklungsverhältnis (vgl § 348 und Rn 4) – noch bestehen. Nach Anfechtung findet nur § 273 Anwendung (RG 94, 310). Auf Pflichten, die erst durch Beendigung des Vertragsverhältnisses entstehen sollen, ist
7 § 320 nicht anwendbar (RG 54, 125 betr Dienstvertrag, str). **b) Bestehende Gegenforderung. aa) Gegenseitigkeitsverhältnis.** Zwischen der vom Schuldner geforderten Leistung und der ihm zu erbringenden Gegenleistung muß **synallagmatische Abhängigkeit** bestehen. Derartiger Zusammenhang (dazu § 311 Rn 13) besteht nicht zwischen allen Forderungen aus gegenseitigen Verträgen, sondern nur zwischen den sog Hauptleistungspflichten (§ 241 Rn 9), idR nicht dagegen zwischen diesen und Nebenleistungs- und Schutzpflichten gem § 241 II (§ 241 Rn 9 f). **Bsp** für **Hauptleistungspflichten:** Pflicht zur vertragsgemäßen Herstellung des Werks (BGH NJW 97, 50; § 633 Rn 32; zur Montageverpflichtung des Verkäufers s sogleich u); Abnahmepflicht des Bestellers (§ 640 Rn 5) oder des Darlehensnehmers (BGH NJW 91, 1818); Pflicht zur Spezifikation gem HGB 375; zur Bestellung eines Akkreditivs (München NJW 58, 752); zur Aushändigung des Kfz-Briefs bei Kfz-Kauf, des Benutzerhandbuchs für Hard- und Software bei Leasing/Kauf (BGH NJW 89, 3223; 93, 462); zur Vornahme der vom Mieter übernommenen Schönheitsreparaturen (BGH 77, 305; 92, 367); zur Wiederherstellung des früheren Zustands der Miet- oder Pachtsache (BGH 104, 10; 107, 183); Anspruch auf Nacherfüllung (§§ 439, 635. **Nebenpflicht** ist idR die Pflicht des Verkäufers zur Montage der Kaufsache (§ 433 Rn 22; uU aber Hauptpflicht: BGH NJW 98, 3198 f; sa § 434 II 1 und dort Rn 18), die Abnahmepflicht des Käufers gem § 433 II (zu Ausnahmen s § 433 Rn 29); idR auch die Pflicht zum **Abruf** der Ware (BGH NJW 72, 99); aber zB bei Bierlieferungsvertrag (München NJW 68, 1881). Beim **Sukzessivlieferungsvertrag** (§ 311 Rn 14) besteht Gegenseitigkeit auch zwischen Forderungen aus verschiedenen Teillieferungen (RG 120, 196; Saarbrücken NJW 96, 3086). Der Einbeziehung von **Unterlassungsansprüchen** in das Gegenseitigkeitsverhältnis kann § 242 ent-
8 gegenstehen (vgl BAG DB 83, 834; sa Rn 17; § 273 Rn 12 ff). **bb) Parteien.** Der Leistungsaustausch muß nicht gerade zwischen den Vertragsschließenden gewollt sein, Vereinbarung gem § 328 ist möglich. Die Gegenforderung kann **abgetreten** sein (BGH 55, 356; 85, 348; NJW 95, 188) und kann dem Schuldner uU auch gegenüber einem **Dritten** zustehen. Bsp: Fallen beim Bauträgervertrag infolge der Ausgestaltung der Rechte des Bestellers/Käufers wegen Mängeln (§§ 437, 634) die Rollen des Vergütungsgläubigers (Bauträger = Gläubiger) und des Verpflichteten der Rechte aus §§ 437, 634 (Bauhandwerker = Dritter) auseinander, so berechtigen die dem Schuldner (Käufer) gegenüber dem Dritten zustehenden Mängelrechte jedenfalls dann den Gläubiger gegenüber zur Einbehaltung der Vergütung, wenn dieser seinerseits dem Dritten gegenüber die Leistung verweigert (BGH 70,

Titel 2. Gegenseitiger Vertrag **§ 320**

193; NJW 84, 726 – Einwendungsdurchgriff im Dreiecksverhältnis); Auseinanderfallen des Kaufpreisschuldners (Leasinggeber) und Gläubigers der Rechte wegen Mängeln (Leasingnehmer) beim leasingtypischen Dreiecksverhältnis (BGH NJW 95, 187); allg zum Einwendungsdurchgriff bei verbundenen Verbraucherverträgen (§§ 358, 359). **cc) Fortbestehen der Gegenforderung.** Der Gläubiger (Kläger) **9** darf nicht von seiner eigenen Leistungspflicht frei geworden sein (sonst §§ 275, 326 I; bei Umwandlung in Ersatzforderung Rn 11). Solange aber Leistungsfreiung gem § 275 nicht feststeht oder die Einrede nach § 275 II, III oder §§ 439 III, 635 III nicht erhoben ist, ist Einrede aus § 320 zulässig. Entspr gilt auch bei teilw Leistungsbefreiung (hM). Auch **verjährter Gegenanspruch** begründet Einrede gem § 320 (RG 149, 328; Roth aaO S 56; einschr BGH 53, 125; sa § 273 Rn 8). Im Kauf- und Werkvertrag steht dem Käufer/Besteller bei unbebebbaren Mängeln (s § 275 Rn 9) oder bei berechtigter Leistungsverweigerung des Schuldners (§§ 439 III, 635 III) auch keine allg Mängeleinrede zu (Lorenz/Riehm 501; aA Huber/Faust 366); der Käufer/Besteller muß gegenüber dem fortbestehenden Entgeltanspruch (§ 326 I 2) seine Gestaltungsrechte (Minderung, Rücktritt) ausüben (s auch § 438 Rn 10 f). **dd) Fälligkeit der Gegenleistung** (Erfordernis folgt aus **10** dem Gegenseitigkeitsverhältnis), idR nicht gegeben, wenn Schuldner vorleistungspflichtig (Rn 21 f). **ee) Inhaltsänderung.** Durch Umwandlung der Gegenforde- **11** rung in eine Ersatzforderung wird das Leistungsverweigerungsrecht nicht berührt (hM). Bsp: Sekundäre Ansprüche (§ 241 Rn 11) auf Ersatzherausgabe (§§ 326 III, 285), Schadensersatz, Nacherfüllung (§§ 439, 635) oder Mängelbeseitigung (BGH 61, 45). Bei Schadensersatzansprüchen statt der Leistung ist bei Berechnung des Schadens nach der Differenzmethode (§ 281 Rn 18) idR kein Raum für ein Leistungsverweigerungsrecht (vgl aber RG 149, 328). **c) Keine (vollständige)** **12** **Leistung des anderen Teils.** Die Gegenleistung darf weder vollständig bewirkt sein noch gleichzeitig bewirkt werden. Die Gründe des Ausbleibens sind gleichgültig, insbes ist kein Verschulden des Gläubigers erforderlich (RG 145, 282, hM). Auch Annahmeverzug des Schuldners schließt die Einrede gem § 320 nicht aus (Rn 14 [cc]). Ihrem **Umfang** nach umfaßt die Gegenleistung auch uU bestehende weitere Ansprüche zB gem §§ 280, 286, 288 (RGRK/Ballhaus 15). **Unvollständig** ist auch die **nicht wie geschuldet erbrachte** insbes die **mangelhafte** Leistung (§§ 434, 435, 633; s § 437 Rn 29; BGH 85, 348 und NJW 85, 852 für Werkvertrag). Bei Mangelhaftigkeit der Leistung ist § 320 aber zT durch Sonderregeln verdrängt (Rn 4); überhaupt kommen nur behebbare Mängel in Frage (sonst tritt Leistungsbefreiung ein, dazu Rn 9 und § 275 Rn 9). Bei unvollständiger Leistung kann das Zurückbehaltungsrecht eingeschränkt sein (Rn 17). **d) Eigene Vertragstreue. aa)** Voraussetzung der Einrede ist **Festhalten am Ver- 13 trag** durch den verweigernden Teil (Grund: § 320 gibt nur aufschiebende Einrede, Druckmittel; vgl Rn 3); bei endgültiger Ablehnung der eigenen Leistung muß der Schuldner andere Rechtsbehelfe (zB §§ 280, 281, 323) geltend machen (BGH 50, 177; NJW 82, 875; Saarbrücken NJW 96, 3087). **bb)** Es darf **kein Leistungs- 14 verzug des Schuldners** vorliegen, dieser kann ein Leistungsverweigerungsrecht nicht auf Umstände stützen, die nach eigener Vertragsuntreue eingetreten sind (BGH NJW-RR 95, 565 mN, hM; sa Rn 18). **cc) Annahmeverzug** des Verweigernden schließt die Einrede des § 320 nicht aus; die Interessen des anderen Teils sind durch §§ 372 ff, 322 III, 274 II gewahrt (BGH NJW 02, 1262; BGH 116, 248; Hamm NJW-RR 96, 87 mN; Roth aaO S 187 zu § 273; offenlassend Köln NJW-RR 95, 1393).

3. Rechtsfolgen. a) Das **Leistungsverweigerungsrecht** (I 1; § 322 I) be- **15** gründet **keine** echte aufschiebende (dazu § 280 Rn 34) **Einrede** (Rn 3 [d]; aA hM) gegenüber dem (unbedingten, Rn 2) Gläubigeranspruch bis zur Bewirkung der Gegenleistung (Leistungshandlung, nicht -erfolg), sondern führt nur zur Durchsetzung der bereits bestehenden Anspruchsbeschränkung im Prozeß (Rn 2). Durch die Leistungsverweigerung darf der Anspruch nicht vereitelt werden (BAG

§ 320 Buch 2. Abschnitt 3. Schuldverhältnisse aus Verträgen

16 DB 83, 834). **b) Umfang. aa)** Sowohl die Einrede des nicht, wie die des nicht vollständig (wie geschuldet) erfüllten Vertrags (vgl Rn 12) berechtigt grundsätzlich zur **vollen** Verweigerung der Gegenleistung. **Folgen:** Sind **mehrere Gläubiger** anteilig (§ 420) forderungsberechtigt, braucht Schuldner nur gegen die ganze Gegenleistung zu leisten **(I 2)**. Bei teilw Ausbleiben der Gegenleistung (soweit nicht Teilleistung schon gem § 266 zurückgewiesen) kann der Schuldner die eigene Leistung voll zurückhalten, nicht nur zu einem dem rückständigen Teil der Gegenleistung entspr Teil (BGH 54, 249, hM). Bsp: Liefersperre bei Strom-Teilzahlungs-
17 boykott (Hamm NJW 81, 2474). **bb)** Eine **Ausnahme** besteht dann, wenn bei teilw Leistung die volle Verweigerung der Gegenleistung gegen Treu und Glauben (§ 242) verstieße (BGH BB 74, 671), insbes bei verhältnismäßiger Geringfügigkeit des rückständigen Teils **(II).** Greift II ein, kann der Schuldner nur einen entspr Teil seiner Leistung zurückbehalten („insoweit"). Bei der Bemessung des Umfangs des zulässigen Einbehalts (Ermessensspielraum des Gerichts: BGH 56, 316) ist der Zweck der Einrede (Druckmittel, Rn 3) zu berücksichtigen. Für **Mängel** der Werkleistung enthält § 641 III eine Sonderregelung, auf die auch für den Nachbesserungsanspruch beim Kauf nach § 439 I 1. Fall zurückgegriffen werden kann.
18 §§ 442, 536 b S 3 sind entspr zu beachten (BGH NJW 89, 3224). **c) Materiellrechtliche Wirkungen.** Das bloße (obj) Bestehen der Einrede schließt **Schuldnerverzug** aus (BGH 84, 44; 116, 249; NJW 99, 53 mN; ie § 280 Rn 33; anders bei § 273, dort Rn 22 und § 280 Rn 36). Die **Verjährung** des Anspruchs, dem gegenüber die Einrede des § 320 besteht oder erhoben wird, ist nicht gehemmt (PalErgB/Heinrichs § 205, 3). Durch **Sicherheitsleistung** kann das Leistungsverweigerungsrecht (iGgs zum Zurückbehaltungsrecht, § 273 III) nicht abgewendet werden **(I 3);** Grund: Rn 2 f. Es gibt daher ein Recht zum Besitz iSv § 986 (ie
19 Seidel JZ 93, 184 f; s demgegenüber § 273 Rn 22). **d) Prozessuale Wirkungen.** Geltendmachung führt im Prozeß (keine Berücksichtigung von Amts wegen mißverständlich: § 273 Rn 21 [bb]) zu eingeschränkter Verurteilung (BGH NJW 99,
20 53; ie § 322 mit Anm). Auswirkungen im Insolvenzverfahren: InsO 103. **e) Beweislast.** Wird die Einrede beim beiderseits nichterfüllten Vertrag erhoben, so hat der Kläger, will er eingeschränkte Verurteilung (§ 322 I) vermeiden, Erfüllung der Gegenforderung oder Vorleistungspflicht des Beklagten (Schuldners) zu beweisen (Baumgärtel/Strieder 2, hM). Sondervorschrift: § 363.

21 **4. Vorleistungspflicht. a) Begriff.** Fälligkeit (§ 271 Rn 2) der Leistung des Vorleistungspflichtigen vor der des anderen Teils. **b) Entstehung:** Kraft Ges (jedoch abdingbar) gem §§ 556 b, 579 II, 614, 641 I (dazu BGH 61, 44), 699 oder aufgrund vertraglicher Vereinbarung, durch AGB und im Verbrauchervertrag nur im Rahmen von § 307 (BGH 100, 161 f; 119, 174 ff; NJW 01, 294; 02, 140), § 309 Nr 2 a (§ 309 Rn 3). **Einzelfälle** zB Zusendung unter „Nachnahme", „Zahlung gegen Dokumente" (BGH NJW 87, 2436), „nach Erhalt der Rechnung" (BGH WM 87, 1497; BB 88, 1210; sa § 271 Rn 7), „nach Übernahmebestätigung" (BGH NJW 93, 1383), Versendungskauf gem § 447 (BGH 74, 142) und mit „cif"-Klausel (§ 269 Rn 5); teilw „Vorkasse" des Reisenden bei Reiseveranstaltungsvertrag (BGH 100, 161 ff; 119, 174 ff; str; § 651 a Rn 10). Auskunft durch den Karenzentschädigung fordernden AN (HGB 74 c II; BAG NJW 78,
22 2215). **c) Rechtsfolgen:** Für den Vorleistungspflichtigen entfällt die Einrede gem § 320; zum Prozeß: § 322 Rn 3 aE. Schuldnerverzug des anderen Teils kann nur durch Bewirkung oder Angebot der Vorleistung bei Fälligkeit der Gegenleistung herbeigeführt werden (BGH NJW 66, 200; NJW-RR 96, 754). **Vorleistungspflicht entfällt** (idR mit Folge der Rückkehr zur Zug-um-Zug-Leistung), wenn und solange der andere Teil (grundlos) erklärt, die eigene Leistung nicht mehr erbringen zu können oder zu wollen (vgl auch § 280 Rn 17; BGH 50, 177; 88, 96 und 247 f; NJW 97, 939; 95, 957 mN; Rn 13 f) oder wenn auch die Leistung des Vorleistungsberechtigten inzwischen fällig geworden ist (BGH NJW-RR 89, 1357), es sei denn, es handelt sich um eine beständige Vorleistungspflicht (BGH

Titel 2. Gegenseitiger Vertrag **§ 321**

NJW 86, 1164). Ein **Leistungsverweigerungsrecht trotz Vorleistungspflicht** (durch Sicherheitsleistung abwendbar) besteht unter den Voraussetzungen des § 321 I.

§ 321 Unsicherheitseinrede

(1) ¹**Wer aus einem gegenseitigen Vertrag vorzuleisten verpflichtet ist, kann die ihm obliegende Leistung verweigern, wenn nach Abschluss des Vertrags erkennbar wird, dass sein Anspruch auf die Gegenleistung durch mangelnde Leistungsfähigkeit des anderen Teils gefährdet wird.** ²**Das Leistungsverweigerungsrecht entfällt, wenn die Gegenleistung bewirkt oder Sicherheit für sie geleistet wird.**

(2) ¹**Der Vorleistungspflichtige kann eine angemessene Frist bestimmen, in welcher der andere Teil Zug um Zug gegen die Leistung nach seiner Wahl die Gegenleistung zu bewirken oder Sicherheit zu leisten hat.** ²**Nach erfolglosem Ablauf der Frist kann der Vorleistungspflichtige vom Vertrag zurücktreten.** ³**§ 323 findet entsprechende Anwendung.**

1. Allgemeines a) Fassung. Die Unsicherheitseinrede (I 1) wurde durch das 1 SchRModG neu gefaßt. Sie erfaßt jetzt sowohl nachträgliche als auch anfängliche, für den Vorleistungspflichtigen nicht erkennbare Gefährdungen seines Anspruchs auf die Gegenleistung; ergänzend sieht II uU ein Rücktrittsrecht des Vorleistungspflichtigen vor. **b) Bedeutung:** Einrede des Vorleistungspflichtigen zum Zweck der Sicherung des eigenen Anspruchs aus demselben Vertrag (BGH NJW 85, 1221); die Erweiterung dieses Rechts in AGB für „alle offenen" Forderungen aus einer laufenden Geschäftsverbindung ist unzulässig (BGH NJW 85, 1221; sa Rn 8). Ausprägung des Grundsatzes der *clausula rebus sic stantibus* (vgl § 313 Rn 1, 7); ähnlich für das Gelddarlehen § 490 I. Zu **II:** Rn 10.

2. Voraussetzungen. a) Gegenseitiger Vertrag (§ 320 Rn 4); **b) Vorlei-** 2 **stungspflicht** eines Vertragsteils (§ 320 Rn 21 f); **c) Gefährdung des Anspruchs** 3 **auf die Gegenleistung.** Die Einrede kann auch auf schon bei Vertragsschluß bestehende Gefährdungen gestützt werden, die der Vorleistungspflichtige bei einer gebotenen Überprüfung der Leistungsfähigkeit des Vorleistungsberechtigten nicht erkennen konnte (BT-Drs 14/6040 S 179). Die Gefährdung der Gegenleistung muß tatsächlich gegeben sein und nicht bloß der Anschein der Gefährdung bestehen (zur Fehlbeurteilung des Vorleistungspflichtigen s Rn 9). **Fallgruppen: aa) wesentliche Vermögensverschlechterung** des Vorleistungsberechtigten. Bei 4 der Beurteilung einer Vermögensverschlechterung ist eine wirtschaftliche Betrachtungsweise geboten (hM); insbes gegeben bei Eröffnung des Insolvenzverfahrens (Kornmeier BB 83, 1312), auch Einzelzwangsvollstreckung (BGH NJW 64, 100), ferner Ablehnung eines aussichtsreichen Kredits (BGH aaO), Hingabe ungedeckter Schecks (BGH WM 61, 1372). Allg Veränderungen der Wirtschaftslage bleiben außer Betracht. **bb) Andere drohende Leistungshindernisse** können sein: Ex- 5 port- oder Importverbote, Kriegsereignisse, Zusammenbruch von Zulieferern, krankheitsbedingter Ausfall zur Leistung notwendiger Mitarbeiter oder des Schuldners selbst (BT-Drs 14/6040 S 179). Ausreichend sind alle (drohenden) Pflichtverletzungen, zB auch Vorliegen von Mängeln. **cc) Keine Gefährdung** liegt vor 6 bei Vorhandensein ausreichender Sicherheit (RG 53, 246). Bei Erfüllungsverlangen des Insolvenzverwalters (InsO 103) ist Einrede nur gegeben, wenn Masse nicht ausreicht (Düsseldorf MDR 70, 1009). **d)** Maßgeblicher **Beurteilungszeitpunkt** 7 **der Gefährdung** ist der des Fälligwerdens der Vorleistung. **e)** Das Leistungsverweigerungsrecht **entfällt,** wenn Gegenleistung bewirkt (§ 362) oder Sicherheit (auch durch Bürgen, § 232 II) für sie geleistet wird **(I 2)** sowie bei nachträglichem Wegfall der Gefährdung (hM), jedoch erst ab Kenntnis des Vorleistungspflichtigen (RGRK/Ballhaus 4, str). Die Einrede nach **I 1** entfällt **nicht,** weil der Vorleistungspflichtige das Leistungshindernis des Vorleistungsberechtigten zu vertreten hat, sich

Vollkommer 391

§ 322   Buch 2. Abschnitt 3. Schuldverhältnisse aus Verträgen

8   im Verzug befindet oder der Vorleistungsberechtigte seine Leistung Zug-um-Zug anbietet (BT-Drs 14/6040 S 180). **f) Abw Regelungen** zum Nachteil des Vorleistungsberechtigten in **AGB** können wegen Widerspruchs zu Rn 2 f unwirksam sein. Bsp: Rücktrittsvorbehalt des Vorleistungspflichtigen wegen falscher Angaben der Gegenpartei über ihre Vermögensverhältnisse (iE ebenso BGH NJW 85, 2272); Wegfall der Vorleistungspflicht bereits bei begründeten Zweifeln an der Zahlungsfähigkeit oder Kreditwürdigkeit der anderen Partei (BGH NJW 85, 1221); fristloses Kündigungsrecht bei die Vermögensgefährdung anzeigenden „sonstigen Umständen" (BGH 112, 285); Umkehr der Vorleistungspflicht (Oldenburg NJW-RR 91, 633).

9   **3. Rechtsfolgen: a)** Nach I 1 besteht ein vorübergehendes **Leistungsverweigerungsrecht.** Der Vorleistungspflichtige kann schon auf dem Transport befindliche Ware zurückrufen. Befindet er sich bei Eintritt der Voraussetzungen des § 321 bereits im Verzug, ist **Heilung des Verzugs** möglich, wenn er nunmehr seine Leistung gegen Bewirkung der Gegenleistung anbietet (BGH NJW 68, 103). Es erfolgt aber idR **keine Rückkehr zur Zug-um-Zug-Leistung,** da die Einrede *keinen Anspruch* des Vorleistungspflichtigen auf die Gegenleistung begründet (BT-Drs 14/6040 S 180; s auch **II**). Liegen die Voraussetzungen gem Rn 3 ff nicht vor, liegt in der unberechtigen Berufung auf I 1 eine (uU aber nicht zu vertretende)
10   Pflichtverletzung des Vorleistungspflichtigen. **b) Rücktrittsrecht (II). aa) Bedeutung.** Das (wegen der fehlenden Pflichtverletzung des Vorleistungsberechtigten von § 323 I zu unterscheidende, s Rn 11 aE) Rücktrittsrecht des Vorleistungspflichtigen nach **II** verhindert den Eintritt einer Schwebelage nach Erhebung der Einrede gem I 1. Nach Aufforderung kann der Vorleistungsberechtigte (Zug-um-Zug) durch fristgerechte Erbringung der Leistung oder einer Sicherheit die
11   Durchführung des Vertrages sichern. **bb) Voraussetzungen.** Der Vorleistungspflichtige muß nach **II 1, 2** eine angemessene Frist setzen, in welcher der Vorleistungsberechtigte nach seiner Wahl die Gegenleistung oder entsprechende Sicherheit Zug um Zug gegen die Vorleistung zu bewirken (leisten) hat. Nach erfolglosen Fristablauf entsteht das Rücktrittsrecht unter den Voraussetzungen des § 323 V, VI **(II 3);** Fristsetzung uU entbehrlich (§ 323 II, III). **Rechtsfolgen:** Rücktrittsrecht des Vorleistungsverpflichteten. **Kein** Anspruch auf Schadensersatz statt der Leistung (§§ 280, 281), da keine Pflichtverletzung des Vorleistungsberechtigten (dh Nichtleistung trotz Fälligkeit des Anspruchs, § 281 Rn 5 f) vorliegt (s Rn 9).

§ 322 Verurteilung zur Leistung Zug-um-Zug

(1) Erhebt aus einem gegenseitigen Vertrag der eine Teil Klage auf die ihm geschuldete Leistung, so hat die Geltendmachung des dem anderen Teil zustehenden Rechts, die Leistung bis zur Bewirkung der Gegenleistung zu verweigern, nur die Wirkung, dass der andere Teil zur Erfüllung Zug um Zug zu verurteilen ist.

(2) Hat der klagende Teil vorzuleisten, so kann er, wenn der andere Teil im Verzug der Annahme ist, auf Leistung nach Empfang der Gegenleistung klagen.

(3) Auf die Zwangsvollstreckung findet die Vorschrift des § 274 Abs. 2 Anwendung.

1   **1. a) Bedeutung:** Regelung der verfahrens- und vollstreckungsrechtlichen Folgen der Erhebung der Einrede gem § 320 unter Berücksichtigung der gegenseiti-
2   gen Abhängigkeit der beiden Forderungen (vgl § 320 Rn 2, 7 ff). **b)** Für den Fall der **Zug-um-Zug-Leistung** führt **im Prozeß** die Erhebung der Einrede des § 320 I (§ 320 Rn 19; Form ist gleichgültig, uU genügt Klageabweisungsantrag: BGH NJW 99, 53 f) stets (auch bei Teilklage, BGH NJW 62, 628) zur Verurteilung des Schuldners zur Leistung Zug-um-Zug gegen Erhalt der vollen Gegenleistung

Titel 2. Gegenseitiger Vertrag **§ 323**

(I). Die Regelung entspricht der des § 274 I (ie dort Rn 2). Erhebung der Einrede erst in der Revisionsinstanz ist unzulässig; möglich ist sie (uU) noch mit der Vollstreckungsgegenklage (vgl BGH NJW-RR 97, 1272). Für die **Zwangsvollstreckung** verweist III auf § 274 II (dort Rn 3). c) Bei **Vorleistungspflicht** des einen Teils ist dessen Klage ohne Bewirkung der Vorleistung mangels Fälligkeit des Anspruchs abzuweisen (BGH 61, 44; BAG NJW 78, 2215); bei Annahmeverzug des Vorleistungsberechtigten ist (nur) Klage auf „Leistung nach Empfang der Gegenleistung" möglich **(II)**; bei mangelhafter Vorleistung gelten die §§ 320, 322 (BGH 73, 144). Vollstreckung erfolgt gem III nach § 274 II (BGH 149, 292, str; ie Schilken AcP 181, 381 ff). I und **II** sind unanwendbar, wenn der Vorleistungsberechtigte endgültig unberechtigt die Leistungsannahme verweigert; dann ist er unbedingt zu verurteilen (arg § 162 I; vgl BGH 88, 247 f; bei Mitwirkungsverweigerung iE auch Hartmann BB 97, 328 f arg II, III, aber unter Verkennung von ZPO 756). Auf Klage des Vorleistungsberechtigten ergeht uneingeschränktes Urteil (vgl § 320 Rn 22).

3

Vorbemerkungen zu den §§ 323–326

Lit: vgl das vor § 275 genannte Schrifttum.

1. Überblick. Vgl zunächst Rn 1, 13 f vor § 275. §§ 323–326 ergänzen die allg Regelungen über Pflichtverletzungen in §§ 280 ff, 311 a um Sondervorschriften für den gegenseitigen Vertrag. Sie sind nach der neuen Systematik des Allg Schuldrechts nur noch notwendig, soweit es um das **Rücktrittsrecht** des Gläubigers bei Pflichtverletzungen des Schuldners und um das **Schicksal der Gegenleistung** bei Leistungshindernissen nach § 275 geht. Nach § 325 wird das Recht des Gläubigers, Schadensersatz zu verlangen, durch den Rücktritt nicht mehr ausgeschlossen. Zur **Terminologie:** Das SchRModG hat die Terminologie vereinfacht und spricht nur noch vom „Gläubiger" und „Schuldner" der gestörten Leistung.

1

2. Bedeutung und Aufbau der Vorschriften. § 323 enthält die zentrale Rücktrittsvorschrift bei Pflichtverletzungen im gegenseitigen Vertrag, die für Schutzpflichtverletzungen nach § 241 II in § 324 ergänzt wird. Bei Leistungshindernissen nach § 275 gewährt § 326 V (teils ergänzend teils an Stelle der Rechtsfolgen nach § 326 I, dort Rn 27) ein ohne Fristsetzung auszuübendes Rücktrittsrecht. In Aufbau und Struktur entspricht § 323 dem § 281, § 324 dem § 282 § 326 V dem § 283, wobei das Rücktrittsrecht aber kein Vertretenmüssen der Pflichtverletzung durch den Schuldner voraussetzt. Bei Leistungshindernissen nach § 275 regelt § 326 I – IV das Schicksal der Gegenleistung.

2

3. Anwendungsbereich. a) Sämtliche Fälle der Leistungsstörung: Die Regelung gilt für alle Pflichtverletzungen (auch soweit die Ansprüche nicht im Gegenseitigkeitsverhältnis stehen) und sämtliche (anfängliche und nachträgliche, obj und subj) Leistungshindernisse nach § 275. **b) §§ 323–326 gelten für alle gegenseitigen Verträge,** soweit nicht Sondervorschriften eingreifen (wie zB für Reise-, Dienst- und Mietverträge; § 323 Rn 4; § 326 Rn 2). Im Kauf- und Werkvertrag finden bei Mängeln der Sache oder des Werkes die §§ 323, 326 auch nach Gefahrübergang Anwendung (§§ 437, 634), wobei deren Voraussetzungen zT modifiziert werden (§§ 440, 636).

3

4

§ 323 Rücktritt wegen nicht oder nicht vertragsgemäß erbrachter Leistung

(1) **Erbringt bei einem gegenseitigen Vertrag der Schuldner eine fällige Leistung nicht oder nicht vertragsgemäß, so kann der Gläubiger, wenn er dem Schuldner erfolglos eine angemessene Frist zur Leistung oder Nacherfüllung bestimmt hat, vom Vertrag zurücktreten.**

(2) **Die Fristsetzung ist entbehrlich, wenn**

§ 323 Buch 2. Abschnitt 3. Schuldverhältnisse aus Verträgen

1. **der Schuldner die Leistung ernsthaft und endgültig verweigert,**
2. **der Schuldner die Leistung zu einem im Vertrag bestimmten Termin oder innerhalb einer bestimmten Frist nicht bewirkt und der Gläubiger im Vertrag den Fortbestand seines Leistungsinteresses an die Rechtzeitigkeit der Leistung gebunden hat oder**
3. **besondere Umstände vorliegen, die unter Abwägung der beiderseitigen Interessen den sofortigen Rücktritt rechtfertigen.**

(3) Kommt nach der Art der Pflichtverletzung eine Fristsetzung nicht in Betracht, so tritt an deren Stelle eine Abmahnung.

(4) Der Gläubiger kann bereits vor dem Eintritt der Fälligkeit der Leistung zurücktreten, wenn offensichtlich ist, dass die Voraussetzungen des Rücktritts eintreten werden.

(5) ¹Hat der Schuldner eine Teilleistung bewirkt, so kann der Gläubiger vom ganzen Vertrag nur zurücktreten, wenn er an der Teilleistung kein Interesse hat. ²Hat der Schuldner die Leistung nicht vertragsgemäß bewirkt, so kann der Gläubiger vom Vertrag nicht zurücktreten, wenn die Pflichtverletzung unerheblich ist.

(6) **Der Rücktritt ist ausgeschlossen, wenn der Gläubiger für den Umstand, der ihn zum Rücktritt berechtigen würde, allein oder weit überwiegend verantwortlich ist oder wenn der vom Schuldner nicht zu vertretende Umstand zu einer Zeit eintritt, zu welcher der Gläubiger im Verzug der Annahme ist.**

1   1. **Allgemeines a) Bedeutung. Grundgedanke:** Die Regelung trägt der synallagmatischen Verknüpfung der durch die Pflichtverletzung gestörten Leistungspflicht mit der Gegenleistungspflicht des Gläubigers Rechnung. Da diesem nicht zuzumuten ist, die eigene Leistung auf unbestimmte Zeit bereitzuhalten, wird ihm in I das Recht eingeräumt, durch Rücktritt die Beendigung des Leistungsaustausches herbeizuführen und die seinerseits schon erbrachte Leistung zurückzuverlangen (§ 346 I). Daneben ist Anspruch auf Schadensersatz (§§ 280, 281) möglich (§ 325). § 323 gewährt dem Gläubiger ein tiefgreifendes Gestaltungsrecht und ist
2   (nach vollzogener Gestaltung) wichtige **Anspruchsgrundlage. b)** § 323 ist Parallelvorschrift zu § 281, verzichtet aber (in Abweichung zu § 326 aF) auf das Vertretenmüssen der Pflichtverletzung durch den Schuldner. Die Fälle des Abs VI finden in § 281 keine Entsprechung (§ 281 Rn 13). Praktisch wichtig ist § 323 als Voraussetzung für den Rücktritt der Käufers/Bestellers wegen Mängeln nach Gefahrübergang (§§ 437 Nr 2, 634 Nr 3); bei nicht behebbaren Mängeln ergibt
3   sich das Rücktrittsrecht aus § 326 V iVm § 323 V, VI. **c)** § 323 ist **nicht zwingend,** jedoch Leitbild iSv § 307 II Nr 1; durch AGB und im Verbrauchervertrag können das Erfordernis der Fristsetzung nicht (§ 309 Nr 4) und die Rechte des Gläubigers nur sehr eingeschränkt (§ 309 Nr 8) zum Nachteil des Kunden/Verbrauchers abbedungen werden. Zur Begründung eines Rücktrittsrechts: § 308 Nr 3.

4   2. **Anwendungsbereich. a)** Gilt grundsätzlich für sämtliche **gegenseitigen Verträge** mit Ausnahme von in Vollzug gesetzten Dauerschuldverhältnissen; bei diesen sind die Rechtsfolgen des I idR durch ein Recht zur fristlosen Kündigung aus wichtigem Grund ersetzt (vgl § 314 Rn 2). Zum Teil-(Sukzessiv-)lieferungsvertrag vgl Rn 23 f. **Sondervorschriften:** § 498 iVm § 503 II; VVG 39.
5   **b) Verhältnis zu §§ 324, 326.** § 323 erfaßt die Nicht- oder Schlechterfüllung der Leistungspflicht; bei Verstößen gegen sonstige Verhaltenspflichten (§ 241 II) sind die Voraussetzungen für das Rücktrittsrecht **§ 324** zu entnehmen (s § 282 Rn 7, § 324 Rn 4). Ist der Schuldner nach § 275 von seiner Leistungspflicht ganz oder teilweise befreit, erlischt der Anspruch auf die Gegenleistung (ggf teilweise) nach § 326 I 1, II. Bei **qualitativer Unmöglichkeit** (unbehebbare Mängel, § 275 Rn 9) bleibt der Anspruch auf die Gegenleistung bestehen (§ 326

Titel 2. Gegenseitiger Vertrag **§ 323**

I 2); der Gläubiger kann aber gem **§ 326 V iVm § 323 V 2, VI** ohne Fristsetzung vom Vertrag zurücktreten. Das Rücktrittsrecht aus § 326 V iVm § 323 V, VI steht dem Gläubiger ergänzend bei allen anderen Leistungshindernissen nach § 275 zu.

3. Voraussetzungen (I). a) Pflichtverletzung durch Nicht- oder Schlecht- 6
erfüllung einer Leistungspflicht (s § 280 Rn 8 ff). **Nicht erforderlich** ist, daß die verletzte Pflicht im Gegenseitigkeitsverhältnis steht (BT-Drs 14/6040 S 183; Bsp: Abnahmepflicht nach § 433 II; Abruf von Ware [BGH NJW 72, 99]; Montage der Kaufsache; Beachtung von Vertriebsbeschränkungen (OLG Frankfurt NJW 92, 633 zu CISG 25); es müssen für den Rücktritt wohl aber die zusätzlichen Voraussetzungen des **V 2** vorliegen (PalErgB/Heinrichs 32), da die Nichterfüllung einer Nebenpflicht nicht anders als die Schlechterfüllung einer Hauptpflicht behandelt werden kann. **b)** Der (Nacherfüllungs-)Anspruch muß 7
vollwirksam entstanden und **durchsetzbar** (fällig) sein, dh ihm darf keine dauernde (zerstörende) oder aufschiebende (hemmende) Einrede entgegenstehen. Bereits das bloße Bestehen des Einrederechts schließt I idR (für Verjährung: § 218 I 1) aus, ausnahmsweise ist Geltendmachung erforderlich (§ 280 Rn 5). Um die Einrede des nichterfüllten Vertrags (§ 320) auszuschließen, muß der Gläubiger selbst iSv §§ 294 ff leistungsbereit und -fähig sein (BGH NJW 96, 923 f) und seine Leistung in einer den Annahmeverzug begründenden Weise anbieten (BGHZ 116, 249); Einzelheiten: § 280 Rn 33 ff. Zur Fälligkeit s § 280 Rn. 38. **c)** Die **Fristsetzung gem I** ist die Aufforderung zur Bewirkung der 8
Leistung binnen einer hinreichend (nicht notwendig nach Zeiteinheiten, zB Tagen usw) bestimmten Frist; bei Sicherungszession auch durch den Zedenten möglich (BGH NJW 02, 1569). **Zeitpunkt:** nach Fälligkeit, nicht **vor** Undurchsetzbarkeit des Anspruchs. Fristsetzung **vor** Fälligkeit ist unwirksam; Ablehnungsandrohung nicht erforderlich. Fristsetzung ist geschäftsähnliche Handlung (wie § 286 Rn 16). Die gesetzte Frist muß **angemessen** sein (ie Thamm BB 82, 2018 zu § 326 aF mN und Bsp); Angemessenheit bestimmt im Streitfall das Gericht (§ 242) nach obj Maßstäben (BGH NJW 85, 2641). Dabei ist zu berücksichtigen, daß die Nachfrist dem Schuldner die Leistung nicht erst ermöglichen, sondern ihm eine letzte Gelegenheit geben soll, die in die Wege geleitete (vorbereitete) Erfüllung zu vollenden (BGH NJW 85, 2640 mN); die Nachfrist ist keine „Ersatzleistungsfrist" (BGH NJW 85, 857). Angabe eines bestimmten Zeitabschnitts nicht unbedingt nötig, uU (zB bei bes Dringlichkeit) kann Aufforderung zu „unverzüglicher" Leistung genügen (RG 75, 357). Eine zu kurz bemessene Nachfrist ist nicht wirkungslos, sondern setzt eine angemessene Frist in Lauf (BGH NJW 85, 2640; 96, 1814); dies gilt nicht bei Unterschreitung der nach den eigenen AGB einzuhaltenden Mindestfrist (Hamm NJW-RR 95, 503). **Schranken:** Vorbehalt unangemessen langer oder nicht hinreichend bestimmter Nachfristen in AGB und im Verbrauchervertrag zugunsten des Verwenders/Unternehmers sind unwirksam (§ 308 Nr 2; Bsp dort Rn 4), desgl über (einfache) Schriftform hinausgehende Formerfordernisse zu Lasten des Kunden/Verbrauchers (§ 309 Nr 13). **d) Versäumung der Nachfrist.** Die Frist ist **gewahrt,** wenn der 9
Schuldner innerhalb des bestimmten Zeitraums (Rn 8) die Leistungshandlung vollständig und ordnungsgemäß vorgenommen hat (BGH 12, 269; LG Stuttgart MDR 79, 139), mag auch der Leistungserfolg erst nach Fristablauf eingetreten sein (wie § 286 Rn 38; anderes gilt nur bei abw Vereinbarung, vgl BGH 12, 269 f). Bei zurückgewiesenem Teilangebot (§ 266) ist die Frist hinsichtlich der ganzen Leistung versäumt (bei Annahme gelten Rn 20 ff); fehlt nur geringfügiger Rest, ist Frist gewahrt (§ 242; RG 76, 153). Der Schuldner muß vollständig und in der **geschuldeten Qualität** leisten (BGH NJW 01, 2025; sonst Zurückweisungsrecht des Gläubigers); nimmt der Gläubiger die Leistung gleichwohl an, kann er erst nach nochmaliger Fristsetzung Schadensersatz statt der Leistung verlangen (PalErgB/Heinrichs, § 281 Rn 12; aA Canaris DB 01, 1816). Für

Versäumung genügt idR schon geringfügige Überschreitung der Frist (BGH
10 NJW 74, 360; NJW 01, 2025; Ausnahme: § 242). **e) Abmahnung (III)** ist die ernsthafte Aufforderung (s § 286 Rn 15, 18 f) an den Schuldner, weitere Zuwiderhandlungen zu unterlassen. Sie tritt an die Stelle der Fristsetzung, wo diese unpraktikabel ist (Bsp: Unterlassungspflichten, s § 281 Rn 8), setzt also eine vorangegangen Pflichtverletzung voraus (bei drohender Pflichtverletzung gilt **IV**
11 und § 280 Rn 17 f). **f) Entbehrlichkeit der Fristsetzung (II). aa)** Bei **ernsthafter und endgültiger Erfüllungsverweigerung (II Nr 1)** des Schuldners (vgl BGH 115, 297; strenge Anforderungen: BGH 104, 13; NJW 91, 1823 f; 97, 51 f; 98, 535) ist Fristsetzung überflüssig. Bei sonstigen den Vertragszweck gefährdenden Pflichtverletzungen des Schuldners (Bsp: Erwecken von begründeten Zweifeln an seiner Leistungsbereitschaft oder -fähigkeit zZ der Fälligkeit ohne endgültige Leistungsverweigerung) kommt Rücktritt gem **IV** in Betracht (sa
12 § 281 Rn 9). **bb)** Das relative **Fixgeschäft (II Nr 2)** gewährt dem Gläubiger ein ges Rücktrittsrecht bei Terminüberschreitung. Das Geschäft muß mit der zeitgerechten Leistung „stehen und fallen" (BGH 110, 96 f mN). Übliche Klauseln: „Genau", „präzis", „fix", „prompt", „spätestens" iVm bestimmter Leistungszeit (vgl BGH MDR 83, 307 zu „fix-Klausel"); idR genügen dagegen nicht: „ohne Nachfrist", „cif" (vgl BGH NJW 59, 933); (datumsmäßig) genau bestimmte Leistungszeit (BGH DB 2001, 1553; BGH 110, 96 f). Verwirkung des Rücktrittsrechts: s Rn 31. **Sondervorschriften:** HGB 376; BörsenG 50 ff; InsO 104. Beim **absoluten Fixgeschäft** führt Nichteinhaltung der Leistungszeit zur Unmöglich-
13 keit (§ 275 Rn 14); **Rechtsfolgen:** §§ 275, 326 I 1. **cc) Besondere Umstände nach II Nr 3** machen eine Fristsetzung entbehrlich. Das Rücktrittsrecht muß sich unter Abwägung der beiderseitigen Interessen ergeben. Dies kann der Fall sein bei „Just in time"-Verträgen (BT-Drs 14/6040, S 140); Fällen, bei denen früher nach § 326 II aF ein Interessewegfall angenommen wurde; Bsp: Lieferung von Saisonware, Eingehen einer wirtschaftlich gebotenen anderweitigen Exklusivbindung des Künstlers beim Musikproduktionsvertrag (BGH NJW 01, 2879), polizeilich angedrohte Betriebsschließung (BGH WM 02, 881); uU die Übernahme einer Garantie (§ 276 Rn 42) für best Beschaffenheit der Ware
14 (AnwKomBGB/Dauner-Lieb 19). **dd)** Im **Kauf- und Werkvertrag** kann der Käufer/Besteller bei Mängeln der Sache oder des Werkes auch unter den Voraussetzungen der §§ 440, 636 ohne vorherige Fristsetzung zurücktreten.

15 **4. Rücktritt vor Fälligkeit (IV).** Abweichend von **I** kann der Gläubiger nach **IV** (wie CISG 72) vor Fälligkeit der Leistung (wie Rn 7) zurücktreten, wenn mit an Sicherheit grenzender Wahrscheinlichkeit feststeht, daß die Voraussetzungen des **I** (Leistung bleibt bis Ablauf einer angemessen Nachfrist aus) oder **II** eintreten werden. Bsp: Leistung kann obj nicht mehr rechtzeitig erbracht werden (BGH NJW 01, 2025 zu § 636 I aF), ernsthafte und endgültige Erfüllungsverweigerung vor Fälligkeit. Der Gläubiger kann daneben (§ 325) unter den Voraussetzungen der §§ 280, 281 Schadensersatz statt der Leistung verlangen (§ 280 Rn 17 f; § 281 Rn 9). Erklärt der Gläubiger zu Unrecht den Rücktritt, so liegt darin seinerseits eine Erfüllungsverweigerung (vgl BGH 90, 308 zu EKG 76).

16 **5. Teilleistung (V 1). a) Anwendungsbereich.** V 1 setzt **Teilbarkeit** der Leistung (und Gegenleistung, Huber/Faust Rn 3/161 mN) voraus, vgl die Parallelvorschrift des § 281 I 2 (dort Rn 21) für den Anspruch auf Schadensersatz statt der
17 Leistung. **b)** Im Falle einer nur teilw erbrachten (und vom Gläubiger angenommenen, § 266, sonst **I**) Leistung erfaßt der Rücktritt nur die bei Fristablauf noch ausstehende Teilleistung **(Teilrücktritt)**. Bei **Interesse** des Gläubigers an teilw Vertragserfüllung führt der Rücktritt zur Vertragstrennung; Gläubiger muß entspr Gegenleistung erbringen, die im Übrigen erlischt. Hat der Gläubiger an teilw Vertragserfüllung **kein Interesse** (vgl BGH NJW 90, 3013; NJW 90, 2550), so kann er **vom ganzen Vertrag** zurücktreten **(V 1).** Gilt nicht bei geringfügigen

Titel 2. Gegenseitiger Vertrag **§ 323**

Leistungsrückständen (§ 242). In AGB des Schuldners und im Verbrauchervertrag können diese Rechte nicht zum Nachteil des Kunden/Verbrauchers (Gläubigers) ausgeschlossen werden (§ 309 Nr 8). **c)** Beim **Sukzessivlieferungsvertrag** (Begriff: § 311 Rn 14) erfaßt der Rücktritt zunächst nur die gestörte Teilleistung. Der Gläubiger kann nach Abmahnung (**III**, § 314 II) den Sukzessivlieferungsvertrag auch hinsichtlich der gesamten noch ausstehenden Leistungsteile außerordentlich kündigen (Lorenz/Riehm 250 f) und Schadensersatz statt der Leistung wegen der noch nicht fälligen Raten nach § 280 iVm § 281 I 1 verlangen (§ 325, s § 281 Rn 25). Eine Rückabwicklung des gesamten Vertrages (einschließlich der schon fehlerfrei erbrachten Teile) findet auch bei mangelhafter Teilleistung nur unter den Voraussetzungen des **V 1** statt (Einzelheiten: § 281 Rn 21, 32). **d)** Zu Anwendung des **V 1** neben §§ 434 III, 633 II 3 beim **Kauf- und Werkvertrag** s § 281 Rn 21, 26. 18 19

6. Nicht ordnungsgemäße Leistung (V 2) erfaßt vor allem die (bei Fristablauf, sonst **II**, §§ 440, 636) mangelhaft erbrachte (Sach-)Leistung (§§ 434, 435, 633). Lehnt der Gläubiger die Annahme der Leistung wegen des Mangels ab, gilt **I** (Grenze: § 242). Vgl § 281 Rn 27 f. Das idR bestehende Rücktrittsrecht erfaßt (anders als bei **V 1**) immer den ganzen Vertrag. Der **Rücktritt ist ausgeschlossen,** wenn die Pflichtverletzung (dh der Mangel) unerheblich ist (aber Minderung möglich, §§ 441 I 2, 638 I 2). Dies ist der Fall bei Mängeln unterhalb der Bagatellgrenze (vgl § 459 I 2 aF); im Einzelnen ist eine auf der Grundlage des Vertrages zu treffende umfassende Interessenabwägung (Beseitigungsaufwand, Beeinträchtigungen, uU Garantie usw) erforderlich (§ 281 Rn 30). Bsp für erhebliche Mängel: fehlendes Benutzerhandbuch bei Lieferung von Hard- und Software (BGH NJW 93, 462); unterbliebene Montage (BGH NJW 98, 3197); gefälschtes Kunstwerk; Kraftstoffmehrverbrauch bei Neuwagen von mehr als 10% (BGHZ 136, 94). **Entspr Anwendung** des **V 2** bei Nichterfüllung von leistungsbezogenen Nebenpflichten, s Rn 6. 20

7. Ausschluß des Rücktrittsrechts (VI). a) Bedeutung. Einschränkung des Rücktrittsrechts nach **I**. Die Regelung ist erforderlich, da der Rücktritt (anders als Schadensersatzanspruch) nicht gekürzt werden kann und der Schuldner den Rücktrittsgrund nach **I** nicht zu vertreten haben muß. **VI** ist § 326 II 1 nachgebildet; entsprechend wird **VI 2. Fall** um weitere Fälle des **vorzeitigen Gefahrübergangs** ergänzt (Rn 30). Die Tatbestände regeln sehr unterschiedliche Fälle von Pflichtstörungen. **b) Rücktrittsgrund vom Gläubiger (überwiegend) zu vertreten (VI 1. Fall) aa)** Zum **Rücktritt berechtigender Umstand: (1) Fall 1:** Rücktrittsgrund ist die nicht rechtzeitige oder nicht ordnungsgemäße Leistung des Schuldners bei Fristablauf (I) bzw dem nach II maßgebenden Ereignis. Oft wird es schon an einer Pflichtverletzung fehlen (Rn 6), iÜ gilt: Der Rücktritt ist gem **VI 1. Fall** ist ausgeschlossen, wenn der Gläubiger eine zur Leistungserbringung notwendigen Mitwirkungshandlungen nicht oder unzureichend erbracht hat (zB falsche Informationen erteilt), den Mangel selbst verursacht hat (Bsp: Käufer beschädigt die verkaufte Sache) oder die eigene Vertragstreue des Gläubigers fehlt. **(2) Fall 2:** Der vom Gläubiger zu vertretende Umstand löst *mittelbar* das Rücktrittsrecht aus. Dies ist zB der Fall, wenn der Rücktrittsgrund wegen einer Pflichtverletzung erst durch den vom Gläubiger zu vertretenden Untergang des (Nach-)Erfüllungsanspruchs entsteht. **Bsp:** Käufer verlangt Nacherfüllung durch Reparatur (§ 439 I 1. Fall). Bevor Verkäufer diese vornehmen kann, geht die Sache durch Verschulden des Käufers unter. **Rechtsfolgen:** Rücktritt (und Minderung, § 441 I 1) wegen des Mangels gem §§ 326 V, 323 sind nach **VI 1. Fall** ausgeschlossen. **Abgrenzung:** Lagen die Rücktrittsvoraussetzungen wegen des Mangels schon vor Untergang der Sache (des Werkes) vor, kann der Käufer (Besteller) trotz des Untergangs der Sache (des Werkes) vom Vertrag zurücktreten (§§ 437 Nr 2, 634 Nr 3, 323) und braucht, wenn er die in eigenen Angelegenheiten anzuwendende Sorgfalt beobachtet hat, keinen Wert- 21 22 23

Vollkommer 397

§ 323 Buch 2. Abschnitt 3. Schuldverhältnisse aus Verträgen

24 ersatz zu leisten (§ 346 III Nr 3). **bb)** Zum Vertretenmüssen des Gläubigers s § 326 Rn 14. **Überwiegende Verantwortlichkeit** des Gläubigers liegt vor, wenn sie im Falle des § 254 einen Schadensersatzanspruch ausschließen würde (BT-Drs 14/6040 S 187; ab ca 90%). Leichtes Verschulden des Schuldners steht Ausschluß des Rücktrittsrechts nicht entgegen, wenn überwiegende Verantwortung des Gläubigers gegeben ist (auch Umkehrschluß zu **VI 2. Fall**). Die Mitverantwortlichkeit des Schuldners kann sich auch daraus ableiten, daß er bis zum Ablauf der Nachfrist die vom Gläubiger hervorgerufene Pflichtverletzung nicht beseitigt (Bsp: Verkäufer nimmt im Fall der Rn 23 die ihm zumutbare Mangel-
25 beseitigung nicht vor). **cc) Rechtsfolgen:** Ausschluß des Rücktrittsrechts für den Gläubiger. Schuldner muß Leistung erbringen, sofern er nicht nach § 275 befreit ist; er hat daneben uU einen Anspruch auf Schadensersatz gem § 280 I.
26 **dd)** Nicht unter V 1. Fall fällt der von Gläubiger und Schuldner *gleichermaßen* zu vertretende Rücktrittsgrund. Dieser berechtigt den Gläubiger zum Rücktritt; ebenso der weit überwiegend vom Schuldner zu vertretende Rücktrittsgrund. Dem Schuldner steht wegen der Pflichtverletzung des Gläubigers uU aber ein nach § 254 zu kürzender Schadensersatzanspruch gem § 280 I zu (vgl näher § 326
27 Rn 22). **c) Rücktrittsgrund tritt während des Annahmeverzuges ein (VI 2. Fall). aa) Bedeutung und Anwendungsbereich:** Bietet der Schuldner vor Ablauf der Nachfrist seine Leistung in annahmeverzugsbegründender Weise an, liegen schon die Voraussetzungen des **I** nicht vor (s Rn 6 f). **VI 2. Fall** greift ein, wenn der Schuldner während des Annahmeverzuges von seiner Leistungspflicht gem § 275 frei wird (dann iVm § 326 V) oder wenn sich die Leistung verschlechtert; Bsp: Nachträgliches Entstehen eines Rechtsmangels (§ 435) oder Sachmangels beim Werkvertrag (§ 633 I). **Rechtsfolgen:** Der Schuldner muß nicht mehr leisten (§ 275) bzw den behebbaren Mangel nicht mehr beseitigen (Ausnahme zu §§ 433 I 2, 633 I, arg Übergang der (Preis- und) Leistungsgefahr, s §§ 446 S 3, 644 I 1; iErg AnwKomBGB/Dauner-Lieb, § 326, 18), soweit nicht Sonderregelungen eingreifen (zB § 535 I 2). Der Gläubiger hat kein Rücktrittsrecht (ggf iVm § 326 V) und muß die Sache abnehmen; Schuldner kann die volle Gegenleistung verlangen (§ 326 II). Für den Sachmangel beim Kauf ergibt sich dieses
28 Ergebnis schon aus §§ 434 I 1, 446 S 3. **Voraussetzungen: bb) Annahmever-
29 zug:** s §§ 293 ff. **cc) Kein Vertretenmüssen** des Schuldners hinsichtlich der Pflichtverletzung (s Rn 6): §§ 276, 278, 300 I. Hat Schuldner die Pflichtverletzung zu vertreten, gilt: Gläubiger kann nach **I** (idR nach erneuter Fristsetzung, da Schuldner seine Leistung zunächst rechtzeitig angeboten hatte, Rn 27 und 9) bzw
30 §§ 326 V zurücktreten. **dd) Ergänzt wird VI 2. Fall** durch weitere Fälle des vorzeitigen Gefahrübergangs, Bsp: §§ 446, 447, 644 II, 645 I. Daher kein Rücktrittsrecht gem § 326 V, 323, wenn Leistungshindernis gem § 275 nach Gefahrübergang entsteht. IÜ fehlt es idR an einer zum Rücktritt berechtigenden Pflichtverletzung des Schuldner gem **I**, wenn der Mangel erst nach Gefahrübergang entsteht, arg § 434 I 1 „bei Gefahrübergang" iVm § 446, 447. Folge: Kein Rücktrittsgrund gem I, § 326 I, V, s auch Rn 27 aE. Der Gläubiger hat uU Anspruch auf Schadensersatz gem § 280 I bzw §§ 280, 283; **Bsp:** Ware wird beim Versendungskauf durch eigene Leute des Verkäufers (§ 278 gilt; str, vgl § 447 Rn 12 mN, auch zur aA) beschädigt bzw. vernichtet; Schicksal der Gegenleistung: §§ 326 I, 446, 447.

31 **8. Rechtsfolgen.** Ges **Rücktrittsrecht**; bis zur Erklärung (§ 349) bestehen die Erfüllungsansprüche fort (zur Beendigung des Schwebezustands § 281 Rn 14 f). § 350 gilt nicht; ggf aber Verwirkung des Rücktrittsrechts (§ 242 Rn 56; BGH NJW 02, 670). Zur Verjährung: § 218 (und Rn 7). Bei vollzogenen Dauerschuldverhältnissen tritt an die Stelle des Rücktritts die Kündigung (BGH 50, 315; NJW 87, 2006), wenn nicht eine vollständige Rückabwicklung unschwer möglich und nach der Interessenlage der Beteiligten sachgerecht ist (BGH NJW 02, 1870 für § 326 aF).

Titel 2. Gegenseitiger Vertrag §§ 324, 325

§ 324 Rücktritt wegen Verletzung einer Pflicht nach § 241 Abs. 2

Verletzt der Schuldner bei einem gegenseitigen Vertrag eine Pflicht nach § 241 Abs. 2, so kann der Gläubiger zurücktreten, wenn ihm ein Festhalten am Vertrag nicht mehr zuzumuten ist.

1. Allgemeines. a) Zweck. Unter denselben Voraussetzungen, die § 282 an 1 den Schadensersatzanspruch statt der Leistung stellt, kann der Gläubiger bei der Verletzung der Pflichten aus § 241 II zurücktreten. Der Unterschied zwischen beiden Vorschriften besteht darin, daß der Rücktritt nach § 324 kein Vertretenmüssen der Pflichtverletzung durch den Schuldner voraussetzt. **b) Anwendungs-** 2 **bereich.** § 324 gilt in allen gegenseitigen Verträgen. **c) Abgrenzung zu §§ 323,** 3 **314.** Rücktritt nach § 323 verlangt die nicht oder nicht ordnungsgemäße Erfüllung einer Leistungspflicht, während das Rücktrittsrecht nach § 324 an die Verletzung einer nicht leistungsbezogenen Verhaltenspflicht nach § 241 II anknüpft. Bei Dauerschuldverhältnissen tritt an die Stelle des Rücktritts die Kündigung aus wichtigem Grund nach § 314.

2. Voraussetzungen. a) Pflichtverletzung. Der Schuldner muß *nach* Ver- 4 tragsschluß (arg *bei*; s auch § 282 Rn 2; aA AnwKomBGB/Krebs 38) eine Pflicht nach § 241 II (Verhaltenspflicht) verletzt haben; insbes berechtigen vom Schuldner nicht zu vertretende vorvertragliche (Aufklärungs-) Pflichtverletzungen den Gläubiger nicht zum Rücktritt nach § 324; uU aber Anspruch auf Vertragsaufhebung gem §§ 280 I, 311 II (s § 311 Rn 56). **Bsp für § 324:** Beschädigung des Eigentums des Gläubigers bei der Vertragsausführung, illoyales Verhalten, Beleidigungen und Kränkungen. Abgrenzung: Die Vertragsaufsage *vor* Fälligkeit der Leistung fällt unter § 323 IV (s § 280 Rn 17 f; § 281 Rn 9). **b) Unzumutbarkeit.** Die weitere 5 Leistungserbringung muß dem Gläubiger unzumutbar sein. Dies setzt regelmäßig eine erfolglose Abmahnung voraus (§ 314 II analog, insbes wenn die Pflichtverletzung Bezug zur Leistungserbringung hat. Die durch die Pflichtverletzung ausgelöste Störung des Schuldverhältnisses muß den Fällen des § 323 I entsprechen. Das fehlende Verschulden des Schuldners, aber auch das Mitverschulden des Gläubigers (vgl § 323 VI) kann die Abwägung beeinflussen.

3. Rechtsfolgen Rücktrittsrecht des Gläubigers. Ausübung: § 314 III analog. 6 Daneben (§ 325) Anspruch auf Schadensersatz statt der Leistung gem §§ 280, 282.

§ 325 Schadensersatz und Rücktritt

Das Recht, bei einem gegenseitigen Vertrag Schadensersatz zu verlangen, wird durch den Rücktritt nicht ausgeschlossen.

Lit: *Canaris* JZ 01, 499/514.

1. Bedeutung. Der Gläubiger kann die Rücktrittserklärung und Schadensersatz 1 miteinander kombinieren (zur früheren Rechtslage 9. Aufl § 326 Rn 16). Die Erklärung des Rücktritts hindert den Gläubiger nicht, seinen entgangen Gewinn aus dem Vertrag zu realisieren (vgl CISG 45 II, 81 I 1; BT-Drs 14/6040 S 188). Praktische Bedeutung hat der Rücktritt, wenn der Gläubiger seine Leistung schon erbracht hat und diese zurückbekommen möchte; besteht die Gegenleistung in Geld kann der Gläubiger diese nach §§ 323, 346 zurückverlangen und daneben Ersatz vergeblicher Aufwendungen (insbes der Vertragskosten, vgl § 467 S 2 aF) verlangen (§ 284 Rn 4). Das vertragliche Austauschverhältnis bleibt mit dem Schadensersatzanspruch wertmäßig aufrecht erhalten; der daneben erklärte Rücktritt hat die Funktion, den Austausch der Naturalleistungen zu verhindern bzw rückgängig zu machen.

2. Anwendungsbereich a) Gegenseitiger Vertrag s § 320 Rn 4. **b) Rück-** 2 **tritt.** Der Gläubiger kann die Reihenfolge der Rechtsbehelfe (Rücktritt/Schadensersatz) frei kombinieren (Grenze: § 242). Der erklärte Rücktritt (§ 349) kann als Gestaltungsrecht nicht widerrufen werden. Er hat zur Folge, daß die Erfüllungs-

Vollkommer

§ 326 Buch 2. Abschnitt 3. Schuldverhältnisse aus Verträgen

ansprüche und für diese bestellte Sicherheiten (Bsp: § 883 I) erlöschen. Der voreilig erklärte Rücktritt hindert den Gläubiger aber nicht, Schadensersatz zu verlangen (BT-Drs 14/6040 S 188). § 325 gilt **entspr** für die Minderung beim Kauf- und Werkvertrag (§§ 441, 638).

3   **3. Rechtsfolgen.** Neben dem Rücktritt kann der Gläubiger folgende Ansprüche geltend machen: a) **Schadensersatz statt der Leistung** (§§ 280 III, 281, 282, 283, 311 a II). Bei der Schadensermittlung ist der durch Rücktritt erfolgte Wegfall der Gegenleistungspflicht im Rahmen der schadensrechtlichen Differenzhypothese zu berücksichtigen; die Schadensberechnung erfolgt nach der Differenztheorie (§ 281 Rn 18; Lorenz/Riehm 237); in die Differenz ist einzustellen, was der Gläubiger aufgrund des Rücktritts erhält (Huber/Faust 197). Zu ersetzen sind: entgangener Gewinn, Folgeschäden und Schäden, die im Rahmen der Rückabwicklung entstanden sind. Gegenansprüche des Schuldners aus §§ 346 f
4   sind abzuziehen. b) **Aufwendungsersatz (§ 284),** insbesondere Erstattung der
5   Vertragskosten (§ 284 Rn 4). c) Da § 325 keine Einschränkung enthält, hindert der Rücktritt den Gläubiger nicht, Ersatz des bis zum Rücktritt entstandenen **Verzögerungsschadens** (§§ 280 II, 286) oder angelaufene Verzugszinsen (§ 288) zu verlangen (AnwKomBGB/Dauner-Lieb 2; überholt BGH NJW 98, 3269). Der Gläubiger kann auch den Ersatz des effektiven Nutzungsausfalls (Bsp: Anmietung eines Ersatzfahrzeugs; Produktionsausfall) verlangen, obwohl er nach § 346 I zur Herausgabe der gezogenen Nutzungen verpflichtet wäre (arg Rn 1; vermittelnd
6   Huber/Faust 3/90). d) Ersatz von **Begleitschäden** (§ 280 I, s § 280 Rn 10, 12, 21).

§ 326 Befreiung von der Gegenleistung und Rücktritt beim Ausschluss der Leistungspflicht

(1) ¹Braucht der Schuldner nach § 275 Abs. 1 bis 3 nicht zu leisten, entfällt der Anspruch auf die Gegenleistung; bei einer Teilleistung findet § 441 Abs. 3 entsprechende Anwendung. ²Satz 1 gilt nicht, wenn der Schuldner im Falle der nicht vertragsgemäßen Leistung die Nacherfüllung nach § 275 Abs. 1 bis 3 nicht zu erbringen braucht.

(2) ¹Ist der Gläubiger für den Umstand, auf Grund dessen der Schuldner nach § 275 Abs. 1 bis 3 nicht zu leisten braucht, allein oder weit überwiegend verantwortlich oder tritt dieser von dem Schuldner nicht zu vertretende Umstand zu einer Zeit ein, zu welcher der Gläubiger im Verzug der Annahme ist, so behält der Schuldner den Anspruch auf die Gegenleistung. ²Er muss sich jedoch dasjenige anrechnen lassen, was er infolge der Befreiung von der Leistung erspart oder durch anderweitige Verwendung seiner Arbeitskraft erwirbt oder zu erwerben böswillig unterlässt.

(3) ¹Verlangt der Gläubiger nach § 285 Herausgabe des für den geschuldeten Gegenstand erlangten Ersatzes oder Abtretung des Ersatzanspruchs, so bleibt er zur Gegenleistung verpflichtet. ²Diese mindert sich jedoch nach Maßgabe des § 441 Abs. 3 insoweit, als der Wert des Ersatzes oder des Ersatzanspruchs hinter dem Wert der geschuldeten Leistung zurückbleibt.

(4) Soweit die nach dieser Vorschrift nicht geschuldete Gegenleistung bewirkt ist, kann das Geleistete nach den §§ 346 bis 348 zurückgefordert werden.

(5) Braucht der Schuldner nach § 275 Abs. 1 bis 3 nicht zu leisten, kann der Gläubiger zurücktreten; auf den Rücktritt findet § 323 mit der Maßgabe entsprechende Anwendung, dass die Fristsetzung entbehrlich ist.

1   **1. Allgemeines. a) Bedeutung.** I enthält eine Gefahrtragungsregel: Ist der Schuldner nach § 275 von seiner Leistungspflicht befreit, trägt er die Gegenleistungs-(Vergütungs-)gefahr; Folge des gegenseitigen Abhängigkeitsverhältnisses der

Titel 2. Gegenseitiger Vertrag **§ 326**

Leistungen (§ 320 Rn 2), Ergänzung zu § 275 (dort Rn 35 auch zur Leistungsgefahr des Gläubigers). II ist **Ausnahme von I**. Grund für den Fortbestand der Gegenleistung-(Vergütungs-)pflicht: Hat der Gläubiger den Wegfall der Leistungspflicht zu vertreten (Rn 14 f), muß er sich so behandeln lassen, als habe der Schuldner erfüllt. **b) Anwendungsbereich.** I wird bei verschiedenen gegenseitigen Verträgen (§ 311 Rn 13) modifiziert durch **Sondervorschriften**. Bsp: §§ 446, 447, 644, 646; weitergehend wird § 326 bei verschiedenen Vertragstypen (teilw) eingeschränkt bzw verdrängt, so beim Werkvertrag durch § 645 I (BGH 60, 18 mN; 83, 203), beim Reisevertrag durch §§ 651 c ff, 651 j (allg BGH 97, 258 ff mN; 100, 189 f; 119, 163 f; Rn 1 vor § 651 c), beim Mietvertrag durch § 536 (vgl Köhler, Unmöglichkeit und Geschäftsgrundlage, 1971, S 32), beim Dienstvertrag durch § 242 (so BGH 10, 192; NJW-RR 88, 420), § 615 (Rückert ZfA 83, 5 ff) und § 616 entspr (so Köhler aaO S 56, zust Larenz, SchR I, § 21 I c). Im Arbeitsverhältnis ist § 323 durch die Betriebsrisikolehre ersetzt (s § 615 S 3 und dort Rn 7). **c) Abdingbarkeit.** § 323 ist nicht zwingend, abw vertragliche Gefahrtragungsvereinbarungen sind möglich (Rn 15 aE; zur Abgrenzung von Erfüllungsortsklauseln vgl § 269 Rn 5). 2

3

2. Befreiung von der Gegenleistungspflicht (I 1). a) Gegenseitiger Vertrag. Die nach § 275 weggefallene Leistung muß im Gegenseitigkeitsverhältnis stehen (§ 320 Rn 13). § 326 ist auf Umsatzgeschäfte zugeschnitten und paßt häufig nicht bei geschuldeten Dienst- und Werkleistungen sowie Gebrauchsüberlassungen (Rn 2). **b) Vollständiger Wegfall der Leistungspflicht nach § 275 (I 1, 1. HS).** Anfängliches oder nachträgliches Leistungshindernis gem § 275 (s § 275 Rn 5). (Fehlendes) Vertretenmüssen des Schuldners ist unerheblich. In den Fällen des § 275 II, III greift I erst ein, wenn der Schuldner die Einrede erhebt. **c) Rechtsfolgen. aa) Rechtsstellung des Schuldners.** Mit dem Wegfall der Leistungspflicht (§ 275) **verliert** der Schuldner den **Anspruch auf die Gegenleistung (I 1);** er hat auch keinen Anspruch auf Aufwendungsersatz für Vorbereitungshandlungen, jedoch kommt bei bestimmten Vertragstypen (Rn 2) in den Fällen der Unerreichbarkeit oder des anderweitigen Eintritts des Leistungserfolgs ein Anspruch auf **Teilvergütung** in Frage (vgl Köhler aaO [Rn 2] S 31 ff; Larenz, SchR I, § 21 I c). Trotz Wegfalls der (Gegen-)Leistungspflicht bleibt das Schuldverhältnis als solches bestehen (arg III und § 275 Rn 31). **bb) Rechte des Gläubigers. (1) Anspruch auf Herausgabe des Erlangten gem § 285.** Bei Geltendmachung bleibt der Gläubiger entspr dem Wertverhältnis zur Gegenleistung verpflichtet; Einzelheiten: III. **(2) Anspruch auf Rückgewähr** der (vorgeleisteten) **Gegenleistung (IV),** s Rn 25. **(3) Rücktritt (V);** s Rn 27 ff; hat der Gläubiger Zweifel, ob Leistungshindernis vorliegt, muß er nach § 323 I vorgehen (s § 275 Rn 32). **(4) Schadensersatz statt der Leistung (§§ 280, 283, 311 a II). d) Teilweises Leistungshindernis (I 1, 2. HS, V). aa) Voraussetzungen:** wie § 275 Rn 7 f. **bb) Rechtsfolgen:** Pflicht zur Erbringung des möglichen Leistungsteils (§ 275: „soweit") gegen die verhältnismäßig zu mindernde (§ 441 III) Gegenleistung (Vergütung). Maßgeblicher Bewertungszeitpunkt: Vertragsschluß (Erm-Battes § 323, 9). Hat der Gläubiger an der Teilleistung **kein Interesse,** kann er nach **V iVm § 323 V 1, VI** zurücktreten. **e) Bei unbehebbaren Mängeln** (qualitative Unmöglichkeit, s § 275 Rn 9) entfällt die Gegenleistung gem I 1 **nicht** automatisch **(I 2).** Gläubiger kann gem **V iVm § 323 V 2, VI** zurücktreten (s Rn 27). 4

5

6

7

8
9

10
11

12

3. Bestehenbleiben der Gegenleistungspflicht (II) a) Gegenseitiger Vertrag und **Leistungshindernis** wie Rn 4, 5. In den Zweckstörungsfällen liegt regelmäßig ein Leistungshindernis nach § 275, kein Annahmeverzug vor (§ 293 Rn 8). Bedeutung: Abw Gefahrtragungsregel zu **I. b) (Überwiegende) Verantwortlichkeit des Gläubigers (II 1. Fall).** Der Gläubiger ist grundsätzlich für jedes schuldhafte, vertragswidrige Verhalten verantwortlich, das ursächlich für das Leistungshindernis geworden ist. Sowohl § 276 (obj Sorgfaltsverletzung genügt) als 13

14

Vollkommer

§ 326 Buch 2. Abschnitt 3. Schuldverhältnisse aus Verträgen

auch § 278 sind entspr anwendbar (Larenz, SchR I, § 25 III; BAG NJW 69, 766 zu § 324 I aF). Eine Erweiterung des Vertretenmüssens auf sämtliche Leistungshindernisse, die aus der Risikosphäre des Gläubigers stammen (dafür zB Beuthien, Zweckerreichung und Zweckstörung im Schuldverhältnis, 1969, S 87 und JZ 72, 248; Frankfurt NJW-RR 91, 676 zu HGB 87 a III) ist im Rahmen des **II** abzulehnen (ebenso Larenz aaO; Rückert ZfA 83, 5 f mN), kann jedoch für (uU entspr) anwendbare Sondervorschriften geboten sein (vgl BGH 60, 20; 83, 205 zu § 645 und dazu mN o Rn 2). Ausreichend ist, wenn Verantwortlichkeit des Gläubigers weit überwiegt. Dies ist der Fall, wenn bei einem Schadensersatzanspruch der Anspruch des Gläubigers nach § 254 entfiele (BT-Drs 14/6040 S 187: mindestens 90%, s auch § 323 Rn 24).

15 **Fallgruppen** für (überwiegende) Verantwortlichkeit des Gläubigers: Herbeiführung der Leistungsunmöglichkeit durch schuldhaft-rechtswidrige Handlung des Gläubigers (§§ 823 ff); Verstoß des Gläubigers gegen vertragliche Verhaltenspflichten, zB zu Schutz und Obhut; Bsp: Vom AG zu vertretende Arbeitsunfähigkeit des AN (Bühnenoberschiedsgericht Hamburg NJW 95, 904); Untergang der Mietsache durch unsorgsame Behandlung des Mieters (vgl BGH 66, 349); Verletzung vertraglicher Mitwirkungspflichten oder von Obliegenheiten, deren Erfüllung dem Schuldner erst die Leistung ermöglicht (BGH 38, 192; RG 166, 147); leistungsvereitelnde eigene Vertragsuntreue des Gläubigers (Bsp: RG 66, 348); unberechtigte Abkehr vom Vertrag (BGH NJW 87, 1693); Leistungshindernis fällt in den vom
16 Gläubiger vertraglich übernommenen Risikobereich (BGH NJW 02, 595). **c) Leistungshindernis während des Annahmeverzuges (II 2. Fall). aa) Bedeutung:** Mit dem Annahmeverzug geht die Gegenleistungs-(Vergütungs-)gefahr auf den Gläubiger über (Rn 1). Sondervorschriften: §§ 615, 644 I 2. Rechtsgedanke des **II** gilt gem § 323 VI auch bei Verschlechterung der Leistung, ohne daß Leistungshindernis nach § 275 vorliegen muß (§ 323 Rn 27). Zur Erweiterung des
17 Gefahrenkreises des Gläubigers vgl Rn 15. **bb) Anwendungsbereich. II 2. Fall** gilt auch für **Gattungsschulden,** jedoch ist auf jeden Fall (auch soweit für Annahmeverzug ausnahmsweise nicht erforderlich, § 300 Rn 4) Konkretisierung der Leistung nötig (hM; vgl Hönn AcP 177, 386); Ausnahme: Untergang der ganzen
18 (beschränkten) Gattung (RG 103, 15). **cc) Voraussetzungen: (1)** Annahmeverzug: § 293 ff, bei Gattungsschulden notwendig Konkretisierung (Rn 17). **(2)** Leistungshindernis gem § 275 während des Annahmeverzuges (Rn 16). **(3)** Nicht-
19 vertretenmüssen des Schuldners: Erleichterung: § 300 I. **d) Rechtsfolgen: aa)** Für die **Leistungspflicht** gilt § 275. **bb)** Der Schuldner behält das Recht auf die uU zu kürzende **Gegenleistung** (Vergütung; **I 1**). Die **Anrechnung (II 2)** ist auf Einwand des Gläubigers zu berücksichtigen Minderung, § 387 gilt nicht. „Böswilligkeit" verlangt keine Schädigungsabsicht, widersprüchliches Verhalten
20 (§ 242 Rn 48 ff) genügt (vgl ErmBattes § 324, 5). **cc)** Weitergehende **Rechte des**
21 **Schuldners:** Anspruch auf Schadensersatz unter den Voraussetzungen von
22 §§ 823 ff oder § 280 I. **dd)** Der **Gläubiger** hat Anspruch auf Ersatzherausgabe gem § 285 (arg **III**). **e) Sonderfälle.** Leistungshindernisse, die Gläubiger und Schuldner gleichermaßen zu vertreten haben **(beiderseitig zu vertretende Leistungshindernisse)** sind nicht ausdrücklich geregelt (vgl Canaris JZ 01, 511; vgl § 323 Rn 26). Die Behandlung ist streitig: Teilw wird vertreten, die bisher geltende Rechtslage fortzuschreiben. Danach ergeben sich die Rechtsfolgen aus einer kombinierten Anwendung von §§ 326 II, 280, 283, 254. Nach einer Auffassung ist der um § 254 zu kürzende Schadensersatzanspruch des Gläubigers aus §§ 280, 283 nach der Surrogationstheorie zu berechnen und mit dem ungekürzten Anspruch auf die Gegenleistung zu verrechnen (Lorenz/Riehm 350; Hk-BGB/Schulze 3 vor § 323). Nach der Gegenauffassung ist sowohl der nach der Differenztheorie berechnete Schadensersatzanspruch als auch der Anspruch auf die Gegenleistung nach § 254 zu kürzen (Huber § 57 II 5 S 749 ff; Looschelders JuS 99, 952; differenzierend: Faust JuS 01, 133; jeweils zu §§ 324, 325 aF). **Stellungnahme:** Die beiderseitig zu vertretende Unmöglichkeit kann wegen der Verweisung nach **V 2. HS**

Titel 3. Versprechen der Leistung an einen Dritten §§ 327, 328

nicht anders behandelt werden, als andere beiderseitig zu vertretende Pflichtverletzungen (dazu § 323 Rn 26). Fehlt es an einem weit überwiegenden Verschulden des Gläubigers, erlischt der Anspruch auf die Gegenleistung gem I 1 bzw V iVm §§ 323 VI, 349. Dem Schuldner steht aber ein (nach § 254 zu kürzender) Schadensersatzanspruch gem § 280 I zu. Der Anspruch des Gläubigers auf Schadensersatz statt der Leistung (§§ 280, 283) ist nach § 254 zu kürzen. **f) Beweislast:** Bei der Erfüllungsklage **(II 1)** hat der Schuldner der nach § 275 weggefallenen Leistung idR das Vertretenmüssen des Gläubigers zu beweisen (BGH 116, 288 mN; § 280 I 2 ist nicht entspr anwendbar, str, aA Müller NJW 93, 1678 ff); Ausnahmen können jedoch bei einzelnen Schuldverhältnissen bestehen, zB beim Mietvertrag, wenn die Schadensursache im Mietgebrauch liegt (BGH 66, 349; 116, 289 arg § 538; insoweit iE wie § 280 I 2 entspr; weitergehend Müller aaO). Der Gläubiger hat die Höhe der Ersparnis **(II 2)** nachzuweisen (BGH NJW 02, 58; Düsseldorf NJW-RR 88, 278). 23

4. Der Gläubiger kann die **Herausgabe des Ersatzes** für die nach § 275 weggefallene Leistung gem § 285 verlangen **(III 1).** Bei Geltendmachung bleibt der Gläubiger entspr dem Wertverhältnis zur Gegenleistung verpflichtet; Einzelheiten **III 2** iVm § 441 III. 24

5. Erbrachte Leistungen kann der Gläubiger nach den Rücktrittsvorschriften (§§ 346 f) zurückverlangen **(IV),** wenn er nach **I** (teilweise) leistungsfrei ist (aA Canaris JZ 01, 509 für den Arbeitsvertrag: § 818 III gilt). Empfangene Leistungen muß der Gläubiger im Falle des Rücktritts nach **V** gem §§ 323, 346 f zurückgewähren (s auch § 281 Rn 18 aE). 25

6. Nicht behebbare Mängel (I 2, V) (qualitative Unmöglichkeit) lassen die Gegenleistung nicht (teilweise) automatisch entfallen **(I 2).** Grund: Die Verjährungsvorschriften der §§ 438, 634 a sollen nicht unterlaufen werden. Der Gläubiger kann unter den Voraussetzungen des **V** iVm § 323 V, VI (s § 323 Rn 16 ff; 21 ff) zurücktreten oder (im Kauf- und Werkvertrag) mindern (§§ 441, 638). Verjährung: Rn 29. 26

7. Rücktritt (V). a) Bedeutung: V gibt dem Gläubiger über **I** hinausgehende Rechte bei teilw Leistungshindernissen (Rn 11), den Fällen qualitativer Unmöglichkeit (unbehebbare Mängel, Rn 26) und bei Ansprüchen, die nicht im Gegenseitigkeitsverhältnis stehen (vgl § 323 Rn 6, 20 aE). Bei vollständigen Leistungshindernissen (Rn 5) kann der Gläubiger neben **I 1** zusätzlich zurücktreten. **b) Voraussetzungen:** Anfängliche oder nachträgliche, vollständige oder teilw Leistungsbefreiung des Schuldners nach § 275. **c) Rechtsfolgen.** Rücktrittsrecht ohne vorherige Fristsetzung. Zur Verwirkung: § 323 Rn 31. Wenn das Rücktrittsrecht nach § 323 V, VI ausgeschlossen ist, entfällt auch Rücktritt gem **V** (s § 323 Rn 16 f; 20). **Verjährung:** Rücktritt kann nicht mehr ausgeübt werden, wenn Anspruch auf (Nach-)Erfüllung verjährt ist (§ 218 I 1) oder (ohne das Leistungshindernis) verjährt wäre (§ 218 I 2) und der Schuldner sich hierauf beruft. 27 28 29

§ 327 *(weggefallen)*

Titel 3. Versprechen der Leistung an einen Dritten

§ 328 Vertrag zugunsten Dritter

(1) **Durch Vertrag kann eine Leistung an einen Dritten mit der Wirkung bedungen werden, dass der Dritte unmittelbar das Recht erwirbt, die Leistung zu fordern.**

(2) **In Ermangelung einer besonderen Bestimmung ist aus den Umständen, insbesondere aus dem Zwecke des Vertrags, zu entnehmen, ob der**

§ 328 Buch 2. Abschnitt 3. Schuldverhältnisse aus Verträgen

Dritte das Recht erwerben, ob das Recht des Dritten sofort oder nur unter gewissen Voraussetzungen entstehen und ob den Vertragschließenden die Befugnis vorbehalten sein soll, das Recht des Dritten ohne dessen Zustimmung aufzuheben oder zu ändern.

Lit: Bayer, Der Vertrag zugunsten Dritter, 1995.

I. Allgemeines

1 **1. Begriff und Bedeutung.** Der **Vertrag zgDr** ist ein schuldrechtlicher Verpflichtungsvertrag (Rn 4), bei dem sich der Schuldner („Versprechende") verpflichtet, eine Leistung (§ 241 I) an einen vom Gläubiger („Versprechensempfänger") verschiedenen Dritten zu erbringen. Durch die **geänderte Richtung der Leistungspflicht** unterscheidet er sich vom Regelfall der (reinen) Zweiparteienbeziehung des Vertrags (vgl § 241 Rn 5; § 311 Rn 28). Er ermöglicht eine Abkürzung des Leistungswegs (der Dritte erlangt die Leistung nicht über den Umweg des Vermögens des Versprechensempfängers) und dient vor allem (Hauptbedeutung) der Versorgung des Dritten (vgl die in § 330 genannten Bsp).

2 **2. Arten. a) Echte** und **unechte** Verträge zgDr. **aa)** Beim **echten (berechtigenden) Vertrag zgDr** erwirbt der Dritte einen eigenen Anspruch gegen den Versprechenden (**I**; ges Bsp: HGB 421; sa § 333); das BGB regelt in den §§ 328–335 nur den echten Vertrag zgDr und gibt verschiedene Auslegungsregeln
3 zur Abgrenzung vom unechten (Rn 5). **bb)** Beim **unechten (ermächtigenden) Vertrag zgDr** entsteht kein eigenes Forderungsrecht des Dritten (vgl **II, 1. Alt**; § 329); der Schuldner ist ermächtigt, mit befreiender Wirkung an den Dritten zu leisten, aber nur der Gläubiger ist berechtigt, die Leistung an den Dritten zu verlangen. Welche Wirkung die Parteien wollen, ist Auslegungsfrage (Rn 5).
4 **b) Verpflichtende** und **verfügende** Verträge zgDr. **I** bezieht sich nur auf Verpflichtungsverträge (allgM); die entspr Anwendung von I auf Verfügungsverträge ist str (Rn 6). **c) „Volle"** (berechtigende) Verträge zgDr und **Verträge mit Schutzwirkung für Dritte.** Letztere Verträge enthalten kein (primäres) Leistungsversprechen an den Dritten (Unterschied zu Rn 1); lediglich die vertraglichen Sorgfaltspflichten (§ 241 II) werden (mit der Folge von Sekundäransprüchen bei Verletzung) auf Dritte erstreckt (Rn 19 ff).

5 **3. Abgrenzung. a) Unechte Verträge zgDr** (Rn 3). Ob dem Dritten ein eigenes Forderungsrecht zusteht oder nicht, richtet sich nach dem Vertragsinhalt (vgl Rn 13 f), der ggf durch Auslegung (§§ 133, 157) klarzustellen ist. Bes Bedeutung kommt dem **Vertragszweck** (betont in **II**) und der **Interessenlage** (zB Sicherstellung des Dritten) zu. Weitere **Auslegungsregeln: §§ 329, 330. Bsp** für **echte** Verträge zgDr aus der neueren Rspr: Herstellergarantie zugunsten des Endabnehmers im Liefervertrag mit dem Zwischenhändler (BGH 75, 77; 93, 46; unmittelbare Vertragsbeziehungen aber möglich: § 443 Rn 7, 11; Krankenhausaufnahmevertrag mit der Krankenkasse wirkt zugunsten des Patienten (BGH 89, 253; 96, 363; 100, 366), Behandlungsvertrag des Sorgeberechtigten zugunsten des Kindes (BGH 89, 266), Pachtvertrag mit Bierbezugsbindung zugunsten der Brauerei (BGH 54, 147), Provisionsvereinbarung durch den Grundstückskäufer zugunsten des Maklers (BGH 138, 170; Rn 8 vor § 652), Verträge zwischen Reiseveranstalter und „wichtigen" Leistungsträgern (zB Fluggesellschaft, Hotel) zugunsten des Reisenden (BGH 93, 273 ff; LG Frankfurt NJW-RR 86, 853; Schmid/Sonnen NJW 92, 464), Frachtvertrag bei HGB 421 (s schon BGH 75, 94); Direktversicherung iSv BetrAVG 1 II (BGH NJW-RR 93, 771); **nicht** ohne weiteres die Errichtung eines Spar-(Giro-)kontos auf den Namen eines Dritten (vgl BGH NJW 94, 931; 96, 841; Köln NJW-RR 96, 236; sa allg § 516 Rn 16; § 808 Rn 6); idR nicht die Unterhaltsvereinbarung zwischen geschiedenen Eltern zugunsten der Kinder (BGH NJW 83, 685; abw Hamm NJW-RR 96, 1158 für Unterhaltsvergleich), wohl aber die Vereinbarung zwischen Eheleuten zu einer heterologen Insemination

Titel 3. Versprechen der Leistung an einen Dritten **§ 328**

als Unterhaltsversprechen zugunsten hieraus hervorgehender Kinder (BGH 129, 302 mit Anm Zimmermann DNotZ 96, 790); ferner nicht die Freistellungsvereinbarung zugunsten des Drittgläubigers (vgl BGH NJW 83, 1730; sa § 329 Rn 3) und der Überweisungsvertrag (§ 676 a Rn 2). **b) Verfügungsverträge zgDr.** Ihre Zulässigkeit ist umstr. Zu unterscheiden sind **aa) schuldrechtliche** (zB Erlaß, Abtretung) und **bb) dingliche** (zB Übereignung; Hypothekenbestellung) Verfügungsverträge (vgl § 929 Rn 7 [f]). Nach hM sind mangels Anwendbarkeit von **I** (Wortlaut; systematische Stellung) Verfügungsverträge zgDr in beiden Fällen schlechthin unzulässig (vgl § 873 Rn 12; BGH NJW 93, 2617 mN; ie StKaduk vor § 328 Rn 82 ff). Folge (Bsp): Erlaßvertrag zugunsten des Schuldners kann nicht mit der Wirkung des § 397 zwischen dem Gläubiger und einem anderen vereinbart werden (BGH 126, 266), wohl aber ein schuldrechtlich wirkender Verzicht zugunsten des Schuldners (BGH 126, 265 f mN). Die Gegenansicht (zB Larenz, SchR I, § 17 IV; Kaduk, FS Larenz, 1983, 314 ff) befürwortet eine **entspr Anwendung** von **I** idS, daß die für das Verfügungsgeschäft erforderliche Einigung durch die Drittbegünstigungsvereinbarung ersetzt wird; damit sind schuldrechtliche Verfügungen zgDr idR ohne weiteres möglich, sachenrechtliche dann (Ausnahme für Auflassung; arg §§ 333, 925 II), wenn in der Person des Erwerbers die weiter erforderlichen Voraussetzungen (Besitzerlangung, Übergabe des Hypothekenbriefs, Eintragung im Grundbuch) vorliegen; bedenklich aus Gründen des Gläubigerschutzes wegen der damit verbundenen Umgehung des Durchgangserwerbs (vgl Rn 15). **c) Haftungsausschluß zgDr:** § 276 Rn 58. **d) Verträge zu Lasten Dritter** sind dem BGB unbekannt (BVerfG 73, 270 f; BGH 54, 147; 61, 361; 78, 374 f; NJW 95, 3184; Martens AcP 177, 139 mN). Eine entspr Anwendung von I scheidet (trotz § 333) aus, da durch die Begründung vertraglicher Pflichten ohne Mitwirkung des Schuldners in das Selbstbestimmungsrecht eingegriffen würde. Zur Unzulässigkeit einer Verpflichtungsermächtigung vgl § 185 Rn 3.

II. Echter Vertrag zugunsten Dritter (I)

1. Allgemeines. a) Zu Begriff, Bedeutung und Abgrenzung vom unechten Vertrag zgDr vgl Rn 1, 2 f, 5. **b) Rechtsnatur:** Zweiseitiger **schuldrechtlicher Verpflichtungsvertrag** (vgl Rn 6), der in bestimmter Richtung **Drittwirkung** (Rn 15 f) entfaltet. **Kein** dreiseitiger Vertrag, denn der Dritte ist nicht Vertragspartei (Rn 17 f), jedoch entsteht ein dreiseitiges Rechtsverhältnis (s Hadding, FS Gernhuber, 1993, S 167 f; Rn 9 ff). **Kein** selbständiger Vertragstyp, vielmehr können Verpflichtungsverträge jeder Art (vgl § 311 Rn 9) auch zgDr abgeschlossen werden. Bsp: Kauf-, Schenkungs-, Bürgschafts-, Versicherungsvertrag zgDr; idR der Fall bei Versorgungsverträgen (vgl Rn 1). Zur Einordnung vgl Heilmann NJW 68, 1853. **c) Rechtsbeziehungen.** Ie sind drei Rechtsverhältnisse zu unterscheiden: **aa)** Das **Deckungsverhältnis** zwischen dem Versprechenden (Schuldner) und Versprechensempfänger (Gläubiger). Es ist das eigentliche Vertragsschuldverhältnis zgDr (Rn 8) und legt sowohl die dem Dritten zu erbringende Leistung (§ 241 I) als auch dessen Person fest (Rn 13 f). Auf **Mängel** (Nichtigkeit) des Deckungsverhältnisses kann sich der Versprechende auch dem Dritten gegenüber berufen (§§ 821, 334 mit Anm). Nach der Leistung erfolgt die Rückabwicklung nach den Grundsätzen des Bereicherungsausgleichs im Dreiecksverhältnis, dh der Ausgleich ist idR im jeweiligen Verhältnis der zweckgerichteten Zuwendung durchzuführen (gilt namentlich in den Fällen der abgekürzten Leistung); Besonderheiten bestehen bei Versorgungsverträgen und bei vertraglichem Ausschluß des § 335 (ie sehr str, vgl BGH 72, 250; Hadding, Der Bereicherungsausgleich beim Vertrag zu Rechten Dritter, 1970; Lorenz AcP 168, 294; Fikentscher § 37 III 2 f und näher § 812 Rn 41 ff). **bb)** Das **Valutaverhältnis** zwischen Versprechensempfänger und Drittem. Aus diesem (nicht notwendig vertraglichen) Verhältnis (Bsp für ges Schuldverhältnis: §§ 1601 ff) ergibt sich der Grund für die Zuwendung des Rechts an den Dritten (BGH 91, 290 mN). Bsp: Schuldtilgung; Schenkung.

Vollkommer

§ 328   Buch 2. Abschnitt 3. Schuldverhältnisse aus Verträgen

Mängel des Valutaverhältnisses (zB § 518, aber II beachten!) lassen den Vertrag zgDr unberührt; der Ausgleich erfolgt grundsätzlich im Verhältnis des Versprechensempfängers zum Dritten; zu möglichen Ausnahmen vgl Rn 9 und § 812
11 Rn 41 ff). **cc) Drittverhältnis.** Die Beziehung des Versprechenden zum Dritten stellt kein Vertragsverhältnis dar (BGH 54, 147; sa Rn 8), wohl aber ein vertragsähnliches Vertrauensverhältnis, aus dem sich beiderseitige Sorgfaltspflichten ergeben können (näher zur Rechtsstellung des Dritten und des Schuldners Rn 15 ff). Pflichtverletzungen des Dritten können sich auch im Deckungsverhältnis auswirken (Rn 18).

12   **2. Voraussetzungen** für das Zusammenkommen des Vertrags zgDr sind: **a)** Wirksamer **Vertragsschluß** im Deckungsverhältnis (Rn 9); allein dieses (**nicht** das Valutaverhältnis) ist für die erforderliche **Form** maßgebend (BGH 54, 147;
13 Nürnberg NJW-RR 90, 883; sa § 329 Rn 4 [dd]; § 331 Rn 3). **b) Drittbegünstigungsabrede. aa) Bestimmung des Dritten.** Der Dritte braucht nicht geschäftsfähig (Grund: Rn 15), ja noch nicht einmal vorhanden zu sein (vgl § 331 II; BGH 129, 305 mN). Bestimmbarkeit genügt (BGH 93, 274). Eine Festlegung aufgrund sachlicher Momente (zB jeweiliger Inhaber eines bestimmten Grundstücks; jeweiliger Endabnehmer einer Ware; jeweiliger Fluggast eines Flugreise-Platzes) ist zulässig (BGH 75, 78 f). Zur einseitigen Bestimmung des Berechtigten
14 und deren Widerruf vgl § 330 Rn 4 f. **bb) Beschränkungen.** Die Parteien können **zusätzliche Voraussetzungen** für den Rechtserwerb aufstellen (zB Zeitpunkt, Bedingung, vgl BGH NJW-RR 87, 114) und sich Änderungen und die **Aufhebung** des Rechts des Dritten ohne dessen Zustimmung vorbehalten (vgl **II;** §§ 331, 332 mit Anm); ob dies gewollt ist, ist Auslegungsfrage (BGH NJW 86, 1165 f).

15   **3. Rechtsfolgen. a) Rechtsstellung des Dritten. aa) Unmittelbarer Erwerb des** (primären) **Leistungsanspruchs.** Der Dritte erwirbt das Recht **ohne seine Mitwirkung** (allerdings mit der Möglichkeit des § 333). Das Recht entsteht **originär** in seiner Person (Kaduk, FS Larenz, 1983, S 305 mN); dh ein Durchgangserwerb über das Vermögen des Gläubigers findet nicht statt (Dritter nicht Rechtsnachfolger des Gläubigers; wichtig im Fall des § 331, ferner der Insolvenz;
16 vgl § 330 Rn 6). **bb) Sekundäre Ansprüche.** Der Dritte erwirbt nur ein **einseitiges** Forderungsrecht. Bei Leistungsstörungen des Versprechenden hat er jedenfalls Ansprüche auf (zusätzlichen) Schadensersatz gem § 280 und weitergehend auch auf Schadensersatz statt der Leistung nach §§ 281–283 (vgl fr BGH 93, 277; MK/Gottwald § 335 Rn 14, 16, 19 mN, str). Bei Wegfall der Geschäftsgrundlage kann allerdings auch der Dritte Anpassung (§ 313 I) verlangen (BGH NJW 72, 153 mit abl Anm Stötter S 1191). Sonstige vertragliche Rechte (insbes Gestaltungsrechte) stehen nur dem Versprechensempfänger als Vertragspartei zu (Rn 17).
17 **b) Rechtsstellung der Vertragsparteien. aa) des Versprechensempfängers.** Außer dem Anspruch auf Leistung an den Dritten (§ 335) stehen ihm insbes alle Gestaltungsrechte gegenüber dem Versprechenden zu (zB Anfechtung, Rücktritt, Kündigung [VVG 165 und § 331 Rn 4], Minderung, Fristsetzung gem § 281 I, 323 I). Soweit sein Recht betroffen wird (vgl § 334), muß der Dritte zustimmen
18 (RG 101, 276; Fikentscher § 37 III 2 e, str). **bb) des Versprechenden.** Im Verhältnis zwischen den Vertragsparteien muß sich der Versprechensempfänger ein Verschulden des Dritten gem § 278 anrechnen lassen (PalHeinrichs 7; ErmWestermann 9). Ansprüche des Versprechenden unmittelbar gegen den Dritten können sich uU aus der Verletzung von Sorgfaltspflichten (Rn 11) ergeben (Lange NJW 65, 660). Einwendungen und Einreden gegenüber dem Dritten: § 334 mit Anm.

III. Verträge mit Schutzwirkung für Dritte

Lit: Bayer, Vertraglicher Drittschutz, JuS 96, 473; v. Caemmerer, FS Wieacker, 1978, S 311; Dahm, Die dogmatischen Grundlagen und tatbestandlichen Voraussetzungen des Ver-

Titel 3. Versprechen der Leistung an einen Dritten **§ 328**

trages mit Schutzwirkung für Dritte, 1988; Gernhuber, FS Nikisch, 1958, S 249; Hirth, Die Entwicklung der Rspr zum Vertrag mit Schutzwirkung zgDr in ihrer Bedeutung für den Ausgleich von Drittschäden im Zahlungsverkehr, 1991; Martiny, Pflichtenorientierter Drittschutz usw, JZ 96, 19; Zugehör, Berufliche „Dritthaftung" - insbes der RAe usw, NJW 00, 1601.

1. Allgemeines. a) Begriff: Verträge, in deren Schutzbereich am Vertragsschluß nicht beteiligte Dritte in der Weise einbezogen sind, daß ihnen zwar keine primären Leistungsansprüche, wohl aber Ansprüche auf Beobachtung der vertraglichen Verhaltenspflichten (iGgs zu den Haupt-[Neben-]leistungspflichten, vgl § 241 II und dort Rn 9) zustehen (BGH 66, 56 mN; 133, 170). Folge bei Pflichtverletzung: Schadensersatzanspruch (Rn 29). **b) Bedeutung:** Erweiterung des Anwendungsbereichs der Vertragshaftung und damit Verbesserung der Rechtsstellung des geschützten Personenkreises (Rn 32 ff). **c) Rechtsgrundlage:** Nicht ergänzende Vertragsauslegung (§§ 133, 157, 328 II; so aber BGH 56, 273 mN; 133, 170; 138, 261; NJW 01, 3116, stRspr, offenlassend aber BGH 66, 57 mN; Zugehör NJW 00, 1603), sondern durch § 242 gedeckte Fortbildung des dispositiven Rechts (so zutr Bayer JuS 96, 475 f; Hirth aaO S 118, 188; MK/Gottwald 102 mN; wohl auch BGH 133, 172). Das SchRModG enthält keine allg Regelung (§ 311 III 1 erfaßt nur ges Schuldverhältnisse, vgl dort Rn 49 [c]), setzt aber den Schutz Dritter, die in einem Näheverhältnis zu einer Vertragspartei stehen, ausdr voraus (BT-Drs 14/6040 S 163). **d) Anwendungsbereich:** Gilt auch für ges Schuldverhältnisse, insbes cic (Rn 23), und öffentl-rechtliche Nutzungsverhältnisse (BGH NJW 74, 1817). **e) Abgrenzung:** Vertraglicher Haftungsausschluß für Dritte: § 276 Rn 58; Drittschadensliquidation: Rn 19 ff vor § 249; Eigenhaftung des geschützten Dritten: Rn 31.

2. Voraussetzungen. a) Schuldverhältnis. Wirksamkeit des Vertrags zwischen den Hauptparteien (wirksames „Leistungsverhältnis") ist nicht erforderlich (BGH MDR 68, 402; Canaris JZ 65, 477; 68, 502 Fn 80), ges Schuldverhältnis der Vertragsverhandlungen (§ 311 II Nr 1–3, III 1) genügt (BGH 66, 51; § 311 Rn 48, 49 [c]). **b) Einbeziehung des Dritten.** Die von der Rspr früher gestellten strengen Anforderungen (zB BGH 66, 57; NJW 75, 868; 85, 2411 f) wurden zunehmend fallgruppenweise gesenkt (vgl BGH 133, 171 ff; Bsp: Rn 39 f). Erforderlich ist: **aa) Leistungsnähe des Dritten,** dh der Dritte ist bestimmungsgemäß den Gefahren der Schlechtleistung in gleicher Weise ausgesetzt wie der Gläubiger (BGH 70, 329; 129, 168; 133, 173; inhaltlich drittbezogene Leistung des Schuldners). **bb) Näheverhältnis des Dritten zum Gläubiger.** Es besteht idR bei (nicht erforderlichen) Rechtsverhältnissen mit personenrechtlichem Einschlag (zB §§ 611 ff, 618, 619; 705; HGB 105, 161; auch § 631 iVm § 618; §§ 535 ff; §§ 1353, 1626 ff), fehlt aber bei reinen Austauschgeschäften (§§ 433, 651; vgl Rn 38); der Gläubiger braucht nicht für das „Wohl und Wehe" des Dritten verantwortlich zu sein (so BGH 51, 96; 56, 273; 66, 57; einschr dann BGH 69, 86; NJW 84, 355 f; 87, 1759 mN); es genügt, daß die Leistung bestimmungsgemäß dem Dritten zugute kommen soll (BGH 129, 167 mN) oder daß der Parteiwille für einen Drittschutz spricht (BGH 133, 172); auch bestehende *Gegenläufigkeit von Interessen* schließt Schutzwirkung nicht aus (vgl BGH 127, 380; 129, 169; NJW 98, 1060 und 1949; MK/Gottwald 115 mN, str). **cc) Obj abgrenzbarer Personenkreis** (BGH NJW 84, 355; 98, 1062), **Erkennbarkeit** von Rn 24 [aa] und 25 für den Schuldner (BGH 49, 354; 56, 273; 75, 323; 133, 173 mN) und Zumutbarkeit (§ 242) der Haftungsausdehnung (BGH 66, 57). **dd) Schutzbedürftigkeit des Dritten.** Sie kann fehlen, wenn dem Dritten aus der Schädigung vertragliche Ansprüche gegen einen anderen, zB den Gläubiger des Hauptvertrags zustehen (BGH 70, 330; 129, 169 mN; 133, 173 f; iE zust Krause JZ 82, 18 f mN, str; aA Berg NJW 78, 2019: § 421) oder zugestanden haben (BGH NJW 93, 656). **c) Zu vertretende (§§ 276, 278) Schutzpflichtverletzung** des Schuldners (§§ 280 I, 241 II, auch aus cic, vgl § 311 II, III 1 iVm § 241 II; § 311 Rn 50). Bestehende Garantiehaftung (zB gem § 443) kommt dem Dritten zugute (BGH 49, 354 zu § 538 aF). Bei völliger

19

20

21

22

23

24

25

26

27

28

§ 328 Buch 2. Abschnitt 3. Schuldverhältnisse aus Verträgen

Interessengleichheit zwischen Gläubiger und Drittem genügt auch Verletzung der **Hauptleistungspflicht** (BGH 75, 325). **d) Schädigung** des Dritten.

29 **3. Rechtsfolgen. a) Eigener vertraglicher Schadensersatzanspruch** des Dritten gegen den Schuldner. § 278 gilt (Rn 20; § 278 Rn 3). Verjährung: §§ 195, 199 soweit nicht kürzere vertragliche Verjährung eingreift (Rn 30). Schadensumfang: Sowohl Personen- (allgM) als auch Sach- und Vermögensschäden (BGH
30 49, 355; 133, 171 f; Hübner VersR 91, 497 mN). **b) Einwendungen des Schuldners aus dem Vertrag.** Entspr Anwendung von § 334 ist möglich (vgl BGH 127, 383 ff), soweit nicht – ggf auch stillschweigend – abbedungen (geringe Anforderungen stellt BGH 127, 385; NJW 98, 1061; krit Canaris JZ 98, 603). Folgen: Bestehende (ges oder vereinbarte) **Haftungsbeschränkungen** des Schuldners im Leistungsverhältnis wirken im vertraglichen Bereich idR auch zu Lasten des Dritten (BGH 56, 272 ff; 127, 385, str; teilw krit MK/Gottwald 123 mN auch zur aA), erfassen aber nicht deliktische Ansprüche (Hopt NJW 87, 1746). **Mitwirkendes Verschulden** (§ 254) des Gläubigers muß sich der Dritte idR – auch bei Nichtvorliegen der Voraussetzungen des § 278 im Verhältnis zu ihm (sonst bereits Fall von § 254 Rn 11) – anrechnen lassen (BGH 33, 250; NJW 97, 2328; 98, 1061, hM str); dies gilt nicht, soweit § 334 abbedungen wurde (BGH 127, 386 f; NJW 98, 1061, ie str; krit Canaris JZ 95, 444; 98, 604). Eine kurze **vertragliche Verjährung** gilt auch im Verhältnis zum Dritten (BGH 61, 234; NJW 76, 1843).

31 c) Bei **Eigenhaftung** des einbezogenen Dritten kommen ihm die Haftungserleichterungen der Hauptpartei zustatten (zB kurze Verjährung gem §§ 548, 606: BGH 49, 278; 71, 177; vertragliche Haftungsbeschränkungen: BGH 49, 280; § 276 Rn 58).

32 **4. Fallgruppen.** „Ja" bedeutet Einbeziehung, „Nein" Nichteinbeziehung des Dritten. **a) Mietverträge aa) über Wohnraum.** Ja: Die zur Hausgemeinschaft des Mieters gehörenden Familienangehörigen (BGH 77, 124 mN), idR auch der Lebensgefährte (Hamburg NJW-RR 88, 1482, str), die Hausangestellten (BGH 61, 233), ferner Aufsichtspersonen (BGH 71, 179); Vereinsmitglieder bei Verein als Mieter (BGH NJW 65, 1757). Nein: Besucher und Gäste (BGH 2, 97), Lieferan-
33 ten, Mitmieter (BGH NJW 69, 41), Untermieter (Rn 33). **bb) über Geschäftsräume.** Ja: darin vom Mieter Beschäftigte (BGH 61, 234); Eigentümer von Sachen, die sich berechtigterweise in den Mieträumen befinden; Bsp: Vorbehalts-(Sicherungs-)eigentümer und Einlagerer von Waren in gemieteten Laden- und Lagerräumen (BGH 49, 355; NJW 85, 489; WM 88, 1382 – im Einzelfall zT verneinend –, str), nicht dagegen Untermieter (BGH 70, 327, str; vgl ie Krause JZ 82, 16 mN). **cc) über technische Arbeitsmittel.** Ja: Hilfskräfte des Mieters einschließlich selbständiger Unternehmer bei bestimmungsgemäßem Gebrauch (BGH 49, 281; NJW 76, 1843). **dd)** Pony-Miete für minderjährigen Reiter: Ja
34 (Köln OLGZ 93, 199). **b) Personenbeförderungsverträge.** Ja: Begleitpersonen des Fahrgastes, insbes mitgenommene Angehörige (RG 87, 65; 149, 6; BGH 24, 327); mitreisende Familienangehörige des Reisenden beim **Reisevertrag** (BGH
35 108, 57; sa § 651a Rn 8). **c) Heilbehandlungsverträge.** Ja: Behandeltes Kind (BGH 106, 162) und dessen Unterhaltspflichtige (BGH 96, 368); bei Entbindung der nasciturus (BGH NJW 71, 242); bei Behandlung (auch Sterilisierung) der Ehefrau der Ehemann (BGH 86, 249; 89, 98; 96, 368) und uU das geschädigte Kind (vgl BGH 86, 253, im Einzelfall verneinend; insoweit abl Deutsch JZ 83, 451, nicht ohne weiteres der nichteheliche Vater bei Behandlung der nichtehelichen Mutter des Kindes (BGH NJW 02, 1489). Nein: Krankenhausbesucher
36 (BGH 2, 94). **d) Dienstvertrag.** Ja: Familienangehörige (Kinder; BGH NJW 75, 868) und AN des Dienstverpflichteten (BGH 26, 371); beim **Anwaltsvertrag** uU (selten) Kinder des Mandanten (BGH NJW 95, 52 f; Zugehör NJW 00, 1603, str; aA Zimmermann FamRZ 80, 100 mN; LG Köln NJW 81, 351), der andere Ehegatte bei Beratung über Versorgungszusage des AG (BGH NJW 88, 201), dagegen nicht bei Beratung über Scheidungsfolgenvereinbarung (Düsseldorf

408 *Vollkommer*

Titel 3. Versprechen der Leistung an einen Dritten **§ 329**

NJW-RR 86, 730 f); uU die Erben (BGH NJW 95, 2552; 97, 2328 mN); beim steuerlichen oder wirtschaftlichen **Beratungsvertrag** uU die Gesellschafter der auftraggebenden Gesellschaft (BGH NJW 88, 556; 00, 727) sowie der Kreditgeber des auftraggebenden Kreditnehmers (BGH NJW-RR 89, 696; 93, 944); beim **Geschäftsführervertrag** mit der Komplementär-GmbH die GmbH & Co KG (BGH 75, 324 ff; 76, 337 f; BB 02, 1164), mit der GmbH uU die stillen Gesellschafter (BGH NJW 95, 1357), **e) Werkverträge. aa) Schutzpflicht des** 37 **Unternehmers:** Ja: Angehörige des Bestellers (BGH NJW 94, 2231) und seine AN (BGH 33, 249; 55, 18); der – vom Besteller verschiedene – Eigentümer der bearbeiteten Sache (Nürnberg MDR 74, 401); uU der Eigentümer des im Auftrag der Polizei abgeschleppten Kfz (BGH NJW 78, 2503). Nein: andere vom Besteller beauftragte Unternehmer (BGH NJW 70, 40) oder weitere Besteller desselben Unternehmers (BGH NJW 133, 174 ff); Stromabnehmer des Bestellers im Verhältnis zum Bauunternehmer, auch bei bes Hinweis auf Kabelschutz und die bei Stromunterbrechung drohenden Schäden (BGH NJW 77, 2208; zust Hager JZ 79, 50); künftige Mieter beim Bauvertrag (BGH NJW 94, 2231 mN). Vgl iü auch § 631 Rn 16. **bb) Schutzpflicht des Bestellers** im Rahmen des entspr anwendbaren § 618: Ja: AN des Unternehmers (wie Rn 36). Nein: dessen Subunternehmer (BGH 56, 274). **f) Lieferverträge**: Ja: Familienangehörige 38 (Hamm MDR 77, 137) und (nur) solche AN des Käufers, die bestimmungsgemäß mit der Sache in Berührung kommen (BGH NJW 56, 1193; 59, 1676). Nein: Abnehmer des ersten Käufers, insbes Endverbraucher (BGH 51, 96; NJW 89, 1030 mN; NJW-RR 90, 1303; krit Steinmeyer DB 88, 1049); zur Produzentenhaftung vgl § 823 Rn 123. **g) Auskunftsverträge mit Fachleuten (Sachver-** 39 **ständige, Abschlußprüfer, Steuerberater usw). aa) Gutachtenvertrag** mit Sachverständigem. Ja: Personen (zB Käufer, Kreditgeber, Bürgen), für die das Gutachten erkennbar bestimmt ist (BGH 127, 380 mN; NJW 98, 1060, 1062; 01, 3115; Lit: Zugehör NJW 00, 1601). **Prüfvertrag** mit Abschlußprüfer. Ja (uU): Anteilserwerber (BGH NJW 98, 1949). **bb) Bankauskunft**: 9. Aufl § 676 Rn 8; sa hier § 676 f Rn 10. **h) Massenverkehrsgeschäfte mit einheitlich** 40 **praktiziertem Verfahren.** Im Lastschriftverfahren besteht idR keine Schutzpflicht der Gläubigerbank gegenüber dem Lastschriftschuldner (BGH 69, 187) und umgekehrt (BGH 74, 303), uU aber eine solche der Schuldnerbank gegenüber dem Lastschriftgläubiger (BGH 69, 88; 96, 17; ThürOLG WM 94, 2156 ff; krit van Gelder WM 95, 1256 ff). Bsp: Ja bei verspäteter Rücksendung nicht eingelöster Lastschrift (BGH 69, 82), verspäteter Weiterleitung eines einzuziehenden Schecks (BGH 96, 17; NJW-RR 88, 560), aber nein bei Beachtung eines unberechtigten Widerspruchs des Schuldners (BGH 72, 348, str). Im Hinblick auf die §§ 676 a ff nF ist zweifelhaft, inwieweit noch für Schutzpflichten der Überweisungsbank gegenüber dem Überweisungsempfänger (s 9. Aufl mN) Raum ist (vgl PalSprau § 676 a Rn 8 mN; sa hier § 676 a Rn 2).

§ 329 Auslegungsregel bei Erfüllungsübernahme

Verpflichtet sich in einem Vertrag der eine Teil zur Befriedigung eines Gläubigers des anderen Teiles, ohne die Schuld zu übernehmen, so ist im Zweifel nicht anzunehmen, dass der Gläubiger unmittelbar das Recht erwerben soll, die Befriedigung von ihm zu fordern.

1. a) Bedeutung: Auslegungsregel (Ergänzung von § 328 II), begründet eine 1 **Vermutung gegen** die Berechtigung des Gläubigers beim **Erfüllungsübernahmevertrag** (Rn 2). **b) Erfüllungsübernahme. aa) Begriff: Vertrag** zwischen 2 Schuldner und Übernehmer, in dem sich der Übernehmer **verpflichtet,** die Verbindlichkeit des (oder eines anderen) Schuldners zu begleichen (vgl BGH NJW 96, 1052; ZIP 02, 126: Drittschuldtilgungsvertrag). Der Schuldner erlangt gegen den Übernehmer einen (grundsätzlich unabtretbaren; Ausnahme für Gläubiger, vgl § 399 Alt 1 und §§ 399, 400 Rn 2 ff) Befreiungsanspruch (§§ 256, 257 Rn 5), uU

§ 330 Buch 2. Abschnitt 3. Schuldverhältnisse aus Verträgen

Zahlungsanspruch (vgl BGH aaO). Ges Fall: § 415 III; anders bei HGB 25 III.
bb) Rechtsnatur: IdR nur unechter Vertrag zugunsten des Gläubigers (dazu § 328 Rn 3), jedoch ist die Vermutung der Rn 1 im Einzelfall widerlegbar (konkrete Einzelumstände entscheiden: BGH NJW 80, 2127). Bsp (§ 328 I bejaht): BGH 72, 250. **cc) Abgrenzung: Echter** Vertrag zugunsten des Gläubigers hat die Wirkung einer Schuldmitübernahme (Schuldbeitritt); Übernehmer wird neben dem Schuldner Gesamtschuldner (vgl Rn 2 ff vor § 414). **Schuldübernahme** ist Verfügungsvertrag mit notwendiger Mitwirkung des Gläubigers (§§ 414, 415 Rn 1 ff). Bsp für Auslegung von „Erfüllungsübernahme": BGH NJW-RR 93, 308.
dd) Zustandekommen: Grundsätzlich **formfrei;** anders nur, wenn die Vereinbarung zwischen Schuldner und Übernehmer formbedürftige Bestandteile enthält, zB § 518 bei schenkweisem Versprechen, §§ 780, 781 bei abstrakter Verpflichtung. Unerheblich sind für die Verbindlichkeit des Schuldners bestehende Formvorschriften (BGH NJW 72, 576 für § 766).

§ 330 Auslegungsregel bei Lebensversicherungs- oder Leibrentenvertrag

¹**Wird in einem Lebensversicherungs- oder einem Leibrentenvertrag die Zahlung der Versicherungssumme oder der Leibrente an einen Dritten bedungen, so ist im Zweifel anzunehmen, dass der Dritte unmittelbar das Recht erwerben soll, die Leistung zu fordern.** ²**Das Gleiche gilt, wenn bei einer unentgeltlichen Zuwendung dem Bedachten eine Leistung an einen Dritten auferlegt oder bei einer Vermögens- oder Gutsübernahme von dem Übernehmer eine Leistung an einen Dritten zum Zwecke der Abfindung versprochen wird.**

1. Allgemeines. a) Bedeutung: Auslegungsregel (Ergänzung von §§ 328 II, 331, 332) begründet eine **Vermutung für** den unmittelbaren Rechtserwerb des Dritten (Begünstigten) bei bestimmten Versorgungsverträgen (Rn 2). **b) Anwendungsbereich: aa)** Lebensversicherungsverträge (Rn 3 ff); **bb)** Leibrentenvertrag (§§ 759 ff); **cc)** unentgeltliche Zuwendung (§§ 516, 525, 2301); **dd)** Vermögens- und Gutsübernahmevertrag (§§ 311, 312; EGBGB 96 iVm Landesrecht, vgl Pal-Heinrichs 9 mN).

2. Lebensversicherungsverträge. a) Die Auslegungsregel (Rn 1) gilt für **alle Arten** von Lebensversicherungen (VVG 159 ff), wie Kapital- und Rentenversicherung, auf den Todes- oder den Erlebensfall, auch für die Kapitalunfallversicherung (vgl VVG 180 iVm 166–168), **nicht** für sonstige Versicherungsarten, auch soweit Vertrag zgDr (zB gem VVG 74 ff). **b) Voraussetzungen** für die **Bezugsberechtigung des Dritten** (fehlt sie, ist der Versicherungsnehmer bzw sind seine Erben berechtigt, vgl VVG 168; BGH 32, 47) sind: Wirksame **vertragliche** oder **einseitige** Bestimmung des Dritten; Unterbleiben nachträglicher Aufhebung oder des Wegfalls des Rechts. Die Bestimmung (kein höchstpersönliches Recht: BGH 91, 289) erfolgt **aa)** durch Bezeichnung des Dritten im **Vertrag** zwischen Versicherer und Versicherungsnehmer (vgl VVG 166 I 2), **bb)** bei entsprechendem Vorbehalt im Vertrag (bei Kapitalversicherung iZw anzunehmen, VVG 166 I) durch einseitige, dem Versicherer gegenüber abzugebende (§ 130) Erklärung des Versicherungsnehmers (VVG 166 I) oder durch letztwillige Verfügung (Auslegungsregel: § 332). Erklärung gegenüber dem Dritten genügt nicht (RG 140, 33). **Auslegungsregeln** für die Bestimmungserklärung enthält VVG 167. Die Bezugsberechtigung des Ehegatten soll bei Scheidung der Ehe vor Eintritt des Versicherungsfalls idR nicht ohne weiteres entfallen (so BGH 128, 132, hM, str); richtiger wohl als Konsequenz aus § 332 entspr Anwendung des § 2077 (Finger VersR 90, 229 ff mN; abl BGH 128, 132 f mN: Scheitern der Ehe als Wegfall der Geschäftsgrundlage im Valutaverhältnis). **cc) Widerruf** der Bezugsberechtigung ist iZw bis zum Eintritt des Versicherungsfalls möglich (VVG 166 I, II); (Sicherungs-)abtretung der Rechte aus der Lebensversicherung idR nicht ausreichend (BGH 109, 69; Oldenburg NJW-RR 91, 27 mit Anm Bayer VersR 90, 1379). Ausübung wie in Rn

Titel 3. Versprechen der Leistung an einen Dritten **§ 331**

4 [bb], kein höchstpersönliches Recht (BGH 91, 289). Verzicht auf Widerruf durch Vereinbarung mit dem Versicherer macht die Begünstigung endgültig (vgl § 331 Rn 5). Dagegen wirkt das mit dem begünstigten Dritten vereinbarte Widerrufsverbot nur schuldrechtlich (BGH NJW 75, 1360). **c) Rechtsfolgen.** 6 Vgl allg § 328 Rn 15 f. Der Anspruch des Dritten auf die Versicherungssumme gehört auch bei Anfall dem Tode (vgl ie § 331) nicht in den Nachlaß (BGH 32, 47; 130, 380) des Versicherungsnehmers und fällt bei Nachlaßinsolvenz nicht in die Insolvenzmasse. Der Anfechtung gem InsO 134, AnfG 4 unterliegen nur die zugunsten des Dritten gezahlten Prämien (ie str, vgl Heilmann KTS 72, 18 mN); nur diese sind auch bei der Berechnung des Pflichtteilsergänzungsanspruchs (§§ 2325 ff) zu berücksichtigen (BGH 7, 142 f; StJagmann 29, str; abw Zehner AcP 153, 424).

§ 331 Leistung nach Todesfall

(1) **Soll die Leistung an den Dritten nach dem Tode desjenigen erfolgen, welchem sie versprochen wird, so erwirbt der Dritte das Recht auf die Leistung im Zweifel mit dem Tode des Versprechensempfängers.**

(2) **Stirbt der Versprechensempfänger vor der Geburt des Dritten, so kann das Versprechen, an den Dritten zu leisten, nur dann noch aufgehoben oder geändert werden, wenn die Befugnis dazu vorbehalten worden ist.**

Lit: *Finger,* Der Vertrag zgDr auf den Todesfall usw, VersR 86, 508; *Hager,* Neuere Tendenzen beim Vertrag zgDr auf den Todesfall, FS v. Caemmerer, 1978, S 127; *Muscheler,* Vertrag zgDr auf den Todesfall und Erbenwiderruf, WM 94, 921.

1. Allgemeines. a) Bedeutung von **I: Auslegungsregel** (Ergänzung von 1 §§ 328 II, 330), begründet eine Vermutung für den **Zeitpunkt** des Rechtserwerbs. Ferner enthält **I** (iVm § 330) die ges Anerkennung der Zulässigkeit von unentgeltlichen Zuwendungen im Weg (formloser, vgl Rn 3) Verträge zgDr auf den Todesfall (BGH 66, 12 f mN; str). **b) Anwendungsbereich. aa) Lebensversicherung** 2 auf den Todesfall und sonstige Versorgungsverträge. Bsp: Vertragliche Versorgungszusage des Arbeitgebers zugunsten der Witwe des Arbeitnehmers (BGH Warn 70 Nr 52). **bb) Bankverträge** zgDr auf den Todesfall. Bsp: s § 2301 Rn 6.

2. Vertrag zgDr auf den Todesfall. a) Allgemeines. Er ist ein Unterfall des 3 echten Vertrags zgDr (§ 328 Rn 2), mit der Besonderheit, daß der Dritte den Anspruch gegen den Versprechenden (Versicherung, Bank) mit dem **Tod des Versprechensempfängers** erwirbt (Auslegungsregel: Rn 1). Der Vertrag (Deckungsverhältnis; vgl § 328 Rn 9) unterliegt **keiner** bes **Form** (§ 328 Rn 12), auch wenn im Valutaverhältnis eine unentgeltliche Zuwendung auf den Todesfall erfolgt. Das **Valutaverhältnis** ist in diesem Fall eine Schenkung unter Lebenden (§§ 516 ff); § 2301 I ist auch im Valutaverhältnis unanwendbar (BGH 66, 12; NJW 84, 481, hM und stRspr, sehr str; aA zB Kipp-Coing, ErbR, § 81 V 2; zur Abgrenzung von der Verfügung von Todes wegen ie BGH NJW 84, 47 mN; § 2301 Rn 5 ff). **b) Rechtslage vor dem Eintritt des Todesfalls. aa) Rechts-** 4 **stellung des Versprechensempfängers:** Ihm steht die volle Verfügungsbefugnis über die Bezugsberechtigung (Widerruf und Änderung, § 330 Rn 5; § 332 Rn 1) und das zugrundeliegende Vertragsverhältnis (Aufhebung; Kündigung, zB gem VVG 165, 178) zu. Seine Rechte sind Bestandteil seines Vermögens (BGH 81, 97) und unterliegen dem Gläubigerzugriff (BGH 91, 289; zur Pfändung des Widerrufsrechts vgl Bohn, FS Schiedermair, 1976, S 36). **bb) Rechtsstellung des Dritten.** 5 Bei **widerruflicher** Bezugsberechtigung (Rn 4) hat der Dritte noch (überhaupt) kein Recht, auch keine Anwartschaft, lediglich eine Chance auf künftigen Rechtserwerb (BGH NJW 82, 1808; Frankfurt NJW-RR 90, 968 mN). Ist die Bezugsberechtigung **unwiderruflich** (dazu § 330 Rn 5), erlangt er zwar sofort ein Recht auf die Leistung, jedoch bleibt auch in diesem Fall der Versprechensempfänger zur

Vollkommer 411

§ 332 Buch 2. Abschnitt 3. Schuldverhältnisse aus Verträgen

Kündigung des Vertrags (Rn 4) berechtigt (BGH 45, 167). Sa Rn 7 aE.
6 **c) Rechtslage nach dem Eintritt des Todesfalls. aa) Rechtsstellung des Dritten.** Er erwirbt unmittelbar den Leistungsanspruch gegenüber dem Versprechenden (Versicherung, Bank; Rn 3 und § 328 Rn 15). Endgültig ist dieser Erwerb (zum Bereicherungsausgleich mit den Erben vgl Rn 7) nur, wenn ein wirksames **Valutaverhältnis** besteht (BGH NJW 87, 3132 mN). Hat sich der Versprechensempfänger zu Lebzeiten mit dem Dritten formlos über die Unentgeltlichkeit der Zuwendung geeinigt (§ 516 I), wird der Formmangel (§ 518 I) mit dem Erwerb des Forderungsrechts durch Bewirken der Leistung iSd § 518 II geheilt (BGH 91, 291; Düsseldorf NJW-RR 96, 1330 mN). Fehlt es an einem lebzeitigen Schenkungsversprechen, kann eine Einigung über die Unentgeltlichkeit der Zuwendung (§§ 516 I, 518 II, 328 I) noch nach dem Tod des Versprechensempfängers dadurch zustandekommen, daß der Versprechende (zB Bank) die in der Drittbegünstigungserklärung liegende Schenkungsofferte an den Dritten weiterleitet und dieser sie ohne Erklärung gegenüber den Erben (vgl § 130 II, 153, 151) annimmt (so BGH 66, 13; NJW 75, 383; Hamm NJW-RR 96, 1328 [iE verneinend]; str; OLG Schleswig ZEV 99, 107; krit Heilmann VersR 80, 516 mN; Finger VersR 86, 508); unbefriedigend, denn die Erben können den Erwerb durch Widerruf (nicht ausschließbar: Celle WM 93, 592; Fuchs AcP 196, 374 ff mN, str; aA Celle WM 96, 853 f) vereiteln (Rn 7); zu anderen Lösungsversuchen vgl Soe-Hadding 15 f mwN; Muscheler WM 94, 930 ff; Fuchs AcP 196, 387 ff.

7 **Stellungnahme:** Bis zum Erbfall ist die Schenkungsofferte unter den Voraussetzungen des § 2301 I 1 als erbrechtliches Rechtsgeschäft zu qualifizieren, das vom Erblasser nach § 2253 durch Testament widerrufen werden kann. In einer abw testamentarischen Zuwendung des Leistungsanspruchs liegt zugleich der Widerruf der früheren Schenkungsofferte. Das Valutaverhältnis wird dann (auch für den Erben verbindlich) erbrechtlich (§§ 2147 ff) begründet (G. Vollkommer ZEV 00, 13). Der Bezugsberechtigte aus dem Deckungsverhältnis erwirbt den Leistungsanspruch im Verhältnis zum Erben ohne Rechtsgrund (§ 812 I); der testamentarisch Begünstigte kann vom Erben die Abtretung dieses Anspruchs verlangen (§ 2174). Erfolgt kein Widerruf durch den Erblasser, liegt im Erbfall eine vor (§ 2301 II); im Valutaverhältnis finden auf die Offerte (ex nunc) §§ 516, 518 II zur Anwendung. **bb) Rechtsstellung des Erben.** Fehlt ein wirksames Valutaverhältnis zum Dritten, bestehen Bereicherungsansprüche (§§ 812 ff; § 328 Rn 10; BGH NJW 87, 3132). Vor Zugang der Schenkungsofferte des Erblassers an den Dritten (vgl Rn 6) kann er diese gegenüber dem Dritten widerrufen (vgl § 130 I 2; ie Muscheler aaO 925 ff), desgl einen dem Versprechenden (Bank) erteilten Auftrag zur Weiterleitung der Offerte (§ 671; BGH NJW 75, 383; str; aA Muscheler aaO 923 f; sa Rn 6 aE). Um den Widerruf des Erben auszuschließen, muß der Erblasser das Valutaverhältnis erbrechtlich (§ 2147) ausgestalten (Rn 7). Ein Widerrufsrecht hinsichtlich der Bezugsberechtigung (Rn 4) besteht nicht (mehr; vgl BGH NJW 93, 3134), auch nicht in dem Sonderfall des **II.** Ist der Begünstigte vorverstorben, gehört das Recht auf die Leistung iZw zum Nachlaß des Versprechensempfängers (BGH NJW 93, 2172).

§ 332 Änderung durch Verfügung von Todes wegen bei Vorbehalt

Hat sich der Versprechensempfänger die Befugnis vorbehalten, ohne Zustimmung des Versprechenden an die Stelle des in dem Vertrag bezeichneten Dritten einen anderen zu setzen, so kann dies im Zweifel auch in einer Verfügung von Todes wegen geschehen.

1 **1. Auslegungsregel** (Ergänzung von §§ 328 II, 331; VVG 166 I) bei (vertraglichem) Vorbehalt einseitiger Änderung der Benennung durch den Versprechensempfänger. Fehlt abw Vereinbarung (auch stillschweigend – § 157 – oder in AGB möglich: BGH 81, 99), ist auch die Verfügung von Todes wegen (also: eine nicht

Titel 3. Versprechen der Leistung an einen Dritten **§§ 333, 334**

empfangsbedürftige Willenserklärung) als Erklärungsform zugelassen (Ausnahme vom Regelfall; vgl § 330 Rn 4 [bb]). Bei der Lebensversicherung greift § 332 idR nicht ein (Anzeigeerfordernis gem AGB besteht: BGH 81, 98; NJW 93, 3134). Die Verfügung von Todes wegen begründet zugleich das Valutaverhältnis zum (neuen) Begünstigten, auch wenn im Deckungsverhältnis § 332 ausgeschlossen ist (G. Vollkommer ZEV 00, 11, 13; s auch § 331 Rn 7).

§ 333 Zurückweisung des Rechts durch den Dritten

Weist der Dritte das aus dem Vertrag erworbene Recht dem Versprechenden gegenüber zurück, so gilt das Recht als nicht erworben.

1. **Zweck:** Schutz des Dritten vor endgültig aufgedrängtem Rechtserwerb (Ergänzung zu § 328 I, dort insbes Rn 15). Die **Zurückweisung** (einseitige empfangsbedürftige Willenserklärung) ist erst nach Anfall des Rechts möglich; vorher kann der Dritte sich allerdings verpflichten, von dem Recht keinen Gebrauch zu machen; „Annahme" des Rechts schließt die (stets rückwirkende) Zurückweisung aus. **Folge für den Vertrag** zwischen Versprechensempfänger und Versprechendem (Einzelfall entscheidet): **a)** Versprechensempfänger kann neuen Dritten benennen oder **b)** Leistung an sich selbst fordern (Bsp: VVG 168) oder **c)** die Leistung wird durch die Zurückweisung nachträglich unmöglich gem § 275; Folge für Vergütungsanspruch: § 326 I (Bsp: LG Limburg MDR 79, 580 betr Unterrichtsvertrag, bedenklich; aA LG Freiburg MDR 81, 141) oder § 326 II (Bsp: LG Freiburg aaO). 1

2. Bei fehlerhaften Gutschriften besteht **kein** allg Zurückweisungsrecht **entspr** § 333 (BGH 128, 138 f); maßgebend ist allein das Giroverhältnis (BGH aaO; dazu Häuser ZIP 94, 89 ff; vgl auch § 676 f Rn 8 [a]). 2

§ 334 Einwendungen des Schuldners gegenüber dem Dritten

Einwendungen aus dem Vertrag stehen dem Versprechenden auch gegenüber dem Dritten zu.

1. **Allgemeines. a) Bedeutung: Ergänzung** von § 328 I. Der **Einwendungsdurchgriff** gegenüber dem Dritten ist die Konsequenz davon, daß das Recht des Dritten auf den vertraglichen Beziehungen der Parteien des **Deckungsverhältnisses** beruht und die Rechtsstellung des Versprechenden durch die Drittwirkung des Vertrags nicht verschlechtert werden soll. Allg zur Rechtsstellung der Beteiligten: § 328 Rn 9 ff. **b)** § 334 ist (auch stillschweigend) **abdingbar** (BGH 93, 275 f; 127, 385 mN; NJW 98, 1601; zust Schmid/Sonnen NJW 92, 464; krit Canaris JZ 95, 444; 98, 604). **c) Anwendungsbereich:** Gilt unmittelbar nur für echte Verträge zgDr, nach hM entspr für Verträge mit Schutzwirkung für Dritte (vgl näher § 328 Rn 30). 1 2

2. **Einwendungen** (iwS, auch Einreden; zur Unterscheidung näher ErmHefermehl § 202, 4). **a) Zulässig** sind grundsätzlich (aber stets Rn 1 [b] beachten) alle Einreden (zB §§ 194 ff) und Einwendungen **aus dem Vertrag,** dh aus dem Deckungsverhältnis (§ 328 Rn 9). Bsp: Nichtzustandekommen (§§ 145 ff) oder Nichtigkeit (§§ 125, 134, 138) des Vertrags; nachträglicher Wegfall oder inhaltliche Änderung (§§ 119 ff, 142; 313 (Rn 5); 314; 346 ff); Gegenrechte (§§ 214, 273 – vgl BGH NJW 80, 450 –, 320 ff), zB aus Schadensersatzansprüchen (§§ 281–283). Leistung an den Versprechensempfänger befreit nicht. Bereicherungsausgleich bei Mängeln des Deckungsverhältnisses: § 328 Rn 9; zur Rückabwicklung beim Rücktritt vgl Düsseldorf VersR 70, 739. **b) Ausgeschlossen** sind alle Einwendungen **aa)** nach Entstehung des Rechts mit dem Versprechensempfänger getroffenen **bes Vereinbarungen** (zB Stundung, Erlaß); Grund: Sie beruhen nicht auf dem Vertrag (SoeHadding 3); **bb)** aus dem **Valutaverhältnis** (§ 328 Rn 10). Bsp: Hamburg MDR 78, 403. Wirken sich Mängel des Valutaverhältnisses auf das Deckungsverhältnis aus (Bsp: Wegfall der Geschäftsgrundlage, BGH 54, 155 f), gilt 3 4 5

§§ 335–338 Buch 2. Abschnitt 3. Schuldverhältnisse aus Verträgen

6 Rn 3; **cc)** aus **sonstigen Rechtsbeziehungen zum Versprechensempfänger;** Bsp: keine Aufrechnung mit Forderungen gegen den Versprechensempfänger (BGH MDR 61, 481). **Dagegen** kann der Versprechende mit einem Anspruch gegen den Dritten aufrechnen (RG 119, 3; Schutz des Dritten: § 333), soweit nicht eine Aufrechnung nach dem Zweck des Vertrags ausgeschlossen sein soll (vgl Lange NJW 65, 662).

§ 335 Forderungsrecht des Versprechensempfängers

Der Versprechensempfänger kann, sofern nicht ein anderer Wille der Vertragschließenden anzunehmen ist, die Leistung an den Dritten auch dann fordern, wenn diesem das Recht auf die Leistung zusteht.

1 1. **a) Bedeutung: Auslegungsregel** (Ergänzung von § 328 I) zur Rechtsstellung des Versprechensempfängers (dazu allg § 328 Rn 17). Vereinbarung eines
2 ausschließlichen Rechts des Dritten ist möglich. **b)** Der Versprechensempfänger hat ein auf Leistung an den Dritten gerichtetes **selbständiges** (BGH 3, 388), vom Recht des Dritten (vgl § 328 Rn 15 f und § 334) verschiedenes **Forderungsrecht** (keine Gesamtgläubigerschaft, sondern bes Art der Forderungsmehrheit, hM, str; aA Hadding, FS Gernhuber, 1993, S 162 mN), das durch Vormerkung gesichert werden kann (BayObLG DNotZ 87, 102 mN; Oldenburg NJW-RR 90, 274). Es umfaßt nicht nur die (primäre) Leistungspflicht des Versprechenden, sondern auch Folgeansprüche (insbes auf Schadensersatz; BGH NJW 74, 502). Abtretung ist jedenfalls an den Dritten zulässig (RG 150, 133). Die Geltendmachung von Eigenschaden des Versprechensempfängers wird durch § 335 nicht berührt (BGH NJW 67, 2261 f).

Titel 4. Draufgabe, Vertragsstrafe

§ 336 Auslegung der Draufgabe

(1) Wird bei der Eingehung eines Vertrags etwas als Draufgabe gegeben, so gilt dies als Zeichen des Abschlusses des Vertrags.

(2) Die Draufgabe gilt im Zweifel nicht als Reugeld.

§ 337 Anrechnung oder Rückgabe der Draufgabe

(1) Die Draufgabe ist im Zweifel auf die von dem Geber geschuldete Leistung anzurechnen oder, wenn dies nicht geschehen kann, bei der Erfüllung des Vertrags zurückzugeben.

(2) Wird der Vertrag wieder aufgehoben, so ist die Draufgabe zurückzugeben.

§ 338 Draufgabe bei zu vertretender Unmöglichkeit der Leistung

¹Wird die von dem Geber geschuldete Leistung infolge eines Umstands, den er zu vertreten hat, unmöglich oder verschuldet der Geber die Wiederaufhebung des Vertrags, so ist der Empfänger berechtigt, die Draufgabe zu behalten. ²Verlangt der Empfänger Schadensersatz wegen Nichterfüllung, so ist die Draufgabe im Zweifel anzurechnen oder, wenn dies nicht geschehen kann, bei der Leistung des Schadensersatzes zurückzugeben.

Anmerkungen zu den §§ 336–338

1 1. **a) Begriff: Draufgabe** (Angeld, Handgeld) ist Hingabe einer Leistung (idR Geld) als Beweisanzeichen für den Abschluß eines Vertrags (ZPO 292 gilt). **b)** Be-

Titel 4. Draufgabe, Vertragsstrafe **§ 339**

deutung gering; zum Verlöbnis vgl § 1301. **Auslegungsregeln** enthalten §§ 336 II, 337 I (Ausnahme: § 338 S 1), 338 S 2. **c) Abgrenzung. aa)** Vereinbarung eines **Reugelds** (iZw nicht gewollt: § 336 II) bedeutet Rücktrittsrecht gegen Verfall des Geleisteten (vgl § 353; § 339 Rn 9). **bb)** Die **Anzahlung** ist eine Teilleistung (nicht erst nachträglich anzurechnen, vgl § 337 I), entweder als Vorschuß auf die vertragliche Leistung oder schon vor bindendem Abschluß möglich; Verfall ausgeschlossen (vgl dagegen § 338 S 1). **cc)** Die **Zugabe** ist eine über die Vertragsleistung hinausgehende Zusatzleistung (vgl dagegen § 337 I). **d) Rechtsfolgen:** Anrechnungspflicht auf Haupt- (§ 337 I) und Ersatzleistung (§ 338 S 2), idR Rückgabepflicht (§§ 275 ff, 280 ff gelten, nicht §§ 812 ff, str) bei Vertragsaufhebung (§ 337 II); Ausnahme: § 338 S 1 (Mindestentschädigung). 2

3

§ 339 Verwirkung der Vertragsstrafe

[1]**Verspricht der Schuldner dem Gläubiger für den Fall, dass er seine Verbindlichkeit nicht oder nicht in gehöriger Weise erfüllt, die Zahlung einer Geldsumme als Strafe, so ist die Strafe verwirkt, wenn er in Verzug kommt.** [2]**Besteht die geschuldete Leistung in einem Unterlassen, so tritt die Verwirkung mit der Zuwiderhandlung ein.**

Lit: Beuthien, Pauschalierter Schadensersatz und Vertragsstrafe, FS Larenz, 1973, S 495; Hess, Die Vertragsstrafe, 1993; Köhler, Vereinbarung und Verwirkung der Vertragsstrafe, FS Gernhuber, 1993, S 207; Lindacher, Phänomenologie der Vertragsstrafe, 1972; K. Schmidt, Unselbständige und selbständige Vertragsstrafeversprechen, FS Heinrichs, 1998, S 529; Schwerdtner, Grenzen der Vereinbarungsfähigkeit von Vertragsstrafen im Einzelarbeitsverhältnis, FS Hilger/Stumpf, 1983, S 631.

1. Allgemeines. a) Begriff. Vertrags-(Konventional-)strafe ist eine bes (idR auf Schadensersatz anzurechnende, § 340 Rn 1) Vermögensleistung (idR Geld, § 339; vgl aber auch § 342), die der Schuldner auf Grund vertraglicher Vereinbarung (Rn 15 f) für den Fall der Nichterfüllung (§ 340) oder der nicht gehörigen Erfüllung (§ 341) einer bestehenden Verbindlichkeit (Rn 17) verspricht. Sie bezieht sich nur auf ein zukünftiges Verhalten (sonst Garantieversprechen: BGH 105, 28). **b) Rechtsnatur.** Das echte („unselbständige") Vertragsstrafeversprechen begründet eine von der gesicherten Hauptschuld abhängige („akzessorische") zusätzliche Nebenverbindlichkeit (dazu Rn 17). Abgrenzung zum „selbständigen" Strafversprechen: Rn 6. **c) Zwecke.** Doppelte Zielrichtung (BGH 105, 27): Druckmittel gegenüber dem Schuldner zur ordnungsgemäßen Erbringung der Leistung; Erleichterung der Schadloshaltung des Gläubigers ohne Schadensnachweis (BGH 85, 312 f mN; 130, 295 f; 146, 326; BAG 46, 59, hM, str). Die Vertragsstrafe ist insbes von **Bedeutung,** wenn der Schaden nicht nachweisbar oder nicht ersatzfähig (beachte insoweit nunmehr § 253 nF sowie wegen nutzlos werdender Aufwendungen § 284) ist. Häufig vereinbart bei (wettbewerbsrechtlichen) Unterlassungspflichten (vgl BGH 130, 289) und in der Bauwirtschaft (vgl BGH 85, 308; NJW-RR 89, 916; Kapellmann/Langen BB 87, 560 ff). **d) Anwendungsbereich.** §§ 339 ff gelten nur für das echte (unselbständige) Vertragsstrafeversprechen (Rn 1 f), mit Einschränkungen auch für das selbständige (Rn 6), entspr für bestimmte Verwirkungsklauseln (Rn 7). **e) Ausschluß** durch zT zwingende **Sondervorschriften:** §§ 555, 1297 II; ferner § 307 II Nr 1 (s fr BGH 121, 17 ff); § 309 Nr 6; FernUSG 2 V Nr 1; WoVermG 4; HGB 75 c, d. Grund: Bes Schutzbedürftigkeit, Mißbrauchsgefahr. 1

2

3

4

5

2. Abgrenzung und Konkurrenzen. a) Beim **selbständigen Strafversprechen** wird eine Strafe für den Fall versprochen, daß eine Handlung vorgenommen oder unterlassen wird (vgl § 343 II, auch „uneigentliches Strafgedinge"), ohne daß eine zu sichernde (Haupt-)verpflichtung besteht (BGH 82, 401; 105, 27, hM). Bsp: Vereinbarung der Rückzahlung einer **Gratifikation** bei Kündigung eines Dienst- oder Arbeitsverhältnisses (str; vgl § 611 Rn 34); uU bei Reueprovision in einem Maklervertrag (vgl Rn 15; § 652 Rn 42). Die §§ 339 ff sind – ausgenom- 6

§ 339 Buch 2. Abschnitt 3. Schuldverhältnisse aus Verträgen

men §§ 343 II, 344 – grundsätzlich nicht anwendbar (BGH 82, 401; sa § 343 Rn
7 2; § 344 Rn 1). **b) Verfall-(Verwirkungs-)klauseln** begründen keine zusätzliche
Leistungsverpflichtung (iGgs zu Rn 2), sondern führen zu einem Rechtsverlust bei
Nicht- oder nicht gehöriger Erfüllung (BGH 95, 371; NJW-RR 93, 465 mN).
Schranken: §§ 1149, 1229 (nicht entspr anwendbar auf dinglich nicht gesicherte
Gläubiger: BGH 130, 104 ff); im Verbraucherdarlehensvertrag unwirksam (str, s
§ 498 Rn 1). Ist die Verwirkungsklausel umfassend, gilt sie als Rücktrittsvorbehalt
(§ 354), ist sie auf den Wegfall einzelner Rechte beschränkt, finden §§ 339 ff
entspr Anwendung (vgl BGH 95, 371 f; NJW-RR 93, 246 f mN; PalHeinrichs 5
vor § 339; ErmWestermann 8 vor § 339), dies gilt auch für versicherungsrechtliche Leistungsfreiheitsklauseln gem VVG 6 (str; vgl dazu Lindacher JuS 75, 289,
8 aber auch BGH 52, 90). Bsp: BGH 82, 128. **c)** Bei **Vorfälligkeitsklauseln** besteht
der Rechtsnachteil (Rn 7) in einer automatischen vorzeitigen Fälligkeit der Restschuld zB bei Teilzahlungskrediten, Abzahlungs- und Leasingverträgen (bei Verbraucherdarlehen unzulässig: § 498 Rn 1, str). Die §§ 339 ff, 309 Nr 6 sind nicht
(allg) anwendbar (BGH 95, 372 mN; Ulmer § 11 Nr 6 Rn 8 mN, str); das
Verschuldenserfordernis (vgl Rn 19) gilt (BGH 96, 191 f; 101, 390; NJW 91,
2562); die Voraussetzungen vorzeitiger Fälligkeit müssen denen einer Kündigung
9 aus wichtigem Grund (§ 314) entsprechen (arg §§ 498 I, 543 I, II). **d) Reugeld**
ist Ausgleich für den Rücktritt vom Vertrag (§§ 336–338 Rn 2; § 353 Rn 1).
Auslegung (§§ 133, 157) kann Vertragsstrafe ergeben (Rn 15); dann § 309 Nr 6 –
„Lösung vom Vertrag" – beachten; zur Abgrenzung BGH NJW 85, 57 f; KG
10 NJW-RR 89, 1077. **e) Pauschalierter Schadensersatz. aa) Abgrenzung** (dazu
eingehend Ulmer § 11 Nr 5 Rn 6 f; Reich NJW 78, 1570). Dieser dient der
vereinfachten Durchsetzung eines als bestehend vorausgesetzten Schadensersatzanspruchs (tatsächlicher Schadensnachweis entfällt), während die Vertragsstrafe
(Rn 3) in erster Linie als Druckmittel die Erfüllung der Hauptforderung sichern
11 soll (BGH NJW 83, 1542 mN; 92, 2625; NJW-RR 88, 41 mN, str). **bb) Vereinbarung:** Durch Individualabrede grundsätzlich frei möglich (Schranken: Rn
11 [cc]), in AGB gegenüber Nichtkaufleuten nur im Rahmen von § 309 Nr 5
zulässig. **cc) Kontrolle überhöhter Schadenspauschalen.** Bei AGB-Vereinbarung gilt § 309 Nr 5 (s Anm dort), iü ist entspr Anwendung geboten (str);
Sondervorschrift für Reisevertrag: § 651 i III. Umdeutung in Vertragsstrafe und
Herabsetzung gem § 343 (so Köln NJW 74, 1953; Trinkner BB 84, 1455 f)
scheidet wegen der weitergehenden Rechtsfolgen der Vertragsstrafe aus (zutr
Beuthien, FS Larenz, 1973, S 502, 512; Larenz, SchR I, § 24 II c; sa § 343 Rn 6).
Vereinbarung einer Schadensersatzpauschale ist auf Grund des schadensrechtlichen
Bereicherungsverbots nur wirksam, wenn der zu zahlende Betrag an der Höhe des
durchschnittlich eintretenden Schadens orientiert ist (Beuthien aaO S 506 ff; La-
renz aaO; BGH 67, 314; 82, 128); die Beweislast dafür trägt der Gläubiger
(Baumgärtel/Strieder § 340 Rn 3 mN); iü darf dem Schuldner der Nachweis, daß
überhaupt kein oder erheblich geringerer Schaden entstanden ist, nicht abgeschnit-
12 ten werden (BGH 67, 315; 82, 128). **f)** Auf den vertragsstrafeähnlich ausgestalteten
Garantievertrag (Begriff: Rn 11 vor § 765) sind die §§ 339 ff nicht anwendbar
(BGH 82, 401 f; iE auch K. Schmidt, FS Heinrichs, 1998, 535 ff: Fall von selbständigem Versprechen iSv Rn 6). **g) Keine** Vertragsstrafen iSv Rn 1 sind **Fälligkeitszinsen** (BGH NJW 92, 2625), die auf der Grundlage einer Vereinssatzung
ergangenen **Vereinsstrafen** (BGH 21, 373; Frankfurt WRP 85, 566, str) sowie die
auf Grund einer Bußordnung verhängten **Betriebsbußen** (hM, str; zur Abgrenzung s BAG DB 86, 1979 mN). Im Anwendungsbereich des BetrVG können
betriebliche Ordnungsmittel (vgl BetrVG 87 I Nr 1) nicht den Gegenstand einer
13 Vertragsstrafe bilden (LAG Hamm ZIP 84, 1398 f). **h) Zusammentreffen mit
Strafen und Zwangsmitteln. aa)** Mit **öffentl Strafe** bedrohtes Verhalten kann
Gegenstand einer Vertragsstrafe sein (BGH 21, 374; Frankfurt NJW-RR 86, 896;
Lindacher ZIP 86, 819). Bsp: Erhöhtes Fahrgeld bei Beförderungserschleichung (§
309 Nr 6 steht nicht entgegen, s Rn 7 dort); Vertragsstrafe bei Entziehung von

Titel 4. Draufgabe, Vertragsstrafe **§ 339**

Energie usw (AVBElt/Gas/Fernwärme/WasserV je 23). **bb)** Sicherung durch Ver- 14
tragsstrafe schließt Rechtsschutzbedürfnis für Unterlassungsklage und Antrag gem
ZPO 890 nicht aus (BGH NJW 80, 1843 für UWG 1, 3); Geltendmachung von
Ordnungsmittel (ZPO 890) *neben* der Vertragsstrafe ist zulässig (vgl BGH 138, 69
mit zust Anm Windel JR 98, 378 und Brehm ZZP 111, 215, str; nach aA nur
Wahlrecht).

3. Voraussetzungen der Verwirkung der Vertragsstrafe. a) Vertragsstra- 15
fenversprechen. aa) Vereinbarung unter Nichtkaufleuten (gegenüber Verbrauchern, AN) in den Grenzen der §§ 307, 309 Nr 6, 310 auch mittels AGB möglich
(BGH 85, 308; NJW 98, 3488), desgl in Arbeitsverträgen (vgl § 310 IV 2; Rn 36
vor § 611; § 611 Rn 12; BAG 46, 53 ff; DB 86, 1980; ie Schwerdtner, FS Hilger/
Stumpf, 1983, 653 ff), unter Kaufleuten ist § 307 zu beachten (s näher § 310 I; sa
§ 343 Rn 2); Abschlußbeschränkungen: Rn 5. Form des Hauptvertrags gilt
(§ 311 b Rn 30), Versprechen der Strafe an einen Dritten (§ 328) ist zulässig (BGH
NJW 87, 3197). Ausdr Bezeichnung als „Vertragsstrafe" unnötig, jedoch kann
Unklarheit zur Annahme von Schadenspauschale (Rn 10 f) führen (Beuthien, FS
Larenz, 1973, S 512). Bsp für Bejahung von Vertragsstrafe: Flaschenpfand (BGH
MDR 64, 45; abl Martinek JuS 87, 520); Wiederbeschaffungspreis-Klausel im
Getränkehandel (Trinkner BB 84, 1457, str); Reueprovision in Maklervertrag
(BGH NJW 70, 1915; Celle NJW 78, 326); strafbewehrte Unterwerfungserklärung
gegenüber Wettbewerbsverband oder Wettbewerber (zB BGH 130, 289). **bb) In-** 16
halt. Die Voraussetzungen der Verwirkung der Vertragsstrafe (Rn 18) sowie deren
Höhe und Gegenstand müssen (ggf durch Auslegung, §§ 133, 157) **bestimmbar**
sein (BGH MDR 75, 656). **Bestimmung** der Strafhöhe durch einen Dritten
(§ 317) oder den Gläubiger (vgl § 315; BGH NJW 85, 2021; 94, 46, hM; aA
Larenz, SchR I, § 24 II a), wohl auch durch das Gericht (Hamburg JZ 63, 172;
Lindacher BB 78, 270, str; aA LM Nr 21 [zu abw Auslegung s § 319 Rn 4]) ist
möglich. **b) Bestehende Hauptverpflichtung. aa) Jede** Verpflichtung (auch 17
Unterlassungspflicht: S 2), gleich welcher Art (auch ges, zB Unterhaltspflicht) kann
durch Vertragsstrafe gesichert werden. **bb) Akzessorietät der Vertragsstrafe.**
Die Hauptpflicht muß **wirksam** entstanden sein (sa § 344) und muß bei Sicherung
des Erfüllungsinteresses (§ 340) noch im Zeitpunkt der Geltendmachung der (ver-
wirkten) Vertragsstrafe bestehen (§ 340 I 1 arg „statt"; RGRK/Ballhaus 15);
Schuldner der Hauptpflicht und Schuldner der Vertragsstrafe müssen personen-
gleich sein (BGH 109, 233). **Kein Strafanspruch** entsteht daher in folgenden
Fällen: Nichtigkeit (§§ 125, 134, 138; zur Heilung gem § 311 b I 2 s § 311 b
Rn 43) oder wirksame Anfechtung (§§ 119, 123, 142) des Hauptvertrags (sa
§ 344); Auflösung des Vertrags durch Rücktritt (§§ 323, 346) oder Kündigung vor
Eintritt der Verwirkung (BGH NJW 62, 1341), aber auch bei Kündigung
(Rücktritt) durch den Gläubiger wegen eines vertragswidrigen Verhaltens des
Schuldners, das die das Erfüllungsinteresse sichernde Strafe bereits ausgelöst hat (vgl
BGH NJW 98, 3269); vom Schuldner nicht zu vertretende Leistungshindernisse
(§§ 275, 280 I 2; sa LM Nr 2), auch wenn die Strafe bereits verwirkt war (LG
München I NJW 75, 784; RGRK/Ballhaus 15; ie Knütel AcP 175, 72 ff). Der
Strafanspruch wegen Verstoß gegen eine Unterlassungspflicht (S 2) oder nicht
gehöriger Erfüllung (§ 341) wird durch den Wegfall der Geschäftsgrundlage nach
Verwirkung nicht mehr berührt (KG NJW 95, 268; sa § 341 Rn 1 f). **c) Die** 18
Verletzung der gesicherten Verpflichtung kann bestehen in Nichterfüllung
(S 1, § 340 Rn 2), in nicht gehöriger Erfüllung (**S 1,** § 341 Rn 1; Hauptfall:
Schuldnerverzug) oder in einer Zuwiderhandlung gegen eine Unterlassungspflicht
(**S 2**). Vertragswidriges Verhalten des Schuldners vor Fälligkeit, das den Gläubiger
zur Vertragsauflösung berechtigt, steht Verwirkung nach Fälligkeit gleich (arg § 323
IV, str). Auf tatsächlichen Schadenseintritt kommt es nicht an (Rn 3; § 343 Rn 6),
Einwand überholender Kausalität (dazu BGH NJW 69, 462; 74, 2091) daher nur
im Rahmen des § 343 von Bedeutung (dort Rn 6). Geringfügige Pflichtverletzun-

§ 340 Buch 2. Abschnitt 3. Schuldverhältnisse aus Verträgen

19 gen sind nach § 242 unerheblich (vgl AG Hannover NJW-RR 91, 883), andererseits reichen Umgehungshandlungen idR aus (§§ 133, 157; hM). Zur Bedeutung mehrmaliger Zuwiderhandlungen vgl Rn 22 ff. **d) Verschulden.** Der Schuldner muß die Pflichtverletzung (Rn 18) zu vertreten, dh idR verschuldet haben (§ 276 I 1, HS 1); Grundgedanke des § 339: BGH NJW 85, 57. Für **S 1** folgt dies aus der Voraussetzung des Verzugs (§ 286 IV); diesem stehen verschuldete Leistungshindernisse gleich (LM Nr 2; sa Rn 17 [bb]). Das gleiche gilt auch bei **S 2** (BGH NJW 85, 191 mN). Für Verschulden von Hilfspersonen ist gem § 278 einzustehen (BGH NJW 87, 3253 f; 98, 3343). **Beweislast** für fehlendes Verschulden trifft den Schuldner (§ 345 Rn 4). Verschuldenserfordernis ist **nicht zwingend**, abw Vereinbarung möglich (BGH 72, 178 mN; NJW-RR 97, 686 [688 mN]; Derleder MDR 86, 364, str), idR nicht aber durch AGB, arg § 307 II Nr 1, (BGH NJW 85, 57 f; Köln BB 95, 1924; sa Rn 8); Bsp für Ausnahmefall: BGH 72, 179; Folge:
20 Rn 12. **e) Eigene Vertragstreue des Gläubigers** folgt nicht mehr aus dem Erfordernis des Verzugs (so 9. Aufl mN), wohl aber aus allg Grundsätzen (§ 323 VI HS 1 entspr). Die Strafe kann daher nicht geltend gemacht werden, wenn die Nichteinhaltung der Vertragspflichten durch den Schuldner (Rn 18) die Folge des eigenen vertragswidrigen Verhaltens des Gläubigers ist (BGH NJW 71, 1126; NJW-RR 91, 569; sa § 242 Rn 45).

21 **4. Rechtsfolgen:** Entstehung des **Strafanspruchs. a) Überblick:** Verhältnis zu Erfüllungs- und Schadensersatzanspruch: §§ 340, 341 mit Anm; Erfordernis des Geltendmachung durch den Gläubiger (§ 340 Rn 5) innerhalb angemessener Frist
22 (§ 343 Rn 3 [bb]), uU nach rechtzeitigem Vorbehalt (§ 341 Rn 3 ff). **b) Einzelfragen. aa) Inhalt und Höhe** richten sich nach der Vereinbarung (Rn 15 f); uU kann Schuldner gerichtliche Herabsetzung der Strafhöhe herbeiführen (§ 343). Ob bei **mehrmaliger Verwirkung** jeder Verstoß einen neuen Strafanspruch auslöst, ist durch insbes auch ergänzende (s § 157 Rn 4) Auslegung zu ermitteln (BGH 146, 318 [322f]). Auch beim Strafversprechen „für jeden Fall der Zuwiderhandlung" ist so eine Zusammenfassung mehrerer gleichartiger Einzelhandlungen zu einer „rechtlichen Einheit" möglich. Für den wenig tauglichen Begriff des „Fortsetzungszusammenhangs" ist im Vertragsstrafrecht kein Raum mehr (BGH 146, 324 ff – Rspr-Änderung). Durch die bei §§ 133, 157 gebotene Einzelabwägung wird bei Wahrung der schutzwürdigen Interessen des Gläubigers eine unverhältnismäßige Vertragsstrafenkumulation vermieden (ie Teplitzky, Wettbewerbsrecht-
23 liche Ansprüche und Verfahren, 8. Aufl 2002, Kap 20, 17 b). **bb) Beiderseitiger Verstoß** gegen zweiseitiges Strafversprechen löst idR für beide Teile Strafen aus (RG 96, 174). **cc) Verjährung:** Hauptverbindlichkeit maßgebend bei Sicherung
24 des Erfüllungsinteresses, sonst nach §§ 195, 199 (ie BGH 130, 295, hM). **dd)** Isolierte **Abtretung** vor Verwirkung nicht möglich (nur mit Hauptanspruch, § 401 Rn 2 ff, vgl BGH 109, 233), wohl aber des Anspruchs auf die verwirkte Strafe. **ee)** Der **Gerichtsstand** entspricht dem der Hauptforderung (RG 69, 12, hM). **ff) Beweislast:** § 345 mit Anm. **gg) Neue Länder:** Vertragsstrafeversprechen zur Sicherung von Investorenpflichten in Treuhand-Privatisierungsverträgen sind zulässig; ie BGH NJW 98, 2600 mwN.

§ 340 Strafversprechen für Nichterfüllung

(1) ¹Hat der Schuldner die Strafe für den Fall versprochen, dass er seine Verbindlichkeit nicht erfüllt, so kann der Gläubiger die verwirkte Strafe statt der Erfüllung verlangen. ²Erklärt der Gläubiger dem Schuldner, dass er die Strafe verlange, so ist der Anspruch auf Erfüllung ausgeschlossen.

(2) ¹Steht dem Gläubiger ein Anspruch auf Schadensersatz wegen Nichterfüllung zu, so kann er die verwirkte Strafe als Mindestbetrag des Schadens verlangen. ²Die Geltendmachung eines weiteren Schadens ist nicht ausgeschlossen.

Titel 4. Draufgabe, Vertragsstrafe **§ 341**

1. Allgemeines. a) Bedeutung: §§ 340, 341 (auch 342) regeln das Verhältnis   1
der verwirkten Vertragsstrafe zum Erfüllungs- und Schadensersatzanspruch
(Rn 4 ff; § 341 Rn 1 f). Im Interesse des Schuldnerschutzes kann bei § 340 nicht
Vertragsstrafe und Erfüllung (bzw. Surrogat) nebeneinander verlangt werden; auf
Schadensersatz ist die Vertragsstrafe stets anzurechnen (II; § 341 II). **b) Anwen-**   2
dungsbereich: Gilt nur beim Strafversprechen für den Fall, daß Schuldner (ganz
oder teilw) nicht erfüllt (andernfalls § 341; uU durch Auslegung zu ermitteln, ob
Strafe Interesse an Erfüllung als solcher (zB an der ganzen Unterlassung; dann
§ 340) oder nur an ordnungsgemäßer (gehöriger) Erfüllung (zB an Unterlassen
einzelner Zuwiderhandlungen; dann § 341) sichern soll (RG 112, 366; sa BAG
NJW 71, 2008). **Sondervorschrift:** HGB 75 c. **c) Abdingbar** durch Individual-   3
vereinbarung (aA Lindacher aaO S 189), **nicht** aber das Anrechnungsgebot (Rn 1)
durch AGB (BGH 63, 256; NJW 92, 1097).

2. Konkurrenz bei Nichterfüllung. a) Straf- und Erfüllungsanspruch (I).   4
aa) Sie stehen im Verhältnis **alternativer Konkurrenz** mit **Wahlrecht des**
Gläubigers (kein Fall des § 262, vgl dort Rn 4 [cc]). Der Schuldner kann den
(entstandenen) Strafanspruch weder durch nachträgliches Leistungsangebot beseitigen (RGRK/Ballhaus 7; aA Larenz, SchR I, § 24 II a; Knütel AcP 175, 44) noch
vor der Wahl des Gläubigers die Vertragsstrafe erfüllen (BAG NJW 70, 1146), um
dem Erfüllungsanspruch zu entgehen (vgl I 2). **bb)** Die **Ausübung** der Wahl   5
erfolgt durch einseitige Erklärung. Erfüllungsverlangen bindet (noch) nicht (hM),
erst bei **Annahme** als Erfüllung erlischt (auch) der Strafanspruch **(I 1).** Ist der
Strafanspruch begründet (RG 77, 292; LM Nr 2 zu UWG 17), so führt das
Verlangen der Vertragsstrafe zum **Erlöschen des Erfüllungsanspruchs (I 2);**
Auslegungsfrage, ob auch des Gegenleistungsanspruchs des Schuldners (idR anzunehmen; Anhaltspunkt: Höhe der Strafe; vgl ErmWestermann 1). Ein **Unterlas-**
sungsanspruch erlischt bei Strafverlangen nur für die Zeit, auf die er sich bezieht
(LAG Mannheim NJW 73, 533); für uU verbleibende Zeit kann Unterlassung
verlangt werden (BAG NJW 73, 1718). **b) Straf- und Schadensersatzanspruch**   6
wegen Nichterfüllung (II; nach der Terminologie des SchRModG: „statt der
Leistung"). Der Gläubiger kann zwischen dem Strafanspruch und dem konkurrierenden Schadensersatzanspruch statt der Leistung (vgl §§ 281–283) wählen,
jedoch auch die verwirkte Strafe als Mindestschaden (ohne tatsächlichen Nachweis, BGH 63, 260) fordern und daneben weitergehenden (nachgewiesenen oder
durch Pauschalierungsabrede festgelegten, BGH aaO) Nichterfüllungsschaden verlangen.

§ 341 Strafversprechen für nicht gehörige Erfüllung

(1) **Hat der Schuldner die Strafe für den Fall versprochen, dass er seine**
Verbindlichkeit nicht in gehöriger Weise, insbesondere nicht zu der be-
stimmten Zeit, erfüllt, so kann der Gläubiger die verwirkte Strafe neben
der Erfüllung verlangen.

(2) **Steht dem Gläubiger ein Anspruch auf Schadensersatz wegen der**
nicht gehörigen Erfüllung zu, so findet die Vorschrift des § 340 Abs. 2
Anwendung.

(3) **Nimmt der Gläubiger die Erfüllung an, so kann er die Strafe nur**
verlangen, wenn er sich das Recht dazu bei der Annahme vorbehält.

1. Konkurrenzen bei nicht gehöriger Erfüllung. a) Straf- und Erfül-   1
lungsanspruch (I, III). Der Gläubiger kann die verwirkte Vertragsstrafe wegen
nicht gehöriger Erfüllung (zB Verzug, Schlechtleistung) **neben** der Erfüllung
fordern (**Kumulation;** vgl § 340 Rn 2), ferner neben einem Schadensersatzanspruch statt der Leistung, der nach Entstehung des Strafanspruchs an die Stelle des
Erfüllungsanspruchs getreten ist (RG 94, 206) sowie neben einem Anspruch auf
Verzugszinsen für die Zeit ab Strafverwirkung (BGH NJW 63, 1197). Bei **An-**

§§ 342, 343 Buch 2. Abschnitt 3. Schuldverhältnisse aus Verträgen

2 nahme der Leistung sind Rn 3 ff zu beachten. **b) Straf- und Schadensersatzanspruch** wegen nicht gehöriger Erfüllung (zB gem §§ 280 I, II, 286): Es besteht durch AGB nicht abdingbarer **Anrechnungszwang (II; § 340 Rn 1, 3).**
3 **2. Notwendiger Vorbehalt bei Annahme der Erfüllung (III). a)** Regelung ist – auch stillschweigend (BGH 73, 245, im Einzelfall verneinend) – **abdingbar** (BGH 72, 226; 85, 310), wegen ihrer Schutzfunktion für den Schuldner aber in AGB nur in engen Grenzen (BGH 72, 226 ff; 85, 310 ff). Bsp: In AGB-Bauvertrag Hinausschiebung des maßgeblichen Zeitpunkts (vgl Rn 4) bis zur Schlußzahlung zulässig (BGH 72, 222), nicht aber völlige Beseitigung des Vorbehalts-
4 erfordernisses (BGH 85, 311; Hamm BauR 87, 561). **b) Voraussetzungen. Annahme** ist die (stillschweigende) Erklärung, daß Leistung im wesentlichen vertragsgemäß (dazu § 363 Rn 2; § 640 Rn 1 ff); sie fehlt bei Abnahmeverweigerung oder Ersatzvornahme (BGH NJW 97, 1983). **Vorbehalt** des Strafanspruchs muß erkennbar (idR ausdr: BGH 73, 246) „bei der Annahme" erfolgen; formularmäßige Erklärung ist möglich (BGH NJW 87, 381 für Bauvertrag); früherer (späterer) Vorbehalt genügt idR nicht (BGH 85, 244 und 309 mN, stRspr, ie str). Ausnahmen: Strafanspruch ist bei Annahme rechtshängig (BGH 62, 328) oder über ihn ist rechtskräftig entschieden (Reinicke/Tiedtke DB 83, 1643 f); mit ihm ist bereits die Aufrechnung erklärt (mR Reinicke/Tiedtke DB 83, 1639 ff gegen BGH 85, 243 ff) oder die Parteien haben sich endgültig über den Verfall der
5 Vertragsstrafe geeinigt (BGH 85, 209). **c) Rechtsfolge:** Erhaltung des Strafanspruchs (vgl demgegenüber § 340 Rn 5). Vorbehaltslose Annahme schließt den Strafanspruch kraft Ges auch bei Unkenntnis der Mangelhaftigkeit oder des Strafanspruchs aus (vgl ErmWestermann 4 mN); ein Verzichtswille oder ein entspr Erklärungsbewußtsein des Annehmenden ist nicht erforderlich (BGH NJW 85, 1758). Bei Teilleistung erstreckt sich die Vorbehaltswirkung nur auf diese (BGH 82, 402). **d)** Der Architekt hat seinen Auftraggeber auf III **hinzuweisen** (BGH 74, 238; ie Vygen BauR 84, 245).

§ 342 Andere als Geldstrafe

Wird als Strafe eine andere Leistung als die Zahlung einer Geldsumme versprochen, so finden die Vorschriften der §§ 339 bis 341 Anwendung; der Anspruch auf Schadensersatz ist ausgeschlossen, wenn der Gläubiger die Strafe verlangt.

1 **1. Abgrenzung** zu Verfallklausel (§ 339 Rn 7) uU schwierig. Einschränkung zu §§ 339–341: Strafverlangen schließt (entgegen §§ 340 II, 341 II) weiteren Schadensersatzanspruch aus.

§ 343 Herabsetzung der Strafe

(1) ¹**Ist eine verwirkte Strafe unverhältnismäßig hoch, so kann sie auf Antrag des Schuldners durch Urteil auf den angemessenen Betrag herabgesetzt werden.** ²**Bei der Beurteilung der Angemessenheit ist jedes berechtigte Interesse des Gläubigers, nicht bloß das Vermögensinteresse, in Betracht zu ziehen.** ³**Nach der Entrichtung der Strafe ist die Herabsetzung ausgeschlossen.**

(2) Das Gleiche gilt auch außer den Fällen der §§ 339, 342, wenn jemand eine Strafe für den Fall verspricht, dass er eine Handlung vornimmt oder unterlässt.

1 **1. Allgemeines. a) Zweck:** Schuldnerschutz durch richterliche Billigkeitskontrolle; deshalb **nicht abdingbar** (BGH 5, 136). Zwingende Sondervorschriften: HGB 75 c I 2, 75 d. Nach Verwirkung erklärter Verzicht auf Herabsetzung ist
2 jedoch wirksam. **b) Umfassender Anwendungsbereich:** Gilt auch für andere als Geldstrafen (§ 342), selbständige Strafversprechen (§ 339 Rn 6) und Verfallklauseln (§ 339 Rn 7); wegen Schadenspauschalen vgl § 339 Rn 11 [cc]. **Nicht** anwendbar

Titel 4. Draufgabe, Vertragsstrafe **§§ 344, 345**

auf **Vollkaufleute** (HGB 348; aber abdingbar: Teplitzky, Wettbewerbsrechtliche Ansprüche, 8. Aufl, Kap 8, 30 b), auch nicht bei **AGB-**Klausel (BGH 85, 314); Grund: Inhaltskontrolle gem §§ 242, 307 I, 310 I (BGH 85, 315; NJW 97, 3234); zB ist in Bauverträgen eine AGB-Vertragsstrafe von 0,5% der Auftragssumme pro Verzugstag ungeachtet einer Obergrenze (von 5-10%) unwirksam (BGH NJW 00, 2106; 02, 2322; NJW-RR 02, 806). § 343 ist aber anwendbar, soweit §§ 305–310 nicht eingreifen. **c) Abgrenzung.** Strafanspruch kann gänzlich entfallen (keine 3 Herabsetzung) **aa)** bei **Sittenwidrigkeit** der Strafabrede (§ 138). Überhöhte Strafe allein genügt hierfür nicht, Hinzutreten bes Umstände ist erforderlich (LM Nr 1 mN; Köhler, FS Gernhuber, 1993, 210 ff). Sittenwidrige Strafklausel kann (§ 139) zur Nichtigkeit des Gesamtvertrages führen (RG 158, 301). **bb)** Geltendmachung kann im Einzelfall **unzulässige Rechtsausübung** sein (§ 242; vgl BGH NJW-RR 91, 569 mN; LG Berlin NJW 96, 1142). Bsp (ie Köhler aaO S 220 ff): Keine Verfolgung schutzwürdiger Interessen; ungebührliche Verzögerung; nur geringfügiger Verstoß.

2. Herabsetzung. a) Voraussetzungen: aa) Wirksames Strafversprechen (Rn 4 3; § 339 Rn 15 f); **bb)** verwirkte aber noch nicht entrichtete Strafe **(I 3),** es sei denn, Schuldner hat ausdr unter Vorbehalt geleistet; **cc)** unverhältnismäßige Strafhöhe (dazu Rn 6); **dd)** Antrag des Schuldners, wobei jede auf (auch unbezifferte) Herabsetzung gerichtete Anregung (auch Einrede) genügt (BGH NJW 68, 1625). **b) Rechtsfolgen: aa)** Durch **richterliches Gestaltungsurteil** erfolgt 5 Herabsetzung auf angemessenen Betrag. Zur Revisibilität der Entscheidung: BAG NJW 71, 2007. **bb) Angemessene Strafhöhe:** Bei deren Festlegung muß **Abwä-** 6 **gung** aller Umstände des Einzelfalles erfolgen (BGH NJW 83, 943). Einerseits maßgebend, welche Strafhöhe erforderlich ist, um Erfüllungsinteresse (nicht nur Vermögensinteresse) des Gläubigers zu sichern (Larenz, SchR I, § 24 II a; Beuthien, FS Larenz, 1973, S 502). Fehlen eines Schadens nicht entscheidend (BGH NJW 84, 921), sofern nur Schaden möglich oder andere Gläubigerinteressen betroffen (BGH NJW 83, 942 f). Andererseits darf Strafe für Schuldner keine unverhältnismäßige Härte darstellen, zu berücksichtigen zB wirtschaftliche Lage (vgl RG 86, 28), Verschuldensgrad, Ursächlichkeit des Schuldnerverhaltens (BGH NJW 74, 2091; sa § 339 Rn 18). **Maßgeblicher Zeitpunkt** für die Feststellung ist die Verwirkung, str.

§ 344 Unwirksames Strafversprechen

Erklärt das Gesetz das Versprechen einer Leistung für unwirksam, so ist auch die für den Fall der Nichterfüllung des Versprechens getroffene Vereinbarung einer Strafe unwirksam, selbst wenn die Parteien die Unwirksamkeit des Versprechens gekannt haben.

1. Sicherung der Akzessorietät der Strafverbindlichkeit (vgl § 339 Rn 17) auch 1 für den Fall, daß die Parteien die Unwirksamkeit der Hauptverbindlichkeit kannten. Gilt auch für selbständige Versprechen (§ 339 Rn 6), da sonst Umgehung (BGH NJW 80, 1623 mN; K. Schmidt, FS Heinrichs, 1998, 540, 542, hM).

§ 345 Beweislast

Bestreitet der Schuldner die Verwirkung der Strafe, weil er seine Verbindlichkeit erfüllt habe, so hat er die Erfüllung zu beweisen, sofern nicht die geschuldete Leistung in einem Unterlassen besteht.

1. Beweislastverteilung entspr allg Grundsätzen (wie § 358 aF). Klarstellung, 1 daß Schuldner Erfüllung auch dann zu beweisen hat, wenn Gläubiger aus Nichterfüllung bes Rechte herleitet; gilt auch für den Fall nichtgehöriger Erfüllung, aber § 363 zu beachten. Bei Unterlassung hat Gläubiger Zuwiderhandlung zu beweisen.

Vor §§ 346–354 Buch 2. Abschnitt 3. Schuldverhältnisse aus Verträgen

Titel 5. Rücktritt; Widerrufs- und Rückgaberecht bei Verbraucherverträgen

Untertitel 1. Rücktritt

Vorbemerkungen zu den §§ 346–354

Lit: *Gaier,* Das Rücktritts(folgen)recht nach dem Schuldrechtsmodernisierungsgesetz, WM 02, 1; *Kaiser,* Die Rückwirkung gegenseitiger Verträge wegen Nicht- oder Schlechterfüllung nach BGB, 2000; *dies,* die Rechtsfolgen des Rücktritts in der Schuldrechtsreform, JZ 01, 1057.

1   **1. Allgemeines. a) Bisheriges Recht.** Das SchRModG hat die ganz überwiegend für weitgehend missglückt gehaltenen §§ 346 ff aF einschließlich der teilweisen Verweisung in die §§ 812 ff durch § 327 S 2 aF nach Ausführung eines ges Rücktrittsrechts völlig neu konzipiert (s Rn 2). Dadurch wurde eine erhebliche Vereinfachung, wohl auch eine stringentere Systematik geschaffen, für viele Fälle sind wohl auch überzeugendere Einzelergebnisse erzielt worden (aA zB Kohler, JZ 01, 325 ff). Wörtlich übernommen sind die Nebenbestimmungen: Die §§ 350–354 entsprechen dem bisherigen Recht (§§ 355, 356, 357, 359, 360 aF). **b) Anwendungsbereich.** Die §§ 346 ff stellen die Rückabwicklungsregelungen sowohl für **vertraglich vorbehaltene** wie alle **ges Rücktrittsrechte** einschließlich paralleler Befugnisse dar (s § 346 Rn 1).

2   **2. Systematik.** § 346 regelt den Fall, dass der Schuldner nicht in der Lage ist, die Leistung als solche (in Natur) zurück zu übertragen, im Vergleich zum bisherigen Recht völlig neu. An die Stelle eines Alles-oder-nichts-Prinzips, das darauf abstellt, ob der Untergang zufällig eingetreten ist (Bestehenbleiben des Rücktrittsrechts, § 350 aF) oder der zum Rücktritt Berechtigte die Unmöglichkeit bzw die wesentliche Verschlechterung zu vertreten hat (Ausschluss des Rücktrittsrechts, §§ 351–353), ist eine Konstruktion getreten, die sich an dem klassischen Aufbau eines (auf Rückabwicklung gerichteten) Schuldverhältnisses orientiert: Primär wird die Rückübertragung der empfangenen Leistung geschuldet (**§ 346 I**). „Soweit" dies nicht möglich ist (also im Fall der Unmöglichkeit bzw Teil-Unmöglichkeit), tritt regelmäßig an die Stelle der Leistung ein „obj" Ersatzanspruch, bezogen auf den empfangenen Wert der nicht mehr zurückübertragbaren Leistung (**§ 346 II**), der in Ausnahmefällen auf die jetzt noch vorhandene Bereicherung beschränkt wird (**§ 346 III**). Die Nichtleistung bzw die Verzögerung der Leistung kann Ansprüche auf Schadensersatz gem §§ 280 ff bzw § 311 a II auslösen, wenn der Gegenstand nach oder aus vor der Rücktrittserklärung untergegangen ist (**§ 346 IV**); hinzu kommen Ansprüche auf Schadensersatz wegen einer Interessenverletzung (§§ 241 II, 280 I). Die Konstruktion des Wertsatzes mit den weitreichenden systematischen Folgerungen ist nicht grundlegend neu. Der Wertsatzanspruch war im Gemeinen Recht bekannt (s Mot Bd II S 231; ie Kaiser, Rückabwicklung, S 249); auf ihn ist in verschiedenen VerbraucherschutzGes für den Fall des Widerrufs nach Empfang der Leistung zurückgegriffen worden (s zuletzt § 361 a II 4 aF).

3   **3. Begriff.** Das Rücktrittsrecht ist ein einseitiges, durch empfangsbedürftige Erklärung (s § 349) auszuübendes **Gestaltungsrecht.** Der Rücktritt hebt nicht den Vertrag auf, sondern wandelt ihn ex nunc in ein (Rück-) Abwicklungsschuldverhältnis um (StKaiser Vorbem 346 ff 52 ff; BGH NJW 98, 3268 f mwN). Die Parteien sind von der Erfüllung der vereinbarten Leistungspflichten befreit (sog **Befreiungswirkung,** s BR-Drs 338/01 S 441). An deren Stelle treten uU Rückgewährpflichten; Ansprüche auf Schadensersatz wegen der Verletzung der Rückgewährpflichten, aber auch wegen Interessenverletzungen (§ 241 II) sind denkbar (s Rn 2). Vor der Rücktrittserklärung entstandene Ansprüche auf Scha-

Titel 5. Rücktritt; Widerrufs- und Rückgaberecht **§ 346**

densersatz bleiben bestehen (s § 325). Der Rücktritt wirkt **schuldrechtlich**, dingliche Vollzugsgeschäfte bleiben unberührt. Als Gestaltungsrecht unterliegt der Rücktritt **nicht der Verjährung;** jedoch treten gem § 218 deren Wirkungen faktisch ein, wenn der Leistungsanspruch, auf den sich das Rücktrittsrecht gründet, verjährt ist. Das Recht zum Rücktritt kann **verwirkt** werden.

4. Anwendungsbereich. Die §§ 346 ff gelten für vertragliche und ges **4**
Rücktrittsrechte, darüber hinaus für vertragliche Leistungen, die nach Umgestaltung des Leistungsverhältnisses zurück zu gewähren sind. Bsp: §§ 439 IV bzw 635 IV (Rückgabe der mangelhaften Sache nach Nacherfüllung im Wege der Nachlieferung/Neuherstellung), 441 IV bzw 638 IV (Rückzahlung des zuviel gezahlten Kauf-/Werkpreises nach Minderung), 281 V (Rückforderung des Geleisteten nach Übergang auf einen Anspruch auf Schadensersatz statt der Leistung). Ges **Sonderregelungen** gehen den §§ 346 ff vor. Bsp: Ausschluss des Rücktrittsrechts gem § 572 bei Wohnraummietverhältnissen, § 651 i (Rückabwicklung im Reisevertrag), § 2293 (Einschränkung des Rücktrittsrechts beim Erbvertrag), VVG 16 ff (Einschränkung beim Versicherungsvertrag), UWG 13 a (Vertragsschluss aufgrund irreführender Werbung).

5. Abgrenzungen. Das **Widerrufsrecht** bei Verbraucherverträgen ist als bes **5**
ausgestaltetes Rücktrittsrecht in Voraussetzungen und Rechtswirkungen teilweise anders gestaltet (s § 355), die Rückgabepflichten sind modifiziert (s § 357). Die Kündigung eines **Dauerschuldverhältnisses** (s zB §§ 314, Dauerschuldverhältnis, 542, 543, Mietvertrag allg, 561, 568 ff, 573 ff, Wohnraummietverhältnisse, 621 ff, Dienstvertrag, sa § 649, Werkvertrag) beendet das Vertragsverhältnis ebenfalls ex nunc, lässt aber, anders als der Rücktritt, den Bestand der vor der Erklärung erbrachten Leistungsteile idR unberührt (BGH 73, 354). Die **auflösende Bedingung** führt zur Unwirksamkeit des Rechtsgeschäftes mit Eintritt der Bedingung; der Erklärung durch eine Partei bedarf es nicht (§ 158). Die Rückabwicklung geschieht nach den §§ 812 ff.

§ 346 Wirkungen des Rücktritts

(1) **Hat sich eine Vertragspartei vertraglich den Rücktritt vorbehalten oder steht ihr ein gesetzliches Rücktrittsrecht zu, so sind im Falle des Rücktritts die empfangenen Leistungen zurückzugewähren und die gezogenen Nutzungen herauszugeben.**

(2) ¹**Statt der Rückgewähr hat der Schuldner Wertersatz zu leisten, soweit**

1. **die Rückgewähr oder die Herausgabe nach der Natur des Erlangten ausgeschlossen ist,**
2. **er den empfangenen Gegenstand verbraucht, veräußert, belastet, verarbeitet oder umgestaltet hat,**
3. **der empfangene Gegenstand sich verschlechtert hat oder untergegangen ist; jedoch bleibt die durch die bestimmungsgemäße Ingebrauchnahme entstandene Verschlechterung außer Betracht.**

²**Ist im Vertrag eine Gegenleistung bestimmt, ist sie bei der Berechnung des Wertersatzes zugrunde zu legen.**

(3) ¹**Die Pflicht zum Wertersatz entfällt,**

1. **wenn sich der zum Rücktritt berechtigende Mangel erst während der Verarbeitung oder Umgestaltung des Gegenstandes gezeigt hat,**
2. **soweit der Gläubiger die Verschlechterung oder den Untergang zu vertreten hat oder der Schaden bei ihm gleichfalls eingetreten wäre,**
3. **wenn im Falle eines gesetzlichen Rücktrittsrechts die Verschlechterung oder der Untergang beim Berechtigten eingetreten ist, obwohl dieser**

§ 346

diejenige Sorgfalt beobachtet hat, die er in eigenen Angelegenheiten anzuwenden pflegt.
² Eine verbleibende Bereicherung ist herauszugeben.
(4) Der Gläubiger kann wegen Verletzung einer Pflicht aus Absatz 1 nach Maßgabe der §§ 280 bis 283 Schadensersatz verlangen.

1 1. **Rechtsvoraussetzungen.** a) **Vertraglich vereinbartes Rücktrittsrecht** („**Rücktrittsvorbehalt**"). Die Vereinbarung (§§ 145 ff) erfolgt idR ausdrücklich als Nebenbestimmung zum Vertrag, es ist aber auch ein stillschweigender (§§ 133, 157; HGB 346) Rücktrittsvorbehalt möglich, auch nachträglich. Bsp für Handelsbrauch: Rücktritt bei Hotelreservierungsvertrag durch Reiseveranstalter innerhalb bestimmter Fristen (Frankfurt OLGZ 86, 377; NJW-RR 86, 1229 stark eingeschränkt in NJW-RR 01, 1498). Das vorbehaltene Rücktrittsrecht kann auch bedingt oder befristet sein. Bsp: Klausel „freibleibend" (RG 105, 370), Selbstbelieferungsvorbehalt (BGH 92, 398; NJW 85, 857; sa § 433 Rn 9), desgl „Kriegs-" bzw „höhere Gewalt"-Klausel (RG 87, 92), uU auch die Widerrufsklausel in einem Prozessvergleich (BGH 46, 279, str; nach BGH 88, 367 f iZw § 158 I); Rückgaberecht im Kauf (aA BGH WM 02, 444 wegen der nicht interessegerechten Folgen nach bisherigem Recht; insoweit wohl überholt). Für eine Wiederkaufsklausel (vgl § 456) in AGB ergeben sich Grenzen aus §§ 308 Nr 3, 309 Nr 8 a, 8 b, bb, 13. Im Eigenhändlervertrag kann die Vereinbarung, dass der Hersteller bei Beendigung zum Rückkauf der nicht abgesetzten Waren verpflichtet ist, wie ein Rücktrittsvorbehalt zu behandeln sein (BGH NJW 72, 1191). Der Umtauschvorbehalt beim Kauf (§§ 495, 496 Rn 2) begründet idR eine Ersetzungsbefugnis des Käufers hinsichtlich der Ware (Muscheler BB 86, 2282 mN, str; im Einzelfall abw BGH 73, 360: neuer Vertrag über Ersatzware erforderlich). Die **Beweislast** für das Bestehen eines Rücktrittsrechts trägt der Zurücktretende (BGH NJW 86, 919 f). b) **Ges Rücktrittsrechte** bestehen zB nach §§ 323, 324, 326 V, 437 I Nr 2, 634 Nr 3; zu weiteren Verweisen auf § 346 s Rn 4 vor § 346.

2 2. **Primäranspruch: Rückgabe der empfangenen Leistungen und der gezogenen Nutzungen in Natur (I).** a) **Funktion.** Die Bestimmung trifft – auf anderer rechtlicher Grundlage – dieselbe Regelung wie § 818 I im parallelen Bereicherungsrecht. b) **Leistungen.** Der Gläubiger (Bsp: Verkäufer, Unternehmer) gewinnt in erster Linie einen Anspruch darauf, im Blick auf die **geleistete Sache** die frühere Rechtsposition wieder einnehmen zu können. Je nach konkreter Konstellation ist also das Eigentum oder der unmittelbare Besitz (bei Lieferung unter EV) zu verschaffen (StKaiser 35; AnwKom-BGB/Hager 20). Der Schuldner hat einen Anspruch auf Abnahme des Gegenstandes (BGH NJW-RR 89, 651: Mitwirkung bei der Auflassung; str). Die Rückgabeverpflichtung des Schuldners schließt mit ein, einen beschädigten Gegenstand – soweit möglich – zu reparieren oder einen bereits veräußerten Gegenstand zurück zu erwerben (Canaris, Schuldrechtsmodernisierung 2002, S XXXVII). Bei **Geldleistungen** ist – außerhalb zB von Geldsortenschulden – der Geldwert zurückzuleisten. Die Art des früheren Transfers (Bargeld, Scheck, Überweisung) sowie die Währung sind gleichgültig.

3 c) Zu übertragen sind weiterhin die **Nutzungen** (s § 100), sofern sie „in Natur" vorhanden sind. Dies kann bei unmittelbaren Sachfrüchten der Fall sein (landwirtschaftliche Produkte, Tiere, ausgebeuteter Kies) oder dann, wenn die Sach- oder Rechtsfrucht einen Geldbetrag darstellt (Bsp: Miete, Dividende eines GmbH-Anteils). Zu den nicht gezogenen Nutzungen s § 347. **Gebrauchsvorteile** können in aller Regel nicht in Natur rückabgewickelt werden. Statt der Sache kann der Rücktrittsgläubiger auch das stellvertretende commodum gem § 285 verlangen (BGH NJW 83, 930; Soe/Hadding § 347 aF Rn 2; BR-Drs 338/01 S 450). Der ursprüngliche Erfüllungsanspruch setzt sich als Anspruch auf Überlassung des Surrogats fort, so dass insoweit noch ein Primäranspruch besteht (s zB Soe/Wiedemann, § 281 aF, 2).

Titel 5. Rücktritt; Widerrufs- und Rückgaberecht **§ 346**

3. Sekundäranspruch: Wertersatz für die nicht in Natur zurückgewährbaren Leistungen bzw Nutzungen (II). a) Normzweck. Die Bestimmung, die in § 818 II ihre Parallele hat, soll gewährleisten, dass – mit Ausnahmen, s Rn 3 – der Rückgewährschuldner alle Werte zurückgibt, die er vom Leistenden empfangen hat. Es geht also nicht um den Ersatz der beim Leistenden eingetretenen Vermögensverluste (zum Anspruch auf Schadensersatz s IV), sondern um die Abschöpfung der beim damaligen Leistungsaustausch erhaltenen Werte. Der Wertersatz tritt bei völliger Unmöglichkeit der Rückgabe in Natur an deren Stelle und kann bei Beschädigung, Abnutzung usw neben dem Anspruch auf Rückgewähr in Natur geltend gemacht werden. Da sich der Schuldner bei Anwendung des II nicht auf eine Entreicherung berufen kann (s dazu III), trägt er gleichzeitig die Gefahr für die Wertverschlechterung in der Zeit, in der die Leistung in seiner Obhut war. Dies gilt ohne Rücksicht darauf, ob er selbst – in zu vertretender oder nicht zu vertretender Weise – den Rücktrittsgrund gesetzt hat oder nicht. **b) Rechtsvoraussetzungen. aa)** Eine Rückgewähr in Natur ist **nach der Beschaffenheit der Leistung** nicht möglich **(II Nr 1)**. Bsp: Dienstleistungen, soweit kein Dauerschuldverhältnis, nicht körperliche Werkleistungen (Beratung, therapeutische Leistung, Transport, Informationsbeschaffung), Werkleistungen, die der Unternehmer untrennbar mit der Sache des Bestellers verbunden hat oder die gem §§ 93, 94 wesentliche Bestandteile eines Grundstücks geworden sind (MK/Janssen, 21; aA Kaiser JZ 01, 1059 mwN), Unterlassungen, Gebrauchsvorteile. **bb)** Der Schuldner hat den Gegenstand **verbraucht, belastet** usw **(II Nr 2)**. Das Ges hat hier einzelne Fälle der Unmöglichkeit (zB beim Verbrauch) bzw Teilunmöglichkeit aufgelistet. Die Belastung kann auch schuldrechtlich sein, etwa wenn der Schuldner den Gegenstand vermietet oder verpachtet hat. Eine Unmöglichkeit liegt nicht vor, wenn der Schuldner den Gegenstand ausbessern oder wiederbeschaffen, auch aus dem Mietvertrag herauslösen kann. In diesen Fällen geht die Verpflichtung zur Leistung in Natur (Rn 2) nach allg Grundsätzen (Primärleistung vor Sekundärleistung) vor (Gaier WM 02, 9; aA wohl Krebs DB 00; Beil 14,12; Kaiser JZ 01, 1062). **cc) (II Nr 3)**. Auch dies sind Fälle der – uU teilw – Unmöglichkeit; sie hätten mit Nr 2 zusammengefasst werden können. HalbS 2 belastet den Gläubiger mit dem Wertverlust, der durch die einfach Tatsache der **erstmaligen Benutzung** der Sache eintritt, weil sie nun nicht mehr als neu gilt (Bsp: „Der Wagen fährt vom Hof"). Zur Abnutzung durch den Gebrauch selbst s Rn 6. **c) Berechnung des Ersatzwertes. aa) Hauptleistung. Zeitpunkt:** Austausch der Leistungen. Die **Höhe** des Ersatzwertes bei der **Sachleistung** ist idR mit der Höhe der Vergütung identisch (II S 2); die Rückabwicklung soll nicht zu einer Verschiebung der zwischen den Parteien festgelegten Äquivalenz der Leistungen führen (krit Gaier WM 02, 9). War die Sache mangelhaft, ist der Minderungsbetrag abzuziehen (Köln NJW-RR 99, 774; PalErgBHeinrichs 10); denn der Rückgewährschuldner hat doch den Rücktritt bereits seinen Anspruch auf Nacherfüllung aufgegeben, er hätte bei Rückgewähr in Natur auch nur die mangelhafte Sache zurückgeben müssen und den vollen Kaufpreis zurückerhalten. **bb)** Für **Nutzungen** kann der Wert in der Weise berechnet werden, dass der Kaufpreis für die Sache auf die voraussichtliche Nutzungsdauer verteilt und dann der prozentuale Anteil für die tatsächliche Nutzungszeit bis zur Rückgabe ermittelt wird (BGH NJW 96, 250 mwN). Bei Kfz kann auf eine entspr Laufleistung abgestellt werden (s Koblenz NJW-RR 99, 702: Schätzung gem ZPO 287 auf 0,4% bis 0,7% des Anschaffungspreises pro Monat; LG Dortmund NJW 01, 3198: Laufleistung von ca 250 000 km bei Pkw oberer Mittelklasse). Teilw wird – weniger überzeugend, weil auch von anderen Faktoren beeinflusst – auf eine faktische Miete abgestellt (Hamm NJW-RR 92, 113). Einen Wertersatz für die **eingetretene Abnutzung** muss der Schuldner dann nicht leisten; denn die Nutzungsvorteile können nur durch die Abnutzung erzielt werden, so dass ihm in der Neuheit der Sache kein zusätzlicher Wert zugeflossen ist.

§ 347 Buch 2. Abschnitt 3. Schuldverhältnisse aus Verträgen

7 **4. Begrenzung der Herausgabepflicht auf das Ausmaß der noch vorhandenen Bereicherung (III). a) Normzweck.** In den in III 1 Nr 1–3 genannten Fällen soll die Entwertungsgefahr für die Zeit zwischen Empfang und Rückgabe auf den Rückgewährsgläubiger „zurückspringen" (BR-Drs 338/01 S 456). Der Schuldner muss also nur die ihm verbleibende Bereicherung herausgeben. Es handelt sich insoweit um eine Rechtsfolgenverweisung (s dazu § 818 Rn 27 ff). **b) Zeigen eines Mangels erst während der Umgestaltung/Bearbeitung (III 1 Nr 1).** Sinn: Der Schuldner hätte bei früherem Erkennen des Mangels die Verarbeitung nicht begonnen und damit die Entwertung – die verarbeitete Sache wird idR wertlos sein – nicht verursacht (Soe/Huber § 467 aF 65; die Bestimmung ist § 467 1, 2. HalbS aF entnommen). Ein Mangel „zeigt" sich, wenn er dem Schuldner bekannt wird. Eine Untersuchungsobliegenheit besteht nicht. Eine unsachgemäße Verarbeitung kann Schadensersatzansprüche auslösen (aA Pal-ErgBHeinrichs 11: Dann kein Ausschluss des Anspruchs auf Wertersatz). **c) Vom Gläubiger zu vertretende Verschlechterung (III 1 Nr 2, 1. Alt).** Hauptfall: Der Mangel löst die Verschlechterung aus. Vertretenmüssen ist hier weit iS einer zurechenbaren Veranlassung zu verstehen (vgl BGH 78, 223). **d) Fehlende Kausalität zwischen Übertragung der Sache auf den Schuldner und der Ver-**
8 **schlechterung (III 1 Nr 2, 2. Alt).** Es wird sich zumeist um Fälle handeln, in denen eine unbewegliche Sache, die keiner bes Überwachung unterliegt, von Dritten beschädigt wird, die Frage, wer Eigentümer ist, also unerheblich ist (Bsp: Beschädigung des veräußerten Hauses durch einen Lkw). Der Gläubiger soll sich durch die wieder rückgängig gemachte Leistung nicht besser stellen als ohne die Veräußerung selbst; bei einem zufälligen Untergang greift die Bestimmung nicht ein (krit Kaiser JZ 01, 1060). **e)** Untergang bei der Anwendung der **eigenen üblichen Sorgfalt (III 1 Nr 3).** Die Bestimmung gilt nur für *ges* (also nicht für vertraglich vorbehaltene) Rücktrittsrechte und nur *zugunsten des zum Rücktritt Berechtigten*. Der Gesetzgeber, der durchaus das „Dilemma" gesehen hat, bei zwei schuldlos Handelnden einer Seite das Entwertungsrisiko aufzuerlegen (BR-Drs 338/01 S 457), hat sich für die getroffene Lösung entschieden, weil der Rückgewährgläubiger eine Pflichtverletzung begangen und den Rücktritt ausgelöst hat (krit zB Honsell JZ 01, 281; Kaiser JZ 01, 1063; Gaier WM 02, 11; befürwortend Canaris, Schuldrechtsmodernisierung 2002, S XL ff). Eine **Erhöhung der Sorgfaltspflicht** auf das übliche Maß wird man allerdings wieder zu dem Zeitpunkt anzunehmen haben, an dem der Berechtigte den Mangel kennt und einen Rücktritt als mögliche Strategie in die Überlegungen mit einbezieht. Für einen Rücktritt nach § 313 III gilt Nr 3 wegen einer anderen Interessenlage (keine Veranlassung durch eine Seite) nicht (Kaiser JZ 01, 1064 f).

9 **5. Ansprüche auf Schadensersatz (IV).** Ist das Rückgewährschuldverhältnis als ein „ganz normales" Schuldverhältnis zu verstehen (s Rn 2 vor § 346), so hat IV nur eine klarstellende Wirkung. Der jeweilige Gegner kann also zB bei einer zu vertretenden Verzögerung einen Verzögerungsschaden und gem § 281 I nach Fristsetzung auch Schadensersatz statt der Leistung fordern (ie Gaier WM 02, 11 ff). Da darüber hinaus Leistungsverhältnis und Rückgewährschuldverhältnis hintereinandergeschaltete Teile *eines* Vertrages sind, entstehen auch beim ges Rücktrittsrecht Sorgfaltspflichten von dem Zeitpunkt an, zu dem die Partei weiß oder wissen muss, dass die Rücktrittsvoraussetzungen vorliegen (BR-Drs 338/01 S 454).

§ 347 Nutzungen und Verwendungen nach Rücktritt

(1) ¹Zieht der Schuldner Nutzungen entgegen den Regeln einer ordnungsmäßigen Wirtschaft nicht, obwohl ihm das möglich gewesen wäre, so ist er dem Gläubiger zum Wertersatz verpflichtet. ²Im Falle eines gesetzlichen Rücktrittsrechts hat der Berechtigte hinsichtlich der Nutzungen nur für diejenige Sorgfalt einzustehen, die er in eigenen Angelegenheiten anzuwenden pflegt.

Titel 5. Rücktritt; Widerrufs- und Rückgaberecht **§§ 348, 349**

(2) ¹Gibt der Schuldner den Gegenstand zurück, leistet er Wertersatz oder ist seine Wertersatzpflicht gemäß § 346 Abs. 3 Nr. 1 oder 2 ausgeschlossen, so sind ihm notwendige Verwendungen zu ersetzen. ²Andere Aufwendungen sind zu ersetzen, soweit der Gläubiger durch diese bereichert wird.

1. Nicht gezogene Nutzungen (I). Der Schuldner soll nicht generell verpflichtet sein – etwa bei kleineren Geldbeträgen –, Nutzungen zu ziehen, dh den Geldbetrag zinsbringend anzulegen (BR-Drs 338/01 S 458). Bei einem **vertraglich vorbehaltenen Rücktrittsrecht (I 1)** soll es auf die Möglichkeiten innerhalb einer ordnungsmäßigen Wirtschaft ankommen. Der Begriff, ua in § 586 I 3 enthalten, meint, dass eine Fruchtziehung nach vernünftigen Regeln der Vermögenserhaltung und -mehrung in fremdem Interesse geboten ist. Für das **ges Rücktrittsrecht** hat das Ges etwas hilflos auf den Maßstab des § 346 III Nr 3 zurückgegriffen. 1

2. Anspruch auf Ersatz der Aufwendungen (II). Gibt der Schuldner die Sache zurück oder leistet er Wertersatz bzw entfällt dieser Anspruch aus Gründen, die in der Risikosphäre des Gläubigers liegen (s § 346 II Nr 1 und 2), so hat der Schuldner entspr dem bisherigen Recht einen Anspruch auf Ersatz der notwendigen Verwendungen (**II 1**; z Begriff s § 994 Rn 1). § 994 I 2 ist bewusst nicht übernommen worden, da der Schuldner auch die Nutzungen herausgeben bzw dafür Wertersatz leisten muss. Rechnerisch möglich ist freilich auch, die notwendigen Verwendungen unmittelbar bei den Nutzungen mindernd zu berücksichtigen (BR-Drs 338/01 S 459). Abschließend (BT-Drs aaO) ist geregelt, dass für andere Verwendungen nur eine Entschädigung in Höhe der noch vorhandenen Bereicherung zu leisten ist. 2

§ 348 Erfüllung Zug-um-Zug

¹Die sich aus dem Rücktritt ergebenden Verpflichtungen der Parteien sind Zug um Zug zu erfüllen. ²Die Vorschriften der §§ 320, 322 finden entsprechende Anwendung.

1. Die durch das SchModG nicht veränderte Norm stellt entgegen der hM (BGH BB 02, 13 mwN) klar, dass sich die Gegenseitigkeit des ursprünglichen Leistungsverhältnisses im Abwicklungsverhältnis fortsetzt (zur Einheit von Leistungs- und Abwicklungsverhältnis s Rn 2 vor § 346). Naturgemäß kann es im Abwicklungsverhältnis keinen Rücktritt (§§ 323, 324, 326 V) mehr geben, so dass allein die §§ 320, 322 anwendbar sind. Die Bestimmung ist durch AGB **nicht abdingbar**, s § 309 Nr 2. 1

§ 349 Erklärung des Rücktritts

Der Rücktritt erfolgt durch Erklärung gegenüber dem anderen Teil.

1. Ausübung des Rücktrittsrechts. Die Norm ist unverändert übernommen worden. Der Rücktritt wird durch eine einseitige empfangsbedürftige (§ 130) Willenserklärung ausgeübt. Sie ist grundsätzlich formfrei, kann also auch schlüssig erklärt werden (Bsp: Rückgabe der Sache; die frühere Problematik, ob allein das Geltendmachen von Schadensersatzansprüchen liegt, s BGH NJW 88, 2877, hat wegen § 325 keine Bedeutung mehr). Die Erklärung ist nicht an eine Frist gebunden (BGH NJW-RR 89, 625 f) und wegen ihrer Gestaltungswirkung sowie der damit verbundenen Anforderungen an die Rechtsklarheit grundsätzlich bedingungsfeindlich. Entstehen allerdings keine für den Erklärungsgegner unzumutbaren Rechtsunsicherheiten, so soll eine Bedingung zulässig sein (BGH 97, 267). Als Gestaltungsrecht ist der Rücktritt grundsätzlich unwiderruflich und nicht anfechtbar; die Versuche zum bisherigen Recht, teilweise unerträgliche Konsequenzen (Ausschluß von Schadensersatzansprüchen) durch Ausnahmeregelungen aufzufan- 1

§§ 350–352   Buch 2. Abschnitt 3. Schuldverhältnisse aus Verträgen

gen (s StKaiser 35 mwN), brauchen jetzt, nachdem die Rechtslage durch § 325 korrigiert worden ist, nicht weiter verfolgt zu werden (Gaier WM 02, 2; PalErgBHeinrichs 2).

§ 350 Erlöschen des Rücktrittsrechts nach Fristsetzung

¹**Ist für die Ausübung des vertraglichen Rücktrittsrechts eine Frist nicht vereinbart, so kann dem Berechtigten von dem anderen Teil für die Ausübung eine angemessene Frist bestimmt werden.** ²**Das Rücktrittsrecht erlischt, wenn nicht der Rücktritt vor dem Ablauf der Frist erklärt wird.**

1   1. **Tatbestand. Normzweck.** Der Rücktrittsgegner soll beim vertraglichen Rücktrittsrecht die Möglichkeit haben, den Schwebezustand zu beenden. Rechtsvoraussetzungen für die **Fristsetzung:** Fehlen einer vertraglichen Rücktrittsfrist, Eintritt des Rücktrittsgrundes (s BGH NJW-RR 89, 626). Nach Fristablauf ist das Recht zum Rücktritt erloschen, ein erklärter Rücktritt also unwirksam.

2   2. **Verzicht.** Auf das Rücktrittsrecht kann durch einseitige Erklärung **vor Ausübung** verzichtet werden; dies kann auch konkludent geschehen (Bsp: Erbringen der eigenen Leistung in Kenntnis des Rücktrittsgrundes); zum Verzicht in AGB s § 309 Nr 8 a, 8 b, bb. Ein nachträglicher einseitiger Verzicht ist wegen der Gestaltungswirkung des Rücktritts unwirksam. Die Parteien können jedoch durch Vereinbarung den Vertrag, soweit es die Binnenbeziehungen betrifft, wieder rückwirkend in Kraft setzen.

§ 351 Unteilbarkeit des Rücktrittsrechts

¹**Sind bei einem Vertrag auf der einen oder der anderen Seite mehrere beteiligt, so kann das Rücktrittsrecht nur von allen und gegen alle ausgeübt werden.** ²**Erlischt das Rücktrittsrecht für einen der Berechtigten, so erlischt es auch für die übrigen.**

1   1. **Allgemeines. Bisheriges Recht.** Die Bestimmung ist mit § 356 aF identisch. **Normzweck.** Die Gestaltungswirkung des Rücktritts erfordert, dass bei **Personenmehrheiten** die Erklärung nur von allen abgegeben werden kann und gegenüber allen abgegeben werden muss (BGH 97, 266). Ein nicht von allen gegenüber allen Personen erklärter Rücktritt ist unwirksam. Auf die Art der Personenmehrheit – Gesamthand, Gemeinschaft – kommt es nicht an. Sonderregelungen für bestimmte Gemeinschaften, zB die Vertretungsregelung der GbR, gehen vor. Die Erklärung muss nicht gleichzeitig geschehen, auch eine Stellvertretung ist zulässig. **Funktion des S 2.** Hat jeder in der Personenmehrheit ein selbständiges Rücktrittsrecht, so wirkt ein Erlöschen auch zum Nachteil der Übrigen (BGH NJW 89, 2388). Die Bestimmung ist **abdingbar.** So ist bei einem außergerichtlichen Vergleich mit vielen Gläubigern anzunehmen, dass ein individuell ausgeübtes Rücktrittsrecht mit Wirkung nur für den Erklärenden vereinbart wurde (RGZ 153, 398; München NJW 56, 1801).

§ 352 Aufrechnung nach Nichterfüllung

Der Rücktritt wegen Nichterfüllung einer Verbindlichkeit wird unwirksam, wenn der Schuldner sich von der Verbindlichkeit durch Aufrechnung befreien konnte und unverzüglich nach dem Rücktritt die Aufrechnung erklärt.

1   1. Die Bestimmung ist mit § 357 aF identisch. Sie bezieht sich auf alle Fälle der nicht ordnungsgemäßen und unvollständigen Erfüllung, also zB auf Nichterfüllung, mangelhafte Erfüllung, verspätete Erfüllung, nicht auf Schutzpflichtverletzungen iSd § 241 II. Die **Heilungswirkung** der unverzüglich (§ 121) nachgeholten Aufrechnungserklärung berücksichtigt, dass der Rücktrittsgegner bei bestehender Aufrechnungslage nicht mit einem Rücktritt zu rechnen brauchte.

Titel 5. Rücktritt; Widerrufs- und Rückgaberecht §§ 353–355

§ 353 Rücktritt gegen Reugeld

¹Ist der Rücktritt gegen Zahlung eines Reugelds vorbehalten, so ist der Rücktritt unwirksam, wenn das Reugeld nicht vor oder bei der Erklärung entrichtet wird und der andere Teil aus diesem Grunde die Erklärung unverzüglich zurückweist. ²Die Erklärung ist jedoch wirksam, wenn das Reugeld unverzüglich nach der Zurückweisung entrichtet wird.

1. Die Bestimmung ist mit § 359 aF identisch. **Anwendungsbereich:** Ausübung eines vereinbarten (nicht: ges) Rücktrittsrechts gegen Zahlung einer Abfindung (BGH WM 84, 938). Das **Reugeld** ist keine Vertragsstrafe (zur Abgrenzung vgl § 339 Rn 9), §§ 339 ff, 343, § 309 Nr 6 gelten nicht (KG NJW-RR 89, 1077, str). Ohne gleichzeitige Reugeldzahlung ist der Rücktritt nur bei **Zurückweisung** (heilbar: S 2) unwirksam; ist er mangels Zurückweisung wirksam, behält der Rücktrittsgegner den Anspruch auf Zahlung des Reugelds (KG NJW-RR 89, 1077 f mwN, hM, str). Die **Beweislast** für eine Reugeldzahlung trägt der Zurücktretende (hM). 1

§ 354 Verwirkungsklausel

Ist ein Vertrag mit dem Vorbehalt geschlossen, dass der Schuldner seiner Rechte aus dem Vertrag verlustig sein soll, wenn er seine Verbindlichkeit nicht erfüllt, so ist der Gläubiger bei dem Eintritt dieses Falles zum Rücktritt von dem Vertrag berechtigt.

1. **Allgemeines. Bisheriges Recht.** Die Bestimmung ist mit § 360 aF identisch. **Normzweck.** § 354 bezieht sich auf den heute wohl eher theoretischen Fall einer Klausel, wonach der Schuldner bei Nichterfüllung, uU auch verspäteter Erfüllung oder Schlechterfüllung (je nach Auslegung der Klausel) aller seiner Rechte verlustig gehen soll, und legt eine solche Klausel als Rücktrittsvorbehalt aus. Die Parteien können im Rahmen des allg Zulässigen vereinbaren, dass es bei dem Verfall bleiben soll. 1

Untertitel 2. Widerrufs- und Rückgaberecht bei Verbraucherverträgen

§ 355 Widerrufsrecht bei Verbraucherverträgen

(1) ¹Wird einem Verbraucher durch Gesetz ein Widerrufsrecht nach dieser Vorschrift eingeräumt, so ist er an seine auf den Abschluss des Vertrags gerichtete Willenserklärung nicht mehr gebunden, wenn er sie fristgerecht widerrufen hat. ²Der Widerruf muss keine Begründung enthalten und ist in Textform oder durch Rücksendung der Sache innerhalb von zwei Wochen gegenüber dem Unternehmer zu erklären; zur Fristwahrung genügt die rechtzeitige Absendung.

(2) ¹Die Frist beginnt mit dem Zeitpunkt, zu dem dem Verbraucher eine deutlich gestaltete Belehrung über sein Widerrufsrecht, die ihm entsprechend den Erfordernissen des eingesetzten Kommunikationsmittels seine Rechte deutlich macht, in Textform mitgeteilt worden ist, die auch Namen und Anschrift desjenigen, gegenüber dem der Widerruf zu erklären ist, und einen Hinweis auf den Fristbeginn und die Regelung des Absatzes 1 Satz 2 enthält. ²Wird die Belehrung nach Vertragsschluss mitgeteilt, beträgt die Frist abweichend von Absatz 1 Satz 2 einen Monat. ³Ist der Vertrag schriftlich abzuschließen, so beginnt die Frist nicht zu laufen, bevor dem Verbraucher auch eine Vertragsurkunde, der schriftliche Antrag des Verbrauchers oder eine Abschrift der Vertragsurkunde oder des Antrags zur Verfügung gestellt werden. ⁴Ist der Fristbeginn streitig, so trifft die Beweislast den Unternehmer.

§ 355 Buch 2. Abschnitt 3. Schuldverhältnisse aus Verträgen

(3) ¹**Das Widerrufsrecht erlischt spätestens sechs Monate nach Vertragsschluss.** ²**Bei der Lieferung von Waren beginnt die Frist nicht vor dem Tag ihres Eingangs beim Empfänger.** ³**Abweichend von Satz 1 erlischt das Widerrufsrecht nicht, wenn der Verbraucher nicht ordnungsgemäß über sein Widerrufsrecht belehrt worden ist.**

1 1. **Allgemeines. a)** Die §§ 355–359 ersetzen die §§ 361 a und b aF **mit Abweichungen.** Neu ist die grundsätzliche **Begrenzung des Widerrufsrechts** auf 6 Monate (III 1; Ausnahme in S 3, s Rn 6); uU hat der Verbraucher **Wertersatz** zu leisten (§ 357 III); die Regelung für **verbundene Verträge** ist **vereinheitlicht**
2 (§§ 358, 359). **b)** Die §§ 355 ff sind **halbzwingend,** dh Abweichungen zu*un*gunsten des Verbrauchers sind unwirksam. Das mußte in §§ 355 ff nicht ausdr gesagt werden, da diese Vorschriften hinsichtlich der in I 1 angesprochenen Gesetze „vor die Klammer gezogen" sind und damit deren halbzwingenden Charakter (s §§ 312 f S 1, 475 I 1, 487 S 1, 506 I 1 [ab 1. 7. 2005: S 1], 507) teilen (iE ebenso MK/Ulmer § 361 a, 4); Ausnahmen in § 356 I 1 (Rückgaberecht), § 357 II 3 (Rücksende-
3 kosten). **c)** Das **Widerrufsrecht ist** ein bes ausgestaltetes **Rücktrittsrecht** (Gestaltungsrecht). Das galt schon für das Widerrufsrecht vor Einführung der §§ 361 a und b aF (so gegen die absolut hM Voraufl Rn 21 vor § 145). Die zahlreichen Ungereimtheiten der hM sind in Umsetzung der RiLi 97/7/EG v 20. 5. 1997 (Text in NJW 98, 212 ff) durch unbezweifelbare Ausgestaltung des Widerrufsrechts als bes Rücktrittsrecht beseitigt (Voraufl Rn 21 aE vor § 145), vgl § 361 a II 1 aF, jetzt § 357 I 1.

4 2. **Widerrufsrecht. a)** Zur **Rechtsnatur** Rn 3. **b)** Das **Recht besteht** nur, **wenn** es dem Verbraucher (§ 13) in einem bes **VerbraucherschutzGes** einge-
5 räumt ist, I 1. **c) Erlöschen, III 1, 2.** Spätestens 6 Monate nach Vertragsschluß, III 1; bei Lieferung von Waren beginnt die 6-Monatsfrist nicht vor dem Wareneingang beim Empfänger, III 2 (liegt der Wareneingang vor Vertragsschluß, zB in den Fällen des § 241 a, so beginnt die Frist nach der Grundregel von III 1 erst mit
6 Vertragsschluß). **d) Erlöschen** tritt **nicht** ein, wenn der Verbraucher nicht oder nicht ordnungsgemäß über sein Widerrufsrecht belehrt worden ist, **III 3.** Der mit Wirkung v 1. 8. 2002 eingefügte III 3 trägt dem Urteil des EuGH NJW 02, 282 f (dazu BGH NJW 02, 1881 ff) Rechnung, dehnt aber die dort für *einen* Fall (Zusammentreffen von VerbrKrG 3 II Nr 2 und HWiG 1 I, 5) ausgesprochene Unverfristbarkeit des Widerrufsrechts auf sämtliche Widerrufsrechte aus. Die damit unter Umständen gegebene Rechtsunsicherheit für den Unternehmer ist erträglich, weil er die Belehrung auch noch nach Vertragsschluß vornehmen kann (mit der Folge einer Verlängerung der Widerrufsfrist auf 1 Monat), **II 2** (Rn 9). III 3 greift nicht ein bei nicht oder nicht ordnungsgemäß erfüllter Informationspflicht nach §§ 312 d II, 485 II; hier gilt III 1 und 2: Das Widerrufsrecht erlischt.

7 3. **Ausübung des Widerrufsrechts. a)** Bis zum **Widerruf** besteht ein wirksamer Vertrag (fehlt die Wirksamkeit aus allg Gründen, so sinde die §§ 355 ff unanwendbar). Der Verbraucher kann vom Unternehmer (§ 14) **Erfüllung verlangen** (dagegen Abwehr in Unternehmer-AGB möglich: Leistung erst nach Ablauf der Widerrufsfrist, § 308 Nr 1 HS 2). Der Unternehmer hat entspr Erfüllungsanspruch gegen den Verbraucher (aber gem § 486 S 1 keinen Zahlungsanspruch); gegen diesen Anspruch gibt es kein auf das Widerrufsrecht gestütztes Leistungsverweigerungsrecht des Verbrauchers (arg § 768 I: Wer selbst den Vertrag auflösen kann, bedarf keines Leistungsverweigerungsrechts), iE ebenso MK/Ulmer
8 § 361 a, 32; aA PalErgB/Heinrichs Rn 4. **b) Erklärung des Widerrufs, I 2.** Er bedarf **keiner Begründung** und ist dem Unternehmer gegenüber in **Textform** (§ 126 b) **oder** durch **Rücksendung** zu erklären, I 2 HS 1. In beiden Alt muß die Erklärung die Person des Erklärenden und den Willen zum Widerruf des betroffenen Vertrag klar erkennen lassen (sa § 126 b Rn 2). Zum Ersatz der Textform s § 126 b Rn 4.
9 **c)** Die **Widerrufsfrist** beträgt **2 Wochen (I 2 HS 1);** wird die Belehrung erst nach Vertragsschluß mitgeteilt, so beträgt die Frist **1 Monat (II 2).** Der Widerruf muß dem Unternehmer zugehen (§ 130). Zur Wahrung der Frist genügt Absen-

430 *Jauernig*

Titel 5. Rücktritt; Widerrufs- und Rückgaberecht **§ 356**

dung vor Fristablauf, I 2 HS 2. Vereinbarung einer **Fristverlängerung** ist, weil verbrauchergünstiger, zulässig (Rn 2). Ges Fristverlängerung in § 485 III. **d) Frist** **10** **beginnt mit** Mitteilung einer formgültigen und inhaltlich vollständigen **Widerrufsbelehrung,** II 1 (dazu EGBGB 245). **aa) Form:** Textform (§ 126 b; vgl Anm **11** dort), II 1. **bb)** Die Belehrung muß **deutlich gestaltet** sein (II 1), dh ins Auge **12** springen, um Aufmerksamkeit des Verbrauchers zu wecken und zu erhalten. **cc) Verdeutlichung der Rechte** des Verbrauchers (entspr den Erfordernissen des **13** eingesetzten Kommunikationsmittels), nämlich: Voraussetzungs- und Begründungslosigkeit des Widerrufs (I 2 HS 1); Inhalt, Form und Frist (deren Beginn und Dauer, Fristwahrung durch Absendung vor Fristablauf, II 1–3; I 2 HS 1 und 2); Erklärungsalternativen des Widerrufs (II 1 mit I 2 HS 1); Name und Anschrift (genügend Post[fach]anschrift, BGH NJW 02, 2392 ff; anders § 482 II mit BGB-InfoV 2 I Nr 1 und § 312 c II mit BGB-InfoV 1 III Nr 2, § 312 d II: ladungsfähige Anschrift) des Widerrufsempfängers (II 1; eindeutige Bezeichnung des betroffenen Vertrags. **dd)** Die Belehrung muß dem Verbraucher **auszuhändigen** (so eindeutig **14** die Vor-Vorgängervorschrift VerbrKrG 7 II 2 aF, verschwommen die Vorgängervorschrift § 361 a I 3: „zur Verfügung gestellt", noch undeutlicher II 1: „mitgeteilt worden"). **ee)** Die **Belehrung** muß vom Verbraucher nicht (mehr) unterschrieben **15** werden (II 2 aF ist durch das OLGVertrÄndG Art 25 Nr. 6 Buchst a geändert worden). Damit ist die Streitfrage, welche Bedeutung die Unterschrift für die Vollständigkeit der Belehrung und damit für den Fristbeginn hat, erledigt (zu ihr vgl BGH 137, 118 gegen 119; MK/Ulmer § 361 a, 48; PalErgB/Heinrichs 20; AnwKomBGB/Ring 40). **ff)** Ist der Vertrag schriftlich abzuschließen (s §§ 484, **16** 492), so beginnt die Widerrufsfrist erst, wenn dem Verbraucher neben der Belehrung auch eine Vertragsurkunde oder der schriftliche Antrag des Verbrauchers, jeweils im Original oder in Abschrift, zur Verfügung gestellt werden, **II 3.** Das bedeutet nicht notwendig eine Fristverlängerung.

4. Frist- und formgerechter Widerruf beseitigt die **Bindung** des Verbrau- **17** chers an seine Vertragserklärung, **I 1.** Dh das Vertragsverhältnis wird in ein Rückabwicklungsschuldverhältnis umgewandelt. Das entspricht der Ausgestaltung des Widerrufsrechts als bes Fall eines Rücktrittsrechts (§ 357 I 1 mit §§ 346 ff, Sonderregeln vorbehalten; sa Rn 3).

5. Beweislast, II 4. Ist der Fristbeginn str, so trägt der Unternehmer die **18** Beweislast für alle Tatsachen, aus denen sich die Nichteinhaltung der Frist ergeben soll: Beachtung formaler und inhaltlicher Voraussetzungen der Widerrufsbelehrung (II 1, 3) und ihre Mitteilung.

§ 356 Rückgaberecht bei Verbraucherverträgen

(1) ¹**Das Widerrufsrecht nach § 355 kann, soweit dies ausdrücklich durch Gesetz zugelassen ist, beim Vertragsschluss auf Grund eines Verkaufsprospekts im Vertrag durch ein uneingeschränktes Rückgaberecht ersetzt werden.** ²**Voraussetzung ist, dass**

1. **im Verkaufsprospekt eine deutlich gestaltete Belehrung über das Rückgaberecht enthalten ist,**
2. **der Verbraucher den Verkaufsprospekt in Abwesenheit des Unternehmers eingehend zur Kenntnis nehmen konnte und**
3. **dem Verbraucher das Rückgaberecht in Textform eingeräumt wird.**

(2) ¹**Das Rückgaberecht kann innerhalb der Widerrufsfrist, die jedoch nicht vor Erhalt der Sache beginnt, und nur durch Rücksendung der Sache oder, wenn die Sache nicht als Paket versandt werden kann, durch Rücknahmeverlangen ausgeübt werden.** ²**§ 355 Abs. 1 Satz 2 findet entsprechende Anwendung.**

1. Rückgaberecht statt Widerrufsrecht. Voraussetzungen, I. a) Zulas- **1** **sung durch Ges** (so in § 312 d I 2; eingeschränkt in § 312 I 2. **b) Der Vertrag** **2**

Jauernig 431

§ 357 Buch 2. Abschnitt 3. Schuldverhältnisse aus Verträgen

muß aufgrund eines **Verkaufsprospekts** geschlossen worden sein (zur Rechtsnatur des Prospekts § 145 Rn 3). Im Prospekt muß eine deutlich gestaltete Belehrung (§ 355 Rn 11) über das Rückgaberecht enthalten sein (I 2 Nr 1; Belehrung ist korrekt bei Verwendung des Musters Anlage 3 zu BGB-InfoV 14 II, III); der Verbraucher mußte vor Vertragsschluß den Prospekt in Abwesenheit des Unternehmers (ergänze: oder einer Person „aus seinem Lager", s § 123 Rn 10) eingehend zur Kenntnis nehmen können (I 2 Nr 2; daß er Kenntnis genommen hat, ist nicht erforderlich); ferner muß das Rückgaberecht in Textform (§ 126 b) eingeräumt sein

3 (I 2 Nr 3). **c) Fehlt eine Voraussetzung (I 2),** so besteht **kein Rückgaberecht,** sondern nur ein Widerrufsrecht (dessen „Ersetzung" hat nicht stattgefunden, I 1, 2). Da es typischerweise an der nach § 355 II 1 erforderlichen Belehrung über das Widerrufsrecht fehlt, erlischt das Widerrufsrecht (noch) nicht, § 355 III 3.

4 **2. Ausübung des Rückgaberechts, II. a)** Bei *paketversandfähiger* Sache nur durch deren **Rücksendung,** II 1. Kosten und Gefahr der Rücksendung trägt der

5 Unternehmer, § 357 II 2. **b)** Bei *nicht paketversandfähiger* Sache (über 20 kg oder Überschreiten der zulässigen Höchstmaße) **auch** – „nur" fehlt hier in II 1 – durch **Rücknahmeverlangen** in Textform (§ 126 b) ohne Begründung, II 2 mit § 355

6 I 2 HS 1. **c) Rückgabefrist** ist die Widerrufsfrist (2 Wochen oder 1 Monat: § 355 I 2 HS 1, II 2); rechtzeitige Rücksendung oder rechtzeitige Absendung des Rücknahmeverlangens genügt, II mit § 355 I 2. **Fristbeginn** nicht vor Erhalt der Sache, II 1.

§ 357 Rechtsfolgen des Widerrufs und der Rückgabe

(1) ¹Auf das Widerrufs- und das Rückgaberecht finden, soweit nicht ein anderes bestimmt ist, die Vorschriften über den gesetzlichen Rücktritt entsprechende Anwendung. ²Die in § 286 Abs. 3 bestimmte Frist beginnt mit der Widerrufs- oder Rückgabeerklärung des Verbrauchers.

(2) ¹Der Verbraucher ist bei Ausübung des Widerrufsrechts zur Rücksendung verpflichtet, wenn die Sache durch Paket versandt werden kann. ²Kosten und Gefahr der Rücksendung trägt bei Widerruf und Rückgabe der Unternehmer. ³Wenn ein Widerrufsrecht besteht, dürfen dem Verbraucher bei einer Bestellung bis zu einem Betrag von 40 Euro die regelmäßigen Kosten der Rücksendung vertraglich auferlegt werden, es sei denn, dass die gelieferte Ware nicht der bestellten entspricht.

(3) ¹Der Verbraucher hat abweichend von § 346 Abs. 2 Satz 1 Nr. 3 Wertsatz für eine durch die bestimmungsgemäße Ingebrauchnahme der Sache entstandene Verschlechterung zu leisten, wenn er spätestens bei Vertragsschluss in Textform auf diese Rechtsfolge und eine Möglichkeit hingewiesen worden ist, sie zu vermeiden. ²Dies gilt nicht, wenn die Verschlechterung ausschließlich auf die Prüfung der Sache zurückzuführen ist. ³§ 346 Abs. 3 Satz 1 Nr. 3 findet keine Anwendung, wenn der Verbraucher über sein Widerrufsrecht ordnungsgemäß belehrt worden ist oder hiervon anderweitig Kenntnis erlangt hat.

(4) **Weitergehende Ansprüche bestehen nicht.**

1 **1. Allgemeines.** Das Widerrufsrecht ist ein bes ausgestaltetes Rücktrittsrecht; denn es gelten die Vorschriften über das Rücktrittsrecht grundsätzlich entspr, **I 1** (s § 355 Rn 3). Zur Rechtslage bis zur wirksamen Ausübung des Widerrufsrechts § 355 Rn 4. Nach der Ausübung wandelt sich das Vertrags- in ein Rückabwicklungsschuldverhältnis um (§ 355 Rn 4 und u Rn 2).

2 **2. Wirkungen des wirksamen Widerrufs. a)** Nach **I 1** gelten die **§§ 346 ff** grundsätzlich entspr. Das bedeutet: Die empfangenen **Leistungen** und die gezogenen **Nutzungen** sind Zug um Zug **herauszugeben,** §§ 346 I, 348. Ist das aus den in § 346 II Nr 1–3 genannten Gründen nicht möglich, so ist **Wertsatz** zu

3 leisten, § 346 II 1 am Anfang. **b) Empfangenes Entgelt** hat der Unternehmer binnen 30 Tagen nach Zugang der Widerrufserklärung zurückzuzahlen, sonst gerät

Titel 5. Rücktritt; Widerrufs- und Rückgaberecht **§ 357**

er ohne Mahnung in Schuldnerverzug, I 1 (mit § 346 I) und 2 (mit § 286 III).
c) Der Verbraucher hat eine empfangene **paketversandfähige Sache** (§ 356 4
Rn 4, 5) auf Kosten und Gefahr des Unternehmers **zurückzusenden, II 1, 2.** Die
Rücksendung hat auf kostengünstigste Weise („regelmäßige Kosten" in entspr
Anwendung von II 3), dh **„unfrei"**, zu erfolgen, weil dann der Unternehmer die
Versandkosten trägt. Wegen dieser Versandmöglichkeit besteht weder ein Anspruch
des Verbrauchers auf Kostenvorschuß mit Rücksendeverweigerungsrecht bis zur
Zahlung (dafür Bülow/Artz NJW 00, 2052) noch ist Rücksendung per Nachnahme zulässig (dafür PalErgB/Heinrichs 5), da unnötig teuer (keine „regelmäßigen" Kosten, s o). Die **regelmäßigen Kosten** können bei einem **Bestellwert bis** 5
zu 40 Euro (dh einschließlich, nicht „unter" 40 Euro, so aber PalErgB/Heinrichs
6; AnwKomBGB/Ring 19) vertraglich, auch durch einbezogene AGB, auf den
Verbraucher abgewälzt werden, **II 3.** Vorausgesetzt ist (nur) ein ges eingeräumtes
Widerrufsrecht; ist es durch ein Rückgaberecht ersetzt (§ 356 I 1), so hat der
Unternehmer die Rückgabekosten zu tragen (II 2), II 3 ist unanwendbar. Die Aufspaltung einer einheitlichen Bestellung in Einzelbestellungen von jeweils höchstens
40 Euro ist verbraucherfeindliche Abweichung von II 3 und daher unwirksam
(§ 355 Rn 2); wenn in AGB des Unternehmers vorgesehen, unwirksam auch nach
§ 307 I 1 (PalErgB/Heinrichs 6). Keine Kostenabwälzung, wenn die gelieferte
Ware nicht der bestellten entspricht (II 3 aE; sa § 241 a III) oder (MK/Ulmer
§ 361 a, 72) mangelhaft ist; die Rücksendepflicht (II 1) bleibt bestehen (MK/Ulmer § 361 a, 72; aA PalErgB/Heinrichs 6, aber unvereinbar mit Wortlaut und Sinn
von II 3; sa § 241 a III). **d)** Ist die empfangene **Sache nicht paketversandfähig** 6
(§ 356 Rn 5), so genügt das Rücknahmeverlangen (arg § 356 II 1 Fall 2). Folge:
Annahmeverzug des Unternehmers (Gläubigers), § 295 S 1 Fall 2; daher Begrenzung der Haftung des Verbrauchers auf Vorsatz und grobe Fahrlässigkeit, § 300 I.

3. Weitere Wirkung des wirksamen Widerrufs ist die Pflicht des Verbrauchers, 7
Wertersatz zu leisten, **III. a)** Das sind keine Kosten, die dem Verbraucher infolge 8
der Ausübung des Widerrufsrechts auferlegt werden; wäre das der Fall, so verstieße
die Regelung gegen RiLi 97/7/EG (FernabsatzRiLi) 6 II. Der Anspruch entsteht
zwar „infolge der Ausübung", doch geht es nur um den Ausgleich von Vor- und
Nachteilen, die durch die Nutzung vor dem Widerruf entstanden sind (PalErgB/
Heinrichs 8; aA AnwKomBGB/Ring 38–46). **b)** Durch **bestimmungsgemäße** 9
Ingebrauchnahme der Sache entstandene Verschlechterung ist nach § 346 II 1
Nr 3 **nicht** durch **Wertersatz** auszugleichen. Davon macht **III 1** zugunsten des
Verbrauchers eine **Ausnahme** unter **zwei Voraussetzungen:** Der Verbraucher
muß **(1)** spätestens bei Vertragsschluß in Textform (§ 126 b) **auf diese Rechtsfolgen und (2)** auf eine **Möglichkeit hingewiesen** worden sein, **wie** er die
Rechtsfolge (Leistung von Wertersatz) **vermeiden** kann, banal: durch Ingebrauchnahme und faktischen Verzicht auf das Widerrufsrecht (problematisch wegen
RiLi 97/7/EG Art 12: Verzicht auf das Widerrufsrecht ist unzulässig, s
AnwKomBGB/Ring 40) oder durch Unterlassen der Ingebrauchnahme, wobei die
Grenze zur folgenlosen Verschlechterung der Sache, die ausschließlich auf deren
Prüfung beruht, **III 2,** fließend ist. Bsp: Nach BT-Drs 14/6040 S 200 ist Probefahrt mit Pkw *nach* Erstzulassung bestimmungsgemäße Ingebrauchnahme mit
hohem Wertverlust (ca 20%), für den Wertersatz zu leisten ist; Probefahrt auf
*Privat*gelände *vor* Erstzulassung ist hingegen unschädlich. Wie aber, wenn das Privatgelände nur in einer „Überführungsfahrt" mit „roter Nummer" (StVZO 29 g)
erreicht und die Gebrauchsfähigkeit nur durch eine „Probefahrt" von 100–200 km
nachgewiesen werden kann? Dem Sinn des Wertersatzanspruchs entspr muß im
Zweifel – so auch im Bsp der Überführungs- und Probefahrt – Wertersatz geleistet
werden. Der Hinweis muß in **Textform** (§ 126 b) erfolgen. **c)** Ist die Verschlech- 10
terung der Sache ausschließlich auf die **Prüfung der Sache** zurückzuführen, so ist
kein Wertersatz zu leisten, **III 2** (zur Problematik der Abgrenzung Rn 9). **d)** Ist 11
der Verbraucher **ordnungsgemäß nach III 1 belehrt** worden oder weiß er auch

Jauernig

§ 358 Buch 2. Abschnitt 3. Schuldverhältnisse aus Verträgen

so Bescheid, so haftet er anders als der gewöhnliche Rücktrittsberechtigte (§ 346 III 1 Nr 3) für Verschlechterung oder Untergang der Sache bei ihm auch für leichte Fahrlässigkeit oder Zufall, **III 3** mit Ausschluß von § 346 III 1 Nr 3.

12 4. **Weitergehende Ansprüche** aus der Ingebrauchnahme stehen dem Unternehmer gegen den Verbraucher **nicht** zu, **IV.** Für Anwendbarkeit von § 826 PalErgB/Heinrichs 14.

§ 358 Verbundene Verträge

(1) **Hat der Verbraucher seine auf den Abschluss eines Vertrags über die Lieferung einer Ware oder die Erbringung einer anderen Leistung durch einen Unternehmer gerichtete Willenserklärung wirksam widerrufen, so ist er auch an seine auf den Abschluss eines mit diesem Vertrag verbundenen Verbraucherdarlehensvertrags gerichtete Willenserklärung nicht mehr gebunden.**

(2) ¹Hat der Verbraucher seine auf den Abschluss eines Verbraucherdarlehensvertrags gerichtete Willenserklärung wirksam widerrufen, so ist er auch an seine auf den Abschluss eines mit diesem Verbraucherdarlehensvertrag verbundenen Vertrags über die Lieferung einer Ware oder die Erbringung einer anderen Leistung gerichtete Willenserklärung nicht mehr gebunden. ²Kann der Verbraucher die auf den Abschluss des verbundenen Vertrags gerichtete Willenserklärung nach Maßgabe dieses Untertitels widerrufen, gilt allein Absatz 1 und sein Widerrufsrecht aus § 495 Abs. 1 ist ausgeschlossen. ³Erklärt der Verbraucher im Falle des Satzes 2 dennoch den Widerruf des Verbraucherdarlehensvertrags, gilt dies als Widerruf des verbundenen Vertrags gegenüber dem Unternehmer gemäß Absatz 1.

(3) ¹Ein Vertrag über die Lieferung einer Ware oder die Erbringung einer anderen Leistung und ein Verbraucherdarlehensvertrag sind verbunden, wenn das Darlehen ganz oder teilweise der Finanzierung des anderen Vertrags dient und beide Verträge eine wirtschaftliche Einheit bilden. ²Eine wirtschaftliche Einheit ist insbesondere anzunehmen, wenn der Unternehmer selbst die Gegenleistung des Verbrauchers finanziert, oder im Falle der Finanzierung durch einen Dritten, wenn sich der Darlehensgeber bei der Vorbereitung oder dem Abschluss des Verbraucherdarlehensvertrags der Mitwirkung des Unternehmers bedient.

(4) ¹§ 357 gilt für den verbundenen Vertrag entsprechend. ²Im Falle des Absatzes 1 sind jedoch Ansprüche auf Zahlung von Zinsen und Kosten aus der Rückabwicklung des Verbraucherdarlehensvertrags gegen den Verbraucher ausgeschlossen. ³Der Darlehensgeber tritt im Verhältnis zum Verbraucher hinsichtlich der Rechtsfolgen des Widerrufs oder der Rückgabe in die Rechte und Pflichten des Unternehmers aus dem verbundenen Vertrag ein, wenn das Darlehen dem Unternehmer bei Wirksamwerden des Widerrufs oder der Rückgabe bereits zugeflossen ist.

(5) **Die erforderliche Belehrung über das Widerrufs- oder Rückgaberecht muss auf die Rechtsfolgen nach den Absätzen 1 und 2 Satz 1 und 2 hinweisen.**

1 1. **Allgemeines zu §§ 358, 359.** Diese Vorschriften führen die rechtlich getrennten, aber wirtschaftlich verbundenen Verträge – Verbraucherdarlehensvertrag und Vertrag über die Warenlieferung oder Erbringung anderer Leistungen (Liefervertrag) – hinsichtlich des Widerrufs (§ 358) und des Einwendungsdurchgriffs (§ 359), also partiell, rechtlich zusammen: Widerruf des einen Vertrags erfaßt auch den anderen (§ 358 I, II); Einwendungen gegen den einen Vertrag richten sich auch gegen den anderen (§ 359).

Titel 5. Rücktritt; Widerrufs- und Rückgaberecht **§ 358**

2. Verbindung von Verbraucherdarlehensvertrag und Liefervertrag, **III. a)** Sie besteht für die in **III 1, 2** angesprochenen Verträge unter **zwei Voraussetzungen. aa)** Das **Darlehen dient der Finanzierung** des anderen Vertrags, **III 1.** Gleichgültig ist, ob die Darlehenssumme direkt an den Unternehmer oder zwecks Weiterleitung an ihn zunächst an den Verbraucher (als Darlehensnehmer) gezahlt wird. Welcher Vertrag zuerst geschlossen wurde, ist ebenfalls gleichgültig. **bb) Beide Verträge** bilden eine **wirtschaftliche Einheit.** Dafür gibt III 2 zwei Bsp für eine Auslegungsregel (keine unwiderliche Vermutung wie zB § 1566, so aber PalErgB/Heinrichs 15 mN): Der Unternehmer selbst ist der Darlehensgeber (Doppelfunktion in einer Person), oder Darlehensgeber ist ein Dritter, der sich bei Vorbereitung und Abschluß des Verbraucherdarlehensvertrags des Unternehmers bedient. **b)** Ein **Immobiliardarlehensvertrag** und das **finanzierte Grunderwerbsgeschäft, III 3,** bilden nur dann eine **wirtschaftliche Einheit,** wenn entweder der Darlehensgeber selbst das Grundstück oder grundstücksgleiche Recht anbietet (Doppelfunktion als Darlehensgeber und Unternehmer = Verkäufer wie in III 2 Alt 1) oder wenn er über seine Funktion als Darlehensgeber hinaus den Grundstückserwerb durch Zusammenwirken mit dem Verkäufer (= Unternehmer) fördert. Die Förderung geschieht in der Weise, daß der Darlehensgeber zumindest partiell die Rolle des Unternehmers (= Verkäufers) übernimmt, indem er sich dessen Veräußerungsinteressen jedenfalls teilw zu eigen macht oder daß er bei der Planung, Werbung oder Durchführung des Projekts (also nicht nur des finanzierten Erwerbs) Funktionen des Veräußerers übernimmt oder den Veräußerer einseitig begünstigt. Das ist deutlich mehr als das, was III 2 Alt 2 für die Bejahung einer wirtschaftlichen Einheit verlangt. Bliebe es auch beim Immobiliendarlehensvertrag bei diesen geringen Anforderungen, so wären die meisten Verträge auch dann „verbundene Geschäfte" nach III 2, wenn das Zusammenwirken zwischen dem Darlehensgeber (Kreditinstitut) und dem Verkäufer (Unternehmer) die übliche Beteiligung als Kreditgeber nicht übersteigt (zur fr Rspr BGH NJW 02, 1884). **c)** Nur wenn das Darlehen der Finanzierung des anderen Vertrags dient und eine wirtschaftliche Einheit iSv III 1, 2 oder III 1, 3 vorliegt, ist I anwendbar.

3. Widerruf des Liefervertrags, I. a) Für den Liefervertrag iSv III 1 muß ein **Widerrufsrecht** ges vorgesehen sein. **b)** Er muß mit dem Verbraucherdarlehensvertrag **verbunden** sein. Ist der Vertrag ein gewöhnlicher Darlehensvertrag (§ 488, nicht §§ 491 ff), so ist I unanwendbar. **c)** Mit dem wirksamen Widerruf des Liefervertrags tritt die **Rechtsfolge** des § 355 I 1 (vgl dort Rn 17) für diesen und den Verbraucherdarlehensvertrag ein, **I.** Rückabwicklung nach § 357: für den widerrufenen Vertrag direkt, für den verbundenen analog, **IV 1;** Zinsen und Kosten aus der Rückabwicklung des Verbraucherdarlehens können vom Verbraucher nicht verlangt werden, **IV 2.** Zu **IV 3** vgl Rn 15. **d)** Auf die **Rechtsfolgen nach I** (Rn 9), **II 1, 2** (Rn 12, 13) muß in der gem §§ 355 II, 356 II 2 erforderlichen Belehrung **zusätzlich hingewiesen** werden, **V.**

4. Widerruf des Verbraucherdarlehensvertrags, II. a) Für ihn besteht ein Widerrufsrecht nach § 495 (aber nicht, wenn dieses Recht nach §§ 495 III, 493 ausgeschlossen ist; zu einem weiteren Ausschlußgrund s II 2 und dazu Rn 13). **b)** Der Verbraucherdarlehensvertrag muß iSv III (Rn 2–6) mit dem Liefervertrag **verbunden** sein, **II 1. c) Kann** der **Liefervertrag widerrufen** werden, so gilt nur I; das Widerrufsrecht hinsichtlich des Verbraucherdarlehensvertrags nach § 495 ist ausgeschlossen, **II 2.** Erklärt der Verbraucher trotzdem den Widerruf des Verbraucherdarlehensvertrags gegenüber dem Darlehensgeber, so wird das als Widerruf des Liefervertrags gegenüber dem Lieferer (Unternehmer) fingiert, **II 3. d)** Mit dem wirksamen Widerruf des Verbraucherdarlehensvertrags tritt die **Rechtsfolge** des § 355 I 1 (s dort Rn 17) für diesen und den Liefervertrag ein. Abwicklung nach § 357 (Rn 9); zu Zinsen und Kosten **IV 2** (Rn 9). **e) Eintritt in das Abwicklungsverhältnis, IV 3.** Ist die **Darlehenssumme** dem Unternehmer bei Wirksamwerden (Zugang, § 130) des Widerrufs (der Rückgabe) **bereits zugeflos-**

§ 359–Vor § 362 Buch 2. Abschnitt 4. Erlöschen der Schuldverhältnisse

sen, so tritt der Darlehensgeber gegenüber dem Verbraucher in das Abwicklungsverhältnis des Liefervertrags ein, und zwar mit allen Rechten und Pflichten des
16 Unternehmers aus diesem Vertrag. **f)** Zur **erweiterten Belehrung** wie Rn 10.

§ 359 Einwendungen bei verbundenen Verträgen

¹Der Verbraucher kann die Rückzahlung des Darlehens verweigern, soweit Einwendungen aus dem verbundenen Vertrag ihn gegenüber dem Unternehmer, mit dem er den verbundenen Vertrag geschlossen hat, zur Verweigerung seiner Leistung berechtigen würden. ²Dies gilt nicht, wenn das finanzierte Entgelt 200 Euro nicht überschreitet, sowie bei Einwendungen, die auf einer zwischen diesem Unternehmer und dem Verbraucher nach Abschluss des Verbraucherdarlehensvertrags vereinbarten Vertragsänderung beruhen. ³Kann der Verbraucher Nacherfüllung verlangen, so kann er die Rückzahlung des Darlehens erst verweigern, wenn die Nacherfüllung fehlgeschlagen ist.

1   1. **Voraussetzungen** des Einwendungsdurchgriffs. **a) Verbraucherdarlehensvertrag** (§ 491), bei dem das Widerrufsrecht nicht ausgeschlossen ist (§ 358
2   Rn 11). **b) Liefervertrag** des Verbrauchers mit dem Unternehmer als verbunde-
3   ner Vertrag iSv § 358 III (dort Rn 2–6). **c) Kein Bagatellkredit** (finanziertes Entgelt übersteigt nicht 200 Euro) und **keine Einwendungen**, die auf einer *nach* Abschluß des Verbraucherdarlehensvertrags vereinbarten **Abänderung** (§ 311 I)
4   **des Liefervertrags** beruhen, S 2. **d) Einwendungen** aus dem Liefervertrag, die den Verbraucher berechtigen würden, dem Unternehmer gegenüber seine **Leistung zu verweigern.** Den Einwendungen können *rechtshindernde und rechtsvernichtende Umstände* zugrundeliegen; *rechtshemmende*, zB Verjährung, auch, wenn die darauf gestützte Einrede dem Unternehmer gegenüber zwar besteht, aber (noch) nicht erhoben ist (zu unterscheiden von dem Fall, daß die Einwendung erst aufgrund einer rechtsgeschäftlichen Erklärung des Verbrauchers gegenüber dem Unternehmer entsteht, BGH NJW 00, 3560; mißverständlich PalErgB/Heinrichs
5   3). **e)** Kann der Verbraucher **Nacherfüllung** (§§ 437 Nr 1, 634 Nr 1) verlangen, so kann er die Rückzahlung des Darlehens erst verweigern, wenn die Nacherfüllung fehlgeschlagen ist, S 3. Verlangen*können* genügt für den Ausschluß der Einwendung. Um die Einwendung zu erwerben, muß Nacherfüllung verlangt werden und dann fehlschlagen (§§ 440, 636).

6   2. Die **Einwendung gegenüber dem Unternehmer gewährt** dem Verbraucher als Darlehensnehmer gegenüber dem Darlehensgeber (nur) das Recht, die **Rückzahlung** zu **verweigern, S 1,** auch wenn die Einwendung auf einem rechtshindernden oder rechtsvernichtenden Umstand (zB auf anfänglicher oder nachträglicher Nichtigkeit des Liefervertrags) beruht.

§§ 360, 361 *(weggefallen)*

Abschnitt 4. Erlöschen der Schuldverhältnisse

Vorbemerkungen

1   1. Das Erlöschen einer Forderung ist von der Beendigung des gesamten Schuldverhältnisses zu unterscheiden.
2   2. **Erlöschen der Forderungen. a) Ges geregelte Fälle:** Erfüllung (§§ 362 ff), Hinterlegung (§§ 372 ff), Aufrechnung (§§ 387 ff), Erlaß (§ 397); Untergang bei Leistungsstörungen (§§ 275 ff, 323 ff). **b) Nicht geregelte Fälle: aa) Konfusion:** vgl § 1922 Rn 9. **bb) Verwirkung:** vgl § 242 Rn 53 ff. **cc) Fortfall schutz-**

Titel 1. Erfüllung **§ 362**

würdigen Leistungsinteresses: offen BGH NJW 86, 2308 (Gesellschaftseintritt des Bürgen einer OHG).

3. Beendigung des Schuldverhältnisses. a) Das **Erlöschen aller Forderungen** als Beendigungstatbestand schließt Nachwirkungen im Sinne von *nachvertraglichen Verhaltenspflichten* nicht aus (LM Nr 2 zu § 362; v. Bar AcP 179, 452). **b)** Durch **Aufhebungsvertrag** können die Parteien entsprechend dem Grundsatz der Vertragsfreiheit („contrarius consensus") die Wirkungen eines Schuldverhältnisses ex nunc oder ex tunc (BGH NJW 78, 2198) beseitigen. Mit der Aufhebung eines alten Schuldverhältnisses kann sich die Begründung eines neuen verbinden *(Novation).* **c)** Der **Rücktritt** (§§ 346 ff) beendet das ursprüngliche Schuldverhältnis, meist unter Umwandlung in ein Rückgewährschuldverhältnis. **d) Dauerschuldverhältnisse** enden durch Zeitablauf oder Kündigung, bestehen aber uU als Rückgewährschuldverhältnis bis zum Erlöschen aller Forderungen fort (vgl oben a). 3

4. Vertragliche Beseitigung des Erlöschens ist nur mit Wirkung ex nunc durch Neubegründung der Forderung bzw des Schuldverhältnisses möglich, so daß die Form einzuhalten ist (vgl BGH 20, 340) und akzessorische Sicherheiten nicht ohne weiteres wiederaufleben. Nur bei rückwirkendem Wegfall des RGeschäfts, das zum Erlöschen führt (zB § 142 I), tritt Wiederaufleben ex tunc ein. 4

Titel 1. Erfüllung

§ 362 Erlöschen durch Leistung

(1) **Das Schuldverhältnis erlischt, wenn die geschuldete Leistung an den Gläubiger bewirkt wird.**

(2) **Wird an einen Dritten zum Zwecke der Erfüllung geleistet, so finden die Vorschriften des § 185 Anwendung.**

Lit: Gernhuber, Die Erfüllung und ihre Surrogate, 2. Aufl 1994; Bülow, Grundfragen der Erfüllung und ihrer Surrogate, JuS 91, 529; Muscheler/Bloch, Erfüllung und Erfüllungssurrogate, JuS 00, 729.

1. Begriff. Erfüllung ist Bewirkung der geschuldeten Leistung an den empfangszuständigen Gläubiger oder Dritten durch Leistungsverhalten und gegebenenfalls durch Herbeiführung des Leistungserfolgs (BGH 87, 162; NJW 94, 1404; 2948), uU durch Wiederholung der Leistungshandlung (LM Nr 25 zu § 157 [D]). Bei Geldschulden ist erforderlich, daß der Gläubiger den Geldbetrag zur freien Verfügung behalten darf (BGH 145, 49 f; NJW 96, 1207). Die näheren Modalitäten der Leistung, zB Person (§§ 267 ff), Ort (§§ 269 f), Zeit (§ 271), Berechtigung zur Teilleistung (§ 266), sind für die Möglichkeit der Zurückweisung ohne Annahmeverzug (§§ 293 ff) wesentlich. 1

2. Rechtsnatur. Nach der *Theorie der realen Leistungsbewirkung* (vgl Larenz, SchR I, § 18 I 5) ist neben dem Leistungsverhalten und neben der Herbeiführung des – uU rechtsgeschäftlichen – Leistungserfolgs kein Vertrag erforderlich, der die Kongruenz von Erfüllungswillen und Annahmewillen sichtbar macht (anders die *vertraglichen Theorien,* hierzu Larenz, SchR I, § 18 I 1–3; Muscheler/Bloch JuS 00, 729, 732). Ebensowenig ist eine Leistungszweckbestimmung des Leistenden *(Theorie der finalen Leistungsbewirkung,* Gernhuber, Erfüllung, § 5 III) erforderlich (BGH NJW 92, 2699: Zuordnungsmöglichkeit ausreichend). Der leistende Schuldner kann doch eine Tilgungsbestimmung (empfangsbedürftige Willenserklärung; aA Gernhuber, Erfüllung, § 5 III 2: geschäftsähnliche Handlung; offen BGH 106, 166) freilich Zweifel über die Zweckbestimmung beseitigen (vgl §§ 366, 267, 268) oder die Erfüllungswirkung bzgl einer bestimmten Forderung ausschließen (BGH NJW 72, 1750; auch schlüssig: Düsseldorf WM 82, 753); möglich ist eine doppelte 2

§ 362

Tilgungsbestimmung (BGH 105, 157: Zahlung auf Forderung und Grundschuld). Die Befugnis zur Annahme („Empfangszuständigkeit") auf der Gläubigerseite folgt teilw den Regeln rechtsgeschäftlicher Verfügung, ohne daß allerdings die Annahme als Erfüllung eine Verfügung über die Forderung wäre: beschränkt Geschäftsfähige können zwar uU das Erfüllungs*geschäft* (zB Eigentumserwerb) wirksam vornehmen (§ 107), bedürfen aber zur Annahme als Erfüllung der Zustimmung (§§ 107 ff), weil die Annahme die Forderung zum Erlöschen bringt; der Gläubiger kann Dritte zum Leistungsempfang ermächtigen (vgl II iVm § 185). Bei fehlender Empfangszuständigkeit erfolgt Rückabwicklung gem § 812 I 1, 1. Alt.

3 3. Die **Wirkung** der Erfüllung, das Erlöschen der Forderung, tritt bei Dauerschuldverhältnissen für die jeweils fällige Einzelforderung ein (BGH 10, 396). Vorauszahlungen vor Entstehen einer Forderung bewirken nicht Erlöschen bei Forderungsentstehung, vielmehr bedarf es einer – uU formpflichtigen – Anrechnungsvereinbarung (BGH 85, 318; str, Singer JR 83, 356). Bei *Leistung unter Vorbehalt* (Seibert JR 83, 491) tritt volle Erfüllungswirkung ein, sofern der Vorbehalt nur §§ 212 I Nr 1 (früher: § 208 aF), 814 ausräumen will (BGH NJW 84, 2826 mN). Bei Erfüllung unter aufschiebender Bedingung für die Tilgungswirkung, insbes unter der Bedingung des Bestands der Forderung, tritt Erfüllungswirkung vorläufig nicht ein, der Gläubiger kann ohne Verzugsfolge ablehnen
4 (BGH 92, 284). *Erfüllung im Wege der Zwangsvollstreckung* (Schünemann JZ 85, 49) führt bei endgültig vollstreckbaren Urteilen zum Erlöschen (vgl ZPO 815, 819, 883). Bei vorläufigen Titeln bleibt die Erfüllungswirkung bis zu ihrer Endgültigkeit in Schwebe, ebenso wenn *erkennbar* zur Abwendung der Vollstreckung aus vorläufigen Titeln geleistet ist (BGH NJW 90, 2756; Krüger NJW 90, 1210; Köln NJW-RR 92, 239), weil andernfalls sich der Rechtsstreit erledigen würde (BGH 94, 274; Braun AcP 184, 152); jedoch schließt vorläufige Befriedigung Schuldnerverzug aus (BGH NJW 81, 2244).

5 4. Bei **Leistung an einen Dritten** ist zu unterscheiden (Larenz, SchR I, § 18 II; Taupitz, JuS 92, 449): **a)** Leistung an einen Dritten mit **eigenem Gläubigerrecht** (§ 328). **b)** Leistung an einen **einziehungsberechtigten** Dritten, wobei die Einziehungsermächtigung auf Gesetz (§§ 1074, 1282) oder RGeschäft (vgl § 398 Rn 26 ff) beruhen kann. **c)** Leistung an einen **empfangsermächtigten** Dritten gem II iVm § 185 (zB BGH NJW 86, 989; 94, 2948; NJW-RR 97, 1460), wobei insbes § 185 II wegen § 816 II von Bedeutung ist. **d)** Leistung an den Gläubiger in Form der **Zuwendung an einen vertraglich benannten Dritten,** zB Darlehensauszahlung an den Verkäufer beim finanzierten Geschäft (BGH 33, 307; 60, 110); Darlehensauszahlung an den Darlehensvermittler (BGH NJW 78, 2295). **e)** Leistung an eine **Bank als „Zahlstelle"** des Gläubigers, bei welcher der Gläubiger selbst – nicht etwa die Bank – Leistungsempfänger ist (BGH NJW 85,
6 2700 mN; vgl auch §§ 364, 365 Rn 4). **f)** **Rechtsscheintatbestände,** zB §§ 370, 2367. **g)** Leistung an den Gläubiger, den durch einen Dritten **vertreten** wird (zB § 27 II 1 WEG, Saarbrücken OLGZ 88, 47; Zahlung an Verfahrensbevollmächtigten, Dresden MDR 00, 1306). **h)** Leistung an **gemeinsamen Treuhänder,** die vor Weitergabe an den Empfänger keine Erfüllung bewirkt (s BGH 145, 49 f; NJW 86, 2947; Hamburg NJW 96, 1289 – aA Reithmann NJW 96, 3327) und lediglich das Vorleistungsrisiko bei zweiseitigen Verträgen bewältigen soll (zB Notaranderkonto: BGH 87, 156; NJW 94, 1404; 97, 2105; 98, 747; 2135 mN; Preuß JuS 96, 103; Zeiss JR 83, 410; Zimmermann DNotZ 83, 552 – anders BGH 82, 286: gewillkürte Geltung der §§ 372 ff bei Sperrkonto einer Bank); aber keine Erfüllung der Verpflichtung zur Zahlung an den gemeinsamen Treuhänder bei abredewidrigem Auskehrungsvorbehalt (BGH NJW 97, 2104).

7 5. **Prozessuales.** Bis zur Erfüllung muß der Gläubiger seinen Anspruch beweisen, nach der Erfüllung der Schuldner zur Rückgewähr das Fehlen eines Anspruches. Zur Beweislast für die Erfüllung vgl § 363.

Titel 1. Erfüllung §§ 363–365

§ 363 Beweislast bei Annahme als Erfüllung

Hat der Gläubiger eine ihm als Erfüllung angebotene Leistung als Erfüllung angenommen, so trifft ihn die Beweislast, wenn er die Leistung deshalb nicht als Erfüllung gelten lassen will, weil sie eine andere als die geschuldete Leistung oder weil sie unvollständig gewesen sei.

1. Die **Beweislast** für die Erfüllung als rechtsvernichtende Einwendung trägt **vor Annahme** der Schuldner (BGH NJW 69, 875; zur fehlenden Substantiierung BGH NJW 97, 128). Sofern die Gegenleistung bereits erbracht wurde, kommt dem Schuldner bei Bargeschäften des täglichen Lebens der Anscheinsbeweis zugute (vgl auch LG Aurich NJW-RR 99, 1225: „tatsächliche Vermutung" der Leistung bei erfolgtem Warenversand per Nachnahme). Nur bei Unterlassungspflichten hat nicht der Schuldner Erfüllung, vielmehr der Gläubiger Nichterfüllung bzw Verletzung zu beweisen (arg § 345). Der Schuldner hat auch Mängelfreiheit zu beweisen, wenn er seinerseits Ansprüche verfolgt, die Erfüllungsbereitschaft voraussetzen (zB §§ 433 II, 322 oder 323 I nF), es sei denn, der Gegner ist vorleistungspflichtig (BGH NJW 65, 1270); Sonderregelung: § 476 nF (befristete Beweislastumkehr beim Verbrauchsgüterkauf; die in § 442 aF enthaltene Sonderregel für Rechtsmängel ist aufgehoben). 1

2. Die **Beweislastumkehr bei Annahme als Erfüllung** rechtfertigt sich aus der Beweisnot des Schuldners nach erbrachter Leistung. Sie beinhaltet keinen materiellen Rechtsverlust (anders §§ 442 I nF (früher: § 464 aF), 640 II, HGB 377 f; VOB/B 16 Nr 3 II 1, hierzu BGH NJW 83, 816; unklar Karlsruhe NJW-RR 96, 752). Die Annahme ist entspr der Theorie der realen Leistungsbewirkung (§ 362 Rn 2) Realakt, also nicht anfechtbar (str). Bei der Annahme als Erfüllung braucht der Wille des Gläubigers nur darauf gerichtet zu sein, die angebotene Leistung als geschuldete anzunehmen (zB Entgegennahme und Abzählen des Geldbetrages, BGH NJW 84, 722) und sie in der Hauptsache als vertragsgemäß gelten zu lassen (Köln FamRZ 84, 1090); eine formularmäßige Erklärung dieses Inhalts ist nach AGBG 11 Nr. 15 b unwirksam (Koblenz NJW 95, 3392). Einzelne Vorbehalte schließen Annahme als Erfüllung nicht unbedingt aus, insbes beim Behalten, Benutzen oder Weiterverkaufen der Ware (vgl Stuttgart NJW 69, 611; RG 109, 296). Die Beweislastumkehr erstreckt sich auch auf Mängel der Leistung (BGH NJW 85, 2329) oder teilweise Nichterfüllung (BGH NJW 89, 3223). Ist streitig, ob eine Steuer- oder Rechtsanwaltsberatung sachlich verfehlt geführt, teilweise oder *gänzlich* unterlassen wurde, ist nach BGH NJW 96, 2572 für eine Anwendung des § 363 kein Raum (so auch Laumen JZ 87, 63; anders noch BGH NJW 86, 2570). Die Beweislast trägt in jedem Fall der, der den Beratungsverpflichteten in Anspruch nehmen will (BGH NJW 85, 265; 87, 1323; 92, 1697). 2

3. Die **Ablehnung der Erfüllung** verhindert Beweislastumkehr und Erfüllungswirkung. Annahmeverzug (§§ 293 ff) tritt nur bei vertragsgemäßem Angebot (§ 362 Rn 1) ein. 3

§ 364 Annahme an Erfüllungs statt

(1) Das Schuldverhältnis erlischt, wenn der Gläubiger eine andere als die geschuldete Leistung an Erfüllungs statt annimmt.

(2) Übernimmt der Schuldner zum Zwecke der Befriedigung des Gläubigers diesem gegenüber eine neue Verbindlichkeit, so ist im Zweifel nicht anzunehmen, dass er die Verbindlichkeit an Erfüllungs statt übernimmt.

§ 365 Gewährleistung bei Hingabe an Erfüllungs statt

Wird eine Sache, eine Forderung gegen einen Dritten oder ein anderes Recht an Erfüllungs statt gegeben, so hat der Schuldner wegen eines

§§ 364, 365 Buch 2. Abschnitt 4. Erlöschen der Schuldverhältnisse

Mangels im Recht oder wegen eines Mangels der Sache in gleicher Weise wie ein Verkäufer Gewähr zu leisten.

Anmerkungen zu den §§ 364, 365

Lit: Schreiber, Leistungen an Erfüllungs Statt und erfüllungshalber, Jura 96, 328.

1 **1. Leistung an Erfüllungs Statt. a) Begriff und Rechtsnatur.** Der Schuldner bewirkt eine andere als die geschuldete Leistung, die aber kraft vertraglicher Vereinbarung zwischen Gläubiger und Schuldner als Erfüllung gilt (BGH 89, 133; Larenz, SchR I, § 18 IV: „Erfüllungsvertrag"; str). Sicherheiten und Vorzugsrechte gehen mit dem alten Schuldinhalt unter, soweit keine angepaßte Neuvereinbarung
2 erfolgt (str). **b) Die Ersetzungsbefugnis des Schuldners** nimmt die Vereinbarung über die Leistung an Erfüllungs Statt vorweg und überläßt es der Wahl des Schuldners, ob er die ursprüngliche Leistung oder die Ersatzleistung erbringen will. Bsp: Inzahlungnahme eines Gebrauchtwagens beim Neuwagenverkauf (BGH 89, 128 mN), so daß – anders als im Falle des Tausches – bei Untergang des Altwagens nicht §§ 275, 323 I gelten, sondern die ursprüngliche Geldleistung geschuldet bleibt. Zur Vermeidung der Mehrwertsteuer (volle Besteuerung des Zwischenumsatzes) wurde allerdings früher regelmäßig neben dem Neuwagenkaufvertrag ein Vermittlungsauftrag über den Gebrauchtwagen geschlossen; der Händler übernahm ein Mindestpreisrisiko, stundete insoweit die Kaufpreisforderung und verrechnete den Verkaufserlös, wobei ihm Mehrerlös als Provision verblieb (BGH NJW 82, 1699; krit Medicus NJW 76, 54; Behr AcP 185, 401). Nachdem UStG 25a seit 1.7.1990 nur noch die Preisdifferenz der Umsatzsteuer unterwirft, entfallen die steuerlichen Gründe für diese Gestaltung, so daß die Rückkehr der
3 Praxis zur Ersetzungsbefugnis ganz oder teilw denkbar ist. **c) Gewährleistung.** Sofern der Mangel Verpflichtungen des *Gläubigers* betrifft, gelten allg Regeln: Verlangte der Käufer eines neuen Kfz nach altem Recht *Wandlung,* so konnte er neben dem Barkaufpreis nur das in Zahlung gegebene gebrauchte Kfz – nicht seinen Verrechnungswert – zurückverlangen (§§ 346 ff; BGH 89, 126; hierzu Schulin JZ 84, 379; Schwark JR 84, 239; Dubischar JuS 85, 15); verlangte er dagegen „großen Schadensersatz" nach § 463 aF, sollte er neben dem Barpreis auch den Verrechnungspreis für seinen Altwagen verlangen können (BGH NJW 95, 518). Nach neuem Recht gilt folgendes: Tritt der Käufer (anstelle der Wandlung alten Rechts) – nach fruchtlosem Nachbesserungs- bzw. Nachlieferungsverlangen (§§ 437 Nr 2, 440 S 1, 323 I nF) – vom Vertrag zurück, bestimmt sich die Rückabwicklung weiterhin nach den §§ 346 ff (nF), vgl § 326 IV nF. Weiterhin kann nur Herausgabe des Altfahrzeugs und des Barpreisanteils verlangt werden. Verlangt der Käufer – wiederum nach Nachbesserungs- bzw Nachlieferungsverlangen – „großen Schadensersatz", gelten die Einschränkungen nach §§ 437 Nr 3, 281 S 2, 3: zulässig nur, wenn kein Interesse an bereits bewirkter Teilleistung besteht, und bei nicht lediglich „unerheblicher" Pflichtverletzung. Hier kann – wie früher nach § 463 aF – statt der Herausgabe des Gebrauchtfahrzeugs Zahlung des Anrechnungsbetrags verlangt werden. Da der Schadensersatz nach § 437 dem Rücktritt nunmehr gleichgestellt ist, hat der Käufer faktisch nach neuem Recht ein Wahlrecht. Dieses wird aber zugunsten des Händlers kompensiert durch dessen „Recht zur zweiten Andienung". Beim gekoppelten Vermittlungsauftrag kann der Käufer neben dem bezahlten Kaufpreisteil den vereinbarten Mindestpreis zurückverlangen, falls der Gebrauchtwagen verkauft ist; sonst wird der Auftrag gegenstandslos (Kündigung, Wegfall der Geschäftsgrundlage, vgl nunmehr § 313 I, III nF), neben dem bezahlten Kaufpreisteil ist der Gebrauchtwagen im Wege der Rückabwicklung auch des Auftrags zurückzugeben (BGH NJW 80, 2191). Bei Gewährhaftung seitens des *Schuldners* ist § 365 – eine mißglückte Vorschrift (Larenz, SchR I, § 18 IV) – zu berücksichtigen: Ist zB der in Zahlung gegebene Gebrauchtwagen mangelhaft, so konnte der Gläubiger nach altem Recht die

Titel 1. Erfüllung **§§ 364, 365**

Erfüllungsvereinbarung *wandeln,* so daß entspr dem ursprünglichen Schuldinhalt zu leisten war (iE gleich BGH 46, 342: Anspruch auf Wiederbegründung der alten Forderung mit Möglichkeit sofortiger Zahlungsklage). Nach neuem Recht stehen dem Verkäufer die Rechtsbehelfe aus § 437 zu. Das an sich gem §§ 437 Nr 2, 440 S 1 bzw 323 I nF erforderliche Nachbesserungsverlangen wird regelmäßig nach §§ 440 S 1, 281 II bzw 323 II entbehrlich sein. Das zu früherem Recht gefundene, nach wie vor sachgerechte Ergebnis wird nunmehr als Rücktritt des Verkäufers von der Erfüllungsvereinbarung (§§ 437 Nr 2, 440, 323) zu konstruieren sein. Bei gekoppeltem Vermittlungsauftrag über einen Gebrauchtwagen konnte der Gläubiger nach altem Recht bei schweren Mängeln oder arglistiger Täuschung den Auftrag kündigen (BGH NJW 78, 1482; hierzu Rupp/Fleischmann NJW 84, 2803), die Stundung entfiel und der gesamte Neupreis war fällig; anders bei entspr Hinweis auf Mängel (BGH NJW 82, 1699) oder schlüssigem Gewährleistungsausschluß (Verschleißmangel: BGH 83, 334; Schack NJW 83, 2806). Unter neuem Recht wird nach wie vor ein Kündigungsrecht aus wichtigem Grund angenommen werden können; des Rückgriffs auf § 313 nF bedarf es nicht. **d) Die Überweisung auf Girokonto** (sa § 362 Rn 5) ist Leistung an Erfüllungs Statt (Begründung einer Forderung des Gläubigers gegen die Bank statt Barzahlung), in die der Vertragspartner durch die Kontoangabe – nicht schon durch bloße Kontoeröffnung (Köln NJW-RR 91, 50) – im voraus einwilligt (aA Gernhuber, Erfüllung, § 11, 2 mN: Gleichstellung von Münz- und Giralgeld; offen BGH NJW 86, 2429; 99, 210 mAnm Hadding WuB I D 1 Überweisungsverkehr 2.99; vgl v. Dücker WM 99, 1258 ff). Die Erfüllungswirkung tritt mit der Gutschrift des Betrags (abstraktes Schuldversprechen, das durch vorbehaltlose Bereitstellung der Daten seitens der Bank entsteht, BGH 103, 146 f mAnm Hadding/Häuser WM 88, 1149) auf dem angegebenen Girokonto ein (BGH 98, 30; NJW 88, 1320; Karlsruhe NJW 97, 1587), auch bei Falschangabe des Kontos durch den Gläubiger (FinanzG BW WM 84, 963; arg §§ 170 ff); zum Gutschriftsanspruch des Gläubigers gegen die Empfängerbank s § 676 g. Zahlung auf ein anderes Konto befreit, wenn das wirtschaftliche Ziel erreicht wird (Saarbrücken OLGZ 88, 48), wobei im Schweigen eine Erfüllungsannahme liegen kann (Karlsruhe NJW-RR 96, 752). Bei Leistung vor Fälligkeit kann der Gläubiger die Gutschrift ablehnen und damit die Erfüllungswirkung verhindern (BGH 1, 7). Unklare Angaben bei Überweisung können Nichterfüllung und Schadensersatz aus pVV auslösen (Feldhahn NJW 84, 2929). Anders als die Erfüllungswirkung hängt die Rechtzeitigkeit (zB Verzug!) der bargeldlosen Zahlung vom Zeitpunkt des schuldnerischen Abbuchungsauftrags ab (vgl § 270 Rn 7). **e) Im Lastschriftverfahren** ist erfüllt, wenn zur Gutschrift auf dem Gläubigerkonto die wirksame Belastung des Schuldnerkontos mit Gutschrift bei der Gläubigerbank tritt, es sei denn, die Schuldnerbank übernimmt das Einlösungsrisiko (s BGH NJW 83, 221); hat der Schuldner bei Einzugsermächtigung ein Widerspruchsrecht, so ist die Erfüllung auflösend bedingt (vgl § 362 Rn 3).

2. Leistung erfüllungshalber. a) Begriff und Rechtsnatur. Der Gläubiger muß entspr vertraglicher Vereinbarung zunächst die Befriedigung aus dem Erfüllungssurrogat versuchen. Gelingt der Befriedigungsversuch, erlischt die ursprüngliche Leistungspflicht; schlägt der Befriedigungsversuch fehl, so kann der Gläubiger die fortbestehende und gestundete alte Forderung weiterverfolgen (BGH 116, 282; 96, 193). Der Gläubiger muß mit verkehrsüblicher Sorgfalt seine Befriedigung versuchen (BGH 96, 193), Sorgfaltsverletzungen machen ersatzpflichtig (Celle OLGZ 70, 450); Klagen und Vollstreckungsversuche mit zweifelhafter Erfolgsaussicht gehören nicht zur geschuldeten Sorgfalt (Nürnberg WM 76, 967). Verwertungskosten gehen zu Lasten des Schuldners (BGH 92, 127; arg § 670). **b) Anwendungsfälle. aa) Übernahme einer neuen Verbindlichkeit** gem § 364 II liegt vor bei Hingabe eines Wechsels (BGH 96, 186) oder Schecks (BGH 83, 101; 131, 74; NJW 86, 1175 f; 96, 1961). Der Schuldner hat die Diskontspesen eines Wechsels zu tragen (LM Nr 2 zu § 364). Die Erfüllungswirkung tritt mit der

4

5

6

7

§ 366 Buch 2. Abschnitt 4. Erlöschen der Schuldverhältnisse

vorbehaltlosen Gutschrift ein (BGH NJW 76, 1843; 95, 3388; JZ 96, 804; DB 88, 1947), die Rechtzeitigkeit hängt von der Begebung des Wertpapiers ab (vgl § 270 Rn 4 f und 6 f mN). Zahlung auf die ursprüngliche Forderung bewirkt idR volle Erfüllung, auch wenn der Gläubiger als Aussteller eines vom Schuldner akzeptierten Wechsels dem Rückgriff ausgesetzt bleibt (BGH 97, 197; hierzu Honsell JZ 86,
8   757). **bb) Abtretung einer Forderung gegen Dritte**, zB erfüllungs- und sicherungshalber beim unechten Factoring (BGH 58, 369; § 398 Rn 31) oder Leasing (BGH 116, 284: Kaskoversicherungsforderung des Leasingnehmers zur Erfüllung von Forderungen des Leasinggebers wegen Substanzschadens an der Leasingsache).
9   **cc) Begründung einer Forderung gegen Dritte**, zB durch Stellung eines Akkreditivs durch den Käufer (BGH NJW 81, 1905). Bei Zahlung mittels *Kreditkarte* stundet das Vertragsunternehmen dem Karteninhaber den Betrag und sucht erfüllungshalber Befriedigung aus dem Schuldversprechen des Kartenherausgebers. Durch Hinweis auf Entgegennahme von Kreditkarten willigt das Vertragsunternehmen hierin ein (AG Neuss NJW-RR 90, 254; LG Düsseldorf NJW-RR 91, 311). Ähnlich wirkt die Zahlung im *POS-System* oder mit *Geldkarte* (hierzu Pfeiffer NJW 97, 1036; Kümpel WM 97, 1037 mN).
10   **3.** Die **Auslegung** einer Erfüllungsvereinbarung, insbes die Bestimmung der Art des gewählten Surrogats, folgt zunächst allgemeinen Regeln (BGH 116, 283), ehe die Auslegungsregel des § 364 II greift; sie ist dahin verallgemeinerungsfähig, daß Leistung an Erfüllungs Statt im Zweifel nur bei endgültigem Vermögenszuwachs des Gläubigers gewollt ist.

§ 366 Anrechnung der Leistung auf mehrere Forderungen

(1) Ist der Schuldner dem Gläubiger aus mehreren Schuldverhältnissen zu gleichartigen Leistungen verpflichtet und reicht das von ihm Geleistete nicht zur Tilgung sämtlicher Schulden aus, so wird diejenige Schuld getilgt, welche er bei der Leistung bestimmt.

(2) Trifft der Schuldner keine Bestimmung, so wird zunächst die fällige Schuld, unter mehreren fälligen Schulden diejenige, welche dem Gläubiger geringere Sicherheit bietet, unter mehreren gleich sicheren die dem Schuldner lästigere, unter mehreren gleich lästigen die ältere Schuld und bei gleichem Alter jede Schuld verhältnismäßig getilgt.

1   **1.** Die **Befugnis zur Tilgungsbestimmung** (§ 362 Rn 2) hat der leistende Schuldner oder Dritte (§ 267, zB Düsseldorf VersR 01, 619: Zahlung durch Haftpflichtversicherung), bei fehlender Bestimmung durch den Hauptschuldner auch der Bürge (str). Bei Drittzahlung auf grundschuldbesicherte Forderungen ist die Tilgungsbestimmung des Schuldner-Eigentümers maßgeblich (BGH NJW 97, 2047). Hat der Schuldner seinen Willen gem § 366 I erklärt, so kann er das zwecks Erfüllung einer **nicht bestehenden Verbindlichkeit** Geleistete gem § 812 I 1, 1. Alt zurückfordern; der Gläubiger kann dagegen ggf mit der nicht erfüllten bestehenden Forderung aufrechnen, aber keine andere Anrechnung verlangen (BGH 50, 231 f; NJW 00, 2897). **a)** Voraussetzung sind **mehrere selbständige Forderungen,** die aber auch auf demselben Rechtsgrund beruhen dürfen, zB Heilungskosten und Schmerzensgeld (RG LZ 1915, 1441 Nr 10) oder auch mehrere Mietzinsraten (BGH 91, 379 mN) bzw hypothekarisch gesicherter und ungesicherter Teil einer Kaufpreisforderung (BGH NJW 73, 1689), mehrere geschuldete Wohngeldzahlungen im Wohnungseigentumsverfahren (BayObLG WuM 01, 143), mehrere Vergütungsforderungen aus einem Steuerberatungsvertrag (BGH NJW 97, 517), rangverschiedene Teile einer Grundschuld (BayObLG Rpfleger 85, 434), Grundschuld und gesicherte Forderung (BGH NJW 97, 2046), mehrere Zwangssicherungshypotheken für die Teile einer einheitlichen Forderung (BGH NJW 91, 2022), Forderung gegen BGB-Gesellschaft und quotale Mithaftung des Gesellschafters (BGH 134, 228/229; K. Schmidt NJW 97, 2201; sa §§ 714, 715 Rn 5);

Titel 1. Erfüllung **§ 367**

nicht mehr dagegen Arbeitgeber- und Arbeitnehmeranteil bei Abführung durch AG an Sozialversicherung (so BGH ZIP 98, 398: BeitragszahlungsVO 2 als lex specialis; aA zum alten Recht BGH WM 82, 1032). **b) Gläubigeridentität** als Grundvoraussetzung darf ausnahmsweise fehlen, wenn an *verschiedene* Gläubiger *befreiend* geleistet werden kann, insbes nach Teilzession bei verlängertem EV (§§ 362 II, 185, 407); § 366 analog (BGH 47, 170; NJW 91, 2630) führt bei fehlender Schuldnerbestimmung idR zu anteiliger Tilgung gem II (MK/Heinrichs 3). Vorbehaltsverkäufer und Vorbehaltskäufer können eine Rangfolge vereinbaren, die aber nur sie und nicht den Schuldner bindet und die nicht schon stillschweigend aus dem Sicherungsbedürfnis des Vorbehaltsverkäufers folgt (BGH NJW 91, 2630; sa Karlsruhe ZIP 84, 609). **c) Konkludente Abgabe** der Bestimmungserklärung ist nach allg Regeln möglich (BGH NJW 97, 1015; NJW-RR 95, 1258), zB durch Zahlung des genauen Betrags einer der Schuldsummen (vgl Düsseldorf VersR 01, 619). **d)** Die Tilgungsbestimmung kann nur im **Zeitpunkt der Leistung** erfolgen, nicht nachträglich (s BGH ZIP 85, 998); die Parteien können aber nachträgliche Leistungsbestimmung einverständlich zulassen (BGH 51, 161; NJW 97, 1015). **e) Vorherige Vereinbarungen** schließen die gesetzliche Reihenfolge (II) aus (BGH ZIP 93, 912) und verfügen endgültig über die Tilgungsrichtung, später abw Bestimmung ist unerheblich (BGH 91, 379 mN, NJW-RR 95, 1257; aA Gernhuber, Erfüllung, § 7 I 5: Ablehnungsrecht bzw Schadensersatzanspruch des Gläubigers bei schuldrechtlicher Bindung des Schuldners). *Formularmäßige* Vereinbarungen müssen eine ausgewogene Reihenfolge konkret festlegen, das einseitige Bestimmungsrecht des Gläubigers ist gem § 307 I nF (= ABGB 9 I aF) unwirksam (BGH 91, 380 f; NJW 99, 2044; abzulehnen Hamm WM 92, 257); anders in Einzelverträgen (BGH NJW-RR 91, 564). Die Auslegung einer Tilgungsvereinbarung folgt allgemeinen Regeln, zB Bestimmung der getilgten Forderung anhand des Inhalts einer erfüllungshalber abgetretenen Forderung (BGH 116, 282, 284). **f) Aufrechnung und Kontokorrent** vgl § 396 Rn 1. **g) Anfechtung** der Tilgungsbestimmung wegen Irrtums ist möglich (BGH 106, 163; vgl Ehricke JZ 99, 1075 ff). **h) Zwangsvollstreckung** in das Vermögen des Schuldners schließt dessen Befugnis zur Tilgungsbestimmung aus, die als Begünstigung nur dem freiwillig leistenden Schuldner zugute kommen soll (BGH 140, 393 ff; aA StOlzen, 5 f). Nicht ausgeschlossen wird dagegen die Bestimmungsbefugnis eines freiwillig leistenden Dritten (Düsseldorf ZMR 00, 606).

2. Die **ges Tilgungsreihenfolge** gem II basiert auf einer Interessenabwägung unter Berücksichtigung *beider* Parteien. Gleichwohl geht nach der Rspr der *vermutete vernünftige Wille des Schuldners* vor, sofern der Gläubiger die Interessenlage ohne weiteres erkennen kann (LM Nr 6 und 8; BGH NJW 78, 1524: Anrechnung einer Prämienzahlung in der dem Versicherungsschutz dienlichsten Weise; BGH WM 87, 1214: Zahlungen nach Androhung der Zwangsvollstreckung aus der Grundschuld werden auf sie erbracht; Koblenz VersR 83, 383: Haftpflicht- vor Kaskoprämie). InsO 53 ff (KO 57 ff aF) schließen §§ 366, 367 aus (BGH NJW 85, 3064); anders bei Zahlungen des betriebsfortführenden Konkursverwalters (BGH ZIP 80, 430). Einzelkriterien der Reihenfolge: **a) Sicherheit** wird bestimmt von Mithaftung Dritter (LM Nr 10 und 12; BGH ZIP 82, 425; Düsseldorf NJW 95, 2565: teilw Mithaftung bei Gesamtschuld); zusätzlicher Grundschuldbesicherung (BGH BB 97, 1437 f); vollstreckbarem Titel (Hamburg MDR 71, 758; str); Konkursvorrecht; späterer Verjährung (BGH NJW 57, 1314; München NJW-RR 91, 944). **b) Lästigkeit:** Zinssatz, Verzug, Rechtshängigkeit. **c) Alter:** Entstehung, nicht Fälligkeit (BGH NJW 91, 2630).

§ 367 Anrechnung auf Zinsen und Kosten

(1) **Hat der Schuldner außer der Hauptleistung Zinsen und Kosten zu entrichten, so wird eine zur Tilgung der ganzen Schuld nicht ausreichende**

Stürner 443

Leistung zunächst auf die Kosten, dann auf die Zinsen und zuletzt auf die Hauptleistung angerechnet.

(2) **Bestimmt der Schuldner eine andere Anrechnung, so kann der Gläubiger die Annahme der Leistung ablehnen.**

1 1. **Anwendungsbereich.** Die Vorschrift behandelt nur das Tilgungsverhältnis zwischen Hauptforderung und *zugehörigen* Nebenforderungen; Nebenkosten anderer Forderungen sind im Verhältnis zu einer Hauptforderung nach § 366 zu tilgen (vgl LM Nr 6 zu § 366). Anders als § 366 legt § 367 die Reihenfolge unabhängig vom Schuldnerwillen fest (Hamm WM 85, 1063). Gem II muß der Gläubiger allerdings ablehnen, soll abw Schuldnerwille nicht gelten. Ablehnung bedeutet sofortige Ablehnung der Leistung insgesamt; der Widerspruch des Gläubigers gegen den Schuldnerwillen unter Leistungsannahme führt nicht zur Geltung der Verrechnungsregel gem I, vielmehr gilt dann der Schuldnerwille (BGH NJW 83, 2774; str, offen BGH 80, 274). § 367 ist abdingbar. § 367 gilt auch im Vollstreckungsverfahren (BGH NJW 56, 1595); keine Anwendung bei verjährten Nebenforderungen (Hamm MDR 81, 844). Zu Aufrechnung und Kontokorrent vgl § 396 Rn 1; zur Kostenverrechnung bei Gesamtschuldnerschaft § 421 Rn 10.

2 2. Für **Verbraucherkreditverträge** (Verbraucherdarlehen und Finanzierungshilfen, §§ 491 I, 499–501 nF entspr VerbrKrG 1 II aF) gilt im *Verzugsfalle* die abweichende Reihenfolge Kosten der Rechtsverfolgung, Hauptforderung, Zinsen (§ 497 III entspr VerbrKrG 11 III aF; ausgenommen sind Immobiliardarlehensverträge, § 497 IV), wobei die nach Verzug auflaufenden Zinsen auf gesondertem Konto zu verbuchen sind (§ 497 II entspr VerbrKrG 11 II aF). Diese Abrechnungsregel ist zwingendes Recht (§ 506 S 1 entspr VerbrKrG 18 S 1 aF; überholt insoweit deshalb wohl BGH 91, 55). Zahlt ein Verbraucher die Raten eines sittenwidrigen Kreditvertrages (§ 138 I) in Unkenntnis der Unwirksamkeit, so gelten mit jeder Rate Kapital und Kreditkosten als anteilig getilgt (BGH NJW 87, 831; BGH 91, 55, 58; aA Grunwaldt MDR 95, 127). Die Rückzahlung des Kapitalanteils der Rate ist durch § 812 I 1 gerechtfertigt (für Geltung des § 11 VerbrKrG – nunmehr § 497 – statt §§ 288, 289, 367 insoweit zu Recht Bülow NJW 92, 2049), hinsichtlich des jeweiligen Kostenanteils besteht ein Bereicherungsanspruch des Kreditnehmers mit neuerdings regelmäßiger Verjährung (§§ 195, 199 I nF; überholt BGH NJW 87, 831).

§ 368 Quittung

¹**Der Gläubiger hat gegen Empfang der Leistung auf Verlangen ein schriftliches Empfangsbekenntnis (Quittung) zu erteilen.** ²**Hat der Schuldner ein rechtliches Interesse, dass die Quittung in anderer Form erteilt wird, so kann er die Erteilung in dieser Form verlangen.**

§ 369 Kosten der Quittung

(1) **Die Kosten der Quittung hat der Schuldner zu tragen und vorzuschießen, sofern nicht aus dem zwischen ihm und dem Gläubiger bestehenden Rechtsverhältnis sich ein anderes ergibt.**

(2) **Treten infolge einer Übertragung der Forderung oder im Wege der Erbfolge an die Stelle des ursprünglichen Gläubigers mehrere Gläubiger, so fallen die Mehrkosten den Gläubigern zur Last.**

Anmerkungen zu den §§ 368, 369

1 1. **Quittung** ist die tatsächliche Bestätigung über den Empfang der geschuldeten Leistung, also kein RGeschäft, sondern reines Beweismittel. **a) Beweiskraft:** Quittung erbringt vollen Beweis für Abgabe der bestätigenden Erklärung (ZPO

Titel 1. Erfüllung **§ 370**

416); Gegenteilsbeweis zulässig. Sie ist prima-facie-Beweismittel (ZPO 286) für den Vorgang (zB Zahlung), dem die Erklärung gilt, und insoweit der Erschütterung richterlicher Überzeugung zugänglich (BGH NJW-RR 88, 881; BayObLG ZMR 01, 370 für löschungsfähige Quittung; BGH NJW 01, 2099 für Darlehensempfangserklärung in öffentlicher Urkunde). Eine Bankquittung – auch ohne eigenhändige Unterschrift – bestätigt idR den Empfang des Geldes (BGH NJW-RR 88, 881; Frankfurt WM 91, 725; Köln WM 01, 678 f). Nach der Privatisierung der Deutschen Post ist auch der Posteinlieferungsschein Quittung iSd § 368, nicht mehr öffentliche Urkunde iSd ZPO 415, 418 (Hamm TranspR 00, 431; sa VG Frankfurt NJW 97, 3329; aA Frankfurt NJW 96, 3159). Bei *im voraus erteilter Quittung* genügt zur Erschütterung der Beweis der Vorauserteilung (BGH WM 79, 1158; anders bei Zug um Zug gegen Zahlung erteilter „Vorausquittung", vgl LG Bochum MDR 70, 588). **b) Materiell-rechtliche Wirkungen** – als Erlaß – oder negativer Schuldanerkenntnisvertrag (§ 397 I, II) – entfaltet sie nur in Ausnahmefällen (etwa bei Streit über Schuld). Bei der *Ausgleichsquittung* anläßlich der Beendigung von Arbeitsverhältnissen ist daher enge Auslegung angezeigt: Nur bei klarer und eindeutiger Formulierung können Erlaßvertrag (BAG NJW 75, 407: Zeugnisanspruch; NJW 81, 1285: LFZG 9; NJW 82, 1479: Karenzentschädigung) oder Verzicht auf Kündigungsschutz angenommen werden (BAG NJW 79, 2267 mN: unzureichend die allg Erklärung, aus Anlaß der Beendigung des Arbeitsverhältnisses bestünden keine Ansprüche mehr). 2

2. § 368 gibt dem Schuldner oder leistenden Dritten (§§ 267 f) einen **klagbaren Anspruch** auf die Quittung (auch bei Teilleistungen) Zug um Zug gegen die geschuldete Leistung, §§ 273 f. Auch bei Vorleistungspflicht kann der Schuldner zurückbehalten, ohne in Verzug zu kommen; der Gläubiger gerät in Annahmeverzug (§ 298). Der Quittungsanspruch besteht nicht nur bei Geldleistungen (vgl LAG Düsseldorf BB 62, 596: Arbeitspapiere). Fraglich ist allerdings, inwieweit im rationalisierten Banküberweisungsverkehr die starre Regel des § 368 noch zeitgemäß ist (bejahend LG Kempten NJW-RR 87, 997; Düsseldorf NJW-RR 92, 439; sa Köhler AcP 182, 150: faksimilierte Unterschrift); erleichternd nunmehr §§ 126 a, 126 b. 3

3. Form: § 126. Zu den „Interessefällen" des § 368 S 2 vgl §§ 1144, 1167, 1192, GBO 29 („löschungsfähige Quittung"; BGH 114, 333; BayObLG NJW-RR 95, 852), ZPO 757, WG 39, 50. 4

4. Kosten trägt Schuldner (§ 369 I), weil Quittung seinen Interessen dient. Bei Auftrag oder unentgeltlicher Verwahrung daher anders: Gläubiger trägt Kosten (hM). § 369 II ist erweiterungsfähig. AGB können grundsätzlich nicht eine Entgeltpflicht über die Kostenerstattung hinaus festlegen (BGH 114, 333 für löschungsfähige Quittung bei Grundpfandrechten). 5

§ 370 Leistung an den Überbringer der Quittung

Der Überbringer einer Quittung gilt als ermächtigt, die Leistung zu empfangen, sofern nicht die dem Leistenden bekannten Umstände der Annahme einer solchen Ermächtigung entgegenstehen.

1. Die auf Rechtsschein beruhende **Fiktion** („gilt") der Empfangsermächtigung (aA RG 124, 386: nur widerlegbare Vermutung) wirkt unabhängig vom Verhältnis Gläubiger/Quittungsüberbringer. § 370 gilt nicht, falls die Quittung dem Gläubiger abhanden gekommen ist (vgl BGH 65, 13 f für § 172). Die Fiktion entfällt nicht schon bei grob fahrlässiger Unkenntnis. 1

2. Voraussetzung ist aber **echte Quittung** (BAG NJW 61, 622). Schuldner trägt also Fälschungs- und Verfälschungsrisiko (str). Leistung auf Blankoquittung, die falsch oder unrichtig ausgefüllt wurde, befreit indessen, weil Gläubiger Rechtsschein gesetzt hat (s BGH 40, 304). 2

§ 371 Rückgabe des Schuldscheins

¹Ist über die Forderung ein Schuldschein ausgestellt worden, so kann der Schuldner neben der Quittung Rückgabe des Schuldscheins verlangen. ²Behauptet der Gläubiger, zur Rückgabe außerstande zu sein, so kann der Schuldner das öffentlich beglaubigte Anerkenntnis verlangen, dass die Schuld erloschen sei.

1 **1. Schuldschein** ist eine vom Schuldner zur Beweissicherung gegebene Urkunde, die Schuld bestätigt oder begründet. Eigentum am Schuldschein hat der Gläubiger (§ 952); bei Schuldtilgung erfolgt kein automatischer Eigentumserwerb des Schuldners, daher besteht der **schuldrechtliche Anspruch,** den Schuldschein als tatsächliches Indiz für die erloschene Schuld aus dem Verkehr zu ziehen; er richtet sich auch gegen Dritte (Naumburg AnwBl 01, 376; vgl LG Darmstadt NJW-RR 99, 584; str). § 371 gilt entsprechend bei sonstigen Erlöschensgründen, zB Aufrechnung (str), nicht aber bei lediglich als „zur Zeit nicht fällig" abgewiesener Zahlungsklage (Frankfurt OLGR 00, 8). Die Herausgabe von Vollstreckungstiteln kann analog § 371 verlangt werden, wenn Erfüllung feststeht und die Unzulässigkeit der Vollstreckung (ZPO 767) rechtskräftig festgestellt oder unstreitig ist (Münzberg KTS 84, 193; BGH 127, 148; NJW 94, 1162; Baur/Stürner I, Rn 45.31, 17.3; Köln NJW 86, 1353).

2 **2. Rechtsnatur des Anerkenntnisses** gem S 2: negatives Anerkenntnis gem § 397 II, kein bloßes Beweismittel (sehr str). Kosten trägt der Gläubiger.

Titel 2. Hinterlegung

Vorbemerkungen

1 **1.** Die Hinterlegung ist **Erfüllungssurrogat.** Sie befreit unter den Voraussetzungen des § 372 den Schuldner vorläufig (§ 379 I) oder endgültig (§ 378). Es besteht grundsätzlich keine Hinterlegungspflicht; Ausnahmen: §§ 432 I 2, 660 II, 1077 I, 1281, 2039. Bei *Grundstücken* ist nur Besitzpreisgabe möglich (§ 303).

2 **2. Nicht** unter §§ 372 ff fallen: Hinterlegung zur Sicherheitsleistung, §§ 232 ff; prozessuale Sicherheitshinterlegung, ZPO 707, 709 ff, 108 ff; Hinterlegung nach ZPO 75; Hinterlegung beim gemeinsamen Treuhänder, zB Notar (BNotO 23), s § 362 Rn 6 mN.

3 **3.** Zu unterscheiden ist das Verhältnis zwischen Schuldner und Gläubiger von dem durch die Hinterlegung entstehenden Rechtsverhältnis. **a)** In den **§§ 372 ff** sind allein die rein **privatrechtlichen Wirkungen** der Hinterlegung im Verhältnis Schuldner-Gläubiger geregelt. **b)** Die durch Hinterlegung begründeten **Rechtsbeziehungen zur Hinterlegungsstelle** sind **öffentl-rechtlicher Natur** und in der HintO geregelt (Lit: Bülow/Mecke/Schmidt, HintO, 3. Aufl. 1993). Hinterlegungsstelle ist das AG (HintO 1 II). Auf Antrag des Hinterlegers entsteht durch Annahmeanordnung (HintO 6) ein öffentl-rechtliches Verwahrungsverhältnis mit Drittwirkung zugunsten des Gläubigers. Herausgabe (vgl HintO 12 ff) erfolgt aufgrund Verwaltungsakts. Dies gilt auch dann, wenn die Voraussetzungen für die Hinterlegung ursprünglich nicht vorgelegen haben; eine Anfechtung der Annahmeanordnung ist nach bewirkter Hinterlegung unzulässig (Dresden NJW-RR 00, 1719).

4 **4. Dingliche Wirkungen der Hinterlegung:** An Zahlungsmitteln entsteht Eigentum des Fiskus (HintO 7 ff). An anderen Sachen besteht Eigentum des Schuldners fort, bis der Gläubiger das in der Hinterlegung zum Ausdruck kommende Übereignungsangebot annimmt (§§ 929, 931).

Titel 2. Hinterlegung   §§ 372–374

§ 372 Voraussetzungen

¹Geld, Wertpapiere und sonstige Urkunden sowie Kostbarkeiten kann der Schuldner bei einer dazu bestimmten öffentlichen Stelle für den Gläubiger hinterlegen, wenn der Gläubiger im Verzug der Annahme ist. ²Das Gleiche gilt, wenn der Schuldner aus einem anderen in der Person des Gläubigers liegenden Grund oder infolge einer nicht auf Fahrlässigkeit beruhenden Ungewissheit über die Person des Gläubigers seine Verbindlichkeit nicht oder nicht mit Sicherheit erfüllen kann.

1. Hinterlegungsgründe. a) Zum **Annahmeverzug** (S 1) vgl §§ 293 ff. **1** **b) Als in der Person des Gläubigers liegende Unsicherheitsgründe** (S 2) kommen in Betracht: Verschollenheit, Geschäftsunfähigkeit oder beschränkte Geschäftsfähigkeit des Gläubigers und Fehlen eines ges Vertreters. **c)** Unverschuldete **Ungewißheit über die Person des Gläubigers** (S 2) kann auf tatsächlichen oder Rechtsgründen beruhen; zB unsichere Erbfolge, Mehrfachabtretung, Zweifel an Wirksamkeit von Abtretungen (BGH NJW-RR 89, 200; NJW 97, 1502; BGH 145, 356), Prätendentenstreit im Anmeldungs- und Verteilungsverfahren der KO bzw InsO (BGH NJW 97, 1015); unklare Eigentumsrechte an ehemals volkseigenem Pachtgrundstück (LG Berlin ZMR 99, 825); Zweifel über Verteilung des Liquidationsvermögens (BayObLG WM 79, 656). Obj verständliche Zweifel des Schuldners genügen, wenn ihre Behebung auf eigene Gefahr dem Schuldner nicht zugemutet werden kann (BGH NJW 97, 1502 mN). Zweifel am Bestehen der Schuld, wenn verschiedene Gläubiger den Schuldner wegen des gleichen Betrags aus verschiedenen Rechtsverhältnissen beanspruchen, sind kein Hinterlegungsgrund (LM Nr 6; BGH 92, 385; NJW 86, 1038; 93, 55); keine Hinterlegung durch Scheckaussteller bei Ungewißheit über Gläubiger des Grundgeschäfts (BGH WM 84, 1466). Auch bei Nichtvorliegen der Hinterlegungsgründe gem § 372 können die Parteien Hinterlegung vertraglich vereinbaren (BGH NJW 93, 55).

2. Hinterlegungsfähige Gegenstände: Auch ausländisches Geld und Voll- **2** machtsurkunden (KG NJW 57, 755, str). Kostbarkeiten sind Sachen, deren Wert im Verhältnis zu Größe und Gewicht bes hoch ist; die Verkehrsanschauung entscheidet. Bei zur Hinterlegung nicht geeigneten Sachen (zB Pelze, Videokassetten) gelten §§ 383 ff. Erweiterte Hinterlegungsmöglichkeit nach HGB 373.

§ 373 Zug-um-Zug-Leistung

Ist der Schuldner nur gegen eine Leistung des Gläubigers zu leisten verpflichtet, so kann er das Recht des Gläubigers zum Empfang der hinterlegten Sache von der Bewirkung der Gegenleistung abhängig machen.

1. Fälle: §§ 255, 273, 320, auch 368, 371. **1**

§ 374 Hinterlegungsort; Anzeigepflicht

(1) Die Hinterlegung hat bei der Hinterlegungsstelle des Leistungsorts zu erfolgen; hinterlegt der Schuldner bei einer anderen Stelle, so hat er dem Gläubiger den daraus entstehenden Schaden zu ersetzen.

(2) ¹Der Schuldner hat dem Gläubiger die Hinterlegung unverzüglich anzuzeigen; im Falle der Unterlassung ist er zum Schadensersatz verpflichtet. ²Die Anzeige darf unterbleiben, wenn sie untunlich ist.

1. Zum Leistungsort (I) vgl § 269; Übermittlungspflicht nach § 270 I, II **1** ändert daran nichts (arg § 270 IV; str, aA ErmWestermann 1).

2. Anzeige (II) hat bei Ungewißheit über die Person des Gläubigers an sämt- **2** liche Prätendenten zu erfolgen; zur Anzeigemöglichkeit der Hinterlegungsstelle vgl HintO 11.

§§ 375–379 Buch 2. Abschnitt 4. Erlöschen der Schuldverhältnisse

§ 375 Rückwirkung bei Postübersendung

Ist die hinterlegte Sache der Hinterlegungsstelle durch die Post übersendet worden, so wirkt die Hinterlegung auf die Zeit der Aufgabe der Sache zur Post zurück.

1   1. Die Sache muß bei der Hinterlegungsstelle tatsächlich eingehen. Der **Gläubiger** trägt nur die **Verschlechterungsgefahr**; die Gefahr des Untergangs trägt der Schuldner, vgl aber § 326 II 1, 2. Alt nF (entspr § 324 II aF).

§ 376 Rücknahmerecht

(1) **Der Schuldner hat das Recht, die hinterlegte Sache zurückzunehmen.**

(2) **Die Rücknahme ist ausgeschlossen:**
1. wenn der Schuldner der Hinterlegungsstelle erklärt, dass er auf das Recht zur Rücknahme verzichte;
2. wenn der Gläubiger der Hinterlegungsstelle die Annahme erklärt;
3. wenn der Hinterlegungsstelle ein zwischen dem Gläubiger und dem Schuldner ergangenes rechtskräftiges Urteil vorgelegt wird, das die Hinterlegung für rechtmäßig erklärt.

1   1. Das Rücknahmerecht des Schuldners (I) ist ein **Gestaltungsrecht**. Seine Ausübung bewirkt, daß der Schuldner einen Anspruch gegen die Hinterlegungsstelle auf Rücknahme erwirbt und der Anspruch des Gläubigers auf Herausgabe (vgl vor § 372 Rn 3) entfällt. Zu den Konsequenzen im Verhältnis Schuldner-Gläubiger vgl § 379 III.

2   2. **Gläubiger** iSd Nr 2 und 3 ist der in der Hinterlegungserklärung Bestimmte, bei Ungewißheit über die Person des Gläubigers (§ 372 S 2) **jeder der Prätendenten.** Auch bei einem Verzicht auf das Rücknahmerecht kann der Hinterleger nachträglich weitere Personen als Gläubiger benennen, die damit Hinterlegungsbeteiligte werden (LM Nr 5 zu § 378). Der **Streit um die hinterlegte Sache** zwischen mehreren Prätendenten ist nach hM durch Leistungsklage auszutragen, wobei der wahre Gläubiger einen Anspruch auf Freigabe gem § 812 I 1 Alt 2 hat (BGH 109, 244; 82, 286; NJW-RR 97, 495; zu Anspruchsgrundlagen und Beweislast Peters NJW 96, 1246).

§ 377 Unpfändbarkeit des Rücknahmerechts

(1) **Das Recht zur Rücknahme ist der Pfändung nicht unterworfen.**

(2) **Wird über das Vermögen des Schuldners das Insolvenzverfahren eröffnet, so kann während des Insolvenzverfahrens das Recht zur Rücknahme auch nicht von dem Schuldner ausgeübt werden.**

1   1. Die Vorschrift sichert dem Gläubiger seine durch die Hinterlegung erworbenen Rechte. Das Rücknahmerecht ist **auch unabtretbar** (§§ 400, 413) und fällt **nicht** in die **Insolvenzmasse** (InsO 35 ff bzw KO 1 aF).

§ 378 Wirkung der Hinterlegung bei ausgeschlossener Rücknahme

Ist die Rücknahme der hinterlegten Sache ausgeschlossen, so wird der Schuldner durch die Hinterlegung von seiner Verbindlichkeit in gleicher Weise befreit, wie wenn er zur Zeit der Hinterlegung an den Gläubiger geleistet hätte.

§ 379 Wirkung der Hinterlegung bei nicht ausgeschlossener Rücknahme

(1) **Ist die Rücknahme der hinterlegten Sache nicht ausgeschlossen, so kann der Schuldner den Gläubiger auf die hinterlegte Sache verweisen.**

Titel 2. Hinterlegung §§ 380–382

(2) Solange die Sache hinterlegt ist, trägt der Gläubiger die Gefahr und ist der Schuldner nicht verpflichtet, Zinsen zu zahlen oder Ersatz für nicht gezogene Nutzungen zu leisten.

(3) Nimmt der Schuldner die hinterlegte Sache zurück, so gilt die Hinterlegung als nicht erfolgt.

Anmerkungen zu den §§ 378, 379

1. Die **Wirkung der Hinterlegung** im Verhältnis Gläubiger-Schuldner ist unterschiedlich je nachdem, ob Rücknahme ausgeschlossen (§ 378) oder noch möglich ist (§ 379). Wann das eine oder andere der Fall ist, regelt § 376. 1

2. Ist **Rücknahme ausgeschlossen** (§ 376 II), so hat die Hinterlegung schuldbefreiende Wirkung, und zwar rückwirkend vom Zeitpunkt der Hinterlegung an (§ 378), selbst wenn der wahre Gläubiger erst nach Rücknahmeverzicht der Hinterlegungsstelle mitgeteilt wird (BGH NJW-RR 89, 200; NJW 60, 1003). Bürgen und Pfandrechte werden frei, Verzug entfällt, Verzinsung hört auf, Gefahr geht auf Gläubiger über; zu den Eigentumsverhältnissen an den hinterlegten Sachen vgl vor § 372 Rn 4. Bei Fehlen oder Wegfall der zu erfüllenden Forderung hat der Schuldner gegen den Gläubiger einen Freigabeanspruch (§ 812 I; vgl MK/Heinrichs § 378, 9; Frankfurt NJW-RR 94, 253). 2

3. Solange die **Rücknahme möglich** ist (§ 376 I), hat der Schuldner nur eine **verzögerliche Einrede** (§ 379 I). Diese steht auch Bürgen und Verpfändern zu (§§ 768, 1137, 1211). Sie bewirkt (vgl § 379 II) auch, daß Verzug entfällt und Verjährung gehemmt wird. Gefahr iSv § 379 II bezieht sich auf die Gegenleistung bei Verschlechterung und Untergang der hinterlegten Sache. Bei Annahmeverzug (§ 372 S 1) folgt das schon aus § 326 II 1, 2. Alt nF (entspr § 324 II aF). Die Leistungsgefahr trägt der Gläubiger ohnehin (§§ 275 I nF; 243 II). Die Rücknahme (§ 379 III) wirkt zurück. 3

§ 380 Nachweis der Empfangsberechtigung

Soweit nach den für die Hinterlegungsstelle geltenden Bestimmungen zum Nachweis der Empfangsberechtigung des Gläubigers eine diese Berechtigung anerkennende Erklärung des Schuldners erforderlich oder genügend ist, kann der Gläubiger von dem Schuldner die Abgabe der Erklärung unter denselben Voraussetzungen verlangen, unter denen er die Leistung zu fordern berechtigt sein würde, wenn die Hinterlegung nicht erfolgt wäre.

1. **Vgl HintO 13.** Die Zustimmungserklärung des Schuldners ist vor allem bedeutsam beim Vorbehalt nach § 373; zum Prätendentenstreit s § 376 Rn 2. 1

§ 381 Kosten der Hinterlegung

Die Kosten der Hinterlegung fallen dem Gläubiger zur Last, sofern nicht der Schuldner die hinterlegte Sache zurücknimmt.

§ 382 Erlöschen des Gläubigerrechts

Das Recht des Gläubigers auf den hinterlegten Betrag erlischt mit dem Ablauf von dreißig Jahren nach dem Empfang der Anzeige von der Hinterlegung, wenn nicht der Gläubiger sich vorher bei der Hinterlegungsstelle meldet; der Schuldner ist zur Rücknahme berechtigt, auch wenn er auf das Recht zur Rücknahme verzichtet hat.

1. Mit dem Erlöschen des Rechts des Gläubigers auf die hinterlegte Sache („Betrag" zu eng) **erlischt** auch die **Forderung** gegen den Schuldner (hM). 1

§§ 383–386 Buch 2. Abschnitt 4. Erlöschen der Schuldverhältnisse

§ 383 Versteigerung hinterlegungsunfähiger Sachen

(1) ¹Ist die geschuldete bewegliche Sache zur Hinterlegung nicht geeignet, so kann der Schuldner sie im Falle des Verzugs des Gläubigers am Leistungsort versteigern lassen und den Erlös hinterlegen. ²Das Gleiche gilt in den Fällen des § 372 Satz 2, wenn der Verderb der Sache zu besorgen oder die Aufbewahrung mit unverhältnismäßigen Kosten verbunden ist.

(2) Ist von der Versteigerung am Leistungsort ein angemessener Erfolg nicht zu erwarten, so ist die Sache an einem geeigneten anderen Orte zu versteigern.

(3) ¹Die Versteigerung hat durch einen für den Versteigerungsort bestellten Gerichtsvollzieher oder zu Versteigerungen befugten anderen Beamten oder öffentlich angestellten Versteigerer öffentlich zu erfolgen (öffentliche Versteigerung). ²Zeit und Ort der Versteigerung sind unter allgemeiner Bezeichnung der Sache öffentlich bekanntzumachen.

(4) Die Vorschriften der Absätze 1 bis 3 gelten nicht für eingetragene Schiffe und Schiffsbauwerke.

§ 384 Androhung der Versteigerung

(1) Die Versteigerung ist erst zulässig, nachdem sie dem Gläubiger angedroht worden ist; die Androhung darf unterbleiben, wenn die Sache dem Verderb ausgesetzt und mit dem Aufschub der Versteigerung Gefahr verbunden ist.

(2) Der Schuldner hat den Gläubiger von der Versteigerung unverzüglich zu benachrichtigen; im Falle der Unterlassung ist er zum Schadensersatz verpflichtet

(3) Die Androhung und die Benachrichtigung dürfen unterbleiben, wenn sie untunlich sind.

§ 385 Freihändiger Verkauf

Hat die Sache einen Börsen- oder Marktpreis, so kann der Schuldner den Verkauf aus freier Hand durch einen zu solchen Verkäufen öffentlich ermächtigten Handelsmäkler oder durch eine zur öffentlichen Versteigerung befugte Person zum laufenden Preise bewirken.

§ 386 Kosten der Versteigerung

Die Kosten der Versteigerung oder des nach § 385 erfolgten Verkaufs fallen dem Gläubiger zur Last, sofern nicht der Schuldner den hinterlegten Erlös zurücknimmt.

Anmerkungen zu den §§ 383–386

1 **1. Voraussetzungen des Selbsthilfeverkaufs:** Fehlt die Hinterlegungsfähigkeit (dazu § 372), so kann bei Annahmeverzug schlechthin (§ 383 I 1), im übrigen nur unter den Voraussetzungen des § 383 I 2 öffentl versteigert werden. Die Modalitäten regelt § 383 II und III. § 383 III enthält eine gesetzl Definition der öffentl Versteigerung (BGH NJW 90, 900). Für die Versteigerung gelten §§ 156, 450 f nF (= §§ 456–458 aF). Freihändiger Verkauf ist nur bei börsen- und marktgängigen Sachen zulässig (§ 385). Bei Grundstücken, Schiffen und Schiffsbauwerken (§ 383 IV) gilt § 303.

2 **2. Rechtsfolgen:** Die Hinterlegung des Erlöses wirkt wie die Hinterlegung der geschuldeten Sache selbst, §§ 372 ff, bes 378. Obgleich eine dem § 1247 S 2 entspr

Vorschrift fehlt, kann der Schuldner den Erlös an den Gläubiger auszahlen oder mit einer Gegenforderung aufrechnen (RG 64, 374; hM).
3. Sonderregelung: HGB 373.

Titel 3. Aufrechnung

§ 387 Voraussetzungen

Schulden zwei Personen einander Leistungen, die ihrem Gegenstand nach gleichartig sind, so kann jeder Teil seine Forderung gegen die Forderung des anderen Teiles aufrechnen, sobald er die ihm gebührende Leistung fordern und die ihm obliegende Leistung bewirken kann.

Lit: Berger, Der Aufrechnungsvertrag, 1996; Bötticher, Selbstexekution im Wege der Aufrechnung, FS Schima, 1969, S 95; Dietrich, Die Aufrechnungslage AcP 170, 534; v. Feldmann, Die Aufrechnung – ein Überblick, JuS 1983, 357; Gernhuber, Die Erfüllung und ihre Surrogate, 1983, §§ 12 ff; W. Henckel, Materiellrechtliche Folgen der unzulässigen Prozeßaufrechnung ZZP 74, 165; Kollhosser, Drittaufrechnung und Aufrechnung in Treuhandfällen, FS Lukes, 1989, S 722; Lüke-Hupert, Die Aufrechnung, JuS 71, 165; Windel, Die Aufrechnungslage als objektiv-vermögensrechtlicher Tatbestand, KTS 00, 215.

1. Begriffe. Aufrechnung ist die wechselseitige Tilgung gegenseitiger, gleich- 1 artiger, einredefreier, fälliger bzw erfüllbarer Forderungen durch empfangsbedürftige Willenserklärung (einseitiges RGeschäft). Die Forderung, *gegen* die aufgerechnet wird, ist die *Hauptforderung* (Passivforderung); die Forderung, *mit* der aufgerechnet wird, ist die *Gegenforderung* (Aufrechnungsforderung, Aktivforderung). – Von der einseitig erklärten Aufrechnung zu unterscheiden sind die vertraglich vereinbarte **Verrechnung** (Rn 15 ff), die ebenfalls wechselseitige Tilgung bewirkt, und die rein rechnerisch durchgeführte **Anrechnung** (zB bei Saldierung im Bereicherungsrecht, § 818 Rn 40 a ff) zur Ermittlung der Anspruchshöhe.

2. Zweck und Funktion. Erfüllung beider Forderungen wäre unwirtschaftlich, 2 deshalb gestattet das Ges die „Kurzabwicklung". Der Gläubiger der Gegenforderung erhält eine Art Selbstvollstreckungsrecht, das besonders bei Vermögensverfall des Aufrechnungsgegners Bedeutung erlangt (BGH NJW 95, 1967). Dem Gläubiger der Hauptforderung wird ein Erfüllungssurrogat aufgezwungen.

3. Aufrechnungslage bzw Voraussetzungen der Aufrechnung. **a) Gegensei-** 3 **tigkeit.** Der Aufrechnende muß Gläubiger der Gegenforderung und Schuldner der Hauptforderung sein, der Aufrechnungsgegner Schuldner der Gegenforderung und Gläubiger der Hauptforderung; zur Konzernverrechnungsklausel Rn 15. **aa)** Nur der **Schuldner der Hauptforderung** kann aufrechnen, Dritte dürfen nur ordnungsgemäß erfüllen (§ 267). Der Bürge kann also nicht gegen die gesicherte Forderung mit einer eigenen Forderung aufrechnen, wohl aber gegen die Bürgschaftsforderung (§ 765 I). Ausnahmen: §§ 268 II, 1142 II, 1150, 1249. **bb)** Die **Gegenforderung** muß die **eigene Forderung** des Schuldners der 4 Hauptforderung sein (zur Beweislast des aufrechnenden Zessionars BGH NJW 83, 2018). Der Gesamtschuldner kann also nicht mit der Forderung des Mitschuldners aufrechnen (§ 422 II), der Bürge nicht mit der Forderung des Hauptschuldners (dafür Einrede gem § 770 II), der Gesamthänder nicht mit Forderungen der Gesamthand (§§ 718–720 Rn 5; § 2040 Rn 3, 5), der Kommissionär nicht mit Kommissionsforderungen (HGB 392 II), der Prozeßstandschafter nicht mit der Forderung des repräsentierten Gläubigers (Naumburg FamRZ 01, 1236). **cc)** Die 5 **Gegenforderung** muß sich **gegen den Gläubiger der Hauptforderung** richten. Gegen die unteilbare Forderung mehrerer Gläubiger (§ 432) kann nicht mit einer Gegenforderung gegen einen einzelnen Gläubiger aufgerechnet werden (BGH NJW 69, 839), gegen eine Forderung der Wohnungseigentümer nicht mit einer Forderung gegen einzelne Eigentümer (KG OLGZ 77, 5; Nürnberg JurBüro

§ 387 Buch 2. Abschnitt 4. Erlöschen der Schuldverhältnisse

00, 275; sa BGH NJW 92, 435); vgl auch §§ 719 II, 2040 II. Gegen die Einforderung der Einlage durch den Insolvenzverwalter (HGB 171 II) kann der Kommanditist mit einer Forderung gegen die KG aufrechnen (BGH 58, 75; NJW 81, 233, krit Fromm BB 81, 813), nicht aber der Mieter gegenüber dem Zwangsverwalter mit Forderungen aus zeitlich vor Anordnung der Zwangsverwaltung liegenden Abrechnungszeiträumen (LG Berlin ZMR 00, 762). Der Vertragspartner des Kommissionärs soll trotz HGB 392 II gegen Kommissionsforderungen aufrechnen können (BGH NJW 69, 276; str). Gegen eine Gesamtforderung (§ 428) kann auch mit der Forderung gegen einen einzelnen Gesamtgläubiger aufgerechnet werden (BGH 55, 33; anders bei abw Vereinbarung BGH NJW 79, 2038). Die Berufung auf die formale Verschiedenheit zwischen Gläubiger der Hauptforderung und Schuldner der Gegenforderung kann gegen § 242 verstoßen: so kann gegen die zu Inkassozwecken zedierte Hauptforderung mit einer Forderung gegen den Zedenten aufgerechnet werden; ähnlich soll bei streng weisungsgebundener Treuhänderschaft mit einer Forderung an den Treugeber (BGH 25, 367; 110, 81 mwN) oder Treunehmer (BGH NJW 89, 2387) gegen die Forderung des jeweils anderen Teils aufgerechnet werden können; die Aufrechnung gegen die Forderung einer AG bzw GmbH mit einer Forderung gegen ihren Alleingesellschafter wird indessen nur in den eng begrenzten Fällen der Durchgriffshaftung möglich sein (vgl BGH 26,
6 33 ff). – Sonderfall der *Aufrechnung nach Abtretung*: § 406. **b) Gleichartigkeit** des Gegenstandes liegt vor zwischen Geldschulden oder anderen Gattungsschulden gleicher Art. Gleichartigkeit *besteht nicht* zwischen einer EUR-Verbindlichkeit und einer Fremdwährungsforderung (KG NJW 88, 2181 mNw, str – wegen § 244 s §§ 244, 245 Rn 16), ebensowenig zwischen einem Befreiungsanspruch (zB § 426 I 1) und einem Zahlungsanspruch (BGH 47, 166; 140, 273; NJW 83, 2438; 92, 115). Der Befreiungsanspruch kann sich aber in einen gleichartigen Zahlungsanspruch verwandeln, zB wenn der Ehemann neben einem Dritten ausgleichungspflichtiger Schädiger ist und die Ausgleichungspflicht nach dem Tod des Ehemannes auf die Verletzte und ersatzberechtigte Ehefrau übergeht: hier kann der ersatzpflichtige Dritte mit dem verwandelten Befreiungsanspruch gegen die Schadensersatzforderung aufrechnen (BGH 35, 325); ähnlich bei Abtretung des Befreiungsanspruchs an den Gläubiger der zu begleichenden Verbindlichkeit (BGH 12, 144; v. Olshausen AcP 182, 254; sa §§ 399, 400 Rn 2). Gleichartigkeit *ist zu bejahen* zwischen Zahlungsansprüchen und Ansprüchen auf Einwilligung in die Auszahlung hinterlegten Geldes (LM Nr 82; BGH NJW 00, 950) oder Herausgabe erlangter Geldbeträge gem § 667 (vgl BGH 71, 382; NJW 93, 2042; 95, 1426) und kann ferner bestehen zwischen Vergütungsansprüchen aus Arbeitsverhältnis und „negativem Guthaben" auf Arbeitszeitkonto (vgl BGH BB 01, 1586: „der Sache nach ... Lohn- oder Gehaltsvorschuß des Arbeitgebers"). Eine andere Frage ist freilich, ob der Auftragszweck die Aufrechnung ausschließt (vgl Rn 11 ff). Auch beim Gegenüberstehen von Darlehensauszahlungsanspruch und Zahlungsansprüchen wird Darlehensvalutierung durch Aufrechnung nicht an der Gleichartigkeit (sehr str) scheitern, sondern am stillschweigenden Aufrechnungsausschluß (vgl Rn 13). Gleichartigkeit des Gegenstandes und Ausschluß kraft Leistungs-
7 zwecks sind klar zu unterscheiden (vgl BGH 54, 246; NJW 85, 268). **c) Vollwirksamkeit und Fälligkeit der Gegenforderung. aa) Vollwirksamkeit** bedeutet Klagbarkeit und Freiheit von Einreden (hierzu § 390). Sofern der Schuldner der Gegenforderung bzw Gläubiger der Hauptforderung noch nicht angefochten (§§ 119 ff) hat, ist bloße Anfechtbarkeit unschädlich; die Anfechtung nach Aufrechnung beseitigt die Gegenforderung rückwirkend (§ 142 I) und damit die Aufrechnungslage. Die aufschiebende Bedingung hindert Aufrechnung (vgl InsO 95; anders bislang KO 54 I, III aF, VerglO 54 aF), nicht aber die auflösende Bedingung bzw Befristung *vor* ihrem Eintritt (zB Hamm FamRZ 87, 1289; Düsseldorf NJW-RR 89, 504: Kostenerstattungsanspruch aus vorläufig vollstreckbarem Urteil; hierzu W. Schmidt NJW 94, 567; instanzübergreifender Sonderfall: Karlsruhe NJW 94, 593); bei Bedingungseintritt entsteht ein Bereicherungsanspruch (§ 812

Titel 3. Aufrechnung **§ 387**

I 2, 1. Alt) des Schuldners der Gegenforderung (Reinicke/Tiedtke DB 83, 1639). *Nach* Eintritt der Bedingung bzw Befristung *erlischt* die Gegenforderung, so daß Aufrechnung unmöglich ist (BAG NJW 68, 813 und BGH DB 74, 586 gegen BGH 26, 308; keine Analogie zu § 390 S 2). **bb) Fälligkeit** vgl § 271 (sa InsO 95; bisherige Ausnahmen: KO 54 aF, VerglO 54 aF). **d) Erfüllbarkeit der Hauptforderung** ergibt sich aus § 271. Die Hauptforderung muß nicht klagbar und regelmäßig auch nicht fällig sein (zB BGH NJW 85, 268), sie muß lediglich entstanden sein (BGH 103, 367). *Ausnahmen:* WG 40 I (BGH NJW 70, 42); uU Unterhaltszweck von Versorgungsrenten (BGH NJW-RR 90, 160) oder von nachehelichem Unterhalt (BGH 123, 55: keine Aufrechnung für die Zukunft über den Zeitraum von sechs Monaten hinaus; sa § 394 Rn 5); wegen des Konkurszwecks hielt die Rspr bislang selbst eine fällige Konkursforderung vor ihrer Feststellung zur Tabelle für nicht erfüllbar (BGH 100, 227; aA unter den neuen InsO 94 ff Kölner Schrift (2. Aufl)/Häsemeyer S 668 Rn 64). Einreden gegen die Hauptforderung hindern die Aufrechnung nicht, jedoch kann der Aufrechnende uU Rückabwicklung gem § 813 verlangen. 8

4. Ausschluß der Aufrechnung: a) kraft Ges: vgl §§ 390, 392–394; AktG 66, GmbHG 19 II (hierzu BGH 53, 75; WM 82, 1200), GenG 22 V; GewO 115 ff; der Sache nach auch InsO 95 I 3, 96 bzw KO 55 aF (dazu Baur/Stürner II Rn 16.15; BGH 116, 156 mAnm Stürner LM/KO 17 Nr 29; einschränkend BGH NJW 95, 1966) und ZPO 269 IV (Bremen ZIP 91, 1307: keine Klage aus ZPO 767 gegen Kostenvollstreckung wegen Aufrechnung mit zurückgenommener Klagforderung). **b) kraft ausdr vertraglicher Vereinbarung:** Der Ausschluß der Aufrechnung hat verfügende Wirkung (BGH NJW 84, 358). Das Aufrechnungsverbot in AGB schränkt § 309 Nr 3 (= AGBG 11 Nr 3 aF) ein (s BGH NJW 81, 762; 86, 1757), für Unternehmer (früher: Kaufleute) §§ 310 I 2, 307 I (entspr AGBG 24 S 2, 9 I aF; s BGH 91, 383 f; 107, 189). Die Unabdingbarkeit des Zurückbehaltungsrechts (§ 309 Nr 2 (= AGBG 11 Nr 2 aF)) setzt sich in der Unwirksamkeit des Aufrechnungsverbotes (§ 307 I (= AGBG 9 I aF)) für Sekundäransprüche auf Schadensersatz fort (Düsseldorf NJW-RR 97, 629). Ein vertragliches Verbot ist dahin einschränkend auszulegen, daß es bei erheblicher Gefährdung oder gar Vereitelung der Durchsetzung der Gegenforderung nicht gelten soll, zB bei Insolvenz oder Vermögensverfall des Gläubigers der Hauptforderung (BGH WM 87, 733 f mwN; NJW-RR 89, 125; WM 91, 733; Hamm ZIP 00, 925 f; anders uU bei während der Sequestration vereinbartem Verbot, Lüke ZIP 96, 1539); bei Dauerschuldverhältnissen (zB Miete) verliert es im Abwicklungsstadium uU seine Gültigkeit (str, Hamm NJW-RR 94, 711 f; BGH WM 82, 1333; LM Nr 80; einschr BGH NJW-RR 00, 530 für Gewerberaummiete), ebenso gegenüber Forderungen aus vorsätzlicher unerlaubter Handlung (BGH WM 85, 868; NJW 87, 2798 je mwN). **c) kraft stillschweigender Vereinbarung: aa)** aufgrund **handelsüblicher Klauseln,** zB „Kasse gegen Verladedokument" (BGH NJW 76, 853); "cash on delivery" (BGH NJW 85, 550); „rein netto Kasse ohne Abzug" (Düsseldorf NJW-RR 96, 116); uU genügt die Hingabe eines Schecks Zug um Zug gegen Übereignung der Kaufsache (Köln NJW 87, 262). **bb)** aufgrund der **Eigenart des Vertragsverhältnisses.** Die Aufrechnungsbefugnis einer Bank beschränkt sich prinzipiell auf bankmäßig erworbene Gegenforderungen (BGH NJW 87, 2997). Weiter schließt die Vereinbarung eines befristeten unwiderruflichen Dokumentenakkreditivs Aufrechnung gegen die Kaufpreisforderung für die Laufzeit des Akkreditivs aus (BGH 60, 264), jedoch kann – widersprüchlich – bei einer „Zahlungsgarantie auf erstes Anfordern" die Bank mit eigenen liquiden Forderungen aufrechnen, sofern sie nicht mit dem Grundgeschäft in Zusammenhang stehen (BGH 94, 167; hierzu Pleyer JZ 85, 1000). Gegen Forderungen aus der *Abwicklung eines Treuhandvertrags* kann der Treuhänder regelmäßig nicht aufrechnen (BGH 14, 347; 113, 94; NJW 95, 1426 für § 667; BGH 95, 111 u Köln DNotZ 89, 260 f für Hinterlegung; BGH NJW-RR 99, 1192 f für Inkas- 9

10

11

12

soberechtigten). Anders nur, wenn die Gegenforderung des Treuhänders in einem engen rechtlichen und wirtschaftlichen Zusammenhang zur Hauptforderung des Treugebers steht (BGH WM 72, 53), oder wenn ein rechtlich anzuerkennendes Interesse des Treugebers an der Einhaltung der Zweckbindung durch den Treuhänder fehlt (BGH NJW 93, 2041); dagegen nicht, wenn ein Handelsvertreter eingezogene Kundengelder mit Provisionsansprüchen gegen den Unternehmer aufrechnen will (Hamm NJW-RR 94, 158). Ein enger Zusammenhang liegt vor, wenn der Anwalt nach Geldeinzug mit Honorarforderungen aufrechnet (BGH 71, 383; NJW 95, 1426; sa BGH 113, 96: Verbot der Aufrechnung mit früheren Honorarforderungen bei Verfahren aus § 1629 III) oder wenn der Versicherungsnehmer nach einem Verkehrsunfall die Entschädigung für den Mitfahrer vom Unfallversicherer entgegennimmt und dann gegen den Herausgabeanspruch des Mitfahrers mit einer Schadensersatzforderung aus *demselben* Unfall aufrechnet (BGH NJW 73, 1368). Banken dürfen nicht gegen ein „offenes" Treuhandkonto (BGH NJW 87, 3251) eines Bankkunden aufrechnen, wohl aber gegen verdeckte

13 Treuhandkonten. Die *Aufrechnungsvalutierung von Darlehen* (vgl Rn 6) scheitert idR am Wesen des Darlehensversprechens (BGH 71, 21). Unzulässig ist die Aufrechnung einer Karenzentschädigung für das Wettbewerbsverbot eines ehemaligen GmbH-Geschäftsführers, die dem Entschädigungszweck widersprechen würde (Koblenz NZG 00, 654). Der Anspruch des Leasingnehmers auf Verwendung der Versicherungsentschädigung zur Fahrzeugreparatur schließt die Aufrechnung mit Mietzins- bzw Kreditforderungen des Leasinggebers aus (BGH 93, 394; str, sa BGH 113, 284). Auch der Anspruch auf Instandhaltungsrücklage nach WEG 16 II ist aufrechnungsgeschützt (BayObLG 88, 215; Stuttgart OLGZ 89, 180; LG Köln NJW-RR 93, 148 für Zeit nach Ausscheiden, str); gegen Hausgeldansprüche aus WEG 16 kann nur mit unstreitigen Gegenforderungen oder Ansprüchen aus Notgeschäftsführung aufgerechnet werden (Oldenburg NZM 99, 467; BayObLG WuM 00, 648). – Hingegen kann gegen den Anspruch auf Vorschuß zur Behebung von Mängeln ebenso aufgerechnet werden (BGH 54, 246; NJW 92, 435; s aber Rn 5) wie gegen die auf den Gläubiger übertragene Forderung auf Berichtigung des Bargebots (LM Nr 4 zu § 118 ZVG), den Urlaubsabgeltungsanspruch (BAG 16, 235; str) oder den Kautionsrückzahlungsanspruch des Mieters (BGH NJW 85, 268; BGH 101, 252); anders bei überzahlter Mietkaution (LG Bremen NJW-RR 93, 19), bei Aufrechnung des Verkäufers eines Mietobjekts gegen Kautionsübertragungsansprüche des Käufers (Frankfurt BB 91, 2108; str!) oder bei Aufrechnung des Mieters mit Rückzahlungsansprüchen sofort nach Vertragsende (BGH NJW 72, 723). Wer bei Vergleichsschluß den Erwerb einer aufrechnungsfähigen Forderung verschweigt, kann später nicht aufrechnen (BGH NJW 93, 1398). Ausgeschlossen ist auch die Aufrechnung mit anderen ungesicherten Forderungen des Sicherungsnehmers gegen den Anspruch auf Auskehrung des aufgrund der Verwertung erzielten Mehrerlöses (BGH NJW 94, 2886). Wer in einem abstrakten Schuldanerkenntnis Zahlung für einen bestimmten Zeitpunkt verspricht, soll damit konkludent auf die Aufrechnung mit ihm bekannten Gegenforderungen verzichten (OLGR Saarbrücken 00, 475).

14 **5. Aufrechnungserklärung** (dazu § 388) bewirkt Erlöschen der Forderungen (dazu § 389), wenn zur Zeit ihres Wirksamwerdens die Aufrechnungsvoraussetzungen vorlagen. Bei nicht bestehender Gegenforderung kann die Aufrechnungserklärung uU als die Verjährung neu auslösendes Anerkenntnis (§ 212 I Nr 1 nF, vgl § 208 aF) der unbestrittenen Hauptforderung angesehen werden (BGH 107, 398 f; von Maltzahn NJW 89, 3143). Zur Aufrechnung im Prozeß vgl Rn 20 ff.

15 **6. Aufrechnungsverträge. a)** Der **Aufrechnungsvertrag** ist ein **dinglicher Vertrag**, der sich gegenüberstehende Forderungen zum Erlöschen bringt. Die Voraussetzungen der einseitigen Aufrechnung (§§ 387 ff) brauchen *nicht* vorzuliegen: zB Fälligkeit der Gegenforderung (BGH NJW 70, 42), Gleichartigkeit (str),

Titel 3. Aufrechnung **§ 387**

Gegenseitigkeit (BGH 94, 135), Einredefreiheit (LM Nr 2 zu § 392). Bei der *Konzernverrechnungsklausel* werden die Forderungen *aller* Konzernunternehmen mit der Forderung des Gläubigers eines Unternehmens verrechnet (BGH 94, 135; WM 85, 697; LM Nr 43 zu § 387); in AGB unwirksam (§ 307 = AGBG 9 aF) und im Insolvenzfall analog InsO 96 Nr 2, 3 (bislang KO 55 Nr 2, 3 aF) idR unanwendbar (BGH 81, 15; krit Joussen ZIP 82, 279). Der Aufrechnungsvertrag über zwei bestimmte Forderungen ist bei Nichtbestehen einer Forderung unwirksam (BGH MDR 91, 953; offengelassen in LM Nr 43 zu § 387), soweit er nicht Vergleichscharakter hat. **b)** Unter **Aufrechnungsvorvertrag** versteht man entweder ein Verpflichtungsgeschäft, das allein den *Anspruch* auf Abschluß des Aufrechnungsvertrags verschafft, oder – terminologisch irreführend – einen *bedingten* dinglichen Aufrechnungsvertrag (Forderungsentstehung, Parteiauswahl der Verrechnungsforderungen etc). **c)** Das **Kontokorrentverhältnis** besteht aus dem schuldrechtlichen *Geschäftsvertrag* (Verpflichtung zur Verrechnung) und drei dinglichen Verfügungsgeschäften: *Kontokorrentabrede* (Verbot der Geltendmachung, Tilgung und Abtretung der Forderungen); *Verrechnungsvertrag* (antezipierender Aufrechnungsvertrag); *Saldoanerkenntnis* (§§ 780, 781), vgl HGB 355–357; GroßkommHGB/Canaris § 355, 9 ff; BGH 74, 254; 107, 197; 117, 140 f; sa Köln NJW-RR 97, 1201. **d)** Die **Verfügungswirkung** des Aufrechnungsvertrages muß der Pfandgläubiger eines Teils auch für Forderungen gegen sich gelten lassen, die nach der Pfändung fällig werden (BGH NJW 68, 835); § 392 ist unanwendbar. Hingegen soll beim *Kürzungsrecht* eines Dienstverpflichteten (zB Kellner, der Vergütung aus abkassierten Geldern einbehält) die Pfändung später fälliger Dienstlohnforderungen erfassen können (BAG NJW 66, 469, arg ZPO 850 h I). Auf Aufrechnungsverträge *nach* Pfändung findet § 392 Anwendung (ZPO 829 I 2). Beim *Kontokorrent* sind pfändbar: der Zustellungssaldo (BGH 80, 176; ZIP 97, 1231: keine Verringerung des Zustellungssaldos durch nach Pfändung erworbene formularmäßig verpfändete Forderungen; vgl HGB 357 S 1), künftige periodische Aktivsalden (BGH 80, 178; NJW 97, 1857), der Anspruch auf Auszahlung des Tagesguthabens (BGH 84, 325) und auf Gutschrift bzw Überweisung an Dritte (BGH 93, 322, 324), nicht die kontokorrentgebundene Einzelforderung (BGH 80, 175; 93, 323). Mit Eröffnung des Insolvenzverfahrens endet die Verfügungswirkung von Aufrechnungsverträgen (InsO 91 I, uU auch 21 II Nr 2, str; vgl KO 15 aF), Saldierung erfolgt auf den Zeitpunkt der Eröffnung (BGH 74, 254 für das Kontokorrent unter altem Recht; zum neuen Recht Kölner Schrift (2. Aufl)/Häsemeyer S 658 Rn 39; str, aA Stürner ZZP 94, 303 f). **e)** Die Geltung **ges Aufrechnungsverbote** für den Aufrechnungsvertrag richtet sich nach ihrem Schutzzweck (bejahend für SGB I 55 BGH 104, 311 mwN).

7. Aufrechnung im Prozeß (hierzu Musielak JuS 94, 817). **a) Rechtsnatur**. Mit der Aufrechnung nimmt die Partei im Prozeß ein materielles RGeschäft vor, auf dessen Vornahme sie sich zugleich in Form einer Prozeßhandlung beruft (BGH 23, 23, hM). Die materiellrechtlichen Wirkungen treten nur bei wirksamer Prozeßhandlung ein (Coester-Waltjen Jura 90, 29; BGH NJW-RR 91, 157 für Rücknahme). Die wirksame Aufrechnung führt zur Erledigung des Rechtsstreits nach ZPO 91 a, wenn die Aufrechnungslage nach Rechtshängigkeit bestand (RG 57, 384, hM, aA MK-ZPO/Lindacher § 91 a, 134: Anhängigkeit der Klage; noch weitergehend: Düsseldorf NJW-RR 01, 432: maßgeblich ist Zeitpunkt der Aufrechnungserklärung). **b)** Trotz § 388 S 2 ist die **Eventualaufrechnung** im Prozeß möglich (s BGH 80, 97: Wechselprozeß; NJW 90, 3210: Vollstreckbarerklärungsverfahren für inländische Schiedssprüche; NJW-RR 97, 1289: Verfahren der Vollstreckbarerklärung ausländischen Schiedsspruchs: sie ist „letztes" Verteidigungsmittel und daher erst dann zu berücksichtigen, wenn die Klageforderung begründet ist; bei nicht konnexen Forderungen und erklärter Aufrechnung (BGH 103, 368) kann das Gericht nach ZPO 145 III, 302 verfahren. **c)** Bei **Teilklage** kann der Beklagte gegen den eingeklagten Teil aufrechnen, der Kläger muß notfalls die

Stürner

§ 388 Buch 2. Abschnitt 4. Erlöschen der Schuldverhältnisse

23 Klage erhöhen (BGH 56, 314; NJW-RR 94, 1203); anders, wenn der Kläger bereits in der Klagschrift selbst aufgerechnet hat und nur noch den überschießenden Teil einklagen will (s BGH NJW 67, 34). **d) Prozessuale Unzulässigkeit** kann sich ergeben aus ZPO 296, 304, 530 II; ferner bei Geltendmachung im Rahmen einer Vollstreckungsgegenklage (ZPO 767), obwohl Aufrechnung schon in der letzten mündlichen Verhandlung möglich war (BGH 34, 279; 100, 225; 103, 366; NJW 94, 2770); bei einer Gegenforderung, für die Zuständigkeit eines Schiedsgerichts oder ausländischen Gerichts vereinbart ist (BGH 60, 89 ff mN), oder für die nach EuGVÜ die internationale Zuständigkeit des Prozeßgerichts fehlt (BGH NJW 93, 2753). Die prozessual unzulässige Aufrechnung hat keine sachlichrechtliche Wirkung (Ausnahme: Verjährungsunterbrechung, BGH 83, 270); ZPO 322 II greift nicht (BGH NJW 94, 2770). Fehlt die *Rechtswegzuständigkeit* für die Gegenforderung, so hatte nach bisher hM das Gericht nach ZPO 148, 302 zu verfahren und das Urteil des zuständigen Gerichts abzuwarten; anders bei unstreitiger Gegenforderung (BGH WM 84, 1240; Düsseldorf NJW 95, 1620) oder Verneinung der Aufrechnungsbefugnis (BGH WM 85, 1400). Verschiedenheit des Rechtswegs war anzunehmen zwischen ordentlichen Gerichten und VG (BGH 16, 124 ff; BVerwG 77, 24 ff) oder FG (BFH 144, 209 f), *nicht* zwischen ordentlichen Gerichten und ArbG (BGH 26, 306; BAG BB 72, 1096), FamG (BGH NJW-RR 89, 173; Köln NJW-RR 92, 1287) oder LandwirtschaftsG (BGH 40, 341), fG-Streitverfahren vor dem FamG und Streitsachen nach der ZPO (Nürnberg OLGZ 80, 48). Als rechtswegfremd gelten auch Forderungen, wegen derer ausländische Gerichte angerufen werden müßten (VGH Kassel NJW 94, 1488). Besser wäre stets umfassende Zuständigkeit des Gerichts der Klagforderung (Baur, FS v. Hippel, 1967, 10 ff), wie sie nunmehr GVG 17 II 1 gestattet (Schenke/Ruthig NJW 92, 2505 und 93, 1374 gegen Rupp NJW 92, 3274; wie hier Rosenberg/Schwab/Gottwald § 105 IV 6; Gaa NJW 97, 3343; ausführlich VGH Kassel NJW 95, 1107 f mwN; aA PalHeinrichs § 388 Rn 5 mN sowie Thomas/Putzo § 145 Rn 24, die sich aber zu Unrecht auf BGH NJW 91, 1686 berufen, weil die Aufrechnung anders als die objektive Klaghäufung, über die der BGH zu entscheiden hatte, keinen neuen Streitgegenstand schafft). Im Ausnahmefall des GVG 17 II 2 gilt die alte Aussetzungspraxis fort (BVerwG NJW 93, 2255; NJW 99, 161; VGH Mannheim NJW 97, 3394).
24 **e) Rechtskraft** tritt ein bei Verneinung der Gegenforderung (ZPO 322 II: „nicht besteht") und bei ihrer Bejahung (BGH 36, 319: „nicht *mehr* besteht"); sie erfaßt die Gegenforderung des Beklagten, bei ZPO 767 ausnahmsweise des Klägers (BGH 89, 352; dazu: Zeuner JuS 87, 354; Niklas MDR 87, 96). Aufrechnung im Prozeß begründet **keine Rechtshängigkeit** der Gegenforderung (BGH 57, 243; NJW 86, 2767); zur Ablaufhemmung der Verjährung s §§ 204 I Nr 5, II.

§ 388 Erklärung der Aufrechnung

¹ **Die Aufrechnung erfolgt durch Erklärung gegenüber dem anderen Teil.** ² **Die Erklärung ist unwirksam, wenn sie unter einer Bedingung oder einer Zeitbestimmung abgegeben wird.**

1 1. Die Aufrechnungserklärung (s schon § 387 Rn 14) ist als empfangsbedürftige Willenserklärung ein **einseitiges RGeschäft mit rechtsgestaltender Wirkung** (§ 389), daher bedingungsfeindlich (S 2); konkludente Vornahme ist möglich (BGH 26, 241; 37, 244; BVerfG NJW 93, 765). Fehlende behördliche Genehmigung führt zur Unwirksamkeit (BGH 11, 37); vgl auch § 111. Eine zunächst unwirksame Erklärung ist wie in allen Unwirksamkeitsfällen bei Fortfall des Wirksamkeitshindernisses erneut vorzunehmen (BGH NJW 84, 358: Aufrechnungsverbot; BGH NJW 90, 2545 f: Aufrechnungslage). Rücknahme der erklärten Aufrechnung ist unzulässig (LG Hamburg WE 00, 158). – Zur Aufrechnung bei *bedingter Forderung* vgl § 387 Rn 7 u 8, zur *Eventualaufrechnung* im Prozeß vgl § 387 Rn 21.

Titel 3. Aufrechnung **§§ 389, 390**

§ 389 Wirkung der Aufrechnung

Die Aufrechnung bewirkt, dass die Forderungen, soweit sie sich decken, als in dem Zeitpunkt erloschen gelten, in welchem sie zur Aufrechnung geeignet einander gegenübergetreten sind.

1. Die **Wirkung der Aufrechnungserklärung** liegt im Erlöschen der Forderun- 1
gen mit *Rückwirkung* auf den Zeitpunkt der Aufrechnungslage. Verzugsfolgen oder Vertragsstrafen entfallen ex tunc (BGH 80, 278; NJW-RR 91, 569; dagegen de lege ferenda Bydlinski AcP 196, 281). Steuerrechtlich ist die zivilrechtliche Rückwirkung unbeachtlich (BFH NJW 95, 1240; differenzierend BFH BB 00, 914 ff). Wenn zwischen Entstehen der Aufrechnungslage und der Aufrechnungserklärung der Wert der Gegenforderung steigt, so sind die Wertverhältnisse im Zeitpunkt der Aufrechnungslage allenfalls maßgebend, falls beide Teile aufrechnen konnten; konnte hingegen nur der Gläubiger der Gegenforderung aufrechnen (zB § 393), sind die Wertverhältnisse im Zeitpunkt der Aufrechnungserklärung maßgeblich (BGH 27, 123). Da die Forderungen mit Zugang der Erklärung erloschen sind, kann der Aufrechnungsgegner nicht mehr anderweitig aufrechnen; vgl aber § 396 I 2.

2. Die **Aufrechnungslage** als solche hat grundsätzlich **keinerlei Rechtswir-** 2
kung (vgl BGH 2, 302 ff; 86, 353). Sie gibt keine Einwendung (wohl aber Einrederechte Dritter: §§ 770 II, 1137, 1211) oder Einrede. Zahlung trotz Aufrechnungsmöglichkeit gibt folglich keinen Bereicherungsanspruch gem § 813 (wohl aber Aufrechnung bei einredebehafteter Hauptforderung, vgl § 387 Rn 8). Die Forderung bleibt verzinslich, Verzug tritt ein (vgl aber Rn 1).

3. Zur Aufrechnung gegen Teilklage vgl § 387 Rn 22.

§ 390 Keine Aufrechnung mit einredebehafteter Forderung

Eine Forderung, der eine Einrede entgegensteht, kann nicht aufgerechnet werden. *Die Verjährung schließt die Aufrechnung nicht aus, wenn die verjährte Forderung zu der Zeit, zu welcher sie gegen die andere Forderung aufgerechnet werden konnte, noch nicht verjährt war.*

1. Vollwirksamkeit der Gegenforderung (vgl § 387 Rn 7) liegt nicht vor bei 1
einredebehafteter Gegenforderung. Die Vorschrift betrifft indessen *nicht* die Hauptforderung (hierzu § 387 Rn 8; zur Terminologie § 387 Rn 1); sie gilt *nur* für materielle, nicht für prozessuale Einreden (Hamm FamRZ 87, 1289; Düsseldorf NJW-RR 89, 504 je mwN). Die Einreden – in Betracht kommen grundsätzlich alle bürgerlich-rechtlichen Leistungsverweigerungsrechte (BGH WM 00, 2385) – müssen nur bestehen, sie brauchen nicht geltend gemacht zu werden (BGH aaO, hM). Wenn sich die Gegenforderung nach Abtretung der Hauptforderung gegen den Altgläubiger richtet (§ 406), so kann sich der Neugläubiger der Hauptforderung gegen die Aufrechnung auf die Einreden des Altgläubigers gegen die Gegenforderung berufen (LM Nr 1; BGH 35, 327). *Bsp* für Einreden: Zurückbehaltungsrecht (§ 273), aber nicht bei Annahmeverzug bzgl der zur Zurückbehaltung berechtigenden Forderung (LM Nr 5 mN); Einrede gem § 320, allerdings nicht wenn sie beiden Teilen im jeweiligen Vertragsverhältnis gleichermaßen zusteht (RG 119, 4/5) oder gerade diejenige Gegenforderung sichert, gegen die sich die Aufrechnung richtet (BGH NJW 90, 3212); Einrede der gegenständlich beschränkten Haftung bei Aufrechnung gegen *Privat*forderungen (BGH 35, 327 f: § 1990 I; Celle OLGZ 90, 96: § 419 II); Differenzeinwand bei ausländischem Börsentermingeschäft (BGH NJW 82, 1897); Einrede fehlender Rechnungsstellung (BGH AnwBl 85, 257); nicht die Möglichkeit zusammenveranlagter Eheleute zur Aufteilung (AO 268) ihrer Steuergesamtschuld (BFH NJW 91, 3240).

2. S 2 wurde durch die Schuldrechtsreform **aufgehoben.** Zur früher hier 2
geregelten Aufrechnung mit verjährter Forderung s nunmehr die insoweit inhaltsgleiche Bestimmung des § 215 nF.

3. Zum Aufrechnungsvertrag vgl § 387 Rn 15. 3

§ 391 Aufrechnung bei Verschiedenheit der Leistungsorte

(1) ¹Die Aufrechnung wird nicht dadurch ausgeschlossen, dass für die Forderungen verschiedene Leistungs- oder Ablieferungsorte bestehen. ²Der aufrechnende Teil hat jedoch den Schaden zu ersetzen, den der andere Teil dadurch erleidet, dass er infolge der Aufrechnung die Leistung nicht an dem bestimmten Orte erhält oder bewirken kann.

(2) Ist vereinbart, dass die Leistung zu einer bestimmten Zeit an einem bestimmten Orte erfolgen soll, so ist im Zweifel anzunehmen, dass die Aufrechnung einer Forderung, für die ein anderer Leistungsort besteht, ausgeschlossen sein soll.

1   1. Abs 2 gilt nur bei *vertraglicher* Feststellung des Leistungsorts, nicht aber, wenn sich Leistungszeit und -ort lediglich aus dispositivem Recht ergeben (BGH ZIP 99, 447).

§ 392 Aufrechnung gegen beschlagnahmte Forderung

Durch die Beschlagnahme einer Forderung wird die Aufrechnung einer dem Schuldner gegen den Gläubiger zustehenden Forderung nur dann ausgeschlossen, wenn der Schuldner seine Forderung nach der Beschlagnahme erworben hat oder wenn seine Forderung erst nach der Beschlagnahme und später als die in Beschlag genommene Forderung fällig geworden ist.

1   1. Die **Beschlagnahme der Hauptforderung** (vgl § 387 Rn 1) bewirkt ein Erfüllungsverbot gegenüber dem Schuldner (ZPO 829 I 1) und damit auch ein Verbot der Aufrechnung als Erfüllungsersatz. Das Aufrechnungsverbot gilt aber nicht, wenn die Aufrechnungslage bei Beschlagnahme gegeben war oder doch begründete Aussicht auf Aufrechnung bestanden hatte (Parallelregelung § 406). Zum rechtzeitigen Erwerb der Gegenforderung genügt es deshalb, wenn bei Beschlagnahme der Hauptforderung ihr Rechtsgrund bestanden hat, zB der Vertrag als Grundlage von Ersatzansprüchen wegen späterer Schadensereignisse (BGH NJW 80, 585; Düsseldorf NJW-RR 00, 232). Sofern der Schuldner die Hauptforderung nach Beschlagnahme gegenüber dem Gläubiger durch Zahlung erfüllt, ist diese Erfüllung gegenüber dem Pfandgläubiger unwirksam (§§ 136, 135); da also ihm gegenüber die Forderung fortbesteht, kann der Schuldner unter den Voraussetzungen des § 392 noch aufrechnen (BGH 58, 25 ff; krit Reinicke NJW 72, 793; Denck NJW 79, 2375). Die *verbotene Aufrechnung* ist gegenüber dem Pfandgläubiger unwirksam (§§ 135, 136).

2   2. Sonderregelung: §§ 1124, 1125 (hierzu Frankfurt ZIP 83, 497); InsO 94–96 (bislang KO 53–56; VerglO 54; hierzu BGH 71, 384 ff); zum Aufrechnungsvertrag vgl § 387 Rn 18.

§ 393 Keine Aufrechnung gegen Forderung aus unerlaubter Handlung

Gegen eine Forderung aus einer vorsätzlich begangenen unerlaubten Handlung ist die Aufrechnung nicht zulässig.

Lit: Pielemeier, Das Aufrechnungsverbot des § 393 BGB, 1987.

1   1. a) **Zweck.** Deliktsgläubiger sollen Ersatz verlangen, ohne Prozeßverlängerung (vgl § 387 Rn 20 ff) oder Erfüllungssurrogat hinnehmen zu müssen. Deshalb besteht Aufrechnungsverbot, wenn die *Hauptforderung* (vgl § 387 Rn 1) aus vorsätzlicher unerlaubter Handlung herrührt (Beweislast liegt beim Inhaber der Hauptforderung, BGH NJW 94, 253); die Gegenforderung kann Forderung aus vorsätzlicher unerlaubter Handlung sein. Stehen sich *zwei* Forderungen aus vorsätzlichem Delikt gegenüber, wird der Zweck der Vorschrift verfehlt; Aufrechnung ist möglich (Düsseldorf OLGR 00, 124; ähnlich Deutsch NJW 81, 734; aA RG 123, 6; Celle NJW 81, 766).

Titel 3. Aufrechnung **§ 394**

2. Forderungen aus vorsätzlicher unerlaubter Handlung sind *nicht* Ansprüche aus vorsätzlicher Vertragsverletzung (BGH NJW 75, 1120), es sei denn, ein Anspruch aus vorsätzlichem Delikt konkurriert (BGH NJW 67, 2013; 94, 253); bloße Konkurrenz ist genügend, auch wenn sich der andere Teil nur auf Vertrag beruft oder der deliktische Anspruch verjährt ist (BGH NJW 77, 529). Das Aufrechnungsverbot erfaßt Folgekosten des deliktischen Anspruchs, also zB den Prozeßkostenerstattungsanspruch (Karlsruhe MDR 69, 483), und zwar auch wenn er aus einer Unterlassungsverurteilung resultiert (Köln NJW-RR 90, 829). Es wirkt auch gegen die gem § 31 haftende jur Person (BayObLG MDR 85, 231). 2

§ 394 Keine Aufrechnung gegen unpfändbare Forderung

¹ Soweit eine Forderung der Pfändung nicht unterworfen ist, findet die Aufrechnung gegen die Forderung nicht statt. ² Gegen die aus Kranken-, Hilfs- oder Sterbekassen, insbesondere aus Knappschaftskassen und Kassen der Knappschaftsvereine, zu beziehenden Hebungen können jedoch geschuldete Beiträge aufgerechnet werden.

1. Zweck. Weil Unpfändbarkeitsvorschriften das Existenzminimum sichern, soll der Gläubiger unpfändbarer Hauptforderungen die Leistung in Natur und nicht in Gestalt der Befreiung von der Gegenforderung erhalten. Der Schutzzweck verbietet auch entspr *vorherige* Aufrechnungsvereinbarungen (zB im Bankkontokorrent, s VGH Kassel NJW 86, 147; BGH ZIP 99, 666), Aufrechnungsverträge *nach* Fälligkeit der Hauptforderung bleiben aber möglich (BAG NJW 77, 1168). Nach dem Übergang der Hauptforderung auf einen Sozialversicherungsträger (SGB X 116) entfallen Schutzzweck und damit Aufrechnungsverbot (BGH 35, 327; aA BAG DB 79, 1848; 85, 499 für RVO 182 X und SGB X 115 I); anders nach Zahlung von Insolvenzausfallgeld durch Bundesanstalt für Arbeit (LAG Hamm NZA-RR 00, 232). 1

2. Pfändungsverbote iSd Satzes 1 enthalten insbes ZPO 850–850 k, 851, nicht dagegen KO 14 aF (BGH NJW 71, 1563; BGH 125, 117; krit Aden MDR 81, 443), soweit er neuerworbene konkursfreie Ansprüche betraf (anders zu GesO 2 IV BGH 130, 76; 137, 287; ZIP 96, 845, 1015; Brandenburg ZInsO 99, 351; München ZIP 97, 427; jedoch wiederum einschränkend für Saldierung im Kontokorrent BGH ZIP 99, 666 f); aufgrund der Neuregelung in InsO 35, 88, 89, 94 ff ist die bisherige Rechtslage insoweit überholt, weil Neuerwerb nunmehr vom Insolvenzbeschlag erfaßt wird. Ansprüche gem ZPO 850 b sind bis zur gerichtl Zulassung der Pfändung im Vollstreckungsverfahren (LG Hamburg MDR 84, 1035) unpfändbar (BGH NJW 70, 283 mN). Umgekehrt besteht bei ZPO 850 f Pfändbarkeit bis zum Beschluß (BGH NJW 86, 2363). Sofern ges Unterhaltsansprüche in einen Vergleich anläßlich der Ehescheidung aufgenommen sind, bleiben sie unpfändbar (ZPO 850 b I Nr 2) und aufrechnungsgeschützt (BGH 31, 217 f), auch soweit Rückstände in Frage stehen (Hamm FamRZ 88, 953: einschließlich Verzugszinsen). Unterhaltsansprüchen gleichgestellt werden Erstattungsansprüche aus begrenztem Realsplitting (BGH NJW 97, 1441). Gem ZPO 851 I, § 399 sind Ansprüche des Ehegatten auf Prozeßkostenvorschuß (§ 1360 a IV) unpfändbar und daher aufrechnungsgeschützt (BGH FamRZ 85, 803), desgleichen Surrogatansprüche im Hausratsverteilungsverfahren (Köln NJW-RR 93, 1030) oder Beihilfeansprüche (BVerwG NJW 98, 3256). Bei Überweisung auf Bankkonten folgt aus ZPO 835 III 2, 850 k ein Aufrechnungsverbot während der Zweiwochenfrist und später für den Fall entspr vollstreckungsgerichtlicher Anordnungen; es gilt nur für das eigene Konto (BGH NJW 87, 709 zu SGB I 55) und nur für wiederkehrende Leistungen (BGH 104, 315 f). *Sonderregeln:* BRRG 51 II; BBG 84 II; SGB I 51, 52, 54 f. 2

3. Ausnahmen vom Aufrechnungsverbot trotz Pfändungsverbot. **a) Ges Ausnahmen** gem S 2; BRRG 51 II 2; BBG 84 II 2; SGB 51 II, 52. – Gem § 242 3

§§ 395, 396 Buch 2. Abschnitt 4. Erlöschen der Schuldverhältnisse

4   kann die Berufung auf das Aufrechnungsverbot im Rahmen eines *einheitlichen Lebensverhältnisses* treuwidrig sein (BGH NJW-RR 90, 1500); deshalb kann: **b)** gegen unpfändbare **Lohnforderungen** auch im Rahmen privatrechtlicher Arbeitsverträge mit Ansprüchen aus vorsätzlicher unerlaubter Handlung oder vorsätzlicher Vertragsverletzung aufgerechnet werden (BAG NJW 60, 1590 f; ZIP 97, 937: Aufrechnung gegen Betriebsrentenansprüche); nicht aber mit bloßen Ansprüchen aus Vertragsstrafe (Rostock NJW-RR 95, 174); die Aufrechnung muß jedoch das Existenzminimum gem ZPO 850 d im Regelfall belassen (BAG AP Nr 8; für Einzelfallabwägung BAG NJW 60, 1591; ZIP 97, 937 mN, dazu Anm Grote JR
5   99, 264; sehr weitgehend BAG NJW 65, 72 f); **c)** auch gegen **Unterhaltsforderungen** bei vorsätzlicher Schadenszufügung durch den Gläubiger aufgerechnet werden (Düsseldorf FamRZ 81, 970; Schleswig FamRZ 86, 707; Hamburg FamRZ 92, 329); dem Unterhaltsberechtigten muß jedoch das Existenzminimum verbleiben (BGH 123, 57; sa § 387 Rn 8); ebenfalls erlaubt ist die Aufrechnung mit überzahltem Unterhalt (Koblenz FamRZ 81, 1094; Hamm FamRZ 99, 437; Naumburg FamRZ 99, 438; str, s Düsseldorf FamRZ 81, 972; Ludwig FamRZ 99, 1659 f).

§ 395 Aufrechnung gegen Forderungen öffentlich-rechtlicher Körperschaften

Gegen eine Forderung des Bundes oder eines Landes sowie gegen eine Forderung einer Gemeinde oder eines anderen Kommunalverbands ist die Aufrechnung nur zulässig, wenn die Leistung an dieselbe Kasse zu erfolgen hat, aus der die Forderung des Aufrechnenden zu berichtigen ist.

1   **1. Anwendungsbereich.** Die Vorschrift gilt unmittelbar nur für **privatrechtliche** Forderungen öffentl-rechtlicher Körperschaften und nur, sofern der Körperschaft die Hauptforderung zusteht; die Körperschaft selbst kann ohne die Begrenzung der Kassenidentität gegen Forderungen der Bürger aufrechnen.

2   **2.** Die Aufrechnung gegen **öffentl-rechtliche** Hauptforderungen oder mit öffentl-rechtlichen Gegenforderungen fällt nicht unmittelbar unter §§ 387 ff. Sie ist nur zulässig, soweit die Rechtsnatur der öffentl-rechtlichen Forderung eine Aufrechnung erlaubt; §§ 387 ff sind dann entspr anwendbar (BVerwG NJW 83, 776; hierzu W. Schmidt JuS 84, 28; BSG ZIP 95, 397; sa BSG MDR 97, 275: Aufrechnungserklärung durch Verwaltungsakt); bei Aufrechnung gegen Steuerforderungen gilt AO 226 und findet das Erfordernis der Kassenidentität keine Anwendung (BFH 157, 8). Aufrechnung *gegen* eine Geldstrafe ist unzulässig, zulässig aber ist die Aufrechnung *mit* einer Geldstrafe (hM; einschränkend BRAGO 96 a). – Zur *Prozeßaufrechnung* bei verschiedener Rechtswegzuständigkeit vgl § 387 Rn 23.

§ 396 Mehrheit von Forderungen

(1) ¹Hat der eine oder der andere Teil mehrere zur Aufrechnung geeignete Forderungen, so kann der aufrechnende Teil die Forderungen bestimmen, die gegeneinander aufgerechnet werden sollen. ²Wird die Aufrechnung ohne eine solche Bestimmung erklärt oder widerspricht der andere Teil unverzüglich, so findet die Vorschrift des § 366 Abs. 2 entsprechende Anwendung.

(2) Schuldet der aufrechnende Teil dem anderen Teil außer der Hauptleistung Zinsen und Kosten, so findet die Vorschrift des § 367 entsprechende Anwendung.

1   **1.** Die Vorschrift überträgt die **Tilgungsregeln der §§ 366, 367** auf die Aufrechnung (BGH 80, 273 für § 367; krit zur Regelung aus systematischen Gründen Windel KTS 00, 233 ff). Die Beschränkung des Bestimmungsrechts durch *Widerspruch* des andern Teils (vgl I 2) gilt bei mehreren Hauptforderungen (unstr) und

Titel 4. Erlass **§ 397**

bei mehreren Gegenforderungen (str), sofern auch der Gläubiger der Hauptforderung hätte aufrechnen können. Sie erklärt sich aus dem Bestreben, die Tilgungsbestimmung nicht davon abhängig zu machen, wer zufälligerweise zuerst aufrechnet. Auch der Gläubiger einer verbürgten Forderung hat grundsätzlich freie Wahl, ob er zur Begünstigung des Bürgen vorrangig mit der gesicherten Forderung aufrechnen will (BGH WM 84, 425). Im *Kontokorrent* (§ 387 Rn 17) sind §§ 366, 367 unanwendbar (BGH NJW 80, 2132; aA GroßkommHGB/Canaris § 355, 74–76). Übersteigt die Summe der geltend gemachten Gegenforderungen die Hauptforderung, so führt die Verweisung in I 2 auf § 366 II ins Leere, der diesen Fall nicht erfaßt; hier soll bei fehlender Bestimmung Aufrechnung unzulässig sein (LAG Nürnberg NZA-RR 99, 626).

Titel 4. Erlass

§ 397 Erlassvertrag, negatives Schuldanerkenntnis

(1) Das Schuldverhältnis erlischt, wenn der Gläubiger dem Schuldner durch Vertrag die Schuld erlässt.

(2) Das Gleiche gilt, wenn der Gläubiger durch Vertrag mit dem Schuldner anerkennt, dass das Schuldverhältnis nicht bestehe.

1. Erlaß (gem I) und negatives Schuldanerkenntnis (gem II) sind **Unterarten** 1
des Verzichts. Er ist bei Forderungen nicht einseitig möglich (hM), wohl aber bei einzelnen Einreden (vgl § 768 II), bei Gestaltungsrechten (vgl §§ 376 II Nr 1, 671 III) und im Sachenrecht (§§ 875, 928, 959, 1064).

2. Der **Erlaß** ist ein abstrakter Verfügungsvertrag über eine Forderung zwischen 2
Gläubiger und Schuldner. **a) Vertragsparteien** können nur Schuldner und Gläubiger sein. Als Verfügungsgeschäft ist ein Erlaß zgDr unzulässig (hM). **b)** Der **Abschluß** ist formfrei, auch bei schenkweisem Erlaß (RG 53, 296; Stuttgart NJW 87, 782/783); anders, wenn der Inhalt eines formpflichtigen Verpflichtungsgeschäfts durch Teilerlaß geändert wird (BGH NJW 82, 434: § 313 b I nF bzw § 313 aF). Er ist konkludent möglich (BGH NJW 79, 720; 86, 1492; München NJW-RR 90, 20: Verzicht auf Schadensersatzforderung durch Kautionsrückzahlung bei bekanntem Schaden); uU durch bloßes Schweigen bei ansonsten angebotskonformem Verhalten (BGH NJW 95, 1281 – sehr weitgehend – mkritAnm Scheffer NJW 95, 3166; strenger BGH NJW 96, 237, sa Nürnberg NJW-RR 98, 256); grundsätzlich bedarf es für den rechtsgeschäftlichen Aufgabewillen des Gläubigers sicherer Anhaltspunkte, insbes beim Verzicht auf unbekannt gebliebene Forderungen (BGH NJW 84, 1347; 94, 380; 96, 588; sa BGH ZIP 97, 1805 mN; §§ 368, 369 Rn 2). Für die Annahme eines schuldnerischen Angebots auf Erlaß (zB Übersendung eines Schecks über einen Teilbetrag) durch den Gläubiger wird häufig § 151 S 1 gelten. Eine Annahme ist aber nicht gegeben, wenn gleichzeitig mit an sich angebotskonformem Verhalten (zB Scheckeinlösung) Zurückweisung des Erlaßangebots deutlich gemacht wird; BGH 111, 101 ff; NJW 01, 2324 f mAnm Frings BB 01, 1763; Haertlein EWiR 01, 745; einschr zur sog *„Erlaßfalle"* auch Karlsruhe OLGR 00, 37 ff; vgl ferner Lange WM 99, 1301; Schönfelder NJW 01, 492 sowie § 151 Rn 1. **c)** Der **Erlaß** ist **unwirksam bei unverzicht-** 3
baren Ansprüchen: familienrechtlicher Unterhalt (§§ 1614, 1360a III, 1615 e); Beamtenbezüge (BBesG 2 III); Tariflohn (TVG 4 IV 1); Lohnfortzahlung (EFZG 9); Rückabwicklung bei Verbraucherkreditgeschäften (§ 506 bzw VerbrKrG 18 S 1 aF; MK/Habersack, VerbrKrG 18 Rn 4; zur erst nachträglich einsetzenden Rechtslage unter dem AbzG BGH NJW 79, 872 mN); Vertragseintritt (§ 613 a) bei Betriebsübernahme (BAG BB 92, 1860). Übervorteilt der Schuldner einen intellektuell unterlegenen und geschäftsunerfahrenen Gläubiger, so kann der Erlaßvertrag wegen Sittenwidrigkeit gem § 138 I nichtig sein (BGH NJW-RR 98, 590; vgl aber Köln NJW-RR 00, 1073 f). Der Erlaß künftiger Ansprüche in AGB verstößt idR gegen § 307 nF

4 entspr AGBG 9 (PalHeinrichs, § 397 Rn 8; Frankfurt NJW-RR 91, 112). **d) Wirkung:** Als Verfügung wirkt der Erlaßvertrag unmittelbar schuldtilgend; formlose Schenkung wird geheilt (§ 518 II). Wegen der Abstraktheit tritt Schuldtilgung ohne Rücksicht auf einen gültigen Rechtsgrund ein. Bei Fehlen oder Wegfall des Rechtsgrundes erfolgt Rückabwicklung gem § 812 I 1 Alt 1; der Anspruch richtet sich auf Wiederherstellung der Forderung in gehöriger Form. Eine im voraus erlassene künftige Forderung kommt nicht zum Entstehen (BGH 40, 330).

5 3. Das **negative Schuldanerkenntnis** ist anders als das positive (§ 781) formfrei. Eine Abrede in Kenntnis der Schuld oder zur endgültigen Bereinigung einer zweifelhaften Rechtslage schließt die Kondiktion aus, weil Schenkung (§ 518 II) oder Vergleich (§ 779) einen Rechtsgrund ergeben; § 812 II erlaubt die Kondiktion bei fehlendem Kausalgeschäft, zB nach Anfechtung aufgrund Irrtums über das Nichtbestehen, das nur festgestellt werden sollte (RG 108, 107). Die **Entlastung** im Gesellschaftsrecht ist einseitiges RGeschäft der Gesellschaft und hat zT die Wirkung eines negativen Anerkenntnisses bekannter Ansprüche (BGH 97, 384; NJW 59, 193; 69, 131; NJW-RR 88, 748; ebenso bei Entlastung des Verwalters einer Eigentümergemeinschaft Karlsruhe ZMR 00, 196); anders aber AktG 120 II; GmbHG 9 b I, 43 III und bei öffentlichrechtlichen Körperschaften (BGH 106, 201). Zur Ausgleichsquittung im Arbeitsrecht vgl §§ 368, 369 Rn 2.

6 4. Das **pactum de non petendo** läßt die Forderung bestehen, gibt aber eine Einrede gegen ihre Klagbarkeit. Es ist auch zgDr zulässig (BGH JZ 56, 120).

7 5. Die **Restschuldbefreiung** nach InsO 286 ff, die einer Mitwirkung des Gläubigers nicht bedarf, wandelt die Forderung in eine unvollkommene Verbindlichkeit um, die erfüllbar, aber nicht mehr erzwingbar ist, arg InsO 301 III (s Bork, Insolvenzrecht, Rn 398).

8 6. Zur Aufhebung des gesamten Schuldverhältnisses vgl Vor § 362 Rn 3.

Abschnitt 5. Übertragung der Forderung

§ 398 Abtretung

¹Eine Forderung kann von dem Gläubiger durch Vertrag mit einem anderen auf diesen übertragen werden (Abtretung). ²Mit dem Abschluss des Vertrags tritt der neue Gläubiger an die Stelle des bisherigen Gläubigers.

Lit: Ahcin/Armbrüster, Grundfälle zum Zessionsrecht, JuS 00, 450, 549, 658, 768, 865, 965; Baumgärtel, Die Unzumutbarkeit der Forderungsabtretung, AcP 156, 265; Derleder, Teilzession und Schuldnerrechte, AcP 169, 97; Dörner, Dynamische Relativität, 1985; Gernhuber, Synallagma und Zession, FS Raiser, 1974, 57; W. Henckel, Einziehungsermächtigung und Inkassozession, FS Larenz, 1973, 643; Hennrichs, Kollisionsprobleme bei der (Voraus-) Abtretung zukünftiger Forderungen, JZ 93, 225; G. Lüke, Grundfragen des Zessionsrechts, JuS 95, 90; Nörr/Scheyhing/Pöggeler, Sukzessionen, 2. Aufl 1999; von Olshausen, Gläubigerrecht und Schuldnerschutz bei Forderungsübergang und Regreß, 1988; Rüßmann, Einziehungsermächtigung und Klagebefugnis, AcP 172, 520; Schwenzer, Zession und sekundäre Gläubigerrechte, AcP 182, 214; Seitz (Hg), Das Inkasso-Handbuch, 2. Aufl 1985.

1 1. **a) Rechtsnatur.** Die Abtretung ist ein Verfügungsgeschäft zwischen dem bisherigen Gläubiger einer Forderung (Zedent) und dem Abtretungsempfänger als dem neuen Gläubiger (Zessionar). **b)** Kraft des **Abstraktionsprinzips** gilt die Verfügung unabhängig vom schuldrechtlichen Grundgeschäft. Kausalgeschäft können sein Kauf, Schenkung, Geschäftsbesorgung, Treuhandverhältnisse usw; Forderungskauf und Erfüllung durch einen Dritten sind uU schwer zu unterscheiden (BGH NJW 82, 2308). Im praktischen Rechtsverkehr erfolgt die Abtretung oft stillschweigend zusammen mit dem Grundgeschäft (BGH NJW 69, 40); sofern Grundgeschäft und Abtretung eine einheitliche Vereinbarung in einer Urkunde bilden, kann gem § 139 die Nichtigkeit des Grundgeschäftes die Verfügung erfassen (BAG NJW 67, 751; str). Die „Übertragung" eines Akkreditivs soll nicht nach § 398 erfolgen, sondern eigenen Regeln unterliegen (BGH 132, 316 mN: Neubegründung eines abstrakten Anspruchs gem § 780). Unabtretbarkeit der Forderung (§ 399) begründet nach neuem Recht (früher: Rechtsfolgen gem §§ 306 ff aF) nunmehr Schadensersatzansprüche nach § 311 a II nF.

2. a) Inhalt: Nach dem typischen Inhalt der Verfügung erwirbt der Zessionar die volle Gläubigerstellung. Die Abtretung kann aber auflösend oder aufschiebend bedingt sein (BGH 4, 163; 20, 131/132; vgl Rn 14 ff). Die Begründung von Gesamtgläubigerschaft zwischen Zedent und Zessionar bedarf der Mitwirkung des Schuldners (BGH 64, 69). Mit dem ges zwingend vorgeformten Charakter des Verfügungsgeschäfts unvereinbar wäre ein Vertrag, der keine volle Gläubigerstellung verschafft, sondern dem Zedenten das gläubigertypische Einziehungsrecht dauernd und bedingungslos überläßt oder nur für den Fall der Vollstreckung gegen den Zedenten die Gläubigerposition überträgt. Davon zu unterscheiden ist jedoch die *stille Zession:* der Zessionar erlangt volle Gläubigerstellung, ermächtigt aber den Zedenten zur Einziehung (vgl Rn 26 ff) und verpflichtet sich im treuhänderischen Kausalgeschäft, nur bei Störungen der Leistungspflicht des Zedenten von der Gläubigerstellung Gebrauch zu machen (Sicherungsabrede, vgl Rn 14 ff). Diese zulässige Gestaltung (BGH 26, 192 f; WM 86, 1062) führt freilich in den praktischen Konsequenzen zu ähnlichen Ergebnissen wie das verbotene untypische Verfügungsgeschäft. Abtretung einer Gesamtschuldforderung erfaßt iZw die Forderungen gegen sämtliche Gesamtschuldner (Hamm NJW-RR 98, 486). **b) Wirkung:** Infolge der Abtretung entsteht (auch) ein Schuldverhältnis iwS zwischen dem Zessionar und dem Schuldner. Gestaltungserklärungen, die an die Gläubigerstellung knüpfen (Fristsetzung gem § 323 I nF; sa § 401 Rn 3), setzen wirksame Abtretung im Zeitpunkt ihrer Abgabe voraus, spätere Genehmigung (§ 185 II) genügt wegen der Gestaltungswirkung nicht (BGH 114, 365). Mängelbedingte Zurückbehaltungsrechte (zB § 320 iVm Nachbesserungsrechten) können auch noch nach Abtretung der Nachbesserungsrechte an einen Dritten (s § 401 Rn 3) vom Zedenten dem Zahlungsgläubiger entgegengehalten werden, da dieser ansonsten Befriedigung verlangen könnte, ohne sich die Mangelhaftigkeit seiner Leistung entgegenhalten lassen zu müssen – kein Fall der §§ 404 ff (BGH NJW 83, 1059: Werkvertragsrecht; BGH NJW 95, 188: Leasing). Der Umfang des Verzugsschadens nach Abtretung bestimmt sich grundsätzlich aus der Person des Zessionars (BGH 128, 376; NJW-RR 92, 219), beschränkt auf die Höhe des Zedentenschadens (str, Junker AcP 195, 1; aA Saarbrücken OLGR 00, 381). Bei der Sicherungszession soll aber, wenn ein Schaden nur beim Sicherungsgeber vorhanden ist, der Ersatz dieses Zedentenschadens nach den Grundsätzen der Drittschadensliquidation möglich sein (BGH 128, 377; aA PalHeinrichs 18). Der Zessionar kann sich schadensersatzpflichtig machen, wenn er dem Schuldner unrichtige Mitteilungen über die Abtretung macht (Frankfurt ZIP 89, 1133). Vgl zur Abtretungsbestätigung des Schuldners § 404 Rn 6 ff.

3. a) Die Abtretung ist **formfrei,** und zwar auch dann, wenn die abgetretene Forderung aus einem formpflichtigen RGeschäft resultiert (BGH 89, 46: Auflassungsanspruch) oder das Grundgeschäft formpflichtig ist (zB Schenkung); auch konkludente Abtretung ist möglich (BGH NJW 97, 729). Abtretungsklauseln in AGB können an §§ 305, 305 c I nF = AGBG 2, 3 aF scheitern. Bei Verstößen gegen gewillkürte Form gilt § 399 Halbs 2 (BGH WM 79, 773). **b) Bei verbrieften Forderungen** ist zu unterscheiden: **aa) Bei Namenspapieren** (Rektapapier) ist die Forderung grundsätzlich formlos abzutreten, für das Papier gilt § 952 II. Die Übergabe des Sparkassenbuchs ist also nicht notwendig (BGH NJW 63, 1631), kann aber als stillschweigender Abtretungsvertrag auszulegen sein (BGH BB 72, 814 mN). Die Abtretung des im Postsparbuch verbrieften Anspruchs folgte bis 31. 12. 1997 (PostG 31) der Form des PostG 23 IV 3 (BGH NJW 86, 2107:

§ 398

Formnichtigkeit gem § 125; aA Wagner NJW 87, 928: relative Unwirksamkeit). Schriftform mit Briefübergabe gilt bei Hypothekenforderung und Grundschuld (§§ 1154, 1192). **bb)** Bei **Inhaberpapieren** erfolgt die Forderungsübertragung allein durch Eigentumswechsel an der Urkunde. **cc)** Bei **Orderpapieren** (Wechsel, Scheck) ist neben der Übertragung durch Indossament, Begebungsvertrag und Übereignung des Papiers (str) die Abtretung der verbrieften Forderung gem § 398 möglich, wobei die *Übergabe* des Papiers hinzutreten muß (BGH NJW 79, 1704 für Wechsel; Übergabe entbehrlich beim präjudizierten Wechsel: BGH 104, 150).

6 4. **Parteien** der Abtretung sind Zedent und Zessionar. **a) Abtretung zugunsten eines Dritten** ist als Verfügung zgDr unwirksam (str, aA RG 124, 138).

b) Bei **Blankozession** handelt der andere Teil als vollmachtloser Vertreter des noch unbekannten Zessionars, wobei mit der Bestimmung des Zessionars die rückwirkende Genehmigung der Verfügung erfolgt (§§ 177, 184 I, vgl München OLGR 99, 114, str); da der andere Teil auch sich selbst benennen kann, liegt gleichzeitig eine bedingte Abtretung an ihn vor (SoeZeiss 3; aA MK/Roth 22). Bei Schriftformerfordernis (vgl Rn 4) tritt Wirksamkeit allerdings erst vom Zeitpunkt der schriftlichen Benennung des Zessionars in der Abtretungsurkunde an, also **7** *nicht* rückwirkend (BGH 22, 132). **c)** Abtretung von **Steuererstattungsansprüchen** bedarf zu ihrer Wirksamkeit der Anzeige an die Finanzbehörde, AO 46 (BGH 70, 75; BFH NJW 92, 198; 95, 278; zur erforderlichen Verwendung des amtlichen – und von beiden Parteien zu unterschreibenden – Vordrucks BFH BB 88, 332; 83, 622; BVerfG NJW 83, 2435; zur Teilwirksamkeit bei nur von einem Ehegatten unterschriebener Abtretungsanzeige BFH DStRE 97, 634); bei mehreren Abtretungen entscheidet der Eingang der Anzeige über die Priorität (BFH ZIP 90, 110).

8 5. **Gegenstand der Abtretung. a)** Zur **Abtretbarkeit** der Forderung vgl § 399. **b)** Die **Teilabtretung** teilbarer Forderungen führt zu zwei selbständigen Forderungen. Sie haben ohne entspr abw Vereinbarung gleichen Rang (BGH 46, 244; NJW 91, 2630); die Tilgungsbestimmung bei Teilzahlungen trifft der Schuldner (BGH 46, 244; vgl aber bei versteckter Zession § 366 Rn 2); Minderung kann der Schuldner nur verhältnismäßig geltend machen (BGH 46, 244; sa 56, 315; NJW 83, 1903); die Verjährung beider Teilforderungen läuft getrennt ab und wird getrennt gehemmt bzw neu begonnen (BGH 44, 388 zur Unterbrechung alten Rechts). Nur ausnahmsweise kann der Schuldner einer Teilabtretung unzulässige Rechtsausübung entgegenhalten (BGH 23, 55; Düsseldorf MDR 81, 669). Bei *Anspruchskonkurrenz* ist die Abtretung einzelner Ansprüche unmöglich, weil andernfalls Gesamtgläubigerschaft (§ 428) ohne Mitwirkung des Schuldners entstünde (vgl BGH 64, 69); auch eine Gesamtschuldforderung wird einheitlich **9** abgetreten, vgl § 401 Rn 2. **c) Künftige Forderungen,** dh bedingte und befristete Forderungen oder Forderungen aus erst künftig entstehenden Rechtsverhältnissen, können schon vor ihrer Entstehung abgetreten werden (BGH NJW 88, 3204: prozessualer Kostenerstattungsanspruch; Lohnforderung, vgl Rn 23); die Zession entfaltet Wirkung nur und erst mit dem Entstehen der Forderung (BGH 32, 369; 88, 206; NJW 95, 1671). Die Frage, ob der Zedent zunächst Forderungsinhaber wird („Durchgangstheorie") oder ob die Forderung sofort in der Person des Zessionars entsteht („Unmittelbarkeitstheorie"), ist bisher offengelassen (BGH 66, 385; 70, 95; 88, 207; für Durchgangserwerb bei Verfügung durch Nichtberechtigten ohne „Anwartschaft" BFH NJW 96, 1079). Jedenfalls gelten auch bei Abtretung künftiger Forderungen §§ 399 ff (BGH 66, 385; insbes zu § 404 Köln NJW-RR 88, 239). Gegenteilige spätere Verfügungen des Zedenten sind unwirksam (BGH 32, 363, 370; 88, 206; BGH 104, 352 f mit Anm Münzberg JZ 89, 253: Abtretung des künftigen Abfindungsanspruches bzw Auseinandersetzungsguthabens eines GmbH-Gesellschafters geht allerdings ins Leere, wenn der Gesellschafter seinen Geschäftsanteil später sofort wirksam auf einen Dritten überträgt, weil erst in der Hand des Dritten der Abfindungsanspruch entsteht; entsprechend für Aus-

Übertragung der Forderung **§ 398**

einandersetzungsforderung eines stillen Gesellschafters BGH NJW 97, 3370; sa
§ 407 Rn 6 und § 717 Rn 3). *Einzelpfändung*, die erst nach Entstehen des Rechts- 10
grundes der Forderung zulässig ist (BGH 53, 32), läßt die Stellung des Zessionars
gem Prioritätsgrundsatz unberührt (BAG WM 80, 662 zur Wirkungslosigkeit der
Pfändung BGH 56, 350; 100, 42; s aber BAG NJW 93, 2699; Baur/Stürner I, Rn
30.16). Im *Insolvenzfall* ist die Abtretung unwirksam (InsO 91 I/KO 15 aF), falls
der Rechtsgrund der Forderung nach Insolvenzeröffnung entsteht (BGH NJW 55,
544; BGH 106, 241; 109, 368 ff); besteht der Rechtsgrund schon vor Insolvenz, ist
Wirksamkeit anzunehmen (PalHeinrichs 11; str, unklar BGH NJW 55, 544; BGH
70, 95; NJW 91, 2897 für Kaufpreisrückzahlungsanspruch, falls auch der Eigentumsverschaffungsanspruch abgetreten oder verpfändet war). Sonderregelung InsO
110 (bislang KO 21 aF). **d)** Wirksame Abtretung setzt **Bestimmbarkeit** der abge- 11
tretenen Forderung voraus; die Auslegung darf insoweit auch auf Umstände außerhalb der Abtretungsurkunde rekurrieren (BGH NJW 00, 277). Praktische Bedeutung erlangt diese Wirksamkeitsvoraussetzung bei Abtretung künftiger Forderungen im Rahmen der Sicherungsabtretung bzw des verlängerten
Eigentumsvorbehaltes (vgl Rn 14 ff). Die *Identität der Ansprüche* muß dabei nicht
für alle möglichen denkbaren Fälle feststehen, es genügt, daß die konkret fragliche
Einzelforderung unter die Abtretungsvereinbarung eindeutig subsumierbar ist
(BGH 7, 365; 79, 21; WM 85, 14; NJW 95, 1669); die „Abtretung aller aus der
Veräußerung gelieferter Waren entstehenden Forderungen" betrifft dabei den Verkauf verarbeiteter und unverarbeiteter Ware. Strengere, aber auch relative Maß- 12
stäbe gelten bei *Abtretung eines Teils* künftiger Forderungen. Ob Teilabtretung insbes
dann Auslegungsergebnis sein kann, wenn der zu sichernde Wert nur einen Bruchteil der benannten Forderungen ausmacht (BGH 26, 182 ff; 79, 18; zurückhaltend
BGH 94, 113), ist bei AGB im Hinblick auf § 305 II nF = AGBG 5 aF und das
Verbot geltungserhaltender Reduktion zweifelhaft (offen BGH 98, 312; ZIP 90,
1008; vgl hierzu Meyer-Cording EWiR 87, 6 mN); jedenfalls muß sich für eine
solche Interpretation in den Geschäftsbedingungen ein Anhaltspunkt finden. Ungenügend ist eine Klausel, die eine Abtretung insoweit vereinbart, als Forderungen
„an die Stelle" gelieferter Waren treten (LM Nr 8). Hingegen genügt eine Klausel,
die den Abtretungsumfang auf den Anteil an der Forderung beschränkt, „der dem
Anteilswert des Warenlieferanten am Miteigentum entspricht", das durch Weiterverarbeitung der gelieferten Ware entstanden ist (BGH NJW 75, 1227 mN);
zulässig ist ebenso Forderungsabtretung in Höhe des „Rechnungswertes" der verarbeiteten Vorbehaltsware (BGH 79, 23). Die *Abtretung in Höhe des jeweiligen* 13
Schuldsaldos des Zedenten ist jedenfalls dann nicht hinreichend bestimmt, wenn
dieser Saldo laufend wechselt und von einer unübersehbaren Vielzahl von Forderungen abhängt, die den Beteiligten und vor allem dem Schuldner der abgetretenen
Forderung einen Überblick unmöglich macht (BGH NJW 65, 2197 f; Dresden
NJW-RR 97, 1071); ähnliches gilt für Abtretung „bis zur Höhe" einer ggf
bestehenden Gegenforderung aus demselben Schuldverhältnis (Rostock MDR 00,
887); anders uU bei überschaubaren Verhältnissen (Karlsruhe OLGZ 84, 81). Selbst
bei *Globalabtretung bis zu einer festen Schuldhöhe* kann bei ständig wechselndem
Forderungsbestand die Bestimmbarkeit zu verneinen sein (BGH 71, 78 f).

6. Sicherungsabtretung. a) Zweck und Konstruktion. Der Zedent (Siche- 14
rungsgeber) tritt dem Zessionar (Sicherungsnehmer) zur Sicherung von Forderungen des Zessionars gegen den Zedenten die volle Gläubigerstellung ab. Einen allg
Grundsatz, wonach die Zession durch den Sicherungszweck aufschiebend bedingt
ist, gibt es nicht (BGH NJW 91, 354 betr SÜ; s noch Rn 16). Im *Außenverhältnis* 15
zum Drittschuldner erlangt also der Zessionar alle Gläubigerrechte (§ 137 S. 1:
BGH NJW 93, 1641). Bei der sog *stillen Zession* erteilt er dem Zedenten Einziehungsermächtigung in der Weise, daß der Zedent Leistung an sich verlangen
(§§ 185 I, 362 II; vgl Rn 26 ff) und als gewillkürter Prozeßstandschafter klagen
kann (BGH NJW 78, 698 f; BGH 32, 357 ff; NJW 99, 2111; vgl Rn 2 f); Widerruf

Stürner

§ 398

der Ermächtigung nur im Rahmen des Sicherungszwecks (München BB 85, 2270; aA BGH 82, 290). Bei *offener Zession* kann der Zedent entspr auf Leistung an den Zessionar klagen (BGH 32, 71; 96, 155 f: spätere Offenlegung; NJW 90, 1117; 95, 3186; 81, 679); s zur Zedentenklage Brehm KTS 85, 1; zu nicht aufeinander abgestimmten Klagen von Zedent und Zessionar Gottwald JuS 86, 715; zur Zu-

16 lässigkeit einer Klageumstellung nach Rückabtretung BGH ZIP 90, 332. Im *Innenverhältnis zwischen Zessionar und Zedent* regelt die vertragliche *Sicherungsabrede* vor allem folgende Punkte: Voraussetzung der Forderungsverwertung durch den Zessionar (hierzu BGH NJW-RR 95, 1369; bei Schweigen gelten §§ 1282, 1228 II analog – aber nur im Innenverhältnis!; bei Lohnabtretung vgl Rn 23); Verwendung der vom Zedenten eingezogenen Beträge; schuldrechtliche Pflicht zur Rückübertragung nach Wegfall des Sicherungszwecks (iZw keine auch den Sicherungszweck auflösend bedingte Abtretung, BGH WM 60, 1407; NJW 84, 1185 für SÜ an Bank; Jauernig NJW 82, 268; wohl auch BGH NJW 91, 354 betr SÜ; aA BGH NJW 82, 275; uU aber stillschweigende Rückabtretung nach Fortfall des Sicherungszwecks, BGH NJW 86, 977). Nach Kreditkündigung bestehen Schutz- und Informationspflichten gegenüber dem Schuldner fort (BGH NJW 94, 2755).

17 **b) Vollstreckungsrechtliche Wirkungen** (Grunsky JuS 84, 501). **aa)** Der **Zedent** kann gegen Pfändungen durch Zessionarsgläubiger gem ZPO 771 vorgehen, in der Insolvenz des Zessionars hat er Aussonderungsrecht (InsO 47; KO 43 aF), immer die Befriedigung der zu sichernden Forderung vorausgesetzt. Vor der Erfüllung der gesicherten Forderung gilt folgendes: Pfändungen durch Zessionarsgläubiger kann der Zedent gem ZPO 771 **bis zur Verwertungsreife** widersprechen (vgl BGH 72, 143 ff); sofern der Gläubiger aber die gesicherte Forderung pfändet, kann er *insoweit* auf die zedierte Forderung zugreifen (arg §§ 401, 412, ZPO 835). In der Insolvenz des Zessionars besteht ein Aussonderungsrecht erst nach Befriedigung, sonst kann der Insolvenzverwalter bei Verwertungsreife verwerten, ein Aussonderungsrecht bleibt hinsichtlich des Überschusses. **bb)** Der **Zessionar** kann einer Pfändung durch Zedentengläubiger gem ZPO 771 widersprechen, in der Insolvenz besteht nur ein Absonderungsrecht (BGH 95, 152; NJW 84, 1750; InsO 51 Nr 1); eine durch Zahlungseinstellung aufschiebend bedingte Abtretung

18 ist anfechtbar (InsO 133; KO 31 Nr 1 aF; BGH NJW 93, 1641). **c)** Der **verlängerte Eigentumsvorbehalt** kombiniert den EV mit Sicherungsabtretung der Forderungen aus Weiterverkauf, vgl § 929 Rn 28 ff und zur Bestimmtheit § 398 Rn 11 ff. **d)** Bei der sog **Globalzession** handelt es sich um einen Verfügungsvertrag, in dem sämtliche gegenwärtigen und künftigen Forderungen des Zedenten (einschließlich etwaiger Umsatzsteuer, vgl BGH NJW-RR 88, 1012) abgetreten werden, zB zur Sicherung eines Bankdarlehens. Demgegenüber ist die *Mantelzession* ein Verpflichtungsvertrag, der nur zur Abtretung ausstehender Forderungen in Kredithöhe verpflichtet und durch entsprechende Abtretungen (Übersenden einer

19 Forderungsliste) vollzogen wird (LG Berlin WM 84, 225). **aa)** Bei **Kollision zwischen verlängertem Eigentumsvorbehalt und Globalzession** (Hübner/ Goerke JA 84, 265; Picker JuS 88, 375; Hennrichs JZ 93, 225) ist zunächst vom Prioritätsgrundsatz auszugehen, dh die vorausgehende Abtretung macht spätere Abtretungen gegenstandslos; die Rspr hat es insbes abgelehnt, die Wirksamkeit der Abtretung an anderen Kriterien zu messen, zB Teilung zwischen Waren- und Kreditgläubiger, Stoffnähe usw (BGH 32, 363 ff). Eine Globalzession ist aber insoweit nichtig nach § 138, als sie auch künftige Forderungen erfassen soll, die der Zedent seinen künftigen Warenlieferanten aufgrund verlängerten EV branchenüblich abtreten muß und abtritt; das Unwerturteil stützt sich obj auf den vorprogrammierten Vertragsbruch des Zedenten, subj auf die Kenntnis der Vertragsparteien, für die bei Branchenüblichkeit eine tatsächliche Vermutung spricht (BGH 55, 35 f mN; 98, 315; NJW 83, 2504; 87, 1879; 91, 2147; 99, 2589). Sofern die Globalzession auch andere, „freie" Forderungen erfaßt, kann Teilwirksamkeit Aus-

20 legungsergebnis sein (BGH 72, 315 f). Sittenwidrigkeit entfällt, falls die Globalzession Forderungen, die branchenüblich dem verlängerten EV unterfallen, erst nach

Befriedigung des Vorbehaltsverkäufers erfassen soll ("dingliche Verzichtsklausel", BGH NJW 74, 942 f; 91, 2147); hingegen soll die schuldrechtliche Verpflichtung des Zessionars zur Freigabe zugunsten des Warenlieferanten (BGH 72, 308 ff) ebensowenig genügen wie die Verpflichtung des Zedenten, aus dem gesicherten Kredit die Warenlieferanten zu befriedigen (BGH NJW 74, 942 f). Es ist auf das Sittenwidrigkeitsurteil ohne Einfluß, wenn die Wirksamkeit der Globalabtretung im Einzelfall von der Genehmigung des Drittschuldners abhängt, mit dem der Zedent Unabtretbarkeit vereinbart hatte (BGH 55, 36 ff). Sofern der Drittschuldner an den Globalzessionar als Nichtberechtigten zahlt, kann der Warenlieferant die Erfüllung genehmigen (§§ 362 II, 185 I) und sich gem § 816 II beim Globalzessionar erholen (aufschlußreich BGH 56, 178 ff); dies setzt allerdings voraus, daß an die Bank als Globalzessionar und nicht an den Zedenten mit der Bank als Zahlstelle geleistet worden ist (BGH 53, 141 ff; zur Arglisteinrede gem § 242 gegen die Berufung auf die „Zahlstellenfunktion" BGH 72, 320 ff; Frankfurt WM 81, 972; Düsseldorf WM 92, 859). Diese Kollisionsregeln gelten nicht bei *Diskontierung eines Wechsels* durch ein Kreditinstitut, wenn der Wechsel auf die vorausabgetretene Forderung des Vorbehaltskäufers geleistet war (BGH NJW 79, 1704; sa Muscheler und Teufel NJW 81, 657, 953), und beim echten *Factoring* (hierzu Rn 29 ff).

bb) Unwirksamkeit. *Sittenwidrigkeit der Globalzession* kann unabhängig von der 21 Konkurrenz mit verlängertem EV vorliegen, wenn die Globalzession den kreditbedürftigen Zedenten absehbar der Täuschung späterer Kreditgeber über die Gläubigerschaft an ausstehenden Forderungen zwingt (BGH NJW 77, 2261 f) oder bei drohender Insolvenz sämtliche Kundenforderungen als letztes pfändbares Vermögen abgetreten werden (BGH NJW 95, 1669; vgl auch Dresden, WM 00, 1691 f); Knebelung des Zedenten wird regelmäßig nicht gegeben sein, sofern er bei ordnungsmäßiger Tilgung die abgetretenen Forderungen einziehen und verwerten darf. Jedoch kann *anfängliche Übersicherung* in Fällen groben Mißverhältnisses zwischen realisierbarem Wert und gesicherter Forderung Nichtigkeit gem § 138 I begründen (BGH NJW 98, 2047 mN). *Sittenwidrigkeit* setzt konkrete Wirkungen 22 im Einzelfall voraus. *Unwirksamkeit* gem § 307 nF entspr AGBG 9 I kann sich auch abstrakt (BGH NJW 92, 2626 mN) ergeben; teilw unklare Abgrenzung (BGH NJW 91, 2147; 96, 2786). Nach älterer Rspr war zur Vermeidung der *Unwirksamkeit wegen nachträglicher Übersicherung* eine ausdrückliche schuldrechtliche Freigabeklausel erforderlich (BGH 109, 240; 117, 374; NJW 91, 2147; 2786; 93, 533) – allerdings nur bei unbestimmten Globalsicherheiten, nicht bei feststehenden Sicherheiten oder gar Einzelgegenständen (BGH 124, 371; 380; Ganter ZIP 94, 257). Nach jüngerer Rechtsprechung sollte trotz fehlender oder mißglückter Freigabeklausel die Abtretung wirksam bleiben (AGBG 6 aF = 306 nF), an die Stelle der fehlenden oder mißglückten vertraglichen Freigabeklausel ein richterrechtlicher Freigabeanspruch treten (BGH 133, 25; NJW 96, 2786, 2790). Ein Senat wollte sogar billiges Gläubigerermessen bei der Freigabe genügen lassen (BGH NJW 96, 2952 = ZIP 96, 957; ZIP 96, 543; NJW 94, 1799; BGH 128, 295; 130, 115). Bei Sicherungsabtretung ließ die Rechtsprechung schon bisher eine Übersicherung von 50% bis 100% des Nennbetrags (BGH NJW 94, 445) der abgetretenen Forderungen zu (BGH NJW 96, 388; NJW-RR 93, 307; BGH 98, 317; 109, 246; 120, 302 f), um je nach Art der Außenstände Ausfällen vorzubeugen. Nachdem der 7. Zivilsenat zumindest teilw an der alten Rspr festhielt (BGH NJW 97, 651), mußte der Große Senat entscheiden (Vorlagebeschlüsse des 9. und 11. Senats, NJW 97, 1570 u ZIP 97, 1185; zum Ganzen Canaris ZIP 96, 1109; 1577; 97, 813; Serick ZIP 95, 789; NJW 97, 1529; Wiegand/Brunner NJW 95, 2513; Pfeiffer ZIP 97, 49; Liebelt-Westphal ZIP 97, 230). Danach gilt nunmehr folgendes (BGH GS NJW 98, 671 mN = LM § 138 [B b] Nr 86 mAnm Stürner = JZ 98, 456 mAnm Roth): Bei revolvierenden Globalsicherheiten besteht ein ermessensunabhängiger Freigabeanspruch des Sicherungsgebers auch bei fehlender oder mißglückter Freigabeklausel. Ausdrückliche Freigabevereinbarung, zahlenmäßig fixierte Deckungsgrenze oder bestimmte Bewertungsklausel sind keine Wirksamkeitsvoraussetzung der Sicherungsübertragung (sa BGH NJW-RR 98, 1123 f; MDR 98, 916). Die Deckungsgrenze beträgt bei fehlender oder mißglückter formularmäßiger Regelung grundsätzlich 110% des Werts der gesicherten Forderung(en); hierzu auch InsO 171. Die Übersicherungsgrenze muß aber die Unsicherheit der Wertrealisierung berücksichtigen und liegt deshalb regelmäßig bei 150% des Schätzwertes des Sicherungsguts (§ 237 S 1 analog), der sich bei Globalzession aus dem Nennwert der zedierten Forderungen ergibt (BGH NJW 98, 676/677; vgl Saarbrücken OLGR 00, 279). Dabei sind Feststellungs-, Verwertungs- und Rechtsverfolgungskosten berücksichtigt, nicht aber – eine nur bei Sicherungsübereignung mögliche – Umsatzsteuerbelastung des Sicherungsnehmers (BGH NJW 98, 676/677; hierzu Baur/Stürner, SachenR, 17. Aufl 1999, § 57 Rn 29 f; zum Ganzen ferner Serick BB 98, 801). Für besondere Ausnahmetatbestände, die eine abweichende Gestaltung mit höheren oder niedrigeren Grenzwerten rechtfertigen, ist die begünstigte Partei beweisbelastet. **e) Lohnabtretung**

23 (Lit: Kohte BB 89, 2257; Scholz MDR 90, 193; Steppeler WM 89, 1913). Zur Wirksamkeit gem § 307 nF entspr AGBG 9 I aF müssen bei einer Vorausabtretung künftiger Lohn-, Gehalts-, Provisions- und Sozialleistungsansprüche Zweck und Umfang der Zession sowie die Voraussetzungen der Verwertungsbefugnis eindeutig bezeichnet sein (BGH 108, 104; NJW 92, 2627). Dem Schuldner sind Verwertung und Offenlegung der Zession nach außen unter Einhaltung bestimmter Fristen anzudrohen (BGH NJW 92, 2627; 94, 2754 unter Hinweis auf §§ 1234, 1273 II, HGB 368 zu AGB Banken Nr. 6 und 20). Die Harmonisierung der Verwertungsabrede mit § 498 nF, §§ 12, 13 VerbrKrG aF dürfte anstehen, soweit Ratenkredite von Verbrauchern betroffen sind. Unangemessene Übersicherung ist durch eine am Umfang des Darlehens orientierte, betragsmäßige Begrenzung der Zession zu vermeiden; das mit fortschreitender Tilgung des Ratenkredits abnehmende Sicherungsinteresse machte nach früherer Rspr zudem eine Freigabeklausel mit zahlenmäßig bestimmter Deckungsgrenze erforderlich (BGH 108, 108; 124, 377; Ganter ZIP 94, 257, 262); nicht ganz klar sind die Rückwirkungen der neuesten Rspr (Rn 22) auf Lohnabtretungen, wenngleich auch hier Deckungsgrenze und Freigabeklausel in AGB nicht mehr ausdrücklich zu regeln sein werden. Eine *Sicherungsabtretung*, die an den genannten Kriterien zu messen wäre, liegt indes nicht vor, wenn die Abtretung *unmittelbar* zur Rückführung einer Darlehensschuld erfolgt (Hamm OLGR 00, 76).

24 **7. Inkassozession.** Der Zedent überträgt die volle Gläubigerposition und damit ohne weiteres die Prozeßführungsbefugnis (BGH NJW 80, 991; WM 85, 614) auf den Zessionar. Dieser verpflichtet sich schuldrechtlich, nur im Sinne der Beitreibung zu verfügen (§ 137) und den Erlös der Einziehung herauszugeben (§§ 675, 667). Gegen Vollstreckungsmaßnahmen von Gläubigern des Zessionars hat der Zedent inhabergleiche Rechte (ZPO 771, InsO 47, KO 43 aF); Gläubiger des Zedenten können den Rückübertragungsanspruch pfänden, bei Insolvenz des Zedenten gilt InsO 116 (KO 23 II aF). Zur Aufrechnung gegen die zedierte Forderung mit Forderungen gegen den Zedenten vgl § 387 Rn 5. Geschäftsmäßige Inkassozession bedarf grundsätzlich der Erlaubnis nach dem RBerG, zB Inkassozession von Ersatzforderungen aus Unfall durch Mietwagenunternehmen (BGH 47, 364 ff) oder durch die Finanzierungsbank eines Unfallhelferrings (BGH 61, 317 ff); Fehlen der Erlaubnis bewirkt Nichtigkeit der Abtretung gem § 134 (BGH 61, 324 mN). Ausnahmsweise bedürfen Genossenschaften (BGH 53, 1 ff) oder berufsständi-

25 sche Vereinigungen keiner Erlaubnis (RBerG Art 1 §§ 3, 7; s Frankfurt MDR 82, 1024). Hat ein Inkassobüro die Erlaubnis gem RBerG zur außergerichtlichen Einziehung von Forderungen, so darf es die Forderungen gerichtlich geltend machen, wenn hierfür ein RA eingeschaltet ist (BGH NJW 94, 998; 96, 393; NJW-RR 01, 1420; ebenso Caliebe NJW 91, 1721 mN; BVerwG NJW 91, 58). Die Erlaubnis zur außergerichtlichen Einziehung von Forderungen umfaßt auch die bei Abtretung der Forderung notwendige Rechtsberatung, sodaß entspre-

Übertragung der Forderung **§ 398**

chende Abtretungen nicht nach § 134 unwirksam sind (BVerfG NJW 02, 1190; aA BGH NJW-RR 01, 1420). Keine Inkassozession, sondern Sicherungsabtretung (vgl Rn 14 ff) liegt vor, wenn sich ein Mietwagenunternehmen Unfallersatzansprüche für den Fall der Nichtzahlung der Miete abtreten läßt (BGH NJW 74, 1244); dann unterfällt die Einziehung der abgetretenen Forderung nicht RBerG Art 1 § 1 I (BGH NJW 85, 1223; zweifelhaft!). Sonderregelung: AO 46 IV für Steuererstattungsansprüche (hierzu BFH BB 84, 1228). Die Abtretung von Honorarforderungen freier Berufe ist gem § 134 nichtig, falls sie unter Verletzung von StGB 203 I erfolgt (hierzu §§ 399, 400 Rn 6).

8. Einziehungsermächtigung (Inkassomandat). Der Auftraggeber bleibt voller 26 Gläubiger der Forderung, der Beauftragte wird gem § 185 – widerruflich (BGH 82, 290) – zur Einziehung in eigenem Namen (andernfalls Vollmacht!) ermächtigt; anders als bei der Inkassozession (Rn 24; zur Abgrenzung BGH WM 85, 614; krit Rehmann WM 87, 225; sa Roth/Fitz JuS 85, 190) fehlt ihm die dingliche Rechtsmacht zu abw Verfügung (BGH 82, 288; NJW 98, 3206). Die Ermächtigung kann das Verlangen zur Leistung an den Gläubiger oder an den Beauftragten (§§ 185, 362 II, Regelfall) umfassen. Da §§ 362 II, 185 nur die Erfüllungswirkung regeln, aber keine Rechtspflicht zur Leistung an den Ermächtigten begründen, läßt sich die Einziehungsermächtigung letztlich nur gewohnheitsrechtlich begründen (zu ihrer Zulässigkeit vgl BGH 4, 164 f mN). Der materiellrechtlichen Ermächtigung 27 entspricht die prozessuale Befugnis, das fremde Recht als Partei in eigenem Namen einzuklagen, das aber ein besonderes rechtsschutzwürdiges Interesse des Klägers voraussetzt (zur „gewillkürten Prozeßstandschaft" BGH 4, 165; 42, 213); es kann evtl fehlen, wenn eine vermögenslose GmbH als Prozeßstandschafter auftritt und so die Kostenerstattungsansprüche des Beklagten gefährdet (BGHZ 96, 151 mit Anm Olzen JR 86, 289; Umstände des jeweiligen Einzelfalles – insbes zeitliche Abfolge – entscheiden, s zuletzt BGH NJW 95, 3187; ZIP 90, 333; NJW 90, 1117 mN und für natürliche vermögenslose Personen Hamm NJW 89, 420). Das Urteil schafft Rechtskraft für und gegen den Auftraggeber und Anspruchsinhaber (vgl BGH NJW 57, 1636; WM 86, 1062). Unabtretbarkeit kraft Vertragsabrede (BGH 56, 236) oder kraft Ges (BGH NJW 69, 1111) kann zur Unzulässigkeit der Einziehungsermächtigung führen, soweit der Zweck des Abtretungsverbots auch die Einziehung durch Dritte verhindern will (BGH 56, 236; NJW 92, 1883; Köln 28 ZIP 87, 868; zu allgemein BGH NJW 87, 3122: § 140); bei unpfändbaren Forderungen ist die Einziehungsermächtigung jedenfalls dann möglich, wenn auch Abtretung erlaubt wäre, weil sie an einen den Anspruchsinhalt vorleistenden Dritten erfolgt (BGH 4, 166). *Anwendungsfälle* der Einziehungsermächtigung: stille und offene Zession (vgl Rn 14 f) bei Sicherungsabtretung; Ermächtigungen an Insolvenzverwalter zur Erleichterung der Abwicklung (vgl LM Nr 1 zu § 185); Ermächtigung des herrschenden GmbH-Gesellschafters (BGH NJW 65, 1962); Ermächtigung des Bauträgers zur Verfolgung von Mängelansprüchen des Bauherrn (BGH 70, 393 ff mN); Ermächtigung des Verwalters bei Ansprüchen einer Wohnungseigentümergemeinschaft (BGH 74, 267; 81, 37); Ermächtigung des Forderungsverkäufers zur Verfolgung der abgetretenen Forderung (BGH NJW 79, 925); Ermächtigung des tatsächlich Geschädigten zur Geltendmachung von Transportschäden (BGH NJW 81, 2640); Ermächtigung der unterhaltspflichtigen Tochter zur Verfolgung von offenen Ansprüchen der Mutter (BGH WM 85, 614).

9. Factoring (Lit: Blaurock JA 89, 273; Gerhardt JZ 86, 740; Jork JuS 94, 29 1019): Ein Unternehmer („Anschlußkunde") tritt sämtliche Forderungen gegen seine Abnehmer an den Factor – regelmäßig eine Bank – ab und erhält den Gegenwert der abgetretenen Forderung unter Abzug von Gebühren gutgeschrieben. Er hat sofort verfügbares Kapital und erspart sich Debitorenbuchhaltung und Mahnwesen. **a) Beim echten Factoring** handelt es sich um eine Globalabtretung auf- 30 grund eines Forderungskaufs, der Factor trägt das Insolvenzrisiko (BGH 69, 257 f); RBerG ist unanwendbar (BGH 76, 125); zu beachten aber § 399 Alt 2 (BGH WM

91, 556). Kollision mit nachfolgendem verlängerten EV (vgl Rn 19 ff) führt nicht zur Sittenwidrigkeit, weil sich der Warenlieferant wirtschaftlich gleich stellt, wie wenn der Vorbehaltskäufer die Forderung eingezogen hätte (BGH 69, 258 f; 100, 358 f; Baur/Stürner, SR, § 59 Rn 57 f mN; anders, wenn Delkredere des Factors „durchlöchert und ausgehöhlt" ist, Koblenz WM 88, 45). Ein einziehungsermächtigter Zedent (Vorbehaltskäufer, Globalzedent) kann wirksam an einen Factor abtreten (§ 185 I), wenn die Gewinnspanne des Factors das Sicherungsinteresse des Zessionars nicht beeinträchtigt, der Zedent also möglichst den Gegenwert der Forderung – bezogen auf den Zeitpunkt der Abtretung an den Factor – ungeschmälert erhält (BGH 72, 20; 75, 391; 82, 283; str; zu schützenden AGB des VVerkäufers Schmitz-Weckauf NJW 85, 466). Der Factor ist allerdings zu zumutbaren Schutzmaßnahmen zugunsten des Vorbehaltsverkäufers verpflichtet, falls er Anlaß zu der Annahme hat, daß der Zedent seine Verpflichtungen gegenüber dem Vorbehaltslieferanten nicht erfüllt: Berufung auf Vorrang der Factoring-Zession kann aus diesem Grund rechtsmißbräuchlich sein (BGH 100, 353; krit Kapp BB 87, 1762). Sittenwidrig ist die Globalabtretung der gegen den Factor bestehenden Ansprüche an den Geldkreditgeber, da diese Gestaltung der Bank den Vorrang gegenüber einem nachfolgenden verlängerten EV verschaffen, dh die „Kollisions-Rspr" (Rn 19 ff) leerlaufen würde (Frankfurt BB 88, 232; zust insoweit Kapp BB 88, 864; Blaurock JA 89, 280; anders BGH 100, 361 f). Zur umsatzsteuerlichen

31 Behandlung bei Uneinbringlichkeit BGH NJW-RR 97, 1054. **b)** Beim **unechten Factoring** gewährt die Bank mit der Gutschrift Kredit und läßt sich die Forderungen erfüllungshalber (vgl §§ 364, 365 Rn 6 ff) und zur Sicherung des Kredits abtreten, das Zahlungsrisiko verbleibt beim Kunden (BGH 58, 366; BGH NJW 78, 1521); entspr dem Sicherungszweck der Abtretung gilt RBerG nicht (BGH 58, 367). Die Kollision mit dem verlängerten EV führt nach den für vorausgehende Globalzession geltenden Regeln (Rn 19 ff) zur Nichtigkeit (BGH 82, 64; str, Canaris und Serick NJW 81, 249, 794, 1347, 1715). Ein einziehungsermächtigter Zedent kann nicht wirksam an den unechten Factor abtreten, weil endgültiger Verbleib des Erlöses beim Zedenten nicht gesichert ist (BGH 82, 60). Vgl zu HGB 354 a §§ 399, 400 Rn 8 und zu § 419 aF § 419 Rn 7 (8. Aufl).

32 **10. Vertragsübernahme.** Das BGB regelt nur Forderungserwerb (§§ 398 ff) und Schuldübernahme (§§ 414 ff), nicht aber den rechtsgeschäftlichen Eintritt in einen Vertrag als Gläubiger und Schuldner; vgl zum ges Vertragseintritt §§ 566 nF bzw 571 aF, 581 II, 613 a usw. Gleichwohl ist die rechtsgeschäftliche Übertragung einer ganzen Vertragsposition zulässig (BGH NJW 86, 2110 für Kreditvertrag; zur Übernahme der Position des Leasingnehmers v. Westphalen NJW 97, 2905). Sie erfolgt entweder durch dreiseitige Vereinbarung zwischen den alten Vertragsparteien und dem Übernehmer (BGH 65, 52) oder durch Vertrag zwischen dem austretenden und eintretenden Teil mit Zustimmung der verbleibenden Partei (vgl BGH 72, 398; 96, 308; NJW-RR 97, 690; NJW 98, 532; Celle ZMR 99, 619: insoweit analoge Anwendbarkeit der §§ 414 ff); bei fehlender Zustimmung kann bloße Abtretung als Übertragung der Gläubigerposition wirksam sein (BGH ZIP 96, 1519). Der Übernahmevertrag ist vom Grundgeschäft zwischen Austretendem und Übernehmer zu unterscheiden; Anfechtung (§ 143 II) des Übernahmevertrags muß gegenüber beiden weiteren Partnern erfolgen (BGH 96, 309; krit Dörner NJW 86, 2916), wobei im Falle arglistiger Täuschung (§ 123) in der Person beider Erklärungsempfänger ein Anfechtungsgrund vorliegen muß (BGH NJW 98, 532;

33 hierzu Emmerich JuS 98, 495). Anders als Abtretung (vgl § 401 Rn 6) oder Schuldübernahme gewährt die Vertragsübernahme alle Rechte und Pflichten der Vertragspartei unter Wahrung der Identität des Vertrages. Bei Vertragseintritt als Vermieter besteht dementspr eine Mietbürgschaft fort (BGH 95, 96; Nörr JZ 85, 1095), beim Kreditvertrag der Anspruch auf Rückgewähr der Grundschuld (BGH NJW 86, 2110). Ein schwebend unwirksamer Verbrauchervertrag oder Fernabsatzvertrag wird durch Vertragsübernahme nicht wirksam (vgl zum VerbrKrG BGH

129, 375; 96, 2095; hierzu Ulmer/Masuch JZ 97, 654); Übergang des Widerrufsrechts sogar auf nicht iSd der §§ 13, 491 ff nF bzw des alten VerbrKrG schutzwürdigen Übernehmer. Tritt ein Verbraucher in einen ursprünglich gewerblichen Leasingvertrag ein, soll er sich ebenfalls auf das Schriftformerfordernis nach VerbrKrG 4 I 1 aF (entspr nunmehr § 492 nF) berufen können (BGH 142, 26 ff mAnm Martinek JZ 00, 551; v. Westphalen EWiR 99, 761 – sehr weitgehend). Wird jedoch auf Schuldnerseite ein Kreditvertrag übernommen, erlischt eine Bürgschaft analog § 418 I 1 (Hamm WM 90, 1152). AGB werden nur dann übernommen, wenn sie der Übernehmer kannte (Frankfurt NJW-RR 96, 172) oder doch kennen mußte (str). Die Vertragsübernahme bedarf der Form des übernommenen Vertrags (vgl BGH 65, 52; 72, 396 ff; Rappenglitz JA 00, 472); für die Zustimmung des verbleibenden Teils ist die für Vertragsänderungen und -ergänzungen erforderliche Form nicht notwendig (BGH DtZ 96, 57; Wagner JuS 97, 693). § 309 Nr 10 (= AGBG 11 Nr 13 aF) schränkt die Vertragsübernahme ein. Der „Nachmieter" tritt bei „Übernahme" des Mietvertrags nicht in die Verbindlichkeiten des „Vormieters" ein, es liegt keine Vertragsübernahme im Rechtssinne vor, sondern ein neuer Vertrag nach Beendigung des Vertrages mit dem „Vormieter", der für Altverbindlichkeiten forthaftet (s LG Berlin WuM 91, 675). Keine wirksame Vertragsübernahme liegt in der Freigabe des Auftragsbestandes durch den Sequester bzw vorläufigen Insolvenzverwalter an einen Übernehmer, falls Vertragspartner nicht zustimmen (Düsseldorf ZIP 98, 744). Beim **Vertragsbeitritt** tritt eine weitere Vertragspartei neben einen Vertragsteil (vgl BGH 65, 51 ff; 72, 397; MDR 98, 522); gleiche Wirksamkeitsvoraussetzungen wie bei Vertragsübernahme, Mitverpflichtung idR gem §§ 421 ff, Mitberechtigung entspr dem Innenverhältnis der Mitgläubiger. **Lit:** Pieper, Vertragsübernahme und Vertragsbeitritt, 1963. 34

11. Prozessuales. Zur Klage des Zedenten bei der Sicherungsabtretung s Rn 15; zur gewillkürten Prozeßstandschaft des zur Einziehung Ermächtigten s Rn 27; zur Beweislast in Abtretungsfällen s § 404 Rn 2. 35

§ 399 Ausschluss der Abtretung bei Inhaltsänderung oder Vereinbarung

Eine Forderung kann nicht abgetreten werden, wenn die Leistung an einen anderen als den ursprünglichen Gläubiger nicht ohne Veränderung ihres Inhalts erfolgen kann oder wenn die Abtretung durch Vereinbarung mit dem Schuldner ausgeschlossen ist.

§ 400 Ausschluss bei unpfändbaren Forderungen

Eine Forderung kann nicht abgetreten werden, soweit sie der Pfändung nicht unterworfen ist.

Anmerkungen zu den §§ 399, 400

1. Unübertragbarkeit kraft Leistungsinhalts (§ 399 Alt 1) kann folgen entweder aus der mit der Abtretung einhergehenden Änderung des geschuldeten Leistungsverhaltens oder aus der bes Verknüpfung der Leistung mit der Person des Gläubigers („Höchstpersönlichkeit"); beides ist praktisch kaum zu unterscheiden. 1

a) Einzelfälle: Vorkaufsrecht, § 573 nF bzw 514 aF; Rückforderungsanspruch gem § 528 I (außer an Unterhaltsberechtigte iSd Vorschrift: München NJW-RR 93, 250; Wüllenkemper JR 88, 353 sowie an Dritte, die für den Unterhalt aufkommen: BGH 127, 356; str); Anspruch auf Gebrauchsüberlassung, § 535 S 1 (BGH NJW 72, 2036; anders aber, wenn das „Belegrecht" eines Betriebes auf dessen Übernehmer übergeht); Dienstleistungsanspruch, § 613 S 2 (vgl aber § 613a); Ansprüche aus einer Berufsunfähigkeitsversicherung (Oldenburg NJW-RR 94, 479); Ansprüche auf Urlaub und Urlaubsabgeltung (vgl zum Lohnanspruch und Anspruch auf Urlaubsvergütung auch § 400, ZPO 850 ff; §§ 664 II, 2

§ 400

717 S 1; Ansprüche auf Unterhalt in Natur, für Geldrente und für Taschengeldanspruch des Ehegatten (hM, zB München NJW-RR 88, 894) greifen § 400, ZPO 850 b I Nr 2; Prozeßkostenvorschuß gem § 1360 a IV (BGH FamRZ 85, 803, 902; Ausnahme: Abtretung an Anwalt oder Gerichtskasse); Anspruch auf Herausgabe von Hausratsgegenständen und deren Surrogat nach HausratsVO (Köln NJW-RR 93, 1030); Darlehensauszahlungsansprüche bei Zweckbindung (Ausnahme wiederum, wenn die Abtretung der Zweckbindung entspricht, s Baur/Stürner I Rn 25.6; zur umstrittenen Pfändbarkeit des Dispositionskredits BGHZ 147, 193 = NJW 01, 1937; offen BGH 93, 325) oder bei Bindung an in der Person des Darlehensgebers liegende Umstände (Köln NJW 00, 295); Anspruch auf Befreiung von einer Verbindlichkeit (anders bei Abtretung an den Gläubiger unter Verwandlung in einen Zahlungsanspruch – BGH 12, 141; 41, 205; NJW 86, 583; 93, 2232 – oder entspr bei Abtretung an den Einziehungsermächtigten des Gläubigers – BGH VersR 85,

3 754); Unterlassungsansprüche ohne die geschützte Rechtsposition (zB Eigentum oder Gewerbebetrieb, BAG NJW 85, 87); Belastungsvorbehalt des Grundstücksveräußerers (anders bei Abtretung an einen entsprechenden Gläubiger des Veräußerers, Bremen NJW 84, 2478; krit Dubischar NJW 84, 2442); Unterlassungsanspruch aus der städtebaulichen Auflage, ein Grundstück nur in bestimmter Weise zu bebauen (Celle OLGR 00, 294); Bürgschaftsforderung ohne Hauptschuld (BGH 115, 181; 82, 328: anders bei Wegfall des Hauptschuldners; generell für Abtretbarkeit Bydlinski ZIP 89, 953); öffentl-rechtliche Kostenforderungen an Private (Stober JuS 82, 740 mN; str); zur Abtretbarkeit von Ansprüchen auf Erstattung von Steuern, Haftungsbeiträgen, steuerlichen Nebenleistungen und Steuervergütungen: AO 46; Anspruch auf vermögenswirksame Leistung (LAG Hamm DB 82, 1523; anders Arbeitnehmersparzulage, BAG DB 76, 2117); Anspruch auf Beihilfe (BVerwG NJW 97, 3256 f); Anspruch auf zweckgebundene Erschließungskosten (Hamm NJW-RR 92, 22: Umdeutung in Einziehungsermächtigung; s § 398 Rn 26 ff); Ansprüche des Treuhänders gegen Treugeber auf zweckgebundene Leistung (BGH NJW 91, 2906: Zeichnungsbeträge des Treuhandkommanditisten; Düsseldorf ZMR 00, 214 f: Anspruch auf Mietkaution); weitere Einzelfälle s § 401 Rn 3, 6. –

4 *Abtretbar hingegen:* der Anspruch auf Zahlung der Kommanditeinlage, wenn der Gegenwert in das Gesellschaftsvermögen geflossen ist (BGH NJW 82, 35 mN); die Forderung der GmbH auf Leistung der Stammeinlage bei „vollwertiger Gegenleistung" oder Fortfall der Zweckbindung (näher Köln NJW-RR 89, 354; Bayer ZIP 89, 8); Garantie auf erstes Anfordern sowie entspr Erklärungsrecht (Zeller BB 90, 363); ein Urlaubsabgeltungsanspruch, der als Zahlung lediglich unter ZPO § 850 c fällt (LG Münster MDR 99, 1285; str); Gewinn und Überschußanteile aus

5 einer Lebensversicherung (Hamburg VersR 00, 1219). **b) Verstoßfolge:** Die Abtretung ist *absolut* unwirksam. Da das Verbot Schuldnerinteressen schützt, ist sie mit Zustimmung des Schuldners wirksam. Vgl ZPO 851.

6 **2. Vertraglicher Ausschluß** (§ 399 Alt 2; pactum de non cedendo; Lit: Hadding/van Look WM 88 Beil 7; Lüke JuS 92, 119; Wagner, Vertragliche Abtretungsverbote im System zivilrechtlicher Verfügungshindernisse, 1994). **a) Die Vereinbarung** kann ausdr (Schuldanerkenntnis „ausschließlich" bestimmten Personen gegenüber, Köln NJW-RR 97, 1072) oder stillschweigend (zB kontokorrentgebundene Forderungen, BGH 70, 92; NJW 82, 1151; nicht der Anspruch auf Tagesguthaben, BGH 84, 330; 373) erfolgen oder bei Erfordernisse (Form, Zustimmung, evtl auch Anzeige an den Schuldner, zB Lebensversicherer, s BGH 112, 387; NJW-RR 92, 790; ZIP 00, 78) zur Wirksamkeit verlangen (LM Nr 16); eine Sicherungsabrede enthält jedoch kein Abtretungsverbot mit dinglicher Wirkung (BGH NJW 82, 2769; ZIP 91, 20). Ausschluß der Abtretbarkeit von Honorarforderungen freier Berufe (auch iVm Praxis-/Kanzleiübertragungen) folgt wegen der Auskunftspflicht (§ 402) aus dem Geheimnisschutz gem StGB 203 (hierzu E. Schneider MDR 92, 640); die Abtretung ist nichtig (§§ 134, 138, 306; krit Berger NJW 95, 1584), falls der Patient bzw Mandant nicht zustimmt (Arzt: BGH

Übertragung der Forderung **§ 400**

115, 123; NJW 92, 2348; 93, 2371; 96, 775 für Schadensersatzanspruch; Zahnarzt: BGH NJW-RR 96, 431; nicht aber Tierarzt: Celle NJW 95, 786; Rechtsanwalt: BGH 122, 115; NJW 93, 1912, 2795; 95, 2026, auch wenn Zessionar selbst Rechtsanwalt ist – anders wohl seit 2. 9. 1994 wegen BRAO 49b IV 1 – offen BGH NJW 95, 2027; 2915; abl Berger NJW 95, 1407; Prechtel NJW 97, 1813; Steuerberater: BGH NJW 96, 2088; generalbevollmächtigter Sanierer mit bes vertragl Verschwiegenheitspflicht: Düsseldorf NJW-RR 94, 438; nicht aber GmbH-Geschäftsführer: BGH NJW 96, 2567; NJW 00, 1330: auch hinsichtlich Tantiemeansprüchen). Zu beachten aber BGH NJW 95, 2915 f, wenn Geheimnisse dem Zessionar schon anderweit rechtmäßig bekannt geworden sind (vgl Koblenz OLGR 01, 461: Abtretung an Sozietätsmitglied). Die Begründung oder Fortsetzung des Vertrages in Kenntnis der Inkassozession bewirkt keine stillschweigende Einwilligung (BGH 115, 126; NJW 92, 2348; Hamm NJW 93, 792), zumal häufig das Schriftformerfordernis gem BDSG 4a I 3 gelten wird (hierzu Bremen NJW 92, 757; Körner-Dammann NJW 92, 729; offen BGH 115, 129). Sofern Abtretungsausschluß kollektiv für Lohnansprüche in Tarifverträgen oder Betriebsvereinbarungen möglich ist (BAG AP Nr 1, 4 zu § 399; str), wirkt er jedenfalls nicht gegen öffentl-rechtliche Versicherungsträger für den Fall lohnersetzender Zahlungen (BAG NJW 66, 1727) gegen Lohnabtretung; ähnlich gilt der Ausschluß in AGB nicht für VVG 67 I (BGH 65, 366; 82, 171); auch die Einbringung einer Forderung in eine neu gegründete GmbH im Zuge einer gesellschaftsrechtlichen Umgliederung wird durch ein in AGB enthaltenes Abtretungsverbot nicht berührt **7** (KG NJW-RR 88, 852). Rechtsmißbräuchlich ist die Berufung des Leasinggebers auf ein dem Leasingnehmer auferlegtes Abtretungsverbot, wenn der Leasingnehmer seinen Anspruch gegen den Leasinggeber auf Auszahlung der erhaltenen Versicherungsleistung an die Reparaturwerkstatt abtritt (BGH 93, 391). Ein Abtretungsverbot ist mit § 307 nF entspr AGBG 9 aF, § 138 idR vereinbar (BGH 51, 113; 77, 275: branchentypische Kollision mit verlängertem EV der Lieferanten des Gläubigers; 102, 300; 110, 245; BGH WM 91, 556; NJW 81, 118 mAnm Lindacher JR 81, 158: Abtretungsverbot für Käuferrechte beim Neuwagenkauf; BGH 108, 175; NJW 97, 3434 mAnm Wagner JZ 98, 258: durch Formerfordernisse oder Zustimmungsbedürftigkeit eingeschränktes Verbot; krit Hadding/van Look WM 88 Beil 7; insbes zur Kollision mit verlängertem EV sa Sundermann WM 89, 1199 mN). Unwirksam gem § 307 I 1 nF (= AGBG 9 I aF) ist jedoch eine Klausel in Allg Reisebedingungen, wonach die Abtretung nur vom Anmelder geltend zu machender Ansprüche aus dem Reisevertrag ausgeschlossen ist (BGH 108, 52); anders bei Beschränkung auf in eigenem Namen geltend zu machende eigene Ansprüche des Kunden (LG Stuttgart NJW-RR 93, 1018). **b) Verstoßfolge** ist **absolute** Un- **8** wirksamkeit (BGH 40, 159 ff; 102, 301; 112, 389 mN; NJW 97, 2748; aA zB Wagner JZ 88, 703 ff) auch im Verhältnis zu Dritten; unwirksam ist ebenso die Abtretung durch den Insolvenzverwalter des Gläubigers (BGH 56, 230 ff; NJW 97, 3434 mAnm Wagner JZ 98, 258). Die Unwirksamkeit erfaßt auch Abtretungen künftiger Forderungen, deren Unübertragbarkeit später bei ihrer Entstehung vereinbart worden ist (BGH 30, 179; LM Nr 8 zu § 399 für verlängerten EV; BGH 109, 300). Die Zustimmung des Schuldners führt zur Wirksamkeit der Abtretung, jedoch entfaltet eine nachträgliche Zustimmung keine Rückwirkung (BGH 70, 303; 102, 301), und zwar auch dann nicht, wenn die Abtretung von der Zustimmung des Schuldners abhängig sein sollte (BGH 108, 177 gegen Schleswig ZIP 88, 1138). Bei Mehrfachabtretung kann der Schuldner die zu genehmigende Abtretung auswählen (Koblenz WM 92, 73; BGH NJW 97, 3434). – Vgl ZPO 851. **c)** Bei der Abtretung von Geldforderungen aus beiderseitigem **Handelsgeschäft** gilt seit 1. 8. 94 HGB 354 a (**Lit:** Saar ZIP 99, 988; Bruns WM 00, 505); die Neuregelung erfaßt analog EGBGB 170 nach dem Stichtag vereinbarte Abtretungsverbote und gilt für früher vereinbarte Verbotsklauseln auch im Hinblick auf nach der Rechtsänderung entstandene Forderungen (Braunschweig WM 97, 1214; BT-Drs 12/7912, S 25; aA PalHeinrichs 9 mN). Die abredewidrige Abtretung ist voll

§ 401 Buch 2. Abschnitt 5

wirksam; dies gilt auch, wenn Abtretung nicht vollkommen ausgeschlossen, sondern lediglich an die Zustimmung des Schuldners gebunden war (Saarbrücken OLGR 00, 280). Der Zedent behält aber nach HGB 354a S 2 neben dem Zessionar seine Empfangszuständigkeit (s Wagner NJW 95, 180). Erfüllung ihm gegenüber (auch durch Surrogate) hat unabhängig von der Kenntnis der Abtretung befreiende Wirkung (vgl § 407 Rn 2). Im Anwendungsbereich von HGB 354a bleiben die Grundsätze über die Zulässigkeit von Abtretungen nach AGBG 9 I aF = § 307 I nF indessen anwendbar (vgl Koblenz OLGR 00, 182, str).

9 3. **Unpfändbarkeit**. a) **Pfändungsverbote** enthalten insbes ZPO 850 ff (zum Sonderfall des ZPO 850e Nr 2a s BGH NJW 97, 2823; zu KO 14 aF und zur InsO s § 394 Rn 2 mN; für den Fall eines mit einer Berufsunfähigkeitsversicherung verbundenen Risikolebensversicherungsvertrags Jena VersR 00, 1005 f). Sie sollen den Lebensunterhalt des Einzelnen sichern und die Allgemeinheit vor Sozialhilfeansprüchen bewahren. Deshalb gelten entspr Abtretungsverbote. (**Lit**: allgemein Meller-Hanich KTS 00, 37; zur Abtretbarkeit von Sozialleistungen Elling NZS 00, 281). b) **Verstoßfolge**: absolute Nichtigkeit. Sie gilt nicht bei und nach des Forderungsübergang bzw Übergang kraft Hoheitsakts gem § 1607 III, SGB X 116, EFZG 4, BSHG 90 I 4, 91, ebensowenig wenn der Abtretende gleichwertige Gegenleistungen erhält oder zuverlässig erhalten wird (vgl SGB I 53 II; BGH 4, 153 ff; 13, 360 ff; 59, 115; BAG NJW 80, 1652; 01, 1444; BSG ZIP 95, 935: Abtretung des Anspruchs auf Insolvenzausfallgeld zur kaufmäßigen – nicht darlehensmäßigen – Vorfinanzierung durch Banken); beachte aber BGH NJW 88, 820: der Träger öffentl-rechtlicher Versorgungsleistungen darf die gesetzlich abschließend geregelten Rückgriffsmöglichkeiten gegen Dritte, die zivilrechtlich zu gleichgerichteten Versorgungsleistungen verpflichtet sind, nicht im Wege der Abtretung zu erweitern suchen (ähnlich BGH NJW 94, 1734).

§ 401 Übergang der Neben- und Vorzugsrechte

(1) Mit der abgetretenen Forderung gehen die Hypotheken, Schiffshypotheken oder Pfandrechte, die für sie bestehen, sowie die Rechte aus einer für sie bestellten Bürgschaft auf den neuen Gläubiger über.

(2) Ein mit der Forderung für den Fall der Zwangsvollstreckung oder des Insolvenzverfahrens verbundenes Vorzugsrecht kann auch der neue Gläubiger geltend machen.

1 1. Zur **ges Akzessorietät** gem I vgl §§ 1153, 1250, 1273 II. Der Ausschluß der Mitübertragung einer Bürgschaft führt analog § 1250 II zu ihrem Erlöschen. Der Übergang der Bürgschaftsforderung auf den Neugläubiger erfaßt nur die Haftung für den Forderungsbestand bei Abtretung, weitergehende Haftung nur bei gesonderter Vereinbarung mit dem Neugläubiger (BGH 26, 147); anders bei Gesamtrechtsnachfolge, § 765 Rn 15. Zur Abtretung der Bürgschaft §§ 399, 400 Rn 3; zum Schicksal der Bürgschaft bei Vertragsübernahme § 398 Rn 33. Unter mehreren auf einer Stufe stehenden Sicherungsgebern wird (der nach dem Prioritätsprinzip zu vollen Regreßmöglichkeiten führende) § 401 durch Anwendung des § 426 eingeschränkt (BGH 108, 179 unter Berufung auf § 242 und Anlehnung an § 774 II; bestätigend WM 90, 1956; aA Bülow WM 89, 1877; hierzu noch § 426 Rn 2).

2 2. I gilt **entspr a)** für andere **unselbständige sichernde Nebenrechte,** wie Vormerkung (BGH 25, 23; NJW 94, 2948), sichernde Schuldmitübernahme (BGH NJW 72, 438 f; 00, 575 mAnm Medicus EWiR 00, 379; Bartels JZ 00, 608), Anspruch auf Bestellung einer Hypothek (Hamm OLGZ 81, 21), Anspruch auf Bauhandwerkersicherung gem § 648 bei Abtretung der Werklohnforderung (Dresden NJW-RR 00, 96), Anspruch auf Auszahlung des auf Notaranderkonto ein-

3 bezahlten Kaufpreises (BGH NJW 98, 2135); **b)** für **Hilfsrechte,** derer der Neugläubiger zur Geltendmachung der Forderung bedarf: Ansprüche auf Auskunft und

Rechnungslegung bzgl Anspruchsinhalt (München VersR 85, 846; aber kein Mitübergang des familienrechtlichen Anspruchs aus § 1605 im Rahmen von BSHG 90, 91 und BAföG 37: BGH NJW 86, 1688; 91, 1235; ZIP 00, 1444 f; Frankfurt FamRZ 94, 1427; sa BSHG 116; zur ausnahmsweise isolierten Abtretung von Auskunftsansprüchen BGH 107, 110 und § 2314 Rn 5); Genehmigungsbefugnis (§ 185 II) beim Anspruch aus § 816 I (BGH NJW 71, 1452); anspruchsverwirklichende Gestaltungsrechte, auch soweit sie zu Sekundäransprüchen führen: Fälligkeitskündigung, Gläubigerwahlrecht (BGH NJW 73, 1794), Nachfristsetzung gem § 326 aF (vgl nunmher § 323 I nF; zum alten Recht (BGH 114, 365; NJW 85, 2641; Hamm OLGR 00, 241), Mängelrechte bei Lieferungsansprüchen (BGH 95, 253; NJW 73, 1794; nach Erüllung des Lieferungsanspruchs ist isolierte Abtretung aller Mängelrechte möglich, BGH 96, 146; 95, 253; 94, 48, 53; Scheyhing JZ 89, 86); Recht zur fristlosen Kündigung bei Leasingverträgen (Naumburg NJW-RR 01, 423 mAnm Schmidt-Burgk, WuB I F 4 Sicherungsabtretung 1.01), idR Befugnis zur Abgabe der zur Fälligstellung einer Bürgschaft auf erstes Anfordern erforderlichen Erklärungen (BGH NJW 87, 2075); **c)** für **Schiedsklauseln,** die mit dem Recht verbunden sind (BGH 71, 164 ff mN; zur Vertragsübernahme vgl BGH NJW 79, 1166; zur Übertragung eines GmbH-Anteils BGH NJW 79, 2568; zur Übertragung eines Kommanditanteils BGH ZIP 97, 2083 mwN); **d) nicht** für Hemmung gem § 204 aF bzw § 207 nF (Salje VersR 82, 924).

3. Keine akzessorischen Nebenrechte sind: **a) selbständige Sicherungsrechte** wie zB Sicherungsgrundschuld (BGH NJW 74, 101), Ansprüche auf Rückgewähr vorrangiger Grundschulden (BGH 104, 26), Sicherungsrentenschuld (Köln NJW 90, 3214), Sicherungsübereignung, Sicherungszession (BGH NJW-RR 86, 1182 mN); Vorbehaltseigentum (BGH 42, 56 f); Barkaution als unregelmäßiges Pfandrecht (Frankfurt ZIP 89, 1134); selbständige Garantie (Hadding ZGR 82, 493). Diese Rechte können isoliert übertragen werden; iZw ergibt sich aus dem vertraglichen oder gesetzlichen Grundverhältnis, das dem Anspruchsübergang zugrunde liegt, sowie in Analogie zu §§ 412, 401 eine schuldrechtliche Pflicht zur gesonderten Übertragung des selbständigen Sicherungsrechts (BGH 80, 232 f; 110, 43 mN; NJW-RR 95, 589; zum Ausschluß durch AGB Tiedtke BB 84, 23), wobei sicherungsvertragliche Verpflichtungen des Zedenten uU vom Zessionar übernommen werden (BGH NJW 97, 463); **b) andere selbständige subj Rechte aus demselben Rechtsverhältnis**: im Zusammenhang mit der Forderung bereits entstandene Schadensersatzansprüche; bereits entstandene fällige Zinsansprüche (iZw ist aber iSd *Mitabtretung künftiger Zinsansprüche* auszulegen, BGH 35, 173 f; vgl hierzu Schopp MDR 90, 11); Gestaltungsrechte, die nicht den einzelnen Anspruch (s Rn 3), sondern das Schuldverhältnis insgesamt betreffen: Rücktrittsrecht (BGH NJW 73, 1794; 85, 2641; Übergang nur kraft bes Vereinbarung zusammen mit dem Hauptanspruch – Widerspruch zu Mängelrechten Rn 3!) oder Anfechtungsrecht (BGH NJW 73, 1794; kein Übergang wegen Höchstpersönlichkeit; str); Möglichkeit der Vertragsaufhebung (s BGH 111, 91); Durchgriffsansprüche gem AO 34, 69 (BGH 75, 24).

4. Vorzugsrechte: vgl ZPO 804 II; KO 47 ff bzw InsO 50 f, insbes auch InsO 51 Nr 3 bzw KO 49 Nr 4 aF (kaufmännisches Zurückbehaltungsrecht); das Fiskusprivileg alten Rechts (KO 61 I Nr 2 aF; hierzu BGH 75, 24) ist entfallen (InsO 38 ff); ZPO 850 d (BAG NJW 71, 2094; BGH NJW 86, 1688).

§ 402 Auskunftspflicht; Urkundenauslieferung

Der bisherige Gläubiger ist verpflichtet, dem neuen Gläubiger die zur Geltendmachung der Forderung nötige Auskunft zu erteilen und ihm die zum Beweis der Forderung dienenden Urkunden, soweit sie sich in seinem Besitz befinden, auszuliefern.

§§ 403, 404

1 1. Die Vorschrift begründet eine ergänzende Nebenleistungspflicht zum schuldrechtlichen Grundverhältnis; vgl aber auch §§ 952, 985. Beim Baubetreuungsvertrag verpflichtet die Abtretung von Gewährleistungsansprüchen zur Übereignung von Ausschreibungsunterlagen (insbes Leistungsverzeichnis), Schlußrechnungen und Korrespondenz (BGH NJW-RR 89, 467). Die Auskunftspflicht des Zedenten spielt bei der Beurteilung der Abtretung freiberuflicher Honorarforderungen als unwirksam (§ 134, StGB 203) eine wichtige Rolle (s §§ 399, 400 Rn 6 mN). Zum **Ausschluß** der Auskunftspflicht (zB bei stiller Zession) bedarf es einer ausdrücklichen Vereinbarung (BGH NJW 93, 2795).

§ 403 Pflicht zur Beurkundung

¹Der bisherige Gläubiger hat dem neuen Gläubiger auf Verlangen eine öffentlich beglaubigte Urkunde über die Abtretung auszustellen. ²Die Kosten hat der neue Gläubiger zu tragen und vorzuschießen.

1 1. Korrespondenzvorschrift: § 410.

§ 404 Einwendungen des Schuldners

Der Schuldner kann dem neuen Gläubiger die Einwendungen entgegensetzen, die zur Zeit der Abtretung der Forderung gegen den bisherigen Gläubiger begründet waren.

Lit: Köhler, Forderungsabtretung und Ausübung von Gestaltungsrechten, JZ 86, 516; Kornblum, Schuldnerschutz bei der Forderungsabtretung, BB 81, 1296; Pick, Einwendungen bei dem gegenseitigen Vertrag nach Abtretung der Forderung, AcP 172, 39.

1 1. **Grundsätze.** §§ 404 ff sind Ausfluß des Grundsatzes, daß die Abtretung die Schuldnerstellung nicht nachteilig verändern darf. Gutgläubigkeit des Neugläubigers bleibt *grundsätzlich* ungeschützt (vgl aber § 405).

2 2. **Einwendungen und Einreden des Schuldners. a)** Mit der Einwendung der **Unwirksamkeit der Abtretung** kann der Schuldner die fehlende Aktivlegitimation geltend machen; während der Zessionar den Vertragsschluß mit dem – noch berechtigten (BGH NJW 86, 1926) – Zedenten beweisen muß, hat der Schuldner alle Unwirksamkeitsgründe (zB §§ 134, 138, 399) zu beweisen (BGH NJW 83, 2019). Wegen des Abstraktionsprinzips wirken Einwendungen aus dem Grundverhältnis zwischen Zedent und Zessionar grundsätzlich nicht zugunsten des Forderungsschuldners; Ausnahme: Fehleridentität, Doppelnichtigkeit, insbes bei Darlehens- bzw Finanzierungsgeschäften unter Lohnabtretung (BAG NJW 67, 751; § 398 Rn 1). **b)** **Gegenrechte gegen die abgetretene Forderung, deren** **3** **Tatbestand schon vor Abtretung voll erfüllt war.** Hierher gehören rechtshindernde Einwendungen (zB §§ 134, 138) und rechtsvernichtende Einwendungen, sofern tatbestandsmäßige Handlungen (zB § 362; § 397, KG ZIP 97, 2044) oder Gestaltungserklärungen (zB Anfechtung, Rücktritt etc) schon vor Abtretung gegeben waren; gleich bei Abtretung bereits einredebehafteter Forderungen (Bereicherungseinrede, Verjährung: BGH 95, 385, Einrede des Schiedsvertrags: BGH WM 82, 545, sa § 401 Rn 4, Einrede der Rückgewähr der Grundschuld nach Zession der gesicherten Forderung: BGH NJW 91, 1821). Die Subsumtion von Einwendungen, die vor Abtretung schon verwirklicht waren, unter § 404 stellt klar, daß der Schuldner für sie beweisbelastet bleibt; der Zessionar wird allerdings nicht **4** Gläubiger, weil die Abtretung von vornehrein „ins Leere" geht. **c)** **Gegenrechte gegen die Forderung, deren Tatbestand sich nach Abtretung verwirklicht.** Es genügt, wenn das bei Abtretung bestehende Schuldverhältnis rechtliche Grundlage für Einwendungen bzw Einreden ist, deren Tatbestand sich erst nach Abtretung erfüllt; auf den Zeitpunkt der Tatbestandsverwirklichung (Tatsacheneintritt, Gestaltungserklärung usw) kommt es also nicht an (BGH 25, 29; 93, 79; NJW 86, 920; 92, 2222; NJW-RR 94, 881); zB genügt Nichterfüllung nach Abtretung für Gegenrechte gem §§ 320 ff (BGH NJW-RR 89, 1208); unterlassene Rehabilita-

Übertragung der Forderung **§ 405**

tion nach Forderungsübergang auf den Sozialversicherungsträger (§ 254 II, BGH NJW 81, 1100); unterlassene Kündigungsschutzklage bzw Vergleich nach Forderungsübergang auf lohnfortzahlende Krankenkasse (BAG NJW 1981, 1060; s aber BAG NJW 81, 1286 f); vertraglicher Rücktritt nach Abtretung (BGH NJW 86, 920); Rückbelastung eines Kontos nach Abtretung des Saldos an den Factor (München NJW-RR 92, 1137). Rechtsgestaltende Willenserklärungen (zB Anfechtung, Rücktritt, BGH NJW 86, 920) oder rechtsgeschäftsähnliche Handlungen (zB Fristsetzung mit Ablehnungsandrohung) sind grundsätzlich gegenüber dem *Altgläubiger* vorzunehmen (vgl Köhler JZ 86, 516). Ein Zurückbehaltungsrecht (§ 273) aufgrund eines Anspruchs gegen den Altgläubiger setzt zunächst voraus, daß der Gegenanspruch bei Abtretung bereits besteht; bei Fälligkeit des abgetretenen Anspruchs muß auch der Gegenanspruch fällig sein (BGH 19, 162); sofern diese Fälligkeit erst nach Abtretung eintritt, genügt auch mindestens gleichzeitige Fälligkeit der Gegenforderung erst nach Abtretung (BGH 58, 331; 64, 126 unter Hinweis auf § 406; NJW-RR 94, 881). Der Verjährungslauf gegen den Zedenten ist dem Zessionar anzurechnen (BGH 48, 183; VersR 84, 136). **d)** Zur **Aufrechnung** vgl § 406. **e)** Bei **Leistung an den Neugläubiger trotz Einwendungen** 5 entsteht ein Bereicherungsanspruch nur im Rahmen der §§ 812, 813, also *nicht* bei Nichterfüllung der vertraglichen Gegenforderung (Abwicklung nach § 323 nF – § 326 aF – unter Fortbestehen des Schuldverhältnisses) oder bei Einrede gem § 320 (vgl BGH NJW 63, 1869 f). **f) Analogie** zugunsten des Drittschuldners, der mit dem Zedenten eines Titels Freistellung von der gepfändeten Forderung vereinbart hat (BGH NJW 85, 1769).

3. a) Vertraglicher Einwendungsverzicht, auch in AGB, ist grundsätzlich 6 zulässig (LG Berlin NJW 86, 1941: Einwendungsverzicht des Kreditkarteninhabers gegenüber Kreditkartengeber bzgl Forderungen der Vertragsunternehmen). **b)** Die Einordnung einer vom Schuldner auf Verlangen des Neugläubigers gegebenen **Abtretungsbestätigung** ist Auslegungsfrage (wichtig: Wortlaut der Bestätigung und Interessenlage der Beteiligten): **aa)** Die Mitteilung des Schuldners kann – insbes wenn sie sich in einer bloßen Bestätigung der Kenntnisnahme erschöpft – bloße Wissenserklärung sein (BGH WM 85, 1178; auch die Erklärung gem ZPO 840 ist Wissenserklärung, BGH 69, 330); Haftung aus cic (nunmehr § 280 I nF iVm §§ 311 II Nr 2, 241 II nF) bei unvollständiger Antwort wird idR verneint (BGH WM 85, 1447; Emmerich WuB I F 4.–1.86; str). **bb)** Möglich ist auch ein 7 **deklaratorisches Schuldanerkenntnis** (ein abstraktes Schuldanerkenntnis gem § 780 wird hingegen nur ausnahmsweise vorliegen). Es umfaßt grundsätzlich lediglich Einwendungen, die dem Schuldner bekannt sind und mit denen er rechnet (BGH NJW 71, 2220; 83, 1904), also auch nicht unerwähnte und erst später auftretende Leistungsstörungen bei der Gegenleistung (BGH NJW 73, 39; anders bei ausdr Erwähnung gegenüber einem Kaufmann, BGH NJW 70, 321; 83, 1904). **cc)** In bes Fällen ist ein **Auskunftsvertrag** zwischen Zessionar und Schuldner 8 anzunehmen, so zB, wenn die kreditgebende Bank (Zessionarin) bei der Bausparkasse nach vorrangigen Verfügungen über die ihr sicherheitshalber abgetretenen Rechte aus einem Bausparvertrag fragt (BGH NJW 90, 513).

§ 405 Abtretung unter Urkundenvorlegung

Hat der Schuldner eine Urkunde über die Schuld ausgestellt, so kann er sich, wenn die Forderung unter Vorlegung der Urkunde abgetreten wird, dem neuen Gläubiger gegenüber nicht darauf berufen, dass die Eingehung oder Anerkennung des Schuldverhältnisses nur zum Schein erfolgt oder dass die Abtretung durch Vereinbarung mit dem ursprünglichen Gläubiger ausgeschlossen sei, es sei denn, dass der neue Gläubiger bei der Abtretung den Sachverhalt kannte oder kennen musste.

1. Grund der Vertrauenshaftung des Schuldners ist die Beurkundung der Forde- 1 rung; Vorlegung bei Abtretung genügt deshalb, Urkundenauslieferung ist nicht

§ 406

erforderlich (RG 111, 47). Kenntnis und Kennenmüssen (vgl § 122 II: einfache Fahrlässigkeit!) des Neugläubigers schließen die Vertrauenshaftung aus. Der Vertrauenstatbestand beschränkt sich zwar auf die Einwendungen gem §§ 399, 117. Er ist aber eingeschränkt analogiefähig; zB ist ein Scheingeschäft auch gegeben, wenn nach Forderungsbegründung sofort Abtretung an den Schuldner erfolgt (Konfusion) und dann ein Neugläubiger die Forderung unter Urkundenvorlage erwirbt (Frankfurt NJW-RR 92, 684 für Akkreditiv).

§ 406 Aufrechnung gegenüber dem neuen Gläubiger

Der Schuldner kann eine ihm gegen den bisherigen Gläubiger zustehende Forderung auch dem neuen Gläubiger gegenüber aufrechnen, es sei denn, dass er bei dem Erwerb der Forderung von der Abtretung Kenntnis hatte oder dass die Forderung erst nach der Erlangung der Kenntnis und später als die abgetretene Forderung fällig geworden ist.

1 1. **Anwendungsbereich** (Lit: Ulrich WM 91, 1581). Es ist zu unterscheiden: **a)** Die **Aufrechnungserklärung vor Abtretung** durch den Schuldner gegenüber dem *Altgläubiger* führt zum Erlöschen (§ 389) schon vor Abtretung und damit zur Einwendung gem § 404. **b)** Die **Aufrechnungserklärung ohne Kenntnis der bereits erfolgten Abtretung** gegenüber dem *Altgläubiger* unterfällt § 407 I. **c)** Die **Aufrechnungserklärung in Kenntnis der Abtretung** gegenüber dem *Neugläubiger* folgt § 406, falls sich die Gegenforderung (§ 387 Rn 1) gegen den Altgläubiger richtet (BGH 145, 352, 357); sofern sich die Gegenforderung gegen den Neugläubiger richtet, handelt es sich um eine Aufrechnung ohne jede Besonderheit.

2 2. **a) Normzweck.** Die Vorschrift erhält dem Schuldner die bei Abtretung bestehende Aufrechnungslage gegenüber dem Neugläubiger und bewahrt darüber hinaus die Aufrechnungsmöglichkeit für den Fall, daß sich nach Kenntnis der Abtretung die Aufrechnungslage einstellt, die ohne Abtretung zur Aufrechnung berechtigt hätte. Dieser Vertrauensschutz findet zwei Einschränkungen: *Kenntnis der Abtretung beim Erwerb der Gegenforderung* schließt bei rechtsgeschäftlichem Erwerb berechtigtes Vertrauen auf den Erwerb einer Aufrechnungsmöglichkeit und damit den Schuldnerschutz aus, bei anderweitigem Erwerb (Rechtsnachfolge, Delikt usw) ist der Erwerb vom Bestehen einer Aufrechnungsmöglichkeit ohnehin gänzlich unabhängig. Bei *Fälligkeit der Gegenforderung nach der bekanntermaßen abgetretenen Hauptforderung* mußte der Schuldner stets mit der Notwendigkeit regulärer Erfüllung rechnen und ist deshalb ebenfalls nicht schutzwürdig (grundlegend BGH 19,
3 156–161; NJW 96, 1057). **b) Aufrechnungsausschluß wegen Kenntnis der Abtretung beim Erwerb der Gegenforderung.** Kenntnis der Abtretung (hierzu § 407 Rn 4 ff) liegt entspr dem Normzweck auch bei Kenntnis der Vorausabtretung vor (BGH 66, 386 f; NJW 90, 2545; Bamberg NJW-RR 00, 650; krit Serick BB 82, 874). Die Gegenforderung ist aber bereits erworben, wenn für sie der Rechtsgrund gelegt ist, so daß zB bei Forderungen aus Vertrag der Vertragsschluß maßgebend ist (BGH 56, 114; BGH 58, 330; BGH NJW 90, 2545; NJW 96, 1057). Kenntnis bei Erwerb schließt Aufrechnung auch dann aus, wenn die Gegen-
4 forderung vor der Hauptforderung fällig wird (BGH 19, 160). **c) Aufrechnungsausschluß bei nachfolgender Fälligkeit der Gegenforderung.** Die Fälligkeit der Hauptforderung wird durch ein Zurückbehaltungsrecht des Schuldners ausgeschlossen (BGH 58, 331 f; NJW-RR 94, 881; NJW 96, 1058). Es genügt, wenn die Gegenforderung vor ihrer rechtzeitigen Fälligkeit gleichartig wird (BGH 19, 158 f; 35, 326; NJW 96, 1057), und eine etwaige Bedingung eintritt, bei Abtretung bzw Kenntnis der Abtretung muß sie erst dem Grunde nach erworben sein (vgl Rn 3). *Ausnahmsweise* kann trotz nachfolgender Fälligkeit der Gegenforderung aufrechnen: unter altem Recht der Schuldner einer vom Konkursverwalter abgetretenen Hauptforderung, sofern die Gegenforderung aufschiebend bedingt war (vgl KO 54 aF; hierzu BGH NJW 74, 2001; InsO 95 I 3 schneidet diese Möglich-

keit jetzt ab); der Schuldner eines abgetretenen Anspruchs auf Leistung der Kommanditeinlage mit dem Anspruch auf Erstattung wegen Befriedigung von Gesellschaftsgläubigern (BGH 63, 342 f). **d)** Der Zessionar kann sich grundsätzlich auf **Gegenrechte des Zedenten** gegen die Gegenforderung berufen (BGH 35, 327 f für §§ 1990, 390; NJW-RR 94, 881 für §§ 320, 390; BFH WM 85, 430 für HGB 171 II, hierzu Ebenroth JZ 85, 322). Der vertragliche Aufrechnungsausschluß (§ 387 Rn 10 f) wirkt grundsätzlich zugunsten des Zessionars (LM Nr 17; BGH WM 80, 215, anders uU bei Zedenteninsolvenz, Hamm VersR 85, 773 zum alten Recht; § 387 Rn 10); bei ges Aufrechnungsverboten ist der Zweck des Verbots entscheidend (BGH 95, 117; § 394 Rn 1); ebenso bei der Frage, ob Treuhandverhältnis einer Aufrechnung entgegensteht (Köln NJW-RR 94, 884, iE verneinend).

3. Prozessuales. Der Schuldner muß die zur Aufrechnung berechtigenden Umstände beweisen, der Zessionar die in § 406 HS 2 genannten Ausschlußgründe (betr Kenntnis s BGH NJW 90, 2545). § 406 regelt nicht die Beweislast zwischen dem Schuldner und einem Dritten (näher Hamm NJW-RR 89, 51).

§ 407 Rechtshandlungen gegenüber dem bisherigen Gläubiger

(1) **Der neue Gläubiger muss eine Leistung, die der Schuldner nach der Abtretung an den bisherigen Gläubiger bewirkt, sowie jedes Rechtsgeschäft, das nach der Abtretung zwischen dem Schuldner und dem bisherigen Gläubiger in Ansehung der Forderung vorgenommen wird, gegen sich gelten lassen, es sei denn, dass der Schuldner die Abtretung bei der Leistung oder der Vornahme des Rechtsgeschäfts kennt.**

(2) **Ist in einem nach der Abtretung zwischen dem Schuldner und dem bisherigen Gläubiger anhängig gewordenen Rechtsstreit ein rechtskräftiges Urteil über die Forderung ergangen, so muss der neue Gläubiger das Urteil gegen sich gelten lassen, es sei denn, dass der Schuldner die Abtretung bei dem Eintritt der Rechtshängigkeit gekannt hat.**

1. Wirksame Handlungen des Schuldners nach Abtretung. **a) Erfüllung** liegt auch vor, wenn ein Scheck (BGH 102, 71) oder Wechsel (BGH NJW 79, 1704) *erfüllungshalber* hingegeben und später eingelöst wird (nach Schleswig NJW-RR 97, 1416 auch bei Verschaffung eines Garantieanspruchs, zw). Im Falle späterer Schecksperre ist die Erfüllung aber geschieitert; die Entsperrung ist neue Erfüllung und als solche folglich nur wirksam, wenn bei Entsperrung noch die Befreiungsvoraussetzungen gem I gegeben sind (Unkenntnis der Abtretung, BGH NJW 76, 1842). Leistung an Bank als Zahlstelle (§ 362 Rn 5) ist wirksame Erfüllung (BGH 72, 319). **b) RGeschäfte** in Ansehung der Forderung: Stundung, Erlaß, Aufrechnung (vgl § 406 Rn 1) oder Aufrechnungsvertrag (BGH 94, 137), Aufhebungsvertrag (Saarbrücken WM 01, 2059), Vergleich, Kündigung (Düsseldorf WM 80, 95); Aufhebung bzw Verkürzung eines Leasingvertrages als RGeschäft über Leasingrate (BGH NJW 90, 1785, 1787; sa Rn 6). **c) Handelsgeschäfte.** Für Erfüllung und Erfüllungssurrogate ist HGB 354 a zu beachten, andere Rechtsgeschäfte sind allein bei Vorliegen der Voraussetzungen des § 407 wirksam, so daß pos Kenntnis schadet (Henseler BB 95, 4; PalHeinrichs § 399 Rn 9; aA Wagner WM 96 Sonderbeilage 1; vgl. §§ 399, 400 Rn 8 aE). **d)** Bei Forderungsübergang nach SGB X 116 bleibt dem Geschädigten eine **Einziehungsermächtigung** (BGH NJW 96, 728; arg aus BSHG 2 – sehr kühn!)

2. Wahlmöglichkeit des Schuldners. Der Schuldner kann sich auf die Wirksamkeit der Rechtshandlung berufen, muß es aber nicht; denn die Vorschrift dient ausschließlich seinem Schutz (BGH 145, 352, 357; 52, 154 mN; sa NJW 92, 111). So kann er auch die Leistung an den Altgläubiger gem § 812 I 1 Alt 1 kondizieren bzw den hingegebenen Scheck im Hinblick auf die Bereicherungseinrede sperren lassen (BGH 102, 71 f) und an den Zessionar leisten (LM Nr 3; aA Dresden MDR

§ 407   Buch 2. Abschnitt 5

95, 559; NJW-RR 96, 446; zustimmend Karst MDR 95, 560); eine dahin gehende Einflußnahme des Zessionars macht die Entscheidung idR nicht sittenwidrig (BGH 102, 77).

4 3. **Kenntnis** der Abtretung, welche Wirksamkeit ausschließt, liegt vor bei *positiver* Kenntnis der *Tatsachen,* die den Forderungsübergang begründen: Kenntnis der Willenserklärungen (LM Nr 7), Abtretungsanzeige des Zessionars nicht stets (arg §§ 409, 410), aber jedenfalls dann, wenn er vertrauenswürdig und wirtschaftlich solide ist (BGH 102, 74; sa Rostock MDR 95, 560 f: „Bitte um Anerkennung" der Abtretung nicht ausreichend), Kenntnis von laufenden Rechtsverhältnissen mit ges Forderungsübergang (BGH VersR 62, 516: Angestelltenversicherung; KG VersR 81, 536: Beamtenverhältnis), Kenntnis der den Forderungsübergang auslösenden Leistung, der zuverlässigen Leistungsankündigung bzw wesentlicher leistungsbegründender Tatsache (BAG NJW 81, 1062: Krankengeldzahlung bei Lohnfortzahlungspflicht des AG; BGH 83, 250: Arbeitslosengeldzahlung an Unfallgeschädigten; BGH 127, 128; NJW 96, 729: ernsthafte Wahrscheinlichkeit einer Leistung zur beruflichen Rehabilitation nach AFG an Unfallgeschädigten; BGH 131, 286: Kenntnis der Umstände, die spätere Aufnahme in Behindertenwerkstatt auf Kosten der Sozialhilfe nach sich ziehen; Koblenz VersR 82, 692: Ersatzleistung des Privatversicherers, VVG 67 I). Bei nachträglichem Übergang infolge ges Neuregelung
5 entscheidet die Bekanntmachung (BGH NJW 84, 607). Falsche rechtliche Bewertung der Tatsachen schließt Kenntnis idR nicht aus (zur Abgrenzung Tatsachen-/ Rechtsunkenntnis Köln VersR 84, 1166). Kenntnis eines Vertreters ist nur erheblich, wenn er gerade zur Vertretung bei Erfüllung berufen war (BGH NJW 77, 582; vgl hierzu Schultz, der auf die „Zuständigkeit" zur Kenntnisnahme abstellt, NJW 90, 477); BGH NJW 90, 2545 (krit Roth EWiR 90, 663) will Wissen der Gesellschafter grundsätzlich nicht der GmbH zurechnen, ferner nicht „privates" Wissen des Geschäftsführers, der im entschiedenen Fall allerdings Zedent (!) war. Fahrlässige Unkenntnis schließt Gutgläubigkeit nicht aus (BGH NJW 82, 2372 für Vorauszession bei branchenüblichem verlängertem EV), es sei denn, die Kenntnis beruht auf schlechterdings unvernünftiger Fehlbeurteilungen (Bremen NJW 87, 912). Berufung auf Unkenntnis kann ferner arglistig sein, wenn sich der Schuldner durch volle Automatisierung seines Zahlungswesens der Kenntnisnahme entzieht (BGH NJW 77, 582) oder die Kenntniserlangung an einem sonstigen Organisationsverschulden scheitert (BGH 135, 39 = NJW 97, 1775). Bei Namenspapieren oder Legitimationsurkunden (nicht jedoch bei bloßen Inkassodokumenten: BGH NJW 97, 1777) gilt § 407 uneingeschränkt, auch wenn an den Zedenten ohne Vorlage geleistet wird (LG Augsburg ZIP 82, 1195; str), es sei denn, Vorlage war vertragliche Leistungsbedingung (Hamm WM 84, 801; Düsseldorf NJW-RR 91, 1337 für Sparbuch; str; sa Kümpel WM 81, Beil Nr 1). Maßgebender Zeitpunkt für die Beurteilung der Kenntnis ist die Vornahme der Leistungshandlung; bei späterer Kenntniserlangung ist der Schuldner grundsätzlich nicht verpflichtet, den Eintritt des Leistungserfolgs durch aktives Handeln zu verhindern (BGH 105, 360 mit Anm
6 Brehm JZ 89, 300). – Nach Frankfurt (NJW-RR 88, 1270) gilt § 407 *entspr,* wenn der Schuldner auf Grund des Verhaltens des Zessionars davon ausgehen durfte, daß die sicherungshalber erfolgte Abtretung wieder rückgängig gemacht wurde. – *Keine Anwendung* soll § 407 I HS 2 bei *künftigen Forderungen* finden, falls Altgläubiger und Schuldner nach Abtretung, aber vor Entstehung Änderungen vereinbaren: Gültigkeit des ändernden RGeschäfts trotz Abtretungskenntnis des Schuldners (BGH NJW 90, 1787 mit fragwürdiger Abgrenzung von entstandener, „betagter" Leasingrate und künftiger, „befristeter" Mietzinsforderung); mit der grundsätzlichen Geltung der §§ 399 ff für künftige Forderungen unvereinbar (sa § 398 Rn 9).

7 4. **Rechtskräftiges Urteil** oder Schiedsspruch (BGH 64, 128) zwischen Altgläubiger und Schuldner. **a)** Bei **Rechtshängigkeit vor Abtretung** gelten ausschließlich ZPO 265, 325 (hierzu BGH NJW 79, 924). **b)** Bei **Rechtshängigkeit nach Abtretung** erweitert § 407 II die Rechtskrafterstreckung zugunsten des

Übertragung der Forderung **§§ 408, 409**

gutgl Schuldners, nicht aber auch zugunsten des Zessionars (BGH 52, 152 ff). Das Urteil bindet aber den Neugläubiger nur insoweit, als auch der Altgläubiger gem ZPO 322 gebunden ist (BGH 35, 168 f). Der bei bzw nach Rechtshängigkeit bösgläubige Schuldner muß fehlende Aktivlegitimation einwenden, weil er sonst Gefahr läuft, doppelt leisten zu müssen; denn ZPO 767 II versperrt die nachträgliche Berufung auf die Abtretung (BGH 145, 352, 353; 86, 337, 340) und § 407 I und II greifen bei Kenntnis nicht. Falls der Schuldner fehlende Aktivlegitimation nicht geltend gemacht hat, soll er hinterlegen können, wenn Zedent und Zessionar keine übereinstimmende Erklärung über den Leistungsempfänger abgeben (BGH 145, 352, 356; 86, 337, 340; krit Foerste JZ 01, 467; K. Schmidt JuS 01, 402; Münzberg ZZP 114 [2001], 229). Besser wäre es, dem erst nach letzter mündlicher Verhandlung bösgläubigen Schuldner die Vollstreckungsgegenklage zu gewähren (Foerste JZ 01, 468). c) Bei **Abtretung nach Rechtskraft** gelten § 407 I, ZPO 767. d) Keine Analogie bei Rechtskraft bezügl aufrechenbarer Gegenforderung (BGH NJW 94, 252).

§ 408 Mehrfache Abtretung

(1) **Wird eine abgetretene Forderung von dem bisherigen Gläubiger nochmals an einen Dritten abgetreten, so findet, wenn der Schuldner an den Dritten leistet oder wenn zwischen dem Schuldner und dem Dritten ein Rechtsgeschäft vorgenommen oder ein Rechtsstreit anhängig wird, zugunsten des Schuldners die Vorschrift des § 407 dem früheren Erwerber gegenüber entsprechende Anwendung.**

(2) **Das Gleiche gilt, wenn die bereits abgetretene Forderung durch gerichtlichen Beschluss einem Dritten überwiesen wird oder wenn der bisherige Gläubiger dem Dritten gegenüber anerkennt, dass die bereits abgetretene Forderung kraft Gesetzes auf den Dritten übergegangen sei.**

1. Der erste Zessionar ist berechtigter Neugläubiger, der spätere Zessionar ("Dritter") ist Nichtberechtigter und tritt für die entspr Anwendung des § 407 an die Stelle des Zedenten bzw Altgläubigers. § 408 gilt auch dann, wenn die zweite Zession unter der aufschiebenden Bedingung erfolgt, daß die Forderung nicht bereits abgetreten wurde (BGH NJW 89, 899). Ferner soll bei doppelter Forderungsabtretung der Unkenntnis von der Abtretung als solcher die Unkenntnis von deren zeitlicher Priorität gleichstehen (MK/Roth 3); außerdem wird entspr Anwendbarkeit überwiegend bejaht, wenn eine bereits gepfändete Forderung abgetreten wird (zB MK/Roth 9). Kennt der Schuldner allerdings (auch) die Pfändung und wird ihm nach der Pfändung eine rückdatierte Abtretungsurkunde des Vollstreckungsschuldners vorgelegt, ist sein Vertrauen in die angebliche zeitliche Priorität der Abtretung nicht geschützt (BGH 100, 47 f mit zust Anm Gerhardt JR 87, 415). 1

§ 409 Abtretungsanzeige

(1) ¹**Zeigt der Gläubiger dem Schuldner an, dass er die Forderung abgetreten habe, so muss er dem Schuldner gegenüber die angezeigte Abtretung gegen sich gelten lassen, auch wenn sie nicht erfolgt oder nicht wirksam ist.** ²**Der Anzeige steht es gleich, wenn der Gläubiger eine Urkunde über die Abtretung dem in der Urkunde bezeichneten neuen Gläubiger ausgestellt hat und dieser sie dem Schuldner vorlegt.**

(2) **Die Anzeige kann nur mit Zustimmung desjenigen zurückgenommen werden, welcher als der neue Gläubiger bezeichnet worden ist.**

1. a) Rechtsnatur. Die Anzeige ist rechtsgeschäftsähnliche Handlung und unterliegt als solche §§ 104 ff, 119 ff (str). Aussteller der Abtretungsurkunde muß der wahre, verfügungsberechtigte Gläubiger sein (BGH 100, 46; vgl BFH NJW 95, 278 zur Abtretungsanzeige nach AO 46 II). Nicht ausreichend ist die bloße Angabe 1

§§ 410, 411 Buch 2. Abschnitt 5

der Kontonummer eines Dritten (vgl LSozG Berlin NZS 00, 553). **b) Wirkung.** Sofern eine *wirksame Zession* vorliegt, verschafft die Anzeige dem Schuldner Kenntnis iSv §§ 406, 407. Bei *unwirksamer Zession* (zB Sittenwidrigkeit gem § 138 I: BAG NJW 91, 2038) – die hM (zB BAG DB 87, 2314, BGH 56, 345 mN) verneint allerdings bei klarem ges Abtretungsverbot Anwendbarkeit des § 409 (zweifelhaft!) – bzw *Scheinzession* ist zu unterscheiden (BGH 64, 119 ff; 69, 40):

2 **aa) Leistung an den Altgläubiger** befreit, weil die Abtretungsanzeige keine konstitutive, rechtsgestaltende Wirkung hat und die Aktivlegitimation nicht verändert (str); allerdings trägt der Schuldner das Risiko der Fehlbeurteilung (§ 407). **bb) Leistung an den Scheingläubiger** befreit ebenfalls: Rechtsscheinwirkung der Anzeige (BGH 145, 352, 355). Der Schuldner kann der späteren Klage des Altgläubigers die rechtsvernichtende Einwendung der Erfüllung entgegenhalten; ihre Berechtigung muß das Gericht voll nachprüfen, weil ja der Altgläubiger volle Aktivlegitimation behalten hat (BGH NJW 78, 2025 f für Aufrechnung gegenüber dem Scheingläubiger). Sichere Kenntnis der Unwirksamkeit sollte die Rechtsscheinwirkung beseitigen (str, vgl BGH WM 55, 830; offen BGH 56, 348 f; BFH NJW 92, 198 zu AO 46 V, hierzu Karollus JZ 92, 557): Schutzwirkung nur bei

3 verbleibendem Schuldnerrisiko. **cc)** Der **Anspruch des Altgläubigers** auf Leistung besteht bis zur Leistung an den Scheingläubiger fort. Der Schuldner hat aber ein Leistungsverweigerungsrecht (entspr §§ 273, 274) bis zur Vorlage der Zustimmungserklärung des Scheingläubigers gem II; der Altgläubiger kann vom Scheingläubiger die Zustimmung gem § 812 I 1 kondizieren. Das Zurückbehaltungsrecht entfällt, wenn eine Inanspruchnahme durch den Scheingläubiger mit Sicherheit nicht mehr zu erwarten ist (BGH 56, 349). **dd)** Ein **Anspruch des Scheingläubigers** besteht nicht (Nürnberg WM 84, 607).

§ 410 Aushändigung der Abtretungsurkunde

(1) ¹**Der Schuldner ist dem neuen Gläubiger gegenüber zur Leistung nur gegen Aushändigung einer von dem bisherigen Gläubiger über die Abtretung ausgestellten Urkunde verpflichtet.** ²**Eine Kündigung oder eine Mahnung des neuen Gläubigers ist unwirksam, wenn sie ohne Vorlegung einer solchen Urkunde erfolgt und der Schuldner sie aus diesem Grunde unverzüglich zurückweist.**

(2) **Diese Vorschriften finden keine Anwendung, wenn der bisherige Gläubiger dem Schuldner die Abtretung schriftlich angezeigt hat.**

1 **1. a)** Der Schuldner hat ein **Leistungsverweigerungsrecht** mit den Wirkungen der §§ 274, 273 III (BGH NJW 86, 977; zum Anspruch des Zessionars auf Urkundenausfertigung vgl § 403). Er muß an den Zessionar nicht ohne die Sicherung des § 409 leisten. **b)** Nach **Mahnung** kann der Schuldner den Verzug *für die Zukunft* beseitigen, wenn er später erklärt, er verweigere ohne Vorlage der Abtretungsurkunde die Leistung (so in Erweiterung von I 2 BGH NJW 69, 1110). Entspr I 2 ist die ohne Vorlegung einer Abtretungsurkunde erklärte Aufrechnung des Neugläubigers unwirksam, wenn sie der Schuldner deshalb unverzüglich zurückweist (BGH 26, 246 ff). **c)** Vorlage anderer **Legitimationsurkunden** (zB Sparbuch) befreit von § 410 (offen BGH WM 82, 706).

§ 411 Gehaltsabtretung

¹**Tritt eine Militärperson, ein Beamter, ein Geistlicher oder ein Lehrer an einer öffentlichen Unterrichtsanstalt den übertragbaren Teil des Diensteinkommens, des Wartegelds oder des Ruhegehalts ab, so ist die auszahlende Kasse durch Aushändigung einer von dem bisherigen Gläubiger ausgestellten, öffentlich oder amtlich beglaubigten Urkunde von der Abtretung zu benachrichtigen.** ²**Bis zur Benachrichtigung gilt die Abtretung als der Kasse nicht bekannt.**

Abschnitt 6. Schuldübernahme §§ 412, 413

1. § 411 betrifft weder die Wirksamkeit der Abtretung noch gewährt er neue 1
Einwendungen; er verstärkt nur bestehende Schuldnerschutzbestimmungen. **a)** S 1
stellt gegenüber § 410 qualifizierte Anforderungen an die auszuhändigende Urkunde. **b)** S 2 fingiert fehlende Kenntnis im Rahmen der §§ 406, 407, 408 (BGH 11, 302).

§ 412 Gesetzlicher Forderungsübergang

Auf die Übertragung einer Forderung kraft Gesetzes finden die Vorschriften der §§ 399 bis 404, 406 bis 410 entsprechende Anwendung.

1. a) Fälle **ges** Forderungsübergangs: §§ 268 III, 426 II, 774 I, 1143 I, 1225, 1
1249, 1607 II, 1615 b, VVG 67, SGB X 115, 116 (zur Einziehungsermächtigung
des Geschädigten BGH NJW 96, 728), BRAGO 130, BAföG 37, EFZG 4, BSHG
91, UVG 7. Von großer praktischer Bedeutung ist der Zeitpunkt des Forderungsübergangs (vgl zuletzt BGH NJW 96, 726, 1674, 2509; sa Waltermann NJW 96,
1645 f). **b)** Forderungsübergang **kraft Hoheitsakts** (ZPO 835, BSHG 90, SGB
50) ist dem ges Forderungsübergang gleichgestellt (BAG NJW 71, 2094 mN). Der
Anwendungsbereich von BSHG 90 ist seit Einführung des BSHG 91 stark eingeschränkt (hierzu und zur Rückübertragung nach BSHG 91 IV s PalDiederichsen,
Einf v § 1601, Rn 41 f). **c)** Unanwendbar bei § 1922; entspr anwendbar bei 2
§ 1416, § 613 a, HGB 25, VVG 69. Keine entspr Anwendung der §§ 268 III 2,
426 II 2, 774 I 2, 1143 I 2, VVG 67 I 2 etc auf andere Fälle der Legalzession (LAG
Hamm ZIP 82, 980).

§ 413 Übertragung anderer Rechte

Die Vorschriften über die Übertragung von Forderungen finden auf die Übertragung anderer Rechte entsprechende Anwendung, soweit nicht das Gesetz ein anderes vorschreibt.

1. Die Vorschrift enthält zunächst den **Grundsatz der Übertragbarkeit** ande- 1
rer Rechte, soweit nicht Ges oder Rechtsinhalt (§ 399; hierzu BGH NJW 79,
1707: Zustimmungsrecht bei baulichen Änderungen) eine Übertragung ausschliessen. Ferner erklärt sie §§ 398 ff auf den **rechtsgeschäftlichen Übertragungsvorgang** für entspr anwendbar; Bsp: Übertragung der Rechte aus Baugenehmigung (VGH Mannheim NJW 81, 1003).

2. Wichtige **Sondervorschriften:** §§ 873, 925, 929 (auch auf entspr Anwart- 2
schaften anwendbar: BGH 28, 21; 49, 202); §§ 38, 719, 2033; AktG 68; GmbHG
15; UrhG 29, 31 ff; PatG 15; GebrMG 13; MarkenG 27; vgl auch § 398 Rn 4 f.

3. Zur Übertragbarkeit von **Gestaltungsrechten** vgl § 401 Rn 2 ff u 5 f.

Abschnitt 6. Schuldübernahme

Vorbemerkungen

1. Als Gegenstück zum Gläubigerwechsel (§§ 398 ff) regeln §§ 414 ff den **be-** 1
freienden Schuldnerwechsel. Der Übernehmer („Dritter") tritt anstelle des
Schuldners; dieser wird frei (§ 414). Der Schuldnerwechsel kann ohne Mitwirkung
des Schuldners (§ 414), *nie ohne Zustimmung des Gläubigers* erfolgen (§ 415 I 1);
denn die Solvenz des Schuldners ist für ihn entscheidend (vgl BGH NJW-RR 01,
988 f mAnm Armbrüster EWiR 01, 309: regelmäßig keine Genehmigungspflicht
aus Treu und Glauben).

2. Beim **Schuldbeitritt** (Lit: Kohte JZ 90, 997; Edenfeld JZ 97, 1034; Bülow/ 2
Artz ZIP 98, 629) tritt der Mitübernehmer zusätzlich *neben* den bisherigen Schuldner; beide werden Gesamtschuldner iSd §§ 421 ff (BGH 109, 317). **a) Ges Fälle:**
§§ 419 aF, 546 II nF (556 III aF), 2382; HGB 25; WG 28. **b)** Der **rechts-**

Stürner 483

§ 413

geschäftliche Schuldbeitritt ist nicht geregelt, aber als reine Schuldverpflichtung gem § 311 I nF (§ 305 aF) zulässig. Er ist formfrei, sofern nicht eine für die Schuldverpflichtung geltende Formvorschrift den Schutz des Schuldners bezweckt (BGH NJW 93, 584; unklar noch BGH NJW 91, 3098): zu bejahen zB für § 311 b nF (§ 313 a aF), BRAGO 3 I 1 (BGH NJW 91, 3098), § 492 nF bzw VerbrKrG 4 aF (BGH 134, 94 = JZ 97, 469 mAnm Bülow; ZIP 00, 1523; NJW 97, 1442; 3170: keine Heilung gem § 494 II nF (vgl VerbrKrG 6 II aF) durch Kreditauszahlung an Kreditnehmer; sa BGH NJW 98, 1940 und § 425 Rn 5), *nicht* aber für § 781 (BGH NJW 93, 584 mit der zweifelhaften Begründung, Formzweck sei Rechtssicherheit und nicht Schuldnerschutz: eine feinsinnige und schwer praktikable Unterscheidung!); Schuldbeitritt als öffentl-rechtlicher Vertrag bedarf der Schriftform (VGH München NJW 90, 1006 mAnm Arndt). Der Schuldbeitritt kann mit dem Gläubiger oder dem Schuldner vereinbart werden. Ein Vertrag mit dem Schuldner ist ein Vertrag zugunsten des Gläubigers iSd § 328 (BGH 42, 385; 72, 250; s aber § 329). Die Mitwirkung des Gläubigers ist entbehrlich (anders § 415 I 1), da er nur eine zusätzliche Sicherung erhält (beachte aber § 333). Ein Beitritt zu einer nicht entstandenen Schuld ist nicht nichtig, sondern geht ins Leere; daher
3 Bestätigung gem § 141 nicht möglich (BGH NJW 87, 1699). **c)** Für die zZ des Beitritts „begründeten" **Einwendungen** und Einreden gilt § 417 I entspr (BGH 85, 349; NJW 86, 1873 mAnm Canaris JZ 86, 684: Mängeleinrede; BGH 58, 251; NJW 93, 1915: Verjährungsfrist; NJW 97, 2389: BRAGO 3 III); für später entstehende gelten §§ 422–425 (BGH 58, 255: spätere Einzelumstände der Verjährung; NJW 86, 252: Kündigung; sa § 425 Rn 2 f, 5). Der Beitretende kann Unwirksamkeit des Beitritts einwenden, zB infolge Widerrufs gem §§ 495, 355 nF (vgl VerbrKrG 7 aF) nach Beitritt zu einem Verbraucherkreditgeschäft (BGH 109, 317; Köln BB 99, 2577) oder nach Beitritt als Verbraucher (BGH 133, 71; 220: Beginn der Widerrrufsfrist mit Zeitpunkt des Beitritts; NJW 97, 3170; 98, 1940; zum Ganzen Bülow/Artz ZIP 98, 629; sa § 425 Rn 5). Ob §§ 312, 357 (entspr HWiG 1, 2 aF) in ähnlicher Weise beim Beitritt zum widerrufsfähigen Geschäft und beim Beitritt als Haustürgeschäft gelten, ist offen, nachdem bei der Bürgschaft das HWiG nur gelten sollte, wenn beide Geschäfte dem HWiG unterfielen (EuGH NJW 98, 1295; BGH NJW 98, 2356; für Differenzierung zwischen Schuldübernahme und Bürgschaft beim VerbrKrG BGH NJW 98, 1940). Beim Beitritt gem § 328 gilt entgegen § 417 II der § 334 (LM Nr 2). Ein Kündigungsrecht des Beitretenden besteht allenfalls unter gleichen Voraussetzungen wie bei Bürgschaft (BGH NJW 86, 253; § 765 Rn 7; zur Gläubigerkündigung § 425 Rn 10). Die formularmäßige Ausdehnung der Mithaftung auf künftige Forderungen verstößt wie bei der Bürgschaft (BGH NJW 95, 2553; 98, 450; 00, 658; 01, 3328) idR gegen §§ 305 c, 307 I, II (= AGBG 3, 9 aF) (BGH NJW 96, 249; 01, 3328: Teilunwirksamkeit). Mitübernahme hoher Risiken durch Familienmitglieder ohne eigenes wirtschaftliches Interesse kann bei Bankkrediten sittenwidrig sein, § 138 I (BVerfG NJW 94, 36, 2749; BGH 120, 272 gegen BGH 107, 92; zuletzt BGH 146, 37, 42 ff; NJW 01, 2466 mN; sa BVerfG NJW 96, 2021); anders bei Trennungsrisiko nichtehelicher Lebensgefährten (BGH NJW 90, 1034) oder wirtschaftlicher Teilhabe am hauptschuldnerischen Unternehmen (BGH NJW 98, 597;
4 NJW-RR 97, 1199). Die „Mietgarantie" des Sozialamtes zugunsten des Sozialhilfeempfängers ist idR öffentlich-rechtlicher Natur und gewährt nicht ohne weiteres einen Zahlungsanspruch des Vermieters (BVerwG NJW 94, 2968 mN).

5 **3. Abgrenzungen. a) Zwischen Schuldübernahme** (§§ 414 f) **und Schuldbeitritt** (Rn 2 ff): Bei nicht eindeutiger Befreiungserklärung durch den Gläubiger ist Schuldbeitritt anzunehmen (BGH NJW 83, 679). **b)** Die **Erfüllungsübernahme** (§ 329) begründet nur Rechte des Schuldners; sie ist in jedem Schuldübernahmeversuch enthalten: § 415 III (vgl §§ 414 f Rn 5). **c) Zwischen form-
6 freiem Schuldbeitritt** (Rn 2 ff) **und formbedürftiger Bürgschaft** (§§ 765 f). Die Bürgschaft als klassisches Sicherungsmittel bedeutet Einstehen für fremde

Schuld in ihrem jeweiligen Bestand (§§ 765, 767). Demgegenüber begründet der Schuldbeitritt eigene Schuld, die nach Übernahme zT eigene Wege gehen kann (Rn 3). Gefährlicher ist iZw der Schuldbeitritt (s aber BGH 113, 287; NJW 96, 55, 930: Widerrufsrecht nach § 312 (= HWiG 1 aF) für Bürgen zweifelhaft, nicht jedoch Widerruf für Beitretenden nach §§ 495, 355 nF (vgl VerbrKrG 7 aF) BGH 109, 317; sehr weitgehend NJW 96, 2156); er darf daher nur bei eindeutigen Anhaltspunkten für selbständigen Verpflichtungswillen des Versprechenden bejaht werden (BGH 6, 397). Eigenes wirtschaftliches Interesse des Versprechenden an der Schulderfüllung gibt zwar ein Indiz für den Schuldbeitritt (BGH NJW 81, 47; 86, 50; Düsseldorf Grundeigentum 01, 489), ist aber allein nicht ausschlaggebend (zutr BGH NJW 68, 2332; Hamm NJW 93, 2625). Der Formschutz zugunsten des Bürgen (§ 766) darf nicht durch Umdeutung der Bürgschaft (§ 140) in einen Schuldbeitritt umgangen werden (LM Nr 7 zu § 133 [B]); ebensowenig darf aber umgekehrt ein klarer Schuldbeitritt als Bürgschaft gedeutet und alsdann über §§ 766, 126, 125 für formnichtig erklärt werden (LM Nr 33 zu § 133 [C]). Wenn die Auslegung Zweifel läßt, ist Bürgschaft anzunehmen (BGH NJW 86, 580). Bürge und Schuldmitübernehmer haften gleichrangig; Ausgleich nach § 426 (Schmitz, FS Merz, 1992, S 553). **d)** Durch (formfreien) **Garantievertrag** (zulässig   7
nach § 311 I nF = 305 aF) verpflichtet sich ein Dritter unabhängig von Schuldverhältnis und Leistungsvermögen des Schuldners (BGH WM 82, 632), für einen Leistungserfolg einzustehen. Der einseitig verpflichtende Vertrag begründet weder akzessorische noch gesamtschuldnerische Haftung, sondern reine Erfolgshaftung (BGH NJW 67, 1020). Bsp: Scheckkarte (BGH 64, 82; ie Rn 11 ff vor § 765. **e)** Zur **Vertragsübernahme** § 398 Rn 32 ff.

§ 414 Vertrag zwischen Gläubiger und Übernehmer

Eine Schuld kann von einem Dritten durch Vertrag mit dem Gläubiger in der Weise übernommen werden, dass der Dritte an die Stelle des bisherigen Schuldners tritt.

§ 415 Vertrag zwischen Schuldner und Übernehmer

(1) ¹Wird die Schuldübernahme von dem Dritten mit dem Schuldner vereinbart, so hängt ihre Wirksamkeit von der Genehmigung des Gläubigers ab. ²Die Genehmigung kann erst erfolgen, wenn der Schuldner oder der Dritte dem Gläubiger die Schuldübernahme mitgeteilt hat. ³Bis zur Genehmigung können die Parteien den Vertrag ändern oder aufheben.

(2) ¹Wird die Genehmigung verweigert, so gilt die Schuldübernahme als nicht erfolgt. ²Fordert der Schuldner oder der Dritte den Gläubiger unter Bestimmung einer Frist zur Erklärung über die Genehmigung auf, so kann die Genehmigung nur bis zum Ablauf der Frist erklärt werden; wird sie nicht erklärt, so gilt sie als verweigert.

(3) ¹Solange nicht der Gläubiger die Genehmigung erteilt hat, ist im Zweifel der Übernehmer dem Schuldner gegenüber verpflichtet, den Gläubiger rechtzeitig zu befriedigen. ²Das Gleiche gilt, wenn der Gläubiger die Genehmigung verweigert.

Anmerkungen zu den §§ 414, 415

Lit: Hirsch, Die Anfechtung der Schuldübernahme, JR 60, 291; Nörr/Scheyhing/Pöggeler, Sukzessionen, 2. Aufl 1999; Redich, Haftungsbegründung und Schuldbefreiung bei §§ 415, 416 BGB, 1991; Rimmelspacher, Schuldübernahmetheorien und Anfechtbarkeit der befreienden Schuldübernahme, JR 69, 201.

1. Die zwei **Arten der Schuldübernahme: a) Vertrag des Übernehmers**   1
mit dem Gläubiger (§ 414). Er ist formfrei, es sei denn, die übernommene

§§ 414, 415

Verpflichtung ist formbedürftig (zB § 311 b nF bzw 313 aF; fraglich, ob dies nur für schuldnerschützende Formen gilt, s Vor §§ 414, 415 Rn 2 für Schuldbeitritt). Der Vertrag ist einerseits Verpflichtungsvertrag zu Lasten des Übernehmers und andererseits eine Verfügung des Gläubigers über die Forderung zugunsten des Altschuldners. Dieser braucht nicht mitzuwirken; er kann aber analog § 333 die Befreiung zurückweisen, arg § 397 (Hirsch JR 60, 292 f; aA MK/Möschel § 414, 5). Bsp: Übernahme des Kostenanteils für zahntechnische Leistungen durch ges
2 Krankenversicherer (Düsseldorf NJW 87, 706). **b) Vertrag zwischen Übernehmer und Schuldner iVm Genehmigung durch Gläubiger** (§ 415; Bsp BGH NJW 98, 1645). Die *rechtliche Konstruktion* in § 415 ist streitig. Fest steht, daß er eine Verpflichtung des Übernehmers und eine richtungsändernde, gleichzeitig erlassende Verfügung über die Forderung enthält. **aa)** Die **Angebotstheorie** (Heck, SchR, § 73) nimmt einen dreiseitigen Vertrag unter Einbeziehung des Gläubigers an. Die Mitteilung iSd § 415 I 2 ist danach das Angebot an den Gläubiger, das dieser durch seine Genehmigung annimmt. Die auf Wortlaut und Entstehungsgeschichte (Mot II 144 f) gestützte **Verfügungstheorie** (hM; Larenz, SchR I, § 35 I a mwN) nimmt an, daß im Vertrag zwischen Altschuldner und Übernehmer die Verfügung durch Nichtberechtigte liegt, die der Gläubiger
3 genehmigt (§ 185 II). **cc) Bedeutung des Streits:** Nach der Angebotstheorie sind auf die „Genehmigung" iSv § 415 I die §§ 145 ff anzuwenden; sie wirkt als Vertragsannahme ex nunc und ist ggf (zB nach § 311 b nF entspr 313 aF) formbedürftig. Nach der Verfügungstheorie gelten die §§ 182 ff; die Genehmigung wirkt auf den Vertragsschluß zurück (§ 184) und ist stets formfrei (§ 182 II). Bei *Anfechtung* des Übernahmevertrags wegen Täuschung durch den Altschuldner bedarf es nach der Angebotstheorie der Anfechtung gegenüber dem Altschuldner und dem Gläubiger (§ 143 II; s BGH 96, 309; BGH NJW 98, 532 mAnm Emmerich JuS 98, 495: Vertragseintritt nach Verfügungsmodell anzufechten gegenüber Alt- und Neuschuldner, zweifelhaft; § 398 Rn 32), der die Täuschung durch den Altschuldner kennen mußte (§ 123 II 1 so jetzt auch BGH NJW 98, 532 f für Vertragseintritt; offen noch BGH 96, 307); nach der Verfügungstheorie genügt die Anfechtung gegenüber dem Altschuldner auch zur Beseitigung der Verpflichtung gegenüber dem Gläubiger (so BGH 31, 321 ff; aA BGH NJW 98, 532 f für Vertragseintritt – zweifelhaft; alles sehr str, vgl MK/Möschel § 417, 12 ff
4 und § 417 Rn 3). **c)** Die Schuldübernahme ist **abstrakt,** dh von ihrem Grundgeschäft (Rechtsverhältnis zwischen Übernehmer und Schuldner, vgl § 417 II, bzw ggf Gläubiger) zu unterscheiden. Bei einer Übernahme im Wege des § 415 ist nicht ausgeschlossen, daß Gläubiger und Schuldner über die ausstehende Genehmigung ein Grundgeschäft schließen; dessen Unwirksamkeit macht eine dennoch erteilte Genehmigung rechtsgrundlos, der Gläubiger kann Wiederherstellung der alten Verbindlichkeit verlangen bzw sogleich auf Erfüllung klagen oder aus einer vollstreckbaren Urkunde vollstrecken (BGH 110, 321 mAnm Brehm JR 90, 510; Münch DNotZ 91, 532).

5 **2. Erfüllungsübernahme** gem § 329 ist anzunehmen während des Schwebezustands bis zur Genehmigung (§ 415 I) und bei verweigerter Genehmigung (§ 415 II, III; vgl Köln NJW-RR 94, 210), nicht aber bei ersichtlich abw Risikoverteilung (BGH NJW 91, 1822; ZIP 99, 1390). Sa § 416 Rn 2.

6 **3.** Die **Genehmigung** (§ 415 I 2) kann schlüssig erfolgen (BGH WM 75, 331: Klageerhebung), bloßes Schweigen genügt aber nicht (BGH ZIP 96, 846; NJW 83, 679; Vor §§ 414, 415 Rn 5). Genehmigung setzt Mitteilung bzw Kenntnis der Übernahmevereinbarung voraus (BGH NJW-RR 91, 818; NJW 98, 1645). Auch die vorherige **Einwilligung** des Gläubigers (§ 183) ist wirksam und macht Mitteilung entbehrlich (RG 60, 416; BGH NJW-RR 96, 194; NJW 98, 1645 f). Konkludent erfolgen kann auch die Verweigerung der Genehmigung (BGH NJW 96, 927).

4. Die Schuldübernahme ist **keine prozessuale Rechtsnachfolge** gem ZPO 7
265, 325, 727 (BGH NJW 98, 1646); denn der Gläubiger (Kläger) kann sich den
Schuldner als richtige beklagte Partei erhalten, indem er die Mitwirkung bei der
Schuldübernahme ablehnt (BGH 61, 140 ff).

§ 416 Übernahme einer Hypothekenschuld

(1) ¹Übernimmt der Erwerber eines Grundstücks durch Vertrag mit
dem Veräußerer eine Schuld des Veräußerers, für die eine Hypothek an
dem Grundstücke besteht, so kann der Gläubiger die Schuldübernahme
nur genehmigen, wenn der Veräußerer sie ihm mitteilt. ²Sind seit dem
Empfange der Mitteilung sechs Monate verstrichen, so gilt die Genehmigung als erteilt, wenn nicht der Gläubiger sie dem Veräußerer gegenüber
vorher verweigert hat; die Vorschrift des § 415 Abs. 2 Satz 2 findet keine
Anwendung.

(2) ¹Die Mitteilung des Veräußerers kann erst erfolgen, wenn der Erwerber als Eigentümer im Grundbuch eingetragen ist. ²Sie muss schriftlich
geschehen und den Hinweis enthalten, dass der Übernehmer an die Stelle
des bisherigen Schuldners tritt, wenn nicht der Gläubiger die Verweigerung innerhalb der sechs Monate erklärt.

(3) ¹Der Veräußerer hat auf Verlangen des Erwerbers dem Gläubiger die
Schuldübernahme mitzuteilen. ²Sobald die Erteilung oder Verweigerung
der Genehmigung feststeht, hat der Veräußerer den Erwerber zu benachrichtigen.

1. Der Grundstückskäufer kann lastenfreie Übereignung fordern (vgl zum alten 1
Recht § 439 aF, nunmehr erfasst vom Nacherfüllungsanspruch gem §§ 437 Nr 1,
439 I), idR wird aber die Hypothek „übernommen" und auf den Kaufpreis verrechnet. Darin steckt zugleich die *Übernahme* der persönlichen Schuld (vgl LM
Nr 1). § 416 *erleichtert* sie, weil der Gläubiger hier ohnehin durch Hypothek
(§ 1113) gesichert ist; daher gilt sein Schweigen als Zustimmung (I 2).

2. a) Art und Inhalt der Mitteilung gem II sind **zwingend.** Die Schuldüber- 2
nahme kann aber auch nach §§ 414 f erfolgen (das „nur" in I 1 ist mißverständlich);
hM. **b)** Während des Schwebezustandes und bei Verweigerung der Genehmigung
ist § 415 III anwendbar. Sofern der Kaufvertrag entfällt, der die Erfüllungsübernahme beinhaltet, scheitert ein Anspruch des Übernehmers auf Leistungsrück-
erstattung durch den Gläubiger (§ 812 I 1) daran, daß aus Sicht des Gläubigers eine
Leistung des Altschuldners mittels eines Dritten (§ 267) vorgelegen haben mag (so
BGH 72, 248 ff).

3. Entspr Anwendung auf die Übernahme einer durch Grundschuld gesicherten 3
Schuld ist zu befürworten (Braunschweig MDR 62, 736; MK/Möschel 4; sa BGH
NJW 83, 2503).

§ 417 Einwendungen des Übernehmers

(1) ¹Der Übernehmer kann dem Gläubiger die Einwendungen entgegensetzen, welche sich aus dem Rechtsverhältnis zwischen dem Gläubiger
und dem bisherigen Schuldner ergeben. ²Eine dem bisherigen Schuldner
zustehende Forderung kann er nicht aufrechnen.

(2) **Aus dem der Schuldübernahme zugrunde liegenden Rechtsverhältnis zwischen dem Übernehmer und dem bisherigen Schuldner kann der
Übernehmer dem Gläubiger gegenüber Einwendungen nicht herleiten.**

1. **Zweck** der Regelung gem I: Der Gläubiger soll durch die Schuldübernahme 1
keine rechtlichen Vorteile erlangen. **a)** Der Übernehmer hat nach I 1 alle **Einwendungen,** die bei Schuldübernahme (vgl insbes §§ 414, 415 Rn 3) „begründet" waren (hierfür gelten § 404 Rn 3 f). Gestaltungsrechte (zB Anfechtung

§§ 418, 419 Buch 2. Abschnitt 6. Schuldübernahme

oder Kündigung) bleiben grundsätzlich beim Altschuldner; § 770 I ist unanwendbar (str). Mit Forderungen des Altschuldners kann aber weder dieser aufrechnen (es fehlt Gegenseitigkeit, § 387) noch der Übernehmer (vgl I 2); § 770 II ist unanwendbar. **b)** Übernehmer kann mit eigener Forderung gegen den Gläubiger aufrechnen, wie er überhaupt **Einwendungen aus seinen Beziehungen zum Gläubiger** geltend machen kann: Stundung, Erlaß, Mängel eines zwischen beiden evtl bestehenden Grundgeschäftes, uU auch Gegenansprüche aus pVV (zB BGH WM 90, 839) bzw nunmehr § 280 I nF iVm § 241 II nF.

3 **2. Einwendungen aus dem Grundverhältnis zwischen Altschuldner und Übernehmer.** Einwendungen aus dem Grundverhältnis zwischen Altschuldner und Übernehmer berühren das RGeschäft der Schuldübernahme nicht (vgl II). Diese Abstraktheit darf nicht wegen wirtschaftlicher Einheit nach § 139 durchbrochen werden (MK/Möschel 10; *insoweit* bedenklich BGH 31, 323). Grundgeschäft und Schuldübernahme können aber am gleichen Fehler leiden (Fehleridentität). Das Grundgeschäft enthält typischerweise die Verpflichtung des Übernehmers gegenüber dem Altschuldner, die Schuld durch Vertrag mit dem Altschuldner (§ 415) oder durch Vertrag mit dem Gläubiger (§ 414) zu übernehmen (vgl BGH NJW 63, 900). Die Unwirksamkeit der zwischen Altschuldner und Übernehmer vereinbarten Schuldübernahme gem § 415 ist kein Einwand aus dem Grundverhältnis; vgl §§ 414, 415 Rn 2 f. Sie betrifft vielmehr die *Verfügung* durch Nichtberechtigte, auf deren Wirkung sich der Gläubiger berufen will.

§ 418 Erlöschen von Sicherungs- und Vorzugsrechten

(1) ¹**Infolge der Schuldübernahme erlöschen die für die Forderung bestellten Bürgschaften und Pfandrechte.** ²**Besteht für die Forderung eine Hypothek oder eine Schiffshypothek, so tritt das Gleiche ein, wie wenn der Gläubiger auf die Hypothek oder die Schiffshypothek verzichtet.** ³**Diese Vorschriften finden keine Anwendung, wenn der Bürge oder derjenige, welchem der verhaftete Gegenstand zur Zeit der Schuldübernahme gehört, in diese einwilligt.**

(2) **Ein mit der Forderung für den Fall des Insolvenzverfahrens verbundenes Vorzugsrecht kann nicht im Insolvenzverfahren über das Vermögen des Übernehmers geltend gemacht werden.**

1 **1. Erlöschen der Sicherungsrechte** (vgl I). Bürgen und Verpfänder haben auf den bisherigen Schuldner vertraut; der Übernehmer kann weniger solvent sein. Das Sicherungsrecht besteht folglich nur fort, wenn der Sicherungsgeber nach Prüfung einwilligt (S 3 iVm § 183). Aus Gründen der Rechtssicherheit genügt nachträgliche Genehmigung gem § 184 nicht (str). Entspr anwendbar auf SÜ, Sicherungsgrundschuld (BGH 115, 244) und die ges Sicherungsrechte, soweit hier der Schernde freie Wahl des Schuldners hatte (zB § 566 II 1 nF bzw 571 II 1 aF; SoeZeiss 2; str). Zu S 2 vgl § 1168. Bei einer Grundschuld reicht für ihren Fortbestand nach Schuldübernahme die Einwilligung des Eigentümers, der personenverschiedene Inhaber des Rückgewähranspruchs muß nicht einwilligen (BGH 115, 244). § 418 ist auf Vertragsübernahme entspr anwendbar (Hamm NJW-RR 91, 48).

2 **2. Erlöschen von Vorzugsrechten** (vgl II). Die Vorschrift dient dem Schutz der übrigen Gläubiger des Übernehmers. Der Gläubiger selbst bedarf keines Schutzes, da er seinen Schuldner und damit das Vorzugsrecht nie ohne Zustimmung verliert.

§ 419 *(weggefallen)*

1 Die Vorschrift, die am 1. 1. 1999 mit Inkrafttreten der InsO außer Kraft getreten ist (EG InsO 33 Nr 16; hierzu K. Schmidt ZIP 89, 1025), ihre Bedeutung für Altfälle aber behält (EG InsO Art 223 a; Brandenburg NJW-RR 99, 59), ordnete

Abschnitt 7. Mehrheit von Schuldnern und Gläubigern § 419

bei rechtsgeschäftlicher Übertragung eines Vermögens die zwingende, inhaltlich beschränkte Schuldmitübernahme des Erwerbers an. Sie wollte die Gläubiger des Veräußerers vor dem Entzug ihrer Haftungsgrundlage schützen. Diese Aufgabe soll künftig ein verschärftes Anfechtungsrecht voll und ausschließlich übernehmen (AnfG 1999, InsO 129 ff). Für Altfälle wird auf die Kommentierung der 8. Aufl verwiesen.

Abschnitt 7. Mehrheit von Schuldnern und Gläubigern

Vorbemerkungen

Lit: Dilcher, Zu Begriff und Funktion der Gesamtschuld, JZ 67, 110; Ehmann, Die Gesamtschuld, 1972; Jürgens, Teilschuld-Gesamtschuld-Kumulation, 1988; Medicus, Mehrheit von Gläubigern, JuS 80, 697; Prediger, Zur Auslegung und Anwendung der Regelungen im BGB über die Gesamtschuld, 1988; Preißer, Grundfälle zur Gesamtschuld im Privatrecht, JuS 87, 208, 289, 628, 710, 797, 961; Riering, Gemeinschaftliche Schulden, 1991; Rüssmann, Die Abgrenzung der Gesamtschuld von anderen Schuldnermehrheiten, JuS 74, 292; Rütten, Mehrheit von Gläubigern, 1989; Selb, Mehrheiten von Gläubigern und Schuldnern, 1984; ders., Die neuere zivilr Rspr zu Gläubiger- und Schuldnermehrheiten, JZ 86, 483 ff; ders, Die mehrfach hinkende Gesamtschuld, FS Lorenz, 1991; K. Schreiber, Die Gesamtschuld, Jura 89, 353; Thiele, Gesamtschuld und Gesamtschuldnerausgleich, JuS 68, 149; Wacke, Der Erlaß oder Vergleich mit einem Gesamtschuldner, AcP 170, 42; Wernecke, Die Gesamtschuld, 1990; Winter, Teilschuld, Gesamtschuld und unechte Gesamtschuld, 1985; M. Wolf/Niedenführ, Gesamtschuld und andere Schuldnermehrheiten, JA 85, 369.

1. Das Zusammentreffen mehrerer Gläubiger und Schuldner ist in §§ 420– 432 nicht erschöpfend geregelt. 1

2. Formen der Gläubigermehrheit. a) Teilgläubigerschaft, vgl § 420. **b) Gesamtgläubigerschaft,** vgl §§ 428–430. **c) Einfache Forderungsgemeinschaft,** vgl § 741 Rn 6. **d) Gesamthandsgläubigerschaft;** vgl für die Gesellschaft §§ 709–713 Rn 10 ff; für die eheliche Gütergemeinschaft § 1422 Rn 2 ff, §§ 1450–1453 Rn 3 ff, 9 f; für die Erbengemeinschaft § 2039. **e) Mitgläubigerschaft ohne gemeinschaftliche Berechtigung,** vgl § 432. 2

3. Formen der Schuldnermehrheit. a) Teilschuldnerschaft, vgl § 420. **b) Gesamtschuldnerschaft,** vgl §§ 421–427. Dabei ist insbes zu beachten, daß *Gesamthänder* vielfach *Gesamtschuldner* sind: vgl §§ 714, 715 Rn 9 mN; §§ 1437–1440 Rn 2 ff, §§ 1459–1462 Rn 2 ff; §§ 2058–2063 Rn 5 ff, 8. Die Schuldnerstellung jedes Gesamthänders – die bürgerlichrechtliche Gesamthand kann mangels eigener Rechtspersönlichkeit nicht Schuldner sein – ist von der Frage zu unterscheiden, welche Vermögensmasse haftet (Gesamthandsvermögen, Privatvermögen); um der Verschiedenheit der Haftungsmasse und Vollstreckungsmöglichkeiten willen bedarf es aber nicht der Konstruktion einer bes Schuld aller in ihrer Verbundenheit, die oft als „Gesamthandsschuld" bezeichnet wird (Larenz, SchR I, § 36 II c; abw zB SoeHadding § 714, 3, 23, 37; BGH NJW-RR 90, 867). Fragwürdig ist die neuerdings vom BGH angenommene (Teil)Rechtsfähigkeit der BGB-Gesellschaft als unternehmerisch tätige Außengesellschaft (BGH 146, 341 ff; NJW 02, 1207); folgt man dieser Lehre, gelten für die BGB-Gesellschaft insoweit HGB 128 f analog (§ 705 Rn 1; §§ 714, 715 Rn 2, 9–12). **c) Gemeinschaftliche Schuldnerschaft** sollte nur angenommen werden, wenn die Erfüllung der Schuld inhaltlich das gemeinschaftliche Zusammenwirken aller Schuldner verlangt und durch einen Schuldner allein unmöglich ist (Larenz, SchR I, § 36 II c), also zB nach traditioneller Auffassung bei Pflichten zur Bestellung von Rechten an Gesellschaftsgrundstücken (vgl §§ 714, 715 Rn 9 f) oder Grundstücken einer Erbengemeinschaft (vgl §§ 2058–2063 Rn 8) oder bei Duldungspflichten von Bruchteilseigentümern (§§ 743–748 Rn 12, 15). Ihr Anwendungsbereich ist aber nicht auf Schulden von Gesellschaften oder Gemeinschaften 3

4

§§ 420, 421 Buch 2. Abschnitt 7

beschränkt (vgl § 431 Rn 2 ff). Der Hauptunterschied zur Gesamtschuld liegt in der Unanwendbarkeit des § 425 II (vgl Larenz, SchR I, § 36 II c; Braunschweig NJW-RR 97, 1038). Die Pfändung einer Gesamthandsschuld wird erst mit Zustellung des Pfändungsbeschlusses an den letzten Gesamthänder oder ihren gemeinsamen Vertreter wirksam (BGH NJW 98, 2904). **d) Keine Schuldnermehrheit** liegt vor bei akzessorischer (zB Bürge) oder subsidiärer Haftung (zB § 839 I 2: BGH 61, 354; anders § 421 Rn 4 f). Unterlassungspflichten sind idR mehrere unabhängige Schuldverhältnisse (Koblenz WRP 85, 45; Köhler AcP 190, 530).

6 4. Bei **Verträgen** sind häufig alle Parteien zugleich Gläubiger und Schuldner. Dabei muß aber die Art der Gläubigerschaft nicht der Art der Schuldnerschaft entsprechen und umgekehrt; vielmehr ist jeweils die Qualität der Personenmehrheit gesondert zu prüfen. So kann zB beim Kauf eines Grundstücks durch Mitglieder einer Bruchteilsgemeinschaft der Gesamtschuld für den Kaufpreis (§§ 743–748 Rn 12) die Forderungsgemeinschaft am Übereignungsanspruch gegenüberstehen (§ 741 Rn 5 f).

§ 420 Teilbare Leistung

Schulden mehrere eine teilbare Leistung oder haben mehrere eine teilbare Leistung zu fordern, so ist im Zweifel jeder Schuldner nur zu einem gleichen Anteil verpflichtet, jeder Gläubiger nur zu einem gleichen Anteil berechtigt.

1 1. Für **teilbare Leistungen,** dh Leistungen, die ohne inhaltliche Wesens- oder Wertveränderungen in mehreren Teilen erbracht werden können (MK/Bydlinski 4), gilt eine **doppelte ges Vermutung: a)** Vermutung der Teilgläubiger- bzw Teilschuldnerschaft bei mehreren Gläubigern oder Schuldnern. **b)** Vermutung gleicher Anteile aller Gläubiger bzw Schuldner an der teilbaren Gesamtforderung.

2 2. Die ges Vermutung ist aber bei Gläubiger- und Schuldnermehrheit **praktisch bedeutungslos oder doch die Ausnahme. a)** Bei **Gläubigermehrheit** überwiegen einfache Forderungsgemeinschaft und Gesamthandsgläubigerschaft (vgl Vor § 420 Rn 2 mN), selbst Mitgläubigerschaft ohne bes gemeinschaftliche Berechtigung (Vor § 420 Rn 2) oder Gesamtgläubigerschaft sind häufiger. *Bsp für Teilgläubigerschaft:* § 741 Rn 5; zur Gläubigermehrheit zwischen Vorbehaltsverkäufer und **3** -käufer vgl § 432 Rn 2. **b)** Bei **Schuldnermehrheit** überwiegt kraft ges Anordnung (vgl § 421 Rn 3) weitaus die Gesamtschuld, selbst die gemeinschaftliche Schuld (Vor § 420 Rn 4) ist wesentlich häufiger. *Bsp für Teilschuldnerschaft:* bei Bauverträgen über die Errichtung eines Hauses mit Eigentumswohnungen, durch welche die künftigen Wohnungseigentümer die Bauarbeiten im eigenen Namen vergeben, wird in der Regel nur anteilige Verpflichtung der Besteller anzunehmen sein (BGH 75, 28; 76, 90; Jagenburg NJW 81, 2394; sa § 427 Rn 2); idR mehrere Schuldner aus § 906 II 2 (BGH NJW 79, 165); Schüler bei Bestellung einer Klassenfahrt durch Klassenlehrer (Frankfurt NJW 86, 1942, s aber NJW-RR 91, 283); Käufer von ideellen Bruchteilen eines Grundstücks (Köln OLGZ 79, 488); uU Miterbenhaftung für Nachlaßverbindlichkeiten, vgl §§ 2058–2063 Rn 6.

§ 421 Gesamtschuldner

¹**Schulden mehrere eine Leistung in der Weise, dass jeder die ganze Leistung zu bewirken verpflichtet, der Gläubiger aber die Leistung nur einmal zu fordern berechtigt ist (Gesamtschuldner), so kann der Gläubiger die Leistung nach seinem Belieben von jedem der Schuldner ganz oder zu einem Teil fordern.** ²**Bis zur Bewirkung der ganzen Leistung bleiben sämtliche Schuldner verpflichtet.**

Lit: s Vor § 420.

Mehrheit von Schuldnern und Gläubigern **§ 421**

1. Wesen der Gesamtschuld. Rspr und Lit forderten zur ges Definition 1
zusätzlich einen *inneren Zusammenhang* der Haftungsgründe im Sinne einer *Zweckgemeinschaft* (s BGH 59, 99 ff mN). Ausreichend ist die *Identität des Leistungsinteresses*, der Leistungsinhalt der Verpflichtungen muß sich nicht *genau* decken (BGH 43, 232); auch der *unterschiedliche Rechtsgrund* der Schuldnerhaftung steht einer Gesamtschuld nicht entgegen (BGH 58, 192; 52, 44; NJW 91, 1685; 92, 2818; Düsseldorf NJW 95, 2565). Die neuere Lit und Rspr heben weniger auf die Zweckgemein- 2
schaft als auf die *Gleichstufigkeit* der Verpflichtungen ab (BGH 106, 319; 108, 183; BGH NJW 98, 539); es muß im Innenverhältnis zwischen den Schuldnern *grundsätzlich wechselseitiger Regreß* möglich sein, es darf nicht ein Schuldner grundsätzlich primär verpflichtet und der zunächst leistende andere Schuldner voll ausgleichsberechtigt sein (str), mag auch im Einzelfall volle Ausgleichspflicht bestehen. Die Lehre von der Zweckgemeinschaft und die Gleichstufigkeitstheorie führen zu ähnlichen Ergebnissen, weil beide letztlich Gleichheit oder Vergleichbarkeit des inneren Grundes der Schuldnerhaftung fordern; denn nach ihm beurteilen sich die „Zweckgemeinschaft" und die grundsätzliche Möglichkeit wechselseitigen Ausgleichs (zum Meinungsstand MK/Bydlinski 3 ff).

2. Ges Fälle der Gesamtschuld: §§ 42 II, 53, 54, 86, 88, 89 II, 427, 431, 3
556 III, 613 a II (hierzu BGH NJW 85, 2644), 769 (s BGH NJW 87, 375; 3124: Ausschluß in AGB), 840 I, 1108 II, 1357 I 2, 1437 II, 1459 II, 2058, 2382; HGB 128 (hingegen keine Gesamtschuld zwischen OHG und Gesellschafter, sondern nur fallweise zu prüfende entspr Anwendung der §§ 421ff; BGH 104, 78 mN; vgl §§ 422–424 Rn 5; § 425 Rn 6, 10); PartGG 8 (s § 705 Rn 10); mehrere aus Gefährdung Haftpflichtige, arg HPflG 13, StVG 17; PflVG 3 Nr 2; ProdHaftG 5 S 1; sa Rn 8 f und § 425 Rn 11; ZPO 100 IV; VVG 59.

3. Fälle der Gesamtschuld kraft Zweckgemeinschaft. Mehrere auf gleicher 4
Stufe stehende Sicherungsgeber (BGH 108, 179; sa § 426 Rn 4); Dienstherr aus Fürsorgepflichtverletzung und Dritter aus §§ 823 ff bzw StVG bei Verkehrsunfall eines Bediensteten (BGH 6, 24 f; 43, 184 ff); öffentl Hand und Dritter bei Verkehrsunfall (entgegen § 839 I 2: BGH NJW 94, 175; anders bei Inanspruchnahme von Sonderrechten – StVO 35 I: BGH 85, 225); Verkehrsteilnehmer und Elternteil, der anläßlich eines Unfalls seine familienrechtliche Obhutspflicht verletzt (BGH 73, 190; 103, 344); Architekt und Handwerker bei Mängelbeseitigungsansprüchen des Bauherrn (BGH 51, 275 ff; anders noch 39, 264); Bauunternehmer und Vermieter bei baumängelbedingten Schäden am Eigentum des Mieters (BGH NJW 94, 2231); Architekt aus § 823 I und Bauherr aus § 906 II (BGH 85, 386); Prozeßbevollmächtigter und Verkehrsanwalt im Haftungsfall (München MDR 98, 968); Treuhänder bei Verletzung seiner Betreuungspflicht und begünstigter Bauherr bei vertragswidriger Erstellung auf einer kleinen Fläche (BGH NJW-RR 91, 664); Dieb aus § 823 und Abnehmer aus § 816 I gegenüber dem Eigentümer (BGH 52, 39 ff; str); Schuldner aus § 816 I 1 und Fahrlässigkeitstäter aus § 823 I (BGH JZ 84, 230 mit abl Anm Reinicke/Tiedtke); Schuldner eines Leibrentenversprechens und Eigentümer des mit einer entspr Reallast belasteten Grundstücks (BGH 58, 191 ff; NJW 91, 2899; 5
93, 2617); ersatzpflichtiger Vertragspartner und ersatzpflichtiger Dritter (§ 823 I) bei Eigentumsverletzung (BGH 59, 97 ff; NJW 81, 751; sa Rn 7), auch wenn der Dritte Erfüllungsgehilfe des Vertragspartners ist (LM Nr 9 zu § 426; BGH VersR 69, 737); Verkäufer und Besitzer für Nutzungen, die dem Käufer zustehen, pVV und § 987 (Köln NJW 84, 1690); mehrere gleichzeitig Beschenkte hinsichtlich des Rückgewähranspruchs des verarmten Schenkers (BGH NJW 98, 537); mehrere dem Regreßgläubiger durch Teilungsabkommen verbundene Haftpflichtversicherer, sofern sie nach ges Haftungslage leisten müssen (LM Nr 10; sa Rn 8); Leasingnehmer und Kaskoversicherer bei Verletzung ihrer Verträge mit dem Leasinggeber und identischem Schaden (München OLGZ 83, 446); Steuerschuldner und Haftungsschuldner (BGH NJW 93, 585); Mitglieder einer ärztlichen Gemeinschaftspraxis mit gleicher Gebietsbezeichnung, die gegenüber Kassenpatienten gemeinschaftlich auf-

§ 421

treten, im Rahmen der vertraglichen Haftpflicht eines anderen Mitglieds (BGH 142, 135 ff; hierzu Emmerich JuS 00, 185). Die Gesamtschuld bleibt auch erhalten, wenn die Schuldner vereinbaren, etwa im Falle eines Kredits jeweils die Hälfte der Raten zu bezahlen und der Gläubiger diese Vereinbarung gegenzeichnet (Hamm WM 91, 1460). Vgl iü §§ 714, 715 Rn 9 ff; §§ 1437–1440 Rn 2 ff, 1459–1462 Rn 2 ff; §§ 2058–2063 Rn 5 ff u 8; §§ 743–748 Rn 12.

6   **4. Fehlende Zweckgemeinschaft bzw Gleichstufigkeit. a)** In Fällen des **ges Forderungsübergangs** gewährt ein Schuldner als Institution öffentl oder privater Daseinsvorsorge (zB Arbeitgeber, Versicherung usw) Schutz vor Schäden, für die ohne soziale oder versicherungsmäßige Absicherung allein ein anderer Schuldner haften würde (vgl VVG 67; SGB X 116; EFZG 4; BBG 87 a; ähnlich BSHG 90, 91). Es fehlt dabei an der Kongruenz des inneren Grundes für die Einstandspflicht, so daß der aus sozialen oder versicherungsbedingten Gründen leistungspflichtige Schuldner und der „an sich" haftende Schuldner *keine* Gesamtschuldner sind (BGH 13, 365 f); vielmehr ist stets die einseitige Endhaftung des andern Schuldners anzunehmen, die sich im Forderungsübergang verwirklicht.

7   **b)** Sofern ein Schuldner bei Leistung einen **Anspruch auf Abtretung der Ansprüche des Gläubigers gegen den andern Schuldner** hat (§§ 255, 285 I nF bzw 281 aF, 242), liegt ebenfalls keine Gesamtschuld vor, weil in solchen Fällen die Endhaftung des Schuldners der abgetretenen Forderung feststeht (vgl Karlsruhe NJW-RR 98, 601 f). Ermöglicht der Entleiher fahrlässig den Diebstahl der Leihsache, so kann er Zug um Zug gegen die Ersatzleistung (§§ 604 I, 280 III nF, 281 II nF) Abtretung der Ansprüche des Verleihers gegen den Dieb (§§ 985, 990, 992, 823 I) verlangen (Larenz, SchR I, § 32 I; § 255 Rn 1). Die Bewertung dieser Interessenlage ist abzugrenzen gegen den Fall, daß der Vertragspartner und ein Dritter beide fahrlässig Eigentum verletzen (BGH 59, 97 ff; s Rn 3 f) und folglich wegen Kongruenz des inneren Grundes der Haftung Gesamtschuldner sind (str, aA

8   Reinicke/Tiedtke, Gesamtschuld und Schuldsicherung, 1988, S 28 ff). **c) Einzelfälle.** Gegenüber der Berufsgenossenschaft sind der Schädiger, der kraft Forderungsübergangs Schuldner des Sozialversicherungsträgers wurde, und der Unternehmer, der seiner Berufsgenossenschaft gem SGB VII 110 f bzw RVO 640 aF haftet, nicht ausgleichungspflichtige Gesamtschuldner; Bereicherungsausgleich (BGH MDR 81, 928; sa BGH 19, 123 ff). Beim vertraglichen Anspruch des Vermieters auf Durchführung von Schönheitsreparaturen gegen den Altmieter *und* den Neumieter liegt Leistungskumulation vor, keine Zweckgemeinschaft (vgl BGH 49, 61; Hamburg OLGZ 84, 106); der Gläubiger kann sich doppelte Leistung versprechen lassen (vgl Larenz, SchR I, § 37 I; str). Leistet ein Haftpflichtversicherer aufgrund Teilungsabkommens an den Regreßgläubiger, ohne nach ges Haftungslage leisten zu müssen, so soll er andere Abkommensschuldner entspr der ges Haftungslage nach § 812 I 1 beanspruchen können (LM Nr 10; sa Rn 4 f); gleiches gilt für den

9   Ersatzpflichtigen selbst (BGH NJW 81, 1909; Denck NJW 82, 2054). Zwischen einem Nebentäter und dem Kfz-Versicherer des anderen Nebentäters besteht keine Gesamtschuld (BGH NJW 81, 681), ebensowenig zwischen mehreren polizeilichen Störern bei gestaffelter Zugriffsmöglichkeit (BGH NJW 81, 2458; offen für gleichstufige Störer VGH Kassel NJW 84, 1199; sa § 426 Rn 2). Haupt- und Subunternehmer sind nicht Gesamtschuldner des Bauherrn (BGH NJW 81, 1779), ebensowenig mehrere Subunternehmer (Hamm NJW-RR 92, 850). Der Baulastpflichtige kann vom ersatzberechtigten Baueigentümer Abtretung gem § 255 verlangen (str, aA RG 82, 206 – „Dombrandfall"), ebenso der lohnfortzahlende Arbeitgeber vom ersatzberechtigten Angestellten (BGH 107, 328: nicht EFZG 4 analog!). Keine Gesamtschuld besteht zwischen dem Verleiher und dem Entleiher von unter Verstoß gegen AÜG 9 I überlassenen Arbeitnehmern; insoweit enthält AÜG 9 I eine abschließende Regelung (BGH NJW 00, 3495). Gleichstufigkeit besteht nicht zwischen auf Strafentschädigung haftendem Land (StrEG § 7) und Drittschädiger (BGHZ 106, 319).

Mehrheit von Schuldnern und Gläubigern   §§ 422–424

5. Rechtsfolge ist die „Paschastellung des Gläubigers": er kann nach *Belieben* 10
jeden Gesamtschuldner ganz oder teilweise in Anspruch nehmen und mit dem
Regreßrisiko belasten (BGH WM 84, 906, 1309); dies gilt auch in der Insolvenz
der Gesamtschuldner (InsO 43 f; KO 68 aF) und auch, wenn eine Behörde Gläubiger ist (Hess VGH FamRZ 92, 1363; str: für weite Ermessensbindung bei gleicher
Anspruchsgrundlage gegen verschiedene Schuldner BVerwG NJW 93, 1669;
NVwZ 1983, 222 f; OVG Münster NJW 1989, 2561; OVG Dresden NVwZ-RR
99, 788 f). Jeder Gesamtschuldner schuldet aber nur die Kosten einer gegen ihn
gerichteten Rechtsverfolgung (BGH NJW 90, 910), wobei allerdings fremde Kosten die Erfüllungswirkung von Zahlungen der Mitschuldner mindern (§§ 422 I 1,
367 I). Nach Bejahung der Gesamtschuld zwischen Architekt und Unternehmer
bei Mängelbeseitigung (Rn 4) gilt das Gläubigerwahlrecht auch für den Besteller
bzw Bauherrn (insoweit überholt BGH NJW 62, 1499). Ein Arbeitsverhältnis
zwischen Gläubiger und einem Gesamtschuldner kann uU zur primären Inanspruchnahme des Dritten verpflichten (BAG 18, 199; fragwürdig). Wenn der
Gläubiger eine dingliche Sicherheit aufgibt, die auf den beanspruchten Gesamtschuldner übergegangen wäre (§§ 426 II, 401, 412), greift uU die Arglisteinrede
(BGH NJW 83, 1423; nicht § 776 analog: Hamm ZIP 83, 922); idR kein Rechtsmißbrauch bei Inanspruchnahme des im Innenverhältnis freigestellten Gesamtschuldners (BGH NJW 91, 1289).

6. Prozessuales. Bei Verurteilung eines einzelnen Gesamtschuldners kann Ge- 11
samtschuldnerschaft unerwähnt bleiben (BGH NJW 90, 2616); keine Wirkung
rechtskräftiger Verurteilung auf das Innenverhältnis zu anderen Gesamtschuldnern
(Düsseldorf NJW-RR 92, 922). Gesamtschuldner sind einfache Streitgenossen (vgl
§ 425 Rn 1; zur Streitgenossenschaft gemeinschaftlicher Schuldner vgl § 431
Rn 3). Ausnahmsweise ist Rechtskrafterstreckung möglich (vgl § 425 Rn 6, 11).

§ 422 Wirkung der Erfüllung

(1) ¹**Die Erfüllung durch einen Gesamtschuldner wirkt auch für die
übrigen Schuldner.** ²**Das Gleiche gilt von der Leistung an Erfüllungs statt,
der Hinterlegung und der Aufrechnung.**

(2) **Eine Forderung, die einem Gesamtschuldner zusteht, kann nicht von
den übrigen Schuldnern aufgerechnet werden.**

§ 423 Wirkung des Erlasses

**Ein zwischen dem Gläubiger und einem Gesamtschuldner vereinbarter
Erlass wirkt auch für die übrigen Schuldner, wenn die Vertragschließenden
das ganze Schuldverhältnis aufheben wollten.**

§ 424 Wirkung des Gläubigerverzugs

**Der Verzug des Gläubigers gegenüber einem Gesamtschuldner wirkt
auch für die übrigen Schuldner.**

Anmerkungen zu den §§ 422–424

1. Die Vorschriften behandeln **gesamtwirkende Tatsachen,** auf die sich alle 1
Schuldner berufen können. **a) Erfüllung bzw Erfüllungssurrogate,** § 422
(BGH 72, 272). Nach BGH (NJW 87, 376) ist § 422 abdingbar (zweifelhaft, vgl
auch Wolf NJW 87, 2472); zum Innenverh § 426 Rn 1. Einzelwirkung kann aber
nicht nachträglich zu Lasten der übrigen Gesamtschuldner herbeigeführt werden
(BGH VersR 84, 327). Die Erfüllung bewirkt nur Erlöschen der Forderung, wenn
mangels Ausgleichsanspruchs ein Anspruchsübergang (§ 426 II) nicht stattfindet
(BGH NJW 91, 98); sonst Fortfall der Aktivlegitimation des Gläubigers mit dem

§ 425   Buch 2. Abschnitt 7

Übergang. Erfüllung durch eine Partei nach Verurteilung als Gesamtschuldner läßt die Beschwer der anderen Geamtschuldner nicht entfallen, so daß diese ein Berufungsverfahren weiter betreiben können (BGH NJW 00, 1120). § 422 II wiederholt das Tatbestandsmerkmal der Gegenseitigkeit bei Aufrechnung innerhalb des

2 Gesamtschuldverhältnisses (vgl § 387 Rn 3 ff). **b) Gläubigerverzug als Folge des Erfüllungsversuchs** eines Gesamtschuldners wirkt folgerichtig für alle (§ 424). **c)** Beim **Erlaß als Erlöschensgrund** ist zu unterscheiden (BGH NJW 86, 1098): **aa)** Zwischen Gläubiger und einem Gesamtschuldner **vereinbarte Gesamtwirkung** wirkt für alle (zB Wirkung eines Erlasses gegenüber dem Versicherungsnehmer auch für den Haftpflichtversicherer nach PflVG 3 Nr 2, Köln VersR 69, 1027; Wirkung eines Erlasses des Fahrzeugversicherers gegenüber Haftpflichtversicherer für den Schädiger, BGH NJW 93, 1111; Verzicht gegenüber dem im Innenverhältnis allein haftenden wirtschaftlichen Hauptschuldner, Köln NJW-RR 92, 1398; LG Stuttgart NJW-RR 94, 505; Hamm NJW-RR 98, 486).

3 **bb)** Zwischen Gläubiger und Schuldner kann – wie im Zweifel anzunehmen (BGH NJW 00, 1943) – **Einzelwirkung** in der Weise gewollt sein, daß der Gläubiger vom einzelnen Gesamtschuldner nicht mehr fordern darf (pactum de non petendo), die übrigen Gesamtschuldner aber leistungspflichtig und ausgleichungsberechtigt (§ 426) bleiben (zB Entlassung eines Bürgen im Verhältnis zu

4 weiteren Bürgen: BGH NJW 92, 2286). **cc)** Von **beschränkter Gesamtwirkung** spricht man, wenn der kontrahierende Schuldner gegenüber dem Gläubiger frei wird und die Schuld der übrigen Gesamtschuldner um den Ausgleichsbetrag des frei werdenden Schuldners gekürzt wird, wobei dann auch die Ausgleichungspflicht des befreiten Schuldners im Innenverhältnis entfällt (vgl Oldenburg OLGR 99,

5 319; BGH NJW 00, 1943; auch § 426 Rn 22 ff; § 840 Rn 8 f). **dd)** Da zwischen **OHG und Gesellschafter** kein Gesamtschuldverhältnis besteht und §§ 421 ff nur entspr gelten (§ 421 Rn 3), ergibt sich folgende, der Interessenlage angepaßte Regelung: kein Erlaß gegenüber OHG bei Fortbestand der Forderung gegenüber dem Gesellschafter (BGH 47, 378 ff), wohl aber umgekehrt (BGH BB 71, 975). **d)** Beim **Vergleich** über eine vergleichsfähige Forderung gelten je nach Inhalt die Ausführungen zu Erfüllung und Erlaß entspr (zB Prozeßvergleich, BGH NJW 00, 1943 mAnm Büchler EWiR 00, 713; Abfindungsvergleich mit Drittwirkung, LG München VersR 83, 27; Köln OLGZ 93, 231; NJW-RR 94, 1307). Der Widerruf des Vergleichs durch einen Gesamtschuldner läßt auch nach Erhalt der Vergleichssumme die weitergehende Forderung diesem gegenüber wieder aufleben

6 (München NJW 95, 2422). **e)** Ein **Mitverschulden** des Schadensersatzgläubigers (§ 254 I) wirkt zugunsten aller Gesamtschuldner, auch wenn Zurechnung nach § 278 erfolgt und nur ein Gesamtschuldner aus pVV, die übrigen aus Delikt haften (BGH 90, 90). **f)** Bei **Abtretung** ist idR die Abtretung gegen alle Gesamtschuldner gewollt (Hamm NJW-RR 98, 486); sa § 401 Rn 2.

§ 425 Wirkung anderer Tatsachen

(1) **Andere als die in den §§ 422 bis 424 bezeichneten Tatsachen wirken, soweit sich nicht aus dem Schuldverhältnis ein anderes ergibt, nur für und gegen den Gesamtschuldner, in dessen Person sie eintreten.**

(2) **Dies gilt insbesondere von der Kündigung, dem Verzug, dem Verschulden, von der Unmöglichkeit der Leistung in der Person eines Gesamtschuldners, von der Verjährung, deren Neubeginn, Hemmung und Ablaufhemmung, von der Vereinigung der Forderung mit der Schuld und von dem rechtskräftigen Urteile.**

1   1. Die Vorschrift stellt gem I den **Grundsatz der Einzelwirkung** auf, soweit nicht §§ 422–424 vorliegen oder aus dem Schuldverhältnis ausnahmsweise anderes folgt (vgl Rn 8 ff). Die Aufzählung gem II ist nur exemplarisch, nicht abschließend. Sie betrifft nur die Tatsachen, die nach Begründung der Gesamtschuld eintreten (BGH NJW 87, 2864). Nach dem Grundsatz der Einzelwirkung können die

Forderungen gegen die einzelnen Gesamtschuldner ein verschiedenes rechtliches Schicksal haben, so daß Gesamtschuldner im Prozeß einfache Streitgenossen sind. Pfändungen wirken nur gegen Gesamtschuldner, denen der Pfändungsbeschluß zugestellt ist (BGH NJW 98, 2904).

2. **Einzelfälle der Einzelwirkung. a) Kündigung. aa)** Fälligkeitskündi- 2
gung ist nur gegenüber jedem Schuldner möglich; Abbedingung mit § 307 I nF (= AGBG 9 I aF) unvereinbar (BGH 108, 100 für Darlehen; teilw aA – Darlehenskündigung als Kündigung eines Dauerschuldverhältnisses – Karlsruhe NJW 89, 2137). Einzelwirkung gilt auch für die Fälligkeitsfiktion nach InsO 41 I bei Insolvenz eines Gesamtschuldners (BGH NJW 00, 1409 für KO 65 I aF). **bb) Kündigung von Dauerschuldverhältnissen** muß gegenüber allen Schuldnern erfolgen (zB Mietkündigung, BGH 96, 310; rechtsähnlich § 351 nF = 356 aF). Die Insolvenz eines Mieters berechtigte den Vermieter unter Geltung der KO nicht zur Kündigung aller Mieter (BGH 26, 102 ff); hingegen sollte der Konkursverwalter früher gem KO 19 mit Wirkung für alle Mieter kündigen können (Düsseldorf NJW-RR 87, 1369; ausf Baur/Stürner II Rn 9.62); unter Geltung der InsO 108 ff dürfte für Immobilien dasselbe richtig sein (MKInsO/Eckert § 109 Rn 37 ff); sa Rn 10. **b) Verzug.** Eine 3
Mahnung wirkt nur gegenüber dem gemahnten Gesamtschuldner (anders bei Mahnung des Haftpflichtversicherers: Nürnberg NJW 74, 1950). Schadensersatz (§§ 280 I, II iVm 286 nF, vgl §§ 286 II, 326 aF) kann nur vom betroffenen Schuldner verlangt werden, die übrigen schulden weiterhin die Primärleistung; vgl aber beim Rücktritt § 351 nF, 356 aF. **c) Unmöglichkeit:** Der Primäranspruch entfällt 4
nur bei obj Unmöglichkeit gegenüber allen Gesamtschuldnern (§§ 311 a I, 275 I nF), bei subj nur gegenüber den Betroffenen (§ 275 I nF); auch das Weigerungsrecht nach § 275 II nF kann nur vom betroffenen Schuldner geltend gemacht werden. Für die Sekundäransprüche bleibt es im wesentlichen beim alten Recht: Obj, zu vertretende Unmöglichkeit macht den betroffenen Gesamtschuldner ersatzpflichtig (§§ 280 I, 311 a II nF, §§ 280, 325 aF), die übrigen werden frei (§ 275 I); subj, zu vertretende macht den betroffenen Gesamtschuldner ersatzpflichtig (§§ 280 I, 311 a II nF, §§ 280, 325 aF), die übrigen schulden die Primärleistung. Zu § 254 I s §§ 422–424 Rn 6. **d) Verjährung** vgl Vor §§ 414, 415 Rn 3; s aber BGH 5
NJW-RR 96, 315 (Gesamtwirkung des Anerkenntnisses eines Anwaltssozius; zur Anwaltshaftung §§ 714, 715 Rn 7). **e)** Der **Schutz der Vorschriften über Verbraucherdarlehen** (vgl insbes §§ 495, 355, 503 II nF entspr VerbrKrG 7, 13 II, III a aF) gilt auch zugunsten des neben dem Käufer mithaftenden Dritten (BGH 91, 44 mN betr AbzG 5; 109, 317 betr AbzG 1 b; 133, 74 f; 220 betr VerbrKrG 1, 7; anders zur Bürgschaft BGH NJW 98, 1940 mN; sa Vor §§ 414, 415 Rn 3), uU auch wenn Käufer bzw Kreditnehmer selbst nicht Verbraucher ist (BGH 133, 71 = LM VerbrKrG Nr 5 [Pfeiffer]; 133, 220; NJW 97, 3170; 98, 1940). Der mithaftende Verkäufer, der sich neben dem Käufer gegenüber dem Finanzierungsinstitut gesamtschuldnerisch verpflichtet, kann sich zwar *nicht selbst* auf die Schutzwirkung der Vorschriften über Verbraucherverträge berufen (BGH 47, 250 ff; 91, 44 f) und zB widerrufen (BGH NJW 93, 1913), wohl aber schuldet er nach dem Widerruf durch den Käufer nur noch Kapitalrückzahlung mit Zinsen und nicht etwa volle käufergleiche Leistung, es sei denn, es ist keine Schuldmitübernahme, sondern Garantie gegeben (BGH NJW 93, 1913). **f)** Die **Einzelwirkung der Rechtskraft** (BGH 6
NJW-RR 93, 1267) gilt – bei nur entspr Anwendung der §§ 421 ff (vgl § 421 Rn 3) – auch im Verhältnis zwischen OHG und *ausgeschiedenem* Gesellschafter (BGH 44, 233 f); dies nur dann, wenn das Ausscheiden vor dem Rechtsstreit liegt und der Gesellschafter auf die Prozeßführung der Gesellschaft keinen Einfluß hat (BGH 78, 121). Wohl aber muß der *nicht ausgeschiedene* Gesellschafter gem HGB 129 I das Urteil gegen die Gesellschaft auch für sich gelten lassen, weil er die Prozeßführung der Gesellschaft mitbestimmen kann (BGH 64, 156 ff; MK/Bydlinski 14); ebenso der Gesellschafter einer Schein-KG (BGH NJW 80, 785). **g)** Bei **Konfusion** bleibt 7
die Forderung bestehen; die übrigen Gesamtschuldner haften dem Rechtsnachfolger

§ 426 Buch 2. Abschnitt 7

pro rata (BAG NJW 86, 3104; aA Rüßmann JuS 88, 182). **h) Vergleich** ist gegebenenfalls wie der Erlaß zu behandeln (§§ 422–424 Rn 2 f, s Hamm MDR 90, 338).

8   3. **Ausnahmsweise Gesamtwirkung** kann aus Vereinbarung, Inhalt oder Zweck des Gesamtschuldverhältnisses folgen. **a) Abgrenzung zur gemeinschaftlichen Schuld** (vgl Vor § 420 Rn 4): Gesamtschuld liegt nur vor, wenn jeder Schuldner die Leistung erbringen kann und Zusammenwirken *nicht* geschuldet ist; bei gemeinschaftlicher Schuld, die zum Zusammenwirken verpflichtet, gelten §§ 421 ff ohnehin nicht (zutr Abgrenzung bei Larenz, SchR I, § 37 II; vgl § 431 Rn 3 f). Die Frage ausnahmsweiser Gesamtwirkung stellt sich nur bei Gesamtschuldnern.
9   **b) Einzelfälle. aa)** Zur Haftung innerhalb einer **Anwaltssozietät** oder **Gemeinschaftspraxis** für das Verschulden des Mitschuldners vgl §§ 714, 715 Rn 7, § 705 Rn 11. **bb) Mehrere Mieter als Gesamtschuldner** werden sich häufig nicht auf die Einzelwirkung in der Person des Mitmieters berufen können (vgl BGH 65, 226 ff für schuldhafte Verletzung der Rückgabepflicht bei Automiete; Düsseldorf ZIP 00, 582 f: kein Recht eines Mieters zur Mietzinsminderung, wenn der Mietmangel durch einen anderen Gesamtschuldner verursacht wurde; aA für KO 19 S 3 aF – jetzt InsO 109 I 2 – dagegen Düsseldorf NJW-RR
10   87, 1369; sa Baur/Stürner II Rn 9.62 und Rn 2). **cc)** Der **Gesellschafter einer OHG**, für dessen Verhältnis zur OHG §§ 421 ff nur entspr gelten (vgl § 421 Rn 3), muß die Verwandlung der Gesellschaftsschuld in eine Geldschuld auch nach seinem Ausscheiden gegen sich gelten lassen (BGH 36, 228; 48, 203; s nunmehr HGB 160 I nF). Die Klage gegen die Gesellschaft hemmt die Verjährung gegen den Gesellschafter, der bei Klageerhebung der Gesellschaft angehört (BGH 73, 223; 78, 120; Hadding ZGR 81, 588); jedoch kann sich der Gesellschafter auf Verjährung gegenüber der OHG nicht berufen, falls ihm gegenüber die Verjährung neu begonnen hat (§ 212 nF; zur Unterbrechung alten Rechts BGH 104, 76; sa NJW 81, 2579). **dd)** Ein **Darlehensnehmer** muß den Kündigungsgrund, der in der Person seines gesamtschuldnerischen Mitdarlehensnehmer liegt, gegen sich gelten lassen (München NJW-RR 96, 370; Hamm NJW-RR 00, 714); sa BGHZ 111, 337 (Gesamtnichtigkeit gesamtschuldnerischer Darlehen, § 139).
11   4. **Sonderregelung:** PflVG 3 Nr 3, 8 mit abw Folgen für Gesamtschuldnerschaft gem PflVG 3 Nr 2 bei Verjährung (s BGH 83, 166) und Rechtskraft (s BGH NJW 82, 996; 999); ProdHaftG 5 S 2, HS 2 mit Verweis auf §§ 421–425.

§ 426 Ausgleichungspflicht, Forderungsübergang

(1) ¹**Die Gesamtschuldner sind im Verhältnis zueinander zu gleichen Anteilen verpflichtet, soweit nicht ein anderes bestimmt ist.** ²**Kann von einem Gesamtschuldner der auf ihn entfallende Beitrag nicht erlangt werden, so ist der Ausfall von den übrigen zur Ausgleichung verpflichteten Schuldnern zu tragen.**

(2) ¹**Soweit ein Gesamtschuldner den Gläubiger befriedigt und von den übrigen Schuldnern Ausgleichung verlangen kann, geht die Forderung des Gläubigers gegen die übrigen Schuldner auf ihn über.** ²**Der Übergang kann nicht zum Nachteil des Gläubigers geltend gemacht werden.**

Lit: Lorenz, Die Lehre von den Haftungs- und Zurechnungseinheiten etc, 1979; Roth, Haftungseinheiten bei § 254, 1982.

1   1. **Bedeutung.** Die Vorschrift regelt den **Innenausgleich** zwischen den Gesamtschuldnern. *Vertraglicher Ausschluß* des Innenausgleichs ist möglich, er liegt aber nicht ohne weiteres im Ausschluß der Vorzüge gesamtschuldnerischer Haftung (§§ 422 ff; BGH NJW 87, 3124 mN; vgl § 424 Rn 1) und in der Vereinbarung, daß etwaige Zahlungen nur als Sicherheit geleistet werden (BGH NJW 87, 375:
2   jew durch AGB für Mitbürgen). § 426 enthält einen **analogiefähigen** allg Rechtsgedanken. Ein Innenausgleich entspr § 426 ist deshalb auch zwischen mehreren auf gleicher Stufe stehenden Sicherungsgebern vorzunehmen (BGH 108, 183: Bürge

und Grundschuldbesteller; NJW 92, 3228; 01, 2330; NJW-RR 91, 171: abw Zusatzvereinbarung; ferner BGH NJW-RR 91, 500; str, vgl Tiedtke WM 90, 1270 u DNotZ 93, 291; § 774 Rn 12); ebenso beim Rückforderungsanspruch des verarmten Schenkers gegen mehrere gleichzeitig Beschenkte (BGH NJW 98, 537). Die Anwendung von § 426 auf den Ausgleich zwischen polizeilich Verantwortlichen ist str; ablehnend BGH NJW 81, 2457; vgl Finkenauer, NJW 95, 432; Pohl NJW 95, 1648; sa § 421 Rn 9). Beim Innenausgleich geht es um **zwei verschiedene Gesichtspunkte:** die **Quote** der Erfüllungsbeteiligung jedes Gesamtschuldners (Rn 3 ff) und die **Anspruchsgrundlagen** des Innenausgleichs (Rn 14 ff u 21).

2. **Beteiligungsquote der Gesamtschuldner. a) Haftung zu gleichen Teilen** ist zwar die ges Grundregel (vgl I 1), praktisch aber bloße Ausnahme und Hilfsregel, weil abw ges Bestimmungen oder rechtsgeschäftliche Vereinbarungen bei weitem überwiegen, die als rechtliche Ausnahmen aber darzulegen und zu beweisen sind (Köln NJW-RR 96, 557). *Bsp für gleiche Anteile:* Vorschußpflicht des Klägers und des Beklagten gegenüber dem Schiedsrichter (BGH 55, 348; vgl aber auch Rn 10 ff); Schuldner einer Leibrente und Schuldner einer sichernden Reallast (BGH 58, 194; NJW 91, 2899); Gesamtschuldner des Anspruchs aus § 528 I (BGH NJW 98, 537). **b) Anderweitige Bestimmung durch RGeschäft** kann liegen in einer – uU stillschweigenden (BGH 88, 190) – Regulierungsvereinbarung, sie kann sich aber auch aus dem Rechtsverhältnis ergeben, das für die Gesamtschuldnerschaft ursächlich war: für Gesellschafter vgl § 707 Rn 2, §§ 714, 715 Rn 9 f, §§ 735, 722; der Geschäftsführer, der neben dem Geschäftsherrn als Gesamtschuldner haftet, kann vollen Ausgleich im Umfange der §§ 670, 683 fordern (vgl BGH VersR 70, 621); kein Ausgleich zwischen Auftraggeber und Subunternehmer des Auftragnehmers nach auftragsmäßigem Schuldbeitritt (BGH MDR 85, 390); die Ausgleichspflicht unter Mitbürgen kann von einer Rangvereinbarung (BGH NJW 86, 3133), ihrer Stellung zum Hauptschuldner (BGH 88, 190; NJW 86, 1098), den Besonderheiten der Höchstbetragsbürgschaft (BGH ZIP 98, 280 mN; Köln WM 91, 1718) oder der Höhe der Sicherheiten (Hamm WM 90, 1239; Stuttgart ZIP 90, 446; Anm Bayer ZIP 90, 1523) abhängen, ebenso zwischen Bürge und sicherndem Mitschuldner (Celle NJW 86, 1761) und allgemein zwischen gleichstufigen Sicherungsgebern (BGH NJW-RR 91, 501 sa Rn 2); Berücksichtigung der Vertragsverletzung eines Gesamtschuldners gegenüber dem andern (BGH VersR 84, 444); Ausgleichspflicht des Erstehers bei Zwangsversteigerung des mit einer Reallast belasteten Grundstücks gegenüber dem Schuldner der gesicherten Leibrentenforderung für die nach dem Zuschlag fällig werdenden Leistungen (BGH NJW 93, 2617 in Abgrenzung zu BGH 58, 191; Karlsruhe FamRZ 01, 1455); Ausgleichspflicht der Organgesellschaft gegenüber steuerlichem Organträger bei Konzerngesellschaften (BGH NJW 93, 585); Ausgleichspflicht der Wohnungseigentümer gegenüber dem Verwalter (vgl BayObLG NJW-RR 01, 158 f); *nicht* jedoch durch einseitige Bestimmung des Schenkers für den Rückforderungsfall bei Verarmung hinsichtlich des Innenausgleichs unter mehreren gleichzeitig Beschenkten (BGH NJW 98, 539; zw). Bei *Ehegatten* (Nickl NJW 91, 3124; Gernhuber JZ 96, 696 ff, 765 ff; Gerhards, FamRZ 01, 661 ff) ist anderweitige Bestimmung anzunehmen, wenn ein Ehegatte über kein eigenes Einkommen verfügt (BGH 87, 269; NJW 95, 653 mN), bei beiderseitiger Erwerbstätigkeit haften sie einander entsprechend den Einkünften (BGH FamRZ 84, 30; NJW 00, 1945; BGH 73, 38 für Steuerschulden; zur Aufteilung der Rückerstattung BFH NJW 91, 2103; Düsseldorf FamRZ 93, 70; Celle OLGR 00, 9); finanzielle Mehrbelastungen eines Teils werden uU durch die Haushaltsführung des anderen Teils ausgeglichen (BGH 87, 269 f); bei Tod findet idR ein nachträglicher Ausgleich nicht statt (BGH NJW-RR 90, 836). *Nach Trennung* der Ehegatten fällt die eheliche Sonderbeziehung *ex nunc* (hierzu Karlsruhe FamRZ 91, 441) weg; nur „ausnahmsweise" Korrektur nach § 242 für Aufwendungen *vor* Trennung (Bremen NJW 00, 83), die

§ 426

während bestehender Lebensgemeinschaft nicht ausgleichungsfähig waren. Aufwendungen, die der gemeinsamen Vermögensbildung dienen, sind grds hälftig (Schleswig FamRZ 90, 165) auszugleichen (BGH 87, 269 f; auch ohne vorherigen Hinweis, BGH NJW 95, 653); ansonsten (zB Darlehen für Hausrat oder Lebensführung) gilt während der Ehe geltende Bestimmung uU fort (Hamm NJW-RR 90, 1414; FamRZ 93, 710). Der Ausgleichsanspruch geht dem Zugewinnausgleich vor (BGH NJW 89, 1921; zur Berücksichtigung am Endvermögen
7 abgesetzter Gesamtschulden Karlsruhe FamRZ 91, 1195). Dem Ausgleichsanspruch kann der Anspruch auf Neuregelung der Nutzung und Verwaltung eines Gebäudes (§ 745 II) entgegengehalten werden (BGH 87, 271; Schleswig NJW-RR 93, 1029), die Berufung auf den Ausgleichsanspruch ist uU sogar rechtsmißbräuchlich, wenn der Anspruch auf Nutzungsneuregelung nicht geltend gemacht ist (Oldenburg NJW-RR 86, 752); Alleinnutzung kann beim Ausgleichsanspruch berücksichtigt werden, der Lasten und Finanzierungskosten eines Gebäudes betrifft (BGH FamRZ 93, 676; Schleswig NJW-RR 93, 1029; für Mietkosten München FamRZ 96, 291; ähnlich für Kreditraten für von einem Ehegatten weitergenutzten PKW KG NJW-RR 99, 1093). Anderweitige Scheidungsvereinbarungen haben Vorrang (BGH FamRZ 90, 376), ebenso die Ausgleichsregelung nach § 1361 b II und die Auseinandersetzungsregeln ehelicher Gütergemeinschaft (Zweibrücken FamRZ 92, 821). Ausgleichsanspruch muß Berücksichtigung der Belastungen beim Unterhaltsanspruch beachten (München NJW-RR 90, 1415; FamRZ 96,
8 292; Celle FamRZ 01, 1071). Bei der *nichtehelichen Lebensgemeinschaft* (dazu Weinreich FuR 99, 356 ff) besteht für vor der Trennung erbrachte Leistungen idR keine Ausgleichspflicht (zuletzt BGH JZ 98, 407 mAnm Liebs; NJW 96, 2727; sa § 705 Rn 15 f); anders für Leistungen, die nach Trennung erfolgten (BGH 77, 58 f; FamRZ 83, 349; Hamm FamRZ 01, 95) oder Leistungen, die lediglich auf wirtschaftliche Tätigkeit ausgerichtet waren (Celle OLGR 00, 25: Finanzierungskosten eines vermieteten Hauses). Haftpflichtversicherer gleichen im Rahmen eines Teilungsabkommens (§ 421 Rn 5, 8) gem ges Haftungslage aus (LM Nr 10 zu § 421; Denck NJW 82, 2054); zum Anspruch des Vermögensübernehmers vgl 8. Aufl
9 § 419 Rn 11. **c) Anderweitige Bestimmung durch Ges. aa) Ausdr Regelungen** enthalten §§ 840 f, 1833; VVG 59 II, PflVG 3; StVG 17 I 1; LuftVG 41 I 1; ProdHaftG 5 S 2, HS 1. **bb) Bei Schadenshaftung** mehrerer Gesamtschuldner vollzieht sich die Quotelung entspr § 254 nach dem Maß der Verursachung und – ergänzend – des Verschuldens (BGH 59, 103 mwN); sie kann auch zur Leistungsfreiheit eines Gesamtschuldners im Innenverhältnis führen (BGH NJW 80, 2349). Sofern den Gläubiger selbst eine Mitverursachung trifft, ergibt sich die Außenhaftung aus dem Verbund von Gesamtabwägung und Einzelabwägung (vgl § 840 Rn 5), die Ausgleichsquote zwischen den Gesamtschuldnern entspricht ihrem Anteil bei der Gesamtabwägung. *Bsp* (BGH 30, 211; sa NJW 91, 418, 419 f): Gläubiger A und die Gesamtschuldner B und C haben den Schaden von 3000 DM zu gleichen Anteilen verursacht. *Außenverhältnis:* A kann von B und C zusammen 2000 DM verlangen (Gesamtabwägung). Da aber B und C nur gleiche Verursachung wie A trifft, haftet jeder bis maximal 1500 DM (Einzelabwägung). *Innenverhältnis:* Beansprucht A den B mit 1500 DM, C mit 500 DM, so ist zwischen B
10 und C 1 : 1 zu quoteln, so daß B von C 500 DM verlangen kann. **cc) Einheitsquote für mehrere Beteiligte und Innenausgleich.** Mehrere Beteiligte können aus rechtlichen oder tatsächlichen Gründen bei der Schadensquotelung wie ein einziger Beteiligter zu behandeln sein (*Haftungseinheit bzw Tatbeitragseinheit*): Geschäftsherr und Erfüllungs- bzw Verrichtungsgehilfe (BGH 6, 26 ff); Halter und Fahrer des gleichen Fahrzeugs (BGH NJW 66, 1262); mehrere Beklagte bei Vorschußpflicht gegenüber dem Schiedsrichter (BGH 55, 349; vgl Rn 3); Beteiligte mit abgeschlossenem gemeinsamen Tatbeitrag (BGH 54, 283 ff; 61, 213 ff). Hier ist
11 zu unterscheiden: *1. Fall:* Der ohne eigenen Tatbeitrag Geschädigte steht dem Geschäftsherrn, dem Erfüllungsgehilfen und einem Dritten als Gesamtschuldnern gegenüber; er kann jeden voll beanspruchen, beim Ausgleich trägt aber angesichts

gleicher Verursachung durch Erfüllungsgehilfen und Dritten der Dritte $^1/_2$, Geschäftsherr und Gehilfe zusammen $^1/_2$ – nicht $^1/_3$ pro Gesamtschuldner! (BGH 6, 26 ff); vgl zur Ausgleichungspflicht der Haftungseinheit gegenüber den übrigen Gesamtschuldnern Rn 16. 2. *Fall:* Der Geschädigte hat einen Schaden mitverursacht und steht Gesamtschuldnern gegenüber, die bereits vor der Mitverursachung durch den Geschädigten ihren Tatbeitrag abgeschlossen haben (zB Abstellen bzw Stehenlassen eines unbeleuchteten LKW). Hier soll nur eine Einzelabwägung ohne Gesamtschau stattfinden: Schaden 30 000 DM; Geschädigter A im Verhältnis zu Schädiger B $^1/_2$, also 15 000 DM; im Verhältnis zu Schädiger C $^2/_3$, also 20 000 DM; Gesamtschuldnerschaft besteht bis 15 000 DM, und insoweit kann jeder beanspruchte Gesamtschuldner nach dem Gewicht seines Beitrags im Verhältnis zum anderen Gesamtschuldner Ausgleich verlangen (vgl BGH 54, 283 ff mit der Besonderheit immateriellen Schadens!; sehr fragwürdig). 3. *Fall:* Geschädigter und ein Schädiger sind entweder Halter und Fahrer (BGH NJW 66, 1262 f) oder liefern einen gemeinsamen Tatbeitrag (zB falsches Abstellen bei Dunkelheit, BGH 61, 213 ff; gemeinsames Spiel vor Verkehrsunfall, BGH NJW 83, 623; gemeinsames Schieben eines PKW vor Auffahrunfall, BGH NJW 96, 2024; gemeinsam verschuldeter Verkehrsunfall vor ärztlicher Fehlbehandlung, Hamm NJW 96, 790). Der vom Geschädigten beanspruchte weitere Schuldner kann keinen Ausgleichsanspruch gegen den Mitgesamtschuldner erheben, weil dessen Tatbeitrag im Rahmen der Mitverursachung der Gläubigerseite schon berücksichtigt ist (BGH NJW 96, 2024; sa Hamm NJW 96, 790). Hingegen soll er gegen den Mitgesamtschuldner gem § 812 I vorgehen können, falls im Prozeß mit dem Geschädigten seine Quote zu hoch veranschlagt war (BGH NJW 78, 2392).

3. Der Anspruch auf Ausgleichung gem I 1. **a) Anspruchsinhalt.** Der Ausgleichungsanspruch entsteht bereits vor Befriedigung des Gläubigers durch einen Gesamtschuldner mit dem Gesamtschuldverhältnis, das eine Zweckgemeinschaft zwischen den Gesamtschuldnern begründet (BGH 114, 138, 142 mN; NJW-RR 91, 500; NJW 92, 2287; 98, 537; 00, 1943; BVerwG NJW 93, 1068). Vor seiner eigenen Leistung an den Gläubiger kann jeder Gesamtschuldner von den Mitschuldnern anteilige Mitwirkung dahin verlangen, daß an den Gläubiger – nicht an den Gesamtschuldner (Frankfurt NJW-RR 90, 712) – bei Fälligkeit (BGH NJW 86, 979; iü s BGH 91, 73) geleistet werde (BGH WM 86, 961); eine Pflicht zur Vorleistung besteht nicht (BGH WM 87, 985). Dieser Befreiungsanspruch ist einklagbar und bei Zahlungsverbindlichkeiten mit ZPO 803 (Baur/Stürner I Rn 40.5; aA die hM LM Nr 24 zu § 278: ZPO 887), ansonsten gem ZPO 887 zu vollstrecken; er kann ein Zurückbehaltungsrecht (BGH NJW 83, 2438 mN), aber keine Aufrechnungslage (BGH VersR 87, 905) gegenüber dem Mitschuldner begründen. Mit der Befriedigung des Gläubigers geht der Ausgleichsanspruch auf Zahlung an den Gesamtschuldner, der geleistet hat; war die Leistung an den Gläubiger keine Geldleistung, so ist Wertersatz zu leisten (BGH 43, 234). Die Prozeßkosten des leistenden Schuldners gehören nicht zum Ausgleichsanspruch, es sei denn, ein Mitschuldner hat seine eindeutige, umfassende Befreiungspflicht verletzt; bei Kostenspruch gem ZPO 100 IV sind gleiche Kopfteile die Regel (BGH NJW 74, 693). Sofern der Gläubiger nur einen Teil oder eine Rate verlangt, die den Anteil des Gesamtschuldners an der Gesamtforderung nicht übersteigt, ist die Ausgleichspflicht str, von der Rspr aber für Mitbürgen bejaht (BGH 23, 363 f; anders bei Zahlungsunfähigkeit des Ausgleichsberechtigten: BGH 83, 206). **b) Anspruchsgegner** ist der einzelne Gesamtschuldner mit seinem jeweiligen Anteil, der sich allerdings gem I 2 erhöhen kann. Nur ausnahmsweise sind Gesamtschuldner, die eine Haftungseinheit bilden (vgl Rn 10 ff), gegenüber ihrem ausgleichsberechtigten Mitschuldner ebenfalls Gesamtschuldner für die gemeinsame Quote (BGH 55, 349; 61, 220; NJW-RR 89, 920). **c) Konkurrenzen. aa)** Ausgleichsanspruch und **gem II übergegangener Anspruch** stehen nebeneinander (BGH NJW 81, 681; 91, 98). Der Gesamtschuldner kann zwischen

§ 426 Buch 2. Abschnitt 7

ihnen wählen (vgl BGH 59, 102). Der Ausgleichsanspruch verjährt selbständig nach früher 30 Jahren (BGH 58, 218) und jetzt 3 Jahren (§ 195 nF), der übergegangene Anspruch unterliegt eigener Verjährung und eigener Präklusion (BGH NJW 81, 681; vgl Müller VersR 01, 429 ff), für ihn gelten §§ 412, 401 (BGH 80, 232; NJW 83, 1424; 2450; 91, 98; NJW-RR 95, 589; sa § 401 Rn 5); kein Angehörigenprivileg entspr VVG 67 II (BGH 105, 140 ff mAnm Prölss JZ 89,
18 148). **bb) Ansprüche aus dem der Gesamtschuld zugrundeliegenden Rechtsverhältnis** auf Ersatz (zB Gesellschaft oder Geschäftsführung, vgl Rn 4) sind vom ges Anspruch gem I 1 zu trennen (str; aA offenbar LAG Rheinland-Pfalz NZA 84, 164 – unklar!); das Rechtsverhältnis bestimmt nur den Inhalt des ges Anspruchs, der mit anderen rechtsgeschäftlichen Ansprüchen konkurriert.
19 cc) Ansprüche eines Mitgesamtschuldners auf Ersatz von Vermögensschäden erfassen idR nicht den Schaden, der in der Inanspruchnahme durch den gemeinsamen Gläubiger besteht; I 1 ist insoweit Spezialgesetz (BGH 20, 378: § 823 II iVm StVO; BGH 61, 356: § 839). Anderes hat dann zu gelten, wenn der beanspruchte Gesamtschuldner vom Mitschuldner vorsätzlich in die Mithaftung gedrängt wurde (BGH NJW 78, 817 f: § 826 – Fluglotsenstreik) oder wenn der beanspruchte Mitschuldner Ansprüche aus Verletzung *eigener* Rechtsgüter hat
20 (BGH NJW 81, 751: § 823 I, StVG 7 I). **c)** Neben dem Hauptanspruch auf anteilige Erfüllungsmitwirkung (vgl Rn 14 f) bestehen **Nebenpflichten** auf Förderung der Erfüllung; ihre Verletzung berechtigt die übrigen Gesamtschuldner zum Schadensersatz (BGH NJW 80, 2464).

21 4. Die übergegangene Gläubigerforderung gem II ist vom Ausgleichsanspruch zu unterscheiden (vgl Rn 17) und richtet sich nur in ihrer Höhe nach der Ausgleichsquote; iü gilt gem § 412 Zessionsrecht. Sofern der Versicherer eines Gesamtschuldners leistet, geht gem VVG 67, § 426 II die Gläubigerforderung nur in Höhe der Ausgleichsquote über; Freistellung von künftig zu leistendem Schadensersatz kann der Versicherer nicht verlangen (BGH NJW-RR 89, 920). Rechtsgeschäftliche Abtretung der vollen Gläubigerforderung an den erfüllenden Schuldner ist auf den Innenausgleich ohne Einfluß (BGH 17, 222; BAG NJW 90, 3230). Der Schadensersatzanspruch eines Insolvenzgläubigers (InsO 103; KO 17 aF) gegen den insolvenzfälligen Gesamtschuldner geht auf den erfüllenden Gesamtschuldner über (BGH NJW 91, 98). Die Konkurrenz zwischen dem restlichen Gläubigeranspruch und dem nach Teilbefriedigung übergegangenen Teilanspruch (II 1) in der Insolvenz kann zu einem Auskehrungsanspruch des Gläubigers führen (II 2; BGH NJW 97, 1015 mN).

22 5. Ausgleichungspflicht bei Haftungsfreistellung eines Gesamtschuldners. a) Bei vertraglicher Freistellung aa) nach Entstehung der Gesamtschuld bleibt der Ausgleichsanspruch grds unberührt (§ 425; BGH 58, 218; NJW-RR 91, 500; NJW 92, 2287); anders bei vereinbarter Gesamtwirkung bzw beschränkter Gesamtwirkung (BGH NJW 00, 1943); sa §§ 422–424 Rn 2 ff.
23 bb) Vor Entstehung der Gesamtschuld: Im Innenverhältnis zwischen den Schuldnern wird die nach außen nicht bestehende Gesamtschuld fingiert („fiktive Gesamtschuld"). Der nach außen freigestellte Gesamtschuldner bleibt also ausgleichspflichtig (BGH NJW 89, 2387; 1990, 1362); Gesamtwirkung, § 328, kann vereinbart werden (sa BGH 117, 151, 154: Rückgriffsverzicht des Versicherers begünstigt regreßberechtigten Dritten). Vorzugswürdig ist es, den Anspruch des Gläubigers gegen den Zweitschädiger in Höhe des Verantwortungsteils des privilegierten Erstschädigers von vornherein zu kürzen; ein Innenausgleich findet dann nicht statt (*beschr Gesamtwirkung*, vgl §§ 422–424 Rn 4). Diese Lösung belastet den Gläubiger als den Urheber der Freistellung (so hL, Larenz, SchR I, § 37 III). **b) Bei**
24 gesetzl Freistellung nehmen Rspr und hL, bereits *beschr Gesamtwirkung* an: gem SGB VII 104 ff (früher RVO 636 ff) freigestellter Unternehmer oder Arbeitnehmer verursacht Schaden zusammen mit ersatzpflichtigem Zweitschädiger (so für die Rechtslage unter der alten RVO: BGH 61, 53; NJW 1987, 2670; 96, 2023); gem

Mehrheit von Schuldnern und Gläubigern **§ 427**

BeamtVG 46 II freigestellter Beamter verletzt zusammen mit Zweitschädiger einen Kollegen (BGH 94, 173); vom Rückgriff des Sozialversicherers freigestellter Familienangehöriger (SGB X 116 I, VI) verursacht Schaden neben Zweitschädiger (BGH 73, 195 zu RVO 1542); den Arbeitgeber schädigt der wegen schadensgeneigter Arbeit freigestellte Arbeitnehmer neben einem Zweitschädiger (Karlsruhe OLGZ 69, 158; Däubler NJW 86, 873); berechtigter Fahrer eines kaskoversicherten Fahrzeugs verursacht Schaden neben Zweitschädiger (VVG 67, AKB 15 II; sa BGH NJW 86, 1814). Ein *Freistellungsversprechen des gesetzl freigestellten Erstschädigers* gegenüber dem Zweitschädiger berührt den Gläubigeranspruch nicht (BGH 110, 119 ff), wohl aber eine vertragliche Übernahme der Verkehrssicherungspflichten (BGH 110, 119; NJW 87, 2670); der BGH unterscheidet die – nach außen unbeachtliche – Haftungsfolgenübernahme durch den gesetzl Freigestellten von der – beachtlichen – Übernahme haftungsbegründender Pflichten (sehr zweifelhaft und komplizierend!). Ist das Verschulden des Zweitschädigers ganz überwiegend, wird der Anspruch gegen ihn um den Verantwortungsteil des privilegierten Erstschädigers gekürzt (Düsseldorf VersR 89, 1159); umgekehrt gilt das auch zu Lasten des Gläubigers bei überwiegender Verantwortlichkeit des freigestellten Erstschädigers (Hamm VersR 88, 191). c) Bei **bürgerlichrechtlicher Haftungsbeschränkung** verneint der BGH für § 1664 ein Gesamtschuldverhältnis und kommt zur vollen Haftung des Zweitschädigers; ein Ausgleichsanspruch entstehe nicht (BGH 103, 346; Hamm NJW-RR 94, 415); Entsprechendes gilt wohl für § 1359 (BGH 103, 348; PalHeinrichs § 426 Rn. 23). Offen ist noch die Behandlung von § 708. Das Problem ist praktisch entschärft, da §§ 708, 1359 nicht bei Teilnahme am Straßenverkehr gelten (BGH 46, 313 ff; 63, 51). Die Annahme beschränkter Gesamtwirkung erschiene für diese Fallgruppe angebracht (vgl § 840 Rn 8 f). **25**

6. **Prozessuales.** Vgl zur Vollstreckung von Freistellungsansprüchen Rn 14. **26**

§ 427 Gemeinschaftliche vertragliche Verpflichtung

Verpflichten sich mehrere durch Vertrag gemeinschaftlich zu einer teilbaren Leistung, so haften sie im Zweifel als Gesamtschuldner.

1. **Funktion.** § 427 ist Auslegungsregel; er bildet systematisch die Ausnahmeregelung zu § 420; rechtstatsächlich ist § 427 die Regel, § 420 die seltenere Ausnahme (vgl § 420 Rn 3). **1**

2. **Wichtige Bsp:** Pflicht der Parteien aus Schiedsvertrag zur Erstattung der Schiedsrichtervergütung (BGH 55, 347; vgl hierzu § 426 Rn 3, 10 ff); Pflicht zur lastenfreien Übertragung von Miteigentum (Braunschweig NJW-RR 97, 1038 – besser: gemeinschaftliche Schuld, Vor § 420 Rn 4; §§ 743–748 Rn 12); Vollstreckungsschuldner nach Prozeßvergleich (KG NJW-RR 88, 1407); Wohnungseigentümer für Leistungen aus Verträgen, die der Verwalter zur laufenden Instandhaltung und Unterhaltung in ihrem Namen abschließt (BGH 67, 235; 75, 30; NJW 77, 1961; vgl aber § 420 Rn 3); „Oder-Kontoinhaber" zT sogar über die Kreditlinie hinaus (Nürnberg WM 90, 1371); Wohnungseigentümer aus berechtigter GoA des Verwalters (KG ZMR 84, 249) oder eines Dritten (BayObLG WM 87, 734); neu eintretende Wohnungseigentümer für das Verwalterhonorar (KG NJW-RR 94, 83); Bauherren, falls nicht Wohnungs- oder Teileigentum errichtet werden soll (BGH NJW-RR 89, 465; vgl § 420 Rn 3); Ehegatten aus einem gem § 1357 geschlossenen Vertrag (vgl § 1357 Rn 8); Rückabwicklung gesamtschuldnerischer Vertragshaftung (hM), auch nach § 812 (Berkenbrock BB 83, 278; vgl BGH NJW 98, 537; aA Hamm NJW 81, 877: Teilschuldnerschaft entspr Bereicherung); vgl iü für Gemeinschaften Vor § 420 Rn 3 u 6 mwN; §§ 714, 715 Rn 9 f; §§ 743–748 Rn 12. **2**

Stürner

§ 428 Gesamtgläubiger

¹Sind mehrere eine Leistung in der Weise zu fordern berechtigt, dass jeder die ganze Leistung fordern kann, der Schuldner aber die Leistung nur einmal zu bewirken verpflichtet ist (Gesamtgläubiger),so kann der Schuldner nach seinem Belieben an jeden der Gläubiger leisten. ²Dies gilt auch dann, wenn einer der Gläubiger bereits Klage auf die Leistung erhoben hat.

§ 429 Wirkung von Veränderungen

(1) Der Verzug eines Gesamtgläubigers wirkt auch gegen die übrigen Gläubiger.

(2) Vereinigen sich Forderung und Schuld in der Person eines Gesamtgläubigers, so erlöschen die Rechte der übrigen Gläubiger gegen den Schuldner.

(3) ¹Im Übrigen finden die Vorschriften der §§ 422, 423, 425 entsprechende Anwendung. ²Insbesondere bleiben, wenn ein Gesamtgläubiger seine Forderung auf einen anderen überträgt, die Rechte der übrigen Gläubiger unberührt.

§ 430 Ausgleichungspflicht der Gesamtgläubiger

Die Gesamtgläubiger sind im Verhältnis zueinander zu gleichen Anteilen berechtigt, soweit nicht ein anderes bestimmt ist.

Anmerkungen zu den §§ 428–430

1. Wesen der Gesamtgläubigerschaft. Jeder Gläubiger kann die Leistung voll verlangen, der Schuldner kann aber bis zur Befriedigung den Leistungsempfänger auswählen, sofern keine abw Vereinbarung (zB für Pfändungsfall) vorliegt (BGH NJW 79, 2038; zT krit Tiedtke NJW 80, 2496). Gläubigergestaltungsrechte (zB Wahlrecht gem StVG 13 II, § 843 III: BGH 59, 190; gem §§ 634, 635: BGH 74, 255 f zur aF) und Verfügungen über das gesamte Recht (zB Abtretung: BGH WM 87, 1038; Erlaß – es sei denn mit beschränkter Gesamtwirkung, vgl § 424 Rn 4 –: BGH NJW 86, 1862; aA Bremen OLGZ 87, 30) können nur von allen Gläubigern gemeinsam vorgenommen werden. Verjährung läuft gegenüber jedem Gläubiger gesondert (BGH NJW 85, 1552: Einzelwirkung). § 430 gewährt einen selbständigen Ausgleichsanspruch entspr § 426 I 1.

2. Anwendungsbereich. Gesamtgläubigerschaft ist praktisch sehr selten, häufiger sind Gesamthandsgläubigerschaft oder auch Forderungsgemeinschaft (BGH NJW 84, 1357; sa Vor § 420 Rn 2 mN). **a) Bsp für Gesamtgläubigerschaft:** § 2151 III; Anspruchsübergang auf mehrere Sozialversicherungsträger gem SGB X 117 (BGH NJW 86, 1862: beschränkte Gesamtwirkung des Abfindungsvergleichs), nicht aber zwischen Sozialversicherungs- und Versorgungsträgern (BGH 106, 387: Teilgläubiger); Begründung durch Vertrag unter Einbeziehung des Schuldners (BGH 64, 67 ff); Bereicherungsanspruch der Gesamtschuldner nach Vollstreckung trotz Erfüllung (Frankfurt OLGZ 82, 357); sichernder Rückauflassungsanspruch der Miteigentümer (Zweibrücken Rpfleger 85, 285); prozessualer Kostenerstattungsanspruch von Streitgenossen (BGH Rpfleger 85, 321); Gesamtgläubigerschaft an dinglichen Rechten, zB Hypothek, Wohnungsrecht, Grundschuld, Nießbrauch usw (BGH NJW 81, 177; 96, 2153; hierzu Erbath NJW 97, 974), soweit nicht Gesamthand oder Gemeinschaft vorliegt (vgl § 432 Rn 2; § 741 Rn 5; §§ 743–748 Rn 15); idR gemeinsame Miete (s Hamm FamRZ 84, 1017; § 741 Rn 3); Wohnungseigentümer wegen der Mängelrechte aus § 634 nF am gemeinschaftlichen Eigentum (vgl zu § 633 II, III aF BGH 74, 265; offen NJW 85, 1552;

zum Vorrang der Gemeinschaftsentscheidung s BGH 81, 35, iü § 741 Rn 7 f); mehrere ersatzberechtigte Gläubiger nach dem CMR (BGH NJW 92, 1767; 99, 1112). Das „*Oder-Konto*" schafft Gesamtgläubigerschaft (BGH 95, 187; NJW 90, 705; Rieder WM 87, 29) mit der Besonderheit, daß der Schuldner an den fordernden Gläubiger leisten *muß* (BGH 95, 187); Innenausgleich erfolgt zu gleichen Teilen (BGH NJW 90, 705; 97, 1435; 00, 2347; Köln WM 00, 2487), bei „Oder-Depot" entsprechend den Eigentumsverhältnissen (BGH NJW 97, 1435; Düsseldorf NJW-RR 98, 918; Köln WM 00, 2487); zwischen Eheleuten jedenfalls bei Getrenntleben (BGH NJW 90, 705 f; 00, 2348; ähnlich Köln NJW-RR 99, 1090 Nur Trennungsvorbereitung); bei intakter Ehe idR entgegenstehende Gestaltung des Innenverhältnisses, die aber zu beweisen ist (BGH NJW-RR 93, 2); Ausgleich bei eheähnlicher Lebensgemeinschaft zumindest für nach Beendigung abgehobene Beträge (Celle FamRZ 82, 63; Diederichsen NJW 83, 1025). Die Insolvenz eines Kontoinhabers läßt das andere Schuldverhältnis unberührt (BGH 95, 185), ebenso Pfändungen durch Gläubiger eines Kontoinhabers (Dresden WM 01, 1149 f; offen BGH 93, 321); „Oder-Konto" kann nur gemeinschaftlich in „Und-Konto" verwandelt werden (BGH NJW 91, 420; anders uU bei Einzelverfügungsbefugnis, BGH NJW-RR 93, 233); Zahlungen des Arbeitgeber- oder Mieter-Ehegatten auf „Oder-Konto" sind keine Betriebsausgaben (BFH NJW 90, 854). Bislang wurde Gesamtgläubigerschaft von Anwaltssozii bez Gebührenforderungen angenommen (BGH NJW 63, 1301; 80, 2407); anders jetzt BGH NJW 96, 2859; Düsseldorf OLGR 99, 323: Gläubigerschaft zur gesamten Hand; sa §§ 709–713 Rn 10. **b) Keine Gesamtgläubigerschaft** besteht in folgenden Fällen: Einzelgläubigerschaft des Sozialversicherungsträgers und des Geschädigten bei teilw Anspruchsübergang gem SGB X 116; Einzelgläubigerschaft zwischen Versicherung und Versicherungsnehmer bei teilw Übergang gem VVG 67 (BGH 44, 382 ff); der Anspruch des verletzten Kindes gem §§ 842, 823 ff geht dem Anspruch der Eltern gem §§ 845, 1619 vor (BGH 69, 385), so daß Gesamtgläubigerschaft von Eltern und Kind entfällt; Einzelgläubigerschaft von Ehemann und Kindern bei Ansprüchen aus Tötung der Ehefrau und Mutter (BGH NJW 72, 1717); Einzelgläubigerschaft von GmbH und verbundenem Unternehmen bei Rückgewähr doppelt unzulässiger Zahlungen (GmbHG 30, BGH NJW 91, 358); vgl iü § 420 Rn 2 und § 741 Rn 5, ferner § 432 Rn 2.

3. Prozessuales. Gesamtgläubiger sind einfache Streitgenossen (arg § 429 III). Vollstreckung gegen einzelne Gesamtgläubiger als Vollstreckungsschuldner ist möglich. Einzelpfändung und Insolvenzbeschlag wirken nur persönlich. Die Pfändung der gemeinschaftl Forderung erfaßt im Verhältnis zum Schuldner die ganze Forderung (BGH 93, 320 f), die anderen Gläubiger können aber der Verwertung ihres Anteils gem ZPO 771 widersprechen (Koblenz NJW-RR 90, 1386 für Oder-Konto-Pfändung).

§ 431 Mehrere Schuldner einer unteilbaren Leistung

Schulden mehrere eine unteilbare Leistung, so haften sie als Gesamtschuldner.

1. Gesamtschuldnerschaft ist nur bei unteilbaren Leistungen anzunehmen, die jeder Gesamtschuldner einzeln erbringen kann (zB mehrere Anwälte oder Ärzte einer Sozietät als Schuldner vertraglicher Leistung, §§ 714, 715 Rn 4 ff u 7; mehrere Arbeitgeber als Gesamtschuldner voller Beschäftigungspflicht, BAG NJW 84, 1703). Sofern Schuldner eine Leistung nur durch gemeinschaftliches Zusammenwirken erbringen können, handelt es sich um eine *gemeinschaftliche Schuld* (vgl Vor § 420 Rn 4 mN).

2. Die gemeinschaftliche Schuld ist im Ges nicht geregelt. **a) Anwendungsfälle:** Gesellschafter oder Gemeinschafter als Schuldner (vgl §§ 714, 715 Rn 9 f; §§ 2058–2063 Rn 8; §§ 743–748 Rn 12 f, 15); Verpflichtung zur gemeinsamen

§ 432

Herstellung eines Werks (BGH NJW 52, 217; Nürnberg NJW-RR 91, 28; unklar und str); Verpflichtung zum gemeinsamen Betrieb einer Gaststätte (BGH VersR 69, 830); Verpflichtung ausgeschiedener Gesellschafter zur Ausstellung einer Rechnung gem § 14 UStG 1973 (BGH NJW 75, 311); Verpflichtung einer „Eigengruppe" (zB Musiker) zu einer Veranstaltung oder einer Akkordkolonne zur eigenständigen Aufgabenerledigung (vgl BAG NJW 74, 2255; str). **b) Rechtsfolgen** sind unklar (van Venrooy JuS 82, 95), zumal die Abgrenzung zur Gesamtschuld (vgl auch § 425 Rn 8) oft nicht durchgehalten wird. **aa)** Die **primäre Pflicht** wird nur gemeinschaftlich geschuldet; §§ 421 ff sind unanwendbar, weil sie von der Möglichkeit des einzelnen Schuldners zur alleinigen Leistung ausgehen. Die gemeinschaftlichen Schuldner sind im Prozeß *notwendige Streitgenossen* (ZPO 62), worin wiederum ein wesentlicher Unterschied zur Gesamtschuld liegt (§ 425 Rn 1). **bb) Sekundärpflichten** (Ersatzpflichten) setzen entweder die Verpflichtung voraus, für fremdes Verschulden Mitverpflichteter einzustehen (Nürnberg NJW-RR 91, 28; vgl das Parallelproblem § 425 Rn 8 ff) oder aber eigenes Verschulden (vgl BAG NJW 74, 2255; §§ 282, 285 aF, 280 I 2, 268 IV nF). Auf sekundäre Ersatzpflichten sollte man §§ 421 ff anwenden (aA Reinicke/Tiedtke, Gesamtschuld und Schuldsicherung, 1988, S 17 f). Bei Gesamthändern ist bei fehlendem eigenen Verschulden Haftung unter Beschränkung auf das Gesellschaftsvermögen erwägenswert (Larenz, SchR I, § 36 II c; str).

§ 432 Mehrere Gläubiger einer unteilbaren Leistung

(1) ¹**Haben mehrere eine unteilbare Leistung zu fordern, so kann, sofern sie nicht Gesamtgläubiger sind, der Schuldner nur an alle gemeinschaftlich leisten und jeder Gläubiger nur die Leistung an alle fordern.** ²**Jeder Gläubiger kann verlangen, dass der Schuldner die geschuldete Sache für alle Gläubiger hinterlegt oder, wenn sie sich nicht zur Hinterlegung eignet, an einen gerichtlich zu bestellenden Verwahrer abliefert.**

(2) **Im Übrigen wirkt eine Tatsache, die nur in der Person eines der Gläubiger eintritt, nicht für und gegen die übrigen Gläubiger.**

1. Anwendungsbereich. Die praktische Bedeutung der Vorschrift ist beschränkt, weil regelmäßig zwischen den Gläubigern gesellschaftsrechtliche oder gemeinschaftsrechtliche Sondervorschriften gelten. Es sind zu unterscheiden: **a) Einfache Forderungsgemeinschaft**; zur Anwendung des § 432 bei schuldrechtlichen Forderungen § 741 Rn 2 und 6, bei dinglichen Forderungen § 741 Rn 5, §§ 743–748 Rn 15; zum „Und-Konto" § 741 Rn 6; zur Wohnungseigentümergemeinschaft § 741 Rn 7 f und §§ 428–430 Rn 2. **b) Gesamthandsforderungen**: Zur umstrittenen Anwendung des § 432 bei BGB-Gesellschaft vgl §§ 709–713 Rn 10; iü § 1422 Rn 2 ff, §§ 1450–1453 Rn 3 ff, 9 f; § 2039. **c) Mitgläubigerschaft ohne gemeinsame Berechtigung.** Sofern – was selten ist – Mitgläubiger weder Gesamthänder noch Gemeinschafter sind, gilt § 432. *Beispiel*: Bestellung einer Taxe für gemeinsame Fahrt (Larenz, SchR I, § 36 I b; nur bei Ablehnung einer BGB-Gesellschaft!); Mitberechtigung beider Ehegatten aus Verträgen gem § 1357 I 2 (str; vgl § 1357 Rn 9; zur Miete §§ 428–430 Rn 2, § 741 Rn 3); Vorbehaltsverkäufer und -käufer bei Eigentums- und Anwartschaftsrechtsverletzung (Baur/Stürner § 59 Rn 45 mN; § 929 Rn 58; offen BGH NJW 91, 2020); soweit der BGH Teilgläubigerschaft angenommen hat (BGH 55, 31 f), mag ein nicht verallgemeinerungsfähiger Sonderfall vorliegen (aA MK/Bydlinski 7): im entschiedenen Fall hatten Gläubiger des Verkäufers gepfändet und verwertet, so daß der Käufer hinsichtlich des Restkaufpreises frei war (§ 323 aF, nunmehr § 326 I nF) und ihm nicht wie sonst der Schaden gem § 446 I entstand.

2. Rechtsfolgen. Jeder Gläubiger kann Leistung an alle verlangen. § 432 gewährt insoweit Verfügungsbefugnis und Prozeßführungsbefugnis (BayObLGZ 1992, 131). Leistung an einen Gläubiger befreit grds nicht.

Einführung

3. Prozessuales. Mitgläubiger sind idR notwendige Streitgenossen aus prozessualem Grund (§ 62 I 1. Alt ZPO) (vgl StJ/Leipold § 62 Rn 8). Vollstreckung gegen Mitgläubiger als Vollstreckungsschuldner erfordert einen Titel gegen alle (entspr § 736 ZPO). 4

Abschnitt 8. Einzelne Schuldverhältnisse

Einführung Abschnitt 8

1. Allgemeines. a) Überblick. Die in den §§ 433–853 zusammengefaßten vertraglichen und ges Schuldverhältnisse bilden den sog **Bes Teil** des Schuldrechts (Rn 2 vor § 241). Er ergänzt das im Allg Teil und Allg Schuldrecht (nur) allg geregelte **Vertragsrecht** durch Ausformung einzelner Schuldvertragstypen (Rn 4) und enthält daneben das dem Personen- und Güterschutz dienende **Deliktsrecht** (§§ 823–853) sowie die Ausgleichsordnung des **Bereicherungsrechts** (§§ 812–822; zum Aufbau s iü Rn 5 vor § 241). **b) Einteilung der Schuldverhältnisse.** Die wichtigste Einteilung ist die nach dem Entstehungsgrund in rechtsgeschäftliche und „ges Schuldverhältnisse" (Rn 5). Die rechtsgeschäftlichen Schuldverhältnisse werden unterteilt in vertragliche (Regelfall, vgl § 311 I) und solche auf Grund einseitigen RGeschäfts (selten; vgl § 311 Rn 1). Gliederung der vertraglichen Schuldverhältnisse nach der Art der geschuldeten Leistung: Rn 4. Weitere Einteilungskriterien: § 311 Rn 9 ff. **c) Anwendungsbereich.** Für die einzelnen Vertragsschuldverhältnisse (Rn 4) gelten in erster Linie die Vorschriften des 8. Abschnitts, ergänzend allg Schuldrecht (§§ 311 ff, ggf § 305 ff; §§ 320 ff; 241 ff) und Allg Teil (§ 311 Rn 21, 25). Für die ges Schuldverhältnisse (Rn 5) gilt ergänzend allg Schuldrecht außer den §§ 311–361. 1 2 3

2. Vertragliche Schuldverhältnisse. Der 8. Abschnitt gibt eine (nicht erschöpfende, § 311 Rn 23) Regelung von verschiedenen, meist bes wichtigen Vertragstypen. Diese können nach den Hauptleistungspflichten zu folgenden Gruppen zusammengefaßt werden: **a) Veräußerungsverträge** (Kauf, Tausch, Schenkung); **b) Gebrauchsüberlassungsverträge** (Miete, Pacht, Leihe); **c) Dienst- und Werkleistungsverträge** (entgeltlich: Dienstvertrag, Werkvertrag, Reisevertrag, Geschäftsbesorgungsvertrag, Maklervertrag, Verwahrungsvertrag; unentgeltlich: Auftrag); **d) Geld- und Kreditverträge** (Darlehensvertrag einschl Verbraucherdarlehensvertrag und Finanzierungshilfen; Sachdarlehensvertrag; str für Anweisung und Inhaberschuldverschreibung, vgl § 311 Rn 1); **e) Verträge zur Schuldsicherung und -feststellung** (Bürgschaft, Schuldversprechen, Schuldanerkenntnis, Vergleich); **f) Risikoverträge** (Leibrente, Spiel und Wette, Differenzgeschäft); **g) vertragliche Personenvereinigung** (Gesellschaft). Die ges Regelung wird den heutigen Verhältnissen auch nach den Änderungen durch das SchRModG nicht voll gerecht. 4

3. Ges Schuldverhältnisse entstehen, wenn bestimmte tatsächliche Voraussetzungen erfüllt sind (BGH 93, 284), zB Verletzung eines Rechts oder Rechtsguts (uH, §§ 823 ff), Eintritt einer nicht gerechtfertigten Vermögensverschiebung (ungerechtfertigte Bereicherung, §§ 812 ff), Vornahme einer GoA (§§ 677 ff), Bestehen einer (Wohnungseigentümer-)Gemeinschaft (§§ 741 ff; WEG), Einbringung von Sachen bei Gastwirten (§§ 701 ff), Tatsache des Besitzes einer Sache (Vorlegungspflicht, §§ 809 ff); ferner aus sachen-, erb- und familienrechtlichen Rechtsverhältnissen und Rechten, insbes dem Eigentum (Eigentümer-Besitzer-Verhältnis, vgl Rn 1 vor § 987; vgl ferner zB §§ 1020–1022 Rn 1; Rn 3 vor § 1030; §§ 1041–1047 Rn 1 und allg Rn 7 vor § 241). Ges Schuldverhältnisse werden ferner begründet durch nach § 311 II, III, uU durch stdg Geschäftsbeziehungen (§ 676 Rn 7), durch rechtswidrige Wettbewerbshandlung und Abmahnung (BGH NJW 90, 1905 und 1906; 95, 716) sowie durch „sozialen" Kontakt (§ 241 Rn 25; weitere Bsp: § 278 Rn 3 f). Zu Schuldverhältnissen aus sog sozialtypischem Verhalten vgl Rn 16 ff vor § 145. 5

Chr. Berger

Vor §§ 433–480 Buch 2. Abschnitt 8. Einzelne Schuldverhältnisse

Titel 1. Kauf, Tausch

Vorbemerkungen zu §§ 433–480

1 **1. Systematik.** Das SchRModG hat die ges Systematik des Kaufrechts grundlegend umgestaltet. §§ 433–451 regeln den Sachkauf einschließlich des Grundstückskaufs. § 452 ordnet die entspr Anwendung der Vorschriften über den Grundstückskauf für den Schiffskauf (§ 452 Rn 1 [a]) an, § 453 I die entspr Geltung der Bestimmungen über den Sachkauf für den Rechtskauf (s § 453 Rn 1) und den Kauf sonstiger Gegenstände (s § 453 Rn 1). §§ 454–473 regeln mit dem Kauf auf Probe, dem Wiederkauf und dem Vorkauf drei bes Arten des Kaufs. §§ 474–479 normieren den Verbrauchsgüterkauf.

2 **2.** Titel 1 dient der **Umsetzung der VerbrGüKaufRiLi** (dazu Gsell, JZ 01, 65; Honsell, JZ 01, 278). **a)** Wesentliche **Vorgaben** der VerbrGüKaufRiLi sind unabdingbare (VerbrGüKaufRiLi 7) Mindestrechte (VerbrGüKaufRiLi 8 II) des Verbrauchers (VerbrGüKaufRiLi 1 II a]) bei der Lieferung nicht vertragsmäßiger (VerbrGüKaufRiLi 2) Güter (VerbrGüKaufRiLi 1 I b]) in Form von Nachbesserungs-, Minderungs- und Vertragsauflösungsrechten (VerbrGüKaufRiLi 3). Diese können grundsätzlich zwei Jahre nach der Lieferung geltend gemacht werden (VerbrGüKaufRiLi 5). Dem Verkäufer (VerbrGüKaufRiLi 1 II c]) steht ein Rückgriffsrecht gegen Vorlieferanten einschl Hersteller (VerbrGüKaufRiLi 1 II d]) zu (Ver-
3 brGüKaufRiLi 4). **b)** Ein bes **Widerrufsrecht** sieht die VerbrGüKaufRiLi *nicht* vor. Es kann sich aber aus einem Kauf an der Haustüre (§ 312), im Fernabsatz (§ 312 d), beim Zahlungsaufschub (§ 499) und Teilzahlungsgeschäft (§ 501) erge-
4 ben, ferner beim verbundenen Darlehensvertrag gem §§ 358, 491, 495. **c) Bedeutung.** Nicht nur §§ 474–479, sondern Titel 1 insges dient der Umsetzung der VerbrGüKaufRiLi (zum Grund s § 434 Rn 1). Die Interpretation des ges Kaufrechts hat daher dem Gedanken „richtlinienkonformer Auslegung" zu folgen (AnwKommBGB/Büdenbender Rn 20 vor § 433); s ferner Vorabentscheidung EG 234.

5 **3. Anwendungsbereich.** Kaufrecht gilt unmittelbar für den sog Lieferungskauf (§ 651), **entspr** für den Rechtskauf und den Kauf sonstiger Gegenstände (§ 453 I Fall 1), den Tausch (§ 480), ferner in den Fällen der §§ 365, 757, 915, 2182 f sowie bei **öffentl-rechtlichen Lieferungsverhältnissen** (BGH 59, 305 betr Wasserversorgung).

6 **4. Arten und Sonderformen des Kaufs. a) Arten.** Unter verschiedenen Gesichtspunkten lassen sich unterscheiden: **aa)** nach der Art des **Kaufgegenstands** (§ 433 Rn 10 ff) Sach- (I; Rn 24) und Rechtskauf (§ 453 I Fall 1 [insbes Forderungskauf, s § 453 Rn 2]); Waren- und Wertpapier- (HGB 373, 381), Grundstücks- (§§ 311 b I, 435 S 2, 436, 448 II) und Schiffskauf (§ 452). Stück- (Spezies-)kauf und Gattungskauf (sa § 243 Rn 2), davon Sonderform: Spezifikationskauf (HGB 375); **bb)** nach der **zeitlichen Bindung (Dauer):** Sukzessivlieferungsvertrag (§ 311 Rn 13) und Wiederkehrschuldverhältnis (§ 311 Rn 14); **cc)** nach den **Zahlungsbedingungen:** Bar- und Kreditkauf; Sonderform: Kauf unter Eigentumsvorbehalt (§ 449), Teilzahlungskauf (§ 501), drittfinanzierter Kauf (§ 358); **dd)** nach den **Parteien** bürgerlich-rechtlicher und Handelskauf (HGB 343, 345, 373 ff; dazu Emmerich JuS 97, 98); Verbrauchsgüterkauf (§§ 474 ff); **ee)** Nach dem **Zustandekommen:** Kauf im Fernabsatz (§ 312 d, sa § 312 e), an der Haustür usw (§ 312); **ff)** nach der **Auslandsberührung:** inländischer und internationaler Kauf, zB nach UN-Kaufrecht (Text: BGBl 1989 II S 588; ZustimmungsGes vom 5. 7. 1989, dort S 586), in Kraft seit 1. 1. 1991
7 (BGBl 1990 II S 1477). **b)** Im BGB geregelte **Sonderformen:** Kauf auf Probe (§§ 454 f); Wiederkauf (§§ 456 ff); Vorkauf (§ 463; sa §§ 1094 ff; sonstige Ankaufsrechte: § 463 Rn 5); Erbschaftskauf (§§ 2371 ff); Pfandverkauf (§§ 445,

Titel 1. Kauf, Tausch **Vor §§ 433–480**

1228); Versteigerung (§ 156; ie BGH NJW 83, 1186 f; Internetversteigerung BGH DB 01, 2712); eine verkehrstypische Sonderform ist das (aufschiebend oder auflösend bedingte) Konditionsgeschäft, bei dem der Käufer die Ware zurückgeben darf, wenn er sie nicht bis zu einem bestimmten Zeitpunkt verkauft haben sollte (BGH NJW 75, 776); Besonderheiten gelten beim Unternehmenskauf (§ 453 Rn 12 ff). **c) Abdingbarkeit.** Außerhalb des Verbrauchsgüterkauf (§ 475 I, II) sind die ges Vorschriften größtenteils dispositiv (Ausnahmen zB §§ 444, 449 III); sie werden häufig durch AGB (Liefer- und Einkaufsbedingungen) ersetzt (Schranke: §§ 305 ff). Typische **Lieferklauseln:** „Selbstbelieferungsvorbehalt": Verkäufer ist von Lieferpflicht befreit, wenn er von seinem Lieferanten, mit dem er ein kongruentes Deckungsgeschäft abgeschlossen hatte, nicht beliefert wird (BGH 92, 399; NJW 95, 1960 mN); „Liefermöglichkeit vorbehalten": Einschränkung des Beschaffungsrisikos (§ 276 Rn 50); „freibleibend": Keine Lieferverpflichtung (bedenklich); Preis-, Kassa-, Akkreditiv-, Kosten- und Zinsklauseln: § 433 Rn 15 ff, 22 ff, 27 ff. 8

5. Abgrenzung des Kaufs von anderen Schuldverträgen. a) Tausch 9 (§ 480): Gegenleistung besteht nicht in Geldleistung, sondern gleichfalls in einem Vermögensgegenstand (Sache, Recht). **b) Schenkung**(§ 516): Keine Gegenleistung (unentgeltlich). **c) Werkvertrag und Lieferungsvertrag** (§§ 631, 651): 10 Der Unternehmer ist zur Herstellung des Gegenstands verpflichtet; grundsätzlich findet gem § 651 S 1 Kaufrecht Anwendung; bei Herstellung nicht vertretbarer Sachen (§ 91) s § 651 S 3. Sacherwerb mit Montagepflicht ist Kauf (s § 434 II 1). Der Eigenheimerwerbsvertrag (§ 311 Rn 30) ist Werkvertrag, wenn den Veräußerer, wie idR beim „Kauf" vom Bauträger, eine Herstellungspflicht trifft (Rn 5 vor § 631); dies gilt auch dann, wenn bei Vertragsschluß das Eigenheim (auch Eigentumswohnung) bereits fertiggestellt war (BGH 87, 116; 101, 352; 108, 158 f mN, stRspr; krit Kanzleiter DNotZ 87, 653 ff; Sturmberg NJW 89, 1832) oder Altbauten in Eigentumswohnungen umgewandelt werden (BGH 100, 396; NJW 88, 1972). Reiner Werkvertrag ist idR auch der typische Fertighausvertrag (BGH 87, 116 ff; NJW 86, 3200). Der Vertrag über die Lieferung von (einzubauendem) genormten Baumaterial (Bausatzvertrag) ist Kauf (BGH 78, 377; 87, 116). **d) Miete, Pacht** (§§ 535, 581): Kauf ist auf dauernde und endgültige Überlassung 11 gerichtet, Miete und Pacht nur auf eine vorübergehende. Entspricht die Überlassungsdauer der Nutzungsdauer eines verbrauchbaren Wirtschaftsguts, handelt es sich um kaufähnlichen Vertrag (Mietkauf BGH 62, 42). **Leasingverträge** sind idR Miete (str, ie Rn 9 ff vor § 535, auch bei Einräumung einer Kaufoption [BGH 71, 194] oder Begründung eines Andienungsrechts [BGH 71, 202]), uU Finanzierungshilfe (§ 500; Rn 7 vor § 535). **e) Lizenzvertrag.** Erwerb gewerblicher Schutzrechte (Patent, Marke usw) ist Rechtskauf (§ 453 Rn 18); ebenso, wenn mit Lizenz dem Erwerber die wesentlichen Befugnisse dauerhaft verschafft werden sollen, insbes bei ausschließlicher Lizenz und ausschließlichen urheberrechtlichen Nutzungsrechten (UrhG 31 ff); einfache Lizenz unterliegt Pacht. **f) Kommission** (HGB 383): Kommissionär schließt Kaufverträge im eigenen Namen für Rechnung des Kommittenten. Im Verhältnis zwischen Kommissionär und Kommittent liegt kein Güterumsatz-, sondern ein Geschäftsbesorgungsvertrag vor (§ 675 Rn 12); abw Vereinbarung aber möglich (Zweibrücken JZ 98, 196: Geltung von Mängelrecht). Bei Vereinbarung von Festpreis iZw Kauf (Eigengeschäft), nicht (Verkaufs-)Kommission (BGH NJW-RR 91, 995 mN). Verkaufsauftrag an Gebrauchtwagenhändler ist iZw Vermittlungsvertrag (BGH NJW 81, 388; sa § 311 Rn 25; § 675 Rn 12). **g) Trödelvertrag:** Übergabe zum Verkauf mit der Verpflichtung zur Rückgabe oder bestimmten Preis zu zahlen (Mot II 516). **h) Vertragshändler:** Vertragshändlervertrag ist als solcher kein Kaufvertrag, sondern ein auf gewisse Dauer gerichteter Rahmenvertrag eigener Art, durch den sich der eine Teil (Vertragshändler oder Eigenhändler) verpflichtet, Waren des anderen Teils (Hersteller oder Lieferant) im eigenen Namen und auf eigene Rechnung zu ver-

treiben, und durch den der Eigenhändler in die Verkaufsorganisation des Vertragsgegners eingegliedert wird (BGH 93, 59; 124, 355 f; § 456 Rn 4; ie v. Westphalen NJW 82, 2465; Bechtold NJW 83, 1393). Die auf der Grundlage des Eigenhändlervertrags geschlossenen Einzelverträge (§ 433) sind selbständig (BGH 74, 140).
i) Lizenzspielertransfer (sog Spielerkauf): Kein Kaufvertrag, nur Ausgleich zwischen den am Spielerwechsel beteiligten Vereinen nach Maßgabe sportverbandlicher Satzungen (BGH NJW 76, 565; ie Reuter NJW 83, 649 mN, Wertenbruch NJW 93, 182; sa EuGH NJW 96, 505).

12 **6. Wirtschaftliche Bedeutung des Kaufvertrags.** Wirtschaftlich ist der Kauf Umsatz von Ware gegen Geld. Der Kauf bildet eine der wichtigsten Voraussetzungen für die moderne Geldwirtschaft und ist die wichtigste Form des Warenabsatzes in einem Marktsystem. Da zwischen Produzent und Endabnehmer meist ein Verteilungssystem eingeschaltet ist (Groß- und Einzelhandel, Handelsvertreter, Eigenhändler), bestehen zwischen ihnen idR keine (kauf-)vertraglichen Rechtsbeziehungen; zur (lediglich) deliktsrechtlichen Produzentenhaftung s § 823 Rn 122 ff und Anh § 823; zum Rückgriff bei mangelhafter Kaufsache in der Lieferkette s §§ 478 f.

Untertitel 1. Allgemeine Vorschriften

§ 433 Vertragstypische Pflichten beim Kaufvertrag

(1) **¹Durch den Kaufvertrag wird der Verkäufer einer Sache verpflichtet, dem Käufer die Sache zu übergeben und das Eigentum an der Sache zu verschaffen. ²Der Verkäufer hat dem Käufer die Sache frei von Sach- und Rechtsmängeln zu verschaffen.**

(2) **Der Käufer ist verpflichtet, dem Verkäufer den vereinbarten Kaufpreis zu zahlen und die gekaufte Sache abzunehmen.**

Lit: Basedow, Die Reform des deutschen Kaufrechts, 1988; Brambring, Schuldrechtsreform und Grundstückskauf, DNotZ 01, 590, 904; H. P. Westermann, Kaufrecht im Wandel, in: Schulze/Schulte-Nölke (Hrsg), Die Schuldrechtsreform vor dem Hintergrund des Gemeinschaftsrechts, S 109; ders, Das neue Kaufrecht, NJW 02, 241.

1 **1. Allgemeines. a) Begriff:** Der Kauf ist ein gegenseitiger rein schuldrechtlicher Vertrag (Rn 2), in dem sich der eine Teil (Verkäufer) zur Veräußerung (Übertragung) eines Vermögensgegenstands (Kaufgegenstand: Rn 10 ff), der andere (Käufer) zur Zahlung einer Geldsumme (Kaufpreis: Rn 14 ff) verpflichtet (Rn 27).
2 **b) Rechtsnatur. aa)** Der Kaufvertrag ist ein **schuldrechtlicher Vertrag,** dh er begründet als reines Verpflichtungs-(Kausal-)geschäft lediglich Leistungs-(Verschaffungs-)ansprüche (Rn 18 ff, 26 ff) und ist vom Erfüllungs-(Verfügungs-)geschäft rechtlich zu trennen und diesem gegenüber in der Wirksamkeit unabhängig (Rn 4; Rn 16 vor § 854). Erfüllungsgeschäfte sind: Übertragung des Kaufgegenstands (Rn 30 f) und Zahlung des Kaufpreises (Rn 40 ff). Je nach Art des Kaufgegenstands (zB Unternehmen, s § 453 Rn 13) kann wegen des sachenrechtlichen Spezialitätsgrundsatzes (§ 929 Rn 5) eine Vielzahl von Erfüllungsgeschäften erforderlich sein. Kaufvertrag und Verfügungsgeschäft brauchen zeitlich nicht aufeinanderzufolgen, sondern können in einem tatsächlichen Vorgang zusammenfallen (Handkauf; Kauf mittels Automaten); auch dann gilt die genannte rechtliche Unterscheidung (prak-
3 tisch zB bei Mangel gem §§ 434 f). **bb)** Der Kaufvertrag ist **gegenseitiger Vertrag** (§ 311 Rn 13). Die §§ 320 ff sind hinsichtlich der Hauptleistungspflichten (Rn 18 ff, 26 ff) anwendbar; Folge: Verpflichtung zur Zahlung des Kaufpreises nur
4 Zug um Zug gegen Lieferung (§ 320 I). **c) Kaufvertrag und Übereignung.** Kaufvertrag und Verfügungsgeschäft sind nicht nur rechtlich zu unterscheiden (Trennungsprinzip, Rn 2), sondern auch in ihrer **Gültigkeit** voneinander unabhängig (**Abstraktionsprinzip,** Rn 17 vor § 854). Folgerungen: Rechtswirksame Übereignung trotz Nichtigkeit des Kaufvertrags; Rückabwicklung erfolgt nach §§ 812 ff. Bei wirksamem Kaufvertrag ohne Übereignung bleibt der Kaufgegen-

Titel 1. Kauf, Tausch **§ 433**

stand im Vermögen des Verkäufers (wichtig für ZPO 771, InsO 47). Bei Doppelverkauf entscheidet über die bessere Rechtsstellung nicht die Reihenfolge der Kaufverträge (vgl § 241 Rn 4 aE), sondern allein die Übereignung (ie Wieling JZ 82, 841). Ist der Zweitkäufer Eigentümer geworden, hat der Erstkäufer gegen ihn grundsätzlich keinen Herausgabeanspruch; Ausnahme: Sittenwidriges Zusammenwirken von Zweitkäufer und Verkäufer (§ 826; vgl BGH NJW 81, 2185; ie § 826 Rn 19). Das Abstraktionsprinzip ist rechtspolitisch umstritten (ie Jauernig JuS 94, 726; sa BGH 124, 324).

2. Kaufvertrag. a) Für das **Zustandekommen des Kaufvertrags** gelten die 5 allg Regeln (§§ 145 ff). Mindestinhalt der rechtsgeschäftlichen Einigung sind Kaufgegenstand und Kaufpreis, doch braucht ersterer nicht individuell, letzterer nicht betragsmäßig bestimmt zu sein (Rn 10 ff, 14 ff). Vertragsschluß ist idR (außer bei den Fällen der Rn 7) auch stillschweigend möglich. **Einzelheiten:** Die „Auftragsbestätigung" des Verkäufers ist die Annahme des Kaufangebots (BGH 61, 284; ie § 147 Rn 7). Das (echte) Bestätigungsschreiben setzt einen bereits geschlossenen Vertrag voraus (ie § 147 Rn 5). Schweigen gilt auch im kaufmännischen Verkehr – außer bei vorangegangenem Bestätigungsschreiben – nicht als Zustimmung (BGH 18, 216, stRspr; ie § 147 Rn 7); Bsp: Schweigen auf unbestellt zugesandte Ware, sa § 241 a Rn 5. Für **Einbeziehung von AGB** durch Verkäufer („Lieferungsbedingungen") oder Käufer („Einkaufsbedingungen") s § 305 ff; wegen Verweisung auf einander widersprechende AGB vgl § 305 Rn 23; zur Abgrenzung von AGB- und Individualrede iSv § 305 Rn 3; ferner § 310 III. **b) Wirksamkeit. aa) Willensmängel:** §§ 116 ff. Der Kalkulationsirrtum (Irr- 6 tum über die Berechnungsgrundlagen des Preises) berechtigt idR nicht zur Anfechtung (BGH 60, 221; NJW 83, 1672), auch wenn der Erklärungsempfänger diesen erkannt hat (BGH 139, 177; sa § 119 Rn 10; § 242 Rn 80). Die Anfechtung wegen Eigenschaftsirrtums (§ 119 II) ist durch die spezielleren Mängelrechte (§§ 437 ff) ausgeschlossen (ie § 437 Rn 32 [α]). **bb) Form:** Kaufvertrag ist 7 grundsätzlich formfrei; Ausnahmen: §§ 311 b I, III, V; 484; § 501 iVm § 492, § 505 II; § 2371; § 2385; WEG 4 III; ErbbauVO 11 II; GmbHG 15 IV 1. Vereinbarte Schriftform (§ 127) häufig in AGB hinsichtlich mündlicher Zusatzvereinbarungen; formlose Nebenabreden uU gleichwohl gültig (§ 305 b Rn 3); desgl uU formlose Abänderung (§ 125 Rn 9; § 311 Rn 7, 18). **cc) Behördliche Genehmigung** ist erforderlich bei GrdstVG 2 (land- und forstwirtschaftliche Grundstücke) und BauGB 144 II Nr 1, 3; 169 I Nr 1 (Grundstücke in Sanierungs- und Entwicklungsgebieten); BauGB 51 betrifft dagegen (ua) die Auflassung. **dd) Abschlußverbote** (§ 134) enthalten die **ges Koppelungsverbote** 8 (Zusammenstellung: § 311 Rn 29), ferner die **Verkaufsverbote** im Reisegewerbe (GewO 56; ArzneiMG 51; vgl Westphal, Zivilrechtliche Vertragsnichtigkeit wegen Verstoßes gegen gewerberechtliche VerbotsGes, 1985, S 37 ff), nicht aber Verstöße gegen die PAngV (Rn 17; sa § 134 Rn 9). Bierlieferungsverträge mit **Ausschließlichkeitsbindung** verstoßen uU gegen EG 81 (vgl EuGH EuZW 91, 376; BGH NJW 92, 1456), bei übermäßiger Bindungsdauer (20 Jahre uU noch tragbar: BGH 83, 318; NJW 88, 2362; 92, 2145 f; sa § 138 Rn 12; Herabsetzung auf angemessenes Maß möglich: § 139 Rn 11 f) können sie iü eine **sittenwidrige Knebelung** bewirken; desgl unterliegt übermäßig lange Bindungsdauer von Ankaufsverpflichtung in Erbbauvertrag der Ermäßigung (BGH 114, 339). Der Verkauf einer Arzt- oder Anwaltspraxis ist idR nicht sitten- (BGH 43, 46; ie § 138 Rn 7) oder gesetzwidrig (einschr BGH 116, 276; NJW 95, 2915; KG NJW-RR 96, 431; ie § 134 Rn 12); desgl nicht ein Grundstückskauf bei Unterverbriefung des Kaufpreises zur Steuerhinterziehung (BGH NJW 66, 588; s aber § 311 b Rn 35). **c) Parteien:** Die Vertragsschließenden bzw die von ihnen wirksam Ver- 9 tretenen, bei § 328 Dritte (sa § 328 Rn 38). Vereinbarung der Vertragsübernahme durch Dritte anstelle des Verwenders in AGB idR unwirksam (§ 309 Nr 10).

§ 433 Buch 2. Abschnitt 8. Einzelne Schuldverhältnisse

10 **3. Kaufgegenstand. a) Überblick.** Jeder verkehrsfähige Vermögensgegenstand kann Kaufgegenstand sein: Sachen (Rn 24), Rechte (§ 453 Rn 2) und sonstige verkehrsfähige Güter (§ 453 Rn 2). Die Regeln über den Sachkauf (auch Grundstückskauf, zu Schiffen s § 452) gelten unmittelbar; § 453 I ordnet
11 entspr Anwendung bei Rechtskauf und Kauf sonstiger Güter an. **b) Sachen (I 1; § 90):** Bewegliche Sachen (sa § 474 I), namentlich Waren (HGB 373), und Grundstücke (Sondervorschriften: Vor §§ 433–480 Rn 6 [aa]), auch Sachgesamtheiten (Vor § 90 Rn 5), über § 90a S 3 auch Tiere, ferner Bargeld (Geldwechseln s § 480 Rn 2). Zur Kaufsache gehört iZw das Zubehör (§ 311c). Auch bewegliche Sachen ist der Aggregatszustand unerheblich, also auch Flüssigkeiten und Gas. Auf Versorgungsverträge findet Kaufrecht auch dann Anwendung, wenn die Lieferung durch eine öffentl Versorgungseinrichtung (Gemeinde) erfolgt (Wasser: BGH 59, 303; 93, 370, dazu § 453 Rn 11; zum Tarifkundenbereich vgl § 453 Rn 11). Die Kaufsache braucht zZ des Vertragsschlusses noch nicht individuell bestimmt zu sein. Festlegung nach Gattungsmerkmalen genügt (Gattungskauf, § 243), Bestimmung durch eine Partei oder einen Dritten ist möglich (§§ 315ff), auch kann nachträgliche nähere Bestimmung vorbehalten sein (HGB 375). Bei zZ des Vertragsschlusses
12 noch **nicht existenter Sache** ist zu unterscheiden: Ist Entstehung (nach der Vorstellung der Parteien) *gewiß*, so unbedingter Kauf; den Herstellungspflicht des Lieferers s § 651. Bsp: Lieferung aus künftiger Produktion, zB Zeitungsabonnement (BGH 70, 358); Lieferung von erst zu beschaffender Sache; Kauf eines noch zu trennenden wesentlichen Bestandteils eines Grundstücks (BGH NJW 00, 505 [abzubauende Ausstellungshalle]), eines abzutrennenden Teilgrundstücks (BGH NJW 95, 957), von zu bildenden Wohnungseigentum (vgl BGH NJW 88, 564). Ist Entstehung *ungewiß,* entweder aufschiebend bedingter Kauf (*emtio rei speratae,* Bsp: Kauf des nächsten Fohlens der Stute X, künftiger Ernte) oder unbedingter Kauf der Erwerbschance (§ 453 Rn 2, 11, *emtio spei*, Hoffnungskauf; Bsp: Loskauf [RG 77, 344], Kauf einer ungeschützten Erfindung [BGH 83, 288]). Ist Nichtentstehung gewiß: auf unmögliche Leistung
13 gerichteter Kauf (§ 311a). Beim Erwerb von **Standardsoftware** liegt Sachkauf vor (BGH 102, 144; 109, 100; 110, 137, str; ie Müller-Hengstenberg NJW 94, 3128 mN; Bydlinski AcP 198, 307), dagegen Werkvertrag bei Individualsoftware (BGH NJW 87, 1259; 90, 3008), auch bei Integration in Standardsoftware (Hamm NJW-RR 92, 953f mN; s ie Zahrnt NJW 96, 1799); Überlassung auf Zeit oder mit Kündigungsrecht ist Miete oder Pacht; zu Nutzungsrechten („Lizenzen") an (urheberrechtlich geschützter) Software § 453 Rn 11.

14 **4. Kaufpreis. a) Begriff.** Kaufpreis ist das vereinbarte (Rn 15) Entgelt für den Kaufgegenstand. Kein „Kaufpreis" sind andere Gegenleistungen (Sachen, Rechte; dann Tausch, § 480), doch läßt die „Inzahlungnahme" einer Sache (zB von Gebrauchtwagen beim Kfz-Kauf) den Kaufpreis unberührt (zur unterschiedlichen Bedeutung s § 311 Rn 25; §§ 364, 365 Rn 2f). Soweit beim Grundstückskauf Belastungen auf den Kaufpreis übernommen werden, ist dieser nur Rechnungsgröße (BGH WM 61, 506). Die **Umsatzsteuer** ist iZw im vereinbarten Kaufpreis enthalten (BGH 103, 287 mN; 115, 50); anders bei eindeutigem gegenteiligem Handelsbrauch (einen solchen verneinend: Düsseldorf NJW 76,
15 1268); sa PAngV 1. **b) Vereinbarung.** Der Kaufpreis unterliegt der freien Vereinbarung der Parteien. Preisvereinbarung in ausländischer Währung ist (seit 1. 1.
16 1999 uneingeschränkt) möglich (§§ 244, 245 Rn 14). **aa) Bestimmung.** Einigung über betragsmäßig bestimmte Summe nicht erforderlich (BGH Warn 64, 88), Bestimmbarkeit genügt (§§ 133, 157, 315ff; HGB 346; Bsp: BGH NJW 90, 1903). Fehlt ausdr Vereinbarung, wird häufig Laden-, Listen- oder Marktpreis, iü der angemessene Kaufpreis (Hamm NJW 76, 1212) gewollt sein. Den „angemessenen Preis" bestimmt iZw der Verkäufer nach billigem Ermessen (§§ 315 I,

Titel 1. Kauf, Tausch **§ 433**

316). **Preisänderungsvorbehalte** sind in AGB nur noch eingeschränkt zulässig, §§ 307, 309 Nr 1, PAngV 1 IV. Bsp: Tagespreisklausel (uU unwirksam: BGH 90, 71 mN; NJW 85, 622); Listenpreisabrede (idR unwirksam: BGH 92, 206 mN; LG Münster DAR 92, 307; zulässig bei langfristigem Bezugsvertrag: BGH 93, 257 ff; 94, 338 f); „Preis freibleibend" (in AGB unwirksam, offengelassen in BGH NJW 83, 1605 mN); Überwälzung gestiegener Mehrwertsteuer (gegenüber Nichtkaufleuten unwirksam bei kurzen Lieferfristen: BGH 77, 81 ff mN; BB 81, 520, str); fehlende Bestimmbarkeit der Erhöhungsfaktoren (unwirksam: BGH NJW 86, 3135 f); Wertsicherungsklauseln (§§ 244, 245 Rn 18 ff; § 315 Rn 6). **bb) Höhe.** Eine rechtliche Abhängigkeit vom Wert der Sache besteht nicht (BGH MDR 76, 916), einen verifizierbaren „gerechten Preis" gibt es nicht. Auch im AGB-Vertrag unterliegt der Preis nicht der Angemessenheitskontrolle (§ 307 III 1, sa § 307 III 2). Schranken: §§ 134, 138; WiStG 4. Öffentl-rechtliche **Preisvorschriften** sind nahezu vollständig beseitigt (ie AK/Reich 26 ff vor § 433). Verstoß führt idR nur zur Nichtigkeit des Kaufvertrags (§ 134), sondern zur Aufrechterhaltung mit zulässigem Preis (BGH 51, 181; ebenso Nürnberg MDR 76, 488 für Rabattverstoß; ie § 134 Rn 15). Verstoß gegen die Preisauszeichnungspflicht (PAngV) ist bürgerlich-rechtlich bedeutungslos (BGH NJW 74, 859; 79, 807 mN, str; sa § 134 Rn 9). **cc)** Wegen Fälligkeit, Verzug usw vgl Rn 27. 17

5. Verkäuferpflichten. a) Allgemeines. Zu unterscheiden ist zwischen Haupt- (Rn 19–21) und Nebenpflichten (Rn 22–25). Die Hauptpflichten sind je nach der Art des Kaufgegenstandes (Rn 10 ff) verschieden. Haupt-(leistungs-)pflichten des Verkäufers sind beim Sachkauf die Verpflichtung zu Verschaffung von Eigentum und Besitz (**I 1;** Rn 19 f) an der mangelfreien (**I 2**, §§ 434 f) Kaufsache. Zu den Pflichten beim Rechtskauf und Kauf sonstiger Gegenstände s § 453 Rn 2. Rechtsfolgen bei Nichterfüllung einer Hauptpflicht: §§ 280 ff; 320 ff, §§ 437 ff. Die Verschaffungspflicht des Verkäufers kann durch bes Vereinbarungen **beschränkt** sein (Rn 22). **b) Eigentumsverschaffungspflicht.** Der Verkäufer hat dem Käufer das Eigentum an der Kaufsache (Rn 10 ff) zu verschaffen. Er hat die zur Eigentumsübertragung erforderlichen Handlungen vorzunehmen (§§ 873, 925; 929 ff) und etwa entgegenstehende Hindernisse zu beseitigen (Rn 23). Die Verschaffungspflicht ist auch bei gutgl Erwerb (§§ 932 ff; 892; HGB 366) erfüllt. **c) Besitzverschaffungspflicht.** Die Verpflichtung zur „Übergabe" der verkauften Sache bedeutet Verschaffung des unmittelbaren Besitzes durch Einräumung der tatsächlichen Sachherrschaft (§§ 854 f; vgl BGH NJW 83, 628). Nebenpflichten zur Übergabe (Versendung, Verladung, Montage [sa § 434 II]): Rn 22 ff. Einigung über den Besitzübergang genügt bei § 854 II. Die Übergabe eines kaufmännischen Traditionspapiers (Orderlagerschein, Ladeschein, Konossement, HGB 424, 450, 650) ersetzt idR die Übergabe des Kaufguts (ie SoeHuber 43). Besitzverschaffungspflicht ist erfüllt erst mit Erfolgseintritt (tatsächliche Besitzerlangung), nicht schon mit Vornahme der geschuldeten Handlung (zB Auslieferung an die Transportperson im Fall des § 447 I, sa zum Verjährungsbeginn § 438 II). Verpflichtung zur Verschaffung des unmittelbaren Besitzes entfällt bei Vereinbarung, daß Übergabesurrogat genügt (§§ 930, 868; 931). **d) Pflicht zu mangelfreien Lieferung** der Kaufsache nach **I 2** ist Hauptpflicht. Sach- und Rechtsmangel § 434 f. Nach Gefahrübergang verdrängen die Rechte aus § 437 die allgemeinen Vorschriften; zu den Käuferrechten vor Gefahrübergang s § 437 Rn 9, 16 (bb), 30 (bb), 31 (bb), 32. **e) Nebenpflichten. a) Überblick.** Nebenpflichten des Verkäufers können sich aus bes vertraglichen Absprachen, aus der Natur des Vertrags (§§ 157, 242) und aus **Ges** ergeben; vgl §§ 448, 242; weiteres Bsp: Rücknahmepflicht für Verpackungsmaterial (VerpackV 4–6; s § 269 Rn 8; sa BayObLG BB 93, 2404). Bes **Vereinbarungen** (Lieferklauseln: Vor §§ 433–480 Rn 8) betreffen häufig die Verpackung (s Flanderka BB 92, 1575 f), Versendung und Versicherung der Ware (§ 447 Rn 9 [bb]), die Kostentragung (§ 269 Rn 5; dort auch zu den Klauseln „cif" und „fob"; 18

19

20

21

22

§ 433 Buch 2. Abschnitt 8. Einzelne Schuldverhältnisse

sa § 448 2) sowie Dienstleistungen (Anschluß und Montage [sa § 434 II] der Kaufsache [s BGH NJW 98, 3198 f]; anderstypische Nebenleistung: § 311 Rn 30). Iü ist zwischen Nebenleistungs- (Rn 23) und bloßen Schutzpflichten (Rn 24) zu unterscheiden (dazu ie § 241 Rn 9). Für Schutzpflichten ist wirksames Zustande-
23 kommen des Kaufvertrags nicht erforderlich (§ 24). **aa) Nebenleistungspflichten.** Inhalt: Der Verkäufer schuldet alles, um den Käufer in den vollen und uneingeschränkten Genuß der Kaufsache kommen zu lassen. Ie kann es sich um Aufklärungs-, Auskunfts-, Beratungs-, Mitwirkungs- und Unterlassungspflichten handeln. Ges geregelte Fälle für **Auskunftspflicht** und Pflicht zur Urkundenherausgabe: §§ 402, 413; sa StVZO 27 III (Kfz-Brief); Bsp für **Aufklärungs-** (Offenbarungs-, Hinweis-)**pflichten:** Rn 25; sa § 242 Rn 19 f. Zur **Information des Verbrauchers** (und Existenzgründers, § 507) bei Teilzahlungsgeschäften s § 502, des Teilzeitwohnrechtskäufers vgl § 482, des Käufers „an der Haustür" s § 312, des Käufers im Fernabsatz s § 312 c. Eine **Beratungspflicht** besteht bei bes Fachkunde des Verkäufers (BGH NJW 97, 3228), uU bei vorangegangener Empfehlung (BGH 88, 135; dann uU selbständiger Beratungsvertrag) sowie bei Handelsüblichkeit (BGH NJW 62, 1196; 65, 148; 77, 1056; StHonsell 36 vor § 459); ihr Umfang hängt von der Handelsstufe ab (Koblenz BB 76, 481). UU besteht die Pflicht zur Erteilung einer **Rechnung** gem UStG 14 I (BGH 103, 287 ff; NJW 93, 537) und zur rechtzeitigen Abführung geschuldeter Umsatzsteuer an das Finanzamt (vgl BGH
24 NJW-RR 94, 908). **bb) Schutzpflichten.** Bezugspunkt ist die Kaufsache sowie der Rechtskreis und die Person des Käufers (s § 241 II), uU auch weiterer Personen (§ 328 Rn 38). Bis zum Gefahrübergang (§§ 446, 447) ist der Verkäufer zum Schutz des Kaufgegenstandes, insbes zur Pflege, Obhut, Sicherung, Verwahrung oder Lagerung verpflichtet (BGH DB 72, 34). Ist die Sache an den Käufer zu versenden, ist sie sachgemäß zu *verpacken* (BGH 87, 92), verkehrssicher und objektgerecht zu *verladen* (BGH 66, 208 betr geladene Batterie; BGH NJW-RR 94, 601 betr Verunreinigung von Trockenmörtel; § 447 Rn 8) und ggf ordnungsgemäß *abzuladen* (BGH NJW 83, 1109 – Heizöl). Die Verkaufsräume (Warenhaus, Laden, Büro) müssen so beschaffen sein, daß der Käufer nicht gefährdet (geschädigt) wird (vgl RG 78, 239; BGH 66, 51; NJW 94, 2617). Diese Schutzpflichten bestehen uU bereits vor Vertragsschluß (s § 311 II). Sie sind grundsätzlich **nicht selbständig einklagbar;** ihre Verletzung begründet ggf Rechte gem § 437; zum Schadensersatz s § 437 Rn 35 (α), bei der Verletzung vorvertraglicher Aufklärungs-
25 pflichten s §§ 280 I, 311 II, 241 II. **cc) Fallgruppen. Gebrauchtwagenkauf:** Den sachkundigen Verkäufer trifft eine gesteigerte Aufklärungspflicht über nicht ganz unerhebliche Unfälle des Kfz (BGH 74, 391 f; NJW 82, 1386; BayObLG NJW 94, 1079); uU besteht Pflicht zur Aufklärung über fehlenden Versicherungsschutz (BGH NJW-RR 89, 212); dagegen wird eine allg Untersuchungspflicht des Händlers idR verneint (BGH 74, 388 f, 392; NJW 81, 929; 83, 218); anders beim Fachhändler, s § 437 Rn 22 (α). Wird der Händler als Vertreter tätig, treffen ihn die Aufklärungspflichten persönlich. **Gefährliche Ware:** Bei Erzeugnissen, von denen spezifische Gefahren ausgehen können, hat der Verkäufer über die sachgerechte Verwendung aufzuklären und vor Gefahren zu warnen (BGH JZ 60, 124: feuergefährliches Rostschutzmittel; München MDR 85, 934: Stoßdämpfer; Celle NJW-RR 86, 25: säurehaltiges Reinigungsmittel). Aufklärung umfaßt schädliche Nebenwirkungen (BGH 64, 49: kosmetisches Präparat; MDR 78, 133: Pflanzenschutzmittel; BGH 116, 65 ff mN; NJW 94, 932: Kindertee); sa § 823 Rn 133 f. **Industrieprodukte:** Sind sie zur Weiterverarbeitung bestimmt, hat der Verkäufer über „Risiken" der Verarbeitung (Verarbeitungsrichtlinien) aufzuklären (BGH 88, 135); auf eine nachträgliche Änderung der Beschaffenheitsmerkmalen hat er hinzuweisen (BGH 132, 177 ff). **EDV:** Es bestehen gesteigerte Aufklärungs- und Beratungspflichten des Lieferanten gegenüber dem nicht fachkundigen Anwender (ie Zahrndt NJW 95, 1785 ff mN). **Grundstückskauf** (sa § 452 [Schiffskauf]): Der Verkäufer muß alles tun, um die Umschreibung im Grundbuch zu fördern, ggf die eigene Voreintragung (GBO 39) herbeiführen (RG 113, 405) und der Eintragung

Titel 1. Kauf, Tausch **§ 433**

entgegenstehende Hindernisse beseitigen (BGH 87, 165). Ist die Genehmigung einer Behörde erforderlich (zB BauGB 51 I Nr 1), hat er die Voraussetzungen für die Genehmigungsfähigkeit zu schaffen (BGH 67, 35 mN). Dem Verkäufer bekannte für das Grundstück erhebliche Planungsvorhaben der Gemeinde sind dem Käufer mitzuteilen (BGH MDR 76, 565); ebenso ein behördliches Nutzungsverbot (BGH NJW-RR 88, 1291). Verborgene, wesentliche Mängel eines Hausgrundstücks, zB Feuchtigkeitsbefall eines **Gebäudes** (BGH NJW-RR 90, 79) oder Hochwassergefahr (BGH NJW-RR 92, 334) sind zu offenbaren (BGH 109, 330; NJW-RR 90, 848), desgl unfachmännische Reparaturen (Schleswig MDR 80, 399). Zur Beratungspflicht beim Kauf von Eigentumswohnungen im Ersterwerbermodell vgl BGH NJW-RR 88, 459; 90, 971. **Maschinenkauf:** Keine Pflicht des Händlers zur Untersuchung von fabrikneuem Kfz (oberflächliche Besichtigung auf Transportschäden genügt: BGH VersR 56, 259; Ablieferungsinspektion nur bei Vereinbarung: BGH NJW 69, 1710); dagegen besteht Pflicht des Verkäufers zur Anleitung und Einweisung (BGH 47, 312; NJW 92, 2018 bezr Bedienungsanleitung), Vorhaltung von Ersatzteilen (Kühne BB 86, 1527 mN); bei nachträglicher Entdeckung gefährlicher Eigenschaften auch zum Rückruf (BGH 80, 202); auf bestehende Schutz- und Sicherheitsvorschriften ist hinzuweisen (BGH NJW 85, 1771), uU ist (fehlende) Typengenehmigung beizubringen (vgl BGH 90, 203). **Massengüter:** Den Verkäufer trifft als Zwischenhändler keine Untersuchungspflicht (BGH NJW 81, 1270; NJW-RR 89, 560 mN; ie § 276 Rn 29, § 437 Rn 22 [α]); das gilt insbes für das Streckengeschäft (BGH NJW 68, 2238; anders aber bei fr berechtigter Beanstandung: BGH BB 77, 468). Bei vertriebsgebundener Markenware besteht Aufklärungspflicht über deren Herkunft (Stuttgart NJW-RR 88, 624).

6. Käuferpflichten (II). a) Allgemeines. Hauptleistungspflicht des Käufers 26 ist stets die Pflicht zur Zahlung des Kaufpreises (Rn 27; sa Rn 14 ff). Die Abnahmepflicht (Rn 28) ist idR nur Nebenpflicht. Weitere Nebenpflichten können sich aus Ges und Vertrag ergeben (Rn 31 f). **b)** Die **Kaufpreiszahlungspflicht** ist 27 Geldschuld (§§ 244 ff). Übermittlungspflicht und Gefahrtragung: § 270. Bei Barzahlung ist sie auf Übereignung von Geldzeichen gerichtet (§ 929). Zu den Formen bargeldloser Zahlung vgl § 270 Rn 4. **Fälligkeit:** § 271, doch hat Käufer bei Fehlen abw Vereinbarung (Zahlungsklauseln!) nur Zug um Zug gegen Übereignung des Kaufgegenstandes zu zahlen (§§ 320 I, 322). **Vorleistungspflicht** des Käufers kann durch Vereinbarung von Kassa- und Akkreditivklauseln (s Baumbach/Hopt § 346, 39 f) begründet werden; Zahlung darf dann nicht von vorheriger Untersuchung der Ware abhängig gemacht werden (BGH 41, 216; NJW 65, 1270; WM 67, 1215). Auch bei vereinbarter „Lieferung gegen Nachnahme" muß Käufer ohne vorherige Prüfung zahlen. Einen **Aufrechnungsausschluß** kann die Klausel „Netto Kasse ohne Abzug" enthalten (Düsseldorf BB 95, 1712; sa § 387 Rn 10). Die Vereinbarung einer **Stundung** der Kaufpreisforderung liegt idR in der Entgegennahme von später fälligen Wechseln (§ 271 Rn 10). **Entgeltcharakter** des Kaufpreisanspruchs ist uU bedeutsam für **Verzugs-** und **Prozeßzinsen** (§ 288 II, § 291 S 2). **c) Abnahmepflicht.** Zum Rechtskauf 28 s § 453 Rn 9. **aa) Begriff:** Abnahme ist die körperliche Hinwegnahme der vom Verkäufer bereitgestellten Kaufsache (RG 53, 162; 56, 175; 57, 109 und 406). Bei Grundstücken umfaßt sie auch die Entgegennahme der Auflassung (BGH 58, 249; NJW-RR 89, 651). Anders als beim Werkvertrag (§ 640) bedeutet sie keine Billigung der Kaufsache (BGH DB 66, 416). Sie ist reine Tathandlung und enthält keine „Annahme" iSd §§ 363, 364. Als Käuferhandlung entspricht sie der „Ablieferung" des Verkäufers (§ 438 II; HGB 377). **Zweck:** Befreiung des Verkäufers von der verkauften Sache. Der Käufer kann die mangelhafte Sache zurückweisen (s § 437 Rn 29 [aa]). **bb) Rechtsnatur:** Die Pflicht zur Abnahme ist echte 29 Schuldnerpflicht des Käufers (sa Rn 30), nicht bloße Gläubigerobliegenheit (vgl § 293 Rn 9). Die Abnahmepflicht ist iZw bloße Nebenpflicht (RG 53, 163; 57,

§ 433 Buch 2. Abschnitt 8. Einzelne Schuldverhältnisse

108), denn idR ist die Abnahme des Käufers keine „Gegenleistung" (§§ 320 ff) für die Verkäuferleistung. Vereinbarung als Hauptpflicht des Käufers aber möglich (RG 92, 268) und dann anzunehmen, wenn der Verkäufer ein dem Käufer erkennbares bes Interesse an der Wegschaffung des verkauften Gegenstandes hat (BGH NJW 72, 99). Bsp: Verkauf von Massengütern (RG 57, 112), von leicht verderblicher Ware, zur Räumung des Lagers (BGH WM 75, 864), Kauf zum
30 Abbruch und dergl. **cc) Abnahmeverzug.** Nimmt der Käufer die ordnungsgemäß bereitgestellte (RG 56, 173) Ware von der vertragsmäßigen Beschaffenheit (geringfügige Mängel sind nach § 242 unschädlich, BGH BB 57, 92) uU trotz Mahnung (§ 286 I und II) nicht ab, so hat der Verkäufer folgende Rechte: **α)** Erfüllungsanspruch auf Abnahme (sa Rn 29), durchsetzbar mit Leistungsklage (RG 53, 162; 56, 177); **β)** Anspruch aus Schuldnerverzug auf Ersatz aller Schäden infolge Verzögerung (Unterbleiben) der Abnahme (s §§ 280 II, 286). § 287 S 2 ist nicht anwendbar (RG 57, 406); **γ)** Ansprüche aus stets gleichzeitig gegebenem Gläubigerverzug (RG 57, 109) auf Ersatz von Mehraufwendungen (§ 304); uU Recht zur Hinterlegung (§ 372, ggf nach Versteigerung, § 383) und zum Selbsthilfeverkauf (HGB 373). Rechte gem Rn α-γ bestehen neben dem Kaufpreisanspruch. **δ)** Ist Abnahmepflicht Hauptpflicht (s Rn 29), kann der Verkäufer ggf
31 gem § 323 zurücktreten; zum Schadensersatz s § 281. **d) Nebenpflichten. aa) Vertragliche Nebenpflichten** ergeben sich häufig aus Nebenabreden zum Kauf (Rn 22 ff). Bsp: Pflicht des Käufers zum **Abruf** der Ware (uU aber Hauptpflicht: BGH WM 76, 125; München NJW 68, 1881); zur erforderlichen **Spezifikation** (HGB 375); zur Tragung von **Kosten** (Transport, Versicherung) und **Fälligkeitszinsen** (BGH NJW 92, 2625); zur Rückgabe (kostenpflichtigen Rücksendung) von **Verpackungsmaterial** (zB Kisten, Flaschen, Säcke; uU besteht [auch] Rücknahmepflicht des Verkäufers: Rn 22 ff). Beim Kauf von Waren in Pfandflaschen (-behältern) besteht, anders als bei sog Einwegflaschen, Rückgabepflicht (zu den bei sog Flaschenpfand in Frage kommenden Auslegungsmöglichkeiten s Schäfer/Schäfer ZIP 83, 657 f). Für die Auslegung der idR verwendeten Klauseln (zB „ab Fabrik", „ab Werk", vgl Baumbach/Hopt NebenGes 6 „Incoterms") sind Verkehrssitte (§ 157) und Handelsbrauch (HGB 346) zu
32 berücksichtigen. **bb) Ges Nebenverpflichtungen** (außerhalb § 475 abdingbar): Tragung bestimmter **Kosten** (Abnahme und Versendung, § 448 I; Beurkundung von Grundstückskauf, Auflassung und Grundbucheintragung, § 448 II); **Lasten** (§ 446 S 2). Weitergehend können auch den Käufer **Auskunftspflichten** (zB Auskunft über Vermögensverhältnisse beim Kreditkauf), allg **Schutzpflichten** (§ 242) und (selten) Aufklärungspflichten (BGH 117, 283) treffen. Bsp: Pflicht zu einstweiliger Aufbewahrung beanstandeter Ware (vgl HGB 379); zu Obhut gegenüber der Kaufsache in den Fällen des § 449; zur Ermöglichung gefahrloser Anlieferung der Kaufsache (BGH NJW 83, 1109 betr Heizöl). **Keine Nebenpflichten** sind die reinen **Käuferobliegenheiten,** wie zB die unverzügliche Untersuchung der Ware und Mängelanzeige (BGH NJW 86, 317). Folge von Verletzung: HGB 377.

33 **7. Beweislast.** Der **Verkäufer,** der aus einem Kaufvertrag Rechte herleitet (zB mit der Kaufpreisklage), ist beweispflichtig für das unbedingte (BGH BB 84, 2152 mN, hM) Zustandekommen des Kaufvertrags mit dem behaupteten Inhalt (zB Höhe von Skonto: BGH NJW 83, 2944), bei Einrede des nicht erfüllten Vertrags (§ 320) für die Lieferung der vertragsmäßigen Kaufsache. Behauptet Verkäufer Abschluß zu unbestimmtem Preis, ist er hierfür beweispflichtig (RG 57, 49), desgl für die Angemessenheit seiner Bestimmung (LM Nr 9 zu § 315) und für Barzahlungsabrede mit Verbraucher (§ 271 Rn 17). Der **Käufer** trägt die Beweislast für die Zahlung des Kaufpreises, dessen (nachträgliche: § 271 Rn 17) Stundung und die Anwendbarkeit des § 312 (BGH 113, 225 ff [zu § 1 HWiG]). Beim Handkauf spricht eine tatsächliche Vermutung für sofortige Zahlung des Käufers (Baumgärtel 18).

Titel 1. Kauf, Tausch **§ 434**

§ 434 Sachmangel

(1) ¹Die Sache ist frei von Sachmängeln, wenn sie bei Gefahrübergang die vereinbarte Beschaffenheit hat. ²Soweit die Beschaffenheit nicht vereinbart ist, ist die Sache frei von Sachmängeln,
1. wenn sie sich für die nach dem Vertrag vorausgesetzte Verwendung eignet, sonst
2. wenn sie sich für die gewöhnliche Verwendung eignet und eine Beschaffenheit aufweist, die bei Sachen der gleichen Art üblich ist und die der Käufer nach der Art der Sache erwarten kann.

³Zu der Beschaffenheit nach Satz 2 Nr. 2 gehören auch Eigenschaften, die der Käufer nach den öffentlichen Äußerungen des Verkäufers, des Herstellers (§ 4 Abs. 1 und 2 des Produkthaftungsgesetzes) oder seines Gehilfen insbesondere in der Werbung oder bei der Kennzeichnung über bestimmte Eigenschaften der Sache erwarten kann, es sei denn, dass der Verkäufer die Äußerung nicht kannte und auch nicht kennen musste, dass sie im Zeitpunkt des Vertragsschlusses in gleichwertiger Weise berichtigt war oder dass sie die Kaufentscheidung nicht beeinflussen konnte.

(2) ¹Ein Sachmangel ist auch dann gegeben, wenn die vereinbarte Montage durch den Verkäufer oder dessen Erfüllungsgehilfen unsachgemäß durchgeführt worden ist. ²Ein Sachmangel liegt bei einer zur Montage bestimmten Sache ferner vor, wenn die Montageanleitung mangelhaft ist, es sei denn, die Sache ist fehlerfrei montiert worden.

(3) Einem Sachmangel steht es gleich, wenn der Verkäufer eine andere Sache oder eine zu geringe Menge liefert.

Lit: Boerner, Kaufrechtliche Sachmängelhaftung und Schuldrechtsreform, ZIP 01, 2264; sa Lit zu § 437.

1. Allgemeines. a) Bedeutung. Die Bestimmung enthält die Maßstäbe für die Sachmängelfreiheit der Kaufsache. Bedeutung für Erfüllungsanspruch gem § 433 I 2 und (bei Vorliegen eines Sachmangels) die Rechte des Käufers gem § 437. Umsetzung von VerbrGüKaufRiLi 2. Danach hat der Verkäufer vertragsgemäße Güter zu liefern. Um einen "gespaltenen Fehlerbegriff" – insbes im Hinblick auf den gem VerbrGüKaufRiLi 4 vorgesehenen Rückgriff in der Absatzkette (s § 478) – zu vermeiden (BT-Drs 14/6040 S 211), übernimmt § 434 die Vorgaben der Richtlinie auch für nicht unter § 474 fallende Kaufverträge. **b) Überblick.** Maßstab für das Vorliegen eines Sachmangels ist in erster Linie die Vereinbarung der Beschaffenheit der Kaufsache im Kaufvertrag. Dies führt zur Anwendung des subjektiven Fehlerbegriffs und einer gestuften Prüfungsreihenfolge: In erster Linie ist auf die vereinbarte Beschaffenheit abzustellen (I 1, Rn 9 f). Mangels Beschaffenheitsvereinbarung kommt es auf den vertraglich vorausgesetzten Verwendungszweck der Kaufsache an (I 2 Nr 1, Rn 13), sonst auf die gewöhnliche Verwendung unter Berücksichtigung üblicher Beschaffenheiten der Kaufsache unter Einbeziehung berechtigter Käufererwartungen (I 2 Nr 2, Rn 14), die auch durch öffentl Äußerungen (zB Werbung) Dritter (insbes des Herstellers) hervorgerufen sein können (I 3, Rn 15 f). Ist danach die Kaufsache als solche fehlerfrei, kann sich ein Sachmangel ergeben aus fehlerhafter Montage (II 1, Rn 18) oder mangelhafter Montageanleitung (II 2, Rn 19). III stellt Falsch- und Zuwenig-Lieferung einem Sachmangel gleich (Rn 20 ff, 24 f). **c) Beweislast** für Mangel, Falsch- und Zuweniglieferung trägt gem § 363 (bei I analog) nach Annahme der *Käufer,* zuvor für Vertragsgemäßheit der *Verkäufer* (BT-Drs 14/6040 S 217; vgl BGH NJW 89, 2533). Sa §§ 443 II, 476. 1,2,3

2. Anwendungsbereich. a) Sachlich gilt § 434 für den Sachkauf (Stück- und Gattungskauf), den Vertrag über die Lieferung herzustellender oder zu erzeugender beweglicher Sachen (§ 651), den Kauf von Standardsoftware (§ 433 Rn 13), den 4

§ 434 Buch 2. Abschnitt 8. Einzelne Schuldverhältnisse

Schiffskauf (§ 452) den Rechtskauf (§ 453), für den Tausch (§ 480), die Hingabe an Erfüllungs Statt (§ 365), das Sachdarlehen (§ 607; BGH NJW 85, 2418), den Vergleich (§ 779; RG 54, 167), Auseinandersetzung einer Gesellschaft oder Gemeinschaft (§§ 731 S 2, 757) und (analog) für andere Verträge, die auf Veräußerung oder Belastung einer Sache gerichtet sind (vgl § 493 aF), zB die Pflichtteilsabgeltung durch Sachleistung (BGH NJW 74, 363), die entgeltliche Verpflichtung zur Bestellung einer Hypothek, eines Erbbaurechts (iE BGH 96, 387), eines Pfandrechts oder zur Sicherungsübereignung, **nicht** für die Schenkung (unentgeltlich), Sacheinlageversprechen (kein Veräußerungsvertrag, str), Ausbietungsgarantie (RG 157, 177: Eigentumsverschaffungspflicht fehlt). Keine Anwendung ferner bei Haftungsausschluß (§ 444), Verkauf als Pfand in öffentl Versteigerung (§ 445), Veräußerung in der Zwangsvollstreckung (ZPO 806, ZVG 56 S 3) und Erbschaftskauf

5 (§ 2376 II). **b) Zeitlich** ist gem I 1 auf den Gefahrübergang (s §§ 446 f) abzustellen. Der Mangel muß zu diesem Zeitpunkt jedenfalls „im Keim" vorhanden sein, auch wenn er sich erst später auswirkt oder hervortritt. Ob der Mangel bereits bei Vertragsschluß vorlag oder erst danach entstanden ist, ist unerheblich. Zur Beweislast beim Verbrauchsgüterkaufs § 476.

6 **3. a) Beschaffenheit** und **Verwendungseignung** der Kaufsache bilden die Anknüpfungspunkte für den Sachmangel (bzw die Feststellung der Sachmangelfreiheit). Beschaffenheit bezieht sich auf einzelne Merkmale der Kaufsache, Verwendungseignung auf ihren Gebrauchszweck. Beides läßt sich nicht immer trennscharf scheiden. Zur Beschaffenheit zählen nicht nur natürliche Eigenschaften der Kaufsache wie Material, Qualität, Zustand, Leistung, Fähigkeiten usw, sondern auch alle tatsächlichen und rechtlichen Verhältnisse, die nach der Parteivereinbarung oder Verkehrsüblichkeit den Verwendungszweck bestimmen. **b) Reichweite.**

7 Aufgrund der Privatautonomie können die Parteien beliebige Merkmale der Kaufsache zur Soll-Beschaffenheit erklären und damit den Bestimmungen der §§ 437 ff (insbes § 439) unterwerfen. Auch das Nichtvorliegen (negativer) Eigenschaften kann vereinbart werden. *Bsp:* Bebaubarkeit eines Grundstücks, Wohnfläche, Vorliegen einer Baugenehmigung, Urheberschaft und Echtheit eines Kunstwerkes, Fabrikneuheit eines Fahrzeugs, Alter, Baujahr, Kilometerleistung, Werkstattprüfung und Unfallfreiheit von Gebrauchtwagen, Ertragsfähigkeit von Grundstücken, inhaltliche Richtigkeit von Druckwerken, Steuerfreiheit und Möglichkeit erhöhter Abschreibungen. Daneben sind Garantiezusagen möglich, s § 444 Rn 13. Verwendungszwecke können sein die Nutzung eines Gebäudes als Wohn-, Geschäfts- oder Fabrikationsraum, eines Grundstücks als Gewerbe- oder Baugrundstück.

8 **4. Sachmangel. a) Allgemeines.** Die Kaufsache ist sachmangelfrei, wenn ihre Ist-Beschaffenheit mit der Soll-Beschaffenheit übereinstimmt. Ist-Beschaffenheit ist der Zustand der Kaufsache bei Gefahrübergang (Rn 5). Die Soll-Beschaffenheit bestimmt gem I 1 in erster Linie eine Beschaffenheitsvereinbarung. Liegt eine solche nicht vor, entscheidet nach I 2 Nr 1 der vertraglich vorausgesetzte Verwendungszweck. Gibt der Vertrag keine Beschaffenheiten oder Verwendungen vor (wie häufig bei Geschäften des täglichen Lebens) ist gem I 2 Nr 2 auf die gewöhnliche Verwendung und die vom Käufer zu erwartende übliche Beschaffenheit abzustel-

9 len. **b) Beschaffenheitsvereinbarung (I 1). aa)** Die Beschaffenheitsvereinbarung muß **Inhalt des Kaufvertrags** geworden sein. Ggf sind Formvorschriften zu beachten, etwa § 311b I beim Grundstückskauf. Die Vereinbarung kann ausdrücklich, aber auch konkludent erfolgen. Abgrenzung zu I 2 uU schwierig. Konkludente Abrede kann vorliegen, wenn der Verkäufer vor oder bei Vertragsschluß die Kaufsache beschreibt oder auf ein Muster verweist. Die Vereinbarung kann auf das Vorhandensein von (positiven) Eigenschaften oder auf das Nichtvorhandensein (negativer) Merkmale gerichtet sein. Dem Käufer günstige Abweichungen begründen keinen Sachmangel. **bb) Nicht** erforderlich ist, daß der Verkäufer

10 für Eigenschaften oder Beschaffenheit der Kaufsache besondere **Garantien** über-

Titel 1. Kauf, Tausch **§ 434**

nimmt (sa § 443) oder etwa erklärt, für ihr Vorliegen „einstehen" zu wollen. Damit entfallen die schwierige Abgrenzung zwischen Eigenschaftsbeschreibung und –zusicherung und das Erfordernis hoher Anforderungen an – stillschweigende – Eigenschaftszusicherungen (zu § 459 II aF s Voraufl § 459 Rn 29). Bedeutung kann eine besondere Zusicherung eines für den Haftungsmaßstab gem § 276 I bei der Schadensersatzhaftung (s § 437 Rn 23) erlangen. **cc)** Auch **geringfügige Abweichungen** begründen einen Sachmangel. Allerdings ist gem § 323 V 2 der Rücktritt wegen eines geringfügigen Sachmangels ausgeschlossen, der Nacherfüllungsanspruch ggf gem § 439 III eingeschränkt, nicht aber die Minderung gem § 441 (sa § 441 I 2). **dd) Verhältnis zur Verwendungseignung:** Entspricht die Beschaffenheit der Kaufsache vollauf den Vereinbarungen, kann ein Sachmangel gleichwohl gem I 2 *Nr 1* vorliegen, wenn es an der Verwendungseignung (Rn 6 f) fehlt. Bsp: Traghöhe eines Krans entspricht Vereinbarung, nicht aber die für den vertraglichen Verwendungszweck erforderliche Tragkraft. Jedoch kann eine Beschaffenheitsvereinbarung iS einer Sperrwirkung den Rückgriff auf den nicht erreichten üblichen Verwendungszweck iSv I 2 *Nr 2* ausschließen (Frage der Auslegung). Weist die Kaufsache zB alle von den Parteien vereinbarten Eigenschaften auf, scheidet ein Sachmangel aus, selbst wenn die für einen bestimmten Verwendungszweck erforderlichen Eigenschaften nicht vorliegen. **c) Vertragliche Verwendungseignung (I 2 Nr 1).** Abzustellen ist nicht auf die Merkmale, sondern auf die Funktion der Kaufsache. Bsp: Kein Sachmangel, wenn der Boden des zu Wohnzwecken verkauften Gebäudes nicht die für einen Lagerraum erforderliche Tragkraft aufweist. Kein Sachmangel liegt auch vor, wenn die Kaufsache **vereinbarungsgemäß geringwertiger** sein darf (und der Kaufpreis regelmäßig entspr geringer ist). Bsp: Baufälligkeit eines Hauses kein Sachmangel, wenn zum Abbruch gekauft; Minderqualität kein Sachmangel bei Kauf von Ramschware. Der Verwendungszweck muß nicht Vertragsinhalt geworden sein. Es genügt, daß ihn die Parteien des Kaufvertrags während der Verhandlungen oder bei Vertragsschluß voraussetzen, auch wenn der Verkäufer den vom Käufer verfolgten Verwendungszweck erkennt und nicht widerspricht (sa VerbrGüKaufRiLi 2 II b]). Zweckänderungen nach Vertragsschluß scheiden aus, es sei denn, sie sind vertraglich vorausgesetzt oder üblich. **d) Gewöhnliche Verwendungseignung und übliche Beschaffenheit (I 2 Nr 2). aa)** Haben die Parteien (wie vielfach bei alltäglichen Geschäften) keine Verwendungsvereinbarung getroffen, ist Maßstab zur Bestimmung des Sachmangels die Eignung der Kaufsache zur gewöhnlichen Verwendung. Bsp (Einzelfälle s Rn 25 ff): Kein Sachmangel, wenn sich Kleinwagen nicht als Fahrzeug abseits ausgebauter Straßen eignet; anders bei Geländewagen. Daneben muß die Kaufsache auch die bei Sachen gleicher Art übliche Beschaffenheit aufweisen, die der Käufer erwarten darf. Übliche Eigenschaften können sich insbes aus öffentl-rechtlichen Bestimmungen (und DIN-Normen) ergeben. Übliche Eigenschaften kann die Käufer immer erwarten, atypische Käufererwartungen müssen vereinbart werden. Maßstab ist der (normativ bestimmte) Durchschnittskäufer. Es sind Vergleichsgattungen zu bilden. Ein gebrauchter Pkw darf zB nicht mit einem Neuwagen verglichen werden (Verschleiß ist kein Mangel); eine Großküchenmaschine nicht mit einem Haushaltsgerät. Hier stellen sich erhebliche Abgrenzungsfragen. Ein Sachmangel liegt auch vor, wenn die Beschaffenheit des Kaufsache nicht wirklich beeinträchtigt ist, sondern ein mit zumutbaren Mitteln nicht auszuräumender **Verdacht der Mangelhaftigkeit** die zum Weiterverkauf bestimmte Kaufsache unverkäuflich macht. Bsp: Salmonellenverdacht bei Lebensmittel (s BGH 52, 51 [zu § 459 aF]). **bb) Eigenschaften aufgrund öffentl Äußerungen (I 3)** bestimmen die übliche Beschaffenheit gem I 2 Nr 2. Umsetzung von VerbrGüKaufRiLi 2 II d); gilt auch außerhalb von § 474. Zum Rücktritt bei unwahrer oder irreführender Werbung sa UWG 13 a I. **α) Öffentliche Äußerungen** sind insbes Werbeaussagen und Kennzeichnungen, etwa auf der Verpackung der Kaufsache, in Waren- und Auktionskatalogen, Maklerexposés, Zeitungsanzeigen, aber auch Produktbeschreibungen in der Öffentlichkeit, etwa anläßlich einer Präsentati-

11

12

13

14

15

Chr. Berger 517

on, nicht rein interne Aussagen, zB eines Sachverständigen oder Gutachters. Nur für Äußerungen über Eigenschaften und – trotz des engen Wortlauts – Verwendungseignung muß der Verkäufer einstehen. „Eigenschaften" sind Tatsachenäußerungen, nicht reißerische Anpreisungen und bloße Werturteile. **β) Zurechenbar** ist die Äußerung dem Verkäufer, wenn sie (1) von ihm selbst (vielfach bereits Sachmangel gem I 1 und 2), (2) vom Hersteller iSd ProdHaftG 4 I, II (also auch von Teilprodukten und Importeur; sa § 823 Rn 125, 144) oder (3) von „Gehilfen" stammt; damit sind mangels Pflicht nicht Erfüllungsgehilfen gem § 278 gemeint und mangels Willenserklärung nicht Vertreter nach § 164, sondern Personen, die bei der Äußerung mit Wissen und Willen des Verkäufers tätig werden („Erklärungsgehilfen"), insbes Werbeagenturen oder Verhandlungsgehilfen; mangels Willen des Verkäufers nicht (Waren-)Testunternehmen, es sei denn, der Verkäufer macht sich die Testergebnisse zu eigen. **γ) Nicht** einstehen (sa VerbrGüKaufRiLi 2 IV) muß der Verkäufer für Äußerungen, (1) die er **nicht kannte** und auch nicht kennen mußte (s § 122 II), (2) ferner wenn die **Äußerung berichtigt** war. Wer berichtigt, ist unerheblich; der Verkäufer kann Äußerungen des Herstellers oder von Gehilfen berichtigen. Entscheidend ist eine der Äußerung „gleichwertige"; dh gleich wirksame Berichtigung. Maßgeblich ist Käuferperspektive. Eine Äußerung zB in einer Werbekampagne kann nur durch eine gleich intensive „Richtigstellung" zurückgenommen werden; eine Fortsetzung der Werbung unter Verzicht auf die Äußerung genügt nicht. Die Äußerung muß nicht unzutreffend sein; auch zutreffende Behauptung kann zurückgezogen werden, wenn Verkäufer für die Eigenschaft nicht länger einstehen möchte. (3) Mangels **Kausalität** kein Sachmangel, wenn die Äußerung die Kaufentscheidung nicht beeinflußt hat, etwa weil der Käufer sie nicht kannte. Beweislast trägt Verkäufer; außerhalb von §§ 474, 475 I vertraglich abdingbar (Ziegler/Rieder ZIP 01, 1794).

5. a) Montagemängel (II 1) (sa VerbrGüKaufRiLi 2 V) begründen einen Sachmangel selbständig, auch wenn die Kaufsache an sich fehlerfrei ist. Ob die fehlerhafte Montage zu einem Mangel an der Kaufsache führt, ist daher unerheblich (BT-Drs 14/6040 S 215). Montage ist Ein- und Anbau, auch Installation (zB Computerprogramm). Voraussetzung ist eine Nebenleistungspflicht des Verkäufers zur Montage. Bildet die Montage als Hauptleistungspflicht den Schwerpunkt des Vertrags, liegt uU ein Werkvertrag vor. Ist Montage nicht vereinbart, scheidet Sachmangel aus. Nachträgliche Erweiterung des Pflichtenkreises anläßlich der Lieferung denkbar, setzt bei Gehilfen des Verkäufers aber entspr Vertretungsmacht (§ 164) voraus. Der Verkäufer hat auch einzustehen für Montagefehler seiner Erfüllungsgehilfen (s § 278); auf „Vertretenmüssen" des Verkäufers kommt es jedoch bei § 437 Nr 1 und 2 nicht an, wohl uU bei Schadensersatz nach § 437 Nr 3. **b) Mangelhafte Montageanleitung (II 2)** führt unabhängig von Fehler der Kaufsache zu Sachmangel. Hauptanwendungsgebiet ist Möbelhandel („IKEA-Klausel"), ferner zB „Handbücher" beim Softwarekauf. Anleitung ist fehlerhaft, wenn sie falsche, lückenhafte oder – aus der Perspektive eines verständigen Käufers – unklare Handlungsanweisungen gibt. Sachmangel nur, wenn Kaufsache überhaupt nicht oder aufgrund fehlerhafter Montageanleitung fehlerhaft montiert wurde. Einstandspflicht entfällt, wenn sich Fehler der Montageanleitung nicht auswirkt, etwa der Käufer die Kaufsache aufgrund eigener Sachkunde aufgebaut hat. Voraussetzung ist ferner, daß Kaufsache nicht vom *Ver*käufer montiert werden soll (dann ggf II 1) und Käufer daher nicht Adressat der Anleitung ist. Ob der Käufer oder ein Dritter montiert, ist unerheblich (BT-Drs 14/6040 S 216). – Fehlerhafte *Gebrauchs*anweisung fällt unter I.

6. a) aa) Falschlieferung (III Fall 1; „aliud-Lieferung") steht einem Sachmangel gleich, ohne daß es darauf ankommt, ob die Sache fehlerhaft ist. Damit wird die zu §§ 459, 480 aF schwierige Abgrenzung zwischen Falschlieferung und Fehler (s Vorauf § 480 Rn 11) überflüssig, weil die Rechtsfolgen sich stets nach § 437 richten. Gilt für Stück- und Gattungskauf. Beim Stückkauf insbes Identitäts-

Titel 1. Kauf, Tausch **§ 434**

abweichung („Identitäts-aliud"), zB Vertauschung, Lieferung eines anderen Stücks als des gekauften. Beim Gattungskauf Lieferung von Sachen einer anderen Gattung, ferner, wenn eine fehlerhafte und damit nach § 243 I nicht vertragsgemäße Sache geliefert wird. **bb)** III gilt **nicht,** wenn die Lieferung offensichtlich keinen Bezug zum Anspruch des Käufers hat (BT-Drs 14/6040 S 216). Maßstab ist Käuferperspektive. Bsp: Lieferung von Eiern anstatt Küchenmaschine. Rückgewähr gem § 812 I 1, nicht § 439 IV; Lieferanspruch des Käufers aus § 433 I bleibt unverändert. **b) Rechtsfolgen: aa)** Beim Stückkauf ist der Nacherfüllungsanspruch (§§ 437 Nr 1, 439) des Käufers gerichtet auf Lieferung der verkauften Sache; beim Gattungskauf auf Lieferung einer Sache gem § 243 I aus der vereinbarten Gattung. Verjährung richtet sich nach § 438 I, II. Verjährung richtet sich nach § 438 I, II; entspr § 438 III nicht bei vorsätzlicher Falschlieferung (Lorenz/Riehm Rn 492). **bb)** Rückgewähranspruch des Verkäufers gem § 439 IV ist nicht durch § 241 a I ausgeschlossen, jedenfalls bei irrtümlicher Falschlieferung (arg § 241 a II). In Falschlieferung kann konkludentes Angebot zur Vertragsänderung liegen; Annahme ggf § 151. **cc)** Macht der Käufer den Nacherfüllungsanspruch nicht geltend, kann der Verkäufer gleichwohl gem § 812 I 1 Fall 1 (nicht § 439 IV) die gelieferte Sache (Zug um Zug gegen Lieferung der geschuldeten Sache) zurückverlangen; wichtig, wenn eine wertvollere Sache geliefert wurde. Verjährung dieses Anspruchs analog § 438 I, II, nicht §§ 195, 199 I, IV. 21

22

23

7. a) Zuweniglieferung (III Fall 2; „minus-Lieferung") steht Sachmangel gleich. Nicht bei vereinbarter oder vom Käufer akzeptierter Teillieferung (sa § 266). Nacherfüllungsanspruch gem §§ 437 Nr 1, 439 ist gerichtet auf Restlieferung (§ 439 Rn 7). Käufer kann ferner mindern (§§ 437 Nr 2, 441) und im Hinblick auf die nicht erbrachte Teilleistung vom Vertrag teilweise zurücktreten, vom gesamten Vertrag bei Interessefortfall (§§ 437 Nr 2, 323 V 1; Canaris ZRP 01, 334; Lorenz/Riehm Rn 219; aA: § 323 V 2; offen BT-Drs 14/7052 S 185). **b) Zuvielleferung** kann vom Verkäufer gem § 812 I 1 Fall 1 kondiziert werden; ggf Angebot zur Änderung des Kaufvertrags. 24

8. Einzelfälle. Im Rahmen des I 2 Nr 2 (gewöhnliche Verwendungseignung und übliche Beschaffenheit, s Rn 14) ist die zu § 459 I 1 aF ergangene Rspr weiterhin von Bedeutung. **a) Grundstück.** Sachmängel können sich bei einem Baugrundstück ergeben aus der Grundstückslage (BGH 60, 320) und -größe (vgl KG OLGZ 89, 197); fehlender Sichtfreiheit; mangelhaftem Baugrund, zB Bodenverhältnisse (BGH 103, 43; 117, 105, Deponiegelände (BGH 117, 368), fehlender Bebaubarkeit (BGH 117, 162 mN); Altlasten (BGH 108, 228), auch Altlastenverdacht (München NJW 95, 2566, ie str; Kügel NJW 96, 2483 ff); Vermietbarkeit (BGH NJW 87, 2511 f); Bebauung oder Ausbau ohne Genehmigung (vgl BGH 98, 104 f; 114, 262); Geruchsbelästigung durch Klärwerk (BGH NJW-RR 88, 11); Lärmimmissionen durch Flughafenanlage (Köln NJW-RR 95, 531). **Gebäudemängel** sind zB Schwamm, Schwammverdacht und sonstiger Fechtigkeitsbefall (RG 85, 252; BGH NJW-RR 87, 1416; 90, 79); Denkmalseigenschaft (Saarbrücken NJW-RR 96, 692), uU zu geringe Dauer von bestehendem Mietverhältnis (BGH NJW-RR 90, 972), *nicht* Fertigbauweise (Düsseldorf NJW 89, 2001), der (zu geringe) Mietertrag eines Hauses (BGH NJW 80, 1456; 98, 535 mN; idR Beschaffenheitsvereinbarung erforderlich, unterscheidend BGH NJW-RR 90, 972) oder die (fehlende) steuerliche Absetzbarkeit der Erwerbskosten (BGH NJW-RR 88, 350). **b) Kraftfahrzeug.** Sachmängel bei **Neuwagen** sind etwa Konstruktions- (BGH NJW 71, 1795) und Fabrikationsfehler (Köln NJW-RR 91, 1340; MDR 93, 619); Kraftstoffmehrverbrauch gegenüber Herstellerangaben (BGH 136, 94: über 10%); durch Nachlackierung ausgebesserte nicht ganz unerhebliche Lackschäden und (schon) geringfügige Benutzung (BGH NJW 80, 2127); Nichtzugehörigkeit zur letzten (verbesserten) Bauserie (BGH 93, 51; ebenso Koblenz JR 98, 71: „Modellaktualität" idR erforderlich), *nicht* aber Modelländerung zwischen Vertragsschluß und Auslieferung (BGH 93, 51) oder Alter von 25

26

ca 1 Jahr bei unverändertem Modell (BGH NJW 80, 1097 mN; anders bei längerer Standzeit: Frankfurt MDR 98, 404 mN). Bei

27 Gebrauchtwagen (auch behobene) Unfallschäden und Unfallbeteiligung (BGH NJW 82, 1386; Karlsruhe NJW-RR 92, 1144; „Unfallfreiheit" vereinbar, Rn 7), erheblich höhere Fahrleistung als vertraglich vorausgesetzt (Köln OLGZ 87, 441: 25% genügt); nicht autorisierte Auswechslung von Originaltacho (Köln aaO); Änderungen an Kfz-Identitätsnummern (LG Aachen NJW-RR 97, 1552); mehrjährige Vorbenutzung als Taxi (BGH MDR 76, 1012) oder Fahrschulwagen (Nürnberg OLGZ 85, 256), auch fehlende Zulassungseignung, die auf Nichtübereinstimmung der Angaben im Fahrzeugbrief mit dem Kfz beruht (BGH 10, 242; abl Schlechtriem NJW 70, 1995), wie Ausrüstung mit nicht typengerechtem Motor (BGH NJW 83, 1425), *nicht* ohne weiteres das Alter (BGH 78, 218; aA Honsell JuS 82, 812), Baujahr (BGH NJW 79, 161) oder Modell (Stuttgart aaO), idR nicht Reparaturanfälligkeit (Köln NJW 73, 903; Hager NJW 75, 2276) und normale Abnutzung oder Verschleiß (Koblenz MDR 86, 316; Karlsruhe NJW-RR 88, 1139 betr Durchrostung), nicht 8monatige Standzeit von „Jahreswagen" (Köln **28** DAR 89, 307). **c) Kunstwerk; Druckwerk; Gegenstand des Kunstgewerbes:** Fehler ist die Unechtheit eines Bildes (BGH 63, 371; NJW 88, 2598; 93, 2103 f; Flume JZ 91, 633) oder Möbelstücks (Frankfurt NJW 82, 651); idR *nicht* die inhaltliche Unrichtigkeit eines Anleitungsbuchs (Rn 72, 372; Schröder NJW **29** 80, 2281). **d) Lebensmittel:** Verdacht der Genußuntauglichkeit (Rn 14), zB bei Indizierung von Wein *anderer* Sorte desselben Abfüllers (LG Lübeck NJW-RR 87, 243, str) oder bei Überschreitung des Mindesthaltbarkeitsdatums (Lindacher NJW 85, 2934; aA Meyer BB 87, 287); verunreinigtes Wasser (BGH 59, 303); strahlenbelastete Babynahrung (AG Kiel NJW 87, 2748, krit Rathke NJW 88, 2586); **30** hormonverseuchtes Kalbfleisch (s Düsseldorf NJW-RR 90, 733). **e) Technische Arbeitsmittel:** Fehler kann in der Abweichung von „technischen Normen" liegen, so in fehlender „DIN-"; „VDE-"; „CE-" usw Beschaffenheit (vgl München NJW-RR 92, 1524), in der Abweichung von wesentlichen Sicherheits- oder Unfallverhütungsvorschriften (BGH NJW 85, 1770; im Einzelfall offenlassend **31** BGH 90, 203). **f) EDV:** Fehler ist unzureichende Speicherkapazität der Festplatte (Köln NJW 91, 2156), idR nicht fehlendes Bedienungshandbuch (BGH NJW 93, 462 und 2438: teilw Nichterfüllung, sa Rn 19) oder ein nicht vollständig übersetztes Benutzerhandbuch (LG Koblenz NJW-RR 95, 942). Bei Software zB gestörter Programmablauf (BGH 102, 145); fehlende Anpassung an Drucker (BGH 110, 143); Funktionsmängel (Köln NJW 88, 2477 f); Fehlen obj Gebrauchstauglichkeit (Hamm NJW-RR 95, 942), nicht schon diese nicht beeinträchtigende systembedingte Gegebenheiten (Köln NJW-RR 95, 1460). **Lit:** Brandi-Dohrn, Gewährleistung bei Hard- und Softwaremängeln, 2. Aufl. 1994; Fritzsche JuS 95, 497; Marly, Softwareüberlassungsverträge, 1991; Martinek, Moderne Vertragstypen III, 1993; sa Henssler MDR 93, 489; Junker NJW 93, 827; 94, 899.

§ 435 Rechtsmangel

¹**Die Sache ist frei von Rechtsmängeln, wenn Dritte in Bezug auf die Sache keine oder nur die im Kaufvertrag übernommenen Rechte gegen den Käufer geltend machen können.** ²**Einem Rechtsmangel steht es gleich, wenn im Grundbuch ein Recht eingetragen ist, das nicht besteht.**

Lit: Ernst, Rechtsmängelhaftung, 1995; sa Lit zu § 437.

1 1. Allgemeines. a) Bedeutung. S 1 bestimmt den Umfang der gem § 433 I 2 geschuldeten Rechtsmängelfreiheit. Nach **S 2** schuldet der Verkäufer auch die sog Buchreinheit. **b) Anwendungsbereich:** Sachkauf, Kauf von Rechten und sonstigen Gegenständen (§ 453 I). **Nicht** bei Verkauf als Pfand in öffentl Versteigerung (§ 445) und Veräußerung in der Zwangsvollstreckung (ZPO 806, ZVG 56 S 3). Erbschaftskauf s § 2376 I. Ggf führt Redlichkeitserwerb gem §§ 936, 892

Titel 1. Kauf, Tausch **§ 435**

usw Rechtsmängelfreiheit herbei. Kenntnis des Käufers s § 442. **c) Vertrags-gestaltung: aa)** § 435 ist **abdingbar**, s § 444. Häufig beim Grundstückskauf 2
durch Übernahme von Belastungen unter Anrechnung auf den Kaufpreis (sa § 416
Rn 1). Nicht beim Verbrauchsgüterkauf, § 475 I. **bb) Erweiterung** möglich,
insbes Einstandspflicht des Verkäufers dafür, daß Dritte Rechte nicht geltend
machen; Verkäufer hat diese dann abzuwehren.

2. Rechtsmangel. a) Begriff. Ein Rechtsmangel liegt vor, wenn der Verkäufer 3
dem Käufer zwar den Kaufgegenstand (Sache, Recht [§ 453]) verschafft, nicht aber
die Rechtsstellung, die nach dem Kaufvertrag vorgesehen war. Unerhebliche Be-einträchtigung genügt. Anders als bei § 434 Rn 2 kommt es beim Rechtsmangel
auf Verwendungszweckvereinbarungen nicht an; der Käufer soll auch bei späteren
Verwendungszweckänderungen nicht beeinträchtigt sein (BT-Drs 14/6040 S 218).
Nur ein wirklich bestehendes Recht begründet einen Rechtsmangel (Ausnahme
S 2); die Geltendmachung eines (nicht bestehenden) Rechts durch Dritte genügt
nicht. **b)** Maßgeblicher **Zeitpunkt** ist nicht der Abschluß des Kaufvertrags oder die 4
Übergabe, sondern der Rechtserwerb des Käufers. Beim EV kommt es daher auf
den Bedingungseintritt (§ 449 I), es sei denn, das Drittrecht beeinträchtigt schon
das „Anwartschaftsrecht" (s § 929 Rn 43) des Käufers (BGH NJW 61, 1253), bei
Grundstücken entscheiden Auflassung und Eintragung (§§ 873, 925) vorbehaltlich
der Beeinträchtigung des Anwartschaftsrechts (§ 925 Rn 18). Rechtsmangel auch,
wenn der Dritte das Recht gegen den Käufer erst später ausüben kann.

3. Sachkauf. a) Rechtsmangel liegt vor, wenn dem Käufer das Eigentum über- 5
haupt nicht verschafft wurde. Bsp: Verkauf einer abhanden gekommenen Sache
(§ 935) durch den Nichteigentümer. Ferner bei Nichtverschaffung von lasten-freiem Eigentum oder der ungestörten Eigentümerstellung. Als **Rechte Dritter**
kommen in Frage: **Dingliche Rechte** am Kaufgegenstand (zB Pfandrecht, Nieß-brauch, Hypothek, Grunddienstbarkeit); **Immaterialgüterrechte** (insbes aus-schließliche Nutzungs-, Herstellungs-, Vervielfältigungs- und Verbreitungsrechte)
wie Patent- (Link BB 83, 1886; Bsp: BGH NJW 79, 713 [Patent an Motoröl]),
Marken- und Urheberrechte Dritter (Hamm NJW-RR 92, 1201); Rechte aus
ausschließlicher Lizenz (Hamm NJW-RR 91, 953), Namens- und allg Persönlich-keitsrecht Dritter (BGH 110, 199 f); **persönliche Rechte** eines Dritten, die dieser
in bezug auf den Kaufgegenstand gegen den Käufer geltend machen kann (zB
Miet- und Pachtrecht gem §§ 566 I, 581 II [BGH NJW 91, 2700; 98, 534 f];
Recht zum Besitz gem §§ 931, 986 II); **Veräußerungsverbote** zugunsten be-stimmter Personen (§§ 135, 136); Beschlagnahme eines Grundstücks zum Zwecke
der Zwangsversteigerung (BGH WM 87, 988); ferner uU **öffentl-rechtliche
Bindungen** (zu öffentl *Lasten* beim Grundstückskauf s § 436) des Kaufgegenstands
(BGH 67, 134; 96, 390 f mN; Vollkommer/Teske JZ 84, 845); Bsp: Baurechtliche
Verpflichtung zur Abtretung von Grundstücksteil an Gemeinde (BGH NJW 83,
275); ges Beschränkungen bei öffentl geförderter Eigentumswohnung (BGH 67,
134; Hamm NJW-RR 97, 773); zur Einziehung führende Beschlagnahme (BGH
113, 112). **Nicht** dagegen *ges* Eigentumsbeschränkungen (zB Duldung eines Über-baus oder Notwegs gem §§ 912, 917: BGH NJW 81, 1362), Beschränkungen aus
Gründen des Allgemeinwohls (zB Bau-, Verfügungs- und Nutzungsbeschränkun-gen: BGH 88, 100 mN: Stellplatz-Baulast; vgl Saarbrücken NJW-RR 96, 692:
Gebäude unter Denkmalschutz); das Fehlen von Steuervorteilen (BGH 79, 185;
zust Landsberg JuS 82, 335); eine nur vorübergehende Beschlagnahme beim Käu-fer, zB gem StPO 94 (Hamm MDR 85, 1026). **b) Grundstückskauf.** Neben den 6
tatsächlich bestehenden Rechten und öffentl-rechtlichen Bindungen (zu öffentl
Lasten s § 436) begründen gem **S 2** auch im Grundbuch *zu Unrecht* eingetragene
Rechte einen Rechtsmangel. Verkäufer schuldet sog „Buchreinheit". Grund:
Scheinbelastungen können gem § 892 zu bestehenden Rechten erstarken und
beeinträchtigen den Käufer (faktisch) bei Verfügungen. Daher ist auch eine inhalt-lich unzulässige Eintragung zu löschen (RG 88, 28).

Chr. Berger

7 **4. Rechtsfolgen.** Grundsätzlich gleich wie bei Sachmangel (§ 434). **a)** Bis zur Erfüllungshandlung (Rn 4) besteht gem § 433 I 1 und 2 der allg Anspruch auf lastenfreie Verschaffung (§ 433 Rn 18), ggf §§ 320 ff. Nachher die Rechte gem § 437, in erster Linie also der Nacherfüllungsanspruch gem § 439, der in den Grenzen des § 439 III auf **Beseitigung des Rechtsmangels** gerichtet ist und **8** nach § 438 verjährt; ggf Rücktritt, Minderung und Schadensersatz. **b)** Bei einem **Rechtsmangel gem S 2** besteht ein Löschungsanspruch. Erfüllung durch Grundbuchberichtigung (§ 894). Ist Käufer schon Eigentümer, kann er Verkäufer zur Geltendmachung des Berichtigungsanspruchs ermächtigen (wichtig wegen Kostenpflicht des Verkäufers, vgl § 439 II). Ein eigener Anspruch des Käufers gegen den Buchberechtigten gem §§ 883 II, 888 steht der Löschungspflicht des Verkäufers nicht entgegen (BGH NJW-RR 86, 310).

§ 436 Öffentliche Lasten von Grundstücken

(1) Soweit nicht anders vereinbart, ist der Verkäufer eines Grundstücks verpflichtet, Erschließungsbeiträge und sonstige Anliegerbeiträge für die Maßnahmen zu tragen, die bis zum Tage des Vertragsschlusses bautechnisch begonnen sind, unabhängig vom Zeitpunkt des Entstehens der Beitragsschuld.

(2) Der Verkäufer eines Grundstücks haftet nicht für die Freiheit des Grundstücks von anderen öffentlichen Abgaben und von anderen öffentlichen Lasten, die zur Eintragung in das Grundbuch nicht geeignet sind.

1 **1. a) Bedeutung.** II beschränkt die Rechtsmängelhaftung des Verkäufers eines Grundstücks: Grund: Der Verkäufer kann auf öffentl-rechtlichen Gesetzen beruhende Lasten und Abgaben uU gar nicht beseitigen; der Käufer muß mit ihnen rechnen. I verpflichtet den Verkäufer im Innenverhältnis dem Käufer gegenüber, bestimmte Anliegerbeiträge zu tragen. Diese werden nicht selten erst lange Zeit nach Fertigstellung der Anlage erhoben und sind daher für den Käufer nicht immer vorhersehbar. **b) Anwendungsbereich.** Gilt nur für Grundstücke, grundstücksgleiche Rechte und Rechte an Grundstücken. I und II sind abdingbar.

2 **2. a) Anliegerbeiträge gem I** sind insbes Erschließungsbeiträge gem BauGB 127 ff, ferner alle öffentl-rechtlichen Lasten, die darauf beruhen, daß die Kosten öffentl Einrichtungen (Straßen, Grünanlagen, Ver- und Entsorgungsanlagen) auf die Eigentümer der in ihrem Bereich liegenden Grundstücke insbes nach Kom-
3 munalabgabenG umgelegt werden (BT-Drs 14/6040 S 219). **b) Rechtsfolgen:** Soweit der Käufer durch öffentl-rechtlichen Bescheid für zuvor begonnene Maßnahmen in Anspruch genommen wird, kann er im Innenverhältnis vom Verkäufer Ausgleich verlangen. Verteilung entgegen §§ 103, 446 S 2 nicht nach Entstehung und Fälligkeit des Beitrags. Maßgeblich ist der nach außen erkennbare bautechnische (nicht bauplanungsrechtliche) Beginn der Maßnahme. Anliegerbeiträge für nach dem Tage des Vertragsschlusses bautechnisch begonnene Maßnahmen hat der Käufer zu tragen. Die Beitragsverpflichtung gegenüber der Behörde bleibt von I unberührt.

4 **3. Öffentl Lasten und Abgaben (II)** sind nicht unter I fallende, öffentl-rechtliche Leistungspflichten, die aus dem Grundstück zu entrichten sind, dh auf dem Grundstück als solchem ruhen (BGH JZ 89, 1130 f). Bsp: Lasten gem ZVG 10 I Nr 3, 7, insbes Grundsteuer. Eine (zu Unrecht) erfolgte Eintragung der Last im Grundbuch ist unerheblich. **Nicht:** öffentl-rechtliche Vorkaufsrechte und Nutzungsverbote, Verpflichtungen zur Übertragung des Eigentums, öffentl-rechtliche Baubeschränkungen und bauordnungsrechtliche Baulasten (BT-Drs 14/6040 S 219); Grunderwerbssteuer (Karlsruhe OLGZ 80, 227); Müllabfuhrgebühren (LG Berlin JR 56, 185, str); Anliegerstreupflicht (BGH JZ 89, 1130 f).

Titel 1. Kauf, Tausch **§ 437**

§ 437 Rechte des Käufers bei Mängeln

Ist die Sache mangelhaft, kann der Käufer, wenn die Voraussetzungen der folgenden Vorschriften vorliegen und soweit nicht ein anderes bestimmt ist,
1. nach § 439 Nacherfüllung verlangen,
2. nach den §§ 440, 323 und 326 Abs. 5 von dem Vertrag zurücktreten oder nach § 441 den Kaufpreis mindern und
3. nach den §§ 440, 280, 281, 283 und 311a Schadensersatz oder nach § 284 Ersatz vergeblicher Aufwendungen verlangen.

Lit: Dauner-Lieb/Dötsch, Schuldrechtsreform: Haftungsgefahren für Zwischenhändler nach neuem Recht, DB 01, 2535; v. Wilmowsky, Pflichtverletzung im Schuldverhältnis, JuS Beilage Heft 1/2002; sa Lit zu § 437; Zimmer/Eckhold, Das neue Mängelgewährleistungsrecht beim Kauf, Jura 02, 154.

1. Allgemeines. a) Bedeutung und Überblick. Regelung der Rechte des Käufers bei Vorliegen eines Mangels der Kaufsache durch („Rechtsgrund"-)Verweisung. Umsetzung VerbrGüKaufRiLi 3. Der Verkäufer ist gem § 433 I 2 zur mangelfreien Erfüllung verpflichtet. Die Lieferung einer mangelhaften Kaufsache ist daher eine Pflichtverletzung und löst die allg Rechte des Gläubigers bei Leistungsstörungen aus. Der Käufer kann in erster Linie als Primärleistung Lieferung einer mangelfreien Sache auf der Grundlage eines Nacherfüllungsanspruchs verlangen (Nr 1), ferner vom Kaufvertrag zurücktreten (Nr 2 Alt 1) und – als Sekundärleistungsanspruch – Schadensersatz (Nr 3 Alt 1) bzw Aufwendungsersatz (Nr 3 Alt 2) verlangen. Hinzu tritt als nicht im allg Leistungsstörungsrecht vorgesehener Rechtsbehelf die Minderung (Nr 2 Alt 2). **b) Anwendungsbereich:** Sach- und Rechtsmangel (§§ 434 I, 435) beim Kauf, auch Falsch- und Zuweniglieferung (§ 434 III); damit werden Nichtlieferung der Kaufsache, Sach- und Rechtsmängel, Falsch- und Zuweniglieferung im wesentlichen gleichgestellt. **c) Zeitpunkt:** Nach Gefahrübergang; zuvor s Rn 30 (bb). **d) Erlöschen.** *Nicht* durch vorbehaltlose Entgegennahme in nach Vertragsschluß erlangter Kenntnis vom Mangel (s § 442 Rn 4 [bb]). **e) Vertragsgestaltung.** Rechte des § 437 können ausgeschlossen oder beschränkt werden, insbes auf Nacherfüllung (sa § 439 Rn 4) und Minderung; auch Ausschluß oder betragsmäßige Beschränkung von Schadensersatz. Grenzen: In AGB s § 309 Nr 7, 8 (zum Immobilienkauf Litzenburger NJW 02, 1244); beim Verbrauchsgüterkauf (§ 474) s 475 I, III; Arglist und Garantie s § 444. 1

2

3

2. Verhältnis der Käuferrechte. Bei einem Mangel der Kaufsache stehen dem Käufer die in § 437 genannten Rechte nicht alternativ zu (anders § 480 aF). Vielmehr stehen sie in einem **Stufenverhältnis:** Rücktritt, Minderung und Schadensersatz statt der Leistung (nicht Schadensersatz neben der Leistung gem §§ 280 I, II) setzen den erfolglosen Ablauf einer Frist zur Nacherfüllung voraus (§ 281 I 1, 323 I; zur Entbehrlichkeit der Fristsetzung s Rn 10) und sind daher dem Nacherfüllungsanspruch gegenüber grundsätzlich *nachrangig*. **Nach Fristablauf** kann der Käufer zwischen Rücktritt (sa § 323 V), Minderung und Schadensersatz statt der Leistung wählen. Aufwendungsersatz gem § 284 kann nur anstelle von Schadensersatz verlangt werden. Schadensersatz und Rücktritt können kumulativ geltend gemacht werden (§ 325). – Zu mehreren Mängeln s § 441 Rn 8. 4

3. Nacherfüllungsanspruch (Nr 1) s Anm zu § 439; Verjährung s § 438. 5

4. Rücktritt. a) Überblick. Nr 2 Alt 1 regelt das Rücktrittsrecht des Käufers bei mangelhafter Lieferung durch Verweisung auf die allgemeine Bestimmung des § 323 (sa § 323 Rn 2). Der Rücktritt wegen eines Mangels der Kaufsache wird damit in das allg Leistungsstörungsrecht eingegliedert; ein bes kaufrechtliches Rücktrittsrecht (wie die fr „Wandelung"; § 462 aF) besteht nicht. Die Verweisung auf § 323 bindet den Rücktritt wegen eines Mangels zugleich an das Erfordernis des Fristablaufs (Rn 4). Ist die primär geschuldete (Rn 1) Nacherfüllung gem 6

Chr. Berger

§ 437 Buch 2. Abschnitt 8. Einzelne Schuldverhältnisse

§ 275 I unmöglich (s § 439 Rn 7) oder verweigert sie der Verkäufer gem § 439 III 1, verhindert § 326 I 2 das automatische Entfallen der Kaufpreiszahlungspflicht des Käufers; vielmehr kann der Käufer ohne Fristsetzung gem § 326 V (s § 326 Rn 26) zurücktreten (oder gem § 441 mindern). Nicht selten wird der Käufer den Grund für den Ausfall der Nacherfüllung nicht kennen; in diesem Fall kann er eine Frist setzen und nach deren Ablauf zurücktreten, ohne daß (im Prozeß) geklärt werden muß, ob sich der Rücktrittsgrund aus § 323 I oder § 326 V ergibt (BT-Drs 14/7052 S 193). Zum Rücktritt aus anderen Gründen s § 324. **b) Rechtsnatur.**
7
Das Rücktrittsrecht ist ein Gestaltungsrecht, kein Anspruch. Ausübung führt zu
8 Rückabwicklungsverhältnis nach §§ 346 ff. **c) Voraussetzungen. aa)** Sach- oder Rechtskauf (§ 453 I, III). **bb)** Sachmangel gem § 434 bei Gefahrübergang (§ 434 Rn 5) oder Rechtsmangel bei Vornahme der Erfüllungshandlung (§ 435 Rn 4). Erheblichkeit des Mangels (§ 323 V); bei Zuweniglieferung nur bei Interessefortfall
9 s § 434 Rn 24. **cc) α) Fristsetzung** (gem § 323 I) ist Aufforderung zur Nacherfüllung unter Ausübung des Wahlrechts gem § 439 I. – Fristsetzung wegen eines *Mangels* ist bereits **vor Gefahrübergang** möglich, wenn die angemessene (Rn 11 [dd]) Frist frühestens bei Fälligkeit des Lieferanspruchs abläuft. Bis zum Gefahrübergang kann Verkäufer Art der Nacherfüllung gem § 439 I wählen; vereinbar mit VerbrGüKaufRiLi 3 I, III, der Wahlrecht des Verkäufers nur für die Zeit nach Lieferung vorsieht. Verkäufer kann jedoch Nacherfüllung gem § 439 III auch vor Übergabe verweigern. Folge: Rücktritt gem § 440 S 1 schon vor Fristablauf möglich. **β)** Hatte der Käufer dem Verkäufer bereits eine Frist wegen Liefer*verzögerung* gem §§ 281, 323 gesetzt und liefert der Verkäufer bis Ablauf dieser Frist eine mangelhafte Sache, muß – auch zur Erhaltung des „Rechts auf zweite Andienung" (s § 439 Rn 3 [d]) – eine weitere Frist zur Nacherfüllung gesetzt werden (aA
10 Canaris DB 01, 1816). **γ) Entbehrlichkeit** der Frist gem § 326 V (s Rn 6) bei Unmöglichkeit der Nacherfüllung bzw deren Verweigerung. Ferner nach §§ 323 II, 440; „Recht auf zweite Andienung" (s § 439 Rn 3 [d]) entfällt dann.
11 **dd) Angemessenheit.** Zu berücksichtigen sind Interessen beider Parteien. Ausschlaggebend insbes die Zeitspanne, die der Verkäufer zur vom Käufer gewählten Art der Nacherfüllung benötigt. Bei einem besonderen Käuferinteresse (zB Saisonware, Alltagsgeschäfte [BT-Drs 14/6040 S 234]) muß der Verkäufer uU besonders rasch nacherfüllen, wenn nicht ohnehin Fristsetzung gem § 323 II Nr 3 entbehrlich ist. Zu berücksichtigen ist auch, ob der Verkäufer den Mangel bei Vertragsschluß oder Lieferung kannte und/oder – auch als Folge einer Garantie iSv § 276 I 1 – zu vertreten hat. Fach- und Vertragshändlern ist kürzere Frist zuzumuten. – Ist die gesetzte Frist unangemessen kurz, wird die angemessene Frist in Lauf gesetzt. **ee) Ablauf** der Frist ohne vollständige Mängelbeseitigung; geringfügige Überschreitung genügt. Ist Nacherfüllung **fehlgeschlagen** (s § 440 S 2), bedarf es keiner weiteren Fristsetzung (§ 440 Rn 3). **ff) Nicht:** Ablehnungsandrohung,
12 Verschulden. **d) Rechtsfolgen. aa) Rücktrittsrecht** des Käufers. Wird es ausgeübt, erlöschen die Ansprüche aus dem Kaufvertrag auf Nacherfüllung und Kaufpreiszahlung, soweit noch nicht erfüllt; iü sind sie gem §§ 346 ff (s Anm dort) zurückzugewähren. **bb)** Neben dem Rücktritt kann Käufer ggf Schadensersatz und Aufwendungsersatz (§ 284) verlangen (s § 325); anstatt Rücktritt gem § 441 mindern (gem § 441 I 2 auch bei § 323 V 2). – Anstatt das Rücktrittsrecht auszuüben kann der Käufer den Nacherfüllungsanspruch (§ 439) durchsetzen. **e) Zeitliche Grenze** s § 438 IV.

13 **5. Minderung.** Nach **Nr 2 Alt 2** kann der Käufer, anstatt den Rücktritt zu erklären, den Kaufpreis mindern; s Anm zu § 441.

14 **6. Schadensersatz. a) Systematik. Nr 3 Alt 1** verweist für den Ersatz des dem Käufer infolge der Lieferung einer mangelhaften Sache entstandenen Schadens auf die Anspruchsgrundlagen des allg Leistungsstörungsrechts (§§ 280, 281, 283 und 311 a II). Damit wird der Schadensersatzanspruch wegen Lieferung einer mangelhaften Sache in das allg Leistungsstörungsrecht eingebunden. Spezielle kauf-

Titel 1. Kauf, Tausch **§ 437**

rechtliche Anspruchsgrundlagen für Schadensersatz bestehen daneben nicht (anders § 463 aF). Die Voraussetzungen des Schadensersatzanspruchs unterscheiden sich gem § 280 I–III nach dem verletzten Interesse des Käufers (Integritäts-, Verzögerungsschaden, Schadensersatz statt der Leistung) und dem Zeitpunkt des Vorliegens des Mangels (§ 311a II). Bei behebbaren Mängeln ist hinsichtlich des Schadensersatzes statt der Leistung der Vorrang des Nacherfüllungsanspruch (§ 439) zu beachten (Rn 19). Schadensersatz schuldet der Verkäufer nur, wenn er die mit der mangelhaften Lieferung verbundene Pflichtverletzung (§ 280 I 2 Rn 20) bzw – bei anfänglichen Mängeln – seine Unkenntnis (§ 311a II 2 Rn 7) zu vertreten hat. **b) § 280 I:** Ersatz des **Integritätsinteresses** („Mangelfolgeschaden"). Integritätsschäden sind die durch den Mangel verursachten Einbußen an unabhängig vom Kaufvertrag bestehenden Rechten, Rechtsgütern und Interessen (s § 241 II) des Käufers. *Bsp:* Der Käufer verletzt sich an einem schadhaften Maschinenteil (BT-Drs 14/6040 S 224) oder infolge einer fehlerhaften oder ungenauen Bedienungsanleitung; nicht vertragsgemäße Betriebsstoffe beschädigen Maschinen des Käufers. Zum Vertretenmüssen s Rn 22 ff. **c) § 280 II:** Der Ausgleich von **Verzögerungsschäden** erfolgt nur unter den Voraussetzungen des § 286 (Verzug). **aa)** Erforderlich ist nach § 286 I 1 eine Mahnung hinsichtlich der Nacherfüllung, die gewöhnlich im Nacherfüllungsverlangen liegt (BT-Drs 14/6040 S 225). Der Verkäufer kann auch ohne Mahnung durch ein Ereignis gem § 286 II in Verzug geraten, etwa nach § 286 II Nr 1 mit Ablauf einer vereinbarten Lieferfrist während der Nacherfüllungsphase. **bb)** Ist der Verkäufer bereits mit der Erfüllung des Leistungsanspruchs aus § 433 I (vor Gefahrübergang) in Verzug (nicht mit dem Nacherfüllungsanspruch), hat er ohne weiteres nach Lieferung der mangelhaften Sache den gesamten während der Nacherfüllungsphase entstehenden Verzögerungsschaden zu ersetzen; die Lieferung der *mangelhaften* Sache beendet den Verzug nicht. **cc)** Unter den nach §§ 280 II, 286 zu ersetzenden Verzögerungsschaden fällt auch ein **Nutzungsausfallschaden.** Liefert zB der Verkäufer eine fehlerhafte Maschine, wird der durch die verzögerte Inbetriebnahme entstehende Betriebsausfallschaden nur unter den Voraussetzungen der §§ 280, 286 (ggf Mahnung) ersetzt (zutr AnwKommBGB/Büdenbender 25, str; aA BT-Drs 14/6040 S 225; Lorenz/Riehm Rn 546; krit Dauner-Lieb/Dötsch aaO S 2536 f). Nach der Gegenansicht stünde der (nicht bereits in Verzug gesetzte) Verkäufer besser, wenn er die mangelhafte Kaufsache (zunächst) überhaupt nicht liefert. Verzug ist auch erforderlich, wenn ein unabhängig vom Kaufvertrag bereits ablaufender Produktionsprozeß unterbrochen wird (insoweit aA v. Wilmowsky aaO S 20: § 280 I). **d) § 280 III: Schadensersatz statt der Leistung.** Wegen des Vorrangs des Nacherfüllungsanspruchs (§ 439; s Rn 4) ist zu unterscheiden: **aa) Nicht behebbarer Mangel. α) Primärleistung.** Der Verkäufer ist gem § 275 I von der Lieferung der Sache in mangelfreiem Zustand (s § 433 I 2) befreit. Gleichzustellen ist die Befreiung des Verkäufers gem § 275 II, III und hinsichtlich aller Formen der Nacherfüllung gem § 439 III (Lorenz/Riehm Rn 536). **β) Anfänglicher Mangel.** Haftet der Mangel der Kaufsache bereits bei Vertragsschluß an, richtet sich der Schadensersatz nach § 311a II. Der Verkäufer haftet nicht, wenn er den Mangel nicht kannte und diese Unkenntnis auch nicht zu vertreten hat. Zurechnung der Kenntnis von Vertretern und Verhandlungsgehilfen s § 166. Zusicherung der Mangelfreiheit s Rn 23. **γ) Nachträglicher Mangel.** Entsteht der Mangel nach Vertragsschluß, richtet sich der Schadensersatz nach § 283. *Bsp:* Als unfallfrei verkaufter Pkw wird vor Übergabe bei einem vom Verkäufer verursachten Verkehrsunfall beschädigt. Schadensersatz entfällt, wenn der Verkäufer die Entstehung des Mangels nicht zu vertreten hat (§§ 280 I 2, 276), insbes keine Schutz-, Obhuts- und Überwachungspflichten im Hinblick auf die Kaufsache verletzt hat. Zurechnung s § 278. Ob eine Zusicherung der Mangelfreiheit (Rn 23) sich auch auf nachträglich entstehende Mängel bezieht, ist Auslegungsfrage und idR zu verneinen. **bb) Behebbarer Mangel.** Der Vorrang des Nacherfüllungsanspruchs (§ 439) sperrt bis zum Ablauf der nach §§ 280 III, 281 gesetzten Frist den Schadensersatzanspruch. Aus-

Chr. Berger

§ 437 Buch 2. Abschnitt 8. Einzelne Schuldverhältnisse

nahme: Fristsetzung entbehrlich gem § 440 (s Anm dort). Schadensersatz nach Fristablauf setzt gem § 280 I 2 Vertretenmüssen voraus (Beweislast: Verkäufer), das sich auf die Nichtvornahme der Nacherfüllung (Lorenz/Riehm Rn 535) bezieht, nicht auf die Kenntnis des (anfänglichen) Mangels oder seiner (nachträglichen) Entstehung. Zum Schadensersatz bei Unmöglichkeit der Nacherfüllung s § 439
20 Rn 7. **cc) Umfang des Schadensersatzes statt der Leistung. α)** Der Käufer ist so zu stellen, wie er bei rechtzeitiger mangelfreier Leistung stehen würde. Auszugleichen ist der mangelbedingte Minderwert der Kaufsache („eigentlicher Mangelschaden"; BT-Drs 14/6040 S 224), Reparaturkosten, ferner Folgeschäden wie der entgangene Gewinn und Aufwendungen für anderweitige Beschaffung und der bis zum Schadensersatzverlangen (§ 281 IV) entstandene Verzögerungsschaden;
21 nicht: Mangelfolgeschaden (dazu Rn 15; aA Recker NJW 02, 1248). **β) Schadensausgleich** nach Wahl des Käufers: **(1) „Kleiner Schadensersatz":** Der Käufer behält die mangelhafte Kaufsache und verlangt iü im Wege des Geldersatzes so gestellt zu werden, als sei die Kaufsache fehlerfrei gewesen. Ausgleich durch Ersatz des Minderwertes, Aufwendungen für Mängelbeseitigung, Ausgleich des entgangenen Gewinns für Weiterveräußerung usw. **(2)** Schadensersatz statt der „ganzen" Leistung, sog **„großer Schadensersatz":** Der Käufer stellt die Kaufsache dem Verkäufer zur Verfügung (sa §§ 281 V, 346 I) und verlangt Ausgleich für die gesamte ausgebliebene Leistung, insbes Rückzahlung des geleisteten Kaufpreises (als Mindestschaden), auch für den aus einem infolge des Mangels gescheiterten Weiterverkauf entgangenen Gewinn, Kosten der Ersatzbeschaffung, Freistellung von Haftung aus Weiterverkauf, Kosten eines Rechtsstreits zwischen Käufer und Abnehmer usw. Großer Schadensersatz scheidet bei unerheblichen Pflichtverletzungen aus, § 281 I 3; zum Ausschluß des Rücktritts s § 323 V 2 (europarechtskonform, s VerbrGüKaufRiLi 3 VI). Neben dem großen Schadensersatz ist
22 Rücktritt möglich, § 325. **e) Vertretenmüssen des Verkäufers (§§ 437 Nr 3, 280 I 2, 311 a II 2). aa)** Maßstab der Verantwortlichkeit des Verkäufers ist § 276. **α)** Der Verkäufer hat danach Vorsatz und jede Fahrlässigkeit zu vertreten. Den Fahrlässigkeitsmaßstab bestimmt § 276 II. Die an den Verkäufer zu stellenden Sorgfaltsanforderungen richten sich nach der **Verkehrsanschauung** (dazu BT-Drs 14/6040 S 210), soweit keine vertraglichen Vereinbarungen getroffen sind. Nicht zu gewerblichen Zwecken handelnde Verkäufer und Zwischenhändler trifft grundsätzlich keine Untersuchungspflicht hinsichtlich eines Mangels. Wohl aber kann eine Untersuchung und Prüfung der Kaufsache durch einen Fachhändler (namentlich Vertragshändler) insbes bei hochwertigen Produkten (Kfz), zur verkehrserforderlichen Sorgfalt zählen. Beim gewerblichen Verkauf gebrauchter Produkte kann der Käufer eine Untersuchung erwarten, wenn der Verkäufer über eine Werkstatt verfügt. Dem Verkäufer bekannte Fehler sind unabhängig von einer Unter-
23 suchungspflicht zu offenbaren. **β)** Fehlt der Kaufsache eine vom Verkäufer **zugesicherte Eigenschaft**, hat der Verkäufer dies nach § 276 I 1 („Übernahme einer **Garantie**"; Abgrenzung s § 443 Rn 3) ebenfalls zu vertreten (BT-Drs 14/6040 S 226). Eine Zusicherung ist die Erklärung, die Kaufsache habe bei Gefahrübergang eine bestimmte Eigenschaft, widrigenfalls der Verkäufer verschuldensunabhängig für die Folgen des Fehlens eintreten wolle (BT-Drs 14/6040 S 236). Voraussetzung einer Schadensersatzhaftung ist, daß das verletzte Interesse in den Garantiebereich fällt. **Eigenschaften** sind nur die natürliche Beschaffenheit der Kaufsache, sondern alle tatsächlichen und rechtlichen Verhältnisse, die wegen ihrer Art und Dauer die Brauchbarkeit oder den Wert der Sache beeinflussen.
24 **Fälle:** Als Gegenstand einer Eigenschaftszusicherung kommen in Frage: sämtliche Fälle der vertragsmäßigen Beschaffenheit (§ 434 Rn 9f) der Kaufsache, zB [Rspr zu § 459 aF] Bebaubarkeit des Grundstücks (BGH 117, 162 mN); bestimmte Wohnfläche (BGH NJW 91, 912); Vorhandensein einer Baugenehmigung (BGH NJW 98, 536); Fehlen objektgebundener Versagungsgründe für Gaststättenerlaubnis (BGH NJW-RR 87, 910); Urheberschaft eines Bildes (BGH NJW 93, 2104); Fabrikneuheit von Neuwagen (BGH NJW 97, 1848; Frankfurt MDR 98, 404);

Alter, Baujahr (BGH 78, 218; NJW 95, 2160), Kilometerleistung (BGH WM 89, 1894), Werkstattprüfung (BGH 87, 305 f) oder Unfallfreiheit von Gebrauchtwagen (BGH NJW 82, 435); bes Feuchtigkeitsempfindlichkeit eines Klebers (BGH 88, 134); der Mietertrag eines Grundstücks (BGH 117, 170 f mN; NJW 93, 1385; 98, 535 mN; Celle MDR 98, 767, stRspr), die inhaltliche Richtigkeit von Druckwerken (BGH NJW 73, 844), Steuerfreiheit und erhöhte Abschreibungsmöglichkeit, soweit sie aus der Beschaffenheit der Kaufsache resultieren (BGH 111, 78 mN; 114, 266 ff mN, sa Rn 33). Auch Fehlen einer Eigenschaft kann zugesichert werden. Zusicherung der Abwesenheit eines Fehlers steht Zusicherung von Eigenschaften gleich (BGH NJW 82, 435). Gegenstand einer Garantie können ferner Umstände usw sein, die nicht als Eigenschaft der Kaufsache angesehen werden: der Preis (Marktwert) einer Sache, in der Zukunft liegende Verhältnisse und Umstände (Bsp: künftige Bebaubarkeit) sowie Angaben rein tatsächlicher oder rechtlicher Art, wie zB eine Bilanz; Tilgung (Anfallen) von Erschließungskosten; längere Zeit zurückliegende tierärztliche Untersuchung eines lebenden Tiers; Umsatzsteuerfreiheit; steuerliche Abzugsfähigkeit von Erwerbskosten. γ) Im Kaufvertrag übernimmt der Verkäufer grundsätzlich *nicht* das **Beschaffungsrisiko** (§ 276 I 1 aE) hinsichtlich der Mangelfreiheit (zutr Dauner-Lieb/Dötsch aaO S 2536). Auch bei einer Gattungsschuld erstreckt sich der der Leistungspflicht des Verkäufers korrespondierende (vollstreckbare) Anspruch des Käufers nicht auf die Beschaffung der Kaufsache. **bb)** Der Verkäufer hat gem § **278** für das Verschulden von Erfüllungsgehilfen und ges Vertreter einzustehen. Der **Hersteller** ist regelmäßig **nicht Erfüllungsgehilfe** des Verkäufers, weil die Herstellung nicht zum Pflichtenkreis des Verkäufers zählt (BT-Drs 14/6040 S 210). Anders im Rahmen der Mangelbeseitigung gem § 439. **f) Verjährung** s § 438. 25 26

7. Aufwendungsersatz. Nr. 3 Alt 2; s Anm zu § 284. Darunter fallen die Vertrags(-abschluß)- und die Erfüllungskosten (zB Transport- Einbau- und Montagekosten). Anders als § 467 S 2 aF setzt der Aufwendungsersatzanspruch gem § 284 Vertretenmüssen („anstelle von Schadensersatz"; s § 284 Rn 3) voraus. 27

8. Verhältnis zu sonstigen Rechtsbehelfen. a) Allgemeines. Das SchRModG hat die Mängelrechte in das System der Leistungsstörungen eingebunden, Unterschiede aber nicht vollauf beseitigt. ZB wurde die Verjährung von Schadensersatzansprüchen angeglichen, aber nicht vollständig harmonisiert (Schadensersatz gem § 437 Nr 3 verjährt nach § 438 I, II; gem §§ 280 I, 311 II, 241 II (cic) nach §§ 195, 199). Der Gesichtspunkt des Vorrangs der Mängelrechte gegenüber den allg Vorschriften des Leistungsstörungsrechts bleibt weiterhin (zu Frist Recht s Voraufl § 459 Rn 40 ff. **b) Erfüllungsanspruch und Einrede des nichterfüllten Vertrags (§ 320). aa)** Der Käufer kann eine mangelhafte Sache als nicht vertragsgemäße Leistung zurückweisen (s § 266), ohne dadurch in Annahmeverzug (§§ 293 ff) oder mit der Abnahmepflicht (§ 433 Rn 28 f) in Schuldnerverzug (§§ 286 ff) zu geraten. Folge: Ursprünglicher Erfüllungsanspruch bleibt bestehen; es gelten §§ 320 ff, §§ 280 ff. Verjährung nicht § 438, sondern § 195, bei Grundstückskauf usw § 196. **bb)** Auch nach Gefahrübergang kann sich der Käufer auf § 320 I (s aber § 320 II) berufen, falls und solange er Nacherfüllung (§ 439) verlangen kann, also nicht mehr, wenn er gemindert (§ 441) oder der Verkäufer nacherfüllt hat oder die Nacherfüllung unmöglich geworden (§ 275 I) oder § 439 III berechtigt verweigert worden ist (dann aber uU Rücktritt, §§ 326 V, 323). Nach Verjährung der Mängelansprüche bleibt dem Käufer das Leistungsverweigerungsrecht gem § 438 IV 2, V. **c) Unmöglichkeit. aa)** Bei anfänglichem unbehebbarem Mangel der Kaufsache (Bsp: Verkauf eines Unfallwagens als „unfallfrei") ist der Kaufvertrag gem § 311 a I voll wirksam; der Verkäufer haftet ggf auf Schadensersatz gem § 311 a II. **bb)** Tritt ein Mangel nach Abschluß des Kaufvertrags, aber vor Gefahrübergang ein (Bsp: Als „unfallfrei" verkaufter Pkw wird bei Unfall beschädigt), wird der Verkäufer gem § 275 I insoweit von seiner Pflicht zur mangelfreien Lieferung aus § 433 I 2 frei, als die Beseitigung unmöglich ist oder er 28 29 30 die Erfüllung gem § 275 II, III verweigert. Schadensersatz s §§ 280, 281; § 285 gilt; Kaufpreisanspruch s § 326. **cc)** Auch gegenüber dem Nacherfüllungsanspruch aus § 439 kann sich der Verkäufer auf § 275 I–III berufen; zudem auf § 439 III.

31 **d) Verzug** (§§ 286 ff) möglich, solange keine mangelfreie (Nach-)Erfüllung. **e) Anfechtung. aa) Erklärungs- und Inhaltsirrtum.** Anfechtung gem § 119 I ist uneingeschränkt zulässig. Grund: §§ 434 ff enthalten insoweit keine Sonderregelung. Anfechtung auch, wenn Verkäufer bei Beschaffenheitsvereinbarung (§ 434 I 1) Irrtum gem § 119 I unterläuft. **bb) Arglistige Täuschung** durch Verkäufer über Nichtvorliegen des Mangels: Anfechtung gem § 123 ist vor und nach Gefahrübergang uneingeschränkt zulässig. Grund: Verkäufer ist nicht schutzwürdig. Ansprüche des Käufers bei wirksamer Anfechtung: § 812 I 1; §§ 280 I, 311 II, 241 II (cic); § 823 II iVm StGB 263; § 826; nicht: § 437.

32 cc) Eigenschaftsirrtum. α) Kennt der *Käufer* den Mangel nicht, kann zugleich ein Irrtum über eine verkehrswesentliche Eigenschaft vorliegen. Die Anfechtung gem § 119 II ist gleichwohl ausgeschlossen. Grund: §§ 437 ff enthalten eine abschließende Sonderregelung; Käufer soll sich zB nicht gem § 142 I vom Kaufvertrag lösen können, wenn etwa Rücktritt wegen Verjährung nach §§ 438 I, II, IV, 218 ausscheidet, Anfechtung gem § 121 jedoch nicht; ferner wenn Mängelrechte gem § 442 I 2 entfallen. Ausschluß der Anfechtung gem § 119 II auch im Zeitraum *vor Gefahrübergang* (Lorenz/Riehm Rn 573; aA PalErgB/Putzo 53), um dem Verkäufer das „Recht zur Nacherfüllung" (§ 439 Rn 3 [d]) zu erhalten. **β)** Auch die Anfechtung durch den *Verkäufer* gem § 119 II ist ausgeschlossen. Grund: Dem Käufer sollen nicht durch Anfechtung die Rechte nach § 437 entzogen werden; daher kein Ausschluß, wenn der Käufer Mängelrechte nicht geltend macht (BGH
33 NJW 88, 2598 [zu § 459 aF]). **f) Störung der Geschäftsgrundlage (§ 313).** Bei Mängeln ist die Berufung auf § 313 ausgeschlossen. Grund: Sonderregelung der
34 §§ 437 ff geht vor. **g) Culpa in contrahendo (§§ 280 I, 311 II, 241 II). α)** Ansprüche gem §§ 280 I, 311 II, 241 II wegen fahrlässiger Verletzung vorvertraglicher Offenbarungs-, Aufklärungs- und Beratungspflichten durch den Verkäufer mit Bezug auf Sach- oder Rechtsmängel sind ausgeschlossen (Lorenz/Riehm Rn 576). Grund: Schadensersatzansprüche aus §§ 437 Nr 3, 280 bilden eine abschließende Sonderregelung. Bedeutung vor allem hinsichtlich der Verjährung: § 438 anstatt §§ 195, 199. Nacherfüllungsrecht des Verkäufers (§ 439 Rn 3 [d]) darf nicht durch einen Anspruch auf Aufhebung des Kaufvertrags unterhöhlt werden. **β)** Die Beschränkung gilt *nicht* für vorsätzliche Falschangaben, desgl nicht für persönlich haftende Vertreter und Vermittler (§ 311 III), denen gegenüber keine Mängel-
35 rechte aus § 437 bestehen. **h) Schadensersatz. α)** Wegen Nebenpflichtverletzung (§§ 280 I, 241 II). Ist eine kaufvertragliche Nebenpflicht bei Lieferung einer *mangelfreien Sache* schuldhaft verletzt, so besteht keine Konkurrenz mit Mängelrechten. Bsp: Verletzung von Aufklärungs- und Warnpflichten etwa beim Kauf von Maschinen und Erzeugnissen, von denen spezifische Gefahren ausgehen (§ 433 Rn 25); unterbliebene Verarbeitungshinweise bei „Risiken" der Weiterverarbeitung (BGH 88, 135 [zu § 433 aF]); unterlassener Hinweis auf Belieferung mit Ware von geänderter Beschaffenheit (BGH 132, 177 f [zu § 433 aF]); Beschädigung von Eigentum des Käufers anläßlich der Lieferung der Kaufsache. Zu ersetzen ist der volle Verletzungsschaden, uU einschließlich der beeinträchtigten Kaufsache selbst (BGH 87, 91). Bsp: Untergang infolge unsachgemäßer Verpackung (BGH 66, 208; 87, 92). Die (kurze) Verjährung des § 438 gilt nicht. **β)** Infolge mangelhafter Lieferung. Ist der Schaden durch eine *mangelhafte* Kaufsache verursacht, kann der Käufer Schadensersatz gem §§ 437 Nr 3, 280 I verlangen (s Rn 15). Verjährung
36 § 438. **i) Unerlaubte Handlung. α)** Ansprüche gem §§ 823 I, II, 826 werden durch die Rechte aus § 437 nicht berührt. Bsp: Geliefertes mangelhaftes Tierfutter verletzt Tiere des Käufers. Ist der Kaufvertrag mit dem Hersteller abgeschlossen, so kommen die nicht durch das ProdHaftG ausgeschlossenen (ProdHaftG 15 II) Grundsätze über die Produzenten-(Produkt-)haftung (§ 823 Rn 122 ff) neben der Vertragshaftung zur Anwendung (BGH 67, 362; Röhl JZ 79, 374). **β)** Die Liefe-

Titel 1. Kauf, Tausch § 438

rung einer von Anfang an mangelhaften Sache ist als solche noch keine Verletzung des Eigentums an der Kaufsache iSd § 823 I (BGH 117, 187). Jedoch kommt eine deliktische Haftung in Betracht, wenn als Mangelfolge („weiterfressende Mängel") an der gelieferten Sache selbst ein über den ursprünglichen Mangelunwert hinausgehender, mit diesem nicht „stoffgleicher" Schaden eintritt (so BGH 67, 364 f; 86, 259 f; 117, 188 f; NJW 92, 1678, sehr str, krit zB Katzenmeier NJW 97, 486 ff mwN; sa § 823 Rn 6 mN). Diese Rspr sollte aufgegeben werden, nachdem die Verjährung in § 438 zugunsten des Käufers verlängert wurde; sie kollidiert mit dem Nacherfüllungsanspruch gem § 439 (vgl Foerste ZRP 01, 342 unter Hinweis auf BGH NJW 86, 924 zum werkvertraglichen Nachbesserungsanspruch).

§ 438 Verjährung der Mängelansprüche

(1) **Die in § 437 Nr. 1 und 3 bezeichneten Ansprüche verjähren**
1. **in 30 Jahren, wenn der Mangel**
   a) **in einem dinglichen Recht eines Dritten, auf Grund dessen Herausgabe der Kaufsache verlangt werden kann, oder**
   b) **in einem sonstigen Recht, das im Grundbuch eingetragen ist, besteht,**
2. **in fünf Jahren**
   a) **bei einem Bauwerk und**
   b) **bei einer Sache, die entsprechend ihrer üblichen Verwendungsweise für ein Bauwerk verwendet worden ist und dessen Mangelhaftigkeit verursacht hat, und**
3. **im Übrigen in zwei Jahren.**

(2) **Die Verjährung beginnt bei Grundstücken mit der Übergabe, im Übrigen mit der Ablieferung der Sache.**

(3) [1]Abweichend von Absatz 1 Nr. 2 und 3 und Absatz 2 verjähren die Ansprüche in der regelmäßigen Verjährungsfrist, wenn der Verkäufer den Mangel arglistig verschwiegen hat. [2]Im Falle des Absatzes 1 Nr. 2 tritt die Verjährung jedoch nicht vor Ablauf der dort bestimmten Frist ein.

(4) [1]Für das in § 437 bezeichnete Rücktrittsrecht gilt § 218. [2]Der Käufer kann trotz einer Unwirksamkeit des Rücktritts nach § 218 Abs. 1 die Zahlung des Kaufpreises insoweit verweigern, als er auf Grund des Rücktritts dazu berechtigt sein würde. [3]Macht er von diesem Recht Gebrauch, kann der Verkäufer vom Vertrag zurücktreten.

(5) **Auf das in § 437 bezeichnete Minderungsrecht finden § 218 und Absatz 4 Satz 2 entsprechende Anwendung.**

Lit: Wagner, Die Verjährung gewährleistungsrechtlicher Rechtsbehelfe nach neuem Schuldrecht, ZIP 02, 789.

1. Allgemeines. a) Bedeutung. Zeitliche Begrenzung der Rechte des Käufers bei mangelhafter Kaufsache durch (1) von §§ 195 ff weithin abweichende Regelung der Verjährung (I, II) der in § 437 Nr 1 und 3 genannten Ansprüche auf Nacherfüllung, Schadensersatz und Aufwendungsersatz sowie (2) Verweisung auf § 218 für Rücktritt (IV) und Minderung (V). Die Verjährung kaufrechtlicher Mängelansprüche beträgt zwei Jahre; sie beginnt gem II (Rn 4 f), nicht mit Kenntnis. Sonderregelung für Regreß des Verkäufers gegen Lieferanten s § 479 II. **b) Zweck.** Beschleunigte Abwicklung des Kaufs. VerbrGüKaufRiLi 5 I gibt eine Frist von zwei Jahren vor. **c) Vertragsgestaltung: aa) Verkürzung** s § 202 I; nicht bei Vorsatz. In AGB bei Kauf neuer Sachen Untergrenze 1 Jahr (§ 309 Nr 8 b] ff). Bei Verbrauchsgüterkauf für gebrauchte Sachen Verkürzung auf 1 Jahr (§ 475 II), ü § 478 V, 479. **bb) Verlängerung** s § 202 II: Höchstfrist 30 Jahre. In AGB ist eine maßvolle Verlängerung möglich; die in BGH 110, 92 (zu § 447 I aF) angenommene Obergrenze von 2 Jahren sollte auf 5 Jahre erweitert werden.

1

2

Chr. Berger 529

§ 438 Buch 2. Abschnitt 8. Einzelne Schuldverhältnisse

3   **2. a)** Die regelmäßige **ges Verjährung kaufrechtlicher Mängelansprüche** beträgt **2 Jahre (I Nr 3)**. Umsetzung von VerbrGüKaufRiLi 5 I. Nr 3 gilt aber nicht nur für den Verbrauchsgüterkauf (s § 474), sondern für alle Kaufverträge, auch für den Schadensersatzanspruch nach § 437 Nr 3 Alt 1 (krit Leenen JZ 01, 556 f: der sachmangelbezogen *schuldhaft* handelnde Verkäufer werde verjährungsrechtlich privilegiert), nicht für andere mangelbedingte Ansprüche, etwa aus § 823 (PalErgB/Putzo 11; aA Mansel NJW 02, 95; zum Weiterfresserschaden sa § 437
4   Rn 36). **b) Beginn** der Verjährung s II (abw von § 200). **aa) Allgemeines.** Anders als § 199 I Nr 2 liegt II ein streng „objektives" System zugrunde. Auf Kenntnis oder Erkennbarkeit des Mangels kommt es nicht an. – Maßgeblicher Zeitpunkt ist bei Grundstücken die Übergabe, bei anderen Sachen die Ablieferung. Die Frist beginnt jedoch nicht vor Vollwirksamkeit des Kaufvertrags; wichtig für aufschiebend bedingten, form- und genehmigungsbedürftigen sowie schwebend unwirksamen Vertrag. **bb) Übergabe** bei **Grundstücken** setzt Übertragung des unmittelbaren Besitzes an den Käufer voraus, der damit die Kaufsache untersuchen und Mängel geltend machen kann (BGH NJW 96, 587 [zu § 477 aF]). Bloß
5   mittelbarer Besitz genügt nicht. **cc) Ablieferung** bei **beweglichen Sachen** setzt voraus, daß die Kaufsache so in den Machtbereich des Käufers gelangt ist, daß dieser sie untersuchen und sofort in Gewahrsam nehmen kann (BGH 93, 345 [zu § 477 aF]); Auslieferung an Transportperson und Begründung mittelbaren Besitzes durch Übergabesurrogate (§§ 868, 870) genügen nicht (BGH NJW 96, 587 [zu § 477 aF]), desgl nicht Annahmeverzug des Käufers (BGH NJW 95, 3383 [zu § 477 aF]).

6   **3. Besondere Verjährungsfristen. a) 30 Jahre** bei bestimmten Rechtsmängeln (s § 435). **aa) I Nr 1 a)** („Eviktionsfälle"): Ein Dritter kann vom Käufer Herausgabe der Kaufsache verlangen. Angleichung der Verjährung der Ansprüche wegen Rechtsmangels an die Verjährung dinglicher Herausgabeansprüche gem § 197 I Nr 1. – Entspr sollte I Nr 1 a) auf andere dingliche Ansprüche (Unterlassung [sa § 199 V], Überlassung, Vernichtung) insbes aus Immaterialgüterrechten (PatG 139, 140 a; UrhG 97–99 usw) angewendet werden, die ebenfalls nach den Gewährleistungsrechten des Käufers verjähren können. **bb) I Nr 1 b):** Im Grundbuch eingetragene Rechte (die nicht einen Herausgabeanspruch begründen), etwa
7   Grundpfandrecht, Dienstbarkeit usw. **b) 5 Jahre. aa) I Nr 2 a):** Kauf eines Bauwerks. Angleichung von kauf- und werkvertraglicher (§ 634 a I Nr 2) Verjährung für Mängelansprüche. Bauwerk ist mit Erdboden fest verbundene unbewegliche Sache; es kann, muß aber nicht wesentlicher Bestandteil des Grundstücks (s § 95) sein. **bb) I Nr 2 b):** Kauf von Baumaterialien, die (innerhalb von zwei Jahren nach Ablieferung, Mansel NJW 02, 94) als solche verwendet werden und einen Mangel am Bauwerk verursachen. Bauhandwerker, der bei Mängeln 5 Jahre (§ 634 a I Nr 1) in Anspruch genommen werden kann, soll beim Verkäufer Regreß nehmen können. Kaufsache muß wesentliche Bedeutung für Konstruktion, Bestand und Erhaltung eines Neu- oder Umbaus haben (Bsp: Mauerwerk, Fenster), nicht nur
8   austauschbare Teile darstellen (Bsp: Badezimmerarmatur). **c) 3 Jahre** (s § 195) bei arglistigem Verschweigen (§ 444 Rn 9 ff) des Mangels (**III 1**). Verkäufer ist nicht schutzwürdig. Arglistiges Vortäuschen vorhandener Eigenschaften steht gleich (sa § 444 Rn 12). Beginn und Höchstfrist s § 199, nicht II. **III 2** sichert 5jährige Frist bei Bauwerken und -material.

9   **4. a) Zeitliche Begrenzung von Rücktritt und Minderung** (s § 437 Nr 2). Erforderlich, weil gem § 194 nur Ansprüche verjähren. Ist der Nacherfüllungsanspruch (§ 437 Nr 1) nach I, III verjährt, sind Rücktritt (**IV 1**) und Minderung (**V**) gem § 218 unwirksam, falls Verkäufer sich darauf beruft (s Anm § 218).
10 **b) Mängeleinrede. aa) IV 2** gibt Leistungsverweigerungsrecht; Käufer soll nach Ausschluß des Rücktrittsrechts gem § 218 nicht auf Zahlung des Kaufpreises (Verjährung § 195: 3 Jahre) in Anspruch genommen werden können. Rückforderung des bereits (ganz oder teilweise) geleisteten Kaufpreises ist gem § 214 II 1

Titel 1. Kauf, Tausch § 439

ausgeschlossen. Eine Mängelanzeige ist nicht erforderlich (anders § 478 aF).
bb) War Käufer (gem § 218 unwirksam) zurückgetreten und übt er Mängeleinrede 11
aus, kann **Verkäufer zurücktreten, IV 3**. Folge: Rückabwicklung gem §§ 346 ff.
cc) Kein Rücktrittsrecht des Verkäufers, wenn Käufer Mängeleinrede bei Minderung erhebt, V verweist nicht auf IV 3.

§ 439 Nacherfüllung

(1) Der Käufer kann als Nacherfüllung nach seiner Wahl die Beseitigung des Mangels oder die Lieferung einer mangelfreien Sache verlangen.

(2) Der Verkäufer hat die zum Zwecke der Nacherfüllung erforderlichen Aufwendungen, insbesondere Transport-, Wege-, Arbeits- und Materialkosten zu tragen.

(3) ¹Der Verkäufer kann die vom Käufer gewählte Art der Nacherfüllung unbeschadet des § 275 Abs. 2 und 3 verweigern, wenn sie nur mit unverhältnismäßigen Kosten möglich ist. ²Dabei sind insbesondere der Wert der Sache in mangelfreiem Zustand, die Bedeutung des Mangels und die Frage zu berücksichtigen, ob auf die andere Art der Nacherfüllung ohne erhebliche Nachteile für den Käufer zurückgegriffen werden könnte. ³Der Anspruch des Käufers beschränkt sich in diesem Fall auf die andere Art der Nacherfüllung; das Recht des Verkäufers, auch diese unter den Voraussetzungen des Satzes 1 zu verweigern, bleibt unberührt.

(4) Liefert der Verkäufer zum Zwecke der Nacherfüllung eine mangelfreie Sache, so kann er vom Käufer Rückgewähr der mangelhaften Sache nach Maßgabe der §§ 346 bis 348 verlangen.

Lit: Ackermann, Die Nacherfüllungspflicht des Stückverkäufers, JZ 02, 378; Bitter/Meidt, Nacherfüllungsrecht und Nacherfüllungspflicht des Verkäufers im neuen Schuldrecht, ZIP 01, 2114; Gruber, Die Nacherfüllung als zentraler Rechtsbehelf im neuen deutschen Kaufrecht – eine methodische und vergleichende Betrachtung zur Auslegung, in: Jahrbuch Junger Rechtswissenschaftler, 2001, S 187; P. Huber, Der Nacherfüllungsanspruch im neuen Kaufrecht, NJW 02, 1004; v. Wilmowsky, Pflichtverletzung im Schuldverhältnis, JuS Beilage Heft 1/2002.

1. Allgemeines. a) Bedeutung. § 439 konkretisiert den Anspruch des Käufers 1
auf Lieferung einer mangelfreien (§ 433 I 2) Sache für den Zeitraum nach Gefahrübergang (zuvor § 437 Rn 30 [bb]) als **Nacherfüllungsanspruch.** Dieser ist
nach Wahl des Käufers auf Nachbesserung oder Ersatzlieferung gerichtet. Umsetzung von VerbrGüKaufRiLi 3 III–IV. **b) Anwendungsbereich:** Sachkauf (zum 2
Rechtskauf s § 453 Rn 7), gleich ob Stück- oder Gattungskauf. Auch bei unerheblichem Fehler; freilich wird der Verkäufer dann nicht selten Nacherfüllung gem III
Wege Unverhältnismäßigkeit (Rn 15) verweigern können. **c) Zeitpunkt.** Nach 3
Gefahrübergang (s § 434 Rn 5). Vor Gefahrübergang kann der Verkäufer die
geschuldete Sache reparieren (vereinbar mit VerbrGüKaufRiLi 3 I, der für die Zeit
vor Lieferung nicht gilt), aber nicht eigenmächtig die verkaufte Speziessache gegen
eine andere austauschen (denn damit würde das Wahlrecht des Käufers gem § 439 I
unterlaufen). **d)** I konstituiert auch ein **Nacherfüllungsrecht** des Verkäufers
(„Recht zur zweiten Andienung"), freilich mit Wahlrecht des Käufers. **e) Ver-** 4
tragsgestaltung: Lit: Ziegler/Rieder ZIP 01, 1795. Der Nacherfüllungsanspruch
kann vertraglich ausgeschlossen, modifiziert oder beschränkt werden, etwa durch
Rügeobliegenheiten, Fristbindung, im voraus getroffene Vereinbarung über die Art
der Nacherfüllung oder Verlagerung des Wahlrechts nach I auf den Verkäufer.
Beim *Stückkauf* von einem nicht zu gewerblichen Zwecken handelnden Verkäufer
(zB: privater Gebrauchtwagenverkauf, Immobilienverkauf) entspricht Nacherfüllung (insbes Ersatzlieferung) vielfach nicht den Interessen des Verkäufers, der mit
einem *Recht* zur zweiten Andienung (Rn 3 [d]) nichts gewinnt. Daher regelmäßig
Ausschluß der Nacherfüllung. Fehlt eine ausdr Abrede, ist bei formfreien Verträgen

§ 439

(nicht: § 311 b I) von konkludentem Ausschluß auszugehen, denn der Käufer erwartet Nacherfüllung bei privatem Verkäufer vernünftigerweise nicht. *Schranken:* In AGB bei neu hergestellten Sachen vgl § 309 Nr 8 b); beim Verbrauchsgüterkauf im voraus keine Gestaltungsfreiheit, §§ 474 I, 475 I. S iü § 444.

5   **2. Nacherfüllungsanspruch. a) Voraussetzungen. aa)** Lieferung einer **mangelhaften Sache,** gleich ob Rechts- oder Sachmangel (s §§ 434 f); auch Montagefehler und fehlerhafte Montageanleitung (§ 434 II) sowie Zuwenig- und Aliud-Lieferung (s § 434 III). Auf Vertretenmüssen des Verkäufers kommt es nicht an. Kein Nacherfüllungsanspruch, wenn der Käufer den Mangel zu vertreten hat (arg § 326 II). **bb) Nicht:** Fristsetzung. Diese ist uU Voraussetzung für
6   Rücktritt und Minderung (s § 437 Rn 9), nicht Nacherfüllung. **b) Formen. aa)** Mangelbeseitigung ist **Nachbesserung.** Der Verkäufer hat die Kaufsache (selbst oder durch Dritte) in einen vertragsgemäßen Zustand zu versetzen, bei Montagefehler (§ 434 II 1) sachgemäß zu montieren. Er schuldet eine werkvertragsähnliche Leistung. **bb)** Lieferung einer mangelfreien Sache erfolgt durch **Ersatzlieferung.** Beim *Gattungskauf* Lieferung einer anderen Sache aus der vereinbarten Gattung. Beim *Stückkauf* ist der Verkäufer (wenn nicht vertraglicher Ausschluß, Rn 4) zur Lieferung einer anderen als der ursprünglich geschuldeten Sache verpflichtet. Bei Sachmangel infolge Falschlieferung (§ 434 III Fall 1) ist die verkaufte Sache zu liefern, bei Zuweniglieferung (§ 434 III Fall 2) ist die Nacherfüllung auf Restlieferung gerichtet, bei fehlerhafter Montageanleitung
7   (§ 434 II Fall 2) auf Lieferung einer mangelfreien Anleitung. **c) Rechtsnatur, Durchsetzung und Leistungsstörungen.** Weil der Inhalt des Nacherfüllungsanspruchs von der ursprünglich vereinbarten Leistung abweicht (s Rn 6, insbes beim Stückkauf) und der Verkäufer die bes Einrede nach § 439 III erheben kann, handelt es sich um einen Sekundäranspruch. Er ist *klagbar* und (nach Maßgabe der gewählten Form der Nacherfüllung, dazu Rn 9) gem ZPO 883–887 *vollstreckbar* (zum Selbstvornahmerecht s Rn 8). Der Käufer kann nach *§ 320* die Zahlung des Kaufpreises verweigern, solange der Verkäufer nicht nacherfüllt hat. *Erfüllungsort* der Nacherfüllung ist der Ort, an dem sich die Sache vertragsgemäß befindet (P. Huber NJW 02, 1006). *Leistungsstörungen* während der Nacherfüllungsphase: Unmöglichkeit s Rn 11 ff; Verzug s § 437 Rn 16; Mangelfolgeschäden infolge Beschädigung von Rechten und Rechtsgütern des Käufers bei der Nacherfüllung sind gem § 280 I zu ersetzen; Schadensersatz statt der Nacherfüllung s §§ 280 I,
8   281, 283, ggf § 440. Verjährung s § 438; Hemmung s § 203. **d)** Ein **Selbstvornahmerecht** (wie § 637) ist nicht ausdr geregelt. Gleichwohl sollte dem Käufer *nach Fristablauf* die Befugnis zur eigenen Mängelbehebung und der Vorschußanspruch analog § 637 III nicht versagt werden (aA AnwKommBGB/Büdenbender § 437 Rn 14). Andernfalls zwingt man den Käufer auf den umständlichen Weg über ZPO 887 (BGH NJW 91, 1883 [zu vertraglichem Nachbesserungsrecht]).

9   **3. a) Wahlrecht des Käufers (I).** Anders beim Werkvertrag (§ 635 I). Korrektiv III 2 Fall 3. Abweichend von § 262 steht das Wahlrecht dem Gläubiger zu. Ausübung durch Erklärung (sa § 263); sie ist bindend. Wählt Käufer bei Gattungsschuld Nachbesserung, tritt Konkretisierung (§ 243 Rn 9) ein. Übt der Käufer das Wahlrecht nicht aus, kann der Verkäufer zur Durchsetzung seines Nacherfüllungsrechts (Rn 3 [d]) gem § 264 II vorgehen und dem Käufer eine – wegen VerbrGüKaufRiLi 3 – nicht zu knappe Frist setzen, nach deren erfolglosen Ablauf
10 das Wahlrecht auf den Verkäufer übergeht. **b)** Wählt der Käufer Nachbesserung, muß er den **Mangel** – das für den Käufer erkennbare „Symptom"; nicht die (technischen) Ursachen – **konkret bezeichnen.** Die allg Aufforderung, „Fehler zu beseitigen"; genügt nicht. Andernfalls kann Verkäufer nicht tätig werden und über die Ausübung des Verweigerungsrechts gem III 1 entscheiden. Die *Art und Weise* der Nachbesserung (zB Reparatur des schadhaften Bauteils oder Komplettaustausch) bestimmt der Verkäufer (P. Huber NJW 02, 1006). **c)** Nach **Abtretung**

Titel 1. Kauf, Tausch **§ 439**

(§ 398) des Anspruchs aus § 433 I steht das Wahlrecht dem Zessionar zu, bei ZPO 847 dem Vollstreckungsgläubiger. Das Wahlrecht ist nicht isoliert abtretbar (und pfändbar).

4. Ausschluß des Nacherfüllungsanspruchs. Für den Nacherfüllungs- 11
anspruch gelten die allgemeinen Regeln des Leistungsstörungsrechts (sa Rn 7), wie III für § 275 II, III klarstellt. Die Anwendung des § 275 I versteht sich von selbst (BT-Drs 14/6040 S 232). **a) aa)** Der Nacherfüllungsanspruch ist gem § 275 I 12
insgesamt ausgeschlossen, wenn Nachbesserung *und* Ersatzlieferung **unmöglich** sind. Der Käufer kann – ohne Fristsetzung (§§ 326 V, 323) – zurücktreten oder mindern (§ 441). – Ist nur *eine* Form des Nacherfüllungsanspruchs unmöglich (Bsp: Die gelieferte fehlerhafte Sache kann nicht repariert, wohl aber eine mangelfreie Sache aus der Gattung geliefert werden), beschränkt sich der Anspruch analog III 3 (aA § 275 I: „soweit") auf die andere Form der Nacherfüllung. In diesem Fall entfällt das Wahlrecht des Käufers. Die andere Form der Nacherfüllung kann ggf gem III 1 verweigert werden. **bb) α)** Die **Ersatzlieferung** ist beim **Gattungskauf** 13
erst **unmöglich,** wenn die gesamte Gattung untergegangen ist; ebenso bei einer beschränkten Gattungsschuld (Vorratsschuld). Bei unverhältnismäßigen Beschaffungskosten s III 1 (Rn 17). **β)** Beim **Stückkauf** ist die geschuldete Ersatzlieferung *nicht un*möglich, solange eine mit den Merkmalen der Kaufsache vergleichbare Sache (ggf nach Beschaffung) geliefert werden kann (Grenze: III 1), insbes, falls eine vertretbare Sache Gegenstand des Stückkaufs ist (Bitter/Meidt ZIP 01, 2119). Der Verkäufer muß daher uU (nicht bei § 434 III) mit einer ursprünglich nicht geschuldeten Sache erfüllen (aA Gruber aaO S 191; P. Huber NJW 02, 1006; Ackermann JZ 02, 379 [der – widersprüchlich – Nachlieferung als nicht vereinbart ausschließt, Nachbesserung aber anerkennt, aaO S 382]), was zwar nicht vereinbart, aber von I als ges Reaktion auf den Mangel angeordnet wird (sa Rn 7). Diese Lösung wird von VerbrGüKaufRiLi 3 III – wohl – erzwungen (aA Ackermann JZ 02, 381), da die RiLi auch den Stückkauf erfaßt; VerbrGüKaufRiLi 1 II b) Spiegelstrich 1 wäre sonst überflüssig. Gegenüber dem Ansatz, beim Kauf vertretbarer Sachen allein mit Rücksicht auf die Nacherfüllung im Wege der Auslegung eine Gattungsschuld anzunehmen (Ackermann JZ 02, 381), ist der Weg über die ggf konkludente Beschränkung bzw den Ausschluß der Nacherfüllung (s Rn 4) vorzugswürdig, auch im Hinblick auf § 243 II. – Ersatzlieferung kommt auch bei *gebrauchten* Sachen in Betracht, (BT-Drs 14/6040 S 209; aA VerbrGüKaufRiLi Erwägungsgrund 16 S 2), insbes wenn es sich um eine vertretbare (sa § 91 Rn 2) Sache handelt; Bsp: Verkauf von Gebrauchtwagen als „Leasingrückläufer" (sa Bitter/Meidt ZIP 01, 2120). – Ersatzlieferung ist ferner möglich bei Aliud- und Zuweniglieferung (s § 434 Rn 20 ff, 24 f); der Verkäufer hat die geschuldete Kaufsache bzw den Rest zu liefern. **γ)** Wurde ein **Plagiat** als „echtes"; von einem bestimmten Künstler stammendes Bild verkauft, hat der Verkäufer im Rahmen der Ersatzlieferung (in den Grenzen von III 1) das Original zu liefern (aA Bitter/Meidt ZIP 01, 2120). Unmöglichkeit jedoch, wenn es sich nicht um ein Plagiat, sondern um ein zu Unrecht einem bestimmten Künstler zugeschriebenes Gemälde handelt, für das ein „Original" nicht existiert. **cc)** Die **Nachbesserung** ist **unmöglich,** 14
wenn der Mangel nicht behoben werden kann. Bsp: Verkauf eines Unfallswagens als unfallfrei (BT-Drs 14/6040 S 209); Verkauf eines gefälschten Bildes als „echt"; bei Rechtsmangel (§ 435), falls Drittrecht nicht beseitigt werden kann. **b) Ver-** 15
weigerung der Nacherfüllung. III 1 senkt die Zumutbarkeitsschwelle des § 275 II („grobe" Unverhältnismäßigkeit) ab. Der Verkäufer kann die vom Käufer gewählte (Rn 9 f) Art der Nacherfüllung im Wege der Einrede verweigern, wenn damit **unverhältnismäßige Kosten** (sa II und Rn 17) verbunden sind. Bei der Frage der Unverhältnismäßigkeit ist neben den in III 2 ausdrücklich genannten **Kriterien** auch zu berücksichtigen, ob der Verkäufer Unternehmer (dann prägt VerbrGüKaufRiLi 3 III die Auslegung und verbietet eine zu enge Handhabung) oder Verbraucher ist, ob der Verkäufer den Mangel (auch: aufgrund einer Garan-

§ 440 Buch 2. Abschnitt 8. Einzelne Schuldverhältnisse

tieerklärung, s § 276 I 1) zu vertreten hat (Folge: Zu berücksichtigen ist, daß Verkäufer ohnehin gem §§ 437 Nr 3, 281, Schadensersatz leisten müßte, ggf auch §§ 437 Nr 3, 311 a II) und ob ein besonderer Vertragszweck (zB Räumungsverkauf anläßlich Geschäftsaufgabe) vorliegt. Ist ein abgrenzbares Teilstück der Kaufsache mangelhaft und wählt der Käufer Ersatzlieferung hinsichtlich der gesamten Kaufsache, kann der Verkäufer die Ersatzlieferung bei Unverhältnismäßigkeit auf das Teilstück beschränken; Bsp: Verbeulte Pkw-Türe: Keine Nachlieferung bzgl des Pkws, aber nicht nur Reparatur der Türe, sondern *insoweit* Ersatzlieferung und Austausch. Gem **III 2** ist abzustellen auf das Verhältnis der Nacherfüllungskosten zum Wert (nicht: Kaufpreis, Gewinn des Verkäufers) der Sache; keine Nacherfüllung, wenn die Kosten (in Anlehnung an § 251 Rn 7) 130% (aA: Bitter/Meidt ZIP 01, 2121: 150%; Obergrenze Nachbesserungskosten 200% des Mangelunwerts) des Sachwerts übersteigen, beim (Stück)Kauf vom Verbraucher (zB Gebrauchtwagen) 110%. – Sind danach beide Arten der Nacherfüllung nicht unverhältnismäßig (sonst § 437 Nr 2 und ggf 3), ist der jeweilige Aufwand zu vergleichen. Wenn beide Arten für den Käufer gleichwertig sind, kann der Verkäufer die gewählte Form verweigern, wenn sie 10% (Vorschlag Bitter/Meidt ZIP 01, 2122) höhere Kosten als die andere Art verursacht. In diesem Fall kann der Käufer gem III 3 nur die

16 andere Form der Nacherfüllung verlangen. – Bei **Zuweniglieferung** (§ 434 III Fall 2) kann der Käufer im Wege der Resterfüllung (Rn 13 [β]) regelmäßig nur Lieferung der Restmenge verlangen; völlige Neubelieferung nur, wenn der lieferbare Rest nicht der bereits gelieferten Menge entspricht; Bsp: Farbabweichungen bei Fließen (BT-Drs 14/6040 S 216). **c) §§ 275 II, III** haben neben III kaum praktische Bedeutung.

17   5. Die **Kosten** der Nacherfüllung hat gem **II** der Verkäufer zu tragen. Umsetzung VerbrGüKaufRiLi 3 IV. Grund: Ohne Kostentragung durch Verkäufer würde Nacherfüllung das Äquivalenzinteresse des Käufers verletzen, das durch I hergestellt werden soll. **Umfang:** Neben den in II genannten Kosten auch Aufwendungen für Mangelfeststellung. Ferner Kosten, die entstehen, weil Verkäufer die Sache an anderen Ort verbracht hat. Grundsätzlich auch außergewöhnlich hohe Kosten; Grenze: III 1. *Nicht:* Mangelfolgeschäden, die gem § 280 I nur bei Vertretenmüssen zu ersetzen sind. Vereinbar mit VerbrGüKaufRiLi 3 IV (erfaßt nur Kosten zur Herstellung der Vertragsgemäßheit der Kaufsache). Abgrenzung uU schwierig (s v. Wilmowsky aaO S 22).

18   6. **(Rück-)Abwicklung.** Bei Nachlieferung einer mangelfreien Sache kann der Verkäufer die mangelhafte Sache gem **IV** zurück verlangen. Grund: Der Käufer soll aufgrund der Mangelhaftigkeit keine Vorteile haben. Vereinbar mit VerbrGüKaufRiLi 3 IV (BT-Drs 14/6040 S 233). Bedeutung: **Rechtsfolgenverweisung** auf §§ 346–348. Käufer hat Nutzungen (s § 100) herauszugeben (§§ 346 I HS 2, 347), ggf Wertersatz zu leisten (§ 346 II, III); Verwendungen s § 347 II. Lieferung der mangelfreien Sache Zug um Zug gegen Rückgewähr (§ 348).

§ 440 Besondere Bestimmungen für Rücktritt und Schadensersatz

¹**Außer in den Fällen des § 281 Abs. 2 und des § 323 Abs. 2 bedarf es der Fristsetzung auch dann nicht, wenn der Verkäufer beide Arten der Nacherfüllung gemäß § 439 Abs. 3 verweigert oder wenn die dem Käufer zustehende Art der Nacherfüllung fehlgeschlagen oder ihm unzumutbar ist.** ²**Eine Nachbesserung gilt nach dem erfolglosen zweiten Versuch als fehlgeschlagen, wenn sich nicht insbesondere aus der Art der Sache oder des Mangels oder den sonstigen Umständen etwas anderes ergibt.**

1   1. **Allgemeines. a)** Schadensersatz statt der Leistung wegen eines Mangels der Kaufsache (§ 437 Nr 3 Alt 1) setzt gem § 281 I 1 voraus, daß der Käufer dem Verkäufer eine Frist zur Nacherfüllung setzt. Gleiches gilt für den Rücktritt (§ 437 Nr 2 Alt 1) gem § 323 I. **S 1** beschränkt das Erfordernis der Fristsetzung (über

Titel 1. Kauf, Tausch **§ 441**

§§ 281 II, 323 II hinaus, die vor allem bei Alltagsgeschäften vielfach gegeben sind [BT-Drs 14/6040 S 234]) und begrenzt Recht des Verkäufers zur „zweiten Andienung" (s § 439 Rn 3 [d]). Entbehrlichkeit der Nachfristsetzung beim Regreß s § 478 I. **S 2** präzisiert den Begriff „Fehlschlagen". **b)** Ist Fristsetzung nach S 1 entbehrlich, kann Käufer sogleich Schadensersatz statt der Leistung verlangen und/oder zurücktreten.

2. Verweigerung der Nacherfüllung (Satz 1 Fall 1). Fristsetzung nur entbehrlich, wenn Verkäufer gem § 439 III beide Arten der Nacherfüllung (§ 439 I: Nachbesserung und –lieferung) im Wege der Einrede verweigert. Vorliegen der Voraussetzungen des Leistungsverweigerungsrechts genügt nicht. Verkäufer soll nacherfüllen können, selbst wenn dies Anstrengungen erfordert, die eine Verweigerung nach § 439 III rechtfertigen (BT-Drs 14/6040 S 234). 2

3. Fehlschlagen der Nacherfüllung (Satz 1 Fall 2). a) Ist Nacherfüllung fehlgeschlagen, kann der Käufer ohne weitere Fristsetzung zurücktreten bzw Schadensersatz statt der Leistung verlangen, ohne daß (wie bei §§ 281 II, 323 II Nr 3 [arg: „beiderseitige„]) noch Verkäuferinteressen berücksichtigt werden. Maßgeblich ist die dem Käufer infolge Wahl (§ 439 I) oder gem § 439 III zustehende Art der Nacherfüllung: Wählt Käufer (gem § 439 I nicht unverhältnismäßige) Nachbesserung, die Verkäufer aber nicht erbringt, kann Rücktritt erfolgen, selbst wenn Verkäufer Nachlieferung anbietet. **b) aa)** Nach **S 2 Fall 1** gilt Nachbesserung grundsätzlich nach zweitem Versuch als fehlgeschlagen (s Anm zu § 309 Nr 10 b). Umsetzung VerbrGüKaufRiLi 3 V Spiegelstrich 2. Vorschrift dient Interessen des Käufers. Verkäufer kann daraus kein Recht auf zweimalige Nachbesserung ableiten (sa Bitter/Meidt ZIP 01, 2117; aA PalErgB/Putzo 2). Käufer kann nach Scheitern des ersten Nacherfüllungsversuchs Frist gem §§ 281, 323 setzen. **bb) S 2 Fall 2** verdeutlicht, daß zweimalige Nachbesserungsversuche nur eine Richtgröße darstellen. Bestimmung erlaubt richtlinienkonforme Auslegung im Hinblick auf VerbrGüKaufRiLi 3 V Spiegelstrich 3. 3

4

4. Unzumutbarkeit der Nacherfüllung (Satz 1 Fall 3). Umsetzung VerbrGüKaufRiLi 3 V Spiegelstrich 3. An Unzumutbarkeit sind zum Schutze des Rechts zur zweiten Andienung hohe Anforderungen zu stellen. *Bsp:* Wegfall des Vertrauens in Nacherfüllungsfähigkeit oder –bereitschaft; Vielzahl von Mängeln („Montageauto"); Nachbesserung führt zu erheblichen Schmutz- oder Lärmbelästigungen; erhebliche zeitliche Verzögerungen, es sei denn, Verkäufer bietet kostenfrei Ersatzgegenstand an (Bitter/Meidt ZIP 01, 2117). 5

§ 441 Minderung

(1) **¹Statt zurückzutreten, kann der Käufer den Kaufpreis durch Erklärung gegenüber dem Verkäufer mindern. ²Der Ausschlussgrund des § 323 Abs. 5 Satz 2 findet keine Anwendung.**

(2) **Sind auf der Seite des Käufers oder auf der Seite des Verkäufers mehrere beteiligt, so kann die Minderung nur von allen oder gegen alle erklärt werden.**

(3) **¹Bei der Minderung ist der Kaufpreis in dem Verhältnis herabzusetzen, in welchem zur Zeit des Vertragsschlusses der Wert der Sache in mangelfreiem Zustand zu dem wirklichen Wert gestanden haben würde. ²Die Minderung ist, soweit erforderlich, durch Schätzung zu ermitteln.**

(4) **¹Hat der Käufer mehr als den geminderten Kaufpreis gezahlt, so ist der Mehrbetrag vom Verkäufer zu erstatten. ²§ 346 Abs. 1 und § 347 Abs. 1 finden entsprechende Anwendung.**

1. Allgemeines. a) Bedeutung. Regelung der Minderung (s § 437 Nr 2 Alt 2) als bes kaufrechtliches Institut, das – anders als Schadensersatz und Rücktritt – keine Entsprechung im allg Leistungsstörungsrecht findet. Minderung ist verhält- 1

§ 442 Buch 2. Abschnitt 8. Einzelne Schuldverhältnisse

nismäßige (III) **Herabsetzung des Kaufpreises.** Sie soll das durch den Mangel gestörte Äquivalenzverhältnis zwischen dem vereinbarten Kaufpreis und dem Wert der Kaufsache herstellen. Minderung ist **Gestaltungsrecht**, nicht: „Anspruch auf Minderung". Ausgeübtes Minderungsrecht begründet Einwendung gegen § 433 II; soweit der Kaufpreis (zuviel) geleistet wurde, Rückforderung gem IV (Rn 7). – Umsetzung VerbrGüKaufRiLi 3 V. **b) Abgrenzung.** Anders als der Rücktritt (§ 437 Rn 6 ff) läßt die Minderung den Bestand des Kaufvertrags unberührt. Minderung setzt einen Schaden des Käufers nicht voraus; dieser kann auch mindern, wenn er die Kaufsache trotz des Mangels gewinnbringend weiterveräußern konnte. **c) Vertragsgestaltung.** S § 439 Rn 4. **d) Zeitliche Begrenzung** s §§ 438 V, 218.

2. Voraussetzungen. a) Minderung besteht gem I 1 „statt" des Rücktrittsrechts (s § 437 Rn). Daher ist Vorliegen eines **Sach- oder Rechtsmangels** (§§ 434 f) erforderlich, ferner Wahl der Art der Nacherfüllung (§ 439 I) und **Fristsetzung** (§ 323 I, entbehrlich gem § 323 II, 440). **b)** Anders als Rücktritt ist Minderung bei unerheblichem Mangel gem I 2 *nicht* ausgeschlossen (sa VerbrGüKaufRiLi 3 VI). **c) Zeitpunkt.** Grundsätzlich nach Gefahrübergang (s § 434). Klagt der Verkäufer vor Übergabe auf Kaufpreiszahlung, kann der Käufer die Kaufsache trotz des Mangels als Erfüllung akzeptieren und schon vor Übergabe die Minderung einredeweise geltend machen (Lorenz/Riehm Rn 567).

3. a) Ausübung durch empfangsbedürftige Willenserklärung. Wirksamkeit s § 130. Formfrei möglich. Höhe der begehrten Minderung (als Betrag oder Bruchteil des vereinbarten Kaufpreises) kann späterer Erklärung vorbehalten werden. **b) Unteilbarkeit (II):** Bei mehreren (Ver-)Käufern (wie bei Rücktritt, § 351 S 1) einheitliche (nicht gleichzeitige) Ausübung. Vertretung (§ 164) möglich, sa § 180. Können sich die Käufer nicht einigen, muß ggf Mitwirkungsanspruch nach Maßgabe des Innenverhältnisses durchgesetzt werden.

4. Rechtsfolgen. a) Herabsetzung des Kaufpreises nach Maßgabe des **III. aa)** Erforderlich ist *verhältnismäßige* Herabsetzung. Damit bleibt die von den Parteien vertraglich festgelegte Preis-Wert-Relation erhalten. Der obj Wert der Sache im mangelfreien Zustand (a) verhält sich zum obj Wert der mangelhaften Sache (b) wie der vereinbarte Preis (p) zu dem geminderten Preis (x). **Formel:** $x = (p \cdot b) : a$. Die „Minderung" des Kaufpreises beträgt $p - x$. Maßgebend sind die Verkehrswerte der Sache (mit und ohne Mangel) im Zeitpunkt des Vertragsschlusses; spätere Wertänderungen bleiben unberücksichtigt. Decken sich Wert und Kaufpreis (wie häufig), fallen Minderung und Minderwert der Kaufsache zusammen. Ist die Sache wertlos, Minderung des Kaufpreises auf Null; Käufer hat dann die Sache dem Verkäufer herauszugeben (PalErgB/Putzo 16). **bb)** Minderungsbetrag kann gem III 2 durch **Schätzung** der Werte ermittelt werden; sa ZPO 287. Dies entbindet aber nicht von der Beachtung der Formel gem Rn 6 (aa).

b) Rückzahlung des nach Minderung nicht mehr geschuldeten **Kaufpreises** gem **IV 1**. Anspruchsgrundlage (BT-Drs 14/6040 S 236). Ergänzend gelten nach **IV 2** §§ 346 I, 347 I; insbes hat der Verkäufer Zinsen zu entrichten.

5. Mehrmalige Minderung. Minderung bezieht sich jeweils auf einen einzelnen Mangel. Nach Minderung kann der Käufer wegen eines *anderen* Mangels erneut (nach Fristsetzung usw, s Rn 3) mindern (oder zurücktreten). War der zweite Mangel bei der ersten Minderung bereits bekannt, so kann uU Verwirkung eingetreten sein. Bei der Berechnung der zweiten Minderung ist der durch die erste Minderung bestimmte Preis zugrunde zu legen.

§ 442 Kenntnis des Käufers

(1) ¹**Die Rechte des Käufers wegen eines Mangels sind ausgeschlossen, wenn er bei Vertragsschluss den Mangel kennt.** ²**Ist dem Käufer ein Mangel infolge grober Fahrlässigkeit unbekannt geblieben, kann der Käufer**

Titel 1. Kauf, Tausch **§ 442**

Rechte wegen dieses Mangels nur geltend machen, wenn der Verkäufer den Mangel arglistig verschwiegen oder eine Garantie für die Beschaffenheit der Sache übernommen hat.
(2) Ein im Grundbuch eingetragenes Recht hat der Verkäufer zu beseitigen, auch wenn es der Käufer kennt.

1. Allgemeines. a) Grundgedanke. aa) Einschränkung der **Rechte des** 1
Käufers, der in Kenntnis des Sach- oder Rechtsmangels kauft und daher nicht schutzwürdig ist (I 1). Gleiches gilt bei grobfahrlässiger Unkenntnis, wenn nicht der Verkäufer den Mangel arglistig verschwiegen oder eine Beschaffenheitsgarantie übernommen hat (I 2). – Kauft der Käufer in Kenntnis des Mangels, liegt uU hinsichtlich der fraglichen Eigenschaft eine Beschaffenheitsvereinbarung (§ 434 Rn 9 f) vor (Frage der Auslegung); Abgrenzung uU schwierig. **bb)** Im **Grundbuch eingetragene Rechte** hat der Verkäufer stets zu beseitigen (II). Regelmäßig kennt der Käufer die Eintragung aufgrund notarieller (§ 311 b I) Belehrung (s BeurkG 21, 17); (schon) kein Rechtsmangel, wenn sie (wie häufig) vom Käufer (unter Anrechnung auf den Kaufpreis) übernommen werden, s § 435 Rn 2. **b) Anwen-** 2 **dungsbereich:** Stückkauf; Gattungskauf, wenn die gesamte Gattung mangelhaft ist; Sach- und Rechtsmangel (§§ 434 f), auch Rechtskauf und Kauf sonstiger Gegenstände (§ 453 I). **c) Vertragsgestaltung.** Gewährleistungsausschluß gem I 1 ist (außer beim Verbrauchsgüterkauf, § 475 I) abdingbar; bei II im Rahmen der Übernahme der Rechte durch den Käufer. Einseitiger Vorbehalt des Käufers bei Vertragsschluß s §§ 150 II, 155. Keine Abdingbarkeit des I 2 bei Arglist (sa § 276 III) und Garantie. Zu Besichtigungs- und Kenntnisnahmeklauseln in AGB s § 309 Nr 12 b). **d) Beweislast:** Verkäufer für Kenntnis bzw grob fahrlässig Unkenntnis; Käufer für Arglist und Garantie. **e)** Umsetzung VerbrGüKaufRiLi 2 III.

2. Haftungsausschluß bei Kenntnis (I 1). a) Kenntnis ist Wissen der mangel- 3 begründenden Tatsachen und deren rechtlicher Folgen (BGH NJW 79, 714 [„im Kern"]); Irrtum über Tragweite des bekannten Rechtsmangels ist hingegen unbeachtlich (BGH aaO). Dringender Verdacht genügt nicht. Für die Zurechnung der Kenntnis des Vertreters gilt § 166; Kenntnis Dritter ggf § 166 analog („Wissenszurechnung"; s § 166 Rn 2). **b) Zeitpunkt. aa)** Kenntnis muß (spätestens) bei 4 Vertragsschluß vorliegen; auch bei aufschiebend bedingtem Kaufvertrag, außer der Bedingungseintritt hängt allein vom Verhalten des Käufers ab (RG 94, 287 [zu § 495 I 2 aF]). Bei Grundstückskauf entscheidet der Zeitpunkt der Beurkundung, auch wenn Vertrag erst später gem § 311 b I 2 gültig wird (vgl Köhler JZ 89, 767), falls der Käufer die Vertragsnichtigkeit nicht kennt (BGH NJW 89, 2050 [zu § 460 aF]). **bb)** Spätere Kenntnis schadet *nicht,* auch wenn Käufer die Sache vorbehaltlos entgegen nimmt (anders § 464 aF, mit VerbrGüKaufRiLi 2 III nicht vereinbar [BT-Drs 14/6040 S 205]). Entgegennahme in nachträglich erlangter Kenntnis des Mangels kann ggf (konkludente) Vertragsänderung bzgl Eigenschaften (s § 434 Rn 9) oder Verzicht auf Rechte aus Mangel bedeuten. **c) Rechtsfolgen.** Rechte des Käufers gem § 437 entfallen; auch bei Arglist des Verkäufers und Zusicherung.

3. Haftungsausschluß bei grob fahrlässiger Unkenntnis (I 2). a) Grob 5 fahrlässige Unkenntnis erfordert bes schwere Vernachlässigung derjenigen Sorgfalt, die von jedem Verkehrsteilnehmer erwartet werden kann, um sich selbst oder den Verkäufer vor Schaden zu bewahren (vgl Köhler JZ 89, 767; sa § 276 Rn 33 ff). Bei der Auslegung ist VerbrGüKaufRiLi 2 III Alt 1 („vernünftigerweise nicht in Unkenntnis darüber sein konnte") zu beachten, was aber einer Fortschreibung des bisherigen Auslegung des § 460 S 2 aF nicht entgegen steht. IdR kann sich der Käufer auf Angaben des Verkäufers oder eines Sachverständigen verlassen. Eine **Untersuchung der Sache** kann von ihm nur *ausnahmsweise* verlangt werden, wenn die Umstände zu bes Vorsicht mahnen oder der Käufer bes Sachkunde besitzt (vgl Lindacher NJW 85, 2934 mN). *Bsp:* Beim Kauf (Inzahlungnahme) eines gebrauchten Kfz trifft den Händler Untersuchungspflicht (Schack NJW 83, 2807 f

§ 443 Buch 2. Abschnitt 8. Einzelne Schuldverhältnisse

mN), dagegen braucht ein Privatmann keinen Fachmann hinzuzuziehen (Köln NJW 73, 903); der Selbstbedienungskäufer braucht nicht auf Haltbarkeitsaufdrucke zu achten (str); der Grundstückskäufer muß nicht die Grundakten einsehen (BGH NJW-RR 88, 1291), jedoch üblicherweise entstehenden und bei Begehung erkennbaren Bodenverunreinigungen nachgehen (sa BGH 132, 34). Beim Kauf
6 durch **Dritte** gilt § 166 entspr (wie Rn 3); Zeitpunkt s Rn 4. **b) Rechtsfolgen.** Rechte des Käufers gem § 437 entfallen. Abschließende Sonderregelung; Anwen-
7 dung von §§ 280 I, 311 II, 241 II (cic) und § 254 ausgeschlossen. **c) Ausnahmen.** Rechte des Käufers bleiben erhalten, wenn Verkäufer Mangel arglistig verschwiegen (s § 444 Rn 9 ff) oder Eigenschaft garantiert (s § 437 Rn 23) hatte. In diesen Fällen ist auch ein Haftungsausschluß gem § 444 unwirksam.

8 **4. Grundbuchrechte (II). a)** Abweichend von I hat der Verkäufer auch bei Kenntnis des Käufers Rechtsmängel zu beseitigen, die auf im Grundbuch eingetragenen Rechten beruhen. Gilt nicht nur für Grundpfandrechte (so § 439 II aF), sondern für alle im grundbuchfähigen Rechte, insbes Dienstbarkeiten, dingl Vorkaufsrechte und Reallasten, auch für die Vormerkung (BT-Drs 14/6040 S 237). **b)** Rechtsfolge „beseitigen" meint Erhalt des Nacherfüllungsanspruchs (§ 439) durch Nachbesserung; andere Rechte des Käufers gem § 437 werden aber nur eingeschränkt.

§ 443 Beschaffenheits- und Haltbarkeitsgarantie

(1) **Übernimmt der Verkäufer oder ein Dritter eine Garantie für die Beschaffenheit der Sache oder dafür, dass die Sache für eine bestimmte Dauer eine bestimmte Beschaffenheit behält (Haltbarkeitsgarantie), so stehen dem Käufer im Garantiefall unbeschadet der gesetzlichen Ansprüche die Rechte aus der Garantie zu den in der Garantieerklärung und der einschlägigen Werbung angegebenen Bedingungen gegenüber demjenigen zu, der die Garantie eingeräumt hat.**

(2) **Soweit eine Haltbarkeitsgarantie übernommen worden ist, wird vermutet, dass ein während ihrer Geltungsdauer auftretender Sachmangel die Rechte aus der Garantie begründet.**

1 **1. Allgemeines. a) Bedeutung.** Garantieerklärungen geben dem Käufer über § 437 hinaus zusätzliche Rechte für den Fall eines Mangels. Sie verbessern die Absatzchancen des Verkäufers. § 443 regelt nur wenige Fragen: **I** normiert in Umsetzung von VerbrGüKaufRiLi 6 I die rechtlich bindende Wirkung von Garantieerklärungen und „einschlägiger" Werbung. Fehlendes Erklärungsbewußtseins (s vor § 116 Rn 5) ist unerheblich. **II** verlagert bei Herstellergarantie Beweislast teil-
2 weise zugunsten des Käufers (Rn 15). **b) Begriff.** Garantie ist eine vertragliche Vereinbarung, durch die der Garant (Rn 7 f) die Gewähr für das Vorliegen einer Eigenschaft (bei der Haltbarkeitsgarantie für eine bestimmte Dauer) übernimmt. Garantie bezieht sich regelmäßig nicht auf alle Eigenschaften der Kaufsache, sondern nur auf bestimmte Beschaffenheiten. Inhalt der Garantie ist durch Auslegung
3 zu ermitteln. **c) Abgrenzung. aa)** Zu unterscheiden sind Beschaffenheitsvereinbarungen, -garantien und Garantieübernahme iSv § 276 I. Garantie gem § 276 I bestimmt den Haftungsmaßstab (sa § 276 Rn 37). Erforderlich ist eine Zusicherung von Eigenschaften (BT-Drs 14/6040 S 132). Abgrenzung zu Beschaffenheits- und Haltbarkeitsgarantie (Rn 6) ist uU schwierig, wegen § 444 Fall 2 aber unverzichtbar. Zur Frage der Auslegung: Garantieübernahme nach § 276 I begründet ggf Schadensersatzhaftung gem §§ 437 Nr 3, 280, 281 (sa § 437 Rn 23). Bei Garantieerklärung iSv Rn 10 ist Schadensersatz vielfach nicht gewollt (vgl BT-Drs 14/6040 S 238). Beschaffenheitsvereinbarung iSv § 434 Rn 9 bestimmt nur den Sollzustand
4 der Kaufsache, nicht erweitert sie die ges Käuferrechte. **bb) Qualitätssicherungsvereinbarungen** sind (vielfach in AGB vorformulierte) Rahmenverträge zwischen Zulieferer und Endprodukthersteller über die Einhaltung bestimmter Fertigungs-

Titel 1. Kauf, Tausch **§ 443**

verfahren bei der Herstellung von Vorprodukten und die Durchführung von (Qualitäts-)Kontrollen. Sie enthalten idR noch keine Zusicherung (s Rn 3) vereinbarter Qualitätsanforderungen (s StKöhler § 433 Rn 205 a mN). **cc)** Entgeltliche Reparaturkostenversicherung kann **Versicherungsvertrag** sein; nicht eine Langzeitgarantie, die als unselbständige Nebenabrede zum Kaufvertrag die Gewährleistung erweitert, selbst wenn sie als „Versicherung" bezeichnet wird (zur Abgrenzung s BVerwG NJW 92, 2978 f). **dd)** Andere vertragliche **Haftungserweiterung** 5 des Verkäufers sind möglich. Bsp: Verlängerung der Verjährungsfrist des § 438 (sa § 202); über § 437 Nr 3 Alt 1 hinausgehende Schadensersatzpflicht. **d) Vertragsgestaltung.** Umfang und Rechtsfolgen können frei bestimmt werden. I, II unabdingbar bei Verbrauchsgüterkauf (§ 475 I, sa § 477).

2. Arten der Garantie. a) Hinsichtlich des *Inhalts* unterscheidet man: **aa) Be-** 6 **schaffenheitsgarantie.** Gewähr, daß Kaufgegenstand zu einem bestimmten Zeitpunkt (Vertragsschluß, Gefahrübergang) bestimmte Eigenschaften aufweist. **bb) Haltbarkeitsgarantie.** Gewähr dafür, daß Kaufgegenstand die Beschaffenheit einen bestimmten Zeitraum behält. **b)** Hinsichtlich des *Garanten* (Garantiegebers) 7 läßt sich unterscheiden: **aa) Verkäufergarantie.** Garantie ist dann regelmäßig Inhalt des Kaufvertrags. **bb) Herstellergarantie.** Anspruch aus Garantievertrag (s Rn 11) tritt neben die Rechte des Käufers gegen den Verkäufer. **cc)** Garantie **sonstiger Dritter,** zB Importeure, Vertriebsunternehmen, Tochter- und konzerngebundene Unternehmen des Herstellers („Garantiefonds"). **c) aa) Selbständige** 8 **Garantie** verpflichtet den Garanten, für den Eintritt eines Erfolgs einzutreten (s Rn 11 vor § 765). **bb) Unselbständige Garantie** erweitert die bestehende ges (Mängel-)Haftung etwa durch eine (gegenüber § 438) verlängerte Garantiefrist oder durch Garantie der Mangelfreiheit auch nach Gefahrübergang (s § 434). Möglich für Freiheit von Sach- und Rechtsmängeln; auch bei Rechtskauf (§ 453 I), etwa bei Forderungskauf Garantie für Bonität des Schuldners der verkauften Forderung. **d) Verbrauchsgüterkaufgarantie** s § 477.

3. Voraussetzungen der Garantie. a) Wirksam zustande gekommener **Kauf-** 9 **vertrag;** auch bei Hersteller- und Drittgarantie (Rn 7 [cc]). Kein Rücktritt gem §§ 437 Nr 2, 323. **b) Garantieerklärung.** Ob sie vorliegt, auf welchen Garantief- 10 all sie sich bezieht und welche Rechte sie begründet, ist Frage der Auslegung. Zum Erklärungsbewußtsein s Rn 1. Bei Kauf von Kleingeräten werden vielfach „Garantiescheine" beigelegt. Grundsätzlich formfrei; Ausnahme zB bei Grundstückskauf, § 311 b I. Garantieerklärung beim Verbrauchsgüterkauf s § 477. **c) Vertragliche** 11 **Bindung** hinsichtlich der Garantieerklärung. Garantieanspruch entsteht *nicht* durch *einseitige* Erklärung. **aa)** Bei Verkäufergarantie ist Erklärung regelmäßig Inhalt des Kaufvertrags. Nachträgliche Garantie ist Vertragsänderung (§ 311 I Fall 2). Bei Hersteller- und Drittgarantie (Rn 7) ist ein zusätzlicher Garantievertrag erforderlich. IdR tritt der Verkäufer als Vertreter (§ 164) oder Bote des Hersteller- oder Drittgaranten (BGH 104, 85) auf (etwa bei Übermittlung eines „Garantieformulars"); seltener wird ein Vertrag zugunsten Dritter (§ 328) zwischen Garanten und Verkäufer geschlossen (s BGHZ 75, 77 f), der den Garantieanspruch des Käufers begründet. **bb)** Vertragliche Bindung ist auch erforderlich bei Garantie in „einschlägiger Werbung". Werbung allein begründet keinen Garantieanspruch, kann aber gem § 434 I 3 übliche Beschaffenheit ergeben. **d) Inhalt der Garantieer-** 12 **klärung. aa)** Bestimmung des **Garantiefalls,** dh für welche Eigenschaften und Beschaffenheiten garantiert wird. Eine allg Garantie ohne Spezifizierung bezieht sich auf alle Mängel. **bb) Garantiefrist,** die von der Verjährung des Garantieanspruchs zu unterscheidende Geltungsdauer der Garantie. Bezug genommen werden kann auch auf Gebrauchsleistungen, etwa Betriebsstunden oder Kilometerleistung. **cc) Beginn des Laufs** der Garantiefrist; regelmäßig ab Übergabe. Davon zu unterscheiden ist die Frist zur Geltendmachung des Mangels (BGH 75, 79). **dd) Rechtswahrungshandlungen** des Käufers, etwa Rüge oder Schadensanzeige.

Chr. Berger

§ 444 Buch 2. Abschnitt 8. Einzelne Schuldverhältnisse

13 **4. a) Rechtsfolgen des Garantiefalls** richten sich nach der Garantieerklärung und können gerichtet sein auf Nachbesserung, Ersatzlieferung, Minderung, Rücktritt („Rückgaberecht") und Schadensersatz. Werden die Rechte nicht ausdrücklich aufgeführt, bestehen gegenüber dem Verkäufer als Garanten alle Rechte des § 437 (BT-Drs 14/6040 S 239). Bei Hersteller- und Drittgarantie scheiden Minderung und Rücktritt aus (BT-Drs 14/6040 S 238). Rechte gem § 437 bleiben unberührt. Haftung von Garant und Verkäufer ggf als Gesamtschuldner (BT-Drs 14/6040 S 238 [zu § 425]). Nimmt der Käufer den Dritten als Garanten erfolgreich in Anspruch, können seine Rechte gegen den Verkäufer wegen dieses Garan-
14 tiefalls entfallen. Ausgleich nach dem jeweiligen Innenverhältnis. **b) Verjährung** des entstandenen Garantieanspruchs § 195, nicht § 438. Beginn bei einer die ges Gewährleistung übersteigernder Garantiefrist nicht mit Übergabe, sondern erst mit Entdeckung des Mangels (BGH NJW 79, 645).
15 **5. Beweislast.** Käufer muß Garantievertrag und Garantiefall während der -frist sowie ggf Einhaltung der Rechtswahrungshandlungen darlegen und beweisen. Bei **Haltbarkeitsgarantie** hat der Garant die Vermutung des **II** (durch Beweis des Gegenteils) zu widerlegen, etwa durch Beweis, daß Käufer die Kaufsache unsachgemäß behandelt oder ein Dritter sie beschädigt hat. Gilt auch für Rechtskauf (§ 453 I), etwa Bonitätsgarantie beim Forderungskauf.

§ 444 Haftungsausschluss

Auf eine Vereinbarung, durch welche die Rechte des Käufers wegen eines Mangels ausgeschlossen oder beschränkt werden, kann sich der Verkäufer nicht berufen, wenn er den Mangel arglistig verschwiegen oder eine Garantie für die Beschaffenheit der Sache übernommen hat.

1 **1. Allgemeines. a) Bedeutung.** Die Rechte des Käufers bei Mängeln der Kaufsache nach § 437 können grundsätzlich erweitert (s § 443), ausgeschlossen oder beschränkt werden. § 444 **begrenzt** die **Vertragsfreiheit.** Hat der Verkäufer den Mangel arglistig verschwiegen, soll er nicht die Früchte seines Verhaltens durch einen Ausschluß der Mängelrechte sichern können. Eine Haftungsfreizeichnung würde eine zuvor übernommene Garantie, worin der Verkäufer gerade Eigenschaften oder das Fehlen von Mängeln zusichert, inhalts- und bedeutungslos machen. **Weitere Schranken** gegen eine unangemessene Haftungsfreizeichnung des Verkäufers ergeben sich aus §§ 138, 242, 307, 309; zum Verbrauchsgüterkauf s
2 § 475 I. **b) Anwendungsbereich.** Sach- und Rechtsmängel, Sach- und Rechtskauf (§ 453 I). Auf den Zeitpunkt der Abrede kommt es nicht an; auch ein nach Abschluß des Kaufvertrags getroffener Haftungsausschluß ist erfaßt, nicht jedoch der Verzicht des Käufers auf Rechte § 437 in Kenntnis des Mangels.
3 **2. Haftungsausschluß und -beschränkung. a) Begriff.** Vereinbarung, durch die die ges Rechte des Käufers bei einem Mangel der Kaufsache aus § 437 ersatzlos ausgeschlossen oder zum Nachteil des Käufers inhaltlich abgeändert werden.
4 **b) Zustandekommen.** IdR ausdr, insbes durch Einbeziehung von AGB, aber auch stillschweigend oder aufgrund Verkehrssitte gem § 157 (Bsp: Koblenz NJW-RR 88, 1306 [zu § 476 aF]); Bsp: Bezeichnung als „Ramschware"; Vereinbarung von „Freundschaftspreis"; Inzahlungnahme von Gebrauchtwagen durch Händler (BGH 83, 338 [zu § 476 aF]). Einhaltung der **Form** des Kaufvertrags
5 (insbes § 311 b I) ist erforderlich. **c) Fälle.** *Beschränkung* der Käuferrechte auf Minderung (Ausschluß von Rücktritt und Schadensersatz, insbes Folgeschäden); Wahlrechte des Verkäufers (entgegen §§ 437, 439 I); Beschränkung der Haftung auf bestimmte (idR verborgene) Mängel; Erschwerung der Geltendmachung der Gewährleistungsrechte durch Verkürzung der Verjährungsfristen des § 438 (vgl § 309 Nr 8 b ff]) oder Vereinbarung von Rügeobliegenheiten, Mängelanzeigefristen (vgl § 309 Nr 8 b ee]) und Formgeboten (vgl § 309 Nr 13); Ausschluß von Zurückbehaltungs- und Aufrechnungsrechten (vgl § 309 Nr 2 b]); Beweislastver-

Titel 1. Kauf, Tausch **§ 444**

schiebungen (vgl § 309 Nr 12); Kostentragungspflichten (§ 309 Nr 8 b cc]); Ersetzung der Verkäuferhaftung durch Abtretung von Ansprüchen gegen Dritte (vgl § 309 Nr 8 b aa]). **d) Auslegung.** Vereinbarungen gem Rn 3 sind iZw eng aus- 6 zulegen (BGH 22, 96; 64, 359; 67, 366; 70, 392, [alle zu § 476 aF]). Soweit sie in AGB enthalten sind, gilt die Unklarheitenregel (§ 305 c II) und das Transparenzgebot (§ 307 I 2). Auslegungsfrage ist, inwieweit sich Haftungsausschlüsse im Zusammenhang mit der Gewährleistungsregelung auf konkurrierende sonstige Ansprüche des Käufers (insbes aus §§ 280 I, 241 II; § 823) erstrecken (verneinend zB BGH 47, 317 für Mangelfolgeschaden aus Nebenpflichtverletzung; BGH 67, 366 für Deliktsansprüche, bejahend dagegen BGH BB 79, 699). **e) Einzelne Klau-** 7 **seln.** Bei der Auslegung der vor dem 1. 1. 2002 vertraglich vereinbarten Haftungsbeschränkungen kann an die zuvor ergangene Rechtsprechung angeknüpft werden (beachte aber § 475 I): *„Gekauft wie besichtigt":* Gewährleistungsausschluß nur für äußerlich erkennbare Mängel, ohne Rücksicht auf Kenntnis des Käufers (BGH 74, 210 und 385); gleichbedeutend damit: *„wie gesehen"* (Köln NJW 73, 903). Dagegen bedeutet *„wie besichtigt unter Ausschluß jeglicher Gewährleistung"* beim Gebrauchtwagenkauf Haftungsausschluß für alle (auch verborgene) Mängel (BGH 74, 385 f mN, str); das gleiche gilt beim *„Kauf in Bausch und Bogen"* (Stuttgart NJW 69, 611) und für die Klausel *„wie es steht und liegt"* (BGH 74, 210, hM, aA Celle OLGZ 71, 403). Dagegen genügt die Klausel *„ohne Garantie"* für Haftungsausschluß idR nicht; iZw nur Ablehnung von Eigenschaftszusicherung. **f)** Fälle **ges Haftungs-** 8 **beschränkung** enthalten: §§ 442 I, 445, 2376; HGB 377; AVBElt/Gas/Fernwärme/WasserV 6.

3. Schranken der Haftungsfreizeichnung. a) § 444. aa) Die Haftung des 9 Verkäufers für **arglistiges Verschweigen** eines Fehlers (sa § 442 Rn 7) ist unabdingbar. **α) Arglist** (sa §§ 438 II, 442; HGB 377 V) liegt vor, wenn der Verkäufer den Mangel kennt oder wenigstens mit der Möglichkeit seines Vorhandenseins rechnet und die Unkenntnis des Käufers vom Mangel in dem Bewußtsein ausnutzt, daß der Käufer bei Kenntnis den Vertrag nicht oder möglicherweise nicht mit der vereinbarten Inhalt abgeschlossen hätte (BGH NJW 85, 1770 f mN). Nicht erforderlich ist Täuschungsabsicht; bedingter Vorsatz genügt (BGH 117, 368), nicht grobe Fahrlässigkeit (BGH 60, 322) oder Leichtfertigkeit (BGH NJW-RR 86, 700). Bedingter Vorsatz liegt idR vor, wenn der Verkäufer über wesentliche Punkte ohne tatsächliche Grundlage „ins Blaue hinein" unrichtige Angaben macht (BGH 74, 392) oder „blindlings" Zusicherungen abgibt (BGH NJW 80, 2461).

Dem Verkäufer ist **Wissen** und **Verhalten** von **Hilfspersonen** (Vertretern, 10 Organmitgliedern, Verhandlungsgehilfen) zuzurechnen (§§ 166, 278; vgl § 278 Rn 10: „Offenbarungspflichten"), auch von Mitverkäufern (BGH MDR 76, 478 [für § 476 aF]), das eines **Dritten** (zB Makler) nur, wenn er es ausnutzt. Ist nur einer von **mehreren Mängeln** arglistig verschwiegen, ist der Haftungsausschluß hinsichtlich der anderen gültig (RG 62, 125). **β) Verschweigen** setzt eine verletzte 11 Offenbarungspflicht des Verkäufers voraus (dazu § 433 Rn 23; s allg § 242 Rn 19 f). Eine allg Aufklärungspflicht des Verkäufers gegenüber dem Käufer besteht allerdings nicht (vgl BGH NJW-RR 89, 212). Nach § 242 kann aber der Verkäufer verpflichtet sein, dem Käufer solche Umstände zu offenbaren, die für seine Entschließung offensichtlich von Bedeutung sind und deren Mitteilung nach der Verkehrsauffassung erwartet werden kann (BGH 132, 34; NJW 83, 2494 mN; 86, 317). Erhebliche Umstände für die Aufklärungspflicht sind: Bes Sachkunde des Verkäufers (Vertrauensstellung: uU dann Nebenpflicht zur Beratung, vgl BGH NJW 83, 2698; § 676 Rn 5), Art und Grund des Fehlers, insbes Möglichkeit und Fähigkeit des Käufers, ihn zu erkennen (BGH 63, 386; 132, 34; NJW 93, 1644), ausdr Nachfrage des Käufers (BGH NJW-RR 87, 437), Art des Vertragsgegenstands, zB Gebrauchtwagen (dazu BGH NJW 82, 1386 mN); Deponiegrundstück (BGH NJW 95, 1550; nicht bloßes Industriegelände: BGH NJW 94, 254). Eine Aufklärungspflicht kann nicht nur bei positiver Kenntnis von dem Mangel, sondern

§ 444 Buch 2. Abschnitt 8. Einzelne Schuldverhältnisse

schon dann bestehen, wenn der Verkäufer tatsächliche Anhaltspunkte für bestimmte Fehler hat (vgl BGH 63, 387; 74, 391 f; 83, 340; NJW 85, 1770 f) oder bei pflicht-
12 gemäßer Organisation hätte haben müssen (BGH 117, 321; 132, 36 ff). **γ)** Dem arglistigen Verschweigen steht das **arglistige Vortäuschen** nicht vorhandener Eigenschaften (Bsp: Geringe Fahrleistung eines Kfz durch Verstellen des km-Zäh-
13 lers [vgl BGH 53, 144]) oder der Abwesenheit von Fehlern gleich. **bb) Garantie.** Gemeint ist nicht die neben die ges Mängelrechte tretende und dem Käufer zusätzliche Rechte einräumende Beschaffenheits- oder Haltbarkeitsgarantie gem § 443, sondern Garantie als Eigenschaftszusicherung (Abgrenzung s § 443 Rn 3). Die Haftung des Verkäufers für zugesicherte Eigenschaften ist im Rahmen des gegenständlichen Umfangs der Zusicherung nicht abdingbar. Das schließt eine ihrem Umfang nach beschränkte Zusicherung mit einem Gewährleistungsausschluß iü nicht aus. Bsp: Zusicherung für Unfallfreiheit und Fahrleistung von Gebrauchtwagen bei Freizeichnung für andere Mängel (BGH 74, 388 und 391). Eine Einschränkung der Tragweite der Zusicherung in der *Rechtsfolge* ist – anders als zu § 476 aF – wohl nicht mehr möglich, etwa ein Ausschluß der Haftung für Mangelfolgeschäden (v. Westphalen ZIP 01, 2107) oder eine Haftungsobergrenze. **Vertragsgestaltung:** Es wird vorgeschlagen, Geltung des § 476 *aF* zu vereinbaren oder ausländisches Recht zu wählen, wobei Bedeutung des § 444 bzgl EGBGB 27 III zu klären ist (v. Westphalen aaO). Wer dem nicht folgt, sollte klarstellen, ob
14 Garantie gem § 443 oder iSv § 276 I gewollt ist. **cc) Rechtsfolgen.** Die entspr Klausel ist nicht nichtig (ggf mit der Folge des § 139). Der Verkäufer kann sich auf die Freizeichnung nicht berufen; die Rechte des Käufers gem § 437 bestehen.
15 Kaufvertrag iü bleibt voll wirksam (BT-Drs 14/6040 S 240). **b) Sonstige Schranken. aa) Sachlich unangemessene Freizeichnung.** Bei *individuell* vereinbartem Haftungsausschluß kommt Verstoß gegen §§ 138, 242 in Frage, wenn der Käufer unter Berücksichtigung der Eigenart und des Gesamtinhalts des Kaufvertrags im Einzelfall rechtlos gestellt würde. Bei Haftungsfreizeichnung in *AGB* sind §§ 307, 309 Nr 8 b) zu beachten. Von Bedeutung ist insoweit, daß die Verkäuferpflicht gem § 433 I 2 (und die entspr Rechte des Käufers gem § 437) Leitbildfunktion (s § 307
16 Rn 3) übernimmt. **bb) Einzelfälle.** Beim Kauf **neu hergestellter Sachen** sind in AGB Minderung und Rücktritt beim Fehlschlagen der Nacherfüllung nicht abdingbar (§ 309 Nr 8 b bb]); gleiches gilt beim Kauf lebender Tiere (BGH NJW-RR 86, 53: Forellen [zu AGBG]). Bei einem Konstruktionsmangel eines neuen Kfz oder einer neuen Maschine dürfte auch ein individuell vereinbarter Ausschluß des Rücktrittsrechts des Käufers nicht wirksam sein (vgl BGH NJW 71,
17 1797 für AGB). Beim **Gebrauchtwagenverkauf** ist – außerhalb §§ 474, 475 I – völliger Gewährleistungsausschluß (auch für verborgene Mängel) in AGB (§ 309 Nr 8 b]) zulässig (BGH 74, 386 mN; NJW 83, 217; JZ 84, 436, stRspr zu AGBG, str; aA Peters JZ 91, 385); dies gilt auch für sog Schwerstmängel, die die Verkehrssicherheit des Kfz aufheben (BGH NJW 86, 2319). Jedoch sind bei völliger Freizeichnung strenge Anforderungen an die Aufklärungspflicht des Verkäufers zu stellen (s § 433 Rn 39 „Gebrauchtwagenkauf"; wichtig für arglistiges Verschweigen, vgl Rn 9 ff); ferner bleibt die Haftung für das Fehlen zugesicherter Eigenschaften unberührt (BGH 74, 391 [zu § 476 aF] und Rn 13). Beim **Kauf von Kunstgegenständen** wurde ein (voller) Gewährleistungsausschluß, insbes für die Echtheit eines Bildes, als zulässig angesehen, doch darf der Veräußerer die ihm obliegende Sorgfalt (§ 276 I) nicht verletzt haben ([zu § 476 aF] BGH NJW 80, 1621 mN; Hamm NJW 94, 1967 f mN; Flume JZ 91, 635 ff, str). Beim Erwerb (s § 433 Rn 11) von im Bau befindlichen oder erst herzustellenden
18 **Häusern und Eigentumswohnungen** ist der Ausschluß jeglicher Sachmängelhaftung in AGB unwirksam (BGH 101, 353 ff; 108, 168 ff; sa § 310 III), anders wurde bei Altbauten ohne Herstellungsverpflichtung entschieden (BGH 108, 163); zur Ersetzung der eigenen Gewährleistungshaftung des Veräußerers (Bauträgers) durch Abtretung seiner Gewährleistungsansprüche gegen die Bauhandwerker sa § 309 Nr 8 b bb).

Titel 1. Kauf, Tausch § 445, Vor §§ 446, 447

§ 445 Haftungsbegrenzung bei öffentlichen Versteigerungen

Wird eine Sache auf Grund eines Pfandrechts in einer öffentlichen Versteigerung unter der Bezeichnung als Pfand verkauft, so stehen dem Käufer Rechte wegen eines Mangels nur zu, wenn der Verkäufer den Mangel arglistig verschwiegen oder eine Garantie für die Beschaffenheit der Sache übernommen hat.

1. **Allgemeines. a) Bedeutung.** Pfandverkäufer kennt die fremde Kaufsache 1 regelmäßig nicht, daher auch nicht mögliche Mängel. § 445 schützt den (beim Vertragsschluß durch den Versteigerer vertretenen) Pfandverkäufer vor Rechten des Käufers wegen eines Mangels (s § 437). Pfandverkäufer soll seiner Befriedigung nicht wegen eines Fehlers der Sache wieder verlustig gehen. Gleiche Regelung: ZPO 806; ZVG 56 S 3. **b) Anwendungsbereich.** Verkauf (neuer oder gebrauchter) beweglicher Sachen als Pfand. Gem § 474 II nicht Verbrauchsgüterkauf; sa § 474 I 2 zur Versteigerung gebrauchter Sachen.

2. **Voraussetzungen.** Pfandverkauf nach §§ 1235 I, 1236 ff, *nicht* auch Selbst- 2 hilfeverkauf gem § 383 I und freihändiger Pfandverkauf gem §§ 1221, 1235 II, 1240 II, 1245, 1246. Verkauf in öffentlicher Versteigerung (Begriff s § 383 III). Bezeichnung der Sache als Pfand genügt, bestehendes Pfandrecht ist nicht erforderlich.

3. **Rechtsfolgen.** Ges Haftungsausschluß für Sach- und Rechtsmängel. Aus- 3 nahme: Garantie (§ 444 Rn 13) oder arglistiges Verschweigen (§ 444 Rn 9).

Vorbemerkungen zu den §§ 446, 447

1. **Begriff der Gefahr.** Gefahr ist die Last (ungünstige Rechtslage), einen durch 1 zufälligen Untergang (zufällige Verschlechterung) einer Sache eingetretenen Nachteil endgültig tragen zu müssen (Überbürdung des Zufallsrisikos; vgl BGH NJW 85, 323).

2. **Arten der Gefahr.** Zu unterscheiden ist zwischen der Gefahrtragung außer- 2 halb und innerhalb von (noch nicht voll erfüllten) Schuldverhältnissen (Rn 3). **a) Sachgefahr** ist das Risiko des zufälligen Untergangs einer Sache, sei es durch Unglück, sei es durch Schadensersatz verpflichtende Handlung eines Dritten. **b) Leistungs-(Lieferungs-)** und **Gegenleistungs-(Vergütungs-, Preis-)ge-** 3 **fahr** gibt es nur bei Schuldverhältnissen im Zeitabschnitt zwischen Vertragsschluß und vollständiger Erfüllung (§ 362) der Sachleistungspflicht. **Leistungsgefahr** ist das Risiko des Sachleistungsschuldners trotz Untergangs der Sache nochmals (oder Ersatz) leisten zu müssen; **Vergütungsgefahr** ist das Risiko des Sachleistungsgläubigers (zB Käufers), trotz Ausbleibens der Sachleistung die Gegenleistung erbringen, dh den (Kauf)Preis zahlen zu müssen. Zufällig ist der Untergang, wenn er von keiner der Vertragsparteien zu vertreten ist. Zum Ersatz verpflichtende Handlung eines Dritten steht zufälligem Untergang nicht entgegen. Leistungsgefahr meinen §§ 270 I, 300 II, iü bedeutet „Gefahr" idR Gegenleistungsgefahr. Fälle: Rn 5.

3. **Gefahrtragung. a) Grundsatz.** Die **Sachgefahr** trägt der Eigentümer, 4 denn der zufällige Untergang der Sache geht zu seinen Lasten *(casum sentit dominus)*. – Für die Gefahrverteilung im nicht voll erfüllten (s Rn 3) gegenseitigen Vertrag gilt: Die **Leistungsgefahr** trägt bei Stückschulden der Sachleistungsgläubiger (zB Käufer), denn der Sachleistungsschuldner (zB Verkäufer) wird von seiner Leistungspflicht frei (§ 275 I); die **Vergütungsgefahr** trägt im ganzen Zeitabschnitt (Rn 3) der Sachleistungsschuldner (zB Verkäufer), denn er verliert den Vergütungsanspruch, wenn die Erfüllung ausbleibt (§ 326 I). Das gleiche gilt bei der konkretisierten Gattungsschuld (§ 243 II). Bis zur Konkretisierung trägt der Sachleistungsschuldner auch die Leistungsgefahr, denn er hat bei Untergang der zur Erfüllung vorgesehenen Sache ggf Ersatz zu beschaffen. **b) Sonderregeln.** Abw 5

§ 446 Buch 2. Abschnitt 8. Einzelne Schuldverhältnisse

von Rn 3 ist unter bestimmten Voraussetzungen der Übergang der Vergütungsgefahr auf einen vor der Erfüllung liegenden Zeitpunkt vorverlegt. Fälle: §§ 446 S 1 und 3; 447; 644 I 1, 2, II; 2380; ZVG 56.

§ 446 Gefahr- und Lastenübergang

¹Mit der Übergabe der verkauften Sache geht die Gefahr des zufälligen Untergangs und der zufälligen Verschlechterung auf den Käufer über. ²Von der Übergabe an gebühren dem Käufer die Nutzungen und trägt er die Lasten der Sache. ³Der Übergabe steht es gleich, wenn der Käufer im Verzug der Annahme ist.

Lit: Hager, Die Gefahrtragung beim Kauf, 1982 (rechtsvergleichend).

1 1. **Allgemeines. a) Bedeutung.** S 1 ist Ausnahmevorschrift zu § 326 I 1: Vorverlegung des Übergangs der **Preisgefahr** (Rn 3 vor §§ 446, 447) auf den Zeitpunkt der Übergabe der Kaufsache. Folge: Der Käufer muß den Kaufpreis (voll) zahlen, wenn dem Verkäufer nach Besitzverschaffung (Rn 6) infolge Zufalls die Eigentumsverschaffung unmöglich geworden ist (Rn 7); der Käufer hat auch wegen einer nach Besitzverschaffung eingetretenen zufälligen Verschlechterung der Sache keine Mängelansprüche (s § 434 I). Stehen dem Verkäufer Ansprüche auf Ersatzvorteile zu, kann der Käufer deren Abtretung verlangen (§ 285 I). S 1 wird **praktisch** in allen Fällen des Auseinanderfallens von Besitzverschaffung und vollständiger Erfüllung der Verkäuferpflichten, zB bei Verkauf unter EV (§ 449).
2 **b) Grund.** Nach Übergabe befindet sich die Sache im Obhuts- und Machtbereich des Käufers, der daher das Risiko des Untergangs oder der Verschlechterung besser
3 beherrscht als der Verkäufer. **c) Anwendungsbereich:** Sachkauf, auch Grundstückskauf; Stück- und Gattungskauf (Rn 6); Rechtskauf (§ 453 I) nur bei § 453 III. – Bei Lieferung einer mangelhaften Sache und (gem § 434 III) auch bei Aliud-Lieferung (s § 434 Rn 20 f) trägt der Käufer ohne S 1 die Gefahr weiterer Verschlechterung und des Untergangs; erfolgt wegen des Mangels der Rücktritt (§ 437 Nr 2 Fall 1) oder eine Ersatzlieferung (§ 439 I Fall 2 iVm § 439 IV) sa
4 § 346 III Nr 3. **d) Vertragsgestaltung.** S 1 ist abdingbar durch Gefahrtragungsklauseln. Gefahrübergang kann sowohl vor- als auch zurückverlagert werden. **e) Sondervorschriften.** Versendungskauf: § 447; vgl ü Rn 5 vor § 446.
5 2. **Gefahrübergang. Voraussetzungen** sind: Vollwirksamer Kaufvertrag (Rn 5 [a]), Übergabe der Kaufsache (Rn 6) und deren zufälliger Untergang (zufällige Verschlechterung) beim Käufer vor Eigentumsübergang (Rn 7 f). **a) Ein wirksamer Kaufvertrag** muß zustande gekommen sein (BGH 138, 206). Kein Gefahrübergang, wenn Kaufvertrag unter einer *aufschiebenden* **Bedingung** (§ 158 I) abgeschlossen wird und die Bedingung endgültig ausfällt (BGH NJW 75, 777). Ist dagegen die aufschiebende Bedingung nach Untergang der Kaufsache beim Käufer eingetreten, so ist § 446 dann anzuwenden, wenn die Parteien den Bedingungseintritt auf den Zeitpunkt der Übergabe zurückbeziehen wollten (§ 159); dies ist uU dann anzunehmen, wenn dem Käufer ein Gebrauchsrecht an der Sache zustand (ie str; vgl dazu BGH 138, 206). – Tritt bei *auflösender* Bedingung die Bedingung ein, kann der Käufer den schon bezahlten Kaufpreis gem §§ 812 I 2, 820 I 2 zurückverlangt, soweit nicht zugunsten des Verkäufers die Saldotheorie eingreift (ie § 818 Rn 40 ff). Voll wirksam ist der Kaufvertrag, wenn eine auflösende Bedingung ausgefallen ist. Bsp: Untergang der Kaufsache beim Käufer bei Kauf mit Rückgabe-
6 recht. Zum Kauf auf Probe s §§ 454, 455 Rn 8. **b) aa) Übergabe** ist Verschaffung des **unmittelbaren Besitzes** an der Kaufsache (§ 854 I; vgl § 433 Rn 20). Die Übergabe muß in Erfüllung des Kaufvertrages, braucht aber nicht notwendig zum Zweck der Übereignung (§ 929) erfolgt zu sein (allgM). Verschaffung mittelbaren Besitzes genügt nicht, es sei denn, Besitzverschaffungspflicht ist entspr eingeschränkt, was bei Übereignung gem §§ 930, 868; 931 der Fall sein kann (Bsp zu EV: Hamm NJW-RR 87, 245 [zu § 446 I 1 aF]). Beim Gattungskauf führt die

Titel 1. Kauf, Tausch **§ 447**

Übergabe idR zur Konkretisierung (§ 243 II). Der Eintritt der dinglichen Rechtsänderung ist unerheblich (BGH 138, 207 mN). – Zum Rücktritt s § 346 III, zum Widerruf s § 357 III. **bb)** Der Übergabe steht gem **S 3** der **Annahmeverzug** (§§ 293 ff) des Käufers gleich; Parallelregelung s § 326 II 1 Fall 2. Zur Leistungsgefahr s § 300 II. **c) Untergang** der Kaufsache umfaßt jeden Fall obj Unmöglichwerdens der Eigentumsverschaffung, zB körperliche Vernichtung der Sache, unwiederbringlichen Verlust, etwa durch Diebstahl oder Beschlagnahme (letzteres str; aA RG 106, 16). **Verschlechterung** ist jede Qualitätsminderung, namentlich eine Beschädigung. **d) Zufällig:** Der Untergang (die Verschlechterung) darf von keiner Partei des Kaufvertrags zu vertreten sein (Rn 3 vor §§ 446, 447). 7

8

3. Übergang von Nutzungen und Lastentragung. S 2 zieht Folgerung aus Gefahrübergang *(cuius est periculum, eius est commodum)*; Zeitpunkt des S 2 gilt auch bei § 447. Sonderregelung: § 2380 I 2; ZVG 56 S 2. Nutzungen: § 100; Lasten: § 103. 9

§ 447 Gefahrübergang beim Versendungskauf

(1) Versendet der Verkäufer auf Verlangen des Käufers die verkaufte Sache nach einem anderen Ort als dem Erfüllungsort, so geht die Gefahr auf den Käufer über, sobald der Verkäufer die Sache dem Spediteur, dem Frachtführer oder der sonst zur Ausführung der Versendung bestimmten Person oder Anstalt ausgeliefert hat.

(2) Hat der Käufer eine besondere Anweisung über die Art der Versendung erteilt und weicht der Verkäufer ohne dringenden Grund von der Anweisung ab, so ist der Verkäufer dem Käufer für den daraus entstehenden Schaden verantwortlich.

 1. Allgemeines. a) Bedeutung. Beim Versendungskauf (Rn 6) ist der Übergang der Preisgefahr (Rn 3 vor §§ 446, 447) auf den Zeitpunkt der Auslieferung der Kaufsache an die Transportperson (-anstalt) vorverlegt. **I** ist Ausnahme zu § 326 I; gegenüber § 446 wird der Zeitpunkt des Gefahrübergangs (nochmals) vorverlegt. Für die Leistungsgefahr (Rn 3 vor §§ 446, 447) gelten beim Versendungskauf keine Besonderheiten (Rn 9 aE). **b) Grund:** Erfüllungsort ist der Sitz des Verkäufers (§ 269); der Verkäufer hat mit der Auslieferung (Rn 11 f) die von ihm geschuldete Erfüllungshandlung vollständig erbracht (vgl BGH 74, 142); sein Risiko- und Pflichtenbereich endet hier (SoeHuber 4). **c) Voraussetzungen des Gefahrübergangs** ie: Bestehen eines wirksamen Versendungskaufs (Rn 6 ff); Auslieferung des Kaufgegenstands an die Transportperson (-anstalt; Rn 11 f); Eintritt eines zufälligen Transportschadens (Rn 13). **d) Wirkungen des Gefahrübergangs:** Der Käufer muß auch bei Eintritt eines Transportschadens (Rn 13) den Kaufpreis (voll) zahlen, obwohl der Verkäufer weder die Besitz- noch die Eigentumsverschaffungspflicht (voll) erfüllt; Mängelrechte (§ 437) wegen Transportschäden bestehen nicht (s § 434 I 1). Doch kann der Käufer vom Verkäufer Abtretung von Ansprüchen auf Ersatzvorteile verlangen (§ 285; Bsp: Transportversicherungssumme) und der Verkäufer kann den Schaden des Käufers im Wege der Drittschadensliquidation geltend machen (Rn 20 vor § 249; s aber HGB 435, § 328 Rn 5). Der Gefahrübergang führt beim Gattungskauf gem § 243 II zur Konkretisierung (Köln NJW 95, 3128), für den Eigentumsübergang ist er dagegen bedeutungslos. Das Eigentum an der Kaufsache geht idR erst mit der tatsächlichen Übergabe auf den Käufer über (§ 929; BGH NJW 68, 1932), ausnahmsweise schon mit Übergabe an die Transportperson, wenn diese Vertreter (§ 164) und Besitzmittler (§ 868) des Käufers ist (BGH aaO; MK/Westermann 2; sa § 929 Rn 12). **e) Anwendungsbereich:** Stück- und Gattungskauf (Rn 4); Distanz-, nicht Platzkauf (Rn 6). *Nicht:* Verbrauchsgüterkauf, § 474 II. **f)** § 447 ist **abdingbar;** Gefahrtragungsklauseln: Rn 8 f. 1

2

3

4

5

§ 447 Buch 2. Abschnitt 8. Einzelne Schuldverhältnisse

6 **2. Versendungskauf. a) Begriff.** Versendungskauf ist ein Kaufvertrag über eine bewegliche Sache, bei der der Verkäufer die Nebenpflicht (Rn 9 [bb]) übernommen hat, die Kaufsache vom Erfüllungsort (idR Wohnort oder Niederlassung des Verkäufers; § 269 I, II) aus (s aber Rn 8) an einen davon verschiedenen Bestimmungs-(Ablieferungs-)ort (idR Wohnort oder Niederlassung des Käufers) zu versenden. Liegen Erfüllungs- und Bestimmungsort nicht in verschiedenen politischen Gemeinden (sog Platzkauf), soll § 447 entspr gelten (hM; aA mR SoeHuber 24); doch liegt bei Selbstausführung des innerörtlichen Transports durch den Ver-
7 käufer idR Bringschuld vor (vgl Rn 8). **b) Zustandekommen.** Der Versendungskauf (Rn 8) bedarf der Vereinbarung (§ 269 Rn 1). IdR ist die Versendungspflicht des Verkäufers Gegenstand bes Nebenabreden zum Kaufvertrag (Kosten- und Spesenklauseln; § 433 Rn 23 ff). Auch bei Übernahme der Versendungskosten durch den Verkäufer liegt iZw Versendungs- und nicht Bringkauf vor (Rn 8). **Nachträgliche Vereinbarung** der Versendungspflicht ist möglich und stets anzunehmen, wenn der Verkäufer „auf Verlangen des Käufers" versendet (I). Dagegen gilt bei **einseitiger** Versendung durch den Verkäufer § 446. § 447 setzt
8 **Wirksamkeit** des Kaufvertrags voraus (wie § 446 Rn 5). **c) Versendung** der Kaufsache durch den Verkäufer. **aa)** Die Verkäuferleistung ist **Schickschuld** (§ 269 Rn 1), dh Erfüllungsort (Ort der abschließenden Leistungshandlung des Verkäufers) und Erfolgsort (Ort der „Übergabe" iSv §§ 433 I, 929) fallen auseinander. **Kein** Versendungskauf ist daher der (seltene) **Bringkauf** (Erfüllungs- und Erfolgsort fallen zusammen, Transportleistung ist Teil der Lieferpflicht des Verkäufers), für den § 446 gilt. Bsp für Bringkauf: Kauf mit cif- und fob-Klausel (§ 269 Rn 5); „Fernkauf" (vgl BGH 74, 143); idR (sa § 474 II) die Zuschickungsgeschäfte des täglichen Lebens, bei denen der Verkäufer die Transportleistung (meist am Ort seiner Niederlassung) als „Kundendienst" selbst ausführt (StKöhler 7; MK/Westermann 6, str; unterscheidend BGH NJW 91, 916). Bloße Spesenklauseln sind idR (aber § 157, HGB 346 beachten) Lieferung „frei Haus" (aA BGH 114, 251), „frei Tankstelle" (vgl BGH BB 78, 1086), „frei ... Bestimmungsort" (vgl BGH WM 83, 1239). Die Übernahme der Versendungskosten (abw von § 448 I) durch den Verkäufer genügt iZw für Bringkauf nicht (§ 269 III). **Kein** Versendungskauf liegt idR vor, wenn die Versendung von einem dritten (vom Erfüllungsort verschiedenen) Ort aus erfolgt (RG 111, 25; BGH 113, 110, hM; aA Pallasch BB 96, 1124 ff: Teilung der Transportgefahr). Bsp: Kauf vom Zwischenhändler, Versendung ab Hersteller. Bei diesem sog **Streckengeschäft** gilt idR § 446 (hM, str; Grund: Versendung liegt nicht nur im Interesse des Käufers); § 447 gilt aber dann, wenn die Parteien die unmittelbare Versendung bes vereinbart haben (BGH 113, 110; NJW 65, 1324), zB durch Übernahme der Transportgefahr mittels Handelsklauseln „Lieferung ab Werk"; „ab Lager"; „ab Grenze". Wird rollende Ware verkauft, genügt für Versendungskauf, daß Käufer dies weiß (BGH 50, 34,
9 36). **bb) Pflichten des Verkäufers.** Die **Versendungspflicht** ist eine Nebenpflicht des Verkäufers (Nürnberg MDR 78, 492; ie § 433 Rn 23 ff). Inhalt: Der Verkäufer muß die Kaufsache an den Käufer „auf den Weg bringen" (BGH 50, 37), dagegen schuldet er nicht die Transportleistung selbst. Die *Transportperson* (Rn 12) ist daher insoweit *nicht* Erfüllungsgehilfe des Versendungsverkäufers (BGH 50, 35 mN; NJW 91, 917, hM; ie Faust DB 91, 1556 mN, auch zur aA; zur Einschränkung beim sog Selbsttransport s Rn 12). Ie gehört zur Versendung: Auslieferung der Kaufsache an die Transportperson (Rn 11 f), sachgemäße Verpackung (BGH 66, 211; 87, 92; WM 83, 1155) und Verladung (BGH NJW 68, 1930), uU Versicherung (Schlosser Jura 85, 482); Erteilung erforderlicher Weisungen (zB bei Umleitung rollender Ware, BGH 50, 37); sorgfältige Auswahl der Transportperson sowie Unterlassung der Versendung zur Unzeit. **cc)** Die **Versand- und Verpackungsanweisungen des Käufers** sind zu befolgen. Recht zur Abweichung besteht nur aus „dringendem Grund" **(II).** Anweisungen eines branchenkundigen Käufers braucht der Verkäufer aber nicht auf ihre Zweckmäßigkeit zu überprüfen (BGH MDR 62, 556). Hilfspersonen, deren sich der Verkäufer im

Titel 1. Kauf, Tausch **§ 448**

Rahmen seiner Versendungspflicht bedient, sind Erfüllungsgehilfen (§ 278; BGH 50, 37; 66, 211). Führt schuldhafte Verletzung dieser Nebenpflichten zu einer Schädigung des Käufers, ist Verkäufer gem II **ersatzpflichtig** (BGH 87, 91; WM 83, 1155). Hat der Verkäufer eine Leistungsstörung zu vertreten (Bsp: fehlerhafte Verpackung: BGH 87, 92), trifft den Käufer weder die Leistungs- (kein Fall des § 275 I) noch die Preisgefahr (kein Fall des § 326, der auch für § 447 gegeben sein muß, vgl Rn 1). **dd) Pflichten des Käufers.** Feststellung und Mitteilung von Transportschäden (BGH NJW-RR 87, 743 f). 10

3. Auslieferung an die Transportperson (-anstalt). a) Begriff und Bedeutung. Die Auslieferung ist der maßgebende Zeitpunkt für den Gefahrübergang (Rn 1). Auslieferung ist die **tatsächliche** Übergabe des Kaufgegenstands an die Transportperson (-anstalt) zur Übermittlung an den Käufer (BGH 113, 114: Dieselöl). Vor der Übergabe der Sache liegende, die Auslieferung vorbereitende Vorgänge (Abschluß des Beförderungsvertrags; Transport der Ware zur Beförderungsanstalt) genügen zum Gefahrübergang nicht, gleich ob sich der Verkäufer eigener oder fremder Leute bedient (StKöhler 12 gegen RG 96, 259). **b) Transportpersonen** sind Spediteur und Frachtführer (vgl HGB 407, 425), **Transportanstalten** Bahn und Post. Selbständigkeit ist nach hM nicht erforderlich, so daß auch *eigene Leute* des Verkäufers Transportperson sein können (Faust DB 91, 1557 ff; MK/Westermann 14 f mN, str; aA SoeHuber 35 f); dies ist abzulehnen, da die Kaufsache beim Selbsttransport durch eigene Leute noch nicht aus dem Gefahrenbereich des Verkäufers ausgeschieden ist (s aber § 446 Rn 2; § 447 Rn 2). Liegt bei Selbstausführung des Transports nicht ohnehin bereits Bringschuld vor (Rn 8), so soll der Verkäufer – anders als bei Einschaltung einer selbständigen Transportperson (vgl Rn 9) – nach § 278 für das Verschulden seiner Leute haften (so MK/Westermann 21 ff; Esser/Weyers § 8 III 3 c) oder doch entspr HGB 415, 412 II (so Faust DB 91, 1559 ff); inkonsequent (mR krit Hager aaO S 83); richtig: kein Gefahrübergang, § 446 gilt (zutr SoeHuber 38). 11 12

4. Zufälliger Transportschaden. Die den Käufer treffende Preisgefahr (Rn 1) bezieht sich nicht schlechthin auf jeden Fall nachträglichen zufälligen Untergangs oder zufälliger Verschlechterung der Sache, sondern nur auf **typische Transportschäden,** dh das Ereignis, durch das die Lieferung verhindert oder beeinträchtigt wird, muß dem typischen Gefahrenbereich des Transports zuzurechnen sein (RG 93, 330, hM; StKöhler 17). Bsp: Schädigung der verkauften Ware auf dem Transport durch Kfz-Unfall, auch wenn dieser von der Transportperson verschuldet wurde; Verlust der Ware durch Aushändigung an einen nichtberechtigten Dritten (RG 93, 332) oder durch nicht vollständige Abladung (BGH NJW 65, 1324); behördliche Einziehung infolge transportbedingter Vermischung (BGH NJW 91, 916). Beruht der Verlust auf Gründen, die mit dem Transport in keinem Zusammenhang stehen, gilt § 446. Bsp: Beschlagnahme der Ware im Inland (RG 106, 17, str; unterscheidend BGH NJW 91, 916). Nicht transportbedingt sind alle Schäden, die in den Verantwortungsbereich des Verkäufers und seiner Leute fallen. Vgl die Bsp in Rn 9 aE. 13

§ 448 Kosten der Übergabe und vergleichbare Kosten

(1) **Der Verkäufer trägt die Kosten der Übergabe der Sache, der Käufer die Kosten der Abnahme und der Versendung der Sache nach einem anderen Ort als dem Erfüllungsort.**

(2) **Der Käufer eines Grundstücks trägt die Kosten der Beurkundung des Kaufvertrags und der Auflassung, der Eintragung ins Grundbuch und der zu der Eintragung erforderlichen Erklärungen.**

1. Allgemeines. Regelung der **Kostentragung** beim Sachkauf; auch Rechtskauf soweit keine bes Regelung in § 453 II. II enthält Sonderregelung für Grundstückskauf und Kauf grundstücksgleicher Rechte. Abdingbar, auch beim Verbrauchsgüterkauf; im Handelsverkehr gelten Handelsbräuche. 1

2 2. Vom Verkäufer zu tragen (I HS 1). Der Verkäufer hat die Kaufsache vertragsgemäß so anzubieten, daß der Käufer nur noch annehmen muß. Daher hat er zu tragen: Lagerkosten, Kosten bis zur Ermöglichung der Abnahme, zB die Beförderung und Verzollung bis zum Erfüllungsort (idR aber Wohnsitz des Verkäufers, § 269 Rn 9; § 447 Rn 8 ff), Kosten des Wägens und Messens, wenn zur Ausscheidung aus größerem Vorrat erforderlich, zB Wärmemessungskosten bei Fernwärme (Hamburg MDR 84, 848), der Anschlußkosten bei Stromlieferung (BGH NJW-RR 94, 177), der Vermessung von Teilgrundstück (LG Kassel MDR 57, 228), Verpackungskosten.

3 3. Vom Käufer zu tragen. a) I HS 2. Kosten der Abnahme (auch Untersuchungskosten) und der Versendung ab Erfüllungsort (einschließlich Steuer, RG 68, 44); Einfuhrzoll (SoeHuber 20; offen BGH 114, 251 f); häufig Abänderung durch Kostenklauseln. **b)** II enthält Sonderregelung für bestimmte Kosten bei **Grundstückskaufvertrag;** Geltung nur zwischen den Parteien (RG 96, 48), nicht gegenüber Dritten (Behörde, Notar); insoweit gilt ggf KostO. Käufer hat zu tragen: Beurkundungskosten für Kaufvertrag (s § 311 b I 1) und Auflassung (§ 925), Kosten der Grundbucheintragung (auch der Vormerkung, § 883) und der dazu erforderlichen Erklärungen Dritter (vormundschaftsgerichtliche Genehmigung [s § 1821 I Nr 1], Zustimmung Wohnungseigentumsverwalter [s WEG 12]). Die Kostenpflicht greift auch ein, wenn die Beurkundung nicht notwendig war, der Kaufvertrag vor Eigentumswechsel aufgehoben, mangels Genehmigung nicht wirksam wird oder formunwirksam ist (zB gem §§ 125, 311 b I 1; vgl BGH 116, 256). – Andere Kosten fallen auch bei Grundstückskauf unter I, zB Kosten der Grundbuchberichtigung, Vermessungskosten.

§ 449 Eigentumsvorbehalt

(1) Hat sich der Verkäufer einer beweglichen Sache das Eigentum bis zur Zahlung des Kaufpreises vorbehalten, so ist im Zweifel anzunehmen, dass das Eigentum unter der aufschiebenden Bedingung vollständiger Zahlung des Kaufpreises übertragen wird (Eigentumsvorbehalt).

(2) Auf Grund des Eigentumsvorbehalts kann der Verkäufer die Sache nur herausverlangen, wenn er vom Vertrag zurückgetreten ist.

(3) Die Vereinbarung eines Eigentumsvorbehalts ist nichtig, soweit der Eigentumsübergang davon abhängig gemacht wird, dass der Käufer Forderungen eines Dritten, insbesondere eines mit dem Verkäufer verbundenen Unternehmens, erfüllt.

Lit: Huber, Der EV im Synallagma, ZIP 87, 750; Marotzke, Der EV im neuen Insolvenzrecht, JZ 95, 803; Schlechtriem, Kollidierende Standardbedingungen und EV, Kolloqu v. Caemmerer, S 1; Ulmer/Schmidt, Nachträglicher „einseitiger" EV, JuS 84, 18; sa Lit zu § 929 Rn 25 ff.

1 1. Allgemeines. a) Bedeutung. Der **Eigentumsvorbehalt** (EV) ist das häufigste und wichtigste Sicherungsmittel des vorleistenden Verkäufers (ie § 929 Rn 25 f). § 449 regelt ihn nur unzureichend: I enthält – neben einer (mißglückten) Legaldefinition des Eigentumsvorbehalts – eine Auslegungsregel für die (dingliche) Einigung, II regelt die Rechte des VVerkäufers bei Zahlungsverzögerung (s Rn 12) und III begrenzt die Wirksamkeit des Eigentumsvorbehalts beim sog Konzernvorbehalt (s Rn 8). EV in AGB ist im Hinblick auf § 307 unbedenklich, uU anders aber bei Ausschluß des EV in Einkaufsbedingungen (s BGH 78, 307 ff). Bes **Arten 2** des EV: § 929 Rn 27 ff. **b) Anwendungsbereich.** Verkauf beweglicher (vgl § 925 II), bestimmt zu bezeichnender Sachen (§§ 90, 91; 97, 98) und Tiere (§ 90 a). Auf ein Unternehmen im ganzen (sa § 453 Rn 12) kann der EV nicht bezogen werden (vgl BGH NJW 68, 392), wohl aber auf die mitverkauften Gegen- **3** stände (zB Maschinen, auch Rechte). **c) Verhältnis zur Sicherungsübereignung** (dazu § 930 Rn 19 ff): Diese dient der Sicherung einer *anderen* Forderung

Titel 1. Kauf, Tausch **§ 449**

des Erwerbers (SN); Unterschiede bestehen bes im Insolvenzverfahren des SG (vgl § 930 Rn 50 einerseits, § 929 Rn 41 andererseits; sa u Rn 14).

2. Eigentumsvorbehalt. a) Begriff. Als Konsequenz des Trennungsprinzips (s 4 Rn 16 vor § 854) ist zwischen der schuldrechtlichen und der dinglichen Seite des EV zu unterscheiden. **aa) Vorbehaltskaufvertrag.** Unbedingter Kaufvertrag über eine bewegliche Sache (Rn 2) mit der bes Abrede, daß der Verkäufer die Kaufsache bereits vor Zahlung des (idR gestundeten) Kaufpreises dem VKäufer zu übergeben hat (Ausschluß von § 320), das Eigentum daran jedoch erst mit vollständiger Zahlung des Kaufpreises (s Rn 5) auf den VKäufer übergehen soll (Übereignung „iZw" aufschiebend bedingt, s Auslegungsregel in I). **bb) Aufschiebend bedingte Übereignung** 5 (§§ 929, 158 I; ie § 929 Rn 37 ff): Sie bildet das Erfüllungsgeschäft auf seiten des VVerkäufers (Rn 7). Die Bedingung besteht in der vollständigen *Zahlung des Kaufpreises* (einschließlich geschuldeter Mehrwertsteuer) mit Zinsen und Nebenkosten (s § 448); dies gilt (trotz der Rückgriffshaftung des VVerkäufers) auch dann, wenn sich der VKäufer die Zahlungsmittel im sog Akzeptantenwechselverfahren beschafft hat (ie BGH 97, 200 ff mN, str; aA Honsell JZ 86, 757). Teilzahlung bewirkt auch bei Gesamtpreis für einzelne Sachen kein teilw Erlöschen des EV (hM). Bei Überweisung ist Gutschrift, bei Hingabe von Wechsel und Scheck Einlösung durch den VKäufer erforderlich (Fall von § 364 II: BGH 96, 186; dazu Rn 12). **b) Zustandekommen.** 6 **aa)** Die vertragliche **Vereinbarung** des EV erfolgt idR im Kaufvertrag, gegenüber einem Verbraucher stets schriftlich iSv §§ 501, 492 I, 502 I 1 Nr 6, häufig durch AGB des Lieferanten, bei gegenseitiger Verweisung auf einander widersprechende AGB (Einkaufs-, Verkaufsbedingungen) kann Einbeziehung scheitern (§ 305 Rn 23), insbes bei Verwendung von Abwehrklauseln (BGH NJW 85, 1839 f; NJW-RR 91, 357 [zu AGBG 2]). Außerhalb des Formzwangs (§ 502 I 1 Nr 6) kann EV auch stillschweigend vereinbart sein (zB bei stdg Geschäftsverbindung, uU bei Branchenüblichkeit oder Handelsbrauch, § 157, HGB 346); eine Auslegungsregel iSd Vereinbarung eines EV bei finanziertem Kauf besteht nicht. Ist VKauf geschlossen (Rn 4), so braucht der EV bei der Übereignung nach § 929 nicht ausdrücklich erklärt zu werden. Nachträgliche vertragliche Erweiterung (§ 929 Rn 31 f) ist nach Verfügung des VKäufers über sein Anwartschaftsrecht (§ 929 Rn 43 ff) Dritten gegenüber unwirksam (BGH 75, 226). **Nachträglicher einseitiger EV** des VVerkäufers läßt 7 den VKaufvertrag *schuldrechtlich* unverändert (der VVerkäufer bleibt zur unbedingten Übereignung verpflichtet), zur Änderung ist ein Abänderungsvertrag (§ 311 I Fall 2) erforderlich. *Sachenrechtlich* jedoch kann der Verkäufer durch „einseitigen" EV bei rechtzeitigem und genügend deutlichem Hinweis (keine zu strengen Anforderungen: BGH NJW 82, 1750 und 1751, neuere Rspr; anders noch BGH 64, 397) im Rahmen der Einigung nach § 929 uneingeschränkten Eigentumsübergang auf den Käufer (auch soweit Verbraucher) verhindern. Bsp: Bloße Vermerke auf Warenbegleitpapieren genügen idR nicht (BGH NJW 79, 213 und 2199); dagegen reicht ein EV in nicht wirksam einbezogenen AGB des Verkäufers oder ein gem § 307 unwirksamer EV idR aus (BGH 104, 137 mN; 125, 89 f, str; sa Serick JZ 94, 715). Läßt sich der Käufer auf diesen (kaufvertragswidrigen) EV ein, indem er das „bedingte" Angebot annimmt, so erwirbt er das Anwartschaftsrecht, andernfalls wird er nur Besitzer. Kommt Einigung über nachträglichen dinglichen EV zustande, kann darin auch entspr Änderung (§ 311 I Fall 2) des ohne EV geschlossenen Kaufvertrags liegen (StHonsell § 455 Rn 14). Der *nach* vorbehaltsloser Lieferung *einseitig* (zB auf Rechnungen) erklärte EV ist dagegen sachen- und schuldrechtlich wirkungslos (vgl § 929 Rn 34). **bb) Unwirksamkeit eines Drittvorbehalts. III** wurde durch EGInsO 33 8 Nr 17 – als § 455 II aF – eingefügt. Ab dem 1. 1. 1999 (frühere Rechtslage: 9. Aufl § 929 Rn 32) ist gem III die (schuldrechtliche und dingl) Vereinbarung eines EV zur Sicherung von Forderungen Dritter – zB eines zum Konzern (AktG 18) des VVerkäufers gehörenden Unternehmens – unwirksam. Der Kaufvertrag iü ist wirksam. III erfaßt nicht den Drittvorbehalt auf Käuferseite, dh Verbindlichkeiten von mit dem Käufer verbundenen Unternehmen (s Bülow DB 99, 2196).

Chr. Berger

§ 450 Buch 2. Abschnitt 8. Einzelne Schuldverhältnisse

9   3. **Rechte und Pflichten. a)** Der **VVerkäufer** hat mit Übergabe der Sache und Verschaffung „bedingten Eigentums" die geschuldete Leistungshandlung vollständig vorgenommen, jedoch noch nicht erfüllt (str, vgl § 929 Rn 35; wichtig für InsO 103). Er ist bis zum Zeitpunkt des Bedingungseintritts (Rn 5) Eigentümer der Kaufsache. Herausgabe gem § 985 ist ausgeschlossen, weil VKäufer aus dem Kaufvertrag ein Recht zum Besitz nach § 986 hat. Herausgabe setzt Rücktritt voraus (II, Rn 12 [aa]); nicht bei bloßem Zahlungsverzug. Bei Formmangel iSv Rn 6 wird der Verbraucher abw von § 455 unbedingt Eigentümer (Folge von § 502 III 5; s Bülow NJW 91, 131 [zu VerbrKrG 6 III 4]), sofern kein einseitiger
10 EV (Rn 7) vorliegt. **b)** Der **VKäufer** ist zum Besitz (§ 929 Rn 59 f) und zur Nutzung der Sache berechtigt (§ 446 S 2), uU auch zur Weiterveräußerung „im ordentlichen Geschäftsverkehr" ermächtigt (dazu BGH 104, 133 ff; 106, 4; verlängerter EV, vgl § 929 Rn 28 ff); ihn trifft eine vertragliche Sorgfalts- und Aufbewahrungspflicht (vgl BGH NJW 61, 1253).

11 4. **Leistungsstörungen. a) Zufälliger Untergang** (zufällige Verschlechterung) nach Übergabe der Kaufsache läßt Kaufpreisanspruch des VVerkäufers un-
12 berührt (§ 446 S 1; sa § 434 I 1). **b)** Rechte des VVerkäufers bei **Zahlungsverzögerung** des VKäufers mit der Kaufpreisschuld oder einer erfüllungshalber (§ 364 II) übernommenen Zahlungsverpflichtung (BGH 96, 194 f): **aa) Rücktritt vom Vertrag** (§ 323 I), Fristsetzung ist in den Fällen § 323 II nicht erforderlich; Verzug (§ 286) nicht Voraussetzung. Rechtsfolgen: VVerkäufer hat Anspruch auf Rückgabe der Kaufsache gem § 346 I und § 985, Besitzrecht des VKäufers entfällt (BGH 96, 187; ie § 929 Rn 36, 59 f). Beim **Teilzahlungskauf** iSv § 501 müssen abw von § 323 I auch die Rücktrittsvoraussetzungen gem § 503 II, 498 I vorliegen; in der Rücknahme der Sache liegt idR ein Rücktritt (§ 503 II 4). Anspruch auf Nutzungsvergütung: §§ 346 I aE, 987; Schranken: § 503 II 2; sa § 309 Nr 5, 6. **bb)** Statt (oder neben, § 325) Rücktritt kann der VVerkäufer unter den Voraussetzungen des § 281 I **Schadensersatz statt der Leistung** verlangen. **cc)** Dagegen berechtigt gem **II** allein der erfolglose Ablauf einer dem VKäufer gesetzten Frist zur Zahlung als solcher **nicht** zur einstweiligen **Rückforderung** der Kaufsache bei Bestehenbleiben des Kaufvertrags; anders nur bei bes Vereinbarung (in AGB aber bedenklich; offenlassend BGH 96, 189 mN [zu § 455 aF]; ie § 929 Rn 59), soweit § 503 II 4 nicht entgegensteht. **dd)** Ist die Kaufpreisforderung **verjährt,** kann der VVerkäufer gleichwohl gem § 216 II 2 zurücktreten; VKäufer
13 kann sich nicht auf § 218 I berufen. **c) Vertragswidriger Gebrauch** der Kaufsache gibt dem VVerkäufer ein Recht zum Rücktritt gem § 324; ggf kann Abmahnung erforderlich sein. Dem VVerkäufer ist ein Festhalten am Vertrag idR nicht mehr zuzumuten, wenn der VKäufer die Kaufsache vertragswidrig anderweitig veräußert.

14 5. **EV im Insolvenzverfahren. aa) Insolvenz des VVerkäufers.** Der VKäufer kann Erfüllung verlangen (InsO 107 I); der Insolvenzverwalter kann nicht durch Ablehnung der Erfüllung des Kaufvertrags das Anwartschaftsrecht beseitigen. **bb) Insolvenz des VKäufers.** Der Insolvenzverwalter hat bis zur vollständigen Kaufpreiszahlung das Wahlrecht gem InsO 103, das innerhalb der in InsO 107 II genannten Frist auszuüben ist; s näher § 929 Rn 41, 56.

§ 450 Ausgeschlossene Käufer bei bestimmten Verkäufen

(1) **Bei einem Verkauf im Wege der Zwangsvollstreckung dürfen der mit der Vornahme oder Leitung des Verkaufs Beauftragte und die von ihm zugezogenen Gehilfen einschließlich des Protokollführers den zu verkaufenden Gegenstand weder für sich persönlich oder durch einen anderen noch als Vertreter eines anderen kaufen.**

(2) **Absatz 1 gilt auch bei einem Verkauf außerhalb der Zwangsvollstreckung, wenn der Auftrag zu dem Verkauf auf Grund einer gesetzlichen Vorschrift erteilt worden ist, die den Auftraggeber ermächtigt, den Gegen-**

Titel 1. Kauf, Tausch §§ 451–453

stand für Rechnung eines anderen verkaufen zu lassen, insbesondere in den Fällen des Pfandverkaufs und des in den §§ 383 und 385 zugelassenen Verkaufs, sowie bei einem Verkauf aus einer Insolvenzmasse.

§ 451 Kauf durch ausgeschlossenen Käufer

(1) ¹Die Wirksamkeit eines dem § 450 zuwider erfolgten Kaufs und der Übertragung des gekauften Gegenstandes hängt von der Zustimmung der bei dem Verkauf als Schuldner, Eigentümer oder Gläubiger Beteiligten ab. ²Fordert der Käufer einen Beteiligten zur Erklärung über die Genehmigung auf, so findet § 177 Abs. 2 entsprechende Anwendung.

(2) Wird infolge der Verweigerung der Genehmigung ein neuer Verkauf vorgenommen, so hat der frühere Käufer für die Kosten des neuen Verkaufs sowie für einen Mindererlös aufzukommen.

Anmerkungen zu den §§ 450, 451

1. a) Bedeutung. Sicherung der Unparteilichkeit des Verfahrens insbes bei öffentl Versteigerung und Pfandverkauf. **b)** Der **Anwendungsbereich** des § 450 I umfaßt die Fälle der ZPO 814–817a, 821, 844, 857, 866 I; die (abschließende) Erweiterung des § 450 II erfaßt die Fälle der §§ 383, 385, 753, 966, 979, 983, 1003, 1219, 1221, 1228 ff, 2022, 2042; HGB 368, 371, 376, 379, 388, 391; InsO 159 ff. Das Erwerbsverbot gilt nicht für freiwillige Versteigerungen oder sonstige Verwertungshandlungen des Insolvenzverwalters (BGH 113, 273). **Ähnliche Verbote** enthalten GewO 34 b VI; BNotO 20 III mit 16. **c)** Der **Personenkreis** bestimmt sich gem ZPO 814, 825; ZVG 1; gilt für alle Hilfspersonen und erfaßt alle Formen der Vertretung. 1

2. Rechtsfolgen eines Verstoßes (§ 451). **a)** Kauf und Übereignung sind bis zur Zustimmung aller Beteiligten (oder deren Verweigerung) schwebend unwirksam (§ 451 I 1), nicht nichtig (Einschränkung von § 134). § 181 bleibt daneben anwendbar (RG 56, 108). Über § 177 II kann nur der Erwerber die Erklärung über die Genehmigung herbeiführen (§ 451 I 2). Dieser ist bis zur Entscheidung gebunden. **b)** Der Käufer haftet ohne Verschulden nach Maßgabe des § 451 II kraft Ges, bei Verschulden uU gem § 823 II (§ 450 ist SchutzGes). 2

§ 452 Schiffskauf

Die Vorschriften dieses Untertitels über den Kauf von Grundstücken finden auf den Kauf von eingetragenen Schiffen und Schiffsbauwerken entsprechende Anwendung.

1. a) Allgemeines. Schiffsregister (SchiffsRO) nimmt ähnliche Funktionen wahr wie das Grundbuch. § 452 ordnet daher entspr Anwendung der Bestimmungen über den Grundstückskauf auf den Kauf von eingetragenen Schiffen und Schiffsbauwerken an. **b) Bedeutung** für §§ 435 S 2, 436, 438 I Nr 1 b), 448. 1

§ 453 Rechtskauf

(1) Die Vorschriften über den Kauf von Sachen finden auf den Kauf von Rechten und sonstigen Gegenständen entsprechende Anwendung.

(2) Der Verkäufer trägt die Kosten der Begründung und Übertragung des Rechts.

(3) Ist ein Recht verkauft, das zum Besitz einer Sache berechtigt, so ist der Verkäufer verpflichtet, dem Käufer die Sache frei von Sach- und Rechtsmängeln zu übergeben.

Chr. Berger

§ 453

Buch 2. Abschnitt 8. Einzelne Schuldverhältnisse

1   **1. Bedeutung.** Zur Systematik s Rn 1 vor § 433. Nach **I** sind die Bestimmungen über den Sachkauf (§§ 433–451) beim Kauf von Rechten (Rn 2 ff) und sonstigen Gegenständen (Rn 11 ff) entspr anwendbar, ggf modifiziert in II, III. Voraussetzung ist stets ein Kaufvertrag (§ 433 Rn 5 ff).

2   **2. Rechtskauf. a) Begriff.** Rechtskauf ist ein Kaufvertrag, der ein oder mehrere Rechte zum Gegenstand hat. Als Rechte kommen alle subjektiven übertragbaren Rechte (Ansprüche, Gestaltungsrechte) in Betracht. Bsp: Forderungen, auch beim echten Factoring (§ 398 Rn 30); Anwartschafts-, Grundpfand-, Erbbaurechte (BGH 111, 217); Benutzungsrechte (BGH 125, 227 ff; sa § 481 für Teilzeitwohnrechte); gewerbliche Schutzrechte (insbes Patent, Geschmacksmuster, Marke, s Rn 18), Lizenzen und urheberrechtliche Nutzungsrechte (s UrhG 34, 31); Verlagsrechte (nach VerlG); Internet-Domains; Gesellschaftsanteile (zum Erwerb sämtlicher Anteile einer Gesellschaft s Rn 12); Wertpapiere (s Rn 17); zur Wechseldiskontierung vgl BGH 19, 292. Gegenstand des Rechtskaufs können auch dem Verkäufer (noch) nicht zustehende Rechte und bloße Erwerbsaussichten sein; Bsp: Schutzrechtsanmeldungen (s BGH 83, 287); auch öffentl-rechtliche Rechtsposition, zB Konzessionen. **Nicht:** Besitz (wohl aber Wohnbesitz: StKöhler § 433 Rn 18; üi ist entgeltliche Besitzübertragung Miete oder Pacht), höchstpersönliche, idR nicht übertragbare Rechte, zB Namensrechte (§ 12); Urheberrecht (UrhG 29 S 2), wegen Firma (HGB 17, 22 ff) vgl Rn 13. Kein Forderungskauf (sondern § 780) liegt auch dem Vertragsverhältnis zwischen Kreditkartenunternehmen und ihren Vertragsunternehmen zugrunde (BGH ZIP 02, 974; abw BGH NJW 90,
3   2881). **b) Verkäuferpflichten** §§ 433 ff gelten gem I entspr. **aa)** Den Verkäufer trifft aus § 433 I die Pflicht, dem Käufer das verkaufte Recht nach den jeweiligen Bestimmungen für die Übertragung des verkauften Rechts (insbes §§ 413, 398) voll und uneingeschränkt zu **verschaffen.** Rechtsübertragung erfolgt grundsätzlich durch formlose (abstrakte) Einigung (§§ 398, 413). Ausnahmen: § 1154; GmbHG 15 III. Soweit keine bes Form vorgeschrieben ist, wird Einigung über Rechtsübergang idR faktisch mit dem Abschluß des Kaufvertrags zusammenfallen. Mit gutgl Erwerb (§ 892, WG 16) ist Rechtsverschaffungspflicht erfüllt. Kann das verkaufte Recht seiner Art nach überhaupt nicht entstehen (vgl BGH NJW-RR 90, 819) oder übertragen werden (Schleswig NJW-RR 95, 554 [Stückelungsverbot bei GmbH-Anteilsübertragung]), gilt § 311 a II. Nebenleistungspflichten des Verkäufers s insbes §§ 402, 413. – Berechtigt das Recht zum **Sachbesitz** (s III), ist auch die Sache zu übergeben. Bsp: Nießbrauch (§ 1036); dingl Wohnrecht (§ 1093); Erbbaurecht (ErbbauVO 1); Dauerwohnrecht (WEG 31); Pachtrecht; auch bei Verkauf einer pfandrechtsgesicherten Forderung bzgl der Pfandsache
4   (§§ 401, 1251). **bb) α)** Ein **Rechtsmangel** (§§ 453 I, 435) liegt vor, wenn das verkaufte Recht nicht besteht; einem anderen als dem Verkäufer zusteht; einen anderen als den vereinbarten Inhalt hat; nicht in der vereinbarten Höhe besteht oder übertragen (§ 434 III analog) wurde; im Einzelfall – insbes gem §§ 413, 399 Fall 2 – nicht übertragbar ist (bei ges Unübertragbarkeit s Rn 18) oder seinerseits mit Rechten Dritter (auch Beschlagnahme der Forderung [BGH NJW 63, 1971]) belastet ist; ferner: Bestehen von Einreden gem § 404 (zB Verjährung), Gegenrechten (Anfechtung, Aufrechnung) oder Bedingungen. **β) Nicht** dagegen: Güte, wirtschaftliche Brauch- und Verwertbarkeit des Rechts, die Einbringlichkeit einer Forderung, insbes die Zahlungsfähigkeit des Schuldners; der Zustand der Sache, auf die sich das Recht bezieht; Bsp: Grundstück bei Verkauf von Grundschuld. Beim Anteilskauf (Rn 16) Haftung *nicht* für den Wert des Anteils sowie Mängel des von der Gesellschaft betriebenen Unternehmens (so BGH NJW 80, 2409 für Überschuldung der Gesellschaft), nur dafür, daß der Anteil in entsprechender Größe und
5   die Gesellschaft bestehen, und diese nicht in Liquidation ist (RG 99, 218). **γ) Vertragsgestaltung:** Nicht selten übernehmen Verkäufer eines Rechts bes **Garantien** für den Bestand und die Mangelfreiheit von Rechten, die nach Streichung des § 437 aF größere Bedeutung erlangen (v. Westphalen, WM 01, 1841 f). Häufig

Titel 1. Kauf, Tausch **§ 453**

garantiert der Verkäufer auch die Haftung für die **Zahlungsfähigkeit** des Schuldners (Bonität) – ob nur für den Zeitpunkt der Abtretung (vgl § 438 aF) ist Auslegungsfrage – oder gar den Eingang der Zahlung. Sie ist Nebenabrede zum Kauf (nicht Bürgschaft); Einordnung: § 276 I 1, § 443 I, II oder bes Garantievertrag. In Zukunft werden (auch konkludente) Vereinbarungen über **Verjährung(-sbeginn)** (I iVm § 438) an Bedeutung gewinnen, soweit die Rechtsmängelhaftung der kurzen Verjährung des § 438 I Nr 3 unterliegt, Rechtsmängel sich aber nicht selten erst zu einem späteren Zeitpunkt manifestieren (v. Westphalen, WM 01, 1842). Bsp: Verkauf und Abtretung einer erst in drei Jahren fälligen Forderung. **δ**) **§ 435 S 2** gilt (über § 453 I) beim **Kauf von im Grundbuch eingetragenen** beschränkten dinglichen **Rechten** nur insoweit, als das zu Unrecht eingetragene Recht im Falle seines Bestehens das dem Käufer zu verschaffende Recht beeinträchtigen würde (sa § 435 aF). Bsp: Zu löschen ist das zu Unrecht eingetragene Pfandrecht an der *erworbenen* Grundschuld, nicht das an anderen Grundschulden. **cc) Sachmangel** beim Rechtskauf gem **III**: Verkäufer hat die Sache frei von Sachmängeln (s § 434 Rn 8 ff) zu verschaffen. Gefahrtragung entspr § 446. **dd) Rechte des Käufers bei Rechts- oder Sachmangel:** Über I gilt § 437 entspr. Rechtskäufer kann in erster Linie gem § 439 I Nacherfüllung verlangen: Das nicht bestehende Recht ist zu begründen bzw eine Belastung zu beseitigen. Nach Fristablauf ggf Rücktritt, Minderung und Schadensersatz statt der Leistung. Bestand das verkaufte Recht schon bei Abschluß des Kaufvertrags nicht, Anspruch auf Schadensersatz statt der Leistung gem § 311 a II. Zur Frage, ob nach Streichung des § 437 aF eine stillschweigende Garantie des (Forderungs-)Verkäufers iSd § 276 I 1 anzunehmen ist, s Meier Jura 02, 188 f. Mängelrechte entfallen, wenn Käufer entspr § 442 I den Mangel kennt. **Verjährung:** § 438 I. Auch beim Rechtskauf (zum Sachkauf s § 438 Rn 3 ff) gilt § 438 I Nr 1 a) entspr bei anderen als auf Herausgabe gerichteten dinglichen Rechten; Bsp: Dem Verkäufer steht das verkaufte Patent (PatG 9), die verkaufte Lizenz (MarkenG 30) oder das verkaufte Nutzungsrecht (UrhG 31 ff) nicht zu, und der Käufer wird daher vom Rechtsinhaber auf Unterlassung usw in Anspruch genommen. **Beginn** der Verjährung: § 438 II ist beim Rechtskauf mangels Übergabe/Ablieferung nicht anwendbar. Maßgeblich ist Übertragungshandlung (§§ 413, 398 S 1). Bei III kann für *Mängel der Sache* auf § 438 II abgestellt werden, für *Rechtsmängel* auf Abtretung. **c) Käuferpflichten** (entspr § 433 II) Zahlung des Kaufpreises. Abnahmepflicht betr Annahme des Angebots des Verkäufers auf Rechtsübertragung und (in den Fällen des III) Abnahme der Sache. **d) Kosten** der Rechtsbegründung und -übertragung trägt gem II der Verkäufer; ist Sache zu übergeben s § 448 I Fall 1. Kosten der Rechtsübertragung bei Kauf von Rechten an Grundstücken s § 448 II, der gem I anwendbar ist (BT-Drs 14/6040 S 241).

3. Kauf sonstiger Gegenstände. a) Bedeutung: Auffangfunktion; auch bei nicht als Sache oder Recht zu qualifizierendem Kaufgegenstand finden §§ 433 ff entspr Anwendung. **b)** Sachqualität fehlt (Rn 4 vor § 90) mangels Abgrenzbarkeit bei über Rohrleitungen geliefertem **Wasser** und **Gas,** mangels Körperlichkeit bei elektrischer **Energie** (s BGH NJW-RR 94, 177) und **Wärme** (im Tarifkundenbereich gelten AVB); bei über Datennetz gelieferter Software, Informationen (etwa bei Nutzung einer Online-Datenbank) und sonstige Güter (zB Bezug von Musik Texten usw über das Internet); bei **immateriellen Gütern** wie unternehmerisches Know-How, Geheimverfahren, nicht patentierte Erfindungen, Geschäftsideen, Erwerbs- und Gewinnchancen. **c) Verschaffungspflicht** (§ 453 I, 433 I) richtet sich nach dem jeweiligen Kaufgegenstand (Rn 3, 13, 16; § 157).

4. Unternehmenskauf. Lit: Gronstedt/Jörgens, Die Gewährleistungshaftung bei Unternehmensverkäufen …, ZIP 02, 52; Knott, Unternehmenskauf nach der Schuldrechtsreform, NZG 2002, 249; Wunderlich, Die kaufrechtliche Haftung beim asset deal …, WM 02, 981. **a) Begriff.** Unternehmen ist ein Inbegriff von Sachen, Rechten und sonstigen Gütern (Geschäfts- und Kundenbeziehungen,

§ 453 Buch 2. Abschnitt 8. Einzelne Schuldverhältnisse

good will). Gegenstand des Kaufs können der Inbegriff sein („"asset deal"; Rn 13), aber auch – wenn das Unternehmen in der Rechtsform einer Gesellschaft
13 betrieben wird – die Gesellschaftsanteile („"share deal"; Rn 16). **b) aa)** Beim **Kauf des Unternehmens** als **Inbegriff** von Sachen, Rechten und sonstigen Gütern erfolgt die **Verschaffung** iSv § 433 I nach den für den jeweiligen Gegenstand geltenden Regeln. Zur „Übergabe" gehört auch die Einweisung in die Geschäftsführung (BGH 138, 205), Mitteilung des Kundenstamms, Empfehlung an diesen, Unterlassung von Konkurrenz (RG 163, 311; BGH 16, 77). Ist die Firma (HGB 17) mit verkauft (nicht notwendig bei vertraglicher Übertragung des Handelsgeschäfts, BGH NJW 94, 2026), hat ihr bisheriger Inhaber gem HGB 22 in die Fortführung einzuwilligen. Wird das Geschäft in gemieteten Räumen betrieben, hat der Verkäufer auf den Vermieter einzuwirken, damit er den Mietvertrag mit dem Käufer fortsetzt (BGH NJW 70, 556). Als Nebenpflicht trifft
14 den Verkäufer vielfach ein Wettbewerbsverbot. **bb)** Als **Fehler** des Kaufgegenstandes kommen in Frage: **α)** Qualitätsmängel; Bsp: Fehlen von Betriebsmitteln (BGH NJW 79, 33: Fehlbestand an technischer Ausrüstung [zu § 459 aF]); fehlendes Eigentum am Betriebsgrundstück (s SoeHuber § 459 Rn 269); Sicherungsübereignung des Betriebsvermögens an Dritte (BGH NJW 69, 184 [zu § 459 aF]). Sind einzelne Gegenstände mangelhaft (§§ 434 f), richten sich die Rechte des Käufers nach § 437. Ein Sachmangel eines mitübertragenen Gegenstandes begründet aber einen Fehler des ganzen Unternehmens nur, soweit er auf dessen Wert oder Funktionstauglichkeit „durchschlägt" (BGH NJW 95, 1548 f mN [zu § 459 aF]). **β)** Fehlen vorausgesetzter wertbestimmender Eigenschaften. Bsp: Geschäftlicher Ruf (RG 67, 86: Absteigequartier; sa BGH NJW 92, 2565 [zu § 459 aF]); Art und Umfang des Unternehmens (BGH NJW 59, 1585 [zu § 459 aF]). Nach ständiger Rspr zu § 459 aF begründen Fehlerwartungen bzw –angaben zu Umsatz und Gewinn (RG 67, 87; zuletzt BGH NJW-RR 96, 429 mN) *keinen* Sachmangel. Es bleibt abzuwarten, ob die Rspr an diesem engen Mangelbegriff festhält, der dazu diente, §§ 459 ff, 477 aF „auszuweichen" und die Haftung des Verkäufers nach cic zu begründen (Lorenz/Riehm Rn 575 ff).
15 **cc)** Erweisen sich **Angaben des Verkäufers** über Umsatz, Gewinn usw als unzutreffend, kommt die Haftung auf Schadensersatz gem §§ 453 I, 434 I 1, 437 Nr 3 in Betracht, die bei § 281 auf das Erfüllungsinteresse gerichtet ist. Falschangaben bei Vertragsverhandlungen können aber auch eine auf das negative Interesse gerichtete Haftung gem §§ 280 I, 311 II, 241 II auslösen. Die Abgrenzung ist schwierig. Lösungen im Wege der Vertragsgestaltung über Beschaffenheitsvereinbarungen gem §§ 453 I, 434 I und Garantien (§ 276 I) sollten nicht an § 444 scheitern (Huber/Faust Rn 16/9; sa Seibt/Raschke/Rei-
16 che NZG 02, 256). **c) Verkauf sämtlicher Anteile** der unternehmenstragenden Gesellschaft ist Anteilskauf (s Rn 12). Für Mängel wird er wie ein Unternehmenskauf behandelt (s Voraufl § 437 Rn 10). Abgrenzung zum Anteilskauf nach wirtschaftlicher Betrachtung. Unternehmenskauf bereits, wenn Käufer die volle Beherrschung des Unternehmens sichernde weit überwiegende Mehrzahl der Anteilsrechte erwirbt und der Wille der Parteien auf einen Verkauf des Unternehmens gerichtet ist (BGH 65, 251); umstr ist, ob hierfür uU auch die Verschaffung einer qualifizierten Mehrheitsbeteiligung (zB ab 75%) genügt (abl BGH 65, 248 ff mwN, auch zur aA); bereits erworbene Anteile sind dabei nicht zu berücksichtigen (Naumburg NJW-RR 95, 800 mN).

17 **5. Wertpapierkauf** (Begriff s § 793 Rn 5 ff). Der Wertpapierkauf ist primär Rechts-, daneben uU (bei Inhaber- und Orderpapieren) zugleich Sachkauf (so HGB 381 I). Diskontgeschäft (Ankauf von Wechseln und Schecks) ist idR Rechtskauf, Kauf ausländischer Banknoten idR Sachkauf (RG 108, 280). Der Verkäufer haftet auch dafür, daß das Wertpapier nicht zum Zwecke der Kraftloserklärung aufgeboten (ZPO 947 II) ist (BT-Drs 14/6040 S 202); nicht für Börsenkurs und -fähigkeit, künftige Dividende.

Titel 1. Kauf, Tausch **§§ 454, 455**

6. **Kauf von Immaterialgüterrechten und Lizenzen. a) Einordnung.** Ver- 18
pflichtet sich der Inhaber eines Immaterialgüterrechts (zB: Patent, Marke, Geschmacksmuster) zur **vollständigen Rechtsübertragung** gegen ein Entgelt, liegt ein Rechtskauf (Rn 2) vor. Kaufrecht findet auch Anwendung auf den Erwerb **ausschließlicher Lizenzen** an diesen Rechten und ausschließlicher urheberrechtlicher Nutzungsrechte (UrhG 31; das Urheberrecht selbst ist unübertragbar, UrhG 29 S 2). Für **einfache Lizenzen** und einfache Nutzungsrechte gilt hingegen Pachtrecht („Rechtspacht"; sa § 581 Rn 2; StKöhler Rn 76 vor §§ 433; aA Soe-Huber Rn 242 vor § 433: Kaufrecht). Da ein Typenzwang (s Rn 3 vor § 854) im Immaterialgüterrecht nicht anerkannt ist, können die Beteiligten „Mischtypen" vereinbaren (s § 311 Rn 30 ff). **b) Bedeutung** hat die Einordnung insbes für das 19
Gewährleistungsrecht. Zu beachten ist ferner, daß ein Pachtvertrag ein Dauerschuldverhältnis (s § 311 Rn 14) begründet.

Untertitel 2. Besondere Arten des Kaufs
Kapitel 1. Kauf auf Probe

§ 454 Zustandekommen des Kaufvertrags

(1) ¹Bei einem Kauf auf Probe oder auf Besichtigung steht die Billigung des gekauften Gegenstandes im Belieben des Käufers. ²Der Kauf ist im Zweifel unter der aufschiebenden Bedingung der Billigung geschlossen.

(2) Der Verkäufer ist verpflichtet, dem Käufer die Untersuchung des Gegenstandes zu gestatten.

§ 455 Billigungsfrist

¹Die Billigung eines auf Probe oder auf Besichtigung gekauften Gegenstandes kann nur innerhalb der vereinbarten Frist und in Ermangelung einer solchen nur bis zum Ablauf einer dem Käufer von dem Verkäufer bestimmten angemessenen Frist erklärt werden. ²War die Sache dem Käufer zum Zwecke der Probe oder der Besichtigung übergeben, so gilt sein Schweigen als Billigung.

Anmerkungen zu den §§ 454, 455

1. **Allgemeines. a) Begriff: Kauf auf Probe** oder **auf Besichtigung** ist ein 1
Vertragsschluß iSd §§ 433 ff, dessen Wirksamkeit durch die ins freie Belieben des Käufers gestellte Billigung oder Mißbilligung des Kaufgegenstandes aufschiebend oder auflösend bedingt ist. Bsp: Bestellung im Versandhandel mit Rückgaberecht (Bamberg NJW 87, 1644; ie Schildt JR 95, 93 ff). **b) Bedeutung:** § 454 I 2 ist Auslegungsregel („iZw") für aufschiebende Bedingung; es gilt § 158, uU auch §§ 159, 162 I (Rn 8 ff). § 455 erleichtert die Beendigung des Schwebezustandes (Rn 6 [bb]). **c) Abgrenzung. aa) Kauf mit Umtauschberechtigung** ist ein für 2
beide Teile sofort bindender Kaufabschluß (BGH 73, 360 f; ie Muscheler BB 86, 2281 f mN). Der Käufer ist aber befugt, innerhalb angemessener Frist gegen Rückgabe des unversehrten Kaufgegenstandes einen anderen zu verlangen (s § 346 Rn 1). **bb)** Beim **Erprobungskauf** ist die Billigung nicht ins freie Belieben des 3
Käufers gestellt, sondern die Mißbilligung nur unter bestimmten nachprüfbaren Voraussetzungen zulässig (BGH WM 70, 877, 878); Bsp: Ankaufsuntersuchung (Köln NJW-RR 95, 113); sa u ee. **cc) „Kauf zur Probe":** gewöhnlicher Kauf- 4
vertrag, bei dem der Käufer unverbindlich den Beweggrund äußert, bei Gefallen der Ware mehr davon zu kaufen. **dd) Kauf nach Besicht(igung)** (wie besehen): § 444 Rn 7. **ee)** Beim lediglich den **Verkäufer bindenden Vertragsangebot** (dazu RG 104, 276) fehlt es (noch) an einer Einigung (Rn 1); desgl bei **Erprobung** im Hinblick auf noch abzuschließenden Kaufvertrag (s BGH 119, 37, 39).

§ 456 Buch 2. Abschnitt 8. Einzelne Schuldverhältnisse

5 2. **Voraussetzungen. a) Einigung** iSv Rn 1 [a], ggf formbedürftig. **Rechtsnatur** str: Nach hM iZw (Rn 1 [b]) aufschiebend bedingter Kauf (so KG NJW 74, 1954; Hamm BB 95, 1925 f), bedenklich; im Hinblick auf die fehlende Bindung des Käufers (Rn 1) liegt noch kein beiderseits bindender Vertrag vor (ebenso Larenz, SchR II/1, § 44 I; offen BGH 119, 38; sa § 158 Rn 4). Immerhin besteht aber ein Schuldverhältnis ohne Hauptleistungspflichten iSd § 433, das auch den Käufer zur Sorgfalt verpflichtet; §§ 276, 278 gelten (so auch BGH 119, 39); der Käufer hat ein selbständig erzwingbares **Untersuchungsrecht** (§ 454 II; dazu RG
6 93, 254). **b) Billigung** (Unterlassen der Mißbilligung). **aa) Rechtsnatur.** Nicht nur auf den Gegenstand als solchen bezogene rein tatsächliche Willenskundgebung, sondern auf die Herbeiführung der Rechtsfolgen des Vertrags gerichtete rechtsgeschäftliche Willenserklärung (hM, s Rn 5). **bb) Erklärung** (stets formlos; wie § 456 I 2). Zugang (§ 130) innerhalb der vertraglich vereinbarten, sonst vom Verkäufer gesetzten Frist (§ 455 S 1). § 455 S 2 gilt nicht entspr bei Übergabe eines Musters.
7 3. **Rechtsfolgen. a) Gewährleistung.** Die Billigung enthält keinen Gewähr-
8 leistungsverzicht (RG JW 12, 858), jedoch kann Fall des § 442 vorliegen. **b) Gefahrtragung. aa)** Beim **aufschiebend** bedingten Kauf auf Probe geht die Gefahr des zufälligen Untergangs nicht schon gem § 446 mit der Übergabe auf den Käufer über (Folge von Rn 5; s § 446 Rn 5). Dieser kann auch nach dem Untergang der Sache seine Billigung verweigern und damit verhindern, daß ein verpflichtender Kaufvertrag entsteht (Larenz, SchR II/1, § 44 I; Esser/Weyers § 10, 1). Ist Rückbeziehung iSv § 159 gewollt (Auslegungsfrage), gilt § 446, falls es zur Bil-
9 ligung kommt (BGH NJW 75, 776, 778). **bb)** Beim **auflösend** bedingten Kauf auf Probe trägt, wenn Rückgabebezogenheit als vereinbart anzusehen ist, der Verkäufer, andernfalls der Käufer die Gefahr des Untergangs der übergebenen
10 Sache. **c) Schadensersatzansprüche** des Verkäufers wegen Sachbeschädigung aus §§ 280 I, 241 II, 311 II oder uH verjähren entspr §§ 548, 606, 581 II, 1057 sechs Monate nach Rückgabe der Sache (BGH 119, 37 ff). Schadensersatzansprüche des Käufers gem §§ 280, 281 bestehen uU bei Nichtandienung vertragsgemäßer Ware.

Kapitel 2. Wiederkauf

§ 456 Zustandekommen des Wiederkaufs

(1) ¹Hat sich der Verkäufer in dem Kaufvertrag das Recht des Wiederkaufs vorbehalten, so kommt der Wiederkauf mit der Erklärung des Verkäufers gegenüber dem Käufer, dass er das Wiederkaufsrecht ausübe, zustande. ²Die Erklärung bedarf nicht der für den Kaufvertrag bestimmten Form.

(2) **Der Preis, zu welchem verkauft worden ist, gilt im Zweifel auch für den Wiederkauf.**

Lit: Benne JA 86, 239; Mayer-Maly, FS Wieacker, 1978, S 424.

1 1. **Allgemeines. a) Begriff. Wiederkauf** ist der vorbehaltene Rückkauf des verkauften Gegenstandes durch den Verkäufer. Die Parteien des Wiederkaufs entsprechen denen des vorangegangenen Kaufvertrags (Ausnahme bei § 328: Rn 5) mit umgekehrten Parteirollen (Wiederverkäufer ist der Käufer, Wiederkäufer der Verkäufer). Der Wiederkauf (Rn 10 ff) kommt zustande durch rechtzeitige Aus-
2 übung des wirksam vereinbarten (Rn 5 f) Wiederkaufsrechts (Rn 7 f). **b) Bedeutung. aa)** Der Wiederkaufsvorbehalt (Rn 5 f) gehört zu den **Optionsvereinbarungen** (dazu § 463 Rn 8). **bb) Sicherungszweck.** Durch die Form des Wiederkaufs läßt sich der gleiche Zweck erreichen wie durch Pfandbestellung oder EV. Nach GewO 34 IV ist der gewerbsmäßige Ankauf beweglicher Sachen mit
3 Gewährung des Rückkaufrechts verboten. **c) Abgrenzung. aa) Ges Wiederkaufsrechte** enthalten RSiedlG 20 (Verhältnis zu §§ 456 ff: BGH 103, 180 ff), 21;

Titel 1. Kauf, Tausch **§ 456**

ähnliche Funktionen erfüllt der **Heimfallanspruch** nach WEG 36 I; ErbbauVO 2 Nr 4. **bb) Vorkaufsrecht:** § 463 Rn 1. **cc) Ankaufsrecht:** § 463 Rn 5. **dd)** Beim **Wiederverkaufsrecht** ist der *Käufer* berechtigt, durch einseitige Erklärung eine Rückkaufsverpflichtung des Verkäufers zu begründen (I entspr) oder den Rückkauf zu verlangen (BGH 140, 220). Vertragliches Rückgaberecht kann als Wiederverkaufsrecht auszulegen sein (BGH NJW 02, 506). Bsp: Eigenhändler (BGH NJW 72, 1191), Leasinggeber gegenüber dem Hersteller (BGH 110, 183); Bauherr gegenüber dem Baubetreuer (vgl BGH NJW 94, 1653). §§ 463 ff gelten entspr, nicht aber § 457 II (BGH 110, 191 ff; 140, 221 f, str), stattdessen §§ 437 ff (BGH aaO [zu §§ 459, 498 II aF]). 4

2. Wiederkaufsvereinbarung (-vorbehalt). a) Abschluß und Inhalt. Die Vereinbarung ist idR Nebenbestimmung des ursprünglichen Kaufvertrags, aber auch nachträglich als selbständiger Vertrag möglich (RG 126, 311; BGH NJW 00, 1332 [gesonderte notarielle Urkunde]). In AGB uU unwirksam gem § 308 Nr 3, gegenüber Unternehmer (§ 310 I) s BGH NJW 00, 1192 (zu AGBG 9). Sie begründet das **Gestaltungsrecht** des Verkäufers (sog **Wiederkaufsrecht**), durch einseitige Erklärung ein neues Kaufverhältnis zustandezubringen, kraft dessen er vom Käufer Rückübereignung des Kaufgegenstandes verlangen kann (Larenz, SchR II/1, § 44 II; Esser/Weyers § 10, 2, str; aA BGH 58, 81; BayObLGZ 86, 137; SoeHuber 7 f vor § 497; Benne JA 86, 240 mN: bindender Abschluß eines durch Ausübung des Wiederkaufsrechts aufschiebend bedingten Rückkaufvertrages; vermittelnd MK/Westermann § 497 Rn 4). Sonstiger Inhalt: Festlegung der Bedingungen für Ausübung des Wiederkaufsrechts (zB Frist, vgl § 462 S 2; Veräußerung an Dritten, vgl BGH NJW 94, 3299) und den Wiederkauf selbst (zB Wiederkaufspreis, dazu Rn 11). Vereinbarung des Wiederkaufsrechts zugunsten eines Dritten ist möglich, §§ 328 ff. **b) Form.** Die Wiederkaufsvereinbarung bedarf der für den entspr Kaufvertrag vorgeschriebenen Form (zB gem § 311 b I), da die Entstehung des Wiederkaufsverhältnisses (Rn 10 ff) von dem Willen des Käufers unabhängig ist (Larenz, SchR II/1, § 44 II; nach aA folgt das Formerfordernis aus der Rechtsnatur als aufschiebend bedingter Kauf, vgl Rn 5; BGH NJW 73, 37). Mit Auflassung und Eintragung des Käufers erfolgt Heilung (§ 311 b I 2), weil der formlos geschlossene Vertrag hierdurch seinem ganzen Inhalt nach gültig wird (BGH NJW 75, 206, str). Nicht formbedürftig ist die Verlängerung der Ausschlußfrist des § 462 (BGH NJW 73, 37). 5 6

3. Wiederkaufsrecht. a) Begründung: Rn 5 f. **b) Ausübung.** Die **Wiederkaufserklärung** ist einseitige, empfangsbedürftige Willenserklärung; sie bedarf keiner Form (**I 2**; sa § 464 Rn 1), auch nicht bei Begründung einer Erwerbspflicht iSv § 311 b I (hM, aA Wufka DNotZ 90, 350; Einsele DNotZ 96, 860 f) oder bei Erklärung durch eine Gemeinde (BGH 29, 107); und kann innerhalb Ausschlußfrist des § 462 (BGH 47, 390) oder der vereinbarten (auch längeren: BGH 47, 392) Frist (vgl § 462 S 2) jederzeit erfolgen. Gleichzeitiges Angebot des Wiederkaufspreises ist unnötig (LM Nr 1 und 2). Ausübung durch mehrere: § 461. **c) Rechtsfolgen.** Zustandekommen des – rein schuldrechtlichen – Wiederkaufverhältnisses (Rn 10 ff). Ein **dinglich** wirkendes Wiederkaufsrecht kennt dem BGB unbekannt; Umdeutung einer entspr Vereinbarung in eine schuldrechtliche Rückkaufsverpflichtung ist möglich (BGH JZ 65, 215). Ist der Kaufgegenstand ein Grundstück, so kann der künftige Anspruch auf Rückübereignung durch eine **Vormerkung** (§ 883) **gesichert** werden (BGH NJW 94, 3299; Hamm NJW 96, 2104; Larenz, SchR II/1, § 44 II aE; sa Rn 12). Dies schützt aber nicht bei Mehrfachveräußerung (ie Benne JA 86, 243). **d) Übertragbarkeit.** Soweit nicht anders vereinbart, ist das Wiederkaufsrecht als Vermögensrecht vererblich und übertragbar (BGH NJW-RR 91, 527; krit Larenz, SchR II/1, § 44 II); es unterliegt der Zwangsvollstreckung, auch bei Ausschluß der Übertragbarkeit, ZPO 851 II (SoeHuber § 497 Rn 10). 7 8 9

Chr. Berger 557

§§ 457–459 Buch 2. Abschnitt 8. Einzelne Schuldverhältnisse

10 **4. Wiederkauf.** Er ist das durch die Ausübung des Wiederkaufsrechts (Rn 7 ff) zustandegekommene Vertragsverhältnis iSd §§ 433 ff (vgl **I 1,** HS 2). **a) Leistungspflichten. aa) Wiederverkäufer:** Eigentumsverschaffungspflicht (das meint § 498 mit „Herausgabe"); Umfang: Kaufgegenstand einschließlich des Zu-
11 behörs (§§ 97, 98; § 459 S 2 geht vor), nicht Nutzungen. **bb) Wiederkäufer:** Pflicht zur Zahlung des Wiederkaufpreises, der mangels abw Vereinbarung (Rn 5) dem (unverzinsten) ursprünglichen Kaufpreis entspricht. Die Auslegungsregel gem **II** meint den wirklich empfangenen, nicht den vereinbarten Preis (aA SoeHuber § 497 Rn 17); zum Wiederkauf zum Schätzwert vgl § 460. Erfüllt der Wiederkäufer seine Pflichten nicht, kann Wiederverkäufer nach § 323 vorgehen (BGH NJW 00, 1333 [zu § 326 aF]); tritt der Wiederverkäufer vom Wiederkaufvertrag zurück, kann er die Rechte aus dem Kaufvertrag (§ 433 I) geltend machen (BGH aaO). Werterhöhungen sind auszugleichen, § 459 S 1; Zurückbehaltungsrecht:
12 § 459 Rn 1. **b) Haftung des Wiederverkäufers** für Sachmängel und Herausgabeunmöglichkeit bzw -unvermögen. Grundgedanken der dispositiven Sonderregelung gem §§ 457 II–460: Während der Schwebezeit hat der Käufer den Kaufgegenstand in seinem Zustand zu erhalten; er kann als Eigentümer über den Gegenstand verfügen (Schranke: § 883 II; vgl Rn 8), jedoch nur auf eigene Gefahr. Dem entspricht Verschuldenshaftung des Wiederverkäufers bei Veränderung und Verschlechterung des Kaufgegenstandes (§ 457 II 1) und Garantiehaftung bei beeinträchtigenden Verfügungen (§ 458). Bei Zufallsschäden trägt der Eigentümer auch keine Preisgefahr (§ 457 II 2); der Wiederkäufer hat keine Rechte aus §§ 437 ff (Frankfurt NJW 88, 1331). Auch die Haftung für verschuldete Verschlechterung entfällt im Fall des § 460 S 1. Grenze: § 826.

§ 457 Haftung des Wiederverkäufers

(1) Der Wiederverkäufer ist verpflichtet, dem Wiederkäufer den gekauften Gegenstand nebst Zubehör herauszugeben.

(2) ¹Hat der Wiederverkäufer vor der Ausübung des Wiederkaufsrechts eine Verschlechterung, den Untergang oder eine aus einem anderen Grund eingetretene Unmöglichkeit der Herausgabe des gekauften Gegenstandes verschuldet oder den Gegenstand wesentlich verändert, so ist er für den daraus entstehenden Schaden verantwortlich. ²Ist der Gegenstand ohne Verschulden des Wiederverkäufers verschlechtert oder ist er nur unwesentlich verändert, so kann der Wiederkäufer Minderung des Kaufpreises nicht verlangen.

1   1. Vgl § 456 Rn 4 aE, 10, 12.

§ 458 Beseitigung von Rechten Dritter

¹Hat der Wiederverkäufer vor der Ausübung des Wiederkaufsrechts über den gekauften Gegenstand verfügt, so ist er verpflichtet, die dadurch begründeten Rechte Dritter zu beseitigen. ²Einer Verfügung des Wiederverkäufers steht eine Verfügung gleich, die im Wege der Zwangsvollstreckung oder der Arrestvollziehung oder durch den Insolvenzverwalter erfolgt.

§ 459 Ersatz von Verwendungen

¹Der Wiederverkäufer kann für Verwendungen, die er auf den gekauften Gegenstand vor dem Wiederkauf gemacht hat, insoweit Ersatz verlangen, als der Wert des Gegenstandes durch die Verwendungen erhöht ist. ²Eine Einrichtung, mit der er die herauszugebende Sache versehen hat, kann er wegnehmen.

Titel 1. Kauf, Tausch **§§ 460–463**

1. Zurückbehaltungsrecht des Wiederverkäufers wegen Verwendungen: 1
§ 273 II und dort Rn 25. Es steht auch einem **Dritterwerber** gegenüber dem
Anspruch des vormerkungsgesicherten (vgl § 456 Rn 8) Wiederkäufers aus § 888
zu (BGH 75, 293 ff).

§ 460 Wiederkauf zum Schätzungswert

Ist als Wiederkaufpreis der Schätzungswert vereinbart, den der gekaufte
Gegenstand zur Zeit des Wiederkaufs hat, so ist der Wiederverkäufer für
eine Verschlechterung, den Untergang oder die aus einem anderen Grund
eingetretene Unmöglichkeit der Herausgabe des Gegenstandes nicht verantwortlich, der Wiederkäufer zum Ersatz von Verwendungen nicht verpflichtet.

§ 461 Mehrere Wiederkaufsberechtigte

¹Steht das Wiederkaufsrecht mehreren gemeinschaftlich zu, so kann es
nur im Ganzen ausgeübt werden. ²Ist es für einen der Berechtigten erloschen oder übt einer von ihnen sein Recht nicht aus, so sind die übrigen
berechtigt, das Wiederkaufsrecht im Ganzen auszuüben.

§ 462 Ausschlussfrist

¹Das Wiederkaufsrecht kann bei Grundstücken nur bis zum Ablauf von
30, bei anderen Gegenständen nur bis zum Ablauf von drei Jahren nach
der Vereinbarung des Vorbehalts ausgeübt werden. ²Ist für die Ausübung
eine Frist bestimmt, so tritt diese an die Stelle der gesetzlichen Frist.

1. Ausschlußfrist: § 456 Rn 7. S 1 ist nicht zwingend (vgl S 2), Verlängerung (sa 1
§ 456 Rn 6) ist möglich, zB auf 100 Jahre, aber nicht unbefristet (s Benne JA 86,
242 f). Wird der Rückgewährungsanspruch des Wiederkäufers durch eine Vormerkung (§ 883) gesichert, ist das Wiederkaufsrecht zeitlich auf 30 Jahre zu beschränken, um ewig währende (Verfügungs-)Bindungen auszuschließen (Chr. Berger,
Rgeschäftliche Verfügungsbeschränkungen, 1999, S 201 f). Berechnung: §§ 187 ff.
S 1 ist auf nicht der Verjährung unterliegende Ankaufsrechte entspr anwendbar (s
§ 463 Rn 8, sa Rn 6), nicht aber auf Ankaufsverpflichtungen (s § 463 Rn 4 [e]).

Kapitel 3. Vorkauf
§ 463 Voraussetzungen der Ausübung

Wer in Ansehung eines Gegenstandes zum Vorkauf berechtigt ist, kann
das Vorkaufsrecht ausüben, sobald der Verpflichtete mit einem Dritten
einen Kaufvertrag über den Gegenstand geschlossen hat.

Lit: Grunewald, Umgehungen schuldrechtlicher Vorkaufsrechte, FS Gernhuber, 1993, 137;
Hees, Die vertragstypologische Bestimmung des Vorkaufsfalls usw, 1991; Schermaier, Die
Umgehung des Vorkaufsrechts durch „kaufähnliche Verträge", AcP 196, 256; Schurig, Das
Vorkaufsrecht im Privatrecht, 1975.

1. Allgemeines. a) Begriff. Das (schuldrechtliche; zum dinglichen Rn 10) 1
Vorkaufsrecht ist das Recht des (Vorkaufs-)Berechtigten, mit dem (Vorkaufs-)
Verpflichteten einen Kaufvertrag gleichen Inhalts zustandezubringen, wie er zwischen diesem und einem Dritten vereinbart wurde. Zu unterscheiden ist die Vereinbarung des Vorkaufsrechts (Rn 12 f), das zwischen den Parteien bestehende Vorkaufsverhältnis (§ 464 Rn 6) und das zwischen Verpflichtetem und Drittem (Erstkäufer) bestehende Kaufverhältnis (§ 464 Rn 7). **b) Bedeutung.** Vorkauf ist eine 2
Optionsvereinbarung (Rn 8) und wird bes häufig im Rahmen von Miet- und
Pachtverträgen begründet. Ges Vorkaufsrechte (Rn 11) sind Mittel zur Regelung
des Bodenverkehrs. **c) Regelung.** Die §§ 463 ff sind im wesentlichen dispositiv 3

§ 463 Buch 2. Abschnitt 8. Einzelne Schuldverhältnisse

4 (Rn 12; § 464 Rn 5); Schranken für die Vertragsgestaltung: Umgehungsverbot (vgl auch Rn 18 und § 465). **d) Anwendungsbereich.** §§ 463 ff sind **entspr** anwendbar auf Vormiete und Vorpacht (BGH 102, 240), das dingliche Vorkaufsrecht (§ 1098 I; Rn 10) und die ges Vorkaufsrechte (Rn 11). **e) Abgrenzung. Ankaufsverpflichtungen** begründen für den anderen Teil einen Kaufzwang; uU bedenklich bei Koppelung (vgl BGH 75, 16 ff zu Erbbaurechtsvertrag). Die Ausschlußfrist gem § 462 S 1 gilt nicht entspr (Düsseldorf NJW-RR 97, 1175 [zu § 503 aF]).

5 **2. Abgrenzung. Lit:** v. Einem, Die Rechtsnatur der Option, 1974; Einsele, Formerfordernisse bei mehraktigen RGeschäften, DNotZ 96, 835; Georgiades, Optionsvertrag und Optionsrecht, FS Larenz, 1973, S 409; Wolf, RGeschäfte im Vorfeld von Grundstücksübertragungen, DNotZ 95, 179. Bei rechtsgeschäftlich begründeten **Ankaufsrechten** ist es Auslegungsfrage, welche Rechtsform (§§ 456, 463; Rn 6–9) die Beteiligten gewollt haben (BGH 71, 280; BayObLGZ 84, 118;
6 zur Abgrenzung BGH 47, 388; Hamburg NJW-RR 92, 21). **a)** Der **Kauf-Vorvertrag** begründet für die Parteien die Verpflichtung zum späteren Abschluß eines erst in seinen Grundzügen festgelegten Kaufvertrags oder zur späteren Abgabe eines Angebots (dann einseitig verpflichtender Vorvertrag: BGH NJW 90, 1233; vgl allg § 311 Rn 20). Er unterliegt der Form des § 311 b I (BGH 97, 154 f; NJW 89, 167
7 mN; § 311 b Rn 13). **b)** Bei der Einräumung einer sog **Vorhand** ist der (künftige) Verkäufer verpflichtet, einen Gegenstand (auch künftige Sachen oder Rechte) dem Vorhandsberechtigten als erstem zum Kauf anzubieten (**Anbietungspflicht;** zur
8 Konstruktion Larenz, SchR II/1, § 44 IV 2). Ges Fall: ArbEG 19. **c)** Ein **Optionsrecht** (in bezug auf einen Kauf) ist das in einem **Optionsvertrag** vereinbarte Recht, durch einseitige rechtsgestaltende Willenserklärung einen Kaufvertrag mit dem im Optionsvertrag vereinbarten Inhalt zustandezubringen (Larenz, SchR II/1, § 44 IV 3; Georgiades aaO S 422, str; vgl BGH 97, 152; ie Rn 6 vor § 145). Die Ausschlußfrist des § 462 ist auf das Optionsrecht entspr anwendbar (ebenso BGH
9 47, 391). **d)** Der Antragende kann ein **länger bindendes Kaufangebot** abgeben (§§ 145, 148), so daß es für die bestimmte Frist nur vom Berechtigten abhängt, den Kauf zustandezubringen (es entsteht kein vertraglich begründetes Optionsrecht).
10 Vgl Rn 6 vor § 145. **e)** Das gegenüber Dritten wirkende (§ 1098 II) **dingliche Vorkaufsrecht** (§ 1094 Rn 2) kann nur mit Bezug auf ein Grundstück bestellt werden, auch subj dinglich (§ 1094 II) und für mehrere Verkaufsfälle (§ 1097 HS 2). Im Verhältnis zwischen den Parteien gelten die §§ 463 ff (Rn 4). Dem dinglichen kann uU ein schuldrechtliches Vorkaufsrecht zugrunde liegen (s Hamm
11 NJW-RR 96, 849; § 1094 Rn 4). **f) Ges Vorkaufsrechte** (Bsp): §§ 577, 2034; BauGB 24 ff (dazu BGH 97, 298 ff; 98, 191 ff; BayObLGZ 85, 263); RSiedlG 14; SchuldRAnpG 57; VermG 20, 20 a; ArbEG 27 I. Zur Ausübung durch öffentlich-rechtliche Körperschaft: § 464 Rn 1.

12 **3. Vorkaufsvereinbarung: a) Abschluß und Inhalt.** Einigung zwischen dem Vorkaufsberechtigten und -verpflichteten iSv Rn 1. Die **Form** des Kaufvertrags (zB § 311 b I) ist einzuhalten (RG 72, 390, hM; vgl § 311 b I Rn 13). Vereinbarungen über den Inhalt des Vorkaufsverhältnisses sind möglich (zB Preisbegrenzung, vgl § 464 Rn 5), desgl Begründung des Vorkaufsrechts für einen Dritten, §§ 328 ff. Der künftige Anspruch des Vorkaufsberechtigten kann durch Vormerkung (§ 883) gesichert werden (BayObLG NJW 78, 700; zur Problematik § 883
13 Rn 7 ff). **b) Rechtsnatur.** Die Vereinbarung begründet für den Berechtigten das (in der Ausübung durch den Vorkaufsfall aufschiebend bedingte) **Gestaltungsrecht,** durch einseitige Erklärung gegenüber dem Verpflichteten ein Kaufverhältnis bestimmten Inhalts (§ 464 II) zustandezubringen (so Larenz, SchR II/1, § 44 III, str). Nach hM stellt bereits die Vereinbarung des Vorkaufsrechts den bindenden Abschluß eines Kaufs unter der doppelten aufschiebenden Bedingung dar, daß der Verpflichtete an einen Dritten verkauft und der Berechtigte dann das Vorkaufsrecht ausübt (RG 72, 387; SoeHuber 7 ff vor § 504; krit Einsele DNotZ 96, 855); abzulehnen, denn der Inhalt des Kaufvertrags steht noch nicht fest, vgl § 464 II.

Titel 1. Kauf, Tausch **§ 463**

4. Vorkaufsrecht. a) Entstehung durch Vertrag (Rn 12 f), Vermächtnis 14 (MK/Westermann § 504 Rn 8) oder Ges (Rn 11). **b) Übertragbarkeit.** Das Recht ist gem § 473 iZw nicht vererblich (wohl die Gebundenheit des Verpflichteten) und idR nicht ohne Zustimmung des Verpflichteten übertragbar (BGH WM 63, 617). Die durch Ausübung des Vorkaufsrechts erwachsenden Rechte sind dagegen frei übertragbar (RG 163, 155). **c) Erlöschen.** Das Vorkaufsrecht 15 erlischt bei Nichtausübung mit Fristablauf (vgl § 469 II) und wenn der Vorkaufsberechtigte den Verpflichteten alleine beerbt (BGH NJW 00, 1033). Für einen **Verzicht** ist nach hM (formloser) Erlaßvertrag (§ 397) erforderlich (BGH 110, 232, Konsequenz aus doppelt bedingtem Anspruch, vgl Rn 13, str; aA StMader § 505, 24: einseitige Erklärung genügt). **d) Ausübung und Wirkungen:** § 464 mit Anm.

5. Der **Vorkaufsfall** setzt voraus: Rechtswirksames Zustandekommen eines 16 Kaufs oder kaufähnlichen Vertrages zwischen dem Vorkaufsverpflichteten und einem Dritten über einen dem Vorkaufsrecht unterliegenden Gegenstand. **a) Veräußerungsvertrag.** Einem **Kaufvertrag** iSv § 433 sind im Interesse eines wirksamen Umgehungsschutzes (arg §§ 162, 242) uU **kaufähnliche Verträge** gleichzustellen (BGH 115, 339 ff mN; NJW 98, 2136, str; aA bisher hM; krit Probst JR 92, 419; eingehend Grunewald, Hees, Schermaier, je aaO). Keinen Vorkaufsfall begründen idR andere Veräußerungsverträge wie Schenkung (BGH 73, 16), auch gemischte (RG 101, 101), Tausch (BGH NJW 64, 541) oder Ringtausch (BGH 49, 7), Einbringung in Gesellschaft (BGH 31, 41), Vorvertrag zu einem Kaufvertrag (Rn 6) oder Vereinbarung einer Option (Rn 8); uU anders bei entspr Auslegung der Vorkaufsvereinbarung (Rn 12 f); dann kann die Gegenleistung des Vorkaufsberechtigten ggf nach § 315 f zu bestimmen sein (Grunewald aaO 139; ErmGrunewald 8; abl Schermaier aaO 273 f); ein Veräußerungsvertrag steht bei wirtschaftlicher Betrachtungsweise aber einem Kaufvertrag gleich, wenn der Vorkaufsberechtigte zur Wahrung seiner Erwerbs- und Abwehrinteressen „eintreten" kann, ohne die vom Verpflichteten ausgehandelten Konditionen zu beeinträchtigen (BGH 115, 339). Bsp: Umgehungsgeschäfte (s BGH NJW 98, 2136; Schermaier aaO 265 ff). **Keinen Vorkaufsfall** bilden Verkäufe im Wege der Zwangsvollstreckung oder durch den Insolvenzverwalter (§ 471) sowie idR Erbteilskäufe zwischen künftigen ges Erben (§ 470). **b)** Kaufvertrag (Rn 16) mit einem **Drit-** 17 **ten.** Daran fehlt es idR bei der Veräußerung von gemeinschaftlichen Gegenständen an einen Miteigentümer (BGH 13, 139; 48, 2; BayObLGZ 85, 324 f) oder Gesamthänder (LM Nr 3 zu § 1098; krit Grunewald aaO 146 f; ErmGrunewald 9: Auslegungsfrage). Bsp: Verkauf an Miterben im Rahmen von Erbauseinandersetzung (BGH WM 70, 321). **c) Rechtswirksames Zustandekommen** des Kauf- 18 vertrags (Rn 16), dh es dürfen keine Nichtigkeits- oder Unwirksamkeitsgründe vorliegen (§§ 105, 125, 134, 138). **Einzelfragen:** Ist eine **behördliche Genehmigung** erforderlich, ist der Vertrag erst mit der Erteilung der Genehmigung iSd § 463 zustandegekommen (BGH 14, 1; 32, 388, str; einschr BGH NJW 98, 2353); eine Ausübungserklärung ist aber (schon) *vor Genehmigung mit Wirkung auf den Genehmigungszeitpunkt* möglich (BGH NJW 98, 2352). Nachträgliche **Anfechtung** des Kaufvertrags durch den Käufer (Dritten) berührt (entgegen § 142) Zustandekommen nicht Hagen Anm zu LM Nr 12 zu § 505; Grund: endgültige Bindung des Verpflichteten eingetreten). Dagegen kann sich ein **gemeinsamer Irrtum** der Kaufvertragsparteien (anfängliches Fehlen der Geschäftsgrundlage) uU auf das Vorkaufsverhältnis auswirken (BGH NJW 87, 893; krit Tiedtke NJW 87, 874; Grunewald aaO 145). Ein (**auflösend** oder **aufschiebend**) **bedingter Kauf** ist iSd § 463 gültig zustandegekommen; die Bedingung ist ein Teil der vertraglich wirksamen Bestimmungen (RG 98, 49; krit Schurig aaO S 141). Wenn nur der Dritte die Bedingung erfüllen kann, ist die Ausübung des Vorkaufsrechts wie im Fall des § 466 S 2 ausgeschlossen (BGH 49, 11 – „Ringtausch"–; sa § 464 Rn 5 f). Ein **vertragliches Rücktrittsrecht** zugunsten des Dritten (Erstkäufers) steht

Chr. Berger

§ 464

dem Vorkaufsrecht nicht entgegen (BGH 67, 398). Das gleiche gilt idR von einem Rücktrittsvorbehalt zugunsten des Verpflichteten für den (ungewissen) Fall des *Bestehens* des Vorkaufsrechts (§ 465 entspr; vgl BGH NJW 87, 893, insoweit zust Tiedtke NJW 87, 875, krit Burkert NJW 87, 3158). Durch eine vertragliche **Aufhebung** (Änderung) des Kaufvertrags wird das entstandene Vorkaufsrecht nicht berührt (Konsequenz aus BGH 67, 395; Hagen Anm LM Nr 12 zu § 505; sa § 464 Rn 6).

§ 464 Ausübung des Vorkaufsrechts

(1) ¹**Die Ausübung des Vorkaufsrechts erfolgt durch Erklärung gegenüber dem Verpflichteten.** ²**Die Erklärung bedarf nicht der für den Kaufvertrag bestimmten Form.**

(2) **Mit der Ausübung des Vorkaufsrechts kommt der Kauf zwischen dem Berechtigten und dem Verpflichteten unter den Bestimmungen zustande, welche der Verpflichtete mit dem Dritten vereinbart hat.**

1 1. **Ausübung (I). a) Erklärung.** Die Ausübung erfolgt (auch bei ges Vorkaufsrecht [BGH 144, 361 ff, zu § 570 b aF]) formlos (**I 2;** aA StMader § 505 Rn 4: Derogation durch § 311 b I 1 Alt 2; dazu krit Sarnighausen NJW 98, 37) durch einseitige empfangsbedürftige Willenserklärung, beim Vorkaufsrecht einer öffentlrechtlichen Körperschaft durch Verwaltungsakt (s BauGB 28 II 1; dazu StMader 15 vor § 504, früher sehr str; s BGH 60, 279 mN). Die Erklärung ist bedingungsfeindlich (BGH NJW 83, 682) und muß bei Genehmigungsbedürftigkeit innerhalb der Frist des § 469 II genehmigt werden (BGH 32, 375). Ausübung durch Vertrag
2 ist möglich (LM Nr 11 zu § 157 [Gf]; sa Rn 5). **b) Frist.** Die Erklärung ist nur wirksam, wenn sie innerhalb der Ausschlußfrist des § 469 II (dispositiv) erfolgt. Die Frist wird erst durch vollständige Mitteilung des Vertrages in Lauf gesetzt (BGH NJW 94, 315; ie Heinrich DNotZ 92, 771 mN) und beginnt bei geänderten Vertragsbedingungen neu (Karlsruhe NJW-RR 96, 916). Mit rechtswirksamem
3 Vertragsschluß entsteht eine Anzeigepflicht des Verkäufers (§ 469 I). **c) Unwirksamkeit.** Die Ausübungserklärung ist als in sich widersprüchlich unwirksam, wenn der Berechtigte es ablehnt, einen Teil der vom Dritten übernommenen Verpflichtung zu erfüllen (BGH 102, 240; einschr Grunewald aaO [LitVerz § 463] S 150). Sie ist unzulässig, wenn der Berechtigte schuldrechtlich verpflichtet ist, von dem Vorkaufsrecht keinen Gebrauch zu machen (BGH 37, 147).

4 2. **Rechtsfolgen (II).** Durch die wirksame Ausübung des Vorkaufsrechts gegenüber dem Verpflichteten (Voraussetzungen: Rn 1 ff; § 463 Rn 12 f, 16 ff) kommt zwischen den Parteien des Vorkaufs ein gegenüber dem mit dem Dritten geschlossenen Kaufvertrag (Rn 7) rechtlich selbständiges Kaufvertragsverhältnis zustande (BGH 98, 190; 131, 320 f; NJW 95, 1827 und 3183; ie Rn 5 f).
5 **a) Rechtsverhältnis zwischen Verpflichtetem und Berechtigtem. aa)** Den Berechtigten treffen sämtliche **Rechte und Pflichten** nach Maßgabe des *Kaufvertrags* mit dem Dritten (Rn 7) im Zeitpunkt der Entstehung des Vorkaufsrechts (Rn 6), soweit sich nicht aus dem Ges (§§ 465–468; BauGB 28 III) oder einer Vereinbarung (LM Nr 11 zu § 157 [Gf]) etwas anderes ergibt. Der Berechtigte schuldet daher auch die vom Dritten als Teil der Gegenleistung übernommenen üblichen Vertrags- und Maklerkosten (ie BGH 131, 321 ff mN, bisher str, offen noch BGH 77, 365) sowie vereinbarte Vorfälligkeitszinsen (BGH NJW 95, 1827, dazu Westermann DNotZ 96, 429); wegen bes Provisionsvereinbarungen im Kaufvertrag vgl Rn 6. Eine vorherige abw Regelung, insbes die Festlegung eines
6 limitierten Kaufpreises, ist möglich (RG 104, 123). **bb) Unwirksame Vereinbarungen.** Vertragsbestimmungen und spätere Vereinbarungen, die darauf abzielen, das einmal entstandene (nicht notwendig bereits ausgeübte) Vorkaufsrecht zu vereiteln, sind in entspr Anwendung des Grundgedankens des § 465 gegenüber dem Berechtigten insoweit unwirksam (BGH 110, 233 f; Abgrenzung zu kaufähnlichen

Titel 1. Kauf, Tausch **§§ 465–467**

Verträgen: § 463 Rn 16). Das gleiche gilt für allein auf den Vorkaufsfall abzielende unübliche Klauseln zu Lasten des Vorkaufsberechtigten (BGH 77, 363 ff; 102, 241; 131, 320 ff; NJW 95, 3184: „Fremdkörpergedanke"), wie in den Kaufvertrag aufgenommene, außerhalb des Äquivalenzverhältnisses stehende Leistungsversprechen des Erstkäufers gem § 328 I an Dritte (ie Grunewald aaO [LitVerz § 463] S 142 ff). Bsp: Vereinbarung der Zahlung von (bereits geschuldeten) „Projektierungskosten" (BGH 77, 362 ff); nicht aber schon die vereinbarte Unterhaltung von Erschließungseinrichtungen (BGH NJW 95, 3183); desgl nicht sog Maklerklausel, s Rn 5. Eine mit dem Dritten getroffene Regelung der Kaufpreisfälligkeit ist ggf anzupassen (BGH NJW 83, 682; 95, 1827). **b) Rechtsverhältnis zwischen** 7 **Verpflichtetem und Dritten.** Der Verkäufer (Verpflichtete) ist in der **Vertragsgestaltung** mit dem Erstkäufer (Dritten) grundsätzlich frei (Schranken: Rn 6; § 463 Rn 16). Auf das Vertragsverhältnis zwischen dem Verpflichteten und seinem Käufer hat die Ausübung des Vorkaufsrechts keinen Einfluß (RG 121, 138), wie umgekehrt das einmal entstandene Vorkaufsrecht in seinem Fortbestand vom rechtlichen Schicksal des Kaufvertrags unabhängig ist (Hagen Anm LM Nr 12 [§ 505 aF]). Gegen Schadensersatzansprüche (§§ 281, 283) muß sich der Verkäufer (Verpflichtete) schützen, indem er den Vertrag mit dem Dritten unter der (im Verhältnis der Kaufvertragsparteien wirksamen, vgl § 465) Bedingung der Nichtausübung des Vorkaufsrechts abschließt. Bei Kenntnis des Dritten vom Vorkaufsrecht ist idR entspr stillschweigende Vereinbarung anzunehmen (Nürnberg MDR 84, 755).

§ 465 Unwirksame Vereinbarungen

Eine Vereinbarung des Verpflichteten mit dem Dritten, durch welche der Kauf von der Nichtausübung des Vorkaufsrechts abhängig gemacht oder dem Verpflichteten für den Fall der Ausübung des Vorkaufsrechts der Rücktritt vorbehalten wird, ist dem Vorkaufsberechtigten gegenüber unwirksam.

1. Ausprägung von allg Rechtsgedanken (BGH 110, 233): Schutz des Berechtigten gegen Umgehungsgeschäfte; s § 463 Rn 16, 18; § 464 Rn 6. Beweislast: Vorkaufsberechtigter (BGH 110, 234). 1

§ 466 Nebenleistungen

[1] **Hat sich der Dritte in dem Vertrag zu einer Nebenleistung verpflichtet, die der Vorkaufsberechtigte zu bewirken außerstande ist, so hat der Vorkaufsberechtigte statt der Nebenleistung ihren Wert zu entrichten.** [2] **Lässt sich die Nebenleistung nicht in Geld schätzen, so ist die Ausübung des Vorkaufsrechts ausgeschlossen; die Vereinbarung der Nebenleistung kommt jedoch nicht in Betracht, wenn der Vertrag mit dem Dritten auch ohne sie geschlossen sein würde.**

§ 467 Gesamtpreis

[1] **Hat der Dritte den Gegenstand, auf den sich das Vorkaufsrecht bezieht, mit anderen Gegenständen zu einem Gesamtpreis gekauft, so hat der Vorkaufsberechtigte einen verhältnismäßigen Teil des Gesamtpreises zu entrichten.** [2] **Der Verpflichtete kann verlangen, dass der Vorkauf auf alle Sachen erstreckt wird, die nicht ohne Nachteil für ihn getrennt werden können.**

1. Sowohl S 1 (verhältnismäßige Teilung des Kaufpreises) als auch S 2 (Übernahmeverpflichtung) sind entspr anwendbar, wenn sich das Vorkaufsrecht nur auf eine Teilfläche des verkauften Gesamtgrundstücks erstreckt (BGH NJW 91, 294 f; Karlsruhe NJW-RR 96, 916). 1

§ 468 Stundung des Kaufpreises

(1) Ist dem Dritten in dem Vertrag der Kaufpreis gestundet worden, so kann der Vorkaufsberechtigte die Stundung nur in Anspruch nehmen, wenn er für den gestundeten Betrag Sicherheit leistet.

(2) ¹Ist ein Grundstück Gegenstand des Vorkaufs, so bedarf es der Sicherheitsleistung insoweit nicht, als für den gestundeten Kaufpreis die Bestellung einer Hypothek an dem Grundstück vereinbart oder in Anrechnung auf den Kaufpreis eine Schuld, für die eine Hypothek an dem Grundstück besteht, übernommen worden ist. ²Entsprechendes gilt, wenn ein eingetragenes Schiff oder Schiffsbauwerk Gegenstand des Vorkaufs ist.

§ 469 Mitteilungspflicht, Ausübungsfrist

(1) ¹Der Verpflichtete hat dem Vorkaufsberechtigten den Inhalt des mit dem Dritten geschlossenen Vertrags unverzüglich mitzuteilen. ²Die Mitteilung des Verpflichteten wird durch die Mitteilung des Dritten ersetzt.

(2) ¹Das Vorkaufsrecht kann bei Grundstücken nur bis zum Ablauf von zwei Monaten, bei anderen Gegenständen nur bis zum Ablauf einer Woche nach dem Empfang der Mitteilung ausgeübt werden. ²Ist für die Ausübung eine Frist bestimmt, so tritt diese an die Stelle der gesetzlichen Frist.

1 1. **Entstehung** der Mitteilungspflicht und **Anforderungen** an die Mitteilung: Vgl zunächst § 464 Rn 2. Die Mitteilung ist Wissenserklärung (BGH WM 85, 1447); sie ist formlos möglich (LM Nr 3) und kann beim genehmigungsbedürftigen (Kauf-)Vertrag schon vor Erteilung der Genehmigung erfolgen (vgl BGH NJW 98, 2352; s § 463 Rn 18); richtiger Adressat ist bei einer Gemeinde die Dienststelle, die zur Ausübung des Vorkaufsrechts berechtigt ist (BGH 60, 288). **Frist** gem II: § 464 Rn 2. **Folgen** des Fristablaufs: § 463 Rn 15.

§ 470 Verkauf an gesetzlichen Erben

Das Vorkaufsrecht erstreckt sich im Zweifel nicht auf einen Verkauf, der mit Rücksicht auf ein künftiges Erbrecht an einen gesetzlichen Erben erfolgt.

§ 471 Verkauf bei Zwangsvollstreckung oder Insolvenz

Das Vorkaufsrecht ist ausgeschlossen, wenn der Verkauf im Wege der Zwangsvollstreckung oder aus einer Insolvenzmasse erfolgt.

1 1. Gilt nicht bei Zwangsversteigerung zur Aufhebung einer Gemeinschaft (dazu Stöber NJW 88, 3121).

§ 472 Mehrere Vorkaufsberechtigte

¹Steht das Vorkaufsrecht mehreren gemeinschaftlich zu, so kann es nur im Ganzen ausgeübt werden. ²Ist es für einen der Berechtigten erloschen oder übt einer von ihnen sein Recht nicht aus, so sind die übrigen berechtigt, das Vorkaufsrecht im Ganzen auszuüben.

1 1. Bsp: § 2034 I. Bei mehreren Berechtigten besteht eine bes gesamthandsartige Beteiligung (BGH 136, 300). Verweigert ein Berechtigter gemeinschaftliche Ausübung (S 1), löst dies die Rechtsfolgen gem S 2 noch nicht aus (BGH NJW 82, 330).

Titel 1. Kauf, Tausch § 473, Vor §§ 474–479, § 474

§ 473 Unübertragbarkeit

¹Das Vorkaufsrecht ist nicht übertragbar und geht nicht auf die Erben des Berechtigten über, sofern nicht ein anderes bestimmt ist. ²Ist das Recht auf eine bestimmte Zeit beschränkt, so ist es im Zweifel vererblich.

1. Übertragbarkeit: § 463 Rn 14 [b].   1

Untertitel 3. Verbrauchsgüterkauf

Vorbemerkungen zu §§ 474–479

1. Allgemeines. §§ 474–479 enthalten bes Bestimmungen für den Verkauf 1 einer beweglichen Sache durch einen Unternehmer (§ 14) an einen Verbraucher (§ 13). Die Vorschriften dienen der **Umsetzung der VerbrGüKaufRiLi** (s Rn 2 vor §§ 433–480). Zahlreiche Vorgaben der VerbrGüKaufRiLi werden allerdings bereits im allgemeinen Kaufrecht umgesetzt und gelten daher für alle Kaufverträge. Im Mittelpunkt der §§ 474–479 stehen bes Schutzvorschriften zugunsten des Verbrauchers. Kennzeichnend ist eine weitgehende **Beschränkung der Privatautonomie:** 2 Von wichtigen kaufrechtlichen Bestimmungen kann nicht zum Nachteil des Verbrauchers abgewichen werden (§ 475). Verbraucherschutz dienen ferner die in § 474 II angeordnete Unanwendbarkeit der Bestimmungen über den Haftungsausschluß bei öffentl Versteigerung und den Gefahrübergang, die Beweislast in § 476 und die Vorschriften für Garantien in § 477. §§ 478 f regeln das **Rückgriffsrecht des Letztverkäufers** gegen Lieferanten und gehen damit über den subjektiven Anwendungsbereich der Bestimmungen über den Verbrauchsgüterkauf (§ 474 Rn 2 f) hinaus.

§ 474 Begriff des Verbrauchsgüterkaufs

(1) ¹**Kauft ein Verbraucher von einem Unternehmer eine bewegliche Sache (Verbrauchsgüterkauf), gelten ergänzend die folgenden Vorschriften.** ²Dies gilt nicht für gebrauchte Sachen, die in einer öffentlichen Versteigerung verkauft werden, an der der Verbraucher persönlich teilnehmen kann.

(2) **Die §§ 445 und 447 finden auf die in diesem Untertitel geregelten Kaufverträge keine Anwendung.**

1. Allgemeines. Regelung des persönlichen und sachlichen Anwendungs- 1 bereichs der Sondervorschriften über den Verbrauchsgüterkauf. Umsetzung VerbrGüKaufRiLi 1 II, III. Zur Vertragsgestaltung s § 475.

2. Persönlicher Anwendungsbereich. a) Unternehmer (s § 14) als Verkäu- 2 fer an **Verbraucher** (s § 13) als Käufer. Da § 13 auch eine natürliche Person als Verbraucher qualifiziert, deren Rechtsgeschäft der unselbständigen beruflichen Tätigkeit zugeordnet werden kann (s § 13 Rn 3), geht der Anwendungsbereich der §§ 474 ff über VerbrGüKaufRiLi 1 II a) hinaus. **b) Nicht** anwendbar sind die 3 §§ 474 ff bei einem Kauf zwischen Unternehmern und zwischen Verbrauchern; ferner keine Anwendung, falls ein Verbraucher an einen Unternehmer verkauft. **c)** Kennt der Unternehmer die Verbrauchereigenschaft des Käufers nicht und konnte er hiervon auch keine Kenntnis haben, liegt ein Verbrauchsgüterkauf nicht vor (AnwKommBGB/Pfeiffer Kauf-RL Art 1 Rn 19, sehr str); ebenso, wenn der Käufer den gewerblichen Verwendungszweck wahrheitswidrig erklärt.

3. Sachlicher Anwendungsbereich. a) Kauf (s § 433 Rn 1) einer **beweg-** 4 **lichen Sache;** nicht Grundstücks-, Schiffs- (§ 452 BGB) und Rechtskauf (§ 453 I). VerbrGüKaufRiLi 1 II 2 b) stellt auf „körperliche Gegenstände" ab; daher sind §§ 90, 90 a maßgeblich, nicht aber nur verbrauchbare Sachen (§ 92). Nicht unter §§ 474 ff fallen der Verkauf von Strom, fließendem Wasser, Fernwärme und freies Gas (es sei denn, sie sind in Behältnissen abgefüllt, etwa Batterien,

§ 475 Buch 2. Abschnitt 8. Einzelne Schuldverhältnisse

Trinkwasser, Gasflaschen usw). Digitale Produkte, etwa Computerprogramme, elektronische Datenbanken, digitalisierte Musik, Bilder und Texte usw fallen unter § 474, wenn sie insbesondere auf CD-ROM verkörpert verkauft werden. Gleiches sollte (auch wegen § 475 I 2) gelten, wenn diese dem Käufer online übermittelt
5 werden. – Ob die Sache neu oder gebraucht ist, ist unerheblich; sa I 2. **b) aa) Ausgenommen** ist nach **I 2** die öffentl **Versteigerung gebrauchter Sachen;** Grundlage VerbrGüKaufRiLi 1 III. I 2 spielt eine Rolle bei Fundsachen, aber auch bei Kunstauktionen, Tierhandel usw. Voraussetzung ist, daß Verbraucher (oder ein Vertreter, § 164) persönlich an der öffentl Versteigerung (s § 383 III) teilnehmen kann, um Beschaffenheit der Sache in Augenschein zu nehmen. Daher nicht bei
6 Internet-Auktion. **bb) Gebraucht** sind Sachen, die vom Verkäufer oder einem Dritten bereits benutzt worden sind. Ob eine Sache gebraucht ist, bestimmt sich *objektiv,* nicht nach einer Beschaffenheitsvereinbarung gem § 434 I 1. Längere Lagerung („Ladenhüter") macht Sache nicht zur gebrauchten (aber zur nicht „neu hergestellten" iSv § 309 Nr 8 b]). Gebraucht ist auch ein Vorführwagen, nicht junge Haus- und Nutztiere, lebende Forellen (BGH NJW-RR 86, 53 [zu AGBG 11 Nr 10]).

7 **4. Ausgeschlossene Bestimmungen. a)** Grundsätzlich gelten beim Verbrauchsgüterkauf gem I 1 („ergänzend") die allg kaufrechtlichen Vorschriften. II schließt – zwingend, § 475 I 1 – zwei dem Verkäufer günstige Bestimmungen aus.
8 **b)** Ges Haftungsausschluß gem § 445 bei öffentl Versteigerungen greift nicht ein.
9 Bedeutung wegen I 2 insbes bei Versteigerung *neuer* Sachen. **c)** Kein Übergang der Preisgefahr (Rn 3 vor §§ 446–447) beim Verbrauchsgüterkauf gem **§ 447 I** mit Auslieferung an Spediteur usw, sondern nach § 446 erst bei Übergabe oder Annahmeverzug. Versandrisiko trägt Unternehmer, der Transportversicherung abschließen kann. § 447 II gilt als dem *Käufer* günstige Bestimmung (teleologische Reduktion) auch bei Verbrauchsgüterkauf.

§ 475 Abweichende Vereinbarungen

(1) ¹Auf eine vor Mitteilung eines Mangels an den Unternehmer getroffene Vereinbarung, die zum Nachteil des Verbrauchers von den §§ 433 bis 435, 437, 439 bis 443, sowie von den Vorschriften dieses Untertitels abweicht, kann der Unternehmer sich nicht berufen. ²Die in Satz 1 bezeichneten Vorschriften finden auch Anwendung, wenn sie durch anderweitige Gestaltungen umgangen werden.

(2) Die Verjährung der in § 437 bezeichneten Ansprüche kann vor Mitteilung eines Mangels an den Unternehmer nicht durch Rechtsgeschäft erleichtert werden, wenn die Vereinbarung zu einer Verjährungsfrist ab dem gesetzlichen Verjährungsbeginn von weniger als zwei Jahren, bei gebrauchten Sachen von weniger als einem Jahr führt.

(3) Die Absätze 1 und 2 gelten unbeschadet der §§ 307 bis 309 nicht für den Ausschluss oder die Beschränkung des Anspruchs auf Schadensersatz.

1 **1. Allgemeines.** Beschränkung der Privatautonomie beim Verbrauchsgüterkauf (s § 474 I 1). Zweck: Verbraucherschutz. Umsetzung von VerbrGüKaufRiLi 7 I; sa EGBGB 29, 29a I, IV Nr 4. Große Teile des allg Kaufrechts und die bes Vorschriften über den Verbrauchsgüterkauf können nach **I 1** nicht zu Lasten des Käufers abbedungen werden. I 2 flankiert durch ein Umgehungsverbot; sa EGBGB 29 a I, IV Nr 4 bei Rechtswahl (Umsetzung VerbrGüKaufRiLi 7 II). Gestaltungsspielraum verbleibt bzgl Verjährung **(II)** und Schadensersatz **(III).**

2 **2. Abweichende Vereinbarung (I 1). a) Gegenstand.** Unter I 1 fallen insbes Vereinbarungen über die Rechte des Käufers bei Sach- und Rechtsmängeln, gleich ob in AGB, Einmalklauseln iSv § 310 III Nr 2 oder Individualvereinbarungen.

3 **b) Nachteil** ist nicht nur Ausschluß, sondern auch Beschränkung der Käuferrechte, zB Fristverkürzung oder Bindung der Rechtsausübung an nicht ges vorgesehene

Titel 1. Kauf, Tausch **§ 476**

Erfordernisse, etwa Rügeobliegenheiten; ferner Änderung der Beweislast des § 476. **c) Zeitpunkt.** Abweichende Vereinbarung ist unzulässig vor Mängelmitteilung, danach voll wirksam. In Kenntnis eines Mangels soll der Verbraucher über seine Rechte disponieren, insbes Vergleiche schließen können. **Mängelmitteilung** ist geschäftsähnliche Handlung (Bedeutung: Rn 23 vor § 104). Sie muß vom Käufer (oder einem Vertreter) ausgehen, nicht von Drittem; es genügt aber, wenn der Verkäufer von sich aus (etwa im Rahmen der Produktbeobachtungspflicht) nachträglich auf den Mangel hinweist und der Käufer dann die Vereinbarung schließt. Nur bzgl des mitgeteilten Mangels, nicht wegen anderer (noch verdeckter) Mängel sind abweichende Vereinbarungen voll wirksam. **d) Wirkungen.** Verkäufer kann sich nicht auf eine vor Mängelmitteilung getroffene abweichende Vereinbarung berufen; der Kaufvertrag iü ist voll wirksam; § 139 ist unanwendbar. 4

5

3. Umgehungsverbot (I 2) erfaßt nicht nur RGeschäfte (sa § 134 Rn 18; § 312f Rn 3), sondern auch andere faktische Gestaltungen. Umgehungsabsicht nicht erforderlich. *Keine* Umgehungsgestaltung liegt vor, wenn der Unternehmer als Vertreter (§ 164) oder für den nicht unter § 14 fallenden Verkäufer auftritt („Agenturgeschäft"), etwa im Gebrauchtwagen- (Ziegler/Riedel ZIP 01, 1797) oder Kunsthandel. 6

4. Verbleibende Gestaltungsmöglichkeiten. a) Verjährung (II). aa) Verjährungsfristen des § 438 I können herabgesetzt werden; Untergrenze: zwei Jahre, unabdingbar beginnend gem § 438 II. Bedeutung für § 438 I Nr 1 und 2; Nr 3 sieht ohnehin zwei Jahre vor. Verjährungserleichterung wirkt sich über § 218 auch auf Rücktritt und Minderung aus; für Erleichterung der Verjährung des Schadensersatzanspruchs gilt III. Bei **gebrauchten Sachen** (s § 474 Rn 6) Abkürzung auf mindestens ein Jahr zulässig. – Erschwerung der Verjährung und Erleichterung nach Mängelmitteilung (Rn 4) s § 202. **bb)** Gegen II verstoßende Vereinbarung ist unwirksam, es gilt die ges Frist bzw der ges Verjährungsbeginn; Kaufvertrag iü (wie bei I, Rn 5) wirksam. **b) Schadensersatz (III)** ist nicht Gegenstand der VerbrGüKaufRiLi. Ausschluß und Beschränkung (auch durch Verjährungserleichterung) beim Verbrauchsgüterkauf individualvertraglich möglich; für AGB s §§ 307–309. **c) Sonstiges.** Gem § 434 I 1 können die Parteien des Verbrauchsgüterkaufs die **Beschaffenheit vertraglich vereinbaren** (§ 434 Rn 9) und damit den gesollten Qualitätsstandart der Kaufsache festlegen. Ferner kann der Verkäufer Mängelrechte nach § 442 I 1 ausschließen, indem er den Käufer davon **in Kenntnis setzt.** Entspr Vereinbarungen und Hinweise fallen nur dann nicht unter I 1, wenn sie Mängel bestimmt bezeichnen; die Vereinbarung „verkauft wie besichtigt" genügt nicht. Der Verkauf von neuen Waren „als gebrauchte"; um die Verjährung gem II auf ein Jahr abzukürzen, ist eine Umgehung iSv I 2. 7

8

9

§ 476 Beweislastumkehr

Zeigt sich innerhalb von sechs Monaten seit Gefahrübergang ein Sachmangel, so wird vermutet, dass die Sache bereits bei Gefahrübergang mangelhaft war, es sei denn, diese Vermutung ist mit der Art der Sache oder des Mangels unvereinbar.

1. Allgemeines. Rechte des Käufers gem § 437 setzen voraus, daß der Mangel *bei Gefahrübergang* (§ 434 Rn 5) vorlag. Abweichend von der allg Beweislastverteilung (dazu § 434 Rn 3) überträgt § 476 dem Verkäufer die Darlegungs- und Beweislast dafür, daß der Mangel bei Gefahrübergang noch *nicht* bestand, wenn er sich innerhalb von 6 Monaten nach Gefahrübergang zeigt. Umsetzung VerbrGüKaufRiLi 5 III. Anwendungsbereich Verbrauchsgüterkauf (§ 474 Rn 2ff); auch Regreß (s § 478 III); Unabdingbar gem § 475 I. Zur Beweislast bei Haltbarkeitsgarantie s § 443 II. 1

§ 477 Buch 2. Abschnitt 8. Einzelne Schuldverhältnisse

2 **2. Voraussetzungen. a)** Verbrauchsgüterkauf (§ 474 Rn 2 ff). **b)** Sach- (§ 434), nicht Rechtsmangel (§ 435). **c) Frist:** 6 Monate (s §§ 187 I, 188 II) seit Gefahrübergang gem § 446 S 1 oder 3, nicht § 447 (s § 464 II). **d) Auftreten des Mangels** innerhalb der Frist; nicht, wenn sich Mangel erst nach Fristablauf manifestiert. **e) Nicht** bei **Unvereinbarkeit** der Vermutung mit Art der Sache oder des Mangels (Beweislast insoweit beim Verkäufer). Art der Sache: Nach BT-Drs 14/6040 S 245 gebrauchte Sachen (zweifelhaft), verderbliche Ware. Art des Mangels: Tierkrankheiten (BT-Drs 14/6040 S 245).

3 **3. Beweislastverteilung. a) Käufer** hat zu beweisen (1) Sachmangel und (2) dessen Auftreten innerhalb von 6 Monaten seit Gefahrübergang. **b)** Liegen die Voraussetzungen Rn 2 vor, hat der **Verkäufer** Mangelfreiheit bei Gefahrübergang zu beweisen. Nicht erforderlich, aber genügend ist der Beweis, daß der Mangel verursacht wurde durch unsachgemäßen oder übermäßiger Gebrauch durch den Käufer oder Dritte oder durch Unglück.

§ 477 Sonderbestimmungen für Garantien

(1) ¹**Eine Garantieerklärung (§ 443) muss einfach und verständlich abgefasst sein.** ² Sie muss enthalten

1. **den Hinweis auf die gesetzlichen Rechte des Verbrauchers sowie darauf, dass sie durch die Garantie nicht eingeschränkt werden, und**
2. **den Inhalt der Garantie und alle wesentlichen Angaben, die für die Geltendmachung der Garantie erforderlich sind, insbesondere die Dauer und den räumlichen Geltungsbereich des Garantieschutzes sowie Namen und Anschrift des Garantiegebers.**

(2) **Der Verbraucher kann verlangen, dass ihm die Garantieerklärung in Textform mitgeteilt wird.**

(3) **Die Wirksamkeit der Garantieverpflichtung wird nicht dadurch berührt, dass eine der vorstehenden Anforderungen nicht erfüllt wird.**

1 **1. Allgemeines.** Unabdingbare (s § 475 I 1) Regelung der Garantie (s § 443 Rn 2 ff) beim Verbrauchsgüterkauf. Zweck: Schutz des Käufers, der verständlich (I 1) über seine Rechte aus der Garantie und deren Durchsetzung informiert (I 2) werden soll. Anspruch auf Garantieurkunde (II) erleichtert Beweis. Anwendbar auf Verkäufer-, Hersteller- und Drittgarantie (s § 443 Rn 7) bei Verbrauchsgüterkauf; daneben gilt § 443. Umsetzung VerbrGüKaufRiLi 6 II, III.

2 **2. Gestaltung der Verbrauchergarantie. a) Abfassung (I 1)** einfach und verständlich, insbes hinsichtlich Garantiefall, -frist, –rechte und andere Pflichtangaben gem I 2. Klare Gliederung, keine Schachtelsätze; Schlagwörter können genügen. Erforderlich ist Sprache des Verkaufortes. In Deutschland deutsch (nicht Minderheitensprachen [dänisch, sorbisch]); englische Sprache genügt auch bei Produkten moderner Informationstechnologie (noch) nicht (aA PalErgB/Putzo 6; offen BT-Drs 14/6040 S 246). Bei fremdsprachlich geführtem Verkaufsgespräch 3 muß Garantie in dieser Sprache erklärt (und gem II mitgeteilt) werden. **b) Pflichtangaben. aa) I 2 Nr. 1 Fall 1:** Hinweis auf ges Rechte des Käufers; nur Rechte bei Mängeln gem § 437, auch Verjährung nach § 438. Wurde Schadensersatz wirksam (§ 475 III) beschränkt, entfällt insoweit Hinweispflicht. **bb) I 2 Nr 1 Fall 2:** Hinweis darauf, daß ges Rechte durch die Garantie nicht beeinträchtigt (sa § 443 I) werden. Käufer soll nicht den Eindruck gewinnen, seine ges Rechte werden durch die Garantie beschnitten. **cc) I 2 Nr 2 Fall 1:** Inhalt der Garantieerklärung (s § 443 Rn 12), zeitlicher und räumlicher Geltungsbereich. **dd) I 2 Nr 2 Fall 2:** Angaben für die Geltendmachung der Garantie, insbes Name und Anschrift des Garantiegebers.

4 **3. Mitteilung in Textform (II).** Garantievertrag (§ 443 Rn 9 ff) ist formfrei wirksam. Nach II hat Käufer Anspruch auf Mitteilung in Textform (s § 126 b).

Titel 1. Kauf, Tausch   **§ 478**

Dies soll den Beweis der Garantie und ihre Durchsetzung erleichtern. Schuldner ist der Garantiegeber (§ 443 Rn 7 f).

4. Verstoß. a) III stellt klar, daß ein Verstoß gegen I, II die Wirksamkeit des **Garantievertrags nicht beeinträchtigt.** Schutzbestimmung soll nicht zu Lasten des Verbrauchers wirken. § 123 bleibt unberührt. **b)** Unklare Fassung der Garantieerklärung in AGB entgegen I 1 kann ggf über die § 305 c II **zugunsten des Verbrauchers ausgelegt** werden (BT-Drs 14/6040 S 246). **c)** Verstoß gegen Pflichtangaben begründet entspr **Erfüllungsanspruch;** zB hat Verkäufer Anschrift des Herstellergaranten mitzuteilen. **d) Schadensersatzanspruch** gem §§ 280 I, 311 II, 241 II (BT-Drs 14/6040 S 247); zB bei Aufwendungen für Anschriftenermittlung. **e) Wettbewerbsverstoß:** Unklare Garantiebedingung kann irreführende Werbung iSv UWG 3 sein; auch kommt Verstoß gegen UWG 1 („Wettbewerbsvorsprung durch Rechtsbruch") in Betracht. **f)** UKlaG 2.

5

6

§ 478 Rückgriff des Unternehmers

(1) **Wenn der Unternehmer die verkaufte neu hergestellte Sache als Folge ihrer Mangelhaftigkeit zurücknehmen musste oder der Verbraucher den Kaufpreis gemindert hat, bedarf es für die in § 437 bezeichneten Rechte des Unternehmers gegen den Unternehmer, der ihm die Sache verkauft hatte (Lieferant), wegen des vom Verbraucher geltend gemachten Mangels einer sonst erforderlichen Fristsetzung nicht.**

(2) **Der Unternehmer kann beim Verkauf einer neu hergestellten Sache von seinem Lieferanten Ersatz der Aufwendungen verlangen, die der Unternehmer im Verhältnis zum Verbraucher nach § 439 Abs. 2 zu tragen hatte, wenn der vom Verbraucher geltend gemachte Mangel bereits beim Übergang der Gefahr auf den Unternehmer vorhanden war.**

(3) **In den Fällen der Absätze 1 und 2 findet § 476 mit der Maßgabe Anwendung, dass die Frist mit dem Übergang der Gefahr auf den Verbraucher beginnt.**

(4) ¹**Auf eine vor Mitteilung eines Mangels an den Lieferanten getroffene Vereinbarung, die zum Nachteil des Unternehmers von den §§ 433 bis 435, 437, 439 bis 443 sowie von den Absätzen 1 bis 3 und von § 479 abweicht, kann sich der Lieferant nicht berufen, wenn dem Rückgriffsgläubiger kein gleichwertiger Ausgleich eingeräumt wird.** ²**Satz 1 gilt unbeschadet des § 307 nicht für den Ausschluss oder die Beschränkung des Anspruchs auf Schadensersatz.** ³**Die in Satz 1 bezeichneten Vorschriften finden auch Anwendung, wenn sie durch anderweitige Gestaltungen umgangen werden.**

(5) **Die Absätze 1 bis 4 finden auf die Ansprüche des Lieferanten und der übrigen Käufer in der Lieferkette gegen die jeweiligen Verkäufer entsprechende Anwendung, wenn die Schuldner Unternehmer sind.**

(6) **§ 377 des Handelsgesetzbuchs bleibt unberührt.**

1. Allgemeines. a) Bedeutung. VerbrGüKaufRiLi 4 verlangt Regreßmöglichkeit innerhalb der Vertragskette, wenn der Unternehmer (Rn 2 [bb]) wegen eines Mangels der Kaufsache vom Verbraucher (Rn 2 [aa]) in Anspruch genommen wird. Der Letztverkäufer soll die Belastungen des Verbraucherschutzes nicht endgültig tragen, sondern – ggf gem V – auf den Erstverkäufer abwälzen können. **b) Beteiligte. aa) Verbraucher** iSd § 478 ist der Letztkäufer, der mit der Geltendmachung von Mängeln beim Unternehmer den Regreß auslöst. Voraussetzungen des § 13 müssen vorliegen. **bb) Unternehmer** iSd § 478 ist der Letztverkäufer bei V auch die Vorverkäufer in der Lieferkette. Voraussetzungen des § 14 müssen vorliegen. **cc) Lieferant** iSd § 478 ist der Unternehmer, bei dem der Letztverkäufer die mangelhafte Sache gekauft hatte. Lieferant kann Hersteller,

1

2

Chr. Berger   569

§ 478 Buch 2. Abschnitt 8. Einzelne Schuldverhältnisse

3 aber auch Groß- oder Zwischenhändler der Kaufsache sein. **c) Überblick. aa)** § 478 geht davon aus, daß der Regreß innerhalb der „Lieferkette" (s V) erfolgt; ein „Durchgriff" außerhalb der Vertragsbeziehungen vom Verkäufer auf den Hersteller unter Übergehung eines Zwischenhändlers findet nicht statt. **Grundlage des Regresses** sind die Rechte gem § 437, die dem Unternehmer (Letztverkäufer) in seiner Rolle als Käufer bei „seinem" Lieferanten zustehen. **bb)** Ist der Verbraucher aufgrund des Mangels vom Kaufvertrag mit dem Unternehmer zurückgetreten (§ 437 Nr 2, 323) oder hat er den Kaufpreis gemindert (§§ 437 Nr 2, 441), **entbindet I** den Unternehmer für den Rücktritt bzw die Minderung gegenüber dem Lieferanten vom Erfordernis der **Fristsetzung** des § 323 I. Der Lieferant hat im Regreßverhältnis kein „Recht auf zweite Andienung". Dem Unternehmer bleibt das Recht auf Nacherfüllung (§ 439) jedoch unbenommen. I ist keine Anspruchsgrundlage und schafft keine zusätzlichen
4 Regreßmöglichkeiten. **cc) II** begründet für den Unternehmer einen verschuldensunabhängigen **Aufwendungsersatzanspruch** für gem § 439 II erforderliche Aufwendungen der Nacherfüllung. Der Unternehmer soll auch Regreß nehmen können, wenn den Lieferanten wegen des Mangels ein Vertretenmüssen nicht nachzuweisen ist und daher ein Schadensersatzanspruch gem §§ 437 Nr 3, 280 ausscheidet. **dd) III** erstreckt die Beweislastumkehr des § 476 auf das Regreßverhältnis. **ee) IV** beschränkt die Privatautonomie bei der Rückgriffsgestaltung. **ff)** Gem **V** gelten I–IV auch beim Rückgriff des in Regreß genommenen Zwischenhändlers bei seinem (Vor-)Lieferanten. **gg) Verjährung** der Rückgriffsansprüche s § 479.

5 **2. Entbehrlichkeit der Fristsetzung (I). a) Voraussetzungen. aa)** Verkauf (s § 433 Rn 1) einer neu hergestellten (s § 309 Rn 11) Sache; nicht bei gebrauchter (s § 474 Rn 6) Kaufsache. **bb)** Verkäufer und Käufer sind Unternehmer gem § 14. **cc)** Letztverkauf an Verbraucher *oder* V: Unternehmer wurde als Vorlieferant in der Lieferkette in Anspruch genommen. **dd)** Rücktritt oder Minderung des Verbrauchers (bei V: Unternehmer) gegenüber dem Unternehmer. Rückgabe der Kaufsache muß erfolgt sein („zurücknehmen mußte"); bei Minderung ggf Rückzahlung des zuviel geleisteten Kaufpreises (sa § 479 II, der auf Vollzug abstellt). Rücktritt bzw Minderung müssen wegen eine Sachmangels berechtigt erfolgt sein, nicht nur aus „Kulanz" des Unternehmers. **ee)** Rechte des Unternehmers gegen Lieferanten gem § 437; daher muß die Kaufsache bei Gefahrübergang an den *Unternehmer* schon mangelhaft gewesen sein. Nicht, wenn Mangel erst beim Unternehmer auftritt, zB infolge fehlerhafter Lagerung oder aufgrund von Werbeaussagen, die der Lieferant nach Gefahrübergang an Unternehmer, aber vor Weiterverkauf an den Verbraucher (§ 434 I 3) tätigt; Unternehmer kann aber ggf
6 Schadensersatz gem § 280 I verlangen (BT-Drs 14/6040 S 248). **b) Rechtsfolgen.** Der Unternehmer kann sofort zurücktreten (die Kaufsache „weiterreichen") oder mindern; Fristsetzung bzgl Nacherfüllung gem § 323 I ist nicht erforderlich. Schadensersatzanspruch bleibt unberührt.

7 **3. Aufwendungsersatz (II). a) Voraussetzungen. aa)** Verkauf einer neu hergestellten Sache (s Rn 5 [aa]) durch Unternehmer an Unternehmer, der ihn an Verbraucher verkauft oder (V) seinerseits als Vorlieferant gem II in Anspruch genommen wurde. **bb)** Mangel der Kaufsache (§§ 434f) bei Gefahrübergang (§§ 446, 447). **cc) Aufwendungen,** die der Unternehmer wegen des Mangels bei der Nacherfüllung (§§ 437 Nr 1, 439) gegenüber dem Verbraucher gem § 439 II tätigen mußte und nicht nur aus Kulanz übernommen hat. Daher nicht, wenn Rechte des Verbrauchers verjährt waren (s § 438) oder der Unternehmer sich auf § 439 III hätte berufen können. **Umfang:** Der Unternehmer kann nur solche Aufwendungen ersetzt verlangen, die zur Erfüllung der vom Verbraucher gewählten Art der Nacherfüllung (s § 439 I) *erforderlich* waren. Kein Ersatz daher, soweit die Kaufsache (bei Nachlieferung) über dem Marktpreis erworben oder (bei Nachbesserung) repariert wurde (wenn günstigerer Erwerb bzw Reparatur ohne

Titel 1. Kauf, Tausch § **479**

Verzögerung möglich). b) **Rechtsfolgen.** Aufwendungsersatzanspruch des Unter- 8
nehmers. Unabhängig von Vertretenmüssen. Kann mit Schadensersatzanspruch
gem §§ 437 Nr 3, 280 I konkurrieren, sa § 280 I 2.

4. **Beweislastumkehr (III)** des § 476 gilt auch zugunsten des jeweiligen An- 9
spruchstellers im Regreßverhältnis gem I, II. Zeigt sich ein Mangel innerhalb der
Frist von 6 Monaten, hat der jeweilige in Regreß genommene Verkäufer (auch bei
V) sein Nichtvorliegen bei Gefahrübergang zu beweisen. Für den Beginn der Frist
ist nicht auf den Übergang der Gefahr auf den Regreßanspruchsteller, sondern auf
den Verbraucher abzustellen.

5. **Abweichende Vereinbarungen. IV** 1 schränkt die Disposition über die 10
Rückgriffsrechte (s Rn 4) und deren Verjährung (§ 479) ein; *nicht:* gem **IV** 2
Schadensersatz (§ 437 Nr 3) und HGB 377 (Rn 12). Beschränkung und Ausschluß
aber wirksam, soweit dem Unternehmer ein gleichwertiger Ausgleich eingeräumt
wird. Bsp: Pauschales Abrechnungs- (BT-Drs 14/6040 S 249) oder Rabattsystem.
IV 3 enthält Umgehungsverbot s § 475 Rn 6).

6. **Lieferkette (V).** Erleichterungen der I–III und Beschränkungen des IV 11
sollen Rückgriff bis zum für den Sachmangel verantwortlichen Unternehmer
ermöglichen.

7. **Nach VI** bleiben Untersuchungs- und Rügeobliegenheiten gem HGB 377 12
unberührt.

§ **479 Verjährung von Rückgriffsansprüchen**

(1) **Die in § 478 Abs. 2 bestimmten Aufwendungsersatzansprüche verjähren in zwei Jahren ab Ablieferung der Sache.**

(2) ¹**Die Verjährung der in den §§ 437 und 478 Abs. 2 bestimmten Ansprüche des Unternehmers gegen seinen Lieferanten wegen des Mangels einer in einem Verbraucher verkauften neu hergestellten Sache tritt frühestens zwei Monate nach dem Zeitpunkt ein, in dem der Unternehmer die Ansprüche des Verbrauchers erfüllt hat.** ²**Diese Ablaufhemmung endet spätestens fünf Jahre nach dem Zeitpunkt, in dem der Lieferant die Sache dem Unternehmer abgeliefert hat.**

(3) **Die vorstehenden Absätze finden auf die Ansprüche des Lieferanten und der übrigen Käufer in der Lieferkette gegen die jeweiligen Verkäufer entsprechende Anwendung, wenn die Schuldner Unternehmer sind.**

1. **Allgemeines. a) Bedeutung. aa)** I bestimmt Beginn und Dauer der Ver- 1
jährung des Aufwendungsersatzanspruchs aus § 478 II abweichend von §§ 195,
199 I unter Anpassung an § 438 I Nr 3. **bb)** Die Ablaufhemmung des **II** soll die
Regreßlücke schließen, die dem Unternehmer droht, der vom Verbraucher wegen
eines Mangels in einem Zeitpunkt in Anspruch genommen wird, zu dem die
Rückgriffsansprüche bereits verjährt sind. Diese Gefahr entsteht infolge des unterschiedlichen Zeitpunkts des Beginns des Laufs der Verjährungsfrist gem § 438 II:
Ablieferung an Unternehmer regelmäßig vor der an Verbraucher. **b) Anwendungsbereich** s § 478 Rn 1. Nach **III** auch bei Rückgriffskette.

2. **Verjährung Aufwendungsersatzanspruch (I).** Nur Anspruch gem 2
§ 478 II; für Ansprüche gem § 437 gilt § 438. Beginn: Ablieferung an Regreßgläubiger, nicht Verbraucher.

3. **Ablaufhemmung (II).** Ansprüche gem §§ 437, 478 II. Verjährungsfrist der 3
Rückgriffsansprüche beträgt gem §§ 438 II, 479 I mindestens 2 Jahre beginnend
mit Ablieferung der Kaufsache an den rückgriffsberechtigten Unternehmer. Verjährung endet jedoch frühestens 2 Monate nachdem der Unternehmer die Mängelrechte des Verbrauchers gem § 437 erfüllt hat (II 1). Ende der Ablaufhemmung
spätestens nach 5 Jahren seit Ablieferung an Unternehmer (II 2).

Untertitel 4. Tausch

§ 480 Tausch

Auf den Tausch finden die Vorschriften über den Kauf entsprechende Anwendung.

1 **1. Allgemeines. a) Begriff.** Der Tausch ist ein gegenseitiger Vertrag (§ 320), in dem sich die Parteien zum Austausch von Sachen, Vermögenswerten oder Rechten verpflichten. **b) Bedeutung.** Gering, solange das Geld seine Funktion als allg
2 Tauschmittel erfüllt. **c) Abgrenzungen. aa)** Ein **Doppelkauf** liegt vor, wenn mit jeder der beiden Warenveräußerungen ein bes Umsatzzweck verbunden ist; jedoch liegt trotz der Bestimmung von „Tauschpreisen" ein echter Tausch vor, wenn die vereinbarten Geldsummen lediglich den Charakter von Vergleichs- oder Abrechnungsgrößen für einen Wertausgleich in Geld (Rn 4) haben (RG 73, 90; BGH 49, 10). **bb)** „**Wohnungstausch**" ist nur Besitzwechsel zwischen den Mietern, kein Tausch iSd § 480; zum Tausch von **Nutzungsrechten** aus Time-Sharing-Verträgen vgl Bütter VuR 97, 414 ff. **cc) Inzahlungnahme** eines Gegenstandes beim Kauf ist idR kein (reiner) Tausch (s §§ 364, 365 Rn 2 f; § 433 Rn 14), sondern uU gemischter Vertrag (Oldenburg NJW-RR 95, 689; LG Wuppertal NJW-RR 97,
3 1416), uU auch Vermittlungsvertrag (vgl § 311 Rn 25; § 433 Rn 14). **d) Sonderfälle.** Tausch unter Einschaltung Dritter (sog Ringtausch; dazu BGH 49, 7). Zulässig ist auch der Praxistausch zwischen Ärzten (BGH 16, 74) und der Studienplatztausch (München NJW 78, 701). Beim Kauf auf „Umtausch" ist der Käufer berechtigt, den unversehrten Kaufgegenstand zurückzugeben und durch einen anderen (ungefähr wertgleichen) zu ersetzen (s §§ 454, 455 Rn 2; § 346 Rn 2).

4 **2. Tauschvertrag. a) Zustandekommen.** Vereinbarung einer Tauschleistung um des Empfangs der anderen willen. Es kann ein Ausgleich der Wert- bzw Preisdifferenz durch eine Geldleistung vereinbart sein, doch darf diese nicht die
5 Hauptleistung ausmachen (München NJW 78, 702). **b) Rechtsfolgen.** Auf beide Tauschleistungen ist Kaufrecht anwendbar, außer den den Kaufpreis betreffenden Bestimmungen (LM Nr 1 zu § 454 [aF]). Bei **Minderung** (§§ 480, 437 Nr. 2 Alt 2) erfolgt Geldausgleich (entsprechend § 473 S 2 HS 2 aF). Gleiches erfolgt im Falle einer quantitativen Teilunmöglichkeit. **Rücktritt** führt zur Rückabwicklung des Tausches (§§ 480, 437 Nr. 2 Alt 1), mithin zum Rücktausch (Bsp: Hamm NJW-RR 94, 882); bei Unmöglichkeit der Rückgewähr des anderen Tauschgegenstandes uU Wertausgleich (s § 346 II, III).

Titel 2. Teilzeit-Wohnrechteverträge

§ 481 Begriff des Teilzeit-Wohnrechtevertrags

(1) ¹**Teilzeit-Wohnrechteverträge sind Verträge, durch die ein Unternehmer einem Verbraucher gegen Zahlung eines Gesamtpreises das Recht verschafft oder zu verschaffen verspricht, für die Dauer von mindestens drei Jahren ein Wohngebäude jeweils für einen bestimmten oder zu bestimmenden Zeitraum des Jahres zu Erholungs- oder Wohnzwecken zu nutzen.** ²**Das Recht kann ein dingliches oder anderes Recht sein und insbesondere auch durch eine Mitgliedschaft in einem Verein oder einen Anteil an einer Gesellschaft eingeräumt werden.**

(2) **Das Recht kann auch darin bestehen, die Nutzung eines Wohngebäudes jeweils aus einem Bestand von Wohngebäuden zu wählen.**

(3) **Einem Wohngebäude steht ein Teil eines Wohngebäudes gleich.**

1 **1. Allgemeines. a)** §§ 481–487 sind an die Stelle des **TzWrG** getreten, das am 1. 1. 1997 in Kraft trat (neugefaßt durch Bek v 29. 6. 2000) und durch

Titel 2. Teilzeit-Wohnrechteverträge **§ 482**

SchRModG 6 Nr 6 aufgehoben wurde. Das TzWrG diente, die §§ 481–487 dienen der Umsetzung der RiLi 47/94/EG des Europäischen Parlaments und des Rates v 26. 10. 1994 („**Teilzeitnutzungsrechte-RiLi**"). **b)** Die §§ 481–487 gelten für **neue Wohnrechteverträge** (§ 481), die **ab 1. 1. 2002** geschlossen werden (SchRModG 9 I 2). Für **Alt-Verträge,** die vom 1. 1. 1997 bis 31. 12. 2001 (einschließlich) geschlossen wurden, gilt bis zum 31. 12. 2002 das TzWrG; da es sich um „Dauerschuldverhältnisse" handelt, sind die §§ 481 ff erst ab 1. 1. 2003 anzuwenden (EGBGB 229 § 5 S 1, 2). **c)** Die §§ 481 ff sind **halbzwingend,** dh Abweichungen zu*un*gunsten des Verbrauchers sind unwirksam (§ 487 S 1). Zum **Umgehungsverbot** (§ 487 S 2) s § 134 Rn 18. 2

2. Teilzeit-Wohnrechtevertrag. Definition in **I 1. a) Rechtsnatur.** Rechtskauf (§ 453): Teilzeit-Wohnrecht gegen Zahlung eines Gesamtpreises. Daher sind die §§ 433–451 anwendbar, insbes Rechts- und Sachmängelhaftung (dazu § 453 III; Nutzungsrecht berechtigt zum Besitz der Wohneinheit); §§ 482–487 enthalten bes Vorschriften für den Rechtskauf. **b) Beteiligt** sind als Verkäufer ein **Unternehmer** (§ 14) und als Käufer ein **Verbraucher** (§ 13). **c) Vertragszweck:** Nutzung eines Wohngebäudes (oder eines Teiles davon, **III,** zB Zimmer, Appartement) zu Erholungs- oder Wohnzwecken. **d) Nutzungszeit:** Auf die Dauer von mindestens drei Jahren jeweils für einen bestimmten oder zu bestimmenden Zeitraum des Jahres (also nur für einen **Teil eines Jahres,** zusammenhängend oder verteilt, aber nicht für ein ganzes Jahr). 4

3. Wohnrechte-Arten, I 2, II. Zweck und Nutzungszeit sind bei den einzelnen Arten gleich (Rn 6, 7). Möglich sind **(I 2)** ein *dingliches* Recht (zB Miteigentum, §§ 1008 ff), ein *schuldrechtliches* Recht (zB Miete), *Mitgliedschaft* in einem Verein oder Anteil an einer (Personen- oder Kapital-)Gesellschaft (zB Aktien an einer AG mit „Dividende" in Form einer Wohnberechtigung). Möglich ist auch die Einräumung des Rechts, die Nutzung eines (Teils eines) Wohngebäudes aus einem *Bestand von Wohngebäuden* zu wählen (zB in einer oder mehreren Ferienanlagen, auch in verschiedenen Ländern, wie zB bei Hapimag, **II.** 8

§ 482 Prospektpflicht bei Teilzeit-Wohnrechteverträgen

(1) **Wer als Unternehmer den Abschluss von Teilzeit-Wohnrechteverträgen anbietet, hat jedem Verbraucher, der Interesse bekundet, einen Prospekt auszuhändigen.**

(2) **Der in Absatz 1 bezeichnete Prospekt muss eine allgemeine Beschreibung des Wohngebäudes oder des Bestandes von Wohngebäuden sowie die in der Rechtsverordnung nach Artikel 242 des Einführungsgesetzes zum Bürgerlichen Gesetzbuche bestimmten Angaben enthalten.**

(3) **Der Unternehmer kann vor Vertragsschluss eine Änderung gegenüber den im Prospekt enthaltenen Angaben vornehmen, soweit dies auf Grund von Umständen erforderlich wird, auf die er keinen Einfluss nehmen konnte.**

(4) **In jeder Werbung für den Abschluss von Teilzeit-Wohnrechteverträgen ist anzugeben, dass der Prospekt erhältlich ist und wo er angefordert werden kann.**

1. Prospektpflicht. Sie trifft einen Unternehmer (§ 14) gegenüber einem Verbraucher (§ 13) als möglichem Vertragspartner, der sich für das angebotene Teilzeit-Wohnrecht interessiert. Bekundung von Interesse allein genügt schon für das Entstehen der **Pflicht zur Aushändigung** des (vom Unternehmer bereits hergestellten) Prospekts; Vertragsverhandlungen liegen darin (noch) nicht (arg IV: Anfordern ist Interessebekundung, mehr nicht; widersprüchlich PalErgB/Putzo 2). I, IV begründen vorvertragliches Schuldverhältnis iSv § 311 II Nr 3; Verletzungsfolge: § 485 III. 1

§ 482 Buch 2. Abschnitt 8. Einzelne Schuldverhältnisse

2   2. **Prospekt. a) Sprache.** Sie bestimmt sich nach § 483 I 1, 2 (§ 483 I 3).
3   **b) Inhalt, II.** *Allgemeine Beschreibung* des Wohngebäudes oder des Bestandes von Wohngebäuden (Zahl und Größe der Wohnungen sowie der Wohn- und Nebenräume, behindertengerechte Ausstattung, Parkplätze, Lage, Erreichbarkeit, öffentl Verkehrsanbindung, ferner die in BGB-InfoV 2 vorgeschriebenen Angaben (s
4   EGBGB 242 und Anhang zu § 482). **c) Änderungen der Prospektangaben, III,** sind (nur) vor Vertragsschluß und (nur) soweit zulässig, als dies aufgrund von Umständen erforderlich wird, auf die der Unternehmer keinen Einfluß hat (zB
5   Erhöhung der Kurtaxe). **d) Werbung** (in welcher Form auch immer) für den Abschluß von Verträgen iSv § 481 muß angeben, daß und wo der Prospekt auf Anfordern erhältlich ist, **IV.**

Anhang zu § 482

BGB-Informationspflichten-Verordnung (BGB-InfoV) in der Fassung der Bekanntmachung vom 5. August 2002 (BGB. I S. 3002)

(Auszug)

§ 2 Informationspflichten bei und Vertragsinhalt von Teilzeit-Wohnrechteverträgen

(1) Außer den in § 482 Abs. 2 des Bürgerlichen Gesetzbuchs bezeichneten Angaben müssen ein Prospekt nach § 482 Abs. 1 des Bürgerlichen Gesetzbuchs und der Teilzeit-Wohnrechtevertrag folgende Angaben enthalten:
1. **Namen und Sitz einschließlich ladungsfähiger Anschrift des das Nutzungsrecht anbietenden Unternehmers und des Eigentümers des Wohngebäudes oder der Wohngebäude, bei Gesellschaften, Vereinen und juristischen Personen auch Firma und Namen des gesetzlichen Vertreters, sowie die rechtliche Stellung des Unternehmers in Bezug auf das oder die Wohngebäude,**
2. **die genaue Beschreibung des Nutzungsrechts nebst Hinweis auf die erfüllten oder noch zu erfüllenden Voraussetzungen, die nach dem Recht des Staates, in dem das Wohngebäude belegen ist, für die Ausübung des Nutzungsrechts gegeben sein müssen,**
3. **dass der Verbraucher kein Eigentum und kein dingliches Wohn-/Nutzungsrecht erwirbt, sofern dies tatsächlich nicht der Fall ist,**
4. **eine genaue Beschreibung des Wohngebäudes und seiner Belegenheit, sofern sich das Nutzungsrecht auf ein bestimmtes Wohngebäude bezieht,**
5. **bei einem in Planung oder im Bau befindlichen Wohngebäude, sofern sich das Nutzungsrecht auf ein bestimmtes Wohngebäude bezieht,**
    a) **Stand der Bauarbeiten und der Arbeiten an den gemeinsamen Versorgungseinrichtungen wie zum Beispiel Gas-, Elektrizitäts-, Wasser- und Telefonanschluss,**
    b) **eine angemessene Schätzung des Termins für die Fertigstellung,**
    c) **Namen und Anschrift der zuständigen Baugenehmigungsbehörde und Aktenzeichen der Baugenehmigung; soweit nach Landesrecht eine Baugenehmigung nicht erforderlich ist, ist der Tag anzugeben, an dem nach landesrechtlichen Vorschriften mit dem Bau begonnen werden darf,**
    d) **ob und welche Sicherheiten für die Fertigstellung des Wohngebäudes und für die Rückzahlung vom Verbraucher geleisteter Zahlungen im Fall der Nichtfertigstellung bestehen,**
6. **Versorgungseinrichtungen wie zum Beispiel Gas-, Elektrizitäts-, Wasser- und Telefonanschluss und Dienstleistungen wie zum Beispiel Instandhaltung und Müllabfuhr, die dem Verbraucher zur Verfügung stehen oder stehen werden, und ihre Nutzungsbedingungen,**
7. **gemeinsame Einrichtungen wie Schwimmbad oder Sauna, zu denen der Verbraucher Zugang hat oder erhalten soll, und gegebenenfalls ihre Nutzungsbedingungen,**
8. **die Grundsätze, nach denen Instandhaltung, Instandsetzung, Verwaltung und Betriebsführung des Wohngebäudes oder der Wohngebäude erfolgen,**
9. **den Preis, der für das Nutzungsrecht zu entrichten ist, die Berechnungsgrundlagen und den geschätzten Betrag der laufenden Kosten, die vom Verbraucher für die in den Nummern 6 und 7 genannten Einrichtungen und Dienstleistungen**

Titel 2. Teilzeit-Wohnrechteverträge **§ 483**

sowie für die Nutzung des jeweiligen Wohngebäudes, insbesondere für Steuern und Abgaben, Verwaltungsaufwand, Instandhaltung, Instandsetzung und Rücklagen zu entrichten sind, und

10. ob der Verbraucher an einer Regelung für den Umtausch und/oder die Weiterveräußerung des Nutzungsrechts in seiner Gesamtheit oder für einen bestimmten Zeitraum teilnehmen kann und welche Kosten hierfür anfallen, falls der Unternehmer oder ein Dritter einen Umtausch und/oder die Weiterveräußerung vermittelt.

(2) Der Prospekt muss außerdem folgende Angaben enthalten:
1. einen Hinweis auf das Recht des Verbrauchers zum Widerruf gemäß den §§ 485, 355 des Bürgerlichen Gesetzbuchs, Namen und ladungsfähige Anschrift desjenigen, gegenüber dem der Widerruf zu erfolgen hat, einen Hinweis auf die Widerrufsfrist und die Form der Widerrufserklärung sowie darauf, dass die Widerrufsfrist durch rechtzeitige Absendung der Widerrufserklärung gewahrt wird; gegebenenfalls muss der Prospekt auch die Kosten angeben, die der Verbraucher im Fall des Widerrufs in Übereinstimmung mit § 485 Abs. 5 Satz 2 des Bürgerlichen Gesetzbuchs zu erstatten hat,
2. einen Hinweis, wie weitere Informationen zu erhalten sind.

(3) Der Teilzeit-Wohnrechtevertrag muss zusätzlich zu den in Absatz 1 bezeichneten Angaben ferner angeben:
1. Namen und Wohnsitz des Verbrauchers,
2. die genaue Bezeichnung des Zeitraums des Jahres, innerhalb dessen das Nutzungsrecht jeweils ausgeübt werden kann, die Geltungsdauer des Nutzungsrechts nach Jahren und die weiteren für die Ausübung des Nutzungsrechts erforderlichen Einzelheiten,
3. die Erklärung, dass der Erwerb und die Ausübung des Nutzungsrechts mit keinen anderen als den im Vertrag angegebenen Kosten, Lasten oder Verpflichtungen verbunden sind,
4. Zeitpunkt und Ort der Unterzeichnung des Vertrags durch jede Vertragspartei.

1. In II Nr 1 HS 1 muß es „Textform" statt „Form" heißen (s § 355 I 2 HS 1 mit § 485 I). 1

§ 483 Vertrags- und Prospektsprache bei Teilzeit-Wohnrechteverträgen

(1) ¹Der Vertrag ist in der Amtssprache oder, wenn es dort mehrere Amtssprachen gibt, in der vom Verbraucher gewählten Amtssprache des Mitgliedstaats der Europäischen Union oder des Vertragsstaats des Abkommens über den Europäischen Wirtschaftsraum abzufassen, in dem der Verbraucher seinen Wohnsitz hat. ²Ist der Verbraucher Angehöriger eines anderen Mitgliedstaats, so kann er statt der Sprache seines Wohnsitzstaats auch die oder eine der Amtssprachen des Staats, dem er angehört, wählen. ³Die Sätze 1 und 2 gelten auch für den Prospekt.

(2) Ist der Vertrag vor einem deutschen Notar zu beurkunden, so gelten die §§ 5 und 16 des Beurkundungsgesetzes mit der Maßgabe, dass dem Verbraucher eine beglaubigte Übersetzung des Vertrags in der von ihm nach Absatz 1 gewählten Sprache auszuhändigen ist.

(3) Teilzeit-Wohnrechteverträge, die Absatz 1 Satz 1 und 2 oder Absatz 2 nicht entsprechen, sind nichtig.

1. Voraussetzung für die Sprachregelung nach § 483 ist, daß die §§ 481–487 nach deutschem **IPR (EGBGB 29 a)** anwendbar sind. 1

2. Die **Bestimmung der Sprache** für **Vertrag (I)** und **Prospekt (III)** nimmt ihren Ausgangspunkt vom **Wohnsitz des Verbrauchers** in einem Mitgliedstaat der EU oder einem Vertragsstaat des EWR-Abkommens. Maßgebend ist die am Wohnsitz geltende Amtssprache, bei mehreren Amtssprachen die vom Verbraucher gewählte: **I 1** (Bsp: Für Vertrag eines deutschen Verbrauchers mit Wohnsitz in Deutschland ist deutsch Vertragssprache, auch wenn das Wohngebäude in Frankreich liegt). Hat der Verbraucher nicht die Staatsangehörigkeit seines Wohnsitzstaates, sondern die eines anderen EU- oder EWR-Staats, so kann er dessen Amts- 2

Jauernig

§ 484 Buch 2. Abschnitt 8. Einzelne Schuldverhältnisse

sprache oder eine von mehreren dort geltenden Amtssprachen wählen, **I 2** (Bsp: Ein Niederländer mit Wohnsitz in Deutschland kann niederländisch als Vertragssprache wählen).

3   3. Von deutschem Notar **beurkundete Verträge** unterliegen BeurkG 5 (Urkundensprache ist grundsätzlich deutsch), 16 (Feststellung unzureichender Sprachkenntnisse; Übersetzung, auf Verlangen schriftlich); der Verbraucher erhält ohne bes Antrag eine beglaubigte Übersetzung des Vertrags in der von ihm nach I gewählten Sprache **(II)**.

4   4. Bei Verstoß gegen I 1, 2 oder II ist der **Vertrag nichtig, III**.

§ 484 Schriftform bei Teilzeit-Wohnrechteverträgen

(1) ¹**Der Teilzeit-Wohnrechtevertrag bedarf der schriftlichen Form, soweit nicht in anderen Vorschriften eine strengere Form vorgeschrieben ist.** ²**Der Abschluss des Vertrags in elektronischer Form ist ausgeschlossen.** ³**Die in dem in § 482 bezeichneten, dem Verbraucher ausgehändigten Prospekt enthaltenen Angaben werden Inhalt des Vertrags, soweit die Parteien nicht ausdrücklich und unter Hinweis auf die Abweichung vom Prospekt eine abweichende Vereinbarung treffen.** ⁴**Solche Änderungen müssen dem Verbraucher vor Abschluss des Vertrags mitgeteilt werden.** ⁵**Unbeschadet der Geltung der Prospektangaben nach Satz 3 muss die Vertragsurkunde die in der § 482 Abs. 2 bezeichneten Rechtsverordnung bestimmten Angaben enthalten.**

(2) ¹**Der Unternehmer hat dem Verbraucher eine Vertragsurkunde oder Abschrift der Vertragsurkunde auszuhändigen.** ²**Er hat ihm ferner, wenn die Vertragssprache und die Sprache des Staates, in dem das Wohngebäude belegen ist, verschieden sind, eine beglaubigte Übersetzung des Vertrags in der oder einer zu den Amtssprachen der Europäischen Union oder des Übereinkommens über den Europäischen Wirtschaftsraum zählenden Sprache des Staates auszuhändigen, in dem das Wohngebäude belegen ist.** ³**Die Pflicht zur Aushändigung einer beglaubigten Übersetzung entfällt, wenn sich das Nutzungsrecht auf einen Bestand von Wohngebäuden bezieht, die in verschiedenen Staaten belegen sind.**

1   1. **Vertragsform.** Der Vertrag bedarf der **Schriftform** (§ 126), **I 1 HS 1**; elektronische Form (§ 126 a) ist ausgeschlossen, **I 2 mit § 126 III**. Eine vorgeschriebene **strengere Form** ist einzuhalten, **I 1 HS 2** (zB notarielle Beurkundung nach § 311 b I 1 bei Erwerb von Miteigentum, § 481 Rn 8).

2   2. **Vertragsinhalt. a)** Der **Prospektinhalt** (§ 482) wird gem **I 3** grundsätzlich Vertragsinhalt. Das ist ungenau. Die Angaben nach BGB-InfoV 2 II müssen gem dieser Vorschrift nur im Prospekt enthalten sein, nach I 3 aber idR (Rn 3) auch im Vertrag; die Angaben nach BGB-InfoV 2 III müssen, zT können nur im
3   Vertrag, nicht im Prospekt enthalten sein. **b) Abweichungen** vom Prospektinhalt bedürfen der ausdr Parteivereinbarung unter Hinweis auf die Abweichung (I 3), nötig ist ferner, daß die (beabsichtigten) Änderungen vor Vertragsschluß dem Verbraucher mitgeteilt werden, I 4 (anders kann eine ausdr Vereinbarung mit
4   Hinweis auf die Änderungen ohnehin nicht zustandekommen). **c)** Die **Vertragsurkunde** muß den Prospektinhalt (BGB-InfoV 2 I, III), obwohl er ohne weiteres Vertragsinhalt wird **(I 5 mit 3)**, enthalten (Grund: Übersichtlichkeit und Vollständigkeit des Vertrags in einer Urkunde). Der Unternehmer hat dem Verbraucher ein Original oder eine Abschrift der Urkunde auszuhändigen, **II 1**, ggf auch eine beglaubigte Übersetzung, **II 2** (entfällt nach II 3).

5   3. **Sanktionen, § 485 III–V. a)** Ist der **Prospekt** vor Vertragsschluß nicht oder nicht in der richtigen Sprache (§ 483 I 3) vor Vertragsschluß ausgehändigt worden, so beträgt die Widerrufsfrist, abw von § 355 I 2 HS 1, einen Monat, § 485 III.
6   **b)** Fehlt im **Vertrag** eine der in BGB-InfoV 2 I, III bestimmten Angaben, so

Titel 2. Teilzeit-Wohnrechteverträge §§ 485, 486

beginnt die Widerrufsfrist (§ 355 I 2 HS 1) erst mit der schriftlichen Mitteilung der fehlenden Angabe(n), § 485 IV. **c)** Eine **weitere Sanktion** enthält § 485 V (keine Kostenerstattungspflicht des Verbrauchers; Kostenersatzpflicht des Unternehmers), s § 485 Rn 4.

§ 485 Widerrufsrecht bei Teilzeit-Wohnrechteverträgen

(1) Dem Verbraucher steht bei einem Teilzeit-Wohnrechtevertrag ein Widerrufsrecht nach § 355 zu.

(2) Die erforderliche Belehrung über das Widerrufsrecht muss auch die Kosten angeben, die der Verbraucher im Falle des Widerrufs gemäß Absatz 5 Satz 2 zu erstatten hat.

(3) Ist dem Verbraucher der in § 482 bezeichnete Prospekt vor Vertragsschluss nicht oder nicht in der in § 483 Abs. 1 vorgeschriebenen Sprache ausgehändigt worden, so beträgt die Frist zur Ausübung des Widerrufsrechts abweichend von § 355 Abs. 1 Satz 2 einen Monat.

(4) Fehlt im Vertrag eine der Angaben, die in der in § 482 Abs. 2 bezeichneten Rechtsverordnung bestimmt werden, so beginnt die Frist zur Ausübung des Widerrufsrechts erst, wenn dem Verbraucher diese Angabe schriftlich mitgeteilt wird.

(5) ¹Eine **Vergütung für geleistete Dienste sowie für die Überlassung der Nutzung von Wohngebäuden ist abweichend von § 357 Abs. 1 und 3 ausgeschlossen.** ²**Bedurfte der Vertrag der notariellen Beurkundung, so hat der Verbraucher dem Unternehmer die Kosten der Beurkundung zu erstatten, wenn dies im Vertrag ausdrücklich bestimmt ist.** ³**In den Fällen der Absätze 3 und 4 entfällt die Verpflichtung zur Erstattung von Kosten; der Verbraucher kann vom Unternehmer Ersatz der Kosten des Vertrags verlangen.**

1. Widerrufsrecht. I räumt dem Verbraucher entspr § 355 I 1 (am Anfang) dieses Recht ein. Zum **Erlöschen** des Rechts s § 355 III und dazu § 355 Rn 6.

2. Erweiterte Belehrung, II. In der „erforderlichen Belehrung" über das Widerrufsrecht (§ 355 II 1) müssen auch die **Kosten** angegeben werden, die der Verbraucher im Fall des Widerrufs unter den Voraussetzungen von V 2 zu erstatten hat (Rn 4).

3. a) Vergütungsansprüche für geleistete Dienste oder Überlassung von Wohngebäuden (oder Teilen davon, s § 481 III) sind **ausgeschlossen** (abw von § 357 I 1, III), **V 1. b)** Mußte der Vertrag notariell beurkundet werden (§ 484 Rn 1), so hat der Verbraucher dem Unternehmer die **Beurkundungskosten** zu erstatten, wenn das im Vertrag ausdr bestimmt ist, **V 2** (idR ist keine Erstattungs-, sondern die primäre Zahlungspflicht des Verbrauchers vereinbart). **Bei Verstoß** gegen die Prospektpflicht (III mit §§ 482, 483) oder bei Unvollständigkeit des Vertrags iSv IV entfällt die ausdr vereinbarte Kostenerstattungspflicht; bereits gezahlte Kosten hat der Unternehmer dem Verbraucher zu ersetzen, **V 3.** Zu weiteren Sanktionen nach III und IV s § 484 Rn 5, 6.

§ 486 Anzahlungsverbot bei Teilzeit-Wohnrechteverträgen

¹**Der Unternehmer darf Zahlungen des Verbrauchers vor Ablauf der Widerrufsfrist nicht fordern oder annehmen.** ²**Für den Verbraucher günstigere Vorschriften bleiben unberührt.**

1. Grundlage des Anzahlungsverbots ist das Bestehen eines (wirksamen) Vertrags vor Ausübung des Widerrufsrechts; nur dann hat ein solches Verbot einen Sinn (das galt und gilt bis 31. 12. 2002 [§ 481 Rn 2] – entgegen der absolut hM – auch für TzWrG 7, s Vorauf Rn 21 vor § 145).

§ 487, Vor § 488   Buch 2. Abschnitt 8. Einzelne Schuldverhältnisse

2   **2. Annehmen** einer Zahlung ist idR die Folge des **Forderns**. Annahme setzt Verfügungsmöglichkeit des Unternehmers voraus. Sie besteht nicht bei Zahlung auf das Anderkonto eines Rechtsanwalts, Notars, Wirtschaftsprüfers; aber auch der einzahlende Verbraucher verliert (nach den AGB-Banken Anderkonten) der Bank gegenüber die Verfügungsmöglichkeit über „sein" Geld. Daher ist auch das Fordern der Zahlung auf ein Anderkonto unzulässig (aA wohl PalErgB/Putzo 3).

§ 487 Abweichende Vereinbarungen

¹Von den Vorschriften dieses Titels darf nicht zum Nachteil des Verbrauchers abgewichen werden. ²Die Vorschriften dieses Titels finden, soweit nicht ein anderes bestimmt ist, auch Anwendung, wenn sie durch anderweitige Gestaltungen umgangen werden.

1   **1. Die §§ 481–487 sind halbzwingend, S 1:** Abweichungen zu*un*gunsten des Verbrauchers sind unwirksam (sa § 355 Rn 2).
2   **2. Umgehungsverbot, S 2.** Dazu s § 134 Rn 18.

Titel 3. Darlehensvertrag; Finanzierungshilfen und Ratenlieferungsverträge zwischen einem Unternehmer und einem Verbraucher

Untertitel 1. Darlehensvertrag

Vorbemerkungen

Lit: Canaris, Bankvertragsrecht, 2. Aufl 1981; 3. Aufl 1988 (Teil I); Grundmann, Darlehens- und Kreditrecht nach dem SchRModG, BKR 01, 66; Köndgen, Modernisierung des Darlehensrechts: eine Fehlanzeige, in: Ernst/Zimmermann (Hrsg), Zivilrechtswissenschaft und Schuldrechtsreform, 2001, S 457; ders., Darlehen, Kredit und finanzierte Geschäfte nach dem neuen Schuldrecht ..., WM 01, 1637; Mülbert, Die Auswirkungen der Schuldrechtsmodernisierung im Recht des „bürgerlichen" Darlehensvertrags, WM 02, 465; Wittig/Wittig, Das neue Darlehensrecht im Überblick, WM 02, 145.

1   **1. Allgemeines.** Die §§ 488–507 sind durch das SchRModG völlig neu gefaßt worden. Sie regeln – im wesentlichen unter Übernahme der §§ 607–610 aF und des Inhalts des durch das SchRModG aufgehobenen VerbrKrG – in den Untertiteln 1 bis 3 mit dem Darlehensvertrag (einschl Verbraucherdarlehensvertrag, der keinen bes Untertitel erhalten hat), den Finanzierungshilfen und den Ratenlieferungsverträgen **drei Formen des Kredits**, ergänzt in Untertitel 4 durch Bestimmungen über die Unabdingbarkeit und die Erstreckung der Verbraucherschutzvorschriften auf (Klein-)Existenzgründer.

2   **2. Wesensmerkmal** des **Darlehensvertrags** ist die Überlassung von Geld auf Zeit. Die Überlassung kann zu freier oder vertraglich zweckgebundener Nutzung erfolgen. IdR wird ein Zins bedungen (§ 488 I 2 Fall 2). Sind andere Gegenstände als Geld zu überlassen, handelt es sich um ein **Sach**darlehen, s § 607.

3   **3. Sonderformen des Darlehens. a) Allgemeines. aa)** Je nach der **Art der Sicherung** des Darlehensrückzahlungsanspruchs lassen sich unterscheiden: *Personalkredit* (Sicherung allein durch die Person des Darlehensnehmers, Bürgen oder Mitschuldners; vgl §§ 765 ff); *Realkredit* (Sicherung durch Hypothek, Grund- oder Rentenschuld) und *Lombardkredit* (Sicherung durch Pfandrecht oder Sicherungs-
4   übereignung beweglicher Sachen, insbes von Wertpapieren). **bb)** Unterscheidung nach der **Art der Rückzahlung:** In *einer* Summe rückzahlbare Darlehen, *Tilgungsdarlehen* (fester Jahreszinssatz; gleichbleibende „Annuitäten" mit sich änderndem Zins- und Tilgungsanteil) und *Ratenkredit* (betragsmäßige Festlegung der Gesamtzinsen, die als „Kreditgebühren" in den monatlichen Tilgungsraten mitenthalten
5   sind). **cc)** Das Darlehen kann zur freien Verfügung oder zweckgebunden sein.

Titel 3. Darlehensvertrag; Finanzierungshilfen u. a. **Vor § 488**

Zweckbindung besteht bei *Bau- und Bauspardarlehen* (Verwendung für Neu-, Ausoder Umbau eines Gebäudes), bei Sanierungsdarlehen (Lit: Häuser, in: Schimansky ua [Hrsg] Bankrechts-Handbuch, Band 2, 2001, § 85 Rn 45 ff mN) und namentlich bei den *öffentl Darlehen*. **b) Vereinbarungsdarlehen.** Ein auf Leistung von 6 Geld gerichtetes Schuldverhältnis kann durch Vertrag in ein Darlehensverhältnis umgewandelt werden. Eine ausdrückliche Bestimmung (wie § 607 II aF) ist dafür nicht Voraussetzung. Die **Umwandlungsvereinbarung** kann bedeuten: **aa)** Schuldabänderung (idR anzunehmen): Die alte Schuld bleibt bestehen und 7 wird nur inhaltlich in ein Darlehensverhältnis abgeändert. Folge: Sicherheiten und Einwendungen aus dem alten Schuldverhältnis bleiben bestehen, soweit die Abänderung dem nicht gerade entgegensteht (Hamm WM 85, 1223 [zu § 607 II aF]). **bb)** Kausale Schuldumschaffung (Novation): Beiderseitiger, deutlich erkennbarer 8 (BGH NJW 86, 1490 [zu § 607 II aF]) Ersetzungswille ist erforderlich. Die frühere Schuld erlischt, bestehende Sicherungsrechte entfallen. **cc)** Abstrakte Schuld- 9 umschaffung durch ein abstraktes Schuldanerkenntnis oder -versprechen. Die Voraussetzungen der §§ 780, 781 (insbes Schriftform) müssen gegeben sein. **dd)** Be- 10 stand die Schuld nicht, ist die Umwandlung in den Fällen aa) und bb) unwirksam; im Fall cc) ist das abstrakte Anerkenntnis kondizierbar (BGH 28, 167). Beweislast: Die Umwandlung (Fälle aa–cc) hat der Behauptende zu beweisen, die Unwirksamkeit wegen Nichtbestehens der alten Schuld der Schuldner. **c) Bankgeschäft-** 11 **liches Kredit- und Einlagengeschäft** (s KWG 1 I 2 Nr. 1 und 2). **aa)** Durch den **Kredit(eröffnungs)vertrag** übernimmt das Kreditinstitut die Verpflichtung, dem Kreditnehmer einen Geldbetrag in bestimmter Höhe oder bis zu einem Höchstbetrag zu den vertraglich vereinbarten Bedingungen zeitweilig zur Verfügung zu stellen. Der Kreditnehmer hat die vereinbarten Zinsen (uU auch sog Bereitstellungszinsen: BGH NJW-RR 86, 469) zu entrichten, bestimmte Sicherheiten zu leisten und den Geldbetrag bei Fälligkeit zurückzuzahlen. Rechtsnatur: Darlehensvertrag. **bb)** Auf **Bank-** und **Spareinlagen** sind idR die Darlehensvor- 12 schriften über § 700 I (unregelmäßige Verwahrung) anwendbar. Direkte Anwendung finden die §§ 488 ff bei langfristig angelegten Fest- oder Termingeldern (BGH WM 65, 900; Canaris aaO Rn 1165; StHopt/Mülbert 28, 31 vor § 607, hM, str). **d) Zu verbraucherrechtlichen Darlehensverträgen** s §§ 491 ff. **e)** Das **unechte Factoring** ist nicht Forderungskauf im Rechtssinne (wie das 13 echte: BGH 76, 125), sondern Kreditgeschäft (BGH 82, 61 mN, stRspr; ie § 398 Rn 31). **f) Brauereidarlehen.** Darlehen einer Brauerei an einen Gastwirt gegen 14 Vereinbarung einer Bierbezugspflicht (gekoppelter Vertrag gem §§ 488 ff, 433 ff in Sukzessivlieferung, §§ 320 ff; s § 311 Rn 14, 25). Zur Sittenwidrigkeit bei übermäßiger Bindungsdauer s BGH 83, 318 mN; sa § 138 Rn 12; § 139 Rn 11 f. Bei Unmöglichkeit oder Verzug des Darlehensnehmers mit dem Bierbezug ist anstelle von Rücktritt die fristlose Kündigung des Darlehens zulässig. Die vorzeitige Rückzahlung des Darlehens läßt die Bierbezugspflicht nicht erlöschen (aA Düsseldorf MDR 71, 840). **g) Öffentl Kredit.** Es handelt sich um Darlehen aus öffentl 15 Mitteln, die im Rahmen verschiedener Kreditprogramme zweckgebunden gewährt werden. Die Rechtsbeziehungen zum Darlehensnehmer sind idR **zweistufig** geregelt (vgl BGH 92, 95 f; WM 87, 1429 mN). Der Bewilligungsbescheid gehört dem öffentl Recht, der zu seiner Ausführung geschlossene Darlehensvertrag dagegen idR dem bürgerlichen Recht an (Einzelheiten: MK/Westermann 28 ff vor § 607).

4. Abgrenzung des Darlehensvertrags von anderen RGeschäften. **a)** Ein **Sach-** 16 **darlehensvertrag** iSv § 607 I liegt vor, wenn andere vertretbare Sachen als Geld (§ 607 II) regelmäßig gegen ein Entgelt zu Eigentum überlassen werden. **b)** Ein 17 **Gesellschafterdarlehen** kann nach (bei) Eintritt der Überschuldung der Gesellschaft als Eigenkapitalersatz zu qualifizieren sein (zB BGH 133, 302 mN; sa GmbHG 32 a, 32 b; HGB 172 a). **c)** Beim **Beteiligungsdarlehen** (partiarisches 18 Darlehen) wird anstelle von Zinsen eine Gewinnbeteiligung an dem Geschäft

Chr. Berger

§ 488 Buch 2. Abschnitt 8. Einzelne Schuldverhältnisse

vereinbart, dem das Darlehen dient (gegenseitiger Vertrag). Für die Abgrenzung zur Gesellschaft ist entscheidend, ob die Vertragsparteien als Gleichberechtigte für den gemeinsamen Zweck unter gemeinsamer Verantwortung und auf gemeinsame Rechnung tätig werden (dann §§ 705 ff) oder nicht; auch weitgehende Kontrollrechte des Geldgebers schließen partiarisches Darlehen nicht aus. Die Grenzziehung ist schwierig (s BGH 127, 177 ff mN). **d)** Die **Wechseldiskontierung** ist idR Kauf einer Forderung (BGH 19, 292, hM); Darlehen (sog **Akzeptkredit**; uU auch Geschäftsbesorgung) nur dann, wenn die Bank aus eigenen Mitteln sofort die Gutschrift erteilt; Sicherungsgeschäft, wenn der Wechsel nur der Sicherung eines Kredits dient (Sicherungs-, Depot- oder Kautionswechsel). **e) Verwahrung** s Rn 12. **f) Mietkaution.** Verzinsungspflicht besteht gem § 551 III 1.

5. Überleitungsrecht nach SchRModG sa EGBGB 229 § 5 S 2 (Darlehensvertrag ist Dauerschuldverhältnis, s § 488 Rn 1).

§ 488 Vertragstypische Pflichten beim Darlehensvertrag

(1) ¹**Durch den Darlehensvertrag wird der Darlehensgeber verpflichtet, dem Darlehensnehmer einen Geldbetrag in der vereinbarten Höhe zur Verfügung zu stellen.** ²**Der Darlehensnehmer ist verpflichtet, einen geschuldeten Zins zu zahlen und bei Fälligkeit das zur Verfügung gestellte Darlehen zurückzuerstatten.**

(2) **Die vereinbarten Zinsen sind, soweit nicht ein anderes bestimmt ist, nach dem Ablauf eines Jahres und, wenn das Darlehen vor dem Ablauf eines Jahres zurückzuerstatten ist, bei der Rückerstattung zu entrichten.**

(3) ¹**Ist für die Rückerstattung des Darlehens eine Zeit nicht bestimmt, so hängt die Fälligkeit davon ab, dass der Darlehensgeber oder der Darlehensnehmer kündigt.** ²**Die Kündigungsfrist beträgt drei Monate.** ³**Sind Zinsen nicht geschuldet, so ist der Darlehensnehmer auch ohne Kündigung zur Rückerstattung berechtigt.**

Lit: s Vor § 488.

1. Allgemeines. a) Darlehensvertrag ist ein gegenseitiger (bei Fehlen einer Verzinsungsabrede: zweiseitiger) Vertrag, der den Darlehensgeber zur Überlassung eines Geldbetrags (des Darlehens) an den Darlehensnehmer und den Darlehensnehmer zur Entrichtung des Zinses (Entgelt für die Kapitalüberlassung, ges Regelfall) und zur Rückzahlung des Darlehens verpflichtet. Der Darlehensvertrag begründet ein Dauerschuldverhältnis. **b) Gegenstand** des Darlehensvertrags ist ein „Geldbetrag". Das können Geldzeichen (Banknoten und Münzen) jeder Währung sein (die zu übereignen sind), aber auch jede andere Form der Begründung von Verfügungsmacht über Geldbeträge, etwa durch Kontogutschrift. Zum Sachdarlehensvertrag s § 607. **c)** Im **Gegenseitigkeitsverhältnis** (s § 311 Rn 13) stehen die Verpflichtung des Darlehensgebers zur Überlassung (und Belassung) des Darlehens und die Pflicht des Darlehensnehmers zur Entrichtung des vereinbarten Zinses. Insoweit sind die §§ 320 ff anwendbar. Gewöhnlich ist der Darlehensgeber vorleistungspflichtig. Die Rückerstattungspflicht des Darlehensnehmers ist reine Abwicklungspflicht und steht nicht im Gegenseitigkeitsverhältnis. **d) Bedeutung.** Das Gelddarlehen ist Kreditgeschäft (sa KWG 1 I 2 Nr 2). Es bildet (zusammen mit den wirtschaftlich bedeutsamen Sonderformen, Rn 3 ff vor § 488) die Grundlage des Kreditsystems.

2. Entstehung. a) Der Darlehensvertrag kommt durch grundsätzlich formfreie **Einigung** (§§ 145 ff) zustande. I hat damit endgültig der Konsensualvertragstheorie zum Durchbruch verholfen (zur fr Realvertragstheorie Mülbert AcP 192, 449). Inhalt der Vereinbarung sind neben der Höhe des zur Verfügung zu stellenden Geldbetrags regelmäßig die Laufzeit, die Zinshöhe, Aus- und Rückzahlungsmodalitäten sowie Sicherheiten (zB Pfandrecht, Sicherungsübereignung, Sicherungszes-

Titel 3. Darlehensvertrag; Finanzierungshilfen u. a. **§ 488**

sion, Annahme von Wechseln, Bürgschaft). Ob ein bindendes **Angebot** vorliegt, 6
ist Frage der Auslegung; Kreditanfrage bei Bank ist regelmäßig invitatio ad offerendum. Eine Darlehenszusage unter Vorbehalt der Bonitäts- und Werthaltigkeitsprüfung (von Sicherheiten) kann einen Vorvertrag begründen, einen Darlehensvertrag unter einer aufschiebende Bedingung darstellen oder die Pflicht zur Schaffung entsprechender Voraussetzungen begründen; § 490 I betrifft die Kündigung eines Darlehensvertrags wegen Verschlechterung zunächst bestehender Bonität bzw Werthaltigkeit. Der Darlehensvertrag kann auch **konkludent** geschlossen 7
werden, etwa durch Duldung der Inanspruchnahme des Darlehens oder bei Gutschrift vor Scheckeinlösung (SoeHäuser § 607 Rn 7). Vertragsschluß und Darlehenshingabe fallen zusammen beim Handdarlehen. Zu vorvertraglichen Aufklärungs- und Beratungspflichten s SoeHäuser § 607 Rn 23 ff. **b) Vormundschafts-** 8
bzw familiengerichtl Genehmigung gem §§ 1822 Nr 8, 1643 I, 1908 i I erforderlich, wenn Vormund, Eltern oder Betreuer für Mündel, Kind oder Betreuten einen Darlehensvertrag abschließen. **c) § 134. aa)** Die Darlehensgewährung durch 9
eine Bank im Rahmen einer Unfallfinanzierung verstößt gegen das **RBerG**, wenn sie Teilstück einer umfassenden Schadensregulierung ist (BGH 61, 317 – „Unfallhelferring"); dabei ist gleichgültig, ob der Einziehung der Schadensersatzforderung eine Abtretung zugrunde liegt (BGH NJW 77, 38) oder nicht (BGH NJW 77, 431; zur Rspr krit Canaris ZIP 80, 709 f). **bb) Keine** Nichtigkeit hingegen, wenn 10
eine Bank ohne Erlaubnis nach KWG 32 (BGH NJW 80, 1394) oder unter Verstoß gegen ein Kreditierungsverbot nach KWG 46 I 2 Nr 2 (BGH NJW 90, 1356) einen Darlehensvertrag abschließt. **d) § 138.** Sittenwidrig überhöhter Zins 11
und Kreditwucher (§ 138 II; StGB 291 I 1 Nr 2) führen zur Nichtigkeit des Darlehensvertrags; zu den Rechtsfolgen zusammenfassend Bodenbenner JuS 01, 1172. Eine schematische **Zinsobergrenze** besteht nicht; ein auffälliges Mißverhältnis der gegenseitigen Leistungen liegt idR vor, wenn der Vertragszins den marktüblichen Zins relativ um 100% oder absolut um 12% überschreitet (BGH 104, 105; 110, 338; 128, 259); erforderlich für § 138 I ist weiter, daß der Darlehensvertrag bei der gebotenen „Gesamtwürdigung" aller Umstände ein sittenwidriges Gepräge aufweist (BGH 80, 160 f mN; 99, 335; 101, 390 f; 104, 107 ff; 110, 341, jeweils mN, stRspr, ie str; vgl dazu Steinmetz NJW 91, 881 ff). Diese zum Verbraucherdarlehen entwickelten Maßstäbe gelten bei vergleichbaren Kreditformen entspr, etwa beim (Mobilien-)Finanzierungsleasing (BGH 128, 258 ff; NJW 95, 1147; krit Krebs NJW 96, 1177 ff); sie sind aber nicht auf Gelegenheitsdarlehen (BGH NJW 94, 1057) und nicht ohne weiteres auf den gewerblichen Kredit übertragbar (so BGH NJW 91, 1811; einschr StHopt/Mülbert 249). Die Mitverpflichtung von *vermögenslosen nahen Angehörigen* ist uU sittenwidrig (s § 138 Rn 12; § 765 Rn 3).

3. Pflichten des Darlehensgebers. Der Darlehensgeber ist gem I 1 verpflich- 12
tet, dem Darlehensnehmer den vereinbarten „Geldbetrag" „zur Verfügung zu stellen". **a) Inhalt.** Nach BT-Drs 14/6040 S 253 soll der Darlehensgeber lediglich zur wertmäßigen Verschaffung des Geldbetrags verpflichtet sein durch Übergabe von Bargeld oder Erfüllung in den Formen des bargeldlosen Verkehrs wie Überweisung, Gutschrift, Kontokorrent- und Überziehungskredit. Allerdings besteht kein Anlaß, von den allg Regeln der Geldschuld (§§ 244, 245 Rn 6) abzuweichen. Der genaue Inhalt der Pflichten des Darlehensgebers richtet sich nach der Vereinbarung. Regelmäßig ist eine Geldschuld vereinbart, die durch Gutschrift auf einem Darlehenskonto, nur ausnahmsweise durch Barzahlung (§ 929) zu erfüllen ist. **b)** Die Auszahlung kann auch durch oder – bei entspr Ermächtigung des Darle- 13
hensnehmers, vgl BGH NJW 77, 39 – **an einen Dritten** erfolgen (BGH NJW 87, 3202; NJW-RR 97, 1460 [je zu § 607 aF]), zB bei drittfinanzierten (ggf verbundenen, s § 358 III) Verträgen an den Verkäufer; sa § 362 Rn 5 [d]). Ob die Zahlung an einen Dritten Erfüllungswirkung haben soll, ist Auslegungsfrage. Ist der Dritte (zB Vermittler) von den Parteien im überwiegenden Interesse des Darlehensgebers

§ 488 Buch 2. Abschnitt 8. Einzelne Schuldverhältnisse

eingeschaltet worden, liegt keine Auszahlung an den Darlehensnehmer vor (BGH NJW-RR 86, 140 f [zu § 607 aF]), desgl nicht bei Überweisung auf ein Treuhand- oder Notar-Anderkonto (BGH NJW 86, 2947, str, vgl BGH NJW-RR 90, 246) oder Buchung auf Konto pro Diverse (BGH NJW 87, 56 [je zu § 607 aF]). Bei Hingabe von noch zu verwertenden Vermögensrechten (Abtretung von Forderungen; Indossierung von Wechsel oder Scheck) hat der Darlehensnehmer das Darlehen erst mit Zahlung des Drittschuldners „zur Verfügung gestellt erhalten"
14 (§ 364 II). **c)** Der **Anspruch** des Darlehensnehmers auf Auszahlung ist grundsätzlich **abtretbar**. Ein Abtretungsausschluß (§ 399 Fall 2) ist möglich und kann bereits in einer bes Zweckbindung des Darlehens liegen. Der Auszahlungsanspruch
15 ist (s ZPO 851 I) ferner **pfändbar** (BGH JR 78, 420). Nach BGH 147, 193 (krit Anm Honsell JZ 01, 1143; str) ist pfändbar auch der Anspruch aus einem vereinbarten, vom Kunden in Anspruch genommenen Dispositionskredit. Ein Abtretungsausschluß hinsichtlich der Auszahlungsforderung führt gem ZPO 851 II nicht zur Unpfändbarkeit; auch nicht die bloße Zweckbindung (Chr. Berger, Rechtsgeschäftliche Verfügungsbeschränkungen S 161 ff) sondern nur, wenn die Zweck-
16 bindung treuhänderischen Charakter hat (BGH 147, 197). **d)** Die **Aufrechnung** durch den Darlehensgeber (sog Aufrechnungsvalutierung) ist idR (konkludent) ausgeschlossen (BGH 71, 21 [zu § 607 aF]).

17 **4. Pflichten des Darlehensnehmers. a) Abnahmepflicht** bei verzinslichem Darlehen, es sei denn, bloße Liquiditätsreserve ist gewollt (SoeHäuser § 607 Rn 130). Nichtabnahme führt zu Schadensersatzanspruch gem § 280 („Nichtabnahmeentschädigung"): Dieser umfaßt (ie BGH NJW 01, 510) den der Bank entgehende Nettogewinn (Zinsmargenschaden) und die Differenz zwischen Zinsen, die der Darlehensnehmer bezahlt hätte, und der Rendite bei Wiederanlage abzüglich Risiko- und Verwaltungskosten bezogen auf den Zeitraum der rechtlich geschützten Zinserwartung (Zinsverschlechterungsschaden). In Nichtabnahme
18 kann zugleich Kündigung liegen (Mülbert WM 02, 472). **b) Zinszahlungspflicht, I 2 Fall 1.** Zum Zinsbegriff s § 246 Rn 1 ff; dort auch zur Bedeutung von Nebenkosten (Kreditgebühren) und Abschlägen (Disagio, Damnum). Die Zinspflicht ist beim entgeltlichen Darlehen (abw von § 246 Rn 5) keine Neben-,
19 sondern im Gegenseitigkeitsverhältnis (§§ 320 ff) stehende Hauptpflicht. **aa) Voraussetzung des Zinsanspruchs ist eine entspr (auch stillschweigend getroffene) Vereinbarung (ohne Vereinbarung s HGB 353, 354).** Eine *vorweggenommene* **Vereinbarung für den Fall der Stundung (Stundungszins) ist möglich (BGH 95, 369 f). Die Beweislast für das *Nicht*vorliegen einer Zinsvereinbarung („dem Grunde nach") trifft den Darlehensnehmer, denn
20 die Verzinslichkeit ist der ges Regelfall. bb) Höhe:** Der vereinbarte Zinssatz kann „fest" oder „veränderlich" *(variabel)* sein (sa § 489 I, II). Möglich ist auch eine betragsmäßig feste Summe. Grenzen: § 138 (s Rn 11). Zusätzliche *Überziehungszinsen* in AGB sind in den Grenzen der §§ 305 ff möglich (BGH 118, 128 ff mN; NJW 92, 1753; Bsp für „unangemessene Benachteiligung": BGH 125, 347 [zu AGBG 9]). Ansonsten gelten § 246 (4%) und HGB 352 (5%). Die **Beweislast** für den Inhalt der Zinsvereinbarung („der Höhe nach") trifft den Darlehensgeber
21 (BGH WM 83, 448 [zu § 608 aF]). – Eine **einseitige Zinsanpassung** durch (idR) den Darlehensgeber ist im Rahmen von §§ 307, 315 zulässig (BGH 97, 216; Celle WM 91, 1025; krit Reifner JZ 95, 872 [je zu AGBG 9]; sa § 489 I Nr 1 HS 2); für Altkredite in der früheren DDR auch aufgrund bes ges Ermächtigung (ie HBeglG 1991 Art 2 § 1; BVerfG 88, 401; Schubert WM 92, 45).
22 **cc) Zeitraum:** Die Zinspflicht **entsteht** idR mit dem Zeitpunkt der Darlehensauszahlung, bei entspr Vereinbarung (auch in AGB) schon vorher, zB mit *Bereitstellung* (BGH NJW-RR 89, 949); möglich ist auch aufschiebende Bedingung mit
23 Rückwirkung (BGH NJW 95, 2283). **Fälligkeit** des Zinsanspruchs gem **II** spätestens bei Rückerstattung, bei mehrjähriger Laufzeit mit Jahresablauf. Vereinbarung *unterjähriger Zinszahlung* ist (auch in AGB) möglich und üblich (BGH

Titel 3. Darlehensvertrag; Finanzierungshilfen u. a. **§ 489**

NJW 93, 3261). Nach Kündigung und **Verzugseintritt** besteht die Verpflichtung zur Entrichtung des *Vertragszinses* nicht mehr (BGH 104, 338; NJW-RR 89, 950; ie § 288 Rn 4f). Dann einsetzende ges Zinspflicht unterliegt nur beschränkt AGB-vertraglicher Regelung (zum Verbraucherdarlehen s § 497, ie § 286 Rn 36; § 288 Rn 11; § 289 Rn 2). **dd)** Zinsanspruch ist als **selbständige Forderung** 24 abtretbar und pfändbar, nicht akzessorisch zum Rückzahlungsanspruch (keine Anwendung des § 401, SoeHäuser § 607 Rn 7). **ee) Verjährung:** §§ 195, 199, 197 I; bei Tituliierung sa § 197 II; Verbraucherdarlehen s 497 III 3, 4. **c) Rücker-** 25 **stattungspflicht, I 2 Fall 2. aa) Inhalt:** Zurückzuzahlen ist der erlangte Geldbetrag (nicht die erhaltenen Banknoten und Münzen) zum Nennwert in der entsprechenden Währung, ohne Rücksicht auf Auf- oder Abwertungen. Abweichende Vereinbarungen möglich, Wertsicherungsklauseln häufig (vgl aber §§ 244, 245 Rn 23ff). Volle Rückzahlungspflicht auch bei DDR-Altkrediten (s 9. Aufl § 607 Rn 14). – Rückerstattungspflicht ist Hauptleistungspflicht, die aber nicht im Gegenseitigkeitsverhältnis steht. Bei Rückerstattung ist Aufrechnung nicht grundsätzlich ausgeschlossen (anders beim Auszahlungsanspruch, s Rn 16). **bb) Voraussetzungen** s III. **α) Zeitbestimmung** kann sich ergeben entweder 26 ausdr durch Laufzeitdauer oder Rückzahlungstermin oder (mittelbar) stillschweigend bei bestimmtem Verwendungszweck des Darlehens, zB Aufbau eines Geschäfts, Existenzsicherung nur für die Dauer der Ehe bei Darlehen an Schwiegerkinder (BGH NJW 95, 2282f). Kündigung des Darlehensnehmers nach §§ 489, 490 II nicht ausgeschlossen. **β) Kündigung** ist eine empfangsbedürftige, unwi- 27 derrufliche, bedingungsfeindliche (da Gestaltungsrecht) Willenserklärung (§ 130). Ordentliche Kündigung nach III 1, ferner gem § 489; außerordentliche Kündigung § 490. Das ordentliche Kündigungsrecht kann gem § 242 eingeschränkt sein (Bsp: BGH NJW-RR 87, 1184 – Verbindung von Hypothekendarlehen mit Lebensversicherung). **γ)** Vorzeitige Rückzahlung ist nur beim unverzinslichen 28 Darlehen möglich, III 3. **cc) Fällig** ist der Rückerstattungsanspruch mit der durch Zeitablauf oder Kündigung eintretenden Beendigung des Darlehensverhältnisses. Damit entsteht ein Abwicklungsverhältnis; zur Verzinsung des Rückzahlungsanspruchs ab diesem Zeitpunkt s Rn 23. Beim Tilgungsdarlehen (s Rn 4 vor § 488) richtet sich Fälligkeit nach Vereinbarung. Das Darlehensverhältnis ist erst mit Fälligkeit der letzten Rate beendet. Zuvor besteht das Abwicklungsverhältnis nur für die Rückzahlungsrate. **dd) Verjährung:** §§ 195, 199, 197 I; Verbraucher- 29 darlehen s 497 III 3.

§ 489 Ordentliches Kündigungsrecht des Darlehensnehmers

(1) **Der Darlehensnehmer kann einen Darlehensvertrag, bei dem für einen bestimmten Zeitraum ein fester Zinssatz vereinbart ist, ganz oder teilweise kündigen,**
1. **wenn die Zinsbindung vor der für die Rückzahlung bestimmten Zeit endet und keine neue Vereinbarung über den Zinssatz getroffen ist, unter Einhaltung einer Kündigungsfrist von einem Monat frühestens für den Ablauf des Tages, an dem die Zinsbindung endet; ist eine Anpassung des Zinssatzes in bestimmten Zeiträumen bis zu einem Jahr vereinbart, so kann der Darlehensnehmer jeweils nur für den Ablauf des Tages, an dem die Zinsbindung endet, kündigen;**
2. **wenn das Darlehen einem Verbraucher gewährt und nicht durch ein Grund- oder Schiffspfandrecht gesichert ist, nach Ablauf von sechs Monaten nach dem vollständigen Empfang unter Einhaltung einer Kündigungsfrist von drei Monaten;**
3. **in jedem Fall nach Ablauf von zehn Jahren nach dem vollständigen Empfang unter Einhaltung einer Kündigungsfrist von sechs Monaten; wird nach dem Empfang des Darlehens eine neue Vereinbarung über**

§ 489

die Zeit der Rückzahlung oder den Zinssatz getroffen, so tritt der Zeitpunkt dieser Vereinbarung an die Stelle des Zeitpunkts der Auszahlung.

(2) Der Darlehensnehmer kann einen Darlehensvertrag mit veränderlichem Zinssatz jederzeit unter Einhaltung einer Kündigungsfrist von drei Monaten kündigen.

(3) Eine Kündigung des Darlehensnehmers nach den Absatz 1 oder Absatz 2 gilt als nicht erfolgt, wenn er den geschuldeten Betrag nicht binnen zwei Wochen nach Wirksamwerden der Kündigung zurückzahlt.

(4) ¹Das Kündigungsrecht des Darlehensnehmers nach den Absätzen 1 und 2 kann nicht durch Vertrag ausgeschlossen oder erschwert werden. ²Dies gilt nicht bei Darlehen an den Bund, ein Sondervermögen des Bundes, ein Land, eine Gemeinde, einen Gemeindeverband, die Europäischen Gemeinschaften oder ausländische Gebietskörperschaften.

Lit: Freitag, Die Beendigung des Darlehensvertrags nach dem SchRModG, WM 01, 2370; Hopt/Mülbert, Die Darlehenskündigung nach § 609 a BGB, WM SonderBeil Nr 3/1990.

1 1. **Allgemeines.** Die Vorschrift normiert – im wesentlichen unter Übernahme des § 609 a BGB aF (der seinerseits für seit dem 1. 1. 1987 abgeschlossene Verträge an die Stelle des § 247 trat) – ein grundsätzlich unabdingbares (IV 1) **ordentliches Kündigungsrecht des Darlehensnehmers,** das ihm bei Verhandlungen über die Anpassung des vereinbarten Zinssatzes an einen (niedrigeren) Marktzins ein Druckmittel in die Hand geben und ggf notwendige Umschuldungsmaßnahmen ermöglichen soll (Hopt/Mülbert aaO 4). Im Darlehensvertrag ausdrücklich vereinbarte ordentliche Kündigungsrechte bleiben unberührt. Die Bestimmung unterscheidet zwischen festem (I) und variablem (II) Zinssatz. Sie dient dem Schutz des Darlehensnehmers (auch des Kaufmanns). I Nr 2 ist Verbraucherschutzvorschrift, insoweit Umsetzung von VerbrKrRiLi 8.

2 2. **Kündigungsrecht bei Festzins (I). a) Begriff und Überblick. aa) Festverzinsliches Darlehen** ist ein Darlehen, bei dem ein *fester Zinssatz* für *einen* bestimmten Zeitraum (Bindungsdauer) vereinbart ist. Der Zeitraum der beiderseitigen Zinsbindung kann mit der Darlehenslaufzeit zusammenfallen oder kürzer sein als diese. **bb)** Ein Kündigungsrecht besteht in **drei Fällen:** Bei Auslaufen der beiderseitigen Zinsbindung (Rn 3 f), spätestens aber nach Ablauf von 10 Jahren (Rn 7 f); erleichtert ist die Kündigung von Verbraucherdarlehen (Rn 5 f).

3 b) **Kündigung zum Ablauf der Zinsbindung (I Nr 1). aa) Voraussetzungen:** (1) Festverzinsliches Darlehen (Rn 2), bei dem der Zeitraum der Zinsbindung kürzer ist als die Darlehenslaufzeit insgesamt. (2) Fehlen einer (nachträglichen) Zinsvereinbarung für die Zeit nach Ablauf der Bindungsdauer. Das Bestehen eines (einseitigen) Zinsanpassungsrechts gem § 315 (s § 488 Rn 21) schließt das Kündigungsrecht nicht aus (uU aber Bedeutung für Kündigungszeitpunkt: Rn 4).

4 (3) Einhaltung der einmonatigen Kündigungsfrist. **bb) Rechtsfolgen:** Frühester Kündigungszeitpunkt ist idR (I Nr 1 HS 1; Sonderfall in HS 2) der Tag des Ablaufs der Zinsbindung; möglich ist die Kündigung auch zu *jedem beliebigen späteren Zeitpunkt* während der Darlehenslaufzeit. Einseitige Zinsanpassung durch den Darlehensgeber (§ 488 Rn 21) schließt das Kündigungsrecht nicht aus; es erlischt erst mit einer neuen Vereinbarung eines festen Zinssatzes für eine bestimmte Dauer. Eine nähere Regelung des Kündigungsrechts des Darlehensnehmers durch **AGB** erscheint nicht völlig ausgeschlossen, darf die Kündigung aber nicht erschweren (IV 1; Rn 13). – Eine **Sonderregelung** besteht für Darlehen mit kurzfristigen periodischen Zinsanpassungen (vgl **I Nr 1 HS 2);** hier kann das Kündigungsrecht nur zu den jeweiligen (vertraglichen) *Anpassungsterminen* aus-

5 geübt werden. c) **Kündigung von Verbraucherdarlehen (I Nr 2). aa) Zweck:** Verbraucherschutz; Erleichterung der Umschuldung und der Zinsanpassung an gesunkenes Zinsniveau. **bb) Voraussetzungen:** (1) Darlehensnehmer ist Verbraucher, s § 13. Darlehensgeber muß nicht Unternehmer iSv § 14 sein. (2) Fest-

Titel 3. Darlehensvertrag; Finanzierungshilfen u. a. **§ 489**

verzinsliches Darlehen *jeder* Art (Rn 2), Zinsbindung steht nicht entgegen, **I Nr 2** ist Ausnahme zu **I Nr 1**. (3) Ablauf der (unkündbaren) Vorlaufzeit von sechs Monaten seit Auszahlung. (4) Keine Darlehenssicherung durch Grund- oder Schiffspfandrechte (§§ 1113 ff, 1191 ff; SchiffsRG 24 ff). Trotz des Wortlauts („gesichert ist") genügt entsprechende Verpflichtung (aA Voraufl § 609 a Rn 8), denn der Darlehensnehmer darf Kündigungsrecht nach I Nr 2 nicht aufgrund Verstoßes gegen die Sicherungsabrede erhalten. Antrag auf Eintragung des Pfandrechts beim Grundbuchamt ausreichend. Bei teilweiser Sicherung Teilkündigung (str; aA MK/Westermann § 609 a Rn 28). Bei grundpfandrechtlich gesichertem Darlehen Kündigung nur nach § 490 II. (5) Einhaltung der dreimonatigen Kündigungsfrist. **cc) Rechtsfolgen:** Frühester Kündigungszeitpunkt ist der Tag nach Ablauf von sechs Monaten. Kündigungsfrist drei Monate, iü jeder spätere Tag. Mindestlaufzeit daher neun Monate seit Darlehensempfang. **dd) Beweislast:** Nach § 609 a aF hatte der Darlehensgeber die gewerbliche bzw berufliche Zweckbestimmung des Darlehens zu beweisen (Bülow NJW 90, 2534). Nach der Neufassung ist Verbrauchereigenschaft (§ 13) des Darlehensnehmers Voraussetzung der Kündigung. Ob der Gesetzgeber jedoch die Beweislast ändern wollte, ist zweifelhaft. Es empfiehlt sich entspr Klarstellung bei Vertragsschluß (v. Rottenburg WM 87, 4). **d) Kündigung nach zehnjähriger Laufzeit (I Nr 3). aa) Zweck:** Zeitliche Begrenzung der Darlehensbindung; Schutz vor Bindung an einen nicht mehr zeitgemäßen Zinssatz. **bb) Voraussetzungen:** Festverzinsliches Darlehen *jeder* Art (Rn 2), auch soweit Zinsbindung (noch) besteht; Ablauf von zehn Jahren seit vollständigem Darlehensempfang (§ 488 Rn 12 f); Einhaltung der sechsmonatigen Kündigungsfrist. **cc) Rechtsfolgen:** Frühester Kündigungszeitpunkt ist der Tag nach Ablauf von zehn Jahren mit einer Kündigungsfrist von sechs Monaten, aber auch jeder beliebige spätere Tag. Das (ursprüngliche) Kündigungsrecht *erlischt,* wenn nach dem Darlehensempfang eine neue Vereinbarung über die Rückzahlung oder den Zinssatz getroffen wird; in diesem Fall richtet sich das (neue) Kündigungsrecht nach dem Zeitpunkt der Prolongations-(Zinssatz-)vereinbarung **(I Nr 3 HS 2).**

3. Kündigungsrecht bei variablem Zinssatz (II). a) Begriff: Darlehen mit veränderlichem Zinssatz ist jedes nicht festverzinsliche (Rn 2) Darlehen; gleichgültig ist, ob Zins nach einem variablen Maßstab (Zinsgleitklausel, vgl §§ 244, 245 Rn 23 ff; Bindung an Basiszins, § 247) oder ein einseitiges Zinsbestimmungsrecht des Darlehensgebers gem § 315 (s § 488 Rn 21) vereinbart wurde. **b) Zweck:** Das Kündigungsrecht des Darlehensnehmers bildet das Gegengewicht zur fehlenden Zinsbindung des Darlehensgebers; es soll dem Darlehensnehmer die Zinserabsetzung bei sinkendem Marktzins sichern. **c) Voraussetzungen:** Fehlende Zinsbindung; Einhaltung der dreimonatigen Kündigungsfrist; iü Kündigung jederzeit möglich, denn eine Frist zwischen Empfang und Kündigung besteht hier (anders I Nr 2 und 3) nicht. Anders als bei I keine Teilkündigung.

4. Unterbleibensfiktion. III fingiert, die Kündigung sei nicht erfolgt, falls der Darlehensnehmer den insgesamt geschuldeten Betrag nicht innerhalb einer Zwei-Wochen-Frist, beginnend mit Wirksamwerden der Kündigung, zurückzahlt. III soll verhindern, daß der Darlehensnehmer statt des vereinbarten Zinses nur einen – niedrigeren – Verzugszins (s § 288) leisten muß. Wird nicht zurückgezahlt, entfallen die Wirkungen der Kündigung ex tunc (SoeHäuser § 609 a Rn 19).

5. Ausschluß oder Erschwerung (durch zusätzliche Kündigungsvoraussetzungen oder nachteilige Rechtsfolgen) ist gem § 134 **nichtig (IV 1),** es sei denn, die öffentl Hand ist Darlehensnehmer (IV 2). Bsp für Erschwerung: Vorfälligkeitsentschädigung (sa § 490 II 3); Vertragsstrafe; Verlängerung der Kündigungsfrist. Bei vorzeitiger Vertragsbeendigung nach I, II hat der Darlehensnehmer gem § 812 I einen Anspruch auf anteilige Erstattung des unverbrauchten **Disagios** (§ 246 Rn 4; BGH 133, 358).

§ 490 Außerordentliches Kündigungsrecht

(1) **Wenn in den Vermögensverhältnissen des Darlehensnehmers oder in der Werthaltigkeit einer für das Darlehen gestellten Sicherheit eine wesentliche Verschlechterung eintritt oder einzutreten droht, durch die die Rückerstattung des Darlehens, auch unter Verwertung der Sicherheit, gefährdet wird, kann der Darlehensgeber den Darlehensvertrag vor Auszahlung des Darlehens im Zweifel stets, nach Auszahlung nur in der Regel fristlos kündigen.**

(2) ¹Der Darlehensnehmer kann einen Darlehensvertrag, bei dem für einen bestimmten Zeitraum ein fester Zinssatz vereinbart und das Darlehen durch ein Grund- oder Schiffspfandrecht gesichert ist, unter Einhaltung der Fristen des § 489 Abs. 1 Nr. 2 vorzeitig kündigen, wenn seine berechtigten Interessen dies gebieten. ²Ein solches Interesse liegt insbesondere vor, wenn der Darlehensnehmer ein Bedürfnis nach einer anderweitigen Verwertung der zur Sicherung des Darlehens beliehenen Sache hat. ³Der Darlehensnehmer hat dem Darlehensgeber denjenigen Schaden zu ersetzen, der diesem aus der vorzeitigen Kündigung entsteht (Vorfälligkeitsentschädigung).

(3) Die Vorschriften der §§ 313 und 314 bleiben unberührt.

1 **1. Allgemeines.** I regelt ein Kündigungsrecht des Darlehensgebers bei Vermögensverschlechterung des Darlehensnehmers (in der Bankpraxis vielfach überlagert durch Kündigungsrechte in AGB); bei Verbraucherdarlehensverträgen Sondervorschrift in § 498 für den Zeitraum nach Auszahlung des Darlehens (s § 498 Rn 2). II gewährt dem Darlehensnehmer ein Kündigungsrecht insbes zum Zwecke anderweitiger Verwertung des Sicherungsobjekts. Ausprägung des allg Kündigungsrechts bei Dauerschuldverhältnissen aus wichtigem Grund (§ 314); sa Rn 13. Zur Anpassung der AGB der Kreditwirtschaft an § 490 s Wittig/Wittig WM 02, 149; Sonnenhol WM 02, 1264.

2 **2. Kündigungsrecht des Darlehensgebers (I). a) Zweck.** I übernimmt den Grundgedanken des bislang in § 610 aF enthaltenen Widerrufsrechts, gestaltet es aber systemgerecht um zu einem Kündigungsgrund unter geänderten Voraussetzungen. Die Vorschrift dient dem Schutz des Darlehensgebers. Ist die Rückzahlung des Darlehens (bzw die Befriedigung des Darlehensgebers aus Sicherheiten) infolge Vermögensverschlechterung gefährdet, soll der Darlehensgeber das Darlehen nicht auszahlen bzw belassen müssen. Ausprägung von § 242; daher muß der Darlehensgeber dem Darlehensnehmer zB die Bestellung von (ggf zusätzlichen) Sicherheiten
3 ermöglichen. **b) Voraussetzungen. aa)** Nicht nur unwesentliche **Vermögensverschlechterung** des Darlehensnehmers im Zeitraum nach Abschluß des Darlehensvertrags. Bei Vertragsschluß vorliegende, aber nachträglich erst erkennbare Schieflage genügt. Nicht, wenn Darlehensgeber in Kenntnis der Vermögenslage das Darlehen – etwa als Sanierungsdarlehen (dazu Häuser, in: Schimansky ua [Hrsg] Bankrechts-Handbuch, Band 2, 2001, § 85 Rn 48 ff mN) – zusagt. Gleichgestellt ist Verschlechterung der Werthaltigkeit von Sicherheiten, etwa Vermögensverfall
4 bei einem Bürgen. **bb)** Durch effektive Vermögensminderung bereits eingetretene Vermögensverschlechterung ist nicht erforderlich. Drohende Vermögensverschlechterung genügt, etwa durch Hinzutreten zusätzlicher Verbindlichkeiten, Rücknahme anderer Kreditzusagen, Zusammenbruch von Schuldnern des Darlehensnehmers, Ausscheiden eines persönlich haftenden Gesellschafters, nicht aber
5 allein unpünktliche Tilgung. **cc) Gefährdung der Darlehensrückzahlung.** Bestehen Sicherheiten (auch HGB 128), kann nur gekündigt werden, wenn deren Verwertung zum Zeitpunkt des Verwertungsfalls keine Befriedigung verspricht. Negative Prognose genügt; Darlehensgeber muß vor Kündigung keinen Verwertungsversuch unternehmen (aA Mülbert WM 02, 474). Keine Gefährdung, wenn
6 Darlehensnehmer neue werthaltige Sicherheiten anbietet. **c) Kündigungsrecht.**

Titel 3. Darlehensvertrag; Finanzierungshilfen u. a. **Vor §§ 491–507**

aa) Vor Auszahlung des Darlehens kann der Darlehensgeber stets kündigen. Kündigungsrecht abdingbar. – Alternativ besteht Einrede nach § 321, die nicht zur Kündigung, sondern nach § 321 I 2 Fall 2 zur Sicherheitenbestellung führt. – Verweigerung der Auszahlung nach unberechtigter Kündigung: §§ 281, 286.
bb) Nach Auszahlung des Darlehens soll ein Kündigungsrecht nur „in der 7 Regel" bestehen. Erforderlich ist „Gesamtwürdigung der Kündigungssituation" (BT-Drs 14/6040 S 254). Kündigung kann ausgeschlossen sein etwa bei nur vorübergehender Vermögensverschlechterung oder falls die Rückzahlung des Darlehens die Insolvenz des Darlehensnehmers erst herbeiführen würde, während eine ratenweise Rückzahlung dies nicht zur Folge hätte (krit Mülbert WM 02, 474). Nur im Ausnahmefall ist Abmahnung erforderlich, etwa nach Duldung von verzögerter Rückzahlung. – Rückzahlung kann anfechtbar gem InsO 129 ff sein.

3. Kündigungsrecht des Darlehensnehmers (II). a) Zweck. Sonderkündi- 8 gungsrecht des Darlehensnehmers soll dessen wirtschaftliche Bewegungsfreiheit sichern. Grundsätzlich abdingbar; in AGB nicht gegenüber Verbraucher und Existenzgründer (Mülbert WM 02, 475). **b) Voraussetzungen. aa)** Festverzinsliches 9 Darlehen; grund- oder schiffspfandrechtlich gesicherter Darlehensrückzahlungsanspruch (sonst § 489 I Nr 2); Verpflichtung zur Sicherheitenbestellung genügt. **bb)** Berechtigtes Interesse, insbes nach II 2, wenn belasteter Sicherungsgegenstand 10 (gewöhnlich Grundstück) anderweitig verwertet werden soll; auch bei Bereitschaft eines anderen Darlehensgebers, das Grundstück höher zu belasten. Grund gleichgültig: Scheidung, Umzug, Arbeitslosigkeit, Erbauseinandersetzung. Ursache muß Darlehensnehmer bei Vertragsschluß unbekannt gewesen sein. **cc)** Einhaltung einer **Kündigungserklärungsfrist** entspr § 314 III; Orientierung: § 626 II. – **Nicht:** Entrichtung der Vorfälligkeitsentschädigung (s Rn 12); keine Unterbleibensfiktion iSv § 489 III. **c) Rechtsfolgen. aa) Kündigungsrecht** des Darle- 11 hensnehmers, nicht des Eigentümers der belasteten Sache. Folge: Rückerstattungspflicht bzgl Darlehen, § 489 I 1 Fall 2. **bb)** Anspruch des Darlehensgebers auf 12 **Vorfälligkeitsentschädigung.** Rechtsnatur: modifizierter Zinsanspruch, kein Schadensersatzanspruch, denn die Ausübung ges Gestaltungsrechte ist nicht pflichtwidrig; § 122 ist kein Gegenargument, da (nur) Vertrauensschaden zu ersetzen ist (§ 122 Rn 3). Folge: Bei Verzug ggf Verzinsung nach § 288 II. Umfang: Insbes Zinsmargen- und Zinsverschlechterungsschaden; Berechnung s BGH 131, 168; NJW 01, 510; maßgeblicher Zeitpunkt ist Fälligkeit des Rückzahlungsanspruchs, nicht Kündigung. – Anspruch auf Vorfälligkeitsentschädigung ist bei entspr umfassender Sicherungsabrede (s § 1191 Rn 5) durch Grundschuld gesichert; durch Hypothek nur, wenn Einigung und Eintragung (s § 1113 Rn 8) ihn umfassen. Darlehensgeber kann Freigabe von Sicherheiten gem § 273 bis zur Zahlung der Verfälligkeitsentschädigung verweigern.

4. Verhältnis zu §§ 313, 314. a) Kündigung aus wichtigem Grund. Nach 13 III bleibt § 314 unberührt. Bedeutung: Liegen Voraussetzungen von I, II nicht vor, kann immer noch aus wichtigem Grund gekündigt werden. Bsp: Darlehensnehmer ist mit Rückzahlung in Verzug (Mülbert WM 02, 473; sa § 498); Verwendung des Darlehens entgegen Zweckvereinbarung. Gefährdung der Rückzahlung des Darlehens ist bei § 314 nicht darzulegen. **b) Störung der Geschäftsgrundlage.** Selbst 14 wenn Kündigung gem I, II möglich ist, kann Berechtigter auf Erklärung verzichten und Vertragsanpassung verlangen. Bsp: Bestellung weiterer Sicherheiten, Zinsanpassung an geänderte Risiken; Stundung.

Vorbemerkungen vor §§ 491–507

Lit: Bülow, Kreditvertrag und Verbraucherkreditrecht im BGB, in: Schulze/Schulte-Nölke (Hrsg), Die Schuldrechtsreform vor dem Hintergrund des Gemeinschaftsrechts, 2001, S 153; ders., Verbraucherkreditrecht im BGB, NJW 02, 1145.

§ 491 Buch 2. Abschnitt 8. Einzelne Schuldverhältnisse

1 **1. Bedeutung.** §§ 491–507 treten an die Stelle des durch das SchRModG aufgehobenen VerbrKrG. Sie enthalten unabdingbare (§ 506) Bestimmungen über den **Schutz des Verbrauchers** (s § 13) bei Verbraucherdarlehensverträgen (§§ 491–498), Finanzierungshilfen (§§ 499–504, insbes Finanzierungsleasing- und Teilzahlungsverträgen) sowie Ratenlieferungsverträgen (§ 505), die in § 507 auf **Existenzgründer** erstreckt werden; zu Schuldbeitritt und Vertragsübernahme s § 491 Rn 4. §§ 491–507 dienen – partiell – der **Umsetzung der VerbrKrRiLi**, die (s VerbrKrRiLi 1 II c) neben den Verbraucherdarlehensverträgen auch den „Zahlungsaufschub" und „ähnliche Finanzierungshilfen" umfaßt. Bedeutung: „richtlinienkonforme" Auslegung; Vorabentscheidung nach EG 234.

2 **2. Systematik.** Das SchRModG bricht die bisherige gemeinsame Regelung der drei Kreditformen im VerbrKrG auf und ordnet sie wie folgt: Der **Verbraucherdarlehensvertrag** wird in §§ 491–498 systematisch dem Untertitel über den Darlehensvertrag zugewiesen, die übrigen Kreditverträge sind unter dem Oberbegriff **„Finanzierungshilfen"** im Untertitel 2 (§§ 499–504) formal zusammengefaßt. § 499 I verweist für diese Verträge grundsätzlich auf die Bestimmungen über Verbraucherdarlehensverträge (und die Regeln über verbundene Verträge und den Einwendungsdurchgriff in §§ 358 f); von der Verweisung ausgenommen sind gem § 499 III Verträge, die unter § 492 II, III fallen. § 499 II bestimmt für **3 Finanzierungsleasingverträge** und **Teilzahlungsgeschäfte** die Anwendung der §§ 500–504, wobei § 500 für Finanzierungsleasingverträge – abweichend von § 499 I – die Anwendung der Bestimmungen über Verbraucherdarlehensverträge einschränkt. § 501 S 1 verfährt für Teilzahlungsgeschäfte ebenso. § 501 S 2 ordnet ergänzend die Geltung der §§ 502–504 an. Untertitel 3 regelt in § 505 den **Ratenlieferungsvertrag.** – Zum **Darlehensvermittlungsvertrag** (vgl VerbrKrG 1 III) s §§ 655 a ff.

4 **3. Instrumente des Verbraucher- und Existenzgründerschutzes** sind – unabdingbare (§ 506) – Form- und Informationsvorschriften (§§ 492, 494, 499 I, 502, 505 II), Widerrufsrechte (§ 495, 499 I, 505 I), Unwirksamkeit von Einwendungsverzicht sowie Wechsel- und Scheckverbot (§ 496, 499 I), die bei Zahlungsverzug günstigere Zinsberechnung (§ 497, 499 I) und besondere Kündigungsvoraussetzungen (§ 498, 499 I) sowie ein Recht zur vorzeitigen Tilgung bei Teilzahlungsgeschäften (§ 504). Ergänzt wird der Schutz in §§ 358 f durch Bestimmungen über verbundene Geschäfte und den Einwendungsdurchgriff; sa das Kündigungsrecht gem § 489 I Nr 2. – Zum Schutz des Darlehensnehmers vor sittenwidrig überhöhtem Zins s § 488 Rn 11; Ausschluß des Mahnverfahrens s ZPO 688 II Nr 1; Konkurrenz mit anderen Verbraucherschutzbestimmungen vgl §§ 312 a (sa EuGH NJW 02, 281), 358 II 2.

5 **4. IPR** s EGBGB 27–29, 34.

§ 491 Verbraucherdarlehensvertrag

(1) Für entgeltliche Darlehensverträge zwischen einem Unternehmer als Darlehensgeber und einem Verbraucher als Darlehensnehmer (Verbraucherdarlehensvertrag) gelten vorbehaltlich der Absätze 2 und 3 ergänzend die folgenden Vorschriften.

(2) Die folgenden Vorschriften finden keine Anwendung auf Verbraucherdarlehensverträge,

1. **bei denen das auszuzahlende Darlehen (Nettodarlehensbetrag) 200 Euro nicht übersteigt,**
2. **die ein Arbeitgeber mit seinem Arbeitnehmer zu Zinsen abschließt, die unter den marktüblichen Sätzen liegen,**
3. **die im Rahmen der Förderung des Wohnungswesens und des Städtebaus auf Grund öffentlich-rechtlicher Bewilligungsbescheide oder auf Grund von Zuwendungen aus öffentlichen Haushalten unmittelbar zwischen**

Titel 3. Darlehensvertrag; Finanzierungshilfen u. a. **§ 491**

der die Fördermittel vergebenden öffentlich-rechtlichen Anstalt und dem Darlehensnehmer zu Zinssätzen abgeschlossen werden, die unter den marktüblichen Sätzen liegen.

(3) Keine Anwendung finden ferner

1. § 358 Abs. 2, 4 und 5 und die §§ 492 bis 495 auf Verbraucherdarlehensverträge, die in ein nach den Vorschriften der Zivilprozessordnung errichtetes gerichtliches Protokoll aufgenommen oder notariell beurkundet sind, wenn das Protokoll oder die notarielle Urkunde den Jahreszins, die bei Abschluss des Vertrags in Rechnung gestellten Kosten des Darlehens sowie die Voraussetzungen enthält, unter denen der Jahreszins oder die Kosten geändert werden können;
2. § 358 Abs. 2, 4 und 5 und § 359 auf Verbraucherdarlehensverträge, die der Finanzierung des Erwerbs von Wertpapieren, Devisen, Derivaten oder Edelmetallen dienen.

1. Allgemeines. I bestimmt die Begriffsmerkmale des **Verbraucherdarlehensvertrags** und damit den persönlichen und sachlichen Anwendungsbereich der in §§ 492–498 enthaltenen Sondervorschriften. II nimmt Kleindarlehen und bestimmte unter Marktzins verzinste Darlehensverträge von der Anwendung der §§ 492–498 insgesamt aus, III erklärt einzelne Vorschriften der §§ 492–498 für unanwendbar. – § 491 entspricht weithin VerbrKrG 1 I, 3 und dient der Umsetzung von VerbrKrRiLi 1 II a–c, 2. Zur Systematik der **Umsetzung der VerbrKrRiLi** (und der Neugliederung des bisherigen VerbrKrG) s Rn 2 f vor §§ 491–507. 1

2. Persönlicher Anwendungsbereich. Die §§ 492–498 finden Anwendung auf einen Darlehensvertrag zwischen einem Unternehmer (s § 14) als Darlehensgeber und einem Verbraucher (s § 13) bzw Existenzgründer (s § 507) als Darlehensnehmer. Auch der Darlehensvertrag einer aus natürlichen Personen bestehenden Gesellschaft bürgerlichen Rechts (§ 705) als Darlehensnehmer kann einen Verbraucherdarlehensvertrag darstellen, wenn der Gesellschaftszweck nicht kommerzieller Natur ist (BGH NJW 02, 368 [Verwaltung eigenen Vermögens; zu VerbrKrG 1]). **Nicht:** Darlehensverträge zwischen Unternehmern oder zwischen Verbrauchern (zB „Verwandtendarlehen"); Verbraucher als Darlehensgeber an Unternehmer. 2

3

3. Sachlicher Anwendungsbereich. a) Darlehensvertrag s § 488, auch gesicherte Darlehen (s III Nr 1), Darlehen mit Laufzeit unter drei Monaten (sa § 499 I) und Überziehungskredite (s § 493). *Nicht:* Sachdarlehensvertrag (§ 607); Vereinbarkeit mit VerbrKrRiLi zweifelhaft. **Schuldbeitritt** (zu einem Darlehensvertrag) ist Darlehensvertrag gleichzustellen (BGH 133, 74 f [zu VerbrKrG 1]), ebenso die **Vertragsübernahme,** jedenfalls bei dreiseitiger (s § 398 Rn 32) Vereinbarung (BGH NJW 99, 2666 [zu VerbrKrG 1]). – Nicht Bürgschaft, s § 499 Rn 7. **b) Entgeltlichkeit** meint jede Art von Gegenleistung, insbes Zinsen, Gebühren, einmalige Vergütung, auch nominell erhöhte Rückzahlung, die allein den Inflationsausgleich dient. Sind Zinsen uä nicht vereinbart, liegt ein *Verbraucher*darlehensvertrag nicht vor, ggf ein Darlehensvertrag. 4

5

4. Ausnahmen. a) Vollausnahmen. Keine Anwendung finden §§ 492–498 gem II auf **aa)** Kleindarlehen bis 200 Euro Nettodarlehensbetrag („Bagatellvorbehalt"); Auszahlung meint auch Gutschrift; **bb)** gegenüber dem Marktzins günstigere *Arbeitgeber*darlehen; **cc)** von der öffentl Hand im Marktzinssätzen vergebene Förderdarlehensverträge; **dd)** Existenzgründerdarlehen mit Nettodarlehensbetrag über 50 000 Euro, s § 507. **b) Einzelausnahmen.** Nur bestimmte Vorschriften finden gem **III** bei folgenden Darlehensverträgen keine Anwendung: **aa) Darlehensverträge,** die (1) **gerichtlich** (nicht: vom Gerichtsvollzieher; nicht Anwaltsvergleich [ZPO 796 a]) **protokolliert** (ZPO 794 I Nr 1 [insbes „Ratenzahlungsvergleiche"]) worden sind; wohl auch im schriftlichen Verfahren gem 6

7

8

Chr. Berger 589

§ 492 Buch 2. Abschnitt 8. Einzelne Schuldverhältnisse

ZPO 278 VI (Beschluß nach ZPO 278 VI 2 genügt „gerichtlicher Beurkundung" gem VerbrKrRiLi 2 IV) *oder* (2) **notariell beurkundet** (BeurkG 6 ff) worden sind, wenn Jahreszins, Darlehenskosten (nicht Anwalts-, Gerichts- und Beurkundungsgebühren [SoeHäuser, VerbrKrG 3 Rn 31; str]) und ggf Änderungsvoraussetzungen angegeben werden. *Unanwendbar* sind Form- und Abschlußbestimmungen (§§ 492–494); ferner entfällt Widerrufsrecht (§ 495), das insbes den Zweck des
9 Prozeßvergleichs unterlaufen würde. **bb)** Darlehensverträge zur Finanzierung von **Spekulationsgeschäften.** *Unanwendbar:* §§ 358 II, IV, V, 359. Bedeutung: Verbraucher steht bzgl Verbraucherdarlehensvertrag das Widerrufsrecht nach § 495 zu; seine Ausübung hat aber nicht gem §§ 358 II, IV, V, 359 Wirkung auf den verbundenen Kaufvertrag. Zweck: Keine nachträgliche Risikoverlagerung auf Verkäufer bei verbundenem Geschäft, etwa nach Kursverfall. – § 358 I (sa § 358 II 2) ist anwendbar; Bedeutung gering, vgl § 312 b III Nr 3.

10   5. **Beweislast** für Vorliegen der Voraussetzungen des I trägt der Verbraucher (auch für Entgeltlichkeit), für II, III der Unternehmer.

§ 492 Schriftform, Vertragsinhalt

(1) ¹**Verbraucherdarlehensverträge sind, soweit nicht eine strengere Form vorgeschrieben ist, schriftlich abzuschließen.** ²**Der Abschluss des Vertrags in elektronischer Form ist ausgeschlossen.** ³**Der Schriftform ist genügt, wenn Antrag und Annahme durch die Vertragsparteien jeweils getrennt schriftlich erklärt werden.** ⁴**Die Erklärung des Darlehensgebers bedarf keiner Unterzeichnung, wenn sie mit Hilfe einer automatischen Einrichtung erstellt wird.** ⁵**Die vom Darlehensnehmer zu unterzeichnende Vertragserklärung muss angeben:**

1. **den Nettodarlehensbetrag, gegebenenfalls die Höchstgrenze des Darlehens,**
2. **den Gesamtbetrag aller vom Darlehensnehmer zur Tilgung des Darlehens sowie zur Zahlung der Zinsen und sonstigen Kosten zu entrichtenden Teilzahlungen, wenn der Gesamtbetrag bei Abschluss des Verbraucherdarlehensvertrags für die gesamte Laufzeit der Höhe nach feststeht, bei Darlehen mit veränderlichen Bedingungen, die in Teilzahlungen getilgt werden, und ein Gesamtbetrag auf der Grundlage der bei Abschluss des Vertrags maßgeblichen Darlehensbedingungen,**
3. **die Art und Weise der Rückzahlung des Darlehens oder, wenn eine Vereinbarung hierüber nicht vorgesehen ist, die Regelung der Vertragsbeendigung,**
4. **den Zinssatz und alle sonstigen Kosten des Darlehens, die, soweit ihre Höhe bekannt ist, im Einzelnen zu bezeichnen, im Übrigen dem Grunde nach anzugeben sind, einschließlich etwaiger vom Darlehensnehmer zu tragender Vermittlungskosten,**
5. **den effektiven Jahreszins oder, wenn eine Änderung des Zinssatzes oder anderer preisbestimmender Faktoren vorbehalten ist, den anfänglichen effektiven Jahreszins; zusammen mit dem anfänglichen effektiven Jahreszins ist auch anzugeben, unter welchen Voraussetzungen preisbestimmende Faktoren geändert werden können und auf welchen Zeitraum Belastungen, die sich aus nicht vollständiger Auszahlung oder aus einem Zuschlag zu dem Darlehen ergeben, bei der Berechnung des effektiven Jahreszinses verrechnet werden,**
6. **die Kosten einer Restschuld- oder sonstigen Versicherung, die im Zusammenhang mit dem Verbraucherdarlehensvertrag abgeschlossen wird,**
7. **zu bestellende Sicherheiten.**

Titel 3. Darlehensvertrag; Finanzierungshilfen u. a. **§ 492**

(1 a) ¹**Abweichend von Absatz 1 Satz 5 Nr. 2 ist kein Gesamtbetrag anzugeben bei Darlehen, bei denen die Inanspruchnahme bis zu einer Höchstgrenze freigestellt ist, sowie bei Immobiliardarlehensverträgen.** ²Immobiliardarlehensverträge sind Verbraucherdarlehensverträge, bei denen die Zurverfügungstellung des Darlehens von der Sicherung durch ein Grundpfandrecht abhängig gemacht wird und zu Bedingungen erfolgt, die für grundpfandrechtlich abgesicherte Darlehensverträge und deren Zwischenfinanzierung üblich sind; der Sicherung durch ein Grundpfandrecht steht es gleich, wenn von einer Sicherung gemäß § 7 Abs. 3 bis 5 des Gesetzes über Bausparkassen abgesehen wird.

(2) ¹Effektiver Jahreszins ist die in einem Prozentsatz des Nettodarlehensbetrags anzugebende Gesamtbelastung pro Jahr. ²Die Berechnung des effektiven und des anfänglichen effektiven Jahreszinses richtet sich nach § 6 der Verordnung zur Regelung der Preisangaben.

(3) Der Darlehensgeber hat dem Darlehensnehmer eine Abschrift der Vertragserklärungen zur Verfügung zu stellen.

(4) ¹Die Absätze 1 und 2 gelten auch für die Vollmacht, die ein Darlehensnehmer zum Abschluss eines Verbraucherdarlehensvertrags erteilt. ²Satz 1 gilt nicht für die Prozessvollmacht und eine Vollmacht, die notariell beurkundet ist.

1. Allgemeines. Die – abgesehen von IV – gegenüber VerbrKrG 4 weitgehend unveränderte Vorschrift dient dem Schutz des Verbrauchers (Existenzgründer s § 507) insbes durch Form (I 1–4, IV) und Information im Hinblick auf die Belastung durch den Verbraucherdarlehensvertrag (II 5, III). Umsetzung von VerbrKrRiLi 4. Unanwendbar bei § 491 III Nr 1, 493; zu Schuldbeitritt usw s § 491 Rn 4. **1**

2. Form. a) I 1 verlangt Schriftform. Zweck: Warnfunktion im Interesse des Darlehensnehmers. Daher auch Ausschluß der elektronischen Form (§ 126 III). Blankounterschrift genügt nicht (SoeHäuser VerbrKrG 4 Rn 5). Aus Vereinfachungsgründen können abweichend von § 126 II 1 Angebot und Annahme in getrennten Urkunden erklärt werden, I 3. Die Erklärung des Darlehens*gebers* bedarf entgegen § 126 I nicht der eigenhändigen Unterschrift, wenn sie durch eine „automatische Einrichtung" erstellt wird, I 4. Die unterzeichnete Originalerklärung des Darlehens*nehmers* muß dem Darlehensgeber zugehen (§ 130); Übermittlung per Telefax genügt nicht (BGH NJW 97, 3170). **b)** I gilt auch bei **Vertragsänderungen**, selbst bei Stundungen oder nur zeitlicher Verlängerung ohne Konditionenänderung (aA SoeHäuser VerbrKrG 4 Rn 13, 16), ferner für die Anpassungserklärung nach § 315 (MK/Ulmer VerbrKrG 4 Rn 14; str). Grund: Verbraucher soll wegen §§ 495, 489 I Nr 1 die neuen Konditionen und Laufzeiten mit anderen Angeboten vergleichen können; auch dem Verbraucher entgegenkommende Stundungsvereinbarung kann infolge längerer Laufzeit trotz unverändertem Zinssatz zu erhöhter Gesamtbelastung führen. In der Urkunde genügt jedoch die Angabe der gegenüber dem früheren Vertrag *geänderten* Vertragsbedingungen, wenn sie mit dem Altvertrag verbunden ist. I findet auch Anwendung bei Schuldbeitritt (BGH NJW 00, 3498 [zu VerbrKrG 4]; sa § 491 Rn 4). **2 3**

3. Mindestangaben. Die vom Verbraucher zu unterschreibende Erklärung muß nach **I 5** umfassen: **a) Nr 1: Nettodarlehensbetrag** (s 491 II Nr 1: Auszahlungsbetrag, dh Bruttobetrag abzüglich Kosten, Provisionen, Disagio usw), ggf Darlehenshöchstgrenze; *Verstoß* s § 494 I, II 1; **b) Nr 2: Gesamtbetrag** aller Leistungen des Darlehensnehmers (auch bei endfälligen Darlehen mit Tilgungsaussetzung, wenn bei Fälligkeit mit zwischenzeitlich angesparter Lebensversicherung abgelöst wird, BGH ZIP 02, 392 f), bei variablen Konditionen (nach BGH ZIP 02, 394 auch: ungewisse Laufzeit) fiktiver Gesamtbetrag aufgrund anfänglicher Bedingungen. Entbehrlich ist die Gesamtbetragsangabe nach **Ia** (eingefügt durch **4 5**

§ 493 Buch 2. Abschnitt 8. Einzelne Schuldverhältnisse

OLGVertrÄndG) bei vom Darlehensnehmer bestimmter Darlehenshöhe und bei **Immobiliardarlehensverträgen.** Legaldefinition in Ia 2: Zu für Realkredite üblichen Bedingungen (Zinshöhe und sonst Konditionen, BGH NJW 01, 510 [zu VerbrKrG 3 II Nr 2]) grundpfandrechtlich gesicherte Darlehen; unerheblich ist, ob Grundpfandrecht voll werthaltig ist (BGH NJW 00, 2354 [zu VerbrKrG 3 II

6 Nr 2]). *Verstoß* s § 494 I, II 1, 2; **c) Nr 3: Rückzahlungsmodalitäten,** insbes Betrag, Fälligkeit und Anzahl der Raten, ggf Kündigung und Zeitablauf; *Verstoß* s § 494 I, II 1; **d) Nr 4: Zinssatz** und alle anfallenden Kosten (Gebühren, Spesen, Provisionen); *Verstoß* s § 494 I, II 1, 2; **e) Nr 5: effektiver Jahreszins** (Berechnung s II, wichtigste Vergleichsgrundlage); ggf Voraussetzungen der Änderungen

7 preisbestimmender Faktoren; *Verstoß* s § 494 I, II 1, 2, 5; **f) Nr 6: Versicherungskosten;** *Verstoß* s § 494 I, II 1, 3, III; **g) Nr 7: Sicherheiten;** Bezeichnung genügt, bei bestehenden Sicherheiten Hinweis auf Fortbestand; *Verstoß* s § 494 II 6.

8 **4. Abschrift (III).** Der Verbraucher hat zu Informationszwecken – über § 810 hinaus – Anspruch auf Übereignung einer Abschrift der Vertragsurkunde (bei I 3 beider Vertragserklärungen). Einklagbare Nebenleistungspflicht, deren Nichterfüllung nicht zur Unwirksamkeit des Vertrags führt, jedoch uU die Widerrufsfrist nach § 355 II 3 nicht in Lauf setzt.

9 **5. a) Vollmacht (IV 1)** zum Abschluß eines Verbraucherdarlehensvertrags bedarf der Schriftform und muß die Mindestangaben des I 5 (insoweit noch aA BGH NJW 01, 1931 [zu VerbrKrG 4]) umfassen. Vollmachten verbunden mit dem Auftrag, die Darlehensbedingungen erst auszuhandeln, scheiden damit aus. Abweichung von § 167 II. Grund: Verbraucherschutz soll nicht durch Vollmacht unterlaufen werden (BT-Drs 14/7052 S 201). Wegen des Zusammenhang mit dem Geschäftsbesorgungvertrag gilt für vor dem 1. 1. 2002 erteilte Vollmachten EGBGB 229 § 5 S 2 entspr (aA BT-Drs 14/7052 S 328; Peters/Gröpper WM 01, 2103).

10 **b) Ausnahmen (IV 2). aa) Prozeßvollmacht** (nicht andere Anwaltsvollmachten); Anwalt soll zB Prozeßvergleich (über § 491 III Nr 2 hinaus) mit Ratenzahlung vereinbaren können, ohne gesonderte Vollmacht einholen zu müssen. **bb) Notariell beurkundete Vollmacht;** zB Generalvollmacht für Vermögensverwaltung; Vollmacht zum finanzierten Immobilienerwerb.

§ 493 Überziehungskredit

(1) ¹**Die Bestimmungen des § 492 gelten nicht für Verbraucherdarlehensverträge, bei denen ein Kreditinstitut einem Darlehensnehmer das Recht einräumt, sein laufendes Konto in bestimmter Höhe zu überziehen, wenn außer den Zinsen für das in Anspruch genommene Darlehen keine weiteren Kosten in Rechnung gestellt werden und die Zinsen nicht in kürzeren Perioden als drei Monaten belastet werden.** ²**Das Kreditinstitut hat den Darlehensnehmer vor der Inanspruchnahme eines solchen Darlehens zu unterrichten über**

1. die Höchstgrenze des Darlehens,
2. den zum Zeitpunkt der Unterrichtung geltenden Jahreszins,
3. die Bedingungen, unter denen der Zinssatz geändert werden kann,
4. die Regelung der Vertragsbeendigung.

³**Die Vertragsbedingungen nach Satz 2 Nr. 1 bis 4 sind dem Darlehensnehmer spätestens nach der ersten Inanspruchnahme des Darlehens zu bestätigen.** ⁴**Ferner ist der Darlehensnehmer während der Inanspruchnahme des Darlehens über jede Änderung des Jahreszinses zu unterrichten.** ⁵**Die Bestätigung nach Satz 3 und die Unterrichtung nach Satz 4 haben in Textform zu erfolgen; es genügt, wenn sie auf einem Kontoauszug erfolgen.**

Titel 3. Darlehensvertrag; Finanzierungshilfen u. a. **§ 494**

(2) Duldet das Kreditinstitut die Überziehung eines laufenden Kontos und wird das Konto länger als drei Monate überzogen, so hat das Kreditinstitut den Darlehensnehmer über den Jahreszins, die Kosten sowie die diesbezüglichen Änderungen zu unterrichten; dies kann in Form eines Ausdrucks auf einem Kontoauszug erfolgen.

1. Allgemeines. Bei vertraglich vereinbartem (I) oder geduldetem (II) Überziehungskredit treten an die Stelle der Formvorschriften des § 492 Informationspflichten des Kreditinstituts. Der verbreitete Überziehungskredit soll nicht erschwert werden. Umsetzung von VerbrKrRiLi Art 6. 1

2. Vereinbarter Überziehungskredit. a) Voraussetzungen. aa) Kontokorrentverhältnis zwischen einem Kreditinstitut (KWG 1 I, nicht § 14) als Darlehensgeber und Verbraucher (s § 491 I) als Darlehensnehmer; Existenzgründer s § 507. **bb)** Vereinbarung, wonach der Darlehensnehmer das Konto durch Abhebungen oder Überweisungen bis zu einer bestimmten (ges nicht festgelegten) Höhe im Sollsaldo in Anspruch nehmen darf. **cc)** Entgelt nur Zinsen, keine weiteren Kosten; Belastung des Kontos mit Zinsen nicht in kürzeren Abständen als drei Monate. **b) Rechtsfolgen.** Vor Inanspruchnahme Unterrichtungspflicht über Darlehenskonditionen (I 2); nach der ersten Inanspruchnahme entspr Bestätigung (I 3) und während Inanspruchnahme ggf Änderungsmitteilungen über Jahreszins (I 4) in Textform (§ 126 b), auch auf einem Kontoauszug (I 5). – Verletzung: Informationsanspruch; ggf § 280 I; UKlaG 2. 2

3. a) Geduldete Kontoüberziehung, dh ohne vorherige Vereinbarung eines Kreditrahmens nach I aufgrund Verbraucherinitiative. Bsp: Ausführung eines Überweisungsvertrags (§ 676 a); Barabhebung. Gegenüber I eingeschränkte Informationspflichten; nur gem II. – Verletzung s Rn 3. **b) Nicht geduldete Kontoüberziehung** (Bsp: Bargeldauszahlung an Automaten) löst keine Informationspflichten aus und führt zu Bereicherungs- und ggf Schadensersatzanspruch des Kreditinstituts. Nachträgliche Duldung (durch Erweiterung des Kreditrahmens) möglich, dann II. 4 5

§ 494 Rechtsfolgen von Formmängeln

(1) Der Verbraucherdarlehensvertrag und die auf Abschluss eines solchen Vertrags vom Verbraucher erteilte Vollmacht sind nichtig, wenn die Schriftform insgesamt nicht eingehalten ist oder wenn eine der in § 492 Abs. 1 Satz 5 Nr. 1 bis 6 vorgeschriebenen Angaben fehlt.

(2) ¹**Ungeachtet eines Mangels nach Absatz 1 wird der Verbraucherdarlehensvertrag gültig, soweit der Darlehensnehmer das Darlehen empfängt oder in Anspruch nimmt.** ²**Jedoch ermäßigt sich der dem Verbraucherdarlehensvertrag zugrunde gelegte Zinssatz (§ 492 Abs. 1 Satz 5 Nr. 4) auf den gesetzlichen Zinssatz, wenn seine Angabe, die Angabe des effektiven oder anfänglichen effektiven Jahreszinses (§ 492 Abs. 1 Satz 5 Nr. 5) oder die Angabe des Gesamtbetrags (§ 492 Abs. 1 Satz 5 Nr. 2, Abs. 1 a) fehlt.** ³**Nicht angegebene Kosten werden vom Darlehensnehmer nicht geschuldet.** ⁴**Vereinbarte Teilzahlungen sind unter Berücksichtigung der verminderten Zinsen oder Kosten neu zu berechnen.** ⁵**Ist nicht angegeben, unter welchen Voraussetzungen preisbestimmende Faktoren geändert werden können, so entfällt die Möglichkeit, diese zum Nachteil des Darlehensnehmers zu ändern.** ⁶**Sicherheiten können bei fehlenden Angaben hierüber nicht gefordert werden; dies gilt nicht, wenn der Nettodarlehensbetrag 50 000 Euro übersteigt.**

(3) Ist der effektive oder der anfängliche effektive Jahreszins zu niedrig angegeben, so vermindert sich der dem Verbraucherdarlehensvertrag zugrunde gelegte Zinssatz um den Prozentsatz, um den der effektive oder anfängliche effektive Jahreszins zu niedrig angegeben ist.

§ 495

1. Allgemeines. Eigenständige, gegenüber § 125 S 1 spezielle Regelung der Rechtsfolgen von Formmängeln und von fehlenden bzw unzutreffenden Mindestangaben gem § 492. Die Heilungsvorschriften in II, III ermöglichen es dem Verbraucher (Existenzgründer s § 507), das Darlehen nicht nach § 812 I 1 Fall 1 sogleich zurückzahlen zu müssen, sondern zu – entsprechend dem Informationsdefizit veränderten Konditionen – in Anspruch zu nehmen. – Umsetzung VerbrKrRiLi 14 I.

2. Nichtigkeit (I). a) aa) Der **Verbraucherdarlehensvertrag** ist insgesamt (Abweichung von § 139) nichtig, wenn die (modifizierte) Schriftform des § 492 I 1–4 nicht gewahrt ist oder (eine der) Angaben gem § 492 I 5 Nr 1–6 *fehlen*. Fehlen Angaben nach § 492 I 5 Nr 7 über Sicherheiten, ist zwar die entsprechende mündliche Nebenabrede nichtig, nicht aber der gesamte Verbraucherdarlehensvertrag (MK/Ulmer VerbrKrG 6 Rn 12). – *Unzutreffende* Angaben führen nicht zur Nichtigkeit, es sei denn, sie entbehren jeden Informationsgehalts (MK/Ulmer VerbrKrG 6 Rn 11). **bb) Rechtsfolgen:** Keine vertraglichen Ansprüche; Unternehmer kann Abnahme und Zins nicht verlangen, Verbraucher nicht die Auszahlung (auch nicht, um gem II 2 herabgesetzten Zins in Anspruch zu nehmen). Heilung s II. **b) Vollmacht** zum Anschluß eines Verbraucherdarlehensvertrags ist bei Formmangel oder Fehlen der Mindestangaben nichtig. Keine Heilung nach II (durch Auszahlung an unwirksam Bevollmächtigten), aber Genehmigung gem § 177 (formlos, § 182 II) möglich. In der Inanspruchnahme des Darlehens durch den Darlehensnehmer (nicht den [unwirksam] Bevollmächtigten) kann stillschweigende Genehmigung liegen (BT-Drs 14/7052 S 202; Wittig/Wittig WM 02, 152). Der Inhalt des (formwirksam) geschlossenen Vertrags sollte sich auch in diesem Fall nach II, III richten. – Haftung des Vertreters nach § 179 I ist regelmäßig gem § 179 III 1 ausgeschlossen.

3. Heilung. a) Zweck: II 1 schützt den Verbraucher davor, das empfangene Darlehen sofort gem § 812 I 1 Fall 1 zurückzahlen zu müssen; **II 2** entspricht dem Interesse des Darlehensgebers an einer (als Sanktion für die Verletzung der Obliegenheit zu Mindestangaben herabgesetzten) Verzinsung (BGH NJW 02, 370 [zu VerbrKrG 6]). **b) Voraussetzungen:** Empfang (zB Auszahlung) oder Inanspruchnahme (zB durch Überweisungsvertrag) des Darlehens. **c) Rechtsfolgen: aa) Darlehensvertrag** wird in Höhe des entspr Betrags („soweit"; uU also auch nur teilweise) ex nunc über die vereinbarte Laufzeit **wirksam, II 1.** Geheilt werden alle Mängel des Vertrags gem I; Widerruf gem § 495 und andere Nichtigkeitsgründe bleiben unberührt. **bb) Zinssatz:** Ermäßigung auf 4% (s § 246), wenn Angaben gem II 2 fehlen. Ist der (anfängliche) effektive Jahreszins zu niedrig angegeben, so wird der geschuldete Zinssatz (absolut, s LG Stuttgart NJW 93, 209 [zu VerbrKrG 6 IV]) gemindert; Untergrenze § 246 (MK/Ulmer VerbrKrG 6 Rn 44). Ggf Anspruch auf Neuberechnung von Teilzahlungen **(II 4),** der gegenüber der Rückzahlungsforderung ein Zurückbehaltungsrecht (§ 273) begründet (BGH ZIP 02, 392); bei Überzahlung: Anspruch nach § 812 I 1 Fall 1 (BGH NJW 02, 370 [zu VerbrKrG 6]). **cc)** Nicht angegebene **Kosten** sind nicht geschuldet, **II 3. dd)** Dem Darlehensnehmer nachteilige einseitige **Änderung preisbestimmender Regelungen** entfällt, falls entspr Anpassungsfaktoren nicht angegeben sind, **II 5. ee) Sicherheiten** können nicht verlangt werden, wenn nicht iSv § 492 I 5 Nr 7 angegeben, **II 6 HS 1.** Anders bei Nettodarlehensbetrag (s § 491 II Nr 1) über 50 000 Euro, **II 6 HS 2.**

§ 495 Widerrufsrecht

(1) **Dem Darlehensnehmer steht bei einem Verbraucherdarlehensvertrag ein Widerrufsrecht nach § 355 zu.**

(2) **Absatz 1 findet keine Anwendung auf die in § 493 Abs. 1 Satz 1 genannten Verbraucherdarlehensverträge, wenn der Darlehensnehmer nach dem Vertrag das Darlehen jederzeit ohne Einhaltung einer Kündigungsfrist und ohne zusätzliche Kosten zurückzahlen kann.**

Titel 3. Darlehensvertrag; Finanzierungshilfen u. a. **§ 496**

1. Allgemeines. a) Unabdingbares (§ 506 I) Widerrufsrecht gibt dem Verbraucher (Existenzgründer s § 507) Gelegenheit, den Darlehensvertrag und seine wirtschaftlichen Folgen – auch vor dem Hintergrund der Informationen gem § 492 – zu überdenken. **b)** Widerrufsrecht wird von VerbrKrRiLi nicht gefordert, ist aber als Besserstellung des Verbrauchers (gem VerbrKrRiLi 15) zulässig. Das OLGVertrÄndG hat durch Streichung der Ausnahmevorschrift in § 491 III Nr 1 aF ein Widerrufsrecht auch bei **Immobiliardarlehensverträgen** (s § 492 I a 2) begründet. Dieses kann (jedoch für einen Übergangszeitraum, s § 506 Rn 1) vertraglich ausgeschlossen werden, wenn es sich nicht um einen Haustür-Immobiliardarlehensvertrag handelt, § 506 III.

2. Widerrufsrecht (I) besteht bei allen Darlehensverträgen iSv 491 I, *nicht* bei Verträgen gem § 491 II, gerichtlich protokollierten bzw notariell beurkundeten Darlehensverträgen (§ 491 III Nr 1) und jederzeit kündbaren Überziehungskrediten **(II)**. Bei der **Schuldübernahme** (sa § 491 Rn 4) steht dem Übernehmer ein eigenes Widerrufsrecht bzgl des *Übernahme*vertrags zu (BGH 129, 380 [zu VerbrKrG 7]); zudem geht ein dem Übertragenden zustehendes Widerrufsrecht auf den Übernehmer über, selbst wenn dieser nicht Verbraucher ist (BGH NJW 96, 2095 [zu VerbrKrG 7]; krit Ulmer/Masuch JZ 97, 654). – Zur Widerrufserklärung und -frist sowie Rechtsfolgen s §§ 355 ff; zu verbundenen Geschäften s §§ 358 f; zur vertraglich vereinbarten „Unterbleibensfiktion" bei Nichtrückzahlung s § 506 II.

1

2

3

§ 496 Einwendungsverzicht, Wechsel- und Scheckverbot

(1) Eine Vereinbarung, durch die der Darlehensnehmer auf das Recht verzichtet, Einwendungen, die ihm gegenüber dem Darlehensgeber zustehen, gemäß § 404 einem Abtretungsgläubiger entgegenzusetzen oder eine ihm gegen den Darlehensgeber zustehende Forderung gemäß § 406 auch dem Abtretungsgläubiger gegenüber aufzurechnen, ist unwirksam.

(2) ¹Der Darlehensnehmer darf nicht verpflichtet werden, für die Ansprüche des Darlehensgebers aus dem Verbaucherdarlehensvertrag eine Wechselverbindlichkeit einzugehen. ²Der Darlehensgeber darf von dem Darlehensnehmer zur Sicherung seiner Ansprüche aus dem Verbaucherdarlehensvertrag einen Scheck nicht entgegennehmen. ³Der Darlehensnehmer kann vom Darlehensgeber jederzeit die Herausgabe eines Wechsels oder Schecks, der entgegen Satz 1 oder 2 begeben worden ist, verlangen. ⁴Der Darlehensgeber haftet für jeden Schaden, der dem Darlehensnehmer aus einer solchen Wechsel- oder Scheckbegebung entsteht.

1. Allgemeines. Schutzvorschrift zugunsten des Verbrauchers (Existenzgründer s § 507) bei (1) Abtretung der Forderung aus dem Darlehensvertrag durch den Darlehensgeber und (2) vor den Risiken einer Wechsel- bzw Scheckbegebung. Umsetzung VerbrKrRiLi 9.

1

2. Unwirksamkeit des Einwendungsverzichts (I) dient der Aufrechterhaltung der in §§ 404, 406 vorgesehenen Schutzvorschriften zugunsten des Darlehensnehmers. Dieser kann trotz entgegenstehender Abrede alle bei Abtretung begründeten (s § 404 Rn 4) Einwendungen und Einreden dem Zessionar entgegenhalten bzw ihm gegenüber nach Maßgabe des § 406 aufrechnen. I wird erstreckt auf § 407; analog II sind auch ein abstraktes Schuldanerkenntnis (§ 780) und die notarielle Unterwerfungserklärung gem ZPO 794 I Nr 5 unwirksam (MK/Habersack VerbrKrG 10 Rn 8). – Einwendungsverzicht durch den Darlehens*geber* ist wirksam.

2

3. a) Verbot der Wechsel- und Scheckbegebung (II 1, 2) dient Erhaltung von Einwendungen und Einreden aus dem Darlehensvertrag (auch § 821) aus dem Grundgeschäft gegenüber dem Darlehensgeber (sa ZPO 598) und dem Zessionar (WG 17; ScheckG 22). Erfaßt ist nur die Begebung des Schecks als Sicherungsmittel (insbes vor Fälligkeit des Rückzahlungsanspruchs aus dem Darlehensvertrag);

3

§ 497 Buch 2. Abschnitt 8. Einzelne Schuldverhältnisse

4 Scheck als Zahlungsmittel bleibt unberührt. **b) Unwirksam** ist die Verpflichtung zur Wechsel- bzw Scheckbegebung und die entspr Zweckvereinbarung, *nicht* der Begebungsvertrag (sa § 793 Rn 11); die Verbindlichkeiten aus Wechsel und Scheck entstehen (SoeHäuser VerbrKrG 10 Rn 8). Der Darlehensnehmer hat aber gegen den Darlehensgeber einen **Herausgabeanspruch (II 3)**, demgegenüber ein Zurückbehaltungsrecht ausgeschlossen ist. Der Darlehensgeber schuldet **Schadensersatz (II 4)**, insbes wenn er das Wertpapier an einen redlichen Dritten mit der Folge des Einwendungsverlusts übertragen hat.

§ 497 Behandlung der Verzugszinsen, Anrechnung von Teilleistungen

(1) ¹**Soweit der Darlehensnehmer mit Zahlungen, die er auf Grund des Verbraucherdarlehensvertrags schuldet, in Verzug kommt, hat er den geschuldeten Betrag nach § 288 Abs. 1 zu verzinsen, es sei denn, es handelt sich um einen grundpfandrechtlich gesicherten Verbraucherdarlehensvertrag gemäß § 491 Abs. 3 Nr. 1.** ²**Bei diesen Verträgen beträgt der Verzugszinssatz für das Jahr zweieinhalb Prozentpunkte über dem Basiszinssatz.** ³Im Einzelfall kann der Darlehensgeber einen höheren oder der Darlehensnehmer einen niedrigeren Schaden nachweisen.

(2) ¹Die nach Eintritt des Verzugs anfallenden Zinsen sind auf einem gesonderten Konto zu verbuchen und dürfen nicht in ein Kontokorrent mit dem geschuldeten Betrag oder anderen Forderungen des Darlehensgebers eingestellt werden. ²Hinsichtlich dieser Zinsen gilt § 289 Satz 2 mit der Maßgabe, dass der Darlehensgeber Schadensersatz nur bis zur Höhe des gesetzlichen Zinssatzes (§ 246) verlangen kann.

(3) ¹Zahlungen des Darlehensnehmers, die zur Tilgung der gesamten fälligen Schuld nicht ausreichen, werden abweichend von § 367 Abs. 1 zunächst auf die Kosten der Rechtsverfolgung, dann auf den übrigen geschuldeten Betrag (Absatz 1) und zuletzt auf die Zinsen (Absatz 2) angerechnet. ²Der Darlehensgeber darf Teilzahlungen nicht zurückweisen. ³Die Verjährung der Ansprüche auf Darlehensrückerstattung und Zinsen ist vom Eintritt des Verzugs nach Absatz 1 an bis zu ihrer Feststellung in einer in § 197 Abs. 1 Nr. 3 bis 5 bezeichneten Art gehemmt, jedoch nicht länger als zehn Jahre von ihrer Entstehung an. ⁴Auf die Ansprüche auf Zinsen findet § 197 Abs. 2 keine Anwendung. ⁵Die Sätze 1 bis 4 finden keine Anwendung, soweit Zahlungen auf Vollstreckungstitel geleistet werden, deren Hauptforderung auf Zinsen lautet.

(4) Absatz 2 und 3 Satz 1, 2, 4 und 5 gelten nicht für Immobiliardarlehensverträge.

1 **1. Allgemeines.** Unabdingbare (§ 506 S 1) Verbraucherschutzvorschrift (Existenzgründer s § 507) bei Verzug mit der Rückzahlung des Verbraucherdarlehens. Keine Vorgabe in VerbrKrRiLi. Zur Kündigung wegen Verzugs s § 498.

2 **2. Verzugszinsen. a) Anspruch** insbes aus § 488 I 2. Voraussetzungen Verzug s § 286. **b) Höhe** des Verzugszinses ist variabel und richtet sich nach § 288 I (5 Prozentpunkte über Basiszins); Nachweis eines höheren oder niedrigeren Schadens bleibt offen. Bei Immobiliardarlehensverträgen (s § 492 Rn 5) beträgt die Regelverzinsung 2,5 Prozentpunkte über Basiszins I 2. **c) Verrechnung:** Darlehensgeber muß bes „Unterkonto" einrichten; Zweck: Sicherung des Zinseszinsverbots gem § 289 S 1 (s HGB 355 I aE). Schadensersatz nur nach II 2 iVm § 246. **Eingehende Zahlungen** dürfen nicht zurückgewiesen werden (III 2; sa § 266) und sind vorrangig auf die Kosten und den geschuldeten Betrag zu verrechnen, erst nachrangig auf (wegen II) geringer verzinste Zinsrückstände (III 1; sa § 367). Abweichende einseitige Tilgungsbestimmung des Verbrauchers soll trotz § 506 S 1

4 wirksam sein (str). **d) Verjährung** s § 488 Rn 24 (ee), 29. Gem III 4 gilt § 197 II bei Zinsforderung nicht. Hemmung der Verjährung s III 3; Grund: Darlehensgeber

Titel 3. Darlehensvertrag; Finanzierungshilfen u. a. **§ 498**

soll nicht durch drohende Verjährung zu Rechtsverfolgung zwecks Hemmung gem § 204 veranlaßt sein. e) Für „isolierte"; allein die Zinsverbindlichkeit erfassende **Zinstitel** bleibt es gem III 5 bei den allg Bestimmungen. Wegen § 506 S 2 soll eine entspr isolierte Zinsklage daher – entgegen allg prozeßrechtlichen Darlegungsgrundsätzen – nur schlüssig sein, wenn vorgetragen wird, die nach III 1 vorrangig zu berücksichtigenden, fälligen Positionen seien vollständig erfüllt (MK/Habersack VerbrKrG 12 Rn 47). Keine Anwendung des III 5 auf „gemischte Zinstitel" (SoeHäuser VerbrKrG 11 Rn 34).

3. Für **Immobiliardarlehensverträge** gelten die Verrechnungsvorschriften im Verzug des Darlehensnehmers nach **IV** nicht; Ausnahme: Verjährungshemmung gemäß III 3. Zur Verzugszinshöhe s Rn 2.

§ 498 Gesamtfälligstellung bei Teilzahlungsdarlehen

(1) ¹Wegen Zahlungsverzugs des Darlehensnehmers kann der Darlehensgeber den Verbraucherdarlehensvertrag bei einem Darlehen, das in Teilzahlungen zu tilgen ist, nur kündigen, wenn
1. der Darlehensnehmer mit mindestens zwei aufeinander folgenden Teilzahlungen ganz oder teilweise und mindestens 10 Prozent, bei einer Laufzeit des Verbraucherdarlehensvertrags über drei Jahre mit 5 Prozent des Nennbetrags des Darlehens oder des Teilzahlungspreises in Verzug ist und
2. der Darlehensgeber dem Darlehensnehmer erfolglos eine zweiwöchige Frist zur Zahlung des rückständigen Betrags mit der Erklärung gesetzt hat, dass er bei Nichtzahlung innerhalb der Frist die gesamte Restschuld verlange.

²Der Darlehensgeber soll dem Darlehensnehmer spätestens mit der Fristsetzung ein Gespräch über die Möglichkeiten einer einverständlichen Regelung anbieten.

(2) Kündigt der Darlehensgeber dem Verbraucherdarlehensvertrag, so vermindert sich die Restschuld um die Zinsen und sonstigen laufzeitabhängigen Kosten des Darlehens, die bei staffelmäßiger Berechnung auf die Zeit nach Wirksamwerden der Kündigung entfallen.

(3) Die Absätze 1 und 2 gelten nicht für Immobiliardarlehensverträge.

1. **Allgemeines. a)** Bezahlt der Darlehensnehmer das Darlehen nicht vereinbarungsgemäß zurück, kann der Darlehensgeber uU kündigen (§ 490 Rn 7, 13) und damit den Gesamtbetrag fällig stellen. Der Wegfall der Teilzahlungsabrede trifft den Darlehensnehmer uU hart. I dient dem Verbraucherschutz (zum Existenzgründer s § 507) durch Bindung des Kündigungsrechts des Darlehensgebers („Gesamtfälligstellen") bei Verzug an bes Voraussetzungen; II sieht eine Restschuldminderung vor. **b)** Keine Vorgabe in VerbrKrRiLi. Unabdingbar (§ 506); daher soll eine ipso iure (ohne zugangsgebundene Kündigungserklärung) wirkende Verfallklausel, selbst wenn sie dem Darlehensnehmer günstigere Voraussetzungen enthält, unwirksam sein (MK/Habersack VerbrKrG 12 Rn 8; str).

2. **Anwendungsbereich. a)** Die Vorschrift ist anwendbar bei allen Verbraucherdarlehensverträgen (§ 491 I), die eine **Rückerstattung** des Darlehens in mindestens drei – nicht notwendig gleich hohen – **Teilzahlungen** („Raten") vorsehen. Analog bei sog Versicherungsdarlehen (MK/Habersack VerbrKrG 12 Rn 5). *Nicht* bei Immobiliardarlehensverträgen, III. **b)** Voraussetzung ist **Auszahlung** des Darlehens; zuvor Kündigung gem § 490 I Fall 1.

3. **Kündigung. a)** I bestimmt die **Voraussetzungen** des ges **Kündigungsrecht** des Darlehensgebers bei Verbraucherdarlehensverträgen wegen Zahlungsrückstands; zu anderen Kündigungsgründen s Rn 10. **b) Voraussetzungen** der Kündigung. **aa) Verzug** (§ 286) mit der Rückzahlung mindestens zweier

Chr. Berger 597

§ 499 Buch 2. Abschnitt 8. Einzelne Schuldverhältnisse

aufeinander folgender Raten (I 1 Nr 1). Zahlt der Darlehensnehmer unter Tilgungsbestimmung gem § 366 I nur jede *zweite* Rate voll, um die Kündigungsvoraussetzung „aufeinanderfolgend" zu vermeiden, ist die Tilgungsbestimmung gem
5 § 242 unwirksam (str). **bb) Rückstandshöhe:** Mindestens 10% (bei Laufzeit über drei Jahren: 5%) des Nennbetrags (Nettodarlehensbetrag [§ 491 II Nr 1] plus Einmalkosten, SoeHäuser VerbrKrG 12 Rn 9). Teilzahlungspreis (s § 502 I 1 Nr 2)
6 maßgeblich bei Verweisung aufgrund § 501. **cc) Nachfristsetzung (I 1 Nr 2).** Erforderlich ist Zahlungsaufforderung unter exakter Bezifferung des rückständigen Betrags und Androhung der Kündigung des gesamten Darlehensvertrags. Die mit Wirksamkeit der Kündigung fällige Gesamtrestschuld muß nicht angegeben werden
7 (str; aA Düsseldorf WM 96, 1532 [zu VerbrKrG 12]). **dd) Nichtzahlung** des rückständigen Betrags; teilweise Zahlung soll Kündigungsrecht auch bei geringfügigem Rest nicht entfallen lassen (MK/Habersack VerbrKrG 12 Rn 18). **ee) Kündigungserklärung,** die nicht mit Fristsetzung verbunden werden darf (str). Analog § 314 III muß die Kündigung innerhalb „angemessener Frist" erklärt
8 werden; Orientierung bietet die Zwei-Wochen-Frist gem I 1 Nr 2. **ff) Nicht: Gesprächsangebot (I 2);** bloße Sollvorschrift, welche die Schwellenangst des Verbrauchers bzgl Verhandlungen absenken soll.

9   4. **Rechtsfolgen** der Kündigung. **a) Fälligkeit der Restschuld.** Darlehensnehmer schuldet nicht (mehr) den Vertragszins, ggf aber den (gem § 497 zu be- und verrechnenden) Verzugszins. **b) Minderung der Restschuld (II)** um die auf den Zeitraum nach Wirksamwerden der Kündigung entfallenden Zinsen und laufzeitabhängigen Kosten (Berechnungsformel s MK/Habersack VerbrKrG 12 Rn 27 mwN).

10 5. **Sonstige Kündigungsgründe.** I verdrängt in seinem Anwendungsbereich bes vertragliche Kündigungsrechte und die außerordentliche ges Kündigung gem §§ 490, 314 (s § 490 Rn 13). Erfaßt wird aber nur die Kündigung wegen Zahlungsverzögerungen. Unberührt bleibt eine Kündigung aus anderen Gründen, zB wegen Falschangaben des Darlehensnehmers oder wegen abredewidrig nicht bestellter (s § 492 I 5 Nr 7) Sicherheiten (MK/Habersack VerbrKrG 12 Rn 27).

Untertitel 2. Finanzierungshilfen zwischen einem Unternehmer und einem Verbraucher

§ 499 Zahlungsaufschub, sonstige Finanzierungshilfe

(1) **Die Vorschriften der §§ 358, 359 und 492 Abs. 1 bis 3 und der §§ 494 bis 498 finden vorbehaltlich der Absätze 2 und 3 entsprechende Anwendung auf Verträge, durch die ein Unternehmer einem Verbraucher einen entgeltlichen Zahlungsaufschub von mehr als drei Monaten oder eine sonstige entgeltliche Finanzierungshilfe gewährt.**

(2) **Für Finanzierungsleasingverträge und Verträge, die die Lieferung einer bestimmten Sache oder die Erbringung einer bestimmten anderen Leistung gegen Teilzahlungen zum Gegenstand haben (Teilzahlungsgeschäfte), gelten vorbehaltlich des Absatzes 3 die in den §§ 500 bis 504 geregelten Besonderheiten.**

(3) ¹**Die Vorschriften dieses Untertitels finden in dem in § 491 Abs. 2 und 3 bestimmten Umfang keine Anwendung.** ²**Bei einem Teilzahlungsgeschäft tritt an die Stelle des in § 491 Abs. 2 Nr. 1 genannten Nettodarlehensbetrags der Barzahlungspreis.**

1   1. **Bedeutung. a)** Zur Systematik s Rn 2 f vor § 491. Regelung der Anwendung der Bestimmungen über den Verbraucherdarlehensvertrag auf Finanzierungshilfen und (über II iVm § 501 S 2) zusätzlicher Vorschriften, die nur für Teilzahlungsgeschäfte gelten. **b)** Zahlungsaufschub und sonstige Finanzierungshilfen fallen unter die VerbrKrRiLi (s Art 1 II c 1).

Titel 3. Darlehensvertrag; Finanzierungshilfen u. a. **§ 499**

2. Persönlicher Anwendungsbereich. a) Voraussetzung ist eine Finanzierungshilfe (s Rn 4, 6) zwischen einem Unternehmer (§ 14) und einem Verbraucher (§ 13); zum Existenzgründer s § 507. **b)** Verbraucher kann auch der zu einem Finanzierungshilfevertrag Beitretende sein, selbst wenn der andere Schuldner (zB Leasingnehmer, Teilzahlungskäufer) nicht Verbraucher ist (BGH 133, 76 f [zu VerbrKrG 1]); wichtig bei **Schuldbeitritt** (s § 491 Rn 4) des Geschäftsführers einer GmbH zu Finanzierungshilfeverträgen der Gesellschaft. Gleiches gilt, wenn Geschäftsführer den Finanzierungshilfevertrag mit abschließt (BGH NJW 00, 3136, Leasing [zu VerbrKrG 1]).

3. a) Zahlungsaufschub ist die Überlassung von Kaufkraft auf mittelbarem Weg durch Stundung der Gegenleistung des Verbrauchers im Rahmen von Austauschverträgen über Waren oder Dienstleistungen oder durch Verpflichtung des Anbieters zur Vorleistung abweichend von dispositivem Recht (BGH NJW 96, 458 [zu VerbrKrG 1]). Erforderlich ist eine vertragliche Vereinbarung, welche die Fälligkeit einer gegen den Verbraucher gerichteten (Entgelt-)Forderung gegenüber der gesetzlichen Regelung hinausschiebt unter Begründung der Vorleistungspflicht des Unternehmers (MK/Ulmer VerbrKrG 1 Rn 68 mwN). Maßgeblich ist die objektive Regelung im Vertrag, nicht die Wortwahl (BGH NJW 96, 458 [zu VerbrKrG 1]). **b) Bsp:** Teilzahlungsgeschäfte (s II, § 502); Franchisevertrag (LG Berlin NJW-RR 94, 692 [zu VerbrKrG 1]). *Nicht* ein Dauerschuldverhältnis, zB Dienstvertrag, bei dem die Gegenleistung entspr der ges Regelung nach Zeitabschnitten zu erbringen ist, selbst wenn der Verbraucher bei Vorauszahlung ein geringeres Entgelt leisten müßte (BGH NJW 96, 458 [Ausbildungsvertrag; zu VerbrKrG 1]). **c)** Zahlungsaufschub muß für einen längeren Zeitraum als **drei Monate** gewährt werden.

4. a) Sonstige Finanzierungshilfe ist gegenüber Rn 4 f der umfassendere Begriff, der eine Auffangfunktion (MK/Ulmer VerbrKrG 1 Rn 82) verfolgt. Kennzeichnend ist die Überlassung von Kaufkraft an den Verbraucher zur vorgezogenen Verwendung künftigen Einkommens. **b) Bsp:** Finanzierungsleasingvertrag (§ 500); Mietvertrag, verbunden mit einem Optionsrecht des Mieters auf den Erwerb der gemieteten Sache unter Anrechnung der Miete auf den Kaufpreis (Mietkauf). *Nicht:* Reine Gebrauchsüberlassungsverträge, die keine Vorfinanzierung zugunsten des Verbrauchers enthalten; Bürgschaftsvertrag (jedenfalls wenn die gesicherte Finanzierungshilfe nicht unter §§ 491 ff fällt, BGH 138, 327 [zu VerbrKrG 1]); iü fällt „Privatbürgschaft" nicht unter VerbrKrRiLi, auch wenn der Schuldner der gesicherten Forderung nicht zu Erwerbszwecken handelt (EuGH NJW 00, 1323).

5. Entgeltlichkeit liegt vor, wenn der Teilzahlungspreis (§ 502 I 1 Nr 2) den Barzahlungspreis (§ 502 I 1 Nr 1) auch nur geringfügig übersteigt. Das gilt auch, falls der Unternehmer nur gegen Teilzahlung liefert (s § 502 I 2). Iü wird (widerleglich; str) vermutet, daß ein Unternehmer eine Finanzierungshilfe entgeltlich erbringt und das Entgelt in der Gegenleistung enthalten ist. Entgeltlichkeit liegt auch vor, wenn der Verbraucher im Rahmen eines Ratenzahlungsvergleichs Rechtsverfolgungskosten übernimmt (LG Rottweil NJW 94, 265).

6. Anwendbare Vorschriften. a) Liegt ein entgeltlicher Zahlungsaufschub oder eine sonstige Finanzierungshilfe vor, finden gem **I** wesentliche Bestimmungen über den Verbraucherdarlehensvertrag (§§ 492 I–III, 494–498) Anwendung. Ferner wird auf die Vorschriften über verbundene Verträge (§ 358) und den Einwendungsdurchgriff (§ 359) verwiesen, nicht aber auf § 492 IV; die Vollmacht ist daher gem § 167 II formfrei. **II** verweist allerdings für die praktisch bedeutsamen Finanzierungsleasingverträge auf § 500 und für Teilzahlungsgeschäfte auf §§ 501–504, welche die Anwendung der Bestimmungen über Verbraucherdarlehensverträge eigenständig bestimmen und (für Teilzahlungsgeschäfte) in §§ 502–504 modifizierende Regelungen enthalten. **b)** Ausgenommen von der Verweisung nach I und der Anwendung der §§ 500–504 gem II sind nach **III** mangels Schutzbedürftigkeit bzw –würdigkeit Verträge, die unter § 491 II, III fallen.

§§ 500, 501 Buch 2. Abschnitt 8. Einzelne Schuldverhältnisse

§ 500 Finanzierungsleasingverträge

Auf Finanzierungsleasingverträge zwischen einem Unternehmer und einem Verbraucher finden lediglich die Vorschriften der §§ 358, 359, 492 Abs. 1 Satz 1 bis 4, § 492 Abs. 2 und 3 und § 495 Abs. 1 sowie der §§ 496 bis 498 entsprechende Anwendung.

1 1. **Allgemeines.** Sonderregelung für Finanzierungsleasingverträge gegenüber der allg Verweisung für Finanzierungshilfen in § 499 I; sa § 499 II.

2 2. **Finanzierungsleasingverträge** sind Leasingverträge (§ 535 Rn 6) mit Vollamortisation des Leasinggegenstandes; Teilamortisation mit Andienungsrecht des Leasinggebers genügt (BGH 133, 75); auch bei Kfz-Leasing mit km-Abrechnung, wenn Verbraucher bei Laufzeitende Minderwert auszugleichen hat (BGH NJW 98, 1639 [zu VerbrKrG 3 II]). Für andere Leasingverträge keine Verweisung (Frankfurt/M NJW-RR 99, 494).

3 3. **Anwendbar** auf Finanzierungsleasingverträge sind: **a)** Die Bestimmungen über verbundene Verträge (§ 358) und den Einwendungsdurchgriff (§ 359). **b)** Die Formvorschrift gem § 492 I 1–4; nicht aber § 494 s Rn 6. **c)** § 492 II, III. **d)** Der Verbraucher kann iü gem § 495 I widerrufen. Beim Schuldbeitritt zu einem Finanzierungsleasingvertrag hat der Beitretende ein eigenes Widerrufsrecht (BGH 133, 78). **e)** Es gilt das Verbot des Einwendungsverzichts und das Wechsel- und
4 Scheckverbot (§ 496). **f)** Im Verzug ist gem § 497 zu be- und verrechnen. **g)** Die Kündigung ist nur unter den Voraussetzungen des § 498 wirksam. Bei mehreren Leasingnehmern, die nicht alle Verbraucher sind, setzt die Kündigung des Vertrags voraus, daß die Voraussetzungen des § 498 allen Verbrauchern gegenüber erfüllt sind (BGH NJW 00, 3135 [zu VerbrKrG 12]).

5 4. **Keine Anwendung** finden: **a)** § 492 I 5; im Finanzierungsleasingvertrag sind daher *keine* entspr **Mindestangaben** erforderlich. Allerdings sind aufgrund der Formvorschrift des § 492 I 1 in der Urkunde die vertraglichen Leistungen aufzuführen, insbes Vertragsgegenstand und die einzelnen Zahlungen, nicht der effektive
6 Jahreszins (MK/Ulmer VerbrKrG 3 Rn 21). **b)** § 492 IV; **Vollmacht** bedarf (gem § 167 II) *nicht* der Form des § 492 I. **c)** § 494; **Nichtigkeit** richtet sich nach § 125 S 1; keine Heilung gem § 494 II; uU aber Einwand aus Treu und Glauben, wenn Verbraucher Leistungen längere Zeit in Anspruch genommen hat (BGH NJW 99, 2667 [zu VerbrKrG 4]).

§ 501 Teilzahlungsgeschäfte

¹**Auf Teilzahlungsgeschäfte zwischen einem Unternehmer und einem Verbraucher finden lediglich die Vorschriften der §§ 358, 359, 492 Abs. 1 Satz 1 bis 4, § 492 Abs. 2 und 3, § 495 Abs. 1 sowie der §§ 496 bis 498 entsprechende Anwendung.** ²**Im Übrigen gelten die folgenden Vorschriften.**

1 1. **Allgemeines.** Sonderregelung für Teilzahlungsgeschäfte gegenüber der allg Verweisung für Finanzierungshilfen in § 499 I; sa § 499 II, III.

2 2. **Teilzahlungsgeschäft** ist ein Vertrag zwischen einem Unternehmer (§ 14) und einem Verbraucher (§ 13) über die Lieferung einer Sache oder Erbringung anderer (Dienst-)Leistung gegen Teilzahlung in mindestens zwei Raten. Bei Nichtidentität zwischen Lieferant und Finanzierer s § 358.

3 3. **Anwendbare Bestimmungen.** Auf (nicht unter § 491 II, III fallende, s § 499 II, III) Teilzahlungsgeschäfte finden gem **S 1** – teilweise abweichend von § 499 I – dieselben Bestimmungen (insbes § 495 I, Widerrufsrecht) wie auf Finanzierungsleasingverträge (s § 500 Rn 2) Anwendung. Rechtsfolgen und Heilung bei Formmängeln s § 502 III. – Gem **S 2** gelten zudem §§ 502–504.

Titel 3. Darlehensvertrag; Finanzierungshilfen u. a. **§ 502**

§ 502 Erforderliche Angaben, Rechtsfolgen von Formmängeln bei Teilzahlungsgeschäften

(1) ¹Die vom Verbraucher zu unterzeichnende Vertragserklärung muss bei Teilzahlungsgeschäften angeben
1. den Barzahlungspreis,
2. den Teilzahlungspreis (Gesamtbetrag von Anzahlung und allen vom Verbraucher zu entrichtenden Teilzahlungen einschließlich Zinsen und sonstiger Kosten),
3. Betrag, Zahl und Fälligkeit der einzelnen Teilzahlungen,
4. den effektiven Jahreszins,
5. die Kosten einer Versicherung, die im Zusammenhang mit dem Teilzahlungsgeschäft abgeschlossen wird,
6. die Vereinbarung eines Eigentumsvorbehalts oder einer anderen zu bestellenden Sicherheit.

²Der Angabe eines Barzahlungspreises und eines effektiven Jahreszinses bedarf es nicht, wenn der Unternehmer nur gegen Teilzahlungen Sachen liefert oder Leistungen erbringt.

(2) Die Erfordernisse des Absatzes 1, des § 492 Abs. 1 Satz 1 bis 4 und des § 492 Abs. 3 gelten nicht für Teilzahlungsgeschäfte im Fernabsatz, wenn die in Absatz 1 Satz 1 Nr. 1 bis 5 bezeichneten Angaben mit Ausnahme des Betrags der einzelnen Teilzahlungen dem Verbraucher so rechtzeitig in Textform mitgeteilt sind, dass er die Angaben vor dem Abschluss des Vertrags eingehend zur Kenntnis nehmen kann.

(3) ¹Das Teilzahlungsgeschäft ist nichtig, wenn die Schriftform des § 492 Abs. 1 Satz 1 bis 4 nicht eingehalten ist oder wenn eine der im Absatz 1 Satz 1 Nr. 1 bis 5 vorgeschriebenen Angaben fehlt. ²Ungeachtet eines Mangels nach Satz 1 wird das Teilzahlungsgeschäft gültig, wenn dem Verbraucher die Sache übergeben oder die Leistung erbracht wird. ³Jedoch ist der Barzahlungspreis höchstens mit dem gesetzlichen Zinssatz zu verzinsen, wenn die Angabe des Teilzahlungspreises oder des effektiven Jahreszinses fehlt. ⁴Ist ein Barzahlungspreis nicht genannt, so gilt im Zweifel der Marktpreis als Barzahlungspreis. ⁵Die Bestellung von Sicherheiten kann bei fehlenden Angaben hierüber nicht gefordert werden. ⁶Ist der effektive oder der anfängliche effektive Jahreszins zu niedrig angegeben, so vermindert sich der Teilzahlungspreis um den Prozentsatz, um den der effektive oder anfängliche effektive Jahreszins zu niedrig angegeben ist.

1. Allgemeines. Bei Teilzahlungsgeschäften (Ausnahme Fernabsatzverträge, II) ist gem der Verweisung in § 501 S 1 iVm § 492 I 1–4 die modifizierte Schriftform einzuhalten, nicht aber die Mindestangaben gem § 492 I 5, an deren Stelle die Angaben nach I treten. III enthält – entspr § 494 – Nichtigkeits- und Heilungsvorschriften.

2. Mindestangaben. Die vom Verbraucher zu unterschreibende Erklärung muß nach **I 1** umfassen (Verstoß s Rn 3): **a) Nr 1:** Barzahlungspreis; nicht, wenn Unternehmer ausschließlich gegen Teilzahlung liefert, **I 2**; **b) Nr 2:** Teilzahlungspreis; **c) Nr 3** Zahlungsplan; **d) Nr 4:** effektiver Jahreszins (nicht gem **I 2**), Berechnung: § 499 I, III 2 iVm § 492 II; **e) Nr. 5:** Versicherungskosten; **f) Nr. 6:** Sicherheiten, insbes Eigentumsvorbehalt (§ 449).

3. Verstoß (III 1). Wird die Form gem §§ 501, 492 I 1–4 nicht gewahrt, ist der Teilzahlungsvertrag nichtig. Ebenso, wenn Mindestangaben gem I 1 Nr 1–5 (nicht Nr 6) fehlen.

4. Heilung (III 2–6). a) Voraussetzungen: Übergabe der Sache (auch gem § 449) oder (vollständige) Erbringung der Leistung. Erforderlich ist Mitwirkung des Verbrauchers, der Teilzahlungsgeschäft damit „bestätigt" (PalPutzo VerbrKrG 6

5 Rn 8); Pflicht zur Mitwirkung besteht nicht. **b) Rechtsfolgen: aa)** Teilzahlungsvertrag wird ex nunc voll **wirksam, III 2. bb)** Barzahlungspreis ist (nur) mit ges Zinssatz von 4% (s § 246) zu verzinsen, **III 3.** Bei Nichtangabe ist Marktpreis Grundlage der Berechnung, **III 4. cc)** Sicherheiten (zum EV s § 449) können nicht verlangt werden, wenn Angaben gem I 1 Nr 6 fehlen, **III 5. dd)** Ist der (anfängliche) effektive Jahreszins zu niedrig angegeben, so mindert sich der Teilzahlungspreis, **III 6** (sa § 494 Rn 7).

6 **5. Fernabsatz-Teilzahlungsgeschäfte.** II dient der Erleichterung von Teilzahlungsgeschäften im Fernabsatz (s § 312 b). Modifizierte Schriftform und Anspruch auf Abschrift der Vertragserklärung entfallen, wenn Angaben gem I Nr 1–5 (mit Ausnahme des Betrags der einzelnen Raten, wohl aber Zahl und Fälligkeit) in Textform (s § 126 b) rechtzeitig zur eingehenden Kenntnisnahme mitgeteilt wurden. Zum Konkurrenzverhältnis der Widerrufsrechte aus §§ 501, 495 und § 312 d I s § 312 d V.

§ 503 Rückgaberecht, Rücktritt bei Teilzahlungsgeschäften

(1) **Anstelle des dem Verbraucher gemäß § 495 Abs. 1 zustehenden Widerrufsrechts kann dem Verbraucher ein Rückgaberecht nach § 356 eingeräumt werden.**

(2) ¹**Der Unternehmer kann von einem Teilzahlungsgeschäft wegen Zahlungsverzugs des Verbrauchers nur unter den in § 498 Abs. 1 bezeichneten Voraussetzungen zurücktreten.** ²**Der Verbraucher hat dem Unternehmer auch die infolge des Vertrags gemachten Aufwendungen zu ersetzen.** ³**Bei der Bemessung der Vergütung von Nutzungen einer zurückzugewährenden Sache ist auf die inzwischen eingetretene Wertminderung Rücksicht zu nehmen.** ⁴**Nimmt der Unternehmer die auf Grund des Teilzahlungsgeschäfts gelieferte Sache wieder an sich, gilt dies als Ausübung des Rücktrittsrechts, es sei denn, der Unternehmer einigt sich mit dem Verbraucher, diesem den gewöhnlichen Verkaufswert der Sache im Zeitpunkt der Wegnahme zu vergüten.** ⁵**Satz 4 gilt entsprechend, wenn ein Vertrag über die Lieferung einer Sache mit einem Verbraucherdarlehensvertrag verbunden ist (§ 358 Abs. 2) und wenn der Darlehensgeber die Sache an sich nimmt; im Falle des Rücktritts bestimmt sich das Rechtsverhältnis zwischen dem Darlehensgeber und dem Verbraucher nach den Sätzen 2 und 3.**

1 1. **Allgemeines.** Sonderregelungen für Teilzahlungsgeschäfte. Sa § 506 S 2 (§ 506 Rn 4).

2 2. **Rückgaberecht des Verbrauchers (I)** nach § 356 steht dem Verbraucher anstelle des Widerrufsrechts (gem §§ 501 S 1, § 495 I) zu. Ausübung und Rechtsfolgen s § 356 Rn 4 f.

3 3. **Rücktritt des Unternehmers. a) Voraussetzungen (II 1).** Bei Teilzahlungsgeschäften wird das allg Rücktrittsrecht gem § 323 verdrängt; Rücktritt nur, wenn die qualifizierten Voraussetzungen des § 498 I vorliegen. Unabdingbar, § 506 S 1. Andere Rücktrittsgründe bleiben unberührt, dürfen aber nicht zur
4 Umgehung von II 1 führen, § 506 S 2. **b) aa) Rücktrittsfiktion (II 4)** soll den Verbraucher davor schützen, daß er Besitz sowie Nutzung des (Kauf-)Gegenstandes verliert und gleichwohl zur Zahlung des Entgelts verpflichtet bleibt (BGH 55, 60 [zu AbzG 5]). „Ansichnehmen" ist Entzug der Nutzung der Sache (auch Surrogate, BGH NJW 84, 2294) auf Veranlassung des Unternehmers. Besitzerlangung durch Unternehmer ist nicht erforderlich; Herausgabe an Dritten auf Verlangen des Unternehmers (BGH 55, 59 [zu AbzG 5]) genügt; nicht schon die Pfändung (auf Antrag des Unternehmers), aber die (die Nutzung entziehende) Fortschaffung durch den Gerichtsvollzieher zum Zwecke der Verwertung gem ZPO 814 ff (str; aA: erst Verwertungshandlung). *Nicht:* Herausgabeverlangen und -klage (aber uU

Titel 3. Darlehensvertrag; Finanzierungshilfen u. a. **§§ 504, 505**

konkludent erklärter Rücktritt). – Bei II 4 soll ein Rücktritts*recht* nicht erforderlich sein (Köln WM 98, 382, PalPutzo VerbrKrG 13 Rn 11; aA zutr MK/Habersack VerbrKrG 13 Rn 47). **bb)** Keine Fiktion bei **Vergütungsvereinbarung** zu gewöhnlichem Verkaufswert (s ZPO 813); Verbraucher kann ggf aufrechnen. **c) Rechtsfolgen. Rückabwicklung** gem §§ 346 ff: **aa)** Verbraucher hat Anspruch auf Rückzahlung der Teilleistungen. Soweit noch nicht erbracht, erlöschen die Verpflichtungen. Mit Rücktrittsfiktion aufgrund Pfändung (Rn 4) verliert der zugrundeliegende Zahlungstitel ggf die materiellrechtliche Grundlage; Verbraucher kann/muß klagen gem ZPO 767. **bb)** Unternehmer kann Rückgabe der Sache (§ 346 I Fall 1, ggf Wertersatz, § 346 II) und Nutzungen (unter Beachtung **II 3**) verlangen (§ 346 I Fall 2), ferner gem **II 4** Aufwendungen (zB Vertragsabschlußkosten). **d) Verbundenes Geschäft (II 5;** sa § 358 III). Nimmt der Darlehensgeber die Sache (etwa aufgrund Sicherungseigentums) an sich, erfolgt Rückabwicklung zwischen ihm und dem Verbraucher (sa § 358 IV 3). 5

6

7

§ 504 Vorzeitige Zahlung bei Teilzahlungsgeschäften

¹ Erfüllt der Verbraucher vorzeitig seine Verbindlichkeiten aus dem Teilzahlungsgeschäft, so vermindert sich der Teilzahlungspreis um die Zinsen und sonstigen laufzeitabhängigen Kosten, die bei gestaffelter Berechnung auf die Zeit nach der vorzeitigen Erfüllung entfallen. ² Ist ein Barzahlungspreis gemäß § 502 Abs. 1 Satz 2 nicht anzugeben, so ist der gesetzliche Zinssatz (§ 246) zugrunde zu legen. ³ Zinsen und sonstige laufzeitabhängige Kosten kann der Unternehmer jedoch für die ersten neun Monate der ursprünglich vorgesehenen Laufzeit auch dann verlangen, wenn der Verbraucher seine Verbindlichkeiten vor Ablauf dieses Zeitraums erfüllt.

1. Allgemeines. Umsetzung VerbrKrRiLi 8. Unabdingbares (§ 506 S 1) Recht des Verbrauchers (zum Existenzgründer s § 507) zur vorzeitigen Erfüllung (sa § 271 II Fall 2) mit der Folge einer reduzierten Gesamtverbindlichkeit. Zum Verbraucherdarlehensvertrag s § 489 I Nr 2. 1

2. a) Voraussetzung ist vorzeitige (vollständige, nicht nur teilweise) Erfüllung, auch durch Dritte gem § 267 I. Erfüllungssurrogat genügt. **b) Folge** ist gem **S 1** Verminderung des Teilzahlungspreises (s § 502 I Nr 2) um die auf den Zeitraum nach Erfüllung entfallenden Zinsen und laufzeitabhängigen Kosten (I 1), soweit er die 9-Monats-Grenze gem **S 3** (sa § 489 I Nr 2) überschreitet. Abzinsung nach vereinbartem Zinssatz, iü gem **S 2**. 2

Untertitel 3. Ratenlieferungsverträge zwischen einem Unternehmer und einem Verbraucher

§ 505 Ratenlieferungsverträge

(1) ¹ Dem Verbraucher steht vorbehaltlich des Satzes 2 bei Verträgen mit einem Unternehmer, in denen die Willenserklärung des Verbrauchers auf den Abschluss eines Vertrags gerichtet ist, der

1. die Lieferung mehrerer als zusammengehörend verkaufter Sachen in Teilleistungen zum Gegenstand hat und bei dem das Entgelt für die Gesamtheit der Sachen in Teilzahlungen zu entrichten ist oder
2. die regelmäßige Lieferung von Sachen gleicher Art zum Gegenstand hat, oder
3. die Verpflichtung zum wiederkehrenden Erwerb oder Bezug von Sachen zum Gegenstand hat,

ein Widerrufsrecht gemäß § 355 zu. ² Dies gilt nicht in dem in § 491 Abs. 2 und 3 bestimmten Umfang. ³ Dem in § 491 Abs. 2 Nr. 1 genannten Nettodarlehensbetrag entspricht die Summe aller vom Verbraucher bis zum frühestmöglichen Kündigungszeitpunkt zu entrichtenden Teilzahlungen.

§ 506 Buch 2. Abschnitt 8. Einzelne Schuldverhältnisse

(2) ¹**Der Ratenlieferungsvertrag nach Absatz 1 bedarf der schriftlichen Form.** ²**Satz 1 gilt nicht, wenn dem Verbraucher die Möglichkeit verschafft wird, die Vertragsbestimmungen einschließlich der Allgemeinen Geschäftsbedingungen bei Vertragsschluss abzurufen und in wiedergabefähiger Form zu speichern.** ³**Der Unternehmer hat dem Verbraucher den Vertragsinhalt in Textform mitzuteilen.**

1   1. **Allgemeines.** Verbraucherschutz (Existenzgründer s § 507) durch unabdingbares (§ 506 S 1) Widerrufsrecht (I) und Formgebot (II) bei Ratenlieferungsverträgen trägt der durch die vielfach langfristige Erwerbsbindung eintretenden belastenden Wirkung Rechnung. Keine Vorgabe der VerbrKrRiLi. Ist mit dem Ratenlieferungsvertrag zugleich eine Finanzierungshilfe verbunden, kommen zudem die entspr Schutzvorschriften der §§ 499 ff zur Anwendung (LG Mannheim NJW-RR 96, 118). Konkurrenz mit Widerrufsrecht aus § 312 s § 312 a Rn 2 (c).

2   2. **Voraussetzungen. a) Ratenlieferungsvertrag (I 1).** Vertrag über **aa) Nr 1:** Teilleistungen zusammengehörend verkaufter Sachen gegen Teilzahlungen; Sukzessivlieferung von Sachgesamtheiten, zB mehrbändige Lexika, Buchreihen, multimedialer Sprachkurs (BGH NJW-RR 90, 1011 [zu AbzG 1 c]); **bb) Nr 2:** Lieferung gleichartiger Sachen, zB Zeitungsabonnement (BGH NJW 87, 124 [zu AbzG 1 c]); Bezug von Wasser und Energie (str; Widerrufsrecht im allg durch Anschlußzwang ausgeschlossen, SoeHäuser VerbrKrG 2 Rn 24); **cc) Nr 3:** Rahmenvertrag zum wiederkehrenden (nicht notwendig regelmäßigen) Bezug (nicht notwendig gleichartiger) Waren, zB „Buchclub"; Franchisevertrag mit ausschließlicher Bezugbindung (BGH 128, 160; NJW 98, 541 [je zu VerbrKrG 2 Nr 3]), Bierlieferungs-
3   vertrag (BGH 109, 314 [zu AbzG 1 c]). **b) Ausnahmen:** Keine Besonderheiten, wenn Ratenlieferungsvertrag unter § 491 II, III fällt **(I 2)**. Bedeutung hat insbes der „Bagatellvorbehalt" in § 491 II Nr 1; an die Stelle des Nettodarlehensbetrags tritt der gem **I 3** berechnete Betrag. Auf die 3-Monats-Grenze des § 499 I wird nicht verwiesen.

4   3. **Rechtsfolgen. a) Widerrufsrecht (I)** gem §§ 355 ff (s Anm dort). **b) Schriftformgebot** gem § 126 **(II 1)**; Ersatz durch elektronische Form (s § 126 III) ist – entspr Vorgabe E-CommerceRiLi 9 (BT-Drs 14/6040 S 258) – nicht ausgeschlossen (sa §§ 492 I 2, 499 I). Keine Schriftform gem **II 2,** wenn Verbraucher Vertragsbedingung abrufen (insbes Internet) und speichern kann. Anspruch auf Mitteilung des Vertragsinhalts in Textform (§ 126 b) s **II 3**.

Untertitel 4. Unabdingbarkeit, Anwendung auf Existenzgründer

§ 506 Abweichende Vereinbarungen

¹**Von den Vorschriften der §§ 491 bis 505 darf nicht zum Nachteil des Verbrauchers abgewichen werden.** ²**Diese Vorschriften finden auch Anwendung, wenn sie durch anderweitige Gestaltungen umgangen werden.**

1   1. **Allgemeines.** I dient der Umsetzung von VerbrKrRiLi 14. Der durch das OLGVertrÄndG eingefügte II gestattet die Vereinbarung der zuvor in § 495 II aF ges vorgesehenen „Unterbleibensfiktion", III den Ausschluß des Widerrufsrechts bei Immobiliardarlehensverträgen (s § 495 Rn 1 [b]). Zu beachten ist, daß II–IV mit Wirkung zum 1. Juli 2005 entfallen; gemäß OLGVertrÄndG 34 S 4 gilt ab diesem Zeitpunkt allein I.

2   2. **Unabdingbarkeit. a)** I 1 verbietet **Vereinbarungen,** die zu Lasten des Verbrauchers (Existenzgründer s § 507) von §§ 491–505 abweichen („halbseitig zwingender Charakter"). Unwirksam ist insbes der Ausschluß des Widerrufsrechts (s § 495 I). Entspr I 1 sind auch §§ 355 ff nicht zu Lasten des Verbrauchers abdingbar. **Einseitiger Verzicht** auf Rechte nach §§ 491–505 ist ebenfalls unwirksam; nachträglicher Verzicht auf entstandene Rechte soll hingegen zulässig sein (Soe-
3   Häuser VerbrKrG 18 Rn 2). **b) Rechtsfolgen:** Nichtigkeit gem § 134. Abwei-

604   Chr. Berger

Titel 3. Darlehensvertrag; Finanzierungshilfen u. a. **§ 507**

chend von § 139 ist der Vertrag (analog § 306 I) iü wirksam; an die Stelle der nichtigen Vereinbarung tritt die ges Vorschrift (entspr § 306 II).

3. Umgehungsverbot. §§ 491–505 sind gem I 2 (analog oder aufgrund erwei- 4 ternder Auslegung) auch anwendbar, wenn sie im Wege der Rechtsgestaltung umgangen werden sollen, zB durch Aufspaltung eines Darlehens in zahlreiche Einzelverträge (vgl VerbrKrRiLi 14 II), die unter die Ausnahme für Kleindarlehen in § 491 II Nr 1 fallen. Sa § 134 Rn 18.

4. Unterbleibensfiktion. a) Zweck: Der Darlehensgeber soll das Darlehen – 5 auch im Interesse des Darlehensnehmers – schon vor Ablauf der Widerrufsfrist (§ 355 II) auszahlen können, ohne das Risiko verzögerter Rückzahlung nach möglicher Ausübung des Widerrufs gewärtigen zu müssen. **b) Voraussetzungen.** 6 **aa)** Nach II 1 entspr Vereinbarung (anders § 495 II aF, s Rn 1), die schriftlich (§ 126 I) geschlossen werden muß; wird sie in die Vertragserklärung nach § 492 I 5 aufgenommen, muß sie drucktechnisch deutlich hervorgehoben werden, **IV.** – Ausgeschlossen ist die Unterbleibensfiktion gemäß II 2 bei verbundenen Verträgen (§ 358 II), weil gewöhnlich das Darlehen unmittelbar an den Unternehmer ausbezahlt wird, und bei Haustürgeschäften (§ 312). **bb) Auszahlung,** auch gem 7 § 362 II an Dritte (sa § 488 Rdnr. 13). Bei *Teil*auszahlung gilt der Widerruf ggf nur für den nicht ausgezahlten Teilbetrag. *Nicht* bei Aufrechnung (MK/Ulmer VerbrKrG 7 Rn 50; aA zB SoeHäuser VerbrKrG 7 Rn 57), denn nach Widerruf steht der Darlehensgeber wirtschaftlich nicht schlechter. Der Darlehensnehmer hat keine Barmittel erlangt; von ihm könnte ohnehin nur die Aufhebung der Aufrechnungswirkungen verlangt werden. **cc) Nichtrückzahlung** des ausbezahlten Nettokreditbetrags innerhalb der (nicht vertraglich abkürzbaren) Zwei-Wochen-Frist. Fristbeginn: Erklärung (nicht Zugang) des Widerrufs bzw Auszahlung des Darlehens. **c) Folgen:** Wirkungen des Widerrufs (§§ 357 ff) entfallen ex tunc; der 8 Darlehensvertrag ist voll wirksam.

5. Bei **Immobiliardarlehensverträgen** (s § 492 I a 2) kann nach III das **Wi-** 9 **derrufsrecht** des § 495 I durch schriftliche (und ggf drucktechnisch deutlich hervorgehobene, IV) Vereinbarung **ausgeschlossen** werden. Nicht, wenn es sich um ein Haustürgeschäft (§ 312) handelt; HausTürRiLi erlaubt Ausschluß des Widerrufsrechts auch für Verbraucherdarlehensverträge nicht.

§ 507 Anwendung auf Existenzgründer

Die §§ 491 bis 506 gelten auch für natürliche Personen, die sich ein Darlehen, einen Zahlungsaufschub oder eine sonstige Finanzierungshilfe für die Aufnahme einer gewerblichen oder selbständigen beruflichen Tätigkeit gewähren lassen oder zu diesem Zweck einen Ratenlieferungsvertrag schließen, es sei denn, der Nettodarlehensbetrag oder Barzahlungspreis übersteigt 50 000 Euro.

1. Allgemeines. Erstreckung der Schutzvorschriften der §§ 491–506 auch auf 1 Existenzgründer, die nicht unter § 13 fallen.

2. Voraussetzung. a) Natürliche Person als Darlehensnehmer usw, nicht 2 Handelsgesellschaft; zum Schuldbeitritt s § 491 Rn 4. **b)** Zweck des Vertrags ist **Gründung** eines gewerblichen oder (frei-)beruflichen **Unternehmens,** nicht seine Erweiterung oder Änderung. Existenzgründer ist ferner, wer bereits ein Unternehmen betreibt und mit den „Kreditmitteln" ein neues, mit dem ersten nicht in Zusammenhang stehendes **Zweitunternehmen** eröffnet (BGH NJW 98, 540 [zu VerbrKrG 3 I Nr 2]). Auch der Erwerb von Gesellschaftsanteilen, wenn damit erstmalig unternehmerische Funktion (zB als Geschäftsführer) verbunden ist. **c)** Nettodarlehensbetrag (§ 491 II Nr 1) bzw Barzahlungspreis (§ 502 I Nr 1; ggf 3 gilt § 502 III 4) **übersteigt nicht** den Betrag von **50 000 Euro**. Maßgebend ist allein die Höhe des Darlehens usw; zusätzliche Eigenmittel sind unbeachtlich. Mehrere im Zusammenhang geschlossene Verträge werden zusammengerechnet;

§§ 508–516

keine Anwendung der §§ 491–506 auf den Vertrag, der zum Überschreiten der
4 50 000-Euro-Grenze führt, und die Folgeverträge. **d) Beweislast:** Darlehensnehmer hat (abweichend von VerbrKrG 1 II) darzulegen und ggf zu beweisen, daß Darlehen usw der Aufnahme der entspr Tätigkeit dient (Wittig/Wittig WM 02, 151), Darlehensgeber ggf das Übersteigen des Nettodarlehensbetrags usw über 50 000 Euro.

§§ 508 bis 515 *(weggefallen)*

Titel 4. Schenkung

§ 516 Begriff der Schenkung

(1) **Eine Zuwendung, durch die jemand aus seinem Vermögen einen anderen bereichert, ist Schenkung, wenn beide Teile darüber einig sind, dass die Zuwendung unentgeltlich erfolgt.**

(2) ¹**Ist die Zuwendung ohne den Willen des anderen erfolgt, so kann ihn der Zuwendende unter Bestimmung einer angemessenen Frist zur Erklärung über die Annahme auffordern.** ²**Nach dem Ablauf der Frist gilt die Schenkung als angenommen, wenn nicht der andere sie vorher abgelehnt hat.** ³**Im Falle der Ablehnung kann die Herausgabe des Zugewendeten nach den Vorschriften über die Herausgabe einer ungerechtfertigten Bereicherung gefordert werden.**

Lit: Böhr, Beweislastprobleme bei der Schenkung, NJW 01, 2059; Grundmann, Zur Dogmatik der unentgeltlichen RGeschäfte, AcP 198, 457; Knobbe-Keuk, „Verunglückte" Schenkungen, FS Flume, 1978, II, S 149; Nehlsen-von Stryk, Unentgeltliches schuldrechtliches Wohnrecht, AcP 187, 552; sa Lit zu §§ 530–533.

1   **1. Allgemeines. a) Begriff.** Schenkung ist die vertragliche unentgeltliche Zuwendung eines Vermögensvorteils aus dem Vermögen des Zuwendenden (Schenkers) an einen anderen (den Beschenkten); vgl **I** und zu den einzelnen Merkmalen
2 näher Rn 4 ff). **b) Arten und Rechtsnatur. aa)** Bei der (formlos möglichen) **Handschenkung (I)** fallen Kausalgeschäft und dingliches Vollzugsgeschäft zusammen; es wird keine Pflicht zur Übereignung (Verschaffung) begründet, sondern mit der dinglichen Zuwendung erfolgt die schuldrechtliche Vereinbarung des Rechtsgrundes („donandi causa"; hM). **bb)** Das formbedürftige (§ 518) **Schenkungsversprechen** ist einseitig verpflichtender Schuldvertrag; die Schenkung liegt hier bereits in der Begründung der Forderung (vgl Larenz, SchR II/1, § 47 I). Schenk-
3 weise Zuwendung durch Vertrag zgDr ist möglich (§§ 328 ff; Rn 16). **c) Bedeutung.** Schenkung ist ein Unterfall der unentgeltlichen Zuwendungen unter Lebenden (Köln ZIP 88, 1203); **Abgrenzung** von letztwilligen Zuwendungen: Rn 22; von anderen unentgeltlichen Verträgen: Rn 14 f, 20.

4   **2. Voraussetzungen. a) Zuwendung** ist die Verschaffung eines Vermögensvorteils. **aa)** Sie kann bestehen in einer **Handlung** oder in einem **Unterlassen** (Bsp: Nichtunterbrechung der Verjährung; vgl aber Rn 6), in der Vornahme eines **RGeschäfts** (zB gem §§ 397, 398, 873, 925, 929; §§ 328, 331; § 267) oder einem
5 Realakt (zB gem §§ 946, 947). **bb) Gegenstand** der Zuwendung ist ein Vermögensvorteil, dh jede Mehrung der Aktiven oder Minderung der Passiven beim Empfänger (BGH 101, 232 mN). Bsp: Eigentums-, Rechts- und Anteilserwerb; Erlaß von Verbindlichkeiten; Verzicht auf Rechte; Aneignungsgestattung; befreiende Schuldübernahme; **nicht** die Leistung von Diensten (vgl aber Rn 14). **cc)** Für die **Bestimmung** des Zuwendungsgegenstands bei Hingabe eines Geldbetrages zum Erwerb eines Vermögensobjekts (wichtig für §§ 528, 531) ist der
6 Wille der Beteiligten (§§ 133, 157) maßgebend (BGH 112, 46 mN). **b) Entreicherung des Schenkers.** Die Zuwendung (Rn 4 f) muß das gegenwärtige Vermögen des Zuwendenden mindern (I: „aus"). Substanzgleichheit zwischen

Titel 4. Schenkung **§ 516**

Entreicherung und Vermögensvorteil ist aber nicht erforderlich (BGH 112, 46), der geschenkte Gegenstand braucht nicht zuvor Eigentum des Schenkers gewesen sein (Rn 5 [cc]). Möglich ist auch Schenkung durch **Leistung eines Dritten** (mittelbare Schenkung; vgl Rn 16). Entreicherung **fehlt** bei Unterlassen eines zukünftigen Vermögenserwerbs zugunsten eines anderen (§ 517, dort weitere Einschränkungen). **c) Bereicherung des Beschenkten.** Obj Merkmal, keine Bereicherungsabsicht erforderlich; auf wirtschaftlichen oder faktischen Gewinn kommt es nicht an (anders als bei § 818). Keine Bereicherung, wenn der Empfänger lediglich Durchgangsperson ist und das Erhaltene ohne eigene Nutzung weitergeben muß (BFH BB 84, 1727; §§ 525–527 Rn 3), so bei **Kettenschenkungen** (Knobbe-Keuk aaO S 167; sa Rn 16), **fiduziarischen Rechtsgeschäften** (Larenz, SchR II/1, § 47 I) oder **Spenden** bei Sammlungen zu wohltätigen Zwecken (RG 62, 391); Schenkung jedoch, wenn jur Person solche Zwecke verfolgt (RG 71, 143). **d) Obj Unentgeltlichkeit. aa) Begriff.** Unentgeltlichkeit bedeutet Unabhängigkeit der Zuwendung (Rn 4f) von einer Gegenleistung (fehlende Entgeltlichkeit). *Entgeltlich* ist die Zuwendung, wenn sie um der Gegenleistung willen erbracht wird (§ 320; synallagmatische Verknüpfung), ferner, wenn die Zuwendung unter der Bedingung einer Gegenleistung oder als Zweck derselben erfolgt (BGH NJW 82, 436; 92, 2567; Hamm NJW-RR 93, 1412; konditionale und kausale Verknüpfung; Abgrenzung zur Auflagenschenkung: §§ 525–527 Rn 2, 4). Gegenleistung kann auch bei Leistung an einen Dritten vorliegen und braucht keinen Geldwert zu haben (BGH NJW-RR 90, 386). **bb) Einzelfragen.** Allein im obj **Mißverhältnis zwischen Leistung und Gegenleistung** liegt keine – teilw – Schenkung (uU Fall von § 138 I, II), die Bewertung der Leistungen ist Sache der Parteien (RG 82, 365; sa Rn 17); jedoch **verschleierte Schenkung** (bedeutsam für Ansprüche Dritter, Rn 12) bei Willkür (BGH NJW-RR 89, 706). Die **Leistung auf eine Schuld** erfolgt nie unentgeltlich (Grund: § 362), auch nicht bei unvollkommenen Verbindlichkeiten (§§ 762, 656; Larenz, SchR II/1, § 47 I). Übernahme dinglicher Belastungen bei Grundstücksschenkungen ist idR keine Gegenleistung, sondern Wertminderung (BGH 107, 159f). Die Erfüllung einer **moralischen Pflicht** (Dankesschuld) schließt Unentgeltlichkeit nicht aus (remuneratorische Schenkung; vgl Rn 19; § 534 Rn 1, 3). **Keine** Schenkung sind: die **Ausstattung** eines Kindes im Rahmen des § 1624, sog **unbenannte Zuwendungen unter Ehegatten** (BGH 127, 50; s Rn 20; § 242 Rn 99), **ehebezogene elterliche Zuwendungen** (wie Rn 20, str; s BGH 129, 263f mN; Düsseldorf NJW-RR 94, 1411, krit Tiedtke JZ 96, 201f) sowie idR der Begründung einer Gütergemeinschaft (BGH 116, 180ff mN). **Geschenke unter Ehegatten** können in Wirklichkeit Unterhaltsleistungen sein (Bamberg FamRZ 73, 200; Bosch, FS Beitzke, 1979, 136f mN); jedoch kann im Verhältnis zu Gläubigern (InsO 134) eine abw Beurteilung der Unentgeltlichkeit geboten sein (BGH 71, 61, zw). Bei **Zuwendungen unter nahen Verwandten** besteht Schenkungsvermutung nur gem § 685, 1620. Auf Zuwendungen im Rahmen einer **nichtehelichen Lebensgemeinschaft** sind die Grundsätze über unbenannte Zuwendungen (Rn 20) entspr anwendbar (so Düsseldorf NJW-RR 97, 1498f mwN, str; nicht beachtet in BGH NJW 97, 3371; sa § 242 Rn 99). Zur Unentgeltlichkeit bei **erbrechtlichem Ausgleich** BGH MDR 70, 668. **e) Einigung.** Die vertragliche Einigung (§§ 145ff) muß sowohl die Zuwendung als solche (Rn 4f) als auch die Unentgeltlichkeit (Rn 8f) umfassen (BGH 82, 230; NJW-RR 86, 866); sie fehlt zB bei irrtümlicher Annahme einer schuldrechtlichen Verpflichtung (RG 125, 383), desgl bei entspr Vortäuschung (vgl BGH 113, 102f). Stillschweigender Abschluß ist möglich, eine **Erleichterung** bietet II. Bei **Schenkungen an Minderjährige** sind § 107 (dort Rn 5) und § 181 (dort Rn 7, 9 aE) zu beachten (dazu BGH 94, 234ff; zum Fall der „darlehensweisen" Rückgewähr des Geschenks an den Schenker vgl Rn 21). **f) Ges Verbot.** Schenkweise Zuwendungen von Bewohnern an Heimträger (-personal) sind idR unwirksam (HeimG 14 I, V iVm § 134; dazu BGH 110, 239; NJW-RR 95, 1272; sa § 134 Rn 11f).

§ 516 Buch 2. Abschnitt 8. Einzelne Schuldverhältnisse

11 **3. Rechtsfolgen. a) Leistungspflichten der Parteien. aa) Beschenkter:** keine (Rn 8f), uU aber Pflicht zur Vollziehung einer Auflage (§ 525) und zu Rückgewähr (Rn 12). **bb) Schenker:** Verschaffungspflicht besteht nur beim Schenkungsversprechen (Rn 2); für Rechts- und Sachmängel haftet er nur be-
12 schränkt (§§ 523, 524). **b) Beschränkte Rechtsbeständigkeit. aa) Unentgeltliches Geschäft.** Zwischen den Parteien bestehen erweiterte Möglichkeiten zur Auflösung (§§ 519, 528, 530). **bb) Unentgeltlicher Erwerb.** Gegenüber Dritten ist die Regel, daß Ansprüche der Gläubiger dem Recht des unentgeltlichen Erwerbers vorgehen (§§ 816 I 2, 822, 988; InsO 134, 145 II Nr 3; AnfG 4, 11 II). Schenkungen des Erblassers können uU zurückgefordert werden (§§ 2287, 2329). Beschränkungen gelten für unentgeltliche Zuwendungen des Vorerben (§ 2113 II), Testamentsvollstreckers (§ 2205 S 3) und im Familienrecht (§§ 1425, 1641, 1804).
13 **c) Beweislast.** Bei Schenkungseinwand zB gegenüber der Darlehensklage (Klageleugnen) muß der Kläger die darlehensweise Hingabe beweisen (vgl Hamm NJW 78, 224); zur Darlegungs- und Substantiierungslast bei Kondiktionsklage s BGH NJW 99, 2887; Schenkungsvermutungen: Rn 9.

14 **4. Abgrenzung und Sonderfälle. a) Unentgeltliche Dienstleistungen** sind keine Vermögenszuwendungen (vgl BGH 127, 51; §§ 662 ff gelten), uU liegt aber eine Zuwendung in dem Erlaß der Vergütung (BGH 101, 232); bei Zweckverfehlung kann uU Vergütungspflicht in Frage kommen (LG Berlin FamRZ 79, 503 betr unentgeltliche Pflegeleistung und allg § 612 Rn 3 aE); zum Ausgleich von
15 Arbeitsleistungen zwischen Ehegatten s Rn 20. **b) Unentgeltliche Gebrauchsüberlassung** ist Leihe (§§ 598 ff), nicht Schenkung; dies gilt auch bei längerfristiger unentgeltlicher Überlassung von Sachen, die üblicherweise nur gegen Entgelt erfolgt (BGH 82, 356 ff; 125, 298; NJW 85, 313; zust Slapnicar JZ 83, 327 ff; Langen ZMR 86, 151, str). Bsp: Wohnrecht auf Lebenszeit (Hamm NJW-RR 96, 717; § 598 Rn 3; aA Larenz, SchR II/1, § 47 I). Desgl ist das
16 **zinslose Darlehen** keine Schenkung (Crezelius BB 78, 621). **c) Mittelbare Schenkung** umfaßt unterschiedliche Fallgestaltungen: Zuwendung von Kaufpreis zum Erwerb eines Vermögensobjekts (Rn 5 ff [cc]). Bei unentgeltlicher Zuwendung durch **Vertrag zgDr** (§ 328) – auch auf den Todesfall (§ 331) – liegt im Valutaverhältnis (formbedürftige: § 518) Schenkung vor (s § 331 Rn 3, 6f; § 518 Rn 8). Für Zuwendung durch Anlegung eines Sparkontos auf fremden Namen ist der innere Wille des Schenkers entscheidend (BGH 46, 198; NJW 94, 931; sa
17 § 518 Rn 8; § 808 Rn 4). **d) Gemischte Schenkung. aa) Begriff:** Vermögenszuwendung, die nach dem übereinstimmenden Willen der Parteien teils entgeltlich, teils unentgeltlich erfolgen soll (BGH 59, 135; NJW 87, 892; 92, 2567; BayObLGZ 1996, 26; s § 305 Rn 30: Typenverschmelzungsvertrag). Das obj Mißverhältnis der Leistungen allein ist nicht entscheidend (BGH 82, 281 f; BayObLGZ 1995, 191), läßt aber hierauf schließen (BGH NJW 95, 1350; NJW-RR 96, 755). **bb) Abgrenzung.** Kauf zum Freundespreis ist idR nicht teilw unentgeltlich (BGH FamRZ 64, 431; Grund: Schenkungswille fehlt); dagegen sind **Übergabeverträge,** die die künftige Erbfolge vorwegnehmen, idR gemischte Schenkungen (BGH 3, 206; 107, 159; einschr NJW 95, 1350); für den Hofübergabevertrag einschr BayObLGZ 1995, 186; 1996, 20. Auflage (§ 525) berührt Schenkungs-
18 scharakter nicht (§§ 525–527 Rn 2). **cc) Behandlung** (umstr; ie MK/Kollhosser 27 ff). Überwiegt der unentgeltliche Charakter des Geschäfts, so ist es als Schenkung anfechtbar (Rn 12), für das ganze Leistungsversprechen gilt § 518; das Rückforderungsrecht (§§ 527, 528, 530) ist auf den Gegenstand selbst gerichtet (auch ohne Einrede) trotz um fG gegen Wertausgleich des entgeltlichen Teils (BGH 107, 159; 112, 53 mN; BayObLGZ 1996, 27); Ansprüche wegen Rechts-
19 und Sachmängeln richten sich nach Schenkungsrecht (ie str). **e) Belohnende (renumeratorische) Schenkung. aa) Begriff:** Rechtlich nicht geschuldete Zuwendung an den Empfänger für eine von diesem erbrachte Leistung (BGH NJW 82, 436). Die Zuwendung muß als „Belohnung" gewollt, dh darf kein „Entgelt"

Titel 4. Schenkung **§§ 517, 518**

für die Leistung des Empfängers sein (Hamm NJW-RR 95, 567). Bsp: Prämie für sportliche Leistung (München NJW 83, 759); Zuwendung nach gewährter unentgeltlicher Pflege und Betreuung (Düsseldorf FamRZ 84, 888; uU aber Fall von u bb). **bb) Abgrenzung:** Entgeltlicher Vertrag liegt bei nachträglicher „Entlohnung" vor (Düsseldorf DNotZ 96, 653). Bsp: Freiwillige Vergütung für geleistete Dienste (RG 94, 324; BGH WM 85, 1423) oder Pflege (Düsseldorf DNotZ 96, 652); zusätzliche Leistungen des AG an AN (zB Gratifikation, Ruhegeld; vgl § 611 Rn 34), wohl auch das Trinkgeld (so MK/Kollhosser 19, str). **f)** Sog **unbenannte Zuwendungen unter Ehegatten** sind ehebezogene RGeschäfte eigener Art zur Gestaltung der ehelichen Lebensgemeinschaft (BGH 116, 169 ff mN, stRspr und hM, immer noch str); trotz obj fehlender Gegenleistung sind sie (iGgs zu Rn 8 f) „nicht unentgeltlich" (BGH 127, 52; Grund: entspr Einigung fehlt: BGH 116, 169); Gegenstand der Zuwendung kann sowohl die Vermögenssubstanz als auch (weitergehend als Rn 14) die Arbeitsleistung eines Ehegatten sein (BGH 127, 51 ff). **Behandlung:** Keine Schenkung iSd §§ 516 ff, §§ 1373 ff; unanwendbar sind insbes § 530 (sa §§ 530–533 Rn 1) und § 1374 II (BGH 129, 263 mN, str; s 1374 Rn 9); bei Scheidung erfolgt uU güterrechtlicher Ausgleich (vgl BGH 115, 132; 119, 296), ausnahmsweise Ausgleich nach § 242 (s dort Rn 99). Die Drittschutzvorschriften des Erb- (§§ 2287, 2325) und Vollstreckungsrechts (InsO 134, AnfG 4) sind aber anwendbar (BGH 71, 61; 116, 174 ff, str; teilw aA Apfelbacher aaO [s u] 141 ff). **Abgrenzung** zu „echter" Schenkung iSv § 516: BGH 87, 146; NJW 92, 239; NJW-RR 93, 1410; zu Zuwendungen unter nichtehelichen Lebenspartnern: Rn 9 aE. **Lit:** Apfelbacher, Ehebedingte Zuwendungen und Ehegatten-Eigenheimgesellschaft, 1993; Kleinle FamRZ 97, 1383; Kollhosser NJW 94, 2313; Meincke NJW 95, 2769. **g)** Zuwendungen eines **Geldbetrags mit gleichzeitiger Rückgewähr als „Darlehen":** Keine Schenkung des Geldbetrags (BFH BB 84, 1727; Knobbe-Keuk aaO S 172), desgl keine schenkweise begründete Darlehensforderung (so aber Lenz MDR 85, 989 gegen BFH aaO), sondern befristetes Schenkungsversprechen bzgl der Darlehenszinsen (so BFH BB 84, 1727, str). **h) Schenkung von Todes wegen:** § 2301 mit Anm; sa Rn 16. **i) Gesellschaftsbeteiligungen** (auch an Personengesellschaften) können Gegenstand von – uU gemischten – Schenkungen sein (BGH 112, 44 ff mN: Kommanditanteil; Frankfurt NJW-RR 96, 1124 mN: BGB-Gesellschaftsanteil); Rückforderungsansprüche (§§ 527, 528, 530 f) gehen auf Anteils-(rück-)übertragung ohne Abfindung (BGH 112, 47 ff, str). **Lit:** K. Schmidt BB 90, 1992; Wiedemann DB 90, 1649.

20

21

22

§ 517 Unterlassen eines Vermögenserwerbs

Eine Schenkung liegt nicht vor, wenn jemand zum Vorteil eines anderen einen Vermögenserwerb unterlässt oder auf ein angefallenes, noch nicht endgültig erworbenes Recht verzichtet oder eine Erbschaft oder ein Vermächtnis ausschlägt.

1. Einschränkung des Schenkungsbegriffs, vgl § 516 Rn 6, 15. Bsp für 2. Alt: Verzicht auf Anwartschaftsrechte bei noch nicht erbrachter Gegenleistung (Frankfurt OLGZ 80, 452; MK/Kollhosser 3, str).

1

§ 518 Form des Schenkungsversprechens

(1) ¹**Zur Gültigkeit eines Vertrags, durch den eine Leistung schenkweise versprochen wird, ist die notarielle Beurkundung des Versprechens erforderlich.** ²**Das Gleiche gilt, wenn ein Schuldversprechen oder ein Schuldanerkenntnis der in den §§ 780, 781 bezeichneten Art schenkweise erteilt wird, von dem Versprechen oder der Anerkennungserklärung.**

(2) **Der Mangel der Form wird durch die Bewirkung der versprochenen Leistung geheilt.**

§ 518 Buch 2. Abschnitt 8. Einzelne Schuldverhältnisse

1 **1. Allgemeines. a) Formzwecke.** Warnfunktion und Übereilungsschutz (BGH 82, 359); Klarstellung der Ernstlichkeit des Schenkungswillens; Vermeidung einer Umgehung der für Verfügungen von Todes wegen bestehenden Formvor-
2 schriften. **b) Anwendungsbereich.** Gilt für Schenkungsversprechen jeder Art (Rn 3 f), auch unter Kaufleuten (vgl HGB 350), für (einheitlich) gemischte Schenkungen, soweit der Schenkungscharakter überwiegt (§ 516 Rn 18), nicht für Handschenkung (§ 516 Rn 2) und Schenkung von Todes wegen (vgl § 2301). Auf **andere unentgeltliche Verträge**, insbes längerfristige Wohnungsleihe, ist I **nicht entspr** anwendbar (zutr BGH 82, 350 f, zust Slapnicar JZ 83, 329 f; aA Reinicke JA 82, 328).

3 **2. Formzwang. a) Form.** Notarielle Beurkundung (I 1, BeurkG 1, 8 ff) oder Aufnahme in Prozeßvergleich (§ 127 a). **b) Formbedürftige Erklärungen. aa) Schenkungsversprechen (I 1).** Begriff: § 516 Rn 1, 2 [bb]. Lediglich das **Versprechen** bedarf der Beurkundung, es sei denn der ganze Vertrag ist formbedürftig (zB gem §§ 311 b I 1, 2033). Nicht erforderlich ist die Beurkundung der Schenkung als Leistungsgrund (RG 101, 101). Die Änderung eines Schenkungsversprechens (§ 311 I) bedarf der Form, wenn sie zu einer Erweiterung der Ver-
4 pflichtung des Schenkers führt. **bb) Abstrakte Versprechen (I 2).** Bei schenkweiser Erteilung eines Schuldversprechens (-anerkenntnisses) oder unentgeltlichem Abschluß eines entspr Vertrags bedarf die Versprechens- bzw Anerkennungserklärung (§§ 780, 781 S 1) der Form gem Rn 3 [a] (vgl BGH NJW 80, 1158). Gleichgestellt ist die schenkweise Hingabe anderer abstrakter Versprechen, insbes eines Wechselakzepts (RG 71, 291; zu beachten aber WG 17) oder Schecks (BGH 64, 340; sa Rn 7).

5 **3. Heilung (II).** Das formunwirksame Schenkungsversprechen (Rn 3 f) wird bei fortbestehender Einigung (s BGH 99, 100) durch Vollzug der versprochenen Zuwendung geheilt, auch wenn die Leistung in Unkenntnis der Unwirksamkeit
6 des Schenkungsversprechens erfolgt. **a) Vollzug.** Der Schenker muß freiwillig das zur Bewirkung der Leistung seinerseits Erforderliche getan, dh die *Leistungshandlung* vorgenommen haben (dazu § 241 Rn 7); nicht erforderlich ist der Eintritt des *Leistungserfolgs* (ganz hM; aA Herrmann MDR 80, 884 zur hM; Reinicke JA 82, 327; MK/Kollhosser 12 ff). Die Gegenansicht ist abzulehnen, denn mit der Leistungshandlung sind sämtliche Formzwecke (Rn 1) erreicht und das BGB begünstigt das Zustandekommen der Schenkung (arg § 516 II). Die **Voraussetzungen** bestimmen sich ie nach dem Schenkungsgegenstand. Bei Schenkung einer beweglichen Sache genügt Vereinbarung eines Besitzkonstituts (BGH NJW 79, 714), bei der Grundstücksschenkung Auflassung und Stellung des Umschreibungsantrags (GBO 13) oder Eintragung einer Auflassungsvormerkung gem § 883 (vgl BFH JZ 80, 817). Bedingter oder befristeter Vollzug genügt (BGH NJW 70, 1639, str; krit MK/Kollhosser 18), bei der Bedingung, daß der Beschenkte den Schenker über-
7 lebt, gilt jedoch § 2301 (ie BGH 99, 100; Bork JZ 88, 1061 ff). **b) Einzelfälle. aa)** Die Zuwendung einer (bestehenden) **Forderung,** auch eines **Sparguthabens** (vgl aber auch Rn 8) erfordert (idR formlose; wegen Ausnahmen vgl § 808 Rn 10) Abtretung (auch aufschiebend bedingt oder befristet [BGH NJW-RR 89, 1282]), Einziehungsermächtigung genügt nicht (hM), desgl nicht (bloße) Verfügungsvollmacht (BGH 87, 25 f für § 2301 II), wohl aber ist Schenkungsvollzug mit Hilfe einer Vollmacht durch Abhebung, auch noch nach dem Tod des Schenkers, möglich (BGH 99, 100; NJW 88, 2731 f; zust Bork JZ 88, 1059). Bei einem **Scheck** ist Einlösung notwendig (BGH 64, 340; München NJW 83, 760), die auch noch nach dem Tode des Schenkers erfolgen kann (BGH NJW 78, 2027; 86, 2108). Die schenkweise Begründung einer Forderung gegen den Schenker
8 selbst ist formbedürftige Verpflichtung (s Rn 4; § 516 Rn 21). **bb)** Zur Vollziehung beim **Vertrag zgDr** vgl allg § 331 Rn 6 f; § 516 Rn 16. IZw nicht vor dem Tode des Schenkers vollzogen ist die Zuwendung des auf fremden Namen angelegten **Sparguthabens** (BGH 46, 203; NJW 75, 382; ie § 808 Rn 4, 6) oder

Titel 4. Schenkung **§§ 519–521**

der **Bezugsberechtigung aus einem Lebensversicherungsvertrag** (BGH 91, 291 mN). **cc)** Eine **Geldübertragung** ist vollzogen mit Ausführung des Überweisungsvertrags (§ 676 a) durch die Bank. **dd)** Bei der unentgeltlichen Zuwendung von **Besitz** oder **Nutzung** (§ 516 Rn 15) stellt sich das Problem eines Vollzugs iSv II nicht (vgl Rn 2); aA Reinicke JA 82, 327 im Rahmen einer entspr Anwendung von I und die frühere Rspr, s dazu BGH 82, 355 f mN. **ee)** Die **Befreiung** von einer Verbindlichkeit ist mit dem Erlaß der Forderung vollzogen (Stuttgart NJW 87, 783). **c) Kein Vollzug** ist die bloße Vorbereitung oder Sicherung der Zuwendung. **aa)** Der **Auftrag an einen Dritten zur Leistung nach dem Tode** kann Vollzug einer entspr befristeten (Rn 6) Versprechensschenkung sein (BGH 99, 100). **bb)** Die Schenkung von **Gesellschaftsanteilen** (§ 516 Rn 22) ist mit Anteilsübertragung (Frankfurt NJW-RR 96, 1124) oder Beteiligung am Gesellschaftsvermögen vollzogen (BGH NJW 90, 2618); fehlt es daran (zB bei stiller Beteiligung), genügt bloße sog Einbuchung nicht (BGH 7, 380, str; ie K. Schmidt BB 90, 1995 mwN).

9

10

11

§ 519 Einrede des Notbedarfs

(1) Der Schenker ist berechtigt, die Erfüllung eines schenkweise erteilten Versprechens zu verweigern, soweit er bei Berücksichtigung seiner sonstigen Verpflichtungen außerstande ist, das Versprechen zu erfüllen, ohne dass sein angemessener Unterhalt oder die Erfüllung der ihm kraft Gesetzes obliegenden Unterhaltspflichten gefährdet wird.

(2) **Treffen die Ansprüche mehrerer Beschenkten zusammen, so geht der früher entstandene Anspruch vor.**

1. Bedeutung: Bei noch nicht vollzogener Schenkung (sonst gelten §§ 528 f) hat der Versprechende die aufschiebende („soweit") Einrede des Notbedarfs (**I**; Sonderfall des § 313). Diese ist höchstpersönliches Recht und steht weder Erben noch Bürgen zu (hM), wohl aber dem Mitschuldner (RGRK/Mezger 2). Auf die Einrede kann nicht im voraus verzichtet werden. **Voraussetzung:** Begründete Besorgnis zukünftiger Beeinträchtigung des eigenen angemessenen Unterhalts (vgl § 1610) oder gesetzlicher (nicht vertraglicher) Unterhaltspflichten (zB gem §§ 1360 ff, 1569 ff, 1601 ff). Sonstige Verpflichtungen sind je nach Art zu berücksichtigen, nicht schlechthin abzuziehen. Bei **mehreren Schenkungen (II)** besteht zeitliches Rangverhältnis; gegenüber gleichzeitig Beschenkten besteht die Einrede voll, nicht nur anteilig (str; s §§ 528, 529 Rn 4). Die **Beweislast** obliegt dem Schenker (BGH NJW-RR 86, 866 f).

1

§ 520 Erlöschen eines Rentenversprechens

Verspricht der Schenker eine in wiederkehrenden Leistungen bestehende Unterstützung, so erlischt die Verbindlichkeit mit seinem Tode, sofern nicht aus dem Versprechen sich ein anderes ergibt.

1. Auslegungsregel bei Schenkung einer Rente; betrifft nicht in Teilzahlungen zu leistendes Kapital. Tod des Beschenkten beendet das Schenkungsversprechen iZw ebenfalls. Bereits fällige Ansprüche werden nicht berührt.

§ 521 Haftung des Schenkers

Der Schenker hat nur Vorsatz und grobe Fahrlässigkeit zu vertreten.

1. Grund der **Haftungsmilderung** (Einschränkung von § 276 I 1): Uneigennützigkeit des Schenkers. § 521 ist abdingbar (Schranke: § 276 III), bei Erweiterung: § 518. Gilt auch für Erfüllungsgehilfen (RG 65, 20). Begrenzter **Anwendungsbereich:** Gilt für die Nichterfüllung der Leistungspflicht (§§ 280, 286; nach Eintritt des Verzugs aber § 287 beachten; auch § 311 a II 2), nicht für Rechts- oder Sachmängelhaftung, soweit Sonderregelung der §§ 523, 524 eingreift, desgl

1

§§ 522–524 Buch 2. Abschnitt 8. Einzelne Schuldverhältnisse

nicht für die außervertragliche Haftung (Schlechtriem BB 85, 1356, str; aA BGH 93, 29; Medicus, FS Odersky, 1996, 597). Bei **Schutzpflichten,** die dem Erhaltungsinteresse des Beschenkten dienen, gelten jedoch die allg Grundsätze (Schlechtriem BB 85, 1356 f; Stoll JZ 85, 386; Grundmann AcP 198, 465 ff, str; aA BGH 93, 27 f; Medicus, FS Odersky, 1996, 604, wenn die Schutzpflicht im Zusammenhang mit dem Gegenstand der Schenkung steht); bei **Mangelfolgeschäden** findet allein § 524 Anwendung (dort Rn 1). Auf **andere unentgeltliche Rechts- oder Gefälligkeitsverhältnisse** ist § 521 nicht ohne weiteres entspr anwendbar (hM; vgl § 241 Rn 26).

§ 522 Keine Verzugszinsen

Zur Entrichtung von Verzugszinsen ist der Schenker nicht verpflichtet.

1 **1. Durchbrechung** von § 288. Die Verzugsfolgen der §§ 286, 287, 291, 292 bleiben unberührt.

§ 523 Haftung für Rechtsmängel

(1) **Verschweigt der Schenker arglistig einen Mangel im Recht, so ist er verpflichtet, dem Beschenkten den daraus entstehenden Schaden zu ersetzen.**

(2) ¹**Hatte der Schenker die Leistung eines Gegenstandes versprochen, den er erst erwerben sollte, so kann der Beschenkte wegen eines Mangels im Recht Schadensersatz wegen Nichterfüllung verlangen, wenn der Mangel dem Schenker bei dem Erwerb der Sache bekannt gewesen oder infolge grober Fahrlässigkeit unbekannt geblieben ist.** ²**Die für die Haftung des Verkäufers für Rechtsmängel geltenden Vorschriften des § 433 Abs. 1 und der §§ 435, 436, 444, 452, 453 finden entsprechende Anwendung.**

1 **1. Grundgedanke** von I: Der Schenker verspricht, nicht mehr zu leisten, als er selbst hat. Einen zZ des Vollzugs vorhandenen Rechtsmangel (§ 435) hat er nicht zu beseitigen, nur bei arglistigem Verschweigen haftet er auf Ersatz des Vertrauensschadens (hM; Larenz, SchR II/1, § 47 II b; Stoll JZ 85, 385; BGH NJW 82, 819). Abdingbarkeit wie bei § 521. Unter den Voraussetzungen des **II 1** haftet der Schenker wie ein Verkäufer (**II 2**).

§ 524 Haftung für Sachmängel

(1) **Verschweigt der Schenker arglistig einen Fehler der verschenkten Sache, so ist er verpflichtet, dem Beschenkten den daraus entstehenden Schaden zu ersetzen.**

(2) ¹**Hatte der Schenker die Leistung einer nur der Gattung nach bestimmten Sache versprochen, die er erst erwerben sollte, so kann der Beschenkte, wenn die geleistete Sache fehlerhaft und der Mangel dem Schenker bei dem Erwerb der Sache bekannt gewesen oder infolge grober Fahrlässigkeit unbekannt geblieben ist, verlangen, dass ihm anstelle der fehlerhaften Sache eine fehlerfreie geliefert wird.** ²**Hat der Schenker den Fehler arglistig verschwiegen, so kann der Beschenkte statt der Lieferung einer fehlerfreien Sache Schadensersatz wegen Nichterfüllung verlangen.** ³**Auf diese Ansprüche finden die für die Gewährleistung wegen Fehler einer verkauften Sache geltenden Vorschriften entsprechende Anwendung.**

1 **1. Haftung bei individuell bestimmtem Schenkungsgegenstand (I). a) Grundgedanke:** wie § 523 I. **b)** Für **Sachmängel** (§ 434; Abdingbarkeit wie bei § 521) haftet der Schenker nur bei arglistigem Verschweigen auf Ersatz des Vertrauensschadens (hM; s § 523 Rn 1). Auch bei **Mangelfolgeschäden** gilt die Haftungsmilderung des § 524, nicht die allg Regelung (Stoll JZ 85, 386, str; aA Larenz, SchR II/1, § 47 II b; Grundmann AcP 198, 465 ff), jedoch bleiben delikt-

Titel 4. Schenkung §§ 525–527

tische Ansprüche durch § 524 unberührt (Schlechtriem, Gutachten II, S 1619; sa § 521 Rn 1). **c) Zusicherung von Eigenschaften** iS einer Garantie (§ 276 Rn 41) ist möglich, aber formbedürftig (§ 518); Rechtsfolgen bei fehlender Eigenschaft je nach Inhalt des Schenkungsvertrages: § 437 (außer Minderung). 2

2. Haftung bei Versprechen von zu erwerbenden Gattungssachen (II). a) Bedeutung. Einschränkung von § 243 I und II (Rn 4). **b) Voraussetzungen.** Gattungsschuld, deren Gegenstand sich zZ des Versprechens noch nicht im Vermögen des Schenkers befindet (sonst gilt I); Fehler zZ des Erwerbs; Kenntnis oder grobfahrlässige Unkenntnis des Fehlers. **c) Rechtsfolgen.** Nachlieferung fehlerfreier Sachen (II 1), bei arglistigem Verschweigen wahlweise auch Ersatz des positiven Interesses (II 2). § 519 bleibt anwendbar, insoweit auch Berufung auf Leistungsunvermögen zulässig. **Entspr anwendbar** (vgl II 3) sind: § 439; §§ 280, 281. **d) Haftung für nach Erwerb** entstehende Fehler: §§ 280, 241 II iVm § 521. 3 4

§ 525 Schenkung unter Auflage

(1) **Wer eine Schenkung unter einer Auflage macht, kann die Vollziehung der Auflage verlangen, wenn er seinerseits geleistet hat.**

(2) **Liegt die Vollziehung der Auflage im öffentlichen Interesse, so kann nach dem Tod des Schenkers auch die zuständige Behörde die Vollziehung verlangen.**

§ 526 Verweigerung der Vollziehung der Auflage

¹**Soweit infolge eines Mangels im Recht oder eines Mangels der verschenkten Sache der Wert der Zuwendung die Höhe der zur Vollziehung der Auflage erforderlichen Aufwendungen nicht erreicht, ist der Beschenkte berechtigt, die Vollziehung der Auflage zu verweigern, bis der durch den Mangel entstandene Fehlbetrag ausgeglichen wird.** ²**Vollzieht der Beschenkte die Auflage ohne Kenntnis des Mangels, so kann er von dem Schenker Ersatz der durch die Vollziehung verursachten Aufwendungen insoweit verlangen, als sie infolge des Mangels den Wert der Zuwendung übersteigen.**

§ 527 Nichtvollziehung der Auflage

(1) **Unterbleibt die Vollziehung der Auflage, so kann der Schenker die Herausgabe des Geschenkes unter den für das Rücktrittsrecht bei gegenseitigen Verträgen bestimmten Voraussetzungen nach den Vorschriften über die Herausgabe einer ungerechtfertigten Bereicherung insoweit fordern, als das Geschenk zur Vollziehung der Auflage hätte verwendet werden müssen.**

(2) **Der Anspruch ist ausgeschlossen, wenn ein Dritter berechtigt ist, die Vollziehung der Auflage zu verlangen.**

Anmerkungen zu den §§ 525–527

1. Allgemeines. a) Begriffe. Schenkung unter Auflage ist unentgeltliche Zuwendung (§ 516 I) mit einer den Beschenkten verpflichtenden Zweckbindung (dazu auch Rn 4). Die **Auflage** (sa §§ 2192 ff) ist Nebenbestimmung (nicht notwendig Nebenzweck: RG 60, 240), die einen klagbaren Anspruch auf eine (nicht notwendig vermögenswerte) **Leistung** (§ 241 I; keine Auflage daher bei Schenkung eines belasteten Grundstücks) des Beschenkten begründet (Rn 6 ff). Die Auflage kann im Interesse des Schenkers (Bsp: BayObLG NJW 74, 1142), des Beschenkten oder eines Dritten (§§ 328 ff; Rn 7) liegen. **b) Rechtsnatur.** Die gesamte Zuwendung ist Schenkung (BGH 30, 120; wichtig für § 518). **c) Ab-** 1 2

Chr. Berger

§ 527 Buch 2. Abschnitt 8. Einzelne Schuldverhältnisse

grenzung. aa) Entgeltlicher Vertrag, wenn die dem Empfänger auferlegte Leistung aus seinem Vermögen als Ausgleich für die Zuwendung erfolgt; Auflage, wenn sie sich als Minderung oder Einschränkung des Zugewendeten darstellt (hM); Bsp: Schenkung unter Vorbehalt von Wohnrecht (BGH NJW 82, 818); dem Übernehmer im Übergabevertrag auferlegte Versorgung des Übergebers (BGH 107, 160; krit Probst JR 90, 194). Der Wert der Leistungen bildet Indiz, doch schließt deren Gleichwertigkeit Auflageschenkung nicht notwendig aus (vgl § 526). Bei regelmäßigen Zahlungen kommt es darauf an, ob Wertausgleich für die Sub-
3 stanz erfolgen soll oder nicht (dazu Larenz, SchR II/1, § 47 III). **bb)** Die **gemischte Schenkung** ist (iGgs zu Rn 1) teilweise entgeltlich (§ 516 Rn 17; zur Abgrenzung s Schulze zur Wiesche NJW 75, 2089; sa § 516 Rn 17 [bb]). **cc) Zuwendung zur Weitergabe,** ohne daß dem Empfänger etwas verbleiben soll, ist
4 Auftrag (RG 105, 308; § 516 Rn 7). **dd)** Bei der **Zweckschenkung** ist ein über die Bereicherung des Beschenkten hinausgehender Zweck Inhalt oder Geschäftsgrundlage des Rechtsgeschäfts; bloßes Motiv, Empfehlung oder Wünsche reichen nicht aus (BGH LM Nr 1 zu § 527; JuS 77, 473). Rechtsfolgen (Begründung str): Kein Anspruch auf Vollziehung, aber auf Rückforderung gem § 812 I 2, 2. Alt. bei Verfehlung des Schenkungszwecks (BGH NJW 84, 233); nach aA (nur) im Fall von § 313 (so ie Kollhosser AcP 194, 250 ff; MK/Kollhosser § 525, 4; Oldenburg NJW 94, 1539;.unentschieden Düsseldorf NJW-RR 96, 517 mN; Köln NJW-RR 95,
5 584). **d) Überblick** über die Rechte der Beteiligten. **aa)** Der **Schenker** hat einen Anspruch auf Vollziehung der Auflage (**Erfüllungsanspruch**, § 525 I, Rn 6 ff), uU einen **Rückforderungsanspruch** gem § 527 (Rn 9 f), uU gem § 812 I 2, 2. Alt (Rn 10) oder gem § 313 (Rn 10 aE), bei Nichtvollziehbarkeit uU einen Schadensersatzanspruch (§ 280) uU ein Widerrufsrecht wegen groben Undanks (§ 530; §§ 530–533 Rn 1). **bb)** Dem **Beschenkten** kann bei Unzulänglichkeit des Schenkungsgegenstandes ein **Leistungsverweigerungsrecht** (§ 526 S 1; Rn 8), uU ein Aufwendungserstattungsanspruch zustehen (§ 526 S 2; Rn 11). **cc)** Begünstigte **Dritte** können nur Vollziehung (Rn 6), nicht jedoch Rückgewähr verlangen; das gleiche gilt für die Behörde im Fall des § 525 II (Rn 7).

6 **2. Erfüllungsanspruch (§ 525 I). a) Voraussetzungen. aa) Entstehung der Leistungspflicht des Beschenkten:** Form gem § 518 muß auch die Auflage umfassen; § 516 II ist unanwendbar; Annahme ist nicht lediglich rechtlich vorteilhaft (§ 107; vgl Hamm OLGZ 78, 425 mN). Ist Auflagenvereinbarung unwirksam (zB gem §§ 134, 138), gilt § 139 (RGRK/Mezger § 525, 11). **bb) Vorleistung des Schenkers** (abdingbar). Folge: Kein Zurückbehaltungsrecht am Schenkungsgegenstand, aber uU Sicherung der Auflageleistung durch einstweilige Verfügung
7 gem ZPO 935 ff. **b) Gläubiger:** Schenker oder dessen Erben und der begünstigte **Dritte** (§ 330 S 2; sa § 335). Bei Förderung des Gemeinwohls nach dem Tode des Schenkers die **zuständige Behörde** (§ 525 II), auch gegen den Willen
8 der Erben. **c) Einrede des Beschenkten (§ 526 S 1). aa) Zweck.** Schutz des Beschenkten; er soll nicht mehr leisten müssen, als er erhält. **bb) Voraussetzungen.** Wert der Zuwendung bleibt wegen eines (auch vom Schenker zu vertretenden: BGH NJW 82, 819; krit Herrmann WM 82, 1158) Mangels (vgl §§ 523, 524) hinter dem zur Auflagenerfüllung erforderlichen Aufwand zurück. Nur der Fehlbetrag, nicht die durch den Mangel verursachte Gesamtwertminderung ist zu berücksichtigen. § 526 gilt entspr, wenn die Wertdifferenz auf anderem Umstand als Mangel beruht (hM; RG 112, 213 für den Fall der Geldentwertung). **cc) Geltendmachung** der Einrede: Gegenüber jedem vollzugsberechtigten Gläubiger (Rn 7), bis Fehlbetrag ausgeglichen.

9 **3. Rückforderungsrecht (§ 527 I). a) Voraussetzungen.** Nichtvollzogensein der Auflage (ganz oder teilw); Vorliegen der Rücktrittsvoraussetzungen gem § 323; Auflagenerfüllung hat Vermögenswert. **b) Herausgabepflicht.** Die Höhe des Anspruchs wird bestimmt durch den zur Vollziehung der Auflage erforderlichen Aufwand. Für den Haftungsumfang gelten §§ 818 ff; verschärft (§ 819) haftet der

Titel 4. Schenkung **§§ 528, 529**

Beschenkte erst, wenn er von dem Rückforderungsbegehren erfahren hat (RGRK/Mezger 3). Zur gemischten Schenkung vgl § 516 Rn 17 f. **c) Abgrenzung. aa)** Kein Rückforderungsrecht besteht, wenn **Dritten** (§ 527 II) oder der Behörde gem § 525 II der Erfüllungsanspruch (Rn 6 ff) zusteht. **bb)** § 527 schließt das Herausgaberecht gem § 812 I 2, 2. Alt (vgl Rn 4) aus (BGH NJW 52, 620), anders uU dann, wenn Auflage keinen Vermögenswert hat (hM, str; vgl Rn 9). **cc)** Außerhalb des Anwendungsbereichs der Sondervorschriften der §§ 527, 528, 530 ist § 313 anwendbar (BGH NJW 91, 831 mN). 10

4. Aufwendungsersatzanspruch (§ 526 S 2). Voraussetzungen: Auflagenvollziehung in (auch fahrlässiger) Unkenntnis der die Einrede gem Rn 8 rechtfertigenden Umstände. **Inhalt:** §§ 256, 257. 11

§ 528 Rückforderung wegen Verarmung des Schenkers

(1) ¹**Soweit der Schenker nach der Vollziehung der Schenkung außerstande ist, seinen angemessenen Unterhalt zu bestreiten und die ihm seinen Verwandten, seinem Ehegatten, seinem Lebenspartner oder seinem früheren Ehegatten oder Lebenspartner gegenüber gesetzlich obliegende Unterhaltspflicht zu erfüllen, kann er von dem Beschenkten die Herausgabe des Geschenkes nach den Vorschriften über die Herausgabe einer ungerechtfertigten Bereicherung fordern.** ²**Der Beschenkte kann die Herausgabe durch Zahlung des für den Unterhalt erforderlichen Betrags abwenden.** ³**Auf die Verpflichtung des Beschenkten findet die Vorschrift des § 760 sowie die für die Unterhaltspflicht der Verwandten geltende Vorschrift des § 1613 und im Falle des Todes des Schenkers auch die Vorschrift des § 1615 entsprechende Anwendung.**

(2) **Unter mehreren Beschenkten haftet der früher Beschenkte nur insoweit, als der später Beschenkte nicht verpflichtet ist.**

§ 529 Ausschluss des Rückforderungsanspruchs

(1) **Der Anspruch auf Herausgabe des Geschenkes ist ausgeschlossen, wenn der Schenker seine Bedürftigkeit vorsätzlich oder durch grobe Fahrlässigkeit herbeigeführt hat oder wenn zur Zeit des Eintritts seiner Bedürftigkeit seit der Leistung des geschenkten Gegenstandes zehn Jahre verstrichen sind.**

(2) **Das Gleiche gilt, soweit der Beschenkte bei Berücksichtigung seiner sonstigen Verpflichtungen außerstande ist, das Geschenk herauszugeben, ohne dass sein standesmäßiger Unterhalt oder die Erfüllung der ihm kraft Gesetzes obliegenden Unterhaltspflichten gefährdet wird.**

Anmerkungen zu den §§ 528, 529

1. Voraussetzungen der Rückforderung. **a) Vollziehung** (vorher greift § 519 ein) einer Schenkung, ausgenommen Pflicht- und Anstandsschenkungen (§ 534). **b)** Bestehende, nicht vorsätzlich oder grobfahrlässig herbeigeführte (sonst gilt § 529 I; dazu Rn 4) **Bedürftigkeit** des Schenkers (BGH 96, 382; 123, 266; Bsp: Heimunterbringung), bloße Gefährdung (wie bei § 519) reicht nicht aus. Angreifen der Vermögenssubstanz kann verlangt werden, nicht aber unwirtschaftliche Verwertung (hM). Mögliche Unterhaltsansprüche im Falle der Bedürftigkeit stehen dem Anspruch nicht entgegen (BGH NJW 91, 1824). 1

2. Rückforderungsanspruch. a) Zweckgebundener Anspruch des Schenkers, nur beschränkt pfändbar (ZPO 852 II), im Rahmen seiner Zweckgebundenheit (vgl § 399 1. Alt iVm § 528 I 1) abtretbar (BGH 127, 355 ff mN [§ 400 steht nicht entgegen]; MK/Kollhosser § 528, 8; aA noch Frankfurt NJW 94, 1806) und insoweit auch, dh soweit Sozialhilfeträger oder andere Dritte mit Leistungen „in 2

Vorlage" getreten sind, eingeschränkt vererblich (s BGH NJW 95, 2288 mN; dazu Vollkommer/Schwaiger JZ 96, 634 f; Haarmann FamRZ 96, 523 ff; Franzen FamRZ 97, 535 f; MK/Kollhosser § 528, 10, ie str). Anspruch erlischt mit Tod des Berechtigten (§§ 528 I 3, 1615 I). Nicht, wenn er vom Berechtigten geltend gemacht worden war, ferner bei Inanspruchnahme unterhaltssichernder Leistungen Dritter (BGH 147, 293). Ist der Beschenkte zugleich (Mit-)Erbe, erlischt der Rückforderungsanspruch nicht durch Konfusion (s BGH NJW 95, 2288; Vollkommer/Schwaiger JZ 96, 636; Zeranski NJW 98, 2574). Der Anspruch unterliegt der (auch postmortalen) Überleitung gem BSHG 90 (BGH 94, 142; 96, 381; 125, 284; Zeranski aaO); er richtet sich nach dem Tod des Beschenkten gegen dessen Erben (BGH NJW 91, 2558); ein vorheriger Verzicht auf ihn ist unwirksam

3 (MK/Kollhosser § 528, 9; Schwarz JZ 97, 548; sa §§ 530–533 Rn 7). **b) Inhalt.** Herausgabe des Geschenkes gem §§ 818 ff, soweit zur Deckung des durch § 528 geschützten Bedarfs notwendig (BGH 94, 143). Bei nicht teilbarem höherwertigem Schenkungsgegenstand: Zahlung eines Wertteils des Geschenks (BGH 94, 143 f; 96, 382; 125, 284 f). Durch Rückgabe des (ganzen) Geschenks kann sich der Beschenkte von der Zahlungspflicht befreien (so MK/Kollhosser § 528, 5; Schwarz JZ 97, 547; offen BGH 125, 285). Bei wiederkehrendem Bedarf (Unterhalts-, Pflegekosten) geht der Anspruch auf wiederkehrende Leistungen bis zum Wert des Schenkungsgegenstandes (BGH 137, 83); iE gilt gleich § 528 I 2, ohne daß noch für eine Ersetzungsbefugnis des Beschenkten Raum bliebe (BGH aaO mN). Bei unentgeltlicher Weitergabe an Dritte: § 822 (BGH 106, 356 ff, zust Knütel JR 89,

4 378). **c) Rangverhältnis** bei mehreren Schenkungen: **§ 528 II;** *gleichzeitig* Beschenkte haften als Gesamtschuldner gem § 421 (BGH 137, 82) und sind einander

5 entspr § 426 ausgleichspflichtig (BGH 137, 85 ff, str). **d) Einreden des Beschenkten.** Fälle des § 529 (Fassung ungenau). Eintritt der Bedürftigkeit gem § 529 II Fall 2 setzt Erschöpfung des Vermögens des Schenkers innerhalb der 10-Jahres-Frist voraus; Eintritt von Umständen, die Erschöpfung zur Folge haben werden (Heimeinweisung), genügt nicht (BGH NJW 00, 729). – „Standesgemäßer" Unterhalt iSv § 529 II ist nach allg unterhaltsrechtlichen Richtsätzen zu bemessen (BGH NJW 00, 3489). Beschenkter kann Einrede aus § 529 II nicht erheben, wenn er in Kenntnis des Rückforderungsanspruchs seine eigene Bedürftigkeit mutwillig herbeiführt (BGH NJW 01, 1208). **e) Ersetzungsbefugnis** (§ 262 Rn 5) **des Beschenkten:** § 528 I 2 und 3. Die Rente erlischt mit dem Tode des Schenkers, nicht mit dem des Beschenkten; sie erlischt auch nicht, wenn der geleistete Gesamtbetrag den Wert des Geschenkes übersteigt (hM, str; aA Franzen FamRZ 97, 530; aber über § 760 gilt auch § 759 entspr). Der Anspruch auf die einzelne Rente ist abtretbar und pfändbar (ZPO 850 b I Nr 2 gilt nicht, hM).

§ 530 Widerruf der Schenkung

(1) **Eine Schenkung kann widerrufen werden, wenn sich der Beschenkte durch eine schwere Verfehlung gegen den Schenker oder einen nahen Angehörigen des Schenkers groben Undanks schuldig macht.**

(2) **Dem Erben des Schenkers steht das Recht des Widerrufs nur zu, wenn der Beschenkte vorsätzlich und widerrechtlich den Schenker getötet oder am Widerruf gehindert hat.**

§ 531 Widerrufserklärung

(1) **Der Widerruf erfolgt durch Erklärung gegenüber dem Beschenkten.**

(2) **Ist die Schenkung widerrufen, so kann die Herausgabe des Geschenks nach den Vorschriften über die Herausgabe einer ungerechtfertigten Bereicherung gefordert werden.**

Titel 4. Schenkung **§§ 532, 533**

§ 532 Ausschluss des Widerrufs

¹Der Widerruf ist ausgeschlossen, wenn der Schenker dem Beschenkten verziehen hat oder wenn seit dem Zeitpunkt, in welchem der Widerrufsberechtigte von dem Eintritt der Voraussetzungen seines Rechts Kenntnis erlangt hat, ein Jahr verstrichen ist. ²Nach dem Tode des Beschenkten ist der Widerruf nicht mehr zulässig.

§ 533 Verzicht auf Widerrufsrecht

Auf das Widerrufsrecht kann erst verzichtet werden, wenn der Undank dem Widerrufsberechtigten bekannt geworden ist.

Anmerkungen zu den §§ 530–533

Lit: Bosch, Widerruf von Schenkungen unter (geschiedenen) Ehegatten, FS Beitzke, 1979, 121; Kollhosser, Ehebezogene Zuwendungen und Schenkungen unter Ehegatten, NJW 94, 2313; Langenfeld, Zur Rückabwicklung von Ehegattenzuwendungen usw, NJW 86, 2541; Seutemann, Der Widerruf von Schenkungen unter Ehegatten, 1983.

1. Voraussetzungen des Widerrufs (§ 530 I). **a)** Vollzogene **Schenkung** 1 zwischen beiderseits natürlichen Personen (Schenker: BGH NJW 62, 956; Beschenkter: Düsseldorf NJW 66, 550, str; je aA MK/Kollhosser § 530, 7; s aber Rn 2, 5), ausgenommen Pflicht- und Anstandsschenkungen (§ 534 und dort Rn 1 f). § 530 gilt auch für **Schenkungen** unter **Ehegatten** (BGH 87, 147 ff mN; NJW-RR 86, 1202, zust Friedrich JR 86, 3, str), **nicht** aber für sog unbenannte Zuwendungen iSv § 516 Rn 20 (hM str; aA Kollhosser NJW 94, 2316 ff). **b) Schwere Verfehlung des Beschenkten. Obj** muß eine gewisse Schwere der 2 Verfehlung, **subj** eine tadelnswerte Gesinnung (Rn 3) vorliegen (hM). Die Verletzung einer Rechtspflicht ist nicht erforderlich, wohl aber eigenes Verschulden (idR Vorsatz) des Beschenkten, Zurechnung des Verschuldens Dritter scheidet aus (§§ 166, 278 unanwendbar: BGH 91, 277 mN). Bei Vertrag zugunsten Dritter ist (allein) der Dritte Beschenkter (München NJW 00, 1423; zw). Begehung durch **Unterlassen** setzt sittliche Verpflichtung zu gegenläufigem Handeln voraus (BGH 91, 277 f; BayObLGZ 96, 25 mN). **Mehrere Verfehlungen** begründen jede für sich das Widerrufsrecht; die einzelne Verfehlung kann auch in einer fortgesetzten Handlung bestehen. Bei der gebotenen Gesamtwürdigung des Sachverhalts ist auch das Verhalten des Schenkers zu berücksichtigen (BGH 87, 149; 91, 279). Einem engen Verwandtschaftsverhältnis kommt keine erhöhte Bedeutung zu (BGH NJW 78, 213). **Einzelfälle** (sa §§ 530 II, 1579 I Nr 2, 2333–2335): Tätlichkeiten, soweit schwere Pietätsverletzung (BGH 109, 312 zu § 2335 Nr 2); existenzgefährdende Rücksichtslosigkeit (BGH NJW-RR 93, 1411); planmäßige Verdrängung aus Familienunternehmen (BGH 112, 49 f); Anzeigen (BGH 112, 263 f), auch bei Ehegatten (BGH NJW 83, 1612), uU belastende Aussagen trotz Zeugnisverweigerungsrechts (BGH FamRZ 70, 185); Hinauskündigung des Schenkers (BGH NJW-RR 93, 1411; Antrag auf Teilungsversteigerung bei geschenktem Miteigentumsanteil von Hausgrundstück (LG Oldenburg NJW-RR 98, 2); idR hartnäckige eine übernommene Verpflichtung zu erfüllen (BGH NJW 93, 1578), wobei Ursache der Nichterfüllung zu berücksichtigen ist (BGH NJW 00, 3201 [uU Geldmangel]); uU grundlose Anregung einer Betreuung iSv §§ 1896 ff (vgl BGH aaO 1577 f); auch eheliche Verfehlungen zwischen (geschiedenen) Ehegatten, insbes wenn sie zum Scheitern der Ehe geführt haben (BGH 87, 147 ff mN; FamRZ 82, 1066; 83, 349; Frankfurt FamRZ 86, 577, str; aA Bosch aaO S 131 ff; FamRZ 82, 1067 mN; Friedrich JR 86, 3); idR **nicht** die Auflösung einer nichtehelichen Lebensgemeinschaft (Diederichsen NJW 83, 1022 mN), Maßnahmen aus familiärer Fürsorge für den Schenker. **c) Grober Undank.** Man- 3 gel an Dankbarkeit bezeugende Gesinnung gegenüber Schenker (BGH 87, 149;

Chr. Berger

§ 534 Buch 2. Abschnitt 8. Einzelne Schuldverhältnisse

91, 278; 112, 49 f) oder nahen Angehörigen (Rn 4), nicht gegenüber dem durch
4 die Auflage Begünstigten (BGH MDR 51, 335). **d) Nahe Angehörige.** Keine
feste Umgrenzung; entscheidend ist das tatsächliche persönliche Verhältnis (hM).
Schwiegereltern können wegen Eheverfehlungen widerrufen (BGH NJW 99,
1623).
5 2. **Widerrufsrecht. a) Allgemeines.** Höchstpersönliches Recht des Schenkers
(vgl Rn 1), nicht abtretbar, idR nicht vererblich; Ausnahme: § 530 II. Sonderfälle:
zB §§ 1301, 2287; vertraglicher Widerrufsvorbehalt möglich (MK/Kollhosser
§ 530, 9), doch kann es dann uU an schenkweiser Zuwendung fehlen (vgl Knobbe-Keuk aaO [zu § 516] S 160 ff und § 516 Rn 7). **Abgrenzung** zu § 313:
6 §§ 525–527 Rn 10 aE. **b) Ausübung:** Formlos möglich (vgl § 531 I), auch durch
(eröffnetes: § 130 I) Testament (RG 170, 380). Bei **mehreren Schenkern** genügt
7 uU (vgl § 432) Widerruf eines einzelnen (BGH MDR 63, 576). **c) Verlust.** Das
nicht ausgeübte Widerrufsrecht erlischt durch (nachträglichen) **Verzicht** (einseitiges RGeschäft; Zeitschranke gem § 533 ist zwingend: BGH 3, 213), **Verzeihung**
(§ 532 S 1) ist Kundgabe des Wegfalls der Kränkungsempfindung (BGH 91, 280 f
mN; tatsächlicher Vorgang, wie in § 2337), **Fristablauf** (Ausschlußfrist: § 532
S 1), **Tod des Beschenkten** (§ 532 S 2). Der aus dem Widerruf folgende
Rückgabeanspruch (Rn 8) kann nicht im voraus erlassen (§ 397) werden (BGH
MDR 72, 36).
8 3. **Rechtsfolgen des Widerrufs (§ 531 II).** Schuldrechtlicher Herausgabe-
(dh idR Rückübereignungs-)anspruch gem §§ 812 ff (Rechtsfolgeverweisung, vgl
RG 139, 22; aA – beiläufig – BGH 132, 108; MK/Kollhosser § 531, 3). Beweislast: Schenker (BGH WM 90, 1792). Herauszugebender Gegenstand: § 516 Rn
5, 22; gemischte Schenkung: § 516 Rn 18. Maßgebender Zeitpunkt für Haf-
tungsbeginn: Zugang des Widerrufs (BGH NJW 99, 1629; aA MK/Kollhosser
§ 531, 4: Verfehlung). § 817 S 2 kann Herausgabepflicht entgegenstehen (BGH
35, 107).

§ 534 Pflicht- und Anstandsschenkungen

**Schenkungen, durch die einer sittlichen Pflicht oder einer auf den An-
stand zu nehmenden Rücksicht entsprochen wird, unterliegen nicht der
Rückforderung und dem Widerruf.**

1 1. **Voraussetzungen. a) Schenkungen aus sittlicher Pflicht:** Grund liegt in
den Geboten der Sittlichkeit (BGH NJW 86, 1926), nicht nur in einer bes persönlichen Verbundenheit, auch nicht allein in der Nächstenliebe. Eine Wertgrenze
nach oben besteht nicht (BGH MDR 82, 39). Bsp: Unterstützung bedürftiger
Geschwister (vgl BGH NJW 86, 1926); uU Zuwendung an Lebensgefährtin (vgl
BGH FamRZ 84, 581 mN; sa allg § 138 Rn 7; § 2077 Rn 2 ff). Belohnende
Schenkungen (§ 516 Rn 19) können uU auf sittlicher Pflicht beruhen (einschr
BGH NJW 86, 1926; LG Mönchengladbach NJW 96, 467). Eingehend mN (auch
2 zu Rn 2) Migsch AcP 173, 47 ff. **b) Anstandsschenkungen:** Ihr Unterbleiben
würde gegen die Regeln des gesellschaftlichen Anstands verstoßen (BGH NJW 81,
111). Bsp: Gebräuchliche Gelegenheitsgeschenke (Geburtstag, Hochzeit, Fest);
übliche Geschenke unter nahen Verwandten, uU auch belohnende Schenkungen
(idR verneinend BGH NJW-RR 86, 1202 für Übertragung von Grundstückshälfte
auf den Ehegatten).
3 2. **Rechtsfolgen:** §§ 516 ff gelten (allgM; krit Migsch AcP 173, 68 ff), ausgenommen §§ 528 f, 530 ff; str bei § 527. Bei **teilw** Pflicht- oder Anstandsschenkungen uU Rückgewähr gegen Erstattung des iSv Rn 1 f angemessenen Betrags
(vgl BGH MDR 63, 575). **Sondervorschriften:** §§ 814, 1380 I 2, 1425 II,
1641, 1804, 2113 II, 2205, 2207, 2330; ZPO 807 I Nr 2, 899; InsO 134 II;
AnfG 4 II.

618   *Chr. Berger*

Titel 5. Mietvertrag, Pachtvertrag

Synopse

1. BGB

bis 31. 8. 2001 geltendes Recht	ab 1. 9. 2001 geltendes Recht
§ 535	§ 535
§ 536	§ 535
§ 537	§ 536 Abs. 1, 2, 4
§ 538	§ 536 a
§ 539	§ 536 b
§ 540	§ 536 d
§ 541	§ 536 Abs. 3
§ 541 a	§ 554 Abs. 1
§ 541 b	§ 554 Abs. 2–5
§ 542	§ 543
§ 543	§§ 543 Abs. 4
§ 544	§ 569
§ 545	§ 536 c
§ 546	§ 535 Abs. 1
§ 547 Abs. 1	§ 536 a Abs. 2
§ 547 Abs. 2	§ 539 Abs. 1
§ 547 a Abs. 1	§ 539 Abs. 2
§ 547 a Abs. 2, 3	§ 552
§ 548	§ 538
§ 549 Abs. 1, 3	§ 540
§ 549 Abs. 2	§ 553
§ 549 a	§ 565
§ 550	§ 541
§ 550 a	§ 555
§ 550 b	§ 551
§ 551	§§ 556 b Abs. 1, 579
§ 552	§ 537
§ 552 a	§ 556 b Abs. 2
§ 553	§ 543 Abs. 2
§ 554 Abs. 1	§ 543 Abs. 2
§ 554 Abs. 2	§ 569 Abs. 3, 4
§ 554 a	§§ 543 Abs. 1, 569 Abs. 2, 4
§ 554 b	§ 569 Abs. 5
§ 555	entfallen
§ 556 Abs. 1, 3	§ 546
§ 556 Abs. 2	§§ 570, 578 Abs. 1
§ 556 a Abs. 1, 4, 7	§ 574
§ 556 a Abs. 2, 3	§ 574 a
§ 556 a Abs. 5, 6	§ 574 b
§ 556 a Abs. 8	§ 549 Abs. 2
§ 556 b	entfallen
§ 556 c	§ 574 c
§ 557 Abs. 1	§ 546 a
§ 557 Abs. 2–4	§ 571
§ 557 a	§ 547
§ 558	§ 548
§ 559	§ 562
§ 560	§ 562 a
§ 561	§ 562 b
§ 562	§ 562 c
§ 563	§ 562 d
§ 564	§ 542
§ 564 a Abs. 1, 2	§ 568
§ 564 a Abs. 3	§ 549 Abs. 2, 3
§ 564 b Abs. 1–3	§§ 573, 573 a, 573 b, 577 a
§ 564 b Abs. 7	§ 549 Abs. 2, 3
§ 564 c	§ 575
§ 565 Abs. 1, 1 a, 4, 5	§ 580 a

Teichmann

Vor § 535

bis 31. 8. 2001 geltendes Recht	ab 1. 9. 2001 geltendes Recht
§ 565 Abs. 2, 3	§ 573 c
§ 565 Abs. 5	§§ 573 d Abs. 1, 2, 580 a Abs. 4
§ 565 a Abs. 2	§ 572 Abs. 2
§ 565 b	*entfallen*
§ 565 c	§ 576
§ 565 d	§ 576 a
§ 565 e	§ 576 b
§ 566	§ 550
§ 567	§ 544
§ 568	§ 545
§ 569	§ 580
§ 569 a	§§ 563, 563 b
§ 569 b	§ 563 a
§ 570	*entfallen*

bis 31. 8. 2001 geltendes Recht	ab 1. 9. 2001 geltendes Recht
§ 570 a	§ 572 Abs. 1
§ 570 b	§ 577
§ 571	§§ 566, 578
§ 572	§ 566 a
§ 573	§ 566 b
§ 574	§§ 566 c, 578
§ 575	§§ 566 d, 578
§ 576	§§ 566 e, 578
§ 577	§§ 567, 578
§ 578	§§ 567 a, 578
§ 579	§§ 567 b, 578
§ 580	*entfallen*
§ 580 a	§ 578 a

2. MHRG

bis 31. 8. 2001 geltendes Recht	ab 1. 9. 2001 geltendes Recht
§ 1	§§ 557 Abs. 3, 573 Abs. 1
§ 2 Abs. 1, 1 a, 5	§ 558
§ 2 Abs. 2, 6	§ 558 a
§ 2 Abs. 3, 4	§ 558 b
§ 2 Abs. 2, 5	§ 558 c
§ 3 Abs. 1 S. 1, 2	§ 559
§ 3 Abs. 1 S. 3–7	§ 559 a
§ 3 Abs. 3, 4	§ 569 b
§ 4 Abs. 1	§ 556 Abs. 2, 3
§ 4 Abs. 2–4	§ 560
§ 4 Abs. 5	§ 556 a Abs. 2
§ 5	*entfallen*

bis 31. 8. 2001 geltendes Recht	ab 1. 9. 2001 geltendes Recht
§ 6	**§ 29 a WoBauG** Saarland
§ 7	*entfallen*
§ 8	*entfallen*
§ 9 Abs. 1	§ 561
§ 9 Abs. 2	§ 569 Abs. 3
§ 10 Abs. 1	§ 557 Abs. 1
§ 10 Abs. 2	§ 557 a
§ 10 Abs. 3	§ 549 Abs. 2, 3
§ 10 Abs. 3 Nr. 1	*entfallen*
§ 10 a	§ 557 b
§§ 11–17	*entfallen*

Titel 5. Mietvertrag, Pachtvertrag **Vor § 535**

Untertitel 1. Allgemeine Vorschriften für Mietverhältnisse

Vorbemerkungen

1. Begriff. Der **Mietvertrag** ist ein entgeltlicher, auf die vereinbarte oder 1
unbestimmte Dauer gerichteter Gebrauchsüberlassungsvertrag (BGH NJW 98,
595) über Sachen (§ 90), Sachgesamtheiten (zB eine möblierte Wohnung) oder –
auch unselbständige, durch individuelle Vereinbarung gekennzeichnete – Teile von
Sachen (zB Reklamefläche an Hauswand oder Autobus, Fensterplatz bei einem
Umzug).

2. Aufbau der §§ 535 ff. Durch das **MietrechtsreformGes** vom 29. 3. 2001 2
(BGBl I S 1149; Materialien: BT-Drs 14/4553; 14/5663), in Kraft getreten am
1. 9. 2001, haben die Bestimmungen über den Mietvertrag einen völlig neuen
Aufbau erfahren (die Kennzeichnung der jeweiligen Abschnitte als Titel, Untertitel
und Kapitel ist durch das SchRModG geschehen): An allg Vorschriften, die
unabhängig von der Art der vermieteten Sache (zB Wohnung, Auto, Zeitschriften
in einem Lesezirkel) für alle Mietverhältnisse gelten (§§ 535–548), schließen sich
Bestimmungen zum Mietvertrag über Wohnraum als dem tatsächlichen Schwerpunkt an (§§ 549–577 a). Innerhalb dieses Abschnitts finden sich zunächst wiederum allg Vorschriften zu diesem Vertragstyp (§§ 549–555). Danach werden die
Normen entspr dem typischen Zeitablauf eines Mietverhältnisses angeordnet. Ein
relativ kleiner Abschnitt zu Mietverhältnissen über andere Sachen (zB Grundstücke,
Geschäftsräume, Schiffe, bewegliche Sachen) bildet den Abschluss (§§ 578–580 a).

3. Abgrenzungen und Mischformen. a) Die **Abgrenzung** zu ähnlichen 3
Verträgen ist teilw schwierig; sie ist unabhängig von der durch die Parteien
gewählten Bezeichnung nach dem vereinbarten Vertragszweck vorzunehmen,
§§ 133, 157. **aa)** Die **Leihe** ist unentgeltlich, die Pflichten des Verleihers sind
reduziert (zB bloßes „Gestatten" des Gebrauchs, § 598, iGgs zum Gewähren und
Erhalten im gebrauchsfähigen Zustand, § 535 I 1). **bb)** Zum **Pachtvertrag**
s § 581 Rn 2–6. **cc)** Der **Verwahrungsvertrag** ist geprägt durch die Obhutspflicht des Verwahrers über die Sache als *Hauptpflicht* (iE s § 688 Rn 1 ff).
b) Mischformen zwischen Mietvertrag und anderen Vertragstypen sind aufgrund 4
der bestehenden Privatautonomie zulässig. Bei ihnen stellt sich neben dem allg
Problem, welches Recht bei Vertragslücken ergänzend anzuwenden ist, insbes die
Frage nach der Geltung zwingender mietrechtlicher Vorschriften. Zwei Bsp sind
häufiger behandelt: **c) Leasing-Vertrag.** Der Begriff wird für verschiedene wirt- 5
schaftliche Vertragsformen verwendet und erlaubt daher von sich aus keinen
Rückschluss auf die Rechtsnatur. So ist das sog **Operating-Leasing,** die Überlassung von Investitionsgütern zu kurzfristigem oder jederzeit kündbarem Gebrauch,
ein Mietvertrag. Bei dem sog **Personal-Leasing** werden einem Unternehmen für
einen begrenzten Zeitraum (idR bis zu drei Monaten), etwa während der Urlaubszeit oder für einen bestimmten Auftrag, Arbeitskräfte zur Verfügung gestellt; es
handelt sich hier um ein Leih-Arbeitsverhältnis. **d) Finanzierungs-Leasing. Lit:** 6
AcP 190, 203 ff (Symposion); Emmerich JuS 90, 1; Flume DB 91, 265; Lieb
DB 88, 946; v. Westphalen, Der Leasingvertrag, 5. Aufl. 1998. **aa) Zweck, Ausgestaltung.** Der Finanzierungsleasingvertrag ist, wie durch die Fassung des § 500
und dessen Einordnung in die §§ 499 ff jetzt verdeutlicht wird, seinem Hauptzweck nach eine „Finanzierungshilfe": Dem Leasingnehmer (LM) wird die völlige
Fremdfinanzierung des Gebrauchs einer Sache (s § 90) in der Weise ermöglicht,
dass ihm der Leasinggeber (LG) die Sache eine fest bestimmte Zeit zu Gebrauch
und Nutzung sowie auf Gefahr des LN überlässt und dafür ein Entgelt erhält, das
die Aufwendungen des LG (Anschaffungspreis, Finanzierungskosten, allg Geschäftsunkosten) und dessen Geschäftsgewinn umfasst **(Prinzip der Vollamortisation).** Je nach der Art der Kostendeckung ist zu unterscheiden zwischen dem
eigentlichen Vollamortisationsvertrag, bei dem die Leasingraten die genannte

Vor § 535 Buch 2. Abschnitt 8. Einzelne Schuldverhältnisse

Summe insgesamt abdecken, und dem sog Teilamortisationsvertrag, bei dem ein sog Restwert am Ende der Leasingzeit offen bleibt, der aber durch die Veräußerung der Sache (an den LN, an einen Dritten) aufgebracht wird; somit wird auch hier eine Vollamortisation erreicht. In der Praxis richten sich die Verträge weitgehend nach den Erlassen des BFinM (s BB 71, 506; 72, 433; 76, 72). Der Vorteil für den LN liegt neben dem Ersparen von Eigenkapital in der steuerlichen Berücksichtigung aller Leasingzahlungen als Betriebsausgaben (bei anderen Finanzierungen sind dies nur die eigentlichen Zinsen, nicht die Tilgungsanteile) sowie uU in einer Reduktion der Gewerbesteuer. Häufig erwirbt der LG die Sache im sog Dreiecksgeschäft auf den konkreten Wunsch des LN vom Lieferanten (L). Daneben findet sich der sale-and-lease-back-Vertrag, in dem der LN eine eigene Sache an den LG verkauft und sie zurückleast. Auf ihn sind die Regeln entspr anzuwenden (s BGH WM 90, 103). **bb) Anwendbarkeit von Normen.** In der Sache trägt der Finanzierungsleasingvertrag im Schwerpunkt kreditrechtliche Elemente, nämlich soweit es die Gewährung von Kredit und dessen Tilgung betrifft, daneben aber auch mietrechtsähnliche Bestandteile, weil der LG Eigentum an der Sache behält bzw erwirbt (dies ist zugleich die Sicherung des Kredits) und den Gegenstand dem LN auf Zeit, nämlich bis zur Beendigung des Leasingvertrages, zur Verfügung stellt. Eine „Miete" als Nutzungsentgelt zahlt der LN, da er das Abnutzungs- und Entwertungsrisiko aufgrund des Vollamortisationsprinzips sowieso trägt, freilich nicht (aA BGH 128, 255, 262). Die Leasingraten orientieren sich, soweit es nicht den Gewinn betrifft, auch an kapitalmarktrechtlichen Grundsätzen. Welche Normen auf den Leasingvertrag anwendbar sind – im Wesentlichen, da der Vertrag weitgehend durch AGB geregelt ist, eine Frage des Leitbildes gem § 307 Abs 2 Nr 2 – ist sehr str. Für das Verbraucher-Finanzierungsleasing macht § 500 eine Vorgabe (zur Anwendbarkeit auf vergleichbare Verträge s § 500). Vom BGH werden Finanzierungsgrundsätze insoweit berücksichtigt, als der LG auch bei planwidrig vorzeitiger Beendigung – anders als der Vermieter – eine Vollamortisation tatsächlich erreichen kann (BGH 111, 95 mwN, 112, 72, sa Rn 6); auch für das Messen der Vergütung an § 138 I hat der BGH auf Darlehenszinsen bei vergleichbaren Finanzierungen zurückgegriffen (BGH 128, 263). Insgesamt trägt der BGH aber mit seiner in stRspr verwendeten Formulierung, auf den Finanzierungsleasingvertrag sei „im Wesentlichen" Mietrecht anwendbar, den prägenden finanzierungsrechtlichen Elementen nicht in hinreichender Weise Rechnung (so schon Flume DB 91, 267; Knebel, WM 93, 1029 f). Bestimmungen des Mietrechts sollten nur dort – mit sachbedingten Modifikationen – herangezogen werden, wo es um Mängel der Sache und um die Gefahrtragung geht (ie Teichmann, FS Zöllner, 1998, S. 1259 ff). **cc) Leistungsstörungen aus der Sphäre des Lieferanten (L).** Der LG kann sich gegenüber dem LN für *Nicht- oder verspätete Lieferungen* in AGB auch nicht gegen Abtretung der Ansprüche gegen den L freizeichnen (Hamm ZMR 80, 111; str, aA Canaris AcP 190, 410). Bei Verträgen zwischen Unternehmern sollte dies jedoch ohne Verstoß gegen § 307 II möglich sein (Emmerich JuS 91, 5 für den Verzug). Der L ist wegen des Finanzierungscharakters des LV nicht Erfüllungsgehilfe des LG bei der Beschaffung (Flume DB 91, 269; Canaris AcP 190, 432; aA Emmerich JuS 90, 5; BGH NJW 88, 198 bis zur Übergabe an den LN). Wird die Lieferung unmöglich oder kündigt der LN den Vertrag wegen eines Verzuges des L, so soll allerdings dadurch die Geschäftsgrundlage für den Leasing-Vertrag von Anfang an, also auch der Zahlungsanspruch des LG entfallen (BGH 109, 142, stRspr). Der LG trägt damit das Störungsrisiko einschließlich des Insolvenzrisikos des L (BGH WM 84, 1089, 1092) und kann sich nach dem BGH auch davon durch AGB wohl selbst gegenüber Unternehmern nicht befreien (zutr aA Frankfurt DB 85, 2500 mwN, dazu krit Reinicke/Tiedtke DB 86, 575). Richtiger erscheint hier eine entspr Anwendung des § 358 III (ie Lieb DB 88, 2495; aA Tiedtke JZ 91, 910). Ein *Verschulden* des L *bei den Vertragsverhandlungen* muss sich der LG ähnlich der Bank hinsichtlich des Verkäufers bei der Drittfinanzierung gem § 278 zurechnen lassen (BGHZ 95, 174 ff). Von der *Mängelhaftung* kann sich der

Titel 5. Mietvertrag, Pachtvertrag **§ 535**

LG bei Übertragung der Rechte gegen den L ohne Verstoß gegen § 309 Nr 8 b aa freizeichnen (BGH 114, 61; aA Emmerich JuS 91, 7). Auch hier wird die Rspr aber vermutlich bei einem – von L anerkannten oder gerichtlich festgestellten – Rücktritt gem § 437 Nr 2 einen Fortfall der Geschäftsgrundlage wie im Fall der Unmöglichkeit oder des Rücktritts aufgrund einer Verzögerung annehmen (zur Rspr bei einer Wandelung s BGH NJW 94, 577 mwN; bedenklich, s o). Die *Rügepflicht* (HGB 377) sollte sich nach der Person des LN richten (Flume DB 91, 269; Canaris AcP 190, 410; anders BGH 110, 130: der LG als Kaufmann muss rügen). **dd) Gefahrtragung.** Die Gefahr für Verschlechterung und Untergang der 9 Sache kann dem LN auferlegt werden (BGH 93, 394 f mwN). Hat der LN die Sache zu versichern und wird die Versicherungssumme an den LG ausgezahlt, so muss sie dieser auch für die Wiederherstellung der Sache verwenden (BGH aaO). **ee) Störungen auf Seiten des LN.** Bei vorzeitiger Kündigung (ordentlich oder 10 gem § 543) hat der LG nach dem Vollamortisationsprinzip auch bei Teilamortisationsverträgen einen Ausgleichsanspruch in Höhe seiner Aufwendungen und den tatsächlichen Lauf entfallenden anteiligen Gewinns (BGH 111, 242 ff). Behält der LN die Sache über die Vertragszeit hinaus, so ist, weil der LG dann mehr als die Vollamortisation erhält, § 546 a nicht anwendbar (desgl Tiedtke JZ 93, 742; aA BGH WM 89, 742); der LG hat einen Schadensersatzanspruch. **e) Automaten-** 11 **aufstellvertrag. Lit:** Weyland, Automatenaufstellung, 1989. **aa) Erscheinungsformen.** IdR verpflichtet sich der Partner (zB Gastwirt) gegenüber dem Aufsteller, einen Aufstellplatz für den Automaten (zB Spiel-, Musikautomat, Automat für Zigaretten, Süßigkeiten) zur Verfügung zu stellen, eine gewisse Obhut (Reinigung, Anzeige von Defekten) zu übernehmen, zT auch den Charakter des Raumes im Blick auf die Benutzung durch Gäste nicht zu verändern (s BGH 71, 80). Das Entgelt besteht häufig in einem Anteil am Umsatz oder Erlös. **bb) Anwendung** 12 **mietrechtlicher Vorschriften?** Der Vertrag enthält damit nur in geringem Umfang mietrechtliche Elemente (BGH 47, 203) und stellt sich iü als ein partiarisches Austauschverhältnis eigener Art dar (Larenz, SchR II 2, § 63 IV; Huffer NJW 71, 1435; MK/Voelskow 36 vor § 535). §§ 578 I, 550, 566 gelten, wenn zB die Außenfläche eines Hauses zum Anbringen eines Automaten vermietet wird. Aus dem Charakter als Dauerschuldverhältnis wird von der hM (LG Köln NJW 72, 2128 mN) eine Kündigungsfrist vom dritten Werktag eines Monats bis zum Ablauf des übernächsten Monats entwickelt (aA Hamm NJW 64, 2021, Anwendbarkeit des § 723). Verjährung des Anspruchs gegen den Gastwirt auf Schadensersatz: §§ 195, 199 (BGH NJW 78, 1155 zu § 195 aF).

§ 535 Inhalt und Hauptpflichten des Mietvertrags

(1) ¹**Durch den Mietvertrag wird der Vermieter verpflichtet, dem Mieter den Gebrauch der Mietsache während der Mietzeit zu gewähren.** ²**Der Vermieter hat die Mietsache dem Mieter in einem zum vertragsgemäßen Gebrauch geeigneten Zustand zu überlassen und sie während der Mietzeit in diesem Zustand zu erhalten.** ³**Er hat die auf der Mietsache ruhenden Lasten zu tragen.**

(2) **Der Mieter ist verpflichtet, dem Vermieter die vereinbarte Miete zu entrichten.**

Lit: Börstinghaus/Eisenschmid, Arbeitskommentar Neues Mietrecht, 2001; Honsell, Privatautonomie und Wohnungsmiete, AcP 186, 114; Schmid, Handbuch der Mietnebenkosten, 6. Aufl. 2001; Treier WM 01, Sonderheft 8; den DWW 01, 226; Weimar/Schmidt, Die Geschäftsraummiete, 1990; Weyhe, Aktuelle Entwicklungen auf dem Gebiet des Mietrechts, MDR 98, 379; Wolf/Eckert, Handbuch des gewerblichen Miet-, Pacht- und Leasingrechts, 8. Aufl 2000.

1. Änderungen gegenüber dem bisherigen Recht. Die Bestimmung fasst 1 die §§ 535, 536 aF zusammen und nimmt § 546 aF in Abs 1 S 3 auf.

§ 535 Buch 2. Abschnitt 8. Einzelne Schuldverhältnisse

I. Mietvertrag

2   1. Der **Abschluss** bedarf bei einem Vertrag über Wohnungen (§ 550), Grundstücke (§ 578 I) sowie über Räume, die keine Wohnräume sind (§ 578 II), der Schriftform, wenn der Vertrag länger als für ein Jahr gelten soll; iü ist eine formfreie Vereinbarung möglich.

3   2. **Parteien des Vertrages.** Bilden **mehrere Vermieter** eine Gesamthand (BGB-Gesellschaft, OHG, KG, Partnerschaftsgesellschaft, eheliche Gütergemeinschaft gem § 1416, Erbengemeinschaft), so gelten die allg Regeln (Abschluss durch den zur Vertretung Berechtigten, Gesamthandsgläubigerschaft, Gesamtschuldnerschaft). Bei Miteigentum nach Bruchteilen (§§ 741 ff, 1008 ff) liegt Mitgläubigerschaft mit gemeinsamer Berechtigung vor (Larenz, SchR I, § 36 I b; aA PalWeidenkaff 535, 6; MK/Voelskow 11, Anwendbarkeit des § 432; ErmJendrek 6, Gesamtgläubigerschaft); die Vermieter sind Gesamtschuldner (BGH MDR 73, 404). **Mehrere Mieter** bilden idR ebenfalls eine Gemeinschaft iSd §§ 741 ff. Ihnen gegenüber kann nur einheitlich gekündigt werden (BGH 26, 105); zur Rückgabe nach Beendigung sind alle gem § 431 verpflichtet (BGH DWW 96, 250). Die Gründung einer Gesamthand ist nach allg Regeln möglich. Für **Ehegatten** – außerhalb der Gütergemeinschaft – und **Lebenspartner** gilt idR dasselbe (PalWeidenkaff 7, differenzierend; aA Schopp ZMR 76, 321: zwei selbständige Mietverhältnisse, die so miteinander verbunden sind, dass das eine nicht ohne das andere bestehen soll); möglich und ggf durch Auslegung des Mietvertrages zu ermitteln ist ein bloß akzessorisches Mietrecht, so dass der andere Ehepartner bzw Lebenspartner allein verpflichtet ist, zB aber auch allein kündigen kann (Soe/Heintzmann 75). Zum Tod eines Ehegatten bzw Lebenspartners s Anm zu §§ 563–563 a Rn 1 ff. **Kinder** sind idR nicht Partei, sie fallen aber in den Schutzbereich des Vertrages (s §§ 563–563 a, Rn 1).

4   3. **Inhalt des Vertrages (Gestaltungsfreiheit).** Die §§ 535 ff und zahlreiche andere Vorschriften enthalten insbes für Wohnräume zwingendes Recht (vgl die Einzelkommentierungen); iÜ sind bei Formularverträgen die §§ 307 ff zu beachten (iE Sonnenschein NJW 80, 1713; v. Westphalen, DB 84 Beil 8).

II. Pflichten des Vermieters

5   1. **Überlassen, Gewähren und Erhalten der Mietsache. a)** Durch das **Überlassen** (§ 536, 1. Alt) muss dem Mieter der tatsächliche und ungehinderte Gebrauch eingeräumt werden; idR (nicht stets, zB bei Werbefläche am Haus; sa BGH ZIP 89, 375, Grundstücksfläche zur Überfahrt) ist der Besitz zu verschaffen. Bei nicht problemlosem Gebrauch muss der Mieter in die Benutzung eingewiesen
6   werden (MK/Voelskow 41). **b) Gewähren des Gebrauchs** bedeutet nicht nur bloßes Dulden und Unterlassen eigener Störungen (zB durch Vermieten anderer Räume im gleichen Haus an Wettbewerber, BGH WM 88, 878; Düsseldorf DWW 00, 158; iE Gather DWW 98, 302), sondern auch aktives Tun zur Sicherung des Mietgebrauchs (BGH 19, 93). Bsp: Anschluss an die allg Stromversorgung bei Wohn- und Geschäftsräumen (BayObLG NJW-RR 93, 1159); Überprüfen der Versorgungsleitungen (Düsseldorf DWW 00, 156); Heizen bei Zentralheizung (zur Temperatur s Glaser ZMR 78, 33; München NJW-RR 01, 729: 20°, in der Mitte gemessen; AG Neuss DWW 97, 47: 21°), Informieren über wesentliche Umstände (Hamburg NJW-RR 88, 1481), Warnen (Hamm DWW 81, 72), Beseitigen von Schadstoffen (BayObLG DWW 00, 350), von Gefahren (Streuen der Zugangswege bei Glatteis, BGH ZMR 68, 301), Abwehren von Störungen Dritter (zB durch
7   Mitmieter im Haus, iE Pfeifer, DWW 89, 38). **c)** Die **Erhaltung** soll entspr dem Charakter des Mietvertrages als Dauerschuldverhältnis (Rn 1 vor § 535) die vertragsgemäße Benutzung während der Laufzeit ermöglichen. Bei Altbauten im Beitrittsgebiet ist wohl auch heute noch von einem niedrigeren Standard auszuge-

Titel 5. Mietvertrag, Pachtvertrag **§ 535**

hen (s KrG Erfurt WuM 93, 112). Der Vermieter ist verpflichtet, die Mietsache regelmäßig zu überprüfen (Hamm DB 81, 1873), zu reinigen (zB Kamine, Zuweg, Mülltonne), notfalls Geräte auf neue Bedingungen umzustellen (LG Aachen NJW 70, 1923, Auswechslung des Warmwassergeräts bei Umstellung von Leucht- auf Erdgas), zu reparieren; die Kosten für **Kleinreparaturen** können dem Mieter auch durch AGB für häufig von ihm benutzte Gegenstände in begrenztem Ausmaß (bis 50 € pro Einzelfall und insgesamt bis zu 6% der Jahresmiete) auferlegt werden (BGH 118, 196; JZ 93, 160 mit Anm Brandner/Baukelmann). Als **Schönheits-** **8** **reparaturen** (Lit: Enderlein AcP 192, 288; Kinne NZM 00, 209) werden pflegerische Maßnahmen zur Beseitigung bestimmter (nicht aller) Mängel verstanden, die durch den vertragsgemäßen Gebrauch der Mietsache entstehen (sa BGH NJW-RR 95, 123). Bsp: Streichen und Tapezieren von Wänden, Decken, Türen (bei Haustür: Innenseite), Heizkörpern; reinigen (nicht auswechseln) von Teppichböden. Sie gehören nach der ges Formulierung, die bewusst nicht geändert wurde (BT-Drs 14/4553 S 40), grundsätzlich zur Erhaltungspflicht des Vermieters (BGH WM 90, 1502). Sie können aber auch durch Formularbedingungen (BGH 101, 261 ff; ie Sonnenschein NJW 98, 2118; Sternel MZM 98, 833) selbst für anfänglich nicht renovierte Wohnungen (BGH DWW 87, 222) auf den Mieter überwälzt werden. Der Mieter muss dann die Möglichkeit haben, sie selbst vorzunehmen (BGH NJW 98, 3114). Umfang: Beschädigungen sofort, Küche, Bad ca alle 2–3 Jahre, sonstige Räume ca alle 5–6 Jahre. Für Zwischenzeiten bis zum Auszug (an dem eine fristenunabhängige Renovierung nicht verlangt werden kann) können auch AGB Kostenanteile vorsehen (BGH 105, 76 ff; BGH NJW 98, 3114). Bei Verzug kann der Vermieter einen Vorschuß fordern (BGH 111, 306, zust Sonnenschein JZ 91, 567). Plant der Vermieter einen Umbau, so muss der Mieter in Geld das leisten, was er sonst aufgewendet hätte (BGH 92, 372 f; krit Emmerich JuS 86, 16, grundsätzlich Rückert AcP 184, 105).

2. Ermöglichen des vertragsgemäßen Gebrauchs. Lit: *Gather,* Vertragswidriger Gebrauch der Mietsache, DWW 95, 234. **a) Grundsätze.** Die Parteien haben es in der Hand festzulegen, wie der vereinbarte Gegenstand *beschaffen sein muss,* um (noch) als „vertragsgemäß" zu gelten (s § 536 Rn 4). Damit können sie auch innerhalb der allg Grenzen der Parteiautonomie individuell bestimmen, in welcher Weise der Mieter die Sache auch im Blick auf bestimmte Eigenschaften oder nicht vorhandene Eigenschaften *nutzen darf* (sa §§ 540, 541). Systematisch stellen sich damit in erster Linie Fragen der **Vertragsauslegung** einschließlich der ergänzenden Vertragsauslegung. Elemente einer solchen Auslegung sind zB bei Wohnraummietverhältnissen das Interesse des Mieters an der persönlichen Entfaltung in einem existentiellen Lebensbereich, das Interesse des Vermieters an der Erhaltung der Sache und die „Allgemeinverträglichkeit" des Mietverhältnisses, zB bei mehreren Mietern im Haus. Die Rspr versucht, durch Bezugnahme auf die „Verkehrssitte" gem § 157 den Vertragsinhalt zu objektivieren. Ist das Vertragsergebnis ermittelt, so kann sich weiter die Frage stellen, ob das Beharren des Vermieters auf seiner Rechtsposition nicht gegen die **Ausübungsschranke** des § 242 verstößt, die wegen des genannten Interesses des Mieters hier eine bes Bedeutung hat (s LM Nr 28 zu § 535). Die folgenden Grundsätze beziehen sich idR auf den Fall, dass der Mietvertrag keine eindeutige Regelung enthält. **b) Räumlicher Umfang.** Als mitver- **10** mietet gelten Zubehörteile, §§ 314, 97 (Soe/Heintzmann 146; Emmerich/Sonnenschein 3); ohne weitere Absprache sind auch Fahrstühle (zur Erhaltung s LG Berlin ZMR 86, 89), Hof, Durchfahrt, Treppen und sonstige Einrichtungen (AG Neuss ZMR 60, 297, Trockenplatz) und Gebäudeteile vermietet, die alle für die Benutzung durch den Mieter in Betracht kommen (PalWeidenkaff 16; LG Dortmund ZMR 60, 297; zur Außenwand bei Geschäftsraummiete s Weimar DB 72, 1957). **c) Die Art der Benutzung** richtet sich im Wesentlichen nach der Verträglichkeit **11** (zB BGH DWW 95, 279 bei gewerblicher Nutzung; LG Düsseldorf DWW 90, 118, Partylärm; LG Düsseldorf DWW 90, 87, Musikausübung). **d) Zur Überlassung an** **12**

§ 535 Buch 2. Abschnitt 8. Einzelne Schuldverhältnisse

Dritte s § 549; die **Aufnahme Dritter zu Besuchszwecken** ist, soweit keine erheblichen Störungen damit verbunden sind, unbeschränkt zulässig (LG Mannheim ZMR 72, 22; zutr für Tagesmütter in der Zahl der Kinder einschränkend LG Hamburg NJW 82, 2387). **Dauernd aufnehmen** kann der Mieter Personen, die zu seinem engsten Lebenskreis gehören bzw denen gegenüber eine ethische Verpflichtung zur Unterbringung besteht. Bsp: Ehepartner und Lebenspartner, nahe Familienangehörige: Kinder und Stiefkinder, Eltern (BayObLG WuM 97, 603), Enkel, uU Lebenspartner eines Elternteils, wohl nicht Lebenspartner eines Kindes (Hamm DW 98, 211), nicht Geschwister (BayObLG WuM 84, 13). Die Wohnungskapazität ist in einer Abwägung zugunsten des Vermieters mit zu berücksichtigen
13 (recht weitgehend BGH 123, 240 f bei Aufnahme von Kindern). **e) Anbringen von Einrichtungen.** Haushaltsgeräte sind vom Vermieter zu dulden, sofern der bauliche Zustand der Wohnung ihr Aufstellen erlaubt (Glaser MDR 69, 539) und keine Störungen eintreten (ie Emmerich/Sonnenschein 25). Außenantennen usw dürfen, sofern keine Gemeinschaftsanlage über Kabel vorhanden sind oder diese berechtigte Bedürfnisse (Heimatempfang für Ausländer) nicht decken, idR angebracht werden (s BVerfG NJW 94, 1147, 2143; 97, 2273; ie Mehrings NJW 97,
14 2273). **f) Haustiere. Lit:** Neuhaus, Kampfhunde in Mietwohnungen, DWW 01, 45. Kleintiere ohne Störungen Dritter (Wellensittich, Hamster) können aufgenommen werden, andere Tiere ohne Zustimmung des Vermieters nicht (LG Braunschweig WuM 96, 291; LG Karlsruhe DWW 02, 100; LG Offenburg WuM 98, 285. LG Freiburg WuM 97, 175; iE s StEmmerich 93 f). Im Einzelfall kann sich ein – auch zeitlich begrenztes – Duldungsgebot ergeben (BayObLG NJW-RR 02, 226, z WEG). Die Rspr ist sehr unklar (s Koch WuM 97, 148).

15 **3. Verpflichtung zum Tragen der Lasten (I 3).** Zum Begriff der Lasten s § 103. Bsp: Grundsteuern, Straßenanliegerbeiträge, Kanalisationsgebühren, Gebäudeversicherung, Müllabfuhr, Schornsteinfegergebühren, Grundschuldzinsen. **Abdingbarkeit:** Die Verpflichtung kann vertraglich dem Mieter auferlegt werden (enge Auslegung, s Celle WuM 93, 291); ob die Übernahme Außenwirkungen hat oder nur das Innenverhältnis betrifft, ist nach allg Grundsätzen zu beurteilen (s zB § 329). Zu den **Betriebskosten** bei Wohnraummietverhältnissen s § 560.

16 **4. Weitere Nebenpflichten.** Der Vermieter hat die aus §§ 241 II, 242 folgende Pflicht zur allg Rücksichtnahme auf den Mieter, soweit das Vertragsverhältnis berührt wird; dies gewinnt für Wohnraummietverhältnisse (zB bei Wohnen im gleichen Haus) bes Bedeutung. Bsp: Einhalten der Hausordnung, persönlicher Umgang (sa § 569 II für Mietverhältnisse über Wohnraum).

17 **5. Rechte des Mieters bei Pflichtverletzungen durch den Vermieter.** Zur Haftung des Vermieters für Sach- und Rechtsmängel s § 536 Rn 2 ff. Außerhalb dieser Bereiche hat der Mieter einen Erfüllungsanspruch auf Überlassen, Erhalten und Gewähren (Rn 5 ff). Im Fall der Nichterfüllung, nicht rechtzeitigen Erfüllung oder der Verletzung von Nebenpflichten stehen ihm die allg schuldrechtlichen Ansprüche aus gegenseitigen Verträgen zu. Daneben tritt das Recht zur Kündigung gem § 543 (s § 543 Rn 2 ff).

III. Pflichten des Mieters

18 **1. Zahlen der Miete.** Die Miete besteht regelmäßig in periodisch zu zahlendem Geld; begrifflich kommt jede auch einmalige (BGH 137, 110) Gegenleistung in Frage. Bsp: Gebrauchsüberlassung eines Grundstücks (BGH NJW-RR 94, 971). Art und Höhe können grundsätzlich **frei vereinbart** werden. **Leistungsort:** § 269; zur Fälligkeit s § 579, bei Wohnraummietverhältnissen s § 556 b I; **Art:** idR (Vertragsauslegung) bargeldlos; für einen Scheck gilt § 364 II. Eine Einziehungsermächtigung braucht der Mieter, wenn er sich dazu vertraglich nicht verpflichtet hat, nicht zu erteilen (LG Braunschweig WuM 79, 118 mwN). Zur Miete von Wohnräumen s § 557 Rn 1.

Titel 5. Mietvertrag, Pachtvertrag **§ 536**

2. Die **Betriebskosten** (Umlagen) sind entspr dem Mietvertrag zu erstatten. Zu 19
den Betriebskosten bei Mietverhältnissen über Wohnräume s 556 Rn 1 ff. Treffen
die Parteien bei einem Mietvertrag über Wohnungen eine Vereinbarung, so sind
die §§ 556 ff zu beachten. **Heizkosten** und **Warmwasserkosten** (einschließlich
der Kosten für Betrieb, Überprüfung, Pflege und einmalige Einrichtung von
Wärmemessern) sind nach der HeizkostenV in einem bestimmten Rahmen
(50%–70% nach dem Verbrauch, 30%–50% nach der Mietfläche bzw dem umbauten
Raum) umzulegen (iE Schopp ZMR 86, 301). Zur Änderung des Umlegungsmaßstabes
gegen den Willen des Mieters (in Ausnahmefällen möglich) s Glaser DB
79, 440.

3. **Sonderleistungen** bedürfen einer Vereinbarung; ihre Zulässigkeit ist bei der 20
Miete bestimmter Wohnungen eingeschränkt. Bsp: „Verlorene" (nicht rückzahlbare)
Baukostenzuschüsse, zZ eher theoretisch, sind bei Wohnraummietverhältnissen
grundsätzlich unzulässig (iE PalWeidenkaff 109 vor § 535); abwohnbare
Baukostenzuschüsse (s dazu BGH 29, 289) und **Mietvorauszahlungen** sind bei
preisgebundenen und Sozialwohnungen eingeschränkt zulässig; zur Rückzahlung
s § 547; zur **Kaution** s § 551 und § 566 a.

4. **Nebenpflichten des Mieters. a) Allgemeines.** Nebenpflichten haben eine 21
relativ große Bedeutung, weil der Vermieter die Sache weitgehend in die alleinige
Einflusssphäre des Mieters geben muss (und sie zum Vertragsende unversehrt
zurückerhalten möchte) und weil sich, zB bei der Vermietung von Wohnraum im
gleichen Haus, viele persönliche Berührungspunkte ergeben können, die in
erhöhtem Maß eine Rücksichtnahme erfordern. **b)** Als Spiegelbild der Verpflichtung
des Vermieters, dem Mieter den vertragsgemäßen Gebrauch zu gewähren
(Rn 6), ergibt sich für den Mieter die Verpflichtung, die Grenzen des vertragsgemäßen
Gebrauchs nicht zu überschreiten **(Verbot des vertragswidrigen Gebrauchs). c)** Den Mieter trifft eine allg **Obhutspflicht** für die Sache (vgl den 22
speziellen Fall des § 536 c). **d)** Eine **Pflicht zur Benutzung der Sache** selbst
besteht, wenn sie nicht aus der Obhut folgt (Schulbeispiel: Reitpferd), nicht.
e) Duldungspflichten ergeben sich aus § 554; darüber hinaus besteht zB die
Pflicht zum Dulden von Besichtigungen zur angemessenen Zeit bei Ablauf des
Mietverhältnisses (Nachfolge) oder bei geplanter Veräußerung der Mietsache.
f) Der Mieter ist, soweit es das reibungslose Durchführen des Vertrages erforderlich
macht (insbes bei Wohnraummietverhältnissen) in gleicher Weise wie der Vermieter
(s Rn 14) zur **Rücksichtnahme** auf den Vermieter verpflichtet.

IV. Prozessuales

Zuständig ist bei Mietverträgen über Wohnraum sachlich und örtl ausschließlich 23
das AG, in dessen Bezirk sich der Wohnraum befindet (GVG 23 Nr 2 Buchst a,
ZPO 29 a I mit Ausnahmen in II für § 549 II Nr 3). Will das LG in einer Rechtsfrage
von einer Entscheidung des BGH oder eines OLG abweichen oder ist eine
grundsätzliche neue Rechtsfrage zu urteilen, so muss es die Sache dem OLG
zum sog Rechtsentscheid vorlegen (ZPO 541 I 1). Will das OLG von einer
Entscheidung eines anderen OLG oder des BGH abweichen, so muss es dem BGH
vorlegen (ZPO 541 I 3). Bei Mietverträgen über andere Räume (§ 578 II) ist das
sachlich zuständige AG oder LG (GVG 23 Nr 1, 71) örtl ausschließlich zuständig
(ZPO 29 a I). Die Miete kann im Urkundenprozess geltend gemacht werden. Zur
Räumungsfrist bei Wohnraum s ZPO 721; zum Vollstreckungsschutz allg s ZPO
765 a, 851 b.

§ 536 Mietminderung bei Sach- und Rechtsmängeln

(1) ¹**Hat die Mietsache zur Zeit der Überlassung an den Mieter einen
Mangel, der ihre Tauglichkeit zum vertragsgemäßen Gebrauch aufhebt,
oder entsteht während der Mietzeit ein solcher Mangel, so ist der Mieter**

§ 536 Buch 2. Abschnitt 8. Einzelne Schuldverhältnisse

für die Zeit, in der die Tauglichkeit aufgehoben ist, von der Entrichtung der Miete befreit. ²Für die Zeit, während der die Tauglichkeit gemindert ist, hat er nur eine angemessen herabgesetzte Miete zu entrichten. ³Eine unerhebliche Minderung der Tauglichkeit bleibt außer Betracht.

(2) Absatz 1 Satz 1 und 2 gilt auch, wenn eine zugesicherte Eigenschaft fehlt oder später wegfällt.

(3) Wird dem Mieter der vertragsgemäße Gebrauch der Mietsache durch das Recht eines Dritten ganz oder zum Teil entzogen, so gelten die Absätze 1 und 2 entsprechend.

(4) Bei einem Mietverhältnis über Wohnraum ist eine zum Nachteil des Mieters abweichende Vereinbarung unwirksam.

1 1. **Allgemeines. a) Bisheriges Recht, Einfluss des SchRModG.** Die Bestimmung ist etwas im Text geglättet, außerdem ist § 541 aF (Rechtsmängelhaftung) integriert worden. Eine Anpassung an das SchRModG ist vorgesehen (BT-Drs 14/4553 S 40). Es sollte schon jetzt, soweit möglich, bei der Auslegung
2 berücksichtigt werden. **b) Verhältnis zum allg Leistungsstörungsrecht.** Da der Vermieter verpflichtet ist, die Mietsache in vertragsgemäßem Zustand zu überlassen und zu erhalten, stellen die §§ 536 und 536 a wie die entspr Normen im Kauf-, Werk- und Reiserecht **Nichterfüllungsregelungen** dar, die als leges speciales vorgehen, soweit sie anwendbar sind. Vor der Umstellung auf das Verweisungssystem des SchRModG (s zB § 437) sollten §§ 536 und 536 a in möglichst weitem Maß ausschließlich angewandt werden. Im Einzelnen: Bei einem **behebbaren Mangel** ist § 320 anwendbar, da die Beseitigung von Fehlern eine Hauptpflicht darstellt (str; so BGH 84, 45 mwN, zust Schubert JZ 83, 17; aA Kubis MDR 83, 285). Wird der Mangel **nachträglich behoben,** so kann der Mieter den Verzögerungsschaden fordern, §§ 536 a I S 1, 280 I, II, 286. Wird der (behebbare) Mangel **nicht behoben,** so kann der Mieter nur unter den Voraussetzungen des § 543 kündigen; § 323 sollte auch vor Gefahrübergang nicht angewandt werden. Bei einem **vom Vermieter nicht behebbaren Mangel** sollten allein die §§ 536 ff angewandt werden und zwar sowohl *vor Gebrauchsüberlassung* (sehr str; Esser/Weyers II/1 § 15 II 2; Hassold NJW 74, 1744; aA die hM, s BGH 136, 102 mwN zu § 306 aF) als auch *nach Gebrauchsüberlassung* (allg Meinung, s BGH NJW 63, 804, zT allerdings beschränkt auf den Fall, dass dem Vermieter die Mängelbeseitigung zugemutet werden kann, BGH NJW-RR 91, 204). **§ 326 I 1, 1. Alt** ergänzt § 536 b und ist deshalb anwendbar (allg M zur aF BGH BB 69, 601; Diederichsen JZ 64, 25; Hassold NJW 75, 1866); **§ 326 I 1, 2. Alt** ist dann anwendbar, wenn es zu dem Mangel ohne Annahmeverzug nicht gekommen wäre (str; iE Hassold NJW 75, 1866). Ansprüche wegen **Verletzung des Integritätsinteresses** können, sofern man diese Schäden (zutr) nicht unter § 536 a I subsumiert, gem §§ 280 I, 241 II geltend gemacht werden. Zu den übrigen **Schadensersatzansprüchen** s § 536 a Rn 3 ff. Das **Recht zur Anfechtung** gem § 119 II soll nach hM bestehen bleiben (§ 119 Rn 16; RGRK/Gelhaar 4; RG 157, 174; aA Soe/Heintzmann §§ 535, 536, 96); richtiger erscheint, wie im Kaufrecht (s § 437 Rn 32) und im
3 Werkvertragsrecht den Mieter allein auf die §§ 536 ff zu verweisen. **c)** Die Norm ist außer bei Verträgen über Wohnräume **abdingbar** (s **IV**); zu beachten ist, dass schadhafte Sachen (auch Wohnungen) in Grenzen als vertragsgemäß behandelt werden können (Rn 4) und dann kein Anspruch des Mieters aus § 536 besteht.

4 2. **Sachmangel. a) Kennzeichnung.** Aus dem Wortlaut folgt ein **subj Mangelbegriff** (Larenz, SchR II 1, § 48 III b; BGH NJW 00, 1714), für dessen Elemente auf die Umschreibung des §§ 434 I 1, 2, 633 II zurückgegriffen werden kann. Die Parteien können also in einer ersten Stufe selbst festlegen, welchen Zustand sie (noch) als vertragsgemäß ansehen. Die Rspr hat jedoch schon bisher zutr unter Berufung auf die Verkehrssitte (§ 157) und den Verwendungszweck faktisch die Parteiautonomie insofern eingeschränkt, als sie zB Wohnungen mit

Titel 5. Mietvertrag, Pachtvertrag **§ 536**

gesundheitsgefährdenden Einrichtungen stets als nicht vertragsgemäß behandelt hat (zB RG 81, 202, schadhafter Jalousiekasten; RG 90, 67, unsichere Treppe; Düsseldorf HRR 37 Nr 1579, Balken im Kamin, sa BVerfG NZM 99, 302 zum Entdecken von Gesundheitsgefährdungen dank eines neuen technisch-wissenschaftlichen Kenntnisstandes). Erfasst werden zum einen die der Mietsache anhaftenden Mängel. Bsp: geringere Flächen-/Raumgröße um mehr als 10% (Karlsruhe NJW-RR 02, 586, sa Kraemer DWW 98, 365; str), Schadstoffe in der Wohnung (AG Frankfurt NJW-RR 01, 9), gefährdende Kontaminierung des Bodens (ie Hamm DWW 87, 226; LG Dortmund DWW 87, 47), ungenügende Tragfähigkeit der Decken (BGH MDR 64, 229), Feuchtigkeit (LG Kiel ZMR 86, 123, Stockflecken), unzureichende Heizbarkeit (LG Mannheim ZMR 77, 155); fehlende Hitzedämmung (unter 6° Differenz, Rostock NJW-RR 01, 802), entweichendes Gas aus Durchlauferhitzer (BGH VersR 66, 82), Ausfall des Fahrstuhls (LG Berlin ZMR 86, 89), schadhafte Reifen bei gemietetem Kfz (BGH DB 67, 118). Als Sachmangel – ohne dass es wegen der Gleichsetzung von Sach- und Rechtsmangel (s Rn 1) jetzt noch darauf ankommt – werden auch rechtliche und tatsächliche Verhältnisse behandelt, welche die Gebrauchsmöglichkeit der Mietsache unmittelbar beeinträchtigen (iE Koller NJW 82, 201). Bsp: Lage eines Grundstücks in einem Hochwassergebiet (BGH NJW 71, 425), Baulärm (BayObLG NJW 87, 1950), Immissionen (zutr LG Göttingen NJW 86, 1112, str), eingeschränkter Zugang zu Geschäftslokal (Bedenken bei Düsseldorf DWW 98, 20), anderweitige Vermietung (BGH NJW 91, 3277), Versagen der Nutzungserlaubnis für die gemietete Diskothek wegen der Lage und Beschaffenheit der Räume (BGH 68, 296), Nutzungsmöglichkeit einer Wohnung im Gewerbegebiet nur für beruflich Beschäftigte (BGH NJW 00, 132), Abbruchverfügung für gemietetes Haus (BGH BB 71, 375), nicht hinreichender Ausdruck bei EDV (BGH JZ 82, 67). Umstände, die sich nur mittelbar auf die Nutzungsmöglichkeit auswirken, stellen hingegen keinen Mangel dar (BGH NJW 00, 1714: Das Fehlen von – nicht vom Vermieter zu stellenden – Parkplätzen in der Nähe eines Einkaufszentrums ist kein Mangel des vermieteten Lokals). Im Anschluss an Kauf- und Werkvertrag sollten auch die Lieferung eines **aliud** (Bsp: Automiete, operating-leasing, Ferienwohnung außerhalb eines Reisevertrages), falsche **Montageanleitungen,** aber **auch falsche Gebrauchsanweisungen** (s § 434 Rn 19 aE) unter §§ 536 ff eingeordnet werden. Die **Beweislast** für einen Mangel liegt beim Mieter; bei Mängelbeseitigungsmaßnahmen muss der Vermieter deren Erfolg beweisen (BGH NJW 00, 2344). **b) Die** 5 **Erheblichkeit (I 3)** bezieht sich auf das Ausmaß der Gebrauchsbeeinträchtigung, nicht auf den Aufwand für deren Beseitigung (Soe/Heintzmann § 537 aF, 18). **c) Zeitpunkt.** Zur Überlassung s § 535 Rn 5. § 536a ist auch anwendbar, wenn der Mangel vor dem Einräumen des Gebrauchs besteht und nicht behoben werden kann (s Rn 2).

3. Das **Fehlen einer zugesicherten Eigenschaft** kann faktisch nur für nicht 6 erhebliche Abweichungen von der vereinbarten Beschaffenheit oder für Abweichungen eine Rolle spielen, die die Gebrauchstauglichkeit nicht beschränken. Die Annahme einer Zusicherung wird deshalb davon abhängen (§§ 133, 157), ob der Vermieter in einem solchen Fall Sanktionen akzeptieren will. Die **Beweislast** liegt beim Mieter.

4. Rechtsmangel. Zur Umschreibung s §§ 435 bzw 633 Abs 3. Rechte eines 7 Dritten können dinglichen (Eigentum, Nießbrauch, Wohnrecht) und schuldrechtlichen Charakter haben (Bsp: Der Vermieter hat die Sache noch einem anderen Mieter vermietet und diesem bereits den Besitz verschafft): *Entzug* ist bereits das nachdrückliche, die ungestörte Nutzung beeinträchtigende Geltendmachen (nicht erst Durchsetzen) eines Rechts (BGH 63, 138; Hamm NJW-RR 87, 1304). Die **Beweislast** liegt beim Mieter.

5. Rechtsfolgen. a) Zum **Erfüllungsanspruch** und der Anwendbarkeit des 8 **§ 320** s § 535 Rn 5 ff. Zur Selbsthilfe und Ersatz der Aufwendungen s § 536a

Teichmann 629

§ 536 a Buch 2. Abschnitt 8. Einzelne Schuldverhältnisse

Rn 2. **b)** Die **Minderung** wird nicht wie bei Kauf- und Werkvertrag als einseitige gestaltende Erklärung geltend gemacht, sondern die Reduzierung der Miete tritt „automatisch" *kraft Ges* ein (BGH NJW 87, 432). Mit der Formulierung „angemessen herabgesetzte Miete" soll eine flexiblere Berechnung als nach § 441 III ermöglicht werden (BT-Drs 14/4553 S 40). Abgestellt wird regelmäßig prozentual auf den Grad der Nutzungsbeeinträchtigung, bezogen auf die Kaltmiete einschließlich der heizungsunabhängigen Betriebskosten (iE s Mutter ZMR 95, 189), es sei denn, der Mangel liege in der ungenügenden Heizung bzw der Warmwasserversorgung selbst. Vom Zeitpunkt der **tatsächlichen Mängelbeseitigung** ist die volle Miete wieder zu zahlen (vgl in I 1: „Für die Zeit ..."). Zum **Ausschluss der Minderung** s §§ 536 b, 536 c II. **c)** **Überschiessende Beträge** sind entspr §§ 441 IV, 638 IV gem §§ 346 ff zurückzuleisten (aA zu § 537 aF BGH NJW-RR 93, 519: §§ 812 ff). **d)** Zum Anspruch auf **Schadensersatz** s § 536 a Rn 3 ff.

§ 536 a Schadens- und Aufwendungsersatzanspruch des Mieters wegen eines Mangels

(1) Ist ein Mangel im Sinne des § 536 bei Vertragsschluss vorhanden oder entsteht ein solcher Mangel später wegen eines Umstandes, den der Vermieter zu vertreten hat, oder kommt der Vermieter mit der Beseitigung eines Mangels in Verzug, so kann der Mieter unbeschadet der Rechte aus § 536 Schadensersatz verlangen.

(2) Der Mieter kann den Mangel selbst beseitigen und Ersatz der erforderlichen Aufwendungen verlangen, wenn
1. der Vermieter mit der Beseitigung des Mangels in Verzug ist oder
2. die umgehende Beseitigung des Mangels zur Erhaltung oder Wiederherstellung des Bestands der Mietsache notwendig ist.

1 **1. Allgemeines. a) Bisheriges Recht.** Die Norm übernimmt § 538 aF und integriert in II Nr 2 den bisherigen § 547 I 1. **b) Normzweck.** Systemwidrig ist nachrangig das Recht des Mieters auf Selbstvornahme (vgl § 637) im Primärschuldverhältnis **(II)** und der Anspruch auf Schadensersatz im Sekundärschuldverhältnis **(I)** geregelt. **c) Verhältnis zu § 536.** Die Bestimmungen gelten nebeneinander, da § 536 allein die Nutzungsbeeinträchtigung während der fraglichen Zeit ausgleicht, während sich Schadensersatz wie Verwendungsersatz auf andere Vermögensbeeinträchtigungen beziehen. **d) Abdingbarkeit.** Die Bestimmung kann außerhalb von Verträgen über Wohnräume **(IV)** abbedungen werden (s BGH 29, 295), I in AGB allerdings nur in den Grenzen des § 309 Nr 7.

2 **2. Recht zur Selbstvornahme (II). a) Rechtsvoraussetzungen. aa)** Zum **Mangelbegriff**s § 536 Rn 4, 7. **bb) Behebbarkeit des Mangels** in den Grenzen des § 275; sonst läge Unmöglichkeit vor, die einen Nacherfüllungsanspruch ausschließt. **cc)** Zum Verzug **(II Nr 1)** s § 286 I. Eine Mängelanzeige nach § 536 c ohne Aufforderung zur Mangelbeseitigung stellt keine Mahnung iSv § 286 I dar. **Notwendigkeit zum Erhalten bzw Wiederherstellen des Bestands der Mietsache (II Nr 2):** Gemeint sind Notmaßnahmen, die keinen Aufschub dulden (BT-Drs 14/4553 S 41), um die Substanz bzw die Funktion der Sache zu sichern oder den Mieter sowie einbezogene Personen und deren Rechtsgüter nicht zu gefährden (sa § 994 Rn 1). **dd)** Ein **Vertretenmüssen** des Mangels ist **nicht** erforderlich. **b) Rechtsfolgen.** Festlegen der Selbstvornahme als rechtmäßiges Handeln des Mieters, Anspruch auf Ersatz der Aufwendungen einschließlich der Kosten für eigene Arbeitszeit (Weimar ZMR 75, 163), uU auch Anspruch auf Vorschuss (KG DB 88, 140). **c)** Eine **Verpflichtung zur Selbstvornahme** kann sich aus der allg Obhutspflicht des Mieters ergeben (s § 535 Rn 22), auch kann ein Unterlassen im Rahmen des § 254 bei einem Anspruch des Mieters auf Schadensersatz berücksichtigt werden (s Rn 8).

Titel 5. Mietvertrag, Pachtvertrag § 536a

3. Anspruch auf Schadensersatz (I). a) Verhältnis zum allg Leistungsstörungsrecht. § 536a I stellt wie § 536 eine spezielle Nichterfüllungsregelung dar, die, solange sie besteht, die §§ 280 ff im Regelfall verdrängt. Ausgeschlossen ist auch ein Anspruch aus cic, soweit sich das Unterlassen einer Information bzw ihre Unrichtigkeit auf einen Mangel bezieht (BGH DB 80, 633; krit Littbarski DB 81, 409); iÜ sind Ansprüche aus §§ 311a II, 241 II, 280 I möglich (s BGH DB 80, 633 zur aF). **b) Anfänglicher Rechts- oder Sachmangel (I 1, 1. Var). aa) Schutzzweck.** Das Ges hat hier dem Vermieter – unter der Fiktion, er gebe stillschweigend eine Garantieerklärung ab (Mot II 377) – aus Gründen des Mieterschutzes eine nicht vom Verschulden abhängige Einstands- und Schadensersatzpflicht für alle anfänglichen, auch unerkennbaren (BGH WM 82, 1230) Mängel auferlegt (Bsp nach Siber, s Larenz, SchR II 1, § 48 III b 3: der Vermieter hat Krankheitserreger eingeschleppt). Diese Haftung wird als sehr weitgehend empfunden (zB Larenz, SchR II 1, III b 3); sie erscheint aber unter dem Blickwinkel der Abdingbarkeit (Rn 1 aE) erträglich. Für den Rechtsmangel besteht jetzt aber ein Widerspruch zum Kauf- und Werkvertragsrecht (sowie zu § 311a), der sachlich nicht zu rechtfertigen ist. **bb) Zum Begriff des Mangels** s § 536 Rn 4, 7. **cc) Maßgeblicher Zeitpunkt.** Vertragsschluss. Umfasst der Mietvertrag eine erst herzustellende Sache, so ist auf den Zeitpunkt ihrer Fertigstellung oder Übergabe an den Mieter abzustellen (BGH 9, 321; sa BGH NJW 63, 804). Der Mangel ist auch dann bereits bei Vertragsschluss vorhanden, wenn die Ursache schon gelegt war und damit eine obj Gefahrensituation bestand, mag der Fehler selbst erst im Lauf der Mietzeit auftreten (StEmmerich § 538 aF, 6; ErmJendrek § 538 aF, 4). Bsp: Unsachgemäßes Verputzen eines Kamins (BGH 49, 350 mit Anm Berg NJW 68, 1325 und Söllner JuS 70, 159), unsachgemäßes Verlegen einer Lichtleitung vor Abschluss des Mietvertrages (BGH NJW 72, 944), Neigung einer Kegelbahn zum „Schwitzen" bei bestimmten Witterungsumschlägen (BGH DB 72, 577 mit Anm Trenk-Hinterberger JuS 75, 501), herabstürzendes Geäst auf Hotelparkplatz (BGH 63, 333). Auf eine Erkennbarkeit des Fehlers kommt es wegen der Verschuldensunabhängigkeit der Haftung nicht an. **c) Zu vertretender Mangel nach Vertragsschluss (I 1, 2. Var).** Zum Mangelbegriff s § 536 Rn 4, 7. Das Merkmal „nach Vertragsschluss" ist negativ zu ermitteln: alle während der Mietzeit auftretenden Fehler, die nicht mehr unter Rn 5 fallen. Das Vertretenmüssen bestimmt sich nach §§ 276 ff; zur Beweislast s § 280 I 2, zum Sorgfaltsmaßstab s zB BGH WM 69, 1012. **d) Verzug des Vermieters mit der Mangelbeseitigung (I 1, 3. Var).** S § 286; eine Mängelanzeige nach § 536c stellt keine Mahnung iSv § 286 dar. Erfasst wird sowohl der Verzögerungsschaden (§ 280 II) als auch ein Schaden wegen einer auf der Verzögerung beruhenden Rechtsgutsverletzung (§§ 241 II, 280 I). **e) Zu ersetzender Umfang.** Der Anspruch umfasst im Grundsatz alle Folgeschäden (s Rn 26 vor §§ 249 ff). Dies ist in der Systematik des § 280 ff der leistungsbezogene Schaden statt der Leistung gem § 280 III iVm 281 I bzw §§ 283, 282 (Bsp: Kosten einer anderweitigen Unterkunft oder des Unterstellens von Möbeln, Verdienst- und Gewinnausfall) sowie der Ausgleich von Schäden an Rechtsgütern etc gem §§ 280 I, 241 II (Bsp: Arztkosten, Reparaturkosten für Sachen des Mieters). Teilw ist versucht worden, die Garantiehaftung aus § 536a I 1, 1. Var im Umfang zu begrenzen: Zu ersetzen sei hier lediglich das Erfüllungsinteresse am ungehinderten Gebrauch (Wertdifferenz zwischen fehlerfreier Sache und Schaden aufgrund einer vorzeitigen Mietaufhebung, MK/Voelskow § 538 aF, 7; Todt BB 71, 680 mwN); zT werden die Rechtsvoraussetzungen des § 536a I 1, 1. Var enger verstanden: Ein Mangelfolgeschaden sei dann nur zu ersetzen, wenn der Vermieter den Fehler auch bei Anwendung äußerster Sorgfalt nicht zu erkennen vermochte (Larenz, SchR II 1, § 48 III b 3; Fikentscher § 74 II 1 c aa; desgl iE Koblenz NJW 66, 2017 mit Anm Hoffmann NJW 67, 50). Zweckmäßig erscheint es, Gedanken des Schutzbereichs (Rn 32 vor § 249) fruchtbar zu machen (Esser/Weyers II/1, § 15 I 6; ähnlich Hassold JuS 75, 551). Die Rspr hat iü keinerlei Einschränkungen vorgenommen (RG 169, 92; BGH NJW 62, 908; 71, 424 mit

Teichmann 631

§§ 536 b, 536 c Buch 2. Abschnitt 8. Einzelne Schuldverhältnisse

ausdr Ablehnung der Gegenmeinung; BGH 49, 352; desgl PalWeidenkaff 14; Soe/Heintzmann § 538 aF, 13). Gehaftet wird allerdings nur für den Zeitraum, in dem der Vermieter an den Vertrag gebunden ist, also bis zum nächsten Kündi-
9 gungstermin (BGH ZMR 72, 184). § 254 ist anwendbar (BGH 68, 282 f). **f) Anspruchsberechtigt** sind alle Personen, auf die sich die Schutzwirkungen des Vertrages erstrecken (s § 328 Rn 32).

§ 536 b Kenntnis des Mieters vom Mangel bei Vertragsschluss oder Annahme

¹Kennt der Mieter bei Vertragsschluss den Mangel der Mietsache, so stehen ihm die Rechte aus den §§ 536 und 536 a nicht zu. ²Ist ihm der Mangel infolge grober Fahrlässigkeit unbekannt geblieben, so stehen ihm diese Rechte nur zu, wenn der Vermieter den Mangel arglistig verschwiegen hat. ³Nimmt der Mieter eine mangelhafte Sache an, obwohl er den Mangel kennt, so kann er die Rechte aus den §§ 536 und 536 a nur geltend machen, wenn er sich seine Rechte bei der Annahme vorbehält.

1   **1. Bisheriges Recht.** Die Bestimmung ist mit § 539 aF (Sachmangel) bei sprachlicher Glättung identisch. Für den Rechtsmangel (§ 541 aF) ist nunmehr dieselbe Regelung wie für den Sachmangel getroffen.

2   **2. Tatbestand.** Der Mieter verliert seine Rechte aus § 536 und § 536 a (nicht den Erfüllungsanspruch und damit auch nicht § 320, desgl nicht den Anspruch aus § 823 zB wegen Beschädigung eigener Sachen, StEmmerich § 539 aF, 5; Soe/ Heintzmann § 539 aF, 5 a; BGH VersR 61, 886), (a) wenn er **bei Vertragsschluss** den Mangel kennt **(S 1)** oder (b) wenn er **bei Vertragsschluss** den Mangel grob fahrlässig nicht erkannt hat (dazu s BGH NJW 80, 778), es sei denn, der Vermieter habe ihn arglistig getäuscht **(S 2, 1. Alt)**, (c) des Weiteren, wenn er nach Vertragsschluss bei **Annahme** der Sache (Übergabe) den Mangel erkennt und keinen Vorbehalt äußert **(S 2, 2. Alt)**. Die frühere Rspr, die § 539 aF auf sich später zeigende Mängel angewandt hat (zB BGH NJW 00, 2663), ist durch § 536 c überholt (BT-Drs 14/4553 S 41; aA Naumburg NJW 02, 1132). Im Einzelfall kann Verwirkung eintreten (BayObLG ZMR 02, 113 mit krit Anm Wichert).

3   **3.** Die **Beweislast** trägt der Vermieter für die Kenntnis und grob fahrlässige Unkenntnis des Mieters zum jeweiligen Zeitpunkt, der Mieter für die Arglist des Vermieters und das Erheben eines Vorbehalts; sa § 536 c II.

§ 536 c Während der Mietzeit auftretende Mängel; Mängelanzeige durch den Mieter

(1) ¹Zeigt sich im Laufe der Mietzeit ein Mangel der Mietsache oder wird eine Maßnahme zum Schutz der Mietsache gegen eine nicht vorhergesehene Gefahr erforderlich, so hat der Mieter dies dem Vermieter unverzüglich anzuzeigen. ²Das Gleiche gilt, wenn ein Dritter sich ein Recht an der Sache anmaßt.

(2) ¹Unterlässt der Mieter die Anzeige, so ist er dem Vermieter zum Ersatz des daraus entstehenden Schadens verpflichtet. ²Soweit der Vermieter infolge der Unterlassung der Anzeige nicht Abhilfe schaffen konnte, ist der Mieter nicht berechtigt,

1. die in § 536 bestimmten Rechte geltend zu machen,
2. nach § 536 a Abs. 1 Schadensersatz zu verlangen oder
3. ohne Bestimmung einer angemessenen Frist zur Abhilfe nach § 543 Abs. 3 Satz 1 zu kündigen.

1   **1. Allgemeines. a) Bisheriges Recht.** Die Bestimmung übernimmt mit wenigen sprachlichen Modifikationen § 545 I ohne sachliche Änderung. **b) Funktion der Norm.** § 536 c ist Ausdruck der allg Obhutspflicht des Mieters (§ 535

Titel 5. Mietvertrag, Pachtvertrag §§ 536 d, 537

Rn 22). Der Vermieter, der zur Instandhaltung der Sache verpflichtet ist (§ 535 Rn 7 f), soll damit über die eigene Prüfungspflicht hinaus die erforderlichen Informationen erhalten (BGH 68, 284 f). **c) Abdingbarkeit.** Die Pflicht des Mieters kann im Rahmen des allg Zulässigen (s zB § 307 II Nr. 1) verschärft oder auch reduziert werden.

2. Erforderlichkeit einer Anzeige. a) Voraussetzungen. Zum **Mangel** s 2 § 536 Rn 4, 7; räumlich umfasst sind alle Gegenstände, auf die sich der Mietvertrag erstreckt (s § 535 Rn 10). Zur Rechtsanmaßung von Dritten (Rechtsmangel) s § 536 Rn 7. Ein Mangel „zeigt" sich nach zutr Auffassung des BGH, wenn er dem Mieter bekannt ist oder wenn er sich jedem Mieter hätte aufdrängen müssen (Maßstab der groben Fahrlässigkeit, BGH 68, 283 ff mwN; weitergehend Soe/Heintzmann § 545 aF Rn 3: Fahrlässigkeit). Eine bes Nachforschungspflicht besteht für den Mieter nicht (BGH WM 76, 538). **Gefahr** ist eine bevorstehende nachteilige Einwirkung auf die Sache. Bsp: Nichtanzeige der Abwesenheit des Mieters bei möglichen Einwirkungen durch drohenden Frost (StEmmerich, § 545 aF Rn 15). **b) Art und Inhalt.** Unverzügliche (§ 121) formlose Mitteilung (keine Willenserklärung), die zugehen muss (§ 130). **c) Entfallen einer Verpflichtung bzw Obliegenheit zur Anzeige.** Der Vermieter kennt bereits den Mangel (Düsseldorf ZMR 91, 24) oder muss ihn kennen (BGH 68, 284); die Anzeige an den Vermieter ist – zB wegen dessen unbekannter Abwesenheit – nicht möglich.

3. Rechtsfolgen einer unterlassenen bzw verzögerten Anzeige. a) Wei- 3 **tere Voraussetzungen.** Das Unterlassen bzw. die Verzögerung müssen für das Nichtbeheben des Mangels durch den Vermieter **kausal** sein. Ein **Vertretenmüssen** folgt aus dem Kriterium der Erkennbarkeit des Mangels und aus der Notwendigkeit einer unverzüglichen (§ 121) Anzeige (BT-Drs 14/4553 S 42). **b) Verlust der eigenen Rechte des Mieters (II 2).** S Gesetzestext **c) Anspruch des Vermieters auf Schadensersatz** (sa § 280 I). Ein Mitverschulden des Vermieters ist zu berücksichtigen.

4. Die **Beweislast** trägt der **Vermieter** für Kenntnis des Mieters bzw Offen- 4 sichtlichkeit des Mangels und den Zeitpunkt des „Sich-Zeigens" sowie die Kausalität des Unterlassens bzw der Verzögerung für den Schaden. Der **Mieter** muss den Zugang der Anzeige bzw die Tatsachen, die eine Anzeige entbehrlich machen, oder fehlendes eigenes Verschulden (s § 280 I 2) beweisen, im Fall des § 254 ein Mitverschulden des Vermieters (s § 254 Rn 19).

§ 536 d Vertraglicher Ausschluss von Rechten des Mieters wegen eines Mangels

Auf eine Vereinbarung, durch die die Rechte des Mieters wegen eines Mangels der Mietsache ausgeschlossen oder beschränkt werden, kann sich der Vermieter nicht berufen, wenn er den Mangel arglistig verschwiegen hat.

1. Die Bestimmung übernimmt § 540 aF mit Modifikationen (sa § 444). Ein 1 unwirksamer Ausschluss beeinträchtigt idR (s § 139) die Wirksamkeit des Mietvertrages als Ganzes nicht. Die Norm ist **zwingend.**

§ 537 Entrichtung der Miete bei persönlicher Verhinderung des Mieters

(1) ¹Der Mieter wird von der Entrichtung der Miete nicht dadurch befreit, dass er durch einen in seiner Person liegenden Grund an der Ausübung seines Gebrauchsrechts gehindert wird. ²Der Vermieter muss sich jedoch den Wert der ersparten Aufwendungen sowie derjenigen Vorteile anrechnen lassen, die er aus einer anderweitigen Verwertung des Gebrauchs erlangt.

§ 538 Buch 2. Abschnitt 8. Einzelne Schuldverhältnisse

(2) **Solange der Vermieter infolge der Überlassung des Gebrauchs an einen Dritten außerstande ist, dem Mieter den Gebrauch zu gewähren, ist der Mieter zur Entrichtung der Miete nicht verpflichtet.**

1   1. **Allgemeines.** Lit: Rädler, Der Mieter im „Annahmeverzug" – Zur Vorschrift des § 552 BGB, NJW 93, 689. **a) Bisheriges Recht.** § 537 entspricht mit geringfügigen sprachlichen Änderungen § 552 aF. **b) Funktion.** Da der Mieter idR nicht verpflichtet ist, die Sache zu nutzen (§ 535 Rn 22), spricht § 537 zunächst in **I 1** die Selbstverständlichkeit aus, dass eine persönliche Verhinderung des Mieters keinen Fall der Unmöglichkeit darstellt und den Mieter nicht von seiner Leistungspflicht (Zahlungspflicht) befreit. Erst **I 2** bringt insoweit eine ergänzende Regelung. § 537 erfasst aber auch die Fälle, in denen der Mieter die Sache nutzen muss; insoweit ändert die Norm die sich aus § 326 I oder § 326 II ergebende Rechtslage ab. **c)** § 537 ist im Rahmen des allg Zulässigen **abdingbar**.

2   2. Der in **I 1** genannte Anspruch des Vermieters folgt aus § 535 II; zur **persönlichen Verhinderung** des Mieters zählen alle Umstände aus seiner Risikosphäre (BGH NJW-RR 91, 267). Auf ein Verschulden kommt es nicht an. Bsp: Erkrankung eines Künstlers beim Mieten einer Veranstaltungshalle durch eine Agentur (aA Bremen NJW 53, 1393), Teilnahme an einem Lehrgang (LG Gießen NJW-RR 95, 395), Versagen einer Schankerlaubnis aus persönlichen Gründen. § 537 gilt entspr, wenn der Mieter die Sache nicht nutzen will (Hamm WuM 86, 201 mwN). Ursachen, die den Mieter an der Nutzung hindern und nicht seiner Risikosphäre zuzurechnen sind, können eine Störung der Geschäftsgrundlage gem § 313 darstellen (Larenz, SchR II 1, § 48 II b). Ursachen, die den Vermieter seinerseits an der Gebrauchsüberlassung hindern, fallen unter die allg Unmöglichkeitsregelung.

3   3. **Anrechnung von Vorteilen. I 2** (Beweislast beim Mieter, aA StEmmerich § 552 aF, 59) ist vom Gesetzgeber bewusst enger gefasst als § 326 I 2 („oder zu erwerben böswillig unterlässt"). Es besteht keine Verpflichtung zum Abschluss eines Mietvertrags mit einem anderen Mieter (BGH NJW 63, 1299, Hamburg NJW-RR 87, 657; ie s Heile ZMR 90, 249). Der Vermieter hat aber keinen Anspruch mehr auf die Miete, wenn ihm im Rahmen des Zumutbaren ein akzeptabler **Nachmieter** benannt wird (Hamm NJW 95, 1478 mwN; Frankfurt NZM 00, 607).

4   4. **Hindernis auf Vermieterseite. II** regelt unabhängig von I 2 einen Fall der nicht zu vertretenden (teilw) Unmöglichkeit auf Vermieterseite (Beweislast bei ihm, Soe/Heintzmann § 552 aF, 24). Zweck der Vorschrift ist es, anders als in § 326 I 1 den Zeitfaktor („solange") als Maßstab zu wählen. Die Bestimmung gilt auch, wenn der Vermieter die Mietsache – etwa zur Durchführung von Mangelbeseitigungsmaßnahmen – zeitweise ausschließlich selbst nutzt (PalWeidenkaff 11). Die Rechte aus § 543 II 1 und, soweit daneben nach hL anwendbar (s § 536 Rn 2), aus § 323 und § 326 V bleiben bestehen. Die Bestimmung ist eng auszulegen, so dass es uU bei I bleibt. Der Vermieter behält nach § 242 einen Anspruch auf die Differenz, wenn er wegen der Verhinderung des Mieters **(I)** die Sache auch im Interesse des Mieters anderweitig billiger vermietet (vgl ie BGH 122, 166 ff mwN).

§ 538 Abnutzung der Mietsache durch vertragsgemäßen Gebrauch

Veränderungen oder Verschlechterungen der Mietsache, die durch den vertragsgemäßen Gebrauch herbeigeführt werden, hat der Mieter nicht zu vertreten.

1   1. **Allgemeines.** Die Norm, mit § 548 aF wörtlich identisch, beruht auf dem Gedanken, dass die vertragsgemäßen Abnutzungen bereits durch die Miete abgegolten sind und die Instandhaltungspflicht insoweit den Vermieter trifft (Soe/Heintzmann § 548 aF, 1). Die Bestimmung ist **abdingbar** (allgM); häufig übernimmt der Mieter die **Schönheitsreparaturen** (s § 535 Rn 8). Die Klausel, der

Titel 5. Mietvertrag, Pachtvertrag **§ 539**

Mieter habe die Wohnung in demselben Zustand zurückzugeben wie übernommen, hat keine Abweichung von § 538 zur Folge (StEmmerich, § 548 aF, 17).

2. Zum vertragsgemäßen Gebrauch s § 535 Rn 21. Bsp: Anbringen von Dübeln (LG Mannheim ZMR 76, 182), Auflegen von Teppichboden auf PVC-Fußboden (LG Mannheim ZMR 77, 110). Der Vermieter hat insoweit gegen den Mieter keinerlei Entschädigungsansprüche. Die Abnutzung durch vertragswidrigen Gebrauch führt im Fall des Vertretenmüssens (§§ 276 ff) zum Schadensersatzanspruch gem § 280 I iVm § 241 II. Verjährung nach § 548. 2

3. Beweislast. Der **Vermieter** ist beweispflichtig für die Übergabe der Mietsache und dafür, dass die Schadensursache aus dem Risikobereich des Mieters stammt (s BGH NJW 98, 594), die Sache also durch den Gebrauch geschädigt sein kann (s München NJW-RR 97, 1031: nicht bei elektrischer Leitung). Dann muss der **Mieter** beweisen, dass eine Beschädigung oder Zerstörung während der Mietzeit nicht von ihm zu vertreten ist (§ 280 I 2; sa BGH 66, 351 mwN). Hat der Vermieter – etwa bei Kfz – den Mieter gegen ein zusätzliches Entgelt von der Haftung für einfache Fahrlässigkeit freigestellt, so obliegt dem Vermieter die Beweislast für das Vorliegen von grober Fahrlässigkeit oder von Vorsatz (BGH 65, 118 mwN). 3

§ 539 Ersatz sonstiger Aufwendungen und Wegnahmerecht des Mieters

(1) **Der Mieter kann vom Vermieter Aufwendungen auf die Mietsache, die der Vermieter ihm nicht nach § 536a Abs. 2 zu ersetzen hat, nach den Vorschriften über die Geschäftsführung ohne Auftrag ersetzt verlangen.**

(2) **Der Mieter ist berechtigt, eine Einrichtung wegzunehmen, mit der er die Mietsache versehen hat.**

1. Allgemeines. Bisheriges Recht. I übernimmt § 547 II zum Ersatz sonstiger Verwendungen, **II** übernimmt § 547a I. **Anwendungsbereich.** Zum Mietvertrag über Wohnräume s § 552 I. **Funktion.** Die Bestimmung ergänzt § 536 II und stellt insoweit strengere Voraussetzungen auf. Im Aufbau der Anspruchsgrundlagen empfiehlt sich als Reihenfolge: §§ 536 III, 539 II iVm §§ 683, 670; 684, 818; 812 I 1 2. Alt. Die §§ 987 ff sind unanwendbar, da der Mieter zum Besitz berechtigt ist (s Rn 3 vor §§ 987–993). Bei einer Einrichtung kann der Mieter anstelle des I auf II zurückgreifen; die Norm ist **abdingbar.** 1

2. Aufwendungsersatz (I). Es handelt sich um eine Rechtsgrundverweisung (str, desgl Soe/Heintzmann § 547 aF, 6; wohl auch BGH LM Nr 3 zu § 683), so dass die Voraussetzungen des § 683 bzw des § 684 oder des § 687 II 2 gegeben sein müssen (BGH NJW 67, 2255 prüft allerdings den Fremdgeschäftsführungswillen selbst nicht mehr). 2

3. Wegnahmerecht (II). a) Funktion. Die Norm trägt der Tatsache Rechnung, dass der Mieter die Mietsache häufig für seine Bedürfnisse mit Einrichtungen versieht, der Vermieter aber lediglich verlangen kann, die Sache in demselben Zustand wie zum Zeitpunkt der Überlassung zurückzuerhalten (Mot II 395). Dem Wegnahmerecht steht die Wegnahmepflicht nach § 546 I gegenüber. **b) Tatbestand.** Eine Einrichtung liegt vor, wenn eine bewegliche Sache mit der Mietsache körperlich fest aber abtrennbar verbunden wird (deshalb nicht Heizöl, LG Mannheim ZMR 75, 305; nach München WuM 85, 90 nicht Einbauküche; im Einzelfall zweifelhaft) und sie deren wirtschaftlichem Zweck zu dienen bestimmt ist (BGH 101, 41). Unerheblich ist, ob sie wesentlicher Bestandteil (§ 93) wird, entscheidend aber, ob sie auch nach der Verbindung eine eigenständige wirtschaftliche Bedeutung hat (Larenz, SchR II 1, § 48 VII a). Bsp: Deckenlampe, Wandschrank, Waschbecken, Sträucher im Garten; nicht Tapeten oder Parkettfußboden. **c) Bei Wegnahme** ist § 258 zu beachten. **d) Beweislast** beim Mieter. **e) Prozessuales.** Eine Klage des Mieters muss auf Duldung der Wegnahme, nicht auf Herausgabe gerichtet sein; Vollstreckung nach ZPO 890. 3

§ 540 Gebrauchsüberlassung an Dritte

(1) ¹Der Mieter ist ohne die Erlaubnis des Vermieters nicht berechtigt, den Gebrauch der Mietsache einem Dritten zu überlassen, insbesondere sie weiter zu vermieten. ²Verweigert der Vermieter die Erlaubnis, so kann der Mieter das Mietverhältnis außerordentlich mit der gesetzlichen Frist kündigen, sofern nicht in der Person des Dritten ein wichtiger Grund vorliegt.

(2) Überlässt der Mieter den Gebrauch einem Dritten, so hat er ein dem Dritten bei dem Gebrauch zur Last fallendes Verschulden zu vertreten, auch wenn der Vermieter die Erlaubnis zur Überlassung erteilt hat.

1   1. **Allgemeines. a) Bisheriges Recht.** § 540 übernimmt § 549 I, III aF. **b) Funktion.** Da bei einem Untermietvertrag der Mieter die ihm obliegenden Sorgfaltspflichten (s § 535 Rn 22) nicht mehr ausübt, bedarf es der Zustimmung des Vermieters. Fehlt sie, so liegt eine Vertragsverletzung des Mieters vor, die einen Unterlassungsanspruch des Vermieters (§ 541), ein außerordentliches Kündigungsrecht (§ 543 II Nr 2) sowie Ansprüche auf Schadensersatz nach § 280 I iVm § 241 II (nicht jedoch einen Anspruch auf Herausgabe der Untermiete, BGH 131, 304 mwN) auslöst. Sinn des § 540 ist, neben dieser Klarstellung dem Mieter eine außerordentliche Kündigung mit gesetzlicher Frist (s § 573 d) einzuräumen **(I 2). Frist:** § 580 a IV. **c) Anwendungsbereich.** Zu Wohnraummietverhältnissen sa § 553 (Anspruch auf Gestattung), 573 d III bzw 575 a III (Fristen der außerordentlichen Kündigung).

2   2. **Tatbestand des I. a)** Die **Gebrauchsüberlassung** (insbes die Untermiete, s Rn 6) ist die – entgeltliche oder unentgeltliche – Gewährung der Mietsache oder eines Teils (zB einzelner Räume) zum selbständigen Allein- oder Mitgebrauch (Indiz bei Wohnung: selbständige Haushaltsführung). Wird kein selbständiger Mitgebrauch eingeräumt, so fällt die Prüfung der Zulässigkeit unter § 535 (s § 535 Rn 12; aA hM, s BGH 92, 216 ff; BayObLG NJW 98, 1325; Wangard ZMR 86,
3   73). **b) Dritter** ist ein anderer Rechtsträger, der nicht durch Gesamtrechtsnachfolge (s § 564), auch nicht durch partielle Gesamtrechtsnachfolge (s §§ 563 ff, auch UmwG 2 ff, 123 ff, 174 ff) selbst Vertragspartner wird. Bsp: andere natürliche Personen, Übertragung eines Handelsgeschäfts auf einen anderen bzw Einbringen in eine Gesellschaft, ohne dass es zu einer Vertragsübernahme kommt. Auch die Überlassung an nahe Familienangehörige sollte grundsätzlich unter die Norm subsumiert werden (aA StEmmerich § 549 aF 7; Soe/Heintzmann § 549 aF 5 mwN; idR hat hier der Mieter gem § 242 ein Anspruch auf die Erteilung der
4   Erlaubnis [sa § 535 Rn 12] zur Mitbenutzung). **c) Tatbestand des I.** Die **Erlaubnis** (Beweislast beim Mieter) ist keine Zustimmung iSd §§ 182 ff, sondern eine auch schlüssig zu äußernde (BGH 70, 329) Willenserklärung, welche die Vertragswidrigkeit der Gebrauchsüberlassung ausschließt (BGH 59, 7). Bsp: Längere faktische Duldung in Kenntnis der Umstände. Ob sie generell oder nur für einen bestimmten Untermieter gilt, ist durch Auslegung zu ermitteln. Ihr Widerruf ist nur aus wichtigem Grund möglich (BGH 89, 315; Soe/Heintzmann § 549 aF, 13, Beweislast beim Vermieter). **d)** Als **Verweigerung der Erlaubnis** ist auch zu verstehen, wenn die Erlaubnis unter nicht im Vertrag vorgesehenen Einschränkungen erteilt wird (BGH 59, 9). Die Verweigerung sollte begründet werden, damit der Mieter erkennen kann, ob ein wichtiger Grund vorliegt (RGRK/Gelhaar 9). Ein wichtiger Grund setzt voraus, dass vom Untermieter ein vertragswidriger Gebrauch der Mietsache (s § 535 Rn 6) zu befürchten ist. Bsp: Störungen der Mitmieter, Wettbewerb gegenüber Vermieter oder Mitmietern im gleichen Haus, unpfleglicher Umgang mit der Sache; nicht: Zahlungsschwierigkeiten. Ein **Schweigen** ist nur dann als Verweigerung zu verstehen, wenn ein konkreter Dritter benannt wird (Koblenz NJW 01, 1948; sa LG Berlin NJW 01, 659).
5   **e) Haftung des Mieters (II).** Der Untermieter ist als Erfüllungsgehilfe hinsicht-

Titel 5. Mietvertrag, Pachtvertrag **§§ 541, 542**

lich der Obhutspflichten anzusehen (BGH WM 91, 107). Es gelten dieselben Haftungsbegrenzungen wie für § 278; bei einer nicht erlaubten Gebrauchsüberlassung haftet der Mieter auch ohne Verschulden des Dritten wegen der begangenen Vertragswidrigkeit (allgM s PalWeidenkaff 15).

3. Exkurs: Der **Untermietvertrag** ist ein Vertrag zwischen Mieter und Unter- 6 mieter iSd §§ 535 ff; seine Wirksamkeit hängt nicht von der Zustimmung des Vermieters ab. Wird die Erlaubnis nicht erteilt, so liegt ein Rechtsmangel vor (s § 536c III), der einen Anspruch auf Schadensersatz gem § 536a I und uU ein Recht zur fristlosen Kündigung gem § 543 II 1 Nr 1 auslösen kann. Bei der Untervermietung von Wohnräumen sind einige Bestimmungen der §§ 549 ff nicht anwendbar (s §§ 549 II Nr 2, 573a II). Zwischen Untermieter und Hauptmieter bestehen keine unmittelbaren vertraglichen Beziehungen; der Untermieter ist jedoch idR in den Schutzbereich des Hauptmietvertrages einbezogen, wenn er mit Wissen des Vermieters in gleicher Weise den aus der Mietsache folgenden Gefahren ausgesetzt ist. Mit einem mehrstufigen Vertriebssystem ist die Rechtslage zumeist nicht vergleichbar (iErg aA BGH NJW 96, 2929; Soe/Heintzmann, § 549 aF 29).

§ 541 Unterlassungsklage bei vertragswidrigem Gebrauch

Setzt der Mieter einen vertragswidrigen Gebrauch der Mietsache trotz einer Abmahnung des Vermieters fort, so kann dieser auf Unterlassung klagen.

1. Allgemeines. Bisheriges Recht. Die Bestimmung entspricht § 550 aF. 1 **Funktion.** Gesichert wird der Erfüllungsanspruch des Vermieters auf vertragsgemäßen Gebrauch (StEmmerich § 550 aF, 19; Soe/Heintzmann § 550 aF, 1). Daneben kann ein Anspruch aus § 683 treten, wenn der Vermieter nach Abmahnung Aufwendungen zur Beseitigung des vertragswidrigen Zustandes hat (BGH NJW 00, 3203), sowie ein Anspruch auf Schadensersatz aus §§ 280 I, 241 II bzw aus § 823. Der Anspruch richtet sich primär gegen den Mieter. Sieht man den Untermieter im Schutzbereich des Mietvertrages (Krause JZ 82, 16; aA § 328 Rn 32 f), so treffen diesen seinerseits Schutzpflichten (s § 311 III 1), so dass auch ein Anspruch des Vermieters besteht (aA Soe/Heintzmann § 550 aF, 2; PalWeidenkaff 2; StEmmerich § 550 aF, 20). Die Vorschrift ist im Rahmen des allg Zulässigen **abdingbar.**

2. Rechtsvoraussetzungen. a) Zum **vertragswidrigen Gebrauch** s § 535 2 Rn 21 f. **b)** Die **Abmahnung** ist wie die Mahnung (s § 284 Rn 14) eine rechtsgeschäftsähnliche Handlung. Ihrer bedarf es im Fall der arglistigen Verschleierung des vertragswidrigen Gebrauchs (BGH WM 68, 253) und dann nicht, wenn der Mieter den vertragsgemäßen Gebrauch ernsthaft und endgültig verweigert bzw dazu nicht imstande ist (BGH MDR 75, 572, vgl § 281 Rn 9). **c) Fortsetzung des Gebrauchs** nach Kenntnisnahme der Abnahme. Der Mieter muss sein Verhalten sehr rasch ändern. **d)** Ein **Verschulden** ist nicht erforderlich. **e)** Die **Beweislast** trägt der Vermieter.

§ 542 Ende des Mietverhältnisses

(1) Ist die Mietzeit nicht bestimmt, so kann jede Vertragspartei das Mietverhältnis nach den gesetzlichen Vorschriften kündigen.

(2) Ein Mietverhältnis, das auf bestimmte Zeit eingegangen ist, endet mit dem Ablauf dieser Zeit, sofern es nicht

1. in den gesetzlich zugelassenen Fällen außerordentlich gekündigt oder
2. verlängert wird.

Lit: Gather, Die Beendigung des Mietverhältnisses über Gewerberaum, DWW 98, 193; Sternel, Die Beendigung des Wohnraummietverhältnisses, ZMR 88, 201.

§ 543 Buch 2. Abschnitt 8. Einzelne Schuldverhältnisse

1 **1. Allgemeines. a) Bisheriges Recht.** Die Norm entspricht § 564 aF. **b) Überblick: Beendigungsgründe im Mietvertrag.** Im Ges werden drei Beendigungsgründe durch einseitige Erklärung genannt: **aa)** Für den Regelfall des auf unbestimmte Zeit geschlossenen Mietvertrages als Dauerschuldverhältnis endet der Vertrag zum einen durch die **ordentliche Kündigung** unter Einhalten bestimmter Fristen (s § 573 c für Wohnräume, iÜ § 580 a). Die ordentliche Kündigung ist außerhalb von Wohnräumen (s §§ 573, 573 a) an keine ges Voraussetzun-
2 gen gebunden und bedarf deshalb keiner Begründung. **bb)** Der Begriff der **außerordentlichen Kündigung mit gesetzlicher Frist** (s dazu §§ 573 d, 580 a IV) ist als Teilgruppe der außerordentlichen Kündigungen konzipiert und steht in der Sache zwischen der ordentlichen Kündigung und der fristlosen Kündigung aus wichtigem Grund. Bisher nur in § 565 V aF enthalten, soll zwischen der ordentlichen und der fristlosen Kündigung eine Möglichkeit zur Vertragsauflösung zumeist bei einer Veränderung der tatsächlichen Umstände angeboten werden, weil dann für die Parteien das Einhalten der ordentlichen Kündigungsfristen unzumutbar erscheint (BT-Drs 14/4553 S 43). Zugelassen ist die außerordentliche Kündigung mit gesetzlicher Frist (zB in §§ 561, 573 d II, 575 a III, 580 a IV, auf die auch verwiesen wird, s zB §§ 540 I 2, 544, 563 IV, 563 a II, 580). Zur **Dauer der Frist** s § 580 IV, bei Wohnraummietverträgen s § 573 d II. **cc)** Die **außerordentliche fristlose Kündigung aus wichtigem Grund** ist in § 543, für Wohnraummietverhältnisse in § 569 geregelt. **dd)** Schließlich können Lösungsgründe die **einverständliche Aufhebung** (§ 311), die Beendigung bei **vereinbartem Fristablauf** (s §§ 542 II, 575 ff) und der Rücktritt (§§ 323, 326 V) vor Überlassung der Mietsache sein.

3 **2. Vertrag auf unbestimmte Zeit (I).** Die **Kündigung** ist eine einseitige empfangsbedürftige Willenserklärung. Es gelten die allg Auslegungsgrundsätze. **Form:** für Wohnraum s § 568 a; sonst gilt die vereinbarte Form (§ 127) oder eine formfreie Kündigung. Zugang gem § 130; eine verspätete Kündigung wirkt idR für den nächstfolgenden Kündigungstermin (Soe/Heintzmann § 564 aF, 12; str). Die Kündigung kann auch schon vor Vollzug des Vertrags erklärt werden (BGH 73, 350). Bei mehreren Beteiligten müssen, wenn nichts anderes vereinbart ist, alle gegenüber allen kündigen; eine Bevollmächtigung ist möglich. Eine **bedingte Kündigung** ist grundsätzlich unzulässig und damit unwirksam, weil der andere Vertragspartner Klarheit gewinnen muss, ob das Vertragsverhältnis endet. Liegt das maßgebende Ereignis allein in der Einflusssphäre des Empfängers (zB Zahlung des Mietpreises innerhalb von zehn Tagen), so wird man eine solche bedingte Kündigung dennoch als wirksam ansehen können (Soe/Heintzmann, § 564 aF, 19; StSonnenschein, § 564 aF, 74 mwN; BGH WM 73, 695); eine Teilkündigung ist bei Wohnraummietverhältnissen nur im Rahmen des § 573 b zulässig.

4 **3. Befristeter Vertrag (II). a) Rechtsvoraussetzungen.** Die Befristung kann auch schlüssig erfolgen; der Vertrag ist gem §§ 133, 157 auszulegen (Bsp: Mieten einer Erntemaschine). **b) Rechtsfolgen.** Das Ges soll deutlich machen, dass auch innerhalb der vertraglichen Zeit eine außerordentliche Kündigung (mit gesetzlicher Frist oder fristlos) möglich ist **(II Nr 1)**; selbstverständlich kann das Mietverhältnis auch durch Vereinbarung – befristet oder unbefristet – verlängert werden (BT-Drs 14/4553 S 43).

§ 543 Außerordentliche fristlose Kündigung aus wichtigem Grund

(1) ¹Jede Vertragspartei kann das Mietverhältnis aus wichtigem Grund außerordentlich fristlos kündigen. ²Ein wichtiger Grund liegt vor, wenn dem Kündigenden unter Berücksichtigung aller Umstände des Einzelfalls, insbesondere eines Verschuldens der Vertragsparteien, und unter Abwägung der beiderseitigen Interessen die Fortsetzung des Mietverhältnisses bis zum Ablauf der Kündigungsfrist oder bis zur sonstigen Beendigung des Mietverhältnisses nicht zugemutet werden kann.

Titel 5. Mietvertrag, Pachtvertrag **§ 543**

(2) ¹Ein wichtiger Grund liegt insbesondere vor, wenn
1. dem Mieter der vertragsgemäße Gebrauch der Mietsache ganz oder zum Teil nicht rechtzeitig gewährt oder wieder entzogen wird,
2. der Mieter die Rechte des Vermieters dadurch in erheblichem Maße verletzt, dass er die Mietsache durch Vernachlässigung der ihm obliegenden Sorgfalt erheblich gefährdet oder sie unbefugt einem Dritten überlässt oder
3. der Mieter
   a) für zwei aufeinander folgende Termine mit der Entrichtung der Miete oder eines nicht unerheblichen Teils der Miete in Verzug ist oder
   b) in einem Zeitraum, der sich über mehr als zwei Termine erstreckt, mit der Entrichtung der Miete in Höhe eines Betrages in Verzug ist, der die Miete für zwei Monate erreicht.

²Im Falle des Satzes 1 Nr. 3 ist die Kündigung ausgeschlossen, wenn der Vermieter vorher befriedigt wird. ³Sie wird unwirksam, wenn sich der Mieter von seiner Schuld durch Aufrechnung befreien konnte und unverzüglich nach der Kündigung die Aufrechnung erklärt.

(3) ¹Besteht der wichtige Grund in der Verletzung einer Pflicht aus dem Mietvertrag, so ist die Kündigung erst nach erfolglosem Ablauf einer zur Abhilfe bestimmten angemessenen Frist oder nach erfolgloser Abmahnung zulässig. ²Dies gilt nicht, wenn
1. eine Frist oder Abmahnung offensichtlich keinen Erfolg verspricht,
2. die sofortige Kündigung aus besonderen Gründen unter Abwägung der beiderseitigen Interessen gerechtfertigt ist oder
3. der Mieter mit der Entrichtung der Miete im Sinne des Absatzes 2 Nr. 3 in Verzug ist.

(4) ¹Auf das dem Mieter nach Absatz 2 Nr. 1 zustehende Kündigungsrecht sind die §§ 536 b und 536 d entsprechend anzuwenden. ²Ist streitig, ob der Vermieter den Gebrauch der Mietsache rechtzeitig gewährt oder die Abhilfe vor Ablauf der hierzu bestimmten Frist bewirkt hat, so trifft ihn die Beweislast.

1. Allgemeines. a) Aufbau, bisheriges Recht. § 543 fasst rechtsfolgenorientiert (vgl die §§ 280 ff für den Schadenersatz, 323 ff für den Rücktritt) die bisherigen Einzelbestimmungen zur fristlosen Kündigung zusammen. In I ist der Wortlaut des § 626 (und jetzt des § 314) als Ausdruck eines allg Rechtsgedankens übernommen worden (BT-Drs 14/4553 S 43). **II Nr 1** nimmt § 542 aF auf, **II Nr 2** § 553 aF, **II Nr 3** § 554 aF, **IV S 1** § 543 S 1 aF und **IV S 2** § 542 III aF. **b) Anwendungsbereich.** Zu Wohnraummietverhältnissen s § 569. **c) Allg Kündigungsrecht (I).** Zur Interpretation s § 314. Wesentlich ist, dass der Kündigungsgrund nicht schuldhaft verursacht sein muss (BT-Drs 14/4553 S 43). Das Recht zur Kündigung steht beiden Parteien zu. **d)** Die Norm ist – außerhalb von Wohnraummietverhältnissen (s § 569 V) im Rahmen des allg Zulässigen **abdingbar.**   1

2. Recht des Mieters zur fristlosen Kündigung wegen Vorenthaltung des vertragsgemäßen Gebrauchs (II Nr 1). a) Zur Beeinträchtigung des vertragsgemäßen Gebrauchs s § 535 Rn 9 ff. Bsp: Sachmängel, Charakter einer gepachteten Gaststätte als „Schlägerlokal" (BGH WM 67, 517), Besichtigung des Urlaubsquartiers durch Kaufinteressenten des Vermieters (AG Traunstein MDR 66, 1005), erheblicher Lärm (LG Hamburg WuM 86, 313), versperrter Zugang zum gemieteten Kiosk (Köln NJW 72, 1814); vorprogrammierte Sperre eines EDV-Programms, die vor unbefugter Nutzung sichern soll (BGH NJW 81, 2684). Aus dem Grundsatz der gegenseitigen Interessenabwägung (I) folgt, dass die Beeinträchtigung des Gebrauchs **erheblich** sein muss, es sei denn, dem steht wiederum   2

§ 543 Buch 2. Abschnitt 8. Einzelne Schuldverhältnisse

ein besonderes Interesse des Mieters an der uneingeschränkten Nutzung gegenüber (vgl § 542 II aF). Bsp für ein besonderes Interesse: absolute Ruhe im Sanatorium. Die Ursache der Beeinträchtigung ist gleichgültig. **Kenntnis des Mieters** vom Mangel bzw uU grobe Fahrlässigkeit (**IV** iVm § 536 b) oder eine Vereinbarung mit dem Mieter im Blick auf einen Mangel (**IV** iVm § 536 a) können das Kündigungsrecht des Mieters **ausschließen.** **b)** Geschieht das Nichtgewähren des vertragsgemäßen Gebrauchs durch ein Unterlassen (Bsp: fehlender Einbau einer zugesagten Einrichtung), so muss der Mieter eine **angemessene Frist** setzen, dh den Mangel, soweit dem Vermieter nicht bekannt, anzeigen und zur Beseitigung in einer bestimmten Zeitspanne auffordern (zu den Ausnahmen s **III**). Einer bes Form, auch einer Ablehnungsandrohung (Kündigungsandrohung) bedarf es nicht. Die Angemessenheit der Frist richtet sich nach den Umständen des Einzelfalls, eine unangemessen kurze Frist setzt eine Frist von angemessener Länge in Gang. Die **Frist** muss **ungenutzt verstreichen.** Wird der vertragsgemäße Gebrauch durch ein Handeln beeinträchtigt (Bsp: Versperren des Zugangs zum Keller), ist eine **Abmahnung** (mit Ausnahmen, s **III**) erforderlich und eine weitere Zuwiderhandlung. Fehlt eine Abmahnung, so kann die (unwirksame) Kündigung in eine Abmahnung umgedeutet werden. **c) Beweislast (IV 2).** Der Mieter muss idR Vorenthaltung bzw Entzug des vertragsgemäßen Gebrauchs (BGH NJW 85, 2328, Mangel), sein bes Kündigungsinteresse bei einer unerheblicher Beeinträchtigung, die Fristsetzung bzw das Vorliegen der Ausnahmegründe und den Zugang der Kündigung beweisen, der Vermieter die Rechtzeitigkeit des vertragsgemäßen Gebrauchs oder der Abhilfe, die Unerheblichkeit der Behinderung; zu Kenntnis und grober Fahrlässigkeit des Mieters s § 276 Rn 15 ff, 33 ff; wegen des § 538 trägt der Mieter die Beweislast, wenn die Sache infolge des Mietgebrauchs beeinträchtigt wurde und mögliche Ursachen aus der Sphäre des Vermieters auszuschließen sind (BGH NJW 98, 594).

5   **3. Recht des Vermieters zur fristlosen Kündigung wegen vertragswidrigen Gebrauchs (II Nr 2).** Zum vertragswidrigen Gebrauch s § 535 Rn 21, zur Überlassung an einen Dritten s § 540 Rn 2 f; einer *erheblichen* Beeinträchtigung bedarf es hier nicht (Frankfurt NJW-RR 89, 11 mwN); zur Gefährdung s § 536 Rn 4. Einzelne kleinere Verstöße reichen nicht aus. Verschulden ist weder beim Mieter noch beim Dritten erforderlich. Zur Abmahnung s § 541 Rn 2; sie muss sich nach hM stets an den Mieter richten (Soe/Heintzmann, § 553 aF, 10; StEmmerich, § 553 aF, 34; zweifelhaft, da sich der Dritte im Schutzbereich des Mietvertrages befindet und der Vermieter damit unmittelbare Interessen ihm gegenüber haben kann).

6   **4. Recht des Vermieters zur fristlosen Kündigung wegen Zahlungsverzugs (II Nr 3). a) Tatbestände.** Der Mieter zahlt an zwei aufeinanderfolgenden Terminen nicht; der Mieter zahlt an zwei aufeinanderfolgenden Terminen nur einen Teil, es hat sich ein nicht unerheblicher Gesamtrückstand gebildet (BGH WM 87, 934: in Höhe der Monatsmiete); der Mieter zahlt schleppend, es fehlen insgesamt zwei Monatsmieten. Einzubeziehen sind auch die Vorauszahlungen für Betriebskosten (aA PalWeidenkaff 23), nicht die Kaution oder sonstige Forderungen aus dem Mietverhältnis. Zu den zusätzlichen Voraussetzungen des Verzugs s § 286 II 1, zum Vertretenmüssen s § 286 IV iVm § 276 I 1 (Beschaffungsrisiko). **b) Ausschluss des Kündigungsrechts, Unwirksamkeit der Kündigungserklärung.** Der Mieter zahlt vollständig vor Zugang der Kündigung (Hinweis auf Sicherheiten genügt nicht, BGH WM 72, 337); der Mieter rechnet unverzüglich (§ 121 I 1) nach Zugang der Kündigung mit einer Gegenforderung wirksam auf. Für den Fall der Insolvenz s InsO 112. Die **Beweislast** liegt beim Mieter. Zu Mietverträgen über Wohnräume s § 569 III (§ 569 Rn 4).

7   **5. Form und Wirkung der Kündigung.** Die empfangsbedürftige (§ 130) Erklärung ist formfrei; zu Mietverträgen über Wohnräume s §§ 568 I (Schriftform), 569 IV (Angabe des Kündigungsgrundes). Eine fehlgeschlagene Kündigung

Titel 5. Mietvertrag, Pachtvertrag §§ 544, 545

ist gem § 140 in eine ordentliche Kündigung zum nächst möglichen Termin umdeutbar, wenn sich ergibt, dass der Vermieter das Mietverhältnis auf jeden Fall beenden will (BGH NJW 81, 976).

§ 544 Vertrag über mehr als 30 Jahre

¹Wird ein Mietvertrag für eine längere Zeit als 30 Jahre geschlossen, so kann jede Vertragspartei nach Ablauf von 30 Jahren nach Überlassung der Mietsache das Mietverhältnis außerordentlich mit der gesetzlichen Frist kündigen. ²Die Kündigung ist unzulässig, wenn der Vertrag für die Lebenszeit des Vermieters oder des Mieters geschlossen worden ist.

1. **Allgemeines. a) Bisheriges Recht.** § 544 übernimmt § 567 aF mit terminologischen Anpassungen (außerordentliche Kündigung mit gesetzlicher Frist) und einer Klarstellung im Blick auf die Dreißigjahresfrist. **b) Normzweck.** Die Bestimmung will einerseits die sog „Erbmiete", also zeitlich unbeschränkte, nur im Wege der außerordentlichen Kündigung auflösbare Mietverhältnisse verhindern, zum anderen aber dem Sicherungsbedürfnis bes von Wohnungsmietern Rechnung tragen. Die Vorschrift ist **zwingend**. 1

2. **Tatbestand. a) Rechtsvoraussetzungen.** Erforderlich ist die Bindung zumindest einer Partei für mehr als dreißig Jahre. Dies ist auch der Fall, wenn die Bindung von einem Ereignis abhängt, auf das (zumindest) eine Partei keinen Einfluss hat und das erst nach mehr als dreißig Jahren eintreten kann (BGH 117, 238 f). Erfasst werden weiter Verträge, die zwar eher enden, deren Verlängerung jedoch eine Partei – zB über ein Optionsrecht – zu erzwingen vermag; auch wirtschaftliche Erschwerungen im Falle einer Auflösung können genügen (RG 73, 341). Bei einer **nachträglichen Vereinbarung** beginnt die Frist zu diesem Zeitpunkt (BGH NJW 96, 2029). S 2 gilt entspr dem Gesetzeszweck nur für natürliche Personen. **b) Rechtsfolgen:** Der Vertrag ist wirksam, jedoch gem § 580 a IV dreißig Jahre nach Überlassung der Mietsache kündbar. Bei Mietverträgen über Wohnräume gelten bes Schutzvorschriften (§§ 573 ff). 2

§ 545 Stillschweigende Verlängerung des Mietverhältnisses

¹Setzt der Mieter nach Ablauf der Mietzeit den Gebrauch der Mietsache fort, so verlängert sich das Mietverhältnis auf unbestimmte Zeit, sofern nicht eine Vertragspartei ihren entgegenstehenden Willen innerhalb von zwei Wochen dem anderen Teil erklärt. ²Die Frist beginnt
1. für den Mieter mit der Fortsetzung des Gebrauchs,
2. für den Vermieter mit dem Zeitpunkt, in dem er von der Fortsetzung Kenntnis erhält.

1. **Allgemeines. a) Bisheriges Recht.** Die Vorschrift übernimmt § 568 aF mit sprachlichen Klarstellungen. **b) Funktion.** Für die relativ häufigen Fälle, dass der Mieter die gemietete Sache mit Wissen des Vermieters weiter benutzt, soll § 545 generell klarlegen, wann eine vertragliche Verlängerung vorliegt (Mot II 413 ff zu § 568 aF). Vermieden werden soll damit der str Rückgriff auf Bestimmungen über den vertragslosen Zustand, zB §§ 812 ff, 987 ff (BT-Drs 14/4553 S 44). **c)** Die Bestimmung ist **abdingbar** (BGH NJW 91, 1751). 1

2. **Rechtsvoraussetzungen. a)** Wie der **Ablauf der Mietzeit** eintritt, ist gleichgültig. Bsp: Befristung, ordentliche, außerordentliche Kündigung mit gesetzlicher Frist oder fristlose Kündigung aus wichtigem Grund; bei einer Fortsetzung gem §§ 544 ff; 575 II, III liegt keine Beendigung vor, § 568 ist daher nicht anwendbar. **b)** Die **Fortsetzung des Gebrauchs** ist ein rein tatsächliches Verhalten (muss also keine schlüssige Willenserklärung sein) und bedeutet im Grundsatz dieselbe Nutzung wie zur Mietzeit; hatte der Mieter die Sache einem Dritten überlassen, so ist dessen Weiternutzung eine Fortsetzung (BGH ZMR 88, 19). 2

Teichmann

§ 546 Buch 2. Abschnitt 8. Einzelne Schuldverhältnisse

Wird ohne Weiternutzung der Besitz nicht zurückgegeben (Bsp: der Mieter gibt die Schlüssel der geräumten Wohnung nicht ab), so ist § 546 a anwendbar (Düsseldorf DWW 90, 272). **c) Keine Äußerung eines entgegenstehenden Willens. aa)** Die Äußerung ist eine Willenserklärung, die erkennen lässt, dass der Vermieter bzw Mieter eine Fortsetzung des Mietverhältnisses nicht wünschen (BayObLG NJW 81, 2759; LG Berlin NJW-RR 01, 513). Sie kann auch schon vor dem ges Fristbeginn abgegeben werden, weil dadurch der Gegner nicht benachteiligt wird. Bsp: uU die Kündigung selbst (BGH ZMR 88, 20), Widerspruch, Räumungsklage, Bewilligen einer Räumungsfrist. Das **Unterlassen** einer entgegenstehenden Äußerung ist keine Willenserklärung und deshalb nicht anfechtbar. **bb)** Der **Fristbeginn** ist je nach Interessenlage für Mieter und Vermieter (Beweislast für die Kenntnis: Mieter) anders **(S 2 Nr 1 und 2)**. Innerhalb der Frist muss die Erklärung des Vermieters dem Mieter zugehen, § 130 (eine Räumungsklage muss zugestellt sein, ZPO 270 III ist nicht anwendbar, s BGH NJW 75, 39 f). Zur Berechnung s §§ 187, 188, 193.

4 **3. Rechtsfolgen.** Verlängerung des Vertrages auf unbestimmte Zeit mit den allg Kündigungsmöglichkeiten.

§ 546 Rückgabepflicht des Mieters

(1) **Der Mieter ist verpflichtet, die Mietsache nach Beendigung des Mietverhältnisses zurückzugeben.**

(2) **Hat der Mieter den Gebrauch der Mietsache einem Dritten überlassen, so kann der Vermieter die Sache nach Beendigung des Mietverhältnisses auch von dem Dritten zurückfordern.**

1 **1. Allgemeines. a) Bisheriges Recht.** Die Vorschrift übernimmt § 556 I, III aF. **b) Funktion.** Die Beendigung der Mietzeit wandelt den Vertrag in ein Rückgewährschuldverhältnis um, dessen Inhalt durch die §§ 546, 546 a und 547 konkretisiert wird. Bei Mietverträgen über Wohnräume ist § 570 (Ausschluss des Zurückbehaltungsrechts für den Mieter) zusätzlich zu beachten, auf den § 578 für Mietverträge über Grundstücke und Räume, die keine Wohnräume sind, verweist. **c) Konkurrenzen:** § 985 (BGH 34, 122; § 985 Rn 12, aA Raiser JZ 61, 529). **d) Abdingbarkeit.** Die Rückgabepflichten können ie vertraglich ausgestaltet werden. **e) Verjährung:** § 195.

2 **2. Rückgabepflicht. a) Rückgabe** bedeutet idR Einräumen des unmittelbaren Besitzes, auch wenn der Mieter selbst – zB bei Besitzaufgabe – nicht Besitzer ist (BGH NJW 96, 516). **Zeitpunkt:** Teilw wird aus dem Wortlaut („nach Beendigung") geschlossen, der Mieter müsse spätestens *am Tag nach* Ablauf des Vertrages die Sache zurückgeben (StSonnenschein, § 556 aF, 23, dabei Anwendung des § 193). Da der Vermieter aber die Möglichkeit haben muss, die Sache unmittelbar im Anschluss weiterzuvermieten, wird man die Rückgabe *zum Endzeitpunkt* fordern müssen. Das Gewähren einer Räumungsfrist (ZPO 721, 794 a) schiebt die Rückgabepflicht hinaus, das Mietverhältnis bleibt aber beendet. **Umfang:** Auch selbstangefertigte Schlüssel (Glaser ZMR 83, 183; Soe/Heintzmann, § 556 aF, 7). **b) Zustand der Sache:** ordnungsgemäß geräumt und gereinigt, ohne vom Mieter – auch mit Einverständnis des Vermieters (Köln DWW 98, 377 zur Pacht) – angebrachte Einrichtungen (sa § 539 II). Lässt der Mieter einzelne Gegenstände zurück, so gilt § 241 II. Zur Abnutzung s § 538.

3 **3. Ansprüche gegen einen Dritten (II).** Zur **Gebrauchsüberlassung** s § 540 Rn 2. Konkurrenzen: § 980. Der Anspruch gegen den Dritten tritt neben den Anspruch gegen den Mieter aus I (Gesamtschuld, Celle NJW 53, 1475). Der Untermieter sieht sich seinerseits bei gleichzeitig beendetem Untermietverhältnis einem Anspruch des Mieters aus I gegenüber, muss aber, da dieser die Sache weitergeben müsste, nur an den Vermieter herausgeben.

Titel 5. Mietvertrag, Pachtvertrag §§ 546 a, 547

§ 546 a Entschädigung des Vermieters bei verspäteter Rückgabe

(1) Gibt der Mieter die Mietsache nach Beendigung des Mietverhältnisses nicht zurück, so kann der Vermieter für die Dauer der Vorenthaltung als Entschädigung die vereinbarte Miete oder die Miete verlangen, die für vergleichbare Sachen ortsüblich ist.

(2) Die Geltendmachung eines weiteren Schadens ist nicht ausgeschlossen.

Lit: Gather, Die verspätete Rückgabe der Mietsache, DWW 01, 78.

1. Allgemeines. Bisheriges Recht. § 546 a übernimmt § 557 I aF. **Anwendungsbereich.** Die Bestimmung wird durch § 571 für Wohnraummietverhältnisse ergänzt. **Funktion.** Die Stellung des Vermieters soll dadurch verbessert werden, dass er nicht einen eingetretenen Schaden nachweisen muss, sondern so gestellt wird, als hätte er die Sache durch eine anderweitige Vermietung nutzen können. **Rechtsnatur.** Anspruch eigener Art aus dem Rückgewährschuldverhältnis, der an die Stelle des Anspruchs auf die Miete tritt (BGH 68, 310). **Konkurrenzen.** Ansprüche aus Verzug (iVm § 546) bleiben bestehen s **II**, desgl nach hM aus § 812 (BGH 68, 309; RGRK/Gelhaar § 557 aF, 16 mwN) und §§ 987 ff (RGRK/Gelhaar § 557 aF, 17; ErmJendrek § 557 aF, 1; BGH WM 74, 261 ab Rechtshängigkeit; aA Raiser JZ 61, 531; Roquette NJW 65, 1967; PalWeidenkaff 20). Die Bestimmung ist **abdingbar**. 1

2. Rechtsvoraussetzungen. Eine **Vorenthaltung** geschieht, wenn der Mieter – aus welchem Grund auch immer – die Sache entgegen dem Willen des Vermieters nicht zurückgibt (BGH 90, 149 f zur subj Unmöglichkeit, str) oder nicht freiräumt (BGH ZMR 88, 379). Dazu gehört auch die Rückgabe sämtlicher Schlüssel (Düsseldorf NJW-RR 96, 209; z einer Ausnahme s KG DWW 01, 276). Die Beweislast für die Erfüllung seiner Rückgabepflicht (§ 546) trägt der Mieter (Baumgärtel I, § 557 aF, 1; MK/Voelskow § 557 aF, 20). Auf die Rechtswidrigkeit des Vorenthaltens und ein Verschulden kommt es grundsätzlich nicht an; macht jedoch der Mieter von einem Zurückbehaltungsrecht (§ 273; sa §§ 570, 578 I) Gebrauch, so ist § 546 a nicht anwendbar (BGH 65, 58 mit Anm Haase JR 76, 22). 2

3. Rechtsfolgen. Die gegenseitigen Gewährungs- und Obhutspflichten (§ 535 Rn 5 ff) bleiben im Wesentlichen bestehen. Der Vermieter hat – ohne, dass es einer Erklärung bedarf (BGH DWW 00, 324 mwN, str) – zu den vertraglichen Fälligkeitsterminen einen Anspruch auf die bisherige (oder höhere) übliche Miete (**I**, Beweislast beim Vermieter) einschließlich der vereinbarten Betriebskosten, da diese zur Miete zählen. Evtl Minderungsbeträge bei Mängeln sind abzuziehen, soweit der Grund für die Minderung bereits vor Beendigung des Mietverhältnisses lag (BGH NJW-RR 90, 884). Über die Vergleichsmiete hinausgehende Schäden können unter den Voraussetzungen der §§ 280 I, II, 286 geltend gemacht werden. 3

4. Verjährung. §§ 195, 199 (allgM); dies gilt auch für die konkurrierenden Ansprüche gem Rn 1 (BGH 68, 310, dazu krit Heckelmann JuS 77, 799). 4

§ 547 Erstattung von im Voraus entrichteter Miete

(1) ¹Ist die Miete für die Zeit nach Beendigung des Mietverhältnisses im Voraus entrichtet worden, so hat der Vermieter sie zurückzuerstatten und ab Empfang zu verzinsen. ²Hat der Vermieter die Beendigung des Mietverhältnisses nicht zu vertreten, so hat er das Erlangte nach den Vorschriften über die Herausgabe einer ungerechtfertigten Bereicherung zurückzuerstatten.

(2) Bei einem Mietverhältnis über Wohnraum ist eine zum Nachteil des Mieters abweichende Vereinbarung unwirksam.

§ 548 Buch 2. Abschnitt 8. Einzelne Schuldverhältnisse

1. Allgemeines. a) Bisheriges Recht. Die Norm enthält die Regelung des § 557 a aF ohne sachliche Änderungen. **b) Funktion.** § 547 soll verhindern, dass der Mieter einer Sache, insbes einer Wohnung, beim Auszug den noch nicht verbrauchten Teil an Mietvorauszahlungen (zB abwohnbarer Baukostenzuschuss, s § 535 Rn 20) verliert (BGH 53, 39 f). Die Differenzierung der Haftung auf Vermieterseite (s Rn 2, 3) ist der gesetzgeberische Nachvollzug von Urteilen, in denen die früher allein bestehende Haftung des Vermieters nach § 347 aF (s § 346 IV) als unbillig angesehen wurde (zB BGH NJW 58, 1582). **c) Die Abdingbarkeit** ist bei Mietverträgen über Wohnräume ausgeschlossen **(II)**, sonst im Rahmen des allg Zulässigen gegeben. **d)** Der Anspruch ist zB an den Nachmieter abtretbar. **e) Verjährung.** §§ 195, 199, nicht § 548 (BGH 54, 350).

2. Regel: Haftung des Vermieters auf Rückzahlung und Verzinsung (I 1). a) Beendigung. Erfasst werden vom Vermieter **zu vertretende Gründe** (Umkehrschluss aus I 2). Bsp: §§ 543 I (Störung durch den Vermieter), 543 II 1, 569 I, nicht § 540 I, da der Vermieter dort die Erlaubnis verweigern darf. **Beweislast:** wie bei § 280 I 2. **b) Vorausentrichtung.** Bsp: Miete, abwohnbare zinslose Mieterdarlehen (zur Anwendung des § 547 auf Mieterdarlehen s BGH 54, 349 f; wN in BGH NJW 71, 1659). **c) Art, Umfang des Anspruchs.** Rückerstattung des Betrages, soweit nicht abgewohnt; Fälligkeit mit Beendigung des Mietverhältnisses. Verzinsung mit 4% (§ 246) seit Empfang (s Gesetzestext). Hat der Mieter den Vermieter wegen der Rückzahlung in Verzug gesetzt (§ 286), so gilt § 288 I bzw II.

3. Ausnahme: Haftung des Vermieters nach Bereicherungsgrundsätzen. a) Beendigung aus nicht zu vertretenden (s § 276) Gründen. Bsp: §§ 540, 540, 543 I (Störungen durch den Mieter), 543 II Nr 2, 576, 576 b, 554, 563 IV, 564 I 2, InsO 109, ZVG 57 a. **Beweislast:** Vermieter. **b) Bereicherung.** Es handelt sich um eine Rechtsfolgenverweisung innerhalb des vertraglichen Rückabwicklungsverhältnisses (BGH 54, 351). IdR ist § 818 II anwendbar, da der Vermieter das Geld verbraucht hat. Der Wert der Bereicherung entspricht regelmäßig nicht dem noch nicht abgewohnten Betrag, sondern dem Wert des Hauses bzw der vermieteten Eigentumswohnung, der wirtschaftlich auf diesen Teil des Zuschusses fällt (Wunner NJW 66, 2289; BGH 54, 352; anders wohl BGH NJW 78, 1483); denn hätte der Vermieter statt des Zuschusses eigene Mittel eingesetzt, so wären auch jene Mittel nur in Höhe des entspr Bauwertes vorhanden.

§ 548 Verjährung der Ersatzansprüche und des Wegnahmerechts

(1) ¹**Die Ersatzansprüche des Vermieters wegen Veränderungen oder Verschlechterungen der Mietsache verjähren in sechs Monaten.** ²**Die Verjährung beginnt mit dem Zeitpunkt, in dem er die Mietsache zurückerhält.** ³**Mit der Verjährung des Anspruchs des Vermieters auf Rückgabe der Mietsache verjähren auch seine Ersatzansprüche.**

(2) **Ansprüche des Mieters auf Ersatz von Aufwendungen oder auf Gestattung der Wegnahme einer Einrichtung verjähren in sechs Monaten nach der Beendigung des Mietverhältnisses.**

Lit: Finger ZMR 88, 1; Gather DWW 87, 282.

1. Allgemeines. a) Bisheriges Recht. Die Norm nimmt § 558 aF sachlich unverändert auf und gliedert in Ansprüche des Vermieters **(I)** sowie des Mieters **(II)**. **b) Funktion.** § 548 ist lex specialis (s § 200) zu §§ 195 ff. Die Parteien sollen zu einer möglichst raschen Feststellung der Ersatzansprüche des Vermieters und der Aufwendungsansprüche des Mieters (§§ 536 a II, 539) bei einer Veränderung oder Verschlechterung der Mietsache veranlasst werden. Dieser „Bezug zum Mietobjekt" (BGH 124, 191) begrenzt zum einen den Anwendungsbereich der Norm: § 548 stellt keine allg Verjährungsvorschrift für das gesamte Mietverhältnis dar; andere Ansprüche als die genannten werden nicht erfasst (BGH NJW 96, 2860

Titel 5. Mietvertrag, Pachtvertrag **§ 549**

zum Erfüllungsanspruch, eingehend BGH NJW 00, 3203, Ansprüche wegen kontaminierten Materials auf dem Mietgelände). Aus dem geschilderten Normzweck folgt andererseits eine extensive Anwendung in dem bezeichneten sachlichen Bereich: auch andere Ersatz- bzw Aufwendungsansprüche, die auf dem durch das Mietverhältnis geprägten (BGH 108, 267) Sachverhalt beruhen, verjähren in derselben Frist. Bsp: Anspruch des Vermieters auf Wiederherstellen des ursprünglichen Zustands (BGH DWW 95, 52 mwN), aus Verzug (BGH NJW 98, 1304), aus § 823 auch bei vorsätzlichen Handlungen (nicht jedoch aus § 826, BGH NJW 01, 2253), uU wegen der Beschädigung einer anderen Sache (BGH 116, 294 f); § 548 ist auch auf fehlerhafte Mietverträge anwendbar (Köln NJW 97, 1197 f). Die Norm gilt schließlich bei anderen Gebrauchsüberlassungen (BGH NJW 02, 1336), bei Ansprüchen gegen Dritte, wenn sie sich im Schutzbereich des Mietvertrages (s § 328) befinden (Celle NJW-RR 93, 1242 mwN), für Ansprüche von Dritten, wenn ein „enger Bezug" der Rechtsgüter oder Dritten zum Mietobjekt besteht (BGH 124, 191), sowie bei enger wirtschaftlicher Verflechtung zwischen Vermieter und Drittem (BGH NJW 97, 1983 mwN).

2. Verjährung der Ansprüche des Vermieters (I). a) Art der Ansprüche. 2
Anspruch auf Durchführung von Schönheitsreparaturen (s § 535 Rn 8) und auf Schadenersatz bei Verzug (§§ 280 I, II, 286) bzw Nichterfüllung (§§ 280 I, III, 281 bzw 283) der Hauptpflicht oder von leistungsbezogenen Nebenpflichten, schließlich bei Schutzpflichtverletzungen (§§ 280 I, 241 II). Bsp: vertragswidriger Gebrauch (§§ 535 Rn 21), Verletzung der Obhuts- (§ 535 Rn 22) oder Anzeigepflicht (§ 536 c). Die Nicht-Rückgabe der Sache wegen Zerstörung (BGH NJW 93, 2797) bzw von Zubehör oder Inventarstücken fällt unter § 546 und wird damit von § 548 nicht erfasst (BGH 65, 86 mwN). **b) Beginn der Verjährung.** Das Ges stellt bewusst auf die Rückgabe ab und lässt damit die Verjährung uU vor dem Entstehen des Anspruchs beginnen (zB aus § 280 I, III, 281 ohne Fristsetzung, aus § 280 I, II, 286 ohne Mahnung). Die Rückgabe (Veränderung der Besitzlage, Düsseldorf NJW-RR 94, 12), muss so geschehen, dass der Vermieter sie untersuchen kann, (BGH NJW 94, 1789), unabhängig von der rechtlichen Beendigung des Mietverhältnisses **(I 2).** Grund: Erst von hier ab kann der Vermieter idR Veränderungen wahrnehmen. Die Parteien können eine spätere Fälligkeit vereinbaren (BGH 107, 182). Wird die Sache überhaupt nicht zurückgegeben, so gelten die §§ 195 ff. **c) Neubeginn, Hemmung.** S §§ 203 ff; die Verjährung wird nicht dadurch gehemmt, dass sich der Vermieter auf sein Pfandrecht (§§ 562 ff) beruft. § 205 ist, da insoweit eine Vereinbarung vorliegt, nicht anwendbar (zur früheren Rechtslage s BGH 100, 46).

Untertitel 2. Mietverhältnisse über Wohnraum

Kapitel 1. Allgemeine Vorschriften

§ 549 Auf Wohnraummietverhältnisse anwendbare Vorschriften

(1) Für Mietverhältnisse über Wohnraum gelten die §§ 535 bis 548, soweit sich nicht aus den §§ 549 bis 577 a etwas anderes ergibt.

(2) Die Vorschriften über die Mieterhöhung (§§ 557 bis 561) und über den Mieterschutz bei Beendigung des Mietverhältnisses sowie bei der Begründung von Wohnungseigentum (§ 568 Abs. 2, §§ 573, 573 a, 573 d Abs. 1, §§ 574 bis 575, 575 a Abs. 1 und §§ 577, 577 a) gelten nicht für Mietverhältnisse über

1. **Wohnraum, der nur zum vorübergehenden Gebrauch vermietet ist,**
2. **Wohnraum, der Teil der vom Vermieter selbst bewohnten Wohnung ist und den der Vermieter überwiegend mit Einrichtungsgegenständen auszustatten hat, sofern der Wohnraum dem Mieter nicht zum dauernden Gebrauch mit seiner Familie oder mit Personen überlassen ist, mit denen er einen auf Dauer angelegten gemeinsamen Haushalt führt,**

Teichmann 645

§ 549 Buch 2. Abschnitt 8. Einzelne Schuldverhältnisse

3. **Wohnraum, den eine juristische Person des öffentlichen Rechts oder ein anerkannter privater Träger der Wohlfahrtspflege angemietet hat, um ihn Personen mit dringendem Wohnungsbedarf zu überlassen, wenn sie den Mieter bei Vertragsschluss auf die Zweckbestimmung des Wohnraums und die Ausnahme von den genannten Vorschriften hingewiesen hat.**

(3) Für **Wohnraum in einem Studenten- oder Jugendwohnheim** gelten die §§ 557 bis 561 sowie die §§ 573, 573 a, 573 d Abs. 1 und §§ 575, 575 a Abs. 1, §§ 577, 577 a nicht.

Lit: Köhler/Kossmann, Handbuch der Wohnraummiete, 5. Aufl 2000.

1   1. **Allgemeines. a) Funktion.** Die Norm entspringt der Absicht, den Mietvertrag über Wohnräume als einen Sondertypus des Mietvertrages in den Mittelpunkt zu stellen (s Rn 2 vor § 535). Deshalb wird zunächst verdeutlicht, welche Regeln anstelle der allg Vorschriften über Mietverhältnisse (§§ 535–548) oder ergänzend zu ihnen gelten sollen (**I**). Innerhalb der Bestimmungen zu den Wohnraummietverhältnissen wird wegen der Unterschiedlichkeit der Schutzbedürfnisse

2   nach der Art der jeweiligen Nutzung differenziert (**II, III**). b) Ein **Wohnraum** ist nach der Rspr ein vertraglich zum *dauernden Bewohnen* (nicht Hotelzimmer, BGH JR 79, 240) *durch den Mieter* bestimmter Raum (deshalb kein Mietverhältnis über Wohnraum zwischen Eigentümer und Zwischenvermieter, BGH 94, 14 f mwN, oder Verein, der die Räume an betreute Jugendliche überlässt, BGH 133, 147) einschließlich der Nebenräume (Abstell- und Kellerräume, Garage). Bei Mischverhältnissen zB mit gewerblichen Räumen ist darauf abzustellen, welche Nutzung überwiegt (Schleswig NJW 83, 49).

3   2. **Wohnraum zu einem vertraglich vorübergehenden Gebrauch (II Nr 1). a) Bisheriges Recht.** Die Norm übernimmt § 564 b VII Nr 1 und MHG 10 III Nr 2. b) Zu einem **vorübergehenden Gebrauch** angemietet ist Wohnraum, wenn der Vertrag nach dem Willen der Parteien zu einem zeitlich fixierten Zweck geschlossen wird (Bsp: Ferienwohnung von Privatperson, Wohnräume für eine zeitlich festgelegte Ausbildung, für die Zeit eines Stipendiums in Deutschland, nicht für ein Studium allg, weil idR das Ende nicht zeitlich festgelegt ist).

4   3. **Möblierte Teilwohnung beim Vermieter (II Nr 2). a) Bisheriges Recht.** Die Bestimmung übernimmt § 564 b VII Nr 2 und MHG 10 III Nr 3 mit der Erweiterung auf nichteheliche Lebensgemeinschaften. **b) Normzweck.** Wegen des vertraglich bedingten engen räumlichen Zusammenlebens zwischen Vermieter und Mieter soll der Kündigungsschutz gegenüber dem Eigentumsrecht des Vermieters zurücktreten. Bei der Vermietung an eine Familie oder Lebensgemeinschaft geht jedoch deren Schutz wiederum vor. **c) Rechtsvoraussetzungen.** Überschneidung der Wohnflächen (zB gemeinsamer Wohnungs-, nicht Hauseingang; gemeinsame Nutzung von Bad, Küche), Verpflichtung des Vermieters zur Ausstattung mit einem erheblich größeren Teil der Einrichtungsgegenstände.

5   **d) Ausnahme.** Vermieten an eine Familie oder eine – auch gleichgeschlechtliche – Lebensgemeinschaft zum dauernden Gebrauch. Dabei ist gegenüber Wohngemeinschaften abzugrenzen. Erforderlich ist nach BGH 121, 116 eine auf Dauer angelegte Gemeinschaft mit innerer, insoweit ausschließlicher Bindung zwischen den Partnern, die auch ein gegenseitiges Füreinander zum Inhalt hat. Eingetragene Lebenspartnerschaften werden unproblematisch erfasst, die Eintragung ist jedoch nicht Voraussetzung (BT-Drs 14/4553 S 61 zu § 563 II 2). **e) Die Beweislast** trägt der Vermieter für die Verpflichtung zur überwiegenden Ausstattung von Einrichtungsgegenständen, gegen eine Vermietung zum dauernden Gebrauch (Soe/Heintzmann § 564 b aF 13), der Mieter für die Lebensgemeinschaft.

6   4. **Weitervermietung durch Träger der Wohlfahrtspflege etc (II Nr 3).** Die Bestimmung nimmt § 564 b VII Nr 5 mit Modifikationen auf (Ausdehnen auf

Titel 5. Mietvertrag, Pachtvertrag **§ 550**

private Einrichtungen der Wohlfahrtspflege). Zweck: Der Vermieter soll hier über leichtere Möglichkeiten der Mietanpassung und Kündigung verfügen.

5. Wohnraum in Studenten- oder Jugendwohnheimen (III). Bisheriges Recht: § 564b VII Nr 3, MHG 10 III Nr 4. Die Bestimmung soll eine Kündigung nach Beendigung der (vorher zeitlich nicht festgelegten, s dazu Rn 3) Ausbildung oder auch ein Rotationssystem ermöglichen. Im Gegensatz zu Rn 3–6 sind die §§ 574–574c (Widerspruchsrecht des Mieters bei Härtefällen) anwendbar. 7

§ 550 Form des Mietvertrags

¹Wird der Mietvertrag für längere Zeit als ein Jahr nicht in schriftlicher Form geschlossen, so gilt er für unbestimmte Zeit. ²Die Kündigung ist jedoch frühestens zum Ablauf eines Jahres nach Überlassung des Wohnraums zulässig.

Lit: Häsemeyer, Die ges Form der RGeschäfte, 1971, S 34, 110, 289; Heile NJW 91, 6; Schlemminger NJW 92, 2249.

1. Allgemeines. a) Funktion. Die Norm entspricht im Wesentlichen § 566 1 aF. Sie sollte nach der Vorstellung des Gesetzgebers einem Nachfolger des Vermieters, der gem § 566 (§ 571 aF) in den Mietvertrag eintritt, Klarheit über die Einzelbedingungen verschaffen; darüber hinaus sollen aber auch langfristige Verträge für die Parteien selbst fixiert und damit geordnet werden (Prot II 151; Larenz, SchR II 1, § 48 I; krit zu dieser Doppelkonzeption Häsemeyer aaO S 34 ff). Die Veräußerung der Mietsache hat im Lauf der Entwicklung beinahe alleinige Bedeutung gewonnen (vgl StEmmerich, § 566 aF, 2; MK/Voelskow, § 566 aF, 4; aA Larenz aaO mwN). **b) Anwendungsbereich.** Auch bei Grundstücken (§ 578 I) und Räumen, die keine Wohnräume sind (§ 578 II 1). **c)** § 550 ist im Blick auf den Drittschutz **nicht abdingbar** (BGH ZMR 63, 83).

2. Rechtsvoraussetzungen. a) Mietvertrag. aa) Arten. Auf **gemischt-typische Verträge** ist § 550 anzuwenden, soweit die Überlassung mietrechtlich zu qualifizieren und damit auch § 566 anwendbar ist. Bsp: Leasing, nicht Automatenaufstellvertrag (s Rn 12 vor § 535). Der **Untermietvertrag** ist als Mietvertrag (s § 540 Rn 6) formbedürftig (BGHZ 81, 46), nicht der **Mietvorvertrag**, da er auch einen Erwerber der Sache gem § 566 nicht bindet (BGH LM Nr 1, 19; Heile NJW 91, 12; StEmmerich, § 566 aF, 10 mwN; zweifelnd Larenz, SchR II 1, § 48 I mwN). Faktisch können damit die Parteien selbst auf Dauer an eine formlose Abrede gebunden werden (krit Häsemeyer aaO S 112ff). Dies darf aber nicht dazu führen, einen formlosen Mietvertrag als Vorvertrag auszulegen oder ihn dahin umzudeuten (LM Nr 40 zu ZPO 256). Ein **Optionsrecht** bedarf der Form (BGH DB 87, 2518), desgl die Neuaufnahme nach Beendigung durch Kündigung (BGH NJW 98, 2666); zur **Änderung** des Vertrages s Rn 6. **bb) Umfang.** Grundsätzlich müssen zumindest die wesentlichen Punkte (Parteien, Mietsache, Miete, Zeit) schriftlich niedergelegt und durch die Unterschriften gedeckt sein (iE StEmmerich, § 566 aF, 31 ff mwN). **Nebenabreden**, die für einen Rechtsnachfolger des Vermieters unbedenklich wären, sind formfrei verbindlich (nach hM soll es auf die Bedeutung für die Parteien selbst ankommen, vgl PalWeidenkaff 16 und Soe/Heintzmann § 566 aF, 15 mwN; aA Häsemeyer aaO S 289 ff: Mündliche Absprachen binden stets die Parteien, nicht jedoch den Nachfolger). Die **Beweislast** für eine formfreie Nebenabrede liegt bei dem, der darauf beruft, da die Urkunde die Vermutung der Vollständigkeit für sich hat. **b) Für einen längeren Zeitraum als ein Jahr.** Bsp: Befristete Verträge ohne Verlängerungsklausel über ein Jahr hinaus; befristete Verträge mit Verlängerungsklausel (s § 542 II Rn 2), wenn der Vertrag einschließlich Verlängerung ein Jahr überschreitet; unbefristete Verträge auf Lebenszeit oder mit einer Kündigungsfrist, die eine alljährliche Beendigung nicht erlaubt (StEmmerich, § 566 aF, 13). 2 3 4

Teichmann 647

§ 551 Buch 2. Abschnitt 8. Einzelne Schuldverhältnisse

5   **3. Notwendigkeit der Schriftform. a)** Zu den **Anforderungen im Einzelnen** s § 126. **b) Folge des Formmangels. aa) Regel.** Der Vertrag gilt auf unbestimmte Zeit geschlossen und kann zum erstenmal zum Ende eines Jahres nach der *vertraglich vorgesehenen Überlassung* (BT-Drs 14/4553 S 47) gem §§ 573 ff gekündigt werden. Ob die Parteien einen derartigen Vertrag abschließen wollten, ist unerheblich. **bb) Ausnahme:** Berufung auf den Formmangel als unzulässige Rechtsausübung? Die Rspr lässt einen Einwand grundsätzlich nicht zu, da die Norm nicht die Parteien, sondern den Erwerber schütze (BGH WM 90, 892; StEmmerich, § 566 aF, 66 mwN). Könne sich aber die Vereinbarung nicht auf einen Erwerber auswirken (BGH 65, 58) oder müsse der Erwerber mit Sicherheit von dem Vertrag bzw einer Abrede erfahren (BGH MDR 68, 42), so sei ausnahmsweise die Berufung auf einen Formmangel treuwidrig (zutr wegen der fehlenden Kriterien sehr krit Häsemeyer aaO S 118 f).

6   **4. Sonderfall: Abänderung des Mietvertrages.** Änderungen bedürfen, soweit sie wesentlich iSd Rn 3 sind, der Schriftform. Bsp: Änderung der Laufzeit (BGH 50, 41) und der Miete, Eintritt eines weiteren Mieters (BGH 65, 53), nicht Eintritt nach §§ 563 ff. Der Nachtrag muss unterzeichnet, aber nicht mit der Haupturkunde verbunden werden (BGH 136, 371, dazu Repgen DWW 99, 47: BGH NJW 99, 3258: keine feste Verbindung der einzelnen Teile eines Mietvertrages; KG NJW-RR 97, 943: keine feste Verbindung von Anlagen zum Vertrag). Eine teilw **Aufhebung** von Pflichten (zB Herabsetzen der Miete, Verkürzung der Laufzeit) erscheint wie der Gesamtaufhebung des Vertrages formfrei möglich (aA PalWeidenkaff 15 ff); zur Treuwidrigkeit des Berufens auf die fehlende Form s Rn 5 und BGH 65, 54.

§ 551 Begrenzung und Anlage von Mietsicherheiten

(1) **Hat der Mieter dem Vermieter für die Erfüllung seiner Pflichten Sicherheit zu leisten, so darf diese vorbehaltlich des Absatzes 3 Satz 4 höchstens das Dreifache der auf einen Monat entfallenden Miete ohne die als Pauschale oder als Vorauszahlung ausgewiesenen Betriebskosten betragen.**

(2) **¹Ist als Sicherheit eine Geldsumme bereitzustellen, so ist der Mieter zu drei gleichen monatlichen Teilzahlungen berechtigt. ²Die erste Teilzahlung ist zu Beginn des Mietverhältnisses fällig.**

(3) **¹Der Vermieter hat eine ihm als Sicherheit überlassene Geldsumme bei einem Kreditinstitut zu dem für Spareinlagen mit dreimonatiger Kündigungsfrist üblichen Zinssatz anzulegen. ²Die Vertragsparteien können eine andere Anlageform vereinbaren. ³In beiden Fällen muss die Anlage vom Vermögen des Vermieters getrennt erfolgen und stehen die Erträge dem Mieter zu. ⁴Sie erhöhen die Sicherheit. ⁵Bei Wohnraum in einem Studenten- oder Jugendwohnheim besteht für den Vermieter keine Pflicht, die Sicherheitsleistung zu verzinsen.**

(4) **Eine zum Nachteil des Mieters abweichende Vereinbarung ist unwirksam.**

Lit: Geldmacher DWW 00, 180; DWW 01, 178 (Rspr-Übersicht).

1   **1. Allgemeines. a) Bisheriges Recht.** Die Norm übernimmt § 550b mit Modifikationen. **b) Funktion.** § 551 soll in den Fällen, in denen eine Sicherung (Kaution) vereinbart wird, das Interesse des Mieters schützen, nicht zu hohe Beträge – und diese auch noch sofort – zur Verfügung stellen und damit zu Beginn des Mietverhältnisses (zumeist neben einer Maklerprovision) zu hohe Barbeträge aufbringen zu müssen. Weiter soll dadurch, dass dem Mieter die Erträge zustehen **(III 3),** eine verdeckt höhere Miete vermieden werden (die Ausnahme für Studentenheime, **III 5,** wird damit begründet, dass hier bei einer globalen Anlage der

Titel 5. Mietvertrag, Pachtvertrag **§ 552**

Sicherheiten höhere Erträge erwirtschaftet und damit niedrigere Mieten vereinbart werden können; bedenklich). Schließlich dient **III 3** dem Schutz des Mieters vor Zugriffen von Gläubigern des Vermieters auf die Sicherheit und bei einer Insolvenz des Vermieters (Treuhandkonto). **c)** Die Bestimmung ist zugunsten des Mieters **zwingend (IV). d) Anwendungsbereich.** Für die Vermietung anderer Räume gilt § 551 nicht (s § 578). Nach BGH 127, 142 führt eine ergänzende Auslegung bei einer Regelungslücke zu demselben Zinssatz wie in III 1.

2. Sicherheit. a) Arten. Die Sicherheit kann als Geldleistung in den vom Ges vorgesehenen Zahlungs- und Anlageformen, aber auch nicht als Geld geleistet werden (BGH 107, 210, Bürgschaft). Möglich sind andere Anlageformen **(II 2)**, wobei die bloße Verwahrung von Geld als ertraglose Form ausscheidet (BT-Drs 14/4553 S 48). Bei Schmälerung oder Verlust der Anlage besteht eine Nachleistungspflicht. **b) Deckungsfunktion der Sicherheit.** Sie dient iZw zur **Sicherung aller Ansprüche** (Beweislast für ihr Bestehen beim Vermieter) aus dem Mietverhältnis. Der Vermieter kann die Kaution durch Aufrechnung – selbst mit verjährten Forderungen – voll aufbrauchen (BGH 101, 252) und Wiederauffüllung (BGH WM 72, 337), auch Zahlung nach Beendigung des Vertrages verlangen, wenn noch Ansprüche offenstehen (BGH NJW 81, 976). Der Mieter kann den Vermieter nicht auf die Kaution zur Befriedigung verweisen (BGH WM 72, 337). **c) Höhe.** Maximal (s Gesetzestext) drei Monatsmieten (Inklusivmiete oder Nettomiete je nach Vereinbarung, s dazu § 556 Rn 1 ff). **d) Rückzahlung.** Steht der Auszug des Mieters fest, so muss der Vermieter die Geldanlage kündigen, zeitnah, dh zwischen drei und sechs Monaten – vorher besteht keine Fälligkeit (Düsseldorf DWW 00, 92) – abrechnen und den Überschuss nach Freiwerden auszahlen (BGH 101, 250; Köln WuM 98, 154). Eine **zu Unrecht verbrauchte** Kaution löst Ansprüche aus §§ 280 I, 241 II in Höhe der Zinsen aus (LG Gießen NJW-RR 96, 1293). Bei Veräußerung der Mietsache gilt § 556 a. 2

3

§ 552 Abwendung des Wegnahmerechts des Mieters

(1) **Der Vermieter kann die Ausübung des Wegnahmerechts (§ 539 Abs. 2) durch Zahlung einer angemessenen Entschädigung abwenden, wenn nicht der Mieter ein berechtigtes Interesse an der Wegnahme hat.**

(2) **Eine Vereinbarung, durch die das Wegnahmerecht ausgeschlossen wird, ist nur wirksam, wenn ein angemessener Ausgleich vorgesehen ist.**

1. Allgemeines. Bisheriges Recht: Die Vorschrift übernimmt mit einer sprachlichen Änderung § 547 a II und III aF. **Funktion:** § 552 knüpft an das allg Wegnahmerecht des Mieters an (§ 539 II) und gibt bei einem Wohnungsmietvertrag dem Vermieter eine Abwendungsbefugnis. Außerdem schränkt **II** die Vertragsfreiheit zugunsten des Mieters ein. **Anwendungsbereich:** Auch bei Räumen, die keine Wohnräume sind (§ 578 II 1). 1

2. Abwendung der Wegnahme. Der Mieter braucht dem Vermieter grundsätzlich kein Angebot zu machen, dieser muss von sich aus aktiv werden; zu diesem Zweck kann der Vermieter nach Kündigung die Wohnung besichtigen (MK/Voelskow, § 547 a aF, 11). Zum zeitlichen Ende der Abwendungsbefugnis (Abtrennung der Sache durch den Mieter) s Burkhardt BB 64, 772. Die **Angemessenheit der Entschädigung** ist etwa dadurch zu ermitteln, dass vom Verkehrswert der Sache einschließlich der Anbringungskosten noch die Hälfte der Kosten abzuziehen sind, die der Mieter bei Wegnahme aufzubringen hätte (geringer im Ergebnis PalWeidenkaff 3; Soe/Heintzmann, § 547 a aF, 17: volle Berücksichtigung der Wegnahmekosten, anders Scholl WuM 98, 327 mwN: Zeitwert unter Berücksichtigung der damaligen Anschaffungskosten). Ein **berechtigtes Interesse** des Mieters an der Wegnahme (Beweislast bei ihm) kann wirtschaftlich (hoher Gebrauchswert), aber auch persönlich (Affektionsinteresse) begründet sein. 2

Teichmann

3 3. **Prozessuales.** Hat der Mieter auf Ausübung der Wegnahme geklagt (s § 539 Rn 3) und macht der Vermieter während des Verfahrens ein angemessenes Entschädigungsangebot, so empfiehlt sich, falls der Mieter kein berechtigtes Interesse darlegen kann, die Hauptsache für erledigt zu erklären; zu den Kosten s ZPO 91 a.

§ 553 Gestattung der Gebrauchsüberlassung an Dritte

(1) ¹**Entsteht für den Mieter nach Abschluss des Mietvertrags ein berechtigtes Interesse, einen Teil des Wohnraums einem Dritten zum Gebrauch zu überlassen, so kann er von dem Vermieter die Erlaubnis hierzu verlangen.** ²**Dies gilt nicht, wenn in der Person des Dritten ein wichtiger Grund vorliegt, der Wohnraum übermäßig belegt würde oder dem Vermieter die Überlassung aus sonstigen Gründen nicht zugemutet werden kann.**

(2) **Ist dem Vermieter die Überlassung nur bei einer angemessenen Erhöhung der Miete zuzumuten, so kann er die Erlaubnis davon abhängig machen, dass der Mieter sich mit einer solchen Erhöhung einverstanden erklärt.**

(3) **Eine zum Nachteil des Mieters abweichende Vereinbarung ist unwirksam.**

1 1. **Allgemeines.** § 553 übernimmt mit geringen sprachlichen Änderungen § 549 II aF und ergänzt § 540 für Wohnungsmietverträge. Die Norm ist zugunsten des Mieters **zwingend (III).**

2 2. **Tatbestand.** Untervermietung **eines Teils** des Wohnraums. Die Untervermietung des gesamten Wohnraums fällt unter § 540 (s § 540 Rn 2). **Nachträgliche berechtigte Interessen:** Bei anfänglichem Interesse hätte der Mieter die Erlaubnis zur Untermiete vereinbaren oder auf die Wohnung verzichten können. Bsp: Verkleinerung der Familie durch Tod, Auszug von Kindern oder eines Partners, Änderung der wirtschaftlichen Verhältnisse. Die Beweislast liegt beim Mieter. IdR ist die **Zumutbarkeit** für den Vermieter gegeben, wenn kein wichtiger Grund iSv § 540 vorliegt. Unzumutbarkeit und wichtiger Grund hat der Vermieter zu **beweisen.**

§ 554 Duldung von Erhaltungs- und Modernisierungsmaßnahmen

(1) **Der Mieter hat Maßnahmen zu dulden, die zur Erhaltung der Mietsache erforderlich sind.**

(2) ¹**Maßnahmen zur Verbesserung der Mietsache, zur Einsparung von Energie oder Wasser oder zur Schaffung neuen Wohnraums hat der Mieter zu dulden.** ²**Dies gilt nicht, wenn die Maßnahme für ihn, seine Familie oder einen anderen Angehörigen seines Haushalts eine Härte bedeuten würde, die auch unter Würdigung der berechtigten Interessen des Vermieters und anderer Mieter in dem Gebäude nicht zu rechtfertigen ist.** ³**Dabei sind insbesondere die vorzunehmenden Arbeiten, die baulichen Folgen, vorausgegangene Aufwendungen des Mieters und die zu erwartende Mieterhöhung zu berücksichtigen.** ⁴**Die zu erwartende Mieterhöhung ist nicht als Härte anzusehen, wenn die Mietsache lediglich in einen Zustand versetzt wird, wie er allgemein üblich ist.**

(3) ¹**Bei Maßnahmen nach Absatz 2 Satz 1 hat der Vermieter dem Mieter spätestens drei Monate vor Beginn der Maßnahme deren Art sowie voraussichtlichen Umfang und Beginn, voraussichtliche Dauer und die zu erwartende Mieterhöhung in Textform mitzuteilen.** ²**Der Mieter ist berechtigt, bis zum Ablauf des Monats, der auf den Zugang der Mitteilung folgt, außerordentlich zum Ablauf des nächsten Monats zu kündigen.** ³**Diese Vorschriften gelten nicht bei Maßnahmen, die nur mit einer unerheblichen Einwirkung auf die vermieteten Räume verbunden sind und nur zu einer unerheblichen Mieterhöhung führen.**

§ 554

(4) ¹**Aufwendungen, die der Mieter infolge einer Maßnahme nach Absatz 1 oder 2 Satz 1 machen musste, hat der Vermieter in angemessenem Umfang zu ersetzen.** ²**Auf Verlangen hat er Vorschuss zu leisten.**

(5) **Eine zum Nachteil des Mieters von den Absätzen 2 bis 4 abweichende Vereinbarung ist unwirksam.**

Lit: Sternel, Wohnraummodernisierung nach der Mietrechtsreform, NZM 01, 1058.

1. Allgemeines. Bisheriges Recht: § 554 fasst die §§ 541 a, 541 b im Blick auf die Duldungspflicht des Mieters unter sprachlicher Anpassung inhaltlich zusammen. Zur Mieterhöhung s § 559. **Anwendungsbereich:** Auch bei Mietverhältnissen über Räumen, die keine Wohnräume sind, § 578 II 1. Die Vorschrift ist zugunsten des Mieters **zwingend (V).** 1

2. Notwendige Erhaltungsmaßnahmen (I). a) Der **Erhaltung** dienen Maßnahmen einschließlich ihrer Vorbereitungen (zB Besichtigung) und Nacharbeiten, die Schäden beseitigen oder verhindern sollen. Gleichgültig ist, von wem die Schäden verursacht sind. Die Maßnahmen können der Mietsache selbst oder dem Gebäude (zB der Nachbarwohnung, dem Treppenhaus) dienen. Zur **Einwirkung** s § 906; ihre Erforderlichkeit richtet sich nach obj Gesichtspunkten. **Beweislast:** Vermieter. Handelt es sich nicht um eine Erhaltungs-, sondern um eine sonstige Maßnahme, die auf vom Vermieter nicht zu vertretenden Umständen beruht (s § 559 Rn 4), so folgt die Duldungspflicht aus § 242 (BT-Drs 14/4553 S 49). **b)** Die **Duldungspflicht** des Mieters umfasst auch eine eingeschränkte Mitwirkung wie das Freimachen des Zugangs und der Arbeitsfläche, notfalls das Räumen der Wohnung (Pal/Weidenkaff 6; aA StEmmerich §§ 541 a, 541 b aF, 21; Schopp ZMR 65, 195: nur Gewährenlassen) nicht jedoch das Beseitigen von Schäden oder Schmutz. Auch das Wiedereinräumen ist Sache des Vermieters. Die **Grenzen** folgen aus § 242; sie sind aber, da iGgs zu § 541 b III die Zumutbarkeit nicht erwähnt ist, weiter zu ziehen. **c) Rechte des Mieters. Aufwendungsersatz** zB für das Unterstellen von Möbeln, eine anderweitige Unterkunft, nicht aber für infolge der Verbesserung wertlos gewordene Dinge (Bsp: Ölofen nach Einbau einer Zentralheizung, Schopp ZMR 65, 196). Über den **Kostenvorschuss** ist abzurechnen. Während der Maßnahmen mindert sich die Miete entspr § 536 I. 2

3

3. Maßnahmen der Verbesserung, Energieeinsparung und Schaffung neuen Wohnraums (II). a) Allgemeines. Das Ges unterscheidet zwischen der Verpflichtung des Mieters, bestimmte Maßnahmen zu dulden, und dem Recht des Vermieters, die Kosten für Maßnahmen auf den Mieter zu überwälzen (s § 559). Daraus folgt zunächst, dass Maßnahmen iSd § 559 vom Mieter auch grundsätzlich zu dulden sind. **b) Tatbestände. aa) Maßnahmen zur Verbesserung** sind zum einen Maßnahmen zur Erhöhung des Gebrauchswerts (s § 559 Rn 2), wobei es hier auf die Nachhaltigkeit nicht ankommt; des weiteren Verbesserungen des Substanzwertes, die sich auf den Gebrauch auswirken. Der Begriff ist weit auszulegen, um dem Vermieter die zeitgemäße Anpassung der Mietsache zu ermöglichen (Soe/ Heintzmann, § 541 b aF, 4). Eine grundlegende Veränderung wird durch die Bestimmung nicht gedeckt (BGH NJW 72, 773). **bb)** Zu **Maßnahmen der Energieeinsparung** s § 559 Rn 3. **cc)** Die **Schaffung neuen Wohnraums** umfasst jede Maßnahme auch außerhalb der vermieteten Wohnung, die zu neuem Wohnraum führt. **c) Interessenabwägung.** Die Norm erwähnt *nicht abschließend* (vgl. „insbes") verschiedene Gesichtspunkte zugunsten des Vermieters (Renovierung auf den üblichen Standard, s dazu BGH JZ 93, 623 mit Anm Sonnenschein/ Weitemeyer, günstigere Verwertbarkeit, höhere Rendite, Interesse der Mitmieter) und des Mieters (Beeinträchtigung während der Bauarbeiten, Veränderung im Zustand der Räume, hohe Mietbelastung – nach LG Frankfurt WuM 86, 312 sind bis zu 20% des Nettoeinkommens hinzunehmen). Zu berücksichtigen sind auch Interessen der Familie des Mieters, von Lebenspartnern (s § 563, 563 a Rn 2) und anderen im Haushalt lebenden Personen (zB Wohngemeinschaft, wenn nicht alle 4

5

Mieter sind, Kinder oder Pflegekinder des Lebenspartners). Die **Darlegungslast** liegt bei dem Mieter (vgl „es sei denn, dass ..."). **S 4** (keine Berücksichtigung der Mieterhöhung bei Anhebung des Standards) ist eng auszulegen, damit nicht sozial schwächere Mieter aus einer einfacheren Wohnung verdrängt werden (Sternel MDR 83, 266). **d) Mitteilungspflicht (III 1). Lit:** Steitze, DWW 00, 47. Eine schuldhaft falsche (zu niedrige) Angabe der künftigen Miete löst im Fall der Kausalität (der Mieter hätte gem II 1 nicht zu dulden brauchen, er hätte gekündigt) Schadensersatzansprüche aus (Beweislast gem § 280 I 2). Bei schuldlos zu niedrigen Angaben verzögern sich die Fristen für die Wirksamkeit des Erhöhungsverlangens, s § 559 b II 2. Unerhebliche, wenig beeinträchtigende Maßnahmen müssen nicht mitgeteilt werden **(III 3). Form:** Textform (§ 126 b); **Frist:** spätestens drei Monate vor Beginn. **e) Rechte des Mieters.** Z **Aufwendungsersatz** s Rn 3; z **Kündigungsrecht** (eingeschränkt durch III 3) s Gesetzestext **(III 2)**.

§ 554 a Barrierefreiheit

(1) ¹**Der Mieter kann vom Vermieter die Zustimmung zu baulichen Veränderungen oder sonstigen Einrichtungen verlangen, die für eine behindertengerechte Nutzung der Mietsache oder den Zugang zu ihr erforderlich sind, wenn er ein berechtigtes Interesse daran hat.** ²**Der Vermieter kann seine Zustimmung verweigern, wenn sein Interesse an der unveränderten Erhaltung der Mietsache oder des Gebäudes das Interesse des Mieters an einer behindertengerechten Nutzung der Mietsache überwiegt.** ³**Dabei sind auch die berechtigten Interessen anderer Mieter in dem Gebäude zu berücksichtigen.**

(2) ¹**Der Vermieter kann seine Zustimmung von der Leistung einer angemessenen zusätzlichen Sicherheit für die Wiederherstellung des ursprünglichen Zustandes abhängig machen.** ²**§ 551 Abs. 3 und 4 gilt entsprechend.**

(3) **Eine zum Nachteil des Mieters von Absatz 1 abweichende Vereinbarung ist unwirksam.**

Lit: Drasdow, Die Barrierefreiheit im Sinne des § 554a BGB, WuM 02, 123; Mersson, Behindertengerechtes Wohnen, ZMR 01, 956.

1. Normzweck. Die Bestimmung soll den durch das BVerfG (NJW 00, 2658) festgestellten, grundsätzlich geschützten Anspruch des Mieters kodifizieren (RAusschuss, BT-Drs 14/5663 S 78), bei einer bestimmten Interessenkonstellation die Wohnung für sich oder für die sich berechtigterweise in der Wohnung aufhaltenden Personen mit behindertengerechten Einrichtungen auf eigene Kosten zu versehen und damit die Wohnung weiter als Lebensmittelpunkt nutzen zu können. Die Norm ist zugunsten des Mieters zwingend (**I, IV** bzw **II, IV** iVm § 551 IV).

2. Rechtsvoraussetzungen (I). a) Geschützter Personenkreis. Mieter bzw im Haushalt lebende Personen mit einer erheblichen und dauerhaften Einschränkung der Bewegungsfähigkeit, unabhängig davon, ob sie beim Einzug vorhanden war oder erst später entstehen. Auf eine sozialrechtliche Anerkennung als Behinderter kommt es nicht an. **b)** Der Begriff der **baulichen Veränderungen oder sonstigen Einrichtungen** umfasst Umbauten (Bsp: breitere Eingangs- und Wohnungstüren, Rampe) und Installationen ohne Eingriff in die Bausubstanz (Bsp: Haltegriffe, Zugeinrichtung über dem Bett). **c)** Bei der Interessenabwägung sind neben den allg Faktoren (Erforderlichkeit und Zweckmäßigkeit der Maßnahme, Belastung von Mitmietern durch den Umbau und seine Auswirkungen) auch haftungsrechtliche Fragen zur Verkehrssicherungspflicht des Vermieters bei Einrichtungen außerhalb der Wohnung, uU die Übernahme einer zusätzlichen Haftpflichtversicherung durch den Mieter sowie Möglichkeit und Kosten des Rückbaus zu berücksichtigen.

Titel 5. Mietvertrag, Pachtvertrag **§§ 555, 556**

3. Zusätzliche Sicherung für die Kosten eines Rückbaus (II). Nofalls sind 3
die Kosten mit einem Voranschlag zu belegen. Nicht durch Zinsen aufgefangene
mögliche Kostensteigerungen sind mit zu berücksichtigen; iÜ s § 551 Rn 2.

§ 555 Unwirksamkeit einer Vertragsstrafe

Eine Vereinbarung, durch die sich der Vermieter eine Vertragsstrafe vom Mieter versprechen lässt, ist unwirksam.

1. Bisheriges Recht: § 550 a aF. Die Norm ist weit auszulegen. Unwirksam 1
sind auch substituierende Vereinbarungen. Bsp: Überhöhte Bearbeitungsgebühren, Verzugszinsen (AG Köln WuM 69, 184), Verfall der Kaution bei vorzeitigem Auszug, Pauschalabfindung im Mietaufhebungsvertrag. § 139 ist idR nicht anwendbar.

Kapitel 2. Die Miete

Unterkapitel 1. Vereinbarungen über die Miete

§ 556 Vereinbarungen über Betriebskosten

(1) ¹Die Vertragsparteien können vereinbaren, dass der Mieter Betriebskosten im Sinne des § 19 Abs. 2 des Wohnraumförderungsgesetzes trägt. ²Bis zum Erlass der Verordnung nach § 19 Abs. 2 Satz 2 des Wohnraumförderungsgesetzes ist hinsichtlich der Betriebskosten nach Satz 1 § 27 der Zweiten Berechnungsverordnung anzuwenden.

(2) ¹Die Vertragsparteien können vorbehaltlich anderweitiger Vorschriften vereinbaren, dass Betriebskosten als Pauschale oder als Vorauszahlung ausgewiesen werden. ²Vorauszahlungen für Betriebskosten dürfen nur in angemessener Höhe vereinbart werden.

(3) ¹Über die Vorauszahlungen für Betriebskosten ist jährlich abzurechnen; dabei ist der Grundsatz der Wirtschaftlichkeit zu beachten. ²Die Abrechnung ist dem Mieter spätestens bis zum Ablauf des zwölften Monats nach Ende des Abrechnungszeitraums mitzuteilen. ³Nach Ablauf dieser Frist ist die Geltendmachung einer Nachforderung durch den Vermieter ausgeschlossen, es sei denn, der Vermieter hat die verspätete Geltendmachung nicht zu vertreten. ⁴Der Vermieter ist zu Teilabrechnungen nicht verpflichtet. ⁵Einwendungen gegen die Abrechnung hat der Mieter dem Vermieter spätestens bis zum Ablauf des zwölften Monats nach Zugang der Abrechnung mitzuteilen. ⁶Nach Ablauf dieser Frist kann der Mieter Einwendungen nicht mehr geltend machen, es sei denn, der Mieter hat die verspätete Geltendmachung nicht zu vertreten.

(4) Eine zum Nachteil des Mieters von Absatz 1, Absatz 2 Satz 2 oder Absatz 3 abweichende Vereinbarung ist unwirksam.

1. Allgemeines. a) Bisheriges Recht. Abs 2 und 3 übernehmen MHG 4 I 1
mit Modifikationen (iÜ s § 560). **b) Normzweck.** Das Ges trägt in **I** – ohne das Leitbild eines Gesamtentgelts ändern zu wollen (s § 535 Rn 18) – der Tatsache Rechung, dass in der Praxis häufig zwischen der sog Grundmiete für die Nutzung der Räume und variablen Betriebskosten differenziert wird. Festgelegt wird zum einen der Kreis der umlagefähigen Betriebskosten, des Weiteren, dass es für ihre gesonderte Abrechnung einer entspr Vereinbarung bedarf. Nicht im Vertrag erwähnte Kosten sind damit durch die Grundmiete abgegolten (Düsseldorf BB 91, 1150; aA Köln ZMR 95, 69). Schließlich wird zwischen zwei Typen für den gesonderten Ausweis der Betriebskosten unterschieden, nämlich der **Betriebskostenpauschale (I)** und der **Abrechnungsvereinbarung mit Vorauszahlung (II 1)**. Die Regelungen über die Umlagefähigkeit der Betriebskosten, zur Höhe der Vorauszahlung und zur Abrechnung sind zugunsten des

§ 556 Buch 2. Abschnitt 8. Einzelne Schuldverhältnisse

2 Mieters **zwingend (IV).** c) **Umlagefähige Betriebskosten** sind nach Anl 3 zu § 27 der 2. BerechnungsV zB die öffentlichen Lasten wie Grundsteuern, die Kosten der Sach- und Haftpflichtversicherung, der Wasserversorgung und der Abwasserentsorgung, weiter die Warmwasser- und Heizungskosten einschließlich der Wartungskosten für Geräte, Kosten für Straßenreinigung und Müllabfuhr, Hausreinigung, Schornsteinreinigung und Ungezieferbeseitigung, für die Gartenpflege, für die Beleuchtung der gemeinschaftlich genutzten Gebäudeteile wie Flur und Keller, Kosten für eine Gemeinschaftsantenne bzw. einen Kabelanschluss. **Nicht umlagefähig** sind insbes die Verwaltungskosten (BGH WuM 93, 110) sowie Kosten für die Instandhaltung bzw Instandsetzung (Karlsruhe WuM 88, 204).

3 2. Bei der **Vereinbarung einer Pauschale (II 1, 1. Alt)** legen die Parteien für einzelne oder, soweit zulässig, auch für alle Betriebskosten einen Betrag unabhängig von den tatsächlich beim Mieter entstehenden Kosten fest. Im Vergleich zu einer Inklusivmiete wird insoweit eine höhere Flexibilität erreicht, als Veränderungen der Kosten beim Vermieter zu einer entsprechenden Anpassung führen können (s § 560 I). Außerhalb zwingender Normen (zB HeizkostenV) ist die Vereinbarung einer Betriebskostenpauschale zulässig.

4 3. **Vereinbarung über Vorauszahlung und Abrechnung der Betriebskosten (III, II 1 2. Alt). a) Zeitliche Geltung der Norm.** Ist eine Abrechnung vor dem 1. 9. 01 zugegangen, gilt bisheriges Recht (EGBGB 229 § 3 I Nr 4). **b) Vorauszahlungen (II 2)** sind Pauschbeträge, die der Mieter regelmäßig, zumeist monatlich zu zahlen hat und über die entsprechend dem tatsächlichen Entstehen vom Vermieter abgerechnet werden muss. Sie dürfen **zwingend (IV)** nur in angemessener, dh in der voraussichtlichen Höhe vereinbart werden (ie BayObLG NJW-RR 96, 207: Nur eine leichte Überschreitung verstößt noch nicht gegen
5 § 134). c) **Abrechnungsverpflichtung des Vermieters (III 1–4). Abrechnungsperiode: jährlich.** Der Beginn muss sich nicht mit dem Kalenderjahr decken (zB Beginn der Heizperiode für die Heizkosten); auch ein unterschiedlicher Beginn je nach der Art der Kosten ist im Rahmen des Zumutbaren zulässig. Abrechnungen über eine längere Periode als im Jahr lösen keine (Nach-)Zahlungsverpflichtung aus (LG Düsseldorf ZMR 98, 167). Eine **Form,** insbes Textform (§ 126 b), ist nicht vorgeschrieben, jedoch verlangt die Nachprüfbarkeit eine Fixierung auf einem Datenträger. **Frist:** „spätestens" (der Vermieter darf also die Zeitspanne insbes bei zu hohen Vorauszahlungen nur bei einem sachlichen Grund voll ausnutzen) ein Jahr nach Ablauf der vereinbarten Abrechnungsperiode **(S 2);** der Anspruch des Mieters auf Abrechnung wird damit fällig (sog Abrechnungsreife). Die Frist ist nur gewahrt, wenn eine formal ordnungsgemäße Abrechnung unter Aufzählung der einzelnen Posten mitgeteilt wird. Auf Verlangen ist dem Mieter Einsicht in die Unterlagen zu gewähren. **Folgen eines Überschreitens der Frist:** Ausschluss eines Nachzahlungsanspruchs, es sei denn, der Vermieter hat die Fristüberschreitung nicht zu vertreten (Bsp: Späterer Zahlungsbescheid an den Vermieter, spätere Abrechnung oder Nachberechnung durch das Versorgungsunternehmen).
6 **d) Obliegenheiten des Mieters (III 5 und 6).** Geltendmachen von Einwendungen innerhalb von zwölf Monaten nach Zugang der Abrechnung. **Folge einer Fristüberschreitung:** Ausschluss der Einwendungen (nicht des Rückzahlungsanspruchs im Fall von Mehrzahlungen). Eine **vorbehaltlose Zahlung** schließt eine Rückforderung zuviel gezahlter Beträge nur nach § 814 aus (s § 814 Rn 4), jedoch kann sich uU ein Vertrauen beim Vermieter bilden, der Mieter akzeptiere die Abrechnungen (Langenberg NZM 01, 788). **e) Zahlungs-**
7 **ansprüche.** Der Vermieter hat einen Anspruch auf die Abrechnungsdifferenz aus §§ 535 II, 556 I; der Mieter kann Überzahlungen entspr §§ 346 ff (nicht §§ 812 ff) zurückverlangen, da es sich, einem Vorschuss vergleichbar, um einen vertraglichen Rückabwicklungsanspruch handelt. Bei einem **Vermieterwechsel** hat der Erwerber auch über den Teil einer vereinbarten Periode abzurechnen, die vor dem

Titel 5. Mietvertrag, Pachtvertrag **§§ 556 a, 556 b**

Erwerb liegt (BGH NZM 01, 158). Für abgeschlossene Perioden bleibt der frühere Vermieter alleiniger Anspruchsgegner (BGH aaO). Bei einem **Mieterwechsel** sind die jeweiligen Anteile notfalls zu schätzen.

§ 556 a Abrechnungsmaßstab für Betriebskosten

(1) Haben die Vertragsparteien nichts anderes vereinbart, sind die Betriebskosten vorbehaltlich anderweitiger Vorschriften nach dem Anteil der Wohnfläche umzulegen. Betriebskosten, die von einem erfassten Verbrauch oder einer erfassten Verursachung durch die Mieter abhängen, sind nach einem Maßstab umzulegen, der dem unterschiedlichen Verbrauch oder der unterschiedlichen Verursachung Rechnung trägt.

(2) ¹Haben die Vertragsparteien etwas anderes vereinbart, kann der Vermieter durch Erklärung in Textform bestimmen, dass die Betriebskosten zukünftig abweichend von der getroffenen Vereinbarung ganz oder teilweise nach einem Maßstab umgelegt werden dürfen, der dem erfassten unterschiedlichen Verbrauch oder der erfassten unterschiedlichen Verursachung Rechnung trägt. ²Die Erklärung ist nur vor Beginn eines Abrechnungszeitraums zulässig. ³Sind die Kosten bislang in der Miete enthalten, so ist diese entsprechend herabzusetzen.

(3) Eine zum Nachteil des Mieters von Absatz 2 abweichende Vereinbarung ist unwirksam.

1. Allgemeines. a) Bisheriges Recht. In II wird MHG 4 V Nr 1 übernommen (auf MHG V Nr 2 wurde verzichtet, ohne damit eine vertraglich vereinbarte unmittelbare Abrechnung zwischen Mieter und Erbringern von Leistungen auszuschließen). **b) Normzweck.** Es soll erreicht werden, dass nach Möglichkeit die Betriebskosten **verbrauchsabhängig** abgerechnet werden, um einen sparsamen und kostenbewussten Umgang mit Energie, Wasser etc zu fördern (BT-Drs 14/4553 S 51). Eine entgegenstehende Verpflichtung trifft das Ges jedoch nicht (sa die HeizkostenV). **c) Zeitliche Anwendung.** Zeitmietverträge, die nach dem 31. 8. 01 geschlossen wurden (EGBGB 229 § 3 III), iÜ auf Abrechnungszeiträume, die am 31. 8. 01 noch nicht beendet waren. 1

2. Abrechnungsmaßstäbe. a) Verbrauch (I 2). Voraussetzung ist, dass der Verbrauch tatsächlich, zB durch Wasseruhren, Strom- und Gaszähler, erfasst wird (keine entspr Abrechnung also, soweit zB ein Versorgungsträger andere Maßstäbe zugrunde legt). Ein Anspruch auf den Einbau von Messeinrichtungen wird durch die Norm nicht begründet (BT-Drs 14/4553 S 51). **b) Der Maßstab der Wohnfläche (I 1)** greift unabhängig von der Nützlichkeit für den Einzelmieter (Bsp: Fahrstuhlkosten für die Wohnung im Erdgeschoss, sa §§ 559–559 b Rn 5) und der Personenzahl ein. Der Vermieter soll nicht gezwungen werden, variable Faktoren wie etwa die Personenzahl festzustellen und zu berücksichtigen. Grenzen der Verteilung entsprechend der Wohnfläche können sich aus § 242 ergeben (BT-Drs 14/4553 S 51). 2

3. Kostenumstellung auf verbrauchsabhängige Berechnung (II). Z Textform s § 126 b. „Etwas anderes vereinbart" ist nicht nur bei einem anderen Berechnungsmaßstab, sondern auch dann, wenn keine gesonderte Abrechnung, sondern eine Brutto- oder Teil-Inklusivmiete zu zahlen ist. Diese Miete ist dann entsprechend herabzusetzen **(II 3).** Eine Verpflichtung des Vermieters zur Umstellung nach II besteht nicht. 3

§ 556 b Fälligkeit der Miete, Aufrechnungs- und Zurückbehaltungsrecht

(1) Die Miete ist zu Beginn, spätestens bis zum dritten Werktag der einzelnen Zeitabschnitte zu entrichten, nach denen sie bemessen ist.

(2) ¹**Der Mieter kann entgegen einer vertraglichen Bestimmung gegen eine Mietforderung mit einer Forderung aufgrund der §§ 536 a, 539 oder

§§ 557, 557a

aus ungerechtfertigter Bereicherung wegen zu viel gezahlter Miete aufrechnen oder wegen einer solchen Forderung ein Zurückbehaltungsrecht ausüben, wenn er seine Absicht dem Vermieter mindestens einen Monat vor der Fälligkeit der Miete in Textform angezeigt hat. ²Eine zum Nachteil des Mieters abweichende Vereinbarung ist unwirksam.

1　**1. Allgemeines.** Bisheriges Recht: I ändert § 551 aF für Wohnraum ab; II übernimmt § 552a aF mit einer Erweiterung (§ 539) und gestaltet die Regelung **zwingend (II 2)**. **Fälligkeit** der Miete **(I)**. **Funktion.** Es sollen hier die offensichtlichen Interessen des Mieters am Einstellen seiner Mietzahlungen mit dem Interesse des Vermieters am regelmäßigen Mieteingang – bzw wegen einer Fremdfinanzierung – zum Ausgleich gebracht werden (BT-Drs IV/2195 S 4). Zur allg Zulässigkeit des Ausschlusses eines Zurückbehaltungsrechts bzw eines Aufrechnungsverbots in Formularbedingungen s § 309 Nr 2b, 3. Zulässige Klauseln werden nun weiter zugunsten des Mieters in ihrer Wirksamkeit eingeschränkt, allerdings in der Ausübung der Rechte an bestimmte Fristen gebunden. I ist dispositiv (zB für Ferienwohnungen), dürfte aber iü zum Leitbild des Mietvertrages über Wohnungen (s § 307 II 1) gehören; für andere Mietverhältnisse s § 579.

2　**2. Tatbestand.** An die Stelle des im Ges genannten Anspruchs aus §§ 812 ff treten nach Erlass des SchRModG die §§ 346 ff (es handelt sich hier ebenfalls um eine vertragliche Rückabwicklung). Einer Anzeige bedarf es nach Beendigung des Mietverhältnisses und Rückgabe der Sache nicht, wenn nur noch wechselseitige Ansprüche abzurechnen sind (BGH NJW-RR 00, 530).

Unterkapitel 2. Regelungen über die Miethöhe

§ 557 Mieterhöhungen nach Vereinbarung oder Gesetz

(1) **Während des Mietverhältnisses können die Parteien eine Erhöhung der Miete vereinbaren.**

(2) **Künftige Änderungen der Miethöhe können die Vertragsparteien als Staffelmiete nach § 557a oder als Indexmiete nach § 557b vereinbaren.**

(3) **Im Übrigen kann der Vermieter Mieterhöhungen nur nach Maßgabe der §§ 558 bis 560 verlangen, soweit nicht eine Erhöhung durch Vereinbarung ausgeschlossen ist oder sich der Ausschluss aus den Umständen ergibt.**

(4) **Eine zum Nachteil des Mieters abweichende Vereinbarung ist unwirksam.**

1　**1.** Die Norm hat insoweit programmatischen Charakter, als sie im Recht des allg Zulässigen (§ 138, 134 iVm StGB 291, WiStrG 5) Vereinbarungen über **gegenwärtige Mieterhöhungen** gestattet und für die Vereinbarung **künftiger Mieterhöhungen** allein auf die Modelle der §§ 557a, 557b, 558–560 verweist. Andere Formen künftiger Mieterhöhungen sind damit unzulässig. Schließlich übernimmt **IV** MHG § 10 I 1. HalbS.

§ 557a Staffelmiete

(1) **Die Miete kann für bestimmte Zeiträume in unterschiedlicher Höhe schriftlich vereinbart werden; in der Vereinbarung ist die jeweilige Miete oder die jeweilige Erhöhung in einem Geldbetrag auszuweisen (Staffelmiete).**

(2) ¹**Die Miete muss jeweils mindestens ein Jahr unverändert bleiben.** ²**Während der Laufzeit einer Staffelmiete ist eine Erhöhung nach den §§ 558 bis 559b ausgeschlossen.**

Titel 5. Mietvertrag, Pachtvertrag **§ 557 b**

(3) ¹Das Kündigungsrecht des Mieters kann für höchstens vier Jahre seit Abschluss der Staffelmietvereinbarung ausgeschlossen werden. ²Die Kündigung ist frühestens zum Ablauf dieses Zeitraums zulässig.

(4) **Eine zum Nachteil des Mieters abweichende Vereinbarung ist unwirksam.**

1. **Bisheriges Recht:** Die Norm übernimmt MHG 10 II in modifizierter Form; zum **Normzweck** s § 557 Rn 1. Die Bestimmung ist zugunsten des Mieters zwingend **(IV)**.

2. **Staffelmiete.** a) **Voraussetzungen und Inhalt (I).** Schriftliche (§ 126), auch nachträgliche Vereinbarung über eine Anpassung (idR Erhöhung) der Miete in betragsgemäß (nicht zB prozentual) ausgewiesener Höhe zu feststehenden Zeitpunkten in Abständen von mindestens einem Jahr. Eine Höchstfrist ist nicht mehr vorgesehen. Der Mietvertrag selbst kann auf kürzere (s § 575) oder längere Zeit als ein Jahr, auch auf unbestimmte Zeit geschlossen werden. **b) Rechtsfolgen.** Kraft der geschlossenen Vereinbarung (also ohne zusätzliche Erklärung) eintretende Veränderung der Miete im vorgesehenen Umfang, und zwar grundsätzlich unabhängig von der Marktmiete (KG NJW-RR 01, 871; BGH NJW 02, 2384). Führt eine Erhöhung zu einer Miete von mehr als 20% über der Grenze des Angemessenen (WiStrG 5 II), so ist die jeweils betroffene Staffelerhöhung nichtig (Hamburg NJW-RR 00, 458). Die genannten Grenzen der Gestaltung sind zugunsten des Mieters **zwingend (IV)**.

3. **Andere Erhöhungen** der Miete sind nur wegen Steigerungen der Betriebskosten gem § 560 zulässig (also auch nicht zB bei einer Modernisierung gem § 559, s **II 2**).

4. **Zeitliche Bindung der Parteien.** Das ordentliche Kündigungsrecht des **Mieters** (§ 573 c) kann bis maximal zum Ablauf der Vierjahresfrist seit Abschluss der Staffelvereinbarung ausgeschlossen werden **(III)**; der **Vermieter** kann sich im Rahmen des allg Zulässigen binden.

1

2

3

4

§ 557 b Indexmiete

(1) **Die Vertragsparteien können schriftlich vereinbaren, dass die Miete durch den vom Statistischen Bundesamt ermittelten Preisindex für die Lebenshaltung aller privaten Haushalte in Deutschland bestimmt wird (Indexmiete).**

(2) ¹Während der Geltung einer Indexmiete muss die Miete, von Erhöhungen nach den §§ 559 bis 560 abgesehen, jeweils mindestens ein Jahr unverändert bleiben. ²Eine Erhöhung nach § 559 kann nur verlangt werden, soweit der Vermieter bauliche Maßnahmen aufgrund von Umständen durchgeführt hat, die er nicht zu vertreten hat. ³Eine Erhöhung nach § 558 ist ausgeschlossen.

(3) ¹Eine Änderung der Miete nach Absatz 1 muss durch Erklärung in Textform geltend gemacht werden. ²Dabei sind die eingetretene Änderung des Preisindexes sowie die jeweilige Miete oder die Erhöhung in einem Geldbetrag anzugeben. ³Die geänderte Miete ist mit Beginn des übernächsten Monats nach dem Zugang der Erklärung zu entrichten.

(4) **Eine zum Nachteil des Mieters abweichende Vereinbarung ist unwirksam.**

1. **Allgemeines. Bisheriges Recht.** Die Bestimmung übernimmt MHG 10 a mit Modifikationen. **Normzweck.** Dem Vermieter soll ermöglicht werden, bei langfristigen Verträgen seine Rendite aus einem Mietverhältnis zu erhalten, ohne auf das komplizierte Verfahren nach § 558 mit seinen Grenzen (s § 558 Rn 4) angewiesen zu sein. Die Norm ist zugunsten des Mieters **zwingend (IV)**.

1

§ 558 Buch 2. Abschnitt 8. Einzelne Schuldverhältnisse

2 2. **Voraussetzungen und Inhalt.** Schriftliche (§ 126), auch nachträgliche Vereinbarung über das Recht beider Parteien, in Abständen von mindestens einem Jahr (Laufzeit der unveränderten Miete) eine Anpassung der Miete (ohne Ermessen oder Verhandlungsspielraum, BGH ZMR 69, 141) an den im Ges genannten Index zu verlangen. Ein Bestimmungsrecht nur für eine Partei oder das Abstellen nur auf den Fall von Indexerhöhungen ist unzulässig. **Obergrenze** ist die prozentuale Erhöhung des Index seit Abschluss der Vereinbarung (zur Erhöhung zwischen Beginn des Mietverhältnisses und Vereinbarung der Indexmiete s § 557 Rn 1) bzw der ersten Mietanpassung. Möglich ist auch eine prozentual niedrigere Übernahme der Indexveränderungen. Zulässig ist auch eine Verlängerung der Abstandsfrist, des Weiteren das Abstellen auf eine Mindesterhöhung (zB jeweils 10 Prozentpunkte über dem gegenwärtigen Niveau oder bezogen auf ein bisheriges Datum im Index).

3 3. **Geltendmachen. a) Form und Frist (III 1).** Zugangsbedürftige (§ 130) Erklärung in Textform (§ 126 b). Der Zugang kann so vorgenommen werden, dass die Wirkung mit Ablauf der Jahresfrist bzw der vereinbarten längeren Frist eintritt. Die begünstigte Partei kann die Erhöhung auch später geltend machen, wobei die neue Mindestfrist ab Zeitpunkt des Wirksamwerdens des jetzigen Erhöhungsverlangens läuft. Das Recht kann **verwirkt** werden (Düsseldorf NJW-RR 01, 1666). **b) Inhalt.** Benennen der eingetretenen Indexveränderung und Umrechnung auf die Miete. **c) Wirkung.** Anpassung ab übernächstem Monat nach Zugang **(III 3)**.

4 4. **Andere Erhöhungen.** Mieterhöhungen nach § 558 sind ausgeschlossen **(II)**; zulässig sind Erhöhungen wegen einer Modernisierung (§ 559) oder einer Veränderung der Betriebskosten (§ 560).

§ 558 Mieterhöhung bis zur ortsüblichen Vergleichsmiete

(1) ¹**Der Vermieter kann die Zustimmung zu einer Erhöhung der Miete bis zur ortsüblichen Vergleichsmiete verlangen, wenn die Miete in dem Zeitpunkt, zu dem die Erhöhung eintreten soll, seit 15 Monaten unverändert ist.** ²**Das Mieterhöhungsverlangen kann frühestens ein Jahr nach der letzten Mieterhöhung geltend gemacht werden.** ³**Erhöhungen nach den §§ 559 bis 560 werden nicht berücksichtigt.**

(2) ¹**Die ortsübliche Vergleichsmiete wird gebildet aus den üblichen Entgelten, die in der Gemeinde oder einer vergleichbaren Gemeinde für Wohnraum vergleichbarer Art, Größe, Ausstattung, Beschaffenheit und Lage in den letzten vier Jahren vereinbart oder, von Erhöhungen nach § 560 abgesehen, geändert worden sind.** ²**Ausgenommen ist Wohnraum, bei dem die Miethöhe durch Gesetz oder im Zusammenhang mit einer Förderzusage festgelegt worden ist.**

(3) **Bei Erhöhungen nach Absatz 1 darf sich die Miete innerhalb von drei Jahren, von Erhöhungen nach den §§ 559 bis 560 abgesehen, nicht um mehr als 20 vom Hundert erhöhen (Kappungsgrenze).**

(4) ¹**Die Kappungsgrenze gilt nicht,**
1. **wenn eine Verpflichtung des Mieters zur Ausgleichszahlung nach den Vorschriften über den Abbau der Fehlsubventionierung im Wohnungswesen wegen des Wegfalls der öffentlichen Bindung erloschen ist und**
2. **soweit die Erhöhung den Betrag der zuletzt zu entrichtenden Ausgleichszahlung nicht übersteigt.**

²**Der Vermieter kann vom Mieter frühestens vier Monate vor dem Wegfall der öffentlichen Bindung verlangen, ihm innerhalb eines Monats über die Verpflichtung zur Ausgleichszahlung und über deren Höhe Auskunft zu erteilen.** ³**Satz 1 gilt entsprechend, wenn die Verpflichtung des Mieters zur Leistung einer Ausgleichszahlung nach den §§ 34 bis 37 des Wohnraumförderungsgesetzes und den hierzu ergangenen landesrechtlichen Vorschriften wegen Wegfalls der Mietbindung erloschen ist.**

Titel 5. Mietvertrag, Pachtvertrag **§ 558 a**

(5) Von dem Jahresbetrag, der sich bei einer Erhöhung auf die ortsübliche Vergleichsmiete ergäbe, sind Drittmittel im Sinne des § 559 a abzuziehen, im Falle des § 559 a Abs. 1 mit 11 vom Hundert des Zuschusses.

(6) Eine zum Nachteil des Mieters abweichende Vereinbarung ist unwirksam.

1. Allgemeines. a) Bisheriges Recht. Die §§ 558–558 c nehmen im Wesentlichen ohne Veränderung der Rechtslage MHG 2 auf, dessen Inhalt zur besseren Verständlichkeit aufgegliedert worden ist. Herabgesetzt wurde die Kappungsgrenze (Rn 4). § 558 bestimmt die Voraussetzungen für eine Mieterhöhung. **b) Normzweck.** Die §§ 558–558 b, ergänzt durch §§ 558 c–e, sind das **Kernstück** für den Regelfall der Mieterhöhung, **wenn keine bes Anpassungsvereinbarung** (§§ 557–557 b) getroffen worden ist. Sie sind Konsequenz dessen, dass für den Vermieter das Recht zur ordentlichen Kündigung wesentlich erschwert, auf wenige Gründe begrenzt ist (s §§ 573 ff) und insbes keine Möglichkeit der Änderungskündigung besteht. Durch die Normen soll einerseits die Wirtschaftlichkeit des Mieteigentums für den Vermieter auf Dauer erhalten bleiben und andererseits die Belastung des Mieters, der in der von ihm genutzten Wohnung seinen uU schwer zu verändernden Lebensmittelpunkt hat, eingegrenzt werden (zu den Auswirkungen s BVerfG NJW 80, 1617 mwN). **c) Aufbau der §§ 558–558 b.** Systematisch gibt das Ges dem Vermieter nicht ein einseitiges Recht, die Miete zu erhöhen, sondern einen Anspruch gegen den Mieter auf dessen Zustimmung zur Mieterhöhung, also zur Änderung des Vertrages. § 558 enthält die sachlichen Voraussetzungen für einen solchen Anspruch, § 558 a legt fest, wie der Vermieter sein Verlangen auf Erhöhung der Miete geltend machen muss; § 558 b regelt die Konsequenz, wenn der Mieter zustimmt bzw nicht zustimmt. Die Normen sind zugunsten des Mieters **zwingend**.

2. Kumulative Voraussetzungen und Grenzen der Mieterhöhung. Ablauf einer **Wartefrist** (Sperrfrist) von einem Jahr, also dem erstmaligen Zahlen (bzw der Fälligkeit) der jetzigen Miete (Beginn des Mietverhältnisses bzw letzte Erhöhung) bis zum Zugang (BGH NJW 93, 2110) des Erhöhungsverlangens **(I 2)**; ein vorher zugegangenes Verlangen ist wirkungslos. **Mindestfrist** von fünfzehn Monaten seit dem erstmaligen Zahlen/der Fälligkeit der Miete in jetziger Höhe **(I 1)**. Die Differenz zwischen Wartefrist und Mindestfrist erklärt sich daraus, dass dem Mieter eine Überlegungsfrist zustehen soll, ob er dem Verlangen nachkommen will (s § 558 b). **Erhöhung** der Miete bis maximal zur ortsüblichen Miete für vergleichbaren Wohnraum (**ortsübliche Vergleichsmiete, II**; iE s § 558 a Rn 2 ff). Einhalten der sog **Kappungsgrenze** von 20% innerhalb von drei Jahren **(III)**. Die Kappungsgrenze greift nur ein, wenn die Vergleichsmiete zu einer stärkeren Erhöhung berechtigen würde; bleibt die Steigerung der Vergleichsmiete innerhalb von drei Jahren unter 20% und war der Rahmen voll ausgeschöpft, kann (nur) die Vergleichsmiete verlangt werden. Wird die Kappungsgrenze voraussichtlich später als nach Ablauf der Mindestfrist erreicht, kann der Vermieter das Erhöhungsverlangen bis dahin hinausschieben. Zur **Unanwendbarkeit der Kappungsgrenze** s GesText **(IV)**.

§ 558 a Form und Begründung der Mieterhöhung

(1) **Das Mieterhöhungsverlangen nach § 558 ist dem Mieter in Textform zu erklären und zu begründen.**

(2) **Zur Begründung kann insbesondere Bezug genommen werden auf**
1. **einen Mietspiegel (§§ 558 c, 558 d),**
2. **eine Auskunft aus einer Mietdatenbank (§ 558 e),**
3. **ein mit Gründen versehenes Gutachten eines öffentlich bestellten und vereidigten Sachverständigen,**

Teichmann

§ 558 a

Buch 2. Abschnitt 8. Einzelne Schuldverhältnisse

4. entsprechende Entgelte für einzelne vergleichbare Wohnungen; hierbei genügt die Benennung von drei Wohnungen.

(3) Enthält ein qualifizierter Mietspiegel (§ 558 d Abs. 1), bei dem die Vorschrift des § 558 d Abs. 2 eingehalten ist, Angaben für die Wohnung, so hat der Vermieter in seinem Mieterhöhungsverlangen diese Angaben auch dann mitzuteilen, wenn er die Mieterhöhung auf ein anderes Begründungsmittel nach Absatz 2 stützt.

(4) ¹Bei der Bezugnahme auf einen Mietspiegel, der Spannen enthält, reicht es aus, wenn die verlangte Miete innerhalb der Spanne liegt. ²Ist in dem Zeitpunkt, in dem der Vermieter seine Erklärung abgibt, kein Mietspiegel vorhanden, bei dem § 558 c Abs. 3 oder § 558 d Abs. 2 eingehalten ist, so kann auch ein anderer, insbesondere ein veralteter Mietspiegel oder ein Mietspiegel einer vergleichbaren Gemeinde verwendet werden.

(5) Eine zum Nachteil des Mieters abweichende Vereinbarung ist unwirksam.

1 **1. Form und Inhalt des Erhöhungsverlangens.** Textform (s § 126 b); dies bezieht sich nicht auf die Begründungsmittel, auf die Bezug genommen wird (s **II**). Genannt werden muss als Wirksamkeitsvoraussetzung der Erhöhungsbetrag oder der erhöhte Mietbetrag (KG ZMR 97, 638), nicht der Zeitpunkt der Erhöhung (Koblenz NJW 83, 1861).

2 **2. Die Begründungsmittel (II)** sind nicht abschließend aufgezählt (s „insbes"). Aus ihnen muss sich das Erhöhungsverlangen schlüssig ableiten lassen. **a)** Angaben aus einem sog **qualifizierten Mietspiegel** (§ 558 d) sind, wenn sie sich auf die fragliche Wohnung beziehen, zwingend (**V**) stets **mitzuteilen (III)**. Der Vermieter ist aber in der Wahl des Begründungsmittels frei (BT-Drs 14/4553 S 55). Er kann deshalb ein Mieterhöhungsverlangen auch auf andere Begründungen stützen; sonst wäre iü der qualifizierte Mietspiegel, der lediglich Vermutungswirkungen entfaltet (§ 558 d III), faktisch nicht zu entkräften (BT-Drs 14/4553 S 55). Stützt sich der Vermieter auf den qualifizierten Mietspiegel, braucht er, wenn Spannen genannt sind, die konkrete Entscheidung innerhalb der Spanne nicht gesondert zu begründen (**IV**). Es ist dann Sache des Mieters zu entscheiden, ob er dem Erhöhungsverlangen zustimmen oder es auf ein Verfahren (s § 558 b II) ankommen lassen will. Der Mietspiegel selbst muss nicht mit übersandt werden, wenn er allg zugänglich ist.

3 **b)** Angaben aus einem **einfachen Mietspiegel (II Nr 1,** s § 558 c) braucht der Vermieter nicht mitzuteilen. Auf **veraltete Mietspiegel** oder **vergleichbare Mietspiegel** bzw einen Mietspiegel mit anderen Berechnungsfaktoren kann der Vermieter ersatzweise (**IV 2**) zurückgreifen, soweit mit Korrekturfaktoren gearbeitet werden kann (s zB Hamm NJW-RR 97, 142; LG Berlin WuM 99, 524).

4 **c)** Auszüge aus einer **Mietdatenbank (II Nr 2,** s § 558 e) sind, falls sich der Vermieter darauf stützt, beizufügen, wenn sie dem Mieter nur unter erheblichem Aufwand zugänglich sind. **d) Gutachten (II Nr 3).** Die Bestellung muss Grundstücks- und Gebäudeschätzungen umfassen (BGH 83, 366). Da es auf die Sachkunde ankommt, kann der Sachverständige auch für einen anderen Bezirk bestellt sein (BayObLG ZMR 87, 426). Ein entspr bestellter Gutachterausschuss erfüllt ebenfalls die Anforderungen (LG Münster II ZMR 94, 22). In seinem Inhalt muss das Gutachten für den Mieter nachvollziehbar darlegen, aus welchen Gründen die vom Vermieter verlangte Miete der ortsüblichen Vergleichsmiete (§ 558 I 1) entspricht (BVerfG NJW 95, 40; zu den Anforderungen an die Darstellung des tatsächlichen Befundes s zB BVerfG NJW 97, 311; s a Isenmann DWW 96, 201).

5 Das Gutachten ist dem Erhöhungsverlangen beizufügen. **e) Vergleichbare Wohnungen (II Nr 4).** Die Vergleichbarkeit bezieht sich auf den **Wohnwert** im Blick auf Größe, Art, Ausstattung, Beschaffenheit und Lage (s § 558 II), nicht die Herstellungskosten. Vergleichbarkeit bedeutet nicht Identität, so dass zB andere Größen herangezogen werden können, wenn sich ein qm-Preis berechnen lässt.

Titel 5. Mietvertrag, Pachtvertrag § 558 b

Die Wohnungen müssen identifizierbar sein (LG Oldenburg MZM 00, 31), wobei Lage, Geschoss, qm-Zahl und Preis genügen (BVerfG NJW 80, 1617). Die Namen von Vermieter und Mieter müssen nicht genannt werden (BGH 84, 392). Auch eigene Wohnungen (zB bei kommunalen Wohnungsträgern) können benannt werden (BT-Drs 14/4553 S 54 ff). Da mindestens drei Wohnungen genannt werden müssen (**II Nr 4 HalbS 2**), muss bei drei Wohnungen die neu geforderte Miete zum Zeitpunkt des Erhöhungsverlangens erreicht werden (Karlsruhe WuM 84, 21).

§ 558 b Zustimmung zur Mieterhöhung

(1) Soweit der Mieter der Mieterhöhung zustimmt, schuldet er die erhöhte Miete mit Beginn des dritten Kalendermonats nach dem Zugang des Erhöhungsverlangens.

(2) ¹**Soweit der Mieter der Mieterhöhung nicht bis zum Ablauf des zweiten Kalendermonats nach dem Zugang des Verlangens zustimmt, kann der Vermieter auf Erteilung der Zustimmung klagen.** ²**Die Klage muss innerhalb von drei weiteren Monaten erhoben werden.**

(3) ¹**Ist der Klage ein Erhöhungsverlangen vorausgegangen, das den Anforderungen des § 558 a nicht entspricht, so kann es der Vermieter im Rechtsstreit nachholen oder die Mängel des Erhöhungsverlangens beheben.** ²**Dem Mieter steht auch in diesem Fall die Zustimmungsfrist nach Absatz 2 Satz 1 zu.**

(4) Eine zum Nachteil des Mieters abweichende Vereinbarung ist unwirksam.

1. Zustimmung (I). Der Mieter hat eine **Überlegungsfrist** von zwei Monaten zum Monatsende (**II 1**), die der Vermieter abwarten muss (Bsp: Erhöhungsverlangen 15. 1., Überlegungsfrist bis 31. 3.). Die empfangsbedürftige (§ 130) Erklärung ist idR **formfrei** (Ausnahme: wesentliche Änderung des Mietvertrages iSd § 560 bei Erhöhung um 20%, BGH ZMR 63, 82); auch eine einmalige vorbehaltslose Zahlung kann als Zustimmung ausgelegt werden (Soe/Heintzmann, MHG 2, 84; AG Frankfurt DWW 87, 263; aA MK/Voelskow, MHG 2, 60; LG Berlin ZMR 90, 180). Rechtsfolge: Bei – auch verspäteter, zB im Prozess erklärter oder durch Urteil ersetzter (s Rn 2) – Zustimmung erhöht sich die Miete ab dem dritten Monat seit dem Zugang des Erhöhungsverlangens (Bsp: Erhöhungsverlangen 15. 1., Zustimmung 20. 5., erhöhte Miete ab 1. 4.). Eine teilw Zustimmung ist möglich (hM), so dass insoweit ihre Wirkungen eintreten. 1

2. Ausbleiben der Zustimmung (II). Der Vermieter muss innerhalb einer **Ausschlussfrist (II 2)** von drei Monaten (Folge einer Verspätung: Unzulässigkeit der Klage) auf Abgabe einer entspr Zustimmungserklärung (s zB 894) klagen. Mit dieser Frist soll den Parteien Zeit für eine einvernehmliche Streitbeilegung eingeräumt werden (BT-Drs 14/4553 S 56). Lässt der Vermieter die Frist verstreichen, so muss er ein neues Erhöhungsverlangen mit allen daran anknüpfenden Fristen stellen (StEmmerich MHG 2, 251, 252). **Fristbeginn:** Zugang einer ablehnenden Erklärung des Mieters (s § 146), spätestens mit Ablauf der Überlegungsfrist für den Mieter (s Bsp Rn 1). 2

3. Heilung eines fehlerhaften Erhöhungsverlangens (III). Voraussetzungen: Vorliegen eines mangelhaften Erhöhungsverlangens. **Abhilfemöglichkeiten:** Nachholen eines komplett neuen Erhöhungsverlangens (**III 1, 1. Alt**) oder Beseitigung des Mangels (**III 1, 2. Alt**, zB Beifügen des Sachverständigengutachtens, Benennen einer weiteren Vergleichswohnung). **Folge:** Der Mieter gewinnt die volle Überlegungsfrist ab Zugang des fehlerfreien Erhöhungsverlangens (**III 2**); stimmt er – auch außerprozessual – zu, so trägt der Vermieter die Kosten eines Rechtsstreits (ZPO 93, 91 a). 3

§ 558 c Mietspiegel

(1) Ein Mietspiegel ist eine Übersicht über die ortsübliche Vergleichsmiete, soweit die Übersicht von der Gemeinde oder von Interessenvertretern der Vermieter und der Mieter gemeinsam erstellt oder anerkannt worden ist.

(2) Mietspiegel können für das Gebiet einer Gemeinde oder mehrerer Gemeinden oder für Teile von Gemeinden erstellt werden.

(3) Mietspiegel sollen im Abstand von zwei Jahren der Marktentwicklung angepasst werden.

(4) ¹Gemeinden sollen Mietspiegel erstellen, wenn hierfür ein Bedürfnis besteht und dies mit einem vertretbaren Aufwand möglich ist. ²Die Mietspiegel und ihre Änderungen sollen veröffentlicht werden.

(5) Die Bundesregierung wird ermächtigt, durch Rechtsverordnung mit Zustimmung des Bundesrates Vorschriften über den näheren Inhalt und das Verfahren zur Aufstellung und Anpassung von Mietspiegeln zu erlassen.

§ 558 d Qualifizierter Mietspiegel

(1) Ein qualifizierter Mietspiegel ist ein Mietspiegel, der nach anerkannten wissenschaftlichen Grundsätzen erstellt und von der Gemeinde oder von Interessenvertretern der Vermieter und der Mieter anerkannt worden ist.

(2) ¹Der qualifizierte Mietspiegel ist im Abstand von zwei Jahren der Marktentwicklung anzupassen. ²Dabei kann eine Stichprobe oder die Entwicklung des vom Statistischen Bundesamtes ermittelten Preisindexes für die Lebenshaltung aller privaten Haushalte in Deutschland zugrunde gelegt werden. ³Nach vier Jahren ist der qualifizierte Mietspiegel neu zu erstellen.

(3) Ist die Vorschrift des Absatzes 2 eingehalten, so wird vermutet, dass die im qualifizierten Mietspiegel bezeichneten Entgelte die ortsübliche Vergleichsmiete wiedergeben.

§ 558 e Mietdatenbank

Eine Mietdatenbank ist eine zur Ermittlung der ortsüblichen Vergleichsmiete fortlaufend geführte Sammlung von Mieten, die von der Gemeinde oder von Interessenvertretern der Vermieter und der Mieter gemeinsam geführt oder anerkannt wird und aus der Auskünfte gegeben werden, die für einzelne Wohnungen einen Schluss auf die ortsübliche Vergleichsmiete zulassen.

Anmerkungen zu §§ 558 c–558 e

1   1. **Zweck der Normen.** § 558 c entspricht MHG 2 V; der **qualifizierte Mietspiegel,** aus dem einfachen Mietspiegel definitorisch entwickelt, soll durch die daran anknüpfenden Rechtsfolgen (Mitteilungspflicht für den Vermieter, § 558 a III, Vermutung der richtigen Wiedergabe der Vergleichsmiete, § 558 d) eine hohe Akzeptanz bei beiden Parteien schaffen und damit streitbefriedend wirken (BT-Drs 14/4553 S 57; krit Börstinghaus NMZ 00, 22). Mit **Mietdatenbanken,** bisher nur vereinzelt vorhanden, sollen durch deren ständige Fortschreibung aktuelle Daten über den Wohnungsmietmarkt genutzt werden können.

Titel 5. Mietvertrag, Pachtvertrag §§ 559–559 b

§ 559 Mieterhöhung bei Modernisierung

(1) Hat der Vermieter bauliche Maßnahmen durchgeführt, die den Gebrauchswert der Mietsache nachhaltig erhöhen, die allgemeinen Wohnverhältnisse auf Dauer verbessern oder nachhaltig Einsparungen von Energie oder Wasser bewirken (Modernisierung), oder hat er andere bauliche Maßnahmen aufgrund von Umständen durchgeführt, die er nicht zu vertreten hat, so kann er die jährliche Miete um 11 vom Hundert der für die Wohnung aufgewendeten Kosten erhöhen.

(2) Sind die baulichen Maßnahmen für mehrere Wohnungen durchgeführt worden, so sind die Kosten angemessen auf die einzelnen Wohnungen aufzuteilen.

(3) Eine zum Nachteil des Mieters abweichende Vereinbarung ist unwirksam.

§ 559 a Anrechnung von Drittmitteln

(1) Kosten, die vom Mieter oder für diesen von einem Dritten übernommen oder die mit Zuschüssen aus öffentlichen Haushalten gedeckt werden, gehören nicht zu den aufgewendeten Kosten im Sinne des § 559.

(2) [1]Werden die Kosten für die baulichen Maßnahmen ganz oder teilweise durch zinsverbilligte oder zinslose Darlehen aus öffentlichen Haushalten gedeckt, so verringert sich der Erhöhungsbetrag nach § 559 um den Jahresbetrag der Zinsermäßigung. [2]Dieser wird errechnet aus dem Unterschied zwischen dem ermäßigten Zinssatz und dem marktüblichen Zinssatz für den Ursprungsbetrag des Darlehens. [3]Maßgebend ist der marktübliche Zinssatz für erstrangige Hypotheken zum Zeitpunkt der Beendigung der Maßnahmen. [4]Werden Zuschüsse oder Darlehen zur Deckung von laufenden Aufwendungen gewährt, so verringert sich der Erhöhungsbetrag um den Jahresbetrag des Zuschusses oder Darlehens.

(3) [1]Ein Mieterdarlehen, eine Mietvorauszahlung oder eine von einem Dritten für den Mieter erbrachte Leistung für die baulichen Maßnahmen stehen einem Darlehen aus öffentlichen Haushalten gleich. [2]Mittel der Finanzierungsinstitute des Bundes oder eines Landes gelten als Mittel aus öffentlichen Haushalten.

(4) Kann nicht festgestellt werden, in welcher Höhe Zuschüsse oder Darlehen für die einzelnen Wohnungen gewährt worden sind, so sind sie nach dem Verhältnis der für die einzelnen Wohnungen aufgewendeten Kosten aufzuteilen.

(5) Eine zum Nachteil des Mieters abweichende Vereinbarung ist unwirksam.

§ 559 b Geltendmachung der Erhöhung, Wirkung der Erhöhungserklärung

(1) [1]Die Mieterhöhung nach § 559 ist dem Mieter in Textform zu erklären. [2]Die Erklärung ist nur wirksam, wenn in ihr die Erhöhung aufgrund der entstandenen Kosten berechnet und entsprechend den Voraussetzungen der §§ 559 und 559 a erläutert wird.

(2) [1]Der Mieter schuldet die erhöhte Miete mit Beginn des dritten Monats nach dem Zugang der Erklärung. [2]Die Frist verlängert sich um sechs Monate, wenn der Vermieter dem Mieter die zu erwartende Erhöhung der Miete nicht nach § 554 Abs. 3 Satz 1 mitgeteilt hat oder wenn die tatsächliche Mieterhöhung mehr als 10 vom Hundert höher ist als die mitgeteilte.

§ 559 b

(3) **Eine zum Nachteil des Mieters abweichende Vereinbarung ist unwirksam.**

Anmerkungen zu §§ 559–559 b

1. **Allgemeines.** Die Bestimmungen geben im Wesentlichen MHG 3 wieder, dessen Inhalt zur besseren Übersichtlichkeit aufgegliedert worden ist. Sie ergänzen § 554 insoweit, als sie für einen Teil der vom Mieter zu duldenden Maßnahmen **zwingend** zugunsten des Mieters festlegen, in welchem Umfang (§§ 559, 559 a) und auf welche Weise (§ 559 b) die entstandenen Kosten auf den Mieter verlagert werden können. Des Weiteren ist eine Mieterhöhung bei dem Entstehen bestimmter anderer Kosten (§ 559 I, 2. Alt) als möglich vorgesehen. Bei der Vereinbarung einer Staffelmiete (§ 557 a) gilt § 559 nicht.

2. **Modernisierung. a)** Eine **Erhöhung des Gebrauchswertes** liegt bei einer Verbesserung der Nutzungsmöglichkeit (einschließlich des Komforts) für den typisierten Mieter vor, ohne dass es darauf ankommt, ob der konkrete Mieter die Verbesserung nutzen kann oder will (s BayVGH DWW 92, 119, Fernsehkabel). Beispiel: Zentralheizung, Anbau eines Balkons. Nicht erfasst werden Maßnahmen der Instandsetzung oder -haltung (LG Görlitz WM 93, 264, defekter Gasherd). Wird die Instandsetzung zur Wertverbesserung genutzt, so kann ein Teil der Kosten umgelegt werden (Soe/Heintzmann MHG 3, 20; MKVoelskow MHG 3, 13; LG Hannover WuM 90, 227; Beweislast beim Vermieter, LG Braunschweig WuM, 90, 158). Die **Nachhaltigkeit** bezieht sich nicht nur auf den Zeitraum, sondern auch auf die Erheblichkeit für den Gebrauch (Soe/Heintzmann MGH 3, 10). **b)** Mit einer **Verbesserung der allgemeinen Wohnverhältnisse** werden die die Wohnung umgebenden mitvermieteten Teile des Hauses und des Grundstücks erfasst, ohne dass es wiederum auf die konkrete Nutzungsmöglichkeit für den Mieter ankommt. Beispiel: Fahrstuhl (aA LG Berlin: nicht für Erdgeschosswohnungen); Kinderspielplatz, Grünanlagen. **Auf Dauer:** Die jährliche Gartenpflege ist im Gegensatz zur Erstanlage keine dauerhafte Maßnahme. **c) Maßnahmen der Energieeinsparung.** Beispiel: Wärmedämmung, Einbau von Energiesparlampen, Änderung der Heizungsanlage, Speicher für Gebrauchswasser, uU Umstellen auf Fernwärme, wenn dies zur Kosteneinsparung führt, Umweltpumpen, nicht reine Messanlagen. Bei der Verbindung mit einer Instandsetzungsmaßnahme ist eine Kostenteilung vorzunehmen (s Rn 2).

3. **Vom Vermieter nicht zu vertretende Maßnahmen.** Lit: Schmid DWW 00, 147; ders WuM 00, 339. Erfasst werden in erster Linie Maßnahmen aufgrund gesetzlicher oder behördlicher Anordnungen, mit denen der Vermieter bei der Vereinbarung der Miete nicht rechnen konnte. Bsp: Bestimmungen zum Einbau von Messeinrichtungen, Umstellungen auf Erdgas, Verlegen von Stromleitungen unter die Erde, Auflagen zum Denkmalschutz, soweit sie über die Erhaltung und Instandsetzung der Sache hinausgehen.

4. **Umlegung der Kosten. Umlagefähig** sind Baukosten (einschließlich der Eigenleistungen, str), Baunebenkosten (zB Gebühren und Finanzierungskosten, nicht Mietausfälle); Ersparnisse für nicht mehr erforderliche Instandhaltungskosten (s Rn 2) sind abzuziehen. Abzuziehen sind weiter die Kosten nach § 559 a. Die **jährliche** Miete ist die rechnerisch zwölffache Miete des letzten Monats vor Abschluss der Bauarbeiten, so dass innerhalb des letzten Jahres eingetretene Mieterhöhungen zB aufgrund von § 558 voll zu berücksichtigen sind. Bei der **angemessenen Verteilung auf mehrere Wohnungen** (II) ist § 315 I zu beachten. Bsp: Verteilung nach der Höhe der Miete, der Wohnfläche, dem unterschiedlichen Nutzungswert für die einzelne Wohnung (zB Aufzug). Ersparte Instandsetzungskosten sind wohnungsbezogen zu ermitteln (AG Köln WM 90, 226).

5. **Geltendmachen der Erhöhung (§ 559 b I). a)** Die **Vorankündigung** drei Monate vor Beginn der Baumaßnahmen (§§ 559 b II 2, 554 III 1) ist nicht Wirk-

Titel 5. Mietvertrag, Pachtvertrag § 560

samkeitsvoraussetzung für die Mieterhöhung; der Vermieter verliert jedoch im Blick auf den Erhöhungsbetrag sechs Monate (Rn 8). Erforderlich ist hier allerdings nur die Angabe des voraussichtlichen Erhöhungsbetrages; die übrigen dort genannten Angaben waren wegen der inzwischen geschehenen Duldung der nun abgeschlossenen Arbeiten erforderlich. Eine Mitteilung kürzer als drei Monate vor Beginn genügt den Anforderungen nicht; ein heilendes Nachholen ist nicht möglich (Soe/Heintzmann MHG 3, 35). **b) Form.** Textform (s § 126 b). **Inhalt:** 7 Genannt werden muss der Betrag, um den sich die Miete erhöht, oder die neue Miete. Auch muss, wenn nicht offensichtlich, dargelegt werden, dass es sich um eine den Gebrauchswert verbessernde oder energieeinsparende Maßnahme handelt. Der Umfang der Energieeinsparung muss nicht dargelegt werden (BGH NJW 02, 2036). Aufzuzeigen sind die entstandenen Kosten und daraus rechnerisch nachvollziehbar die Mieterhöhung. Bei der Verteilung auf mehrere Wohnungen ist der Verteilungsschlüssel anzugeben und zu begründen; auch Abzüge nach § 559 a sind zu erläutern. **Zeitpunkt:** Erst nach Abschluss der Arbeiten, weil dann die Kosten definitiv feststehen. Die **Beweislast** für Zugang und ordnungsgemäßen Inhalt trägt der Vermieter. Eine Ausschlussfrist besteht nicht, uU kann Verwirkung eintreten. Eine **fehlerhafte Erklärung** kann ohne Rückwirkung nachgeholt werden.

6. Wirkung der Erhöhungserklärung (§ 559b II). Erhöhung der Miete (s 8 Rn 5) ab drittem Monat nach Zugang auch ohne Zustimmung des Mieters (Bsp: Erhöhungsverlangen am 15. 1., erhöhte Miete ab 1. 4.). Hat der Vermieter die Baumaßnahmen nicht rechtzeitig angekündigt (s Rn 6) oder die Kosten (auch schuldlos) zu niedrig angesetzt (Übersteigen der mitgeteilten Höhe um mehr als 10%), so wirkt die Erhöhungserklärung erst sechs Monate später (im Bsp ab 1. 10.).

§ 560 Veränderungen von Betriebskosten

(1) ¹**Bei einer Betriebskostenpauschale ist der Vermieter berechtigt, Erhöhungen der Betriebskosten durch Erklärung in Textform anteilig auf den Mieter umzulegen, soweit dies im Mietvertrag vereinbart ist.** ²**Die Erklärung ist nur wirksam, wenn in ihr der Grund für die Umlage bezeichnet und erläutert wird.**

(2) ¹**Der Mieter schuldet den auf ihn entfallenden Teil der Umlage mit Beginn des auf die Erklärung folgenden übernächsten Monats.** ²**Soweit die Erklärung darauf beruht, dass sich die Betriebskosten rückwirkend erhöht haben, wirkt sie auf den Zeitpunkt der Erhöhung der Betriebskosten, höchstens jedoch auf den Beginn des der Erklärung vorausgehenden Kalenderjahres zurück, sofern der Vermieter die Erklärung innerhalb von drei Monaten nach Kenntnis von der Erhöhung abgibt.**

(3) ¹**Ermäßigen sich die Betriebskosten, so ist eine Betriebskostenpauschale vom Zeitpunkt der Ermäßigung an entsprechend herabzusetzen.** ²**Die Ermäßigung ist dem Mieter unverzüglich mitzuteilen.**

(4) **Sind Betriebskostenvorauszahlungen vereinbart worden, so kann jede Vertragspartei nach einer Abrechnung durch Erklärung in Textform eine Anpassung auf eine angemessene Höhe vornehmen.**

(5) **Bei Veränderungen von Betriebskosten ist der Grundsatz der Wirtschaftlichkeit zu beachten.**

(6) **Eine zum Nachteil des Mieters abweichende Vereinbarung ist unwirksam.**

1. Allgemeines. Bisheriges Recht: § 560 entspricht mit einer wichtigen 1 Änderung im Anwendungsbereich MHG 4 II–IV. **Anwendungsbereich:** Die Bestimmung bezieht sich **nicht** auf den Regelfall von Vereinbarungen, in denen Betriebskosten je nach ihrem konkreten Anfallen umgelegt und Vorauszahlungen als Vorschuss vereinbart werden (s dazu § 556), sondern auf Klauseln, in denen eine

§ 561 Buch 2. Abschnitt 8. Einzelne Schuldverhältnisse

Pauschalierung (unabhängig vom konkreten Verbrauch) vorgenommen wurde. Wird überhaupt nicht oder im Blick auf bestimmte Betriebskosten zwischen Nutzungsvergütung und Betriebskosten getrennt (Brutto- und Teilinklusivmiete, s § 556 Rn 1, 3), so kann insoweit die Miete nur nach § 558 erhöht werden. **Normzweck:** Zugunsten des Mieters zwingende Ausgestaltung eines vertraglich vorgesehenen Anpassungsrechts des Vermieters bei Betriebskostenpauschalen und gleichzeitige Erstreckung eines solchen Mittels auf eine entsprechende Befugnis des Mieters **(VI).**

2   2. **Erhöhung der Betriebskostenpauschale. a) Voraussetzungen (I 1). Erhöhungsvorbehalt** im Mietvertrag, **Kostensteigerung** seit der letzten Festlegung der Betriebskosten. Der Vermieter muss, wenn die Erhöhung auf seiner Entscheidung beruht (Bsp: Ankauf von Öl), auf die Wirtschaftlichkeit achten **(V). b) Verfahren.** Zugangsbedürftige gestaltende Erklärung in Textform (§ 126 b), nachprüfbare Begründung der Erhöhung als Wirksamkeitsvoraussetzung **(I 2).** c) Die **Wirksamkeit** der Erklärung tritt mit Beginn des auf ihren Zugang folgenden übernächsten Monats ein (Bsp: Erklärung am 20. 1., Erhöhung ab 1. 3.). Die Kosten für die Zwischenzeit muss der Vermieter, der eine Pauschalvereinbarung getroffen hat, selbst tragen. Eine Erhöhung kann nach den in **II 2** genannten zeitlichen Schranken auch bei einer **rückwirkenden Erhöhung** verlangt werden (Bsp: erhöhter Gebührenbescheid für die Vergangenheit). Die Erhöhungserklärung wirkt freilich ebenfalls nur in Zukunft vom übernächsten Monat an (MK/Voelskow MHG 4, 11; Soe/Heintzmann MHG 4, 20). Die **Beweislast** für Kenntnis und Zeitpunkt der Abgabe trägt der Vermieter.

3   3. **Ermäßigung der Betriebskostenpauschale (III).** Der Vermieter ist zur Ermäßigung verpflichtet, ohne dass es einer Aufforderung durch den Mieter bedarf; abzustellen ist auf den Gesamtbetrag. Die unverzügliche (§ 121) Mitteilung ist auf den Zeitpunkt des Eintritts der Ermäßigung zu beziehen (Soe/Heintzmann MHG 4, 25). Die Rückabwicklung geschieht nach §§ 346 ff.

4   4. **Anpassung von Vorauszahlungen (IV).** Die Bestimmung knüpft an den Grundsatz an, dass Vorauszahlungen nur in angemessener Höhe gefordert werden dürfen (§ 556 II 2), und soll deshalb bei einer vereinbarten Betriebskostenpauschale eine Reduzierungsmöglichkeit schaffen (BT-Drs 14/4553 S 59). Die Anpassung geschieht nach einer Abrechnung durch den Zugang (§ 130) einer Anpassungserklärung in Textform (§ 126 b). Ist die erklärte Anpassung unangemessen, so tritt (ähnlich wie bei einer Minderung s § 441) eine Anpassung im angemessenen Umfang ein.

§ 561 Sonderkündigungsrecht des Mieters nach Mieterhöhung

(1) ¹**Macht der Vermieter eine Mieterhöhung nach § 558 oder § 559 geltend, so kann der Mieter bis zum Ablauf des zweiten Monats nach dem Zugang der Erklärung des Vermieters das Mietverhältnis außerordentlich zum Ablauf des übernächsten Monats kündigen.** ²**Kündigt der Mieter, so tritt die Mieterhöhung nicht ein.**

(2) **Eine zum Nachteil des Mieters abweichende Vereinbarung ist unwirksam.**

1   1. **Allgemeines. Bisheriges Recht.** Die Norm übernimmt MHG 9 I und vereinheitlicht die dortigen Fristen. **Anwendbarkeit.** Mieterhöhungen wegen Anpassung an die ortsübliche Vergleichsmiete (§ 558) oder wegen durchgeführter Modernisierungsmaßnahmen (§ 559). Bei einer Staffelmiete (§ 557 a), einer Indexanpassung (§ 537 b) oder der Erhöhung der Betriebskosten (§ 556) bzw einer Betriebskostenpauschale (§ 560) steht dem Mieter kein außerordentliches Kündigungsrecht zu. **Zeitliche Anwendbarkeit:** Kündigungen, die ab 1. 9. 2001 zugehen. Die Norm ist zugunsten des Mieters **zwingend (II).**

Titel 5. Mietvertrag, Pachtvertrag **§ 562**

2. Entstehen des Kündigungsrechts. Geltendmachung einer Mieterhöhung 2
durch den Vermieter; unerheblich ist, ob die Erhöhung den Formerfordernissen
entspricht oder sachlich gerechtfertigt ist. Werden die Mängel durch ein neues
Verlangen behoben, so laufen neue Überlegungsfristen (s Rn 3).
3. Ausübung des Kündigungsrechts. Eine **Überlegungsfrist** steht dem Mie- 3
ter bis zum Ende des der Erhöhungserklärung folgenden übernächsten Monats zu
(Bsp: Zugang der Erhöhungserklärung am 20. 1., Überlegungsfrist bis 31. 3.). Die
Kündigung bedarf der **Schriftform** (§ 126 s § 568 I) und muss nicht begründet
werden.
4. Wirkung der Kündigung. a) Das **Mietverhältnis endet** mit Ablauf des 4
übernächsten Monats, bis zu dessen Ende die Kündigungserklärung des Mieters
zugehen musste (BT-Drs 14/4553 S 60). Bsp: Zugang der Erhöhungserklärung am
20. 1.; Ende der Überlegungsfrist am 31. 3., Wirkung der Kündigung zum 31. 5.).
Unerheblich ist, wann der Mieter (zwischen dem 20. 1. und dem 31. 3.) den
Mietvertrag gekündigt hat. **b) Bis zum Ende des Mietvertrages** erhöht sich die
Miete nicht; gibt der Mieter die Wohnung nicht zurück, so kann der Vermieter
gem § 546 a die wirksam erhöhte Miete verlangen.

Kapitel 3. Pfandrecht des Vermieters

§ 562 Umfang des Vermieterpfandrechts

(1) ¹**Der Vermieter hat für seine Forderungen aus dem Mietverhältnis
ein Pfandrecht an den eingebrachten Sachen des Mieters.** ²**Es erstreckt
sich nicht auf die Sachen, die der Pfändung nicht unterliegen.**

(2) **Für künftige Entschädigungsforderungen und für die Miete für eine
spätere Zeit als das laufende und das folgende Mietjahr kann das Pfandrecht nicht geltend gemacht werden.**

Lit: Eckert, Das Vermieterpfandrecht im Konkurs des Mieters, ZIP 84, 663; Spieker, Das
Vermieterpfandrecht nach § 562 BGB: Von der Wirklichkeit überrannt, ZMR 02, 327.

1. Allgemeines. a) Bisheriges Recht. § 562 entspricht § 559 aF und ist neu 1
gegliedert worden. **b) Funktion.** Der Vermieter, der die Sache dem Mieter überlassen und sie damit in eine fremde Einflusssphäre übergeben muss, geht selbst bei
Vereinbarung einer Sicherheit (s § 551) ein uU erhebliches Risiko ein. § 562 soll
ihm einen Ausgleich durch zusätzliche Sicherheiten verschaffen. **c) Inhalt.** Das
Vermieterpfandrecht ist ein besitzloses ges Pfandrecht iSv § 1257. Es ist ein „sonstiges Recht" iSv § 823 I (s § 823 Rn 15) und auch strafrechtlich geschützt (s StGB
289). Zur Sicherung des Pfandrechts s § 562 b). **d)** Die **Verwertung** setzt einen
Duldungstitel voraus (§ 1233 II); bei Vollstreckung durch einen anderen Gläubiger
in die Sache kann der Vermieter in den Grenzen des § 562 d vorzugsweise Befriedigung verlangen (ZPO 805; der Dritte kann aber einwenden, dem Vermieter stünden
hinreichend andere Gegenstände zur Sicherung zur Verfügung; ie BGH 27, 231 ff).
Kommt der Vermieter zu spät, so steht ihm gegen den Dritten die Eingriffskondiktion, uU ein Anspruch aus § 823 I (Rn 1 aE) zu. Im Insolvenzverfahren des
Mieters besteht ein Recht auf abgesonderte Befriedigung (InsO 50 II). **e) Anwendbarkeit.** Die Bestimmung gilt auch für Mietverhältnisse über Grundstücke
und über Räume, die keine Wohnräume sind, § 578 I, II. **f) Abdingbarkeit.** Der
Vermieter kann auf das Entstehen des Pfandrechts verzichten, der Mieter kann es
nicht über die Grenzen des I 2 ausdehnen (allg M; sa ThPutzo ZPO 811, 5); eine
rechtsgeschäftliche Verpfändung einzelner Gegenstände gem §§ 1205 ff bleibt wie
die Sicherungsübereignung zulässig (Soe/Heintzmann § 559 aF, 29).

2. Gesicherte Forderungen. a) Sachliche Umgrenzung. Alle zum Zeit- 2
punkt des Geltendmachens **entstandenen** Forderungen aus dem (wirksamen)
Mietverhältnis. Bsp: Miete, Nebenkosten, Ersatzansprüche, Rechtsverfolgungskosten, Vertragsstrafen sowie zweckgebundene Mieterzuschüsse zum Umbau (aA

§ 562 a Buch 2. Abschnitt 8. Einzelne Schuldverhältnisse

Eckert ZIP 84, 665), nicht allg Finanzierungsdarlehen (BGH 62, 25). Bei einem Vermieterwechsel ist § 566 entspr anwendbar. **b) Zeitliche Umgrenzung. aa) Entschädigungsforderungen** müssen zum Zeitpunkt des Geltendmachens (dazu BGH NJW 72, 721) bestimmt (Hamm NJW-RR 94, 656) und fällig sein. Das Pfandrecht kann aber bis zum Ende des Mietvertrages immer wieder geltend gemacht werden. **bb)** Für die **Miete** bezieht sich das Pfandrecht auch auf künftige Forderungen, allerdings nur für den Rest des laufenden und des folgenden Mietjahres (nicht Kalenderjahres).

3   **3. Objekt des Pfandrechts. a) Sachen** (§§ 90, 90 a S 3) **des Mieters.** IdR Alleineigentum; bei Miteigentum nach Bruchteilen unterliegt der dem Mieter gehörende Teil dem Pfandrecht (RG 146, 337). Bei gesamthänderischem Eigentum müssen alle Eigentümer Mieter sein (RG JW 37, 614). Hat der Mieter Sachen unter EV erworben, so wird die **Anwartschaft** erfasst, das Pfandrecht setzt sich ggf am Vollrecht fort. Es hat auch Vorrang vor einer späteren Raumsicherungsübereignung (BGH 117, 205 ff; ie Nicolai JZ 96, 219). An fremden Sachen entsteht auch bei gutem Glauben des Vermieters kein Pfandrecht (allgM). **b) Eingebrachte Sachen.** Die Sache muss mit dem Willen des Mieters zu einem nicht nur vorübergehenden Zweck in die gemieteten Räume hineingebracht oder dort hergestellt (RG 132, 119) sein (Soe/Heintzmann, § 559 aF, 23); ein ununterbrochenes Verbleiben ist hingegen nicht erforderlich. Bsp: Kfz in der Garage (aA Bronsch ZMR 70, 1), Warenlager (aA Eckert ZIP 84, 663). Das Einbringen als tatsächlicher willentlicher Vorgang setzt Geschäftsfähigkeit nicht voraus (hM, ErmJendrek, § 559 aF, 6; differenzierend StEmmerich, § 559 aF, 26). **c) Nicht erfasste (unpfändbare) Sachen (S 2).** S ZPO 811, 811 c und auch ZPO 812 (StEmmerich § 559 aF, 51 ff; Soe/Heintzmann § 559 aF, 20).

4   **4. Beweislast.** Der Vermieter muss das Entstehen (BGH DB 86, 2075) einer Forderung und die sachlichen Voraussetzungen (Rn 2 f) beweisen (s dazu RG 146, 339 f). Dem Mieter obliegt die Beweislast für die Unpfändbarkeit **(I 2).**

§ 562 a Erlöschen des Vermieterpfandrechts

¹**Das Pfandrecht des Vermieters erlischt mit der Entfernung der Sachen von dem Grundstück, außer wenn diese ohne Wissen oder unter Widerspruch des Vermieters erfolgt.** ²**Der Vermieter kann nicht widersprechen, wenn sie den gewöhnlichen Lebensverhältnissen entspricht oder wenn die zurückbleibenden Sachen zur Sicherung des Vermieters offenbar ausreichen.**

1   **1. Allgemeines. a) Bisheriges Recht.** Die Norm übernimmt mit sprachlichen Änderungen § 560 aF. **b) Funktion.** § 562 a hat den **rechtlichen Bestand** des Vermieterpfandrechts zum Gegenstand und behandelt einen bes Fall des Erlöschens, der zu den allg Erlöschensgründen, §§ 1242 II, 1252 ff, 936, hinzutritt. Einen weiteren Fall des Erlöschens enthält § 562 b. **c)** Die Vorschrift ist, da S 1 einen sachenrechtlichen Grundsatz aufstellt und S 2 Schutzcharakter hat, **nicht abdingbar** (StEmmerich, § 560 aF, 32).

2   **2. Rechtsvoraussetzungen. a) Entfernung** ist das Wegschaffen der Sache aus dem Bereich des Grundstücks bzw aus der Wohnung einschließlich der mitvermieteten allg Räume (§ 535 Rn 10) auf Dauer. Ein zeitweiliges Entfernen (zB des Kfz zur Benutzung oder Reparatur) lässt das Pfandrecht nicht erlöschen (Soe/Heintzmann, § 560 aF, 2; Schopp NJW 71, 1141; sehr str, aA Bronsch ZMR 70, 2; Kohl NJW 71, 1733; Trenk-Hinterberger ZMR 71, 330 ff; StEmmerich, § 560 aF, 11; Karlsruhe NJW 71, 625: jeweiliges Erlöschen und Neuentstehen mit Rückkehr). Wer die Sache wegbringt, ist gleichgültig (daher gilt § 562 a auch bei einer Wegnahme durch den Gerichtsvollzieher, Soe/Heintzmann § 560 aF, 3 mwN). **b) Mit Wissen des Vermieters. aa) Grundsatz.** § 562 a ist negativ formuliert, weil der Vermieter die Beweislast für sein Nichtwissen trägt (s Rn 4).

Titel 5. Mietvertrag, Pachtvertrag § 562 b

Auch grobfahrlässige Unkenntnis reicht nicht aus; § 166 I (Kenntnis des Vertreters, Repräsentanten) ist anwendbar. **bb) Ausnahme.** Auf das Wissen des Vermieters kommt es nicht an, wenn ein Widerspruch gem **S 2** unbeachtlich wäre (Trenk-Hinterberger JR 73, 139; aA Werner JR 72, 235 mwN). **c) Kein (zu beachten- 3 der) Widerspruch des Vermieters. aa) Grundsatz.** Der Widerspruch ist eine rechtsgeschäftsähnliche Handlung, er kann wie eine Willenserklärung auch schlüssig geschehen. Erfolgen muss er in unmittelbarem zeitlichem Zusammenhang mit der Wegnahme. **bb) Ausnahme.** Unbeachtlichkeit eines Widerspruchs **(S 2)**. *Regelmäßige Geschäfte* sind die üblichen einschließlich von Saisonverkäufen, nicht jedoch ein Totalausverkauf (vgl LM Nr 2). Wird angenommen, das zeitweilige Entfernen einer Sache bringe das Pfandrecht zum Erlöschen (s Rn 2), so ist das Wegschaffen zur Reparatur, das Mitnehmen von benötigten Sachen auf eine Reise als den *gewöhnlichen Lebensverhältnissen* entspr anzusehen. Zur Sicherung des Vermieters *reichen* die zurückbleibenden Sachen *offenbar aus,* wenn sie ohne nähere Prüfung den Eindruck hervorrufen, bei ihrer Verwertung werde der Vermieter hinlänglich befriedigt sein (Soe/Heintzmann, § 560 aF, 9).

3. Der Mieter trägt die **Beweislast** für das Entfallen (Rn 2), der Vermieter für 4 sein Nichtwissen und einen Widerspruch, der Mieter (bzw ein Gläubiger) wiederum für die Voraussetzungen des S 2.

§ 562 b Selbsthilferecht, Herausgabeanspruch

(1) ¹**Der Vermieter darf die Entfernung der Sachen, die seinem Pfandrecht unterliegen, auch ohne Anrufen des Gerichts verhindern, soweit er berechtigt ist, der Entfernung zu widersprechen.** ²**Wenn der Mieter auszieht, darf der Vermieter diese Sachen in seinen Besitz nehmen.**

(2) ¹**Sind die Sachen ohne Wissen oder unter Widerspruch des Vermieters entfernt worden, so kann er die Herausgabe zum Zwecke der Zurückschaffung auf das Grundstück und, wenn der Mieter ausgezogen ist, die Überlassung des Besitzes verlangen.** ²**Das Pfandrecht erlischt mit dem Ablauf eines Monats, nachdem der Vermieter von der Entfernung der Sachen Kenntnis erlangt hat, wenn er diesen Anspruch nicht vorher gerichtlich geltend gemacht hat.**

1. Bisheriges Recht. Die Bestimmung ist bei geringfügigen sprachlichen Än- 1 derungen mit § 561 aF identisch. **Normzweck.** Das Vermieterpfandrecht soll durch **I** faktisch abgesichert werden; **II 2** ergänzt § 562 a durch einen weiteren (rechtlichen) Erlöschensgrund. Die Bestimmung ist insofern **zwingend,** als eine Erweiterung des Selbsthilferechts (I) und eine Verlängerung der Ausschlussfrist (II 2) nicht vereinbart werden kann.

2. Selbsthilferecht (I). a) Allgemeines. § 562 b I tritt neben § 229 und stellt 2 geringere Anforderungen: § 231 ist nicht anwendbar (sondern § 823). **b) Rechtsvoraussetzungen.** Zu „dem Pfandrecht unterliegende Sachen" s § 562 Rn 3; zum Widerspruch s § 562 a Rn 3; zur Entfernung s § 562 a Rn 2; zur **Beweislast** s §§ 562 Rn 4, 562 a Rn 4. Der Mieter muss mit den Maßnahmen beginnen (Düsseldorf ZMR 83, 376). Nach der Entfernung steht dem Vermieter das Selbsthilferecht nicht mehr zu. **c) Rechte des Vermieters.** Bewirken – uU auch mit Gewalt (ie StEmmerich, § 561 aF, 17 ff) –, dass die Sache auf dem Grundstück bzw in der Wohnung usw verbleibt. Beginnt der Mieter mit den unmittelbaren Vorbereitungen zum völligen Auszug, so kann der Vermieter die Sachen in Alleinbesitz (zB unter Verschluss, in seine Wohnung) nehmen.

3. Der **Herausgabeanspruch (II 1)** richtet sich auch gegen Dritte. Zu den 3 Rechtsvoraussetzungen s § 562 a Rn 2 f, zum gutgläubigen Erwerb s § 936. Das Geltendmachen geschieht durch Klage oder einstweilige Verfügung. Zur **Beweislast** s § 562 a Rn 4; der Vermieter muss außerdem den Besitz des Bekl beweisen (StEmmerich, § 561 aF, 54; Baumgärtel I, § 561 aF, 2, str).

§§ 562c–563 Buch 2. Abschnitt 8. Einzelne Schuldverhältnisse

4 4. **Erlöschen des Pfandrechts (II 2).** Die Bestimmung dient dem Verkehrsschutz; deshalb handelt es sich um eine Ausschlussfrist. Die **Beweislast** für die Kenntnis hat der Mieter.

§ 562c Abwendung des Pfandrechts durch Sicherheitsleistung

¹Der Mieter kann die Geltendmachung des Pfandrechts des Vermieters durch Sicherheitsleistung abwenden. ²Er kann jede einzelne Sache dadurch von dem Pfandrecht befreien, dass er in Höhe ihres Wertes Sicherheit leistet.

1 1. Die Norm ist im Wortlaut mit § 562 aF identisch. Das Pfandrecht bleibt bestehen, jedoch hat der Vermieter kein Selbsthilferecht (§ 562b Rn 2), keinen Herausgabeanspruch (§ 562b Rn 3) und kein Verwertungsrecht (teilw wird vom „Erlöschen" des Pfandrechts gesprochen, zB StEmmerich, § 562 aF, 10; differenzierend RGRK/Gelhaar 1). Leistung der Sicherheit gem §§ 232 ff. Die Norm ist **zwingend**.

§ 562d Pfändung durch Dritte

Wird eine Sache, die dem Pfandrecht des Vermieters unterliegt, für einen anderen Gläubiger gepfändet, so kann diesem gegenüber das Pfandrecht nicht wegen der Miete für eine frühere Zeit als das letzte Jahr vor der Pfändung geltend gemacht werden.

1 1. § 562d, mit § 563 aF bei einigen sprachlichen Modifikationen identisch, begrenzt aus Gründen des Drittschutzes den zeitlichen Umfang der Forderungen auf die Miete, die durch das Pfandrecht gedeckt sind. Erfasst werden auch die in den Zeitraum fallenden Ansprüche auf Vorauszahlung der Betriebskosten bzw die Betriebskostenpauschale. Für andere Ansprüche, etwa auf Schadensersatz, gilt die Begrenzung nicht. Zu den Rechten den Vermieters gegenüber dem Dritten selbst s § 562 Rn 1. Die Bestimmung ist **zwingend**.

Kapitel 4. Wechsel der Vertragsparteien

§ 563 Eintrittsrecht bei Tod des Mieters

(1) ¹Der Ehegatte, der mit dem Mieter einen gemeinsamen Haushalt führt, tritt mit dem Tod des Mieters in das Mietverhältnis ein. ²Dasselbe gilt für den Lebenspartner.

(2) ¹Leben in dem gemeinsamen Haushalt Kinder des Mieters, treten diese mit dem Tod des Mieters in das Mietverhältnis ein, wenn nicht der Ehegatte eintritt. ²Der Eintritt des Lebenspartners bleibt vom Eintritt der Kinder des Mieters unberührt. ³Andere Familienangehörige, die mit dem Mieter einen gemeinsamen Haushalt führen, treten mit dem Tod des Mieters in das Mietverhältnis ein, wenn nicht der Ehegatte oder der Lebenspartner eintritt. ⁴Dasselbe gilt für Personen, die mit dem Mieter einen auf Dauer angelegten gemeinsamen Haushalt führen.

(3) ¹Erklären eingetretene Personen im Sinne des Absatzes 1 oder 2 innerhalb eines Monats, nachdem sie vom Tod des Mieters Kenntnis erlangt haben, dem Vermieter, dass sie das Mietverhältnis nicht fortsetzen wollen, gilt der Eintritt als nicht erfolgt. ²Für geschäftsunfähige oder in der Geschäftsfähigkeit beschränkte Personen gilt § 210 entsprechend. ³Sind mehrere Personen in das Mietverhältnis eingetreten, so kann jeder die Erklärung für sich abgeben.

(4) Der Vermieter kann das Mietverhältnis innerhalb eines Monats, nachdem er von dem endgültigen Eintritt in das Mietverhältnis Kenntnis erlangt hat, außerordentlich mit der gesetzlichen Frist kündigen, wenn in der Person des Eingetretenen ein wichtiger Grund vorliegt.

Titel 5. Mietvertrag, Pachtvertrag § 563 a

(5) **Eine abweichende Vereinbarung zum Nachteil des Mieters oder solcher Personen, die nach Absatz 1 oder 2 eintrittsberechtigt sind, ist unwirksam.**

§ 563 a Fortsetzung mit überlebenden Mietern

(1) **Sind mehrere Personen im Sinne des § 563 gemeinsam Mieter, so wird das Mietverhältnis beim Tod eines Mieters mit den überlebenden Mietern fortgesetzt.**

(2) **Die überlebenden Mieter können das Mietverhältnis innerhalb eines Monats, nachdem sie vom Tod des Mieters Kenntnis erlangt haben, außerordentlich mit der gesetzlichen Frist kündigen.**

(3) **Eine abweichende Vereinbarung zum Nachteil der Mieter ist unwirksam.**

Anmerkungen zu den §§ 563, 563 a

1. **Allgemeines. a) Funktion.** Die Bestimmungen schaffen im Anschluss an das bisherige Recht (§§ 569 ff aF), aber in stärkerer systematischer Differenzierung, eine mietrechtliche **Sonderrechtsnachfolge** für Personen, die mit dem ursprünglichen Mieter im gemeinsamen Haushalt gelebt haben (§§ 563–563 a). Erst subsidiär kommt es zur erbrechtlichen Lösung (§ 564). Zu beachten ist dabei, dass die in § 563 genannten im Haushalt lebenden Personen auch Erben des Mieters sein können; abzustellen ist aber wegen des Vorrangs der Sonderrechtsnachfolge primär auf ihre Funktion als bis zum Tode des Mieters gemeinsam in dessen Haushalt Lebende. Grund für die mietrechtliche Sonderrechtsnachfolge ist, dass die in § 563 genannten Personen ein berechtigtes Interesse daran haben, ihren Lebensmittelpunkt beizubehalten. Dies ist abzuwägen gegen das Interesse des Vermieters, nicht unangemessen mit neuen Vertragsparteien konfrontiert zu werden und die ursprünglich vereinbarte Nutzung sowie die Miete weiterhin gesichert zu sehen (BT-Drs 14/4553). Unterschieden wird dabei zwischen den Situationen, dass die begünstigte Person bereits mit dem verstorbenen Mieter gemeinsam Vertragspartner war (s § 563 a) und dass sie noch keine Rechtsstellung als Mieter hatte (s § 563). **b) Begünstigter Personenkreis.** Unterschieden werden fünf Personengruppen: Ehegatten, Lebenspartner, Kinder, andere Familienangehörige des Mieters, andere Personen, die mit dem Mieter (außerhalb einer Lebenspartnerschaft) einen auf Dauer angelegten Haushalt geführt haben. Die beiden zuletzt genannten Gruppen werden gleich behandelt (s § 563 II 4). **c) Begriffe. aa) Ein gemeinsamer Haushalt** setzt nicht nur die gemeinsame Nutzung und Pflege der Räume voraus, sondern eine gemeinsame Lebens- und Wirtschaftsführung (PalWeidenkaff § 563 Rn 11). In der Wohnung getrennt lebende Ehegatten bilden keinen gemeinsamen Haushalt mehr. **bb)** Die **Lebenspartnerschaft** umfasst auch gleichgeschlechtliche Lebenspartnerschaften und setzt nach der Rspr eine auf Dauer angelegte, besonders intensive Lebensgemeinschaft voraus, die geprägt wird durch eine innere ausschließliche Bindung und den Willen, umfassend füreinander einzustehen (BGH 121, 116; BT-Drs 14/4553 S 61). Eingetragene Lebenspartnerschaften werden in jedem Fall erfasst, bei nicht eingetragenen Lebenspartnerschaften trägt der überlebende Partner die **Beweislast. cc) Familienangehörige.** Der Begriff ist aus dem Zweck, die Wohnung als Lebensmittelpunkt zu erhalten, weit zu verstehen. Er umfasst Verwandte und Verschwägerte (s §§ 1589, 1590) ohne Abgrenzung hinsichtlich ihres Grades, des Weiteren auch Pflegekinder (StSonnenschein, § 569 a aF, 26). **d)** Die Bestimmung über die Fortsetzung des Mietverhältnisses mit den begünstigten Personen ist zugunsten des Mieters **zwingend** (§§ 563 V, 563 a II).

Teichmann

§ 563 a

3 2. **Fallgruppe 1: Der Mieter hatte allein mit einem Ehepartner einen gemeinsamen Haushalt geführt.** a) Der Überlebende war **auch Vertragspartner** (s § 535 Rn 3): Das Mietverhältnis setzt sich allein mit ihm fort. Der Vermieter hat kein Kündigungsrecht, der Ehegatte kann das Mietverhältnis außerordentlich mit gesetzlicher Frist (s § 573 d) kündigen **(§ 563 a II)**. b) Der Überlebende war **nicht Vertragspartner.** Das Mietverhältnis setzt sich allein mit ihm fort. Dem Vermieter steht innerhalb eines Monats nach Kenntnis vom nicht mehr widerrufbaren Eintritt des Überlebenden (idR Ablauf der Monatsfrist gem § 563 III 1) ein Recht zur außerordentlichen Kündigung mit gesetzlicher Frist (s § 573 d) zu, wenn in der Person des Überlebenden ein wichtiger Grund vorliegt **(§ 563 IV);** zum wichtigen Grund in der Person des Überlebenden s § 569 Rn 2 ff. Der Ehegatte hat innerhalb eines Monats seit Kenntnis vom Tod des Mieters ein **Ablehnungsrecht,** das durch einseitige zugangsbedürftige (§ 130) gestaltende Erklärung ausgeübt wird **(§ 563 III 1)** und rückwirkend den Mietvertrag beseitigt. Für die Zeit bis zur Rückgabe der Wohnung findet § 564 Anwendung. Ist der Ehegatte nicht Erbe, so wird man § 546 entspr anzuwenden haben.

4 3. **Fallgruppe 2: Der Mieter hatte mit dem Überlebenden und gemeinsamen Kindern bzw anderen Familienangehörigen oder anderen Personen auf Dauer einen gemeinsamen Haushalt geführt.** a) Waren die übrigen Personen **mit Vertragspartner,** so setzt sich das Mietverhältnis mit ihnen fort. Der Vermieter hat kein Kündigungsrecht; die Überlebenden können das Mietverhältnis außerordentlich mit gesetzlicher Frist (s § 573 d) kündigen. Die Kündigung kann nur gemeinsam geschehen (§ 563 a I, II). b) Waren die übrigen Personen **nicht Vertragspartner,** so tritt nur der Ehegatte in den Mietvertrag ein **(§ 563 II 1),** sog Ehegattenprivileg (BT-Drs 14/5663 S 81); iÜ s Rn 3. Erklärt der Ehegatte die Ablehnung (s Rn 3), so wird mit Wirkung vom Tod des Mieters an das Mietverhältnis mit den Kindern bzw anderen Personen fortgesetzt **(§ 563 III 1);** erklären auch die Kinder und anderen Personen innerhalb derselben Frist, das Mietverhältnis nicht fortsetzen zu wollen, so gilt § 564. Wegen der theoretischen Möglichkeit für den Ehegatten, die Erklärung im letzten Augenblick abzugeben, wird man den übrigen Personen in einem solchen Fall eine angemessene Nachfrist einräumen müssen. Die Kündigung kann jeder für sich abgeben (§ 563 III 3).

5 4. **Fallgruppe 3: Der Mieter hatte allein mit einem Lebenspartner einen gemeinsamen Haushalt geführt.** Es gilt dieselbe Regelung wie bei einem Ehegatten (§ 563 I 2), s Rn 3.

6 5. **Fallgruppe 4: Der Mieter hatte mit seinen Kindern und einem Lebenspartner einen gemeinsamen Haushalt geführt.** a) Der Lebenspartner war allein oder gemeinsam mit den Kindern bereits **Vertragspartner:** Das Mietverhältnis setzt sich auch mit den Kindern fort (§ 563 a I); iÜ s Rn 4. b) Der Lebenspartner war **nicht Vertragspartner.** Das Mietverhältnis setzt sich mit allen beteiligten Personen fort **(§ 563 II 1, 2).** Ein Lebenspartnerprivileg (s Rn 4) besteht nicht; iÜ s Rn 3.

7 6. **Fallgruppe 5: Der Mieter hatte mit einem Lebenspartner und/oder anderen Personen einen gemeinsamen Haushalt geführt.** a) Die beteiligten Personen waren bereits **Vertragspartner:** Das Mietverhältnis setzt sich mit ihnen fort (§ 563 a I); iÜ s Rn 4. b) Der Lebenspartner und die erwähnten Personen waren **nicht Vertragspartner:** Das Mietverhältnis setzt sich allein mit dem Lebenspartner fort **(§ 563 II 3, 4):** In dieser Konstellation besteht ein Lebenspartner-Privileg (BT-Drs 14/5663 S 81); iÜ s Rn 3.

8 7. **Fallgruppe 6: Der Mieter hatte nur mit Kindern und/oder anderen Personen einen gemeinsamen Haushalt geführt.** a) Die Personen waren bereits **Vertragspartner:** Das Mietverhältnis setzt sich mit ihnen fort (§ 563 a I); iÜ s Rn 4. b) Die Personen waren **nicht Vertragspartner:** Das Mietverhältnis setzt sich mit ihnen fort (§ 563 II 1); iÜ s Rn 4.

Titel 5. Mietvertrag, Pachtvertrag **§§ 563 b–565**

§ 563 b Haftung bei Eintritt oder Fortsetzung

(1) ¹Die Personen, die nach § 563 in das Mietverhältnis eingetreten sind oder mit denen es nach § 563 a fortgesetzt wird, haften neben dem Erben für die bis zum Tod des Mieters entstandenen Verbindlichkeiten als Gesamtschuldner. ²Im Verhältnis zu diesen Personen haftet der Erbe allein, soweit nichts anderes bestimmt ist.

(2) Hat der Mieter die Miete für einen nach seinem Tod liegenden Zeitraum im Voraus entrichtet, sind die Personen, die nach § 563 in das Mietverhältnis eingetreten sind oder mit denen es nach § 563 a fortgesetzt wird, verpflichtet, dem Erben dasjenige herauszugeben, was sie infolge der Vorausentrichtung der Miete ersparen oder erlangen.

(3) Der Vermieter kann, falls der verstorbene Mieter keine Sicherheit geleistet hat, von den Personen, die nach § 563 in das Mietverhältnis eingetreten sind oder mit denen es nach § 563 a fortgesetzt wird, nach Maßgabe des § 551 eine Sicherheitsleistung verlangen.

1. Bisheriges Recht, Haftung (I). §§ 569 a II S 5, III, IV, 569 b S 2 aF. **Für die bis zum Tode** entstandenen Verbindlichkeiten haften die Eintretenden neben den Erben (uU denselben Personen in unterschiedlicher Funktion) als Gesamtschuldner **(I 1)**; für das Innenverhältnis trifft **I 2** eine von § 426 I 1 abweichende Regelung. Für **nach dem Tod** entstehende Verbindlichkeiten haften die Eintretenden allein. **1**

2. Vorauszahlung der Miete (II). Die Norm schafft einen Ausgleichsanspruch des nicht in den Mietvertrag eintretenden Erben gegen die Personen, mit denen das Mietverhältnis fortgesetzt wird. Der Vermieter kann eine an ihn geleistete Vorauszahlung behalten. **2**

3. Zu den **Sicherheiten (III)** s § 551 I. Leisten die Eintretenden die Sicherheit nicht, so ist wohl nicht § 569 III iVm § 543 II, sondern § 573 d entspr anwendbar (außerordentliche Kündigung mit gesetzlicher Frist wegen veränderter Umstände). **3**

§ 564 Fortsetzung des Mietverhältnisses mit dem Erben, außerordentliche Kündigung

¹Treten beim Tod des Mieters keine Personen im Sinne des § 563 in das Mietverhältnis ein oder wird es nicht mit ihnen nach § 563 a fortgesetzt, so wird es mit dem Erben fortgesetzt. ²In diesem Fall ist sowohl der Erbe als auch der Vermieter berechtigt, das Mietverhältnis innerhalb eines Monats außerordentlich mit der gesetzlichen Frist zu kündigen, nachdem sie vom Tod des Mieters und davon Kenntnis erlangt haben, dass ein Eintritt in das Mietverhältnis oder dessen Fortsetzung nicht erfolgt sind.

1. Die Norm übernimmt §§ 569, 569 a VI aF. **I 1** stellt klar, dass die erbrechtliche Nachfolge gegenüber der Sonderrechtsnachfolge im Fall eines gemeinsamen Haushalts (§§ 563, 563 a) subsidiär ist. Zum Kündigungsrecht s §§ 573 d, 575 a. In beiden Bestimmungen ist die Anwendung des § 564 ausdrücklich ausgeschlossen. **1**

§ 565 Gewerbliche Weitervermietung

(1) ¹Soll der Mieter nach dem Mietvertrag den gemieteten Wohnraum gewerblich einem Dritten zu Wohnzwecken weitervermieten, so tritt der Vermieter bei der Beendigung des Mietverhältnisses in die Rechte und Pflichten aus dem Mietverhältnis zwischen dem Mieter und dem Dritten ein. ²Schließt der Vermieter erneut einen Mietvertrag zur gewerblichen Weitervermietung ab, so tritt der Mieter anstelle der bisherigen Vertragspartei in die Rechte und Pflichten aus dem Mietverhältnis mit dem Dritten ein.

§ 566

(2) **Die §§ 566 a bis 566 e gelten entsprechend.**
(3) **Eine zum Nachteil des Dritten abweichende Vereinbarung ist unwirksam.**

Lit: Leutner/Schmidt-Kessel JZ 96, 649 (zum Verhältnis zwischen Mieter und gewerblichem Zwischenvermieter); Derleder/Bartels JZ 97, 981 (zur Dogmatik der Bestimmung).

1   1. **Allgemeines. Bisheriges Recht:** § 549 a. **Zweck der Norm:** Die Bestimmung soll vermeiden, dass der Nutzer der Wohnung (Endmieter) keinen Kündigungsschutz genießt, wenn der Vertrag zwischen (gewerblichem) Zwischenvermieter und Eigentümer beendet wird (BT-Drs 12/3254 S 37 f, sa BVerfG 84, 197). Die Norm ist zugunsten des Endmieters **zwingend (III).**

2   2. **Tatbestand.** Bestehen eines wirksamen Vertrages zwischen Vermieter und dem Mieter (Zwischenvermieter) über **Räume** (s § 578 Rn 1), die der Zwischenvermieter als **Wohnräume** (s § 549 Rn 2) an den Endmieter weitervermietet. Der Zwischenvermieter muss nach dem insoweit eingeschränkten Zweck des Ges (s Schilling/Meyer ZMR 94, 502) **gewerblich tätig** sein, also die Leistung auf einem Markt anbieten, idR aus dem Vermieten Gewinn erzielen wollen. Unter dem vom BVerfG geforderten Schutz des Endmieters (s Rn 1) wird man die Norm vorsichtig entspr anwenden müssen, wenn sich Vermieter und *Endmieter* in einer vergleichbaren Interessenlage befinden (aA BGH 133, 149 f mwN bei der Zwischenvermietung durch einen caritativen Verein zur Betreuung schutzbedürftiger Personen). Die **Beendigung** des Zwischenvermietungsvertrages kann aus beliebigen Gründen eintreten.

3   3. **Rechtsfolgen.** Der Vermieter tritt in den Vertrag zwischen Endmieter und Zwischenvermieter ein (anders StEmmerich 3, § 549 a aF, 4: neuer Vertrag mit demselben Inhalt). Findet der Vermieter später einen neuen Zwischenvermieter, so wird dieser Vertragspartner; auch ein unmittelbarer Übergang von einem auf einen anderen Zwischenvermieter ist möglich.

§ 566 Kauf bricht nicht Miete

(1) **Wird der vermietete Wohnraum nach der Überlassung an den Mieter von dem Vermieter an einen Dritten veräußert, so tritt der Erwerber anstelle des Vermieters in die sich während der Dauer seines Eigentums aus dem Mietverhältnis ergebenden Rechte und Pflichten ein.**

(2) [1]**Erfüllt der Erwerber die Pflichten nicht, so haftet der Vermieter für den von dem Erwerber zu ersetzenden Schaden wie ein Bürge, der auf die Einrede der Vorausklage verzichtet hat.** [2]**Erlangt der Mieter von dem Übergang des Eigentums durch Mitteilung des Vermieters Kenntnis, so wird der Vermieter von der Haftung befreit, wenn nicht der Mieter das Mietverhältnis zum ersten Termin kündigt, zu dem die Kündigung zulässig ist.**

Lit: Gather, Der Wechsel des Vermieters, DWW 92, 37.

1   1. **Allgemeines. a) Bisheriges Recht.** § 566 übernimmt mit geringfügigen sprachlichen Änderungen § 571 aF. **b) Funktion.** Ein schuldrechtlicher Vertrag bindet nur die Parteien. Dann aber hätte der Mieter im Fall der Veräußerung der Sache keine Ansprüche gegenüber dem Erwerber aus dem Mietvertrag; er wäre auf Schadensersatzansprüche gegen den Vermieter (zB aus §§ 280 I, III, 283) angewiesen. § 566 will diese Konsequenzen für bestimmte Mietsachen verhindern und gibt dem Mieter insoweit eine „quasi-dingliche" Stellung. Konsequenz dieser Vorschrift ist § 550 I (s § 550 Rn 1). **c)** Entgegen der hM (s zB PalWeidenkaff 5) ist die Bestimmung zugunsten des Mieters als **zwingend** anzusehen, obwohl eine Regelung wie in § 565 III fehlt; sonst wäre der Mieter in einem Wertungswiderspruch zu § 565 hier entgegen dem Normzweck nur auf Schadensersatzansprüche gegen

Titel 5. Mietvertrag, Pachtvertrag **§ 566 a**

den Vermieter verwiesen. **d) Anwendungsbereich.** Die Vorschrift gilt auch für Mietverträge über Grundstücke, über Räume, die keine Wohnräume sind (§ 578 I, II) sowie über eingetragene Schiffe (§ 578 a I). Eine entspr Anwendung auf andere Nutzungsverhältnisse an Grundstücken scheint möglich (Schön, JZ 01, 119).

2. Rechtsvoraussetzungen (I). a) Mietvertrag zwischen Mieter und Wohnungseigentümer. Der Vertrag darf noch nicht beendet sein. **b) Überlassen der Mietsache** an den Mieter: s § 535 Rn 5 (s BGH DB 84, 1344). Bei Veräußerung vor der Überlassung gilt § 567 a. **c) Veräußerung** (Beweislast bei dem, der sich darauf beruft) ist die rechtsgeschäftliche Übertragung des Eigentums. Auf den Eintritt eines neuen Gesellschafters in eine GbR ist die Norm nicht anwendbar, da die GbR als Rechtssubjekt Vermieterin bleibt (aA BGH 138, 82), Übertragung von Wohnungseigentum auf einen Erwerber nach vorheriger Umwandlung in Wohnungseigentum, selbst wenn ein mitvermieteter Raum Gemeinschaftseigentum wird (BGH 141, 239 mwN). Die Art des Kausalgeschäfts ist unerheblich (zB Kauf, Schenkung, Verpflichtung des Gesellschafters zum Einbringen). Bei der Veräußerung eines Grundstücks in Teilen an einzelne oder das ganze Grundstücks an mehrere setzt sich das Mietverhältnis mit dieser Personenmehrheit als einheitliches fort (s § 535 Rn 3; BGH NJW 73, 455). Zum Erwerb in der Zwangsversteigerung s ZVG 9 Nr 2, 57 ff, im Insolvenzverfahren s InsO 111. 2

3. Rechtsfolgen (I). a) Grundsatz. Der neue Eigentümer tritt in die Rechtsstellung des Veräußerers ein, er übernimmt also die Rechte und Pflichten, *die nach der Veräußerung entstanden oder fällig sind* (BGH NJW 88, 705; 89, 451). Sachlich betrifft der Übergang mietypische Rechte und Pflichten. Hinsichtlich der Rechte und Pflichten, die nur in einem wirtschaftlichen Zusammenhang mit der Miete stehen oder die mit Rücksicht auf den Mietvertrag begründet wurden, bleiben die ursprünglichen Parteien miteinander verbunden. **b) Auf den Erwerber übergegangene Rechte.** Bsp: Miete ab Eigentumsübergang (sa §§ 566 b-566 d), Erhöhung gem § 559 auch bei Maßnahmen, die vor dem Eigentumsübergang abgeschlossen wurden (KG NJW-RR 01, 81), Recht zur Kündigung, wenn nach Eigentumsübergang entstanden, Ansprüche aus den Nebenverpflichtungen des Mieters (s § 535 Rn 21 f), Ersatzansprüche nach § 571 I (BGH 72, 147); Rückzahlung von Baukostenzuschüssen (BGH WM 60, 1127 mit Differenzierungen); Verpflichtung, den Vertrag zu verlängern (BGH 55, 74); Verpflichtung zum Einbau einer Nachtspeicherheizung (LG Hamburg ZMR 77, 210); Garantiehaftung aus § 536 a I (§ 536 a Rn 4 f), wenn der Mangel zZ des Vertragsschlusses mit dem Veräußerer vorhanden war (BGH 49, 350; zust Söllner JuS 70, 162, krit Larenz, SchR II 1, § 48 IV); Ersatz von Verwendungen; nicht Verpflichtungen aus einem Vorvertrag (BGH NJW 62, 1390), Zahlung einer Abfindung für vorzeitigen Auszug (BGH MDR 61, 931). Eine Schiedsabrede bindet auch den Erwerber (BGH NJW 00, 2346). 3

4. Bei der **Haftung des Veräußerers (II)** sind drei Fallgruppen zu unterscheiden: Ersatzansprüche (zB aus §§ 536 a, 539 II), die *vor dem Eigentumsübergang entstanden* bzw fällig sind, werden von der Übertragung nicht berührt; bei Verpflichtungen, die *nicht auf den Erwerber übergehen* (Rn 3) kann der Veräußerer nicht mehr zu erfüllen vermag, können sich Ansprüche aus §§ 280, 283 ergeben; II gilt nur für Ansprüche, die sich *wegen des I gegen den Erwerber richten*. Der Anspruch geht auf Schadensersatz. Der Vermieter wird unter den im Gesetzestext genannten Voraussetzungen (Beweislast bei ihm) von dem Zeitpunkt an frei, an dem der erste mögliche Beendigungstermin verstrichen ist (StEmmerich, § 571 aF, 124; str). 4

§ 566 a Mietsicherheit

¹Hat der Mieter des veräußerten Wohnraums dem Vermieter für die Erfüllung seiner Pflichten Sicherheit geleistet, so tritt der Erwerber in die

§ 566 b Buch 2. Abschnitt 8. Einzelne Schuldverhältnisse

dadurch begründeten Rechte und Pflichten ein. ²Kann bei Beendigung des Mietverhältnisses der Mieter die Sicherheit von dem Erwerber nicht erlangen, so ist der Vermieter weiterhin zur Rückgewähr verpflichtet.

1 **1. Bisheriges Recht.** § 566 a tritt an die Stelle des § 572 aF, gewinnt allerdings dank der Initiative des Bundesrats eine andere Zielrichtung (s BT-Drs 14/5663 S 81). **Normzweck.** S 1 dehnt die Übertragungswirkungen des § 566 auf die Sicherungsrechte aus und verschafft damit dem Erwerber einen Anspruch gegen den Veräußerer auf Herausgabe. Gleichzeitig tritt der Erwerber auch in die Pflichten des Veräußerers (Hauptfall: Rückgewähr der Sicherung) ein. Anders als bisher soll sich der Mieter in jedem Fall unabhängig davon an den Erwerber halten können, ob dieser die Sicherheit empfangen oder eine entspr Verpflichtung übernommen hat. Der Erwerber übernimmt damit auch bei einer Barkaution die Verpflichtung zur Rückzahlung für angelaufene Zinsen, s § 551 III 3. Hat der Mieter noch keine Sicherheit geleistet oder ist sie verbraucht (Beweislast beim Erwerber), so gilt, weil es sich insoweit um einen schuldrechtlichen Anspruch gegen den Mieter handelt, § 566. Die Bestimmung ist abdingbar. **Anwendungsbereich.** Wie § 566.

2 **2. Eintritt des Erwerbers in die Rechte des Veräußerers. a) Dingliche Wirkungen.** Bsp: Der Erwerber wird mit Eigentumsübergang kraft Ges neuer Forderungsinhaber, Sicherungseigentümer, Inhaber eines rgeschäftlich begründeten Pfandrechts, auch Treuhänder einer Mietkaution (s § 551 III). Der Veräußerer ist Nichtberechtigter (ein gutgläubiger Erwerb durch einen Dritten ist, soweit ges vorgesehen, möglich). **b) Schuldrechtliche Wirkungen.** Der Erwerber gewinnt als Rechtsinhaber einen Herausgabeanspruch gegen den Veräußerer. Auch der Mieter kann vom Veräußerer die Herausgabe an den Erwerber verlangen (Karlsruhe NJW-RR 89, 267). Ist der Veräußerer nach Beendigung des Mietverhältnisses noch im Besitz der Sicherheit, so kann sie der Mieter von ihm nur herausverlangen, wenn auch der Erwerber keinen Anspruch gegen den Mieter auf die Sicherheit hat.

3 **3. Haftung des Erwerbers.** Der Mieter soll sich auch unabhängig von der zwischen Veräußerer und Erwerber getroffenen Regelung an den Erwerber halten können, weil insbes bei langfristigen Mietverträgen der Mieter Schwierigkeiten haben kann, einen früheren Vermieter noch zu ermitteln. Faktisch wird dies bei Barkautionen einschließlich der Zinsen (s § 551 III) bedeutsam sein. Es können sich aber auch Ansprüche auf Schadensersatz gem §§ 280 I, III, 283 bei anderen Sicherheiten ergeben, wenn sie der Erwerber nicht zurückzuleisten vermag.

4 **4. Die subsidiäre Haftung des Veräußerers (S 2)** ist akzessorisch und entspricht der eines Bürgen (Soe/Heintzmann § 572 aF 10). Der Mieter muss ernsthaft versuchen, gegenüber dem Erwerber vorzugehen. Eine Klage ist nicht erforderlich.

§ 566 b Vorausverfügung über die Miete

(1) ¹Hat der Vermieter vor dem Übergang des Eigentums über die Miete verfügt, die auf die Zeit der Berechtigung des Erwerbers entfällt, so ist die Verfügung wirksam, soweit sie sich auf die Miete für den zur Zeit des Eigentumsübergangs laufenden Kalendermonat bezieht. ²Geht das Eigentum nach dem 15. Tag des Monats über, so ist die Verfügung auch wirksam, soweit sie sich auf die Miete für den folgenden Kalendermonat bezieht.

(2) Eine Verfügung über die Miete für eine spätere Zeit muss der Erwerber gegen sich gelten lassen, wenn er sie zur Zeit des Übergangs des Eigentums kennt.

Titel 5. Mietvertrag, Pachtvertrag **§§ 566 c–566 e**

§ 566 c Vereinbarung zwischen Mieter und Vermieter über die Miete

¹Ein Rechtsgeschäft, das zwischen dem Mieter und dem Vermieter über die Mietforderung vorgenommen wird, insbesondere die Entrichtung der Miete, ist dem Erwerber gegenüber wirksam, soweit es sich nicht auf die Miete für eine spätere Zeit als den Kalendermonat bezieht, in welchem der Mieter von dem Übergang des Eigentums Kenntnis erlangt. ²Erlangt der Mieter die Kenntnis nach dem 15. Tag des Monats, so ist das Rechtsgeschäft auch wirksam, soweit es sich auf die Miete für den folgenden Kalendermonat bezieht. ³Ein Rechtsgeschäft, das nach dem Übergang des Eigentums vorgenommen wird, ist jedoch unwirksam, wenn der Mieter bei der Vornahme des Rechtsgeschäfts von dem Übergang des Eigentums Kenntnis hat.

§ 566 d Aufrechnung durch den Mieter

¹Soweit die Entrichtung der Miete an den Vermieter nach § 566 c dem Erwerber gegenüber wirksam ist, kann der Mieter gegen die Mietforderung des Erwerbers eine ihm gegen den Vermieter zustehende Forderung aufrechnen. ²Die Aufrechnung ist ausgeschlossen, wenn der Mieter die Gegenforderung erworben hat, nachdem er von dem Übergang des Eigentums Kenntnis erlangt hat, oder wenn die Gegenforderung erst nach der Erlangung der Kenntnis und später als die Miete fällig geworden ist.

§ 566 e Mitteilung des Eigentumsübergangs durch den Vermieter

(1) Teilt der Vermieter dem Mieter mit, dass er das Eigentum an dem vermieteten Wohnraum auf einen Dritten übertragen hat, so muss er in Ansehung der Mietforderung dem Mieter gegenüber die mitgeteilte Übertragung gegen sich gelten lassen, auch wenn sie nicht erfolgt oder nicht wirksam ist.

(2) Die Mitteilung kann nur mit Zustimmung desjenigen zurückgenommen werden, der als der neue Eigentümer bezeichnet worden ist.

Anmerkungen zu §§ 566 b–566 e

1. Allgemeines. a) Bisheriges Recht. Die Bestimmungen übernehmen mit 1 geringen sprachlichen Änderungen die §§ 573–576 aF. **b) Funktion.** Da dem Erwerber gem § 566 ab Eigentumsübergang die Miete zusteht, könnte auch nur er darüber verfügen. Der Veräußerer wäre Nichtberechtigter, seine Verfügung wäre mangels jeglichen Gutglaubensschutzes bei einer Forderungsabtretung ohne Zustimmung des Erwerbers (§§ 182 ff) unwirksam. § 566 b schützt in einem zeitlich sehr begrenzten Umfang den durch die Verfügung des Veräußerers begünstigten Dritten, § 566 d den Mieter selbst. Im Einzelnen sind die Bestimmungen nicht vollständig; die Rspr hat sie daher nach Billigkeitsgesichtspunkten fortentwickelt.

2. Tatbestand des § 566 b. a) Verfügungen des Vermieters über die Miete. 2 Nach dem Normzweck fallen darunter nur RGeschäfte **mit Dritten** (StEmmerich, § 573 aF, 14; ErmJendrek § 573 aF, 3; aA PalWeidenkaff, § 566 b, 2; MK/ Voelskow, § 573 aF, 4). Bsp: Abtretung, Verpfändung; gleichgestellt ist die Pfändung im Wege der Zwangsvollstreckung. **b) Verfügung vor dem Eigentumsübergang;** s § 566 Rn 3 f. **c) Die Zeit der Berechtigung des Erwerbers** beginnt mit dem Eigentumsübergang.

3. Tatbestand des § 566 c. a) Ein **RGeschäft zwischen Vermieter und** 3 **Mieter** muss sich auf die an sich bestehende vertragliche Mietforderung beziehen. Eine Abänderung des Mietvertrages selbst (zB Herabsetzen der Miete) fällt unter § 566. Bsp: Erfüllung (Zahlung) einschließlich Annahme an Erfüllungs Statt, Erfül-

Teichmann

§§ 567, 567a Buch 2. Abschnitt 8. Einzelne Schuldverhältnisse

lungssurrogate (Aufrechnungsvereinbarung, Erlass), Stundung. **b) Über die Miete;** für Nebenforderungen gilt § 566c nicht. **c) Außerhalb der Monatsfrist.** Schwierig ist die Frage von **Vorauszahlungen.** Ist im Vertrag eine periodische Zahlungsweise, also keine einmalige Zahlung für die gesamte Mietzeit vereinbart, so fallen nach dem BGH (BGH 37, 351 ff mwN) Vorauszahlungen unter die Fristen des § 566c (§ 574 aF). Gegenüber dem Erwerber wirksam seien jedoch vertragliche Vorauszahlungen, soweit sie zum Aufbau der Sache bestimmt und auch tatsächlich dazu verwandt worden seien (Beweislast beim Mieter); bedenklich.

4   **4. Tatbestand des § 566d.** Die Norm zieht die Konsequenz daraus, dass der Mieter seiner Zahlungsverpflichtung anstelle der Erfüllung auch durch das Erfüllungssurrogat der einseitigen Aufrechnung nachkommen kann; ihm wird deshalb eine dem § 566c entspr Rechtsstellung eingeräumt. **S 2** entspricht § 406.

5   **5. Tatbestand des § 566e.** Die Bestimmung schützt den Mieter für den Fall einer ihm angezeigten tatsächlichen, aber nicht wirksamen Veräußerung der Mietsache wie einen Schuldner im Fall der Forderungsabtretung, § 409. Die dortigen Ergebnisse können hier verwertet werden. **Anwendungsbereich:** Die Norm gilt auch für Mietverträge über Grundstücke, Räume, die keine Wohnräume sind (§ 578 I, 2), und eingetragene Schiffe (§ 578a).

§ 567 Belastung des Wohnraums durch den Vermieter

¹**Wird der vermietete Wohnraum nach der Überlassung an den Mieter von dem Vermieter mit dem Recht eines Dritten belastet, so sind die §§ 566 bis 566e entsprechend anzuwenden, wenn durch die Ausübung des Rechts dem Mieter der vertragsgemäße Gebrauch entzogen wird.** ²**Wird der Mieter durch die Ausübung des Rechts in dem vertragsgemäßen Gebrauch beschränkt, so ist der Dritte dem Mieter gegenüber verpflichtet, die Ausübung zu unterlassen, soweit sie den vertragsgemäßen Gebrauch beeinträchtigen würde.**

1   **1. Allgemeines. Bisheriges Recht:** § 567 hat § 577 aF übernommen. **Anwendungsbereich:** wie § 566.
2   **2. Tatbestand. a) S 1** verstärkt den Schutz des Mieters. Hat der Vermieter einem Dritten sog *gebrauchsentziehende* Rechte (zB ein Erbbaurecht, Nießbrauch, dingliches Wohnrecht) bestellt, so ist der Dritte wie ein Vermieter verpflichtet, dem Mieter weiterhin den Gebrauch zu gewähren usw (iE s § 535 Rn 6); dafür gebührt ihm gem §§ 566, 567, 567a und 567b die Miete. Das Recht des Mieters, nach §§ 536 III, 543 II Nr. 1 gegenüber dem Vermieter zu kündigen, bleibt unberührt. **b) S 2** gibt bei sog *gebrauchsbeschränkenden* Rechten (zB Grunddienstbarkeit, beschränkte persönliche Dienstbarkeit) dem Mieter gegen den Dritten einen Unterlassungsanspruch. Die §§ 566ff greifen nicht ein. Zu den Rechtsvoraussetzungen ie s Gesetzestext. Die Bestellung einer Hypothek, Grundschuld oder Rentenschuld beeinträchtigt den Gebrauch der Mietsache nicht, § 567 ist nicht anwendbar (s §§ 1123 ff).

§ 567a Veräußerung oder Belastung vor der Überlassung des Wohnraums

Hat vor der Überlassung des vermieteten Wohnraums an den Mieter der Vermieter den Wohnraum an einen Dritten veräußert oder mit einem Recht belastet, durch dessen Ausübung der vertragsgemäße Gebrauch dem Mieter entzogen oder beschränkt wird, so gilt das Gleiche wie in den Fällen des § 566 Abs. 1 und des § 567, wenn der Erwerber dem Vermieter gegenüber die Erfüllung der sich aus dem Mietverhältnis ergebenden Pflichten übernommen hat.

Titel 5. Mietvertrag, Pachtvertrag §§ 567 b–569

1. Allgemeines. Bisheriges Recht: § 567 a entspr § 578 aF. **Anwendungs-** 1
bereich: wie § 566.

2. Funktion. Die Wirkungen des § 566 bzw des § 567 treten ein, wenn der 2
Vermieter das Grundstück usw *nach Überlassung* an den Mieter veräußert bzw
belastet (vgl § 566 Rn 2). Bei der Übertragung (nach Abschluss des Mietvertrages
und) *vor Überlassung* gelten zwischen Vermieter und Mieter die mietrechtlichen
Nichterfüllungsregelungen (s § 536 III). Zwischen Mieter und Dritten bestehen,
von einem Anspruch des Mieters aus § 826 bei einem Verleiten des Vermieters
zum Vertragsbruch abgesehen (§ 826 Rn 19), keine Anspruchsbeziehungen. Von
diesem allg Grundsatz macht § 567 a unter den Voraussetzungen des letzten Satz-
teils eine Ausnahme. Die **Beweislast** liegt bei dem, der sich darauf beruft.

§ 567 b Weiterveräußerung oder Belastung durch Erwerber

¹**Wird der vermietete Wohnraum von dem Erwerber weiterveräußert
oder belastet, so sind § 566 Abs. 1 und die §§ 566 a bis 567 a entsprechend
anzuwenden.** ²**Erfüllt der neue Erwerber die sich aus dem Mietverhältnis
ergebenden Pflichten nicht, so haftet der Vermieter dem Mieter nach
§ 566 Abs. 2.**

Kapitel 5. Beendigung des Mietverhältnisses

Unterkapitel 1. Allgemeine Vorschriften

§ 568 Form und Inhalt der Kündigung

(1) **Die Kündigung des Mietverhältnisses bedarf der schriftlichen Form.**

(2) **Der Vermieter soll den Mieter auf die Möglichkeit, die Form und die
Frist des Widerspruchs nach den §§ 574 bis 574 b rechtzeitig hinweisen.**

1. Allgemeines. Bisheriges Recht: § 568 übernimmt mit sprachlichen Ände- 1
rungen § 564 a I und II aF. **Anwendungsbereich: II** ist auf Mietverträge über
Wohnungen iSd § 549 a II Nr 1–3 nicht anwendbar.

2. Tatbestand. Zur **Schriftform,** die für die ordentliche wie auch für die 2
außerordentliche Kündigung gilt, s § 126; ein Verstoß führt zur Unwirksamkeit
gem § 125. Der **Hinweis** auf Widerspruchsmöglichkeit, Form und Frist **(II)** muss
„rechtzeitig" geschehen und damit nicht zwingend im Kündigungsschreiben selbst
enthalten sein; zu den Folgen einer Unterlassung s § 574 b II 2.

§ 569 Außerordentliche fristlose Kündigung aus wichtigem Grund

(1) ¹**Ein wichtiger Grund im Sinne des § 543 Abs. 1 liegt für den Mieter
auch vor, wenn der gemietete Wohnraum so beschaffen ist, dass seine
Benutzung mit einer erheblichen Gefährdung der Gesundheit verbunden
ist.** ²**Dies gilt auch, wenn der Mieter die Gefahr bringende Beschaffenheit
bei Vertragsschluss gekannt oder darauf verzichtet hat, die ihm wegen
dieser Beschaffenheit zustehenden Rechte geltend zu machen.**

(2) **Ein wichtiger Grund im Sinne des § 543 Abs. 1 liegt ferner vor, wenn
eine Vertragspartei den Hausfrieden nachhaltig stört, so dass dem Kündigenden unter Berücksichtigung aller Umstände des Einzelfalls, insbesondere eines Verschuldens der Vertragsparteien, und unter Abwägung der
beiderseitigen Interessen die Fortsetzung des Mietverhältnisses bis zum
Ablauf der Kündigungsfrist oder bis zur sonstigen Beendigung des Mietverhältnisses nicht zugemutet werden kann.**

(3) **Ergänzend zu § 543 Abs. 2 Satz 1 Nr. 3 gilt:**

**1. Im Falle des § 543 Abs. 2 Satz 1 Nr. 3 Buchstabe a ist der rückständige
Teil der Miete nur dann als nicht unerheblich anzusehen, wenn er die**

Teichmann

Miete für einen Monat übersteigt. Dies gilt nicht, wenn der **Wohnraum nur zum vorübergehenden Gebrauch vermietet ist.**

2. Die Kündigung wird auch dann unwirksam, wenn der Vermieter spätestens bis zum Ablauf von zwei Monaten nach Eintritt der Rechtshängigkeit des Räumungsanspruchs hinsichtlich der fälligen Miete und der fälligen Entschädigung nach § 546 a Abs. 1 befriedigt wird oder sich eine öffentliche Stelle zur Befriedigung verpflichtet. Dies gilt nicht, wenn der Kündigung vor nicht länger als zwei Jahren bereits eine nach Satz 1 unwirksam gewordene Kündigung vorausgegangen ist.

3. Ist der Mieter rechtskräftig zur Zahlung einer erhöhten Miete nach den §§ 558 bis 560 verurteilt worden, so kann der Vermieter das Mietverhältnis wegen Zahlungsverzugs des Mieters nicht vor Ablauf von zwei Monaten nach rechtskräftiger Verurteilung kündigen, wenn nicht die Voraussetzungen der außerordentlichen fristlosen Kündigung schon wegen der bisher geschuldeten Miete erfüllt sind.

(4) **Der zur Kündigung führende wichtige Grund ist in dem Kündigungsschreiben anzugeben.**

(5) [1] **Eine Vereinbarung, die zum Nachteil des Mieters von den Absätzen 1 bis 3 dieser Vorschrift oder von § 543 abweicht, ist unwirksam.** [2] **Ferner ist eine Vereinbarung unwirksam, nach der der Vermieter berechtigt sein soll, aus anderen als den im Gesetz zugelassenen Gründen außerordentlich fristlos zu kündigen.**

1 **1. Allgemeines.** § 569 ergänzt die allg geltende Bestimmung des § 543 für Wohnraummietverhältnisse. Für den Vermieter werden die Gründe für eine außerordentliche fristlose Kündigung **abschließend** aufgezählt (**V 2**).

2 **2. Kündigung wegen Gesundheitsgefährdung (I).** Lit: *Harsch* WuM 89, 167. **Bisheriges Recht:** § 569 I übernimmt § 544 aF. **Normzweck:** Die Bestimmung wurde aus sozialpolitischen Gründen als zwingende Vorschrift zum Schutz des Mieters geschaffen (Prot II 230); sonst wäre der Mieter dank des subj Fehlerbegriffs (§ 536 I Rn 4) oder auch gem § 536 b an den Mietvertrag gebunden, wenn er – etwa in Zeiten der Wohnungsnot – eine gesundheitsschädliche Wohnung als „vertragsgemäß" akzeptiert hat.

3 **3. Kündigung wegen Störung des Hausfriedens (II). a) Allgemeines. Bisheriges Recht:** Die Bestimmung übernimmt § 554 a aF, soweit nicht bereits in § 543 I enthalten. Sie gilt für Vermieter und Mieter. **Anwendungsbereich:** Die Norm gilt auch für Mietverhältnisse über Räume, die keine Wohnräume sind, § 578 II. Sie ist zugunsten des Mieters zwingend (**V 1**). **b) Rechtsvoraussetzungen.** Zur **Pflichtverletzung** auf Vermieterseite s § 535 Rn 5 ff, auf Mieterseite s § 535 Rn 18 ff. Beim **Verschulden** eines Untermieters ist § 540 II zu beachten. Die **Unzumutbarkeit** muss im Einzelfall festgestellt werden. **c) Rechtsfolgen.** Zur Kündigung s § 542 II 2; zur Form bei der Kündigung von Wohnraum s § 568. Schadensersatzansprüche zB aus §§ 280 I iVm 241 II richten sich nach den jeweiligen Voraussetzungen.

4 **4. Kündigung wegen Zahlungsverzugs (III). a) Allgemeines. Bisheriges Recht:** Die Bestimmung nimmt § 554 II aF auf und in Nr 3 MHG 9, 2. Sie ist zugunsten des Mieters **zwingend** (**V 1**). **b) Verzögerungstatbestände (III Nr 1 unter Einbeziehen des § 543 II Nr 3).** Der Mieter zahlt an zwei aufeinanderfolgenden Terminen die jeweiligen ganzen Mieten nicht; der Mieter zahlt an zwei aufeinanderfolgenden Terminen nur einen Teil, es fehlt insgesamt mehr als eine Monatsmiete (jeweils einschließlich der Pauschalen für die Betriebskosten bzw Vorauszahlungen, Koblenz, NJW 84, 2369); der Mieter zahlt schleppend, der Rückstand beträgt mindestens zwei Monatsmieten. Zu den zusätzlichen Voraussetzungen des Verzugs s § 543 Rn 6. **c) Nachträgliche Unwirksamkeit der Kündigung (III Nr 2).** § 543 II 2 wird um folgende Tatbestände ergänzt: Der

Vermieter wird in der Zeit zwischen Kündigung (KG DWW 84, 192) und zwei Monaten nach Rechtshängigkeit (ZPO 261, 696 III, 700 II) befriedigt oder es geht ihm die Zusage einer öffentl Stelle (zB Sozialamt) zu (BayObLG NJW 95, 338 mwN), es sei denn, es liegt ein Wiederholungsfall innerhalb von zwei Jahren vor. **d) Einschränkung des Kündigungsrechts im Fall einer Mieterhöhung (III Nr 3).** Der Mieter soll, solange er sich gegen eine Mieterhöhung wehrt, nicht ein Kündigungsrisiko tragen. Die Kündigung kann er deshalb vermeiden, wenn er den Erhöhungsbetrag innerhalb von zwei Monaten nach rechtskräftigem Urteil zahlt. Auf einen Vergleich ist die Bestimmung nicht entspr anwendbar (Hamm NJW-RR 92, 341, str).

5. Angabe des Kündigungsgrundes (IV). Sowohl Vermieter als auch Mieter müssen die Gegenseite durch die Begründung in die Lage versetzen zu überprüfen, ob die Kündigung zu Recht ergangen ist. Besondere formale und inhaltliche Anforderungen bestehen nicht (BT-Drs 14/5663 S 82). Eine Verletzung der Pflicht kann Ansprüche auf Schadensersatz auslösen (§§ 280 I iVm 241 II).

§ 570 Ausschluss des Zurückbehaltungsrechts

Dem Mieter steht kein Zurückbehaltungsrecht gegen den Rückgabeanspruch des Vermieters zu.

1. Die Bestimmung, übernommen aus § 556 II aF, gilt auch für Mietverhältnisse über Grundstücke und Räume, die keine Wohnräume sind (§ 578 I, II). **Normzweck:** Der Vermieter, der durch den Grundbesitz usw regelmäßig genügend Sicherheit für die Ansprüche des Mieters bietet, soll nicht infolge einer Zurückbehaltung wegen relativ geringfügiger Ansprüche einen uU hohen Schaden erleiden (Prot II 189 zu § 556 aF).

§ 571 Weiterer Schadensersatz bei verspäteter Rückgabe von Wohnraum

(1) ¹**Gibt der Mieter den gemieteten Wohnraum nach Beendigung des Mietverhältnisses nicht zurück, so kann der Vermieter einen weiteren Schaden im Sinne des § 546a Abs. 2 nur geltend machen, wenn die Rückgabe infolge von Umständen unterblieben ist, die der Mieter zu vertreten hat.** ²**Der Schaden ist nur insoweit zu ersetzen, als die Billigkeit eine Schadloshaltung erfordert.** ³**Dies gilt nicht, wenn der Mieter gekündigt hat.**

(2) **Wird dem Mieter nach § 721 oder § 794a der Zivilprozessordnung eine Räumungsfrist gewährt, so ist er für die Zeit von der Beendigung des Mietverhältnisses bis zum Ablauf der Räumungsfrist zum Ersatz eines weiteren Schadens nicht verpflichtet.**

(3) **Eine zum Nachteil des Mieters abweichende Vereinbarung ist unwirksam.**

1. Die Vorschrift übernimmt § 557 II, III aF und schließt sich ergänzend für Wohnraummietverhältnisse an § 546a an. Sie soll den Umfang des Schadensersatzanspruchs weniger in seinen Voraussetzungen – auch § 546a II setzt idR ein Vertretenmüssen voraus – als in seiner Höhe begrenzen. Weitergehende Schadensersatzansprüche sind deshalb im Fall der Bewilligung einer Räumungsfrist nach ZPO 721 oder 794a ausgeschlossen **(II)** oder sonst nach Billigkeitsgesichtspunkten zu reduzieren. Ausnahme: Der Mieter selbst hat gekündigt **(I 3)**.

§ 572 Vereinbartes Rücktrittsrecht; Mietverhältnis unter auflösender Bedingung

(1) **Auf eine Vereinbarung, nach der der Vermieter berechtigt sein soll, nach Überlassung des Wohnraums an den Mieter vom Vertrag zurückzutreten, kann der Vermieter sich nicht berufen.**

§ 573 Buch 2. Abschnitt 8. Einzelne Schuldverhältnisse

(2) **Ferner kann der Vermieter sich nicht auf eine Vereinbarung berufen, nach der das Mietverhältnis zum Nachteil des Mieters auflösend bedingt ist.**

1 1. Die Bestimmung übernimmt § 570 a aF und Gedanken aus § 556 a II aF. Sie soll verhindern, dass der Kündigungsschutz zugunsten des Mieters durch die Vereinbarung eines Rücktrittsrechts oder einer auflösenden Bedingung ausgehebelt wird. Eine einseitige Lösung vom Vertrag soll den Vermieter nur unter Einhalten der Kündigungsschutzbestimmungen möglich sein (BT-Drs 14/4553 S 65). Entspr vertragliche Klauseln führen nicht zur Unwirksamkeit des Mietvertrages selbst; sie entfalten lediglich keine Wirkung. Zum **Überlassen** s § 535 Rn 5.

Unterkapitel 2. Mietverhältnisse auf unbestimmte Zeit

§ 573 Ordentliche Kündigung des Vermieters

(1) ¹Der Vermieter kann nur kündigen, wenn er ein berechtigtes Interesse an der Beendigung des Mietverhältnisses hat. ²Die Kündigung zum Zwecke der Mieterhöhung ist ausgeschlossen.

(2) Ein berechtigtes Interesse des Vermieters an der Beendigung des Mietverhältnisses liegt insbesondere vor, wenn

1. der Mieter seine vertraglichen Pflichten schuldhaft nicht unerheblich verletzt hat,
2. der Vermieter die Räume als Wohnung für sich, seine Familienangehörigen oder Angehörige seines Haushalts benötigt oder
3. der Vermieter durch die Fortsetzung des Mietverhältnisses an einer angemessenen wirtschaftlichen Verwertung des Grundstücks gehindert und dadurch erhebliche Nachteile erleiden würde; die Möglichkeit, durch eine anderweitige Vermietung als Wohnraum eine höhere Miete zu erzielen, bleibt außer Betracht; der Vermieter kann sich auch nicht darauf berufen, dass er die Mieträume im Zusammenhang mit einer beabsichtigten oder nach Überlassung an den Mieter erfolgten Begründung von Wohnungseigentum veräußern will.

(3) ¹Die Gründe für ein berechtigtes Interesse des Vermieters sind in dem Kündigungsschreiben anzugeben. ²Andere Gründe werden nur berücksichtigt, soweit sie nachträglich entstanden sind.

(4) Eine zum Nachteil des Mieters abweichende Vereinbarung ist unwirksam.

1 1. **Funktion.** § 573 ist als Ausdruck des sozialen Mietrechts das Kernstück des Kündigungsschutzes für Mietverhältnisse über Wohnräume und legt im Grundsatz fest, dass der Mieter das Mietverhältnis ohne Begründung unter Einhalten bestimmter Fristen durch ordentliche Kündigung beenden kann, während dem Vermieter diese Möglichkeit nur zusteht, wenn er ein berechtigtes Interesse an der Vertragsbeendigung hat; eine ohne diese Voraussetzungen erklärte ordentliche Kündigung ist unwirksam. Die Bestimmung wird ergänzt durch das Recht des Mieters, der Kündigung aus Gründen zu widersprechen, die in seiner Sphäre liegen (s §§ 574 ff). Schließlich müssen als weitere Ausprägungen des Mieterschutzes die asymmetrischen, also unterschiedlichen Kündigungsfristen für Vermieter und Mieter (s § 573) gesehen werden. Ausgleich für die Bindung des Vermieters an den Mietvertrag soll sein Anspruch auf Zustimmung des Mieters zur Erhöhung der Miete sein (s §§ 558, 559). Die Formel „berechtigtes Interesse" **(I 1)** ist wegen ihres Wertungsspielraums eigentlich eine Leerformel und außerhalb der ges genannten Fälle nur schwer konkretisierbar (RGRK/Gelhaar, § 564b aF, 9). Als Richtschnur könnte etwa dienen, dass der Vermieter in seiner durch das GG geschützten Position (BVerfG 84, 384) eigene, auch wirtschaftliche Zwecke von einigem Gewicht verfolgen kann, hinter denen die Rechtsposition des Mieters (in

Titel 5. Mietvertrag, Pachtvertrag **§ 573**

BVerfG 89, 6 ff zu weitgehend ebenfalls unter GG 14 gestellt, s Depenheuer NJW 93, 2561, krit Roellecke JZ 95, 74) sowie das allg gesetzgeberische Ziel der Bestandssicherung von Mietverhältnissen zurücktreten muss. **Anwendungsbereich:** Herausgenommen sind Wohnungen iSv § 549 II sowie gem § 573 a. § 573 ist zugunsten des Mieters **zwingend (IV).**

2. Erhebliche schuldhafte Vertragsverletzungen (II Nr 1). Bisheriges 2
Recht: § 564 b II Nr 1. Zu den **Vertragspflichten** s § 535 Rn 18 ff. Bsp: In Ausnahmefällen verspätete Zahlung unterhalb des § 554, vertragswidriger Gebrauch wie Überbelegung, nicht zu duldende Untervermietung (strenger BayObLG NJW-RR 95, 969), unberechtigte Überlassung an Dritte, Vernachlässigung, unberechtigte Tierhaltung, Belästigung anderer, soweit dadurch Vermieter oder Mitmieter beeinträchtigt werden. Die **Erheblichkeit** liegt unter der Schwelle des § 543 II Nr 2, muss aber die Interessensphäre des Vermieters ernsthaft berühren. Kleinere Verstöße ohne Wiederholungsgefahr bleiben außer Betracht. Verschulden meint ausschließlich Vorsatz und Fahrlässigkeit iSd § 276. Ein Vertretenmüssen (etwa für die eigene Zahlungsfähigkeit) genügt nicht. § 278 ist anwendbar (Bsp: Familienangehörige). Eine **Abmahnung** sollte, wenn aus dem Vorverhalten nicht sinnlos, gefordert werden, damit der Mieter die Möglichkeit hat, unter ihrem Druck sein Verhalten zu bedenken (StSonnenschein, § 564 b aF, 43; LG Düsseldorf DB 89, 390; teilw anders Schläger ZMR 91, 47; aA PalWeidenkaff 13).

3. Eigenbedarf (II Nr 2). a) Bisheriges Recht. S 1 übernimmt § 564 b II 3
Nr 2 S 1 aF (sa § 577), **S 2** MHG 1 S 1. **b) Voraussetzungen. aa) Benötigen** bedeutet, dass der Vermieter für sich oder eine begünstigte Person ein vernünftiges, nachvollziehbares und realisierbares (Frankfurt NJW 92, 2301) Interesse (wirtschaftlicher oder auch nichtwirtschaftlicher Art) an der Nutzung hat (BGHZ 100, 96; BVerfG 81, 33 f). Angesichts der naheliegenden Funktion des Eigentums, vom Eigentümer genutzt zu werden, sollte man die Anforderung nicht zu hoch ansetzen (BVerfG NJW 94, 310, 2605). Bsp: Aufnahme von Pflegepersonal, kürzerer Weg zum Arbeitsplatz, Wachsen der Familie, Bedürfnis größer werdender Kinder nach eigenen Räumen, Kündigung der selbst gemieteten Wohnung durch deren Vermieter. Ein zukünftiger Bedarf (zB Heirat des Vermieters, Rückkehr in den Heimatort) ist, wenn er sich genügend konkretisieren läßt, zu berücksichtigen (Schmidt-Futterer MDR 72, 561), **bb)** Benötigen **als Wohnung.** Eine geplante Nutzung als gewerblicher Raum (zB für eine einige Praxis) kann unter Rn 5 fallen. **cc) Personenkreis.** Ist der Vermieter ein **Unternehmen** oder eine **Behörde,** so kann nach dem ges personalen Bezug ein Eigenbedarf nur hinsichtlich eines relativ engen Kreises von Personen mit Organstellung oder von Gesellschaftern bestehen (str; aA LG Berlin NJW-RR 96, 907 mwN: alle Arbeitnehmer); zu den **Familienangehörigen,** die nicht bisher im Haushalt gelebt haben müssen, rechnen die Kernfamilie und darüber hinaus Verwandte, Verschwägerte und Pflegekinder, zu denen familiäre Beziehungen bestehen, aus denen sich wiederum eine zumindest moralische Pflicht zur Hilfe ergibt (Oldenburg DWW 93, 171 mwN); **zum Haushalt gehörende Personen** sind Personen, die mit dem Vermieter seit längerer Zeit auf Dauer in der Wohnung leben (Familienangehörige, Lebenspartner und dessen Kinder, Wohngemeinschaft, Hausgehilfin, sa §§ 563, 563 a Rn 2). **dd) Vorgetäuschter Eigenbedarf. Lit:** Harke ZMR 91, 92; Ostermann WuM 4 92, 342. Spiegelt der Vermieter Umstände vor, die einen Eigenbedarf begründen (anders bei unzutr rechtlicher Bewertung, Hamm WuM 84, 96) und zieht der Mieter deshalb aus, so macht sich der Vermieter gem §§ 280 I, 241 II schadensersatzpflichtig (BGH 89, 302; Karlsruhe NJW 82, 55 mwN; LG Düsseldorf DWW 96, 280; Frankfurt NJW-RR 95, 146; enger Klinkhammer NJW 97, 221: nur § 826). Dies gilt auch bei einem freiwilligen Auszug (anders Frankfurt NJW-RR 95, 146, LG Gießen NJW-RR 96, 11 bei einem Vergleich; bedenklich, weil dafür auch das Beweisrisiko eine Rolle gespielt haben kann). Ein Anspruch entsteht auch,

§ 573 Buch 2. Abschnitt 8. Einzelne Schuldverhältnisse

wenn der Vermieter dem Mieter vor dessen Auszug einen zwischenzeitlich eingetretenen Wegfall der Gründe nicht mitteilt (Karlsruhe NJW-RR 94, 80 mwN). Der Schadensersatz (iE Ostermann WM 92, 346) umfasst die durch den Umzug ausgelösten Mehraufwendungen (bei Neuanschaffungen unter Berücksichtigung des Grundsatzes „neu für alt", s Rn 39 vor § 249) sowie die Mietdifferenz, bezogen auf eine gleichwertige Wohnung; zeitlich wird dies teilweise (LG Darmstadt ZMR 94, 165) auf vier Jahre begrenzt. Veräußert der Vermieter die (leer gewordene) Wohnung oder vermietet er sie zu höherem Preis weiter, so sind Bereicherungsansprüche (Eingriff in die Besitzposition) zu prüfen.

5 4. Hinderung an wirtschaftlicher Verwertung (II Nr 3). Bisheriges Recht: § 564 b II Nr 3 S 1–3 (sa § 577). Die **Verwertung** als Ausdruck der Privatnützigkeit des Eigentums (BVerfG NJW 84, 384) umfasst den Verkauf (aus nachvollziehbaren Gründen, s BVerfG 98, 2662), die Bestellung dinglicher Nutzungsrechte, die eigene Nutzung oder Vermietung zu gewerblichen Zwecken (nicht die Vermietung als Wohnraum, s II Nr 3 S 2) sowie die Sanierung (BayObLG ZMR 84, 59); über die **Angemessenheit** ist unter dem Blickwinkel des Verwendungszwecks, der Mittel sowie der finanziellen Verhältnisse des Vermieters zu entscheiden (allgM). Nicht erforderlich ist, dass der Vermieter sonst in Existenznot geriete (BVerfG NJW 89, 973). Bsp: eigener finanzieller Bedarf, Veräußerung im Wege der Erbauseinandersetzung, Einsetzen der Mittel zur anderweitigen Sanierung. Ein auch wesentlich höherer Erlös in unvermietetem Zustand soll idR nicht genügen (BVerfG 84, 386, bedenklich). Die Fortsetzung des Mietverhältnisses muss für Vorteile und Nachteile **kausal** sein.

6 5. Durchführung der Kündigung. Zur **Form** s § 568; im Kündigungsschreiben sind die **Gründe,** dh die Umstände darzulegen, aus denen der Vermieter seine Berechtigung zur Kündigung ableitet; allein diese angegebenen Gründe sind maßgebend (**III 1**). **Nachschieben von Gründen:** Ergänzende, zZ der Abgabe der Kündigungserklärung bereits vorliegende Gründe, die die bereits wirksame Kündigung erläutern oder verstärkend verdeutlichen, können jederzeit nachgeholt werden. Zu berücksichtigen sind auch neue Umstände nach Abgabe der Kündigungserklärung, die den angegebenen Kündigungsgrund weiter abdecken (**III 2;** Bsp: Weitere Vertragsverletzung nach Zugang der Kündigungserklärung). Ein Auswechseln der Begründung aufgrund neuer Umstände (Bsp: Jetziger Eigenbedarf statt früherer Störungen) ist entgegen dem Wortlaut des III 2 nicht möglich; die frühere Rechtslage, in der diese Auffassung allg vertreten wurde (s zB SoeHeintzmann, § 564 b aF, 102; MK/Voelskow, § 564 b aF Rn 69) sollte nicht verändert werden (BT-Drs 14/4553 S 66; sa PalWeidenkaff 51).

7 6. Prozessuales. a) Zur Zuständigkeit für eine **Klage** s § 535 Rn 23. Der Vermieter kann auf Räumung, der Mieter auf Feststellung der Unwirksamkeit der Kündigung und auf Fortsetzung des Mietverhältnisses klagen. Maßgeblicher Zeitpunkt: letzte mündliche Tatsachenverhandlung (s ZPO 128). Dabei können nur die im Kündigungsschreiben genannten Gründe berücksichtigt werden (**III**). Die prozessuale Berücksichtigung nachträglicher Gründe ist sehr str (zur materiellrechtlichen Wirkung s Rn 6); nach Löwe (NJW 72, 2019) soll der Vermieter nach Klageänderung eine neue Kündigung in demselben Verfahren betreiben dürfen, nach PalWeidenkaff (Rn 49) sollen gleichartige Gründe zu berücksichtigen sein; nach LG Hamburg (MDR 75, 143) ist eine Berücksichtigung nie möglich, so dass die Klage stets abzuweisen ist. Angesichts des Risikos für den Mieter, das aus der Ungewissheit über die Wirksamkeit der Kündigung entsteht, erscheint es angemessen, neue Umstände nur zur zusätzlichen Bewertung der angegebenen Gründe heranzuziehen. **b)** Die **Beweislast** für die Voraussetzungen des § 573 b trägt grundsätzlich der Vermieter; für das Verschulden nach II Nr 1 gilt § 280 I 2. Bei einem Schadensersatzanspruch wegen **vorgetäuschten Eigenbedarfs** (s Rn 4) trägt der Mieter die Beweislast für das Fehlen rechtfertigender Gründe als Voraussetzung einer Pflichtverletzung. Wird die geräumte Wohnung nicht wie bei der

Titel 5. Mietvertrag, Pachtvertrag **§§ 573 a, 573 b**

Kündigung angegeben genutzt, so gilt dies als ein hinreichendes Indiz einer Täuschung; der Vermieter muß sich nun entlasten (LG Hamburg ZMR 93, 282; BVerfG NJW 97, 2377).

§ 573 a Erleichterte Kündigung des Vermieters

(1) ¹Ein Mietverhältnis über eine Wohnung in einem vom Vermieter selbst bewohnten Gebäude mit nicht mehr als zwei Wohnungen kann der Vermieter auch kündigen, ohne dass es eines berechtigten Interesses im Sinne des § 573 bedarf. ²Die Kündigungsfrist verlängert sich in diesem Fall um drei Monate.

(2) Absatz 1 gilt entsprechend für Wohnraum innerhalb der vom Vermieter selbst bewohnten Wohnung, sofern der Wohnraum nicht nach § 549 Abs. 2 Nr. 2 vom Mieterschutz ausgenommen ist.

(3) In dem Kündigungsschreiben ist anzugeben, dass die Kündigung auf die Voraussetzungen des Absatzes 1 oder 2 gestützt wird.

(4) Eine zum Nachteil des Mieters abweichende Vereinbarung ist unwirksam.

Lit: Sonnenschein, Die erleichterte Kündigung für Einliegerwohnraum, NZM 00, 1.

1. Bisheriges Recht. § 573 a übernimmt § 564 b IV Nr 1 aF (Wohnung in einem Zweifamilienhaus) mit einer inhaltlichen Ausweitung auf sog gemischt genutzte Häuser. Für Dreifamilienhäuser besteht ein Kündigungsrecht gem § 564 b IV Nr 2 aF bis einschließlich 31. 8. 2006 fort, sofern das Mietverhältnis zum 1. 9. 2001 bestand (EGBGB 229 § 3 II). **Normzweck:** Da wegen der räumlichen Berührungspunkte zwischen Vermieter und Mieter die Gefahr persönlicher Reibung sehr groß ist, hat der Gesetzgeber eine grundsätzliche Lösbarkeit, wenn auch unter verlängerten Fristen, vorgesehen. Dem Gesetzeszweck ist damit aber nicht zu entnehmen, dass dies nur für Wohnungen mit gemeinsamem Eingang gelten soll (PalWeidenkaff 5). Zu den Voraussetzungen ie s den Gesetzestext. Durch den Begriff „Gebäude" werden nun auch Häuser erfasst, die nicht ausschließlich für Wohnzwecke genutzt werden. Es kommt nicht darauf an, dass der Vermieter selbst die gewerblichen Räume nutzt (BT-Drs 14/4553 S 66). Zu den (um drei Monate verlängerten, s I 2) Kündigungsfristen s § 573 c I (Bsp: Bei einer Kündigung zwischen dem 4. 12. und dem 3. 1. endet das Mietverhältnis bei einem tatsächlichen Überlassen von weniger als fünf Jahren am 31. 6., bei längerem Überlassen am 30. 9. bzw 31. 12.). 1

2. Zur Form s § 568, zur **Begründung** s III. Eine ohne Begründung erklärte Kündigung ist unwirksam; zieht der Mieter trotzdem aus, können sich Ansprüche auf Schadensersatz aus §§ 280 I, 241 II ergeben. 2

3. Kündigungsschutz bei Dreifamilienhäusern (§ 564 b IV Nr 2 aF). Zur Übergangsfrist s Rn 1. **Lit: Börstinghaus** WuM 91, 419. **Merkmale:** Wohngebäude mit drei Wohnungen, wenn mindestens eine der Wohnungen durch Ausbau oder Erweiterung eines vom Vermieter selbst bewohnten Gebäudes zwischen dem 1. 6. 1990 und dem 21. 5. 1999 fertig gestellt worden ist. Der Vermieter kann auch ohne Vorliegen eines berechtigten Interesses kündigen, bei Abschluss eines Mietvertrages nach Fertigstellung der genannten Wohnung jedoch nur, wenn er den Mieter bei Vertragsschluss auf die Kündigungsmöglichkeit hingewiesen hat; iü gelten dieselben Regeln wie in § 573 a I, III, IV. 3

§ 573 b Teilkündigung des Vermieters

(1) **Der Vermieter kann nicht zum Wohnen bestimmte Nebenräume oder Teile eines Grundstücks ohne ein berechtigtes Interesse im Sinne des § 573 kündigen, wenn er die Kündigung auf diese Räume oder Grundstücksteile beschränkt und sie dazu verwenden will,**

§ 573 c

1. **Wohnraum zum Zwecke der Vermietung zu schaffen oder**
2. **den neu zu schaffenden und den vorhandenen Wohnraum mit Nebenräumen oder Grundstücksteilen auszustatten.**

(2) **Die Kündigung ist spätestens am dritten Werktag eines Kalendermonats zum Ablauf des übernächsten Monats zulässig.**

(3) **Verzögert sich der Beginn der Bauarbeiten, so kann der Mieter eine Verlängerung des Mietverhältnisses um einen entsprechenden Zeitraum verlangen.**

(4) **Der Mieter kann eine angemessene Senkung der Miete verlangen.**

(5) **Eine zum Nachteil des Mieters abweichende Vereinbarung ist unwirksam.**

1 1. Die Bestimmung übernimmt im Wesentlichen § 564 b II 4 aF, der seinerseits eingeführt wurde, um die Erweiterung von Wohnraum zu erleichtern (BT-Drs 12/3254 S 17). Für befristete Mietverhältnisse (§§ 575 b ff) gilt § 573 b nicht, wie aus der Einordnung in einen anderen Unterabschnitt deutlich werden soll (BT-Drs 14/4553 S 66).

§ 573 c Fristen der ordentlichen Kündigung

(1) ¹**Die Kündigung ist spätestens am dritten Werktag eines Kalendermonats zum Ablauf des übernächsten Monats zulässig.** ²**Die Kündigungsfrist für den Vermieter verlängert sich nach fünf und acht Jahren seit der Überlassung des Wohnraums um jeweils drei Monate.**

(2) **Bei Wohnraum, der nur zum vorübergehenden Gebrauch vermietet worden ist, kann eine kürzere Kündigungsfrist vereinbart werden.**

(3) **Bei Wohnraum nach § 549 Abs. 2 Nr. 2 ist die Kündigung spätestens am 15. eines Monats zum Ablauf dieses Monats zulässig.**

(4) **Eine zum Nachteil des Mieters von Absatz 1 oder 3 abweichende Vereinbarung ist unwirksam.**

1 1. **Allgemeines. a) Bisheriges Recht.** § 573 c übernimmt mit inhaltlichen Korrekturen § 565 II und III. **b) Andere Fristen.** Zu Mietverhältnissen über Grundstücke, Räume, die keine Wohnräume sind, und eingetragene Schiffe s § 580 I; zu Mietverhältnissen über Geschäftsräume s § 580 a II, zu beweglichen Sachen s § 580 a III. **c) Normzweck.** Die unterschiedlichen Kündigungsfristen für Vermieter und Mieter sollen einerseits den Mieter in seinem Interesse stützen, insbes bei länger andauernden Mietverhältnissen geschaffenen Lebensmittelpunkt nicht kurzfristig zu verlieren, andererseits ihn aber nicht dadurch zu stark zu belasten, dass er – zB bei dem Wechsel der Arbeitsstelle, insbes bei einem Einzug in ein Alters- oder Pflegeheim – zu lang gebunden ist und uU doppelte Miete zahlen muss (BT-Drs 14/4553 S 67, 14/5663 S 83). **d) Vertragliche Gestaltung.** Die Norm ist außerhalb von vorübergehenden Vermietungen **(II)** zugunsten des Mieters **zwingend (IV).** Der Wortlaut erlaubt damit keinen zeitweiligen Ausschluss oder eine Verlängerung der Kündigungsfrist für den Mieter. Kündigungsfreie Zeiträume (Bsp: „Auf zwei Jahre fest" mit oder ohne Verlängerungsklausel) sind danach unzulässig; andererseits geht die RegBegr im Zusammenhang mit Zeitmietverträgen weiter davon aus, dass die Parteien bei einem unbefristeten Mietvertrag das ordentliche Kündigungsrecht für einen vertraglich festgelegten Zeitraum „beiderseits ausschließen" können (BT-Drs 14/4553 S 69 zu § 570). Eine Korrektur des Ges wird hier erforderlich sein. **e) Übergangsregelung.** Eine vor dem 1. 9. 2001 getroffene Vereinbarung bleibt wirksam (EGBGB 229 § 2 X). Eine schlichte Wiederholung des damaligen GesTextes genügt als Vereinbarung nicht (BT-Drs 14/5663 S 83).

Titel 5. Mietvertrag, Pachtvertrag §§ 573 d, 574

2. Durchführen der Kündigung. Zur **Form** s § 568. Maßgebend für den **Fristbeginn** ist der Zugang (§ 130). Die Beweislast liegt beim Kündigenden; zu den Fristen selbst s Gesetzestext. **2**

§ 573 d Außerordentliche Kündigung mit gesetzlicher Frist

(1) Kann ein Mietverhältnis außerordentlich mit der gesetzlichen Frist gekündigt werden, so gelten mit Ausnahme der Kündigung gegenüber Erben des Mieters nach § 564 die §§ 573 und 573 a entsprechend.

(2) ¹Die Kündigung ist spätestens am dritten Werktag eines Kalendermonats zum Ablauf des übernächsten Monats zulässig, bei Wohnraum nach § 549 Abs. 2 Nr. 2 spätestens am 15. eines Monats zum Ablauf dieses Monats (gesetzliche Frist). ² § 573 a Abs. 1 Satz 2 findet keine Anwendung.

(3) Eine zum Nachteil des Mieters abweichende Vereinbarung ist unwirksam.

1. Funktion des I. Die zugunsten des Mieters **zwingende (III)** Vorschrift schafft zusammen mit II einen im Wesentlichen **neuen Begriff** für bestimmte ges zugelassene Fälle der außerordentlichen Kündigung (s § 542 Rn 2) und legt fest, dass – außerhalb der Rechtsnachfolge des „bloßen" Erben ohne besonderes Verhältnis zum Mieter (s §§ 563–563 a Rn 1, § 564 Rn 1) – der Vermieter auch hier nur bei einem berechtigten Interesse kündigen kann. Auch das Widerspruchsrecht des Mieters (§ 574) bleibt erhalten (BT-Drs 14/4553 S 68). **1**

2. Funktion des II. Die Vorschrift legt als Legaldefinition zwei ges Fristen fest und regelt weiter, dass die in § 573 a I 2 angeordnete Verlängerung für Zweifamilienhäuser sowie für die Teilvermietung (§ 573 a II iVm § 573 I 2) hier nicht wirksam wird. Die Norm ist zugunsten des Mieters **zwingend (III)**. **2**

§ 574 Widerspruch des Mieters gegen die Kündigung

(1) ¹Der Mieter kann der Kündigung des Vermieters widersprechen und von ihm die Fortsetzung des Mietverhältnisses verlangen, wenn die Beendigung des Mietverhältnisses für den Mieter, seine Familie oder einen anderen Angehörigen seines Haushalts eine Härte bedeuten würde, die auch unter Würdigung der berechtigten Interessen des Vermieters nicht zu rechtfertigen ist. ²Dies gilt nicht, wenn ein Grund vorliegt, der den Vermieter zur außerordentlichen fristlosen Kündigung berechtigt.

(2) Eine Härte liegt auch vor, wenn angemessener Ersatzwohnraum zu zumutbaren Bedingungen nicht beschafft werden kann.

(3) Bei der Würdigung der berechtigten Interessen des Vermieters werden nur die in dem Kündigungsschreiben nach § 573 Abs. 3 angegebenen Gründe berücksichtigt, außer wenn die Gründe nachträglich entstanden sind.

(4) Eine zum Nachteil des Mieters abweichende Vereinbarung ist unwirksam.

1. Funktion. a) Bisheriges Recht. Die §§ 574 ff übernehmen §§ 556 a und 556 c aF und gliedern sie neu (§ 574 erfasst IV Nr 2, § 556 a I 1 und § 556 a I 2, 3, § 556 a VII). Als ein weiteres Kernstück des sozialen Mietrechts (s § 573 Rn 1) schränkt § 574 im Blick auf Umstände, die beim Mieter liegen, das Recht des Vermieters zur ordentlichen Kündigung und zur außerordentlichen Kündigung mit gesetzlicher Frist (nicht zur fristlosen Kündigung aus wichtigem Grund, §§ 543 I, 569) ein. Die Bestimmung ist ihrerseits durch den in der aF später geschaffenen § 573, der die Interessen des Vermieters gewichtet, in ihrer faktischen Bedeutung zurückgedrängt (s Rn 2). Dennoch empfiehlt sich aus der Sicht des Mieters ein vorsorglicher Widerspruch. **b) Anwendungsbereich.** Die Bestimmung gilt nicht für Mietverträge über Wohnräume nach § 549 II sowie eingeschränkt für Zeit- **1**

§ 574a Buch 2. Abschnitt 8. Einzelne Schuldverhältnisse

mietverträge (s § 575a II). **c) Einbezogene Personen.** Zur Familie des Mieters und zu den Angehörigen seines Haushalts s §§ 563, 563a Rn 2. **d)** Die Norm ist zugunsten des Mieters **zwingend (IV).**

2 **2. Rechtsvoraussetzungen. a) Härte für den Mieter.** Gemeint sind Nachteile, die über die üblichen, mit einem Umzug verbundenen Kosten und Erschwernisse einschließlich der sozialen Desintegration hinausgehen. Bsp: Kein Ersatzraum zu zumutbaren Bedingungen, obwohl sich der Mieter darum bemüht hat **(II)**; ein kurzfristiger Zwischenumzug ist idR nicht zumutbar (Bsp: Der Mieter baut selbst, er hat für einen späteren Termin eine andere Wohnung) fortgeschrittene Schwangerschaft (LG Dortmund NJW 65, 2204; AG Aachen MDR 66, 55); hohe Kinderzahl (LG Dortmund aaO); Umschulung der Kinder in ungünstigem Zeitpunkt (LG Wuppertal ZMR 70, 212); erhebliche Krankheit. Hohes Alter allein soll nicht ausreichen, hinzukommen müsse zB Gebrechlichkeit oder eine Behinderung im Knüpfen neuer sozialer Kontakte (LG Oldenburg DWW 91, 240). **b) Keine Rechtfertigung durch Interessen des Vermieters.** Ohne das Vorliegen berechtigter Interessen des Vermieters ist bereits gem § 573 die Kündigung unzulässig, so dass es zu einem Verfahren nach §§ 574ff überhaupt nicht kommt. Sind die Vermieterinteressen zu bejahen, so muss im Rahmen des § 574 zusätzlich das Interesse an einem termingerechten oder möglichst raschen Auszug festgestellt werden. Dieses Interesse kann sich aus denselben Gründen ergeben, die für die Zulässigkeit der Kündigung sprachen. Eigenständige Bedeutung gewinnen die gegenseitigen Interessen im Fall des § 573a. Zu berücksichtigen sind auch hier (s § 573 III) nur die im Kündigungsschreiben angegebenen Gründe; iE s § 573 Rn 6.

§ 574a Fortsetzung des Mietverhältnisses nach Widerspruch

(1) ¹Im Falle des § 574 kann der Mieter verlangen, dass das Mietverhältnis so lange fortgesetzt wird, wie dies unter Berücksichtigung aller Umstände angemessen ist. ²Ist dem Vermieter nicht zuzumuten, das Mietverhältnis zu den bisherigen Vertragsbedingungen fortzusetzen, so kann der Mieter nur verlangen, dass es unter einer angemessenen Änderung der Bedingungen fortgesetzt wird.

(2) ¹Kommt keine Einigung zustande, so werden die Fortsetzung des Mietverhältnisses, deren Dauer sowie die Bedingungen, zu denen es fortgesetzt wird, durch Urteil bestimmt. ²Ist ungewiss, wann voraussichtlich die Umstände wegfallen, aufgrund derer die Beendigung des Mietverhältnisses eine Härte bedeutet, so kann bestimmt werden, dass das Mietverhältnis auf unbestimmte Zeit fortgesetzt wird.

(3) Eine zum Nachteil des Mieters abweichende Vereinbarung ist unwirksam.

1 **1. Anspruch des Mieters (I).** Nach der § 556a II–III aF nachgebildeten Vorschrift gewinnt der Mieter einen **Anspruch auf** (idR zeitweilige, s Rn 2) **Fortsetzung ohne Änderung (I 1)** oder nach **angemessener Anpassung (I 2)**. Bsp: Anheben der Miete auf den ortsüblichen Satz, Übernahme von Nebenleistungen wie Reparaturen, Herausgabe einzelner Räume.

2 **2. Verfahren/Prozessuales. a)** Der Widerspruch und das Fortsetzungsverlangen sollen in erster Linie dazu führen, dass sich die Parteien – der Vermieter unter dem Druck, das Mietverhältnis nicht auflösen zu können – hinsichtlich der Konditionen der Fortsetzung (Dauer, ggf neue Miete, Nebenleistungen) **einigen (II 1)**; erst danach ist ein Urteil anzustreben. **b)** Zur **Klage** des *Vermieters* s ZPO 308a, üi § 535 Rn 23; zur Bewilligung einer Räumungsfrist s ZPO 721. Der *Mieter* kann auf Fortsetzung klagen (Gestaltungsklage). Maßgebender Zeitpunkt für die Beurteilung der Interessen ist wie stets die letzte mündliche Verhandlung (s ZPO 128). Die Tatsache, dass dem Mieter eine Räumungsfrist (ZPO 721) bewilligt werden

Titel 5. Mietvertrag, Pachtvertrag §§ 574 b, 574 c

kann, bleibt bei der Interessenabwägung außer Betracht (Stuttgart NJW 69, 240; Oldenburg WuM 70, 132). **c)** Die **Beweislast** trägt der Vermieter für den Zugang der Kündigung und den Hinweis nach § 568 Nr 2, sonst für seine Interessen (Rn 4) und die Kündigungsgründe nach IV 2. Der Mieter trägt die Beweislast für den Zugang des Widerspruchs und die Härtegründe. **d)** Das Urteil soll, falls es die Fortsetzung des Mietverhältnisses anordnet, einen **bestimmten Zeitraum** festlegen, nur ausnahmsweise auf unbestimmte Zeit verfügen (**II 1 und 2**).

§ 574 b Form und Frist des Widerspruchs

(1) ¹**Der Widerspruch des Mieters gegen die Kündigung ist schriftlich zu erklären.** ²**Auf Verlangen des Vermieters soll der Mieter über die Gründe des Widerspruchs unverzüglich Auskunft erteilen.**

(2) ¹**Der Vermieter kann die Fortsetzung des Mietverhältnisses ablehnen, wenn der Mieter ihm den Widerspruch nicht spätestens zwei Monate vor der Beendigung des Mietverhältnisses erklärt hat.** ²**Hat der Vermieter nicht rechtzeitig vor Ablauf der Widerspruchsfrist auf die Möglichkeit des Widerspruchs sowie auf dessen Form und Frist hingewiesen, so kann der Mieter den Widerspruch noch im ersten Termin des Räumungsrechtsstreits erklären.**

(3) Eine zum Nachteil des Mieters abweichende Vereinbarung ist unwirksam.

1. a) Bisheriges Recht. Die Norm übernimmt § 556 a V und VI. **b) Form** **1** **des Widerspruchs (I).** Schriftform gem § 126 (**I 1**). Teilt der Mieter seine Gründe auf Verlangen des Vermieters nicht mit (**I 2**), so bleibt der Widerspruch dennoch wirksam; der Mieter geht jedoch ein Kostenrisiko ein (ZPO 93 b). **c) Verwirken des Anspruchs. aa)** Hat der Vermieter auf das Recht des Mieters gem § 574 **rechtzeitig hingewiesen**, so muss der Mieter mindestens zwei Monate vor Ablauf der regulären Mietzeit widersprechen (**II 1**); maßgebend ist insoweit der Zugang (§ 130) beim Vermieter. Der Hinweis des Vermieters ist rechtzeitig, wenn er den Mieter in die Lage versetzt, den Widerspruch nach angemessener Überlegung zu erklären. **bb)** Hat der Vermieter **nicht rechtzeitig** hingewiesen, so kann der Mieter noch bis zum ersten Prozesstermin widersprechen (**II 2**).

§ 574 c Weitere Fortsetzung des Mietverhältnisses bei unvorhergesehenen Umständen

(1) **Ist aufgrund der §§ 574 bis 574 b durch Einigung oder Urteil bestimmt worden, dass das Mietverhältnis auf bestimmte Zeit fortgesetzt wird, so kann der Mieter dessen weitere Fortsetzung nur verlangen, wenn dies durch eine wesentliche Änderung der Umstände gerechtfertigt ist oder wenn Umstände nicht eingetreten sind, deren vorgesehener Eintritt für die Zeitdauer der Fortsetzung bestimmend gewesen war.**

(2) ¹**Kündigt der Vermieter ein Mietverhältnis, dessen Fortsetzung auf unbestimmte Zeit durch Urteil bestimmt worden ist, so kann der Mieter der Kündigung widersprechen und vom Vermieter verlangen, das Mietverhältnis auf unbestimmte Zeit fortzusetzen.** ²**Haben sich die Umstände verändert, die für die Fortsetzung bestimmend gewesen waren, so kann der Mieter eine Fortsetzung des Mietverhältnisses nur nach § 574 verlangen; unerhebliche Veränderungen bleiben außer Betracht.**

(3) **Eine zum Nachteil des Mieters abweichende Vereinbarung ist unwirksam.**

1. Allgemeines. Bisheriges Recht. Die Bestimmung übernimmt § 556 c aF **1** mit geringfügigen sprachlichen Modifikationen. Die Norm ist zugunsten des Mieters **zwingend (III)**.

§ 575 Buch 2. Abschnitt 8. Einzelne Schuldverhältnisse

2 **2. Tatbestände.** § 574 c regelt die Frage, wann und auf welche Weise ein gem §§ 574 ff fortgesetztes Mietverhältnis seinerseits beendet bzw (auch wiederholt) fortgesetzt werden kann. Dabei sind mehrere Fälle zu unterscheiden: **a)** Das Mietverhältnis wurde um eine **bestimmte Zeit** aufgrund einer Einigung zwischen den Parteien oder durch Urteil verlängert **(I):** Der Mieter kann eine weitere Verlängerung nur erreichen, wenn eine wesentliche Änderung der Umstände eintritt, die eine neue Interessenabwägung zugunsten des Mieters (s § 574 Rn 2) rechtfertigen, oder wenn Umstände nicht eintreten, deren erwarteter Eintritt für die Befristung maßgebend gewesen war (Bsp: die vorgesehene Aufnahme des Mieters in ein Pflegeheim zu einem bestimmten Zeitpunkt ist nicht möglich; eine Wieder-Gesundung tritt nicht ein, LG Mannheim ZMR 77, 31). Der Mieter muss gem § 574 a die Fortsetzung fordern; die Fortsetzung kann ihrerseits – aufgrund einer Einigung oder aufgrund eines Urteils (s § 574 a Rn 2) – für eine bestimmte Zeit
3 oder eine unbestimmte Zeit geschehen. **b)** Das Mietverhältnis wurde aufgrund einer **Einigung** für eine **unbestimmte Zeit** verlängert. Hier gelten die allg Regeln; der Vermieter kann gem §§ 573, 573 a kündigen, der Mieter kann gem § 574 widersprechen. Es findet eine neue Abwägung unter Berücksichtigung aller Umstände statt. Die Fortsetzung kann auf eine bestimmte oder eine unbestimmte Zeit geschehen. **c)** Das Mietverhältnis wurde durch **Urteil** auf **unbestimmte Zeit** verlängert **(II,** s § 574 a Rn 2). **aa)** Bei **unveränderten Umständen** oder unwesentlichen Veränderungen (II 2, letzter HS) kann der Mieter bei einer Kündigung durch den Vermieter verlangen, dass das Mietverhältnis ohne neue Interessenabwägung auf unbestimmte Zeit fortgesetzt wird. Der Vermieter trägt die **Beweislast** für eine erhebliche Veränderung (allgM). **bb)** Bei (wesentlich) **veränderten Umständen** tritt dasselbe Verfahren ein wie in Rn 2.

4 **3.** Zum Recht zur **außerordentlichen Kündigung** s zB §§ 543, 569.

Unterkapitel 3. Mietverhältnisse auf bestimmte Zeit

§ 575 Zeitmietvertrag

(1) ¹Ein Mietverhältnis kann auf bestimmte Zeit eingegangen werden, wenn der Vermieter nach Ablauf der Mietzeit
1. die Räume als Wohnung für sich, seine Familienangehörigen oder Angehörige seines Haushalts nutzen will,
2. in zulässiger Weise die Räume beseitigen oder so wesentlich verändern oder instand setzen will, dass die Maßnahmen durch eine Fortsetzung des Mietverhältnisses erheblich erschwert würden, oder
3. die Räume an einen zur Dienstleistung Verpflichteten vermieten will und er dem Mieter den Grund der Befristung bei Vertragsschluss schriftlich mitteilt. ²Anderenfalls gilt das Mietverhältnis als auf unbestimmte Zeit abgeschlossen.

(2) ¹Der Mieter kann vom Vermieter frühestens vier Monate vor Ablauf der Befristung verlangen, dass dieser ihm binnen eines Monats mitteilt, ob der Befristungsgrund noch besteht. ²Erfolgt die Mitteilung später, so kann der Mieter eine Verlängerung des Mietverhältnisses um den Zeitraum der Verspätung verlangen.

(3) ¹Tritt der Grund der Befristung erst später ein, so kann der Mieter eine Verlängerung des Mietverhältnisses um einen entsprechenden Zeitraum verlangen. ²Entfällt der Grund, so kann der Mieter eine Verlängerung auf unbestimmte Zeit verlangen. ³Die Beweislast für den Eintritt des Befristungsgrundes und die Dauer der Verzögerung trifft den Vermieter.

(4) Eine zum Nachteil des Mieters abweichende Vereinbarung ist unwirksam.

Titel 5. Mietvertrag, Pachtvertrag **§ 575**

Lit: Kinne, Der neue Zeitmietvertrag ab dem 1. 9. 2001, ZMR 01, 684; Lützenkirchen, Möglichkeit der Befristung von Wohnraummietverträgen, ZMR 01, 769. Feuerlein, Nichts Neues beim Zeitmietvertrag?, NZM 01, 371.

1. Allgemeines. a) Normzweck. Die Bestimmung schließt sich an § 564 c aF an, übernimmt aber „zur Rechtsvereinfachung" (BT-Drs 14/4553 S 69, in der Zielsetzung bedenklich) allein den sog „echten" Zeitmietvertrag (§ 564 c II aF), dessen Zulässigkeit an enge Grenzen gebunden wird **(I Nr 1–3)** und der, wenn der Befristungsgrund weiter besteht, endet, ohne dass dem Mieter auch nur ein Widerspruchsrecht nach §§ 574 ff zusteht. Eine zeitliche Begrenzung der zu vereinbarenden Frist ist nicht mehr vorgesehen (bisher 5 Jahre). Wie bisher wird die Norm damit begründet, dass dem Vermieter ein Anreiz gegeben werden soll, die Wohnung nicht bis zu der vorgesehenen Verwendung leerstehen zu lassen (BT-Drs aaO). Das Bedürfnis eines befristeten Mietvertrages mit Beibehalten des Kündigungsschutzes für den Mieter (s § 564 c I aF) könne durch unbefristete Mietverhältnisse mit beiderseitigem befristeten Verzicht auf das ordentliche Kündigungsrecht gedeckt werden (BT-Drs aaO; zu den Bedenken gegen einen vertraglichen Ausschluss des Kündigungsrechts s § 573 c Rn 1). **b) Anwendungsbereich.** Bei Mietverhältnissen gem § 549 II Nr 1–3 und III (s dort) sind Zeitmietverträge (mit oder ohne Verlängerung) uneingeschränkt zulässig. **c) Kündigung von Mietverträgen.** Die außerordentliche Kündigung mit gesetzlicher Frist (s dazu § 575 a II) und die fristlose Kündigung aus wichtigem Grund bleiben weiterhin möglich. 1

2. Rechtsvoraussetzungen. a) Die **Dauer der Befristung** kann grundsätzlich frei bestimmt werden. Eine Verlängerungsoption für den Mieter auf bestimmte oder unbestimmte Zeit ist vom Ges nicht vorgesehen (BT-Drs 14/4553 S 69), dürfte aber, da für den Mieter vorteilhaft (s IV), vereinbart werden können. Zulässig ist angesichts von III 1 eine Verlängerungsfrist bei Nichteintritt des Ereignisses. **b) Rechtfertigungsgründe. aa) Künftige Eigennutzung (I 1 Nr 1).** Zu den Familienangehörigen und den Angehörigen des Haushalts s § 573 Rn 3. Ein Bedarf iSd § 573 I Nr 2 (s dort „benötigt") ist nicht erforderlich (BT-Drs 9/1679 S 15) wohl aber, dass die Wohnung als Lebensmittelpunkt, nicht etwa als Zweitwohnung genutzt werden soll. **bb) Umbau (I 1 Nr 2).** Die Baumaßnahmen setzen, wenn es sich nicht um einen Abbruch des Hauses oder eine Auflösung der Wohnung handelt, wesentliche Eingriffe voraus, die nach Art oder Umfang die nach § 554 zu duldenden Maßnahmen übersteigen, zumindest den Auszug des Mieters erfordern. Zulässig ist wohl auch eine Maßnahme, die über die Anpassung an den ortsüblichen Bestand (s § 554 II 3) hinausgeht und eine entspr höhere Miete ermöglicht (BT-Drs 14/4553 S 70 spricht ausdrücklich von einer „Lockerung" gegenüber der bisherigen Rechtslage). **cc) Künftige Nutzung als Werkwohnung (I 1 Nr 3).** Zur Werkwohnung s § 576. Die jetzige befristete Vermietung muss nicht an einen Werksangehörigen geschehen (BT-Drs aaO). **c) Schriftliche Mitteilung bei Vertragsschluss (I 1 aE).** Zur Schriftform s § 126 (eine Textform gem § 126 b hätte wohl genügt). Angesichts der schwerwiegenden Einschränkungen des Mieterschutzes (s Rn 1) ist erforderlich, dass das geplante Vorhaben in sich nachvollziehbar konkretisiert und so dargelegt wird, dass der Mieter dessen Realisierungsmöglichkeit zum vorgesehenen Zeitpunkt überprüfen kann. **d) Rechtsfolgen beim Fehlen der Voraussetzungen.** Das Mietverhältnis gilt auf unbestimmte Zeit geschlossen (I 2), so dass ua die §§ 573 f, 574 ff anwendbar sind. Zieht der Mieter aus, so hat er einen Anspruch auf Schadensersatz gem §§ 280 I, 241 II (s die vergleichbare Lage in § 573 Rn 4). Auch dürfte ein zweiter Zeitmietvertrag (mit einem anderen Mieter) unzulässig sein, da der Vermieter diese Möglichkeit (durch den Auszug des Vormieters) rechtsmissbräuchlich erlangt hat. 2 3 4

3. Auskunftsanspruch des Mieters vor Fristablauf (II). Die vorgelagerte Frist von mindestens drei Monaten soll dem Mieter eine hinreichende Dispositionszeit eröffnen. Er muss von sich aus tätig werden, wenn er an einer evtl Verlängerung des Mietverhältnisses interessiert ist. 5

§§ 575 a, 576 Buch 2. Abschnitt 8. Einzelne Schuldverhältnisse

6   **4. Eintreten des Befristungsgrundes. a) Fristgerechtes Eintreten.** Der mitgeteilte Befristungsgrund (Voraussetzungen von I Nr 1, 2 oder 3) muss weiterhin vorliegen; eine Auswechslung ist nicht möglich. Nicht erforderlich ist, dass innerhalb des Tatbestandes auch das konkrete Ereignis identisch bleibt (Bsp: Ein anderes Kind als das ursprünglich Genannte soll die Wohnung nutzen, BT-Drs 14/4553 S 71). Die **Beweislast** für den Eintritt trägt der Vermieter **(III 3)**. **b) Verzögertes Eintreten.** Der Mieter kann (wenn er will) vor *Ablauf* der Mietzeit eine entspr Verlängerung verlangen **(III 1)**. Die **Beweislast** dafür, dass (nur) eine Verzögerung vorliegt, trägt der Vermieter **(III 3)**. **c) Entfallen des Befristungsgrundes.** Der Mieter kann vor **Ablauf** der Mietzeit eine unbefristete Verlängerung fordern **(II 2)**.

§ 575 a Außerordentliche Kündigung mit gesetzlicher Frist

(1) Kann ein Mietverhältnis, das auf bestimmte Zeit eingegangen ist, außerordentlich mit der gesetzlichen Frist gekündigt werden, so gelten mit Ausnahme der Kündigung gegenüber Erben des Mieters nach § 564 die §§ 573 und 573 a entsprechend.

(2) Die §§ 574 bis 574 c gelten entsprechend mit der Maßgabe, dass die Fortsetzung des Mietverhältnisses höchstens bis zum vertraglich bestimmten Zeitpunkt der Beendigung verlangt werden kann.

(3) ¹Die Kündigung ist spätestens am dritten Werktag eines Kalendermonats zum Ablauf des übernächsten Monats zulässig, bei Wohnraum nach § 549 Abs. 2 Nr. 2 spätestens am 15. eines Monats zum Ablauf dieses Monats (gesetzliche Frist). ²§ 573 a Abs. 1 Satz 2 findet keine Anwendung.

(4) Eine zum Nachteil des Mieters abweichende Vereinbarung ist unwirksam.

1   **1. Normzweck.** Die Bestimmung legt fest, dass das Rechtsinstitut der außerordentlichen Kündigung mit gesetzlicher Frist auch für Zeitmietverträge gilt. Demgemäß wird § 573 d I (in **I**), II (in **III**) und III (in **IV**) wörtlich wiederholt. **II** bringt – mit der konsequenten Begrenzung auf das Ende der vereinbarten Frist – gesetzestechnisch einen Verweis auf die §§ 574–574 c, deren Anwendung auf § 573 d daraus folgt, dass sie nachgeordnet sind. Zur Auslegung ie s § 573 d Rn 1.

Unterkapitel 4. Werkwohnungen

§ 576 Fristen der ordentlichen Kündigung bei Werkmietwohnungen

(1) **Ist Wohnraum mit Rücksicht auf das Bestehen eines Dienstverhältnisses vermietet, so kann der Vermieter nach Beendigung des Dienstverhältnisses abweichend von § 573 c Abs. 1 Satz 2 mit folgenden Fristen kündigen:**
1. bei Wohnraum, der dem Mieter weniger als zehn Jahre überlassen war, spätestens am dritten Werktag eines Kalendermonats zum Ablauf des übernächsten Monats, wenn der Wohnraum für einen anderen zur Dienstleistung Verpflichteten benötigt wird;
2. spätestens am dritten Werktag eines Kalendermonats zum Ablauf dieses Monats, wenn das Dienstverhältnis seiner Art nach die Überlassung von Wohnraum erfordert hat, der in unmittelbarer Beziehung oder Nähe zur Arbeitsstätte steht, und der Wohnraum aus dem gleichen Grund für einen anderen zur Dienstleistung Verpflichteten benötigt wird.

(2) **Eine zum Nachteil des Mieters abweichende Vereinbarung ist unwirksam.**

Titel 5. Mietvertrag, Pachtvertrag §§ 576a, 576b

§ 576a Besonderheiten des Widerspruchsrechts bei Werkmietwohnungen

(1) Bei der Anwendung der §§ 574 bis 574c auf Werkmietwohnungen sind auch die Belange des Dienstberechtigten zu berücksichtigen.

(2) Die §§ 574 bis 574c gelten nicht, wenn
1. der Vermieter nach § 576 Abs. 1 Nr. 2 gekündigt hat;
2. der Mieter das Dienstverhältnis gelöst hat, ohne dass ihm von dem Dienstberechtigten gesetzlich begründeter Anlass dazu gegeben war, oder der Mieter durch sein Verhalten dem Dienstberechtigten gesetzlich begründeten Anlass zur Auflösung des Dienstverhältnisses gegeben hat.

(3) Eine zum Nachteil des Mieters abweichende Vereinbarung ist unwirksam.

§ 576b Entsprechende Geltung des Mietrechts bei Werkdienstwohnungen

(1) Ist Wohnraum im Rahmen eines Dienstverhältnisses überlassen, so gelten für die Beendigung des Rechtsverhältnisses hinsichtlich des Wohnraums die Vorschriften über Mietverhältnisse entsprechend, wenn der zur Dienstleistung Verpflichtete den Wohnraum überwiegend mit Einrichtungsgegenständen ausgestattet hat oder in dem Wohnraum mit seiner Familie oder Personen lebt, mit denen er einen auf Dauer angelegten gemeinsamen Haushalt führt.

(2) Eine zum Nachteil des Mieters abweichende Vereinbarung ist unwirksam.

Anmerkungen zu den §§ 576–576b

1. Allgemeines. a) Bisheriges Recht. Die Bestimmungen fassen bei sprachlichen Vereinfachungen die §§ 565b – e aF zusammen. **b) Funktion.** Die Sonderschriften für sog **Werkwohnungen** (im Schwerpunkt für Arbeitnehmer) als Oberbegriff für **Werkmietwohnungen** (§§ 576, 576a) und **Werkdienstwohnungen** (§ 576b) sollen dem Interesse des Vermieters Rechnung tragen, nach Beendigung des Dienst-/Arbeitsverhältnisses auch das Mietverhältnis zu beenden und die Wohnung einem neuen Arbeitnehmer zur Verfügung zu stellen. Insoweit ist der Mieterschutz etwas eingeschränkt. Soweit die Bestimmungen keine Regelungen treffen, bleiben die allg Mieterschutznormen anwendbar. **c) Sachlicher Anwendungsbereich.** Vorausgesetzt ist ein Mietvertrag über Wohnraum, der mit Rücksicht auf das Bestehen eines Arbeits- oder Dienstverhältnisses vermietet worden ist. Dies setzt eine Verpflichtung zur unselbständigen, abhängigen, weisungsgebundenen Tätigkeit voraus. Erfasst wird auch die Beschäftigung leitender Angestellter. Das Überlassen von Wohnungen an Angehörige des öffentl Dienstes unterfällt idR nicht den §§ 576–576b, sondern dem allg Mietrecht; regelmäßig fehlt die Verknüpfung zwischen Wohnung und konkreter Tätigkeit (sa Rn 2); ie, auch zu den Sonderformen der Zuweisung bei bestimmter Tätigkeit, s ErmJendrek, § 565e aF, 8ff. **d) Zeitlicher Anwendungsbereich.** Die §§ 576–576b gelten für die Zeit **nach** Beendigung des Dienst-/Arbeitsverhältnisses. Eine gleichzeitig mit der Kündigung des Arbeitsverhältnisses erklärte Kündigung setzt die Schutzfristen ab Beendigung des Arbeitsverhältnisses in Gang (aA LG Kiel WuM 78, 32). Ob während des Arbeitsverhältnisses der Mietvertrag gekündigt werden kann, richtet sich nach dem Vertrag. Enthält er keine Regelung, so ist er kündbar. Es gilt der allg Schutz der §§ 573f, 574ff. **e)** Zur **Mitwirkung des Betriebsrats** s BetrVG 87 I Nr 9. **f) Konkurrenzen.** Die Möglichkeit zur außerordentlichen Kündigung (fristlos und mit gesetzlicher Frist) bleibt unberührt. **g)** Die Bestimmung ist zugunsten des Mieters **zwingend** (§§ 576 II, 576a III, 576b II). **h) Sonderbestimmungen** bestehen für Bergarbeiterwohnungen (iE s PalWeidenkaff vor § 576, 11).

§ 577 Buch 2. Abschnitt 8. Einzelne Schuldverhältnisse

2   2. **Werkmietwohnungen (§§ 576, 576 a). a) Arten.** Zu unterscheiden ist zwischen **allg Werkmietwohnungen (§ 576 b I Nr 1),** deren Überlassen im Zusammenhang mit dem Arbeitsverhältnis steht, und **funktionsgebundenen Werkmietwohnungen,** bei denen die Überlassung Teil des Dienstvertrages und der Vergütung ist (**§ 576 I Nr 2**). Bsp: Wohnungen für Hausmeister, Wachpersonal, Werksfeuerwehr. **b) Recht zur Kündigung für den Vermieter.** Der Vermieter kann alternativ gem § 573 c (unter Anwendung der §§ 573, 573 a) kündigen oder den Weg über § 576 I wählen. §§ 573, 574 sind in diesem Fall nicht anwendbar; das Recht des Mieters zum Widerspruch (§§ 574–574 c) ist eingeschränkt (ie s Gesetzestext des § 576 a). **c) Durchführung der Kündigung. aa) Zeitlicher Anwendungsbereich.** Die Bestimmungen gelten für die Zeit **nach** Beendigung des Dienst-/Arbeitsverhältnisses. Eine gleichzeitig mit der Kündigung des Arbeitsverhältnisses erklärte Kündigung setzt die Schutzfristen ab Beendigung des Arbeitsverhältnisses in Gang (aA LG Kiel WuM 78, 32). Ob während des Arbeitsverhältnisses der Mietvertrag gekündigt werden kann, richtet sich nach dem Vertrag. Enthält er keine Regelung, so ist er kündbar. Es gilt der allg Schutz der §§ 573 f, 574 ff. **bb)** Zur **Form** s § 568 I; inhaltlich ist der Kündigungsgrund (§ 576 I 1 Nr 1 bzw Nr 2) anzugeben (s Celle DWW 85, 232) und auf das Widerspruchsrecht des Mieters hinzuweisen (§ 568 II), sofern es nicht nach § 576 a II ausgeschlossen ist. **cc)** Das **Widerspruchsrecht** besteht nur bei allg Werkmietwohnungen, nicht bei funktionsgebundenen Werkwohnungen (**§ 576 a II Nr 1**), in den Grenzen des § 576 a I, II Nr 2, *wenn der Arbeitgeber entspr diesen Vorschriften kündigt* (str). Zur Frist s § 574 b II.

3   3. **Werkdienstwohnungen (§ 576 b).** Ohne § 576 b hätte der Bewohner nach Ablauf des Dienstvertrages keinen Schutz, da kein Mietvertrag besteht. Unter den genannten Voraussetzungen entsteht ein dem Mietvertrag entspr ges Schuldverhältnis (aA Gaßner AcP 186, 325 ff: gemischttypischer Vertrag) mit den allg Pflichten; die Nutzungsentschädigung entspricht dem rechnerischen Wert, der während des Arbeitsverhältnisses für das Überlassen der Wohnung vorgesehen war. Die ordentliche Kündigung und die außerordentliche Kündigung mit gesetzlicher Frist ist unter den im Ges genannten Voraussetzungen entweder nach den allg Bestimmungen (§§ 573, 573 a, 574 ff) oder nach §§ 576, 576 a möglich. Zu den Begriffen Familie bzw gemeinsamer Haushalt s §§ 563, 563 a Rn 2.

Kapitel 6. Besonderheiten bei der Bildung von Wohnungseigentum an vermieteten Wohnungen

§ 577 Vorkaufsrecht des Mieters

(1) ¹**Werden vermietete Wohnräume, an denen nach der Überlassung an den Mieter Wohnungseigentum begründet worden ist oder begründet werden soll, an einen Dritten verkauft, so ist der Mieter zum Vorkauf berechtigt.** ²**Dies gilt nicht, wenn der Vermieter die Wohnräume an einen Familienangehörigen oder an einen Angehörigen seines Haushalts verkauft.** ³**Soweit sich nicht aus den nachfolgenden Absätzen etwas anderes ergibt, finden auf das Vorkaufsrecht die Vorschriften über den Vorkauf Anwendung.**

(2) **Die Mitteilung des Verkäufers oder des Dritten über den Inhalt des Kaufvertrags ist mit einer Unterrichtung des Mieters über sein Vorkaufsrecht zu verbinden.**

(3) **Die Ausübung des Vorkaufsrechts erfolgt durch schriftliche Erklärung des Mieters gegenüber dem Verkäufer.**

(4) **Stirbt der Mieter, so geht das Vorkaufsrecht auf diejenigen über, die in das Mietverhältnis nach § 563 Abs. 1 oder 2 eintreten.**

(5) **Eine zum Nachteil des Mieters abweichende Vereinbarung ist unwirksam.**

Titel 5. Mietvertrag, Pachtvertrag   §§ 577 a, 578

1. Bisheriges Recht. Die Bestimmung übernimmt § 570 b aF mit einigen sprachlichen Klarstellungen. **Funktion.** Durch das zugunsten des Mieters **zwingende** (s V) Vorkaufsrecht soll der Mieter (bzw sein Rechtsnachfolger, s IV) die Möglichkeit haben, die von ihm tatsächlich genutzte Wohnung (s Gesetzestext: „nach Überlassung") im Fall der Umwandlung in Wohnungseigentum selbst zu erwerben und damit nicht aus ihr verdrängt zu werden (s BT-Drs 12/3254). Vorrang hat freilich das Verwertungsinteresse des Vermieters bei der Veräußerung an Familienangehörige oder Angehörige seines Haushalts (**I 2,** zu den Begriffen s §§ 563, 563 a Rn 2). **Rechtsvoraussetzungen.** s Gesetzestext, iü §§ 504 ff. Die Ausübung des Vorkaufsrechts unterliegt der Schriftform (**III,** s dazu § 126).

§ 577 a Kündigungsbeschränkung bei Wohnungsumwandlung

(1) **Ist an vermieteten Wohnräumen nach der Überlassung an den Mieter Wohnungseigentum begründet und das Wohnungseigentum veräußert worden, so kann sich ein Erwerber auf berechtigte Interessen im Sinne des § 573 Abs. 2 Nr. 2 oder 3 erst nach Ablauf von drei Jahren seit der Veräußerung berufen.**

(2) ¹**Die Frist nach Absatz 1 beträgt bis zu zehn Jahre, wenn die ausreichende Versorgung der Bevölkerung mit Mietwohnungen zu angemessenen Bedingungen in einer Gemeinde oder einem Teil einer Gemeinde besonders gefährdet ist und diese Gebiete nach Satz 2 bestimmt sind.** ²**Die Landesregierungen werden ermächtigt, diese Gebiete und die Frist nach Satz 1 durch Rechtsverordnung für die Dauer von jeweils höchstens zehn Jahren zu bestimmen.**

(3) **Eine zum Nachteil des Mieters abweichende Vereinbarung ist unwirksam.**

Lit: Börstinghaus WuM 1991, 419.

1. Allgemeines. Bisheriges Recht. Die Regelung umfasst § 564 b II Nr 2 S 2–4 und Nr 3 S 4 aF und das SozialklauselGes v 22. 4. 1993. **Funktion.** Die Eigenbedarfsklage nach Umwandlung in Wohnungseigentum und anschließender Veräußerung an einen Erwerber, der die Wohnung selbst nutzen und deshalb freibekommen will, ist seit Anfang der neunziger Jahre zu einem besonders schwerwiegenden Problem für Mieter geworden, die vor der Umwandlung und Veräußerung nicht mit einer Kündigung rechnen mussten (s Gemeinsamer Senat der Obersten Gerichtshöfe des Bundes NJW 92, 3200). Mit der Norm werden nun verschiedene Zwecke verfolgt: die Ausdehnung des Tatbestands auf die Kündigung wegen wirtschaftlicher Verwertung, die Vereinheitlichung der Mindestsperrfrist auf drei Jahre seit Veräußerung (**I**) und die Möglichkeit der flexiblen Verlängerung der Sperrfrist in Gebieten mit bes gefährdeter Wohnungsversorgung durch LandesV bis zu 10 Jahren (**II**). Die Bestimmung ist zugunsten des Mieters zwingend (**III**).

2. Zum Tatbestand s Gesetzestext. Die bloße Begründung von Wohnungseigentum erfüllt den Tatbestand nicht (BGH 125, 363); zur **Überlassung** s § 535 Rn 5. Von der Ermächtigung nach II 1 haben die Länder Bayern, Baden-Württemberg, Berlin, Brandenburg, Bremen, Hamburg, Hessen, Niedersachsen, Nordrhein-Westfalen, Rheinland-Pfalz und Schleswig-Holstein Gebrauch gemacht (Börstinghaus, Miete 2000, § 564 b aF Rn 108).

Untertitel 3. Mietverhältnisse über andere Sachen

§ 578 Mietverhältnisse über Grundstücke und Räume

(1) **Auf Mietverhältnisse über Grundstücke sind die Vorschriften der §§ 550, 562 bis 562 d, 566 bis 567 b sowie 570 entsprechend anzuwenden.**

§§ 578a, 579

(2) ¹Auf Mietverhältnisse über Räume, die keine Wohnräume sind, sind die in Absatz 1 genannten Vorschriften sowie § 552 Abs. 1, § 554 Abs. 1 bis 4 und § 569 Abs. 2 entsprechend anzuwenden. ²Sind die Räume zum Aufenthalt von Menschen bestimmt, so gilt außerdem § 569 Abs. 1 entsprechend.

Lit: Fritz, Die Entwicklung der Gewerberaummietrechts in den Jahren 1998 und 1999, NJW 00, 3686; Gather, Ausgewählte Fragen des gewerblichen Mietrechts, DWW 02, 54; Treier DWW 01, 226 (Rspr-Übersicht).

1   1. **Normzweck:** Die Bestimmung trägt der Tatsache Rechnung, dass Vorschriften, die für alle Mietverhältnisse gelten (§§ 535–548), vorangestellt und Mietverhältnisse über Wohnungen (§§ 549–577a) als ein Schwerpunkt an erster Stelle des „besonderen Teils" des Mietrechts geregelt worden sind (s vor § 535 Rn 2). Für die „übrig bleibenden" Gegenstände (Grundstücke, Räume die keine Wohnräume sind, einschließlich der Geschäftsräume, eingetragene Schiffe, bewegliche Sachen) werden zum einen durch Verweisungen die Bestimmungen über Wohnraummietverhältnisse nutzbar gemacht (§§ 578, 578a), des weiteren Sondernormen zur Fälligkeit der Miete und zur Kündigung (§§ 579–580a) geschaffen. Heranzuziehen sind also die allg Bestimmungen, Einzelvorschriften zu Wohnraummietverträgen und die Sondernormen der §§ 579ff. Zur Erläuterung s jeweils dort. Die Parteien sind selbstverständlich nicht gehindert, den Bestimmungen des Wohnraummietrechts entspr Regelung – auch mit Modifikationen – zu treffen (s zB Pfeifer DWW 00, 13; Düsseldorf DWW 00, 196 zur Betriebskostenumlage).

§ 578a Mietverhältnisse über eingetragene Schiffe

(1) **Die Vorschriften der §§ 566, 566a, 566e bis 567b gelten im Falle der Veräußerung oder Belastung eines im Schiffsregister eingetragenen Schiffs entsprechend.**

(2) **¹Eine Verfügung, die der Vermieter vor dem Übergang des Eigentums über die Miete getroffen hat, die auf die Zeit der Berechtigung des Erwerbers entfällt, ist dem Erwerber gegenüber wirksam. ²Das Gleiche gilt für ein Rechtsgeschäft, das zwischen dem Mieter und dem Vermieter über die Mietforderung vorgenommen wird, insbesondere die Entrichtung der Miete; ein Rechtsgeschäft, das nach dem Übergang des Eigentums vorgenommen wird, ist jedoch unwirksam, wenn der Mieter bei der Vornahme des Rechtsgeschäfts von dem Übergang des Eigentums Kenntnis hat. ³§ 566d gilt entsprechend.**

1   1. **Bisheriges Recht:** § 578a übernimmt § 580a aF ohne sachliche Änderungen. II befreit Vorausverfügungen des Vermieters über die Miete von den engen Grenzen der §§ 566b und 566c.

§ 579 Fälligkeit der Miete

(1) **¹Die Miete für ein Grundstück, ein im Schiffsregister eingetragenes Schiff und für bewegliche Sachen ist am Ende der Mietzeit zu entrichten. ²Ist die Miete nach Zeitabschnitten bemessen, so ist sie nach Ablauf der einzelnen Zeitabschnitte zu entrichten. ³Die Miete für ein Grundstück ist, sofern sie nicht nach kürzeren Zeitabschnitten bemessen ist, jeweils nach Ablauf eines Kalendervierteljahrs am ersten Werktag des folgenden Monats zu entrichten.**

(2) **Für Mietverhältnisse über Räume gilt § 556b Abs. 1 entsprechend.**

1   1. **Funktion:** Die Bestimmung erstreckt die für Wohnraummietverhältnisse geregelte sog Vorschüssigkeit der Miete (bis zum dritten Werktag für den laufenden Monat, s § 556b I) auf Mietverhältnisse über Räume (II) und belässt es (nur noch) für Mietverhältnisse über andere Sachen bei der bisher allg Regelung, dass die

Titel 5. Mietvertrag, Pachtvertrag §§ 580–581

Miete am Ende der Mietzeit bzw am Ende des jeweiligen Zeitabschnitts (zB Monat) zu zahlen ist (I). Andere Regelungen, beispielsweise die Vorschüssigkeit der Miete über Sachen nach I, sind selbstverständlich zulässig.

§ 580 Außerordentliche Kündigung bei Tod des Mieters

Stirbt der Mieter, so ist sowohl der Erbe als auch der Vermieter berechtigt, das Mietverhältnis innerhalb eines Monats, nachdem sie vom Tod des Mieters Kenntnis erlangt haben, außerordentlich mit der gesetzlichen Frist zu kündigen.

1. **Bisheriges Recht:** § 580 übernimmt § 579 I aF der systematischen Stellung entspr nur für Verträge außerhalb von Wohnraummietverhältnissen. In der Sache ist die Norm § 564 I 2 angepasst, s § 564 Rn 1.

§ 580 a Kündigungsfristen

(1) Bei einem Mietverhältnis über Grundstücke, über Räume, die keine Geschäftsräume sind, oder über im Schiffsregister eingetragene Schiffe ist die ordentliche Kündigung zulässig,
1. **wenn die Miete nach Tagen bemessen ist, an jedem Tag zum Ablauf des folgenden Tages;**
2. **wenn die Miete nach Wochen bemessen ist, spätestens am ersten Werktag einer Woche zum Ablauf des folgenden Sonnabends;**
3. **wenn die Miete nach Monaten oder längeren Zeitabschnitten bemessen ist, spätestens am dritten Werktag eines Kalendermonats zum Ablauf des übernächsten Monats, bei einem Mietverhältnis über gewerblich genutzte unbebaute Grundstücke oder im Schiffsregister eingetragene Schiffe jedoch nur zum Ablauf eines Kalendervierteljahrs.**

(2) Bei einem Mietverhältnis über Geschäftsräume ist die ordentliche Kündigung spätestens am dritten Werktag eines Kalendervierteljahrs zum Ablauf des nächsten Kalendervierteljahrs zulässig.

(3) Bei einem Mietverhältnis über bewegliche Sachen ist die ordentliche Kündigung zulässig,
1. **wenn die Miete nach Tagen bemessen ist, an jedem Tag zum Ablauf des folgenden Tages;**
2. **wenn die Miete nach längeren Zeitabschnitten bemessen ist, spätestens am dritten Tag vor dem Tag, mit dessen Ablauf das Mietverhältnis enden soll.**

(4) Absatz 1 Nr. 3, Absatz 2 und 3 Nr. 2 sind auch anzuwenden, wenn ein Mietverhältnis außerordentlich mit der gesetzlichen Frist gekündigt werden kann.

1. **Bisheriges Recht:** Die Bestimmung übernimmt mit terminologischen Anpassungen § 565 I, I a, IV und V aF. Unterschieden wird zwischen der ordentlichen Kündigung einerseits (I–III) und der außerordentlichen Kündigung mit gesetzlicher Frist (s § 573 d) andererseits (IV). Innerhalb der ordentlichen Kündigung wird zwischen Grundstücken, Räumen die keine Wohnräume sind, und eingetragenen Schiffen (I), Geschäftsräumen (II) sowie beweglichen Sachen (III) differenziert.

Untertitel 4. Pachtvertrag

§ 581 Vertragstypische Pflichten beim Pachtvertrag

(1) ¹Durch den Pachtvertrag wird der Verpächter verpflichtet, dem Pächter den Gebrauch des verpachteten Gegenstands und den Genuss der Früchte, soweit sie nach den Regeln einer ordnungsmäßigen Wirtschaft als

§ 581 Buch 2. Abschnitt 8. Einzelne Schuldverhältnisse

Ertrag anzusehen sind, während der Pachtzeit zu gewähren. ²Der Pächter ist verpflichtet, dem Verpächter die vereinbarte Pacht zu entrichten.

(2) Auf den Pachtvertrag mit Ausnahme des Landpachtvertrags sind, soweit sich nicht aus den §§ 582 bis 584b etwas anderes ergibt, die Vorschriften über den Mietvertrag entsprechend anzuwenden.

Lit: Fassbender/Hötzel/Lukanow, Landpachtrecht, 1988; Lange/Wulff/Lüdtke-Handjery, Landpachtrecht, 4. Aufl 1997.

1   **1. Allgemeines.** Im Ges wird zwischen der Verpachtung von *Gegenständen* (§§ 581–584b) und der Verpachtung von *landwirtschaftlichen Grundstücken und Betrieben* (§§ 585–597) unterschieden. Die Sonderregelung erklärt sich aus dem Ziel, das Pachtrecht insoweit den aktuellen landwirtschaftlichen Produktionsformen anzupassen (s § 585 Rn 1). Die Mietrechtsreform (s Vor § 535 Rn 2) und das SchRModG haben einige sprachliche Änderungen in den Überschriften und im Gesetzestext gebracht.

2   **2. Begriff. a)** Der **Pachtvertrag** ist ein entgeltlicher Nutzungsvertrag über Gegenstände. Er unterscheidet sich damit vom Mietvertrag in zwei Punkten: Verpachtet werden können neben *Sachen* (Grundstücke, Gebäude und Räume; Verträge über bewegliche Sachen allein kommen praktisch kaum vor), auch *Rechte* (zB Patentrechte durch Lizenzerteilung, Aneignungsrechte wie Jagd- und Fischereirechte, Gesellschaftsanteile, schuldrechtliche Befugnisse wie das Recht zum Ausschank in einer Festhalle, (BGH LM Nr 31 mwN) und aus beiden zusammengesetzte *Vermögenseinheiten* (zB Handelsgeschäfte, Unternehmen). Dem Pächter gebühren die **Nutzungen** (§ 100), also über die Gebrauchsvorteile des Mieters
3   hinaus auch die Früchte gem § 99. **b)** Zu den **Abgrenzungen** sa Rn 3 ff vor § 535. Schwierig fällt insbes die Unterscheidung zu Mietvertrag und Kauf. **aa) Mietvertrag.** Da Miet- und Pachtvertrag hinsichtlich des Rechts zum Gebrauch identisch sind, hängt die jeweilige Zuordnung davon ab, ob der vom Nutzungsberechtigten angestrebte wirtschaftliche Erfolg stärker seiner eigenen, originären Leistung entspricht (zB Ladenlokal, Praxisräume; Maschine, da lediglich Hilfsmittel, BGH NJW 68, 693) – dann Miete – oder ob der wirtschaftliche Erfolg „bestimmungsgemäß" (§ 99 I) eintritt, dh in der Sache angelegt ist und grundsätzlich von jedem Geeigneten erzielt werden kann, der die Sache entspr ihrer Anlage einsetzt (zB Handelsgeschäft, Gastwirtschaft mit Einrichtung und Kundenstamm, Theater und Kino) – dann Pacht. Für die Annahme eines Pachtverhältnisses muss also der Vertragsgegenstand seiner vertragsgemäßen Beschaffenheit, Eigenart, Einrichtung und Ausstattung nach zum Erzielen von wirtschaftlichen Erträgen unmittelbar geeignet sein (BGH WM 81, 226, stRspr). **bb) Kauf-** und Pachtvertrag rücken dann dicht zusammen, wenn der Käufer/Pächter in erster Linie am Erwerb bestimmter Sachfrüchte zur Weiterveräußerung oder zur Verarbeitung interessiert ist (zB Holz auf dem Stamm, Kies aus der Kiesgrube). Im Schwerpunkt ist danach zu unterscheiden, ob eine mengenmäßige Sachleistung (Kauf) oder ein zeitliches Dauerschuldverhältnis (Pacht) gewollt wird; läuft der Vertrag auf eine bestimmte oder unbestimmte Zeit und hat der Berechtigte auch pflegerische Pflichten, so deutet dies auf einen Pachtvertrag (ie Ströter BB 79, 1477 mwN). **c) Sonderregelungen** bestehen für die Verpachtung bestimmter Gegenstände, wie zB Kleingärten, Jagd, Fischteiche und Apotheken (iE s PalPutzo 10 ff vor § 581; ErmJendrek 22 ff vor § 581).

4   **3.** Der **Vertragsschluss** bedarf bei Verträgen über Grundstücke und über Räume, wenn der Vertrag länger als ein Jahr dauern soll, der Schriftform (§§ 578 I, II iVm § 550); iÜ (zB bei der Verpachtung eines Rechts) ist eine formfreie Vereinbarung möglich. Zur Beteiligung **mehrerer Personen** auf Verpächter- oder Pächterseite s § 535 Rn 2 f.

5   **4. Vertragliche Pflichten. a) Verpächter. aa)** Die Pflicht zur **Gebrauchsgewährung** (I 1) entspricht den Vermieterpflichten, umfasst also das Überlassen

(bei Rechten selbstverständlich nicht Besitzverschaffung) und, soweit nichts anderes vereinbart ist, das Erhalten der Sache zum vertragsgemäßen Gebrauch sowie die Erfüllung der sich aus der konkreten Abrede ergebenden Nebenpflichten (s § 535 Rn 7 f). **bb) Gewährung des Fruchtgenusses (I 1).** § 581 knüpft damit an den weiteren Begriff der Früchte in § 99 (also einschließlich des vollen Substanzabbaus, etwa bei einer Kiesgrube) an, beschränkt aber, da der Pachtvertrag zeit- und nicht substanzbestimmt ist (Rn 5), die Fruchtziehung auf Erträge im Rahmen einer ordnungsgemäßen Wirtschaft (kein Raubbau, nicht Windbruch). Der Pächter erwirbt Eigentum nach §§ 956, 957. **b)** Die Pflichten des **Pächters (I 2)** entsprechen grundsätzlich denen des Mieters (§§ 535 Rn 18 ff). Eine Pflicht zur Benutzung des Gegenstandes besteht auch hier grundsätzlich nicht; jedoch wird, anders als beim Mietvertrag, die Wahrnehmung der Obhut ohne ein ordnungsgemäßes Bewirtschaften häufig nicht möglich sein.

5. Anwendung mietrechtlicher Vorschriften (II). Bei einer „entspr Anwendung" sind die sich aus dem Pachtverhältnis ergebende Besonderheiten mitzuberücksichtigen. Folgende Bestimmungen sind teilw abgeändert: § 535 durch §§ 582, 582 a (die Erhaltung obliegt teilweise dem Pächter, andere Gefahrtragung); § 580 a I, II durch §§ 584 a I, 584; § 546 durch § 582 a III; § 546 a durch § 584 b; § 580 durch §§ 584 a II, 584. Da sich die pachtrechtlichen abändernden Vorschriften zT nur auf Verträge über Grundstücke oder Betriebe beziehen, ist auf den sachlichen Anwendungsbereich genau zu achten. Unanwendbar sind die Kündigungsschutzvorschriften der Mietverhältnisse über Wohnräume (insbes §§ 573 ff, 574 ff). Eine Verpachtung von Wohnungen allein erscheint kaum denkbar; werden Wohnungen mitverpachtet (im Rahmen der Verpachtung eines Geschäfts, einer Gastwirtschaft), so geht bei der Vertragsbeendigung das Interesse des Verpächters an der Weiterverpachtung vor (SoeHeintzmann 67). Die Interessenlage ist der Vermietung funktionsgebundener Wohnungen (§ 576 a II 2) vergleichbar. Entgegen dem Wortlaut sind wegen des Fehlens entspr Vorschriften auch einige Bestimmungen über die **Landpacht** (zB §§ 590 a, 590 b, 591, 591 b, 592) anwendbar.

6

§ 582 Erhaltung des Inventars

(1) Wird ein Grundstück mit Inventar verpachtet, so obliegt dem Pächter die Erhaltung der einzelnen Inventarstücke.

(2) ¹Der Verpächter ist verpflichtet, Inventarstücke zu ersetzen, die infolge eines vom Pächter nicht zu vertretenden Umstands in Abgang kommen. ²Der Pächter hat jedoch den gewöhnlichen Abgang der zum Inventar gehörenden Tiere insoweit zu ersetzen, als dies einer ordnungsmäßigen Wirtschaft entspricht.

§ 582 a Inventarübernahme zum Schätzwert

(1) ¹Übernimmt der Pächter eines Grundstücks das Inventar zum Schätzwert mit der Verpflichtung, es bei Beendigung des Pachtverhältnisses zum Schätzwert zurückzugewähren, so trägt er die Gefahr des zufälligen Untergangs und der zufälligen Verschlechterung des Inventars. ²Innerhalb der Grenzen einer ordnungsmäßigen Wirtschaft kann er über die einzelnen Inventarstücke verfügen.

(2) ¹Der Pächter hat das Inventar in dem Zustand zu erhalten und in dem Umfang laufend zu ersetzen, den den Regeln einer ordnungsmäßigen Wirtschaft entspricht. ²Die von ihm angeschafften Stücke werden mit der Einverleibung in das Inventar Eigentum des Verpächters.

(3) ¹Bei Beendigung des Pachtverhältnisses hat der Pächter das vorhandene Inventar dem Verpächter zurückzugewähren. ²Der Verpächter kann die Übernahme derjenigen von dem Pächter angeschafften Inventarstücke

§§ 583, 583 a Buch 2. Abschnitt 8. Einzelne Schuldverhältnisse

ablehnen, welche nach den Regeln einer ordnungsmäßigen Wirtschaft für das Grundstück überflüssig oder zu wertvoll sind; mit der Ablehnung geht das Eigentum an den abgelehnten Stücken auf den Pächter über. ³Besteht zwischen dem Gesamtschätzwert des übernommenen und dem des zurückzugewährenden Inventars ein Unterschied, so ist dieser in Geld auszugleichen. ⁴Den Schätzwerten sind die Preise im Zeitpunkt der Beendigung des Pachtverhältnisses zugrunde zu legen.

§ 583 Pächterpfandrecht am Inventar

(1) Dem Pächter eines Grundstücks steht für die Forderungen gegen den Verpächter, die sich auf das mitgepachtete Inventar beziehen, ein Pfandrecht an den in seinen Besitz gelangten Inventarstücken zu.

(2) ¹Der Verpächter kann die Geltendmachung des Pfandrechts des Pächters durch Sicherheitsleistung abwenden. ²Er kann jedes einzelne Inventarstück dadurch von dem Pfandrecht befreien, dass er in Höhe des Wertes Sicherheit leistet.

§ 583 a Verfügungsbeschränkungen bei Inventar

Vertragsbestimmungen, die den Pächter eines Betriebs verpflichten, nicht oder nicht ohne Einwilligung des Verpächters über Inventarstücke zu verfügen oder Inventar an den Verpächter zu veräußern, sind nur wirksam, wenn sich der Verpächter verpflichtet, das Inventar bei der Beendigung des Pachtverhältnisses zum Schätzwert zu erwerben.

Anmerkungen zu den §§ 582–583 a

1   1. **Überblick.** Bei der Behandlung des Inventars im Pachtvertrag **sind verschiedene Formen** möglich. a) Das Inventar wird **ohne besondere Abrechnung mitverpachtet, § 582** (s Rn 4). Der Verpächter bleibt Eigentümer bzw hat einen Anspruch auf Übereignung von Ersatzstücken (zur möglichen Übereignung nach § 930 s dort Rn 16 ff). b) Das Inventar wird ebenfalls **mitverpachtet** (der Verpächter bleibt Eigentümer); der Pächter zahlt einen bei **Schätzwert** und erhält seinerseits bei Rückgabe den dann gültigen – idR niedrigeren, sofern es keine
2   Neuanschaffung gab (s Rn 5) – Schätzwert, **§ 582 a** (s Rn 5). c) Der Pächter **kauft** vom Verpächter das Inventar und erlangt es zum Eigentum, er wird auch Eigentümer des von ihm angeschafften Inventars. Es kann eine Rückkaufsklausel für den Zeitpunkt der Beendigung des Pachtverhältnisses vereinbart sein. Hier trifft **§ 583 a** eine Sonderregelung iS einer doppelseitigen Bindung (s Rn 6). d) **Anwendungsbereich.** Pachtverhältnisse über Grundstücke (§ 583 a: Betriebe), auch landwirtschaftlich genutzte (sa § 585 II), Räume (§§ 581 II, 580). Die **Beweislast** für sein Eigentum trifft wegen § 1006 den Verpächter.

3   2. Der ges nicht festgelegte **Begriff des Inventars** richtet sich ie nach der Verkehrsauffassung und umfasst idR diejenigen beweglichen Sachen, die in einem räumlichen Verhältnis zum Grundstück stehen und zur Bewirtschaftung des Grundstücks entspr seinem Zweck bestimmt sind; die Eigentumslage ist unerheblich (s o Rn 1). Inventarstücke können Zubehör (§ 97 iVm § 98) oder Bestandteile (§§ 93 ff) sein.

4   3. **Verpachtung des Inventars ohne Sonderberechnung (§§ 582, 583).** a) Der Verpächter wird von seiner Pflicht zur **Erhaltung** (§§ 535, 536 Rn 4 ff) hinsichtlich des Inventars **befreit** (I). Die Verpflichtung zur **Ergänzung** ist für Sachen allg nach dem Vertretenmüssen aufgeteilt, bei Tieren weitergehend dem Pächter auferlegt. Die Verpflichtung zur Ergänzung bezieht sich nicht auf jedes Einzelstück, sondern ist aus der Funktionsfähigkeit des Gesamtbestandes zu entwik-

keln. **b) Sicherheiten für den Pächter (§ 583).** Gesicherte Forderungen sind Ansprüche gem § 582 II 1 und uU auf Rückzahlung einer für das Inventar vereinbarten und gezahlten Kaution (s § 551). Objekt des Pfandrechts: alle im Besitz des Pächters stehenden Inventarstücke, auch wenn Dritte Eigentümer sind (BGH 34, 157, allgM). **c)** Die Bestimmung ist **abdingbar**.

4. Verpflichtung zur (schuldrechtlichen) „**Übernahme**" und späteren „**Rückgewähr**" des Inventars zum jeweiligen Schätzwert (§§ 582 a, 583). **a)** Weiter als bei der einfachen Verpachtung (Rn 4) ist hier die **Erhaltungspflicht** des Verpächters (§ 535 Rn 5 ff) ganz auf den Pächter **überlagert (II)**; er trägt die **Sachgefahr (I)** und hat die Befugnis, über die Gegenstände (des Verpächters) zu **verfügen (I)**. Der Eigentumsübergang vom Pächter auf den Verpächter gem **II 2** an allen vom Pächter angeschafften Inventarstücken ist Realakt und damit von dem Willen der Beteiligten unabhängig. Voraussetzung ist selbstverständlich, dass die Sache nicht im Eigentum eines Dritten bleibt; uU erwirbt der Verpächter eine Anwartschaft. **b)** Bei der **Rückgewähr** kann problematisch werden, dass der Pächter aus seiner Sicht notwendige Investitionen getätigt hat, die der Verpächter jedoch nicht übernehmen will (sog **Überinventar**); **III** versucht einen Interessenausgleich, der den Verpächter leicht bevorzugt. Die Ablehnung ist eine empfangsbedürftige Willenserklärung (§ 130); die **Beweislast** trägt der Verpächter. **c) Sicherung des Pächters:** s § 582 a III, iü Rn 4. **d)** Die Bestimmung ist **abdingbar**.

5. Inventar im Eigentum des Pächters (§ 583 a). Die **zwingende** Norm 6 will verhindern, dass die an sich zweckmäßige Bindung des Pächters einseitig ist und ihn damit zu stark belastet.

§ 584 Kündigungsfrist

(1) **Ist bei dem Pachtverhältnis über ein Grundstück oder ein Recht die Pachtzeit nicht bestimmt, so ist die Kündigung nur für den Schluss eines Pachtjahrs zulässig; sie hat spätestens am dritten Werktag des halben Jahres zu erfolgen, mit dessen Ablauf die Pacht enden soll.**

(2) **Dies gilt auch, wenn das Pachtverhältnis außerordentlich mit der gesetzlichen Frist gekündigt werden kann.**

1. Funktion. I ändert die ges Frist für die **ordentliche Kündigung** (§ 580 a 1 I, II) ab, **II** die Frist ges § 580 V für die Fälle der **außerordentlichen Kündigung mit ges Frist** (s § 573 d). **Anwendungsbereich:** Pachtverhältnisse über Grundstücke und Räume (§ 580) mit und ohne Inventar sowie über Rechte; für die selbständige Verpachtung von beweglichen Sachen gilt § 584 nicht. **Kündigungsschutz.** Bei (Mit-) Verpachtung von Wohnräumen s § 581 Rn 8 f. Bes Kündigungsschutz gilt für Landpacht und Kleingärten. Zur **Kündigung** selbst s § 542 Rn 3 (Ausnahme: keine ges Form, da § 568 nicht anwendbar ist). § 584 ist **abdingbar**.

§ 584 a Ausschluss bestimmter mietrechtlicher Kündigungsrechte

(1) **Dem Pächter steht das in § 540 Abs. 1 bestimmte Kündigungsrecht nicht zu.**

(2) **Der Verpächter ist nicht berechtigt, das Pachtverhältnis nach § 580 zu kündigen.**

1. Anwendungsbereich: S die im Text genannten Normen. **Abs 1:** Wegen 1 des Interesses des Verpächters an der Person des mit der Sache wirtschaftenden Pächters soll der Pächter auch persönlich für die Vertragsdauer gebunden sein. Ein Anspruch auf Unterverpachtung (zum Begriff vgl § 540 Rn 6) besteht nicht; das Versagen einer Unterverpachtung kann keinen Kündigungsgrund abgeben. **Abs 2:** Das Kündigungsrecht der Erben bleibt bestehen. § 584 a ist **abdingbar**.

§ 584 b Verspätete Rückgabe

¹Gibt der Pächter den gepachteten Gegenstand nach der Beendigung des Pachtverhältnisses nicht zurück, so kann der Verpächter für die Dauer der Vorenthaltung als Entschädigung die vereinbarte Pacht nach dem Verhältnis verlangen, in dem die Nutzungen, die der Pächter während dieser Zeit gezogen hat oder hätte ziehen können, zu den Nutzungen des ganzen Pachtjahrs stehen. ²Die Geltendmachung eines weiteren Schadens ist nicht ausgeschlossen.

1   1. § 584 b bestimmt die Höhe der Entschädigung anders als in § 546 a. **Anwendungsbereich:** alle Pachtverhältnisse. **Rechtsvoraussetzungen:** S § 546 a Rn 2. **Rechtsfolgen:** S § 546 a Rn 3; zu den Nutzungen s § 100; zu den weiteren Anspruchsgrundlagen s § 546 a Rn 1 (zum Bereicherungsanspruch BGH NJW 68, 197 mit krit Anm Rüber NJW 68, 1613). Die Parteien können etwas anderes vereinbaren.

Untertitel 5. Landpachtvertrag

§ 585 Begriff des Landpachtvertrags

(1) ¹Durch den Landpachtvertrag wird ein Grundstück mit den seiner Bewirtschaftung dienenden Wohn- oder Wirtschaftsgebäuden (Betrieb) oder ein Grundstück ohne solche Gebäude überwiegend zur Landwirtschaft verpachtet. ²Landwirtschaft sind die Bodenbewirtschaftung und die mit der Bodennutzung verbundene Tierhaltung, um pflanzliche oder tierische Erzeugnisse zu gewinnen, sowie die gartenbauliche Erzeugung.

(2) Für Landpachtverträge gelten § 581 Abs. 1 und die §§ 582 bis 583 a sowie die nachfolgenden besonderen Vorschriften.

(3) Die Vorschriften über Landpachtverträge gelten auch für Pachtverhältnisse über forstwirtschaftliche Grundstücke, wenn die Grundstücke zur Nutzung in einem überwiegend landwirtschaftlichen Betrieb verpachtet werden.

Lit: Faßbender/Hützel, Lukanow, Landpachtrecht, 4. Aufl. 1997; Lange/Wulff/Lüdtke-Handjery, Landpachtrecht, 3. Aufl. 1989.

1   **1. Funktion.** Angesichts des Strukturwandels in der Landwirtschaft durch die Aufgabe vieler Betriebe einerseits und die Notwendigkeit andererseits, die Fläche der verbleibenden Betriebe zur technisch zweckmäßigen Bewirtschaftung (ohne Einsatz von Eigenkapital) zu vergrößern, hat die Verpachtung landwirtschaftlichen Grundbesitzes ganz erhebliche Bedeutung gewonnen. Die Vorschriften versuchen, die Stellung des Pächters als eines selbständigen Unternehmers mit eigener Entscheidungsbefugnis zu stärken, s insbes §§ 590, 591, 593.

2   **2. Tatbestand.** Der **Landpachtvertrag** stellt auf die Art der Nutzung ab und umfasst insbesondere Ackerbau, Wiesen- und Weidewirtschaft, Erwerbsgartenbau, Erwerbsobstbau, Weinbau, Imkerei und Binnenfischerei. **Gegenständlich** kann sich der Landpachtvertrag auf Gebäude (Stallungen), Grundstücke ohne Gebäude (die Verpachtung des bloßen Fischereirechts ist deshalb keine Landpacht) und Betriebe beziehen. Der **Vertrag** muß nach LPachtVG 2 ff angezeigt und kann uU beanstandet werden.

§ 585 a Form des Landpachtvertrags

Wird der Landpachtvertrag für längere Zeit als zwei Jahre nicht in schriftlicher Form geschlossen, so gilt er für unbestimmte Zeit.

1   1. Vgl § 556.

Titel 5. Mietvertrag, Pachtvertrag **§§ 585 b–587**

§ 585 b Beschreibung der Pachtsache

(1) ¹Der Verpächter und der Pächter sollen bei Beginn des Pachtverhältnisses gemeinsam eine Beschreibung der Pachtsache anfertigen, in der ihr Umfang sowie der Zustand, in dem sie sich bei der Überlassung befindet, festgestellt werden. ²Dies gilt für die Beendigung des Pachtverhältnisses entsprechend. ³Die Beschreibung soll mit der Angabe des Tages der Anfertigung versehen werden und ist von beiden Teilen zu unterschreiben.

(2) ¹Weigert sich ein Vertragsteil, bei der Anfertigung einer Beschreibung mitzuwirken, oder ergeben sich bei der Anfertigung Meinungsverschiedenheiten tatsächlicher Art, so kann jeder Vertragsteil verlangen, dass eine Beschreibung durch einen Sachverständigen angefertigt wird, es sei denn, dass seit der Überlassung der Pachtsache mehr als neun Monate oder seit der Beendigung des Pachtverhältnisses mehr als neun Monate verstrichen sind; der Sachverständige wird auf Antrag durch das Landwirtschaftsgericht ernannt. ²Die insoweit entstehenden Kosten trägt jeder Vertragsteil zur Hälfte.

(3) Ist eine Beschreibung der genannten Art angefertigt, so wird im Verhältnis der Vertragsteile zueinander vermutet, dass sie richtig ist.

1. Funktion. Die Bestimmung soll Streitigkeiten am Ende des Vertrages, insbesondere wegen der Pflichtenteilung nach § 586 I, vermeiden. Die Norm ist **abdingbar**.   **1**

§ 586 Vertragstypische Pflichten beim Landpachtvertrag

(1) ¹Der Verpächter hat die Pachtsache dem Pächter in einem zu der vertragsmäßigen Nutzung geeigneten Zustand zu überlassen und sie während der Pachtzeit in diesem Zustand zu erhalten. ²Der Pächter hat jedoch die gewöhnlichen Ausbesserungen der Pachtsache, insbesondere die der Wohn- und Wirtschaftsgebäude, der Wege, Gräben, Dränungen und Einfriedigungen, auf seine Kosten durchzuführen. ³Er ist zur ordnungsmäßigen Bewirtschaftung der Pachtsache verpflichtet.

(2) Für die Haftung des Verpächters für Sach- und Rechtsmängel der Pachtsache sowie für die Rechte und Pflichten des Pächters wegen solcher Mängel gelten die Vorschriften des § 536 Abs. 1 bis 3 und der §§ 536 a bis 536 d entsprechend.

1. Funktion. I 1 wiederholt den Grundsatz des § 535 I; I 2 verlagert dann die erwähnten Ausbesserungspflichten auf den Pächter. Die gewöhnlichen Ausbesserungen umfassen das Beseitigen der durch die normale Abnutzung oder infolge häufigerer Betriebsrisiken auftretenden Schäden. II zieht die Konsequenz aus der grundsätzlichen Verweisung auf das Mietrecht. Die Bestimmung ist **abdingbar**.   **1**

§ 586 a Lasten der Pachtsache

Der Verpächter hat die auf der Pachtsache ruhenden Lasten zu tragen.

1. S § 535 I 3.   **1**

§ 587 Fälligkeit der Pacht; Entrichtung der Pacht bei persönlicher Verhinderung des Pächters

(1) ¹Die Pacht ist am Ende der Pachtzeit zu entrichten. ²Ist die Pacht nach Zeitabschnitten bemessen, so ist sie am ersten Werktag nach dem Ablauf der einzelnen Zeitabschnitte zu entrichten.

(2) ¹Der Pächter wird von der Entrichtung der Pacht nicht dadurch befreit, dass er durch einen in seiner Person liegenden Grund an der

Ausübung des ihm zustehenden Nutzungsrechts verhindert ist. ² § 537 Abs. 1 Satz 2 und Abs. 2 gilt entsprechend.

1 1. S § 579, vgl. § 556 b. Zur Verhinderung s § 537.

§ 588 Maßnahmen zur Erhaltung oder Verbesserung

(1) Der Pächter hat Einwirkungen auf die Pachtsache zu dulden, die zu ihrer Erhaltung erforderlich sind.

(2) ¹Maßnahmen zur Verbesserung der Pachtsache hat der Pächter zu dulden, es sei denn, dass die Maßnahme für ihn eine Härte bedeuten würde, die auch unter Würdigung der berechtigten Interessen des Verpächters nicht zu rechtfertigen ist. ²Der Verpächter hat die dem Pächter durch die Maßnahme entstandenen Aufwendungen und entgangenen Erträge in einem den Umständen nach angemessenen Umfang zu ersetzen. ³ Auf Verlangen hat der Verpächter Vorschuss zu leisten.

(3) Soweit der Pächter infolge von Maßnahmen nach Absatz 2 Satz 1 höhere Erträge erzielt oder bei ordnungsmäßiger Bewirtschaftung erzielen könnte, kann der Verpächter verlangen, dass der Pächter in eine angemessene Erhöhung der Pacht einwilligt, es sei denn, dass dem Pächter eine Erhöhung der Pacht nach den Verhältnissen des Betriebs nicht zugemutet werden kann.

(4) ¹Über Streitigkeiten nach den Absätzen 1 und 2 entscheidet auf Antrag das Landwirtschaftsgericht. ²Verweigert der Pächter in den Fällen des Absatzes 3 seine Einwilligung, so kann sie das Landwirtschaftsgericht auf Antrag des Verpächters ersetzen.

1 1. Zu I s §§ 578 II, 584 I, zu II s §§ 578 II, 554 II. III soll einen Billigkeitsausgleich schaffen Die Vorschrift ist **abdingbar**. Zum Landwirtschaftsgericht s LwVG 1 ff.

§ 589 Nutzungsüberlassung an Dritte

(1) Der Pächter ist ohne Erlaubnis des Verpächters nicht berechtigt,
1. die Nutzung der Pachtsache einem Dritten zu überlassen, insbesondere die Sache weiter zu verpachten,
2. die Pachtsache ganz oder teilweise einem landwirtschaftlichen Zusammenschluss zum Zwecke der gemeinsamen Nutzung zu überlassen.

(2) Überlässt der Pächter die Nutzung der Pachtsache einem Dritten, so hat er ein Verschulden, das dem Dritten bei der Nutzung zur Last fällt, zu vertreten, auch wenn der Verpächter die Erlaubnis zur Überlassung erteilt hat.

§ 590 Änderung der landwirtschaftlichen Bestimmung oder der bisherigen Nutzung

(1) Der Pächter darf die landwirtschaftliche Bestimmung der Pachtsache nur mit vorheriger Erlaubnis des Verpächters ändern.

(2) ¹Zur Änderung der bisherigen Nutzung der Pachtsache ist die vorherige Erlaubnis des Verpächters nur dann erforderlich, wenn durch die Änderung die Art der Nutzung über die Pachtzeit hinaus beeinflusst wird. ²Der Pächter darf Gebäude nur mit vorheriger Erlaubnis des Verpächters errichten. ³Verweigert der Verpächter die Erlaubnis, so kann sie auf Antrag des Pächters durch das Landwirtschaftsgericht ersetzt werden, soweit die Änderung zur Erhaltung oder nachhaltigen Verbesserung der Rentabilität des Betriebs geeignet erscheint und dem Verpächter bei Berücksichtigung seiner berechtigten Interessen zugemutet werden kann.

Titel 5. Mietvertrag, Pachtvertrag §§ 590 a, 590 b

⁴Dies gilt nicht, wenn der Pachtvertrag gekündigt ist oder das Pachtverhältnis in weniger als drei Jahren endet. ⁵Das Landwirtschaftsgericht kann die Erlaubnis unter Bedingungen und Auflagen ersetzen, insbesondere eine Sicherheitsleistung anordnen sowie Art und Umfang der Sicherheit bestimmen. ⁶Ist die Veranlassung für die Sicherheitsleistung weggefallen, so entscheidet auf Antrag das Landwirtschaftsgericht über die Rückgabe der Sicherheit; § 109 der Zivilprozessordnung gilt entsprechend.

(3) Hat der Pächter das nach § 582 a zum Schätzwert übernommene Inventar im Zusammenhang mit einer Änderung der Nutzung der Pachtsache wesentlich vermindert, so kann der Verpächter schon während der Pachtzeit einen Geldausgleich in entsprechender Anwendung des § 582 a Abs. 3 verlangen, es sei denn, dass der Erlös der veräußerten Inventarstücke zu einer zur Höhe des Erlöses in angemessenem Verhältnis stehenden Verbesserung der Pachtsache nach § 591 verwendet worden ist.

Anmerkungen zu §§ 589, 590

1. a) Funktion. Die Bestimmungen, neben den §§ 590 b ff der erste rechtspolitisch Schwerpunkt, enthalten Regelungen über personelle (§ 589) und sachliche (§ 590) Veränderungen während der Pachtzeit. **b)** Zu § 589 I Nr. 1 s § 540 I 1, zu **II** s § 540 II. Die Norm ist Ausdruck dessen, dass der Verpächter es nicht hinnehmen muss, wenn der Pächter, der noch stärkere Einwirkungsmöglichkeiten auf die Sache als der Mieter hat, aus seiner Verantwortung faktisch ausscheidet. Entgegen § 540 I 2 kann der Pächter deshalb bei einem Versagen der Erlaubnis zur Unterpacht nur nach § 594 c kündigen. Eine **Umwandlung** (Verschmelzung) wird von der Norm nicht erfaßt (BGH NJW 02, 2168). – Der Gesetzgeber konnte sich, anders als der RegEntw (BT-Drs 10/509 S 19), nicht entschließen, dem Pächter auch gegen den Willen des Verpächters die Möglichkeit zu eröffnen, sich einer Kooperationsgemeinschaft (Betriebsgemeinschaft, Maschinenring) anzuschließen (§ 589 I Nr 2). Obwohl eine Vorschrift wie § 553 fehlt, wird im Einzelfall zu prüfen sein, ob der Verpächter nach § 242 seine Zustimmung zu einer solchen Betriebsform erteilen muss. Zur **Beweislast** beim Verschulden des Dritten s § 278 Rn 15. Die Norm ist **abdingbar**.

2. Eine größere Freiheit hat der Pächter hingegen nach § 590 I, II bei der Anpassung des Betriebes an sich ändernde Marktverhältnisse oder an technische Notwendigkeiten bei dem Einsatz von Geräten. Dem Erhaltungsinteresse des Verpächters soll Rechnung getragen werden durch die Einschaltung des Landwirtschaftsgerichts (s LwVG 1 ff) und durch die Begrenzung der Änderungsbefugnis auf Wirkungen während der Pachtzeit. Dies bezieht sich auf die Wahrnehmung von Lieferrechten (BGH 118, 353, „Milchrente"). Gegen Wertveränderungen soll § 590 III schützen. Die Norm ist **abdingbar**.

§ 590 a Vertragswidriger Gebrauch

Macht der Pächter von der Pachtsache einen vertragswidrigen Gebrauch und setzt er den Gebrauch ungeachtet einer Abmahnung des Verpächters fort, so kann der Verpächter auf Unterlassung klagen.

1. S § 541; zu den Pflichten s § 586 I 2.

§ 590 b Notwendige Verwendungen

Der Verpächter ist verpflichtet, dem Pächter die notwendigen Verwendungen auf die Pachtsache zu ersetzen.

Teichmann

§§ 591–591 b Buch 2. Abschnitt 8. Einzelne Schuldverhältnisse

§ 591 Wertverbessernde Verwendungen

(1) Andere als notwendige Verwendungen, denen der Verpächter zugestimmt hat, hat er dem Pächter bei Beendigung des Pachtverhältnisses zu ersetzen, soweit die Verwendungen den Wert der Pachtsache über die Pachtzeit hinaus erhöhen (Mehrwert).

(2) ¹Weigert sich der Verpächter, den Verwendungen zuzustimmen, so kann die Zustimmung auf Antrag des Pächters durch das Landwirtschaftsgericht ersetzt werden, soweit die Verwendungen zur Erhaltung oder nachhaltigen Verbesserung der Rentabilität des Betriebes geeignet sind und dem Verpächter bei Berücksichtigung seiner berechtigten Interessen zugemutet werden können. ²Dies gilt nicht, wenn der Pachtvertrag gekündigt ist oder das Pachtverhältnis in weniger als drei Jahren endet. ³Das Landwirtschaftsgericht kann die Zustimmung unter Bedingungen und Auflagen ersetzen.

(3) ¹Das Landwirtschaftsgericht kann auf Antrag auch über den Mehrwert Bestimmung treffen und ihn festsetzen. ²Es kann bestimmen, dass der Verpächter den Mehrwert nur in Teilbeträgen zu ersetzen hat, und kann Bedingungen für die Bewilligung solcher Teilzahlungen festsetzen. ³Ist dem Verpächter ein Ersatz des Mehrwerts bei Beendigung des Pachtverhältnisses auch in Teilbeträgen nicht zuzumuten, so kann der Pächter nur verlangen, dass das Pachtverhältnis zu den bisherigen Bedingungen so lange fortgesetzt wird, bis der Mehrwert der Pachtsache abgegolten ist. ⁴Kommt keine Einigung zustande, so entscheidet auf Antrag das Landwirtschaftsgericht über eine Fortsetzung des Pachtverhältnisses.

§ 591 a Wegnahme von Einrichtungen

¹Der Pächter ist berechtigt, eine Einrichtung, mit der er die Sache versehen hat, wegzunehmen. ²Der Verpächter kann die Ausübung des Wegnahmerechts durch Zahlung einer angemessenen Entschädigung abwenden, es sei denn, dass der Pächter ein berechtigtes Interesse an der Wegnahme hat. ³Eine Vereinbarung, durch die das Wegnahmerecht des Pächters ausgeschlossen wird, ist nur wirksam, wenn ein angemessener Ausgleich vorgesehen ist.

Anmerkungen zu den §§ 590 b–591 a

1   1. **Funktion.** Die neben §§ 589, 590 als zweiter rechtspolitischer Schwerpunkt verstandenen Vorschriften versuchen einen Ausgleich zwischen der Notwendigkeit für den Pächter, uU aufwendige Investitionen für die Wirtschaftlichkeit des Betriebes vornehmen zu müssen, und dem Interesse des Verpächters, aus der Pachtsache nach Möglichkeit nicht belastet zu werden. Die Vorschriften sind bis auf § 591 a (s Rn 4) **abdingbar.**

2   2. **Zu § 590 b** s § 539 I. Zum Inventar s die Sonderregelungen in § 582 II bzw § 582 a II.

3   3. **§ 591** überträgt die Regelung des § 590 II wegen des engen sachlichen Zusammenhangs auf Investitionen, die der Pächter vorgenommen hat. Andere Wertsteigerungen werden nicht erfasst (BGH 115, 166 f, Milchreferenzmenge, BGH NJW-RR 01, 273 mwN, Wiederbepflanzungsrecht im Weinbau).

4   4. **Zu § 591 a** s § 539 II.

§ 591 b Verjährung von Ersatzansprüchen

(1) Die Ersatzansprüche des Verpächters wegen Veränderung oder Verschlechterung der verpachteten Sache sowie die Ansprüche des Pächters

Titel 5. Mietvertrag, Pachtvertrag **§§ 592, 593**

auf Ersatz von Verwendungen oder auf Gestattung der Wegnahme einer Einrichtung verjähren in sechs Monaten.

(2) ¹Die Verjährung der Ersatzansprüche des Verpächters beginnt mit dem Zeitpunkt, in welchem er die Sache zurückerhält. ²Die Verjährung der Ansprüche des Pächters beginnt mit der Beendigung des Pachtverhältnisses.

(3) Mit der Verjährung des Anspruchs des Verpächters auf Rückgabe der Sache verjähren auch die Ersatzansprüche des Verpächters.

1. Die Bestimmung ist wie § 548 weit auszulegen (BGH NJW 97, 2317). **1**

§ 592 Verpächterpfandrecht

¹Der Verpächter hat für seine Forderungen aus dem Pachtverhältnis ein Pfandrecht an den eingebrachten Sachen des Pächters sowie an den Früchten der Pachtsache. ²Für künftige Entschädigungsforderungen kann das Pfandrecht nicht geltend gemacht werden. ³Mit Ausnahme der in § 811 Abs. 1 Nr. 4 der Zivilprozessordnung genannten Sachen erstreckt sich das Pfandrecht nicht auf Sachen, die der Pfändung nicht unterworfen sind. ⁴Die Vorschriften der §§ 562 a bis 562 c gelten entsprechend.

1. **Allgemeines. a) Funktion.** § 592 erweitert das Verpächterpfandrecht gegenüber dem Vermieterpfandrecht sowohl hinsichtlich der gesicherten Forderungen als auch der belasteten Objekte; iü verbleibt es bei den §§ 562 ff. **b) Andere Pfandrechte** von Düngemittel- und Saatgutlieferanten sowie von Pachtkreditinstituten gehen teilw vor. **c)** Der Verpächter kann auf das Entstehen eines Pfandrechts vertraglich **verzichten**. **1**

2. **Gesicherte Forderungen.** Die Beschränkung des § 562 II (künftige Forderungen) gilt nicht für die eigentliche Pacht. Für die Entschädigungsforderungen wird § 562 II wiederholt. **2**

3. **Objekte des Pfandrechts. a) Sachen des Pächters:** S § 562 Rn 3. Das Pfandrecht erstreckt sich, anders als gem § 562 I 2, auch auf das zum Wirtschaftsbetrieb erforderliche Gerät und Vieh, auf Dünger und alle Erzeugnisse (ZPO 811 Nr 4). **b) Früchte** werden *nach der Trennung* wegen § 956 bereits nach lit a) erfasst. *Vor der Trennung* werden Früchte vom Verpächterpfandrecht erfasst, wenn im Verlauf des Wachsens von ihnen im natürlichen Wortsinn gesprochen werden kann; damit geht das Verpächterpfandrecht Pfändungen durch Dritte gem ZPO 810 vor. **3**

§ 593 Änderung von Landpachtverträgen

(1) ¹Haben sich nach Abschluss des Pachtvertrags die Verhältnisse, die für die Festsetzung der Vertragsleistungen maßgebend waren, nachhaltig so geändert, dass die gegenseitigen Verpflichtungen in ein grobes Missverhältnis zueinander geraten sind, so kann jeder Vertragsteil eine Änderung des Vertrags mit Ausnahme der Pachtdauer verlangen. ²Verbessert oder verschlechtert sich infolge der Bewirtschaftung der Pachtsache durch den Pächter deren Ertrag, so kann, soweit nichts anderes vereinbart ist, eine Änderung der Pacht nicht verlangt werden.

(2) ¹Eine Änderung kann frühestens zwei Jahre nach Beginn des Pachtverhältnisses oder nach dem Wirksamwerden der letzten Änderung der Vertragsleistungen verlangt werden. ²Dies gilt nicht, wenn verwüstende Naturereignisse, gegen die ein Versicherungsschutz nicht üblich ist, das Verhältnis der Vertragsleistungen grundlegend und nachhaltig verändert haben.

(3) Die Änderung kann nicht für eine frühere Zeit als für das Pachtjahr verlangt werden, in dem das Änderungsverlangen erklärt wird.

Teichmann

§§ 593 a–594 Buch 2. Abschnitt 8. Einzelne Schuldverhältnisse

(4) Weigert sich ein Vertragsteil, in eine Änderung des Vertrags einzuwilligen, so kann der andere Teil die Entscheidung des Landwirtschaftsgerichts beantragen.

(5) ¹Auf das Recht, eine Änderung des Vertrags nach den Absätzen 1 bis 4 zu verlangen, kann nicht verzichtet werden. ²Eine Vereinbarung, dass einem Vertragsteil besondere Nachteile oder Vorteile erwachsen sollen, wenn er die Rechte nach den Absätzen 1 bis 4 ausübt oder nicht ausübt, ist unwirksam.

1 1. **Funktion.** Die Norm stellt eine ges Konkretisierung und Modifikation der Lehre von der Störung der Geschäftsgrundlage (§ 313) dar. Die Veränderung der Verhältnisse kann auf generellen Faktoren (allg Lage der Landwirtschaft, Steuern und Abgaben, Subventionen, aber auch Veränderungen der Pachtpreise) wie auf individuellen Umständen (Verschlechterung des Grundstücks) beruhen (BGH 134, 162). **Abdingbarkeit:** Der Anspruch auf Vertragsänderung kann nicht erschwert, wohl aber erleichtert werden **(V S 1)**.

§ 593 a Betriebsübergabe

¹Wird bei der Übergabe eines Betriebs im Wege der vorweggenommenen Erbfolge ein zugepachtetes Grundstück, das der Landwirtschaft dient, mit übergeben, so tritt der Übernehmer anstelle des Pächters in den Pachtvertrag ein. ²Der Verpächter ist von der Betriebsübergabe jedoch unverzüglich zu benachrichtigen. ³Ist die ordnungsmäßige Bewirtschaftung der Pachtsache durch den Übernehmer nicht gewährleistet, so ist der Verpächter berechtigt, das Pachtverhältnis außerordentlich mit der gesetzlichen Frist zu kündigen.

1 1. Von dem Ausgangspunkt, dass weitgehend landwirtschaftlicher Grundbesitz hinzugepachtet wird (s § 585 Rn 1), schafft die Bestimmung die Möglichkeit, schon vor dem Erbfall (dann Gesamtrechtsnachfolge ohne Kündigungsmöglichkeit für den Verpächter, s § 584 a II) bei der Übertragung des Betriebes unter Lebenden auch die zugepachteten Grundstücke (schuldrechtlich) auf den Nachfolger übergehen zu lassen.

§ 593 b Veräußerung oder Belastung des verpachteten Grundstücks

Wird das verpachtete Grundstück veräußert oder mit dem Recht eines Dritten belastet, so gelten die §§ 566 bis 567 b entsprechend.

1 1. S die angegebenen Normen des Mietrechts.

§ 594 Ende und Verlängerung des Pachtverhältnisses

¹Das Pachtverhältnis endet mit dem Ablauf der Zeit, für die es eingegangen ist. ²Es verlängert sich bei Pachtverträgen, die auf mindestens drei Jahre geschlossen worden sind, auf unbestimmte Zeit, wenn auf die Anfrage eines Vertragsteils, ob der andere Teil zur Fortsetzung des Pachtverhältnisses bereit ist, dieser nicht binnen einer Frist von drei Monaten die Fortsetzung ablehnt. ³Die Anfrage und die Ablehnung bedürfen der schriftlichen Form. ⁴Die Anfrage ist ohne Wirkung, wenn in ihr nicht auf die Folge der Nichtbeachtung ausdrücklich hingewiesen wird und wenn sie nicht innerhalb des drittletzten Pachtjahrs gestellt wird.

1 1. **Funktion des S 1:** Für das Pachtrecht ist die Lösung des Mietrechts, nur noch „eigentliche" Zeitmietverträge ges zu regeln (s § 575 Rn 1) nicht übernommen worden. Stattdessen wurde die bisherige Regelung eines befristeten Vertrages mit Verlängerungsmöglichkeit beibehalten.

Titel 5. Mietvertrag, Pachtvertrag **§§ 594a–594d**

2. a) Gewollte Funktion des S 2. Die Parteien sollen rechtzeitig erfahren 2 können, ob die andere bereit ist, eine neue Vereinbarung (zu den gleichen Bedingungen) zu schließen, oder ob mit dem Räumen des Grundstücks gerechnet werden muss. Die Vorschrift gilt nicht – und sie verfehlt damit ihren Zweck –, wenn der andere zwar seine grds Bereitschaft zur Fortsetzung erklärt, jedoch die Bedingungen verändern möchte. Aus einer solchen Erklärung wird man aber nach § 242 (s § 242 Rn 19, 30) unter Berücksichtigung des Rechtsgedankens der Norm eine Verpflichtung zur zügigen und fairen Verhandlung ableiten können. **b) Voraussetzungen:** Landpacht über mindestens drei Jahre, schriftliche Anfrage des einen Teils (Zugang nach § 130, Beweislast beim Absender) innerhalb des drittletzten Pachtjahres, Hinweis in der Anfrage auf die Rechtsfolgen eines Schweigens, Nichtbeantwortung durch den anderen Teil innerhalb von drei Monaten (Berechnung nach §§ 188 II, 187 I). Wegen der Unmöglichkeit eines Negativbeweises trägt der andere Teil die **Beweislast** für die rechtzeitige Antwort (MK/Voelskow 8). **c) Rechtsfolgen.** Fortsetzung auf unbestimmte Zeit; zur Kündigung dann s § 594a. **d)** Die Bestimmung ist **abdingbar** (aA PalPutzo 2); in einem solchen Fall 3 besteht, da die Parteien insoweit darauf verzichtet haben, keine Verhandlungspflicht gem Rn 2.

§ 594a Kündigungsfristen

(1) ¹Ist die Pachtzeit nicht bestimmt, so kann jeder Vertragsteil das Pachtverhältnis spätestens am dritten Werktag eines Pachtjahrs für den Schluss des nächsten Pachtjahrs kündigen. ²Im Zweifel gilt das Kalenderjahr als Pachtjahr. ³Die Vereinbarung einer kürzeren Frist bedarf der Schriftform.

(2) Für die Fälle, in denen das Pachtverhältnis außerordentlich mit der gesetzlichen Frist vorzeitig gekündigt werden kann, ist die Kündigung nur für den Schluss eines Pachtjahrs zulässig; sie hat spätestens am dritten Werktag des halben Jahres zu erfolgen, mit dessen Ablauf die Pacht enden soll.

§ 594b Vertrag über mehr als 30 Jahre

¹Wird ein Pachtvertrag für eine längere Zeit als dreißig Jahre geschlossen, so kann nach dreißig Jahren jeder Vertragsteil das Pachtverhältnis spätestens am dritten Werktag eines Pachtjahrs für den Schluss des nächsten Pachtjahrs kündigen. ²Die Kündigung ist nicht zulässig, wenn der Vertrag für die Lebenszeit des Verpächters oder des Pächters geschlossen ist.

§ 594c Kündigung bei Berufsunfähigkeit des Pächters

¹Ist der Pächter berufsunfähig im Sinne der Vorschriften der gesetzlichen Rentenversicherung geworden, so kann er das Pachtverhältnis außerordentlich mit der gesetzlichen Frist kündigen, wenn der Verpächter der Überlassung der Pachtsache zur Nutzung an einen Dritten, der eine ordnungsmäßige Bewirtschaftung gewährleistet, widerspricht. ²Eine abweichende Vereinbarung ist unwirksam.

§ 594d Tod des Pächters

(1) Stirbt der Pächter, so sind sowohl seine Erben als auch der Verpächter innerhalb eines Monats, nachdem sie vom Tod des Pächters Kenntnis erlangt haben, berechtigt, das Pachtverhältnis mit einer Frist von sechs Monaten zum Ende eines Kalendervierteljahrs zu kündigen.

Teichmann

(2) ¹Die Erben können der Kündigung des Verpächters widersprechen und die Fortsetzung des Pachtverhältnisses verlangen, wenn die ordnungsmäßige Bewirtschaftung der Pachtsache durch sie oder durch einen von ihnen beauftragten Miterben oder Dritten gewährleistet erscheint. ²Der Verpächter kann die Fortsetzung des Pachtverhältnisses ablehnen, wenn die Erben den Widerspruch nicht spätestens drei Monate vor Ablauf des Pachtverhältnisses erklärt und die Umstände mitgeteilt haben, nach denen die weitere ordnungsmäßige Bewirtschaftung der Pachtsache gewährleistet erscheint. ³Die Widerspruchserklärung und die Mitteilung bedürfen der schriftlichen Form. ⁴Kommt keine Einigung zustande, so entscheidet auf Antrag das Landwirtschaftsgericht.

(3) Gegenüber einer Kündigung des Verpächters nach Absatz 1 ist ein Fortsetzungsverlangen des Erben nach § 595 ausgeschlossen.

§ 594 e Außerordentliche fristlose Kündigung aus wichtigem Grund

(1) Die außerordentliche fristlose Kündigung des Pachtverhältnisses ist in entsprechender Anwendung der §§ 543, 569 Abs. 1 und 2 zulässig.

(2) ¹Abweichend von § 543 Abs. 2 Nr. 3 Buchstaben a und b liegt ein wichtiger Grund insbesondere vor, wenn der Pächter mit der Entrichtung der Pacht oder eines nicht unerheblichen Teils der Pacht länger als drei Monate in Verzug ist. ²Ist die Pacht nach Zeitabschnitten von weniger als einem Jahr bemessen, so ist die Kündigung erst zulässig, wenn der Pächter für zwei aufeinander folgende Termine mit der Entrichtung der Pacht oder eines nicht unerheblichen Teils der Pacht in Verzug ist.

§ 594 f Schriftform der Kündigung

Die Kündigung bedarf der schriftlichen Form.

§ 595 Fortsetzung des Pachtverhältnisses

(1) ¹Der Pächter kann vom Verpächter die Fortsetzung des Pachtverhältnisses verlangen, wenn

1. bei einem Betriebspachtverhältnis der Betrieb seine wirtschaftliche Lebensgrundlage bildet,
2. bei dem Pachtverhältnis über ein Grundstück der Pächter auf dieses Grundstück zur Aufrechterhaltung seines Betriebs, der seine wirtschaftliche Lebensgrundlage bildet, angewiesen ist

und die vertragsmäßige Beendigung des Pachtverhältnisses für den Pächter oder seine Familie eine Härte bedeuten würde, die auch unter Würdigung der berechtigten Interessen des Verpächters nicht zu rechtfertigen ist. ²Die Fortsetzung kann unter diesen Voraussetzungen wiederholt verlangt werden.

(2) ¹Im Falle des Absatzes 1 kann der Pächter verlangen, dass das Pachtverhältnis so lange fortgesetzt wird, wie dies unter Berücksichtigung aller Umstände angemessen ist. ²Ist dem Verpächter nicht zuzumuten, das Pachtverhältnis nach den bisher geltenden Vertragsbedingungen fortzusetzen, so kann der Pächter nur verlangen, dass es unter einer angemessenen Änderung der Bedingungen fortgesetzt wird.

(3) Der Pächter kann die Fortsetzung des Pachtverhältnisses nicht verlangen, wenn

1. er das Pachtverhältnis gekündigt hat,

Titel 5. Mietvertrag, Pachtvertrag § 595 a

2. der Verpächter zur außerordentlichen fristlosen Kündigung oder im Falle des § 593 a zur außerordentlichen Kündigung mit der gesetzlichen Frist berechtigt ist,
3. die Laufzeit des Vertrags bei einem Pachtverhältnis über einen Betrieb, der Zupachtung von Grundstücken, durch die ein Betrieb entsteht, oder bei einem Pachtverhältnis über Moor- und Ödland, das vom Pächter kultiviert worden ist, auf mindestens 18 Jahre, bei der Pacht anderer Grundstücke auf mindestens zwölf Jahre vereinbart ist,
4. der Verpächter die nur vorübergehend verpachtete Sache in eigene Nutzung nehmen oder zur Erfüllung gesetzlicher oder sonstiger öffentlicher Aufgaben verwenden will.

(4) [1]Die Erklärung des Pächters, mit der er die Fortsetzung des Pachtverhältnisses verlangt, bedarf der schriftlichen Form. [2]Auf Verlangen des Verpächters soll der Pächter über die Gründe des Fortsetzungsverlangens unverzüglich Auskunft erteilen.

(5) [1]Der Verpächter kann die Fortsetzung des Pachtverhältnisses ablehnen, wenn der Pächter die Fortsetzung nicht mindestens ein Jahr vor Beendigung des Pachtverhältnisses vom Verpächter verlangt oder auf eine Anfrage des Verpächters nach § 594 die Fortsetzung abgelehnt hat. [2]Ist eine zwölfmonatige oder kürzere Kündigungsfrist vereinbart, so genügt es, wenn das Verlangen innerhalb eines Monats nach Zugang der Kündigung erklärt wird.

(6) [1]Kommt keine Einigung zustande, so entscheidet auf Antrag das Landwirtschaftsgericht über eine Fortsetzung und über die Dauer des Pachtverhältnisses sowie über die Bedingungen, zu denen es fortgesetzt wird. [2]Das Gericht kann die Fortsetzung des Pachtverhältnisses jedoch nur bis zu einem Zeitpunkt anordnen, der die in Absatz 3 Nr. 3 genannten Fristen, ausgehend vom Beginn des laufenden Pachtverhältnisses, nicht übersteigt. [3]Die Fortsetzung kann auch auf einen Teil der Pachtsache beschränkt werden.

(7) [1]Der Pächter hat den Antrag auf gerichtliche Entscheidung spätestens neun Monate vor Beendigung des Pachtverhältnisses und im Falle einer zwölfmonatigen oder kürzeren Kündigungsfrist zwei Monate nach Zugang der Kündigung bei dem Landwirtschaftsgericht zu stellen. [2]Das Gericht kann den Antrag nachträglich zulassen, wenn es zur Vermeidung einer unbilligen Härte geboten erscheint und der Pachtvertrag noch nicht abgelaufen ist.

(8) [1]Auf das Recht, die Verlängerung eines Pachtverhältnisses nach den Absätzen 1 bis 7 zu verlangen, kann nur verzichtet werden, wenn der Verzicht zur Beilegung eines Pachtstreits vor Gericht oder vor einer berufsständischen Pachtschlichtungsstelle erklärt wird. [2]Eine Vereinbarung, dass einem Vertragsteil besondere Nachteile oder besondere Vorteile erwachsen sollen, wenn er die Rechte nach den Absätzen 1 bis 7 ausübt oder nicht ausübt, ist unwirksam.

§ 595 a Vorzeitige Kündigung von Landpachtverträgen

(1) Soweit die Vertragsteile zur außerordentlichen Kündigung eines Landpachtverhältnisses mit der gesetzlichen Frist berechtigt sind, steht ihnen dieses Recht auch nach Verlängerung des Landpachtverhältnisses oder Änderung des Landpachtvertrags zu.

(2) [1]Auf Antrag eines Vertragsteils kann das Landwirtschaftsgericht Anordnungen über die Abwicklung eines vorzeitig beendeten oder eines teilweise beendeten Landpachtvertrags treffen. [2]Wird die Verlängerung eines

Teichmann

§ 596 Buch 2. Abschnitt 8. Einzelne Schuldverhältnisse

Landpachtvertrags auf einen Teil der Pachtsache beschränkt, kann das Landwirtschaftsgericht die Pacht für diesen Teil festsetzen.

(3) ¹Der Inhalt von Anordnungen des Landwirtschaftsgerichts gilt unter den Vertragsteilen als Vertragsinhalt. ²Über Streitigkeiten, die diesen Vertragsinhalt betreffen, entscheidet auf Antrag das Landwirtschaftsgericht.

Anmerkungen zu den §§ 594 a–595 a

1 1. **Funktion.** Die Bestimmungen regeln für nicht befristete und langfristig befristete Verträge das Recht zur ordentlichen und außerordentlichen Kündigung (fristlos und mit ges Frist) in teilweiser Abweichung vom Mietrecht, weil längerfristige Investitionsinteressen auf dem Spiel stehen können.

2 2. **Ordentliche Kündigung. a) Zulässigkeit. aa) Unbefristete Verträge.** Zur Kündigungsfrist s § 594 a. Die Fristen können verändert werden; dabei ist die Form des § 585 a für die Verlängerung und die Verkürzung notwendig (§ 594 I 3 ist überflüssig). **bb) Befristete Verträge mit einer Laufzeit von mehr als dreißig Jahren:** s § 594 b (zwingend). **cc) Verträge auf Lebenszeit des Pächters.** Die ordentliche Kündigung ist ausgeschlossen, § 594 b S 2. **b)** Zur **Form** der Kündigung s § 594 f (s § 126, Zugang nach § 130, Beweislast beim Absender). **c)** Zum **Kündigungsschutz** s § 595, der im wesentlichen § 574 entspricht. Die Norm ist allerdings in Sonderfällen **abdingbar**, § 595 VIII. Das Fortsetzungsverhältnis kann seinerseits verlängert werden (§ 595 I 2), steht aber auch unter dem Recht zur außerordentlichen Kündigung (§ 595 a).

3 3. Für die **außerordentliche Kündigung** sind verschiedene Gründe genannt. **a) Kündigungsrecht des Verpächters. aa) Außerordentliche fristlose Kündigung:** Vertragswidriger Gebrauch der Sache durch den Pächter oder einen Dritten (§§ 594 e I, 543 I), Gefährdung der Pachtsache durch Vernachlässigung (§§ 594 e I, 543 II Nr 2), wesentliche Vertragsverletzung allg (§§ 594 e I, 543 I, 569 II), Verzug des Pächters mit einem bestimmten Teil der Pacht (§ 594 e I, II). Daneben tritt das allg Kündigungsrecht aus wichtigem Grund bei Dauerschuldverhältnissen, § 314. **bb) Außerordentliche Kündigung mit ges Frist:** Übergang der Pachtsache im Wege der vorweggenommenen Erbfolge und Ungeeignetheit des Rechtsnachfolgers (§ 593 a), Tod des Pächters, § 594 b. **b) Kündigungsrecht des Pächters. aa) Außerordentliche fristlose Kündigung:** Vorenthalten bzw Entzug der Pachtsache (§§ 594 e I, 543 II 1), gesundheitsgefährdende Beschaffenheit der Pachtsache (§§ 594 e I, 569 I), wesentliche Vertragsverletzungen durch den Verpächter (§§ 594 e I, 569 II). Daneben tritt das allg Kündigungsrecht aus wichtigem Grund bei Dauerschuldverhältnissen, § 314. **bb) Außerordentliche Kündigung mit ges Frist:** Eigene Berufsunfähigkeit (§ 594 c) des Pächters (Kündigungsrecht der Erben, § 594 d I). **c)** Die **Beweislast** liegt jeweils beim Kündigenden.

§ 596 Rückgabe der Pachtsache

(1) Der Pächter ist verpflichtet, die Pachtsache nach Beendigung des Pachtverhältnisses in dem Zustand zurückzugeben, der einer bis zur Rückgabe fortgesetzten ordnungsmäßigen Bewirtschaftung entspricht.

(2) Dem Pächter steht wegen seiner Ansprüche gegen den Verpächter ein Zurückbehaltungsrecht am Grundstück nicht zu.

(3) Hat der Pächter die Nutzung der Pachtsache einem Dritten überlassen, so kann der Verpächter die Sache nach Beendigung des Pachtverhältnisses auch von dem Dritten zurückfordern.

1 1. **Funktion des I:** Die Norm erweitert die Rückgabepflicht nach § 546 entspr den sich aus einer sinnvollen Bewirtschaftung ergebenden Notwendigkeiten. Demgemäß kann der Pächter Ersatz nach § 539 I nur für (notwendige) Verwendungen

Titel 5. Mietvertrag, Pachtvertrag §§ 596 a–597

verlangen, die über die ordnungsgemäße Bewirtschaftung hinausgehen (zB für die Beseitigung von Unwetterschäden). Eine Pflichtverletzung des Pächters führt zum Schadensersatz bei Rückgabe der Sache (Düsseldorf NJW 77, 586) aus §§ 280 I, III, 283 oder aus §§ 280 I, 241 II; zur **Beweislast** s § 280 I 2. Die Bestimmung ist **abdingbar**.

2. Zu II s § 570, zu III s § 546 II.

§ 596 a Ersatzpflicht bei vorzeitigem Pachtende

(1) ¹Endet das Pachtverhältnis im Laufe eines Pachtjahrs, so hat der Verpächter dem Pächter den Wert der noch nicht getrennten, jedoch nach den Regeln einer ordnungsmäßigen Bewirtschaftung vor dem Ende des Pachtjahrs zu trennenden Früchte zu ersetzen. ²Dabei ist das Ernterisiko angemessen zu berücksichtigen.

(2) Lässt sich der in Absatz 1 bezeichnete Wert aus jahreszeitlich bedingten Gründen nicht feststellen, so hat der Verpächter dem Pächter die Aufwendungen auf diese Früchte insoweit zu ersetzen, als sie einer ordnungsmäßigen Bewirtschaftung entsprechen.

(3) ¹Absatz 1 gilt auch für das zum Einschlag vorgesehene, aber noch nicht eingeschlagene Holz. ²Hat der Pächter mehr Holz eingeschlagen, als bei ordnungsmäßiger Nutzung zulässig war, so hat er dem Verpächter den Wert der die normale Nutzung übersteigenden Holzmenge zu ersetzen. ³Die Geltendmachung eines weiteren Schadens ist nicht ausgeschlossen.

1. Funktion. Endet das Pachtverhältnis, aus welchem Grund auch immer (zB Vereinbarung, außerordentliche Kündigung), vor Ablauf des Pachtjahres, so muß der Pächter gem § 596 (sa § 101) dem Verpächter die noch nicht getrennten Früchte belassen; § 596 a gibt ihm einen Ausgleich. Die Bestimmung ist **abdingbar**. 1

2. Lässt sich der Wert der noch nicht getrennten Früchte nicht feststellen, so wird der Pächter auf den **Aufwendungsersatz** beschränkt. 2

3. Für den **Holzeinschlag** trifft III eine Sonderregelung. 3

§ 596 b Rücklassungspflicht

(1) Der Pächter eines Betriebs hat von den bei Beendigung des Pachtverhältnisses vorhandenen landwirtschaftlichen Erzeugnissen so viel zurückzulassen, wie zur Fortführung der Wirtschaft bis zur nächsten Ernte nötig ist, auch wenn er bei Beginn des Pachtverhältnisses solche Erzeugnisse nicht übernommen hat.

(2) Soweit der Pächter nach Absatz 1 Erzeugnisse in größerer Menge oder besserer Beschaffenheit zurückzulassen verpflichtet ist, als er bei Beginn des Pachtverhältnisses übernommen hat, kann er vom Verpächter Ersatz des Wertes verlangen.

1. Funktion. § 596 b soll den Betrieb bis zur nächsten Ernte sichern und gibt der einen oder der anderen Seite uU einen Wertausgleich (zur Feststellung von Qualität und Menge bei Vertragsbeginn s § 585 b). **Anwendungsbereich:** Pacht eines **Betriebes** (s § 585 I); die Norm ist **abdingbar**. 1

§ 597 Verspätete Rückgabe

¹Gibt der Pächter die Pachtsache nach Beendigung des Pachtverhältnisses nicht zurück, so kann der Verpächter für die Dauer der Vorenthaltung als Entschädigung die vereinbarte Pacht verlangen. ²Die Geltendmachung eines weiteren Schadens ist nicht ausgeschlossen.

1. S § 546 a. 1

Teichmann

§§ 598, 599 Buch 2. Abschnitt 8. Einzelne Schuldverhältnisse

Titel 6. Leihe

§ 598 Vertragstypische Pflichten bei der Leihe

Durch den Leihvertrag wird der Verleiher einer Sache verpflichtet, dem Entleiher den Gebrauch der Sache unentgeltlich zu gestatten.

1   1. **Allgemeines. a) Begriff:** § 598. **b) Rechtsnatur. aa)** Die Leihe ist ein **unvollkommen zweiseitig** verpflichtender Vertrag: Zunächst besteht nur die Pflicht des Verleihers zur Gebrauchsüberlassung, während (nicht im Gegenseitigkeitsverhältnis hierzu stehende) Pflichten des Entleihers (Obhuts-, Erhaltungs-, Rückgabepflicht; vgl §§ 601, 603, 604) erst nach Gebrauchsüberlassung entstehen; §§ 320 ff sind unanwendbar. Die Gebrauchsüberlassung erfolgt idR lediglich im Interesse des Entleihers; Folge für die Haftung des Verleihers: §§ 599, 600; für die Vertragsdauer: § 604 Rn 4. **bb)** Die Leihe ist **Konsensualvertrag**, s dazu Rn 7.
2   **c) Abgrenzung** zu anderen Gebrauchsüberlassungsverhältnissen: **aa)** Die Miete (§§ 535 ff) ist entgeltlich (Rn 8). **bb)** Beim Sachdarlehen (§§ 607 ff) ist dieselbe
3   Sache zurückzugeben. **cc)** Die unentgeltliche Gebrauchsüberlassung ist auch bei langer Bindungsdauer und wirtschaftlicher Bedeutung keine Schenkung. Bsp: Unentgeltliche Gebrauchsüberlassung einer Wohnung auf Lebenszeit (BGH 82, 354; NJW 85, 1553; Koblenz NJW-RR 96, 843; offen Hamm NJW-RR 96, 717; sa
4   allg BGH 125, 298). **dd)** Die Gebrauchsüberlassung bei **Anbahnung eines Vertrags** (zB Probefahrt) erfolgt im Rahmen des ges Schuldverhältnisses der Vertragsverhandlungen (vgl Köln NJW-RR 96, 1288), jedoch ist entspr Anwendung von einzelnen Vorschriften der Leihe (insbes § 606) möglich (BGH 119, 38 f mN und
5   § 606 Rn 2; sa § 599 Rn 3). **ee)** Die Überlassung aus **Gefälligkeit** ohne rechtsgeschäftlichen Charakter begründet keine rechtliche Bindung (Rn 17 vor § 104). Indiz dagegen: Interesse des Benutzers an einer nicht willkürlich abkürzbaren Benutzungsdauer (vgl § 605 Nr 1; BGH 125, 296; NJW 85, 313; Köln NJW-RR
6   95, 752 mN). **d) Eigentums- und Besitzverhältnisse.** Der Verleiher braucht nicht Eigentümer der verliehenen Sache zu sein. Der Entleiher wird unmittelbarer (§ 854), der Verleiher mittelbarer Besitzer (§ 868).

7   2. **Voraussetzungen der Leihe. a)** Für den **Vertragsschluß** genügt die bloße (formfreie, auch stillschweigende: BGH 12, 399; Köln NJW-RR 95, 752) Einigung (**Konsensualvertrag:** hM); die Überlassung der Sache ist zur Vertragsent-
8   stehung nicht erforderlich (**kein Realvertrag**). **b) Inhalt: Unentgeltliche Gebrauchsgestattung. aa)** Die **Unentgeltlichkeit** (zum Begriff s § 516 Rn 8) ist das wesentliche Merkmal der Leihe. Im allg Sprachgebrauch wird „Leihe" auch für entgeltliche Geschäfte gebraucht, zB Leihwagen, Kostümverleih. **bb) Gestattung** (nicht „Gewährung", dh keine Instandhaltungspflicht des Verleihers [LG Gießen NJW-RR 95, 532]; vgl demgegenüber § 535) **des** vertragsmäßigen **Gebrauchs** (nicht Nutzung, auch nicht Fruchtziehung, falls nicht ausdrücklich vereinbart).
9   **c) Gegenstand:** Sachen (§ 90), auch unbewegliche (zB Wohnungsleihe; Unterhaltung eines Gleisanschlusses [München WM 84, 1399], einer Fernwasserleitung auf fremdem Grundstück [BGH 125, 298]; sa Rn 3); entspr Anwendung auf Gebrauch von Rechten (ErmWerner 2; MK/Kollhosser 4).

§ 599 Haftung des Verleihers

Der Verleiher hat nur Vorsatz und grobe Fahrlässigkeit zu vertreten.

1   1. **Haftung des Verleihers. a)** Die **Haftungsbeschränkung** (sie entspricht § 521) ist die Folge der Uneigennützigkeit der Gebrauchsüberlassung (vgl § 598
2   Rn 8). **b) Anwendungsbereich.** Die Haftungsbeschränkung gilt nur für das vertragliche Erfüllungsinteresse des Entleihers, nicht dagegen bei Schutzpflichtverletzungen des Verleihers (ebenso Larenz, SchR II/1, § 50; MK/Kollhosser 3, str; aA Medicus, FS Odersky, 1996, S 596 f). § 599 gilt nicht für die deliktische Haftung

Titel 6. Leihe **§§ 600–603**

bei außervertraglicher Gefälligkeitsleihe (BGH NJW 92, 2475 mN); für vertragliche Leihe kann dann nichts anderes gelten (vgl Schlechtriem, Gutachten II, S 1620 f; AG Grevenbroich NJW-RR 90, 796, str; aA beiläufig – insoweit abzulehnen – BGH NJW 92, 2475; Medicus, FS Odersky, 1996, 597).

2. Der **Entleiher** haftet für jedes Verschulden (§§ 276, 278), nicht aber für zufällige Verschlechterung oder zufälligen Untergang der Sache (Larenz, SchR II/1, § 50). Bei einer **Probefahrt** (§ 598 Rn 4) kann stillschweigender Haftungsausschluß in Frage kommen (BGH NJW 80, 1682; einschr Köln NJW 96, 1298: nicht bei Privatverkauf; sa Rn 8 vor § 116), soweit nicht eine bes Haftungserleichterung eingreift (BGH NJW 72, 1363; 79, 643: gefahrgeneigte Tätigkeit); das gleiche gilt uU auch bei Überlassung eines **Ersatzleihwagens** (BGH NJW 79, 759; abw LG Nürnberg-Fürth NJW-RR 97, 278; AG Münsingen NJW-RR 98, 389). 3

§ 600 Mängelhaftung

Verschweigt der Verleiher arglistig einen Mangel im Recht oder einen Fehler der verliehenen Sache, so ist er verpflichtet, dem Entleiher den daraus entstehenden Schaden zu ersetzen.

1. Die Einschränkung der Rechts- und Sachmängelhaftung (Grund: wie § 599 Rn 1) entspricht §§ 523, 524. Nur der Vertrauensschaden ist zu ersetzen, nicht das Erfüllungsinteresse. Wegen der Haftung des Verleihers aus unerlaubter Handlung vgl § 599 Rn 2. 1

§ 601 Verwendungsersatz

(1) Der Entleiher hat die gewöhnlichen Kosten der Erhaltung der geliehenen Sache, bei der Leihe eines Tieres insbesondere die Fütterungskosten, zu tragen.

(2) ¹Die Verpflichtung des Verleihers zum Ersatz anderer Verwendungen bestimmt sich nach den Vorschriften über die Geschäftsführung ohne Auftrag. ²Der Entleiher ist berechtigt, eine Einrichtung, mit der er die Sache versehen hat, wegzunehmen.

§ 602 Abnutzung der Sache

Veränderungen oder Verschlechterungen der geliehenen Sache, die durch den vertragsmäßigen Gebrauch herbeigeführt werden, hat der Entleiher nicht zu vertreten.

1. § 602 entspricht § 538; vgl Anm dort. 1

§ 603 Vertragsmäßiger Gebrauch

¹Der Entleiher darf von der geliehenen Sache keinen anderen als den vertragsmäßigen Gebrauch machen. ²Er ist ohne die Erlaubnis des Verleihers nicht berechtigt, den Gebrauch der Sache einem Dritten zu überlassen.

1. Der Umfang des **vertragsmäßigen Gebrauchs** (S 1) ergibt sich aus den Vereinbarungen sowie aus der Art und Zweckbestimmung der geliehenen Sache. **Rechte** des Verleihers **bei vertragswidrigem Gebrauch: a)** sofortige Kündigung nach § 605 Nr 2; **b)** Unterlassungsklage entspr § 541; **c)** bei Verschulden (§§ 276, 278) Anspruch auf Schadensersatz (pVV: § 280 I). 1

2. Unbefugte Gebrauchsüberlassung an Dritte (S 2; sa § 540 mit Anm) ist Fall von pVV (BGH 37, 310). Rechtsfolgen: Rn 1 [c]; Verschulden des Dritten hat der Entleiher gem § 278 zu vertreten (vgl § 540 II). Herausgabeanspruch gegen den Dritten: § 604 IV. 2

Jauernig

§§ 604, 605 Buch 2. Abschnitt 8. Einzelne Schuldverhältnisse

§ 604 Rückgabepflicht

(1) **Der Entleiher ist verpflichtet, die geliehene Sache nach dem Ablaufe der für die Leihe bestimmten Zeit zurückzugeben.**

(2) ¹Ist eine Zeit nicht bestimmt, so ist die Sache zurückzugeben, nachdem der Entleiher den sich aus dem Zweck der Leihe ergebenden Gebrauch gemacht hat. ²Der Verleiher kann die Sache schon vorher zurückfordern, wenn so viel Zeit verstrichen ist, dass der Entleiher den Gebrauch hätte machen können.

(3) Ist die Dauer der Leihe weder bestimmt noch aus dem Zweck zu entnehmen, so kann der Verleiher die Sache jederzeit zurückfordern.

(4) Überlässt der Entleiher den Gebrauch der Sache einem Dritten, so kann der Verleiher sie nach der Beendigung der Leihe auch von dem Dritten zurückfordern.

(5) Die Verjährung des Anspruchs auf Rückgabe der Sache beginnt mit der Beendigung der Leihe.

1 1. **Rückgabepflicht** des Entleihers. **a) Art und Weise.** Die Sache ist in dem Zustand zurückzugeben, der dem vertragsmäßigen Gebrauch (§ 603) entspricht. Zubehör, Früchte usw sind mitherauszugeben, soweit nichts Gegenteiliges verein-
2 bart ist. **b) Ort.** Die Rückgabe erfolgt am Wohnsitz des Gläubigers (**Bringschuld,**
3 KG MDR 86, 933; s § 269). **c) Zeit.** Die geliehene Sache ist zurückzugeben bei best Zeitdauer nach deren Ablauf (**I**), sonst nach dem beabsichtigten Gebrauchmachen von der Sache (**II 1**) nach nicht Verstreichen einer angemessenen Zeit für das Gebrauchmachen (**II 2**). Läßt sich die Dauer auch aus dem Zweck nicht entnehmen, so ist jederzeitige Rückforderung möglich (**III**); nach außerordentlicher Kündigung (**§ 605**).

4 2. **Rechte des Entleihers. a)** Der Entleiher ist im allg **berechtigt,** die Sache schon vor Vertragsende **zurückzugeben.** Anderes gilt nur, wenn die Leihe auch im Interesse des Verleihers liegt (s § 598 Rn 1). **b)** Dem Entleiher kann wegen Verwendungen iSv § 601 II ein Zurückbehaltungsrecht (§ 273) zustehen.

5 3. **Rückgabepflicht Dritter. IV** entspricht § 546 II. Unerheblich ist, ob es sich um eine erlaubte oder unerlaubte Gebrauchsüberlassung handelt (vgl zu letzterer § 603 Rn 2).

6 4. **Der Rückgabeanspruch verjährt** ab Beendigung der Leihe, **V** (abw v § 199 aF).

§ 605 Kündigungsrecht

Der Verleiher kann die Leihe kündigen:
1. **wenn er infolge eines nicht vorhergesehenen Umstandes der verliehenen Sache bedarf,**
2. **wenn der Entleiher einen vertragswidrigen Gebrauch von der Sache macht, insbesondere unbefugt den Gebrauch einem Dritten überlässt, oder die Sache durch Vernachlässigung der ihm obliegenden Sorgfalt erheblich gefährdet,**
3. **wenn der Entleiher stirbt.**

1 1. **Außerordentliches** (fristloses) **Kündigungsrecht** des Verleihers (nicht des Entleihers; Grund: § 604 Rn 3). **Fälle. Nr 1:** Auf Vorhersehbarkeit des Umstandes kommt es nicht an. Ein wirkliches (nicht notwendig ein dringendes) Bedürfnis muß zum Zeitpunkt der Kündigung vorhanden sein, dabei sind aber auch die Belange des Entleihers zu berücksichtigen (BGH 125, 300). Keine Schadensersatzpflicht des Verleihers in diesem Fall (BGH aaO). **Nr 2:** Anders als bei § 543 III 1 ist vorherige Abmahnung nicht erforderlich. **Nr 3:** Gilt für den Tod des Verleihers nicht entspr,

Titel 7. Sachdarlehensvertrag **§§ 606–609**

aber evtl Nr 1. Daneben besteht allg Kündigungsrecht aus (anderem) wichtigem Grund (§ 314, vgl Anm dort; das entspricht der fr Rspr: BGH NJW 85, 315).

§ 606 Kurze Verjährung

¹Die Ersatzansprüche des Verleihers wegen Veränderungen oder Verschlechterungen der verliehenen Sache sowie die Ansprüche des Entleihers auf Ersatz von Verwendungen oder auf Gestattung der Wegnahme einer Einrichtung verjähren in sechs Monaten. ²Die Vorschriften des § 548 Abs. 1 Satz 2 und 3, Abs. 2 finden entsprechende Anwendung.

1. **Ansprüche des Verleihers. a) Zweck:** Rasche Abwicklung von beendeten 1
Gebrauchsüberlassungsverhältnissen durch Klärung des Zustands der Sache (BGH 47, 56; 119, 39 mN). Weite Auslegung ist geboten (sa Unterrieder ZIP 96, 859), anwendbar beim Kauf auf Probe (BGH 119, 38 ff), nicht bei Gebrauchsüberlassungen im Rahmen von Arbeitsverhältnissen (BAG NJW 85, 759). **b) Anwendungs-** 2
bereich (entspricht § 548). **aa) Gegenständlich:** § 606 umfaßt nicht nur vertragliche Schadensersatzansprüche (pVV [Bsp: LAG Mannheim NJW 78, 1400]; §§ 602, 603), sondern auch solche aus cic, § 311 II (BGH 47, 56; 119, 38 f; zur Probefahrt BGH 54, 267 und § 598 Rn 4), ferner konkurrierende Ansprüche aus Eigentum (auch wenn Verleiher nicht selbst Eigentümer, BGH 54, 268) und Delikt (BGH 47, 55; 54, 267; 119, 41; Hamm NJW-RR 96, 177). **bb) Persönlich:** Gilt nicht nur für den Entleiher, sondern auch für von ihm zugezogene Hilfskräfte, soweit sie in den Schutzbereich des Vertrags einbezogen sind (BGH 49, 278).
c) Voraussetzungen. Eine Veränderung (Verschlechterung) der Sache liegt auch 3
bei einem sog wirtschaftlichen Totalschaden eines Kfz vor (Hamm NJW-RR 93, 215 mN), nicht bei Sachuntergang (Rückgabeunmöglichkeit).

2. **Ansprüche des Entleihers** auf Verwendungsersatz und Wegnahme: § 601 II. 4

3. **Beginn der Verjährung:** Entspr § 548 I 2, 3, II. „Freier Zugang" des 5
Verleihers zur Sache genügt für „Zurückerhalten" (Hamm NJW-RR 96, 177).

Titel 7. Sachdarlehensvertrag

§ 607 Vertragstypische Pflichten beim Sachdarlehensvertrag

(1) ¹Durch den Sachdarlehensvertrag wird der Darlehensgeber verpflichtet, dem Darlehensnehmer eine vereinbarte vertretbare Sache zu überlassen. ²Der Darlehensnehmer ist zur Zahlung eines Darlehensentgelts und bei Fälligkeit zur Rückerstattung von Sachen gleicher Art, Güte und Menge verpflichtet.

(2) Die Vorschriften dieses Titels finden keine Anwendung auf die Überlassung von Geld.

§ 608 Kündigung

(1) Ist für die Rückerstattung der überlassenen Sache eine Zeit nicht bestimmt, hängt die Fälligkeit davon ab, dass der Darlehensgeber oder der Darlehensnehmer kündigt.

(2) Ein auf unbestimmte Zeit abgeschlossener Sachdarlehensvertrag kann, soweit nicht ein anderes vereinbart ist, jederzeit vom Darlehensgeber oder Darlehensnehmer ganz oder teilweise gekündigt werden.

§ 609 Entgelt

Ein Entgelt hat der Darlehensnehmer spätestens bei Rückerstattung der überlassenen Sache zu bezahlen.

§ 610, Vor § 611 Buch 2. Abschnitt 8. Einzelne Schuldverhältnisse

Anmerkungen zu den §§ 607–609

1 **1. Allgemeines. a) Begriff und Rechtsnatur.** Sachdarlehensvertrag gem § 607 I ist ein Vertrag, der den Darlehensgeber zur Übereignung vertretbarer Sachen (nicht Geldzeichen, § 607 II, zum [Geld-]Darlehensvertrag s § 488) und den Darlehensnehmer zur Zahlung eines Darlehensentgelts sowie zur Rückübereignung von Sachen gleicher Art, Güte und Menge verpflichtet. Der Sachdarlehensvertrag kommt durch Vertrag zustande (Konsensualtheorie, s § 488 Rn 5) und begründet ein Dauerschuldverhältnis. In den Grundzügen entspricht der Sachdarlehensvertrag weithin dem Darlehensvertrag gem §§ 488 ff. Die Entgeltpflicht kann (s § 488 III 3) abbedungen werden (unentgeltlicher Sachdarlehens-
2 vertrag). **b) Abgrenzung. aa)** Der Sachdarlehensvertrag unterscheidet sich vom **Darlehensvertrag** gem § 488 insbes darin, daß Gegenstand des Sachdarlehens nicht Geld, sondern vertretbare Sachen sind. **bb)** Bei **Miete und Leihe** ist *dieselbe* Sache zurückzugeben, beim Sachdarlehen hat der Darlehensnehmer Sachen *glei-*
3 *cher* Art zurückzuübereignen. **c) Anwendungsfälle. aa) Wertpapierdarlehensvertrag;** „**Wertpapierleihe**" ist entgegen dem Sprachgebrauch Sachdarlehensvertrag; Überlassung von Wertpapieren zu Eigentum des Darlehensnehmers (Soe-Häuser Rn 37 vor § 607). **bb) Überlassung von Mehrweg-Verpackungen**, zB Flaschen, Kisten, Paletten, Container. IdR Sachdarlehen: Einheitsflaschen (BGH NJW 56, 298); im Transportgewerbe überlassene genormte Pool-Paletten (Frankfurt/M ZIP 82, 1331); Kasten mit Brauereibezeichnung (Celle BB 67, 778).
4 **2. Pflichten. a)** Der **Sachdarlehensgeber** ist zur Überlassung der Darlehenssache verpflichtet, § 607 I 1. Regelmäßig schuldet er Eigentumsverschaffung, nicht nur Gebrauchsüberlassung; zu nach DepotG 5 f girosammelverwahrten Wertpapieren s BT-Drs 14/6040 S 259. **b) aa)** Der **Sachdarlehensnehmer** hat die Pflicht
5 zur Entrichtung des vereinbarten Darlehensentgelts (**§ 607 I 2 Fall 1**), die mit der Überlassungspflicht des Darlehensgebers im Gegenseitigkeitsverhältnis (s § 311 Rn 13) steht. Fällig ist das Entgelt spätestens bei Rückerstattung des Sachdarlehens, § 609. Es handelt sich um eine *Entgelt*forderung (zum Verzug s §§ 286 III), ferner – trotz des von § 488 I 2 abweichenden Wortlauts – der Rechtsnatur nach um eine
6 Zinsforderung (Bedeutung zB § 289 S 1). **bb)** Der Sachdarlehensnehmer hat Sachen gleicher Art, Menge und Güte (s § 243 I) zurückzuübereignen, **§ 607 I 2 Fall 2**. Die Rückerstattungspflicht steht nicht im Gegenseitigkeitsverhältnis; sie ist Abwicklungspflicht. Fällig ist der Rückerstattungsanspruch entweder nach Ablauf der für das Darlehen bestimmten Zeit *oder* nach Kündigung, **§ 608 I.** Ein unbefristeter Sachdarlehensvertrag kann jederzeit von beiden Parteien (ordentlich) gekündigt werden, § 608 II. Eine Teilkündigung ist möglich. Eine Kündigungsfrist ist nicht vorgesehen; abweichende Vereinbarungen sind möglich. § 314 bleibt unberührt.

§ 610 *(weggefallen)*

Titel 8. Dienstvertrag

Vorbemerkungen

Lit: Däubler, Die Auswirkungen der Schuldrechtsmodernisierung auf das Arbeitsrecht, NZA 2001, 1329; Gotthardt, Arbeitsrecht nach der Schuldrechtsreform, 2002; Leinemann (Hgb), Kasseler Handbuch zum Arbeitsrecht, 2 Bde, 1997; Lieb, Dienstvertrag, Gutachten III, 183; ders, Arbeitsrecht, 7. Aufl 2000; Löwisch, Arbeitsrecht, 5. Aufl 2000; Otto, Einführung in das Arbeitsrecht, 7. Aufl 1997; Richardi, Arbeitsrecht, 7. Aufl 2000; Richardi/Wlotzke, Münchener Handbuch zum Arbeitsrecht, 2. Aufl 2000, mit Ergänzungsbd 2001; Schaub, Arbeitsrechts-Handbuch, 9. Aufl 2000; Söllner, Grundriß des Arbeitsrechts, 12. Aufl 1998; Zöllner-Loritz, Arbeitsrecht, 5. Aufl 1998.

Titel 8. Dienstvertrag **Vor § 611**

I. Inhalt und Abschluß des Dienstvertrages; Typenübersicht und Abgrenzung.

1. Die §§ 611–630 regeln mit dem Dienstvertrag einen gegenseitigen Austauschvertrag, der zur Leistung von Diensten iwS gegen Entgelt verpflichtet. Das SchRModG hat im 8. Titel selbst wenig geändert (s §§ 615, 619a), doch haben die neuen §§ 275 ff auch Auswirkungen auf Dienstverträge (s § 611 Rn 1); wichtig ist auch die Einbeziehung standardisierter Arbeitsverträge in die AGB-Kontrolle, s § 310 IV 2. Typisch für den Dienstvertrag ist die Zielsetzung der zugesagten Leistung: Nicht ein Ergebnis wird geschuldet, sondern die Tätigkeit als solche (Abgrenzung Werkvertrag s Rn 15). Obwohl die Entgeltverpflichtung üblich ist, sind ausnahmsweise Dienstverträge als unentgeltliche möglich (BGH NJW 77, 2120 – Behandlungsvertrag zwischen Ärzten). Zumeist aber wird bei unentgeltlich zu erbringenden Dienstleistungen ein anderer Vertragstyp vorliegen, etwa Auftrag oder Schenkung. Dienstleistungen, die nicht gegen Entgelt, sondern aufgrund von Mitgliedschaften (Orden, DRK) erbracht werden, fallen nicht unter §§ 611 ff; Vergütung ist Alimentation und nicht Gegenleistung. 1

2. a) Gegen Entgelt kann eine große Vielfalt verschiedener Dienstleistungen – „jeder Art" – erbracht werden. Wichtigste Unterscheidung ist die zwischen Verträgen, die zu selbständiger, unabhängiger, eigenbestimmter Tätigkeit verpflichten und unselbständigen, abhängigen, fremdbestimmten Dienstverhältnissen. Die Vorschriften des BGB gelten weitgehend für beide Typen, wobei einzelne Vorschriften speziell oder weitgehend auf den unselbständigen Dienstvertrag zugeschnitten sind. Gleichwohl hat sich vor allem für diesen letzteren Vertragstypus die Rechtsentwicklung überwiegend außerhalb des BGB vollzogen und mit dem Arbeitsrecht einen Regelungskomplex entstehen lassen, der sich aus der dogmatischen Einbindung in das Recht des BGB immer weiter entfernt. Spezielle Kodifikation des Arbeitsrechts ist deshalb immer wieder gefordert worden (vgl Mayer-Maly ArbuR 75, 225, aber auch Lieb, Gutachten III, 188; Trinkner/Wolfer BB 86, 4; Entw Arbeitsgesetzbuch s Hanau ZRP 78, 215; Mayer-Maly FS BAG, 1979, S 393 mwN), aber in der voraussehbaren Zukunft nicht zu erwarten. Verfahrensrechtlich wird Sonderstellung der Arbeitsverhältnisse berücksichtigt durch Arbeitsgerichtsbarkeit und das im ArbGG geregelte Verfahrensrecht (hierzu Rn 58 ff). **b)** Als Abgrenzungsmerkmal wird von der hM das Maß der persönlichen Abhängigkeit des Dienstverpflichteten verwendet (vgl BAG NJW 84, 1985; ferner AP Nr 1, 3, 6 zu § 611 – Abhängigkeit), die in Weisungsabhängigkeit hinsichtlich Zeit, Ort und Inhalt der Dienstleistung bestehen kann, BAG NJW 84, 1985 (vgl auch u Rn 29, 29a). Entscheidend ist der praktisch durchgeführte Geschäftsinhalt, BAG aaO. Als Anhaltspunkte für die Unterscheidung werden ferner die Intensität der Arbeit (BAG NJW 64, 1642), der Ort der Dienstleistungen (Eingliederung in Betrieb als „arbeitsorganisatorische Abhängigkeit", Schaub § 8 II 3), Anwendung der einschlägigen Tarifbestimmungen und Schutzbedürftigkeit (Beuthien, FS BAG, 1979, S 3) genannt. Gleichwohl kann die Einordnung im Einzelfall schwierig sein und letztlich nur präjudiziell geklärt oder erleichtert werden. Bsp für die beiden Grundtypen des Dienstvertrages sind die Tätigkeit des frei praktizierenden Arztes als selbständige Dienstleistung, die des Fließbandarbeiters als unselbständige Beschäftigung. 2 3

3. Gegenseitiger Vertrag. Die gegenseitigen Hauptleistungspflichten zur Dienstleistung und zur Vergütung stehen im Synallagma; §§ 320 ff sind deshalb grundsätzlich anwendbar (sa BAG BB 85, 2176 zu § 273; BGH BB 88, 290 zu Schadensersatz nach § 325 aF); § 326 I, II wird aber zB durch § 616, HGB 63, GewO 133c und arbeitsrechtliche Vorschriften (zB MuSchG), ferner durch die Berücksichtigung des sog „Betriebsrisikos" (dazu § 615) modifiziert. Die Bedeutung der synallagmatischen Verknüpfung hat auf der Rechtsfolgenseite durch das SchModG insgesamt abgenommen. Fristlose Kündigung tritt bei begonnenen 4

Vor § 611 Buch 2. Abschnitt 8. Einzelne Schuldverhältnisse

Dienstverhältnissen an die Stelle des Rücktritts nach §§ 323, 326 V; § 626 ist dabei lex specialis zu § 314 I, § 314 II ist jedoch anwendbar (s § 626 Rn 1). Bei **Streik** ruhen Hauptpflichten, BAG ZIP 00, 512.

5 **4. Zustandekommen. a)** Für das Zustandekommen von Dienstverträgen gelten die Vorschriften des AT über Abschluß (§§ 145 ff), Geschäftsfähigkeit (§§ 104 ff), Willenserklärungen und -mängel (§§ 116 ff). **Anbahnung** s § 311 II. **Abschlußmängel** wirken nach hM nach Aufnahme der Dienste („Vollzug") grundsätzlich nur ex nunc auflösend; das Dienstverhältnis kann zwar sofort abgebrochen oder gekündigt werden, wird aber für die abgelaufene Zeit als voll wirksam („faktisches" Arbeitsverhältnis) behandelt, vgl BGH WM 95, 614 (Geschäftsführer KG); BGH NJW 00, 2983 (Vertretungsmangel bei Vertragsabschluß). Auch Nichtigkeitsgründe, die bestimmte Personen vor den Wirkungen des eingegangenen Vertrages schützen sollen – Anfechtung nach § 123, Geschäftsfähigkeitsmängel, werden grundsätzlich nicht anders behandelt (für § 123 s BAG NJW 84, 446; 85, 646; Rückwirkung auf Zeitpunkt der Außerfunktionssetzung durch Erkrankung BAG ZIP 99, 459: Anfechtung wegen verschwiegener Schwerbehinderteneigenschaft; sa BAG NJW 99, 3655 zu möglichen Einschränkungen aus § 242 – verschwiegene Vorstrafen –). Allerdings darf das nicht dazu führen, daß ein Minderjähriger für die Zukunft belastet wird, zB durch vertragliche Schadensersatzpflichten, Einzelheiten Schaub § 35 III 4 mwN; zur Ermächtigung eines Minderjährigen s BAG BB 00, 567. Auch Sittenwidrigkeit bewirkt grundsätzlich keine rückwirkende Nichtigkeit (BAG BB 73, 291 mwN), sofern nicht die geschuldete Leistung selbst sittenwidrig ist (s BAG NJW 76, 1958; zum Ganzen s Sack RdA 75, 171). Eine als solche sittenwidrige Dienstleistung kann deshalb auch für die Vergangenheit keine „faktische" Gültigkeit des Verhältnisses bewirken. Abschlußmängel bei Anstellungsverträgen der Organe jur Personen vgl BGH 41,
6 287; Handelsvertreter s BGH 53, 158 f. **b) Form.** Abschluß von Dienstverträgen ist grundsätzlich formfrei, doch wirkt NachwG 2 I wie Formzwang für AG; s Grünberger NJW 95, 2809 ff. Niederschrift nicht Gültigkeitsvoraussetzung; Einbeziehung AGB jedoch möglich, obwohl § 305 II, III nicht anwendbar sind, § 310 IV 2 HS 2. Weitere Ausnahmen: Ausbildungsvertrag, BBiG 4 (jedoch nicht konstitutiv!); Angestellte von Krankenkassen und Berufsgenossenschaften: SGB VII 144; ferner häufig – nicht konstitutiv – in Tarifverträgen, s Schoner BB 69, 182. Formfreiheit wird zunehmend eingeschränkt, s schon § 623. Bei Verletzung konstitutiver Formvorschriften Rechtsfolge aus § 125, aber bei aufgenommenem
7 Dienstverhältnis keine Rückwirkung der Nichtigkeit (s Rn 5). **c) Abschlußverbote** mit Rechtsfolgen aus § 134 finden sich vor allem in Arbeitnehmerschutzges, zB im JArbSchG 6; zu Tarifverträgen und Betriebsvereinbarungen s Schaub § 32 IV 1; **Zustimmungserfordernisse**, zB in BetrVG 99 oder AFG 19 (für Einstellung ausländischer AN) bewirken Schwebezustand (BAG NJW 69, 2111); bei endgültiger Verweigerung Nichtigkeit mit ex-tunc-Wirkung (s LAG BW BB 72, 42; differenzierend zu BetrVG 99 Richardi DB 73, 428, 431). „Schwarzarbeit" s Rn 14 vor § 631. **Änderungsgebot** durch TzBfG 8 f begründeten Anspruch auf
8 Teilzeitarbeit s Hromadka NJW 01, 402 (krit). **d) Offenbarungspflichten** bei der Einstellung können im Falle unterlassener oder wahrheitswidriger Auskünfte Anfechtung nach § 123, evtl Schadensersatzansprüche aus oic begründen. Der Umfang der Offenbarungspflicht richtet sich im konkreten Fall nach der Eigenart des zu besetzenden Arbeitsplatzes (Vorstrafen: BAG NJW 91, 2724, Grenze BZRG 53 I; Transsexualität BAG BB 91, 2014); Mfs-Tätigkeit BAG BB 01, 994; Schwangerschaft BAG BB 00, 2206; Fragen des Arbeitgebers nur zulässig, soweit auf vorgesehene Tätigkeit bezogen (s BAG NJW 85, 645: Körperbehinderung; BAG NJW 94, 1364, ZIP 99, 458: Schwerbehinderteneigenschaft; Schwangerschaft s BAG NJW 93, 1155, 94, 148, dazu Schulte Westenberg NJW 94, 1573; BAG NJW 99, 3654: Vorstrafen; zum Ganzen Thüsing/Lambrich BB 02, 1146); nur *bewußt* falsche Antwort auf *zulässige* Frage rechtfertigt Anfechtung, vgl BAG BB 84, 534;

Titel 8. Dienstvertrag **Vor § 611**

Irrtum AG erforderlich, BAG NZA 01, 315. Auskunftspflicht *nach* Einstellung s BAG BB 96, 749. Auch den AG können Informationspflichten treffen, zB bei drohendem Insolvenzverfahren. Zum Ganzen Schaub § 26 III 2 mwN. **e) Ab-** 9 **schlußzwang** durch Abschlußgebote in Gesetzen, zB SchwbG 4 I (dazu Schaub § 178 IV), Tarifverträgen, Betriebsvereinbarungen oder Einzelarbeitsvertrag. Zu Einschränkungen der Abschlußfreiheit durch Grundrechte abl Boemke NJW 93, 2083; **Änderungszwang** durch TzBfG s oben Rn 7.

5. Dienstverträge können neben Rechtsbeziehungen bestehen, die an sich selbst 10 schon zu bestimmten Dienstleistungen verpflichten: Ehegatten s § 1353 Rn 15; Kinder s § 1619 Rn 3. Gesellschafter kann zu Dienstleistungen für die Gesellschaft zusätzlich aufgrund Dienstvertrages verpflichtet sein, vgl Beuthien FS BAG, 1979, S 1, s aber Rn 13

6. Abgrenzung von ähnlichen oder verwandten Rechtsbeziehungen. **a) Auf-** 11 **trag.** Der Beauftragte schuldet **unentgeltlich** Tätigkeit; der ihm evtl geschuldete Aufwendungsersatz ist keine Vergütung. **b) Dienstverschaffung.** Geschuldet 12 wird Verschaffung der Dienstleistung eines Dritten; Bsp Personal- Leasing (s BAG AP Nr 29 zu § 615 – Betriebsrisiko), Arbeitnehmerüberlassungsverträge (dazu § 611 Rn 3). Gehaftet wird für sorgfältige Auswahl, nicht für die Güte der „verschafften" Dienstleistungen (BGH NJW 75, 1696). **c) Gesellschaftsvertrag.** Von 13 Gesellschaftern geschuldete Leistungen werden nicht ausgetauscht und individuell empfangen, sondern zu gemeinsamen Zweck an alle erbracht; dienstvertragliche Abreden bleiben daneben möglich, s Rn 10. Zur Abgrenzung im Einzelfall, insbes von Gesellschafter- und Dienstverhältnis mit Gewinnbeteiligung (partiarisches Dienstverhältnis) s § 705 Rn 10; „Scheingeselllschafter" s von Hoyningen-Huene NJW 00, 3233. **d) Geschäftsbesorgung.** Ist ein Geschäft oder Interesse des 14 Geschäftsherrn durch selbständige Dienstleistungen wahrzunehmen, so wird der darauf gerichtete Dienstvertrag über § 675 durch Regeln des Auftragsrechts ergänzt und modifiziert. **e) Werkvertrag.** Die Leistungspflicht ist beim Werkvertrag auf 15 ein Ergebnis gerichtet, während beim Dienstvertrag die Tätigkeit als solche zu erbringen ist (vgl Rn 3 vor § 631). Insbes bei selbständigen Dienstleistungen kann die Abgrenzung zum Werkvertrag schwierig sein (s zB Architektenvertrag, Rn 4 vor § 631; **Buchhaltung** s BGH NJW 02, 1571). **f) Öffentl Dienst.** Beamte, 16 Richter und Soldaten leisten Dienste nicht aufgrund privatrechtlichen Dienstverhältnisses. Maßgebend sind BeamtenGes, RichterGes, SoldatenGes. Dem öffentl Recht unterstehen ferner die Rechtsbeziehungen zum Gerichtsvollzieher bei Vollstreckungs-, Beurkundungs- und Zustellungsaufträgen, zum Notar bei Tätigkeit nach BNotO 1. Beziehungen der Arbeiter und Angestellten im öffentl Dienst zu ihrem AG richten sich dagegen nach Arbeitsrecht, so daß die §§ 611 ff grundsätzlich anwendbar sind. **g) Vereinssatzungen** können Arbeitspflichten vorsehen, so 17 für Schwesternschaft beim Roten Kreuz, die jedoch mangels Abschluß eines Arbeitsvertrages nach Vereinsrecht zu beurteilen sind, BAG NJW 76, 386.

7. Bsp selbständiger Dienstverträge und Abgrenzung: **a)** Anstellungsverträge 18 der Organe jur Personen sind selbständige Dienstverträge, die auf Geschäftsbesorgung gerichtet sind, Lieb, Gutachten III, 196 (str). **b) Anwalt – Klient:** Mandat 19 ist regelmäßig selbständiger Dienstvertrag, der eine Geschäftsbesorgung zum Gegenstand hat, Düsseldorf VersR 93, 703; sa BAG BB 98, 2061 (RA als freier Mitarbeiter); bei Dauerberatung kann selbständiger Dienstvertrag vorliegen (Pal-Putzo 21 vor § 611); **Gutachten**auftrag ist Werkvertrag, BGH NJW 65, 106 f. Die Regeln des BGB werden ergänzt und modifiziert durch BRAO und BRAGO. Bei Anwaltssozietät werden iZw alle Anwälte Vertragspartei, BGH 70, 248 f; zu Scheingesellschaftern s Rn 13. **c) Architekt – Bauherr:** Regelmäßig Werk- 20 trag, s Rn 4 vor § 631. **d) Arzt – Patient:** Regelmäßig selbständiger Dienstver- 21 trag, s BGH 63, 306; Zweibrücken NJW 83, 2094 (Zahnarzt); Karlsruhe MedR 95, 374 (Prothese); ferner auch BGH 76, 261 (zur pVV). Ein fest angestellter Arzt – Klinikarzt, Betriebsarzt, Schiffsarzt usw – ist jedoch im jeweiligen Anstellungs-

Vor § 611 Buch 2. Abschnitt 8. Einzelne Schuldverhältnisse

verhältnis gegenüber dem Dienstberechtigten (Klinik usw) unselbständig Dienstverpflichteter (s zum Krankenhausvertrag Rn 24). Ausnahmsweise auch Werkvertrag mit dem Arzt möglich, s Rn 4 vor § 631. **e) Handelsvertreter – Prinzipal:** Selbständiger Dienstvertrag; HGB 84 maßgebend, daneben subsidiär §§ 611 ff, Versicherungsvertreter s BAG ZIP 00, 808 (Umstände des Einzelfalles entscheidend), sa Rn 29 a. **f) Kommissionsvertrag:** Selbständiger Dienstvertrag auf Geschäftsbesorgung gerichtet, str. **g) Krankenhausvertrag:** Man unterscheidet 3 Typen (hierzu Uhlenbruck NJW 73, 1399): Bei totaler, alle Leistungen umfassender Aufnahme gemischter Vertrag, in dem Elemente des selbständigen Dienstvertrages vorherrschend sind. Gespaltener Krankenhausvertrag: Getrennte Dienstverträge mit Krankenhausträger und (Beleg-)Arzt. Totaler Krankenhausaufnahmevertrag mit Arzt-Zusatzvertrag (wie 1. Alt plus zusätzliche ärztliche Leistungen). **h) Speditionsvertrag:** Selbständiger Dienstvertrag auf Geschäftsbesorgung gerichtet, RG 109, 87. **i) Detektiv** s BGH NJW 90, 2549. Arbeitnehmerähnliche Selbständige s Jacobs ZIP 99, 1549, ders NZA 99, 23; Weimar/Goebel ZIP 99, 217 und Rn 290.

8. Gemischte Verträge. Häufig sind typische Dienstvertragspflichten in einem gemischten Vertrag mit anderen Pflichten zusammengestellt, zB beim Vertrag über Aufnahme in Alters- und Pflegeheim; zum Lohnfuhrvertrag (Gestellung von Kfz und Fahrer) BGH NJW 75, 780; zum Belegarztvertrag s BGH NJW 72, 1128.

II. Unselbständige Dienstverträge (s hierzu, außer den vorgenannten Lehrbüchern zum Arbeitsrecht, die Spezialkommentare und vor allem die AR-Blattei).

1. Begriffe. a) Regelung durch **Arbeitsrecht**. In der Gliederung des Arbeitsrechtes wird unterschieden zwischen „**Kollektivarbeitsrecht**" (Arbeitskampf-, Koalitions-, Tarifvertrags-, Betriebsverfassungs- und Mitbestimmungsrecht – s dazu die arbeitsrechtliche Speziallit) und „**Individualarbeitsrecht**", das die Ordnung individueller Arbeitsverhältnisse und Arbeitsschutz regelt. Begründet wird das **Arbeitsverhältnis** zwischen **AG** und **AN** durch den **Arbeitsvertrag** („Eingliederung" als Indiz s Schaub § 29 II), dessen inhaltlicher Ausgestaltung durch das Arbeitsrecht und §§ 305 b ff Schranken gesetzt sind. **Angestellte** sind AN, die sich von **Arbeitern** vor allem durch die Art ihrer Tätigkeit unterscheiden; Einzelfälle: Sparkassenvorstand nach Verlust der Organstellung (Arbeitsverhältnis, BGH NZA 00, 376); Redakteur (AN, LAG Köln NZA-RR 99, 119). **Arbeitnehmerähnliche Personen** sind zwar nicht persönlich weisungsgebunden und auch in der Ausgestaltung ihrer Tätigkeit weitgehend selbständig, aber wegen ihrer wirtschaftlichen Abhängigkeit vom Dienstberechtigten AN teilw gleichgestellt, zB Heimarbeiter (dazu Rn 49; Computer-Heimarbeiter s Kappus NJW 84, 2384), „Einfirmenvertreter" (vgl HGB 92 a); freie Rundfunkmitarbeiter s BAG BB 98, 2211; Rspr bei Etzel, NJW 98, 1190, 1194, NJW 99, 2933, 2937, sowie Rn 29 a.

b) Zunehmend werden **Scheinselbständige**, zB Franchisenehmer, als AN behandelt, hierzu *Reinecke* ZIP 98, 581 ff; Hänlein DB 00, 374; entscheidend ist der Grad der persönlichen Abhängigkeit, die von der Weisungsdichte und/oder Eingliederung in fremde Arbeitsorganisation konstituiert wird, vgl BAG NJW 99, 310, aber auch LAG Nds NZA 00, 320 (Frachtführer); BAG ZIP 97, 1714, BGH NJW 99, 220 (Eismann), LAG Nürnberg BB 99, 793 (Versicherungsvermittler); BAG ZIP 00, 808 (Versicherungsvertreter); aber auch BAG NJW 98, 1428 (Zeitungszusteller), weitere Bsp bei *Reiserer*, BB 98, 1258. Versicherungspflicht s SGB IV 7 IV Art 3 (Kriterienkatalog für scheinselbständige Arbeitnehmer), dazu Kollmer NJW 99, 608; zur Änderung des Ges v 19. 12. 98 s Reiserer BB 00, 94. Zur rechtsmißbräuchlichen Berufung auf Arbeitnehmereigenschaft durch freien Mitarbeiter s BAG BB 97, 1484.

2. Rechtsquellen. Neben die im folgenden zu bezeichnenden Rechtsquellen des deutschen Rechts tritt zunehmend **EU-Recht**, das unmittelbar oder mittelbar das deutsche Dienstvertragsrecht beeinflußt und modifiziert, s Hartlage-Laufenberg

Titel 8. Dienstvertrag **Vor § 611**

RIW 1992, 873 ff, 874 ff, Schiefer, NJW 95, 160 ff; zur Anwendung ausländischen Rechts s Rn 61. **Deutsches Recht: a)** Das **GG** enthält in Art 9 III 2 eine **31** unmittelbar geltende arbeitsrechtliche Vorschrift. Nach BAG und BVerfG können andere Grundrechte aufgrund „Drittwirkung", etwa über Generalklauseln wie § 242, Anwendung im Privatrechtsverkehr finden (BAG 48, 134 f; zur unmittelbaren u mittelbaren Drittwirkung in der Rechtsprechung Linnenkohl ua, BB 88, 57 ff). Verfassungswidrige Tarifvertragsbestimmungen sind nichtig (vgl BAG NJW 86, 1007: Ehefrauenzulage). Als Ausprägung des Gleichheitssatzes wird auch die Pflicht des AG zur „Gleichbehandlung" gesehen (Rspr s Etzel NJW 98, 1195, NJW 99, 2938 f, ferner BAG NJW 82, 461 mwN; BAG NZA 94, 788: Abfindungen; BGH NJW 95, 1310, 96, 949: freiwillige Gehaltserhöhung; zu freiwilligen Leistungen umfassend Weber/Ehrlich, ZIP 97, 1681. Gleichbehandlungsgebot erlaubt höheres Arbeitsentgelt, falls Arbeitsplatz anders nicht zu besetzen, BAG BB 96, 855 (sachlicher Differenzierungsgrund); sa BVerfG BB 92 Beil 3, S 6 (Nachtarbeitsverbot für Frauen verfassungswidrig); als ges Regelung s §§ 611 a b, 612 III (Lohn) BetrVG 75 I 1). Daneben keine aus GG 3 abzuleitende Anspruchsgrundlage „gleicher Lohn für gleiche Arbeit", BAG ZIP 00, 1680. **b)** Iü sind die ges **32** Grundlagen des Arbeitsrechts stark zersplittert. Außer dem Dienstvertragsrecht des **BGB** enthalten zB **GewO** (für Fabrikarbeiter und technische Angestellte) und **HGB** (für kaufmännische Angestellte und Handelsvertreter) Vorschriften des Individualarbeitsrechts; daneben regeln eine Fülle von Gesetzen arbeitsrechtliche Fragen, insbes den Schutz der AN. Sie sind zugänglich in speziellen Gesetzessammlungen, zB Nipperdey, Arbeitsrecht (Loseblattsammlung) und Zusammenstellungen der wichtigsten arbeitsrechtlichen Vorschriften, zB Arbeitsgesetze, dtv 5006, eingeleitet von Richardi; sa Rn 41 ff. **c)** Neben dem gesetzten Recht kommen **Ge- 33 wohnheitsrecht** (BAG NJW 63, 1996) und **Richterrecht** große Bedeutung zu (dazu Hanau/ Adomeit B I 9). **d)** Dem Arbeitsrecht eigentümliche Rechtsquellen **34** sind die Kollektivvereinbarungen **Tarifvertrag, Betriebsvereinbarung** und **Dienstvereinbarung.** So begründet ein Tarifvertrag nicht nur zwischen Tarifvertragsparteien (TVG 2) schuldrechtliche Beziehungen, sondern setzt in seinem **normativen Teil** für seinen Geltungsbereich ohne Rücksicht für Inhalt, Abschluß oder Beendigung von Arbeitsverhältnissen, TVG 4. Zur **Allgemeinverbindlicherklärung** und ihrer Vereinbarkeit mit dem GG s BVerfG 44, 322 ff. Auch eine Betriebsvereinbarung (zwischen AG und Betriebsrat, BetrVG 77 II 1) oder eine Dienstvereinbarung (zwischen Dienststelle und Personalrat, BPersVG 73) können Bestimmungen enthalten, die normativ auf die Einzeldienstverhältnisse einwirken („innerbetriebliche Rechtsetzung", s Söllner § 22, BetrVG 77 IV 1, BPersVG 73, 75 III, 76 II). **e)** In den von den zwingenden Regeln dieser Rechtsquellen gezoge- **35** nen Schranken kann das Dienstverhältnis schließlich durch Parteivereinbarung ausgestaltet werden (hierzu Zöllner AcP 176, 224 ff): **aa)** Wie bei sonstigen Ver- **36** trägen werden auch Dienstverträgen Standardbedingungen zugrunde gelegt, die **„allg Arbeitsbedingungen"** oder „vertragliche Einheitsregelungen"; sie unterliegen AGB-Kontrolle, wobei arbeitsrechtliche Besonderheiten „angemessen zu berücksichtigen" sind, § 310 IV 2, dazu § 310 Rn 13 ff. Str, ob Arbeitnehmer Verbraucher (s § 310 III), § 310 Rn 16. Abweichungen von Tarifverträgen, Betriebs- oder Dienstvereinbarungen s §§ 310 IV 3, 307 III 1, aber mE nur, soweit direkt geltend – nicht genereller Standard außerhalb des Geltungsbereichs, str. **bb)** Als stillschweigend vereinbarte Inhaltsgestaltung von Arbeitsverträgen wird **37** von der Rspr die **„betriebliche Übung"** gesehen (BAG DB 72, 1168; sa BGH NJW 83, 1190; BAG NZA 84, 256; Einzelheiten s Seiter, Die Betriebsübung, 1967, § 4 B; Hromadka NZA 84, 241; Kettler, NJW 98, 435 – auch zur dogmatischen Deutung als Vertrauenshaftung oder vertragliche Regelung –). Die durch den AG angebotene Vertragsänderung (zB durch Gewährung von Gratifikationen, Ruhegehalt ua Leistungen) muß jedoch für den AN bei obj Auslegung die Bindungsabsicht zum Ausdruck gebracht haben, damit seine Annahme eine Vertragsänderung bewirken kann (BAG NJW 71, 164; sa Etzel, NJW 98, 1197

Vor § 611 Buch 2. Abschnitt 8. Einzelne Schuldverhältnisse

(RsprBericht); Änderung betrieblicher Übung s BGH NJW 00, 308: Widerspruchslose Hinnahme während 3 Jahren (hier: Freiwilligkeitsvorbehalt bei Weihnachtsgeld). Ein Blankettangebot ist annahmefähig; die Ausfüllung der Zusage kann durch den AG im Rahmen der Billigkeit, § 315 I, oder – bei Untätigkeit des

38 AG – durch das Gericht nach § 315 III 2 erfolgen, BAG BB 75, 1114. **cc)** Inhaltsgestaltend kann auch die Bezugnahme auf einen Tarifvertrag wirken, der mangels Tarifgebundenheit nicht normativ auf das betr Arbeitsverhältnis einwirkt, s § 622

39 III 2. **dd)** Die Selbstordnungs- und Selbstverwaltungsgarantie der Kirchen ermöglicht es, kirchlichen Mitarbeitern besondere Loyalitätspflichten aufzuerlegen, BVerfG NJW 86, 367; dazu Rüthers NJW 86, 356; Pahlke NJW 86, 350 („dritter

40 Weg"). **f) Rangordnung:** Zwingendes Gesetzesrecht, zwingende Bestimmungen eines Tarifvertrages, zwingende Bestimmungen einer Betriebsvereinbarung, vereinbarte Bestimmungen des Arbeitsvertrages, abdingbare Bestimmungen einer Betriebsvereinbarung, abdingbare Bestimmungen eines Tarifvertrages, abdingbare Gesetzesbestimmungen. Der Vorrang der normativen Bestimmungen eines Tarifvertrages oder einer Betriebsvereinbarung vor vertraglichen Vereinbarungen gilt aber nur, soweit nicht letztere dem AN günstiger sind (Günstigkeitsprinzip, TVG 4 III; BAG BB 90, 1841; sa Löwisch BB 91, 59). Zum Verhältnis Tarifvertrag – Betriebsvereinbarung s BetrVG 77 III.

41 3. Ges **Arbeitnehmerschutzrecht.** Arbeitnehmerschutz war und ist treibendes rechtspolitisches Motiv der Entwicklung und Entfaltung des Arbeitsrechts, und ges Vorschriften zum Schutz der AN stellen deshalb einen großen Teil des Arbeitsrechts dar. Dabei lassen sich Rechtsvorschriften unterscheiden, die direkt auf den Schutz des AN zugeschnitten sind, und solche, die allgemeinere Ziele verfolgen, in der Praxis aber vor allem als Schutzvorschriften zugunsten von AN wirken, zB GerSichG. Direkt AN-Schutz bezweckende Vorschriften wirken einmal als hoheitliche Anordnungen, deren Befolgung den Schutz des Begünstigten als Reflex eintreten läßt, und deren Verletzung staatliche Sanktionen (zB Bußgelder) und evtl Schadensersatzansprüche aus § 823 II auslösen kann. Sie können aber auch dem Geschützten subj Rechte gegenüber dem zur Schutzgewährung Verpflichteten geben, die technisch als zwingende Ausgestaltung des Arbeitsverhältnisses, dh als vom Begünstigten erzwingbare (meist vertragliche) Ansprüche bestimmten Inhalts konstruiert werden. Als allg Teil des Arbeitsschutzrechts ist das ArbSchG zu sehen, das auf eine EG-Rahmenrichtlinie zurückgeht; seine allgemeinen Vorschriften werden durch das bestehende Arbeitsschutzrecht ausgefüllt und ergänzt, s Vogel NJW 96, 2753 ff. Nach Zweck und Geltungsbereich lassen sich folgende Schutzvorschriften unterscheiden (für neue Bundesländer sa BGBl 90 II 133 III, 143 III,

42 152 III): **a) Betriebsschutz.** Bezweckt ist Sicherung der Gesundheit des AN im Betrieb. Bsp solcher Normen ArbSchG; üi sind die ges Regelungen zahlreich und

43 weit verstreut. **b) Arbeitszeitschutz.** Beschränkung der Höchstarbeitszeit und obligatorische Ruhezeiten dienen ebenfalls dem Gesundheitsschutz. Bsp: GewO

44 105 b; LadenschlußG. **c) Kündigungsschutz.** Erschwerung oder Ausschluß der dem Dauerschuldverhältnis „Dienstvertrag" an sich wesenseigenen Lösungsmöglichkeit ist angesichts der sozialen Abhängigkeit des AN von einem konkreten Beschäftigungsverhältnis rechtspolitische Notwendigkeit. Das KSchG normiert allg den erwünschten Kündigungsschutz; daneben gelten für bestimmte Arbeitnehmergruppen spezielle Vorschriften. Flankierend TzBfG durch **Befristungs-** und **Be-**

45 **dingungsschutz,** s § 620 Rn 1, 3. **d) Arbeitsplatzschutz** ist für Situationen geregelt, in denen der AN aufgrund gesamtgesellschaftlicher Verpflichtungen seine Arbeitspflicht vorübergehend nicht erfüllen kann. Bsp: Wehrdienst (ArbPlSchG

46 1–6). **e)** Die genannten Bereiche des Arbeitsschutzes betreffen vielfach auch bes schutzbedürftige Personengruppen, zB **aa) Jugendschutz:** Durch Verbot der Kinderarbeit, begrenzte Arbeitszeiten, verlängerten Urlaub, bestimmte Beschäftigungsverbote und erhöhte Fürsorgepflichten will vor allem das JArbSchG den gebotenen Schutz von Kindern und Jugendlichen vor schädlichen Belastungen durch unange-

Titel 8. Dienstvertrag **Vor § 611**

messene Arbeitsanforderungen erreichen. Einzelheiten Schaub § 161. **bb) Frau-** 47
en- und Mutterschutz: MuSchG ua Vorschriften enthalten Schutznormen, die
den biologischen Sonderbelastungen (Bsp: Beschäftigungsverbote für werdende
und stillende Mütter, MuSchG 3, 4, 6, 8) Rechnung tragen. Nur rollenbedingte
Privilegien können jedoch gegen GG 3 II verstoßen, vgl BVerfG 52, 374 ff (Hausarbeitstag). **cc) Schwerbehinderte** und Gleichgestellte werden durch Einstel- 48
lungsverpflichtungen, Beschäftigungs- und Arbeitsschutzregeln sowie Kündigungsschutz im SchwbG geschützt. **dd)** Für **Heimarbeiter** und Hausgewerbetreibende 49
sieht das HeimarbG Arbeitsschutz, Gefahrenschutz und Entgeltschutz vor.

4. Ges **Vorschriften für bestimmte berufliche Tätigkeiten** (sa BGBl 90 II 50
133 III für neue Bundesländer). **a) Angestellte:** Für Arbeiter und Angestellte
gelten teilweise noch spezielle Vorschriften (verfassungsrechtlich eventuell bedenklich, § 622 aF mußte deshalb neugefaßt werden, s dort); in der Sozialversicherung
sind für beide Berufsgruppen verschiedene Versicherungsträger zuständig. Die
Unterscheidung kann im Zivilrecht schwierig sein (zur Abgrenzung Arbeiter –
Angestellte s Mayer-Maly, Arbeiter und Angestellte, 1969). Für Angestellte wird
auch heute noch die kaufmännische oder Büroarbeit oder eine leitende Tätigkeit
als typisch angesehen (s AVG 3). Eine bes Gruppe bilden die **leitenden Angestellten,** für die teilw ges Sonderregeln gelten, vgl BetrVG 5 III, MitBestG 3, KSchG
14, 17 II. Ihre Tätigkeit ist durch die Übernahme von beachtlichen unternehmerischen Teilaufgaben (BAG NJW 74, 965 mwN) mit eigenem erheblichen Entscheidungsspielraum (BAG NJW 75, 799; BAG BB 76, 414) geprägt. **b) Gewerbliche** 51
Arbeitsverhältnisse: Spezielle Vorschriften s GewO 105 ff. Zu unterscheiden sind
gewerbliche Arbeiter und **gewerbliche technische Angestellte** (s GewO
133 c). **c) Kaufmännische Arbeitsverhältnisse:** Kaufmännische Dienste in ei- 52
nem Handelsgewerbe, dh für einen Kaufmann als Dienstberechtigten, sind geregelt
in HGB 59–75 h. **d) Arbeitsverhältnisse im Bergbau:** GewO 105 b, 154 a 53
gehen den §§ 611 ff vor. **e) Bei Schiffsbesatzungen** gelten für das **Heuerverhältnis** (Dienstverhältnis) in der Binnenschiffahrt Sonderbestimmungen des
BinnSchG (BinnSchG 7, 21–25), in der Seeschiffahrt das SeemannsG, in der
Rheinschiffahrt ist das Abkommen über Arbeitsbedingungen der Rheinschiffer zu
beachten; hilfsweise ist die GewO maßgebend. **f)** Dienstverhältnisse von **Haus-** 54
angestellten, dh Personen, die in die häusliche Gemeinschaft des Dienstberechtigten aufgenommen sind und Dienste für seinen Haushalt leisten (hauswirtschaftliche, zB Putzen; persönliche, zB Kinderbetreuung), werden vorwiegend vom BGB
geregelt; MuSchG, JArbSchG (dazu 46), BUrlG gelten. **Heimarbeiter** s 49.

5. Ausbildungsverhältnisse sind Dienstverhältnisse (str), bei denen die Dienst- 55
leistungspflicht durch den Ausbildungszweck begrenzt und inhaltlich bestimmt ist,
und in denen der Dienstberechtigte nicht nur Vergütung, sondern Vermittlung
einer fachlichen Ausbildung schuldet (Hauptzweck ist Ausbildung). Neben BBiG
gilt das allg Recht für Arbeitsverträge, insbes das Arbeitnehmerschutzrecht, BBiG
3 II. Das BBiG gilt für **a) Lehrverhältnisse;** ferner aufgrund BBiG 19 für **b) Vo-** 56
lontärverhältnisse (dazu Schmidt BB 71, 622 und AR-Blattei D I), **c) Praktikantenverhältnisse** (dazu Schmidt BB 71, 313 und AR-Blattei aaO); **d)** für **Fortbildungsverhältnisse** s BBiG 1 III, 46, ferner Schmidt BB 71, 44; für Umschulungsverpflichtungen s BAG AP Nr 2 zu § 611 – Ausbildungsbeihilfe;
e) Anlernverhältnis kann unter das BBiG fallen, falls sein Zweck primär auf 57
Erwerb bestimmter beruflicher Fähigkeiten gerichtet ist; „Anlernen" bei Gelegenheit eines normalen Arbeitsverhältnisses fällt nicht unter das BBiG. Zur Rückzahlung von Ausbildungskosten BAG BB 80, 1470 (Hinweispflicht und Unzumutbarkeit).

6. Arbeitsgerichtsbarkeit. Lit: Grunsky, Kommentar zum Arbeitsgerichts- 58
gesetz, 7. Aufl 1995; Germelmann/Mattes/Prütting, Kommentar zum Arbeitsgerichtsgesetz, 2. Aufl 1995; ferner Etzel, AR-Blattei D VII A. Mit den „Gerichten
für Arbeitssachen" steht ein bes Zweig der Zivilgerichtsbarkeit offen. Zuständig-

§ 611 Buch 2. Abschnitt 8. Einzelne Schuldverhältnisse

keit, Aufbau und Verfahren sind geregelt im ArbGG. **a) Zuständigkeit** s ArbGG
59 2, 2a, 3. **b) Aufbau:** Arbeitsgerichte, Landesarbeitsgerichte, BAG. In allen drei
Instanzen treten zu den Berufsrichtern Beisitzer, die je zur Hälfte AG und AN
angehören und von den obersten Landesbehörden auf die Dauer von 4 Jahren
berufen werden (Einzelheiten ArbGG 20, 37, 43). **c) Parteifähigkeit, Prozeß-**
60 **vertretung:** ArbGG 10, 11. **d) Verfahrensarten:** Das Urteilsverfahren, ArbGG
46–79, findet in bürgerlichen Rechtsstreitigkeiten statt, ArbGG 2 V. Das Beschlußverfahren, ArbGG 80–100, ist für betriebsverfassungsrechtliche Streitigkeiten eröffnet, ArbGG 2a II. Das Schiedsverfahren, ArbGG 101–110, ist nur für die in
ArbGG 101 genannten bürgerlichen Rechtsstreitigkeiten zugelassen.

61   **7. IPR.** Maßgebend ausdrückliche oder stillschweigende **Parteiwahl**, EGBGB
27 I; keine Rückverweisung, EGBGB 35 I. Einschränkung der Parteiwahl jedoch
durch **zwingende Schutzvorschriften**, s EGBGB 30 I, dazu Junker IPrax 89, 69.
Mangels Rechtswahl gilt Recht des gewöhnlichen Dienstleistungsortes oder Ort
der einstellenden Niederlassung, es sei denn, zu einer anderen Rechtsordnung
bestehen engere Beziehungen, EGBGB 30 II.

§ 611 Vertragstypische Pflichten beim Dienstvertrag

(1) Durch den Dienstvertrag wird derjenige, welcher Dienste zusagt, zur Leistung der versprochenen Dienste, der andere Teil zur Gewährung der vereinbarten Vergütung verpflichtet.

(2) Gegenstand des Dienstvertrags können Dienste jeder Art sein.

Allgemeines: Dienstvertrag ist gegenseitiger Vertrag (s Rn 4 vor § 611); ausgetauscht wird vor allem Dienstleistung gegen Vergütung (sa BGH NJW 84, 1530
zum Ruhegeld). I normiert diese Hauptpflichten; Nebenpflichten sind teils ges
(§§ 241 II, 617, 618), teils in Kollektivvereinbarungen geregelt, darüber hinaus
von Rspr und Lehre entwickelt worden. Anbahnung, Abschluß und Abschlußmängel s Rn 5 vor § 611.

I. Pflichten des Dienstverpflichteten

1   **1. Hauptpflicht** des Dienstverpflichteten ist die **Dienstleistungspflicht** (beim
Arbeitsvertrag: Arbeitspflicht), I. Erbracht werden können „Dienste jeder Art", II.
Die verschiedenen Dienstleistungen charakterisieren den jeweiligen Dienstvertrag
und sind für seine Ausgestaltung wie sowie die Anwendbarkeit spezieller Normen
insbes des Arbeitsrechts (s Rn 30 vor § 611) maßgebend. Vor allem die Vielfalt sog
unselbständiger Dienstverträge (s zur Abgrenzung Rn 3 vor § 611) läßt sich am
ehesten nach dem Inhalt und den Besonderheiten der jeweils geschuldeten Dienstleistung gliedern (s Rn 50 vor § 611 zu einzelnen Berufsgruppen). Unabhängig
von der beruflichen Typisierung sind noch folgende Ausgestaltungen zu nennen:
2   **a)** Vom Normaltyp der individuell, direkt und endgültig geschuldeten Dienstleistung ist das **mittelbare Dienstverhältnis** (Gehilfenverhältnis) zu unterscheiden.
Voraussetzung: AN wird von einem Mittelsmann, der seinerseits selbst Vertragspartner eines Dritten (Unternehmer) ist, beschäftigt, wobei Mittelsmann nicht nur
Vorgesetzter des AN sein darf, sondern selbst unternehmerische Befugnisse und
Risiken haben muß, BAG NJW 84, 646; Bsp: Verträge zwischen Orchestermit-
glied – Orchestergesellschaft, Orchestergesellschaft – Rundfunk (vgl BAG DB 76,
346f). Einzelheiten zu Pflichten und begrenztem Direktionsrecht des Unternehmers s MK/Müller-Glöge 511 f; zum Mißbrauch dieser Vertragsgestaltung s BAG
NJW 83, 645. Wird das unmittelbare Dienstverhältnis durch eine Kündigung
rechtswirksam aufgelöst, dann endet damit ohne weiteres auch das mittelbare
3   Dienstverhältnis, BAG NJW 57, 1165. **b) Leiharbeitsverhältnis:** Überlassung
eines AN für eine begrenzte Zeit (aufgrund eines Dienstverschaffungsvertrages,
s Rn 12 vor § 611) zu dem Zweck, die Arbeitsleistung des AN dem entleihenden
AG zugute kommen zu lassen. Der „verliehene" AN muß zustimmen, § 613 S 2.

Titel 8. Dienstvertrag **§ 611**

Zum Entleiher wird kein Arbeitsverhältnis begründet (Ausnahme: AÜG 10 I), doch treffen ihn Fürsorgepflichten und Verpflichtungen aus dem Arbeitsschutzrecht; zur Haftung bei Schlechtleistung s Walker, AcP 194, 295 ff. Gewerbliche Arbeitnehmerüberlassung ist durch das AÜG 1972 sowie Vorschriften außerhalb des AÜG (s Becker ZIP 86, 409 zur Entwicklung) geregelt; Sonderregeln für das Arbeitsverhältnis zwischen AG (Verleiher) und AN in AÜG 9–11, 13; zur Abgrenzung von Dienst- oder Werkvertrag BAG BB 91, 2375. **c) Gruppenarbeitsverhältnis** (s Naendrup BlStSozArbR 75, 241, 257): Mehrere AN sind zwecks gemeinsamer Ausführung einer Tätigkeit in einer Gruppe zusammengefaßt, und zwar entweder durch den AG („Betriebsgruppe", vgl zur Haftung BAG NJW 74, 2255), oder durch eigene Abrede („Eigengruppe"), zB Musikkapelle, Hausmeisterehepaar. Auch letzterenfalls liegt eine Mehrheit von unmittelbaren Arbeitsverhältnissen vor, die untereinander und gegenüber dem AG durch den gemeinsamen Zweck der Dienstverpflichtungen verbunden sind. Einzelkündigungen sind deshalb iZw ausgeschlossen (Hanau/Adomeit E 8); der Kündigungsgrund in der Person eines Gruppenmitglieds rechtfertigt Kündigung aller Verträge. **Job sharing** s Schüren, Job sharing, 1983. Zur **Arbeitgebergruppe** s BAG NJW 84, 1703 (krit Wiedemann AP 84, 295); BGB-Gesellschaft als Arbeitgeber s BAG NJW 89, 3035. **d) Probearbeitsverhältnis** s § 620 Rn 3. **e) Teilzeitarbeit** s TzBfG und dazu Richardi/Annuß BB 00, 2201, Hromadka NJW 01, 400. **4**

5

2. Persönliche Leistung. Dienste sind iZw persönlich zu erbringen, § 613 S 1; die Verpflichtung ist nicht vererblich. Auch der Anspruch auf die Dienstleistungen ist als Ausnahme von § 398 iZw nicht übertragbar, § 613 S 2. Ob Erbringung der Dienstleistung in Person und für eine bestimmte Person ausbedungen ist, richtet sich nach dem Inhalt des Dienstvertrages; bei Fehlen ausdrücklicher Regelung kann Auslegung, die auch die Art und Umstände des Dienstverhältnisses zu berücksichtigen hat, eine Ausnahme von § 613 ergeben, zB beim Mandat an Anwalt einer Sozietät, BGH NJW 63, 1302; s dagegen zur Chefarztleistung Celle NJW 82, 2129. Auch beim mittelbaren Arbeitsverhältnis (Rn 2) hat der Mittelsmann nicht in Person zu leisten. Eine vertragswidrige Ausführung von Dienstleistungen durch Dritte ist nicht Erfüllung und löst die Rechtsfolgen der §§ 280 ff, 314 II, 626, 323 ff mit der für Dienstverträge zu beachtenden Modifikation (sa Rn 4 vor § 611) aus; zur Unmöglichkeit persönlicher Dienstleistungen nach BGB aF s MK/Schaub § 613, 7 ff mwN sowie jetzt §§ 311 a I, 275 I, III: Vertrag ist jedenfalls gültig; krit zur Neuregelung Löwisch NZA 01, 465. Die „Höchstpersönlichkeit" hindert aber nicht, daß der Verpflichtete außerhalb der geschuldeten Dienstleistungen Hilfspersonen einsetzt, zB um Nebenpflichten zu erfüllen oder die Dienstleistung vorzubereiten (Bsp: medizinische Assistentin); Haftung nach § 278. **6**

3. a) Inhalt und Umfang der Dienstleistungspflicht werden ie durch den Dienstvertrag geregelt; die zur Vereinbarung „jeglicher Dienste" eingeräumte Vertragsfreiheit ermöglicht auch Ausgestaltung der Dienstleistungspflicht hinsichtlich Umfang, Zeit, Ort usw der Leistungserbringung, soweit nicht zwingende ges Bestimmungen vorgehen. Unabdingbare spezielle Vorschriften finden sich vor allem für die Arbeitspflicht im Arbeitsrecht als Arbeitnehmerschutzrecht sowie in den durch Kollektivvereinbarungen gesetzten Normen (s Rn 34 vor § 611). **b) Direktionsrecht:** Dem Dienstberechtigten kann die Befugnis eingeräumt werden, den Inhalt der Dienstpflicht konkret zu bestimmen, § 315. Sie ist vor allem im Arbeitsverhältnis wichtig, weil eine Festlegung der Einzelheiten der „unselbständigen" Arbeitsleistung bei Abschluß des Arbeitsvertrages praktisch nicht möglich ist, ihre Erbringung aber – anders als beim nebstständigen Dienstvertrag – eine Konkretisierung der Einzelheiten erfordert. Aufgrund des **Direktions-** oder **Weisungsrechts** kann der Dienstberechtigte Zeit, Ort und Art der Dienstleistung ie festlegen, hierzu Berger-Delhey DB 90, 2266, Weber/Ehrich BB 96, 2246; zur korrespondierenden Gehorsamspflicht s Zöllner/Loritz § 13 IV. Schranken des Weisungsrechts werden durch Rechtsnormen und Vertragsabreden gesetzt, die die **7**

8

§ 611 Buch 2. Abschnitt 8. Einzelne Schuldverhältnisse

Modalitäten der Dienstverpflichtung regeln; Gewissenskonflikte des AN können das Bestimmungsrecht aus § 315 iVm GG 4 ebenfalls einschränken, BAG NJW 90, 204 f (str, s Reuter BB 86, 385) und Leistungsweigerungsrecht aus § 275 III

9 begründen. Versetzung eines AN s BAG DB 76, 1289. **Nachträgliche** vertragliche **Konkretisierungen** der Leistungspflicht, etwa durch Vereinbarungen, stillschweigende Abrede oder betriebliche Übung, beschränken in ihrem Regelungsbereich das Weisungsrecht ebenfalls (s ferner zu den Mitbestimmungsbefugnissen des Be-

10 triebsrats BetrVG 87 I Nr 1–3, 10, 11; 91; 99). **c) Befreiungsgründe:** Das Dienstvertragsrecht, insbes das Arbeitsrecht kennt neben dem allg schuldrechtlichen Befreiungsgrund „Unmöglichkeit" nach § 275 I (zB wegen Krankheit) typisch dienstvertragliche Befreiungsgründe von der Leistungspflicht, zB rechtmäßigen Streik (Rn 22), Erholungsurlaub (Rn 43), Mutterschaftsurlaub sowie zahlreiche spezielle ges (zB für Betriebsräte, BetrVG 37 II, III, VI) und tarifvertragliche Freistellungsgründe (Bsp: Pflege eines kranken Kleinkindes, Rn 19), ferner generell § 275 III bei persönlicher Unzumutbarkeit der Leistungserbringung.

11 4. a) Auf **Erfüllung** der Dienstpflicht **kann geklagt** werden, **Zwangsvollstreckung** bei vertretbaren Dienstleistungen ZPO 887, sonst ZPO 888 II; Leistungsweigerungsrechte des AN sind teils von Amts wegen – § 275 I –, teils – Einrede zu beachten – § 275 II und vor allem III. Das Urteil kann jedoch eine – nach freiem Ermessen zu bestimmende – **Entschädigung** festsetzen, ArbGG 61 II, sa § 275 IV; zum Anspruch auf Unterlassung vertragswidriger Tätigkeit s BGH

12 NJW-RR 88, 353 (Wettbewerbsverstoß GmbH-Geschäftsführer). **b)** Zulässig ist grundsätzlich der durch Vereinbarung einer Vertragsstrafe oder Schadenspauschale ausgeübte Zwang zur Leistungserbringung, s BAG NJW 85, 91 f (formularmäßige Vertragsstrafe); Ausnahme BBiG 5 II Nr 1. Verletzungen der Dienstpflicht können durch Nichterfüllung, Verzug oder Schlechterfüllung, dh **Leistungsstörungen**

13 wie bei anderen Vertragstypen geschehen. Bei zeitlich genau fixierten Arbeitspflichten kann und muß versäumte Arbeitszeit grundsätzlich nicht nachgeholt werden, Versäumung ist also (teilw) Nichterfüllung der durch Weisung konkretisierten

14 Dienstpflicht. **c)** Für die Folgen von Störungen in der Erbringung der Dienstleistung sind zwar grundsätzlich die allg Regeln §§ 280 ff, 276, 323 ff, ev auch § 311 a II anzuwenden, vgl BGH NJW-RR 88, 420: Schadensersatz nach § 325 aF wegen zu vertretender Unmöglichkeit; zur Anpassung wegen Wegfall der Geschäftsgrundlage BAG NJW 87, 918 und jetzt § 313. Jedoch gelten wichtige

15 Modifikationen und Ergänzungen: **aa)** Bei in Vollzug gesetzten Dienstverhältnissen tritt an die Stelle des Rücktritts die **Kündigung** (s Rn 6 vor §§ 620–639); statt § 323, 326 V gelten die §§ 626, 314 II, 628; Auflösung und Schadensersatz können kumuliert werden, § 314 IV. Sonderregelung für die Schadensberechnung enthält GewO 124 b. Zur **Abmahnung** nach aF s BAG NJW 86, 1778, NJW 89, 546; v. Hoyningen-Huene RdA 90, 193; Schaub NJW 90, 872 ff; jetzt § 314 II (zur

16 Anwendbarkeit neben § 626 s Vor § 611 Rn 4, § 626 Rn 1). **bb) Schlechterfüllung** s § 619 a Rn 2; bei Verletzung von Nebenpflichten – zB Wettbewerbsverbot – grundsätzlich kein Zurückbehaltungsrecht hinsichtlich Vergütung, BGH NJW-RR 88, 353; sa BAG NJW 88, 2757 f zur gesetzwidrigen (BUrlG 8) Erwerbs-

17 tätigkeit während Urlaub. **cc) Haftungsmodifikationen,** zumeist Erleichterungen – sa § 619 a –, können aufgrund von Kollektivvereinbarungen oder Individualverträgen gelten; ausnahmsweise werden auch Haftungsverschärfungen verabredet, zB die sog Mankohaftung wegen Mankogeld (vgl BAG AP Nr 20 – Haftung des AN; BAG VersR 75, 292; s aber auch BAG BB 74, 463 f zu den Schranken aus

18 § 138 für solche Abreden) oder Akkordlohn (nur) für fehlerfreie Stücke. **dd)** Bei **Annahmeverzug** des Dienstberechtigten wird der Verpflichtete frei, § 615 S 1.

19 **ee)** Die den § 320, 326 I zugrunde liegende synallagmatische Verknüpfung von Leistung und Gegenleistung wird teilweise gelöst: Arbeiter und Angestellte behalten bei unverschuldeter Krankheit für (regelmäßig) 6 Wochen ihren Lohnanspruch,

Titel 8. Dienstvertrag **§ 611**

obwohl sie selbst von ihrer Leistungspflicht frei nach § 275 geworden sind, § 616, HGB 63, GewO 133c, BBiG 12 und LFZG 1. Ähnliche Befreiungen von der Arbeitspflicht, die den Lohnanspruch unberührt lassen, enthalten die Vorschriften zum Mutterschutz (s Rn 47 vor § 611), zum Mindesturlaub (BUrlG) sowie über Hausarbeits- und Feiertage (s dazu Ges zur Regelung der Lohnzahlung an Feiertagen v. 2. 8. 1951). Darüber hinaus enthalten Tarifverträge oft weitere Verhinderungsgründe, die von der Arbeitspflicht befreien, den Lohnanspruch jedoch unberührt lassen. **ff)** Wird der Dienstverpflichtete wegen Annahmeverzugs des **20** Dienstberechtigten teilw frei, so behält er grundsätzlich seinen Vergütungsanspruch, § 615 S 1. Darüber hinaus aufgrund der durch das SchRModGes in § 615 S 3 kodifizierten arbeitsrechtlichen **Betriebsrisikolehre** ein Lohnanspruch auch dann zugestanden, wenn die Erbringung der Arbeitsleistung an Umständen scheiterte, die der Sphäre des AG zuzurechnen sind. **gg)** Zurückhalten der Arbeitslei- **21** stung ist, sofern nicht ein Zurückbehaltungsrecht (zB wegen Verletzung der Fürsorgepflicht oder Verzugs mit Gehaltszahlung durch den AG, vgl ArbG Hamburg MDR 80, 524) besteht, grundsätzlich Vertragsbruch. **hh)** Besonderheiten **22** gelten jedoch für den legitimen **Streik** – er suspendiert die Arbeitspflicht(en) der berechtigten Teilnehmer, sie verlieren jedoch ihren Vergütungsanspruch, BAG ZIP 00, 512; BAG NJW 89, 122f, 124 zur Feiertagsvergütung. Der Arbeitsvertrag wird durch den Streik nicht verletzt und bleibt in Kraft; Treuepflichten (Rn 23 ff) sind weiter zu erfüllen. Zur Auswirkung des rechtmäßigen Streiks auf die individuellen Arbeitsverhältnisse s Seiter, Streikrecht und Aussperrungsrecht, 1975, S 230ff; Söllner § 13 II. Rechtswidriger Streik ist Eingriff in eingerichteten und ausgeübten Gewerbebetrieb, Schadensersatz aus § 823 s BAG NJW 89, 63. Voraussetzungen der Rechtmäßigkeit eines Streiks ie sind str; nach hM (zum Ganzen s v. Hoyningen-Huene JZ 87, 505; Seiter aaO S 482 ff mwN) darf ein Arbeitskampf jedoch nur als ultima ratio von tariffähigen Parteien zwecks Abschluß oder Änderung eines Tarifvertrags geführt werden (str; zum politischen Arbeitskampf und zum Demonstrationsstreik s v. Hoyningen-Huene aaO; Seiter aaO S 498 ff mwN); ein **Sympathiestreik** ist deshalb idR unzulässig, BAG NJW 85, 2546. Die Möglichkeiten friedlicher Beilegung des Konflikts sowie tarifvertragliche Fristen und Regelungsverfahren (Schlichtung) müssen zuvor versucht worden sein. Auch für **Warnstreik** gilt ultima-ratio-Prinzip, s BAG NJW 89, 58 f; dazu Buchner BB 89, 1334, Picker DB 89 Beil 16; zu neuen Arbeitskampfmitteln v. Hoyningen-Huene JuS 87, 505. „Wilder" Streik einer ad-hoc Koalition ist rechtswidrig, BAG SAE 1980, 143. Zum Streik im öffentl Dienst Löwisch, Zulässiger und unzulässiger Arbeitskampf im öffentlichen Dienst, 1980; zum **Bummelstreik** s BGH 70, 277. Auch geplante gesetzwidrige Einzelmaßnahmen (Körperverletzungen, Sachbeschädigungen, Nötigungen) können einen Streik rechtswidrig machen. Aussperrung s Rn 44.

5. Treuepflicht umschreibt dogmatisch ein Bündel der in allen Schuldverhält- **23** nissen zu findenden, auf § 242 sowie als Schutzpflichten auf § 241 II abgestützten Nebenpflichten (Söllner § 29 II mwN). Ihre Inhalte hängen ie von der Art des Dienstverhältnisses ab (s hierzu Stürner JZ 76, 384); je wesentlicher Vertrauen für das jeweilige Verhältnis ist, desto stärker und umfassender ist die Treuepflicht. **Einzelne Ausprägungen. a)** Gebot der **Wahrung der Interessen** des Dienst- **24** berechtigten: Es kann uU erfordern, bei Arbeitsausfällen zusätzlich anfallende Aufgaben zu übernehmen, BAG NJW 73, 293. **b) Schadensabwendung.** Der **25** Dienstverpflichtete muß nach § 241 II ihm anvertraute Vermögenswerte des Dienstberechtigten schützen und diesen ggf vor drohenden Schäden warnen (zB durch Hinweis auf Verdacht der Unterschlagung durch Mitarbeiter – vgl BAG NJW 70, 1861; Grenzen der Informationspflicht s BGH NJW-RR 89, 615). **c) Verschwiegenheit:** s UWG 17 I; Geschäfts- und Betriebsgeheimnisse, sa BAG **26** NJW 88, 1686; zu den Grenzen der Verschwiegenheitspflicht s BGH 80, 28 ff; nach Beendigung des Dienstverhältnisses BAG NJW 83, 134, BB 99, 812. **d) Wettbewerbsverbot:** s HGB 60, 61 für kaufmännische Angestellte; zur Unver- **27**

Schlechtriem 729

§ 611 Buch 2. Abschnitt 8. Einzelne Schuldverhältnisse

bindlichkeit nach HGB 74 s BAG BB 96, 379. Treuwidrig ist Abwerbung von Kunden des Dienstberechtigten, BGH WM 76, 325; ebenso **konkurrierende Nebentätigkeit,** die das Geschäftsinteresse des Dienstberechtigten zu beeinträchtigen geeignet ist, vgl BAG NJW 77, 646 (Architekt), sa oben Rn 16; sonstige Nebentätigkeiten sind nur dann Vertragsverletzung, wenn sie die Erfüllung der Dienstpflicht beeinträchtigen; eine generell Nebentätigkeit verbietende Vertragsklausel ist dahin auszulegen, daß nur solche Nebentätigkeiten verboten sind, an deren Unterlassung der AG ein berechtigtes Interesse hat, BAG DB 77, 544; Einzelheiten (auch zu Verletzungsfolgen nach BGB aF) s Grunewald NZA 94, 971; zur Nachwirkung bei Beendigung des Dienstvertrages s BGH WM 77, 618 (ohne Vereinbarung grundsätzlich kein Konkurrenzverbot), BAG NJW 76, 343 (nachvertragliches Wettbewerbsverbot grundsätzlich nur gegen Karenzentschädigung); s ferner BAG NJW 78, 1023: Bedingtes Wettbewerbsverbot für AN unverbindlich, gleichwohl ist bei Einhaltung Karenzentschädigung zu zahlen. **e)** Verbot der Annahme von **Schmiergeld:** s UWG 12. Die Treuepflicht greift aber darüber hinaus
28 (s BAG 11, 208). **f) Unterrichtung** über Nichtaufnahme der Arbeit s BAG NJW 85, 510. **g)** Verantwortung nach SGB III 2 II, III s Beckschulze BB 98, 793 (wohl Programmpunkt, nicht Ausprägung von § 242, vor allem: nicht Pflicht gegenüber AG).

II. Pflichten des Dienstberechtigten

29 **1. Vergütung** ist Hauptpflicht des Dienstberechtigten. Ausnahmsweise haftet Dritter (Generalunternehmer) für tarifliche Löhne seiner Sub- und Nachunternehmer nach ArbeitnehmerentsendeG 1 a. Auch bei fehlender Vergütungsvereinbarung gilt regelmäßig Entgelt als zugesagt, § 612 I. Zur formularmäßigen **Vor-**
30 **ausabtretung** BGH 108, 98; Kohte BB 89, 2257. **a) Höhe:** Maßgebend ist Vereinbarung, bei Arbeitsverhältnissen jedoch nur, soweit nicht normative Festsetzungen in Kollektivvereinbarungen vorgehen (s Rn 34 vor § 611); bei fehlender Vereinbarung gilt § 612 II. Die Lohnhöhe kann abhängig sein von Dauer oder Ergebnis der Dienstleistung: „Zeitlohn" oder „Leistungslohn" (zB Akkordlohn). **Gleichbehandlung**sgrundsatz bei Lohn, Lohnzulagen, Weihnachtsgeld, Abfindungen usw s Rn 31 vor § 611 sowie § 611 a; Abweichung nur in Individualverträgen zulässig, BAG BB 92, 2431. Auch „Provisionen" (HGB 65; Einzelheiten Löwisch ZHR 139, 363 ff) sind eine am Ergebnis der Dienstleistungen ausgerichtete Vergütung. Mischsysteme sind häufig, zB „Fixum" plus „Provisionen", „Prämien". Im Arbeitsrecht ist in bestimmten Fällen für zeitliche Mehr-
31 arbeit die Mehrarbeitsvergütung ges geregelt, s AZO 15 II. **b) Art: aa)** Geldvergütung ist die Regel, nach GewO 115 für Arbeiter sogar vorgeschrieben. IZw wird Bruttolohn vereinbart; ein zur Lohnzahlung verurteilendes Erkenntnis hat auf den Bruttolohn zu lauten (zur Verpflichtung des AG, Steuern und Sozial-
32 versicherungsbeiträge einzubehalten und abzuführen, s Rn 39). **bb)** Als Vergütung oder Vergütungsteil können auch Naturalleistungen vereinbart werden, zB Überlassung von Wohnung (s aber §§ 565 b–e für Dienstwohnung), Kraftfahrzeuge,
33 Lebensmittel. **c) Fälligkeit** s § 614. **d) Sonderformen:** Individualvertrag und Kollektivvereinbarungen können besondere Vergütungsformen – zumeist zusätzlich – vorsehen. Auch die zunächst unverbindliche Gewährung – etwa von Gratifikationen – kann durch vorbehaltlose Wiederholung zur Verpflichtung werden, zB dreimalige Zahlung von Weihnachtsgeld (BAG 14, 174; s jedoch Rn 37 vor §
34 611). **aa)** Zusätzliche Leistungen und Sonderzuwendungen (hierzu Schaub ZIP 94, 921; Kamanabron Jura 99, 455); **Vermögenswirksame Leistungen** (vgl BAG NJW 77, 75: „Lohn in neuartiger Form", nicht Sparzulage nach 3. VermBG 12, BAG DB 76, 2116); **Anwesenheitsprämie,** BAG NJW 79, 2120, NJW 82, 2789; **Ausbildungsbeihilfen** (zur Rückzahlungspflicht Anm 5 e vor § 611); **Gratifikationen,** zB Weihnachtsgratifikation (zum Freiwilligkeitsvorbehalt s BAG BB 75, 1531 sowie wN Rn 37 vor § 611; zur Zulässigkeit und Dauer der durch

Titel 8. Dienstvertrag **§ 611**

Rückzahlungsklauseln bewirkten Betriebsbindung s BAG NJW 74, 1671; zur betriebsbedingten Kündigung durch AG s BAG NJW 79, 1222). **Urlaubsgeld** und **13. Monatsgehalt** (kein Anspruch auf anteilige Auszahlung bei vorzeitigem Ausscheiden, falls 13. Monatsgehalt als Weihnachtsgratifikation vereinbart war, BAG DB 72, 443; **Tantiemen** ua Gewinnbeteiligungen. **bb) Ruhestands-** 35 **bezüge** (Pensionen, Ruhegeld) sind Vergütung für geleistete Dienste und Fürsorge, str (s Schaub § 81 I 1 c; BGH: Gegenleistung für Betriebstreue, NJW 84, 1530). Sie müssen durch Individual- oder Kollektivvertrag oder betriebliche Übung begründet worden sein. Ein Blankettangebot des AG ist annahmefähig, die erforderliche Bestimmung notfalls durch die Gerichte nach § 315 III 2 vorzunehmen (BAG BB 75, 1115; s Rn 37 vor § 611). Auch Beiträge an Pensionskassen, Lebensversicherungen usw, die ihrerseits dem Dienstverpflichteten bei Eintritt bestimmter Voraussetzungen zu leisten haben, fallen hierunter (hierzu Gumpert BB 74, 606 ff); ebenso Zahlungen an Hinterbliebene des Dienstverpflichteten (Witwenrente, Waisengeld). Wird die gleiche Altersversorgung wie im öffentl Dienst versprochen, so ist eine ie gleichwertige Altersversorgung geschuldet, falls der AG die gleiche Alterssicherung wie für Angehörige des öffentl Dienstes nicht erreichen kann (BAG DB 75, 1755). Für Gewährung und Ausgestaltung von Ruhegeldzusagen gilt Gleichbehandlungsgrundsatz (s Rn 31 vor § 611). Zur **Unverfallbarkeit** von Anwartschaften s BetrAVG 1; zur Insolvenzsicherung BetrAVG 7, bei Gesellschafter/Geschäftsführer s BGH 77, 233. **Speziallit:** ABA, 36 Handbuch der betrieblichen Altersversorgung, 8. Aufl 1992; Dietrich, AR-Blattei, D, Ruhegeld I; Arend/Förster, Gesetz zur Verbesserung der betrieblichen Altersversorgung, 4. Aufl 1991. **Widerruf** von Versorgungszusagen bei groben Treupflichtverletzungen, die Berufung auf Zusage als arglistig erscheinen lassen, BAG NJW 80, 1127; s jedoch auch BAG BB 83, 198. Beschränkung oder Einstellung der Zahlung ist nur zur Behebung wirtschaftlicher Schwierigkeiten und zur Erhaltung des Betriebes zulässig, BAG NJW 78, 1069; zum Ganzen Hütig, DB 78, 693; bei ohnehin erforderlicher Betriebsstillegung besteht keine Kürzungsmöglichkeit, BAG NJW 72, 733. Zu **Spannungs-** und **Wertsiche-** 37 **rungsklauseln** s BAG DB 76, 199; Schaub § 81 VII 2. **Versorgungsausgleich** s § 1587a II Nr 3.

2. Fürsorgepflicht ist Korrelat zur Treuepflicht. Sie ist wie diese eine Zusam- 38 menfassung von Nebenpflichten, die durch das Dienstverhältnis und seine jeweiligen Typen ihre konkrete Ausprägung erfahren und wie bei anderen Verträgen ihre ges Verankerung in § 242 haben. **a)** Unterscheiden lassen sich **Nebenleistungs-** 39 pflichten und **Schutz**pflichten nach § 241 II. Nebenpflicht zur Ausstellung eines Zeugnisses: § 630, s BAG BB 76, 841. Fürsorgepflichten gegenüber AN sind in den Normen des Arbeitnehmerschutzrechts in Einzelheiten, aber nicht abschließend geregelt. Bestimmte öffentl-rechtliche Pflichten des AG wirken im Dienstverhältnis als privatrechtliche Nebenpflichten, zB Schutzpflichten aus GewO 120a ff. Nicht nur **Leben** und **Gesundheit**, sondern auch **Sachen** des AN sind, 40 soweit möglich und zumutbar, vor Schaden zu bewahren (s BAG NJW 66, 1534 zur verkehrssicheren Anlage von Parkplätzen für AN; BAG BB 75, 1343 f zu den Einschränkungen). Allerdings läßt sich aus dem Fürsorgegedanken keine Verpflichtung ableiten, auch unverschuldete Sachschäden des AN zu ersetzen (s BAG (GS) NJW 62, 411; zu Unfallschäden auf Dienstfahrten im eigenen Pkw BAG NJW 81, 702, aber auch LAG Frankfurt NJW 81, 2271; s ferner Rn 45). Die **Fürsor-** 41 **gepflicht** des Dienstberechtigten kann auch die Wahrnehmung von Vermögensinteressen des Dienstverpflichteten umfassen, zB die Verpflichtung, Lohn und Abzüge richtig zu berechnen und letztere korrekt abzuführen, über Versorgungsmöglichkeiten zu belehren (im öffentl Dienst, BAG NVwZ 85, 941), Auskünfte, die im Zusammenhang mit dem Dienstverhältnis für wirtschaftliche Dispositionen des Dienstverpflichteten Bedeutung haben, richtig zu geben, Zeugnisse und Bestätigungen zu erteilen, durch Vollkaskoversicherung Haftungsnach-

teile für AN zu vermeiden (Stuttgart NJW 80, 1169), den AN nach Verkehrsunfall von Regreßansprüchen einer Versicherung freizustellen usw; ferner erhöhte Hinweis- und Aufklärungspflichten im Zusammenhang mit Aufhebungsvertrag, falls
42 Versorgungseinbußen drohen (BAG ZIP 01, 472). **b) Verletzungen der Fürsorgepflicht.** Verletzungen der Fürsorgepflicht berechtigen zum Zurückhalten der Dienstleistung und verpflichten zum Schadensersatz. Im Arbeitsrecht gelten jedoch für Personenschäden aus Arbeitsunfällen außerhalb des allg Verkehrs für die Haftung des AG Besonderheiten: SGB VII 104 stellt den AG außer im Falle vorsätzlich verursachter Körperverletzung von jeglicher Haftung frei; auch ein Schmerzensgeldanspruch ist ausgeschlossen, BVerfG NJW 73, 502. An die Stelle der individuellen Haftung des Schadensverursachers tritt ein System kollektiver Schadensabnahme: Der AN hat öffentlich-rechtliche Sozialversicherungsansprüche gegen die zuständige Berufsgenossenschaft, die allerdings nicht den gesamten nach §§ 249 ff ersatzfähigen Schaden abnimmt und insbes kein Schmerzensgeld zahlt. Auch mittelbar geschädigte Angehörige und Hinterbliebene haben keine Ansprüche (vgl §§ 844, 845) gegen den AG, SGB VII 104 I (zum Ganzen s Gitter, Schadensausgleich im Arbeitsunfallrecht, 1969; zur Neuregelung der früher in der RVO normierten Materie durch SGB VII 104–107 s Plagemann, NJW 96, 3174; Rolfs
42a NJW 96, 3177; Waltermann NJW 97, 3401). **c)** Zu SGB III 2 I s Beckschulze BB 98, 791).

43 **3. Urlaub.** AN und arbeitnehmerähnlichen Personen gegenüber ist der AG zur Urlaubsgewährung, dh zur Befreiung von der Arbeitspflicht für eine bestimmte Zeit bei Fortzahlung des Arbeitslohns verpflichtet. Regelung im BUrlG: Mindestdauer (BUrlG 3), ein mindestens 6 Monate bestehendes Dienstverhältnis (Wartezeit, BUrlG 4), Wahl der Urlaubszeit (BUrlG 7 I, II), Verbot der Erwerbstätigkeit im Urlaub (BUrlG 8), Nichtanrechnung von Krankheit während des Urlaubs auf die Urlaubszeit (BUrlG 9, sa 10 für Kur- und Heilverfahren), Höhe des fortzuzahlenden Entgelts (BUrlG 11), Abgeltung (BUrlG 7 IV), Nichtübertragbarkeit (BUrlG 7 III). Einzelheiten s Spezialkommentare, so Dersch/Neumann, Bundesurlaubsgesetz, 18. Aufl 1997; Leinemann/Linck, Urlaubsrecht, 1995. Das BUrlG gewährt einen Mindestanspruch; daneben sind speziellere Ges und Kollektivvereinbarungen sowie dem AN günstigere Individualabreden maßgebend. Neben dem Anspruch auf bezahlten Urlaub kann die Fürsorgepflicht eine zeitweise Freistellung von der Arbeitspflicht zusätzlich zum Urlaub erfordern, wenn zwingende Gründe gegeben sind (zB Teilnahme an Beerdigung eines nahen Familienangehörigen); für die Zeit der Freistellung entfällt der Vergütungsanspruch (unbezahlter Urlaub).

44 **4. Beschäftigung.** AG ist verpflichtet, den AN nach wirksamer Begründung des Arbeitsvertragsverhältnisses (sa BAG NJW 84, 830) zu beschäftigen, falls dieser es verlangt und die Beschäftigung für den AG zumutbar ist (Einzelheiten BAG NJW 56, 360; Dütz, FS BAG, 1979, S 71). Zur Beschäftigungspflicht nach Kündigung s BetrVG 102 V, BPersVG 79 II, BAG NJW 86, 2965 (wiederholte Kündigung), (GS) NJW 85, 2968; Bereicherungsausgleich, falls Weiterbeschäftigung doch rechtsgrundlos, BAG NJW 87, 2251; AR-Blattei 93, 440 Nr 26; dazu Kreßel JZ 88, 1107 f; Wertheimer AR-Blattei 93, 440 Nr 29. Keine Beschäftigungspflicht bei Teilstreik, BAG BB 95, 410; Beschäftigungs- und Vergütungspflicht ruht auch bei rechtmäßiger **Aussperrung;** zur Zulässigkeit der Abwehraussperrung bei Verhältnismäßigkeit BVerfG NJW 91, 2549; BAG NJW 93, 218.

45 **5. Aufwendungsersatz. a)** Macht der Dienstverpflichtete zur Erfüllung seiner Pflichten Aufwendungen, die nicht schon zu den normalen, durch das vereinbarte Entgelt abgegoltenen Kosten der Erbringung seiner Dienstpflichten und der Bereithaltung seiner Arbeitskraft (Lebenshaltungskosten) rechnen, dann sind sie vom Dienstberechtigten in entspr Anwendung des § 670 zu vergüten (Bsp: verauslagte Zollgebühren; sa BAG BB 75, 1344: Geschäftsspesen auf Kreditkarte). Von Verbindlichkeiten hat der Dienstherr den Dienstverpflichteten zu befreien;

Titel 8. Dienstvertrag **§§ 611 a, 611 b**

nicht: Bußgeld wegen Verkehrsverstoß, LAG Schleswig-Holstein, BB 00, 1737. Zur Behandlung des Befreiungsanspruchs im Konkurs des Dienstherrn s BAG aaO. **b)** Für Sach- oder Vermögensschäden des AN hat AG nach § 670 einzustehen, falls durch Einsatz im Betätigungsbereich des AG entstanden, s BAG (GS) NJW 62, 412, NJW 89, 317 (auch zu mitwirkendem Verschulden), NJW 96, 1301 f (Unfall mit Privat-PKW); ferner BAG NJW 95, 2372 (Anwaltskosten).

§ 611 a Geschlechtsbezogene Benachteiligung

(1) ¹Der Arbeitgeber darf einen Arbeitnehmer bei einer Vereinbarung oder einer Maßnahme, insbesondere bei der Begründung des Arbeitsverhältnisses, beim beruflichen Aufstieg, bei einer Weisung oder einer Kündigung, nicht wegen seines Geschlechts benachteiligen. ²Eine unterschiedliche Behandlung wegen des Geschlechts ist jedoch zulässig, soweit eine Vereinbarung oder eine Maßnahme die Art der vom Arbeitnehmer auszuübenden Tätigkeit zum Gegenstand hat und ein bestimmtes Geschlecht unverzichtbare Voraussetzung für diese Tätigkeit ist. ³Wenn im Streitfall der Arbeitnehmer Tatsachen glaubhaft macht, die eine Benachteiligung wegen des Geschlechts vermuten lassen, trägt der Arbeitgeber die Beweislast dafür, dass nicht auf das Geschlecht bezogene, sachliche Gründe eine unterschiedliche Behandlung rechtfertigen oder das Geschlecht unverzichtbare Voraussetzung für die auszuübende Tätigkeit ist.

(2) Verstößt der Arbeitgeber gegen das in Absatz 1 geregelte Benachteiligungsverbot bei der Begründung eines Arbeitsverhältnisses, so kann der hierdurch benachteiligte Bewerber eine angemessene Entschädigung in Geld verlangen; ein Anspruch auf Begründung eines Arbeitsverhältnisses besteht nicht.

(3) ¹Wäre der Bewerber auch bei benachteiligungsfreier Auswahl nicht eingestellt worden, so hat der Arbeitgeber eine angemessene Entschädigung in Höhe von höchstens drei Monatsverdiensten zu leisten. ²Als Monatsverdienst gilt, was dem Bewerber bei regelmäßiger Arbeitszeit in dem Monat, in dem das Arbeitsverhältnis hätte begründet werden sollen, an Geld- und Sachbezügen zugestanden hätte.

(4) ¹Ein Anspruch nach den Absätzen 2 und 3 muss innerhalb einer Frist, die mit Zugang der Ablehnung der Bewertung beginnt, schriftlich geltend gemacht werden. ²Die Länge der Frist bemisst sich nach einer für die Geltendmachung von Schadensersatzansprüchen im angestrebten Arbeitsverhältnis vorgesehenen Ausschlussfrist; sie beträgt mindestens zwei Monate. ³Ist eine solche Frist für das angestrebte Arbeitsverhältnis nicht bestimmt, so beträgt die Frist sechs Monate.

(5) Die Absätze 2 bis 4 gelten beim beruflichen Aufstieg entsprechend, wenn auf den Aufstieg kein Anspruch besteht.

§ 611 b Arbeitsplatzausschreibung

Der Arbeitgeber darf einen Arbeitsplatz weder öffentlich noch innerhalb des Betriebs nur für Männer oder nur für Frauen ausschreiben, es sei denn, dass ein Fall des § 611 a Abs. 1 Satz 2 vorliegt.

Lit: Freis, Das Gesetz zur Änderung des Bürgerlichen Gesetzbuches und des Arbeitsgerichtsgesetzes. Zur Neugestaltung der Haftung des Arbeitgebers bei geschlechtsspezifischer Diskriminierung, NJW 98, 2779; Hanau/Preis, Zur mittelbaren Diskriminierung wegen des Geschlechts, ZfA 88, 177; Herrmann, Die Abschlußfreiheit – ein gefährdetes Prinzip, ZfA 96, 19; dieselbe, „Wege zur Gleichbehandlung", ZfA 98, 145 ff; Schlachter, Wege zur Gleichbehandlung, 1993.

§ 611 b

Anmerkungen zu den §§ 611 a, 611 b

1 **1. Allgemeines.** Die in Konkretisierung des allg Gleichbehandlungsgebots (hierzu Rn 31 vor § 611) aufgrund EG-RiLi 76/207 1980 eingeführten und durch 2. Gleichberechtigungsges 1994 (hierzu Mittmann NJW 94, 3049) sowie des Ges vom 29. 6. 98 geänderten Vorschriften verbieten geschlechtsbezogene Benachteiligungen bei Ausschreibung (§ 611 b), Begründung, Ausgestaltung und Beendigung von Arbeitsverhältnissen; zur Auslegung sa BVerfG NJW 94, 647. Nur Benachteiligung, nicht sachlich gerechtfertigte Differenzierung ist verboten. Einhaltung der §§ 611 a sowie 612 III, 612 a zu überwachen obliegt dem Betriebsrat (BetrVG 80 I).

2 **2. Anwendungsbereich. a)** Arbeitsverhältnisse einschließlich Ausbildungsverhältnisse. **b)** Verboten ist Benachteiligung, dh Schlechterstellung im Vergleich zu anderen gleich qualifizierten AN im gleichen Betrieb durch Differenzierung bei **Einstellung** (s zur Frage nach Schwangerschaft vor § 611 Rn 8), durch **Vereinbarungen** oder **Maßnahmen**, die ihren Beweggrund in der Geschlechtszugehörigkeit des AN haben; vorgeschrieben ist geschlechtsneutrale **Ausschreibung**, § 611b; insoweit Konkretisierung von § 311 II, nicht lex specialis. Ges Bsp in § 611 a I 1 sind nicht abschließend; „Maßnahme" ist deshalb auch Zuteilung von Aufgaben, eines bestimmten Arbeitsplatzes usw. Verboten sind auch geschlechtsbezogene Kündigungen oder Befristungen (vgl LAG Köln NZA 95, 1105); zu Quotenregelungen s BAG NJW 96, 2529. **c) Ausnahmen**, dh erlaubte Differen-
3 zierungen: **aa) „Unverzichtbare",** dh notwendige **Differenzierungen** aufgrund der Art der Tätigkeit, § 611 a I 2; Orientierung an auszuübender Tätigkeit, BAG NJW 99, 1419. Da Geschlechtszugehörigkeit wohl kaum je „unverzichtbar" iSv naturnotwendig sein dürfte (Ausnahme: Amme), wird es auch insoweit auf von allg Überzeugung getragene Konventionen ankommen, die sich im Lauf der Zeit ändern können, Bsp Hebamme (s EuGH NJW 85, 540); die Rspr läßt recht großzügig Differenzierungen zu, vgl LAG Köln NZA-RR 97, 84 (Verkäuferin von Damenoberbekleidung), LAG Berlin (Frauenreferentin); s aber BAG NJW 99, 1419 (sachlicher Grund rechtfertigt keine geschlechtsspezifische Differenzierung).
4 **bb)** Sachlich gerechtfertigte Differenzierung, die nicht unmittelbar geschlechtsbezogen ist, zB unterschiedliche Eignung, Ausbildung usw. Zu mittelbar ge-
5 schlechtsbedingten Differenzierungen s Eich, NJW 80, 2331. **Beweislast** für sachliche Gründe zur Differenzierung trägt AG, § 611 a I 3. **d) Mittelbare Diskriminierung** s EuGH NJW 86, 3020; Hanau/Preis aaO.

6 **3. Rechtsfolgen: a)** Verbotene RGeschäfte sind nichtig nach § 134; Auswirkungen auf den Arbeitsvertrag nach § 139, beachte jedoch Rn 5 vor § 611.
7 **b)** Zurückhaltung der Arbeitsleistung möglich, Lorenz DB 80, 1746; zurückhaltender Eich, NJW 80, 2334. **c)** Bei Benachteiligung bei Begründung des Arbeitsverhältnisses, insbesondere bei Auswahl, oder beim beruflichen Aufstieg Ansprüche auf **Entschädigung** (s § 611 a II, III zur Höhe, IV zur Frist für Geltendmachung, sa ArbGG 61 b); § 611 a II, III sind Ausnahme zu § 253, LAG Hamm BB 97, 526. Mit Neufassung der II–IV reagierte Gesetzgeber mit Änderung v 29. 6. 1998 auf EuGH NJW 97, 1809, dazu Worzalla NJW 98, 1801. Verschulden des AG ist nicht Voraussetzung für Anspruch des AN, EuGH NJW 91, 628. Kein Anspruch auf
8 Einstellung, § 611 a III. Verstoß gegen § 611 b Indiz für § 611 a II. **d)** Weitergehende Schadensersatzansprüche wegen Verletzung des arbeitsrechtlichen Gleichbehandlungsgebots (Lorenz DB 80, 1746) oder aus §§ 823 I, II iVm 611 a I str, s Bertelsmann/Pfarr DB 84, 1297, 1300; mE § 311 II iVm § 280 anwendbar. Jedenfalls Schadensersatz möglich, bei Verletzung des Persönlichkeitsrechts, BAG NJW 90, 65, dazu Verschulden AG erforderlich, BAG NJW 96, 2529; § 823 II iVm § 611 a und pVV s LAG Hamm BB 97, 844; zum Ganzen Herrmann aaO S 34 f. Unterlassungsansprüche gegen verbotene Maßnahmen werden befürwortet
9 von Eich, NJW 80, 2334. **e) Auskunftsanspruch** als Grundlage für Schadensersatzanspruch s LAG Frankfurt BB 88, 1748.

Titel 8. Dienstvertrag **§ 612**

§ 612 Vergütung

(1) Eine Vergütung gilt als stillschweigend vereinbart, wenn die Dienstleistung den Umständen nach nur gegen eine Vergütung zu erwarten ist.

(2) Ist die Höhe der Vergütung nicht bestimmt, so ist bei dem Bestehen einer Taxe die taxmäßige Vergütung, in Ermangelung einer Taxe die übliche Vergütung als vereinbart anzusehen.

(3) ¹Bei einem Arbeitsverhältnis darf für gleiche oder für gleichwertige Arbeit nicht wegen des Geschlechts des Arbeitnehmers eine geringere Vergütung vereinbart werden als bei einem Arbeitnehmer des anderen Geschlechts. ²Die Vereinbarung einer geringeren Vergütung wird nicht dadurch gerechtfertigt, dass wegen des Geschlechts des Arbeitnehmers besondere Schutzvorschriften gelten. ³§ 611a Abs. 1 Satz 3 ist entsprechend anzuwenden.

1. Allgemeines. § 612 I, II verhindern Vertragsungültigkeit wegen Nichteinigung über wesentlichen Punkt durch eine subsidiäre Vergütungsregelung. Analog anwendbar, wenn über Arbeitsvertrag hinaus höherwertige Dienste erbracht werden, BAG DB 78, 1131. Die Vorschrift gibt kein Wahlrecht zwischen vereinbarter und üblicher Vergütung (BAG DB 79, 409). Gleichbehandlungsgrundsatz (Vor § 611 Rn 31) für Lohngestaltung s III; hierzu Rn 8. 1

2. Vergütungspflicht. a) Voraussetzung: Dienstleistungen müssen ausdrücklich oder durch schlüssiges Verhalten versprochen sein (BAG NJW 74, 380). Erfindung eines Geschäftsführers s BGH WM 90, 351. Die Rspr des BAG wendet § 612 auch bei nichtigem Arbeitsvertrag oder nichtiger Vergütungsabrede an (AP Nr 2 zu § 138; Nr 20 zu § 612). Eine Vergütung muß „nach den Umständen", dh unter Berücksichtigung von Art, Umfang und Dauer der Dienstleistungen, der Berufs- und Erwerbsverhältnisse des Dienstleistenden sowie der Verkehrssitte (BGH DB 75, 1982) geschuldet sein, Bsp Vergütung von Reisezeiten, s BAG NJW 98, 1581. Sonderzuwendungen sa § 611 Rn 34. **Unentgeltlichkeit** kann aufgrund entspr Standesregeln, bei Gefälligkeiten oder Dienstleistungen im Familienverband gegeben sein, doch fehlt in letzteren Situationen oft schon die Voraussetzung vertraglicher Dienstleistungsverpflichtung. Zu Überstunden s LAG Köln NZA 90, 349 (kein allgemeiner Rechtsgrundsatz für Vergütungspflicht – Assistenzarzt); Dresden NJW-RR 97, 1535 (nur bei Vereinbarung). Schwierigkeiten bereiten die unentgeltlich, aber in Erwartung späterer Eheschließung oder Erbeinsetzung erbrachten Dienste; das BAG wendet § 612 an (AP Nr 23, 27 zu § 612; NJW 78, 444); sa § 812 Rn 14. **b) Folge:** Vertragliche Vergütungspflicht; Höhe s II. 2 3 4

3. a) II setzt als **Voraussetzungen,** daß Vergütung vereinbart oder als vereinbart nach I anzunehmen ist, die Höhe jedoch nicht bestimmt wurde. **Aufklärungspflicht** des Anwalts über voraussichtliche Höhe der Vergütung s BGH NJW 80, 2130. **b) Folge:** Geschuldet ist die **aa)** taxmäßige Vergütung, zB die in einschlägigen amtlichen Gebührenordnungen festgelegte Taxe, soweit sie nicht ohnehin zwingend gilt. **bb)** Fehlt eine maßgebende Taxe, ist hilfsweise die übliche Vergütung geschuldet. Üblich ist die im gleichen Gewerbe oder Beruf am gleichen Ort für vergleichbare Dienstleistungen im Durchschnitt gezahlte Vergütung. Von Verbänden festgelegte Gebühren sind nicht ohne weiteres „übliche", maßgeblich ist ihre Verkehrsgeltung (vgl BGH LM Nr 8). Als üblich gilt auch der entspr Tariflohn (LAG Düsseldorf DB 78, 166; sa MK/Schaub 206). 5 6

4. Beweislast. Die für die Höhe nach offen gebliebene Vergütung sprechenden Umstände hat der Dienstverpflichtete zu beweisen, die Abrede der Unentgeltlichkeit der Dienstberechtigte (BGH DB 75, 1982); jedoch München NJW 84, 2537 zur Gebührenvereinbarung Anwalt – Mandant. 7

5. Gleichbehandlung bei Lohngestaltung s III sowie Vor § 611 Rn 31; dazu BAG NJW 93, 3093 f, NJW 97, 2000 (Differenzierungen zwischen sachgerecht 8

§§ 612 a–613 a Buch 2. Abschnitt 8. Einzelne Schuldverhältnisse

gebildeten Gruppen zulässig). Zur „Vereinbarung" BAG BB 93, 651. Anwendungsbereich s §§ 611 a, b Rn 2; **Ausnahmen** III 3 s §§ 611 a, b Rn 4; **Rechtsfolgen** bei Verstoß: Gleiche Vergütung für diskriminierte Gruppe, BAG NJW 93, 3095. Zur Beweislast – Glaubhaftmachung – bei Ungleichbehandlung von weiblichen und männlichen AN s BAG NJW 93, 3094.

§ 612 a Maßregelungsverbot

Der Arbeitgeber darf einen Arbeitnehmer bei einer Vereinbarung oder einer Maßnahme nicht benachteiligen, weil der Arbeitnehmer in zulässiger Weise seine Rechte ausübt.

1. 1. Eingefügt durch ArbREG-AnpassungsG. Rechtsausübung zB Antrag auf Vorruhestand. „In zulässiger Weise" verdeutlicht, daß mißbräuchliche Rechtsausübung nicht gedeckt ist, also „benachteiligende" Reaktionen möglich bleiben, vgl LAG Hamm NZA-RR 97, 281 (Umsetzung bei Reibereien). „Maßnahme" kann auch Kündigung, BAG NZA 96, 249, LAG Köln NZA 95, 128, oder „Treueprämie" für Nichtbeteiligung am Streik, BAG NJW 93, 218, sein. Anwesenheitsprämie verstößt jedoch nicht gegen § 612 a.

§ 613 Unübertragbarkeit

¹**Der zur Dienstleistung Verpflichtete hat die Dienste im Zweifel in Person zu leisten.** ²**Der Anspruch auf die Dienste ist im Zweifel nicht übertragbar.**

1. S § 611 Rn 6.

§ 613 a Rechte und Pflichten bei Betriebsübergang

(1) ¹**Geht ein Betrieb oder Betriebsteil durch Rechtsgeschäft auf einen anderen Inhaber über, so tritt dieser in die Rechte und Pflichten aus den im Zeitpunkt des Übergangs bestehenden Arbeitsverhältnissen ein.** ²**Sind diese Rechte und Pflichten durch Rechtsnormen eines Tarifvertrags oder durch eine Betriebsvereinbarung geregelt, so werden sie Inhalt des Arbeitsverhältnisses zwischen dem neuen Inhaber und dem Arbeitnehmer und dürfen nicht vor Ablauf eines Jahres nach dem Zeitpunkt des Übergangs zum Nachteil des Arbeitnehmers geändert werden.** ³**Satz 2 gilt nicht, wenn die Rechte und Pflichten bei dem neuen Inhaber durch Rechtsnormen eines anderen Tarifvertrags oder durch eine andere Betriebsvereinbarung geregelt werden.** ⁴**Vor Ablauf der Frist nach Satz 2 können die Rechte und Pflichten geändert werden, wenn der Tarifvertrag oder die Betriebsvereinbarung nicht mehr gilt oder bei fehlender beiderseitiger Tarifgebundenheit im Geltungsbereich eines anderen Tarifvertrags dessen Anwendung zwischen dem neuen Inhaber und dem Arbeitnehmer vereinbart wird.**

(2) ¹**Der bisherige Arbeitgeber haftet neben dem neuen Inhaber für Verpflichtungen nach Absatz 1, soweit sie vor dem Zeitpunkt des Übergangs entstanden sind und vor Ablauf von einem Jahr nach diesem Zeitpunkt fällig werden, als Gesamtschuldner.** ²**Werden solche Verpflichtungen nach dem Zeitpunkt des Übergangs fällig, so haftet der bisherige Arbeitgeber für sie jedoch nur in dem Umfang, der dem im Zeitpunkt des Übergangs abgelaufenen Teil ihres Bemessungszeitraums entspricht.**

(3) **Absatz 2 gilt nicht, wenn eine juristische Person oder eine Personenhandelsgesellschaft durch Umwandlung erlischt.**

(4) ¹**Die Kündigung des Arbeitsverhältnisses eines Arbeitnehmers durch den bisherigen Arbeitgeber oder durch den neuen Inhaber wegen des Übergangs eines Betriebs oder eines Betriebsteils ist unwirksam.** ²**Das Recht zur Kündigung des Arbeitsverhältnisses aus anderen Gründen bleibt unberührt.**

Titel 8. Dienstvertrag **§ 613 a**

(5) Der bisherige Arbeitgeber oder der neue Inhaber hat die von einem Übergang betroffenen Arbeitnehmer vor dem Übergang in Textform zu unterrichten über:
1. den Zeitpunkt oder den geplanten Zeitpunkt des Übergangs,
2. den Grund für den Übergang,
3. die rechtlichen, wirtschaftlichen und sozialen Folgen des Übergangs für die Arbeitnehmer und
4. die hinsichtlich der Arbeitnehmer in Aussicht genommenen Maßnahmen.

(6) ¹Der Arbeitnehmer kann dem Übergang des Arbeitsverhältnisses innerhalb eines Monats nach Zugang der Unterrichtung nach Absatz 5 schriftlich widersprechen. ²Der Widerspruch kann gegenüber dem bisherigen Arbeitgeber oder dem neuen Inhaber erklärt werden.

Lit: Annuß, Der Betriebsübergang in der neuesten Rechtsprechung des BAG BB 98, 1582; Hanau, Perversion und Prävention bei § 613 a BGB, ZIP 98, 1817; Hitzfeld, § 613 a BGB im System der europäischen Rspr, BB 91, 199; Moll, Die Rechtsstellung des AN nach einem Betriebsübergang, NJW 93, 2016; Neef, Die Rechtsprechung des BAG zum Betriebsübergang, NZA-RR 99, 225; Schaub, Ausgewählte Rechtsfragen zu § 613 a BGB, ArbRGeg 19, 71; Schiefer, Rechtsfolgen des Betriebsübergangs nach § 613 a BGB, NJW 98, 1817; Schmalenberg, Die Tatbestandsvoraussetzungen des Betriebsübergangs gemäß § 613 a BGB, NZA 89 Beil 1; Schwanda, Der Betriebsübergang in § 613 a BGB unter besonderer Berücksichtigung des Betriebsbegriffs, 1992; Willemsen/Lembke, Die Neuregelung von Unterrichtung und Widerspruchsrecht der Arbeitnehmer beim Betriebsübergang, NJW 02, 1159.

1. Allgemeines. Die Regelung hat nach BAG NJW 83, 2283 f drei Ziele: 1 Schutz bestehender Arbeitsplätze, Kontinuität des amtierenden Betriebsrats (zu gewährleisten), Abstimmung der Haftung des alten und des neuen AG. Neben der Erwerberhaftung aus II können HGB 25 oder 128 (BAG NJW 78, 391; sa BAG NZA 88, 246 zu HGB 25) gegeben sein. Änderung EG-BetriebsübergangsRiLi s ZIP 98, 1329. V, VI eingefügt durch Ges zur Änderung des Seemannsgesetzes und anderer arbeitsrechtlicher Gesetze mit Wirkung zum 1. 4. 02.

2. Voraussetzungen. a) Bestehendes, auch faktisches **Arbeits**verhältnis; 2 ebenso dasjenige leitender Angestellter (BAG BB 78, 914). **Nicht:** Selbständiges oder **beendetes** Dienstverhältnis; bei Betriebsübergang bereits ausgeschiedene AN müssen sich an Veräußerer halten, BAG NJW 87, 3031 (auch wegen Versorgungslasten). **b) Rechtsgeschäftliche** (BAG BB 78, 1720, aber auch wegen Geschäfts- 3 unfähigkeit unwirksame, vgl BAG NJW 86, 453; nicht notwendig unmittelbare, str) Übertragung eines **Betriebs** (klarstellende Definition s BetriebsübergangsRili, Rn 1) – nicht: Übernahme*möglichkeit,* BAG NJW 99, 2459 – oder Betriebs**teils**, s hierzu Schwanda aaO S 20 ff. Betriebsteil ist jede unterscheidbare Abteilung oder wirtschaftliche Einheit (hierzu BAG NJW 98, 1883), die als solche veräußerungsfähig ist, BAG AP Nr 1 zu § 613 a, aber auch sächliche oder immaterielle Betriebsmittel, mit denen „arbeitstechnische Teilzwecke" weiterverfolgt werden können, BAG NJW 00, 1589 (nicht: einzelne LKWs, aber BAG NZA 00, 926: Kasernengebäude; wichtig Wahrung der Identität, BAG ZIP 97, 1975, NJW 99, 1653, ZIP 98, 36 (nein bei Weiterverpachtung Gaststätte und Änderung des Betriebsangebots). Inhaberwechsel und zur Übertragung von **Leitungsmacht** s BAG NJW 99, 1131; Erwerb von Dritten (Sicherungseigentümer) s BAG NJW 86, 448; umfassend Loritz S 66; nach EuGH BB 94, 1500 sogar Übertragung einzelner (Reinigungs)aufgaben an Fremdfirma, dazu jedoch einschränkend EuGH NJW 97, 2039, BAG NJW 98, 1885: Funktionsnachfolge allein ist kein Betriebsübergang, BAG NZA 99, 486; deshalb Neubesetzung Notariat kein Betriebsübergang, s BAG NZA 00, 371; sa BAG NJW 97, 3188; BAG BB 98, 1162 (Schließung der Kundendienstabteilung und Übertragung Kundendienst an Drittfirma: nein); Schließung Einzelhandelsgeschäft und Neueröffnung s BAG NZA 00, 369; zur Rspr sa Etzel NJW 98, 1197, 99, 2941. Nicht erforderlich ist *Übereignung* des Betriebsvermögens

(BAG NJW 76, 535), ausreichend ist Verpachtung, BAG NJW 81, 2212, Rückgabe nach Pachtende s BAG NJW 99, 2461 (Betriebsübergang nur, wenn Verpächter selbst tatsächlich fortführt). Betriebsstillegung und -übergang schließen sich aus, BAG ZIP 95, 236. Betriebsübergang durch eine Reihe sich ergänzender RGeschäfte s BAG BB 87, 1604. Heimarbeitsverhältnis s BAG NZA 98, 1001 (nein); Betrieb durch Auffanggesellschaft s BAG NJW 85, 1574; Übernahme durch Zwangsverwalter BAG NJW 80, 2148. § 613a ist nicht anwendbar bei Rechtsübergang kraft Ges (Seiter aaO S 42) oder Gesellschafterwechsel, BAG NJW 91,
4   247. Bei Veräußerung durch **Konkursverwalter** (jetzt: Insolvenzverwalter) BAG NJW 92, 3189 (Ausschluß der Haftung für bei Konkurseröffnung bereits entstandene Ansprüche); BAG NJW 87, 1967 (nach Eröffnung aufgrund § 615 entstan-
5   dene Ansprüche: Haftung); BAG NJW 92, 3189 (grundlegend). **c) Widerspruch** (hierzu Willemsen/Lembke, lit. vor Rn 1) des AN innerhalb eines Monats nach Unterrichtung nach V hindert Übergang des Arbeitsverhältnisses, VI 1; Adressaten VI 2. Unklarheiten der Unterrichtung machen sie wohl wirkungslos und das Widerrufsrecht dadurch unbefristet. Folge Widerspruch auch: Erleichterte Kündbarkeit, s BAG NJW 93, 3158.

6   **3. Rechtsfolgen. a) Vertragsübergang** als Rechtsfolge des Betriebsübergangs (s BAG NJW 92, 3189 zum Zeitpunkt: Übernahme der Leitungs- und Organisationsgewalt) ohne rechtsgeschäftliche Verabredung, ja ohne entspr Kenntnis der Beteiligten. Auch: Wiedereinstellungsanspruch nach Kündigung, BAG BB 97, 1953; zu diesem Fortsetzungsanspruch s Meyer BB 00, 1032; zur Geltendmachung unverzüglich nach Kenntnis BAG NJW 99, 1134. Kein Fortsetzungsanspruch bei einvernehmlicher Aufhebung, BAG ZIP 99, 320 mAnm Hanau. Rechte und Pflichten aus Kollektivverträgen (Tarifverträge, Betriebsvereinbarungen) wirken nunmehr individualvertraglich mit dem im Zeitpunkt des Übergangs geltenden Inhalt (BAG BB 95, 676) weiter, I 2, es sei denn, für das Unternehmen des neuen AG gelten Kollektivverträge mit anderen Regeln, I 3. **Fortgeltung**
7   nachwirkender **Tarifnormen** s BAG NZA 92, 800. Die individualrechtliche Weitergeltung kann vor Ablauf eines Jahres nicht geändert werden, I 2; Ausnahme I 4. Durch den Vertragsübergang wird der neue Betriebsinhaber AG und Schuldner der AN-Ansprüche, auch rückständiger, BAG NJW 77, 1168 (aber nur hinsichtlich des übernommenen Teils, BAG NJW 98, 1883), auch solcher aus Bereicherung od Delikt, Moll aaO S 2017. Ausnahme: Erwerb im Insolvenzverfahren, s Rn 4. Zur Parteinachfolge im Prozeß s BAG BB 77, 395; NJW 79,
8   234. Alter AG scheidet als Dienstberechtigter aus. **Kündigung** s IV und dazu BAG NJW 84, 628; Hanau ZIP 84, 141; Moll aaO S 2020f. IV 1 ist eigenständiges Kündigungsverbot, BAG NJW 86, 87, 2008. Stillegung des gesamten Betriebs als Kündigungsgrund gehört zu IV 2, BAG NJW 86, 91; Kündigung aus Rationalisierungsgründen s BAG ZIP 96, 2028. Neue Bundesländer s jedoch
9   EGBGB 232 § 5 II Nr 2 sowie SpTrÜG 16 III. **Umgehung** des IV 1 durch Auflösungsverträge oder veranlaßte Eigenkündigung unwirksam, BAG NZA 88, 198; BB 89, 558; ZIP 92, 1408; Befristung s BAG ZIP 99, 1322. Zum maßgebenden Zeitpunkt für Kündigungsgrund nach 1 oder 2 BAG NZA 89, 267. Geltung bei geplantem, dann gescheitertem Übergang BGH ZIP 89, 1016.
10   **b) Gesamtschuldnerische Mithaftung** des früheren AG für **aa)** vor Übergang entstandene und vor Ablauf eines Jahres seit Übergang fällige (s §§ 614, 271) Ansprüche des AN in voller Höhe, II 1; **bb)** nach Übergang fällig gewordene Ansprüche anteilig, s II 2, BAG EWiR 1992, 859 (Schaub); **cc)** zum (anteiligen) **Ausgleich** im Innenverhältnis nach § 426 s BGH NJW 85, 2643, aber auch
11   Löwisch ZIP 86, 1102 (Vorrang des Vertrages Veräußerer – Erwerber). **c)** Für nach Übergang entstandene Ansprüche keine Mithaftung. **d)** Wirkungen der Betriebszugehörigkeit (Anwartschaften, Kündigungsschutz) bleiben erhalten. **e)** AN schuldet mit Übertragung entgegen § 613 S 2 Dienstpflichten (s § 611 Rn 6) dem neuen Betriebsinhaber.

Titel 8. Dienstvertrag **§§ 614, 615**

4. § 613a ist wegen Schutzcharakters nicht durch Erwerber und Veräußerer 12
abdingbar, BAG NJW 76, 535 (auch nicht durch Kündigung und Wiedereinstellung, BAG NJW 83, 472 (LS)); zu Lohnverzichten s BAG NJW 88, 3036.

§ 614 Fälligkeit der Vergütung

¹Die Vergütung ist nach der Leistung der Dienste zu entrichten. ²Ist die Vergütung nach Zeitabschnitten bemessen, so ist sie nach dem Ablauf der einzelnen Zeitabschnitte zu entrichten.

1. **Allgemeines.** § 614 regelt Vorleistungspflicht des Dienstverpflichteten für 1 die gesamte Dienstleistung oder für Zeitabschnitte, die für die Vergütungsbemessung maßgebend sind (S 2). Nicht nur speziellere Vorschriften (HGB 64, 65, 87c, GewO 119a II Nr 1, sa MK/Schaub 4ff), sondern vor allem Kollektivvereinbarungen (s BetrVG 87 I Nr 4) und rechtsgeschäftliche Abreden – auch stillschweigend getroffene – schränken den Anwendungsbereich erheblich ein. Entgegen S 2 ist auch eine nach Stunden oder Tagen berechnete Vergütung üblicherweise am Ende der Arbeitswoche zu zahlen.

2. **Wirkung.** Dienstverpflichteter kann sich nicht auf § 320 I 1 berufen; 2 § 320 II ist jedoch anwendbar, MK/Schaub 14; bei Lohnrückstand oder Verletzung anderer Pflichten des Dienstberechtigten kann die Dienstleistung nach § 273 zurückgehalten werden.

3. **Vorschüsse und Abschlagszahlung.** Falls nicht vereinbart oder aufgrund 3 von Kollektivvereinbarungen zu gewähren, können Vorschüsse oder Abschläge nur wegen Umstände (Notlage) aufgrund Fürsorgepflicht des Dienstberechtigten verlangt werden. Sie sind dann nicht Darlehen, sondern vorzeitige Erfüllung; ihre „Anrechnung" bedarf deshalb keiner rechtsgeschäftlichen Erklärung und unterliegt nicht Einschränkungen für Aufrechnung (§ 394).

4. **Beendigung** des Dienstverhältnisses rückt spätere Fälligkeit nicht zeitlich 4 nach vorn, BAG BB 73, 144.

§ 615 Vergütung bei Annahmeverzug und bei Betriebsrisiko

¹Kommt der Dienstberechtigte mit der Annahme der Dienste in Verzug, so kann der Verpflichtete für die infolge des Verzugs nicht geleisteten Dienste die vereinbarte Vergütung verlangen, ohne zur Nachleistung verpflichtet zu sein. ²Er muss sich jedoch den Wert desjenigen anrechnen lassen, was er infolge des Unterbleibens der Dienstleistung erspart oder durch anderweitige Verwendung seiner Dienste erwirbt oder zu erwerben böswillig unterlässt. ³Die Sätze 1 und 2 gelten entsprechend in den Fällen, in denen der Arbeitgeber das Risiko des Arbeitsausfalls trägt.

Lit: Picker, Fristlose Kündigung und Unmöglichkeit, Annahmeverzug und Vergütungsgefahr im Dienstvertragsrecht, JZ 85, 641, 693.

1. **Allgemeines.** Arbeitskraft kann nicht aufgehoben und zumeist nicht kurz- 1 fristig in anderen Dienstverhältnissen verwertet werden, ist aber für die meisten Menschen wichtigste Einkunftsquelle, auf deren stetigen Fluß sie angewiesen sind. Nachleistung wird als unzumutbar bewertet, da sie mit anderen Pflichten kollidieren und Freizeitbedürfnisse beschneiden kann. § 615 beläßt deshalb dem Dienstverpflichteten grundsätzlich seinen Vergütungsanspruch, falls die Dienstleistung wegen Annahmeverzugs des Gläubigers nicht erbracht werden konnte. Gilt für selbständige wie unselbständige Dienstverträge (s dazu Rn 2 vor § 611). SchRModG hat S 3 eingefügt und damit klargestellt, daß die Folge des § 326 II auch bei Leistungshinderungen des Dienstverpflichteten gilt, die generell zum Betriebsrisiko des Dienstberechtigten gehören, s § 611 Rn 20. Gilt nur für Arbeitsverhältnisse; für andere Dienstverhältnisse § 316 II.

§ 615 Buch 2. Abschnitt 8. Einzelne Schuldverhältnisse

2   **2. Voraussetzungen.** Bestehendes Dienstverhältnis und Annahmeverzug nach §§ 293 ff (vgl BGH NJW-RR 88, 1265), dh **a)** grundsätzlich tatsächliches Angebot (§ 294) am Erfüllungsort (vgl BAG NJW 83, 1079), ausnahmsweise wörtliches Angebot, zB bei Verbot des Zutritts zur Betriebsstätte, unterlassener Bereitstellung von Arbeitsmitteln uä (§ 295); Kündigungsgrund rechtfertigt nicht Annahmeweigerung (sa BGH NJW-RR 88, 1266 zur Beweislast); bei unwirksamer Kündigung muß AG den AN zur Wiederaufnahme auffordern, um § 615 zu vermeiden, BAG NJW 93, 2637. Bei unberechtigter fristloser Kündigung bedarf es grundsätzlich wörtlichen Arbeitsangebots, aA BAG NJW 85, 936; wörtliches Angebot vor Kündigung reicht nicht, BGH NJW 88, 1201; zum Angebot eines befristeten Arbeitsvertrags nach fristloser Kündigung BAG NJW 86, 2846; krit dazu Löwisch, DB 86, 2433. Ständige Wiederholung des Arbeitsangebots ist nicht erforderlich (BAG AP Nr 20). Zur Beendigung des Annahmeverzugs bei unwirksamer Kündi-
3   gung erneute Arbeitsaufforderung erforderlich, BAG NZA 99, 925. **b)** Der Dienstverpflichtete muß zur Dienstleistung imstande sein, § 297 (kein Annahmeverzug zB bei Strafverbüßung des AN, BAG AP Nr 20; zum Fall unwirksamer
4   Kündigung s BAG NJW 87, 2838). **c)** Der Dienstberechtigte muß die angebotenen Leistungen nicht angenommen, § 293, eine evtl erforderliche Mitwirkung unterlassen, § 295 S 1, oder bei Zug-um-Zug zu erfüllenden Verpflichtungen Gegenleistung nicht angeboten haben, § 298. Obliegenheit zur Planung und Konkretisierung des Arbeitseinsatzes, Verletzung löst Annahmeverzug auch ohne Arbeitsangebot aus, BAG NZA 99, 925. Versäumter Arzttermin s LG Konstanz NJW 94, 3015
5   einerseits, AG München, AG Calw NJW 94, 3014 andererseits. **d)** Vertretenmüssen des Dienstberechtigten nicht erforderlich.

6   **3. Abgrenzungen und Erweiterungen. a) Unmöglichkeit.** Annahmeverzug setzt noch mögliche, dh nachholbare Leistungen voraus (s Nierwetberg BB 82, 995); bei Leistungsunmöglichkeit zB aus gesundheitlichen Gründen deshalb kein Annahmeverzug; Einschätzung des AN nicht maßgebend, BAG BB 99, 2192. Dienstleistungen, vor allem unselbständige Arbeiten, sind aber zumeist zeitlich fixiert und aufgrund Arbeitszeitschranken nicht oder nur beschränkt nachholbar; die Vereitelung ihrer Erbringung durch Annahmeverzug des Gläubigers bewirkt deshalb regelmäßig faktische Unmöglichkeit (Synthese bei Picker aaO 699). Hat der Dienstberechtigte die durch Annahmeverzug eingetretene Unmöglichkeit zu vertreten, bleibt er schon nach § 326 II 1 vergütungspflichtig; bei Eintritt der Unmöglichkeit zur Nachholung der Leistung im Annahmeverzug gilt nach § 326 II 1 das Gleiche.
7   **b) Betriebsrisikolehre.** Die vom RG (106, 272) und RAG (ARS 3, 116) entwickelte **Sphärentheorie** und vom BAG weiterentwickelte **„Betriebsrisikolehre"** hatte die Vergütungsgefahr davon abhängig gemacht, ob die eine Unmöglichkeit der Dienstleistung bewirkende Betriebsstörung aus der Sphäre des AG stammt, zB als Stromunterbrechung, Ausfall des Rohstoffnachschubs, Brandkatastrophe, Maschinenschaden, Produktionsverbote, Schichtausfall aufgrund Fehlorganisation des Arbeitsablaufs, und damit zum typischen Unternehmerwagnis gehört, oder ob dafür ein Verhalten von anderen AN im gleichen oder einem anderen Betrieb ursächlich gewesen ist (zB Streik, Teilstreik BAG NJW 80, 1640; Streik in einem anderen Betrieb, BAG NJW 81, 938 f; „Wellenstreik" BAG NJW 98, 3732; zur Abwehraussperrung und den durch den Grundsatz der Verhältnismäßigkeit gezogenen Grenzen ie BAG NJW 80, 1642 ff; Seiter DB 81, 578 und RdA 81, 65; Müller DB 81 Beil 7). Die Betriebsrisikolehre ist durch das SchRModGes in S 3 verankert worden, wobei die zur aF ergangenen Abgrenzungen der Risikosphären weiter zugrunde
8   gelegt werden können. Bei **existenzgefährdenden Betriebsstörungen** soll der Gedanke der Betriebsgemeinschaft Lohnkürzung oder Lohnwegfall unabhängig von der Sphäre, aus der die Störung stammt, rechtfertigen. Eine Verschlechterung der Wirtschaftslage entbindet den Unternehmer dagegen nicht von der Lohnfortzahlungspflicht; ihre Bewältigung muß durch normale Abwicklung der Arbeitsverhältnisse (zur außerordentlichen Kündigung s § 626 Rn 14) versucht werden.

Titel 8. Dienstvertrag **§ 616**

4. Wirkungen. a) Vergütung ist so zu leisten, als wären die Dienste erbracht worden, dh einschl Zusatzleistungen und Sonderformen, nicht dagegen „Aufwendungsersatz" für nicht entstandene Aufwendungen. S 3 ist Rechtsfolgenverweisung, Anwk/Danner 3. **b)** Anzurechnen nach S 2 sind anderweitig, durch den Verzug ermöglichte (zur Beurlaubung während Kündigungsstreits LAG SchlH NJW-RR 97, 286) Verdienste (nicht zusätzlich mögliche Nebentätigkeit) sowie böswillig unterlassener Ersatzerwerb (auch bei berechtigtem Widerspruch bei Betriebsübergang, s BAG NZA 98, 750). Böswilliges Unterlassen liegt vor, wenn grundlos zumutbare Arbeit abgelehnt oder ein entsprechendes Angebot verhindert wird, BAG NJW 01, 243; unterlassene Meldung beim Arbeitsamt nicht maßgeblich, BAG aaO. Anrechnung auf die Vergütung für die gesamte Dauer des Annahmeverzugs, BGH NJW 94, 2042, aA Boecken NJW 95, 3218; pro rata temporis. Die Art der neu erschlossenen Erwerbsquelle ist unerheblich; auch Gründung eines eigenen Unternehmens kann zu anrechenbaren Erträgen führen. Dem frustrierten Dienstverhältnis nicht entspr Beschäftigungsverhältnisse müssen für die Anrechnung jedenfalls zumutbar sein. Rente usw s LAG Köln NZA-RR 96, 286. Ablehnung Weiterbeschäftigungsangebot LAG Köln NZA-RR 96, 361 (treuwidrig). Beweislast für anderweitige Erwerbsquelle und ihre Nutzung bzw treuwidrige Vernachlässigung trägt der Vergütungspflichtige, BAG NJW 79, 285; zum Auskunftsanspruch des AG s BGH NJW 94, 2043 f; eidesstattliche Versicherung analog § 260 II BGH aaO. Die Anrechnung bedarf keiner bes Erklärung.

5. Abdingbarkeit ja, s BAG NJW 83, 1079 (LS), aber Rechts- und Billigkeitskontrolle, LAG Hessen NZA-RR 96, 445 sowie § 307 II Nr 1.

§ 616 Vorübergehende Verhinderung

¹Der zur Dienstleistung Verpflichtete wird des Anspruchs auf die Vergütung nicht dadurch verlustig, dass er für eine verhältnismäßig nicht erhebliche Zeit durch einen in seiner Person liegenden Grund ohne sein Verschulden an der Dienstleistung verhindert wird. ²Er muss sich jedoch den Betrag anrechnen lassen, welcher ihm für die Zeit der Verhinderung aus einer auf Grund gesetzlicher Verpflichtung bestehenden Kranken- oder Unfallversicherung zukommt.

Lit: Moll, Dienstvergütung bei persönlicher Verhinderung, RdA 80, 138.

1. Allgemeines. Sozialpolitisch motivierte (s Mot II S 463) Ausnahme vom Synallagma des § 323 I aF, jetzt § 326 I („ohne Arbeit kein Lohn") bei unverschuldeter Leistungsstörung auf Seiten des Dienstverpflichteten.

2. Voraussetzungen. a) Bestehendes – auch faktisches – Dienstverhältnis mit beiderseits voll wirksamen Hauptpflichten. Vor vertragsgemäßem Beginn nicht anwendbar, wohl aber bei Verhinderung, die über den Arbeitsbeginn hinauswirkt; der Dienstberechtigte hat Arglisteinwand, falls Dienstverpflichteter in Kenntnis des Hinderungsgrundes Dienstvertrag geschlossen hat. Nach Auflösung des Dienstverhältnisses ist § 616 unanwendbar. Für Arbeitsverhältnisse (Arbeiter, Angestellte und Auszubildende) gilt ab 1. 6. 1994 EFZG, das die auf verschiedene Ges – auch § 616 II aF – verstreuten Lohnfortzahlungsvorschriften zusammengeführt hat (hierzu Diller NJW 94, 1690). **b) Persönlicher Verhinderungsgrund.** Die Hinderung muß in der Person des Dienstverpflichteten oder in seinen persönlichen Verhältnissen begründet sein. Nicht: obj Hinderungsgründe (hL, vgl Schaub § 97 II 1), zB Witterung, vgl BAG NJW 83, 1079. Zu unterscheiden sind Krankheit ua Hinderungsgründe. **aa) Krankheit.** Bei unverschuldeter Krankheit und an Feiertagen gilt für AN EFZG 3, 1 II. Im übrigen: Jede, auch unfallbedingte, physische oder psychische Beeinträchtigung, die Erbringung der Dienstleistung unmittelbar oder mittelbar (wegen Verschlechterungsgefahr oder Heilungshinderung) unmöglich macht, sowie die zur Ausheilung erforderliche Zeit. **bb) Andere Hinderungsgründe** aus den persönlichen Verhältnissen können die Dienstleistung

§ 616 Buch 2. Abschnitt 8. Einzelne Schuldverhältnisse

unmöglich iSd § 275 I oder unzumutbar iSd § 275 III machen (zB Verhaftung, behördlich angeordnete Quarantäne, Krankheit eines Kindes BAG NJW 80, 903, Erfüllung religiöser Pflichten, BAG NJW 83, 2600; zum erforderlichen Nachweis BAG BB 79, 1452; Schöffenpflicht s BGHSt NJW 78, 1169); Todesfall von Angehörigen sowie andere wichtige Familienereignisse; gerichtl oder behördliche Vorladungen, gesundheitspolizeiliche Untersuchungen, Umzug usw, s zur aF, zu der insoweit aufgrund Pflichtenkollision Verschulden verneint wurde, Schaub § 97
6 II 1 mwN). Zur Sperre für Lizenz(fußball)spieler BAG NJW 80, 470. **c) Verhältnismäßig unerhebliche Dauer. aa)** Für krankheitsbedingte Hinderung von AN enthält EFZG 3 I Konkretisierung dieser Zeitspanne auf 6 Wochen. Bei mehrmaliger Erkrankung gilt weitere 6-Wochen-Frist; anders aber bei Kettenerkrankungen aufgrund gleichen Grundleidens: Zusammenrechnung, wenn nicht mindestens 6 Monate zwischen Wiederaufnahme der Arbeit und erneuter Erkrankung
7 liegen; maximal werden also 12 Wochen entgolten (s EFZG 3 I 2). **bb)** Bei anderen Verhinderungen ist auf den konkreten Einzelfall abzustellen, wobei Gesamtdauer des Dienstvertrages, verflossene und noch zu erwartende Beschäftigungszeit, Länge der Kündigungsfrist, die für den Verhinderungsgrund obj erforderliche Zeit usw zu berücksichtigen sind (Faustregeln bei Schaub § 97 II 3; vgl BAG NJW 78,
8 2317: 5 Tage zur Pflege eines kranken Kindes nicht erheblich). **d) Unverschuldete** Verhinderung. Sie ist zusätzlich zur Berechtigung einer Leistungsweigerung nach § 275 I, III erforderlich. Der Maßstab des geschuldeten Verhaltens war zur aF BGB str; erforderliche Abwägungen können heute teilweise schon bei Anwendung des § 275 III (krit zum DiskE Löwisch NZA 01, 466) zu treffen sein. Verschulden deshalb vor allem bei Unmöglichkeit nach § 275 I wichtig; insoweit gelten die Konkretisierungen weiter. Während teilw § 276 angewendet und die erforderliche Sorgfalt an der Dienstverpflichtung gegenüber dem Dienstberechtigten gemessen wird, nimmt die hL an, daß Maßstab das von einem verständigen Menschen im **eigenen Interesse** zu erwartende Verhalten ist, Verschulden also nur bei sog
9 Verschulden gegen sich selbst gegeben ist (zur hM Schaub § 98 II 6). Die **Anforderungen** an die **Sorgfalt** zur Selbstbewahrung sind maßvoll; Sportunfälle zB sind nach der Rspr zu § 616 II, III aF und LFZG nur dann als „verschuldet" zu bewerten, wenn eine besonders gefährliche Sportart unternommen (so BAG NJW 72, 1215 – Motocross; nicht: Fußball, BAG NJW 76, 1367; Drachenfliegen, BAG NJW 82, 1014), jedenfalls wenn sie ohne Übung oder angemessene Ausrüstung ausgeübt wurde (LAG Bayern BB 72, 1324 f, Amn Fischer); Verkehrsunfälle und Betriebsunfälle sind nur bei grob fahrlässigem Verstoß gegen obj Verhaltenspflichten (Verkehrsregeln, Unfallverhütungsvorschriften, Nichtanlegen des Sicherheitsgurtes, BAG NJW 82, 1013) verschuldet iSv § 616 (Einzelheiten s Schaub § 98 II 6). Selbsttötungsversuch gilt als „unverschuldet", BAG NJW 79, 2326. Alkoholismus ist Frage des Einzelfalles, BAG NJW 83, 2659. Schwangerschaftsabbruch s EFZG 3 II.

10 **3. Rechtswirkungen. a)** Der Dienstverpflichtete behält den Anspruch auf Vergütung als Bruttolohn (BAG BB 78, 1166) einschließlich Zuschlägen, Prämien, Gratifikationen ua Sonderleistungen (auch Sachbezüge wie Wohnung, Kost usw), Wege- und Fahrgeld, BAG BB 78, 464; in EFZG 9 (80% des Lohns) im Vergleich
11 zu § 616 s Gutzeit BB 97, 737. **b)** Grundsätzlich kein Vergütungsanspruch beschränkt auf eine verhältnismäßig unerhebliche Zeit, falls die Verhinderung insgesamt länger dauert (BAG 8, 314); die in EFZG 3 I geregelte Entgeltfortzahlung bei Krankheit (oder Unglück) für die Dauer von 6 Wochen greift jedoch auch bei
12 längerdauernder Krankheit ein. **c)** Auf die Vergütung sind Beträge aus ges Kranken- oder Unfallversicherung – nicht: privater und freiwillig abgeschlossener Versicherung – anzurechnen, I 2. Bsp: Krankengeld. I 2 ist nicht erweiterungsfähig und schließt als lex specialis grundsätzlich die Anrechnung anderer Einkünfte – zB Pflege(-kranken)geld, s BAG BB 78, 1116 – oder ihre Inanspruchnahme durch den AG (§ 281) aus. **d)** Anzurechnen ist die nach § 617 I gewährte Krankenver-

Titel 8. Dienstvertrag **§ 617**

sorgung, § 617 I 3. **e)** Verhältnis Vergütungsanspruch – **Schadensersatz:** Der 13
Hinderungsgrund kann von einem Dritten zu verantworten sein. Schadensersatzpflichtiger und Dienstberechtigter können deshalb hinsichtlich des Verdienstes bzw des Verdienstausfalles unechte Gesamtschuldner (BGH 13, 365) sein. Die Frage, wie die Schadensersatzleistung dem Vergütungspflichtigen zugeordnet werden kann, löst EFZG 6 durch eine **cessio legis** des Schadensersatzanspruchs auf den 14 Dienstherrn (s auch BRRG 52). Ist der verantwortliche Schädiger Ehegatte des Dienstverpflichteten, dann schließt der Rechtsgedanke des VVG 67 II den Rückgriff des Dienstherrn aus, BGH 66, 104. **Umfang:** Bruttogehalt (BAG BB 15 78, 1166) und Arbeitgeberanteile zur Sozialversicherung, BGH 43, 382; nicht dagegen Beiträge zur ges Unfallversicherung, BGH NJW 76, 326.

4. Nebenfolgen. a) Der verhinderte Dienstverpflichtete hat die Verhinderung 16 aufgrund Treuepflicht (für AN EFZG 5) unverzüglich anzuzeigen; Unterlassung kann schadensersatzpflichtig machen; Mitwirkung(spflicht) bei Aufklärung der Alkoholismusursachen BAG NJW 83, 2662. **b)** Zur Vorlage eines Attestes sind AN 17 nach EFZG 5 spätestens 4 Tage nach Krankheitsbeginn verpflichtet (zu Unklarheiten dieser Frist s Schaub BB 94, 1629, Diller NJW 94, 1691), auf Verlangen des AG auch früher (Verstoß s EFZG 7); andere Dienstverpflichtete mangels Individual- oder Kollektivvereinbarungen nur auf Verlangen des Dienstherrn aus berechtigtem Anlaß.

5. § 616 ist grundsätzlich **abdingbar** (zB durch die Klausel, nur tatsächlich 18 geleistete Arbeit werde vergütet); bei standardisierten Arbeitsbedingungen aber § 307 II Nr 1. Nicht abdingbar ist der Vergütungsanspruch nach EFZG, doch kann Höhe der Entgeltfortzahlung nach EFZG – einschließlich Bemessungsgrundlage – durch Tarifvertrag abgeändert werden, EFZG 4.

6. Beweislast. Für Verhinderungsgrund ist der Dienstverpflichtete beweis- 19 pflichtig, für Verschulden der Dienstberechtigte (BAG AP Nr 9 zu LFZG 1 mit abl Anm Birk; BAG NJW 83, 2661). Zum Beweiswert ärztlicher Atteste BAG NJW 77, 350; ferner BB 79, 1452.

§ 617 Pflicht zur Krankenfürsorge

(1) ¹**Ist bei einem dauernden Dienstverhältnis, welches die Erwerbstätigkeit des Verpflichteten vollständig oder hauptsächlich in Anspruch nimmt, der Verpflichtete in die häusliche Gemeinschaft aufgenommen, so hat der Dienstberechtigte ihm im Falle der Erkrankung die erforderliche Verpflegung und ärztliche Behandlung bis zur Dauer von sechs Wochen, jedoch nicht über die Beendigung des Dienstverhältnisses hinaus, zu gewähren, sofern nicht die Erkrankung von dem Verpflichteten vorsätzlich oder durch grobe Fahrlässigkeit herbeigeführt worden ist.** ²**Die Verpflegung und ärztliche Behandlung kann durch Aufnahme des Verpflichteten in eine Krankenanstalt gewährt werden.** ³**Die Kosten können auf die für die Zeit der Erkrankung geschuldete Vergütung angerechnet werden.** ⁴**Wird das Dienstverhältnis wegen der Erkrankung von dem Dienstberechtigten nach § 626 gekündigt, so bleibt die dadurch herbeigeführte Beendigung des Dienstverhältnisses außer Betracht.**

(2) **Die Verpflichtung des Dienstberechtigten tritt nicht ein, wenn für die Verpflegung und ärztliche Behandlung durch eine Versicherung oder durch eine Einrichtung der öffentlichen Krankenpflege Vorsorge getroffen ist.**

1. Allgemeines. Konkretisierung der Fürsorgepflicht (s § 611 Rn 38), die zwar 1 für alle dauernden Dienstverhältnisse gilt, ihre Hauptbedeutung jedoch bei unselbständigen Dienstverpflichteten hat(te). Durch Ausbau des Sozialversicherungsschutzes ist die Bedeutung des § 617 stark zurückgedrängt, s II.

2. Voraussetzungen. a) Dauerndes Dienstverhältnis ist Tatfrage; es liegt vor 2 entweder bei als zeitlich längere bestimmter Dauer (s § 620 I) oder bei unbestimmter, aber als längere beabsichtigter oder tatsächlich erreichter Dauer. **b)** Aufnahme 3

§§ 618, 619

in „häusliche Gemeinschaft", die nicht stets die des Dienstherrn sein muß – auch Wohnheim, das AG unterhält, kann genügen, falls arbeitsvertragliche Verpflichtung
4 zur Wohnungsnahme bestand (s BAG AP Nr 1 zu § 618). **c) Erkrankung** (s § 616 Rn 4); Krankheit muß nach Beginn des Dienstverhältnisses und Auf-
5 nahme in die häusliche Gemeinschaft entstanden sein. **d) Unverschuldete** Erkrankung; nur Vorsatz oder grobe Fahrlässigkeit („gegen sich selbst", s § 616 Rn 4) sind schädlich.

6 **3. Rechtsfolgen. a)** Pflicht zur Krankenpflege bzw ihrer Verschaffung (I 1); Ersetzungsbefugnis durch (zugunsten des Erkrankten vereinbarte) Aufnahme in ein
7 Krankenhaus, I 2. **b) Dauer.** I 1. **c)** Lohnfortzahlung, aber Anrechnung der Krankenversorgung, I 3 (s § 616 Rn 12). **d)** Klage auf Erfüllung möglich, ferner fristlose Kündigung nach § 626 bei Nichterfüllung: bei schuldhafter Verletzung evtl Schadensersatz (sa § 618 II).

8 **4. Rechtsnatur. a)** Selbständiger Anspruch, nicht Ausprägung des Vergütungsanspruchs. **b)** Anspruch ist unübertragbar (§ 399), unpfändbar (ZPO 851) und nicht im voraus abdingbar (§ 619). **c)** Subsidiär gegenüber Leistungen aus ges oder privater Krankenversicherung, II.

9 **5. Sondervorschriften.** SeemannsG 42–53, JArbSchG 42.

§ 618 Pflicht zu Schutzmaßnahmen

(1) Der Dienstberechtigte hat Räume, Vorrichtungen oder Gerätschaften, die er zur Verrichtung der Dienste zu beschaffen hat, so einzurichten und zu unterhalten und Dienstleistungen, die unter seiner Anordnung oder seiner Leitung vorzunehmen sind, so zu regeln, dass der Verpflichtete gegen Gefahr für Leben und Gesundheit soweit geschützt ist, als die Natur der Dienstleistung es gestattet.

(2) Ist der Verpflichtete in die häusliche Gemeinschaft aufgenommen, so hat der Dienstberechtigte in Ansehung des Wohn- und Schlafraums, der Verpflegung sowie der Arbeits- und Erholungszeit diejenigen Einrichtungen und Anordnungen zu treffen, welche mit Rücksicht auf die Gesundheit, die Sittlichkeit und die Religion des Verpflichteten erforderlich sind.

(3) Erfüllt der Dienstberechtigte die ihm in Ansehung des Lebens und der Gesundheit des Verpflichteten obliegenden Verpflichtungen nicht, so finden auf seine Verpflichtung zum Schadensersatz die für unerlaubten Handlungen geltenden Vorschriften der §§ 842 bis 846 entsprechende Anwendung.

§ 619 Unabdingbarkeit der Fürsorgepflichten

Die dem Dienstberechtigten nach den §§ 617, 618 obliegenden Verpflichtungen können nicht im voraus durch Vertrag aufgehoben oder beschränkt werden.

1 **1. Allgemeines.** Konkretisierung der Fürsorgepflicht (§ 611 Rn 38), die für alle Dienstverhältnisse gilt (BGH NJW 95, 2629: freier Mitarbeiter) und aufgrund einer prinzipiellen Wertung des Risikos einer Tätigkeit in fremdem Organisationsbereich auch auf andere Vertragsverhältnisse analog angewendet wird (s zum Werkvertrag § 631 Rn 24, zum Auftrag § 662 Rn 13). Geschützt sind Leben und Gesundheit des Dienstverpflichteten; zum Schutz seiner Sachgüter s § 611 Rn 39. § 618 wird in seinen Voraussetzungen (Rn 2) durch öffentlich-rechtliche Normen des Arbeitsschutzrechtes und Unfallverhütungsvorschriften der Berufsgenossenschaften ergänzt und konkretisiert (vgl BAG DB 83, 234), in seinen Folgen (Rn 4) bei Arbeitsunfällen durch SGB VII, 104 ff verdrängt. Sondervorschriften: ArbSchG; HGB 62, JArbSchG 40 ff, HeimarbG 12, SeemannsG 80.

Titel 8. Dienstvertrag **§ 619 a**

2. Voraussetzungen. a) § 618 I, 1. Fall: **aa) Räume:** Nicht nur Arbeitsräume, sondern auch Waschräume, Treppen, Kantinen; auch Wege im Betriebsbereich, Gärten (BGH 26, 370 f). Das Betreten der Räume muß erlaubt, nicht aber erforderlich sein. **bb) Vorrichtungen und Gerätschaften:** Vor allem Maschinen und Werkzeuge, evtl Schutzkleidung, vgl BAG BB 86, 193: Sicherheitsschuhe; BAG NZA 99, 38. **b)** I, 2. Fall: Unter Anordnung oder Leitung des Dienstberechtigten organisierte Dienstleistungen. **c)** II: Aufnahme in häusliche Gemeinschaft, s § 617 Rn 3.

3. Rechtsfolgen. a) In den Fällen Rn 2, 3 muß der Dienstberechtigte im Rahmen des Möglichen („soweit die Natur der Dienstleistung es gestattet") Gefahren von der Person des Dienstverpflichteten abwenden. Schafft AN erforderliche Schutzkleidung selbst an, hat er Aufwendungsersatzanspruch entspr § 670, BAG NZA 99, 38. **b)** Im Falle Rn 3 (c) sind Räume, Verpflegung und Arbeitsbedingungen so auszugestalten, daß Körper und Gesundheit, aber auch Sittlichkeit und religiöse Überzeugung des Verpflichteten ungefährdet bleiben.

4. Bei Pflichtverletzungen a) Erfüllungsanspruch, s BAG NJW 99, 162 (Anspruch auf tabakrauchfreien Arbeitsplatz); deshalb begründen § 617, 618 nicht nur Schutzpflichten iSd § 241 II. **b) Leistungsweigerungsrecht** nach § 273, vgl BAG ZIP 97, 1432 (asbestverseuchte Räume), Zurückbehaltungsrecht nach Sondergesetzen, zB GefahrstoffVO 21, s BAG BB 94, 1011. **c) Schadensersatz** wegen Nebenpflichtverletzung, dessen Umfang in III durch Verweisung auf §§ 842–846 geregelt ist. **d) Fristlose Kündigung** bei bes schweren Verstößen möglich, § 626. **e)** Konkurrierende Ansprüche aus Delikt bleiben unberührt und wegen § 847 wichtig. § 618 ist nicht Schutzges iS des § 823 II (str).

5. Unabdingbar, s § 619; § 619 gilt aber nicht bei analoger Anwendung des § 618 auf Werkvertrag, BGH 56, 269.

6. Zu SGB VII, 104 ff s § 611 Rn 42.

§ 619 a Beweislast bei Haftung des Arbeitnehmers

Abweichend von § 280 Abs. 1 hat der Arbeitnehmer dem Arbeitgeber Ersatz für den aus der Verletzung einer Pflicht aus dem Arbeitsverhältnis entstehenden Schaden nur zu leisten, wenn er die Pflichtverletzung zu vertreten hat.

1. Allgemeines. Die durch das SchRModGes auf Vorschlag des Rechtsausschusses eingefügte Norm modifiziert – in Bewahrung der richterrechtlichen Regeln zur Unanwendbarkeit des § 282 aF auf die AN-Haftung aus Vertragsverletzung (vgl BAG NJW 99, 1051 zur Mankohaftung) – die aus § 280 I 2 folgende Beweislastverteilung das Vertretenmüssen und flankiert damit die in Auslegung des § 276 aF als „ein anderes bestimmt" entwickelte Haftungsmilderung des AN, die jetzt nach § 276 als „mildere Haftung ... (die) aus des sonstigen Inhalt des Schuldverhältnisses zu entnehmen ist", unverändert weitergilt. § 619 a ist nicht selbst Anspruchsgrundlage, sondern knüpft an § 280 I an.

2. Arbeitnehmerhaftung bei Schlechtleistung oder Nebenpflichtverletzungen.

Lit: Baumann, Die deliktische Außenhaftung des AN in der Privat- und Verfassungsrechtsordnung, BB 94, 1300; Lipperheide, Arbeitnehmerhaftung zwischen Fortschritt und Rückschritt, BB 93, 720; sa Gutachten E/F Otto/Seewald und Referate Mayer-Maly, Gitter sowie Diskussion 56. DJT, 1986; Schaub, Die Haftungsbegrenzung des Arbeitnehmers, WiB 94, 227; ders, Der Entwurf eines Ges zur Arbeitnehmerhaftung, ZRP 95, 447.

a) Die Erbringung von Dienstleistungen birgt wie jedes menschliche Verhalten Schadensrisiken. Werden sie schuldhaft realisiert, dann hat der Dienstverpflichtete im Prinzip einzustehen: Er haftet vertraglich seinen Vertragspartnern und in den Schutzbereich des Vertrages einbezogenen Personen, außervertraglich aus Delikt, insbes §§ 823 ff, zB bei Betrug gegenüber AG (vgl BAG NJW 99, 309 f: Detektiv-

§ 619a

kosten), vor allem aber Dritten, zB dem Leasinggeber des AG bei Beschädigung der geleasten Maschine, vgl BGH 108, 305; krit Baumann aaO; Denck JZ 90, 175. Das Schadensrisiko wird jedoch als Teil des allg Betriebsrisikos des Dienstberechtigten angesehen und aus Fürsorgegesichtspunkten, die einen auch nach GG gebotenen Schutz vor unzumutbarem wirtschaftlichen Risiko verlangen, dem AN ganz oder teilweise abgenommen, BAG (GS) NJW 95, 210 ff; s BAG NJW 99, 1051 zur Mankohaftung. Entsprechend § 254 muß sich der AG das Betriebsrisiko anrechnen
3 lassen, BAG aaO, BGH ZIP 96, 736 f. **Schadensabnahme** greift in **3 Fällen** ein: Schädigung des AG (auch Vermögensschäden, vgl BAG NJW 95, 3204: Strafe gegen AG), Verletzung von Arbeitskollegen und Schädigung von Dritten (s Rn 7). Bei Personenschäden von Arbeitskollegen wird der AN bereits durch SGB VII, 105 I weitgehend (s § 611.42) freigestellt. Die Haftungsentlastung entfällt, wenn und insoweit der AN in den Schutzbereich einer Pflichtversicherung einbezogen ist – sie kommt also nicht einem Pflichtversicherer zugute, sondern dieser hat dem ersatzpflichtigen AN Deckung zu gewähren, BGH NJW 92, 900, 902. Zur Haftung und zum Ausgleichsanspruch mitverantwortlicher Dritter s v. Caemmerer ZfRVgl 68, 96 f; BGH 61, 53 ff; NJW 76, 1975; zur Außenhaftung Denck, Der Schutz des AN vor der Außenhaftung, 1980; ders BB 89, 1192 zu Fällen in denen
4 AN belastet bleibt. **b) Voraussetzungen.** Rspr und hL setzten für die Verantwortungsentlastung früher voraus, daß der Schadensfall in Ausführung „gefahrgeneigter", dh durch Risikoerhöhung gekennzeichneter Arbeit geschehen war; das BAG hat dieses – schwer zu konkretisierende – Merkmal aufgegeben, s dazu BAG (GS) NJW 95, 212 sowie BGH NJW 94, 856 (Gefahrgeneigtheit nur noch Abwägungsfaktor bei Verschulden und Betriebsrisiko). Heute ist entscheidend, daß die schadensverursachende Tätigkeit „betriebsbezogen", also durch den Betrieb veranlaßt und aufgrund des Arbeitsverhältnisses geleistet worden war, BAG (GS) NJW 95, 212; BAG NJW 99, 1051; zum Ganzen s Hanau/Rolfs, NJW 94, 1439,
5 Schaub aaO je mwN. Die Haftungsentlastung wirkt zugunsten von AN (auch Leiharbeiter, BGH NJW 73, 2020) und für leitende Angestellte (BAG NJW 77, 598; BGH ZIP 96, 763 f), wohl aber nicht aus selbständigen Dienstverhältnissen Verpflichtete, zB Vertretungsorgane einer juristischen Person (BGH WM 75, 469; sa schon BGH NJW 63, 1102, str; aA Börgen MDR 71, 178; Isele NJW 63, 1100).
6 **c) Folgen.** Schädigung des AG: Bei leichter Fahrlässigkeit entfällt ein Schadensersatzanspruch. Bei mittlerer (normaler) Fahrlässigkeit wird der Schaden unter abwägender Berücksichtigung der Gesamtumstände (Schadensanlaß und Schadensfolgen, Verschulden und Betriebsrisiko) nach Billigkeits- und Zumutbarkeitsgesichtspunkten geteilt, vgl BAG (GS) NJW 95, 211 f; BGH NJW 91, 1685. Auch bei grober Fahrlässigkeit Haftungserleichterung möglich, BAG NJW 99, 966, falls Mißverhältnis von Verdienst und Schadensrisiko; sa BAG NZA 98, 310 für den Fall „gröbster" Fahrlässigkeit, ferner BGH NJW 96, 1532: Einzelfallbezogene Abwä-
7 gung; Rsprbericht Etzel NJW 98, 1196, 99, 2939. Bei Schädigung eines Dritten bleibt der AN diesem grundsätzlich voll haftbar (so Rn 2 sowie BGH NJW 94, 855), ebenso bei Schädigung eines Arbeitskollegen, soweit nicht SGB VII, 105 I eingreift; er hat jedoch gegenüber dem AG einen Freistellungsanspruch unter den gleichen Voraussetzungen, die zur Haftungsentlastung bei Schädigung des AG
8 führen würden (BGH 66, 1 zu Voraussetzungen und Umfang ie). Steht der AG mit dem Dritten in vertraglicher Beziehung, aus der AG freigezeichnet ist, so ist zu prüfen, ob die Freizeichnung auch zugunsten der AN wirkt und ihre Haftung verhindert. Hat der AG eine solche Ausgestaltung der Freizeichnung versäumt oder nicht durchzusetzen vermocht, dann bleibt er letztlich aus dem Freistellungsanspruch des haftenden AN verantwortlich. Diese Schwäche der vereinbarten Freizeichnung gestattet es auch, Abtretung des Freistellungsanspruchs an den Gläubiger (= Geschädigten) zuzulassen, der damit Zahlung verlangen kann. Bei ges Haftungsbeschränkung des AG gegenüber Dritten ist die Haftung des AN entspr zu kürzen (anders BGH 41, 206: Befreiungsanspruch sei dann auch an Gläubiger nicht abtretbar).

Titel 8. Dienstvertrag § 619 a

3. **Beweislast. a)** Bei deliktischer Haftung hat der geschädigte AG nach allgemeinen Beweislastregeln Verletzung, kausal verursachten Schaden und Verschulden des AN zu beweisen. **b)** Bei Verletzung von Pflichten aus dem Dienstvertrag, seien es Leistungspflichten – ggfs Nebenleistungspflichten – oder Schutzpflichten iSd § 241 II, haftet AN nach § 280 I und AG hat Pflichtverletzung, dadurch verursachten Schaden und nach § 619 a in Abweichung von § 280 I 2 das „Vertretenmüssen" des AN, dh das Verschulden (Rn 6) des AN zu beweisen. AG hat deshalb Beweislast auch hinsichtlich des für den Haftungsumfang jeweils erforderlichen Verschuldensgrades (hierzu sowie zur gestuften, substantiierten Darlegungslast des AN BAG NJW 99, 1052). ME entspr anwendbar auf ev Anspruch wegen Verzugsschadens, obwohl § 286 IV nicht in Bezug genommen wird, sowie bei Haftung des AN aus § 311 a II, etwa bei Arbeitsvertrag über gesetzlich verbotene Leistung, vgl Löwisch NZA 01, 466.

9

10

Vorbemerkungen zu den §§ 620–630

Lit: Becker/Etzel ua, Gemeinschaftskommentar zum KSchG und sonstigen kündigungsschutzrechtlichen Vorschriften, 4. Aufl 1996; Bussmann/Schäfer/Bleistein, Kündigung und Kündigungsschutz im Arbeitsverhältnis, 3. Aufl 1997; Hueck/von Hoyningen-Huene, KSchG, 12. Aufl 1997; Löwisch, Kommentar zum KSchG, 7. Aufl 1997; Stahlhacke/Preis, Kündigung und Kündigungsschutz, 7. Aufl 1999.

1. Allgemeines. §§ 620–627 regeln Fälle der Beendigung des Dienstverhältnisses, die §§ 628–630 einzelne Folgen einer Beendigung bzw einer darauf abzielenden Kündigung. Obwohl das BGB auch die Beendigung von **Arbeitsverhältnissen** durch Kündigung in § 622 erfaßt, muß der Komplex der §§ 620 ff als eine immer noch weitgehend durch spezielle Normen des Arbeitsrechts, seien sie durch den Gesetzgeber, durch Kollektivvereinbarungen oder richterliche Rechtschöpfung gesetzt (s zu den Rechtsquellen Rn 30 ff, 44 vor § 611), verdrängte oder ergänzte Regelung gesehen werden. 1

2. Gliederung der Beendigungsgründe. Die Beendigungsgründe lassen sich danach unterscheiden, ob das Dienstverhältnis durch rechtsgeschäftliche Erklärung der Parteien aufgelöst wird oder unabhängig von ihrem Willen erlischt. **a) Beendigung durch Rechtsgeschäft. aa) Aufhebungsvertrag** ist nach allg Regeln jederzeit möglich (vgl BAG BB 94, 785); Kündigungsvorschriften finden keine Anwendung (sa Bengelsdorf BB 95, 978); bei Arbeitsvertrag jedoch Schriftform, § 623. Rückwirkung der Aufhebung ist nur noch nicht in Vollzug gesetzten Verträgen möglich, Schaub § 122 I; zu Unwirksamkeit bei kollusivem Zusammenwirken eines Vertreters s BAG NJW 97, 1940. **bb) Anfechtung** des Dienstvertrages nach §§ 119, 123 ist grundsätzlich möglich, doch tritt rückwirkende Nichtigkeitsfolge bei Arbeitsverhältnissen nach allg Regeln nur bis zur Arbeitsaufnahme ein; danach grundsätzlich ex-nunc-Wirkung, vgl Rn 5 vor § 611. Eine Kündigung, die wegen Verletzung des Kündigungsverbots nach MuSchG nichtig ist, kann grundsätzlich nicht in eine Anfechtung umgedeutet werden, BAG NJW 76, 592. Für Anfechtung, die wahlweise neben außerordentlicher Kündigung möglich ist, gelten die gleichen Grundsätze wie für die Kündigung, BAG NJW 80, 1303 (zur Anfechtungsfrist entsprechend § 626 II). **cc)** Das Dienstverhältnis als Dauerschuldverhältnis kann durch **Kündigung** beendet werden (zur Rechtsnatur s § 620 Rn 12). Unterschieden werden an bestimmte Fristen gebundene **ordentliche** (§§ 620 II, 621, 622, wohl auch 624) und **außerordentliche, fristlose Kündigungen** (§§ 626, 627). Die in den §§ 621–627 getroffene Regelung für Kündigungen wird für Arbeitsverhältnisse durch § 620, durch speziellere Normen des Kündigungsschutzrechts oder Kollektivvereinbarungen überlagert (hierzu § 622). **dd) Rücktritt** nach §§ 323, 326 V kann nur bis zum Antritt des Dienstverhältnisses, dh bis zum Beginn der Erfüllung von Dienstverpflichtungen erfolgen; nach diesem Zeitpunkt kann nur gekündigt werden. **ee) Verweigerungserklärung** des gekündigten AN nach KSchG 12, 16. **ff) Lösende Aussperrung** ist wegen 2

3

4

5

6

7

§ 620 Buch 2. Abschnitt 8. Einzelne Schuldverhältnisse

8   Grundsatzes der Verhältnismäßigkeit Ausnahme, vgl BAG (GS) AP Nr 43 zu GG 9 – Arbeitskampf; zum Meinungsstand Schaub § 194 III 2. **gg)** Verbleib in der Bundeswehr als Soldat nach Eignungsübung, EignungsübungsG 3 I 1, II. **hh)** Widerruf aufgrund Vorbehalt s BAG BB 83, 1791. **b) Selbsttätige Beendi-**
9   **gungsgründe** sind **aa)** der in § 620 I und BeschFG 1985 geregelte **Zeitablauf**; **bb)** Zweckerreichung, s § 620 II; **cc)** Eintritt einer Resolutivbedingung, vgl
10 BAG NJW 82, 788; **dd)** Tod des Dienstverpflichteten, s § 613; **ee)** ausnahmsweise bei personengebundener Dienstberechtigung (zB Krankenpflege) **Tod des**
11 **Dienstberechtigten; ff) Wegfall der Geschäftsgrundlage** beendet nur in Ausnahmefällen, in denen Kündigung nach § 313 III 2 aus den gleichen Umständen, die die Geschäftsgrundlage berührt haben, nicht möglich war (Kriegsereignisse usw); regelmäßig sind Änderungen der Geschäftsgrundlage nur Kündigungs-
12 (s Schaub § 121 II 3) oder Anpassungsgrund, § 313 I, III 2. **gg) Insolvenzverfahren** beendet nur Dienstverhältnisse auf Geschäftsbesorgung, InsO 116; sonst Kündigung, InsO 113; **hh) Erreichung** einer bestimmten **Altersgrenze** aufgrund tarifvertraglicher Normen, Betriebsvereinbarungen (hierzu aber BAG NZA 88, 617) oder einzelvertraglicher Regelungen als Resolutivbedingung s BAG NZA 86, 327. **ii)** Ablauf einer **Befristung; jj)** Eintritt auflösender **Bedingung**.

13 3. Mit **Beendigung** erlöschen grundsätzlich die Hauptpflichten zur Dienstleistung und Vergütung, jedoch kann Verpflichtung zur Zahlung von Ruhestandsbezügen (fort)bestehen. Vor allem bleiben nachwirkende **Abwicklungs- und Nebenpflichten**, nach BGB im Fall fristloser Kündigung Vergütung und Schadensersatz, § 628; Pflicht zur Zeugniserteilung s § 630; daneben sind Pflichten zur Rückgabe von Arbeitsmitteln (Schaub § 151) und Herausgabe bzw Ausfüllung von Arbeitspapieren (hierzu Schaub § 149) usw zu beachten. Verletzung dieser Pflich-
14 ten kann **Schadensersatzansprüche** nach §§ 280, 286, 276 auslösen. Der Dienstvertrag kann darüber hinaus weitere Pflichten für die Zeit nach Beendigung des Dienstverhältnisses vorsehen, zB Wettbewerbsverbote, s HGB 74 und § 611 Rn 27. Zu Dienstwohnungen s §§ 565 b ff. Erlaß ausstehender Vergütung möglich, BAG NJW 77, 1213, aber nicht ohne weiteres in sog Ausgleichsquittung zu sehen, hierzu BAG NJW 77, 1983. Zur Weiter**beschäftigung** nach Kündigung s § 611 Rn 44.

§ 620 Beendigung des Dienstverhältnisses

(1) **Das Dienstverhältnis endigt mit dem Ablauf der Zeit, für die es eingegangen ist.**

(2) **Ist die Dauer des Dienstverhältnisses weder bestimmt noch aus der Beschaffenheit oder dem Zwecke der Dienste zu entnehmen, so kann jeder Teil das Dienstverhältnis nach Maßgabe der §§ 621 bis 623 kündigen.**

(3) **Für Arbeitsverträge, die auf bestimmte Zeit abgeschlossen werden, gilt das Teilzeit- und Befristungsgesetz.**

Lit: Hromadka, Befristete und bedingte Arbeitsverhältnisse, neu geregelt BB 01, 621; ders, Das neue Teilzeit- und Befristungsgesetz, NJW 01, 400; Rsprübersicht Etzel NJW 98, 1195, 99, 2938; Preis/Hansch, Die Neuordnung der befristeten Arbeitsverhältnisse im Hochschulbereich, NJW 02, 927.

1   **1. Allgemeines.** § 620 enthält die wichtigsten Beendigungsmöglichkeiten: Beendigung durch Zeitablauf aufgrund entspr Vereinbarung wird in I anerkannt, Zweckerreichung in II als Beendigungsgrund vorausgesetzt, zur Kündigung wird in II auf die Kündigungsvorschriften §§ 621–623 verwiesen. I (Befristung) gilt nur noch für selbständige Dienstverträge s III. Sonderregelungen für Arbeitsverträge in TzBfG (Einzelheiten Hromadka aaO), HRG und HRGÄndG, BErzGG, WissArbVG sowie für Leiharbeitnehmer in AÜG 9 Nr 2, dazu Gaul NJW 97, 1469; die oft kurzfristigen, weil der politischen Situation folgenden Sonderregelungen können hier nicht ie kommentiert werden.

Titel 8. Dienstvertrag **§ 620**

2. Befristung ist bei selbständigen Dienstverträgen grundsätzlich zulässig, I. 2
a) Sie kann durch Bezeichnung eines Zeitraums (4 Wochen), durch ein Kalenderdatum oder auch einen anderen bestimmbaren Zeitbegriff (Messe, Saison, Lebenszeit, dazu § 624) erfolgen. **b)** Auch bei **Arbeitsverhältnissen** (zur Abgrenzung 3
s Rn 2 vor § 611; für leitende Angestellte s BAG BB 79, 1557) ist Befristung möglich, falls die Voraussetzungen nach TzBfG gegeben sind (vor allem sachlicher Grund; ferner Schriftform); Bsp sachlicher Gründe, die Befristung rechtfertigen, TzBfG 14 I 2. Nachträgliche Befristung bedarf ebenfalls sachlichen Grundes, BAG NJW 99, 597; Vergleich s BAG NZA 99, 480 (regelmäßig keine Umgehung Kündigungsschutz). Befristungskontrolle sollte Umgehung des Kündigungsschutzes verhindern, sodaß dessen zwingende Anwendbarkeit vorauszusetzen ist, LAG Köln NZA-RR 99, 118; zu TzBfG s jedoch Hromadka BB 01, 622. Bei **Zweckbefristung** muß Zweckerreichung in überschaubarer Zeit liegen und voraussehbar sein, 4
s BAG NZA 88, 201. Bsp sachlicher Gründe waren bis zum TzBfG und können in seiner Auslegung sowie außerhalb seines Anwendungsbereichs berücksichtigt werden: Saisonarbeit, Studentenjobs (BAG NJW 95, 982), Lehrkraftvertretung (einschränkend BAG NJW 99, 3143), vorübergehender Mehrbedarf an Arbeitskräften, BAG BB 97, 371, nicht jedoch Unsicherheit der Arbeitsmarktentwicklung, BAG NJW 01, 845; sozialer Überbrückungszweck, BAG NZA 99, 1335; absehbare Schließung (BAG NZA 98, 1000), **Probearbeitsverhältnisse** (BAG BB 78, 1265, sa TzBfG 14 I 2 Nr 5), Aushilfstätigkeit, Vertretung, hierzu BAG BB 96, 1615; s TzBfG 14 I 2 Nr 3; Bedarfsdeckung durch Aushilfslehrer, BAG NZA 87, 739, aber auch NZA 88, 471. Bei zunehmender Beschäftigungsdauer sind an den Befristungsgrund höhere Anforderungen zu stellen, BAG BB 78, 501. Verpflichtung zur Fortsetzung s BAG NJW 89, 3173 (bei venire contra factum proprium). Unzulässig sind **Kettenarbeitsverträge**, bei denen durch jeweils befristete Verlängerungen Kündigungsschutzvorschriften umgangen werden; für jede der sukzessiven Befristungen muß sachlicher Grund gegeben sein, BAG NJW 82, 1172, 5
NZA 88, 734. Unsachlich: Vermeidung des 613 a, BAG ZIP 95, 1213; sa BAG ZIP 99, 1322. **c)** Bei Befristung auf Lebenszeit oder für länger als 5 Jahre s § 624. 6
d) Beweislast für Befristungsdauer BAG NJW 95, 2942. **e)** Bei unwirksamer Befristung: Unbefristeter Dienstvertrag, vgl TzBfG 16 für Arbeitsverträge. **f)** Sach- 7
grundlose Befristung im Hochschulbereich s HRG 57 b ff, dazu Preis/Hansch (lit. vor Rn 1).

3. Auflösende Bedingung: Nach BAG NJW 82, 789 Ausnahme, aber zulässig, 8
dagegen unzulässiges Gestaltungsmittel: MK/Schaub Rn 34 vor § 620. Vereinbarung für Arbeitsverhältnis: s TzBfG 21, dazu ie Hromadka, BB 01, 625: Weitgehende Gleichbehandlung mit Befristung.

4. Zweckerreichung ist der Beendigung durch Zeitablauf gleichzubehandeln; 9
Bsp: Pflege eines Kranken bis zur Genesung oder zum Tod.

5. Mit Eintritt des Beendigungsgrundes oder -datums **Auflösung,** sofern nicht 10
Fortsetzung gem § 625 geschieht.

6. Außerordentliche Kündigung ist auch bei befristeten Dienstverhältnissen 11
möglich; ordentliche nur, soweit vereinbart, s BAG NJW 81, 246; Herschel/Löwisch 1. Nachtr § 1 Anm 285 ff Rn 13; Verhältnis Befristung/ordentliche Kündigung zur fristlosen Kündigung s BAG NJW 98, 3515; beachte auch § 624.

7. Rechtsnatur der Kündigung. Einseitige, empfangsbedürftige Willenserklä- 12
rung. Bei Arbeitsverträgen Schriftform erforderlich, s § 623; zur Heilung formnichtiger Kündigung (hL) s Klient DB 93, 1874. Mit **Zugang** wird Kündigung unwiderruflich, § 130 I 2. Zugang ist erfolgt, wenn die schriftliche Kündigung in die tatsächliche Verfügungsgewalt des Empfängers oder einer zum Empfang ermächtigten Person gelangt und damit dem Empfänger die Möglichkeit der Kenntnisnahme verschafft worden ist, BAG NJW 78, 2168 (§ 130 Rn 5), Zugang bei Annahmeverweigerung durch Angehörige s NJW 93, 1093. Zur Kündigung des

urlaubsabwesenden AN vgl BAG NJW 89, 607; zur Anfechtung durch AN wegen Drohung BAG NJW 80, 2213, wegen Irrtums über Schwangerschaft BAG NJW 92, 2174 (regelmäßig nein).

13 **8. Wirkung** der Kündigung tritt erst zum Kündigungszeitpunkt ein; bis dahin bleiben Dienst-, Vergütungs- und Beschäftigungspflicht (vgl BAG NJW 77, 215; WM 78, 309) grundsätzlich bestehen. Änderungskündigung s Berkowsky, BB 99, 1266 mwN.

§ 621 Kündigungsfristen bei Dienstverhältnissen

Bei einem Dienstverhältnis, das kein Arbeitsverhältnis im Sinne des § 622 ist, ist die Kündigung zulässig,
1. **wenn die Vergütung nach Tagen bemessen ist, an jedem Tag für den Ablauf des folgenden Tages;**
2. **wenn die Vergütung nach Wochen bemessen ist, spätestens am ersten Werktag einer Woche für den Ablauf des folgenden Sonnabends;**
3. **wenn die Vergütung nach Monaten bemessen ist, spätestens am 15. eines Monats für den Schluss des Kalendermonats;**
4. **wenn die Vergütung nach Vierteljahren oder längeren Zeitabschnitten bemessen ist, unter Einhaltung einer Kündigungsfrist von sechs Wochen für den Schluss eines Kalendervierteljahrs;**
5. **wenn die Vergütung nicht nach Zeitabschnitten bemessen ist, jederzeit; bei einem die Erwerbstätigkeit des Verpflichteten vollständig oder hauptsächlich in Anspruch nehmenden Dienstverhältnis ist jedoch eine Kündigungsfrist von zwei Wochen einzuhalten.**

1 **1. Allgemeines.** § 621 regelt die Fristen ordentlicher Kündigung für Dienstverhältnisse, die nicht Arbeitsverhältnisse sind (für Arbeitsverhältnisse s § 622). § 621 ist **abdingbar;** Laufzeitregeln in AGB müssen sich jedoch an § 309 Nr 9a und den Befristungs- und Kündigungsvorschriften des BGB messen lassen, BGH NJW 85, 2586 (Internatsvertrag). Bei Unterrichts- und Berufsausbildungsverträgen kann Ausschluß der Kündigung für längere Zeit unangemessen nach AGBG 9 I aF – jetzt § 307 I – sein, BGH NJW 93, 329. Kündigung in kirchlichen Organisationen s Düsseldorf BB 92, 774, Anm Rust aaO 776 zur Rspr.

2 **2. Fristen. a)** Entscheidend ist Bemessungsgrundlage der Vergütung, nicht Datum der jeweiligen Zahlung. **b)** Für die Fristen Nr 1, 3 gilt § 193; für Nr 4 und die 2-Wochen-Frist der N 5 HS 2 gelten §§ 187, 188 II, nicht § 193 (s BAG NJW 70, 1470; BGH 59, 268). **c)** Nr 5 betrifft Fälle wie Vergütung durch Provisionen, Gewinnbeteiligung usw.

3 **3.** Bei nicht fristgerechter Kündigung ist iZw Kündigung zum nächsten zulässigen Termin anzunehmen.

§ 622 Kündigungsfristen bei Arbeitsverhältnissen

(1) Das Arbeitsverhältnis eines Arbeiters oder eines Angestellten (Arbeitnehmers) kann mit einer Frist von vier Wochen zum Fünfzehnten oder zum Ende eines Kalendermonats gekündigt werden.

(2) ¹Für eine Kündigung durch den Arbeitgeber beträgt die Kündigungsfrist, wenn das Arbeitsverhältnis in dem Betrieb oder Unternehmen
1. **zwei Jahre bestanden hat, einen Monat zum Ende eines Kalendermonats,**
2. **fünf Jahre bestanden hat, zwei Monate zum Ende eines Kalendermonats,**
3. **acht Jahre bestanden hat, drei Monate zum Ende eines Kalendermonats,**

Titel 8. Dienstvertrag **§ 622**

4. zehn Jahre bestanden hat, vier Monate zum Ende eines Kalendermonats,
5. zwölf Jahre bestanden hat, fünf Monate zum Ende eines Kalendermonats,
6. 15 Jahre bestanden hat, sechs Monate zum Ende eines Kalendermonats,
7. 20 Jahre bestanden hat, sieben Monate zum Ende eines Kalendermonats.

²Bei der Berechnung der Beschäftigungsdauer werden Zeiten, die vor der Vollendung des 25. Lebensjahrs des Arbeitnehmers liegen, nicht berücksichtigt.

(3) Während einer vereinbarten Probezeit, längstens für die Dauer von sechs Monaten, kann das Arbeitsverhältnis mit einer Frist von zwei Wochen gekündigt werden.

(4) ¹Von den Absätzen 1 bis 3 abweichende Regelungen können durch Tarifvertrag vereinbart werden. ²Im Geltungsbereich eines solchen Tarifvertrags gelten die abweichenden tarifvertraglichen Bestimmungen zwischen nichttarifgebundenen Arbeitgebern und Arbeitnehmern, wenn ihre Anwendung zwischen ihnen vereinbart ist.

(5) ¹Einzelvertraglich kann eine kürzere als die in Absatz 1 genannte Kündigungsfrist nur vereinbart werden,
1. wenn ein Arbeitnehmer zur vorübergehenden Aushilfe eingestellt ist; dies gilt nicht, wenn das Arbeitsverhältnis über die Zeit von drei Monaten hinaus fortgesetzt wird;
2. wenn der Arbeitgeber in der Regel nicht mehr als 20 Arbeitnehmer ausschließlich der zu ihrer Berufsbildung Beschäftigten beschäftigt und die Kündigungsfrist vier Wochen nicht unterschreitet.

³Bei der Feststellung der Zahl der beschäftigten Arbeitnehmer sind teilzeitbeschäftigte Arbeitnehmer mit einer regelmäßigen wöchentlichen Arbeitszeit von nicht mehr als 20 Stunden mit 0,5 und nicht mehr als 30 Stunden mit 0,75 zu berücksichtigen. ⁴Die einzelvertragliche Vereinbarung längerer als der in den Absätzen 1 bis 3 genannten Kündigungsfristen bleibt hiervon unberührt.

(6) Für die Kündigung des Arbeitsverhältnisses durch den Arbeitnehmer darf keine längere Frist vereinbart werden als für die Kündigung durch den Arbeitgeber.

Lit: Adomeit/Thau, Das Gesetz zur Vereinheitlichung der Kündigungsfristen von Arbeitern und Angestellten, NJW 94, 11; Hromadka, Rechtsfragen zum Kündigungsfristenges, BB 1993, 2372; Löwisch, Kommentar zum Kündigungsschutzges, 7. Aufl 1997, ders, Tarifliche Regelungen von Arbeitgeberkündigungen, DB 97, 877; Rsprübersicht Etzel NJW 98, 1199, 99, 2942.

1. Allgemeines. BVerfG NJW 90, 2246 hatte Gleichbehandlung von Arbeitern und Angestellten bei Kündigungsfristen aufgegeben. Auch mußten Unterschiede für AN in den neuen und alten Bundesländern eingeebnet werden. Durch das KündFG sind deshalb § 622 insgesamt neu gefaßt worden. Übergangsregelung s EGBGB 22. Auswirkung auf bestehende Tarif- und Arbeitsverträge s Worzalla NZA 94, 145. 1

2. a) Kündigungsfrist wird in I für Arbeitsverhältnisse (s Rn 28 ff vor § 611) allgemein auf 4 Wochen festgesetzt; zu kündigen ist 4 Wochen vor den Endterminen 15. oder Monatsende. Nicht abdingbare Mindestfrist, s Kramer BB 97, 731. Gruppenspezifische Differenzierungen sind nicht vorgesehen, aber in Tarifverträgen möglich (s IV). Für Kündigung durch **Arbeitgeber** verlängert II die Kündigungsfristen nach der Dauer der Betriebszugehörigkeit; Berücksichtigung Ausbildungszeit s BAG NJW 00, 1355. Auf freie Dienstverträge wohl nicht anwendbar, s 2

Schlechtriem 751

§ 622 Buch 2. Abschnitt 8. Einzelne Schuldverhältnisse

LAG Berlin NZA-RR 97, 424. II 2 nimmt Beschäftigungszeiten vor 25. Lebensjahr bei Berechnung der Fristverlängerungen aus. Bei nicht fristgerechter Kündigung tritt wie nach früherem Recht iZw Kündigungswirkung zum nächsten
3 Termin ein. **b)** Sonderregelung für **Probezeit** s III. **c)** Sonstige Dienstverhältnisse: §§ 621, 624, 627; Grenzfall GmbH-Geschäftsführer s Hümmerich NJW 95, 1177; nach Verlust der Organstellung s BGH NJW 00, 2983.

4 **3. a) Abweichung,** also Verlängerungen oder auch Verkürzungen der Fristen sowie gruppenspezifische Differenzierungen – etwa nach Tätigkeitsmerkmalen oder Wirtschaftsbereichen – durch **Tarifvertrag** sind möglich; hierzu Kramer ZIP 94, 929; Löwisch DB 98, 877. Änderungen können nicht nur für Fristdauer, sondern auch für Kündigungstermine, Fristlauf und für die Voraussetzungen der Fristverlängerungen (Betriebszugehörigkeitsdauer usw) vereinbart werden. Erstreckung auf nicht tarifgebundene Vertragsparteien durch einzelvertragliche Abrede s IV 2. Bei tariflichem Ausschluß ordentlicher Kündigung bleibt außerordentliche
5 Kündigung möglich, s hierzu BAG NJW 85, 1859. **b)** Verkürzung durch Individualabrede ausnahmsweise möglich, V 1 (kurzbeschäftigte Aushilfskräfte – Nr 1 – oder Kleinbetriebe, Definition s Nr 2). Ansonsten ist Verkürzung auch in Indi-
6 dualabreden nicht möglich ("nur"). **c) Verlängerung** der jeweils geltenden Kündigungsfrist durch Individualabrede jederzeit möglich, V 2. **d)** Für Arbeitnehmerkündigungen darf keine längere Frist als für Arbeitgeberkündigungen vereinbart werden, VI; gilt für tarifvertragliche wie individualvertragliche Änderungen der ges Fristen.

7 **4. Kündigungsschutzrecht.** Lit s vor Rn 1 sowie vor Rn 1 vor §§ 620–622; zu den ideologischen Wurzeln des richterrechtlich entwickelten Kündigungsschutzes Rüthers NJW 98, 1433. § 622 wird überlagert und ergänzt durch (auch landesgesetzliche) Regelungen außerhalb des BGB, aber auch sonst ist bei Kündigungsauswahl nach § 242 ein Mindestmaß an sozialer Rücksichtnahme zu wahren, BAG ZIP 01, 2242. Der Kündigungsschutz wird durch Kündigungsschutzrecht allg verstärkt, und zwar ie durch völligen Ausschluß der Kündigungsmöglichkeit während bestimmter Zeiten (zB Schwangerschaft, Mutterschaftsurlaub, Ausbildung), durch Setzung längerer Kündigungsfristen (s aber auch HeimarbeitsG 29 I), durch das Wirksamkeitserfordernis der Zustimmung einer Behörde (s SchwbG 12) oder des Betriebsrates (s BetrVG 103), oder durch die Voraussetzung der Anhörung des Betriebsrates (BetrVG 102). Zum Beschäftigungsanspruch während des Kündigungsverfahrens s Nachw bei § 611 Rn 44. Einzelne Ges mit Kündigungsschutz-
8 normen **a)** KSchG schränkt als **allg Kündigungsschutz** die Möglichkeiten der Kündigung durch die Voraussetzung ein, daß sie „sozial gerechtfertigt" sein muß, KSchG 1 I; zur Neuregelung der Sozialauswahl im SozialversicherungskorrekturG v 28. 12. 98, BGBl 98 I 3849 s Däubler NJW 99, 601. Bei verhaltensbedingter Kündigung ist zunächst abzumahnen, vgl BAG AP Nr 12 zu § 1 KSchG 1969, Anm Bickel. Zur Bedeutung einer Abmahnung für Kündigungsgründe s BAG
9 NJW 89, 2493 f. Ein sozial gerechtfertigter Kündigungsgrund kann **aa)** in der Person des AN gegeben sein, zB mangelhafte Leistungen, Unzuverlässigkeit, häufige oder langandauernde Erkrankung, s hierzu BAG NJW 85, 2783; 90, 2340 (häufige Kurzerkrankungen); bei gesundheitlich bedingter Leistungsunfähigkeit oder Krankheit ist Kündigung nur „letztes Mittel", BAG NJW 81, 298; BAG BB 92, 1930 (bei krankheitsbedingter Minderung der Leistungsfähigkeit Kündigung sozial gerechtfertigt bei erheblicher Beeinträchtigung betrieblicher Interessen); Störung des Arbeitsfriedens (vgl jedoch BAG NJW 83, 700), Straftaten oder Tätlichkeiten gegen Kollegen (zur Freiheitsstrafe s BAG NJW 86, 342), zahlreiche Lohnpfändungen oder -abtretungen, BAG NJW 82, 1063, Leistungsverweigerung (sa für Gewissensgründe LAG Düsseldorf BB 88, 1750; Wendeling/Schröder BB
10 88, 1742) oder **bb)** durch dringende betriebliche Erfordernisse, zB Auftragsrückgang oder Rationalisierung geboten sein (wobei allerdings die Auswahl der zu kündigenden AN wieder sozial gerechtfertigt sein muß, KSchG 1 II 1, III); zur

Titel 8. Dienstvertrag **§§ 623–625**

Personalstruktur des Betriebes s KSchG 1 III 2 idF des Korrekturges BGBl 98 I 3849. Grundsatz der **Verhältnismäßigkeit** verlangt, daß AN zumutbare Weiterbeschäftigung auf freiem Arbeitsplatz angeboten wird, BAG NJW 85, 1798. Verteidigung des gekündigten AN: KSchG 4; zum vorläufigen Rechtsschutz Schaub NJW 81, 1807. Zum Verhältnis GG 6 I zur Kirchenautonomie bei religionsbedingter Kündigung BVerfG NJW 86, 367 sowie vor § 611 Rn 39. Bes **Kündigungsschutz** besteht bei Massenentlassungen durch sog Entlassungssperre und Anzeigepflicht gegenüber dem Arbeitsamt, KSchG 17, 18 (s hierzu Löwisch NJW 78, 1237) sowie weitgehenden Ausschluß der Kündigung für Mitglieder des Betriebsrates, der Jugend- oder Bordvertretung, KSchG 15 I. S ferner **b)** MuSchG 9; **c)** SchwbG 12; **d)** HeimarbG 29 ff; dazu Schmidt NJW 76, 930; **e)** für Bergleute mit Bergmannsversorgungsschein; **f)** zum Wehrdienst oder zu Wehrübungen Einberufene s ArbPlSchG 2 ff; **g)** für Auszubildende s BBiG 15 II; **h)** bei arbeitnehmerähnlichen Personen muß eine sog „Ankündigungsfrist" eingehalten werden, BAG 19, 325. 11

12

13

§ 623 Schriftform der Kündigung

Die Beendigung von Arbeitsverhältnissen durch Kündigung oder Auflösungsvertrag bedürfen zu ihrer Wirksamkeit der Schriftform; die elektronische Form ist ausgeschlossen.

1. Allgemeines. Schriftform für Kündigung eingeführt durch ArbeitsgerichtsbeschleunigungsG Art 2, in Kraft seit 1. 5. 00.

Lit.: Richardi/Annuß NJW 00, 1231; Preis/Gotthardt, NZA 00, 348; Opolony NJW 00, 2171; Rolfs NJW 00, 1227. Befristung Arbeitsverträge – Form: TzBfG IV.

§ 624 Kündigungsfrist bei Verträgen über mehr als fünf Jahre

¹Ist das Dienstverhältnis für die Lebenszeit einer Person oder für längere Zeit als fünf Jahre eingegangen, so kann es von dem Verpflichteten nach dem Ablauf von fünf Jahren gekündigt werden. ²Die Kündigungsfrist beträgt sechs Monate.

1. Allgemeines. Schutz des Dienstnehmers vor übermäßiger Bindung durch langfristige Dienstverträge; vgl auch AktG 84 I 5. 1

2. Anwendungsbereich. § 624 gilt für alle befristeten Dienstverhältnisse, zB auch Handelsvertreter (s Hamm BB 78, 1335; Ballerstedt JZ 70, 372 mwN), nicht aber für gemischte Verträge mit dienstvertraglichen Elementen (s zum Tankstellenstationärsvertrag BGH NJW 69, 1662) oder auf für 5 Jahre befristeten Vertrag mit Verlängerungsmöglichkeit, BAG BB 92, 639. Die Art der Befristung ist unerheblich, also nicht nur bestimmter Zeitraum (6 Jahre) oder Kalenderdatum, sondern auch künftiges Ereignis, dessen genaues Datum noch nicht feststeht („Lebenszeit"). 2

3. Abdingbarkeit. S 1 ist zwingend; die Frist des S 2 darf verkürzt, aber nicht verlängert werden. 3

4. Folge. Kündigungsmöglichkeit nach Ablauf von 5 Jahren seit Dienstantritt mit 6monatiger Frist, nicht Nichtigkeit. 4

§ 625 Stillschweigende Verlängerung

Wird das Dienstverhältnis nach dem Ablauf der Dienstzeit von dem Verpflichteten mit Wissen des anderen Teiles fortgesetzt, so gilt es als auf unbestimmte Zeit verlängert, sofern nicht der andere Teil unverzüglich widerspricht.

1. Allgemeines. Fortsetzung des an sich beendeten (durch Kündigung, Aufhebungsvertrag, Zeitablauf, sa Anm 2) Dienstverhältnisses **gilt** als Vereinbarung der Verlängerung auf unbestimmte Zeit. 1

§ 626 Buch 2. Abschnitt 8. Einzelne Schuldverhältnisse

2 2. **Anwendungsbereich. a)** Alle Dienstverhältnisse (nicht: Vorstand AG, Karlsruhe WM 96, 168); **b)** unanwendbar bei Beendigung durch Tod einer Partei oder Zweckerreichung.

3 3. **Voraussetzungen. a)** Ablauf der Dienstzeit; **b)** Fortsetzung der Tätigkeit durch den Dienstverpflichteten unmittelbar nach Ablauf des Dienstverhältnisses (für Arbeitsverhältnis BAG NZA 99, 482); **c)** Kenntnis des Dienstberechtigten; **d)** Unterbleiben eines unverzüglichen (s § 121) Widerspruchs.

4 4. **Widerspruch** ist einseitige, empfangsbedürftige Willenserklärung.

5 5. **Wirkung.** Verlängerung zu den alten Bedingungen durch Fiktion („gilt"), so daß Willensmängel unerheblich sind. Erforderlich ist allerdings Kenntnis des Dienstberechtigten von der Fortsetzung.

§ 626 Fristlose Kündigung aus wichtigem Grund

(1) **Das Dienstverhältnis kann von jedem Vertragsteil aus wichtigem Grund ohne Einhaltung einer Kündigungsfrist gekündigt werden, wenn Tatsachen vorliegen, auf Grund derer dem Kündigenden unter Berücksichtigung aller Umstände des Einzelfalles und unter Abwägung der Interessen beider Vertragsteile die Fortsetzung des Dienstverhältnisses bis zum Ablauf der Kündigungsfrist oder bis zu der vereinbarten Beendigung des Dienstverhältnisses nicht zugemutet werden kann.**

(2) ¹Die Kündigung kann nur innerhalb von zwei Wochen erfolgen. ²Die Frist beginnt mit dem Zeitpunkt, in dem der Kündigungsberechtigte von den für die Kündigung maßgebenden Tatsachen Kenntnis erlangt. ³Der Kündigende muss dem anderen Teil auf Verlangen den Kündigungsgrund unverzüglich schriftlich mitteilen.

1 1. **Allgemeines.** Konkrete Ausprägung des durch das SchRModGes in § 314 normierten Rechtsprinzips; § 626 geht § 314 I als lex specialis vor (Gotthardt, Lit Vor § 611 Rn 201 mwN); § 314 II gilt jedoch auch für Arbeitsverhältnis und stellt Abmahnungserfordernis auf ges Grundlage (Gotthardt aaO Rn 204 f).

2 2. **Anwendungsbereich. a)** Alle selbständigen und unselbständigen Dienstverhältnisse, insbes auch Arbeitsverhältnisse, die auf bestimmte oder unbestimmte Zeit geschlossen sind, oder Verträge mit „Schwerpunkt" im Dienstvertragsrecht (s BGH NJW 84, 2091, 2093 zu Internatsvertrag). Für selbständige Dienstverhältnisse be-
3 achte jedoch § 627. **b)** Sonderregeln für: Schiffsbesatzungen (SeemannsG 64–68, 78 I), Handelsvertreter (HGB 89 a), Ausbildungsverhältnisse (BBiG 15), Heimarbeiter (HeimarbG 29). Ausschluß der Kündigungsmöglichkeit: MuSchG 9; Mitwirkungs-
4 und Zustimmungserfordernisse s Rn 16. **c)** Iü lassen Kündigungsschutzvorschriften das Recht zur fristlosen Kündigung generell unberührt, s KSchG 13; Abfindung s KSchG 13 I 3, 10–12; zur Verteidigung gegen eine fristlose Kündigung s KSchG 13 iVm KSchG 4 S 1, 5–7 sowie Rn 27. Die außerordentliche Kündigung bleibt insbes möglich, wo ordentliche Kündigung ausgeschlossen ist, BAG NJW 85, 1851, NJW 00, 828 (Alkoholismus). Zur Einhaltung ordentlicher Kündigungsfrist statt II s BAG NZA 98, 771. Zur **vereinbarten** fristlosen Kündigungsmöglichkeit s jedoch BGH NJW 81, 2748 (Mindestfrist aus § 622 I 2).

5 3. **Abdingbarkeit.** Das Recht zur fristlosen Kündigung ist weder durch Kollektiv- noch durch Individualvertrag abdingbar, vgl Schaub § 125 III; Jena NZG 99, 1069. Von der Zustimmung Dritter kann die Wirksamkeit einer fristlosen Kündigung nicht abhängig gemacht werden, BGH NJW 73, 1122. Das Kündigungsrecht kann jedoch für den AG so konkretisiert werden, daß dieser nur persönlich kündigen kann, BAG DB 76, 441.

6 4. **Zur Kündigungsvoraussetzung** „wichtiger Grund" müssen **Tatsachen** obj gegeben sein – 1. Prüfungsstufe –, deren Gewicht **„unter Berücksichtigung aller Umstände"** und **„unter Abwägung der Interessen beider Vertrags-**

Titel 8. Dienstvertrag **§ 626**

teile" die **Fortsetzung** des Dienstverhältnisses bis zum Ablauf der Kündigungsfrist bei ordentlicher Kündigung oder bis zum vereinbarten Endtermin für den Kündigenden **„unzumutbar"** machen – 2. Prüfungsstufe –, s BGH NJW 93, 464, NJW 00, 1973. Unzumutbarkeit ist nicht entspr KSchG 9 I 1 auszulegen, BAG NJW 82, 2015. **a)** Auch ein Verdacht strafbarer Handlungen oder schwerer Vertragsverletzungen kann „Tatsache" sein, BAG NJW 93, 83, NJW 00, 1970 f (zur Einstellung Ermittlungsverfahren: Kündigung nicht unwirksam), doch ist bei **Verdachtskündigung** AN zu hören, dazu BAG NJW 96, 540 (Wirksamkeitsvoraussetzung für Kündigung); sa Lücke BB 97, 1842, BB 98, 2259. **b)** „Tatsachen" und die „zu berücksichtigenden Umstände" müssen behauptet und bewiesen werden, entspr Feststellungen sind also der Revision weitgehend entzogen (BAG JZ 75, 739; BAG NJW 00, 1971). „Berücksichtigung aller Umstände", „Abwägung der Interessen" sind unbestimmte Rechtsbegriffe, deren wertende Anwendung und Auslegung revisibel ist (vgl BAG JZ 75, 737 mit Anm Säcker JZ 75, 740, insbes zur Interessenabwägung) BGH NJW 00, 1971 ff. Auch schuldlose Pflichtverletzung kann (ausnahmsweise) wichtiger Grund sein, BAG NJW 99, 3140. **c)** Der „wichtige Grund" ist deshalb immer Resultat einer Bewertung der Umstände aufgrund des Einzelfalles, BAG NJW 79, 239, wobei Verhältnismäßigkeit zu beachten ist: Sie kann gebieten, zunächst anderen – freien – Arbeitsplatz anzubieten, vgl BAG NJW 79, 333 (Entziehung der Fahrerlaubnis), und pflichtwidriges Verhalten **abzumahnen,** s BAG NJW 00, 1973 sowie jetzt § 314 II. Es gibt kaum „absolute" Gründe, deren Gewicht nicht durch andere Umstände derart gemindert werden könnte, daß aufgrund der gebotenen Interessenabwägung eine befristete Fortsetzung des Arbeitsverhältnisses zumutbar wäre, vgl BAG NJW 85, 1853 (Diebstahl/Dauer der Betriebszugehörigkeit), BAG BB 95, 2063 (krankheitsbedingte Leistungsminderung). Die in der Lit zusammengestellten umfangreichen Kataloge von Kündigungsgründen (s Schaub § 125 VII) geben deshalb nur Bsp; das Gewicht der angegebenen Gründe kann nur im Kontext des konkreten Falles ermessen werden, vgl BAG DB 76, 2358. Die Einteilung in Kündigungsgründe des Dienstverpflichteten einerseits und des Dienstberechtigten andererseits kann ebenso nur zu einem ersten Überblick verhelfen wie Gliederungen, die ordnen nach **aa)** Verschulden bei Vertragsschluß (vor allem durch Täuschung); **bb)** Verletzung von Hauptpflichten (zB beharrliche Arbeitsverweigerung oder ihre Ankündigung, BAG BB 97, 1101; auch bei rechtswidrigem Streik, vgl BAG NJW 79, 239; längere Strafhaft, BAG NZA 95, 777; eigenmächtiger Urlaubsantritt, BAG NJW 94, 1894; vorgetäuschte Krankheit; Geschäftsführerpflichten nach Gesetz und Satzung s BGH NJW-RR 02, 173; beim Dienstberechtigten erheblicher Rückstand mit der Leistung der Vergütung; wiederholte Unpünktlichkeiten, BGH NJW 89, 547, BAG BB 97, 1949). **cc)** Verletzung von Neben- und Treuepflichten des Dienstverpflichteten (zB Vollmachtsmißbrauch), verbotener Wettbewerb (LAG Köln NZA 95, 994), Annahme von Schmiergeldern, Täuschung von Vorstandsmitgliedern vgl Düsseldorf DB 83, 1036); auch: nicht genehmigte (LAG Hamm NZA-RR 99, 126) oder Nebentätigkeit trotz Krankschreibung (BAG BB 94, 142). **dd)** Verstoß gegen Neben- und Fürsorgepflichten durch den Dienstberechtigten (zB §§ 617, 618); **ee)** strafbare Handlungen, zB Diebstahl, LAG Köln NZA-RR 00, 24; LAGS Anhalt NZA-RR 99, 473; sa BAG NJW 00, 171, uU auch außerhalb der Dienstsphäre, private Trunkenheitsfahrt des Berufskraftfahrers, BAG NJW 79, 332, Urkundenfälschung BAG DB 97, 1411; zur „Verdachtskündigung" so Rn 7). **ff)** Gefährdung der Mitarbeiter, BAG NJW 77, 1504, sowie Ehrverletzungen, insbes wenn sie den Arbeitsfrieden stören; ausländerfeindliche Äußerungen, LAG Hamm BB 95, 678; Gewalttätigkeit, LAG Hamm NZA-RR 96, 291, Beleidigungen und Drohungen gegenüber leitenden Angestellten, LAG Berlin NZA 98, 167; **gg)** Krankheit (nur ausnahmsweise, vgl BAG BB 95, 2063); aber: Drohung mit Krankheit, um Urlaubsverlängerung zu erhalten, als wichtiger Grund s BAG BB 93, 434, Wertheimer EWiR 93, 762, Alkoholproblem s BAG DB 97, 2386; **hh)** Betriebsein-

§ 626 Buch 2. Abschnitt 8. Einzelne Schuldverhältnisse

stellung oder -einschränkung (nur ausnahmsweise, zB wenn ordentliche Kündigung vertraglich ausgeschlossen ist oder bei Anstellung auf Lebenszeit, s BGH WM 75, 761); uU auch als Änderungskündigung, s BAG NJW 76, 1334; **ii)** Betriebsfrieden störende Betätigung für eine politische Partei s BAG NJW 84, 1142; Tätigkeit für Stasi s LAG Berlin DB 92, 1988 (EinV Sonderregelung gegenüber § 626); Scholz BB 91, 2515; zur Verletzung von Loyalitätspflichten kirchlicher Mitarbeiter s BVerfG NJW 86, 369; BAG NJW 94, 3032 (Verstoß gegen tragende Grundsätze des Kirchenrechts); Ehescheidung (vom AG) BAG NJW 96, 1300, NZA 98, 145; **jj)** Unberechtigte fristlose Kündigung durch anderen Teil, BGH
15 NJW 94, 444. **d) Beweislast** für Kündigungsgründe (Tatsachen) und die Rechtfertigungsgründe ausschließenden Umstände trägt der Kündigende, BAG NJW 88, 438 (behauptete Wettbewerbserlaubnis), doch bedarf es für Rechtfertigung substantiierten Vortrags des Gekündigten, BAG aaO.

16   **5. Mitwirkung a)** des anderen Teils ist nicht erforderlich; auch Unterlassen einer aus Fürsorgegesichtspunkten gebotenen Anhörung macht die Kündigung nicht unwirksam, vgl BAG NJW 77, 1415 (anders bei Verdachtskündigung, s BAG NZA 87, 609); allerdings kann eine **Abmahnung** erforderlich sein, BAG NJW 00, 1973 sowie § 314 II; zur Bedeutung für Kündigungsgründe BAG aaO sowie NJW
17 89, 2493 f. **b)** Im Anwendungsbereich des BetrVG oder BPersVG ist der Betriebsrat (oder Personalrat) anzuhören; eine ohne Anhörung ausgesprochene Kündigung ist unwirksam, BetrVG 102 I 2; BPersVG 79 III; **c)** zustimmungsbedürftig ist die fristlose Kündigung der Inhaber von bestimmten Ämtern aufgrund der Betriebsverfassung nach BetrVG 103 I, zB Mitglieder des Betriebsrats, der Jugendvertretung, entspr für den öffentl Dienst BPersVG 47; s ferner SchwbG 18.

18   **6. Kündigungserklärung** (s § 620 Rn 23) muß Kündigungswillen ausdrücklich oder schlüssig, zB aus der beigefügten Begründung, erkennen lassen, BAG NJW 83, 303. Grundsätzlich formlos möglich, beachte jedoch § 623 BBiG 15 III, SeemannsG 62; Form kann auch durch Tarifvertrag oder Individualabrede vorgesehen sein. Zur Angabe von Gründen s II 3, Rn 23, ferner BBiG 15 III. Zur Mißbräuchlichkeit der Berufung auf Nichtigkeit vom AN selbst erklärter Kündigung s BAG NJW 98, 1660.

19   **7. a) Erklärungsfrist** in II soll verhindern, daß alte Gründe nach Belieben zur fristlosen Kündigung eingesetzt werden können. Kündigung muß innerhalb der Frist zugehen, BAG NJW 78, 2168. Gilt auch für selbständige Dienstverhältnisse, BGH NJW 99, 355. Frist ist nicht abdingbar, auch nicht durch Tarifvertrag, BAG BB 78, 1166. Sie gilt auch bei KSchG 15, BAG NJW 78, 661. Die 2-Wochen-Frist, II 1, läuft ab Kenntnis der maßgebenden Tatsachen, II 2; zur Kenntnis BGH NJW 96, 1403 (sichere und umfassende Kenntnis), BGH WM 76, 379 f (zum Kenntniszeitpunkt bei fortgesetzten Verfehlungen), BGH NJW-RR 02, 173 (Person oder Organ, auf deren Wissen es ankommt – zur Entscheidung über Kündigung befugt), BAG NJW 97, 1656 (Fristbeginn bei Dauerstörtatbestand); BAG NJW 94, 1675 (Verdacht strafbarer Handlungen), BAG NZA 00, 381 (Ergebnis Strafverfahren); zur Hemmung während Aufklärung (notwendig, gebotene Eile), insbesondere Anhörung, s BAG NJW 89, 734; zur Kenntnis bei ur Personen s BGH NJW 84, 2690 (Genossenschaft), BGH NJW-RR 02, 173 (GmbH: Mitglieder Gesellschafterversammlung), 81, 166 (AG); bei Bundesbahn s BAG BB 78,
20 1166. **Ausschlußfrist,** die von Amts wegen zu beachten ist. Sie läuft für jeden Kündigungsgrund neu; zur Beurteilung „aller Umstände" können aber auch ausgeschlossene Gründe herangezogen werden. Nach Kündigung aufgedeckte Kündigungsgründe können noch nachgeschoben werden, BAG NJW 98, 102; krit Schwerdtner NZA 87, 361. Bei laufendem Strafverfahren kann der AG abwarten, bis (und ob) seine Kenntnis der wesentlichen Strafumstände durch ein rechtskräftiges Strafurteil bestätigt wird, BAG NJW NZA 00, 381. Bei Einräumung einer Bedenkzeit
21 kann die Berufung auf Fristablauf rechtsmißbräuchlich sein, BGH NJW 75, 1698. **Versäumung** der Erklärungsfrist wirkt wie Fehlen eines wichtigen Grundes, BAG

Titel 8. Dienstvertrag **§ 627**

NJW 72, 1878 (Folge: Heilung über KSchG 13 I möglich, aA Güntner BB 73, 1496: § 134). Verhältnis zur Verwirkung s BAG NJW 86, 2338. **b)** Für die Bestimmung einer angemessenen Frist gilt II nicht, BGH NJW 82, 2432 (Eigenhändler).

8. Die Kündigung wirkt **fristlos,** jedoch ist Gewährung einer Auslauffrist 22 möglich, BGH WM 75, 761; der Kündigende ist dann durch Ausübung und Verbrauch des Kündigungsrechts an die selbst gesetzte Frist gebunden.

9. Begründungspflicht besteht auf Verlangen des Gekündigten, II 3; Verwei- 23 gerung der schriftlichen Begründung macht die Kündigung nicht unwirksam, sondern den Kündigenden evtl schadensersatzpflichtig.

10. Umdeutung einer nichtigen außerordentlichen Kündigung **a)** in eine or- 24 dentliche Kündigung ist zulässig, s BAG NZA 85, 286 (muß mutmaßlichem Willen des AG, für AN erkennbar, entsprechen, BGH NJW 98, 76). Einzelheiten Hager BB 89, 693; **b)** in Anfechtung wegen gleicher Voraussetzungen und Fol- 25 gen – vgl Rn 4 vor § 620 – nicht sinnvoll.

11. Druckkündigung. Druck der Belegschaft durch Drohung mit Arbeitsnie- 26 derlegung rechtfertigt fristlose Kündigung nicht (vgl aber BAG NJW 76, 869); der Anlaß für das Verhalten der Belegschaft in der Person des zu Kündigenden kann jedoch ein „wichtiger Grund" für den AG zur Kündigung sein, wobei aber II zu beachten bleibt (s BAG aaO S 870).

12. Verteidigung gegen Kündigung s KSchG 4, 13 I 2 (Feststellungsklage); in 27 anderen Fällen ZPO 256 oder Leistungsklage auf Lohn oder Beschäftigung. Bei nachträglichem Wegfall des Kündigungsgrundes Wiedereinstellungsanspruch, Oetker ZIP 00, 643.

§ 627 Fristlose Kündigung bei Vertrauensstellung

(1) Bei einem Dienstverhältnis, das kein Arbeitsverhältnis im Sinne des § 622 ist, ist die Kündigung auch ohne die in § 626 bezeichnete Voraussetzung zulässig, wenn der zur Dienstleistung Verpflichtete, ohne in einem dauernden Dienstverhältnis mit festen Bezügen zu stehen, Dienste höherer Art zu leisten hat, die auf Grund besonderen Vertrauens übertragen zu werden pflegen.

(2) ¹Der Verpflichtete darf nur in der Art kündigen, dass sich der Dienstberechtigte die Dienste anderweit beschaffen kann, es sei denn, dass ein wichtiger Grund für die unzeitige Kündigung vorliegt. ²Kündigt er ohne solchen Grund zur Unzeit, so hat er dem Dienstberechtigten den daraus entstehenden Schaden zu ersetzen.

1. Allgemeines. Erweiterung der Möglichkeiten fristloser Kündigung für 1 selbständige Dienstverhältnisse, die zusätzlich durch die Art der Dienstleistungen qualifiziert sind, aufgrund der bes Vertrauensstellung der Dienstverpflichteten und ihrer wirtschaftlichen Unabhängigkeit.

2. Voraussetzungen. a) Selbständiges Dienstverhältnis (dazu Rn 2, 3 vor 2 § 611); **b)** Dienste höherer Art, die bes Vertrauen voraussetzen, vgl Celle NJW 81, 2762 (Unterricht); Koblenz NJW 90, 3153 (Steuerberatung); Meditationsseminar (LG Kassel NJW-RR 99, 1281); Projektsteuerung (OLG Düsseldorf NJW 99, 3129); BGH NJW 89, 1480 (Partnervermittlung). **c)** kein dauerndes Dienstverhältnis mit festen Bezügen. Bsp: Arzt (Karlsruhe MedR 95, 374: Orthopäde), Rechtsanwalt, Steuerberater, Eheanbahnung, BGH NJW 87, 2808. In der Höhe schwankende sind keine „festen" Bezüge, BGH WM 93, 796.

3. Rechtsfolge. a) Fristlose Beendigung des Dienstverhältnisses ex nunc durch 3 Kündigung auch ohne wichtigen Grund möglich, I. Auslauffrist kann eingeräumt werden, s § 626 Rn 22. **b)** Vergütung s § 628 I.

Schlechtriem

§ 628 Buch 2. Abschnitt 8. Einzelne Schuldverhältnisse

4   4. Eine **Beschränkung** für den Dienstverpflichteten enthält II: **a)** Die Kündigung darf nicht zur Unzeit erfolgen, II 1, es sei denn, **b)** ein wichtiger Grund ist gegeben. Unzumutbarkeit der Fortsetzung soll neben wichtigem Grund nicht erforderlich sein, PalPutzo 7. **c) Rechtsfolge** der Kündigung zur Unzeit: Schadensersatzanspruch II 2, nicht: Unwirksamkeit der Kündigung.

5   5. Sowohl I als auch II sind **abdingbar;** zu AGB s jedoch BGH NJW 89, 1480.

§ 628 Teilvergütung und Schadensersatz bei fristloser Kündigung

(1) ¹Wird nach dem Beginn der Dienstleistung das Dienstverhältnis auf Grund des § 626 oder des § 627 gekündigt, so kann der Verpflichtete einen seinen bisherigen Leistungen entsprechenden Teil der Vergütung verlangen. ²Kündigt er, ohne durch vertragswidriges Verhalten des anderen Teiles dazu veranlaßt zu sein, oder veranlaßt er durch sein vertragswidriges Verhalten die Kündigung des anderen Teils, so steht ihm ein Anspruch auf die Vergütung insoweit nicht zu, als seine bisherigen Leistungen infolge der Kündigung für den anderen Teil kein Interesse haben. ³Ist die Vergütung für eine spätere Zeit im voraus entrichtet, so hat der Verpflichtete sie nach Maßgabe des § 347 oder, wenn die Kündigung wegen eines Umstandes erfolgt, den er nicht zu vertreten hat, nach den Vorschriften über die Herausgabe einer ungerechtfertigten Bereicherung zurückzuerstatten.

(2) Wird die Kündigung durch vertragswidriges Verhalten des anderen Teiles veranlaßt, so ist dieser zum Ersatz des durch die Aufhebung des Dienstverhältnisses entstehenden Schadens verpflichtet.

Lit: Gessert, Schadensersatz nach Kündigung, 1987.

1   1. **Allgemeines.** Abwicklungsvorschrift für fristlos gelöste Dienstverhältnisse; Regelung der Teilvergütung für bereits erbrachte Dienste, Rückzahlung für vorgeleistete Vergütungen und Ersatz evtl Auflösungsschadens. Gilt für alle Dienstverhältnisse, auch für Anwaltsvertrag, BGH NJW 87, 315; Sondervorschriften HGB 89 a II, BBiG 16, SeemannsG 66 II, 70.

2   2. Der **Teilvergütungsanspruch** des Verpflichteten hat zur **Voraussetzung a)** Auflösung des Dienstverhältnisses durch Kündigung nach §§ 626 oder 627.

3   **b) Einschränkung:** Ist die Kündigung **aa)** durch vertragswidriges Verhalten des Dienstverpflichteten veranlaßt oder **bb)** vom Verpflichteten selbst grundlos, dh ohne durch Vertragswidrigkeiten des Dienstberechtigten veranlaßt, ausgesprochen worden, dann Teilvergütungsanspruch nur, soweit erbrachte Dienste trotz Abbruchs für Empfänger von Wert sind, I 2 (sa BAG BB 85, 122; BGH NJW 85, 41 zur Wertlosigkeit und ihren Ursachen). **Beweislast** für Vertragswidrigkeit hat Auftraggeber, BGH NJW 97, 188.

4   3. **Vorauszahlungen** sind nach I 3 zu erstatten; bei vom Empfänger zu vertretenden Kündigungsgründen haftet er nach § 347, sonst nach Bereicherungsrecht.

5   4. **Schadensersatzanspruch** wegen Auflösungsverschuldens ist gegeben, wenn **a)** die **Kündigung** vom anderen (oder seinen Erfüllungsgehilfen, vgl. BGH NJW 84, 2094 für Internatsschüler) in zu vertretender Weise veranlaßt worden ist. Wechselseitige Ansprüche sind aber nicht gegeben, wenn jeder selbst auch aus wichtigem, zu vertretendem Grund kündigen konnte, BAG NJW 66, 1835; BGH 44, 271. Bei **Aufhebungsvertrag** soll nach BGH NJW 71, 2093, II entspr an-

6   wendbar sein. **b) Art** und **Umfang** des Schadensersatzes: §§ 249 ff **aa)** für Dienstberechtigten zB höhere Kosten für Ersatzkraft, Geschäftsverluste; Inseratskosten s unten sub cc); **bb)** für Dienstverpflichteten zB Lohndifferenz. **cc)** Ersatzfähig Kosten, die bei ordnungsmäßiger Einhaltung der Kündigungsfrist vermeidbar gewesen wären, BAG NJW 84, 2847 (zu Inseratskosten); sa Weiß JuS 85, 593 zum unkünd-

Titel 8. Dienstvertrag **§§ 629, 630**

baren AN. Bei schuldhaft unterlassener Schadensminderung (zB Unterlassen anderweitigen Erwerbs) § 254.

5. Abdingbarkeit: Ja, insbes können die Rechtsfolgen des § 649 vereinbart werden, BGH LM Nr 3 zu § 611. 7

§ 629 Freizeit zur Stellungssuche

Nach der Kündigung eines dauernden Dienstverhältnisses hat der Dienstberechtigte dem Verpflichteten auf Verlangen angemessene Zeit zum Aufsuchen eines anderen Dienstverhältnisses zu gewähren.

1. Allgemeines. Konkrete Ausprägung der Fürsorgepflicht. Freistellung kann nicht nur bei Kündigung jedes Dienstverhältnisses, sondern auch bei befristetem Dienstverhältnis verlangt werden. Nicht abdingbar. 1

2. Für Häufigkeit, Dauer und Zeitpunkt der Freistellung sind die Umstände des konkreten Dienstverhältnisses und des Arbeitsmarktes maßgebend. 2

3. Vergütungspflicht bleibt für die Dauer der **angemessenen Zeit** bestehen. 3

§ 630 Pflicht zur Zeugniserteilung

¹Bei der Beendigung eines dauernden Dienstverhältnisses kann der Verpflichtete von dem anderen Teil ein schriftliches Zeugnis über das Dienstverhältnis und dessen Dauer fordern. ²Das Zeugnis ist auf Verlangen auf die Leistungen und die Führung im Dienst zu erstrecken. ³Die Erteilung des Zeugnisses in elektronischer Form ist ausgeschlossen.

Lit: Loewenheim, Schadenshaftung unter Arbeitgebern wegen unrichtiger Arbeitszeugnisse, JZ 80, 469; Schleßmann, Das Arbeitszeugnis, 16. Aufl 2000; Schulz, Alles über Arbeitszeugnisse, 1989; Venrooy, Das Dienstzeugnis, 1984.

1. Allgemeines. Nebenpflicht des Dienstherrn, die in allen Dienstverhältnissen gilt (BGH 49, 30: GmbH-Geschäftsführer). Sondervorschriften HGB 73, GewO 113, SeemannsG 129, BBiG 8. 1

2. Der Anspruch entsteht mit Kündigung; aus Fürsorgepflicht kann AG aber schon vorher zu Zwischenzeugnis verpflichtet sein. Verwirkung möglich, BAG NJW 88, 1616. Holschuld, BAG NJW 95, 2373. Erfüllung durch Gehilfen s LAG Köln NZA 95, 685. 2

3. Inhalt. a) Stets Name, Dauer und Art der Dienstleistung, S 1 (sog Arbeitsbescheinigung); zu (geänderten) Vornamen und Geschlecht s LAG Hamm NZA-RR 99, 455; **b)** auf Verlangen auch Zeugnis über Leistungen **und** Führung (sog qualifiziertes Zeugnis), nicht nur über einen der beiden Punkte; zur Unterscheidung von deskriptivem und evaluativem Teil – und zur Beweislast im Streitfall – informativ LAG Köln NZA-RR 97, 84. Mitgliedschaft im Betriebsrat soll nur aufgenommen werden, falls mit völliger Freistellung verbunden gewesen, LAG Hamm DB 76, 1112. Hinsichtlich bestimmter Formulierungen hat sich eine verschlüsselte Sprache entwickelt, etwa „pünktlich", ArbG Bayreuth NZA 92, 799, „zu unserer Zufriedenheit" (= unterdurchschnittliche Leistung, LAG Köln NZA-RR 00, 235); sa LAG Hamm BB 00, 1090 Anm Schlessmann; gute Wünsche und Dank nicht erforderlich, BAG NJW 01, 2995. Zum Inhalt ie Schleßmann, BB 88, 1322 ff; zur Angabe des Vertragsbeendigungsgrundes s Popp NZA 97, 588. Form (Firmenbogen) BAG NJW 93, 2197. **Nicht:** Anspruch auf Berichtigung, BAG NJW 88, 1616, str. **c)** Geknicktes Zeugnis zulässig, BAG NJW 00, 1060, Anm Schlessmann BB 00, 412. 3

4

4. Schadensersatz aus Verzug bei nicht rechtzeitiger Erteilung, aus § 280 I bei Unrichtigkeit oder bei Nichterteilung (Weigerung). Beweiserleichterung nach § 252 S 2, s BAG BB 76, 841. 5

Schlechtriem

Vor § 631 Buch 2. Abschnitt 8. Einzelne Schuldverhältnisse

6   **5. Abdingbarkeit.** Vor Beendigung des Dienstverhältnisses nicht abdingbar; späterer Verzicht ist wohl zulässig (str, offengelassen in BAG NJW 75, 407 mwN); Ausgleichsklausel im Vergleich regelmäßig kein Verzicht, BAG aaO.

7   **6. Rechtsfolgen** des **unrichtigen Zeugnisses. a)** Im Verhältnis zum Empfänger ist der Aussteller an seine Angaben gebunden, BAG NJW 72, 1214. **b)** Bei Nachteilen für den Empfänger aus unrichtigen Angaben s Rn 4. **c)** Gegenüber Dritten (neuem AG) bei Schönfärberei Schadensersatzpflicht aus § 826 möglich, BGH NJW 70, 2291; zur „Rückrufpflicht" bei falschem Zeugnis BGH 74, 281 (Haftung nach vertraglichen oder vertragsähnlichen Grundsätzen), s dazu Venrooy 212 ff mwN.

Titel 9. Werkvertrag und ähnliche Verträge

Untertitel 1. Werkvertrag

Vorbemerkungen

Lit: Broß, Die Rechtsprechung des Bundesgerichtshofs zum (Allgemeinen) Werkvertragsrecht, WM 93, 1493; Teichmann, Empfiehlt sich eine Neukonzeption des Werkvertragsrechts? Gutachten 55. DJT, 1984; Weyers, Werkvertrag, Gutachten II, 1115; ders, Typendifferenzierung im Werkvertragsrecht, AcP 182, 60; Zur Neuregelung durch SchRModG Peters, Die Schuldrechtsmodernisierung und das private Baurecht, ZfBR 02, 108 (zum RegE); Voit, Die Änderungen des allgemeinen Teils des Schuldrechts durch das Schuldrechtsmodernisierungsgesetz und ihre Auswirkungen auf das Werkvertragsrecht, BauR 02, 145 ff, (Sonderheft 1); Schudnagies, Das Werkvertragsrecht nach der Schuldrechtsrefom, NJW 02, 396; Teichmann, Kauf- und Werkvertrag in der Schuldrechtsreform, ZfBR 02, 13.

1   **1. Allgemeines.** Das SchRModG hat vor allem Änderungen bei der Haftung des Unternehmers für die vertragsgemäße Beschaffenheit und der Verjährung gebracht, §§ 633 ff. Der Unternehmer muss nicht nur „herstellen", sondern auch rechtsmängelfrei „verschaffen", dh ggf Besitz übertragen und übereignen.

2   **2. Gegenstand des Werkvertrages** kann sowohl die Herstellung oder Veränderung einer Sache als auch andere, durch Dienstleistungen erreichbare **Leistungsergebnisse** sein, § 631 II. Insbesondere können nicht-verkörperte Ergebnisse geschuldet sein. Durch die Neuregelung des § 651 ist Werkvertragsrecht bei Herstellung beweglicher Sachen auf Fälle der Veränderung bestellereigener Sachen oder Herstellung aus bestellereigenem Material ohne Eigentumserwerb des Unternehmers nach § 650 beschränkt (s § 651 Rn 1). – Bei Bauwerk auf Grundstück des Unternehmers, das nach Fertigstellung auf Besteller zu übereignen ist – etwa Eigentumswohnung –, wohl Kaufrecht, vgl § 438 I Nr 2 a), sa Rn 5. Gleichwohl bleiben die §§ 631 ff auf eine Vielfalt von Werkvertragstypen anwendbar, s Weyers, Gutachten II, 1196 sowie ders zur Funktion als AT für ausdifferenzierte Sonderregelungen AcP 182, 76 ff.

3   **3.** Die große Spannbreite der als Gegenstand eines Werkvertrages möglichen Leistungen erfordert **Abgrenzung** von anderen Vertragstypen. Entscheidendes **Abgrenzungsmerkmal** ist nach hM das vom Unternehmer geschuldete Ergebnis, der „Erfolg", s Teichmann aaO 19 ff, 29. Bei gemischten Verträgen kommt es darauf an, welche Leistungen dem Vertrag das Gepräge geben, BGH WM 96, 1786 (Überlassung Kran mit Personal). Ein Leistungserfolg ist beim körperlichen wie auch beim unkörperlichen Werk geschuldet, vgl Weyers AcP 182, 65. Entgeltlichkeit ist typisch, aber wohl nicht Wesensmerkmal des Werkvertrages (s § 632 I), das etwa die Abgrenzung zum Auftrag leisten könnte, vgl Teichmann aaO 33.

4   **4. Bsp zur Abgrenzung** ie (Vertragstypen nach alphabetisch geordneten Stichworten): **Anwalt** (regelmäßig Dienstvertrag, s Rn 19 vor § 611); **Anzeigen**vertrag (Werkvertrag); **Architekt** (Werkvertrag, s § 634 a I Nr 2; BGH 31, 227, ZfBR 86, 123, auch für bestimmte Teilleistungen des Architektenwerks, die Gegenstand

Titel 9. Werkvertrag und ähnliche Verträge **Vor § 631**

selbständiger Verträge sind, BGH 45, 376; Bauführung BGH NJW 82, 438; aber Hamm NJW-RR 95, 401: Beratung über Mängelbeseitigung als Dienstvertrag); **Abbruch**vertrag (Werkvertrag, BGH WM 74, 391 – Flugzeughalle); **Anlagen**vertrag (bei Errichtung auf bestellereigenem Grundstück Werk, sonst § 651, sa Dünnweber, Vertrag zur Erstellung einer schlüsselfertigen Anlage im internationalen Wirtschaftsverkehr, 1984; bei grenzüberschreitendem Vertrag jedoch ev CISG anwendbar); **Arzt** (regelmäßig Dienstvertrag, s Rn 21 vor § 611; Zahnarzt s Roesch VersR 79, 12; bei Zahnprothesen Werkvertrag nur hinsichtlich der technischen Anfertigung der Prothese, BGH 63, 309, s auch Oldenburg NJW-RR 96, 1267; Operation eines Tieres als Werkvertrag Karlsruhe VersR 82, 707); Röntgenaufnahme für anderen Arzt s Düsseldorf MDR 85, 1028; **Auskunft** (Werkvertrag, falls bestimmte Information beschafft werden soll -Erfolg-, RG 115, 125; ferner München BB 80, 717 – Steuerberater –); **Austauschmotor** (Werkvertrag, Karlsruhe NJW-RR 92, 1014); **Bau**vertrag (Werkvertrag), sa Rn 21, es sei denn, Unternehmer hat Eigentum oder Miteigentum nach vollständiger Fertigstellung zu übertragen, dann Kauf, s § 438 I Nr 2 a); vgl PalSprau Vor § 633 Rn 3: Für Grundeigentum Kauf, für Bauwerk Werkvertrag (praktische Bedeutung: § 637), bei fertigem Bau aber Kaufrecht; **Bau**controlling (Werkvertrag, s Heinrich, Der Baucontrolling-Vertrag, 1987); zu **Bauherren-** und **Bauträgermodellen** s v. Craushaar/Ruge (Hgb), Aktuelle Baumodelle 1992; Locher/Koeble, Baubetreuungs- und Bauträgerrecht, 4. Aufl 1985; **Bauträgervertrag** enthält werk- und kaufvertragliche Elemente sowie uU Bestandteile aus Auftrags- und Geschäftsbesorgungsrecht, BGH 96, 277 f; **Beförderung** (Werkvertrag, s jedoch Rn 10); ie: Beförderung mit Luftfahrzeug BGH NJW 74, 852 mwN; auf Binnenschiff BGH NJW 59, 1366; auf Seeschiff vgl BGH SeuffA 58, Nr 84; mit Kraftfahrzeug RG 62, 119; **Bodenaushub** (Werk, s Düsseldorf NJW-RR 99, 1432); **Buchführung** (s BGH NJW 02, 1571: Werk- oder typengemischter Vertrag); **Computersoftware** (Herstellung eines individuellen Programms – Werkvertrag, BGH NJW 90, 3008; Entwicklung s v. Westphalen CR 00, 73: Werk); **Deckvertrag** (Werkvertrag, Breslau OLG 18, 96); **Entsorgung** von Dung (Werkvertrag); Oldenburg NJW-RR 99, 1575; **Garantievertrag** (kein Werkvertrag, da Erfolgsbezogenheit keine Wertschöpfung beinhaltet); **Gebäudereinigung** (Werkvertrag, Hamburg MDR 72, 866); **Gutachten** (Werkvertrag, BGH NJW 67, 719 mwN); **Ingenieur** (Werkvertrag, falls Ergebnis geschuldet, zB Vermessung, BGH 58, 225; § 634 I Nr 2; sa freier Mitarbeiter: Dienstvertrag, BGH NJW 95, 2629); Konzert (Werk, s AG Herne-Wanne NJW 98, 3651); **Partnervermittlung** (nach Karlsruhe NJW 85, 2035 überwiegend Dienstvertrag, str); **Projektsteuerung** s BGH NJW 99, 3118 (Auslegungsfrage); **Kommissions**vertrag (hL Dienstvertrag, str); **Lohnveredelung** Textil (Werkvertrag, BGH NJW-RR 92, 626); **Reiseveranstalter** (s §§ 651 a–k); **Schlepp**vertrag (regelmäßig Werkvertrag, BGH NJW 58, 1629); **Sterilisation** (wohl Dienstvertrag, s BGH 76, 254, 261); Erstellung der **Steuererklärung** durch Steuerbevollmächtigten (Werkvertrag, KG NJW 77, 110; aA Martens NJW 77, 766); **Wartung** Datenverarbeitungsanlage (Werkvertrag, Frankfurt WRP 83, 626); **Werbung** (kann Werkvertrag sein, s BGH NJW 84, 2406; sa Fikentscher AcP 190, 37 ff: Werkverschaffung); **Wirtschaftsprüfer** (Werkvertrag, Saarbrücken BB 78, 1434).

5. Gemischte Verträge mit werkvertragsähnlichen Elementen sind häufig, zB Industrieanlage und Management für bestimmte Zeit; Buchführung (BGH NJW 02, 1571).

6. Sonderregelungen. a) Für Werkverträge über Beförderungsleistungen wird die Regelung des BGB teilw durch spezielle Vorschriften verdrängt; s für Landfrachtgeschäfte HGB 407 ff (z Neuregelung s Herber, NJW 98, 3297); für Seefrachtgeschäfte HGB 556, 664 ff; **b)** für grenzüberschreitende Beförderungen gelten zahlreiche in internationalen Abkommen – zB CIV, CIM, CMR, WA, Haager Regeln – geregelte Vorschriften; **c)** Werkverträge werden häufig zu **Standard-**

Vor § 631 Buch 2. Abschnitt 8. Einzelne Schuldverhältnisse

bedingungen geschlossen. AGB iSv §§ 305 I 1 nur bei Absicht der Mehrfachverwendung im Zeitpunkt des Vertragsschlusses, BGH WM 01, 2346. Einbeziehungs- und Inhaltskontrolle s §§ 305 ff, Einbehalt der Vergütung durch Besteller s BGH 136, 32 (nur bei angemessener Austauschmöglichkeit zulässig), BGH BB 02, 593; Einbeziehung Rn 21, sa Lit zu VOB Rn 21.

12 7. **Abschluß: a)** Für den Abschluß des Werkvertrags gelten die allg Vorschriften (Ausnahmen s Rn 10). Er ist grundsätzlich **formfrei,** doch können die Parteien für den Vertrag oder einzelne Abreden Einhaltung bestimmter Formen verabreden (VOB/A 29); zur Einbeziehung der VOB Rn 21. Bei gemischten oder zusammengesetzten Verträgen, die Teile eines formbedürftigen Geschäftes enthalten, besteht Formzwang, soweit einheitlicher Vertrag vorliegt (Bsp: Verpflichtung zur Übertragung eines Grundstücks und zur Erstellung eines Gebäudes auf diesem Grundstück, vgl BGH NJW 81, 274; mwN s Jagenburg NJW 93, 105). Zur direkten **Ver-**
13 **tretung** von Bauherren durch Baubetreuer s BGH 76, 86. **b)** Werkverträge können **sittenwidrig** sein. An der Unfallstelle geschlossene **Abschleppverträge,** vom BGH als wettbewerbswidrig beurteilt (BGH NJW 75, 689, 691), können auch sittenwidrig sein, falls Ausnutzung einer Notlage und Übervorteilung vor-
14 liegen. **c)** Werkverträge können **wegen Gesetzesverstoßes nichtig** sein, § 134. **Schwarzarbeit:** Nur bei beiderseitigem Verstoß gegen BSchwArbG Vollnichtigkeit, s BGH NJW 85, 2404; keine Nichtigkeit bei fehlender Eintragung in Handwerksrolle, BGH 88, 244; sa § 134 Rn 11, § 818 Rn 14; Grünberger NJW 95, 14
15 (zur Änderung des BSchwArbG); Köhler JZ 90, 466. **d) Haustürverträge,** zB
16 Reparaturen, s § 313; Widerrufsrecht. **e)** Zur Anfechtung wegen Kalkulationsirrtums s § 119 Rn 10. **f) Ausschreibung** ist invitatio ad offerendum, Angebot = Offerte, Zuschlag = Annahme, doch gelten Besonderheiten für Ausschreibungen der öffentl Hand, GWB 97 ff, hierzu Jagenburg/Brück, NJW 00, 2242. Auch sonst Verhaltensgebote Geheimhaltung, Gleichbehandlung Bieter, Information, Transparenz; Verletzung ev cic, BGH NJW 03, 3698 (öffentl Auftraggeber).

17 8. **Mehrere Unternehmer: a)** Soll ein Gesamtwerk aufgrund rechtlich selbständiger Werkverträge mit unterscheidbaren Leistungsgegenständen erreicht werden, dann schulden die einzelnen Unternehmer jeweils nur ihr eigenes Werk und sind nicht Gesamtschuldner des gesamten Bauwerks oder aller Teilwerke, BGH BauR 75, 131. Sind ihre Leistungen so aufeinander bezogen, daß Leistungsstörungen eines Unternehmers sich notwendig im Werk eines anderen Unternehmers auswirken, dann werden die Verpflichteten hinsichtlich der Primärleistungen deshalb nicht Gesamtschuldner, doch gebietet der gemeinsame Zweck der Gewährleistungsverpflichtungen, dem Besteller für den im Bauwerksmangel konkretisierten Nachteil der mangelhaften Leistungen Ansprüche gegen die Beteiligten – zB Architekt und Bauunternehmer – als **Gesamtschuldner** zu gewähren, BGH 43, 230 f, und zwar auch, soweit ein Beteiligter (noch) Mängelbeseitigung schuldet oder Wandlung oder Minderung geltend gemacht werden kann, BGH 51, 278; sa Kaiser ZfBR 85, 101 ff. Im Innenverhältnis richtet sich der Ausgleich danach, wer die Verantwortung für den Baumangel nach seinem Pflichtenkreis und dem Gewicht seiner Pflichten im Verhältnis zu denen des oder der anderen zu tragen hat, BGH 58, 221; Wussow NJW 74, 14. UU kann der geschädigte Bauherr aus § 254 verpflichtet sein, zunächst nur einen der Verantwortlichen in Anspruch zu nehmen
18 (BGH JZ 63, 596). **b)** Sind mehrere Unternehmer an der Werkentstehung beteiligt, und ist die Verantwortung für einen Mangel str, dann muß der Besteller Verursachung und Vertragsverletzung durch den jeweils in Anspruch Genommenen beweisen, BGH BauR 75, 131. Zur Mitursächlichkeit der Leistung eines oder mehrerer Unternehmer s BGH WM 71, 1058; zu **Beweiserleichterungen** bei bewiesener Mangelhaftigkeit und möglicher Mitverursachung BGH BauR 75, 131. Soweit ausnahmsweise deliktische Haftung mehrerer in Betracht kommt, wird die Situation des Verletzten durch die Anwendbarkeit des § 830 I 2 erleichtert, vgl LM
19 Nr 4 zu § 830. **c)** Bei Beteiligung mehrerer Unternehmer an einem wirtschaftlich

Titel 9. Werkvertrag und ähnliche Verträge **§ 631**

einheitlichen Werk ist zu beachten, inwieweit ein Unternehmer im Verhältnis zum anderen bei der Mängelentstehung als Erfüllungsgehilfe des Bestellers gesehen werden kann. **d)** Zwischen **Subunternehmern** des Unternehmers und Werkbesteller bestehen grundsätzlich keine Vertragsbeziehungen, BGH BauR 75, 134 (s jedoch LG Kassel NJW 83, 827), es sei denn, der Hauptunternehmer konnte den Besteller aufgrund Vertretungsmacht verpflichten (zum Baubetreuer s o Rn 12). Der Besteller kann jedoch Ansprüche gegen die Subunternehmer aus § 328 oder aufgrund Abtretung erwerben (hierzu Schlechtriem ZfBR 83, 101); auch Schutzpflichten zu seinen Gunsten können direkt entstehen, s § 631 Rn 16. 20

9. Werkverträge über **Bauleistungen** haben sich zu einem Spezialgebiet entwickelt; Neuregelung des Verjährungsrechts – § 438 I Nr 2 a) – beläßt jetzt aber Kauf neuer Bauwerke im KaufR. **Lit:** Brych/Pause, Bauträgerkauf und Baumodelle, 3. Aufl 1999; Ullmann, Bauträgervertrag – quo vadit, NJW 02, 1073; Rspr-Übersichten ua; Jagenburg/Kesselring NJW 00, 3243; Jagenburg/Weber, NJW 01, 191, 3453; Schmidt, WM 01, 1741; sa Keilholz, Baurecht, Gutachten III, 241; Locher, Das private Baurecht, 6. Aufl 1996; Quack, Grundlagen des privaten Baurechts, 2. Aufl 1994; sa Lit zu § 633; zur **MaBV** s Marcks, Makler- und Bauträgerverordnung mit § 34 c GewO, 1998. **Verdingungsordnung für Bauleistungen (VOB)** – Neufassung 2002 v 2. 5. 02 – ist nicht Rechtsnorm, sondern Mustervertrag, so daß ihre Geltung der Vereinbarung bedarf; zum Verhältnis AGBG – VOB s § 309 Nr 8 b) ff (Einbeziehung nur im Ganzen); BGH 86, 139 ff; BGH 96, 129 (keine isolierte Überprüfung der Verjährungsfrist aus VOB/B 13, aber auch BGH ZfBR 87, 1); OLG Zweibrücken BB 95, 13 (Unwirksamkeit einzelner Klauseln); Einbeziehung gegenüber Privatmann nicht durch bloßen Hinweis, BGH NJW 90, 715, sa NJW-RR 99, 1246 sowie Jagenburg/Reichelt NJW 00, 2630; Einbeziehung in Bauträgervertrag s Mehrings NJW 98, 3457. **Lit** zur VOB: Heiermann/Riedl/Rusam, Handkommentar zur VOB/B, 9. Aufl 2000; Ganten/Jagenburg/Motzke, Verdingungsordnung für Bauleistungen, Teil B, 1997; Ingenstau/Korbion, VOB Teile A und B, 14. Aufl 2001; Korbion/Hochstein, Der VOB-Vertrag, 8. Aufl 2002; Nicklisch/Weick, VOB Teil B, 3. Aufl 2001; Rsprübersicht Jagenburg NJW 96, 1998, 98, 2494 und 2640. Zur VOB 2002 Kratzenberg, NZBau 02, 17; Kiesel NJW 02, 2064. 21

§ 631 Vertragstypische Pflichten beim Werkvertrag

(1) Durch den Werkvertrag wird der Unternehmer zur Herstellung des versprochenen Werkes, der Besteller zur Entrichtung der vereinbarten Vergütung verpflichtet.

(2) Gegenstand des Werkvertrags kann sowohl die Herstellung oder Veränderung einer Sache als auch ein anderer durch Arbeit oder Dienstleistung herbeizuführender Erfolg sein.

1. Allgemeines. § 631 regelt die für den Werkvertrag charakteristischen Hauptpflichten und beschreibt in II die möglichen Gegenstände dieses Vertragstyps. 1

I. Hauptpflichten des Unternehmers

1. Werkvertrag ist **gegenseitiger Vertrag.** Synallagmatisch verbunden sind Herstellung und Verschaffung in vertragsgemäßer Beschaffenheit – § 633 – durch den „Unternehmer" mit der Verpflichtung des „Bestellers", die vereinbarte Vergütung zu entrichten, I. Der Vertrag legt Art und Eigenschaften des Werkes – s § 633 II, III – Herstellungszeitraum, Fertigstellungszeitpunkt, Erfüllungsort (Bauleistungen s BGH NJW 1986, 935) und Auftragsumfang („vorauseilende Leistung" s Düsseldorf NJW-RR 96, 269) fest. HOAI enthält keine normativen Leitbilder für Inhalt von Architekten- und Ingenieurverträge, sondern nur Gebührentatbestände, BGH NJW 97, 587, NJW 99, 427. Bei stufenweiser Beauftragung sind einzelne 1

§ 631 Buch 2. Abschnitt 8. Einzelne Schuldverhältnisse

Werke geschuldet und zu vergüten, zB Entwurfsplanung, Genehmigungsplanung usw, BGH NJW° 98, 135 f. Für Leistungsstörungen gelten die allg Regeln, für Abweichungen von der vertragsgemäßen Beschaffenheit enthalten die §§ 634 ff ergänzende Vorschriften.

2 2. **Das Werk ist im Regelfall nicht persönlich herzustellen**, Hinzuziehung von Gehilfen ist deshalb möglich. Aus der Natur des geschuldeten Werkes kann sich aber anderes ergeben (Bsp: Portrait). Für hinzugezogene Dritte (auch Subunternehmer) Schadensersatzhaftung aufgrund § 278, soweit sie in den Herstellungsvorgang einbezogen sind, ev auch aus Delikt bei Verletzung einer Kontrollpflicht, BGH ZIP 98, 1075; zum **Subunternehmer** sa Schmeel, MDR 00, 999; ansonsten schuldet Unternehmer Herstellungserfolg unabhängig von Störungsursachen (eigenes Versagen, Ausfall Dritter usw).

3 3. **Gläubiger der Werkleistung ist der Besteller.** Begünstigung eines Dritten ist möglich. Wichtig ist die Einbeziehung Dritter bei den Schutzpflichten (s Rn 16).

4 4. **Ein Recht des Unternehmers auf Herstellung** besteht nicht. Es kann aber verabredet werden und sich aufgrund Auslegung des Vertrages ergeben (Bsp: Auftritt eines Künstlers).

II. Nebenpflichten des Unternehmers

5 1. **Nebenleistungspflichten** können sich aus der Natur des Werkvertrages ergeben, zB zur **Beratung, Information, Prüfung, Aufklärung, Überwachung** (vgl BGH NJW 00, 280: Prüfung vom Besteller angelieferte Sachen), Herausgabe von Versicherungsleistungen s Dresden NJW-RR 98, 373; bei Bauvertrag aus oder entsprechend VOB (Beseitigung von Bauschutt usw). Generell sind Vertragspartner einander und deshalb auch Unternehmer verpflichtet alles zu tun, was Leistungserfolg herbeiführt, und zu unterlassen, was diesen beeinträchtigen oder gefährden könnte, BGH NJW-RR 95, 1241 f; Einschränkung BGH NJW 00, 2102. Eine ges Nebenpflicht regelt § 650 II; zumeist aber sind Nebenpflichten
6 Ergebnis normativer Vertragsauslegung. **Ermittlung der Bausumme** (Kostenschätzung) als Nebenleistungspflicht aus Architektenvertrag, s BGH NJW 94, 857 zur aF sowie § 632 III; bei selbständigem Vertrag eigener Werkvertrag. Haftung nach § 280 I 1, III iVm § 281; Rücktritt (nur) nach § 323 V 1. Bauträger muß
7 den Bauherrn bei der **Durchsetzung abgetretener Gewährleistungsansprüche** gegen die Bauhandwerker unterstützen (Ohmen DNotZ 75, 346 f). Kann das
8 hergestellte Werk nur mit **Bedienungsanleitungen** oder **Gebrauchsanweisungen** richtig benutzt werden, dann wird der Unternehmer regelmäßig verpflichtet sein, sie mitzuliefern. Verpflichtung des Bauunternehmers und Architekten, dem
9 Bauherrn **Baupläne**, statische Berechnungen, Entwässerungspläne, Bewehrungspläne usw **zu überlassen**, ist zweifelhaft (s für Kauf Hamm MDR 76, 43, bejahend; Karlsruhe NJW 75, 694 abl, dazu Koeble NJW 75, 695); wohl zu bejahen gegen Erstattung der Kopierkosten. Zur **Abstimmungspflicht** mehrerer
10 Werkunternehmer BGH WM 70, 355. **Übereignung** und **Besitzverschaffung** gehören zum Pflichtenprogramm des Unternehmers, falls und soweit erforderlich (s jedoch § 651 Rn 1), so daß auch Verschaffung frei von Rechtsmängeln geschuldet ist, § 633 I, III; sa § 632a S 3, § 633 Rn 2. Ein **nachträglicher EV** ist zwar wirksam, kann aber vertragswidrig sein (Bsp: Austauschmotor, BGH 18, 226). Als Nebenleistungspflicht kann eine Verpflichtung des Unternehmers, das hergestellte
11 Werk dem Besteller **zur Abnahme zu bringen** oder bis **zur Abholung zu verwahren**, gegeben sein; Rechnungslegung kann Gegenstand einer Nebenpflicht
12 sein (s VOB/B 14). Der Architekt schuldet **Aufklärung** über Ursachen sichtbarer Baumängel, BGH 71, 144. **Nachvertragliche** Aufklärungs- und Betreuungspflichten s BGH NJW 83, 876 (Bauunternehmer), NJW-RR 01, 383 (Architekt).

13 2. **Schutz- und Sicherungspflichten** aus § 241 II. **a)** Regelmäßig treffen den Unternehmer **Schutzpflichten** zugunsten der körperlichen Integrität des Bestel-

Titel 9. Werkvertrag und ähnliche Verträge **§ 631**

lers, so bei Beförderungsverträgen – der Reisende soll heil, nicht nur überhaupt ans Ziel kommen – und bei Bau- und Architektenverträgen. **b) Obhut:** Der Unternehmer muß die zu bearbeitende Sache vor Schaden oder Verlust bewahren (vgl BGH NJW 83, 113; Versicherungspflicht s AG Düsseldorf VersR 87, 1122, Anm Gaster). Nichtvertragsgemäße Bearbeitung und dadurch verursachte Verschlechterung werden durch die spezielleren §§ 634 geregelt; zur Haftung aus Delikt s § 636 Rn 8. **c)** Den Unternehmer können auch **Obhutspflichten** aufgrund § 241 II bezüglich bestellereigener Sachen treffen, die nicht selbst Gegenstand des herzustellenden Werkes sind (s BGH VersR 76, 166: Brandverursachung bei Schweißarbeiten). Die Abgrenzung zur Hauptpflicht, vertragsgemäß herzustellen und den zu bearbeitenden Gegenstand nicht zu verschlechtern, kann bei zusammengesetzten Sachen schwierig sein. **d)** Der Werkvertrag hat **Schutzwirkungen** auch **zugunsten Dritter**, zB Familienangehöriger (BGH BB 94, 1455), Betriebsangehöriger (BGH VersR 74, 889), der Nachunternehmer des Unternehmers. Erweiterungen können sich aus dem konkreten Vertrag ergeben vgl BGH WM 72, 138). **Sachwalterhaftung** s § 311 III 2. 14

15

16

III. Rechtsfolgen von Pflichtverletzungen

1. Störungen der Hauptleistungspflicht „Herstellung des versprochenen Werks" richten sich nach §§ 280 ff (Schadensersatz neben oder statt der Leistung), § 323 ff (Rücktritt), ev mit Schadensersatz, § 325, § 326 I (Wegfall der Vergütungspflicht, aber § 326 II), ev § 314 (Kündigung aus wichtigem Grund); Erfüllungsanspruch § 241, sofern nicht § 275. Zu Mängeln s §§ 634 ff. Unberechtigte Vertragsaufsage vor Fälligkeit der Leistungsverpflichtung des Unternehmers (antizipierter Vertragsbruch) jetzt § 323 IV. 17

2. Bei **Nebenleistungspflichten** kann auf Erfüllung geklagt werden; Verletzungen, Schadensersatz §§ 280 ff, Rücktritt § 323 (aber V 1), dabei unerheblich, ob Verspätung der Herstellung auf Verletzung von Haupt- oder Nebenpflicht zurückzuführen, vgl zur aF BGH NJW 01, 2024; Kündigung § 314, aber auch § 649. 18

3. Verletzung von **Schutzpflichten:** Schadensersatz §§ 282, 280, Rücktritt § 324. 19
4. Verjährung §§ 195, 199, 218.

IV. Pflichten des Bestellers

1. Hauptpflichten des Bestellers sind Leistung der Vergütung und Abnahme. Der sog Werklohn muß nicht in Geld bestehen (vgl BGH WM 74, 391: Überlassung demontierter Halle). Vertragliche Modifikationen der Gegenleistungspflicht des Bestellers sind in den Grenzen der §§ 134, 138 BGB sowie der §§ 305 ff zulässig. Formen der Vergütungsvereinbarung (Pauschalpreis, Einheitspreis, Stundenlohn, Selbstkostenpreis) s Grimme, Lit zu § 632; Abschlagszahlungen s § 632 a. Beschränkungen der Abtretbarkeit des Werklohnanspruchs sind grundsätzlich nicht sittenwidrig (BGH 51, 113). Der Vergütungsanspruch entsteht mit Vertragsschluß, er wird fällig mit Abnahme, § 641, falls nichts anderes vereinbart ist, oder Fertigstellungsbescheinigung, § 641 a. Für Höhe und Berechnungsmodalitäten ist der Vertragsinhalt ausschlaggebend (s § 632); **Erfüllungsort** bei Bauvertrag s BGH NJW 86, 935 (Ort der Bauleistung). Erhöhung nach Treu und Glauben s RG 150, 91 ff; Korrekturen wegen fehlender Geschäftsgrundlage BGH VersR 65, 804 sowie jetzt § 313 III. Zulässig sind als „Kostenanpassungsklauseln" (Hamm DB 75, 684) usw bezeichnete Bestimmungsvorbehalte (§ 316) in Individualabreden; formularmäßige Preisänderungsklauseln s dagegen BGH BB 85, 1351, § 309 Nr 1, 307. Schlußrechnung als Ausübung eines Bestimmungsrechts s Schiebel BB 91, 2089 ff. Zur Bestimmbarkeit s Micklitz ZIP 86, 285. Errichten Bauherren gemeinschaftlich eine Wohnungseigentumsanlage, dann schulden sie entgegen § 427 nur anteilig, BGH 75, 26. **Verjährung** der Vergütungsansprüche §§ 195, 199; bei gleichzeitiger Verpflichtung zur Grundstücksveräußerung § 195 HS 2. 20

21

22

Schlechtriem

§ 632 Buch 2. Abschnitt 8. Einzelne Schuldverhältnisse

23 **2. a) Nebenpflichten** des Bestellers können Nebenleistungs- oder Schutzpflichten sein. Zur erforderlichen Mitwirkung des Bestellers s § 642. Nebenleistungspflichten können sich aus entspr Abreden (Bsp: Abruf der Werkleistung,
24 BGH NJW 72, 99) oder aus § 242 ergeben. **b) Schutzpflichten** hinsichtlich der Rechts- und Lebensgüter des Unternehmers sind auf der Grundlage von § 241 II je nach Art des Werkes und den Umständen seiner Herstellung anzunehmen. Der Bauunternehmer hat die Baustelle durch zumutbare Vorkehrungen so abzusichern, daß der von ihm beauftragte Subunternehmer vor Schaden bewahrt bleibt (BGH VersR 75, 41). Falls der Unternehmer Leistungen im Bereich des Bestellers zu erbringen hat, ist § 618 analog anwendbar (BGH 5, 62 f; aA Stuttgart NJW 84, 1904 für Verlust aus Unfall eines AN). § 619 gilt jedoch nicht beim Werkvertrag, BGH 56, 274, soweit es nicht um AN des Unternehmers geht, BGH 26, 372.

25 **3.** Die **Schutzpflichten** beider Seiten für Gesundheit und Eigentum des jeweils anderen, deren Verletzung Schadensersatzansprüche oder Rücktrittsrecht – §§ 282, 324 – auslöst, sind allg Verhaltenspflichten, die durch die Werkvertragssituation konkretisiert worden sind; sie bestehen schon bei Vertragsanbahnung, § 311 II, und sind von der Gültigkeit des Werkvertrages unabhängig (Thiele JZ 67, 649 ff mwN). Ihr Vorteil gegenüber deliktischer Schadenshaftung liegt in der Anwendbarkeit des § 278.
26 **4. Verjährung** §§ 195, 199, 218.

§ 632 Vergütung

(1) Eine Vergütung gilt als stillschweigend vereinbart, wenn die Herstellung des Werkes den Umständen nach nur gegen eine Vergütung zu erwarten ist.

(2) Ist die Höhe der Vergütung nicht bestimmt, so ist bei dem Bestehen einer Taxe die taxmäßige Vergütung, in Ermangelung einer Taxe die übliche Vergütung als vereinbart anzusehen.

(3) Ein Kostenanschlag ist im Zweifel nicht zu vergüten.

Lit: Grimme, Die Vergütung beim Werkvertrag, 1987.

1 **1. Allgemeines.** I trifft Vorsorge für den Fall, daß keine Vergütungsvereinbarung getroffen worden ist, II will die durch unterlassene Bestimmung der Höhe der Vergütung gebliebene Lücke füllen. Fehlende Preisangabe hindert deshalb nicht Vertragsschluß wegen Einigungsmangels. § 632 findet auch Anwendung, wenn ein Werkvertrag geändert und zusätzliche Leistungen vereinbart werden, ohne daß deren Vergütung geregelt wird. III eingefügt durch SchModG. **Abschlagzahlungen** s § 632 a, Fälligkeit ansonsten § 641. Zur Gebührenvereinbarung in Verträgen mit Architekten und Tragwerksingenieuren s HOAI 4; Locher Rn 336 ff sowie NJW 85, 367 zur Neufassung 1985.

2 **2.** § 632 gilt nur für die **Vergütungspflicht aus zustande gekommenem Werkvertrag. Angebotskosten** und Vorarbeiten fallen nicht darunter, falls der Vertragsschluß scheitert, BGH NJW 79, 2202; NJW 82, 766 (zu AGBG 9), es sei denn, bestimmte Projektierungsleistungen sind Gegenstand eines eigenen Vertrages (vgl Hamburg MDR 85, 321; Vygen, FS Korbion, 1986, 439; ferner VOB/A 20).
3 Der **Vorentwurf** eines Architekten wird regelmäßig für vergütungspflichtig gehalten (BGH BB 67, 263), auch wenn er als „unverbindlich" zugesagt wurde (sa HOAI 15). **Kostenanschlag** als solcher iZw nicht vergütungspflichtig; zu AGB Teichmann (vor § 631), aaO 19.
4 **3. a)** § 632 kommt nicht zur Anwendung, falls der Preis bestimmt oder als bestimmbarer (hierzu jedoch Micklitz ZIP 86, 285) vereinbart ist. Auch aus Handelsbrauch kann sich ein bestimmter Preis ergeben, LM Nr 3. **Kostenanschlag** ist noch keine Preisvereinbarung (s § 650), kann aber in den Vertrag als
5 Vergütungsbestimmung übernommen worden sein. **b)** Preis kann Pauschal- oder

Titel 9. Werkvertrag und ähnliche Verträge § 632 a

Einheitspreis sein; Preisbestimmung liegt auch dann vor, falls der Endpreis anhand bestimmter Daten wie Massen und Mengen beim Einheitspreis berechnet werden muß, die erst nach Fertigstellung vorliegen (Aufmaß), der preisbestimmende Berechnungsfaktor aber vereinbart ist; zu Lohngleitklauseln s Mantscheff BauR 75, 189. Im Pauschalpreis nicht vorgesehene erhebliche Zusatzleistungen sind gesondert zu vergüten, vgl NJW-RR 02, 742. Bedeutung **Festpreis** ist Auslegungsfrage.
c) Nichterwähnung der **Mehrwertsteuer** führt nicht zur Anwendung des II oder **6** gar zur Verpflichtung des Bestellers, die Mehrwertsteuer als Teil der üblichen Vergütung zu zahlen; sie ist vielmehr in einem Pauschalpreis enthalten (Karlsruhe OLG 72, 202); s aber auch BGH DB 75, 1741 f und HOAI 9. Für Kaufleute kann aufgrund Handelsbrauchs anderes maßgebend sein, s Schaumburg/Schaumburg NJW 75, 1261 f. **d)** II scheidet aus, wenn ein Bestimmungsrecht hinsichtlich des **7** Preises eingeräumt worden ist (s § 631 Rn 20). Er ist aber lex specialis zu § 316 (s Rn 12). **e)** Bei behördlichen Preisfestsetzungen, die zwingend sind, gilt § 632 **8** nicht (s zB GükG 20 ff, BGH 8, 69 f). **f)** Sondervorschriften für Bauverträge **9** enthält VOB/B 2. Bedeutung einer Schlußrechnung s VOB/B 14 Nr 3, 16 Nr 3; zur Schlußrechnung eines Architekten BGH NJW 78, 319.

4. a) Zur Bestimmung der Höhe ist zunächst auf die **Taxe,** dh behördlich **10** festgesetzte, aber abdingbare Preise abzustellen. **b) Üblichkeit** bedeutet Vergütung, **11** die zur Zeit des Vertragsschlusses nach allgemeiner Auffassung der beteiligten Kreise am Ort der Werkleistung gezahlt wird, BGH NJW 01, 151; gilt auch für Abrechnung nach Kündigung nach § 649 S 2, BGH NZBau 00, 73. HOAI darf als verkehrsüblich angesehen werden, Düsseldorf BauR 81, 401, gilt also mangels abw Preisvereinbarungen beim Architekten- oder Ingenieurvertrag. **c)** Gibt es weder **12** eine Taxe noch verkehrsübliche Preise, so bleibt es bei der Anwendbarkeit des § 316 (BGH 94, 100; StPeters 52).

5. Beweislast. a) Umstände, nach denen Leistung nur gegen Vergütung zu **13** erwarten ist, hat Unternehmer (Architekt, vgl BGH NJW 97, 3017), daß gleichwohl unentgeltlich geleistet werden sollte, hat Besteller zu beweisen, BGH NJW 87, 2742. **b)** Beweislast für bestimmte Vergütung oder fehlende Vergütungsabrede **14** gegenüber substantiierter Behauptung des Bestellers hat Unternehmer, BGH NJW-RR 92, 848, BGH NJW 97, 3017 (Architekt, Bauvoranfrage), Baumgärtel FS Heiermann 1995, S 4, str. Behauptung **nachträglicher** Vereinbarung des Preises (statt „üblicher") hat Besteller zu beweisen, BGH NJW 82, 1523 (Maklervertrag).

§ 632 a Abschlagszahlungen

¹**Der Unternehmer kann von dem Besteller für in sich abgeschlossene Teile des Werkes Abschlagszahlungen für die erbrachten vertragsmäßigen Leistungen verlangen.** ²**Dies gilt auch für erforderliche Stoffe oder Bauteile, die eigens angefertigt oder angeliefert sind.** ³**Der Anspruch besteht nur, wenn dem Besteller Eigentum an den Teilen des Werkes, an den Stoffen oder Bauteilen übertragen oder Sicherheit hierfür geleistet wird.**

Lit: Erkelenz, Gesetz zur Beschleunigung fälliger Zahlungen, ZfBR 2000, 435; Kiesel, Das Gesetz zur Beschleunigung fälliger Zahlungen, NJW 2000, 1673; Kniffka, Das Gesetz zur Beschleunigung fälliger Zahlungen – Neuregelung des Bauvertragsrechts und seine Folgen, ZfBR 2000, 227; Motzke, Abschlagszahlung, Abnahme und Gutachterverfahren nach dem Beschleunigungsgesetz, NZBau 00, 489; Quadbeck, Abschlagszahlungen im Bauträgerrecht – Auswirkungen auf die Neuregelung des § 637 a BGB, MDR 2000, 111; Ullmann, Der Bauträgervertrag – quo vadit? NJW 02, 1073.

1. Allgemeines. Eingefügt durch das ZBG, geltend für ab 1. 5. 00 geschlossene **1** Verträge (EGBGB 229 § 1 II 1), soll die Vorschrift die Vorleistungs- und Vorfinanzierungslast des Unternehmers durch Ansprüche auf Abschlagszahlungen mildern; entspricht in der Funktion VOB/16 Nr 1. Bei Hausbauten oder vergleichbaren

Vor §§ 633–639, § 633 Buch 2. Abschnitt 8. Einzelne Schuldverhältnisse

Bauwerken Vorrang MaBV aufgrund VO über Abschlagszahlungen bei Bauträgerverträgen v 20. 5. 01, BGBl 981, in Kraft seit 29. 5. 01; dazu Ullmann aaO 1077.

2 **Abweichende Vereinbarungen** zulässig, in AGB jedoch § 307; § 632 a hat Leitbildfunktion, Ullmann aaO 1075 PalSprau 3 mwN („in engen Grenzen").

3 **2. Voraussetzungen. a)** Erbrachte Teilleistungen – „in sich abgeschlossene Teile des Werks" –, S 1, dh werthaltige und selbständig nutzbare Leistung(en) (PalSprau 5 mwN), ev als Grundlage für weiteres Werk (Rohbau) nutzbar oder als Teilleistung selbständig bewertbar (zB aufgrund gesonderter Vergütung), ie str,
4 Ullmann aaO 1075; krit Motzke aaO 490 f. **b)** Herstellung oder Lieferung von Stoffen oder Bauteilen, S 2, zB Fenster (Herstellung) oder Ziegel (Lieferung); mE
5 „in sich abgeschlossene Teile" nicht Voraussetzung, Motzke aaO 491. **c)** „Vertragsmäßig" gilt für S 1 und S 2 und bedeutet mangelfrei, BT-Drs 14/1246 S 6, str, aA Motzke aaO 491, vermittelnd PalSprau 5 mwN („im wesentlichen mangelfrei",
6 dafür spricht § 640 I 2). **d)** Eigentumserwerb des Bestellers an Teilwerk, Stoffen oder Bauteilen durch Übereignung, S 3; mE auch nach §§ 946 ff, str, aA Kiesel aaO 1675. Bei fehlendem Eigentumserwerb des Bestellers kann Unternehmer Anspruch auf Abschlagszahlung durch Sicherheitsleistung in Höhe der Zahlung erreichen (weitergehend Kiesel aaO 1676: Sicherheit auch für ev höhere Kosten, zB Mängelrisiko); Art der Sicherheit § 232 nach Wahl des Unternehmers. Auflassungsvormerkung beim Bauträgervertrag s Ullmann aaO 1075 f.

7 **3. Rechtsfolgen. a)** Fälligkeit von Ansprüchen auf Teil(abschlags)zahlungen in wertentsprechender Höhe zu den Teilleistungen einschl MWSt auch ohne Abnahme; bei Abnahme § 641 I 2. Vereinbarungen über Höhe von Teilleistungen haben Vorrang, vgl BGH 140, 365. Selbständiger (Teil)vergütungsanspruch, der aber im
8 Gesamtvergütungsanspruch nach § 631 I aufgeht, sobald dieser fällig ist. **b) Beweislast.** Unternehmer hat Vereinbarung oder Voraussetzung „Teilleistung" oder „Herstellung oder Lieferung von Stoffen oder Bauteilen" sowie Art, Umfang, Wert und Mangelfreiheit zu beweisen, Besteller Fälligkeit der Gesamtvergütung, vgl Hamm NJW-RR 99, 528. Zu (behaupteten) Überzahlungen und Rückzahlungsansprüchen – Behauptungs- und Beweislast – s BGH NJW 02, 1567.

Vorbemerkungen zu §§ 633–639

1 §§ 633–639, die §§ 633–639 aF ersetzen, sind dogmatisch stringenter als die aF konzipiert. Das Pflichtenprogramm des Unternehmers hinsichtlich der Beschaffenheit – § 633 – ist in enger Anlehnung an das Pflichtenprogramm des Verkäufers geregelt, die Rechtsbehelfe des Bestellers bei vertragswidriger Beschaffenheit, dh bei Sach- oder Rechtsmängeln, sind in weitgehender Parallele zum Kaufrecht mit dem allgemeinen System der Rechtsbehelfe bei Pflichtverletzungen des Schuldners verzahnt, s § 634. Für altem Recht unterliegende Verträge – dh vor dem 1. 1. 02 geschlossene Verträge, EGBGB 229 § 5 S 1, bei Werkverträgen als Dauerschuldverhältnisse noch bis zum 31. 12. 02, S 2 – wird auf Voraufl verwiesen; zur Übergangsregelung für die Verjährung s § 634 a Rn 13.

§ 633 Sach- und Rechtsmangel

(1) **Der Unternehmer hat dem Besteller das Werk frei von Sach- und Rechtsmängeln zu verschaffen.**

(2) ¹**Das Werk ist frei von Sachmängeln, wenn es die vereinbarte Beschaffenheit hat.** ²**Soweit die Beschaffenheit nicht vereinbart ist, ist das Werk frei von Sachmängeln,**
1. **wenn es sich für die nach dem Vertrag vorausgesetzte, sonst**
2. **für die gewöhnliche Verwendung eignet und eine Beschaffenheit aufweist, die bei Werken der gleichen Art üblich ist und die der Besteller nach der Art des Werkes erwarten kann.**

Titel 9. Werkvertrag und ähnliche Verträge **§ 633**

³ **Einem Sachmangel steht es gleich, wenn der Unternehmer ein anderes als das bestellte Werk oder das Werk in zu geringer Menge herstellt.**

(3) **Das Werk ist frei von Rechtsmängeln, wenn Dritte in Bezug auf das Werk keine oder nur die im Vertrag übernommenen Rechte gegen den Besteller geltend machen können.**

1. **Allgemeines. a)** I verpflichtet Unternehmer zur Herstellung eines Werks frei von Sach- und Rechtsmängeln und legt in II fest, wie die vertragsgemäße (*Soll*)beschaffenheit zu bestimmen ist. **b)** „Zu verschaffen" in I 1 meint in Ergänzung zu § 631 I auch Übereignung und Übergabe, soweit erforderlich (sa § 631 Rn 10, § 632a S 3). **c)** Maßgebender Zeitpunkt für vertragsgemäße Beschaffenheit: Gefahrübergang, § 644. 1
2
3

2. **Vertragsgemäße Beschaffenheit** *(Mängelfreiheit).* **a)** Vereinbarung, II 1, legt primär *Soll*beschaffenheit fest. Jede Vereinbarung in oder auch außerhalb des eigentlichen Werkvertrages genügt. Besondere Zusicherung ist nicht erforderlich, kann aber ev Garantie iSv §§ 276, 639 sein. Vereinbarung grundsätzlich formfrei möglich. Bei Divergenz von Vereinbarung und anerkannten Regeln der Technik geht Vereinbarung vor (vgl BGH NJW-RR 95, 472; Medicus ZfBR 84, 155, zu DIN-Normen Motzke ZfBR 87,2, 5 zur aF). Bei Divergenzen zwischen (versprochener) Funktionstauglichkeit und vereinbarter Ausführungsart soll jedoch Funktionstauglichkeit als geschuldeter Erfolg vorgehen, BGH NJW 98, 3708. Eine Entsprechung zu § 434 I 3 – öffentliche Äußerungen von Herstellern usw – fehlt, doch wird man Zurechnung solch öffentlicher Äußerungen, etwa in der Werbung, zur Vertragsschlußerklärung des Unternehmers auch dann, wenn sie nicht selbst von ihm stammen, nicht ausschließen können (Auslegungsfrage), etwa, wenn der Unternehmer in Vertragsverhandlungen sich für Material, Einbauteile usw auf Herstellerprospekte bezieht. **Beweislast** hat, wer sich auf bestimmte Beschaffenheitsvereinbarungen oder Abweichung beruft, also Besteller Pflichtenprogramm hinsichtlich Beschaffenheit und Mangelsymptome, s BGH 110, 101 (zum Architektenwerk BGH NJW 98, 135 f), der Unternehmer Erfüllung in vertragsgemäßer Beschaffenheit, s Nierwetberg NJW 93, 1745. Nach Abnahme trägt Besteller Beweislast für Mängel; auch bei Abnahmefiktion(en), s § 641a Rn 10. **b)** II 2 enthält Auffangregeln, soweit Vereinbarungen fehlen oder unbeweisbar bleiben; dogmatisch handelt es sich mE um vermutete Vereinbarungen. An erster Stelle kommt es auf die nach dem Vertrag vorausgesetzte Verwendung an (Bsp: Gebäude für Chip-Herstellung: Reinlufträume); auch Eignung als Grundlage für Folgeleistungen, Köln NJW-RR 94, 1045. In der Sache entspricht II 2 Nr 1 den „nach dem Vertrag vorausgesetzten Gebrauch" in § 633 I aF; erforderlich ist also auch nach der Neufassung Kenntnis des Unternehmers („*vorausgesetzte* Verwendung"). **c)** Hilfsweise greift II 2 Nr 2 ein, der in der Funktion „Wert oder Tauglichkeit zu dem gewöhnlichen Gebrauch" in 633 I aF entspricht. Hier gewinnen auch technische Regelwerke Bedeutung, vgl Hamm BauR 94, 246: Schallschutz; im allgemeinen ist deshalb Werkleistung mangelhaft, wenn sie zur Zeit der Abnahme anerkannten Regeln der Technik als vertraglichem Mindeststandard nicht entspricht, BGH NJW 98, 2815. Gegenüber aF jedoch stärkere Einschränkung durch Berechtigung der Erwartungen des Bestellers (*erwarten kann*) sowie den Verweis auf die *übliche* Beschaffenheit von Werken der gleichen Art; Bsp: Individualsoftware, die wohl nie fehlerfrei läuft, gleichwohl aber vertragsgemäß beschaffen, also mangelfrei sein kann. 4
5
6

3. **Aliud und Minus** werden als Mängel behandelt, III. Wichtig ist das für die Verjährung, aber auch für Rücktritt, s § 323 V 1 oder 2. **a) Aliud** ist mangelhaftes Werk stets (und nur) dann, wenn Unternehmer damit erfüllen wollte; anders Ersatzangebot (ev GoA). **b) Minus** ist jede Unvollständigkeit des Werks, etwa nur teilweise Inspektion eines Kanals (vgl BGH NJW 02, 816 zur aF: Teilweise Nichtausführung des Werks als Mangel). Bei teilweiser Nichtleistung – Bsp Verputz für mehrere Reihenhäuser nur an einem Haus angebracht – muß es bei den allgemeinen Regeln für Teil(nicht)leistung bleiben, PalSprau § 633.8. 7
8
9

Schlechtriem 769

10   **4. Rechtsmängelfreiheit.** Dingliche oder obligatorische, auch Immaterialgüterrechte (hergestellte Software verletzt UrheberR) Dritter. Nicht: Nur behauptete Rechte. Öffentliche Nutzungsbeschränkungen sind Sachmangel; Unterscheidung von Rechts- und Sachmangel hat wegen Gleichbehandlung jedoch Bedeutung verloren. **Beweislast** für Rechtsmängelfreiheit hat Unternehmer (nur), wenn Besteller substantiiert Rechte Dritter behauptet.

§ 634 Rechte des Bestellers bei Mängeln

Ist das Werk mangelhaft, kann der Besteller, wenn die Voraussetzungen der folgenden Vorschriften vorliegen und soweit nicht ein anderes bestimmt ist,
1. **nach § 635 Nacherfüllung verlangen,**
2. **nach § 637 den Mangel selbst beseitigen und Ersatz der erforderlichen Aufwendungen verlangen,**
3. **nach den §§ 636, 323 und 326 Abs. 5 von dem Vertrag zurücktreten oder nach § 638 die Vergütung mindern und**
4. **nach den §§ 636, 280, 281, 283 und 311a Schadensersatz oder nach § 284 Ersatz vergeblicher Aufwendungen verlangen.**

1   **1. Allgemeines:** § 634, Rechtsgrundverweisung, die Rechte und Ansprüche des Bestellers bei vertragswidriger Beschaffenheit des Werks in das allgemeine System der Rechtsbehelfe des Gläubigers bei Pflichtverletzungen des Schuldners integriert, wobei wie in der Parallelnorm zum Kaufrecht – § 434 – zusätzlich zu den allgemeinen Voraussetzungen für Rechtsbehelfe, auf die hier zu verweisen ist – s §§ 280, 323 ff –, in den §§ 634, 635 ff noch spezielle, auf die Besonderheiten vertragswidriger Beschaffenheit abgestimmte positive oder negative Voraussetzungen geregelt sind.

2   **2. a)** Vorrangig kann – und muß – der Besteller Nacherfüllung nach Maßgabe des § 635 verlangen, Nr 1; Anspruch auf Aufwendungsersatz im Falle berechtigter Selbstvornahme s zunächst § 637 Nr 2; Recht zum Rücktritt oder zur Minderung s §§ 323, 326 V, 636 (Rücktritt, dazu § 636 Rn 2–6) oder § 638 (Minderung); Ansprüche auf Schadensersatz s §§ 636, 280, 281, 283 sowie 311a II (dazu § 636 Rn 7–11); Anspruch auf Aufwendungsersatz s § 284; Einzelheiten s Kommentie-
3   rung dieser Vorschriften. **b)** §§ 634 ff gelten erst ab Gefahrübergang, dh zumeist nach Abnahme; vorher hat Besteller bei sich abzeichnenden Mängeln den allgemeinen Erfüllungsanspruch aus § 633 I, ev Rücktrittsrecht aus § 323 IV, teilw aA PalSprau Vor § 633 Rn 7.
4   Nacherfüllungsanspruch und Schadensersatzanspruch können grundsätzlich abgetreten werden, auch wenn Werk nicht mitveräußert wird; auch die Gestaltungsrechte Rücktritt und Minderung können an einen Dritten, insbesondere den Erwerber des Werks oder Grundstücks, auf dem Bauwerk errichtet worden ist, übertragen oder ihm zur Ausübung überlassen werden; ev Ermächtigung des Zedenten zur Ausübung im eigenen Namen und Prozeßführungsbefugnis (Bsp Bauträger, der Mängelansprüche an Erwerber abgetreten hat, vgl BGH 70, 389).
5   §§ 320–322 gelten; scheitert Fertigstellung daran, daß angebotene Mängelbeseitigung abgelehnt wird, kann U nach § 322 II vorgehen, BGH NJW 02, 1262.

§ 634a Verjährung der Mängelansprüche

(1) Die in § 634 Nr. 1, 2 und 4 bezeichneten Ansprüche verjähren
1. **vorbehaltlich der Nummer 2 in zwei Jahren bei einem Werk, dessen Erfolg in der Herstellung, Wartung oder Veränderung einer Sache oder in der Erbringung von Planungs- oder Überwachungsleistungen hierfür besteht,**

Titel 9. Werkvertrag und ähnliche Verträge **§ 634 a**

2. in fünf Jahren bei einem Bauwerk und einem Werk, dessen Erfolg in der Erbringung von Planungs- oder Überwachungsleistungen hierfür besteht, und
3. im Übrigen in der regelmäßigen Verjährungsfrist.

(2) **Die Verjährung beginnt in den Fällen des Absatzes 1 Nr. 1 und 2 mit der Abnahme.**

(3) ¹Abweichend von Absatz 1 Nr. 1 und 2 und Absatz 2 verjähren die Ansprüche in der regelmäßigen Verjährungsfrist, wenn der Unternehmer den Mangel arglistig verschwiegen hat. ²Im Falle des Absatzes 1 Nr. 2 tritt die Verjährung jedoch nicht vor Ablauf der dort bestimmten Frist ein.

(4) ¹Für das in § 634 bezeichnete Rücktrittsrecht gilt § 218. ²Der Besteller kann trotz einer Unwirksamkeit des Rücktritts nach § 218 Abs. 1 die Zahlung der Vergütung insoweit verweigern, als er auf Grund des Rücktritts dazu berechtigt sein würde. ³Macht er von diesem Recht Gebrauch, kann der Unternehmer vom Vertrag zurücktreten.

(5) **Auf das in § 634 bezeichnete Minderungsrecht finden § 218 und Absatz 4 Satz 2 entsprechende Anwendung.**

Lit: Mansel, Das neue Verjährungsrecht, 2002.

1. **Allgemeines. a)** Die Regelung der Verjährung der Rechtsbehelfe des Bestellers bei vertragswidriger Beschaffenheit des Werks ist durch SchRModG stark vereinfacht worden; allerdings ließ die besondere Interessenlage bei der Mängelhaftung eine vollständige Integration in das allgemeine System der Verjährungsfristen nicht zu; für Fristen und Fristbeginn gelten deshalb in Abweichung von §§ 195, 199, 200 Sonderregeln. Die allgemeinen Verjährungsvorschriften gelten dagegen für andere Rechtsbehelfe als solche wegen Mängeln, für Ansprüche *aufgrund* Rücktritts oder Minderung, für mängelverursachte Deliktsansprüche (zB Weiterfresserschäden) sowie für die Ansprüche und Rechte des Unternehmers. **b) Vereinbarungen** über die Verjährung s §§ 202, 307, 309 Nr 7, Nr 8 b ff. **c)** Hemmung oder Neubeginn des Fristlaufs richten sich nach §§ 203–213, die Rechtsfolgen der Verjährung nach §§ 212 ff. Insbesondere ist jetzt § 639 II aF als § 203 verallgemeinert worden. **d)** Das Dogma, Gestaltungsrechte könnten nicht verjähren, hat zu der kuriosen Regel des § 218 geführt, die für Rücktritt oder Minderung wegen Mängeln in IV 1, V in Bezug genommen wird. 1

2. **a)** § 634 a unterscheidet drei Gruppen von Werken und darauf bezogene Verjährungsnormen; ergänzend gilt Regelverjährung für Rechtsbehelfe wegen arglistig verschwiegener Mängel, III 1 (Rn 11). Unberührt bleiben Sonderverjährungen nach BRAO 51 b, SteuerberaterGes 68, WirtschaftsprüferO 51 a. **b)** Die Sonderfristen gelten für alle vertraglichen Ansprüche und Rechtsbehelfe des Bestellers, so daß bei Schadenersatzansprüchen nicht mehr zu differenzieren ist zwischen Mangelschaden, näheren und entfernten Mangelfolgeschäden (krit zu Einbeziehung vertraglicher Schadensersatzansprüche viele, vgl Zimmermann JZ 01, 689 f, Mansel aaO 121 mwN). 5

3. **a)** Rechtsbehelfe wegen Mängeln bei Bauwerken sowie Werken, deren Erfolg in der Erbringung von Planungs- oder Überwachungsleistungen für ein Bauwerk bestehen, verjähren in fünf Jahren, I Nr 2; Fristbeginn Abnahme, II. **Bauwerk** entspricht § 638 I 1 aF, so daß die bisherige Auslegung dieses Begriffs übernommen werden kann. Bauwerk ist nicht gleich Gebäude, vgl BGH 57, 61 (Rohrbrunnen), BGH NWJ 83, 567 (Schwimmbecken), BGH 117, 121 (Containerkombination), BGH NJW-RR 98, 89 (Autowaschanlage). Maßgebend ist, ob ein Bauwerk „hergestellt" oder „wiederhergestellt" iwS wird, wozu alle für Bestand (BGH NJW 84, 168 – Drainage –) Erneuerung oder Ergänzung (BGH NJW 74, 136 – Klimaanlage –; BGH NJW-RR 90, 787 – Einbauküche –; BGH NJW 91, 2486 – Teppichboden –) wesentlichen Arbeiten gehören; nicht: bloße Bearbeitung 7

Schlechtriem 771

§ 634a Buch 2. Abschnitt 8. Einzelne Schuldverhältnisse

oder Reparatur. Als **Bauwerk** sind auch Einzelleistungen von Bauhandwerkern, die wesentliche Bestandteile des Gebäudes betreffen, zu sehen, zB Dach, BGH 19, 325 f, Estrich, Fußboden, Außenanstrich, umfangreiche Malerarbeiten, BGH NJW 93, 3195, Reparatur Küchenzeile KG NJW-RR 96, 1010. Dies gilt auch bei Bearbeitung oder Fertigung von Bauwerksteilen, die nicht auf der Baustelle ausgeführt werden, BGH NJW 80, 2081; BGH NJW-RR 90, 1108 (Subunternehmer).

8 **b)** Die schon bisher § 638 I 1 unterstellten **Sonderfachleute**, die Planungs- und Überwachungsleistungen erbringen, also insbesondere Architekten, Ingenieure, Statiker, aber wohl auch Baucontroller, sind jetzt ausdrücklich erfaßt, soweit ihr Werk für ein Bauwerk („hierfür") bestimmt ist. Nr 2 soll auch eingreifen, wenn die Mängel dieser geistigen Werke sich nicht als Bauwerksmängel niedergeschlagen haben, etwa, wenn das Bauwerk nicht errichtet wird, PalSprau 10. Gleichbehandlung aller am Bauwerk Beteiligten hinsichtlich Frist ist nicht voll durchzuhalten, da der Fristbeginn unterschiedlich sein kann. Ausgleich bei mehreren aufgrund Mängelgewährleistung Verpflichteten nach §§ 426, 254.

9 **4. Arbeiten an Sachen. a)** Arbeiten an Grundstücken oder beweglichen Sachen, s § 90. Zur Abgrenzung Arbeiten an Grundstück von Bauwerken s Rn 7 sowie Rspr zu § 638 I 1 aF. Bei **beweglichen Sachen** wird **Herstellung** meist zu § 651 führen, s § 651 Rn 1; da jeweils 2-Jahresfrist, Unterschiede nur beim Fristbeginn (Ablieferung nach § 438 II, Abnahme nach § 634a II). **Wartung** oder **Veränderung** einer Sache sowie Planungs- oder Überwachungsleistungen *hierfür* verjähren in zwei Jahren. **Sonderfachleute** auch hier Architekten, Statiker, Ingenieure usw (s Rn 8).

10 **5. Sonstige Werkleistungen.** Alle nicht unter Nr 1 und Nr 2 zu subsumierenden Werkleistungen unterliegen nach Nr 3 den allgemeinen Verjährungsregeln. Insbesondere unkörperliche Werke, sofern nicht Planungs- oder Überwachungsleistungen nach Nr 1 oder Nr 2, also Gutachten, Beförderungen usw, ferner Leistungen am menschlichen Körper, soweit Werkvertrag; Abgrenzung zum Dienstvertrag aus Gründen der Verjährung nicht erforderlich.

11 **6. Arglist.** Bei arglistigem Verschweigen eines Mangels gelten nach III 1 wieder Regelfristen der §§ 195, 199. Bei Mängeln von Bauwerken oder entsprechenden Planungs- oder Überwachungsleistungen jedoch Ablaufhemmung nach III 2: Arglist privilegiert wird. Da Arglist schon bei Verschweigen von Mängeln trotz Offenbarungspflicht nach Treu und Glauben angenommen wird (BGH 117, 318), und der Unternehmer sich arglistiges Verschweigen seiner Leute zurechnen lassen muß, sowie bereits ein Organisationsmangel, der zu Unkenntnis des Unternehmers geführt hat, als Arglist zugerechnet wird (vgl BGH 117, 318), kann die Arglistverjährung oft zum Unterlaufen der Sonderverjährungsfristen eingesetzt werden (zu § 638 I aF s VoraufI Rn 2).

12 **7. Zurückbehaltungsrecht.** Trotz Verjährung der Rechtsbehelfe wegen Mängeln kann der Besteller – weitergehend als nach §§ 639 I, 478 aF, da Rüge nicht vorausgesetzt – seine Leistung zurückhalten, sofern er aufgrund Rücktritts oder Minderung hätte zurückhalten können, IV 2, V; geleistete Anzahlungen können jedoch nicht zurückverlangt werden, § 214 II. Bei Zurückhaltung trotz Unwirksamkeit des Rücktritts aufgrund Verjährung kann der Unternehmer zurücktreten, IV 3, um Beendigung der Schwebelage und des Vertrages zu erreichen.

13 **8. Übergangsregelung.** Neuregelung ab 1. 1. 02, EGBGB 229, § 6 I 1, aber bei über den Jahreswechsel laufenden Verjährungsfristen gilt grundsätzlich die kürzere bzw früher endende Frist, EGBGB 229 § 6 III, IV. Für Beginn, Hemmung, Ablaufhemmungen, Neubeginn und Ende von Unterbrechungen nach alten Recht s EGBGB 229 § 6 I 2, 3 II.

Titel 9. Werkvertrag und ähnliche Verträge **§ 635**

§ 635 Nacherfüllung

(1) **Verlangt der Besteller Nacherfüllung, so kann der Unternehmer nach seiner Wahl den Mangel beseitigen oder ein neues Werk herstellen.**

(2) **Der Unternehmer hat die zum Zwecke der Nacherfüllung erforderlichen Aufwendungen, insbesondere Transport-, Wege-, Arbeits- und Materialkosten zu tragen.**

(3) **Der Unternehmer kann die Nacherfüllung unbeschadet des § 275 Abs. 2 und 3 verweigern, wenn sie nur mit unverhältnismäßigen Kosten möglich ist.**

(4) **Stellt der Unternehmer ein neues Werk her, so kann er vom Besteller Rückgewähr des mangelhaften Werkes nach Maßgabe der §§ 346 bis 348 verlangen.**

1. **Allgemeines.** Nacherfüllung ist primärer Rechtsbehelf des Bestellers, doch läßt I dem Unternehmer die Wahl, auf welche Art der Nacherfüllung er den versprochenen Erfolg „mangelfreies Werk" erreicht, dh durch Mängelbeseitigung oder Neuherstellung. Auch bei Rechtsmängeln ist Nacherfüllung nach Wahl des Unternehmers durch Ablösung des Rechts des Dritten oder Herstellung eines unbelasteten Werks zu leisten. Einverständnis mit bestimmter Art der Nachbesserung bedeutet nicht Verzicht auf (sonstige) Rechtsbehelfe, BGH WM 02, 861 (zu § 633 aF). 1

2. **a)** Nacherfüllung muß für den Besteller **unentgeltlich** sein, II: Nacherfüllungskosten sind durch die nach § 631 I geschuldete Vergütung für den versprochenen Erfolg abgegolten, vgl schon BGH NJW 96, 3270 mwN (Nachbesserungskosten gehören zum Erfüllungsrisiko), sa BGH NJW-RR 99, 813: Transport-, Gutachter- und Rechtsanwaltskosten. **b)** „**Sowieso-Kosten**" (notwendige Mehrkosten ordnungsgemäßer Ausführungen) sind jedoch vom Besteller zu tragen (vgl BGH NJW 94, 2826), es sei denn, Unternehmer hat Höhe der Herstellungskosten garantiert (BGH aaO); zur Berechnung s BGH ZfBR 93, 12. Vorteilsausgleich auch für unvermeidbaren Mehrwert durch Mängelbeseitigung, BGH 91, 206; NJW 02, 131 f (bessere Wärmedämmung). **c)** Mit Mängelbeseitigung verbundene Vorbereitungs- und Nebenarbeiten sowie zur Wiederherstellung des früheren Zustandes erforderliche Arbeiten (BGH 96, 221), etwa Behebung der durch Nachbesserung verursachten Schäden, sind erfaßt, PalSprau 6; nicht jedoch Mangelfolgeschäden an anderen Sachen als dem Werk, insoweit nur Schadenersatz aus § 280 (vgl BGH 96, 221) oder Delikt; ebenso Gewinnentgang während Mängelbeseitigung: (nur) Schadenersatz nach § 280 (vgl BGH 72, 31). **d)** Mitverursachung eines Mangels durch Besteller: Teilweise Kostentragung entspr § 254, vgl BGH NJW 99, 416, PalSprau 7. **e)** Vertraglich vereinbarte Kostenerstattung durch Besteller s BGH NJW 99, 416. **f)** Im Prozeß Vergütung Zug um Zug gegen Mängelbeseitigung (vgl zu § 322 II BGH NJW 02, 1262), diese ev Zug-um-Zug gegen Zuschußzahlung bei Sowieso-Kosten, Vorteilsausgleich oder Mitverursachung des Bestellers („doppelte Zug-um-Zug-Verurteilung", BGH 90, 354). 2 3 4 5 6

3. Unternehmer kann Nacherfüllung verweigern, wenn Erreichen des versprochenen Erfolgs durch Nacherfüllung jeglicher Art **a)** objektiv oder subjektiv **unmöglich** ist, § 275 I (Einwendung), also faktische Unmöglichkeit aufgrund Natur des Werkes (zeitgebundene Leistung), technische oder juristische Unmöglichkeit (Bauverbot, vgl BGH NJW 01, 1642), **b)** im Rahmen der nach § 275 II oder III anzustellenden Abwägungen wirtschaftlich oder persönlich unzumutbar ist (Einrede), s § 275 II, III. **c)** Allein aufgrund unverhältnismäßiger Kosten, III (Einrede); entspr § 633 II 3 aF, wobei Unverhältnismäßigkeit vor allem im Vergleich zum objektiven Wertverlust des Werks durch den Mangel und den objektiven Gesamtwert des mangelfreien Werke zu ermitteln ist, PalSprau 12; vgl zu § 633 II 3 aF BGH NJW 96, 3270, NJW-RR 02, 661. **d)** Folge der berechtigten Leistungsweigerung durch Unternehmer: Anspruch auf Werklohn bleibt zwar 7 8 9 10

Schlechtriem

§ 636 Buch 2. Abschnitt 8. Einzelne Schuldverhältnisse

bestehen und Leistungsweigerungsrecht des Bestellers nach § 641 III scheidet aus, ebenso Recht der Selbstvornahme, § 637 I aE, aber Besteller hat ohne Fristsetzung Rücktrittsrecht bei erheblichen Mängeln, §§ 326 V, 323 V 2 oder Minderungsrecht, § 638 I 1; hat Unternehmer unterbleibende Nacherfüllung zu vertreten, Schadensersatz statt der Leistung, §§ 281 I, 280 I, 284, 636 (s § 636 Rn 7–10), oder neben der Leistung, § 280 I. Bei unerheblichen Mängeln nur Schadenersatz neben der Leistung nach § 280 I (Minderwert und ev Mangelfolgeschaden) sowie Minderung, § 638 I 2.

11   **4. Schlechterfüllung. Mangelhafte Nacherfüllung** ist erneute Pflichtverletzung, die über § 634 die gleichen Rechtsbehelfe des Bestellers wie beim Erstmangel auslöst, aber vor allem als Fehlschlagen der Nacherfüllung sofort zum Recht auf Selbstvornahme, § 637 I, II 2 sowie zum Rücktritt und Schadensersatzanspruch, § 636, führt.

12   **5. Wählt** Unternehmer Neuherstellung, hat Besteller das mangelhafte Werk, soweit erhalten, nach §§ 346 348 zurückzugewähren (vertragliches Rückabwicklungsverhältnis), III.

§ 636 Besondere Bestimmungen für Rücktritt und Schadensersatz

Außer in den Fällen der §§ 281 Abs. 2 und 323 Abs. 2 bedarf es der Fristsetzung auch dann nicht, wenn der Unternehmer die Nacherfüllung gemäß § 635 Abs. 3 verweigert oder wenn die Nacherfüllung fehlgeschlagen oder dem Besteller unzumutbar ist.

1   **1. Allgemeines.** Aufgrund der Verweisung in § 634 Nr 3, 4 richten sich die Rechtsbehelfe „Rücktritt" und „Schadensersatz" des Bestellers bei vertragswidriger Beschaffenheit nach den allgemeinen Regeln; § 636 entbindet zusätzlich in bestimmten Fällen von der nach den allgemeinen Regeln grundsätzlich erforderlichen Fristsetzung für die Nacherfüllung, wobei die Regelung in § 636 sich teilweise mit den allgemeinen Gründen für die Entbehrlichkeit der Fristsetzung überschneidet.

2   **2. „Rücktritt.** Grundsätzlich ist Fristsetzung zur Nacherfüllung Voraussetzung, § 323 I; auch nach neuem Recht muß Besteller mit Fristsetzung jedenfalls Mangelerscheinungen angeben, vgl zur aF BGH NJW-RR 99, 1330 f. Ausnahmen von Fristsetzung s §§ 323 II, 326 V, s § 323 Rn 11 ff, § 326 Rn 27 ff; zu unangemessen kurzen Fristen s § 323 Rn 8. Fristsetzung ist aber auch dann entbehrlich, wenn
3   – in der Prüfungsreihenfolge oft vorrangig – **a)** Unternehmer Nacherfüllung nach § 635 III wegen unverhältnismäßiger Kosten verweigert; Weigerung aus anderen
4   Gründen muß gleichstehen, § 323 II Nr 1. **b)** Nacherfüllung fehlgeschlagen ist; entsprechend § 440 S 2 wird man regelmäßig zwei Versuche zugestehen müssen,
5   enger PalSprau 15; **c)** wenn Nacherfüllung für den Besteller unzumutbar ist, zB bei schwerwiegenden Unannehmlichkeiten, Interessewegfall durch Zeitablauf (Pal-
6   Sprau 16). **d) Kein Rücktritt** trotz Fristablauf oder Entbehrlichkeit der Fristsetzung bei „unerheblichem" Mangel, § 323 V 2; bei Werkmängeln, insbesondere Bauwerksmängeln, ist bei Beurteilung der „Unerheblichkeit" den Besonderheiten des jeweiligen Werks und den Schwierigkeiten der Rückabwicklung Rechnung zu tragen. Soweit Rückgabe, etwa nach der Natur des Werkes oder aufgrund Einbau als wesentlicher Bestandteil (Bauwerk) nicht in Betracht kommt, ist Wertersatz geschuldet § 346 II, wobei mangelbedingter Minderwert abzuziehen ist. **Rücknahmepflicht** des Unternehmers nach Rücktritt s BGH 87, 104.

7   **3. Schadensersatz. a)** Zusätzliche Voraussetzung ist „Vertretenmüssen", § 280 Rn 8 ff, § 311 a 7; bei Werkherstellung dürften anfängliche Mängel iS § 311 a II Ausnahme sein, etwa bei zu verwendenden, schon vorhandenen Materia-
8   lien, Plänen usw. **b)** Aufgrund Verweisung auf §§ 280 ff, 311 a II ist zu unterscheiden: Will Besteller Werk behalten, so kann er Schadensersatz neben der Leistung, etwa für Mangelfolgeschaden, Schaden aus Schutzpflichtverletzung, § 282, oder – unter den weiteren Voraussetzungen des § 286 – Verzugsschaden verlangen; inso-

Titel 9. Werkvertrag und ähnliche Verträge § 637

weit ist Nachfrist (oft) ohnehin entbehrlich. Bei Mangelschaden (Minderwertschaden) ist dagegen grundsätzlich Fristsetzung zur Nacherfüllung erforderlich, es sei denn, § 636 (s oben Rn 3–5) greift ein; gleichstehen müssen Berufung des Unternehmers auf § 275 sowie die Fälle des § 281 II. **c) Schadenersatz statt der Leistung** erfordert regelmäßig Fristsetzung, es sei denn, Unternehmer kann Nacherfüllung nach § 275 verweigern, § 283, die Voraussetzungen des § 281 II liegen vor oder Nachfrist ist nach § 636 entbehrlich (s Rn 3–5); Gleiches gilt für Ersatz der frustrierten Aufwendungen, § 284. **d)** Schadenersatz statt der Leistung kann Liquidation des ganzen Vertrages bewirken, Besteller kann dann das volle Erfüllungsinteresse unter Rückgabe des mangelhaften Werks verlangen, vgl § 281 V. **e)** Die Leistung, statt derer Besteller Schadenersatz verlangt, kann aber auch die Nacherfüllung sein, so daß Besteller wie zu Rn 8 das Werk behalten, aber Ersatz der Mängelbeseitigungskosten einschl MWSt verlangen kann; § 254 II 1 gebietet dabei eine Berechnung auf der Grundlage der preiswerteren Nacherfüllungsmodalität (Mängelbeseitigung oder Neuherstellung). **f)** Bei Bauherrengemeinschaft kann jeder Bauherr Ersatz der gesamten Kosten verlangen, die zur Mängelbeseitigung statt Nacherfüllung durch Unternehmer erforderlich sind, vgl zu § 635 aF BGH NJW 99, 1705. 9

10

11

12

§ 637 Selbstvornahme

(1) **Der Besteller kann wegen eines Mangels des Werkes nach erfolglosem Ablauf einer von ihm zur Nacherfüllung bestimmten angemessenen Frist den Mangel selbst beseitigen und Ersatz der erforderlichen Aufwendungen verlangen, wenn nicht der Unternehmer die Nacherfüllung zu Recht verweigert.**

(2) ¹**§ 323 Abs. 2 findet entsprechende Anwendung.** ²**Der Bestimmung einer Frist bedarf es auch dann nicht, wenn die Nacherfüllung fehlgeschlagen oder dem Besteller unzumutbar ist.**

(3) **Der Besteller kann von dem Unternehmer für die zur Beseitigung des Mangels erforderlichen Aufwendungen Vorschuss verlangen.**

1. Allgemeines. Entspr in der Funktion zu § 633 III aF, aber Abweichungen in den Voraussetzungen sowie Ergänzung um Anspruch auf Kostenvorschuß, III; sa VOB/B 13 Nr 5 II. 1

2. Voraussetzungen Selbstvornahme. a) Ablauf einer angemessenen Frist zur Nacherfüllung, es sei denn, Fristsetzung ist entsprechend § 323 II entbehrlich, II 1, oder Nacherfüllung ist fehlgeschlagen oder für Besteller unzumutbar, II 2 (wie für Rücktritt oder Schadensersatz, vgl § 636 Rn 4, 5); **b)** *Vertretenmüssen* des Unterbleibens der Nacherfüllung in der gesetzten Frist **nicht** erforderlich, deshalb Wirkung des Fristablaufs auch bei entschuldbarer Unkenntnis seiner Bedeutung; jedoch **c)** kein Recht zur Selbstvornahme, wenn Unternehmer nach §§ 275, 635 III, also *zu Recht,* Nacherfüllung verweigern kann; soweit wirksame Verweigerung Erhebung der entspr Einrede verlangt, muß sich Unternehmer auf Verweigerungsgrund berufen (haben). 2

3

4

3. Rechtsfolgen. a) Anspruch auf Ersatz der erforderlichen Aufwendungen, die durch Mängelbeseitigung durch Besteller oder beauftragten Dritten entstehen, für letzteren Fall sa § 257. Ersatz auch bei nutzlosen, BGH NJW-RR 89, 88, oder fehlgeschlagenen Aufwendungen; entscheidend „Erforderlichkeit", dh aus wirtschaftlicher Sicht und ggf aufgrund sachkundiger Beratung geeignete und Erfolg versprechende Maßnahmen zur Mängelbeseitigung einschließlich der Kosten des Auffindens der Mangelursachen, vgl BGH 113, 251. Ev höhere Kosten als bei Nacherfüllung durch Unternehmer gerechtfertigt, Grenze Rechtsgedanke des § 254 II 1. „Sowieso-Kosten" s § 635 Rn 3. **b)** Anspruch auf **Kostenvorschuß** (Geldbetrag), es sei denn, Besteller kann – BGH 68, 372 – oder will Mangel nicht innert angemessener Frist beseitigen, s StaudPeters zu § 633 aF 211. **Höhe:** 5

6

7

§ 638 Buch 2. Abschnitt 8. Einzelne Schuldverhältnisse

Mutmaßliche Mängelbeseitigungskosten; auch hier § 254 II 1 entspr anwendbar. Aufrechnung gegen Werklohn s BGH 54, 246 f, Hase ZfBR 98, 173, Aufrechnungsausschluß in AGB s § 309 Nr 3. Zweckbindung s BGH NJW-RR 98, 407;
8 Verzinsung s BGH NJW 85, 2325; Übergang vom Vorschußanspruch zum Schadenersatzanspruch: Klageänderung, BGH WM 98, 1142. Kein Vorschuß, falls
9 bereits ausreichende Sicherheit gestellt, BGH 47, 272, oder Werklohneinbehalt möglich, s Karlsruhe Justiz 83, 386. Trotz Vorschuß kann noch Schadenersatz verlangt und gegen Rückzahlungsanspruch aufgerechnet werden, BGH 105, 106 f. Beweislast für Verwendung des Vorschusses zur Mängelbeseitigung – Besteller – s
10 BGH NWJW 90, 1476. **c) Verjährung** § 634 a. **d)** Ansprüche aus Bereicherung oder GoA stehen dem Besteller daneben nicht zu, da sonst die Voraussetzungen (oben Rn 2–4) unterlaufen werden könnten.

§ 638 Minderung

(1) ¹Statt zurückzutreten, kann der Besteller die Vergütung durch Erklärung gegenüber dem Unternehmer mindern. ²Der Ausschlussgrund des § 323 Abs. 5 Satz 2 findet keine Anwendung.

(2) Sind auf der Seite des Bestellers oder auf der Seite des Unternehmers mehrere beteiligt, so kann die Minderung nur von allen oder gegen alle erklärt werden.

(3) ¹Bei der Minderung ist die Vergütung in dem Verhältnis herabzusetzen, in welchem zur Zeit des Vertragsschlusses der Wert des Werkes in mangelfreiem Zustand zu dem wirklichen Wert gestanden haben würde. ²Die Minderung ist, soweit erforderlich, durch Schätzung zu ermitteln.

(4) ¹Hat der Besteller mehr als die geminderte Vergütung gezahlt, so ist der Mehrbetrag vom Unternehmer zu erstatten. ²§ 346 Abs. 1 und § 347 Abs. 1 finden entsprechende Anwendung.

1 **1. Allgemeines.** SchRModG hat Minderung als Gestaltungsrecht geregelt, die Berechnungsformel aus §§ 634 II 3, 472 aF beibehalten, für die Einsatzfaktoren der Minderungsformel aber Schätzung zugelassen, III 2.

2 **2. Voraussetzungen. a)** Mangel iSv § 633 II bis III, also einschl Rechtsmangel
3 oder Minderleistung: **b)** „Statt Rücktritt": Alle Rücktrittsvoraussetzungen müssen gegeben sein, insbesondere regelmäßig Frist zur Nacherfüllung; jedoch Minderung auch bei unerheblichem Mangel möglich, I 2 (teilweise abw von §§ 459 I 2, 462 aF).

4 **3. Geltendmachung** durch einseitige, bedingungsfeindliche, unwiderrufliche, empfangsbedürftige (Gestaltungs)erklärung des Bestellers. Bei mehreren Beteiligten Erklärung nur von allen oder gegen alle, II; gilt nicht bei getrennten Verträgen.

5 **4. Berechnungsformel** nach III wie § 441 III 1. Einsatzfaktoren „Wert des mangelfreien Werks" und (wirklicher) Wert des mangelhaften Werks und damit Minderungsbetrag insgesamt sind ggf durch Schätzung zu ermitteln, III 2. Stichtag Vertragsschluß, III 1. Berücksichtigung des Verhaltens des Bestellers nach § 242, BGH ZfBR 85, 26; mE auch Rechtsgedanke des § 254 anwendbar.

6 **5. Rechtsfolgen. a)** Minderung, ev völliger Wegfall der Vergütungspflicht. Rückerstattung aufgrund Minderung zuviel gezahlter Vergütungen: Eigener vertraglicher Rückabwicklungsanspruch, IV 1, der sich auf den zu erstattenden Betrag und ev gezogene Nutzungen richtet, IV 2 iVm § 346 I, uU auch auf mögliche,
7 aber unterbliebene Nutzungen, s IV 2 iVm § 347 I 1 (nicht S 2). **b)** Schadensersatzanspruch kann konkurrieren, doch ist Minderungsbetrag vom Schaden abzuziehen.

8 **6. Verjährung** durch Unwirksamkeit der erklärten Minderung bei verjährtem Nacherfüllungsanspruch s § 634 a Rn 4.

Titel 9. Werkvertrag und ähnliche Verträge   **§§ 639, 640**

§ 639 Haftungsausschluss

Auf eine Vereinbarung, durch welche die Rechte des Bestellers wegen eines Mangels ausgeschlossen oder beschränkt werden, kann sich der Unternehmer nicht berufen, wenn er den Mangel arglistig verschwiegen oder eine Garantie für die Beschaffenheit des Werkes übernommen hat.

1. **Allgemeines.** Durch SchRModG eingefügte, § 444 entsprechende Vorschrift, die vor allem für den Ausschluß jeglicher Modifikationen der Bestellerrechte, dh Beschränkung der Parteiautonomie bei Garantien, über das durch AGBG 11 Nr 11 aF vorgegebene Ziel hinausschießt. 1

2. **Voraussetzungen. a) Arglistiges Verschweigen** von Mängeln, dh Verschweigen eines als solchen bekannten Mangels im Bewußtsein, daß für Entscheidung des Bestellers zur Abnahme von Bedeutung; Offenbarungspflicht aus § 242 bei Abnahme oder Vollendung, vgl BGH 62, 63. Zurechnung der (erforderlichen) Kenntnis von entscheidungsbefugten Mitarbeitern, insbesondere, wenn an Abnahme beteiligt (PalSprau 20), nicht jedoch Kenntnis jedes Arbeiters; Verschweigen von Subunternehmern zurechenbar ev nach § 278, PalSprau 20, BGH 66 43; allgemein zum Organisationsmangel, der zur Zurechnung von Mitarbeiterkenntnissen führt, s § 634a Rn 11. **b) Garantie** ist Verpflichtung, unabhängig von Verschulden Beschaffenheitszusagen zu verantworten („Vertretenmüssen", s § 276), also wie bei Zusicherung alten Rechts Haftungswille erforderlich, der aber bei objektiver Auslegung aus Wortwahl zu schließen ist. 2

3

3. **Rechtsfolgen. a)** Auf haftungsmodifizierende Vereinbarung kann sich Unternehmer nicht berufen, so daß ihm ges Rechtsbehelfe vom Besteller unbeschadet der Vereinbarung geltend gemacht werden können. Werkvertrag als solcher bleibt gültig, da Vereinbarung nicht nichtig („nicht berufen"), § 139 ist deshalb nicht zu prüfen. **b)** Zeitpunkt der Vereinbarung – vor oder nach Abnahme – unerheblich, PalSprau 4; **c)** Gilt insbesondere für Individualvereinbarungen; §§ 305 ff bleiben unberührt, deshalb auch § 307 ev zu Lasten des Bestellers als Verwender. **d)** Soweit weitergehende Rechte eingeräumt worden sind, müssen ihre Rechtsfolgen parteiautonom modifiziert werden können, vgl § 443 I, hierzu Haas BB 01, 1319; Dauner-Lieb/Thiessen ZIP 02, 108; Jaques, BB 02, 417 mwN. **e)** Nur auf arglistig verschwiegene Mängel bzw garantierte Beschaffenheit bezogen; für andere Mängel bleiben vorbehaltlich §§ 307–309 parteiautonome Beschränkungen der Rechtsbehelfe des Bestellers möglich. 4

5
6
7

§ 640 Abnahme

(1) ¹**Der Besteller ist verpflichtet, das vertragsmäßig hergestellte Werk abzunehmen, sofern nicht nach der Beschaffenheit des Werkes die Abnahme ausgeschlossen ist.** ²**Wegen unwesentlicher Mängel kann die Abnahme nicht verweigert werden.** ³**Der Abnahme steht es gleich, wenn der Besteller das Werk nicht innerhalb einer ihm vom Unternehmer bestimmten angemessenen Frist abnimmt, obwohl er dazu verpflichtet ist.**

(2) **Nimmt der Besteller ein mangelhaftes Werk gemäß Absatz 1 Satz 1 ab, obschon er den Mangel kennt, so stehen ihm die in § 634 Nr. 1 bis 3 bezeichneten Rechte nur zu, wenn er sich seine Rechte wegen des Mangels bei der Abnahme vorbehält.**

Lit: Böggering, Die Abnahme beim Werkvertrag, JuS 78, 512; Cuypers, Die Abnahme beim Bauvertrag in Theorie und Praxis, BauR 90, 537; Jakobs, Die Abnahme beim Werkvertrag, AcP 183, 145; Keilholz, Um eine Neubewertung der Abnahme im Werkvertrags- und Baurecht, BauR 82, 121; Schneider, Die Abnahme in der Praxis internationaler Bau- und Anlagenverträge, ZfBR 84, 101; Thode, Werkleistung und Erfüllung im Bau- und Architektenvertrag, ZfBR 99, 116.

§ 640

1. 1. Allgemeines. a) Die Abnahme verändert die Gefahrtragung (§ 644), kann Ansprüche wegen Mängel abschneiden (II), läßt die Vergütung fällig (und verzinslich) werden (§ 641) und die Verjährungsfristen nach § 638 beginnen. Den unterschiedlichen Funktionen der Abnahme entsprechen an sich verschiedene Momente beim Abnahmevorgang: Während der Gefahrübergang wie beim Kauf eher auf eine Änderung der Besitzlage zugeschnitten ist (Abnahme als körperliche Übergabe an den Besteller), sind die Folgen für Gewährleistung, Fälligkeit der Vergütung und Verjährungsfrist eher an einer rechtsgeschäftlichen Billigung des Werkes orientiert (teilw abweichend Böggering JuS 78, 515 ff). ZBG hat I 2, 3 eingefügt, um Zahlungsverzögerungen durch Abnahmeverweigerungen zu beschränken, hierzu
2. Korbion MDR 2000, 932; Kiesel (Lit vor § 632 a) 1676. **b)** Nach hM war Abnahme **"körperliche Hinnahme"**, verbunden mit der "Anerkennung als in der Hauptsache vertragsmäßige Erfüllung" (BGH 48, 262; NJW-RR 93, 1462; zur Rspr sa ZfBR 81, 226 f). Aufgrund ZBG ist deutlicher zwischen rechtsgeschäftlicher Billigung, die aber auch konkludent erfolgen kann, und Abnahmefiktion – I 3, 641 a – sowie Abnahmeersatz durch Vollendung – § 646 – zu unterscheiden, PalSprau 2. Entgegennahme des reparierten Fahrzeugs allein ist nicht Abnahme, Düsseldorf NZV 94, 433. Bau auf dem Grundstück des Bestellers, ferner Architekten- (BGH 37, 345; sa Jagenburg BauR 80, 406), Geologen- (BGH 72, 261) und Statikerwerk (BGH 48, 263), erfordern zur Abnahme Billigungserklärung, die aber schlüssig dem Unternehmer gegenüber zum Ausdruck gebracht werden kann, BGH WM 92, 1580 (Statik); (keine) Abnahme durch begünstigte Dritte, sofern
3. nicht ermächtigt, s BGH NJW-RR 00, 164. **c) Stillschweigende Abnahme** setzt aber Vollendung des Werks voraus ("bei natürlicher Betrachtung als Erfüllung der geschuldeten Leistung zu sehen", BGH NJW 93, 1064 f); **"Abnahmereife"** aufgrund I 2 auch bei unwesentlichen Mängeln (vgl VOB/B 12 Nr 3, krit Motzke NJBau 00, 493); Beweislast für Unwesentlichkeit trägt Unternehmer, Kiesel NJW 00, 1676. Hausabnahme durch Schlüsselübergabe Hamm NJW-RR 93, 341. Bestimmungsgemäße Ingebrauchnahme kann stillschweigende Abnahme sein, wenn auch noch nicht mit der ersten Nutzungshandlung, BGH NJW 85, 732; nicht bei Abnahmeweigerung wegen Mängeln, BGH NJW-RR 99, 1246 zur aF, jetzt ev I 2. Besonderheiten beim Bauvertrag Cuypers aaO S 541. Sa § 646 zum Wegfall des
4. Abnahmeerfordernisses aufgrund Beschaffenheit des Werkes. **d)** Außerhalb der speziellen Werkvertragsvorschriften hat die mit Abnahme geschehene Billigung der Leistung des Unternehmers ebenfalls Wirkungen, zB Verlust des Anspruchs auf Vertragsstrafe bei vorbehaltloser Annahme (s Hamm BB 75, 852 f – § 341 III kann in AGB nicht abbedungen werden).

5. **2.** Nach I ist der Besteller zur Abnahme verpflichtet, soweit Abnahme in Betracht kommt; Klage auf Abnahme s BGH NJW 96, 1749; hierzu Siegburg ZfBR 00, 507. Nicht abnahmefähiges Werk: § 646. Die **Abnahmepflicht ist Hauptpflicht**; vorausgesetzt ist **Abnahmereife** (oben Rn 3). Besteller kommt bei unberechtigter Abnahmeweigerung in Verzug, und der Unternehmer kann nach § 323, 281 vorgehen; vor allem führt Verstreichen einer zur Abnahme gesetzten angemessenen Frist zu I 3, dh **Abnahmefiktion**, Motzke NZBau 00, 494, und damit zu allen Abnahmewirkungen (Rn 1), krit Kiesel NJW 00, 1677.

6. **3. Teilabnahmen** sind möglich (s I 1), doch ist der Besteller dazu nicht verpflichtet, falls entspr Vereinbarungen nicht getroffen wurden (s aber VOB/B 12 Nr 2). Teilabnahme oder der dafür erforderliche Wille des Bestellers können nicht vermutet werden (vgl BGH NJW 64, 647: Benutzung eines Bauwerks nicht notwendig Teilabnahme des Architektenwerks; s aber BGH NJW 85, 732 zur teilw Ingebrauchnahme).

7. **4. a)** Bei Mängeln bleibt Erfüllungsanspruch als Mängelbeseitigungsanspruch bestehen, s BGH 96, 120. **Vorbehaltlose Abnahme** trotz Mangelkenntnis führt nach II zum Verlust bestimmter Ansprüche – § 634 Nr 1, 2 – und Rechte – § 634 Nr 2, 3 –, beläßt Besteller aber Schadenersatzansprüche; insoweit jedoch auch

Titel 9. Werkvertrag und ähnliche Verträge **§ 641**

Verzicht möglich, s Voraufl. Im Gebrauch des Werks allein ist ein solcher Verzicht aber nicht zu sehen, da Gebrauch zur Minderung des Nutzungsausfallschadens nach § 254 II geboten sein kann. **b)** II gilt nicht bei Abnahmefiktionen aus I 3, 8 § 641 a. **c)** Abnahme von Gemeinschaftseigentum (Eigentumswohnungen) ist von 9 jedem „Erwerber" vorzunehmen, BGH NJW 85, 1552, sa § 633 Rn 10.

5. Beweislast: Bei Abnahmeweigerung hat der Unternehmer vollständige Her- 10 stellung, dh Mängelfreiheit bzw Unwesentlichkeit von Mängeln (Rn 3) zu beweisen; nach Abnahme trifft die Beweislast für Mängel den Besteller. Der Unternehmer hat etwaige Kenntnis des Bestellers zu beweisen, falls II zu prüfen ist, der Besteller ggf seinen behaupteten Vorbehalt. Wer sich auf Verjährung beruft, hat ggf auch Abnahme zu beweisen, BGH NJW 74, 96.

6. VOB/B: Der Unternehmer kann nach Fertigstellung Abnahme verlangen, 11 12 Nr 1 und 2; wird keine Abnahme verlangt, so gilt sie mit Ablauf von 12 Werktagen nach schriftlicher Mitteilung über die Fertigstellung als erfolgt, 12 Nr 5; bei Inbenutzungnahme gilt die Abnahme nach 6 Werktagen als erfolgt, 12 Nr 5 II; dazu auch Cuypers aaO S 541.

§ 641 Fälligkeit der Vergütung

(1) ¹**Die Vergütung ist bei der Abnahme des Werkes zu entrichten.** ²**Ist das Werk in Teilen abzunehmen und die Vergütung für die einzelnen Teile bestimmt, so ist die Vergütung für jeden Teil bei dessen Abnahme zu entrichten.**

(2) ¹Die Vergütung des Unternehmers für ein Werk, dessen Herstellung der Besteller einem Dritten versprochen hat, wird spätestens fällig, wenn und soweit der Besteller von dem Dritten für das versprochene Werk wegen dessen Herstellung seine Vergütung oder Teile davon erhalten hat. ²Hat der Besteller dem Dritten wegen möglicher Mängel des Werkes Sicherheit geleistet, gilt dies nur, wenn der Unternehmer dem Besteller Sicherheit in entsprechender Höhe leistet.

(3) Kann der Besteller die Beseitigung eines Mangels verlangen, so kann er nach der Abnahme die Zahlung eines angemessenen Teils der Vergütung verweigern, mindestens in Höhe des Dreifachen der für die Beseitigung das Mangels erforderlichen Kosten.

(4) Eine in Geld festgesetzte Vergütung hat der Besteller von der Abnahme des Werkes an zu verzinsen, sofern nicht die Vergütung gestundet ist.

Lit: Grimme, Die Vergütung beim Werkvertrag, 1987; Kaiser, Fälligkeit und Verjährung des Vergütungsanspruchs des Bauunternehmers nach BGB und VOB/B, ZfBR 82, 231; Peters, Die Fälligkeit der Werklohnforderung, FS Korbion 1986, 337; Siegburg, Zur Abnahme als Fälligkeitsvoraussetzung beim Werklohnanspruch, ZfBR 00, 507, 941.

1. Allgemeines. II, III eingefügt durch ZBG. Die **Fälligkeit der Vergütung** 1 ergibt sich ebenso wie die Verpflichtung zu Anzahlungen, Abschlagszahlungen oder das Recht, einen Teilbetrag als Sicherheit einzubehalten, dh insoweit die Fälligkeit hinauszuschieben, in erster Linie aus den Parteivereinbarungen, s Rn 5, hilfsweise aus § 641. Schlußrechnung hat für Fälligkeit grundsätzlich keine Bedeutung, Stuttgart NJW 94, 17, es sei denn, sie ist von Parteien als Fälligkeitsvoraussetzung vereinbart worden (Auslegungsfrage), Stuttgart NJW-RR 99, 527); s jedoch zur Bindungswirkung für Gläubiger Frankfurt NJW-RR 98, 374. Unabhängig vom vereinbarten oder hilfsweise nach § 641 zu bestimmenden Fälligkeitszeitpunkt wird der Unternehmer durch die grundlose, definitive Weigerung des Bestellers, den Vertrag zu erfüllen, berechtigt, den Werklohn vor Fertigstellung des Werkes zu fordern (BGH 50, 178 f); bei Abnahmeweigerung s § 640 I 2 sowie § 640 Rn 5.

Schlechtriem

§ 641 a Buch 2. Abschnitt 8. Einzelne Schuldverhältnisse

2   2. Nach I ist der Unternehmer iZw vorleistungspflichtig (vgl Frankfurt ZfBR 82, 166; aA Peters aaO S 341); sein Vergütungsanspruch wird erst fällig bei Abnahme, Abnahmefiktion nach §§ 640 I 3, 641 a oder annahmeäquivalenter Vollendung (s § 646, BGH WM 89, 151 zu Frachtvertrag) des Werkes. Rechnungsstellung unerheblich, BGH 79, 178 f; Grimme NJW 87, 468, str. Bei Verschlechterung der Leistungskapazität des Bestellers jedoch § 321, s zur aF BGH WM 85, 1297. Bei berechtigter Abnahmeweigerung auch keine teilw Fälligkeit für mangelfreie Teilleistungen, sofern nicht I 2 gegeben ist (Karlsruhe MDR 67, 669).

3   3. Die **Teilabnahme** nach I 2, die den Vergütungsanspruch teilw fällig werden läßt, muß vereinbart sein und setzt bestimmte Teilvergütung(en) voraus.

4   4. **Durchgriffsfälligkeit.** a) Fälligkeit spätestens – vereinbarte Fälligkeit hat Vorrang –, wenn Besteller seinerseits von einem Dritten für das Werk (Leistungsidentität, PalSprau 7) ganz oder teilweise (auch Abschlagszahlungen, str) Vergütung erhalten hat, Bsp Generalunternehmer hat vom Auftraggeber Zahlung erhalten für Werk des Subunternehmers, Vergütungsanspruch des Subunternehmers wird dadurch unabhängig von Abnahme fällig; andere Fälligkeitsvoraussetzungen bleiben unberührt, PalSprau 7. Entspr Auskunftsanspruch des (Sub)Unternehmers, Kiesel
5   aaO (Lit Vor § 632 a) 1678. b) **Sicherheitsleistung,** durch die Besteller Zahlung seines Vertragspartners trotz Mängel des Werks erlangt, löst Durchgriffsfälligkeit nur aus, wenn und soweit Unternehmer seinerseits Sicherheit leistet, II 2; wohl in gleicher Höhe, s Kniffka aaO (Lit vor § 632 a) 231.

6   5. **Zurückbehaltungsrecht** wegen vertragswidriger Beschaffenheit des Werks aus § 320; Höhe entspr Nacherfüllungskosten, jedoch hatte Rspr **Druckzuschlag** entwickelt (s Voraufl 633 Rn 29), dessen Minimum jetzt III konkretisiert.

7   6. IV begründet Zinspflicht ab Fälligkeit, für den Zinssatz gilt wieder Parteivereinbarung, hilfsw §§ 246, 288, 247; prüffähige Rechnung als vereinbarte Voraussetzung für Zinslauf s Frankfurt NJW-RR 00, 755.

8   7. Vereinbarte Fälligkeiten enthält insbes VOB/B 16 – Abschlagszahlungen entspr den tatsächlich erbrachten Leistungen (Nr 1), Schlußzahlungen spätestens 2 Monate nach Prüfung und Feststellung der Schlußrechnung (Nr 3). Grundsätzlich setzt Fälligkeit des (Rest)werklohnanspruchs auch nach VOB/B 16 Abnahme voraus, s Rspr ZfBR 85, 127. Formularmäßiges Hinausschieben (60 Monate) unzulässig, Hamm NJW-RR 88, 726. Zur Leitbildfunktion des § 641 bei Kontrolle von AGB (hier: Einbehalt zur Sicherheit) BGH NJW 97, 2598 (5% unzulässig, AGBG 9).

§ 641 a Fertigstellungsbescheinigung

(1) ¹Der Abnahme steht es gleich, wenn dem Unternehmer von einem Gutachter eine Bescheinigung darüber erteilt wird, dass

1. das versprochene Werk, im Falle des § 641 Abs. 1 Satz 2 auch ein Teil desselben, hergestellt ist und
2. das Werk frei von Mängeln ist, die der Besteller gegenüber dem Gutachter behauptet hat oder die für den Gutachter bei einer Besichtigung feststellbar sind,

(Fertigstellungsbescheinigung). ²Das gilt nicht, wenn das Verfahren nach den Absätzen 2 bis 4 nicht eingehalten worden ist oder wenn die Voraussetzungen des § 640 Abs. 1 Satz 1 und 2 nicht gegeben waren; im Streitfall hat dies der Besteller zu beweisen. ³§ 640 Abs. 2 ist nicht anzuwenden. ⁴Es wird vermutet, dass ein Aufmaß oder eine Stundenlohnabrechnung, die der Unternehmer seiner Rechnung zugrundelegt, zutreffen, wenn der Gutachter dies in der Fertigstellungsbescheinigung bestätigt.

(2) ¹Gutachter kann sein

1. ein Sachverständiger, auf den sich Unternehmer und Besteller verständigt haben, oder

Titel 9. Werkvertrag und ähnliche Verträge **§ 641 a**

2. ein auf Antrag des Unternehmens durch eine Industrie- und Handelskammer, eine Handwerkskammer, eine Architektenkammer oder eine Ingenieurkammer bestimmter öffentlich bestellter und vereidigter Sachverständiger.

²Der Gutachter wird vom Unternehmer beauftragt. ³Er ist diesem und dem Besteller des zu begutachtenden Werkes gegenüber verpflichtet, die Bescheinigung unparteiisch und nach bestem Wissen und Gewissen zu erteilen.

(3) ¹Der Gutachter muss mindestens einen Besichtigungstermin abhalten; eine Einladung hierzu unter Angabe des Anlasses muss dem Besteller mindestens zwei Wochen vorher zugehen. ²Ob das Werk frei von Mängeln ist, beurteilt der Gutachter nach einem schriftlichen Vertrag, den ihm der Unternehmer vorzulegen hat. ³Änderungen dieses Vertrags sind dabei nur zu berücksichtigen, wenn sie schriftlich vereinbart sind oder von den Vertragsteilen übereinstimmend gegenüber dem Gutachter vorgebracht werden. ⁴Wenn der Vertrag entsprechende Angaben nicht enthält, sind die allgemein anerkannten Regeln der Technik zugrunde zu legen. ⁵Vom Besteller geltend gemachte Mängel bleiben bei der Erteilung der Bescheinigung unberücksichtigt, wenn sie nach Abschluss der Besichtigung vorgebracht werden.

(4) ¹Der Besteller ist verpflichtet, eine Untersuchung des Werkes oder von Teilen desselben durch den Gutachter zu gestatten. ²Verweigert er die Untersuchung, wird vermutet, dass das zu untersuchende Werk vertragsgemäß hergestellt worden ist; die Bescheinigung nach Absatz 1 ist zu erteilen.

(5) ¹Dem Besteller ist vom Gutachter eine Abschrift der Bescheinigung zu erteilen. ²In Ansehung von Fristen, Zinsen und Gefahrübergang treten die Wirkungen der Bescheinigung erst mit ihrem Zugang beim Besteller ein.

Lit: Jaeger/Palm, Die Fertigstellungsbescheinigung gemäß § 641 a BGB – kurzer Prozeß im Baurecht, BB 00, 1102; Seewald, Die Fertigstellungsbescheinigung im Werkvertragsrecht, ZfBR 00, 219; sa Lit vor § 632 a.

1. **Allgemeines.** Eingefügt durch ZBG, wird durch die **Fertigstellungsbescheinigung** eine weitere Abnahmefiktion (s § 640 Rn 5) erreicht, die vor allem Fälligkeit des Werklohnanspruchs und seine leichtere Durchsetzbarkeit durch Umkehr der Beweislast für Mängel bewirkt.

2. **Voraussetzungen für Erteilung. a) Schriftlicher,** ev schriftlich geänderter Werkvertrag, III 2, 3, der Grundlage für die Bestimmung der vertragsgemäßen Beschaffenheit ist, hilfsweise sind die „allgemein anerkannten Regeln der Technik" Maßstab, III 4; **b)** Abnahmepflicht des Bestellers nach § 640 I 1 und 2, s I 2; **c)** vom **Unternehmer beauftragter** – II 2 – **Gutachter,** der als Sachverständiger entweder nach II Nr 1 von den Parteien einvernehmlich gewählt oder nach II Nr 2 auf Antrag des Unternehmers durch eine der dort genannten Institutionen als ein von ihr öffentlich bestellter und vereidigter Sachverständiger bestimmt worden ist; **d)** Durchführung mindestens eines **Besichtigungstermins** mit entspr Untersuchung des Sachverständigen, zu dem Besteller eingeladen sein muß, III 1; Besteller kann noch während des Verfahrens nacherfüllen; **e)** Prüfung und ggf **Feststellung** des Gutachters, ob (daß) Werk ganz oder ggf, dh in Fällen des § 641 I 2, teilweise fertiggestellt – I 1 Nr 1 – und frei von behaupteten oder aufgrund Besichtigung (s III 1) feststellbaren Mängeln – I 1 Nr 2 – ist; nach Besichtigung vom Besteller behauptete Mängel bleiben außer Betracht, III 5; **f)** Besteller hat Untersuchung zu gestatten, bei Weigerung wird vertragsgemäße Beschaffenheit vermutet.

3. **Erstellung und Erteilung.** Gutachter hat – unparteiisch und nach bestem Wissen und Gewissen, II 2 – für Unternehmer Bescheinigung über die Feststel-

§§ 642, 643 Buch 2. Abschnitt 8. Einzelne Schuldverhältnisse

lungen nach I 1 Nr 1, 2 herzustellen und Unternehmer sowie in Abschrift dem Besteller zu erteilen, V 1. Keine Erteilung bei festgestellten Mängeln oder Unvollständigkeit. Unwesentliche Mängel str, PalSprau 5, mE muß Abnahmereife iSv § 640 I 2 genügen, s Kiesel (Lit vor § 632 a) 1678, unwesentliche Mängel sind aber festzuhalten.

9 **4. Rechtsfolgen.** a) **Abnahmefiktion** mit Erteilung der Bescheinigung an
10 Unternehmer und damit Fälligkeit des Werklohnanspruchs; **b)** Vermutung der Mangelfreiheit; Nachweis der Mängelfreiheit durch Unternehmer im Prozeß durch Vorlage der Fertigstellungsbescheinigung, auch im Urkundenprozeß – ZPO 592 ff,
11 hierzu Motzke NZBau 00, 497 –; **c)** beim Einheitspreisvertrag Vermutung, daß Aufmaß und Stundenlohnabrechnung(en), die Unternehmer zugrundegelegt hat, zutreffen, wenn Gutachter dies bestätigt hat, I 4 („Abrechnungsbescheinigung",
12 Motzke NZBau 00, 495). **d)** Für Fristen, Zinsen und Gefahrübergang ist Zugang der Bescheinigung beim Besteller maßgeblich, V. **e) Verjährungshemmung** s § 204 Nr 8.

§ 642 Mitwirkung des Bestellers

(1) Ist bei der Herstellung des Werkes eine Handlung des Bestellers erforderlich, so kann der Unternehmer, wenn der Besteller durch das Unterlassen der Handlung in Verzug der Annahme kommt, eine angemessene Entschädigung verlangen.

(2) Die Höhe der Entschädigung bestimmt sich einerseits nach der Dauer des Verzugs und der Höhe der vereinbarten Vergütung, andererseits nach demjenigen, was der Unternehmer infolge des Verzugs an Aufwendungen erspart oder durch anderweitige Verwendung seiner Arbeitskraft erwerben kann.

§ 643 Kündigung bei unterlassener Mitwirkung

¹Der Unternehmer ist im Falle des § 642 berechtigt, dem Besteller zur Nachholung der Handlung eine angemessene Frist mit der Erklärung zu bestimmen, dass er den Vertrag kündige, wenn die Handlung nicht bis zum Ablauf der Frist vorgenommen werde. ²Der Vertrag gilt als aufgehoben, wenn nicht die Nachholung bis zum Ablauf der Frist erfolgt.

Anmerkungen zu den §§ 642, 643

Lit: Hartmann, Der Gegenleistungsanspruch des Werkunternehmers bei unterlassener Mitwirkung des Bestellers, BB 96, 322; Lachmann, Die Rechtsfolgen unterlassener Mitwirkungshandlungen des Werkbestellers, BauR 90, 409; Müller-Foell, Die Mitwirkung des Bestellers beim Werkvertrag, 1982.

1 **1. Allgemeines.** Das Ges hat dem Besteller hinsichtlich der erforderlichen **Mitwirkung** nicht eine Neben(leistungs)pflicht auferlegt, sondern eine „Obliegenheit" (differenzierend Müller-Foell aaO S 103). Der Besteller kann sich jedoch zur Mitwirkung (zB Abruf) verpflichten, vgl BGH NJW 72, 99. Darüber hinaus hat die Rspr des BGH Mitwirkung als „Vertragspflicht im weitesten Sinne" qualifiziert (BGH 11, 83); Vereinbarung als echte Leistungspflicht möglich. Vergütungsanspruch bei Verweigerung der Mitwirkung s Düsseldorf NJW-RR 00, 466 (Baustellenverweis). Zur Auswirkung auf Abnahme s § 641 Rn 1.

2 **2.** Kommt der Besteller durch das Unterlassen der erforderlichen Mitwirkung in Annahmeverzug (s § 295), so kann der Unternehmer **Entschädigung** verlangen – § 642 I – oder nach § 643 vorgehen und damit ggf zur **Aufhebung des Vertrages** kommen, vgl Düsseldorf NJW-RR 00, 466 (Baustellenverweis durch Besteller); allg Rechtsbehelfe bleiben daneben möglich, BGH 50, 178. Haftung gegenüber Nachunternehmen s BGH NJW 00, 1336, dazu Gehlen ZfBR 00, 291.

Titel 9. Werkvertrag und ähnliche Verträge **§§ 644, 645**

3. Schadensersatz: a) Entschädigungsanspruch aus § 642 setzt Vertretenmüssen nicht voraus. Bei obj unmöglich gewordener Mitwirkung des Bestellers gilt § 645. Die Höhe der Entschädigung bestimmt sich nicht nach §§ 249 ff, sondern nach § 642 II; der Unternehmer soll dafür entschädigt werden, daß seine zeitlichen Dispositionen beeinträchtigt werden und Nachteile durch das Bereithalten von Arbeitskraft und Kapital entstehen, vgl Düsseldorf NJW-RR 96, 1508. **b)** Die Entschädigung kann, falls der Vertrag durchgeführt wird, neben der uneingeschränkt zu leistenden Vergütung verlangt werden (RG 100, 47); bei Kündigung kann sie neben der Teilvergütung (§§ 643, 645 I 2) gefordert werden (s Rn 7). Weitergehende Schadensersatzansprüche wegen zu vertretender Pflichtverletzung des Bestellers bleiben möglich, vgl BGH NJW 72, 100. Anwendbarkeit neben VOB/B 6 Nr 6 s BGH ZfBR 00, 248. 3

4. Fristsetzung und **Kündigungsandrohung: a)** Durch Fristsetzung kann sich Unternehmer nach § 643 Klarheit verschaffen. Die Aufhebung nach Ablauf der Frist gilt nur, falls der Unternehmer nichts anderes erklärt. Er kann deshalb die Wirkung der Fristsetzung bis zum Fristablauf zurücknehmen. Kann der Besteller die Mitwirkung nicht erbringen, dann erübrigt sich Fristsetzung, RG 94, 29 f. **b)** Die Frist muß so bemessen sein, daß von einem vertragstreuen Partner die Mitwirkung erbracht werden kann. **c)** Die Aufhebung des Vertrages mit Ablauf der Frist gibt dem Unternehmer einen Anspruch auf einen der geleisteten Arbeit entspr Teil der Vergütung und Ersatz der in der Vergütung nicht inbegriffenen Auslagen, § 645 I. Daneben können die nach § 642 ersatzfähigen „Bereithaltekosten" verlangt werden. Ein weitergehender Schadensersatzanspruch verbleibt dem Unternehmer bei Verschulden des Bestellers, § 645 II. 5 6 7

5. Die §§ 642, 643 sind dispositives Recht; VOB/B 9 Nr 1–3 entspricht ihnen weitgehend. 8

§ 644 Gefahrtragung

(1) ¹Der Unternehmer trägt die Gefahr bis zur Abnahme des Werkes. ²Kommt der Besteller in Verzug der Annahme, so geht die Gefahr auf ihn über. ³Für den zufälligen Untergang und eine zufällige Verschlechterung des von dem Besteller gelieferten Stoffes ist der Unternehmer nicht verantwortlich.

(2) Versendet der Unternehmer das Werk auf Verlangen des Bestellers nach einem anderen Ort als dem Erfüllungsort, so findet die für den Kauf geltende Vorschrift des § 447 entsprechende Anwendung.

§ 645 Verantwortlichkeit des Bestellers

(1) ¹Ist das Werk vor der Abnahme infolge eines Mangels des von dem Besteller gelieferten Stoffes oder infolge einer von dem Besteller für die Ausführung erteilten Anweisung untergegangen, verschlechtert oder unausführbar geworden, ohne dass ein Umstand mitgewirkt hat, den der Unternehmer zu vertreten hat, so kann der Unternehmer einen der geleisteten Arbeit entsprechenden Teil der Vergütung und Ersatz der in der Vergütung nicht inbegriffenen Auslagen verlangen. ²Das Gleiche gilt, wenn der Vertrag in Gemäßheit des § 643 aufgehoben wird.

(2) **Eine weitergehende Haftung des Bestellers wegen Verschuldens bleibt unberührt.**

Anmerkungen zu den §§ 644, 645

1. Allgemeines. §§ 644, 645 modifizieren die allg Regeln der Gefahrtragung. Schadensersatzansprüche wegen Pflichtverletzung(en), die von einer Seite zu vertreten sind, bleiben unberührt (s Rn 11 ff). Bei der Gefahrtragung wird zwischen 1

§ 645 Buch 2. Abschnitt 8. Einzelne Schuldverhältnisse

Leistungs- und Vergütungsgefahr unterschieden. Entscheidende Bedeutung kommt sowohl für die Leistungsgefahr (teilw aA Kohler aaO) als auch für die Vergütungsgefahr der Abnahme zu. Nach BGH 83, 203 ist in § 645 I 1 letztlich „Billigkeitsgedanke verankert"; die Vorschrift hat deshalb bei der Kontrolle von AGB Maßstabsfunktion, s BGH WM 85, 58. Zur Anwendung auf VOB-Vertrag BGH NJW 98, 457.

2   2. **Leistungsgefahr:** Vor der Abnahme muß der Unternehmer das untergegangene oder beschädigte Werk ggf neu herstellen; Grenze § 275 I oder II, III. Nach Abnahme bzw bei Abnahmefiktion nach §§ 640 I 3, 641 a und nach Vollendung in den Fällen des § 646 wird der Unternehmer bei nicht zu vertretendem Untergang oder Verschlechterung frei. Bei Annahmeverzug des Bestellers werden die zu vertretenden Umstände und damit die Leistungsgefahr nach § 300 I gemildert.

3   3. **Vergütungsgefahr:** Regelung der Vergütungsgefahr bei vom Unternehmer
4   nicht zu überwindenden Leistungshindernis (§ 275) s § 326 I, II. **a)** Abw von § 326 I wird jedoch die Vergütungsgefahr dem Unternehmer nach § 644 I vor der vollständigen Leistungsbewirkung bereits mit Abnahme – oder Abnahmefiktion nach §§ 640 I 3, 641a (aber V 2) sowie bei abnahmeäquivalenter Vollendung, § 646 – abgenommen; er kann die volle Vergütung verlangen, wenn das Werk nach Abnahme untergeht oder aus anderen Gründen nicht mehr vollständig erbracht werden kann, bei Teilvollständigkeit freilich nur für die bis zum Schadensereignis erbrachte Leistung, BGH NJW 98, 457; Berechnung nach den gleichen Grundsätzen, die Rspr für Vergütung erbrachter Leistungen nach gekündigtem Werkvertrag entwickelt hat, BGH NJW 99, 2036 f. Minderungsrechte wegen Mängel oder andere, vor Abnahme bereits entstandene Gewährleistungsbehelfe bleiben, soweit ihre Erfüllung noch möglich ist, dem Besteller erhalten. Entspr § 326 II geht die Vergütungsgefahr nach § 644 I 1 auch bei Annahmeverzug des Bestellers über; geht also das Werk infolge leichter Fahrlässigkeit unter, braucht der Unternehmer nicht neu herzustellen (§ 300 I), kann aber Vergütung verlangen. Schließlich kann der Unternehmer nach § 644 II iVm § 447 I die Vergütung verlangen, falls das auf Verlangen des Bestellers versandte Werk auf dem Transport
5   untergeht. **b)** Ursächlichkeit des Bestellers für das Leistungshindernis beließe dem Unternehmer den Vergütungsanspruch nach § 326 II 1 nur, wenn der Besteller den ursächlich gewordenen Umstand zu vertreten hatte. Darüber hinaus rechnet § 645 I 1 dem Besteller bereits solche Ursachen zu, die den Werkerfolg vor Abnahme aufgrund von Mängeln des „gelieferten" Stoffes oder von Anweisungen des Bestellers verhindern oder beeinträchtigen, zB Anordnung der Verwendung ungeeigneter Baustoffe, BGH NJW 96, 2372 f; vgl v. Craushaar aaO S 17 zu dadurch verursachten Mängeln des Werks. Allerdings kann der Unternehmer dann nicht die volle Vergütung verlangen, sondern nur einen seiner geleisteten Arbeit entsprechenden Vergütungsteil sowie Ersatz der Auslagen, die durch die Vergütung nicht gedeckt sind (s zur Berechnung Rn 4, BGH NJW 99, 2036 f). *Wunsch* des
6   Bestellers ist jedoch nicht Anweisung, vgl BGH 77, 324. **aa)** „Mangel" bedeutet jede bei Übergabe oder Arbeitsbeginn angelegte Untauglichkeit zur vertragsgemäßen Herstellung, „Stoff" ist jedes Objekt, ggf auch die Person des Bestellers oder eines Dritten, mit oder an der das Werk hergestellt werden soll (vgl BGH 60; 20; sa Köhler, Unmöglichkeit und Geschäftsgrundlage bei Zweckstörungen im Schuldverhältnis, 1971, S 34 ff, 46; Picker, JZ 85, 693, 703 – „Substratsgefahr" –). Zeitweiliges Erfüllungshindernis (Krieg, politische Verhältnisse) kann gleichstehen, wenn Risiko des Bestellers, weil dieser ihm näher steht, BGH 83, 200, 203; dazu
7   Vetter RIW 84, 170. **bb)** Dagegen ist § 645 I 1 unanwendbar, wenn der Unternehmer die Unausführbarkeit mitverursacht und zu vertreten hat, etwa bei fehlerhafter Aufklärung über erforderliche Stoffbeschaffenheit oder gesundheitliche Voraussetzungen, bei unterlassenen Warnungen vor Ungeeignetheit der vom Besteller gegebenen Anweisungen, versäumter Prüfung des gestellten Materials, des Bau-

Titel 9. Werkvertrag und ähnliche Verträge **§ 646**

grundes auf seine Geeignetheit hin usw. c) Die teilw Vergütung ist nicht Entschä- 8
digung, sondern Quote der vereinbarten Vergütung, die sich in Relation zur teilw
Erbringung des Werkes errechnet, s Rn 4. Auslagenersatz ist dagegen ein Teil des
negativen Interesses, der aber durch die Teilvergütung partiell mit abgedeckt sein
kann.

4. a) Die die § 326 modifizierende Risikoverteilung des § 645 I 1 kann in 9
vorsichtiger Analogie auf Fälle angewendet werden, in denen Maßnahmen oder
Verhalten des Bestellers eine Gefahrerhöhung für das Werk veranlaßt haben, und
die Gefahrverwirklichung zur Verhinderung vollständiger Werkherstellung geführt
hat (vgl BGH 40, 75), oder Gründe in der Person des Bestellers oder seine Handlungen zur Verhinderung der Unmöglichkeit vollständiger Herstellung bewirkt haben,
BGH NJW 98, 457 (Schürmann-Bau). b) § 645 I 1 soll entspr anwendbar sein, 10
wenn Leistungshindernis aus politischen Verhältnissen folgt, denen Besteller „näher
steht", BGH 83, 203, sa Rn 6. Eine allg Risikoverteilung nach „Sphären" wird
jedoch von der hM abgelehnt (s zur Sphärentheorie SoeTeichmann, § 645, 14
mwN; Köhler (Rn 6) S 38 ff; offengelassen in BGH 60, 19; s ferner ZfBR 82, 24,
71). Im Verhältnis Bau- zu Generalunternehmer kann Störung durch Bauherren
für Bauunternehmer Entschädigungsanspruch auslösen, München NJW-RR 92,
348. Nicht: Von anderen Handwerkern verursachter Untergang, BGH 78, 352,
oder Fehler eines Vorunternehmers, BGH 95, 128.

5. **Zu vertretende Leistungsstörungen:** a) Bei vom Besteller zu vertretender 11
Verhinderung vollständiger Werkerbringung kann nach § 645 II eine weitergehende Haftung nach den allg Regeln eintreten: Unternehmer behält nach
§ 326 II 1 den Anspruch auf die – uU um ersparte Aufwendungen zu kürzende –
Vergütung; bei Beschädigung oder Verschlechterung, die eine Herstellung möglich
bleiben lassen, kann der Unternehmer seine Mehraufwendungen aus § 280 I
ersetzt verlangen. b) Vom Unternehmer zu vertretende Leistungsstörungen richten 12
sich ebenfalls grundsätzlich nach allg Regeln. Für eventuelle Beeinträchtigungen
des vom Besteller gestellten Materials hält § 644 I 2 noch einmal fest, daß eine
Haftung des Unternehmers für Zufall nicht eintritt; Beweislast für Vertretenmüssen
s § 280 I 2. Geht das Werk unter, während der Unternehmer im Verzug ist, gilt
§ 287 S 2. Verschlechterungen des bestellereigenen Materials vor Abnahme, die
sich als Mängel des Werks auswirken, richten sich dagegen, wenn Herstellung
möglich bleibt, nur nach §§ 633 ff. c) Hat ein Dritter die Beschädigung oder den 13
Verlust des Werkes vor Abnahme zu vertreten, so kann Besteller nach den Grundsätzen der Drittschadensliquidation Verlust des Unternehmers geltend machen und
muß seine Ansprüche dem Unternehmer auf Verlangen abtreten (BGH NJW 70,
41).

6. Sonderregeln für die Gefahrverteilung finden sich zB in HGB 420 II, 630, 14
VerlagsG 33 sowie in AGB. VOB/B 7 läßt die Vergütungsgefahr bereits mit (gänzlicher oder teilweiser) „Ausführung" vor Abnahme übergehen, falls der Unternehmer die Beschädigung oder Zerstörung des Teilwerks nicht zu vertreten hat.

§ 646 Vollendung statt Abnahme

Ist nach der Beschaffenheit des Werkes die Abnahme ausgeschlossen, so tritt in den Fällen des § 634a Abs. 2 und der §§ 641, 644 und 645 an die Stelle der Abnahme die Vollendung des Werkes.

1. **Allgemeines.** § 646 läßt die Abnahmewirkungen „Verjährungsbeginn", 1
„Fälligkeit und Verzinslichkeit der Vergütung" und „Gefahrtragung" mit
Vollendung des Werkes eintreten, wenn nach seiner Beschaffenheit eine Abnahme
ausgeschlossen ist. Wann Abnahme aufgrund Beschaffenheit des Werkes nicht in
Betracht kommt, ist str. Teilw wird die Grenze zwischen verkörpertem und nicht
verkörpertem Werk gezogen (RG 110, 406 ff; aA SoeTeichmann 1). ME ist für die
Abnahmefähigkeit die Verkehrsanschauung zu berücksichtigen. Sie wird vielfach

Schlechtriem

§§ 647, 648 Buch 2. Abschnitt 8. Einzelne Schuldverhältnisse

bei nicht-körperlichen Werken, bei denen Hinwegnahme nach der Natur der Sache ausscheidet, auch eine Billigungserklärung nicht erwarten (s aber Rn 3).

2 2. **Vollendung** ist im wesentlichen vertragsgemäße Fertigstellung. Mängel oder Fehlen zugesicherter Eigenschaften schließen Vollendung iSd § 646 nicht aus, denn die Verweisung auf § 638 würde andernfalls leerlaufen.

3 3. Einzelfälle: Architektenwerk (BGH 37, 345) und Statikerleistung (BGH 48, 263) sind abnahmefähig; sa AG Dresden NJW-RR 99, 562 für Anzeigenwerbevertrag: Abnahme trotz Vollendung erforderlich. Beförderung dagegen: vollständige Ausführung, BGH WM 89, 151.

§ 647 Unternehmerpfandrecht

Der Unternehmer hat für seine Forderungen aus dem Vertrag ein Pfandrecht an den von ihm hergestellten oder ausgebesserten beweglichen Sachen des Bestellers, wenn sie bei der Herstellung oder zum Zwecke der Ausbesserung in seinen Besitz gelangt sind.

Lit: Kartzke, Unternehmerpfandrecht des Bauunternehmers nach § 647 an beweglichen Sachen des Bestellers, ZfBR 93, 205.

1 1. **Allgemeines.** Das Vorleistungsrisiko des Unternehmers wird durch die in §§ 647, 648 geregelten Sicherheiten zu mildern versucht. An beweglichen Sachen des Bestellers, die Gegenstand oder Ergebnis der werkvertraglichen Herstellungspflicht und dazu in den Besitz des Unternehmers gelangt sind, hat dieser deshalb ein ges Pfandrecht für seine vertraglichen Ansprüche.

2 2. Nur, aber alle **Ansprüche aus dem Werkvertrag** sind gesichert, also solche auf Vergütung, Auslagen- und Aufwendungsersatz, Entschädigung (§ 642) und Schadensersatz, Schadensersatzpauschalen oder Vertragsstrafen, MK/Soergel 10. Nicht gesichert sind Ansprüche aus Delikt, GoA oder Bereicherung.

3 3. **Bewegliche Sachen des Bestellers: a)** Die beweglichen Sachen (für Bauwerke, Bauwerksteile oder Schiffe s § 648 I, für Schiffe oder Schiffsbauten § 648 II; zum Verhältnis § 647 zu § 648 s Kartzke aaO 206) müssen Eigentum des Bestellers sein. Gehören zu verarbeitende Materialien weiter dem Unternehmer oder wird er nach § 950 (zunächst) Eigentümer, entsteht kein Pfandrecht; dann jedoch ohnehin § 651 und Sicherung durch EV. Gehören die Sachen einem Dritten, kommt nur Erwerb eines **Vertrags**pfandrechts (mit Zustimmung des Eigentümers oder aufgrund guten Glaubens) in Betracht; das ges Pfandrecht nach § 647 kann dagegen nicht gutgl oder aufgrund Verfügungsermächtigung erworben 4 werden (BGH 34, 125 f; 34, 153 ff; vgl ie § 1257 Rn 2). **b)** Ein ges Pfandrecht kann dagegen an einer Anwartschaft des Bestellers entstehen (s BGH NJW 65, 1475 für Vermieterpfandrecht), ist aber beim EVkauf durch die Rücktrittsmöglichkeit des Verkäufers im Krisenfall gefährdet. Dem Unternehmer helfen aber bei Beendigung der Besitzberechtigung durch Rücktritt des Eigentümers vom Kaufvertrag die §§ 994, 1000, 1003 (vgl BGH 34, 127 ff; aA Jauernig in Rn 5 vor §§ 994–1003).

5 4. Beförderungsunternehmen des Handelsrechts können ges Pfandrechte am Beförderungsgut auch gutgläubig erwerben (s HGB 441 ff, 366 III, 623).

§ 648 Sicherungshypothek des Bauunternehmers

(1) ¹**Der Unternehmer eines Bauwerks oder eines einzelnen Teiles eines Bauwerks kann für seine Forderungen aus dem Vertrag die Einräumung einer Sicherungshypothek an dem Baugrundstück des Bestellers verlangen.** ²**Ist das Werk noch nicht vollendet, so kann er die Einräumung der Sicherungshypothek für einen der geleisteten Arbeit entsprechenden Teil der Vergütung und für die in der Vergütung nicht inbegriffenen Auslagen verlangen.**

Titel 9. Werkvertrag und ähnliche Verträge **§ 648**

(2) ¹**Der Inhaber einer Schiffswerft kann für seine Forderungen aus dem Bau oder der Ausbesserung eines Schiffes die Einräumung einer Schiffshypothek an dem Schiffsbauwerk oder dem Schiff des Bestellers verlangen; Absatz 1 Satz 2 gilt sinngemäß.** ² **§ 647 findet keine Anwendung.**

Lit: Motzke, Die Bauhandwerkersicherungshypothek, 1981; Siegburg, Die Bauwerksicherungshypothek, 1989.

1. Allgemeines. a) Bei Bauwerken, Schiffsbauten oder Schiffsreparaturen gibt **1** das Ges anders als bei beweglichen Sachen nach § 647 dem Unternehmer nicht eine ipso iure entstehende dingliche Sicherheit, sondern nur einen schuldrechtlichen Anspruch auf ihre Einräumung. Da dieser Anspruch erst mit Baubeginn entsteht, kommt der Unternehmer wegen bereits bestehender Belastungen des Grundstücks häufig zu spät. Der Unternehmer muß ggf versuchen, eine Vormerkung, notfalls vermittels einstw Verfügung (§ 885 I), zur Sicherung des Anspruchs auf Einräumung der Hypothek ins Grundbuch zu bringen, unten Rn 11; s hierzu jedoch Peters NJW 81, 2550. AGB-Verzicht auf diesen Anspruch ist unwirksam, BGH 91, 145; Karlsruhe NJW-RR 97, 658. Nicht anwendbar bei Abriß eines Hauses, Bremen MDR 96, 45. **b)** Eine Verbesserung der Stellung von Baugläubi- **2** gern bezweckte das BauFdgG, dessen Sicherungsmittel „Bauvermerk", „Bauhypothek" und „Baugeldhypothek" mangels der erforderlichen DVO keine Bedeutung erlangt haben. Praktisch wichtig jedoch Eigenschaft als SchutzGes iSv § 823 II, so daß Bauträger, Generalunternehmer usw und ihre Organe deliktisch haften, falls ihnen zugeflossenes „Baugeld" nicht an Baugläubiger, zB Subunternehmer, gelangt, s BGH NJW 82, 1038 (Generalunternehmer als Baugeldempfänger), NJW 86, 1105 (Verkäufer schlüsselfertiger Häuser); WM 86, 489 (Bauträgerkredit als Baugeld); Rsprübersicht ZfBR 87, 195. Zum erforderlichen Vorsatz BGH NJW 85, 135, Anm Deutsch; zum Ganzen Schulze-Hagen, NJW 86, 2403. **c)** Weitergehende Sicherung jetzt nach § 648 a; soweit nach dieser Vorschrift zu beanspru- **3** chende Sicherheit gestellt worden ist, entfällt der Anspruch aus § 648, s § 648 a IV. Dagegen entfällt Sicherungsanspruch nicht aufgrund vereinbarten Sicherungseinbehalts, BGH NJW 00, 1639.

2. Pfandobjekt: Verlangt werden kann Einräumung einer **Sicherungshypo- 4 thek** am **Baugrundstück** des **Bestellers.** Bau*material* kann dagegen Pfandobjekt nach § 647 sein, s Kratzke aaO (Lit vor § 647). Zur Sicherungshypothek s §§ 1184, 1185, 873 I, 1113 ff. **a)** Pfandobjekt ist das dem Besteller gehörende **5** Grundstück, auf dem das vertraglich vereinbarte Bauwerk (dazu auch Rn 7) hergestellt wird. Beim Bau auf fremdem Boden (zB durch Bauträger) besteht kein Anspruch gegen den Eigentümer des Baugrundstückes aus § 648. Wirtschaftliche Verflechtung von Grundstückseigentümer und Besteller reicht nicht aus, um in „wirtschaftlicher Betrachtungsweise" Identität von Eigentümer und Besteller anzunehmen, schon gar nicht mehr nach Einführung des § 648 a, Raabe BauR 97, 757; aA KG NJW-RR 99, 1247, sa Naumburg NZBau 00, 79; in Ausnahmefällen kann Berufung auf jur Verschiedenheit jedoch an § 242 scheitern, BGH 102, 95, 100; Schlechtriem, FS Korbion 1986, 359. Bei Durchgriffshaftung der Gesellschafters/ Eigentümers ebenfalls Anspruch auf Eintragung, vgl KG NJW-RR 87, 1231; aA Slapnicar BB 93, 236. Baut der Besteller ein Gebäude teils auf eigenem, teils auf fremdem Grundstück, dann kann auf dem bestellereigenen Grundstück eine Hypothek für die gesamte Werklohnforderung eingetragen werden, BGH NJW 00, 1862; bei mehreren Grundstücken des Bestellers Gesamthypothek, BGH aaO, ohne daß es auf die den einzelnen Grundstücken zugeflossenen Werte ankommt. Erst recht kann bei nach Baubeginn aufgeteiltem Baugrundstück Gesamthypothek verlangt werden, Frankfurt OLGZ 85, 193. Pfandobjekt kann auch ein Erbbaurecht des Bestellers (BGH 91, 142) oder Wohnungseigentum (Einzelheiten s § 1114; ferner Weitnauer § 3, 29 f) sein. **b)** Wird belastetes Grundstück später in **6** Wohnungseigentum aufgeteilt, dann setzt sich die Sicherungshypothek als Gesamt-

§ 648 Buch 2. Abschnitt 8. Einzelne Schuldverhältnisse

hypothek an den einzelnen Einheiten fort. Entspr ist auch das Verlangen auf Einräumung einer Gesamthypothek an mehreren Eigentumswohnungen sowie einer entspr Vormerkung (Hamm NJW-RR 99, 383) gerechtfertigt, solange Besteller und Wohnungseigentümer noch identisch sind (München NJW 75, 221; Köln OLG 75, 20, str; aA Frankfurt NJW 74, 62 f; Schmalzl daselbst). Die Käufer sind nur durch rechtzeitige Auflassungsvormerkungen zu schützen.

7   3. **Zu sichernde Forderungen: a)** Die Sicherungshypothek kann zur **Sicherung aller Forderungen aus** dem **konkreten Werkvertrag** verlangt werden (s § 647 Rn 2; zur Sicherungsfähigkeit eines Anspruchs auf Verzugsschaden s BGH NJW 74, 1761; nicht: Schadenersatz wegen Bauunterbrechung, Jena OLG-NL 98,
8   150). **Lieferanten,** die Bauteile oder Materialien aufgrund Kaufvertrages leisten, haben keinen Anspruch aus I, auch wenn sie durch den Einbau ihr Eigentum verlieren. Der Unternehmer muß aber nicht notwendig Bauunternehmer sein. Entscheidend für die Sicherungsfähigkeit ist die rechtliche Beziehung, durch die sich jemand als Unternehmer zur Herstellung eines Bauwerks (dazu § 634 a Rn 7) oder eines einzelnen Bauwerksteils auf bestellereigenem Grundstück verpflichtet. **Subunternehmer,** die vertragliche Beziehungen nur mit dem Unternehmer, nicht aber mit dem Bauherrn-Eigentümer haben, können keine Sicherungshypothek
9   verlangen, Dresden NJW-RR 00, 1412. **b)** Durch die Sicherungsfähigkeit von Forderungen wegen Herstellung von Bauwerksteilen werden die einzelnen Handwerker geschützt, die am Neubau oder bei Umbauten oder Reparaturen Bauwerksteile aufgrund Werkvertrages mit dem Eigentümer herstellen. Arbeiten **an** einem Grundstück oder **an** einem Gebäude, durch die nicht ein Bauwerk oder Bauwerksteil hergestellt wird, sollen nicht sicherungsfähig sein (Malerarbeiten an Altbau: Celle NJW 54, 1607; Teppichboden: LG Düsseldorf NJW-RR 99, 383); zweifelhaft, da **entscheidend** für das Sicherungsbedürfnis die **durch Vorleistung erbrachte Wertschöpfung** des Unternehmers sein sollte, die nicht zurückbehalten oder anders als Sicherheit verwendet werden kann (vgl Prot II, 326; BGH 68, 183; gegen Parallele zu § 638 aF auch Motzke aaO S 167). Zutr hat deshalb auch der BGH dem Architekten Anspruch auf Einräumung einer Sicherungshypothek nach I gegeben (BGH 51, 190 ff; aA Tempel JuS 73, 416 f; sa Düsseldorf NJW-RR 00, 166 für gekündigten Architektenvertrag). Auch andere geistige Leistungen, zB die des Statikers, sind deshalb sicherungsfähig, falls aufgrund Verträgen mit dem
10 Eigentümer erbracht. **c)** Soweit und solange **Werk mangelhaft** ist, kann Einräumung einer Sicherungshypothek oder eine entspr Vormerkung nicht verlangt werden, BGH 68, 180; Celle BauR 86, 588 (subsidiäre Haftung des Unternehmers); aA Peters NJW 81, 2551, Hamm NJW-RR 00, 571: Herabsetzung der zu sichernden Werklohnforderung. Soweit Zahlung verweigert werden kann – sa § 641 III –, jedenfalls kein Sicherungsanspruch; Prüfung eines Antrags auf Vormerkung im Wege der einstweiligen Verfügung muß deshalb auch Leistungsweigerungsrechte des Bestellers berücksichtigen, str.

11 4. Obwohl vor Abnahme, Abnahmefiktion oder Vollendung Vergütungsansprüche nach BGB (§§ 641 I, 646) nicht fällig werden, kann der Unternehmer nach I 2 bereits vorher für eine der **geleisteten Arbeit** entspr **Vergütungsteil** und darin nicht mit abgegoltene Auslagen Sicherung verlangen. Auch hier ist der Grundgedanke, eine notwendig als Vorleistung („geleistete Arbeit") dem Besteller zugute kommende Werterhöhung sicherungsfähig zu machen. Folgerichtig wird der Anspruch versagt, wo Leistung des Unternehmers keine Werterhöhung des Grundstücks bewirkt hat, Jena NJW-RR 99, 384, oder Vorarbeiten noch nicht als Werkleistung wenigstens teilw dem Bauwerk zugute gekommen sind, sei es, daß der Unternehmer die zum Einbau vorgesehenen Teile zurückgehalten hat (RG 58, 303) oder die Pläne des Architekten keine Verwendung gefunden haben (Düsseldorf NJW 72, 1863; umfassend Siegburg aaO S 219 ff). Für künftige Forderung jedoch Vormerkung, Düsseldorf NJW-RR 94, 786.

12 5. Keine Abdingbarkeit in AGB, Siegburg aaO S 285 ff; sa BGH 91, 139 und Rn 1.

Titel 9. Werkvertrag und ähnliche Verträge § 648a

§ 648a Bauhandwerkersicherung

(1) ¹Der Unternehmer eines Bauwerks, einer Außenanlage oder eines Teils davon kann vom Besteller Sicherheit für die von ihm zu erbringenden Vorleistungen einschließlich dazugehöriger Nebenforderungen in der Weise verlangen, dass er dem Besteller zur Leistung der Sicherheit eine angemessene Frist mit der Erklärung bestimmt, dass er nach dem Ablauf der Frist seine Leistung verweigere. ²Sicherheit kann bis zur Höhe des voraussichtlichen Vergütungsanspruchs, wie er sich aus dem Vertrag oder einem nachträglichen Zusatzauftrag ergibt, sowie wegen Nebenforderungen verlangt werden; die Nebenforderungen sind mit zehn vom Hundert des zu sichernden Vergütungsanspruchs anzusetzen. ³Sie ist auch dann als ausreichend anzusehen, wenn sich der Sicherungsgeber das Recht vorbehält, sein Versprechen im Falle einer wesentlichen Verschlechterung der Vermögensverhältnisse des Bestellers mit Wirkung für Vergütungsansprüche aus Bauleistungen zu widerrufen, die der Unternehmer bei Zugang der Widerrufserklärung noch nicht erbracht hat.

(2) ¹Die Sicherheit kann auch durch eine Garantie oder ein sonstiges Zahlungsversprechen eines im Geltungsbereich dieses Gesetzes zum Geschäftsbetrieb befugten Kreditinstituts oder Kreditversicherers geleistet werden. ²Das Kreditinstitut oder der Kreditversicherer darf Zahlungen an den Unternehmer nur leisten, soweit der Besteller den Vergütungsanspruch des Unternehmers anerkannt oder durch vorläufig vollstreckbares Urteil zur Zahlung der Vergütung verurteilt worden ist und die Voraussetzungen vorliegen, unter denen die Zwangsvollstreckung begonnen werden darf.

(3) ¹Der Unternehmer hat dem Besteller die üblichen Kosten der Sicherheitsleistung bis zu einem Höchstsatz von 2 vom Hundert für das Jahr zu erstatten. ²Dies gilt nicht, soweit eine Sicherheit wegen Einwendungen des Bestellers gegen den Vergütungsanspruch des Unternehmers aufrechterhalten werden muss und die Einwendungen sich als unbegründet erweisen.

(4) Soweit der Unternehmer für seinen Vergütungsanspruch eine Sicherheit nach den Absätzen 1 oder 2 erlangt hat, ist der Anspruch auf Einräumung einer Sicherungshypothek nach § 648 Abs. 1 ausgeschlossen.

(5) ¹Leistet der Besteller die Sicherheit nicht fristgemäß, so bestimmen sich die Rechte des Unternehmers nach den §§ 643 und 645 Abs. 1. ²Gilt der Vertrag danach als aufgehoben, kann der Unternehmer auch Ersatz des Schadens verlangen, den er dadurch erleidet, dass er auf die Gültigkeit des Vertrags vertraut hat. ³Dasselbe gilt, wenn der Besteller in zeitlichem Zusammenhang mit dem Sicherheitsverlangen gemäß Absatz 1 kündigt, es sei denn, die Kündigung ist nicht erfolgt, um der Stellung der Sicherheit zu entgehen. ⁴Es wird vermutet, dass der Schaden 5 Prozent der Vergütung beträgt.

(6) Die Vorschriften der Absätze 1 bis 5 finden keine Anwendung, wenn der Besteller

1. eine juristische Person des öffentlichen Rechts oder ein öffentlich-rechtliches Sondervermögen ist oder
2. eine natürliche Person ist und die Bauarbeiten zur Herstellung oder Instandsetzung eines Einfamilienhauses mit oder ohne Einliegerwohnung ausführen lässt; dies gilt nicht bei Betreuung des Bauvorhabens durch einen zur Verfügung über die Finanzierungsmittel des Bestellers ermächtigten Baubetreuer.

(7) Eine von den Vorschriften der Absätze 1 bis 5 abweichende Vereinbarung ist unwirksam.

§ 648 a Buch 2. Abschnitt 8. Einzelne Schuldverhältnisse

Lit: Hofmann/Koppmann, Die neue Bauhandwerkersicherung, 3. Aufl 2000; Leinemann, Erste Rechtsprechung zu § 648 a, NJW 97, 238; Leinemann/Klaft, Erfordert die Neuregelung des § 648 BGB eine restriktive Auslegung zum Schutz des Bestellers? NJW 95, 2521; Schmitz, Richtiger Umgang mit Sicherungsverlangen von Bauunternehmen gemäß § 648 a BGB, ZfBR 00, 489; Soergel, Die neue Sicherung der Bauunternehmervergütung, FS v. Craushaar, 1997, 179; Sommer, Zur Entschärfung des § 648 a BGB, ZfBR 95, 168; Wagner, Notarielle Hilfestellung bei § 648 a, FS v. Craushaar, 1997, 413; Slapnicar/Wiegelmann, Neue Sicherheiten für den Bauhandwerker, NJW 93, 2903 ff; Weber, Das Bauhandwerkersicherungsgesetz, WM 94, 725; Zanner, Zum Umfang der Sicherheit nach § 648 a BGB bei Vereinbarung der VOB/B, BauR 00, 485.

1 **1. Allgemeines.** Unzureichender Schutz des § 648 für Bauhandwerker (s § 648 Rn 1, 4) war Anlaß für das am 1. 5. 93 in Kraft getretene BauhandwerkersicherungsGes und § 648 a, teilw nF durch SchRModG. Statt ipso iure wirkender dinglicher Sicherung gewährt das Ges Anspruch auf Sicherheit, der nur durch ein Leistungsweigerungsrecht des vorleistungspflichtigen Unternehmers bewehrt ist, I 1 (s Rn 7).

2 **2. Voraussetzungen. a) Vertrag** über Bauwerk oder Bauwerksteile. Kreis der geschützten Baugläubiger wie in § 648 I, also auch Architekt, Statiker, nicht aber Bauteilelieferant (BRDrs 12/1836 S 8); Bauträger s Wagner WM 01, 723. Geschützt aber auch Nach- oder Subunternehmer gegenüber Hauptunternehmer
3 (PalSprau 7, aA wohl Gutbrod aaO 1560). **b) Vorleistungspflicht** des Unternehmers; anders als nach § 648 ist nicht vorausgesetzt, daß schon eine Leistung erbracht worden ist. Aber auch Vergütung für erbrachte Leistung ist sicherungsfähig, Karlsruhe NJW 97, 264, krit Reinelt BauR 97, 766; Anspruch auf Sicherung *nach Abnahme* möglich, Naumburg NJW-RR 01, 1165.

4 **3. Rechtsfolge. a)** Anspruch auf Bestellung einer **Sicherheit.** Sicherheiten s §§ 232–239, aber darüber hinaus auch alle Interzessionen iSd KWG 19 I Nr 4, die einen unmittelbaren Zahlungsanspruch des Unternehmers gegen Kreditinstitut begründen, BGH NJW 01, 825, also Bürgschaften, Garantien, Schuldbeitritte, wechsel- oder scheckrechtliche Indossamentsverbindlichkeiten bestimmen, im Geltungsbereich dieses Gesetzes zum Geschäftsbetrieb befugter (dazu KWG 32; zu Instituten aus anderen Staaten s KWG 53 b, 53 c) Kreditinstitute oder Kreditversicherer. Gedacht ist vor allem an Auszahlungsgarantien der das Bauvorhaben durch Darlehen an den Besteller finanzierenden Bank, denen die Garantie soll eng an die Baufinanzierung angelehnt sein. Garantie oder Bürgschaft „auf erstes Anfordern" zu zahlen zulässig, BGH NJW 02, 1198; Geltendmachung kein Rechtsmißbrauch, BGH aaO. Sicherheit „bis zur Höhe des voraussichtlichen Vergütungsanspruchs" einschließlich Nebenforderungen, Ansatz 10% des zu sichernden Vergütungsanspruchs, I 2; gesamter Werklohn maßgebend und sicherungsfähig, auch wenn Raten- oder Abschlagszahlungen vereinbart sind, BGH NJW 01, 823 f. Sicherungsanspruch auch bei Mängeln, solange Unternehmer zur Beseitigung bereit und in der Lage ist, BGH NJW 01, 824 f. Anders nach Minderung oder Aufrechnung. Zurückbehaltungsrecht des Bestellers wegen Mängeln trotz Sicherungsverlangens möglich, KG NJW-RR 00, 687. Voraussetzungen für Zahlung der Sicherungs-
5 geber nach II 1 s II 2. **b)** Sicherheit ist tauglich trotz vorbehaltenen **Widerrufs** des Sicherungsgebers, I 3; kein Widerruf, soweit Bauleistungen bereits erbracht sind.
6 **c)** Bei Bestellung einer Sicherheit kein Anspruch auf Sicherungshypothek nach
7 § 648, IV. **d) Kostentragung** s III. **e) Ausnahmen:** Juristische Personen des öffentlichen Rechts, da kein Insolvenzrisiko, VI Nr 1; bestimmte Bauvorhaben natürlicher Personen zur Deckung des eigenen Wohnbedarfs, s VI Nr 2 – unbeschränkte und lebenslängliche persönliche Haftung des Bauherrn soll ausreichende Sicherheit bieten; freiwillig vereinbarte Sicherung möglich, Celle NJW-RR 00, 388.

8 **4. Rechtsbehelfe** des Sicherungsberechtigten. **a) (Nur) Zurückbehaltungsrecht,** Schleswig NJW-RR 98, 532. Unternehmer kann Frist zur Leistung der Sicherheit mit Erklärung bestimmen, daß nach Ablauf der Frist die (Vor)leistung

Titel 9. Werkvertrag und ähnliche Verträge **§ 649**

zurückgehalten wird, I 1. Frist muß „angemessen" sein; 7–10 Tage in der Regel erforderlich (s BRDrs 12/1836 S 9). Leistungsweigerungsrecht ist Einrede. **b) Aufhebung nach Fristablauf.** Um die bei Zurückhaltung der Vorleistung nach I 1 entstehende Pattsituation auflösen zu können, kann Unternehmer durch Fristsetzung mit Kündigungsandrohung Aufhebung erreichen, V 1 iVm § 643 S 2, und Teilvergütung verlangen, V 1 iVm §§ 643, 645 I. **c)** Zusätzlich kann Unternehmer **Vertrauensschaden** verlangen, V 2; vermutete Höhe 5% der Vergütung, V 3. Gleiches gilt bei Kündigung durch Besteller im Zusammenhang mit Sicherungsverlangen, um Stellung der Sicherheit zu entgehen, V 3; erleichtert Abrechnung im Vergleich zu § 649. **d)** Bei Widerruf der Sicherheit nach I 3 hat Unternehmer **Verschlechterungseinrede** nach § 321. 9

10

5. Anspruch auf Bestellung einer Sicherheit und Rechtsbehelfe sind **freizeichnungsfest**, VII; Befristung macht als Sicherheit gestellte Bürgschaft nicht unwirksam, Oldenburg EWiR 99, 111 (Siegburg). 11

§ 649 Kündigungsrecht des Bestellers

¹ **Der Besteller kann bis zur Vollendung des Werkes jederzeit den Vertrag kündigen.** ² **Kündigt der Besteller, so ist der Unternehmer berechtigt, die vereinbarte Vergütung zu verlangen; er muss sich jedoch dasjenige anrechnen lassen, was er infolge der Aufhebung des Vertrags an Aufwendungen erspart oder durch anderweitige Verwendung seiner Arbeitskraft erwirbt oder zu erwerben böswillig unterlässt.**

Lit: Quack, Einige Probleme der Vergütungsabrechnung nach § 649 S 2 BGB, FS v. Craushaar, 1997, 309.

1. Allgemeines. S 1 gewährt (nur) dem Besteller ein Kündigungsrecht. Gründe müssen für die Kündigung nicht angeführt werden. Dem Unternehmer wird als Ausgleich für dieses einseitige Kündigungsrecht des Bestellers im Falle seiner Ausübung der Anspruch auf die Vergütung belassen, S 2 (s Rn 4). Gilt nicht für Bauträgervertrag: Kündigung nur aus wichtigem Grund, BGH 96, 279. Kündigungsrecht nach § 649 kann individualvertraglich ausgeschlossen werden (BGH NJW 74, 973), aber nicht in AGB, BGH NJW 99, 3261. 1

2. Durchführung: Kündigung erfolgt durch einseitige, empfangsbedürftige Willenserklärung. Sie ist formlos, auch durch schlüssiges Verhalten (Hamm NJW-RR 92, 889) möglich, es sei denn, die Parteien haben etwas anderes vereinbart (zur VOB s Rn 4). Schlüssig durch eigene Werkausführung des Bestellers zum Ausdruck gebrachte Kündigungsabsicht (nach entspr Ankündigung) s BGH WM 72, 1026. 2

3. Folgen: a) Auflösung ex nunc. Noch nicht erfüllte Pflichten der Parteien erlöschen (Ausnahme: Vergütungspflicht des Bestellers, s Rn 4; Mängelbeseitigungsrecht des Unternehmers s BGH WM 89, 1434). Für die Vergangenheit bleibt der Werkvertrag jedoch in Kraft, zB als Rechtsgrund für bereits erbrachte Leistungen, BGH NJW 82, 2553 – der Besteller kann (RG 104, 94) und muß deshalb bereits geleistete Teilwerke behalten. Auch ein nach § 642 entstandener Entschädigungsanspruch bleibt von der Kündigung unberührt, da seine Erfüllung nicht weitere Durchführung des gelösten Werkvertrags bedeutet. **b)** Grundsätzlich unberührt von der Kündigung bleibt nach S 2 der **Vergütungsanspruch** des Unternehmers (s aber auch § 650 I); MWSt s BGH 101, 130, aber auch BGH NJW 99, 3261 zur Rili 77/388. Abzurechnen ist der konkrete Vertrag; Vergütung kann nicht nach Üblichkeit berechnet werden, BGH NJW 98, 1064. Vergütungsanspruch entfällt, falls das bereits erbrachte (Teil-) Werk infolge von Mängeln für den Besteller völlig wertlos ist (BGH NJW 75, 826; Beweislast für Mangelfreiheit des Teilwerks trägt Unternehmer, BGH NJW 93, 1974). Der Anspruch aus S 2 ist der ursprüngliche Vergütungsanspruch (vgl BGH NJW 84, 1455, Beigel BauR 97, 782), nicht etwa ein Entschädigungsanspruch; er umfaßt den Geschäftsgewinn, 3

4

§ 649 Buch 2. Abschnitt 8. Einzelne Schuldverhältnisse

beläßt aber auch einen evtl Geschäftsverlust beim Unternehmer (Einzelheiten s van Gelder NJW 75, 190 f); zur Berechnung beim Einheitspreisvertrag s BGH NJW 96, 1282, beim Pauschalpreisvertrag BGH NJW 00, 1257 (Wert der erbrachten Leistungen im Verhältnis zum Wert der geschuldeten Gesamtleistung). Funktionell ist der Vergütungsanspruch einem Schadensersatzanspruch allerdings vergleichbar (BGH NJW 73, 1191 für einen vertraglich vereinbarten Vergütungsanspruch; sa Düsseldorf NJW-RR 97, 625: Unberechtigte Erhebung eines Schadensersatzanspruchs als Kündigung iSv § 649). Gilt auch bei unberechtigter fristloser Kündi-
5 gung des Bestellers, krit B. Schmidt NJW 95, 1313, 1315. **c)** Nach S 2, 2. HS mindert sich der Vergütungsanspruch um **ersparte Aufwendungen** und (oder) anderweitigen – möglichen oder aktuellen – Erwerb durch Einsatz der freigewordenen Arbeitskraft des Unternehmers. Überobligationsmäßiger Ersatzerwerb kommt Besteller nicht zugute. Der Besteller hat nicht etwa (aufrechenbare) Gegenansprüche oder nur Einrede, sondern der Vergütungsanspruch des Unternehmers ist nach Maßgabe dieser Vorschrift von vornherein begrenzt, BGH WM 80, 1450.
6 Der Grundgedanke der Vorschrift – gebotene Vorteilsanrechnung – erlaubt eine entspr Anwendung auf den Fall, daß der Unternehmer sein Arbeits**ergebnis** anderweitig gewinnbringend verwerten kann oder verwertet hat (vgl BGH NJW 69, 238 – Architektenpläne; BGH WM 88, 1572; Hamm NJW-RR 92, 889 (Veräußerungserlös für gefertigte Teile). Bei Feststellung der ersparten Aufwendungen, die nur für das konkrete Geschäft erforderlich gewesen sein dürfen, bleiben
7 allg Geschäftsunkosten außer Betracht. Bei Verlustgeschäft kann der Vergütungsanspruch völlig entfallen, wenn verlustbringende Aufwendungen erspart worden sind (Einzelheiten van Gelder NJW 75, 190 f). Beweislast für ersparte Aufwendungen, anderweitig erfolgten oder böswillig unterlassenen Erwerb hat Besteller, BGH NJW 01, 385; jedoch muß Unternehmer dazu Grundlagen der Kalkulation offenlegen, BGH 97, 733; BGH NJW 96, 3271: keine Pauschalierung, abzustellen ist auf den konkreten Vertrag, Darlegungslast beim Unternehmer, BGH 131, 362, s jedoch auch BGH NJW 99, 1254 f (ev differenzierte Darstellung der Kalkulation entbehrlich; keine schematische Festlegung der Anforderungen an Kalkulation); zur Kostenentwicklung s BGH NJW 99, 3261. Zur „Böswilligkeit" des Unterlassens anderweitigen Erwerbs s Koblenz NJW-RR 92, 851: Schädigungsabsicht nicht erforderlich. **d)** Allein wegen der Kündigung des Bestellers hat Unternehmer
8 keinen Schadensersatzanspruch (sa Rn 9 f). **e) Kündigung aus wichtigem Grund** nach § 314 stets möglich, Abgrenzung zu § 649 S 1 s BGH NJW-RR 99, 560; nur Anspruch auf anteilige Vergütung erbrachter Leistungen, wenn und soweit mangelfrei, für Besteller brauchbar oder zumutbar verwertbar, vgl BGH NJW 97, 3018.

9 **4. Andere Rechtsbehelfe** des Bestellers bleiben unberührt, zB Schadensersatz (vgl BGH NJW 83, 2439), Kündigung aus wichtigem Grund nach § 314 mit Teilvergütungspflicht (s Rn 10) oder Kündigung ohne Vergütungspflicht, falls der Unternehmer schuldhaft die erfolgreiche Durchführung des Vertrages gefährdet
10 (BGH 31, 229). Bei **außerordentlicher Kündigung** des Bestellers aus wichtigem Grund nach § 314 Abwicklung nicht nach S 2, BGH NZBau 01, 621, ZIP 00, 1535; behält Unternehmer Teilvergütungsanspruch nur für mangelfreies Teilwerk, BGH NJW 93, 1973. Kündigung durch Unternehmer (Architekt) aus wichtigem Grund s § 314, zur aF BGH NJW-RR 89, 1249; Köln NJW 93, 73 (Störung des Vertrauensverhältnisses); zur Beweislast für tatsächliche Voraussetzungen BGH WM 90, 1756, zum Vertretenmüssen schon nach altem Recht BGH NJW 99, 418: Nicht § 276. Zur Regelung der Rechtsfolgen durch die Parteien in Anlehnung an § 649.2 s BGH NJW 96, 3271.

11 **5. Sonderregeln:** Ges Sonderregeln finden sich im Beförderungsrecht, s HGB 415, 667 ff, KVO 27, WA Art 12 I. Vertragliche Modifikationen sind in **AGB** und Vertragsformularen; Ausschluß in AGB aber zulässig, BGH NJW 99, 3261, so grundsätzlich zulässig, s BGH 87, 120; 92, 244: kein Ausschluß des § 649 S 2 durch

Titel 9. Werkvertrag und ähnliche Verträge **§ 650**

isolierte Vereinbarung der Abrechnungsregelung aus VOB/B 6 Nr 5. Vorallem aber sind (in Architektenverträgen) Abrechnungsklauseln unwirksam, die dem Auftragnehmer die Möglichkeit des Nachweises nehmen, daß der Unternehmer (Architekt) höhere Aufwendungen erspart hat, BGH NJW 97, 259; aber auch BGH NJW-RR 98, 594 (Architekt kann nicht höheres als das pauschalierte Honorar verlangen); sa oben Rn 7. Beachte VOB/B 8 Nr 5 (Schriftform für Kündigung).

§ 650 Kostenanschlag

(1) Ist dem Vertrag ein Kostenanschlag zugrunde gelegt worden, ohne dass der Unternehmer die Gewähr für die Richtigkeit des Anschlags übernommen hat, und ergibt sich, dass das Werk nicht ohne eine wesentliche Überschreitung des Anschlags ausführbar ist, so steht dem Unternehmer, wenn der Besteller den Vertrag aus diesem Grund kündigt, nur der im § 645 Abs. 1 bestimmte Anspruch zu.

(2) Ist eine solche Überschreitung des Anschlags zu erwarten, so hat der Unternehmer dem Besteller unverzüglich Anzeige zu machen.

Lit: Köhler, Die Überschreitung des Kostenanschlags, NJW 83, 1633; Kirschnek, Der unverbindliche Kostenanschlag, 2000 (Tübinger Diss); Pahlmann, Die Bindungswirkung des unverbindlichen Kostenvoranschlags, DRiZ 78, 367; Schenk, Der Kostenvoranschlag nach § 650 BGB und seine Folgen, NZBau 01, 465; Werner, Anwendungsbereich und Auswirkungen des § 650 BGB, FS Korbion, 1986, 473

1. Allgemeines. I modifiziert § 649: Kann die Kündigung auf eine wesentliche Überschreitung des dem Werkvertrag zugrundegelegten Kostenanschlags gestützt werden, dann schuldet der Besteller nur die nach I zu berechnenden Vergütungsteile und Auslagen. Eine sich abzeichnende Kostenüberschreitung muß der Unternehmer unverzüglich anzeigen, II; Pflichtverletzungsfolgen nach allgemeinen Regeln, insbesondere § 280 I 1. 1

2. Voraussetzungen der Kündigung: a) Kostenanschlag muß beim **Abschluß** als (Teil der) Geschäftsgrundlage **zugrunde gelegt** worden sein. Er kann vom Besteller oder vom Unternehmer oder von beiden gemeinsam erstellt worden sein; setzt voraus, daß der Unternehmer sich zwecks fachmännischer Kalkulation informiert, Köln NJW-RR 98, 549 (Spediteur). Der Kostenanschlag nach § 650 muß sich auf das vom Unternehmer als eigenes zu erbringende Werk beziehen – Überschreitung der Bausumme ist beim Vertrag mit dem Architekten kein Kündigungsgrund nach § 650, obwohl der Vergütungsanspruch des Architekten dadurch erhöht werden kann (BGH 59, 339). Kostenanschlag ist unverbindlich (Frankfurt NJW-RR 89, 209); wird er in den Vertrag als Werklohnvereinbarung einbezogen, dann gilt § 650 nicht, denn es besteht dann kein Grund, dem Besteller eine Kündigung zu erleichtern. **b)** Die Überschreitung muß **wesentlich** sein, dh die Endkosten müssen die Summe des Anschlags **erheblich** überschreiten; s dazu Köhler NJW 83, 1633. Auch darf die Kostensteigerung nicht durch nachträglich vom Besteller veranlaßte Änderungen des Werks verursacht sein, da insoweit der Kostenanschlag nicht Geschäftsgrundlage sein konnte. **c)** Das Werk darf noch nicht abgenommen sein (PalSprau 2). 2 3 4

3. Folgen: Es treten die gleichen Folgen wie bei einer Kündigung nach § 649 ein (s § 649 Rn 3 ff), doch wird durch Verweisung auf § 645 I die Verpflichtung des Bestellers beschränkt auf Leistung einer Teilvergütung und Ersatz der darin nicht inbegriffenen Auslagen (s zur Berechnung § 645 Rn 8). 5

4. Anzeige soll Besteller informieren und Entscheidung ermöglichen. **a) Schadensersatzanspruch** bei Verletzung geht auf Wiederherstellung des Zustandes, der bei rechtzeitiger Anzeige entstanden wäre – regelmäßig hätte der Besteller gekündigt und deshalb nur noch den nach I iVm § 645 I geschuldeten Teil seiner Verpflichtung zu erfüllen gehabt. Nach Frankfurt OLGZ 84, 198 zum alten Recht 6

§ 651 Buch 2. Abschnitt 8. Einzelne Schuldverhältnisse

Freistellungsanspruch bzgl über Kostenanschlag hinausgehender Vergütungspflicht; Einzelheiten str, s Köhler NJW 83, 1634; Werner, aaO S 476. § 254 bleibt jedoch anwendbar, falls der Besteller die zu erwartende Überschreitung kennen mußte.

7 **b)** Bei positiver Kenntnis fehlt bereits der Kausalzusammenhang zwischen unterlassener Anzeige und Schaden. Anzeigepflicht auch bei Kostenüberschreitung aufgrund Weisungen des Bestellers.

8 **5. Konkurrenz: a)** Bei Irrtum des Bestellers bezüglich der Kosten bleiben die allg Anfechtungsregeln anwendbar (zum Kalkulationsirrtum s § 119 Rn 10); bei Täuschung durch den Unternehmer kann nach § 123 I angefochten werden.

9 **b)** Eine schuldhaft falsche Kostenschätzung durch den Unternehmer vor Vertragsschluß kann cic sein (Frankfurt NJW-RR 89, 210), s § 311 II, evtl auch Delikt (§§ 826, 823 II iVm StGB 263). Zur Haftung des Architekten für falsche Kostenschätzung sa § 631 Rn 6; Rspr zur aF in ZfBR 82, 161.

§ 651 Anwendung des Kaufrechts

¹Auf einen Vertrag, der die Lieferung herzustellender oder zu erzeugender beweglicher Sachen zum Gegenstand hat, finden die Vorschriften über den Kauf Anwendung. ²§ 442 Abs. 1 Satz 1 findet bei diesen Verträgen auch Anwendung, wenn der Mangel auf den vom Besteller gelieferten Stoff zurückzuführen ist. ³Soweit es sich bei den herzustellenden oder zu erzeugenden beweglichen Sachen um nicht vertretbare Sachen handelt, sind auch die §§ 642, 643, 645, 649 und 650 mit der Maßgabe anzuwenden, dass an die Stelle der Abnahme der nach den §§ 446 und 447 maßgebliche Zeitpunkt tritt.

1 **1. Allgemeines. a)** Das SchRModG hat den Werklieferungsvertrag aF entfallen lassen. Auf die Herstellung vertretbarer Sachen findet – wie nach § 651 aF – Kaufrecht ohne Ergänzungen Anwendung (sog Lieferungskauf), auf Herstellung und Lieferung unvertretbarer Sachen Kaufrecht mit ergänzenden Vorschriften des Werkvertragsrechts. Kauf auch dann, wenn Sache aus bestellereigenem Material hergestellt wird; Abgrenzung zum Werkvertrag nach § 950: Falls Verarbeitung bestellereigenen Materials zu Eigentum des Unternehmers führt, ist § 651, nicht

2 Werkvertragsrecht anzuwenden. **b)** Das Pflichtenprogramm des Herstellers bestimmt sich nach §§ 433 I, 434, 435, die Rechte des Bestellers bei Pflichtverletzungen des Lieferanten nach § 437; der Besteller ist nach § 433 II zur Abnahme

3 und Kaufpreiszahlung verpflichtet. **c)** Ist der Besteller/Käufer Verbraucher, dann gelten ergänzend §§ 474 ff. **d)** Für Bauwerk herzustellende Fertigteile: Kauf, obwohl ev Eigentumserwerb nach § 946 (aA PalSprau 4).

4 **2. Mängelhaftung** des Herstellers/Verkäufers im Falle eines Mangels des vom Besteller gelieferten Stoffes entfällt entsprechend § 442 I 1, S 2.

5 **3. Ergänzend anzuwendende Werkvertragsvorschriften. a)** Nach S 3 ist bei nicht vertretbaren Sachen der Besteller zur Mitwirkung verpflichtet (arg § 642); bei unterlassener Mitwirkung kann der Verkäufer/Unternehmer angemessene Entschädigung verlangen, wenn der Käufer dadurch in Abnahmeverzug kommt. Nach § 643 kann er auch Nachfrist mit Kündigungsandrohung setzen mit der Folge § 643 S 2. Höhe der Vergütung bei Aufhebung des Vertrages durch Fristablauf s

6 § 645 I 2. **b)** Für Untergang, Verschlechterung oder Unausführbarkeit des Werkes ursächlich gewordener Mängel des vom Käufer gestellten Stoffes oder seiner für die Ausführung erteilten Anweisungen führen zum Gefahrübergang, falls nicht der Unternehmer/Verkäufer diesen Umstand zu vertreten hat. Er hat jedoch nur

7 Anspruch auf Teilvergütung, § 645 I 1. **c)** Der Käufer einer herzustellenden nicht vertretbaren Sache kann jederzeit kündigen, schuldet dann aber den Preis abzüglich ersparter Aufwendungen oder anderweitigen Erwerbs des Unternehmers/Verkäu-

8 fers, § 649 S 2. **d)** Ein Kostenanschlag ist grundsätzlich unentgeltlich (vgl § 632 III), doch gibt Überschreitung dem Käufer ein Kündigungsrecht ohne volle

Titel 9. Werkvertrag und ähnliche Verträge § 651 a

Vergütung, sondern nur Teilvergütung nach § 650, 645 I 1, S 3. Anzeigepflicht des Verkäufers/Unternehmers: § 650 II.

4. **Gefahrübergang** nicht mit Annahme, sondern Übergabe oder Versendung (Ausnahme Verbrauchsgüterkauf, § 474 II), S 3.

5. **Verjährung.** Lieferansprüche Käufer §§ 195, 199 I, IV, Gewährleistungsansprüche § 438, ev § 479; Ansprüche gegen Sonderfachleute, die Herstellung von Baumaterial, herzustellende Fertigteile (Rn 3) usw planen und überwachen, sollten in § 634 a I Nr 2 entspr, erweiternder Auslegung des § 438 I Nr 2 in 5 Jahren ab Abnahme *ihrer* Leistung verjähren, vgl Mansel (**Lit** vor § 643 a) 170. Ansprüche des Verkäufers/Unternehmers §§ 195, 199 I, IV.

9

10

Untertitel 2. Reisevertrag

§ 651 a Vertragstypische Pflichten beim Reisevertrag

(1) ¹Durch den Reisevertrag wird der Reiseveranstalter verpflichtet, dem Reisenden eine Gesamtheit von Reiseleistungen (Reise) zu erbringen. ²Der Reisende ist verpflichtet, dem Reiseveranstalter den vereinbarten Reisepreis zu zahlen.

(2) Die Erklärung, nur Verträge mit den Personen zu vermitteln, welche die einzelnen Reiseleistungen ausführen sollen (Leistungsträger), bleibt unberücksichtigt, wenn nach den sonstigen Umständen der Anschein begründet wird, dass der Erklärende vertraglich vorgesehene Reiseleistungen in eigener Verantwortung erbringt.

(3) ¹Der Reiseveranstalter hat dem Reisenden bei oder unverzüglich nach Vertragsschluss eine Urkunde über den Reisevertrag (Reisebestätigung) zur Verfügung zu stellen. ²Die Reisebestätigung und ein Prospekt, den der Reiseveranstalter zur Verfügung stellt, müssen die in der Rechtsverordnung nach Artikel 238 des Einführungsgesetzes zum Bürgerlichen Gesetzbuche bestimmten Angaben enthalten.

(4) ¹Der Reiseveranstalter kann den Reisepreis nur erhöhen, wenn dies mit genauen Angaben zur Berechnung des neuen Preises im Vertrag vorgesehen ist und damit einer Erhöhung der Beförderungskosten, der Abgaben für bestimmte Leistungen, wie Hafen- oder Flughafengebühren, oder einer Änderung der für die betreffende Reise geltenden Wechselkurse Rechnung getragen wird. ²Eine Preiserhöhung, die ab dem 20. Tage vor dem vereinbarten Abreisetermin verlangt wird, ist unwirksam. ³§ 309 Nr. 1 bleibt unberührt.

(5) ¹Der Reiseveranstalter hat eine Änderung des Reisepreises nach Absatz *3*, eine zulässige Änderung einer wesentlichen Reiseleistung oder eine zulässige Absage der Reise dem Reisenden unverzüglich nach Kenntnis von dem Änderungs- oder Absagegrund zu erklären. ²Im Falle einer Erhöhung des Reisepreises um mehr als fünf vom Hundert oder einer erheblichen Änderung einer wesentlichen Reiseleistung kann der Reisende vom Vertrag zurücktreten. ³Er kann statt dessen, ebenso wie bei einer Absage der Reise durch den Reiseveranstalter, die Teilnahme an einer mindestens gleichwertigen anderen Reise verlangen, wenn der Reiseveranstalter in der Lage ist, eine solche Reise ohne Mehrpreis für den Reisenden aus seinem Angebot anzubieten. ⁴Der Reisende hat diese Rechte unverzüglich nach der Erklärung durch den Reiseveranstalter diesem gegenüber geltend zu machen.

Lit: Eckert, Die Risikoverteilung im Pauschalreiserecht, 1995; Führich, Reiserecht, 4. Aufl. 2002; ders, Reiserecht von A–Z, 2. Aufl 2000; ders., Reisevertrag nach modernisiertem Schuldrecht, NJW 02, 1082; Klatt, Taschenkommentar zum Gesetz über den Reisevertrag, 1979 (ausführliche Dokumentation der Materialien); Isermann, Neues beim Pauschalrei-

§ 651 a

serecht, DRiZ 02, 133; Nies/Traut, Reiserecht, 1995; Pick, Reiserecht 1995; Tempel, Entwicklungen und Tendenzen im Reisevertragsrecht, RRa 98, 19; Tonner, Die Entwicklung des Reisevertragsrechts, AcP 189, 122; ders, Der Reisevertrag, 2000.

1 **1. Allgemeines. a) Funktion der §§ 651 a–l:** Die Bestimmungen sind Ausdruck des **Verbraucherschutzes,** der 1979 im Zusammenhang mit der wachsenden Verbreitung der *Pauschalreise* (s aber jetzt Rn 6) entwickelt und von der EG-RiLi vom 13. 6. 90 (Abl L 158 S. 59) aufgenommen worden ist. Diese RiLi ist – zu spät (s dazu Stöhr NJW 99, 1063, auch zur Abwicklung) – durch Ges vom
2 24. 6. 1991 umgesetzt worden. **b) Anwendbarkeit anderer Normen.** Soweit die §§ 651 a–k keine Regelung enthalten, gelten idR die §§ 631 ff, iü sind die allg Regeln wie für jeden schuldrechtlichen Vertrag (zB § 314) anwendbar. Ansprüche aus **unerlaubter Handlung** können eingreifen, wenn den Veranstalter eine *eigene Organisationspflicht* für die Sicherheit des Reisenden bei den Leistungsträgern trifft (BGH 103, 290 mit zust Anm Teichmann/Mildner JZ 88, 664; Frankfurt NJW-RR 94, 560). Da die **Verpflichtungen des Reisenden** nur teilweise geregelt sind, kann insoweit zB auch auf mietrechtliche Normen (zB bei Verletzung der Hotelordnung, vgl LG Frankfurt NJW 94, 375) oder auf allg Grundsätze zurück-
3 gegriffen werden. **c)** Die Bestimmungen sind nicht zum Nachteil des Reisenden **abdingbar,** § 651 m. Außerdem sind, da für Pauschalreisen idR AGB vereinbart werden, §§ 307 ff zu beachten.

4 **2. Sachlicher Anwendungsbereich, Begriffe (I). a) Allgemeines.** Die §§ 651 a ff knüpfen, anders als sonstige verbraucherschützende Bestimmungen (§§ 474 ff, sa ProdHaftG § 1 S 2), nicht an die Person (den Verbraucher) an, sondern wollen die **private, pauschal gebuchte Urlaubsreise** als Schutzobjekt mit dem in zwei Merkmalen umschriebenen Begriff des Reisevertrages (Reiseveranstalter, Gesamtheit von Reiseleistungen) kennzeichnen. Dies führt freilich zu
5 vielfältigen Unklarheiten. **b) Reiseveranstalter** ist, wer Reiseleistungen – erbracht idR durch dritte Leistungsträger (s. Rn 9), aber auch als eigene Leistungen (BGH NJW 00, 1639 mwN) – als *eigene anbietet,* sie also in **eigener Verantwortung** auf den Markt bringt und ausführt (BGH NJW 85, 906). Auf Häufigkeit und Gewerbsmäßigkeit kommt es nicht an. Reiseveranstalter sind damit grundsätzlich auch zB der Zeitungsverlag bei einer Leserreise, die (private) Schule bei einer Klassenfahrt (AG Essen NJW-RR 93, 1401). Sie sind jedoch dann nicht Reiseveranstalter iSd § 651 a, wenn sie ein anderes Reiseunternehmen mit der Durchführung beauftragen und die alleinige Verantwortlichkeit jenes Unternehmens deutlich machen. Bei *Privatangeboten* sind die §§ 651 a ff nicht anwendbar (LG Frankfurt NJW-RR 89, 48; Mieten einer Ferienwohnung vom Eigentümer).
6 **c)** Die Umschreibung als **Gesamtheit von Reiseleistungen** bezieht sich auf das klassische Bild der als Einheit angebotenen Urlaubsreise (Bsp: Flug mit Unterkunft). Angesichts der tatsächlichen Differenzierungen ist das Merkmal jedoch nicht geeignet, die dem Schutzzweck des Ges zu unterstellende (pauschal gebuchte) *Urlaubsreise* (nach der EG-RiLi: wohl touristische Reiseleistung) von der nicht unter §§ 651 a ff fallenden *Geschäftsreise* oder auch der *privat* vom Kunden selbst *organisierten* und von einem Reisebüro zusammengestellten Reise (s Hamburg NJW-RR 98, 1670) abzugrenzen. Der BGH (grundlegend BGH NJW 85, 906 = JZ 85, 844 mit Anm Blaurock) stellt deshalb in erster Linie auf den Reiseveranstalter (s Rn 4) ab und wendet die §§ 651 a ff analog auch auf von diesem angebotene Einzelleistung an (Ferienhaus). Der „Gesamtheit von Reiseleistungen" (= mehr als eine Leistung) kommt damit nur eine Indizwirkung zu. Unklar bleibt aber weiter, was nun unter einer **Reiseleistung** zu verstehen ist, etwa wenn der Transport nicht mit übernommen wird (Bsp: Ferienhaus, BGH NJW 92, 3158, 3160; Mobilheim, Düsseldorf NJW-RR 98, 50; Boots-Charter, Hamm NJW-RR 94, 441, nach BGH 130, 130 jedoch Mietvertrag. Auch hier sollte man darauf abstellen, ob es sich um eine typische von einem Veranstalter auf den Markt gebrachte Urlaubs- bzw Ferienleistung handelt (auch die Boots-Charter unterliegt

Titel 9. Werkvertrag und ähnliche Verträge **§ 651 a**

deshalb den §§ 651 a ff). Zu organisierten Reisen mit **Ausbildungszwecken** s § 651 l. **d)** Die **Beweislast** liegt beim Reisenden; ein Pauschalpreis ist ein Indiz für einen Vertrag isd § 651 a (Baumgärtel, Handbuch der Beweislast im Privatrecht I, Rn 1), die Verwendung von Linienflügen spricht allein nicht dagegen (Frankfurt NJW-RR 88, 1328). **e)** Liegt **kein Reisevertrag** vor, so ist nach allg Kriterien zu qualifizieren. Es kann zB ein Mietvertrag über eine Wohnung geschlossen sein (LG Frankfurt NJW-RR 89, 48) oder ein Werk- bzw typengemischter Vertrag mit demjengen, der die Leistungen erbringt (Fluggesellschaft, Hotel); in diesem Fall tritt das Reisebüro bzw der Reiseveranstalter als Vermittler auf. Der Vertrag mit dem Reisebüro selbst ist dann idR ein Geschäftsbesorgungsvertrag, § 675 (Soe-Eckert 13 vor § 651 a; LG München RRa 02, 29). 7, 8

3. Partner des Reisevertrages sind der Reiseveranstalter und der Reisende. Bei **mehreren Reisenden** kann der Buchende für sich und als Bote (LG Frankfurt NJW-RR 88, 247), als Stellvertreter der übrigen (LG Hannover NJW-RR 02, 701) oder auch allein im eigenen Namen (Vertrag zugunsten Dritter) auftreten (BGH NJW 02, 2239, Incentive-Reise). Das **Reisebüro** ist idR Bote, uU Stellvertreter des Veranstalters. Zwischen Reisenden und den sog **Leistungsträgern** (Fluggesellschaft, Hotel) kommt keine Vereinbarung zustande. Da sich der Reisende in weitem Umfang dem Reiseveranstalter während der Reise anvertraut, wird man jedoch den Vertrag zwischen Veranstalter und Leistungsträger als Vertrag mit Schutzwirkung für den Reisenden (s § 328 Rn 19 ff) auslegen können (weitergehend BGH 93, 273 ff: Vertrag zgDr, zust Gitter JR 85, 460 und Gottwald JZ 85, 575). 9

4. Leistungspflicht des Veranstalters. a) Hauptpflicht: Mangelfreie (§ 651 c) Durchführung entspr der Vereinbarung. Der Inhalt ergibt sich zum einen aus dem Prospekt, BGB-InfoV 4 (s Anh § 651 m). Die Parteien können jedoch abweichende Vereinbarungen treffen (Bi/Müller Anm 32). **b)** Die **Nebenpflichten** spielen eine untergeordnete Rolle; denn viele Schlechtleistungen sind als Fehler der Reise zu qualifizieren (Teichmann JZ 93, 828 f, SoeEckert 49). Bsp: ungeeigneter Tennisunterricht. Zu den Informationspflichten s BGB-InfoV 5, 6 (Anh § 651 m, dazu Tempel NJW 96, 1625). Weitere Verpflichtungen können sich aus dem Charakter des Reisevertrages als Dauerschuldverhältnis ergeben. **c) Absage, Änderung der Leistung.** Der Veranstalter muss sich diese Rechte im Vertrag vorbehalten (ie s BGB-InfoV 4 I 3, zur Absage wegen ungenügender Teilnehmerzahl BGB-InfoV 4 I 1 Nr 7); für einen Vorbehalt durch AGB gilt § 308 Nr 4. Die **Änderung** muss unverzüglich (§ 121) erklärt werden, sie ist vor jedem Reiseteil möglich (Bi/Müller Anm 33). Die **Absage** (in der Sache ein Rücktritt) tritt neben § 651 j; sie kann, da auf die Reise insgesamt bezogen, naturgemäß nur bis zum Reisebeginn erklärt werden. Zu den **Rechtsfolgen** s GesText. 10

5. Leistungspflicht des Reisenden. Zahlen des **Reisepreises** und evtl *vereinbarter* Zusatzkosten (Visa, Versicherung). **Vorauszahlungen.** In den sog Vorauskasse-Entscheidungen (BGH NJW 86, 1613; BGH 100, 163 ff) hat der BGH vor Erlass des § 651 k die Festlegung einer völligen Vorleistungspflicht des Reisenden (zB Zahlung des Reisepreises 30 Tage vor Reiseantritt) in AGB für unwirksam angesehen, weil dies dem in § 320 enthaltenen Prinzip des gleichzeitigen Leistungsaustauschs grundlegend widerspreche und der Reisende insbesondere gegenüber einer Insolvenz des Veranstalters ungeschützt sei. Diese Rspr ist insoweit überholt, als dem Reisenden durch den Sicherungsschein gem § 651 k das Insolvenzrisiko des Veranstalters weitgehend genommen ist. Die Abgrenzungskriterien gem § 307 I müssen deshalb andere sein: Den Interessen des Reisenden an nicht zu früher Zahlung stehen die Interessen des Veranstalters gegenüber, nur ernsthafte Buchungen zu erhalten und mögliche Stornokosten absichern zu können. Vorauszahlungen sollten also – bei Aushändigung eines Sicherungsscheins – in der Höhe angemessener Stornokosten (s. § 651 i Rn 3) bis zum Termin für die Restzahlung 11

Teichmann 797

§ 651 b Buch 2. Abschnitt 8. Einzelne Schuldverhältnisse

zulässig sein (ähnlich Führich 131, allerdings begrenzt auf 15%). Die **Fälligkeit der Restzahlung** sollte auf circa 30 Tage vor Reiseantritt vereinbart werden können; dem Veranstalter muss bei Nichtzahlung eine angemessene Frist zum Rücktritt und zur anderweitigen Verwertung bleiben. Zur Zulässigkeit von **Änderungen** des Reisepreises s **IV**, zur Mitteilungspflicht s **V 1**, zu den Folgen s **V 2** und **3**. Die Teilnahme selbst gehört nicht zur Leistungspflicht **(I 2)**; nimmt der Reisende teil, so ergeben sich weitere Nebenpflichten. Bsp: Vorlage von Reisedokumenten, Melden ansteckender Krankheiten, Pünktlichkeit beim Erscheinen zu Veranstaltungen, Obhutspflichten für die von ihm genutzten Gegenstände, Verhalten im Hotel (zu den Rechtsfolgen s Rn 2).

12   **6. Bedeutung von II.** Die „klarstellende" (s BT-Drs 8/2343, S 8) Bestimmung ist überflüssig. Sie wiederholt ohne neue Gesichtspunkte den allg Rechtsgrundsatz, dass man sich durch eine andere Wortwahl einem zwingenden Ges nicht entziehen kann – ein Vorgang, der teilw als unzulässige protestatio facto contraria bezeichnet wird (so in der Sache BGH 61, 281; desgl MK/Tonner 61; zur protestatio facto contraria s Teichmann, FS K. Michaelis, 1970, S 307 ff). Ob der Anbieter „in eigener Verantwortung" (Rn 3) aufgetreten ist, ist wie üblich aus dem Empfängerhorizont zu ermitteln (s zB Karlsruhe RRa 98, 110, Ferienhäuser).

§ 651 b Vertragsübertragung

(1) ¹**Bis zum Reisebeginn kann der Reisende verlangen, dass statt seiner ein Dritter in die Rechte und Pflichten aus dem Reisevertrag eintritt.** ²**Der Reiseveranstalter kann dem Eintritt des Dritten widersprechen, wenn dieser den besonderen Reiseerfordernissen nicht genügt oder seiner Teilnahme gesetzliche Vorschriften oder behördliche Anordnungen entgegenstehen.**

(2) **Tritt ein Dritter in den Vertrag ein, so haften er und der Reisende dem Reiseveranstalter als Gesamtschuldner für den Reisepreis und die durch den Eintritt des Dritten entstehenden Mehrkosten.**

Lit: Noltenius, Der Wechsel des Reisenden nach dem neuen Reiserecht. Ein Beitrag zu § 651 b BGB, 1985; Seidel, Die Rechtsstellung des Drittbeteiligten im Reisevertragsrecht, 1986.

1   **1. a) Normzweck.** Auch bei einem Reisevertrag soll der Reisende die Möglichkeit haben, die – als Anspruch – erworbene vertragliche Leistung anderweit zu verwerten, wenn er sie selbst nicht nutzen kann. Das Ges sieht deshalb in den Fällen, in denen kein besonderes Interesse an der Person oder an bestimmten Eigenschaften besteht (Beweislast beim Veranstalter, s I 2), vor, dass der Reisende für sich oder auch für einen anderen Teilnehmer (zB Familienangehörigen) eine Ersatzperson benennt, um den kostspieligen Rücktritt (s § 651 i) zu vermeiden.

2   **b) Jur Konstruktion.** Der Reisende erhält einen **Anspruch** gegen den Veranstalter auf eine Vertragsübernahme durch den Ersatzreisenden (Bi/Müller Anm 8; aA PalSprau 1: keine Zustimmung des Veranstalters erforderlich). Der Ersatzreisende rückt in die Rechtsstellung ein, er muss deshalb frühere Erklärungen und Handlungen gegen sich gelten lassen.

3   **2. Tatbestand. a)** Das **Verlangen, daß ein Dritter teilnimmt**, ist ein Gestaltungsrecht; die Regeln über Willenserklärungen gelten entspr. Es muß dem Reiseveranstalter bzw einem von ihm Bevollmächtigten zugehen. Die Möglichkeit der Erklärung „bis zum Reisebeginn" **(I 1)** umfasst theoretisch zB noch den Telefonanruf in der Zentrale vor Abgabe des Flugtickets am Schalter. Dann aber wird der Veranstalter nicht in der Lage sein, zum Widerspruch berechtigende Hindernisse zu überprüfen. Entgegen dem Wortlaut des Ges wird man die Frist je nach den Umständen des Einzelfalles, etwa bei bes Erfordernissen an die Reise (s Rn 4), **4** einschränken müssen (desgl zB SoeEckert 10). **b) Recht zum Widerspruch (I 2).** Die Aufzählung soll abschließend sein (BT-Drs 8/2348 S 8). Bsp für **bes**

Titel 9. Werkvertrag und ähnliche Verträge **§ 651 b**

Erfordernisse: Tropentauglichkeit, spezielle Kenntnisse und Fähigkeiten; Zugehörigkeit zu dem Personenkreis, für den die Reise ausgeschrieben ist; Bsp für **ges Vorschriften und behördliche Anordnungen:** Impfbestimmungen, Sammelvisa, ges Vorschriften, die dem Hotelier eine Auswechslung untersagen. Von der Formulierung nicht erfasst ist zB der Fall, daß der Hotelier durch die Sitte seines Landes an der Aufnahme des Dritten gehindert ist; unberücksichtigt bleiben danach auch zB Sicherheitsregeln, die von einem privaten Leistungsträger (Flug-, Schiffahrtsgesellschaft) entwickelt werden und die eine kurzfristige Auswechslung ausschließen. Eine ausdehnende Auslegung der Bestimmung erscheint bei ähnlich zwingenden Gründen wie bei einem Ges erforderlich. **Beweislast** beim Veranstalter. Ein **unzulässiger Widerspruch** löst theoretisch einen Anspruch auf Zustimmung, zumeist auf Schadensersatz gem §§ 241 II, 280 I aus.

3. Mehrkosten können entgegen dem Wortlaut des § 651 l auch durch AGB 5 (entspr Anwendung von § 308 Nr 7) pauschaliert werden (desgl Bi/Müller Anm 8; aA MK/Tonner 9); zur **gesamtschuldnerischen Haftung** s §§ 421 ff.

Vorbemerkungen zu den §§ 651c–651f

Lit: Brender, Das reisevertragliche Gewährleistungsrecht und sein Verhältnis zum allgemeinen Recht der Leistungsstörungen, 1985; Eckert, Die Risikoverteilung im Pauschalreiserecht, 2. Aufl 1994; Niehuus; Reisemängel von A–Z, 2001; Tonner/Krause, Urlaub und Witterungsrisiko, NJW 00, 3665.

1. Anwendungsbereich. Während der RegEntw (BT-Drs 8/786 S 12) in 1 § 651 c eine einheitliche Regelung für alle Fälle der Leistungsstörungen (zB Unmöglichkeit, Verzug, Mängelgewährleistung) schaffen wollte, knüpfen die Bestimmungen aufgrund der Kritik des Bundesrats (BT-Drs 8/786 S 35) wieder an den traditionellen Begriff der *fehlerhaften* Erfüllung an und lassen grds die §§ 280 ff, 323 ff – anders als bei Kauf- und Werkvertrag – unberührt. Der BGH hat sich allerdings im Anschluss an einen Teil der Lit (s zB Wolter AcP 183, 35 ff) entschlossen, bei nachträglicher *Unmöglichkeit* nur die §§ 651 c ff anzuwenden (BGH 97, 259 ff, zust Teichmann JZ 86, 759; krit Schwark JR 86, 500). Die §§ 320–322 bleiben (als auf Erfüllung und nicht auf die Mängelhaftung bezogen) weiter anwendbar. Das System ist durch das SchRModG nicht geändert worden (desgl Führich NJW 02, 1084).

2. Überblick: Rechte des Reisenden bei Leistungsstörung. a) Mangel- 2 **hafte Leistung. aa) „Einfacher" Mangel.** Anspruch auf Abhilfe und nach vergeblichem Fristablauf Recht zur eigenen Beseitigung auf Kosten des Reiseveranstalters (§ 651 c II, III); Minderung des Reisepreises für die Zeit der Beeinträchtigung (§ 651 d); Schadensersatz im Fall eines zu vertretenden Mangels (§ 651 f I). **bb) Erhebliche Beeinträchtigung.** Wie Anm 2 a aa, zusätzlich Recht zur „Kündigung" (§ 651 e) und im Fall des Vertretenmüssens Anspruch auf Schadensersatz wegen vertaner Urlaubszeit (§ 651 f II). **b) Verzug und Unmöglich-** 3 **keit. aa) Verzug** ist idR nur bei kurzerfristigen Verzögerungen denkbar, da häufig ein sog absolutes Fixgeschäft (§ 361 Rn 2) und damit Unmöglichkeit vorliegt (BGHZ 60, 16); anwendbar sind die §§ 284 ff, 326. **bb) Vom Reiseveranstalter zu vertretende (anfängliche, nachträgliche) Unmöglichkeit.** § 651 e; wegen des Ersatzes für entgangene Urlaubszeit s § 651 f II. **cc) Unmöglichkeit aus der Sphäre des Reisenden vor Reiseantritt.** Wohl ausschließliche Anwendung des § 651 i (s § 651 i Rn 1; anders noch BGH 60, 17 f vor Erlass des Ges: §§ 323 f aF, 645). **dd) Unmöglichkeit aus der Sphäre des Reisenden nach Reiseantritt:** § 645 (aA Frankfurt OLGZ 84 S 86: §§ 323 f). **ee) Von keiner Seite zu vertretende Unmöglichkeit:** wohl § 651 j (s § 651 j Rn 1). **ff) Nebenpflichtverletzungen:** Ansprüche aus §§ 241 II bzw 311 II iVm §§ 280 ff.

§ 651 c Abhilfe

(1) **Der Reiseveranstalter ist verpflichtet, die Reise so zu erbringen, dass sie die zugesicherten Eigenschaften hat und nicht mit Fehlern behaftet ist, die den Wert oder die Tauglichkeit zu dem gewöhnlichen oder nach dem Vertrag vorausgesetzten Nutzen aufheben oder mindern.**

(2) ¹**Ist die Reise nicht von dieser Beschaffenheit, so kann der Reisende Abhilfe verlangen.** ²**Der Reiseveranstalter kann die Abhilfe verweigern, wenn sie einen unverhältnismäßigen Aufwand erfordert.**

(3) ¹**Leistet der Reiseveranstalter nicht innerhalb einer vom Reisenden bestimmten angemessenen Frist Abhilfe, so kann der Reisende selbst Abhilfe schaffen und Ersatz der erforderlichen Aufwendungen verlangen.** ²**Der Bestimmung einer Frist bedarf es nicht, wenn die Abhilfe von dem Reiseveranstalter verweigert wird oder wenn die sofortige Abhilfe durch ein besonderes Interesse des Reisenden geboten wird.**

Lit: Tempel, Zur Berücksichtigung des Synallagmas bei der Berechnung der Minderung in Reisesachen, NJW 96, 164; ders, „Geringfügige Reisemängel", NJW 97, 2207.

1   **1. Mangel (I). a) Fehler.** Entspr der subj Fehlertheorie ist wie in § 633 I ein **Fehler** grds jede negative Abweichung vom vereinbarten Leistungsprogramm, das idR durch den zum Zeitpunkt des Vertragsschlusses erkennbar geltenden (LG Frankfurt NJW-RR 88, 635), vom Veranstalter herausgegebenen und aus dem Empfängerhorizont zu wertenden (AG Frankfurt MDR 91, 837) *Prospekt* (BGH NJW 00, 1188), im Einzelfall aus *Zusatzabreden* (zB LG Frankfurt NJW-RR 89, 2397: behindertengerechte Unterkunft) gestaltet wird. Mängel können auftreten zB beim **Transport des Reisenden** (LG Münster MDR 92, 450: Flugverspätung von mehr als 4 Std; LG Frankfurt/M RRa 98, 119: Bahn statt Komfortbus) oder seines **Gepäcks** (LG Frankfurt NJW-RR 94, 309), in der **Unterkunft** (LG Frankfurt NJW-RR 92, 380: karge Ausstattung; AG Kleve NJW-RR 02, 562, fehlendes Kinderbett; LG Frankfurt NJW-RR 88, 245: Ungeziefer; Frankfurt RRa 02, 56, Baulärm; LG Düsseldorf NJW-RR 02, 269: Autobahn in der Nähe; LG Kleve NJW-RR 97, 1137: nächtliche Barmusik), bei der **Verpflegung** (LG Düsseldorf NJW-RR 01, 1063, Fischvergiftung) oder auch bei **Dienstleistungen** (LG Frankfurt NJW-RR 97, 33; fehlende Kinderbetreuung; LG Hannover NJW-RR 92, 50: Sprachkurs). Eine Beeinträchtigung des **Umfeldes** (Bsp: nicht-hoteleigener Strand) ist, da nicht im Leistungsprogramm, kein Mangel, sollte aber als eine typische Störung dann mit erfasst werden, wenn der Veranstalter dafür das Verwendungsrisiko übernommen hat (ie Teichmann JZ 90, 1118 f; sehr str; iE desgl Frankfurt NJW-RR 88, 1328; Düsseldorf NJW-RR 92, 1401: als Mangel behandelt; aA LG Frankfurt NJW-RR 90, 761: Haftung nur bei Zusicherung oder aus cic; aA BGH: nur § 651 j, s § 651 j Anm 1). *Kein Fehler* liegt bei typischen Lebensrisiken (zB AG Bad Homburg, RRa 97, 154: Schlange im Hotelzimmer in Senegal; AG Freiburg RRa 98, 56: Überfall auf Unterkunft; LG Frankfurt NJW-RR 01, 52, Angriff durch Ziegenbock) sowie bei einzelnen Unannehmlichkeiten vor, die sich im Massentourismus nicht vermeiden lassen und die deshalb in Kauf genommen werden müssen (Düsseldorf NJW-RR 92, 1330, kurzfristige Verspätung). Bei der Vermittlung zusätzlicher Veranstaltungen kann den Veranstalter höchstens ein

2   Auswahlverschulden treffen (Frankfurt NJW-RR 01, 53). **b)** Zum **Fehlen zugesicherter Eigenschaften** s § 633 Rn 4; die in Rn 1 vorgenommene quantitative Eingrenzung gilt auch. **c) Beweislast:** Reisender.

3   **2.** Das **Abhilfeverlangen (II)** ist an den örtlichen Reiseleiter, sofern vorhanden (s BGH 108, 62, sa BGB-InfoV § 5 Nr 7), sonst, sofern zumutbar, an den Veranstalter zu richten (LG Frankfurt NJW-RR 88, 1330; weitergehend MK/Tonner 51, SoeEckert 32: notfalls Leistungsträger). Folgen eines unterlassenen Abhilfeverlangens: kein Recht nach §§ 651 c III, 651 e II; die übrigen Gewährleistungsrechte bleiben erhalten. Die **Abhilfe** selbst muss im Rahmen des Zumutbaren gleich-

Titel 9. Werkvertrag und ähnliche Verträge §§ 651 d, 651 e

wertig sein (LG Frankfurt NJW 85, 1474), uU, wie aus II 2 geschlossen werden kann, aus zumutbar besseren Leistungen bestehen (zB Taxi bei nicht gestelltem Bus, Zimmer besserer Kategorie, KG NJW-RR 93, 1209). Zu **II 2** s § 633 Rn 21; die **Beweislast** liegt insoweit beim Veranstalter.

3. Recht auf Selbsthilfe (III). Wie § 634 Nr 2 fordert die Bestimmung das 4 Setzen einer angemessenen Frist. IdR werden relativ kurze Fristen angemessen sein, da dem Reisenden wegen der zeitlichen Begrenzung der Reise eine spätere Abhilfe nichts mehr nutzt (BT-Drs 8/786 S 26). Zur **Entbehrlichkeit der Fristsetzung** s § 637 II. **Beweislast** beim Reisenden.

§ 651 d Minderung

(1) ¹Ist die Reise im Sinne des § 651 c Abs. 1 mangelhaft, so mindert sich für die Dauer des Mangels der Reisepreis nach Maßgabe des § 638 Abs. 3. ²§ 638 Abs. 4 findet entsprechende Anwendung.

(2) Die Minderung tritt nicht ein, soweit es der Reisende schuldhaft unterlässt, den Mangel anzuzeigen.

1. Die Minderung (I) tritt ohne eine Erklärung des Berechtigten *kraft Ges* ein. 1 Dies hat seine Parallele in § 536. Sie wird idR (s Düsseldorf NJW-RR 95, 368) als Abschlag vom „Tagesreisepreis" vorgenommen, der sich aus dem Gesamtpreis für die Reise (ohne Versicherungen, LG Frankfurt NJW-RR 92, 51), geteilt durch die Reisetage, berechnet (Frankfurt RRa 98, 71). Dies gilt auch, wenn allein Dienstleistungen betroffen sind, die den Hauptzweck der Reise ausmachen (Bsp: AG Frankfurt NJW-RR 91, 954, Tauchkurs auf den Malediven). Bei Nebenleistungen (Tenniskurs im Ferienurlaub) geschieht der Abzug von den Gebühren, uU zusätzlich vom Tagesreisepreis wegen der beeinträchtigten Freizeitgestaltung (LG Frankfurt NJW-RR 90, 760; Düsseldorf NJW-RR 92, 1461). Die Anzahl der Tage richtet sich nach der Dauer der Beeinträchtigung, auch bei Unfällen und Erkrankungen (LG Hannover NJW-RR 89, 633), uU auch von Angehörigen (LG Düsseldorf NJW 01, 1872). Zum Ausmaß ie s § Bartl, ReiseR 88 und LG Frankfurt NJW 85, 133 (Minderungstabelle, die freilich den Wertungsspielraum zu stark einengt; krit zB SoeEckert 9; LG Hamburg NJW-RR 98, 708 mwN).

2. a) Die Anzeige muss unverzüglich (§ 121) gegenüber dem Veranstalter oder 2 seinem Vertreter (s § 651 c Rn 3) erfolgen, § 130 ist entspr anwendbar. Die Anzeigepflicht entfällt, wenn der Veranstalter den Mangel kennt oder fahrlässig nicht kennt, wenn die Mitteilung unmöglich ist oder wenn der Mangel nicht beseitigt werden kann. **b) Die Rechtsfolgen** der schuldhaft **unterlassenen Anzeige (II)** erschöpfen sich nach dem Wortlaut des Ges im Entfallen der Minderung. Da den Reisenden aber eine Obhutspflicht treffen kann (Rn 10 aE vor § 651 a), sind auch Schadensersatzansprüche aus §§ 241 II, 280 I (Geltendmachung im Wege der Drittschadensliquidation, s dazu Rn 19 ff vor § 249), uU auch Ansprüche des Leistungsträgers aus unerlaubter Handlung denkbar.

§ 651 e Kündigung wegen Mangels

(1) ¹Wird die Reise infolge eines Mangels der in § 651 c bezeichneten Art erheblich beeinträchtigt, so kann der Reisende den Vertrag kündigen. ²Dasselbe gilt, wenn ihm die Reise infolge eines solchen Mangels aus wichtigem, dem Reiseveranstalter erkennbaren Grund nicht zuzumuten ist.

(2) ¹Die Kündigung ist erst zulässig, wenn der Reiseveranstalter eine ihm vom Reisenden bestimmte angemessene Frist hat verstreichen lassen, ohne Abhilfe zu leisten. ²Der Bestimmung einer Frist bedarf es nicht, wenn die Abhilfe unmöglich ist oder vom Reiseveranstalter verweigert

§ 651 f

wird oder wenn die sofortige Kündigung des Vertrags durch ein besonderes Interesse des Reisenden gerechtfertigt wird.

(3) ¹Wird der Vertrag gekündigt, so verliert der Reiseveranstalter den Anspruch auf den vereinbarten Reisepreis. ²Er kann jedoch für die bereits erbrachten oder zur Beendigung der Reise noch zu erbringenden Reiseleistungen eine nach § 638 Abs. 3 zu bemessende Entschädigung verlangen. ³Dies gilt nicht, soweit diese Leistungen infolge der Aufhebung des Vertrags für den Reisenden kein Interesse haben.

(4) ¹Der Reiseveranstalter ist verpflichtet, die infolge der Aufhebung des Vertrags notwendigen Maßnahmen zu treffen, insbesondere, falls der Vertrag die Rückbeförderung umfasste, den Reisenden zurückzubefördern. ²Die Mehrkosten fallen dem Reiseveranstalter zur Last.

1   **1. Funktion.** § 651 e normiert in der Sache ein *Rücktrittsrecht*; der Begriff „Kündigung" meint sonst systematisch etwas anderes (s § 649 Rn 3 ff).

2   **2. Recht zur „Kündigung".** a) Zum **Mangel** s § 651 c Rn 1. b) Eine **erhebliche Beeinträchtigung der Reise** wird teilweise bei einer Minderungsquote (s § 651 d Rn 1) von 20% (LG Frankfurt/M NJW-RR 93, 61) bzw 50% (LG Hannover NJW-RR 92, 50) angenommen, zutr allg auf die Unzumutbarkeit des Verbleibens abgestellt (OLG Düsseldorf NJW-RR 93, 315). **Beweislast** zu a) und

3   b) beim Reisenden (vgl die analoge Regelung in § 542 III). c) **„Wird ... beeinträchtigt".** Auch ein nicht zu behebender Mangel *vor* Reiseantritt berechtigt zur Kündigung (MK/Tonner 3; BGH BB 81, 76). d) **Fehlende Abhilfe.** Str ist, wieweit der Reisende eine andere Leistung (s § 651 c Rn 3) als Abhilfe akzeptieren muß; gewisse, uU nach § 651 d auszugleichende Erschwerungen sind im Rahmen des Zumutbaren hinzunehmen. Bsp: Umquartierung in ein anderes Hotel, auch wenn Freunde im gemeinsam gebuchten Hotel bleiben (aA wohl Eberle DB 79, 343). e) **Vergebliche Fristsetzung bzw andere Gründe (II).** Zur Angemessenheit der Frist s § 651 c Rn 4.

4   **3. Ausübung der „Kündigung".** Die (Willens-)Erklärung muss dem Veranstalter oder seinen Repräsentanten (Empfangsvertreter) zugehen. Das Reisebüro ist, wenn es vom Veranstalter ständig mit der Vermittlung von Verträgen betraut wird, in ausdehnender Anwendung von HGB 91 II auch als ermächtigt anzusehen, die Erklärung entgegenzunehmen (s BGH 102, 83 für die Mängelanzeige; desgl Führich 417). Die **Beweislast** für den Zugang liegt beim Reisenden.

5   **4. Folgen der „Kündigung".** Es entsteht ein Rückabwicklungsschuldverhältnis gem §§ 346 ff (BGH 85, 59 ff; SoeEckert 3).

§ 651 f Schadensersatz

(1) Der Reisende kann unbeschadet der Minderung oder der Kündigung Schadensersatz wegen Nichterfüllung verlangen, es sei denn, der Mangel der Reise beruht auf einem Umstand, den der Reiseveranstalter nicht zu vertreten hat.

(2) Wird die Reise vereitelt oder erheblich beeinträchtigt, so kann der Reisende auch wegen nutzlos aufgewendeter Urlaubszeit eine angemessene Entschädigung in Geld verlangen.

Lit: W. Müller, Schadensersatz aufgrund verdorbenen Urlaubs, 1986; Tempel, Das zeitliche Moment bei Bestimmung der erheblichen Beeinträchtigung der Reise im Rahmen der § 651 f II BGB, NJW 99, 2012.

1   **1. Vermögensschaden (I). a) Funktion.** § 651 f hat den Wortlaut des § 635 aF mit der klarstellenden Änderung übernommen, dass Schadensersatz „unbeschadet" von Minderung und Kündigung, also daneben geltend gemacht werden kann. Dies entspricht jetzt der allg RLage (s § 634 Nr 3, 4). **b) Voraussetzungen. aa)** Zum **Mangel** s § 651 c Rn 1. Auf die Erheblichkeit der Beeinträchtigung

Titel 9. Werkvertrag und ähnliche Verträge **§ 651 g**

kommt es iGgs zu § 651 e nicht an; allerdings muß die Toleranzschwelle des § 651 c I (§ 651 c Rn 1, 2) erreicht sein. **bb)** Das **Vertretenmüssen** kann sich auf die Sphäre des Veranstalters (§ 276) selbst (zB Prospektangaben, Planung, Auswahl und Überwachung der Leistungsträger einschließlich der Einrichtungen, s BGH 103, 298; grds zust Teichmann JZ 88, 661) oder die des Leistungsträgers (§ 278) beziehen. Ein **Streik** des Personals ist außerhalb der Einflußsphäre des Leistungsträgers dem Veranstalter zwar als Mangel iSd § 651 d (aA LG Hannover NJW-RR 89, 820, Flughafenpersonal), aber nicht als zu vertretender Umstand zuzurechnen (ie Teichmann, JZ 79, 739 f; sehr str; aA LG Frankfurt NJW-RR 91, 630). Die **Beweislast** (für ein Nicht-Vertretenmüssen) trägt der Veranstalter (sa § 280 I 2). **cc)** Eine **Mängelanzeige** bzw ein **Abhilfeverlangen** ist nicht erforderlich, soweit der eingetretene Schaden dadurch nicht verhindert werden konnte (BGH 92, 177, zust Gitter JR 85, 328). **c) Rechtsfolgen.** Der zu ersetzende Vermögensschaden (s Rn 3 vor § 249) umfaßt zB die Kosten, die durch die Suche einer anderen Unterkunft entstanden sind (LG Hannover NJW-RR 87, 496, Taxikosten; LG Berlin NJW-RR 90, 1018, Telefonkosten; LG Frankfurt NJW-RR 87, 178, Mehrpreis für eine andere Unterkunft), aber auch vergebliche Aufwendungen (LG Berlin NJW-RR 89, 1020, Rückflug mit Linienmaschine; LG Köln NJW-RR 89, 565, Kosten für Hin- und Rückfahrt bei Ferienwohnung mit eigener Anreise). Ein Ersatz für nutzlos aufgewandte Urlaubszeit ist nur nach II zu ersetzen (unzutr anders LG Frankfurt NJW-RR 92, 823). 2

2. Nichtvermögensschaden. a) Allgemeines. Zur dogmatischen Einordnung der Norm s Rn 14 f vor § 249. **b)** Eine **erhebliche Beeinträchtigung** wird – starr oder „als Anhaltspunkt" – idR bejaht, wenn der Minderungswert (s § 651 e Rn 2) 50% erreicht (Frankfurt RRa 02, 57; zu einer Ausnahme bei der Empfindlichkeit gegen Baulärm s AG Bad Homburg NJW-RR 01, 349). **c)** Die **Höhe der Entschädigung** sollte aus einem Mischsatz zwischen Reisepreis und Nettoeinkommen gebildet werden (so Karlsruhe NJW-RR 88, 954; LG Hannover NJW-RR 90, 1019). Teilweise wird nur auf den Reisepreis (Düsseldorf NJW-RR 90, 187) oder auf das Einkommen (München NJW-RR 87, 748) abgestellt; unzutr setzt das LG Frankfurt (NJW-RR 98, 1590) einen Festsatz von (65,– €) pro Tag an. Zur vertraglichen Begrenzung s § 651 a. 5

6

§ 651 g Ausschlussfrist, Verjährung

(1) ¹**Ansprüche nach den §§ 651 c bis 651 f hat der Reisende innerhalb eines Monats nach der vertraglich vorgesehenen Beendigung der Reise gegenüber dem Reiseveranstalter geltend zu machen.** ²§ 174 ist nicht anzuwenden. ³Nach Ablauf der Frist kann der Reisende Ansprüche nur geltend machen, wenn er ohne Verschulden an der Einhaltung der Frist verhindert worden ist.

(2) ¹**Ansprüche des Reisenden nach den §§ 651 c bis 651 f verjähren in zwei Jahren.** ²Die Verjährung beginnt mit dem Tage, an dem die Reise dem Vertrag nach enden sollte.

1. „Verfristung" des Anspruchs (I). a) Allgemeines. Angesichts der gravierenden Folgen und der relativ knappen Frist ist praktisch jedes Merkmal der Norm umstritten. **b) Nach vertraglich vorgesehener Beendigung der Reise.** Die Ansprüche können auch vor vertraglichem Reiseende, selbst vor Reisebeginn geltend gemacht werden (AG Köln NJW-RR 89, 1527). **c) Inhalt der Erklärung.** Sie muß, damit sich der Veranstalter darauf einstellen kann, den Sachverhalt hinreichend klar beschreiben und erkennen lassen, daß tatsächlich Ansprüche geltend gemacht werden; eine „Bitte um Überprüfung" soll nicht genügen (LG Hannover MDR 87, 671, zweifelhaft). Eine Bezifferung ist nicht erforderlich (AG Köln NJW-RR 89, 1527). Ein Dritter (Rechtsanwalt) muss dazu bevollmächtigt sein (Karlsruhe NJW-RR 91, 54). § 174 ist nun ausdrücklich ausgeschlossen. Die 1

2

§§ 651 h, 651 i Buch 2. Abschnitt 8. Einzelne Schuldverhältnisse

3 Erklärung bedarf **keiner Form** (BGH 90, 365). **d) Adressat** ist die vom Veranstalter in der Reisebestätigung benannte Stelle, s BGBInfoV (s Anh 651 m) § 6 Nr 8
4 (zB Hauptsitz, LG Kleve NJW 99, 1117). **e)** Die **Berechnung der Monatsfrist** geschieht nach §§ 187 I, 188 II 1. Bsp: Reiseende 3. April, Fristablauf 3. Mai 24.00 Uhr, sa § 193. **f) Schuldloses Versäumen.** Bsp: verzögerte, nicht durchgeführte Postzustellung, versehentliches Geltendmachen beim Unzuständigen (München NJW-RR 90, 892: Reisebüro). Nach Erkennen des Hindernisses
5 müssen die Ansprüche unverzüglich (§ 121) erneut erhoben werden. **g) Rechtsfolgen.** Aus dem Zweck, dem Veranstalter eine hinreichende Orientierung über möglicherweise noch drohende Forderungen zu geben, sollten alle vertraglichen Ansprüche, nicht nur die aus §§ 651 c ff (so München NJW-RR 87, 493; Düsseldorf NJW-RR 90, 825) erfasst werden, zumal die Abgrenzung im einzelnen zufällig sein kann (MK/Tonner 2). Ansprüche aus unerlaubter Handlung bleiben unberührt (Köln NJW-RR 92, 1185; aA LG Frankfurt RRa 98, 160).
6 **2. Verjährung (II).** Lit: Führich NJW 02, 1082. S Gesetzestext. Die Zweijahresfrist ist durch das SchRModG eingeführt worden (z Überleitung s EGBGB 229 § 6). Schadensersatzansprüche wegen Körperverletzung etc. verjähren gem § 199 II. Zur **Abdingbarkeit** s § 651 g S 2.

§ 651 h Zulässige Haftungsbeschränkung

(1) **Der Reiseveranstalter kann durch Vereinbarung mit dem Reisenden seine Haftung für Schäden, die nicht Körperschäden sind, auf den dreifachen Reisepreis beschränken,**

1. **soweit ein Schaden des Reisenden weder vorsätzlich noch grob fahrlässig herbeigeführt wird, oder**
2. **soweit der Reiseveranstalter für einen dem Reisenden entstehenden Schaden allein wegen eines Verschuldens eines Leistungsträgers verantwortlich ist.**

(2) **Gelten für eine von einem Leistungsträger zu erbringende Reiseleistung internationale Übereinkommen oder auf solchen beruhende gesetzliche Vorschriften, nach denen ein Anspruch auf Schadensersatz nur unter bestimmten Voraussetzungen oder Beschränkungen entsteht oder geltend gemacht werden kann oder unter bestimmten Voraussetzungen ausgeschlossen ist, so kann sich auch der Reiseveranstalter gegenüber dem Reisenden hierauf berufen.**

1 **1. Vertragliche Haftungsbeschränkung.** Nach BGH 100, 182 sollte sich die aF nur auf vertragliche, nicht auf deliktische Ansprüche beziehen. Die in Kenntnis dieser Rspr gewählte weite Formulierung gibt wohl diese Unterscheidung auf (Bi/Müller Anm 4; aA PalSprau 1) und differenziert zwischen Körperschaden und nicht körperlichen Schaden.

2 **2. Begrenzung aufgrund internationaler Abkommen.** Rein nationale ges Beschränkungen genügen nicht. § 651 h II gilt nicht bei einer eigenen Verantwortlichkeit des Veranstalters.

§ 651 i Rücktritt vor Reisebeginn

(1) **Vor Reisebeginn kann der Reisende jederzeit vom Vertrag zurücktreten.**

(2) ¹**Tritt der Reisende vom Vertrag zurück, so verliert der Reiseveranstalter den Anspruch auf den vereinbarten Reisepreis.** ²**Er kann jedoch eine angemessene Entschädigung verlangen.** ³**Die Höhe der Entschädigung bestimmt sich nach dem Reisepreis unter Abzug des Wertes der vom Reiseveranstalter ersparten Aufwendungen sowie dessen, was er durch anderweitige Verwendung der Reiseleistungen erwerben kann.**

Titel 9. Werkvertrag und ähnliche Verträge **§ 651 j**

(3) Im Vertrag kann für jede Reiseart unter Berücksichtigung der gewöhnlich ersparten Aufwendungen und des durch anderweitige Verwendung der Reiseleistungen gewöhnlich möglichen Erwerbs ein Vomhundertsatz des Reisepreises als Entschädigung festgesetzt werden.

Lit: Eichinger, Der Rücktritt des Reisenden vor Reisebeginn (§ 651 i BGB), 1984.

1. **Allgemeines. a) Funktion.** Der Anspruch ist § 649 nachgebildet, gibt aber, im Ergebnis ohne größere Relevanz, keinen Anspruch auf Teilerfüllung, sondern auf Entschädigung. Dieser Ersatzanspruch, im Kern auf das Erhalten des kalkulierten Gewinns beim Veranstalter gerichtet, kann konkret berechnet (**II 2**) oder durch eine Stornoklausel pauschaliert (**III**) werden. **b) Anwendungsbereich.** Die Norm beschränkt das Recht des Reisenden auf die Zeit bis *Reiseantritt* und spricht demgemäß (anders als § 649) von „Rücktritt". Sie sollte auf den Abbruch der Reise (zB bei eigener Krankheit, Tod eines Angehörigen) entsprechend angewandt werden. Insoweit besteht eine vergleichbare tatsächliche wie rechtliche Situation: In beiden Fällen beendet der Reisende die Vertragsbeziehung ohne rechtfertigende Begründung, die Interessen des Veranstalters sind in gleicher Weise gewahrt (desgl Führich 411; aA SoeEckert 5; Bidinger/Müller 19; St/J. Eckert 5: § 324 I aF = § 326 II 2). **Verhältnis zu anderen Normen.** Praktisch überlagert die Bestimmung, weil es auf einen Grund nicht ankommt, § 651 a IV 2 und § 651 e. Der Reisende wird aber in solchen Fällen wegen der vergleichsweise ungünstigeren Rechtsfolgen regelmäßig seine Auflösungserklärung nicht auf § 651 i stützen wollen. Zur Unmöglichkeit aus der Sphäre des Reisenden (ohne Auflösungsklärung) s Rn 3 vor § 651 c. 1

2. Bei der **konkreten Berechnung (II)** sind die ersparten Aufwendungen (nicht anfallende Kosten für die Vertragserfüllung) und die Beträge abzuziehen, die der Veranstalter obj (BT-Drs 8/2343, S 12) hätte anderweit erzielen können. Bei der Kündigung *nach Reisebeginn* (s Rn 1) wird dazu idR keine Gelegenheit bestehen. 2

3. **Stornoklauseln,** idR Teile von AGB, müssen gem § 305 II in den Vertrag einbezogen werden. Die Höhe des Stornos ist wegen der jeweils unterschiedlichen Möglichkeit einer anderen Verwertung nach Reiseart (Linienflug, Charter, Ferienhaus, Hotel) und nach der Spanne bis zur geplanten Inanspruchnahme zu differenzieren (weitergehend MK/Tonner 12: auch nach Haupt- und Nebensaison). Bei Flugkosten werden – dank der Überbuchungspraxis und des intensiven Last-Minute-Marktes wohl zu hoch – bei Rücktritt mindestens 30/22/15/7 Tage vor Beginn der Reise 15%/20%/30%/45%, danach 55% für zulässig angesehen, bei Ferienhäusern (eigene Anreise) und Rücktritt mindestens 45/35 Tage vor vertraglich vorgesehener Nutzung 15%/50%, später 80% (Führich 425). Dem Reisenden darf der **Gegenbeweis** nicht abgeschnitten werden, dass der Schaden des Veranstalters wesentlich niedriger ist als die geltend gemachte Pauschale; §§ 308 Nr 7, 309 Nr 5 b sind anwendbar (BGH NJW 92, 3158; 92, 3163; Führich 428; Tempel NJW 02, 2005; MK-Tonner 13; aA StSchwerdtner 50 ff). 3

§ 651 j Kündigung wegen höherer Gewalt

(1) **Wird die Reise infolge bei Vertragsabschluss nicht voraussehbarer höherer Gewalt erheblich erschwert, gefährdet oder beeinträchtigt, so können sowohl der Reiseveranstalter als auch der Reisende den Vertrag allein nach Maßgabe dieser Vorschrift kündigen.**

(2) [1]**Wird der Vertrag nach Absatz 1 gekündigt, so findet die Vorschrift des § 651 e Abs. 3 Satz 1 und 2, Abs. 4 Satz 1 Anwendung.** [2]**Die Mehrkosten für die Rückbeförderung sind von den Parteien je zur Hälfte zu tragen.** [3]**Im Übrigen fallen die Mehrkosten dem Reisenden zur Last.**

Lit: Tempel NJW 97, 621 (zur Berechnung von Vergütung und Entschädigung); ders, Zur Kündigung von Reiseverträgen wegen terroristischer Anschläge, NJW 98, 1827.

§ 651 k Buch 2. Abschnitt 8. Einzelne Schuldverhältnisse

1 1. **Anwendungsbereich.** Durch das Hinzufügen von „allein nach Maßgabe dieser Vorschrift" ist die ausschließliche Anwendung der Bestimmung in den einschlägigen Fällen festgelegt (BT-Drs 12/7334 S 11).

2 2. **Voraussetzungen (I).** a) Mit **erheblicher Erschwerung, Gefährdung** oder **Beeinträchtigung** sind voneinander nicht abgrenzbare Ausdrücke verwandt, die zum einen wie die „Beeinträchtigung" iSd § 651 c als Fehler (und ihm gleichzustellende Umstände, s § 651 c Rn 1) zu interpretieren sind (aA BGH NJW 90, 827 mwN zur aF). Obwohl das Merkmal „vereitelt" (s § 651 f II) *nicht* erwähnt ist, wird man wegen der Einheitlichkeit der Regelung (s Anm 1 vor § 651 e) die Norm auch dann anzuwenden haben, wenn die Reise unmöglich geworden ist.
3 Die Norm erfasst schließlich die Störung der Geschäftsgrundlage. b) **Höhere Gewalt** ist als ein von außen kommendes, nicht innerhalb des Risikos einer Partei liegendes und nicht beherrschbares Ereignis zu verstehen (BGH 100, 188). Bsp: Krieg, Naturkatastrophe (Frankfurt Rva 00, 165, Hurrikan), Reaktorunfall (BGH 109, 224, dazu Teichmann JZ 90, 436); Streik des nicht zur Sphäre des Veranstalters
4 zählenden Personals (Fluglotsen, Zoll, desgl MK/Tonner 11 a). c) **Nicht vorhersehbar** s § 276 Rn 28 ff. d) **Nicht dem Vertragsrisiko einer Seite zuzurechnen.** Dieses Merkmal ist zwar nicht erwähnt. Wollte der Gesetzgeber aber Fälle der Störung der Geschäftsgrundlage normieren, so ist auch dieses Abgrenzungskriterium dann zu berücksichtigen, wenn es sich konkret um eine Störung der Geschäftsgrundlage handelt. e) Die **Beweislast** liegt bei dem, der sich darauf beruft.

5 3. Die **Kündigungserklärung** ist wie in § 649 zu jeder Zeit, also auch nach Antritt der Reise möglich. Zum Adressaten s § 651 g Rn 3. Nimmt ein **Dritter** an Stelle des Reisenden die Leistung in Anspruch (§ 651 b I), so ist nach Reiseantritt auch der Dritte zu Abgabe (s § 651 b Rn 2) und Empfang der Kündigungserklärung berechtigt.

6 4. Zu den **Rechtsfolgen** s Wortlaut des Ges.

§ 651 k Sicherstellung, Zahlung

(1) ¹Der Reiseveranstalter hat sicherzustellen, dass dem Reisenden erstattet werden
1. der gezahlte Reisepreis, soweit Reiseleistungen infolge Zahlungsunfähigkeit oder Eröffnung des Insolvenzverfahrens über das Vermögen des Reiseveranstalters ausfallen, und
2. notwendige Aufwendungen, die dem Reisenden infolge Zahlungsunfähigkeit oder Eröffnung des Insolvenzverfahrens über das Vermögen des Reiseveranstalters für die Rückreise entstehen.

²Die Verpflichtungen nach Satz 1 kann der Reiseveranstalter nur erfüllen
1. durch eine Versicherung bei einem im Geltungsbereich dieses Gesetzes zum Geschäftsbetrieb befugten Versicherungsunternehmen oder
2. durch ein Zahlungsversprechen eines im Geltungsbereich dieses Gesetzes zum Geschäftsbetrieb befugten Kreditinstituts.

(2) ¹Der Versicherer oder das Kreditinstitut (Kundengeldabsicherer) kann seine Haftung für die von ihm in einem Jahr insgesamt nach diesem Gesetz zu erstattenden Beträge auf 110 Millionen Euro begrenzen. ²Übersteigen die in einem Jahr von einem Kundengeldabsicherer insgesamt nach diesem Gesetz zu erstattenden Beträge die in Satz 1 genannten Höchstbeträge, so verringern sich die einzelnen Erstattungsansprüche in dem Verhältnis, in dem ihr Gesamtbetrag zum Höchstbetrag steht.

(3) ¹Zur Erfüllung seiner Verpflichtung nach Absatz 1 hat der Reiseveranstalter dem Reisenden einen unmittelbaren Anspruch gegen den Kun-

Titel 9. Werkvertrag und ähnliche Verträge **§ 651 k**

dengeldabsicherer zu verschaffen und durch Übergabe einer von diesem oder auf dessen Veranlassung ausgestellten Bestätigung (Sicherungsschein) nachzuweisen. ²Der Kundengeldabsicherer kann sich gegenüber einem Reisenden, dem ein Sicherungsschein ausgehändigt worden ist, weder auf Einwendungen aus dem Kundengeldabsicherungsvertrag noch darauf berufen, dass der Sicherungsschein erst nach Beendigung des Kundengeldabsicherungsvertrags ausgestellt worden ist. ³In den Fällen des Satzes 2 geht der Anspruch des Reisenden gegen den Reiseveranstalter auf den Kundengeldabsicherer über, soweit dieser den Reisenden befriedigt. ⁴Ein Reisevermittler ist dem Reisenden gegenüber verpflichtet, den Sicherungsschein auf seine Gültigkeit hin zu überprüfen, wenn er ihn dem Reisenden aushändigt.

(4) ¹Reiseveranstalter und Reisevermittler dürfen Zahlungen des Reisenden auf den Reisepreis vor Beendigung der Reise nur fordern oder annehmen, wenn dem Reisenden ein Sicherungsschein übergeben wurde. ²Ein Reisevermittler gilt als vom Reiseveranstalter zur Annahme von Zahlungen auf den Reisepreis ermächtigt, wenn er einen Sicherungsschein übergibt oder sonstige dem Reiseveranstalter zuzurechnende Umstände ergeben, dass er von diesem damit betraut ist, Reiseverträge für ihn zu vermitteln. ³Dies gilt nicht, wenn die Annahme von Zahlungen durch den Reisevermittler in hervorgehobener Form gegenüber dem Reisenden ausgeschlossen ist.

(5) ¹ Hat im Zeitpunkt des Vertragsschlusses der Reiseveranstalter seine Hauptniederlassung in einem anderen Mitgliedstaat der Europäischen Gemeinschaften oder in einem anderen Vertragsstaat des Abkommens über den Europäischen Wirtschaftsraum, so genügt der Reiseveranstalter seiner Verpflichtung nach Absatz 1 auch dann, wenn er dem Reisenden Sicherheit in Übereinstimmung mit den Vorschriften des anderen Staates leistet und diese den Anforderungen nach Absatz 1 Satz 1 entspricht.² Absatz 4 gilt mit der Maßgabe, dass dem Reisenden die Sicherheitsleistung nachgewiesen werden muss.

(6) Die Absätze 1 bis 5 gelten nicht, wenn

1. der Reiseveranstalter nur gelegentlich und außerhalb seiner gewerblichen Tätigkeit Reisen veranstaltet,
2. die Reise nicht länger als 24 Stunden dauert, keine Übernachtung einschließt und der Reisepreis 75 Euro nicht übersteigt,
3. der Reiseveranstalter eine juristische Person des öffentlichen Rechts ist, über deren Vermögen ein Insolvenzverfahren unzulässig ist.

Lit: *Führich*, Zweite Novelle des Reisevertragsrecht zur Verbesserung der Insolvenzsicherung und der Gastschulaufenthalte, NJW 01, 3083.

1. Allgemeines. a) Entstehungsgeschichte. Die 1991 durch Umsetzung der 1
EG-RiLi v 13. 6. 1990 (s § 651 a Rn 1) geschaffene Bestimmung ist durch Ges v 24. 7. 2001 modifiziert worden (Inkrafttreten: 1. 9. 2001, EGBGBl 229 § 4 I). Grund war die Entscheidung des EuGH (NJW 99, 3181, Rechberger), in der eine Haftungshöchstgrenze für die Summe aller von einem Versicherer oder einer Bank übernommenen Verpflichtungen in Österreich als richtlinienwidrig angesehen wurde. Der Gesetzgeber hofft, mit der von der Versicherungswirtschaft geforderten Begrenzung durch die jetzt festgelegte Summe von 110 Millionen € faktisch keine Versicherungslücke gelassen zu haben (BT-Drs 14/5944 S 11); iü wurde versucht, Missbräuche und Schwierigkeiten, die bei der Aushändigung von Sicherungsscheinen aufgetreten sind, zu beseitigen. **b) Normzweck.** Die Bestimmung soll we- 2
sentliche Risiken des Reisenden bei einer Insolvenz des Veranstalters (Vorauszahlung der Reisekosten, insbes zusätzliche Aufwendungen, zB für Rückflug) nicht

Teichmann 807

§ 651 l Buch 2. Abschnitt 8. Einzelne Schuldverhältnisse

jedoch Gewährleistungsansprüche auffangen (**I 1** als „Kernstück", Pick 15). Die Wege der Sicherung sind variabel (**I 2 Nr 1, 2**), um kleineren und ausländischen Veranstaltern geeignete Möglichkeiten zu eröffnen (Pick 16, sa **VI**).

3 2. **Sicherungsscheine** können vom Kundengeldabsicherer oder von dem dazu ermächtigten Veranstalter ausgestellt werden (**III 1**). Der Vertrag zwischen Veranstalter und Kundengeldabsicherer ist ein Vertrag zgDr, der dem Reisenden (anders als in § 334) einen einwendungs- und einredefreien Anspruch gegen den Kundengeldabsicherer verschafft (**III 2**). Der Reisevermittler (zB Reisebüro) hat den Sicherungsschein auf seine Gültigkeit hin zu überprüfen (**III 4**); auch darf er Anzahlungen nicht ohne Aushändigung eines Sicherungsscheins annehmen (**IV 1**). Geschaffen wird damit ein Ersatzanspruch gegen den Reisevermittler (aus §§ 241 II, 280 I bei Nichtprüfung, aus §§ 280 I, III iVm 281 bzw 283 bei Nichtaushändigung, jeweils iVm § 675), falls Ansprüche gegen den Kundengeldversicherer wegen der Nichtaushändigung oder Unwirksamkeit des Sicherungsscheins nicht durchsetzbar sind.

4 3. **Ermächtigung des Reisevermittlers zum Empfang des Reisepreises (IV 2)**. Nimmt der Vermittler Zahlungen an, so gilt er idR zum Inkasso ermächtigt (Ausnahme: ausdrücklicher gegenteiliger Hinweis in der Reisebestätigung, Führich NJW 01, 3086).

5 4. **Ausnahmen von der Absicherungspflicht (VI)**. Die Bestimmung setzt zunächst voraus, dass ein Veranstalter gem § 651a tätig wird. Die genannten Ausnahmekriterien müssen kumulativ gegeben sein. Der Sicherungspflicht unterliegt also stets (dh auch bei gelegentlichen Reisen) der **gewerbliche** Veranstalter, wenn die Reise einen Bezug zu seinem Gewerbe hat (Bsp: Leserreise). Es sollte der Gefahr Rechnung getragen werden, dass eine gewerbliche Insolvenz auch auf die Reise durchschlägt (BT-Drs 12/5364 S 13). **Nichtgewerbliche** Veranstalter (Bsp: Sportvereine) sind befreit, wenn sie nur **gelegentlich** Reisen veranstalten. Gemeint sind dabei ein bis zwei Reisen pro Jahr, ohne dass dahinter ein festes Veranstaltungsprogramm steht (BT-Drs 12/5354 S 13). Zu den jur Personen des öffentl Rechts (krit zur Fassung des Ges Kaller RRa 1996, 191) zählen zB Kirchengemeinden, uU Volkshochschulen.

§ 651 l Gastschulaufenthalte

(1) ¹**Für einen Reisevertrag, der einen mindestens drei Monate andauernden und mit dem geregelten Besuch einer Schule verbundenen Aufenthalt des Gastschülers bei einer Gastfamilie in einem anderen Staat (Aufnahmeland) zum Gegenstand hat, gelten die nachfolgenden Vorschriften.** ²**Für einen Reisevertrag, der einen kürzeren Gastschulaufenthalt (Satz 1) oder einen mit der geregelten Durchführung eines Praktikums verbundenen Aufenthalt bei einer Gastfamilie im Aufnahmeland zum Gegenstand hat, gelten sie nur, wenn dies vereinbart ist.**

(2) **Der Reiseveranstalter ist verpflichtet,**

1. **für eine bei Mitwirkung des Gastschülers und nach den Verhältnissen des Aufnahmelands angemessene Unterbringung, Beaufsichtigung und Betreuung des Gastschülers in einer Gastfamilie zu sorgen und**
2. **die Voraussetzungen für einen geregelten Schulbesuch des Gastschülers im Aufnahmeland zu schaffen.**

(3) **Tritt der Reisende vor Reisebeginn zurück, findet § 651 i Abs. 2 Satz 2 und 3 und Abs. 3 keine Anwendung, wenn der Reiseveranstalter ihn nicht spätestens zwei Wochen vor Antritt der Reise jedenfalls über**

1. **Namen und Anschrift der für den Gastschüler nach Ankunft bestimmten Gastfamilie und**

Titel 9. Werkvertrag und ähnliche Verträge § 651 m

2. Namen und Erreichbarkeit eines Ansprechpartners im Aufnahmeland, bei dem auch Abhilfe verlangt werden kann,
informiert und auf den Aufenthalt angemessen vorbereitet hat.

(4) ¹Der Reisende kann den Vertrag bis zur Beendigung der Reise jederzeit kündigen. ²Kündigt der Reisende, so ist der Reiseveranstalter berechtigt, den vereinbarten Reisepreis abzüglich der ersparten Aufwendungen zu verlangen. ³Er ist verpflichtet, die infolge der Kündigung notwendigen Maßnahmen zu treffen, insbesondere, falls der Vertrag die Rückbeförderung umfasste, den Gastschüler zurückzubefördern. ⁴Die Mehrkosten fallen dem Reisenden zur Last. ⁵Die vorstehenden Sätze gelten nicht, wenn der Reisende nach § 651 e oder § 651 j kündigen kann.

Lit: *Führich;* Zweite Novelle des Reisevertragsrecht zur Verbesserung der Insolvenzsicherung und der Gastschulaufenthalte, NJW 01, 3086

1. Normzweck. Der Gesetzgeber hat für einen Gastschulaufenthalt von mehr als drei Monaten im Ausland, der von einem Veranstalter angeboten wird (s § 651 a Rn 5), Bestimmungen des Reiserechts, teilweise in modifizierter Form, für anwendbar erklärt, um aufgetretenen Schwierigkeiten (s zB BGH NJW 93, 263; Karlsruhe NJW 98, 841 mit Anm Teichmann, RRa 98, 232) zu begegnen. **Reisender** ist hier der Vertragspartner, der mit dem Gastschüler identisch sein kann, aber nicht muss (Bsp: Vertrag mit den Eltern zugunsten des minderjährigen Kindes); zu den Einzelheiten s Gesetzestext. 1

2. Bei Schulaufenthalten unter drei Monaten oder Aufenthalten, die mit einem Praktikum verbunden sind, gilt § 651 l – was selbstverständlich ist, – wenn dessen Anwendung vereinbart wird **(I 2)**. Eine solche Vereinbarung ist naturgemäß auch bei dem Anbieten von Au-Pair-Plätzen möglich. Wird keine Vereinbarung getroffen, so erscheint eine entspr Anwendung der §§ 651 a ff einschließlich des § 651 l als zweckmäßig (BT-Drs 14/5944 S 14; Führich NJW 01, 3086). Dabei muss freilich die Analogiefähigkeit der Normen im Einzelnen geklärt werden (s dazu Teichmann RRa 98, 233). 2

§ 651 m Abweichende Vereinbarungen

¹Von den Vorschriften der §§ 651 a bis 651 l kann vorbehaltlich des Satzes 2 nicht zum Nachteil des Reisenden abgewichen werden. ²Die in § 651 g Abs. 2 bestimmte Verjährung kann erleichtert werden, vor Mitteilung eines Mangels an den Reiseveranstalter jedoch nicht, wenn die Vereinbarung zu einer Verjährungsfrist ab dem in § 651 g Abs. 2 Satz 2 bestimmten Verjährungsbeginn von weniger als einem Jahr führt.

Anhang: BGB-InfoV (Auszug)

§ 4 Prospektangaben
(1) ¹Stellt der Reiseveranstalter über die von ihm veranstalteten Reisen einen Prospekt zur Verfügung, so muss dieser deutlich lesbare, klare und genaue Angaben enthalten über den Reisepreis, die Höhe einer zu leistenden Anzahlung, die Fälligkeit des Restbetrages und außerdem, soweit für die Reise von Bedeutung, über folgende Merkmale der Reise:
1. Bestimmungsort,
2. Transportmittel (Merkmale und Klasse),
3. Unterbringung (Art, Lage, Kategorie oder Komfort und Hauptmerkmale sowie – soweit vorhanden – ihre Zulassung und touristische Einstufung),
4. Mahlzeiten,
5. Reiseroute,
6. Pass- und Visumerfordernisse für Angehörige des Mitgliedstaates, in dem die Reise angeboten wird, sowie über gesundheitspolizeiliche Formalitäten, die für die Reise und den Aufenthalt erforderlich sind,

§ 651 m

7. eine für die Durchführung der Reise erforderliche Mindestteilnehmerzahl sowie die Angabe, bis zu welchem Zeitpunkt vor dem vertraglich vereinbarten Reisebeginn dem Reisenden die Erklärung spätestens zugegangen sein muss, dass die Teilnehmerzahl nicht erreicht und die Reise nicht durchgeführt wird.
²Die in dem Prospekt enthaltenen Angaben sind für den Reiseveranstalter bindend. ³Er kann jedoch vor Vertragsschluss eine Änderung erklären, soweit er dies in dem Prospekt vorbehalten hat. ⁴Der Reiseveranstalter und der Reisende können vom Prospekt abweichende Leistungen vereinbaren.

(2) Absatz 1 gilt entsprechend, soweit Angaben über die veranstalteten Reisen in einem von dem Reiseveranstalter zur Verfügung gestellten Bild- und Tonträger enthalten sind.

§ 5 Unterrichtung vor Vertragsschluss
Der Reiseveranstalter ist verpflichtet, den Reisenden, bevor dieser seine auf den Vertragsschluss gerichtete Willenserklärung (Buchung) abgibt, zu unterrichten über
1. Pass- und Visumerfordernisse, insbesondere über die Fristen zur Erlangung dieser Dokumente; diese Verpflichtung bezieht sich auf die Erfordernisse für Angehörige des Mitgliedstaates, in dem die Reise angeboten wird,
2. gesundheitspolizeiliche Formalitäten,

soweit diese Angaben nicht bereits in einem von dem Reiseveranstalter herausgegebenen und dem Reisenden zur Verfügung gestellten Prospekt enthalten und inzwischen keine Änderungen eingetreten sind.

§ 6 Reisebestätigung, Allgemeine Reisebedingungen
(1) Der Reiseveranstalter hat dem Reisenden bei oder unverzüglich nach Vertragsschluss eine Urkunde über den Reisevertrag (Reisebestätigung) auszuhändigen.
(2) Die Reisebestätigung muss, sofern nach der Art der Reise von Bedeutung, außer den in § 4 Abs. 1 genannten Angaben über Reisepreis und Zahlungsmodalitäten sowie über die Merkmale der Reise nach § 4 Abs. 1 Nr. 2, 3, 4, 5 und 7 folgende Angaben enthalten:
1. endgültiger Bestimmungsort oder, wenn die Reise mehrere Aufenthalte umfasst, die einzelnen Bestimmungsorte sowie die einzelnen Zeiträume und deren Termine,
2. Tag, voraussichtliche Zeit und Ort der Abreise und Rückkehr,
3. Besuche, Ausflüge und sonstige im Reisepreis inbegriffene Leistungen,
4. Hinweise auf etwa vorbehaltene Preisänderungen sowie deren Bestimmungsfaktoren (§ 651 a Abs. 4 des Bürgerlichen Gesetzbuchs) und auf nicht im Reisepreis enthaltene Abgaben,
5. vereinbarte Sonderwünsche des Reisenden,
6. Namen und Anschrift des Reiseveranstalters,
7. über die Obliegenheit des Reisenden, dem Reiseveranstalter einen aufgetretenen Mangel anzuzeigen, sowie darüber, dass vor der Kündigung des Reisevertrages (§ 651 e des Bürgerlichen Gesetzbuchs) dem Reiseveranstalter eine angemessene Frist zur Abhilfeleistung zu setzen ist, wenn nicht die Abhilfe unmöglich ist oder vom Reiseveranstalter verweigert wird oder wenn die sofortige Kündigung des Vertrages durch ein besonderes Interesse des Reisenden gerechtfertigt wird,
8. über die nach § 651 g des Bürgerlichen Gesetzbuchs einzuhaltenden Fristen, unter namentlicher Angabe der Stelle, gegenüber der Ansprüche geltend zu machen sind,
9. über den möglichen Abschluss einer Reiserücktrittskostenversicherung oder einer Versicherung zur Deckung der Rückführungskosten bei Unfall oder Krankheit unter Angabe von Namen und Anschrift des Versicherers.

(3) Legt der Reiseveranstalter dem Vertrag Allgemeine Geschäftsbedingungen zugrunde, müssen diese dem Reisenden vor Vertragsschluss vollständig übermittelt werden.

(4) ¹Der Reiseveranstalter kann seine Verpflichtungen nach den Absätzen 2 und 3 auch dadurch erfüllen, dass er auf die in einem ihm herausgegebenen und dem Reisenden zur Verfügung gestellten Prospekt enthaltenen Angaben verweist, die den Anforderungen nach den Absätzen 2 und 3 entsprechen. ²In jedem Fall hat die Reisebestätigung den Reisepreis und die Zahlungsmodalitäten anzugeben.

(5) ¹Die Absätze 1 bis 4 gelten nicht, wenn die Buchungserklärung des Reisenden weniger als sieben Werktage vor Reisebeginn abgegeben wird. ²Der Reisende ist jedoch spätestens bei Antritt der Reise über die in Absatz 2 Nr. 7 bezeichnete Obliegenheit und die in Absatz 2 Nr. 8 bezeichneten Angaben zu unterrichten.

Titel 10. Mäklervertrag

Vorbemerkungen

1. Allgemeines. a) Begriff. Maklervertrag ist der zwischen Auftraggeber 1
(§§ 652 ff verwenden diesen Begriff nicht) und Makler geschlossene Vertrag, durch
den sich der Auftraggeber dem Makler gegenüber zur Zahlung einer Vergütung für
den Fall verpflichtet, daß ein Vertragsschluß mit einem Dritten (Hauptvertrag)
aufgrund der (Nachweis- oder Vermittlungs-)Tätigkeit des Maklers zustandekommt. Zu den einzelnen Merkmalen näher § 652 Rn 4–27. **b) Arten.** Nach der 2
Art der Maklerleistung zu unterscheiden sind **Nachweis-** und **Vermittlungsmakler** (§ 652 Rn 8 ff), nach ihrem Gegenstand **Zivil-** (Rn 9) und **Handelsmakler**
(Rn 12). **c) Rechtsnatur.** Der gewöhnliche Maklervertrag (zum Alleinauftrag s 3
§ 652 Rn 34 [cc]) ist, da der Makler zum Tätigwerden lediglich berechtigt, aber
nicht verpflichtet ist, kein gegenseitiger Vertrag (BGH 94, 100 mN), sondern ein
einseitig den Auftraggeber **verpflichtender Vertrag eigener Art** (hM). Auch
die Provisionspflicht des Auftraggebers entsteht nur (bedingt) bei erfolgreichem
Tätigwerden des Maklers, nämlich bei Zustandekommen des Hauptvertrags **(Erfolgsprovision).** Vorher wird der Auftraggeber durch die Einschaltung des Maklers nicht in seiner **Entschließungs-** und **Abschlußfreiheit** beschränkt: Er kann
den Auftrag jederzeit widerrufen, sich selbst weiterhin um einen Vertragsabschluß
bemühen, weitere Makler einschalten und sogar ein seinem Auftrag voll entspr
Angebot ablehnen (BGH NJW 67, 1226; 75, 648; KG NJW-RR 86, 598: wesentlicher Grundgedanke der ges Regelung). Als echter Vertrag erzeugt allerdings auch
der Maklervertrag **Nebenpflichten** (ie § 654 Rn 3 ff), deren Verletzung die Parteien schadensersatzpflichtig macht. **d) Verhältnis zur Gegenpartei.** Mit dem 4
Vertragspartner des Auftraggebers ist der Makler – abgesehen vom Doppelauftrag
(dazu § 654 Rn 11) – **vertraglich nicht verbunden.** Er haftet deshalb bei bewußt falscher Auskunft oder arglistigem Verschweigen idR nur aufgrund unerlaubter Handlung (§ 826), bei fahrlässigen Falschangaben ausnahmsweise als Dritter
nach cic-Grundsätzen (§ 311 III 1); Bsp: Handelsmakler (HGB 98); Anlagevermittler (BGH 74, 109; NJW 83, 1731; sa allg § 676 Rn 9); Vermittler im Börsen-
termin- (BGH NJW 81, 1266) und Gebrauchtwagenhandel (BGH 79, 283; NJW
83, 218). **Vertretungsmacht** besitzt der Makler als Vermittler **nicht;** er ist **Dritter**
iSd § 123 II, uU aber **Erfüllungsgehilfe** einer Vertragspartei (vgl BGH NJW 96,
451 f mN; NJW-RR 97, 116).

2. Abgrenzung zu Dienstleistungs- und anderen Verträgen (dazu Gilles 5
NJW 83, 365). **a)** Im Gegensatz zum **Auftrag** (§ 662) ist der Maklervertrag
entgeltlich; der Makler kann allerdings nicht wie der Beauftragte Ersatz seiner
Aufwendungen verlangen (§ 652 II gegenüber § 670; ie § 652 Rn 31 f). Str ist
auch, ob der Makler, da er nur für den Fall eines erfolgreichen Tätigwerdens
Ansprüche gegen seinen Auftraggeber hat, überhaupt ein Geschäft für einen anderen besorgt (abl Reuter NJW 90, 1324 mN). Eine Geschäftsbesorgung scheidet
jedenfalls bei Fehlen eines Vertragsschlusses aus (BGH DB 81, 1818; wichtig für
HGB 354). **b)** Im Gegensatz zum **Dienstvertrag** (§ 611) wird durch den Makler- 6
vertrag keine Pflicht zum Tätigwerden begründet (BGH NJW 85, 2478). Wird
eine solche Pflicht vereinbart, so wird der Vertrag zum Maklerdienstvertrag (BGH
NJW-RR 91, 628). IdR besteht auch hier ein Vergütungsanspruch nur bei Erfolg
der Maklertätigkeit (BGH 99, 382; Bsp: Alleinauftrag, s § 652 Rn 33 ff); die
Parteien können aber auch eine Vergütung nur für die Tätigkeit als solche vereinbaren (BGH 87, 313; NJW 88, 968 mN); zum Ehevermittlungsdienstvertrag vgl
§ 656 Rn 4. **c)** IGgs zum **Werkvertrag** (§ 631) fehlt die Pflicht, einen Vermitt- 7
lungserfolg zu gewährleisten. Ein ausnahmsweises Einstehen für einen solchen
Erfolg kann aber vereinbart werden (selten; Bsp: BGH NJW 88, 968: dann Makler-
werkvertrag; krit Schäfer NJW 89, 210). Zur Abgrenzung vom Maklerdienstvertrag

Vor § 652 Buch 2. Abschnitt 8. Einzelne Schuldverhältnisse

s BGH NJW-RR 91, 628; vom **Geschäftsbesorgungsvertrag** s BGH NJW-RR 91, 915; **Handelsvertretung** s BGH NJW 92, 2819 f mN; § 652 Rn 14. Das **Reisebüro** ist (iGgs zum Veranstalter: BGH 119, 158 f) idR Vermittler (Makler;
8 LG Konstanz NJW-RR 92, 691). **d)** Verpflichtet sich der Käufer dem Verkäufer gegenüber zur Zahlung einer Gebühr an den vom Verkäufer beauftragten Makler, so kann darin (abw von § 329) ein **Vertrag zgDr** (§ 328 I) liegen (BGH 138,172; sa § 328 Rn 5); desgl sind negative Provisionsklauseln im Hauptvertrag möglich (s Düsseldorf NJW-RR 95, 1525).

9 **3. Maklerrecht. a) Anwendungsbereich.** Die §§ 652 ff gelten nur für den bürgerlich-rechtliche Geschäfte (insbes Grundstücks- und Geschäftsverkäufe, Miet-, Pacht- und Darlehensverträge [zur Kreditvermittlung für Verbraucher und Existenzgründer iSv § 507 durch Unternehmer gegen Entgelt s §§ 655 a–e und Anm dort], Hypothekengeschäfte, Ehen [für diese Vermittlung vgl ferner § 656]) vermittelnden (nachweisenden) **Zivilmakler**, subsidiär auch für den **Handels-**
10 **makler**; zur Abgrenzung vgl Rn 12. **b) Bedeutung.** Der Makler führt Angebot und Nachfrage zusammen und übt damit eine wichtige volkswirtschaftliche Funktion in der Marktwirtschaft aus. Die **ges Regelung** des **BGB** ist zu dürftig (s BGH NJW 87, 2431) und wird der großen praktischen Bedeutung des Maklerrechts nicht gerecht (daran hat das SchRModG nichts geändert). Das Ges wird durch eine **umfangreiche Kasuistik** der Rspr ergänzt. Daneben sind des Gebräuche und die Verkehrssitte von Bedeutung (§§ 157, 242). Ergänzend gelten **Sonderregelungen**
11 (Rn 12 ff). **c) Abdingbarkeit.** Die Regelung des BGB ist grundsätzlich **dispositiv** (§§ 652–654, vgl BGH NJW 83, 1131; zwingend: §§ 655, 656). Da sie den Schutz des Auftraggebers verfolgt („Maklers Müh ist oft umsonst"), sind dem Makler begünstigende abw Vereinbarungen in der Praxis verbreitet (dazu § 652 Rn 28 ff, 31 f). Vereinbarungen, durch die vom ges **Leitbild des Maklervertrags** iSd § 652 (s BGH 60, 247, 381 und 390; 61, 21; 99, 382; 119, 33 f; dazu gehören: Erfolgsabhängigkeit der Provision; Entschließungsfreiheit des Auftraggebers; Ursächlichkeit von echter Maklertätigkeit für den Vertragsschluß; s § 652 Rn 28 ff) abgewichen wird, können nur durch Individualvereinbarung (§ 305 I 3) wirksam getroffen werden (§ 307 II Nr 1; BGH 99, 382); ferner sind bei Verwendung von AGB (verbreitet die des Rings Deutscher Makler) und Formularverträgen die Schranken des Abschnitts 2 des Buches 2 (§§ 305 ff), insbes §§ 308 Nr 5, 6, 7; 309
12 Nr 5, 6, 12 zu beachten (s § 652 Rn 29, 32, 41 f). **d) Sonderregelungen. aa)** Der **Handelsmakler** (HGB 93 ff) vermittelt gewerbsmäßig bestimmte Handelsgeschäfte (HGB 93 I); Kaufmannseigenschaft ist nicht erforderlich (HGB 93 III); Zivilmakler kann Kaufmann sein; Unterschied wichtig vor allem für HGB 354 I (s dazu BGH 95, 398). Immobilienmakler ist als solcher stets Zivilmakler,
13 HGB 93 II. **bb) Wohnungsvermittler** ist, wer (nicht notwendig gewerbsmäßig) Mietverträge über Wohnraum vermittelt oder entspr Abschlußmöglichkeiten nachweist (WoVermG 1 I, 7; ie BGH, Hamburg NJW-RR 95, 880 mN). Die weitgehend zwingend ausgestaltete ges Regelung enthält zahlreiche Schutzbestimmungen zugunsten des Wohnungssuchenden. Besonderheiten: nur Erfolgsprovision ist zulässig, (WoVermG 2 I, V) und auf 2 Monatsmieten beschränkt (WoVermG 3 II), die Vereinbarung von Auslagenerstattung (WoVermG 3) und Vertragsstrafen (WoVermG 4) nur eingeschränkt möglich; die Leistung von Vorschüssen ist untersagt (WoVermG 2 IV, V; dazu LG Hamburg NJW-RR 90, 1490); Koppelungsgeschäfte sind unzulässig (WoVermG 3 IV 1); Verwalter sind von der Vermittlung ausgeschlossen (WoVermG 2 II Nr 2, 3; s § 652 Rn 14); vgl ie die Hinweise auf das WoVermG bei den Anm zu § 652. **Lit:** Breithelt NJW 88, 398; v. Hoyningen-
14 Huene BB 73, 920; Rebmann DB 72, 125; Reich/Tonner DB 74, 1212. **cc)** Zum Darlehensvermittler und zum Darlehensvermittlungsvertrag iSv § 655 a vgl Anm
15 dort. **dd)** Der **Versicherungsmakler** ist idR Handelsmakler (HGB 93 I; BGH
16 94, 359; NJW 86, 1037; Spielberger VersR 84, 1014). **ee)** Der gewerbsmäßige **Anlagevermittler** bedarf der Erlaubnis (Rn 19). **e) Vermittlungsverbote.**

Jauernig

Titel 10. Mäklervertrag **§ 652**

aa) Die private **Adoptionsvermittlung** ist verboten (AdVermG 5). **bb)** Die ent- 17
geltliche **Darlehensvermittlung** ist im Reisegewerbe verboten (GewO 56 I
Nr 6); Folge bei Verstoß: § 134, da nur dann der Darlehensnehmer genügend
geschützt ist (BGH NJW 99, 1637). Zu **Verbraucherdarlehensverträgen** im
Reisegewerbe § 134 Rn 9. **cc) Notare** dürfen keine Darlehen und Grundstücks- 18
geschäfte vermitteln (BNotO 14 IV; § 134 gilt für beurkundenden Notar: BGH
NJW-RR 90, 948). Rechtsanwälte als Sozien eines Anwaltsnotars dürfen keine
Maklerverträge über Grundstücke schließen (bei Verstoß: Nichtigkeit), BGH NJW
01, 1570. **Steuerberater** dürfen nicht gewerbsmäßige Makler sein (aber kein Fall
von § 134, uU aber von § 138: BGH 95, 83 ff). Für **Rechtsanwälte** besteht kein
entspr Verbot (BGH NJW 92, 682; s aber o zu BGH NJW 01, 1570), jedoch stellt
die Tätigkeit eines RA iZw keine Maklertätigkeit dar (BGH NJW 85, 2642;
Hamm NJW-RR 95, 951; anders aber bei Anlageberatung und -vermittlung: BGH
NJW 80, 1855); Folge bei Vereinbarung von Erfolgshonorar: BRAO 49 b II (BGH
NJW 92, 682 mN). **dd)** Gelegenheitsmaklertätigkeit eines **Beamten** ohne Genehmigung macht den Maklervertrag nicht nichtig (Schleswig SchlHA 74, 205).
f) Gewerberechtliche Vorschriften. Einer behördlichen **Erlaubnis** bedarf der 19
gewerbliche Makler von Grundstücken, Wohn- und Geschäftsräumen, Darlehen
und Kapitalanlagen (GewO 34 c I Nr 1; dazu § 652 Rn 6; Ausnahme: Vermittlung
von Teilzeitnutzung von Wohngebäuden, vgl GewO 34 c V Nr 6). Zusätzliche
Pflichten (zB Sicherheitsleistung, Auskunft, Aufbewahrung von Geschäftsunterlagen) für diesen Personenkreis begründet iVm GewO 34 c III die MaBV; dazu
Glaser JR 75, 274; Schmidt BB 75, 995. Ein Verstoß gegen Vorschriften der MaBV
ist für die Wirksamkeit des Vertrages ohne Bedeutung (Frankfurt/M NJW 79, 878;
Halbe NJW 77, 1437; speziell zur Sicherheitsleistung Bremen NJW 77, 638: pVV).

4. Hilfsgeschäfte bei Zusammenarbeit mehrerer Makler. Der Makler kann 20
sich bei der Erbringung der Maklertätigkeit der Mitarbeit von Hilfskräften (§ 278)
bedienen; er kann auch mit anderen Maklern zusammenarbeiten (ie Breiholdt
MDR 86, 549). **a)** Ein **Gemeinschaftsgeschäft** liegt vor, wenn mehrere Makler
vereinbarungsgemäß auf entgegengesetzter Seite tätig werden und gegenseitig Mitteilungen (zu den Anforderungen an deren Qualität vgl Hamburg MDR 73, 225)
über konkrete Geschäftsmöglichkeiten austauschen (BGH NJW-RR 87, 171; ie
Breiholdt BB 93, 600); Inhalt ist idR partiarisches RGeschäft (Breiholdt aaO und
MDR 86, 549), ggf gem § 157 zu ergänzen (BGH NJW 82, 1052). Rechtsfolge:
Gebührenteilung (BGH BB 63, 835), uU Schadensersatz (Karlsruhe NJW-RR 93,
762). **b)** Beschränkt sich die Mitarbeit auf gelegentliche Mitteilungen einzelner 21
Vertragsmöglichkeiten ohne Zusammenarbeitsvereinbarung, so handelt es sich um
ein sog **Zubringergeschäft** mit nur geringerem Provisionsanteil des Zubringer-
maklers (BGH NJW 74, 1082). **c)** Beim **Untermaklervertrag** verbinden sich 22
Haupt- und Untermakler zur gemeinsamen Durchführung von Maklergeschäften
derart, daß der Untermakler an den entspr Provisionen beteiligt wird (partiarisches
Rechtsverhältnis bes Art, BGH BB 66, 1367; Abgrenzung zum freien Mitarbeiter:
BGH BB 82, 1876 f). Vertragspartner des Auftraggebers ist allein der Hauptmakler,
der – abgesehen vom Fall der Arglist (Hamburg BB 54, 173) – trotz Bestehens eines
Untermaklervertrages in seinen Entschließungen frei bleibt (BGH BB 68, 729).

Untertitel 1. Allgemeine Vorschriften

§ 652 Entstehung des Lohnanspruchs

(1) ¹ Wer für den Nachweis der Gelegenheit zum Abschluss eines Vertrags
oder für die Vermittlung eines Vertrags einen Mäklerlohn verspricht, ist
zur Entrichtung des Lohnes nur verpflichtet, wenn der Vertrag infolge des
Nachweises oder infolge der Vermittlung des Mäklers zustande kommt.
² Wird der Vertrag unter einer aufschiebenden Bedingung geschlossen, so
kann der Mäklerlohn erst verlangt werden, wenn die Bedingung eintritt.

Jauernig

§ 652 Buch 2. Abschnitt 8. Einzelne Schuldverhältnisse

(2) ¹**Aufwendungen sind dem Mäkler nur zu ersetzen, wenn es vereinbart ist.** ²**Dies gilt auch dann, wenn ein Vertrag nicht zustande kommt.**

1   1. **Allgemeines. a)** Der **Vergütungsanspruch** des Maklers (dazu Rn 26, 27) setzt nach dem **ges Leitbild** des Maklervertrags (Rn 11 vor § 652) voraus: Zustandekommen eines Maklervertrages (Rn 4 ff) sowie des Hauptvertrags mit einem Dritten (Rn 11 ff und 16 ff), Ursächlichkeit der Maklerleistung (Rn 8 ff) für den Abschluß des Hauptvertrages (Rn 24) und Kenntnis von der Maklertätigkeit spätestens bei Vertragsschluß (Rn 25). Dies gilt beim **gewöhnlichen** Maklervertrag (Rn 1 und 3 vor § 652) wie bei der verkehrstypischen Sonderform des **Alleinauftrags** (BGH 60, 381; Rn 33 ff). Durch **Vereinbarung** können die Voraussetzungen für den Vergütungsanspruch ohne Änderung des Vertragstyps nur in bestimmten Grenzen **abbedungen** werden (Rn 29, 30); andererseits können vertraglich **weitere Voraussetzungen** geschaffen werden (Rn 30). **b)** Ein **Aufwendungserstattungsanspruch** des Maklers muß stets bes vereinbart sein (Rn 31 ff;
2   Rn 5 vor § 652). **c) Schadensersatzansprüche** des Maklers kommen praktisch
3   nur beim Alleinauftrag vor (Rn 40; sa allg § 654 Rn 9). **d)** Einen **Rückforderungsanspruch** hat der **Auftraggeber,** wenn der Makler Leistungen (Vergütung; Aufwendungsersatz) empfangen hat, ohne daß ein entspr Anspruch bestanden hat (§ 812 I 1 Alt 1; ie Wank NJW 79, 193). Bsp: Zahlung nicht geschuldeter erfolgsunabhängiger Provision. Bei unwirksamer AGB-Klausel steht § 814 idR nicht entgegen (s BGH NJW 81, 278). **Sondervorschriften** für **Wohnungsvermittlung:** WoVermG 5 (Ausschluß von § 817 S 2; uU [s §§ 195, 199 I] kurze Verjährung).

4   2. **Maklervertrag. a) Zustandekommen.** Der Vertragsschluß ist **stillschweigend** möglich (vgl § 653 I; Ausnahme bei Formzwang: Rn 5). Zu beachten ist, daß nicht jede Inanspruchnahme von Maklerdiensten in Kenntnis der Maklereigenschaft des Leistenden zu einem Vertragsschluß führt; insbes wenn der Makler bereits für einen Auftraggeber tätig ist, sind strenge Anforderungen an den Verpflichtungswillen des mit ihm in Kontakt tretenden Interessenten zu stellen (BGH 95, 396 f; NJW-RR 91, 371), Abschlußzweifel gehen zu Lasten des Maklers (BGH NJW 84, 232; Düsseldorf NJW-RR 98, 565). **Einzelfragen** (eingehend mN MK/Roth Rn 39 ff): In der Nachfrage des Interessenten auf die Suchanzeige des Maklers (weder Angebot noch Aufforderung dazu: KG NJW 58, 64) liegt idR noch kein schlüssiges Vertragsangebot, das vom Makler durch die Erteilung der gewünschten Auskünfte oder Entfaltung vermittelnder Tätigkeit angenommen werden könnte (BGH 95, 395 mN; aA Hamburg MDR 85, 673); Grund: Der Interessent darf davon ausgehen, daß der Makler (lediglich) für seinen (einen) Auftraggeber tätig wird (BGH 95, 395; NJW-RR 87, 173); anders aber, wenn sich der Kunde mit einem Suchauftrag an den Makler wendet (Köln NJW-RR 87, 1529; Hamburg NJW-RR 96, 1464; einschr Hamm NJW-RR 94, 1540). Will der Makler (auch) mit dem Interessenten in Vertragsbeziehungen treten (Doppelmakler), muß er ihn **klar und deutlich,** wenn auch nicht notwendig ausdr (LM Nr 6; bloße Beifügung von AGB reicht aber nicht: Bremen OLGZ 65, 20; aA Koblenz WM 84, 1192; Hamm NJW-RR 88, 688: uU aber unwirksam gem § 305 c I) auf die entstehende Provisionsverpflichtung hinweisen, **bevor** die Maklerleistung erbracht und entgegengenommen wird (BGH 95, 395; NJW-RR 87, 173 f); Gefallenlassen von Maklerdiensten führt dann zum Vertragsschluß (BGH 95, 397). Die Bekanntgabe der (zu übernehmenden) „Käuferprovision" genügt nicht, wenn sie der Käufer als Bestandteil des (künftigen) **Kaufvertrags** verstehen darf (BGH 95, 396; Hamm NJW-RR 96, 819). Auch bei entspr Hinweis des Maklers führt die Verwertung der Maklerinformation dann nicht zum Vertragsschluß, wenn der Interessent eine Provisionszahlung vorher abgelehnt hat (BGH 95, 396; NJW-RR 96, 114 f); Bekanntgabe des Objekts vor Vertragsschluß geschieht auf eigenes
5   Risiko des Maklers (BGH 95, 400). **b) Wirksamkeit. aa)** Abschluß grundsätzlich **formfrei** möglich; Ausnahmen: § 311 b I 1 gilt bei Übernahme entspr Veräuße-

Titel 10. Mäklervertrag **§ 652**

rungs-(Erwerbs-) pflicht durch den Auftraggeber (Rn 42), § 126 bei Auftragserteilung durch Gemeinde (BGH MDR 66, 753. **bb)** Bsp für sonstige **Unwirksamkeitsgründe:** Verstoß gegen ges Vermittlungsverbote (Rn 16 ff vor § 652); Verstoß gegen RBerG (vgl BGH 37, 258), jedoch ist dem Makler in gewissem Umfang rechtsberatende Tätigkeit erlaubt (sehr weitgehend BGH NJW 74, 1328: Fertigung von Vertragsentwürfen); unzulässiges Koppelungsgeschäft bei Wohnungsvermittlung berührt die Wirksamkeit des Maklervertrags *nicht* (WoVermG 3 IV), desgleichen nicht die fehlende Gewerbeerlaubnis (Rn 19 vor § 652) des gewerbsmäßig tätigen Grundstücksmaklers (BGH 78, 271). **cc)** Bsp für § 138: Vermittlung unter Einsatz von Schmiergeld (BGH 94, 272; NJW-RR 87, 42); Vermittlung von wucherischem (sittenwidrigem) Kredit; Vereinbarung auffällig überhöhter Provision (BGH 125, 137 ff: Übererlösklausel; mR krit Martinek JZ 94, 1048). **c)** Die **6 Dauer** ist grundsätzlich unbestimmt. Kündigung (Widerruf) durch den Auftraggeber ist idR jederzeit möglich (BGH WM 86, 72 f; Koblenz OLGZ 84, 491 mN; wie § 671 I HS 1, vgl Rn 3 vor § 652), durch den Makler nur gem § 626; Vereinbarung von fester Laufzeit und von Kündigungsfristen aber möglich und bei Alleinauftrag üblich (Rn 33, 34). Hat der Makler seine Leistung bereits erbracht, kann sich der Auftraggeber nicht durch Kündigung seiner Provisionspflicht entziehen (Rn 17). Das Vertragsverhältnis endet mit dem **Tod des Maklers** (§ 673 S 1 entspr; BGH NJW 65, 964; sa Rn 17) und bei **Insolvenz des Auftraggebers** (InsO 115, 116 entspr); keine Beendigungsgründe sind der Tod des Auftraggebers (§ 672 S 1 entspr; lediglich Kündigungsrecht der Erben) und die Insolvenz des Maklers; der vor oder nach Verfahrenseröffnung entstandene Provisionsanspruch gehört zur Masse (InsO 35). **d) Beweislast:** Makler für Vertragsinhalt (BGH NJW-RR 90, 629).

3. Maklerleistung. a) Nachweis der Gelegenheit zum Vertragsschluß setzt **8** voraus, daß der Makler dem Auftraggeber den Gegenstand und den Vertragspartner des angestrebten Geschäfts derart benennt, daß er von sich aus die Vertragsverhandlungen mit der ihm bis dahin als Interessenten unbekannten Person aufnehmen kann (BGH NJW-RR 88, 1398 mN); bloße Objektangabe als solche genügt nicht (BGH 119, 33; NJW-RR 97, 884). Ein indirekter Nachweis (Hinführung zu dem dann vermittelnden Makler) genügt nicht (zur Abgrenzung BGH NJW 77, 41). Grundstücksnachweis setzt idR voraus, daß der benannte Dritte Eigentümer oder verfügungsberechtigt ist (KG OLGZ 85, 369; einschr BGH NJW-RR 96, 113: Verschaffungsmöglichkeit genügt). Nachweis *vor* Abschluß des Maklervertrags ist möglich (BGH NJW 98, 63; NJW-RR 91, 686). **b) Vermitteln** eines Vertrages **9** verlangt, daß der Makler die Verbindung zu einem dem Auftraggeber nicht notwendig unbekannten (BGH NJW 81, 277; DB 84, 980; s Rn 8) Dritten aufnimmt und auf diesen in Richtung auf einen Vertragsschluß mit dem Auftraggeber einwirkt (BGH 114, 95; NJW 90, 2745), die Abschlußbereitschaft des künftigen Vertragspartners und damit den Vertragsschluß herbeiführt (BGH 112, 63) oder fördert (BGH NJW 76, 1844). Eine Mitwirkung beim Vertragsschluß ist weder erforderlich (BGH WM 74, 257) noch ausreichend (LG München I BB 74, 1319 mit zust Anm v. Hoyningen-Huene; LG Hamburg MDR 74, 490). Bsp: Vertragsschluß durch den abschlußbevollmächtigten Makler mit einem abschlußwilligen Interessenten ist kein „Vermitteln" (sa Rn 14). **c) Nicht ausreichend** ist **10** eine **sonstige** den Vertragsschluß oder einen gleichwertigen wirtschaftlichen Erfolg **fördernde Tätigkeit;** Bsp: Sachkundige Beratung des Bieters in der Zwangsversteigerung (BGH 112, 60 ff mN, auch zur aA; 119, 34); Betreuung; Anlageberatung; Beschaffung von Unterlagen und dergl (sa Rn 39). **Ob** eine Nachweis- oder Vermittlungstätigkeit geschuldet ist, ist iZw durch Auslegung zu ermitteln (nachträgliche Änderung möglich); zu entspr Kriterien vgl BGH NJW 67, 1366; Koblenz NJW-RR 92, 891 f. „Vermittlungsprovision" kann daher (§§ 133, 157) auch für Nachweis geschuldet sein (München NJW-RR 96, 239). **d) Abdingbar** durch selbständige Provisionsversprechen: Rn 29.

§ 652 Buch 2. Abschnitt 8. Einzelne Schuldverhältnisse

11   **4. Verschiedenheit von Makler und Drittem. a) Allgemeines.** Das Erfordernis der Selbständigkeit von Makler und Drittem folgt aus der für den Maklervertrag typischen Dreiecksbeziehung (Rn 1 vor § 652) und dem Gebot der Unparteilichkeit (Neutralität) des Maklers (vgl § 654; WoVermG 2 II Nr 2, 3). Als „Dritter" iSv Rn 1 kommt daher nicht in Frage, wer – wirtschaftlich betrachtet – mit einer Vertragspartei identisch ist (Rn 12), als Makler nicht, wer mit dem Vertragsgegner seines Auftraggebers wirtschaftlich oder rechtlich verflochten ist
12   (Rn 13) oder in einem Abhängigkeitsverhältnis zu ihm steht (Rn 14). **b) Eigengeschäfte des Maklers.** Kein Provisionsanspruch entsteht beim **Selbsteintritt** des Maklers (BGH NJW 92, 2819 mN, allgM). Das gleiche gilt bei erheblicher wirtschaftlicher **Mitbeteiligung** des Maklers am Hauptgeschäft (BGH NJW 73, 1649; 75, 1216); Grund: Eigeninteresse des Maklers. Bsp: Gegenstand des Hauptvertrags ist eine dem Makler gehörige Sache oder ein ihm zustehendes Recht oder eine seiner Nutzung oder seiner Verwaltung unterliegende Sache (vgl WoVermG 2 II Nr 2; unterscheidend beim Makler einer Wohnungseigentumsanlage LG Ham-
13   burg MDR 88, 407 f). **c) „Verflechtung" des Maklers.** Kein Vergütungsanspruch entsteht, wenn der Makler mit der Gegenpartei wirtschaftlich oder rechtlich „verflochten" ist (BGH 138, 174; NJW 92, 2818); uU kann Anspruch aufgrund eines unabhängigen Provisionsversprechens bestehen, wenn der Auftraggeber die Zusage in Kenntnis der Verflechtung abgibt (BGH 112, 242 mN; 138, 173; sa Rn 29). **aa) „Echte" Verflechtung.** Makler ist schon begrifflich nicht, wer mit einer der Vertragsparteien wirtschaftlich identisch ist. Grund: Fehlen echter Maklerleistung (Rn 8 ff). Entscheidend sind wirtschaftliche Verhältnisse und nicht gesellschaftsrechtliche Gestaltung (BGH NJW 85, 2473). Bsp: Kapitalmäßige Beteiligung an Vertragsgegner und umgekehrt (BGH MDR 77, 126; ungenügend: einflußloser Aktienbesitz als „Kleinaktionär"); Zugehörigkeit zu gemeinsamer Obergesellschaft (BGH NJW 74, 1130); Identität von Vertretungsorganen (BGH 116, 296); nicht erforderlich ist wechselseitige Beherrschung (BGH MDR 77, 126;
14   teilw abw Karlsruhe NJW-RR 96, 630). **bb) „Unechte" Verflechtung.** Makler kann auch nicht sein, wer zur Gegenpartei seines Kunden in einer solchen Beziehung steht, daß er sich im Falle eines Streits bei regelmäßigem Verlauf auf die Seite der Gegenpartei stellen wird (BGH NJW-RR 98, 992, str; aA Dehner NJW 93, 2225: § 654 entspr). Grund: Institutionalisierter Interessenkonflikt (BGH 112, 242 mN; 138, 174). Bsp: Makler wird im Rahmen eines Dienst-, Arbeits-, Organschafts- oder Vertretungsverhältnisses zur Gegenpartei tätig (BGH 138, 174 ff) oder ist deren Handelsvertreter (BGH NJW-RR 98, 992 mN). Im Fall der Bevollmächtigung durch die Gegenpartei aber nur, wenn der Makler über den Abschluß des Hauptvertrags selbständig zu entscheiden hat (BGH NJW-RR 98, 992; Dehner NJW 93, 2225). Unschädlich ist die mit dem **Auftraggeber** bestehende (unechte) Verflechtung, denn sie begründet für den Makler keinen Interessenkonflikt (BGH WM 76, 1334). **cc) Zwingende Sonderregelung** bei Wohnungsvermittler: WoVermG 2 II Nr 2, 3; V (dazu BVerfG 76, 128 ff); der Wohnungsverwalter kann nicht Vermittler sein (WoVermG 2 II Nr 2; anders für WEG-Verwalter: LG Han-
15   nover MDR 97, 1115; Breiholdt MDR 86, 284, str). **d) Das Bestehen einer Ehe** zwischen Makler und Vertragsgegner steht einem Provisionsanspruch idR entgegen (BVerfG 78, 130; BGH NJW 87, 1009), ist jedoch unschädlich bei Offenlegung (BVerfG 78, 131; BGH aaO; krit Schäfer MDR 89, 699). IdR unschädlich sind rein persönliche Beziehungen zum Vertragsgegner (BGH NJW 87, 1008 f mN).

16   **5. Zustandekommen des Hauptvertrags. a) Maßgeblicher Vertrag** ist der vom Makler herbeizuführende Vertrag (BGH NJW-RR 91, 51), uU auch Folgevertrag (Begriff: Rn 29 [bb]; BGH aaO). Der Provisionsanspruch entsteht – schon und erst – mit Abschluß des **schuldrechtlichen Verpflichtungsvertrags** (BGH NJW 83, 1131); unerheblich sind Weiterbestand (Rn 23) und Vertragsdurchführung (dingliche Erfüllungsgeschäfte), nicht ausreichend die Eingehung vorbereitender Bindungen (Rn 18). Der Vergütungsanspruch des Kredit-(Finanz-)maklers

Titel 10. Mäklervertrag **§ 652**

setzt allerdings – trotz der ges Einordnung des Darlehens als Konsensualvertrag (§ 488 I) – **Auszahlung der Darlehenssumme** an den Auftraggeber voraus (Köln MDR 93, 1175; Dehner NJW 91, 3255 mN, str; aA BGH NJW 82, 2662 mN: Abschluß bindenden Darlehensversprechens genügt; differenzierend BGH NJW 88, 968 f: Auslegungsfrage im Einzelfall). Grund: Erst dann ist der wirtschaftliche Erfolg der Maklertätigkeit (Erfolgshonorar) eingetreten (sa §§ 655 c, 655 e, 495, 503 I zum Darlehensvermittlungsvertrag zwischen Unternehmer und Verbraucher). **b) Zeitpunkt.** Eine zeitliche Begrenzung für den Abschluß besteht 17 nicht. Nicht erforderlich ist, daß der Zeitpunkt des Zustandekommens in die Laufzeit des Maklervertrags fällt (NJW 66, 2008); auch Abschluß nach dem Tod des Maklers berührt den Provisionsanspruch nicht (BGH NJW 84, 359). **c) Inhalt.** Der geschlossene Vertrag muß dem beabsichtigten bei wirtschaftlicher 18 Betrachtung inhaltlich entsprechen (BGH NJW 88, 968 mN); maßgebend ist, ob der vom Auftraggeber erstrebte wirtschaftliche Erfolg eintritt (BGH NJW 98, 2278); unwesentliche Abweichungen sind unschädlich (BGH NJW 82, 2663). Bsp für **inhaltliche Identität (Gleichwertigkeit):** Abweichungen in den Bedingungen (zB Preis; Höhe des Darlehensbetrags; Nebenpunkte) in gewissen Grenzen (BGH NJW 88, 968); wirtschaftlich gleichwertiges Objekt (Frankfurt/M MDR 75, 315); uU Erwerb von wesentlichem Teil (BGH NJW-RR 90, 185); Übernahme von Besitz-GmbH anstelle von Grundstückskauf (BGH NJW 98, 2277); Teilanmietung bei Gesamtvermietungsnachweis (BGH NJW 96, 114). Bsp für *wirtschaftliche Ungleichheit:* Erheblicher Preisunterschied (Düsseldorf NJW-RR 93, 1272: 22%); Erwerb in der Zwangsversteigerung statt Kauf (BGH 112, 60, str; zur Abgrenzung s BGH NJW-RR 93, 120), Provisionspflicht durch AGB nicht vereinbar (BGH 119, 32 ff; abl Schwarz NJW 93, 306); Kauf-Vorvertrag (Kaufanwartschaftsvertrag) statt Kauf (BGH NJW 75, 647; WM 76, 28; abw Vereinbarung aber möglich, vgl Rn 29); Verpachtung statt Verkauf; Erwerb eines Grundstücksteils statt des Alleineigentums (BGH NJW 87, 1628: Frage des Einzelfalls). **Keine** Frage inhaltlicher Identität ist Erwerb vom (benannten) Nichteigentümer und Zwischenerwerber statt „unmittelbar" vom Eigentümer (vgl BGH NJW-RR 96, 113). **d) Parteien** des Hauptvertrags müssen der Auftraggeber und der vom Makler 19 nachgewiesene (vermittelte) Dritte sein (abw Vereinbarung auch in AGB möglich, s BGH NJW 87, 2431). Abweichungen in der **persönlichen Identität** können aber unschädlich sein, wenn das zustandegekommene Geschäft für den Auftraggeber wirtschaftlich gleichwertig ist (BGH NJW-RR 97, 1276; 98, 411); dies ist bei den engen persönlichen, rechtlichen oder wirtschaftlichen Beziehungen zwischen ihm und der Partei des Hauptvertrags idR der Fall (BGH NJW-RR 98, 411). Bsp: Abschluß durch einen nahen Familienangehörigen des Auftraggebers (BGH NJW 76, 1844; aA Hamm NJW-RR 88, 686), seinen Lebensgefährten (BGH NJW 91, 490) oder eine mit ihm verflochtene (BGH NJW 84, 359; Koblenz NJW-RR 94, 180; München NJW-RR 95, 1526) oder wirtschaftlich identische Gesellschaft (BGH NJW 95, 3311; Karlsruhe NJW-RR 95, 1137); Auftraggeber oder sein Rechtsnachfolger (BGH WM 93, 2259) erwirbt das nachgewiesene Objekt nicht von dem ihm benannten Dritten, sondern von einem an dessen Stelle getretenen anderen Vertragspartner (BGH WM 76, 28). Zur Ausübung eines Vorkaufsrechts s Rn 21. **e) Wirksamkeit.** Lit: Altmeppen, Provisionsansprüche 20 bei Vertragsauflösung, 1987. Der Hauptvertrag muß wirksam zustandegekommen und darf nicht wegen einer im Vertragsschluß selbst liegenden Unvollkommenheit wieder beseitigt worden sein. Ein Provisionsanspruch besteht daher nicht, wenn der Hauptvertrag an Bestandsmängeln leidet (Rn 21) oder noch nicht vollwirksam geworden ist (Rn 22). Dagegen ist die nachträgliche Beseitigung eines fehlerfrei zustandegekommenen Vertrags für den Provisionsanspruch bedeutungslos (Rn 23). **aa) Anfängliche Mängel** des Hauptvertrags. **Bsp:** (1) **Formnichtigkeit** (§ 125); 21 der Provisionsanspruch entsteht erst bei Heilung (zB gem § 311 b I 2), nicht schon, wenn die Gegenseite zur Durchführung des formnichtigen Vertrags bereit ist (Celle OLGZ 69, 417), auch nicht, wenn der Auftraggeber für den Formmangel verant-

Jauernig

§ 652 Buch 2. Abschnitt 8. Einzelne Schuldverhältnisse

wortlich ist (Köln MDR 56, 738 und hM; aA Rust MDR 59, 449; sa Kohler NJW 57, 327). (2) Wirksame **Anfechtung** (§§ 119, 123, 142 I), auch wegen Täuschung durch den Auftraggeber (hM, aber abw Vereinbarung in AGB möglich: BGH NJW 88, 3012 f); Grund: Auch bei ordnungsgemäßem Verhalten kein Vertragsschluß. Vertragsaufhebung aus Gründen, die zur Anfechtung berechtigen, steht der Anfechtung gleich (Köln NJW-RR 97, 693). Ebenso die fristlose Kündigung des Beitritts zu einer Publikums-KG (BGH NJW 79, 976). (3) Ausübung eines **Vorkaufsrechts** bei Erstkäufer als Auftraggeber (BGH NJW 82, 2663; zur evtl Provisionspflicht des Vorkaufsberechtigten vgl BGH 131, 321 ff mN; § 505 Rn 5, 6).

22 **bb) Späteres Vollwirksamwerden** des Hauptvertrags. Bei Vereinbarung einer **aufschiebenden Bedingung** entsteht der Vergütungsanspruch erst mit Bedingungseintritt **(I 2);** bis zum Bedingungseintritt ist (abw von Rn 23) provisionsfreie Vertragsaufhebung möglich (BGH NJW 84, 359); beim **genehmigungsbedürftigen Vertrag** erst mit der Erteilung der Genehmigung (BGH 60, 385; NJW-RR 91, 1073; 92, 558 f; sa 01, 840); ist ein befristetes **vorbehaltloses Rücktrittsrecht** vereinbart, erst mit Ablauf der Rücktrittsfrist (BGH 66, 270; NJW-RR 93, 249; Dehner NJW 97, 21 f; zum Rücktrittsvorbehalt iü s Rn 23).

23 **f) Nachträglicher Wegfall des Vertrags.** Ohne Einfluß auf den mit Abschluß des Vertrags (Rn 16) entstehenden Provisionsanspruch sind: Vereinbarung einer **auflösenden Bedingung** (BGH NJW 82, 2663 mN; aA ErmWerner 38 mN); Ausübung eines **ges Rücktrittsrechts** (BGH NJW 74, 695) oder Erklärung der **Minderung,** Ausübung eines **vertraglichen Rücktrittsrechts,** soweit es an bestimmte sachliche Voraussetzungen geknüpft ist (BGH NJW 97, 1582 mN), anders, wenn der Vertrag in der Schwebe bleiben sollte (BGH NJW-RR 93, 249; Grund: **I 2** entspr: BGH NJW 97, 1582; BB 98, 1028; §§ 133, 157: BGH NJW 97, 1583 f mit krit Anm Theobald JZ 97, 1120); **vertragliche Wiederaufhebung** des abgeschlossenen Vertrags (BGH NJW 87, 1628). Grund: Das Risiko der (nicht sachgerechten) Erfüllung des Hauptvertrags trägt iZw der Auftraggeber (BGH NJW 86, 1166).

24 **6. Kausalzusammenhang. Lit:** Diebold, Voraussetzung des Provisionsanspruchs, 1987; Schwerdtner, Erfolg und Arbeitserfolg, NJW 89, 2987. Die Maklerleistung (Rn 8 ff) muß für den Vertragsschluß (Rn 16 ff) **ursächlich** geworden sein (**I 1:** „infolge"; BGH 60, 381; zwingend in WoVermG 2 I, V; iü abw Individualvereinbarungen möglich: Rn 29, 30), bei Folgeverträgen idR zu bejahen (BGH NJW-RR 91, 51 mN). Die zum *Schadens*ersatzanspruch entwickelten Grundsätze sind nicht uneingeschränkt anwendbar. Grund: Der Kausalbeitrag ist Voraussetzung für den – vollen – *Vergütungs*anspruch. **Mitursächlichkeit** genügt (BGH LM Nr 25; NJW 80, 124; MK/Roth 156; krit und einschr Knütel ZHR 144, 302 ff), soweit die *Maklerleistung* einen für das Zustandekommen des Hauptvertrags wesentlichen Kausalbeitrag bildet (BGH NJW 83, 1849 f; ie und klarstellend BGH 141, 45 f 47 f). **Unterbrechung des Kausalzusammenhangs** ist möglich (Rspr stellt strenge Anforderungen, vgl Lauer MDR 86, 810 f; bedenklich, wenn der Makler den Erfolg nicht *allein* herbeiführen konnte, soll aber bei Wiederaufnahme unterbrochener Verhandlungen ohne den Makler idR zu verneinen sein (so BGH NJW 80, 123 f; NJW-RR 96, 691; krit Knütel ZHR 144, 324 f; abw Bamberg NJW-RR 98, 565 bei Unterbrechung von ca 1½ Jahren). Ein **Nachweis** des Maklers ist idR nur bei fehlender Vorkenntnis des Auftraggebers ursächlich (BGH WM 84, 62; Karlsruhe NJW-RR 94, 509; einschr Celle NJW-RR 95, 501), bei entspr Nachweis durch mehrere Makler also idR nur der Erstnachweis (Hamm BB 95, 1977); eine Zweitinformation eines anderen Maklers ist gleichwohl aber dann kausal, wenn sie den Anstoß gab, sich näher mit dem Objekt zu befassen (vgl BGH NJW 83, 1849; Lauer MDR 86, 809) und zusätzliche Informationen enthält (BGH NJW-RR 90, 1270; 96, 115). Der Auftraggeber muß auf seine Vorkenntnis hinweisen (Hamburg NJW-RR 87, 175, str; aA Koblenz NJW-RR 91, 249; ie § 654 Rn 9). Der Ursachenbeitrag eines dem Auftrag entspr (vgl Rn 18) Erstnach-

Titel 10. Mäklervertrag **§ 652**

weises braucht nicht schon mit einem günstigeren Zweitnachweis eines anderen Maklers zu entfallen (BGH NJW 81, 388); ist aber der Vertrag aufgrund einer (von der nachgewiesenen ersten verschiedenen) anderen Abschlußmöglichkeit zustande gekommen, so fehlt es an einem entspr Nachweis (BGH NJW-RR 91, 950; Karlsruhe NJW-RR 95, 753). Für die Ursächlichkeit der **Vermittlung** genügt, daß die Bemühungen des Maklers die Abschlußbereitschaft des Gegners irgendwie gefördert haben (Rn 9) oder spätere Neuverhandlungen auf ihnen aufbauen (Karlsruhe NJW-RR 95, 753). **Beweislast:** Makler für (mit-)ursächliches Angebot und Vertragsschluß (BGH NJW 79, 869), Auftraggeber für (mögliche) Vorkenntnis (BGH WM 84, 63), Makler für Mitursächlichkeit trotz Vorkenntnis (BGH NJW 71, 1135; ie Baumgärtel/Laumen 6 ff). **Beweiserleichterungen:** Kommt es nach Zugang eines Maklerangebots an den Auftraggeber zu einem entspr Vertragsschluß, so ist von dessen Ursächlichkeit auszugehen (BGH NJW 71, 1133; 77, 42); dies gilt nicht bei gleichzeitigem Zugang inhaltsgleicher Angebote verschiedener Makler (BGH NJW 79, 869).

7. Kenntnis von der Maklertätigkeit seitens des Auftraggebers spätestens bei 25 Abschluß des Hauptvertrags (hM, aber str, s Dehner NJW 97, 22 mN; einschr BGH NJW-RR 94, 1261, wenn der Vertrag auch bei Kenntnis so geschlossen worden wäre). Selbstverschuldete Unkenntnis steht gleich (München NJW 68, 894). Sicherung des Maklers durch Rückfrageklauseln: Rn 29 (bb).

8. Vergütung. a) Die **Höhe** der **Vergütung** (Bezeichnungen: „Lohn", Pro- 26 vision, Gebühr, Courtage) richtet sich nicht nach dem Umfang der aufgewendeten Maklertätigkeit, sondern dem Interesse des Auftraggebers am Vertragsschluß (Erfolgsprovision, s Rn 3, 11 vor § 652). Maßgebend ist die Vereinbarung, sonst § 653. IdR wird ein Hundertsatz des Kaufpreises (zu dessen Berechnung für den Verkäufermakler beim Unternehmenskauf s BGH NJW 95, 1739) vereinbart (vgl BGH 125, 139: „bekanntermaßen"), bei gewerbsmäßiger Wohnungsvermittlung muß ein Bruchteil oder Vielfaches der Wohnungsmiete angegeben werden (WoVermG 3 I, 7). Erreicht der Verkäufer eine Erhöhung des vom Makler zunächst niedriger ausgehandelten Kaufpreises, so ist dieser maßgebend (Nürnberg OLGZ 77, 219). Die Herabsetzung einer unverhältnismäßig hohen Vergütung ist nur ausnahmsweise nach § 655 möglich (für entspr Anwendung MK/Roth 75). **Schranken** für Provisionshöhe: § 138 (s Rn 6, 29, 30: Übererlösklauseln); StGB 291 I Nr 4; bei der Wohnungsvermittlung ist die Provision auf 2 Monatsmieten begrenzt (WoVermG 3 II). Zur Provisionsberechnung steht dem Makler ein **Auskunftsanspruch** gegen den Kunden zu (§ 654 Rn 9). **b)** Die **Fälligkeit** tritt erst 27 mit Vollwirksamkeit des Vertrages ein (Rn 20–22). Fälligkeitsklauseln: Rn 29 (bb). **c) Verjährung:** §§ 195, 199 I.

9. Abw Vereinbarungen über Ursächlichkeit und über Vergütung. Durch 28 Vereinbarung können in gewissen Grenzen die ges Voraussetzungen des Provisionsanspruchs (Rn 8–25) zugunsten des Maklers abbedungen werden (Rn 29, 30); andererseits kann die Vergütung auch zugunsten des Auftraggebers von zusätzlichen Voraussetzungen abhängig gemacht werden (Rn 30). **a) Erweiterungen des** 29 **Vergütungsanspruchs. aa) Allgemeines.** Eine **erfolgsunabhängige Provision** widerspricht dem „ges Leitbild" des Maklervertrags (Rn 11 vor § 652). Sie kann nicht vereinbart werden bei der **Wohnungsvermittlung** (WoVermG 2 I, V, 5) und durch **AGB** (§§ 305 c I, 307 II Nr 1; vgl BGH 99, 382; 103, 240), sondern nur durch Einzelabrede (vgl § 305 I 3 und dazu BGH NJW 91, 1679 betr AGBG 1 II, ie str; s Schwerdtner NJW 90, 369). Unwirksam sind daher alle nicht individuell getroffenen Abreden, die die Abhängigkeit des Vergütungsanspruchs vom wirksamen Zustandekommen des Hauptvertrags oder einer ursächlich gewordenen Maklerleistung aufheben oder lockern (BGH 61, 21; NJW 84, 2163; NJW-RR 86, 347). Bsp: Provision unabhängig von behördlicher Genehmigung des Hauptvertrags (BGH 60, 385; sa Hamburg MDR 75, 663), schon bei Abschluß eines Vorvertrags (BGH NJW 75, 647; NJW-RR 91, 1073), bei wegen Verflech-

Jauernig 819

§ 652 Buch 2. Abschnitt 8. Einzelne Schuldverhältnisse

tung fehlender oder nicht provisionspflichtiger Maklerleistung (BGH LM Nr 54; BB 78, 1089; WM 77, 416); **selbständiges Provisionsversprechen** (selten) setzt entspr klare Vereinbarung voraus (vgl BGH NJW 81, 278; WM 84, 63; NJW-RR 93, 430); vorangehende Aufklärung über eine bestehende Verflechtung (Rn 13) ist erforderlich (BGH NJW 91, 168). **bb) Einzelne Klauseln** (alphabetische Reihenfolge). **Fälligkeitsklauseln:** Zulässig, soweit (nur!) die Fälligkeit auf einen Zeitpunkt vor Vollwirksamwerden des Hauptvertrags vorverlegt (nicht aber durch AGB: Hamm NJW-RR 96, 1527) oder auf den der Vertragsdurchführung hinausgeschoben wird (BGH MDR 80, 1007); Schranke bei Wohnungsvermittlung: Vorschuß unzulässig (WoVermG 2 IV, V). **Folgegeschäftsklauseln:** Provisionspflicht des Auftraggebers besteht bei entspr Vertragsinhalt (Rn 16; §§ 133, 157) auch bei Abschluß weiterer Geschäfte, die sich aus dem vom Makler vermittelten (nachgewiesenen) Erstgeschäft ergeben (BGH NJW-RR 91, 51). In AGB unwirksam (§§ 305 c I, 307 II Nr 1; BGH 60, 243; abw bei Versicherungsmakler BGH NJW 86, 1036), ausgeschlossen bei Wohnungsvermittlung durch WoVermG 2 II Nr 1, V („Fortsetzung, Verlängerung oder Erneuerung des Mietvertrags"). **Gleichstellungsklauseln:** Provisionspflicht des Auftraggebers auch bei Erwerb in der Zwangsvollstreckung oder eines anderen Objekts; in AGB unwirksam (BGH 119, 32; Rn 18). In einer **Reservierungsvereinbarung** kann eine erfolgsunabhängige Teilprovision nicht vereinbart werden (BGH 103, 239; Hamm NJW-RR 89, 1209; sa Rn 32). **Rückforderungsausschlußklausel:** Ausschluß des Rechts auf Rückforderung bereits gezahlter Provision. In AGB unwirksam (§ 307 II Nr 1; BGH NJW 84, 2163). **Rückfrageklauseln:** Der Auftraggeber ist vor Abschluß eines Vertrags ohne Mitwirkung des Maklers während der Laufzeit des Maklervertrags zur Rückfrage beim Makler verpflichtet, andernfalls er die Nichtursächlichkeit der Maklertätigkeit nicht geltend machen kann. In AGB unwirksam (§§ 307 II Nr 1, 309 Nr 12). **Übererlösklauseln:** Der Auftraggeber beteiligt den Makler durch erhöhte Provision an einem über den vorgegebenen Betrag hinausgehenden Erlös; uU sittenwidrig (BGH 125, 138 ff; dazu Martinek JZ 94, 1048) oder treuwidrig (§ 654 Rn 10), jedenfalls bestehen gesteigerte Maklerpflichten (Düsseldorf NJW-RR 96, 1012). **Verweisungs- und Widerrufsklauseln:** Rn 42. **Vorkenntnisklauseln:** Der Auftraggeber ist zu Anzeige oder Widerspruch innerhalb bestimmter Frist verpflichtet, andernfalls das Objekt als bisher unbekannt gilt oder anerkannt wird. In AGB unwirksam bei Ursächlichkeitsfiktion (§ 309 Nr 12; BGH NJW 71, 1133; 76, 2346; einschr München OLGZ 78, 448). **Weitergabeklauseln** begründen Provisionspflicht, wenn unbefugte Weitergabe des Nachweises zum Abschluß mit einem Dritten führt (BGH NJW 87, 2431;

30 Frankfurt/M MDR 94, 36). **b) Einschränkungen des Vergütungsanspruchs.** Einzelne Abreden: **Hinausschieben der Provisionszahlung** bis zur Ausführung des Hauptvertrags (zB Auflassung und Eintragung; Baubeginn); iZw nur **Fälligkeitsabrede** (dann Fälligkeit spätestens nach angemessener Frist, HGB 87 a III entspr), nicht zusätzliche Entstehungsbedingung (dann § 162; s BGH NJW 86, 1035, str). **Abwälzung der Provisionszahlung** auf den Vertragspartner des Auftraggebers: Auftraggeber haftet dem Makler nur dann, wenn die Voraussetzungen für einen Provisionsanspruch vorliegen (LM Nr 25) und die Provision vom Vertragspartner (zB Käufer, Mieter) nicht zu erlangen ist (Hamburg MDR 69, 665; Piehler DNotZ 83, 29 f). **Vereinbarungen über die Provision im Hauptvertrag** sind als echter **Vertrag zgDr** möglich (BGH 138, 172) und begründen einen unmittelbaren Anspruch des Maklers gegen die Vertragspartei (idR den Käufer, s BGH aaO; Rn 8 vor § 652).

31 **10. Aufwendungen (II).** Ein Aufwendungsersatzanspruch besteht nicht kraft Ges, auch dann nicht, wenn kein Provisionsanspruch entsteht **(II 2)**, sondern bedarf bes **Vereinbarung (II 1;** Ausnahme: Rn 39). **Schranken: a) Wohnungsvermittlung.** Auslagenerstattung ist grundsätzlich ausgeschlossen (WoVermG 3 III 1); zulässig ist die Vereinbarung der Erstattung nachweisbar ent-

Titel 10. Mäklervertrag **§ 652**

standener Auslagen im Nichterfolgsfall in voller Höhe (WoVermG 3 III 3), im Erfolgsfall nur, soweit diese eine Monatsmiete übersteigen (WoVermG 3 III 2). **b) AGB-Vereinbarung.** Das ges Leitbild des Maklervertrags verbietet die 32 Vereinbarung eines – auch erfolgsunabhängigen – **Aufwendungsersatzanspruches** nicht (BGH 99, 383; NJW 88, 411). Dieser muß sich aber auf den Ersatz der konkreten Aufwendungen beziehen (BGH 99, 383). Eine Pauschalierung ist nur bis zu einem mäßigen Höchstbetrag zulässig; unzulässig ist jedoch die Vereinbarung einer Aufwendungspauschale in Höhe eines Prozentanteils des Preises oder Gegenstandswerts (BGH 99, 384). Eine **Reservierungsvereinbarung** (Rn 29 [bb]) kann, auch soweit formfrei möglich, uU (Bsp: fehlende Befristung, unangemessen niedriger Kaufpreis) sittenwidrig sein (BGH 103, 241 f). **Einzelne Klauseln:** Rn 42.

11. Alleinauftrag. a) Allgemeines. aa) Begriff. Maklervertrag bes Art, bei 33 dem der Makler **verpflichtet** ist, während einer **bestimmten Zeit** auf die Vermittlung oder die Gelegenheit zum Abschluß eines Vertrags **hinzuwirken** (ie Rn 35–40). **bb) Bedeutung.** Durch den Alleinauftrag wird der **Pflichtenkreis** 34 **des Maklers** erweitert (Rn 36) und eine echte vertragliche **Bindung des Auftraggebers** begründet; die Chance erfolgreicher Maklertätigkeit wird dadurch erhöht. Unberührt bleiben die Grundsätze der Entschließungs- (Abschluß-)freiheit des Auftraggebers (BGH NJW 67, 1225) und der Erfolgsprovision (BGH 60, 381; 99, 382; Rn 38). **cc) Rechtsnatur. Maklerdienstvertrag** (BGH NJW 88, 968 mN; sa Rn 6 vor § 652), der aber **kein gegenseitiger** Vertrag ist (BGH 63, 74 mit Anm Knüfer LM Nr 51, str). **b) Voraussetzungen. aa) Zustandekommen.** 35 IdR durch **ausdr** Erklärungen (Bsp: „Alleinauftrag", „Festauftrag", „Festanhandgabe" uä), stillschweigender Abschluß nur bei Eindeutigkeit der Vereinbarung (selten), seit 1. 1. 1999 (Inkrafttreten des GWB idF der Bek vom 26. 8. 1998, BGBl I, S 2547) idR formfrei möglich (aA zu GWB 34 aF Heße NJW 98, 561; E. Schneider MDR 98, 69, je mN; wegen Ausnahmen s Rn 5). **bb) Inhalt.** 36 **Tätigkeitspflicht des Maklers:** Der Makler ist verpflichtet, mit aller Kraft für den Auftraggeber tätig zu werden und dessen Interessen zu wahren (BGH NJW 85, 2478; 92, 2819, allgM); ihn trifft auch die Pflicht zu sachkundiger Beratung (BGH WM 73, 1383). **Unterlassungspflicht des Auftraggebers:** Der Auftraggeber darf während der Laufzeit des Vertrags (Rn 37) keine Dienste weiterer Makler in Anspruch nehmen (**Verbot von Doppelaufträgen**); dagegen besteht für den Auftraggeber **kein Verbot von Eigengeschäften** („Direktabschlüssen"; BGH 60, 382 mN; 88, 371); soll auch diese Möglichkeit ausgeschlossen werden, so bedarf es einer bes eindeutigen Vereinbarung; eine Aufnahme in AGB genügt dazu nicht (BGH 60, 377; 88, 371; NJW 91, 1679; Schwerdtner NJW 90, 369). Nicht ausreichend ist zB die kombinierte Beauftragung als „Allein- und Festauftrag" (Düsseldorf MDR 73, 582) oder als „Alleinverkaufsrecht" (BGH WM 76, 533). **cc) Dauer.** Der Alleinauftrag ist idR für eine **bestimmte Frist** „fest" (s Rn 35) 37 abgeschlossen (**Ausschluß des Widerrufsrechts** des Auftraggebers), danach kündbar. Fehlt eine zeitliche Begrenzung, so gilt angemessene Frist (Bsp: 6 Monate; uU auch erheblich länger, vgl BGH NJW-RR 94, 560 mN). Ein der Vereinbarung widersprechender Widerruf ist dem Makler gegenüber unwirksam. Ausnahmsweise besteht jederzeitiges Widerrufsrecht des Auftraggebers bei wichtigem Grund (§ 626 entspr; Bsp: BGH NJW 69, 1626; WM 70, 1459. Ist der Makler für längere Zeit untätig geblieben, so kann Vertragsbeendigung uU ohne Auflösungserklärung eintreten (BGH WM 77, 871). **c) Rechtsfolgen. aa) Der Provisions-** 38 **anspruch** besteht auch beim Alleinauftrag nur, wenn die Voraussetzungen der Rn 4–25 erfüllt sind. Zur wirksamen Abbedingung der Ursächlichkeit der Maklerleistung und zur Vereinbarung einer erfolgsunabhängigen Provision vgl Rn 41, 42. **bb) Aufwendungsersatz.** II gilt auch für den Alleinauftrag; Schranken für ver- 39 einbarten Erstattungsanspruch: wie Rn 31, 32, einzelne Klauseln: Rn 42. **Ohne** entspr **Vereinbarung** kann ausnahmsweise Ersatzanspruch dann gegeben sein,

Jauernig 821

§ 652 Buch 2. Abschnitt 8. Einzelne Schuldverhältnisse

wenn der Makler konkrete über die übliche Maklertätigkeit hinausgehende Leistungen übernimmt und es nicht zur Entstehung eines Vergütungsanspruchs
40 kommt (Hamm NJW 73, 1976 arg §§ 675, 670). **cc) Schadensersatz.** Durch einen vertragswidrigen Abschluß während der Bindungsdauer (Rn 36, 37) macht sich der Auftraggeber dem Makler nach allg Grundsätzen schadensatzpflichtig (pVV; BGH 60, 381; ie § 654 Rn 9). Der Schaden besteht in der entgangenen Verdienstmöglichkeit (§ 252), uU in nutzlosen Aufwendungen. Der zweite Makler kann für diesen Schaden aus cic (§ 311 II) haften, wenn er den Auftraggeber über die Schadensersatzpflicht gegenüber dem ersten Makler nicht aufklärt (Hamm NJW-RR 98, 842). **Beweislast:** Makler für schuldhafte Vertragsverletzung des Auftraggebers, ferner dafür, daß er einen anderen zum Abschluß unter den vertragsmäßigen Bedingungen bereiten und fähigen Interessenten gestellt hätte (BGH NJW 66, 2008). Ges Erleichterungen: § 252 S 2; ZPO 287; Änderung (Aufhebung) der Beweislastverteilung durch AGB: Rn 41, 42. **d) Bes Abreden.**
41 **aa) Allgemeines.** Das Interesse des Maklers geht dahin, sich vor **Vertragsverletzungen** seines Auftraggebers zu schützen und den **Nachweis eines entstandenen Schadens** nicht führen zu müssen. Hierfür in Frage kommende Klauseln: **Erweitertes Provisionsversprechen** (Provisionspflicht auch für vom Makler nicht verursachtes Geschäft; kein Verschuldens- und Schadensnachweis); **pauschalierter Schadensersatzanspruch** (kein Schadensnachweis seitens des Maklers); Versprechen einer (herabsetzbaren: § 343) **Vertragsstrafe;** Vereinbarung von **Auslagenerstattung** bei Nichtentstehen eines Provisionsanspruchs. Für die Wirksamkeit derartiger Klauseln (sa Rn 29–32) gilt: Bei der **Wohnungsvermittlung** sind erweiterte Provisionsversprechen unwirksam (WoVermG 2 I, V); in gewissen Grenzen zulässig sind die Vereinbarung der Erstattung nachweislich entstandener Auslagen (WoVermG 3 III) und von geringen Vertragsstrafen (WoVermG 4). In **AGB** unwirksam sind Klauseln, die eine erfolgsunabhängige Provision vorsehen oder in die Abschlußfreiheit des Auftraggebers eingreifen (§§ 305 c I, 307 II Nr 1; BGH NJW 85, 2478); Schranken bestehen für die Pauschalierung von Ersatzansprüchen und für Vertragsstrafen (§ 309 Nr 5, 6, 12; sa Beuthien, FS Larenz,
42 1973, 495). **bb) Einzelne Klauseln** (alphabetische Reihenfolge). **Nichtabschlußklauseln:** Der Auftraggeber ist verpflichtet, bei Nichtabschluß mit einem abschlußbereiten Interessenten die (Gesamt-)Provision („Reugeld" und dergl) zu bezahlen. Keine echte Vertragsstrafe, da keine Anknüpfung an vertragswidriges Verhalten des Auftraggebers (uU aber Strafgedinge gem § 343 II; s BGH 76, 47). In AGB unwirksam (BGH 103, 239 f; NJW 79, 367), auch in Individualabrede uU beim Doppelmakler (BGH 61, 17); soweit überhaupt zulässig, bedarf die Abrede bei Grundstücken wegen des mittelbaren Abschlußzwangs der Form des § 311 b I 1 (BGH 76, 47; NJW-RR 94, 559 zu § 313 aF str). Formfrei möglich ist die Vereinbarung von wesentlich unter dem Provisionsanspruch liegendem (pauschaliertem) Aufwendungsersatz (BGH 61, 24 mit Anm Pfretzschner LM Nr 46; 76, 48 mN; nach BGH 103, 239 mN; Dresden BB 97, 2342 höchstens 10% der vereinbarten Provision; sa Rn 32). **Verweisungs- und Zuziehungsklauseln:** Der Auftraggeber ist verpflichtet, sämtliche Interessenten (auch „eigene") an den Makler zu verweisen; bei Abschluß des Geschäfts ohne die Mitwirkung („Hinzuziehung") des Maklers hat er die volle (uU doppelte) Provision zu zahlen. IZw Schadenspauschale (so zutr Hauß Anm LM Nr 44; Grund: Anknüpfung an Vertragsverletzung des Auftraggebers), nicht Vertragsstrafe (BGH 60, 384 gegenüber BGH 49, 89). In AGB unwirksam, soweit bei Abschluß mit einem vom Auftraggeber selbst gefundenen Interessenten volle Provision oder angemessene Vergütung geschuldet sein soll (BGH 60, 377; 88, 371 f; 99, 377, neuere Rspr); zulässig aber Vereinbarung von Auslagenerstattung für den Fall des Vertragsbruchs des Auftraggebers (BGH 60, 382). **Widerrufsklauseln:** Der Auftraggeber ist verpflichtet, die Gesamtprovision zu zahlen, wenn er den Alleinauftrag vorzeitig widerruft (kündigt, zurückzieht usw). Die Klausel ist stets dahin zu ergänzen, daß eine Provisionspflicht nur besteht, wenn der Widerruf zu einem vertragswidrigen Ab-

Titel 10. Mäklervertrag **§§ 653, 654**

schluß geführt hat (BGH NJW 67, 1226; KG NJW 65, 1277). Kein Reugeld iSv § 359 (unzutr München NJW 69, 1630), sondern Schadenspauschalierung oder Vertragsstrafeversprechen gem § 343 II. Wirksamkeit: wie „Verweisungs- und Zuziehungsklauseln". In AGB unwirksam sind auch **Bindungsklauseln,** durch die sich der Auftraggeber langfristig zur Unterlassung von Eigengeschäften verpflichtet (BGH NJW 86, 1173).

§ 653 Mäklerlohn

(1) **Ein Mäklerlohn gilt als stillschweigend vereinbart, wenn die dem Mäkler übertragene Leistung den Umständen nach nur gegen eine Vergütung zu erwarten ist.**

(2) **Ist die Höhe der Vergütung nicht bestimmt, so ist bei dem Bestehen einer Taxe der taxmäßige Lohn, in Ermangelung einer Taxe der übliche Lohn als vereinbart anzusehen.**

1. **Bedeutung.** I begründet ges **Vermutung** für Entgeltlichkeit des zustandegekommenen (Rn 2) Maklervertrags (entspr §§ 612 I, 632 I, 689), II ist **Auslegungsregel** für die **Höhe** der (unbestimmt) vereinbarten Vergütung. 1

2. **Voraussetzungen.** In beiden Fällen rechtswirksames Zustandekommen eines Maklervertrags (auch stillschweigend: § 652 Rn 4) und Übertragung einer konkreten Maklerleistung (BGH NJW-RR 89, 1072; 91, 371, stRspr); Fehlen einer (ausdr) Vergütungsvereinbarung (I) oder einer (ausdr) Vereinbarung über die Höhe der Vergütung (II); Vorliegen von für die Entgeltlichkeit der Maklerleistung sprechenden „Umständen" bei **I** (dazu BGH NJW-RR 88, 1198 mN). Bsp: Gewerbsmäßige Maklertätigkeit (sa HGB 354); dagegen idR nicht: Gelegenheitsvermittlung durch Architekt (BGH NJW 70, 700). Die **Beweislast** für die tatsächlichen Voraussetzungen der Vermutung trifft den Makler (BGH NJW 65, 1226), für die Vereinbarung der Unentgeltlichkeit den Auftraggeber (BGH NJW 81, 1444), desgl für die nachträgliche Vereinbarung einer niedrigeren Vergütung (BGH NJW 82, 1523 f). 2

3. **Rechtsfolgen. a)** Vergütungsanspruch des Maklers bei **I**; für die Höhe gilt idR Rn 3 (b); bestehende **Obergrenzen:** § 652 Rn 26 aE. **b)** Die Höhe der Vergütung wird in folgender Reihenfolge bestimmt: Zunächst gilt der taxmäßige Lohn (Taxen bestehen nicht), sodann die (orts-)**übliche Vergütung** (vgl dazu BGH 125, 139); allg Verkehrsgeltung bei den beteiligten Kreisen ist erforderlich. Auskunft geben die Industrie- und Handelskammer und der örtliche Maklerverband. Ist ein „fester" Satz nicht feststellbar, so wird im Rahmen der **„üblichen Vergütungsspanne"** eine **angemessene** Provision geschuldet (BGH 94, 103 f): §§ 315, 316 sind idR unanwendbar (BGH 94, 102 f; NJW-RR 94, 1261 mN; krit Dehner NJW 97, 23; ie Vollkommer JZ 85, 879 ff). 3

§ 654 Verwirkung des Lohnanspruchs

Der Anspruch auf den Mäklerlohn und den Ersatz von Aufwendungen ist ausgeschlossen, wenn der Mäkler dem Inhalt des Vertrags zuwider auch für den anderen Teil tätig gewesen ist.

1. **Allgemeines. a) Bedeutung:** Sonderfall der Verwirkung (dh des Verlustes) des Vergütungsanspruchs wegen schwerer Treuepflichtverletzung des Maklers. **b) Anwendungsbereich.** § 654 gilt unmittelbar nur für die unerlaubte **Doppeltätigkeit** (Rn 11), ist jedoch in anderen Fällen schwerer Verletzung der maklerrechtlichen Treuepflicht **entspr anwendbar** (Rn 10). Eine entspr Anwendung des § 654 auf andere **Rechtsverhältnisse** ist nur in engen Grenzen möglich (zB bei vorsätzlichem Parteiverrat iSv StGB 356 eines RA: BGH NJW 81, 1212; ferner bei Handelsvertreter, vgl BGH NJW 74, 137). Ausgeschlossen ist eine entspr Anwendung **zu Lasten des** (treuwidrig handelnden) **Auftraggebers** (BGH MDR 68, 1

Jauernig 823

§ 654 Buch 2. Abschnitt 8. Einzelne Schuldverhältnisse

2 405; Frankfurt/M MDR 94, 35). **c) Abgrenzung.** Schuldhafte Verletzung maklervertraglicher Treue-(Neben-)pflichten (Rn 3 ff) führt nach allg Grundsätzen (pVV) zu **Anspruch auf Schadensersatz** (§ 280 I) und damit auch zu Einwendungen gegen den Vergütungsanspruch (Rn 13).

3 2. Maklervertragliche Treuepflichten. a) Allgemeines. Der Maklervertrag begründet für beide Parteien ein bes Treueverhältnis, aus dem sich verschiedene Nebenpflichten ergeben, die sich zu einer bes Treuepflicht steigern können (Pauly JR 98, 354 f; ie str). Die Treuepflicht ist umso strenger, je enger das Vertrauensverhältnis ist (zB beim Vertrauensmakler). Maßgebend im Einzelfall sind auch die wirtschaftliche Bedeutung des Geschäfts und die Unerfahrenheit des Auftraggebers (ie Rn 4–8). **Rechtsfolgen** bei Pflichtverletzung: Schadensersatzanspruch unter den Voraussetzungen der pVV (§ 280 I), jedes Verschulden genügt (BGH NJW 82, 1146 und 1147). Schranken der Freizeichnung bei Treuepflichtverletzung:
4 Rn 12, 13; vgl iü § 309 Nr 7 Buchst b. **b)** Der **Makler** ist allg verpflichtet, im Rahmen des Zumutbaren die Interessen seines Auftraggebers zu wahren (BGH NJW 83, 1848). Darf er für beide Seiten tätig werden (**Doppelmakler,** dazu Rn 11), ist er in strenger Unparteilichkeit zu gleichmäßiger Interessenwahrung verpflichtet (BGH 48, 348; 61, 23 – „ehrlicher Makler"). Ie kommen als **Neben-**
5 **pflichten** in Frage: **aa) Mitteilungs- und Aufklärungspflichten.** Der Makler muß alle ihm bekannten Umstände, die sich auf den Geschäftsabschluß beziehen und für die Willensentschließung des belehrungsbedürftigen Auftraggebers erkennbar von Bedeutung sind, mitteilen (BGH NJW 81, 2686; 82, 1146; NJW-RR 88, 366); Umstände entscheiden, nicht notwendig maßgebend sind die allg Informationspflichten gem MaBV 10, 11. Bsp: Wirtschaftliche Verhältnisse des Vertragsgegners (BGH WM 69, 880; Koblenz NJW-RR 97, 888; sa BGH 25, 125); Unzuverlässigkeit des bauleitenden Architekten (BGH JZ 68, 69); Höhe des als Provision vereinbarten Übererlöses (Düsseldorf NJW-RR 96, 1012; sa § 652 Rn 29, 30); drohender Anfall doppelter Provision (Hamm BB 95, 1978). Aufklärungspflicht kann auch rechtliche Hinweise gebieten (BGH NJW 81, 2686:
6 bestehende Kündigungsschranken; s RBerG 5 Nr 1). **bb)** Umfassende **Beratungs- und Aufklärungspflichten** bestehen bei Anlage- (BGH NJW 82, 1095 mN; sa Rn 4 vor § 652) Finanzierungs- (BGH NJW-RR 91, 628) und Versiche-
7 rungsvermittlung (BGH 94, 358 ff; Rn 15, 16 vor § 652). **cc) Erkundigungs- und Nachforschungspflichten** obliegen dem Makler idR nur bei entspr Vereinbarung oder Verkehrssitte. Bsp: Ermittlung der zulässigen Bebauung bei Baugrundstück (BGH NJW 82, 1147), von anfallenden Steuern bei Grundstücksver-
8 trägen (München NJW 61, 1534; zulässig: RBerG 5 Nr 1). **dd) Prüfungspflichten** bestehen ebenfalls nur bei entspr Vereinbarung (auch durch Ankündigung). Der Makler ist idR nicht verpflichtet, Angaben des Verkäufers vor ihrer Weitergabe an den Kaufinteressenten nachzuprüfen (BGH NJW 82, 1147; Hamm NJW-RR 96, 1081 f); bei Weitergabe von Behördenauskünften gilt § 276 (BGH aaO). **ee) Nachwirkende Treuepflicht** (Düsseldorf NJW-RR 90, 372 f; Hamm
9 NJW-RR 97, 889). **c)** Den **Auftraggeber** treffen Pflichten zur Verschwiegenheit, Vertraulichkeit (BGH NJW 87, 2432), Sorgfalt und Aufklärung (BGH WM 72, 444; Pauly JR 98, 354 f), auch über bestehende Vorkenntnis (MK/Roth § 652 Rn 159; iE auch Hamburg NJW-RR 87, 175; Karlsruhe NJW-RR 94, 510; einschr Celle NJW-RR 95, 501, str; aA BGH WM 84, 63; Koblenz MDR 90, 1115). **Rechtsfolgen** bei unberechtigter Weitergabe usw: Rn 3 (BGH NJW 87, 2432), uU sogar Provisionspflicht (Schäfer BB 92, 2277 ff; Pauly JR 98, 356; § 162 entspr, str; sa § 652 Rn 19 und 29 [bb]). **Auskunft** kann der Makler nur über die für die Entstehung und Berechnung des Provisionsanspruchs maßgeblichen Tatsachen verlangen, nicht über die Höhe (BGH NJW-RR 90, 1371 mN; Düsseldorf NJW-RR 96, 1464; sa §§ 259–261 Rn 3). Für die **Grundbucheinsicht** des Maklers besteht berechtigtes Interesse iSv GBO 12 (vgl Stuttgart Rpfleger 83, 272).

Titel 10. Mäklervertrag **§ 654**

3. Verwirkung (Verlust) des Vergütungsanspruchs. a) Voraussetzungen 10
(alternativ). **aa) Schwerwiegende Treupflichtverletzung des Maklers.** Erforderlich ist **(obj)**, daß der Makler unter Verletzung wesentlicher Vertragspflichten (Rn 4–8) dem Interesse des Auftraggebers in schwerwiegender Weise zuwidergehandelt hat; **(subj)** schweres Verschulden des Maklers (Vorsatz oder diesem nahekommende grobe Leichtfertigkeit; § 278 ist anwendbar, KG NJW-RR 88, 686) und **Lohnunwürdigkeit:** Makler hat den Lohn nach allg Rechts- und Billigkeitsempfinden nicht verdient (BGH 36, 327; 92, 185 f; krit Reuter NJW 90, 1325 f). Unerheblich ist, ob dem Auftraggeber durch die Treuwidrigkeit ein Schaden entstanden ist (Grund: Strafsanktion; vgl BGH 36, 326; NJW 87, 1008 mN; NJW-RR 90, 372; anders in den Fällen von Rn 3). Bsp: Treuwidrige Übererlösklausel bei Alleinauftrag (Düsseldorf NJW-RR 97, 1278). Der Grund für die Verwirkung kann auch in einem Verhalten des Maklers nach Abschluß seiner Tätigkeit liegen (BGH 92, 185 f mN), nicht aber nach Abschluß des Hauptvertrages und Zahlung der Provision (BGH 92, 187). Bsp: Bestechung von Angestellten oder Beratern des Auftraggebers durch den Makler (LM Nr 2); Verheimlichung von mit dem Gegner getroffenen Sondervereinbarungen gegenüber dem Auftraggeber (Bsp: Hamm NJW-RR 88, 689), wie Provisionszahlung des Kreditinstituts an den Kreditvermittler (Karlsruhe NJW-RR 95, 500); verheimlichtes Eigeninteresse am Geschäft (BGH NJW 83, 1848); Nichtweitergabe von günstigem Angebot und Ausnutzung für eigenen Zwischengewinn (Brandenburg NJW-RR 95, 696); anschließende Vermittlung an einen Käufer, den der vorherige Auftraggeber strikt abgelehnt hat (Hamm NJW-RR 97, 889); Vortäuschung von formgültiger Ankaufsverpflichtung oder Reservierungsvereinbarung (BGH NJW-RR 92, 818 mN); Verhinderung von Preisverhandlungen (Hamm NJW-RR 97, 371).
bb) Treuwidrige Doppeltätigkeit. Erforderlich ist (obj) eine **unerlaubte** Doppeltätigkeit des Maklers; die subj Erfordernisse gem Rn 10 brauchen dagegen nicht 11
vorzuliegen (BGH 48, 350). Doppeltätigkeit ist dem Makler nicht grundsätzlich untersagt (BGH 61, 23; NJW-RR 98, 993 mN) und ist teilw üblich (zB bei Grundstücksmaklern). Erlaubte Doppeltätigkeit setzt voraus: Vertragliche Gestattung (Einverständnis beider Auftraggeber ist erforderlich: BGH 61, 21) oder fehlende Interessenkollision. Bsp: Vermittlungsmakler für Verkäufer kann Nachweismakler für Käufer sein (BGH NJW 70, 1075; Dresden NJW-RR 94, 885 f); dagegen keine Kombination von Vertrauens- und Vermittlungsmakler (BGH NJW 64, 1468). Auch beim erlaubten Doppelauftrag liegt treuwidrige Doppeltätigkeit immer dann vor, wenn der Doppelmakler seine Pflicht zur Unparteilichkeit (Rn 4) verletzt. Bsp: Einseitiges Eingreifen in Preisverhandlungen zugunsten einer Partei (BGH 48, 344); Vereinbarung einer erfolgsunabhängigen Provision mit dem einen Auftraggeber ohne entspr Bindung des anderen (BGH 61, 17); Abschluß einer (formnichtigen) „Ankaufsverpflichtung" mit dem zweiten Auftraggeber, um ihm eine (in Wahrheit nicht bestehende) Abschlußbindung vorzutäuschen (BGH NJW 81, 280; KG NJW-RR 86, 598). **b) Rechtsfolgen.** Kein Vergütungs- und Aufwendungsersatzanspruch, § 254 ist unanwendbar (BGH 36, 326); Rückgewährpflicht, soweit nicht verdienter Lohn bereits geleistet (KG NJW-RR 86, 600; anders aber bei verdientem Lohn: BGH 92, 186 f), uU Pflicht zum Schadensersatz (Rn 13) oder Anfechtbarkeit des Maklervertrages gem § 123 (Frankfurt/M NJW-RR 88, 1199). Keine Freizeichnung von Beschränkungen des Doppelmaklers (BGH NJW 64, 1467). 12

4. Konkurrenzen. Bei Entstehung eines (Folge-)Schadens können sich der 13
Schadensersatzanspruch aus pVV (Rn 3) und die Verwirkungsfolge überschneiden (zur Abgrenzung: BGH 36, 323; 92, 186). Für den Schadensersatzanspruch gilt § 254 (BGH 36, 328; ie Budde MDR 86, 896). Minder schwere Treuepflichtverletzungen (Rn 4–8) berühren den Bestand des Vergütungsanspruchs nicht unmittelbar (BGH NJW 81, 2297), wohl aber bestehen idR Gegenrechte gem § 273 I, 387 (s zB BGH NJW 81, 2685).

§ 655 Herabsetzung des Mäklerlohns

¹Ist für den Nachweis der Gelegenheit zum Abschluss eines Dienstvertrags oder für die Vermittlung eines solchen Vertrags ein unverhältnismäßig hoher Mäklerlohn vereinbart worden, so kann er auf Antrag des Schuldners durch Urteil auf den angemessenen Betrag herabgesetzt werden. ²Nach der Entrichtung des Lohnes ist die Herabsetzung ausgeschlossen.

1 1. Der **Anwendungsbereich von § 655** umfaßt nur Nachweis und Vermittlung von Dienstverträgen, zB die zulässige Arbeitsvermittlung. Eine **entspr** Anwendung von § 655 auf sonstige Maklerverträge scheidet aus (hM; aA MK/Roth 5 „wenigstens" für Alleinaufträge). § 655 entspricht § 343, die Grundsätze gem § 343 Rn 4 ff gelten entspr. „Unverhältnismäßig hoch" ist die im Vergleich zur „üblichen" (s § 653 Rn 3) erheblich überhöhte Vergütung; maßgebend ist das obj Leistungsmißverhältnis (wie bei § 138 I, aber ohne die „bes Umstände"; vgl dazu BGH 125, 137 ff) zZ der Geltendmachung (abw von § 138 I, s dort Rn 3, 4), nicht der Umfang der entfalteten Maklertätigkeit (aA Rieble DB 94, 1780).

Untertitel 2. Darlehensvermittlungsvertrag zwischen einem Unternehmer und einem Verbraucher

Vorbemerkungen

1 1. Die Vorschriften des Untertitels 2 entsprechen weitgehend den VerbrKrG 1 I, II, 15–18. Daher haben Lit und Rspr zu diesen Bestimmungen auch jetzt noch Bedeutung.

2 2. **Drei Verträge** sind zu unterscheiden: **a)** der **Darlehensvermittlungsvertrag** zwischen einem Unternehmer (§ 14), dem sog Darlehensvermittler
3 (§§ 655 b–655 d), und einem Verbraucher (§ 13); § 655 a; **b)** der **Verbraucherdarlehensvertrag** zwischen dem Verbraucher (§ 13) als (künftigem) Darlehensnehmer, dem der Darlehensvertrag vermittelt (nachgewiesen) werden soll oder vermittelt (nachgewiesen) worden ist (Rn 2), und einem Unternehmer (§ 14) als Darlehensgeber (§ 491 I), der nicht mit dem Darlehensvermittler als Makler iden-
4 tisch sein darf (Rn 11 vor § 652); **c)** die **Vergütungsvereinbarung** zwischen Darlehensvermittler (Unternehmer, §§ 14, 655 a, s Rn 2) und Darlehensgeber (Unternehmer, §§ 14, 491 I, in § 655 b I 2 HS 2 nur „Unternehmer" genannt).
5 3. Zur Gleichstellung eines **Existenzgründers iSv § 507** s § 655 e II (ie §§ 655 a–655 e Rn 16).

§ 655 a Darlehensvermittlungsvertrag

¹Für einen Vertrag, nach dem es ein Unternehmer unternimmt, einem Verbraucher gegen Entgelt einen Verbraucherdarlehensvertrag zu vermitteln oder ihm die Gelegenheit zum Abschluss eines Verbraucherdarlehensvertrags nachzuweisen, gelten vorbehaltlich des Satzes 2 die folgenden Vorschriften. ²Dies gilt nicht in dem in § 491 Abs. 2 bestimmten Umfang.

§ 655 b Schriftform

(1) ¹Der Darlehensvermittlungsvertrag bedarf der schriftlichen Form. ²In dem Vertrag ist vorbehaltlich sonstiger Informationspflichten insbesondere die Vergütung des Darlehensvermittlers in einem Prozentsatz des Darlehens anzugeben; hat der Darlehensvermittler auch mit dem Unternehmer eine Vergütung vereinbart, so ist auch diese anzugeben. ³Der Vertrag darf nicht mit dem Antrag auf Hingabe des Darlehens verbunden werden. ⁴Der Darlehensvermittler hat dem Verbraucher den Vertragsinhalt in Textform mitzuteilen.

Titel 10. Mäklervertrag §§ 655 c–655 e

(2) Ein Darlehensvermittlungsvertrag, der den Anforderungen des Absatzes 1 Satz 1 bis 3 nicht genügt, ist nichtig.

§ 655 c Vergütung

¹Der Verbraucher ist zur Zahlung der Vergütung nur verpflichtet, wenn infolge der Vermittlung oder des Nachweises des Darlehensvermittlers das Darlehen an den Verbraucher geleistet wird und ein Widerruf des Verbrauchers nach § 355 nicht mehr möglich ist. ²Soweit der Verbraucherdarlehensvertrag mit Wissen des Darlehensvermittlers der vorzeitigen Ablösung eines anderen Darlehens (Umschuldung) dient, entsteht ein Anspruch auf die Vergütung nur, wenn sich der effektive Jahreszins oder der anfängliche effektive Jahreszins nicht erhöht; bei der Berechnung des effektiven oder des anfänglichen effektiven Jahreszinses für das abzulösende Darlehen bleiben etwaige Vermittlungskosten außer Betracht.

§ 655 d Nebenentgelte

¹Der Darlehensvermittler darf für Leistungen, die mit der Vermittlung des Verbraucherdarlehensvertrags oder dem Nachweis der Gelegenheit zum Abschluss eines Verbraucherdarlehensvertrags zusammenhängen, außer der Vergütung nach § 655 c Satz 1 ein Entgelt nicht vereinbaren. ²Jedoch kann vereinbart werden, dass dem Darlehensvermittler entstandene, erforderliche Auslagen zu erstatten sind.

§ 655 e Abweichende Vereinbarungen, Anwendung auf Existenzgründer

(1) ¹Von den Vorschriften dieses Untertitels darf nicht zum Nachteil des Verbrauchers abgewichen werden. ²Die Vorschriften dieses Untertitels finden auch Anwendung, wenn sie durch anderweitige Gestaltungen umgangen werden.

(2) Dieser Untertitel gilt auch für Darlehensvermittlungsverträge zwischen einem Unternehmer und einem Existenzgründer im Sinne von § 507.

Anmerkungen zu den §§ 655 a–655 e

1. Allgemeines. Der **Darlehensvermittlungsvertrag** ist ein speziell ausgeformter **Maklervertrag** hinsichtlich der Vertragspartner (Rn 2 vor § 655 a), des Vertragsgegenstandes (§ 655 a), der Vergütung (§ 655 c), der Form (§ 655 b) und des Verschlechterungsverbots (§ 655 e I). 1

2. Vertragspartner, § 655 a; dazu Rn 2 vor § 655 a. Der Darlehensvermittler (Unternehmer, § 14) kann Zivil- oder Handelsmakler sein (Rn 9, 12 vor § 652). Auftraggeber (kein Ausdruck der §§ 652 ff, s Rn 1 vor § 652) ist der (künftige) Darlehensnehmer; er muß Verbraucher sein (§ 13, s Anm dort). 2

3. Vertragsgegenstand. Nachweis *oder* **Vermittlung** eines **Verbraucherdarlehensvertrags** (Begriff: § 491 I). Der Zweck des Darlehens liegt in der Privatsphäre des Darlehensnehmers (Verbrauchers) oder im Bereich seiner unselbständigen Berufstätigkeit (ie § 13 Rn 3). Der **Zweck** muß im Vertrag angesprochen sein (nicht notwendig ausdr, dann Auslegung). Unterfällt der Gegenstand des Verbraucherdarlehensvertrags dem § 491 II (Nettodarlehensbetrag nicht über 200 Euro, verbilligtes AG-Darlehen oder verbilligtes öffentl Wohnungsbauförderdarlehen), so sind die §§ 655 b–655 e unanwendbar, **§ 655 a S 2**. 3

4. Vergütung. a) Nachweis oder Vermittlung **muß** gegen Entgelt erfolgen. Gläubiger: der Darlehensvermittler; Schuldner: der Darlehensnehmer (ungenügend, daß Darlehensgeber schuldet und beim Darlehensnehmer Regreß neh- 4

Jauernig 827

§ 656 Buch 2. Abschnitt 8. Einzelne Schuldverhältnisse

5 men kann, vgl § 329). **b)** Zur **Höhe** § 655 b. Im Vertrag ist die Höhe der Vergü-
6 tung in einem Prozentsatz des Darlehens anzugeben, § 655 b I 2 HS 2. **c) Voraussetzungen** für Vergütungspflicht **entspr dem Maklervertrag** (§ 652 Rn 4–27): Kausalität der Tätigkeit des Darlehensvermittlers (Maklers) für den wirksamen Abschluß eines Verbraucherdarlehensvertrags; zum Schutz des Verbrauchers treten **weitere Voraussetzungen** hinzu: **Auszahlung** des Darlehens an den Verbraucher (bloßer Abschluß des Darlehensvertrags als Konsensualvertrag [vgl § 488 I] garantiert nicht die Auszahlung), **kein Widerrufsrecht** bzgl des Darlehensvertrags mehr, § 655 c S 1 mit §§ 495, 355 (erst dann, nicht solange das Widerrufsrecht noch gegeben ist, besteht die Vergütungspflicht). Zur Lage bei **Umschul-**
7 **dungsdarlehen** vgl § 655 c S 2. **d)** Ein **zusätzliches Entgelt** („Nebenentgelt") für die Maklertätigkeit darf der Darlehensvermittler nicht vereinbaren, außer Er-
8 stattung erforderlicher Auslagen, § 655 d. **e) Abw Vereinbarungen** zum Nachteil des Verbrauchers sind unwirksam, § 655 e I 1. Zum **Umgehungsverbot** s § 134 Rn 18.

9 **5. Form** des Darlehensvermittlungsvertrags. **a)** Grundsatz: **Schriftform,** § 655 b I 1 (dazu § 126 I, II); möglich: elektronische Form (§ 126 III: kein Aus-
10 schluß in § 655 b I) und notarielle Beurkundung (§ 126 IV). **b)** Aufzunehmen in den Vertragstext ist die **Vergütung des Darlehensvermittlers,** § 655 b I 2 HS 1 (Rn 5), ferner die zwischen Darlehensvermittler und Darlehensgeber vereinbarte
11 Vergütung, § 655 b I 2 HS 2 (Rn 4 vor § 655 a). **c)** Der Vermittlungsvertrag darf nicht mit dem Antrag auf Hingabe des Darlehens (dh mit der Vertragserklärung des [künftigen] Darlehensnehmers, § 492 I 5) verbunden werden **(Verbindungsverbot),** § 655 b I 3, damit Vermittlungs- und Darlehensvertrag erkennbar getrennt
12 sind. **d)** Der **Vertragsinhalt** ist dem Verbraucher vom Darlehensvermittler in **Textform** (§ 126 b) mitzuteilen (einklagbare Nebenpflicht des Darlehensvermittlers). Grund: Der Verbraucher soll den Vertrag lesbar in Händen halten (das ist nach §§ 126 II 1, 126 a II nicht gewährleistet; bei Einhaltung von § 126 II 2 ist die Mitteilung in Textform überflüssig, da die Urkunden ausgetauscht werden und den
13 gesamten Vertragstext enthalten [müssen], § 126 Rn 5). **e) Bei Nichteinhaltung** von § 655 b I 1–3 (Schriftform oder zulässiger Ersatz; Vergütungsangaben; Beachtung des Verbindungsverbots: Rn 10–12) ist der Vermittlungsvertrag **nichtig,** § 655 b II. Verletzung von § 655 b I 4 (Vertragsmitteilung in Textform) führt nicht zur Nichtigkeit.

14 **6.** Die §§ 655 a–655 e sind **halbzwingend,** dh **Abweichungen zuungunsten des Verbrauchers** sind **unwirksam,** § 655 e I 1, zB Vereinbarung eines leistungsunabhängigen Entgelts (Rn 8, 9). Zum Umgehungsverbot, § 655 e I 2, s § 134 Rn 18.

15 **7.** Für **Darlehensvermittlungsverträge** eines Unternehmers (§ 14) mit einem **Existenzgründer** gelten die §§ 655 a–655 e I (§ 655 e II mit § 507). **Voraussetzungen:** Der Existenzgründer ist eine natürliche Person (§ 13 Rn 2), dem ein Darlehensvertrag nicht über 50 000 Euro zwecks Aufnahme einer gewerblichen oder selbständigen beruflichen Tätigkeit nachgewiesen oder vermittelt werden soll (vgl § 507). Der Existenzgründer iSv § 507 ist kein Verbraucher; daher ist § 655 e II notwendig.

Untertitel 3. Ehevermittlung

§ 656 Heiratsvermittlung

(1) ¹**Durch das Versprechen eines Lohnes für den Nachweis der Gelegenheit zur Eingehung einer Ehe oder für die Vermittlung des Zustandekommens einer Ehe wird eine Verbindlichkeit nicht begründet.** ²**Das auf Grund des Versprechens Geleistete kann nicht deshalb zurückgefordert werden, weil eine Verbindlichkeit nicht bestanden hat.**

Titel 10. Mäklervertrag **§ 656**

(2) **Diese Vorschriften gelten auch für eine Vereinbarung, durch die der andere Teil zum Zwecke der Erfüllung des Versprechens dem Mäkler gegenüber eine Verbindlichkeit eingeht, insbesondere für ein Schuldanerkenntnis.**

1. Allgemeines. a) Zweck des Ausschlusses des Rechtsschutzes (der Rechts- 1
verbindlichkeit; s Rn 5): Ehemaklerprozesse sind wegen ihrer Eingriffe in die Intimsphäre der Ehegatten unerwünscht und sollen verhindert werden (BGH 106, 347; krit Gilles FamRZ 85, 132 f). Rechtspolitisch umstr (vgl MK/Roth 2 mN; deswegen einschr LG Berlin MDR 83, 753). § 656 mit GG vereinbar (BVerfG 20, 31; Frankfurt/M NJW 83, 397; MK/Roth 2 mN zur aA). **b) Anwendungs-** 2
bereich. Gilt für **sämtliche** Ehemaklerverträge, auch soweit sie nicht am „Leitbild" des § 652 orientiert, sondern (wie häufig in AGB) als **Eheanbahnungsverträge** (Rn 4) ausgestaltet sind (BGH 106, 347 mN, str; Abgrenzung zur Partnerschaftsanbahnung: Rn 3). Erfaßt werden auch **Umgehungsgeschäfte,** wie zum Zweck der Erfüllung des Provisionsversprechens eingegangene (selbständige) Verbindlichkeiten **(II).** Bsp: Abgabe eines Schuldanerkenntnisses (II) oder Eingehung einer Wechselverbindlichkeit; uU auch Forderungsabtretung (LG Köln NJW 85, 2957 mN) und Nebenverträge des Auftraggebers mit Dritten (zum finanzierten Ehemaklervertrag näher Rn 7). Uneingeschränkt **wirksam** sind Nebenverträge des Maklers mit Dritten (BGH NJW 64, 546). **c) Abgrenzung. Entspr** angewandt 3
wird § 656 auf Verträge über die Vermittlung (den Nachweis) eines **Partners** („Partnerschaftsvermittlungsverträge" und dergl: BGH 112, 122; Hamm, Oldenburg, AG Braunschweig NJW-RR 91, 183; 92, 446; 93, 954; Compensis/Reiserer BB 91, 2457 ff mN; aA Düsseldorf NJW-RR 87, 691; Peters NJW 89, 2795 mN; Vollkommer/Grün JZ 91, 96); **nicht** jedoch auf die Begründung der Mitgliedschaft in „Freizeitclubs" (Frankfurt/M NJW 84, 180 f; LG Frankfurt/M NJW-RR 92, 312). Es handelt sich – trotz vielfach ähnlicher AGB-Ausgestaltung – nicht um Werk-, sondern um Dienstverträge iSv §§ 611, 627 (so BGH 106, 343 ff mN, auch zur aA). Rechtsfolgen: Rn 5, 6. **d) Gewerberechtliche Bestimmungen** für die Ehevermittlung enthält zT das Landesrecht (vgl BayVGH GewA 84, 122).

2. Ehemaklervertrag. a) Vertragsgestaltung. Gewöhnlicher, auf Eheschlie- 4
ßung gerichteter Maklervertrag iSd § 652 I (selten) oder (in AGB verbreitet) **Eheanbahnungsvertrag** (Rn 2 mN); bei diesem verpflichtet sich der „Dienstleistungsverpflichtete" gegen eine nach Zeitabschnitten bemessene, vom Zustandekommen der Ehe unabhängige Vergütung zur Förderung der Eheschließung wiederkehrende (Dienst-)Leistungen zu erbringen; Leitbild: §§ 611 ff (BGH 99, 382). Konsequenz wegen **I 2** (vgl Rn 2 mN): Hohe (häufig drittfinanzierte) Vorauszahlungen bei Vertragsschluß (Bezeichnungen: „Anmeldegebühr", Mitgliedsbeitrag, Einschreibgebühr, Unkostenpauschale) ohne entspr Leistungsanspruch (Rn 5). AGB-Klauseln (zu Rn 5): Hamm NJW-RR 91, 182. **b) Rechtsfolgen. aa) Allgemeines.** Der 5
Ehemaklervertrag ist ein wirkungsgemindertes vertragliches Schuldverhältnis (BGH 87, 314 f mN); es begründet einen die Rückforderung ausschließenden Erwerbsgrund iSd § 812 I 1, 1. Fall **(I 2),** ferner Schutz- und Sorgfaltspflichten, deren Verletzung zu Schadensersatzansprüchen aus pVV führen kann (BGH 25, 124; München NJW-RR 86, 796 f). Leistungsansprüche auf **Vergütung (I 1), Aufwendungsersatz** (hM, s Müller JuS 81, 256 mN) oder **Tätigwerden des Maklers** (BGH NJW 86, 928), desgl Ansprüche auf **Schadensersatz** wegen Nichterfüllung (BGH 25, 124; NJW 86, 928) oder vorzeitiger Vertragsbeendigung (s Hamm NJW-RR 91, 183) sind jedoch nicht durchsetzbar; ihre Titulierung und Vollstreckung ist uU (§ 826) unzulässig (so str; s BVerfG NJW 93, 1125; AG Braunschweig NJW-RR 93, 954 f). **bb) Ansprüche des Auftraggebers auf Rückforderung** 6
erbrachter Leistungen (Bezeichnungen: Rn 4). **Ausgeschlossen** ist nur die auf **I 1, II** gestützte Rückforderung **(I 2); zulässig** ist sie dagegen, soweit (andere) Unwirksamkeits- oder Beendigungsgründe geltend gemacht werden (BGH 106, 347). Bsp: Vertragsnichtigkeit (§§ 104 ff; 119, 123, 142); Vertragsbeendigung durch

Jauernig

§§ 657, 658　　Buch 2. Abschnitt 8. Einzelne Schuldverhältnisse

Kündigung (§§ 627, 628, vgl BGH 106, 347; NJW 91, 2763; Nürnberg NJW-RR 97, 1556; Dehner NJW 93, 3242 ff), bei Anbahnungsverträgen aber nicht schon Erfolglosigkeit der Maklertätigkeit während der Vertragsdauer (BGH 87, 321; anders für reinen Vermittlungsvertrag Koblenz MDR 93, 420). **c)** Bei Fallgestaltung gem Rn 3 und 4 ist jederzeitiges Kündigungsrecht nicht ausschließbar (BGH 87, 319; 106, 346 [für AGB]; Düsseldorf NJW-RR 87, 691; Beckmann FamRZ 85, 23, str); der Vertrag endet spätestens entspr § 672 (AG Dortmund NJW-RR 91, 689).

Titel 11. Auslobung

§ 657 Bindendes Versprechen

Wer durch öffentliche Bekanntmachung eine Belohnung für die Vornahme einer Handlung, insbesondere für die Herbeiführung eines Erfolges, aussetzt, ist verpflichtet, die Belohnung demjenigen zu entrichten, welcher die Handlung vorgenommen hat, auch wenn dieser nicht mit Rücksicht auf die Auslobung gehandelt hat.

1　　**1. Allgemeines. a) Begriff:** Öffentlich bekannt gemachtes Versprechen einer Belohnung für die Vornahme einer Handlung, insbes die Herbeiführung eines Erfolgs, § 657 1. HS. **b) Rechtsnatur:** Kein Vertragsangebot an einen unbestimmten Personenkreis, sondern **einseitiges Rechtsgeschäft** (BGH NJW 83, 443; s Rn 5 vor § 104, § 311 Rn 1). Zugang und Annahme der Willenserklärung

2　　(§§ 104 ff) sind unerheblich; sa Rn 2 [e]. **c)** Eine bes **Art** der Auslobung ist das Preisausschreiben (s § 661). **d)** Zur uU schwierigen **Abgrenzung** von Spiel und Wette (Verträge!) s Rn 5 aE.; zur Gewinnzusage (gesetzliches Schuldverhältnis) s § 661a Rn 2. **e) Entspr Anwendung** der §§ 657–661 auf vertragliche Beziehungen ist möglich (BGH 17, 366; Knütel ZHR 144, 311 zu § 660 I).

3　　**2. Voraussetzungen. a)** Die zugesagte **Belohnung** kann in jedem, auch einem nichtvermögenswerten Vorteil bestehen (BGH NJW 84, 1118). Sie darf nicht gegen zwingende ges Bestimmungen, wie zB §§ 134, 138, UWG 1, WoVermG

4　　2 II (AG Freiburg NJW-RR 91, 12) verstoßen. **b) Öffentl Bekanntmachung** bedeutet Kundgabe nicht unbedingt gegenüber jedermann, jedoch gegenüber einem individuell unbestimmten Personenkreis (München NJW 83, 759), zB durch

5　　Presse, Rundfunk, Anschläge. **c) Vornahme einer Handlung** (auch Unterlassung) ist Realakt (Geschäftsfähigkeit nicht erforderlich); **Herbeiführung eines bestimmten Erfolgs** ist zwar der Hauptanwendungsfall (zB Wiedererlangung einer verlorenen Sache, Aufdeckung einer strafbaren Handlung, Mitteilung einer Beobachtung), aber nicht begriffsnotwendig. Ein Interesse an der Vornahme der Handlung seitens des Auslobenden ist nicht zu fordern; eine Auslobung ist also auch dann gegeben, wenn der Auslobende (meist zu Reklame- und Werbezwekken) gerade die Unmöglichkeit der Vornahme der Handlung beweisen will (Bsp: Karlsruhe Justiz 80, 436; dazu Kornblum JuS 81, 801). Bei ganz leicht zu erfüllenden Bedingungen kann genehmigungsbedürftige Ausspielung (§§ 762, 763) vorliegen (Stuttgart MDR 86, 757; Düsseldorf NJW 97, 2122, str; s § 763 Rn 2 aE).

6　　**3. Rechtsfolge.** Der **Anspruch auf Belohnung** hängt nicht davon ab, daß der Handelnde Kenntnis von der Auslobung hatte (Rn 1 [b]). Ob allerdings auch eine Handlung vor Bekanntmachung der Auslobung genügt, ist Auslegungsfrage. Beim Tod des Auslobenden geht die Verpflichtung zur Gewährung der Belohnung auf dessen Erben über (§§ 1922, 1942).

§ 658 Widerruf

(1) ¹Die Auslobung kann bis zur Vornahme der Handlung widerrufen werden. ²Der Widerruf ist nur wirksam, wenn er in derselben Weise wie die Auslobung bekannt gemacht wird oder wenn er durch besondere Mitteilung erfolgt.

Titel 11. Auslobung **§§ 659–661**

(2) **Auf die Widerruflichkeit kann in der Auslobung verzichtet werden; ein Verzicht liegt im Zweifel in der Bestimmung einer Frist für die Vornahme der Handlung.**

1. **Widerruf** durch öffentl Bekanntmachung oder empfangsbedürftige Willenserklärung an diejenigen, denen gegenüber widerrufen werden soll, ist bis zur Vornahme der Handlung (§ 657 Rn 5) **frei** möglich. **Ausnahme:** Verzicht auf Widerruf in der Auslobung (iZw bei Fristbestimmung, § 658 II 2; notwendig bei § 661 I) oder durch Erklärung best Personen gegenüber. Bei **wirksamem Widerruf** kein Aufwendungs- oder Schadensersatzanspruch für Vorbereitungshandlungen. Anfechtung entspr §§ 119 ff, 123 ist auch bei Widerrufsverzicht zulässig; sie ist in der Widerrufsform des § 658 I zu erklären. Der Widerruf iSv § 658 ist kein Fall des § 355.

§ 659 Mehrfache Vornahme

(1) **Ist die Handlung, für welche die Belohnung ausgesetzt ist, mehrmals vorgenommen worden, so gebührt die Belohnung demjenigen, welcher die Handlung zuerst vorgenommen hat.**

(2) ¹**Ist die Handlung von mehreren gleichzeitig vorgenommen worden, so gebührt jedem ein gleicher Teil der Belohnung.** ²**Lässt sich die Belohnung wegen ihrer Beschaffenheit nicht teilen oder soll nach dem Inhalt der Auslobung nur einer die Belohnung erhalten, so entscheidet das Los.**

§ 660 Mitwirkung mehrerer

(1) ¹**Haben mehrere zu dem Erfolg mitgewirkt, für den die Belohnung ausgesetzt ist, so hat der Auslobende die Belohnung unter Berücksichtigung des Anteils eines jeden an dem Erfolg nach billigem Ermessen unter sie zu verteilen.** ²**Die Verteilung ist nicht verbindlich, wenn sie offenbar unbillig ist; sie erfolgt in einem solchen Fall durch Urteil.**

(2) **Wird die Verteilung des Auslobenden von einem der Beteiligten nicht als verbindlich anerkannt, so ist der Auslobende berechtigt, die Erfüllung zu verweigern, bis die Beteiligten den Streit über ihre Berechtigung unter sich ausgetragen haben; jeder von ihnen kann verlangen, dass die Belohnung für alle hinterlegt wird.**

(3) **Die Vorschrift des § 659 Abs. 2 Satz 2 findet Anwendung.**

Anmerkung zu den §§ 659, 660

1. §§ 659, 660 enthalten **dispositive Regelungen,** abw Bestimmung (§§ 657, 133) ist möglich (Karlsruhe Justiz 80, 437; Kornblum JuS 81, 803). Konkurrieren mehrere selbständige Anspruchsprätendenten (§ 659), so gilt zunächst der **Prioritätsgrundsatz** (I), iü wie stets im Falle der Herbeiführung des einheitlichen Erfolgs durch das Zusammenwirken mehrerer (§ 660) der **Teilungsgrundsatz** (§§ 659 II 1, 660 I) und bei Unteilbarkeit der Belohnung **Entscheid durch Los** (§§ 659 II 2, 660 III). Bei Streit unter den Beteiligten iSv § 660 II darf (§ 372) bzw. bei Verlangen eines Beteiligten muß (§ 660 II HS 2) der Auslobende für alle hinterlegen. Näher zu Prozeßfragen des § 660 Wieser Rn 1 ff. **Entspr** Anwendung: § 657 Rn 2 [e].

§ 661 Preisausschreiben

(1) **Eine Auslobung, die eine Preisbewerbung zum Gegenstand hat, ist nur gültig, wenn in der Bekanntmachung eine Frist für die Bewerbung bestimmt wird.**

(2) ¹**Die Entscheidung darüber, ob eine innerhalb der Frist erfolgte Bewerbung der Auslobung entspricht oder welche von mehreren Bewer-**

§ 661 a

bungen den Vorzug verdient, ist durch die in der Auslobung bezeichnete Person, in Ermangelung einer solchen durch den Auslobenden zu treffen. ²Die Entscheidung ist für die Beteiligten verbindlich.

(3) Bei Bewerbungen von gleicher Würdigkeit finden auf die Zuerteilung des Preises die Vorschriften des § 659 Abs. 2 Anwendung.

(4) Die Übertragung des Eigentums an dem Werk kann der Auslobende nur verlangen, wenn er in der Auslobung bestimmt hat, dass die Übertragung erfolgen soll.

1   1. **Preisausschreiben** ist eine Auslobung mit der Besonderheit, daß eine **Teilnahme an einem Wettbewerb** („Bewerbung") erfolgen muß (I) und daß über die Berechtigung durch bes Preiszuerkennung **(Preisrichter)** entschieden wird **(II 1)**. Die Stellung des in der Auslobung bestimmten Preisrichters oder des Auslobenden selbst ist der des Schiedsrichters ähnlich. Dessen Entscheidung ist **bindend (II 2)**; §§ 317–319 gelten nicht. Eine sachliche Überprüfung durch das Gericht ist ausgeschlossen (BGH MDR 66, 572). Grobe Verfahrensfehler können im Rahmen von ZPO 1059 geltend gemacht werden (BGH NJW 83, 442; 84, 1118). Bei einem Einladungswettbewerb für Architekten steht nur dem ersten Preisträger ein Rechtsanspruch auf weitere Beauftragung zu. Der Auslober darf keinen Nachplatzierten beauftragen. Grund: Bindung an Urteil des Preisgerichts (München NJW-RR 01, 1532). Sinn der beim Preisausschreiben notwendigen **Fristbestimmung (I)** ist die Vermeidung von Verzögerungen durch den Auslobenden und die Preisrichter (BGH NJW 84, 1119). Folge der Fristbestimmung: Unwiderruflichkeit des Preisausschreibens nach § 658 II (Anfechtung bleibt möglich). Zur Abgrenzung vom Spiel s § 657 Rn 5 aE. Der Veranstalter des Preisausschreibens erlangt keine Eigentums-, Urheber- oder Verwertungsrechte an eingesandten Preiswerken, diese muß er sich – soweit möglich (s UrhG 31 ff) – in den Bedingungen gesondert übertragen lassen (s **IV** für das Eigentum). Erklärungen in Preisausschreiben über die „beabsichtigte" Übertragung von Leistungen an einen Preisträger sind iZw verbindlich (BGH 88, 382 ff; NJW 87, 2370 und allg § 241 Rn 23 ff).

§ 661 a Gewinnzusagen

Ein Unternehmer, der Gewinnzusagen oder vergleichbare Mitteilungen an Verbraucher sendet und durch die Gestaltung dieser Zusendungen den Eindruck erweckt, dass der Verbraucher einen Preis gewonnen hat, hat dem Verbraucher diesen Preis zu leisten.

Lit: S Lorenz, Gewinnmitteilungen aus dem Ausland usw, NJW 00, 3305.

1   1. **Allgemeines. a) Zweck:** Verbraucher- und Wettbewerbsschutz durch Begründung von Leistungspflichten (Zwang zur Einhaltung der Gewinnzusage). Damit soll die irreführende Werbepraxis unterbunden werden, daß Unternehmer Verbrauchern Mitteilung über (angebliche) Gewinne machen, die sie zum Warenkauf oder Abschluß von anderen Verträgen verleiten soll, während der Gewinn den Verbrauchern auch bei Nachfrage nicht bzw. nicht vollständig ausgehändigt wird. Die Norm wurde anläßlich der Umsetzung der FernAbsRiLi geschaffen, beruht aber nicht auf gemeinschaftsrechtlichen Vorgaben. § 661 a ergänzt das UWG und hat allgemein-zivilrechtlichen Sanktionscharakter, setzt aber keinen UWG-Verstoß des Unternehmers tatbestandlich voraus. Doch wird
2   er idR gegeben sei (Lorenz aaO S 3306 mN). **b)** § 661 a regelt kein rechtsgeschäftliches, sondern ein **gesetzliches Schuldverhältnis** (für rechtsgeschäftsähnliches Schuldverhältnis, dazu § 311 II, aber LG Braunschweig IPRax 02, 214: Sonderform der cic; Lorenz aaO S 3309: Rechtsscheinhaftung). Der Anspruch auf Leistung des mitgeteilten Preises setzt keine Willenserklärung des Unternehmers oder des Verbrauchers voraus. **Abgrenzung:** Auslobung (§ 657) verlangt

Titel 11. Auslobung **§ 661 a**

(anders als § 661 a) die öffent Bekanntmachung einer entspr Willenserklärung und die Herbeiführung eines Erfolgs. § 661 (Preisausschreiben) setzt zusätzlich die Preisbewerbung (§ 661 Rn 1) voraus, die Gewinnzusage jeweils nicht. Kann eine Gewinnmitteilung und die Reaktion des Empfängers darauf als eine Ausspielung (§§ 762 f) oder eine Schenkung (§ 516) ausgelegt werden (s Lorenz 3306 mN), so wird idR wegen § 763 (fehlende staatliche Genehmigung) bzw. § 518 I 1 (fehlende notarielle Beurkundung) kein vertraglicher Leistungsanspruch bestehen. **c) Anwendungsbereich. Persönlich:** Rn 5. **Intertemporal** ist 3 § 661 a auf alle Sachverhalte, die **nach dem 29. 6. 2000** entstanden sind, anzuwenden (EGBGB 229 § 2 I; zu Vorwirkungen über § 242 siehe AG Heinsberg NJW-RR 01, 1274). Die Zusendung der Mitteilung erfolgt idR vom Ausland aus; zum **int** Anwendungsbereich und **Gerichtsstand** s LG Braunschweig IPRax 02, 214 mit Anm S. Lorenz S 192; OLG Dresden IPRax 02, 421; Lorenz aaO S 3307.

2. Voraussetzungen. a) Die **Mitteilung** muß bei einem durchschnittlichen 4 Verbraucher in der Lage des Empfängers den Eindruck erwecken, daß er einen Preis (bereits!) gewonnen hat (Auslegung nach dem obj erklärten Willen, § 133 Rn 10; s AG Cloppenburg NJW-RR 01, 1275; Lorenz aaO S 3306). Ein entspr subj Verständnis bei dem konkreten Anspruchsteller ist (wegen des Sanktionscharakters, Rn 1) nicht erforderlich. Einschränkungen des Preisgewinns (zB Unverbindlichkeitserklärungen) sind unbeachtlich, wenn sie in der obj Erscheinungsform deutlich hinter der Gewinnmitteilung zurücktreten. Allg Aussagen wie „Es gelten unsere anzufordernden Ausspielbedingungen" sind daher idR ohne Bedeutung (zur AGB-Kontrolle s AG Cloppenburg aaO, auch zur Unbeachtlichkeit einer an den Preis gekoppelten Forderung einer Unkostenpauschale). Gewinnzusage ist zu bejahen, auch wenn die Preisauszahlung erst durch den Verbraucher angefordert werden muß. Gewinnmitteilung muß verkörpert sein, zB Schriftstück, Fax, email. Als **Preis** kommt jeder Vorteil (Forderung, Bargeld, Sachen, Dienstleistungen usw), auch ein nichtvermögensrechtlicher (zB Einladung in das Heim eines bekannten Künstlers) in Betracht. Bestimmbarkeit des Preises genügt. Die Mitteilung ist **geschäftsähnliche Handlung** (Lorenz aaO S 3307). Die allg Vorschriften für RGeschäfte gelten daher grundsätzlich entspr (Rn 23 vor § 104), etwa auch § 164 II (AG Cloppenburg aaO). Unternehmer muß geschäftsfähig sein; Verbraucher kann geschäftsunfähig sein, da der ges Anspruch ohne sein Zutun entsteht und ihm nicht nachteilig ist. § 661 a ist spezielle Regelung gegenüber Anfechtung nach § 119 I durch den Unternehmer wegen Irrtums über den Gewinnmitteilungscharakter oder Rechtsfolgenirrtum. **Widerruf** der Mitteilung (analog § 658) ist wegen des Sanktionscharakters (Rn 1) nicht möglich (anders: Pal/Sprau 4).
b) Schuldner ist derjenige, der die Gewinnzusage gibt und die Mitteilung an den 5 Empfänger veranlaßt hat. Der Schuldner muß Unternehmer iSv § 14 sein; für § 14 ist auf den geltenden Vertragsabschluß, den die Gewinnmitteilung herbeiführen soll (zB beworbene Warenbestellung, s LG Wuppertal NJW-RR 01, 1276), abzustellen. Absendung der Mitteilung wird von dem Unternehmer oft bestritten; zu Beweisfragen (ZPO 286): AG Cloppenburg aaO; LG Wuppertal aaO. **Gläubiger** ist der Mitteilungsempfänger; er muß Verbraucher iSv § 13 sein. Die Mitteilung muß ihm als gerade an ihn persönlich gerichtet zugegangen sein, da sonst kein obj Erklärungswert der Gewinnzusage an ihn besteht; daher ist idR die namentliche Bezeichnung des Adressaten erforderlich. Erklärungen an unbestimmten Personenkreis ohne Individualisierung einzelner sind nicht ausreichend (Pal/Sprau 2).

3. Rechtsfolge: Der Anspruch auf Erfüllung der Gewinnzusage entsteht mit 6 Zugang (§ 130 Rn 5 ff) der Mitteilung beim Verbraucher. Leistungsstörungen: §§ 280 ff, 311 a; wird Schadensersatz statt des Preises verlangt: § 280 III bzw § 311 a II.

§ 662 Buch 2. Abschnitt 8. Einzelne Schuldverhältnisse

Titel 12. Auftrag und Geschäftsbesorgungsvertrag

Untertitel 1. Auftrag

§ 662 Vertragstypische Pflichten beim Auftrag

Durch die Annahme eines Auftrags verpflichtet sich der Beauftragte, ein ihm von dem Auftraggeber übertragenes Geschäft für diesen unentgeltlich zu besorgen.

1 1. **Allgemeines. a) Begriff.** Auftrag ist die vertragliche Übernahme der unentgeltlichen Geschäftsbesorgung für einen anderen (ie Rn 8 ff). Der allg Sprachgebrauch und zT auch BGB und ZPO verwenden den Begriff in einem abw
2 – weiteren – Sinn; Bsp: §§ 662, 663; ZPO 166, 753. **b) Rechtsnatur.** Der Auftrag ist ein unvollkommen zweiseitiger Vertrag (§ 311 Rn 12), weil der Auftraggeber nur uU und auch nicht als Gegenleistung Pflichten übernimmt (Rn 13). Wegen der Unentgeltlichkeit (Rn 7 und 11) ist er Gefälligkeitsvertrag (ohne Haftungserleichte-
3 rung, Rn 14). **c) Bedeutung.** Der Auftrag gehört zu den Dienstleistungsverträgen iwS (Esser/Weyers § 27 I); kennzeichnend ist das bes Vertrauensverhältnis (zB § 671 Rn 1 f). Er ist die Grundform für alle Verträge auf fremdnützige Interessenwahrung. Die Hauptbedeutung der §§ 662 ff liegt in der Ergänzung des Rechts der entgeltli-
4 chen Geschäftsbesorgungsverträge (ie Musielak, Gutachten II, S 1229 ff). **d) Anwendungsbereich.** Die Auftragsvorschriften sind **entspr** anwendbar zB gem §§ 27 III, 48 II, 86, 675, 681, 683, 713, 1835 I, 1915, 1991, 2218 I. Ein auftragsähnliches Rechtsverhältnis besteht zwischen Ehegatten, von denen der eine das Vermögen des anderen verwaltet (BGH 00, 3200 mN; Köln MDR 98, 911; sa § 1413 Rn 2; Übernahme der Wirtschaftsführung allein genügt nicht; an die Annahme eines Vertragsverhältnisses unter Ehegatten sind keine geringen Anforderungen zu stellen: BGH aaO), im eigenen Namen versichert (LG Köln NJW 77, 1969) oder dem anderen die Aufnahme von Bankkrediten durch Begebung von Sicherheiten ermöglicht (BGH NJW 89, 1920; Karlsruhe WM 91, 1163). Die Auftragsvorschriften sind auf **öffentl-rechtliche Auftragsverhältnisse** entspr anwendbar (VwVfG 62 S 2; ie MK/Seiler 68 ff mN). Nach Beendigung der **staatlichen Verwaltung** von Vermögenswerten gelten die §§ 666–668 für die gesamte Verwaltungszeit (VermG 11 a III: BGH 126, 324; 140, 360; NJW 00, 3059; 144, 109, auch zu EV 22 s. 109 f, 110; VermG 15 I: BGH 140, 11 und 356; zur privaten Verwaltung von Bodenreformgrundstücken s EGBGB 233 § 11 IV 2: BGH 143, 375.)

5 2. **Abgrenzung. a) Gefälligkeitsverhältnis.** Der Unterschied liegt im Rechtsbindungswillen, der bei nur gesellschaftlichen Zusagen sowie bei Gefälligkeiten des täglichen Lebens fehlt. Sein Vorliegen ist nach den Umständen des Einzelfalles nach obj Kriterien zu beurteilen (vgl BGH 88, 382 mN und näher § 241 Rn 23 ff). Stehen erkennbar wirtschaftliche Interessen des Auftraggebers auf dem Spiel, so läßt dies idR auf Rechtsbindungswillen schließen (BGH 56, 210; NJW-RR 90, 205 mN; 93, 795), insbes kann auch bei Nachbarschaftshilfe ein Auftrag vorliegen (s Hamm NJW-RR 01, 465), etwa wenn eine erhöhte allg Schadensgefahr besteht. Bei Übernahme politischer Tätigkeit ist ein Rechtsbindungswillen idR zu verneinen (BGH 56, 204); zur unentgeltlichen Raterteilung:
6 § 675 II. **b) Auftrag und Vollmacht.** Die einseitig zu erteilende Vollmacht ist streng von dem ihr zugrundeliegenden Rechtsverhältnis, zB einem Auftragsvertrag, zu unterscheiden. Der Auftrag betrifft das Innenverhältnis zwischen Auftraggeber und Auftragnehmer, die Vollmacht hingegen das Außenverhältnis zu einem Dritten (ie § 167 Rn 1). Einer Vollmacht liegt bei Unentgeltlichkeit idR ein Auftrag zugrunde; dagegen ist der Auftrag nicht ohne weiteres mit einer Vollmachtstei-
7 lung verbunden. **c)** Vom **Geschäftsbesorgungsvertrag** (und damit auch vom Dienst- und Werkvertrag: § 675) unterscheidet sich der Auftrag durch seine Unentgeltlichkeit (Rn 11; sa § 675 Rn 4 ff).

Titel 12. Auftrag und Geschäftsbesorgungsvertrag **§ 662**

3. Voraussetzungen des Auftrags. a) Auftragsvertrag. Abschluß, Vertrags- 8
abwicklung und Beendigung des Auftrags folgen grundsätzlich den allg Regeln
über Verträge. Der Vertrag ist formfrei, auch wenn er auf Grundstücksbeschaffung
oder -veräußerung gerichtet ist, sofern diese Pflichten unmittelbar aus dem Gesetz
(§ 667) folgen (BGH 85, 248 f; näher § 311 b Rn 24). Bei bereits tatsächlicher
oder rechtlicher Gebundenheit des Auftraggebers bedarf es aber der notariellen
Form (ebenso für die mit dem Auftrag verbundene Abschlußvollmacht, § 311 b
Rn 29; zur Formbedürftigkeit eines unwiderruflichen Auftrags zur Nachlaßverwaltung für den Todesfall siehe allg RG 139, 43). Bei Nichtigkeit des Vertrags gelten
nach der Rspr §§ 677 ff (str; ie § 677 Rn 6). **b)** Der Beauftragte ist zur **Besor-** 9
gung eines Geschäfts für den Auftraggeber verpflichtet. Der Begriff der Geschäftsbesorgung ist weit auszulegen und umfaßt jede – selbständige oder unselbständige, wirtschaftliche oder nichtwirtschaftliche – Tätigkeit in fremdem Interesse
(BGH 56, 207). Er ist damit weiter als in § 675 (Musielak, Gutachten II, S 1222
mN, hM, s § 675 Rn 4 ff). **aa)** Die Verpflichtung muß auf eine einzelne oder
einen Komplex von **Tätigkeiten** (Verwaltung) – rechtlicher oder tatsächlicher
Art – gerichtet sein. Bloßes Unterlassen, Gewährenlassen, Dulden oder Geben
(dann § 516) fallen nicht darunter. **bb) In fremdem Interesse** liegt die Tätigkeit, 10
wenn sie eigentlich der Sorge eines anderen obliegen würde und dessen Interesse
fördert (RG 97, 65 f; näher Oetker/Maultzsch § 11 B II 1 mN). Dies wird nicht
dadurch ausgeschlossen, daß der Beauftragte zugleich eigene Interessen mitverfolgt
(BGH 56, 207). Das Interesse kann auch nichtvermögensrechtlich sein. **cc)** Bsp für
mögliche Geschäftsbesorgungen: Innenverhältnis zwischen Hauptschuldner und
Bürge oder anderem Sicherungsgeber (RG 59, 12, 209; BGH LM Nr 2 zu § 516),
zB bei der Sicherungsübereignung und -zession (RG 59, 191; einsehr LG Hamburg
MDR 78, 51) oder bei der Sicherungsgrundschuld (Budzikiewicz ZGS 02, 279
mwN; zur GoA nach Fortfall des Sicherungszwecks vor § 677 Rn 7); Gefälligkeitsakzept (RG 120, 208); Kreditauftrag iSd § 778 (RG 56, 134 f); Geltendmachung
abgetretener Gewährleistungsansprüche, wenn der Zedent das Risiko der Schadloshaltung trägt (BGH 92, 126 f); Unfallhilfe (BGH 33, 257). **c)** Die Geschäftsbesor- 11
gung erfolgt **unentgeltlich** (zum Aufwendungsersatz entsprechend § 1835 III s
§ 670 Rn 2). Ein entgeltlicher Aufwendungsersatz beseitigt die Unentgeltlichkeit
nicht, denn er gleicht allein die Vermögenseinbußen des Beauftragten aus. Eine
Zuwendung des Auftraggebers nach Vertragsschluß ist iZw nicht als Schenkung zu
werten (RG 72, 191; 74, 142); dazu, ob darin eine nachträgliche Umwandlung in
ein entgeltliches Geschäftsbesorgungsverhältnis gesehen werden kann, vgl RG 72,
191; StWittmann 7 vor § 662. Liegen Umstände gem § 612 I vor, trägt die
Beweislast für die Unentgeltlichkeit der Geschäftsbesorgung der Dienstberechtigte
(BGH MDR 75, 739).

4. Rechtsfolgen. a) Pflichten des Beauftragten. Dazu ie §§ 663–668. Da- 12
neben bestehen aufgrund dem Auftrag eigentümlichen Vertrauensverhältnisses
im Einzelfall weitere Pflichten, zB Pflicht des Beauftragten zur Verschwiegenheit
(BGH 27, 246), zur Prüfung, Information, Belehrung und ggf auch Warnung
(BGH 131, 353), insbes wenn der Beauftragte sachverständig ist (vor allem bei
Banken, Rechtsanwälten und Steuerberatern: BGH 23, 222; 72, 102; NJW 85, 43;
94, 2541; 98, 1486; bei Treuhändern im Rahmen von Bauherrenmodellen: BGH
102, 225; Nürnberg OLGZ 90, 449 f; sa § 665 Rn 6; § 666 Rn 2), Obhutspflicht
bezüglich übergebener Sachen, uU Pflicht zum Ergreifen von Vorsichts- und
Sicherungsmaßnahmen (BGH 32, 70; NJW-RR 93, 795); uU kann auch eine
Schutzpflicht (§ 241 II) gegenüber Angehörigen und Vertragspartnern des Auftraggebers bestehen (s § 328 Rn 36, 39). Pflichtverletzung führt zu Schadenshaftung
nach § 280 I; wird bei der Verletzung von Leistungspflichten (§§ 662, 666, 667)
oder im Fall des § 282 Schadensersatz statt Leistung oder statt dessen Aufwendungsersatz (§ 284) verlangt, so sind die §§ 280 II, III, 281 ff zusätzlich heranzuziehen (Oetker/Maultzsch § 11 B IV 5). Bei anfänglicher Unmöglichkeit der Lei-

§§ 663, 664 Buch 2. Abschnitt 8. Einzelne Schuldverhältnisse

13 stungserbringung durch den Beauftragten gilt § 311 a II. **b)** Mögliche **Pflichten des Auftraggebers** folgen aus §§ 669, 670 (Leistungsstörungen: §§ 280 ff, es gilt Rn 12 aE entspr). Er hat nicht die Pflicht, dem Beauftragten die Erfüllung des Auftrags zu ermöglichen (sa § 669 Rn 2). Doch muß er den Beauftragten genügend informieren und ihn auf ihm bekannte Gefahren aufmerksam machen (§ 241 II). Falls die übernommene Leistung bei Vereinbarung einer Vergütung dienstvertraglicher Art wäre, besteht eine Fürsorge- und Schutzpflicht analog §§ 618 f (BGH 16, 265) bzw ist nach aA § 241 II inhaltlich entsprechend §§ 618 f
14 auszulegen. Zur Haftung für Zufallsschäden s § 670 Rn 8 ff. **c) Haftungsmaßstab bei Pflichtverletzungen:** § 276, falls nichts anderes vereinbart ist (BGH 30, 47). Die Anwendung eines milderen Haftungsmaßstabes (entspr §§ 521, 599, 690, 708, 1359) wird im allg unter Hinweis auf das zwischen den Parteien bestehende Vertrauensverhältnis abgelehnt (BGH 21, 110; sa § 241 Rn 26). Auch die Grundsätze über die Haftung des Arbeitnehmers bei betriebsbedingter Tätigkeit (§ 276 Rn 53; § 619 a Rn 2 ff) können nicht entspr herangezogen werden (BGH 40, 49, str; aA ErmEhmann 12 vor § 662 mN). Dagegen wird man bei einem Auftrag zur Abwendung einer dringenden Gefahr § 680 entspr anwenden können (ähnl MK/Seiler 58). Für Gehilfenhaftung §§ 664, 278.

§ 663 Anzeigepflicht bei Ablehnung

¹ Wer zur Besorgung gewisser Geschäfte öffentlich bestellt ist oder sich öffentlich erboten hat, ist, wenn er einen auf solche Geschäfte gerichteten Auftrag nicht annimmt, verpflichtet, die Ablehnung dem Auftraggeber unverzüglich anzuzeigen. ² Das Gleiche gilt, wenn sich jemand dem Auftraggeber gegenüber zur Besorgung gewisser Geschäfte erboten hat.

1   1. **Anwendungsbereich.** Überwiegend bei der Anbahnung von entgeltlichen Geschäftsbesorgungsverträgen (§ 675). Sondervorschrift für Rechtsanwälte: BRAO 44. Amtshaftungsbestimmungen gehen vor, falls das Verhalten eine Amtspflichtverletzung bedeutet. § 663 gilt auch für die in HGB 362 aufgeführten Personen, falls die ihre Voraussetzungen dieser Vorschrift fehlen.

2   2. **Voraussetzungen. a) Öffentl Bestellung:** nicht notwendig durch Behörde, sondern dem Publikum gegenüber auch durch private Organisationen. **b) Öffentl Sicherbieten,** zB durch Presse, im Internet auf einer Website, durch Postwurfsendungen oder Massen-E-mail, Anschläge, in öffentl Geschäftslokal (Aufforderung zur Auftragserteilung). **c)** Gegensatz zu o [b] ist individuelles **Sicherbieten gegenüber Auftraggeber** (S 2).

3   3. **Rechtsfolgen.** § 663 regelt für den darin aufgeführten Personenkreis eine (zu §§ 311 II spezielle) vorvertragliche Pflicht (sondertatbestandliche Ausprägung der cic) zur unverzüglichen (§ 121) Mitteilung der Ablehnung eines Auftrages (Erfüllung dieser Pflicht mit Absendung). Bei entgeltlicher Geschäftsbesorgung s noch § 675 a. Folge eines Schweigens ist nicht wie in HGB 362 die Fiktion der Annahme, sondern die Begründung eines Schadensersatzanspruchs wegen Verletzung der ges Mitteilungspflicht (§§ 280 I, 663, anders Oetker/Maultzsch § 11 B III: §§ 311 II, 280 I). Zu ersetzen ist der **Vertrauensschaden,** also der dem Auftraggeber durch die unterbliebene oder verspätete Ablehnung entstandenen Schaden (da ein Fall der cic, vgl BGH NJW 84, 867; Grunewald JZ 84, 708; zum Ersatz des neg Interesses s. AnwKomm-BGB/Krebs § 311 Rn 40 f) Liegt eine Annahme zB gem § 151 vor, so entfällt § 663.

§ 664 Unübertragbarkeit; Haftung für Gehilfen

(1) ¹ Der Beauftragte darf im Zweifel die Ausführung des Auftrags nicht einem Dritten übertragen. ² Ist die Übertragung gestattet, so hat er nur ein ihm bei der Übertragung zur Last fallendes Verschulden zu vertreten. ³ Für das Verschulden eines Gehilfen ist er nach § 278 verantwortlich.

Titel 12. Auftrag und Geschäftsbesorgungsvertrag **§ 665**

(2) **Der Anspruch auf Ausführung des Auftrags ist im Zweifel nicht übertragbar.**

1. **Allgemeines. a)** I 1 und II geben Auslegungsregeln. **b) Entspr Anwendung** von I auf entgeltliche Geschäftsbesorgungsverträge ist nicht schlechthin ausgeschlossen, obwohl § 675 den § 664 nicht nennt (§ 675 Rn 11). 1

2. **Übertragung der Ausführung** (Substitution). **a) Begriff und Abgrenzung.** Substitution bedeutet, daß der Beauftragte die Geschäftsbesorgung ganz oder teilw einem Dritten zu eigener Verantwortung überträgt; nicht erforderlich ist, daß er selbst aus jeder Tätigkeit ausscheidet (BGH NJW 93, 1705; ErmEhmann 1 mN; Koller ZIP 85, 1247, str; aA 6. Aufl). Demgegenüber dient die **Zuziehung von Gehilfen** (I 3, Rn 5 f) lediglich der Unterstützung des Beauftragten. Weder Substitution noch Gehilfenzuziehung liegen vor, wenn der (erste) Beauftragte lediglich die Einschaltung eines weiteren Beauftragten zu „veranlassen" hat (sog weitergeleiteter Auftrag; ie Kümpel WM 96, 1893; sa Rn 6). **b) Zulässigkeit.** Substitution ist wegen des bes Vertrauensverhältnisses iZw **verboten** (I 1) und nur bei **Gestattung** (I 2; nicht allg durch AGB: LG Köln WM 00, 720; Hansen BB 89, 2424; Kümpel WM 96, 1896) **ausnahmsweise** zulässig. Für die Gestattung ist der Beauftragte beweispflichtig. Gestattung kann sich aus der Verkehrssitte (§ 157) oder aus § 665 ergeben. **c) Rechtsfolgen.** Bei **erlaubter Substitution** entsteht ein unmittelbares Vertragsverhältnis zwischen dem Auftraggeber und dem Dritten. Der Beauftragte haftet nur für eigenes Verschulden bei der Übertragung, lediglich ausnahmsweise auch bei der Anleitung und Überwachung des Dritten (BGH NJW 93, 1706). Bei der **verbotenen Substitution** haftet der Beauftragte nach I 1 iVm § 280 I für jeglichen aus der Weitergabe des Auftrags adäquat entstandenen Schaden (s Koller ZIP 85, 1248). Zwischen Auftraggeber und Drittem bestehen keine unmittelbaren Vertragsbeziehungen; doch kann der Beauftragte den „Drittschaden" des Auftraggebers geltend machen (Rn 19 ff vor § 249) oder er muß seinen Schadensersatzanspruch gem § 667 an den Auftraggeber abtreten. 2 3 4

3. **Zuziehung von Gehilfen. a)** Sie ist **zulässig**, sofern sich aus dem Auftrag oder der Eigenart des aufgetragenen Geschäfts nichts anderes ergibt. **b) Haftung.** Bei zulässiger Zuziehung eines Gehilfen wird dessen Verschulden dem Beauftragten gemäß I 3, § 278 zugerechnet; iü haftet der Beauftragte wie bei nicht gestatteter Substitution (Rn 4). **c) Abgrenzung** zur Substitution: Rn 2. Keine Gehilfenzuziehung liegt vor, wenn der Beauftragte überhaupt nur verpflichtet ist, eine geeignete Person zur Durchführung einer Aufgabe heranzuziehen. Bsp: Hausverwalter beauftragt Handwerker mit Durchführung von Reparaturen. 5 6

4. **Unübertragbarkeit** des **Anspruchs auf Ausführung (II).** Vgl Rn 1 und zu den Folgen der Unübertragbarkeit §§ 399, 400 Rn 5. Die übrigen aus dem Auftrag erwachsenen Ansprüche (zB §§ 666, 667) sind idR übertragbar. 7

§ 665 Abweichung von Weisungen

¹**Der Beauftragte ist berechtigt, von den Weisungen des Auftraggebers abzuweichen, wenn er den Umständen nach annehmen darf, dass der Auftraggeber bei Kenntnis der Sachlage die Abweichung billigen würde.** ²**Der Beauftragte hat vor der Abweichung dem Auftraggeber Anzeige zu machen und dessen Entschließung abzuwarten, wenn nicht mit dem Aufschub Gefahr verbunden ist.**

1. **Allgemeines. a) Grundsatz.** Der Beauftragte ist an Weisungen (Rn 2 f) des Auftraggebers gebunden; § 665 erwähnt nur eine (von mehreren) Ausnahmen (Rn 4–6). Der Auftraggeber kann seine Weisungen (durch Gegenweisung) frei widerrufen (BGH 103, 145; Rn 2 f). **b) Weisung. aa)** Sie regelt die Vertragspflichten des Beauftragten und ist eine empfangsbedürftige, einseitige Willenserklärung. Für den **Inhalt** der Weisung ist nicht deren Wortlaut maßgebend, er ist ggf durch Auslegung unter Berücksichtigung des mutmaßlichen Willens des Auftrag- 1 2

§ 665 Buch 2. Abschnitt 8. Einzelne Schuldverhältnisse

gebers und der Verkehrssitte zu ermitteln. Bei Zweifeln muß nachgefragt werden (BGH NJW 91, 488; München NJW-RR 95, 814: Mehrdeutiger Betrag). Weisung ist zB die Anlagerichtlinie im Rahmen eines Vermögensverwaltungsvertrags (BGH 137, 73 ff); uU das Unterschreiben des Belastungsbelegs durch den Kreditkarteninhaber (Karlsruhe NJW-RR 91, 238 mN; LG Tübingen NJW-RR 95, 746, str; sa § 676 h Rn 3; Pal/Sprau § 676 h Rn 5). Das Fälschungsrisiko trägt bei Weisungen idR der Beauftragte (BGH NJW 01, 2969; 94, 2358 und 3345 mN, stRspr; sa u Rn 8); Ausnahme: der Auftraggeber hat einen Rechtsschein geschaffen, der sich gerade auf die Echtheit der Weisung bezieht (BGH 01, 2969 mN). Nach bisherigem Recht war auch der Überweisungsauftrag im Rahmen eines Girovertrags Weisung (BGH 98, 26; ie Häuser NJW 94, 3121; sa § 676 a Rn 1); jetzt (s EGBGB 228) wird die Überweisung durch §§ 676 a ff anders (§§ 676 f Rn 9) geregelt. Zur
3 Weisung iSv § 676 e III 3 s § 676 e Rn 2, 6. **bb)** Der **Widerruf** wirkt nur für die Zukunft (BGH 17, 326). Er ist nur möglich, solange die Weisung noch nicht ausgeführt ist (BGH 103, 145). Beim Einzugsermächtigungsverfahren ist auf Widerspruch des Kontoinhabers die Belastungsbuchung rückgängig zu machen (BGH 95, 106; NJW 96, 989; s Häuser WM 91, 1 ff; Rinze JuS 91, 203 ff).

4 **2. Ausnahmen (S 1, 2). a)** Der Beauftragte ist zur Abweichung von Weisungen **berechtigt, aa)** wenn er den Umständen nach annehmen darf, daß der Auftraggeber bei Kenntnis der Sachlage die Abweichung billigen würde und Gefahr im Verzuge ist oder er den Auftraggeber von seinem Vorhaben unterrichtet, innerhalb angemessener Frist (§ 147 II) jedoch eine gegenteilige Entschließung des
5 Auftraggebers nicht erhalten hat (Musielak, Gutachten II, S 1230, hM); **bb)** bei
6 entspr **Erlaubnis. b)** Der Beauftragte kann aber uU auch **verpflichtet** sein, von den erteilten Weisungen abzuweichen oder den Auftraggeber zumindest auf Bedenken hinzuweisen (in § 665 nicht geregelt, folgt aber aus §§ 157, 242, 241 II), insbes bei Eintritt unvorhergesehener Umstände, die dem Auftraggeber unbekannt sind; gleiches gilt für einen kundigen Beauftragten (zB Bank, RA, Steuerberater) gegenüber einem unkundigen Auftraggeber (zB Bankkunde, Mandant; vgl auch § 662 Rn 12). **Fehlt** es an einer erforderlichen Weisung, kann der Beauftragte zu ihrer Herbeiführung verpflichtet sein (vgl BGH 131, 352 f).

7 **3. Rechtsfolgen. a)** Bei **berechtigter Abweichung** (Rn 4 f) ist der Beauftragte in jedem Fall zur nachträglichen Benachrichtigung des Auftraggebers verpflichtet (§ 666). Bei Verletzung der Pflicht kann eine Haftung nach § 280 begründet sein (näher § 662 Rn 12). Bestand eine **Pflicht zur Abweichung** (Rn 6), so hat der Beauftragte weitergehende Aufklärungs- und Belehrungspflichten. Bei **Banken** dürfen diese allerdings nicht überspannt werden, da diesen die Rechtsbeziehungen zwischen ihrem Kunden und dem Dritten zumeist unbekannt sind (zB BGH NJW 63, 1872; 78, 1852). Eine Rechtspflicht der Banken, ihre Kunden vor einem risikobehafteten Geschäft zu warnen, besteht im allg nicht (BGH NJW 92, 2147 mN; NJW-RR 92, 880 ff mN; Vortmann WM 89, 1557 mN); jedoch kann uU abw gelten (zB BGH 72, 92; 123, 126; NJW 97, 1362; NJW-RR 92,
8 374 f; Köln WM 95, 384); sa § 280 Rn 60. **b)** Bei **unberechtigter Abweichung** von Weisungen des Auftraggebers macht sich der Beauftragte schadensersatzpflichtig (BGH 137, 69) gemäß § 280 (näher § 662 Rn 12). Ferner: Der Auftraggeber braucht das ausgeführte Geschäft nicht als Erfüllung gelten zu lassen. Folge: Kein Erstattungsanspruch des Beauftragten gem § 670 (BGH NJW 80, 2131; Hamm NJW-RR 92, 1139), wohl aber Rückerstattungsanspruch des Auftraggebers gem § 667 (BGH 108, 390; 130, 91; sa § 667 Rn 2 ff). Ist der Auftraggeber für die Abweichung mitverantwortlich, kann der Anspruch entspr § 254 gemindert oder ausgeschlossen sein (BGH 130, 95 mN; BGH NJW-RR 00, 273). Die Geltendmachung ist unzulässig (§ 242 Rn 32 ff), wenn trotz der Abweichung der erstrebte Zweck erreicht wurde (BGH 130, 96; NJW 91, 3209; München WM 95, 2139). Ausgeführte gefälschte Weisungen (Rn 2) können dem Auftraggeber nach Rechtsscheinsgrundsätzen (§§ 172 II, 173) zuzurechnen sein (zu Überweisungsaufträgen

Titel 12. Auftrag und Geschäftsbesorgungsvertrag **§ 666**

nach bisherigem Recht (s Rn 2): BGH NJW 01, 2969, 94, 2358 und 3345 mN; BGH 130, 92; NJW-RR 92, 1265). Der Auftraggeber trägt die **Beweislast** für Inhalt und Umfang des erteilten Auftrags, der Beauftragte für die weisungsgemäße Erfüllung (BGH 130, 94 f mN) und eine evtl Änderung der Weisung (BGH NJW 91, 487).

§ 666 Auskunfts- und Rechenschaftspflicht

Der Beauftragte ist verpflichtet, dem Auftraggeber die erforderlichen Nachrichten zu geben, auf Verlangen über den Stand des Geschäfts Auskunft zu erteilen und nach der Ausführung des Auftrags Rechenschaft abzulegen.

1. **Allgemeines.** Die **dispositive Vorschrift** (einschr BGH MDR 85, 32) 1 begründet eine Vorleistungspflicht des Beauftragten; dieser kann daher einem Anspruch nach § 666 gegenüber idR **kein Zurückbehaltungsrecht** geltend machen (§ 273 Rn 13; Ausnahme: s Hamm WM 92, 1100). Zur **Abtretbarkeit** und Vererblichkeit eines solchen Anspruchs vgl §§ 259–261 Rn 2. Bei Verletzung der Informationspflichten ist der Beauftragte **schadensersatzpflichtig** nach § 280 I, II (§ 662 Rn 12).

2. **Informationspflichten.** Sie treffen den Beauftragten teils unaufgefordert 2 (su [a]), teils nur auf Verlangen (Rn 3 f). Bei **mehreren** Auftraggebern gilt nach bisher hM § 432 (nach aA ist Individualanspruch des einzelnen Auftraggebers ausnahmsweise möglich: BGH NJW 96, 656). Die Informationsrechte sind dem Auftraggeber selbständig zustehende Rechte; sie setzen keinen weitergehenden Anspruch voraus, zu dessen Vorbereitung die begehrte Information dienen soll (BGH NJW 01, 1486; zur prozessualen Folge: BGH NJW 00, 3199 f). Die Informationspflicht besteht unabhängig davon, ob der Auftraggeber die Information selbst auf zumutbare Weise erlangen kann. Eine Auskunft kann bei berechtigtem Interesse mehrfach begehrt werden, etwa weil bereits erteilte Informationen verloren gingen (BGH NJW 01, 1487). Die Informationspflicht unterliegt lediglich den Schranken des Schikaneverbots (§ 226) und der unzulässigen Rechtsausübung (§ 242). Soweit (zur Ausnahme insb bei Geschäftsbesorgungsverträgen s § 670 Rn 2) die Information nur Zug um Zug gegen Kostenerstattung (§ 670) erteilt werden muß, ist der Informationsaufwand für den Beauftragten kein Weigerungsgrund (BGH NJW 01, 1487 f). **a) Benachrichtigungspflicht.** Umfang der notwendigen Mitteilungen bestimmt sich nach dem Einzelfall. Sie kann sich uU zur Warnpflicht steigern (§ 665 Rn 7). Bsp: Unterrichtung über die Nichteinlösung einer Lastschrift (BGH NJW 89, 1671; zust Terpitz NJW 89, 2740). **b)** Die 3 **Auskunftspflicht** bezieht sich auf den – uU laufenden – Stand des Geschäfts. Auskunftsumfang: §§ 259–261 Rn 4–6. Sonderfall in § 260. **c)** Die **Rechen-** 4 **schaftspflicht** besteht nach Ausführung des Auftrags, nicht erst nach vollständiger Erledigung (RG 56, 118). Bei laufender Verwaltung hat sie uU periodisch zu erfolgen. Der Beauftragte hat die Beweislast für die Richtigkeit der Rechnung. Pflichteninhalt: §§ 259–261 Rn 8; darüber hinaus ist der Beauftragte verpflichtet, in verkehrsüblicher Weise die wesentlichen Einzelheiten seines Handelns zur Auftragsausführung darzulegen und dem Auftraggeber die notwendige Übersicht über das besorgte Geschäft zu verschaffen (BGH 109, 266). Auch Belege, die nicht bereits nach § 667 (dort Rn 4) herauszugeben sind, müssen vorgelegt werden (BGH aaO). Ein Verzicht auf exakte Rechnungslegung (z. B. durch widerspruchslose, mehrjährige Hinnahme ungenauer, gerundeter Abrechnungen) kann einen Verzicht auf sich bei genauer Abrechnung ergebende Zahlungsansprüche beinhalten. Doch ist das nur für verhältnismäßig geringfügige Ansprüche anzunehmen (BGH NJW 01, 1131).

§ 667 Herausgabepflicht

Der Beauftragte ist verpflichtet, dem Auftraggeber alles, was er zur Ausführung des Auftrags erhält und was er aus der Geschäftsbesorgung erlangt, herauszugeben.

1   **1. Allgemeines. a)** Herausgabepflicht ist Folge der **Fremdnützigkeit des Auftrags**. Der Beauftragte soll durch dessen Ausführung weder Vor- noch Nachteile haben (BGH NJW-RR 92, 561). § 667 ist dispositiv (BGH NJW-RR 97, 778). Zweck ist die Abschöpfung des bei dem Beauftragten vorhandenen Vorteils, nicht aber der Ausgleich eines bei dem Auftraggeber entstandenen Vermögensausfalls (BGH NJW 01, 2477, s noch Rn 7). **b) Entspr Anwendung:** §§ 675, 681 S 2, 687 II; private Amtsverhältnisse (zB Vereinsvorstand, Testamentsvollstrecker, Pfleger, Verwalter, §§ 27 III, 48 II, 713, 2218; WEG 26 ff); Treuhandverhältnisse; staatliche Verwaltung iSd VermG bzw. private Verwaltung bei Bodenreformgrundstücken (§ 662 Rn 4 aE); zum Arztvertrag s Rn 4.

2   **2. Voraussetzungen:** Der Auftragnehmer muß aufgrund eines rechtswirksamen **Auftragsvertrags** (sonst §§ 812 ff) **etwas** zur Auftragsausführung **erhalten** (Rn 3) oder aus der Geschäftsbesorgung **erlangt** (Rn 4) haben. Nicht erforderlich ist, daß das Empfangene beim Auftragnehmer noch vorhanden ist, denn der Erstattungsanspruch besteht (gerade) auch bei auftrags-(weisungs-)widriger Verwendung (BGH 87, 380; 130, 91) und setzt kein Verschulden voraus (BGH NJW-RR 00, 273); sa § 665 Rn 8; uU ist aber der Rechtsgedanke der §§ 635 III,
3   251 II zu beachten (BGH NJW 88, 700). **a) Zur Ausführung des Auftrags erhalten** ist alles, was dem Beauftragten zum Zweck der Auftragsausführung vom Auftraggeber oder einem Dritten zur Verfügung gestellt wird. Bsp: Urkunden, Zeichnungen, Werkzeug, Schlüssel von Wohnungseigentumsanlage (BayObLG ZMR 85, 307), namentlich Geld, auch als Vorschuß (BGH NJW 97, 48), insbes in Form von Giroguthaben (KG NJW-RR 96, 427). Auf die Eigentumsverhältnisse (dazu Rn 5) kommt es nicht an; Frage des Einzelfalls, ob der Beauftragte an ihm
4   übergebenem Geld Eigentum erlangt (RG 101, 307). **b) Aus der Geschäftsbesorgung erlangt** sind alle Gegenstände (Vermögenswert ist nicht erforderlich), die der Beauftragte im inneren Zusammenhang mit der Geschäftsbesorgung (nicht: bei Gelegenheit) tatsächlich erhält (BGH 109, 264; NJW 00, 2672), einschließlich der Früchte, Zinsen, Nutzungen und der Ansprüche gegen Dritte (zB Schadensersatzanspruch gegen einen Unterbeauftragten, § 664; auch Restitutionsanspruch nach VermG, vgl BGH DtZ 96, 28), der Urkunden, Unterlagen und Belege (BGH NJW 88, 2607: nicht aber für sich selbst angefertigte Arbeitsunterlagen); für RA BRAO 50: ie BGH 109, 264 ff), für Krankenunterlagen besteht idR entspr Nebenpflicht (ErmEhmann Rn 2 aE, str; s § 242 Rn 22; §§ 809–811 Rn 10). Nicht erlangt sind vertraglich geschuldete Arbeitsergebnisse (BGH NJW 89, 1217). Erlangt sind auch die dem Auftragnehmer zugewendeten **Sondervorteile** (Sonderprovisionen und Schmiergelder), die eine Willensbeeinflussung zum Nachteil des Auftraggebers befürchten lassen; daß sie nach dem Willen des Dritten gerade nicht für den Auftraggeber bestimmt waren, ist unbeachtlich (BGH 39, 1; NJW-RR 92, 560 f; NJW 00, 2672 mN; NJW 01, 2477 mN; Koblenz NJW 91, 921 f, str, s Medicus JuS 85, 662; bei Beamten folgt der Anspruch auf Schmiergeldherausgabe nicht aus §§ 681, 667, 666, sondern ggf aus § 70 S 1 BBG, s vor § 677 Rn 7). **Nicht** hierher gehören persönliche Geschenke, die der Beauftragte anläßlich der Geschäftsbesorgung erhält (RG 55, 91) sowie allg übliche Trinkgelder. In **zeitlicher** Hinsicht „erlangt" hat der Beauftragte spätestens mit der Vollendung des Rechtserwerbs, Kenntnis davon ist nicht erforderlich. Eine Gutschrift ist erlangt, sobald der Überweisungsauftrag unwiderruflich geworden ist und dem Empfänger ein Recht auf den überwiesenen Betrag zusteht (s § 665 Rn 3).

5   **3. Rechtsfolgen. a) Inhalt des Anspruchs.** Schuldrechtlicher Herausgabeanspruch auf das (tatsächlich) Erhaltene oder Erlangte (Rn 6). Ie richtet sich der

Titel 12. Auftrag und Geschäftsbesorgungsvertrag **§ 668**

Inhalt des Herausgabeanspruchs nach der Art des Herausgabeobjekts (Sache, Recht, Geld) und der daran bestehenden Rechtslage, also auf Besitzverschaffung, wenn Auftraggeber bereits unmittelbar Eigentum erworben hat (zB gem § 164; durch antizipiertes Besitzkonstitut, § 930, oder Geschäft für den, den es angeht, § 164 Rn 5), sonst auf Rechts-(Eigentums-)übertragung (§§ 398, 873, 925, 929). Bei abzutretenden Forderungen ist HGB 392 II nicht ausdehnungsfähige Sondervorschrift (krit Musielak, Gutachten II, S 1302 ff, 1312). Auch im Fall des § 925 (Bsp: BGH 82, 296) bedarf Auftrag nicht der Form des § 311 b (§ 662 Rn 8). **Verjährung:** §§ 195, 199. Ist der Anspruch auf Grundstücksübereignung gerichtet, gelten §§ 196, 200. Die lange Frist des § 197 I Nr 1 gilt nicht (AnwKomm-BGB/ Mansel § 197 Rn 29). Verjährungsbeginn setzt Anspruchfälligkeit voraus (§ 199 Rn 2 bzw § 200 Rn 2). Fälligkeit ab Herausgabeverlangen, spätestens ab Auftragsbeendigung (abw BGHZ 109, 264; s Budzikiewicz ZGS 02, 279 mwN). **Konkurrenzen** mit anderen Herausgabeansprüchen: § 985, wenn das Erhaltene (Erlangte; Rn 3 f) im Eigentum des Auftraggebers steht; § 687 II (str bei Schmiergeld, s Rn 4); 823 ff. **b) Umfang:** Herauszugeben ist das Erhaltene und Erlangte 6 (Rn 2 ff), soweit es dem Beauftragten tatsächlich zugeflossen und nicht wieder verabredungsgemäß an den Geber zurückgeflossen ist (BGH NJW 01, 2477). Ist Geld erlangt, so ist die Herausgabe einer Geldsumme geschuldet, nicht nur die der erlangten Zahlungsmittel (BGH 143, 378). Weisungswidrige Verwendung befreit den Beauftragten nicht (Rn 2), doch kann Mitverschulden des Auftraggebers uU zur Minderung des Anspruchs entspr § 254 führen (BGH 130, 95 f; NJW-RR 98, 484; NJW-RR 00, 273; s § 665 Rn 8). Hat er pflichtwidrig nichts (zu wenig) erlangt, kommt nur Schadensersatzanspruch in Frage (Rn 7). **c) Gefahrtragung** 7 **und Schadensersatz.** Der Auftraggeber trägt die Gefahr des zufälligen Untergangs des Erlangten (§ 275 I; s BGH 82, 296), das Insolvenzrisiko bei Verfall von Guthaben durch Bankzusammenbruch bei fehlender Absicherung (sa Ostler NJW 75, 2273) sowie die **Versendungsgefahr** bei Übermittlung von erlangtem Geld (§ 270 I gilt nicht, BGH 143, 378, s § 270 Rn 2). Hat der Beauftragte den Untergang des herauszugebenden Gegenstands oder seine Herausgabeunmöglichkeit zu vertreten, haftet er auf Schadensersatz (§§ 280 ff, 249); dasgl für auftragswidrig nicht gezogene Vorteile (näher § 662 Rn 12). Der Beauftragte übernimmt allein durch den Auftrag keine Garantie iSv § 276 I 1 für die Herausgabe des Erlangten u. Erhaltenen (ähnlich, wenn auch nicht abschließend entschieden, zum bisherigen Recht für die Herausgabe von erlangtem Geld: BGH 143, 378). Ersatzwerte sind herauszugeben (§ 285; s BGH 143, 380; BAG NJW 86, 865). Als erlangter Ersatz kommen die Befreiung von einer Verbindlichkeit oder ersparte Aufwendungen in Betracht (BGH 143, 380). **d)** Das **Zurückbehaltungsrecht** 8 (§ 273) des Beauftragten wegen seines Aufwendungsersatzanspruchs (§ 670) kann auch außerhalb entsprechender Vertragsabreden im Einzelfall (§ 242) ausgeschlossen sein (RG 160, 59; LM Nr 15 zu § 313); ebenso das Recht zur **Aufrechnung** (BGH 54, 247; 71, 383; Zweibrücken NJW 85, 1034). **e) Beweislast.** Der Auftraggeber muß den Erhalt (Hilfe: § 666) bzw die Überlassung und den Wert der überlassenen Gegenstände (BGH NJW-RR 87, 963), der Beauftragte die auftragsmäßige Verwendung und den Verbleib der Einnahmen nachweisen (BGH 130, 94; NJW 97, 48); Haftung für unaufklärbare Kassenfehlbestände: BAG NJW 99, 1051; s zur Beweislast bei AN-Haftung jetzt § 619 a.

§ 668 Verzinsung des verwendeten Geldes

Verwendet der Beauftragte Geld für sich, das er dem Auftraggeber herauszugeben oder für ihn zu verwenden hat, so ist er verpflichtet, es von der Zeit der Verwendung an zu verzinsen.

1. Bei Eigenverwendung von Geld besteht eine von sonstigen Ansprüchen 1 (§ 280; § 823 II iVm StGB 246, 266), insbes auch vom Verschulden unabhängige Verzinsungspflicht als Mindestfolge. Zinshöhe: § 246, HGB 352.

§§ 669, 670

§ 669 Vorschusspflicht

Für die zur Ausführung des Auftrags erforderlichen Aufwendungen hat der Auftraggeber dem Beauftragten auf Verlangen Vorschuss zu leisten.

1   **1. Allgemeines.** Die **nicht zwingende Vorschrift** kann auch aufgrund der Natur des Auftrags ausgeschlossen sein, zB beim Kreditauftrag (§ 778). Spezialregelung: §§ 637 III, 775. **Entspr** Anwendung bei §§ 675 I, 713, 27 III, 48 II, 86

2   **2. Umfang und Durchsetzbarkeit.** Vorschuß ist nur für die objektiv erforderlichen (anders § 670) Aufwendungen (Begriff: § 670 Rn 2) auf Anforderung („Verlangen") stets in Geld zu leisten. Bei Nichtleistung kann der Beauftragte die Ausführung des Auftrags verweigern (BGH 77, 63). Der Anspruch auf Vorschuß kann idR nicht eingeklagt werden (Grund: kein Recht zur Ausführung, s § 662 Rn 13), str; anders in den Fällen der §§ 637 III (dort Rn 6 ff), 675.

§ 670 Ersatz von Aufwendungen

Macht der Beauftragte zum Zwecke der Ausführung des Auftrags Aufwendungen, die er den Umständen nach für erforderlich halten darf, so ist der Auftraggeber zum Ersatz verpflichtet.

Lit: Genius, Risikohaftung des Geschäftsherrn, AcP 173, 481; Honsell, Die Risikohaftung des Geschäftsherrn, FS v. Lübtow, 1980, 485; Köhler, Arbeitsleistungen als „Aufwendungen"?, JZ 85, 359; sa Lit zu § 683.

1   **1. Allgemeines. a)** Pflicht zum Aufwendungsersatz ist Folge der Fremdnützigkeit der Geschäftsbesorgung (§ 667 Rn 1), die auch durch Entgeltlichkeit (§ 675; vgl u [b]) nicht ausgeschlossen wird. **b)** Weiter **Anwendungsbereich** über Geschäftsbesorgungsvertrag (§ 675) und GoA (§ 683 Rn 6; sa allg § 662 Rn 4 mit Bsp); vielfach bestehen Sonderregelungen (vgl Rn 2); zur „entspr" Anwendung Rn 2 aE, 11.

2   **2. Aufwendungsersatzanspruch. a) Voraussetzungen. aa) Aufwendungen** müssen auf einem tatsächlich **erteilten Auftrag** beruhen (BGH NJW 01, 2969; sa 665 Rn 2). Beweislast für Auftrag und Aufwendung hat Beauftragter (AG Essen NJW-RR 01, 699). Aufwendungen sind alle freiwilligen Vermögensopfer, die der Beauftragte zur Erreichung des Auftragszwecks erbringt (BGH NJW 89, 1285 mN; BAG BB 1998, 2528; BGH 140, 361; zur Abgrenzung vom Schaden: Rn 9; allg BGH NJW-RR 94, 87; § 249 Rn 3 f). Dazu gehören auch die auf Weisung des Auftraggebers getätigten (RG 93, 53) und die mit der Auftragsausführung notwendig verbundenen Aufwendungen (RG 75, 212; BGH 8, 228), darüber hinaus nach hM auch bestimmte Zufallsschäden (ie Rn 9). Jede Leistung von Vermögenswerten kommt in Frage, zB die Ausgabe von Geld (Auslagen, Kosten, Steuern, zB entstandene MWSt, s Schaumburg NJW 74, 1737, uU verauslagte Schmiergelder, vgl Rn 4, uU Prozeßkosten, vgl BGH NJW 89, 1285; NJW-RR 98, 1511); uU Verteidigerkosten (BAG NJW 95, 2372); Vorstellungskosten (BAG NZA 89, 468); uU Reparaturkosten (BAG BB 96, 433: Schaden am betrieblich genutzten AN-eigenen Pkw), auch die Eingehung von Verbindlichkeiten (s § 257); **nicht** aber, da unentgeltlich zur Verfügung zu stellen, die eingesetzte Arbeitskraft, der entgangene Verdienst (BGH NJW-RR 88, 746; BGH 140, 361), ferner nicht allgemeine Geschäftsunkosten und der normale Sachverschleiß bei Auftragsdurchführung (BAG BB 98, 2528); anders (entsprechend § 1835 III) nur, wenn sich die Notwendigkeit bestimmter Dienstleistungen, die dem Beruf oder Gewerbe des Beauftragten angehören, erst im Verlauf der Auftragsausführung ergibt (ie Köhler aaO S 360 f; weitergehend bei GoA § 683 Rn 6). Bei **Geschäftsbesorgungsverträgen** (Rn 1, b) ist die Vergütung für die Besorgung des Geschäfts vereinbart bzw. gilt als stillschweigend vereinbart (§§ 612, 632); § 670 greift insoweit nur für andere Aufwendungen ein; uU sind gewisse Aufwendungen schon durch die vereinbarte Vergütung mit abgegolten (Musielak, Gutachten II, S 1297; BayObLG

Titel 12. Auftrag und Geschäftsbesorgungsvertrag **§ 670**

NJW-RR 01, 1232), ebenso bei entspr Anwendung des § 670 auf **Arbeitsverträge** (Rn 11) (BAG BB 98, 2527 f). Bei entspr Anwendung des § 670 außerhalb von Vertragsverhältnissen (s § 662 Rn 4 aE: **staatliche Verwaltung** usw) schließt der Aufwendungsersatzanspruch des Geschäftsführers den Anspruch auf die übliche Vergütung mit ein, wenn die Geschäftsbesorgung in die berufliche oder gewerbliche Tätigkeit des Geschäftsführers fällt und im zugrundeliegenden Rechtsverhältnis – anders als bei § 662 – Unentgeltlichkeit nicht vorgegeben ist (BGH 140, 361 mN). Sonderregelungen für: RA (BRAGO 25 ff), Handelsvertreter (HGB 87 d), Kommissionär (HGB 396 II), OHG-Gesellschafter (HGB 110). Aufwendungen bei Dienst- und Arbeitsverträgen: BAG NZA 86, 324 f; ie § 611 Rn 45. **bb) Sorgfaltsmaßstab.** Der Beauftragte muß die Aufwendung nach allgemein verständigem Ermessen **für erforderlich halten dürfen** (nicht der Fall bei entgegenstehendem Verbot: BGH 37, 263 f; NJW 77, 432; BB 78, 1416; sa § 677 Rn 6); entscheidend ist das Interesse des Auftraggebers (BGH 95, 388 f). Maßgebend ist der Zeitpunkt der Tätigkeit der Aufwendung (BGH NJW 89, 1285). **b) Rechtsfolge:** Anspruch auf **Wertersatz**, grundsätzlich gerichtet auf Geld (Verzinsungspflicht: § 256), bei Eingehung einer Verbindlichkeit auf Schuldbefreiung (§ 257). Kein Schadensersatzanspruch, §§ 249 ff gelten nicht. Der Anspruch ist vom Erfolg der Tätigkeit des Beauftragten unabhängig (iE **nutzlose Aufwendungen**), doch sind verschuldete (Rn 3) und von der Rechtsordnung mißbilligte Aufwendungen (idR Schmiergelder, vgl BGH 94, 272, uU keine Mißbilligung bei Auslandsbezug und Landesüblichkeit) nicht erstattungsfähig. Verjährung: §§ 195, 199. Aufwendungsersatzansprüche entstehen (werden fällig, s § 199 Rn 2) iSv § 199 I Nr 1 in dem Zeitpunkt, in welchem die Aufwendung gemacht wird (zum bisherigen Recht s BGH 143, 17).

3. Schadensersatzanspruch. a) Allgemeines. Eine Haftung des Auftraggebers (Geschäftsherrn) für Schäden, die der Beauftragte (Geschäftsführer) bei Auftragsdurchführung erleidet, kann sich ergeben: **aa)** bei **Verschulden** des Auftraggebers aus §§ 280 ff (insb § 280 I, pVV, § 662 Rn 13), ggf mit § 311 II (cic) (Verletzung von Schutz- und Aufklärungspflichten, § 241 II; die §§ 618, 619 gelten entsprechend, s § 662 Rn 13; BGH 16, 269; sa Pflicht gem § 254 II 1); **bb) ohne Verschulden** (Zufallsschäden) aus bes vertraglicher Haftungsübernahme (§ 276 Rn 39 ff: Garantieübernahme, selten) und aus **Risikohaftung** (Rn 8 ff). **cc)** Bei Schädigung Dritter im Rahmen öffentl-rechtlicher Inanspruchnahme zu Dienst- und Hilfeleistungen (zB durch Polizei oder Verwaltungsbehörden) scheidet Auftrag (§§ 662, 670) als Anspruchsgrundlage idR aus (abw noch zB RG 94, 169; 98, 195); in Frage kommen bei amtlichem Verschulden **Amtshaftung** (GG 34, § 839), sonst **Aufopferung** (§ 839 Rn 1). **dd)** Ges **Unfallversicherungsschutz** des Helfers: SGB VII 2 I Nr 11, 13, 128 I Nr 7. Besteht unabhängig von einem Verschulden (BSG MDR 83, 699 f). Zum Forderungsübergang vgl Rn 10. **Versorgungsanspruch** nach OEG bei Gesundheitsschaden durch Vorsatztat: § 683 Rn 9. **b) Risikohaftung des Auftraggebers. aa) Voraussetzungen.** Der Beauftragte erleidet als adäquate Folge der Auftragsausführung ohne Verschulden des Auftraggebers einen Schaden, der auf einer der Geschäftsbesorgung eigentümlichen erhöhten Gefahr (Gegensatz: allg Lebensrisiko) beruht (vgl BGH NJW 93, 2235 mN). Bsp: Verletzung des vom Opfer zugezogenen Helfers bei Festnahme eines bewaffneten Rechtsbrechers (BGH 52, 115). **bb) Rechtsgrundlage.** BGB enthält keine Regelung (RG 94, 171); die hM will in „entspr" Anwendung von § 670 die infolge bewußt übernommener Gefahren erlittenen Schäden dem Aufwendungen (Rn 2) gleichstellen (BGH 92, 271 mN; NJW 93, 2235; MK/Seiler 14 iVm § 683, 19; ähnlich StWittmann 14: extensive Auslegung). Gekünstelt; auch würde die folgerichtige Anwendung der Grundsätze von Rn 4 vielfach zu unbefriedigenden Ergebnissen führen (iE allgM). Nach neuerer und zutr Auffassung folgt die Zufallshaftung des Auftraggebers aus dem Grundsatz der **Risikozurechnung** bei schadensgeneigter Tätigkeit in fremdem Interesse (BGH 89, 157 mN und 160; Honsell

§ 671 Buch 2. Abschnitt 8. Einzelne Schuldverhältnisse

10 aaO S 496; Genius AcP 173, 511 ff, str; sa § 683 Rn 7). **cc) Rechtsfolge.** Echter **Schadensersatzanspruch** (str, aA BGH 92, 271; vgl Rn 9), §§ 249 ff gelten, insbes auch § 254 (BAG NJW 81, 702, offen gelassen in BGH 52, 123), bei Tod des Helfers auch §§ 844, 845 (RG 167, 89). **Schadensumfang:** Der Grundsatz der Totalreparation (Rn 2 vor § 249) ist gem § 242 eingeschränkt (Grund: keine Verschuldenshaftung); weitergehend soll nach hM überhaupt nur „angemessene Entschädigung" geschuldet sein (BGH 38, 279; Celle NJW 65, 2350; Wollschläger aaO [Lit zu § 677] S 298). Anspruch auf Schmerzensgeld besteht nicht; Grund: § 253; Tatbestand des § 253 II Nr. 1 (Vorsatz !) nicht gegeben (aufgehobener, s § 253 Rn 1, § 847 aF war nicht entspr anwendbar, BGH 52, 117). **Konkurrenzen:** Ansprüche aus ges Unfallversicherung (Rn 7) schließen Ersatzanspruch nicht aus (BGH 52, 115; NJW 81, 760); idR Forderungsübergang auf Sozialversicherungsträger: SGB X 116 I (bis 30. 6. 83 RVO 1542 I; vgl BGH 92, 271; ie Otto JuS 84, 688, str), nicht auf AG gem EntGFG 6 (vgl LG Trier NJW-RR 94, 483 zu
11 LFZG 4). **dd) Entspr Anwendung** auf **Geschäftsbesorgungs- und Arbeitsverträge** (§§ 675, 611), bei außergewöhnlichem, nicht bereits durch Vergütung mit abgegoltenem Schaden (BAG 59, 206; NJW 95, 2372; BB 98, 2528; Berndt NJW 97, 2215; ie § 611 Rn 45).

§ 671 Widerruf; Kündigung

(1) **Der Auftrag kann von dem Auftraggeber jederzeit widerrufen, von dem Beauftragten jederzeit gekündigt werden.**

(2) ¹**Der Beauftragte darf nur in der Art kündigen, dass der Auftraggeber für die Besorgung des Geschäfts anderweit Fürsorge treffen kann, es sei denn, dass ein wichtiger Grund für die unzeitige Kündigung vorliegt.** ²**Kündigt er ohne solchen Grund zur Unzeit, so hat er dem Auftraggeber den daraus entstehenden Schaden zu ersetzen.**

(3) **Liegt ein wichtiger Grund vor, so ist der Beauftragte zur Kündigung auch dann berechtigt, wenn er auf das Kündigungsrecht verzichtet hat.**

1 **1. Allgemeines. a) Grund.** Die jederzeitige Lösbarkeit des Auftragsverhältnisses folgt für den Auftraggeber aus dem bes persönlichen Vertrauensverhältnis, für den Beauftragten aus der Unentgeltlichkeit seiner Tätigkeit (vgl Nichtzitat von
2 § 671 in § 675 1. HS). **b)** Widerruf (Rn 3) und Kündigung (Rn 4) sind einseitige empfangsbedürftige **Willenserklärungen** (Rn 1 f vor § 104), die auch unter einer Bedingung möglich sind (bei Kündigung str). Wirkung: Rn 5. **c) Andere Beendigungsgründe** sind **aa)** allg: zB Zeitablauf, Zweckerreichung, Unmöglichkeit, **bb)** im bes: §§ 672, 673, InsO 115.

3 **2. Beendigung des Auftrags a) durch Widerruf des Auftraggebers (I).** Das (vererbliche: § 672 Rn 3) Widerrufsrecht ist beim lediglich oder überwiegend fremdnützigen Auftrag **unverzichtbar** (Grund: uneingeschränkte Bindung des Auftraggebers an den Willen des Beauftragten mit persönlichem Vertrauensverhältnis unvereinbar, vgl Rn 1), anders nur dann, wenn der Beauftragte ein erhebliches Eigeninteresse an der Auftragsdurchführung hat (BGH WM 71, 956; Zweibrücken OLGZ 85, 46 mN). **Zeitliche Schranke** für Widerrufsrecht: vollständige Auftragsdurchführung (BGH NJW 91, 2210 und Rn 2 [aa]). Bei **Mehrheit von Auftraggebern** ist grundsätzlich jeder einzelne zum Widerruf berechtigt (BGH BB 64, 699), sofern sich aus dem Gemeinschaftsverhältnis nichts Gegenteiliges ergibt (RG 160, 127). Vom Auftragswiderruf zu unterscheiden ist Widerruf einer
4 **Weisung** innerhalb eines bestehenden Auftrags (§ 665 Rn 3). **b)** durch **Kündigung des Beauftragten.** Jederzeitiges Kündigungsrecht **(I)** kann vertraglich eingeschränkt werden (Bsp: Karlsruhe WM 91, 1163). Grenze: Kündigungsrecht aus wichtigem Grund (dazu § 314 Rn 5 f; § 626 Rn 6 ff) ist unverzichtbar **(III,** zwingend). Verbot der **Kündigung zur Unzeit (II;** entspr Anwendung: vgl § 675 2. HS) berührt die **Wirksamkeit** der dennoch erklärten Kündigung nicht (allgM,

Titel 12. Auftrag und Geschäftsbesorgungsvertrag §§ 672, 673

krit Venrooy JZ 81, 57; s aber allg § 242 Rn 36). Beauftragter, der ohne wichtigen Grund zur Unzeit kündigt, macht sich aber (unabhängig von § 280 I und auch ohne Verschulden) nach **II 2 schadensersatzpflichtig**. Schadensumfang: Vertrauensinteresse (str).

3. Rechtsfolgen. Widerruf und Kündigung beenden das Auftragsverhältnis für 5 die Zukunft; sie haben **keine dingliche Wirkung**. Entstandene Rechte aus §§ 667, 670 werden fällig. Eine erteilte **Vollmacht** erlischt mit Auftrag (§ 168 S 1, beachte §§ 672 S 2, 674), im Prozeß gilt ZPO 87. Ermächtigung infolge gewillkürter Prozeßstandschaft erlischt (BGH NJW 00, 738).

§ 672 Tod oder Geschäftsunfähigkeit des Auftraggebers

¹Der Auftrag erlischt im Zweifel nicht durch den Tod oder den Eintritt der Geschäftsunfähigkeit des Auftraggebers. ²Erlischt der Auftrag, so hat der Beauftragte, wenn mit dem Aufschub Gefahr verbunden ist, die Besorgung des übertragenen Geschäfts fortzusetzen, bis der Erbe oder der gesetzliche Vertreter des Auftraggebers anderweit Fürsorge treffen kann; der Auftrag gilt insoweit als fortbestehend.

1. Allgemeines. a) Bedeutung. S 1 enthält eine widerlegbare **Auslegungs-** 1 **regel**, die gem § 168 S 1 auch für die mit dem Auftrag (Geschäftsbesorgungsvertrag, § 675) verbundene Vollmacht gilt (Rn 3). Gegenteiliges kann sich aus der ausdr Vereinbarung oder aus den Umständen (höchstpersönlicher Inhalt des Auftrags) ergeben (BGH NJW-RR 90, 131). **b) Anwendungsbereich.** Die Auslegungsregel (Rn 1) gilt auch im **Grundbuchverkehr** für den Vollmachtsnachweis 2 (GBO 29), Vorlage einer entspr Urkunde des Erblassers genügt (KG DNotZ 72, 20; StWittmann 22, str). Sie ist **entspr** anwendbar bei beschränkter Geschäftsfähigkeit des Auftraggebers, Wegfall der ges Vertretung und Erlöschen einer jur Person (str).

2. Fortdauer des Auftragsverhältnisses. Aufträge zgDr auf den Todesfall sind 3 möglich (auch zur Vornahme von Schenkungen: § 331 Rn 3 ff); doch geht beim Tod des Auftraggebers das **Widerrufsrecht** (§ 671 Rn 3) uneingeschränkt (Ausschluß unzulässig: BGH WM 76, 1130) auf den **Erben** über (§ 331 Rn 7). War der Beauftragte zugleich bevollmächtigt (Rn 1), kann er nach dem Tode des Auftraggebers von der (postmortalen) Vollmacht Gebrauch machen, ohne die Stellungnahme des Erben einholen zu müssen (BGH NJW 69, 1245 mit abl Anm Finger S 1624, str; aA Flume II § 51, 5 b arg Pflichtbindung des Beauftragten gegenüber dem Erben).

3. Erlöschen des Auftragsverhältnisses (S 2). Beauftragten trifft Fürsor- 4 gepflicht, uU **Notbesorgungspflicht**; insoweit Fiktion der Fortdauer des Auftrags. Folge: Auftragsrecht gilt, nicht GoA. Verletzung der Pflicht begründet Schadensersatzpflicht. Bei fehlender Kenntnis vom Erlöschen: §§ 674, 169. **Sonderregelung:** InsO 115 II, III.

§ 673 Tod des Beauftragten

¹Der Auftrag erlischt im Zweifel durch den Tod des Beauftragten. ²Erlischt der Auftrag, so hat der Erbe des Beauftragten den Tod dem Auftraggeber unverzüglich anzuzeigen und, wenn mit dem Aufschub Gefahr verbunden ist, die Besorgung des übertragenen Geschäfts fortzusetzen, bis der Auftraggeber anderweit Fürsorge treffen kann; der Auftrag gilt insoweit als fortbestehend.

1. Grund der (dem § 672 entgegengesetzten) **Auslegungsregel** des **S 1**: 1 persönliches Vertrauensverhältnis zum Beauftragten. Gilt nicht entspr bei Geschäftsunfähigkeit und beschränkter Geschäftsfähigkeit des Beauftragten; insoweit richtet sich Erlöschen des Auftrags nach den allg Regeln (§ 671 Rn 2 [c]). Bsp:

§§ 674, 675 Buch 2. Abschnitt 8. Einzelne Schuldverhältnisse

Auftrag zum rechtsgeschäftlichen Handeln wird mit Eintritt der Geschäftsunfähigkeit unmöglich (§§ 105, 275).

2 2. **Erlischt** der Auftrag (Geschäftsbesorgungsvertrag, § 675), trifft die Erben eine **Fürsorgepflicht** (Inhalt: Anzeige, uU Notbesorgung, S 2; vgl § 672 Rn 4; evtl auch § 259 II, BGH 104, 372), **besteht er fort,** folgt Anzeigepflicht der Erben bereits aus §§ 662 ff, 666, 1922.

3 3. **Entspr** Anwendung bei Geschäftsbesorgungsvertrag (§ 675 I), Tod des Testamentsvollstreckers (§ 2218 I 2), Erlöschen jur Person (anders bei Verschmelzung: LG Koblenz NJW-RR 98, 39; abweichend: K. Schmidt DB 2001, 1019 ff).

§ 674 Fiktion des Fortbestehens

Erlischt der Auftrag in anderer Weise als durch Widerruf, so gilt er zugunsten des Beauftragten gleichwohl als fortbestehend, bis der Beauftragte von dem Erlöschen Kenntnis erlangt oder das Erlöschen kennen muss.

1 1. **Allgemeines. a) Zweck.** Schutz des gutgläubigen Beauftragten gegen Schäden aus Durchführung eines vermeintlich noch fortbestehenden Auftrags (BGH 74, 257 f). **b) Anwendungsbereich.** Gilt nicht beim **Widerruf** des Auftrags (§ 671 Rn 3); Grund: Beauftragter ist durch § 130 idR ausreichend geschützt. **Sonderregelung:** InsO 115 III.

2 2. **Voraussetzungen. a)** Beendigung des Auftragsverhältnisses (Geschäftsbesorgungsvertrags, § 675) in anderer Weise als durch Widerruf (§ 671 Rn 2 [c]). **b)** Unverschuldete Unkenntnis des Beauftragten von o a (vgl § 122 II).

3 3. **Rechtsfolgen.** Fiktion des Fortbestands des Auftrags zugunsten des Beauftragten, dh bis zum Zeitpunkt der Kenntniserlangung (fahrlässigen Unkenntnis) vom Auftragswegfall (Bsp: BGH NJW 00, 739 f) bestehen vertragliche Ansprüche gegen den Auftraggeber (Rechtsnachfolger), insbes aus § 670 (wichtig, weil im Fall von Rn 2 [a] regelmäßig GoA und damit § 683 ausscheidet); im gleichen Umfang besteht auch die Vollmacht gegenüber gutgläubigen Dritten fort, § 169. Bei Tätigwerden treffen aber den Beauftragten auch die Pflichten aus §§ 666, 667; iü kann der Auftraggeber aus § 674 keine Rechte herleiten.

Untertitel 2. Geschäftsbesorgungsvertrag

Kapitel 1. Allgemeines

§ 675 Entgeltliche Geschäftsbesorgung

(1) Auf einen Dienstvertrag oder einen Werkvertrag, der eine Geschäftsbesorgung zum Gegenstand hat, finden, soweit in diesem Untertitel nichts Abweichendes bestimmt wird, die Vorschriften der §§ 663, 665 bis 670, 672 bis 674 und, wenn dem Verpflichteten das Recht zusteht, ohne Einhaltung einer Kündigungsfrist zu kündigen, auch die Vorschrift des § 671 Abs. 2 entsprechende Anwendung.

(2) Wer einem anderen einen Rat oder eine Empfehlung erteilt, ist, unbeschadet der sich aus einem Vertragsverhältnis, einer unerlaubten Handlung oder einer sonstigen gesetzlichen Bestimmung ergebenden Verantwortlichkeit, zum Ersatz des aus der Befolgung des Rates oder der Empfehlung entstehenden Schadens nicht verpflichtet.

Lit: *Häuser,* Giroverhältnis, Gutachten II, S 1317; *Musielak,* Entgeltliche Geschäftsbesorgung, Gutachten II, S 1209.

1 1. **Allgemeines. a) Zweck und Bedeutung.** § 675 unterstellt bestimmte entgeltliche gegenseitige Verträge, die eine Geschäftsbesorgung zum Inhalt haben, dem Auftragsrecht (ausgenommen §§ 662, 664, eingeschränkt § 671, s Rn 10).

Titel 12. Auftrag und Geschäftsbesorgungsvertrag **§ 675**

Grund: Es enthält allg Vorschriften, die bei Tätigkeit im fremden Interessenbereich unabhängig von der Entgeltlichkeit Anwendung finden (§ 662 Rn 3). **b)** Der **Anwendungsbereich** deckt sich mit dem des Geschäftsbesorgungsvertrags (Rn 3). Eine **Einzelanalogie** zu bestimmten Auftragsvorschriften bei gewöhnlichen Dienst- oder Werkverträgen wird durch § 675 nicht ausgeschlossen (Musielak aaO, S 1229). Bsp: Arbeitsvertrag (BAG 12, 24; 19, 86; NJW 63, 1221; sa § 670 Rn 11; Rn 14, 18 ff vor § 611); Die Abgrenzungsfrage (Rn 4 ff) verliert dadurch an Bedeutung (ErmEhmann 2 und § 667 Rn 1 f). 2

2. Voraussetzungen. a) Geschäftsbesorgungsvertrag ist jeder auf eine Geschäftsbesorgung (Rn 4 ff) gerichtete Dienst- oder Werkvertrag (§§ 611 ff; 631 ff). **Verbotene** Geschäftsbesorgung: zB RBerG 1, 8; Bsp: Umfassende Unfallschadensabwicklung durch Bank (BGH 61, 317; NJW 77, 38 und 431; 78, 2100; sa § 607 Rn 9). **b) Geschäftsbesorgung.** Der **Begriff** ist in § 675 **enger** als in §§ 662 (dort Rn 9 f) und 677 (dort Rn 2; vgl Larenz, SchR II/1, § 56 V, hM; krit MK/Seiler § 662, 12 ff). **Geschäftsbesorgung** ist eine selbständige Tätigkeit wirtschaftlicher Art, die nicht in einer bloßen Leistung an einen anderen, sondern in der Wahrnehmung seiner Vermögensinteressen besteht (BGH NJW 89, 1217, hM, str; teilw krit Musielak aaO, S 1220 ff). **aa) Selbständigkeit** verlangt eigenverantwortliche Überlegung und Willensbildung des Geschäftsbesorgers; sie fehlt bei Dienstleistungen in abhängiger Stellung, insbes bei Arbeitsverträgen (str, s aber Rn 2 aE). **bb) Wirtschaftlicher Art** ist eine Tätigkeit, die sich (unmittelbar) auf das Vermögen des Geschäftsherrn bezieht; fehlt zB bei Arzt (s § 667 Rn 4) und Erzieher. **cc) Wahrnehmung fremder Vermögensinteressen** betrifft Angelegenheiten, die an sich der Sorge des Geschäftsherrn obliegen. IdR ist ein Tätigwerden im Rechts-(Prozeß-)verkehr erforderlich; kennzeichnend sind Vertretungsmacht, Verfügungsbefugnis, Prozeßführungsbefugnis und bes Treuebindung des Geschäftsbesorgers. Bsp: Besorgung von RGeschäften für Rechnung eines Anderen (Kommissionär und andere mittelbare Stellvertreter; Bankgeschäfte); Prozeßführung; Rechts- und Vermögensberatung und -verwaltung; Treuhandverhältnisse (ie Rn 12). Interessenwahrnehmung **fehlt** bei Führung eigener Geschäfte. Bsp: Leistung von Handwerker (auch Bauunternehmer) „an" den Besteller; Überprüfung bereits diskontierter Wechsel durch die Bank; Schaffung des Aufgabenkreises des Geschäftsherrn erst mit Hilfe des Vertragspartners (Vertrag mit dem nur planenden Architekten, BGH 45, 229, str, sa Rn 12). Ein **eigenes** Interesse des Handelnden schließt Geschäftsbesorgung nicht aus (Musielak aaO, S 1225). **dd) Keine** Geschäftsbesorgung ist die Tätigkeit von öffentl Amtsträgern, wie die des Gerichtsvollziehers (RG 82, 85) und Notars (BNotO 1, 24 I; BGH NJW-RR 90, 630). 3
4
5
6
7
8

3. Rechtsfolgen. a) Anwendung von Auftragsrecht. Primär gelten die vertraglichen Vereinbarungen, ferner das für die einzelnen Vertragstypen (Handelsvertreter, Kommissionär, Spediteur) bestehende Handels- oder berufsrechtliche (zB BRAO) Sonderrecht. Erst sekundär gilt nach Maßgabe des § 675 **Auftragsrecht** und, soweit dieses keine Regelung trifft, Dienst- und Werkvertragsrecht, zB hinsichtlich der Vergütung (§§ 612, 632), der Kündigung (Rn 10 f). **Entspr Anwendung** verlangt stets Prüfung, ob durch die Natur des Rechtsverhältnisse die Anwendung nicht ausgeschlossen ist; zum Ersatz von Aufwendungen und Schäden s § 670 Rn 2 und 11. **Einzelanalogie** zu Auftragsvorschriften: Rn 2. **b) Nicht** anwendbare Vorschriften: Rn 1. **aa)** Für die **Vertragsbeendigung,** insbes die **Kündigung,** gilt Dienst- und Werkvertragsrecht, also anstelle von § 671 I die §§ 620 ff, 643, 649; § 671 II ist jedoch (vgl **Schlußhalbs**) anwendbar, wenn der Geschäftsbesorger ohne Einhaltung einer Kündigungsfrist kündigen kann (zB im Fall der §§ 621 Nr 5, 626, 627 I, sa dort II). **bb) Unterbeauftragung und Weitergabe des Auftrags.** Anstelle von § 664 I 1, II gilt beim Geschäftsbesorgungsdienstvertrag der inhaltsgleiche § 613, entspr Anwendung auf Geschäftsbesorgungswerkvertrag ist bei bes Vertrauensverhältnis möglich (Larenz, 9
10
11

Teichmann 847

§ 675 a Buch 2. Abschnitt 8. Einzelne Schuldverhältnisse

SchR II/1, § 56 V; Musielak aaO, S 1228 f). Bei § 664 I 2 ist entspr Anwendung nicht schlechthin ausgeschlossen (StMartinek A 88; MK/Seiler 13; Koller ZIP 85, 1246, str). Gestattung der Übertragung der Geschäftsbesorgung und Beschränkung der Haftung des Geschäftsführers auf Auswahlverschulden ist möglich (§ 311 I), jedoch wird auch bei befugter Übertragung der Ausführung von voller Haftung für den Untergeschäftsführer (§ 278) auszugehen sein. Abgrenzung zur „Weiterleitung" von Kundenaufträgen durch Banken: § 664 Rn 2 aE; ie Kümpel WM 96, 1893. Sondervorschriften für Spediteur: HGB 408; Anwalt: BRAO 53.

12 **4. Einzelne Geschäftsbesorgungsverträge. Agenturverträge,** zB Werbeagenturvertrag (Hamm GRUR 88, 564; Möhring/Illert BB 74, 65), Agenturvertrag über „in Kommission" („Zahlung") gegebener Gebrauchtwagen (BGH 89, 134 f; Behr AcP 185, 401 ff; sa § 311 Rn 23, 26; § 365 Rn 2; uU Maklervertrag: Stuttgart NJW-RR 88, 892); uU **Architektenvertrag** (s Rn 4 vor § 631), zB soweit Verhandlungen mit Dritten zu führen sind, die über Hilfstätigkeiten hinausgehen (BGH 45, 229, str; aA – idR § 675 – Musielak aaO, S 1241 ff); **Bankverträge,** zB Scheck-, Depot- (BGH NJW 91, 978), Effektenkommissions- (Köln WM 95, 383 f) und Akkreditivbestellungsvertrag (§ 783 Rn 12), Dokumenteninkassoauftrag (BGH 95, 154), unechtes Factoring (BGH 58, 366; Musielak aaO, S 1253 f; § 398 Rn 31), Avalkredit (BGH 95, 380 f), uU auch Akzeptkredit s Rn 19 vor § 488); zum Girovertrag s §§ 676 f–h, zum Überweisungsvertrag s §§ 676 a–c, zum Zahlungsvertrag s §§ 676 d–e, zum Kreditkartenvertrag s § 676 h. **Baubetreuungsverträge:** Baubetreuer ist ua, wer Bauvorhaben gewerbsmäßig in fremdem Namen für fremde Rechnung wirtschaftlich vorbereitet oder durchführt (GewO 34 c I Nr 2 b; BGH 126, 330), auch bei Vereinbarung eines Festpreises (BGH 67, 334) und bei Bauerrichtungsgemeinschaft als Auftraggeber (BGH 76, 89; Rspr-Übersicht: Jagenburg NJW 90, 292 ff; Doerry WM SonderBeil 8/91, 5 f); die Verträge mit den **RA** (Geschäftsbesorgungsdienstvertrag: BGH 71, 381; NJW 85, 2642 und Rn 19 vor § 611; sa § 276 Rn 32) und den Angehörigen anderer beratender Berufe wie **Patentanwalt** (BGH 52, 361), **Rechtsbeistand** (BGH MDR 85, 31), **Steuerberater** und -**bevollmächtigter** (BGH 115, 386 mN), **Wirtschaftsprüfer** (ie Brandner ZIP 84, 1187), **Anlageberater** (Musielak aaO, S 1234 ff) usw; der reine **Reisevermittler,** soweit kein Fall des § 651 a II vorliegt (Hamburg NJW 82, 1537; LG Göttingen NJW-RR 90, 1397); die Verträge mit **Treuhändern** (BGH 76, 131; 124, 300; NJW 98, 2969; Liebich/Mathews, Treuhand und Treuhänder usw, 2. Aufl 1983, S 73 ff), **Verwaltern** (BGH WM 65, 1181), zB Haus-, Guts-, Vermögens- oder Wohnungseigentumsverwalter (BGH 78, 65; 137, 73; NJW 98, 681), **Organen** von jur Personen (BGH NJW 85, 1900: Beirat einer KG; Rn 18 vor § 611), **Kommissionären** (HGB 383 ff; Musielak aaO, S 1258 ff), **Handelsvertretern** (HGB 84 ff; Musielak aaO, S 1254 ff) und **Versicherungsvermittlern** (BGH 94, 358 ff).

§ 675 a Informationspflichten

(1) ¹**Wer zur Besorgung von Geschäften öffentlich bestellt ist oder sich dazu öffentlich erboten hat, stellt für regelmäßig anfallende standardisierte Geschäftsvorgänge (Standardgeschäfte) schriftlich, in geeigneten Fällen auch elektronisch, unentgeltlich Informationen über Entgelte und Auslagen der Geschäftsbesorgung zur Verfügung, soweit nicht eine Preisfestsetzung nach § 315 erfolgt oder die Entgelte und Auslagen gesetzlich verbindlich geregelt sind.** ²**Kreditinstitute (§ 1 Abs. 1 des Gesetzes über das Kreditwesen) haben zusätzlich Informationen über Ausführungsfristen, Wertstellungszeitpunkte, Referenzkurse von Überweisungen und weitere in der Verordnung nach Artikel 239 des Einführungsgesetzes zum Bürgerlichen Gesetzbuche bestimmte Einzelheiten in der dort vorgesehenen Form zur Verfügung zu stellen; dies gilt nicht für Überweisungen der in § 676 c Abs. 3 bezeichneten Art.**

Titel 12. Auftrag und Geschäftsbesorgungsvertrag **§ 676**

(2) Im Sinne dieses Titels stehen Kreditinstituten gleich:
1. die Deutsche Bundesbank,
2. andere Unternehmen, die gewerbsmäßig Überweisungen ausführen, und
3. inländische Zweigstellen von Kreditinstituten und anderen Unternehmen mit Sitz im Ausland, die gewerbsmäßig Überweisungen ausführen.

Lit: *Gößmann/van Look,* Die Banküberweisung nach dem Überweisungsgesetz, WM 00, Sonderbeil 1; *Nobbe* WM 01, Sonderbeil 4 (Rspr-Übersicht).

1. Der Gesetzgeber hat die Notwendigkeit, die Bestimmungen der ÜRiLi über 1 vorvertragliche Informationspflichten der KrInstitute umzusetzen, zum Anlass genommen, für alle Geschäftsbesorgungen iSd § 663 (s § 663 Rn 2) sog Vorabinformationspflichten zu standardisierten Dienst- und Werkleistungen aufzustellen. Für (vorvertragliche und nachvertragliche) Informationspflichten der KrInstitute gem BGB-InfoV 12 f s Anh 676 h. Der (potentielle) Kunde hat einen ges Anspruch auf Erfüllung und uU einen Anspruch auf Schadensersatz gem §§ 311 II, 241 II, 280 I.

§ 676 Kündigung von Übertragungsverträgen

¹ Die Kündigung eines Geschäftsbesorgungsvertrags, der die Weiterleitung von Wertpapieren oder Ansprüchen auf Herausgabe von Wertpapieren im Wege der Verbuchung oder auf sonstige Weise zum Gegenstand hat (Übertragungsvertrag) ist nur wirksam, wenn sie dem depotführenden Unternehmen des Begünstigten so rechtzeitig mitgeteilt wird, dass die Kündigung unter Wahrung der gebotenen Sorgfalt noch vor der Verbuchung auf dem Depot des Begünstigten berücksichtigt werden kann. ² Die Wertpapiere oder die Ansprüche auf Herausgabe von Wertpapieren sind in diesem Fall an das erstbeauftragte Unternehmen zurückzuleiten. ³ Im Rahmen von Wertpapierlieferungs- und Abrechnungssystemen kann ein Übertragungsvertrag abweichend von Satz 1 bereits von dem in den Regeln des Systems bestimmten Zeitpunkt an nicht mehr gekündigt werden.

Lit: *Klamt/Koch,* Das neue Überweisungsrecht, DB 99, 943.

1. **Normzweck.** Nach der ZahlSiRiLi dürfen *Verträge zwischen KrInstituten,* in 1 denen sich ein Institut gegenüber einem anderen zur Weiterleitung von Überweisungen (sog Zahlungsvertrag, s §§ 676 d, e) oder zur (körperlosen) Übertragung von Wertpapieren bzw Ansprüchen auf Wertpapiere (sog Übertragungsvertrag) verpflichtet, nur eingeschränkt einseitig (durch Kündigung) beendet werden. § 676 zieht daraus die Konsequenz für den davor gelagerten Geschäftsbesorgungsvertrag zwischen Kunden und erstausführendem KrInstitut und schränkt insoweit das Kündigungsrecht des Kunden gem § 649 ein (vgl die parallele Regelung im Zahlungsvertrag, § 676 d Rn 3).

2. **a) Begriff des Übertragungsvertrages.** Das KrInstitut verpflichtet sich, 2 idR in Sammelverwahrung, also nicht beim Institut selbst gehaltene sog depotpflichtige Wertpapiere, auf einen anderen zu übertragen. Dies geschieht in der Weise, dass entspr Miteigentumsanteile am Sammeldepot (DepotG 6 I) von dem Wertpapierkonto des Übertragenden abgebucht und gem DepotG 24 dem Konto des Begünstigten gutgeschrieben werden (erfolgsbezogene Leistung iSd §§ 675, 631). Bei Wertpapieren in Sonderverwahrung, zB bei einer Depotbank im Ausland, überträgt der Kunde idR zunächst einen Anspruch auf Umschreibung des Eigentums an dem Wertpapier auf den Begünstigten. **b) Vertragliche Beziehungen zwischen den Beteiligten.** Das **Valutaverhältnis** zwischen dem Übertragenden und dem Begünstigten (Bsp: Kauf, Schenkung) bildet idR die Grundlage für den Transfer. Überweist der Kunde auf ein eigenes anderes Wertpapierkonto, so fehlt es

Teichmann 849

Vor §§ 676 a–676 h   Buch 2. Abschnitt 8. Einzelne Schuldverhältnisse

am Valutaverhältnis. Der im Ges geregelte Übertragungsvertrag zwischen Kunde und ausführendem KrInstitut ist das **Deckungsverhältnis,** das dem Kunden den Transfer, zu dem er sich im Valutaverhältnis verpflichtet hat, ermöglicht. Das **Zuwendungsverhältnis** wird durch uU mehrere Verträge gebildet, in denen sich sog zwischengeschaltete KrInstitute gegenüber dem jeweiligen Vorinstitut zur Weiterleitung bis zum KrInstitut des Begünstigten (das Ges geht mit dem Begriff „depotführendes Unternehmen" zutr über den Regelfall hinaus) verpflichten. Diese Rechtsverhältnisse sind nicht im BGB geregelt (s aber §§ 676 d, e bei Geldüberweisungen, sog Zahlungsverträge).

3 3. **Kündigung. a) Rechtzeitigkeit.** Der Übertragende kann zum einen gegenüber seinem Vertragspartner, also dem erstausführenden KrInstitut, kündigen, das seinerseits dem KrInstitut des Begünstigten Nachricht geben muss. Der Kunde kann aber die Kündigung auch unmittelbar dem KrInstitut des Empfängers zuleiten (BT-Drs 14/745 S 27; sa § 676 a Rn 7), das dann als Bote (zB durch Rückleitung der Wertpapiere) das ausführende KrInstitut informiert. **Maßgebender Zeitpunkt:** Das KrInstitut des Begünstigten muss die Möglichkeit haben, im standardisierten Geschäftsverkehr die Gutschrift noch zu stoppen; dies ist regelmäßig der Fall, wenn die Kündigung vor der Gutschrift auf dem Eingangskonto des betr KrInstitut zugeht (s § 676 a Rn 7), danach wohl nur noch in Ausnahmefällen. **b) Abdingbarkeit.** Bei Übertragung innerhalb von Transfersystemen können die KrInstitute kürzere Fristen festlegen (**S 3**). **c)** Zu **Ansprüchen gegen das erstausführende KrInstitut,** wenn es die ihm gegenüber erklärte Kündigung nicht rechtzeitig weiterleitet, und zu den **Rückabwicklungsansprüchen** s § 676 a Rn 7.

Kapitel 2. Überweisungsvertrag

Vorbemerkungen zu den §§ 676 a–676 h

1 1. **Zweck der Regelungen.** Die §§ 676 a – g sind durch das ÜG in Umsetzung der ÜRiLi, § 676 h ist durch das FernAbsG in Umsetzung der FernAbsRiLi eingeführt. Dabei treffen die Bestimmungen, insoweit über die ÜRiLi hinausgehend, Regelungen sowohl für den innerdeutschen Überweisungsverkehr als auch für Überweisungen in Länder außerhalb der EU. Die RiLi ihrerseits tragen der Tatsache Rechnung, dass der Transfer von Buchgeld (s §§ 244, 245 Rn 2) eine zentrale Bedeutung gewonnen hat und sich im grenzüberschreitenden bargeldlosen Verkehr erhebliche Probleme gezeigt haben. Durch das ÜG sollen die folgenden, von der ÜRiLi vorgegebenen Ziele verwirklicht werden (s BT-Drs 14/745 S 8): die fristgerechte und ungekürzte Durchführung von Überweisungen (§§ 676 a, 676 b II, 676 e II), die ausreichende Information des Kunden über Dauer des Überweisungsvorgangs, über Entgelte und sonstige Kosten von Überweisungen (aufgenommen in § 675 a) und insbes über die sog money–back–Garantie, wenn die Überweisung fehlschlägt (s §§ 676 b, c Rn 4). Eine umfassende Regelung des bargeldlosen Verkehrs ist nicht beabsichtigt. Jedoch sind, wie schon in § 676 h und den Regelungen zum Girovertrag (§§ 676 f, g) deutlich wird, auch andere Formen des Geldtransfers miterfasst.

2 2. **Inhaltliche Gestaltung. a) Allgemeines.** Die Eingriffe, die in die bisherige, durch AGB und kontrollierende Rspr geprägte Rechtslage vorgenommen wurden, sind relativ gravierend: Geschaffen wurden zwei neue Vertragstypen (Überweisungsvertrag und Zahlungsvertrag), der Girovertrag selbst wurde teilweise umgestaltet. Die Bestimmungen sind, soweit sie Verbraucherschutzrechte zum Inhalt haben, grundsätzlich zugunsten des Kunden **zwingend,** allerdings für Überweisungen nur innerhalb bestimmter betragsmäßiger und räumlicher Grenzen (s §§ 676 c III, 676 V). **b) Umschreibung der Vertragstypen.** Basis der Rechtsbeziehung zwischen KrInstitut und Kunden im Blick auf den bargeldlosen Zahlungsverkehr ist der **Girovertrag** als Dauerschuldverhältnis (s § 676 f Rn 1). Davon ist – anders als

Titel 12. Auftrag und Geschäftsbesorgungsvertrag **§ 676 a**

nach bisherigem Recht – der **Überweisungsvertrag** als eine selbständige Vereinbarung scharf zu trennen (s § 676a Rn 1). Der **Zahlungsvertrag** ergänzt nun als Vertrag *zwischen den KrInstituten* den Überweisungsvertrag insofern, als dadurch die vertragliche Basis für die Weiterleitung der Überweisung von einem KrInstitut zum anderen und auch für mögliche Rückgriffsansprüche gegeben werden soll.

§ 676 a Vertragstypische Pflichten, Kündigung

(1) ¹Durch den Überweisungsvertrag wird das Kreditinstitut (überweisendes Kreditinstitut) gegnüber demjenigen, der die Überweisung veranlasst (Überweisender), verpflichtet, dem Begünstigten einen bestimmten Geldbetrag zur Gutschrift auf dessen Konto beim überweisenden Kreditinstitut zur Verfügung zu stellen (Überweisung) sowie Angaben zur Person des Überweisenden und einen angegebenen Verwendungszweck, soweit üblich, mitzuteilen. ²Soll die Gutschrift durch ein anderes Kreditinstitut erfolgen, ist das überweisende Kreditinstitut verpflichtet, den Überweisungsbetrag rechtzeitig und, soweit nicht anders vereinbart, ungekürzt dem Kreditinstitut des Begünstigten unmittelbar oder unter Beteiligung zwischengeschalteter Kreditinstitute zu diesem Zweck zu übermitteln und die in Satz 1 bestimmten Angaben weiterzuleiten. ³Der Überweisende kann, soweit vereinbart, dem Kreditinstitut den zu überweisenden Geldbetrag auch in bar zur Verfügung stellen.

(2) ¹Soweit keine anderen Fristen vereinbart werden, sind Überweisungen baldmöglichst zu bewirken. ²Es sind
1. grenzüberschreitende Überweisungen in Mitgliedstaaten der Europäischen Union und in Vertragsstaaten des Abkommen über den Europäischen Wirtschaftsraum, die auf deren Währung oder Währungseinheit oder auf Euro lauten, soweit nichts anderes vereinbart ist, binnen fünf Werktagen, an denen alle beteiligten Kreditinstitute gewöhnlich geöffnet haben, ausgenommen Sonnabende, (Bankgeschäftstage) auf das Konto des Kreditinstituts des Begünstigten,
2. inländische Überweisungen in Inlandswährung längstens binnen drei Bankgeschäftstagen auf das Konto des Kreditinstituts des Begünstigten und
3. Überweisungen in Inlandswährung innerhalb einer Haupt- oder einer Zweigstelle eines Kreditinstituts längstens binnen eines Bankgeschäftstags, anderer institutsinterne Überweisungen längstens binnen zwei Bankgeschäftstagen auf das Konto des Begünstigten

zu bewirken (Ausführungsfrist). ³Die Frist beginnt, soweit nichts anderes vereinbart ist, mit Ablauf des Tages, an dem der Name des Begünstigten, sein Konto, sein Kreditinstitut und die sonst zur Ausführung der Überweisung erforderlichen Angaben dem überweisenden Kreditinstitut vorliegen und zur Ausführung der Überweisung ausreichendes Guthaben vorhanden oder ein ausreichender Kredit eingeräumt ist.

(3) ¹Das überweisende Kreditinstitut kann den Überweisungsvertrag, solange die Ausführungsfrist noch nicht begonnen hat, ohne Angabe von Gründen, danach nur noch kündigen, wenn ein Insolvenzverfahren über das Vermögen des Überweisenden eröffnet worden oder ein zur Durchführung der Überweisung erforderlicher Kredit gekündigt worden ist. ²Im Rahmen von Zahlungsverkehrssystemen kann eine Überweisung abweichend von Satz 1 bereits von dem in den Regeln des Systems bestimmten Zeitpunkt an nicht mehr gekündigt werden.

(4) ¹Der Überweisende kann den Überweisungsvertrag vor Beginn der Ausführungsfrist jederzeit, danach nur kündigen, wenn die Kündigung dem Kreditinstitut des Begünstigten bis zu dem Zeitpunkt mitgeteilt wird,

§ 676 a Buch 2. Abschnitt 8. Einzelne Schuldverhältnisse

in dem der Überweisungsbetrag diesem Kreditinstitut endgültig zur Gutschrift auf dem Konto des Begünstigten zur Verfügung gestellt wird. ²Im Rahmen von Zahlungsverkehrssystemen kann eine Überweisung abweichend von Satz 1 bereits von dem in den Regeln des Systems bestimmten Zeitpunkt an nicht mehr gekündigt werden. ³Das überweisende Kreditinstitut hat die unverzügliche Information des Kreditinstituts des Begünstigten über eine Kündigung zu veranlassen.

Lit: *Einsele,* Haftung der Kreditinstitute bei nationalen und grenzüberschreitenden Banküberweisungen, AcP 199 (1999), S 145 ff; *dies,* Das neue Recht der Banküberweisung, JZ 00, 9; *Gößmann/van Look,* Die Banküberweisung nach dem Überweisungsgesetz, WM 2000, Sonderbeil 1, S 25; *Grundmann,* Grundsatz- und Praxisprobleme des neuen deutschen Überweisungsrechts, WM 00, 2269; *Hadding,* Leistungsstörungen und Rückgriff nach dem neuen Überweisungsrecht, WM 00, 2465; ders, Entwicklungslinien im Recht des Zahlungsverkehrs und Bundesgerichtshof, FG 50 Jahre BGH, S 425; *Kümpel,* Zur Bankenhaftung nach dem neuen Überweisungsrecht, WM 00, 797; *Nobbe,* WM 01, Sonderbeil 4 (Rspr-Übersicht).

1   **1. Allgemeines. a) Begriff.** Wurde vor Erlass der §§ 676 a ff eine Überweisung aufgrund der im Girovertrag eingeräumten Weisungsbefugnis des Kunden vorgenommen, so ist jetzt die Überweisung als Gegenstand einer *selbständigen Vereinbarung* konzipiert, die die Gutschrift des entspr Geldbetrages auf dem Konto des Empfängers zum Ziel und Inhalt hat (s Rn 3). Grund für diesen Systemwechsel ist, dass nunmehr das KrInstitut entspr der RiLi – ordnungsgemäße Ausstellung unterstellt – grundsätzlich (ie s Rn 5) für den **Eingang des Geldbetrages** auf dem Empfängerkonto **einstehen** muss (Geschäftsbesorgung mit werkvertraglichem Charakter). Das KrInstitut muss dann aber die Möglichkeit haben, die Übernahme der Verpflichtung (im Rahmen des allg Zulässigen) abzulehnen (BT–Drs 14/745
2   S 19). **b) Vertragliche Beziehungen zwischen den Beteiligten.** Das **Valutaverhältnis** kennzeichnet auch hier (s § 676 Rn 2) den Vertrag zwischen dem Überweisenden und dem Überweisungsempfänger, der die causa für den Geldtransfer darstellt (Bsp: Kaufvertrag, Schenkung). Bei Überweisung auf ein eigenes anderes Konto fehlt das Valutaverhältnis. **Deckungsverhältnis** ist der Überweisungsvertrag (aA PalSprau 5: Girovertrag). Dieser Vertrag ist kein Vertrag zgDr. Die **Zuwendung** wird durch Zahlungsverträge über die Weiterleitung des Vertrages zwischen dem ausführenden KrInstitut und dem Empfängerinstitut abgesichert
3   (§§ 676 g, e). **c)** Der **Vertragsschluss** kommt grds formlos durch Angebot und Annahme zustande. Wegen der technischen Standardisierung des Überweisungsformulars und auch der Identitätsfeststellung anhand einer Unterschrift/Signatur ist das Angebot des Kunden idR aufgrund von AGB formalisiert. Zur Annahme ist das KrInstitut nicht verpflichtet. Besteht ein Girovertrag und damit eine Geschäftsverbindung iSv HGB 362, so gilt eine fehlende unverzügliche Zurückweisung als
4   Annahme; iÜ vollzieht sich die Annahme idR gem § 151. **d) Anwendungsbereich.** Die Bestimmungen gelten für alle Arten von Überweisungen (Bsp: Einzel- und Sammelüberweisung, Dauerauftrag, Barüberweisung, bei der der Überweisende den Betrag einzahlt und dieser ohne Buchung auf einem Konto des Überweisenden dem Empfängerkonto gutgeschrieben wird). Überweisender und Empfänger können dieselbe Person sein (BT-Drs 14/745 S 18). In einer weiten Auslegung sollten auch Vorgänge des bargeldlosen Verkehrs erfasst werden, die mittelbar vom Kontoinhaber veranlasst worden sind (Gößmann/van Look aaO S 25), etwa bei Ermächtigungen im Rahmen eines Aktienkaufs. Es handelt sich nicht um Bestimmungen des Verbraucherschutzes, die Normen gelten auch für Überweisungen von Unternehmern.

5   **2. Pflichten des überweisenden KrInstituts. a) Hauptpflichten.** Liegen die Voraussetzungen vor (s **II 3**), so hat das KrInstitut nach Abschluss des Vertrages (s Rn 2) den angegebenen Betrag, wenn der Empfänger ein (angegebenes) Konto bei demselben KrInstitut führt, diesem Konto gutzuschreiben (**I 1**) und in den anderen Fällen dafür Sorge zu tragen, dass der Betrag dem Empfänger auf dem angegebenen

Titel 12. Auftrag und Geschäftsbesorgungsvertrag **§ 676 a**

Konto bei einem anderen KrInstitut gutgeschrieben wird. Es kann sich um die einmalige Überweisung eines Betrages, um gleichzeitig mehrere Überweisungen (Sammelüberweisungen), auch um Überweisungen in Zeitabständen (Dauerauftrag) handeln. Der geschuldete Erfolg iSd §§ 675, 631 II tritt ein, wenn der Betrag auf dem *Eingangskonto des KrInstituts,* bei dem der Empfänger sein Konto führt, gutgeschrieben worden ist **(I 2)**. Die in der Kompetenz des Empfänger-KrInstituts liegende Gutschrift für den Empfänger tritt freilich erst ein, wenn durch einen Organisationsakt mit Rechtsbindungswillen die Gutschriftdaten vorbehaltlos zur Verfügung gestellt werden (BGH NJW 00, 804). Der zu überweisende Betrag kann vom Überweisenden als Buchgeld zur Verfügung gestellt oder bar **(I 3)** eingezahlt werden. **Zeitspanne:** Die Gutschrift ist (obj) „baldmöglichst" **(II 1**, nicht mit „unverzüglich" iSv § 121 zu verwechseln) zu bewirken, wobei **II 1 Nr 1–3** unterschiedliche Höchstfristen je nach Art des Überweisungsvorgangs enthalten. Der Betrag ist, wenn nichts anderes vereinbart (s Rn 5), ungekürzt zu überweisen. **b)** Mit der Überweisung sind dem Empfänger bestimmte **Informationen** (Verwendungszweck, Angaben zur Person des Überweisenden, soweit üblich) zu übermitteln **(I 1)**. **c) Informationspflichten** bestehen vor Ausführung der Überweisung (zB über voraussichtliche Dauer bis zum Eingang beim Empfänger, über Berechnungsweise und Sätze für das Entgelt, uU über Regelungen zum Wertstellungsdatum, über das Beschwerde- und Abhilfeverfahren) und danach (zB Angaben zur Identifizierung der Überweisung, Überweisungsbetrag, zu den angefallenen Entgelten und Auslagen, uU zum Wertstellungsdatum); sie ergeben sich aus BGB-InfoV 12 f (s Anh 676 h). **d)** Zu beachten ist selbstverständlich die **bankrechtliche Geheimhaltungspflicht** (Bankgeheimnis). **e)** Zur **Haftung** s § 676 c Rn 2 ff. 6

3. Pflichten und Obliegenheiten des Überweisenden. a) Im Synallagma 7 steht die **Entgeltpflicht,** wenn vereinbart (§§ 675, 632); hinzu tritt die **Erstattung der Auslagen,** zB für die zwischengeschalteten KrInstitute. Wegen des Grundsatzes, dass der Empfänger den Überweisungsbetrag ungekürzt erhalten soll (s Rn 3), ist das Entgelt, wenn nichts anderes vereinbart, gesondert zu zahlen. In der internationalen Bankenpraxis üblich sind Kurzkennzeichnungen auf dem Überweisungsformular. „OUR" bedeutet, dass der Überweisende sämtliche Kosten trägt; bei „BEN" sollen die Gebühren vom Überweisungsbetrag (zu Lasten des Empfängers) abgezogen werden; bei „SHA" soll der Überweisende die Gebühren des ausführenden KrInstituts, der Empfänger die Gebühren der zwischengeschalteten KrInstitute und des Empfänger–KrInstituts tragen (s BT-Drs 14/745 S 21). **b)** Zur Durchführung der Überweisung hat der Überweisende dem KrInstitut die **Angaben** zu machen und dafür zu sorgen, dass der **Überweisungsbetrag gedeckt** ist. Liegen die Voraussetzungen nicht vor, so beginnen die Ausführungsfristen (s Rn 3) noch nicht zu laufen **(II 3)**. Liegt eine Teildeckung bei mehreren gleichzeitigen Überweisungen vor, so kann das KrInstitut eine eigene Auswahl treffen. Es kann aber auch dem Überweisenden die Entscheidung überlassen; in diesem Fall beginnt der Lauf der Ausführungsfrist für alle Überweisungen noch nicht.

4. Kündigung. a) Kündigung durch das KrInstitut (III). aa) Ein **Bedürfnis** (neben der Ablehnung des Vertragsangebots) wird idR nur bestehen, wenn das KrInstitut dank der automatisierten Datenverarbeitung bei Annahme des Angebots auf Durchführung einer Überweisung nicht merkt, dass eine Angabe gem II 3 fehlt, des Weiteren bei Daueraufträgen und später fehlender Deckung oder auch bei der Annahme eines Vertrages in der bestimmten Erwartung, es komme noch zu einer Deckung (s BT-Drs 14/745 S 20). Andererseits muss gewährleistet sein, dass sich das KrInstitut seiner Haftung (s § 676 b, c Rn 2 ff) nicht durch eine Kündigung entzieht. **bb)** In Abweichung von § 671 I (ausgeschlossen bereits in § 675 I) besteht ein **ordentliches Kündigungsrecht** (mit sofortiger Wirkung) nur am selben Geschäftstag, an dem das KrInstitut die für die Überweisung erforderlichen Daten erhalten hat **(III 1 iVm II 3)**. Für den Fristablauf ist die Abgabe der Kündigungs- 8

Teichmann 853

§ 676 b Buch 2. Abschnitt 8. Einzelne Schuldverhältnisse

erklärung maßgebend, nicht ihr Zugang; sonst wäre ein Kündigungsrecht faktisch nicht gewährt (desgl mit anderer Begründung Gößmann/van Look aaO S 34). Ein **außerordentliches Kündigungsrecht** hat das KrInstitut bis zur Bewirkung der Überweisung, falls ein für die Überweisung erforderlicher Kredit nicht gewährt wird oder der Überweisende in Insolvenz fällt **(III 2)**; sa § 676 b III S 4. cc) **Abdingbarkeit.** Die Fristen können anders bestimmt werden **(II 3)**; dies gilt insbes
9 für Zahlungsverkehrssysteme **(III 3)**. b) **Kündigung durch den Überweisenden (IV).** Der Überweisende kann, was insoweit § 649 entspricht, die Überweisung durch Erklärung gegenüber dem ausführenden KrInstitut bis zum Beginn der Ausführungsfrist **(s II)** jederzeit kündigen **(abdingbar)**. Danach setzt die ZahlSicherungsRiLi Grenzen (sa § 676): Ist der Betrag bei dem KrInstitut des Begünstigten eingegangen, ohne dass dieses vorher einen Widerruf erreicht hat, so muss das KrInstitut zur Realisierung der Zahlung ungestört seiner Verpflichtung zur Gutschrift innerhalb eines Geschäftstages nachkommen können (s § 676 g I 1). Der Widerruf kann vom Überweisenden unmittelbar erklärt werden oder gegenüber dem ausführenden KrInstitut, das zur Weiterleitung als Bote verpflichtet ist **(IV 3)**. Das ausführende KrInstitut kann sich gem §§ 280 I, II, 283 bei zu vertretender Terminüberschreitung (absolutes Fixgeschäft) schadensersatzpflichtig machen. Im Rahmen von **Zahlungsverkehrssystemen** kann die Frist verkürzt werden **(IV 2,** sa §§ 676 S 3, 676 d II 2).

§ 676 b Haftung für verspätete Ausführung, Geld-zurück-Garantie

(1) ¹Wird die Überweisung erst nach Ablauf der Ausführungsfrist bewirkt, so hat das überweisende Kreditinstitut dem Überweisenden den Überweisungsbetrag für die Dauer der Verspätung zu verzinsen, es sei denn, dass der Überweisende oder der Begünstigte die Verspätung zu vertreten hat. ²Der Zinssatz beträgt fünf Prozentpunkte über dem Basiszinssatz im Jahr.

(2) Das überweisende Kreditinstitut hat von ihm selbst oder von einem der zwischengeschalteten Kreditinstitute entgegen dem Überweisungsvertrag einbehaltene Beträge ohne zusätzliche Entgelte und Auslagen nach Wahl des Überweisenden entweder diesem zu erstatten oder dem Begünstigten zu überweisen.

(3) ¹Der Überweisende kann die Erstattung des Überweisungsbetrags bis zu einem Betrag von 12 500 Euro (Garantiebetrag) zuzüglich bereits für die Überweisung entrichteter Entgelte und Auslagen verlangen, wenn die Überweisung weder bis zum Ablauf der Ausführungsfrist noch innerhalb einer Nachfrist von 14 Bankgeschäftstagen vom Erstattungsverlangen des Überweisenden an bewirkt worden ist. ²Der Überweisungsbetrag ist in diesem Fall vom Beginn der Ausführungsfrist bis zur Gutschrift des Garantiebetrags auf dem Konto des Überweisenden mit dem in Absatz 1 Satz 2 bestimmten Zinssatz zu verzinsen. ³Mit dem Erstattungsverlangen des Überweisenden und dem Ablauf der Nachfrist gilt der Überweisungsvertrag als gekündigt. ⁴Das Kreditinstitut ist berechtigt, den Vertrag zu kündigen, wenn die Fortsetzung des Vertrags unter Abwägung der beiderseitigen Interessen für das Kreditinstitut nicht zumutbar ist und es den Garantiebetrag entrichtet hat oder gleichzeitig entrichtet. ⁵Der Überweisende hat in den Fällen der Sätze 3 und 4 die vereinbarten Entgelte und Auslagen nicht zu entrichten. ⁶Ansprüche nach diesem Absatz bestehen nicht, wenn die Überweisung nicht bewirkt worden ist, weil der Überweisende dem überweisenden Kreditinstitut eine fehlerhafte oder unvollständige Weisung erteilt oder wenn ein von dem Überweisenden ausdrücklich bestimmtes zwischengeschaltetes Kreditinstitut die Überweisung nicht ausgeführt hat. ⁷In dem zweiten Fall des Satzes 6 haftet das von

Titel 12. Auftrag und Geschäftsbesorgungsvertrag **§ 676 c**

dem Überweisenden ausdrücklich bestimmte Kreditinstitut diesem anstelle des überweisenden Kreditinstituts.

(4) Ansprüche nach den Absätzen 1 bis 3 sind ausgeschlossen, wenn die Ursache für den Fehler bei der Abwicklung der Überweisung höhere Gewalt ist.

§ 676 c Verschuldensunabhängige Haftung, sonstige Ansprüche

(1) ¹Die Ansprüche nach § 676 b setzen ein Verschulden nicht voraus. ²Andere Ansprüche, die ein Verschulden voraussetzten, sowie Ansprüche aus ungerechtfertigter Bereicherung bleiben unberührt. ³Das überweisende Kreditinstitut hat hierbei ein Verschulden, das einem zwischengeschalteten Kreditinstitut zur Last fällt, wie eigenes Verschulden zu vertreten, es sei denn, dass die wesentliche Ursache bei einem zwischengeschalteten Kreditinstitut liegt, das der Überweisende vorgegeben hat. ⁴Die Haftung nach Satz 3 kann bei Überweisungen auf ein Konto im Ausland auf 25 000 Euro begrenzt werden. ⁵Die Haftung für durch die Verzögerung oder Nichtausführung der Überweisung entstandenen Schaden kann auf 12 500 Euro begrenzt werden; dies gilt nicht für Vorsatz und grobe Fahrlässigkeit, den Zinsschaden und für Gefahren, die das Kreditinstitut besonders übernommen hat.

(2) In den Fällen des Absatzes 1 Satz 3 Halbsatz 2 haftet das von dem Überweisenden vorgegebene zwischengeschaltete Kreditinstitut anstelle des überweisenden Kreditinstituts.

(3) Von den Vorschriften des § 675 Abs. 1, der §§ 676 a und 676 b und des Absatzes 1 darf, soweit dort nichts anderes bestimmt ist, zum Nachteil des Überweisenden nur bei Überweisungen abgewichen werden,

1. deren Überweisender ein Kreditinstitut ist,
2. die den Betrag von 75 000 Euro übersteigen oder
3. die einem Konto eines Kreditinstituts mit Sitz außerhalb der Europäischen Union und des Europäischen Wirtschaftsraums gutgeschrieben werden sollen.

Anmerkungen zu §§ 676 b, 676 c

Lit: S. zu § 676 a.

1. Funktion. In einem unklaren Aufbau gewährt **§ 676 b** entspr der ÜRiLi einen verschuldensunabhängigen (s § 676 c I 1), im einzelnen differenzierten (s Rn 2 ff) Mindestsockel (BT–Drs 14/745 S 23) an Erstattungsansprüchen bei bestimmten Leistungsstörungen gegenüber den an der Überweisung beteiligten KrInstituten und grenzt diese in ihrer Höhe und unter bestimmten Umständen ein (s S 4, 5). Als lex specialis schließt die Bestimmung andere Ansprüche, zB aus § 667 (nach Kündigung) aus. § 676 c öffnet deshalb wieder die Möglichkeit zum Geltendmachen von Ansprüchen aus §§ 812 ff und auf Schadensersatz aus dem Recht der allg Leistungsstörungen. Dabei ist zu beachten, dass der Begriff des „Verschuldens" iSd durch das SchRModG neu gefassten § 276 zu verstehen ist, also als „Vertretenmüssen" (sonst wäre die Formulierung des § 676 c I 5, 2. HalbS nicht verständlich). Über den Normanwendungsbereich hinaus enthält **§ 676 c III** Freizeichnungsgrenzen. Schließlich werden für bestimmte Fälle unmittelbar vertragliche Ansprüche des Überweisenden gegen zwischengeschaltete KrInstitute eingeräumt **(§§ 676 b III 7, 676 c II)**. Konstruktiv ist diese durch den RAusschuss des BT eingeführte Regelung wohl dahin zu verstehen, dass der Überweisende kraft ges Zuweisung Ansprüche wie ein Drittbegünstigter gem § 328 ff aus dem Vertrag mit dem Vorinstitut geltend machen kann (aA Gößmann/van Look 42: Drittschadensliquidation). 1

§ 676 c

2 2. **Verschuldensunabhängige Erstattungsansprüche. a) Verspätung (§ 676 b I). aa) Tatbestand:** Ablauf der Ausführungsfrist (§ 676 a II, s § 676 a Rn 3), spätere Gutschrift auf dem Konto des Begünstigten als Bewirken der Überweisung (s § 676 a Rn 3). Auf ein Verschulden eines der beteiligten KrInstitute kommt es nicht an. **bb) Ausschluss des Anspruchs:** Verantwortlichkeit (vgl § 326 II S 1) der Verzögerung durch den Überweisenden oder den Begünstigten (**§ 676 b I 1, 2. HalbS**), höhere Gewalt (**§ 676 b IV**). Höhere Gewalt liegt nach der ÜRiLi (Notwendigkeit der richtlinienkonformen Auslegung) vor, „wenn ungewöhnliche und unvorhersehbare Ereignisse eintreten, auf die derjenige, der sich auf höhere Gewalt beruft, keinen Einfluss hat und deren Folgen trotz Anwendung der gebotenen Sorgfalt nicht hätten vermieden werden können". Nicht erforderlich ist, dass das Ereignis von außen kommt (BT-Drs 14/745 S 24). Bsp: Abstürzen der EDV-Anlage; hier ist freilich zu prüfen, ob Sorgfaltsmaßnahmen geboten gewesen wären (Einsele JZ 2000, 15). Zur **Freizeichnung** s § 676 c III.
3 **cc) Rechtsfolgen.** Zum Basiszinssatz s § 247. **b) Nichteinhalten einer Frist von mehr als 14 Bankgeschäftstagen nach Ablauf der Ausführungsfrist (§ 676 b III S 1). aa) Tatbestand.** Zum Ablauf der Ausführungsfrist s § 676 a Rn 3. Die **Nachfrist** schließt sich „automatisch", dh ohne bes Erklärung des Überweisenden unmittelbar an die Ausführungsfrist an; zu den **Bankgeschäftstagen** s § 676 a II Nr 1. **bb) Ausschluss des Anspruchs.** Die Nichteinhaltung beruht auf **fehlerhaften oder unvollständigen Angaben** („Weisungen") des Überweisenden (**§ 676 a III 6**), der Überweisende hat das **zwischengeschaltete KrInstitut** (nicht das Empfängerinstitut; dafür trägt das überweisende KrInstitut stets das Risiko), das die Nichteinhaltung der Frist ausgelöst hat, **selbst bestimmt** (**§ 676 c III b, 2 Alt**); bei Mitverursachung ist § 254 entspr anwendbar. Summenmäßige Beschränkung: Kein Anspruch für Beträge **über 12 500 €** (**§ 676 c III 1**); bei einer Aufgliederung einer Summe in Teilüberweisungen ist die Norm uU entspr anwendbar (s § 134 Rn 18 aE). Zur **Freizeichnung** s § 676 c III.
4 **cc) Rechtsfolgen.** Der Überweisende kann **Erstattung** des Überweisungsbetrages (bis 12 500 €) verlangen (sog **money-back-Garantie**). Der Erstattungsbetrag umfasst den Überweisungsbetrag bis 12 500 € (s oben), bereits entrichtete Entgelte und Auslagen sowie die Verzinsung des Überweisungsbetrages gem § 676 b I 2 vom *Beginn* der Ausführungsfrist bis zur Gutschrift des Erstattungsbetrages (**§ 676 b III 2**). Noch nicht geleistete Entgelte bzw Auslagen sind nicht zu entrichten (**§ 676 b III 5**). Als **Erstattungsverlangen** ist jede Erklärung anzusehen, in der der Überweisende Erstattung oder Auszahlung an sich verlangt und damit zeigt, dass er vom Scheitern der Überweisung ausgeht (Gößmann/van Look aaO S 38). Die Erklärung gilt als **Kündigung** des Überweisungsvertrages (**§ 676 b III 3**). Zum Kündigungsrecht des KrInstitutes s § 676 b III 4. Das Recht, auf der weiteren Ausführung der Überweisung zu bestehen und Zinsen gem § 676 b I zu verlangen,
5 bleibt unberührt. **c) Vertragswidrig unvollständige Überweisungen (§ 676 b II).** Zur Kennzeichnung, wer Entgelte und Auslagen zu tragen hat, s § 676 a Rn 5. Die **Beweislast** zum Abzug von Entgelten etc trägt das KrInstitut. Zum **Ausschluss** des Anspruchs s § 676 b IV (hier kaum vorstellbar, zur Freizeichnung s § 676 c III). Zu den **Rechtsfolgen** s GesText.

6 3. **Schadensersatzansprüche im Fall des Vertretenmüssens (s § 676 c I 1).** In Frage kommen im Wesentlichen Ansprüche auf Ersatz des Verzögerungsschadens (§§ 280 I, II, 286) oder auf Schadensersatz statt der Leistung nach Fristsetzung (§§ 675 I, 634 Nr 4 iVm 280 I, III, 281) sowie auf Ersatz wegen Verletzung einer Nebenpflicht (§§ 280 I, 241 II). Bedeutsam sein kann dies zB im Blick auf Zinsen gem § 288 II für Unternehmen, für Überweisungen über den Garantiebetrag (s § 676 III 1) und insbes für Folgeschäden, die dem Überweisenden aus dem Valutaverhältnis (s § 676 a Rn 1) entstehen. § 254 ist selbstverständlich anwendbar. Der Anspruch kann auf die in **S 4, 5** genannten Beträge reduziert werden.

Titel 12. Auftrag und Geschäftsbesorgungsvertrag §§ 676 d, 676 e

4. Ansprüche aus ungerechtfertigter Bereicherung (s § 676 c I 1) kommen 7
insbes in Frage, wenn das ausführende KrInstitut zu einem späteren Zeitpunkt den
verloren gegangenen Überweisungsbetrag wiedererhält; zum zwischengeschalteten
KrInstitut s § 676 e IV, zur **Abdingbarkeit** s § 676 c III.

Kapitel 3. Zahlungsvertrag

§ 676 d Vertragstypische Pflichten beim Zahlungsvertrag

(1) Durch den Zahlungsvertrag verpflichtet sich ein zwischengeschaltetes Kreditinstitut gegenüber einem anderen Kreditinstitut, im Rahmen des Überweisungsverkers einen Überweisungsbetrag an ein weiteres Kreditinstitut oder an das Kreditinstitut des Begünstigten weiterzuleiten.

(2) ¹Das Kreditinstitut des Begünstigten ist verpflichtet, einen Überweisungsbetrag an das überweisende Kreditinstitut zurückzuleiten, wenn ihm vor dessen Eingang eine entsprechende Mitteilung durch das überweisende Kreditinstitut zugeht. ²Im Rahmen von Zahlungsverkehrssystemen braucht die Kündigung von dem in den Regeln des Systems festgelegten Zeitpunkt an nicht mehr beachtet zu werden.

§ 676 e Ausgleichsansprüche

(1) Liegt die Ursache für eine verspätete Ausführung einer Überweisung in dem Verantwortungsbereich eines zwischengeschalteten Kreditinstituts, so hat dieses den Schaden zu ersetzen, der dem überweisenden Kreditinstitut aus der Erfüllung der Ansprüche des Überweisenden nach § 676 b Abs. 1 entsteht.

(2) Das zwischengeschaltete Kreditinstitut hat die von ihm selbst entgegen dem Überweisungsvertrag einbehaltenen Beträge ohne zusätzliche Entgelte und Auslagen nach Wahl des überweisenden Kreditinstituts entweder diesem zu erstatten oder dem Begünstigten zu überweisen.

(3) ¹Das Kreditinstitut, das mit dem überweisenden Kreditinstitut einen Zahlungsvertrag geschlossen hat, ist verpflichtet, diesem die geleisteten Zahlungen zu erstatten, zu denen dieses nach § 676 b Abs. 3 gegenüber dem Überweisenden verpflichtet war. ²Jedes zwischengeschaltete Kreditinstitut ist verpflichtet, dem Kreditinstitut, mit dem es einen Zahlungsvertrag zur Weiterleitung der Überweisung abgeschlossen hat, die nach Satz 1 oder nach dieser Vorschrift geleisteten Zahlungen zu erstatten. ³Wird die Überweisung nicht bewirkt, weil ein Kreditinstitut dem von ihm zwischengeschalteten Kreditinstitut eine fehlerhafte oder unvollständige Weisung erteilt hat, ist der Erstattungsanspruch dieses Kreditinstituts nach den Sätzen 1 und 2 ausgeschlossen. ⁴Das Kreditinstitut, das den Fehler zu vertreten hat, hat dem überweisenden Kreditinstitut den ihm aus der Erfüllung seiner Verpflichtungen nach § 676 c Abs. 1 entstehenden weitergehenden Schaden zu ersetzen.

(4) An der Weiterleitung eines Überweisungsbetrags beteiligte Kreditinstitute, die nicht auf Ersatz haften, haben selbständig nach dem Verbleib des Überweisungsbetrags zu forschen und dem Anspruchsberechtigten den von ihnen aufgefundenen Überweisungsbetrag abzüglich einer angemessenen Entschädigung für die Nachforschung zu erstatten.

(5) ¹Entfallen Ansprüche, weil der Überweisende das zur Weiterleitung beauftragte Kreditinstitut vorgegeben hat, so hat dieses den Überweisenden so zu stellen, wie er bei Anwendung des § 676 b Abs. 3 stünde. ²Im Übrigen gilt § 676 b Abs. 4 sinngemäß.

§ 676 e   Buch 2. Abschnitt 8. Einzelne Schuldverhältnisse

Anmerkungen zu §§ 676 d, 676 e

Lit: *Gößmann/vanLook,* Die Banküberweisung nach dem Überweisungsgesetz, WM 2000, Sonderbeil 1, S 43 f; *Einsele,* Das neue Recht der Banküberweisung, JZ 2000, 9.

1   **1. Regelungszweck.** Die Normen, durch das ÜG (s vor §§ 676 a–h Rn 1) eingeführt, ziehen die Konsequenz aus verschiedenen Vorgaben der ÜRiLi (BT-Drs 14/745 S 24 f): Es soll sichergestellt sein, dass Vorgänge des bargeldlosen Zahlungsverkehrs von einem bestimmten Zeitpunkt an nicht mehr widerrufen werden können, sondern innerhalb bestimmter Fristen tatsächlich ausgeführt werden. Da das im Überweisungsvertrag (§ 676 a) beauftragte sog überweisende KrInstitut verschuldensunabhängig dafür einstehen muss, dass der überwiesene Betrag rechtzeitig und vollständig auf dem Konto des Empfängers bei dessen KrInstitut gutgeschrieben wird, muss nun sichergestellt werden, dass der eingetretene Schaden letztlich von dem KrInstitut getragen wird, das die Störung verursacht hat. Das Ges definiert in §§ 676 d und e unter dem Begriff des Zahlungsvertrages die Pflichten der KrInstitute, die in den Geldtransfer zwischen dem ausführenden KrInstitut und dem KrInstitut des Empfängers eingeschaltet sind. Die Regelung ist **dispositiv**.

2   **2. Zahlungsvertrag. a) Partner** sind nur KrInstitute und zwar zunächst das ausführende KrInstitut des Schuldners einerseits und ein weiteres KrInstitut andererseits, soweit es nicht die Empfängerbank selbst ist (diese schuldet keine Weiterleitung mehr, s BT-Drs 14/1067 S 19 Nr 34; PalSprau Rn 2; aA Erm/v Westphalen Rn 1). An diesen Vertrag können sich – je nach Anzahl der beteiligten KrInstitute – ein oder mehrere Zahlungsverträge anschließen, in denen das bisherige Schuldnerinstitut zum Gläubigerinstitut der Weiterleitung wird. **b) Art.** Der Vertrag kann ein Einzelvertrag über eine bestimmte Überweisung sein oder auch bei ständigen Beziehungen ein Rahmenvertrag, innerhalb dessen Einzelweisungen erteilt werden. **c) Pflichten der Parteien. aa)** Das **Schuldnerinstitut**
3   verpflichtet sich, einen bestimmten, idR zur Verfügung gestellten Geldbetrag (bzw im Rahmenvertrag den jeweils angewiesenen Geldbetrag) einem anderen KrInstitut (weitere Zwischenbank, Empfängerbank) zur Verfügung zu stellen. Erfüllung beim Einzelvertrag geschieht, wenn der versprochene Erfolg (s §§ 675, 631 II) eingetreten, dh der Überweisungsbetrag auf dem Eingangskonto der nächsten Bank verbucht ist. Eine Frist bestimmt das Ges nicht. Die Verbuchung hat aber so rasch zu erfolgen, dass das ausführende KrInstitut seine Verpflichtung aus dem Überweisungsvertrag gegenüber dem Bankkunden fristgerecht erfüllen kann (s § 676 a II 2). Außerdem sind die Informationen zur Überweisung (Person und Konto von Empfänger und Absender, Verwendungszweck) weiterzuleiten. Die Einzelheiten (zB Umfang der weiterzuleitenden Daten, Art und Form der Datensätze) sind durch das zwischen den Spitzenverbänden der Kreditwirtschaft abgeschlossene „Abkommen zum Überweisungsverkehr" bestimmt (Gößmann/van Look aaO S 45; abgedruckt bei Gößmann in Schimanski/Bunte/Lwowski aaO Anh zu §§ 52 bis 55 Nr 6). **bb)** Das beauftragende **Gläubigerinstitut** ist hauptsächlich zur Zahlung einer Vergütung (§ 631 I) und zur Erstattung der Aufwendungen verpflichtet (§§ 675 I, 670).

4   **3. Rückleitung des Überweisungsbetrages (II).** Kündigen der Überweisende (§ 676 a IV 1) oder das erstausführende KrInstitut (§ 676 b III 4) den Überweisungsvertrag fristgerecht, so ist das beauftragte KrInstitut in den im Ges genannten Fristen zur Rücküberweisung verpflichtet.

5   **4. Ausgleichsansprüche, § 676 e. a) Erstattung von Zinsen (I).** Da das erstausführende KrInstitut gem §§ 676 b, 676 c I 3 verschuldensunabhängig zur Zahlung von Zinsen bei Verzögerungen verpflichtet ist und es für das Verschulden zwischengeschalteter KrInstitute gem § 278 bei Ansprüchen einzustehen hat, die ein Vertretenmüssen voraussetzen, gewährt das Ges dem erstausführenden KrInstitut einen Rückgriffsanspruch gegen den eigentlichen Verursacher. Um Beweisschwierigkeiten gegenüber einem weiter nachgeschalteten Institut auszuschließen,

Titel 12. Auftrag und Geschäftsbesorgungsvertrag **§ 676 f**

gibt § 676 b einen Rückgriff in der Kette, der es gleichzeitig gestattet, Verursachungsanteile beim jeweiligen Rückgriff zu berücksichtigen (BT-Drs 14/745 S 25); § 254 ist dabei, bezogen auf das Ausmaß der Verursachung, anwendbar (BT–Drs aaO). Entgegen dem Wortlaut entsteht der Anspruch bereits mit der Inspruchnahme des erstausführenden KrInstituts durch den Überweisenden. **b) Erstattung einbehaltener Beträge (II).** In vergleichbarer Weise ist ein Rückgriffsanspruch geregelt, wenn infolge des unberechtigten Einbehaltens von Teilen des Überweisungsbetrages nicht die volle Summe beim Empfänger eingeht (s § 676 a I 2). Der Anspruch kann vom jeweils beauftragenden Institut als Resterfüllungsanspruch (Überweisung an den Begünstigten) oder als Schadensersatzanspruch (Erstattung an sich selbst) geltend gemacht werden. Maßgebend für die Verpflichtung ist der vereinbarte Vertrag zwischen Überweisendem und erstausführendem KrInstitut. **c) Erstattung geleisteter Zahlungen (§ 676 e III 6 1–3).** In gleicher Weise ist der Rückgriff gestaltet, wenn der Überweisende das erstausführende Institut nach § 676 b III 1 Nr 2 wegen Nichtausführung der Überweisung innerhalb der dort genannten Frist in Anspruch nimmt; wiederum haftet letztlich das Institut, das die Überweisung nicht weitergeleitet hat. Bei fehlerhaften Angaben im Angebot auf Abschluss eines Zahlungsvertrages oder in einer Weisung bei einem Rahmenvertrag (s Rn 2) – vom Ges in III 3 als „Weisung" zusammengefasst – kann es zum Ausschluss oder auch zur Reduzierung des Anspruchs kommen. Bei Beträgen **oberhalb der Garantiesumme** (§ 676 b III) bedarf es des Vertretenmüssens (§ 276) beim in Anspruch genommenen KrInstitut, **III 4.** Zur **Beweislast** s § 280 I 2. **d)** Bei **Nachforschungs- und Erstattungspflichten (IV)** in den Fällen der §§ 676 b III, 676 b IV, 676 g III scheiden Ansprüche nach § 676 e III 1 und 2 aus. In Umsetzung von Art 8 III der ÜRiLi regelt das Ges einen Nachforschungs- und Auskehranspruch (lex specialis zu § 667). Die Nachforschungspflicht besteht in allen Fällen, in denen ein KrInstitut nicht haftet, also auch bei höherer Gewalt (BT-Drs 14/745 S 26). Anspruchsberechtigter ist das vorgeschaltete KrInstitut als Partner des Zahlungsvertrages (PalSprau 3; Gößmann/van Look aaO S 49; aA Einsele JZ 00, 18: Überweisender und alle in den Überweisungsvorgang eingeschaltete KrInstitute).

5. Direktanspruch des Überweisenden (V). Hat der Überweisende keinen 7 Anspruch gegen das erstausführende KrInstitut, weil er das die Leistungsstörung verursachende Zwischeninstitut vorgegeben hatte (§ 676 b III 6), so hat er einen unmittelbaren Anspruch gegen das Zwischeninstitut in dem Maße, wie dieser Anspruch sonst gegen das erstausführende KrInstitut bestehen würde.

Kapitel 4. Girovertrag

§ 676 f Vertragstypische Pflichten beim Girovertrag

¹**Durch den Girovertrag wird das Kreditinstitut verpflichtet, für den Kunden ein Konto einzurichten, eingehende Zahlungen auf dem Konto gutzuschreiben und abgeschlossene Überweisungsverträge zu Lasten dieses Kontos abzuwickeln.** ²**Es hat dem Kunden eine weitergeleitete Angabe zur Person des Überweisenden und dem Verwendungszweck mitzuteilen.**

Lit: MK/HGB-*Hadding/Häuser* § 372 Anh I A; *Schimansky/Bunte/Lwowski*, Bankrechtshandbuch, 2. Aufl 2000, Bd. I, § 47; *Nobbe*, WM 2001, SB 4; *Gößmann/v. Look*, WM 2000, Sonderbeil 1; *Boemke*, NJW 01, 43; *Steuer*, WM 1998, 439; *Schmidt-Räntsch*, ZIP 1999, 676; *Bydlinski*, WM 1999, 1046; *Häuser*, WM 1999, 1037; *Ehmann/Hadding*, WM 1999, SB 3.

I. Girovertrag

1. Begriff. Der Girovertrag, gemeinsam mit dem Überweisungsvertrag und 1 dem Zahlungsvertrag durch das ÜG in das BGB aufgenommen (vor § 676 a Rn 1), ist ein gegenseitiger Geschäftsbesorgungsvertrag iSd § 675 als Rahmenvertrag

§ 676 f Buch 2. Abschnitt 8. Einzelne Schuldverhältnisse

(Dauerschuldverhältnis) zwischen KrInstitut und Kunden, in dem sich das KrInstitut idR gegen Vergütung verpflichtet, dem Kunden die Teilnahme am bargeldlosen Zahlungsverkehr zu ermöglichen, also Buchgeld (s § 245 Rn 2) über ein von diesem eingerichtetes Konto zu empfangen und zu transferieren. Das KrInstitut wird damit im Valutaverhältnis (s § 676 a Rn 2) „Zahlstelle" (s § 362 Rn 5, sa Peters/Lwowski WM 99, 258). Die Zahlungsverkehrsfunktion des Girokontos grenzt es gegenüber anderen Konten mit Sichteinlagen ab (Schimansky/Bunte/Lwowski § 47, 1). Vom Girovertrag sind scharf zu trennen die jeweiligen Vereinbarungen über den Transfer der Beträge, die Gegenstand der einzelnen Kontobewegungen sind, und auch über das Guthaben bzw ein Soll auf dem Konto (idR selbstständige Verwahrung, s § 700 Rn 3, bzw Darlehensvertrag, §§ 488 ff, s BGH 131, 60; 133, 10).

2 2. **Vertragsschluss. a) Parteien. aa) KrInstitut** kann nur ein Unternehmen gem KWG 1 Nr 9 sein, Kunde jede natürliche Person, jur Person oder Personengesellschaft (zur GbR s Hadding ZGR 01, 722 f). **bb)** Der **Kontoinhaber** wird durch Vereinbarung bestimmt (BGH 127, 229); er muss mit dem Vertragspartner nicht identisch sein. Indiz für die Berechtigung aus dem Vertrag ist die Kennzeichnung als Kontoinhaber (BGH NJW 96, 840; München NJW-RR 00, 1682); weniger kennzeichnend als Auslegungselement ist, von wem die eingezahlten Mittel stammen (BGH WM 94, 2270). **cc)** Bei einem **Treuhandkonto** ist zwischen der Ermächtigungstreuhand und der Vollrechtstreuhand zu unterscheiden (zur Abgrenzung iE s Zweibrücken WM 00, 2489). Bei der Ermächtigungstreuhand bleibt der Treugeber Inhaber des Kontos, über das der Treuhänder im eigenen Namen verfügen darf. Bei der Vollrechtstreuhand ist Inhaber der Treuhänder. Wird sie offen gelegt, so verzichtet das KrInstitut regelmäßig in den AGB auf ein Pfandrecht; auch ist der Treuhänder berechtigt, Drittwiderspruchsklage zugunsten des Treugebers zu erheben (BGH WM 90, 1954; BVerfG 64, 1, 22); zur Offenlegung
3 sa Brandenburg WM 99, 267. **dd) Mehrheit von Kontoinhabern.** Bei einem sog **Oder-Konto** ist jeder Inhaber allein verfügungsberechtigt, es liegt Gesamtgläubigerschaft (§§ 428–430 Rn 1) bzw Gesamtschuldnerschaft (§ 421) vor (BGH NJW-RR 93, 233). Bei einem sog **Und-Konto** sind die Inhaber nur gemeinsam verfügungsberechtigt; es kann eine Gesamthand (GbR, Erbengemeinschaft oder eheliche Gütergemeinschaft), eine Bruchteilsgemeinschaft (s § 741 Rn 1 ff) oder eine einfache Forderungsgemeinschaft (s § 432 Rn 2: Die im Girovertrag zu erbringende Dienstleistung ist unteilbar) mit gesamtschuldnerischer Haftung der Beteiligten vorliegen (aA MK/HGB-Hadding/Häuser § 372 Anh I 911: nur Ge-
4 samthand oder Bruchteilsgemeinschaft). **b)** Der **Abschluss des Vertrages** geschieht nach allg Regeln. Minderjährige bedürfen der Einwilligung des ges Vertreters (§ 107) auch bei einem kostenfrei geführten Konto, weil zumindest über die einbezogenen AGB bes Pflichten und Obliegenheiten entstehen. Der Vertrag kann grundsätzlich **formfrei** geschlossen werden; jedoch bedingt das Einbeziehen der AGB und die Notwendigkeit, die Identität des Kunden festzuhalten, idR die Schriftform. Einen **Abschlusszwang** sehen teilw die SparkassenGes der Länder für Sparkassen vor (s Schimansky ua aaO, § 47, 2). Angesichts dessen, dass der Einzelne auf die Möglichkeit bargeldloser Zahlungen faktisch grundlegend angewiesen ist, wird man aus dem grundsätzlich öffentl Angebot der KrInstitute eine Verpflichtung gem § 242 zum Vertragsschluss dann ableiten müssen, wenn der Kunde keine zumutbare Ausweichmöglichkeit hat und KrInstitut seinerseits der Vertragsschluss zumutbar ist (Dresden NJW 01, 1433; Hamburg OLGZ 01, 85; aA BGH NJW 90, 761; LG Frankfurt/O NJW 01, 82; LG München NJW-RR 02, 193). An die Obliegenheit des potentiellen Kunden, Ausgleichsmöglichkeiten zu suchen und in Anspruch zu nehmen, sind hohe Anforderungen zu stellen (Brandenburg NJW 01, 450; Köln NJW 01, 452). **c)** Der **Inhalt** kann im Rahmen der §§ 307 ff frei gestaltet werden und wird auch durch die AGB der Banken und
5 Sparkassen im Einzelnen geregelt. **d)** Die **Beendigung** des Girovertrages als Dau-

Titel 12. Auftrag und Geschäftsbesorgungsvertrag **§ 676 f**

erschuldverhältnis geschieht durch ordentliche Kündigung bzw durch außerordentliche Kündigung aus wichtigem Grund (s § 675 Rn 10) sowie durch Vereinbarung mit ex-nunc-Wirkung; zu beachten ist § 627 II. Besteht ein **Kontrahierungszwang** (Rn 4), so ist faktisch nur eine Kündigung aus wichtigem Grund möglich (Bremen NJW 01, 43; Köln NJW-RR 92, 1522; Boemke NJW 01, 43; str). Nach der Beendigung besteht keine Verpflichtung des KrInstituts mehr, Zahlungsbewegungen vorzunehmen. Guthaben bzw Salden sind nach den dafür geltenden Bestimmungen (s Rn 7) zur Verfügung zu stellen bzw auszugleichen; das Konto selbst ist aufzulösen (ie s Schimansky ua § 47, 19).

II. Pflichten des Kreditinstituts

1. Einrichten und Führen eines Kontos. a) Einrichten. Für den Inhaber (s 6 Rn 2) ist unter Zuweisung einer Kontonummer die Möglichkeit zu schaffen, am bargeldlosen Zahlungsverkehr in den üblichen Formen teilzunehmen. Das Konto ist wie jedes Bankkonto ein Handelsbuch iSv HGB § 238 f. **b) Führen. aa) Allgemeines.** Die Eintragungen im Sinne einer nachvollziehbaren Dokumentation der abgewickelten Geschäfte nach Art, Zeit und Ursache und die sonst erforderlichen Aufzeichnungen (zB über das Bestehen von Vollmachten) müssen vollständig, richtig, zeitgerecht und geordnet vorgenommen werden (HGB § 239 II). Auch ist der Inhaber durch Auszüge bzw Zugriff auf die Datei über die Abwicklung zu informieren, § 666. **bb)** IdR wird das Konto als **Kontokorrent** (s HGB § 355) 7 geführt. Aus Gründen der Vereinfachung werden die einzelnen Geschäftsvorfälle (Abbuchungen, Eingänge) nicht gesondert abgerechnet, sondern innerhalb einer Periode (zB einem Quartal) als Rechnungsposten festgehalten und am Ende durch Verrechnung abgewickelt. Vor der Saldierung haben die Buchungen nur eine deklaratorische Bedeutung, die die Auffassung der KrInstituts zur materiellen Rechtslage (über den Verlauf der durchgeführten Bankgeschäfte) wiedergibt (BGH 105, 269). Die widerspruchslose Empfangnahme des Kontoauszugs stellt deshalb auch kein Anerkenntnis des Kunden dar (BGH 73, 207). Fehlbuchungen können ohne weiteres berichtigt werden (BGH NJW 01, 454; Frankfurt WM 99, 3208: Gutschrift bei einem scheinbar Berechtigten; sa BGH NJW 01, 2629); der Kunde hat auch einen entspr Berichtigungsanspruch (BGH 121, 98). Anders als beim allg Kontokorrent kann der Kunde – aufgrund des Verwahrungsvertrages gem § 700 als causa (s Rn 1) – über sein Guthaben (zB durch Überweisung) verfügen oder es sich auch auszahlen lassen. Im Rahmen der getroffenen Darlehensabrede kann er auch bei einem negativen Kontostand im vertraglich vorgesehenen Rahmen Verfügungen bzw Auszahlungen vornehmen. Ein Guthaben ist wegen der erwähnten causa pfändbar. Durch die **Saldierung** am Ende der vereinbarten Periode wird der festgestellte Saldo jeweils anerkannt; er stellt eine selbständige Forderung für den einen oder anderen Seite dar (MKHGB-Hadding/Häuser ZahlungsV 204 ff mwN). Fehlbuchungen können jetzt nur durch Kondition berichtigt werden.

2. Gutschrift/Geldeinnahmen. a) Der **Anspruch auf die Gutschrift** folgt 8 sowohl aus §§ 675, 667 als auch aus § 676 f und wird durch Einbuchung, dh dann erfüllt, wenn das KrInstitut die Daten dem Kunden mit nach außen erkennbarem Rechtsbindungswillen kenntlich macht (Bsp: Zusenden eines Kontoauszugs, Einstellen in die Datei zum Ausdruck, BGH 103, 143; Nürnberg NJW-RR 97, 45; bei rein elektronischer Überweisung durch Freigabe, BGH NJW 00, 804). Der Kunde erwirbt, soweit keine Verrechnung mit einem Minussaldo geschieht, eine vom Girovertrag unabhängige Forderung gegen die Bank (s Rn 7), die in das Kontokorrent eingestellt wird. Die Gutschrift kann unter Vorbehalt, zB bei Scheckeinreichung, geschehen. Der Kunde kann auch eine Gutschrift zurückweisen, wenn er den gutgeschriebenen Betrag zB wegen eines mangelhaften Valutaverhältnisses dem Überweisenden zurückerstatten muss. **b)** Die **Wertstellung** benennt den Zeitpunkt, von dem eine Gutschrift zu verzinsen ist bzw die Gutschrift bei einem vorhandenen Negativsaldo zinsmindernd wirkt (für Auszahlungen bzw

Teichmann

§ 676 g Buch 2. Abschnitt 8. Einzelne Schuldverhältnisse

Abhebungen gilt Spiegelbildliches). Ohne Vereinbarung mit dem KrInstitut hat die Wertstellung zu dem Datum zu erfolgen, an dem sie das KrInstitut erhält (s § 271 I; gleichzeitig Leitbildfunktion iSd § 307 II 1; für Überweisungen s § 676 g I 4).
c) Zur **Informationspflicht** des KrInstituts über die Gutschrift s **S II.** Die Auskunftspflicht besteht uU über die Aufbewahrungsfrist hinaus (BGH NJW 01, 1486).

9 **3. Ausführung von Überweisungen.** Da der Girovertrag nach der Konzeption des Ges nur einen Rahmenvertrag darstellt (s Rn 1), bedarf es für die Überweisung jeweils einer konkreten Vereinbarung gem § 676 a (s § 676 a Rn 2), aus der sich ebenfalls eine Verpflichtung zur Durchführung der Überweisung ergibt (Anspruchskonkurrenz). Sinn dieser neuen Regelung ist, dass das KrInstitut nicht durch einseitige Weisung zu einer erfolgsbezogenen (s § 676 a Rn 2) Leistung gezwungen werden kann. Dennoch wird man aus dem Sinn des Girovertrages die Verpflichtung der Bank ableiten können, einen Überweisungsvertrag abzuschließen (und die Überweisung auszuführen), wenn die Deckung gegeben ist und die Überweisung selbst voraussichtlich nicht auf unzumutbare Schwierigkeiten (Bsp: Kriegsgebiet, Unruhen im Empfangsland, Fehlen eines angegebenen Kontos) stößt.

10 **4. Sonstige Pflichten.** Zur Information bei Überweisungen s § 676 a Rn 4; iÜ s BGB-InfoV 12 f (s Anh 676 h). Hinzu kommen Verpflichtungen zur Information über bes Vorgänge (zB bei Rückbelastung von Gutschriften, BGH NJW 01, 1419) und über solche Umstände, die für den Kunden von Bedeutung sind und die er sich nicht auf andere Weise mit zumutbarem Aufwand beschaffen kann (BGH NJW 01, 1487; Schleswig NJW-RR 00, 780). Das bankrechtliche Geheimhaltungspflicht **(Bankgeheimnis)** gilt selbstverständlich auch in diesem Zusammenhang.

§ 676 g Gutschriftanspruch des Kunden

(1) ¹Ist ein Überweisungsbetrag bei dem Kreditinstitut des Kunden eingegangen, so hat es diesen Betrag dem Kunden innerhalb der vereinbarten Frist, bei Fehlen einer Fristvereinbarung innerhalb eines Bankgeschäftstags nach dem Tag, an dem der Betrag dem Kreditinstitut gutgeschrieben wurde, gutzuschreiben, es sei denn, es hat vor dem Eingang des Überweisungsbetrags eine Mitteilung nach § 676 d Abs. 2 Satz 1 erhalten. ²Wird der überwiesene Betrag nicht fristgemäß dem Konto des Kunden gutgeschrieben, so hat das Kreditinstitut dem Kunden den Überweisungsbetrag für die Dauer der Verspätung zu verzinsen, es sei denn, dass der Überweisende oder der Kunde die Verspätung zu vertreten hat. ³§ 676 b Abs. 1 Satz 2 ist anzuwenden. ⁴Die Gutschrift ist, auch wenn sie nachträglich erfolgt, so vorzunehmen, dass die Wertstellung des eingegangenen Betrags auf dem Konto des Kunden, soweit mit Unternehmern nichts anderes vereinbart ist, unter dem Datum des Tages erfolgt, an dem der Betrag dem Kreditinstitut zur Verfügung gestellt worden ist.

(2) ¹Hat das Kreditinstitut bei der Gutschrift auf dem Konto des Kunden den Überweisungsbetrag vertragswidrig gekürzt, so hat es den Fehlbetrag dem Begünstigten frei von Entgelten und Auslagen gutzuschreiben. ²Der Anspruch des Kreditinstituts auf ein im Girovertrag vereinbartes Entgelt für die Gutschrift von eingehenden Zahlungen bleibt unberührt.

(3) Ist ein Zahlungsvertrag von einem Kreditinstitut nicht ausgeführt worden, das von dem Kreditinstitut des Begünstigten mit der Entgegennahme beauftragt worden ist, so hat dieses seinem Kunden den Überweisungsbetrag bis zu einem Betrag von 12 500 Euro ohne zusätzliche Entgelte und Kosten gutzuschreiben.

(4) ¹Die Ansprüche nach den Absätzen 1 bis 3 setzen ein Verschulden nicht voraus. ²Weitergehende Ansprüche, die ein Verschulden vorausset-

Titel 12. Auftrag und Geschäftsbesorgungsvertrag **§ 676 h**

zen, bleiben unberührt. ³Das Kreditinstitut des Kunden hat hierbei ein Verschulden eines von ihm ziwschengeschalteten Kreditinstituts wie eigenes Verschulden zu vertreten. ⁴Die Haftung nach Satz 3 kann bei Überweisungen auf ein Konto im Ausland auf 25 000 Euro begrenzt werden. ⁵Die Haftung für den durch die Verzögerung oder Nichtausführung der Überweisung entstandenen Schaden kann auf 12 500 Euro begrenzt werden; dies gilt nicht für Vorsatz und grobe Fahrlässigkeit, den Zinsschaden und für Gefahren, die das Kreditinstitut besonders übernommen hat. ⁶Die Ansprüche sind ausgeschlossen, soweit der Fehler bei der Ausführung des Vertrags auf höhere Gewalt beruht.

(5) Von den Vorschriften der Absätze 1 bis 4 darf, soweit dort nichts anderes bestimmt ist, zum Nachteil des Begünstigten nur bei Überweisungen der in § 676 c Abs. 3 bezeichneten Art abgewichen werden.

1. Zweck der Norm, Anwendungsbereich. Die Bestimmung greift einen **1** Fall aus der Abwicklung eines Girokontovertrages heraus, nämlich die Gutschrift von Überweisungen, die für den Kunden bei dem KrInstitut eingegangen sind. Dem Kunden wird ein **Anspruch auf fristgerechte Gutschrift** nach Eingang des Überweisungsbetrages **(I 1)** und fristgerechte Wertstellung **(I 4)** eingeräumt, ein **Anspruch auf Verzinsung** bei Überschreiten der Frist für die Gutschrift auch ohne Verschulden des KrInstitutes (I 2 s I 3), ein Anspruch auf vollständige Gutschrift des Überweisungsbetrages **(II),** sowie ein als Erfüllungsanspruch konzipiertes, summenmäßig begrenztes Einstehenmüssen für das Fehlverhalten von zwischengeschalteten KrInstituten (mit Ausnahmeregelungen für die Begrenzung, IV). Die Bestimmungen sind im Regelfall (Ausnahmen: Datum der Wertstellung, I 4; summenmäßige Haftungsbegrenzung bei Verzögerung außerhalb von Vorsatz, grober Fahrlässigkeit und ausdrücklicher Risikoübernahme, IV 5; Überweisung auf ein Konto des Kunden im Ausland, IV 4) **zwingend,** soweit nicht die Kriterien des § 676 c III eingreifen (V).

§ 676 h Missbrauch von Zahlungskarten

¹Das Kreditinstitut kann Aufwendungsersatz für die Verwendung von Zahlungskarten oder von deren Daten nur verlangen, wenn diese nicht von einem Dritten missbräuchlich verwendet wurden. ²Wenn der Zahlungskarte nicht ein Girovertrag, sondern ein anderer Geschäftsbesorgungsvertrag zugrunde liegt, gilt Satz 1 für den Kartenaussteller entsprechend.

Lit: *Oechsler,* Grundprobleme der Zivilrechtsdogmatik des Kreditkartengeschäfts, WM 00, 1613; *Schimansky/Bunte/Lwowski,* Bankrechtshandbuch, 2. Aufl 2000, Bd I, §§ 63, 67, 68; *Schön,* Prinzipien des bargeldlosen Zahlungsverkehrs, AcP 198/1998, 401.

1. Allgemeines. a) Entstehungsgeschichte, Normzweck. § 676 h ist durch **1** das FernAbsG (für Sachverhalte, die nach dem 29. 6. 00 entstanden sind, EGBGB 229 § 2 I) eingeführt worden. Damit sollte Art 8 der FernAbsRiLi umgesetzt werden, wonach der Verbraucher im Fall einer „betrügerischen Verwendung" seiner Zahlungskarte im Recht des Fernabsatzes vor einer Inanspruchnahme geschützt werden soll. Das Ges regelt die Frage im Zusammenhang mit dem Girovertrag als hauptsächlicher Basis eines Vertrages über die Aushändigung einer Kreditkarte, dehnt den **Anwendungsbereich** allerdings auch auf andere Verträge aus **(S 2).** Außerdem geht § 676 h über die RiLi insoweit hinaus, als auch die Benutzung einer Karte im Direktgeschäft miterfasst wird (s BT-Drs 14/2658 S 49). Schließlich ist die Norm an die in Deutschland übliche rechtliche Einordnung des Vertrages über die Aushändigung einer Kreditkarte (s Rn 6) angepasst worden (RAusschuss, BT-Drs 14/3195 S 34). In der Sache entspricht die Regelung der bisherigen Rspr (ie s Pichler NJW 98, 3234 mwN). Eine vollständige Normierung des Kreditgeschäfts ist nicht vorgesehen (BT-Drs 14/3195 S 34); insbes äußert sich

Teichmann 863

§ 676 h Buch 2. Abschnitt 8. Einzelne Schuldverhältnisse

die Bestimmung zu möglichen Ersatzansprüchen des KrInstituts bei einem Verschulden des Karteninhabers nicht. **b)** Die Norm ist, wie aus dem Wortlaut folgt („kann ... nur verlangen, wenn ..."), **zwingend** (so bereits BGH 114, 238 zum
2 bisherigen Recht). **c) Erfasste Kartenarten.** § 676 h bezieht sich zum einen auf die sog Universalkreditkarte (Bsp: Eurocard, Visacard, ec-Karte). Erfasst werden weiter Karten, mit denen der Inhaber an *anderen* Automaten als denen des ausstellenden KrInstituts Geld abheben oder sie bei Rechtsgeschäften mit Dritten einsetzen kann. Die Norm bezieht sich **nicht** auf reine Kundenkreditkarten (Spezialkreditkarten, die den Inhaber berechtigen, allein beim ausstellenden Institut Geldleistungen in Anspruch zu nehmen).

3 **2. Vertragspartner a) Vertrag zwischen Kartenaussteller (KrInstitut) und Karteninhaber.** Der sog Emissionsvertrag bildet die Basis für den Einsatz der dem Inhaber vom KrInstitut ausgehändigten Karte **(Deckungsverhältnis).** Er ist nach der Rspr (s zB BGH 125, 349) ein Geschäftsbesorgungsvertrag mit werkvertraglichem Charakter, der dem Inhaber berechtigt, dem KrInstitut in dem vorgesehenen Rahmen Weisungen (s § 665) in dem Sinn zu erteilen, dass das KrInstitut Zahlungsansprüche von Dritten erfüllt (BGH 91, 221). Der Karteninhaber ist idR außerdem zu Barabhebungen bei bestimmten KrInstituten oder an Geldautomaten berechtigt. Das KrInstitut erwirbt seinerseits einen Anspruch auf Aufwendungsersatz (§ 670) und Vergütung (§ 675). Die Kreditfunktion liegt für den Karteninhaber darin, dass das KrInstitut den Aufwendungsersatzanspruch nur in feststehenden Abständen (idR monatlich) und nicht sofort geltend macht. Regelmäßig werden die Zahlungsvorgänge (Zahlungen des KrInstituts, Vergütung und Ausgleich durch den Karteninhaber) auf einem Konto des Karteninhabers bei dem ausstellenden KrInstitut als Kontokorrentverhältnis (s § 676 f Rn 7) gestaltet. Die Einzelheiten richten sich nach den jeweiligen Verträgen, ein Leitbild hat sich noch
4 nicht herausgebildet (BGH NJW 98, 383). **b) Vertrag zwischen Karteninhaber und leistendem Dritten.** Der Karteninhaber schließt mit einem in den Zahlungsverkehr eingebundenen dritten Unternehmen einen Schuldvertrag über eine bestimmte Leistung (Bsp Kauf, Dienstvertrag, Mietvertrag über Pkw) und trifft idR eine Abrede erfüllungshalber (s § 364 II) dahin, dass der Dritte die unmittelbare Vergütung vom KrInstitut erhält **(Valutaverhältnis).** Bei der Bargeldabhebung wird, wenn das Konto kein Guthaben ausweist, ein Darlehensvertrag mit idR
5 festem Gebührensatz geschlossen. **c)** Die vertraglichen Beziehungen zwischen dem Dritten und dem KrInstitut **(Zuwendungs- oder Bezugsverhältnis)** sind mehrschichtig. Zum einen besteht ein Rahmenvertrag als Dauerschuldverhältnis, in dem sich das Drittunternehmen verpflichtet, Kreditkarten zu „akzeptieren", und das KrInstitut die Verpflichtung übernimmt, künftige Forderungen des Unternehmens unter Abzug eines bestimmten Disagios zu vergüten (zum Einzelvertrag s unten). Dieser Vertrag ist zugleich ein Vertrag zgDr (MK/HGB-Hadding, ZahlungsV G 17). Fragt das Unternehmen im konkreten Einzelfall an, ob Deckung gewährt wird, so ist die Zusage des KrInstituts als abstraktes Schuldversprechen zu werten (hL, zB Canaris, BankvertragsR, R 1626; StMartinek § 676 B 98; Einsele WM 99, 1802; BGH NJW 02, 287 mwN). In-Rechnung-Stellen und Zahlung sind dann Erfüllung des Schuldversprechens, nicht Forderungskauf (MK/HGB-Hadding, ZahlungsV G 24, BGH NJW 02, 2234 mwN). Bei der **Bargeldabhebung** im POS-System („point of sale") oder electronic cash mit PIN wird vom Automaten über eine Zentrale beim ausstellenden KrInstitut eine Deckungszusage (ebenfalls als abstraktes Schuldversprechen gem § 780) herbeigeführt. Der Betrag wird sofort in Erfüllung des Schuldversprechens abgebucht. Das POZ-System (point of sale ohne Zahlungsgarantie) ohne PIN ist ein Verfahren, in dem das Drittunternehmen berechtigt ist, im Falle einer Ermächtigung durch den Karteninhaber eine bestimmte Forderung von dessen Konto einzuziehen. Dem Karteninhaber steht ein WiderspruchsR zu, das zur Rückbuchung führt. Wird die ec-Karte (oder eine andere Karte) als **Geldkarte** eingesetzt, bei der auf einem Chip ein bestimmtes

Titel 12. Auftrag und Geschäftsbesorgungsvertrag § 676 h

Guthaben gespeichert wird, so liegt bei institutsfremden Automaten wiederum ein abstraktes Schuldversprechen des Kartenausstellers vor, das durch Auszahlung erfüllt wird.

3. Tatbestand und Rechtsfolge des § 676 h a) Die Ausgabe einer Zahlungskarte kann im Rahmen eines Girovertrages (s I) oder auch aufgrund eines speziellen Kartenvertrages geschehen, der einen eigenständigen Geschäftsbesorgungsvertrag (s II) darstellt. **b) Verwendung als Zahlungskarte.** Die Karte muss zur Erfüllung einer Verbindlichkeit im Valutaverhältnis (s Rn 4) durch Begründung einer (auch widerrufbaren) Verbindlichkeit des Kartenausstellers eingesetzt werden. Die Art der Verwendung ist gleichgültig (BT-Drs 14/2658 S 49). Bsp: Gegenständliche Vorlage, Benutzung am Geldautomaten, elektronische, briefliche, telefonische Übermittlung der Daten (s BT-Drs 14/2658 S 19). **c) Ein Missbrauch durch Dritte** liegt vor, wenn die Karte ohne oder gegen den Willen des Inhabers eingesetzt wird. **Dritter** ist jede andere Person, also auch das im Valutaverhältnis begünstigte Unternehmen (Bsp: Abbuchen von höheren Beträgen, vor Fälligkeit, BT-Drs 14/2658 S 20) oder eine Person, der der Inhaber seine Karte überlassen hat (Bsp: Abheben eines höheren Betrages vom Automaten als vereinbart). Die **Beweislast,** dass die Karte der Inhaber selbst (oder ein von ihm Bevollmächtigter) eingesetzt bzw eine Weisung erteilt hat und der Aufwendungsersatz durch den Kartenaussteller erforderlich war, trägt der Kartenaussteller (RAusschuss, BT-Drs 14/3195 S 34). **d) Rechtsfolgen.** Es entfällt (nur) der Anspruch auf Aufwendungsersatz (s dazu Rn 3). Eine bereits vorgenommene Abbuchung ist vor Anerkenntnis eines Saldos zu korrigieren (s § 676 f Rn 7); nach dem Anerkenntnis besteht ein Anspruch aus § 812. **e) Andere Ansprüche des Kartenausstellers** werden nicht berührt. Bsp: Anspruch gem §§ 241 II, 280 I aus dem der Kartenausgabe zugrunde liegenden Vertrag (zB Girovertrag, nach den AGB idR bei grober Fahrlässigkeit; s dazu BGH NJW 01, 286) oder aus unerlaubter Handlung.

6

7

Anhang: BGB-InfoV §§ 12 f

BGB-InfoV § 12 Kundeninformationspflichten von Kreditinstituten

(1) Kreditinstitute haben ihre tatsächlichen und möglichen Kunden die Informationen über die Konditionen für Überweisungen in Textform und in leicht verständlicher Form mitzuteilen. Diese Informationen müssen mindestens Folgendes umfassen:
1. vor Ausführung einer Überweisung
    a) Beginn und Länge der Zeitspanne, die erforderlich ist, bis bei der Ausführung eines mit dem Kreditinstitut geschlossenen Überweisungsvertrags der Überweisungsbetrag dem Konto des Kreditinstituts des Begünstigten gutgeschrieben wird,
    b) die Zeitspanne, die bei Eingang einer Überweisung erforderlich ist, bis der dem Konto des Kreditinstituts gutgeschriebene Betrag dem Konto des Begünstigten gutgeschrieben wird,
    c) die Berechnungshinweise und die Sätze aller vom Kunden an das Kreditinstitut zu zahlenden Entgelte und Auslagen,
    d) gegebenenfalls das von dem Kreditinstitut zugrunde gelegte Wertstellungsdatum,
    e) die dem Kunden zur Verfügung stehenden Beschwerde- und Abhilfeverfahren sowie die Einzelheiten ihrer Inanspruchnahme,
    f) die bei der Umrechnung angewandten Referenzkurse,
2. nach Ausführung der Überweisung
    a) eine Bezugsangabe, anhand derer der Überweisende die Überweisung bestimmen kann,
    b) den Überweisungsbetrag,
    c) den Betrag sämtlicher vom Überweisenden zu zahlenden Entgelte und Auslagen,
    d) gegebenenfalls das von dem Kreditinstitut zugrunde gelegte Wertstellungsdatum.

Teichmann

Vor § 677 Buch 2. Abschnitt 8. Einzelne Schuldverhältnisse

(2) Hat der Überweisende mit dem überweisenden Kreditinstitut vereinbart, dass die Kosten für die Überweisung ganz oder teilweise vom Begünstigten zu tragen sind, so ist dieser von seinem Kreditinstitut hiervon in Kenntnis zu setzen.

(3) Ist eine Umrechnung in eine andere Währung erfolgt, so unterrichtet das Kreditinstitut, das diese Umrechnung vorgenommen hat, seinen Kunden über den von ihm angewandten Wechselkurs.

BGB-InfoV § 13 Betroffene Überweisungen

Die Informationspflichten nach § 10 gelten nur, soweit die §§ 675a bis 676g des Bürgerlichen Gesetzbuchs auf Überweisungen Anwendung finden.

Titel 13. Geschäftsführung ohne Auftrag

Vorbemerkungen

Lit: Beuthien, FS Söllner, 2000, 125; Gursky, Der Tatbestand der GoA, AcP 185, 13; Hau, Geschäftsführung ohne Verbraucherauftrag, NJW 01, 2863; Helm, Gutachten III, S 335; Henssler, Grundfälle usw im Recht der GoA, JuS 91, 924; Martinek/Theobald, Grundfälle zum Recht der GoA, JuS 97, 612, 805, 992, JuS 98, 27; Oppermann, Konstruktion und Rechtspraxis der GoA, AcP 193, 497; Seiler, Grundfälle zum Recht der GoA, JuS 87, 368; Schubert, Der Tatbestand der GoA, AcP 178, 425; Wittmann, Begriff und Funktion der GoA, 1981; Wollschläger, Die Geschäftsführung ohne Auftrag, 1976.

1 **1. Allgemeines. a) Begriff.** GoA liegt vor, wenn jemand (Geschäftsführer) für einen anderen (Geschäftsherr) Angelegenheiten wahrnimmt („ein Geschäft besorgt"), ohne von ihm beauftragt oder sonstwie dazu berechtigt zu sein (§ 677). Vor Übernahme der Geschäftsführung fehlt zwischen den Parteien *jede* auf Geschäftsbesorgung gerichtete Rechtsbeziehung (§ 677 Rn 6f), Geschäftsführung
2 „oA" daher ungenau. **b) Bedeutung.** Das bes ges Ausgleichsschuldverhältnis (§ 677 Rn 8) will fremdnütziges Handeln durch Begünstigung des rechtmäßig handelnden Fremdgeschäftsführers (§§ 680, 683; Rn 4) fördern, andererseits den Geschäftsherrn vor unbefugter und unerwünschter Einmischung in seine Angelegenheiten schützen (§§ 677, 678, 684; Rn 5f). Demgegenüber sieht Wollschläger aaO die Hauptaufgabe der GoA in einer richtigen Güter-, Lasten- und Risikozuweisung bei vertragsloser Tätigkeit für andere am Maßstab einer obj bestimmten Güter- und Lastenzuständigkeit (krit Schubert AcP 178, 432 ff; Wittmann aaO;
3 vermittelnd Helm aaO S 364 ff; Oppermann AcP 193, 502). **c) Rechtsnatur.** Geschäftsübernahme ist kein RGeschäft, ob geschäftsähnliche Handlung ist str; s § 682 Rn 2.
4 **2. Arten und Abgrenzung. a)** Bei der **berechtigten GoA** liegt die Übernahme der Geschäftsführung im Interesse des Geschäftsherrn und entspricht seinem Willen (vgl § 683 S 1, Voraussetzungen ie § 677 Rn 2 ff). Folge: Zwischen Geschäftsführer und Geschäftsherr kommt ein **auftragsähnliches ges Schuldverhältnis** zustande. Inhalt: § 677 Rn 8. Anwendbar sind: §§ 677, 679, 680–683, 684 S 2, 686. Berechtigte GoA ist **Rechtsgrund** iSv § 812 I und **Rechtfertigungsgrund** (StWittmann 8 vor § 677, hM; krit MK/Seiler 17 vor § 677), Geschäftsführer haftet nur für „Ausführungsverschulden"; § 678 Rn 3. GoA begründet **keine Vertretungsmacht** für den Geschäftsführer (BGH 69, 327); schließt dieser für den Geschäftsherrn mit einem Dritten ein RGeschäft (vgl § 677 Rn 2), so gelten im Außenverhältnis die §§ 177ff (bei §§ 679, 680 aA Bartzel AcP 158, 148). Zum Verhältnis der §§ 179, 684 s BGH NJW 03, 3185. Geschäftsführer hat keinen
5 Anspruch auf Genehmigung (BGH NJW 51, 398, str). **b)** Bei der **unberechtigten GoA** fehlen die Voraussetzungen gem Rn 4, das ges Schuldverhältnis entsteht nicht. Die mit der Geschäftsführung verbundenen Eingriffe in den fremden Rechtskreis sind widerrechtlich (§§ 823 ff), Vermögensverschiebungen rechtsgrundlos (§§ 684 S 1, 812 ff). Der Geschäftsführer haftet bei Übernahmeverschul-

Titel 13. Geschäftsführung ohne Auftrag **§ 677**

den auch ohne Ausführungsverschulden (§ 678), iü gelten auch die §§ 680, 681 S 1, 682. Der Geschäftsherr kann mit der Folge der Rn 4 genehmigen, §§ 684 S 2, 184 I. **c) Unechte GoA.** Überhaupt kein Fall der Geschäftsführung (Rn 1) 6 liegt vor, wenn jemand ein fremdes Geschäft als sein eigenes behandelt. Fälle: irrtümliche und angemaßte Eigengeschäftsführung (§ 687 I und II). Bei letzterer stehen aber dem Geschäftsherrn die Rechte aus GoA zu (§ 687 II).

3. Anwendungsbereich. Rechtsfolgenverweisungen enthalten §§ 539 I, 7 601 II, 994 II, 1049, 1216, 1959, 1978. GoA kann vorliegen, wenn nach Beendigung des Auftrags Geschäfte weitergeführt werden (Budzikiewicz ZGS 02, 279 mwN). GoA ist **ausgeschlossen,** sofern sie die ges (zivil- oder öffentl-rechtlich) vorgesehene **Risikoverteilung** zwischen den Beteiligten verändern würde (BGH NJW 00, 73). Daher keine GoA, wenn Geschäftsführer durch die Geschäftsführung einen Vertragsabschluß mit dem Geschäftsherrn herbeiführen möchte, denn jede Seite trägt das Risiko eines Scheiterns der Vertragsverhandlungen (Privatautonomie). Insoweit getätigte Aufwendungen des Geschäftsführers fallen in seinen Risikobereich und können nicht dem Geschäftsherrn angelastet werden (BGH NJW 00, 73 mit Anm Schulze, JZ 00, 523, Anm Emmerich, JuS 00, 603, Anm Ehmann LM Nr 40 zu § 677: Erbensucher kann von ermittelten Erben keinen Aufwendungsersatz verlangen; anders noch BGHR BGB § 677 Erbensucher 1 [1990]). Keine GoA bei abschließender ges **Sonderregelung** (BGH 140, 109 f mN; NJW-RR 01, 1283; BSG 85, 110). Bsp: § 241 a (Erbringung unbestellter Leistungen durch einen Unternehmer an einen Verbraucher, dazu näher Hau aaO S 2864 f; § 241 a Rn 5); § 426 (Ausgleich bei Gesamtschuld; § 426 Rn 14 ff); §§ 965 ff (Fund); HGB 740, 749 (Hilfeleistung in Seenot, dazu BGH 69, 197); ZPO 89 (Geschäftsführung im Prozeß); VVG 62, 63 (Schadensminderung); BSHG 90, 91 (Rückgriff bei Sozialhilfe); BVG 52 (Rückgriff bei Unterhaltsleistungen); sa § 677 Rn 6 f. GoA ist idR ausgeschlossen, soweit die Geschäftsbesorgung in der Erbringung von Leistungen für einen sozialrechtlichen Leistungsträger besteht, da das Sozialrecht den Rückgriff abschließend regelt (anders begründet: BGH NJW-RR 01, 1283). Ansprüche aus GoA können neben solche aus § 22 II WHG treten (BGH NJW 99, 3635). GoA ausgeschlossen, soweit das Naturalleistungsprinzip (§ 2 II 1 SGB V) in der ges Krankenversicherung gilt (BGH 140, 104 ff mit Anm Ruland JuS 99, 618 und Eichenhofer JZ 99, 363). GoA im **öffentl Recht** ist möglich, sofern keine abschließende Sonderregelung, s BayObLGZ 02, 35 (Aufwendungsersatz der Feuerwehr nach Bay Landesrecht; BVerwG NJW 02, 1968 (Schmiergeldherausgabe nach § 70 S 1 BBG, s § 667 Rn 4) (BGH 30, 169; BGH 109, 358; 140, 110; 143, 14; NJW-RR 01, 1283; BVerwG 80, 170; BSG NJW 91, 2373; BSG 85, 110; Köln NJW-RR 95, 570, hM, str; aA AG Frankfurt NJW-RR 90, 731 mN); ie Erm-Ehmann 22 ff vor § 677; Oppermann AcP 193, 513 ff; sa Bsp in § 677 Rn 3 f. Jedoch sind die §§ 677 ff nur mit Einschränkungen anwendbar (BGH NJW-RR 01, 1284).

§ 677 Pflichten des Geschäftsführers

Wer ein Geschäft für einen anderen besorgt, ohne von ihm beauftragt oder ihm gegenüber sonst dazu berechtigt zu sein, hat das Geschäft so zu führen, wie das Interesse des Geschäftsherrn mit Rücksicht auf dessen wirklichen oder mutmaßlichen Willen es erfordert.

1. Bedeutung und Anwendungsbereich. Umschreibung der **Hauptpflicht** 1 des Geschäftsführers (Rn 9) bei der GoA (Rn 4 vor § 677), Anspruchsgrundlage bei fehlerhafter Geschäftsführung (Rn 9 [cc]). Bei unberechtigter GoA (Rn 5 vor § 677) gilt § 677 nicht (StWittmann 2 mN, str), der Geschäftsführer hat die Ausführung des Geschäfts zu unterlassen.

2. Die Voraussetzungen der berechtigten GoA ergeben sich aus § 677 2 (su [a]; Rn 3 f, 6 f und § 683 S 1 (Rn 5). **a) Geschäftsbesorgung** ist wie in § 662 (dort Rn 9 f) iwS zu verstehen; umfaßt tatsächliche Handlungen (BGH

Mansel 867

§ 677 Buch 2. Abschnitt 8. Einzelne Schuldverhältnisse

NJW 78, 1258) des Geschäftsführers (auch bloßes Geben, str) und Rechtsgeschäfte.
3 Handeln in eigener Person ist nicht erforderlich (BGH 67, 371). **b) Fremdes Geschäft** (Geschäft für einen „anderen") ist jede Angelegenheit, die nicht ausschließlich eine solche des Geschäftsführers selbst ist, sondern zumindest auch in den Sorgebereich eines anderen fällt (BGH NJW-RR 01, 1284 mN). Die Zugehörigkeit zum fremden Rechtskreis kann sich bereits aus dem Inhalt des Geschäfts ergeben **(obj fremdes Geschäft)**. Bsp: Hilfeleistungen, Rettungshandlungen (BGH 33, 254 ff; 67, 371), Maßnahmen der Gefahrenabwehr (BGH 43, 191 f; NJW 78, 1258); die sog Selbstopferung im Straßenverkehr dann, wenn sich der Kraftfahrer nach StVG 7 II entlasten kann (BGH 38, 275; 72, 154 [obiter]; ie Frank JZ 82, 737 mN; § 683 Rn 7); Tilgung fremder Schuld (BGH 47, 370; WM 99, 2032); Veräußerung fremder Sache (RG 138, 48 f); nicht dagegen unberechtigte Untervermietung (BGH 131, 306: Vertragswidriger Gebrauch). Fehlt obj Fremdbezogenheit, bedarf es einer erkennbaren Bestimmung durch den Geschäftsführer (BGH 82, 330 f; NJW-RR 01) **(subj fremdes Geschäft)**. Der Fremdheit des Geschäfts steht nicht entgegen, daß der Geschäftsführer mit der Handlung auch – sogar vornehmlich – eigene Belange wahrnimmt (**„auch-fremdes" Geschäft;** BGH 40, 30; 82, 330; 110, 314; 114, 250; 143, 15; ausführliche N: BGH NJW 00, 72; krit BGH NJW-RR 01, 1283, str; krit und stark einschr MK/Seiler 10 ff mN, bes 15; abl Schubert AcP 178, 435 ff; sa Rn 7). Bsp: Löschen des Brandes durch die Feuerwehr ist GoA für den Brandverursacher (BGH 40, 28); Gefahrenbeseitigung durch die Polizei für den Störer (BGH 65, 354); Bergungsmanöver durch die Behörde für den Berechtigten des verlorenen oder verunglückten Gegenstands (BGH 63, 167; 65, 385); Störungsbeseitigung durch den beeinträchtigten Besitzer (AG Frankfurt NJW 90, 917: Abschleppen von Privat, ie str; s Janssen NJW 95, 624 f mN) oder Eigentümer auch bei eigener Polizeipflicht (BGH 110, 314 ff; abw Stuttgart NJW-RR 96, 850); vorprozessuale Abmahnung durch den Wettbewerbsverband für den Wettbewerbsstörer (BGH 52, 399; 115, 212; Düsseldorf NJW-RR 02, 122, str; Schranken: UWG 13 V, sa § 683 Rn 6); Mangelbeseitigung auch für anderen Unternehmer (Hamm NJW-RR 92, 849, str); Heimpflege eines Sozialhilfeberechtigten (Köln NJW-RR 95, 570); nicht jedoch Heilbehandlung eines Untersuchungsgefangenen (BGH 109, 358); Erfüllung eines (vermeintlich bestehenden) Verwaltungsverhältnisses nach dem VermG ist GoA für Grundstückseigentümer (BGH 143, 14 f). GoA ausgeschlossen bei Geschäftsführung zum Zweck der Vorbereitung und Anbahnung eines Vertrags zwischen dem Geschäftsführer und dem Geschäftsherrn (Rn 7 vor § 677). Geschäftsbesorgung zugleich für **mehrere Geschäftsherrn** ist möglich. Bsp: Unfallhilfe ist GoA für den Verletzten, den Unterhaltspflichtigen und die Krankenkasse (vgl BGH 33, 251; vgl auch BGH 67, 372: anderer Rettungspflichtiger); doch ist außer dem unmittelbar Begünstigten nicht schon jeder an der Geschäftsführung **mittelbar interessierte** Geschäftsherr (BGH 54, 161; 72, 153; 82, 330). Bsp: Die Vermietbarkeit erhöhende Umbaumaßnahmen durch den Gläubiger sind keine GoA für den Mietausfallbürgen (BGH 82, 329); Beseitigung von Ölschaden ist keine GoA im Verhältnis zum Haftpflichtversicherer des Tankwagenhalters (BGH 72, 153). Abgrenzung oft zweifelhaft; krit zur Rspr Schubert AcP 178, 444 ff, grundsätzlich zust dagegen Wollschläger aaO
4 (rechtstatsächlicher Regelfall der GoA). **c) Fremdgeschäftsführungswille.** Der Geschäftsführer muß den Willen das Bewußtsein haben, die Angelegenheiten eines anderen zu besorgen oder wenigstens mitzubesorgen (BGH 40, 30; 63, 170; 65, 357 und 387); Rspr stellt nur geringe Anforderungen. Bei obj fremden Geschäften (Rn 3) wird er vermutet (BGH 40, 31; 70, 396; 98, 240; 143, 14 f mN; NJW 00, 72 mN; NJW-RR 01, 1284, stRspr, str; krit StWittmann 33 vor § 677); Gegenteil ist zu beweisen. Dies gilt auch bei den obj „auch-fremden" Geschäften (BGH 65, 357; 98, 240; 143, 15; NJW 00, 73 mN; NJW-RR 01, 1284 mN, hM; krit Beuthien JuS 87, 848; Gursky AcP 185, 38 ff), selbst bei Reflexhandlungen im Straßenverkehr (Rn 3). Zu einer solchen Vermutung bei Durchführung der baurechtlichen Erschließung s differenzierend BGHZ 61, 363; NVwZ 02, 511 f. Bei

Titel 13. Geschäftsführung ohne Auftrag **§ 677**

subj fremden Geschäften (Rn 3) ist der Geschäftsführer für den Fremdgeschäftsführungswillen beweispflichtig (BGH 40, 31; 82, 331). Der Wille, das Geschäft gleichzeitig für den Geschäftsherrn zu führen, muß nach außen hinreichend deutlich geworden sein (BGH NJW-RR 01, 1284 mN; OLG Stuttgart 02, 26 f). Daß der Geschäftsführer in Erfüllung einer eigenen (öffentl-rechtlichen oder gegenüber einem Dritten [s Rn 6 f] bestehenden privatrechtlichen) Verpflichtung handelt, schließt den Geschäftsbesorgungswillen nicht aus (hM, str; aA Schubert aaO; sa Rn 6). Bsp: Hilfsmaßnahmen von Feuerwehr, Polizei usw im Rahmen ihrer Pflichtaufgaben, Nachw in Rn 3. Irrtum über die Person des Geschäftsherrn berührt Geschäftsführungswillen nicht (§ 686), wohl aber Irrtum über die Fremdheit des Geschäfts (§ 687 I). Der Geschäftsherr braucht noch nicht zu existieren (Nürnberg NJW-RR 87, 406). Fehlt trotz Kenntnis der Fremdheit Fremdgeschäftsführungsabsicht, liegt § 687 II vor. **d) Wille und Interesse des Geschäftsherrn.** Die Übernahme der Geschäftsführung muß grundsätzlich dem Interesse und dem – bes festzustellenden (BGH 82, 331) – wirklichen oder mutmaßlichen Willen des Geschäftsherrn entsprechen (§ 683 S 1 mit Rn 2 ff). Erweiterungen bestehen im Fall der §§ 683 S 2 iVm 679 und bei nachträglicher Genehmigung der Geschäftsführung, §§ 684 S 2, 184 I. Bei irrtümlicher Annahme des Vorliegens eines dieser „Berechtigungsgründe" ist GoA nicht berechtigt (§ 683 Rn 2 ff); beruht Irrtum auf Fahrlässigkeit, gilt § 678. **e) Fehlen bestehender Geschäftsbesorgungsberechtigung. aa)** GoA ist **ausgeschlossen,** wenn zwischen den **Parteien** ein bes vertragliches (Bsp: Auftrag einschließlich entgeltlicher Geschäftsbesorgung, § 675; Gesellschaft; Kommission; bes Benutzungsverhältnis [BGH 63, 120] ua) oder ges Rechtsverhältnis (Bsp: Rechtsstellung als ges Vertreter, Organ, Träger eines privaten Amtes; bes öffentl-rechtliches Rechtsverhältnis: BGH 109, 358; AG Frankfurt NJW-RR 90, 731 mN) besteht, aus dem sich bereits eine Geschäftsführungsbefugnis bzw -pflicht für den Geschäftsführer ergibt. Dann gelten nur die Regeln des bes Geschäftsbesorgungsverhältnisses (BGH NJW-RR 89, 1256 f für Vertrag zwischen GmbH und Geschäftsführer; sa Rn 7 vor § 677). Bei Geschäftsführung aufgrund eines **nichtigen Vertragsverhältnisses** scheidet GoA aus (Canaris NJW 85, 2405 mN; Lorenz NJW 96, 885 ff; ErmEhmann 8 mN vor § 677; Koblenz NJW 99, 2904; iE LG Mainz NJW-RR 98, 48, str; aA BGH 37, 263; 101, 399 mN; 109, 152; 140, 109; 143, 13, 16 (obiter dictum); NJW 93, 3196; 94, 578; 97, 48; 00, 73 und 973 mN (obiter dictum); BayObLG NJW-RR 00, 155; beiläufig abw BGH NJW 95, 727: Anwendung von § 812; dazu Lorenz NJW 96, 886); Grund: Vorrang von §§ 812 ff. **bb) Nicht ausgeschlossen** wird GoA durch die einem **Dritten** gegenüber bestehende Pflicht zur Vornahme der Handlung (BGH 61, 363; BGH 143, 14, 16, str; aA Koblenz OLGZ 92, 332; LG Landau NJW 00, 1046; Weishaupt NJW 00, 2003 mN; Schubert AcP 178, 435 ff, 443, diesem teilw zust MK/Seiler 15). Bsp: Abschleppen von verkehrswidrig geparktem Kfz im Auftrag der Polizei (LG München I NJW 76, 898; aA NJW 78, 48; Beuthien JuS 87, 847 f; AG Krefeld NJW 79, 722 mN), außer bei Eingreifen von GG 34, § 839 (dazu BGH 121, 164 ff); Heilbehandlung von (vermögenslosen) Familienangehörigen (aA Koblenz OLGZ 92, 332); durch bestehende **allg Hilfeleistungspflicht** nach StGB 323 c: GoA dann vielmehr geboten (Rettungshandlungen!); durch bestehende **Selbsthilferechte** des Geschäftsführers, zB gem §§ 859 I, III, 227, 229; Grund: Fehlende Ausgleichsregelung (vgl MK/Seiler 36). Auch kein Ausschluß der GoA, wenn RGeschäft (BGH NJW 00, 424; WM 00, 973) oder bes öfftl-rechtliches Verhältnis (BGH 143, 16), das den Geschäftsführer zur Geschäftsführung berechtigen würde, irrtümlich als bestehend angenommen wird. Anders bei nichtigem Vertrag: Rn 6.

3. Rechtsfolgen der berechtigten GoA. a) Allgemein: Zwischen Geschäftsführer und Geschäftsherrn entsteht ein auftragsähnliches (§§ 662 ff) **ges Ausgleichsschuldverhältnis,** aus dem notwendigerweise Pflichten des Geschäftsführers (Rn 9), uU auch Pflichten des Geschäftsherrn (Rn 10) entstehen (**unvoll-**

Mansel

§§ 678, 679

9 kommen zweiseitiges Schuldverhältnis, s § 311 Rn 12). **b) Pflichten des Geschäftsführers. aa)** Die **Hauptpflicht** besteht in der ordnungsgemäßen **Ausführung** (Durchführung) des übernommenen Geschäfts (§ 677); maßgebend ist dabei in erster Linie das obj Interesse des Geschäftsherrn, nicht so sehr sein Wille (arg Wortlaut § 677 „mit Rücksicht" iGgs zu § 683 S 1 „und"; str). Pflicht zur Fortführung einer begonnenen Geschäftsführung besteht in allg nicht, doch darf Tätigkeit nicht zur Unzeit abgebrochen werden (§ 671 II entspr). Zuziehung von Hilfskräften ist zulässig (Rn 2). **bb)** Die **Nebenpflichten** entsprechen denen eines Beauftragten: § 681 Rn 1. **cc) Haftung** des Geschäftsführers bei Verletzung der
10 Pflichten gem §§ 677, 681: § 678 Rn 3. **c) Pflichten des Geschäftsherrn:** Aufwendungs- und Schadensersatz (§ 683 S 1 und dort Rn 6 ff). **d) Verjährung** der Ansprüche des Geschäftsführers und Geschäftsherrn idR nach §§ 195, 199; zu Ausnahmen beim Erstattungsanspruch vgl § 683 Rn 10.

§ 678 Geschäftsführung gegen den Willen des Geschäftsherrn

Steht die Übernahme der Geschäftsführung mit dem wirklichen oder dem mutmaßlichen Willen des Geschäftsherrn in Widerspruch und musste der Geschäftsführer dies erkennen, so ist er dem Geschäftsherrn zum Ersatz des aus der Geschäftsführung entstehenden Schadens auch dann verpflichtet, wenn ihm ein sonstiges Verschulden nicht zur Last fällt.

1 **1. Bedeutung.** Anspruchsgrundlage für selbständigen **Schadensersatzanspruch** bei **unberechtigter GoA** (Rn 5 vor § 677). Die verschärfte Haftung (Rn 2) dient dem Schutz des Geschäftsherrn.

2 **2. Voraussetzung der Haftung des unberechtigten Geschäftsführers** ist ein **Übernahmeverschulden** (§ 276 I, aber § 680). Zu ersetzen sind alle bei der Ausführung adäquat kausal entstandenen Schäden (auch Zufallsschäden!). Bsp: Dazu zählen auch die Anwaltskosten des zu Unrecht wettbewerbsrechtlich Abgemahnten (LG Düsseldorf NZBau 2001, 583; zum Anspruch des Abmahnenden s § 683 Rn 6). **Beweislast** für HS 1 sowie Umfang des Schadens und Kausalzusammenhang: Geschäftsherr; Hilfen: §§ 681, 666 (dazu BGH NJW 84, 1462). Ohne Übernahmeverschulden haftet der unberechtigte Geschäftsführer für ein **Ausführungsverschulden** nur nach §§ 823 ff.

3 **3. Bei berechtigter GoA** haftet der Geschäftsführer nur wegen fehlerhafter Ausführung (§ 677 Rn 9 [cc]; nie wegen Übernahme, Rn 4 vor § 677) wegen Verletzung der Pflichten aus dem ges Schuldverhältnis, §§ 280 ff. Verschuldensmaßstab: § 276 I, Erleichterung: § 680. **Anspruchskonkurrenz** mit §§ 823 ff, 839 möglich, doch ist § 839 I 2 nicht anwendbar, vgl § 680 Rn 1.

§ 679 Unbeachtlichkeit des entgegenstehenden Willens des Geschäftsherrn

Ein der Geschäftsführung entgegenstehender Wille des Geschäftsherrn kommt nicht in Betracht, wenn ohne die Geschäftsführung eine Pflicht des Geschäftsherrn, deren Erfüllung im öffentlichen Interesse liegt, oder eine gesetzliche Unterhaltspflicht des Geschäftsherrn nicht rechtzeitig erfüllt werden würde.

1 **1. Allgemeines.** Ausnahme von § 678, Erweiterung von § 683 S 1 (vgl dort S 2). Die Übernahme und die Ausführung des Geschäfts sind trotz entgegenstehenden Willens des Geschäftsherrn gerechtfertigt. **Folgen:** Keine Haftung nach § 678, Aufwendungsersatz gem § 683 S 2 und allg § 677 Rn 8 ff.

2 **2. Voraussetzungen** (alternativ). **a) Pflicht des Geschäftsherrn,** deren Erfüllung und Übernahme durch den Geschäftsführer (zusätzliches Erfordernis; fehlt zB bei der Tilgung einer fremden Geldstrafe) im **öffentl Interesse** liegt. Bsp: Erfüllung einer Verkehrssicherungspflicht (BGH 65, 358 und 386); uU

Titel 13. Geschäftsführung ohne Auftrag §§ 680, 681

Errichtung von Gefahrenschutzanlage gegenüber Fernstraße (BGH NJW 78, 1258); Abwehr konkreter Gefahren- und Notsituation für hochwertige Rechtsgüter (AG Bremen NJW-RR 86, 355; AG Schöneberg NJW 84, 2954); Beseitigung von Zustandsstörungen (BGH 110, 318) und von Wettbewerbsverstößen (LG Düsseldorf NJW 82, 240 mN, hM, str; sa UWG 13 V), idR auch von Parkverstößen (einschr AG Frankfurt NJW-RR 90, 731; dagegen zutr Janssen NJW 95, 625 mN); rechtzeitige Erfüllung sozialrechtlicher Leistungen (BSG NJW 91, 2374). Notwendig ist eine privat- oder öffentl-rechtliche **Rechtspflicht;** eine sittliche Verpflichtung allein genügt nicht (str). Die Rettung eines Selbstmörders ist nach § 679 stets als berechtigte GoA anzusehen (hL: entgegenstehender Wille des Geschäftsherrn ist sittenwidrig und damit unbeachtlich; zutr St Wittmann 10, str; aA MK/Seiler 13; sa § 683 Rn 5); uU Rechtspflicht nach StGB 323 c (vgl Auslegung dieser Vorschrift), iü ausnahmsweise anzuerkennende sittliche Verpflichtung (Larenz, SchR II/1, § 57 I a: Menschenpflicht). **b) Ges Unterhaltspflicht** umfaßt auch die Verschaffung ärztlicher Hilfe (BGH 33, 256). Öffentl Interesse insoweit stets gegeben. 3

§ 680 Geschäftsführung zur Gefahrenabwehr

Bezweckt die Geschäftsführung die Abwendung einer dem Geschäftsherrn drohenden dringenden Gefahr, so hat der Geschäftsführer nur Vorsatz und grobe Fahrlässigkeit zu vertreten.

Lit: Dietrich JZ 74, 535.

1. Allgemeines. a) Zweck. Die **Haftungserleichterung** für den Geschäftsführer soll die Bereitschaft zur Nothilfe fördern. **b) Anwendungsbereich.** § 680 gilt bei berechtigter und unberechtigter GoA (§§ 677, 678), für Übernahme- und Ausführungsverschulden; für konkurrierende Ansprüche des Geschäftsherrn aus §§ 823 ff (BGH NJW 72, 475; Hamburg VersR 84, 759); bei Zusammentreffen mit Amtshaftung (§ 839, GG 34; abl Wollschläger [Lit vor § 677] S 284) kommt eine weitere Einschränkung der Haftung des Geschäftsführers aus § 839 I 2 nicht in Betracht (BGH 63, 171). Bei Schadensersatzanspruch des Geschäftsführers gegen den Geschäftsherrn (§§ 683, 823 ff) gilt § 680 iVm 254, dh bei nur leichter Fahrlässigkeit des Geschäftsführers trägt Geschäftsherr dessen Schaden voll (BGH 43, 194; MDR 72, 487). **Einschränkung:** Haftungsmilderung **gilt nicht** im Fall von § 677 Rn 7 für „professionelle Nothelfer" (zutr Wollschläger [Lit vor § 677] S 283 f, str; aA MK/Seiler 6); Grund: Vertraglicher Haftungsmaßstab (§ 276) geht vor. 1

2. Voraussetzungen. Die **Gefahr** für die Person oder das Vermögen des Geschäftsherrn oder seiner nächsten Angehörigen (entspr bei Wahrung öffentl Interesses, LG München I NJW 76, 898, str) braucht tatsächlich nicht zu bestehen (StWittmann 5, hM; aA MK/Seiler 5); der Geschäftsführer muß jedoch ohne grobe Fahrlässigkeit (StWittmann 5 mN; aA BAG NJW 76, 1230; Dietrich JZ 74, 539 mN, hM: unverschuldet) vom Bestehen einer derartigen Gefahr überzeugt sein. Ob Eingreifen erfolgreich, ist unerheblich (BGH 43, 192). 2

3. Haftungsmaßstab. Vorsatz und **grobe Fahrlässigkeit:** § 276 Rn 15 ff, 33 ff. 3

§ 681 Nebenpflichten des Geschäftsführers

¹Der Geschäftsführer hat die Übernahme der Geschäftsführung, sobald es tunlich ist, dem Geschäftsherrn anzuzeigen und, wenn nicht mit dem Aufschub Gefahr verbunden ist, dessen Entschließung abzuwarten. ²Im Übrigen finden auf die Verpflichtungen des Geschäftsführers die für einen Beauftragten geltenden Vorschriften der §§ 666 bis 668 entsprechende Anwendung.

§§ 682, 683

1 1. **Konkretisierung** der Nebenpflichten des Geschäftsführers (Hauptpflicht: § 677 Rn 9). **S 1: Anzeige-** und **Abwartepflicht** (entspr § 665 S 2). Bei schuldhafter Nichtanzeige Schadensersatzpflicht (§ 678 Rn 3; Bsp: LAG Düsseldorf MDR 89, 1027), doch bleibt der Aufwendungsersatzanspruch des Geschäftsführers (§ 683) unberührt (BGH 65, 357). **S 2: Weitere Nebenpflichten:** Auskünfte über den Stand des Geschäfts und Rechenschaftslegung (§ 666); Herausgabe des aus der Geschäftsführung Erlangten (§ 667, umfaßt Eingriffserwerb, vgl § 687 Rn 8 f); Verzinsung fremdbestimmten Geldes (§ 668).

§ 682 Fehlende Geschäftsfähigkeit des Geschäftsführers

Ist der Geschäftsführer geschäftsunfähig oder in der Geschäftsfähigkeit beschränkt, so ist er nur nach den Vorschriften über den Schadensersatz wegen unerlaubter Handlungen und über die Herausgabe einer ungerechtfertigten Bereicherung verantwortlich.

1 1. **Allgemeines. a) Zweck:** Schutz des nicht vollgeschäftsfähigen (§§ 104, 106, 114) Geschäftsführers. **b)** Inhalt der **Haftungsbeschränkung. aa)** bei **Schadensersatz:** §§ 823 ff iVm §§ 827 ff statt §§ 677, 678, 681 S 1; 687 II; **bb)** bei **Herausgabe:** §§ 812 ff statt 681 S 2, 667, 668. Es handelt sich jeweils um Rechtsgrundverweisungen (str, ie Hassold JR 89, 360 ff).

2 2. **Geschäftsfähigkeit des Geschäftsführers** ist keine Voraussetzung für die Entstehung des ges Schuldverhältnisses (§§ 677 Rn 8 ff). Grund: GoA ist im Verhältnis zum Geschäftsherrn nur tatsächliches Tun; das ges Schuldverhältnis bringt wegen § 682 für den geschützten Personenkreis keine Gefahren, andererseits stehen ihm die Rechte aus der Geschäftsführung, insbes dere Aufwendungs-(Schadensersatz-)anspruch gem § 683 zu (ebenso Larenz, SchR II/1, § 57 I a aE; Hassold JR 89, 362, einschr StWittmann 2; MK/Seiler 3; aA [geschäftsähnliche Handlung, §§ 107 ff entspr anwendbar] LG Aachen NJW 63, 1253, früher hM).

3 3. **Geschäftsfähigkeit des Geschäftsherrn** ist unerheblich; soweit es auf seinen Willen ankommt (vgl §§ 683 S 1, 684 S 2), ist der seines ges Vertreters maßgebend.

§ 683 Ersatz von Aufwendungen

¹Entspricht die Übernahme der Geschäftsführung dem Interesse und dem wirklichen oder dem mutmaßlichen Willen des Geschäftsherrn, so kann der Geschäftsführer wie ein Beauftragter Ersatz seiner Aufwendungen verlangen. ²In den Fällen des § 679 steht dieser Anspruch dem Geschäftsführer zu, auch wenn die Übernahme der Geschäftsführung mit dem Willen des Geschäftsherrn in Widerspruch steht.

Lit: v. Hippel, Die Entschädigung des Nothelfers, FS K. Sieg, 1976, 171; Otto, Ausgleichsansprüche des Geschäftsführers bei berechtigter GoA, JuS 84, 684; Stoll, Rechtsfragen bei Hilfeleistung in vermeintlicher Not, FS Weitnauer, 1980, 411; sa Lit zu § 670.

1 1. **Allgemeines.** § 683 umschreibt (zusammen mit § 677, vgl dort Rn 2 ff) die **Voraussetzungen** der berechtigten GoA und bildet die **Anspruchsgrundlage** für Ansprüche des Geschäftsführers gegen den Geschäftsherrn (Rn 6 ff; § 677 Rn 10).

2 2. Die **Voraussetzungen** für Erstattungsansprüche (sie entsprechen den Voraussetzungen für die berechtigte GoA überhaupt, s § 677 Rn 2 ff), insbes die gem S 1 müssen **obj** vorliegen (Rn 3 f), auch schuldlos irrige Annahme durch den Geschäftsführer genügt nicht (Frankfurt MDR 76, 1021; MK/Seiler 1, 12, allgM); dies gilt auch im Fall des § 680 bei vermeintlicher Notsituation (hM, vgl Stoll aaO S 414 f mN, str; aA Dietrich JZ 74, 539; Fricke MDR 77, 315), unbefriedigend;

3 Abhilfe: Rn 9. **a) Im Interesse des Geschäftsherrn** liegt die Übernahme der Geschäftsführung, wenn sie ihm obj nützlich ist (Würdigung der Gesamtumstände).

Titel 13. Geschäftsführung ohne Auftrag **§ 683**

Maßgebender Zeitpunkt: Übernahme (Frankfurt NJW-RR 96, 1337); ob Ausführung erfolgreich, ist daher unerheblich (Frankfurt aaO); existiert die andere Person noch nicht, ist Zeitpunkt ihrer Entstehung maßgebend (Nürnberg NJW-RR 87, 406). Daneben bestehendes eigenes Interesse des Geschäftsführers schadet nicht (BGH 52, 399; sa § 677 Rn 3 f). **b) Wille des Geschäftsherrn.** In erster Linie ist 4 der **wirkliche,** geäußerte **Wille** maßgebend. Fehlt dieser oder ist er nicht erkennbar (nicht notwendig für den Geschäftsführer), so kommt es auf den **mutmaßlichen Willen** an (Frage: Hätte der Geschäftsherr bei obj Beurteilung der Gesamtumstände der Geschäftsübernahme zugestimmt?); dieser entspricht idR dem Interesse (BGH 47, 374; NJW-RR 89, 970). **c)** Interesse **und** Willen muß die 5 Geschäftsführung idR entsprechen (Kumulation; Anforderungen: BGH 82, 331). Allein das Interesse entscheidet im Fall des S 2 mit § 679. Bei ausnahmsweisem Auseinanderfallen von Interesse und wirklichem (aber unvernünftigem) Willen geht der **interessenwidrige Wille** vor (vgl BGH 138, 287, str); Grund: Niemandem soll etwas gegen seinen Willen aufgezwungen werden.

3. Rechtsfolgen. a) Aufwendungsersatz. Der Anspruch richtet sich nach 6 Auftragsrecht (S 1 – „wie ein Beauftragter" – iVm § 670). Zu ersetzen sind alle (auch erfolglose) Aufwendungen (zum Begriff: § 670 Rn 2), die der Geschäftsführer nach seinem subj vernünftigen Ermessen unter Berücksichtigung seiner Pflichten nach § 677 für **erforderlich** halten durfte. Bsp: Abschleppkosten eines verbotswidrig geparkten Kfz (AG Frankfurt NJW 90, 917); Kosten von Rettungseinsatz (LG Köln NJW-RR 91, 990); Besuchskosten von nahen Angehörigen eines Unfallverletzten in angemessenem Umfang (BGH NJW 79, 598); Beerdigungskosten (KG OLGZ 79, 430); notwendige vorprozessuale Abmahnungskosten (BGH 52, 400; 115, 212: kurze Verjährung UWG 21; sa Rn 3; § 677 Rn 3; § 678 Rn 2; § 679 Rn 2; § 280 Rn 51; UWG 13 V). **Weitergehend** als bei § 670 umfaßt der Anspruch die übliche Vergütung, wenn die Geschäftsführung in den Bereich der gewerblichen oder beruflichen Tätigkeit des Geschäftsführers fällt (BGH 65, 389 f; 69, 36; NJW-RR 89, 970 f; BGH 143, 16 mN, hM; Gründe: ua § 1835 III analog; je Köhler JZ 85, 361 ff mN), und die allg Geschäftskosten (sog Gemeinkostenzuschlag; BGH 65, 389). Abmahnkosten sind regelmäßig erforderliche Aufwendungen, Ausnahme: die Widerrechtlichkeit des abgemahnten Verhaltens ist in den Verkehrskreisen des Abgemahnten offensichtlich bekannt. Bsp: Mahnt ein Rechtsanwalt in eigener Sache einen Versender von Werbefaxen ab, dann ist der Hinweis auf die Widerrechtlichkeit des Versendens von Werbefaxen kein obj nützliches Geschäft des Anwalts für den Abgemahnten, da diese Information allgemein bekannt ist; das berufliche Tätigwerden ist nicht erforderlich (AG Hamburg MDR 02, 167; ähnlich für Abmahnung in Routinesache BGH NJW 84, 2525; Düsseldorf NJW-RR 02, 122; AG Frankenberg MDR 01, 466 mit im konkreten Fall zu Recht krit Anm Schneider S 467 mN; zum Anspruch gegen den Abmahnenden s § 678 Rn 2). **b) Schadensersatz.** Der Geschäftsherr haftet dem 7 Geschäftsführer auch für erlittene **Schäden,** die aus einer mit der Geschäftsführung typischerweise verbundenen Gefahr erwachsen sind (BGH NJW 93, 2235 mN; Saarbrücken OLGZ 91, 483 mN). Begründung: § 670 Rn 8 ff. Bsp: Selbststopfrung im Straßenverkehr (dazu § 677 Rn 3; MK/Seiler 23 mN); Hilfeleistung und Rettungshandlungen in Notfällen (vgl mN § 679 Rn 2). **c) Unfallversicherungsschutz** des Geschäftsführers bei Rettungshandlungen: § 670 Rn 7 und 10. 8 **d) Konkurrenzen.** Der Nothelfer hat gegen denjenigen, der die Gefahrenlage 9 durch rechtswidrige und schuldhafte Handlung herbeigeführt hat, einen Schadensersatzanspruch gem §§ 823 ff, wenn sein Eingreifen „herausgefordert" war (BGH 101, 220 mN; sa § 823 Rn 24); weitergehend nach Stoll (aaO S 423 ff) gegen den (vermeintlich) Gefährdeten einen Billigkeitsanspruch entspr § 829; gegen das Land einen Versorgungsanspruch, wenn er (ua) bei der Abwehr eines vorsätzlichen, rechtswidrigen tätlichen Angriffs auf einen anderen einen Gesundheitsschaden erlitten hat (ie OEG 1, 4). **e)** Der Anspruch gem Rn 6 **verjährt** gem §§ 195, 199 10

§§ 684–687 Buch 2. Abschnitt 8. Einzelne Schuldverhältnisse

(§ 677 Rn 10); Ausnahmen können im Einzelfall bestehen, wenn kürzer verjährende Schulden getilgt worden sind (ie BGH 115, 211f zu § 21 UWG; Bsp: Abmahnkosten, s Rn 6).

§ 684 Herausgabe der Bereicherung

¹ Liegen die Voraussetzungen des § 683 nicht vor, so ist der Geschäftsherr verpflichtet, dem Geschäftsführer alles, was er durch die Geschäftsführung erlangt, nach den Vorschriften über die Herausgabe einer ungerechtfertigten Bereicherung herauszugeben. ² Genehmigt der Geschäftsherr die Geschäftsführung, so steht dem Geschäftsführer der im § 683 bestimmte Anspruch zu.

1. **S 1**: Bei **unberechtigter GoA** sind bereits empfangene Leistungen rechtsgrundlos erfolgt (Rn 5 vor § 677); deshalb Rechtsfolgenverweisung (aA Gursky AcP 185, 40: Rechtsgrundverweisung) auf die §§ 812ff (Ausnahme: § 685 I). Der Anspruch auf Wertersatz (S 1 iVm § 818 II) ist der Höhe nach durch § 670 beschränkt (M. Wolf JZ 66, 470; aA Koller DB 74, 2388). Beruht die Bereicherung auf der Erfüllung einer gegenüber einem Dritten bestehenden Verpflichtung (s § 677 Rn 7), besteht der Anspruch nicht (Hamm NJW 74, 952).

2. **S 2**: Die **Genehmigung** (§ 184 entspr, s BGH NJW 89, 1673; Bsp: BGH 144, 354) macht die Geschäftsführung (Innenverhältnis) zu einer berechtigten ohne Vorliegen der Voraussetzungen des § 683 (BGH 128, 213); ein Auftragsverhältnis entsteht dadurch nicht. Zum Außenverhältnis s Rn 4 vor § 677.

§ 685 Schenkungsabsicht

(1) Dem Geschäftsführer steht ein Anspruch nicht zu, wenn er nicht die Absicht hatte, von dem Geschäftsherrn Ersatz zu verlangen.

(2) Gewähren Eltern oder Voreltern ihren Abkömmlingen oder diese jenen Unterhalt, so ist im Zweifel anzunehmen, dass die Absicht fehlt, von dem Empfänger Ersatz zu verlangen.

I: Schließt nicht nur § 683, sondern auch § 684 S 1 aus (BGH NJW 85, 314), nicht aber Ausgleich gem § 812 I 2 Alt 1 (BGH 111, 128ff). Beweislast: Geschäftsherr. Bsp: Baut ein Lebensgefährte die gemeinsam mit der Lebensgefährtin bewohnte und deren Vater gehörende Wohnung aus, so steht regelmäßig die gemeinsame Lebensführung der Lebensgefährten im Vordergrund; das spricht gegen die Absicht, Aufwendungsersatz vom Vater zu erlangen (OLG Hamm FamRZ 02, 160). **II:** Ges Vermutung für fehlende Ersatzabsicht (BGH 38, 305; NJW 98, 979); sie greift ein, soweit die Unterhaltsleistungen des Elternteils usw über das geschuldete Maß (vgl § 1610; sonst schon Ausschluß gem § 1648 letzter HS) hinausgehen (BGH NJW 98, 979).

§ 686 Irrtum über Person des Geschäftsherrn

Ist der Geschäftsführer über die Person des Geschäftsherrn im Irrtum, so wird der wirkliche Geschäftsherr aus der Geschäftsführung berechtigt und verpflichtet.

1. Vgl § 677 Rn 4. Irrtum über die Voraussetzungen berechtigter GoA: § 683 Rn 2ff; über Geschäftsführungspflicht: § 677 Rn 7; über Gefahrenlage iSd § 680 dort Rn 2.

§ 687 Unechte Geschäftsführung

(1) Die Vorschriften der §§ 677 bis 686 finden keine Anwendung, wenn jemand ein fremdes Geschäft in der Meinung besorgt, dass es sein eigenes sei.

Titel 13. Geschäftsführung ohne Auftrag **§ 687**

(2) ¹Behandelt jemand ein fremdes Geschäft als sein eigenes, obwohl er weiß, dass er nicht dazu berechtigt ist, so kann der Geschäftsherr die sich aus den §§ 677, 678, 681, 682 ergebenden Ansprüche geltend machen. ²Macht er sie geltend, so ist er dem Geschäftsführer nach § 684 Satz 1 verpflichtet.

Lit: Isele, FS Cohn, 1976, S 75.

1. Allgemeines. I enthält lediglich **Klarstellung** (Rn 6 vor § 677), II eine (in Rechtsfolgenverweisung gekleidete) **selbständige Anspruchsgrundlage** (Rn 5), die die allg schadensersatz- und bereicherungsrechtlichen Ansprüche (Rn 3 f) sowie spezielle Entschädigungsansprüche (Rn 10 ff) ergänzt. 1

2. Irrtümliche Eigengeschäftsführung (I). a) Voraussetzungen: aa) obj: wie Rn 6; **bb) subj:** Der eigennützig (Rn 7) Handelnde irrt über die Fremdheit des Geschäfts. Irrtum kann auch verschuldet sein. **b) Rechtsfolgen:** GoA-Recht (auch § 684 S 2) unanwendbar (**I**; s Rn 1). Der Geschäftsführer **haftet** nach den allg Vorschriften. Anspruchsgrundlagen: **aa)** Bei Verschulden **Schadensersatzanspruch** aus uH (§§ 823 ff, 249 ff). Erleichterungen und Sondervorschriften bei Eingriffen in fremde Ausschließlichkeitsrechte: Rn 10 ff; **bb)** unabhängig von Verschulden **Bereicherungsanspruch** (§§ 812 I 1, 2. Alt, 818 I, II – Eingriffskondiktion –) auf Herausgabe des Erlangten bzw Wertersatz (zB Nutzungsvergütung, angemessene und übliche Lizenzgebühr, BGH 99, 248), im Fall des § 816 I einschließlich des Verletzergewinns (str, s § 816 Rn 8–10); **cc)** sonstige Anspruchsgrundlagen: §§ 946 ff; 985 ff. Haftung des **Geschäftsherrn:** §§ 812 ff; 994 ff. 2
3
4

3. Unerlaubte Eigengeschäftsführung (II). a) Allgemeines. aa) Bedeutung. Die auf Herausgabe des **Eingriffserwerbs** gerichtete **selbständige Anspruchsgrundlage** enthält eine wesentliche Verbesserung der Rechtsstellung des Geschäftsherrn gegenüber den allg Vorschriften (§§ 249, 252 S 2; 818 II; s Rn 3 f). **bb) Grund.** Niemand soll aus widerrechtlichen Eingriffen in den fremden Rechtskreis (s BGH 119, 259) unverdient eigene Vorteile ziehen; der Verletzergewinn gebührt dem Rechtsinhaber, denn der eigennützig und unredlich Handelnde ist gegenüber dem Verletzten nicht schutzwürdig. **cc) Entspr Anwendbarkeit** des Rechtsgedankens aus II 1 im Schadensrecht: Rn 10. **b) Voraussetzungen. aa) obj:** Führung eines obj fremden Geschäfts (BGH 75, 205; sa § 677 Rn 3) gegen (ohne) den Willen des Berechtigten (BGH 119, 259). Jedes unbefugte Tätigwerden im fremden Rechtskreis genügt (Rn 5 [bb]). Bsp: Veräußerung (Vermietung, Nutzung, Verwertung) einer fremden Sache (BGH 75, 205); Eingriff in fremde vermögenswerte Ausschließlichkeitsrechte, nicht Vertragsverletzungen (BGH NJW-RR 89, 1256 f) wie unbefugte Untervermietung (BGH 131, 306 mN, str), Verletzung eines Alleinvertriebsrechts (BGH NJW 84, 2411) oder eines vertraglichen Wettbewerbsverbots (BGH NJW 88, 3018; abweichend für Verletzung von AktG 88 I durch den Vorstand der AG Köln VersR 00, 108), soweit nicht in vertragliche Beziehungen zwischen dem Berechtigten mit einem Dritten eingegriffen wird (BGH NJW-RR 89, 1257). Handeln im eigenen Namen ist möglich. Gleichgültig ist, ob der Geschäftsherr das Geschäft überhaupt für sich vorgenommen hätte. **bb) subj:** Der Eingreifer muß **wissen,** daß es sich um ein fremdes Geschäft (Rn 6) handelt (Vorsatz, s BGH 119, 259), und es zum **eigenen Vorteil** ausführen wollen (eigennütziges Verhalten; kein Fremdgeschäftsführungswille). Kenntnis der Anfechtbarkeit des zur Geschäftsführung berechtigenden RGeschäfts genügt (§ 142 II; dazu RG 138, 49), nicht aber fahrlässige Unkenntnis der Fremdheit (dann Rn 2 ff). **c) Rechtsfolgen. aa) Ansprüche** des durch die unerlaubte Eigengeschäftsführung Betroffenen: Er hat: (1) Anspruch auf **Herausgabe** des durch den Eingriff **Erlangten (II 1,** §§ 681, 667 – Eingriffserwerb) einschließlich des Verletzergewinns (BGH 82, 308); Umfang wie § 667 Rn 4 ff (umfaßt gezogene Nutzungen, Zinsen [**II 1,** §§ 681, 668] und Ersatzwerte aus Folgegeschäften), ob der Geschäftsherr den Gewinn erzielt hätte, ist gleichgültig (Rn 5 [bb]); (2) An- 5
6
7
8

Mansel 875

§ 688 Buch 2. Abschnitt 8. Einzelne Schuldverhältnisse

spruch auf **Auskunft und Rechnungslegung** (II 1, §§ 681, 666); (3) Anspruch auf **Schadensersatz** (II 1, § 678; umfaßt zufällige Ausführungsschäden, § 678 Rn 2). **Verjährung:** §§ 195, 199 (§ 677 Rn 10). Die Geltendmachung der Rechte nach II 1 läßt die Rechtswidrigkeit des Eingriffs unberührt; lediglich die Verfügung des Geschäftsführers wird wirksam (§ 185 II 1 1. Alt). Iü stehen dem Geschäftsherrn die allg Ansprüche zu (Rn 3 f); Geltendmachung von Verletzungsschaden neben Gewinnherausgabe ist ausgeschlossen, nicht aber von weitergehendem Begleitschaden (BGH 44, 382 zur Lizenzgebühr). **bb) Ansprüche des Geschäftsführers:** Ersatz von Aufwendungen in Höhe der Bereicherung des Geschäftsherrn (II 2, § 684 S 1). Da der Bereicherungsanspruch Geltendmachung der Rechte gem II 1 durch den Geschäftsherrn voraussetzt (BGH 39, 188), führt er idR zu einem Abzug von dem herauszugebenden Gewinn (Rn 8).

9

10   **4. Sonderfälle. a) Allgemeines.** Bei **Eingriffen in fremde Ausschließlichkeitsrechte** (insbes Immaterialgüterrechte) kann nach gewohnheitsrechtlicher Fortbildung der §§ 249, 252 auch eine angemessene Lizenzgebühr oder die Herausgabe des Verletzergewinns als („bes berechneter") Schaden verlangt werden (BGH 57, 117 ff; 119, 25 ff, 29; ErmEhmann 11 ff; zu Ansprüchen aus Eingriffskondiktion s § 818 Rn 21–25). **b)** Bei Verletzung von **Urheberrechten** und **gewerblichen Schutzrechten** ist Gewinnherausgabeanspruch zT Gegenstand von Sondervorschriften (UrhG 97; PatG 47 II; GebrMG 15 II; GeschmMG 14 a I). Gleiche Grundsätze gelten bei Verletzung von geschützten **Marken** und **Kennzeichen** (*arg* MarkenG 14 VI, 128 II; sa zum früheren WZG BGH 34, 320; 44, 374; 99, 247). Daneben gilt **II 1** (vgl UrhG 97 III, GeschmMG 14 a II und BGH 34, 320), Verjährung infolge Änderung der für II 1 geltenden §§ 195, 199 und der für die Sondervorschriften geltenden UrhG 102, PatG 33 III, GebrMG 24 c, MarkenG 20, GeschmMG 14 a III jetzt einheitlich. **c)** Auf Eingriffe in den Zuweisungsgehalt des **Eigentums** (Bsp: gewerbliche Verwertung des Bildes einer fremden Sache) ist **II 1** anwendbar (Ruhwedel JuS 75, 245; Schmieder NJW 75, 1164; sa Baur JZ 75, 493; Pfister JZ 76, 156), nicht dagegen bei unberechtigter Führung eines fremden **Unternehmens** (BGH 7, 218, str). **d)** Bei Eingriff in **wettbewerbsrechtliche Positionen** kann **II 1** eingreifen, zB bei wettbewerbswidriger sklavischer Nachahmung (BGH 57, 116); ie str, s Baumbach/Hefermehl, UWG, Einl UWG 415 f und § 18, 6. **e)** Bei Verletzung des **Persönlichkeitsrechts** durch unbefugte Bildverwertung hat der Verletzte Anspruch auf angemessene Lizenzgebühr (BGH 20, 353 u 354 f; Rn 10), soweit nicht die Genehmigung der Verwertung von vornherein ausgeschlossen ist (BGH 26, 353; 44, 375, str; s allg § 812 Rn 49–55). **II 1** erscheint bei kommerzieller Verwertung anwendbar (Schlechtriem DRiZ 75, 69 und FS Hefermehl, 1976, S 458 f); bei schwerwiegender ideeller Beeinträchtigung besteht Anspruch auf Ersatz des Nichtvermögensschadens (BGH 35, 369, stRspr; ie § 823 Rn 88; § 253 Rn 4).

11

12

13

14

Titel 14. Verwahrung

§ 688 Vertragstypische Pflichten bei der Verwahrung

Durch den Verwahrungsvertrag wird der Verwahrer verpflichtet, eine ihm von dem Hinterleger übergebene bewegliche Sache aufzubewahren.

1   **1. Allgemeines. a) Begriff.** Der Verwahrungsvertrag ist ein (uU gegenseitiger, Rn 5) Vertrag, bei dem der Verwahrer als Hauptpflicht (Rn 9, 14) die Aufbewahrung einer vom Hinterleger übergebenen Sache schuldet. Verwahrung ist **fremdnützige,** im Interesse des Hinterlegers geleistete Tätigkeit (ähnlich: § 662).
2   Konsequenzen daraus: §§ 690, 693, 695. **b) Gegenstand.** Verwahrung ist nur bei beweglichen Sachen (Rn 2 f vor § 90) und Tieren (§ 90 a, Schleswig SchlHA 00, 196) möglich; bei Bewachung von Grundstücken kommen Dienstvertrag (§ 611)
3   oder Auftrag (§ 662) in Betracht. **c) Zum Zustandekommen** des Vertrags ist

Titel 14. Verwahrung **§ 688**

Übergabe der Sache nicht erforderlich (Konsensualvertrag, Larenz, SchR II/1, § 58; BGH 46, 48 für Lagervertrag; v. Westphalen WM 84, 18 für Depotvertrag; aA [Realvertrag] EnnL § 169, 1), jedoch begründet nur der durch Übergabe vollzogene Vertrag ein Dauerschuldverhältnis (s § 311 Rn 14).

2. Arten der Verwahrung. a) Unentgeltliche Verwahrung ist, da nicht 4 notwendig auch Pflichten des Hinterlegers entstehen (zB aus §§ 693, 694), unvollkommen zweiseitiger Vertrag (§ 311 Rn 12). **b) Entgeltliche Verwahrung** ist 5 gegenseitiger Vertrag, §§ 320 ff sind anwendbar (sa Rn 15). Stillschweigende Entgeltvereinbarung: § 689 Rn 1. Für die wirtschaftlich bedeutsamsten Fälle bestehen **Sonderregelungen. aa)** Lagergeschäft nach HGB 467 ff und OrderlagerscheinVO v 16. 12. 31. **bb)** Wertpapierverwahrung nach DepotG. Lit: Peters JuS 76, 424. **cc) Bewachungsgewerbe:** GewO 34 a und VO vom 1. 6. 76 (BGBl I, 1341). **c) Unregelmäßige Verwahrung** (Hinterlegungsdarlehen): § 700 mit Rn 1 f. **d) Öffentl-rechtliche Verwahrung.** Ein öffentl-rechtliches Verwahrungsverhält- 6 nis entsteht, wenn eine Behörde (AG Hamm MDR 78, 51; weitergehend Müller JuS 77, 232 mN) bei Wahrnehmung einer öffentl-rechtlichen Aufgabe fremde Sachen in Besitz nimmt und den Berechtigten dadurch an eigenen Sicherungs- und Obhutsmaßnahmen hindert (BGH MDR 75, 213 mN, stRspr); diese Voraussetzungen fehlen bei der Beschlagnahme von Forderungen und Bankguthaben (BGH 34, 354; WM 62, 1033). Haftung der verwahrenden Behörde: §§ 688 ff mit Ausnahme von § 690 (BGH 4, 192; VG Arnsberg MDR 75, 255), §§ 254, 276, 278 entspr anwendbar (BGH NJW 90, 1230 f), § 839 I 2 gilt nicht (BGH NJW 90, 1231). Der ordentliche Rechtsweg ist gegeben (VwGO 40 II; BGH 76, 12; einschr Müller JuS 77, 233 mN). **e)** Die **Hinterlegung** nach der HinterlO ist ges bes 7 geregelt; Rn 6 gilt nicht. Bedeutsam ua bei §§ 372 ff. § 700 ist nicht anwendbar. **f)** Einlagerung durch den **Gerichtsvollzieher** (ZPO 808 ff) begründet uU Verwahrungs-(Lager-)vertrag mit dem Justizfiskus (BGH 89, 84 f). **g) Besondere amtliche Verwahrung** gem §§ 2258 a und b, 2300.

3. Abgrenzung der Verwahrung von anderen Schuldverhältnissen. 8 **a)** Vom **reinen Gefälligkeitsverhältnis** bei Unentgeltlichkeit (Rn 4): Interessenlage (§ 241 Rn 24; § 662 Rn 5) und Einzelumstände (AG Berlin-Schöneberg NJW-RR 86, 113) sind zu berücksichtigen. **b) Auftrag** (§ 662) verlangt ein Tätigwerden (§ 662 Rn 9 f); sa Rn 14. **c) Sachdarlehen** (§ 607): § 700 Rn 1 f. **d) Gebrauchsüberlassungsverträge** (§§ 535; 598) gestatten Gebrauch der Sa- 9 che. Bei Verbringung von Sachen in fremde Räume ist entscheidend, ob der Raumgeber zusätzlich (s Rn 14) eine Obhutspflicht als Hauptpflicht (dann Verwahrung) oder nur als Nebenpflicht (dann atypische Miete) übernimmt (vgl BGH 3, 200). **Einzelfragen:** Verwahrung in Bank- und Gepäckschließfach ist Miete (RG 141, 99; Hamburg OLGZ 01, 354). Bei Einstellen von Kfz in gewöhnlichem Parkhaus liegt idR Miete der Stellfläche vor, nicht Verwahrung (Düsseldorf NJW-RR 01, 1607 für „Urlauberparkhaus" nahe Flughafen; vermittelnd Medicus Karlsruher Forum 83, 174: Kombinationsvertrag); eine Bewachungspflicht obliegt aber dem Unternehmer beim bewachten Parkplatz (deshalb für Verwahrungsvertrag Köln NJW-RR 94, 25; offengelassen von BGH NJW 68, 1718) und bei Sammelgaragen (Verwahrungspflicht: AG Frankfurt VersR 65, 1063; Mietvertrag mit Nebenpflicht: KG VersR 68, 441; offen BGH DB 74, 426), dagegen idR nicht dem Hotelinhaber bei Inanspruchnahme eines entgeltlichen Hotelparkplatzes (Hamburg VersR 89, 1266 mN; § 701 Rn 10). Vorhandensein einer Videoanlage berechtigt noch nicht zur Annahme einer Bewachung des Parkplatzes (Düsseldorf NJW-RR 01, 1607). **e) Sonstige Rechtsverhält-** 10 **nisse mit Obhutspflichten für fremde Sachen.** Zahlreiche Rechtsverhältnisse bringen es mit sich, daß Sachen der einen Vertragspartei in Gewahrsam und Gefahrenbereich der anderen gelangen. Bsp: Miete (Rn 9), Beherbergung (§ 701 Rn 7–9), Leihe, Kauf (§ 433 Rn 20), Werkvertrag (zur Reparatur übergebene Sache), Geschäftsbesorgungsverträge usw. Inwieweit den betreffenden Vertragsteil

Stadler

§ 689

überhaupt Obhutspflichten treffen, ob diese **Nebenpflichten** (§ 241 Rn 9) im Rahmen des zwischen den Parteien bestehenden Vertragsverhältnisses sind oder ob gar ein **selbständiger Verwahrungsvertrag** zustandekommt, ist Frage des Einzelfalls.

11 Einzelfalls. **Überblick: aa) Keine Verwahrungspflicht** wird im allg für Angehörige freier Berufe (Arzt, RA) und Gewerbetreibende (Gaststätte) durch Garderobenablage in Wartezimmern und Geschäftsräumen begründet (RG 99, 35; BGH NJW 80, 1096; AG Seligenstadt MDR 90, 439); anders, wenn für den Kunden die Verpflichtung zur Ablage in einem besonderen, seiner Beaufsichtigung entzogenen Raum besteht (KG MDR 84, 846; LG Hamburg NJW-RR 86,
12 829; sa Rn 12). **bb)** Vielfach folgt eine Verwahrungspflicht als **Nebenpflicht** aus dem zwischen den Parteien bestehenden Rechtsverhältnis. Bsp: Verwahrung von Sachen durch Vormünder, Geschäftsführer, Beauftragte, Ärzte (LG Hannover NJW 83, 1381; sa Rn 11), Krankenhausträger (Karlsruhe DB 74, 2298) und Arbeitgeber (BAG 7, 283; 9, 34; 17, 231) im Rahmen ihres Pflichtenkreises; Theatergarderobe; Obhutspflichten von Kommissionär und Spediteur: HGB 388 ff, 407 ff; von Kfz-Betrieb (Nürnberg OLGZ 79, 220); Annahmeverzug des Gläubigers (§ 304). In erster Linie gelten dann die Regeln des betr Rechtsverhältnisses, daneben finden die §§ 688 ff (außer § 690) ergänzend Anwendung.
13 **cc) Selbständiger Verwahrungsvertrag** kommt zB bei bes bewachter (entgeltlicher) Garderobenablage (Theater, Museen usw; zu Gaststätten s Rn 11) in Frage (RG 113, 425). Zur Inanspruchnahme von Parkplätzen: Rn 9; zur Freizeichnung: Rn 16.

14 **4. Pflichten des Verwahrers. a) Hauptpflicht** besteht in **Gewährung von Raum und Obhut** (BGH 3, 200), umfaßt also Schutz vor Schaden sowie Be- und Überwachung (Fürsorgepflicht). Welche Maßnahmen insoweit ie zu treffen sind, hängt vom jeweiligen Verwahrungsobjekt (zB Fütterung und Pflege bei Tieren; dann Aufwendungsersatz nach § 693) und der drohenden Gefahr (zB Mitteilung von Pfändung, Erkrankung von Tieren, Schleswig SchlHA 00, 196) ab. Die Obhutspflicht erstreckt sich auf die Sachen in ihrer Gesamtheit (auch Inhalt eines Kfz: BGH NJW 69, 790). Ohne bes Abrede besteht keine Instandhaltungs-
15 pflicht, aber auch kein Gebrauchsrecht. **b) Nebenpflicht** (nie im Gegenseitigkeitsverhältnis) ist die Pflicht zu (vollständiger) **Rückgabe** der (unbeschädigten)
16 Sache gem §§ 695, 697. **c) Haftung des Verwahrers** bei Nichterfüllung der Pflichten gem Rn 14 f wegen Pflichtverletzung nach §§ 280 I, II iVm 286, 281 und 276, 278; Erleichterung § 690. Hinterleger kann Drittschaden geltend machen (Rn 20 vor § 249). **Beweislast:** § 280 I 2 (§ 282 aF: BGH NJW 90, 1230 f). Beweislastverschiebung in AGB zu Lasten des Hinterlegers ist unwirksam (§ 309 Nr 12 a BGH 41, 151). **Freizeichnung** ist in den Schranken der §§ 276 II, 278 S 2, 134, 138, 242; §§ 307, 309 Nr 7 u 8, 310 möglich. Bei Verwendung vorformulierter Klauseln (zB bei Parkplätzen, Garderoben usw) ist zur Einbeziehung deutlich sichtbarer Aushang am Ort des Vertragsschlusses erforderlich (§ 305 II Nr 1, RG 113, 427). Die Bewachungspflicht darf durch Haftungsausschluß nicht nahezu vollständig ausgehöhlt werden (BGH 33, 216; ie Güllemann NJW 72, 891 mN). **Verjährung:** §§ 195, 199; für Rückforderungsrecht und Rücknahmeanspruch s aber § 695 S 2 u § 696 S 3; Sondervorschriften: HGB 475 a, 439.

17 **5. Pflicht des Hinterlegers. a) Hauptpflicht: Vergütung,** soweit entgeltlich (§ 689; Rn 5). **b) Nebenpflichten:** Anzeigepflicht zugunsten des Verwahrers (§ 694); Ersatz von Aufwendungen (§ 693); Rücknahme der Sache nach §§ 696 f. **c) Haftung** des Hinterlegers: § 694 mit Anm.

§ 689 Vergütung

Eine Vergütung für die Aufbewahrung gilt als stillschweigend vereinbart, wenn die Aufbewahrung den Umständen nach nur gegen eine Vergütung zu erwarten ist.

Titel 14. Verwahrung **§§ 690–694**

1. Höhe der Vergütung: §§ 612 I, 632 II entspr, sonst § 316. Sonderregelung: **1**
HGB 354 I, 467 II. Aufwendungsersatz (§ 693) steht auch dem unentgeltlichen
Verwahrer zu.

§ 690 Haftung bei unentgeltlicher Verwahrung

Wird die Aufbewahrung unentgeltlich übernommen, so hat der Verwahrer nur für diejenige Sorgfalt einzustehen, welche er in eigenen Angelegenheiten anzuwenden pflegt.

1. Haftungsmaßstab: § 277. Haftungserleichterung unabhängig vom Rechts- **1**
grund (auch §§ 823 ff; Koblenz AnwBl 89, 50) wegen Unentgeltlichkeit (weitergehend §§ 521, 599, 680). Gilt **nicht** (§ 276 anwendbar) bei entgeltlichem Verwahrungsvertrag (§ 688 Rn 5, 13), bei Verwahrung als Nebenpflicht eines entgeltlichen Vertrags (§ 688 Rn 10 ff), bei öffentl-rechtlicher Verwahrung (§ 688
Rn 6).

§ 691 Hinterlegung bei Dritten

¹Der Verwahrer ist im Zweifel nicht berechtigt, die hinterlegte Sache bei einem Dritten zu hinterlegen. ²Ist die Hinterlegung bei einem Dritten gestattet, so hat der Verwahrer nur ein ihm bei dieser Hinterlegung zur Last fallendes Verschulden zu vertreten. ³Für das Verschulden eines Gehilfen ist er nach § 278 verantwortlich.

1. Grund: Vertrauensverhältnis. Ausnahmen: DepotG 3, 5. Folgen bei befugter **1**
und unbefugter Weitergabe: wie § 664 Rn 4, 6.

§ 692 Änderung der Aufbewahrung

¹Der Verwahrer ist berechtigt, die vereinbarte Art der Aufbewahrung zu ändern, wenn er den Umständen nach annehmen darf, dass der Hinterleger bei Kenntnis der Sachlage die Änderung billigen würde. ²Der Verwahrer hat vor der Änderung dem Hinterleger Anzeige zu machen und dessen Entschließung abzuwarten, wenn nicht mit dem Aufschub Gefahr verbunden ist.

1. Anders als bei § 665 keine Bindung an einseitige Weisungen. Unberechtigte **1**
Änderung: Schadensersatzpflicht (§ 688 Rn 16).

§ 693 Ersatz von Aufwendungen

Macht der Verwahrer zum Zwecke der Aufbewahrung Aufwendungen, die er den Umständen nach für erforderlich halten darf, so ist der Hinterleger zum Ersatz verpflichtet.

1. Umfang wie bei § 670; keine Erstattung von Aufwendungen, zu deren Über- **1**
nahme der Verwahrer nach dem Vertrag (Vergütung!) verpflichtet ist, vor allem Raumgewährung. Aufwendungsersatzanspruch gibt Zurückbehaltungsrecht (§ 273); ges Pfandrecht nur nach HGB 475 b. Zum Aufwendungsersatz während Zurückbehaltung: Celle NJW 67, 1967.

§ 694 Schadensersatzpflicht des Hinterlegers

Der Hinterleger hat den durch die Beschaffenheit der hinterlegten Sache dem Verwahrer entstehenden Schaden zu ersetzen, es sei denn, dass er die Gefahr drohende Beschaffenheit der Sache bei der Hinterlegung weder kennt noch kennen muss oder dass er sie dem Verwahrer angezeigt oder dieser sie ohne Anzeige gekannt hat.

1. Verletzung der Anzeigepflicht (§ 688 Rn 17) begründet **Haftung** aus **1**
§§ 280 I, 282, 241 II für **vermutetes Verschulden** des Hinterlegers. Vorausset-

§§ 695–699 Buch 2. Abschnitt 8. Einzelne Schuldverhältnisse

zungen für Entlastung: Schuldlosigkeit des Hinterlegers, Anzeigeerstattung oder Kenntnis des Verwahrers (bei fahrlässiger Unkenntnis gilt § 254).

§ 695 Rückforderungsrecht des Hinterlegers

¹Der Hinterleger kann die hinterlegte Sache jederzeit zurückfordern, auch wenn für die Aufbewahrung eine Zeit bestimmt ist. ²Die Verjährung des Anspruchs auf Rückgabe der Sache beginnt mit der Rückforderung.

1 1. Hinterleger hat stets (auch bei § 688 Rn 5) ein jederzeitiges (doch nicht zur Unzeit ausübbares, § 242), abdingbares (MK/Hüffer 2, str) **Rückforderungs-** und damit **Kündigungsrecht**. Vertragsbeendigung daher bereits vor Rückgabe möglich (str). **Haftung** des Verwahrers bei Nichtrückgabe: § 688 Rn 16. **Gegenrechte** des Verwahrers: §§ 273, 689, 693; während der Zurückbehaltung besteht kein Vergütungsanspruch (Celle NJW 67, 1967).

2 2. Wegen der nunmehr **kurzen Verjährungsfrist** von drei Jahren (§ 195), mußte der Beginn der Verjährung neu geregelt werden (bisher Verjährungsbeginn sog verhaltener Ansprüche sofort, dh mit Hinterlegung, BGH NJW-RR 00, 647); sonst Anspruchsverlust des Hinterlegers nach drei Jahren (Spezialregelung zu § 199).

§ 696 Rücknahmeanspruch des Verwahrers

¹Der Verwahrer kann, wenn eine Zeit für die Aufbewahrung nicht bestimmt ist, jederzeit die Rücknahme der hinterlegten Sache verlangen. ²Ist eine Zeit bestimmt, so kann er die vorzeitige Rücknahme nur verlangen, wenn ein wichtiger Grund vorliegt. ³Die Verjährung des Anspruchs beginnt mit dem Verlangen auf Rücknahme.

1 1. S 1 (nicht aber S 2, StReuter 3, str) ist abdingbar. Nichtrücknahme begründet Leistungs- und nicht nur Annahmeverzug. Sonderregelung: HGB 473. Zur Neuregelung des Verjährungsbeginns s § 695 Rn 2. Für Verallgemeinerung der Regelung in §§ 604 V, 695 S 2, 696 S 3 für alle verhaltenen Ansprüche mR Mansel/Budzikiewicz § 3 Rn 88.

§ 697 Rückgabeort

Die Rückgabe der hinterlegten Sache hat an dem Ort zu erfolgen, an welchem die Sache aufzubewahren war; der Verwahrer ist nicht verpflichtet, die Sache dem Hinterleger zu bringen.

§ 698 Verzinsung des verwendeten Geldes

Verwendet der Verwahrer hinterlegtes Geld für sich, so ist er verpflichtet, es von der Zeit der Verwendung an zu verzinsen.

§ 699 Fälligkeit der Vergütung

(1) ¹Der Hinterleger hat die vereinbarte Vergütung bei der Beendigung der Aufbewahrung zu entrichten. ²Ist die Vergütung nach Zeitabschnitten bemessen, so ist sie nach dem Ablauf der einzelnen Zeitabschnitte zu entrichten.

(2) Endigt die Aufbewahrung vor dem Ablauf der für sie bestimmten Zeit, so kann der Verwahrer einen seinen bisherigen Leistungen entsprechenden Teil der Vergütung verlangen, sofern nicht aus der Vereinbarung über die Vergütung sich ein anderes ergibt.

Titel 15. Einbringung von Sachen bei Gastwirten **§§ 700, 701**

§ 700 Unregelmäßiger Verwahrungsvertrag

(1) ¹Werden vertretbare Sachen in der Art hinterlegt, dass das Eigentum auf den Verwahrer übergehen und dieser verpflichtet sein soll, Sachen von gleicher Art, Güte und Menge zurückzugewähren, so finden bei Geld die Vorschriften über den Darlehensvertrag, bei anderen Sachen die Vorschriften über den Sachdarlehensvertrag Anwendung. ²Gestattet der Hinterleger dem Verwahrer, hinterlegte vertretbare Sachen zu verbrauchen, so finden bei Geld die Vorschriften über den Darlehensvertrag, bei anderen Sachen die Vorschriften über den Sachdarlehensvertrag von dem Zeitpunkt an Anwendung, in welchem der Verwahrer sich die Sachen aneignet. ³In beiden Fällen bestimmen sich jedoch Zeit und Ort der Rückgabe im Zweifel nach den Vorschriften über den Verwahrungsvertrag.

(2) Bei der Hinterlegung von Wertpapieren ist eine Vereinbarung der im Absatz 1 bezeichneten Art nur gültig, wenn sie ausdrücklich getroffen wird.

1. Allgemeines. a) Wesen. Der nur bei vertretbaren Sachen (§ 91 Rn 2) **1** mögliche **unregelmäßige** (uneigentliche) **Verwahrungsvertrag** ist weder Darlehen noch Verwahrung, sondern begründet (Konsensualvertrag) ein Schuldverhältnis eigener Art (Hinterlegungsdarlehen). Merkmale: Eigentumsübergang auf den Verwahrer (wie § 607 und § 488, abw von § 688), überwiegendes Verwahrungsinteresse des Hinterlegers (wie § 688 Rn 1, abw von §§ 488, 607). **b) Rechts- 2 folgen.** Eigentumsverlust des Hinterlegers durch Übereignung. Entstehen eines schuldrechtlichen Liefer- oder Zahlungsanspruchs; ie gelten §§ 488 ff bzw 607 ff (I 1 u 2 – redaktionelle Anpassung an Neufassung der Darlehensvorschriften), doch hat Hinterleger ein jederzeitiges (abdingbares) Rückforderungsrecht (I 3, §§ 695, 697); Folge davon: niedrigerer Zinsfuß als bei Darlehen.

2. Anwendungsbereich. Fälle der Summenverwahrung, insbes Einlagen auf **3** Girokonto (BGH 124, 257 f; 131, 63 f; 145, 339; NJW 96, 2032 f; Canaris WM 96, 238; aA v. Westphalen WM 95, 1212 ff, 1215); Spareinlagen (München WM 83, 1295); Eingänge auf Anderkonto (BGH 76, 13). Auf die regelmäßige Wertpapierverwahrung (§ 688 Rn 5) findet § 700 keine Anwendung (DepotG 15 I). Die unregelmäßige Verwahrung wird durch die Vorschrift des II (verschärft durch DepotG 15 II) erschwert.

Titel 15. Einbringung von Sachen bei Gastwirten

§ 701 Haftung des Gastwirts

(1) Ein Gastwirt, der gewerbsmäßig Fremde zur Beherbergung aufnimmt, hat den Schaden zu ersetzen, der durch den Verlust, die Zerstörung oder die Beschädigung von Sachen entsteht, die ein im Betrieb dieses Gewerbes aufgenommener Gast eingebracht hat.

(2) ¹Als eingebracht gelten
1. Sachen, welche in der Zeit, in der der Gast zur Beherbergung aufgenommen ist, in die Gastwirtschaft oder an einen von dem Gastwirt oder dessen Leuten angewiesenen oder von dem Gastwirt allgemein hierzu bestimmten Ort außerhalb der Gastwirtschaft gebracht oder sonst außerhalb der Gastwirtschaft von dem Gastwirt oder dessen Leuten in Obhut genommen sind,
2. Sachen, welche innerhalb einer angemessenen Frist vor oder nach der Zeit, in der der Gast zur Beherbergung aufgenommen war, von dem Gastwirt oder seinen Leuten in Obhut genommen sind.

²Im Falle einer Anweisung oder einer Übernahme der Obhut durch Leute des Gastwirts gilt dies jedoch nur, wenn sie dazu bestellt oder nach den Umständen als dazu bestellt anzusehen waren.

§ 701 Buch 2. Abschnitt 8. Einzelne Schuldverhältnisse

(3) Die Ersatzpflicht tritt nicht ein, wenn der Verlust, die Zerstörung oder die Beschädigung von dem Gast, einem Begleiter des Gastes oder einer Person, die der Gast bei sich aufgenommen hat, oder durch die Beschaffenheit der Sachen oder durch höhere Gewalt verursacht wird.

(4) Die Ersatzpflicht erstreckt sich nicht auf Fahrzeuge, auf Sachen, die in einem Fahrzeug belassen worden sind, und auf lebende Tiere.

Lit: Hohloch, Grundfälle zur Gastwirtshaftung, JuS 84, 357; Kunz, „Schlafwagenrecht" usw, VersR 86, 7; Lindemeyer, Die Haftung des Hotelwirts für die eingebrachten Sachen des Gastes usw, BB 83, 1504; Medicus, Zur Haftung für untergestellte Kfz, Karlsruher Forum 83, 171.

1 **1. Allgemeines. a) Ges Erfolgshaftung.** Der Gastwirt haftet gem §§ 701 ff unabhängig vom Bestehen eines Vertrags und unabhängig von einem Verschulden (Zufallshaftung aus ges Schuldverhältnis: StWerner Rn 5 vor § 701) summenmäßig beschränkt (§ 702) aber grundsätzlich unabdingbar für eingebrachte Sachen des Gastes. **Grund:** Ges Einstandspflicht für Schäden, in denen sich die Betriebsgefahr verwirklicht; bes Schutzwürdigkeit des Gastes (fehlende Beaufsichti-
2 gungs- und unzureichende Verschlußmöglichkeit). **b) Anspruchskonkurrenzen.** Die §§ 701 ff wollen nur einen Mindestschutz des Gastes sichern, weitergehende vertragliche (§ 280) und ges Ansprüche (Körperschaden des Gastes; Kfz-Schaden) bleiben daher unberührt (BGH 63, 336). Vor allem kommen An-
3 sprüche in Frage: **aa)** aus gleichzeitig abgeschlossenem **Hotelaufnahme-**(Beherbergungs-)**vertrag.** Er ist ein gemischter Vertrag (§ 311 Rn 30) mit stark mietrechtlichem Einschlag (§§ 535 ff; BGH 71, 177; 77, 119; Ramrath AcP 189, 561), auf den aber auch §§ 611 ff, 631 ff und uU 433 ff zur Anwendung kommen (BGH NJW 63, 1449). Für Beschädigung des auf dem zugewiesenen Hotelparkplatz abgestellten Pkw daher Haftung gem § 536a (BGH 63, 333; ie Medicus aaO S 171 ff) oder aus vertraglicher Pflichtverletzung (§§ 280 iVm 276, 278; 311 II, 241 II) möglich (LG Frankfurt NJW-RR 96, 1425: Schneeräumschaden). **bb)** aus selbständigem **Verwahrungsvertrag** (§ 688 ff). Selten, nur bei den Anhaltspunkten (zB gebührenpflichtige Hotelgarage; vgl BGH NJW 69, 790), bloße Zurverfügungstellung von Abstellplatz genügt nicht (arg IV); **cc)** iü aus §§ 823 ff, 831 (Bsp:
4 Köln NJW-RR 87, 1111). **c) Abgrenzung.** §§ 701 ff iVm § 278 gelten **nicht** für den **Reiseveranstalter** iSv § 651 a I (LG Frankfurt NJW 94, 1477; München RRa 99, 174, früher str).

5 **2. Haftungsvoraussetzungen. a) Gastwirt (I)** ist nur der gewerbsmäßige Herbergswirt, also der **Inhaber eines Beherbergungsbetriebs** (Hotel, Pension, Fremdenheim usw), nicht der Schank- oder Speisewirt (Inhaber von Gaststätte, Restaurant; vgl BGH NJW 80, 1096). Beherbergung setzt gewissen Service voraus, die bloße Vermietung von Räumen (Zimmern, Appartements, Tagungsräumen) genügt daher nicht (nur § 535: Liecke NJW 82, 1801), desgl nicht das Stellen eines Campingplatzes (Koblenz NJW 66, 2017). Der Beherbergungszweck darf gegenüber anderen Zwecken (zB Ausbildung, Durchführung von Heilverfahren, Beförderung) nicht in den Hintergrund treten; Beherbergungsbetrieb iSv I fehlt daher idR bei Internat, Sanatorium (RG 112, 58), Passagierschiff (anders bei
6 „schwimmendem Hotel"), Schlafwagen (Kunz aaO S 11, str). **b) Gastaufnahme (I)** setzt voraus, daß zwischen Gast und Wirt ein **tatsächlicher Kontakt** (§§ 104 ff unanwendbar) **zum Zweck der Beherbergung** (nicht: zur Einnahme von Mahlzeiten) hergestellt ist. Zustandekommen eines (wirksamen) Beherbergungsvertrages ist unerheblich (BGH 63, 71 und 336); aufgenommen sind auch die Begleitpersonen (zB Angehörige) des zahlenden Gastes. **Zeitlich** ist die Aufnahme bereits vor dem Beginn der eigentlichen Beherbergung möglich (zB bei Abholen vom Bahnhof) und kann sich über diese hinaus erstrecken (zB bis zur Abholung
7 von eingestelltem Gepäck; arg II Nr 2). **c) Sacheinbringung (I, II). aa) Eingebracht** sind alle in die Obhut des Gastwirts gelangten Sachen, ie: die während der (angemessen erweiterten, Rn 9) Beherbergungsdauer vom Gast (Rn 6) in die

Titel 15. Einbringung von Sachen bei Gastwirten § 702

Räumlichkeiten des Betriebs (zB auch unentgeltlich zur Verfügung gestellte Tagungsräume, LG Koblenz NJW 83, 760; Lindemeyer BB 83, 1505; aA Liecke NJW 82, 1800) verbrachten Gegenstände, ferner alle dem Wirt oder seinem Personal außerhalb der Betriebsräume übergebenen Sachen (kasuistische Umschreibung: II Nr 1). **Besitz** verbleibt (Unterschied zu § 688) dem Gast (daher auch Kleidungsstücke eingebracht). **Eigentumslage** unerheblich, auch nicht dem Gast gehörende Sachen werden erfaßt (ges geregelter Fall der Drittschadensliquidation). **bb) Leute** des Gastwirts: Alle Hilfskräfte (Angestellte, Arbeiter, auch Familienangehörige), die im Zusammenhang mit dem Gewerbebetrieb, wenn auch nur vorübergehend, für den Gastwirt tätig werden und entweder von ihm bestellt oder den Umständen nach als bestellt anzusehen sind (II aE). Tätigwerden in Erfüllung des Beherbergungsvertrags wird nicht vorausgesetzt (Rn 5, 6), Begriff ist daher weiter als der des Erfüllungsgehilfen nach § 278. **cc)** Die **Einbringungszeit** geht weiter als die eigentliche Beherbergungsdauer (vgl II Nr 2) und entspricht der Aufnahmedauer (Rn 6). Eingebracht sind bereits vorausgesandtes Gepäck und noch für eine angemessene Dauer vom Wirt sichergestellte zurückgelassene Sachen (Lindemeyer BB 83, 1504; einschr PalSprau 9). **d) Nicht geschützte Objekte.** **IV:** Kfz und lebende Tiere. **Grund:** Diebstahlsrisiko bei Kfz trifft den Halter; er kann sich dagegen durch Versicherung schützen. Tierobhut ist für Gastwirt betriebsfremd. Der Begriff des **Fahrzeugs** umfaßt Fahrzeuge aller Art (auch Motorräder, Fahrräder), gleich, ob zur Anreise benutzt oder nur mitgeführt (zB Boot; LG Bückeburg NJW 70, 1853), nicht aber Kinderwagen und Krankenfahrstühle (str, Nachw bei LG Bückeburg aaO). Vertragliche Haftung des Gastwirts wird durch IV nicht ausgeschlossen (Rn 2 f). **e) Schadensverursachung (III).** Wer den Schaden verursacht hat (Wirt, Hotelpersonal, andere Gäste, Dritte), ist grundsätzlich gleichgültig, ebenso etwaiges Verschulden (Rn 1). **Ausgenommen** sind außerhalb des Betriebsrisikos liegende Schäden. Dies ist der Fall **aa) bei Alleinverursachung** durch den Gast oder dessen Begleiter; Verschulden unerheblich. Bei Mitverschulden des Gastes gilt § 254 (BGH 32, 150); **bb)** bei **Sachbeschaffenheit** als Ursache; **cc) bei höherer Gewalt,** dh Ursache ist ein äußeres, betriebsfremdes Ereignis, das bei aller Vorsicht nicht vorhersehbar und abwendbar war (RG 75, 390; LG Gießen NJW-RR 97, 627). Bsp: Brand bei Brandstiftung, Raubüberfall; dagegen nicht innen entstandener Hotelbrand, Hoteldiebstähle (Lindemeyer BB 83, 1505).

3. Beweislast: Gast muß das Einbringen und den Verlust während der Einbringungszeit beweisen (Baumgärtel/Laumen 1), der Wirt höhere Gewalt.

§ 702 Beschränkung der Haftung; Wertsachen

(1) **Der Gastwirt haftet auf Grund des § 701 nur bis zu einem Betrag, der dem Hundertfachen des Beherbergungspreises für einen Tag entspricht, jedoch mindestens bis zu dem Betrag von 600 Euro und höchstens bis zu dem Betrag von 3500 Euro; für Geld, Wertpapiere und Kostbarkeiten tritt an die Stelle von 3500 Euro der Betrag von 800 Euro.**

(2) **Die Haftung des Gastwirts ist unbeschränkt,**

1. **wenn der Verlust, die Zerstörung oder die Beschädigung von ihm oder seinen Leuten verschuldet ist,**
2. **wenn es sich um eingebrachte Sachen handelt, die er zur Aufbewahrung übernommen oder deren Übernahme zur Aufbewahrung er entgegen der Vorschrift des Absatzes 3 abgelehnt hat.**

(3) ¹**Der Gastwirt ist verpflichtet, Geld, Wertpapiere, Kostbarkeiten und andere Wertsachen zur Aufbewahrung zu übernehmen, es sei denn, dass sie im Hinblick auf die Größe oder den Rang der Gastwirtschaft von übermäßigem Wert oder Umfang oder dass sie gefährlich sind.** ²**Er kann verlangen, dass sie in einem verschlossenen oder versiegelten Behältnis übergeben werden.**

Stadler

§§ 702 a, 703 Buch 2. Abschnitt 8. Einzelne Schuldverhältnisse

1 1. **Allgemeines.** Die Gastwirtshaftung (§ 701 Rn 1) ist grundsätzlich summenmäßig beschränkt (Rn 2) und insoweit unabdingbar (§ 702 a I 1); bei Verschulden, bes übernommener Aufbewahrung oder deren unberechtigter Ablehnung ist sie dagegen unbeschränkt (Rn 3), jedoch zT abdingbar (§ 702 a I 2).

2 2. **Grundsatz der summenmäßig beschränkten Haftung (I).** Die Beschränkung errechnet sich aus einer Kombination des täglichen Beherbergungspreises (Nettopreis ohne Zuschläge für Bedienung, Heizung, Frühstück) mit Mindest- (600 €) und Höchstsätzen (3500 €; bei Geld, Wertpapieren und Kostbarkeiten 800 €). Zum Begriff der Kostbarkeit: § 372 Rn 2; umfaßt Luxusuhren (AG Frankfurt VersR 86, 271), idR nicht Pelze (RG 105, 204; Hamm VersR 82,1081). Bei **Beherbergung mehrerer** in einem Zimmer haftet der Gastwirt jedem einzelnen bis zum (nach dem anteiligen Beherbergungspreis ermittelten) Höchstbetrag; dies gilt auch bei Aufnahme einer Familie, unabhängig von der Person des Vertragschließenden (BGH 63, 65). Bei **mitwirkendem Verschulden** des Gastes (§ 254) ist erst die Schadenssumme nach dem Grad der Verursachung zu teilen und dann der auf den Gastwirt entfallende Teil auf den Höchstbetrag nach I zurückzuführen (BGH 32, 149; 63, 73).

3 3. **Fälle der unbeschränkten Haftung (II). a) Nr 1: Verschulden.** Hauptanwendungsgebiet: Verletzung von Verkehrssicherungspflichten (ie Lindemeyer BB 83, 1506 f; Itzehoe VersR 00, 894: Sicherheitsschlösser nicht erforderlich). Leichte Fahrlässigkeit genügt. **b) Nr 2: Aufbewahrung** (nicht nur von Wertsachen) ist mehr als Übernahme der Obhut (§ 701 Rn 7–9), echte Nebenabrede mit Einigung der Parteien iSv § 688 (aA MK/Hüffer Rn 11). Die Verpflichtung zur Aufbewahrung **(III 1)** richtet sich nach Wert, Umfang und Beschaffenheit der Sache im Verhältnis zu Größe und Rang der Gastwirtschaft. Übergabe in verschlossenem oder versiegeltem Behältnis kann (zB bei Geldscheinen) verlangt werden **(III 2).**

§ 702 a Erlass der Haftung

(1) ¹Die Haftung des Gastwirts kann im Voraus nur erlassen werden, soweit sie den nach § 702 Abs. 1 maßgeblichen Höchstbetrag übersteigt. ²Auch insoweit kann sie nicht erlassen werden für den Fall, dass der Verlust, die Zerstörung oder die Beschädigung von dem Gastwirt oder von Leuten des Gastwirts vorsätzlich oder grob fahrlässig verursacht wird oder dass es sich um Sachen handelt, deren Übernahme zur Aufbewahrung der Gastwirt entgegen der Vorschrift des § 702 Abs. 3 abgelehnt hat.

(2) **Der Erlass ist nur wirksam, wenn die Erklärung des Gastes schriftlich erteilt ist und wenn sie keine anderen Bestimmungen enthält.**

1 1. Summenmäßig beschränkte **Haftung** (§ 702 Rn 2) ist **zwingend (I 1)**. Unbeschränkte Haftung (§ 702 Rn 3) ist zwingend **(I 2)** bei vorsätzlicher oder grob fahrlässiger Verursachung des Schadens (enger als § 702 II Nr 1) und zu Unrecht abgelehnter Aufbewahrung (§ 702 II Nr 2, 2. Alt iVm III). **Freizeichnung** also nur möglich für über die summenmäßige Begrenzung hinausgehende Schäden infolge leichter Fahrlässigkeit (vgl § 702 II Nr 1) sowie an zur Aufbewahrung übergebenen Sachen (§ 702 II Nr 2, 1. Alt). **Form der Freizeichnung (II):** § 126; Rechtsfolge bei Formverstoß: § 125.

§ 703 Erlöschen des Schadensersatzanspruchs

¹Der dem Gast auf Grund der §§ 701, 702 zustehende Anspruch erlischt, wenn nicht der Gast unverzüglich, nachdem er von dem Verlust, der Zerstörung oder der Beschädigung Kenntnis erlangt hat, dem Gastwirt Anzeige macht. ²Dies gilt nicht, wenn die Sachen von dem Gastwirt zur Aufbewahrung übernommen waren oder wenn der Verlust, die Zerstörung oder die Beschädigung von ihm oder seinen Leuten verschuldet ist.

Titel 16. Gesellschaft **§§ 704, 705**

1. Anzeige (**S 1**) nach § 130 soll dem Gastwirt ermöglichen, Ermittlungen zum 1
Schaden anzustellen; deshalb konkrete Angaben nötig. Zur Unverzüglichkeit:
§ 121 Rn 3. Verschuldensmaßstab (**S 2**) wie in § 702 Rn 3 [a].

§ 704 Pfandrecht des Gastwirts

¹Der Gastwirt hat für seine Forderungen für Wohnung und andere dem
Gast zur Befriedigung seiner Bedürfnisse gewährte Leistungen, mit Einschluss der Auslagen, ein Pfandrecht an den eingebrachten Sachen des
Gastes. ²Die für das Pfandrecht des Vermieters geltenden Vorschriften des
§ 562 Abs. 1 Satz 2 und der §§ 562 a bis 562 d finden entsprechende Anwendung.

1. Ges besitzloses Pfandrecht (§ 1257) des Gastwirts (§ 701 Rn 5) an pfändbaren 1
(**S 2** iVm § 562 I 2) dem Gast gehörenden (iGgs zu § 701, dort Rn 7; gutgläubiger
Erwerb ausgeschlossen, § 1257 Rn 2) Sachen (Weimar ZMR 80, 68 mN, str). Ein
Vermieterpfandrecht besteht daneben nicht. Zu § 562 a S 2: Der Mitnahme des
ganzen Gepäcks bei Abreise, nicht aber der vorübergehenden Entfernung einzelner
Gepäckstücke kann der Wirt widersprechen. Vgl iü Anm zu §§ 562–562 d.

Titel 16. Gesellschaft

§ 705 Inhalt des Gesellschaftsvertrags

Durch den Gesellschaftsvertrag verpflichten sich die Gesellschafter gegenseitig, die Erreichung eines gemeinsamen Zweckes in der durch den
Vertrag bestimmten Weise zu fördern, insbesondere die vereinbarten Beiträge zu leisten.

Lit: Ascheuer, Der Anteil des Gesamthänders am Gesamthandsvermögen, 1992; Baumann,
Die Einmann-Personengesellschaft, BB 98, 225; Cordes, Die Gesellschaft bürgerlichen Rechts
auf dem Weg zur juristischen Person?, JZ 98, 545; Eickmann, Die Gesellschaft bürgerlichen
Rechts im Grundbuchverfahren, Rpfleger 85, 85; Göckeler, Die Stellung der Gesellschaft des
bürgerlichen Rechts im Erkenntnis-, Vollstreckungs- und Konkursverfahren, 1992; Grunewald, Der Ausschluß aus Gesellschaft und Verein, 1987; Gummert, Haftung und Haftungsbeschränkung bei der BGB-Außengesellschaft, 1991; Heller, Der Zivilprozeß der Gesellschaft
bürgerlichen Rechts, 1989; Hopt, Europäisches Gesellschaftsrecht – Krise und neue Anläufe,
ZIP 98, 96; Jaschke, Gesamthand und Grundbuchrecht, 1991; Lutter, Theorie der Mitgliedschaft, AcP 180, 84; K. Mayer, Zur Mitwirkungspflicht beim Ausschluß von Personengesellschaftern, BB 92, 1497; K. Schmidt, Zur Vermögensordnung der Gesamthands-BGB-Gesellschaft, JZ 85, 909; ders, Zur „Außenhaftung der Innengesellschaft", JuS 88, 444; ders, Die
BGB-Außengesellschaft: rechts- und parteifähig, NJW 01, 993; Schulze-Osterloh, Der gemeinsame Zweck der Personengesellschaften, 1973; Schwark, Voraussetzungen und Grenzen
der persönlichen Gesellschafterhaftung in der GbR, DZWir 92, 441; A. Teichmann, Gestaltungsfreiheit in Gesellschaftsverträgen, 1970; Timm, Die Rechtsfähigkeit der Gesellschaft
bürgerlichen Rechts und ihre Haftungsverfassung, NJW 95, 3209; Ulmer, Die höchstrichterlich „enträtselte" Gesellschaft bürgerlichen Rechts, ZIP 01, 585; Ulmer/Steffek, Grundbuchfähigkeit einer rechts- und parteifähigen GbR, NJW 02, 330; Weimar, Einmann-Personengesellschaften – ein neuer Typ des Gesellschaftsrechts?, ZIP 97, 1769; Wertenbruch, Die Parteifähigkeit der GbR – die Änderungen für die Gerichts- und Vollstreckungspraxis, NJW 02,
324; H. P. Westermann, Vertragsfreiheit und Typengesetzlichkeit im Recht der Personengesellschaften, 1970; Wiedemann, Rechte und Pflichten des Personengesellschafters, WM/Sonderbeilage 7/92 – Rspr-Übersichten: Brandes WM 89, 1357; 90, 1221; Grunewald/Müller JZ
97, 698; Koch NJW 90, 158; 89, 2662; 87, 2483; 86, 1651; Reuter JZ 86, 16, 72.

1. Wesen der Gesellschaft. Konstitutive Merkmale des Gesellschaftsvertrags 1
sind der vereinbarte gemeinsame Zweck und die entspr Förderungspflicht aller
Vertragspartner. Die Förderung muß allerdings nicht unbedingt in einem bes
Beitrag bestehen, sie kann zB bei angesehenen und kreditwürdigen Gesellschaftern
schon in der bloßen Beteiligung liegen (vgl zur „beitraglosen" Beteiligung § 706
Rn 9). Die mit Abschluß des Gesellschaftsvertrages entstehende Gesellschaft war

§ 705 Buch 2. Abschnitt 8. Einzelne Schuldverhältnisse

nach bislang hM eine *Personengemeinschaft ohne eigene Rechtsfähigkeit bzw Teilrechtsfähigkeit* (offen BGH NJW 98, 1220; 2904; 99, 3484 f; für Teilrechtsfähigkeit statt vieler MK/Ulmer 131 ff mN). Dementsprechend folgerte man auf fehlende Parteifähigkeit (BGH 80, 227; NJW 97, 1236; 2000, 291, 292) und Beteiligtenfähigkeit (BFH 129, 528/529), fehlende Konkursfähigkeit (BGH 23, 313), fehlende Grundbuchfähigkeit (BGH 45, 348; Düsseldorf NJW 97, 1991), fehlende Markenrechtsfähigkeit (BGH NJW-RR 2001, 114, 116) und fehlende Wechselfähigkeit (BGH 59, 184); ebenso auf ihre Unfähigkeit, Verwalter nach dem WEG (BGH NJW 89, 2060), für sich allein Arbeitgeber (BAG NJW 89, 3035), Unternehmer im sozialrechtlichen Sinne (BSG 61, 15, 17) oder Schuldner (BGH 74, 241 ff; 117, 176; offen 142; 321 = NJW 99, 3483) zu sein; endlich noch jüngst auf Anwendbarkeit des Verbraucherschutzes (BGH JZ 02, 456 mAnm Artz: §§ 13, 488 ff nF bzw VerbrKrG aF). Die neuere Entwicklung betont hingegen die rechtliche Verselbständigung des Sondervermögens: Parteifähigkeit im Steuerverfahren (BFH NJW 87, 1720: Grunderwerbsteuer; NJW-RR 98, 392: Umsatzsteuer); Insolvenzfähigkeit gem InsO 11 II Nr 1 (hierzu Prütting ZIP 97, 1725); Scheckfähigkeit (BGH 136, 258 unter Aufgabe der früheren Gegenansicht zur Wechselfähigkeit). Die Möglichkeit der Mitgliedschaft in anderen Gesellschaften bzw juristischen Personen wird weithin bejaht (BGH 118, 83, 99 f für AG; 116, 86 für eG; 78, 311 für GmbH; NJW 98, 376 für BGB-Gesellschaft; 01, 3122 für KG). Vorläufiger Schlußpunkt der Entwicklung ist das – allerdings nicht rechtskräftig gewordene – Versäumnisurteil BGH 146, 341 ff (zum Fortgang BGH NJW 02, 1207), das *(Teil-)Rechtsfähigkeit* der (Außen-)Gesellschaft (§ 14 II) sowie in entsprechendem Umfang auch Parteifähigkeit bejaht und Schuldnerstellung mit akzessorischer Gesellschafterhaftung analog HGB 128 f annimmt. Das Urteil ist zwar im Schrifttum überwiegend positiv aufgenommen worden (vgl ua K. Schmidt NJW 01, 993; Ulmer ZIP 01, 585; Habersack BB 01, 477; Westermann NZG 01, 289; Wiedemann JZ 01, 661); obergerichtliche Entscheidungen sind ihm bereits gefolgt (ua Karlsruhe NJW 01, 1072). Die Entscheidung stößt freilich nicht nur im Hinblick auf die unterbliebene Anrufung des Großen Senats nach GVG 132 III, IV und des Gemeinsamen Senats der obersten Gerichtshöfe des Bundes (§ 2 I RsprEinhG) auf Bedenken (dazu Jauernig NJW 01, 2232; Heilungsversuche im erledigungsbedingten Kostenbeschluß BGH NJW 02, 1207). Als einem verfassungsrechtlich bedenklichen Akt (BVerfGE 34, 269, 286 ff; 49, 304, 320; 65, 182, 191 ff) richterlicher Rechtsfortbildung contra legem (vgl insbes ZPO 736; zutr insoweit Prütting EWiR 01, 342), für den keine zwingende Veranlassung bestand (Zöllner, FS Kraft, 1998, 701), ist ihm – entgegen der hM – vor allem aus Gründen der Rechtssicherheit zumindest vorläufig nicht zu folgen. Die Entscheidung läßt zu viele Fragen offen: Reichweite der Analogie zur OHG (Ulmer ZIP 01, 589 f), fehlende Registerpublizität (Wertenbruch NJW 02, 324, 329; BGH ZIP 01, 174, 175 f), Grundbuchfähigkeit (Ulmer/Steffek NJW 02, 330; Münch DNotZ 00, 535), Abgrenzung teilrechtsfähiger Außengesellschaften von „gewöhnlichen" BGB-Gesellschaften (Ulmer ZIP 01, 585, 592). Die *„traditionelle" Auffassung* (BGH 146, 344) hat demgegenüber nach wie vor den Vorzug dogmatischer Stimmigkeit. Träger von Rechten und Pflichten sind nach ihr die einzelnen Gesellschafter in ihrer Verbundenheit *(Gesamthandsgemeinschaft).* Organisationsvorschriften regeln das Verhältnis der gesamthänderisch verbundenen Gesellschafter untereinander und gegenüber Dritten: Geschäftsführung (§§ 709 ff) und Vertretung (§§ 714, 715), Zuordnung des Gesamthandsvermögens (§§ 718 ff). Die fehlende Rechtsfähigkeit der Gesellschaft führt zu besonderen Regelungen vor allem bei der *Geltendmachung von Rechten* (vgl §§ 709–713 Rn 10 ff) und der *Haftung* (vgl Vor § 420 Rn 3 f;

2 §§ 714, 715 Rn 1–7, 9 ff; §§ 738–740 Rn 2 ff). Die Verbindung der Gesellschafter zu gemeinsamer Zweckerreichung fordert wechselseitiges persönliches Vertrauen; es gilt deshalb der *Grundsatz der personellen Geschlossenheit der Gesellschaft.* Dieser Grundsatz findet deutlichen Ausdruck in §§ 717, 718, 723 ff, wird aber durch mannigfache Arten des vereinbarten Gesellschafterwechsels (vgl §§ 718–720

Titel 16. Gesellschaft **§ 705**

Rn 7 ff; §§ 736, 737 Rn 1, 10, 11; §§ 738–740 Rn 1 ff) praktisch oft durchbrochen. Die *Treuepflicht* des Gesellschafters gegenüber seinen Mitgesellschaftern 3
(§ 242) fordert die Förderung des gemeinsamen Zwecks (auch im Abwicklungsstadium, BGH NJW 60, 718 ff; Hamm NZG 99, 996), beinhaltet aber keine Fürsorgepflicht für persönliche Interessen der Mitgesellschafter (BGH NJW 62, 859); obwohl das Ges ein Wettbewerbsverbot nicht normiert, gilt es insbes bei gewichtiger Stellung des Gesellschafters entspr HGB 112 (s BGH 89, 165, str; Römermann BB 98, 1489; Armbrüster ZIP 97, 261, 272); auch nach Ausscheiden verstößt nicht jedes Wettbewerbsverbot gegen § 138 I (BGH NJW 91, 700 für Mandatsschutzklausel; sa BGH NJW 00, 2584). Die Treuepflicht kann auch die Mitwirkung bei Vertragsänderung oder bestimmten Geschäftsführungsmaßnahmen gebieten (vgl §§ 709–713 Rn 2 u 9). Der *Grundsatz gleichmäßiger Behandlung* (vgl 4
§§ 706 I, 709, 711, 722 I, 734, 735) aller Gesellschafter verlangt, daß insbes bei Mehrheitsbeschlüssen (s §§ 709–713 Rn 8) von der Gleichbehandlung auszugehen ist und ungleiche Behandlung im Vertrag unzweideutig geregelt sein muß; nur ausnahmsweise besteht bei unberechtigten Sonderzuwendungen ein Gleichstellungsanspruch (Karlsruhe ZIP 83, 445: idR Rückabwicklung).

2. Abgrenzungen. a) Bei der **Bruchteilsgemeinschaft** (§§ 741 ff) erschöpft 5
sich der Zweck in werterhaltender Verwaltung und Abwicklung, die Gesellschaft erfordert einen der bloßen Rechtsverbundenheit übergeordneten Zweck (vgl § 741 Rn 1–3). Die Regelungen zur Bruchteilsgemeinschaft haben als „Minimalregelungen" Auffangfunktion (vgl § 741 Rn 4). **b)** Der **nichtrechtsfähige Verein** 6
ist entgegen § 54 S 1 vielfach nach Vereinsrecht zu beurteilen (§ 54 Rn 5 ff, 12 ff). Körperschaftliche Struktur (§§ 709–713 Rn 4) und Mitgliederwechsel (§§ 736, 737 Rn 1 ff) als Elemente gesellschaftsvertraglicher Gestaltung gestatten fließende Übergänge von vereins- zu gesellschaftsmäßigen Formen mit gemischter Rechtsanwendung (BGH NJW 79, 2305 – Werbegemeinschaft; Reuter AcP 181, 3, 8; ZGR 81, 364). Für den rechtsfähigen Verein in Gründung gilt Gesellschaftsrecht oder das für nicht rechtsfähige Vereine geltende Recht (BGH 146, 190, 197).
c) Von der **OHG** unterscheidet sich die BGB-Gesellschaft dadurch, daß deren 7
Zweck auf den Betrieb eines Handelsgewerbes unter gemeinsamer Firma gerichtet ist (hierzu BGH 32, 311 ff; NJW-RR 90, 799; zum Namensrecht Karlsruhe NJW-RR 86, 582) und der aufgenommene Geschäftsbetrieb dann tatsächlich kaufmännisches Handelsgewerbe ist (HGB 105 I, 123 I; BGH 70, 134). Sofern es hieran in irgendeinem Stadium fehlt (HGB 1 II, 2, 3 nF), besteht eine BGB-Gesellschaft (BGH 32, 313; 59, 181 ff; 69, 97; NJW 67, 821 f; BAG NJW 88, 223; Koblenz, ZIP 90, 1269), es sei denn, die Firma ist ins Handelsregister eingetragen (HGB 105 II 1, 19 I Nr 2 nF; hierzu K. Schmidt NJW 98, 2164 mN); der Wandel von der BGB-Gesellschaft zur OHG und umgekehrt vollzieht sich unter voller Wahrung der Identität (hM), so daß zB keine Rechtsübertragung nötig ist und die Verbindlichkeiten übergehen (BGH 69, 101; 76, 324). Bei der Haftung der BGB-Gesellschafter nach außen sind die Grundsätze der Rechtsscheinhaftung zu berücksichtigen (BGH 32, 313; NJW 82, 45 für HGB 5; BGH 61, 65; 69, 99; NJW 80, 785 für kommanditistengleiche Haftung, sa §§ 714, 715 Rn 4 ff, 10); zu prüfen ist bei nicht entstandener Handelsgesellschaft überdies Vertreterhaftung entspr § 179 I (BGH 63, 48; 69, 101; 76, 322), ferner bei noch nicht entstandener GmbH und Co KG Haftung des Handelnden analog GmbHG 11 II (vgl aber BGH 69, 102; 76, 324). **d) Vorgesellschaften** sind als Kapitalgesellschaften im Gründungsstadium zwischen Satzungsfeststellung und Eintragung keine BGB-Gesellschaften, 8
sondern Vereinigungen sui generis, auf die das Recht der zu gründenden juristischen Personen Anwendung findet (BGH 79, 241; 80, 214; 143, 314, 319), ausgenommen Regeln, die volle Rechtsfähigkeit voraussetzen (BGH 51, 32; 80, 214; 143, 314, 319 mN); bes umstrittener Spezialfall: Einmann-Vorgesellschaften bei GmbH (Hüffer und K. Schmidt ZHR 81, 521, 540; sa Baumann BB 98, 225; Weimar ZIP 97, 1772). Rspr u hM erachten die Vorgesellschaft für aktiv (BGH

Stürner 887

§ 705 Buch 2. Abschnitt 8. Einzelne Schuldverhältnisse

NJW 98, 1080 mN) und passiv parteifähig (BGH 79, 241; aA bei fehlender Eintragungsfähigkeit Köln NJW-RR 98, 1047) sowie beteiligtenfähig im FGG-Verfahren (BGH 117, 323), nach hM ist sie darüber hinaus unabhängig vom Streit um die (Teil)Rechtsfähigkeit der BGB-Gesellschaft sowohl aktiv als auch passiv scheck- und wechselfähig (vgl BGH NJW 98, 1080; sa NJW 97, 2755: Scheckfähigkeit der ARGE; sa Rn 1) und grundbuchfähig (BGH 45, 348). Die körperschaftlichen Organe können als Vertreter der Vorgesellschafter handeln, im kaufmännischen Verkehr mit nach außen unbeschränkbarer Vertretungsmacht (Beuthien NJW 97, 565). Nach alter Rspr hafteten für Verpflichtungen die Vorgesellschafter als Gesamtschuldner, wobei regelmäßig der Wille zur Haftungsbegrenzung auf das einzusetzende Kapital anzunehmen war (BGH 65, 382; 72, 47 ff; 80, 144; 86, 125). Vom Handeln im Namen der Vorgesellschafter ist das Handeln für eine nicht existente Kapitalgesellschaft zu unterscheiden; für letzteres gelten AktG 41 I 2, GmbHG 11 II (BGH 80, 129; 182; NJW 82, 932; NJW 98, 1645; Karlsruhe ZIP 98, 958: Haftung für rechtsgeschäftsähnliches Handeln; hierzu Michalski NZG 98, 248). Mit Eintragung der jur Person erlöschen diese Haftung und die Vorgesellschafterhaftung, weil jetzt die Kapitalgesellschaft haften soll (kein „Vorbelastungsverbot", BGH 80, 129; 182; NJW 82, 932). Für eine Unterbilanz, die aus dieser Vorbelastung resultiert, haften die Vorgesellschafter nunmehr der Kapitalgesellschaft (BGH 80, 129; 105, 300). Nach jüngerer Rspr soll die Vorgesellschafteraußenhaftung ganz entfallen, die Gläubiger sind auf die Pfändung der unbeschränkten Ansprüche der (Vor-)Gesellschaft gegen die Vorgesellschafter aus einer bis zur Eintragung andauernden Verlustdeckungshaftung bzw aus einer an die Eintragung geknüpften Vorbelastungs-(Unterbilanz-)haftung verwiesen (BGH ZIP 1996, 590 mAnm K. Schmidt; BGH 134, 333 = NJW 97, 1507 mAnm Altmeppen; hierzu K. Schmidt ZIP 97, 671; Ensthaler BB 97, 257; zur bilanzmäßigen Bewertung BGH NZG 98, 102; BAG ZIP 1996, 1548; NJW 97, 3331; 98, 628; BSG ZIP 1996, 1549; aA LSG Stuttgart NJW-RR 97, 1463 mAnm Altmeppen ZIP 97, 1653; LAG Köln ZIP 97, 1921; zum Ganzen Baumann JZ 98, 597; Michalski/Barth NZG 98, 525). Die Möglichkeit direkten *Haftungsdurchgriffs* bei Vermögenslosigkeit der Vorgesellschaft oder Geschäftsfortführung nach Aufgabe der Eintragungsabsicht ist nicht voll geklärt (offen BGH 143, 314, 319 f; 134, 341; dafür BGH 80, 129, 142 f; BFH ZIP 98, 1151 mN; BAG NJW 97, 3331; 98, 628; str, ob und wann nur quotal beschränkter Durchgriff). Die *Auflösung* einer Vorgesellschaft erfolgt gem §§ 730 ff (BGH 51, 34; aA Hamm WM 85, 659: GmbHG 66); keine Nachschußpflicht gem § 735, jedoch Aufwendungsersatzansprüche der gem

9 GmbHG 11 haftenden Geschäftsführer (§§ 675, 670, 421; BGH 86, 125). **e) Vorgründungsgesellschaften** entstehen durch Vorvertrag, der auf künftige Gesellschaftsgründung gerichtet ist. Sie sind BGB-Gesellschaften, soweit nicht HGB 105 ff eingreifen; dies gilt auch, wenn eine Kapitalgesellschaft geplant ist (BGH 91, 151; NJW 98, 1645 = NZG 98, 382 mAnm Reinersdorff: keine Identität mit späterer Gesellschaft). Außenhaftung der Vorgesellschafter gestaltet sich wie bei BGB-Gesellschaft (BGH WM 96, 722; NJW 98, 1645), ohne daß sie auf die später entstandene Vorgesellschaft oder Kapitalgesellschaft ohne besonderes Rechtsgeschäft übergeht (BGH NJW-RR 01, 1042, 1043). Möglich ist auch eine faktische Vorgründungsgesellschaft, wenn künftige Gründer der GmbH zum

10 Gründungsvertrag gemeinsam auftreten (Düsseldorf NJW-RR 96, 551). **f)** Beim **partiarischen Vertrag** besteht das Entgelt eines Teils (auch) in der Beteiligung an dem Gewinn, den der andere Teil mit Hilfe der gewährten Leistung erzielt (zB Darlehen); es fehlt also letztlich am gemeinsamen Zweck, da nur das beiderseitige Eigeninteresse die vertragliche Verbindung bestimmt (vgl BGH BB 67, 349; FamRZ 87, 678; NJW 90, 574; 92, 2696; BGH 127, 176). Die Übergänge zur Gesellschaft sind allerdings fließend („gesellschaftsähnliche Verträge"). Je stärker das wechselseitige Vertrauensverhältnis und die Verbindung der beiderseitigen Belange, desto eher liegt die entspr Anwendung gesellschaftsrechtlicher Normen nahe, die allerdings den konkreten Vertragszweck berücksichtigen muß (LM Nr 6 zu § 723);

Titel 16. Gesellschaft **§ 705**

entspricht der Gewinn- eine Verlustbeteiligung, liegt stets die Annahme eines Gesellschaftsverhältnisses nahe (BGH FamRZ 87, 677; Düsseldorf NJW-RR 95, 1247). Negativbeispiele: Vertrag Reisebüro-Kaufhaus (LM Nr 13 zu § 276 [H]); Vertrag Künstler – Manager (BGH NJW 83, 1191); Vertrag Verlag – Buchklub mit exklusiven Vertriebsrechten (BGH WM 82, 588). **g)** Seit 1. 7. 1995 steht nach dem Partnerschaftsgesellschaftsgesetz vom 25. 7. 1994 (BGBl I, 1744) natürlichen Personen zur gemeinsamen Ausübung best freier Berufe die **Partnerschaft** als registerfähige Gesellschaftsform zur Verfügung (Lit: Eggesiecker, Die Partnerschaftsgesellschaft für Freie Berufe, 1996; Henssler, Partnerschaftsgesellschaftsgesetz, 1997; Meilicke/v. Westphalen/Hoffmann/Lenz, PartGG, 1995; Michalski/Römermann, PartGG, 1995; MK/Ulmer, PartGG; K. Schmidt NJW 95, 1 mwN; W. Lüke JuS 95, 847; Römermann/Spönemann NZG 98, 15). Bis zu ihrer Eintragung ins Partnerschaftsregister (VO v. 16. 6. 95, BGBl I, 808; hierzu Schaub NJW 96, 625) folgt sie dem Recht der BGB-Gesellschaft, danach dem des PartGG, das weitgehend auf das Recht der OHG verweist. Der Zusatz „Partnerschaft" bzw „und Partner" ist Gesellschaften anderer Rechtsform im Falle der Neugründung oder Umbenennung nach Inkrafttreten des PartGG verwehrt (BGH NJW 97, 1854; so auch Karlsruhe NZG 98, 179 mAnm Römermann für den Fall der Unternehmensveräußerung gem HGB 22, PartGG 2); nach PartGG 11 ist dieser Zusatz seit 1. 7. 97 darüber hinaus auch für bereits bestehende BGB-Gesellschaften bzw OHG unzulässig und der Partnerschaft vorbehalten, sofern kein Hinweis auf eine andere Rechtsform hinzugefügt wird (s Seibert ZIP 97, 1046; Römermann NZG 98, 121). **h)** Auf EG-Ebene steht mit der **Europäischen wirtschaftlichen Interessenvereinigung** (EWIV, BGBl I 88, 514) Partnern unterschiedlicher EG-Staaten eine besondere Kooperationsform zur Verfügung. Die EWIV kann wie die OHG selbst Träger von Rechten und Pflichten sein; zur Firma der EWIV s EuGH ZIP 98, 68; vgl auch HGB 19 I Nr 2 nF. Lit: Leutner, Das Recht der EWIV, 1994; Bach BB 90, 1432; Selbherr/Manz, Kommentar zur EWIV, 1995.

3. Anwendungsfälle der BGB-Gesellschaft (sa K. Schmidt § 58 II, III): **11** Kleingewerblich tätige Gesellschaften, wenn die Firma nicht ins Handelsregister eingetragen ist (vgl HGB 105 I, 1 II, 105 II, 1; sa Rn 7); Anwaltssozietäten (BGH 56, 357; 124, 47; NJW-RR 87, 1073; 00, 1561), auch mit Steuerberatern (BGH 83, 330; NJW 90, 2133) und von Anwaltsnotaren mit Wirtschaftsprüfern (BVerfG NJW 98, 2269; unzulässig jedoch eine Sozietät Steuerberater-Diplom-Finanzwirt, BGH NJW-RR 97, 761) sowie überörtliche Sozietäten (BGH 108, 294 f); ärztliche Gemeinschaftspraxis (BGH 97, 276 f), wobei allerdings die bloße Vereinbarung über gemeinschaftliche Praxisbenutzung von der vollen beruflichen Sozietät zu unterscheiden ist (zur „Scheinsozietät" mit entspr Haftungsfolgen BGH 70, 249; 124, 47; NJW 91, 1225; 00, 1334; 1561; sa zum PartGG Rn 10, ferner §§ 709–713 Rn 10, §§ 714, 715 Rn 7); Arbeitsgemeinschaft von Unternehmen als Gelegenheitsgesellschaft zur Durchführung größerer Vorhaben (BGH 72, 271; 146, 341; NJW 82, 2816; 97, 2755; BAG ZIP 82, 987), insbes in der Bauwirtschaft oft körperschaftlich strukturiert (sa §§ 709–713 Rn 4); Bauherrengemeinschaften (BGH NJW-RR 88, 220; 617; 96, 869; NJW 92, 1882: Innengesellschaft, im Außenverhältnis Bruchteilsgemeinschaft; s Rn 24 ff); Durchführung eines Beratungsauftrags durch mehrere Berater (BGH NJW 99, 1180); gemeinschaftlicher Altimmobilienerwerb (Reithmann NJW 92, 651); Beteiligung an einem Hotel (Saarbrücken NJW-RR 98, 550); Immobilienfonds (vgl BGH NJW 01, 2719); Vorgründungs- (Karlsruhe NJW-RR 87, 671; Hamm NJW-RR 89, 616; BB 92, 1081; s auch Rn 9) und Sanierungsgesellschaften (Hamm NJW-RR 88, 1119; zur Sanierungsvereinbarung als „Gemeinschaft mit gesellschaftsrechtlichen Zügen" **12** BGH 116, 327); Poolverträge zur gemeinschaftlichen Verwertung von Sicherheiten in der Insolvenz (BGH NJW 89, 896 – differenzierend Stürner ZZP 94, 275 ff); Stimmrechtskonsortien unter Aktionären (Schröder ZGR 78, 578; BGH NJW 87, 891) oder Kommanditisten einer Publikumsgesellschaft (BGH 125, 77); Gemein-

§ 705 Buch 2. Abschnitt 8. Einzelne Schuldverhältnisse

schaft an GmbH-Anteil bei Errichtung (BGH 78, 311; krit Koch ZHR 82, 118; sa §§ 714, 715 Rn 5) sowie an Anteil an anderer GbR (BGH NJW 98, 376); Schutzgemeinschaften im Gesellschaftsrecht (Schrötter NJW 79, 2592); uU Holding-Gesellschaften bei verbundenen Unternehmen oder Kartelle (BGH NJW 83, 818); Interessengemeinschaften, zB für Vergnügungsfahrten (BGH 46, 315), Fahr- (Mädrich NJW 82, 859) und Wohngemeinschaften (Brunn MDR 89, 130), gemeinsame Heizölbestellung (LG Konstanz NJW 87, 2521; krit dazu K. Schmidt JuS 88, 444); Tippgemeinschaften in Form der Innengesellschaft (Karlsruhe NJW-RR 88, 1267; München NJW-RR 88, 1268 mN); Vertriebsgesellschaften (BGH NJW 83, 1188); Verwertungsgemeinschaft mehrerer Miturheber (BGH NJW 82, 641; 83, 1192; NZG 98, 501; UrhG 8, 9); Nutzungs- und Entwicklungsgemeinschaft an einem Grundstück (BGH NJW-RR 98, 1488). Inwieweit HGB 1 ff, 105 nF teilweise eine Grenzverschiebung zugunsten der OHG bzw KG mit sich bringen werden, bleibt abzuwarten (s dazu K. Schmidt NJW 98, 2164 ff; Rohrbeck, NZG 1999, 104; zur Arbeitsgemeinschaft im Bauwesen Joussen BauR 99, 1063).

13 Zwischen **Eheleuten**, die in Gütertrennung oder Zugewinngemeinschaft leben, kann eine (Innen)Gesellschaft bestehen, wenn ein Ehegatte über das Maß ehelicher Pflicht hinaus im Erwerbsgeschäft des anderen Teils mitarbeitet oder wenn ein Ehegatte Vermögen (als Kapital oder Haftungssubstrat) für ein Erwerbsgeschäft zur Verfügung stellt, das dem Familienunterhalt dient (BGH WM 90, 1464; NJW-RR 90, 736; 88, 261; NJW 89, 1921 f: stets kommt es auf die Umstände des Einzelfalles an). Die Innengesellschaft kann durch schlüssiges Verhalten zustandekommen, sofern ausdrücklich getroffene Vereinbarungen nicht im Widerspruch dazu stehen (BGH NJW 95, 3384), anders als bei der nichtehelichen Lebensgemeinschaft (zu ihr Rn 15) ist aber zumindest ein konkludent geschlossener Gesellschaftsvertrag erforderlich, rein faktische Willensübereinstimmung reicht nicht (BGH NJW 99, 2966; dazu Grziwotz DNotZ 00, 486). Nicht ausreichend für eine Innengesellschaft ist idR die beiderseitige Finanzierung eines Familienwohnheims (BGH 84, 366; FamRZ 89, 148; NJW 83, 1846; 74, 1554) oder überhaupt das Bestreben, die eheliche Lebensgemeinschaft zu verwirklichen (BGH NJW 74, 2045). Jedoch

14 können Eheleute *ausdrücklich* eine Außengesellschaft zum Erwerb eines Eigenheims gründen („Eigenheim-Gesellschaft": BGH NJW 82, 170; krit K. Schmidt AcP 182, 481), aber auch durch abweichende vertragliche Gestaltung Gesellschaftsrecht ganz verdrängen (BGH NJW-RR 88, 261). Bei Ehegatteninnengesellschaft erfolgt Abwicklung durch Wertausgleich in Geld (BGH NJW 83, 2375; 74, 2279). Beim Fehlen einer Gesellschaft können im Falle der Eheauflösung Rückabwicklungsansprüche aufgrund Wegfalls der Geschäftsgrundlage bestehen (BGH 84, 368; NJW 74, 1554; 2045; 99, 2965; dazu Grziwotz DNotZ 00, 486; NJW-RR 90, 834; BGH 115, 264 mAnm Tiedtke JZ 92, 1025 für verlöbnisbedingte Wertschöpfung; NJW 97, 2747 betr ehebezogene Zuwendungen bei Güterstandswechsel während intakter Ehe); uU Auftragsrecht (BGH NJW 89, 1922); sa § 1353 Rn 18 ff und zur Bruchteilsgemeinschaft bei gemeinsamem Erwerb § 741 Rn 2;

15 zum Ausgleich gesamtschuldnerischer Haftung § 426 Rn 5 ff. Bei **nichtehelichen Lebensgemeinschaften** kann vor allem bezüglich wertvollerer Gegenstände eine Innengesellschaft vorliegen, wenn beim Erwerb ein gemeinsamer Wert geschaffen werden soll und nicht nur gemeinsame Benutzung geplant ist (BGH 77, 55; 84, 390; NJW 86, 51; 96, 2727; 97, 3371 f; FamRZ 89, 147). Auch dem stillschweigenden Gesellschaftsvertrag können uU bei der Auseinandersetzung gesellschaftsrechtl Grundsätze angewendet werden (BGH NJW 99, 2964; NJW-RR 96, 1473; WM 00, 522). Indiz für eine Innengesellschaft ist neben der formal-dinglichen Zuordnung auch die Bedeutung des Wertschöpfungsbeitrags des Partners, der nicht (Mit-) Eigentümer ist (NJW 92, 906; NJW-RR 93, 774; NJW 97, 3371 f). IdR gibt es keine Gesellschaft bezüglich des gesamten Vermögens (Düsseldorf NJW 79, 1509; Saarbrücken NJW 79, 2050; Frankfurt NJW 82, 1885), ebensowenig wenn sich der Zweck auf das eheähnliche Zusammenleben beschränkt (hM, zB Diederichsen NJW 83, 1023; FamRZ 88, 895; aA zB Battes ZHR 143, 385; JZ 88,

Titel 16. Gesellschaft **§ 705**

909 ff); dagegen Annahme einer Gesellschaft bezogen auf das gemeinsame Mietverhältnis (LG München II FamRZ 92, 1077; str!). Soweit nach Beendigung der **16** Lebensgemeinschaft noch Darlehen für Gegenstände des anderen Teils zu tilgen sind, bestehen Aufwendungsersatzansprüche, §§ 662, 677, 670 (BGH NJW 81, 1503; s aber die Abgrenzung BGH NJW 83, 1055 und Oldenburg NJW 86, 1817); uU § 826 bei Täuschung über Trennungsabsicht (Celle NJW 83, 1065). Bei erheblichen finanziellen oder persönlichen Zuwendungen in ein Unternehmen des Lebensgefährten liegen Absicht zur Schaffung eines gemeinsamen Werts und damit Innengesellschaft nahe (BGH 84, 388). Rückabwicklung der Innengesellschaft erfolgt durch Geldzahlung (BGH NJW 83, 2376; 85, 1841; 86, 51; Köln FamRZ 93, 433; s Rn 24 aE). Bei klarer vertraglicher Abrede kann über Beendigung des Zusammenlebens hinaus wechselseitige Leistungspflicht gewollt sein (BGH NJW 86, 374 für Unterhalt von Mutter und Kindern; hierzu Battes JZ 86, 240; ähnlich Hamm FamRZ 83, 1120); denkbar sind auch vertragliche Abwicklungsregelungen (KG FamRZ 83, 1117). Haftungsmilderung während des Zusammenlebens analog §§ 708, 1359 (Oldenburg NJW 86, 2259). Zur Bruchteilsgemeinschaft s § 741 Rn 3; zum Ausgleich gesamtschuldnerischer Haftung § 426 Rn 8. Für **eingetragene Lebenspartner** müssen die für Eheleute geltenden Regeln entsprechende Anwendung finden (Rz 13), weil sie der Sache nach eine Korrektur des Güterrechts darstellen, wie es auch für Lebenspartner gelten soll (§§ 6, 7 LPartG).

4. Gesellschaftsvertrag. a) Der **Abschluß** des Gesellschaftsvertrages unterliegt **17** *regelmäßig keiner Form*. Sonderfälle (sa Reimann DStR 91, 154): Einbringung von Grundstücken (§ 706 Rn 6 f); Erwerbsverpflichtung der beitretenden Gesellschafter (BGH NJW 78, 2506), nicht aber Pflicht der Gesellschaft zur Verschaffung *fremden* Grundeigentums oder wenn Zweck einer Grundstücksgesellschaft allein auf „Verwaltung und Verwertung" ohne bindende Erwerbspflicht gerichtet ist (BGH NJW 96, 1280; 98, 376); schenkweise Beteiligung (§ 706 Rn 9); Gründung einer Gesellschaft durch Eheleute in Gütergemeinschaft, §§ 1418, 1410 (BGH 65, 81 ff; anders bei Drittbeteiligung, BayObLG DNotZ 82, 174: § 1417 II). *Gesellschafter* können auch jur Personen oder Handelsgesellschaften sein, ebenso die BGB-Gesellschaft (BGH NJW 98, 376; RG 136, 240; Düsseldorf NJW-RR 86, 1295; aA BGH 49, 296; Zweibrücken OLGZ 82, 156; bejahend bei GmbH-Vorgesellschaft BGH 78, 311; str) oder der nichteingetragene Verein; umgekehrt kann die BGB-Gesellschaft nach nunmehr hM überall Mitglied sein (BGH 118, 83, 99f: AG; 116, 86: eG; 78, 311: GmbH; NJW 01, 3122: KG; NJW-RR 90, 799: Verschmelzung mit Personenhandelsgesellschaft; aA noch BGH 46, 296; ZIP 99, 505 für OHG bzw KG; sa Rn 1 nN). Ist die BGB-Gesellschaft Gesellschafterin einer AG oder GmbH, so besteht für die BGB-Gesellschafter hinsichtlich der Einlageverpflichtung keine Möglichkeit zur Haftungsbeschränkung (BGH 78, 311; NJW 92, 2226; sa §§ 714, 715 Rn 5). *Bei Minderjährigen* besteht Genehmigungserfordernis §§ 1643 I, 1822 Nr 3) und ggf Notwendigkeit einer Pflegerbestellung, §§ 1795 II, 181, 1629 II (Zweibrücken OLGZ 80, 214); zur Haftungsbegrenzung § 723 und §§ 723–728 Rn 17 mN. **b)** Zur **Abänderung** des Gesellschaftsvertrages vgl §§ 709–713 Rn 7 ff. **c)** Die **Anwendung der Vorschriften über den gegen-** **18** **seitigen Vertrag** (§§ 320 ff) ist nur in sehr modifizierter Form denkbar. ZB ist ein Leistungsverweigerungsrecht gem § 320 bei mehrgliedriger Gesellschaft abzulehnen, weil andernfalls das Säumen eines Gesellschafters die Gesellschaft lahmlegen könnte (LM Nr 11 zu § 105 HGB). Wegen Leistungsstörungen im Zusammenhang mit der gesellschaftsvertraglichen „Hauptpflicht", der Beitragspflicht, vgl § 706 Rn 3 ff. **d) Abschlußmängel** (Lit: K. Schmidt § 6 u AcP 186, 421). Sofern **19** der Gesellschaftsvertrag nach allg Vorschriften von Anfang an nichtig wäre (vgl §§ 104 ff, 134, 138, 142 I, Dissens: BGH NJW 92, 1502) oder widerrufen werden kann (BGH NJW 01, 2718: HWiG 2, 3 aF bzw §§ 312, 355 nF), gelten zum Schutze des Rechtsverkehrs und zur zwecksentsprechenden Rückabwicklung unter den Gesellschaftern besondere Regeln *("fehlerhafte Gesellschaft")*. **aa) Vorausset-**

§ 705

Buch 2. Abschnitt 8. Einzelne Schuldverhältnisse

zungen. Die Gesellschaft muß „in Vollzug gesetzt" sein, und zwar entweder durch Aufnahme von Rechtsbeziehungen zu Dritten oder durch Erfüllung von Einlagepflichten (vgl für Vorgesellschaft BGH 13, 321; für Gesellschafterbeitritt BGH NJW 78, 2506; 92, 1502; 88, 1323: Mitwirkung aller Gesellschafter nötig; für
20 Gesellschafternachfolge BGH NJW 88, 1324 mwN – str). **bb) Rechtsfolgen.** Die Fehlerhaftigkeit des Vertrages ist ein zur Auflösung führender wichtiger Grund (vgl für OHG und KG BGH 3, 290 ff; 47, 300 ff; 63, 345 f), der zur Kündigung analog § 723 berechtigt und damit zur Auseinandersetzung (§§ 731 ff) oder uU zum Ausscheiden (§§ 736 f; BGH NJW 82, 879; 00, 3559 f; 01, 2720; BGH 63, 345 ff und Hamm NJW 78, 225) führt (vgl aber §§ 736, 737 Rn 3). Die Gesellschaft ist im Verhältnis zu den Gläubigern und zwischen den Gesellschaftern rechtlich wirksam (vgl BGH 63, 344; 55, 8; NJW 92, 2698; 1502; 01, 2720). Der Fehler kann jedoch je nach dem Schutzzweck der Normen, die gewöhnlicherweise zur Nichtigkeit führen, auf das Gefüge der Gesellschaft bzw Abwicklungsgesellschaft von Einfluß sein. Der *Schutz des Minderjährigen* hat zur Folge, daß den Minderjährigen keine Pflichten treffen (zB Beitragspflicht, Geschäftsführungspflicht, Außenhaftung: BGH 17, 167 ff; sa zur Haftungsbegrenzung zugunsten Minderjähriger § 723 I nF; hierzu §§ 723–728 Rn 17 mN), wohl aber die übrigen Gesellschafter (BGH NJW 83, 748); hingegen wird seine Teilnahme an der Gewinnverteilung zu bejahen sein; Einlagen kann er nach allg Vorschriften (§§ 985, 812 ff) zurückfordern. Gleiches gilt für die Fälle des § 105 II (BGH NJW 92, 1503). Der *arglistig Getäuschte* oder *Bedrohte* muß keine Beiträge leisten, soweit sie nicht Gläubigern, sondern dem Täuschenden zugute kämen (vgl BGH 26, 335; NJW-RR 88, 1379; vgl auch § 706 Rn 3). Sofern der *Gesellschaftszweck* gegen die guten Sitten (§ 138 I, zB Bordellbetrieb, insbes BGH NJW-RR 88, 1379) oder gegen das Ges verstößt (BGH 62, 240: RBerG; BGH 75, 217: ApothG; BGH 97, 250: BerufsO), verdient das Verhältnis unter den Gesellschaftern keinen Bestandsschutz, so daß es in diesen
21 Fällen zur üblichen Rückabwicklung (§§ 812 ff) kommt. **cc) Die Nichtigkeit einzelner Klauseln** (zB Sittenwidrigkeit der Gewinnbeteiligungsquote einer Geliebten BGH NJW 70, 1541) führt zunächst zur Geltung dispositiven Rechts bzw einer angemessenen Regelung (BGH 47, 301). Nur wenn gem § 139 der Gesamtvertrag nichtig wäre, gelten die Grundsätze der fehlerhaften Gesellschaft (BGH
22 NJW 82, 879). **dd) Bei fehlerhaftem Eintritt oder Ausscheiden** eines Gesellschafters (BGH 44, 236; NJW 00, 3558; 78, 2506; §§ 736, 737 Rn 6) bleibt in entspr Anwendung der dargestellten Grundsätze die Änderung des Gesellschafterbestandes wirksam. Für beschränkt Geschäftsfähige (§ 105 II) sollen auch hier die Grundsätze der fehlerhaften Gesellschaft *nicht* gelten (BGH NJW 92, 1503). Sind **gewöhnliche Vertragsänderungen** fehlerhaft, besteht nur ausnahmsweise ein Bedürfnis für einen Bestandsschutz (BGH 62, 27; NJW 92, 302 für Nachfolge-
23 regelung). **e)** Bei **formularmäßigen Massenverträgen** besteht trotz AGBG 23 I aF bzw § 310 IV nF die Möglichkeit richterlicher Inhaltskontrolle gem §§ 242, 315 (vgl BGH 64, 241; 84, 14; NJW 82, 879; 2495 für Publikums-KG; Schneider ZGR 78, 1; BGH 127, 176 für stille Gesellschaft); zur Bedeutung der EU-Richtlinie Drygale ZIP 97, 968; unklare belastende Klauseln sind eng auszulegen (BGH NJW 79, 2102; JZ 79, 190).

24 **5.** Bei der sog **Innengesellschaft** (Lit: Steckhan, Die Innengesellschaft, 1966; sa K. Schmidt JuS 88, 444), die auch stillschweigend begründet werden kann (BFH NJW 97, 2702 ff mN), tritt im Rechtsverkehr nur ein Gesellschafter im eigenen Namen auf; er ist Träger von Rechten und Pflichten. Im Innenverhältnis haben sich aber alle Gesellschafter zur Erreichung eines gemeinsamen Zwecks verpflichtet, es können im Innenverhältnis – von den Vertretungs- (§ 714 f) und Vermögensvorschriften (§§ 718 ff) abgesehen – alle gesellschaftsrechtlichen Regeln Anwendung finden (Geschäftsführungsregeln, Kontrollrechte, Beitragspflicht, Gewinn- und Verlustbeteiligung etc; vgl BGH 12, 315). Typischerweise bleibt der in eigenem Namen handelnde Gesellschafter Inhaber aller Rechte, so daß ein Ge-

Titel 16. Gesellschaft § 706

samthandsvermögen mit Außenbeziehung nicht entsteht (BGH WM 65, 793; sa NJW 88, 414 u WM 90, 1465; NJW 92, 832); soweit allerdings gesellschaftsvertragliche Ansprüche gegen Mitgesellschafter (zB auf Beitragsleistung an den Außengesellschafter oder auf ordnungsmäßige Geschäftsführung) den Gesellschaftern gemeinsam zustehen (vgl § 706 Rn 2 ff, §§ 709–713 Rn 11), wird doch im Verhältnis zwischen den Gesellschaftern Gesamthandsvermögen vorliegen; nicht bestimmungsgemäße Verwendung der Einlage verpflichtet zu Schadensersatz, der im Ausgleich des Wertverlustes der Beteiligung besteht (BGH NJW 88, 414, dazu Windbichler ZGR 89, 440 ff). Bei der Regelung des Innenverhältnisses, insbes der Geschäftsführungsbefugnis, herrscht Gestaltungsfreiheit, die zB von Gesamtgeschäftsführung (§ 709) bis zur Alleinbefugnis eines nach außen nicht handlungsbefugten Innengesellschafters reicht (LM Nr 11). Bei Auflösung einer Innengesellschaft entstehen idR Zahlungsansprüche gegen den Vermögenstreuhänder (entspr HGB 235, §§ 738 ff), eine Liquidation (§§ 730 ff) findet nicht statt (BGH WM 86, 1144; NJW 90, 574; zum Bewertungszeitpunkt der Auflösung BGH NJW 99, 2962, 2967; sa Rn 16). Die *stille BGB-Gesellschaft* (Lit: Koenigs, Die stille Gesellschaft, 1961) ist eine Sonderform der Innengesellschaft mit abw Sonderregelung insbes zur Beteiligung am Geschäftsergebnis (zur Abgrenzung Köln NJW-RR 96, 28). HGB 230 ff finden auf stille BGB-Gesellschaft weithin entspr Anwendung (MK/Ulmer 241; BGH NJW 82, 99 und JuS 82, 139; NJW 92, 2697; sa NJW 97, 3370 betr Vorausabtretung der Auseinandersetzungsforderung; BFH NJW 97, 2703). Sofern der Vertrag die interne Beteiligung des „Stillen" am *ganzen* Gesellschaftsvermögen vorsieht, liegt eine atypische stille Gesellschaft vor (BGH 7, 177 f; sa NJW 98, 1946). Die *Unterbeteiligung* (Lit: Blaurock, Unterbeteiligung und Treuhand an Gesellschaftsanteilen, 1981; Paulick ZGR 74, 253) ist eine BGB-Innengesellschaft, die sich auf den Anteil an einer Personen- oder Kapitalgesellschaft bezieht (BGH NJW 94, 2887 – Abgrenzung zur Treuhand); §§ 723, 724 sind daher für die Unterbeteiligung zwingendes Recht (BGH 50, 320 ff). Auflösung der Hauptgesellschaft kann Kündigungsgrund sein (BGH 84, 379). Der Anspruch auf Rechnungsabschluß (§ 721 I) wird durch HGB 233 I präzisiert, nicht durch § 666 (BGH 50, 323; NJW-RR 95, 166); ein neutraler Dritter kann Bücher der Hauptgesellschaft zur Kontrolle einsehen (aA BGH 50, 324; sa WM 84, 807). Vorschriften über stille Gesellschaft (HGB 230 ff) sind weitgehend entspr anwendbar (MK/Ulmer vor § 705, 70). 25 26

6. Prozessuales. Zur Parteifähigkeit und zur Streitgenossenschaft im Aktivprozeß vgl §§ 709–713 Rn 10 und im Passivprozeß vgl §§ 714, 715 Rn 10, dort auch zur Realisierung der Haftung durch Zwangsvollstreckung. Der Gesellschaftsvertrag kann vorsehen, daß bei Streitigkeiten unter den Gesellschaftern der Klage vor den ordentl Gerichten der Schlichtungsversuch eines Gesellschaftsorgans (§§ 709–713 Rn 4) vorzuschalten ist (BGH NJW 77, 2263). 27

§ 706 Beiträge der Gesellschafter

(1) **Die Gesellschafter haben in Ermangelung einer anderen Vereinbarung gleiche Beiträge zu leisten.**

(2) ¹**Sind vertretbare oder verbrauchbare Sachen beizutragen, so ist im Zweifel anzunehmen, dass sie gemeinschaftliches Eigentum der Gesellschafter werden sollen.** ²**Das Gleiche gilt von nicht vertretbaren und nicht verbrauchbaren Sachen, wenn sie nach einer Schätzung beizutragen sind, die nicht bloß für die Gewinnverteilung bestimmt ist.**

(3) **Der Beitrag eines Gesellschafters kann auch in der Leistung von Diensten bestehen.**

1. Terminologie. Beiträge sind noch zu bewirkende Leistungen, Einlagen sind bereits bewirkte Leistungen der Gesellschafter an die Gesellschaft (vgl §§ 706 I, 707; str). 1

Stürner

§ 706

2. Der Anspruch auf Beitragsleistung. a) Anspruchsinhaber ist die Gesellschaft bzw die Gesamthandsgemeinschaft (§§ 709–713 Rn 11), die Ansprüche fallen in das Gesamthandsvermögen (§ 718 I). **b)** Die **Beitragshöhe** richtet sich nach dem Gesellschaftsvertrag, die Gleichbehandlungsregel gem I gilt nur subsidiär. Die *Bewertung* der Einlage ist nur für das Verhältnis der Gesellschafter untereinander von Bedeutung (Gewinnbeteiligung, Anteil am Liquidationserlös), da ja gegenüber Gläubigern – anders als bei Kapitalgesellschaften und Kommanditisteneinlage – volle persönliche Haftung besteht; folglich ist die Bewertung der freien Vereinbarung der Gesellschafter überlassen bis zur Grenze der Sittenwidrigkeit (BGH 17, 134). **c)** Bei **Leistungsstörungen** im Zusammenhang mit der Beitragspflicht sind die allg schuldrechtlichen Vorschriften nur gesellschaftsrechtlich modifiziert anwendbar (vgl § 705 Rn 18). **aa)** Ein Gesellschafter kann den Beitrag nicht gem § 320 verweigern, weil ein Mitgesellschafter auch nicht erfüllt (LM Nr 11 zu § 105 HGB); anders bei unmotiviertem Herausgreifen eines von mehreren säumigen Gesellschaftern oder bei Zweimanngesellschaft (hM). Die Täuschung eines Gesellschafters beim Vertragsschluß berechtigt ihn allenfalls zur Verweigerung des Beitrags, wenn der Beitrag im Rahmen des faktischen Gesellschaft dem Betrüger zugute käme, nicht aber wenn der Beitrag der Verteilung des Verlusts auf alle gutgl Gesellschafter dienen soll (BGH 26, 335). § 321 gewährt dem Beitragspflichtigen ein Leistungsverweigerungsrecht nur für den Fall, daß sich die Vermögenslage aller übrigen Gesellschafter in einer Weise verschlechtert hat, die den Gesellschaftszweck in Frage stellt (teilw str). **bb)** Nicht zu vertretende Unmöglichkeit führt zur Leistungsbefreiung (§ 275 I) nur, wenn nach dem Vertrag nicht ersatzweise Geldleistung geschuldet ist (BGH DB 72, 2201); die übrigen Gesellschafter werden nicht ohne weiteres frei, uU sind aber §§ 723, 726 gegeben. Minderung des Gewinnanteils entsprechend § 323 I aF bzw § 326 I nF ist zu erwägen (teilw abw RG 158, 326). **cc)** § 324 aF bzw § 326 II nF ist bei Nichtleistung anwendbar, die andere Gesellschafter und damit die Gesellschaft (§ 278) zu vertreten haben; Ersatzanspruch der Gesellschaft gegenüber dem schuldigen Gesellschafter. **dd)** Verschuldete Pflichtverletzungen berechtigen die Gesellschaft zu Schadensersatz (§§ 280, 286); dagegen ist bei einer in Vollzug gesetzten Gesellschaft Rücktritt gem § 323 nF (vgl § 325, 326 aF) für alle Teile (Gesellschaft, Mitgesellschafter, beitragspflichtiger Gesellschafter bei gestörter Gewinnauszahlung) ausgeschlossen; statt dessen gelten §§ 723, 737 (vgl BGH WM 67, 420). **ee)** PVV – nunmehr: Schadensersatz aus § 280 I iVm § 241 II – ist gegeben, wenn ein Gesellschafter die Einlage durch widerrechtliche Entnahmen eines Mitgesellschafters finanziert; Schadensersatzpflicht besteht dann in Höhe der Entnahmen (LM Nr 1). **d) Einbringungsarten** (vgl Sudhoff NJW 78, 1401). **aa)** Für die **Übertragung zu vollem Eigentum** gibt II eine ges Vermutung, die bei Sachen gem §§ 91, 92 und geschätzten Sachen gilt, sofern die Schätzung nicht bloß interner Bewertung (vgl Rn 2) dient. Bei Einbringung von Grundstücken sind §§ 311b nF (313 aF), §§ 873 zu beachten (BGH WM 67, 951). Einbringung von Wirtschaftsgütern gegen Einräumung von Mitgliedsrechten oder Schuldentilgung unterliegt grundsätzlich voll der Umsatzsteuer (BFH 179, 189 mN; NJW-RR 98, 392 betr Vorsteuerabzugsberechtigung der GbR – vor dem Hintergrund der vom BFH angenommenen Teilrechtsfähigkeit der GbR konsequent; vgl aber § 705 Rn 1). Gutgl Erwerb setzt Gutgläubigkeit aller Gesellschafter – auch des einbringenden – voraus (BGH BB 59, 318; allgemein zur Erheblichkeit der Kenntnis einzelner Gesellschafter BGH 34, 297). *Rechtsmängelhaftung* und *Sachmängelhaftung* (§§ 434 ff, 459 ff aF) sind nunmehr einheitlich in §§ 434 f, §§ 437 ff iVm §§ 280 ff, 323, 326 nF geregelt; diese Vorschriften gelten modifiziert: An die Stelle des Rücktrittsrechts treten bei schweren Fällen §§ 723, 737. Bei Minderung oder völliger Unbrauchbarkeit kann Wertersatz geschuldet sein. Nach Maßgabe der §§ 437, 440, 323 I nF wird nunmehr allerdings regelmäßig zunächst eine Aufforderung zur mängelfreien Nacherfüllung (§ 439) vorausgehen müssen. § 447 ist unanwendbar (hM). Bei Einbringung von Vermögen galt § 419 aF *nicht* (BGH WM 64, 114), ebensowenig gilt HGB 28 bei

Titel 16. Gesellschaft **§ 707**

Einbringung eines Einzelhandelsgeschäfts in eine OHG (vgl BGH WM 72, 22). **bb) Bei Einbringung dem Werte nach** bleibt der Gesellschafter nach außen Eigentümer, im Innenverhältnis wird aber die Sache wie Gesamthandseigentum behandelt; die formnichtige Einbringungspflicht bei Grundstücken (vgl Rn 6) kann eine Pflicht zur Einbringung dem Werte nach beinhalten (BGH WM 67, 951). **cc) Bei Einbringung zum Gebrauch** gelten §§ 535 ff entsprechend. Neben die Ansprüche aus §§ 536 ff kann uU Wertersatzanspruch oder Kündigungsrecht (§ 723) treten. §§ 535 I 2 (= 536 aF), 538 (= 548 aF) sind nicht ohne weiteres anwendbar. Für Gefahrtragung gelten §§ 707, 732 S 2. **dd) Für die Einbringung von Diensten** gem III gelten §§ 611 ff sinngemäß (s Köln NZG 01, 165); soweit erfinderische Tätigkeit zur Dienstleistung gehört, ist idR ein Anspruch der Gesellschaft auf Übertragung des in der Person des Erfinders entstandenen Patents zu bejahen (BGH NJW 55, 542). Schlechtleistung verpflichtet zu Schadensersatz, früher aus pVV (BGH NJW 83, 1189), nunmehr aus § 280 I (ggf iVm § 241 II). **ee) Leistung an Erfüllungs Statt** kann bei Erfüllung einer Gesamthandsschuld aller Gesellschafter vorliegen (BGH NJW 84, 2290; ähnlich Karlsruhe NJW-RR 96, 746).

3. Die **beitragslose Beteiligung** eines Gesellschafters am Gesellschaftsvermögen ist bei der Außengesellschaft nicht Schenkung, soweit der Gesellschafter persönliche Haftung bzw Verlustbeteiligung übernimmt (BGH BB 59, 574; 65, 472); anders wohl aber bei Zuwendung eines weiteren Kapitalanteils an den bereits haftenden Gesellschafter, bei Zuwendung eines Kommanditanteils (BGH WM 90, 1381) und bei Zuwendung eines Anteils an einer Innengesellschaft (sa Herrmann ZHR 83, 313). Im letzteren Falle ist die Schenkung nicht schon mit dem Abschluß des Vertrags und der Einbuchung des Anteils vollzogen, so daß keine Heilung des formnichtigen Vertrags (§ 518 II) eintritt (BGH 7, 179; 380; sehr str, mit der Rspr zum Anteilsübergang auf den Todesfall kaum zu vereinbaren, vgl § 2325 Rn 5 mN).

4. Die **Abgrenzung** von gesellschaftsvertraglicher Beitragsleistung und **Verpflichtungen kraft bes Vertrags** hängt davon ab, ob die Leistungspflicht der Gesellschafterstellung entspringt oder ob es sich um ein gewöhnliches Schuldverhältnis wie zu einem Dritten handelt („Drittverhältnis"; München NZG 00, 1124); Bsp: Beschäftigungsverhältnis (BSG NJW 66, 2186); Miete (BGH NJW 83, 749; hierzu Walter JZ 83, 260); Ansprüche aus gleichzeitiger Bruchteilsgemeinschaft zwischen den Gesellschaftern (BGH WM 75, 196). Die Pflicht eines Gesellschafters zur Darlehensgewährung kann Beitrag bzw Einlage sein (BGH 70, 63; 93, 161; NJW 85, 974 für Publikumsgesellschaften).

§ 707 Erhöhung des vereinbarten Beitrags

Zur Erhöhung des vereinbarten Beitrags oder zur Ergänzung der durch Verlust verminderten Einlage ist ein Gesellschafter nicht verpflichtet.

1. **Anwendungsbereich. a)** § 707 betrifft allein das **Innenverhältnis.** Wegen fehlender Erhöhungspflicht kann der geschäftsführende Gesellschafter Aufwendungsersatz (§§ 713, 670; HGB 110) nur aus dem Gesamthandsvermögen, nicht vom einzelnen Gesellschafter verlangen (BGH 37, 101; NJW 80, 340; G. Walter JuS 82, 82 mN; vgl §§ 714, 715 Rn 12). **b) Zeitlich** gilt die Vorschrift nur bis zur Auflösung; im Abwicklungsstadium besteht Nachschußpflicht gem § 735. **c) Im Außenverhältnis** haftet der Gesellschafter den Gesellschaftsgläubigern, auch soweit es sich um Forderungen von Gesellschaftern aus Drittverhältnissen handelt (vgl § 706 Rn 10). Wenn ein Gesellschafter einen Gesellschaftsgläubiger befriedigt hat, kann er trotz § 707 die Mitgesellschafter anteilig beanspruchen; aus der Treuepflicht des nicht ausgeschiedenen, ausgleichsberechtigten Gesellschafters folgt allerdings die bloß subsidiäre Haftung der Mitgesellschafter, solange sich im Gesamthandsvermögen frei verfügbare Mittel zur Befriedigung finden (BGH 37, 302;

§§ 708, 709   Buch 2. Abschnitt 8. Einzelne Schuldverhältnisse

NJW 80, 340; 81, 1096; BGH 103, 72 = NJW 88, 1376; NJW-RR 89, 866; G. Walter JuS 82, 83 f; Hadding/Häuser WM 88, 1587 f; vgl iü § 426 Rn 4; §§ 714, 715 Rn 11 f).

3   **2. Inhalt. a)** Voraussetzung ist eine **vertraglich vereinbarte Beitragshöhe;** sofern die Höhe nur aus Sinn und Zweck der Gesellschaft bestimmbar ist, kann in diesem Rahmen Beitragserhöhung verlangt werden (BGH NJW 80, 340). Bei genauer Bestimmung bleibt indessen bei Notlage nur die Auflösung (§ 726). **b) Beitragserhöhung aufgrund Mehrheitsbeschlusses** kann der Gesellschaftsvertrag vorsehen, wobei hinreichende Deutlichkeit erforderlich ist (BGH NJW 79, 419; NJW 83, 164); insbs genügt nicht ohne weiteres die generelle Ermächtigung zur Änderung des Vertrages aufgrund Mehrheitsbeschlusses (BGH 8, 41 f; 66, 85), weil es sich um eine besonders bedeutsame Änderung handelt (vgl §§ 709–713 Rn 8). **c)** Aus der fehlenden Nachschußpflicht folgt, daß die **Leistungsgefahr** nach Leistung der Einlage die Gesellschaft trifft. **d) Freiwillige Erhöhung** bedarf der Zustimmung aller Gesellschafter (Gewinn- und Verlustquote!); ihre Verweigerung ist nur ausnahmsweise treuwidrig. **e)** Beitragsklauseln in **Massengesellschaften:** § 705 Rn 23.

§ 708 Haftung der Gesellschafter

Ein Gesellschafter hat bei der Erfüllung der ihm obliegenden Verpflichtungen nur für diejenige Sorgfalt einzustehen, welche er in eigenen Angelegenheiten anzuwenden pflegt.

1   **1.** Nach dem Zweck der Vorschrift sollen sich die Gesellschafter so nehmen, wie sie sind (RG 143, 215); § 708 verweist auf § 277. Die vielfach als rechtspolitisch verfehlt betrachtete Regelung wird eng ausgelegt. Sie **gilt nur** bei Wahrnehmung spezifisch gesellschaftsvertraglicher Pflichten (zB Geschäftsführung; Pflichten von Mitgliedern einer Seilschaft, Schünemann VersR 82, 827, 1131), erfaßt dann allerdings vertragliche und deliktische Ansprüche (LM Nr 1 a). Sie **gilt nicht: a)** Bei Überschreitung der Geschäftsführungsbefugnis mit der Folge Haftung früher aus pVV, nunmehr aus §§ 280 I, 241 II nF (BGH NJW-RR 88, 996; NJW 97, 314 für OHG; sa NJW-RR 89, 1256 für GmbH; anders RG 158, 312: **2**   §§ 677 ff; MK/Ulmer, 8 ff). **b)** Im Rahmen von sog „Drittverhältnissen" (§ 706 Rn 10) zwischen Gesellschaft und Gesellschafter (BGH NJW 80, 232). **c)** Im Straßenverkehr beim Lenken eines Kraftfahrzeugs durch einen Gesellschafter (BGH 46, 317 f; str); wohl aber hat sie Geltung beim Lenken eines Flugzeugs als gesell-**3**   schafterische Aufgabe (LM Nr 1 a, zweifelhaft). **d)** Bei der Gemeinschaft gem §§ 741 ff (BGH 62, 245) und bei partiarischen Rechtsverhältnissen (LM Nr 13 zu § 276 [H]). **e)** Für die Pflichten eines Gesellschafters als **Organwalter einer Publikumsgesellschaft** mit körperschaftlicher Struktur (§§ 709–713 Rn 4) ohne persönliches Vertrauensverhältnis (BGH 69, 209; 75, 327, hierzu Hüffer ZGR 81, 348). **f)** Für Pflichtverletzungen gegenüber künftigen Mitgesellschaftern bei Haftung früher aus cic, nunmehr aus §§ 311 II, 241 II, 280 I nF (KG NZG 99, 199).

2. Prozessuales. Die Beweislast für den abgemilderten Sorgfaltsmaßstab liegt bei dem in Anspruch genommenen Gesellschafter (BGH NJW 90, 575).

§ 709 Gemeinschaftliche Geschäftsführung

(1) Die Führung der Geschäfte der Gesellschaft steht den Gesellschaftern gemeinschaftlich zu; für jedes Geschäft ist die Zustimmung aller Gesellschafter erforderlich.

(2) Hat nach dem Gesellschaftsvertrag die Mehrheit der Stimmen zu entscheiden, so ist die Mehrheit im Zweifel nach der Zahl der Gesellschafter zu berechnen.

Titel 16. Gesellschaft §§ 710–713

§ 710 Übertragung der Geschäftsführung

¹Ist in dem Gesellschaftsvertrag die Führung der Geschäfte einem Gesellschafter oder mehreren Gesellschaftern übertragen, so sind die übrigen Gesellschafter von der Geschäftsführung ausgeschlossen. ²Ist die Geschäftsführung mehreren Gesellschaftern übertragen, so findet die Vorschrift des § 709 entsprechende Anwendung.

§ 711 Widerspruchsrecht

¹Steht nach dem Gesellschaftsvertrag die Führung der Geschäfte allen oder mehreren Gesellschaftern in der Art zu, dass jeder allein zu handeln berechtigt ist, so kann jeder der Vornahme eines Geschäfts durch den anderen widersprechen. ²Im Falle des Widerspruchs muss das Geschäft unterbleiben.

§ 712 Entziehung und Kündigung der Geschäftsführung

(1) Die einem Gesellschafter durch den Gesellschaftsvertrag übertragene Befugnis zur Geschäftsführung kann ihm durch einstimmigen Beschluss oder, falls nach dem Gesellschaftsvertrage die Mehrheit der Stimmen entscheidet, durch Mehrheitsbeschluss der übrigen Gesellschafter entzogen werden, wenn ein wichtiger Grund vorliegt; ein solcher Grund ist insbesondere grobe Pflichtverletzung oder Unfähigkeit zur ordnungsmäßigen Geschäftsführung.

(2) Der Gesellschafter kann auch seinerseits die Geschäftsführung kündigen, wenn ein wichtiger Grund vorliegt; die für den Auftrag geltende Vorschrift des § 671 Abs. 2, 3 findet entsprechende Anwendung.

§ 713 Rechte und Pflichten der geschäftsführenden Gesellschafter

Die Rechte und Verpflichtungen der geschäftsführenden Gesellschafter bestimmen sich nach den für den Auftrag geltenden Vorschriften der §§ 664 bis 670, soweit sich nicht aus dem Gesellschaftsverhältnis ein anderes ergibt.

Anmerkungen zu den §§ 709–713

1. Die Vorschriften behandeln nur die **Geschäftsführungsbefugnis** und damit das Innenverhältnis zwischen den Gesellschaftern. Gem § 714 entspricht aber die Vertretungsbefugnis nach außen der Geschäftsführungsbefugnis. 2. **Formen der Geschäftsführung. a) Einstimmigkeitsprinzip**, § 709 I. Eine Verpflichtung der einzelnen Gesellschafter zur Zustimmung besteht zwar grundsätzlich nicht. Die übrigen Gesellschafter haben aber einen klagbaren Anspruch auf Zustimmung, wenn eine notwendige Geschäftsführungsmaßnahme gem § 744 II HS 2 ansteht (BGH 17, 183) oder wenn ein Gesellschafter einer Maßnahme nicht zustimmt, die Zweck und Interesse der Gesellschaft erfordern und gegen die sich kein Zweckmäßigkeitsgesichtspunkt vorbringen läßt (LM Nr 2/3 zu § 709). Darüber hinaus kann die beharrliche Verweigerung jeder Mitwirkung bei der Willensbildung und Beschlußfassung zu einem Anspruch auf Zustimmung führen, gegen den nicht mehr Unzweckmäßigkeit sondern nur noch Pflichtwidrigkeit der geplanten Maßnahme eingewendet werden kann (BGH NJW 72, 862). Einstimmigkeit ist die ges Regelform, anders bei der OHG gem HGB 115. **b)** Das **Mehrheitsprinzip** mit Auslegungsregel zugunsten gleichen Stimmrechts aller Gesellschafter (§ 709 II); praktisch häufig ist jedoch das Stimmrecht nach Kapitalbeteiligung (BGH NJW 83, 819). **c) Geschäftsführungsbefugnis mehrerer Gesellschafter** mit der Wahlmöglichkeit zwischen Einstimmigkeits- und Mehrheits-

1

2

3

§ 713   Buch 2. Abschnitt 8. Einzelne Schuldverhältnisse

prinzip (§ 710). **d) Einzelgeschäftsführung** eines oder mehrerer Gesellschafter (§§ 710, 711). Der Widerspruch der übrigen geschäftsführenden Gesellschafter hat Außenwirkung (§ 714), soweit der Geschäftspartner vom Widerspruch unterrichtet war (str, vgl BGH 16, 397; Loritz WM 80, 294); zur OHG vgl HGB 126 II, 115 mit abw Regelung. Ein Widerspruch, der Gesellschaftsinteressen offensichtlich
4 außer acht läßt, ist wirkungslos (vgl LM Nr 11 zu HGB 105; NJW 86, 844). **e)** Die **gesellschaftsvertragliche Gestaltung** kann abw von den ges Typen Arbeitsteilung zwischen den Geschäftsführern oder Zustimmungspflichten nicht geschäftsführungsberechtigter Gesellschafter (BGH NJW 99, 572) vorsehen und eine körperschaftsähnliche Organisation mit bes Beschluß- und Vertretungsorganen (zB „Beirat") schaffen (vgl BGH BB 61, 304; Lit: Nitschke, Die körperschaftlich strukturierte Personengesellschaft, 1970). Die Geschäftsführung kann aber nicht insgesamt auf Dritte übertragen werden (s § 717 Rn 2), organschaftlicher Geschäftsführer bzw Vertreter kann nur ein Gesellschafter sein (BGH 33, 108; 36, 292; 41, 369; NJW-RR 94, 98); jedoch können Dritte durch Auftrag mit umfassenden Geschäftsführungsbefugnissen betraut und Generalbevollmächtigte sein, was faktisch zur weitgehenden Durchbrechung des Prinzips der *Selbstorganschaft* führt (BGH 36, 294 ff; NJW 82, 877; 1817; 83, 2499; NJW-RR 94, 98; Werra,
5 Zum Stand der Diskussion um die Selbstorganschaft, 1991 – s noch Rn 7). **f)** Die **vertragliche Vereinbarung** über die Geschäftsführung kann formlos und schlüssig getroffen sein (BGH 16, 396). Bei Umwandlung einer OHG in eine BGB-Gesellschaft gelten die alten Geschäftsführungsregeln weiter (BGH NJW 71, 1698; 87, 3126).

6 **3. Gegenstand der Geschäftsführung** sind alle Maßnahmen rechtsgeschäftlicher und tatsächlicher Art, die vom Gesellschaftszweck gedeckt sind. Eine der OHG entsprechende Regelung (HGB 116 I) mit der Einschränkung auf „gewöhnliche Geschäfte" kann gesellschaftsvertraglich vereinbart werden. Nicht zur Geschäftsführung gehören „Grundlagengeschäfte".

7 **4. Grundlagengeschäfte** sind alle Geschäfte, die Zweck und Organisation der Gesellschaft ändern, insbes also Art der Geschäftstätigkeit, Höhe der Beiträge (vgl § 707 Rn 3), Gewinnbeteiligung (vgl §§ 721, 722 Rn 6), Auflösung, Ausschließung (vgl §§ 736, 737 Rn 7 ff), Änderung der Geschäftsführungsbefugnisse etc. **a)** Für Grundlagengeschäfte gilt der **Grundsatz der Einstimmigkeit,** weil sie den von allen Gesellschaftern als Vertragspartner geschlossenen Gesellschaftsvertrag ändern; anders uU bei Publikumsgesellschaften, wo das Einstimmigkeitserfordernis etwa für die Abberufung bzw Neubestellung eines Geschäftsführers mit § 242 kollidieren kann (BGH NJW 82, 2495; WM 83, 1407 betr Fremdgeschäftsführer; BGH 102, 178 f betr Gründungsgesellschafter). Vertragsänderung kann bei fehlender Aufklärung jugendlich unerfahrener Gesellschafter anfechtbar sein (BGH NJW 92, 302). Stillschweigende Änderung durch widerspruchslose Übung ist denkbar (BGH NJW 95, 2844; 96, 1678, 1680; Köln NZG 98, 767; anders bei Publikums-
8 gesellschaft: BGH NJW 90, 2684). **b)** Änderungen durch **Mehrheitsentscheidungen** (Lit: K. Schmidt § 16 II 4, III; Röttger, Die Kernbereichslehre im Recht der Personenhandelsgesellschaften, 1989; zum Verfahren Rn 19 ff) kann der Gesellschaftsvertrag vorsehen. Für wesentliche Änderungen genügen aber allgemeingehaltene Klauseln nicht, vielmehr muß sich das Mehrheitsprinzip insoweit aus dem Vertrag konkret und deutlich ergeben (BGH 8, 41 ff; 48, 253; 66, 85; NJW 83, 164); anders wiederum bei bes mitgliedsstarken Gesellschaften bzw Publikumsgesellschaften (BGH 85, 350; 71, 58; NJW 85, 973, 974; NJW 91, 692; hierzu Marburger NJW 84, 2252; Wiedemann JZ 83, 559). Mehrheitsbeschlüsse können aber nicht den *Kernbereich gesellschaftlicher Rechte* oder bereits entstandene Ansprüche einzelner Gesellschafter entziehen (BGH NJW 85, 973, 974; 95, 195; WM 86, 1557; dazu Löffler NJW 89, 2656), sie sind dem *Gleichbehandlungsgrundsatz* (§ 705
9 Rn 4) verpflichtet (BGH 85, 361; NJW 85, 974). **c)** Eine **Verpflichtung zur Zustimmung** kraft gesellschaftlicher Treuepflicht (§ 705 Rn 3) ist nur ausnahms-

Titel 16. Gesellschaft **§ 713**

weise anzunehmen, wenn die verständige Weiterverfolgung des Gesellschaftszwecks eine Anpassung dringend gebietet (BGH 44, 41; 64, 257; neuere Beispielsfälle: NJW 85, 973, 974: Erhaltung der Liquidität; NJW 87, 953 f: Nachfolgeregelung; BGH 102, 176: Abberufung eines Geschäftsführers aus wichtigem Grund – zum Ganzen Horn AcP 181, 271) und die Anpassung auch unter Berücksichtigung der eigenen Belange zumutbar erscheint (BGH 64, 257 f; NJW 87, 954; 95, 195); idR ist Zustimmungsklage erforderlich, anders bei Publikumsgesellschaften (BGH NJW 85, 974; zuletzt NJW-RR 89, 995) oder bei ganz existentieller Bedeutung der Beschlußfassung (BGH WM 86, 1557).

5. Die **Befugnis zur Verfolgung von Ansprüchen und Rechten** der Gesell- **10** schaft bzw Gesellschafter ist primär eine Frage der Rechtsinhaberschaft und Geschäftsführungsbefugnis; die Stellvertretung nach außen wirft demgegenüber kaum Probleme auf. Es ist zu unterscheiden: **a) Ansprüche gegen Dritte** bzw gegen Gesellschafter aus Drittverhältnissen (vgl § 706 Rn 10): Anspruchsinhaber ist die Gesamthand (BGH NJW 98, 1220: Mietzinsansprüche, entsprechende Anwendung von § 571 aF bzw 566 nF nach Gesellschafterwechsel; hierzu § 740 Rn 4). Zur Rechtsverfolgung und Stellvertretung (§ 714) sind nur die geschäftsführungsbefugten Gesellschafter berufen, §§ 709–711 (BGH 39, 15; 102, 154; BayObLGZ 90, 261). Partei eines Prozesses sind nach traditioneller Auffassung die durch ihre Geschäftsführer vertretenen Gesellschafter als notwendige Streitgenossen (BGH NJW 00, 291; WM 63, 729; Rostock NJW-RR 95, 381); sofern ein Gesellschafter aus Drittverhältnis verklagt wird, nur die „übrigen" Gesellschafter. Bei unvollständiger Angabe der Gesellschafter ist Berichtigung des Rubrums ausreichend – Aktivlegitimation und Prozeßführungsbefugnis sind nicht betroffen (BGH NJW 97, 1236). Hält man die Gesellschaft für parteifähig, so tritt sie selbst als Kläger auf, und die Frage nach einer Streitgenossenschaft der Gesellschafter ist hinfällig (so im Anschluss an BGH 146, 341 ff – s § 705 Rn 1 – nunmehr Frankfurt ZIP 01, 1884 f: Gleichstellung mit OHG auf Beklagtenseite). § 432, der Ansprüche des einzelnen Gesellschafters rechtfertigen könnte, wird durch die spezielleren Organisationsvorschriften der §§ 709–711 verdrängt. Nur *ausnahmsweise* greifen die gesellschaftsrechtlichen Sondervorschriften nicht ein, wenn nämlich die anderen Gesellschafter im Zusammenwirken mit dem Schuldner die Rechtsverfolgung gesellschaftswidrig verweigern; dann besteht der Anspruch des Einzelgesellschafters aus § 432 unabhängig von der Geschäftsführungsbefugnis (großzügiger noch BGH 12, 313; sehr einschr aber BGH 17, 346; 39, 14 ff; 102, 155; NJW 00, 734; BGH WM 91, 1753: wirksames Handeln eines Gesellschafters einer zweigliedrigen Gesellschaft, wenn anderer Gesellschafter aufgrund § 181 selbst am Handeln gehindert ist und gleichzeitig seinen Gesellschaftsanteil treuhänderisch für den handelnden Gesellschafter hält). Eine Ausnahme gilt nur für die BGB-Gesellschaft, nicht für die OHG (BGH NJW 73, 2199). Sofern die Voraussetzungen des Notgeschäftsführungsrechts (§ 744 II) vorliegen, kann bei *allen* Personalgesellschaften der Gesellschafter in *eigenem* Namen auf Leistung an alle Gesellschafter klagen (BGH 17, 187; NJW 92, 113; s aber BFH NZG 98, 476: keine Anfechtungsbefugnis bzgl an GbR gerichteten Umsatzsteuerbescheid, zweifelhaft; vgl § 705 Rn 1 mN); der konstruktive richtige Weg zu diesem Ergebnis führt über § 432: der entspr geltende § 744 II setzt die gesellschaftsrechtlichen Organisationsnormen außer Kraft und schafft damit Raum für die Grundnorm § 432 (str; offen BGH DB 79, 979; sa §§ 743–748 Rn 15). Wenn die Voraussetzungen einer ausnahmsweisen Geltung des § 432 nicht vorliegen, muß der Gesellschafter notfalls die geschäftsführungsbefugten Mitgesellschafter auf Mitwirkung verklagen (BGH NJW 82, 641; 83, 1193). Zulässig ist gewillkürte Prozeßstandschaft eines Gesellschafters (BGH NJW 88, 1586 f; NJW 96, 2860) bzw Einziehungsermächtigung (BGH NJW 87, 3122). Für Gebührenforderungen der Anwaltssozietät nimmt BGH NJW 96, 2859 Gesamthandsgläubigerschaft an, s §§ 428–430 Rn 3. **b) Ansprüche der Gesell- 11 schaft aus dem Gesellschaftsverhältnis** (Lit: Hadding, Actio pro socio, 1966;

Stürner

§ 713 Buch 2. Abschnitt 8. Einzelne Schuldverhältnisse

Steding, Actio pro socio – unfreundlicher Akt in Personengesellschaften?, Wirtschaftsrecht 1993, 58; Bork/Oepen, Einzelklagebefugnisse des Personengesellschafters, ZGR 01, 551) werden von den geschäftsführungs- und vertretungsbefugten Gesellschaftern bzw vertretungsberechtigten Dritten (BGH NJW 83, 2498; s Rn 4) geltend gemacht; sie gehen auf Leistung an die Gesellschaft bzw nach traditioneller Auffassung an die Gesamtheit der Gesellschafter (Ausnahme: Auskunftsanspruch, der auf Leistung an die übrigen Gesellschafter geht). Daneben hat jeder Gesellschafter als Partner des Gesellschaftsvertrags einen Anspruch auf Erfüllung der vertraglichen Leistungspflichten an die Gesamthand (actio pro socio; BGH NJW 00, 505: Rückführung ungerechtfertigter Entnahmen); er entspricht dem Vertrag und bedarf keiner Herleitung aus § 432 (BGH 10, 101; 25, 49 f; NJW 73, 2199; 92, 1892: Gesellschaftsvertrag prägt auch inhaltliche Ausformung der actio, zB kein umfassender Auskunftsanspruch eines Kommanditisten). Nur ausnahmsweise kann Leistung an den Anspruchsinhaber verlangt werden, wenn der Anspruchsgegenstand bei Auseinandersetzung einer Zweimanngesellschaft allein ihm zukommt (BGH 10, 102). Die actio pro socio wird mit dem Ausscheiden des klagenden Gesellschafters unzulässig (Karlsruhe NJW 95, 1296; hierzu Früchtl NJW 96, 1327 mN); ohne Zustimmung der übrigen Gesellschafter ist eine gewill-

12 kürte Prozeßstandschaft nicht möglich. **c) Ansprüche eines Gesellschafters gegen einen Mitgesellschafter** können entstehen, wenn dem Gesellschafter durch treuwidriges Verhalten des Mitgesellschafters individueller Schaden entstanden ist (BGH NJW 62, 859; Düsseldorf WM 83, 1320: rechtswidriger Ausschluß). Hierher gehören Ansprüche der Gesellschafter einer Publikumsgesellschaft gegen Mitgesellschafter oder vertrauensbildende Repräsentanten der Publikumsgesellschaft früher aus cic, nunmehr aus §§ 311 II, 241 II, 280 I nF, falls bei Vertragsschluß Aufklärungspflichten verletzt sind (BGH 71, 286; 115, 213; NJW 95, 1025; 01, 360); Verjährung analog KAGG 20 V, BörsG 47, AuslInvestmG 12 V in 6 Monaten seit Kenntnis mit dreijährigem Fristenlauf (BGH 83, 222; NJW 01, 1203 für Immobilienfond). Die Haftung greift nur gegenüber kapitalanlegenden Gesellschaftern, nicht gegenüber Gesellschaftsgläubigern (BGH NJW 81, 2810). Die geschilderten Haftungsgrundsätze können auch bei Bauherren- und ähnlichen Anlagemodellen in Frage kommen (hierzu BGH 111, 314; 115, 213; 126, 166 mit Ausführungen zur Verjährung der Ansprüche gegen „Hintermänner": nicht BRAO 51 b, WPO 5 a, StBerG 68, 72, sondern §§ 195, 199 nF (3 Jahre relativ, 10 Jahre absolut); Überleitung der alten 30jährigen Verjährung (§ 195 aF) nach EG 229 § 6; sa WpHG 37 a.

13 **6. Rechtsverhältnis zwischen Geschäftsführer und Gesamthand. a)** Auszugehen ist von der **grundsätzlichen Geltung des Gesellschaftsrechts,** so daß Auftragsrecht nur subsidiär gilt (§ 713). Der geschäftsführende Gesellschafter erfüllt gesellschaftsvertragliche Pflichten und haftet der Gesamtheit der Gesellschafter (vgl Rn 11) aus §§ 705, 242, 708, 277 (vgl aber § 708 Rn 1 u 3). Zu Unrecht verneint der BGH den Anspruch auf Unterlassung von Maßnahmen, welche die Geschäftsführungsbefugnis überschreiten (BGH 76, 168; hierzu Scheider JR 80, 466; s aber BGH NJW 99, 572: Feststellungsklage). Sofern der Arbeitseinsatz für die Gesellschaft durch Ausübung eines Abgeordnetenmandats gemindert wird, besteht keine Schadensersatzpflicht des Gesellschafters, der sich zur ausschließlichen Widmung seiner Arbeitskraft für die Gesellschaft verpflichtet hatte (BGH 43, 384). Das gesellschaftsvertragliche Geschäftsführungsverhältnis ist kein Auftrags- und Dienstverhältnis (vgl aber Rn 16) und von „Drittverhältnissen" (§ 706 Rn 10) mit geschäftsbesorgerischem Inhalt zu unterscheiden (vgl auch Rn 10); zur Übertragung der Geschäftsführung auf Dritte vgl Rn 4 und §§ 713,

14 664. **b) Subsidiäre Geltung des Auftragsrechts** (§ 713): **aa)** Die **Informationspflichten** gem §§ 713, 666 (Huber ZGR 82, 541; Wagner NZG 98, 657) sind vom Kontrollrecht der Gesellschafter (§ 716) und vom Rechnungslegungsanspruch vor Gewinnverteilung, Auseinandersetzung und Abfindung zu unter-

Titel 16. Gesellschaft **§ 713**

scheiden (§§ 721, 730, 738). Gläubiger ist die Gesellschaft bzw die Gesamtheit der Gesellschafter, Schuldner der Geschäftsführer; zur Geltendmachung dieses gesellschaftsvertraglichen Anspruchs vgl Rn 11. Der Anspruchsinhalt folgt aus § 259. Die vollständige Entbindung von der Rechnungslegungspflicht für die gesamte Dauer des Gesellschaftsverhältnisses kann gegen § 138 verstoßen (BGH WM 65, 710). **bb)** Gläubiger des **Herausgabeanspruchs** (§ 667) ist die Gesellschaft bzw die Gesamthand; vgl Rn 11. Regelmäßig wird der Geschäftsführer aber als Vertreter der Gesellschafter handeln, so daß Direkterwerb der Gesamthand vorliegt; für Erfindungen des Geschäftsführers vgl § 706 Rn 8. **cc) Aufwendungsersatz** erfaßt entspr HGB 110 I auch Verluste, die unmittelbar durch die Geschäftsführung und die mit ihr untrennbar verbundenen Gefahren entstehen (SoeHadding § 713, 11; offen BGH NJW 60, 1569); aber kein Aufwendungsersatz für Schäden, die aus Verquickung mit eigenen Geschäften entstehen (BGH NJW 60, 1568). Gläubiger ist der Geschäftsführer, Schuldner die Gesamtheit der Gesellschafter mit dem Gesamthandsvermögen (vgl § 707 Rn 1). **c) Entgeltlichkeit** der Geschäftsführung bedarf bes – ausdr oder stillschweigender – Vereinbarung (BGH 17, 301; Koblenz WM 86, 590). Das vertragliche Entgelt ist – anders als die Gewinnbeteiligung – nur zu zahlen, wenn der Geschäftsführer seine Tätigkeit tatsächlich ausübt (BGH 10, 53). Die Vorschriften der §§ 611 ff finden *entspr* Anwendung, es handelt sich um ein dienstvertraglich geprägtes gesellschaftliches Rechtsverhältnis, nicht aber um ein Drittverhältnis (unklar BGH NJW 63, 1052). Sofern gem § 616 die Vergütung bei unfallbedingter Krankheit fortbezahlt wird, kann sich der Schädiger im Verhältnis zum geschäftsführenden Gesellschafter hierauf nicht berufen (BGH NJW 63, 1051); anders bei fortbestehender Gewinnbeteiligung (BGH WM 64, 1272; aM zu Recht Kollhosser ZHR 129, 143). Zur Pflicht, der Erhöhung einer gesellschaftsvertraglichen Vergütung zuzustimmen, vgl BGH 44, 41 und Rn 9; zur Dienstleistung als Einlage § 706 Rn 8.

7. Entziehung und Kündigung, § 712. **a)** Die Vorschrift betrifft insgesamt nur die **vertraglich vereinbarte Befugnis,** nicht also § 709 I (sehr str). Für die Entziehung gem I folgt diese Beschränkung aus dem Vergleich mit dem bewußt weiter formulierten HGB 117, der auch die ges Befugnis erfaßt. Für die Kündigung gem II differenziert die hM ebenfalls zwischen BGB-Gesellschaft und OHG, bei der auch die ges Geschäftsführung kündbar sein soll. **b)** Der **Entziehungsgrund** muß für die Zukunft den anderen Gesellschaftern die Fortsetzung der Geschäftsführung bei Abwägung aller Interessen *unzumutbar* erscheinen lassen (BGH WM 67, 417), wobei strenge Anforderungen zu stellen sind. **c) Verfahren:** Einstimmiger oder mehrheitlicher Beschluß unter Ausschluß des betroffenen Gesellschafters, keine Klage; anders bei der OHG gem HGB 117. Bei der Zweimanngesellschaft genügt Beschluß des andern Teils (RG 162, 83; str). Zustimmungspflicht nach den Grundsätzen des Grundlagengeschäfts, vgl Rn 7 ff (auch zu Besonderheiten bei Publikumsgesellschaften). **d)** Die **Wirkung** besteht in der Wiederherstellung der ges Regelung des § 709 I für alle Geschäftsführer (vgl BGH 33, 108; str); der gerechtfertigte Beschluß hat sofortige Wirkung, eine spätere gerichtliche Entscheidung nicht gestaltende, nur feststellende Bedeutung (BGH NJW 83, 939). Bloße *Beschränkungen* sind durch Entziehung nicht erreichbar, nur durch Vertragsänderung. **e) Vertraglicher Ausschluß** der Gestaltungsrechte ist nach hM zulässig mit der Folge, daß nur §§ 723, 736, 737 zum Zuge kommen (sehr str). **f) Kündigung aus wichtigem Grund** ist Amtsniederlegung und führt unmittelbar zum Verlust der Geschäftsführungs- bzw Vertretungsbefugnis (zT krit K. Schmidt DB 88, 2241).

8. Grundregeln für Gesellschafterbeschlüsse. a) Rechtsnatur des Beschlusses. Er ist ein „Sozialakt körperschaftlicher Willensbildung", also weder ein Vertrag noch sonst ein RGeschäft unter Gesellschaftern (BGH 52, 318 für die GmbH; str). Diese Charakterisierung gilt für einstimmige Beschlüsse (sehr str) und Mehrheitsbeschlüsse; Mehrheit bedeutet im Zweifel (vgl § 709 II) Mehrzahl aller – nicht nur der abstimmenden – Gesellschafter. **b) Anwendungsbereich:** Vgl

Stürner 901

§§ 709, 710 S 2, 712, 715, 737. Der Gesellschaftsvertrag kann in eindeutiger Form weitere Fälle der Beschlußfassung vorsehen, vgl Rn 4 u 8. **c) Unwirksamkeit des Beschlusses:** s Rn 8; ferner versäumte Ladung eines Gesellschafters (BGH NJW 62, 538 für GmbH; anders bei Publikumsgesellschaft, BGH WM 83, 1407; NJW 87, 1263 u 3121, auch zur Darlegungs- und Beweislast), aber § 32 I 2 bei Einstimmigkeitsprinzip unanwendbar (BGH ZIP 94, 1523); verfehlte Schriftform (BGH 66, 86 f). Unwirksamkeit kann incidenter oder durch Feststellungsklage geltend gemacht werden (BGH WM 66, 1036; BGH BB 92, 595). **d)** Die **Stimmabgabe** ist eine empfangsbedürftige Willenserklärung, auf welche die Vorschriften über Anfechtung und Nichtigkeit Anwendung finden (BGH 14, 267); Widerrufbarkeit besteht bis zum Zugang bei allen Gesellschaftern bzw beim Sitzungsleiter (teilw aA Köln NZG 98, 767: Bindung von zustimmender Abgabe), bei Geschäftsführungsmaßnahmen jedoch bis zu ihrer Ausführung (sehr str); anders bei zuvor – auch schlüssig – erklärtem Bindungswillen (BGH NJW-RR 90, 800). Eine Stimmrechtsabtretung ist unwirksam (vgl § 717 Rn 2), die – *widerrufliche* – Bevollmächtigung zur Stimmrechtsabgabe können Gesellschaftsvertrag oder Gesellschafterbeschluß zulassen (BGH 3, 357 f; 20, 364; NJW 70, 468), nicht aber kann obligatorische Vertretung einer Gesellschaftergruppe Vertragsinhalt sein (K. Schmidt ZHR 82, 527; offen BGH 46, 297; anders bei Kommanditisten!). Ein Gesellschafter kann das Stimmrecht zugleich für sich selbst und als Vertreter eines anderen Gesellschafters ausüben, weil § 181 auf den Sozialakt der Beschlußfassung nicht anzuwenden ist (BGH 52, 318; 65, 95 ff; Röll NJW 79, 630); anders bei vertragsändernden Beschlüssen (BGH NJW 61, 724; BGH 65, 96; NJW 91, 692). Bei Interessenkollisionen ist iü Analogie zu § 34 (vgl §§ 743–748 Rn 11), AktG 136 I, GmbHG 47 IV (Siegmund BB 81, 1674), GenG 43 VI denkbar (vgl BGH 34, 371), uU auch Anwendung des § 181 (BGH NJW 91, 691 für Bestellung zum Geschäftsführer). Jedenfalls besteht kein Stimmrecht des betroffenen Gesellschafters, wenn wichtige Maßnahmen *gegen* ihn Beschlußgegenstand sind (BGH 102, 176; NJW 69, 1484; 87, 1889 u 1891: Abberufung als Geschäftsführer aus wichtigem Grund; BGH 97, 28: Geltendmachung von Ersatzansprüchen – alle für GmbH; hierzu K. Schmidt NJW 86, 2018). Eine – klagbare – Pflicht zur Zustimmung besteht nur ausnahmsweise (vgl Rn 2 u 9; zur Arglisteinrede bei pflichtwidriger Verweigerung vgl BGH 14, 37f). Die vertragliche Stimmrechtsbindung *unter Gesellschaftern* ist wirksam, es besteht klagbarer Erfüllungsanspruch, der gem ZPO 894 zu vollstrecken ist (BGH 48, 163 ff für GmbH); aber keine einstweilige Verfügung (Frankfurt BB 82, 274 – großzügiger Stuttgart NJW 87, 2449; Gerkan ZGR 85, 167 – differenzierend Baur/Stürner I, Rn 53.21); bei *außenstehenden Dritten* ist die Vereinbarkeit mit der gesellschaftlichen Treuepflicht zu prüfen (vgl iü § 717 Rn 2). Der Ausschluß oder Entzug des Stimmrechts eines Gesellschafters ist grundsätzlich möglich, gilt aber nicht für Beschlüsse, die unmittelbar in die Gesellschafterstellung des Ausgeschlossenen eingreifen (BGH 20, 363; NJW 87, 3125); auch die Stimmrechtseinräumung an Dritte ist zulässig (BGH NJW 60, 964).

§ 714 Vertretungsmacht

Soweit einem Gesellschafter nach dem Gesellschaftsvertrag die Befugnis zur Geschäftsführung zusteht, ist er im Zweifel auch ermächtigt, die anderen Gesellschafter Dritten gegenüber zu vertreten.

§ 715 Entziehung der Vertretungsmacht

Ist im Gesellschaftsvertrag ein Gesellschafter ermächtigt, die anderen Gesellschafter Dritten gegenüber zu vertreten, so kann die Vertretungsmacht nur nach Maßgabe des § 712 Abs. 1 und, wenn sie in Verbindung mit der Befugnis zur Geschäftsführung erteilt worden ist, nur mit dieser entzogen werden.

Titel 16. Gesellschaft **§ 715**

Anmerkungen zu den §§ 714, 715

Lit: Altmeppen, Haftung der Gesellschafter einer Personengesellschaft für Delikte, NJW 96, 1017; Beuthien, Die Haftung von Personengesellschaftern, DB 75, 725, 773; Brehm und Winter, Die Haftung des Vermögens einer Gesellschaft bürgerlichen Rechts für private Schulden der Gesellschafter, KTS 83, 21, 349; Flume, Schuld und Haftung bei der Gesellschaft bürgerlichen Rechts, FS H. Westermann, 1974, 119; Gummert, Haftung und Haftungsbeschränkung bei der BGB-Außengesellschaft, 1991; Hadding, Haftungsbeschränkung in der unternehmerisch tätigen Gesellschaft bürgerlichen Rechts, FS F. Rittner, 1991, 133; Kornblum, Die Haftung der Gesellschafter für Verbindlichkeiten von Personengesellschaften, 1972; Lindacher, Grundfälle zur Haftung bei Personengesellschaften, JuS 81, 431, 578, 818; JuS 82, 36, 349, 504, 592; Nicknig, Die Haftung der Mitglieder einer BGB-Gesellschaft für Gesellschaftsschulden, 1972; K. Schmidt, Zum Haftungsstatus unternehmenstragender BGB-Gesellschaften, FS Fleck, 1988, 271; Timm, Die Rechtsfähigkeit der Gesellschaft bürgerlichen Rechts und ihre Haftungsverfassung, NJW 95, 3209; P. Ulmer, Vertretung und Haftung bei der Gesellschaft bürgerlichen Rechts, FS R. Fischer, 1979, 785; ders, Unbeschränkte Gesellschafterhaftung in der Gesellschaft bürgerlichen Rechts, ZGR 2000, 339; G. Walter, Der Gesellschafter als Gläubiger seiner Gesellschaft, JuS 82, 81; sa Lit § 705.

1. Im **Außenverhältnis** zwischen der Gesamthand und Dritten ist – ebenso wie bei sog Drittverhältnissen mit Gesellschaftern (vgl § 706 Rn 10) – *nach traditioneller Auffassung* davon auszugehen, daß die Gesellschaft – anders als etwa die OHG (HGB 124 I) – nicht (teil)rechtsfähig ist und folglich immer nur Rechte und Pflichten der gesamthänderisch verbundenen Gesellschafter entstehen können. Die Begriffe Gesamthands- und Individualschuld sollen nur zur Unterscheidung der Haftung von Gesamthands- und Privatvermögen dienen (Vor § 420 Rn 3; BGH NJW-RR 90, 567) und entgegen der neuerdings hM in Rspr und Lit (s § 705 Rn 1) nicht als Ausdruck einer Teilrechtsfähigkeit der BGB-Gesellschaft verstanden werden (Larenz, SchR II, § 60 IV c; Zöllner, FS Kraft, 1998, 701). Abzulehnen ist gegen BGH 146, 358 nach wie vor (s § 705 Rn 1) die teilw Gleichbehandlung von OHG und BGB-Gesellschaft und damit die akzessorische Gesellschafterhaftung entspr HGB 128 ff (so noch BGH 117, 176; 74, 242; sa § 705 Rn 1 mN). Demgegenüber gehen mit einer *neueren Lehre* der BGH (BGH 146, 358; NJW 01, 2718, 2720) und einflußreiche Teile der Literatur (zuletzt K. Schmidt NJW 01, 993; Ulmer ZIP 01, 583; Westermann NZG 01, 289; Wiedemann JZ 01, 661) zumindest für die unternehmerisch tätige Außengesellschaft von der Teilrechtsfähigkeit aus; die Gesellschaft ist danach Gläubigerin und Schuldnerin; die Gesellschafter haften analog HGB 128 ff als Gesamtschuldner akzessorisch; zwischen Gesellschaft und Gesellschaftern besteht keine Gesamtschuld; §§ 420 ff gelten wie bei der OHG nur entsprechend (§ 421 Rn 3; §§ 422–424 Rn 5; § 425 Rn 6, 10).

2. Rechte und Pflichten aus **rechtsgeschäftlichem Handeln. a)** Das **Selbsthandeln der Gesamthand,** also aller Gesellschafter, ist der ges Regelfall (s § 709 I); hier findet überhaupt keine Stellvertretung statt. Die Gesellschafter erwerben – gesamthänderisch gebundene – Rechte und werden nach traditioneller Lehre als Gesamthänder und persönlich verpflichtet; nach neuerer Auffassung ist die unternehmerisch tätige (Außen)Gesellschaft selbst berechtigt und verpflichtet, für die Gesellschafterhaftung gelten HGB 128 ff analog. Die Gesellschafter verfügen gemeinschaftlich über Gegenstände und sie bzw die Gesellschaft verlieren dadurch Eigentum bzw Rechtsinhaberschaft. Verfügungen zugunsten eines Gesellschafters unterliegen AnfG 2–4 nF (bisher AnfG 2, 3 aF) und führen zur Gesamtrückabwicklung nach AnfG 11, 1 nF (bislang AnfG 7, 1 aF), auch wenn nur die Rechtshandlung *eines* Gesellschafters anfechtbar war (BGH 116, 222 zum alten Recht; hierzu Gerhardt JZ 92, 724). **b)** **Stellvertretung** findet gem § 714 statt, wenn der Gesellschaftsvertrag die Geschäftsführungsbefugnis einzelnen Gesellschaftern oder der Mehrheit zugesteht (vgl §§ 709–713 Rn 2 ff). Dabei decken sich iZw Umfang der Geschäftsführungsbefugnis und der Vertretungsmacht (BGH 38, 34; gleich bei Drittgeschäftsführung, BGH WM 83, 929, s §§ 709–713 Rn 4). Ungeachtet der neuen BGH-Rspr zur (Teil-)Rechtsfähigkeit der BGB-Gesellschaft (BGH 146,

1

2

3

4

Stürner

§ 715

341, s § 705 Rn 1) gilt gegenüber einem alleinvertretungsberechtigten Gesellschafter weiterhin das Zurückweisungsrecht aus § 174 S 1, wenn die Vollmacht nicht nachgewiesen wird (BGH ZIP 02, 175 f unter Berufung auf die mangelnde Publizität der BGB-Gesellschaft). Einschränkungen der Vertretungsmacht im Gesellschaftsvertrag können Außenwirkung entfalten (BGH NJW-RR 96, 673). Bei Anwaltssozietäten ist idR jeder Anwalt geschäftsführungs- und damit vertretungsbefugt, so daß er jeweils alle Mitglieder der Sozietät berechtigt und verpflichtet (BGH 56, 357; 83, 330; 124, 47; NJW 00, 1334; 1561; zur „Scheinsozietät" BGH 70, 249; NJW-RR 88, 1300; NJW 91, 1225; 94, 257; 99, 3040; 00, 1334; vgl Rn 7, § 431 Rn 1 und §§ 428–430 Rn 3); gleiches gilt für die echte ärztliche Gemeinschaftspraxis (BGH 97, 277 ff) sowie die Steuerberater-Sozietät (BGH WM 90, 191). Die Wirkung des Widerspruchs (§ 711) bei Einzelvertretungsbefugnis mehrerer Gesellschafter im Außenverhältnis ist bei Unterrichtung des Geschäftspartners zu bejahen (str, vgl §§ 709–713 Rn 3). Einzelmandat bedarf besonderer ausdrücklicher oder stillschweigender Vereinbarung (BGH NJW 00, 1333; 1560). Bei Gesamtvertretung durch zwei Gesellschafter führt der Wegfall eines vertretungsberechtigten Gesellschafters iZw nicht zur Alleinvertretung des verbleibenden Vertreters, vielmehr gilt die ges Regelung gem §§ 709, 714 (vgl BGH 41, 368). Einer von zwei gesamtvertretungsberechtigten Geschäftsführern, der mit der Gesellschaft einen Vertrag abschließen will, kann den anderen Geschäftsführer wirksam zur Alleinvertretung der Gesellschafter ermächtigen (BGH 64, 72 ff für OHG; BAG NJW 81, 2374 für GmbH); statthaft kann auch eine eng gezogene Ermächti-

5 gung zu bestimmten Drittgeschäften sein (BGH NJW-RR 86, 778). Der Gesellschaftsvertrag kann die Vertretungsbefugnis abweichend von der Geschäftsführungsbefugnis regeln. Insbes ist eine Beschränkung der Vertretungsbefugnis in der Weise möglich, daß Verpflichtungen der übrigen Gesamthänder nur mit auf das Gesamthandsvermögen *beschränkter Haftung* erfolgen dürfen (BGH NJW 79, 2306; 92, 1503; anders bei Einlageverpflichtung für GmbH und AG, BGH 78, 311; NJW 92, 2226); diese Beschränkung gilt nicht für Steuerschulden (BFH NJW 90, 3294; BVerwG NJW 94, 603). Nach bislang hM musste die Beschränkung Dritten bei Prüfung erkennbar sein (BGH NJW 79, 2306; 85, 619; 87, 3125; 92, 1503; NJW-RR 90, 867; 94, 99; sa Loritz WM 80, 294), bei fester Geschäftsverbindung bedurfte es eines ausdrücklichen Hinweises (BGH NJW 87, 3125 f mwN, dazu Rehbein JR 88, 153 f). Abweichend hiervon lehnt der BGH nunmehr (NJW 99, 3484) die Möglichkeit einer Haftungsbeschränkung durch einseitige Handlung der Gesellschaft (zB durch Bezeichnung als „GbR mbH") generell ab; erforderlich sei eine individualvertragliche Vereinbarung – sehr zweifelhaft! Tritt eine GbR als KG auf und ist sie auch als solche eingetragen, so können die „Kommanditisten" ihre Haftungsbeschränkung auf die aus dem Handelsregister ersichtliche Einlage geltend machen (BGH JZ 91, 1035 mAnm Hadding; zum alten Recht, nunmehr HGB 105 II nF). Denkbar ist auch die *quotale Beschränkung* der Haftung mit dem Privatvermögen (BGH 134, 226 mN; K. Schmidt NJW 97, 2201; sa § 366 Rn 1). Bei Überschreiten der Vertretungsmacht gelten §§ 177 ff, für Insichgeschäfte gilt § 181

6 (vgl aber §§ 709–713 Rn 22). Für Grundlagengeschäfte besteht ohne entspr Ermächtigung keine Vertretungsbefugnis der geschäftsführenden Gesellschafter (vgl §§ 709–713 Rn 7), wohl aber für Drittverhältnisse zu einzelnen Gesellschaftern (vgl § 706 Rn 10). Die *Wirkung* der Stellvertretung liegt nach traditioneller Auffassung in der Berechtigung und Verpflichtung aller Gesellschafter mit den Besonderheiten gesamthänderischer Organisation (vgl Rn 8 u 9 ff), nach neuer Lehre in Berechtigung und Verpflichtung der Gesellschaft selbst (§ 705 Rn 1, §§ 714, 715 Rn 2). Ausnahmsweise haften Vertreter der Gesellschafter aus vorvertraglichem Schuldverhältnis (§§ 311 II, 241 II, 280 I nF) selbst, wenn ein Geschäft sich auf ihren persönlichen Kredit gründet (§§ 709–713 Rn 12). Die *Sonderregelung* für OHG und KG schafft die von der Geschäftsführungsbefugnis unabhängige Vertretungsmacht der Vollgesellschafter (HGB 125, 126, 170); zur Wirkung vgl Rn 1 f.

Titel 16. Gesellschaft § 715

3. Schadensersatzpflichten aus rechtswidrigem Verhalten. a) Sofern 7
entspr der traditionellen Lehre **alle Gesellschafter Vertragspartei** sind (vgl
Rn 3 ff), haften sie alle für das Verschulden ihres Mitgesellschafters gem § 278. Bei
der Anwaltssozietät bzw ärztlichen Gemeinschaftspraxis begründete der BGH diese
Haftung mit dem Garantiecharakter des mit der Sozietät geschlossenen Vertrags
(BGH 56, 361; 97, 279 f; NJW-RR 88, 1299; 96, 314); ausdrücklich nunmehr
PartGG 8, BRAO 51 a II mit Beschränkungsmöglichkeit; sa § 425 Rn 5. Auch
wenn man mit der neueren Lehre die Gesellschaft selbst als Vertragspartei betrachtet, haftet sie für ihre Gesellschafter nach § 278. b) Die **deliktische Haftung** trifft
nach traditioneller Auffassung zunächst den handelnden Gesellschafter, die Mitgesellschafter nur gem § 831, der allerdings wegen des erforderlichen Abhängigkeitsverhältnisses selten vorliegen dürfte. Eine Haftung gem § 31 lehnte die Rspr
ab (BGH 45, 311; vgl aber Beuthien DB 75, 725, 773; Altmeppen NJW 96, 1026);
anders dagegen bei der stärker körperschaftlich strukturierten OHG (BGH NJW
52, 537). Die neuere Lehre von der Rechtsfähigkeit führt wie bei der OHG zur
Haftung der Gesellschaft selbst nach § 31 und zur Haftung der Gesellschafter entspr
HGB 128.

4. Zur **Geltendmachung gesamthänderisch gebundener Rechte** vgl aus- 8
führlich §§ 709–713 Rn 10 ff.

5. Gesamthand und Haftung für Verbindlichkeiten. Vgl zur dogmatischen 9
Einordnung gesamthänderischer Verpflichtung Vor § 420 Rn 3 u 4 und Rn 1 f; ie
gilt folgendes: **a) Dritte als Gläubiger. aa)** Sofern man mit der *traditionellen
Auffassung* die Gesellschafter als Schuldner der Verbindlichkeit betrachtet (vgl
Rn 3 ff u 7), haften sie als **Gesamtschuldner** (BGH 56, 361; 72, 271). Dies folgt
für vertragliche Schulden aus §§ 427, 431 (BGH NJW 92, 2226), für Ersatzpflichten aus unerlaubter Handlung aus § 840 I. Der eintretende Gesellschafter kann
Altschulden übernehmen (BGH NJW 92, 1503; sa §§ 738–740 Rn 4). Auch bei
Rückabwicklung eines Vertrages nach Bereicherungsrecht haften die Gesellschafter
als Gesamtschuldner analog § 427 (BGH 61, 342; NJW 83, 1905; 85, 1828; Frankfurt NJW 86, 3144; zT krit H. P. Westermann ZGR 77, 552; Reuter JZ 86, 74;
Crezelius JuS 86, 685; Kowalski NJW 91, 3183), ebenso für Lohn-, Gewerbe- und
Umsatzsteuerschulden (BFH NJW 86, 2970; 90, 3294; BVerwG NJW 94, 602)
und damit zusammenhängende Nebenleistungen (BFH NJW 90, 2086). Da die
„Haftung der Gesellschaft" nach dieser traditionellen Auffassung nichts anderes ist
als die Haftung der Gesellschafter mit ihrem Gesellschaftsvermögen (§§ 714, 715
Rn 1), stehen jedem Gesellschafter immer alle Einwendungen und Einreden zu,
die durch Gesamthandeln (§§ 714, 715 Rn 3 f) begründet sind (im Ergebnis gleich
BGH NJW 98, 2905). *Ausnahmsweise* kann nach traditioneller Auffassung eine
gemeinschaftliche Schuld aller Gesellschafter vorliegen, wenn nämlich die Leistung nicht von einem Gesellschafter, sondern nur von allen Gesellschaftern zusammen erbracht werden kann (zB Auflassung eines Gesellschaftsgrundstücks, str).
Entgegen § 425 II haftet in solchen Fällen jeder Gesellschafter mit dem Gesamthandsvermögen auch für Nichterfüllungsansprüche (Larenz, SchR I, § 36 II c).
Die *neuere Lehre* kommt hingegen in allen Fällen zumindest der unternehmerisch
tätigen Außengesellschaft zur Haftung der Gesellschaft selbst und zur akzessorischen Haftung der Gesellschafter analog HGB 128 f (s § 705 Rn 1; §§ 714, 715
Rn 2): Die Abgrenzung zwischen rechtsfähiger und nicht rechtsfähiger Gesellschaft
bleibt unklar! **bb) Verfahrensrecht.** Die verklagten Gesellschafter waren und sind 10
nach zutreffender traditioneller Auffassung **einfache Streitgenossen** (aA offenbar
BGH 146, 348: notwendige Streitgenossen). Gegenseitige Informationspflichten
verwehren dem einzelnen ein Bestreiten mit Nichtwissen bzgl der Geschäftstätigkeit der Gesellschaft (Celle NJW-RR 97, 290). Bei Massengesellschaften konnte
der Kläger die Liste der Beklagten nach Angaben der Gesellschaft später noch
ergänzen (BGH NJW-RR 90, 867). Der Titel gegen alle Gesellschafter (bzw
Gesamtheit von Einzeltiteln) berechtigt zur Vollstreckung in das Gesamthands-

vermögen (ZPO 736) und das übrige persönliche Vermögen der Gesellschafter (Baur/Stürner I Rn 20.26 ff). Der Einzeltitel berechtigt nur zur Vollstreckung in das persönliche Vermögen des Gesellschafters (vgl § 719 I), zu dem aber der Gesellschaftsanteil gehört (ZPO 859 I; vgl §§ 723–728 Rn 11). *Ausnahmsweise* kann nach traditioneller Auffassung bei gemeinschaftlicher Schuld **notwendige Streitgenossenschaft** bestehen (RoSchwab/Gottwald § 49 III 1 b, str; aA BGH 146, 348: *stets* notwendige Streitgenossenschaft). Die Pfändung eines Anspruchs gegen die Gesamthand erfordert Zustellung des Pfändungsbeschlusses an alle Gesamthänder oder alternativ an den geschäftsführenden Gesellschafter (BGH NJW 98, 2904). Die *neuere Lehre* sieht in Fällen der unternehmerisch tätigen Außengesellschaft die Gesellschaft selbst als Partei, ein Titel gegen die Gesellschaft berechtigt zur Vollstreckung in das Gesellschaftsvermögen (ZPO 736; BGH 146, 341, 348, 353). Die mitverklagten Gesellschafter sind Gesamtschuldner und unter sich einfache Streitgenossen (ZPO 59), ein Titel gegen sie erlaubt Vollstreckung in das jeweilige Privatvermögen (BGH 146, 341, 357; HGB 129 IV). Zwischen Gesellschaft und Gesellschafter gelten §§ 420 ff nur analog (§§ 421 Rn 3; §§ 422–424 Rn 5; § 425 Rn 6, 10; §§ 714, 715 Rn 2). Urteil zugunsten der Gesellschaft wirkt für Gesellschafter; Urteil gegen Gesellschaft schneidet dem Gesellschafter Einwendungen insoweit ab (HGB 129 analog). Ob eine Gesamtheit von Einzeltiteln gegen die Gesellschafter zur Vollstreckung in das Gesellschafsvermögen ausreicht, ist unter der neuen Lehre unklar (hierzu Grensmann-Nuissl WM 01, 973, 976; Habersack BB 01, 477, 481) – mE zu bejahen. **cc)** Zum **Ausgleichsanspruch** des Gesellschafters, der einen Gläubiger befriedigt hat, vgl § 707 Rn 2. **dd) Haftungsbeschränkung** auf das Gesamthandsvermögen kann durch individuelle vertragliche Vereinbarung erreicht werden (zuletzt BGH NJW 99, 3484, ausf Rn 5). Sofern die Gesellschafter die Rechtsscheinhaftung von KG-Gesellschaftern trifft, weil sie dem Auftreten als KG zugestimmt haben (§ 705 Rn 7; sa BGH JZ 91, 1035 und

11 Rn 4 f), haften „Scheinkommanditisten" nur bis zur Höhe ihrer Einlage. **b) Gesellschafter als Gläubiger. aa)** Als **Gläubiger eines Drittverhältnisses** (vgl § 706 Rn 10, § 707 Rn 1, § 708 Rn 1 u 2, §§ 714, 715 Rn 4 ff) hat der Gesellschafter grundsätzlich die Stellung eines normalen Gläubigers (vgl Rn 9). Zur Vollstreckung in das Gesellschaftsvermögen genügt nach traditioneller Ansicht der Titel gegen die übrigen Gesellschafter (vgl ZPO 736), nach neuerer Lehre entsteht ein Titel gegen die Gesellschaft selbst. Mit ihrem Privatvermögen haften die Gesellschafter als Gesamtschuldner (§ 427 bzw HGB 128 I analog) unter Abzug des Verlustanteils des Gläubigers (BGH NJW 83, 749 mAnm G. Walter JZ 83, 260); str, ob der – nicht ausgeschiedene – Gesellschaftergläubiger zuerst Befriedigung aus dem Gesamthandsvermögen suchen muß (*Subsidiarität;* wohl hM, s Walter JuS 82, 85) oder ob primäre Haftung gilt (offen BGH NJW 83, 749; sa § 707 Rn 2

12 mN). **bb)** Als **Gläubiger aus dem Gesellschaftsverhältnis** hat der Gesellschafter Ansprüche auf Aufwendungsersatz (§§ 713, 670) oder rückständigen Gewinnanteil (§ 721 II) gegen die Gesellschaft bzw die übrigen Gesellschafter nur als Träger des Gesamthandsvermögens ohne deren weitere persönliche Haftung (vgl § 707 Rn 1); ein Titel gegen die Gesellschaft bzw alle übrigen Mitgesellschafter (ZPO 736) ist erforderlich. Ansprüche im Rahmen der Auseinandersetzung folgen eigenen Regeln, §§ 731 ff. **c) Sonderregelung** für OHG: HGB 124, 128. **d) Haftung bei Gesellschafterwechsel:** vgl §§ 738–740 Rn 2 ff.

13 **6.** Zur Entziehung gesellschaftsvertraglicher Vertretungsmacht (§ 715) vgl die entspr Ausführungen bei §§ 709–713 Rn 17 f; Sonderregelung in HGB 127.

§ 716 Kontrollrecht der Gesellschafter

(1) **Ein Gesellschafter kann, auch wenn er von der Geschäftsführung ausgeschlossen ist, sich von den Angelegenheiten der Gesellschaft persönlich unterrichten, die Geschäftsbücher und die Papiere der Gesellschaft**

Titel 16. Gesellschaft **§ 717**

einsehen und sich aus ihnen eine Übersicht über den Stand des Gesellschaftsvermögens anfertigen.

(2) Eine dieses Recht ausschließende oder beschränkende Vereinbarung steht der Geltendmachung des Rechts nicht entgegen, wenn Grund zu der Annahme unredlicher Geschäftsführung besteht.

1. **a)** Der **Inhalt** des Kontrollrechts umfaßt grundsätzlich keine Auskunft. Ein Auskunftsanspruch eines Gesellschafters gegenüber Mitgesellschaftern ist nur ausnahmsweise zu bejahen, wenn §§ 716, 713, 666 keine ausreichende Information gewährleisten (BGH 14, 59 für GmbH alten Rechts; BGH BB 72, 1245; WM 83, 910); Konstruktion gem § 242 oder analog GmbHG 51 a. Zur *Abgrenzung* vom Auskunftsanspruch gegen den Geschäftsführer vgl §§ 709–713 Rn 14. **b) Gläubiger** des Kontrollanspruchs ist der Gesellschafter, **Schuldner** sind die übrigen Gesellschafter, soweit sie die Unterrichtung tatsächlich verhindern oder ermöglichen können (BGH WM 62, 883). **c)** Das **Kontrollrecht als Verwaltungsrecht** ist grundsätzlich höchstpersönlich auszuüben. Die Beauftragung eines Dritten ist nur ausnahmsweise (lange Krankheit oder Abwesenheit) zulässig (BGH 25, 122 ff); die Wahrnehmung durch ges Vertreter Minderjähriger oder Betreuer (§§ 1896, 1902; s BGH 44, 98 ff) ist stets möglich. Die Höchstpersönlichkeit steht der Zuziehung eines geeigneten Sachverständigen nicht entgegen (BGH 25, 123), dessen ausnahmsweise Entbehrlichkeit die übrigen Gesellschafter zu beweisen haben (BGH WM 62, 883); uU Einschaltung eines neutralen Dritten zum Geheimnisschutz (BGH WM 82, 1403; zum Ganzen Saenger NJW 92, 348). **d)** Der **ausgeschiedene Gesellschafter** kann zur Kontrolle seines Abfindungsanspruchs Bucheinsicht gem §§ 810f verlangen, das Kontrollrecht gem § 716 erlischt mit dem Ausscheiden (hM). **e) Sonderregelungen:** HGB 118, 166 (hierzu Huber ZGR 82, 539), 233.

§ 717 Nichtübertragbarkeit der Gesellschafterrechte

¹**Die Ansprüche, die den Gesellschaftern aus dem Gesellschaftsverhältnis gegeneinander zustehen, sind nicht übertragbar.** ²**Ausgenommen sind die einem Gesellschafter aus seiner Geschäftsführung zustehenden Ansprüche, soweit deren Befriedigung vor der Auseinandersetzung verlangt werden kann, sowie die Ansprüche auf einen Gewinnanteil oder auf dasjenige, was dem Gesellschafter bei der Auseinandersetzung zukommt.**

1. **Anwendungsbereich.** Die Vorschrift betrifft nur *Einzelrechte*, die der Gesellschafterstellung entfließen (zB Mitwirkung bei Geschäftsführung, Recht auf Entziehung der Geschäftsführungsbefugnis, Widerspruchsrecht gem § 711, Informations- und Kontrollrecht). Sie behandelt *nicht* die Übertragung der Mitgliedschaft insgesamt (vgl dazu §§ 718–720 Rn 7 f), ebensowenig die Verfügung über den Anteil am Gesamthandsvermögen bzw an einzelnen Gesamthandsgegenständen (§ 719 I). Wie die grundsätzliche Unübertragbarkeit der Mitgliedschaft bzw des Vermögensanteils ist die Unübertragbarkeit von Einzelrechten Konsequenz des persönlichen Vertrauensverhältnisses unter den Gesellschaftern.

2. Die **Unzulässigkeit** der Übertragung einzelner Rechte ist **zwingenden Rechts** (str). Der Gesellschaftsvertrag kann also *nicht* vorsehen: die volle Übertragung der Geschäftsführung (vgl §§ 709–713 Rn 4), die Stimmrechtsübertragung (vgl §§ 709–713 Rn 21 ff), die Übertragung aller gesellschaftlichen Rechte an einen nicht weisungsgebundenen und nicht abberufbaren Treuhänder (BGH 44, 158).

3. **Ausnahmsweise abtretbare vermögensrechtliche Ansprüche: a)** Aufwendungsersatz aus Geschäftsführung (§§ 713, 670), nicht aber Vorschußansprüche (§§ 713, 669). **b)** Ansprüche auf Gewinnanteil (§§ 721, 722; BGH WM 85, 1343) und Auseinandersetzungs- bzw Abfindungsguthaben (BGH JuS 81, 774; NJW 98, 1551, 1552; §§ 731–734, 738 I 2). Sofern künftige Ansprüche vor ihrer Entste-

Stürner

hung (BGH NJW 89, 453) abgetreten werden, hat der Zessionar keinen Anspruch auf Mitgestaltung der Bilanz (str), er kann aber Mitteilung der Gewinnhöhe von den Gesellschaftern verlangen (LM Nr 2 zu § 338 HGB aF; sa HGB 235). Die Abtretung künftiger Ansprüche geht ins Leere, wenn vor Entstehung der Ansprüche der Gesellschaftsanteil insgesamt an einen Dritten übertragen wird (BGH 88, 205 für GmbH; NJW 97, 3370 für stille Gesellschaft); gleich bei nachträglicher Pfändung des Gesellschaftsanteils (BGH 104, 351; NJW-RR 87, 989); anders bei Nachfolge des Erben in die Gesellschaft (BGH NJW 97, 3370; NJW-RR 87, 989); sa § 398 Rn 9.

§ 718 Gesellschaftsvermögen

(1) **Die Beiträge der Gesellschafter und die durch die Geschäftsführung für die Gesellschaft erworbenen Gegenstände werden gemeinschaftliches Vermögen der Gesellschafter (Gesellschaftsvermögen).**

(2) **Zu dem Gesellschaftsvermögen gehört auch, was auf Grund eines zu dem Gesellschaftsvermögen gehörenden Rechts oder als Ersatz für die Zerstörung, Beschädigung oder Entziehung eines zu dem Gesellschaftsvermögen gehörenden Gegenstands erworben wird.**

§ 719 Gesamthänderische Bindung

(1) **Ein Gesellschafter kann nicht über seinen Anteil an dem Gesellschaftsvermögen und an den einzelnen dazu gehörenden Gegenständen verfügen; er ist nicht berechtigt, Teilung zu verlangen.**

(2) **Gegen eine Forderung, die zum Gesellschaftsvermögen gehört, kann der Schuldner nicht eine ihm gegen einen einzelnen Gesellschafter zustehende Forderung aufrechnen.**

§ 720 Schutz des gutgläubigen Schuldners

Die Zugehörigkeit einer nach § 718 Abs. 1 erworbenen Forderung zum Gesellschaftsvermögen hat der Schuldner erst dann gegen sich gelten zu lassen, wenn er von der Zugehörigkeit Kenntnis erlangt; die Vorschriften der §§ 406 bis 408 finden entsprechende Anwendung.

Anmerkungen zu den §§ 718–720

Lit: Flume, Gesellschaft und Gesamthand, ZHR 136, 177; Weber-Grellet, Die Gesamthand – ein Mysterienspiel?, AcP 182, 316; H. Wiedemann, Die Übertragung und Vererbung von Mitgliedschaftsrechten bei Handelsgesellschaften, 1965; K. Schmidt, Zum Haftungsstatus unternehmenstragender BGB-Gesellschaften, ZGR-Sonderheft 7, 271; sa Lit zu § 705.

1. Das **Gesellschaftsvermögen** ist ein dinglich gebundenes Sondervermögen der gesamthänderisch verbundenen Gesellschafter. Nach traditioneller Auffassung besteht keine begrenzte Rechtsfähigkeit der Gesamthand; anders aber nunmehr der BGH und weite Teile der Literatur für die unternehmerisch tätige Außengesellschaft (BGH 146, 341; vgl § 705 Rn 1; §§ 714, 715 Rn 1 f).

2. **Bestandteile des Gesellschaftsvermögens. a) Aktive** Bestandteile sind die *Einlagen* der Gesellschafter und der Anspruch auf ihre Beiträge (vgl § 706 Rn 2 ff). Erwerb von Forderungen und Herrschaftsrechten durch Geschäftsführung entweder *unmittelbar* im Wege gesamthänderischen Selbsthandelns bzw der Stellvertretung (vgl §§ 714, 715 Rn 3 ff) oder *mittelbar* durch Handeln des Geschäftsführers in eigenem Namen, wobei dann die Gesamthand einen Übertragungsanspruch gegen den Geschäftsführer hat (vgl §§ 709–713 Rn 15). Auch der Geschäftswert einer anwaltlichen Praxis gehört zum Gesellschaftsvermögen (LM Nr 2 zu § 718). Die Surrogation (§ 718 II) erfaßt insbes Früchte (§ 99) und Schadensersatz- bzw

Versicherungsforderungen. **b) Passive** Bestandteile sind die Verbindlichkeiten, welche die Gesellschaft bzw die gesamthänderisch verbundenen Gesellschafter gemeinsam treffen; vgl hierzu §§ 714, 715 Rn 9 ff. **c) Besitzer** kann nach traditioneller Auffassung angesichts fehlender Rechtsfähigkeit nicht die „Gesellschaft" sein, sondern immer nur der einzelne Gesellschafter (aA MK/Ulmer § 718, 27); dabei kann schlichter Mitbesitz oder gesamthänderischer Mitbesitz vorliegen, uU auch mehrstufiger Besitz bei unmittelbarem Einzelbesitz nur einiger Gesellschafter (BGH 86, 307, 344; Baur/Stürner, SR, § 7 Rn 79 f); anders bei OHG bzw KG (BGH 57, 167; str). Wenn man bei unternehmerisch tätiger BGB-Gesellschaft (Teil)Rechtsfähigkeit bejaht (BGH 146, 341; NJW 02, 1207; s § 705 Rn 1), gilt insoweit dasselbe wie bei der OHG: Besitzer der Gesellschaft durch ihre „Organe".

3. Gesamthänderische Bindung des Vermögens. **a)** Das **Verbot der Verfügung über den Anteil am Gesellschaftsvermögen** (§ 719 I) ist zwingend und nicht vertraglich abdingbar; von der Verfügung nur über den Vermögensanteil sind aber Verfügungen über den Gesellschaftsanteil insgesamt zu unterscheiden (vgl hierzu Rn 7 ff). **b)** Das **Verbot der Verfügung über den Anteil an einzelnen Gegenständen** (§ 719 I) ist ebenfalls unabdingbar und zwingend; bei Verfügung eines Gesellschafters über den *ganzen* Gegenstand können Gutglaubensvorschriften oder § 185 zur Wirksamkeit führen. Pfändungsverbot gem ZPO 859 I 2; zur gesamthänderischen Verfügung §§ 714, 715 Rn 3 ff. **c)** Der **Ausschluß eines Teilungsrechtes** muß im Zusammenhang mit §§ 730 ff, 738 I 2 gesehen werden, die Auseinandersetzung nach Auflösung bzw Ausscheiden vorsehen. **d)** Die **Aufrechnung gegen eine Gesamthandsforderung** scheitert gem § 719 II an der Gegenseitigkeit, soweit der aufrechnende Gläubiger nur einen einzelnen Gesellschafter zum Schuldner hat; jedoch Verjährungsunterbrechung gem § 204 I Nr 5 nF bzw § 209 II Nr. 3 aF (BGH 80, 222; Tiedtke BB 81, 1920). Der einzelne Gesellschafter kann aber die Erfüllung einer Gesamtschuld aller Gesellschafter (vgl §§ 714, 715 Rn 9 f) verweigern, wenn ihr eine aufrechenbare Forderung der Gesamthand gegenübersteht, arg § 770 II, HGB 129 III (str; für die Erbengemeinschaft BGH 38, 126; vgl § 387 Rn 4).

4. Der **Schutz gutgl Schuldner,** denen die gesamthänderische Bindung einer Forderung unbekannt ist (§ 720), ist vor allem bei mittelbarer Vertretung (vgl Rn 2) von Bedeutung; er gilt auch bei Surrogationserwerb (hM). § 851 ist lex specialis.

5. Verfügungen über den Gesellschaftsanteil. a) Die **Abtretung des Gesellschaftsanteils insgesamt** ist wirksam mit Einwilligung der übrigen Gesellschafter, sie bis zur Genehmigung schwebend unwirksam (vgl §§ 182 ff; s auch Hamm OLGZ 1989, 169). Dabei handelt es sich nicht um eine Änderung des Gesellschaftsvertrages, sondern um eine *Verfügung* über ein Recht (arg § 2033 I 1). Gegenstand der Anteilsveräußerung ist nicht das Gesamthandsvermögen, sondern die Mitgliedschaft als solche. Der Erwerber tritt als Einzelrechtsnachfolger voll in die mitgliedschaftliche Stellung des abtretenden Gesellschafters ein, ohne daß eine Übertragung einzelner Rechte und Pflichten stattfände (BGH NJW 99, 715, 717; 1998, 376); das Vermögen bleibt der Gesellschaft bzw dem jeweiligen Gesellschafterkreis zugeordnet (BayObLG NJW-RR 99, 688). Daher gibt es keinen gutgl Erwerb von Grundeigentum (§ 892) bei Veräußerung der Anteile durch fälschlicherweise eingetragene Gesellschafter (BGH NJW 97, 860). Aus §§ 717, 719 I folgt zwar das Zustimmungserfordernis, sie statuieren aber insoweit weder ein ges Verbot (§ 134) noch ein relatives Veräußerungsverbot (§ 135). Wenn ein Gesellschafter die Genehmigung verweigert, ist die Abtretung endgültig unwirksam (zum Ganzen BGH 13, 179 ff). Diese Grundsätze gelten auch bei treuhänderischer Abtretung (BGH 24, 114) und bei gleichzeitiger Abtretung aller Gesellschaftsanteile (Gesellschafterauswechslung, BGH 44, 231; Düsseldorf NJW-RR 99, 699: Erlöschen bei einem einzigen Erwerber). Der Gesellschaftsvertrag kann die Zustimmungserklärung enthalten, die uU aus wichtigem Grund widerrufbar ist;

sofern statt Einstimmigkeit der Mehrheitsbeschluß genügen soll, muß dies der Vertrag zweifelsfrei bestimmen (BGH WM 61, 303; vgl auch §§ 709–713 Rn 8). Die Übertragbarkeit kann auf einen bestimmten Personenkreis beschränkt sein (BGH NJW-RR 89, 1259). Der abtretende Gesellschafter und der Neugesellschafter können im – zustimmungsbedürftigen – Abtretungsvertrag bestimmen, inwieweit Ansprüche und Verbindlichkeiten aus dem Gesellschaftsverhältnis auf den Neugesellschafter übergehen (BGH 45, 221; WM 86, 1315); bei fehlender Vereinbarung gehen iZw im Interesse der Rechtsklarheit alle Rechte und Pflichten, die im Gesellschaftsvertrag ihre Grundlage haben, auf den Neugesellschafter über (BGH WM 86, 1315), nicht nur die aus den Büchern ersichtlichen (BGH 45, 221; WM 73, 169; Köln NZG 00, 979); vgl auch §§ 738–740 Rn 10. Ansprüche aus Grundstücksvermietung gehen analog § 566 1 nF bzw 571 aF auf Neugesellschafter über (BGH NJW 99, 716; 98, 1220; sa §§ 709–713 Rn 10; § 740 Rn 4). Das kausale *Verpflichtungsgeschäft* ist formfrei, auch wenn Anteile an Grundstücksgesellschaften übertragen werden sollen (BGH 86, 367; NJW 98, 377; Frankfurt NJW-RR 96, 1123; Ausnahme: reine Umgehungsgeschäfte). **b) Pfändung:** ZPO 859 I 1, § 725; s §§ 723–728 Rn 9 ff. **c) Nießbrauchbestellung.** Unterscheide (BFH NJW 95, 1919; SoeStürner § 1068 Rn 7–7 g): **aa)** Nießbrauch an Gewinnansprüchen; zulässig (§ 717 Rn 3), aber unpraktisch (MK/Ulmer § 705, 85). **bb)** Nießbrauch am Gewinnstammrecht als dem Inbegriff aller dem Anteil entfließenden Gewinnansprüche; Zulässigkeit fraglich (BGH BB 75, 295), einkommensteuerrechtlich nicht anerkannt (BFH NJW 76, 1656; SoeStürner § 1068, 7 b). **cc)** Nießbrauch am Gesellschaftsanteil, wobei str ist, ob eine Aufspaltung der Mitgliedschaftsrechte erfolgt (MK/Ulmer § 705, 82 und die notarielle Praxis) oder ob treuhänderische Übertragung des Anteils auf den Nießbraucher geboten ist (SoeStürner § 1068, 7 c–g; offen BGH 58, 318; NJW 99, 572). Unstreitig verbleibt dem Gesellschafter die Kompetenz zur Mitwirkung bei Grundlagenentscheidungen (BGH NJW 99, 572). Einwilligung der übrigen Gesellschafter stets notwendig. Eintragung durch Grundbuchberichtigung (Hamm DNotZ 77, 376; OLGZ 1987, 178; Stürner/Münch WuB § 859 ZPO 1/87; str). **d) Testamentsvollstreckung** vgl § 2205 Rn 3. **e)** Für **Verpfändung** gilt Gleiches wie für Nießbrauchbestellung (§ 1274 II). Bsp: LG Hamburg Rpfleger 82, 142.

6. Die Übernahme des Gesellschaftsvermögens führte grundsätzlich nicht zur Haftung gem § 419 I aF, weil idR nur ein Teil des Gesamtvermögens jedes Gesellschafters übernommen wurde (BGH 27, 263; WM 85, 867; NJW 92, 112; sa § 419 Rn 6, 8. Aufl); zur Übernahme von Gesellschaftervermögen vgl § 706 Rn 6; zur Anfechtung von gesamthänderischen Verfügungen §§ 714, 715 Rn 3.

§ 721 Gewinn- und Verlustverteilung

(1) **Ein Gesellschafter kann den Rechnungsabschluss und die Verteilung des Gewinns und Verlusts erst nach der Auflösung der Gesellschaft verlangen.**

(2) **Ist die Gesellschaft von längerer Dauer, so hat der Rechnungsabschluss und die Gewinnverteilung im Zweifel am Schluss jedes Geschäftsjahrs zu erfolgen.**

§ 722 Anteile am Gewinn und Verlust

(1) **Sind die Anteile der Gesellschafter am Gewinn und Verlust nicht bestimmt, so hat jeder Gesellschafter ohne Rücksicht auf die Art und die Größe seines Beitrags einen gleichen Anteil am Gewinn und Verlust.**

(2) **Ist nur der Anteil am Gewinn oder am Verlust bestimmt, so gilt die Bestimmung im Zweifel für Gewinn und Verlust.**

Titel 16. Gesellschaft **§ 723**

Anmerkungen zu den §§ 721, 722

1. Anspruch auf Gewinn. a) Inhalt. Gewinn ist der Überschuß des aktiven 1
Vermögens über die Gesellschaftsschulden und Einlagen am Stichtag (vgl § 734 für
den Fall der Gewinnverteilung nach Auflösung). Gem § 722 I gilt mangels abw
Regelung (zur schlüssigen Vereinbarung BGH NJW-RR 90, 736) Gewinnteilung
nach Kopfteilen, *nicht* nach Kapitalanteilen (Personalgesellschaft! s BGH NJW 99,
2762, 2767 für Innengesellschaft). **b) Anspruchsentstehung.** Der Anspruch entsteht bei der sog Gelegenheitsgesellschaft mit der Auflösung als Auseinandersetzungsanspruch (§§ 730, 734), bei Dauergesellschaften am Jahresschluß mit Feststellung der Bilanz (§ 721). Aus dem Gesellschaftsvertrag können Abweichungen folgen. **c) Parteien und Geltendmachung** vgl §§ 714, 715 Rn 12. **d) Nicht** 2
beanspruchter Gewinn bleibt Gesellschaftsschuld (Berücksichtigung bei Auseinandersetzung gem § 733 I) und erhöht nicht die Einlage; anders HGB 120 II. Der
Auszahlungsanspruch verjährte nach altem Recht 30 Jahre nach Feststellung der
Bilanz durch die Gesellschafter (BGH 80, 358); nunmehr gilt gem § 195 die
regelmäßige Dreijahresfrist.

2. Anspruch auf Rechnungsabschluß. a) Parteien und Inhalt. Der An- 3
spruch auf Rechnungsabschluß richtet sich gegen die übrigen Gesellschafter und
geht auf Rechnungslegung (§ 259), bei wirtschaftlichem Gesellschaftszweck auf
Errichtung der Bilanz (BGH 80, 358) durch die geschäftsführenden Gesellschafter
oder auf Mitwirkung bzw Veranlassung des Abschlusses. **b) Entstehung** vgl Rn 1. 4
c) Der Anspruch auf Rechnungsabschluß bereitet den Anspruch auf Gewinnauszahlung vor (BGH NJW 00, 506) und ist vom Auskunfts- und Rechnungslegungsanspruch gegen den Geschäftsführer (§§ 709–713 Rn 14) und vom Kontrollrecht
(§ 716) zu unterscheiden. Der Anspruch auf Rechnungsabschluß schließt den
Anspruch auf Rechnungslegung in sich (BGH WM 60, 1122).

3. Eine Verpflichtung zum Verlustausgleich bzw ein Anspruch der Gesamt- 5
hand auf Verlustausgleich entsteht erst im Rahmen der Auseinandersetzung (vgl
§§ 707, 721 I, 735). Verlust ist der Fehlbetrag zwischen Gesellschaftsschulden und
Einlagen einerseits und dem Aktivvermögen andererseits (§ 735). Der Verlust wird
iZw nach Kopfteilen geteilt.

4. Abw vertragliche Vereinbarungen können betreffen den Entstehungszeit- 6
punkt, selbständige Entnahmerechte (BGH NJW 00, 506; NJW-RR 94, 996; zur
Rückforderung §§ 709–713 Rn 11) oder die Anteilshöhe (zB Abhängigkeit vom
Kapitaleinsatz, BGH NJW 82, 2816); Ermittlung im Wege ergänzender Vertragsauslegung ist möglich (BGH NJW 82, 2817; NJW-RR 90, 737 für Ehegatteninnengesellschaft). Die Verlustbeteiligung kann ganz ausgeschlossen werden (BGH
WM 67, 346); ebenso nach hM die Gewinnbeteiligung (SoeHadding § 722, 3; für
GmbH BGH 14, 271). Die *Änderung* der Gewinn- bzw Verlustbeteiligung ist
Grundlagengeschäft (§§ 709–713 Rn 7 ff); stillschweigende Änderung durch langjährige Übung ist möglich (BGH NJW 66, 826 für OHG).

5. Sonderregelungen: HGB 120–122; 167–169; 231, 232. 7

§ 723 Kündigung durch Gesellschafter

(1) ¹Ist die Gesellschaft nicht für eine bestimmte Zeit eingegangen, so
kann jeder Gesellschafter sie jederzeit kündigen. ²Ist eine Zeitdauer bestimmt, so ist die Kündigung vor dem Ablauf der Zeit zulässig, wenn ein
wichtiger Grund vorliegt. ³Ein wichtiger Grund liegt insbesondere vor,

1. wenn ein anderer Gesellschafter eine ihm nach dem Gesellschaftsvertrag
obliegende wesentliche Verpflichtung vorsätzlich oder aus grober Fahrlässigkeit verletzt hat oder wenn die Erfüllung einer solchen Verpflichtung unmöglich wird,
2. wenn der Gesellschafter das 18. Lebensjahr vollendet hat.

⁴Der volljährig Gewordene kann die Kündigung nach Nummer 2 nur binnen drei Monaten von dem Zeitpunkt an erklären, in welchem er von seiner Gesellschafterstellung Kenntnis hatte oder haben musste. ⁵Das Kündigungsrecht besteht nicht, wenn der Gesellschafter bezüglich des Gegenstands der Gesellschaft zum selbständigen Betrieb eines Erwerbsgeschäfts gemäß § 112 ermächtigt war oder der Zweck der Gesellschaft allein der Befriedigung seiner persönlichen Bedürfnisse diente. ⁶Unter den gleichen Voraussetzungen ist, wenn eine Kündigungsfrist bestimmt ist, die Kündigung ohne Einhaltung der Frist zulässig.

(2) ¹Die Kündigung darf nicht zur Unzeit geschehen, es sei denn, dass ein wichtiger Grund für die unzeitige Kündigung vorliegt. ²Kündigt ein Gesellschafter ohne solchen Grund zur Unzeit, so hat er den übrigen Gesellschaftern den daraus entstehenden Schaden zu ersetzen.

(3) Eine Vereinbarung, durch welche das Kündigungsrecht ausgeschlossen oder diesen Vorschriften zuwider beschränkt wird, ist nichtig.

§ 724 Kündigung bei Gesellschaft auf Lebenszeit oder fortgesetzter Gesellschaft

¹Ist eine Gesellschaft für die Lebenszeit eines Gesellschafters eingegangen, so kann sie in gleicher Weise gekündigt werden wie eine für unbestimmte Zeit eingegangene Gesellschaft. ²Dasselbe gilt, wenn eine Gesellschaft nach dem Ablauf der bestimmten Zeit stillschweigend fortgesetzt wird.

§ 725 Kündigung durch Pfändungspfandgläubiger

(1) Hat ein Gläubiger eines Gesellschafters die Pfändung des Anteils des Gesellschafters an dem Gesellschaftsvermögen erwirkt, so kann er die Gesellschaft ohne Einhaltung einer Kündigungsfrist kündigen, sofern der Schuldtitel nicht bloß vorläufig vollstreckbar ist.

(2) Solange die Gesellschaft besteht, kann der Gläubiger die sich aus dem Gesellschaftsverhältnis ergebenden Rechte des Gesellschafters, mit Ausnahme des Anspruchs auf einen Gewinnanteil, nicht geltend machen.

§ 726 Auflösung wegen Erreichens oder Unmöglichwerdens des Zweckes

Die Gesellschaft endigt, wenn der vereinbarte Zweck erreicht oder dessen Erreichung unmöglich geworden ist.

§ 727 Auflösung durch Tod eines Gesellschafters

(1) Die Gesellschaft wird durch den Tod eines der Gesellschafter aufgelöst, sofern nicht aus dem Gesellschaftsvertrag sich ein anderes ergibt.

(2) ¹Im Falle der Auflösung hat der Erbe des verstorbenen Gesellschafters den übrigen Gesellschaftern den Tod unverzüglich anzuzeigen und, wenn mit dem Aufschub Gefahr verbunden ist, die seinem Erblasser durch den Gesellschaftsvertrag übertragenen Geschäfte fortzuführen, bis die übrigen Gesellschafter in Gemeinschaft mit ihm anderweit Fürsorge treffen können. ²Die übrigen Gesellschafter sind in gleicher Weise zur einstweiligen Fortführung der ihnen übertragenen Geschäfte verpflichtet. ³Die Gesellschaft gilt insoweit als fortbestehend.

Titel 16. Gesellschaft **§ 728**

§ 728 Auflösung durch Insolvenz der Gesellschaft oder eines Gesellschafters

(1) ¹Die Gesellschaft wird durch die Eröffnung des Insolvenzverfahrens über das Vermögen der Gesellschaft aufgelöst. ²Wird das Verfahren auf Antrag des Schuldners eingestellt oder nach der Bestätigung eines Insolvenzplans, der den Fortbestand der Gesellschaft vorsieht, aufgehoben, so können die Gesellschafter die Fortsetzung der Gesellschaft beschließen.

(2) ¹Die Gesellschaft wird durch die Eröffnung des Insolvenzverfahrens über das Vermögen eines Gesellschafters aufgelöst. ²Die Vorschrift des § 727 Abs. 2 Satz 2, 3 findet Anwendung.

Anmerkungen zu den §§ 723–728

1. Die Vorschriften der §§ 723–728 nennen die ges Auflösungsgründe, die 1 durch vertragliche Bestimmungen ergänzt werden können. Die Wirkung der Auflösung liegt in der Änderung des Gesellschaftszwecks, der nunmehr in der Liquidation bzw Abwicklung besteht; hierzu §§ 729, 730; §§ 731–735. Stets ist aber die Möglichkeit bloßen Ausscheidens (§§ 736–740) unter Vermeidung der Auflösung zu beachten. § 728 nF ist der InsO angepaßt, die der BGB-Gesellschaft neuerdings Insolvenzfähigkeit zuerkennt (InsO 11 II Nr 1; vgl § 705 Rn 1).

2. **Auflösungsgründe kraft vertraglicher Vereinbarung. a)** Der **Zeitablauf** 2 als vertraglicher Auflösungsgrund kann kalendermäßig festgelegt sein oder aus einem *Ereignis* folgen, dessen Eintritt aber anders als die Bedingung (vgl § 158 II) den „früheren Zustand" *nicht* eintreten läßt; ausdr Vereinbarung ist nicht erforderlich (BGH NJW 92, 2698). Durch einstimmigen Fortsetzungsbeschluß, der auch konkludent möglich ist, kann die Gesellschaft fortgeführt werden (BGH NJW 95, 2844: Aufschub der Liquidation nicht ausreichend). **b)** Die **Auflösung durch Gesellschafterbeschluß** ist stets möglich als einstimmiger Beschluß, als Mehrheitsbeschluß nur bei entspr vertraglicher Vereinbarung. An die Eindeutigkeit solcher Vereinbarungen sind hohe Anforderungen zu stellen (vgl §§ 709–713 Rn 8); zum Beschlußverfahren vgl §§ 709–713 Rn 19 ff. In der Veräußerung aller gesamthänderisch gebundenen Vermögensgegenstände im Rahmen eines Liquidationsvergleichs kann ein stillschweigender Auflösungsbeschluß liegen (BGH 26, 130). **c) Sonderregelung:** HGB 131 I Nr 1 und 2.

3. Die **Vereinigung aller Gesellschaftsanteile in einer Hand** ist zwingender 3 Auflösungsgrund: keine Einmanngesellschaft (Düsseldorf NJW-RR 99, 619; BGH 65, 83; NJW 78, 1525; 81, 1956 für OHG; BayObLGZ 87, 56 für KG; aA neuerdings Baumann BB 98, 225; Weimar ZIP 97, 1769; sa § 705 Rn 8 für Vorgesellschaften).

4. **Kündigung durch Gesellschafter. a) Rechtsnatur.** Die Kündigung ist 4 eine einseitige empfangsbedürftige Willenserklärung gegenüber den Mitgesellschaftern (Celle NZG 00, 586: Weiterleitung durch Geschäftsführer). Da sie die gesellschaftsvertragliche Grundlage betrifft, kann der geschäftsführende Gesellschafter ohne bes Vollmacht (vgl NJW-RR 99, 1337, 1339) die Erklärung nicht für die übrigen Gesellschafter entgegennehmen (vgl §§ 709–713 Rn 7 ff); anders bei Publikumsgesellschaften (BGH NJW 00, 3558). Die Gestaltungswirkung der Kündigung (vgl Rn 1) verbietet ihre Bedingung, jedoch ist uU die vom Willen des Empfängers abhängige Bedingung zulässig, weil sie keine Rechtsunklarheit schafft (zB Kündigung, falls der Mitgesellschafter nicht einer Vertragsänderung zustimmt; sehr str). Die Kündigung kann nur einheitlich für den gesamten Anteil eines Gesellschafters erfolgen (BGH 24, 106, 108; WM 89, 1221, 1223; str). **b)** Eine 5 **Gesellschaft auf unbestimmte Zeit** (§ 723 I 1) liegt vor, wenn das Gesellschaftsende weder kalendermäßig noch durch ein Ereignis ausdr oder stillschweigend feststeht (vgl Rn 2); s iü § 724. Eine Unterbeteiligung, die auf die Dauer einer für

§ 728 Buch 2. Abschnitt 8. Einzelne Schuldverhältnisse

unbestimmte Zeit abgeschlossenen Hauptgesellschaft gelten soll, besteht ebenfalls auf unbestimmte Zeit (BGH 50, 322). Den Grundsatz ordentlicher fristloser Kündigung (§ 723 I 1) kann der Vertrag durch eine Kündigungsfrist modifizieren, die aber das Recht auf außerordentliche fristlose Kündigung (vgl Rn 6) unberührt läßt (§ 723 I 2; zur Umdeutung BGH NJW 98, 1551). Der Gesellschaftsvertrag kann trotz § 723 III die ordentliche Kündigung für *bestimmte* Zeit ausschließen (hierzu BGH 50, 321; NJW 92, 2698), während der dann nur außerordentliche fristlose Kündigung möglich ist; für die Art der Zeitbestimmung gilt das zur Vertragsdauer Gesagte entspr (vgl Rn 2), insbes ist konkludenter Ausschluß der ordentlichen Kündigung denkbar (BGH 10, 98; NJW 79, 2305 mit Abgrenzung zu
6 § 39 bei körperschaftlich strukturierten Gesellschaften; vgl § 705 Rn 6). **c)** Die **Gesellschaft auf bestimmbare Zeit** (vgl Rn 2) kennt nur die außerordentliche fristlose Kündigung. Ein *wichtiger Grund* ist das Ergebnis einer Gesamtabwägung (BGH NJW 96, 2573) zwischen dem Gemeinschaftsinteresse der übrigen Gesellschafter und dem Individualinteresse des Kündigenden; § 723 I 1 nennt nur Beispiele. Es gelten strenge Anforderungen (BGH NJW 98, 3771). *Obj Umstände,* zB endgültiges Fehlen jeglicher Rentabilität oder schwerwiegende Strukturveränderungen, berechtigen uU unabhängig von persönlicher Schuld zur Kündigung (BGH 71, 61; 84, 382; WM 80, 868); vorübergehende Schwierigkeiten (zB augenblickliche Verluste) oder zumutbare Strukturänderungen reichen dagegen nicht (BGH 84, 382). *Subj Umstände* als wichtiger Grund sind zunächst die vom Ges genannten Fälle (§ 723 I 3 Nr 1 u 2; zum Kündigungsgrund der Nr 2 nF s Rn 17), ferner alle Verhaltensweisen, die ein Verbleiben in der Gesellschaft unzumutbar machen, weil das wechselseitige Vertrauensverhältnis zerstört ist (BGH 80, 347 für GmbH; BGH NJW 96, 2573 für Rechtsanwaltssozietät; 00, 3492 für Wirtschaftsprüfer), zB kollusiver Vollmachtsmißbrauch (BGH WM 85, 998); dies auch dann, wenn der geschäftliche Erfolg ungeschmälert bleibt (vgl BGH 4, 112 f für HGB 142 aF; zur Aufhebung K. Schmidt NJW 98, 2166). Das Verhalten im persönlichen Lebensbereich kommt nur in Betracht bei unmittelbaren Auswirkungen auf das Gesellschaftsverhältnis (zB Ehebruch mit Ehefrau des Mitgesellschafters, BGH 4, 114; Kündigung der nichtehelichen Lebensgemeinschaft, Schleswig FamRZ 02, 96 f). *Maßgebende Gründe* sind solche, die bei Abgabe der Kündigungserklärung bestanden; nach den allg Grundsätzen (hierzu BGH NJW 58, 1136) können zunächst nicht benannte Gründe nachgeschoben werden, nicht aber erst später eintretende Gründe, die einen neuen Auflösungsgrund ergeben, soweit sie nicht Indizwirkung für alte Gründe haben (BGH NJW 00, 3492). Alte Gründe, über die eine Einigung bestanden hat, können zur Erhärtung neuer Auflösungsgründe
7 herangezogen werden (LM Nr 2 zu § 723). **d)** Das **Verbot des Ausschlusses bzw der Beschränkung** von Kündigungsrechten (§ 723 III) gilt nicht bei Ausschluß der ordentlichen Kündigung für bestimmte Zeit (vgl Rn 5), wohl aber bei völligem Ausschluß (LM Nr 1 zu § 723). Eine nichtige Beschränkung kann in einer unangemessen niedrigen Abfindung beim Ausscheiden (§§ 736, 738) liegen (vgl BGH NJW 73, 652; 85, 193; BGH 116, 359; 126, 232; ähnlich Bamberg NZG 98, 897; sa P. Ulmer NJW 79, 81 ff), ebenso in einer Vertragsklausel, die der Mehrheit die Entscheidung über die Verlängerung uneingeschränkt und ohne Rücksicht auf das Kündigungsrecht des einzelnen überläßt (BGH NJW 73, 1602). § 723 III gilt für OHG (LM Nr 1 zu § 723), KG (BGH NJW 73, 1602) und stille
8 Gesellschaft (BGH 23, 10; 50, 321; NJW 92, 2698). **e) Kündigung zur Unzeit** ist ein Unterfall **mißbräuchlicher Kündigung;** während die unzeitige Kündigung wirksam ist und nur Schadensersatzfolgen hat (§ 723 II 2), ist die mißbräuchliche Kündigung grundsätzlich unwirksam (§ 242; BGH NJW 00, 3491 für arglistige Herbeiführung des Grundes). Aus diesen unterschiedlichen Rechtsfolgen folgt die Abgrenzung: Wo Schadensersatz als Ausgleich genügt, gilt § 723 II; ansonsten führt Mißbrauch zur Unwirksamkeit als ultima ratio (aA van Venrooy JZ 81, 53). Der Gedanke des Rechtsmißbrauchs kann nie zum völligen Ausschluß der Kündigung führen (BGH 23, 16: Kündigung einer durch Vergleich eingeräumten Gesell-

Titel 16. Gesellschaft **§ 728**

schafterstellung). Macht ein Gesellschafter von einem wichtigen Kündigungsgrund keinen Gebrauch, dann besteht nach über einem Jahr die Vermutung, daß der Grund durch die spätere Entwicklung der gesellschaftlichen Beziehungen weggefallen ist (BGH NJW 66, 2160: angebliche Veruntreuungen eines OHG-Gesellschafters). **f)** Zum Verhältnis zwischen **Rücktritt** und Kündigung vgl § 706 Rn 3 ff. **g) Sonderregelung:** HGB 131 I Nr 4 nF iVm 133–134; 131 III 1 Nr 3, 5 u 6 nF (hierzu K. Schmidt NJW 98, 2166) – beachte die Übergangsregelung in EGHGB 41 nF!

5. Kündigung durch Pfändungsgläubiger (§ 725). **a) Pfandobjekt** ist der 9 Gesellschaftsanteil insgesamt, nicht dagegen ein einzelner Vermögensgegenstand (ZPO 859 I; BGH 116, 224; vgl §§ 718–720 Rn 4, 7 ff). **b)** Das **Pfändungsverfahren** folgt ZPO 857 (Baur/Stürner I, Rn 32.7; Rupp/Fleischmann Rpfleger 84, 223; Behr NJW 00, 1137, 1139; zum Verfahren ferner Roth ZGR 00, 187). Zustellung des Beschlusses an geschäftsführende Gesellschafter reicht aus (BGH 97, 392). Die Pfändung kann nicht in das Grundbuch eingetragen werden, da sie keine Änderung in der Verfügungsbefugnis der Gesellschafter für einzelne Gegenstände bewirkt (Hamm OLGZ 1987, 175); etwas anderes gilt bei der Nießbrauchbestellung am Gesellschaftsanteil (vgl §§ 718–720 Rn 9) und bei der Pfändung eines Miterbenanteils (vgl § 2033 Rn 7). **c) Wirkung** des Pfändungspfandrechtes. 10 **aa)** Während des Fortbestehens der Gesellschaft verbleiben die Verwaltungsrechte beim Gesellschafter (BGH 116, 229); der Gläubiger kann gem II nach Pfändung und Überweisung des Anteils nur den Gewinnanspruch (vgl §§ 721, 722 Rn 1 f) geltend machen. **bb)** Der Gläubiger kann aufgrund des *endgültig* vollstreckbaren Titels kündigen. Rechtskräftiges Vorbehaltsurteil reicht bei noch anhängigem Nachverfahren nicht aus (LG Lübeck NJW-RR 86, 836; aA StKeßler, § 725, 7); Kündigung gegenüber einem Gesellschafter reicht, soweit die übrigen Kenntnis erlangen (BGH NJW 93, 1002). Das Pfandrecht am Gesellschaftsanteil erfaßt den Auseinandersetzungsanspruch (§ 717 S 2) und ermächtigt den Gläubiger zu allen der Befriedigung dienenden Maßnahmen, soweit sie im Recht des Gesellschafters begründet sind (ZPO 836 I), also insbesondere zur gesellschaftergleichen Durchführung der Auseinandersetzung (BGH 116, 229; offen für Hilfsrechte wie zB Auskunftsansprüche; sa Gerhardt JZ 92, 724). **d) Gläubiger** ist entspr HGB 11 131 III 1 Nr 4, 135 nur der *Privatgläubiger* des einzelnen Gesellschafters, also nicht der Gläubiger aller Gesamthänder (hM, Schönle NJW 66, 1798); nur er kann also pfänden *und* kündigen. Der Gläubiger der Gesellschaft bzw aller Gesamthänder kann in das Gesamthandsvermögen vollstrecken (vgl §§ 714, 715 Rn 9 ff) und bedarf deshalb nicht der Auflösungsmöglichkeit. Im Rahmen der Vollstreckung in das persönliche Vermögen ist ihm aber die Möglichkeit einer Pfändung des Anteils *ohne* Kündigungsrecht zuzubilligen (vgl §§ 714, 715 Rn 10), die den Gewinnanspruch zuweist (vgl Rn 10). Ein Mitgesellschafter ist Privatgläubiger bei außergesellschaftlichen Ansprüchen; nur unter bes Umständen verstößt die Kündigung gegen § 242 (BGH 51, 87 für HGB 135 aF). **e)** Der **Rang** zwischen Pfandrechten 12 an Einzelansprüchen (vgl § 717 Rn 3) und dem Pfandrecht am Anteil bestimmt sich nach dem Prioritätsgrundsatz; anders bei Abtretung künftiger Ansprüche und nachträglicher Pfändung des Gesellschaftsanteils, s § 717 Rn 3; § 398 Rn 9 mN. **f) Gegenwehr** der Mitgesellschafter: §§ 268; 736. **g) Sonderregelung:** HGB 131 III 1 Nr 4 nF, 135 (hierzu BGH NJW 82, 2773); zur Neufassung von HGB 131 u Streichung von HGB 141, 142 aF, die gem EGHGB 41 nF auf vor dem 31. 12. 2001 schriftlich geäußertes Gesellschafterverlangen hin uU fortgelten, s K. Schmidt NJW 98, 2166.

6. Zweckerreichung bzw Zweckfortfall. a) Der Auflösungsgrund des 13 Zweckfortfalls (zB BGH NJW 81, 749) ist **zwingend.** Die Gesellschafter können *nach* Eintritt des Auflösungsgrundes die Fortsetzung der Gesellschaft mit einem anderen Zweck beschließen. Ein solcher Beschluß bedarf aber der Zustimmung *aller* Gesellschafter (BGH WM 63, 729). Zweckerreichung kann erst eintreten,

§ 728 Buch 2. Abschnitt 8. Einzelne Schuldverhältnisse

wenn alle Gesellschafter das geschuldete Kapital geleistet haben (BGH WM 88, 661). **b)** Die **Unmöglichkeit** ist nicht mit fehlender Rentabilität zu verwechseln und muß endgültig, nicht nur vorübergehend sein (BGH 24, 293; 84, 381).

14   **7. a) Tod eines Gesellschafters** ist Auflösungsgrund (§ 727 I) sowie Beendigungsgrund in der zweigliedrigen Gesellschaft (BGH NJW 91, 844; aA neuerdings Baumann BB 98, 225; Weimar ZIP 97, 1769), nicht aber Auflösung einer OHG oder jur Person, die an einer GbR beteiligt ist (BGH 84, 379). Der Erbe tritt in der Abwicklungsgesellschaft (vgl Rn 1) mit allen Rechten an die Stelle des Erblassers; ebenso die Erbengemeinschaft (BGH NJW 82, 171); Grundbuchberichtigung unter Vorlage von Erbschein und Gesellschaftsvertrag (BayObLGZ 91, 301; 92, 259; für GBO 29 Schleswig MittRhNotK 92, 151). Die Haftung der Erben – auch für die Sonderpflichten gem § 727 II – folgt § 708. Die Liquidationsgesellschaft unter Beteiligung des Erben (§ 727 II) kann durch einstimmigen Beschluß aller Gesellschafter in eine werbende Gesellschaft rückumgewandelt werden (Frankfurt NJW-RR 88, 225). **b)** Zur **abw gesellschaftsvertraglichen Gestaltung** vgl § 2032 Rn 5 ff u 10. **c)** Zur Verwaltung eines Gesellschaftsanteils durch einen **Testamentsvollstrecker** vgl § 2205 Rn 3–5; zur Nachlaßverwaltung §§ 1984, 1985 Rn 3. **d) Sonderregelung:** HGB 131 III 1 Nr 1 nF (hierzu K. Schmidt NJW 98, 2166); beachte jedoch die Übergangsregelung in EGHGB 41 nF!

15   **8.** Die Auflösung durch die **Insolvenz des Gesellschafters** (§ 728 II) schließt die Fortsetzung mit dem Gemeinschuldner *zwingend* aus; vgl aber § 736 zur Fortsetzung durch die übrigen Gesellschafter. **a)** Zur **Insolvenzmasse** gehört gem InsO 35, 36 (KO 1 aF), ZPO 859 I 1 der Gesellschaftsanteil, nicht dagegen der einzelne Gegenstand des Gesamthandsvermögens. Der Insolvenzverwalter betreibt außerhalb der Insolvenz die Auseinandersetzung (InsO 84 I, KO 16 I aF), das Nettoguthaben gehört zur Masse (Zweibrücken ZIP 01, 1209: Eintragung des Insolvenzvermerks im Grundbuch). Ansprüche der Gläubiger *aller* Gesamthänder sind gem § 733 I vorweg befriedigt; gesellschaftsbezogene Ansprüche eines Gesellschafters gegen den Gemeinschuldner gewähren ein Absonderungsrecht am Nettoguthaben (vgl §§ 731 S 2, 756 S 1, InsO 84 I 2, KO 51 aF). Weil einzelne Vermögensgegenstände nicht insolvenzbefangen sind, können Gläubiger aller Gesamthänder gem ZPO 736 vollstrecken; anders bei Insolvenz *aller* Gesellschafter, weil hier auch die einzelnen Vermögensgegenstände von allen Insolvenzverfahren *gemeinsam* ergriffen werden (BGH 23, 314 f; str, abl mwN Baur/Stürner II Rn 33.2; offen Zweibrücken ZIP 01, 1208 f; beachte aber jetzt die Insolvenzfähigkeit der BGB-Gesellschaft und die damit zusammenhängenden Neuerungen, § 728 I mit InsO 11 II Nr 1, 93). Sonderfall: Nachlaßinsolvenz; hier fällt nur der Anspruch auf das Auseinandersetzungsguthaben in die Masse (s § 717 Rn 3), der Verwalter kann entspr § 725 kündigen (BGH 91, 135 für OHG). **b)** Korrespondenzvorschrift zu
16   § 728 II 2 ist InsO 118 (KO 28 aF). **c) Sondervorschriften:** HGB 131 III 1 Nr 2 nF (hierzu K. Schmidt NJW 98, 2166); HGB 131 Nr 5, 137 II, 138, 141 II, 142 II aF bleiben gem EGHGB 41 uU anwendbar, wenn ein Gesellschafter dies vor 31. 12. 2001 schriftlich verlangt; zur Insolvenzfähigkeit der OHG HGB 131 I Nr 3, 144, InsO 11 II Nr 1, 93 (KO 209 ff aF). **d)** Ein **Vergleichsverfahren** über das Vermögen eines Gesellschafters konnte früher wichtiger Kündigungsgrund sein; denkbar war auch die Erfüllungsablehnung entspr VerglO 50 II, 52 aF, die aber entgegen der Rspr (RG 147, 340) keine Gesellschaftsauflösung bewirkte (sehr str). Seit Inkrafttreten der InsO am 1. 1. 1999 geht die Eröffnung des Insolvenzverfahrens dem Insolvenzplanverfahren (InsO 217 ff) notwendig voraus (InsO 218 I 2, 13 I, 27 ff), so daß stets die Rechtsfolge nach § 728 II eintritt; schon vorher könnte aber die Anordnung von Sicherungsmaßnahmen gem InsO 21 ff im Eröffnungsverfahren als wichtiger Grund zur Kündigung berechtigen (str).

17   **9. Kündigung nach Eintritt der Volljährigkeit** (Lit: Grunewald ZIP 99, 597; Glöckner ZEV 01, 46). Das BVerfG hat die unbegrenzte Verschuldung Minderjähriger durch Eltern für verfassungswidrig erklärt (BVerfG NJW 86, 1859). Die

Titel 16. Gesellschaft **§§ 729, 730**

am 1. 1. 1999 in Kraft getretene *Reform* gestattet die Haftungsbeschränkung auf das bei Eintritt der Volljährigkeit existente Vermögen (§ 1629 a nF, §§ 1990, 1991). Falls der Volljährige eine Gesellschaft nicht binnen drei Monaten kündigt, gilt die Vermutung für das Entstehen einer Verbindlichkeit *nach* Eintritt der Volljährigkeit und die Vermutung für die Existenz gegenwärtigen Vermögens bei Volljährigkeitseintritt. Die Neufassung des § 723 I wird diesem Zusammenhang gerecht. Zum Verkehrsschutz ist die Minderjährigkeit eines Kaufmanns oder Komplementärs ins Handelsregister einzutragen (HGB 106 III, 162 I, 29 II); sa §§ 1967 Rn 6, 7; 2032 Rn 4, 9 und Habersack/Schneider FamRZ 97, 649 mN.

§ 729 Fortdauer der Geschäftsführungsbefugnis

¹ Wird die Gesellschaft aufgelöst, so gilt die Befugnis eines Gesellschafters zur Geschäftsführung zu seinen Gunsten gleichwohl als fortbestehend, bis er von der Auflösung Kenntnis erlangt oder die Auflösung kennen muss. ² Das Gleiche gilt bei Fortbestand der Gesellschaft für die Befugnis zur Geschäftsführung eines aus der Gesellschaft ausscheidenden Gesellschafters oder für ihren Verlust in sonstiger Weise.

§ 730 Auseinandersetzung; Geschäftsführung

(1) Nach der Auflösung der Gesellschaft findet in Ansehung des Gesellschaftsvermögens die Auseinandersetzung unter den Gesellschaftern statt, sofern nicht über das Vermögen der Gesellschaft das Insolvenzverfahren eröffnet ist.

(2) ¹ Für die Beendigung der schwebenden Geschäfte, für die dazu erforderliche Eingehung neuer Geschäfte sowie für die Erhaltung und Verwaltung des Gesellschaftsvermögens gilt die Gesellschaft als fortbestehend, soweit der Zweck der Auseinandersetzung es erfordert. ² Die einem Gesellschafter nach dem Gesellschaftsvertrag zustehende Befugnis zur Geschäftsführung erlischt jedoch, wenn nicht aus dem Vertrag sich ein anderes ergibt, mit der Auflösung der Gesellschaft; die Geschäftsführung steht von der Auflösung an allen Gesellschaftern gemeinschaftlich zu.

Anmerkungen zu den §§ 729, 730

1. Die **Wirkung** der Auflösung (vgl schon §§ 723–728 Rn 1) liegt *nicht* in der Beendigung der Gesellschaft. Sie besteht vielmehr fort, ändert aber ihren Zweck, der nunmehr ausschließlich in der Abwicklung besteht (§ 730 II 1). Die Formulierung des neuen § 729 S 2 durch das HRefG (BGBl I 1998, 1474; hierzu ZIP 96, 1485, 1487) ist insofern etwas mißverständlich und bezieht sich auf die *Fortsetzung* der Gesellschaft unter den verbleibenden Gesellschaftern, die gerade keine Auflösung der Gesellschaft bewirkt. Die Pflichten der Gesellschafter der aufgelösten Gesellschaft sind dem geänderten Zweck anzupassen, und zwar sowohl Zahlungspflichten (BGH NJW 60, 434; NJW-RR 92, 543 für Schadensersatzansprüche; sa §§ 731–735 Rn 8 u 9) als auch Treuepflichten (kein Wettbewerbsverbot, BGH NJW 71, 802, aber Verbot einseitiger Nutzung immaterieller Gesellschaftsgüter, BGH NJW 80, 1629); daraus kann ggf ein Anspruch gegen die Mitgesellschafter folgen, in die Kündigung eines Mietverhältnisses über die durch die Gesellschaft genutzten Räumlichkeiten einzuwilligen (Hamburg NJW-RR 01, 1013). 1

2. Die **Geschäftsführungsbefugnis** (§ 730 II 2) und damit die Vertretungsbefugnis steht allen Gesellschaftern gemeinschaftlich zu, die Verteilung der Geschäftsführung für die werbende Gesellschaft verliert im Abwicklungsstadium ihre Gültigkeit (vgl BGH WM 63, 249; Köln NJW-RR 96, 28). Der Gesellschaftsvertrag kann auch für die Abwicklung eine andere Lösung vorsehen. Der *Schutz vor Unkenntnis* des Wechsels in der Geschäftsführungs- bzw Vertretungsbefugnis er- 2

§§ 731-735 Buch 2. Abschnitt 8. Einzelne Schuldverhältnisse

folgt über §§ 729, 169. Eine Auseinandersetzung nach Regeln des BGB findet bei Eröffnung des Insolvenzverfahrens über das Gesellschaftsvermögen nach neuem Recht (§ 730 I HS 2, InsO 11 II Nr 1) nicht statt; vielmehr wird nach den Regeln der InsO liquidiert (InsO 156 ff) oder saniert (InsO 217 ff, § 728 I 2). Des weiteren findet – wie bisher – keine Auseinandersetzung statt, falls gemeinsames Vermögen nicht (Frankfurt NJW-RR 96, 102) oder nicht mehr (BGH ZIP 93, 1307) vorhanden ist.

3. **Sonderregelungen:** HGB 136 aF, 145 ff (beachte EGHGB 41!). Zur *Streichung* von HGB 136 und zur *Neufassung* des § 729 durch das HRefG v 22. 6. 1998 (BGBl I, 1474) ZIP 96, 1485, 1487.

§ 731 Verfahren bei Auseinandersetzung

¹Die Auseinandersetzung erfolgt in Ermangelung einer anderen Vereinbarung in Gemäßheit der §§ 732 bis 735. ²Im Übrigen gelten für die Teilung die Vorschriften über die Gemeinschaft.

§ 732 Rückgabe von Gegenständen

¹Gegenstände, die ein Gesellschafter der Gesellschaft zur Benutzung überlassen hat, sind ihm zurückzugeben. ²Für einen durch Zufall in Abgang gekommenen oder verschlechterten Gegenstand kann er nicht Ersatz verlangen.

§ 733 Berichtigung der Gesellschaftsschulden; Erstattung der Einlagen

(1) ¹Aus dem Gesellschaftsvermögen sind zunächst die gemeinschaftlichen Schulden mit Einschluss derjenigen zu berichtigen, welche den Gläubigern gegenüber unter den Gesellschaftern geteilt sind oder für welche einem Gesellschafter die übrigen Gesellschafter als Schuldner haften. ²Ist eine Schuld noch nicht fällig oder ist sie streitig, so ist das zur Berichtigung Erforderliche zurückzubehalten.

(2) ¹Aus dem nach der Berichtigung der Schulden übrig bleibenden Gesellschaftsvermögen sind die Einlagen zurückzuerstatten. ²Für Einlagen, die nicht in Geld bestanden haben, ist der Wert zu ersetzen, den sie zur Zeit der Einbringung gehabt haben. ³Für Einlagen, die in der Leistung von Diensten oder in der Überlassung der Benutzung eines Gegenstands bestanden haben, kann nicht Ersatz verlangt werden.

(3) Zur Berichtigung der Schulden und zur Rückerstattung der Einlagen ist das Gesellschaftsvermögen, soweit erforderlich, in Geld umzusetzen.

§ 734 Verteilung des Überschusses

Verbleibt nach der Berichtigung der gemeinschaftlichen Schulden und der Rückerstattung der Einlagen ein Überschuss, so gebührt er den Gesellschaftern nach dem Verhältnis ihrer Anteile am Gewinn.

§ 735 Nachschusspflicht bei Verlust

¹Reicht das Gesellschaftsvermögen zur Berichtigung der gemeinschaftlichen Schulden und zur Rückerstattung der Einlagen nicht aus, so haben die Gesellschafter für den Fehlbetrag nach dem Verhältnis aufzukommen, nach welchem sie den Verlust zu tragen haben. ²Kann von einem Gesellschafter der auf ihn entfallende Beitrag nicht erlangt werden, so haben die übrigen Gesellschafter den Ausfall nach dem gleichen Verhältnis zu tragen.

Titel 16. Gesellschaft **§ 735**

Anmerkungen zu den §§ 731–735

1. Das **Verfahren der Auseinandersetzung** regelt nur die Verpflichtungen der 1
Gesellschafter untereinander. Die *Außenhaftung* der Gesamthänder (vgl §§ 714,
715 Rn 9 f) bleibt unberührt. Deshalb können die Gesellschafter auch ein anderes
Verfahren vereinbaren (s §§ 709–713 Rn 7 ff; Bsp: BGH ZIP 82, 1323; NJW 94,
796: Teilung ärztlicher Gemeinschaftspraxis; ZIP 98, 956: Abfindungsanspruch
anstelle von Auseinandersetzungsguthaben; München NJW-RR 97, 873: Aufteilung des Mandantenstammes mit Mandantenschutzklausel).

2. Das **ges Verfahren der Auseinandersetzung** bestimmt folgende Reihen- 2
folge (vgl aber stets Rn 6 ff): **a) Aussonderung fremder Vermögensgegenstände.** Hierzu gehören auch Einlagen, die zum Gebrauch eingebracht sind (§ 732 S 1;
vgl § 706 Rn 7); kein Wertsatz für den Gebrauch (§ 733 II 3) oder bei Zufallsschaden (§ 732 S 2). Bei Einbringung dem Werte nach (vgl § 706 Rn 7) gilt
Wertersatz (BGH WM 65, 745). **b)** Zur **Berichtigung gemeinschaftlicher** 3
Schulden ist das Gesellschaftsvermögen erforderlichenfalls zu versilbern (§ 733
III). Es sind zu begleichen: Schulden gegenüber Dritten (vgl §§ 714, 715 Rn 9 f);
Schulden gegenüber einem Gesellschafter aus einem Drittverhältnis (vgl §§ 714,
715 Rn 11); Schulden gegenüber einem Gesellschafter aus dem Gesellschaftsvertrag
(vgl §§ 714, 715 Rn 12), wozu insbesondere auch nicht *beanspruchter früherer
Gewinn* zählt (§§ 721, 722 Rn 2). *Nicht* hierher gehören Schulden nur eines
Gesellschafters gegenüber einem Mitgesellschafter (vgl §§ 709–713 Rn 12); gem
§§ 731 S 2, 756 hat aber der Mitgesellschafter einen Anspruch auf Befriedigung
aus dem Auseinandersetzungsguthaben (vgl §§ 723–728 Rn 15). **c)** Die **Rücker-** 4
stattung der Einlagen ist ein Wertanspruch, es besteht kein Recht auf Rückgabe
in Natur (§ 733 II 1). Die Versilberung des Vermögens (§§ 733 III, 731 S 2, 753,
754) ist der Regelfall (BGH 116, 228) bei diligenten Gesamthandsvermögen (s
aber zur Innengesellschaft § 705 Rn 24 ff). § 733 II 3 soll Bewertungsstreitigkeiten
ausschließen; uU kann die Vertragsauslegung Wertersatzpflicht ergeben, zB wenn
nicht bewertbare Dienste durch die Gewinnbeteiligung offenkundig nicht abgegolten sein sollten (BGH NJW 66, 501; 80, 1744) oder sich als bleibender Wert im
Gesellschaftsvermögen niederschlagen (BGH NJW 86, 51). **d) Verteilung von** 5
Gewinn und Verlust. aa) Der **Gewinn** (vgl §§ 721, 722 Rn 1) kann durchaus in
Natur verteilt werden (§§ 731 S 2, 752), ggf ist also zB Auflassung nötig; jedoch
wird Versilberung gem §§ 731 S 2, 753 f die Regel sein; vgl auch Rn 3 aE.
bb) Die **Verlustbeteiligung** dient der Deckung von Schulden und Einlagen, so
daß die Rückzahlung der Einlagen Gemeinschaftsrisiko der Gesellschafter ist
(BGH NJW 80, 1745). Der Vertrag kann Verlustbeteiligung ausschließen (BGH
WM 67, 346); vgl auch § 707 Rn 1 f, §§ 721, 722 Rn 5, 6.

3. Ansprüche zwischen den Gesellschaftern einer Abwicklungsgesellschaft. 6
a) Jeder Gesellschafter hat gegen alle übrigen Gesellschafter einen **Anspruch auf**
Zustimmung zu einem Auseinandersetzungsplan, der den ges Regeln (vgl
Rn 2 ff) entspricht, ferner auf Vornahme der notwendigen Vollzugsmaßnahmen.
Auch die öffentliche Veräußerung kann vom kündigenden Gesellschafter verlangt
werden, soweit sich die übrigen Gesellschafter jeder Liquidation widersetzen und
das Gesellschaftsvermögen nur aus einem einzigen Gut besteht (BGH 116, 227;
hierzu Gerhardt JZ 92, 724). Darüber hinaus besteht der vorbereitende **Anspruch**
auf Rechnungsabschluß (vgl §§ 721, 722 Rn 3 f). Auskünfte, die zur Abrechnung notwendig sind, dürfen nicht wegen vermeintlicher anderweitiger Ansprüche
zurückgehalten werden (BGH WM 69, 591). **b) Ansprüche auf Erstattung der** 7
Einlage und Gewinnauszahlung gehen grundsätzlich im Anspruch auf Auseinandersetzung auf und können folglich erst nach Schuldentilgung und Versilberung, nicht aber sofort bei Auflösung isoliert geltend gemacht werden (LM Nr 5
zu § 730; BGH NJW-RR 88, 1379; NJW 95, 189; 99, 3557). Ausnahmen gelten
nur dann, wenn das Guthaben jedes Gesellschafters ohne bes Abrechnungsverfahren

Stürner

sofort zu ermitteln ist (LM Nr 5 zu § 730; BGH NJW 95, 188; 99, 3557) oder wenn ein Anspruch auf Rückzahlung der Einlage unabhängig vom Verlust bestehen soll (BGH WM 67, 346); der Anspruch aus § 732 S 1 (vgl Rn 2) kann grundsätzlich sofort geltend gemacht werden. Der Anspruch des einzelnen Gesellschafters
8 richtet sich gegen die übrigen Gesellschafter. **c) Ansprüche der Gesellschaft bzw der gesamthänderisch verbundenen Gesellschafter gegen einen einzelnen Gesellschafter** (vgl §§ 709–713 Rn 11), zB auf Zahlung rückständiger Beiträge oder auf Schadensersatz, werden auch während der Auseinandersetzung nach allg Regeln (insbes actio pro socio) geltend gemacht. Sie erlöschen aber und werden zum bloßen Abrechnungsposten, wenn der geschuldete Betrag zur Abwicklung nicht benötigt wird und dem schuldenden Gesellschafter auf jeden Fall ein Guthaben auch bei Berücksichtigung der Verbindlichkeit verbleibt (BGH NJW 60, 433 f; 78, 424; NJW-RR 92, 543); Klage auf Feststellung des Teilpostens bei
9 Auseinandersetzung ist zulässig (BGH NJW 84, 1455; BB 84, 1787). **d) Gesellschaftsvertragliche Ansprüche des einzelnen Gesellschafters gegen die Gesellschaft bzw die Gesamthänder** (vgl §§ 714, 715 Rn 12) können nicht mehr selbständig geltend gemacht werden, sie sind im Abwicklungsstadium vielmehr unselbständige Rechnungsposten der Auseinandersetzungsrechnung (BGH 37, 304; NJW 80, 1628; 95, 189; 99, 2438; 00, 2587; WM 86, 68; NJW-RR 88, 997; 00, 1296; WM 89, 1851 für Auseinandersetzung einer Innengesellschaft). Dies gilt auch für den Anspruch eines Mitgesellschafters gegen den andern auf anteilige Erstattung nach Erfüllung einer alle Gesamthänder treffenden Gesamtschuld (§ 426 I) und den nach § 426 II übergegangenen Anspruch des Gläubigers (BGH 37, 305; 103, 72; vgl § 707 Rn 2; krit zum Forderungsübergang nach § 426 II Hadding/Häuser WM 88, 1585, 1592); es entfällt dann auch die Zahlungspflicht des für den Ausgleichsanspruch akzessorisch haftenden Bürgen (Koblenz NJW-RR 88, 1250). Ansprüche bestehen aber fort (vgl ähnlich oben Rn 7), wenn schon vor Beendigung der Auseinandersetzung feststeht, daß *mindestens* der verlangte Betrag verlangt werden kann (BGH 37, 305; 103, 72; NJW 80, 1628; WM 81, 487; NJW-RR 1988, 997; 91, 549; NJW 95, 188 mN) oder wenn sich aus dem Gesellschaftsvertrag die Selbständigkeit der Ansprüche ergibt (BGH NJW 98, 376). Feststellungsklage gegen/auf Berücksichtigung eines Betrages als Auseinandersetzungsposten ist stets zulässig (BGH NJW 95, 1898), bei aufgrund fehlender Auseinandersetzungsrechnung noch unbegründeter Leistungsklage ist entspr Umdeutung geboten (BGH NJW-RR 93, 1187; NJW 95, 189). Der nach Auflösung entstandene Anspruch kann selbständig geltend gemacht werden (BGH NJW-RR 00, 1296), ebenso hat der nach Liquidation von Gläubigern beanspruchte Gesellschafter einen Ausgleichsanspruch (§ 1480 analog; §§ 823 II, 733; § 242: Hamm NJW 85, 1846) gegen die übrigen.
10 **4. Sonderregelungen:** HGB 145, 149, 154, 155 ff, 235.

§ 736 Ausscheiden eines Gesellschafters, Nachhaftung

(1) **Ist im Gesellschaftsvertrag bestimmt, dass, wenn ein Gesellschafter kündigt oder stirbt oder wenn das Insolvenzverfahren über sein Vermögen eröffnet wird, die Gesellschaft unter den übrigen Gesellschaftern fortbestehen soll, so scheidet bei dem Eintritt eines solchen Ereignisses der Gesellschafter, in dessen Person es eintritt, aus der Gesellschaft aus.**

(2) **Die für Personenhandelsgesellschaften geltenden Regelungen über die Begrenzung der Nachhaftung gelten sinngemäß.**

§ 737 Ausschluss eines Gesellschafters

¹**Ist im Gesellschaftsvertrag bestimmt, dass, wenn ein Gesellschafter kündigt, die Gesellschaft unter den übrigen Gesellschaftern fortbestehen soll, so kann ein Gesellschafter, in dessen Person ein die übrigen Gesell-**

Titel 16. Gesellschaft **§ 737**

schafter nach § 723 Abs. 1 Satz 2 zur Kündigung berechtigender Umstand eintritt, aus der Gesellschaft ausgeschlossen werden. ²Das Ausschließungsrecht steht den übrigen Gesellschaftern gemeinschaftlich zu. ³Die Ausschließung erfolgt durch Erklärung gegenüber dem auszuschließenden Gesellschafter.

Anmerkungen zu den §§ 736, 737

Lit: Heckelmann, Abfindungsklauseln in Gesellschaftsverträgen, 1973; Rimmelspacher, Das Recht auf Übernahme des Gesellschaftsvermögens in der Zweimann-Gesellschaft des Bürgerlichen Rechts, AcP 173, 1; H. Wiedemann, Die Übertragung und Vererbung von Mitgliedschaftsrechten bei Handelsgesellschaften, 1965.

1. Beide Vorschriften behandeln das **Fortbestehen der Gesellschaft trotz Ausscheidens** eines Gesellschafters nicht erschöpfend. Neben weiteren Formen des Ausscheidens sind denkbar der Neueintritt eines Gesellschafters und die Abtretung eines Gesellschaftsanteils. Nach dem Grundsatz der personellen Geschlossenheit der Gesellschaft müssen personelle Veränderungen stets im Gesellschaftsvertrag vorgesehen sein, weil kein Gesellschafter sie gegen seinen Willen hinzunehmen braucht. Die **Wirkungen** personeller Änderungen regeln §§ 738–740 und der neueingefügte § 736 II (vgl §§ 738–740 Rn 2). 1

2. Fortbestand der Gesellschaft bei Ausscheiden (§ 736). **a)** Das Gesetz regelt die **Fälle des Fortbestehens** nicht abschließend. Der Gesellschaftsvertrag kann auch in anderen Fällen das Ausscheiden eines Gesellschafters bei Fortbestand der Gesellschaft vorsehen, zB bei Kündigung durch einen Pfandgläubiger (§ 725; ähnlich Frankfurt NZG 99, 990), bei Erreichen einer Altersgrenze oder bei Wiederverheiratung usw. **b) Voraussetzung** des Fortbestehens sind entweder gesellschaftsvertragliche Vereinbarung oder einstimmiger Beschluß *vor* Eintritt des Auflösungstatbestandes oder Mehrheitsbeschluß, wenn ihn der Gesellschaftsvertrag für *diesen* Fall (vgl §§ 709–713 Rn 8) vorsieht. Ein gesellschaftsvertragliches Ausscheiden von Gesellschaftern gilt auch, wenn der Ausscheidenstatbestand erst im Abwicklungsstadium erfüllt ist (BGH WM 64, 1086 für Konkurs bzw Betriebseinstellung eines Gesellschafters; aA für Kündigung gegenüber einer Publikums-KG BGH NJW 79, 765). Sofern die Gesellschafter aber erst nach Eintritt des Auflösungstatbestandes (zB Kündigung) die Fortsetzung beschließen und damit den Gesellschaftsvertrag ändern, muß auch der ausscheidende Gesellschafter der Fortsetzung zustimmen (BGH 48, 254 ff). **c)** Sofern **Kündigung ein Ausscheidenstatbestand** ist und die Kündigung durch einen *wichtigen Grund* verursacht ist, kann die Fortsetzungsklausel für diesen Fall einschränkend auszulegen oder die Berufung auf die Fortsetzungsklausel unzulässige Rechtsausübung sein, wenn das Ausscheiden dem Gesellschafter gegenüber der Auflösung wesentlich Nachteile bringt (RG 162, 392, 394). Ebenso kann die Berufung auf die Ausschlußwirkung einer Kündigung rechtsmißbräuchlich sein, falls ein Gesellschafter in arglistiger Weise die Pfändung des Anteils eines Mitgesellschafters und damit die Kündigung veranlaßt hat (BGH 30, 200 ff). Beim Massenaustritt aus einer Publikumsgesellschaft ist die Fortsetzungsklausel uU unanwendbar (Stuttgart JZ 82, 766 mAnm U. Schneider; s aber Hamm NJW-RR 00, 917: Massenkündigung der Anleger bei Treuhandschafter). **d)** Die Fortsetzung der Gesellschaft erfordert **zwei verbleibende Gesellschafter**, weil es die Einmannpersonalgesellschaft nicht gibt (BayObLGZ 87, 57; aA Baumann BB 98, 225; Weimar ZIP 97, 1769; vgl §§ 723–728 Rn 3). Die Gesellschafter können aber auch die **Übernahme des Gesellschaftsvermögens durch nur einen Gesellschafter** vereinbaren, der dann ohne bes Übertragungsakt sein Alleininhaber wird (BGH 32, 314; NJW 66, 827; 92, 2758; 94, 796; NJW-RR 93, 1443; Köln NJW 95, 2232; Hamm NJW-RR 00, 482; SoeStürner § 925, 7): nach altem Recht erfolgte Anwachsung analog HGB 142 aF, § 738, nach Streichung von HGB 142 aF durch das HRefG v 22. 6. 98 (BGBl I, 1474) erlaubt die 2 3 4 5

§ 737 Buch 2. Abschnitt 8. Einzelne Schuldverhältnisse

Neuregelung den gleichen Schluß (HGB 140 I 2 nF, § 738; Übergangsrecht: EGHGB 41). Die Fortsetzungsklausel der ursprünglich mehrgliedrigen Gesellschaft ist bei späterer Zweigliedrigkeit als Übernahmeklausel auszulegen (München BB
6 81, 1117). **e)** Die **Anfechtung** einer Vereinbarung über das Ausscheiden eines Gesellschafters führt idR nicht zur Wiedereinsetzung des Gesellschafters (BGH NJW 69, 1483; 92, 1504), insoweit gelten die Regeln über fehlerhafte Gesellschaftsverträge (BGH NJW 92, 1504: Vorrang des Schutzes Geschäftsunfähiger); unwirksam sind nur schuldrechtliche Vereinbarungen insbes über die Abfindung des ausgeschiedenen Gesellschafters, so daß der Abfindungsbetrag ggf neu zu bestimmen ist. Hingegen soll der *Rücktritt* von einer Ausscheidensvereinbarung bei einer Zweipersonengesellschaft zur Wiederherstellung des Gesellschaftsverhältnisses verpflichten (BGH ZIP 82, 1322); anders bei Vorliegen gesetzlicher Ausschließungsgründe; sa § 705 Rn 6. **f) Sonderregelung:** HGB 131 III nF; HGB 138, 141 aF sind durch das HRefG aufgehoben; beachte aber die Übergangsregelung in EGHGB 41 nF (hierzu K. Schmidt NJW 98, 2166 mN).

7 **3. Gesellschafterausschluß (§ 737). a) Ges Voraussetzungen: aa)** Fortsetzungsklausel für den Fall der Kündigung durch einen Gesellschafter. Bei Übernahmerecht des einzigen verbleibenden Gesellschafters besteht ein entspr Ausschließungsrecht (vgl Rn 5 und BGH WM 65, 1037). **bb)** An den **wichtigen Grund** (vgl schon §§ 723–728 Rn 6) sind bes strenge Anforderungen zu stellen (BGH NJW 98, 3771: keine Abschwächung nach § 242). Die Ausschließung ist das äußerste Mittel, das nur dann angewendet werden darf, wenn auf andere Weise eine befriedigende Regelung nicht zu erreichen ist (BGH 4, 110; WM 66, 31); uU Vertragsanpassung (Horn AcP 181, 272). Ein wichtiger Grund in diesem Sinne liegt gem § 723 I 2 vor, wenn aufgrund persönlicher Umstände des auszuschließenden Gesellschafters den anderen Gesellschaftern bei verständiger Gesamtwürdigung die Fortsetzung des Gesellschaftsverhältnisses unzumutbar ist (BGH 4, 112 ff; 31, 304 ff), wobei uU auch eigenes Fehlverhalten der ausschließenden Gesellschafter zu berücksichtigen bleibt (BGH 4, 111; 31, 306; 32, 35 für OHG; 80, 351 für GmbH). Maßgeblich ist dabei nicht die subjektive Einschätzung oder Befürchtung der übrigen Gesellschafter, sondern die obj Tatsachenlage (BGH WM 65, 1038 für wirtschaftliche Gefährdung durch Mitgesellschafter; WM 85, 998 für kollusiven Vollmachtsmißbrauch). Zur Haftung aus Pflichtverletzung nach rechtswidrigem
8 Ausschluß §§ 709–713 Rn 12. **b)** Die **bes vertraglichen Voraussetzungen** können Erschwerungen oder Erleichterungen vorsehen; als *Erschwerungen* zB das Vorliegen genau beschriebener wichtiger Gründe; als *Erleichterungen* zB den Ausschluß auch *ohne* wichtigen Grund (vgl BGH 34, 83; NJW 73, 651; 1606), wobei dann allerdings aus dem Fehlen jedes sachlichen Grundes für eine solche Regelung Unwirksamkeit folgen kann (BGH 68, 215; 81, 263; 84, 14; 105, 213; 107, 351; 125, 79; NJW 85, 2421; NJW-RR 96, 235; hierzu Flume JZ 85, 1106 u DB 86, 629; Behr ZGR 85, 475; 90, 370; Weber/Hikel NJW 86, 2752; Loritz JZ 86, 1073) und unangemessene Abfindungsklauseln nichtig sind (vgl §§ 738–740 Rn 7 f; Hennerkes/Binz NJW 83, 73; Engel NJW 86, 345; U. Huber ZGR 80, 177). Zulässig ist aber ein nach freiem Ermessen auszuübendes befristetes Kündigungsrecht, das an ein festes Tatbestandsmerkmal (zB Tod eines Gesellschafters) anknüpft (BGH 105, 213). Ist eine Bestimmung des Gesellschaftsvertrages grundsätzlich nichtig, weil sie ein nach freiem Ermessen auszuübendes Ausschließungsrecht einräumt (vgl BGH ZIP 90, 1058 für GmbH mwN), so kann bei entsprechender Anwendung des § 139 die Klausel insoweit wirksam sein, als sie die Ausschließung *aus wichtigem Grund* zuläßt (BGH 107, 355; krit Behr ZGR 90,
9 370). **c) Verfahren.** Das ges Einstimmigkeitsprinzip kann durch Mehrheitsprinzip abgelöst werden (vgl auch §§ 709–713 Rn 7 ff); der Ausschluß wird mit dem Zugang der Ausschließungserklärung wirksam (vgl BGH 31, 298, 302 für KG). Rechtliches Gehör ist dem auszuschließenden Gesellschafter nicht zu gewähren (sehr str). Die Richtigkeit der Ausschließung ist in vollem Umfang gerichtlich nach-

Titel 16. Gesellschaft §§ 738–740

prüfbar (BGH 13, 10; anders beim nichtrechtsfähigen Verein). Auch im Liquidationsstadium ist Ausschließung möglich (BGH WM 64, 1086). **d) Sonderregelung:** HGB 140 nF; zur Neufassung von HGB 140 und Aufhebung des HGB 142 aF durch das HRefG v 22. 6. 1998 (BGBl I, 1474) K. Schmidt NJW 98, 2166 (auch zum Übergangsrecht nach EGHGB 41 nF).

4. Neueintritt eines Gesellschafters. Die Gesellschafter können durch Vertragsänderung einen neuen Gesellschafter aufnehmen, sich im Gesellschaftsvertrag der Aufnahmeentscheidung der Mehrheit oder eines Organs der Gesellschaft unterwerfen (RG 128, 176; BGH NJW 78, 1000; vgl auch §§ 709–713 Rn 7 ff) oder Nichtgesellschafter zum Vertragsschluß bevollmächtigen (BGH NJW 82, 879). Sie können auch einem Dritten ein Aufnahmerecht gem § 328 gewähren; vgl hierzu insbes § 2032 Rn 8. Mit dem Neueintritt eines Dritten kann das Ausscheiden eines anderen Gesellschafters (zB Tod, Kündigung, § 736) in wirtschaftlichem Zusammenhang stehen; stets ist aber der Neueintritt von der Abtretung bzw Übertragung des Gesellschaftsanteils (Rn 11) streng zu unterscheiden. 10

5. Durch **Verfügung über den Gesellschaftsanteil** insgesamt (hierzu §§ 718–720 Rn 7 f) kann unter Lebenden ein Gesellschafterwechsel herbeigeführt werden; zum Übergang durch Erbfall vgl § 2032 Rn 6 u 7. Hier rückt der Rechtsnachfolger in die Gesellschafterstellung des Vorgängers ein. Sonderregelung: HGB 139. 11

6. Prozessuales. Zur gerichtlichen Überprüfung des Ausschlusses eines Gesellschafters vgl Rn 9. Der Betroffene kann gegen die übrigen Gesellschafter Feststellungsklage erheben (BGH 91, 132). Bei der Personenhandelsgesellschaft ist Klage auch gegen diese selbst möglich, wenn der Gesellschaftsvertrag entsprechend abgeändert wurde (BGH WM 90, 309; 675); dasselbe muß für eine (teil)rechtsfähige BGB-Gesellschaft (s § 705 Rn 1) gelten. 12

§ 738 Auseinandersetzung beim Ausscheiden

(1) ¹**Scheidet ein Gesellschafter aus der Gesellschaft aus, so wächst sein Anteil am Gesellschaftsvermögen den übrigen Gesellschaftern zu.** ²**Diese sind verpflichtet, dem Ausscheidenden die Gegenstände, die er der Gesellschaft zur Benutzung überlassen hat, nach Maßgabe des § 732 zurückzugeben, ihn von den gemeinschaftlichen Schulden zu befreien und ihm dasjenige zu zahlen, was er bei der Auseinandersetzung erhalten würde, wenn die Gesellschaft zur Zeit seines Ausscheidens aufgelöst worden wäre.** ³**Sind gemeinschaftliche Schulden noch nicht fällig, so können die übrigen Gesellschafter dem Ausscheidenden, statt ihn zu befreien, Sicherheit leisten.**

(2) **Der Wert des Gesellschaftsvermögens ist, soweit erforderlich, im Wege der Schätzung zu ermitteln.**

§ 739 Haftung für Fehlbetrag

Reicht der Wert des Gesellschaftsvermögens zur Deckung der gemeinschaftlichen Schulden und der Einlagen nicht aus, so hat der Ausscheidende den übrigen Gesellschaftern für den Fehlbetrag nach dem Verhältnis seines Anteils am Verlust aufzukommen.

§ 740 Beteiligung am Ergebnis schwebender Geschäfte

(1) ¹**Der Ausgeschiedene nimmt an dem Gewinn und dem Verlust teil, welcher sich aus den zur Zeit seines Ausscheidens schwebenden Geschäften ergibt.** ²**Die übrigen Gesellschafter sind berechtigt, diese Geschäfte so zu beendigen, wie es ihnen am vorteilhaftesten erscheint.**

§ 740

(2) **Der Ausgeschiedene kann am Schluss jedes Geschäftsjahrs Rechenschaft über die inzwischen beendigten Geschäfte, Auszahlung des ihm gebührenden Betrags und Auskunft über den Stand der noch schwebenden Geschäfte verlangen.**

Anmerkungen zu den §§ 738–740

Lit: Heckelmann, Abfindungsklauseln in Gesellschaftsverträgen, 1978; Reinicke/Tiedtke, Die Ausschließung der Ertragswert-Methode bei der Berechnung des Auseinandersetzungsguthabens eines ausscheidenden Gesellschafters, DB 84, 703; Schulze-Osterloh, Das Auseinandersetzungsguthaben des ausscheidenden Gesellschafters einer Personenhandelsgesellschaft nach § 738 Abs. 1 Satz 2 BGB, ZRG 86, 545; van Randenborgh, Abfindungsklauseln in Gesellschaftsverträgen, BB 86, 75; Kanzleiter, Zur richterlichen Inhaltskontrolle von Gesellschaftsverträgen, FS BayNot 1987, 231; Altmeppen, Zur Enthaftung des ausscheidenden Personengesellschafters, NJW 00, 2529; s auch die Lit bei §§ 736, 737 Rn 8.

1   1. Die **Wirkungen einer Änderung des Gesellschafterbestandes** regeln §§ 738–740 nur für das *Innenverhältnis*, teilweise Regelung des Außenverhältnisses in § 736 II. Außenverhältnis und Innenverhältnis sind für alle Fälle der Gesellschafterbestandsänderung zu unterscheiden.

2   2. **Außenverhältnis. a)** Der **ausgeschiedene Gesellschafter** (§§ 736, 737) **haftet** weiterhin als Gesamtschuldner für Verbindlichkeiten, die für die Gesellschaft bzw für alle Gesamthänder während seiner Gesellschaftszugehörigkeit bereits in ihrer Rechtsgrundlage entstanden waren (BGH 142, 324, 329; Dresden NJW-RR 97, 163). Bei Dauerschuldverhältnissen haftet er für Forderungen, die binnen 5 Jahren nach Ausscheiden fällig werden (§ 736 II, HGB 160 I nF); es kommt nicht darauf an, ob das Dauerschuldverhältnis hätte früher beendet werden können (BGH 142, 331: keine Geltung der „Kündigungstheorie"). Verjährungs- und Enthaftungsfrist fallen zusammen (krit zu Recht K. Schmidt ZIP 94, 244; früher ähnlich BGH 117, 174). Beginn der Enthaftungs- bzw Verjährungsfrist unklar, weil HGB 160 I nF auf Registereintragung abhebt: entweder positive Gläubigerkenntnis vom Ausscheiden (K. Schmidt ZIP 94, 243, 244; Dresden NJW-RR 97, 163) oder – besser – Ausscheiden selbst. Übergangsregelung: EGHGB 35, 36. Vgl iü für das Verhältnis von OHG und haftendem Gesellschafter §§ 421 Rn 3; 422–424 Rn 5; 425 Rn 6, 10. Durch Abwachsung verliert der ausgeschiedene Gesellschafter seine gesamthänderische Gläubigerposition an Forderungen (vgl §§ 709–713 Rn 10 ff; §§ 714, 715

3   Rn 3 ff), arg § 738 I 1. **b)** Der **rechtsgeschäftliche Erwerber des gesamten Gesellschaftsanteils** haftet nach traditioneller Auffassung für neue Verbindlichkeiten der Gesellschaft bzw aller Gesamthänder, für alte Verbindlichkeiten hingegen muß er nur die Vollstreckung in das Gesamthandsvermögen dulden (arg ZPO 736), weil sonst jede Vollstreckung in das Gesamthandsvermögen unmöglich wäre (BGH 74, 241 mAnm Wiedemann und P. Ulmer JZ 80, 195; 354; Wiesner JuS 81, 331; sa §§ 714, 715 Rn 1 f; BGH NJW 81, 1096; BGH 79, 378). Die neue Lehre von der (Teil)Rechtsfähigkeit der unternehmerisch tätigen Außengesellschaft (§ 705 Rn 1, §§ 714, 715 Rn 2) könnte zur analogen Anwendung von HGB 130 und damit voller Haftung auch für Altverbindlichkeiten führen (ablehnend Düsseldorf NJW-RR 02, 763 [LS] = NZG 02, 284; aA Celle OLGR 02, 125). Der Veräußerer haftet wie der ausgeschiedene Gesellschafter. Der Erwerber rückt in die Gesellschaft bzw die gesamthänderische Gläubigerstellung ein (§§ 709–713 Rn 10) und kann deshalb Verträge genehmigen, die in vollmachtloser Vertretung des Anteilsveräußerers ge-

4   schlossen worden sind (BGH 79, 374). **c)** Der **einrückende Erbe** haftet nach traditioneller Auffassung für alte Verbindlichkeiten der Gesellschaft bzw der Gesamthänder, kann aber die Haftung auf die Erbschaft beschränken (MK/Ulmer § 727, 17; BGH NJW 82, 45; 95, 3315). Die abw Haftungslage bei der OHG (vgl § 1967 Rn 7) wird wohl auch die neue Lehre nicht auf die BGB-Gesellschaft anwenden, weil Haftungsbeschränkung anders als bei der OHG (HGB 139 I, IV) dann nicht unter Verbleib denkbar wäre. **d)** Der **neueintretende Gesellschafter** (vgl §§ 736,

Titel 16. Gesellschaft § **740**

737 Rn 10) haftet wie der rechtsgeschäftliche Erwerber des Anteils (Rn 3). Volle persönliche Haftungsübernahme gegenüber den Mitgesellschaftern gibt nach traditioneller Auffassung den Gläubigern im Zweifel *keinen* Anspruch (vgl § 329); ein Anspruch der Altgläubiger entsteht nur, wenn sich der Eintretende die Gesellschaftsschuld dem Gläubiger gegenüber „zu eigen gemacht" hat (BGH 74, 240; NJW 92, 1501; sa §§ 714, 715 Rn 9). § 566 I nF bzw § 571 I aF findet auf den neueintretenden Gesellschafter der vermietenden Gesellschaft Anwendung (BGH NJW 98, 1221 gegen Düsseldorf OLGZ 93, 82; hierzu Michalski NZG 98, 372; sa §§ 709–713 Rn 10; §§ 718–720 Rn 8). *Sonderregelung:* HGB 130, der aber nur eingreift, wenn bei Eintritt des neuen Gesellschafters die Handelsgesellschaft ihre Erwerbstätigkeit noch nicht eingestellt hatte (BAG NJW 88, 222).

3. Innenverhältnis. a) Zwischen ausscheidendem und verbleibenden Gesellschaftern. aa) Gem der zwingenden (Hamm Rpfleger 85, 289) Vorschrift § 738 I 1 tritt **Anwachsung** beim Verbleib und Abwachsung beim Ausscheiden ein, Übertragungshandlungen (zB Auflassung) sind also nicht erforderlich (zur Grundbuchberichtigung s BGH NJW 90, 1171; 98, 1221; Köln NJW 95, 2232; KG OLGZ 92, 404; Frankfurt Rpfleger 82, 469 mAnm Meyer-Stolte, SoeStürner § 894, 6 mwN); dies gilt auch bei der Übernahme durch *einen* Gesellschafter (s BGH 32, 307; NJW 99, 2348; 93, 1194; ferner §§ 736, 737 Rn 5). Vom Ausscheiden unter Anwachsung ist die Abtretung von Gesellschaftsanteilen an einen verbleibenden Gesellschafter zu unterscheiden (Hamm Rpfleger 85, 289; sa §§ 718–720 Rn 7 f), bei der § 738 unanwendbar bleibt (BGH NJW 81, 1096). **bb) Ansprüche** gegen die übrigen Gesellschafter als Gesamthänder und nach hM (zB Saarbrücken NZG 00, 369; aA MK/Ulmer § 738, 12) auch persönlich als Gesamtschuldner (§ 427): Dem *Anspruch auf Rückgabe* von Sachen, die als Einlage zum Gebrauch (§ 706 Rn 7) übergeben waren, kann ein Zurückbehaltungsrecht (§ 273) wegen Verlusthaftung (§ 739) entgegenstehen (BGH NJW 81, 2802: Bilanz in angemessener Zeit!). Der *Anspruch auf Schuldbefreiung* (vgl Rn 2) umfaßt befreiende Zahlung oder Schuldübernahme (BGH NJW 99, 2438), aber auch die Ablösung von Sicherheiten, die der ausscheidende Gesellschafter aus seinem Privatvermögen für Geschäftsverbindlichkeiten eingeräumt hat (BGH NJW 74, 899). Auch dem Befreiungsanspruch kann ein Zurückbehaltungsrecht entgegengehalten werden, wenn die Abschichtungsbilanz einen Verlustanteil des ausscheidenden Gesellschafters ergibt (BGH NJW 74, 900; BGH 47, 164 f). Der *Abfindungsanspruch* entsteht mit Ausscheiden (BGH NJW 89, 453), er ist reiner Wertanspruch und ersetzt Geldansprüche auf Einlagenerstattung und Gewinnauszahlung; Ausnahme: Feststehen eines positiven Abschlußbetrags erlaubt isolierte Klage auf Gewinnauszahlung (BGH NJW 99, 3557; WM 81, 487; NJW-RR 88, 1249; s §§ 731–735 Rn 7 u 9). Zur Wertbestimmung ist eine Abschichtungsbilanz auf den Stichtag des Ausscheidens zu errichten (von Westphalen BB 82, 1894); nachträglich gewonnene Bewertungserkenntnisse sind berücksichtigungsfähig (BGH WM 81, 452). Der ausgeschiedene Gesellschafter kann die Richtigkeit der Bilanz anhand der Geschäftsbücher prüfen (§ 810). Für die Berechnung des Abfindungsanspruchs kommt es nicht auf den Bilanzwert des Gesellschaftsvermögens an, sondern auf den wirklichen Wert des lebenden Unternehmens einschließlich aller stillen Reserven und des good will (BGH 17, 136; NJW 85, 193 mN; s auch Reinike/Tiedtke DB 84, 703). Im allg ist der Wert zugrundezulegen, der sich bei einem Verkauf des Unternehmens als Einheit ergeben würde (BGH NJW 85, 193); bei Warenvorräten ist der marktgängige Einkaufspreis anzusetzen (BGH NJW 74, 312); zu Einzelfragen der Bewertung BGH 116, 371; WM 79, 432; NJW 95, 1551; Großfeld ZGR 82, 141; JZ 81, 641, 769. Abw Abfindungsklauseln sind zulässig (zB Buchwert, BGH WM 80, 1363; ZIP 90, 1201: Ausschluß des Anspruchs auf Geschäftswert; Hamm MDR 92, 1040: Beschränkung auf Inventarwert; BGH NJW 94, 796: Teilung des Inventars und Möglichkeit der Patienten/Mandantenübernahme), wenn kein erhebliches Mißverhältnis zum wirklichen Wert entsteht (BGH NJW 85, 193; NJW 89, 2685: vereinbarte Kürzung auf die Hälfte sittenwidrig; BGH 126,

§ 741 Buch 2. Abschnitt 8. Einzelne Schuldverhältnisse

242 f; NJW 93, 2101; 3193: notwendige Anpassung der Abfindungsregelung; NJW 97, 2592 mAnm Grunewald JZ 97, 1066 u Anm Notthoff NZG 98, 26: erhebliches Mißverhältnis ausnahmsweise unschädlich bei rein ideeller Zwecksetzung – fragwürdig). Wertabweichungen sind schenkungssteuerlich beachtlich (BFH NJW 93, 158). Sofern ein Ausschluß ohne wichtigen Grund erfolgen kann (vgl §§ 736, 737 Rn 8), verstoßen unangemessen niedrige Vereinbarungen gegen § 138 I (dazu BGH 116, 359, 370 für GmbH; BGH NJW 79, 104; hierzu P. Ulmer und Flume NJW 79, 81, 902; Engel NJW 86, 345 mN; sa §§ 736, 737 Rn 8). Die Vertragslücke schließt ergänzende Auslegung, nur notfalls Rückgriff auf § 738. Der Ausscheidende kann den verbleibenden Gesellschaftern wegen des Abfindungsanspruchs ein Zurückbehaltungsrecht (§ 273) gegenüber deren Grundbuchberichtigungsansprüchen entgegenhalten (BGH NJW 90, 1172). Sofern der ausscheidende Gesellschafter dem übernehmenden Gesellschafter die Fortsetzung des Betriebs treuwidrig unzumutbar erschwert, kann dem Abfindungsanspruch die Arglisteinrede ohne genaueren Schadensnachweis entgegenstehen (BGH NJW 60, 718 ff). Der Abfindungsanspruch ist abtretbar (§ 717 Rn 3), in gescheiterter Anteilsabtretung ohne Zustimmung der übrigen Gesellschafter (§§ 718–720 Rn 7 f) kann Anspruchsabtretung liegen (BGH
9 JuS 81, 774). **cc)** Der **Anspruch auf Zahlung des Verlustanteils** (§ 739) steht den übrigen Gesellschaftern als gesellschaftsvertraglicher Anspruch zu (vgl §§ 709–713 Rn 11); uU schon vor Feststellung der Abschichtungsbilanz, falls eine Mindesthöhe vorher feststeht (Hamm BB 84, 1466). Er besteht auch, wenn der ausgeschiedene Gesellschafter die Einlage geleistet hat (BGH WM 65, 975). Ihm kann ein Zurückbehaltungsrecht wegen des Befreiungsanspruchs bzgl der gemeinschaftlichen Schulden und der dafür gegebenen Sicherheiten (§ 738 I 2, 3) einredeweise entgegengehalten werden (vgl BGH NJW 99, 2439 f). **dd)** Über die **Beteiligung** an schwebenden Geschäften (§ 740) ist unabhängig vom Abfindungsanspruch bzw dem Anspruch auf Verlustbeteiligung *gesondert* abzurechnen (LM Nr 1 zu § 740; K. Schmidt DB 83, 1964, 2401; vgl Hörstel NJW 94, 2269). Auf die Rechnungslegung findet § 259 Anwendung (LM Nr 1 zu § 740). § 740 ist abdingbar (BGH WM 79, 1065; ZIP 91, 1220). Dauerschuldverhältnisse sind keine Geschäfte iSv § 740 (zB Sandabbau, BGH NJW-RR 86, 454; Mietverträge, BGH NJW-RR 86, 1160). Teilleistungen aus schwebenden Geschäften, die vor dem Ausscheiden des Gesellschafters bereits er-
10 bracht worden sind, unterfallen dagegen § 740 (BGH NJW 93, 1194). **b)** Zwischen **abtretendem Gesellschafter, den übrigen Gesellschaftern und dem Erwerber** gilt die Übernahmeregelung des Vertrages (vgl §§ 718–720 Rn 7 f). Der bisherige Gesellschafter hat gegenüber dem neuen Gesellschafter keinen Freistellungsanspruch (BGH NJW 75, 166) gem § 738 I 2; die Freistellung muß bes vereinbart sein. Dasselbe gilt im Verhältnis zu den verbleibenden Gesellschaftern; jedoch kann dem Ausgleichsanspruch (§ 426) verbleibender Gesellschafter § 707 entgegenstehen (BGH NJW 81, 1096; sa § 707 Rn 2). Wird der Anteil auf einen Mitgesellschafter übertragen, so wird regelmäßig stillschweigend vereinbart sein, daß der Ausscheidende aus einer internen Mithaftung für eine von den Gesellschaftern zugunsten der Gesellschaft eingegangenen Bürgschaftsverpflichtung entlassen wird (BGH
11 NJW-RR 89, 685). **c)** Zwischen **neueintretendem Gesellschafter und den übrigen Gesellschaftern** gelten die gesellschaftsvertraglichen Regeln der Eintrittsvereinbarung; An- und Abwachsung analog § 738 I 1; Eintragung des neuen Gesellschafters im Grundbuch nach Auflassung an Gesellschaft alten Bestandes ohne erneute Auflassung (BayObLGZ 91, 320).

Titel 17. Gemeinschaft

§ 741 Gemeinschaft nach Bruchteilen

Steht ein Recht mehreren gemeinschaftlich zu, so finden, sofern sich nicht aus dem Gesetz ein anderes ergibt, die Vorschriften der §§ 742 bis 758 Anwendung (Gemeinschaft nach Bruchteilen).

Titel 17. Gemeinschaft **§ 741**

1. Zweck und Wesen. Der **Zweck** der Bruchteilsgemeinschaft ("schlichte 1 Rechtsgemeinschaft"), liegt in werterhaltender Verwaltung oder bzw und Abwicklung, nicht dagegen – wie etwa bei der Gesellschaft (§ 705) – in der Verfolgung eines darüber hinausgehenden gemeinsamen Vertragszwecks. Die Bruchteilsgemeinschaft erschöpft sich also in Wahrung und Ausgleich von Individualinteressen. Demgemäß ist jedes Mitglied Inhaber eines *ideellen* Bruchteils des gemeinschaftlichen Gegenstandes; das Gemeinschaftsgut ist in keiner Weise zu einem Sondervermögen verselbständigt. Die Gemeinschaft selbst ist kein ges Schuldverhältnis, sondern nur Quelle einzelner obligatorischer Verpflichtungen, so daß zB Sachbeschädigungen durch Mitberechtigte und ihre Hilfspersonen nicht nach §§ 242, 278 sondern allein nach §§ 823, 831 zu beurteilen sind (BGH 62, 246 ff). Einzelne Rechte und Pflichten entstehen bei der Nutzung und Verwaltung (§§ 743–745, 748) und bei der Aufhebung (§§ 749 ff).

2. Die **Entstehung** der Bruchteilsgemeinschaft ist oft die Folge von Realakten: 2 §§ 947 I, 948, 963, 984, HGB 469 II, DepotG 6 I (Kümpel WM 80, 422) sowie „Oder-Depot" (BGH NJW 97, 1435; sa §§ 428–430 Rn 2 f), PatG 6 S 2. Gemeinschaft aufgrund RGeschäfts entsteht in folgenden Fällen: Forderungsgemeinschaft bei gemeinschaftlichem Verkauf (BGH NJW 84, 1357; MDR 91, 646; Zweibrücken NJW-RR 97, 973; sa Rn 6) oder Kauf (BGH NJW 84, 796), zB von Grundstücken; gemeinsamer Anspruch auf Telefonnutzung (Hamm NJW-RR 01, 245); Grundstückserwerb zur gemeinsamen Verwaltung, falls keine Gesellschaft aufgrund Parteiwillens (Zweibrücken OLGZ 80, 213; MK/Schmidt 4; BGH 140, 63: Rittergut; gemeinsamer Erwerb von Bedarfsgütern durch Eheleute (§ 1357 Rn 10) oder anderer Gegenstände zur ehelichen Nutzung, insbes von Wohngrundstücken (BGH 68, 299; FamRZ 90, 978; zur ausdr Vereinbarung der „Eigenheimgesellschaft" BGH NJW 82, 170, § 705 Rn 14), *Sonderregeln:* §§ 1370, 3 1416, 1418 II Nr 3, nunmehr auch LPartG 8 iVm den eherechtlichen Bestimmungen; bei nichtehelicher Lebensgemeinschaft entsteht nur bei erkennbarem Willen beider Partner zum gemeinsamen Erwerb Miteigentum (Celle NJW 83, 1065; Düsseldorf FamRZ 92, 670; Vermutung für Miteigentum bei LG Aachen FamRZ 83, 61, dagegen Hamm NJW 89, 909; sa § 705 Rn 15 f); Gemeinschafts- bzw „Und"- Konten (BGH WM 80, 438; Schebesta WM 85, 1329; zum „Oder"-Konto §§ 428–430 Rn 3); Innenverhältnis zwischen mehreren Mietern derselben Sachen (BGH 62, 245; NJW 85, 490; aber Gesamthand- oder Gesamtgläubigerschaft bei gemeinsamer Miete im Außenverhältnis, BGH NJW 72, 249; Hamm FamRZ 84, 1017; LG München FamRZ 92, 1077; sa § 705 Rn 15); Sonderfall: KAAG 6 I 2 für Investmentanteile (MK/Schmidt 45). Mehrere Miterfinder bilden iZw mangels abweichender Verabredung eine Bruchteilsgemeinschaft (BGH NJW-RR 01, 477 f).

3. Die **entspr und hilfsweise Anwendung** der Vorschriften bei anderen Arten 4 von Gemeinschaften erklärt sich daraus, daß es sich um individualistisch ausgestaltete Minimalregelungen handelt (vgl Rn 1). **a) Ges Verweis:** §§ 731 S 2, 1477 I, 2038 II 1, 2042 II, 2044 I 2; WEG 10 I 1. **b) Gesetzeslücken** bei Regelungen anderer Gemeinschaften sind durch §§ 741 ff zu schließen. **c)** Bei der sog **schlichten Interessengemeinschaft** besteht keine bruchteilsmäßige Inhaberschaft an einem Recht, vielmehr beruht der Gedanke gemeinsamer Gefahrtragung letztlich auf Treu und Glauben. – Bsp: Beim Sammelversendungskauf geht die Liefer- und Preisgefahr mit Konkretisierung bzw Absendung auf die Käufer über (§§ 243 II, 447), der Verkäufer bleibt aber Alleineigentümer; beim Teiluntergang muß sich analog §§ 749 ff jeder Käufer seine Lieferung anteilsmäßig kürzen lassen. Ebenso liegt der Fall bei beschränkter Gattungsschuld, falls Teilunmöglichkeit vorliegt (RG 84, 125).

4. Gegenstand der Bruchteilsgemeinschaft können sein: **a) Dingliche Rechte** 5 aller Art (vgl §§ 1008 ff, 1066, 1258); sa §§ 428–430 Rn 2; § 432 Rn 2; §§ 743–748 Rn 15. **b) Besitz,** § 866 (BGH 62, 245). **c) Forderungen: aa)** Teil-

§ 742 Buch 2. Abschnitt 8. Einzelne Schuldverhältnisse

bare Forderungen folgen grundsätzlich § 420. Bsp: Im Unterhaltsvergleich wird der mehreren Gläubigern zu leistende Unterhalt in einer Summe ausgedrückt (KG OLGZ 71, 386); die Wohnungseigentümergemeinschaft überläßt den Anspruch auf Minderung wegen Mängeln am Gemeinschaftseigentum anteilsmäßig den Wohnungseigentümern (BGH NJW 83, 453 mAnm Weitnauer; sa §§ 428–430
6   Rn 2 und § 741 Rn 7 f); vgl iü § 420 Rn 2. **bb)** Unteilbare Forderungen kann jeder Bruchteilsinhaber gem § 432 einziehen (BGH 94, 119; 106, 226; 121, 25; NJW 83, 2020; 84, 1357; sa Rn 2); sie können aber auch gem §§ 744 I, 747 S 2 von allen Bruchteilsinhabern zusammen geltend gemacht werden („schlichte Forderungsgemeinschaft"). Die einer Bruchteilsgemeinschaft (zB Eigentümer- oder Forderungsgemeinschaft) entwachsenden Forderungen sind unteilbare Forderungen (zB Mietzins, Schadensersatz, Mängelrechte: BGH 94, 119; NJW 58, 1723; 69, 839; 84, 796; NJW-RR 01, 369; Zweibrücken NW-RR 97, 973: Zahlungsanspruch aus Verkauf eines Miterbbaurechts; Düsseldorf NJW-RR 98, 11: Räumungsanspruch nach Ende gemeinschaftlicher Vermietung); nur durch diese „rechtliche Unteilbarkeit" ist gewährleistet, daß nach Abzug der Unkosten (§ 748) allein der Überschuß (§ 743 I) verteilt wird (BGH NJW 84, 796 mN). Am Anspruch auf Rückgewähr einer Grundschuld besteht Bruchteilsgemeinschaft der Miteigentümer des belasteten Grundstücks (BGH NJW 82, 928). Ein „*Und-Konto*" begründet gemeinschaftliches Verfügungsrecht, idR keine Einziehung gem § 432 (Köln NJW-RR 90, 1008, str)

7   **5. Ges Sonderfälle** sind Miteigentum (§§ 1008–1011) und *Wohnungseigentum* (WEG 10 ff). Die Rechtsbeziehungen zwischen den Wohnungseigentümern sind – anders als die schlichte Rechtsgemeinschaft (vgl Rn 1) – so weitgehend ausgestaltet, daß von einem besonderen ges Schuldverhältnis und damit der Anwendbarkeit
8   des § 278 auszugehen ist (BGH 62, 247; BayObLG NJW 70, 1551). Die Sonderregeln gelten – jedenfalls im Innenverhältnis – schon dann, wenn vormerkungsgesicherte künftige Wohnungseigentümer die Wohnanlage in Besitz genommen haben (BGH NJW-RR 87, 1036; BayObLG NJW-RR 86, 178; Köln NJW-RR 98, 518). Kauf- bzw *Werkmängelansprüche* am gemeinschaftlichen Eigentum (Pause NJW 93, 553) macht idR die Gemeinschaft geltend, soweit Minderung und „kleiner" Schadensersatz in Frage stehen (BGH NJW 98, 2967; 83, 453; anders bei nicht behebbaren Mängeln, BGH 110, 262 = JZ 91, 246 mAnm Weitnauer); Nachbesserung bzw Nachbesserungsersatz (bzw nunmehr Nacherfüllung) kann jeder Eigentümer verlangen (BGH 141, 63; 114, 383; hierzu Ehmann/Breitfeld JZ 92, 318; BGH NJW 88, 1718; 85, 1552; str, ob § 428 oder § 432); Rücktritt bzw „großer" Schadensersatz statt Leistung (früher „wegen Nichterfüllung") des einzelnen Kaufvertrags bleiben dem einzelnen Wohnungseigentümer vorbehalten (BGH NJW 83, 453 mAnm Weitnauer; sa §§ 428–430 Rn 2; § 741 Rn 5; SoeStürner WEG 3, 20 ff). Allgemein besteht gegenüber Dritten Gesamtklagebefugnis bei wirtschaftlicher Betroffenheit der Gemeinschaft und Einzelklagebefugnis bei wirtschaftlicher Betroffenheit nur eines einzelnen Wohnungseigentümers (BGH 106, 222; 121, 22; JZ 91, 1075; NJW 97, 2106 f: Anspruch auf Wohngeldherausgabe gegen ausgeschiedenen Verwalter; zT str, s Weitnauer JZ 92, 1054; Ehmann JZ 91, 222; Stürner LM § 13 WEG Nr 2 mN); aber Einzelklagebefugnis gegen störende Miteigentümer (BGH 116, 392)!

9   **6. Grundbucheintragung** vgl GBO 47.

§ 742 Gleiche Anteile

Im Zweifel ist anzunehmen, dass den Teilhabern gleiche Anteile zustehen.

1   **1.** Der **Anteil** an der Gemeinschaft ist kein realer Anteil an der gemeinsamen Sache, sondern ein **ideeller** Anteil am gemeinsamen Recht. Die Auslegungsregel zugunsten gleicher Anteile gilt nicht bei abw vertraglicher oder ges Bestimmung (vgl

Titel 17. Gemeinschaft §§ 743–748

zB § 947 I Halbs 2, DepotG 6 I 2), ferner nicht bei Festlegung der Anteile aufgrund sachbezogener Umstände (RG 169, 239; BGH NJW 97, 1435: „Oder-Depot").

2. Prozessuales. Die Vorschrift betrifft Zweifel bezüglich abweichender Vereinbarung (sa BGH NJW-RR 91, 947) und ist keine Beweisvermutung zugunsten gleicher Teile, wenn bei abw ges Aufteilung (zB §§ 947, 948) eine Partei den vollen Beweis für die Höhe ihres Anteils nicht führen kann (LM Nr 1); der Schätzung gem ZPO 287 gebührt hier der Vorzug (Hoche NJW 58, 1534; str). 2

§ 743 Früchteanteil; Gebrauchsbefugnis

(1) Jedem Teilhaber gebührt ein seinem Anteil entsprechender Bruchteil der Früchte.

(2) Jeder Teilhaber ist zum Gebrauch des gemeinschaftlichen Gegenstands insoweit befugt, als nicht der Mitgebrauch der übrigen Teilhaber beeinträchtigt wird.

§ 744 Gemeinschaftliche Verwaltung

(1) Die Verwaltung des gemeinschaftlichen Gegenstands steht den Teilhabern gemeinschaftlich zu.

(2) Jeder Teilhaber ist berechtigt, die zur Erhaltung des Gegenstands notwendigen Maßregeln ohne Zustimmung der anderen Teilhaber zu treffen; er kann verlangen, dass diese ihre Einwilligung zu einer solchen Maßregel im Voraus erteilen.

§ 745 Verwaltung und Benutzung durch Beschluss

(1) ¹Durch Stimmenmehrheit kann eine der Beschaffenheit des gemeinschaftlichen Gegenstands entsprechende ordnungsmäßige Verwaltung und Benutzung beschlossen werden. ²Die Stimmenmehrheit ist nach der Größe der Anteile zu berechnen.

(2) Jeder Teilhaber kann, sofern nicht die Verwaltung und Benutzung durch Vereinbarung oder durch Mehrheitsbeschluss geregelt ist, eine dem Interesse aller Teilhaber nach billigem Ermessen entsprechende Verwaltung und Benutzung verlangen.

(3) ¹Eine wesentliche Veränderung des Gegenstands kann nicht beschlossen oder verlangt werden. ²Das Recht des einzelnen Teilhabers auf einen seinem Anteil entsprechenden Bruchteil der Nutzungen kann nicht ohne seine Zustimmung beeinträchtigt werden.

§ 746 Wirkung gegen Sondernachfolger

Haben die Teilhaber die Verwaltung und Benutzung des gemeinschaftlichen Gegenstands geregelt, so wirkt die getroffene Bestimmung auch für und gegen die Sondernachfolger.

§ 747 Verfügung über Anteil und gemeinschaftliche Gegenstände

¹Jeder Teilhaber kann über seinen Anteil verfügen. ²Über den gemeinschaftlichen Gegenstand im Ganzen können die Teilhaber nur gemeinschaftlich verfügen.

§ 748 Lasten- und Kostentragung

Jeder Teilhaber ist den anderen Teilhabern gegenüber verpflichtet, die Lasten des gemeinschaftlichen Gegenstands sowie die Kosten der Erhal-

§ 748

Buch 2. Abschnitt 8. Einzelne Schuldverhältnisse

tung, der Verwaltung und einer gemeinschaftlichen Benutzung nach dem Verhältnis seines Anteils zu tragen.

Anmerkungen zu den §§ 743–748

1   1. Die Vorschriften regeln für den Fall der gemeinsamen Nutzung bzw Verwaltung das **Innenverhältnis** zwischen den Bruchteilsinhabern und das **Außenverhältnis** zwischen Bruchteilsinhabern und Dritten, wobei für das Außenverhältnis zusätzlich auf allg Vorschriften zurückzugreifen ist.

2   2. Das **Innenverhältnis** zwischen den Bruchteilsinhabern. **a) Verteilung der Nutzungen** (§ 100): **aa)** Der Anspruch auf einen **Bruchteil der Früchte** (§§ 743 I, 99) geht davon aus, daß an Früchten Bruchteilsinhaberschaft besteht (vgl insbes § 953 und § 741 Rn 6) und nach Abzug von Unkosten (§ 748), wozu auch Rücklagen gehören können (BGH 140, 72 f), ihre Teilung entspr §§ 752, 753 erfolgt; uU entspr Anwendung des § 756 (BGH WM 83, 1085). Abw Vereinbarung ist zulässig (Düsseldorf WM 82, 1265: Verwendung des Mietkontos bei
3   gemeinsamem Grundstück). **bb) Gebrauch:** Jeder Teilhaber hat die unmittelbare Gebrauchsbefugnis gem § 743 II, also nicht nur einen Anspruch auf tatsächlichen Gebrauch. Bei Streitigkeiten verbietet § 866 den Besitzschutz unter Mitbesitzern; diese sind auf die Klage gem § 745 II verwiesen (unklar BGH NJW 78, 2157). Die Klage nach § 745 II muß sich nur gegen die widersprechenden Gemeinschafter richten (BGH FamRZ 92, 50). Kein Bereicherungsanspruch des nicht nutzenden Gemeinschafters; uU § 823 I bei hartnäckiger Nutzungsverweigerung oder vertragsgleicher Schadensersatz nach schweren Pflichtverletzungen (BGH 87, 271;
4   NJW 66, 1708; 91, 571; ähnlich NJW 98, 373/374). Grundlegende Änderung der Verhältnisse (BGH NJW 93, 3326: Zweitehe; FamRZ 90, 977: Scheidungsklage) gibt Anspruch auf Nutzungsneuregelung (§ 745 II), die Entgeltvereinbarung beinhalten kann (BGH 87, 271; NJW 86, 1340, 1341; 94, 1722; 96, 2154). Der Anspruch auf Neuregelung muß gegenüber allen Gemeinschaftern geltend gemacht werden (Stuttgart NJW-RR 87, 1098). Der Entgeltanspruch entsteht mit dem Änderungsverlangen (BGH NJW 82, 1754; 84, 46; 89, 1031; 98, 373 – Leistungsklage, nicht Gestaltungsklage – Bezifferung nicht erforderlich), spätestens mit Klageerhebung (BGH NJW 66, 1709); er kann nicht für einen zurückliegenden Zeitraum klagweise geltend gemacht werden (BGH NJW-RR 93, 386, 387: hinreichend deutliches Verlangen), wohl aber dem Anspruch auf Lastentragung (§ 748) noch nachträglich entgegengehalten werden (Celle NJW-RR 90, 266). Durch eine nachträgliche Veränderung der tatsächlichen Verhältnisse kann der
5   Anspruch auf angemessenen Ausgleich entfallen (BGH NJW 89, 1031; 98, 373; sa MK/Schmidt §§ 744, 745, 30). Die Tatsache allein, daß ein Gemeinschafter die im Miteigentum stehende Wohnung nach Auszug des anderen allein nutzt, führt nicht zwangsläufig zu einem Anspruch auf Nutzungsentgelt. Die vom ausgezogenen Ehegatten angestrebte Nutzungsregelung muß im Interesse *beider* Gemeinschafter liegen. Hieran fehlt es, wenn die Wohnung den objektiven Wohnraumbedarf und die Leistungsfähigkeit des verbleibenden Ehegatten übersteigt und der anderweitigen Verwertung des Gemeinschaftseigentums nicht widerspricht (Düsseldorf FamRZ 87, 706). Der getrennt lebende Ehegatte, der schon vor Scheidung aus der Wohnung im Gemeinschaftseigentum ausgezogen ist, kann vom alleinwohnenden Teil kein Entgelt verlangen (zur Rechtsnatur des Anspruchs s Erbarth, NJW 00, 1381 mN), wenn die Regelung von Unterhalt und Schuldentilgung usw die Wohnungsnutzung schon berücksichtigt (BGH 87, 272; NJW 86, 1340; 86, 1341 mN; Celle NJW 00, 1426; BGH NJW 96, 2154 für Wohnrecht gem § 1093; krit Erbarth
6   NJW 97, 974; 00 1381). **cc)** Eine **Vereinbarung** über die entgeltliche Benutzung einer gemeinschaftlichen Sache durch einen Mitinhaber ist Miete; sofern die Mietzinshöhe offengelassen ist, erfolgt ihre Festsetzung nach § 745 II, wobei der nicht nutzende Teil sofort Zahlungsklage erheben darf (BGH NJW 74, 364 f; 82,

Titel 17. Gemeinschaft **§ 748**

1754; 94, 1721; ähnlich NJW 98, 373). Wenn die Parteien eine vom Ges abw Nutzungsverteilung vereinbaren (zB jeder Bruchteilinhaber erhält die Nutzungen eines der drei Gebäude auf einem gemeinschaftlichen Grundstück), so haften sie für den Erfolg der Vereinbarung auch bei Weiterübertragung oder Nießbrauchbestellung an ihrem Anteil; beansprucht also zB der Nießbraucher Verteilung gem § 743 I, weil die Nutzungsvereinbarung nicht im Grundbuch eingetragen war (§ 1010 I), dann haftet der nießbrauchbestellende Bruchteilseigner den anderen auf Schadensersatz (BGH 40, 329 ff). **dd) Mehrheitsbeschlüsse** oder **gerichtl Ent-** 7 **scheidungen** können zwar die Art der Nutzung festlegen, nicht aber die quotenmäßige wirtschaftliche Beteiligung der Gemeinschafter (§ 745 III 2); festlegbar ist also zB Nutzung durch Vermieten unter Ausschluß der Eigennutzung, nicht aber eine Quotenänderung bei der Ertragsverteilung. **b) Kosten und Lasten** sind gem 8 § 748 – dem Gegenstück zu § 743 – anteilig zu tragen. **aa)** Die Teilhaber haben einen Anspruch auf Vorausentrichtung künftiger Aufwendungen und auf Erstattung erbrachter Aufwendungen, uU auf Befreiung übernommener Verbindlichkeit (BGH ZIP 92, 28). Auch der einzelne Teilhaber, der über seine Quote hinaus Kosten getragen hat, kann sich auf § 748 berufen (BGH NJW 00, 1945: Ausgleichsanspruch gem § 426; sa § 426 Rn 5–8). Dies gilt auch, wenn ein Ehegatte nach endgültigem Scheitern der Ehe Lasten allein getragen hat (Hamm FamRZ 89, 740; Köln FamRZ 92, 832 für getrennt lebende Ehegatten) oder wenn für die vereinbarte einseitige Kostenlast die Geschäftsgrundlage entfällt (BGH NJW 92, 2282 für werterhöhende Aufwendungen im Falle der Teilungsversteigerung). Die Kosten der Erhaltung, Verwaltung und gemeinschaftlichen Benutzung müssen für die Gemeinschaft erforderlich gewesen sein oder es muß sich um einverständliche Aufwendungen handeln (BGH ZIP 92, 28). **bb)** Konkurrenz kann vorliegen mit 9 mietvertraglichen Ansprüchen (§ 539 nF bzw § 547 aF), sofern ein Teilhaber Mieter war; dann ist zu unterscheiden, ob die Aufwendung im Mieterinteresse oder im Erhaltungsinteresse der Gemeinschaft gemacht war (BGH NJW 74, 744) und dementspr für die Verjährung (§ 548 II nF bzw § 558 aF) zu differenzieren (sehr zweifelhaft!). Gegenüber §§ 677 ff, 812 ff ist § 748 lex specialis, so daß diese Vorschriften nur beim Fehlen der Voraussetzung des § 748 zum Zuge kommen (BGH NJW 87, 3001: Überschreiten des Notverwaltungsrechts). **c)** Die **Verwal-** 10 **tung** richtet sich nach Vereinbarung (§ 745 II), Mehrheitsbeschluß (§ 745 I; unförmlich, aber nach Gehör: BGH 140, 71), Gerichtsentscheidung (§ 745 II); erst wenn dies alles nicht zutrifft, gilt der Grundsatz des Gesamthandelns (§ 744 I). *Vereinbarungen* über die Verwaltung durch einen Gemeinschafter können die übrigen Gemeinschafter (uU aufgrund Mehrheitsbeschlusses) aus wichtigem Grund ohne Aufhebung der Gemeinschaft kündigen (BGH 34, 369 ff; NJW 83, 450); notwendig ist Verletzung der Pflicht zu ordnungsmäßiger Verwaltung, bloßer Vertrauenswegfall genügt nicht (BGH WM 81, 1136; NJW 83, 450). Liegen solche Kündigungsgründe bereits bei der mehrheitlichen Beschlußfassung über die Übertragung der Verwaltung vor, bindet der Beschluß nicht (Düsseldorf NJW-RR 87, 1256). Mehrheitsbeschlüsse und Entscheidungen können nicht wesentliche Veränderungen gegen den Willen eines Bruchteilseigners herbeiführen (§ 745 III 1). Ein Beschluß zur Rücklagenbildung für Notmaßnahmen (§ 744 II) liegt im Rahmen des § 745 III 2 (BGH 140, 71 ff). Im Errichten eines Behelfsbaus ohne Beanspruchung des Mitteilhaber, dem Wiederaufbau einer Ruine mit Versicherungsgeldern oder der Änderung der Raumeinteilung wird keine wesentliche Änderung zu sehen sein (BGH NJW 53, 1427; 83, 933); anders bei Kostenbeteiligung aller Teilhaber (LM Nr 14 zu § 1004; BGH NJW 83, 933) oder einschneidender Änderung von Gestalt oder Zweckbestimmung eines gemeinschaftlichen Gegenstandes (Hamburg OLGZ 90, 144: Garagen statt Kfz-Stellplätze); noch hinzunehmen hingegen der künftige Ausschluß der Eigennutzung eines Appartement-Hotels durch Mehrheitsbeschluß der Eigentümergemeinschaft (BGH NJW-RR 95, 11 267). Auch die Verfügung über Eigentumsrechte kann eine ordnungsgemäße Verwaltung darstellen, wenn die Grenze des § 745 III 1 nicht überschritten wird,

Stürner 931

§ 748 Buch 2. Abschnitt 8. Einzelne Schuldverhältnisse

insbes wenn die Miteigentümer nicht übermäßig finanziell belastet werden (BGH 101, 24: Zustimmung zur Widmung einer Privatstraße; zur Belastung des Gemeinschaftseigentums zur Abwendung der Zwangsvollstreckung, BGH WM 87, 985; zur Bewilligung einer Zufahrtsbaulast, BGH WM 91, 823; zum Tausch einzelner aus einer Gesamtheit gemeinschaftlicher Grundstücke, BGH 140, 66 ff); ebenso die Entscheidung über die Beendigung eines Mietverhältnisses (Düsseldorf NJW-RR 98, 11: Widerspruch gegen die Verlängerung). Bei Interessenwiderstreit in der Person eines Gemeinschafters greift uU Stimmrechtsausschluß analog § 34 BGB (vgl BGH 34, 372; 56, 52; Düsseldorf NJW-RR 98, 12; vgl §§ 709–713 Rn 22). Maßnahmen der Notverwaltung (§ 744 II) kann jeder Teilhaber vornehmen; stets nur Erhaltungsmaßnahmen (also zB idR keine Kündigung, BGH NJW 82, 641; 83, 1193).

12 3. **Außenverhältnis. a) Verpflichtungsgeschäfte:** Handelt der Teilhaber allein und in eigenem Namen, so wird nur er allein berechtigt und verpflichtet (zB Vermietung durch *einen* Miteigentümer, Karlsruhe NJW 81, 1278). Handeln alle Teilhaber zusammen, so sind sie idR Gesamtschuldner (§ 427, BayObLGZ 81, 345), ausnahmsweise aber auch Teilschuldner (§ 420) oder gemeinschaftliche Schuldner (zB Verpflichtung zur Auflassung des Gemeinschaftsgrundstücks, BGH NJW 80, 2464; Braunschweig NJW-RR 97, 1038; van Venrooy JuS 82, 95; Verpflichtung zur Bestellung dinglicher Rechte, vgl BGH 36, 187; vgl iü Vor
13 § 420 Rn 4, § 431 Rn 2 ff). Zur Gläubigerstellung vgl § 741 Rn 6. *Stellvertretung* ist denkbar bei Vereinbarung und Zustimmung, auf die ein durchsetzbarer Anspruch bestehen kann (§§ 744 II, 745 II). Der Mehrheitsbeschluß im Rahmen ordnungsmäßiger Verwaltung berechtigt die Mehrheitsteilhaber zur Vertretung der Minderheit (BGH 56, 50 ff; WM 85, 282; enger BGH 49, 192). Bei Notvertretung gem § 744 II ist entgegen der wohl noch hM (MK/Schmidt §§ 744, 745, 38) ebenfalls Vertretungsmacht anzunehmen (offen BGH NJW 82, 641); entgegen älterer Rspr (BGH 17, 184) besteht nach neuerer Ansicht dingliche Vertretungsmacht (Rn 14), die fehlende schuldrechtliche Vertretung müßte zu unübersichtlichen und schwer verständlichen Differenzierungen führen (zB MK/Schmidt §§ 744, 745, 38). Sofern man die Vertretungsbefugnis aufgrund Notverwaltungsrechts verneint, zwingt man zu umständlichen Klagen auf Zustimmung gem
14 §§ 744 II Halbs 2, 745 II (hierzu BGH 56, 50; sa §§ 709–713 Rn 10). **b)** Für **Verfügungsgeschäfte** ordnet § 747 S 2 gemeinschaftliche Verfügung an (zB Karlsruhe NJW 86, 63). Dies geschieht durch eine Verfügung der Gemeinschaft über den gemeinschaftlichen Gegenstand insgesamt (BGH NJW 94, 1471; Palandt/Sprau § 747, 4) und nicht durch eine koordinierte Verfügung aller Teilhaber über ihre Bruchteile (so MK/Schmidt § 747, 22). Bei unwirksamer Mitwirkung eines Teilhabers ist die Verfügung schwebend unwirksam, § 139 findet keine Anwendung (BGH aaO). Ausnahmsweise besteht für Notverwaltungsmaßnahmen (§ 744 II) Vertretungsmacht (BGH NJW 85, 490; MK/Schmidt §§ 744, 745, 38: „Verfügungsmacht"), ebenso bei Mehrheitsbeschlüssen zur ordnungsmäßigen Verwaltung (§ 745 I; offen BGH 49, 192; 56, 50; wie hier MK/Schmidt §§ 744, 745, 26). §§ 744 II, 745 I sind insoweit leges speciales gegenüber § 747 S 2; zur Erben-
15 gemeinschaft s §§ 2038 Rn 1–6, 2040 Rn 1–3. **c)** Im **Aktivprozeß** können die Gemeinschafter Forderungen gemeinsam einklagen, sie sind dann notwendige Streitgenossen, da der Einzelprozeß im Fall des Obsiegens Rechtskraft für alle Teilhaber bewirkt (vgl SoeStürner § 1011, 2 mwN; aA BGH 92, 351 für Miteigentümer u § 1011 Rn 3; s auch §§ 2039 Rn 6 f, 709–713 Rn 10); es kann aber auch jeder Teilhaber aus § 432 auf Leistung an alle klagen (s § 741 Rn 6). Aus §§ 744 II, 745 I soll keine prozessuale Vertretungsbefugnis folgen (BGH 17, 184), wohl aber soll § 744 II einen Gemeinschafter zur Klage in eigenem Namen auf Leistung an sich selbst ermächtigen (BGH 94, 120; ähnlich BGH NJW 00, 3272). Gewillkürte Prozeßstandschaft mit Ermächtigung zur Leistung an einen Teilhaber soll stets möglich sein (BGH 94, 121 m abl Anm Tiedtke JZ 85, 890). Besser wäre

Titel 17. Gemeinschaft **§§ 749–751**

es, an gemeinschaftlicher Klage bzw § 432 festzuhalten und für §§ 744 II, 745 I prozessuale Vertretung zu gestatten; für die – verwirrende – Prozeßstandschaft wäre dann kein Raum. Im **Passivprozeß** besteht bei Gesamtschuldnerschaft einfache, bei gemeinschaftlicher Schuld (zB Grundstücksauflassung) dagegen notwendige Streitgenossenschaft (BGH 36, 187; NJW 84, 2210; 94, 1471; 96, 1061).

4. Die **Verfügungsbefugnis über den ideellen Bruchteil** entspricht der individualistischen Grundkonzeption. Es gelten die ges Regeln für Verfügungen über das Vollrecht, wobei Übergabe durch Übertragung des Mitbesitzes ersetzt wird. Ein Verfügungsverbot wirkt schuldrechtlich, nicht dinglich (§ 137). Ein Verzicht des Miteigentümers nach § 928 ist unwirksam, weil §§ 749 ff Sonderregeln für die Aufhebung der Gemeinschaft enthalten (BGH 115, 7 mN). Die **Zwangsvollstreckung** erfolgt bei beweglichen Sachen und Forderungen gem ZPO 857 I und II, 828 ff, bei Immobilien gem ZPO 864 II, 866 I. Der Pfändungsgläubiger kann statt der Verwertung des ideellen Bruchteils die Aufhebung betreiben (§ 751 S 2; sa §§ 749–758 Rn 4 ff); Teilungsverfahren gem § 752 oder § 753 iVm §§ 1233 ff. Bei Immobilien kann Zwangsversteigerung bzw -verwaltung des ideellen Bruchteils erfolgen oder man kann – oft erfolgversprechender – durch Pfändung des Aufhebungsanspruchs zur Teilungsversteigerung (ZVG 180 ff) kommen (BGH 90, 211; K. Schmidt JR 79, 320; Baur/Stürner I Rn 32.1, 34.9, 34.14). **Lit:** Gramentz, Die Aufhebung der Gemeinschaft nach Bruchteilen durch den Gläubiger eines Teilhabers, 1989 (hierzu Kohler ZZP 104 [1991], 83).

5. Der **Sondernachfolger** ist gem § 746 an die Regelungen der Teilhaber gebunden; § 751 S 1 ergänzt diese Bindung für den Ausschluß der Aufhebung. Sonderregelung bei Grundeigentum: § 1010 I.

6. **Prozessuales.** Zu Aktiv- u Passivprozessen der Gemeinschafter vgl Rn 15. Zur Zwangsvollstreckung in den ideellen Bruchteil Rn 17.

16

17

18

19

§ 749 Aufhebungsanspruch

(1) **Jeder Teilhaber kann jederzeit die Aufhebung der Gemeinschaft verlangen.**

(2) ¹**Wird das Recht, die Aufhebung zu verlangen, durch Vereinbarung für immer oder auf Zeit ausgeschlossen, so kann die Aufhebung gleichwohl verlangt werden, wenn ein wichtiger Grund vorliegt.** ²**Unter der gleichen Voraussetzung kann, wenn eine Kündigungsfrist bestimmt wird, die Aufhebung ohne Einhaltung der Frist verlangt werden.**

(3) **Eine Vereinbarung, durch welche das Recht, die Aufhebung zu verlangen, diesen Vorschriften zuwider ausgeschlossen oder beschränkt wird, ist nichtig.**

§ 750 Ausschluss der Aufhebung im Todesfall

Haben die Teilhaber das Recht, die Aufhebung der Gemeinschaft zu verlangen, auf Zeit ausgeschlossen, so tritt die Vereinbarung im Zweifel mit dem Tode eines Teilhabers außer Kraft.

§ 751 Ausschluss der Aufhebung und Sondernachfolger

¹**Haben die Teilhaber das Recht, die Aufhebung der Gemeinschaft zu verlangen, für immer oder auf Zeit ausgeschlossen oder eine Kündigungsfrist bestimmt, so wirkt die Vereinbarung auch für und gegen die Sondernachfolger.** ²**Hat ein Gläubiger die Pfändung des Anteils eines Teilhabers erwirkt, so kann er ohne Rücksicht auf die Vereinbarung die Aufhebung der Gemeinschaft verlangen, sofern der Schuldtitel nicht bloß vorläufig vollstreckbar ist.**

§ 752 Teilung in Natur

¹Die Aufhebung der Gemeinschaft erfolgt durch Teilung in Natur, wenn der gemeinschaftliche Gegenstand oder, falls mehrere Gegenstände gemeinschaftlich sind, diese sich ohne Verminderung des Wertes in gleichartige, den Anteilen der Teilhaber entsprechende Teile zerlegen lassen. ²Die Verteilung gleicher Teile unter die Teilhaber geschieht durch das Los.

§ 753 Teilung durch Verkauf

(1) ¹Ist die Teilung in Natur ausgeschlossen, so erfolgt die Aufhebung der Gemeinschaft durch Verkauf des gemeinschaftlichen Gegenstands nach den Vorschriften über den Pfandverkauf, bei Grundstücken durch Zwangsversteigerung, und durch Teilung des Erlöses. ²Ist die Veräußerung an einen Dritten unstatthaft, so ist der Gegenstand unter den Teilhabern zu versteigern.

(2) Hat der Versuch, den Gegenstand zu verkaufen, keinen Erfolg, so kann jeder Teilhaber die Wiederholung verlangen; er hat jedoch die Kosten zu tragen, wenn der wiederholte Versuch misslingt.

§ 754 Verkauf gemeinschaftlicher Forderungen

¹Der Verkauf einer gemeinschaftlichen Forderung ist nur zulässig, wenn sie noch nicht eingezogen werden kann. ²Ist die Einziehung möglich, so kann jeder Teilhaber gemeinschaftliche Einziehung verlangen.

§ 755 Berichtigung einer Gesamtschuld

(1) Haften die Teilhaber als Gesamtschuldner für eine Verbindlichkeit, die sie in Gemäßheit des § 748 nach dem Verhältnis ihrer Anteile zu erfüllen haben oder die sie zum Zwecke der Erfüllung einer solchen Verbindlichkeit eingegangen sind, so kann jeder Teilhaber bei der Aufhebung der Gemeinschaft verlangen, dass die Schuld aus dem gemeinschaftlichen Gegenstand berichtigt wird.

(2) Der Anspruch kann auch gegen die Sondernachfolger geltend gemacht werden.

(3) Soweit zur Berichtigung der Schuld der Verkauf des gemeinschaftlichen Gegenstands erforderlich ist, hat der Verkauf nach § 753 zu erfolgen.

§ 756 Berichtigung einer Teilhaberschuld

¹Hat ein Teilhaber gegen einen anderen Teilhaber eine Forderung, die sich auf die Gemeinschaft gründet, so kann er bei der Aufhebung der Gemeinschaft die Berichtigung seiner Forderung aus dem auf den Schuldner entfallenden Teil des gemeinschaftlichen Gegenstands verlangen. ²Die Vorschrift des § 755 Abs. 2, 3 findet Anwendung.

§ 757 Gewährleistung bei Zuteilung an einen Teilhaber

Wird bei der Aufhebung der Gemeinschaft ein gemeinschaftlicher Gegenstand einem der Teilhaber zugeteilt, so hat wegen eines Mangels im Recht oder wegen eines Mangels der Sache jeder der übrigen Teilhaber zu seinem Anteil in gleicher Weise wie ein Verkäufer Gewähr zu leisten.

Titel 17. Gemeinschaft **§ 758**

§ 758 Unverjährbarkeit des Aufhebungsanspruchs
Der Anspruch auf Aufhebung der Gemeinschaft unterliegt nicht der Verjährung.

Anmerkungen zu den §§ 749–758

1. Die **rechtliche Konstruktion des Auflösungsvorgangs** ist umstritten. **1**
a) Nach hM bestehen *dreierlei* Ansprüche des auflösungswilligen Teilhabers: Anspruch auf Einwilligung in die Aufhebung (§§ 749, 758); Anspruch auf Einwilligung in einen bestimmten Teilungsplan (§§ 752–756); Anspruch auf den Vollzug des Teilungsplanes (vgl die Einzelregelung in § 757). Der auflösungswillige Teilhaber kann alle drei Ansprüche in einer einzigen Klage verbinden. Alle Ansprüche richten sich immer nur auf Aufhebung in bezug auf den auflösungswilligen Teil, die übrigen können die Gemeinschaft (ggf am Erlös, § 753) fortsetzen. **b)** Die wohl richtigere Mindermeinung (Esser-Schmidt I § 38 IV **2** 2 c; Hamm NJW-RR 92, 665; offen BGH 90, 214) sieht im Auflösungsverlangen ein Gestaltungsrecht, das den Anspruch auf einen ges vorgeformten Teilungsvertrag schafft. Der praktische Unterschied ist wegen der möglichen Klagehäufung gering. Zur Parallelproblematik bei Erbengemeinschaft vgl § 2042 Rn 7 f.

2. Die Gesamtheit *aller* Teilhaber kann einen vom Ges abw **Aufhebungs- und 3 Teilungsvertrag** schließen. Sofern er Grundstücke betrifft, gilt für *gesetzesabweichende* Verpflichtungen § 311 b I nF bzw § 313 aF (OGH 1, 208); die Vollzugsgeschäfte folgen den allg Vorschriften. Mehrheitsbeschlüsse genügen zur gesetzesabweichenden Teilung nicht (vgl § 745 III 1).

3. Das **Recht auf Aufhebung** ist unverjährbar (§ 758) und gem §§ 749 II, III, **4** 751 S 1 nur beschränkt abdingbar (vgl auch § 750). Ein wichtiger Grund gem § 749 II – für dessen Annahme ein strenger Maßstab anzulegen ist (BGH DB 95, 317) – kann in der Gebrauchsvereitelung durch andere Teilhaber liegen (BGH WM 62, 464; anders NJW-RR 95, 268), Verfeindung der Teilhaber reicht nur bei unmittelbarer Wirkung auf die Gemeinschaft aus (BGH WM 84, 873; ZIP 95, 114); überwiegendes Verschulden der Gegenseite ist nicht erforderlich, hingegen kann deutlich überwiegendes Verschulden des Aufhebung begehrenden Teils der Aufhebung entgegenstehen (BGH WM 84, 873). Dem Recht auf **5** Aufhebung einer Miteigentümergemeinschaft zwischen Eheleuten (vgl § 741 Rn 2) kann bei bestehender Ehe der Gedanke der ehelichen Lebensgemeinschaft entgegenstehen (BGH 37, 38 ff), uU § 1365 (BayObLG FamRZ 81, 47); nach Scheidung darf Aufhebung nicht verlangt werden, wenn der andere Teil die Rückübertragung des während der Ehe eingeräumten ideellen Bruchteils fordern kann (BGH 68, 299 ff). Das Verlangen, die Bruchteilsgemeinschaft nach Scheidung aufzuheben, ist nur dann ausnahmsweise *rechtsmißbräuchlich,* wenn sie dem widersprechenden Ehegatten schlechthin unzumutbar ist (München FamRZ 89, **6** 980). Gegen das Aufhebungsrecht können keine *Gegenrechte* geltend gemacht werden, die nicht in der Gemeinschaft wurzeln, insbes wird § 273 wegen gemeinschaftsfremder Gegenansprüche (BGH 63, 348; 90, 197; NJW-RR 87, 892). Gemeinschaftsbezogene Ansprüche sollen mit auseinandergesetzt werden, andere Ansprüche sollen die Auseinandersetzung nicht stören (arg § 756). Folgerichtig kann gegen den Anspruch auf Freigabe des Enderlösanteils nach vollzogener Auseinandersetzung § 273 greifen (BGH NJW-RR 90, 134). Zum *Aufhebungsrecht des vollstreckenden Gläubigers* vgl §§ 743–748 Rn 17. Ist die Aufhebung zwischen den Gemeinschaftern ausgeschlossen, so kann bei Pfändung eines Anteils (§ 751 S 2) der andere Teilhaber die Gläubigerforderung ablösen (§ 268; Karlsruhe MDR 92, 588).

4. Der **Teilungsplan und sein Vollzug** (§§ 752–757). **a)** Der **Grundsatz der 7 Naturalteilung** (§ 752) wird durchbrochen bei fehlender Teilbarkeit (§ 753),

Stürner 935

ferner bei Vorwegerfüllung von Verbindlichkeiten (§§ 755 III, 756 S 2). Teilbarkeit ist zu bejahen bei Geld, Wertpapieren, ferner beim Gesamthandsanteil an einer Erbengemeinschaft (vgl § 2033 Rn 1). Die hM verneint regelmäßig die Teilbarkeit von Wohngrundstücken (München NJW 52, 1297) und idR bei Grundstücken überhaupt (Hamm NJW-RR 92, 666). Der Vollzug des geschuldeten Naturalteilungsplans kann Willenserklärungen und Realakte erforderlich machen; zur Klagehäufung vgl Rn 1. Die Mängelrechte des übernehmenden Teilhabers gegenüber den übrigen Teilhabern richten sich nach Kauf (§ 757), wobei

8 bei Mangelhaftigkeit aller übertragenen Teile keine Haftung besteht. **b) Der Verkauf zur Versilberung** kann auch bei unteilbaren Gegenständen ausnahmsweise ausgeschlossen sein, wenn die Interessenabwägung für eine Realteilung in ungleiche, aber gleichwertige Teile spricht (BGH 58, 146 ff). Der Verkauf *beweglicher* Sachen erfolgt gem §§ 1233–1247, wobei für den Fall der Uneinigkeit ein vollstreckbarer Titel notwendig ist (str, aA MK/Schmidt § 753, 12). Bei *unbeweglichen* Sachen gelten ZVG 180–184, die keinen Titel gegen die übrigen Miteigentümer verlangen; diese müssen sich analog ZPO 771 gegen die Versteigerung wehren, sofern sie §§ 749, 753 nicht entspricht (BGH WM 84, 539; zum Ganzen Baur/Stürner ZVR I Rn 34.7 ff). ZPO 765 a ist anwendbar (KG NJW-RR 99, 434). Die Teilung des Erlöses (§ 1247 S 2!) folgt § 752; ungleiche Belastung der Miteigentumsanteile ist zu berücksichtigen (BGH NJW 83, 2451; 84, 2527; FamRZ 90, 976). Hinterlegter Erlös steht jedem Teilhaber entspr seiner Beteiligungsquote

9 (§ 420) zu (BGH 90, 196). **c) Gemeinschaftliche Forderungen** (vgl § 741 Rn 5 f) sind idR gem § 754 einzuziehen (BGH NJW 82, 928; BGH NJW 01, 369 f zur Einziehung von Mietzinsforderung gegen einen Teilhaber), der Erlös ist gem § 752 zu verteilen. **d) Verbindlichkeiten:** Gemeinschaftliche Berichtigung aus den notfalls versilberten (vgl Rn 7) Gegenständen kann nur für Gesamtschulden (vgl zur Entstehung §§ 743–748 Rn 12 f) verlangt werden, für die im Innenverhältnis § 748 gilt; vgl § 755. Die Berichtigung der gemeinschaftsbezogenen Forderung eines Teilhabers aus dem – versilberten – Anteil des schuldnerischen Teilhabers (§ 756) kann insbes im Rahmen des § 748 praktisch werden (vgl §§ 743–748 Rn 8 f); vgl iü Rn 4 ff.

10 **5. Prozessuales.** Nimmt man mit der hM einen dreifachen Anspruch des die Auflösung begehrenden Gemeinschafters an (vgl Rn 1), so ist prozessuale Verbindung im Wege der objektiven Klagehäufung zulässig (SoeHadding § 749, 4 u 5). Die Beweislast für ein Aufhebungshindernis (Rn 5 f) trägt, wer sich auf den Ausschluß der Aufhebung beruft (BGH NJW-RR 91, 947).

Titel 18. Leibrente

§ 759 Dauer und Betrag der Rente

(1) **Wer zur Gewährung einer Leibrente verpflichtet ist, hat die Rente im Zweifel für die Lebensdauer des Gläubigers zu entrichten.**

(2) **Der für die Rente bestimmte Betrag ist im Zweifel der Jahresbetrag der Rente.**

§ 760 Vorauszahlung

(1) **Die Leibrente ist im Voraus zu entrichten.**

(2) **Eine Geldrente ist für drei Monate vorauszuzahlen; bei einer anderen Rente bestimmt sich der Zeitabschnitt, für den sie im Voraus zu entrichten ist, nach der Beschaffenheit und dem Zweck der Rente.**

(3) **Hat der Gläubiger den Beginn des Zeitabschnitts erlebt, für den die Rente im Voraus zu entrichten ist, so gebührt ihm der volle auf den Zeitabschnitt entfallende Betrag.**

Titel 18. Leibrente **§ 761**

§ 761 Form des Leibrentenversprechens

¹ Zur Gültigkeit eines Vertrags, durch den eine Leibrente versprochen wird, ist, soweit nicht eine andere Form vorgeschrieben ist, schriftliche Erteilung des Versprechens erforderlich. ² Die Erteilung des Leibrentenversprechens in elektronischer Form ist ausgeschlossen, soweit das Versprechen der Gewährung familienrechtlichen Unterhalts dient.

Anmerkungen zu den §§ 759–761

Lit: Reinhart, Zum Begriff der Leibrente usw, FS Wahl, 1973, S 261; Welter, Wiederkehrende Leistungen im Zivilrecht und im Steuerrecht, 1984.

1. **Allgemeines. a) Leibrente.** Legaldefinition fehlt in der lückenhaften Regelung. Nach dem **Begriff** der hM ist Leibrente ein einheitliches nutzbares Recht (**Stammrecht**, str; dafür sog Einheitstheorie; s StAmann 18 ff vor §§ 759–761; EnnL § 187 I 4; zur Gegenansicht Rn 2), das dem Berechtigten für die Lebensdauer eines Menschen eingeräumt ist und dessen Erträge aus fortlaufend wiederkehrenden, gleichmäßigen und in gleichen Zeitabständen zu gewährenden Leistungen in Geld oder vertretbaren Sachen bestehen (RG 67, 212; BGH WM 80, 594; NJW-RR 91, 1035, stRspr und hM). Die einzelnen Begriffsmerkmale ergeben zugleich die **Abgrenzung** zu ähnlichen Rechtsverhältnissen (Rn 3–5).
b) Leibrentenversprechen. Das Stammrecht (Rn 1) wird nach hM begründet durch einen **abstrakten** und **einseitigen Bestellungsvertrag** (§ 761), durch die sich aus dem zugrundeliegenden Kausalgeschäft ergebende Verpflichtung zur Rentenbestellung erfüllt (§ 362) wird. **Verpflichtungsgeschäft** kann sein: (1) Vertrag; sowohl entgeltlicher (gegenseitiger, zB Rentenkauf; Veräußerung von Grundstück gegen Verpflichtung zur Rentenbestellung) als auch unentgeltlicher (zB Schenkungsversprechen eines Leibrente). Vertrag zgDr möglich (§ 330); (2) einseitiges RGeschäft (zB Vermächtnis einer Leibrente in letztwilliger Verfügung). Die dogmatische Konstruktion der hM ist str; gegen die Zwischenschaltung eines Stammrechts (Rn 1) ua MK/Pecher § 759, 3; Reinhart aaO S 272 ff; vermittelnd SoeWelter 5 vor § 759.

2. **Voraussetzungen. a) Gegenstand** der Leistung: nur Geld oder vertretbare Sachen (§ 91), nicht Kost und Wohnung (RG 104, 273), wie beim Altenteilsrecht (EG 96). **b) Bestimmtheit.** Die einzelnen Leistungen müssen zeitlich und inhaltlich genau bestimmt sein (RG 137, 261). Bei Geldrente ist betragsmäßige Bestimmtheit erforderlich; fehlt bei Abhängigkeit der Rente vom Reingewinn eines Betriebs (RG 137, 262) oder von der Bedürftigkeit des Berechtigten, wie idR bei Unterhaltsverträgen (RG 150, 391), **Auslegungsregeln:** §§ 759 II, 760. **c) Dauer.** Die Rente muß **auf Lebenszeit** eines Menschen zugesagt sein, des Berechtigten (iZw nach § 759 I), des Schuldners oder eines Dritten. Iü ist zeitliche Begrenzung durch Nebenbestimmungen zulässig, soweit der Zweck der Lebensversorgung des Berechtigten gewahrt bleibt (zB bis zu Wiederheirat, höchstens 30 Jahre, bis zum 80. Lebensjahr). **d)** Begründung eines selbständigen Stammrechts (Rn 1) ist erforderlich, Vereinbarung von Rentenleistungen im Rahmen eines Kausalgeschäfts durch Modifizierung sich daraus ergebender Ansprüche genügt nicht. Leibrente liegt daher nicht vor: bei Ruhegehaltsversprechen (enger Zusammenhang mit Dienstvertrag), auch wenn erst nach Beendigung des Dienstvertrags gegeben (BAG NJW 59, 1746); bei gesellschaftsvertraglicher Versorgungsrente (BGH FamRZ 89, 948); bei Rentenpflicht aufgrund Vergleichs über Schadensersatz- (RG 89, 261), Abfindungs- (BGH BB 66, 305) oder Erbansprüche (RG 91, 7). Die Gegenansicht (Rn 2) kommt über die Berücksichtigung der Verkehrsauffassung zu praktisch gleichen Ergebnissen.

3. **Rechtsfolgen. a) Formzwang.** Die Erteilung des Versprechens (nicht die Annahme) bedarf beim Leibrentenvertrag wie auch beim zugrundeliegenden kausalen RGeschäft (hM) der Schriftform (§§ 761, 126). Formmangel: § 125. Soweit

§ 762 Buch 2. Abschnitt 8. Einzelne Schuldverhältnisse

erfüllt, ist **Heilung** des Formmangels entspr §§ 311b I 2, 518 II, 766 S 2 zu bejahen (EnnL § 187 II 3; StAmann § 761, 5, 7, hM, str). **Weitergehende Formvorschriften** gehen vor, zB §§ 311b I, III, 518 I; dann gilt auch § 313b I 2
7 unmittelbar: BGH NJW 78, 1577, str. **b) Nichtleistung** einzelner Raten: Rücktritt nach § 323 ausgeschlossen (Grund: Rn 2, str; offen BGH NJW-RR 91, 1035 mN), nur Verzugsschaden nach § 286 I (RG 106, 96) und uU Rückfor-
8 derung nach § 812 I 2, 2. Alt. **c) Wegfall der Geschäftsgrundlage** (§ 313) möglich (BayObLG MDR 80, 238; ie MK/Pecher § 759, 27 ff). Zur Vereinbarung
9 von **Wertsicherungsklauseln:** §§ 244, 245 Rn 18–27. **d) Verjährung:** Für Stammrecht (Rn 1 und 5) gilt § 195 und insbes § 197 I Nr 4 Fall 2; für Einzelansprüche sa § 197 II.

Titel 19. Unvollkommene Verbindlichkeiten

§ 762 Spiel, Wette

(1) ¹**Durch Spiel oder durch Wette wird eine Verbindlichkeit nicht begründet.** ²**Das auf Grund des Spieles oder der Wette Geleistete kann nicht deshalb zurückgefordert werden, weil eine Verbindlichkeit nicht bestanden hat.**

(2) **Diese Vorschriften gelten auch für eine Vereinbarung, durch die der verlierende Teil zum Zwecke der Erfüllung einer Spiel- oder einer Wettschuld dem gewinnenden Teil gegenüber eine Verbindlichkeit eingeht, insbesondere für ein Schuldanerkenntnis.**

1   **1. Allgemeines.** Die **zwingende** (Rn 7 aE) Regelung verhindert, daß (Erfüllungs- oder Rückgewähr-)Ansprüche aus Spiel- und Wettverträgen Gegenstand von Leistungsklagen werden. Der **Grund** hierfür liegt nicht etwa in ihrer Unsittlichkeit, sondern in ihrer **Gefährlichkeit,** wohl auch in ihrer fehlenden Schutzwürdigkeit (vgl Hamm NJW-RR 97, 1008). Auf die nach StGB 284 ff, UWG 6 c **verbotenen Spiele** (Ausspielungen) findet § 762 keine Anwendung; diese sind nach § 134 nichtig (Folge: Rn 10).

2   **2. Begriffe und Abgrenzungen** ergeben sich aus der Verkehrsauffassung. **Spiel und Wette** sind idR gegenseitige (auch gesellschaftsähnliche, selten einseitige, dazu Rn 5) Verträge, in denen die Parteien den Geschäftserfolg mehr oder weniger vom Zufall (ungewisses zukünftiges Ereignis; Entscheidung bestehender Ungewißheit) abhängig machen (Glücksverträge). Ihr Vertrags**zweck** besteht in der Unterhaltung oder (und) Gewinnerzielung (Spiel) bzw der Bekräftigung einer Behauptung (Wette); weitere wirtschaftliche oder sonstige ernstliche Zwecke fehlen (BGH 69, 301; ergibt **Abgrenzung** zu **verbindlichen** Verträgen mit **aleatorischem** Moment, zB Versicherungsvertrag, Leibrentenversprechen usw); Internetauktion daher kein Spiel oder Wette (BGH NJW 02, 365). Die Abgrenzung **zwischen** Spiel und Wette ist im Hinblick auf die rechtliche Gleichbehandlung
3 nur von geringer praktischer Bedeutung (für § 763 und StGB 284 ff): **a)** Beim **Spiel** verpflichten sich die Parteien unter entgegengesetzten Bedingungen zu einer Leistung. **Arten: aa) Glücksspiele** (wichtig für StGB 284 ff, dazu Rn 1): Die Gewinnchance ist (anders als bei Rn 4) im wesentlichen vom Zufall abhängig (BGHSt 2, 276). **Sonderfälle** des Glücksspiels: Lotterie und Ausspielung (§ 763).
4 **bb) Geschicklichkeitsspiele:** Die Gewinnchance ist überwiegend (auch) von den Fähigkeiten und Kenntnissen der Spieler abhängig. Geringe Geschicklichkeit des Durchschnitts der Spieler kann zum Glücksspiel führen (BGHSt aaO). **cc) Kein**
5 Spiel sind Sportwettkämpfe um Gewinn (Ertüchtigungszweck). **b)** Bei der **Wette** verspricht jede Partei der anderen eine Leistung für den Fall, daß von zwei gegensätzlichen Behauptungen die ihrige sich als unrichtig erweist. Auch einseitige Wette ist möglich (RG 61, 156). **Keine** Wette (kein ernstlicher Meinungsstreit), sondern Spiel sind die Renn- und Sport„wetten", sog **Spielwetten.**

Titel 19. Unvollkommene Verbindlichkeiten **§ 762**

3. **Rechtsfolgen:** Spiel und Wette begründen **keine Verbindlichkeit** (und 6
damit: keine Forderung, § 241 I) **im Rechtssinn** (I 1; der Ausdruck „unvollkommene Verbindlichkeit" [so MK/Pecher 6] sollte besser vermieden werden, desgl „unklagbarer Anspruch"), ihre Wirkungen erschöpfen sich im Behaltendürfen, dh sie stellen einen rechtlich anerkannten **Erwerbsgrund** dar (Rn 9). a) Dem **Gläu-** 7
biger steht **kein Erfüllungs-** oder Schadensersatz**anspruch** wegen Nichterfüllung (BGH 25, 126) zu, ferner kein Zurückbehaltungs- (§ 273) oder Aufrechnungsrecht (§ 389). Im Prozeß ist der Mangel der Verbindlichkeit **von Amts wegen** zu beachten. b) Durch **Eingehung neuer Verbindlichkeiten (II)** kann 8
I 1 nicht umgangen werden. II erstreckt sich auf Schuldanerkenntnis und -versprechen (§§ 780, 781) des verlierenden Teils (nicht auch des anderen: BGH NJW 88, 1087), insbes Saldoanerkenntnis (BGH 92, 325; 93, 312; 94, 266) und Verrechnungsabrede im Rahmen eines Kontokorrents (BGH 93, 312, str; dazu Canaris ZIP 87, 885), Scheck- und Wechselverbindlichkeiten (BGH NJW 81, 1898 f; zum Euroscheck Rn 11), Vereinbarungsdarlehen (Rn 6 vor § 488), Umschuldungsdarlehen (BGH 92, 325) sowie Schuldumschaffung (sa § 311 Rn 18). Unverbindlich sind auch die auf den Spiel-(Wett-)anspruch bezogenen abhängigen **Sicherungsgeschäfte** (zB Bürgschaft, RG 52, 40; Pfandbestellung, RG 47, 52; Sicherungsübereignung; Vertragsstrafe, § 344; Vergleich; für Hypothek s §§ 1163 I, 1177 I). c) **Ausschluß der Rückforderung bei Erfüllung (I 2).** 9
Die Leistung des Schuldners muß (effektiven) Tilgungscharakter haben (§§ 362 oder 364 I; fehlt bei Verrechnung [Aufrechnung] im Rahmen eines Kontokorrents: BGH 102, 207 f; NJW 98, 2526: Rn 8) und darf nicht nur sicherungs- oder erfüllungshalber (§ 364 II) erfolgt sein oder in einer Sicherheitsleistung bestehen (dann rückforderbar: BGH 86, 118). I 2 erfaßt auch im voraus erbrachte Erfüllungsleistungen (Düsseldorf WM 89, 55; zB Spieleinsatz); pauschale Vorauserfüllungs- und Abrechnungsvereinbarungen genügen jedoch nicht (vgl BGH 107, 197 f; 117, 141; NJW 91, 2705). Unkenntnis der Unverbindlichkeit bewirkt kein Rückforderungsrecht (BGH NJW 89, 2121). d) Ist der Spiel-(Wett-)vertrag 10
wegen Gesetzesverstoßes (§ 134: **verbotenes Spiel,** Rn 1, Sittenwidrigkeit (§ 138; Bsp: „Schneeballsystem" [BGH NJW 97, 2314, dazu Willigmann NJW 97, 2932], sa UWG 6 c) oder erfolgreicher Anfechtung (zB gem §§ 123, 142 I: **Falschspiel) nichtig,** gilt I 2 nicht (BGH aaO S 2315; Willigmann aaO S 2933); Rückforderung gem §§ 812, 814, 817 ist möglich, bei Falschspiel auch gem §§ 823 ff, 826.

4. Auf **Neben- und Hilfsverträge** ist § 762 entspr anwendbar (RG 51, 159; 11
BGH NJW 74, 1705; 1829, allgM). Aus spiel- und wettbezogenen (Ermöglichung, Erleichterung) Vereinbarungen (Bsp: Auftrag, Geschäftsbesorgungs-, Gesellschaftsvertrag usw) entstehen daher keine Ansprüche auf Ausführung bzw Schadensersatz wegen Nicht-(Schlecht-)ausführung (BGH 93, 309 f; 94, 267; Hamm NJW-RR 97, 1008). **Anders** beim Anspruch aus §§ 280 I, 311 II (cic, LG Berlin NJW 92, 2707), ferner beim Anspruch auf Gewinnherausgabe (gegen Auslagenerstattung), der nur die Zuweisung an den wahren Berechtigten bezweckt (aA BGH NJW 80, 1958 für BörsenG 60). Ein zu Spielzwecken gegebenes **Darlehen** ist nicht ohne weiteres unwirksam (vgl aber Rn 8); doch gilt **I 1** bei (verkapptem) Spielen auf Kredit (LG Mönchengladbach WM 94, 1376 f mN; AG Rendsburg NJW 90, 916), § 138 bei Hingabe gegen Wechsel aus eigennützigen Beweggründen (BGH 131, 140 mN; NJW 92, 316 mN), **§ 134** bei verbotenem Spiel (Nürnberg MDR 78, 669). Soweit der Scheckverbindlichkeit der Spieleinwand entgegengesetzt (Rn 8), muß auch für die Garantieverpflichtung der Bank beim **Euroscheck** gelten; Grund: Bankgarantie soll Deckungsrisiko ausschalten, nicht aber Mangel der Verbindlichkeit gem **II** heilen (iE ebenso MK/Pecher 21; bei § 138 I auch BGH NJW 90, 385). Wirksam ist die Verpflichtung eines Dritten zur Erstattung bereits entstandener Verluste (BGH 101, 302).

§§ 763–Vor § 765

§ 763 Lotterie- und Ausspielvertrag

¹Ein Lotterievertrag oder ein Ausspielvertrag ist verbindlich, wenn die Lotterie oder die Ausspielung staatlich genehmigt ist. ²Anderenfalls findet die Vorschrift des § 762 Anwendung.

Lit: Schlund, Das Zahlenlotto, 1972.

1 **1. Allgemeines. a) Bedeutung.** Wichtige Einschränkung des Anwendungsbereichs von § 762 für alle Arten von staatlich genehmigten Glücksspielen (Rn 3 f). Die sonst gegebene Gefährlichkeit (§ 762 Rn 1) wird durch die staatliche Kontrolle
2 (Rn 4) begrenzt. **b) Begriffe. Lotterie** (iwS) ist jede Veranstaltung eines Glücksspiels (§ 762 Rn 3), bei der der Unternehmer den spielplanmäßig aus einer Mehrheit von Einsatz leistenden Teilnehmern ermittelten Gewinnern einen Gewinn (bei Geld Lotterie **ieS**, RG 77, 344, sonst **Ausspielung**) verspricht. Der Einsatz kann offen (Loskauf, dazu § 433 Rn 12) oder versteckt (Entrichtung von Kaufpreis für Waren, Eintritt ua) zu leisten sein. Bsp für Lotterie: Klassenlotterie, Zahlenlotto, Fußballtoto, Renn„wetten" (§ 762 Rn 5); für Ausspielung: Tombola, uU Preisrätsel und Preisausschreiben.

3 **2. Rechtsfolgen. a) Staatlich genehmigtes Spiel (S 1). aa)** Spielverträge **jeder Art** sind bei staatlicher Genehmigung **vollwirksam** (§ 762 Rn 6 ff unanwendbar), nicht nur Lotterie- und Ausspielverträge (Rn 2), in **entspr Anwendung** von S 1 auch staatlich genehmigte Sportwetten (BGH NJW 99, 54), ordnungsgemäße Spielverträge bei staatlich konzessionierten Spielbanken (BGH NJW 74, 1821) und behördlich zugelassenen Spielautomaten (GewO 33 c ff). Auch **Nebenverträge** (vgl § 762 Rn 11) sind in den Grenzen von § 138 gültig (Bsp: Toto- oder Lottogemeinschaft, BGH NJW 74, 1705 dazu Kornblum JuS 76, 571; Spieldarlehen, BGH NJW 74, 1821), soweit überhaupt eine Rechtsbindung gewollt ist, was bei der Verpflichtung des Spielbeauftragten zur Ausfüllung und Einreichung von „Wett"scheinen idR zu verneinen ist (BGH NJW 74, 1706; iE
4 abw Hamm NJW-RR 97, 1008). **bb)** Die **Erteilung der Genehmigung** (erübrigt sich bei staatlichen Lotterien) richtet sich meist nach Landesrecht. Für die verschiedenen Arten von Lotterien (Rn 2) bestehen zahlreiche Sondervorschriften.
5 Überblick: ErmSeiler 8. **b) Fehlt die staatliche Genehmigung,** gilt § 762 (dort Rn 6 ff), soweit nicht § 134 mit StGB 286, UWG 6 c eingreift (dann § 762 Rn 10).

§ 764 *(weggefallen)*

Titel 20. Bürgschaft

Vorbemerkungen

Lit: Bülow, Recht der Kreditsicherheiten, 5. Aufl 1998; Fischer, Aktuelle höchstrichterliche Rspr zur Bürgschaft und zum Schuldbeitritt, WM 01, 1049 u 1093; Horn, Bürgschaftsrecht 2000, ZIP 01, 93; Horn, Bürgschaft und Garantien, 8. Aufl 2000; Lorenz, Innenverhältnis und Leistungsbeziehungen bei der Bürgschaft, JuS 99, 1145; Medicus, Entwicklungen im Bürgschaftsrecht – Gefahren für die Bürgschaft als Mittel der Kreditsicherung?, JuS 99, 833; Reinicke/Tiedtke, Bürgschaftsrecht, 2. Aufl 2000; Tiedtke, Rechtsprechung des BGH auf dem Gebiet des Bürgschaftsrechts seit 1997, NJW 01, 1015; Tonner, Die Haftung vermögens- und einkommensloser Bürgen in der Rechtsprechung, ZIP 99, 901.

1 **1. Allgemeines. a) Begriff** des **Bürgschaftsvertrags:** § 765 Rn 2. **b) Bedeutung.** Bürgschaft ist „persönliche" (dh schuldrechtliche) Sicherung einer fremden Forderung. Sie bildet das wichtigste „persönliche" Kreditsicherungsgeschäft; weitere Formen: Rn 11 ff. Dingliche Sicherungen: §§ 1204 ff; 1113 ff; 1191 ff; Sicherungsübereignung und -zession (§ 930 Rn 19 ff); sa § 232. **c)** Eine

Titel 20. Bürgschaft **Vor § 765**

Bürgschaftshaftung kraft Ges ordnen zB §§ 566 II 1, 1251 II 2; VerlagsG 36 II 2 an.

2. **Arten der Bürgschaft.** Von der Regelbürgschaft abw Sonderformen sind 2 nur zT bes geregelt (vgl Rn 3, 6); iü handelt es sich um verkehrstypische Verträge. **a) Selbstschuldnerische Bürgschaft** (§ 773 Nr 1). **b)** Der **Ausfallbürge** haftet nur, soweit der Gläubiger trotz Zwangsvollstreckung in das gesamte Vermögen des Schuldners und infolge Versagens anderer Sicherheiten (zB Pfand, gewöhnliche Bürgschaft) einen Ausfall erleidet (BGH NJW 89, 1855 mN); eine abw Bestimmung des „Ausfalls" durch die Parteien ist möglich (BGH NJW 86, 3133, in AGB aber nur eingeschränkt (vgl BGH NJW 98, 2138 [2141]; Trapp WM 99, 301). Ausfall ist Anspruchsvoraussetzung (Beweislast des Gläubigers, Einrede aus § 771 erübrigt sich, vgl BGH NJW 99, 1470 mN). Verhältnis zum gewöhnlichen Bürgen: § 769 Rn 1; § 774 Rn 10; vom Gläubiger verschuldeter Ausfall: § 765 Rn 19. **c) Mitbürgschaft** (§§ 769, 774 II). **d)** Bei der **Gesamtschuldbürgschaft** richtet 3 sich die Hauptforderung gegen mehrere Gesamtschuldner (§§ 421, 427). Hat sich der Bürge für die volle Gesamtschuld (dh für sämtliche Gesamtschuldner) verbürgt, so kann er bei Leistung gem § 774 I 1 gegen sämtliche Gesamtschuldner Rückgriff nehmen (BGH 46, 15); hat er sich nur für einen Gesamtschuldner verbürgt, geht bei Leistung an den Gläubiger die Hauptforderung gegen diesen Gesamtschuldner auf ihn über, gegen die übrigen nur insoweit, als diese dem haftenden Gesamtschuldner gem § 426 II ausgleichspflichtig sind (BGH 46, 16; Hamm OLGZ 90, 338 f mN, str). **e)** Bei der **Teilbürgschaft** haftet der Bürge nur für einen bestimm- 4 ten Teil (Betrag) der Hauptschuld; Bsp: Für die ersten € 1000 bei einer Forderung von € 2000. Folge: Mit Tilgung des gesicherten Forderungsteils (vgl aber § 366 II) wird der Bürge frei. **f) Höchstbetragsbürgschaft.** Haften mehrere Bürgen mit 5 unterschiedlichen Höchstbeträgen für dieselbe Forderung, liegt idR keine Teilbürgschaft vor (Glöckner ZIP 99, 823). Dies folgt aus der Tatsache, daß sich die Höchstbetragsbürgschaft auf die ganze Hauptschuld bezieht; die Bürgschaftsverpflichtung ist aber umfangmäßig auf den vereinbarten Höchstbetrag begrenzt (bei Vereinbarung zuzüglich Zinsen: BGH 104, 242 mN; uU Verstoß gegen § 305 c II Nürnberg NJW 91, 233; Hamm WM 95, 1874 oder § 307: Stuttgart NJW-RR 1997, 301). Folge: Der Bürge haftet, solange noch ein Forderungsrest besteht, bis zur Höchstgrenze. Ausgleich: § 774 Rn 9. **g) Zeitbürgschaft** (§ 777). **h) Kre-** 6 **ditbürgschaft** (§ 765 Rn 12, 14 f) ist die Verbürgung für einen zu gewährenden oder laufenden Kredit, häufig als **Kontokorrentbürgschaft**, dh für Forderungen, die in die laufende Rechnung aufgenommen sind (HGB 355–357). Begrenzung der Haftung ist möglich durch Teil- und Höchstbetragsbürgschaft. Auslegungsfrage, ob Höchstbetrag nur Bürgschaft (dann iZw Rn 5) oder auch Kredit begrenzt (dann iZw Rn 4; hierzu Derleder NJW 86, 100). Zu den Grenzen formularmäßiger Haftungsausdehnung § 765 Rn 14, zur zeitlich-/gegenständlichen Begrenzung § 777 Rn 2. **i)** Der **Nachbürge** steht dem Gläubiger für die Erfüllung der Ver- 7 pflichtung des Vor-(Haupt-)bürgen ein. Befriedigt der Nachbürge den Gläubiger, so erlangt er entspr § 774 I 1 sowohl dessen Rechte gegen den Hauptschuldner als auch gegen den Vorbürgen (BGH 73, 96 f mN, str), gegen den Vorbürgen uU auch einen Aufwendungsersatzanspruch gem § 670 (Köln WM 95, 1226). Einwendungen, die dem Hauptschuldner gegen den Vorbürgen zustehen, kann er nicht entspr § 774 I 3 dem Nachbürgen entgegenhalten (Köln MDR 75, 932; Dörner MDR 76, 708; aA Hamm MDR 61, 708; differenzierend Tiedtke WM 76, 174). **k)** Der 8 **Rückbürge** verbürgt sich dem Hauptbürgen gegenüber für die Erfüllung der Rückgriffsschuld des Hauptschuldners (BGH 95, 379 f). Entstehen der Schuld also erst mit Befriedigung des Gläubigers durch den Hauptbürgen (vgl § 765 II). Befriedigt der Rückbürge den Hauptbürgen, so geht nach § 774 I 1 dessen Rückgriffsforderung (übergegangene Forderung des Gläubigers) gegen den Hauptschuldner auf ihn über (MK/Pecher § 765, 58, str; aA PalSprau 10: Abtretung erforderlich). Abgrenzung zur (formfreien) Erfüllungsübernahme (§ 329) gegen-

Stadler

Vor § 765 Buch 2. Abschnitt 8. Einzelne Schuldverhältnisse

9 über dem Bürgen: BGH NJW 72, 576. **l) Sicherheits- und Prozeßbürgschaft** (§§ 232 II, 239 II; ZPO 108; ie Kotzur DGVZ 90, 161); bes Sicherungszweck: BGH 69, 272; München WM 94, 1900; Umfang: Köln NJW-RR 89, 1396; Zustellungserfordernis: § 766 Rn 4; Dauer: § 777 I gilt iZw nicht (BGH NJW 79, 418); Erlöschen: ZPO 109 II 1; Austausch nach § 242: BGH NJW 94, 1351.

10 **m) Gewährleistungsbürgschaft** dient der Sicherung von Ansprüchen des Auftraggebers wegen mangelhafter Leistung (s BGH 136, 27; NJW 00, 1863). **n)** Bei der **Bürgschaft auf erstes Anfordern** verpflichtet sich der Bürge auf einfaches (formalisiertes) Verlangen des Gläubigers (BGH NJW 01, 1857; 97, 255) sofort und unter einstweiligem Verzicht auf Einwendungen (eigene [BGH 00, 1564 mN] und solche nach § 768) zu zahlen (BGH NJW 98, 2280). In Anforderung und Erstprozeß muß daher idR weder die Hauptschuld noch deren Fälligkeit dargelegt werden (München WM 98, 342), bei Gewährleistungsbürgschaft aber ggf konkreter Mangel (München NJW-RR 95, 498; aA Köln NJW-RR 98, 1393; offen BGH NJW-RR 01, 308). Durch Parteivereinbarung können bes Voraussetzungen (zB Urkundenvorlage) festgelegt werden (BGH NJW 01, 3616; Schmidt WM 99, 308). Als Bürge kommen bei Anwendung von AGB-Recht idR nur Banken, Versicherungen und Unternehmen mit branchentypischer Erfahrung (zB Baugewerbe) in Betracht, sonstige Personen bei Individualvereinbarung uU nach entspr Belehrung durch den Gläubiger (BGH NJW 98, 2280); Auslegungsfrage, ob dann nicht nur einfache Bürgschaft vorliegt (BGH NJW 92, 1446 mN); sa Rn 15; § 770 Rn 3. Einwendungen bleiben einem späteren **Rückforderungsprozeß** (BGH NJW 89, 1606: § 812 I 1, 1. Alt, nach aA Bürgschaftsvertrag: Bydlinski WM 90, 1402 f) vorbehalten (einschränkend für Garantie auf erstes Anfordern BGH JZ 99, 464), **Ausnahme:** offensichtlicher Rechtsmißbrauch (BGH NJW 01, 1563; 97, 255 f; Düsseldorf NJW-RR 98, 776; zu § 648a II 2: BGH WM 02, 556). Im Erstprozeß beachtlich sein kann auch die Frage, für welche Forderung gebürgt wurde oder ob sie im Verhältnis zum Hauptschuldner ohne Rechtsgrund besteht (Einrede nach § 768 I: BGH 143, 388; NJW 01, 1857). Sie muß sich jedoch wegen der bes Funktion des Instituts aus dem unstr Parteivortrag bzw der Bürgschaftsurkunde und dort in Bezug genommenen Urkunden beantworten lassen (BGH NJW 99, 2362; 01, 1857; 02, 1493; BGH 143, 388; Bülow LM Nr 152; aA Düsseldorf MDR 00, 328). Die Beweislast im Rückforderungsprozeß entspricht der des Bürgenprozesses (BGH NJW 89, 1607). Die dem Rückforderungsprozeß vorbehaltenen Einwendungen können nicht im Nachverfahren des Urkundenprozesses geltend gemacht werden (Grund: Verlust des Liquiditätsvorteils für Gläubiger durch ZPO 600 II, 302 IV 2–4; BGH NJW 94, 380; 97, 255; 01, 3551 mN, str); idR auch nicht ihrerseits im Urkundenverfahren (BGH NJW 01, 3551; aA Lang WM 99, 2334 f). Der Schuldner muß wegen der Wirkung für den Rückgriff mit Bürgschaft auf erstes Anfordern einverstanden sein (BGH NJW 01, 1536; zu dessen Rückgriffsanspruch gegen den Gläubiger BGH 137, 212; 139, 331). **Lit:** Hahn, Die Bürgschaft auf erstes Anfordern, MDR 99, 398; Lang, Rückforderung von auf eine Bürgschaft auf erstes Anfordern Geleisteten im Urkundenprozeß, WM 99, 2329; Schnauder, Zahlungsversprechen auf erstes Anfordern im System des Schuldrechts, WM 00, 2073.

11 **3. Andere schuldrechtliche Sicherungsgeschäfte. a) Garantievertrag. aa) Begriff.** Der selbständige Garantievertrag ist ein einseitig verpflichtender Vertrag, durch den sich der Garant verpflichtet, den Gläubiger (Garantienehmer) im Garantiefall so zu stellen, als ob der ins Auge gefaßte Erfolg eingetreten oder der Schaden nicht entstanden wäre (BGH 82, 401; NJW 85, 2941 f mN; 96, 2570). Er ist ein ges nicht geregelter verkehrstypischer Vertrag (BGH 104, 90); §§ 443, 447

12 regeln aber nun sog „Herstellergarantie" (s § 443 Rn 7). **bb) Rechtsfolge.** Dem Gläubiger steht bei Nichteintritt des garantierten Erfolgs (Verwirklichung der übernommenen Gefahr) ein **selbständiger, in Entstehung und Fortbestand** von der gesicherten Schuld unabhängiger Anspruch (Rn 14) gegen den Garanten

Titel 20. Bürgschaft **Vor § 765**

zu (Haftungsverschärfung gegenüber Bürgschaft) – Auslegungsfrage (BGH NJW-RR 00, 1581). **cc) Gegenstand** der Garantie kann jeder Erfolg, insbes die 13
Tauglichkeit einer Ware oder eines Werks (**Eigenschaftsgarantie**) oder die Sicherung einer Leistung (auch eines Dritten) sein (**Leistungsgarantie**). Bsp: Einlösungs- (Bsp: Scheckeinlösungszusage, vgl BGH 110, 265 mN; Scheckkartengarantie, vgl § 676 h Rn 5; BGH 93, 80; 122, 160), Bonitäts-, Preis-, Kurs- (BGH BB 76, 1430), Ausfall- (vgl BGH NJW 99, 711), Forderungs- (Marwede BB 75, 986 mN), Zahlungsgarantie (BGH 94, 172); zur Abgrenzung von der unselbständigen Garantie s § 443 Rn 8; zur Garantie auf erstes Anfordern s Rüßmann/Britz WM 95, 1825; Schnauder WM 00, 2073. **dd) Anwendbares Recht.** §§ 765 ff, insbes 14
§§ 766, 767–771 gelten nicht entspr (einschr Larenz, SchR II/2, § 64 III 3), Abschluß daher **formfrei** möglich (BGH WM 82, 632, hM; aA Rüßmann, FS Heinrichs, 1998, S 451), soweit nicht zB § 311 b I eingreift (Celle NJW 77, 52 betr Ausbietungsgarantie) oder § 477 II; s auch Rn 18: Schriftform nach § 492. Der Garantieanspruch (Rn 12; Verjährung: §§ 195, 199, vgl BGH NJW 82, 1810; Haas BB 2001, 1319; zur unselbständigen Garantie Mansel/Budzikiewicz § 5 Rn 178) ist nicht akzessorisch (BGH 94, 170) und selbständig abtretbar (BGH 90, 291); soweit auf Schadloshaltung gerichtet, ist er **Erfüllungsanspruch** (Verschulden des Garanten unerheblich), doch finden auf den Umfang der Leistungspflicht des Garanten die §§ 249 ff Anwendung (BGH NJW 99, 1542; 85, 2942). Der **Regreß** des leistenden Garanten gegen den Hauptschuldner richtet sich nach dem zwischen ihnen bestehenden Rechtsverhältnis (§§ 774, 401 gelten nicht: MK/Pecher 4 mN, str; aA Larenz, SchR II/2, § 64 III 3 c; ie Castellvi WM 95, 868 ff).
ee) Abgrenzung zur Bürgschaft bei Zahlungsgarantie uU schwierig (einge- 15
hend: Marwede BB 75, 986 mN). Fehlen klare Abmachungen, spricht Eigeninteresse an der Erfüllung der Hauptverbindlichkeit für Garantievertrag (BGH WM 01, 1567; NJW 81, 2295 mN). Bsp: Gesellschafter übernimmt Haftung für Gesellschaftsschuld; Auslegungsfrage bei Vereinbarung von „Zahlung auf erstes Anfordern" (BGH 74, 247; NJW 88, 2610 mN; ie Canaris ZIP 98, 498 f; sa Rn 10; §§ 780, 781 Rn 23). IZw ist zum Schutz des Verpflichteten (vgl Rn 12 und 14) lediglich Bürgschaft anzunehmen (BGH 6, 397; ZIP 84, 33; Horn NJW 80, 2154). Zur Bedeutung des Verzichts des Bürgen auf Einwendungen für den Vertragstyp vgl § 767 Rn 2; § 768 Rn 8; § 770 Rn 3. **b) Schuldmitübernahme (Schuld- 16
beitritt). aa) Begriff.** Formfrei möglicher Vertrag (§ 311 I, uU § 492 anwendbar für Verbraucher, s u dd) zwischen dem Übernehmer und dem Gläubiger oder dem bisherigen Schuldner, durch den sich der Übernehmer verpflichtet, künftig als **Gesamtschuldner** für die Verbindlichkeit des Schuldners einzustehen (§§ 414, 415 Rn 1 ff). **bb) Folge.** Selbständige und eigene Verbindlichkeit des Übernehmers, 17
die idR zwar in der Entstehung, nicht aber im Fortbestand und Umfang von der Hauptschuld abhängig ist (BGH NJW 87, 2076 mN; 96, 249); Haftung des Übernehmers ist weder subsidiär (vgl § 421) noch streng akzessorisch (vgl § 425). **cc) Abgrenzung zur Bürgschaft.** Bei klarem Wortlaut der Haftungserklärung 18
(Bsp: „als Gesamtschuldner"; „als selbstschuldnerischer Bürge") entscheidet dieser (BGH MDR 72, 138; BB 76, 1431; LG Münster NJW 90, 1669; krit Reifner ZIP 90, 432); unmittelbares eigenes (wirtschaftliches) Interesse des Übernehmers spricht für Schuldbeitritt (BGH NJW 86, 580; Hamm NJW 93, 2625; ie Kohte JZ 90, 1000 f), iZw gelten §§ 765 ff (BGH 6, 397; NJW 86, 580; 96, 249; wichtig ua wegen §§ 766, 767 I 3); ie Rn 6 vor § 414. **dd)** Auf den Schuldbeitritt eines Verbrauchers zu einem Kreditvertrag war das **VerbrKrG entspr** anwendbar (BGH 133, 74; 134, 97; NJW 97, 3170; ZIP 00, 1523; Bülow NJW 96, 2891 und JZ 97, 471). Nun gilt § 492; unerheblich ist, ob es sich um einen gewerblichen oder Verbraucherkredit des Kreditnehmers handelt (vgl BGH 133, 71 und 220, str). Nachdem § 492 für Bürgschaft nicht gilt (s § 765 Rn 8), bleibt abzuwarten, ob die Rspr trotz der praktischen Austauschbarkeit beider Sicherungsfomen an der unterschiedlichen Behandlung festhält (krit Holznagel Jura 00, 581 f mN). **c) Kredit- 19
auftrag,** vgl § 778. **d) Delkredere** ist das bürgschaftsähnliche Einstehen eines

§ 765 Buch 2. Abschnitt 8. Einzelne Schuldverhältnisse

Handelsvertreters (HGB 86 b) oder Kommissionärs (HGB 394). **e) Wechsel- und Scheckbürgschaft** sind selbständige Verpflichtungen eigener Art ohne strenge
20 Akzessorietät (WG 30 ff; ScheckG 25 ff; BGH 35, 19). **f) Eine Gesellschafterbürgschaft** kann uU kapitalersetzende Leistung sein (GmbHG 32 a III; zB BGH 81, 252; 127, 341; NJW 96, 722; ie Pape ZIP 96, 1409; Weisang WM 97,
21 201). **g)** Eine **Patronatserklärung** kann den Erklärenden gegenüber einem Gläubiger (Celle NdsRpfl 00, 309) zu einer bürgschaftsähnlichen Kapitalausstattung des Schuldners (idR Tochtergesellschaft) verpflichten; ie str; s Fleischer WM 99, 666; Habersack ZIP 96, 258; Larenz, SchR II/2, § 64 V). Eine rechtsverbindliche, garantieähnliche Verpflichtung folgt nur aus sog „harter" Patronatserklärung, mangels Rechtsbindungswillens liegt sonst nur unverbindliche Absichtserklärung vor (vgl Schäfer WM 99, 153; BGHZ 117, 127); zur Nichtigkeit wegen Unbestimmtheit LG München I ZIP 98, 1956 u von Bernuth ZIP 99, 1501.

§ 765 Vertragstypische Pflichten bei der Bürgschaft

(1) **Durch den Bürgschaftsvertrag verpflichtet sich der Bürge gegenüber dem Gläubiger eines Dritten, für die Erfüllung der Verbindlichkeit des Dritten einzustehen.**

(2) **Die Bürgschaft kann auch für eine künftige oder eine bedingte Verbindlichkeit übernommen werden.**

1 **1. Allgemeines.** Die Haftung des Bürgen setzt voraus: **a)** Zwischen Gläubiger und Bürge muß ein wirksamer **Bürgschaftsvertrag** (Rn 2 ff) zustandegekommen sein; **b)** dem Gläubiger muß gegen den Hauptschuldner eine Hauptforderung (Rn 10 ff) zustehen (§ 767 Rn 3 ff); **c)** die Hauptschuld muß notleidend geworden sein (Hauptschuldner hat trotz Fälligkeit nicht bezahlt, sog Bürgschaftsfall); **d)** der Gläubiger muß (uU erforderliche) Rechtshandlungen vorgenommen haben (vgl §§ 771–773, 777). **e)** Einwendungen und Einreden des Bürgen dürfen nicht entgegenstehen, s § 768 Rn 2 ff. **f)** Der Bürgschaftsanspruch (Rn 16 f) kann bei Verstoß des Gläubigers gegen Nebenpflichten entfallen (Rn 18 ff). **g) IPR:** EGBGB Art 27, 28, unabhängig von Statut der Hauptschuld; Ordre public steht Anerkennung ausländischer Verurteilung nur entgegen, wenn Bürge wehrloses Objekt von Fremdbestimmung (BGH 140, 395 u Rn 4).

2 **2. Bürgschaftsvertrag. a) Allgemeines. aa) Begriff.** Einseitig verpflichtender Vertrag zwischen dem Bürgen und dem Gläubiger eines (am Vertrag nicht beteiligten) Dritten (sog Hauptschuldner), durch den sich der Bürge dem Gläubiger gegenüber verpflichtet, für die Erfüllung der Hauptschuld einzustehen. Es handelt sich um eine rechtlich selbständige, ihren Rechtsgrund in sich tragende („kausale") Verpflichtung, die grundsätzlich von Rechtsbeziehung zwischen Bürge und Hauptschuldner (Innenverhältnis, vgl § 774 Rn 7 f, § 775 Rn 1) unabhängig ist (BGH NJW 01, 1857). Mit der Hauptschuld ist sie nur durch das Akzessorietätsprinzip verbunden (Rn 10 ff). **bb)** Die Bürgschaft ist (Kredit-)Sicherungsmittel, nicht Kreditvertrag (Rn 8; Rn 1 Vor § 765). Ihr **Inhalt** besteht in der Sicherung der Hauptschuld (Rn 10 ff) durch Begründung einer eigenen Schuld (nicht nur Haftung) des Bürgen; es entsteht keine Gesamtschuld mit dem Hauptschuldner (s § 774 Rn 1). **cc) Parteien.** Die notwendige Verschiedenheit zwischen Bürge und Hauptschuldner ist gegeben, auch bei einer Bürgschaft des Komplementärs für die KG (RG 139, 254), eines Gesellschafters für die OHG und des Einmanns für die GmbH (BGH MDR 77, 1012). Identität der Gläubigerstellung von Hauptschuld und Bürgschaft ist erforderlich (BGH 115, 183 mN), die Bürgschaft gegenüber einem nur zur Einziehung der Hauptforderung Berechtigten ist unwirksam (BGH NJW-RR 89, 317); bei Forderungsabtretung oder Verbürgung fehlt Gläubigeridentität, jedoch greift II, wenn (Sicherungs-)Zedent Forderung später rückerwerben soll (Karlsruhe WM 01, 729). Der Bürgschaftsvertrag kann zugunsten eines Dritten geschlossen sein, wenn dieser Gläubiger der Hauptforderung ist (BGH ZIP 01,

Titel 20. Bürgschaft **§ 765**

1707; NJW-RR 89, 317). Zur „Verbraucherbürgschaft" s Rn 8). **b) Zustande-** 3
kommen und Bestand. aa) Einigung folgt allg Regeln. Wille zur bürgschaftsrechtlichen Verpflichtung muß erkennbar sein (s § 766 Rn 3); für Annahme durch Gläubiger gilt § 151 I 1 (BGH NJW 97, 2233); Genehmigung: § 1822 Nr 10; § 1365 nicht anwendbar (BGH NJW 00, 1566). **bb) Form und Auslegung.** Schriftform der Bürgschaftserklärung: § 766 mit Anm; Erteilung in elektronischer Form (§ 126 a) ist ausgeschlossen (s § 766 I 2); Umfang: § 126 Rn 7; Auslegungsregel bei Befristung: § 777 mit Anm. Durch ergänzende Vertragsauslegung ist Anpassung an Zinsänderung der Hauptschuld zulässig (BGH NJW 00, 2580, abl Tiedtke NJW 01, 1017); zur Auslegung sog „Vorauszahlungsbürgschaft" BGH NJW 99, 1106 f. **cc) Unwirksamkeitsgründe.** Inhaltskontrolle ist nach § 138 I 4
möglich (BVerfG 89, 214). Dabei muß Gesamtbetrachtung erfolgen, die auch vertragliche Abreden einbezieht, welche nach AGB-Regeln ggf unwirksam sind (BGH 136, 355 f). Mögliche Sittenwidrigkeit der Bürgschaft ist insbes bei „Angehörigenbürgschaften" (Ehe-/Lebenspartner, Kinder, Geschwister, sonstige Verwandte bei enger emotionaler Bindung) zu prüfen, kommt nach allg Kriterien (zB Überrumpelung) aber auch bei Nichtangehörigen in Betracht (BGH ZIP 97, 446; zur Arbeitnehmerbürgschaft KG MDR 98, 234; einschränkend für GmbH-Gesellschafter, der sich für Gesellschaftsschuld verbürgt BGH NJW 02, 956). Aus der reichhaltigen Rspr haben sich folgende Fallgruppen herausgebildet (Überblick: Tiedtke NJW 01, 1015; Horn ZIP 01, 98; Fischer WM 01, 1056; Kulke ZIP 00, 952; krit Zöller WM 00, 1; Medicus JuS 99, 833): Objektiver Ausgangspunkt ist ein **grobes Mißverhältnis** zwischen Bürgenhaftung und gegenwärtiger bzw erwartbarer wirtschaftlicher Leistungsfähigkeit des Bürgen (**„krasse Überforderung"**) unter Zugrundelegen der eigenen Vermögensverhältnisse des Bürgen (Hauptschuldner bleibt außer Betracht: BGH NJW 00, 1183 f mN zur abw früheren Rspr) und des Nennwerts der Bürgschaft (uU können andere Sicherheiten des Gläubigers aber das Risiko der Inanspruchnahme mindern; BGH 136, 353 f; NJW 00, 1182). Eine „krasse Überforderung" liegt vor, wenn bei Vertragsschluß (BGH NJW 99, 2587; krit Kulke ZIP 00, 960) erkennbar ist (Prognose auf Zeitpunkt der Inanspruchnahme zulässig, BGH ZIP 02, 170), daß der Bürge wesentliche Teile der Forderung voraussichtlich nicht tilgen kann, insbes wenn schon die laufenden Zinsen nicht aufgebracht werden können (so st Rspr des XI. Senats BGH 135, 70; NJW 99, 2584 [Vorlageschl. erledigt durch Rücknahme der Revision]; jetzt auch ausdrückliche Aufgabe der „25%"-Berechnung durch X. Senat: BGH NJW 00, 1183; Verwertung von Eigenheim zumutbar BGH NJW 01, 2468). Zur finanziellen Überforderung müssen **weitere „erschwerende Umstände"** hinzukommen; alternativ sind möglich **(1)** Übernahme nur aus **emotionaler Verbundenheit** mit Hauptschuldner; Indiz: fehlendes Eigeninteresse des Bürgen im Sinne fehlender unmittelbarer geldwerter Vorteile, mittelbarer Nutzen genügt nicht (Kulke ZIP 00, 958; BGH NJW 00, 1183: Mitwohnen in dem aus gesichertem Darlehen finanzierten Haus des Hauptschuldners); Geschäftserfahrung des Bürgen insoweit irrelevant; Eigeninteresse des bürgenden Gesellschafters für Gesellschaftsschuld wird vermutet, BGH NJW 02, 956; WM 02, 923); **(2) Unerträgliches Ungleichgewicht** der Verhandlungslage zB wegen Beschönigung des Bürgschaftsrisikos durch Gläubiger oder Personen, deren Verhalten ihm zuzurechnen ist (BGH ZIP 02, 170), geschäftlicher Unerfahrenheit des Bürgen (BGH 98, 178; 128, 267), dem Gläubiger zurechenbares Ausüben psychischen Drucks seitens des Hauptschuldners (BGH WM 97, 512) oder Täuschung über Zahlungsunfähigkeit des Schuldners (BGH NJW 01, 2467 f). **Subjektiv** müssen dem Gläubiger die genannten Umstände bekannt oder grob fahrlässig unbekannt sein (BGH NJW 01, 268). Ein teilweises Aufrechterhalten der Bürgschaftsverpflichtung scheidet bei Sittenwidrigkeit aus (BGH 136, 347; NJW 00, 1185). Bei besonderem Interesse des Gläubigers (Zugriff auf künftigen Vermögenserwerb des Bürgen, Schutz gegen Vermögensverlagerungen) muß dieser beschränkte Haftungszweck grundsätzlich im Vertrag niedergelegt sein, um der Sittenwidrigkeit wegen Überforderung entgegen zu wirken. Dies gilt

Stadler 945

§ 765 Buch 2. Abschnitt 8. Einzelne Schuldverhältnisse

auch für Bürgschaften, die vor dem 1. 1. 1999 erteilt wurden (der jetzt zuständige XI. Senat gibt die zeitliche Beschränkung nach der Rspr des IX. Senats – BGH NJW 99, 60 – auf, s. BGH WM 02, 1350); s auch Rn 7 aE. Die Beweislast für die Voraussetzungen der Unwirksamkeit liegt beim Bürgen; außer bei Gesellschafter- u Geschäftsführerbürgschaften begründet aber Tatsache der Überforderung tatsächliche Vermutung für Übernahme aufgrund emotionaler Verbundenheit (BGH NJW 02, 1339; WM 02, 1350). Nicht mehr anwendbar ist § 134 iVm GewO 56 I Nr 6 (idF seit dem 17. 12. 1990; zur aF abl BGH 105, 364; 113, 290; s § 134 Rn 9), ferner nicht § 311b II (BGH 107, 103; NJW 91, 2016) und mangels Äquivalenzverhältnisses § 138 II (BGH NJW 91, 2017 mN; aA LG Münster NJW 90, 1669). **dd) Willensmängel.** Anfechtung wegen Irrtums über wesentliche Eigenschaften des Hauptschuldners (vgl § 119 II) stark eingeschränkt; Grund: Bürge übernimmt Insolvenzrisiko des Hauptschuldners. Daher keine Anfechtung bei Irrtum über die Kreditfähigkeit des Schuldners (BGH WM 56, 889); anders, wenn Vorstellungen hierüber Vertragsinhalt geworden sind (dann Rn 7) oder bei Irrtum über den Wert einer anderen für die Hauptschuld bestehenden Sicherung (BGH WM 66, 94; s aber Rn 7). **Täuschung** durch falsche Angaben des **Gläubigers** über die Vermögensverhältnisse des Hauptschuldners oder arglistiges Verschweigen zu offenbarender Umstände (vgl aber Rn 18 ff) gibt Anfechtungsrecht gem § 123 I (BGH NJW 01, 3331; 68, 986). Täuscht **Hauptschuldner,** ist dieser idR Dritter iSd § 123 II; anders, wenn Hauptschuldner als Vertreter oder Verhandlungsgehilfe des Gläubigers auftritt (BGH NJW 02, 957; NJW-RR 92, 1006 mN). Zur **Drohung** mit Zwangsmaßnahmen (Strafanzeige, Eröffnungsantrag dem InsO 13) vgl BGH WM 73, 36; nicht ausreichend, Ankündigung, Kredit an Hauptschuldner zu verweigern oder zu kündigen (BGH NJW 97, 1980). **ee) Kündigung** möglich bei Vereinbarung, sonst nach § 314 trotz fehlendem Charakter eines Dauerschuldverhältnisses (AnwKom-BGB/Krebs, § 314 Rn 4) bei Bürgschaft auf unbestimmte Dauer (noch aus § 242 ableitend BGH 126, 178; 130, 23; Düsseldorf NJW 99, 3128 mit Einschränkung für Mietbürgschaft). Mit Wirksamwerden der Kündigung wird die Bürgschaft auf die bis zu diesem Zeitpunkt begründeten Verbindlichkeiten des Schuldners begrenzt, § 777 gilt nicht (BGH NJW 85, 3008). **ff)** Für **Wegfall der Geschäftsgrundlage** (jetzt § 313) ist idR kein Raum (BGH 104, 242 f; 107, 103 f; ZIP 99, 877). Grund: Auch unvorhersehbarer Vermögensverfall des Hauptschuldners ist vom übernommenen Bürgschaftsrisiko umfaßt (BGH aaO; NJW 88, 3206; sa Rn 5), ebenso der Wegfall anderer gleichrangiger Sicherheiten (BGH NJW 94, 2147). Außerhalb des Bürgschaftsrisikos liegende Umstände (zB Scheidung der Ehe Bürge-Schuldner; idR nicht Aufgabe von Gesellschafterstellung des Bürgen bei Schuldner, BGH ZIP 99, 678) können Geschäftsgrundlage sein. Für Bürgschaftsverträge auch vor dem 1. 1. 1999 muß beschränkter Haftungszweck des Bürgen-Ehegatten (zB Vermeidung von Vermögensverlagerungen) zur Vermeidung der Sittenwidrigkeit (Rn 4) vertraglich fixiert sein (zur Aufgabe der zeitlichen Begrenzung oben Rn 4). Vor Verwirklichung des gesicherten Risikos ist Klage gegen Bürgen „derzeit" unbegründet (BGH NJW 00, 362). **c) Anwendbarkeit von Verbraucherschutzvorschriften. Lit:** Dazet, Mithaftung und Sukzession bei Verbraucherkreditverträgen, 1998; Pfeiffer ZIP 98, 1129; Holznagel Jura 00, 578; Ulmer JZ 00, 781; Rosenfeld EuZW 2000, 341. **aa) Bürgschaft als Haustürgeschäft.** Die unmittelbare Anwendung des HWiG war str („entgeltliche Leistung"; abl BGH NJW 91, 976; aA BGH NJW 96, 930 – Vorlage an EuGH). Im Anschluß an den EuGH (NJW 98, 1295) bejaht Rspr (BGH NJW 98, 2356; nach EuGH aaO aus Akzessorietätsgründen) nun Widerrufsrecht (§§ 312, 355), wenn für Bürge *und* Hauptschuldner Verbraucher- und Haustürgeschäft vorliegen. Nach richtiger abw Ansicht müssen die Voraussetzungen nach § 312 I jedoch nur für den Bürgen gegeben sein (Tiedtke NJW 01, 1026 mN; Horn ZIP 00, 94; Drexl JZ 98, 1052). Ein solchermaßen weitergehender Schutz wäre richtlinienkonform. **bb) Bürgschaft als Verbraucherkredit.** Im Anschluß an die EuGH-Rspr zu Haustürgeschäften verneinte BGH NJW 98, 1939

Titel 20. Bürgschaft § **765**

die Anwendbarkeit von Verbraucherkreditrecht (VerbrKrG), wenn Verbraucher für Geschäftskredit bürgt; etwas anderes gilt für den Schuldbeitritt des Verbrauchers (BGH NJW 97, 655; 97, 1443; ZIP 00, 1523). Analoge Anwendung des VerbrKrG (Bürgschaft ist nach zutr hA kein Kreditvertrag, sondern Kredit*sicherung;* aa Bülow NJW 96, 2892) war str, auf Vorlage des LG Potsdam (ZIP 98, 1147) verneinte auch EuGH (NJW 00, 1323) direkte Anwendbarkeit der Richtlinie 87/102/EWG auf Bürgschaft (kein Kreditvertrag), selbst wenn Bürge und/oder Schuldner Verbraucher sind. Wegen der praktischen und wirtschaftlichen Austauschbarkeit von Schuldbeitritt und Bürgschaft plädiert die Lit teilw für einen nach Art 15 der Richtlinie zulässigen weitergehenden Verbraucherschutz und die Subsumtion der Verbraucherbürgschaft unter §§ 491, 495, 499, 355 (Holznagel Jura 00, 582; zust Tiedtke NJW 01, 1027; Becker/Dietrich NJW 00, 2798). Schutzzweck und fehlende gesetzgeberische Korrektur bzw Klarstellung von §§ 491, 499 zum 1. 1. 2002 sprechen dagegen. **d) AGB-Kontrolle von Bürgschaftsklauseln (§§ 305–310).** 9
Durch AGB kann Bürgenhaftung des Abschlußvertreters nicht begründet werden (§ 309 Nr 11), formularmäßige Globalbürgschaft ist auch für Unternehmer idR unwirksam (Rn 14), ebenso Bürgschaft von Nichtunternehmer auf erstes Anfordern (s Rn 10 vor § 765) sowie ein formularmäßiger Ausschluß der Rechte aus § 768 (dort Rn 8) und § 776 (BGH 144, 52, § 776 Rn 4).

3. Hauptschuld. a) Sicherbare Forderungen: Jede schuldrechtliche Ver- 10
bindlichkeit des Hauptschuldners, gleich welchen Inhalts, welcher Art und aus welchem Rechtsgrund (BGH NJW 89, 1857); **nicht:** dingliche „Schulden" (bei §§ 1113 I, 1204 I nur die zugrundeliegende Forderung sicherbar, sonst Garantie, Rn 13 vor § 765). **aa) Inhalt.** Nicht nur **Geldschulden (Regelfall),** auch An- 11
sprüche auf vertretbare (vgl § 91), unvertretbare und höchstpersönliche Leistungen (zum Inhalt der Bürgenverpflichtung: Rn 17). **bb) Art:** Auch **bedingte** (§ 158; 12
Bsp: Rückbürgschaft, Rn 8 vor § 765) und **künftige** (Bsp: Kreditbürgschaft, Rn 6 vor § 765) Verbindlichkeiten (**II;** Bürgschaft ist hier zunächst schwebend unwirksam), ferner **Gesamtschulden** (s Rn 3 vor § 765) und bei Abschluß der Bürgschaft bereits verjährte Forderungen (§ 214 II 2, BGH 121, 177), nicht aber unvollkommene Verbindlichkeiten (§ 762 Rn 8). **cc)** Aus jedem **Rechtsgrund** also (1) **ver-** 13
tragliche Ansprüche: Erfüllungsansprüche (Regelfall), aber auch Schadensersatzund Nebenansprüche (§ 767 Rn 4f); Gewährleistung (2) **ges Ansprüche** aus einem zwischen Gläubiger und Hauptschuldner bestehenden ges Schuldverhältnis. Bsp: Unterhalts-, Bereicherungs- und Schadensersatzansprüche (zB §§ 122, 812 ff, 823 ff); (3) **öffentl-rechtliche Ansprüche** (BGH 90, 190), zB Steuerschuld. **b) Gesicherte Forderung. Ob** und **in welchem Umfang** eine Forderung durch 14
Bürgschaft gesichert und damit „Hauptschuld" ist, ergibt sich aus dem (auszulegenden) Bürgschaftsvertrag (ie Rn 15). **aa) Bestimmtheit und summenmäßige Begrenzung.** Soweit die Hauptschuld nicht im Bürgschaftsvertrag bezeichnet ist (vgl § 766 Rn 3), muß sie zumindest **bestimmbar** sein (BGH NJW 88, 907; wichtig bei Rn 12). Verbürgung für „alle" künftigen Verbindlichkeiten des Hauptschuldners daher unwirksam (BGH 25, 318, iE allgM; s BGH 130, 22: Fall von Unübersehbarkeit), sachliche Begrenzung erforderlich (BGH 130, 22). In Individualvertrag ausreichend: Alle bestehenden und künftigen Ansprüche aus einer bestimmten bankmäßigen Geschäftsverbindung oder des Vertragsverhältnis (BGH 25, 318; 130, 21 f; NJW 00, 1569; BAG ZIP 00, 1351), eine summenmäßige Haftungsbegrenzung wird nicht verlangt (BGH 130, 21 f mN, aA Reinicke/Tiedtke DB 95, 2301). Dagegen kann durch **AGB** eine *Global-Bürgschaft* (auch mit summenmäßiger Begrenzung) nicht wirksam vereinbart werden (BGH 130, 23 ff; 132, 8 f; 137, 153 f; NJW 98, 2816; BAG ZIP 00, 1351; krit im Hinblick auf AGBG 8/§ 307 III Horn ZIP 97, 528; Masuch BB 98, 2590), auch nicht im kaufmännischen Verkehr (BGH NJW-RR 02, 344; NJW 98, 3708). Grund: Soweit nicht schon überraschend (§ 305 c I), jedenfalls Verstoß gegen § 307 II iVm § 767 I 3: Verbot der Fremddisposition, soweit später entstandene Forderungen betroffen, iü gegen Transparenz-

Stadler

§ 765 Buch 2. Abschnitt 8. Einzelne Schuldverhältnisse

gebot (BGH 130, 33; 143, 99; BAG NJW 00, 3301; § 767 Rn 8). **Folge:** Normale Bürgschaft für den „Anlaß"-Kredit (BGH 130, 27 f; 132, 9), beim Kontokorrentkredit in Höhe des bei Vertragsschluß bestehenden „Kreditlimits" (BGH 130, 19; 132, 9 f); ist kein Limit festgelegt, in Höhe des Tagessaldos (BGH 137, 153). Dies gilt auch für die Höchstbetragsbürgschaft (BGH 143, 100 unter Aufgabe von BGH WM 96, 766), nicht aber bei enger wirtschaftlicher Verbindung von Bürge und Hauptschuldner (und Einfluß- bzw Informationsmöglichkeit des Bürgen (BGH 143, 101; 142, 216 mwN: Geschäftsführer/[Mehrheits-]Gesellschafter-Bürgschaft, krit Tiedke DNotZ 00, 283; Koch NJW 00, 1996). Die Aufrechterhaltung für den „Anlaßkredit" stellt eine bedenkliche geltungserhaltene Reduktion einer wegen „Unbestimmtheit" unwirksamen Bürgschaft dar; die schriftliche Fixierung des übernommenen Bürgenrisikos (s § 766 Rn 3) fehlt (mR krit Schmitz-Herscheidt ZIP 98, 1218; Masuch BB 98, 2590; zust Horn ZIP 01, 96; BGH 143, 102: ergänzende Vertragsauslegung). Trotz Unwirksamkeit der weiten Zweckerklärung, kann Bürge für zukünftige Forderung haften, wenn Grund und Umfang bei Vertragsschluß klar
15 erkennbar sind (BGH ZIP 01, 1362 mwN). **bb) Umfang.** Grundsätzlich erstreckt sich die Bürgschaftsverpflichtung auf die **ganze Hauptverbindlichkeit** in ihrem jeweiligen Umfang (§ 767 Rn 4 f). Beschränkung auf **Teile** der Hauptschuld, **Höchstbeträge** (Teil- und Höchstbetragsbürgschaft, Rn 4 f vor § 765) und begrenzte **Zeitdauer** (§ 777 vgl dort Rn 4) sowie einer ausdr Erstreckung auf Nebenforderungen ist möglich. **Auslegung** des Bürgschaftsvertrags (§§ 133, 157) entscheidet (vgl BGH NJW 92, 2629 f; NJW-RR 91, 562; sa § 766 Rn 2 ff); Unklarheiten über den Umfang der Bürgschaft gehen iZw zu Lasten des Gläubigers (BGH 76, 189). Anhaltspunkte: Von der Bürgschaft umfaßt sind idR Kosten der Kündigung und der Rechtsverfolgung (§ 767 II) sowie (rückständige) Zinsen (§ 767 Rn 4), uU van Vertragsstrafen (BGH NJW-RR 90, 811 mN; anders § 1210). Auslegungsfrage, ob bei Nichtentstehen der Hauptverbindlichkeit (§ 767 Rn 3) auch Bereicherungs- und Schadensersatzansprüche (Rn 13 [2]) unter die Bürgschaft fallen (BGH NJW 01, 1860; 87, 2077); auch bei sittenwidrigen Darlehen (§ 138 I) idR zu bejahen (BGH NJW 92, 1235 f; abw Tiedke ZIP 90, 414 f), insbes bei eigenem wirtschaftlichen Interesse des Bürgen (BGH NJW 87, 2077), desgl bei Darlehen an Geschäftsunfähigen (Köln OLGZ 76, 331). Formularmäßige Beschränkung des Bürgen bei „Verlängerung" der Bürgschaft kann überraschende Klausel sein (BGH ZIP 01, 1408). Vertragliche Umwandlung der Hauptverbindlichkeit ohne Änderung ihrer wirtschaftlichen Identität läßt Bürgenhaftung unberührt (vgl BGH 95, 94), desgl Gesamtrechtsnachfolge in die Hauptforderung (BGH 77, 170; 95, 93; zur Einzelrechtsnachfolge s Rn 16; § 401 Rn 1).

16 **4. Pflichten des Bürgen. a) Allgemeines.** Der Bürgschaftsvertrag begründet für den Bürgen eine (von der Hauptschuld verschiedene) selbständige Verbindlichkeit, die jedoch in Entstehung **(I)**, Inhalt (Rn 17) Fortbestand (§ 767 I) und Rechtszuständigkeit auf Gläubigerseite von der Hauptschuld abhängig **(akzessorisch)** ist (dazu § 767 Rn 3 ff). Die Bürgschaftsforderung ist als solche nicht abtretbar (§ 399; BGH 115, 180 ff mN; anders aber bei Verselbständigung gem § 767 Rn 9: BGH 82, 328 f) und damit unpfändbar (ZPO 851); zulässig ist die Erteilung einer Einziehungsermächtigung (BGH NJW-RR 89, 317). Wird die Hauptforderung abgetreten, geht Bürgschaft mit über (§ 401), bei Vertragsübernahme bleibt sie bestehen (BGH 95, 97 f), bei Schuldübernahme erlischt sie (§ 418); ebenso bei Abtretung der Hauptforderung ohne die Rechte aus der Bürgschaft (BGH 115, 183 ff, s § 401 Rn 1). Die Bürgschuld hat einen eigenen Erfüllungsort (§ 269 Rn 8, idR Wohnsitz des Bürgen BGH 134, 127) und unterliegt selbständiger Verjährung (BGH 95, 384; §§ 195, 199, Beginn mit Eintritt des Bürgschaftsfalls, idR Aufforderung des Gläubigers notw; BGH 92, 300); die Verjährung der Hauptschuld ist nicht maßgebend (BGH 76, 225; aA Bydlinski ZIP 89, 953; sa § 768 Rn 7); die Bürgschaftsklage unterbricht bzw hemmt nicht die Verjährung der Hauptschuld (BGH 76, 225), die damit noch während und nach rechtskräftigem Ab-

Titel 20. Bürgschaft **§ 766**

schluß des Bürgschaftsprozesses eintreten kann (BGH 139, 216 f; sa § 768 Rn 6; zum umgekehrten Fall § 771 Rn 1). Der Bürge kann nach ZPO 767 vorgehen; das Problem ist durch die regelmäßig kurze Verjährung der Bürgschaftsforderung nun entschärft (§ 195 nF). **b)** Der **Inhalt** entspricht der verbürgten Hauptschuld (Identitätserfordernis: BGH NJW 80, 2412) und ist damit idR *Geldschuld* (vgl BGH 92, 300); bei gegenständlicher Leistung haftet der Bürge iZw nur auf das Erfüllungsinteresse (BGH NJW 89, 1857). Durch AGB kann eine Verpflichtung des Bürgen zur Stellung (dinglicher) Sicherheiten für seine Verpflichtung nicht begründet werden (BGH 92, 300; NJW 91, 100). **c)** Der **Umfang** der Bürgschaftsverpflichtung ergibt sich aus dem Bürgschaftsvertrag (Rn 14 f) und seinem (uU eingeschränkten) Zweck (s Rn 7). **d)** Den Bürgen treffen idR **keine** Warnpflichten gegenüber dem Gläubiger (BGH NJW 87, 1631), uU aber Treue- und Nebenpflichten (s BGH NJW-RR 89, 1395). Auf Erfordernis aufsichtsrechtlicher Genehmigung für wirksamen Bürgschaftsvertrag muß bürgende Körperschaft aber hinweisen (BGH 142, 60: Haftung aus cic). 17

5. Pflichten des Gläubigers. Keine Hauptleistungspflichten (wegen Rn 2; anders, wenn ausnahmsweise als gegenseitiger Vertrag, §§ 320 ff, geschlossen; selten); Rückgabe der Bürgschaftsurkunde (§ 371) nach Erlöschen der Bürgschaftsverpflichtung. Bei der Anerkennung von **Nebenpflichten** (§ 242) ist Zurückhaltung geboten, um die Bürgschaft nicht als Sicherungsmittel zu entwerten (BGH NJW 94, 2148, stRspr); nur ausnahmsweise besteht Aufklärungspflicht (Rn 20). Bsp **a)** für **Bejahung:** Gläubiger darf keine falschen Angaben über das Bürgschaftsrisiko machen (BGH 72, 204; NJW 88, 3206; Oldenburg WM 97, 2076; sa Rn 5; § 767 Rn 8), es insbes nicht verharmlosen (BVerfG 89, 235; BGH NJW 94, 1343); den Bürgschaftsfall nicht selbst herbeiführen (BGH WM 84, 586) und das Bürgschaftsrisiko nicht leichtfertig erhöhen (KG NJW-RR 88, 111; krit Ruthke WM 87, 1094); er hat den Bürgen eine wesentliche Verschlechterung der Vermögensverhältnisse des Schuldners mitzuteilen (sa WG 45 II; ScheckG 42 II; sehr str, zurückhaltend Bamberg WM 00, 1585) und alles zu unterlassen, was den Bürgenregreß vereiteln oder beeinträchtigen könnte (vgl BGH 104, 244; arg § 776 und dort Rn 1). Eine erhöhte Aufklärungspflicht besteht, wenn der Gläubiger einem dem Hauptschuldner bislang unbekannten Bürgen „vermittelt" (Hamm ZIP 99, 749). **b)** für **Verneinung:** Gläubiger darf nur im Verhältnis zum Hauptschuldner bestehendes Kreditlimit überschreiten (BGH MDR 69, 475) und den Kredit ohne ausreichende Bonitätsprüfung ausweiten (Frankfurt WM 96, 716); ihn trifft zugunsten des Bürgen idR keine Aufklärungspflicht (BGH 107, 103; 125, 218 mN; NJW 97, 3231 f), auch nicht wenn der Bürge zugleich Kunde der Gläubigerbank ist (Köln NJW-RR 90, 756); *anders* aber bei geringem Alter oder Unerfahrenheit des Bürgen, emotionalem Näheverhältnis zum Hauptschuldner und hohem Haftungsrisiko (BVerfG 89, 235; NJW 94, 2750; BGH 125, 212 f, 215 f; NJW 94, 1343; 97, 54 s Rn 4) oder erkennbarem Irrtum über Tragweite der Verpflichtung (BGH NJW 99, 2814); ebenso besteht idR keine Warn- (BGH NJW 88, 1512 mN), Fürsorge- und Rücksichtnahmepflicht (BGH 78, 144; NJW 84, 2456); keine Pflicht für wirksame Bestellung weiterer Sicherheit zu sorgen (BGH NJW 94, 2146). Rechtsfolge bei **Nebenpflichtverletzung:** Bürge haftet iE nicht (§§ 123, 142 [vgl Rn 5, 19 mN]; § 138 [s Rn 4]; cic gem §§ 280, 311 II [vgl BGH 72, 204; NJW 83, 1850; Oldenburg WM 97, 2076; Lorenz NJW 97, 2597]; Pflichtverletzung gem §§ 280, 282, 241 II). Langjährige Nichtgeltendmachung der Bürgschaft kann zu **Verwirkung** (§ 242 Rn 53 ff) führen (Frankfurt MDR 78, 52). 18

19

20

§ 766 Schriftform der Bürgschaftserklärung

¹ **Zur Gültigkeit des Bürgschaftsvertrags ist schriftliche Erteilung der Bürgschaftserklärung erforderlich.** ² **Die Erteilung der Bürgschaftserklärung in elektronischer Form ist ausgeschlossen.** ³ **Soweit der Bürge die Hauptverbindlichkeit erfüllt, wird der Mangel der Form geheilt.**

Stadler

§ 766

1. Allgemeines. a) Formzweck: Warnfunktion (BGH 121, 229 mN: 132, 122, 124 f), Bürgerschutz (BGH NJW 98, 1940 f). **b) Anwendungsbereich:** § 766 gilt auch für den Bürgschaftsvorvertrag (LM Nr 8), für die *Vollmacht* (BGH 132, 124 f unter Einschränkung von § 167 II, s Rn 4 und allg § 167 Rn 10) und die *Ermächtigung zur Blankettausfüllung* (Rn 4), dagegen **nicht** für die im Rahmen seines Handelsgewerbes eingegangene Bürgschaft eines Kaufmanns (HGB 350), für bürgschaftsähnliche Verpflichtungserklärungen (§ 778; Rn 11 ff und 16 ff vor § 765, str), für die Erfüllungsübernahme gegenüber dem Bürgen (§ 329; BGH NJW 72, 576) und die Verpflichtung zur Bürgschaftsübernahme gegenüber dem Hauptschuldner (MK/Pecher 2). **c)** Weitergehender Formzwang für **Verbraucher-Bürgschaft** besteht mangels Anwendbarkeit der Vorschriften über Verbraucherkredit (§ 492) nicht, str s § 765 Rn 8.

2. Formerfordernis. a) Ges Schriftform nach § 126 I; Telegramm (BGH 24, 297) oder Telefax genügt nicht (BGH 121, 229 f mN). Die Schriftform wird ersetzt durch notarielle Beurkundung (§ 126 III), Beurkundung im Prozeß (ZPO 159, § 127 a) oder im Insolvenzverfahren (InsO 4). Ausdrücklich ausgeschlossen wegen bes Warnfunktion ist die Erteilung in elektronischer Form (§ 126 a) nach S 2 iVm § 126 III. **b) Umfang.** Formbedürftig ist nur die Erklärung des Bürgen, nicht die des Gläubigers (BGH NJW 99, 1106). Das Formerfordernis bezieht sich auf alle Punkte, auf die sich die Bürgschaftsverpflichtung erstrecken soll. Der Verbürgungswille muß in der Urkunde selbst zum Ausdruck kommen (BGH NJW 86, 929), bloße Mitunterzeichnung ohne eigene Erklärung des Mitunterzeichnenden genügt nicht (RG 78, 39). Sondervorschriften: WG 31 III; ScheckG 26 III. Zum **notwendigen Inhalt** der Bürgschaftserklärung gehört ie eine deutliche Verpflichtungserklärung (BGH WM 01, 268; interessengerechte Auslegung ohne bloße Orientierung am Wortlaut: BGH NJW 02, 748; 02, 1964; Koblenz NJW-RR 01, 1109), die Bezeichnung des Gläubigers (BGH 77, 171; NJW 01, 3327 f), der verbürgten Hauptschuld und des Hauptschuldners (BGH 132, 122 f mN) sowie der übernommenen Bürgenleistung (BGH aaO); er muß zumindest durch Auslegung, auch anhand von außerhalb der Urkunde liegenden Umständen aus dieser zweifelsfrei bestimmbar sein (BGH NJW 01, 3328 mwN; 00, 1570; Grund: Haftungsstrenge); das ist bei geltungserhaltender Reduktion von „globalen" Haftungsklauseln nicht der Fall (s § 765 Rn 14). Str ist, inwieweit (auch) zweifelsfrei feststehender Vertragsinhalt in der Urkunde selbst zum Ausdruck gekommen sein muß (bejahend BGH NJW 89, 1485 f, dazu krit Tiedtke WM 89, 737; abl BGH NJW 92, 1449; weniger streng: NJW 93, 725; sa allg § 126 Rn 7 f). Bsp: Beiderseitige unbewußte Falschbezeichnung unschädlich (BGH NJW 95, 1887). Die Angabe der Bürgschaftssumme kann uU die Hauptforderung (vgl BGH NJW 89, 1485), die Übernahme einer Rückbürgschaft (Rn 8 vor § 765) die Person des Hauptschuldners klarstellen (Tiedtke WM 89, 738 gegen BGH aaO). Bei Bürgschaft in unbeschränkter Höhe (s § 765 Rn 14) ist entspr ausdr Hinweis nicht erforderlich (BGH NJW 86, 928, str). Erweiternde **Nebenabreden** des Bürgschaftsvertrages (zB Verzicht auf Vorausklage, bes Zweckvereinbarungen, Erstreckung auf weitere Forderungen, BGH NJW 97, 625; 68, 2332; Tiedtke NJW 99, 1212) sind stets formbedürftig; nicht dagegen einschränkende (s BGH NJW 94, 1657 mN); für Beschränkung des Haftungszwecks (zB Schutz vor Vermögensverlagerung s schon § 765 Rn 4, 7). **c) Erteilung der Bürgschaft** bedeutet Entäußerung der Urkunde (Urschrift: BGH 94, 384 bzw Ausfertigung notarieller Urkunde) in der Weise, daß der Gläubiger darüber verfügen kann (BGH 121, 228 ff mN; Vollkommer/Gleußner JZ 93, 1008); Übergabe einer **Blanketturkunde** mit formloser Ausfüllungsermächtigung genügt nicht (BGH NJW 00, 1179; BGH 132, 126 ff – Rspr-Änderung, auch für Altfälle ohne Genehmigungsmöglichkeit [insoweit ausdrückl offen BGH NJW 00, 1180]; krit Keim NJW 96, 2774; Bülow ZIP 96, 1694; mR iE zust Fischer JuS 98, 205; sa Rn 1, 5 und § 126 Rn 6); Grund: Warnfunktion (Rn 1); § 172 II gilt analog (s Rn 5). Bei Prozeßbürgschaft genügt

Titel 20. Bürgschaft **§ 767**

Zustellung einer beglaubigten Abschrift (hM, so BGH NJW 79, 418; aA Frankfurt NJW 78, 1442: Original; str), Einhaltung von § 132 I ist nicht erforderlich (zutr Frankfurt NJW 78, 1442). Nachträglicher Verlust der übergebenen Urkunde ist unschädlich (Hamburg NJW 86, 1691 f; uU anders bei Rückgabeklausel: BGH 94, 384).

3. **Folgen eines Formverstoßes: Nichtigkeit** nach § 125 S 1; Berufung 5 darauf aber uU nach § 242 unzulässig (BGH 26, 151; 132, 128 f; s allg § 125 Rn 7); Bsp: Bürgschaft wurde jahrelang als gültig behandelt, Bürge zog daraus Vorteile (BGH 132, 129). Bei Blanko-Bürgschaft (Rn 4) kommt Rechtsscheinhaftung entspr § 172 II in Frage (BGH 132, 127 f, str). **Heilung** des Formmangels durch Erfüllung, **S 2,** auch Erfüllungssurrogate (§ 364, §§ 372 ff [LM Nr 8], §§ 387 ff [nur seitens des Bürgen], nicht §§ 780, 781). Die **Beweislast** für formgültige Erteilung liegt beim Gläubiger (BGH NJW 00, 1181); hingegen muß bei formwirksamer Bürgschaft der Bürge abredewidriges Ausfüllen eines Blanketts beweisen (BGH NJW-RR 89, 1324; ZPO 440 II).

§ 767 Umfang der Bürgschaftsschuld

(1) ¹**Für die Verpflichtung des Bürgen ist der jeweilige Bestand der Hauptverbindlichkeit maßgebend.** ²**Dies gilt insbesondere auch, wenn die Hauptverbindlichkeit durch Verschulden oder Verzug des Hauptschuldners geändert wird.** ³**Durch ein Rechtsgeschäft, das der Hauptschuldner nach der Übernahme der Bürgschaft vornimmt, wird die Verpflichtung des Bürgen nicht erweitert.**

(2) **Der Bürge haftet für die dem Gläubiger von dem Hauptschuldner zu ersetzenden Kosten der Kündigung und der Rechtsverfolgung.**

1. **Allgemeines. a)** Der Grundsatz der dauernden Abhängigkeit der Bürgschaft 1 von der Hauptschuld (**Akzessorietätsprinzip,** Rn 3 ff; sa § 765 Rn 16 f; § 768 Rn 6) ist nicht starr durchgeführt. **Durchbrechungen** ergeben sich zum Schutz des **Gläubigers** aus dem Sicherungszweck der Bürgschaft (Rn 9) und zum Schutz des **Bürgen** gegen nachträgliche rechtsgeschäftliche Erweiterungen der Hauptschuld (Rn 8). **b)** Die Akzessorietät der Bürgenschuld ist **zwingend** (BGH 95, 2 356 f mN str); sie gehört zu den wesentlichen Grundgedanken der ges Regelung (BGH NJW 93, 1919); durch einschr Abreden ändert sich der Vertragstyp (Garantievertrag; vgl BGH 95, 357; MK/Habersack 2; § 768 Rn 8; § 770 Rn 3; §§ 780, 781 Rn 23).

2. **Durchführung des Akzessorietätsgrundsatzes. a) Abhängigkeit in der** 3 **Entstehung.** Ohne gültige Hauptschuld keine Bürgenschuld (§ 765 Rn 17). Bsp: Hauptvertrag anfänglich oder rückwirkend unwirksam (§§ 108, 125, 134, 138, 142, 177). **b) Abhängigkeit im Umfang.** Der Umfang der Hauptschuld be- 4 stimmt den Umfang der Bürgenschuld (**I 1;** § 765 Rn 17 [c]). Frage der Auslegung des Bürgschaftsvertrages, inwieweit Ansprüche gem §§ 122, 346 ff, 812 ff gesichert (§ 765 Rn 15). **aa) Erweiterungen der Hauptschuld** werden von der Bürgschaftsschuld umfaßt, soweit sie nicht auf nachträgliche rechtsgeschäftlichen Vereinbarungen beruhen (dazu Rn 8). Dazu gehören: **Schadensersatzansprüche** wegen schuldhafter Pflichtverletzungen des Schuldners (**I 2**) nach §§ 280 ff einschließlich Verzug (§§ 280, 286); ferner bestimmte **Nebenforderungen** ohne Rücksicht auf Verschulden (**II;** iü § 765 Rn 15) insbes ges und vereinbarte **Zinsen** (vgl § 765 Rn 15; BGH NJW 86, 1429: Verzugszinsen), bei einer Kontokorrentbürgschaft (Rn 6 vor § 765) auch Zinseszinsen (vgl HGB 355 f; BGH 77, 259 und 262). Nicht erweitert wird der (beschränkte) Umfang der für eine Gesellschaft übernommenen Bürgschaft dadurch, daß der Bürge nachträglich sämtliche Gesellschaftsanteile übernimmt (BGH BB 77, 1116). **bb) Einschränkungen** der Haupt- 5 schuld (zB Ermäßigung einer von der Leistungsfähigkeit des Schuldners abhängigen Unterhaltsschuld gem §§ 1581, 1603; s aber auch Rn 9) beschränken auch die

Stadler

§ 767 Buch 2. Abschnitt 8. Einzelne Schuldverhältnisse

Bürgenschuld. Dies gilt auch für einschr **Vereinbarungen** zwischen Gläubiger
6 und Hauptschuldner (Bsp: Stundung der Hauptschuld; s BGH 72, 201). c) **Abhängigkeit im Erlöschen** (dh vom Fortbestehen der Hauptschuld): Mit dem (teilw) Erlöschen der Hauptschuld erlischt zugleich die Bürgenschuld. Gleichgültig ist der Grund für den Untergang der Hauptschuld. Bsp: Erfüllung (auch gem § 267, soweit kein Fall des Forderungsübergangs, vgl §§ 268 III 1, 426 II 1, 774 I 1, 1143 I, 1225); Erfüllungssurrogate (§§ 364–397); Aufhebung des Hauptvertrags (§ 311 I); Schuldumschaffung der Hauptschuld (Ausnahme: HGB 356; ob Novation gewollt, ist Auslegungsfrage, iZw nur Vertragsänderung BGH NJW 99, 3709; 00, 2581); Leistungsbefreiung gem § 275; Anfechtung (BGH 95, 356) und Rücktritt des Schuldners (§§ 323–326, vgl Rn 3; des Gläubigers: Rn 4); idR wegen Unzulässigkeit der Rechtsausübung (§ 242 Rn 32 ff), Schuldnerwechsel (§ 418 I 1) und völliger Wegfall des Hauptschuldners (BGH 82, 326; NJW 93, 1918; s dazu aber auch Rn 9). d) **Verknüpfung in der Rechtszuständigkeit** (dh Fortbestand
7 der Gläubigeridentität): §§ 399, 400 Rn 2–4; § 765 Rn 2, 16. e) **Beweislast:** Gläubiger für Begründung, Bürge für Erfüllung der Hauptschuld (BGH NJW 95, 2161 f; 96, 719; Hilfe: § 810). Bei Kontokorrentschuld wirkt Saldoanerkenntnis und damit verbundene Beweislast auch gegen Bürgen (BGH WM 99, 1499).
f) **Prozessuales:** Ein Grundurteil (ZPO 304) erfordert Feststellung der Hauptschuld (BGH NJW 90, 1367). Klageabweisung gegen den Hauptschuldner wirkt auch für Bürgen (§ 768 I; BGH NJW-RR 87, 685; 70, 279), aber keine Rechtskrafterstreckung der Verurteilung des Hauptschuldners auf Bürgen (BGH 107, 96; NJW 98, 2973 f), es sei denn abweichende Erklärung des Bürgen liegt vor (Koblenz MDR 98, 1022). Bsp: uU Prozeßbürgschaft wegen ihres bes Sicherungszwecks (Köln NJW-RR 89, 1396).

8 **3. Durchbrechung des Akzessorietätsgrundsatzes. a)** Der **Umfang der Hauptschuld** ist für die Bürgenverpflichtung nicht maßgebend, wenn er auf nachträglichen, ohne Zustimmung des Bürgen (vgl aber § 766 Rn 3) getroffenen rechtsgeschäftlichen Erweiterungen beruht **(I 3)**; Bürge haftet dann im bisherigen Rahmen. **I 3** hat als Ausprägung des „Verbots der Fremddisposition" Leitbild-Charakter (BGH 130, 32 f; 137, 155 f; NJW 00, 2582). Bsp für RGeschäfte iSv **I 3:** Schuldanerkenntnis (dadurch auch kein Einfluß auf Verjährung der Bürgschaftsforderung, Düsseldorf MDR 75, 1019); Verkürzung der Fälligkeit (BGH NJW 00, 2581); Erweiterung durch Vergleich bzw Änderung der Rückzahlungsmodalitäten; Begründung neuer Verbindlichkeiten nach Kündigung der Geschäftsverbindung (BGH NJW 89, 28) oder nach Schuldnerwechsel (BGH NJW 93, 1918). Das gleiche gilt bei früheren, dem Bürgen nicht mitgeteilten, das Bürgschaftsrisiko erhöhenden Vereinbarungen zwischen Gläubiger und Hauptschuldner (BGH NJW
9 80, 2413), soweit nicht schon ein Fall von § 765 Rn 19 vorliegt. **b)** Der Akzessorietätsgrundsatz wird durch den in der Bürgschaftsvereinbarung zum Ausdruck kommenden Sicherungszweck begrenzt (BGH 82, 326 f; 95, 385; NJW 91, 98; 93, 1133; ie Kühn/Rotthege NJW 83, 1235 f). Die Bürgenschuld bleibt dann trotz **Wegfalls** (Einschränkung, Herabsetzung, Einredebehaftetheit) **der Hauptschuld** voll (durchsetzbar) bestehen. Hauptfall: Wegfall der Hauptverbindlichkeit beruht auf Vermögensverfall des Hauptschuldners. Bsp: Beschränkte Haftung von Erben (§§ 768 I 2, 1975 ff) und Minderjährigen (§§ 1629 a III, 1793 II); Herabsetzung der Hauptschuld durch Insolvenzplan (InsO 254 II 1); Ausschluß der Rückforderung eines Gesellschafterdarlehens wegen eigenkapitalersetzenden Charakters (BGH NJW 96, 1343; sa Vor § 488 Rn 17); Löschung einer jur Person (AG, KGaA, GmbH) wegen Vermögenslosigkeit gem FGG 141 a; Beendigung einer zahlungsunfähigen Handelsgesellschaft (BGH 82, 326 ff) oder Übernahme durch einen übrigbleibenden Gesellschafter (BGH NJW 93, 1918); Wegfall der Geschäftsgrundlage (§ 313) wegen individueller Notlage des Hauptschuldners (Larenz, SchR II, § 64 I; für Unterhaltspflicht RG 163, 99; BGH LM Nr 2). Bei Zusammentreffen mehrerer Bürgschaften läßt die Herabsetzung der vorrangigen

Titel 20. Bürgschaft **§§ 768, 769**

Bürgschaft durch einen Insolvenzplan (InsO 254 II) die Haftung der nachrangigen Bürgen (Rn 7 f vor § 765) unberührt (BGH 73, 98 für VglO 82 II).

§ 768 Einreden des Bürgen

(1) ¹**Der Bürge kann die dem Hauptschuldner zustehenden Einreden geltend machen.** ²**Stirbt der Hauptschuldner, so kann sich der Bürge nicht darauf berufen, dass der Erbe für die Verbindlichkeit nur beschränkt haftet.**
(2) **Der Bürge verliert eine Einrede nicht dadurch, dass der Hauptschuldner auf sie verzichtet.**

1. Allgemeines. a) Bedeutung. I 1 enthält eine weitere Ausprägung des **Akzessorietätsgrundsatzes** (Rn 6 ff; vgl § 767 Rn 3 ff), die Einschränkung gem II entspricht § 767 I 3 (vgl dort Rn 8). I 2 ist eine Durchbrechung des Akzessorietätsprinzips (§ 767 Rn 9). § 768 ist **nicht zwingend** (Rn 8). **b) Überblick** über die Verteidigungsmöglichkeiten des Bürgen. Der Bürge kann dem Gläubiger entgegenhalten: **aa)** Alle dem Hauptschuldner gegenüber der Hauptforderung zustehenden (rechtshindernden, -vernichtenden, -hemmenden) **Einwendungen** (Begriff: EnnN § 226 II; Folge der Abhängigkeit in der Entstehung und im Erlöschen, § 767 Rn 3, 6). **bb)** Alle dem Hauptschuldner gegenüber dem Gläubiger zustehenden **Einreden** ieS (Anwendungsbereich von **I 1,** dazu Rn 6 ff). **cc)** Alle ihm selbst aus dem Bürgschaftsvertrag gegenüber dem Gläubiger zustehenden **Einwendungen** (zB §§ 766, 125; vgl iü § 765 Rn 3 ff) **und Einreden** (zB Stundung, Verjährung der Bürgenforderung, § 765 Rn 16, bes Bürgeneinreden gem §§ 770 f; in § 768 als selbstverständlich nicht erwähnt). **dd) Nicht** aber **Gestaltungsrechte** des Hauptschuldners; deren Geltendmachung bleibt ausschließlich diesem vorbehalten. Der Bürge hat bis zum Zeitpunkt der möglichen Ausübung dieser Rechte aber eine verzögerliche Einrede nach § 770.

2. Abhängigkeit der Bürgschaftsforderung bei der Durchsetzung. a) Alle **Einreden** (iwS, nicht nur Gegenrechte: BGH 107, 214), die dem Hauptschuldner gegenüber dem Gläubiger zustehen, kann auch der Bürge wirksam geltend machen (auch bei § 773 Nr 1: BGH 107, 214 mN). Bsp: Einrede der Verjährung (§ 214 I, vgl BGH 139, 216), auch wenn sie erst nachträglich eingetreten ist (s § 765 Rn 16 aE; Geltendmachung dann ggf gem ZPO 767 I, II: BGH NJW 99, 278; NJW-RR 00, 1717; krit Lieb, GS Luderitz 2000, 455), § 216 I gilt nicht entspr (BGH 138, 53 f); Einrede der nachträglichen Stundung (§§ 205–209 Rn 2), des nicht erfüllten Vertrags (§ 320), des Zurückbehaltungsrechts (§ 273; BGH 24, 99), des Bereicherungseinwands (BGH 107, 214) oder Einwand des Schuldners aus der Sicherungsabrede, der Gläubiger dürfe den Bürgen nicht beanspruchen (BGH JZ 00, 574). **b) Durch Verzicht** des **Hauptschuldners** verliert der Bürge die Einrede nicht **(II**; Grund: Rn 1), desgl nicht durch die Aberkennung im Prozeß zwischen Gläubiger und Schuldner (zur Rechtskrafterstreckung § 767 Rn 7). Entspr bleibt dem Bürgen die einmal begründete Verjährungseinrede auch dann erhalten, wenn gegen den Hauptschuldner (nach Verjährungseintritt) ein rechtskräftiges Urteil mit der Folge des § 197 I Nr 3 ergeht (BGH 76, 229 f; iE zust E. Schneider MDR 80, 799). **c) Abw Vereinbarungen.** Durch individualvertraglich möglichen (sonst uU unwirksam gem § 307 I, II: BGH NJW 01, 1858) **Verzicht des Bürgen** auf ihm zustehende Einreden (Rn 6 f; § 770 Rn 3) kann uU der Vertragstyp geändert werden (s § 767 Rn 2; dann § 307 II Nr 1 beachten); uU ergeben sich auch Auswirkungen auf das Innenverhältnis zum Hauptschuldner (dazu § 774 Rn 3).

§ 769 Mitbürgschaft

Verbürgen sich mehrere für dieselbe Verbindlichkeit, so haften sie als Gesamtschuldner, auch wenn sie die Bürgschaft nicht gemeinschaftlich übernehmen.

§ 770

1 **1. Allgemeines. a) Begriff.** Mitbürgschaft ist die Verbürgung mehrerer für dieselbe Verbindlichkeit. **b) Abgrenzung.** Keine Mitbürgen sind Vor-, Nach-, Haupt- und Rückbürge (Rn 7 f vor § 765; Grund: Keine Identität der gesicherten Forderung); mehrere Teilbürgen (Rn 4 vor § 765) nicht, soweit sie für verschiedene Teile der Hauptschuld haften; idR auch nicht der Ausfallbürge (Rn 2 vor § 765) im Verhältnis zum gewöhnlichen Bürgen (Grund: §§ 421 ff gelten nicht, **2** Ausfallbürge haftet subsidiär, BGH ZIP 86, 973). **c) Begründung.** Gemeinschaftlich durch einheitlichen Vertrag (§ 427, einheitliche Urkunde nicht notwendig) oder unabhängig durch selbständige Verträge (Wissen der Mitbürgen voneinander unerheblich). Ist bei gemeinschaftlicher Verbürgung (§ 427) ein Bürgschaftsvertrag nichtig oder nicht wirksam zustande gekommen, so führt § 139 iZw (Sicherungsinteresse des Gläubigers!) nicht zu Gesamtnichtigkeit (Köln BB 99, 758 mN; RG **3** 138, 272, str). **d)** § 769 ist **nicht zwingend** (BGH 88, 188, str; sehr weitgehend Bayer ZIP 90, 1526), jedoch berührt abw Abrede im Bürgschaftsvertrag nicht notwendig den Ausgleich zwischen den Bürgen im Innenverhältnis (BGH 88, 189 f; NJW 87, 3127; Hamm NJW 91, 297; krit Wolf NJW 87, 2472). Bürgen mehrere mit unterschiedlichen Höchstbeträgen, sind sie bezüglich der gesamten Hauptschuld Gesamtschuldner, nicht nur für den mehrfach gesicherten Betrag (Glöckner ZIP 99, 824 mN, str).

4 **2. Haftung** der Mitbürgen **a) im Verhältnis zum Gläubiger** nach §§ 421–425; **b) im Innenverhältnis:** § 774 II iVm § 426; vgl § 774 Rn 9 ff.

§ 770 Einreden der Anfechtbarkeit und der Aufrechenbarkeit

(1) Der Bürge kann die Befriedigung des Gläubigers verweigern, solange dem Hauptschuldner das Recht zusteht, das seiner Verbindlichkeit zugrunde liegende Rechtsgeschäft anzufechten.

(2) Die gleiche Befugnis hat der Bürge, solange sich der Gläubiger durch Aufrechnung gegen eine fällige Forderung des Hauptschuldners befriedigen kann.

1 **1. Allgemeines. a) Bedeutung.** § 770 ergänzt den Abhängigkeitsgrundsatz (hier: § 767 Rn 3, 6) für den Fall, daß hinsichtlich der Hauptschuld eine Anfechtungs- oder Aufrechnungslage besteht. Da der Bürge das (höchstpersönliche) Gestaltungsrecht nicht ausüben kann (vgl § 768 Rn 5), hat er für die Dauer der Anfechtungs- (Aufrechnungs-)lage eine **verzögerliche Einrede** (Leistungsverweigerungsrecht; sa §§ 1137, 1211). Grund: Keine Inanspruchnahme des Bürgen, solange hinsichtlich der Hauptschuld ein Schwebezustand besteht (I) bzw sich der **2** Gläubiger durch Aufrechnung befriedigen kann (II). **b) Entspr Anwendung: aa) I** gilt auch für andere **Gestaltungsrechte** wie das ges (§§ 323, 326, 437 Nr 2, 634 Nr 3) und vertragliche (§ 346; insoweit str) Rücktrittsrecht, das Recht auf Minderung (§§ 437 Nr 2, 441; 634 Nr 3, 638; RG 66, 334, str; nach aA Fall von § 768, s dort Rn 6, zutr für kraft Gesetzes eintretende Mietminderung nach § 536 I); nach Verjährung des kaufrechtlichen Rücktritts- oder Minderungsrechts besteht Einrede nach § 438 IV 2, V iVm § 768 I 1. **bb) II** gilt allg bei Aufrech- **3** nungslage (Rn 7). **c) Verzicht** des Bürgen auf die Einreden gem I und II ist möglich (BGH WM 02, 1179; vgl § 768 Rn 8), auch durch AGB-Vereinbarung (BGH 95, 357 und 359; NJW 95, 1888, str), auch wenn die Gegenforderung iSv II unbestritten oder rechtskräftig festgestellt ist (BGH 95, 360 f; NJW 86, 930, str; krit Fischer WM 98, 1712). Vertraglicher Ausschluß hindert aber nicht Berufung auf *bereits erklärte* Aufrechnung und damit Erlöschen der Hauptforderung (BGH WM 02, 1181). Die Klausel „Zahlung auf erstes Anfordern" kann vorläufigen Einredeverzicht iSv II enthalten (s ausführlich Rn 10 vor § 765).

4 **2. Gestaltungsrecht (I). a)** Die **Einrede** (Rn 1) setzt Bestehen des Gestaltungsrechts voraus und erlischt mit dessen Verlust (wie § 767 Rn 3, 6). Bsp: Ablauf von Anfechtungsfristen (§§ 121, 124). **Verzicht** des Hauptschuldners auf Aus-

Titel 20. Bürgschaft **§§ 771, 772**

übung des Gestaltungsrechts wirkt (anders als bei § 768 II) auch gegen den Bürgen (Grund: Bürge muß die Entschließung des Gestaltungsberechtigten hinnehmen, Rn 1); nur bei gleichzeitig gegebener Einrede gem § 768 I (zB aus § 853, s BGH 95, 357), kann diese dem Bürgen nicht entzogen werden (§ 768 II). b) **Bei Leistung** des Bürgen in Unkenntnis der Einrede besteht kein Rückforderungsanspruch (Grund: Hauptforderung bestand, kein Fall des § 813 I 1, da keine „dauernde" Einrede), wohl aber bei Leistung nach erklärter Anfechtung und bei Anfechtung **nach** der Leistung des Bürgen (§ 812 I 1, 1. Alt iVm § 142 I), sofern nicht § 814 entgegensteht. Der Schuldner ist dem Bürgen über bestehende Gestaltungsrechte auskunftspflichtig (StHorn 19). 5

3. **Aufrechnung (II).** a) **Aufrechnungsbefugnis des Gläubigers** setzt Aufrechnungslage zwischen Gläubiger und Schuldner (§ 387) voraus, doch muß (abw von § 387) auch die Forderung des Hauptschuldners fällig sein (vgl II); der Fälligkeit der Hauptforderung steht gleich, wenn der Gläubiger auf künftige Leistung klagen kann (ZPO 257 ff; BGH 38, 128). b) Bei **Aufrechnungsbefugnis des Hauptschuldners** (nicht erwähnt in II; wichtig bei §§ 393, 394) besteht ein Zurückbehaltungsrecht des Bürgen in entspr Anwendung von II (Zimmermann JR 79, 496 ff mN) oder I (ErmSeiler 6, str; aA RG 137, 36, PalSprau Rn 3; unentschieden BGH 42, 398; NJW 87, 2078). c) Bei **Leistung des Bürgen** in Unkenntnis der Aufrechnungslage besteht kein Rückforderungsanspruch (wie Rn 5). 6

7

8

§ 771 Einrede der Vorausklage

¹Der Bürge kann die Befriedigung des Gläubigers verweigern, solange nicht der Gläubiger eine Zwangsvollstreckung gegen den Hauptschuldner ohne Erfolg versucht hat (Einrede der Vorausklage). ²Erhebt der Bürge die Einrede der Vorausklage, ist die Verjährung des Anspruchs des Gläubigers gegen den Bürgen gehemmt, bis der Gläubiger eine Zwangsvollstreckung gegen den Hauptschuldner ohne Erfolg versucht hat.

1. **Grundsatz der Subsidiarität der Bürgenhaftung.** § 771 begründet für den Bürgen eine gegenüber § 765 (verzögerliche) **Einrede** is eines Leistungsverweigerungsrechts. Der neu eingefügte S 2 schützt den Gläubiger vor Verjährungseintritt, solange er gegen Hauptschuldner vorgeht (von § 205 nicht erfaßt!; zum umgekehrten Fall § 765 Rn 16). Nötig ist ein ordnungsgemäßer Vollstreckungsversuch (Besonderheiten für Geldforderungen: § 772), Klage weder erforderlich (ZPO 794) noch ausreichend, Bezeichnung als „Einrede der Vorausklage" daher irreführend. **Ausnahmen:** § 773 Rn 1 f. 1

§ 772 Vollstreckungs- und Verwertungspflicht des Gläubigers

(1) Besteht die Bürgschaft für eine Geldforderung, so muss die Zwangsvollstreckung in die beweglichen Sachen des Hauptschuldners an seinem Wohnsitz und, wenn der Hauptschuldner an einem anderen Orte eine gewerbliche Niederlassung hat, auch an diesem Orte, in Ermangelung eines Wohnsitzes und einer gewerblichen Niederlassung an seinem Aufenthaltsort versucht werden.

(2) ¹Steht dem Gläubiger ein Pfandrecht oder ein Zurückbehaltungsrecht an einer beweglichen Sache des Hauptschuldners zu, so muss er auch aus dieser Sache Befriedigung suchen. ²Steht dem Gläubiger ein solches Recht an der Sache auch für eine andere Forderung zu, so gilt dies nur, wenn beide Forderungen durch den Wert der Sache gedeckt werden.

1. **Bedeutung:** Nähere Regelung der erforderlichen Befriedigungsversuche des Gläubigers (§ 771) bei **Geldforderungen** (Regelfall). **Vollstreckungsversuch (I).** Objekte: **Nur** bewegliche Sachen (§ 90) des Hauptschuldners, nicht Grundstücke (Hamm WM 84, 832) oder Forderungen; Ort: nur dessen idR inländischer (wegen § 773 I Nr 2, 4, s aber dort Rn 4) Wohnsitz (Aufenthaltsort). 1

§§ 773, 774 — Buch 2. Abschnitt 8. Einzelne Schuldverhältnisse

Einrede der Sachhaftung (II). Objekte: Bewegliche Sachen des Hauptschuldners, an denen dem Gläubiger ein Pfand- (§§ 1204, 1257; ZPO 804) oder Zurückbehaltungsrecht (HGB 369; aber auch § 273 iVm ZPO 809) zusteht; gleichgestellt: Rechte aus SÜ und EV (außer, soweit § 503 II 4 anwendbar). **Kein Verweisungsrecht** bei unzulänglicher Pfanddeckung für verbürgte und unverbürgte Forderung (**II 2**; wie ZPO 777 S 2).

§ 773 Ausschluss der Einrede der Vorausklage

(1) Die Einrede der Vorausklage ist ausgeschlossen:
1. wenn der Bürge auf die Einrede verzichtet, insbesondere wenn er sich als Selbstschuldner verbürgt hat;
2. wenn die Rechtsverfolgung gegen den Hauptschuldner infolge einer nach der Übernahme der Bürgschaft eingetretenen Änderung des Wohnsitzes, der gewerblichen Niederlassung oder des Aufenthaltsorts des Hauptschuldners wesentlich erschwert ist;
3. wenn über das Vermögen des Hauptschuldners das Insolvenzverfahren eröffnet ist;
4. wenn anzunehmen ist, dass die Zwangsvollstreckung in das Vermögen des Hauptschuldners nicht zur Befriedigung des Gläubigers führen wird.

(2) In den Fällen der Nummern 3, 4 ist die Einrede insoweit zulässig, als sich der Gläubiger aus einer beweglichen Sache des Hauptschuldners befriedigen kann, an der er ein Pfandrecht oder ein Zurückbehaltungsrecht hat; die Vorschrift des § 772 Abs. 2 Satz 2 findet Anwendung.

1 1. **Ausschluß der Einrede der Vorausklage a) durch Vertrag: aa)** selbstschuldnerische Bürgschaft (Rn 3); **bb)** Ausfallbürgschaft (Rn 2 vor § 765); **cc)** Sicherheitsleistungsbürgschaft (§§ 232 II, 239 II); **dd)** Insolvenzplan-Bürgschaft **2** (InsO 257 II), **b) durch Ges: aa)** Bürgschaft des Kaufmanns (HGB 349); **bb)** Fälle der erschwerten Rechtsverfolgung gegen den Hauptschuldner oder ihrer voraussichtlichen Erfolglosigkeit (Rn 4); **cc)** Fälle der bürgschaftsgleichen Haftung (Rn 1 [c] vor § 765).

3 2. **Selbstschuldnerische Bürgschaft (I Nr 1).** Wortlaut der formbedürftigen (§ 766 Rn 3) Verzichtserklärung ist unerheblich; im AGB zulässig (BGH 95, 361). Nur die Subsidiarität der Bürgschaft (§ 771 Rn 1) entfällt (auch bei bloßer Leistungsunwilligkeit des Hauptschuldners: BGH 104, 242 f), nicht die Akzessorietät (§§ 767, 768; RG 148, 66). Der Gläubiger kann sich sogleich – ohne vorherige Verwertung von Sicherheiten (Nichtzitat von Nr 1 in II, vgl auch BGH NJW 66, 2010) – an einen seiner beiden Schuldner halten (BGH WM 86, 12), jedoch haften Bürge und Schuldner nicht als Gesamtschuldner (BGH JZ 56, 99).

4 3. **Erschwerte Rechtsverfolgung, Vermögensverfall des Hauptschuldners. a) Nr 2:** idR anwendbar bei Wohnsitzverlegung ins Ausland, aber nicht im Anwendungsbereich der EuGVVO (vgl ZPO 917 II). **b) Nr 3:** Insolvenzverfahren muß (noch: InsO 34 III) bis Schluß der mündlichen Verhandlung der letzten Tatsacheninstanz eröffnet sein (InsO 27, 200, 207 ff); nach Beendigung des Insolvenzverfahrens gilt Nr 4. **c) Nr 4:** Bsp: Ablehnung der Eröffnung des Insolvenzverfahrens mangels Masse (InsO 26); Erfolglosigkeit der Zwangsvollstreckung wegen einer anderen Forderung. **d)** Bei **Nr 3** und **4** (nicht auch zB bei Nr 1, vgl Rn 3) kann der Gläubiger auf eine bestehende Sachhaftung (§ 772 Rn 1) verwiesen werden (**II**).

§ 774 Gesetzlicher Forderungsübergang

(1) ¹Soweit der Bürge den Gläubiger befriedigt, geht die Forderung des Gläubigers gegen den Hauptschuldner auf ihn über. ²Der Übergang kann

Titel 20. Bürgschaft **§ 774**

nicht zum Nachteil des Gläubigers geltend gemacht werden. ³Einwendungen des Hauptschuldners aus einem zwischen ihm und dem Bürgen bestehenden Rechtsverhältnis bleiben unberührt.
(2) Mitbürgen haften einander nur nach § 426.

Lit: Bayer, Ausgleich zwischen Höchstbetragsbürgen, ZIP 90, 1523; Glöckner, Ausgleich zwischen mehreren Bürgen bei unterschiedlichen Höchstbetragsbeschränkungen, ZIP 99, 821; Reinicke, Gesamtschuldklausel und Sicherungsklausel im Bürgschaftsrecht, JZ 87, 491; Weitzel, Höchstbetragsbürgschaft und Gesamtschuld, JZ 85, 824.

1. **Allgemeines.** a) **Zweck.** Ausgleich zwischen dem leistenden Bürgen und 1 dem im Verhältnis zu ihm allein verpflichteten Hauptschuldner. b) **Bürgenregreß.** Befriedigt der Bürge den Gläubiger, so erlischt lediglich seine Bürgschaftsschuld (§ 765 Rn 16 f), dagegen bleibt die **Hauptschuld bestehen** und wird auf den Bürgen **übergeleitet** *(cessio legis)*. Folge: Für die Hauptschuld bestehende Sicherungsrechte erlöschen nicht und kommen dem Bürgen zugute (§ 401), zum Zusammentreffen mit dinglichen Sicherheiten s Rn 12. Der übergeleitete Rückgriffsanspruch sichert den sich idR bereits aus dem der Bürgschaftsübernahme zugrundeliegenden **Innenverhältnis** ergebenden Ersatzanspruch (Rn 7 f). Zwischen beiden Ansprüchen (Fall von **Anspruchskonkurrenz**, hM, str) kann der Bürge **wählen** (RG 59, 209; Köln NJW-RR 89, 1266; zum unterschiedlichen Umfang der Schuldnereinwendungen vgl Rn 6 und 8). c) Der Forderungsübergang ist 2 **abdingbar** (BGH NJW 01, 2330; BGH 92, 382; Form: § 766); Ausschluß durch AGB ist bedenklich (*arg* Bürgenschutz, so auch Fischer WM 98, 1712 f; für zulässige Beschränkung s BGH NJW 01, 2330). d) **Keine entspr Anwendung** 3 von I 1 auf Garantie (Rn 14 vor § 765) und Schuldmitübernahme (Rn 16 ff vor § 765).

2. **Rückgriff aus der übergegangenen Hauptschuld (I 1).** a) **Vorausset-** 4 **zungen.** Bestand der Hauptschuld (BGH NJW 00, 1565); endgültige **Befriedigung** des Gläubigers durch Erfüllung oder Erfüllungssurrogate (BGH WM 69, 1104); Bsp: Aufrechnung mit eigener Forderung des Bürgen gegen den Gläubiger (RG 53, 405); befreiende Hinterlegung (§ 378); Übernahme neuer Verbindlichkeit (§ 364 II; Bsp: BGH NJW-RR 88, 62 mN). **Keine** Erfüllung sind die bloße Sicherheitsleistung (zu entspr AGB-Klausel BGH 92, 374; dazu Reinicke/Tiedtke JZ 90, 327 ff); die Zahlung zur Abwendung der vorläufigen Zwangsvollstreckung (BGH 86, 270 mN); der Erlaß der Bürgschaftsschuld (BGH NJW 90, 1301). **Teilbefriedigung** genügt, zum Verhältnis zwischen Bürge und Gläubiger vgl Rn 5. b) **Rechtsfolge.** Übergang der **Hauptforderung** so, wie sie im Zeitpunkt der 5 Befriedigung (Rn 4) bestand, einschließlich aller Neben- und Sicherungsrechte (**I 1 iVm §§ 401, 412**). aa) **Rechtsstellung des Bürgen.** Die Rückgriffsforderung umfaßt im Rahmen der verbürgten Hauptschuld (§ 765 Rn 14 f) vom Bürgen erfüllte Nebenforderungen, zB rückständige (ges und vertragliche) Zinsen und verwirkte Vertragsstrafen. Dem Bürgen stehen auch die (zwischen Hauptschuldner und Gläubiger) **vertraglich vereinbarten** (künftigen) **Zinsen** zu (BGH 35, 172, str), ferner nicht verbrauchte vorausgerichtete Zinsen (Disagio) bei vorzeitiger Darlehenstilgung (hM, s Hadding/Häuser, WM-FG Heinsius, 1991, S 8 ff). Bei Verbürgung für eine **Gesamtschuld** ist der Regreß gegen den Gesamtschuldner uU eingeschränkt (Rn 3 vor § 765). Akzessorische **Sicherungs-** und **Nebenrechte** (dazu § 401 Rn 1 ff) gehen auf den Bürgen über, auch wenn sie erst nach Übernahme der Bürgschaft entstanden sind (arg § 776 S 2); selbständige Sicherungsrechte bedürfen bes Übertragung (s BGH 130, 107; 136, 352; NJW 99, 1182; 01, 2330; § 401 Rn 5); Leistungsort ist der Sitz des Gläubigers (BGH NJW 95, 1546). Zum Zusammentreffen mehrerer Bürgschaften sowie der Bürgschaft mit dinglichen Sicherheiten Dritter vgl Rn 9 ff und 12. Bei bloßer **Teilbefriedigung** erfolgt entspr teilw Forderungsübergang (I 1: „Soweit"). In diesem Fall steht der Bürge bei der Verwertung eines übergegangenen Sicherungsrechts dem Gläubiger

Stadler

§ 774 Buch 2. Abschnitt 8. Einzelne Schuldverhältnisse

nach (I 2). I 2 gilt auch dann, wenn das teilw übergangene (übertragene) Nebenrecht (§ 401) neben der verbürgten auch eine andere Forderung des Gläubigers
6 sichert (BGH 110, 46 mN; aA Reinicke/Tiedtke DB 90, 1953). **bb) Rechtsstellung des Hauptschuldners.** Der Hauptschuldner hat gegenüber der übergangenen Forderung sämtliche Einwendungen aus dem **Hauptschuldverhältnis,** die im Zeitpunkt des Übergangs gegen den Gläubiger begründet waren (§§ 404, 412; Bsp: Verjährung der Hauptforderung). Er kann im Rahmen des § 406 noch gegenüber dem Bürgen aufrechnen (aA Tiedtke DB 70, 1721) und ist bei eigener Leistung in Unkenntnis des Übergangs geschützt (§ 407). Ferner hat er gegen den Bürgen alle Einwendungen aus dem **Innenverhältnis** mit diesem (**I 3:** vgl Rn 7 f). Bsp: Bürgschaftsverpflichtung als Schenkung an den Schuldner; Freistellungsverpflichtung des Bürgen (s BGH NJW-RR 92, 811); anteilige gesamtschuldnerische Haftung des Bürgen gem § 426 I 1 (Stuttgart NJW-RR 94, 876; sa Rn 8).

7   3. **Rückgriff aus dem Innenverhältnis. a) Voraussetzung** ist, daß zwischen Hauptschuldner und Bürgen ein Rechtsverhältnis besteht, aufgrund dessen sich der Bürge verbürgt hat (Bsp: §§ 662 ff; 675; 677 ff; nicht bei §§ 516 ff); Bürge hat geleistet (wie Rn 4). Den Bürgen trifft hinsichtlich der Hauptschuld eine Prüfungs-, Sorgfalts- und Mitteilungspflicht; Einwendungen muß er geltend ma-
8 chen (BGH 95, 388 f; Tiedtke BB 86, 541 f). **b) Rechtsfolgen. Aufwendungserstattungsanspruch** des Bürgen (§§ 670, 675, 683; uU 684; vgl Köln NJW-RR 89, 1267); der Hauptschuldner kann dem Anspruch **nur** Einwendungen aus dem Innenverhältnis (Bsp: Schadensersatzanspruch wegen Nichtgeltendmachung von Einreden gem §§ 768, 770 im Verhältnis zum Gläubiger) entgegenhalten (Rn 7), dagegen (anders als bei Rn 6) nicht Einwendungen aus dem Hauptschuldverhältnis zum Gläubiger.

9   4. **Ausgleich zwischen mehreren Bürgen. a) Mitbürgschaft** (§ 769). II enthält eine Einschränkung von I 1, §§ 401, 412 (Rn 5 f) bei mehrfacher Bürgensicherung der Hauptschuld. Auf den zahlenden Mitbürgen gehen Bürgschaftsansprüche gegen die übrigen Mitbürgen nur in der Höhe über, in der er von ihnen Ausgleich verlangen kann, idR also nur in Höhe des auf den einzelnen Mitbürgen entfallenden Kopfteils (§ 426 I, II, BGH NJW 00, 1034); abw Vereinbarung ist auch stillschweigend möglich (BGH NJW 00, 1034; 87, 376); für Ausgleich unter Gesellschaftern als Bürgen für eine Gesellschaftsschuld ist idR das Verhältnis der Gesellschaftsteile maßgebend bzw Verlustbeteiligung (BGH NJW-RR 89, 685; MDR 73, 927; Köln NJW 95, 1685); bei Höchstbetragsbürgschaften das Verhältnis der Höchstbeträge (BGH 137, 294 ff; NJW 00, 1035; Glöckner ZIP 99, 825 ff mN; str; nach aA Ausgleich nach Kopfteilen in Höhe der sich deckenden Bürgschaftssummen). Bei **Teilzahlung** kann der leistende Mitbürge idR sofort (nicht nur bei Überschreitung des auf ihn entfallenden Anteils) Ausgleich verlangen (BGH NJW 00, 1035; 87, 3128); dies gilt nicht, wenn die Inanspruchnahme der übrigen Mitbürgen bevorsteht und der Hauptschuldner zahlungsunfähig ist (BGH 83, 209 f;
10 Köln NJW 95, 1686). **b) Sonderformen.** Der leistende **Nachbürge** hat vollen Regreß gegen den Vorbürgen (Rn 7 vor § 765), der **Ausfallbürge** gegen den gewöhnlichen Bürgen (Rn 2 vor § 765; § 769 Rn 1), der vom Hauptbürgen in Anspruch genommene **Rückbürge** nur gegen den Hauptschuldner (Rn 8 vor
11 § 765). **c)** II gilt **entspr** für das Verhältnis von Bürgen und dem zur Sicherung des Hauptschuldners beigetretenen **Gesamtschuldner** (Hamm OLGZ 90, 339; ie Schmitz, FS Merz, 1992, 553 ff mwN).

12   5. **Ausgleich bei dinglichen Sicherheiten.** Trifft die Bürgschaft bei mehrfach gesicherter Hauptschuld mit akzessorischen (Pfandrecht, Hypothek) und nicht akzessorischen Sicherungsrechten (zB Grundschuld) zusammen, so hat Gläubiger freie Wahl unter den Sicherheiten. Es findet bei Leistung eines Mitsicherers unter sämtlichen gleichstufig haftenden Sicherungsgebern ein **anteiliger Ausgleich** entspr § 426 statt (BGH 108, 182 ff; NJW 92, 3229; Ehlscheid BB 92, 1290, str;

Titel 20. Bürgschaft **§ 775**

krit Tiedtke DNotZ 93, 291; Mertens/Schröder Jura 92, 305); Grund: § 242 Rn 9; ges Regelung führt zu widersprüchlichen (I 1, §§ 1143, 1225 jeweils iVm §§ 412, 401 I; dagegen § 1192 I) und zufallsabhängigen Ergebnissen („Wettlauf der SG"; BGH 108, 184; sa § 1225 Rn 2). Die Sicherungsgeber können untereinander vertraglich Haftungsquoten vereinbaren; eine solche Vereinbarung bindet den späteren Erwerber eines belasteten (haftenden) Grundstücks nicht, wenn sie für ihn nachteilig ist (BGH ZIP 02, 656). § 776 ist auf den entstandenen (s § 426 Rn 14 f) Ausgleichsanspruch nicht entspr anwendbar (BGH NJW-RR 91, 500).

§ 775 Anspruch des Bürgen auf Befreiung

(1) **Hat sich der Bürge im Auftrag des Hauptschuldners verbürgt oder stehen ihm nach den Vorschriften über die Geschäftsführung ohne Auftrag wegen der Übernahme der Bürgschaft die Rechte eines Beauftragten gegen den Hauptschuldner zu, so kann er von diesem Befreiung von der Bürgschaft verlangen:**
1. **wenn sich die Vermögensverhältnisse des Hauptschuldners wesentlich verschlechtert haben,**
2. **wenn die Rechtsverfolgung gegen den Hauptschuldner infolge einer nach der Übernahme der Bürgschaft eingetretenen Änderung des Wohnsitzes, der gewerblichen Niederlassung oder des Aufenthaltsorts des Hauptschuldners wesentlich erschwert ist,**
3. **wenn der Hauptschuldner mit der Erfüllung seiner Verbindlichkeit im Verzug ist,**
4. **wenn der Gläubiger gegen den Bürgen ein vollstreckbares Urteil auf Erfüllung erwirkt hat.**

(2) **Ist die Hauptverbindlichkeit noch nicht fällig, so kann der Hauptschuldner dem Bürgen, statt ihn zu befreien, Sicherheit leisten.**

1. Allgemeines. a) Bedeutung. Anpassung des Auftragsrechts an Besonderheiten des Innenverhältnisses zwischen Hauptschuldner und „Auftragsbürgen" (s § 774 Rn 7 f); nicht anwendbar bei fehlendem Rückgriffsanspruch (BGH NJW 00, 1643: Bürge trägt Beweislast für Auftrag; aA Reinicke/Tiedtke JZ 01, 46). Der (gem §§ 257, 670 unbeschränkte) **Befreiungsanspruch** wird eingeschränkt auf Fälle nachträglicher Erhöhung (Realisierung) des Bürgenrisikos (kasuistische Umschreibung: I Nr 1–4); §§ 669, 671 sind (als mit dem Wesen des Bürgschaftsauftrags unvereinbar) ausgeschlossen. Zur (ausnahmsweisen) Kündigung des Bürgen gegenüber dem Gläubiger s § 765 Rn 6. Ein Zahlungsanspruch des Bürgen entsteht erst nach Leistung an den Gläubiger (§ 774, BGH 140, 273 f; u Rn 3). **b) Anwendbar** auch bei selbstschuldnerischer Bürgschaft, §§ 773 I Nr 1, 778. 1

2. Befreiungsanspruch (idR kaum realisierbar). **a) Voraussetzung** ist das Vorliegen (alternativ) bestimmter Gefährdungstatbestände (Befreiungsgründe). **Nr 1:** Vermögensverschlechterung wie in §§ 321, 490 I (vgl Anm dort). **Nr 2** entspricht § 773 I Nr 2. **Nr 3:** Vom Gläubiger nachträglich ohne Zustimmung des Bürgen gewährte Stundung beseitigt den (entstandenen) Befreiungsanspruch nicht (RG 59, 12; BGH NJW 86, 979). Teilverzug berechtigt nur zur Teilbefreiung (BGH NJW 95, 2637 mN). **Nr 4:** ZPO 704 I (beide Alt: LG Meiningen ZIP 98, 993), gleichgestellt ZPO 700, dagegen nicht Titel, die auf einer Mitwirkung des Bürgen beruhen (zB ZPO 794 Nr 1 und 5). **b) Inhalt** der Leistung: Erfüllung der Hauptschuld oder Erwirkung der Entlassung des Bürgen aus der Haftung (Vollstreckung: ZPO 887; ie Geißler JuS 88, 455 ff); nicht Zahlung, auch nicht ausnahmsweise bei Zahlungsunfähigkeit des Hauptschuldners und feststehender Inanspruchnahme des Bürgen (BGH 140, 270 mN; NJW 00, 1643; str; aA RG 143, 194; 8. Aufl). Mangels Gleichartigkeit daher keine Aufrechnung gegen Zahlungsanspruch des Hauptschuldners (BGH aaO). Vor Fälligkeit der Hauptforderung (nur bei Nr 1, 2 möglich) kann der Hauptschuldner wahlweise (**II,** kein Recht des 2 3

Stadler 959

§§ 776, 777 Buch 2. Abschnitt 8. Einzelne Schuldverhältnisse

Bürgen) Sicherheit leisten (§§ 232 ff). § 775 ist **abdingbar** (BGH NJW 95, 2637: Einschränkung des Bürgenrisikos möglich); **Verzicht** auf den Befreiungsanspruch (§ 766 nicht anzuwenden) und **Beschränkung** (Geltendmachung nur mit Zustimmung des Gläubigers) möglich (LM Nr 1; Hoffmann JR 01, 221).

§ 776 Aufgabe einer Sicherheit

¹Gibt der Gläubiger ein mit der Forderung verbundenes Vorzugsrecht, eine für sie bestehende Hypothek oder Schiffshypothek, ein für sie bestehendes Pfandrecht oder das Recht gegen einen Mitbürgen auf, so wird der Bürge insoweit frei, als er aus dem aufgegebenen Recht nach § 774 hätte Ersatz erlangen können. ²Dies gilt auch dann, wenn das aufgegebene Recht erst nach der Übernahme der Bürgschaft entstanden ist.

1. **Allgemeines.** Besteht für die verbürgte Hauptforderung eine weitere Sicherheit (Rn 2), so trifft den Gläubiger im Verhältnis zum Bürgen ausnahmsweise (so hM, str; aA: bes Ausprägung von allg Rechtsgedanken; s § 765 Rn 18 ff) eine **Sorgfaltspflicht**. Grund: Schutz des Bürgen vor Rechtsverlusten beim Rückgriff gegen den dinglichen Sicherungsgeber oder Mitbürgen (§§ 774, 401, 412; § 774 Rn 5 f, 9, 12).

2. **Voraussetzungen. a)** Bestehen eines **Sicherungs- oder Vorzugsrechts.** Außer den in S 1 (wie § 401, s dort Rn 7) genannten in **entspr Anwendung** auch Grund- und Rentenschuld (Köln NJW 90, 3214), Sicherungs- (BGH NJW 66, 2009), Vorbehaltseigentum (BGH 46, 56) und Sicherungsabtretung (BGH 78, 143; NJW 00, 2583), soweit der Gläubiger (wie idR) vertraglich zur Übertragung auf den leistenden Bürgen verpflichtet ist (Nachw § 774 Rn 5, § 401 Rn 5), **entspr** wohl auch bestehende Ausfall-(Kasko-)versicherung (abl Köln WM 95, 1965), **nicht** aber Aufrechnungsmöglichkeit des Gläubigers (BGH NJW 84, 2456). Entstehungszeitpunkt: S 2. **b) Aufgabe** (auch teilw) setzt **vorsätzliches** aktives Handeln voraus; fahrlässige Schlechtverwertung der Sicherheit genügt nicht (BGH NJW 66, 2009; vgl aber Rn 4), wohl aber Verwertung für eine andere als die durch die Bürgschaft gesicherte Forderung (BGH NJW 00, 2583 mN). Von Gläubigerbank geduldete Verfügung über Sicherungsobjekte gem Nr 14 AGB-Banken ist uU keine „Aufgabe" (BGH 144, 56; krit Vollkommer/ Heinemann JZ 00, 1165). Führt der Gläubiger nach Eigenverwertung Teilerlös an Insolvenzmasse ab, liegt in Höhe des Kostenbeitrags nach InsO 170 II keine freiwillige Aufgabe (Vollkommer/Heinemann aaO 1166; s auch Hamm WM 99, 1226 für Massekostenvorschuß).

3. **Rechtsfolgen. a) Erlöschen** der Bürgschaftsverpflichtung im Umfang der Rechtsaufgabe. **Verzicht** des Bürgen (liegt iZw in der Zustimmung zur Freigabe) individualvertraglich möglich (BGH ZIP 00, 966), nicht jedoch ein undifferenzierter Verzicht in AGB (§ 307, BGH 144, 57 f, Rspr-Änderung, s bereits BGH 136, 352; Fischer WM 98, 1712; Tiedtke ZIP 86, 150; aA Hamm WM 99, 1970); zulässig jedoch Verzicht, soweit er nur Sicherungsrechte gem Nr 14 AGB-Banken betrifft (BGH 144, 56; NJW 02, 295; s aber Rn 3). Durch fahrlässige Schlechtverwertung der Sicherheit kann der Gläubiger Pflichten aus dem Hauptschuldverhältnis verletzen (§ 276); dann hat der Bürge uU Einwendungen (Einreden) gem §§ 767, 768, 770 II (BGH NJW 66, 2009). **b)** Bei der Entlassung eines **Mitbürgen** bleibt seine Ausgleichspflicht im **Innenverhältnis** (§§ 774 II, 426) idR bestehen (BGH NJW 00, 1034; 92, 2287 f; sa §§ 422–424 Rn 3).

§ 777 Bürgschaft auf Zeit

(1) ¹Hat sich der Bürge für eine bestehende Verbindlichkeit auf bestimmte Zeit verbürgt, so wird er nach dem Ablauf der bestimmten Zeit frei, wenn nicht der Gläubiger die Einziehung der Forderung unverzüglich nach Maßgabe des § 772 betreibt, das Verfahren ohne wesentliche Verzö-

Titel 20. Bürgschaft **§ 777**

gerung fortsetzt und unverzüglich nach der Beendigung des Verfahrens dem Bürgen anzeigt, dass er ihn in Anspruch nehme. ²Steht dem Bürgen die Einrede der Vorausklage nicht zu, so wird er nach dem Ablauf der bestimmten Zeit frei, wenn nicht der Gläubiger ihm unverzüglich diese Anzeige macht.

(2) Erfolgt die Anzeige rechtzeitig, so beschränkt sich die Haftung des Bürgen im Falle des Absatzes 1 Satz 1 auf den Umfang, den die Hauptverbindlichkeit zur Zeit der Beendigung des Verfahrens hat, im Falle des Absatzes 1 Satz 2 auf den Umfang, den die Hauptverbindlichkeit bei dem Ablauf der bestimmten Zeit hat.

1. **Allgemeines. a) Begriff. Zeitbürgschaft** ist die zeitlich beschränkte 1 Bürgschaft für eine idR bereits bestehende (S 1; vgl aber Rn 2) Verbindlichkeit (Zeitbestimmung bezieht sich auf die Bürgschaftsverpflichtung selbst). **b) Abgren-** 2 **zung. Gegenständlich** (nicht zeitlich) **beschränkt** ist die Bürgschaft für die innerhalb eines bestimmten Zeitraums entstehende Verbindlichkeit (Zeitbestimmung dient der Begrenzung des Umfangs der Bürgschaftsverpflichtung, die Bürgschaft selbst ist zeitlich unbegrenzt; vgl BGH NJW 88, 908; Köln WM 97, 1402). Bei Verbürgung für künftige (§ 765 II) oder in der Entwicklung befindliche Forderungen (Bsp: Kontokorrentkredit, Rn 6 vor § 765); Gewährleistungsrechte, Köln NJW-RR 86, 511 f, offen München NJW-RR 95, 499; öffentl geförderter Betriebsmittelkredit, KG NJW-RR 95, 1199) liegt idR gegenständliche Begrenzung vor (BGH NJW 88, 908 mN; KG NJW-RR 95, 1199), abw Auslegung im Einzelfall jedoch möglich (dazu Voss MDR 90, 495). Die Prozeßbürgschaft ist iZw nicht iSv I befristet (Rn 9 vor § 765); dagegen ist eine Vertragserfüllungsbürgschaft (auch) als Zeitbürgschaft möglich (BGH NJW 99, 56); weiteres Bsp für Rn 1: Verbürgung für in Raten mit gestaffelter Fälligkeit geschuldete Kaufpreisverbindlichkeit (BGH NJW 97, 2234). **c) Bedeutung.** § 777 enthält (nur) für den Fall der 3 Rn 1 eine **Auslegungsregel** zugunsten des Gläubigers (vgl BGH 76, 85): Die Zeitbürgschaft erlischt nicht schon mit Fristablauf (Verdrängung von §§ 163, 158 II), sondern erst, wenn der Gläubiger bestimmte rechtserhaltende Maßnahmen nicht trifft (Rn 5).

2. **Voraussetzungen. a) Zeitbestimmung (I 1),** nicht notwendig kalender- 4 mäßig; Bsp: Bürgschaft für die Dauer der Zugehörigkeit zur haftenden Gesellschaft, des Bestehens der Ehe mit dem Hauptschuldner (Braunschweig FamRZ 78, 111) oder bis zur Werkabnahme bei Erfüllungsbürgschaft (BGH NJW 99, 56). **b) Anzeige** (auch unbeziffert möglich: Karlsruhe MDR 85, 585) ist empfangs- 5 bedürftiges RGeschäft (RG 153, 126, str); **Zeitpunkt:** bei gewöhnlicher Zeitbürgschaft (Einrede gem § 771 besteht) unverzüglich (§ 121 I 1) nach dem Vollstreckungsversuch (**I 1** iVm § 772); bei selbstschuldnerischer Zeitbürgschaft spätestens unverzüglich (§ 121 I 1) nach Fristablauf (**I 2**); bei (abw von I möglicher) *Befristung* der Inanspruchnahme innerhalb der vereinbarten Frist (BGH 91, 351; 99, 291). Bei Wahl gerichtlicher Geltendmachung gilt die Rückbeziehung gem ZPO 270 III, 693 II nicht (BGH NJW 82, 172; zust Raudszus NJW 83, 668). Voranzeige genügt (BGH 76, 83 f mN; 91, 354). **c) Fälligkeit** der Hauptschuld 6 innerhalb der Bürgschaftszeit (BGH 91, 355; NJW 00, 3138). Ein Zusammentreffen von Fälligkeit der Hauptschuld und Ende der Bürgschaftszeit genügt (BGH NJW 89, 1857 f).

3. **Rechtsfolge** bei rechtzeitiger Anzeige: Fortbestand der Bürgschaftsverpflich- 7 tung im Umfang der Hauptschuld zum maßgeblichen Zeitpunkt (Vollstreckungsversuch bei gewöhnlicher Zeitbürgschaft [Rn 5], iü Fristablauf [BGH NJW 83, 751]; Einschränkung der Akzessorietät gem **II**). Befreiung bei unterbliebener Anzeige gem I 2 ist durch AGB nicht ausschließbar (Köln NJW 85, 2722 f; Tiedtke DB 90, 411, str).

Stadler

§§ 778, 779 Buch 2. Abschnitt 8. Einzelne Schuldverhältnisse

§ 778 Kreditauftrag

Wer einen anderen beauftragt, im eigenen Namen und auf eigene Rechnung einem Dritten ein Darlehen oder eine Finanzierungshilfe zu gewähren, haftet dem Beauftragten für die aus dem Darlehen oder der Finanzierungshilfe entstehende Verbindlichkeit des Dritten als Bürge.

1　1. **Allgemeines. a) Begriff.** Kreditauftrag ist echter Auftrag (§ 662; auch entgeltliche Beauftragung nach § 675), durch dessen Annahme sich der Beauftragte gegenüber dem Auftraggeber verpflichtet, im eigenen Namen und für eigene Rechnung einem Dritten Kredit zu geben. Die Terminologie ist der Neufassung des Darlehensrechts angepaßt (§§ 488, 491, 499, 607, vgl Bülow NJW 02, 1145)
2　und erfaßt das Sachdarlehen (§ 607) nicht mehr. **b) Abgrenzung zur Bürgschaft** (bedeutsam insbes wegen des fehlenden Formerfordernisses, vgl Rn 5). Für den (Kredit-)Beauftragten muß eine verbindliche Verpflichtung zur Gewährung eines Darlehens oder einer Finanzierungshilfe an den Dritten begründet werden (BGH WM 56, 465); die Haftung des Auftraggebers „als Bürge" (Rn 6) ist zwar ges Folge, nicht (wie bei § 765) Vertragsinhalt, jedoch muß auch beim Auftraggeber ein rechtsgeschäftlicher Verpflichtungswille erkennbar sein; Indiz dafür: Eigenes Interesse an der Gewährung (BGH DB 56, 890; WM 60, 880; Frankfurt NJW 67, 2361). Bei § 765 (insbes Kreditbürgschaft) ist das Interesse des Gläubigers an
3　Sicherung vorherrschend. **c) Kein Kreditauftrag** sind Kreditanweisung und Kreditbrief (Akkreditiv), sondern Unterarten der Anweisung (s dazu §§ 783 ff).

4　2. **Anzuwendendes Recht** (nicht zwingend). **a)** Für die **gesamte Vertragsdauer** gilt (mit Einschränkungen) **Auftragsrecht.** Anwendbar: §§ 662–668; 672–675; unanwendbar nach dem Sinn des Vertrags: § 669; § 670 ist gem § 778
5　durch §§ 765 ff ersetzt (Rn 6). **b) Bis zur Kreditgewährung** (verbindlichen Zusage) gilt **auch** § 671, nicht aber bei § 675 (dort Rn 10), dann aber § 490 entspr anwendbar (hM, str). Bürgschaftsrecht gilt in diesem Abschnitt **nicht,** insbes nicht § 766; für die Pflichten des Beauftragten gilt § 662 Rn 12, nicht § 765 Rn 18 ff.
6　**c) Nach der Gewährung** des Darlehens oder der Finanzierungshilfe gilt für die Haftung des Auftraggebers für die Verbindlichkeit des Dritten **Bürgschaftsrecht,** einschließlich der Vergünstigungen gem §§ 771, 774, 775.

Titel 21. Vergleich

§ 779 Begriff des Vergleichs, Irrtum über die Vergleichsgrundlage

(1) Ein Vertrag, durch den der Streit oder die Ungewissheit der Parteien über ein Rechtsverhältnis im Wege gegenseitigen Nachgebens beseitigt wird (Vergleich), ist unwirksam, wenn der nach dem Inhalt des Vertrags als feststehend zugrunde gelegte Sachverhalt der Wirklichkeit nicht entspricht und der Streit oder die Ungewissheit bei Kenntnis der Sachlage nicht entstanden sein würde.

(2) Der Ungewissheit über ein Rechtsverhältnis steht es gleich, wenn die Verwirklichung eines Anspruchs unsicher ist.

Lit: Bork, Der Vergleich, 1988; Häsemeyer, Zur Doppelnatur des außergerichtlichen Vergleichs usw, ZZP 108, 289; Schäfer, Das Abstraktionsprinzip beim Vergleich, 1992.

1　1. **Allgemeines. a) Begriff** des Vergleichs: **I HS 1. b) Vergleichszweck:** Neuregelung (Klarstellung) des streitigen (ungewissen) Rechtsverhältnisses im Wege gegenseitigen Nachgebens. **c) Bedeutung** von **I:** Legaldefinition des Vergleichs
2　und Regelung eines **bes Unwirksamkeitsgrundes** (Rn 16, 17). **d) Rechtsnatur.** Der Vergleich ist seiner Funktion nach **Feststellungsvertrag** (Larenz, SchR I, § 7 IV; einschr MK/Pecher 31). Inhaltlich ist er gegenseitiger (Rn 12), uU auch
3　unmittelbar verfügender Vertrag (Rn 13). **e) Sonderformen.** § 779 gilt für den

Titel 21. Vergleich **§ 779**

Prozeß- (Rn 22), Schieds-(ZPO 1053) und Anwaltsvergleich (ZPO 796 a), uU für Schuldbestätigung (§ 781 Rn 20 [bb]), nicht aber für den bes geregelten Insolvenz- (InsO 217 ff) und Schuldenbereinigungsplan (InsO 305 ff). Öffentl-rechtlicher Vergleich: VwVfG 55; VwGO 106; SGB X 54.

2. Voraussetzungen des Vergleichs. **a) Der Verfügung der Parteien unter- 4 liegendes Rechtsverhältnis. aa)** Bestehende oder als bestehend behauptete **Rechtsverhältnisse** (iwS, BGH NJW 72, 157) **jeder Art** können Vergleichsgegenstand sein; Bsp: Schuldverhältnisse, auch künftige, bedingte und betagte Ansprüche (BGH NJW 72, 2265), Gestaltungsrechte (BGH 26, 236); Rechtsbeziehungen dinglicher, familien-, erb-, arbeits- und öffentl-rechtlicher Natur, auch gesellschaftliche und lediglich moralische Verpflichtungen. Bsp: Ein Rechtsverhältnis zwischen Eigentümer und Enteignungsberechtigtem besteht erst nach Einleitung des Enteignungsverfahrens, nicht schon vorher (BGH 59, 71; NJW 72, 2265; str). **bb)** Die Parteien müssen **vergleichsfähig,** dh berechtigt sein, 5 über das Rechtsverhältnis einen Vergleich zu schließen (vgl VwGO 106; SGG 101; BRAGO 23 III; BSG NJW 89, 2565). Vergleichsfähigkeit **fehlt** bei Vergleich über Bestehen oder Gültigkeit der Ehe; über ges Unterhaltspflicht bei § 1614 (anders aber bei § 1585 c); über das Erbrecht als solches (anders aber bei Vergleich über die Gültigkeit eines Testaments, arg §§ 2033, 2371); über Tariflohn (arg TVG 4 IV 1, str); über ges Mindesturlaub (BAG NZA 90, 935). Ist Gegenstand des Vergleichs eine Verfügung (Rn 13), so muß die verfügende Vergleichspartei **verfügungsbefugt** sein. **b) Streit oder Ungewißheit** über das 6 Rechtsverhältnis (Rn 4, 5). Umfang gleichgültig. Maßgebend ist die subj Beurteilung der Sach- und Rechtslage durch die Parteien. **aa) Streit** besteht, wenn die Parteien gegensätzliche Rechtsstandpunkte vertreten. **bb)** Die **Ungewißheit** 7 kann auf tatsächlichem oder rechtlichem Gebiet liegen. Der Umfang von Entschädigungsansprüchen (§§ 249 ff; GG 14 III) ist idR ungewiß (arg ZPO 287). Der Ungewißheit steht nach **II** die **Unsicherheit der Rechtsverwirklichung** gleich. Bsp: bedingter Anspruch; Fehlen von Beweismitteln; unsichere Leistungsfähigkeit des Schuldners bei Fälligkeit. **c) Gegenseitiges Nachgeben. Beide** 8 Parteien müssen **einander** Zugeständnisse irgendwelcher Art (iwS) machen. Jedes auch nur geringfügige (BGH 39, 63) Nachgeben genügt, wirtschaftliche oder rechtliche Gleichwertigkeit der gegenseitigen Zugeständnisse wird nicht gefordert (BGH NJW 64, 1787), Vorbehalt der Freiwilligkeit der Leistung („ohne Anerkennung einer Rechtspflicht") ist ohne Bedeutung. Bsp: Gläubiger gibt nach bei Teilerlaß, Stundung, Bewilligung von Teilzahlung, Zinsherabsetzung, Nichtfortsetzung des Prozesses („Verzicht" auf rechtskräftiges Urteil), Vollstreckungsverzicht, Übernahme von Kosten; der Schuldner bei schriftlichem (Teil-)Anerkenntnis. Auf das streitige (ungewisse) Rechtsverhältnis braucht sich das Nachgeben nicht zu beziehen. Bsp: Verpflichtung zur Rücknahme einer Strafanzeige (Frankfurt/M MDR 75, 584) oder eines Strafantrags (zulässig: BGH NJW 70, 900). **Einseitiges** Nachgeben genügt nicht (dann uU §§ 397, 781). Deshalb kein Vergleich (nur einseitige „Abrechnung"), wenn der Schädiger (Haftpflichtversicherung) einen geringeren als den vom Geschädigten geforderten Betrag zahlt und dieser sich damit zufrieden gibt (BGH NJW 70, 1124; KG MDR 70, 232, str; aA Leuchte MDR 70, 192 mN, differenzierend München NJW 69, 1306). **d)** Der Vergleich unterliegt grundsätzlich keiner **Form,** außer 9 er enthält formbedürftige Verpflichtungen oder Verfügungen (zB §§ 311 b I 1, II, III, 766 S 1, 925 I, 2033 I 2, 2371). Der nach ZPO 159 ff formgerecht beurkundete Prozeßvergleich (Rn 22) ersetzt die erforderliche Form (§§ 127 a; 925 I 3). **e) Legitimation** bestimmter Vertreter und Amtsträger: § 1822 Nr 12; 10 HGB 49, 54, 55; ZPO 81, 83; InsO 160 II Nr 3. **f)** Für die **Auslegung** gelten §§ 133, 157, 242. Eine in einem Vergleich über Unfallfolgen enthaltene (vorbehaltslose) **Abfindungserklärung** (Verzicht auf künftige Ansprüche) kann **einschr** auszulegen sein, wenn die Parteien bei Vertragsschluß von einem be-

Jauernig

§ 779 Buch 2. Abschnitt 8. Einzelne Schuldverhältnisse

schränkten Schadenskreis ausgegangen sind und nachträglich nicht vorhersehbare **Spätschäden** eintreten (BGH LM Nr 8, 10; Klimke VersR 75, 686 mN). S hierzu auch Rn 20, 21.

11 **3. Rechtsfolgen. a) Bindungswirkung.** Der Vergleich bewirkt idR keine **Umschaffung** (Novation) des bisherigen Rechtsverhältnisses, nur Neuregelung und bindende Feststellung (BGH NJW 02, 1503 mN); anders nur bei entspr Vereinbarung (selten), zB bei verjährtem Anspruch (BGH NJW-RR 87, 1427; nach § 202 möglich auch bloße Fristverlängerung nach eingetretenem Fristablauf, § 202 Rn 2). Die Rechtsnatur der bisherigen Schuld bleibt daher erhalten, Sicherungsrechte bestehen fort; ein vergleichsweise abgegebenes Anerkenntnis ist idR kausal (§ 782 Rn 3). Der Rückgriff auf frühere (uU auch künftige) Ansprüche, Einwendungen und Einreden ist **ausgeschlossen**, soweit sie durch den Vergleich
12 erledigt sind (Auslegungsfrage; Rn 10 [f]). **b) Verpflichtungswirkung.** Soweit der Vergleich beiderseitige Verpflichtungen enthält (Bsp: Zahlung, Warenlieferung, Unterlassung von Wettbewerb, Vornahme einer Prozeßhandlung), stehen diese im Austauschverhältnis (Grund: Rn 8), so daß §§ 320 ff anwendbar sind (BGH 16, 392, RGRK/Steffen 20, hM; einschr MK/Pecher 36; Häsemeyer ZZP 108, 307, 310). Auch nach Aufhebung der §§ 445, 493 aF durch das SchRModG richten sich die Rechts- und Sachverschaffungspflichten weitgehend nach Kaufrecht (Pal-
13 ErgB/Putzo 20 Einf § 433). **c) Verfügungswirkung.** Im Vergleich enthaltene Verfügungen (Begriff: Rn 10 vor § 104; Bsp: Abänderung von Rechten und Pflichten, Erlaß, Verzicht, Stundung, Anerkenntnis) sind dessen Teil, nicht nur äußerlich mit ihm zusammentreffende Erfüllungsakte; der Vergleich ist insoweit (unmittelbar) verfügender Vertrag (Larenz, SchR I, § 7 IV, str; aA hM, zB EnnL § 198 II; PalSprau 1a; Schäfer aaO S 96 ff, 225 ff: stets nur schuldrechtliche Wirkung). Folgen bei Unwirksamkeit: Für die im Vergleich vorgenommenen Verfügungen gilt § 139, nicht stets § 812 (so aber hM; s MK/Pecher 35 mN; Schäfer
14 aaO S 86 ff, 101 ff). **d)** Unmittelbar **prozeßbeendende Wirkung** hat nur der Prozeßvergleich (Rn 22), nicht der außergerichtliche, auch nicht bei Verpflichtung zur Klagerücknahme (sie gewährt dem Beklagten nur eine exceptio doli processualis gegen den weiterprozessierenden Kläger [RG 142, 2; sa BAG NJW 82, 788 f], nach aA ist die Fortsetzung des Prozesses per se unzulässig [Jauernig, ZPR, § 48 IX]).

15 **4. Unwirksamkeit und Fehlerhaftigkeit des Vergleichs.** Die nachfolgenden Unwirksamkeitsgründe (Mängel) schließen einander nicht aus. **a)** Für die **Nichtigkeit** des Vergleichs gelten die allg Vorschriften (§§ 134, 138, 311 b IV; GWB 1 [dazu BGH 65, 150; § 135 Rn 7]; Verstoß gegen Verfügungsverbote: Rn 5). Kommt es für die **Sittenwidrigkeit** auf ein auffälliges Mißverhältnis zwischen Leistung und Gegenleistung an (vgl § 138 II), so ist nicht die Höhe der beiderseits übernommenen Verpflichtungen, sondern das Ausmaß des beiderseitigen Nachgebens maßgebend (BGH NJW 99, 3113; § 138 Rn 21). Der Vergleich ist nicht schon deshalb nichtig, weil er die Rechtsfolgen eines nichtigen Ausgangsgeschäfts regelt (BGH NJW-RR 89, 1143); zum Vergleich über einen sittenwidrigen Vertrag
16 s BGH NJW 89, 40 mN. **b) Unwirksamkeit.** Der **Vergleichsirrtum (I HS 2)** stellt einen Sonderfall des Fehlens der (subj) Geschäftsgrundlage dar (neuere Ansicht, BGH WM 71, 1121; 75, 566; Larenz, SchR I, § 7 IV; MK/Pecher 62 f, str), sa § 313 II. **Voraussetzungen: aa) Gemeinsamer Grundlagenirrtum:** (Subj) Vergleichsgrundlage und (obj) Wirklichkeit fallen auseinander. **Vergleichsgrundlage** ist der von den Parteien dem Vergleich „**als feststehend zugrundegelegte Sachverhalt**". Gegensatz dazu: der durch den Vergleich zu regelnde streitige Sachverhalt (Vergleichsgegenstand) einerseits, die Vergleichsregelung selbst andererseits (BAG NJW 85, 2661; BGH NJW 87, 1771 mN). **Als feststehend zugrundegelegt** sind diejenigen Umstände des Sachverhalts, die die Parteien übereinstimmend (Erkennbarkeit aus dem Sinn ihrer Erklärungen maßgebend) als unstr oder gewiß ansehen und sich deshalb **außerhalb** des Streits und der Ungewißheit

Titel 21. Vergleich **§ 779**

(Rn 6, 7) befinden. **Sachverhalt** (iwS zu verstehen) umfaßt sowohl tatsächliche als auch rechtliche Verhältnisse im Zeitpunkt des Vergleichsschlusses. Ein Irrtum über den Sachverhalt iSv I kann daher (unter den weiteren Voraussetzungen) sowohl **Tatsachen-** als auch **Rechtsirrtum** sein (MK/Pecher 64 mN, str; einschr hM: Rechtsirrtum nur, soweit er auf einer Fehleinschätzung von Tatsachen beruht [LM Nr 3, 14, 24], nicht dagegen der reine Rechtsirrtum [BGH 25, 394 mN; NJW 61, 1460; anders BGH MDR 82, 664 für BEG]). Bsp: Irrtum über Vertragswirksamkeit (BGH NJW 81, 2803 offenlassend). Ein Irrtum über **Zukunftserwartungen** ist kein Sachverhaltsirrtum (BGH NJW 84, 1746; NJW-RR 86, 946 mN), kann aber die Geschäftsgrundlage betreffen (Rn 20). **bb) Irrtum über streitausschließen-** 17 **den Umstand:** Bei Kenntnis der Sachlage wäre der (die) konkrete, vergleichsweise beseitigte Streit (Ungewißheit) nicht entstanden (BGH NJW 86, 1349 mN; BAG NZA 88, 466). Anderer Irrtum: Rn 18, 19. – **Rechtsfolge:** Der Vergleich ist ohne weiteres unwirksam (Rn 20 gilt nicht). Zum Schicksal im Vergleich enthaltener Verfügungen s Rn 13. Bei **teilw** Unwirksamkeit (zB bei Irrtum über teilw streitausschließenden Umstand, RG 114, 121) ist § 139 zu beachten. **c) Anfech-** 18 **tung** des Vergleichs. **aa)** Anfechtung nach § 119 I, II ist mit der Einschränkung möglich, daß ein Irrtum über einen Punkt ausscheidet, der Gegenstand des (der) durch den Vergleich beseitigten Streits (Ungewißheit) ist (BGH NJW 83, 2035). Grund: Rn 11. **bb)** Für die Anfechtung wegen **Täuschung** (§ 123) gilt diese 19 Einschränkung nicht (BGH NJW-RR 86, 1259). Bei einem Vergleich zur Bereinigung einer durch Täuschung entstandenen Lage ist der Kausalzusammenhang zwischen Täuschung und Vergleichsschluß idR schon dann gegeben, wenn die getäuschte Partei von einem zu geringen Ausmaß der Täuschung ausgegangen ist (BGH LM Nr 4 zu § 123). **d)** § 313 I, II (Fehlen und Wegfall der **Geschäfts-** 20 **grundlage**) ist dann auch anwendbar, wenn die Voraussetzungen des I (Rn 16, 17) nicht vorliegen (zum fr Recht: BGH NJW 84, 1747; NJW-RR 94, 435; Köln NJW 94, 3237). Bsp: Irrtum über künftige Ereignisse (BGH aaO), über künftige Entwicklung bei Schadensregulierung (BGH LM Nr 31; sa Rn 21); reiner Rechtsirrtum (BGH 25, 394; 58, 362; MDR 82, 664 – Fortbestand bestimmter Rspr; s aber o Rn 16); Irrtum über nicht streitausschließenden Umstand (LM Nr 24). **e)** Das Festhalten am Vergleich kann uU (strenge Anforderungen) **unzulässige** 21 **Rechtsausübung** sein. Die Rspr gibt beim **Abfindungsvergleich** einen Nachforderungsanspruch, wenn nicht vorhersehbare Spätschäden auftreten und ein krasses Mißverhältnis zwischen Schaden und Abfindungssumme besteht (BGH NJW 84, 115 f; 91, 1535; ähnlich BAG BB 70, 925; krit PalSprau 12 mN; sa Rn 10).

5. Der **Prozeßvergleich** ist stets ein Prozeßvertrag, denn er beendet den 22 Rechtsstreit („Beilegung des Rechtsstreits", ZPO 794 I Nr 1). Regelt er, wie meistens, auch die materiellrechtlichen Beziehungen der Parteien bzgl des Streitgegenstands, so ist er *auch* materiellrechtlicher Vergleich iSv § 779. Daher hat er idR eine **Doppelnatur** (BGH NJW 00, 1943; BAG NJW 83, 2213; BSG NJW 89, 2565; BVerwG NJW 94, 2306 f; stRspr und hM). Wird er unter Widerrufsvorbehalt abgeschlossen, so ist idR der *Nicht-Widerruf* in der vereinbarten Frist die aufschiebende Bedingung dafür, daß der Vergleich wirksam wird (BGH 88, 366 ff mN: Scharpenack MDR 96, 883 ff). Wegen seiner Doppelnatur kann der Prozeßvergleich aus materiell- oder aus prozeßrechtlichen Gründen **unwirksam** *(nichtig)* sein, zB bei Nichtbeachtung der Form, nach §§ 134, 138 oder bei Unwirksamkeit nach § 779 (Rn 16, 17). Ist die materiellrechtliche Seite von Anfang an nichtig, so entfällt auch die Prozeßbeendigung; ist die prozessuale Seite unwirksam (tritt also keine Prozeßbeendigung ein), so kann der Vergleich gem §§ 140, 139 als materiellrechtlicher (§ 779) erhalten bleiben (BVerwG NJW 94, 2307). Über die Unwirksamkeit des Vergleichs ist idR im alten Prozeß zu entscheiden (vgl Jauernig, ZPR, § 48 VII). Streit über **Auslegung** des Prozeßvergleichs ist in einem neuen Verfahren auszutragen (BGH NJW 77, 583).

§§ 780, 781

Buch 2. Abschnitt 8. Einzelne Schuldverhältnisse

Titel 22. Schuldversprechen, Schuldanerkenntnis

§ 780 Schuldversprechen

¹Zur Gültigkeit eines Vertrags, durch den eine Leistung in der Weise versprochen wird, dass das Versprechen die Verpflichtung selbständig begründen soll (Schuldversprechen), ist, soweit nicht eine andere Form vorgeschrieben ist, schriftliche Erteilung des Versprechens erforderlich. ²Die Erteilung des Versprechens in elektronischer Form ist ausgeschlossen.

§ 781 Schuldanerkenntnis

¹Zur Gültigkeit eines Vertrags, durch den das Bestehen eines Schuldverhältnisses anerkannt wird (Schuldanerkenntnis), ist schriftliche Erteilung der Anerkennungserklärung erforderlich. ²Die Erteilung der Anerkennungserklärung in elektronischer Form ist ausgeschlossen. ³Ist für die Begründung des Schuldverhältnisses, dessen Bestehen anerkannt wird, eine andere Form vorgeschrieben, so bedarf der Anerkennungsvertrag dieser Form.

Anmerkungen zu den §§ 780, 781

Lit: Baumann, Das Schuldanerkenntnis, 1992; Kübler, Feststellung und Garantie, 1967; Marburger, Das kausale Schuldanerkenntnis als einseitiger Feststellungsvertrag, 1971.

1 **1. Allgemeines. a) Anwendungsbereich.** Die §§ 780–782 gelten nur für das **abstrakte Schuldversprechen** und **-anerkenntnis** (Rn 4–14), nicht für weitere Formen vertraglicher oder einseitiger Forderungsbestätigung, die zT ähnliche
2 Zwecke verfolgen (ie str, s Rn 16). **b) Abgrenzung.** Von den Verträgen der Rn 4ff sind zu unterscheiden: **aa) Kausaler Schuldanerkenntnisvertrag** (Rn 15–20). **bb) Einseitiges Schuldanerkenntnis:** Einseitige, nichtrechtsgeschäftliche Erklärung des Schuldners, die den Gläubiger von sofortigen Maßnahmen (zB Beweissicherung) abhalten oder ihm den Beweis erleichtern soll. Es läßt gem § 212 I Nr 1 die Verjährung erneut beginnen, ist als Beweismittel zu würdigen (ZPO 286) und kann nach Widerruf (keine Bindung des Anerkennenden) uU zur Umkehr der Beweislast führen; Entkräftung durch Beweis der Unrichtigkeit ist möglich (BGH 66, 254f; NJW 84, 799). Bsp: Rn 25, 27. Tatsachen-Bestätigungen in AGB sind idR unwirksam, § 309 Nr 12 Buchst b. **cc) Negatives Schuld-**
3 **anerkenntnis:** § 397 II. **dd) Prozessuales Anerkenntnis:** ZPO 307; reine Prozeßhandlung (StJ/Leipold § 307, 11). **ee) Öffentl-rechtliches Anerkenntnis** (sa VwVfG 54) bezieht sich nur auf öffentl-rechtliche Ansprüche (ie BGH 102, 347ff).

4 **2. Abstraktes** (selbständiges, konstitutives) **Schuldversprechen (-anerkenntnis). a) Allgemeines. aa) Begriff.** Schuldversprechen und Schuldanerkenntnis sind einseitig verpflichtende Verträge, durch die der Schuldner dem Gläubiger gegenüber unabhängig vom Schuldgrund eine Leistung verspricht (Fall des § 780) bzw eine Schuld als bestehend anerkennt (Fall des § 781). Übergang fließend (Formulierung maßgebend), Unterscheidung erübrigt sich im Hinblick auf die übereinstimmende Regelung. Der in § 781 fehlende Nachsatz „... in der Weise ..., daß das Anerkenntnis die Verpflichtung selbständig begründen soll ..." ist nach
5 allgM zu ergänzen (ErmHe 7 vor § 780). **bb) Zweck:** Erleichterung der Rechtsverfolgung für den Gläubiger (Rn 10; ZPO 253 II Nr 2, 592, 794 I Nr 5, 800), Klarstellung (Festlegung) von zweifelhaften Forderungen (Rn 11) und damit Si-
6 cherheit des Rechtsverkehrs (BGH 121, 4). **cc) Rechtsnatur.** Streng einseitig verpflichtende, abstrakte Verträge (krit Kübler aaO S 90ff; dagegen MK/Hüffer § 780, 8 mN); als gegenseitiger Vertrag (§§ 320ff) nicht möglich (s aber Rn 7).

966 Jauernig

Titel 22. Schuldversprechen, Schuldanerkenntnis **§ 781**

dd) Gegenstand. Jede Leistung (Regelfall: Geldleistung) bzw jedes Schuldverhältnis. **b) Voraussetzungen. aa)** Die **vertragliche Einigung** der Parteien muß auf 7 die Begründung von Rechtsfolgen iSd Rn 10 gerichtet sein. Trotz der mit ihr verbundenen ungünstigen Beweislast (Rn 14) ist Vereinbarung idR auch mittels **AGB** möglich (BGH 99, 285; 114, 12; NJW 92, 972 mN, str; Grund: kein Fall von § 307 II Nr 1 oder § 309 Nr 12; sa Rn 13, 23). Feststellung eines entspr Verpflichtungswillens ie schwierig. Er ist aus dem Wortlaut der Erklärung, dem Zweck der Vereinbarung, der Interessenlage und sonstigen erkennbaren Umständen zu ermitteln (BGH NJW-RR 95, 1391 f; 96, 1458; sa § 133 Rn 8). Dabei dürfen auch außerhalb der Urkunde liegende Umstände berücksichtigt werden, zB Vorverhandlungen, Veranlassung (allgM). Nichterwähnung des Verpflichtungsgrundes spricht für ein selbständiges Schuldversprechen (aber nicht zwingend). Genaue Bezeichnung des Schuldgrundes führt idR zur Annahme eines lediglich kausalen Schuldversprechens (BGH NJW 02, 1792); pauschale Nennung desselben kann dagegen auch bei abstraktem Schuldversprechen erfolgen (BGH BB 62, 1222); Angabe eines fingierten Kausalverhältnisses spricht für selbständige Verpflichtung (BGH NJW 80, 1159; sa Rn 17). Einschränkung der Leistungspflicht durch **Bedingung** (§ 158) zulässig; besteht diese in Erbringung einer Gegenleistung, so darf dem Schuldner kein entspr Leistungsanspruch zustehen (Grund: Rn 6 [cc]). **bb)** Die **Form** bezweckt außer Beweissicherung auch Übereilungsschutz 8 (zutr Dehn WM 93, 2116 ff; Larenz II/2 § 61 I 1 b gegen BGH 121, 4 f mN, str; sa Rn 2 vor § 414). Die Erklärung des Schuldners (nicht auch des Gläubigers) bedarf der Schriftform nach § 126 I (elektronische Form, §§ 126 III, 126 a I, ist ausgeschlossen, §§ 780 S 2, 781 S 2); sie muß dem Gläubiger zugehen (§ 130; „Erteilung" wie § 766 Rn 4). **Ausnahme** vom Formerfordernis: § 782, ferner § 397 II, HGB 350, 351. Formfrei möglich ist auch der Schuldbeitritt (BGH 121, 4, str; dazu abl Dehn WM 93, 2115; sa Rn 2 vor § 414). **Strengere Formerfordernisse** (zB §§ 311 b I 1, III, 518 I 2 [Bsp: BGH NJW 80, 1159], 2301) bleiben unberührt, **§ 781 S 3**; dann bedarf der Versprechens-(Anerkennungs-)**vertrag** insges der weitergehenden Form. Ist diese (zB gem § 311 b I I) allerdings bereits beim Kausalgeschäft gewahrt, gilt § 781 S 3 für die Annahmeerklärung nicht (s Hüffer JR 88, 240); jedenfalls wäre Berufung auf etwaigen Formmangel idR treuwidrig (BGH NJW 88, 131). Aufrechterhaltung eines sonstigen (form-)nichtigen abstrakten Leistungsversprechens im Wege der **Umdeutung** (§ 140) als Schuldversprechen (-anerkenntnis) uU möglich (selten, s Rn 24). **cc) Ges Vertreter** (§§ 1629, 1680, 9 1793) bedürfen nicht der Genehmigung des Vormundschaftsgerichts (§ 1822 Nr 9, 10 treffen nicht zu), die Verpflichtung Minderjähriger unterliegt aber der beschränkten Haftung (s §§ 1629 a, 1793 II). **dd) Keine** Voraussetzung ist das Bestehen oder die Wirksamkeit eines Grundverhältnisses (**Abstraktion**); s aber Rn 13 f). **c) Rechtsfolgen. aa)** Die **schuldbegründende** („konstitutive") **Wirkung** 10 besteht in der Schaffung einer vom Rechtsgrund gelösten (Rn 6) **selbständigen Verpflichtung** (neue Anspruchsgrundlage), wobei sich der anspruchsbegründende Tatbestand in dem schriftlichen (Rn 8) Leistungsversprechen erschöpft. Ist das Versprechen zur **Schuldverstärkung** gegeben (Regelfall), tritt der neue Anspruch zusätzlich **neben** den (gesicherten) Anspruch aus dem Grundverhältnis (§ 364 II); ist **Schuldersetzung** gewollt (selten), wird das ursprüngliche Schuldverhältnis beseitigt oder umgeschaffen (Novation). Der Anspruch unterliegt selbständiger **Verjährung** (§ 195), auch bei kürzerer Verjährung des Grundanspruchs (BGH NJW 82, 1810 mN); eine Abkürzungsvereinbarung ist möglich (§ 202 Rn 1, 2). Die Verjährung des alten Anspruchs beginnt aufgrund des Schuldanerkenntnisses erneut (§ 212 I Nr 1), bei bereits eingetretener Verjährung gilt § 214 II 2 (BGH NJW-RR 86, 649 zum gleichlautenden § 222 II 2 aF). **bb) Umkehr der Beweislast** (Rn 14). **cc) Ausschlußwirkung.** Einwendungen und Einreden gegenüber 11 der ursprünglichen Forderung können durch Vereinbarung der Parteien ausgeschlossen werden. Eine dahingehende Einigung (meist Auslegungsfrage) ist anzunehmen, wenn die Parteien durch das Leistungsversprechen **ohne Rücksicht**

Jauernig

§ 781 Buch 2. Abschnitt 8. Einzelne Schuldverhältnisse

12 auf das Bestehen der fr Schuld eine klare Rechtslage für die Zukunft schaffen wollten (BGH BB 62, 1222; WM 70, 1459; 76, 909; sa Rn 19). **d) Unwirksamkeit und Geltendmachung der Unrichtigkeit. aa) Unwirksamkeit des abstrakten Vertrags.** In Frage kommen Mängel des Entstehungstatbestands (Rn 7–9; zB §§ 104 ff; 119 ff, auch 779 entspr, 126 iVm 125 S 1) und inhaltliche
13 Mängel (§§ 134, 138 [selten; Rn 13], 226, 826, 242, 307 II Nr 1). **bb) Mängel des Grundgeschäfts** berühren grundsätzlich die Wirksamkeit des abstrakten Leistungsversprechens nicht (Rn 6, 10). **Ausnahmen:** §§ 656 II, 762 II, 764, BörsenG 59 (s § 762 Rn 8); entspr Anwendung auf Fälle von §§ 134, 138 str (vgl
14 MK/Hüffer § 780, 48 f mN). Bsp für § 138 I: BGH NJW 87, 2014. **cc) Rückforderung wegen ungerechtfertigter Bereicherung. Grundsatz:** Ist das Schuldversprechen(-anerkenntnis) zu Unrecht erteilt (die anerkannte [zu sichernde] Forderung bestand nicht; ihr stehen Einwendungen entgegen; Zweck des Anerkenntnisses wurde iSv § 812 I 2 Alt 2 verfehlt [BGH NJW-RR 90, 827]), kann Schuldner Befreiung von der eingegangenen Verbindlichkeit verlangen (§ 812 II) bzw dem Anspruch des Gläubigers die Bereicherungseinrede (§ 821) entgegenhalten (§ 821 Rn 1). Das Schuldversprechen(-anerkenntnis) bewirkt damit iE eine Umkehr der **Beweislast** (Schuldner ist für die Voraussetzungen von §§ 812 II, 821 darlegungs- und beweisbelastet). § 309 Nr 12 steht nicht entgegen (Rn 7). Bereicherungsanspruch(-einrede) ist unabhängig davon, ob das Schuldversprechen(-anerkenntnis) – wie idR – nur erfüllungshalber (§ 364 II) oder an Erfüllungs Statt (§ 364 I) erteilt war (Rn 10), andere Auslegung aber möglich. **Ausnahmen:** Die Kondiktion ist **ausgeschlossen** bei §§ 214 II 2 (Rn 10), 814 sowie einem vertraglich vereinbarten (Auslegung!) Einwendungsausschluß (Rn 11).

15 **3. Kausales** (bestätigendes, „deklaratorisches") **Schuldanerkenntnis (-versprechen). a) Allgemeines.** Es ist ein verkehrstypischer (§ 311 I; BGH 104, 24) schuldbestätigender Vertrag, §§ 780–782 gelten nicht (Rn 1, 16). Sein **Zweck** besteht idR darin, das Schuldverhältnis insgesamt oder in bestimmten Beziehungen dem Streit oder der Ungewißheit zu entziehen und (insoweit) endgültig festzulegen (BGH 66, 254; 98, 166 mN; NJW 95, 961; 98, 306 f). Die Bezeichnung „deklaratorisch" ist daher irreführend (Rn 19). Seiner **Rechtsnatur** nach ist es kausaler Feststellungsvertrag (neuere Ansicht; BGH 98, 166 f mN; MK/Hüffer § 781, 3 mwN; weitergehend Häsemeyer ZZP 108, 309 ff: vergleichssähnliche Doppelnatur;
16 sa Rn 20 [bb]). **b) Voraussetzungen. aa)** Die **formfrei** gültige (MK/Hüffer § 781, 3 mN, 6, hM; aA: § 781 entspr; vgl Larenz, SchR II/2, § 61 II 1 c mN) **Einigung** ist nicht auf die Begründung einer neuen, selbständigen Forderung, sondern auf Bestätigung der alten gerichtet, die auf eine sichere Grundlage gestellt werden soll. Die Abgrenzung zum abstrakten Leistungsversprechen einerseits (Rn 7), zum einseitigen Anerkenntnis (Rn 2) andererseits ist schwierig (s Rn 21 ff).
17 **bb)** Das **bestätigte Schuldverhältnis** braucht zwar nicht obj (unstr), muß aber „möglicherweise" bestehen (BGH 66, 254; 98, 167; bei Nichtbestehen uU konstitutive Wirkung, Rn 19). Es muß der Dispositionsbefugnis der Parteien unterliegen;
18 Schranken: §§ 134, 138 (BGH 104, 24). **c) Rechtsfolgen. aa) Schuldbestärkende** („deklaratorische") **Wirkung.** Das kausale Schuldanerkenntnis erzeugt **keinen** neuen, selbständigen Anspruch, Anspruchsgrundlage bleibt die ursprüngliche Forderung (BGH NJW-RR 88, 963), jedoch wird dem Gläubiger die Rechtsverfolgung uU über eine **Beweislastumkehr** hinaus erleichtert (vgl Larenz, SchR II/2, § 61 II 1 c). Die für das anerkannte Schuldverhältnis geltende **Verjährung** bleibt maßgebend (BGH NJW 92, 2228). Erneuter Beginn der Verjährung gem § 212 I Nr 1 tritt im Rahmen des Anerkenntnisses ein (BGH aaO). Außerhalb der Wirkung nach § 212 I Nr 1 kann uU die Verjährungseinrede gegenüber vorbehaltenen zukünftigen Ansprüchen ausgeschlossen sein (s Rn 25
19 aE). **bb)** Tragweite und Umfang der **Ausschlußwirkung** ist Frage des Einzelfalls und durch Auslegung zu ermitteln (BGH 66, 255; NJW 95, 3312; Frankfurt/M NJW-RR 87, 310). Entspr seinem Zweck (Rn 15) hat es idR die Wirkung, daß es

968 *Jauernig*

Titel 22. Schuldversprechen, Schuldanerkenntnis **§ 781**

alle Einwendungen tatsächlicher und rechtlicher Natur für die Zukunft ausschließt, die der Schuldner bei der Abgabe kannte oder mit denen er zumindest rechnete (BGH NJW 84, 799; NJW-RR 87, 44). Verzicht auf unbekannte Einwendungen ist nur ausnahmsweise anzunehmen (BGH NJW 71, 2220). Im Rahmen der Ausschlußwirkung hat das Anerkenntnis potentiell **konstitutive** Wirkung (BGH 66, 254 mN; sa NJW 95, 961; Naumburg NJW-RR 95, 154). d) **Unwirksamkeit** 20 **und Unrichtigkeit des Anerkenntnisses. aa)** Bei Mängeln des Kausalverhältnisses ist eine Kondiktion nicht möglich (MK/Hüffer § 781, 6; Grund: selbständiger Leistungsanspruch iSv § 812 II fehlt), aber auch nicht erforderlich, da vorbehaltlich Rn 20 (bb) die Mängel des Kausalverhältnisses zugleich das Anerkenntnis ergreifen (BGH 104, 24; Fehlen der Abstraktion). Bsp: Schuldanerkenntnis in Zusammenhang mit sittenwidrigem Grundstückserwerb (BGH 104, 24 f) oder Ratenkredit (Hamm NJW-RR 87, 1332). **bb)** Soweit die Ausschlußwirkung reicht, ist das Anerkenntnis endgültig **bindend** (BGH 66, 254); die Rechtslage entspricht insoweit der beim **Vergleich** (BGH 66, 255; 98, 166; NJW-RR 88, 963 mN; BAG NJW 85, 2661; sa § 779 Rn 11).

4. Einzelfälle. (Abkürzungen: SchV, SchA = Schuldversprechen(-anerkennt- 21 nis); a = abstrakt; e = einseitig; k = kausal.) a) **Saldoanerkenntnis** bei Kontokorrentverkehr ist idR aSchA (BGH 93, 313 f mN; sa § 782); dagegen ist die „Genehmigung" von Tagesauszügen einer Bank rein tatsächliche Erklärung (Grund: kein Rechnungsabschluß), die bei Unrichtigkeit uU zu Haftung aus pVV (§ 280 I) führen kann (BGH 95, 108). Abgrenzung: *Saldobestätigung* im Rahmen einer Lieferbeziehung: Rn 28. **b)** Beim **Girovertrag** stellt die Gutschrift der 22 Empfangsbank auf dem Konto des Überweisungsempfängers idR ein aSchA bzw aSchV dar (BGH 72, 11; 103, 146 mN; ie Häuser/Welter WM 94, 788; Bröcker WM 95, 469). **c)** Die Mitteilung der Akkreditivbank an den Begünstigten (Verkäufer) über die Eröffnung des **Akkreditivs** (§ 783 Rn 12) ist idR ein aSchV (BGH 60, 264; 108, 350; 132, 316). Die Bank kann dem Begünstigten idR keine Einwendungen aus dem Grundgeschäft entgegenhalten (BGH 132, 316 mN). **d)** Zahlungsgarantie „**auf erstes Anfordern**" kann uU aSchV sein (BGH 94, 23 170; Rn 15 vor § 765; § 770 Rn 3). **e) Übernahme der persönlichen Haftung** für die Zahlung eines Grundschuldbetrags ist aSchV (BGH 98, 259; 114, 12; NJW 92, 972); der Rechtsgrund entfällt nicht, wenn die Grundschuld nicht entsteht (BGH NJW 92, 972) oder sie in der Zwangsversteigerung (ZVG 91) ohne Befriedigung des Gläubigers erlischt (BGH NJW 91, 287); in AGB unzulässig zu Sicherung fremder Schulden (BGH 114, 13 f mN, str; iE zust Stürner DNotZ 92, 97 ff). **Darlehensschuldschein** ist uU e-, k- oder aSchA (BGH JR 86, 103). Zur Sicherung einer Forderung aus aSchV, das seinerseits die eigentlich zu sichernde Darlehensforderung sichert, durch eine **Hypothek** s Rn 17 vor § 1113. **f)** Die 24 wechselrechtlich unwirkame **Annahmeerklärung** auf einem gezogenen **Wechsel** kann in ein aSchV umgedeutet werden (§ 140; BGH 124, 268 ff mN, str), nicht die auf einem Scheck (Grund: ScheckG 4), nicht die Erklärungen von **Ausstellern** und **Indossanten** auf ungültigen Wechseln und Schecks (BGH NJW 57, 1837; Karlsruhe OLGZ 77, 236; abw Zweibrücken BB 98, 181 bei des Haftungserklärung); Grund: Sonst Verschärfung gegenüber Rückgriffshaftung. **g)** Bei **Erklärun-** 25 **gen im Zusammenhang mit einem Unfall** entscheiden die Umstände (ie Künnell VersR 84, 706). **aa)** ASchA scheidet idR aus (im Einzelfall bejaht in RG 75, 6). **bb)** KSchA ist nur anzunehmen, wenn Auslegung den Willen zur rechtsgeschäftlichen Bindung ergibt, vor allem bei schriftlicher Erklärung der Übernahme des Unfallschadens (KG NJW 71, 1219 mit Anm Mittenzwei S 2229; Hamm MDR 74, 312; LG Rottweil VersR 80, 1082). **cc)** IdR wird nur eSchA iSv Rn 2 vorliegen (iZw dafür Lindacher JuS 73, 82; Bergmann MDR 74, 989; BGH NJW 84, 799). Die Reparaturkostenübernahmeerklärung des **Haftpflichtversicherers** ist kein kSchA (KG DAR 89, 302; sa § 783 Rn 15). **dd)** Entgegennahme von Abfindungserklärung mit Vorbehalt betr Zukunftschaden ist kSchA

Jauernig 969

§§ 782, 783   Buch 2. Abschnitt 8. Einzelne Schuldverhältnisse

(BGH NJW 92, 2228), durch das die Einrede der Verjährung gegenüber dem vorbehaltenen Anspruch im Rahmen von § 202 II ausgeschlossen sein kann (vgl Oldenburg NJW-RR 97, 1181 mN; nicht beachtet von Karlsruhe NJW-RR 97,
26 1318; sa Rn 18 aE). **h)** Die Anerkennung der Leistungspflicht durch den **Unfallversicherer** ist eSchA (BGH 66, 257, 259), die versicherungsrechtliche **Deckungszusage** kSchA (Düsseldorf VersR 85, 729; Frankfurt/M NJW-RR 94,
27 1510). **i)** Die **Forderungsbestätigung** im Rahmen von Abrechnungsverhandlungen ist kSchA (BGH NJW 98, 1492), desgl die **Abtretungsbestätigung** gegenüber dem Zessionar (BGH NJW 83, 1904). Die **Drittschuldnererklärung** gem ZPO 840 ist rein tatsächliche Auskunft (BGH 69, 328 mN; Flieger MDR 78, 797, str), die **Unterwerfungserklärung** gem ZPO 794 I Nr 5 uU aSchV (BGH 99, 284 f; NJW 88, 708). **k)** Bei der **Umschuldung** liegt in der Ablösung des Erst-
28 kredits idR kein (a oder k) SchA (BGH 99, 335 f). **l)** Die unbeanstandete **Zahlung** einer Vielzahl **von Rechnungen** ist uU kSchA, jedoch ohne Wirkung auf künftige (gleichartige) Forderungen (BGH NJW 95, 3312); entspr ist die **Saldobestätigung** gegenüber dem Lieferanten bei einer Mehrheit von Rechnungen kSchA (München NJW-RR 97, 945).

§ 782 Formfreiheit bei Vergleich

Wird ein Schuldversprechen oder ein Schuldanerkenntnis auf Grund einer Abrechnung oder im Wege des Vergleichs erteilt, so ist die Beobachtung der in den §§ 780, 781 vorgeschriebenen schriftlichen Form nicht erforderlich.

Lit: Herz, Das Kontokorrent, insbes in der Zwangsvollstreckung, 1974.

1   1. **Allgemeines. Grund** für die **Ausnahmen** vom Formerfordernis der §§ 780, 781 (strengere Formvorschriften bleiben unberührt): Verpflichtungswille des Anerkennenden läßt sich mit hinreichender Sicherheit entnehmen; Erleichterung des rechtsgeschäftlichen Verkehrs.

2   2. **Fälle fehlenden Formzwangs.** Sa §§ 780, 781 Rn 8. **a) Abrechnung** ist jede vertragsmäßige unter Mitwirkung des Gläubigers und des Schuldners getroffene Feststellung eines Rechnungsergebnisses aus mehreren Einzelposten (RG 95, 20), bei der ein Teil anerkennt, daß zu seinen Lasten ermittelten Saldo der Gegenseite zu schulden (BGH WM 57, 214). Erfaßt wird sowohl die Abrechnung wechselseitiger Forderungen und Gegenforderungen als auch die lediglich einseitige Abrechnung. Wichtigster Fall: Kontokorrent nach HGB 355 (auch uneigentliches Kontokorrent). Bei Rechnungsabschluß ist § 308 Nr 6 zu beachten (Olden-
3   burg WM 92, 1182 f). **b)** Das **vergleichs**weise erteilte Anerkenntnis ist idR kausal (§ 779 Rn 11).

Titel 23. Anweisung

§ 783 Rechte aus der Anweisung

Händigt jemand eine Urkunde, in der er einen anderen anweist, Geld, Wertpapiere oder andere vertretbare Sachen an einen Dritten zu leisten, dem Dritten aus, so ist dieser ermächtigt, die Leistung bei dem Angewiesenen im eigenen Namen zu erheben; der Angewiesene ist ermächtigt, für Rechnung des Anweisenden an den Anweisungsempfänger zu leisten.

1   1. **Allgemeines. a)** Wirtschaftlicher **Zweck** der Anweisung ist, Vermögenswerte indirekt durch Leistung eines Dritten (des „Angewiesenen") zuzuwenden. Die Anweisung des BGB hat als solche keine bes praktische **Bedeutung** erlangt (sa Rn 15). Sie ist jedoch Grundmodell für einige wirtschaftlich bedeutsame
2   Sonderformen (s Rn 13–16). **b) Begriff.** Die Anweisung ist ein **drei Beteiligte**

Titel 23. Anweisung **§ 783**

voraussetzendes abstraktes (Rn 5 [d]) RGeschäft (Rechtsnatur str, Rn 8) mit dem Inhalt einer **Doppelermächtigung** (hM, str): Der Angewiesene wird ermächtigt (Rn 9), für Rechnung des Anweisenden zu leisten, und der Anweisungsempfänger (Begünstigte) wird ermächtigt, die Leistung beim Angewiesenen zu erheben (vgl Larenz, SchR II/2, § 62 I 2 b: Fall von Einziehungsermächtigung). c) **Grundver-** 3 **hältnisse.** Der Anweisung als **Zuwendung** liegen Rechtsverhältnisse zugrunde, aus denen sich der Zweck der Zuwendung ergibt (zB Schuldtilgung, Schuldbegründung, bloße Freigiebigkeit). Nach ihnen ist zu beurteilen, ob der Anweisungsempfänger die Leistung behalten darf, ob der Angewiesene zur Ausführung der Anweisung verpflichtet ist und ggf bei dem Anweisenden Rückgriff nehmen kann. Ie ist zu unterscheiden (vgl BGH 88, 234; 89, 378): aa) Das **Deckungs-** 4 **verhältnis** zwischen Anweisendem und Angewiesenem; insoweit kann der Angewiesene Schuldner sein (Anweisung auf Schuld, § 787) oder Gläubiger werden (Anweisung auf Kredit). bb) Das **Valutaverhältnis** zwischen Anweisendem und 5 Anweisungsempfänger; insoweit kann der Anweisungsempfänger sowohl Gläubiger (zB Schuldtilgung durch den Anweisenden), Schuldner (zB Erhalt eines Darlehens) als auch Beauftragter (Einziehungsauftrag) sein. d) Die Anweisung ist von den ihr zugrundeliegenden Rechtsverhältnissen (Rn 3 ff) rechtlich unabhängig **(abstrakt).**

2. Zustandekommen. a) Voraussetzungen. aa) Urkundlich verkörperte 6 **Anweisungserklärung.** Form des § 126 ist erforderlich (Rektapapier, dazu § 793 Rn 8); mündliche Anweisungen sind aber entspr §§ 783 ff zu behandeln. Inhalt der Anweisungserklärung: Rn 2. Die Ermächtigung (Rn 9) kann bedingt sein und von einer Gegenleistung abhängig gemacht werden (BGH 6, 382; anders bei HGB 363). bb) **Leistungsgegenstand** können nach dem Wortlaut des § 783 nur **Geld** 7 (als Wertbetrag, s § 245 Rn 2) und **bestimmte Gegenstände** (Wertpapiere, andere vertretbare Sachen) sein. Anweisungen auf andere Sachen sind gleichwohl möglich. Insoweit sind die §§ 783 ff entspr anwendbar. cc) **Aushändigung** der 8 Anweisungsurkunde an den Begünstigten ist die Übergabe zum Zweck des Gebrauchmachens. Erst mit der Begebung (Vertrag gem § 929, str, vgl Larenz, SchR II/2, § 62 I 2 d) wird die (einseitige) Anweisung wirksam. b) Die **Rechts-** 9 **folgen** der Anweisung erschöpfen sich in der (doppelten) Ermächtigungswirkung (Befugnis des Angewiesenen, im Deckungsverhältnis zu Lasten des Anweisenden zu leisten; Rechtsausübungsbefugnis [Legitimation] des Anweisungsempfängers; allg zur Ermächtigung § 398 Rn 26–28). Die Anweisung begründet zwischen den Beteiligten kein Vertragsverhältnis (Rn 8) und erzeugt als solche keine Verpflichtungen (erst die Annahme, § 784 Rn 4 ff; vgl aber auch § 789). Die Leistung des Angewiesenen wirkt sich auf die Grundverhältnisse aus (Rn 3 ff).

3. Abgrenzung. a) Der Unterschied zum **Auftrag** ergibt sich aus Rn 9. 10 Pflichten der Beteiligten, die Leistung zu erbringen (erheben), können sich aus den Grundverhältnissen ergeben (Rn 2). **Keine** Anweisungen iSv § 783 sind unmittelbare Weisungen an den Beauftragten im Rahmen eines Auftrags-(Geschäftsbesorgungs-)verhältnisses gem §§ 675, 665. **b)** Im Gegensatz zur **Vollmacht** ermächtigt 11 die Anweisung, im eigenen Namen zu leisten bzw die Leistung zu erheben. **c)** Im Gegensatz zur **Abtretung** bewirkt die Anweisung keine Rechtsübertragung an den Empfänger; ein Widerruf ist deshalb nach § 790 möglich. **d)** Das **Akkreditiv** 12 dient der Vermittlung von Zahlungen und der Zahlungssicherung. Praktisch bedeutsam ist das **Dokumentenakkreditiv:** Der Käufer verpflichtet sich, eine bestimmte Bank (Hausbank, ggf Einschaltung einer Korrespondenzbank) zu veranlassen, dem Verkäufer den Kaufpreis nach Prüfung und Aushändigung der Dokumente zu zahlen (vgl BGH 108, 350 mN; MK/Hüffer 84 mN). IdR liegt kein Anweisungsverhältnis vor (keine Aushändigung von Urkunden an Empfänger), sondern ein Zahlungsauftrag (§ 662) oder zumeist Geschäftsbesorgung (§ 675; BGH NJW 89, 160; NJW-RR 98, 1511; § 675 Rn 12). Zur Rechtsnatur der Bestätigung des Akkreditivs durch die Bank: §§ 780, 781 Rn 22 (c). Die Forderung

Teichmann 971

§ 784 Buch 2. Abschnitt 8. Einzelne Schuldverhältnisse

auf Anzahlung bei einer Garantie auf erstes Auffordern ist eine Anweisung (Frankfurt WM 01, 1108).

13   4. **Sonderformen** der Anweisung. a) Die **kaufmännische Anweisung** (HGB 363 ff) kann auch an (eigene) Order gestellt werden. b) Ein Unterfall der kaufmännischen Anweisung ist der **Reisescheck** (str; aA: Scheck). c) **Kreditbrief** (Anweisung auf Zahlung bis zum angegebenen Höchstbetrag), heute weitgehend
14   vom Reisescheck abgelöst. d) Der **gezogene Wechsel** ist ausführlich im WG
–   geregelt; daher ist nicht ohne weiteres eine Umdeutung eines formungültigen Wechsels in eine Anweisung möglich (RG JW 1935, 1778; Bamberg NJW 67, 1913, ie str). e) Wichtigste Abweichungen des **Schecks** von der BGB-Anweisung: ScheckG 4, 5, 32. Umdeutung in Anweisung idR möglich (iE verneinend Karls-
15   ruhe OLGZ 77, 236). f) Die **Reparaturkostenübernahmeerklärung** des Haftpflichtversicherers ist Annahme der Anweisung des Geschädigten zur Leistung an die Werkstätte (KG DAR 89, 302; sa § 781 Rn 25), desgl die Übernahmeerklärung
16   der Krankenkasse gegenüber dem Krankenhausträger. g) Zur **Kreditkarte** s § 676 h Rn 3.

§ 784 Annahme der Anweisung

(1) **Nimmt der Angewiesene die Anweisung an, so ist er dem Anweisungsempfänger gegenüber zur Leistung verpflichtet; er kann ihm nur solche Einwendungen entgegensetzen, welche die Gültigkeit der Annahme betreffen oder sich aus dem Inhalt der Anweisung oder dem Inhalt der Annahme ergeben oder dem Angewiesenen unmittelbar gegen den Anweisungsempfänger zustehen.**

(2) ¹Die Annahme erfolgt durch einen schriftlichen Vermerk auf der Anweisung. ²Ist der Vermerk auf die Anweisung vor der Aushändigung an den Anweisungsempfänger gesetzt worden, so wird die Annahme diesem gegenüber erst mit der Aushändigung wirksam.

1   1. **Allgemeines. a) Wesen.** Die Anweisung ist wegen der Wirkungen der Annahme (s dazu Rn 4–6) grundsätzlich auf eine Annahme durch den Angewiesenen gegenüber dem Anweisungsempfänger gerichtet; erst durch diese erhält sie ihren typischen Charakter. IdR besteht keine Pflicht zur Annahme, insbes auch nicht bei Schuldnerstellung des Angewiesenen (§ 787 II); eine Annahmepflicht
2   kann sich aber aus dem Grundverhältnis ergeben (§ 783 Rn 3–5). **b) Rechtsnatur.** Die Annahme begründet einen Vertrag (zB MK/Hüffer 2 f; Erm-Heckelmann 2). **c) Voraussetzungen. aa) Form** der Annahmeerklärung: Schriftlicher Vermerk (eigenhändige Unterschrift) auf der Urkunde selbst (**II 1**). Der Annahmewille kann auch aus bloßer Unterschrift ergeben, nicht aber aus Vermerken wie „gesehen", „Kenntnis genommen". Durch außerhalb der Urkunde liegende Umstände kann die schriftliche Annahmeerklärung nicht ersetzt werden
3   (BGH WM 82, 156). **bb) Aushändigung** der Anweisung an den Anweisungsempfänger. Frühester Zeitpunkt für das Wirksamwerden der Annahme (**II 2**), unabhängig von der Wirksamkeit der Anweisung (Folge von Rn 4 ff, hM; aA Kübler, Feststellung und Garantie, 1967, S 166).

4   2. **Wirkungen** der Annahme. a) Sie schafft erstmalig (vgl § 783 Rn 9) eine **selbständige, abstrakte Verbindlichkeit** des Angewiesenen gegenüber dem Anweisungsempfänger, die in einem noch höheren Maße abstrakt ist als das selb-
5   ständige Schuldversprechen. b) **Ausgeschlossen** sind nämlich **Einwendungen** aus dem Deckungs- und Valutaverhältnis; auch eine unmittelbare Kondiktion bei Unwirksamkeit dieser Verhältnisse ist idR nicht möglich (BGH 88, 234 f; 89, 378 ff, ie sehr str; zum Problem des Bereicherungsausgleichs im Dreiecksverhältnis vgl § 812 Rn 34 ff). c) **Zugelassen** sind dagegen **Einwendungen nach I, HS 2**.
6   d) Annahme ist noch **keine Leistung** im Valutaverhältnis (§ 788 und §§ 787, 788 Rn 1).

Titel 23. Anweisung §§ 785–792

§ 785 Aushändigung der Anweisung

Der Angewiesene ist nur gegen Aushändigung der Anweisung zur Leistung verpflichtet.

§ 786 *(weggefallen)*

§ 787 Anweisung auf Schuld

(1) Im Falle einer Anweisung auf Schuld wird der Angewiesene durch die Leistung in deren Höhe von der Schuld befreit.

(2) Zur Annahme der Anweisung oder zur Leistung an den Anweisungsempfänger ist der Angewiesene dem Anweisenden gegenüber nicht schon deshalb verpflichtet, weil er Schuldner des Anweisenden ist.

§ 788 Valutaverhältnis

Erteilt der Anweisende die Anweisung zu dem Zwecke, um seinerseits eine Leistung an den Anweisungsempfänger zu bewirken, so wird die Leistung, auch wenn der Angewiesene die Anweisung annimmt, erst mit der Leistung des Angewiesenen an den Anweisungsempfänger bewirkt.

Anmerkung zu den §§ 787, 788

1. Die Vorschriften behandeln einen Gesichtspunkt des **Deckungs-** (§ 787) bzw **Valutaverhältnisses** (§ 788): Noch nicht die Annahme, sondern erst die tatsächliche Leistung bedeutet die Leistungsbewirkung. Die sonstigen Regelungen bestimmen sich nach dem zugrundeliegenden Rechtsverhältnis, insbes auch, ob der Anweisungsempfänger zunächst aus der Anweisung (idR) oder aus dem ursprünglichen Schuldverhältnis vorgehen muss. Beim **Scheck** gilt § 787 I nicht (BGH NJW 51, 599), wohl aber § 788 (vgl Hadding JZ 77, 284 mN).

§ 789 Anzeigepflicht des Anweisungsempfängers

¹Verweigert der Angewiesene vor dem Eintritt der Leistungszeit die Annahme der Anweisung oder verweigert er die Leistung, so hat der Anweisungsempfänger dem Anweisenden unverzüglich Anzeige zu machen. ²Das Gleiche gilt, wenn der Anweisungsempfänger die Anweisung nicht geltend machen kann oder will.

§ 790 Widerruf der Anweisung

¹Der Anweisende kann die Anweisung dem Angewiesenen gegenüber widerrufen, solange nicht der Angewiesene sie dem Anweisungsempfänger gegenüber angenommen oder die Leistung bewirkt hat. ²Dies gilt auch dann, wenn der Anweisende durch den Widerruf einer ihm gegen den Anweisungsempfänger obliegenden Verpflichtung zuwiderhandelt.

§ 791 Tod oder Geschäftsunfähigkeit eines Beteiligten

Die Anweisung erlischt nicht durch den Tod oder den Eintritt der Geschäftsunfähigkeit eines der Beteiligten.

§ 792 Übertragung der Anweisung

(1) ¹Der Anweisungsempfänger kann die Anweisung durch Vertrag mit einem Dritten auf diesen übertragen, auch wenn sie noch nicht angenommen worden ist. ²Die Übertragungserklärung bedarf der schriftlichen

§ 793

Form. ³ Zur Übertragung ist die Aushändigung der Anweisung an den Dritten erforderlich.

(2) ¹ Der Anweisende kann die Übertragung ausschließen. ² Die Ausschließung ist dem Angewiesenen gegenüber nur wirksam, wenn sie aus der Anweisung zu entnehmen ist oder wenn sie von dem Anweisenden dem Angewiesenen mitgeteilt wird, bevor dieser die Anweisung annimmt oder die Leistung bewirkt.

(3) ¹ Nimmt der Angewiesene die Anweisung dem Erwerber gegenüber an, so kann er aus einem zwischen ihm und dem Anweisungsempfänger bestehenden Rechtsverhältnis Einwendungen nicht herleiten. ² Im Übrigen finden auf die Übertragung der Anweisung die für die Abtretung einer Forderung geltenden Vorschriften entsprechende Anwendung.

Titel 24. Schuldverschreibung auf den Inhaber

§ 793 Rechte aus der Schuldverschreibung auf den Inhaber

(1) ¹ Hat jemand eine Urkunde ausgestellt, in der er dem Inhaber der Urkunde eine Leistung verspricht (Schuldverschreibung auf den Inhaber), so kann der Inhaber von ihm die Leistung nach Maßgabe des Versprechens verlangen, es sei denn, dass er zur Verfügung über die Urkunde nicht berechtigt ist. ² Der Aussteller wird jedoch auch durch die Leistung an einen nicht zur Verfügung berechtigten Inhaber befreit.

(2) ¹ Die Gültigkeit der Unterzeichnung kann durch eine in die Urkunde aufgenommene Bestimmung von der Beobachtung einer besonderen Form abhängig gemacht werden. ² Zur Unterzeichnung genügt eine im Wege der mechanischen Vervielfältigung hergestellte Namensunterschrift.

Lit: *Hueck/Canaris*, Recht der Wertpapiere, 15. Aufl 1999; *Zöllner*, Wertpapierrecht, 14. Aufl 1987.

1 **1. Allgemeines. a) Begriff.** Die **Inhaberschuldverschreibung** ist eine Urkunde, in der sich der Aussteller (je-)dem (verfügungs-)berechtigten Inhaber zu einer Leistung (§ 241 I) nach Maßgabe des Inhalts der Urkunde verpflichtet (**I 1,**
2 **HS 1**; zu den einzelnen Merkmalen s näher Rn 10–12). **b) Ihrer Rechtsnatur** nach ist sie **Wertpapier** (Rn 5) und zwar Inhaberpapier (Rn 6), zugleich auch Legitimationspapier (Rn 9, 14). **c) Bedeutung.** Die eine Geldforderung verbriefenden Inhaberschuldverschreibungen dienen der Kapitalaufnahme und -anlage; sie werden auf dem Kapitalmarkt (Börse) gehandelt. Gebräuchliche Erscheinungsformen sind die **Anleihen** öffentl-rechtlicher Gebietskörperschaften und Sondervermögen, privater Kreditinstitute und Industrieunternehmen. Bezeichnungen: Schatzanweisungen, Kommunal- und Industrieobligationen, Pfandbriefe; zu den sog Nebenpapieren (Zins-, Renten-, Gewinnanteil- und Erneuerungsscheine) vgl §§ 803–805 Rn 1 ff. Weitere Bsp: Abgetrennte Aktienoptionsscheine (BGH 114, 180), auf den Inhaber lautende Grund- und Rentenschuldbriefe (§§ 1195, 1199), uU Investmentzertifikate (vgl KAAG 18), Lotterielose (nach der Ziehung), Waren-
3 gutscheine (AG Bonn VuR 89, 203 mit krit Anm Tonner). **d) Abgrenzung.** **Keine** Inhaberschuldversprechen sind die Inhaberaktie (sie verkörpert Mitgliedschaftsrechte, Rn 6); der Geschäftsanteilschein einer GmbH (nur Beweisurkunde, RG 53, 109); jedoch ist die entspr Anwendung des § 793 möglich (Oldenburg AG 00, 368). Wechsel und Anweisungen können nicht auf den Inhaber gestellt werden (WG 1 Nr 6); der Inhaberscheck (ScheckG 5 II) enthält kein Leistungsverspre-
4 chen, sondern ist Zahlungsanweisung. **e)** Die §§ 793–807 enthalten **keine abschließende Regelung** des Rechts der Inhaberschuldverschreibungen. Die nicht geregelte Übertragung erfolgt nach den für Inhaberpapiere geltenden Grundsätzen (Rn 2, 6). Überblick über **ergänzend anwendbare Vorschriften: a)** Allg und

Titel 24. Schuldverschreibung auf den Inhaber **§ 793**

bes Schuldrecht, insbes §§ 248 II 2, 453; **b)** Sachenrecht, insbes §§ 929 ff, 932 ff (ergänzt durch HGB 366 f), 1006 f; 1081 ff, 1293 ff; **c)** Familien- und Erbrecht: §§ 1362 I 3, 1643 I, 1646 I 2, 1814, 1815, 1822 Nr 9, 1853, 2116 f.

2. Wertpapiere im Allgemeinen. a) Nach dem weiten **Wertpapierbegriff** ist Wertpapier eine Urkunde, die ein privates Recht derart verbrieft, dass die Innehabung der Urkunde zur Ausübung des Rechts erforderlich ist (Baumbach/Hefermehl, WG, WPR 11 mN). **b) Arten** der Wertpapiere. **aa) Inhaberpapiere:** Das verbriefte Recht steht dem jeweiligen nicht namentlich bezeichneten Inhaber der Urkunde zu und kann ohne ihren Besitz nicht geltend gemacht werden. Die **Übertragung** findet durch Übereignung des Papiers (§§ 929 ff) statt. Es gilt: Das Recht aus dem Papier folgt dem Recht am Papier. **Bsp:** Inhaberschuldverschreibung, Inhaberscheck, Inhaberaktie, kleine Inhaberpapiere nach § 807 (dazu näher dort). **bb) Orderpapiere:** Die Leistung wird dem namentlich bezeichneten Berechtigten und demjenigen versprochen, an den er das Papier durch Order weitergibt. Die **Übertragung** erfolgt durch formellen Begebungsvermerk auf der Urkunde (Indossament) und Übereignung nach §§ 929 ff. Geborene Orderpapiere sind zB Wechsel und Scheck; gekorene Orderpapiere sind die an Order gestellten handelsrechtlichen Papiere in HGB 363. **cc) Rektapapiere:** Sie lauten auf den Namen einer bestimmten Person (Namenspapiere); nur diese oder ihr Rechtsnachfolger sind zur Geltendmachung befugt. Die **Übertragung** erfolgt durch Abtretung der Forderung (§ 398). Das Recht am Papier folgt dem Recht aus dem Papier nach § 952. **Bsp:** Hypothekenbrief, Rektawechsel, qualifizierte Legitimationspapiere nach § 808 (dazu näher dort), Namensschuldverschreibungen des Kapitalmarkts (BGH WM 89, 1640). **c) Abgrenzung. Keine** Wertpapiere sind die einfachen **Legitimationspapiere.** Sie berechtigen den Aussteller (Schuldner), an jeden Inhaber der Urkunde mit befreiender Wirkung zu leisten; andererseits ist die Vorlage der Urkunde zur Geltendmachung der Forderung weder notwendig noch ausreichend (Legitimationswirkung nur zugunsten des Schuldners). **Bsp:** Erneuerungsschein (§§ 803–805 Rn 4) und die in § 807 Rn 1 aE genannten Legitimationszeichen.

3. Voraussetzungen der Leistungspflicht des Ausstellers. a) Entstehung der **Verpflichtung aus der Schuldverschreibung. aa) Förmliche Voraussetzungen.** α) Ausstellung einer **Urkunde; Form:** § 126 mit der Einschränkung aus **II 2;** zusätzliche Formerfordernisse sind nach **II 1** möglich (zu beachten insoweit EGBGB 100 Nr 1). **Aussteller** kann jedermann sein; Eltern und Vormund bedürfen einer vormundschaftsgerichtlichen Genehmigung (§§ 1822 Nr 9; 1643 I). **Gläubiger:** Die Urkunde muss die schriftlich niedergelegte Verpflichtung enthalten, an jeden berechtigten Inhaber zu leisten (**Inhaberklausel**; eine ausdrückliche Erklärung ist entbehrlich, wenn die entspr Absicht eindeutig hervorgeht). **Inhalt: Selbständige** (Nennung des Schuldgrundes in der Urkunde wegen § 796 uU dennoch sinnvoll) Verbriefung eines **Forderungsrechts.** Die entspr Anwendung von §§ 793 ff bei Verbriefung anderer Rechte (zB Mitgliedschaftsrechte) ist möglich. β) **Fristgerechte Vorlegung** der Urkunde (§§ 797; 801, 802). **bb) Verpflichtungsgrund.** Voraussetzung für die Entstehung der Verbindlichkeit des Ausstellers ist idR ein **Begebungsvertrag** mit dem ersten Inhaber, der aber uU durch einen Rechtsscheintatbestand ersetzt werden kann (sog modifizierte Vertrags- oder Rechtsscheintheorie, PalSprau 8, hM). Ie gilt: Die Urkunde muß (1) rechtswirksam (volle Geschäftsfähigkeit, Verpflichtungswille) ausgestellt und (2) aufgrund eines Vertrags an den Gläubiger begeben werden (schuldrechtliches und dingliches Moment). Sowohl Mängel bei der Begebung als auch bei der Ausstellung werden bei Gutgläubigkeit eines späteren Erwerbers (nicht des Ersterwerbers, vgl §§ 932 ff; zu beachten §§ 935 II, 794 I) geheilt, sofern der Aussteller den Rechtsschein einer gültigen Verpflichtung zurechenbar veranlasst hat (weitergehend BGH 121, 281 ff; Baumbach/Hefermehl, WG, WPR 41–45). Bei **Rückerwerb** der Schuldverschreibung durch einen ehemals Bösgläubigen kommt diesem der gute

§§ 794–796 Buch 2. Abschnitt 8. Einzelne Schuldverhältnisse

Glaube seiner Nachmänner nicht zugute (BGH NJW 74, 1513 betr Scheck).

12 **b) Sachliche Berechtigung des Inhabers.** Sachlich berechtigt ist der Eigentümer der Urkunde und damit Gläubiger der verbrieften Forderung (vgl Rn 6), ferner, wer (auch ohne Eigentümer zu sein) über die Urkunde verfügungsberechtigt ist. Bsp: Pfandgläubiger (§ 1293), ges Vertreter (§§ 1626 II, 1793) und private Amtsträger (Insolvenzverwalter, InsO 80 I; Testamentsvollstrecker, § 2005). Der die Schuldverschreibung vorlegende (§ 797) Inhaber braucht wegen der Legitimationswirkung der Urkunde seine Berechtigung weder zu behaupten noch zu beweisen (Rn 13).

13 4. **Legitimationswirkung** der Schuldverschreibung. **a) Zugunsten des Inhabers.** Sie besteht darin, dass der („formell berechtigte") Inhaber, der eine ordnungsgemäße (Rn 10) Urkunde über die Schuldverschreibung vorlegen kann, widerlegbar als der sachlich berechtigte Inhaber (Rn 12) gilt; Grund: Fassung von **I 1**, letzter HS („es sei denn"); Vermutungswirkung des § 1006 gilt für den Besitzer der Urkunde. **Konsequenz:** Der (bestreitende) Aussteller trägt die volle Darlegungs- und Beweislast für die fehlende sachliche Berechtigung des Inhabers. Zu

14 den beschränkt zulässigen Einwendungen vgl ü § 796 Rn 1 ff. **b) Zugunsten des Ausstellers (I 2).** Sie besteht darin, dass der Aussteller mit befreiender Wirkung an jeden (förmlich legitimierten, Rn 13) Inhaber leisten kann. **Einschränkung:** Der Aussteller **kennt** die Nichtberechtigung (grob fahrlässige Unkenntnis steht gleich, *arg* WG 40 III; offen BGH 28, 371; sa § 808 Rn 7) **und** kann sie unschwer beweisen (ErmHeckelmann 9; Baumbach/Hefermehl, WG, WPR 43, hM; Grund:

15 mangelnde Schutzwürdigkeit des Ausstellers). **c)** Obwohl an sich eine Leistungspflicht nur gegenüber dem sachlich berechtigten Inhaber besteht (Rn 12), führt die Legitimationswirkung (Rn 13 f) iE zu einer Leistungsverpflichtung auch gegenüber dem Nichtberechtigten, sofern der Aussteller die Nichtberechtigung nicht nachweisen kann.

§ 794 Haftung des Ausstellers

(1) **Der Aussteller wird aus einer Schuldverschreibung auf den Inhaber auch dann verpflichtet, wenn sie ihm gestohlen worden oder verlorengegangen oder wenn sie sonst ohne seinen Willen in den Verkehr gelangt ist.**

(2) **Auf die Wirksamkeit einer Schuldverschreibung auf den Inhaber ist es ohne Einfluss, wenn die Urkunde ausgegeben wird, nachdem der Aussteller gestorben oder geschäftsunfähig geworden ist.**

§ 795 *(weggefallen)*

§ 796 Einwendungen des Ausstellers

Der Aussteller kann dem Inhaber der Schuldverschreibung nur solche Einwendungen entgegensetzen, welche die Gültigkeit der Ausstellung betreffen oder sich aus der Urkunde ergeben oder dem Aussteller unmittelbar gegen den Inhaber zustehen.

1 1. Einschränkungen der zulässigen Einwendungen im Interesse der **Verkehrsfähigkeit der Wertpapiere.** Zulässig sind **a)** Einwendungen gegen die **Gültigkeit der Ausstellung (1. Fall),** zB unvollständige Ausstellung, Verfälschung, Fehlen der Geschäftsfähigkeit oder des Verpflichtungswillens. Heilung dieser Mängel nach den Grundsätzen der Rechtsscheintheorie sind möglich (s § 793 Rn 11). In Erweiterung des Wortlauts bestehen auch Einwendungen gegen den **Bestand der Schuldverschreibung,** zB nach Kraftloserklärung (§ 799), Zahlungsverbot (§ 802), bei Nichtigkeit infolge fehlender staatlicher Genehmigung (§ 795 II);

2 **b) aus der Urkunde** sich ergebende Einwendungen **(2. Fall).** Bei Angabe des

Schuldgrundes in der Urkunde können, falls dadurch überhaupt eine Begrenzung der Einwendungen bezweckt ist (Auslegungsfrage), alle sich unmittelbar kraft Ges aus dem Grundverhältnis ergebenden Einwendungen, nicht aber darüber hinausgehende bes vertragliche Vereinbarungen geltend gemacht werden; **c) unmittelbar gegenüber dem Inhaber** bestehende Einwendungen **(3. Fall): aa)** Einwendungen aus dem Begebungsvertrag (Rn 1 gilt entspr); **bb)** Einwendungen aus persönlicher Rechtsbeziehung können ausnahmsweise auch einem arglistigen Nachmann gegenüber geltend gemacht werden (unzulässige Rechtsausübung; abw ErmHeckelmann 6 mN: WG 17, ScheckG 22 entspr); **cc)** Einwendung der fehlenden Verfügungsbefugnis (vgl § 793 Rn 12 und 13–15).   3

§ 797 Leistungspflicht nur gegen Aushändigung

¹Der Aussteller ist nur gegen Aushändigung der Schuldverschreibung zur Leistung verpflichtet. ²Mit der Aushändigung erwirbt er das Eigentum an der Urkunde, auch wenn der Inhaber zur Verfügung über sie nicht berechtigt ist.

1. Die **Präsentationspflicht (S 1)** dient dem Schutz des Ausstellers vor späterer   1
Inanspruchnahme durch gutgläubige Erwerber der Urkunde. Es liegt folglich stets Holschuld vor, auch bei Leistung einer Geldsumme (Abweichung von § 270 I). Zur Leistungszeit: § 801. § 368 (Quittungserteilung) bleibt unberührt. **S 2** ist notwendige Folge der Legitimationswirkung des § 793 I 2: Soweit der Aussteller auch an einen unberechtigten Inhaber befreiend leisten kann, darf er keinem Herausgabeanspruch des wahren Berechtigten ausgesetzt werden. Der Eigentumsübergang tritt kraft Ges ein (Willenseinigung nicht notwendig). Die **Einschränkung** der Legitimationswirkung gem § 793 I 2 (dort Rn 14) gilt – trotz des uneingeschränkten Gesetzeswortlauts – auch für S 2, dh der Aussteller erlangt kein Eigentum, soweit er ausnahmsweise nicht befreiend leistet (MK/Hüffer 6).

§ 798 Ersatzurkunde

¹Ist eine Schuldverschreibung auf den Inhaber infolge einer Beschädigung oder einer Verunstaltung zum Umlauf nicht mehr geeignet, so kann der Inhaber, sofern ihr wesentlicher Inhalt und ihre Unterscheidungsmerkmale noch mit Sicherheit erkennbar sind, von dem Aussteller die Erteilung einer neuen Schuldverschreibung auf den Inhaber gegen Aushändigung der beschädigten oder verunstalteten verlangen. ²Die Kosten hat er zu tragen und vorzuschießen.

§ 799 Kraftloserklärung

(1) ¹Eine abhanden gekommene oder vernichtete Schuldverschreibung auf den Inhaber kann, wenn nicht in der Urkunde das Gegenteil bestimmt ist, im Wege des Aufgebotsverfahrens für kraftlos erklärt werden. ²Ausgenommen sind Zins-, Renten- und Gewinnanteilscheine sowie die auf Sicht zahlbaren unverzinslichen Schuldverschreibungen.

(2) ¹Der Aussteller ist verpflichtet, dem bisherigen Inhaber auf Verlangen die zur Erwirkung des Aufgebots oder der Zahlungssperre erforderliche Auskunft zu erteilen und die erforderlichen Zeugnisse auszustellen. ²Die Kosten der Zeugnisse hat der bisherige Inhaber zu tragen und vorzuschießen.

§ 800 Wirkung der Kraftloserklärung

¹Ist eine Schuldverschreibung auf den Inhaber für kraftlos erklärt, so kann derjenige, welcher das Ausschlussurteil erwirkt hat, von dem Aussteller, unbeschadet der Befugnis, den Anspruch aus der Urkunde geltend

zu machen, die Erteilung einer neuen Schuldverschreibung auf den Inhaber anstelle der für kraftlos erklärten verlangen. ²Die Kosten hat er zu tragen und vorzuschießen.

Anmerkung zu den §§ 799, 800

1 1. Bei Papierverlust behält der Inhaber sein Recht; dieses ist jedoch durch einen gutgläubigen Erwerb Dritter gefährdet. Er hat deshalb folgende Möglichkeiten: **a)** Herausgabeklage nach § 985 bei Kenntnis des nichtberechtigten Inhabers. **b)** Bekanntmachung des Verlustes im Bundesanzeiger. Wirkung nur für Bankier: HGB 367. Das Verfahren hat sich in der Praxis nicht bewährt (MK/Hüffer 12). **c)** Kraftloserklärung gemäß § 799; abhanden gekommen ist die Urkunde, wenn dem Verfügungsberechtigten ihr genauer Verbleib unbekannt ist (LG Mannheim MDR 76, 587 zu § 808 II 2). Verfahren: ZPO 1003 ff; zu den Wirkungen des Ausschlussurteils (Besitzersetzung oder Erneuerungsanspruch) s § 800 und ZPO 1018. **d)** Zahlungssperre gem § 802; ZPO 1019 ff.

§ 801 Erlöschen; Verjährung

(1) ¹Der Anspruch aus einer Schuldverschreibung auf den Inhaber erlischt mit dem Ablauf von 30 Jahren nach dem Eintritte der für die Leistung bestimmten Zeit, wenn nicht die Urkunde vor dem Ablauf der 30 Jahre dem Aussteller zur Einlösung vorgelegt wird. ²Erfolgt die Vorlegung, so verjährt der Anspruch in zwei Jahren von dem Ende der Vorlegungsfrist an. ³Der Vorlegung steht die gerichtliche Geltendmachung des Anspruchs aus der Urkunde gleich.

(2) ¹Bei Zins-, Renten- und Gewinnanteilscheinen beträgt die Vorlegungsfrist vier Jahre. ²Die Frist beginnt mit dem Schlusse des Jahres, in welchem die für die Leistung bestimmte Zeit eintritt.

(3) Die Dauer und der Beginn der Vorlegungsfrist können von dem Aussteller in der Urkunde anders bestimmt werden.

§ 802 Zahlungssperre

¹Der Beginn und der Lauf der Vorlegungsfrist sowie der Verjährung werden durch die Zahlungssperre zugunsten des Antragstellers gehemmt. ²Die Hemmung beginnt mit der Stellung des Antrags auf Zahlungssperre; sie endigt mit der Erledigung des Aufgebotsverfahrens und, falls die Zahlungssperre vor der Einleitung des Verfahrens verfügt worden ist, auch dann, wenn seit der Beseitigung des der Einleitung entgegenstehenden Hindernisses sechs Monate verstrichen sind und nicht vorher die Einleitung beantragt worden ist. ³Auf diese Frist finden die Vorschriften der §§ 206, 210, 211 entsprechende Anwendung.

§ 803 Zinsscheine

(1) Werden für eine Schuldverschreibung auf den Inhaber Zinsscheine ausgegeben, so bleiben die Scheine, sofern sie nicht eine gegenteilige Bestimmung enthalten, in Kraft, auch wenn die Hauptforderung erlischt oder die Verpflichtung zur Verzinsung aufgehoben oder geändert wird.

(2) Werden solche Zinsscheine bei der Einlösung der Hauptschuldverschreibung nicht zurückgegeben, so ist der Aussteller berechtigt, den Betrag zurückzubehalten, den er nach Absatz 1 für die Scheine zu zahlen verpflichtet ist.

Titel 24. Schuldverschreibung auf den Inhaber **§§ 804–807**

§ 804 Verlust von Zins- oder ähnlichen Scheinen

(1) ¹Ist ein Zins-, Renten- oder Gewinnanteilschein abhanden gekommen oder vernichtet und hat der bisherige Inhaber den Verlust dem Aussteller vor dem Ablauf der Vorlegungsfrist angezeigt, so kann der bisherige Inhaber nach dem Ablauf der Frist die Leistung von dem Aussteller verlangen. ²Der Anspruch ist ausgeschlossen, wenn der abhanden gekommene Schein dem Aussteller zur Einlösung vorgelegt oder der Anspruch aus dem Schein gerichtlich geltend gemacht worden ist, es sei denn, dass die Vorlegung oder die gerichtliche Geltendmachung nach dem Ablauf der Frist erfolgt ist. ³Der Anspruch verjährt in vier Jahren.

(2) In dem Zins-, Renten- oder Gewinnanteilschein kann der im Absatz 1 bestimmte Anspruch ausgeschlossen werden.

§ 805 Neue Zins- und Rentenscheine

¹Neue Zins- oder Rentenscheine für eine Schuldverschreibung auf den Inhaber dürfen an den Inhaber der zum Empfang der Scheine ermächtigenden Urkunde (Erneuerungsschein) nicht ausgegeben werden, wenn der Inhaber der Schuldverschreibung der Ausgabe widersprochen hat. ²Die Scheine sind in diesem Falle dem Inhaber der Schuldverschreibung auszuhändigen, wenn er die Schuldverschreibung vorlegt.

Anmerkung zu den §§ 803–805

1. Die sog Nebenpapiere. a) Der **Zinsschein** (Kupon) wird für eine verzinsliche Schuldverschreibung ausgegeben und verbrieft als selbständige Urkunde die Zinsforderung; lautet er auf den Inhaber, stellt er eine selbständige Inhaberschuldverschreibung dar. Die Geltendmachung der Zinsforderung ist bei Ausstellung eines Kupons nur durch dessen Vorlage möglich; die Haupturkunde braucht weder mit vorgelegt zu werden, noch berechtigt sie zum Empfang der Zinsleistung. Folge dieser Selbständigkeit: **§ 803 I; Ausnahmen** von I: **aa)** abw Regelung im Zinsschein; **bb)** Zurückbehaltungsrecht hinsichtlich der Hauptleistung bei Nichtrückgabe nicht fälliger Zinsscheine (**§ 803 II);** Fall von entspr Anwendung (str): LG Saarbrücken WM 92, 1272 mN. **Regelung:** Das Recht der Inhaberschuldverschreibung gilt mit Ausnahme von §§ 799, 800 (vgl § 799 I 2; stattdessen § 804); Sondervorschrift: § 801 II. **b)** Der **Rentenschein** verbrieft einzelne bestimmte Rentenleistungen, ohne dass ein Anspruch auf eine Hauptleistung besteht (vgl § 1199). Die Regelung für Inhaberzinsscheine gilt entspr (str). **c)** Der **Gewinnanteilschein** (Dividendenschein) ist vor dem Dividendenbeschluss von dem Rechtsbestand der Haupturkunde (Aktie) abhängig (s AktG 72 II; § 803 gilt nicht); erst danach bildet er ein selbständiges Inhaberschuldpapier. **d)** Der **Erneuerungsschein** (Talon), der den Inhaber gegen Vorlage zum Empfang neuer Zins-, Renten- oder Gewinnanteilsscheine ermächtigt (s § 805, AktG 75), ist lediglich Legitimationspapier (s § 793 Rn 9).

1

2

3

4

§ 806 Umschreibung auf den Namen

¹Die Umschreibung einer auf den Inhaber lautenden Schuldverschreibung auf den Namen eines bestimmten Berechtigten kann nur durch den Aussteller erfolgen. ²Der Aussteller ist zur Umschreibung nicht verpflichtet.

§ 807 Inhaberkarten und -marken

Werden Karten, Marken oder ähnliche Urkunden, in denen ein Gläubiger nicht bezeichnet ist, von dem Aussteller unter Umständen ausgegeben,

§ 808

aus welchen sich ergibt, dass er dem Inhaber zu einer Leistung verpflichtet sein will, so finden die Vorschriften des § 793 Abs. 1 und der §§ 794, 796, 797 entsprechende Anwendung.

1 1. § 807 regelt die sog **kleinen** oder **unvollkommenen Inhaberpapiere**, die sich von den eigentlichen Inhaberschuldverschreibungen dadurch unterscheiden, dass sie das Rechtsverhältnis und den Gegenstand der Leistung nur unvollkommen angeben, häufig auch den Aussteller nicht nennen und meistens ohne Namensunterschrift des Ausstellers sind. Schwierig ist die Abgrenzung zu den Legitimationspapieren (vgl § 793 Rn 9; § 808 Rn 1–3); durch Auslegung ist zu ermitteln, ob ein Verpflichtungswille des Ausstellers gegenüber jedem Inhaber aus der Urkunde erkennbar wird (nur dann Inhaberpapier nach § 807; Folge: § 793 Rn 6 gilt). **Bsp:** (maßgeblich ist die des Gestaltung im Einzelfall): Eintrittskarten (vgl VGH München NJW 78, 2053); Fahrkarten und -scheine (idR jedoch nicht Dauer- oder Netzkarten); Telefonkarten (Köln ZIP 00, 1836 zur Verfallzeit); Geschenkgutscheine zum Einkauf (LG München VuR 96, 65), Kinogutscheine (Hamburg VuR 00, 451 zur zeitlichen Verfallkausel); Gutscheine (soweit nicht als Inhaberschuldverschreibung ausgestaltet); Bier- und Speisemarken. **Nicht** unter § 807 fallen: Geldsurrogate (enthalten keine Leistungsverpflichtung), zB Briefmarken; Beweispapiere(-zeichen) wie Quittungen, Registrierbons, Akkordarbeitsmarken; Legitimationszeichen, zB Garderobenmarken, Gepäck- und Reparaturscheine; Garantiekarten (Rehbinder JA 82, 228); codierte Scheckkarte (BGH ZIP 88, 426).

§ 808 Namenspapiere mit Inhaberklausel

(1) ¹Wird eine Urkunde, in welcher der Gläubiger benannt ist, mit der Bestimmung ausgegeben, dass die in der Urkunde versprochene Leistung an jeden Inhaber bewirkt werden kann, so wird der Schuldner durch die Leistung an den Inhaber der Urkunde befreit. ²Der Inhaber ist nicht berechtigt, die Leistung zu verlangen.

(2) ¹Der Schuldner ist nur gegen Aushändigung der Urkunde zur Leistung verpflichtet. ²Ist die Urkunde abhanden gekommen oder vernichtet, so kann sie, wenn nicht ein anderes bestimmt ist, im Wege des Aufgebotsverfahrens für kraftlos erklärt werden. ³Die im § 802 für die Verjährung gegebenen Vorschriften finden Anwendung.

1 1. **Allgemeines. a) Begriff. Qualifizierte Legitimationspapiere** (hinkende Inhaberpapiere) sind auf einen bestimmten Berechtigten ausgestellte Leistungsversprechen, die den Aussteller berechtigen, an jeden Inhaber der Urkunde mit befreiender Wirkung zu leisten (**Legitimationswirkung zugunsten des Ausstellers**, I 1; zT Besonderheiten beim Sparbuch, dazu Rn 7–9), den Inhaber jedoch nicht legitimieren, die verbriefte Leistung zu fordern (**eingeschränkte Inhaberklausel,** I 2). Nur der Gläubiger kann die Leistung verlangen, nachdem
2 er ggf seine Gläubigerstellung nachgewiesen hat. **b) Rechtsnatur und Abgrenzung.** Es handelt sich um **Wertpapiere** iwS (§ 793 Rn 5; Grund: **II 1, 2** – Vorlegungserfordernis, bei Verlust Ausschlussurteil gem ZPO 952) und zwar – iGgs zu den Inhaberpapieren (§ 793 Rn 6) – um Rektapapiere (§ 793 Rn 8; **Namenspapiere** mit Inhaberklausel). Bei einfachen Legitimationspapieren oder bloßen
3 Beweisurkunden fehlt das Vorlegungserfordernis. **c) Bedeutung.** Wichtigster Fall ist das **Sparbuch** (Rn 4 ff); weitere Bsp: Versicherungsschein auf den Inhaber (VVG 4 I, s BGH NJW-RR 99, 898; NJW-RR 02, 573), uU bestimmt nicht unter § 807 fallende Legitimationszeichen (s § 807 RN 1 aE).

4 2. **Sparbuch. a) Begriff.** Urkunde über eine Spareinlage, die dem Sparer (Einleger) ausgehändigt wird und bei Verfügung über die Einlage vorgelegt werden muss (s VO über die Rechnungslegung der Kreditinstitute vom 10. 2. 1993 idF
5 vom 18. 6. 1993, BGBl I S 924; ie Lange BB 93, 1679 mN). **b) Rechtsgrund-**

Titel 25. Vorlegung von Sachen **§§ 809, 810**

lage für die Aushändigung des Sparbuchs ist der **Sparvertrag** als unregelmäßiger Verwahrungsvertrag über Geld, auf den die §§ 488 ff anwendbar sind (§ 700 S 1). Die Einzelheiten werden durch AGB der Kreditinstitute geregelt. **c) Berechtigter** 6 (Gläubiger der Einlageforderung) ist nicht notwendig der im Sparbuch Benannte; maßgebend sind allein die vertraglichen Abmachungen. IdR ist Berechtigter der Kontoinhaber, dh, wer nach dem erkennbaren Willen des die Kontoeröffnung beantragenden Kunden Gläubiger der Bank werden soll (BGH NJW 94, 931); ob der im Sparbuch Benannte in diesen Fällen ein eigenes Leistungsrecht haben soll (vgl § 328; uU § 331), ist ggf den Umständen (Kontounterlagen; Besitzverhältnisse am Sparbuch) zu entnehmen (vgl hierzu BGH 46, 199 mN; NJW 94, 931; sa § 328 Rn 5). Bei Leistungen an einen Minderjährigen ist uU § 1812 zu beachten (Karlsruhe NJW–RR 99, 230, Auszahlung der Versicherungssumme an Vormund). **d) Die Legitimationswirkung** des Sparbuchs (Rn 1) ist in verschiedener Richtung eingeschränkt (ie str, s Welter WM 87, 1123 f mN). **aa) Bösgläubigkeit.** Durch Leistung an einen nichtberechtigten Vorleger wird der Aussteller **nicht befreit** (Ausnahme von **I** 1), wenn er die Nichtberechtigung des Vorlegers **kennt** (allgM) oder infolge **grober Fahrlässigkeit** nicht kennt (MK/Hüffer 15; Köln VersR 90, 1338, hM, str; offenlassend BGH 28, 371); strengere Anforderungen als bei Inhaberpapieren (§ 793 Rn 14 f) sind berechtigt; denn der Schuldner braucht nicht ohne Nachweis der Legitimation an den Inhaber zu leisten **(I 2)**. **bb) Vor-** 8 **zeitige Leistung.** Die Leistungsbefreiung tritt nur im Umfang der rechtswirksam **versprochenen Leistung** ein **(I 1)**; bei Leistung an Nichtberechtigte unter Außerachtlassung vertraglich vereinbarter Kündigungs- und Auszahlungsfristen schützt daher die Legitimationswirkung nicht (BGH 64, 278; NJW 91, 421 mN, str). **cc) Einschränkung** der Legitimationswirkung durch bes vertragliche **Ver-** 9 **einbarungen** (Bsp: Sperrvermerk, dazu BGH NJW 88, 2101 mN, auch zur Aufhebung). **e) Die Übertragung** der Einlageforderung erfolgt formlos gem 10 § 398. Eigentum am Sparbuch: § 952. In der Übergabe des Sparbuchs kann aber eine stillschweigende Zession liegen (BGH WM 72, 383; Canaris NJW 73, 827). Dem Besitzer des Sparbuchs kommt jedoch § 1006 nicht zugute (BGH JR 72, 379; LG Berlin FamRZ 79, 503). Für die Verpfändung gilt § 1274 I 1; § 1280 zu beachten, eine Übergabe (vgl § 1274 I 2) ist nicht erforderlich (BGH NJW–RR 86, 849). Ausschluss der Verpfändung: PostG 23 IV 2. **f) Beweislast.** Der Inhaber 11 für Höhe der Forderung (Sparbuch ist Beweismittel), der Aussteller für eine Auszahlung ohne Vorlage des Sparbuchs (Frankfurt NJW 98, 998 mN; Köln VuR 01, 121). Auch nach Ablauf der zehnjährigen Aufbewahrungsfrist gem HGB 257 besteht für das Kreditinstitut keine Beweiserleichterung (so Frankfurt NJW 98, 998 f: interne Buchführung genügt nicht; str).

Titel 25. Vorlegung von Sachen

§ 809 Besichtigung einer Sache

Wer gegen den Besitzer einer Sache einen Anspruch in Ansehung der Sache hat oder sich Gewissheit verschaffen will, ob ihm ein solcher Anspruch zusteht, kann, wenn die Besichtigung der Sache aus diesem Grunde für ihn von Interesse ist, verlangen, dass der Besitzer ihm die Sache zur Besichtigung vorlegt oder die Besichtigung gestattet.

§ 810 Einsicht in Urkunden

Wer ein rechtliches Interesse daran hat, eine in fremdem Besitz befindliche Urkunde einzusehen, kann von dem Besitzer die Gestattung der Einsicht verlangen, wenn die Urkunde in seinem Interesse errichtet oder in der Urkunde ein zwischen ihm und einem anderen bestehendes Rechtsverhältnis beurkundet ist oder wenn die Urkunde Verhandlungen über ein

Rechtsgeschäft enthält, die zwischen ihm und einem anderen oder zwischen einem von beiden und einem gemeinschaftlichen Vermittler gepflogen worden sind.

§ 811 Vorlegungsort, Gefahr und Kosten

(1) ¹Die Vorlegung hat in den Fällen der §§ 809, 810 an dem Orte zu erfolgen, an welchem sich die vorzulegende Sache befindet. ²Jeder Teil kann die Vorlegung an einem anderen Orte verlangen, wenn ein wichtiger Grund vorliegt.

(2) ¹Die Gefahr und die Kosten hat derjenige zu tragen, welcher die Vorlegung verlangt. ²Der Besitzer kann die Vorlegung verweigern, bis ihm der andere Teil die Kosten vorschießt und wegen der Gefahr Sicherheit leistet.

Anmerkungen zu den §§ 809–811

1 1. **Allgemeines**. §§ 809 f begründen unabhängig von sonstigen Rechtsbeziehungen (zB Vertrag) einen ges Anspruch auf Vorlage von Sachen und Urkunden; charakteristisch ist die lediglich **vorbereitende** und unterstützende **Natur** des Anspruchs (entspr dem Auskunftsanspruch, vgl §§ 259–261 Rn 1). Die praktische **Bedeutung** der §§ 809 ff liegt im Prozeßrecht, da ZPO 422, 429 hinsichtlich der Pflicht zur Vorlage von Urkunden auf diese Vorschriften verweisen (Rn 12, jetzt aber Erweiterung prozessualer Vorlagepflicht in ZPO 142, 144). Zahlreiche **Sondervorschriften** begründen weitergehende Einsichtsrechte oder Ansprüche auf Herausgabe von Urkunden (Rn 13).

2 2. **Anspruch aus § 809. a) Voraussetzungen. aa)** Vorlegungspflichtig ist der **Besitzer** (auch Mitbesitzer und mittelbarer Besitzer mit Beschaffungsmöglichkeit [MK/Hüffer Rn 8]) der vorzulegenden Sachen. Bei jur Person richtet sich Anspruch gegen diese. Die Eigentumslage ist gleichgültig (RG 69, 406). **bb) Sachen** (Begriff: Rn 2 ff vor § 90), auch unbewegliche, uU und in beschränktem Umfang der Leichnam (RGRK/Steffen § 809, 3), nicht aber der Körper eines lebenden Menschen (insoweit gilt ZPO 372 a für die Entnahme von Blutproben); Urkunden nur, soweit § 810 nicht eingreift; ferner technische Aufzeichnungen mit Urkundenqualität, zB Tonbänder (RGRK/Steffen § 810, 3), elektronische Dokumente
3 (vgl ZPO 371 I 2), Computerprogramme (KG NJW 01, 235). **cc)** (Vermeintlich) bestehender **Hauptanspruch** des Vorlegungsberechtigten gegen den Besitzer **in Ansehung der Sache**. In Frage kommen alle Ansprüche mit einer rechtlichen Beziehung zur Sache iwS, insbes dingliche und obligatorische Herausgabeansprüche, aber auch Unterlassungs- und Schadensersatzansprüche, zB wegen Verletzung von Urheber- und Patentrechten (BGH 93, 199 ff; ie Bork NJW 97, 1668 ff); Abhängigkeit vom Bestand oder der Beschaffenheit der Sache genügt (**1. Alt;** KG NJW 01, 235). Besteben des Hauptanspruchs ist nicht erforderlich, falls nur die Vorlage der **Gewißheitsverschaffung** darüber dient (**2. Alt),** aber gewisser Grad an Wahrscheinlichkeit (München NJW-RR 00, 777; KG NJW 01, 235; strenger für Quellcode von Computerprogramm Hamburg CR 01, 434); dies
4 kann Glaubhaftmachung (ZPO 294) voraussetzen (vgl BGH 93, 205 f). **dd) Interesse** an der Vorlegung (Besichtigung), nicht notwendig rechtlicher oder vermögensrechtlicher Art, aber ein hin des wen und ernstliches Interesse (vgl BGH 93, 213). Bei berechtigten Gegeninteressen des Besitzers (Bsp: Wahrung von Kunst- und Gewerbegeheimnissen) Abwägung nach § 242 (ie BGH 93, 205 ff, 210 ff; Stürner/Stadler
5 JZ 85, 1104). **b) Rechtsfolgen. aa) Vorlegung** der Sache ist die Handlung, wodurch dem anderen der Gegenstand tatsächlich zur Hand oder doch vor Augen gestellt und seiner sinnlichen Wahrnehmung unmittelbar zugänglich gemacht wird.
6 **bb) Gestattung der Besichtigung** bedeutet die Erlaubnis, die Sache in Augen-

Titel 25. Vorlegung von Sachen **§ 811**

schein (wie ZPO 371) zu nehmen, auch durch einen (zugezogenen oder zur Verschwiegenheit verpflichteten) Sachverständigen (BGH 126, 116 zu § 259, s auch Rn 12), doch sind (erhebliche) Substanzeingriffe nicht erlaubt (BGH 93, 208 ff; krit Stürner/Stadler JZ 85, 1103; Bork NJW 97, 1670 mN). Sachverständiger ist gegenüber dem Berechtigten Beauftragter, gegenüber dem Verpflichteten Treuhänder (München GRUR 87, 33). **cc) Ort** (geographischer Ortsbezirk, wie § 269 Rn 9, LG Dortmund NJW 01, 2806) der Vorlegung bestimmt sich nach § 811 I. An welcher Stelle und unter welchen Bedingungen innerhalb des Ortes Einsicht genommen werden kann, bestimmt der Vorlegungspflichtige nach Treu und Glauben (vgl I 2); uU kann auch Pflicht zur Aushändigung bestehen (München NJW 01, 2807; Köln NJW-RR 96, 382). **dd) Gefahrtragung** (§ 811 II) bedeutet, daß der Berechtigte für Verlust und Beschädigung (nicht bei anderen Gefahren) auch ohne Verschulden haftet. Die **Besichtigungskosten** trägt der Vorlegungsberechtigte (München GRUR 87, 33). 7

8

3. Der **Anspruch aus § 810** stellt eine **Erweiterung der Vorlegungspflicht** gem § 809 für **Urkunden mit rechtsgeschäftlichem Inhalt** (u aa) dar; entspr Anwendung auf vergleichbare Tatbestände ist möglich. **Lit:** Derleder/Wosnitza ZIP 90, 903, 905; Grimme JA 85, 320. **a) Voraussetzungen. aa) Urkunde** ist eine sinnlich wahrnehmbare Verkörperung einer rechtserheblichen Gedankenäußerung in bleibenden Zeichen; rechtsgeschäftliche Bedeutung ist erforderlich (Rn 10); elektronische Dokumente sind keine Urkunden (s Rn 2). **bb) Eigene Beteiligung des Vorlegungsberechtigten an dem beurkundeten Rechtsverhältnis.** Es muß einer der drei alternativ genannten Fälle vorliegen. α) **Im Interesse des Vorlegungsberechtigten errichtet** ist die Urkunde (**1. Fall**), wenn sie – zumindest auch – dazu bestimmt ist (Zweck, nicht Inhalt entscheidet; namentliche Nennung ist nicht erforderlich), ihm als Beweismittel zu dienen oder doch seine rechtlichen Beziehungen zu fördern (LM Nr 5 zu § 810). Bsp: Vollmachtsurkunde im Verhältnis zum künftigen Vertragspartner; Urkunde über Vertrag zgDr (§ 328); Baubuch im Verhältnis zu Baugläubigern (BGH NJW 87, 1197); Unterlagen des VKäufers über abgetretene Kundenforderungen beim verlängerten EV (BGH 94, 116); Krankenunterlagen des behandelnden Arztes oder Tierarztes (Koblenz NJW 95, 1625; LG Hildesheim NJW-RR 92, 416, Gehrlein NJW 01, 2773; BGH NJW 83, 328, aA früher BGH 85, 337; idR besteht aber entspr vertragliche Nebenpflicht: § 242 Rn 22). β) **Beurkundung eines Rechtsverhältnisses** zwischen dem Vorlegungsberechtigten und einem anderen (nicht notwendig dem Besitzer; **2. Fall**); die Wirksamkeit des Rechtsverhältnisses ist unerheblich; eine nur teilw Beurkundung genügt. Bsp: Vertragsurkunden; im Verhältnis zum Bürgen Handelsbücher des Gläubigers, aus denen sich Zahlung des Hauptschuldners ergibt (BGH NJW 88, 907); Geschäftsbücher und Bilanzen der Gesellschaft im Verhältnis zum (auch ausgeschiedenen) Gesellschafter (BGH NJW 89, 226 und 3273; Karlsruhe NZG 01, 654; Hamm NJW-RR 94, 934); Unterlagen über Kreditabwicklung (Derleder/Wosnitza ZIP 90, 906). γ) **Verhandlungen über ein RGeschäft (3. Fall)** umfassen auch die diesem vorausgehende und nachfolgende Korrespondenz, nicht aber Aufzeichnungen nur für private Zwecke (KG NJW 89, 533). Sondervorschrift: NachwG 2 I. **cc) Ein rechtliches Interesse** besteht, wenn die Einsichtnahme zur Förderung, Erhaltung oder Verteidigung rechtlich geschützter Interessen benötigt wird (BGH NJW 81, 1733). Bsp: Verlust der Vertragsurkunde beim Einsichtbegehrenden (BGH NJW-RR 92, 1073; Schleswig NJW-RR 91, 1338; zu eng Hamm NJW-RR 87, 1395; AG Nürnberg WM 92, 593). Daß die Einsichtnahme zu einer Verbesserung des Wissensstandes und der Prozeßaussichten des Berechtigten führt, steht nicht entgegen; Grenze: Unzulässige Ausforschung, wenn die Vorlegung dazu dienen soll, *erstmalig* Anhaltspunkte für eine Rechtsverfolgung zu gewinnen (BGH 93, 205 und 211 für § 809; 109, 267 und NJW-RR 92, 1073; Naumburg OLG-NL 01, 124 für § 810). **b) Rechtsfolgen:** Rn 5–8. **Durchsetzung:** Außerhalb eines anhängigen Prozesses durch Klage gegen den 9

10

11

12

Vor § 812 Buch 2. Abschnitt 8. Einzelne Schuldverhältnisse

Besitzer (BGH NJW 89, 226); bei Besitz des Prozeßgegners Vorlegungsantrag gem ZPO 421 (Grimme JA 85, 324). Bei einstweiliger Verfügung wegen Sicherungscharakter idR nur Besichtigung durch neutralen Sachverständigen; Mitteilung des Ergebnisses an Antragsteller frühestens mit Abschluß von Verfügungsverfahren (KG NJW 01, 234).

13   4. **Sondervorschriften.** a) **Einsichtsrechte in Urkunden (Bücher):** zB §§ 716, 896, 1799 II; HGB 87 c IV, 102, 118, 157, 166, 258–261; GmbHG 51 a; ArbEG 15 I 2. **b) Ansprüche auf Herausgabe von Urkunden:** zB §§ 371, 402, 410, 1144; WG 50; ZPO 836 III; von Abschriften: 492 III, 655 b I 4; ArbEG 15 I 1. § 444 aF jetzt kaufvertragliche Nebenpflicht (PalErgB/Putzo § 433 Rn 25 f). c) **Verhältnis** des Einsichtsrechts zum allg Auskunftsanspruch gem §§ 259, 260: idR Konkurrenz (BGH 55, 204).

Titel 26. Ungerechtfertigte Bereicherung

Vorbemerkungen

Lit: v. Caemmerer, Bereicherung und unerlaubte Handlung, FS Rabel, Bd I, 1954, S 333 (= GS I 209); Canaris, Der Bereicherungsausgleich im Dreipersonenverhältnis, FS Larenz, 1973, S 799; Gerlach, Ungerechtfertigte Zwangsvollstreckung und ungerechtfertigte Bereicherung, 1986; König, Bereicherungsrecht, Gutachten II 1515; Kümpel, Zum Bereicherungsausgleich bei fehlerhaften Banküberweisungen, WM 2001, 2273; Kupisch, Gesetzespositivismus im Bereicherungsrecht, 1978; Loewenheim, Bereicherungsrecht, 2. Aufl 1997; Nobbe, Die Rechtsprechung des Bundesgerichtshofs zum Überweisungsverkehr, WM 2001, Beil 4, S 24; Reuter/Martinek, Ungerechtfertigte Bereicherung, 1983; Schlechtriem, Restitution und Bereicherungsausgleich in Europa Bd I 2000, Bd II 2001; ders, Rsprübersicht JZ 84, 509, 555; 88, 854, 93, 24, 128, 185; Wieling, Bereicherungsrecht, 2. Aufl 1999.

1   1. **Allgemeines.** Ob Bereicherungsrecht auf eine einzige, in einem subsumtionsfähigen Begriff faßbare Wertungsgrundlage zurückgeführt werden kann, oder ob die unterscheidbaren Bereicherungsansprüche im Rechtssystem unterschiedliche Funktionen haben, ist str. Bemühungen, alle Fälle des Bereicherungsausgleichs auf ein einheitliches Prinzip zurückzuführen, haben die gemeinrechtliche Lit beherrscht und sind auch noch aus dem BGB unternommen worden (zur Entwicklung s Reuter/Martinek S 11 ff, Schäfer, Das Bereicherungsrecht in Europa, 2001, 279 ff). Sie haben immer wieder Unterstützung erfahren (s Bälz FS Gernhuber, 1993, S 4 mwN), ohne daß allerdings die neuen Einheitslehren sich schon in einer gemeinsam akzeptierten und anwendbaren Lösung getroffen hätten. Die von Wilburg begründete und aufgrund der Arbeiten v. Caemmerers (GS I 213) und Essers (SchR, 2. Aufl 1960, § 187) inzwischen herrschend gewordene Ansicht (s Reuter/Martinek S 32 ff mwN, Gödicke, Bereicherungsrecht und Dogmatik, 2002, 261 ff) unterscheidet dagegen mehrere Grundtypen der Bereicherung, die durch die Regelungstechnik des BGB zusammengestellt sind und dogmatisch durch gemeinsame Prinzipien wie das eines allgemeinen Bereicherungsverbots (s ErmWestermann 1 vor § 812) und die Begrenzung der Herausgabepflicht auf die „wirtschaftlich gesehen" per-Saldo-Bereicherung verbunden gesehen werden. Dabei werden

2   die sog „**Leistungskondiktionen**" abgehoben von verschiedenen „**Nichtleistungskondiktionen**" der „Bereicherung in sonstiger Weise", deren wichtigste die sog „Eingriffskondiktion" ist. Auch zwischen den Anhängern einer gegliederten Anspruchstypologie ist vieles str, doch treffen sich die Bemühungen um eine Typologie der Bereicherungsansprüche trotz Unterschieden in der Benennung und Bewertung der Typenmerkmale im einzelnen in dem Bestreben, durch Konkretisierung der Bereicherungstatbestände und ihrer Rechtsfolgen Bereicherungsrecht praktikabel, anschaulich, berechenbar und nicht zuletzt lehrbar zu halten.

3   2. **Typen der Bereicherungsansprüche.** a) Die **Leistungskondiktionen** dienen der Rückabwicklung von rechtsgrundlosen Leistungen; sie entsprechen

Titel 26. Ungerechtfertigte Bereicherung **Vor § 812**

funktional anderen ges Rückabwicklungsvorschriften wie zB der Regelung der Rücktrittsfolgen. Nach hM soll dabei das Merkmal „Leistung" den Bereicherungsgläubiger (als Leistenden) und den Bereicherungsschuldner (als Leistungsempfänger) bezeichnen und so von der weiteren Voraussetzung entbinden, daß die Bereicherung „auf Kosten" des Bereicherungsgläubigers erfolgt ist. Auch soll durch dieses Merkmal der Bereicherungsgegenstand festgelegt werden (Einzelheiten § 812 Rn 8). Ein Teil der Lit und die Rspr des BGH definiert dabei **Leistung** als 4 „bewußte und zweckgerichtete Vermehrung fremden Vermögens" (BGH 40, 277), wobei das zur willentlichen Zuwendung hinzutretende Merkmal der Zweckbestimmung vor allem in Drei-(und Mehr-)Personen-Verhältnissen Bedeutung für die Bestimmung von Bereicherungsgläubiger und -schuldner hat (hierzu § 812 Rn 7, 25). Der Leistungsbegriff ist dabei „Kürzel zur rechtspraktischen Bewältigung von Zurechnungs-, Wertungs- und Ordnungsproblemen", Reuter/Martinek S 81. Die Kritik richtet sich vor allem gegen die unzureichende Vermittlung und Berücksichtigung wichtiger Wertungsgesichtspunkte wie Risikozuordnung und Abstraktionsprinzip im Leistungsbegriff und schlägt statt dessen vor, auf sie bei der Bestimmung von Bereicherungsschuldner und -gläubiger unmittelbar zurückzugreifen (s Canaris FS Larenz S 857, 859). Auch wird dieser zentralen Bedeutung des Leistungsbegriffs Entfernung vom Ges vorgeworfen und Rückkehr zu einer Generalklausel, ergänzt durch Analogien (Kupisch, S 62 ff) oder Gewohnheitsrecht (Kupisch FS Coing, 1982, II 243) gefordert. **b) Nichtleistungskondiktionen.** 5 Soweit Bereicherung statt durch Leistung „in sonstiger Weise" geschehen ist, kommt vor allem die Kondiktion wegen eines – durch menschliches Verhalten, aber auch zB durch Naturereignisse bewirkten – „Eingriffs" in eine dem Bereicherungsgläubiger zugewiesene Rechtsposition in Frage, § 812 I 1, 2. Fall; dabei stellen die nichtberechtigte, aber wirksame Verfügung über ein fremdes Recht – „Gegenstand" in § 816 I 1 – oder die unberechtigte, aber wirksame Einziehung einer fremden Forderung – § 816 II – sowie der Ausgleich für einen weder durch Rechtsgrund noch durch Leistungsbeziehungen dem Rechtsinhaber gegenüber gerechtfertigten Rechtserwerb aufgrund sachenrechtlicher Zuordnungsvorschriften für Verbindung und Verarbeitung – §§ 946 ff, 951 – speziell geregelte Einzelfälle dar. Zur Bereicherung in sonstiger Weise rechnet die hM ferner die Kondiktion wegen Bezahlung fremder Schuld (**Rückgriffskondiktion**) und die **Verwen-** 6 **dungskondiktion,** zur Bereicherung aus unerlaubter Handlung s Rn 10.

3. Verweisungen. Bereicherungsrecht ist aufgrund zahlreicher Verweisungen in 7 BGB und Nebenges anzuwenden. Unterschieden werden sog **Rechtsfolgenverweisungen,** bei denen die Voraussetzungen eines Anspruchs speziell geregelt sind und nur für einen Inhalt und (oder) Umfang Bereicherungsrecht anwendbar wird, von sog **Rechtsgrundverweisungen** (Tatbestands-, Voraussetzungsverweisungen), bei denen für einen Bereicherungsausgleich alle in §§ 812 ff normierten Voraussetzungen eines Bereicherungsanspruchs gegeben sein müssen, zB § 951 I 1 (s BGH 40, 276; 55, 177). Zur Tragfähigkeit dieser Unterscheidung und für eine Zusammenstellung aller Verweisungen in der aF des BGB s Hadding, FS Mühl, 1981, S 225 ff.

4. Konkurrenzen (hierzu Schildt, Konkurrenzprobleme im Bereicherungs- 8 recht, JuS 95, 953). **a)** Vertragliche Regeln haben Vorrang: **aa)** Geht es um das Behaltendürfen einer aufgrund Vertrages erbrachten Leistung oder die durch Vertrag erlaubte Verwendung fremden Guts, fehlt schon die Voraussetzung „ohne rechtlichen Grund" für einen Bereicherungsanspruch. **bb)** Soweit die Parteien für den Fall der Beendigung des Vertrages durch Rücktritt, Kündigung usw spezielle Regelungen getroffen haben, gehen diese vor. Auch ergänzende Vertragsauslegung kann hier vorrangige Abwicklungsregeln ergeben, vgl BGH 48, 75. **b)** Neben ges 9 Regelungen für die Rückabwicklung beendeter oder gestörter Schuldbeziehungen – wie etwa §§ 346 ff – sind Regeln der Leistungskondiktionen nicht anzuwenden. Bei Nutzung fremden Guts aufgrund unberechtigten Besitzes gehen nach hM die

Vor § 812

§§ 987 ff, soweit ihr Geltungsanspruch reicht (sa BGH NJW 02, 61: Überschreitung des Besitzrechts), einem Bereicherungsanspruch ebenfalls vor, BGH NJW 96, 52 f; krit Canaris JZ 96, 344; s ferner Rn 13 vor §§ 987–993. Auch der Anspruch des Besitzers auf Ersatz von Verwendungen ist im Regelungsbereich der §§ 994 ff
10 nicht auf Bereicherungsrecht zu stützen. **c)** Mit Schadenersatzansprüchen aus unerlaubter Handlung kann ein Bereicherungsanspruch konkurrieren, s § 852. Diese Vorschrift regelt jedoch nicht einen *weiteren* Bereicherungsanspruch, sondern nur einen in Höhe der Bereicherung unverjährten Schadenersatzanspruch, BGH NJW
11 86, 2828. **d)** Rechtsgrundlose Bereicherungen durch Leistung oder in sonstiger Weise können durch spezielle ges Regeln geordnet sein. **aa)** Liegen die Voraussetzungen einer berechtigten GoA vor, sind etwaige dem Geschäftsherrn zugeflossene
12 Vorteile im Verhältnis zum Geschäftsführer mit Rechtsgrund erlangt. **bb)** Während der Ehe gemachte gegenseitige Zuwendungen zwischen Ehegatten, die im ges Güterstand leben, sind bei Auflösung der Ehe grundsätzlich nicht nach Bereicherungsrecht auszugleichen, weil insoweit das Ges mit dem Zugewinnausgleich eine Abwicklung der vermögensrechtlichen Verhältnisse der Ehegatten vorgesehen hat,
13 s BGH 65, 320; 82, 231. **cc)** Soweit Schuldnerentlastung durch spezielle Regreßvorschriften ausgeglichen wird – zB §§ 426 (hierzu BGH NJW 78, 2393), 774 I,
14 268 III, 1143 I, 1607 II 2 –, ist Bereicherungsrecht nicht anzuwenden. **dd) Verjährung** oder Ablauf von **Ausschlußfristen** können endgültigen Rechtsverlust bewirken, der mit Bereicherungsrecht nicht rückgängig gemacht werden kann, da sonst die Befriedigungsfunktion dieser Institute gefährdet wäre. Zur **Ersitzung** s RG 130, 72 f und § 812 Rn 60; zum gutgl Erwerb s zunächst BGH WM 78,
15 1054 und § 812 Rn 60. **ee)** Die Regelung der **Sachmängelgewährleistung** ist gegenüber Bereicherungsrecht lex specialis; ihre Voraussetzungen und Schranken – etwa durch Verjährung – können nicht mit Bereicherungsansprüchen unterlaufen
16 werden, vgl BGH NJW 68, 43. **ff)** Im Verhältnis zum falsus procurator ist § 179 lex specialis, Hamburg VersR 79, 835.

17 **5.** Bereicherungsansprüche nach §§ 812 ff können wegen Leistungen, die aufgrund **öffentl-rechtlicher Rechtsverhältnisse** (zur irrtümlichen Rentenzahlung an Erben s jedoch BGH 71, 180; zu rechtsgrundlos gezahlten Beihilfen VGH München NJW 90, 933) erbracht worden oder als Vermögensveränderungen in sonstiger Weise erfolgt sind, nicht geltend gemacht werden. Allerdings werden Grundgedanken des bürgerlich-rechtlichen Bereicherungsrechts als Ausdruck allgemeiner Rechtsgedanken ergänzend im öffentl Recht angewendet, soweit dies nicht spezielle Regeln getroffen oder (und) die Anwendung bereicherungsrechtlicher Grundsätze ausgeschlossen hat; zum Erstattungsanspruch W. Lorenz FS Lerche, 1993, S 929 ff; Ossenbühl NVwZ 91, 513; Zuständigkeit (Sozialgericht) s jedoch BGH 103, 255.

18 **6. Verjährung:** s §§ 195, 199 I, IV.

19 **7. IPR. Lit:** Busse, Internationales Bereicherungsrecht, Tübingen 1998; Plaßmeier, Ungerechtfertigte Bereicherung im Internationalen Privatrecht und aus rechtsvergleichender Sicht, Berlin 1996; Schlechtriem, IPrax 95, 65 ff. **a)** Leistungskonditionen unterstehen grundsätzlich dem gleichen Recht wie das Schuldverhältnis, um dessen Rückabwicklung es geht, EGBGB 38 I. Bei abgeirrten Leistungen kommt, weil ein maßgebendes Schuldverhältnis nicht vorstellbar ist (vgl schon BGH NJW 87, 186), das Recht des Staates zur Anwendung, in dem die
20 Bereicherung eingetreten ist, EGBGB 38 III. **b)** Bei Eingriffen in Rechtspositionen, die dem Betroffenen ausschließlich zugewiesen sind, ist das Recht des Eingriffsorts, dh regelmäßig – bei Sachen – die lex rei sitae des Gegenstandes, auf
21 den das verletzte Recht sich bezieht, maßgebend, EGBGB 38 II. **c)** Die Rückgriffskondiktion richtet sich nach dem Recht des Landes, in dem Schuldbefreiung eingetreten ist, EGBGB 38 III.

Titel 26. Ungerechtfertigte Bereicherung **§ 812**

§ 812 Herausgabeanspruch

(1) ¹Wer durch die Leistung eines anderen oder in sonstiger Weise auf dessen Kosten etwas ohne rechtlichen Grund erlangt, ist ihm zur Herausgabe verpflichtet. ²Diese Verpflichtung besteht auch dann, wenn der rechtliche Grund später wegfällt oder der mit einer Leistung nach dem Inhalt des Rechtsgeschäfts bezweckte Erfolg nicht eintritt.

(2) Als Leistung gilt auch die durch Vertrag erfolgte Anerkennung des Bestehens oder des Nichtbestehens eines Schuldverhältnisses.

1. Allgemeines. Das Ges faßt die verschiedenen Bereicherungstatbestände in I in einer Norm zusammen (anders noch Entw I). Die folgenden Vorschriften enthalten teils weitere Bereicherungsansprüche, teils Regelungen des Inhalts und Umfangs eines Bereicherungsanspruchs sowie – §§ 814, 815, 817 S 2 – Gegenrechte des Schuldners. 1

I. Voraussetzungen der Leistungskondiktion(en)

1. Leistung. Als Regelung der Rückabwicklung von Leistungen kommt dem Begriff der Leistung entscheidende Bedeutung für die Bestimmung des Gegenstandes der Bereicherung und der Parteien des abzuwickelnden Verhältnisses zu (str, aA zB Mk/Lieb 27 a ff). **a)** „Leistung" wird zunächst als **bewußte willentliche Wertverschaffung** verstanden; hierzu W. Lorenz FS Serick, 1992, S 259. Entscheidend ist dabei der verschaffte Vorteil, nicht eine Vermögensverschiebung. Auch Tun und Unterlassen können „etwas" verschaffen. Die Vorteilsverschaffung muß zum anderen bewußt und willentlich erfolgt sein; es genügt natürlicher, zurechenbarer Wille; Geschäftsfähigkeit ist nicht erforderlich, ErmWestermann 13, str. **b)** Da der Begriff der Leistung nach hL aber vor allem auch die Parteien des Bereicherungsausgleichs bestimmen soll und in Drei- und Mehr-Personen-Verhältnissen „gewollte Zuwendung" allein die „richtigen" Rückabwicklungsparteien nicht bezeichnen kann, wird die subj Seite des Leistungsbegriffs um eine **Zweckbestimmung** ergänzt: Leistung ist danach eine „bewußte und zweckgerichtete Mehrung fremden Vermögens" (BGH 40, 277), was heute jedenfalls als gefestigte Rspr (vgl BGH 69, 188 f) und im Schrifttum überwiegende Ansicht (vgl Larenz/Canaris SchR II § 67 II 1 d; StLorenz 4, 5) gelten darf. Die Bedeutung, die der BGH und im Teil der Lit der Zweckbestimmung als Bestandteil des zentralen Begriffs „Leistung" zumessen, und die Funktion des so verstandenen Leistungsbegriffs sind freilich umstritten (umfassend Reuter/Martinek S 32 ff, 75 ff; MK/Lieb 25 ff). Bei Beurteilung der Bedeutung des „Zwecks" für Leistung und Leistungsrückgewähr ist zu unterscheiden: **aa)** Der mit einer Leistung verfolgte Zweck ist wichtig für die Anwendung einzelner bereicherungsrechtlicher Vorschriften – I 2, 2. Fall, §§ 815, 817 und 820. Die Zwecksetzung ist hier übereinstimmende Zielvorstellung der Parteien (sa Rn 14) oder – bei § 817 – Erwartung des Leistenden, die eine ausdrückliche Willensäußerung oder rechtsgeschäftliche Vereinbarung nicht erfordern, BGH NJW 84, 233 (aA Welker, Bereicherungsausgleich wegen Zweckverfehlung? 1974, S 28, 78 zu I 2, 2. Fall). **bb)** Kommen zwischen den Parteien mehrere Schuldverhältnisse in Betracht, in deren Erfüllung die Leistung erbracht werden kann, dann entscheidet – wie bei der Erfüllungswirkung – eine entsprechende Zweckbestimmung des leistenden Schuldners, mit welchem Schuldverhältnis die Leistung zu verknüpfen ist, vgl § 366 I. Zweckbestimmung ist dann einseitiges (uU anfechtbares, vgl BGH 106, 166) RGeschäft, Larenz/Canaris SchR II § 67 II 1 e; eine Zweckvereinbarung ist nicht zu fordern (str, s Schnauder, AcP 187, 150 f mwN); Zuordnung bei fehlender Zweckbestimmung s BGH NJW 86, 251. **cc)** Die Zweckbestimmung ist schließlich ein wichtiges, in vielen Fällen entscheidendes Kriterium bei der Zuordnung einer Zuwendung als Leistung bei den zwischen drei und mehr Personen in Betracht kommenden Schuldbeziehungen, StLorenz 5. Sie bezeichnet den Leistungsempfänger (vgl 2 3 4 5 6 7

§ 812 Buch 2. Abschnitt 8. Einzelne Schuldverhältnisse

BGH NJW 91, 2139) und damit grundsätzlich den Bereicherungsschuldner (s hierzu u Rn 22 ff).

8 2. „**Etwas**" (Bereicherungsgegenstand) kann jede Verbesserung der Vermögenssituation sein; Vermögen ist dabei großzügig zu begreifen und *nicht nur* als Vermögens*wert* zu verstehen. Was geleistet werden kann, kann auch Gegenstand eines Bereicherungsanspruchs sein (enger BGH NJW 52, 417). Bsp: Verschaffung von Eigentum, anderen Rechten, Arbeits- und Dienstleistungen (vgl BAG NJW 93, 484, BB 97, 2432), Gebrauchsvorteilen, Besitz (BGH ZIP 00, 461), Eintragung ins Grundbuch (Buchposition, vgl BGH NJW 91, 1736), Baulast (BGH NJW 95, 54), Schuldbefreiung (vgl BGH NJW 85, 2700), auch vom Gläubiger durch Selbstvornahme bewirkte Schuldbefreiung (Koblenz NJW-RR 00, 82), Genehmigung privativer Schuldübernahme (BGH 110, 321), Begünstigung aus Bankgarantie (s BGH NJW 84, 2038), Kreditsicherung (BGH NJW 02, 1874), Freigabeerklärung (BGH NJW 79, 2515), Verzicht auf Rechtserwerb, Versicherungsschutz (s Kohler VersR 88, 564; aA Karlsruhe NJW-RR 88, 151), nach II ausdrücklich auch die Anerkennung des Bestehens (BGH NJW 00, 2502 sowie Saldo BGH 72, 12) oder Nichtbestehens eines Schuldverhältnisses; ferner Verschaffung einer Forderung durch abstraktes Schuldversprechen, durch Begebung von Wechsel oder Scheck (hierzu Zöllner ZHR 148, 313); str kausale Forderungen, Gursky JR 00, 45. Einrede nach § 821 gegen abstrakte Forderung s. BGH NJW-RR 99, 573. Ein nur feststellendes, streitbereinigendes Anerkenntnis kann jedoch nicht kondiziert werden, BGH NJW 00, 2502. Leistung an **Ehegatten** bei nichtigem Kreditvertrag s BGH NJW 82, 2436; an Gesamthand s § 818 Rn 19; *von* Ehegatten – Zuvielzahlung auf sittenwidrigen Darlehensvertrag – Hamm NJW-RR 88, 1006: Teilgläubiger, § 420. Auch eine fehlerhafte Gutschrift kann „etwas" sein, doch geht bis zum nächsten Rechnungsabschluß ein vertragliches Stornorecht vor, danach Kondiktion des Saldoanerkenntnisses, Düsseldorf NJW 85, 2724; Koblenz WM 87, 347; str.

10 **Beweislast** dafür, daß Schuldner „etwas" erlangt hat, trägt Gläubiger, BGH NJW 83, 626.

11 3. „**Auf Kosten**". Nach heute wohl hM bedeutet „auf Kosten" für die Leistungskondiktion jedenfalls nicht Entreicherung des Gläubigers (s jedoch BGH WM 83, 793); darüber hinaus wird das Merkmal vielfach für entbehrlich gehalten, weil der Begriff der Leistung den Bereicherungsgläubiger festzustellen erlaubt, und eine Einbuße nicht Voraussetzung seines Kondiktionsanspruchs ist, vgl BGH 56, 239; aA viele, wobei freilich die Auffassungen von Bedeutung und Funktion dieses Merkmals ie voneinander stark abweichen, s Wilhelm aaO S 109 ff und JuS 73, 1 ff – „notwendiges Kriterium"; Kupisch, Gesetzespositivismus, S 29 – „(Re-)Aktivierung".

12 4. „**Ohne rechtlichen Grund**". Bei den Leistungskondiktionen bezeichnet „rechtlicher Grund" die schuldrechtliche Beziehung (aus Vertrag oder Gesetz, vgl BGH NJW 89, 453), deren Gültigkeits- oder Beständigkeitsmängel die Rückabwicklung erforderlich machen, Larenz/Canaris SchR II § 67 III 1a; str, teilweise sieht man Zweckerreichung als Rechtsgrund, Zweckverfehlung – insbesondere Verfehlung des Erfüllungszwecks – als Rechtsgrundlosigkeit, s BGH NJW 85, 2700, Hamm NJW 88, 2116; Reuter/Martinek S 109. Bei schwebender Unwirksamkeit ist die Leistung „dann ohne rechtlichen Grund erfolgt, wenn sie in Unkenntnis des Schwebezustandes vorgenommen wurde", BGH 65, 123. Maßgebend für Vorliegen eines Rechtsgrundes ist Leistungshandlung, Düsseldorf NJW 96, 1545. Das Ges unterscheidet nach den verschiedenen Gründen, die das Fehlen der schuldrechtlichen Unterlage oder ihrer Beständigkeit veranlaßt haben. **a)** Bei

13 der condictio indebiti (Leistung auf eine Nichtschuld), I 1, 1. Fall fehlte der Rechtsgrund bei Leistung; bei der condictio ob causam finitam (Wegfall des rechtlichen Grundes) ist er erst später weggefallen, I 2, 1. Fall, Bsp BGH 111, 128 (Ausbau einer Wohnung aufgrund unentgeltlicher Nutzungsgestattung, die später durch Mietvertrag ersetzt wurde); BGH NJW 00, 2024 (wirkungsloser Vollstrek-

Titel 26. Ungerechtfertigte Bereicherung **§ 812**

kungsbescheid nach Klagrücknahme). Sa schon § 813 I (einredebehafteter Rechtsgrund) und § 817 S 1 (Rechtsgrund trägt Leistung nicht, weil ihre Annahme als Gesetz- oder Sittenverstoß zu bewerten ist). Der allg condictio sine causa, ursprünglich Behelf zur Rückabwicklung nichtiger Verträge, bedarf es nicht mehr, s Reuter/Martinek S 126. **b)** Einordnungsschwierigkeiten macht die Kondiktion **14** wegen Zweckverfehlung, I 2, 2. Fall (condictio ob rem, condictio causa data causa non secuta). Teilw wird sie gleichsam als Grundmodell aller Leistungskondiktionen gesehen, weil ja auch bei – zB – nichtigem Leistungsanspruch der Zweck der Leistung, diesen Anspruch zu erfüllen, verfehlt werde, vgl Mot II 832; Weitnauer aaO S 274; o Rn 12. Andere halten ihn für ein entbehrliches historisches Relikt (vgl Weber, JZ 89, 25), weil die Zweckverfehlung weitere Durchführung oder Bestand der Schuldbeziehung beeinflussen und sie uU bei Wegfall der Geschäftsgrundlage verändern oder lösen könne. Die Rückgewähr erbrachter Leistungen sei dann aber als normale schuldrechtliche Rückabwicklung aufgrund Kündigung, Rücktritt oder wegen Wegfalls oder Änderung der Geschäftsgrundlage – s § 313 III 1 – zu behandeln (s v. Caemmerer GS I 222 ff). Wichtig sind zwei Fallgruppen (sa Reuter/Martinek S 151): **aa)** Teilw soll die condictio ob rem (nur noch) dort **15** ein Anwendungsfeld haben, wo Leistung auf einen anderen Zweck hin als zur Erfüllung einer Verpflichtung erfolgt ist (s Medicus BR 691 mwN), zB zwecks Erlangung einer Gegenleistung, die mangels wirksamer Verpflichtung nicht geschuldet ist (vgl BGH NJW-RR 87, 937: Übersendung eines Schecks auf Treuhandvertrag, der vom Empfänger nicht geschlossen wird) oder überhaupt nicht geschuldet sein kann, zB Erbeinsetzung, BGH 44, 323, Heirat, Stuttgart NJW 77, 1779, „Freikauf" einer Prostituierten (Düsseldorf NJW-RR 98, 1517), Verbleib in nichtehelicher Lebensgemeinschaft, oder in Erfüllung eines formnichtigen Vertrages bei Ausbleiben der – ebenfalls unverbindlichen – Gegenleistung, BGH NJW 80, 451; hierzu auch Singer WM 83, 254. Die **praktische Bedeutung** einer **16** Entscheidung für die condictio ob rem in diesen Fällen statt für eine condictio indebiti liegt einmal darin, daß die Kondiktion nicht an § 814 scheitert (vgl BGH NJW 73, 612 f einerseits, BGH NJW 76, 238 andererseits, ferner Reuter/Martinek S 155), zum anderen in der Anwendbarkeit des § 815 bei treuwidriger Zweckvereitelung (s BGH NJW 68, 245: condictio indebiti für zukunftsbezogene Vorausleistungen zwischen Ehegatten; Scheidung führt nicht zur Anwendbarkeit des § 815; sa BGH NJW-RR 90, 827: Strafanzeige trotz Schuldanerkenntnisses zur Abwendung der Anzeige; BGH NJW 90, 2544: Mehrpreis auf Kaufvertrag gezahlt, um Transportauftrag zu erhalten; München NJW-RR 86, 13: Vorauszahlung auf Schwarzkauf). **bb)** Bei wirksamen Leistungsverpflichtungen sollten dagegen ent- **17** täuschte Erwartungen, sofern ihre Erfüllung nicht überhaupt als vereinbarte Bedingung gesehen werden kann, als Veränderung oder Wegfall der **Geschäftsgrundlage** zu behandeln sein (sa BGH NJW 75, 776: Ansprüche wegen Wegfalls der Geschäftsgrundlage haben als Rechtsfolgen aus Vertragsverhältnis Vorrang vor Bereicherungsansprüchen; ebenso BAG NJW 87, 919; ferner BGH NJW 77, 950 – erwartete Erbeinsetzung – und dazu Battes AcP 178, 372; mehrdeutig BGH NJW 84, 233 – Zweckerreichung iSv § 812 I 2 als Geschäftsgrundlage einer Schenkungsabrede –, krit zur Rspr insgesamt Liebs JZ 78, 697; Joost JZ 85, 10, 16). **cc)** Ein Teil der Lit (vgl Fikentscher Rn 1103) und die Rspr werden I 2, 2. Fall **18** aber auch dann an, wenn auf eine rechtsgültige und -beständige Verbindlichkeit geleistet, aber ein weiterer, über die Erfüllung der Verbindlichkeit hinausgehender Zweck verfolgt worden ist (vgl BGH 44, 323; NJW-RR 86, 945: Mietzinsherabsetzung in Erwartung einer Verlängerung der Mietzeit; BGH NJW-RR 90, 827: Schuldanerkenntnis zur Abwendung einer Strafanzeige; Zuwendung an Schwiegersohn in Erwartung dauerhafter Ehe, LG Köln NJW-RR 95, 136. Erforderlich ist eine – auch stillschweigend mögliche – **Einigung** über den mit der Leistung **19** bezweckten weiteren Erfolg (BGH 44, 323; sa Karlsruhe NJW 88, 3023 zum Schenkungszweck Eheschließung; griffig Klinke, Causa und genetisches Synallagma, 1983, 66: Bei *vereinbartem* Zweck Kondiktion, bei nichtvereinbartem Zweck

§ 812   Buch 2. Abschnitt 8. Einzelne Schuldverhältnisse

Geschäftsgrundlage). Eine einseitige Erwartung reicht selbst dann nicht aus, wenn sie dem Leistungsempfänger bekannt ist und er ihr zwar nicht widersprochen, aber seinerseits einen anderen Zweck der Leistungsempfangnahme zum Ausdruck gebracht hat (BGH NJW 73, 612: Hingabe, um Verbleib in eheähnlicher Gemeinschaft zu erreichen (s aber Stuttgart NJW-RR 93, 1475), Entgegennahme zur Erfüllung oder Sicherung einer Verbindlichkeit; BGH NJW 79, 646: Erwartung des Bürgen, daß weitere Sicherheit gestellt werde). Auch muß genau geklärt werden, ob der Zweck nicht bereits erreicht worden ist, vgl BGH NJW 85, 315:

20 Schaffung einer Familienwohnung. **c) Beweislast** für Fehlen eines Rechtsgrundes trägt zwar grundsätzlich Bereicherungsgläubiger, BGH NJW-RR 95, 131, s aber auch NJW-RR 96, 1212 (es genügt, daß die vom Empfänger geltend gemachten Rechtsgründe ausgeräumt werden) sowie BGH NJW 00, 1718 (bei Rückforderung

21 von Vorschuß hat Empfänger Anspruch zu beweisen). **d)** Zur Rückforderung einer Leistung aufgrund **rechtskräftigen Urteils** s BGH 83, 280; aufgrund einstweiliger Anordnung (Unterhalt) BGH NJW 84, 2096; Prozeßvergleich BGH NJW-RR 91, 1155, NJW 98, 2433.

22 **5. Drei-Personen-Verhältnisse. a) Interessen:** Rspr − s BGH NJW 95, 3316 − und ein Teil der Lit versuchen, die Parteien des Rückabwicklungsverhältnisses aus Bereicherung vermittels des Leistungsbegriffs (s Rn 2, 7) zu bestimmen (teilw aA die Einheitslehren, vgl zB Kellmann, JR 88, 97): Rückabwicklung hat innerhalb des jeweiligen Leistungsverhältnisses zu erfolgen, BGH NJW 01, 2881. „Zuwendung" und Leistung im Rechtssinne als Voraussetzung für den Bereicherungsanspruch werden unterschieden, wobei die Schwierigkeiten in der Wertung liegen, zwischen welchen Personen eine Zuwendung als Leistung im Rechtssinne zu gelten hat. Bei dieser Zuordnung sind die Interessen der Beteiligten mit zu berücksichtigen: Aus dem Rückabwicklungsverhältnis können sich für den Bereicherungsschuldner Einwendungen und Einreden ergeben; umgekehrt werden aber auch die möglichen Gegenrechte auf solche aus abzuwickelnden Schuldverhältnis beschränkt. Vor allem entscheidet die Bestimmung des Rückabwicklungsverhältnisses darüber, wer wessen Insolvenzrisiko zu tragen hat (zum Ganzen Canaris FS Larenz S 802 ff mwN; krit zum Insolvenzrisiko als Zurechnungs-

23 gesichtspunkt Häsemeyer KTS 82, 16 f). **b) Wertungsmomente** der Zuordnung (z Ganzen Schlechtriem, Restitution Bd 2, 288 ff): **aa)** Einem übereinstimmenden **Willen der Beteiligten** kommt überragende Bedeutung zu, vgl Flume NJW 84, 466 f; BGH NJW 01, 2881 („allseits richtig verstandene Zweckbestimmung") mwN. Einseitiger Widerruf einer übereinstimmenden Zuordnung (Zweckbestimmung) kann diese allenfalls rückgängig machen, wenn der Leistungsempfänger ihn kennt (vgl BGH 61, 289; 87, 398 für widerrufenen Scheck; 87, 250 für widerrufenen Überweisungsauftrag). Die Rechtsordnung kann freilich der Parteiautonomie

24 Grenzen setzen: **Verstößt** die **Absicht der Parteien**, die faktisch einem Dritten erbrachte Leistung rechtlich als solche zwischen den Parteien gelten zu lassen, **gegen** die **guten Sitten** oder den Zweck eines **Verbotsges,** dann kann − vgl die Wertung in § 817 S 2 − zwischen den Parteien kein durchsetzbares Bereicherungsverhältnis entstehen. Soll die einem Dritten erbrachte Zahlung als Auszahlung auf ein zwischen den Parteien vereinbartes, aber gegen ein Verbot verstoßendes Darlehensverhältnis bezogen werden, so kann der Schutzzweck des einschlägigen Verbotsges auch einen Bereicherungsausgleich verbieten, vgl BGH 71, 365 (nach GewO 56 I Nr 6 verbotenes Kreditgeschäft); BGH NJW 77, 40 f (gegen das RBerG verstoßende Unfallfinanzierung); BGH 91, 19 (finanziertes Abzahlungsgeschäft), aber auch BGH NJW 89, 2881 (Darlehensnehmer hat jedenfalls Bereicherungsanspruch erlangt); Hamburg ZIP 90, 921 (Schutzzweck des § 138 I ver-

25 bietet Bereicherungsausgleich nicht). **bb)** Fehlt eine Willensübereinstimmung der Parteien, dann kommt der **Zweckbestimmung** des Zuwendenden ausschlaggebende Bedeutung zu. Ist sie nicht eindeutig, dann können freilich in die Auslegung des obj Erklärungswertes des Verhaltens des Zuwendenden normative

Titel 26. Ungerechtfertigte Bereicherung **§ 812**

Zurechnungsüberlegungen einfließen. Auch kann einseitige Zweckbestimmung in Drei- und Mehr-Personen-Verhältnissen allein nicht stets ausreichen, um einen anderen, der nichts erhalten und von dem Vorgang vielleicht keine Kenntnis hat, rechtlich als Leistungsempfänger im Verhältnis zum Zuwendenden und/oder als Leistenden im Verhältnis zum Zuwendungsempfänger gelten zu lassen, vgl Flume NJW 91, 2522; zumindest ein zurechenbar veranlaßter Rechtsschein eines Einverständnisses muß hinzutreten (sa Rn 34; anschaulich Frankfurt WM 86, 99; sa BGH NJW 01, 2881, ferner Gottwald JuS 84, 845). cc) Nach früherer Rspr sollte auch 26 die „Sicht" des Leistungsempfängers (**„Empfängerhorizont"**) genügend Gewicht haben, eine Leistung entsprechend den Vorstellungen des Empfängers einem von mehreren in Betracht kommenden Schuldverhältnissen zuzuordnen, vgl BGH NJW 74, 1133 („Hemdenfall"); WM 78, 1054 mwN, NJW 98, 379, WM 98, 1878, dagegen zutr Schnauder WM 96, 1071, NJW 99, 2843 mwN; anders jetzt BGH NJW 01, 1856: Vertrauensschutz leistet § 818 III. c) **Fallgruppen:** Die 27 Rspr stellte früher auf die Besonderheiten des Einzelfalles ab, s BGH 61, 292, doch sind die damit verbundenen Unsicherheiten inzwischen überwunden (s Nobbe aaO – Lit vor Vorb § 812 – S 24); die wichtigsten Fallgruppen lassen sich wie folgt bewerten (hierzu Schlechtriem, Restitution Bd 2, 285 ff): **aa) Lieferungskette:** 28 Verkauft und liefert A an B und dieser dann an C, so sind die Leistungen nach dem übereinstimmenden Willen aller Beteiligten auf die Verträge mit dem jeweiligen Partner bezogen. Die Abrechnung soll im Rahmen der durch diese Verträge geschaffenen Schuldbeziehungen erfolgen, sie sind dafür für Erfüllungswirkungen und Rückabwicklung bei Rücktritt, Wandlung oder Ungültigkeit maßgebend. Ein direkter Durchgriff findet nur statt, falls der Empfänger einer rechtsgrundlos erbrachten Leistung sie unentgeltlich weitergeleitet hat, § 822. Die Rückabwicklung über die einzelnen Stationen der Lieferungskette ist auch einzuhalten, wenn mehrere Kausalverhältnisse ungültig oder nicht tragfähig sind (sog **„Doppelman-** 29 **gel"**): Ein Durchgriff kommt grundsätzlich nicht in Betracht, jeder trägt das Insolvenzrisiko seines jeweiligen Partners und ist (nur) dessen Gegenrechten ausgesetzt (vgl statt aller Canaris FS Larenz S 801 ff), es sei denn, der Letztempfänger hat noch keine (Gegen)leistung erbracht (Schlechtriem, Restitution Bd 2, 312 mwN: § 822 analog). Geleistet hat der jeweilige Bereicherungsgläubiger in diesen Fällen den Leistungsgegenstand, der deshalb auch den primären Gegenstand der Kondiktion bildet; s jedoch Saarbrücken ZIP 99, 2057: Beim Doppelmangel sei (nur) Kondiktion gegen Zuwendungsempfänger verschafft worden. Bereicherungsgläubiger kann wegen Unmöglichkeit der Naturalherausgabe Wertersatz verlangen, soweit nicht § 818 III eingreift, und nicht etwa nur Abtretung der Bereicherungsansprüche, die dem Schuldner gegen seine Abnehmer zustehen mögen. Das gleiche muß gelten, wenn Leistungsvorgänge und Schuldverhältnisse sich nicht decken, sondern der abgekürzte Leistungsweg eine oder mehrere Stationen der Kausalkette überspringt. Entscheidend ist, daß nach dem übereinstimmenden Willen aller Beteiligten die Leistung rechtlich den verschiedenen Schuldverhältnissen zugeordnet wird (informativ BGH WM 83, 793). Es ist dabei unerheblich, ob die **Ab-** 30 **kürzung durch Direktleistung** rechtstechnisch durch Anweisung, Vertrag zugunsten des Endabnehmers oder Abtretung von Lieferansprüchen an diesen erreicht wird (hierzu unten Rn 34 ff); Stets hat jeder seinen Vertragspartner den Leistungsgegenstand „verschafft" und nicht nur Befreiung von einer (vielleicht einredebehafteten) Verbindlichkeit oder – bei Doppelmangel – nur eine Kondiktion gegen den Abnehmer (sehr str, wie hier v. Caemmerer GS I 323 f, 332 ff; Canaris aaO S 812). Ausschlaggebendes Kriterium für die Zuordnung der Leistung zu den verschiedenen Schuldverhältnissen ist jedoch der **übereinstimmende** 31 **Wille** der Parteien. Erfolgt Lieferung dagegen ohne gewollten und erkennbaren Bezug zu bestimmten Schuldverhältnissen, oder stimmen die Absichten der Parteien über die Zuordnung der Lieferung zu den in Betracht kommenden Schuldverhältnissen nicht überein, dann müssen andere Wertungsgesichtspunkte berücksichtigt werden (s o Rn 25 f). **bb)** Bei offener **Stellvertretung** werden vom Stell- 32

Schlechtriem

§ 812

vertreter im Namen des Vertretenen erbrachte oder in Empfang genommene Zuwendungen nach dem Willen der Beteiligten dem Vertretenen zugerechnet, vgl Hamburg MDR 82, 670; BGH NJW 80, 117 u dazu Canaris JuS 80, 335; zum falsus procurator jedoch auch BGH 98, 140. Wirtschaftlich ähnlich sind **Zahlungen auf** ein **Bankkonto** des Empfängers; bereichert ist deshalb der Kunde/Empfänger und nicht die Bank (vgl BGH NJW 85, 2700). Dagegen liegt bei der mittelbaren Stellvertretung eine Leistung des Vertreters oder an diesen vor, so daß über ihn abzuwickeln ist (vgl König Gutachten S 1582), sofern die Zuwendung nicht von den Beteiligten übereinstimmend als Leistung zwischen mittelbar Vertretenem und Zuwendungsempfänger/Zuwendendem gesehen und bezweckt wird. Zur Leistung an einen Treuhänder s BGH WM 61, 651; zur Leistung eines Strohmannes BGH WM 62, 1174. **cc) Weisungsfälle:** Bei wirksamer Weisung gilt die Zuwendung des Angewiesenen oder Beauftragten an den Empfänger rechtlich als Leistung des Angewiesenen an den Anweisenden und des Anweisenden an den Empfänger, da – und soweit – durch Übereinstimmung aller Beteiligten die Zuordnung der Zuwendung auf Deckungs- und Valutaverhältnis erfolgt, BGH NJW 01, 2881. Nach manchen soll dabei der Anweisende die zuordnende Zweckbestimmung treffen, die der Zahlende übernimmt und als Bote mit der Zahlung weiterleitet (anders und mE zutreffend München WM 93, 413: Zahlende – angewiesene – Bank trifft selbst Zweckbestimmung). Das gilt auch bei der angenommenen Anweisung – daß der Angewiesene in diesem Falle auch dem Empfänger verpflichtet ist, hindert nicht, daß er das Deckungsverhältnis erfüllen will und nach übereinstimmender Zweckbestimmung aller Beteiligten soll. Etwas anderes gilt nur, wenn seine Zuwendung im Hinblick auf eine eigene, außerhalb des Anweisungsverhältnisses entstandene oder herzustellende causa erfolgt und entspr zweckbestimmt ist, zB um zu schenken (s Kupisch, Gesetzespositivismus S 60 f). Auch bei **Mängeln** des **Deckungsverhältnisses** oder **Valutaverhältnisses** bleibt es bei der Zuordnung der aufgrund Weisung erbrachten Leistung zu diesen Verhältnissen und entsprechender Rückabwicklung (vgl Nobbe, Lit Vor § 812 Rn 1, 26, Kümpel, Lit Vor § 812 Rn 1, 2273). Fehlt jedoch eine Weisung, deren Erteilung, Befolgung und Nutzung (durch den Zuwendungsempfänger) die Übereinstimmung hinsichtlich der Zuordnung der geschehenen Zuwendung (Gutschrift aufgrund Überweisungsauftrags, Zahlung auf Scheck usw) zum Ausdruck bringt oder bewirkt hat, dann kann der Zahlende nach hA vom Empfänger zurückfordern und nicht von einem Dritten, den er vielleicht als Leistungsempfänger bestimmt hat (vgl für Zahlung auf gefälschten oder nicht unterschriebenen Scheck BGH 66, 362, Naumburg WM 98, 593, Zahlung an den falschen Empfänger BGH 66, 372, Zahlung aufgrund erloschenen Zahlungsauftrags BGH 67, 79, bereits erfüllten Zahlungsauftrags Hamburg NJW 83, 1500, Zuvielüberweisung BGH NJW 87, 186, dazu Flume NJW 87, 635, Doppelüberweisung München NJW-RR 88, 1391), Zuvielzahlung an Pfändungsgläubiger, Düsseldorf WM 02, 74; wegen Geschäftsunfähigkeit nichtige Weisung BGH 111, 386 f (dazu Flume NJW 91, 2522); gefälschter Überweisungsauftrag BGH NJW-RR 90, 1201; fehlende Vertretungsmacht BGH NJW 01, 1856 (aA Nürnberg WM 99, 2357). Str ist jedoch, ob Direktkondiktion Leistungs- oder Nichtleistungskondiktion ist, s BGH NJW 01, 1856, Bamberg NJW-RR 01, 129: Nichtleistungskondiktion; dadurch wird § 814 ausgeschaltet. Kondiktion beim Zahlungsempfänger auch bei dessen Unkenntnis fehlender Weisung, BGH NJW 01, 1856, 2881. Einem Geschäftsunfähigen ist auch der Rechtsschein einer Weisung nicht zurechenbar, BGH 111, 386 f. **Widerruf** oder andere nachträgliche Unwirksamkeit einer **Weisung** können aber die durch die Weisung und die in ihrer Befolgung vom Angewiesenen getroffene Zweckbestimmung „Leistung an den Anweisenden" (vgl BGH 87, 395) sowie einen entsprechenden Rechtsschein nicht aufheben; mE Durchgriff auf Empfänger in diesem Fall weiterhin nur, wenn der Zuwendungsempfänger den Widerruf der Weisung kannte (Nobbe, Lit Vor § 812 Rn 1, 27). Der Anweisende hat diese Kenntnis zu beweisen, falls der Angewiesene für seine Zuwendung an den Dritten

Titel 26. Ungerechtfertigte Bereicherung **§ 812**

Bereicherungsausgleich beim Anweisenden sucht (BGH 87, 400 mwN für Scheckwiderruf); sa BGH 87, 249: Ausführung eines widerrufenen Überweisungsauftrags; 38
BGH 89, 376: Dauerauftrag; sa BGH NJW 87, 186: Erkennbarkeit einer Zuvielüberweisung; Rechtsnatur der Kondiktion s Rn 36. Diese Lösung berücksichtigt
vorrangig Vertrauensschutz des gutgläubigen Empfängers und das schutzwürdige
Interesse des Anweisenden: Teilt er den Widerruf dem Zuwendungsempfänger
rechtzeitig mit, kann dieser nicht darauf vertrauen, Zahlung auf das Valutaverhältnis
zu erhalten. Jahrelange **Duldung** regelmäßiger Abbuchung durch den scheinbar 39
Anweisenden kann ebenfalls ausreichend zurechenbaren Rechtsschein einer Weisung bewirken, vgl BGH NJW 84, 2206; für Geschäftsunfähigen jedoch BGH 111,
386 f (nicht zurechenbar). Bei Fälschung Überweisungsauftrag kommt es dagegen
auf Kenntnis des Empfängers nicht an, Köln WM 97, 215, denn hier hat der
Bankkunde nicht einmal den Rechtsschein einer Weisung verursacht, s schon Köln
WM 96, 2009. Der Leistungsempfänger ist entsprechend § 822 auch bei **unent-** 40
geltlichem Erwerb nicht schutzwürdig, BGH 88, 232; krit Mühl WM 84, 1441;
Gottwald JuS 84, 841; Flume NJW 84, 464. Die Zurechnung der Leistung auf die
– vermeintlichen – Kausalbeziehungen muß aber auch Zurechnung des Leistungsgegenstandes bedeuten; der Angewiesene hat dem Anweisenden nicht etwa nur
eine Kondiktion gegenüber dem Leistungsempfänger verschafft (sehr str, wie hier
v. Caemmerer GS I 324; Kupisch, Gesetzespositivismus S 25; aA zB Canaris FS
Larenz S 808 mwN, Saarbrücken ZIP 99, 2057 (o Rn 1) für Doppelmangel; zum
Ganzen Reuter/Martinek S 413 ff). **dd)** Beim **Vertrag zugunsten Dritter** ist die 41
an den Dritten erbrachte Leistung rechtlich regelmäßig dem Deckungsverhältnis
zuzurechnen; Kondiktionsschuldner des Leistenden/Versprechenden ist der Versprechensempfänger. Ein Durchgriff kommt bei nichtigem Deckungsverhältnis
grundsätzlich nur in Betracht, wenn das Valutaverhältnis eine unentgeltliche Leistung vorsieht, also § 822 eingreift (Peters AcP 173, 88; BGH 88, 237 je mwN).
Auch bei **Doppelmangel,** also nichtigem Deckungs- und Valutaverhältnis, sind 42
regelmäßig die gleichen Rückabwicklungsstationen einzuhalten (aA BGH 5, 284
und die früher hM; zum Ganzen Reuter/Martinek 480 ff; Peters AcP 173, 72 ff).
Entscheidend ist wieder der übereinstimmende Wille der Beteiligten, der die Leistung dem Deckungs- und dem Valutaverhältnis zuordnet, bei wirksamen Kausalverhältnissen deshalb insoweit Erfüllung eintreten läßt, bei Wandelung, Rücktritt
und rechtsgrundloser Leistung die Rückabwicklung zwischen Versprechendem
und Versprechensempfänger einerseits, Versprechensempfänger und Leistungsempfänger andererseits vorzunehmen gebietet. Daß beim echten Vertrag zugunsten
Dritter der Zuwendungsempfänger einen (bei Nichtigkeit des Deckungsverhältnisses vermeintlichen) eigenen Anspruch gegen den Versprechenden hatte, kann
wie bei der angenommenen Anweisung allein nicht durchschlagen (BGH 72, 250;
sehr str, aA Kupisch Gesetzespositivismus, S 102 mwN: Der Versprechensempfänger habe an den Dritten bereits durch Verschaffung der Forderung geleistet).
ee) Vom Parteiwillen getragene Abweichungen von der üblichen Zuordnung sind 43
jedoch zu beachten: Bei manchen Verträgen zugunsten Dritter u ähnlichen Verträgen ist für alle Beteiligten deutlich, daß der Versprechende seine Leistung nur
dann als solche im Deckungs- und Valutaverhältnis gelten lassen will, wenn das
Deckungsverhältnis intakt ist. Die Leistung der **Lebensversicherung** an den 44
Begünstigten soll als Leistung des Versicherungsnehmers nur gelten, wenn ein
Versicherungsverhältnis bestand (s ErmWestermann 4 d aa mwN des Streitstandes;
ferner BGH 58, 189 – zutreffender freilich die Deutung der Wertungsgrundlagen
dieser Entscheidung von Canaris NJW 72, 1196 ff). Zur Zahlung des Kfz-Haftpflichtversicherers an Werkstatt des Geschädigten s Celle NJW 1986, 936; Vorschuß Haftpflichtversicherer an Opfer s BGH NJW 00, 1718 (Kondiktion gegen
Empfänger). **ff)** Auch bei Leistung auf einen zedierten Anspruch entscheiden über 45
die Zuordnung der Leistung zu den in Betracht kommenden Schuldbeziehungen
regelmäßig die Absichten der Parteien; s. W. Lorenz AcP 191, 279 (grundlegend),
BGH 105, 370; 122, 51. Zahlung auf sicherungszedierten Anspruch ist deshalb

§ 812 Buch 2. Abschnitt 8. Einzelne Schuldverhältnisse

regelmäßig Leistung an Zedenten, BGH 105, 368 f, W. Lorenz aaO 311; Flume NJW 91, 2523 („von selbstverständlicher Richtigkeit"), ders AcP 199, 21; krit Kohler WM 89, 1629; aA BFH WM 98, 1483, Dörner NJW 90, 473; Schubert JR 89, 371; Tiedtke, WM 99, 518 f); sa BGH NJW-RR 90, 206 zur Zahlung auf zedierten Kaufpreisanspruch zwecks Ablösung einer dem Zessionar zustehenden Grundschuld als Leistung des Zedenten an Zessionar (und folglich Leistung des Schuldners an Zedenten). Sonderfall der Zahlung an Versicherten (Leasinggeber) als Zessionar und Kondiktion gegen Versicherungsnehmer (Leasingnehmer) als Zedent BGH NJW 93, 1579; krit zur versicherungsrechtlichen Grundlage Sieg BB 93, 1746. In anderen Fällen, in denen der Zedent durch die Zession aus den Rechtsbeziehungen zum Zahlenden hinsichtlich der Forderung ganz ausscheidet
46 oder die Zahlung über die abgetretene Forderung hinausgeht, ist beim **Zessionar** zu kondizieren, vgl BGH NJW 89, 161 f mwN (Überzahlung an Zessionar); ferner BGH 113, 69 zur Zahlung eines Haftpflichtversicherers an vermeintlichen Zessionar des Geschädigten und Kondiktion gegen Zessionar; krit dazu Canaris NJW 92, 868; Frankfurt ZIP 98, 148 (Abtretung an Bank zur Senkung des Sollsaldos des Zedenten). Zur Zahlung auf übergeleiteten Unterhaltsanspruch s BGH 78, 206 f.
47 **gg)** Bei Zahlung des Drittschuldners einer **gepfändeten Forderung** an Vollstreckungsgläubiger jedoch (nur) Bereicherungsanspruch gegen diesen (vgl BGH 78, 204 für Pfändung bereits abgetretener Forderung; BGH 82, 28 für Zahlung an nachrangigen Pfändungsgläubiger); aA Buciek ZIP 86, 890; zum Ganzen Gerlach S
48 45 ff. **hh)** Zahlung durch Bürgen oder Garanten s Koziol, ZBB 89, 16; Wilhelm NJW 99, 3519 mwN. **ii)** Zur Zahlung auf fremde Schuld ohne „Veranlassung" s Rn 71.

II. Kondiktion wegen Bereicherung in sonstiger Weise

49 **1. Eingriffskondiktion. Lit:** Ellger, Bereicherung durch Eingriff, 2002, Schlechtriem, Restitution Bd 2, 81 ff. **a)** Die Kondiktion wegen rechtsgrundlosen Eingriffs gehört zum Instrumentarium der rechtsgrundlosen Ansprüche wie § 823 I, Unterlassungsklage und Vindikation, v. Caemmerer GS I 230. Zum Teil wird ihr entscheidendes Kriterium in der Rechtswidrigkeit der Verwendung fremden Guts gesehen, vgl Jakobs aaO S 55 (zu den verschiedenen Ansichten s Schlech-
50 triem, Restitution Bd 2, 86 ff). **aa)** Herrschend ist die Fassung der – im Ges nicht eindeutig geregelten – Wertungsfrage im Begriff **„Zuweisungsgehalt":** Kondiktionsauslösend ist danach die unbefugte Nutzung von Gebrauchs-, Nutzungs- und Verwertungsmöglichkeiten eines Guts, die rechtlich allein dem Inhaber des Rechts „zugewiesen" sind (vgl Schlechtriem, Restitution Bd 2, 110 ff). Modell sind dabei das Eigentum und die dem Eigentümer zugewiesenen Befugnisse, wobei Eingriff uU auch durch Verfügungsberechtigten unter Verletzung treuhänderischer Bindungen geschehen kann, vgl BGH NJW 99, 1393 f sowie Schlechtriem, Restitution Bd 2, 172. Dem Rechtsinhaber ausschließlich zur Nutzung zugewiesen sind aber nicht nur absolute Rechte wie Eigentum oder andere dingliche Rechte, zB Nießbrauch, Anwartschaftsrecht des Käufers unter EV, sondern auch **Forderungen,**
51 deren Einziehung durch einen Nichtberechtigten eine Eingriffskondiktion auslösen kann, § 816 II; zum vorgemerkten Auflassungsanspruch, falls Feuerversicherer an nachrangigen Grundschuldgläubiger zahlt, s BGH 99, 387. Ansonsten ist der Forderungsberechtigte grundsätzlich jedoch nur im Verhältnis zum Verpflichteten geschützt, vgl BGH NJW 87, 772. Dagegen verleiht der berechtigte Besitz zB des Pächters oder Mieters gegen jedermann geschützte Befugnisse, BGH aaO. Zur unberechtigten Untervermietung Mutter MDR 93, 303, BGH NJW 02, 61.
52 **bb) Umfang** und **Inhalt** der dem Rechtsinhaber ausschließlich zugewiesenen Befugnisse können freilich Zweifelsfragen aufwerfen, und zwar auch bei solchen Rechten, deren Inhalt ges geregelt ist, wie zB beim Eigentum: Ob und inwieweit dem Eigentümer eines Grundstücks die Nutzung des Grundwassers (s BVerfG NJW 82, 748 ff (Naßauskiesung) zu WHG), von Kavernen (ja, BGH MDR 81,

Titel 26. Ungerechtfertigte Bereicherung **§ 812**

567; dazu und zu § 905 S 2 Baur, ZHR 150, 510), Mineralien (nein, s zum Bergrecht Baur/Stürner § 30 II) und des Luftraums (s LuftVG 1 I) „zugewiesen" ist, wird auch durch §§ 903, 905 sowie konkretisierende Spezialges nicht abschließend bestimmt und bleibt Sache der Bewertung durch Wissenschaft und Rspr. Ob etwa von einem Gebäude nur der Eigentümer Photographien herstellen und gewerblich vertreiben kann, ist nicht allg (s UrhG 59 I 2) geregelt (vgl BGH NJW 89, 2251: Ansprüche verneinend). **cc)** Nicht jede faktische gegebene Möglichkeit 53 der Nutzung, des Ge- oder Verbrauchs ist dem Rechtsinhaber rechtlich allein „zugewiesen", spezielle Gesetze können die Befugnisse des Rechtsinhabers ebenso konkretisieren und einschränken wie Gebote der Sittenordnung (vgl Kleinheyer JZ 70, 476 trotz anderen Ansatzes). Andererseits hat Bereicherungsansprüche gegen unberechtigt Nutzende auch, wer sein Recht selbst nicht verwerten kann (vgl statt aller v. Caemmerer GS I 230 f, 235). Die Wertungsfragen, die bei der Bestimmung der bereicherungserheblichen Positionen gestellt sind, werden jedoch mit dem Begriff „Zuweisungsgehalt" adäquat umschrieben (überzeugend ErmWestermann 66). **dd)** Bsp für **Rechtspositionen mit Zuweisungsgehalt:** Strom (LG Aachen 54 NJW 84, 2422; str, s Martinek JuS 85, 596), Gebrauchsmuster und Patente, BGH 68, 99; 82, 306, 313; Warenzeichen, BGH 99, 246 f; Firma (Baumbach/Hopt § 17 Rn 48); Ausprägungen des allg Persönlichkeitsrechts s BGH NJW 92, 2085 (Bild), 81, 77 (Name), zum postmortalen Persönlichkeitsschutz BGH 143, 219 ff; exklusive Nutzungsbefugnis, BGH NJW-RR 87, 231; Urheberrecht s BGH 5, 123 sowie UrhG 97 III; sa NJW 95, 852 (BGH) zum Eingriff in Urheberrecht von Mauermalern durch Veräußerung von Teilen der (Berliner) Mauer; umfassend zu Immaterialgüterrechten Schlechtriem, Restitution Bd 2, 198 ff. Zur Eingriffskondiktion bei Berechtigung mehrerer am Gegenstand des Eingriffs s Habermeier, AcP 193, 364 (unteilbare Wertfestsetzungsansprüche). **ee)** Kein geschützter Zuwei- 55 sungsgehalt: Recht am eingerichteten und ausgeübten Gewerbebetrieb (BGH 71, 98), da dem Inhaber nicht bestimmte Tätigkeitsbereiche mit festen Chancen und Erwerbserwartungen ausschließlich zugewiesen sind; aufgrund UWG bei Mitbewerbern reflexweise geschützte Positionen (Mestmäcker JZ 58, 526, sehr str; aA Wilhelm aaO S 87; differenzierter StLorenz 44 vor § 812 mwN); Untersuchungsergebnisse für Pflanzenschutzmittel, die vom Zweitanmelder im Zulassungsverfahren verwendet werden, BGH 107, 121; Besetzungsliste für Filmvorhaben, Karlsruhe NJW-RR 00, 1005. **b)** „Ohne rechtlichen Grund" ist nicht identisch mit der 56 Rechtswidrigkeit, die Voraussetzung eines Delikts- oder Beseitigungsanspruchs ist (so aber hL, vgl Baur JZ 75, 493; s dagegen ErmWestermann 66). Der Eingriff in das Persönlichkeitsrecht einer im öffentl Leben stehenden Persönlichkeit kann durch die Pressefreiheit und den Anspruch der Öffentlichkeit auf Information „gerechtfertigt" sein, ohne daß damit für die gleichzeitige Vermarktung von Persönlichkeitsdetails ein Rechtsgrund gegeben sein muß; öffentlich-rechtliche Baulust ist kein Rechtsgrund für unentgeltliche Inanspruchnahme von Grundeigentum, BGH 94, 164 f; besitzrechtsüberschreitende Nutzung s BGH NJW 02, 61. Auch bei „Eingriffen", die nicht auf menschlichem Verhalten beruhen (grenzüberschreitendes Weiden) oder vom Betroffenen selbst vorgenommen worden sind (vgl BGH NJW 79, 2035), paßt der Rechtswidrigkeitsbegriff nicht. **c)** „Auf Ko- 57 sten" bedeutet nicht, daß dem Bereicherungsgläubiger ein Vermögensnachteil entstanden sein muß. Dieses Merkmal bezeichnet nur die dem betroffenen Rechtsinhaber zugewiesene Befugnis, deren unberechtigte Nutzung den Bereicherungsanspruch auslösen kann („zu Lasten", MK/Lieb 193). **d)** „Unmittelbarkeit", 58 früher regelmäßig als Voraussetzung (auch) eines Anspruchs wegen Bereicherung in sonstiger Weise genannt, begrenzt die Herausgabeverpflichtung auf den von den „Eingriff" direkt Begünstigten, BGH 68, 277; NJW 79, 102 (Patentverletzung); ein Versionsanspruch gegen Dritte, an die das Erlangte oder sein Wert weitergeflossen ist, wird nach deutschem Recht nicht gegeben, s v. Caemmerer GS I 245 ff; Ausnahmen regeln §§ 816 I 2, 822 zum Ganzen Schlechtriem, Restitution Bd 2, 288 ff. **e)** Bei wirksamer Zustimmung des Rechtsinhabers ist der 59

§ 812 Buch 2. Abschnitt 8. Einzelne Schuldverhältnisse

Eingriff nicht **unberechtigt: aa)** Hat der Rechtsinhaber vertraglich die Nutzung seines Rechts gestattet, ist ein Rechtsgrund gegeben. Ist der Vertrag, auf dem die Gestattung beruhte, unwirksam, dann kommt eine Leistungskondiktion in Betracht
60 (s u Anm II 4 b). **bb)** Rechtsgrundlage des Eingriffserwerbs kann auch eine ges Regelung sein. Allerdings fehlt es in solchen Fällen regelmäßig schon an der Zuweisung *ausschließlicher* Befugnisse. Kraft Ges geschehene Zuordnungsänderungen erfolgen mit „Rechtsgrund", falls diese Zuordnungsänderung nicht nur sachenrechtliche Reaktion auf faktische Veränderungen wie Verbindung, Vermischung und Verarbeitung ist, sondern im Verkehrsinteresse Rechtserwerb ermöglicht und als endgültigen Einschluß bezweckt: Gutgl Erwerb ist nicht rechtsgrundloser Eingriffserwerb (vgl BGH WM 78, 1054: „Rechtsgrund (sind) ... Vorschriften über den Gutglaubensschutz"); Ersitzung – § 937 I – und gutgl Erwerb von Erzeugnissen einer Sache – §§ 955, 993 I 1 – sind als solche nicht „ungerechtfertigter" Erwerb (s v. Caemmerer GS I 240 f); freilich kann eine Leistungskondiktion gegeben sein, wenn der die Voraussetzungen des ges Eigentumserwerbs darstellende Besitz durch rechtsgrundlose Leistung erlangt ist (s v. Caemmerer GS I 305
61 Anm 28; RG 130, 72 f – Menzel-Bild-Fall). **f) Eingriffsformen: aa)** Der Eingriff kann durch **Handeln der Bereicherten** geschehen, zB Verbrauch oder Nutzung fremder Sachen, wirksame Verfügung über fremdes Recht (vgl § 816 I 1, II). Tatsächliche und rechtliche „Verwendung" fremden Guts können zusammenfallen, wo das Sachenrecht bestimmten Verwendungsformen zuordnungsändernde Wirkung beimißt, so bei Verbindung, Vermischung oder Verarbeitung, §§ 946 ff;
62 § 951 I 1 ist deshalb Rechtsgrundverweisung. **bb)** Der bereichernde **Eingriff** kann nach hA auch **durch den Betroffenen** selbst geschehen sein, vgl BGH NJW 79, 2035; mE angreifbar, s Schlechtriem, Restitution Bd 2, 44 (anders Voraufl). **cc)** Auch **natürliche,** nicht von Menschen gelenkte **Ereignisse** können „Eingriffe" bewirken, so Anschwemmen, Grasen von Vieh auf fremder Weide (str, aA
63 König Gutachten S 1550). **dd)** Der Eingriff kann durch Dritte erfolgen, so im Falle des Bauunternehmers, der gestohlenes Material verbaut (sa u Rn 82 ff zum Verhältnis Eingriffskondiktion und Leistungskondiktion), oder durch Handeln
64 staatlicher Organe, so in der **g) Zwangsvollstreckung** (hierzu Gerlach, Ungerechtfertigte Zwangsvollstreckung und ungerechtfertigte Bereicherung, 1986). **aa)** Bereicherungsansprüche können ZPO 767 „verlängern", vgl Frankfurt ZIP 82, 880. Bei **unberechtigter Pfändung** und **Verwertung** von **Sachen** setzt sich das Recht an der Sache zunächst am Erlös fort. Der Erwerber des in der Zwangsvollstreckung verwerteten Rechts ist durch den wirksamen Erwerb nicht ohne Rechtsgrund bereichert, auch wenn die Pfändung zu Unrecht erfolgte. Unabhängig von der Qualifikation des Zuschlags muß der Rechtserwerb des Erstehers aus Gründen des Verkehrsschutzes Bestand haben, ErmWestermann 75, 77, und zwar auch dann, wenn der Ersteigerer nach ZPO 817 IV selbst den Zuschlag erhält (BGH 100, 100; str). Der bereicherungsrechtlich erhebliche Eingriff in die Rechtsstellung des Rechtsinhabers liegt deshalb (erst) in der **Auskehrung** des Erlöses an Gläubiger, denen der Betroffene nichts schuldete (RG 156, 399 f; aA Günther AcP 178, 456 mN der Gegenansichten), uz auch bei Verrechnung mit Gläubigerforderung, BGH 100, 100 (Bereicherung durch Befreiung von Barzahlungspflicht).
65 **bb)** Auch im Verhältnis der Gläubiger zueinander kann falsch verteilt worden sein: Hat ein Gläubiger im **Verteilungsverfahren** versäumt, Widerspruch klagweise geltend zu machen, so kann er von einem anderen Gläubiger, der deshalb vor ihm befriedigt worden ist, mit der Bereicherungsklage nach ZPO 878 II Herausgabe verlangen; für ungleiche Verteilung im Vergleichsverfahren s a BGH 71, 312.
66 Dagegen ist die **Überzahlung** des Erstehers – etwa aufgrund falscher Berechnung des Bargebots – eine rechtsgrundlose Leistung an den Schuldner/Eigentümer und, falls sie an einen letztrangigen Grundpfandgläubiger ausgekehrt worden ist, eine – evtl rechtsgrundlose – Leistung des Schuldners/Eigentümers an diesen Gläubiger.
67 **Nichtaufnahme** im **Schlußverzeichnis** und dadurch bewirkter Ausschluß eines Konkursgläubigers schließt (auch) Bereicherungsansprüche gegen dadurch begün-

Titel 26. Ungerechtfertigte Bereicherung **§ 812**

stigte Gläubiger aus, um Endgültigkeit der Verteilung zu wahren, BGH 91, 205; krit Weber JZ 84, 1028. **cc)** Zieht der Gläubiger eine **gepfändete** und ihm 68 überwiesene **Forderung** ein, die aufgrund früherer Abtretung bereits einem anderen zusteht, so hat der (Erst-)Zessionar einen Bereicherungsanspruch, BGH 66, 150 (krit Gerlach aaO S 43 ff), wobei der Bereicherungsschuldner/Vollstreckungsgläubiger nach BGH 66, 156 die Vollstreckungskosten von seiner Bereicherung absetzen kann, str; s § 818 Rn 36. Zum Bereicherungsanspruch des zahlenden Drittschuldners s Rn 47. **dd)** Der Ersteher ist bereichert, wenn bei der Zwangs- 69 verwertung von Immobiliarvermögen der Schuldner/Eigentümer mangels Anmeldung seiner Schuld – ZVG 53 II – noch persönlich in Anspruch genommen wird, obwohl das Grundpfandrecht bestehen geblieben ist und der Ersteher deshalb weniger gezahlt hat, BGH 56, 25; 64, 170; vgl jedoch für den Fall der Übernahme einer nicht voll valutierten Grundschuld BGH NJW 74, 2280. Dagegen ist der Darlehensschuldner bereichert, wenn eine voll valutierte Darlehenshypothek nach ZVG 91 II bestehen bleibt, obwohl sie bei der Erlösverteilung ausfällt, BGH NJW 81, 1602. **h)** Bereicherung durch **Auslandsvollstreckung** neben Inlandskonkurs s 70 BGH 88, 147. **i)** Zum Inhalt und Umfang der Herausgabepflicht aus Bereicherung in sonstiger Weise s § 818 Rn 5, 21, 37; zum Verhältnis zur Leistungskondiktion s Rn 82 ff.

2. Rückgriffskondiktion. a) Die nach §§ 267, 362 I mögliche Erfüllung 71 fremder Schuld kann zur Erfüllung einer eigenen, jedoch unwirksamen oder sonst nicht tragfähigen Verbindlichkeit des Leistenden gegenüber dem Schuldner geschehen; sie gilt dann als Leistung an den Schuldner und wird als solche rückabgewickelt; aA BGH 113, 69. Das gilt auch, falls die fremde Schuld nicht bestand, doch ist dem Putativschuldner dann nur ein Kondiktionsanspruch gegen den Zuwendungsempfänger verschafft worden, da Schuldbefreiung geleistet werden sollte (insoweit zutr Wieling JuS 78, 803 mwN); sa Rn 76, 77; Nürnberg NZV 93, 273 (Zahlung Versicherer an Unfallopfer aufgrund unwirksamen Versicherungsvertrages – Kondiktion beim Zahlungsempfänger); sa Düsseldorf NJW-RR 93, 1376. **b)** Führt der Leistende mit der Leistung als berechtigter Geschäftsführer ein Ge- 72 schäft des Schuldners, dann regeln §§ 683, 670 den Rückgriff, BGH WM 76, 1059; bei entgegenstehendem Willen des Geschäftsherrn kann § 679 gleichwohl diesen Regreßweg eröffnen. War der Leistende dem Leistungsempfänger selbst neben dem Schuldner verpflichtet, regeln entweder spezielle Regreßnormen – zB § 774 I 1 – oder allg § 426 den Innenausgleich (zum Verhältnis §§ 426–812 s BGH 61, 356; NJW 83, 814); der Regreßweg cessio legis schließt eine bereichernde Befreiung des Schuldners aus. Auch kann die Berechtigung zur Zahlung fremder Schuld aufgrund eines Ablösungsrechtes – zB nach § 268 I – gegeben und mit einem speziell geregelten Regreß – § 268 III – ausgestattet sein. Im Sozialrecht steht dem nicht primär verpflichteten Sozialhilfeträger – zB Sozialamt – gegen den verpflichteten Träger – zB Bundesanstalt für Arbeit – ein eigenständiger Erstattungsanspruch zu, SGB X 102; hierzu Eichenhofer JuS 91, 553. **c)** Für die sog 73 **Rückgriffskondiktion** bleiben deshalb nur die von den Fallgruppen a) und b) nicht gedeckten Situationen der Zahlung fremder Schuld (teilw als Sonderfall der Leistungskondiktion gesehen, vgl. Eike Schmidt AcP 175, 172, doch muß diese Ansicht § 814 ausschalten; zur Unanwendbarkeit des § 814 s BGH NJW 98, 379). Erbringung „fremder" Leistungen vgl München NJW-RR 88, 1016: Krankentransport „für" Krankenversicherung. **d)** Wird auf eine vermeintlich eigene Schuld 74 geleistet, so kann der Leistende vom Empfänger kondizieren. **aa)** Darf der Leistungsempfänger die Zahlung jedoch behalten, etwa weil die Rechtskraft eines (unrichtigen) Urteils Rückforderung ausschließt (vgl BGH NJW 78, 2393) oder wegen § 814, dann ist die korrespondierende Entlastung des wahren Schuldners kondizierbare Bereicherung, BGH NJW 78, 2393; BGH 75, 303. **bb)** Entlastung 75 setzt aber voraus, daß die Zahlung des Putativschuldners als solche des wirklichen Schuldners gilt. Nach hM (s Reuter/Martinek S 473; BGH NJW 83, 814) kann

§ 812 Buch 2. Abschnitt 8. Einzelne Schuldverhältnisse

deshalb der Leistende die **Tilgungsbestimmung** seiner Leistung entspr § 267 nachträglich **ändern** und sie damit als solche des schuldenden Dritten gelten lassen mit der Konsequenz, daß dieser dann aufgrund Rückgriffskondiktion Regreßschuldner wird; str, einschränkend BGH NJW 86, 2700 (falls nach Treu und Glauben gerechtfertigt); abl W. Lorenz AcP 168, 308 ff; Staud Lorenz 60. Der Zahlende kann dies auch dann, wenn der Zahlungsempfänger zahlungsunfähig
76 oder nach § 818 III entlastet ist (v. Caemmerer GS I 351 f). **e)** Wird zwecks Befreiung des Schuldners auf eine nicht bestehende Schuld geleistet (ohne daß der Leistende sich dem Putativschuldner verpflichtet glaubte), kann der Leistende nach hM vom Leistungsempfänger kondizieren, vgl v. Caemmerer GS I 341 ff; BGH 113, 69; str, aA Eike Schmidt JZ 71, 607; differenzierend Canaris FS Larenz
77 S 846 ff; zum Sozialrecht s Eichenhofer JuS 91, 555. Die **Leistung auf fremde Schuld** soll als solche nur gelten, falls die fremde Schuld besteht (v. Caemmerer GS I 325); nur § 267 oder eine Veranlassung des Putativschuldners (Canaris FS Larenz S 846), nicht aber eine Zwecksetzung des Zuwendenden allein gestatten es, den Scheinschuldner zum Kondiktionsschuldner durch eine Zuwendung zu machen, die er nicht selbst erhalten hat (hierzu Reuter/Martinek S 465; Kupisch
78 Gesetzespositivismus S 87). **f)** Gegenstand der Bereicherung ist bei der Zahlung fremder Schuld, die nicht als Leistung an den Schuldner beabsichtigt ist, die verschaffte Schuldbefreiung, nicht etwa der geleistete Gegenstand oder sein nominaler Wert: Gegenrechte des Schuldners oder Einreden können deshalb die erlangte Bereicherung mindern oder wertlos machen, vgl BGH NJW 00, 3494 (Verjährung); sa Canaris FS Larenz S 845, Reuter/Martinek S 472, die §§ 404, 406 analog anwenden; andere Konstruktion auch BGH 70, 398.

79 **3. Verwendungskondiktion** (hierzu König Gutachten S 1568, Schlechtriem, Restitution Bd 2, 36 ff). **a)** Verwendungen auf fremde Sachen können aufgrund (unwirksamen) Vertrages geleistet sein; sie sind dann mit einer Leistungskondiktion abzuwickeln, und zwar auch dann, wenn sie reflexweise einen Dritten begünstigen, etwa den Sacheigentümer oder Sicherungsnehmer. Verwendungen des unberechtigten Sachbesitzers regeln die §§ 994 ff weitgehend specialiter, BGH NJW 96, 52, abl Canaris JZ 96, 344 ff. Bei Verwendungen in Erwartung einer Erbeinsetzung kann eine condictio ob rem gegeben sein (s jedoch Koblenz NJW 90, 126: „in sonstiger Weise"). Bei berechtigter GoA kann der Verwender Aufwendungsersatz verlangen, §§ 683, 670. In den verbleibenden Fällen, vor allem bei Arbeitsleistungen, die fremde Sachen ohne Rechtsgrund verbessern oder fremdes Vermögen mehren, aber auch bei Verwendungen auf Schenkungsgegenstand, der wegen groben Undanks zurückzugeben ist (BGH NJW 99, 1630), greift die sog Verwendungskondiktion ein, vgl v. Caemmerer GS I 242; zum Verhältnis der Verwendungskondiktion zur Leistungsbereicherung Beuthien JuS 87, 841;
80 unrichtig BGH WM 99, 1892 („*diese* Eingriffskondiktion"). **b)** Gegen **„aufgedrängte" Verwendungen** kann der Begünstigte Abwehrmöglichkeiten aus § 1004 haben, die auch einem Vergütungsanspruch entgegengesetzt werden können, BGH NJW 65, 816. Soweit § 1004 nicht eingreift, kann der Berechtigte einredeweise den Gläubiger auf Wegnahme der Verwendungen analog § 1001 S 2 verweisen, BGH 23, 65. Wo Wegnahme nicht in Betracht kommt – etwa bei Dienstleistungen –, wird man den Bereicherten dadurch schützen müssen, daß ein zu ersetzender Wert nur angenommen werden kann, falls eine obj Wertsteigerung für den Begünstigten nach seinen konkret-individuellen Verhältnissen nutzbar oder doch jedenfalls eine Realisierung zumutbar ist, vgl Canaris JZ 96, 349 (Pflicht oder Obliegenheit zur Realisierung); sa Reimer, Die aufgedrängte Bereicherung, 1990, der entsprechend § 254 II dem Bereicherungsschuldner evtl eine Änderung
81 seiner Vermögensplanung zumuten will. **c)** Ist der Wert der erlangten Bereicherung größer als die tatsächlichen Aufwendungen des Gläubigers, so ist der Anspruch durch die aufgewendeten Kosten zu begrenzen, s Schlechtriem, Restitution Bd 2, 41 ff.

Titel 26. Ungerechtfertigte Bereicherung **§ 813**

4. Verhältnis der Kondiktionen. Ein Leistungsvorgang kann gleichzeitig in zugewiesene Rechte eingreifen, so bei einem durch gutgl Erwerb, Verarbeitung oder Verbindung bewirkten Eigentumsverlust; hierzu W. Lorenz FS Serick, 1992, S 262 ff. Vor allem nach der Rspr (vgl BGH 40, 278; 56, 240) soll nach dem Grundsatz der „Subsidiarität" der Bereicherung in sonstiger Weise die Leistungskondiktion vorgehen. Für Funktion und Wertungsgrundlage dieses Prinzips sind vor allem zwei Fallgruppen zu unterscheiden. **a)** Im Zwei-Personen-Verhältnis geht die schuldrechtliche Sonderbeziehung, die durch eine Leistungskondiktion rückabgewickelt wird, dem allgemeineren Behelf des mit der Eingriffskondiktion gewährten Güterschutzes vor, vgl Huber JuS 70, 343. Decken sich die Bereicherungsinhalte, dann wird insoweit die Bereicherung in sonstiger Weise durch die Leistungskondiktion schon als „begrifflich" ausgeschlossen gesehen, s Medicus, BR 727; teils soll auch die willentliche Leistung „Rechtsgrund" der Bereicherung in sonstiger Weise sein (Fiedler JR 75, 316). Im konkreten Fall ist allerdings genau zu unterscheiden, was durch Leistung (etwa der Besitz), durch Verwendungen (vgl BGH WM 99, 1892) oder in sonstiger Weise (etwa die durch unberechtigte Weiterveräußerung in Anspruch genommene Verfügungsmöglichkeit) erlangt worden ist, vgl Weitnauer NJW 74, 1733; Medicus, BR 727. **b)** Bei Drei- und Mehr-Personen-Verhältnissen beschränkt das Subsidiaritätsprinzip – in der Funktion dem Unmittelbarkeitsprinzip vergleichbar – den Ausgleich auf die Parteien eines Leistungsvorgangs (oder mehrerer Leistungsvorgänge). Vor allem aber schützt das Prinzip die Wirkung und ges Interessenbewertung der sachenrechtlichen Verkehrsschutzregeln (soweit nicht Unentgeltlichkeit des gutgl Erwerbs seine Beständigkeit zu durchbrechen erlaubt, § 816 I 2), Müller-Laube AcP 183, 226; Thielmann AcP 187, 23, 58. Aus-der-Hand-Geben durch den Eigentümer (vgl H. P. Westermann JuS 72, 21), das gutgl Erwerb eines Dritten ermöglicht und so zum Verlust (auch) der Vindikation führt, muß auch Bereicherungsansprüche des früheren Rechtsinhabers gegen den gutgl Erwerber abschneiden, vgl Picker NJW 74, 1790. Wo die Voraussetzungen gutgl Erwerbs vorliegen, tatsächlich aber Erwerb durch **Verbindung** oder **Verarbeitung** – §§ 946 ff – erfolgt, muß das gleiche gelten, vgl BGH NJW-RR 91, 345. Bei Bösgläubigkeit des Erwerbers oder abhanden gekommenen Sachen wird dagegen seine Haftung aus §§ 816 I 1 (evtl iVm § 185), 951, 812 I 1 nicht dadurch gehindert, daß die Möglichkeit des Eingriffs durch Leistungen vermittelt worden ist: Leistung des Diebes schließt deshalb die Eingriffskondiktion des früheren Eigentümers gegen den Verarbeiter gestohlener Gegenstände nicht aus (vgl BGH 55, 176 – Jungbullenfall); der Vorbehaltslieferant kann den Bauherrn, der durch Einbau durch den Bauunternehmer erworben hat, dagegen (nur) in Anspruch nehmen, wenn der Bauherr wegen Bösgläubigkeit auch rechtsgeschäftlich nicht hätte erwerben können. Allerdings muß in solchen Fällen gutgl Annahme der Einbaubefugnis ausreichen, da dem Bauherrn eine Überprüfung der Voraussetzungen der Verfügungsbefugnis des Unternehmers nicht zugemutet werden kann.

§ 813 Erfüllung trotz Einrede

(1) ¹**Das zum Zwecke der Erfüllung einer Verbindlichkeit Geleistete kann auch dann zurückgefordert werden, wenn dem Anspruch eine Einrede entgegenstand, durch welche die Geltendmachung des Anspruchs dauernd ausgeschlossen wurde.** ²Die Vorschrift des § 214 Abs. 2 bleibt unberührt.

(2) **Wird eine betagte Verbindlichkeit vorzeitig erfüllt, so ist die Rückforderung ausgeschlossen; die Erstattung von Zwischenzinsen kann nicht verlangt werden.**

1. Allgemeines. I ergänzt die Regelung des Anspruchs wegen Zahlung einer Nichtschuld (condictio indebiti) in § 812 I 1 und ist deshalb auf andere Bereicherungsansprüche nicht anwendbar.

§ 814 Buch 2. Abschnitt 8. Einzelne Schuldverhältnisse

2   2. **Voraussetzungen** zu I. a) Leistung (im Rechtssinne, dazu § 812 Rn 2, 4 ff). b) Trotz Bestehens einer dauernden (peremptorischen) Einrede; Bsp: §§ 821, 853, 2083, 2345, 1973, 1975, 1990, 1166; BGH LM Nr 19 zu § 242 [Cd] hält auch § 242 als Grundlage einer dauernden Einrede für möglich; Nichtigkeit des Kauf-
3   vertrages beim verbundenen Verbraucherdarlehen Dresden WM 01, 136. **aa) Ausnahme: Verjährung,** s I 2 iVm § 214 II. Falls jedoch in Zwangsvollstreckung Verjährungseinrede nach ZPO 767 zu erheben versäumt wurde, kann Vollstreckungsschuldner Bereicherungsanspruch geltend machen: § 214 II gilt nur bei freiwilliger Leistung, BGH NJW 93, 3320 (zu § 222 II aF); sa BGH WM 95, 1890 (rechtswidrige Drohung, die Grundgeschäft anfechtbar macht). Nach RG 144, 94 f gilt I 2 auch für § 478 aF (jetzt § 438 IV 2), da dieser nur Vorwirkung der
4   Verjährung nach § 477 aF herstellt. **bb) Keine dauernde** Einrede: Stundung, zeitlich begrenztes Zurückbehaltungsrecht, RG 139, 21; § 320, BGH NJW 63, 1870. **cc) Keine Einrede** ist Anspruchswirksamkeit hinderndes oder vernichtendes Gegenrecht (Einwendung). **dd) Gestaltungsrecht** ist keine Einrede (Bsp: Aufrechnungsmöglichkeit, Anfechtbarkeit, Rücktritts- oder Minderungsmöglichkeit); bei Ausübung eines rechtsvernichtenden Gestaltungsrechtes Rückabwicklung mit condictio indebiti, doch gilt § 814 bei Leistung in Kenntnis des Gestaltungsrechts. Hat Schuldner jedoch durch Aufrechnung in Unkenntnis seines Leistungsverweigerungsrechtes getilgt, so kann er mit § 813
5   Wiederherstellung seiner Forderung verlangen. **ee)** Keine Rückforderung bei Leistung in **Kenntnis der Einrede,** § 814.
6   3. II HS 1 hat nur klarstellende Bedeutung, s Reuter/Martinek S 133; der Ausschluß von Zwischenzinsen ergänzt § 272. Nicht unter II fallen Leistungen auf aufschiebend bedingte oder noch nicht entstandene (künftige) Schuld, RG 71, 317.

§ 814 Kenntnis der Nichtschuld

Das zum Zwecke der Erfüllung einer Verbindlichkeit Geleistete kann nicht zurückgefordert werden, wenn der Leistende gewusst hat, dass er zur Leistung nicht verpflichtet war, oder wenn die Leistung einer sittlichen Pflicht oder einer auf den Anstand zu nehmenden Rücksicht entsprach.

Lit: Kohte, Die Konditionssperre nach § 814, 1. Alt.: Wissenszurechnung gespeicherter Daten im Bereicherungsrecht, BB 88, 633.

1   1. **Allgemeines.** Die Vorschrift gibt einmal – bei Leistung in Kenntnis der Nichtschuld – eine auf das Verbot eines venire contra factum proprium zurückführbare Einwendung (vgl BGH NJW 98, 2382); in Kenntnis fehlender Verpflichtung erbrachte Leistung ist Freigebigkeit. Zum anderen will § 814 Rückforderung von Leistungen ausschließen, die zwar ohne rechtliche Verbindlichkeit erbracht, aber aufgrund moralischer Verpflichtung aufrecht zu erhalten sind; in beiden Fällen wirkt die gemeinrechtliche Voraussetzung eines Irrtums des Leistenden nach, Reuter/Martinek S 184, 193. Ein Ausschluß der Rückforderung aufgrund § 242 bleibt möglich, falls Voraussetzungen des § 814 nicht gegeben sind, Hamm WM 75, 480.

2   2. **Voraussetzungen** 1. Fall. a) **Leistung** zum **Zweck** der **Erfüllung** einer (nichtigen oder durch dauernde Einrede entkräfteten) Verbindlichkeit, also **nicht anwendbar** bei: **aa)** Bereicherungsanspruch wegen einer nach Leistung weggefallenen Schuld; **bb)** § 817 S 1, BGH NJW-RR 93, 1458 läßt dahingestellt. **cc)** Bereicherungsanspruch wegen Zweckverfehlung, und zwar unabhängig davon, ob man der condictio ob rem einen eigenen Anwendungsbereich beläßt oder nicht (s § 812 Rn 14); Vorauszahlung auf formnichtigen „Schwarzkauf" s BGH NJW 80, 451; **dd)** in Fällen der Bereicherung in sonstiger Weise (s Wortlaut: „*Geleistete*");
3   **ee)** Rückgriffskondiktion (s § 812 Rn 71). b) **Kenntnis der Nichtschuld:** Positive Kenntnis im Zeitpunkt der Leistung erforderlich, BGH NJW 78, 2393; grobe

Titel 26. Ungerechtfertigte Bereicherung **§ 815**

Fahrlässigkeit schadet nicht, BGH WM 72, 286; Zweifel genügen nur dann, wenn auch für den Fall einer Nichtschuld geleistet werden sollte, LG Mainz NJW-RR 00, 906; jeder Tatsachen- oder Rechtsirrtum hindert Kenntnis, BGH NJW 98, 2352. Kenntnis des leistenden Vertreters s BGH NJW 99, 1024 (Vertreterkenntnis maßgebend, es sei denn, er handelte auf Weisung des Vertretenen). „Kenntnis" durch Speicherung im Computer s LG Frankfurt NJW-RR 86, 1085; dazu Kohte BB 88, 633. Kenntnis von Einwendungen oder Bestehen dauernder Einreden im Falle des § 813 steht gleich. Motiv für die Leistung in Kenntnis der Nichtschuld ist unerheblich; Beweisnot beseitigt die Kenntnis nicht, RG 59, 354; anzuraten dann Leistung unter Vorbehalt. Leistung auf formnichtigen Vertrag s BGH NJW 99, 2892. **c) Vorbehalt** der Rückforderung bei Leistung schließt § 814 aus, BGH 83, 282; s jedoch Koblenz NJW 84, 135 („formelhafte" Klausel). Bei geäußerten Zweifeln am Bestehen der Schuld an sich Vorbehalt, s aber LG Kaiserslautern r+s 96, 159: Erkennbare Absicht, Leistung trotz Zweifel gelten zu lassen. **d)** Bei **Unfreiwilligkeit** der Leistung, zB um Vollstreckung zu vermeiden, ist § 814 unanwendbar, Reuter/Martinek S 188; bei Rentenzahlung trotz Anzeige des Todes des Rentenberechtigten: § 814 unanwendbar, Karlsruhe NJW 88, 1921. **e) Schutzzweck** des Nichtigkeit bewirkenden Ges kann § 814 ausschließen, BGH 113, 106 (Aufrechnung nach KO 55); sa BAG NJW 83, 783 (zu BBiG 5 II Nr 1).

3. Beweislast. Anspruchsgegner hat Einwendungstatbestand, dh Kenntnis bei Leistung zu beweisen, RG 90, 316; Beweislast für Rechtsgrund bei Vorbehalt s Düsseldorf NJW-RR 89, 28.

4. Voraussetzungen 2. Fall. Sittliche oder Anstandspflicht schließt vor allem Rückforderungen von Unterhaltsleistungen oder Unterhaltsversprechen aus; soweit in Kenntnis der Nichtschuld geleistet worden ist, greift allerdings schon Fall 1 ein, vgl BGH 1, 184. **Nicht:** Leistung trotz Nichtigkeit aufgrund Formmangels, vgl BGH NJW 99, 2892, oder ges Verbots, doch kann der Zweck des ges Verbots Rückforderung ausschließen.

4

5

6

7

8

§ 815 Nichteintritt des Erfolgs

Die Rückforderung wegen Nichteintritts des mit einer Leistung bezweckten Erfolgs ist ausgeschlossen, wenn der Eintritt des Erfolgs von Anfang an unmöglich war und der Leistende dies gewusst hat oder wenn der Leistende den Eintritt des Erfolgs wider Treu und Glauben verhindert hat.

1. Allgemeines. Die Regelung des ersten Falles entspricht § 814 und beruht auf dem Gedanken, daß für eine Rückforderung unter den normierten Voraussetzungen kein Rechtsschutzbedürfnis gegeben ist (Reuter/Martinek S 196), während der zweite Fall § 162 entspricht.

2. Voraussetzungen Fall 1. **a) Kondiktion wegen Zweckverfehlung,** § 812 I 2, 2. Fall (s § 812 Rn 14), aA Welker aaO S 114; **nicht:** Kondiktion wegen Nichtbestehens oder späteren Wegfalls der Leistungsverpflichtung. **b) Unmöglichkeit** der Erreichung des – übereinstimmend erwarteten, s § 812 Rn 19 – „**Erfolges**"; **c)** positive **Kenntnis** (s § 814 Rn 3) dieser Unmöglichkeit; Zweifel genügen nicht, doch kann in solchem Falle Leistung Ausdruck eines Verzichts auf Rückforderung sein, RG 71, 317. **Nicht:** Kenntnis des fehlenden Rechtsgrundes (s Rn 5).

3. Voraussetzungen Fall 2. **a) Kondiktion wegen Zweckverfehlung** (wie Rn 2), also nicht Kondiktion wegen späteren Wegfalls des Rechtsgrundes, BGH 29, 171, 174 f; NJW 68, 245; **b) bewußte Erfolgsvereitelung,** zB Verhinderung der Eheschließung, vgl BGH 45, 262 ff („entsprechende" Anwendung); Vereitelung der heilenden Vollziehung eines formnichtigen Geschäftes, BGH NJW 80, 451; sa WM 83, 1342; Düsseldorf NJW-RR 86, 692.

4. Rechtsfolge. Einwendung gegen Kondiktion.

1

2

3

4

5

6

7

§ 816 Verfügung eines Nichtberechtigten

(1) ¹Trifft ein Nichtberechtigter über einen Gegenstand eine Verfügung, die dem Berechtigten gegenüber wirksam ist, so ist er dem Berechtigten zur Herausgabe des durch die Verfügung Erlangten verpflichtet. ²Erfolgt die Verfügung unentgeltlich, so trifft die gleiche Verpflichtung denjenigen, welcher auf Grund der Verfügung unmittelbar einen rechtlichen Vorteil erlangt.

(2) Wird an einen Nichtberechtigten eine Leistung bewirkt, die dem Berechtigten gegenüber wirksam ist, so ist der Nichtberechtigte dem Berechtigten zur Herausgabe des Geleisteten verpflichtet.

Lit: König, Gewinnhaftung, FS v. Caemmerer, 1978, S 179; Kupisch, Befreiungswert und Verfügungswert. Zur Rechtsfolge des § 816 I 1, FS Niederländer 1991, 305; Larenz, Zur Bedeutung des „Wertersatzes" im Bereicherungsrecht, FS v. Caemmerer, 1978, S 209; Schlechtriem, Güterschutz durch Eingriffskondiktionen, Symposium König 1984, 57; sa Lit vor § 812.

1 1. **Allgemeines.** I 1 und II regeln Fälle der Eingriffskondiktion – der Verfügende oder die Forderung Einziehende verwertet eine dem Rechtsinhaber ausschließlich zugewiesene Befugnis zu zuordnungsändernden Verfügungen bzw Einziehung. Dogmatisch ist das gegenüber § 812 ungesichert; praktische Bedeutung kommt der Frage, ob § 816 I 1 und II neben § 812 I 1 überflüssig sind, nur für den Inhalt und Umfang der Herausgabepflicht zu, s Rn 8. Grenzfälle – Verfügung eines formal Berechtigten unter Bruch treuhänderischer Bindungen – sind unter Rückgriff auf § 812 zu lösen, vgl BGH NJW 99, 1393 f (für § 816 I Jakobs JZ 00, 31). Auch die Einordnung des „Verfolgungsanspruchs" aus § 816 I 2 ist unsicher; zum Wertungsgehalt s Rn 9.

2 2. **Voraussetzungen I 1. a) Verfügung** ist rechtsgeschäftliche Zuordnungsänderung, also Übertragung, Belastung, Inhaltsänderung oder Aufhebung des dinglichen Rechts an einem Gegenstand (auch Bezugsberechtigung Lebensversicherung, s BGH 91, 288; Konnossement, vgl Hamburg ZIP 83, 153). **Nicht:** Vermietung, Untervermietung (BGH ZIP 96, 234) oder Verpachtung, s jedoch § 812 Rn 51. Zur Zustimmung zu unberechtigter Verfügung s Rn 5, zur Zuordnungsänderung durch nicht rechtsgeschäftliche Vorgänge s § 812 Rn 62; zur Verwertung in der
3 Zwangsvollstreckung s § 812 Rn 64. **b) Nichtberechtigung** des Verfügenden, also fehlende Inhaberschaft oder Vertretungsmacht, für den Berechtigten zu handeln, BGH WM 99, 23, oder fehlende Verfügungsermächtigung, s jedoch auch BGH NJW 99, 1393 f zur Verletzung treuhänderischer Bindungen (dazu o Rn 1 und § 812 Rn 50). Genehmigung nach § 185 macht trotz Rückwirkung den Verfü-
4 genden nicht zum Berechtigten, s Rn 5. **c) Wirksamkeit** trotz Nichtberechtigung: Aufgrund **aa) gutgl Erwerbs**, §§ 932 ff, 892 f, 1207 f, 1412, 2366; HGB 366; WG
5 16; ScheckG 21. **bb)** nachträglicher **Genehmigung** des Berechtigten nach §§ 185 II 1, 184 I, BGH 29, 158, oder Genehmigung eines Ermächtigten, BGH NJW 68, 1327. Die Genehmigung kann nach BGH 56, 132 ff auch noch erteilt werden, nachdem die Sache beim Abnehmer des – unwirksam – Verfügenden untergegangen ist oder der Abnehmer durch Ersitzung oder Verarbeitung Eigentum erworben hat, BGH aaO; Reuter/Martinek S 302 mwN; im letzteren Fall muß bei Genehmigung ein Anspruch aus § 951 gegen den verarbeitenden Abnehmer ausscheiden, der
6 Eigentümer also zwischen § 816 und § 951 wählen. **cc)** Regelmäßig wird Genehmigung in der **Klage auf Erlösherausgabe** liegen, RG 106, 45; das Risiko des Klägers, bei Undurchsetzbarkeit seines Erlösherausgabeanspruchs auf die Vindikation nicht mehr zurückgreifen zu können, ist durch Klagantrag auf Erlösherausgabe Zug um Zug gegen Genehmigung zu vermeiden; teilw wird auch auflösend
7 bedingte Genehmigung befürwortet, s Wilckens AcP 157, 399. Im **Verlangen** von **Schadensersatz** liegt noch keine Verweigerung der Genehmigung, BGH NJW 68, 1327; umgekehrt hindert Eigentumsverlust aufgrund Genehmigung nicht die Geltendmachung von Deliktsansprüchen gegen den Verfügenden, BGH NJW 91, 696.

Titel 26. Ungerechtfertigte Bereicherung **§ 816**

3. Rechtsfolgen. a) Herausgabepflicht, die auf „das durch die Verfügung 8
Erlangte" geht. Die Rspr versteht darunter auch die erlangte Gegenleistung, BGH
29, 159 ff; WM 75, 1180, obwohl diese ja nicht aus der Verfügung stammt. **aa)** Das
Erlangte soll in voller Höhe, also unabhängig vom Wert der veräußerten Sache und
von etwaigen werterhöhenden Verwendungen, die der Verfügende oder ein Vorgänger auf die Sache gemacht haben – s BGH 29, 159 ff – herauszugeben sein.
Dafür spricht, daß bei Veräußerung von Sachen der Preis regelmäßig dem Wert in
etwa entsprechen dürfte und der auf die bes Kapazitäten des Veräußerers entfallende
Erlösanteil schwer herauszurechnen sein kann, vgl BGH aaO. Dagegen wird in der
Lit teilw hier wie in sonstigen Fällen des unberechtigten Verbrauchs fremden Guts
der **Verbrauch** selbst als das Erlangte gesehen, die Herausgabepflicht deshalb auf 9
den Wert dieses Verbrauchs beschränkt, sofern nicht § 687 II eingreift, vgl Larenz
aaO S 209 ff; LG Köln WM 88, 425; zu den verschiedenen Theorien s Kupisch
aaO S 306 ff. Zum Erlangten bei Verpfändung fremder Sachen vgl Canaris NJW
91, 2516 („Haftungsvergütung"); v. Caemmerer GS I 279 ff, 287 f: Nicht der
gewährte Kredit, sondern der Wert als Kreditunterlage ist dem Berechtigten zu
erstatten, umfassend BGH NJW 97, 190 f für teilvalutierte Sicherungsgrundschuld.
bb) Gegenleistung, die der Verfügende selbst für den Erwerb des fremden Rechts 10
aufgewendet hat, kann er nicht absetzen, BGH NJW 70, 2059, und zwar auch
dann nicht, wenn der Berechtigte sie gem § 407 gegen sich gelten lassen müßte,
BGH aaO. **b) Eigentumsverletzer** und **Verfügender** sind Gesamtschuldner, BGH 11
WM 83, 1191; der in Anspruch genommene Verfügende kann zwar vom Berechtigten nicht Abtretung von Ansprüchen gegen den Dieb nach § 255 verlangen,
BGH 29, 161, jedoch nach § 426 Regreß nehmen. Zahlt andererseits der Dieb,
wird der Verfügende frei; der Dieb hat keine Ausgleichsansprüche, vgl BGH 52,
41 ff. **c)** Bei unentgeltlicher Weitergabe des Erlangten gilt § 822, s BGH NJW 69, 12
605; s jedoch u Rn 23.

4. Voraussetzungen II (hierzu auch Serick IV, S 671 ff). **a) Dem Berechtig-** 13
ten, dh Anspruchsinhaber oder sonst zur Erhebung der Leistung im eigenen
Namen Berechtigten **gegenüber b) wirksame – aa)** zB aufgrund ges Vorschriften, §§ 407, 408, 409, 413, 574, 579, 581, 793, 808, 893, 1056, 1155, 2135, 2367, 14
2368, oder **bb)** aufgrund Genehmigung, die auch in der Klageerhebung liegen
kann, vgl BGH Larenz/Canaris SchR II § 69 II 3 d, NJW 72, 1199 mwN; str, aA
StLorenz 23 mwN abw Meinungen; **cc)** „Abzweigungsanordnung" nach SGB 48 I
s BGH NJW 93, 1790 – **c) Leistung an** einen zur Einziehung **nicht Berechtig-** 15
ten, zB Altgläubiger, Scheinzessionar, Gesellschafter, Pfändungsgläubiger, vgl
BGH 66, 150; NJW 86, 2430. Zum Ausgleich zwischen Vormerkungsbegünstigtem und nachrangigem Grundschuldgläubiger bei Zahlung des Feuerversicherers
an letzteren s § 812 Rn 51). Meist geht es um Zahlung von mehrfach abgetretenen
Geldforderungen an einen Scheingläubiger. Leistung an Scheingläubiger löst
§ 816 II jedoch nur aus, wenn der Leistende ihn als Gläubiger angesehen hat;
Zahlung an Bank als Zahlstelle des Zedenten läßt einen Anspruch gegen die Bank
nicht entstehen, BGH 53, 141 ff, Dresden EWiR 99, 209, es sei denn, die Zahlstellenposition wird nur vorgeschoben, vgl BGH 72, 320 (krit Blaschczok JuS 85,
88), oder steht unwirksamer Globalzession gleich, vgl Frankfurt WM 81, 972. Wer
die Leistung für den Schuldner befreiend erbringt, ist unerheblich: Auch wenn ein
Dritter – etwa eine Teilzahlungsbank – an den vermeintlichen Gläubiger – etwa
einen Zweitzessionar – für den Schuldner – etwa einen Käufer – zahlt, kann der
Berechtigte vom nichtberechtigten Empfänger herausverlangen, BGH NJW 72,
1197 mwN. **d) Einziehung** und **Leistung** können auch durch einen bloßen 16
Umbuchungsvorgang beim Zweitzessionar (Bank) geschehen, der den Schuldner
(Bankkunde) belastet, BGH NJW 74, 944. **e)** Verwertung eines vom Schuldner 17
dem Zedenten gegebenen und an Zessionar diskontierten Wechsels ist *nicht Einziehung* der Grundforderung, BGH NJW 79, 1704. **f)** Erlangter Vorteil durch
Erwerb in Zwangsversteigerung s Koblenz NJW-RR 00, 579.

§ 817 Buch 2. Abschnitt 8. Einzelne Schuldverhältnisse

18 **5. Rechtsfolge II.** Herauszugeben ist das Geleistete.

19 6. Der **Verfolgungsanspruch** aus § 816 I 2 ist Ausnahme vom Prinzip, daß die durch gutgl Erwerb geschehende Bereicherung des Erwerbers in sonstiger Weise auf Kosten des Eigentümers ihre innere Rechtfertigung in der ges Bevorzugung des gutgl Erwerbers findet; letztere hat zurückzutreten, wenn der Erwerber unentgelt-
20 lich erlangt hat. a) **Voraussetzungen** sind **aa)** wirksame Verfügung eines Nichtberechtigten (s Rn 2 ff), auch Veräußerung durch Eigentümer, die Belastung erlöschen läßt, BGH 81, 395; Schenkung einer Lebensversicherungsbezugsberechtigung, die zum Gesamtgut gehörte, BGH 91, 288; Schenkung von Wertpapieren unter Verletzung treuhänderischer Bindungen s BGH NJW 99, 1393 (o Rn 1).
21 **bb) Unentgeltlichkeit** des der Verfügung zugrunde liegenden Rechtsgeschäfts. Stellung einer Kreditsicherheit geschieht nicht unentgeltlich, vgl Canaris NJW 91,
22 2520. Nach BGH 37, 368 ff soll **rechtsgrundlose Verfügung** der unentgeltlichen gleichstehen, weil bei nichtigem Grundgeschäft die vereinbarte Gegenleistung nicht erlangt werden kann; ebenso ein Teil der Lit, s Grunsky JZ 62, 207 mwN; die Gegenansicht ist herrschend, vgl Larenz/Canaris SchR II § 69 II 2 b, 70 II 2 a. Man verweist darauf, daß die Rückabwicklung einer rechtsgrundlos erbrachten Leistung zwischen den Parteien Vorrang haben muß. Lösungsgrundlage ist § 816 I 1: Der Nichtberechtigte hat, sofern er nicht bösgläubig war, die gegen seinen Abnehmer erlangten Bereicherungsansprüche „herauszugeben", so daß der Bereicherungsgläubiger Einwendungen, die dem Erwerber gegen den Verfügenden zustehen, nach § 404 ausgesetzt bleibt. Der nichtberechtigt Verfügende selbst kann Rückübereignung nur an den Bereicherungsgläubiger verlangen; bei Rückgabe an ihn fällt Eigentum direkt an den Berechtigten zurück, hM, vgl Braun ZIP 98,
23 1472 f, Koppensteiner/Kramer aaO S 99 mwN. **b) Rechtsfolge.** Herausgabepflicht dessen, der unentgeltlich erworben hat; herauszugeben ist der erlangte Gegenstand und (oder) das erworbene Recht. Bei unentgeltlicher Weitergabe an Vierten gilt § 822, bei schenkweiser Übereignung veruntreuten Geldes durch Bösgläubigen jedoch § 816 I 2, Frankfurt WM 87, 190.

§ 817 Verstoß gegen Gesetz oder gute Sitten

¹ War der Zweck einer Leistung in der Art bestimmt, dass der Empfänger durch die Annahme gegen ein gesetzliches Verbot oder gegen die guten Sitten verstoßen hat, so ist der Empfänger zur Herausgabe verpflichtet. ² Die Rückforderung ist ausgeschlossen, wenn dem Leistenden gleichfalls ein solcher Verstoß zur Last fällt, es sei denn, dass die Leistung in der Eingehung einer Verbindlichkeit bestand; das zur Erfüllung einer solchen Verbindlichkeit Geleistete kann nicht zurückgefordert werden.

Lit: Dauner, Der Kondiktionsausschluß gemäß § 817 S 2 BGB, JZ 80, 495; Honsell, Die Rückabwicklung sittenwidriger oder verbotener Geschäfte, 1974; H. Roth, Verzinsungspflichten bei wucherischen und wucherähnlichen Darlehensverträgen, ZHR 153, 423; Weyer, Leistungskondiktion und Normzweck des Verbotsgesetzes, WM 02, 627.

1 **1. Allgemeines.** S 1 enthält mit der condictio ob turpem vel iniustam causam eine historisch überkommene und von den Verfassern des BGB als Sanktion verwerflichen Verhaltens des Leistungsempfängers beibehaltene Kondiktion (zur Geschichte und zum Funktionswandel eingehend Honsell aaO S 65 ff, 98 ff). Von erheblicher praktischer Bedeutung ist der Ausschluß aufgrund S 2, dessen Funktion und Tragweite freilich unsicher sind. Bei einseitigen Leistungen führt er zur Bestrafung des Leistenden, bei vollzogenem Leistungsaustausch dagegen zur weitgehenden Aufrechterhaltung des Ergebnisses des sitten- oder verbotswidrigen Geschäfts.

2 **2. Voraussetzungen des Anspruchs** aus S 1. **a)** Da **Sitten- oder Gesetzwidrigkeit** des Leistungszwecks idR bereits die Gültigkeit des Kausalgeschäfts nach §§ 134, 138 verhindern werden und damit eine condictio indebiti auslösen, bleiben

Titel 26. Ungerechtfertigte Bereicherung **§ 817**

als praktisch denkbare Fälle: **aa)** der Leistende könnte wegen seiner Kenntnis der 3
Nichtigkeit – § 814 – (vgl BAG NJW 83, 783) oder Kenntnis der Unmöglichkeit
der Zweckerreichung – § 815 – nicht zurückfordern; **bb)** die Einseitigkeit des 4
Sitten- oder Gesetzesverstoßes beim Leistungsempfänger berührt die Gültigkeit des
Kausalgeschäfts ausnahmsweise nicht, was vor allem bei wirtschaftslenkenden Ges
vom Gesetzgeber so gewollt sein kann, vgl RG 96, 343 ff, München NJW-RR
01,13 zu MaBV 3; *Reuter/Martinek* wollen überhaupt nur bei Mißbilligung des
Zwecks der Leistungsannahme anwenden, S 181. Maßgebender Zeitpunkt für Umstände und Wertanschauungen, die Sittenwidrigkeit begründen, ist Vertragsschluß,
BGH NJW 83, 2692. **b) Positive Kenntnis** des Empfängers vom Gesetzesverstoß 5
bzw das Bewußtsein, mit der Annahme sittenwidrig zu handeln, RG 151, 73
(dictum); aA hL, s *Reuter/Martinek* 177: obj Verstoß ausreichend. Grob fahrlässige
Unkenntnis des Verbots reicht nicht aus, BGH 50, 92. **c)** Kenntnis bzw Bewußt- 6
sein müssen zurechenbar sein; Annahme durch einen Geschäftsunfähigen kann
§ 817 S 1 nicht auslösen.

3. Rechtsfolge. Anspruch auf Herausgabe des Geleisteten; sa StGB 73 I. 7

4. Ausschluß des Rückforderungsrechts ordnet S 2 an, falls den Leistenden der 8
gleiche Vorwurf eines Sitten- oder Gesetzesverstoßes wie den Leistungsempfänger
trifft. Gleiches Gewicht des Sittenverstoßes auf beiden Seiten ist nicht erforderlich,
Köln ZMR 77, 148 (Schmiergeld). Rspr wendet einschränkend an, s BGH NJW
97, 2383 mwN. **a) Vorausgesetzt** wird **aa) Leistung,** die endgültig in Vermögen 9
des Empfängers übergehen sollte (BGH NJW-RR 94, 293: nicht Sicherheitsleistungen, durch laufende Posten usw), deren Annahme sitten- oder gesetzwidrig ist
und deshalb einen Anspruch nach § 817 S 1 auslöst; nicht – regelmäßig – Darlehenskapital, s Rn 15. **bb) bewußter Verstoß** des Leistenden gegen Sittengebot 10
oder ges Verbot, dh Kenntnis des Leistenden, vgl BGH 50, 92 (verbotene Rechtsberatung); 75, 302 (verbotene Arbeitnehmerüberlassung); BGH 118, 142 (unzulässige Abschlußprüfung); 118, 182 (Kontaktanzeigen); BGH NJW 00, 1562 (unerlaubte Besorgung fremder Rechtsangelegenheiten); Koblenz NJW 99, 2905 (Titelkauf); leichtfertiges Tun steht vorsätzlichem Handeln gleich, BGH NJW 83, 1423;
NJW 93, 2109 (Verstoß gegen GewO 56 I Nr 6); Oldenburg NJW 91, 2217
(verbotene Adoptionsvermittlung); Hamm NZV 94, 398 (Verstoß gegen Rabatt-Ges). Zurechnungsfähigkeit des Leistenden ist erforderlich; RG 105, 272 wendet
§ 827 sinngemäß an; sa BGH NJW 83, 1423: Persönliches Verschulden. Für Leistung durch Vertreter s BGH 36, 399 ff. **b)** Kein Ausschluß nach S 2, falls Leistung 11
in Eingehung einer Verbindlichkeit bestand; das Ges will „die Rückgängigmachung der zwar wider die guten Sitten verstoßenden, aber noch unfertigen Rechtsgeschäfte ermöglichen", II 2 („ es sei denn ..."), RG 73, 144; BGH NJW 94, 187
(Titelkauf); anders, falls auf Verbindlichkeit gezahlt. Zur Bordellhypothek s RG 68,
103 f; 71, 434; zur Grundschuld RG 73, 143 f.

5. Anwendungsbereich S 2. Str ist, ob und inwieweit § 817 S 2 auf andere 12
Ansprüche anzuwenden ist (s hierzu *Honsell* aaO, *Reuter/Martinek* S 199 ff;
Michalski Jura 94, 1458). Unsicher ist dabei die dieser Vorschrift zugrundeliegende
Wertung, doch stößt man sich auch an den ungereimten Ergebnissen, die bei enger
Auslegung eintreten können. § 817 S 2 gilt unbestritten bei einer **Leistungskon-** 13
diktion aus § 812 I 1, greift also auch dann ein, wenn nur dem Leistenden ein
Sittenverstoß vorzuwerfen und deshalb das Kausalgeschäft nichtig ist, vgl BGH
NJW-RR 93, 1458. Dies gilt ungefochten jedoch nur für Leistungskondiktionen, nicht für Ansprüche wegen Bereicherung in sonstiger Weise, BGH 75, 306
(Rückgriffskondiktion). Auf andere als Bereicherungsansprüche soll § 817 S 2
wegen seines Strafcharakters, der einschränkende Auslegung gebiete, unanwendbar
sein, so daß bei bes gravierendem Sittenverstoß, der auch das Erfüllungsgeschäft
nichtig macht, der sittenwidrig Leistende vindizieren kann. Auch Ansprüche aus
§§ 987, 990 (s BGH 63, 368), § 826 (BGH NJW 92, 311) und GoA (s BGH 39,
91, Stuttgart NJW 96, 666 – Titelkauf –, dazu *Hospach* NJW 96, 643) sollen

§ 818 Buch 2. Abschnitt 8. Einzelne Schuldverhältnisse

14 aufgrund § 817 S 2 nicht undurchsetzbar werden. In der Lit wird dagegen § 817 S 2 teilw als **allg Rechtsschutzversagung** in Fällen verstanden, in denen die Beteiligten sich selbst außerhalb der Sitten- und Gesetzesordnung gestellt haben; sa Larenz/Canaris SchR II, § 68 III a, e: Generalprävention. ME entscheidet Verbotszweck der verletzten Norm über ihre Reichweite, Schlechtriem, Restitution Bd 1, 217 f, 639 ff; BGH NJW 97, 2383.

15 6. a) Ie muß für die Anwendung des § 817 S 2 genau eingegrenzt werden, **für welche Leistungen** das **Verbot der Rückforderung** gilt (BGH NJW-RR 90, 1522): Beim wucherischen Darlehen ist regelmäßig nicht die Kapitalüberlassung für eine bestimmte Zeit (und ggf andere Leistungen, vgl BGH NJW 83, 1422), sondern Höhe der Verzinsung sittenwidrig, so daß nur Zinsanspruch an S 2 scheitert; RG (GS) 161, 57; BGH NJW-RR 90, 751, NJW 95, 1153, NJW 98, 2896: Andernfalls würde der mißbilligte Zweck gleichsam legalisiert (auch zu den Ausnahmen, dazu zB Nürnberg, MDR 78, 669 für Darlehen zur Fortsetzung verbotenen Spiels; Düsseldorf, FamRZ 83, 1023 für Darlehen zwecks Scheinehe); auch soll die Darlehensvaluta nicht endgültig in Vermögen des Empfängers übergehen (oben Rn 9). Bei sitten- oder gesetzwidrigen Pacht- oder Mietverträgen verbleibt (deshalb) dem Pächter/Mieter nicht etwa der überlassene Gegenstand (vgl auch BGH WM 83, 393 zu Zurückbehaltungsrecht) für immer. Zweck einer Verbotsnorm oder das verletzte Sittengebot kann dabei aber verlangen, daß auch

16 der zum Gebrauch überlassene Gegenstand **sofort** zurückzugeben ist, so, wenn die sittenwidrige Gebrauchsüberlassung eines Gebäudes als Bordell (auch) nicht für die Dauer der Pacht bis zum nächsten Kündigungstermin perpetuiert werden soll,

17 BGH 41, 343 f, da andernfalls eine **faktische Legalisierung** des verbotenen oder sittenwidrigen Zustandes eintreten würde. Der Darlehensbetrag muß dagegen grundsätzlich für die Vertragslaufzeit zinsfrei belassen werden, BGH NJW 89, 3218; Verzinsung jedoch nach §§ 819 I, 818 IV, 291, 246 ab Fälligkeit des Rückzahlungsanspruchs, vgl für Ratenkredit BGH NJW 89, 3218; hierzu H. Roth aaO S 428 ff. Die hM verneint auch eine Verpflichtung zur Zahlung des *angemessenen* Zinses, vgl BGH aaO mwN; s jedoch zur Nutzungserstattung des obj Ertragswertes BGH 63,

18 368 und dazu § 139 Rn 9. **b)** Nach BGH 111, 312 kann § 242 der Anwendung von S 2 entgegenstehen (Kondiktion des Schwarzarbeiters: „einschränkende Auslegung der rechtspolitisch problematischen ... Vorschrift geboten"; dagegen Tiedtke DB 90, 2307; Kern, FS Gernhuber, 1993, S 203). Rückforderung trotz § 817 S 2 bei Verstoß gegen Mietpreisvorschriften LG Berlin WuM 93, 185.

19 7. § 817 S 2 kann dem **Rechtsnachfolger** des Gläubigers entgegengehalten werden, auch Konkursverwalter, BGH 106, 169; Aufrechnung bleibt möglich, LM Nr 15.

§ 818 Umfang des Bereicherungsanspruchs

(1) **Die Verpflichtung zur Herausgabe erstreckt sich auf die gezogenen Nutzungen sowie auf dasjenige, was der Empfänger auf Grund eines erlangten Rechts oder als Ersatz für die Zerstörung, Beschädigung oder Entziehung des erlangten Gegenstands erwirbt.**

(2) **Ist die Herausgabe wegen der Beschaffenheit des Erlangten nicht möglich oder ist der Empfänger aus einem anderen Grunde zur Herausgabe außerstande, so hat er den Wert zu ersetzen.**

(3) **Die Verpflichtung zur Herausgabe oder zum Ersatz des Wertes ist ausgeschlossen, soweit der Empfänger nicht mehr bereichert ist.**

(4) **Von dem Eintritt der Rechtshängigkeit an haftet der Empfänger nach den allgemeinen Vorschriften.**

Lit: v. Caemmerer, Mortuus redhibetur, FS Larenz, 1973, S 621; Canaris, Der Bereicherungsausgleich bei Bestellung einer Sicherheit an einer rechtsgrundlos erlangten oder fremden Sache, NJW 91, 2513; Flessner, Wegfall der Bereicherung, 1970; Flume, Die Entreicherungs-

Titel 26. Ungerechtfertigte Bereicherung **§ 818**

gefahr und die Gefahrtragung bei Rücktritt und Wandlung, NJW 70, 1161; ders, Der Wegfall der Bereicherung in der Entwicklung vom römischen zum deutschen Recht, FS Niedermayer, 1953, S 103; ders, Aufwendungen und Erträge bei der Rückabwicklung nichtiger Verträge, GS Knobbe-Keuk, 1997, S 111; Friese, Der Bereicherungswegfall in Parallele zur hypothetischen Schadensentwicklung, 1987; Jakobs, Lucrum ex negotiatione, 1993; Larenz, Zur Bedeutung des „Wertersatzes" im Bereicherungsrecht, FS v. Caemmerer, 1978, S 209; Rengier, Wegfall der Bereicherung, AcP 177, S 418; Reuter, Die Belastung des Bereicherungsgegenstandes mit Sicherungsrechten, FS Gernhuber, 1993, S 369. Weitere Nachw vor § 812.

1. Allgemeines. Die Regelung von Inhalt und Umfang der Herausgabeverpflichtung unterscheidet nicht zwischen den verschiedenen Bereicherungsansprüchen. Auch Rspr und die wohl hM in der Lit verzichten hier auf eine Differenzierung der verschiedenen Kondiktionen (anders König aaO S 1523, Reuter/Martinek, s S 520) und bestimmen die Herausgabeverpflichtung des (redlichen) Bereicherungsschuldners grundsätzlich als Saldo mit dem Bereicherungsvorgang kausal verbundenen Aktiv- und Passivposten ähnlich der Differenzhypothese beim Schadensersatz, vgl Flume, GS Knobbe-Keuk, 113 f, Friese aaO S 84, 158 ff mwN; BGH NJW 95, 455; aA zB ErmWestermann § 812, 3; sa Rn 27 ff. 1

2. Kondiktionsgegenstand: a) Bei **Leistungskondiktion** das, was der Leistende (im Rechtssinne, s § 812 Rn 22) dem Leistungsempfänger verschafft hat, v. Caemmerer GS I 253, BGH NJW-RR 88, 585 (grundsätzlich gegenständlich herauszugeben), BGH NJW 00, 1032. **aa)** Bsp: Eigentum, Besitz (BGH ZIP 00, 461), Unterhalt, Arbeitsleistung (BAG NJW 93, 485), Architektenleistung (irreführend BGH WM 94, 1948: Aufwendungsersparnis), Bauplanung (BGH NJW 82, 880), Schuldbefreiung, Eintragung ins Grundbuch, Patentnutzung, eine (evtl realisierte) Erwerbsaussicht, Beförderung, Nutzung von Gegenständen (Kfz, Wohnung usw) und Kapital, Instandsetzung und die dafür erforderlichen Materialien (BGH 5, 199 ff), Versicherungsschutz (BGH NJW 83, 1422, aA Karlsruhe NJW-RR 88, 151 f), Kreditsicherung durch Grundschuld (BGH NJW 02, 1874) – alles, was Leistungsgegenstand sein kann, kann auch Gegenstand einer Leistungskondiktion sein. Verurteilung zur Herausgabe (nur) wenn feststeht, daß Schuldner erfüllen kann (BGH NJW 00, 1032) Verteidigung des Schuldners dann ev noch § 275, vor allem II, Übergang zum Schadensersatzanspruch nach § 283, jedoch haben III, IV, 819 Vorrang (s Rn 46). Bei rechtsgrundloser Genehmigung einer befreienden Schuldübernahme ist die Verbindlichkeit des alten Schuldners wiederherzustellen, s BGH 110, 321 (auch zur Vollstreckung aus altem Titel). **bb)** Der Bereicherungsgegenstand, sofern noch vorhanden und herausgebbar, bestimmt dabei auch die Art der Rückgewähr, dh die Erfüllung des Bereicherungsanspruchs, zB durch Rückgabe, Rückübereignung, Wiedereinräumung einer Forderung, Löschung oder Rückverschaffung der erlangten Buchposition (BGH NJW 73, 613 ff), Befreiung von der rechtsgrundlos verschafften Forderung, Abtretung eines rechtsgrundlos (aufgrund sittenwidrigen Darlehens) erlangten Bereicherungsanspruchs gegen Dritten (= Direktempfänger der Darlehensvaluta), BGH NJW-RR 90, 751 (mE zweifelhaft: Erlangt, wenn auch vielleicht wieder verloren, war die Darlehensvaluta), Rückübertragung bzw -zahlung durch bereicherte Gesamthand, Unterlassen der Inanspruchnahme einer Garantie (vgl BGH NJW 84, 2038); sa Schwintowski, JZ 87, 588 zum Unternehmen als Bereicherungsgegenstand. Obwohl das Erlangte regelmäßig Vermögenswert haben wird, ist diese Eigenschaft nicht Voraussetzung (aA BGH NJW 52, 417). **cc)** Das Erlangte muß sich auch nicht vor dem Bereicherungsvorgang im Vermögen des Leistenden befunden haben, s § 812 Rn 22 ff. Belastungen hat der Bereicherungsschuldner nicht zu beseitigen (BGH 112, 380) stattdessen Wertersatz; hierzu krit Reuter aaO 378; Canaris NJW 91, 2513; Kohler NJW 91, 1999. Der Ansatz des BGH – Wertersatzhaftung – ist mE zutreffend (sa Gursky JR 92, 96 f). **b)** Auch bei der **Eingriffskondiktion** ist das „Erlangte" Gegenstand der Bereicherung, also der Gebrauchsvorteil, die angemaßte Verfügungsmacht oder das erworbene Eigentum, doch wird hier Rückgewähr des Erlangten oft ausscheiden, s Rn 22 ff. **c)** Bei der 2 3 4 5 6

Schlechtriem 1007

§ 818 Buch 2. Abschnitt 8. Einzelne Schuldverhältnisse

Rückgriffskondiktion hat der Bereicherungsschuldner Befreiung von seiner Verbindlichkeit erlangt und ihren Wert zu ersetzen, s § 812 Rn 78.

7   3. **Nutzungen** – § 100 – aus dem Bereicherungsgegenstand (zu unterscheiden von durch Leistung direkt verschafften Nutzungen, oben Rn 3 und MK/Lieb 10 ff) sind ebenfalls herauszugeben, I, zB Zinsen, Erträge eines Grundstücks ((Verhältnis zu §§ 987 ff s Rn 13 vor §§ 987–993) oder eines Betriebes, BGH LM Nr 7 zu
8   § 818 II, sowie Gebrauchsvorteile aus einem erlangten Gegenstand. **a)** Zu differenzieren ist dabei zwischen dem Ertrag des Bereicherungsgegenstandes und den Ergebnissen eigener Leistung des Bereicherungsschuldners, die auch in einer Erträge erst ermöglichenden Verbesserung des Bereicherungsgegenstandes liegen kann, vgl BGH 35, 362. Ob der Gegenstand selbst herausgegeben werden kann oder nur Wertersatz geschuldet ist, spielt insoweit bei der Leistungskondiktion keine Rolle, vgl BGH NJW 61, 2206 (Errichtung von Gebäuden auf fremdem Grund); für Wertkondiktion aus § 951 s dagegen BGH NJW 61, 452; krit zu dieser
9   Differenzierung Koppensteiner NJW 71, 593. **b)** Herauszugeben sind **gezogene** Nutzungen, BGH ZIP 99, 528, nicht abstrakt mögliche Nutzungen. Berechnung des Wertes von Gebrauchsvorteilen bei Sachen str; nach BGH NJW 96, 252 f Wertverzehr maßgebend, krit Gursky JR 98, 7; mE übliche Vergütung, zB Miete. Bei Geld grundsätzlich tatsächlich erlangte Zinsen, BGH 102, 47 zur Kontrolle anderslautender AGB, jedoch Vermutung für Nutzung zu üblichen Zinsen (schon RG 53, 363, sa BGH NJW 97, 935, ZIP 97, 593) möglich. Ersparte Zinsaufwendungen stehen gleich, BGH 138, 160 Anm Schlechtriem JZ 98, 955; BGH NJW 99, 2891. Bereicherung der öffentl Hand soll nach Rspr mangels tatsächlicher Nutzung nicht gegeben sein, aA BayObLG NJW 99, 1195; Schön NJW 93, 3289 mwN. Zum Abzug der Gewinnungskosten s § 102.

10   4. **Surrogate** des Bereicherungsgegenstandes sind ebenfalls herauszugeben, I, Fall 2, zB der eingezogene Forderungsbetrag, der auf das geleistete Lotterielos entfallende Gewinn, ferner **Ersatzvorteile** wie Schadensersatzanspruch bzw -summe, Versicherungsleistung, Enteignungsentschädigung; zur Abgrenzung von primärem Bereicherungsgegenstand s Reuter/Martinek S 554. Herauszugeben sind auch **Nutzungen** (s Rn 7 ff) aus dem Surrogat, also zB Zinsen
11   des eingezogenen Forderungsbetrages. **Nicht: Gegenleistung** (vgl BGH 75, 206; sehr str, s MK/Lieb 26, Larenz/Canaris, SchR II/2 § 72 I.1.b), c)) oder ihre Surrogate, also nicht der Erlös aus dem Weiterverkauf (s jedoch Rn 46), nicht der Lotteriegewinn aus dem Los, das mit rechtsgrundlos geleistetem Geld gekauft wurde, nicht der Schadensersatzanspruch wegen Mängeln des Surrogats, BVerwG NJW 92, 329, nicht Nutzungen aus dem commodum ex negotiatione, BGH NJW 83, 1470. Bei Bösgläubigkeit aber Gewinnhaftung nach § 285 (Rn 47).

12   5. **a) Wertersatz** ist (nur) zu leisten, wenn der durch Leistung verschaffte Bereicherungsgegenstand, seine Nutzungen oder ein Surrogat nicht herausgegeben werden können, – **obj** – wegen der „Beschaffenheit" des Bereicherungsgegenstandes, zB Dienstleistungen, BAG BB 93, 485 (sa BGH NJW 84, 1456: ANÜberlassung), Werkleistung für Grundstück (BGH WM 01, 1766), Beförderung, BGH 55, 128 (Flugreise), Nutzung Immaterialgüterrecht (BGH ZIP 97, 1979), Strom, BGH 117, 31, Gebrauchsvorteile einer Wohnung (Düsseldorf ZMR 88, 221), Versicherungsschutz (BGH NJW 83, 1422), Anstrich (Koblenz NJW-RR 95, 156), Jagdfreuden (Hamm NJW-RR 88, 1268), Schuldbefreiung, Bauwerk, das mit Grund und Boden fest verbunden ist, oder in anderen Fällen der Verbindung und Verarbeitung, durch die der Bereicherungsgegenstand als rechtlich verfügbarer
13   untergegangen ist; ferner – **subj Unvermögen** –, weil der Bereicherungsschuldner weiterveräußert –, vgl RG 86, 343 – oder belastet hat, BGH 112, 381 (s jetzt aber auch BGH NJW 02, 1874 f) oder das bereicherte Gesamthandvermögen versilbert und verteilt worden ist; s jedoch Rn 19); Kundenstamm – Rückgabe von Willen der Kunden abhängig – s BGH NJW 02, 1340. Wesentliche Umgestaltung (eines Grundstücks durch Bebauung) kann wirtschaftlich zu einem anderen Gegenstand

1008 *Schlechtriem*

Titel 26. Ungerechtfertigte Bereicherung **§ 818**

und Herausgabe unmöglich machen, BGH NJW-RR 88, 585. **aa)** Maßgebend ist 14
der **obj Wert** des Geleisteten oder als Leistung Verschafften, der regelmäßig dem
Verkehrswert entspricht, hM, vgl BGH 117, 31 (Strom nach üblicher Tarifvergütung); BGH 17, 239; NJW 84, 1456 (Verkehrswert von formnichtiger ANÜberlassung); Köln NJW-RR 88, 1136 (Nutzungsentschädigung PKW); BGH WM 01,
1768 (erforderlicher Aufwand bei anderweitiger Vergabe von Leistungen für
Grundstück); Wert von Arbeitsleistungen s BAG NJW 93, 485, BB 97, 2432:
Übliche Vergütung; zum Wert von Schwarzarbeit s BGH 111, 314. Mängel können
entwerten, BGH NJW 82, 881; fehlende Gewährleistung für Anstrich s Koblenz
NJW-RR 95, 156. Ein von den Parteien höher angesetzter Wert bleibt außer
Betracht, vgl BGH WM 77, 261 (alter Teppich). Zur „aufgedrängten Bereicherung" s § 812 Rn 80. **bb)** Ein hinter dem obj Wert zurückbleibender Umfang der 15
Bereicherung im Empfängervermögen ist grundsätzlich nur in entspr oder direkter
Anwendung von III zu berücksichtigen (grundsätzlich anders die „Differenzhypothese", s Rn 1), wenn den obj Wert übersteigende Bereicherung wird regelmäßig
durch die bes Verhältnisse oder Kapazitäten beim Empfänger entstanden sein und ist
deshalb nicht zurückzugewähren. Teilw wird vertreten, daß eine **dauerhafte,** 16
echte Vermögensmehrung, ggf als Ersparnis eigener Aufwendungen gesehen
und berechnet, Voraussetzung des Wertersatzanspruchs sei, da ein gutgl Bereicherungsschuldner durch die Herausgabeverpflichtung nie eine Minderung seines vor
der Bereicherung gegebenen Vermögensbestandes erleiden solle (vgl BGH 55, 131;
WM 94, 1948). Ist danach aufgrund der Art oder Beschaffenheit des Erlangten dem
Vermögen des Bereicherten ein meßbarer Wert nie dauerhaft zugewachsen (Bsp:
Verbrauchte Luxusreise; Befreiung von einer ohnehin nicht durchsetzbaren Schuld),
soll dieser Fall genauso zu behandeln sein wie der des späteren Wegfalls des Wertes,
III; bes konsequent Friese aaO S 186 ff. **cc) Maßgebender Zeitpunkt** für die 17
Wertberechnung ist der des vollständigen Erwerbs des Erlangten, BGH 5, 200 (str,
aA Koppensteiner NJW 71, 589 f: Letzte mündliche Verhandlung), bei der Kondiktion wegen Zweckverfehlung der Zeitpunkt, in dem Nichteintritt des Erfolges
feststeht, BGH NJW 61, 2205 f. Schadenersatz des Bösgläubigen (u Rn 46) s jedoch
BGH 133, 252 (letzte mündliche Verhandlung, hierzu Otte JuS 98, 307). **dd)** Bei 18
Minderjährigen ist bedenklich, daß Wertersatz erlangter Gebrauchsvorteile faktisch zur Durchführung nichtiger Verträge führen kann, doch schützt das Ges
grundsätzlich Minderjährige nicht gegen Verpflichtung aufgrund erlangter Bereicherung, vgl Batsch NJW 69, 1747; aA die wohl hL, vgl Gursky NJW 69, 2183
mwN; zur Saldotheorie u Rn 43. Nach BGH 55, 136 f (Flugreisefall) will darauf abstellen, ob die Bereicherung nur in ersparten Aufwendungen bestehe, die der Minderjährige andernfalls nicht unternommen hätte; dazu § 819 Rn 5. **ee) Mehrere** 19
Bereicherte haften nicht als Gesamtschuldner, sondern anteilig auf das jeweils
Erlangte, BGH NJW 79, 2207; aA Reuter/Martinek S 626. Über den Wert des
selbst Erlangten hinaus kann Haftung aus gesellschaftsrechtlichen Gründen – HGB
128 – oder entspr § 427 eintreten, vgl BGH NJW 83, 1907; einschränkend NJW
85, 1828 (Bereicherungshaftung von BGB-Gesellschaftern); dazu Kowalski NJW
91, 3183. **ff) Beweislast** für Wert trägt Bereicherungsgläubiger, Koblenz NJW-RR 20
95, 156 mwN. Anspruch auf **Rechnungslegung** BGH ZIP 97, 1979 (unwirksamer
Lizenzvertrag). **b)** Bei durch „**Eingriff**" erlangter **Bereicherung** ist nach hM 21
ebenfalls grundsätzlich der obj Wert maßgebend, vgl BGH 5, 201; 82, 307 (bei
Verletzung gewerblicher Schutzrechte nur angemessene Lizenzgebühr, BGH 99,
248; str, aA (Gewinnherausgabe) Kaiser GRUR 88, 520. **aa)** Für die Berechnung 22
wird oft darauf abgestellt, was der Schuldner bei korrektem Erwerb des Vorteils
dafür hätte aufwenden müssen und folglich erspart hat, vgl RG 97, 312 (Gleisanlage), doch darf auch insoweit nur der obj (Markt-)Preis, die übliche Lizenzgebühr (vgl BGH NJW 79, 2206; NJW 82, 1155) oder Nutzungsvergütung zugrunde gelegt werden, nicht sonstige, zum gleichen Ergebnis führende und evtl
höhere Aufwendungen, Medicus, BR 719. Der Schuldner kann sich auch nicht
darauf berufen, er hätte sich anders behelfen können; an dem von ihm geschaffenen

§ 818

23 Zustand muß er sich festhalten lassen, BGH NJW 79, 2206. **bb)** Beim Bau auf fremdem Grundstück ist der obj Wert des verwendeten Materials entscheidend, nicht die am Ertragswert orientierte Erhöhung des Verkehrswertes des Grundstücks, aA herrschend, s BGH WM 73, 73; Koblenz NJW 90, 126; aber auch BGH NJW-RR 86, 155 für Arbeitsleistungen beim Hausbau; BGH WM 01, 1768 (Wertsteigerung nicht meßbar, deshalb Orientierung am Aufwand). **cc)** Maßgebender
24 **Zeitpunkt** ist auch hier der des Erwerbs, doch können beim Bau auf fremdem Boden anders als im Falle der Leistungskondiktion sukzessive Zeitpunkte in Betracht kommen (aA wohl herrschend, vgl BGH NJW 62, 2293 f; WM 73, 73).
25 **dd)** Die Rspr lehnt die hier zugrundeliegende Differenzierung zwischen Leistungs- und Eingriffskondiktion ab, will aber bei Zweckverfehlungskondiktion wegen Bau auf fremdem Boden erst auf den Zeitpunkt der Zweckverfehlung abstellen, BGH
26 NJW 70, 137. **c)** Bei der **Rückgriffskondiktion** ist Wert des Erlangten ebenfalls die ersparte Aufwendung (vgl v. Caemmerer GS I 257), doch sind auch Minderwert oder Wertlosigkeit einer Forderung wegen Konkurses des Schuldners oder Undurchsetzbarkeit zB nach Verjährung zu berücksichtigen, s § 812 Rn 78.

27 **6. Wegfall oder Schmälerung der Bereicherung: a) Allgemeines.** Die Möglichkeit der Berufung auf den Wegfall einer erlangten Bereicherung soll den redlichen Bereicherungsschuldner davor schützen, sein Vermögen durch Erfüllung einer Kondiktion über den Betrag der noch vorhandenen Bereicherung hinaus zu mindern, vgl BGH 55, 134; 93, 188. Nicht anwendbar bei Leistung unter Vorbehalt, Hamm NJW-RR 97, 705, oder Leistung aufgrund nichtigen oder widerrufenen Darlehensvertrags, BGH NJW 99, 1637 (§ 819 entsprechend anzuwenden). Zur Beweislast für verlustbringende Vermögensdispositionen hinsichtlich des Erlangten s BGH NJW-RR 89, 1299 sowie u Rn 38. Das Ges entlastet nur bei
28 **nachträglichem Wegfall** der Bereicherung, doch soll der III zugrunde liegende Gedanke allgemeine Geltung haben und die Haftung des Schuldners überhaupt auf die Bereicherung „per Saldo" beschränken, also auch Vermögensminderungen *vor* Erlangung der Bereicherung, die mit ihr in ursächlichem Zusammenhang stehen, berücksichtigen, vgl BGH 9, 335; sa BGH BauR 94, 651 – unbrauchbare oder nicht verwertete Architektenleistung –, dazu Bultmann BauR 95, 339; zT wird die so verstandene „Bereicherung" überhaupt als Grund des Bereicherungsanspruchs gesehen, s Rn 1, § 819 Rn 2; gegen die Gleichbehandlung aller Bereicherungsansprüche Reuter/Martinek S 589 ff, die zwischen Leistungs-, Eingriffs- und Abschöpfungskondiktion unterscheiden – mE weiterführender Ansatz. **b)** Der **redli-**
29 **che Bereicherungsschuldner** wird frei **aa)** bei nachträglichem Untergang oder Verlust des Erlangten oder des nach I herauszugebenden Surrogats. Auch selbst veranlaßte Aufgabe des Erlangten kann die Bereicherung wegfallen lassen, zB Schenkung, oder mindern, zB Verkauf unter Wert, vgl RG 75, 363; Verbrauch von Unterhalt s BGH NJW 84, 2096, NJW 98, 2433, Mertens FamRZ 94, 601. Bei Tilgung von Schulden mit rechtsgrundlos erhaltenem Geld (Unterhalt) jedoch ev ersparte Aufwendungen (oben Rn 16) als Bereicherung, s BGH NJW 92, 2416
30 aber auch Köln NJW-RR 98, 1701. **bb)** Bes häufig sind Fälle, in denen die mit einem Dritten vereinbarte Gegenleistung oder ein Anspruch auf Erstattung wertlos sind, weil nichts zu erlangen ist, vgl BGH 72, 13 (Verwendung eines irrtümlich gutgeschriebenen Betrags für ausländischen Diplomaten, gegen den Ersatzforderung uneinbringlich war); BGH NJW 79, 1598 (wertlose Kaufsache); BGH NJW 80, 2302 f (undurchsetzbare Gewährleistungsansprüche aus finanziertem Kauf); München NJW-RR 88, 1392 (durch Doppelüberweisung veranlaßte Vernachlässigung der Durchsetzung von Ansprüchen) – der Bereicherungsschuldner hat dann als verbliebene Bereicherung Ansprüche gegen den Dritten abzutreten. Der Berei-
31 cherungsgläubiger trägt also grundsätzlich das **Risiko „unvorteilhafter Verwendung"** des Erlangten durch den Bereicherungsschuldner (Flessner aaO S 14 f mwN und Bsp, insbes auch zur Entreicherung durch Inflation); s aber Zweibrücken WM 97, 2398 f: Schadensersatzpflicht des Bankkunden aus Giroverhältnis bei

Titel 26. Ungerechtfertigte Bereicherung **§ 818**

Verwendung einer Doppelbuchung, die „Schutzgrenze der §§ 818 III, 819 I" ausschaltet. Ist die Bereicherung im Vermögen des Schuldners als Gegenleistung oder als Ersparnis von (sonst aus eigenen Mitteln vorgenommenen) Aufwendungen noch vorhanden (vgl BGH 83, 283 einerseits, NJW 81, 2184 andererseits), bleibt es bei II. **cc)** Bestimmungsgemäße Verwendung überlassener Werte, zB bei – 32 nichtigem – Auftrag, entreichert ebenso wie **dd)** Erlösabführung an den vermeintlich Berechtigten, BGH 47, 130 (zu § 816), nicht jedoch Erwerbskosten (des Leasinggebers), BGH 109, 145; BGH NJW 95, 3315 (Scheckankauf); sa Köln WM 96, 2010 zur Lieferung an Dritten bei Geldempfang aufgrund gefälschter Überweisung: Jedenfalls bei Nichtleistungskondiktion nicht absetzbar, dazu Häublein ZBB 98, 112. **ee)** Abzugsfähig sind ferner im **Vertrauen** auf die Beständigkeit des 33 Erwerbs gemachte **Ausgaben** auf den Bereicherungsgegenstand, zB Steuern (hierzu Schön ZHR 155, 266 ff), Unterhaltungs- und Veränderungskosten (vgl BGH NJW 80, 1790: Bau auf Grundstück), Verwendungen auf Grundstück, BGH NJW 99, 1629 (unabhängig davon, ob sie Wertsteigerung bewirkt haben); aber auch sonstige Ausgaben, zB zur Erhöhung des Lebensstandards bei zu Unrecht erhaltenen Lohn oder Gehalt, vgl BGH 41, 289, grundlegend BAG NJW 96, 411; bei Unterhalt s BGH NJW 98, 2433; für Bezüge von Beamten s BBG 87 II, BRRG 52 II; in dieser Fallgruppe werden sogar dauerhafte Surrogate und Schuldbefreiung unberücksichtigt gelassen, vgl Flessner aaO S 18 f. Kein Vertrauen und deshalb keine Entlastung bei Leistung unter Vorbehalt, Köln NVersZ 99, 183. **ff) Schäden,** die der Bereicherungsgegenstand verursacht hat, sind nicht abzugsfähig, vgl Larenz/Canaris § 73 I. 2. g. **c)** Obwohl nicht **nach** Erlangung der Berei- 34 cherung aufgewendet, sind bei der Leistungskondiktion auch bestimmte Erwerbskosten abzusetzen, so Maklergebühren (RG 72, 4), Vertragskosten, Zölle; für Provisionen an Außendienstmitarbeiter s jedoch BGH NJW 81, 278. Darüber hinaus wird teilw III heute – mE unzutreffend – so verstanden, daß auch andere Passivposten, die bereits vor Erlangung der Bereicherung entstanden sind, abzuziehen sind, sofern sie mit der Bereicherung nur in adäquat ursächlichem Zusammenhang stehen, vgl BGH NJW 81, 278 („bei wirtschaftlicher Betrachtungsweise"). Bei Rückabwicklung gegenseitiger Verträge schränkt BGH in wertender Zuordnung des Entreicherungsrisikos die Abzugsfähigkeit von Kosten ein, BGH 116, 256 (Vormerkungs- und Finanzierungskosten des rückgewährpflichtigen Käufers nicht abzugsfähig); krit Kohler NJW 92, 3145. **d)** Die unter b) genannten Gründe für 35 Wegfall oder Schmälerung der Bereicherung sind auch bei Ansprüchen wegen Bereicherung in sonstiger Weise zu beachten. Bringt eine Bank (Zweitzessionar) den zu Unrecht, aber gegenüber dem berechtigten Erstzessionar wirksam eingezogenen Betrag dem Kreditkonto des Kunden (Zedenten) gut, dann ist ihre nach § 816 II herauszugebende Bereicherung entfallen, falls die Gutschrift nicht storniert werden kann, vgl BGH 26, 195; hierzu jedoch auch Canaris NJW 81, 258. Doch können **Gegenleistung** oder sonstige Ausgaben, die im Zusammenhang mit 36 dem Eingriff „vorbereitenden" Erwerb – der Kaufpreis für den Erwerb der fremden oder abhanden gekommenen Sache bei §§ 951, 816 I 1, die weitere Kreditgewährung aufgrund Sicherungszession einer bereits an einen Dritten abgetretenen Forderung bei § 816 II – und **vor** Erlangung der Bereicherung gemacht worden sind, nicht abgesetzt werden, da sie gegenüber einer Vindikation oder einem Hinweis an den Forderungsschuldner, an den Scheinzessionar nicht zu zahlen, ebenfalls nicht geltend gemacht werden bzw wirken könnten, vgl für § 951 BGH 55, 176; für § 816 I 1 BGH 9, 333; für § 816 II BGH 56, 178 ff; für nicht bestehende Scheckforderung gezahlter Preis, BGH NJW 95, 3317; weitergehend Köln (Rn 32: auch *nach* Erlangung der Bereicherung erfolgte entreichernde Lieferung an Dritten unbeachtlich); aA für Vollstreckungskosten aus Pfändung und Einziehung einer Forderung, die dem Bereicherungsgläubiger zusteht, BGH 66, 156, dagegen Gerlach (Lit zu § 812) S 60; sa Schröder JZ 89, 721. Anders als bei 37 der Leistungskondiktion besteht kein Anlaß, im Hinblick auf die Bereicherung entstandenen Vertrauensschaden des Bereicherungsgläubigers anzulasten, der dieses

Schlechtriem

§ 818 Buch 2. Abschnitt 8. Einzelne Schuldverhältnisse

Vertrauen nicht veranlaßt hat, sondern bei der Eingriffskondiktion Betroffener einer Rechtsverletzung ist, vgl Rengier aaO S 435 f; aA Reuter/Martinek S 624, 630. **e)** Die **Beweislast** für Wegfall oder Schmälerung der Bereicherung trägt der Bereicherungsschuldner, Larenz/Canaris SchR II § 73 I 1 c, BAG NJW 96, 412; sa BGH NJW 88, 2599; Beweis des ersten Anscheins bei Überzahlung von Arbeitsentgelt s BAG BB 01, 2008. **f)** Schließt die Natur des rückzugewährenden Gegenstandes Abzug von Aufwendungen usw aus, dann hat der Bereicherungsschuldner einen **Erstattungsanspruch**; Rückgewähr kann auch ohne Einredeerhebung nur Zug um Zug gegen Erstattung verlangt werden, BGH NJW 81, 2688; NJW-RR 88, 585. **g)** Bei **Schuldbefreiung** grundsätzlich kein Bereicherungswegfall durch Weggabe des finanzierten Objekts, BGH NJW 96, 926.

7. a) Bei einer Leistungskondiktion aus gegenseitigem Vertrag kann der Schuldner auch die dem Bereicherungsgläubiger erbrachte Gegenleistung verrechnen **(Saldotheorie)**, und zwar gerade dann, wenn diese nicht (mehr) zurückgewährt werden kann, der Gläubiger also auch § 818 III entlastet ist. Bei ungleichartigen Leistungen hat Bereicherungsgläubiger Rückgewähr der erhaltenen Leistung Zug um Zug gegen Zahlung anzubieten. **aa)** Die Berücksichtigung der erbrachten Gegenleistung durch Saldierung, die zum Festhalten am Leistungsaustausch führt, ist str (vgl statt aller BGH NJW 88, 3011, dazu krit Kohler NJW 89, 1850, im Grundsatz bejahend BGH 53, 145, BGH NJW 00, 3064 mwN; zur Parallelisierung zum Eigentümer-Besitzerverhältnis BGH BB 95, 2340 ff; stärker zur Zwei-Kondiktionen-Theorie neigend BGH 57, 149; 72, 255. Einheitlicher Anspruch auf den Saldo, deshalb Aufrechnung mit Schadensersatzansprüchen (nur) gegen Saldo, BGH NJW 00, 3064; sa Flume AcP 194, 427, 435; Canaris WM 81, 979; MK/Lieb 88 ff. **bb)** Es geht bei Saldierung nicht um Wegfall der Bereicherung des Schuldners, (anders BGH 57, 145), sondern um Nachwirkung des Synallagmas (v. Caemmerer FS Larenz S 634; Reuter/Martinek S 598), und zumeist führt die Saldotheorie iE gerade zur Ausschaltung des § 818 III: Der seine Leistung Zurückverlangende kann sich nicht hinsichtlich seiner eigenen Rückgabepflicht auf den Untergang des von ihm Erlangten berufen, BGH 72, 254, trägt also als Nachwirkung des Synallagmas und als Folge des Gefahrübergangs das Entreicherungsrisiko selbst, vgl Hoffmann Jura 97, 416. **cc)** Im Ergebnis ebenso die Rspr, die Abzugsfähigkeit von Aufwendungen, also Entreicherungseinwand (des rückgewährspflichtigen Käufers) begrenzt, BGH 116, 256 (wertende Zuweisung des Entreicherungsrisikos); krit zur Begründung Kohler NJW 92, 3145. **b)** Ausnahmen gelten zugunsten **Minderjähriger**, anderer beschränkt Geschäftsfähiger und **Geschäftsunfähiger**, BGH 00, 3562, von **Opfern arglistiger Täuschung**, die durch die Saldotheorie nicht „faktisch" am Vertrag festgehalten werden sollen, BGH 53, 147; NJW 90, 2882; Köln NJW-RR 99, 884, oder von Bewucherten, BGH NJW 01, 1130. Der wegen arglistiger Täuschung anfechtende Käufer kann also den Kaufpreis voll zurückfordern, sich selbst aber auch bei eigenverursachtem Untergang der Kaufsache auf III berufen, vgl BGH 72, 256, der die Risikobelastung des täuschenden Verkäufers auf §§ 819 I, 818 IV stützt (dazu Tiedtke DB 79, 1261); anders Friese aaO S 253 ff. Auch beim sachmangelverursachten **Untergang der Kaufsache** kann der (wegen Eigenschaftsirrtums) anfechtende Käufer den Kaufpreis voll zurückverlangen, BGH 78, 222. § 254 soll in solchen Fällen nicht zu Lasten des Käufers anwendbar sein, vgl BGH 37, 370; 57, 151, doch wird mit § 242 eine zu ähnlichen Ergebnissen führende Abwägung gestattet, BGH 57, 152 f und dazu Flessner NJW 72, 1782; generell zur Einschränkung des III in Fällen eigennütziger und untergangsursächlicher Disposition durch den Bereicherungsgegenstand s v. Caemmerer aaO S 638 Fn 57; Flume NJW 70, 1164; Rengier aaO S 438 f – Berufung auf Wegfall als venire contra factum proprium sowie bei „übergeordneten Gesichtspunkten" BGH NJW 98, 1710. **c)** Auch bei verschärfter Haftung des Rückabwicklungsschuldners gilt die Saldotheorie, RG 139, 213; aA BGH 57, 150 u die Saldierung iE mit §§ 819 I, 818 IV vermeidend BGH 72, 256.

Titel 26. Ungerechtfertigte Bereicherung **§ 819**

8. a) Nach IV tritt mit Rechtshängigkeit der Leistungsklage – ZPO 261 I, II, 696 III – **verschärfte Haftung** ein für die Möglichkeit der Herausgabe der Bereicherung; nicht: Feststellungs- oder Abänderungsklage, s BGH 93, 183; NJW 92, 2416, NJW 98, 2434 (aber Hamm NJW-RR 97, 705 für Unterhaltszahlung unter Vorbehalt). Haftung nach §§ 292, 989, evtl 990 II, 287 S 2 auf Schadensersatz, nach §§ 292 II, 987 auf Herausgabe von – gezogenen oder möglichen – Nutzungen, bei Geldschuld nach §§ 291, 288 I auf Zinsen und ggf höheren Schaden aus entgangener Kapitalnutzung, § 288 IV. Soweit Verurteilung zur Erfüllung zulässig früher auch § 283 aF, BGH NJW 00, 1032, jetzt § 283, jedoch Vorrang von III, IV, da sonst Haftungsverschärfung für unverklagten oder gutgläubigen Schuldner möglich. **b)** Bei unverschuldetem Unvermögen zur Herausgabe galten nach BGH §§ 275, 279 aF, so daß nach dieser Ansicht für die Wertkondiktion Unvermögen stets zu vertreten, vgl BGH 83, 299; jetzt § 276: Verschuldensunabhängige Einstandspflicht des Geldschuldners. § 285 ist anwendbar, vgl BGH 75, 203 zu § 281 aF. Ein Wegfall der Bereicherung durch Abrechnung von Nachteilen und Unkosten, für die der Bereicherungsvorgang ursächlich war, findet nicht mehr statt, vgl BGH 57, 150; abzugsfähig sind nur notwendige Verwendungen, § 292 Rn 4). Steuern s Schön ZHR 155, 270 ff.

46

47

§ 819 Verschärfte Haftung bei Kenntnis und bei Gesetzes- oder Sittenverstoß

(1) Kennt der Empfänger den Mangel des rechtlichen Grundes bei dem Empfang oder erfährt er ihn später, so ist er von dem Empfang oder der Erlangung der Kenntnis an zur Herausgabe verpflichtet, wie wenn der Anspruch auf Herausgabe zu dieser Zeit rechtshängig geworden wäre.

(2) Verstößt der Empfänger durch die Annahme der Leistung gegen ein gesetzliches Verbot oder gegen die guten Sitten, so ist er von dem Empfang der Leistung an in der gleichen Weise verpflichtet.

1. Allgemeines. a) Bei Kenntnis der Rechtsgrundlosigkeit – I –, der Ges- oder Sittenwidrigkeit – II – ist der Bereicherungsschuldner nicht schutzwürdig. Für das dogmatische Verhältnis der Fälle strengerer Haftung, von denen insbes der des bösgläubigen Leistungsempfängers praktisch wichtig ist, zu § 818 und insbes zur Haftungsentlastung aus § 818 III ist unsicher, was Regel was Ausnahme ist. **b)** Die – herrschende – Ansicht, wonach der Bereicherungsschuldner überhaupt nur verpflichtet ist, falls und soweit er per Saldo bereichert wurde und noch ist, und die in § 818 III deshalb eine grundsätzliche Aussage (und nicht nur eine ausnahmsweise Begünstigung des redlichen Schuldners wie v. Caemmerer GS I 244; Larenz/Canaris SchR II § 73 I 1 a und b: Guter Glaube an Rechtsbeständigkeit des Erwerbs) sieht, hat freilich Schwierigkeiten, bei Bösgläubigkeit trotz fehlender Per-Saldo-Bereicherung Haftung anzunehmen (vgl BGH 55, 133: „Diskrepanz", „Ungereimtheiten"; konsequent Friese aaO S 86: nicht Bereicherungs-, sondern Schadenshaftung). Überzeugender läßt sich die strengere Haftung des § 819 I damit erklären, daß § 818 III ausnahmsweise und nur den Gutgläubigen im Vertrauen auf die Beständigkeit des Erwerbs schützt.

1

2

2. Voraussetzung der Haftungsverschärfung nach I ist **a)** ein Bereicherungsanspruch, **b) positive Kenntnis** des Rechtsgrundmangels beim Empfang (differenzierend Probst AcP 196, 252 ff); bei späterer Kenntniserlangung tritt Haftungsverschärfung mit diesem Zeitpunkt ein. Kenntnis ist **Tatsachenkenntnis** und ihre richtige rechtliche Würdigung durch den Schuldner, BGH NJW 92, 2417, NJW 98, 2434; vgl aber BGH NJW 96, 2652: Kenntnis bei Tatsachenkenntnis besteht dann, wenn der Bereicherte sich den rechtlichen Folgen bewußt verschließt (Hinweis auf § 990), Otte JuS 98, 246; krit Martinek JZ 96, 1099; nach BGH NJW 87, 187 ist bei Zuvielüberweisung Überzeugung des obj Denkenden maßgebend; Kenntnis der Rückzahlbarkeit eines Darlehens steht Kenntnis rechtsgrundlosen

3
4

§ 820

Empfangs gleich, BGH NJW 95, 1153. Ausnahme BBG 87 II – Kennenmüssen genügt. Bei **Anfechtbarkeit** s § 142 II. Bei Zahlung unter Vorbehalt oder aufgrund auflösend bedingter Verpflichtung ist I nicht anwendbar. Kenntnis des **Vertreters** oder **Sachwalters** wird dem Vertretenen zugerechnet, Köln NJW 00, 1045 (Bevollmächtigter); BGH NJW-RR 01, 127: Entsprechende Anwendung auch ohne Vertretungsmacht bei Wahrnehmungsbefugnis des Zuwendungsempfängers. Bei Geschäftsunfähigen kommt es stets auf Kenntnis des ges Vertreters an, Nürnberg NJW-RR 89, 1137, KG NJW 98, 2911; bei beschränkt Geschäftsfähigen wird teils Kenntnis des ges Vertreters gefordert (StLorenz 10; Larenz/Canaris SchR II § 73 II 2 a), teils analoge Anwendung der §§ 827–829 befürwortet; teils wird zwischen Bereicherung durch Leistung (§§ 104 ff) und in sonstiger Weise (§§ 827 ff analog) unterschieden; Reuter/Martinek unterscheiden Wissens- und Verhaltenszurechnung, S 654 ff. Nach BGH 55, 136 f soll der beschränkt Geschäftsfähige jedenfalls dann verschärft haften, wenn er sich die (Leistungs-)Bereicherung durch eine vorsätzlich unerlaubte Handlung erschlichen und die nach § 828 II erforderliche Verantwortungsreife hatte.

6   3. **Voraussetzung** der Haftungsverschärfung nach **II** ist **a)** der Tatbestand des § 817 S 1, **b)** Bewußtsein des Ges- oder Sittenverstoßes **c)** bei Annahme; spätere Kenntnis schadet nicht; aA Esser/Weyers II, 2 § 51 III 1.

7   4. **Rechtsfolgen** s § 818 Anm 8.

§ 820 Verschärfte Haftung bei ungewissem Erfolgseintritt

(1) ¹War mit der Leistung ein Erfolg bezweckt, dessen Eintritt nach dem Inhalt des Rechtsgeschäfts als ungewiß angesehen wurde, so ist der Empfänger, falls der Erfolg nicht eintritt, zur Herausgabe so verpflichtet, wie wenn der Anspruch auf Herausgabe zur Zeit des Empfangs rechtshängig geworden wäre. ²Das Gleiche gilt, wenn die Leistung aus einem Rechtsgrund, dessen Wegfall nach dem Inhalt des Rechtsgeschäfts als möglich angesehen wurde, erfolgt ist und der Rechtsgrund wegfällt.

(2) Zinsen hat der Empfänger erst von dem Zeitpunkt an zu entrichten, in welchem er erfährt, daß der Erfolg nicht eingetreten oder dass der Rechtsgrund weggefallen ist; zur Herausgabe von Nutzungen ist er insoweit nicht verpflichtet, als er zu dieser Zeit nicht mehr bereichert ist.

1   1. **Allgemeines.** Ähnlich wie bei §§ 818 IV, 819 muß der Leistungsempfänger in den Fällen I 1 und 2 sich auf die Möglichkeit der Herausgabe einstellen, so daß eine Privilegierung nicht angemessen wäre; II mildert die Haftungsverschärfung hinsichtlich Zinsen und Nutzungen.

2   2. **Voraussetzungen. a)** I 1 knüpft an § 812 S 2, 2. Fall an (condictio ob rem), doch dürfte er auch bei einer zur Nichtigkeit der Verpflichtung führenden Zweckverfehlung (s § 812 Anm 4 b) anzuwenden sein; auch muß der dieser Vorschrift zugrunde liegende Gedanke auch Rückabwicklung wegen Wegfalls der Geschäftsgrundlage beeinflussen. **Maßgeblicher Zeitpunkt:** Empfang, auch bei späterer

3   Zweckvereitelung durch den Empfänger. **b)** I 2 setzt **aa)** eine condictio ob causam finitam voraus (s § 812 Rn 13) und **bb)** die von den Parteien gesehene und deshalb im RGeschäft berücksichtigte Möglichkeit eines Wegfalls des Schuldgrundes, vgl BGH 102, 49; bloße Erkennbarkeit des künftigen Wegfalls reicht nicht, BGH NJW 92, 2417 (beide Vertragsteile müssen von Unsicherheit ausgegangen sein); Bsp: Auflösende Bedingung, unwidersprochen gebliebener Vorbehalt bei Zahlung (zu Vorbehalt in Unterhaltsvergleich s jedoch BGH NJW 98, 2434), Genehmigungsbedürftigkeit; bei Versorgungsbezügen im öffentl Dienst muß der Empfänger bei Änderung der Sachlage auch ohne ausdrücklichen ges Vorbehalt mit einer Änderung der Bezüge rechnen, BVerfG 46, 114.

4   3. **Rechtsfolge** s § 818 Rn 46.

Titel 26. Ungerechtfertigte Bereicherung

4. Nach II bleibt es für während des Schwebezustandes gezogene Nutzungen bei § 818 I, III; Haftung also nur für **gezogene** Nutzungen (s § 818 Rn 9), soweit noch als Bereicherung vorhanden. HS 2 schränkt Haftungsverschärfung durch Rückkehr zu § 818 III ein, BGH NJW 99, 1630. II ist nicht Anspruchsgrundlage für Zinsen, sondern setzt Zinspflicht voraus und regelt nur Zeitpunkt für Beginn der Verzinsungspflicht, BGH WM 73, 642.

§ 821 Einrede der Bereicherung

Wer ohne rechtlichen Grund eine Verbindlichkeit eingeht, kann die Erfüllung auch dann verweigern, wenn der Anspruch auf Befreiung von der Verbindlichkeit verjährt ist.

1. Allgemeines. Einer rechtsgrundlos eingegangenen Verbindlichkeit kann der Verpflichtete seinen Schuldbefreiungsanspruch aus § 812 I 1, II einredeweise entgegenhalten, vgl BGH NJW-RR 99, 573 sowie zu Schuldanerkenntnis durch Gutschrift BGH NJW 91, 2140. § 821 „verlängert" diese Einredemöglichkeit über den Zeitpunkt der Verjährung des Schuldbefreiungsanspruchs hinaus. Nach Verkürzung der Verjährung auf 3/10 Jahre nach §§ 195, 199 I, IV, dürfte die Bedeutung zunehmen. Eine entspr Anwendbarkeit, etwa gegenüber einer Vindikation aus rechtsgrundlos erlangtem Eigentum, wird befürwortet, RGRK/Heimann-Trosien 2.

2. Rechtsfolgen. a) Echte, dh nur bei Erhebung zu berücksichtigende **Einrede**, BGH NJW 91, 2141; b) **dauernde** Einrede, so daß mit § 813 I 1 Geleistetes zurückverlangt werden kann; c) für die rechtsgrundlos erlangte Forderung bestellte Sicherheiten sind nach den für die einzelnen Sicherungsrechte geltenden Regeln – zB §§ 1254, 1169 – oder nach Maßgabe der Sicherungsabrede zurückzugewähren oder selbst einredeweise zu entkräften, vgl § 768 I 1. d) § 818 III kann auch auf die Einrede der Rechtsgrundlosigkeit der erlangten Forderung repliziert werden, PalThomas 2. e) Geltendmachung gegenüber Konkursverwalter und Sequester s BGH NJW 95, 1484.

§ 822 Herausgabepflicht Dritter

Wendet der Empfänger das Erlangte unentgeltlich einem Dritten zu, so ist, soweit infolgedessen die Verpflichtung des Empfängers zur Herausgabe der Bereicherung ausgeschlossen ist, der Dritte zur Herausgabe verpflichtet, wie wenn er die Zuwendung von dem Gläubiger ohne rechtlichen Grund erhalten hätte.

Lit: Knütel, § 822 BGB und die Schwächen unentgeltlichen Erwerbs, NJW 89, 2504; Schilken, Zur Bedeutung des § 822 BGB, JR 89, 363.

1. Allgemeines. Unentgeltlicher Erwerb eines Dritten wird – obwohl „mittelbar" – in der Abwägung gegen das Interesse des Gläubigers, dessen Bereicherungsanspruch gegen den Bereicherungsschuldner wegen dessen Entreicherung durch Weitergabe scheitert, als weniger schutzwürdig bewertet.

2. Voraussetzungen. a) **Bereicherungsanspruch** gegen einen Schuldner, der b) aufgrund § 818 III wegen **unentgeltlicher Weitergabe** des Erlangten, seiner Surrogate, Nutzungen oder seines Wertes (Reuter/Martinek S 369) durch Leistung (str, s Reuter/Martinek S 368, aA Schilken aaO S 366) nicht haftet. Hat der Bereicherungsempfänger trotz Weggabe der Bereicherung einzustehen, weil §§ 818 IV, 819 oder 820 eingreifen (vgl BGH NJW 99, 1028), oder weil er Auslagen für ein Pflicht- oder Anstandsgeschenk erspart hat, greift § 822 nicht ein („Subsidiarität" des Anspruchs aus § 822; str, aA Knütel NJW 89, 2509 mwN). **Kein Durchgriff**, wenn der ursprüngliche Bereicherungsschuldner deshalb nicht haftet, weil seine Bereicherung bereits aus anderen Gründen als der Weggabe des Erlangten entfallen ist. Verpflichtung des ursprünglichen Bereicherungsschuldners

Vor § 823 Buch 2. Abschnitt 8. Einzelne Schuldverhältnisse

muß aus Rechtsgründen – § 818 III – erloschen sein; Undurchsetzbarkeit der Kondiktion gegen den Erstschuldner führt nicht zum Durchgriff, BGH NJW 99,
5   1028. **c) Unentgeltlichkeit** liegt vor bei Schenkungen, Vermächtnissen, ferner bei zinslosen Darlehen oder entgeltloser Gebrauchsüberlassung sowie „unbenannten" unentgeltlichen Zuwendungen an Ehegatten, BGH NJW 00, 134 (Durchgriff durch Sozialhilfeträger). Rechtsgrundlosigkeit ist nicht gleichzusetzen, hL, str vgl Schlechtriem, Restitution Bd 2, 312, 350 f mwN. Analog anwendbar bei § 528 BGH NJW 89, 1479; hierzu auch Knütel NJW 89, 2506.
6   **3. Rechtsfolge.** Der Dritte haftet als Bereicherungsschuldner auf das Erlangte, Surrogate und Nutzungen, bei Herausgabeunmöglichkeit auf den Wert. Er kann sich auf § 818 III berufen, was ggf zur Bereicherungshaftung eines Vierten nach § 822 führen kann. Die **Beweislast** für die Unentgeltlichkeit des Erwerbs und den daraus folgenden Wegfall der Bereicherung beim Erstschuldner trägt der Gläubiger.

Titel 27. Unerlaubte Handlungen

Vorbemerkungen

I. Unerlaubte Handlungen

1   **1. Allgemeines. a) Funktion der Normen.** Die §§ 823 ff (sog **Haftungsrecht** iGgs zum Schadensersatzrecht der §§ 249 ff) sollen den Einzelnen vor Eingriffen in seine Rechte oder Rechtsgüter durch beliebige Dritte, also **außerhalb von Sonderbeziehungen,** schützen. Schutzobjekt ist aber nicht die Person oder das Vermögen des einzelnen schlechthin (Grundsatz des neminem laedere). Die Verpflichtung zum Schadensersatz – als die im Vordergrund stehende Sanktion (s Rn 5) – knüpft vielmehr an **bestimmte Tatbestände** an; Schadenszufügungen, die nicht unter ges Normen oder allg Rechtssätze fallen, muß der Geschädigte
2   selbst tragen. **b) Begriff der unerlaubten Handlung.** Kennzeichnend ist der widerrechtliche Eingriff in ein fremdes Recht oder Rechtsgut im allg (RGRK/Steffen 8); die Rechtswidrigkeit ergibt sich aus einem Verstoß gegen allg Normen, gegen die allen Dritten gegenüber bestehenden Rechtspflichten. IdR setzt das Ges eine **schuldhafte** Verletzung des fremden Rechtsgutes voraus. Durch die Deliktshandlung wird ein ges Schuldverhältnis zwischen Ersatzpflichtigem und Ersatzberechtigtem begründet. Die Verpflichtung zum Schadensersatz ist daher, anders als im Vertragsrecht, nicht sekundäre Einstandspflicht wegen Verletzung einer primären Erfüllungspflicht, sondern ursprünglicher Inhalt des Schuldverhältnisses selbst.
3   **2. Verhältnis der Ansprüche aus unerlaubter Handlung und aus Sonderbeziehungen. a) Grundsatz der Unabhängigkeit.** Das Verhältnis der Ansprüche zueinander ist im Theoretischen, weniger im Praktischen str. Die hM nimmt an, es handele sich um mehrere selbständige Ansprüche (Bsp: Der einen Kunstfehler begehende Arzt haftet aus § 823 I und aus §§ 241 II, 280 I), die zwar auf dasselbe Ziel gerichtet sind, aber gesondert geltend gemacht und auch unabhängig voneinander abgetreten werden können (sog Anspruchskonkurrenz, Erm-Schiemann 25; BGH NJW 87, 2010). Die Befriedigung des einen Anspruchs bringe allerdings die anderen Ansprüche, soweit auf dasselbe Interesse gerichtet, zum Erlöschen. Den tatsächlichen Gegebenheiten entspricht jedoch besser die Vorstellung, daß ein und dasselbe Verlangen auf mehrere Anspruchsgrundlagen gestützt wird und deshalb eine gesonderte Abtretung nicht möglich ist (sog Anspruchsnormenkonkurrenz, Georgiades, Die Anspruchskonkurrenz im Zivilrecht und Zivilprozeßrecht, 1968, S 205; Larenz, SchR II 2, § 83 VI 1; Fikentscher § 102 V 1 a). Weitgehende Übereinstimmung besteht aber insoweit, daß die Voraussetzungen der einzelnen Anspruchsgrundlagen unabhängig voneinander zu prüfen sind (Georgiades aaO S 204 ff; Larenz, Esser/Weyers, Fikentscher aaO;

Titel 27. Unerlaubte Handlungen **Vor § 823**

stRspr, RG 88, 435; BGH 24, 191 f; aA Schwark AcP 179, 83). b) **Einschrän-** 4
kungen. Ist **durch Ges** im Vertragsverhältnis der Haftungsmaßstab eingegrenzt
(zB § 521), so wirkt diese Privilegierung auch im Rahmen der Deliktshaftung
(SoeZeuner 43; ErmSchiemann 26 mwN; BGH 46, 316; 55, 396); denn sonst hätte
die Privilegierung keine praktische Bedeutung (Ausnahme: HGB 453 ff; HGB
430, s BGH 46, 144). Bei einer **vertraglichen Regelung** wird allg angenommen,
daß damit auch die Haftung aus unerlaubter Handlung erfaßt wird (BGH JZ 86,
399; StLöwisch § 276, 115; Deutsch VersR 74, 303); in AGB sind jedoch deutliche
Anhaltspunkte erforderlich (BGH NJW 79, 2148 mwN).

3. Rechte des (potentiell) Verletzten. a) Als **Rechtsfolge** einer unerlaubten 5
Handlung sieht das Ges einen Anspruch auf Ersatz des eingetretenen **Schadens**
(Rn 24 ff vor § 249) vor. b) Damit („dulde und liquidiere") ist aber dem Träger 6
des geschützten Rechtsguts nicht immer gedient. Mindestens ebenso wichtig kann
für ihn sein, drohende Eingriffe abzuwehren. Das Ges kennt **Ansprüche auf
Unterlassung** bestimmter Beeinträchtigungen an verschiedenen Stellen (zB
§ 1004 I 2, Verweise auf diese Norm in §§ 1027, 1065, 1090 II, 1134 I, 1192 I;
862 I 2; 12 S 2; HGB 37 II 1; UWG 1, 3; PatG 139 I; UrhG 97 II), in den
§§ 823 ff ist eine derartige Rechtsfolge nicht vorgesehen. Heute wird jedoch
aufgrund einer längeren, stufenweisen Entwicklung in der Rspr (s zB ErmSchiemann 20 mwN) die Unterlassungsklage entspr § 1004 allg anerkannt. Erforderlich
ist dafür (a) ein *widerrechtlicher Eingriff* in ein gem § 823 I geschütztes Recht oder
ein anderweit (zB über §§ 823 II, 826) geschütztes Rechtsgut und (b) die Besorgnis eines weiteren Eingriffs für die Zukunft (sog *Wiederholungsgefahr*). Die Eingriffe
brauchen nicht schuldhaft verursacht zu sein. Um aber erstmalige drohende Eingriffe abwehren zu können, hat die Rspr in dieser konkreten Bedrohung bereits
den widerrechtlichen Eingriff selbst gesehen (Zweibrücken NJW 92, 1242) und
damit formal an beiden genannten Rechtsvoraussetzungen festgehalten. An die
Wiederholungsgefahr werden keine hohen Anforderungen gestellt. Sie folgt idR
bereits aus der Tatsache des geschehenen Eingriffs, wenn nicht das Verhalten des
Verletzters eine sichere Gewähr gegen weitere Eingriffe bietet oder die tatsächliche
Entwicklung der Verhältnisse einen erneuten Eingriff unwahrscheinlich macht
(BGH DB 74, 1430). Bei Wettbewerbsverstößen spricht eine Vermutung für die
Wiederholungsgefahr (BGH WM 94, 614). Das bloße Versprechen, sich der
beanstandeten Handlung in Zukunft zu enthalten, genügt nicht (BGH 1, 248),
wohl aber eine durch ein Vertragsstrafeversprechen abgesicherte Unterlassungsverpflichtung (BGH WRP 90, 685); auch die Liquidation der beklagten Gesellschaft
(BGH 14, 168) oder die Löschung der Firma (RG 104, 382) schließt die Wiederholungsgefahr nicht aus. Der Unterlassungsanspruch richtet sich gegen den **Störer.**
Störer ist derjenige, der eine Ursache für die Beeinträchtigung setzt (s § 823
Rn 21 ff) oder setzen will, unabhängig davon, ob er als Täter oder Gehilfe zu
qualifizieren wäre (BGH NJW 76, 800; für eine Klage gegen den Gehilfen kann
jedoch das Rechtsschutzinteresse fehlen, wenn der Hauptverantwortliche ohne
Schwierigkeiten in Anspruch genommen werden kann, BGH GRUR 57, 354);
auch die Verbreitung fremder Äußerungen kann zum Störer machen (ie mit
Differenzierungen je nachdem, ob man „Markt", dh Gelegenheit zur Fremddarstellung, oder Störer ist, BGH 66, 182, Fernsehanstalt). c) Aus dem gleichen 7
Bedürfnis, das zum Unterlassungsanspruch führt, wird dem Verletzten entspr
§ 1004 I ein **Anspruch auf Beseitigung** zuerkannt, wenn er einen rechtswidrigen, nicht schuldhaften Eingriff hinnehmen müssen (bei einem rechtswidrigen
und schuldhaften Eingriff steht ihm ein Anspruch auf Schadensersatz zu). Rechtsvoraussetzungen sind (a) eine *obj widerrechtliche beeinträchtigende Handlung* (BGH 34,
102) und (b) eine *Fortdauer der Beeinträchtigung* (s zB BGH NJW 97, 2234: Wiederherstellen eines durch Überwuchs zerstörten Platzes). Eine Wiederholungsgefahr
ist nicht erforderlich (RG 148, 123; OGH 1, 191). Bes Formen des Beseitigungsanspruchs sind das **Recht auf Gegendarstellung** bei Verletzungen durch Presse, 8

§ 823 Buch 2. Abschnitt 8. Einzelne Schuldverhältnisse

Rundfunk und Fernsehen (§ 823 Rn 83) und der **Anspruch auf Widerruf** zB bei Persönlichkeitsverletzungen (§ 823 Rn 84 ff) oder der Behauptung unwahrer Tatsachen gem § 824 (§ 824 Rn 13).

II. Gefährdungshaftung

Lit: Canaris, Die Gefährdungshaftung im Licht der neueren Rechtsentwicklung, JBl 95, 1 ff; v. Caemmerer, Reform der Gefährdungshaftung, 1971; Esser, Grundlagen und Entwicklung der Gefährdungshaftung, 2. Aufl, 1969; Strickler, Die Entwicklung der Gefährdungshaftung: Auf dem Weg zur Generalklausel?, 1983.

9 **1. Allgemeines.** Die Gefährdungshaftung basiert auf der Überlegung, daß jemand, der rechtmäßigerweise einen gefährlichen Betrieb eröffnet oder unterhält, auch die Schäden tragen muß, die typischerweise als Verwirklichung des Risikos bei anderen eintreten können und gegen die sie sich – wegen der Rechtmäßigkeit des Verhaltens – nicht zu wehren vermögen (Larenz, SchR II 2, § 84 I 2; Esser aaO S 103; zum Überblick s Ficker, FS v. Caemmerer, 1978, S 345 ff). Erst recht haftet der Gefährdende, wenn der Betrieb von Anfang an unerlaubt war (desgl ie Kötz AcP 170, 21).

10 **2. Rechtsgrundlagen.** Eine Gefährdungshaftung tritt nur ein, wenn sie durch eine spezielle Vorschrift angeordnet wird (sog Enumerationsprinzip); der Umfang ist idR durch Höchstbeträge im Einzelfall, zT auch in der Gesamtsumme begrenzt. Bsp: § 833 S 1 (auch § 847 anwendbar, § 847 Rn 2); BJagdG 29 bis 32; StVG 7 (Höchstbeträge 12); LuftVG 33 (Höchstbeträge 37), 53, 54; HPflG 1, 2 (Höchstbeträge 9, 10); AtomG 25, 25 a, 26 (Höchstbeträge 31); WHG 22; ArzneiMG 84 (Höchstbeträge 88); ProdHaftG 1 (Höchstbeträge 10). Eine Haftungserweiterung auf andere Fälle lehnt die Rspr ab (BGH 54, 336: Versagen einer Ampelanlage; 55, 234: Rohrbruch im gemeindlichen Wassernetz). In einigen Fällen kommt sie jedoch im Ergebnis einer Gefährdungshaftung durch sehr strenge Anforderungen an den Sorgfaltsmaßstab (s § 823 Rn 113) oder den Entlastungsbeweis (§ 823 Rn 113) sehr nahe.

§ 823 Schadensersatzpflicht

(1) **Wer vorsätzlich oder fahrlässig das Leben, den Körper, die Gesundheit, die Freiheit, das Eigentum oder ein sonstiges Recht eines anderen widerrechtlich verletzt, ist dem anderen zum Ersatz des daraus entstehenden Schadens verpflichtet.**

(2) ¹**Die gleiche Verpflichtung trifft denjenigen, welcher gegen ein den Schutz eines anderen bezweckendes Gesetz verstößt.** ²**Ist nach dem Inhalt des Gesetzes ein Verstoß gegen dieses auch ohne Verschulden möglich, so tritt die Ersatzpflicht nur im Falle des Verschuldens ein.**

Lit: Deutsch Allgemeines Haftungsrecht, 2. Aufl 1996; Deutsch/Ahrens, Deliktsrecht, 4. Aufl 2002; Fuchs, Deliktsrecht, 3. Aufl 2001; Kötz/Wagner, Deliktsrecht, 9. Aufl 2001.

I. Allgemeines

1 Die Eingrenzung der Schadensersatzpflicht geschieht durch das Aufstellen zweier spezialisierter Tatbestände, die in ihrem Schutzgehalt und in ihrem Aufbau unterschiedlich sind. Sie müssen auch auf verschiedene Weise interpretiert werden. **Abs 1** macht die Verletzung bestimmter **Rechtsgüter** ersatzpflichtig; **Abs 2** sanktioniert einzelne **Verhaltensweisen** und verlagert insoweit den Güterschutz vor.

Titel 27. Unerlaubte Handlungen

II. Tatbestand des § 823 I

A. Geschützte Rechtsgüter und Rechte

1. Verletzung des **Lebens** bedeutet Tötung. Es entstehen keine Ansprüche der Erben, sondern uU Ersatzansprüche für Unterhaltsberechtigte bzw Unterhaltsverpflichtete für entgangene Dienste, s §§ 844, 845.

2. Körper und Gesundheit. a) Begriff. Die Unterscheidung ist zweifelhaft, iü ohne Bedeutung. Körperverletzung ist die Verletzung der äußeren körperlichen Integrität einschließlich der bloßen Schmerzzufügung. Zum Körper zählen auch abgetrennte, für die Re-Implantation vorgesehene Teile (BGH 124, 54 mit kaum überzeugender Erweiterung auf die Vernichtung von Sperma, su Rn 71). Verletzung der Gesundheit ist die Beeinträchtigung der inneren Funktionen (BGH 114, 289, HIV-Infizierung); dazu zählen physische und psychische Erkrankungen (BGH NJW 96, 2425), Nervenschocks, auch Beeinträchtigungen des Wohlbefindens. Die Rspr versucht iE zutr, in der Begründung zweifelhaft, mittels einer Wertung anhand der allg Verkehrsauffassung den Begriff der Gesundheitsverletzung einzugrenzen; zB soll bei der Nachricht vom Tode eines nahen Angehörigen nur diejenige medizinisch erfaßbare Auswirkung eine Verletzung darstellen, die über das Maß dessen, was Angehörige erfahrungsgemäß erleiden, hinausgeht (BGH NJW 89, 2317). Der **ärztliche Heileingriff** einschließlich der Impfung (BGH NJW 90, 2312), wird zunächst ohne Rücksicht auf sein Gelingen oder Mißlingen zivilrechtlich im Tatbestand als Körperverletzung qualifiziert, stRspr (zB Koblenz NJW 90, 1541), hM (SoeZeuner 18; Deutsch NJW 65, 1985; aA wohl Esser/ Weyers II 2, § 55 I 1 b, ErmSchiemann 17, 135 ff, Anh zu § 12, 57). Dies erlaubt, die schwierige Frage der Einwilligung und der ärztlichen Aufklärungspflicht in Risiken und Nebenfolgen (s Rn 114) systemgerecht zu lösen; zur **ungewollten Schwangerschaft** als Körperverletzung s Rn 111. **b) Verletzter** (Rechtsträger) kann auch der nasciturus sein. Einwirkungen auf das Kind vor der Geburt (BGH 106, 155), aber auch auf die Mutter vor oder während der Schwangerschaft (Karlsruhe VersR 96, 463) können, falls das Kind geschädigt geboren wird, Ersatzansprüche auslösen (zum Problemkreis s Selb AcP 166, 76 ff; Heldrich JZ 65, 593; Laufs NJW 65, 1053). Die unterbliebene Abtreibung eines erkrankten Fötus löst jedoch keine Ansprüche des Kindes aus (BGH 86, 250 ff; zu den Ansprüchen der Eltern s Rn 32 vor § 249).

3. Freiheit. a) Begriff. Geschützt ist hier allein die körperliche **Bewegungsfreiheit** (aA Eckert JuS 94, 625: Entscheidungsfreiheit), genauer die Möglichkeit, einen bestimmten Ort zu verlassen (idR wie Verletzung nur bei der Verhinderung des Zutritts). Entspr der bei der Gesundheitsverletzung vorgenommenen quantitativen Eingrenzung (Rn 3) wird man geringfügige, nach allg Lebenserfahrung hinzunehmende Beeinträchtigungen nicht als Freiheitsverletzung qualifizieren dürfen (Bsp: ein kurzfristiges Versperren der Garagenausfahrt genügt nicht, selbst wenn man den Freiheitsbereich als tangiert ansieht). **b)** Die **Behinderung** kann auf physischem Wege, zB durch Einsperren, Festhalten, aber auch auf psychische Weise geschehen, zB durch Drohung (RG 97, 345 f) oder ständiges Belästigen durch Fotografieren, sobald man das Haus verläßt (Düsseldorf HRR 36 Nr 416).

4. Eigentum. a) Begriff. Eigentumsverletzungen sind **Einwirkungen auf die Sache** (BGH 55, 159), die den Eigentümer daran hindern, mit ihr seinem Wunsch entspr (§ 903) zu verfahren. Die Sache muß vorher ohne die Beeinträchtigung bestanden haben. Löst der Mangel einer zugefügten Sache (auch bei der Herstellung eines Bauwerks) Schäden an den bisher vorhandenen aus, so liegt eine Eigentumsverletzung vor (BGH NJW 85, 194; 85, 2420). Das **fehlerhafte Herstellen** fällt grundsätzlich nicht unter § 823 I (BGH WM 81, 952; unklar BGH 138, 234). Führt allerdings ein begrenzter Fehler eines von der Funktion isolierbaren Teils einer an sich fehlerfrei gelieferten Sache nach Übereignung zur Zerstö-

§ 823

rung oder wesentlichen Beschädigung dieser Sache, so soll eine Eigentumsverletzung vorliegen (BGH NJW 01, 1347 mwN; ie s J Schmidt, Der „weiterfressende Mangel" nach Zivil- und Haftpflichtversicherungsrecht, 1996, passim; Brüggemeier JZ 99, 98). **b) Erscheinungsformen. aa)** Im Vordergrund stehen **Eingriffe in die Substanz.** Bsp: Zerstören (BGH 41, 125 f, Verderben angebrüteter Eier durch Unterbrechen der Stromzufuhr), Beschädigen (BGH 101, 109, eines Hauses durch Bodenerschütterungen), Verunreinigen (BGH DB 64, 65, Verschmutzung einer Hausfront durch Rauch; BGH NJW 66, 1360, Grundwasserverseuchung; beide Entscheidungen zu § 1004), Kontaminieren (BGH VersR 89, 91 f), Überschwemmen (BGH MDR 61, 586). Das Erkalten geschmolzenen Metalls infolge von Stromausfall soll keinen Substanzeingriff darstellen (Hamm NJW 73, 760 mit Anm Isenfeld NJW 73, 1755; zutr krit Möschel JuS 77, 2 mwN).

8 **bb) Eingriffe in die Funktion** sind Eigentumsverletzungen, wenn die bestimmungsgemäße Verwendung nicht unerheblich – insoweit besteht eine Parallele zur Gesundheits- und Freiheitsverletzung (s Rn 3, 5) – beeinträchtigt wird (BGH NJW 98, 1943 mwN, stRspr). Bsp: BGH NJW 94, 516: geschmacksbeeinträchtigendes Gewindeschneidemittel für Wasserrohre; BGH 138, 235: Ausfallen einer elektronischen Steuerungsanlage infolge eines fehlerhaften eingebauten Chips; Karlsruhe NJW 96, 2000: Löschen von Daten auf Festplatte, zust Meier/Wehlau NJW 98, 1588. Bei einem erzwungenen *Stillstand* ist zu fragen, ob der Gebrauch während eines für die Abschreibung relevanten Zeitraums beeinträchtigt wurde. Zutr hat der BGH den zeitweiligen Stillstand von Maschinen infolge unterbrochener Stromzufuhr nicht als Eigentumsbeeinträchtigung gewertet (BGH 29, 25; NJW 68, 1280), desgl nicht die Unbenutzbarkeit von Lagereinrichtungen wegen Versperrens der Zufahrt (BGH NJW 83, 2313), in dem Festlegen eines Schiffes für acht Monate durch Versperren der Ausfahrt hingegen eine Eigentumsverletzung gesehen (BGH 55, 159; krit, noch weitergehend Medicus, BR, Rn 613; unzutr BGH 137, 98; Stillstand von Baumaschinen für 2 Tage, auf berechtigten Besitz bezogen). Auch die Beeinträchtigung der **Verkaufsfähigkeit** stellt eine Eigentumsverletzung dar (BGH VersR 89, 92, mögliche Kontaminierung von Fischen).

9 **cc)** Als Eigentumsverletzungen sind auch **Einwirkungen** iSd § 903 bzw Beeinträchtigungen iSd § 1004 anzusehen (zB Steinbrocken, BGHZ 28, 227; chemische Pflanzenschutzmittel, BGH 90, 255). Dazu zählen ideelle Einwirkungen, die sich sowohl auf die Nutzungsmöglichkeit eines Grundstücks als auch auf die Anwohner selbst (zB Schrottplatz neben Wohngrundstück) auswirken können (s § 906 Rn 2; Baur § 25, 26; sehr str; aA MK-Säcker § 906, 29; BGH NJW 75, 170, jedenfalls, soweit kein Extremfall vorliege; stRspr); denn auch dadurch wird in die Gebrauchsfähigkeit der Sache eingegriffen (zum Umfang der Verpflichtung, Einwirkungen als rechtmäßig hinzunehmen, s § 906 Rn 3 f).

10 **dd)** Eigentumsverletzungen stellen weiter dar der **Entzug der Sache** (BGH 109, 302), Maßnahmen, die nach §§ 946 ff zum **Verlust** führen (BGH 109, 300) sowie die **Verfügung,** zB die Veräußerung durch einen Nichtberechtigten (s § 816 I); dies gilt uU auch dann, wenn der Eigentümer nachträglich die zunächst unwirksame Verfügung im § 185 genehmigt (BGH DB 76, 814). Gleichzustellen ist eine Verfügung durch den Berechtigten in unzulässiger Weise (s §§ 1243, 1244, s dazu RG 100, 276). Der bloße (leicht fahrlässige, aber gutgläubige, s § 932) **Erwerb** ist weder Verfügung noch Verletzungshandlung; der Gesetzgeber hat insoweit aus Gründen des Verkehrsschutzes der Eigentumsnutzung Schranken gezogen (BGH JZ 56, 490). Die **Pfändung** und **Verwertung** einer schuldnerfremden Sache kann Eigentumsverletzung sein (BGH 58, 214: „Privatrechtswidrigkeit des Vollstreckungseingriffs"), obwohl das Vollstreckungsverfahren als solches bis zur Rechtskraft eines Urteils

11 nach ZPO 771 vollstreckungsrechtlich zulässig ist (ThP § 771, 1). **c) Sonderregelungen.** Die Bestimmungen über das Eigentümer-Besitzer-Verhältnis (§§ 989 ff) gehen, soweit sie eine Regelung treffen (zB nicht beim sog Fremdbesitzerexzeß, s Rn 12 vor § 987), als bes Anordnung für dieses Rechtsverhältnis vor.

Titel 27. Unerlaubte Handlungen **§ 823**

5. Sonstiges Recht. a) Bedeutung. Der umstrittene (s Fabricius AcP 160, 273, 274 ff) Sinngehalt dieses Begriffs erschließt sich aus den zuvor aufgeführten Rechtsgütern: Es sind zum einen weitere einzelne Persönlichkeitsrechte (Larenz, SchR II 2, § 76 II 4), zum anderen eigentumsähnliche Rechte, die sowohl eine positive Nutzungsfunktion haben als auch absolute (RG 57, 356) Abwehrbefugnisse gewähren (Medicus, BR, Rn 607 und AcP 165, 115 ff: Ausschlußfunktion). **12**
b) Zu den **weiteren Persönlichkeitsrechten** zählt gem § 12 das **Namensrecht** (BGH 8, 318) einschließlich – mit Einschränkung – der Führung eines Pseudonyms (RG 101, 230), das **Firmenrecht** (RG 115, 406) einschließlich der Geschäfts- und Unternehmensbezeichnungen (RG 102, 89, Telegrammadresse) und Firmenbestandteile mit Verkehrsgeltung (BGH 15, 109; 43, 252); sa die Sonderregelungen der HGB 30, 37 II. Weiter gehört hierhin das **Recht am eigenen Bild** (KUG 22–24). Zum Schutz eines über diese Einzeltatbestände hinausgehenden **allg Persönlichkeitsrechts** und der **Ehe** s Rn 65–88, 89–94. **c)** Zwischen Persönlichkeits- und Herrschaftsrecht steht die **elterliche Sorge**, die zB durch Vorenthalten des Kindes verletzt werden kann (BGH 111, 172; ie s Jayme, Die Familie im Recht der unerlaubten Handlungen, 1971, S 157 ff mwN). **d) Eigentumsähnliche Rechte sind aa) dingliche** (Sicherungs- und Nutzungs-)**Rechte an Sachen** wie Pfandrecht, Hypothek, Grundschuld, Rentenschuld, dingliches Vorkaufsrecht, Dienstbarkeit, Wegerecht; nicht Gemeingebrauch am Weg (str, s SoeZeuner 49 mwN). Gleichgestellt sind **dingliche Rechte an absoluten Rechten** (s Rn 18). Nicht geschützt ist das Pfandrecht an einer Forderung; denn da das Vollrecht selbst nicht unter § 823 I fällt (Rn 17), kann das Pfandrecht (Teilrecht) nicht besser geschützt sein (SoeZeuner 53). Die Verletzung des dinglichen Rechts ist durch Beeinträchtigung des Rechts selbst oder durch Zerstörung, Beschädigung usw der Sache denkbar (zB BGH WM 91, 93, Verschlechterung des Grundpfandrechts durch Wegnahme von Zubehör). **bb)** Der unmittelbare und mittelbare **Besitz** ist geschützt, wenn der Besitzer ähnlich dem Eigentümer die Sache nutzen darf und ihm Abwehrbefugnisse zustehen, dh der rechtmäßige Besitz (BGH NJW 98, 380; iE Larenz SchR II 2, § 76 II 4 f) und der Besitz des entgeltlichen redlichen Besitzers vor Rechtshängigkeit, vgl §§ 987 ff (so zur Medicus AcP 165, 136). Die Rechte bestehen auch gegenüber dem **Mitbesitzer** (bei Besitzstörungen, nicht bei Einwirkungen auf die Sache, BGH 62, 248 f); gegenüber dem unmittelbaren Besitzer hat der mittelbare Besitzer keinen Anspruch aus § 823 I, da ihm insoweit auch der Anspruch aus § 869 nicht zusteht (BGH 32, 205). **cc)** Eigentumsähnlich sind absolut geschützte **Vorstufen** des Eigentums wie zB die **Anwartschaft** (BGH 114, 163 ff, krit Selb JZ 91, 1087; SoeZeuner 55; Zahlung des Schadensersatzes aber nicht an den Anwartschaftsberechtigten, sondern analog § 432 oder § 1281 an ihn und Inhaber des Vollrechts gemeinsam, s § 929 Rn 25 ff, wobei § 851 zu beachten ist; aA – Gesamtgläubigerschaft – Schwab/Prütting § 33 II 7; zur Höhe des Ersatzanspruchs s BGH 55, 31 f). Geschützt sind weiter **Aneignungsrechte** (zB des Jagdberechtigten, LM Nr 10 (F), des Fischereiberechtigten, BGH VersR 69, 928, des Grundstückseigentümers zur Förderung von Grundwasser, BGH 69, 4). Die schuldrechtliche **Forderung** stellt noch keine dingliche Verfestigung im Blick auf die Sache dar, sondern ist ein Anspruch gegen den Schuldner; auf sie erstreckt sich deshalb § 823 I nicht (BGH 12, 317; Medicus, FS f. Steffen, 330 ff; aA Canaris, FS für Steffen, 85 ff mwN; differenzierend Becker, AcP 196, 436: Danach soll der Eingriff in die Forderungszuständigkeit selbst ersatzpflichtig machen). Die Verletzung des absolut geschützten Rechts kann wie in Rn 15 durch Beeinträchtigung des Rechts selbst oder durch Beschädigung usw der Sache, auf die sich das Recht bezieht, geschehen. **dd)** Dem Eigentum an Sachen gleichgestellt ist die **Inhaberschaft an Rechten**, die ihrerseits eine Nutzungsfunktion und Ausschlußfunktion (Rn 12) haben: **Patent-, Urheber- und Markenrecht;** § 823 ist aber gegenüber den Sondernormen, zB UrhG 97, PatG 139 subsidiär (BGH 26, 59). Die Rspr hat das **Mitgliedschaftsrecht** in einem eV (BGH 110, 327 f), die **Aktie** (RG 158, 255) und den **GmbH-**

Teichmann

§ 823

Anteil (RG 100, 278) als sonstiges Recht angesehen, jedoch als Verletzung nur die Beeinträchtigung des Rechtes selbst, nicht die Einschränkung der Ertragsfähigkeit der Gesellschaft anerkannt. Dem ist zuzustimmen (ie K. Schmidt JZ 1991, 157; Reuter FS M. Lange 707 ff); der dem Gesellschafter dadurch entstehende Nachteil (s dazu BGH ZIP 87, 33 mwN) ist wie beim Anteil an einer Personengesellschaft bloßer Vermögensschaden. **ee)** Zum Recht an dem eingerichteten und ausgeübten

19 **Gewerbebetrieb** s Rn 95–107. **ff)** Das **Vermögen** als wertmäßige Zusammenfassung der sog Aktiva einer Person (Larenz, AT, § 21 I 2) kann wegen der fehlenden Ausschlußfunktion (Rn 12) nicht in seiner Gesamtheit unter § 823 I fallen.

B. Zurechenbarkeit der Rechtsgutsverletzung

20 **1. Grundsatz.** Die Verletzung eines geschützten Rechtsguts erfüllt nur dann den Tatbestand des § 823 I, wenn sie dem Schädiger als Handlung objektiv zugerechnet werden kann („wer ... verletzt"). **a)** Als Voraussetzung muß also zum einen ein Verhalten des Schädigers, eine **Handlung,** vorliegen. Die Handlung ist nicht ontologisch (so Wolf AcP 170, 181, 202 f), sondern auf das Bedürfnisse abgestimmt zu verstehen als ein „der Bewußtseinskontrolle unterliegendes beherrschbares Verhalten" (BGH 39, 106; Fikentscher § 102 IV 1). Wer im Zustand der Bewußtlosigkeit einen Unfall verursacht, handelt nicht und kann auch § 823 nicht verwirklichen (BGH 98, 137; zur Billigkeitshaftung s Rn 4 vor § 827). Andererseits ist die konkrete Beherrschung nicht Voraussetzung, es genügt die Möglichkeit zur Steuerung. Die Handlung kann in einem positiven Tun (Rn 21) oder einem Unterlassen (Rn 29) bestehen. **b)** Zwischen Handlung und Rechtsgutsverletzung muß ein Zusammenhang festgestellt werden, der herkömmlicherweise als **haftungsbegründende Kausalität** (Rn 22, 23, 34) bezeichnet wird.

21 **2. Zurechenbarkeit des positiven Tuns. a) Tun** ist ein der Außenwelt er-
22 kennbares Handeln, ein Etwas-Tun (Fikentscher § 102 IV 7 a). **b)** Die **haftungsbegründende Kausalität** zwischen Tun und Rechtsgutsverletzung (s zB Larenz, SchR I, § 27 III a; Esser/Schmidt I/2, § 33 I 1) kann physisch oder psychisch begründet werden (zB: Die Nachricht über einen Unfall führt zum Schockschaden; sa BGH 93, 355: Ein Schockschaden der Mutter führt zur Schädigung des nasciturus). Im Ausgangspunkt gilt die sog **äquivalente Kausalität:** Jede Ursache ist kausal, die nicht hinweggedacht werden kann, ohne daß der Geschehensablauf ein anderer gewesen, das Ereignis nicht oder nicht zu diesem Zeitpunkt eingetreten wäre (Theorie der condicio sine qua non, zB Larenz, SchR I, § 27 III a). Haben mehrere nebeneinander Ursachen gesetzt, die (erst) in ihrem Zusammenwirken die Rechtsgutsverletzung auslösen, so wird jede Handlung als kausal angesehen (sog kumulative Kausalität, Bydlinski, Probleme der Schadensverursachung, 1964,

23 S 67 f). **c) Eingrenzung.** Da zahlreiche Ursachen für eine Rechtsgutsverletzung kausal sein können (zB Bau eines Pkw oder von Maschinen zur Kfz-Herstellung für eine Körperverletzung beim Verkehrsunfall, Fernsehbericht über einen Unfall für einen Nervenzusammenbruch eines Zuschauers), ist versucht worden, die Zurechenbarkeit vom naturwissenschaftlichen Kausalitätsbegriff zu lösen und nach wertenden Kriterien zu bestimmen. Das verwandte rechtliche Instrumentarium ist bei kontroversem Meinungsstand vielfältig, teilweise werden die folgenden Methoden auch nebeneinander angewandt. Terminologisch ist nicht stets hinreichend scharf

24 zur sog haftungsausfüllenden Kausalität (Rn 2 ff vor § 249) unterschieden. **aa)** Eine Auffassung hält an der äquivalenten Kausalität als einzigem Zurechnungskriterium fest und nimmt die notwendige Korrektur im Rahmen des **Verschuldens** vor (Traeger, Der Kausalbegriff im Straf- und Zivilrecht, 1904, S 219; Deutsch, Fahrlässigkeit und erforderliche Sorgfalt, 1962, S 67 und HaftungsR I, Rn 331 ff; Huber JZ 69, 680). Dies setzt voraus, daß im Rahmen des „Verschuldenszusammenhangs" (Deutsch) über die eigentliche Frage der Vorhersehbarkeit und Vermeidbarkeit (s Rn 37 ff) hinaus in einer Wertung festgestellt wird, welche auch

Teichmann

Titel 27. Unerlaubte Handlungen **§ 823**

erkennbaren Folgen seines Handelns der Schädiger nicht mehr zu vertreten hat (zB Unfälle mit sachgerecht hergestellten Erzeugnissen). Dogmatisch richtiger erscheint es jedoch, die Wertung der Zurechenbarkeit dort vorzunehmen, wo sie sonst geschieht, also herkömmlich im Rahmen der haftungsbegründenden Kausalität. Gefolgt wird deshalb beiden anschließend dargelegten Auffassungen, die demgemäß kumulativ anzuwenden sind. **bb)** Teilw wird bereits hier – der Hauptanwendungsbereich liegt bei der haftungsausfüllenden Kausalität – auf die **adäquate Kausalität** (s Rn 27 ff vor § 249) abgestellt (BGH 41, 125; Düsseldorf NJW 78, 1693; offengelassen in BGH 57, 27 f): Hat die Handlung nur wegen ganz außergewöhnlicher Umstände zur Verletzung des Rechtsguts geführt, so soll mangels Kausalität (Zurechenbarkeit) bereits der Tatbestand des § 823 I nicht erfüllt sein. **cc)** Schließlich soll auch hier bereits die Lehre vom **Schutzzweck der Norm** (s Rn 31 ff vor § 249) nutzbar gemacht werden (Stoll, Kausalzusammenhang und Normzweck im Deliktsrecht, 1968, S 19; BGH 43, 173): Nur diejenigen Rechtsgutsverletzungen seien dem Schädiger zuzurechnen, die unter den Schutz des § 823 I fallen; erleide zB jemand aufgrund eines Unfallberichtes über ihm nicht nahestehende Personen einen Nervenschock, so sei dieses allg Lebensrisiko trotz des obj Vorliegens einer Gesundheitsschädigung (s Rn 3) vom Schutzzweck nicht erfaßt (Berg NJW 70, 515 mwN; bedenklich BGH 107, 364). Aufgrund des durch § 823 I idR umfassend gewährten Schutzes bleibt der Anwendungsbereich dieser Lehre jedoch schmal (Larenz, SchR I, § 27 III b 2 aE). **d) Einzelfragen.** Folgende Fallgruppen sind ua im Rahmen der Zurechnung problematisch geworden: **aa)** Die Rechtsgutsverletzung beruht auch auf dem **selbständigen Entschluß eines Dritten** (BGH 58, 162 mit Anm Deutsch JZ 72, 551: Nachfolgende, durch einen Unfall am Weiterfahren verhinderte Verkehrsteilnehmer benutzen verkehrswidrig den Bürgersteig und beschädigen ihn; ähnlich bereits LG Düsseldorf NJW 55, 1031, dazu krit Larenz NJW 55, 1009, weiterführend NJW 58, 627; Rother NJW 65, 180; Deutsch, FS Honig, 1970, S 51; v. Caemmerer GS 405; oder: Helfer bei einem Unfall zerstören fahrlässig bisher nicht beschädigte Gegenstände des Verletzten). Der BGH hat darauf abgestellt, ob sich der Dritte „*herausgefordert fühlen durfte*" (dann Zurechnung, BGH 63, 192) oder ob der Dritte, obwohl veranlaßt, noch „Herr" des Geschehens geblieben sei, aus freier Entscheidung gehandelt habe (in BGH 58, 162 wurde deshalb die Zurechnung für die Beschädigung des Bürgersteigs verneint). **bb)** Die Rechtsgutsverletzung beruht auf dem **Handeln des Verletzten** selbst (BGH NJW 90, 2885, Verletzung beim Verfolgen eines Pkw's; zum *Unterlassen* s Rn 34). Unter Bezug auf Adäquanz und Schutzbereich der Norm ist das Merkmal des „Herausforderns" weiter differenziert: Der in Anspruch Genommene müsse eine im Ansatz zu billigende Motivation für das selbstgefährdende Handeln gesetzt haben (BGH 101, 119 ff, zust Stoll JZ 88, 153, Nierenspende der Mutter; sa BGH NJW 88, 1263). Bei einem (mißglückten) Rettungsversuch als Lebensgefahr darf sich der Retter auch zu einer gravierenden Fehlentscheidung herausgefordert fühlen (Düsseldorf NJW-RR 95, 1365). Im Fall einer Verfolgung müsse sich ein im Vergleich zum allg Lebensrisiko gesteigertes Risiko realisieren (BGH 132, 172 f; teilw krit Teichmann JZ 96, 1181), jedoch dürfe das Verfolgungsrisiko wiederum angesichts des angerichteten oder zu erwartenden Schadens nicht zu hoch sein.

3. Zurechenbarkeit des Unterlassens. a) Begriff. Unterlassen als bloßes Nichtstun ist unendlich. Um für die Rechtsanwendung zu einem handhabbaren Begriff zu gelangen und rechtlich offenbar irrelevantes Nichtstun von vornherein auszuscheiden, wird Unterlassen in juristischer Wertung (Rn 20) als ein Etwas-Nicht-Tun (Fikentscher § 102 IV 7 b) verstanden. Zu Recht wird bereits für den Tatbestand des Unterlassens gefordert, daß eine Pflicht zur Abwendung der Rechtsgutsverletzung bestand (Larenz, SchR I, § 27 III c; SchR II 2, § 76 III 3; Esser/Schmidt I/2, SchR I § 25 III 2; Deutsch, HaftungsR I, Rn 101 ff). Die wohl überwiegende Auffassung (SoeZeuner 154 ff) prüft allerdings die Pflicht zum Han-

§ 823 Buch 2. Abschnitt 8. Einzelne Schuldverhältnisse

30 deln im Rahmen der Rechtswidrigkeit, Medicus, BR, Rn 647 im Zusammenhang mit der haftungsbegründenden Kausalität. **b)** Die **Abgrenzung zwischen Tun und Unterlassen** wird teilw ähnlich wie im Strafrecht (BGHSt 6, 59; Karlsruhe GA 80, 431) danach bestimmt, wo nach dem sozialen Sinngehalt der Schwerpunkt der Vorwerfbarkeit liegt (Buchner/Roth, Unerlaubte Handlungen, 1984, S 8); richtiger erscheint, vom Begriff des Unterlassens her zu unterscheiden, ob sich jemand dem fremden Rechtsgut gefährlich nähert (Tun) oder, ohne die Gefahr durch sein Tun selbst zu erhöhen, das bestehende Risiko nicht abwendet (Deutsch,
31 HaftungsR I, Rn 108 ff). **c) Pflichten zum positiven Tun** (Abwendungspflichten) können sich ergeben aus **Gesetz** (zB § 1626, 1631, s dazu BGH NJW 79, 973; insoweit wird idR auch ein Schutzgesetz nach § 823 II verletzt), aus bes **Amtsstellungen** (BGH NJW 77, 626, verantwortlicher Redakteur), aus **dienstlichen Anweisungen**, wenn sie (auch) den Schutz Dritter zum Inhalt haben (BGH NJW 99, 574), aus **Verträgen**, die eine bestimmte Fürsorge zum Inhalt haben (Arzt, BGH JZ 89, 902, Aufklärung über notwendige Operation, Frankfurt/M NJW 00, 875 über AIDS-Erkrankung des Partners; Altersheim; Krankenhaus, BGH NJW 76, 1145; vertragliche Beaufsichtigung von Kindern im Kaufhaus, Koblenz NJW 65, 2347 mit Anm Fichtner NJW 66, 454; eingeschränkt Gastwirt gegenüber betrunkenen Gästen, München NJW 66, 1165), aus **konkreten Lebensbeziehungen** (Verwandtschaft, Lebensgemeinschaft, Freundschaft, tatsächliche Übernahme der Aufsicht für ein Kind, Celle VersR 78, 1172) und aus **vorausgegan-**
32 **genem Tun**. **d)** Eine eigene Schadensabwendungspflicht, wohl auch aus vorausgegangenem Tun abzuleiten, stellt schließlich die **Organisationspflicht** dar (auch ungenau „Organisationsverschulden" genannt s Matusche-Beckmann, Das Organisationsverschulden, 1999, passim). Zunächst für Großbetriebe, nun aber auch für die Organe jur Personen allg hat die Rspr die Forderung aufgestellt, bei einer Garantenpflicht des Organs gegenüber dem Verletzten müsse der Ablauf so organisiert werden, daß Betriebsangehörige hinreichend beaufsichtigt und damit gehindert werden können, schädigende Handlungen zu begehen (BGH 109, 302 ff mwN; ie Schlechtriem, FS Heiermann, 281 ff mwN; BGH VersR 98, 864: Notwendigkeit zur Bestellung eines Organs bei gravierenden Presseäußerungen). Auf diese Weise wird – bei unsicherer Abgrenzung (s § 831 Rn 12) – die Haftung von § 831 auf § 823 iVm § 31 verlagert und der Entlastungsbeweis ausgeschlossen (Medicus, BR, Rn 814). Dem ist grds zuzustimmen, weil sich sonst der Betriebsinhaber bei dezentralisierter Verantwortung regelmäßig der Haftung entziehen könnte; notwendig ist aber eine eindeutige, restriktive Grenzziehung (Mertens/Mertens JZ 90, 488). Bedenklich ist weiter die Tendenz, allein in dem Unterlassen, einen verantwortlichen Vertreter gem § 31 zu bestellen, eine Verletzung der Orga-
33 nisationspflicht zu sehen (s BGH DB 80, 2237 mwN; krit SoeZeuner 214 f). **e)** Die **Kausalität** eines Unterlassens für die Rechtsgutsverletzung ist dann anzunehmen, wenn derjenige, dessen Verhalten infrage steht, zur Abwendung der Verletzung tatsächlich in der Lage gewesen wäre (SoeZeuner 157, dort allerdings im Rahmen der Rechtswidrigkeit; Larenz NJW 53, 686), dh ein zumutbares Verhalten die Verletzung zu diesem Zeitpunkt vermieden oder verringert hätte. Von diesem Ausgangspunkt gelten dann die beim positiven Tun dargestellten Einschränkungen
34 (Rn 23) entsprechend. **f)** Beruht die Verletzung (auch) auf einem **Unterlassen des Verletzten selbst**, so ist, wie bei seinem Handeln (Rn 28) auf die Beachtlichkeit seiner Motive abzustellen (BGH NJW 85, 673 m zust Anm Deutsch NJW 85, 674).

35 **4. Die Verletzung von Verkehrspflichten und insbesondere von Verkehrssicherungspflichten (VSP) als Zurechnungskriterium.** Lit: v. Bar, Verkehrpflichten, 1980, 101 ff; ders JuS 88, 169; Edenfeld, Grenzen der Verkehrssicherungspflicht, VersR 02, 272; Kindermann, Verkehrssicherungspflichten, 1984; Patzelt, Verkehrssicherungspflicht, 3. Aufl 2000. **a) Grundsatz.** Schon sehr früh hat die Rspr eine **Zustandsverantwortlichkeit** für einen räumlichen und gegen-

Titel 27. Unerlaubte Handlungen **§ 823**

ständlichen Bereich über die §§ 836–838 hinaus entwickelt und darunter als VSP die Verpflichtung zur Sicherung der Verkehrsteilnehmer vor Gefahren verstanden, die von dem Bereich ausgehen. Dieser Grundsatz ist – als sog Verkehrspflicht – ausgedehnt worden auf bestimmte nicht abhängige **Berufe und Tätigkeiten,** von denen Gefahren für andere ausgehen können. Gefordert werden deshalb die sorgsame Ausübung der Funktion und Sicherungsmaßnahmen zum Schutz der Rechtsgüter Dritter, die mit der Gefahr in Berührung kommen können. Bsp: Ärzte, Produzenten (s Rn 108 ff, 122 ff), Architekten (BGH ZMR 91, 98), Bauunternehmer (BGH WM 90, 1209), Händler (BGH NJW 98, 2436: Verkauf von Feuerwerkskörpern an Kinder), Reiseveranstalter (BGH mit zust Anm Teichmann JZ 88, 661), Verantwortliche für die Durchführung gefährlicher Veranstaltungen (BGH NJW 75, 533, Autorennen; 84, 801, Eishockey), Kraftfahrer (BGH NJW 60, 2096, verkehrsunsicheres Kfz; NJW 71, 459, Verriegeln des Lenkradschlosses, sa StVG 7 III 1), Skifahrer (Karlsruhe NJW 88, 213), Besitzer von Schußwaffen (BGH VersR 63, 1049). Die Verkehrspflichten haben sowohl im Rahmen des Tuns (Marburger S 443 mwN), vor allem aber für das Bestimmen eines zurechenbaren Unterlassens (Rn 29 ff) wesentliche Bedeutung gewonnen. b) Im **Umfang** ist 36 darauf abzustellen, was ein verständiger und umsichtiger, in vernünftigen Grenzen vorsichtiger Mensch für ausreichend halten darf, um andere vor Schäden zu bewahren. Ein absoluter Schutz ist nicht geboten (BGH 108, 274 f). Es darf zB damit gerechnet werden, daß sich potentiell gefährdete Personen nicht leichtsinnig verhalten (Karlsruhe NJW-RR 97, 23 „Wackelbrücke" im Freizeitpark). Gegenüber fachkundigen Personen und Unternehmen ist die Sicherungspflicht eingeschränkt (BGH NJW 02, 1264; Esser/Weyers II 2, § 55 V 2 c). Gegenüber **Kindern** müssen, wenn mit ihnen zu rechnen ist, bes, allerdings nicht uneingeschränkte (BGH NJW 99, 2364) Sicherungsmaßnahmen ergriffen werden (BGH NJW 95, 2631 mit Anm Möllers, VersR 96, 153, Klettern auf Waggondach; BGH 139, 47, Verkauf gefährlicher Gegenstände an Kinder BGH 139, 82, Warnung des Letztverkäufers vor der Abgabe auch „freier" Feuerwerkskörper an Kinder). c) **Ge-** 37 **schützter Personenkreis.** Gegenüber Personen, die sich **unbefugt** in den Gefahrenbereich begeben, besteht idR keine Sicherungspflicht (zB BGH VersR 64, 727, Beschädigung eines Lkw's auf verbotenem Weg). Kinder wiederum müssen idR durch bes Sicherungsmaßnahmen am Betreten gehindert werden (Hamm VersR 92, 629 mwN). d) Die **Übertragung** der Verkehrspflicht auf einen Dritten wirkt, 38 sofern nicht eine Rechtsnorm die befreiende Übertragung zuläßt (BGH NJW 72, 1321, Abwälzungsmöglichkeit der Streupflicht durch eine Ortssatzung) idR nur im Innenverhältnis (Vollmer JZ 77, 371 mwN). Die Pflicht gestaltet sich nun als Verpflichtung, allg Aufsichtsanordnungen zu treffen und ihre Durchführung zu überwachen. Verletzungen dieser Aufsichtspflicht lösen unabhängig von § 831 Ansprüche aus § 823 I aus. e) Beispielhafte **Fallgruppen** (Fikentscher § 103 III 2): 39 Wer den **Zugang zu privaten oder öffentl Gebäuden** gestattet, hat für die Sicherheit der Besucher zu sorgen (s Grote NJW 00, 3113; zB BGH NJW 90, 905, Zugang zum Parkplatz; BGH NJW 86, 2757, Fußboden im Lebensmittelmarkt; BGH NJW 00, 1946, Freibad; BGH NJW 01, 2019, Gehörschäden durch Musik; zu Bäumen s Hötzel NJW 97, 1757 mwN), insbes auf nicht ohne weiteres erkennbare Gefahren hinzuweisen (BGH VersR 64, 1245, Weg zur Toilette in einer Gastwirtschaft; BGH VersR 74, 888, Gefahrenquelle im Kaufhaus). Sicherungspflichtig ist jeder, der über die Sache verfügen kann, zB also der Mieter der Wohnung (BGH VersR 68, 594) oder Gaststättenpächter (BGH 9, 383; BGH BB 64, 237); zur Verkehrspflicht des Architekten bei Baustellen s Schmalzl NJW 77, 2041. – **Öffentl Wege, Straßen, Plätze, Wasserstraßen** sind in verkehrssicherem Zustand anzulegen und zu erhalten (BGH VersR 60, 237, Wasserrohrbruch; NJW 73, 277, Gasrohrdruckleitung; Gaisbauer VersR 79, 9, Trimm-Dich-Pfad). Dies bedeutet zB die Pflicht zum Anbringen von Geländern an Brücken (RG 55, 24), zur Instandhaltung des Pflasters, ggf zur Beleuchtung (BGH 36, 237), zum Streuen bei Glatteis oder Schnee auf Bürgersteigen und Fahrbahnen, jedoch nur an

Teichmann 1025

gefährlichen und verkehrswichtigen, für Fußgänger an belebten Stellen (BGH VersR 98, 1373 mN; zur Tageszeit s BGH NJW 93, 2802; Nürnberg DWW 01, 60). Notfalls sind Warnzeichen aufzustellen (BGH VersR 60, 235; 63, 1225). Im **Straßenverkehr** obliegt die Sicherheit des baulichen Zustandes der Straßenbaubehörde grds als privatrechtliche Aufgabe (stRspr, BGH 27, 278; 60, 55 f); sie ist durch Landesges häufig zur öffentl Aufgabe mit der Haftung nach GG 34, § 839 gemacht worden. Die maßgebliche Körperschaft wird durch Landesrecht bestimmt; für Bundesfernstraßen sind, soweit keine Übertragung an andere stattgefunden hat (vgl FStrG 5), die Länder zuständig, FStrG 20. Die Verkehrsregelung obliegt der Straßenverkehrsbehörde als öffentl Aufgabe (BGH VersR 69, 539); zur Abgrenzung der Tätigkeitsbereiche s StVO 45. – **Spielplätze** müssen die besonderen Risiken auffangen (BGH NJW 88, 48) und auch den Zugang sichern (BGH NJW 77, 1965); abzustellen ist auf das typische Verhalten der Benutzergruppen (BGH 103, 340; zum Abenteuerspielplatz s BGH NJW 78, 1626; 78, 1628).

III. Tatbestand des § 823 II

Lit: Th. Honsell JA 83, 101; Peters JZ 83, 913.

40 **1. Funktion der Norm.** Mit Abs 2 iVm den beiden Schutzbestimmungen hat das Ges einen in System und Umfang anderen Güterschutz als in Abs 1 aufgebaut. **a) Eingrenzung des Anwendungsbereichs.** Der Anwendungsbereich ist zum einen insofern enger, als regelmäßig ein **bestimmtes Verhalten** des Schädigers (konkrete Angriffsart) als Voraussetzung gefordert wird (Rn 1).

41 **b) Erweiterung des Anwendungsbereichs.** Der Schutz ist zum anderen aber in zweierlei Weise wesentlich umfassender. **aa)** Geschützt sind nicht nur subj Rechtsgüter, sondern vielfältigste **Interessen** des Einzelnen wie etwa sein Vermögen (zB durch StGB 263), seine Arbeitskraft (zB durch das Ges über den Ladenschluß), sein Ruhebedürfnis (zB durch Lärmschutzvorschriften, PolizeiVOen in Kurorten). **bb)** Schutzvorschriften brauchen sich auch nicht auf ein konkretes Recht oder Interesse zu beziehen, sondern sie können allg Verhaltensweisen verbieten (sog abstrakte Gefährdungsnormen, zB Straßenverkehrsvorschriften). Damit braucht sich auch das zum Schadensersatz verpflichtende Handeln nicht gegen das gesicherte Interesse selbst zu richten, es genügt die **Verletzung der Norm selbst.**

42 **c) Konsequenzen.** Probleme der **haftungsbegründenden Kausalität** (Rn 23) können nicht auftreten, da Handeln (als Tun und Unterlassen, Rn 20) und Normverletzung zusammenfallen; die Fragen werden allerdings teilw in die haftungsausfüllende Kausalität (Rn 24 ff vor § 249) verlagert. **Rechtswidrigkeit** und **Verschulden** lassen sich, da allein auf die Norm bezogen, leichter feststellen (zum Verschulden s Rn 59 ff). Die **Beweislast** (Rn 63) erstreckt sich für den Verletzten idR bis zur Rechtsgutsverletzung (BGH VersR 84, 41, stRspr).

43 **2. Begriff des SchutzGes. a)** „**Ges**" iSd BGB ist jede „Rechtsnorm", EGBGB 2; dazu zählen neben den formellen Ges zB RechtsVOen, öffentl-rechtliche Satzungen, Anstaltsordnungen, Tarifverträge, Gewohnheitsrecht, Richterrecht und Observanz (PalHeldrich, EGBGB 2, 1; Esser/Weyers II 2, § 56 I), nicht die Verkehrspflichten (Rn 30; Canaris, FS Larenz 1983, 77 ff; aA v. Bar JuS 82, 637, 645 mwN), und die von Verbänden aufgestellten technischen Regeln und Standardnormen wie zB die Unfallverhütungsbestimmungen der Berufsgenossen-
44 schaften, DIN-Normen oder VDE-Vorschriften. **b)** Ein **SchutzGes** liegt nur vor, wenn der Schutz zumindest auch auf **bestimmte Rechtsgüter oder Interessen des Einzelnen** zielt (BGH 120, 3 stRspr). **aa)** Die Rspr hat diesen Zweck relativ scharf, wenn auch mit ausfüllungsbedürftigen Formeln akzentuiert (BGH NJW 76, 1740; 77, 1147; krit Peters JZ 83, 916): Eine allg Schutzfunktion zugunsten Einzelner reiche nicht aus; vielmehr müsse entweder das Ges erkennbar einen Individualschutz gewähren, oder ein solcher individueller Schadensersatzanspruch müsse sinnvoll und im Licht des haftungsrechtlichen Gesamtsystems tragbar er-

Titel 27. Unerlaubte Handlungen **§ 823**

scheinen. Nur so lasse sich vermeiden, daß die Entscheidung des Gesetzgebers gegen eine allg Haftung für Vermögensschädigungen unterlaufen werde. Prüfstein für die Wertung im Einzelfall könne die Frage sein, ob auch ein individueller Unterlassungsanspruch gegen eine drohende Normverletzung sinnvoll und tragbar wäre (knapper BGH VersR 87, 683). Dies ist zwar in der Sache ein Zirkelschluß (der Unterlassungsanspruch hängt davon ab, ob die Norm ein SchutzGes darstellt), vermag aber die Fragestellung zu verdeutlichen. **bb) Schrittfolge der Untersuchung.** Die Prüfung, ob der Verstoß gegen eine Norm zum Schadensersatz führt, geschieht zweckmäßigerweise dreistufig. Zunächst ist zu fragen, ob das Ges überhaupt einen Individualschutz bezweckt (Rn 44). Danach stellt sich – für den Tatbestand – die Frage, ob der Verletzte zum geschützten Personenkreis gehört (LG Bochum VersR 75, 743: § 24 III Verdingungsordnung für Leistungen, wonach eine Behörde bei Ausschreibungen zur Berücksichtigung des günstigsten Angebots verpflichtet ist, schützt den Fiskus, nicht aber den günstigsten Anbieter selbst; München NJW 85, 981: Das Halteverbot schützt auch den die Straße überquerenden Fußgänger; BGH 108, 136f: Die Vorschriften über den unverzüglichen Insolvenzantrag bei AG und GmbH schützen den Gläubiger, nicht zB die Bundesanstalt für Arbeit). Schließlich muß – ebenfalls für den Tatbestand – das von der verletzten Person geltend gemachte Interesse von der Norm geschützt werden (BAG NJW 75, 708, dazu Heckelmann SAE 76, 129 mwN; BGH DB 76, 1666, dazu Schmidt JZ 78, 661: Die Pflicht, die Eröffnung des Insolvenzverfahrens zu beantragen (dort: Konkursantragspflicht) schütze zwar auch Arbeitnehmer als Gläubiger, jedoch nicht davor, daß sie mit einer insolvenzreifen GmbH einen Arbeitsvertrag geschlossen haben; ähnlich BGH BB 89, 2279, Gläubiger allg; BGH 39, 367: StGB 330 schütze Leben und Gesundheit des Bauherrn, nicht aber sein Eigentum oder Vermögen). 45

3. Interpretation. Handelt es sich um ein strafrechtliches SchutzGes, so sind aus Gründen der Einheitlichkeit die dort geltenden Auslegungsschranken (Analogieverbot) zu beachten (BGH BB 78, 1487). 46

IV. Rechtswidrigkeit

Lit: v. Caemmerer GS 528; Deutsch, Fahrlässigkeit und erforderliche Sorgfalt, 1963, S 55; ders, Allg Haftungsrecht, 2. Aufl 1996; Larenz, FS Dölle I, 1963, S 169; Münzberg, Verhalten und Erfolg als Grundlagen der Rechtswidrigkeit und Haftung, 1966, S 75; Nipperdey NJW 57, 1777; Wiethölter, Der Rechtfertigungsgrund des verkehrsrichtigen Verhaltens, 1960, S 15.

1. Allgemeines. a) Funktion. Das Merkmal der Rechtswidrigkeit erfüllt im Bereich der unerlaubten Handlungen eine spezielle Ordnungsaufgabe (ie v. Caemmerer GS 545). Gemeinsam mit dem Merkmal des Verschuldens dient es dazu, bestimmte (dh nicht rechtswidrige oder nicht schuldhafte) Verletzungshandlungen aus der Schadensersatzpflicht herauszunehmen (zu den Sondertatbeständen der Gefährdungshaftung s Rn 9 ff). Die dem deutschen Rechtskreis eigentümliche, auf Ihering zurückgehende (Deutsch, HaftungsR I, Rn 230 f mwN) Differenzierung zwischen obj Rechtswidrigkeit und subj typisiertem Verschulden (§ 276 Rn 10, 29) erlaubt, in den Rechtsfolgen zu unterscheiden: Rechtmäßige Verletzungen müssen idR – s aber § 228) hingenommen werden; gegen rechtswidrige (auch schuldlose) Angriffe bestehen das Recht zur Notwehr (§ 227) und Nothilfe sowie die sog negatorischen Unterlassungs- und Beseitigungsansprüche; rechtswidrige und schuldhafte Handlungen verpflichten zum Schadensersatz. **b) Der Begriff** der Rechtswidrigkeit ist streitig geworden. **aa)** Nach wohl hM (zB Baur AcP 160, 470, 486; ErmSchiemann 146, MK/Mertens 24; mit Differenzierung auch Deutsch, HaftungsR, Rn 226 ff) ist die Verletzung eines Rechtsguts oder eines SchutzGes stets rechtswidrig, sofern nicht bes Rechtfertigungsgründe (Rn 52 ff) eingreifen; der Verletzungserfolg „indiziert" die Rechtswidrigkeit (sog Lehre vom **Erfolgsunrecht**). Etwas anderes soll nur bei den sog Rahmenrechten (Rn 79, 105) sowie dann gelten, wenn die Rechtsgutsverletzung aufgrund eines zu Unrecht einge- 47

48

Teichmann 1027

leiteten, ges geregelten Rechtspflegeverfahrens (Zivilprozeß, Zwangsvollstreckung) geschieht (Hopt, Schadensersatz und unberechtigte Verfahrenseinleitung, 1968, S 165 ff, 228 ff; BGH 95, 19 f). Hier müssen bes Unrechtselemente hinzutreten (s zB Gerhardt JR 85, 512: bewußter Mißbrauch des Verfahrens; enger BGH 95, 119 f). **bb)** Nach der Lehre vom **Handlungsunrecht** (zB Nipperdey NJW 57, 1777 und EnnN § 209; Esser/Schmidt I/1, 8 II 1, jeweils mit Differenzierungen) soll dies nur für vorsätzliche Handlungen gelten. Ein nicht vorsätzliches Verhalten sei nur dann rechtswidrig, wenn der Schädiger entweder gegen eine spezielle Verhaltensnorm verstoßen oder die generell geforderte Sorgfalt außer Acht gelassen habe (Esser/Weyers II 2, § 55 II 3 d). Ein grundsätzlich erlaubtes, aber risikoreiches Verhalten könne nicht deshalb rechtswidrig werden, weil es trotz beachteter Sorgfalt zur Verletzung geführt habe (SoeZeuner 3). Anlaß zu dieser Lehre sind verschiedene typische, nicht abschließend gemeinte Beispiele, in denen eine Haftung bereits wegen fehlender Rechtswidrigkeit ausgeschlossen werden soll: **Verkehrsgerechtes Verhalten** eines Verrichtungsgehilfen im Straßenverkehr (BGH 24, 26, im Anschluß daran Hamm NJW-RR 98, 1403, allerdings zum Ausschluß des Verschuldens; wie BGH Nipperdey NJW 57, 1777; v. Caemmerer GS 548 f; Zippelius NJW 57, 1707; ders AcP 157, 397; Wieacker JZ 57, 535; Baumann MDR 57, 646; aA Stoll JZ 58, 137; Hafferburg NJW 59, 1398; Bettermann NJW 57, 986; Wussow NJW 58, 893; May NJW 58, 1262; Schmidt NJW 58, 489: Verletzung eines aufspringenden Fahrgastes nach dem ordnungsgemäßen Abfahren der Straßenbahn); ordnungsgemäße **Produktion einer Sache** (Pkw, Säge), die in der Hand eines anderen zur Verletzung des Dritten führt (Larenz, SchR II 2, § 75 II 3 b, sog mittelbare Verletzungen); sachgerechtes **Aushändigen eines Gegenstandes** an einen anderen, in dessen Hand sie zur Verletzung des Dritten führt (zB Verkauf eines Messers, Deutsch, HaftungsR I, Rn 237). **cc) Stellungnahme.** Wenn die Lehre vom Handlungsunrecht Elemente des Verschuldens mit in den Rechtswidrigkeitsbegriff hineinnimmt, so hebt sie die ursprünglich getroffene Differenzierung (Rn 47) wieder auf. Dies wirkt sich zwar nicht beim Schadensersatzanspruch aus, der nach der Lehre vom Erfolgsunrecht auch nicht bejaht würde; verkürzt werden aber der Abwehrmöglichkeiten des potentiell Geschädigten. Damit ist der Funktion des Merkmals nicht ganz Rechnung getragen. Die Lehre erscheint auch vom Ergebnis her nicht erforderlich; das Ziel, die Haftung des Schädigers zu vermeiden, kann durch Verlagerung der Sachprüfung in einen anderen Normbereich zumindest ebenso erreicht werden: bei der Produktion und dem Aushändigen von Gegenständen fehlt es an der haftungsbegründenden Kausalität (Rn 23); bei dem verkehrsgerechten Verhalten eines Verrichtungsgehilfen dürfte der Entlastungsbeweis gem § 831 I 2 BGB gelingen (der Schaden wäre auch bei gehöriger Auswahl oder Beaufsichtigung eingetreten). Der Lehre vom Erfolgsunrecht ist daher weiterhin zu folgen. **c) Rechtswidrigkeit des Unterlassens.** Prüft man mit der hier vertretenen Auffassung (Rn 29 ff) bereits im Tatbestand, ob eine Pflicht zum Handeln (Abwendungspflicht) bestand, so treten im Rahmen der Rechtswidrigkeit zwischen positivem Tun und Unterlassen keine Unterschiede auf: Die Verletzung eines Rechtsguts oder eines Schutzgesetzes indiziert bei beiden die Rechtswidrigkeit.

2. Rechtfertigungsgründe. Die nicht abschließend geregelten Rechtfertigungsgründe sind der gesamten Rechtsordnung zu entnehmen. In Betracht kommen insbes **aller Rechtfertigungsgründe** wie **Notwehr** (§ 227), **Notstand** (§§ 228, 904) einschließlich des übrigen Notstandes (§§ 228 ff), erlaubte allg **Selbsthilfe** (§ 229), Selbsthilfe von Besitzer und Besitzdiener (§§ 859, 860), Vermieter (§ 561) und Eigentümer (§ 910), **Wahrnehmung berechtigter Interessen** (StGB 193); **Züchtigungsrecht** der Eltern im Rahmen des durch den Erziehungszweck gebotenen, Alter, Gesundheit und Verfassung des Kindes berücksichtigenden Maßes; das Recht kann auf andere Erziehungspersonen übertragen werden. Dritten, auch Lehrern, steht kein eigenes Züchtigungsrecht zu (ie s StSalgo § 1631,

Teichmann

Titel 27. Unerlaubte Handlungen **§ 823**

78 ff). Recht auf **Meinungsäußerung** (GG 5, s Rn 74, 77), Recht zur **vorläufigen Festnahme** (StPO 127); **öffentl-rechtliche Befugnisse** (zB BJagdG 23 ff, Töten streunender Hunde). **b) Einwilligung des Verletzten.** Lit: Kohte AcP 185, 105. **aa) Allgemeines.** Die Einwilligung ist, da nicht auf einen rechtlichen Erfolg, sondern auf die Unversehrtheit der eigenen Rechtsgüter bezogen, keine Willenserklärung (BGH 105, 47 f). Ob auf die entspr Anwendung der §§ 104 ff zurückgegriffen werden kann, ist im Einzelfall zu entscheiden. Die **Anfechtung** wegen Irrtums ist nicht möglich (BGH NJW 64, 1178, Unterbringung in einer geschlossenen Anstalt); eine unter **Drohung** oder **Täuschung** gegebene Einwilligung ist unwirksam (BGH aaO). Für **Willensunfähige** handeln die ges Vertreter, notfalls ist ein Betreuer zu bestellen (vgl BGH NJW 66, 1856). **Minderjährige** können einwilligen, wenn sie die Bedeutung und die Tragweite des verletzenden Eingriffs und seiner Gestattung zu ermessen vermögen (BGH 29, 36). Die Einwilligung fällt zugleich in den Bereich der elterlichen Personensorge, §§ 1626 I, 1631, wobei häufig (ie BGH 105, 48 ff) ein Elternteil als durch den anderen ermächtigt gilt. Je nach Bedeutung des Eingriffs (zB Operation, Verletzung des Persönlichkeitsrechts, s Rn 70 ff) und Alter des Kindes ist die elterliche Entscheidung allein maßgebend, die Einwilligung von Eltern und Minderjährigem erforderlich (BGH NJW 72, 337: nicht unwichtiger, aber auch nicht eiliger operativer Eingriff; NJW 74, 1950: Veröffentlichung einer Aktaufnahme) oder die des Minderjährigen allein ausreichend (BGH 29, 37; ie Flume II § 13, 11 f). Die Einwilligung ist **unwirksam** (die Verletzung bleibt rechtswidrig), wenn sie – etwa bei Tötung oder Verstümmelung – sitten- oder verbotswidrig ist (BGH 7, 207; 34, 361). **bb) Zur Einwilligung in eine Operation** s Rn 112 ff. **cc) Einwilligung in Risiken.** Wer sich bewußt in eine Gefahr begibt (zB Autofahrt mit einem Betrunkenen), hofft, daß alles gutgehen werde, er willigt also nicht in tatsächlich eintretende Verletzungen ein (aA Karlsruhe NJW 78, 705 mwN für Boxen, Autorennen, waghalsige Felsenklettern). Zutr hat die Rspr das „**Handeln auf eigene Gefahr**" als Problem des Mitverschuldens, nicht der Rechtswidrigkeit qualifiziert (s § 254 Rn 14 ff). Etwas anderes soll bei Sportarten mit Verletzungsgefahren (zB Kampfspielen) gelten (SoeZeuner 75 f vor § 823): Verletzungen, die bei regelgerechtem Spiel nicht zu vermeiden sind (BGH 63, 145, dazu Grunsky JZ 75, 109) oder auf geringfügigem Regelverstoß beruhen (OLG München NJW-RR 89, 726), werden über die Risiko-Einwilligung als rechtmäßig qualifiziert. Richtiger erscheint es aus Gründen der systematischen Klarheit wie der Möglichkeit einer Differenzierung in den Rechtsfolgen, auch diese Sportunfälle – bei allen erdenklichen Ergebnis – als Unterfall des Handelns auf eigene Gefahr allein im Bereich der § 254 anzusiedeln (Teichmann JA 79, 293, 347; Füllgraf VersR 83, 705; Herrmann, Jura 85, 568; Kohte AcP 185, 123). **dd)** Die **mutmaßliche Einwilligung** stellt wie die Einwilligung selbst einen Rechtfertigungsgrund dar, die aufgezeigten Grundsätze gelten entspr. Ist der Betroffene nicht in der Lage, sich zur Frage der Einwilligung zu äußern (zB Bewußtlosigkeit) und kann zur Erteilung der Einwilligung kein Betreuer bestellt werden, so muß im Rahmen des Zumutbaren versucht werden, seinen mutmaßlichen Willen zu ermitteln (zB durch Befragen Angehöriger, BGH 29, 52; NJW 66, 1856). Bei dringenden und im Interesse des Betroffenen sachlich gebotenen Eingriffen (Operation) kann von einem mutmaßlichen Einverständnis ausgegangen werden.

54

55

56

V. Verschulden

1. Allgemeines. Verschulden setzt Verschuldensfähigkeit (Rn 1 vor § 827) voraus. Zum zivilrechtlichen Begriff von **Vorsatz** und **Fahrlässigkeit** s § 276 Rn 15 ff, 23 ff.

57

2. Verschulden iS des Abs 1. Das Verschulden muß sich auf den obj Tatbestand beziehen, also auf den **Verletzungserfolg** (verletztes Rechtsgut, Rn 2 ff) und die **Verletzungshandlung** einschließlich der haftungsbegründenden **Kausa-**

58

§ 823 Buch 2. Abschnitt 8. Einzelne Schuldverhältnisse

lität (Rn 20 ff). Auf den Schaden und die haftungsausfüllende Kausalität (Rn 24 ff vor § 249) braucht sich das Verschulden hingegen nicht zu erstrecken (Mot II 406; BGH 59, 39).

59 **3. Verschulden und Verschuldensfähigkeit iS des Abs 2. a) Gegenstand.** Vom Verschulden erfaßt sein muß nach hM hier lediglich der **Normverstoß**. Sofern also nicht das SchutzGes selbst die schuldhafte Verletzung des Betroffenen fordert (wie zB StGB 230), braucht sich das Verschulden, etwa bei abstrakten Gefährdungsdelikten, nicht auf die Rechtsgutsverletzung selbst zu erstrecken (BGH 51, 103 f, stRspr; aA Fikentscher § 104 III 3: Das Verschulden müsse sich auch auf
60 die Interessenverletzung erstrecken). **b) Ausmaß.** Setzt das SchutzGes bes Verschuldensformen (Vorsatz, grobe Fahrlässigkeit) voraus, so müssen sie auch für den Schadensersatz gegeben sein. Ist ein Normverstoß auch ohne Verschulden möglich,
61 so fordert § 823 II 2 zumindest Fahrlässigkeit. **c) Inhalt.** Handelt es sich bei dem SchutzGes um eine *Straf-* (bzw Ordnungswidrigkeiten-)vorschrift, so ist str, ob hinsichtlich der Verschuldensfähigkeit StGB 19 gilt und auch auf den strafrechtlichen Verschuldensbegriff zurückgegriffen werden muß (zur Unterscheidung s § 276 Rn 23 ff). Nach der eingeschränkten strafrechtlichen Schuldtheorie beeinträchtigt vermeidbar fehlendes Unrechtsbewußtsein den Vorsatz nicht, während nach der im Zivilrecht herrschenden Vorsatztheorie der Vorsatz entfällt. Anderes Beispiel: individueller und typisierter Verschuldensmaßstab, s § 276 Rn 23. Der BGH hat zutr strafrechtliche Grundsätze angewandt, weil nur insoweit ein Schutz aufgestellt wurde (BGH WM 84, 1434 mwN).

VI. Rechtsfolgen

62 Zu Unterlassungs- und Beseitigungsansprüchen allg s Rn 6, 7 vor § 823; zum Widerruf in Einzelfällen s § 823 Rn 81 ff, zum Schadensersatz (Ersatz des sog negativen Interesses, BGH NJW 98, 984) einschließlich der haftungsausfüllenden Kausalität s Rn 1 ff vor § 249, zum Ersatz des immateriellen Schadens s § 847 Rn 3.

VII. Beweislast

63 Der Verletzte hat den **obj Tatbestand,** also Rechtsguts- bzw SchutzGesverletzung (BGH NJW 87, 1695), Handlung und haftungsbegründende Kausalität (ZPO 286, BGH VersR 93, 55 stRspr) zu beweisen, bei Rspr und – hier der vertretenen Auffassung auch beim Unterlassen (Rn 51) – das Vorliegen eines **Rechtfertigungsgrundes** (Düsseldorf VersR 90, 853). Der **Verschuldensnachweis** obliegt wiederum dem Verletzten (die Pflichtverletzung kann allerdings Indizwirkung haben, BGH NJW 86, 2758). Im Rahmen der Produzentenhaftung nach BGB (s Rn 132, 134) sowie der Arzthaftung (s Rn 118 ff) und bei Berufen, die, dem Arztberuf ähnlich, auf den Schutz von Körper und Gesundheit anderer gerichtet sind (BGH 61, 121), hat die Rspr teilw die **Beweislast umgekehrt.** In Anwendung der Regeln zum prima-facie-Beweis (ThP § 286, 12) geht die Rspr bei der **Verletzung eines SchutzGes** idR von der Kausalität zwischen SchutzGes und Rechtsgutverletzung (BGH BB 86, 2160 mit Einschränkungen) sowie vom Verschulden des Handelnden aus (BGH NJW 84, 433; SoeZeuner 331). Die Beweislast für die **haftungsausfüllende Kausalität** allg (s Rn 24 f vor § 249) liegt beim Verletzten.

VIII. Sondergruppen

64 Einige Fallgruppen, deren Problematik erst nach Erlaß des BGB ins Blickfeld getreten ist, lassen sich im Aufbau des Tatbestandes und hinsichtlich der Rechtsfolgen nicht in gleicher Weise behandeln wie die übrigen Sachverhalte. Sie werden deshalb hier gesondert dargestellt.

Titel 27. Unerlaubte Handlungen § 823

A. Persönlichkeitsrecht

Lit: Baston-Vogt, Der sachliche Schutzbereich des zivilrechtlichen allg Persönlichkeitsrechts, 1997; v. Caemmerer GS 513 und FS v. Hippel, 1967, S 27; Hager, Der Schutz der Ehre im Zivilrecht, AcP 196, 168 ff; Helle, Besondere Persönlichkeitsrechte im Privatrecht, 1991; Ladeur, Persönlichkeitsschutz und „Comedy", NJW 00, 1977; Steindorff, Persönlichkeitsschutz im Zivilrecht, 1983; Seyfarth, Der Einfluß des Verfassungsrechts auf zivilrechlliche Ehrenschutzklagen, NJW 99, 1291; Soehring/Seelmann-Eggebert, NJW 00, 2466 (Rspr-Übersicht); Stürner, JZ 1994, 865; Wasserburg, Der Schutz der Persönlichkeit im Recht der Medien, 1988.

1. Allgemeines. a) Funktion. Der enumerative Schutz einzelner Persönlich- 65
keitsgüter (Rn 13) hat sich angesichts eines vertieften Verständnisses von Bedeutung und Schutzbedürftigkeit der Person einerseits, der gesteigerten Verletzungsmöglichkeiten andererseits, etwa infolge neuerer Technologien – zB bei Kommunikation und Information – als zu eng und ungenügend erwiesen. Notwendig erschien, über die Einzeltatbestände hinaus von einem „Recht des Einzelnen gegenüber jedermann auf Achtung seiner Menschenwürde und Entfaltung seiner individuellen Persönlichkeit" (BGH 24, 76; 27, 286) auszugehen, das den Einzelnen vor ungerechtfertigten Beeinträchtigungen und Verletzungen seiner gesamten körperlichen und seelischen Integrität, seines privaten Lebensbereiches, seiner Möglichkeiten der Selbstdarstellung und Selbstverwirklichung zu schützen vermag. **b) Rechtsgrundlage.** Die Rspr hat deshalb seit BGH 13, 334 unmittel- 66
bar aus GG 1 und 2 sowie aus der MRK einen umfassenden zivilrechtlichen Persönlichkeitsschutz entwickelt; das allg Persönlichkeitsrecht bildet heute trotz dieser systematisch zweifelhaften Ableitung und der darin angelegten Konkretisierungsschwierigkeiten einen „festen Bestandteil unserer Privatrechtsordnung" (BVerfG 34, 281). Der BGH hat das Persönlichkeitsrecht als „sonstiges Recht" iSv I qualifiziert (zB BGH 24, 77; 50, 143 mwN). Da es aber um den Schutz der Person selbst geht, ordnet man es besser – ohne daß dies für die Ergebnisse von Bedeutung wäre – den übrigen Persönlichkeitsgütern (Leben, Körper, Gesundheit, Freiheit) als weiteres zu (Medicus, BR, Rn 615); daneben ist § 823 II iVm 67
strafrechtlichen SchutzGes anwendbar (BGH 95, 214). **c) Umschreibung.** Angesichts des rechtspolitisch gewünschten weiten Schutzes der Person ist eine begriffliche Eingrenzung (Definition), die eine Subsumtion erlauben würde, wohl nicht möglich. Die inhaltliche Konkretisierung geschieht durch die Anlagerung neuer Sachverhalte an den vorhandenen Bestand positiver Entscheidungen und durch die wertende Abscheidung im Einzelfall. Dies hat die Notwendigkeit zur Folge, typische **Fallgruppen** zu bilden. Wegen der Weite als generalklauselartiger Auffangtatbestand (BGH 50, 138; Fikentscher § 103 II 2: Rahmenrecht) gelingt auch nicht die klare Trennung im Aufbau zwischen Tatbestand (Rechtsgutsverletzung) und Rechtswidrigkeit. Es muß bereits für die Verletzung selbst eine **Güter- und Interessenabwägung** im Einzelfall vorgenommen werden (grundlegend BGH 24, 80; sa BGH NJW 94, 126 stRspr). Dabei sind auf Seiten des Verletzten die Art der Rechtsverletzung, die Schwere der Beeinträchtigung, ihr Anlaß und sein Verhalten vor der Verletzung zu berücksichtigen, auf Seiten des Verletzers Mittel und Zweck des Eingriffs, die ihm zur Seite stehenden Grundrechte (zB GG 5, s dazu Grimm NJW 95, 1697), Art und Dauer des Eingriffs sowie uU konkrete Rechtfertigungsgründe (zB StGB 193). **d) Rechtsträger:** jede natürliche **Person,** die jur Person 68
(KG NJW 01, 2210), der nichtrechtsfähige Verein (BGH NJW 71, 1665) und die Personengesellschaft (BGH DB 80, 2280: des Handelsrechts) insoweit, als sie in ihrer Funktion betroffen werden können (bedenklich einschränkend auf kommerzielle Gesichtspunkte BGH 98, 97 ff, BMW; dazu krit Baumgärtel JZ 86, 1110). Auch der **nasciturus** wird, soweit er verletzt werden kann, geschützt. Das Persönlichkeitsrecht erlischt als solches mit dem **Tode.** Es entfaltet jedoch **Nachwirkungen** in der Weise, daß das Andenken des Verstorbenen (BVerfG 30, 194, Mephisto)

Teichmann 1031

nicht beeinträchtigt, seine Privatsphäre nicht ausgebreitet, sein Lebensbild nicht verfälscht und nicht verächtlich gemacht werden darf (BGH 15, 259; Cosima Wagner; 50, 136; Mephisto; 107, 392 f: Emil Nolde; BVerfG NJW 01, 2959: Wilhelm Kaise; ie s Bender VersR 01, 815). Wahrzunehmen sind die höchstpersönlichen Rechte von den überlebenden Angehörigen. Über den Tod hinaus geschützt werden auch kommerzielle Interessen etwa an der Verwertung des Namens (BGH 143, 219; BGH NJW 01, 2201, 02, 2318, Marlene Dietrich), die von den Erben wahrgenommen werden. Im Ergebnis unklar soll allerdings auch hier ein Informationsbedürfnis der Allgemeinheit ein Gegengewicht bilden können (BVerfG NJW 01, 594, Willy Brandt-Münze; ie Pabst NJW 02, 999). Auch die physische Integrität des **Leichnams** ist geschützt (Verbot unbefugter Organentnahme, LG Bonn JZ 71, 58; Laufs VersR 72, 6; Samson NJW 74, 2031). Ansprüche wegen der Verletzung eines Verstorbenen können von den nächsten Angehörigen, dem Ehegatten und den Testamentserben gegen Geld gemacht werden (BGH 15, 259; 50, 140); zum

69 Umfang s Rn 88. **e) Konkurrenzen.** Soweit nicht in § 823 I selbst erwähnte oder über das Merkmal „sonstiges Recht" geschützte Persönlichkeitsgüter (s Rn 13) betroffen sind, greift die Rspr auf die Verletzung des allg Persönlichkeitsrechts neben dem Verstoß gegen Sondernormen zurück (zB BGH NJW 74, 1948, KUG 22). Zu überlegen wäre, ob nicht nach dem Subsidiaritätsgrundsatz Persönlichkeitsverletzungen Ansprüche nach § 823 I nur dann auslösen können, wenn keine Sonderregelung vorliegt.

70 **2. Fallgruppen.** Die typisierende Ordnung von Entscheidungsmaterial führt zu sich teilweise überschneidenden und auch nicht abschließend zu verstehenden Gruppierungen (ähnlich Fikentscher § 103 II 2). Dabei muß berücksichtigt werden, daß die im Einzelfall vorzunehmende Güter- und Interessenabwägung

71 (Rn 67) konkret auch zu einem anderen Ergebnis führen kann. **a) Behinderung der Persönlichkeitsentfaltung in zentralen Bereichen.** Bsp: Vernichtung tiefgefrorenen Spermas bei vorhersehbarer Unfruchtbarkeit und damit definitive Vereitelung des Wunsches nach Kindern (BGH 124, 54, dort unzutr als Körperverletzung, s Pfeiffer Anm LM Nr 151 zu § 823 Aa; Laufs/Reiling NJW 94, 775, Rohe

72 JZ 94, 465; Taupitz NJW 95, 745). **b)** Unbefugtes **Eindringen in den privaten Bereich.** Bsp: Telefonwerbung (BGH 59, 317, dort zu UWG 1); ausdr verbetene und auch vom Störer in zumutbarer Weise abzustellende Briefwerbung (BGH VersR 89, 373); das bloße Auslegen pornographischer Schriften in einer Buch-

73 handlung stellt keine Verletzung dar (BGH 64, 182). **c)** Unbefugtes **Erforschen des persönlichen Bereichs** mit nicht allg zugänglichen Mitteln. Bsp: Belauschen in der Wohnung (BGH NJW 70, 1848); Öffnen von Briefen (BGH VersR 90, 532); heimliches Abhören am Telefon (idR nicht jedoch Mithören beim Empfänger, BGHSt 39, 339 f mwN; aA BAG NJW 98, 1332) oder hinter einer Grenzmauer (BGH 27, 286), Einsatz eines Lügendetektors (BGHSt 5, 332), Anfertigung

74 eines graphologischen Gutachtens ohne Einwilligung (BAG NJW 84, 446). **d)** Unbefugtes **Fixieren nicht öffentlichen Auftretens oder nicht öffentlicher Äußerungen.** Bsp: Heimliche Aufnahme eines Bildes (BGH 24, 200, 128, 410), Aufnahme eines Hochzeitspaares durch einen berufsmäßigen Fotografen (Hamm GRUR 71, 84), Bildaufnahme an erkennbar abgeschiedenem Ort (BVerfG NJW 00, 1023); Tonbandaufnahme (BGH NJW 88, 1017); Videoaufnahme (BGH NJW

75 95, 1956); nicht Wortprotokoll (BGH 80, 42). **e)** Unbefugte **Veröffentlichung/Weitergabe von Einzelheiten** aus dem persönlichen oder nur eingeschränkt zugänglichen Bereich. Bsp: Veröffentlichung von vertraulichen Aufzeichnungen wie Briefen oder Tagebüchern (BGH 13, 338; 15, 262), Publikation des Protokolls eines Telefongesprächs (BGH 73, 191 mit Anm Deutsch JZ 79, 352), Verwendung einer nur eingeschränkt freigegebenen persönlichen Aufnahme im Fernsehen (BGH NJW 85, 1617); von persönlichen Daten über die Grenzen des BDSG hinaus (Köln ZIP 84, 1440), öffentl Erörterungen familiärer Auseinandersetzungen (LG Oldenburg NJW 87, 1419; zu weitgehend BGH NJW 94, 1281: Verwendung einer veröffentlichten Bilanz als Schulungsmaterial). An der Weitergabe kann ein allg Interesse (GG 5 I 1) bestehen, sie ist dann hinzunehmen; auch ist das eigene Recht der Presse auf Betätigung (GG 5 I 2) zu berücksichtigen (BGH 31, 312; 45, 308; BVerfG NJW 00, 1921 mwN). Bsp: Die Mitteilung von Bild und Name Tatverdächtiger auch in unterhaltenden Fernsehsendungen soll im Fahndungsinteresse zulässig sein (Frankfurt NJW 71, 48; Braunschweig NJW 75, 652; eingehend Neumann-Duesberg JZ 71, 305), desgl eine Zeitungsinformation über ein Ermittlungsverfahren (BGH 143, 204). Hingegen kann das Interesse eines bereits Verurteilten und zur Entlassung Anstehenden an persönlicher Anonymität (Resozialisierung) schwerer wiegen als das allg Informationsbedürfnis über eine Aufsehen erregende Straftat (BVerfG 35, 231, Fall Lebach; s aber BVerfG NJW 00, 1859 nach Ablauf von 27 Jahren). Auch sog Personen der Zeitgeschichte brauchen die Veröffentlichung privater Einzelheiten nicht zu dulden, insbes dann nicht, wenn die Berichterstattung lediglich dem Unterhaltungsinteresse dient (BGH 131, 337 ff im räumlichen Bereich allerdings zu zurückhaltend); anders, wenn der Betroffene selbst durch sein Verhalten Anlaß zur Beschäftigung mit seiner Person gegeben hat (BGH 36, 80: Waffenhandel; NJW 64, 1472: „Sittenrichter"; NJW 66, 2335: Verhalten während des Nationalsozialismus). f) Unbefugte **Kommerzialisierung** 76 persönlicher Rechte durch die Verwendung von Bild, Fotografie, Name (BGH 81, 80; sa BGH 126, 216) und des Rufes zu Werbezwecken (BGH NJW 92, 2084). **g) Verfälschung des Lebensbildes** in öffentl Darstellung (BGH 50, 144, BVerfG 77 30, 198: Mephisto, sa Kastner NJW 82, 601; Bremen NJW 96, 1000: Arbeit für den KGB; BGH 107, 391: gefälschte Nolde-Bilder; bei künstlerischer Gestaltung ist hier gegenüber der Kunstfreiheit, GG 5 III, sorgfältig abzuwägen; BGH 128, 1: Vortäuschen eines tatsächlich nicht geführten Interviews). **h) Ehrverletzungen.** 78 Bsp: Herabsetzende Pressekritik (BGH 39, 128) oder Fehlzitat (BGH NJW 82, 635); Verlesen eines verächtlichmachenden Briefes von Mitschülern in der Klasse durch den Lehrer; ehrenrührige und falsche Behauptungen in Zeitung (Düsseldorf NJW-RR 90, 1118), krit Fernsehsendung (BGH 66, 182) oder Wahlkampf (BGH NJW 84, 1102). Bei **unzutr Tatsachenbehauptungen** (s § 824 Rn 4) spricht die Güterabwägung (Rn 67) eher für den Verletzten (BGH NJW 87, 1399). Bei abschätzigen Werturteilen kommt es darauf an, ob sie sich im Rahmen sachbezogener, auch durchaus scharfer Kritik halten (insbes beim „Gegenschlag") oder ob sie diffamieren wollen (BVerfG NJW 91, 96; BGH NJW 00, 3422: „Babycaust" ist zulässig). Formalbeleidigungen (BGH 39, 124) stellen stets eine rechtswidrige Verletzung dar.

3. Rechtswidrigkeit. Abgesehen von der sowohl den Tatbestand als auch die 79 Rechtswidrigkeit berührenden Interessen- und Güterabwägung (Rn 67) kann sich der Verletzer auf die allg Rechtfertigungsgründe (Rn 52 ff) berufen.

4. Verschulden. Die Rspr hat insbes für Presseveröffentlichungen usw relativ 80 strenge Maßstäbe im Blick auf die Wahrheitserforschung und die Interessenabwägung aufgestellt, (s zB Saarbrücken NJW 97, 1377). Auf amtliche Pressemitteilungen darf sich ein Journalist aber verlassen, Braunschweig NJW 75, 653. Eine schuldhafte Pflichtverletzung stellt es auch dar, wenn kein ges Vertreter oder kein Sonderorgan (§ 31) zur Prüfung krit Beiträge unter dem Gesichtspunkt ua der Persönlichkeitsverletzung bestellt wird (BGH 39, 130).

5. Rechtsfolgen. a) Allgemeines. Auch hier gilt der allg Grundsatz (Rn 47), 81 daß eine tatbestandsmäßige und rechtswidrige Verletzung negatorische Ansprüche (auf Unterlassung und Beseitigung) auslösen kann und daß bei schuldhafter Verletzung **Schadensersatzansprüche** in Betracht kommen. Ergänzt wird das Sanktionensystem durch presserechtliche Regelungen. Daneben können Ansprüche aus **Eingriffskondiktion** infrage kommen (BGHZ 81, 81 ie Beuthien/Schmölz, Persönlichkeitsschutz durch Persönlichkeitsrechte, S 39 ff; Siemes, AcP 201, 214 ff; Erlanger, Die Gewinnabschöpfung bei Verletzung des allg Persönlichkeitsrechts, 2001, passim). Bei den Sanktionen lassen sich mehrere Intensitätsstufen unterschei-

§ 823 Buch 2. Abschnitt 8. Einzelne Schuldverhältnisse

den (vgl Rn 82–88). **b)** Zu **Unterlassungsansprüchen** s Rn 6 vor § 823; uU kommt eine Veröffentlichung der Unterlassungserklärung in Betracht (BGH 99,
82 133). **c) Recht auf Gegendarstellung.** Lit: Seitz/Schmidt/Schoener, Gegendarstellungsanspruch, 3. Aufl 1998; Schmidt/Seitz NJW 91, 1009. **aa) Zweck.** Es handelt sich um einen bes Rechtsbehelf gegen die Beeinträchtigung des Persönlichkeitsrechts durch Presse, Rundfunk und Fernsehen (s BGH 66, 195; 70, 39). Der Betroffene soll an gleicher Stelle – auch Titelseite (BVerfG 97, 145, 152 ff) – und mit entsprechendem Publizitätsgrad die ihn betreffende Darstellung durch seine Sicht des mitgeteilten Sachverhalts berichtigen (Löffler/Ricker, Hdbuch des PresseR, 4. Aufl 2000, Kap 27, 1 ff; BGH 66, 192 mwN) und damit das über ihn entstandene Bild korrigieren können. **bb) Inhalt.** Nur Tatsachenbehauptungen (Kreuzer, FS Geiger, 1974, S 97 ff mN); die Veröffentlichung hat grundsätzlich in der nächsten für den Druck bzw die Sendung nicht abgeschlossenen Nummer zu erfolgen. **cc) Rechtsgrundlage.** Pressegesetze (der Länder) 11. **dd) Prozessuale Durchsetzung:** ZPO 935 ff; sachlich zuständig ist das LG (BGH NJW 63, 151),
83 örtl Zuständigkeit gem ZPO 13, 17, nicht 32 (str). **d) Widerruf. aa) Rechtsgrundlage, Voraussetzungen.** Der Anspruch auf Widerruf kann als Schadensersatzanspruch verstanden werden, er wird auch als Unterfall des Beseitigungsanspruchs auf § 1004 analog gestützt. Er setzt eine **Tatsachenbehauptung** voraus. Werturteile (darunter fallen auch insgesamt Gutachten, BGH NJW 78, 751) und Meinungsäußerungen brauchen wegen GG 5 I und GG 1 nicht widerrufen zu werden (BGH NJW 82, 2246; zur Abgrenzung s § 824 Rn 4). Die Behauptung muß **unwahr** sein; bei nur möglicher Unwahrheit, aber auch möglicher Wahrheit der Behauptung besteht kein Widerrufsanspruch (BGH 69, 183 mwN, sehr str). Steht die Unwahrheit zwar nicht positiv fest, fehlen aber ernstliche Anhaltspunkte für die Wahrheit, so kann ein sog eingeschränkter oder abgeschwächter Widerruf (Erklärung, die Behauptung werde nicht aufrecht erhalten) verlangt werden (BGH 69, 182 mwN). Der Widerruf muß **geeignet** sein, **der Ansehensminderung entgegenzuwirken** (sonst unnötige Demütigung, BGH 89, 201 f). Gibt jemand (Presse, Rundfunk) nur eine fremde Äußerung wieder, ohne sich selbst damit zu identifizieren, so ist der Anspruch auf Widerruf nur das letzte Mittel, wenn andere
84 Rechtsbehelfe (zB Gegendarstellung) nicht ausreichen (BGH 66, 189). **bb) Form:** Eigenhändig unterzeichnete Erklärung (BVerfG 28, 9; aA Frankfurt JZ 74, 63
85 mwN), uU Veröffentlichung am selben Platz (BGH 128, 8: Titelseite). **cc) Rechtsweg, Vollstreckung.** Auch gegenüber öffentl Rundfunk- und Fernsehanstalten ist der Zivilrechtsweg gegeben (BGH 66, 185; aA Bettermann NJW 77, 513: Verwaltungsrechtsweg). Die Art der Vollstreckung ist sehr str, wohl zutr nach ZPO 888 vorzunehmen (nach BVerfG 28, 10 verfassungsrechtlich unbedenklich, da durch den Widerruf keine Änderung der eigenen Auffassung gefordert wird); teilw wird die Anwendung von ZPO 894 befürwortet (Frankfurt JZ 74, 63) oder statt des Widerrufs ein Urteil auf Feststellung der Persönlichkeitsverletzung (Hamburg MDR 75, 56) bzw der Unwahrheit der Behauptung (Leipold ZZP 84, 150 und JZ
86 74, 65; dagegen BGH 68, 334 mwN). **e) Äußerungsrechtlicher Folgenbeseitigungsanspruch.** Stellt sich eine ursprünglich zutr Tatsachenbehauptung (Bsp: Bericht über eine Straftat) aufgrund späterer gerichtlicher Erkenntnisse in einem anderen Licht dar und dauert die Pesönlichkeitsbeeinträchtigung zu diesem Zeitpunkt noch an, so kann der Verletzte entspr §§ 1004, 823 eine öffentl Mitteilung über die geänderte Situation verlangen (BGH 57, 325; BVerfG NJW 97, 2589).
87 **f)** Der Anspruch auf **Schadensersatz** (§ 249) deckt zB die Vernichtung von Bildaufnahmen oder die Löschung von Tonbändern (Naturalrestitution) sowie Vermögensaufwendungen zur Schadensabwendung gd für Gegenerklärungen. Gegenüber Presse, Rundfunk und Fernsehen muß sich der Verletzte wegen GG 5 I 2 idR
88 mit einer Gegendarstellung (Rn 83) begnügen (BGH 66, 195). **g) Geldentschädigung** (s § 253 Rn 7 ff) kann verlangt werden, wenn eine auf schwerem Verschulden (Koblenz NJW 97, 1376, grobe Fahrlässigkeit) beruhende schwere oder wiederholte (BGH 132, 27) Beeinträchtigung des Persönlichkeitsrechts vorliegt, die

Titel 27. Unerlaubte Handlungen **§ 823**

nicht auf andere Weise, insbes durch Naturalrestitution oder Widerruf, befriedigend ausgeglichen werden kann (BGH 128, 15). Das Abstellen auf eine Genugtuung für den Verletzten und eine Prävention gegenüber dem Verletzer (s § 253 Rn 7) erlaubt uU erhebliche Beträge.

B. Ehe

Lit: Boehmer AcP 155, 181; Jayme, Die Familie im Recht der unerlaubten Handlungen, 1971, 223; Riegel, NJW 89, 2798; Smid, Zur Dogmatik der Klage auf Schutz des „räumlich-gegenständlichen Bereichs" der Ehe, 1983; ders NJW 90, 1344.

1. Allgemeines. Art und Ausmaß des deliktischen Schutzes der Ehe sind außerordentlich umstritten. Im Ausgangspunkt besteht Einigkeit, daß die Ehe als grundges geschützte Institution auch zu den unter I fallenden Persönlichkeitsgütern (oder „sonstigen Rechten") zählt. Die Schwierigkeiten der Konkretisierung folgen daraus, daß eine Zerstörung oder Beeinträchtigung der Ehe durch einen Dritten ohne Mitwirkung des Ehepartners kaum denkbar ist. Auf den Ehepartner darf aber nach Auffassung der Rspr (eingehend BGH 57, 231) auch nicht mittelbar über einen Druck auf den Dritten mit staatlichen Zwangsmaßnahmen dahin eingewirkt werden, seine Verpflichtungen im Blick auf die eheliche Lebensgemeinschaft zu erfüllen (Frankfurt NJW 74, 2325: keine faktische Umgehung des ZPO 888 II). Diese Schwierigkeiten haben dazu geführt, den Komplex „Ehe" rechtlich aufzuspalten, einen sog persönlichen, die Pflichten zwischen den Partnern umfassenden Bereich bereits aus dem **Tatbestand** des I auszuklammern und nur einen äußeren, „räumlich-gegenständlichen Bereich" als schutzfähig anzusehen. Verbunden ist damit in den **Rechtsfolgen** eine Beschränkung auf Beseitigungs- und Unterlassungsansprüche. 89

2. Räumlich-gegenständlicher Bereich. a) Der räumlich-gegenständliche Bereich ist der Ort, der die äußere sachliche Grundlage für das Familienleben abgeben und den Familienmitgliedern die Entfaltung ihrer Persönlichkeit ermöglichen soll (BGH 6, 365). Der störende Eindringen Dritter kann im Wege des **Unterlassungs-** und **Beseitigungsanspruchs** (s Rn 6, 7 vor § 823) untersagt werden (BGH 34, 87; 35, 304; Celle NJW 80, 711: Schutz vor Aufnahme des Dritten in die eheliche Wohnung oder vor Beschäftigung in dem von den Eheleuten gemeinsam betriebenen Geschäft; Zweibrücken NJW 89, 1614, im Einzelergebnis sehr unzutr). Der Betroffene kann gegen den störenden Ehepartner (auf Verweis oder Entlassung des Dritten), gegen den störenden Dritten selbst oder gegen beide vorgehen. **b)** Soweit der räumlich-gegenständliche Bereich verletzt wurde, müßte die Rspr konsequenterweise auch **Schadensersatzansprüche** (zB wegen ärztlicher Behandlung infolge einer durch die Störung ausgelösten Krankheit) zubilligen; dies hat sie jedoch bisher aus den in Rn 92 ff genannten Gründen abgelehnt. 90

91

3. Persönlicher Bereich. a) Von dem in Rn 89 VIII B 1 dargestellten Ausgangspunkt der Rückwirkung eines Anspruchs gegen störende Dritte auf den Ehepartner hat der BGH in stRspr **Schadensersatzansprüche** abgelehnt, weil sonst unmittelbar oder mittelbar (über den gesamtschuldnerischen Ausgleich zwischen Drittem und Ehepartner) die abschließende familienrechtliche Regelung der rechtlichen Beziehungen zwischen den Ehepartnern während der Ehe und nach der Scheidung durch die Anwendung des § 823 überspielt würde und im übrigen Verschuldenstatbestände ermittelt werden müßten, die entspr dem Zerrüttungsprinzip selbst für die Scheidung ohne Bedeutung seien (BGH NJW 90, 706 mwN). Einzelne Positionen (zB Entbindungskosten für den dem Ehebruch entstammende Kind, §§ 1615 k iVm 1615 i III; Kosten für den Ehelichkeitsanfechtungsprozeß, BGH 57, 229; Unterhalt für das Kind, § 1615 b II) können nach familienrechtlichen Bestimmungen geltend gemacht werden. **b) Unterlassungs-** und **Beseitigungsansprüche** sind, soweit nicht auch der räumlich-gegenständli- 92

93

Teichmann 1035

che Bereich betroffen wird, von dem gewählten Ausgangspunkt aus nicht gegeben.

94 c) Die Rspr ist in der Literatur auf Ablehnung gestoßen (insbes Gernhuber/Coester-Waltjen § 17 II 2; Jayme aaO). Zwar müsse die Freiheit eines Partners, die Ehe aufzugeben, respektiert werden (deshalb auch gegen den Dritten kein Schadensersatzanspruch, wenn die Mitarbeit des Ehegatten entfällt). Geltend gemacht werden könne jedoch das sog **Abwicklungsinteresse,** dh die Abwehrkosten, der gezahlte Unterhalt für das dem Ehebruch entstammende Kind, Kosten für die eigene, durch die Ehestörung verursachte Erkrankung (dagegen eingehend BGH 57, 233). Iü wird für die materielle Gestaltung differenziert zwischen Gesamtschuldnerschaft von Ehepartner und Drittem (Gernhuber/Coester-Waltjen § 17 III 4; SoeZeuner 67) und Alleinverbindlichkeit des Dritten (Medicus, BR, Rn 619; Schwab NJW 56, 1150; 57, 870). Eine Geltendmachung des Anspruchs wird teilw bereits während des Bestehens der Ehe für möglich gehalten; Schwab NJW 56, 1150); zT wird die vorherige Ehescheidung gefordert (Boehmer AcP 155, 190; FamRZ 57, 197).

C. Recht am „eingerichteten und ausgeübten Gewerbebetrieb"

Lit: Biedenkopf, Über das Verhältnis wirtschaftlicher Macht zum Zivilrecht, FS Böhm, 1965, S 113; Buchner, Die Bedeutung des Rechts am eingerichteten und ausgeübten Gewerbebetrieb für den deliktsrechtlichen Unternehmensschutz, 1971; Kübler, Öffentl Kritik an gewerblichen Erzeugnissen und beruflichen Leistungen, AcP 172,177; K. Schmidt, Integritätsschutz von Unternehmen nach § 823 BGB, JuS 93, 985; Schricker, Öffentl Kritik an gewerblichen Erzeugnissen und beruflichen Leistungen, AcP 172, 203; Wiethölter, Zur politischen Funktion des Rechts am eingerichteten und ausgeübten Gewerbebetrieb, KritJ 70, 121.

95 **1. Allgemeines. a) Entwicklung.** Schon recht früh hatte das RG (JW 02, Beil 228; grundlegend RG 58, 29) den Schutz, den ein Unternehmen mit dem Tatbestandsmerkmal „Eigentum" in I und durch andere einzelne Normen (zB §§ 824, 826, UWG 1, WZG 24, 25 aF) erfuhr, als unbefriedigend und lückenhaft empfunden. In stRspr, der sich der BGH angeschlossen hat (Nachzeichnung der Entwicklung in BGH 29, 67; sa BGH 45, 307), wurde deshalb von einem „Recht am eingerichteten und ausgeübten Gewerbebetrieb" als Schutzposition iSv § 823 I (sonstiges Recht) ausgegangen. Sollte nach dem RG zunächst allein die Unternehmenssubstanz geschützt werden, so ist dies nach dem BGH der Gewerbebetrieb „in seinem Bestand und in seinen Ausstrahlungen, soweit es sich um gerade dem Gewerbebetrieb in seiner wirtschaftlichen und wirtschaftlichen Tätigkeit wesensgemäße und eigentümliche Erscheinungsformen und Beziehungen handelt" (BGH 29, 70; ähnlich schon BGH 3, 279; in BGH NJW 70, 2060 zur Eingrenzung verwendet). Damit handelt es sich aber nicht mehr um den Schutz eines eigentumsähnlichen Rechts iSd § 823 I, sondern um eine neue Norm, die bestimmte Verletzungen der wirtschaftlichen Tätigkeit anderer einem Ersatzanspruch unterstellt und Vermögensschäden ausgleicht. Da aber in einer marktwirtschaftlichen Ordnung wirtschaftliche Tätigkeit stets die Tätigkeit anderer begrenzt und ihrerseits legitimerweise (mit bestimmten Mitteln) zurückgedrängt werden kann, müssen aus der Unzahl denkbarer Beeinträchtigungen die nicht gebilligten herausgefiltert werden. Dies geschieht durch allg Grundsatz (s Rn 96), zwei einschränkende Merkmale (s Rn 98, 99), die unabhängig voneinander von Ges entwickelt worden sind, und das Bilden von Fallgruppen (s Rn 100 ff). Der von der Rspr entwickelte Schutz, der auch mit mancherlei Gegenrechten und wirtschaftspolitischen Zielsetzungen kollidiert, ist in der Lit teilw auf heftige Kritik gestoßen (zB Biedenkopf aaO S 126 f; Kübler aaO S 185). Heute läßt sich wohl, im Ergebnis zutr, eine rückläufige Tendenz bei dem Bejahen eines Anspruchs feststellen. **b)** Betont wird die

96 **lückenfüllende Funktion** des Rechts am Gewerbebetrieb („Auffangtatbestand", BGH 36, 256 f; 138, 315) und die daraus folgende **Subsidiarität** des Anspruchs: Wird der fragliche Sachverhalt durch spezielle Normen, insbes aus dem Wett-

Titel 27. Unerlaubte Handlungen **§ 823**

bewerbsrecht und dem Recht des gewerblichen Rechtsschutzes – positiv wie negativ – geregelt, so ist für den hier behandelten Anspruch kein Raum (stRspr, BGH 105, 350; Esser/Weyers II 2, § 55 I 2 c; weitergehend Kübler aaO S 196 ff und Medicus, BR, Rn 614: Das Rechtsinstitut sei grundsätzlich überflüssig). Deshalb können auch Ansprüche aus Wettbewerbsverstößen, die gem UWG 21 verjährt sind, nicht unter Ausnutzen der längeren Verjährungsfrist des BGB nach § 823 I geltend gemacht werden. § 826, ebenfalls ein Auffangtatbestand (§ 826 Rn 1), verdrängt den Anspruch nicht (BGH NJW 77, 1877 mwN). **c) Aufbau. aa) Schutzobjekt** ist nach hM die „gegenwärtige", „selbständige" und „gewerbliche" Tätigkeit. Der Bereich sollte jedoch bei allen drei Merkmalen erweitert werden: auch auf *potentielle* Unternehmen, weil sie für den Wettbewerb wesentlich sind (Fikentscher § 103 II 1; Battes, Erwerbsschutz durch Aufwandsentschädigung, 1969, S 490 f; aA BGH NJW 69, 1208; Buchner aaO S 123), des weiteren auf vergleichbare *abhängige* Tätigkeit (so, wenn auch mit unzutr Begründung, LG Münster NJW 78, 1329, Platzverbot für Sportredakteur; MK/Mertens 488), schließlich auf eine *freiberufliche* Tätigkeit (München NJW 77, 1106; aA Karlsruhe NJW 63, 2324) und zwar, da es auf diese Tätigkeit und nicht ein Sachsubstrat ankommt, auch dann, wenn keine einem Unternehmen vergleichbare Organisationsstruktur vorliegt (SoeZeuner 150 f mwN; für diese Einschränkung Buchner aaO S 126 f). **bb)** Die einen Anspruch begründende Verletzungshandlung muß **betriebsbezogen** sein. Nach der Rspr (BGH NJW 85, 1620 mwN; krit MK/Mertens 491; Buchner aaO S 75 ff) muß sich der Angriff „irgendwie gegen den Betrieb selbst richten" und darf nicht vom Gewerbebetrieb ohne weiteres ablösbare Rechte oder Rechtsgüter treffen (BGH 86, 156 ff mwN). Keine Ansprüche entstehen deshalb durch die Verletzung eines Arbeitnehmers (BGH 7, 36), des geschäftsführenden Gesellschafters (Celle BB 60, 170), durch die Unterbrechung der Stromzufuhr infolge einer Kabelbeschädigung (BGH 29, 71; 41, 127; NJW 68, 1280; str, aA zB Glückert AcP 166, 317; zum Anspruch aus Eigentumsverletzung s Rn 7 ff). **cc)** Die eigentliche Entscheidung fällt bei der **Güter- und Interessenabwägung** zwischen dem Betroffenen einerseits, dem Verletzer und der Allgemeinheit andererseits (BGH 138, 318; BVerfG 66, 116, 132 ff). Zwischen Tatbestand und Rechtswidrigkeit kann hier wie bei der Verletzung des Persönlichkeitsrechts (s Rn 67) nicht unterschieden werden. Eine besondere Rolle spielen auf Seiten des Verletzers die Meinungsfreiheit (zB BVerfG NJW 89, 321, Aufruf zu Mietboykott; BGH 137, 99, Blockade eines Unternehmens; BGH NJW 02, 1192, scharfe Kritik an Unternehmensleistung) und das Wettbewerbsprinzip, das ein Eindringen in fremde Kundenkreise (mit marktkonformen Mitteln) geradezu erfordert.

2. Fallgruppen. Die Sachverhalte, bei denen die Rspr einen ungerechtfertigten Eingriff in den Gewerbebetrieb angenommen hat, lassen sich etwa in vier Fallgruppen einteilen (ähnlich Larenz, SchR II 2, § 81 I 1, etwas differenzierter Fikentscher § 103 I 1). **a) Verhinderung** bestimmter gewerblicher Tätigkeit durch ungerechtfertigtes **Abmahnen**, dh die Aufforderung, ein Erzeugnis nicht herzustellen oder nicht in dieser Form zu vertreiben, weil ein fremdes (idR dem Abmahnenden zustehendes) gewerbliches Schutzrecht verletzt werde (stRspr: RG 58, 75; BGH NJW 79, 916 mwN). Eine Regelungslücke (Rn 96) besteht nach hL insoweit, als sonst Ansprüche des zu Unrecht Angegriffenen nur unter den Voraussetzungen des § 826 geltend gemacht werden könnten (aA Gierke/Sandrock § 15 III 1: der Komplex werde durch UWG 1 hinreichend geregelt, und mit beachtlicher Argumentation Häsemeyer, Schadenshaftung im Zivilrechtsstreit, 1979, passim, zB S 12, 14 f, 22 ff: Einbettung in ein prozessuales Haftungssystem). **b)** Verhinderung bestimmter gewerblicher Tätigkeit durch ungerechtfertigte **physische Beeinträchtigung.** Bsp: Erschwerung des Reparaturdienstes durch Entfernen von Typenschildern an Produkten (BGH DB 78, 784); unzulässiger Streik (BAG AP Nr 32, 34 zu GG 9 Arbeitskampf); Boykott außerhalb des Wettbewerbs, zB aus

97

98

99

100

101

102

§ 823 Buch 2. Abschnitt 8. Einzelne Schuldverhältnisse

politischen Gründen; hier ist sehr sorgsam gegen das Recht auf Meinungsäußerung (GG 5 I 1) abzuwägen, wobei eine Vermutung für die Zulässigkeit des Aufrufs spricht (BGH 45, 308: Höllenfeuer, gegen BGH 3, 280: Constanze; sa Frankfurt NJW 69, 2096); der Boykottaufruf aus politischen Gründen durch einen Marktmächtigen ist strenger zu bewerten (BVerfG 25, 265 gegen BGH NJW 64, 31 f: Blinkfüer; der Boykott aus Wettbewerbsgründen unterfällt GWB 22 I und UWG 1; Versperren der Kommunikation mit den Kunden (BGH 23, 163 zu GG 14: Baracke vor Unternehmenslokal); die gegen ein bestimmtes Unternehmen („betriebsbezogene", s Rn 98) gerichtete Demonstration wird nicht durch GG 5 I und 8 gedeckt (BGH 59, 35 f und NJW 72, 1571 mN; etwas weiter Diederichsen

103 und Marburger NJW 70, 777). **c) Verbreitung nachteiliger Werturteile** in unzulässig scharfer Form, die ein Unternehmen oder seine Leistungen herabsetzen, ohne den Tatbestand der §§ 826, StGB 185 oder UWG 1 zu erfüllen. Nach anfänglich sehr strengen Maßstäben hat der BGH im Anschluß an BVerfG 7, 198 (Lüth) zutr ähnlich wie bei der Verletzung des Persönlichkeitsrechts (Rn 77) das Interesse des Sich-Äußernden und das die Kritik auslösende Vorverhalten des Angegriffenen stärker berücksichtigt (s BGH NJW 02, 1193 mwN). Die Verbreitung von krit **Warentests** (ie zB Baumbach/Hefermehl, UWG 1, 403 ff) hat die Rspr das Informationsinteresse der Allgemeinheit anerkannt und auch die Korrekturfunktion von Tests gegenüber der Eigenwerbung gesehen. Die Veröffentlichung von sachkundig ermittelten, um Objektivität bemühten Tests/Berichten stellt

104 daher keinen rechtswidrigen Eingriff dar (BGH 138, 320 f). **d)** Ungerechtfertigte schädigende Mitteilung **wahrer Tatsachen** (zu unwahren Tatsachen s § 824). Bsp: Verbreitung „schwarzer Listen" von säumigen Zahlern an Nichtinteressierte (BGH 8, 145); Information über gestellten Konkursantrag ohne eigenes berechtigtes Interesse (BGH 36, 23), über Redaktionsinterna einer Zeitung (BGH 80, 25; BVerfG 66, 116). Sofern das Interesse an der Verbreitung als solcher überwiegt und sie daher zulässig ist, muß eine schonende und der Sache angemessene Form gewahrt bleiben (zB BGH NJW 85, 1620; großzügiger BVerfGE 60, 241, „Kredithaie").

105 **3. Rechtswidrigkeit.** Die vorzunehmende Interessen- und Güterabwägung zwischen Angreifendem und Betroffenem wirkt bereits auf den Tatbestand ein (Rn 99). Daneben kann sich der Angreifende auf die allg Rechtfertigungsgründe (Rn 52 ff) berufen.

106 **4. Verschulden.** Es gelten die allg Regeln (Rn 57, 58); zum Verschulden bei Schutzrechtsverwarnungen s BGH 62, 29, bei Warentests BGH 65, 334 f.

107 **5. Rechtsfolgen.** Wie allg bei unerlaubten Handlungen stehen den Betroffenen Abwehransprüche (zB BGH NJW 72, 1574; ie Rn 5 ff vor § 823) und Schadensersatzansprüche zu.

D. Haftung bei medizinischer Behandlung

Lit: Damm, Persönlichkeitsschutz und medizinische Entwicklung, JZ 98, 926; Deutsch, Medizinrecht, 4. Aufl 1999; Ehlers/Broglic, Arzthaftungsrecht, 2. Aufl 2001; Frahm/Nixdorf, Arzthaftungsrecht, 2. Aufl 2001; Giebel ua, Das Aufklärungsgespräch zwischen Wollen, Können und Müssen, NJW 01, 863; Hänlein, Möglichkeiten der Weiterentwicklung der zivilrechtlichen Arzthaftung, ArztR 01, 315; Laufs, Arztrecht, 5. Aufl 1993; ders, NJW 00, 1757 (Überblick); Laufs/Uhlenbruck, Handbuch des Arztrechts, 3. Aufl 2002; Spickhoff, NJW 02, 1758 (Rspr-Übersicht); Steffen-Dressler, Neue Entwicklungslinien der BGH-Rspr zum Arzthaftungsrecht, 9. Aufl 2002.

108 **1. Allgemeines. a) Problematik.** Arzthaftungsprozesse haben in den letzten Jahren ganz erheblich zugenommen. Soziologische Gründe dafür sind wohl der allg Autoritätsabbau, der die Unangreifbarkeit auch des Arztes weitgehend beseitigt hat, weiter wie bei der Produkthaftung (durch Rechtsschutzversicherungen erleichterte) Tendenzen, andere für erlittene Schäden in stärkerem Maß verantwortlich zu

109 machen. **b) Anspruchsgegner** bei ärztlichen Fehlern ist bei einem Vertrag mit

Titel 27. Unerlaubte Handlungen **§ 823**

dem Arzt dieser und zwar aus Vertrag und aus Delikt (zu den unterschiedlichen Auswirkungen s Schmid NJW 84, 2601). Bei einem Vertrag mit einem Krankenhausträger haftet der Träger aus Vertrag (iVm § 278) und aus Delikt, zB bei Verletzung der Organisationspflicht aus § 823 iVm § 31 (BGH NJW 85, 2180, s dazu Rn 32), bei dem Fehler eines weisungsabhängigen Arztes aus § 831, bei dem Fehler eines weisungsunabhängigen Chefarztes iVm § 31, evtl iVm § 89 (BGH NJW 80, 1901); dabei ist eine Freizeichnung durch AGB grds nicht zulässig (Karlsruhe NJW 79, 2355; differenzierend Deutsch, NJW 83, 1343). Daneben haftet der Arzt selbst aus unerlaubter Handlung. **c)** Die Grds gelten entspr für **andere Heilberufe** (Braunschweig VersR 87, 77, Hebamme).

110

2. Von dem Ausgangspunkt, daß auch der Heileingriff den **Tatbestand** einer Körperverletzung erfüllt (s Rn 3), ergibt sich zwangsläufig die Anwendbarkeit der allg Regeln. Die Verletzung kann damit – bei dem Bestehen einer Garantenstellung (BGH NJW 00, 2742) – auch durch **Unterlassen** geschehen, etwa durch das Unterbleiben einer Untersuchung (LG Berlin NJW 85, 2200), einer Warnung (BGH NJW 87, 705), einer Information nachbehandelnder Ärzte (BGH NJW 87, 2927), durch eine unzureichende Organisation oder eine nicht genügende medizinische Ausstattung. Als Körperverletzung wird auch das Herbeiführen einer **ungewollten Schwangerschaft** durch eine fehlerhafte Sterilisation (BGHZ 76, 249; NJW 85, 673; aA Schiemann JuS 80, 711; Schünemann JuS 81, 576: Eingriff in das Recht auf ungestörte Familienplanung als Teil des Persönlichkeitsrechts) oder das Mißlingen eines gebotenen Abbruchs (BGHZ 86, 240 mit Anm Aretz JZ 84, 719; NJW 84, 658 mit Anm Fahrenhorst JR 84, 417; Deutsch JZ 84, 889; Sick/Fischer MedR 85, 93; BGH NJW 85, 673 mit zust Anm Deutsch NJW 85, 674; Giesen JZ 85, 334; krit Stürner FamRZ 85, 753) verstanden (sa Rn 32 vor § 249; ein Anspruch des Kindes selbst entsteht nicht, s Rn 4).

111

3. Rechtswidrigkeit. a) Allgemeines. Der Eingriff ist gerechtfertigt bei der **Einwilligung** (s dazu Rn 54 ff) des Patienten, in Ausnahmefällen bei einer **mutmaßlichen Einwilligung,** wenn der Patient sich nicht äußern (Bewußtlosigkeit, größte Schmerzen, Frankfurt VersR 84, 289) und ein Betreuer nicht bestellt werden kann, schließlich im Fall eines **Notstandes** (StGB 34), wenn zB die Eltern eine Zustimmung zu einem notwendigen Eingriff mißbräuchlich verweigern und eine Entscheidung nach § 1666 nicht mehr eingeholt werden kann. **b) aa)** Die Einwilligung wird jdR für einen **konkreten Eingriff** erteilt. Bei der Notwendigkeit einer Erweiterung der Operation ist daher uU ein Abbruch erforderlich, um eine entspr Einwilligung einzuholen (Frankfurt NJW 81, 1322 mit Differenzierungen). Sie kann sich uU auf einen **bestimmten Arzt** (Chefarzt) beziehen (München NJW 84, 1412). **bb)** Die Einwilligung deckt nur einen **sachgerechten Eingriff.** Der Arzt muß alle gebotenen Untersuchungen sachgerecht vornehmen, den Patienten vor Infektionen schützen (Köln NJW 85, 1402), Voruntersuchungen auf ihre Plausibilität kontrollieren, hinreichend apparativ (BGH 102, 24 f) wie personell (NJW 98, 2734, stRspr; Hamm NJW 93, 2387) ausgestattet sein und sein Personal sachgerecht aussuchen, einteilen, anweisen und überwachen. Bei der Zusammenarbeit mit anderen Fachärzten kann er sich idR auf jenen verlassen (Hamm VersR 83, 884). **c) Aufklärung. aa) Art.** Die wirksame Einwilligung setzt voraus, daß der Patient angemessen und rechtzeitig (BGH NJW 96, 777, 779; dazu krit Hoppe NJW 98, 782 mwN) in einem persönlichen Gespräch (Merkblätter allein genügen nicht, BGH NJW 94, 793) nach dem gegenwärtigen Stand medizinischer Erkenntnisse hinreichend über Erforderlichkeit (s Frankfurt, VersR 96, 101, unzutr, nicht hinreichend abgesicherte Diagnose), Wesen, Dringlichkeit (BGH NJW 02, 2928), Bedeutung, Erfolgsaussicht (Hamm NJW 02, 307, Krebspatient) und Tragweite der Behandlung **aufgeklärt** worden ist. Er muß seine Entscheidung eigenverantwortlich im Bewußtsein des Verlaufs der Krankheit in behandelter und unbehandelter Form, der uU damit verbundenen erheblichen Schmerzen (BGH 90, 98), der Risiken, Nebenfolgen und auch der ernsthaft in Betracht kommenden Alternativen

112

113

114

Teichmann 1039

treffen können (BGH NJW 00, 1788). Von dieser allg Aussage ergeben sich verschiedene Folgerungen: Informiert werden muß grds stets und zwar auch dann, wenn die Besorgnis besteht, der Patient werde die Nachricht nur schwer verkraften; ein sog **therapeutisches Privileg** (Deutsch NJW 80, 1305) hat der BGH nicht anerkannt, sondern ein Unterlassen der Aufklärung nur dann für zulässig gehalten, wenn die Gefahr eines schweren seelischen oder körperlichen Schadens besteht (BGH 90, 109; 106, 148, psychiatrische Behandlung; desgl Giesen S 71 ff).

115 bb) Der **Umfang** der Aufklärung richtet sich zum einen nach der **Verständnismöglichkeit** des Patienten, dem auch zugemutet werden kann, selbst nachzufragen (BGH NJW 88, 1515). Informiert werden muß über die *Art des Eingriffs* nur „im Großen und Ganzen". Die Behandlungsmethode zu wählen ist grds Sache des Arztes; er kann idR davon ausgehen, daß der Patient ihm die Entscheidung überläßt (BGH 102, 22 f; krit Giesen JZ 88, 414). Hatte die Rspr bei *Risiken* und Nebenfolgen zunächst auf die prozentuale Komplikationsdichte abgestellt, so ist sie zutr in den Hintergrund getreten (BGH 144, 5). Es kommt jetzt darauf an, ob die Risiken für einen verständigen Patienten in der betr Situation, über die er ebenfalls zu informieren ist, ernsthaft ins Gewicht fallen, ihr Eintreten den Patienten bes belasten würde (BGH 144, 5). Dies erlaubt einmal eine Abstufung nach der Dringlichkeit der Operation (weitergehende Aufklärung bei geringer Dringlichkeit, Oldenburg VersR 01, 1381, bei kosmetischen Operationen und diagnostischen Eingriffen, Düsseldorf VersR 99, 61), zum anderen nach der Schwere der Auswirkungen (BGH VersR 91, 548, Risiko bleibender Inkontinenz; BGH VersR 93, 229, Lähmung durch Nervschädigung; BGH 116, 382 ff, AIDS durch Transfusion).

116 cc) **Rechtsfolgen.** Ist nicht hinreichend aufgeklärt, so bleibt der Eingriff rechtswidrig und zwar unabhängig davon, ob sich gerade das nicht erwähnte Risiko verwirklicht hat (BGH NJW 96, 777, 779). Es ist, auch wenn kein Behandlungsfehler vorliegt, für alle negativen Folgen Ersatz zu leisten; dies gilt dann grundsätzlich auch für den Eintritt eines anderen Risikos, über das nicht aufgeklärt werden mußte (sehr str; zutr vorsichtig einschränkend BGH 106, 396 f mwN; zust Giesen JR 89, 290, krit Deutsch NJW 89, 2113). Der Arzt kann – bei strengen Beweisanforderungen (Karlsruhe VersR 01, 860) – einwenden, auch bei hinreichender Information hätte der Patient eingewilligt (MK/Mertens 453; BGH NJW 90, 2929 mit bestimmten Substantiierungspflichten für den Patienten, falls die Einwilligung naheliegt; sa Jena VersR 98, 587; mutmaßliche Einwilligung bei Lebensbedrohung und fehlenden Behandlungsalternativen); bei der unzutr Auskunft über die Möglichkeiten der Früherkennung vorgeburtlicher Schäden soll der Arzt beweisen müssen, daß sich die Mutter bei richtiger Information dennoch nicht zur Untersuchung und bei dem Erkennen einer Schädigung zum Austragen des Kindes entschieden hätte (BGH NJW 84, 659; aA zutr Laufs NJW 85, 1364).

117 4. **Verschulden.** Nach dem beruflich gebotenen Sorgfaltsmaßstab (§ 276 Rn 29) muß der Standard eines erfahrenen, mit der gegenwärtigen Entwicklung vertrauten (BGH NJW 99, 1799), bei schwierigen Eingriffen eines entspr erfahrenen (BGH NJW 87, 1480; 89, 2299) Arztes gewährleistet und die erforderliche technische Ausrüstung vorhanden sein (BGH NJW 00, 2740; Hamm VersR 90, 53 für Notfallversorgung). Behandlungen durch Anfänger sind deshalb ggf von einem erfahrenen Arzt zu begleiten (Düsseldorf VersR 01, 460). Den Patienten kann ein **Mitverschulden** treffen, etwa wenn Anweisungen und Empfehlungen nicht befolgt werden. Freilich wird man im Einzelfall prüfen müssen, ob dem Patienten die Risiken einer Nichtbefolgung hinreichend deutlich gemacht worden sind. Im Rahmen der ärztlichen Information ist die Rspr mit der Annahme eines Mitverschuldens zurückhaltend; insbes kann vom Patienten wegen seiner eingeschränkten Verständnismöglichkeit idR nicht erwartet werden, daß er bei einer unvollständigen Information nachfragt (BGH NJW 97, 1635).

118 5. **Beweislast. Lit:** Baumgärtel I § 823 Anh C II; Franzki, Die Beweisregeln im Arzthaftungsprozeß, 1982; Steffen, FS Brandner, 1996, S 327 ff; G. Müller NJW

Titel 27. Unerlaubte Handlungen **§ 823**

97, 3049; Weber, NJW 97, 761. **a) Allgemeines.** Die Beweissituation ist für den Patienten, aber auch für den Arzt wegen der teilweise nicht beherrschbaren und auch nicht aufklärbaren physiologischen Vorgänge schwierig. Die Rspr hat in Abweichung von den allg Grundsätzen (Rn 63) die Beweislast für den Patienten teilweise erleichtert. **b)** Bei einer **fehlerhaften Operation** trägt der Patient im Ausgangspunkt die Beweislast für ein *Fehlverhalten* und die *haftungsbegründende Kausalität*; es gelten die allg Regeln des prima-facie-Beweises (s Rn 51 vor § 249). Bei **groben Behandlungsfehlern** (s dazu BGH 132, 53 f; 138, 5; zu den Anforderungen an die Feststellung s BGH NJW 01, 2795; ie Hausch, VersR 02, 671) bejaht die Rspr die haftungsbegründende Kausalität bereits dann, wenn der Behandlungsfehler generell geeignet ist, Schäden dieser Art auszulösen; der Arzt muß den Gegenbeweis führen, der eingetretene Schaden sei durch diesen Fehler gerade nicht (mit-)verursacht (BGH NJW 97, 797 mit Differenzierungen). Ähnliches gilt für Schäden bei **Anfängeroperationen** (BGH NJW 92, 1581) sowie beim **Ausfall technischer Geräte** (BGH NJW 78, 584; Deutsch JZ 78, 277). Werden erforderliche **Krankheitsbefunde nicht erhoben** oder aufbewahrt, so kann auf einen wahrscheinlichen positiven Befund geschlossen werden; in einem zweiten Schritt kann auf ein grobes Verschulden geschlossen werden, wenn ein (wahrscheinlicher) Befund ein Handeln des Arztes hätte auslösen müssen (BGH 132, 53; BGH NJW 99, 860; 99, 862). Bei **unvollständiger Dokumentation** aller wesentlichen Vorgänge wie Diagnose, Beratung, Therapie, Operationsmethode (ie Bender VersR 97, 918; Strohmaier VersR 98, 416) wird die Vermutung begründet, eine nicht dokumentierte Maßnahme sei auch nicht getroffen (BGH NJW 89, 2331). In die Dokumentation ist dem Patienten idR Einsicht zu gewähren (BGH JZ 89, 440 mit Anm Giesen: als vertraglicher Anspruch). Sind Dokumente nicht auffindbar und ist nicht festgehalten, an wen sie ausgehändigt wurden, so soll eine Beweislastumkehr zugunsten des Patienten hinsichtlich der sich aus dem Dokument ergebenden Tatsachen eintreten, wenn eine solche Tatsache wahrscheinlich ist (BGH 132, 50). Hinsichtlich des *Verschuldens* bleibt die Beweislast beim Patienten (für vertragliche Ansprüche s § 282 Rn 10). Bei **speziellen Pflegebedürfnissen** gelten die Grundsätze zur Dokumentation (Rn 119) entspr (BGH NJW 86, 2368). **c) Krankenhausträger** müssen ähnlich dem Produzenten (s Rn 132) bei einem Organisationsmangel (BGH 95, 72 ff, Unterbesetzung mit Ärzten; ie Deutsch NJW 00, 1745), beim Fehlverhalten einer Hilfsperson (BGH 00, 2738) und bei einem fehlerhaft hergestellten Mittel (BGH VersR 82, 161) den Nachweis führen, daß in ihrer Risikosphäre keine Verletzungshandlung vorliegt. **d) Die hinreichende Aufklärung** muß der Arzt beweisen (st Rspr, BGH JZ 86, 241; aA Baumgärtel I § 823 Anh C II, 37 ff; Schmid NJW 84, 2605), wobei der Nachweis einer generellen Aufklärungspraxis genügen soll (zutr krit Giesen JZ 86, 245 gegen BGH aaO); zum Einwand, der Patient hätte auch bei hinreichender Aufklärung eingewilligt, s Rn 116.

119

120

121

E. Haftung des Produzenten aus unerlaubter Handlung

Lit: Diederichsen, Die Haftung des Warenherstellers, 1967; Hager, Zum Schutzbereich der Produzentenhaftung, AcP 184, 413; Kullmann, NJW 00, 1912; (Rspr-Übersicht); Kullmann/ Pfister, Produzentenhaftung, 1980 ff; Rolland, Produkthaftungsrecht, 1990; v Westphalen, Neue Aspekte der Produzentenhaftung, MDR 98, 805; Wieckhorst VersR 95, 1005 (zum Fehlerbegriff).

1. Problem. Die rechtliche Problematik der inzwischen eigenständig gewordenen Haftung des Warenherstellers hat ihre Ursache in einer Funktionsverschiebung zwischen Produzent und Handel bei der Warenverteilung. Insbes technische und chemische, aber auch nichtkörperliche (s dazu Cahn NJW 96, 2899) Erzeugnisse sind häufig so kompliziert geworden, daß selbst der Fachhandel nicht mehr in der Lage ist, die Funktionstüchtigkeit und -sicherheit des Erzeugnisses zu überprüfen. Die Rspr hat dementsprechend die Prüfungspflicht auch im Wesentlichen auf

122

Teichmann 1041

§ 823 Buch 2. Abschnitt 8. Einzelne Schuldverhältnisse

Transportschäden und – wiederum im Rahmen des technisch Möglichen und Zumutbaren – auf die Fälle eingeschränkt, in denen ein bes Anlaß zur Untersuchung bestand (BGH 48, 121; BB 77, 1118). Veräußert der Händler das Produkt an den Konsumenten und kommt es dort zu einem Unfall, so hat der Konsument, von den seltenen Fällen einer entspr Risikoübernahme (s § 276 Rn 37 ff) abgesehen, aus der vertraglichen Sonderbeziehung mit dem *Verkäufer* als dem grds privilegierten Ort der Schadensabwicklung keine Ansprüche: Es fehlt etwa für einen Anspruch aus gem §§ 241 II, 280 I an einer schuldhaften Pflichtverletzung. Wendet sich der Konsument in der Sache zutreffend an den *Produzenten* als den Schadensverursacher, so konnte er sich zunächst (s jetzt Anh § 823) nur auf die §§ 823 ff stützen. Diese Normen werden aber den erwähnten Besonderheiten der Gefährdung durch Erzeugnisse in ihrer klassischen Ausformung nicht gerecht: Der bloße Vermögensschaden ist nicht ersatzfähig; mangels einer Einsicht in die innere Betriebsstruktur hat der verletzte Verbraucher kaum die Möglichkeit, ein schuldhaftes Handeln des Inhabers oder eines nach § 31 verantwortlichen Organs nachzuweisen. Dem Produzenten seinerseits gelingt häufig der Entlastungsbeweis nach § 831 I 2 bei einem Fehlverhalten von Verrichtungsgehilfen. Von diesem Ausgangspunkt hat sich im Zuge des allg Verbraucherschutzes eine komplizierte Entwicklung ergeben, die zu einem zweistufigen Rechtsschutz führt: Die Rspr hat, angestoßen und begleitet von der Lit, schon in vereinzelten Entscheidungen des RG, insbes aber seit BGH 51, 91 die Interpretation des § 823 teilw erheblich zugunsten des geschädigten Konsumenten modifiziert und damit praktisch ein eigenständiges Rechtsgebiet mit bes Kriterien geschaffen (s insbes Rn 132). Davon und von parallelen Entwicklungen in anderen Mitgliedsstaaten stark beeinflußt, hat die **EU** 1985 eine Richtlinie zur Produkthaftung und 1992 eine weitere Richtlinie zur Produktsicherung erlassen. Beide Richtlinien sind in das deutsche Recht transformiert (ProdhaftG, s Anh § 823, und ProdSG). Beide Komplexe, die Produzentenhaftung nach den §§ 823 ff und das ProdHaftG sind, da sie sich inhaltlich nicht decken, nebeneinander anwendbar.

123 **2. Sonderbeziehungen.** In der Lit sind verschiedene Modelle diskutiert worden, um geschäftliche Beziehungen zwischen Produzent und Verbraucher mit der Folge vertraglicher oder vertragsähnlicher Ansprüche zu konstruieren. Diese Konstruktionen haben sich jedoch nicht durchgesetzt (krit zB Lukes JuS 68, 348; Teichmann BB 66, 175 und JuS 68, 315; BGH NJW 89, 1029 für Herstellerinformationen). Möglich sind **Garantieerklärungen** gem §§ 443, 477 (s bereits BGH 78, 372 mwN; krit Binder NJW 82, 1629; BGH NJW 81, 2248; zust Littbarski JuS 83, 345; ie s M. Rebinder JA 82, 226); ein solcher, durch Auslegung zu ermittelnder Einstandswille für Schäden wird sich jedoch selten feststellen lassen; Werbeerklärungen mit Hinweisen auf eine bestimmte Qualität, die Verwendung eines Markenzeichens, eines Gütezeichens, die Unterwerfung unter DIN-Normen geben keinen Hinweis auf einen derartigen Willen (BGH 48, 122; 51, 99; NJW 74, 1504).

124 **3. Ansprüche aus § 823 I. a) Allgemeines.** Bei der Handhabung der §§ 823 ff treten die rechtlichen Schwierigkeiten *nicht beim verletzten Rechtsgut* (Rn 2 ff), sondern bei der Bestimmung der dem Produzenten zurechenbaren *Verletzungshandlung* (Rn 20 ff) auf. **aa) Hersteller** ist, wer das Produkt herstellt und in **125** den Verkehr bringt (sa ProdSG § 4 I). Er trägt grundsätzlich die Verantwortung für die von Zulieferern bezogenen Teile, wobei freilich im Einzelfall nach dem Verhältnis von Hersteller und Zulieferer zueinander (zB Einbau erworbener Serienteile durch den Hauptproduzenten oder Anfertigung von Spezialteilen durch den Zulieferer nach Anweisung und Plänen des Produzenten) sowie der jeweiligen fachlichen Qualifikation zu differenzieren ist (BGH NJW 75, 1828; VersR 90, 533). Der **Zulieferer** selbst ist für seinen Bereich Hersteller (BGH NJW 68, 274). Das unzutr Auftreten als Hersteller (BGH NJW 80, 1219) oder das Führen einer **Handelsmarke** macht nicht zum Quasi-Hersteller (BGH NJW 94, 519 mwN);

Titel 27. Unerlaubte Handlungen **§ 823**

dies schließt nicht aus, daß den Händler eigene Sicherungspflichten treffen können (zutr BGH NJW 94, 518: Produktbeobachtung und Warnpflicht bei importiertem Erzeugnis; zust Foerster NJW 94, 909, krit Brüggemeier JZ 94, 578; desgl BGH NJW 98, 2905; sa ProdSG § 5 Abs 1). **bb) Verletzungshandlungen** (der Begriff 126 „Produkthaftung" ist somit ungenau) sind denkbar im Produktionsbereich, im Informationsbereich, dh im Zusammenhang mit Erläuterungen zum Gebrauch oder Verbrauch der Sache, und schließlich bei der Beobachtung der Sache nach ihrer Veräußerung. **b) Produktionsbereich. aa) Beschreibung.** Hierzu zählt 127 die Planung, die Konstruktion und die Produktion des Erzeugnisses; häufig wird zwischen der Planung und Konstruktion von Serien einerseits, der Produktion der jeweiligen Einzelstücke andererseits unterschieden. Wegen des Ineinanderfließens von Produktion und Planung sowie der rechtlichen Gleichbehandlung empfiehlt sich eine solche Trennung nicht (Steindorff AcP 170, 98 ff). **bb) Handlungs-** 128 **begriff im Produktionsbereich.** Als zur Verletzung führende Handlung wird man zweckmäßigerweise komplex das Planen/Konstruieren/Herstellen zum einen, das Inverkehrbringen der Sache zum anderen verstehen, woraus sich zwei für die Beweislast wichtige (s Rn 132) Kausalketten ergeben: bis zur Auslieferung des Produkts und ab seiner Auslieferung. **cc) Voraussetzungen.** Erzeugnisse müssen 129 dem gegenwärtigen Stand der Technik entsprechen (Düsseldorf NJW 97, 2333; zum Begriff ie Marburger, S 145 ff, 158 ff; ProdSG § 6 Abs 1 Nr 3 stellt auf „allg anerkannte Regeln der Technik" ab) und **betriebssicher** (Düsseldorf aaO) sein. Die Betriebssicherheit umfaßt die verwendeten Materialien (RG 163, 26; BGH LM Nr 5 [C]), einschließlich der Zulieferteile (s Rn 122); sie bezieht sich auf Konstruktion bzw Produktion der Sache (BGH 105, 355) und auf Schutzvorrichtungen (BGH VersR 57, 584). Hinsichtlich ihres Ausmaßes wird in einer im Einzelfall vorzunehmenden Abwägung zu unterscheiden sein zwischen der stets einzuhaltenden, an den Verwendungszweck anknüpfenden (Düsseldorf NJW 78, 1693, Operationsgerät) und durch die Verkehrserwartungen (BGH NJW 90, 907) geprägten, auch durch VDE-Bestimmungen, DIN-Normen usw (dazu Lipps NJW 68, 279; Lukes JuS 68, 351) festgelegten Basissicherheit und zusätzlichen, auch durch die Preiskategorie beeinflußten Sicherungsmaßnahmen (BGH NJW 90, 907); deren Fehlen stellt noch keinen Fehler dar. **dd) Zielmaßstab** ist im Grund- 130 satz der **bestimmungsgemäße Gebrauch** durch einen vernünftigen Benutzer (BGH 105, 351; NJW 96, 2225, Zulieferer; ProdSG § 6 Abs 1: bestimmungsgemäßer und zu erwartender Gebrauch). Dabei ist zu berücksichtigen, ob das Gerät von einem Fachmann oder einem Laien benutzt wird (BGH NJW 92, 2018; Frankfurt NJW-RR 97, 1519). Jedoch muß mit gewissen Ausweitungen (BGH 105, 351), Überbeanspruchungen (BGH VersR 72, 560) oder auch mit Fehlgebrauch, zB durch Kinder (ProdSG § 6 Abs 2 Nr 4), gerechnet werden. **ee) Kontrolle.** Der Hersteller muß ausreichende Kontrollanlagen bzw -verfahren 131 verwenden, die geeignet sind, vorhersehbare Fehler zu ermitteln (BGH 129, 363 f); notfalls müssen geeignete Prüfgeräte entwickelt werden (BGH VersR 71, 80, 82). Auch ist durch eine geeignete Organisation (Rn 32), zB durch genaue Dienstanweisungen, für eine hinreichende Warenkontrolle zu sorgen (Düsseldorf NJW 78, 1693). Sog **Ausreißer** lassen sich dadurch nicht immer vermeiden (krit zur Ausreißerproblematik insges Steindorff AcP 170, 99). Soweit der Hersteller im Rahmen des für jedes Produkt und seine Gefährlichkeit zu bestimmenden Zumutbaren geeignete Kontrollmaßnahmen getroffen hat, trifft ihn keine Pflichtverletzung (BGH 51, 105; NJW 75, 1828). **ff) Beweislast. Lit:** Baumgärtel I § 823 132 Anh C III; Kullmann/Pfister aaO Nr 1526. Da der verletzte Verbraucher regelmäßig nicht in der Lage ist, betriebsinterne Vorgänge zu überschauen und damit den grundsätzlich ihn treffenden Beweis (s Rn 63) zu führen, hat die Rspr im Anschluß an Forderungen des 47. DJT (Simitis aaO C 92 ff; Beschlüsse M 130 ff) die Beweislast auch bei Kleinunternehmen (BGH 116, 104, Stuttgart NJW-RR 96, 595, Gaststätte, s Giesen JZ 93, 675) nach Risikosphären aufgespalten. Dem Verletzten obliegt die Beweislast für den *Fehler* (anders für bes gefährdende Produkte BGH 104, 330, zust Damm JZ 93, 637; BGH 129, 361, zutr krit Foerster VersR 88, 958) zum Zeitpunkt des Inverkehrbringens (anders bei einer nicht ausreichenden Endkontrolle, BGH 129, 365) sowie für die *Kausalität zwischen Fehler und Rechtsgutsverletzung* (aA Frankfurt VersR 80, 144). Der Hersteller muß nun für den *zeitlich davorliegenden* Vorgang beweisen, daß der Fehler nicht auf einer Fehlhandlung beruht ("obj Pflichtverletzung", BGH ZIP 96, 1436) und ihn kein (zB Planungs-, Kontroll-, Auswahl-)*Verschulden* trifft (BGH NJW 99, 1029).

133 c) **Instruktionsbereich. aa) Grundsatz.** Sind mit der Verwendung einer Sache spezifische Gefahren verbunden, die von dem bestimmungsgemäßen Benutzerkreis (Rn 130) nicht oder nicht hinreichend erkannt werden können (BGH NJW 96, 2226; 99, 2815 m krit Anm Foerste JZ 99, 949, Papierreißwolf; sa Hamm NJW 01, 1654; kein Hinweis auf Alkoholgefährdung bei Bierflaschen), so muß der Hersteller in geeigneter Weise, zB durch eine beigefügte Gebrauchsanweisung oder ein an einer Maschine befestigtes Schild, informieren, wie die Sache gefahrlos benutzt werden kann (ProdSG § 4 Abs 2 Nr 1; BGH 47, 316: Betriebsanleitung für Betonmischanlage; BGH 116, 67 ff: gesüßter Kindertee, mit Bespr Fahrenhorst JuS 94, 288; BGH NJW 95, 1286: Fruchtsaft; einschränkend Frankfurt/M, NJW-RR 99, 26, Kindertee; Nuckelflasche BGH NJW 99, 2272; ie s Kullmann FS Brandner, 1996, S 313 ff). Bei möglicher Abgabe an Jugendliche ist uU der Letztverkäufer über einzuhaltende Altersgrenzen zu informieren (BGH NJW 98, 2907, Feuerwerkskörper). Auf notwendige Vorsichtsmaßnahmen muß deutlich und in verständlicher Weise hingewiesen werden (BGH VersR 60, 343: Explosionsgefahr bei der Verwendung eines Klebemittels). Auf Nebenwirkungen, zB bei Verwendung chemischer Mittel (BGH 64, 49: Allergie durch Haartonikum; BGH 80, 186: Resistenzen bei Pflanzenschutzmittel, mit Differenzierungen zum Zeitpunkt) oder Arzneien sowie auf besondere Risiken bei Gebrauch oder Überdosierung ist, soweit zumutbar, aufmerksam zu machen (BGH NJW 72, 2217: Estil, mit zust Anm Franz und Schmidt-Salzer; BGH 106, 283; sehr weitgehend BGH BB 77, 1373 mit krit Anm v. Westphalen: Unverträglichkeit mehrerer Pflanzenschutzmittel); keine Hinweispflicht besteht im Blick auf Gefahren, die durch **offenbaren Mißbrauch** ausgelöst werden (Karlsruhe NJW 01, 1774, „Schnüffeln"). **134** bb) **Beweislast.** Wie stets trägt der Verletzte die Beweislast für die *Rechtsgutsverletzung*. Weiter soll er auch die Beweislast für die *Handlung*, dh dafür tragen, daß eine Instruktionspflicht bestand und ihr nicht nachgekommen wurde (BGH 80, 195 ff, 116, 73; angesichts der besseren Überschaubarkeit von Gefahren durch den Hersteller sehr zweifelhaft). Der Verletzte soll die *haftungsbegründende Kausalität* beweisen müssen, dh, daß er bei ordnungsgemäßer Information die Verletzung vermieden hätte; dafür soll freilich eine tatsächliche Vermutung sprechen (BGH NJW 99, 2274 mwN), so daß iErg der Hersteller bes Gründe darlegen und beweisen muß (sa zur Parallele der ärztlichen Aufklärung s Rn 116). Der Hersteller hat die Beweislast, daß ihn kein *Verschulden* trifft, dh daß er die entspr Erkenntnismöglichkeiten über die durch die Information abzuwendende Gefahr **135** nicht hatte und sich nicht verschaffen konnte (BGH 116, 72 f). **d) Produktbeobachtung/Rückruf.** Lit: Mayer DB 85, 319; Sack BB 85, 813; Schwenzer JZ 87, 1059. Besteht begründeter Anlaß, insbes bei Neukonstruktionen, daß die Erzeugnisse trotz ausreichender Kontrolle Fehler aufweisen oder Schäden auslösen können, so muß für eine hinreichende Beobachtung nach dem Vertrieb, zB über die Außenorganisation gesorgt werden (BGHZ 99, 172 ff mwN). Der Hersteller muß ggf vor dem Gebrauch warnen (Karlsruhe VersR 98, 69). Eine rechtliche Verpflichtung zum Rückruf (und zu kostenloser Instandsetzung) besteht jedoch nicht aus § 823 I, sofern künftiger Schaden schon durch die Warnung verhindert werden kann. Bsp: Entflammbarkeit einer Dunstabzugshaube (Karlsruhe NJW-RR 95, 598; allg bejahend Schwenzer JZ 87, 1060 mwN; sa BGHSt 37, 106); sie könnte sich höchstens aus vertraglichen Beziehungen ergeben. Die **Beweislast** ist wegen der Ähnlichkeit der Problematik wie in Rn 134 zu verteilen (Kullmann/Pfister Nr 1526 S 17).

Titel 27. Unerlaubte Handlungen **§ 823**

4. **Ansprüche aus § 823 II.** Zur Qualifizierung einer Norm als Schutzgesetz 136
s Rn 43. Hier bedeutsame Bsp (ie Diederichsen S 78 ff): StVZO, ArzneiMG,
LebensMG, MedGV (dazu Hahn NJW 86, 752), GerSichG 3 (BGH NJW 80,
1220; sa Kollmer NJW 97, 2015); ProdSG.

5. **Ansprüche aus Gefährdungshaftung** bedürfen eines bes Ges (Rn 10 vor 137
§ 823). Eine Haftung desjenigen, der als pharmazeutischer Unternehmer ein **Arzneimittel** in Verkehr bringt, ist gem ArzneiMG 84 bei Tötung oder nicht unerheblicher Verletzung begründet, wenn die Verletzung ihre Ursache im Bereich der Entwicklung oder Herstellung hat, das Mittel bei bestimmungsgemäßem Gebrauch nicht vertretbare schädliche Wirkungen entfaltet und die Verletzung infolge einer dem gegenwärtigen Stand nicht entspr Kennzeichnung oder Information eingetreten ist (ie s Diederichsen NJW 78, 1289).

Anhang: Haftung nach dem Produkthaftungsgesetz

Lit: Honsell, Produkthaftungsgesetz und allg Deliktshaftung, JuS 95, 211; Lorenz, Europäische Rechtsangleichung auf dem Gebiet der Produzentenhaftung, ZHR 151, 1 ff; Kullmann, ProdukthaftungsGes, 3. Aufl 01; ders, NJW 00, 1912 (Rspr-Übersicht); Rolland, Produkthaftungsrecht, 1990; Schmidt-Salzer/Hollmann, Kommentar EG-Richtlinie Produkthaftung, Bd 1, 3. Aufl 1994; Bartl, Produkthaftung nach neuem EG-Recht, 1989.

§ 1. Haftung
(1) **Wird durch den Fehler eines Produkts jemand getötet, sein Körper oder seine Gesundheit verletzt oder eine Sache beschädigt, so ist der Hersteller des Produkts verpflichtet, dem Geschädigten den daraus entstehenden Schaden zu ersetzen.** Im Falle der Sachbeschädigung gilt dies nur, wenn eine andere Sache als das fehlerhafte Produkt beschädigt wird und diese andere Sache ihrer Art nach gewöhnlich für den privaten Ge- oder Verbrauch bestimmt und hierzu von dem Geschädigten hauptsächlich verwendet worden ist.
(2) **Die Ersatzpflicht des Herstellers ist ausgeschlossen, wenn**
1. er das Produkt nicht in den Verkehr gebracht hat,
2. nach den Umständen davon auszugehen ist, daß das Produkt den Fehler, der den Schaden verursacht hat, noch nicht hatte, als der Hersteller es in den Verkehr brachte,
3. er das Produkt weder für den Verkauf oder eine andere Form des Vertriebs mit wirtschaftlichem Zweck hergestellt noch im Rahmen seiner beruflichen Tätigkeit hergestellt oder vertrieben hat,
4. der Fehler darauf beruht, daß das Produkt in dem Zeitpunkt, in dem der Hersteller es in den Verkehr brachte, dazu zwingenden Rechtsvorschriften entsprochen hat, oder
5. der Fehler nach dem Stand der Wissenschaft und Technik in dem Zeitpunkt, in dem der Hersteller das Produkt in den Verkehr brachte, nicht erkannt werden konnte.

(3) **Die Ersatzpflicht des Herstellers eines Teilprodukts ist ferner ausgeschlossen, wenn der Fehler durch die Konstruktion des Produkts, in welches das Teilprodukt eingearbeitet wurde, oder durch die Anleitungen des Herstellers des Produkts verursacht worden ist.** Satz 1 ist auf den Hersteller eines Grundstoffs entsprechend anzuwenden.

(4) **Für den Fehler, den Schaden und den ursächlichen Zusammenhang zwischen Fehler und Schaden trägt der Geschädigte die Beweislast.** Ist streitig, ob die Ersatzpflicht gemäß Absatz 2 oder 3 ausgeschlossen ist, so trägt der Hersteller die Beweislast.

§ 2. Produkt
Produkt im Sinne dieses Gesetzes ist jede bewegliche Sache, auch wenn sie einen Teil einer anderen beweglichen Sache oder einer unbeweglichen Sache bildet sowie Elektrizität.

§ 823 Buch 2. Abschnitt 8. Einzelne Schuldverhältnisse

§ 3. Fehler
(1) Ein Produkt hat einen Fehler, wenn es nicht die Sicherheit bietet, die unter Berücksichtigung aller Umstände, insbesondere
a) seiner Darbietung,
b) des Gebrauchs, mit dem billigerweise gerechnet werden kann,
c) des Zeitpunkts, in dem es in den Verkehr gebracht wurde,
berechtigterweise erwartet werden kann.
(2) Ein Produkt hat nicht allein deshalb einen Fehler, weil später ein verbessertes Produkt in den Verkehr gebracht wurde.

§ 4. Hersteller
(1) Hersteller im Sinne dieses Gesetzes ist, wer das Endprodukt, einen Grundstoff oder ein Teilprodukt hergestellt hat. Als Hersteller gilt auch jeder, der sich durch das Anbringen seines Namens, seines Warenzeichens oder eines anderen unterscheidungskräftigen Kennzeichens als Hersteller ausgibt.
(2) Als Hersteller gilt ferner, wer ein Produkt zum Zweck des Verkaufs, der Vermietung, des Mietkaufs oder einer anderen Form des Vertriebs mit wirtschaftlichem Zweck im Rahmen seiner geschäftlichen Tätigkeit in den Geltungsbereich des Vertrages zur Gründung der Europäischen Wirtschaftsgemeinschaft einführt oder verbringt.
(3) Kann der Hersteller des Produkts nicht festgestellt werden, so gilt jeder Lieferant als dessen Hersteller, es sei denn, daß er dem Geschädigten innerhalb eines Monats, nachdem ihm dessen diesbezügliche Aufforderung zugegangen ist, den Hersteller oder diejenige Person benennt, die ihm das Produkt geliefert hat. Dies gilt auch für ein eingeführtes Produkt, wenn sich bei diesem die in Absatz 2 genannte Person nicht feststellen läßt, selbst wenn der Name des Herstellers bekannt ist.

Anmerkungen zu den §§ 1–4

138 1. **Allgemeines.** a) **Funktion.** Durch die Richtlinie vom 25. 7. 85 (ABl EG Nr L 210, S 29, Text zB in VersR 85, 922), ergänzt durch die Richtlinie über die allg Produktsicherung vom 29. Juni 1992 (ABl EG Nr L 220 S 23) soll aus Gründen des Konsumentenschutzes ein gemeinsamer Mindeststandard für die Produkthaftung in den Mitgliedstaaten geschaffen werden (zur Vorgeschichte und zum Ausmaß der erreichten Harmonisierung s zB Lorenz ZHR 151, 1 ff, 36; zu den Interessengegensätzen s Taschner NJW 86, 611 f). Dazu werden für die Transformation in das jeweilige nationale Recht bestimmte Prinzipien (zB verschuldensunabhängige, auf den gegenwärtigen Stand der Technik bezogene Haftung, Beweislastverteilung, Unabdingbarkeit, Verjährungs- und Ausschlußfristen) und Begriffe (zB Hersteller § 4, **139** Produkt § 2, Fehler § 3, Schadensumfang § 7 ff) verbindlich vorgegeben. Das **ProdHaftG** (BGBl 1989 I S 2198; Materialien: BR-Drs 101/88; BT-Drs 11/2447) stellt diese Umsetzung in das deutsche Recht dar, das ProdSG hat die Produktsicherungs-Richtlinie (unter Berücksichtigung eines Ratsbeschlusses zu den CE-Nummern) transformiert. Das ProdHaftG wie das ProdSG sind damit richtlinienkonform anzulegen. b) Hinsichtlich des **Verhältnisses zum** **140** **übrigen nationalen HaftungsR** s § 15 Rn 161. c) **Haftungstatbestand** ist das Inverkehrbringen (§ 1 III) eines fehlerhaften (§ 3) Produktes (§ 2) durch einen Hersteller (§ 4). Bei anderem, etwas undurchsichtigen Aufbau knüpft das ProdHaftG also an dieselben Merkmale wie § 823 an (s Rn 127 ff), schafft allerdings eine verschuldensunabhängige Haftung. Dies kann bei Ausreißern, insbes aber im handwerklichen Bereich (s Rn 145) zu einer erheblichen Haftungsverschärfung führen.

141 2. **Geschützte Rechtsgüter (§ 1 I).** a) Bei der **Verletzung von Personen:** jedermann. b) Bei **Zerstörung** oder **Beschädigung von Sachen (§ 1 I S 2).** aa) nur (bewegliche und unbewegliche) **Sachen** iSd § 90. Auf EDV-Programme sollte das Ges entspr angewandt **142** werden. Wie nach § 823 I ist das Vermögen als solches nicht geschützt. bb) Es muß eine **andere** Sache als die gelieferte (das Produkt) sein. Die Lehre vom „weiterfressenden Mangel" (s § 823 Rn 6) gilt hier zwar mit dem Wortlaut, wohl aber kaum mit dem Sinn vereinbaren (Tiedtke NJW 90, 2961 f). Im Ansatz ist hier wohl an reine Zulieferteile (Reifen am Pkw) **143** gedacht (ie Sack VersR 88, 445). cc) **Privater Ge- oder Verbrauch.** Geschützt werden sollen die Sachen, die ein Endverbraucher als Privatperson ohne Erwerbszweck einsetzt (BT-Drs aaO S 27). Dies wird mit zwei kumulativen Merkmalen umschrieben: (a) „gewöhnlich dazu bestimmt"; die Sache soll typischerweise für den privaten Gebrauch hergestellt sein (Kühlschrank, Schreibmaschine, Hobbywerkzeug, nicht aber Berufsbekleidung, Taxi). –

Titel 27. Unerlaubte Handlungen **§ 823**

(b) „hauptsächliche Verwendung im privaten Bereich": Dies zielt auf die konkreten Umstände beim Geschädigten ab. Bsp: Geschützt sind (private) Kleidung und Kfz des Arbeitnehmers auch auf dem Weg zur Arbeitsstelle, nicht jedoch der Kühlschrank im Sekretariat (Schmidt-Salzer aaO Rn 49 ff).

3. a) Der Begriff des **Herstellers** (§ 4; sa ProdSG § 3) als Normadressaten umfaßt zunächst **144** dieselben Personen wie nach § 823 (s dort Rn 125) einschließlich des Quasi-Herstellers, der auf einem fremden Produkt sein als Herstellerzeichen zu verstehendes Zeichen anbringt, schließlich des Importeur aus Drittstaaten (§ 4 II), auch von Teilprodukten. Nicht erfaßt wird weiterhin, wer selbständig in den Produktionsprozeß mit Teilaufgaben ohne eigentliche Produktionsfunktion eingeschaltet ist (Planungsbüro, Kontrollinstitut) oder später das Produkt lediglich umproportioniert (Düsseldorf NJW-RR 01, 458). **b)** Der **Händler** haftet subsidiär statt des Herstellers unter den Voraussetzungen des § 4 III (nach ProdSG § 5, wenn er Sicherheitsmängel kannte oder kennen mußte).

4. Produkt (§ 2) ist **a)** jede industriell oder handwerklich **hergestellte Sache,** sei sie **145** bewegliche Sache, später eingefügtes Teil einer anderen Sache oder auch eines Grundstücks (zum EDV-Programm s Rn 144). Nachdem infolge der BSE-Krise § 2 S 2 aF durch Ges v 2. 11. 00 mit Wirkung vom 1. 12. 00 aufgehoben worden ist, werden landwirtschaftliche Erzeugnisse sowohl vor der ersten Verarbeitung (Getreide) als auch wie bisher danach (Brot) erfaßt. **b)** Schließlich sind auch **Energieträger** erfaßt (Öl, Gas, Fernwärme nach Rn 144, Elektrizität nach § 2 S 1; dies kann zB für Stromausfälle – Kühltruhen – kritisch werden).

5. Herstellen und Inverkehrbringen. a) Das Ges hat eine andere **Systematik** als die **146** Rspr zu § 823 und kommt damit teilw auf einfacheren Wegen zu im Wesentlichen denselben Ergebnissen. **b) Berufliches Herstellen, Herstellen für wirtschaftliche Zwecke** (§ 1 II Nr 3). Die Formel will zB die Herstellung als Hobby oder die caritative Leistung aus der Haftung ausnehmen. Nach ProdSG § 3 Abs 2 ist Hersteller, wer sich durch ein Kennzeichen als solcher ausgibt. **c)** Unter **Inverkehrbringen** (§ 1 II Nr 1) ist die freiwillige **147** Auslieferung eines Produkts an einen Dritten zur Weiterverwendung (Bsp: Zulieferer an Hersteller des Hauptprodukts), zum Vertrieb oder zum Ge- bzw Verbrauch zu verstehen. Ausgeschlossen werden soll zB die Haftung bei Diebstahl oder bei der Lieferung an ein Testinstitut.

6. Fehler (§ 3). Lit: Wieckhorst, Vom Produzentenfehler zum Produktfehler des § 3 **148** ProdHaftG, VersR 95, 1009. **a)** Der **Begriff** ist sicherheitlich orientiert (§ 3 I) und auf den obj, nicht unbedingt vom Hersteller selbst erkennbaren gegenwärtigen Stand der Technik bezogen (ie Kort VersR 89, 1113; desgl ProdSG § 6 Abs 1). Ausgenommen ist die Haftung für Entwicklungsrisiken, § 1 II Nr 5 (BGH 129, 358, krit Foerster JZ 95, 1053). **b) Produktionsbereich** (Planung, Konstruktion und Produktion). Der Standard dürfte sich auch hier (vgl § 823 Rn 129) an einer Basissicherheit und einer zusätzlichen, durch Präsentation und Preis (s § 3 I a) beeinflußten Sicherheitserwartung orientieren. Der Zielmaßstab (§ 3 I b) knüpft an den bestimmungsgemäßen Gebrauch (s § 823 Rn 130) an. – Fehler bei der **Kontrolle** (s § 823 Rn 131) müssen nicht mehr gesondert festgestellt werden; denn es kommt allein auf das fehlerhafte Produkt, nicht auf ein schuldhaftes Handeln an. **c)** Die Grundsätze **149** zur **Instruktion** (Rn 133 ff) gelten in anderer Systematik über § 3 I a: Eine „Darbietung", die nicht auf die Benutzergefahren hinweist, löst höhere Sicherheitserwartungen aus, als sie dem Produkt tatsächlich entsprechen. Es ist damit fehlerhaft (BT-Drs 11/2447 S 18). **d)** Eine **150 Pflicht zur Produktionsbeobachtung** (s Rn 135) besteht nach dem Ges nicht (Lorenz ZHR 151, 15). Entscheidend ist, ob das Produkt zZ des Inverkehrbringens den Sicherheitsstandard erfüllt. Zur Anwendung des § 823 s § 15 Rn 162.

7. Für die **Beweislast** gelten iE dieselben Regeln wie bei § 823 (s dort Rn 132, 134). **151** Ausnahmen s in § 1 II Nr 2, 3.

8. Rechtsfolgen. Anspruch auf Schadensersatz, s Anm 1 ff zu §§ 7–11. **152**

§ 5. Mehrere Ersatzpflichtige
Sind für denselben Schaden mehrere Hersteller nebeneinander zum Schadensersatz verpflichtet, so haften sie als Gesamtschuldner. Im Verhältnis der Ersatzpflichtigen zueinander hängt, soweit nichts anderes bestimmt ist, die Verpflichtung zum Ersatz sowie der Umfang des zu leistenden Ersatzes von den Umständen, insbesondere davon ab, inwieweit der Schaden vorwiegend von dem einen oder dem anderen Teil verursacht worden ist; im übrigen gelten die §§ 421 bis 425 sowie § 426 Abs. 1 Satz 2 und Abs. 2 des Bürgerlichen Gesetzbuchs.

1. S 1 übernimmt bei mehreren Verantwortlichen (zB Zulieferer, Hersteller, Quasi-Her- **153** steller) für das **Außenverhältnis** § 840 I (s § 840 Rn 2 ff). Da im **Innenverhältnis** die

Verantwortlichen idR nicht vertraglich miteinander verbunden sind, ist § 426 I 1 ausgeschlossen und der Grundgedanke des § 254 (vgl § 254 Rn 5 ff, 8 ff) auf das Verhältnis zwischen den Schädigern übertragen worden (BT-Drs 11/2447 S 52).

§ 6. Haftungsminderung
(1) **Hat bei der Entstehung des Schadens ein Verschulden des Geschädigten mitgewirkt, so gilt § 254 des Bürgerlichen Gesetzbuchs; im Falle der Sachbeschädigung steht das Verschulden desjenigen, der die tatsächliche Gewalt über die Sache ausübt, dem Verschulden des Geschädigten gleich.**

(2) **Die Haftung des Herstellers wird nicht gemindert, wenn der Schaden durch einen Fehler des Produkts und zugleich durch die Handlung eines Dritten verursacht worden ist. § 5 Satz 2 gilt entsprechend.**

154 1. Bei der Verletzung einer **Person** gilt § 254 in vollem Umfang, also einschließlich des § 254 II 2 (PalThomas 1; Bartl aaO 6); denn Art 8 der Richtlinie stellt auf das Verschulden „des Geschädigten oder einer Person" ab, „für die der Geschädigte haftet". Gemeint ist damit im Ges die Auslegung iSd Rspr (s § 254 Rn 11). Für **Sachbeschädigungen** wird durch I 2 das Mitverschulden (s § 254 Rn 5 ff) der sog Obhutspersonen (Besitzer und Besitzdiener, §§ 854, 855) dem eigenen Verschulden (ohne Entlastungsmöglichkeit) gleichgestellt.

155 2. II regelt einen systematisch zu § 5 gehörenden Sachverhalt. Im **Außenverhältnis** haftet der Hersteller auch bei der Mitverursachung durch einen Dritten (Nicht-Hersteller) in vollem Umfang weiter. Bsp: fehlerhafter Einbau des Produkts. Ein Gesamtschuldverhältnis entsteht dadurch nicht. Das **Innenverhältnis** richtet sich nach denselben Grundsätzen, II 2.

§ 7. Umfang der Ersatzpflicht bei Tötung
(1) **Im Falle der Tötung ist Ersatz der Kosten einer versuchten Heilung sowie des Vermögensnachteils zu leisten, den der Getötete dadurch erlitten hat, daß während der Krankheit seine Erwerbsfähigkeit aufgehoben oder vermindert war oder seine Bedürfnisse vermehrt waren. Der Ersatzpflichtige hat außerdem die Kosten der Beerdigung demjenigen zu ersetzen, der diese Kosten zu tragen hat.**

(2) **Stand der Getötete zur Zeit der Verletzung zu einem Dritten in einem Verhältnis, aus dem er diesem gegenüber kraft Gesetzes unterhaltspflichtig war oder unterhaltspflichtig werden konnte, und ist dem Dritten infolge der Tötung das Recht auf Unterhalt entzogen, so hat der Ersatzpflichtige dem Dritten insoweit Schadensersatz zu leisten, als der Getötete während der mutmaßlichen Dauer seines Lebens zur Gewährung des Unterhalts verpflichtet gewesen wäre. Die Ersatzpflicht tritt auch ein, wenn der Dritte zur Zeit der Verletzung gezeugt, aber noch nicht geboren war.**

§ 8. Umfang der Ersatzpflicht bei Körperverletzung
Im Falle der Verletzung des Körpers oder der Gesundheit ist Ersatz der Kosten der Heilung sowie des Vermögensnachteils zu leisten, den der Verletzte dadurch erleidet, daß infolge der Verletzung zeitweise oder dauernd seine Erwerbsfähigkeit aufgehoben oder gemindert ist oder seine Bedürfnisse vermehrt sind.

§ 9. Schadensersatz durch Geldrente
(1) **Der Schadensersatz wegen Aufhebung oder Minderung der Erwerbsfähigkeit und wegen vermehrter Bedürfnisse des Verletzten sowie der nach § 7 Abs. 2 einem Dritten zu gewährende Schadensersatz ist für die Zukunft durch eine Geldrente zu leisten.**

(2) **§ 843 Abs. 2 bis 4 des Bürgerlichen Gesetzbuchs ist entsprechend anzuwenden.**

§ 10. Haftungshöchstbetrag
(1) **Sind Personenschäden durch ein Produkt oder gleiche Produkte mit demselben Fehler verursacht worden, so haftet der Ersatzpflichtige nur bis zu einem Höchstbetrag von 85 Millionen Euro.**

(2) **Übersteigen die den mehreren Geschädigten zu leistenden Entschädigungen den in Absatz 1 vorgesehenen Höchstbetrag, so verringern sich die einzelnen Entschädigungen in dem Verhältnis, in dem ihr Gesamtbetrag zu dem Höchstbetrag steht.**

§ 11. Selbstbeteiligung bei Sachbeschädigung
Im Falle der Sachbeschädigung hat der Geschädigte einen Schaden bis zu einer Höhe von 500 Euro selbst zu tragen.

Titel 27. Unerlaubte Handlungen **§ 823**

Anmerkungen zu den §§ 7–11

1. Funktion. Die Bestimmungen kennzeichnen für Personenschäden wohl abschließend die einzelnen Schadensposten und den Schadensumfang, konkretisieren damit § 1 I und nehmen die in den §§ 842 ff enthaltenen Komplexe für das Ges auf (nicht übernommen ist der Anspruch des Dienstberechtigten, s § 845 Rn 1; zur Anwendung der §§ 823 ff s § 15 Rn 161). § 846 BGB (bzw § 6 I) sollte auf § 7 II entspr angewandt werden. 156

2. Schadensersatz bei Tötung oder Verletzung einer Person. a) Schadensposten (§ 8). Zu den *Heilungskosten* vgl § 249 Rn 6, zum *erlittenen Vermögensnachteil* vgl § 842 Rn 3 ff, zu den *vermehrten Bedürfnissen* vgl § 843 Rn 2. **b) Art des Schadensersatzes** (§ 9): Geldrente, vgl § 843 Rn 1, 4, 5. **c) Haftungshöchstbetrag** (§ 10). **aa) Allgemeines.** Das hier von einer Ermächtigung der Richtlinie (Art 16) Gebrauch gemacht. Eine Parallele enthält zB ArzneiMG 88 II. **bb) Voraussetzungen:** Zum einen Verletzung durch ein fehlerhaftes Produkt (sog *Einzelschaden*). Bsp: Unfall eines Massenverkehrsmittels, eines Kraftwerks. Die Richtlinie enthält diesen Gesichtspunkt nicht, er wird aber durch den Sinn gedeckt (Schmidt-Salzer/Hollmann aaO Art 16 Rn 12 ff; aA Taschner NJW 86, 613). Zum anderen fällt unter die Norm eine Verletzung durch gleiche Produkte mit demselben Fehler (sog **Serienschaden**). Die Gleichheit ist wohl aus der Sicht des Marktgegenseite, also von Funktion und Erscheinungsbild her zu bestimmen. Dasselbe Zulieferteil in mehreren Serien kann damit bei dem Hauptherseller zu mehrfachen Höchstbeträgen führen. **cc) Rechtsfolgen.** Bei voraussichtlicher Überschreitung sind wohl nur ein Teilurteil und die zusätzliche Feststellung möglich; bei tatsächlicher Überschreitung sind auch Rückforderungsansprüche denkbar (aA PalThomas § 10 Rn 5: Rest geht leer aus). 157 158

3. Haftung bei Sachbeschädigungen (§ 11). **a) Zum geschützten Gut** s §§ 1–4 Rn 141 ff. **b) Schadensposten.** Anders als bei Personenschäden fehlt eine Umschreibung, so daß auf § 1 zurückzugreifen ist. Wegen des insoweit mit § 823 I BGB identischen Wortlauts sind auch dieselben Folgeschäden (s § 823 Rn 62) wie nach den §§ 249–252 zu ersetzen (Schmidt-Salzer/Hollmann aaO Art 9 Rn 29 ff; aA – nur Schäden an den Sachen selbst – zB Hollmann, DB 85, 2439). **c) Schadensumfang.** Der Selbstbehalt (§ 11) – zur Ausgrenzung sog „Bagatellschäden" – bezieht sich auf das Person des Geschädigten, nicht auf die jeweils beschädigte Sache. Bei Auseinanderfallen von Besitz und Eigentum (zB Mieter, Leasingnehmer) ist auf die vertragliche Gefahrtragung abzustellen. Eine Höchstbetragsgrenze besteht hier nicht. 159

§ 12. Verjährung
(1) Der Anspruch nach § 1 verjährt in drei Jahren von dem Zeitpunkt an, in dem der Ersatzberechtigte von dem Schaden, dem Fehler und von der Person des Ersatzpflichtigen Kenntnis erlangt hat oder hätte erlangen müssen.

(2) Schweben zwischen dem Ersatzpflichtigen und dem Ersatzberechtigten Verhandlungen über den zu leistenden Schadensersatz, so ist die Verjährung gehemmt, bis die Fortsetzung der Verhandlungen verweigert wird.

(3) Im übrigen sind die Vorschriften des Bürgerlichen Gesetzbuchs über die Verjährung anzuwenden.

§ 13. Erlöschen von Ansprüchen
(1) Der Anspruch nach § 1 erlischt zehn Jahre nach dem Zeitpunkt, in dem der Hersteller das Produkt, das den Schaden verursacht hat, in den Verkehr gebracht hat. Dies gilt nicht, wenn über den Anspruch ein Rechtsstreit oder ein Mahnverfahren anhängig ist.

(2) Auf den rechtskräftig festgestellten Anspruch oder auf den Anspruch aus einem anderen Vollstreckungstitel ist Absatz 1 Satz 1 nicht anzuwenden. Gleiches gilt für den Anspruch, der Gegenstand eines außergerichtlichen Vergleichs ist oder der durch rechtsgeschäftliche Erklärung anerkannt wurde.

Anmerkungen zu §§ 12, 13

1. Das zeitliche Geltendmachen der Ansprüche wird durch ein doppeltes System begrenzt, das zZt enger ist als das der §§ 195 ff. **a)** Zehn Jahre, nachdem das Produkt in den Verkehr gebracht wurde (s §§ 1–4, Rn 146 f), „erlischt" der Anspruch, § 13 (**Ausschlußfrist**, also keine Hemmung, auch kein Neubeginn der Verjährung). Dies führt idR zu für Zulieferer und Hersteller zu unterschiedlichen Fristen. Durchbrechungen: § 13 II. **Beginn:** § 187 I, **Ende:** §§ 188 II, III, 193. **b)** Innerhalb dieser Frist **verjährt** der Anspruch nach § 10. 160

§ 14. Unabdingbarkeit
Die Ersatzpflicht des Herstellers nach diesem Gesetz darf im voraus weder ausgeschlossen noch beschränkt werden. Entgegenstehende Vereinbarungen sind nichtig.

§ 15. Arzneimittelhaftung; Haftung nach anderen Rechtsvorschriften
(1) Wird infolge der Anwendung eines zum Gebrauch bei Menschen bestimmten Arzneimittels, das im Geltungsbereich des Arzneimittelgesetzes an den Verbraucher abgegeben wurde und der Pflicht zur Zulassung unterliegt oder durch Rechtsverordnung von der Zulassung befreit worden ist, jemand getötet, sein Körper oder seine Gesundheit verletzt, so sind die Vorschriften des Produkthaftungsgesetzes nicht anzuwenden.

(2) Eine Haftung aufgrund anderer Vorschriften bleibt unberührt.

161 1. Nach dem Grundsatz, daß nur ein Mindeststandard gesichert werden soll (s §§ 1–4, Rn 139 aE), stellt II klar, daß sonst bestehende Ansprüche vertraglicher oder deliktischer Art gegen Hersteller oder andere verantwortliche Personen durch dieses Ges nicht ausgeschlossen werden. Es besteht Anspruchskonkurrenz (Sack, VersR 88, 442, vgl Rn 3f vor § 823). Die §§ 823 ff gehen zB weiter, bei *Personenschäden* im Anspruch nach § 845 und durch das Fehlen von Höchstgrenzen; bei *Sachschäden* besteht ein Anspruch auch wegen der fehlerhaften Sache selbst (Bsp: Totalschaden am Kfz), gewerblich genutzte Sachen werden erfaßt, es ist kein Eigenanteil vorgesehen.

162 2. Für fehlerhafte **Arzneimittel** gilt nach I ausschließlich das ArzneiMG und zwar auch dann, wenn die Ansprüche dort niedriger sind (krit zur Frage, ob dies durch die Richtlinie gedeckt ist, Buchner DB 88, 36; Sack, VersR 88, 442). Das AtomG ist ebenfalls als weitergehendes Spezialges ausschließlich anwendbar (so ausdr Richtlinie 14).

§ 824 Kreditgefährdung

(1) **Wer der Wahrheit zuwider eine Tatsache behauptet oder verbreitet, die geeignet ist, den Kredit eines anderen zu gefährden oder sonstige Nachteile für dessen Erwerb oder Fortkommen herbeizuführen, hat dem anderen den daraus entstehenden Schaden auch dann zu ersetzen, wenn er die Unwahrheit zwar nicht kennt, aber kennen muss.**

(2) **Durch eine Mitteilung, deren Unwahrheit dem Mitteilenden unbekannt ist, wird dieser nicht zum Schadensersatz verpflichtet, wenn er oder der Empfänger der Mitteilung an ihr ein berechtigtes Interesse hat.**

1 1. **Allgemeines. a) Bedeutung.** § 824 ist eine Sondernorm zum Schutz gewerblicher Tätigkeit. Sie ergänzt StGB 186, 187 iVm § 823 II, § 826 sowie UWG 14 und findet, da die Rechtsvoraussetzungen im einzelnen differieren, neben diesen Bestimmungen Anwendung. Wegen des für § 823 I (Recht am eingerichteten und ausgeübten Gewerbebetrieb) aufgestellten Subsidiaritätsgrundsatzes (§ 823 Rn 96) geht § 824 in seinem Anwendungsbereich – unwahre Tatsachenbehauptungen – dieser Bestimmung vor. Unter § 823 I fallen abträgliche Werturteile und die Mitteilung schädigender wahrer Tatsachen (§ 823 Rn 103 f).

2 **b) Schutzobjekt.** Nach dem BGH genügen bereits Angriffe gegen ein einzelnes Erzeugnis (NJW 66, 2011: Teppichkehrmaschine; zum Problem s Deutsch JZ 64, 511). Dies erfordert eine Eingrenzung des Tatbestandes (s Rn 4). **c) Verletzter**
3 kann neben der natürlichen Person auch eine juristische Person oder ein Sondervermögen (BGH 90, 117) in der Funktion als Wirtschaftseinheit (BGH NJW 75, 1883, zust Hubmann JZ 75, 639), eine Handelsgesellschaft im Rahmen ihres Gesellschaftszweckes (Stuttgart NJW 76, 629) oder eine Personengesamtheit mit Beleidigungsfähigkeit (etwa eine Arbeitsgemeinschaft von Unternehmen als BGB-Gesellschaft) sein. Wird eine Gesellschaft von einem einzelnen, zB dem Alleininhaber beherrscht, so steht auch diesem der Schutz des § 824 zu (BGH NJW 54, 72). Bei Angriffen gegen ein Produkt (s Rn 2) ist Verletzter der, dem das angegriffene Ereignis zugerechnet wird (Hersteller, Inhaber des ausschließlichen Alleinvertriebsrechts, BGH DB 89, 922).

4 2. **Tatbestand. a)** Als **Tatsachen** im Gegensatz zum Werturteil versteht die Rspr, was in seinem Gehalt einer obj Klärung als richtig oder falsch zugänglich ist

Titel 27. Unerlaubte Handlungen § 824

und als etwas Geschehenes grundsätzlich dem Beweis offensteht (BVerfG 94, 8; BGH 132, 20 f; 139, 102). Werturteile sind subj Meinungen. Pauschalbehauptungen werden wegen des subj Einschlags häufig als Werturteile behandelt (RG 101, 338: „Schwindelfirma"; BGH NJW 65, 36: „billiger Schmarrn"). Bei komplexen Tatbeständen soll es darauf ankommen, ob im Gesamteindruck der Tatsachen- oder Wertungscharakter überwiegt (BGH NJW 96, 1133 mwN). Die Tatsachen müssen sich auf **Person, Verhältnisse, Betätigung oder gewerbliche Leistungen des Betroffenen selbst** beziehen, nicht aber zB im Systemvergleich auf im Wettbewerb stehende verschiedenartige Erzeugnisse (Hamburg NJW 88, 3211: Zucker als „Schadstoff"). Diese Eingrenzung hat eine ähnliche Funktion wie das Erfordernis der „Betriebsbezogenheit" beim Eingriff in den Gewerbebetrieb (§ 823 Rn 98). **b) Behaupten** einer Tatsache ist Kundgabe eigener Wahrnehmung, **Verbreiten** ist Weitergabe einer von einem anderen aufgestellten Behauptung an mindestens einen Dritten (SoeZeuner 12; ErmSchiemann 5), und zwar auch dann, wenn sich der Äußernde davon distanziert (Helle JZ 97, 786 gegen BGH JZ 97, 785). **c)** Die **Unwahrheit**, am Gesamtcharakter zu messen (BGH NJW 87, 1403) und auf den Zeitpunkt der Mitteilung bezogen (RG 66, 231), kann auch in übertreibender Darstellung liegen (RG 75, 63). Bei mehrdeutigen oder unvollständigen Äußerungen kommt es entspr den allg Auslegungsgrundsätzen auf das Verständnis eines unbefangenen Empfängers an (BGH 139, 102; BGH NJW 00, 657). **d) Eignung zur Kreditgefährdung** usw. Die Mitteilung der Tatsache muß nach allg Lebenserfahrung zu negativen Reaktionen bei Geschäftspartnern führen können. Bsp: (unrichtige) Nachricht von Pfändung (Frankfurt WM 88, 159), Insolvenz oder Geschäftsaufgabe (BGH 59, 79), von der Nichtzulassung eines Arztes zur Krankenkasse (Karlsruhe HRR 33 Nr 1506), von der Funktionsuntüchtigkeit eines Haushaltsgeräte-Typs (BGH NJW 66, 2010). 5

3. Rechtswidrigkeit. Es gelten, soweit übertragbar, die allg Grundsätze und Rechtfertigungsgründe (§ 823 Rn 47 ff, 52 ff); zur Wahrnehmung berechtigter Interessen s Rn 10. 8

4. Verschulden. a) Allgemeines. Zum Verschulden selbst s § 823 Rn 57. Nach hM braucht das Verschulden allein die Unwahrheit der mitgeteilten Tatsache, also nicht zB die Eignung zur Kreditgefährdung zu umfassen (aA Larenz, SchR II 2, § 79 I 3 b); richtiger erscheint, den allg Auslegungssystematik entspr zu verlangen, daß sich das Verschulden auf sämtliche Tatbestandsmerkmale bezieht (SoeZeuner 2; zum Streitstand und seiner Relevanz s StSchäfer 37). **b) Informationspflicht.** Der Handelnde muß, um dem Fahrlässigkeitsvorwurf zu entgehen, in zumutbarem Maß die Richtigkeit der Information nachprüfen. Je einschneidender für den Betroffenen die Mitteilung sein kann, desto höher ist die Erkundigungspflicht (BGH NJW 57, 1149: Kreditauskunft; BGH 59, 80 mit Anm Nüßgens LM Nr 17: Aufnahme einer Anzeige über Geschäftsaufgabe). 9

5. Ausschluß des Schadensersatzanspruchs (II). a) Bedeutung. Ursprünglich im Interesse von Auskunfteien geschaffen (Prot II 638), liegt der Schwerpunkt heute in der Wahrnehmung der Rechte aus GG 5 I 2 durch die Medien (s zB Düsseldorf VersR 85, 248; zum Problem s Kübler AcP 172, 188 ff; Schricker AcP 172, 226, 232 ff; Deutsch, FS Klingmüller, 1974, S 49). Erreicht wird, daß Schadensersatz (auch durch Naturalrestitution nach § 249, also zB durch Rücknahme der Behauptung) nicht gefordert werden kann, solange Abs 2 gegeben ist (und die Unwahrheit nicht feststeht, s Rn 12). **b) Anwendung.** Vorzunehmen ist ähnlich wie beim Eingriff in den Gewerbebetrieb eine Interessenabwägung im Einzelfall (§ 823 Rn 99). Zusätzlich verlangt die Rspr, der Sich-Äußernde müsse sorgfältig die Zuverlässigkeit seiner Erkenntnisquelle prüfen (BGH NJW 85, 1623). Das Verhältnis dieses Merkmals zum Verschulden ist unklar (s dazu Deutsch JZ 67, 96). 10 11

6. Beweislast. Der **Verletzte** muß die Unwahrheit der Tatsachenbehauptung (zur Erleichterung, falls der Handelnde Substantiierungen verweigert, s BGH NJW 74, 1710, falls berechtigte Interessen bestehen, BGH 139, 104 f), die Eignung zur 12

§§ 825, 826

Kreditgefährdung (Baumgärtel I, 3), Verschulden des Handelnden (keine allg Verschuldensvermutung bei Unrichtigkeit der Mitteilung) und den eingetretenen Schaden (sa ZPO 287) beweisen. Ist der Tatbestand von StGB 193 erfüllt (Eignung, den anderen verächtlich zu machen oder in der Öffentlichkeit herabzuwürdigen), so trifft den Verletzer die Beweislast für die Richtigkeit der Behauptung (BGH 132, 23). Beruft sich der Schädiger auf **II**, so muß er die berechtigten Interessen, der Geschädigte dagegen wiederum die Kenntnis von der Unwahrheit beweisen. Weist der Verletzte die Unwahrheit *später* nach, so kann er nun bei Nachwirkung Richtigstellung, bei Gefahr weiterer Äußerungen Unterlassung verlangen (BVerfG NJW 99, 1322, 10. 11. 98).

13 7. **Rechtsfolgen.** Der Anspruch auf Unterlassung und Widerruf bei rechtswidrigen, auf Schadensersatz bei schuldhaften Verletzungen außerhalb des Abs 2 entspricht den Ansprüchen bei Persönlichkeitsverletzungen (§ 823 Rn 81 ff).

§ 825 Bestimmung zu sexuellen Handlungen

Wer einen anderen durch Hinterlist, Drohung oder Missbrauch eines Abhängigkeitsverhältnisses zur Vornahme oder Duldung sexueller Handlungen bestimmt, ist ihm zum Ersatz des daraus entstehenden Schadens verpflichtet.

1 1. Die durch das Ges vom 1. 8. 2002 (BGBl I S 2674; Inkrafttreten: 25. 7. 02) geänderte Bestimmung nimmt im Anschluss an § 253 eine Modernisierung und Erweiterung des Tatbestandes im Vergleich zu § 825 aF vor. In den Schutzbereich einbezogen sind nun Kinder und Jugendliche, Männer und Frauen. Erfasst werden Tatbestände, die in StGB 174 ff unter Strafe gestellt sind. Hinzutreten müssen, soweit nicht bereits dort enthalten, die qualifizierenden Merkmale des § 825 (Hinterlist, Drohung, Mißbrauch eines Abhängigkeitsverhältnisses). Auch in der jetzigen Fassung wird die Norm voraussichtlich neben § 823 I (Verletzung des Persönlichkeitsrechts) und § 823 II iVm den genannten strafrechtlichen Normen eine geringe Bedeutung haben.

§ 826 Sittenwidrige vorsätzliche Schädigung

Wer in einer gegen die guten Sitten verstoßenden Weise einem anderen vorsätzlich Schaden zufügt, ist dem anderen zum Ersatz des Schadens verpflichtet.

Lit: Arzt, Die Ansicht aller billig und gerecht Denkenden, Diss Tübingen 1962; Schricker, Gesetzesverletzung und Sittenverstoß, 1970; Steindorff, Die guten Sitten als Freiheitsbeschränkung, Summum ius, summa iniuria, 1963, S 58; Teubner, Standards und Direktiven in Generalklauseln, Möglichkeiten und Grenzen der empirischen Sozialforschung bei der Präzisierung der Gute-Sitten-Klauseln im Privatrecht, 1971; Wieacker, Rspr und Sittengesetz, JZ 61, 337.

I. Allgemeine Interpretation

1 1. **Funktion. a)** § 826 stellt, ohne subsidiär zu sein, einen **Auffangtatbestand** zum Schutz all materieller oder ideeller Interessen, freilich nur gegen bestimmte Angriffsformen (Vorsatz, Sittenwidrigkeit) dar. Der Bezug auf die „guten Sitten" sollte einmal erlauben, künftige Entwicklungen und Vorstellungen aufzufangen; in der Praxis hat sich das Schadensersatzrecht jedoch über den Ausbau des § 823 (s zB die Sonderfallgruppen § 823 Rn 64 ff) entwickelt. Erhalten geblieben ist eine weitere Funktion, nämlich elementare außerrechtliche Verhaltensanforderungen (BGH 17, 332) sowie die in den Grundrechten verwirklichte Wertordnung **2** (BVerfG 7, 206) mit zu berücksichtigen. **b) Konkurrenzen.** § 826 ist als übergeordnete allg Norm (BGH NJW 90, 708) grundsätzlich neben anderen Anspruchsgrundlagen innerhalb und außerhalb des BGB (zB UWG 1, 14, UrhG 97)

Titel 27. Unerlaubte Handlungen **§ 826**

anwendbar, die Verjährung richtet sich auch insoweit allein nach §§ 194 ff (BGH 36, 256, kein Vorrang von UWG 21). Eine verdrängende Sonderregelung stellt allein § 839 dar (BGH 13, 28, ganz hM; aA BGH 108, 77 ff: auch § 2287; bedenklich; differenzierend Schubert JR 90, 159). Ein vorsätzlich sittenwidrig handelnder Amtswalter verwirklicht stets § 839 (BGH 14, 324). Innerhalb von Sonderbeziehungen können – ohne daß § 826 rechtlich verdrängt wird – Schadensersatzansprüche faktisch dadurch entfallen, daß der den Betroffenen belastende Vertrag nach § 138 nichtig ist, gem § 123 angefochten wird (hat der Getäuschte die Frist gem § 124 versäumt, so bleibt ihm der Ersatzanspruch, BGH NJW 62, 1198) oder daß die zum Schaden führende Geltendmachung der Rechte durch den anderen gem § 242 blockiert ist.

2. Tatbestand. a) Verstoß gegen die guten Sitten. aa) Obj Erfordernisse. 3
In stRspr (RG 48, 124; BGH NJW 91, 914) wird als sittenwidrig verstanden, was „gegen das Anstandsgefühl aller billig und gerecht Denkenden" verstößt. Da aber zur Ermittlung des Anstandsgefühls nicht etwa demoskopisch vorgegangen, sondern eine **normative Wertung** getroffen wird, handelt es sich auch angesichts schwindenden allg Konsenses beinahe um eine Leerformel (bes krit Teubner aaO S 13 ff), die eine sorgfältige rechtlich abwägende Beurteilung des Einzelfalls erfordert und ermöglicht. In der Sache geht es um die entschiedene Mißbilligung eines Verhaltens (ähnlich Larenz, SchR II 2, § 78 II 1), dessen Verwerflichkeit sich aus dem verfolgten Ziel, den eingesetzten Mitteln, dem Mißverhältnis von Zweck und Mittel, der zutage tretenden Gesinnung oder den eingetretenen Folgen ergeben kann (ie Esser/Weyers II 2, § 56 II 2; SoeHönn/Dönneweg 38 ff). Eine – die Einzelabwägung nicht ersetzende – Orientierungshilfe für die Konkretisierung können Fallgruppen (Rn 13 ff, 25 ff) geben. **bb) Subj Voraussetzungen.** Der 4
Handelnde muß nicht das Bewußtsein der Sittenwidrigkeit haben, jedoch die eine Sittenwidrigkeit begründenden tatsächlichen Umstände kennen (BGH NJW 88, 1967). Arglist oder gewissenlose Leichtfertigkeit können als solche die Sittenwidrigkeit begründen (BGH WM 75, 560 mN), redliche Überzeugung vermag uU entlastend zu wirken (SoeHönn/Dönneweg 59). **b) Verletzbares Gut (Scha-** 5
denszufügung). Geschützt ist zum einen das **Vermögen als Ganzes.** Anders als bei § 823 I ist insoweit nicht die Verletzung eines besonderen Rechtsguts erforderlich. Zum Vermögen gehören auch tatsächliche, hinreichend konkretisierte Erwerbsaussichten (RG 111, 156: Aussicht auf Erbschaft; str, aA MK/Musielak § 2286 Rn 5 mwN). § 826 schützt weiter **ideelle Interessen** (bedeutsam für den Abwehranspruch, Rn 10) sowie die **Persönlichkeitssphäre** (SoeHönn/Dönneweg 61). **c)** Zur **haftungsbegründenden Kausalität** zwischen Handlung und 6
Rechtsgutverletzung s § 823 Rn 22–28, 33; sie reicht bei Vermögensbeeinträchtigungen bis zum ersten Nachteil (zur haftungsausfüllenden Kausalität s Rn 24 ff vor § 249). **d) Geschädigter** (Anspruchsberechtigter) ist derjenige, gegen den sich, 7
uU nur mittelbar, der Schädigungsvorsatz richtet (str, s Rn 9).

3. Rechtswidrigkeit. Dem Merkmal kommt, da die Sittenwidrigkeit die 8
Rechtswidrigkeit impliziert (StOechsler 45; SoeHönn/Dönneweg 9), für den Anspruch aus § 826 keine bes Bedeutung zu.

4. Verschulden. Notwendig ist **Vorsatz;** bedingter Vorsatz genügt (BGH NJW 9
00, 2897). Zum Vorsatz eines Verschuldensunfähigen s § 827 Rn 2. Der Vorsatz ist neben der Sittenwidrigkeit festzustellen; ggf kann er aus den gleichen, die Sittenwidrigkeit begründenden Umständen geschlossen werden (BGH WM 75, 560 mwN). Ie: Der Handelnde muß das Bewußtsein haben, das eigene Verhalten werde zum Schaden (zur Rechtsgutverletzung) führen, er muß dies wollen bzw in Kauf nehmen (BGH WM 76, 500). Nicht erforderlich ist dabei eine genaue Vorstellung über Kausalverlauf, die Person des Geschädigten und die Höhe des Schadens; jedoch müssen in etwa die Richtung, in sich der das Verhalten zum Schaden anderer auswirken wird, und die Art des möglicherweise eintretenden Schadens vom Vorsatz umfaßt sein (Hamm NJW 97, 2121; ErmSchiemann 15). Von hier

Teichmann 1053

§ 826 Buch 2. Abschnitt 8. Einzelne Schuldverhältnisse

läßt sich auch der Kreis der anspruchsberechtigten Personen begrenzen (krit – statt dessen Einführung der Schutzbereichslehre – Wolf NJW 67, 709, unklar BGH DB 79, 1078).

10 **5. Rechtsfolgen.** Dem Geschädigten stehen **Abwehransprüche** (Rn 6 vor § 823) und Schadensersatzansprüche zu. Auch kann der Anspruch aus § 826 **einredeweise** gegenüber einem Anspruch des Schädigers erhoben werden (zB BGH WM 68, 575; 73, 894); häufig wird allerdings § 826 insoweit durch § 242 überlagert (BGH 64, 9, sa Rn 2).

11 **6. Beweislast.** Die Darlegungs- und Beweislast für die Tatbestandsmerkmale einschließlich der haftungsbegründenden Kausalität zwischen Handeln und Schädigung obliegt dem (bei Unterlassungsansprüchen: potentiell) Geschädigten (BGH VersR 77, 253).

II. Fallgruppen

12 **1. Allgemeines.** Anders als im Zusammenhang mit § 823 (zB § 823 Rn 70 ff, 100 ff) dient hier die Bildung von Fallgruppen weniger einer Konkretisierung der Norm durch Typisierung, sondern der Orientierung (Rn 3) und Veranschaulichung, in welchen Formen sich individuell vorwerfbares Verhalten häufig zeigt. Der Erkenntniswert der Fallgruppenbildung ist damit notwendigerweise geringer: Einer Prüfung der bes, die Sittenwidrigkeit begründenden Umstände wie auch des Vorliegens der anderen Tatbestands- und Verschuldensmerkmale wird man nicht enthoben, auch kann sich Sittenwidrigkeit in ganz anderen Fallkonstellationen zeigen. Die Bildung dieser sich im einzelnen auch überschneidenden Fallgruppen ist in der Lit in unterschiedlicher Weise vorgenommen worden (s zB die Übersicht in LM zu § 826; StOechsler 149 ff; SoeHönn/Dönneweg 97 ff). Hier wird versucht, von den Erscheinungsformen des mißbilligten Verhaltens (Verhältnis von Mittel zum Zweck) zum einen, des mißbilligten Erfolgs zum anderen (Rn 3) auszugehen. Sittenwidriges Handeln kann sich gegen einen anderen richten, möglich ist auch das Zusammenwirken mit einem anderen zu Lasten eines Dritten.

13 **2. Verwerflichkeit des Mittels. a) Arglistige Täuschung aa) des Partners** bes beim Vertragsschluß. **Bsp:** bei Hypothekenkauf (RG 103, 154); beim Kauf eines Pkw (BGH 57, 137). Die Täuschung kann auch durch Unterlassen beim Bestehen einer Aufklärungspflicht (zum Begriff des Unterlassens s § 823 Rn 29) begangen werden. Die Anfechtung nach § 123 schließt Ansprüche aus § 826 rechtlich nicht aus (s aber Rn 2). **bb)** Irreführung von **Dritten** zum eigenen oder **14** fremden Vorteil. Bsp: Ausstellen einer Urkunde über nicht ernstlich gewollten Kauf, um dem Verkäufer Kredit zu ermöglichen (Celle WM 65, 25); Schweigen über eine durch einen anderen begangene Unterschriftsfälschung auf einem Wechsel trotz Anfrage (BGH 47, 114); Insolvenzverschleppung, um während der Zeit scheinbarer Gesundheit des Unternehmens Sondervorteile herauszuziehen (BGH WM 64, 673; 73, 1355); Täuschung über die Kreditwürdigkeit des notleidenden Unternehmens durch eigene Kredite gegen Sicherheit (RG 136, 253 f; 143, 40). Eine bes Rolle spielen **Gutachten** oder **Auskünfte;** die Rspr hält bewußt wahrheitswidrige oder auch leichtfertig ohne Kenntnis der Sachlage erteilte Auskünfte für sittenwidrig, falls sich, für den die Auskunft Erteilenden erkennbar, der Empfänger von dem Inhalt der Auskunft leiten lassen will (BGH NJW 86, 181 mwN; zur Erforderlichkeit des Vorsatzes s Rn 9). Ähnliches gilt für **Zeugnisse** zB über Arbeitnehmer; in der Kollision zwischen den Interessen des Arbeitnehmers, durch das Zeugnis in seinem Fortkommen nicht unnötig behindert zu werden, und den Erwartungen des künftigen Arbeitgebers, das Zeugnis enthalte – wenn auch in schonender Form – die für eine Beurteilung notwendigen Angaben (BAG NJW 60, 1974), dürfen für die Tätigkeit relevante Verfehlungen nicht verschwiegen werden (BGH NJW 70, 2292; zum Nicht-Erwähnen als ausreichende Information s BGH VersR 64, 314; ie StOechsler 92 u 158 ff, sa § 630 Rn 6); zur **Gläubiger-**

Titel 27. Unerlaubte Handlungen **§ 826**

benachteiligung durch Täuschung s Rn 27. **cc) Irreführung von Behörden** 15
und Institutionen, um eine Rechtsposition (zB Erlaubnis) zu erlangen. Auch
gegen ein **erschlichenes Urteil** kann nach stRspr (BGH 101, 383 mwN; ZIP 89,
287; sehr str, aA zB RoSchwab/Gottwald § 162 III; ie Prütting/Werth, Rechtskraftdurchbrechung bei unrichtigen Titeln, 1988, S 31 ff; Kohte JR 89, 152) § 826
als Einwendung gegenüber der Zwangsvollstreckung oder als Grundlage für den
Rückforderungsanspruch eingesetzt werden. Voraussetzungen: materiell-rechtliche
Unrichtigkeit des Urteils, Kenntnis des Titelgläubigers von der Unrichtigkeit
(„erschleichen"), zusätzliche gravierende Umstände (zum Anspruch bei einem
nicht erschlichenen, aber offenbar unrichtigen Urteil s Rn 23, zur Anwendbarkeit
des § 823 s § 823 Rn 48). **b)** Die unangemessene **Drohung** ist auch hier (vgl 16
§ 123) der arglistigen Täuschung gleichwertig. **c) Pflichtverletzung. aa) Be-** 17
griff. Selbstverständlich unterfällt nicht jede Pflichtverletzung § 826, anwendbar
bleibt idR allein das dafür vorgesehene Sanktionensystem (zB Ansprüche aus
§§ 286, 280, 325, pVV, cic). Sittenwidrig kann jedoch der bewußte Verstoß gegen
bes Treuepflichten sein, wie sie sich aus enger personaler Beziehung oder länger-
währenden Dauerschuldverhältnissen ergeben (ErmSchiemann 28). **bb) Verlet-** 18
zung eigener Pflichten gegenüber dem Partner. Bsp: Verletzung gesellschaftsrechtlicher Treuepflichten (BGH 12, 319, Abtretung einer Gesellschaftsforderung
für eigene Sicherungszwecke); Vertrauensbruch eines Treuhänders (RG 79, 196);
Geheimnisverrat durch Angestellten (sa UWG 17); Ausführen eines Überweisungs-
auftrages durch eine Bank, wenn mit dem Zusammenbruch der Empfängerbank zu
rechnen ist (BGH NJW 63, 1873). **cc)** Mitwirken an der **Pflichtverletzung eines** 19
anderen. Bsp: **Verleiten zum Vertragsbruch;** das bloße Partizipieren am Vertragsbruch eines anderen oder auch die einfache Aufforderung ist noch nicht
sittenwidrig, hinzukommen müssen bes Umstände (BGH NJW 94, 129 mwN:
planmäßiges Zusammenwirken zum Schaden des Dritten; RG JW 31, 2238: Übernahme der Regreßansprüche; RG 81, 91: Übernahme der Vertragsstrafe). Ähnliche
Grundsätze gelten auch für die **Abwerbung von Arbeitskräften** (BGH DB 68,
39; ie Lufft NJW 61, 2000); kollusives Zusammenwirken beim **Mißbrauch der
Vertretungsmacht** und der damit verbundenen Pflichtverletzung durch den Vertreter (BGH NJW-RR 89, 642 f); zum Problem insgesamt s § 164 Rn 8. **dd) Bestechung** (RG 161, 231; SoeHönn/Dönneweg 142; StOechsler 236) und Zahlen
von **Schmiergeldern** (BGH NJW 62, 1099) sind auch dann sittenwidrig, wenn
dem Empfänger keine Pflichtverletzung gegenüber einem Dritten zur Last fällt,
sondern sein Ermessen gesteuert werden soll. **d) Mißbrauch. aa)** Der **Begriff** des 20
Mißbrauchs ist vielschichtig; zu beachten sind insbes die Tendenzen zur Objektivierung iSd Funktionswidrigkeit zB im Wettbewerbsrecht (vgl GWB 19 IV) oder
im Zusammenhang mit § 242 (s § 242 Rn 37 ff). Bei § 826 geht es wiederum um
den in erheblichem Maß zu mißbilligenden, auch durch subj Elemente geprägten
Fehlgebrauch einer Position. **bb)** Mißbrauch einer **Machtstellung.** Der für die 21
Rspr des RG bedeutsame Komplex (zB RG 79, 229: Erzwingen unbilliger Bedingungen durch Elektrizitätswerk; 133, 391: Verweigerung des Theaterbesuchs zur
Verhinderung sachlicher Kritik; 108, 43: Mehrheitsmißbrauch bei Kapitalerhöhung
in AG) ist heute im wesentlichen faktisch durch Sonderbestimmungen (zB GWB
20, 21; UWG 1; AktG 246 ff) aufgefangen. Weitere Bsp: Verweigerung der Aufnahme in den Landessportbund (BGH NJW 69, 317); unbilliger Ausschluß aus
nichtrechtsfähigem Verein (BGH 13, 13). **cc)** Die mißbräuchliche Ausnutzung 22
einer **formalen Rechtsstellung** zur Schädigung eines anderen kann sittenwidrig
sein. Bsp: Erwerb in Zwangsversteigerung oder Insolvenz, um § 566 zu entgehen
(BGH WM 62, 930), sittenwidriger, aber unanfechtbar gewordener Gesellschafterbeschluß (BGH AG 88, 20); Namensmißbrauch (BGH 4, 160: Ausnutzen der
Verwechslungsgefahr mit anderem eingetragenen Warenzeichen); Wechselmiß-
brauch (SoeHönn/Dönneweg 207 mN; weitere Begebung, um Einreden aus dem
Grundverhältnis abzuschneiden); Mißbrauch einer Garantie (München WM 85,
191), der Vertretungsmacht (Rn 19) und Treuhänderstellung (BGH NJW 68,

Teichmann 1055

Vor §§ 827–829 Buch 2. Abschnitt 8. Einzelne Schuldverhältnisse

23 1471; ie StOechsler 241). **dd)** Das Ausnutzen eines unzutreffenden, nicht erschlichenen **Urteils/Vollstreckungsbescheids** ist nach der Rspr sittenwidrig, wenn die Unrichtigkeit offensichtlich ist, der von dem Urteil Gebrauch machende Teil die Unrichtigkeit kennt und – nach strengen Maßstäben zu prüfende – bes Unrechtsumstände hinzutreten (BGH NJW 98, 2818, sa Klados JuS 97, 707), welche die Verwertung des Urteils als unerträglich oder in hohem Maße als unbillig erscheinen lassen; zur Sittenwidrigkeit eines erschlichenen Urteils s Rn 15.

24 **ee)** Mißbrauch einer **Vertrauensstellung**. Bsp: Verwendung und Einbau völlig ungeeigneter Ölbrenner durch ein angesehenes Heizungsunternehmen (BGH WM 75, 560), sa Rn 14.

25 **3. Verwerflichkeit des Zwecks. a) Allgemeines.** „Zweck" des in § 826 erfaßten – vorsätzlichen – Verhaltens ist die Schädigung des Gegenübers oder eines Dritten. Die Sittenwidrigkeit kann daher auch hier nur aus bes, die Verwerflichkeit begründenden Umständen gefolgert werden. Sie können zB beim Partner in einer demütigenden oder ganz erheblichen Beschneidung seiner Möglichkeiten liegen, bei Dritten in einer dem Sinn der Rechtsordnung eklatant widersprechenden Beeinträchtigung. IdR wird die Feststellung der kumulativ oder allein eingesetzten

26 verwerflichen Mittel (Rn 13 ff) leichter fallen. **b) Verletzung des Partners.** Bsp: In Einzelfällen hat die Denunziation eine Rolle gespielt, dh eine obj richtige Anzeige, die für den Betroffenen in einem Unrechtsregime zur erheblichen Gefährdung führt (BGHZ 17, 332 mit krit Anm Nipperdey MDR 55, 666: Anzeige in NS-Zeit; sa Köln FamRZ 62, 72); zur Persönlichkeitsverletzung 74, 104. Sittenwidrig ist weiter die **wirtschaftliche Knebelung** im Rahmen von Kreditverträgen, wenn der Schuldner erheblich über das Sicherungsbedürfnis des Gläubigers hinaus faktisch sein gesamtes Vermögen zur Verfügung stellen muß (BGH 19, 12; sa BGH NJW 84, 728). Wegen der Nichtigkeit der Abrede gem § 138 wird § 826 kaum

27 praktisch. **c)** Hauptbeispiel der Verletzung Dritter ist die **Gläubigerbenachteiligung** (Koller JZ 85, 1013). Regelmäßig greifen hier nur die bes Gläubigerschutzvorschriften (zB GmbHG 64, AnfG 3 ff, InsO 129 ff) ein (s BGH VersR 96, 1287 mwN). Sittenwidrig sind aber, soweit nicht bereits Täuschungshandlungen als verwerfliche Mittel vorliegen (s Rn 14), bes Maßnahmen, welche die Ansprüche faktisch leerlaufen lassen (BGH NJW 84, 728 als Bsp: Sicherungsübernahme des gesamten Vermögens in Kenntnis von Ansprüchen Dritter; BGH 96, 235 f, Insolvenzverschleppung; BGH 101, 157, Widerspruch gegen Bankeinzug vor Insolvenz) oder die Zwangsvollstreckung faktisch vereiteln (BGH WM 64, 614: bewußtes Herbeiführen der Vermögenslosigkeit gemeinsam mit dem Schuldner; sa BAG FamRZ 73, 626 f mit Anm Fenn: bewußtes Nichtbeschäftigen des mit Verbindlichkeiten belasteten Ehegatten).

Vorbemerkungen zu den §§ 827–829

1 **1. Bedeutung.** Die §§ 827–829 bilden einen eigenständigen Abschnitt. Mit dem Begriff „nicht verantwortlich" (§§ 827 S 1, 828 I, II) wird eine dem Verschulden vorgelagerte, materiell etwa StGB 20 oder JGG 3 vergleichbare Kategorie eingeführt: die sog Deliktsfähigkeit (besser Verschuldensfähigkeit bzw **Verschuldensunfähigkeit**). Abgesehen von der wohl als grundsätzlich empfundenen Notwendigkeit einer solchen Regelung (Mot II 732; Prot II 583) soll damit im Gegensatz zu dem typisiert festzustellenden Verschulden (§ 276 Rn 29) ein individuell auf den konkreten Schädiger anzuwendender Zurechnungsmaßstab und eine bes Haftungsregelung ermöglicht werden.

2 **2. Anwendungsbereich.** Die Vorschriften gelten für die an ein Verschulden anknüpfenden **Deliktstatbestände** (§§ 823–826, 830 I 2, 831, 832, 833 S 2, 834, 836–838) und dank des Verweises in § 276 I 2 auch für **Sonderbeziehungen**, insbes vertragliche Schuldverhältnisse. Die Anwendbarkeit im Rahmen des **§ 254** wird von Rspr (RG 108, 89; BGH 9, 317; VersR 75, 135; Schleswig VersR 76,

Titel 27. Unerlaubte Handlungen **§ 827**

976) und hM (zB Larenz, SchR I, § 31 I a; SoeZeuner 2 vor §§ 827–829) zutr befürwortet, weil ein Mitverschulden die Zurechnungsfähigkeit voraussetzt; eine aA (Esser/Schmidt I/2, § 35 I 3 b; Rother, Haftungsbeschränkung im Schadensrecht, 1965, S 85 ff; Weidner, Die Mitverursachung als Entlastung des Haftpflichtigen, 1970, S 55 f) versteht § 254 als einen unabhängig vom Verschulden zu kennzeichnenden Tatbestand der Mitverursachung und verneint deshalb die Anwendbarkeit der §§ 827 ff. Bei einer **Gefährdungshaftung** greifen die §§ 827, 828 nicht ein.

3. Rechtsnatur. Verschuldensunfähigkeit und die sie begründenden Tatbestände sind Rechtsbegriffe, die sich mit den entspr medizinischen Begriffen nicht voll decken; der Richter hat daher gem ZPO 286 ohne Bindung an Sachverständigengutachten selbst zu entscheiden (BGH VersR 67, 30; NJW 70, 1038). 3

4. Die **Haftung des Verschuldensunfähigen** ist unübersichtlich und an verschiedenen Stellen geregelt. Für einzelne Deliktstatbestände greift eine Billigkeitshaftung (§ 829) ein; iü haftet in den Fällen des § 827 derjenige, der sich schuldhaft in diesen Zustand versetzt hat, in der Weise, „als ob" er die Handlung selbst fahrlässig schuldhaft begangen habe; zur Haftung der Aufsichtsperson s § 832. 4

§ 827 Ausschluss und Minderung der Verantwortlichkeit

¹Wer im Zustand der Bewusstlosigkeit oder in einem die freie Willensbestimmung ausschließenden Zustand krankhafter Störung der Geistestätigkeit einem anderen Schaden zufügt, ist für den Schaden nicht verantwortlich. ²Hat er sich durch geistige Getränke oder ähnliche Mittel in einen vorübergehenden Zustand dieser Art versetzt, so ist er für einen Schaden, den er in diesem Zustand widerrechtlich verursacht, in gleicher Weise verantwortlich, wie wenn ihm Fahrlässigkeit zur Last fiele; die Verantwortlichkeit tritt nicht ein, wenn er ohne Verschulden in den Zustand geraten ist.

1. S 1 betrifft mit beiden, sachlich dicht angelagerten Begriffen den schwierigen Grenzbereich, in dem einerseits noch eine Handlung, also ein beherrschbares Verhalten (§ 823 Rn 20) vorliegt, im Zeitpunkt der Handlung andererseits die freie Willensentscheidung ausgeschlossen ist (Haase JR 87, 241). Bsp: Auftreten eines vorher nicht erkennbaren epileptischen Anfalls (BGH 127, 188); ein Unfallschock kann im bes Einzelfall im Blick auf Angstreaktionen (zB Fahrerflucht) zur Bewußtseinsstörung führen (BGH VersR 66, 178; einschr BGH VersR 66, 458; VRS 20, 48); äußerste Erregung kann im Einzelfall eine Verschuldensunfähigkeit auslösen (BGH NJW 58, 266); eine allg Erregung oder momentane Unfähigkeit zum vernünftigen Handeln reichen nicht aus (SoeZeuner 2); eine alkoholbedingte Bewußtseinsstörung setzt bei einem Pkw-Fahrer sehr hohe Werte voraus (BGH NJW 89, 1612 f mit ausführlicher Begründung). 1

2. Ein Verhalten nach S 2 führt nicht zur fahrlässigen Handlung selbst, sondern stellt die Haftung gleich. Ist grobe Fahrlässigkeit erforderlich, so muß entspr grob fahrlässig der Zustand der Verschuldensunfähigkeit herbeigeführt sein (BGH VersR 67, 944). Für Vorsatzdelikte (§§ 826, 839 I 2) kann nach § 827 S 1 nicht gehaftet werden (BGH LM Nr 2), jedoch wird man entspr den strafrechtlichen Grundsätzen zur sog vorsätzlichen actio libera in causa (zB Lackner § 20, 25) eine vorsätzliche Handlung selbst bejahen können, wenn das Herbeiführen der Verschuldensunfähigkeit und auch die später begangene Handlung vom Vorsatz umfaßt waren. 2

3. Die **Beweislast** für die Bewußtlosigkeit ect. obliegt dem Handelnden (BGH 98, 137 f), für S 2, 1. HS (s Rn 2) dem Verletzten, für S 2, 2. HS wiederum dem Handelnden. 3

§ 828 Minderjährige

(1) **Wer nicht das siebente Lebensjahr vollendet hat, ist für einen Schaden, den er einem anderen zufügt, nicht verantwortlich.**

(2) **Wer das siebente, aber nicht das zehnte Lebensjahr vollendet hat, ist für den Schaden, den er bei einem Unfall mit einem Kraftfahrzeug, einer Schienenbahn oder einer Schwebebahn einem anderen zufügt, nicht verantwortlich. Dies gilt nicht, wenn er die Verletzung vorsätzlich herbeigeführt hat.**

(3) **Wer das achtzehnte Lebensjahr noch nicht vollendet hat, ist, sofern seine Verantwortlichkeit nicht nach den Absätzen 1 oder 2 ausgeschlossen ist, für den Schaden, den er einem anderen zufügt, nicht verantwortlich, wenn er bei der Begehung der schädigenden Handlung nicht die zur Erkenntnis der Verantwortlichkeit erforderliche Einsicht hat.**

Lit: *Goecke*, Unbegrenzte Haftung Minderjähriger?, NJW 99, 2305; Looschelders, Verfassungsrechtliche Grenzen der deliktischen Haftung Minderjähriger, VersR 99, 141.

1   **1. Normzweck.** Das Ges vom 25. 7. 02 (BGBl I S 2674; Inkrafttreten: 1. 8. 2002) hat gegenüber § 828 aF zwei Änderungen zur Folge: Kinder bis zur Vollendung des zehnten Lebensjahres werden bei einer nicht vorsätzlichen Verursachung eines Verkehrsunfallschadens von einer Haftung völlig freigestellt. Grund ist, daß sie die Gefahr des motorisierten Straßenverkehrs (Entfernung, Geschwindigkeit) idR nicht einzuschätzen vermögen und auch nicht in der Lage sind, adäquat zu reagieren (BT-Drs 77/7752 S 26). Ob die Regelung zu einer Verschärfung der Aufsichtspflicht führt (s § 232 Rn 6 f), bleibt abzuwarten. Die Bestimmung führt auch zur **Nichtberücksichtigung einer Mitverursachung (§ 254)** im Fall der eigenen Verletzung. Bei anderen unerlaubten Handlungen und für die übrigen Altersstufen bleibt es bei der bisherigen Regelung. Das als diskriminierend empfundene (BT-Drs 14/7752 S 27) Einbeziehen der Taubstummen wurde aufgehoben.

2   **2. Begriff, Anwendung.** § 828 regelt nur die **Verschuldensunfähigkeit** (Rn 1 vor §§ 827–829); das Verschulden selbst gehört in den Bereich des § 276. Der Gesetzeswortlaut stellt entspr den im 19. Jahrhundert herrschenden Vorstellungen allein auf die intellektuelle Einsichtsfähigkeit ab, nicht auf die untrennbar damit verbundene Fähigkeit, entspr einer besseren Einsicht zu handeln (dazu Geilen FamRZ 65, 401). Die Rspr fühlt sich an den Gesetzestext gebunden (BGH NJW RR 97, 1111; aA Teichmann JZ 70, 618; offen gelassen in Frankfurt NJW-RR 94, 1115 mwN). Die Novellierung hat leider daran nichts geändert. Faktisch geschieht freilich eine Korrektur dadurch, daß die Schwelle der individuell für den Handelnden festzustellenden Einsichtsfähigkeit sehr niedrig angesetzt wird. Es genügt die „Erkenntnis einer allg Gefahr und eines allg Schadens" bzw „das allg Verständnis dafür, daß das Verhalten in irgendeiner Weise Verantwortung begründen kann" (Köln NJW-RR 93, 1499); in der Vorliegen wird regelmäßig bejaht (Oldenburg VersR 92, 115: Wurf mit Holzstück durch 7jähriges Kind; verneint in Hamm VersR 77, 531: 13jähriger Hauseigentümer und nicht äußerlich sichtbarer Mangel einer Balkonbrüstung). Die eigentliche Entscheidung über die Haftung wird damit in die Prüfung des Verschuldens verlagert (Geilen FamRZ 65, 404; Teichmann JZ 70, 619, s Oldenburg VersR 92, 115); zur Haftung bei fehlendem Verschulden in entspr Anwendung des § 829 s dort Rn 6. Zum **Umfang** des Ersatzanspruchs ist noch offen, ob es verfassungsrechtlich geboten ist, die Haftungssumme zum Erhalt einer Lebensperspektive zu begrenzen (Celle JZ 90, 294 mit Bespr Canaris JZ 90, 679, sa BVerfG NJW 98, 3557).

3   **3. Beweislast.** Die doppelte Verneinung in III („nicht verantwortlich wenn nicht . . .") zeigt, daß das Gesetz von der Verschuldensfähigkeit des Jugendlichen im Grundsatz ausgeht (BGH LM Nr 1, 3: „ges Vermutung" für die Verschuldensfähig-

Titel 27. Unerlaubte Handlungen **§ 829**

keit). Der Schädiger muß diese Vermutung widerlegen, dh Umstände darlegen und ggf beweisen, aus denen sich die Verschuldensunfähigkeit ergibt (für das Verschulden selbst trägt der Geschädigte die Beweislast).

§ 829 Ersatzpflicht aus Billigkeitsgründen
Wer in einem der in den §§ 823 bis 826 bezeichneten Fälle für einen von ihm verursachten Schaden auf Grund der §§ 827, 828 nicht verantwortlich ist, hat gleichwohl, sofern der Ersatz des Schadens nicht von einem aufsichtspflichtigen Dritten erlangt werden kann, den Schaden insoweit zu ersetzen, als die Billigkeit nach den Umständen, insbesondere nach den Verhältnissen der Beteiligten, eine Schadloshaltung erfordert und ihm nicht die Mittel entzogen werden, deren er zum angemessenen Unterhalt sowie zur Erfüllung seiner gesetzlichen Unterhaltspflichten bedarf.

1. Anspruchsvoraussetzungen. a) **Obj Tatbestand einer unerlaubten** 1 **Handlung.** Durch den Verweis auf die §§ 823–826 sind die übrigen Ausformungen der Grundtatbestände, die §§ 830 I 2 (RG 74, 145), 831, 833 S 2 (BGH WM 76, 1056), 834, 836–838 mit erfaßt. Berücksichtigt man die §§ 827, 828 im Rahmen des § 254 (Rn 2 vor §§ 827–829), so ist auch die Anwendung des § 829 in diesem Bereich konsequent. Von der Rspr wird sie allerdings nur unter größer Zurückhaltung und lediglich in gravierenden Fällen vorgenommen (Celle NJW 69, 1633 mit abl Anm Knippel NJW 69, 2016 und Böhmer JR 70, 340; BGH NJW 73, 1795; VersR 74, 139; Hamm VersR 75, 667; krit Esser/Schmidt I/2, § 35 I 3 b). Auf Schadensersatzansprüche aus Sonderbeziehungen ist, wie der Verweis in § 276 I 2 allein auf die §§ 827, 828 zeigt, § 829 nicht anwendbar (hL; aA Weimar MDR 65, 263); dies mag auf die schließlich auch auf § 254 im Rahmen von Sonderbeziehungen erstrecken. b) **Ausschluß der Haftung gem §§ 827, 828.** 2 Zum *Tatbestand* selbst s § 827 Rn 1, § 828 Rn 2. Eine *entspr Anwendung* über den *Bereich des § 827* hinaus soll aus Gründen der Interessengleichheit nur dann möglich sein, wenn die Bewußtlosigkeit ein solches Maß erreicht hat, daß es juristisch bereits an einer Handlung fehlt (s § 823 Rn 20; BGH 23, 98; zust zB SoeZeuner 2). Dem ist zuzustimmen. Problematischer ist die *entspr Anwendung* über den *Bereich des § 828* hinaus mit der Annahme, ein Jugendlicher, der zwar die erforderliche Einsichtsfähigkeit besitzt, dem aber bei Berücksichtigung seines Alters kein Fahrlässigkeitsvorwurf zu machen sei (§ 276 Rn 29), könne nach § 829 haften (BGH 39, 285; zust Wilts VersR 63, 1100; Deutsch JZ 64, 90; Geilen FamRZ 65, 408). Dies bietet sich infolge des Absinkens der Schwelle des § 828 (s § 828 Rn 2) geradezu an, führt aber in den krit Bereich einer altersbedingten, uU auch für alte Menschen geltenden und kaum abgrenzbaren Gefährdungshaftung (abl auch Böhmer MDR 64, 280; Mezger MDR 54, 597). In einer *Reduktion* wird § 829 nicht angewandt, wenn bei gleichen Umständen ein Voll-Verantwortlicher auch nicht haften würde. Sonst würde eine nicht gerechtfertigte Schlechterstellung des Verschuldensunfähigen eintreten (BGH NJW 62, 2202). c) **Kein Ersatz vom** 3 **Aufsichtspflichtigen.** Gleichgültig ist, ob ein Aufsichtspflichtiger nicht vorhanden ist, ob den Aufsichtspflichtigen keine Pflichtverletzung trifft oder ob von ihm aus tatsächlichen Gründen kein Ersatz verlangt werden kann. Eine Vorausklage ist nicht erforderlich. d) Bei der Prüfung der **Billigkeit** sind alle Umstände des 4 Einzelfalles wie zB Anlaß, Hergang und Folge der Tat (BGH NJW 79, 2096), die „natürliche" Einsichtsfähigkeit des Verschuldensunfähigen (BGH NJW 58, 1630 aE) und insbes die Vermögens- und sonstigen Lebensverhältnisse in Betracht zu ziehen. Da ein Schadensausgleich „erfordert", nicht nur erlaubt sein muß (BGH 127, 192), müssen die Umstände in erheblichem Ausmaß zuungunsten des Schädigers sprechen („erhebliches Gefälle" der Umstände). Str ist, wieweit bei den Vermögensverhältnissen des Schädigers eine **Haftpflichtversicherung** zu berücksichtigen ist. Da eine freiwillige Versicherung idR nicht abgeschlossen wird, um gegen sich Ansprüche zu begründen, muß sie bei dem Ob eines Anspruchs

Teichmann 1059

§ 830 Buch 2. Abschnitt 8. Einzelne Schuldverhältnisse

unberücksichtigt bleiben (BGH 76, 284 mwN; aA Wolf VersR 98, 812). Ist der Anspruch grundsätzlich entstanden, so kann für dessen Höhe die Versicherung als ein Vermögensteil des Schädigers eine Rolle spielen (BGH VersR 80, 625). Ges Haftpflichtversicherungen (zB bei Kfz) sind jedoch im Interesse des Geschädigten geschaffen und grundsätzlich zu berücksichtigen (BGH 127, 191 f). Dies gilt auch
5 für allg gebotene (zB Berufshaftpflicht-)Versicherungen. **e) Kein Mittelentzug** usw. Zum Unterhalt s § 1610, zur ges Unterhaltspflicht s §§ 1360 ff, 1569 ff, 1601 ff.

6 **2. Rechtsfolgen.** Der zu leistende Betrag kann aus Billigkeitsgründen (vgl „insoweit" im Ges) unter dem nach §§ 249 ff zu leistenden Schadensersatz bleiben.

7 **3. Prozessuales. a)** Maßgebender **Zeitpunkt** für die Prüfung der Voraussetzungen des § 829 ist der nach ZPO 128 bestimmte Termin (idR letzte mündliche Tatsachenverhandlung). Scheitert derzeit ein Anspruch wegen fehlender Billigkeit, so ist ein **Feststellungsurteil** möglich, daß der Schädiger bei künftigem Eintritt
8 der Voraussetzungen Ersatz zu leisten habe (Köln VersR 81, 266). **b) Beweislast:** Zum Tatbestand der Verletzungsnorm (Rn 1) s jeweils dort, zum Ausschluß der Haftung s § 827 Rn 3, § 828 Rn 3. Der Verletzte hat zu beweisen, daß vom Aufsichtspflichtigen kein Ersatz zu erlangen ist (Rn 3). Zur Billigkeit (Rn 4) obliegt dem Verletzten die Beweislast für die eigenen wirtschaftlichen Verhältnisse, dem Schädiger jedoch für die seinen; denn insoweit hat der Verletzte keinen Einblick (Baumgärtel I, 2). Dem Schädiger obliegt schließlich der Nachweis, daß ihm Mittel für den angemessenen Unterhalt entzogen werden (Rn 5).

§ 830 Mittäter und Beteiligte

(1) ¹**Haben mehrere durch eine gemeinschaftlich begangene unerlaubte Handlung einen Schaden verursacht, so ist jeder für den Schaden verantwortlich.** ²**Das Gleiche gilt, wenn sich nicht ermitteln lässt, wer von mehreren Beteiligten den Schaden durch seine Handlung verursacht hat.**

(2) **Anstifter und Gehilfen stehen Mittätern gleich.**

Lit: Adam, § 830 Abs 1 S 2 BGB und die Gefährdungshaftung, VersR 95, 1291; Eberl-Borges, § 830 BGB und die Gefährdungshaftung, AcP 196, 491 ff; Brambring, Mittäter, Nebentäter, Beteiligte und die Verteilung des Schadens bei Mitverschulden des Geschädigten, 1973; Keuk, Die Solidarhaftung der Nebentäter, AcP 168, 175; E. Lorenz, Die Lehre von den Haftungs- und Zurecheneinheiten und die Stellung des Geschädigten in Nebentäterfällen, 1979.

1 **1. Allgemeines. a) Funktion.** Sind mehrere an einer unerlaubten Handlung beteiligt, so steht zwar fest, daß mindestens einer von ihnen die Rechtsgutsverletzung begangen haben muß. Der Geschädigte ist jedoch kaum in der Lage, den konkreten Schädiger zu bezeichnen und für ihn den an sich erforderlichen Nachweis im Blick auf den vollen Tatbestand (§ 823 Rn 63) zu führen; erst dann aber würde sich der Weg zB nach § 823 I oder bei mehreren festgestellten Schädigern zu § 840 I öffnen. Jeder Beteiligte könnte häufig unwiderlegbar behaupten, möglicherweise habe (auch) ein anderer aus dem in Betracht kommenden Kreis die Verletzung herbeigeführt. IE ginge der Verletzte trotz der eindeutigen Ausgangslage leer aus. Entspr gilt, wenn zwar nicht die Rechtsgutsverletzung selbst, aber die Verursachung für eine bestimmte Schadens*höhe* zweifelhaft ist (sog Anteilszweifel), BGH 67, 18 f). § 830 **befreit** den Geschädigten **vom Nachweis der haftungsbegründenden Kausalität** (zum Begriff s § 823 Rn 20), gibt ihm eine **eigene Anspruchsgrundlage** (BGH 72, 358 mit Anm U. H. Schneider JR 79, 336) *bei möglicher Kausalität* und verlagert die Risiken der Haftungsverteilung in das Verhältnis der Schädiger untereinander (BGH 59, 41 f). Gerechtfertigt ist diese Überwälzung nur bei entspr Tatbeiträgen oder Handlungen, die das Ges in einer quantitativen Abstufung mit Mittäterschaft (I 1), Anstiftung und Beihilfe (II) sowie
2 Beteiligung (I 2) umschreibt. **b) Anwendungsbereich.** § 830 setzt eine uner-

Titel 27. Unerlaubte Handlungen **§ 830**

laubte Handlung voraus; eine entspr Anwendung auf vergleichbare Tatbestände – Haftung gem §§ 241 II, 280 I (BGH NJW 01, 2539, krit Henne VersR 02, 685) – vermutete Verschuldenshaftung, Gefährdungshaftung, § 906 – ist möglich (BGH 101, 111 mwN).

2. Mittäterschaft (I 1). a) Obj Tatbestand. aa) Erforderlich ist ein das rechtswidrige Handeln der übrigen **unterstützender eigener Tatbeitrag** (s Hamm NJW 85, 203, Demonstration). Die intellektuelle Mitwirkung genügt; eine bloße Anwesenheit ist nur dann Tatbeitrag, wenn sie sich obj als Unterstützung auswirkt (BGH 137, 104). **bb)** Die Feststellung der **Kausalität** zwischen dem Tatbeitrag und der Rechtsgutsverletzung ist entspr der Funktion der Norm nicht erforderlich, gehaftet wird für die *mögliche Kausalität* (BGH 59, 41; JZ 72, 128; Deutsch JZ 72, 106; enger mit beachtlicher Argumentation Brambring aaO S 40, 42 ff: es müsse zumindest der Gegenbeweis zugelassen werden, das Verhalten sei nicht kausal gewesen). **b) Rechtswidrigkeit.** Der rechtmäßig handelnde Mittäter scheidet aus dem Haftungsverband der rechtswidrig Handelnden aus (StBelling/Eberl-Borges 59 u 80; BGH JZ 72, 127). **c) Verschulden.** Nach stRspr (BGH 59, 39; 137, 102) und hM (Larenz, SchR II 2, § 82 I 2 c; Esser/Weyers, II 2 § 60 I 1; Brambring aaO S 49) muß der Einzelne entspr dem strafrechtlichen Begriff der Mittäterschaft im Blick auf die Rechtsgutsverletzung (nicht mehr im Blick auf den Folgeschaden, BGH 59, 39; NJW 72, 42) mit zumindest bedingtem Vorsatz gehandelt haben, also die Tat in ihren groben Zügen kennen und den Willen haben, sie als eigene zu begehen oder als fremde zu unterstützen. Für die vom eigenen Vorsatz nicht erfaßten Exzesse der Mittäter wird aus § 830 I 1 nicht gehaftet (BGH 63, 128, Hausbesetzung; BGH 89, 389, Großdemonstration, m Anm Stürner JZ 84, 525, Kornblum JuS 86, 600; BGH VersR 92, 499, Freiheitsberaubung mit Körperverletzung). Zum Vorsatz eines Verschuldensunfähigen s § 827 Rn 2.

3. Anstiftung, Beihilfe (II). a) Obj Tatbestand. aa) Zum Begriff s StGB 26, 27; wie im Strafrecht ist auch eine Teilnahme an eigenhändigen und Sonderdelikten möglich (s BGH 75, 107; AG 84, 185, Teilnahme eines Aufsichtsratsmitgliedes einer AG an der Pflichtverletzung des Vorstandes, Antrag auf Eröffnung des Insolvenzverfahrens zu stellen). Beihilfe ist jede, auch psychische (BGH 63, 125) **Förderung der fremden Haupttat** oder Vorbereitungshandlung (BGH NJW 78, 819); der eigene Rücktritt schließt nicht aus, daß die Unterstützung fortwirkt (BGH 63, 131 f); Begünstigung und Hehlerei können unterstützend wirken, sonst kommt eine eigene Haftung für den dadurch verursachten Schaden, etwa aus § 826, in Frage. **bb) Kausalität.** Anstiftung als Hervorrufen des Tatentschlusses muß für die Haupttat kausal sein, Beihilfe nicht (s Rn 1 f; BAG NJW 64, 888: Unterstützung eines wilden Streiks durch Gewerkschaft; BGH 63, 130: Hausbesetzung). **cc) Vorsätzliche Haupttat.** Ist der Haupttäter schuldunfähig (§§ 827, 828), so ist mittelbare Täterschaft zu prüfen (BGH 42, 122; aA StBelling/Eberl-Borges 34, die unerkannte Verschuldensunfähigkeit des Haupttäters schließe Teilnahme nicht aus). **b)** Zur **Rechtswidrigkeit** und zum **Verschulden** gilt Rn 4, 5 entspr.

4. Beteiligung (I 2). a) Allgemeines. Das Ges geht hier noch einen Schritt weiter und läßt im Ausgangspunkt für die Haftung des einzelnen eine unerlaubte Handlung aus dem Kreis mehrerer genügen, ohne daß der Geschädigte nachzuweisen braucht, diese Handlung des einzelnen habe irgendeine Auswirkung auf die Verletzung gehabt. Zur Vermeidung einer Zufallshaftung ist eine einengende, ie schwierige und sehr str Konkretisierung erforderlich. **b) Obj Tatbestand. aa)** Es muß eine zur Herbeiführen der Rechtsgutsverletzung **geeignete Handlung** (§ 823 Rn 20), also ein Verhalten vorliegen, das für die Verletzung kausal sein konnte. Der bloße Verdacht, ein zum Zeitpunkt der Tat Anwesender könne gehandelt haben, reicht nicht aus (BGH 89, 399 f mwN), desgl ist § 830 I 2 nicht anwendbar, wenn die festgestellte Handlung den Verletzungserfolg nicht herbeizuführen vermochte (Fikentscher § 108, 1 b; zur Beweislast s Rn 15). **bb)** Der

§ 831

Begriff der **Beteiligung** – anders als im Strafrecht verstanden – wird unterschiedlich interpretiert. Zum einen wird er auf die übrigen Handelnden bezogen und daraus abgeleitet, es müsse ein *Zusammenhang* zwischen „den Beteiligten" bestehen. Dieser Zusammenhang wird wiederum entweder subj im Sinn eines gegenseitigen Wissens um das gemeinsame Tun (Weimar MDR 60, 464; Lauenstein NJW 61, 1662) beschrieben oder obj gefaßt: Notwendig ist danach die Feststellung eines sachlich, zeitlich und räumlich zusammenhängenden Vorganges (BGH 25, 274; ie RGRK/Steffen 24 f). Diese Anforderung hatte der BGH im Blick auf den zeitlichen (BGH 33, 292) und örtlichen (BGH 55, 95) Zusammenhang gelockert; unverzichtbar sei jedoch, daß die Beteiligten in einer Haftungsgemeinschaft aufgrund der gemeinsamen Gefährdung, zB beim Vorliegen eines einheitlichen Vorganges, verbunden seien (BGH 55, 93; ähnlich Larenz, SchR II 2, § 82 II 1 c). Die Gegenansicht bezieht „Beteiligung" auf den möglichen *Anteil an der Verletzung* und knüpft im Grunde an die Handlung (Rn 9) an: Jeder, dessen Handeln zu dem eingetretenen Erfolg habe führen können, sei Beteiligter (Brambring aaO 98; Bauer JZ 71, 7; Deubner NJW 61, 1014; Esser/Weyers II 2, § 60 I 1; SoeZeuner 15 ff). – Die Lösung müßte wohl von der Funktion der Norm her (Rn 1) gewonnen werden. Beteiligung ist anzunehmen, wenn es dem Geschädigten – bzw einem Dritten an seiner Stelle – nicht möglich und zumutbar war, bei der möglichen Verletzung durch mehrere Handelnde Feststellungen über den Kausalbeitrag des

11 einzelnen zu treffen (ähnlich BGH 55, 93). **cc) Unklarheit der Verursachung durch einen Beteiligten.** § 830 I 2 setzt voraus, daß der Geschädigte die Kausalität der Handlung eines Beteiligten für die Rechtsgutverletzung allein wegen der Mehrheit der möglichen Schädiger nicht nachweisen kann (Rn 1). Deshalb ist § 830 I 2 auf einen weiteren Verletzer nicht anwendbar, wenn der Erstverletzer für alle Folgeschäden (Rn 24 ff vor § 249) aufkommen muß (BGH VersR 85, 269, krit Fraenkel NJW 79, 1202; Deutsch NJW 81, 2731); denkbar sind eigene Ansprüche zB aus § 823 hinsichtlich des tatsächlich festgestellten Beitrags. § 830 I 2 entfällt weiter, wenn der **Geschädigte selbst** möglicher Verursacher ist (BGH 60, 181 ff

12 mwN; aA zB Deutsch, HaftungsR I, Rn 527). **c) Rechtswidrigkeit.** Handelt nur einer der Beteiligten rechtmäßig, so entfällt der Anspruch gegen alle aus § 830 I 2; sonst käme zu einer Haftung für ein möglicherweise rechtmäßiges Verhalten,

13 LM Nr 2. **d)** Fehlendes **Verschulden** soll zB nach Larenz, SchR II 2, § 82 II 3 und StBelling/Eberl-Borges 81 nur die Haftung des einzelnen, nicht die der übrigen ausschließen; aA – wie bei der Rechtswidrigkeit – Bauer JZ 71, 7; differenzierend und zutr Deutsch, Allg HaftungsR, Rn 520: Nur persönliche Schuldausschließungsgründe (Verschuldensunfähigkeit, Rn 1 ff vor §§ 827–829) des einzelnen beeinträchtigen die Haftung der übrigen nicht.

14 **5.** Eine reine **Nebentäterschaft,** dh die Verletzung durch mehrere selbständige Einzelhandlungen ohne qualifizierende „Beteiligung", erlaubt die Anwendbarkeit des § 830 nicht (BGH NJW 88, 1720; SoeZeuner 2; aA Brambring aaO S 57); sa § 840 Rn 5.

15 **6. Beweislast.** Der Verletzte muß die Tatbestandsmerkmale einer zurechenbaren Handlung bis auf die haftungsbegründende Kausalität beweisen, statt der Kausalität die Merkmale von I 1, II oder I 2. Im Falle von I 2 kann der mögliche Schädiger den Nachweis führen, seine Handlung sei nicht ursächlich (Rn 9) gewesen (BGH NJW 60, 863, VersR 72, 447) bzw es stehe ein anderer Schädiger fest (Rn 11). Zur str Frage, ob ein Gegenbeweis auch bei der Mittäterschaft (I 1) möglich ist, s Rn 3.

§ 831 Haftung für den Verrichtungsgehilfen

(1) ¹Wer einen anderen zu einer Verrichtung bestellt, ist zum Ersatz des Schadens verpflichtet, den der andere in Ausführung der Verrichtung einem Dritten widerrechtlich zufügt. ²Die Ersatzpflicht tritt nicht ein, wenn der Geschäftsherr bei der Auswahl der bestellten Person und, sofern

Titel 27. Unerlaubte Handlungen **§ 831**

er Vorrichtungen oder Gerätschaften zu beschaffen oder die Ausführung der Verrichtung zu leiten hat, bei der Beschaffung oder der Leitung die im Verkehr erforderliche Sorgfalt beobachtet oder wenn der Schaden auch bei Anwendung dieser Sorgfalt entstanden sein würde.

(2) **Die gleiche Verantwortlichkeit trifft denjenigen, welcher für den Geschäftsherrn die Besorgung eines der im Absatz 1 Satz 2 bezeichneten Geschäfte durch Vertrag übernimmt.**

Lit: Seiler, Die deliktische Gehilfenhaftung in historischer Sicht, JZ 67, 525; Steindorff, Repräsentanten- und Gehilfenversagen und Qualitätsregelungen in der Industrie, AcP 170, 93.

1. **Allgemeines. a) Funktion.** § 831 begründet entgegen einer weitläufigen 1
Meinung keine Haftung für das Handeln des Gehilfen, sondern einen selbständigen Anspruch gegen den Geschäftsherrn wegen *eigenen* Auswahl-, Ausrichtungs- oder Überwachungsverschuldens mit einer Beweislasterleichterung für den Geschädigten (s Rn 10 ff). Die zum Schadensersatz verpflichtende **Handlung** ist also das Unterlassen (§ 823 Rn 29 ff) der ordnungsgemäßen Auswahl usw eines anderen, die Haftung wird ausgelöst durch dessen rechtswidriges Fehlverhalten. **Rechtfertigungsgründe** für den Geschäftsherrn sind kaum denkbar. Er muß **verschuldensfähig** (Rn 1 ff vor §§ 827–829) sein und **schuldhaft** gehandelt haben. Der Gesetzesaufbau entspricht nicht dem üblichen Deliktsaufbau, sondern trennt nach der *Beweislast* (I 1 einerseits, I 2 bzw das Verschulden andererseits). **b) Einordnung der Norm in das Anspruchssystem.** Neben § 831 kann sich gegen 2
den Geschäftsherrn ein Anspruch aus § 823 wegen eines sog Organisationsmangels (§ 823 Rn 32) ergeben. Bestehen zwischen Geschädigtem und Geschäftsherrn Sonderbeziehungen (zB ein Vertrag), so haftet der Geschäftsherr (als Schuldner) gem § 278 bei Verletzung seiner Schuldnerpflicht für das *fremde* Verschulden derselben Person (insoweit „Erfüllungsgehilfe" genannt) unter den dort genannten Voraussetzungen. – Ansprüche gegen den Verrichtungsgehilfen selbst können sich zB aus § 823 ergeben, es entsteht eine gesamtschuldnerische Haftung gem § 840 I. **c) Anwendungsbereich.** Ansprüche aus unerlaubter Handlung innerhalb und 3
außerhalb des BGB. **d) Einschränkung der wirtschaftlichen Tragweite.** Weil 4
die grundsätzliche, wenn auch erschwerte Möglichkeit des Entlastungsbeweises (I 2) häufig als unbefriedigend empfunden wird, haben Rspr und Lit nicht nur Rechtsinstitute vertragsähnlicher Beziehungen (zB cic, sa jetzt § 311, insbes § 311 III 2; Vertrag mit Schutzwirkung für Dritte) entwickelt, sondern andere Haftungstatbestände ausgebaut und damit die Relevanz des § 831 faktisch reduziert: die Möglichkeit, Verrichtungsgehilfen zu bestellen und ihnen zur eigenen Verantwortung Aufgaben zu übertragen, wird eingeschränkt (BGH VersR 64, 297: keine Entlastung des Geschäftsinhabers durch das Einstellen eines Betriebsleiters; krit SoeZeuner 40 f); bei juristischen Personen wird der Kreis der „verfassungsmäßig berufenen Vertreter" gem § 31 weit gezogen und damit eine Haftung zB nach §§ 823, 31 erreicht; ist für bestimmte Aufgabengebiete kein Organ bestellt, so gilt dies als selbst zu verantwortender Organisationsmangel (§ 823 Rn 29 ff).

2. **Haftungsvoraussetzungen (I 1). a) Zu einer Verrichtung bestellt.** 5
aa) Beschreibung. Verrichtungsgehilfe ist, wer im Blick auf eine Tätigkeit höherer oder niederer, entgeltlicher oder unentgeltlicher Art (zum Begriff der Verrichtung s RG 92, 346; SoeZeuner 15) *Weisungen unterliegt*. Die Weisungsgebundenheit kann generell oder auch nur partiell für einzelne Tätigkeitsbereiche, für die dann allein § 831 gilt, bestehen (die Gleichsetzung mit „sozialer Abhängigkeit" ist deshalb unpräzise). Die Weisungsgebundenheit ist abzugrenzen zB gegen die schuldrechtliche Verpflichtung, eine bestimmte Leistung (etwa das Herstellen einer genau beschriebenen Sache) zu erbringen. Das Weisungsrecht wird in der Rspr umschrieben als die – nicht unbedingt bis ins einzelne reichende – Befugnis, die Tätigkeit des Handelnden jederzeit beschränken, entziehen oder nach Zeit und

§ 831 Buch 2. Abschnitt 8. Einzelne Schuldverhältnisse

Umfang bestimmen zu können (BGH 45, 313), wobei wohl im Schwerpunkt auf Umfang und Zeit abzustellen ist: Wer über Zeit und Umfang seiner Tätigkeit selbst
6 zu bestimmen vermag, ist nicht Verrichtungsgehilfe (PalThomas 6). **bb) Beispiele.** § 831 ist generell anwendbar auf Arbeitnehmer, Angestellte (BGH VersR 60, 19: Assistenzarzt; NJW 59, 2302: Krankenschwester), auch leitende (PalThomas 6); Praxisvertreter eines Arztes (BGH NJW 56, 1835). § 831 ist partiell anwendbar zB auf Handelsvertreter im Blick auf konkret übertragene Aufgaben (BGH BB 79, 1734); auf mit Nachuntersuchung beauftragten Vertrauensarzt einer Kasse (RG 131, 70); von einem anderen entliehene Arbeitnehmer, wenn – zeitweilig oder projektgebunden – eine starke Bindung und Integration vorgenommen wird (BGH VersR 74, 243). § 831 ist nicht anwendbar auf Mitgesellschafter (BGH 45, 313; Sellert AcP 175, 77; aA Fabricius, Gedächtnisschrift Schmidt, 1966, S 171); auf selbständige, mit einer Aufgabe beauftragte Unternehmer oder Handwerksmeister (BGH VersR 53, 358), beauftragte Gerichtsvollzieher (RG Warn 13, 30) und Anwälte (Grund: sie können als von den Parteien unabhängige Organe der Rechtspflege ua über ihre Zeit frei verfügen; desgl RG 96, 179; aA SoeZeuner 20
7 BGH BB 57, 306). **b)** Es muß der Tatbestand einer **zurechenbaren unerlaubten**
8 **Handlung** (§ 823 Rn 20) **des Verrichtungsgehilfen** vorliegen. **c)** Die Handlung muß **in Ausführung der Verrichtung** geschehen, sich als eine noch im Leistungsbereich liegende Fehlleistung darstellen (Fikentscher § 107 I 2 c; die Rspr, zB BGH NJW 71, 32 verwendet weniger plastisch den Ausdruck „unmittelbarer innerer Zusammenhang"). **Vorsätzliche Rechtsgutsverletzungen** geschehen „in Ausführung", wenn die Fürsorge für das verletzte Rechtsgut Hauptpflicht ist (s zB BGH 24, 196, Diebstahl durch Wachperson); ist die Fürsorge Nebenpflicht, so liegt idR eine Verletzung „bei Gelegenheit" vor (zB BGH 11, 152 f; einschränkend Fikentscher § 107 I 2 c). Bei **vorsätzlichen Weisungsverstößen** (und daraus entspringenden nicht vorsätzlichen Rechtsgutsverletzungen) stellt die Rspr im Ergebnis auf das Ausmaß des Abweichens sowie darauf ab, ob der Verletzte sein Rechtsgut stärker in den Gefahrenbereich des Gehilfen (kein § 831 bei Schwarzfahrt, BGH 1, 390, bei unberechtigter Mitnahme von Personen im Lkw, BGH NJW 65, 392) oder des Geschäftsherrn (BGH NJW 71, 32: Verkehrsunfall auf
9 weisungswidriger Fahrt) gebracht hat. **d)** Die Handlung des Verrichtungsgehilfen muß **rechtswidrig** gewesen sein; es gelten die allg Grundsätze (§ 823 Rn 47 ff); auf ein Verschulden kommt es nicht an (BGH 24, 29).

10 **3. Entlastungsbeweis (I 2). a)** Der Geschäftsherr muß entgegen der allg Regel (§ 823 Rn 63) den Nachweis der **fehlenden haftungsbegründenden Kausalität** (wobei die Adäquanz und der Schutzzweck zu berücksichtigen sind, § 823 Rn 20 aE; aA BGH VersR 60, 373 mwN) zwischen seiner Pflichtverletzung (Rn 1) und der Rechtsgutsverletzung führen (**2. HS**). Möglich ist zB der Beweis, auch bei ordnungsgemäßer Auswahl wäre dieselbe Person eingestellt worden. Ein Kausalzusammenhang besteht auch dann nicht, wenn sich der Verrichtungsgehilfe so verhalten hat, wie sich jede mit Sorgfalt ausgesuchte und überwachte Person verhalten hätte (BGH 12, 96; VersR 75, 449); ein schuldloses Verhalten des Ver-
11 richtungsgehilfen legt einen solchen Schluß nahe (BGH 4, 4). **b)** Nachweis **fehlenden Verschuldens (1. HS)** des Geschäftsherrn. **aa) Ausmaß.** Zu beweisen ist, daß der Verrichtungsgehilfe sorgfältig **ausgesucht** (Köln NJW-RR 97, 471, Einstellung eines Wachmannes) und auch im Blick auf die konkrete Tätigkeit hinreichend **überwacht** (SoeZeuner 39 mN) wurde. Das Ausmaß richtet sich bei recht strengen Maßstäben nach Aufgaben, Qualifikation und Zuverlässigkeit des Verrichtungsgehilfen (BGH VersR 84, 67); ggf (zB bei Personal im Verkehrsdienst) sind regelmäßige ärztliche Untersuchungen erforderlich (LG Stuttgart NJW-RR
12 98, 1402). **bb) Personenkreis.** Läßt sich – zB bei der Herstellung eines Produkts – der konkrete Verursacher nicht ermitteln, so muß der Nachweis ordnungsgemäßer Auswahl, Überwachung usw im Blick auf alle geführt werden, die als Urheber der Handlung in Betracht kommen können (BGH NJW 73, 1602).

Titel 27. Unerlaubte Handlungen **§ 832**

cc) Dezentralisierter Entlastungsbeweis. Bei Großbetrieben, auf die § 831 13
nicht zugeschnitten ist, hat die Rspr einen mehrstufigen Entlastungsbeweis zugelassen. Es genügt, wenn höhere Angestellte eine ordnungsgemäße Aufsicht durchführen (BGH VersR 64, 297; Helm AcP 166, 395) und diese wiederum vom Unternehmer beaufsichtigt werden (BGH 4, 2). Hinzukommen muß eine ausreichende Organisation, die eine ordnungsgemäße Geschäftsführung und Beaufsichtigung des gesamten Personals gewährleistet (ErmSchiemann 21). Hier bestehen sachliche Überschneidungen mit einem selbständigen Anspruch gegen den Unternehmer wegen Organisationsmangels aus § 823 (s § 823 Rn 32). **dd)** Zu den 14
Sorgfaltsanforderungen im Blick auf **Verrichtungen und Geräte** s LM Nr 1 (Fb), auf die **Leitung** s LM Nr 3, 6, 11 (Fc), § 823 (Aa) Nr 41/42.

4. II begründet neben dem Geschäftsherrn die gleichen Ansprüche gegen den- 15
jenigen, der die Auswahl usw vereinbarungsgemäß für den Geschäftsherrn übernommen hat (RG 82, 217 f; BGH VersR 60, 372; NJW 74, 1372 mit Anm Frank; BB 75, 588).

5. **Beweislast. a)** Entspr dem Normaufbau trägt der Verletzte die Beweislast für 16
die Voraussetzungen des **I 1** (Esser/Weyers II 2, § 58 I 2 b); allerdings muß der Geschäftsherr entspr den allg Regeln Rechtfertigungsgründe für den Verrichtungsgehilfen (§ 823 Rn 62) sowie Gründe der eigenen Verschuldensunfähigkeit (§ 827 Rn 3, § 828 Rn 3) beweisen. Die Merkmale des **I 2** muß der Geschäftsherr beweisen, jedoch der Verletzte insoweit, als die Leitung der Verrichtung oder die Pflicht zum Beschaffen der Geräte behauptet wird (SoeZeuner 67). **b)** Für die Übernahme der Verantwortung (**II**) trägt der Geschädigte die Beweislast, sonst gilt Anm 5 a entspr.

§ 832 Haftung des Aufsichtspflichtigen

(1) ¹**Wer kraft Gesetzes zur Führung der Aufsicht über eine Person verpflichtet ist, die wegen Minderjährigkeit oder wegen ihres geistigen oder körperlichen Zustands der Beaufsichtigung bedarf, ist zum Ersatz des Schadens verpflichtet, den diese Person einem Dritten widerrechtlich zufügt.** ²**Die Ersatzpflicht tritt nicht ein, wenn er seiner Aufsichtspflicht genügt oder wenn der Schaden auch bei gehöriger Aufsichtsführung entstanden sein würde.**

(2) **Die gleiche Verantwortlichkeit trifft denjenigen, welcher die Führung der Aufsicht durch Vertrag übernimmt.**

Lit: Eckert, Wenn Kinder Schaden anrichten, 1990; Fuchs, Studien zur elterlichen Aufsichtspflicht, 1995; Großfeld/Mund, Die Haftung der Eltern nach § 832 I, FamRZ 94, 1504; Scheffen, FS Steffen, 1996, s S 391 ff (zur Reform).

1. **Allgemeines. a) Funktion der Norm.** § 832 enthält nicht etwa den (un- 1
zutr) Satz: „Eltern haften für ihre Kinder". Die Bestimmung setzt vielmehr eine **eigene zurechenbare Handlung** (das pflichtwidrige Unterlassen der Aufsicht, s § 823 Rn 29), **Rechtswidrigkeit** der Handlung (Rechtfertigungsgründe sind kaum denkbar), **Verschuldensfähigkeit** (§ 827) und **Verschulden** des Aufsichtspflichtigen selbst voraus. Die Haftung wird ausgelöst durch das Fehlverhalten des Aufsichtsbedürftigen. Wie in § 831 hat das Ges aus Gründen der teilweisen Beweislastumkehr einen anderen Aufbau als zB in § 823 gewählt. **b) Einordnung in das** 2
Anspruchssystem. Neben dem Anspruch aus § 832 können sich Ansprüche unmittelbar aus § 823 dann ergeben, wenn gefährliche Gegenstände, die von Kindern zum Schaden Dritter benutzt werden, nicht hinreichend gesichert waren (§ 823 Rn 39 aE; LM Nr 3; BGH NJW 76, 1145 f; sa LM Nr 6). Richten sich die Ansprüche auch gegen den Aufsichtsbedürftigen (zB ist die Verschuldensfähigkeit gem § 828 zu bejahen), so tritt gesamtschuldnerische Haftung nach § 840 I ein. Für Ansprüche des Aufsichtsbedürftigen zB wegen einer Selbstverletzung gilt § 832 nicht.

§ 833 Buch 2. Abschnitt 8. Einzelne Schuldverhältnisse

3 **2. Haftungsvoraussetzungen (I 1, II). a) Aufsichtsbedürftigkeit.** Minderjährige sind nach hM stets aufsichtsbedürftig (LM Nr 1), das Alter innerhalb dieser Spanne ist erst für das Ausmaß der Aufsichtspflicht bedeutsam (Rn 6). Bei Voll-
4 jährigen ist auf die individuelle Gebrechlichkeit abzustellen. **b) Aufsichtspflicht. aa) Kraft Ges** als Ausfluß der Personensorge. Bsp: Eltern minderjähriger Kinder, §§ 1626 ff (auch iVm §§ 1671 ff, 1754); Betreuer, §§ 1896 ff; Lehrer in ihrem Verantwortungsbereich (BGH 13, 25; bei Lehrern im öffentl Dienst jedoch Haftung nach § 839). **bb)** Die **Übertragung** auf einen zuverlässigen Dritten ist möglich und führt zur Reduktion der Haftung auf Fehler bei der Auswahl und Überwachung des Dritten (s zB BGH NJW 96, 1146; krit Hartmann VersR 98, 22 mwN: entspr Anwendung des § 278). Sie kann stillschweigend (konkludent) geschehen, setzt jedoch eine weitreichende Obhut von längerer Dauer und weitgehender Einwirkungsmöglichkeit voraus (BGH NJW 85, 678). Bsp: Pflegeeltern, Jugendlager (LG Landau NJW 00, 2904), Kindergärtnerinnen, Unterbringen bei Verwandten auf längere Zeit, Kinderheim, Landeskrankenhaus (BGH NJW 85, 678); nicht bei Abgabe des Kindes für die Zeit von Besorgungen, beim Besuch des
5 Kindes bei Freunden. **c)** Der Aufsichtsbedürftige muß eine **zurechenbare Verletzungshandlung** (§ 823 Rn 20 ff) begangen haben, die Handlung muß **rechtswidrig** gewesen sein. Auf Verschuldensfähigkeit und Verschulden kommt es nicht an (LM Nr 8 a).
6 **3. Entlastungsbeweis (I 2).** Lit: Aden, Die Beweislast des Klägers in § 832, MDR 74, 9. **a)** Der Nachweis fehlender **Pflichtverletzung** muß für den konkreten Einzelfall geführt werden. Er ist erbracht, wenn die Aufsichtspflicht zum einen entspr dem Alter, der Eigenart (s BGH NJW 97, 2047: verhaltensgestörtes Kind; BGH NJW 96, 1404: Kind mit „Zündelneigung") und dem Charakter des Kindes, zum anderen in Bezug auf die konkreten, zur Rechtsgutsverletzung führenden Umstände erfüllt wurde (BGH NJW 93, 1003). Entscheidend ist, was verständige Eltern nach vernünftigen Anforderungen zB durch Beobachten, Belehren, Verwarnen, Verbieten unternehmen, um Schädigungen Dritter zu verhindern (BGH NJW 93, 1003; Düsseldorf NJW-RR 98, 98: Spielzeugpistole mit Saugpfeilen, krit Wolf VersR 98, 812). Bsp: Haben Kinder gefährliche Gegenstände zur Schädigung benutzt, so sind die Anforderungen recht streng (Hamm NJW 96, 153 mwN: Streichhölzer/Feuerzeuge; s aber BGH NJW 93, 1003 bei 12jährigem; BGH NJW 76, 1684: Brennspiritus); im Straßenverkehr werden bei kleineren Kindern ebenfalls strenge Maßstäbe angelegt (BGH VersR 88, 84: 7jähriger Fahrradfahrer auf Bürgersteig; AG Detmold, 6jähriges Kind mit Fahrrad auf Straße; Düsseldorf VersR 76, 199: 4jähriges Kind allein im Pkw), während älteren Kindern gewisse Selbständigkeiten eingeräumt werden können (BGH VersR 62, 360; Ol-
7 denburg VersR 72, 54: Schulweg). **b)** Der Aufsichtspflichtige kann weiter den Nachweis fehlender haftungsbegründender **Kausalität** (§ 823 Rn 20 aE) zwischen seiner Verletzung der Aufsichtspflicht und der Rechtsgutsverletzung zB dadurch führen (**2. HS**), daß sich das Kind bei pflichtgemäßer Aufsicht gleich verhalten hätte. Dieser Nachweis ist schwierig, die bloße Möglichkeit eines gleichen Verhaltens reicht nicht aus (RG Recht 22 Nr 1154). **c)** Das Fehlen des **Verschuldens** wird idR neben der Pflichtverletzung (Rn 6) in der Rspr nicht gesondert festgestellt. Der Aufsichtspflichtige muß aber die Möglichkeit haben nachzuweisen, daß er das konkrete Ausmaß seiner Pflicht im Schadensfall weder erkennen, noch die erforderlichen Maßnahmen ergreifen konnte.
8 **4. Beweislast** wie bei § 831 (s dort Rn 16), iü s Rn 6 f.

§ 833 Haftung des Tierhalters

¹**Wird durch ein Tier ein Mensch getötet oder der Körper oder die Gesundheit eines Menschen verletzt oder eine Sache beschädigt, so ist derjenige, welcher das Tier hält, verpflichtet, dem Verletzten den daraus entstehenden Schaden zu ersetzen.** ²**Die Ersatzpflicht tritt nicht ein, wenn**

Titel 27. Unerlaubte Handlungen **§ 833**

der Schaden durch ein Haustier verursacht wird, das dem Beruf, der Erwerbstätigkeit oder dem Unterhalt des Tierhalters zu dienen bestimmt ist, und entweder der Tierhalter bei der Beaufsichtigung des Tieres die im Verkehr erforderliche Sorgfalt beobachtet oder der Schaden auch bei Anwendung dieser Sorgfalt entstanden sein würde.

Lit: W. Lorenz, Die Gefährdungshaft des Tierhalters nach § 833 S 1 BGB, 1992.

1. Aufbau der Norm. § 833 umfaßt entgegen dem ersten Anschein des Wort- 1 lauts zwei voneinander unabhängige, auch in ihren Voraussetzungen unterschiedliche Tatbestände. **a)** S 1 enthält – als Ausgleich für das erlaubte Risiko, ein Tier zu halten (s BGH NJW 74, 235) – eine reine **Gefährdungshaftung** des Halters für alle Tiere, die nicht unter S 2 fallen. Auf eine Verschuldensfähigkeit des Halters (§§ 827 ff) kommt es damit nicht an. **b)** S 2 privilegiert das beruflich bedingte Halten bestimmter Tiere insofern, als nur für das schuldhafte Unterlassen (§ 823 Rn 29 ff) einer ordnungsgemäßen Aufsicht gehaftet wird; der Halter muß verschuldensfähig sein. Wie in § 831 und § 832 ist die Beweislast hinsichtlich der haftungsbegründenden Kausalität zwischen dem Unterlassen der Aufsicht und der Rechtsgutsverletzung (§ 823 Rn 20 aE) sowie hinsichtlich des Verschuldens umgekehrt worden; daraus ergibt sich die etwas komplizierte Formulierung.

2. Gefährdungshaftung (S 1). a) Der Begriff **Tier** ist biologisch zu verstehen 2 und umfaßt auch Klein- (allgM) und Kleinstlebewesen (Deutsch NJW 90, 751; ErmSchiemann 2; aA SoeZeuner 2), damit nicht Viren (zutr Abeltshauser JuS 91, 367). Eine Haftung kann hier jedoch am Fehlen der Haltereigenschaft (zB zu bejahen bei Einsetzen in Versuchen) oder am typischen Verhalten eines Tieres (Rn 4) scheitern. **b) Halter** ist (ohne Rücksicht auf das Eigentum), wer das Tier 3 in seinem eigenen Interesse auf längere Dauer in seiner Gewalt und Obhut hat (BGH VersR 88, 609; ie Ebert-Borges VersR 96, 1070), zB nicht der Tierarzt, Hufschmied (BGH NJW 68, 1932), Finder, der das Tier zurückgeben will (Nürnberg OLGZ 78, 331); nicht bei Aufbewahrung für einen anderen (Hamm NJW-RR 95, 409). Derjenige, dem ein Tier entläuft, ist Halter zu dem Zeitpunkt, an dem sich die typische Tiergefahr des Entlaufens mit den sich daraus ergebenden Konsequenzen verwirklicht (BGH NJW 65, 2397); derjenige, dem ein Tier gestohlen wird, ist nicht mehr Halter. **Geschäftsunfähige** und **Minderjährige** können wegen der Risiken nur entspr §§ 104 ff zum Halter werden (Larenz, SchR II 2, § 84 II 1 b; Canaris NJW 64, 1989 ff), zum Halter-Sein selbst ist Geschäftsfähigkeit nicht Voraussetzung. **c) Verwirklichen einer typischen Tiergefahr.** Aus der 4 Formulierung „durch" ein Tier haben Rspr und Lit zur Risikoeingrenzung gefolgert, daß die Rechtsgutsverletzung auf einem willkürlichen, von einem Menschen nicht gesteuerten (Fehl-)Verhalten des Tieres beruhen muß (BGH NJW 82, 763; aA Deutsch NJW 78, 2000). Bsp: Beißen, Treten, Scheuen, Entlaufen auf einer Straße (BGH LM Nr 3), auch ungesteuertes Decken (Hamm NJW-RR 94, 804); keine Haftung bei einem Handeln unter menschlicher Leitung, dh wenn das Tier gehorcht hat (Hamm NJW-RR 01, 19), für Ausschüttungen (RG 141, 407), bei Krankheitsübertragungen mittels eines Tieres (RG 80, 237), beim Sturz infolge einer Verletzung (Braunschweig VersR 83, 347). **d)** Eine weitere **Eingrenzung** 5 **der Haftung** hat die Rspr teilw (s Celle VersR 90, 794 mwN) in einer nicht ganz klaren Abgrenzung aus dem Normzweck (Schutzzweck) vorgenommen: Übernehme jemand im eigenen Interesse die zeitweilige Herrschaft über ein fremdes Tier im Bewußtsein des Risikos, so verwirkliche sich nicht eine von § 833 S 1 erfaßte Gefahr; zutr erscheint hier die Anwendung des § 254 (sa Koblenz VersR 99, 240).

3. Verschuldenshaftung (S 2). a) Haustiere sind entspr dem allg Sprach- 6 gebrauch zahme Tiere (zB Hund, Schwein, Pferd) im Gegensatz zu gezähmten Tieren (zB Reh, Affe), die *als solche* (also nicht zB als Versuchstiere) gehalten werden. **b)** Mit der Sammelbezeichnung **„dem Beruf, der Erwerbstätigkeit** 7

Teichmann 1067

§ 834 Buch 2. Abschnitt 8. Einzelne Schuldverhältnisse

oder dem Unterhalt zu dienen bestimmt" soll gegen sog Luxustiere abgegrenzt werden (ie s Geigel/Haag 18, 22). Maßgebend ist die allg Zweckbestimmung, nicht die konkrete Verwendung beim Unfall (Koblenz, VersR 92, 1017); gemeint sind zB Reittiere, die gewerblich genutzt werden (BGH NJW 86, 2502 mwN), Arbeitstiere, Nutz- und Schlachttiere (zB Kühe, Schweine, Geflügel) auf einem Bauernhof, Wachhunde zum Bewachen von Sachwerten gewerblicher Unternehmen einschließlich der Landwirtschaft (zutr LG Kiel NJW 84, 2296: Katze auf Bauernhof zum Bewachen der Vorräte), Polizeipferde (Frankfurt VersR 85, 646), Blindenhunde Berufstätiger (weitergehend Esser/Weyers II 2, § 58 III 1 c: jeder
8 Blindenhund), Haustiere beim Händler. **c)** Nachweis fehlender **Pflichtverletzung.** Die Art der Aufsichtspflicht richtet sich nach den Eigenschaften des Tieres (BGH VersR 62, 808) und nach den konkreten Gefahren der Situation (ErmSchiemann 13), ihr Umfang danach, was als allg übliche und ausreichende Sicherungsmaßnahme angesehen werden kann. Die Rspr setzt relativ strenge Maßstäbe, ein absoluter Schutz des Dritten wird jedoch nicht verlangt (ie s Geigel/Haag 18, 24–34 mN; BGH NJW 83, 1311, Hofhund; Karlsruhe VersR 01, 724 aggressiver
9 Haushund). **d)** Der entlastende Nachweis fehlender **haftungsbegründender Kausalität** durch den Halter wird schwierig zu führen sein; denkbar wäre zB die Tatsache, daß auch eine ordnungsgemäße Sicherung den Ausbruch der Tiere nicht
10 verhindert hätte. **e)** Das **Verschulden,** dessen Fehlen der Halter beweisen muß, bezieht sich darauf, ob der Halter das Ausmaß seiner Sicherungspflicht erkennen und entspr Maßnahmen ergreifen konnte (s zB LM Nr 5).

11 **4. Beweislast. Lit:** Terbille VersR 95, 128. **a)** Bei der **Gefährdungshaftung (S 1)** trägt der Geschädigte die Beweislast dafür, daß er durch ein vom Anspruchsgegner gehaltenen Tier verletzt wurde und daß sich eine typische Tiergefahr verwirklicht hat (SoeZeuner 49 mN; PalThomas 21). **b)** Im Rahmen der **Verschuldenshaftung (S 2)** hat der Geschädigte die gleiche Beweislast wie in Anm 4 a, der Halter hat die Merkmale des S 2 zu beweisen; Unklarheiten einzelner Umstände gehen damit zu seinen Lasten (LM Nr 3). **c)** Ist der Verletzte aufgrund einer **vertraglichen Beziehung** zum Halter mit dem Tier in Berührung gekommen, so obliegt ihm die Beweislast, daß er seiner vertraglichen Sorgfaltspflicht genügt hat (RG 58, 413, Stallmeister, Trainer; Düsseldorf NJW 76, 2137, Mieter; aA Weimar DRiZ 56, 198).

§ 834 Haftung des Tieraufsehers

¹Wer für denjenigen, welcher ein Tier hält, die Führung der Aufsicht über das Tier durch Vertrag übernimmt, ist für den Schaden verantwortlich, den das Tier einem Dritten in der im § 833 bezeichneten Weise zufügt. ²Die Verantwortlichkeit tritt nicht ein, wenn er bei der Führung der Aufsicht die im Verkehr erforderliche Sorgfalt beobachtet oder wenn der Schaden auch bei Anwendung dieser Sorgfalt entstanden sein würde.

1 **1. Allgemeines.** Die dem § 833 S 2 nachgebildete vermutete Verschuldenshaftung (s § 833 Rn 6 ff) bezieht sich auf alle in § 833 genannten Tiere, eine Gefährdungshaftung besteht hier nicht.

2 **2.** Die **Aufsichtsführung** setzt eine gewisse Selbständigkeit (zB Viehkommissionär, München VersR 58, 461; nicht Stallknecht, RG 50, 247), uU auch nur für kurze Zeit voraus (BGH NJW 87, 949, selbständiger Ausritt).

3 **3.** Die **vertragliche Übernahme** der Aufsicht kann konkludent geschehen, eine rein tatsächliche Beaufsichtigung (zB durch den Finder, aus Gefälligkeit) genügt nicht (vgl § 832 Rn 4).

4 **4.** Zur **Beweislast** s § 833 Rn 11.

5. Tierhalter und Tieraufseher haften als **Gesamtschuldner,** § 840 I.

Titel 27. Unerlaubte Handlungen §§ 835, 836

§ 835 *(weggefallen)*

1. Die Vorschrift ist außer Kraft gesetzt; s BJagdG 29 ff sowie die Jagdgesetze der Länder.

§ 836 Haftung des Grundstücksbesitzers

(1) ¹**Wird durch den Einsturz eines Gebäudes oder eines anderen mit einem Grundstück verbundenen Werkes oder durch die Ablösung von Teilen des Gebäudes oder des Werkes ein Mensch getötet, der Körper oder die Gesundheit eines Menschen verletzt oder eine Sache beschädigt, so ist der Besitzer des Grundstücks, sofern der Einsturz oder die Ablösung die Folge fehlerhafter Errichtung oder mangelhafter Unterhaltung ist, verpflichtet, dem Verletzten den daraus entstehenden Schaden zu ersetzen.** ²**Die Ersatzpflicht tritt nicht ein, wenn der Besitzer zum Zwecke der Abwendung der Gefahr die im Verkehr erforderliche Sorgfalt beobachtet hat.**

(2) **Ein früherer Besitzer des Grundstücks ist für den Schaden verantwortlich, wenn der Einsturz oder die Ablösung innerhalb eines Jahres nach der Beendigung seines Besitzes eintritt, es sei denn, dass er während seines Besitzes die im Verkehr erforderliche Sorgfalt beobachtet hat oder ein späterer Besitzer durch Beobachtung dieser Sorgfalt die Gefahr hätte abwenden können.**

(3) **Besitzer im Sinne dieser Vorschriften ist der Eigenbesitzer.**

1. Allgemeines. a) Funktion. § 836 enthält nicht etwa eine Gefährdungshaftung für den Zustand eines Gebäudes usw, sondern setzt eine schuldhafte Verletzung einer Verkehrspflicht (§ 823 Rn 35 ff) voraus (Larenz, SchR II 2, § 79 VI 1 a; Stuttgart VersR 77, 384). Der Verantwortliche (Rn 2) muß also verschuldensfähig (§§ 827, 828) sein. Entgegen den allg Beweisgrundsätzen (§ 823 Rn 63) erleichtert das Ges dem Geschädigten das prozessuale Vorgehen, indem es beim Vorliegen eines bestimmten, zur Rechtsgutsverletzung führenden Verlaufes (Rn 3 ff) den Anspruch gewährt und es dem Verantwortlichen auferlegt, sich im Blick auf einzelne, für den Schadensersatzanspruch an sich notwendige Elemente zu entlasten. Daraus folgt ein etwas komplizierter Normaufbau. **b) Schutzbereich.** § 836 gilt nicht gegenüber dem Abbruchunternehmer, der den Einsturz selbst verursacht hat (BGH NJW 79, 309). 1

2. Verantwortlicher ist nicht der Eigentümer, sondern entspr der tatsächlichen Einflußmöglichkeit der Eigenbesitzer des Grundstücks (**I, III**; zum Begriff s § 872 Rn 1). Der Eigenbesitz muß sich auf das Gebäude oder Werk erstrecken (LM Nr 9, sa § 837 Rn 1). Neben dem gegenwärtigen kann auch der frühere Eigenbesitzer haften, **II**; zur Berechnung der Jahresfrist s §§ 187, 188. 2

3. Haftungsauslösender Tatbestand. Das Ges knüpft die Haftung an zwei hintereinander gelagerte Kausalabschnitte: **a)** Eine **fehlerhafte Errichtung** oder Unterhaltung muß **zum Einsturz oder zur Ablösung von Teilen** geführt haben *(erster Kausalabschnitt)*. **aa)** Die Abgrenzung zwischen Gebäude und Werk ist ohne Bedeutung. Unter **Gebäude** werden fest mit dem Boden verbundene, geschlossene und betretbare Räume verstanden (SoeZeuner 4). Vom Normzweck werden auch die noch nicht fertigen Räume während der Errichtung (BGH NJW 85, 1076) bzw Ruinen nach Zerstörung (LM Nr 1, 2, 4, 5) erfaßt. Unter **Werk** fallen alle übrigen für einen bestimmten Zweck und nach Kunst- und Erfahrungsregeln hergestellten, mit dem Boden fest verbundenen Gegenstände. Bsp: Brücke (LM Nr 12), Gerüst (BGH NJW 99, 2593), Tragegerüst bei Zirkuszelt (Hamm NJW-RR 02, 92), Turmkran (Hamm VersR 97, 194), Jagdhochsitz (Stuttgart VersR 77, 384), Kinderschaukel (Celle VersR 85, 345), Zaun, Versorgungsleitung (BGH 55, 235), Öltank (BGH WM 76, 1057), Grabstein (BGH NJW 77, 1392, 3 4

§ 836 Buch 2. Abschnitt 8. Einzelne Schuldverhältnisse

zur Haftung s § 837 Rn 2), Böschung, Damm (RG 60, 139 f; BGH 58, 152); kein Werk ist ein lediglich zum Lagern zusammengeschobener Erdhaufen (RG 60, 139 f; sa LM Nr 12). **Einsturz** ist das Zusammenbrechen oder Umstürzen im
5 Ganzen. **bb)** Ein **Teil** ist eine mit dem Gebäude oder Werk baumäßig verbundene Sache (ie RG 107, 339). Bsp: Fenster (Koblenz NJW-RR 98, 674), Bretter eines Gerüsts (BGH VersR 59, 695), Regenfallrohr (BGH NJW-RR 90, 1501), Duschkabine (BGH DB 85, 1786, weitere Bsp s bei Geigel/Haag 19, 8); nicht: lose aufliegendes Material (LM Nr 11). Unter **Ablösen** versteht man jede Trennung oder Lockerung, auch den Bruch des Teils (RG JW 12, 242, Holzbrett). In einer gewissen Erweiterung wird auch der Austritt von Wasser (RG 133, 6), Öl (BGH WM 76, 1057), Gas (SoeZeuner 17), Strom (RG JW 38, 1254) usw mit erfaßt; zur
6 Kausalität s aber Rn 7. **cc)** Einsturz bzw Ablösung müssen auf einer **fehlerhaften Errichtung** oder **mangelhaften Unterhaltung** beruhen. Geschehen sein muß ein Unterschreiten der Maßstäbe, die unter Berücksichtigung von voraussehbaren Umständen und Einflüssen (zB Unwetter, Sturmböe, BGH NJW 99, 2594, sa Zweibrücken NJW-RR 02, 748, „Jahrhundertorkan") zum Erhalten der Sicherheit erforderlich sind (BGH NJW 93, 1783). Zur Kausalität zwischen Fehler und
7 Einsturz s § 823 Rn 20 aE. **b)** Ein *zweiter Kausalabschnitt* (haftungsbegründende Kausalität) muß den **Einsturz** usw **und die Rechtsgutsverletzung** (Leben, Körper, Gesundheit, Eigentum, s § 823 Rn 2, 3 f, 6 ff) verbinden. Zutr wird eine dem Schutzzweck des § 836 angepaßte Kausalität (s § 823 Rn 26) gefordert: Die Verletzung muß durch die typischen Gefahren, die „bewegend wirkende Kraft" (kinetische Energie) des Einsturzes oder der Teilablösung herbeigeführt worden sein (LM Nr 12 mwN): Erfaßt wird zB die Verletzung durch herabstürzende Teile (auch durch Auffahren: BGH NJW-RR 90, 1501), nicht die Verletzung beim Stolpern über die auf dem Boden liegenden Teile (BGH NJW 61, 1670); unter § 836 fällt das Wegschwemmen von Boden durch ausströmendes Wasser (RG 133, 6), nicht die Verseuchung des Bodens durch versickertes Öl (BGH WM 76, 1056; PalThomas 11; krit zur Abgrenzung ie SoeZeuner 17). Solche Tatbestände sind unter Spezialnormen (zB WHG 22) bzw unter § 823 zu prüfen.

8 **4. Entlastungsmöglichkeiten** bestehen für den Eigenbesitzer an drei Stellen. **a)** Es kann an einer **Pflichtverletzung** fehlen. Die Pflicht bezieht sich einmal auf das (a) Entdecken gefahrbringender Fehler durch Überprüfen und Überwachen der Sache. Hier setzt die Rspr strenge Maßstäbe, läßt aber zutr die Beauftragung eines zuverlässigen und sachkundigen Fachmannes idR genügen (BGH NJW 93, 1783); zur Überprüfung von Grabsteinen (jährlich) s BGH NJW 71, 2308. Die Sorgfaltspflichten steigen, je höher und gewichtiger das Unfallrisiko ist. Zur (b) Abwendung von Gefahren sind notfalls hohe Kosten in Kauf zu nehmen, jedoch sind die Grenzen des Zumutbaren angesichts möglicher Risiken zu beach-
9 ten (BGH 58, 156). **b)** Obwohl in § 836 nicht erwähnt, kann wie in §§ 831–834 der Beweis geführt werden, auch bei Wahrung der Pflicht wäre es zur Rechtsgutsverletzung gekommen (LM Nr 4), die Pflichtverletzung sei also **nicht** (haftungs-
10 begründend) **kausal** gewesen. **c)** Das Fehlen des **Verschuldens** (zur Verschuldensfähigkeit s Rn 1 vor § 827) wird idR mit der Untersuchung der Pflichtverletzung (Rn 3 ff) verbunden. Genauer ist zu fragen, ob ein Grundstücksbesitzer das Ausmaß seiner Pflichten erkennen und die erforderlichen Maßnahmen ergreifen (s LM Nr 12 a aE) bzw sehen konnte, daß er fachmännischen Rates bedarf (LM Nr 5, 8, 12 a, Nr 1 § 837; SoeZeuner 23 mwN).

11 **5. Beweislast.** Der Geschädigte trägt die Beweislast für den Eigenbesitz des Anspruchsgegners (LM Nr 9), für die Fehlerhaftigkeit des Gebäudes bzw Werks sowie für die haftungsbegründende Kausalität zwischen Fehler und Rechtsgutsverletzung (Rn 7, s LM Nr 4); der Eigenbesitzer hat das Fehlen der in Rn 3–6 erwähnten Punkte zu beweisen. Der frühere Eigenbesitzer kann sich auch durch den Nachweis entlasten, ein späterer Besitzer hätte die Rechtsgutsverletzung noch verhindern können (II).

Titel 27. Unerlaubte Handlungen §§ 837–839

§ 837 Haftung des Gebäudebesitzers

Besitzt jemand auf einem fremden Grundstück in Ausübung eines Rechts ein Gebäude oder ein anderes Werk, so trifft ihn an Stelle des Besitzers des Grundstücks die im § 836 bestimmte Verantwortlichkeit.

1. **Allgemeines.** § 837 verlagert (vgl „an Stelle") die Haftung vom Grundstücksbesitzer auf den Eigenbesitzer des Gebäudes oder Werks, wenn dieser aufgrund seiner Rechtsstellung allein die Einflußmöglichkeiten hat. Der Grundstücksbesitzer kann aber, wenn er Eigentümer ist, weiter zB aus § 823 haften (BGH NJW 77, 1392). 1

2. Das **Recht zum Besitz** kann öffentl-rechtlich oder privatrechtlich, dinglich oder schuldrechtlich begründet sein; wesentlich ist, daß dem Besitzer die Verantwortung für die Sache zufällt. Bsp: Nießbraucher, Erbbauberechtigter, Bauhandwerker für das von ihm errichtete Gerüst am Gebäude (Düsseldorf BB 75, 942), der Mieter eines Festplatzes für das von ihm errichtete Zelt (RG DJZ 08, 1341), der Berechtigte einer Grabstelle (BGH NJW 77, 1392); idR nicht der Mieter für die gemietete Sache, da gem § 536 den Vermieter die Unterhaltungspflicht trifft; hingegen ist § 837 auf die vom Mieter selbst angebrachten Einrichtungen (zB Firmenschild, RG LZ 16, 1241) anwendbar. Ob das Recht zum Besitz tatsächlich besteht, ist nicht entscheidend; es genügt, wenn der Besitzer die Funktion aufgrund des vermeintlichen Rechts tatsächlich ausübt (RG JW 16, 40); auch dann hat er allein die faktische Einflußmöglichkeit. 2

3. Zur **Beweislast** s § 836 Rn 11; anstelle des Merkmals „Eigenbesitzer" (des Grundstücks) muß der Geschädigte den Besitz iSd § 837 nachweisen. 3

§ 838 Haftung des Gebäudeunterhaltungspflichtigen

Wer die Unterhaltung eines Gebäudes oder eines mit einem Grundstück verbundenen Werkes für den Besitzer übernimmt oder das Gebäude oder das Werk vermöge eines ihm zustehenden Nutzungsrechts zu unterhalten hat, ist für den durch den Einsturz oder die Ablösung von Teilen verursachten Schaden in gleicher Weise verantwortlich wie der Besitzer.

1. Die Norm entspricht in ihrer Funktion §§ 831 II, 832 II, 834, sie begründet eine **zusätzliche** Haftung neben dem Besitzer (§§ 836, 837); beide haften als Gesamtschuldner, § 840 I. Erforderlich ist die vertraglich übernommene (vgl § 832 Rn 4 aE, § 834 Rn 3), auf gewisser Selbständigkeit beruhende (LM Nr 1) Verpflichtung, dafür zu sorgen, daß durch Einsturz etc keine Schäden entstehen (BGH VersR 90, 1281). Zur Beweislast s § 836 Rn 11; die vertragliche Übernahme ist vom Geschädigten zu beweisen. 1

§ 839 Haftung bei Amtspflichtverletzung

(1) ¹Verletzt ein Beamter vorsätzlich oder fahrlässig die ihm einem Dritten gegenüber obliegende Amtspflicht, so hat er dem Dritten den daraus entstehenden Schaden zu ersetzen. ²Fällt dem Beamten nur Fahrlässigkeit zur Last, so kann er nur dann in Anspruch genommen werden, wenn der Verletzte nicht auf andere Weise Ersatz zu erlangen vermag.

(2) ¹Verletzt ein Beamter bei dem Urteil in einer Rechtssache seine Amtspflicht, so ist er für den daraus entstehenden Schaden nur dann verantwortlich, wenn die Pflichtverletzung in einer Straftat besteht. ²Auf eine pflichtwidrige Verweigerung oder Verzögerung der Ausübung des Amts findet diese Vorschrift keine Anwendung.

(3) Die Ersatzpflicht tritt nicht ein, wenn der Verletzte vorsätzlich oder fahrlässig unterlassen hat, den Schaden durch Gebrauch eines Rechtsmittels abzuwenden.

§ 839 Buch 2. Abschnitt 8. Einzelne Schuldverhältnisse

Lit: Ossenbühl, Staatshaftungsrecht, 5. Aufl 1998; Motsch JZ 86, 1082; Schenke NJW 91, 1777; Erichsen, Allgemeines Verwaltungsrecht, 11. Aufl 1998; Rinne/Schlick, NJW 2002 Beil 2 Heft 14 (Rspr-Übersicht).

I. Allgemeines

1 **1. Amtshaftung und Staatshaftung.** § 839 regelt iVm GG 34 einen Teil aus dem Komplex der Staatshaftung, nämlich die **Amtshaftung** für rechtswidriges und schuldhaftes Verhalten von Beamten. Die heute als eigenständiges Rechtsgebiet verstandene Staatshaftung umfaßt sehr viel weitere Bereiche. Bsp: Entschädigung für die rechtmäßige **Enteignung** (GG 14 III 3) sowie für den rechtmäßigen Eingriff in immaterielle Rechtsgüter des Bürgers wie Leben und Gesundheit (**Aufopferung**); Ersatz für rechtmäßige enteignende oder **enteignungsgleiche Eingriffe** in Eigentumsrechte, ohne daß im Einzelfall den Erfordernissen von GG 14 III 2 genügt ist (BGH 134, 320 mit Anm Ossenbühl JZ 97, 559), sowie für den entspr **aufopferungsgleichen Eingriff** in immaterielle Rechte (zB BGH 25, 242; 36, 388). Daneben stehen zB Haftungstatbestände aus verwaltungsrechtlichen Sonderbeziehungen (Ossenbühl aaO S 336 ff) oder aus Plangewährleistung (Ossenbühl aaO S 378 ff) bei Veränderung von Wirtschaftsplänen, auf deren Bestand zB private Unternehmen vertrauen durften. Die genannten Rechtsinstitute sind zu unterschiedlichen Zeiten zT durch Spezialnormen, insbes aber durch die Rspr allmählich entwickelt worden, ohne daß sie auf eine einheitliche Konzeption zurückgeführt werden könnten und ohne daß eine genauere tatbestandsmäßige Abgrenzung untereinander gelungen wäre. Dieser Zustand ist allg als sehr unglücklich empfunden worden und hat die Reformbestrebungen ausgelöst, die zur Verabschiedung eines StaatshaftungsGes geführt haben. Dieses Ges ist allerdings in BVerfG 61, 149 wegen eines Verstoßes gegen GG 70 für nichtig erklärt worden.

2 **2.** Eine „**Haftung für legislatives Unrecht**" (fehlende oder verspätete Umsetzung einer EU-RiLi) folgt nicht aus § 839, sondern uU unmittelbar aus Gemeinschaftsrecht; dabei sind die Voraussetzungen unterschiedlich je nachdem, ob der fehlerhafte Rechtssetzungsakt auf einem bereits durch EU-Recht geregelten Gebiet geschieht oder ob die Bundesrepublik über einen weiteren Ermessensspielraum verfügt, weil eine EU-Rechtsetzung noch nicht vorliegt (EuGH NJW 96, 1267; BGH 134, 33 ff).

3 **3. Aufbau der Amtshaftung, Anwendungsbereich.** § 839 und GG 34 regeln in dem hier interessierenden Bereich zwei Komplexe: die **Haftung des Staates** bzw **der Körperschaft** für Amtspflichtverletzungen von Amtswaltern (GG 34 iVm § 839) und die **Eigenhaftung des Beamten** (§ 839) für den Fall, daß eine Staatshaftung *nicht eingreift* (s Rn 31 ff). Beide Anspruchsgrundlagen sind, da sich ihre Voraussetzungen nicht genau decken, getrennt zu untersuchen.

4 **4.** Die **Kritik** am bisherigen System der Amtshaftung entzündet sich insbes daran, daß entspr der historischen Entwicklung die Haftung des Staates (GG 34) nicht nach eigenen Maßstäben begründet wird, sondern die nach § 839 bestehende (zivilrechtliche) Haftung des Beamten auf sich überleitet. Damit ist sie auch an die nur historisch zu verstehenden Haftungseinschränkungen des § 839 gebunden: weitgehende Abhängigkeit der Amtshaftung von der Rechtsnatur der jeweiligen Tätigkeit des Beamten und damit häufig von der Organisationsentscheidung der Verwaltung (Rn 8), Anknüpfen an die gegenüber der Behörde bestehende „Amtspflicht" des Beamten, nicht an eine gegenüber dem Bürger selbst bestehende Rechtspflicht (Rn 9), Verweisungsprivileg (Rn 17) und Erfordernis des persönlichen Verschuldens des Beamten als Folge der ursprünglich privatrechtlichen Konstruktion. Die Rspr hat versucht, durch die extensive Auslegung haftungsbegründender und die restriktive Auslegung haftungsbeschränkender Merkmale den Schutz des Bürgers zu verstärken; dadurch ist die Anwendbarkeit der Normen nicht einfacher geworden.

Titel 27. Unerlaubte Handlungen **§ 839**

5. Rechtsfolge einer Amtspflichtverletzung kann wegen der zivilrechtlichen 5
Konstruktion idR nur der Anspruch des Verletzten auf Geldersatz sein; sonst
würden die Zivilgerichte in die Zuständigkeit der Verwaltungsgerichte eingreifen
(BGH 34, 99 GS, dazu Frotscher JuS 78, 505).

II. Haftung des Staates bzw der Körperschaft (GG 34 iVm § 839)

1. Voraussetzungen der Haftung. a) Weitergehend als § 839 (s Rn 32) 6
knüpft GG 34 an ein **öffentl Amt** an (sog haftungsrechtlicher Beamtenbegriff,
Meysen JuS 98, 404). **aa)** Ein **Amt** setzt eine Wahrnehmungszuständigkeit, dh die
durch organisatorischen Rechtssatz begründete Verpflichtung und Berechtigung
voraus, Angelegenheiten zB einer Behörde oder Körperschaft auszuführen (BGH
NJW 84, 2519, Gemeinderatsmitglieder bei Planungsaufgaben; BGH WM 84,
1119: nicht bei Entsendung in private Gesellschaft). Dafür genügen auch untergeordnete Funktionen (zB Fahrer eines Feuerwehrwagens, BGH LM Nr 34 [A]);
lediglich mechanische Hilfsdienste rechnen nicht dazu (Einzelfälle s Geigel/Kun-
schert 20, 39 f mN). Nicht erforderlich ist eine länger dauernde Beauftragung oder
die Integration durch ein Dienst- oder Arbeitsverhältnis (Ossenbühl aaO S. 13),
auch eine einmalige kurzfristige Beauftragung genügt. Dies kann zB durch die sog
Beleihung einer Privatperson mit der selbständigen Erledigung hoheitlicher Aufgaben geschehen (zB Rettungsdienst, BGH 120, 189 ff; Abschleppdienst, BGH 121,
164 ff; Beschäftigung von Zivildienstleistenden, BGH VersR 01, 585 (Haftung der
Bundesrepublik); Schiedsmann, BGH 36, 193; Jagdaufseher, BJagdG 25; Fleischbeschauer, BGH 22, 246; Sachverständiger des TÜV, BGH VersR 02, 359; Ersatz-
kassenverband, BGH WM 02, 96), als auch durch die bloße Übertragung unselbständiger schlicht-hoheitlicher Hilfsaufgaben (sog **Verwaltungshelfer,** zB Schülerlotse, Köln NJW 68, 655). **bb)** Die Abgrenzung einer privatrechtlichen Tätigkeit 7
von einem **öffentl** Amt ist sehr umstr (vgl zB die Zusammenstellung der Theorien
bei Wolff/Bachof I § 20 III, zur Definition des BGH s BGH NJW 92, 1228).
Grenzt man nach Tätigkeitsbereichen ab, so gelten unstr Amtshaftungsgrundsätze
für die **obrigkeitlich-hoheitliche** Verwaltung (Bsp: Eingriffsverwaltung, Regelung des Straßenverkehrs durch Verkehrszeichen, BGH NJW 81, 2121, Köln VersR
92, 701); sie gelten nicht für die sog **Fiskalverwaltung** (Bsp: Anmieten von
Räumen durch Behörde, Abschleppen von Kfz, auch durch beauftragte Unternehmen, BGH NJW 93, 1259 mwN; s dazu Rn 31). Bei **Realakten** kommt es auf
einen engen äußeren wie inneren Zusammenhang mit einer hoheitlichen Tätigkeit
an (so zB Glockenläuten, BVerwG 68, 12; Feuerwehrsirene, BVerwG 79, 254;
Dienstfahrt, BGH NJW 92, 1227 mwN). Im Rahmen der **schlicht-hoheitlichen**
Verwaltung (Bsp: öffentl Schule, Krankenhäuser, Versorgungs- und Verkehrsein-
richtungen, Abwasserbeseitigung, Straßenbau, Straßenverkehrssicherung) sollen nach
hL Amtshaftungsgrundsätze dann anwendbar sein, wenn sich die entspr Körperschaft öffentl-rechtlicher Handlungsformen bedient. Erledigt sie die Aufgaben zulässigerweise in den Rechtsformen des Privatrechts, so soll auch Privatrecht gelten,
dh die Körperschaft haftet zB nach §§ 823, 31, 89 oder nach § 831 (BGH BB 80,
1824 mwN). Bsp: Stromversorgung durch AG, Museum durch privatrechtliche
Stiftung, Wahrnehmen der Straßenverkehrssicherungspflicht als Eigentümer, soweit
nicht Sondervorschriften der Länder sie als Amtspflicht begründen (s BGH VersR
98, 1373); ambulante Privatbehandlung durch Chefarzt eines öffentl Krankenhauses
(BGH 120, 380); zu den Berufsgenossenschaften s BGH 63, 269. **b) Verletzung** 8
einer Amtspflicht. aa) Allgemeines. Der Ersatzanspruch knüpft nicht an eine
Rechtspflichtverletzung der Körperschaft durch ihren Amtswalter, sondern an eine
Verletzung der im Innenverhältnis geschuldeten Pflicht des Amtswalters an. IdR
decken sich beide Bereiche. Handelt der Amtswalter jedoch entspr einer rechtswidrigen bindenden Weisung, so mag die Erteilung der Weisung eine Amtspflichtverletzung darstellen, nicht jedoch das weisungsgemäße Verhalten (Erichsen/Rüfner
aaO § 47, 15 mwN). **bb) Allg Amtspflichten** sind zB die Pflicht zur Beachtung 9

Teichmann 1073

§ 839

ges Vorschriften (BGH WM 89, 1822) und öffentl, den Schutz anderer bezwekkender Auflagen (BGH NJW 86, 2310), zur Wahrung der eigenen Zuständigkeitsgrenzen (RG 168, 137), zur Bearbeitung von Anträgen in angemessener Frist (BGH LM (Ca) Nr 106), zur ordnungsgemäßen Sachaufklärung bei Eingriffen in eine Rechtsstellung (BGH NJW 89, 99; 91, 2759), zur unparteiischen Amtsausübung (RG 144, 346), zum Unterlassen unvertretbarer Anklageerhebungen (BGH NJW 00, 2672), zur Verschwiegenheit (BGH 34, 186), zur Erteilung richtiger, erschöpfender und unmißverständlicher Auskünfte (BGH 117, 83 mwN; 121, 69),
10 uU zur Rechtsberatung (Hamm NJW 89, 462). **cc) Ermessensfehler** sollen nach der Rspr Ersatzansprüche nur auslösen, wenn die Entscheidung mit den an eine ordnungsgemäße Verwaltung zu stellenden Anforderungen schlichtweg unvereinbar
11 ist (BGH 45, 146; ErmKüchenhoff/Hecker 45). **dd) Bes Amtspflichten** ergeben sich aus der Funktion des konkreten Amtes (zB Aufsicht über Schüler zum Vermeiden von Verletzungen, BGH 28, 299; desgl im Landeskrankenhaus, BGH NJW 63, 42; Einziehung eines unrichtigen Testamentsvollstreckerzeugnisses durch Nachlaßrichter, BGH VersR 76, 1036; Aufstellen eines Bebauungsplans und Gesund-
12 heitsgefährdung der künftigen Bewohner, BGH 106, 327 ff). **c)** Amtspflicht **gegenüber einem Dritten. Lit:** Hörstel VersR 96, 546. **aa) Funktion.** Das Merkmal hat dieselbe haftungsbegrenzende Aufgabe, wie sie in §§ 823 I, 824–826 dadurch erreicht wird, daß nur der Verletzte Ansprüche geltend machen darf (BGH 84, 288). Ähnlich wie bei § 823 II (s § 823 Rn 44 f) soll eine Pflicht gegenüber Dritten bestehen, wenn sich aus der sie umschreibenden Bestimmungen sowie der bes Natur des Amtsgeschäfts ergibt, daß die Belange (auch) eines *bestimmten Personenkreises* geschützt und gefördert werden sollen (BGH 110, 8 f; 122, 320; 129, 19). Abzugrenzen ist von der Pflicht, im allg öffentl Interesse, zB zum Schutz der öffentl Ordnung einschließlich des ordnungsgemäßen Funktionierens einer öffentl Verwaltung (deshalb idR nicht zwischen jur Personen der öffentl Hand, BGH 116, 315 ff), tätig zu werden. Bsp: unzutr Erlaß über die Auslegung eines Ges (BGH 56, 45 f), Staatsaufsicht über Notar (BGH 35, 49 f) oder Stiftung (BGH 68, 145). Ein Drittschutz (Individualschutz) ist dann anzunehmen, wenn die Amtspflicht den Schutz einzelner Personen oder eines abzugrenzenden Personenkreises bewirkt oder mitbewirkt. In der Tendenz versteht die Rspr, wenn auch ohne klare Linie, den Drittschutz weit. Bsp: Auskunft im Ehescheidungsverfahren über Renten auch gegenüber Ehegatten des Versicherungsnehmers (BGH NJW 98, 139); Gutachten der Handwerkskammer über Grundstückswert auch gegenüber Käufer (BGH VersR 01, 1288); Erteilen einer Genehmigung (BGH WM 97, 378); Grundbucheintragung (BGH 124, 108); Aufstellen eines **Bebauungsplans** (BGH 121, 65 mwN bei **Altlasten**, s dazu Leinemann, Städte- und Altlastenhaftung, 1991, Raeschke-Kessler NJW 93, 2275; BGH 142, 264 bei Bergschäden); Vormundschaftsrichter (BGH VersR 86, 995); atomrechtliche Genehmigung gegenüber Betreiber (BGH 134, 275 f); Amtsvormund (BGH 100, 319, mit Einschränkungen); Aufsicht über die Geschäftstätigkeit der Banken (BGH NJW 79, 1354, 1879, Herstatt); Beachten von Verkehrsregeln auf Dienstfahrten zum Schutze anderer Verkehrsteilnehmer (BGH NJW 85, 1950); Verbot mißbräuchlicher Amtsausübung zugunsten jedes Betroffenen (BGH WM 79, 1158, Fluglotsenstreik); Formulierung von Prüfungsfragen durch zentrales Prüfungsamt (BGH 139, 206); Verbot des Eingreifens in die Rechte Unbeteiligter zugunsten jedes Betroffenen (BGH NJW 77, 1877); Verschwiegenheitspflicht (BGH 34, 186); zutr Information der Öffentlichkeit (Düsseldorf VersR
13 81, 149) zugunsten aller Personen, denen Schaden entstehen könnte. **bb) Schrittfolge der Untersuchung.** Die **Prüfung des Schutzzwecks** im Einzelfall geschieht am besten zweistufig (vgl § 823 Rn 45): Nach der Feststellung, (a), daß *bestimmte Personen* geschützt werden, ist weiter zu fragen, (b), welche *sachlichen Interessen* in den Schutzbereich fallen (s zB BGH 125, 269 ff). Bsp: Die Überprüfungspflichten im Rahmen des Baugenehmigungsverfahrens dienen dem Schutz von Körper und Leben, nicht dem Schutz vor nutzlosen Aufwendungen (BGH NJW 93, 932); eine positive Baugenehmigung (Bauvorbescheid) schützt auch den Erwer-

Titel 27. Unerlaubte Handlungen § 839

ber (BGH NJW 94, 130); die Überprüfung eines Kfz im Zulassungsverfahren schützt nicht die Vermögensinteressen eines späteren Käufers (BGH VersR 82, 242; sa BGH 121, 68 bei Altlasten); die amtsärztliche Untersuchung eines Taxifahrers schützt nicht dessen Interesse, eine Krankheit rechtzeitig zu erkennen (BGH NJW 94, 2416); das Führungszeugnis für einen Gastwirt schützt nicht den Verpächter (BGH NJW 81, 2347). **d)** Mit dem Erfordernis, die Amtspflichtverletzung müsse **in** **14** **Ausübung** eines anvertrauten Amtes (GG 34) geschehen, wird eine ähnliche Abgrenzung gegenüber privaten Handlungen des Beamten „bei Gelegenheit" vorgenommen wie in § 831 (s § 831 Rn 8). Allerdings ist die Normstruktur unterschiedlich (§ 831: Haftung des Geschäftsherrn für eigenes Verschulden; GG 34: Staatshaftung für das – fremde – Verschulden des Beamten), so daß trotz einander entspr Formulierungen etwas andere Kriterien gelten. Die Rspr verlangt auch hier als Voraussetzung einer Staatshaftung, die Verletzungshandlung müsse in einem „inneren Zusammenhang" mit dem Dienst des Amtswalters stehen (BGH 11, 181; SoeVinke 73). Die Abgrenzung geschieht wohl am besten durch Bildung von Gruppen (s zB Pagendarm LM Nr 1 [Fk] zu BGH 11, 181). Der Zusammenhang besteht, wenn aus dem Amt heraus gehandelt wurde (Bsp: fahrlässige Handlungen, aber auch vorsätzlich falsche dienstliche Auskunft, vorsätzlicher Fehlgebrauch von Gegenständen, die zu bewahren Dienstpflicht war, BGH 1, 388); der Zusammenhang besteht weiter, wenn in den privaten Bereichen bestimmte Obhutspflichten fahrlässig verletzt werden (Bsp: ungenügende Sicherung einer daheim aufzubewahrenden Dienstwaffe, RG 155, 364 f); der Zusammenhang ist gelöst bei vorsätzlichen Rechtsgutsverletzungen außerhalb der eigentlichen Amtstätigkeit (Bsp: Tötung aus privatem Anlaß mit der Dienstwaffe, BGH 11, 181) und bei vorsätzlicher Überschreitung von Nebenpflichten für private Zwecke, die zu fahrlässigen Rechtsgutsverletzungen führen (Bsp: private Schwarzfahrt, BGH NJW 69, 421 f mN). **e)** Zur **15** **Rechtswidrigkeit** s Michaelis, FS Larenz, 1973, 927 ff. **f)** Für das **Verschulden** gelten die allg Grundsätze (s § 823 Rn 57 ff; § 276 Rn 10 ff). Zum Schutz des Bürgers hat die Rspr die Sorgfaltsanforderungen sehr hoch angesetzt und damit beinahe eine verschuldensunabhängige Haftung erreicht (Erichsen/Rüfner aaO § 47, 25); zB stellt Rechtsunkenntnis ein Verschulden dar (BGH 30, 20). Ausgeschlossen ist idR ein Verschulden, wenn ein Kollegialgericht die vorgenommene Amtshandlung als obj rechtmäßig angesehen hat, ohne von falschen Tatsachen auszugehen und ohne eine eindeutige Bestimmung „handgreiflich falsch" auszulegen (BGH 117, 250; anders bei Entscheidungen „auf höchster Ebene", BGH 134, 755). **g) Fehlen einer anderweitigen Ersatzmöglichkeit bei fahrlässigen** **16** **Handlungen (I 2).** Lit: Lörler JuS 90, 544. **aa) Allgemeines.** Ursprünglich zum Schutz des Beamten aufgestellt, hat die Klausel durch die Überleitung der Haftung auf den Staat ihren Gerechtigkeitswert verloren. Die Rspr legt die Bestimmung daher eng aus (grundlegend BGH 79, 26, Grenzen aber in BGH JR 87, 108). Bsp: Keine Anwendung im Haftungsbereich des Straßenverkehrs wegen der haftungsrechtlichen Gleichbehandlung aller Verkehrsteilnehmer (BGH 75, 134; sa BGH 118, 370 ff mwN) und bei Verletzung der Straßenverkehrssicherungspflicht (BGH 75, 136; 123, 104; wohl einschränkend BGH 85, 232). Außerdem wird der Verweis auf andere Haftungsträger ausgeschlossen zB bei einem anderen Rechtssubjekt der öffentl Hand (BGH 111, 276), bei Haftung als Gesamtschuldner (Celle NJW 79, 724, 725: kein Verweis auf den anderen Schädiger); § 839 I 2 greift wegen der anderen Zweckrichtung ferner nicht ein bei Ansprüchen gegen die eigene Krankenkasse (BGH 79, 26; 79, 35), die Kaskoversicherung (BGH NJW 83, 1668 gegen BGH 50, 271), die Feuerversicherung (BGH VersR 83, 462), die Unfallversicherung (BGH NJW 83, 2191), die Sozialversicherung (BGH NJW 70, 7), die Lebens- und Sterbegeldversicherung (RG 171, 200), gegen den Arbeitgeber nach dem LFZG (BGH 62, 383) bzw bei Beamten gegen die Anstellungsbehörde auf Fortzahlung der Bezüge trotz Dienstunfähigkeit (BGH 43, 117). **bb) Anforderungen.** Die **17** Möglichkeit, von einem Dritten Ersatz zu erhalten, muß aus demselben Tatsachenkreis erfolgen (BGH 31, 150). Sie muß zumutbar und durchsetzbar sein (BGH 120,

§ 839 Buch 2. Abschnitt 8. Einzelne Schuldverhältnisse

127). Inhaltlich muß es sich um Ausgleichsansprüche für Schäden handeln, die Rechtsgrundlage (zB Vertrag, GoA § 823) ist gleichgültig; auch tatsächliche Ersatzmöglichkeiten reichen aus (BGH WM 82, 615). **Beweislast:** Verletzter (BGH
18 NJW 02, 1266). **cc)** Kommt es für die **Verjährung** auf die anderweitige Ersatzmöglichkeit an, so beginnt sie erst zu dem Zeitpunkt, zu dem der Geschädigte von dem Ausfall dieser Möglichkeit, um die er sich bemüht hat, Gewißheit erlangt (BGH 121, 71). Ist die Höhe des anderweitigen Ersatzes unklar, kann (und muß) Feststellungsklage erhoben werden (BGH NJW 88, 1147).

19 **2. Einschränkung der Haftung. a) Versäumen eines Rechtsmittels (III).**
20 **Lit:** Menzel DRiZ 90, 375. **aa) Allgemeines.** Die Bestimmung enthält eine bes, zum Haftungsausschluß führende Ausprägung des § 254. **bb)** Der Begriff des **Rechtsmittels** ist weit zu verstehen, er umfaßt alle Rechtsbehelfe, die nach ges Ordnung der Beseitigung oder die Berichtigung der Amtshandlung ermöglichen (BGH NJW 98, 141), also auch zB die Aufsichtsbeschwerde (BGH NJW 86, 1924, auch zur Kausalität), die Erinnerung an die Erledigung einer Sache (BGH BB NJW 97, 2327), ein Nachfragen bei Gericht (BGH VersR 65, 1197). Der Rechtsbehelf muß sich jedoch unmittelbar gegen die Amtshandlung selbst richten (zB nicht Erinnerung gegen eine Verfügung des Grundbuchamtes, wenn Amtshaftungsansprüche gegen den Notar geltend gemacht werden, BGH NJW 60, 1719). Die Verfassungsbeschwerde zählt nicht zu den Rechtsmitteln (BGH 30, 28).
21 **cc)** Das Versäumen muß für den Schaden **kausal** geworden sein; das rechtzeitige Einlegen hätte also bei sachgerechter Entscheidung der angerufenen Stelle den
22 Schaden verhindern oder verringern müssen (SoeVinke 233). **dd)** Das typisierte **Verschulden** richtet sich nach allg Grundsätzen (s BGH WM 97, 177, Maßstäbe des typisierten Verschuldens); notfalls muß zur Beurteilung der Erfolgsaussicht rechtskundiger Rat eingeholt werden, es kann aber auch auf Auskünfte vertraut werden (BGH NJW 91, 1170). Ein testamentarisch vorgesehener Erbe soll sich das (Mit-)Verschulden des Erblassers anrechnen lassen müssen, wenn dieser den Notar nicht an die Beurkundung des beabsichtigten Testaments erinnert hat (BGH NJW 97,
23 2327 gegen BGH NJW 56, 260, sehr zweifelhaft). **b) Spruchrichter (II). Lit:** Hagen NJW 70, 1017; Leipold JZ 70, 26; Grunsky, FS Raiser, 1974, S 141; Blomeyer NJW 77, 557 (zu II 2). **aa) Richter** sind als die Berufs- und Laienrichter der verschiedenen Gerichtszweige, also auch Schöffen und ehrenamtliche Beisitzer, jedoch nicht der **gerichtl Sachverständige** (s dazu § 839 a). Spruchkollegien von **Behörden** fallen nicht darunter (BGH 36, 382); für **Schiedsrichter** gilt § 839 II
24 nicht, jedoch wird von einem ähnlichen Haftungsprivileg auf vertraglicher Grundlage ausgegangen (BGH 43, 376). **bb)** Ein **Urteil** ist über den formellen Urteilsbegriff hinaus jede gerichtl Entscheidung, die ein durch Klage oder Anklage begründetes Prozeßverhältnis unter den für ein Urteil wesentlichen Merkmalen – vorheriges rechtliches Gehör, Begründungszwang, materielle Rechtskraftwirkung (BGH 51, 329) – beendet (BGH NJW 66, 246 mwN). Bsp: Beschluß über die Einstellung des Strafverfahrens (BGH 64, 347), nicht Beschlüsse in einstweiligen Verfügungs- (BGH 10, 60) oder Vollstreckungsverfahren (BGH NJW 59, 1085).
25 **cc)** Die Formel „**bei dem Urteil**" deckt auch alle vorbereitenden Entscheidungen, mit denen Sachgrundlagen für das Urteil gewonnen werden sollen; zB Beweisbeschlüsse (BGH 50, 14 mit krit Anm Leipold JZ 68, 465), nicht aber Terminsan-
26 beraumungen. Die Abgrenzung ist str, s Leipold aaO. **c)** Iü kann **§ 254** anwendbar sein, zB wenn mit einer Aufhebung eines begünstigenden Bescheides gerechnet werden muß (BGH NJW 02, 432 m krit Anm Teichmann/Weidmann JZ 02, 510).

27 **3. Haftende Körperschaft. a) Begriff.** Haftungssubjekte sind neben dem Staat nach stRspr (RG 142, 194; BGH 49, 115 f) und hL (Ossenbühl aaO S 114) nur juristische dienstherrenfähige Personen des **öffentl Rechts.** Ist ein Bediensteter einer privatrechtlichen Körperschaft mit einem öffentl Amt betraut (s Rn 8), so haftet die öffentl Körperschaft, die ihn mit diesen Befugnissen ausgestattet hat
28 (BGH VersR 90, 522). **b) Bestimmung der Körperschaft.** Der BGH stellt auf

Titel 27. Unerlaubte Handlungen § 839 a

denjenigen Rechtsträger ab, der dem pflichtwidrig handelnden Amtswalter das Amt anvertraut hat (sog **Amtsübertragungstheorie**, s BGH NJW 02, 1795: PalThomas 18). Dies ist idR die Anstellungskörperschaft, und zwar auch dann, wenn diese Körperschaft noch andere Aufgaben mit wahrnimmt. Bsp: Auftragsangelegenheiten bei Selbstverwaltungskörperschaften (LM Nr 24 zu GG 34). Bei Abordnungen haftet der Träger, der über den Amtswalter verfügen kann, bei echten Doppelstellungen (zwei Dienstherren) diejenige Körperschaft, deren Aufgaben wahrgenommen werden (BGH 99, 330), desgl bei sog Organleihe (BGH NJW 76, 1468, Erfüllen der dem Land obliegenden Verkehrspflichten durch eine „ausgeliehene" Bundesbehörde). Bei der Beauftragung Privater haftet wie bei privatrechtlichen Körperschaften (Rn 28) derjenige Träger, der das Amt übertragen hat (zB BGH 53, 217, Schiedsmann).

4. Beweislast. Der **Geschädigte** muß alle Anspruchsvoraussetzungen (Rn 6 ff) 29 einschließlich des Fehlens einer anderweitigen Ersatzmöglichkeit (SoeVinke 275 ff, Ossenbühl aaO S 339; BGH 37, 377 mwN; ie s BGH VersR 86, 997) beweisen, bei Spruchrichtern (Rn 24 ff) die mit einer öffentl Strafe bedrohte Pflichtverletzung (RG 164, 20); die **haftende Körperschaft** muß das schuldhafte und für den Schaden kausale Versäumen eines Rechtsmittels (Rn 20 ff) beweisen.

III. Der Anspruch gegen den Beamten (Eigenhaftung)

1. Anwendungsbereich. Die Eigenhaftung des Beamten ist nur denkbar, wenn 30 die Staatshaftung nicht eingreift. Dies trifft bei einem Handeln im fiskalischen Bereich und bei schlicht-hoheitlichem Handeln in privaten Rechtsformen zu (s Rn 8). Bsp: leitende Arzt im Krankenhaus (BGH 85, 395), Gerichtsvollzieher als Sequester (BGH NJW 01, 434). Außerdem ist bei einzelnen hoheitlichen Handlungen durch Sondervorschriften eine Staatshaftung ausgeschlossen, so daß es bei der Eigenhaftung bleibt (sa Rn 32). Bsp: Beamte, die auf den Bezug von Gebühren angewiesen sind (sog Gebührenbeamte, RBHaftG 5 Nr 1), wie Bezirksschornsteinfeger bei Bauabnahmen und Feuerstättenschau (BGH 62, 378 f), nicht jedoch Gerichtsvollzieher (BGH NJW 01, 435), Schiedsmänner (BGH 36, 195), Mitglieder von Ortsgerichten (BGH 113, 72); zu Notaren s BNotO 19; Handeln von Beamten gegenüber Ausländern bei fehlender Gegenseitigkeit (dazu Neufelder NJW 74, 979).

2. Voraussetzungen. Unter § 839 fallen hier nur **a) Beamte** im staatsrecht- 31 lichen Sinn (BGH 42, 178; Erichsen/Rüfner aaO § 47, 38), unabhängig davon, ob sie auf Dauer, auf Probe, auf Widerruf oder auf Zeit eingestellt sind. Nichtbeamte im öffentl Dienst (zB Angestellte, Arbeiter) haften bei privatrechtlichem Handeln (Rn 31) nach §§ 823 ff; in den von GG 34 nicht erfaßten Ausnahmefällen hoheitlichen Handelns (Rn 31) haften sie nach § 839 (PalThomas 23). **b)** Zu den **weiteren Voraussetzungen** s Rn 9–19; eine bes Bedeutung hat als anderweitige Ersatzmöglichkeit der Anspruch aus Vertrag oder unerlaubter Handlung gegen die Anstellungskörperschaft (s Rn 8).

3. Zu den **Einschränkungen** der Haftung s Rn 20 ff, zur **Beweislast** Rn 30. 32

§ 839 a Haftung des gerichtlichen Sachverständigen

(1) Erstattet ein vom Gericht ernannter Sachverständiger vorsätzlich oder grob fahrlässig ein unrichtiges Gutachten, so ist er zum Ersatz des Schadens verpflichtet, der einem Verfahrensbeteiligten durch eine gerichtliche Entscheidung entsteht, die auf diesem Gutachten beruht.

(2) § 839 Abs. 3 ist entsprechend anzuwenden.

Lit: Däubler, Die Reform des Schadensersatzrechts, JuS 02, 625; Haas/Horcher, DStR 01, 2118; Huber, Das neue Schadensersatzrecht, in Dauner-Lieb ua, Das neue Schuldrecht, 2002; Wagner, Das zweite Schadensersatzrechtsänderungsgesetz, NJW 02, 2049.

§ 840 Buch 2. Abschnitt 8. Einzelne Schuldverhältnisse

1 **1. Normzweck.** Mit der durch Ges vom 25. 7. 02 (BGBl I S 2674; Inkrafttreten: 1. 8. 2002) eingeführten Bestimmung soll eine einheitliche Haftung gerichtlich bestellter Sachverständiger erreicht werden (BT-Drs 14/7752 S 28) und zwar unabhängig davon, ob sie beeidigt worden sind oder nicht (s BVerfGE 49, 304). **Tatbestand (I).** Bestellung des Sachverständigen durch das Gericht, Unrichtigkeit des Gutachtens (bei der Tatsachenfeststellung oder Darstellung des Meinungsstandes, wohl auch bei der eigenen Schlussfolgerung), Vorsatz oder grobe Fahrlässigkeit, Ergehen einer gerichtlichen Entscheidung, Kausalität zwischen der Unrichtigkeit des Gutachtens und der Entscheidung. Die Haftung des Sachverständigen scheidet aus, wenn der Geschädigte schuldhaft kein Rechtsmittel eingelegt hat (**II,** s § 839 Rn 20 ff). Die **Beweislast** für I trägt der Geschädigte, für II der Sachverständige. Die Bestimmung soll **abschließend** sein (BT-Drs 14/7752 S 28). Endet ein Verfahren ohne gerichtliche Entscheidung, so bleibt es bei den bisherigen Anspruchsgrundlagen (s zB Hamm NJW-RR 98, 1686: § 826; Schleswig NJW 95, 791: § 823 I bei vorsätzlicher oder grob fahrlässiger Verletzung eines absoluten Rechts).

§ 840 Haftung mehrerer

(1) **Sind für den aus einer unerlaubten Handlung entstehenden Schaden mehrere nebeneinander verantwortlich, so haften sie als Gesamtschuldner.**

(2) **Ist neben demjenigen, welcher nach den §§ 831, 832 zum Ersatz des von einem anderen verursachten Schadens verpflichtet ist, auch der andere für den Schaden verantwortlich, so ist in ihrem Verhältnis zueinander der andere allein, im Falle des § 829 der Aufsichtspflichtige allein verpflichtet.**

(3) **Ist neben demjenigen, welcher nach den §§ 833 bis 838 zum Ersatz des Schadens verpflichtet ist, ein Dritter für den Schaden verantwortlich, so ist in ihrem Verhältnis zueinander der Dritte allein verpflichtet.**

Lit: Brambring, Mittäter, Nebentäter, Beteiligte und die Verteilung des Schadens bei Mitverschulden des Geschädigten, 1973; Keuk, Die Solidarhaftung der Nebentäter, AcP 168, 175; Kreutzinger, Die Haftung von Mittätern, Anstiftern und Gehilfen im Zivilrecht, 1985 (bes zu Demonstrationen); Selb, Schadensausgleich mit und unter Nebentätern, JZ 75, 193; Wagenfeld, Ausgleichsansprüche unter solidarisch haftenden Deliktsschuldnern im englischen und deutschen Recht, 1972, S 176; Wurm, Das gestörte Gesamtschuldverhältnis, JA 86, 177.

1 **1. Allgemeines.** § 840 regelt zwei unterschiedliche Komplexe: Für das **Außenverhältnis** zwischen dem Geschädigten und mehreren Schädigern wird durch die Anordnung der Gesamtschuldnerschaft in Abs 1 auf die §§ 421–425 verwiesen. Gleichzeitig wird damit für das **Innenverhältnis** zwischen den Schädigern untereinander im Grundsatz § 426 anwendbar gemacht, für einige Sondertatbestände in § 840 II und III jedoch eine von § 426 I („zu gleichen Anteilen verpflichtet") abweichende Regelung angeordnet.

2 **2. Außenverhältnis (I). a) Funktion der Norm.** § 840 I stellt *keine eigene Anspruchsgrundlage* dar, sondern setzt die Haftung mehrerer aufgrund anderer Normen auf den gesamten Schaden (zB aus § 823 iVm § 830) oder auch nur in einer bestimmten, für die einzelnen Schädiger uU nicht gleichen Höhe voraus (etwa bei Nebentäterschaft). Die Funktion des § 840 I erschöpft sich in der mehr technischen Anordnung der Gesamtschuld, die für den Geschädigten als Gläubiger nicht unbedingt vorteilhaft sein muß. Eine Gesamtschuld nach § 840 kann also nur insoweit entstehen, als sich die Ersatzverpflichtungen der einzelnen Schädiger inhaltlich und summenmäßig decken (BGH 12, 220; 18, 164). Bsp: A haftet wegen einer Körperverletzung für alle Folgeschäden bei D, der mit der Unfallversorgung beauftragte Arzt B für die durch einen Behandlungsfehler verursachten Schäden;
3 Gesamtschuld zwischen A und B in Höhe der Behandlungsschäden. **b)** Der weit zu verstehende **Anwendungsbereich** umfaßt alle Ansprüche aus unerlaubter

Titel 27. Unerlaubte Handlungen **§ 840**

Handlung, aus Gefährdungshaftung innerhalb und außerhalb des BGB, aus 906 II 2 (ie BGH 85, 387) sowie Aufopferungsansprüche (RG 167, 39). § 840 I wird durch entspr Sondervorschriften (zB WHG 22, StVG 17, 18 III, AtomG 33, HPflG 13, ProdHaftG 5) verdrängt. Haftet ein Schädiger *nur* aus Vertrag, so ist auf ihn § 840 nicht anwendbar (RG 84, 430); eine Gesamtschuld kann sich aber aus allg Regeln ergeben (s § 421 Rn 3, 4 f). **c)** Bei einem **Mitverschulden des Geschädigten** 4 (§ 254) treten erhebliche Anrechnungsschwierigkeiten auf. Hier sind mehrere rechtliche Komplexe zu unterscheiden. **aa)** In den Fällen der **Mittäterschaft, Anstiftung** und **Beihilfe** sowie **Beteiligung** iSd § 830 I 2 treten die Schädiger dem Geschädigten als Einheit gegenüber; der auf seinen eigenen Kausalbeitrag fallende Anteil wird dem Geschädigten abgezogen, für den Rest gilt § 840 I; sog Gesamtabwägung zwischen dem Geschädigten und der Gesamtheit der Schädiger (PalThomas 5; BGH 30, 206). **bb)** Bei **Nebentäterschaft** kann es sein, daß der 5 Grad des Mitverschuldens gegenüber jedem Täter unterschiedlich ist (Bsp von Larenz, SchR II 2, § 82 III 3 a: Der bei einem Unfall von B und C verletzte A trägt gegenüber B ein Mitverschulden von einem Drittel, gegenüber C von zwei Dritteln). Seit BGH 30, 203 (zur Rspr vorher s krit Dunz NJW 64, 2136) ist neben einer **Einzelabwägung** zwischen den am Prozeß konkret Beteiligten eine **Gesamtabwägung** vorzunehmen; aus ihr ergibt sich, welchen Anteil der Geschädigte im Verhältnis zu allen Schädigern selbst zu tragen hat und welcher Rest ihm noch zusteht. Dabei (s zB Hauß LM Nr 6 zu BGH 30, 203; LM Nr 8) wird das Verhältnis der Tatbeiträge aller Beteiligten zueinander, ausgehend vom niedrigsten Beitrag, festgelegt (im Beispiel: C = 1; A = 2, da doppelt so hohes Verschulden wie C; B = 4, da doppelt so hohes Verschulden wie A; Haftung also C : A : B = 1 : 2 : 4). Das Verfahren ist recht kompliziert (Selb JZ 75, 193: „neuer Denksport") und in der Lit überwiegend auf Zustimmung (StSchäfer 36 mwN; Eibner JZ 78, 50), zT auch auf Ablehnung (zB Brambring aaO S 153 ff mwN; Keuk AcP 168, 202) gestoßen. Für den Prozeß ergibt sich aus der Gesamtabwägung: Soweit der in Anspruch genommene Schädiger wegen der Einzelabwägung weniger zu zahlen hat (Bsp: A hat insgesamt Anspruch auf $^5/_7$, B muß $^2/_3$ leisten), tritt hinsichtlich der noch verbleibenden Spitze (Bsp: $^1/_{21}$) für die übrigen (C) keine Befreiung gem § 422 ein. **cc)** Abweichend von dem in Rn 5 f geschilderten Doppelverfahren soll 6 auch im Fall der Nebentäterschaft lediglich eine Gesamtabwägung (Rn 4) derzeit bei zwei Fallgruppen vorgenommen werden: einmal bei sog **Haftungseinheit,** falls der eine Schädiger wegen des Fehlverhaltens des anderen, wenn auch aus eigenem Verschulden oder eigener Gefährdung, aus demselben Lebenssachverhalt mit haftet. Bsp (ie Messer JZ 79, 385): Halter und Fahrer (BGH NJW 66, 1262); Verrichtungsgehilfe und Geschäftsherr (BGH NJW-RR 89, 920). Gleichgestellt sind die Fälle sog **Tatbeitragseinheit** (Fikentscher § 108 4) oder Zurechnungseinheit (BGH NJW 78, 2392; dazu krit Hartung VersR 79, 97). Wir haben uns die Tatursachen der einzelnen Schädiger zu einem Schadensereignis gebündelt, bevor der vom Geschädigten verursachte Beitrag wirksam wurde (BGH NJW 96, 2024). Bsp: Mehrere haben, ohne Mittäter zu sein, das unbeleuchtete Stehenlassen eines Kfz verursacht, auf das Geschädigte auffährt (BGH 54, 283; sa BGH 61, 218). Diese Rspr ist wegen der Unklarheit ihrer Wertung zu Recht nicht ohne Kritik geblieben (s zB Selb JZ 75, 193).

3. Innenverhältnis (II, III). a) Ausgestaltung. Die Abs fügen dem Grundsatz 7 des § 426 I, daß die Schädiger den Schaden im Innenverhältnis zueinander zu gleichen Anteilen tragen müssen und entspr ausgleichspflichtig sind, vom Anspruchsteller zu beweisende Ausnahmen (s § 426 Rn 4 ff, 9 ff) hinzu. Dritter iSd § 840 III ist nur derjenige, der aus Verschulden haftet (Böhmer JR 65, 378; SoeZeuner 30 mN; Hamm NJW 58, 347); hat der aus §§ 833–840 Verpflichtete ebenfalls schuldhaft gehandelt, so greift § 840 III nicht ein, der Ausgleich richtet sich nach den Verursachungsbeiträgen (Böhmer JR 65, 379). **b)** Der Anspruch **verjährt** unabhängig vom Außenverhältnis nach §§ 195 ff.

Teichmann 1079

§ 841 Buch 2. Abschnitt 8. Einzelne Schuldverhältnisse

8 4. **Auswirkungen von einseitigen gesetzlichen oder vertraglichen Haftungsbeschränkungen usw auf das Außenverhältnis ("Gestörtes Gesamtschuldverhältnis"). a) Grundsatz.** Hatte zB einer der Schädiger **vor Eintritt** des Schadensereignisses mit dem Geschädigten einen Haftungsausschuß vereinbart, ist seine Haftung summenmäßig begrenzt oder ist der Anspruch verjährt, so kann der Geschädigte weiterhin gegen die übrigen vorgehen. Er muß jedoch die wirtschaftlichen Konsequenzen der Haftungsbeschränkung mittragen. Sonst hätte der privilegierte Schädiger, weil er mit dem Rückgriff durch die anderen rechnen muß, keinen Vorteil, der Geschädigte iE keinen Nachteil. Ein Teil der Lit (Prölss JuS 66, 402; Keuk AcP 168, 181; Medicus JZ 64, 401; Thiele JuS 68, 156 f) vertritt deshalb zur die Meinung, der Anspruch des Geschädigten sei um den Betrag zu kürzen, den der begünstigte Schädiger beim Ausgleich im Innenverhältnis mit den übrigen Schädigern (zur Wirksamkeit schadensverteilender Abreden zwischen den Schädigern s BGH 110, 118 ff; krit Selb JZ 90, 387) zu tragen gehabt hätte, wenn die Begünstigung nicht bestünde. Mit diesem Anteil sei der Geschädigte wirtschaftlich selbst zu belasten. Bsp: A hat grundsätzlich gegen B, C und D als Gesamtschuldner einen Anspruch auf 1500,- €, im Innenverhältnis ist jeder zu gleichen Teilen (500,- €) verpflichtet. Besteht zwischen A und D ein Haftungsausschluß, so haften B und C gegenüber A als Gesamtschuldner nur in Höhe von 1000,- €; im Innenverhältnis kann D von B und C nicht in Anspruch genommen werden. Vereinbarungen mit einem Geschädigten **nach Eintritt** des Schadensfalls hindern die Inanspruchnahme der übrigen (und deren Rückgriff) hingegen nicht
9 (BGH 12, 218; allgM). **b) Der Anwendungsbereich** dieses Grundsatzes ist außerordentlich str. **aa)** Nach zutr Rspr ist Voraussetzung, daß ein **Gesamtschuldverhältnis** besteht. Haftet ein Mitschädiger zB wegen §§ 708, 1359, 1664 nicht, so liegt kein Fall des § 840 I vor (BGH 103, 346 ff mwN; krit Muscheler JR 94, 441 ff mwN). **bb)** Bei **ges Freistellungen** und gleichartigen Rspr-Grundsätzen wendet die Rspr den erwähnten Grundsatz an (s zB BGH 61, 53 ff; NJW 81, 760: RVO 636 ff; BGH 94, 173: BeamtVG 46 II; BGH 73, 195: RVO 1542; Hamm NJW-RR 98, 1182: SGB X § 116). **cc) Bei vertraglicher Freistellung** vor Schädigung bejaht bisher nur die Lit eine Anwendung (s Rn 8), die Rspr hingegen nur dann, wenn die Vereinbarung nach ihrem Inhalt auch zugunsten der übrigen wirken soll (BGH NJW 89, 2387 mwN). **d)** Zum **Innenverhältnis** s § 426 Rn 22 ff.

§ 841 Ausgleichung bei Beamtenhaftung

Ist ein Beamter, der vermöge seiner Amtspflicht einen anderen zur Geschäftsführung für einen Dritten zu bestellen oder eine solche Geschäftsführung zu beaufsichtigen oder durch Genehmigung von Rechtsgeschäften bei ihr mitzuwirken hat, wegen Verletzung dieser Pflichten neben dem anderen für den von diesem verursachten Schaden verantwortlich, so ist in ihrem Verhältnis zueinander der andere allein verpflichtet.

1 **1. Funktion.** Nachdem § 839 I 2 bereits im Außenverhältnis die Schadensverpflichtung des Staates für Amtspflichtverletzungen (GG 34 iVm § 839 I 1) und die Eigenhaftung des Beamten (§ 839) in bestimmten Fällen auf mitbeteiligte Dritte verlagert hat (s § 839 Rn 17 ff), ordnet § 841 in einem nächsten Schritt die alleinige Schadensersatzpflicht des Dritten im **Innenverhältnis** dann an, wenn nach außen Staat bzw Beamter und Dritter gesamtschuldnerisch haften. Erreicht wird damit eine weitere Entlastung. Gesamtschuldnerische Haftung tritt außer bei einer vorsätzlichen Handlung des Beamten dann ein, wenn § 839 I 2 nicht angewandt wird. Dogmatisch stellt § 841 wie § 840 II und III eine Abweichung von § 426 I dar.

2 **2. Anwendungsfälle** sind zB die Freistellung des Vormundschaftsrichters gegenüber Eltern (BGH Warn 65, 339), Vormund, Gegenvormund (s RG 80, 255) und Betreuer; des Nachlaßrichters gegenüber dem Nachlaßverwalter; des Insol-

Titel 27. Unerlaubte Handlungen **§ 842**

venzrichters gegenüber dem Insolvenzverwalter; des Vollstreckungsrichters gegenüber dem Zwangsverwalter.

§ 842 Umfang der Ersatzpflicht bei Verletzung einer Person

Die Verpflichtung zum Schadensersatz wegen einer gegen die Person gerichteten unerlaubten Handlung erstreckt sich auf die Nachteile, welche die Handlung für den Erwerb oder das Fortkommen des Verletzten herbeiführt.

1. Funktion. In den §§ 842–847 hat das Ges bei Angriffen gegen die Person – 1 unter ie differierenden Rechtsvoraussetzungen – Art und Umfang des zu ersetzenden Schadens geregelt, wobei die §§ 249 ff teilweise ergänzt, teilweise auch nur konkretisiert werden. § 842 selbst wird von der hL (BGH 26, 77; StSchäfer 3; PalThomas 1) lediglich als Klarstellung dahin verstanden, daß die genannten Nachteile Vermögensschäden iSd §§ 249 ff sind (aA Hagen JuS 69, 68; Esser/Schmidt I/2, § 31 II 2: Die Nutzungsmöglichkeit der Arbeitskraft werde zum Vermögenswert erhoben).

2. Anwendungsbereich. **Unerlaubte Handlungen** sind die Tatbestände der 2 §§ 823 ff einschließlich der §§ 829, 833 S 1 und 839; eine entspr Anwendung ist angeordnet in § 618 III und HGB 62 III. Parallele Sonderbestimmungen enthalten zB HPflG 6, StVG 11, LuftVG 36, AtomG 29; ProdHaftG 8. **Gegen die Person gerichtet** sind nicht nur Eingriffe in die körperliche Integrität des Menschen, sondern auch in die Freiheit, die Ehre oder in das Persönlichkeitsrecht.

3. Ersatzanspruch. a) Unter den **Begriff des Nachteils** fällt nicht nur die 3 Beeinträchtigung bereits bestehender Rechtspositionen wie der Verlust einer Stellung, die Notwendigkeit, ein Gewerbe aufzugeben (LM Nr 1 zu § 843), oder der Entzug von Versorgungsansprüchen (BGH 69, 347 mwN; NJW 78, 157; BGH 90, 334 zur Arbeitslosenversicherung), sondern auch der Fortfall oder die Verringerung tatsächlicher Fortkommenschancen (BGH NJW 98, 1635), schließlich die Vermehrung von Bedürfnissen. Bsp: Verspätung des Eintritts in das Berufsleben (ie Scheffen VersR 90, 928), verringerte Aufstiegschancen (BGH NJW 53, 978), Undurchführbarkeit einer geplanten finanziellen Transaktion (BGH NJW 73, 701), Umschulungskosten (Schleswig VersR 91, 355). Verringerte Heiratschancen und damit evtl verringerte allg Versorgungsmöglichkeiten gehören nicht hierher (Larenz, SchR II 2, § 83 I 1a; aA BGH JZ 59, 365). Einen eigenständigen Nachteil **im Haushalt tätigen Ehegatten** stellt es dar, wenn er seiner Unterhaltsverpflichtung in Form dieser Tätigkeit nicht nachzukommen vermag; ie s § 844 Rn 6 ff. **b) Die** 4 **Schadensberechnung** geschieht nicht abstrakt wie etwa bei der Sozialversicherung durch Feststellung eines prozentualen Minderungssatzes, sondern der Nachteil muß **konkret** (BGH NJW 91, 2423) anhand der tatsächlichen Lage, der beabsichtigten Lebensführung (BGH 74, 224) und aufgrund einer Zukunftsprognose einschließlich allg konjunktureller Rahmenbedingungen (BGH NJW 53, 978) zum Zeitpunkt der letzten mündlichen Verhandlung vor dem Tatsachengericht (BGH VersR 99, 107) ermittelt werden. Dafür ist zunächst das Ausmaß der Behinderung zu ermitteln. Der Schaden kann grundsätzlich gleichwertig nach der (jeweils **modifizierten**) **Bruttolohnmethode** bzw **Nettolohnmethode** berechnet werden (BGH 127, 39 ff; BGH NJW 01, 1640; krit Lange JZ 95, 406). Die Bruttolohnmethode zieht vom Bruttoeinkommen entspr den Grundsätzen zum Vorteilsausgleich (s Rn 35) die Ersparnis von Abgaben und Steuern (zB keine Versteuerung von Rentenzahlungen) ab, die nicht (wie zB Freibeträge wegen der Behinderung) dem Geschädigten selbst zukommen sollen (BGH NJW 99, 3711). Die Nettolohnmethode rechnet zum fiktiven Nettoeinkommen die auf die Ersatzleistung entfallenden Abgaben und Steuern hinzu. Urlaubs- und Weihnachtsgeld sind zu berücksichtigen (BGH NJW 96, 2296). Keinen Nachteil erleidet, wer in der gleichen Vergütungsgruppe weiterbeschäftigt wird, wer als gewinnbeteiligter Gesellschafter

Teichmann 1081

§ 843 Buch 2. Abschnitt 8. Einzelne Schuldverhältnisse

die gleichen Bezüge erhält (BGH 54, 52 f; zur Aufteilung bei einem geschäftsführenden Gesellschafter einer GmbH s BGH NJW 78, 40, dazu Ganßmüller VersR 78, 805 und Kuckuk BB 78, 283). Entspr ist der Schaden eines **im Haushalt tätigen Ehepartners,** aber auch eines Unverheirateten, nach der tatsächlich erbrachten Arbeitsleistung zu berechnen (ie Frankfurt VersR 82, 981 mwN). Ausgangspunkt für die Quantifizierung kann das Tarifgehalt einer geprüften Wirtschafterin sein (Hamburg VersR 85, 646). Umgekehrt kann eine teilw Erwerbsminderung zu vollem Ersatz führen, wenn der Geschädigte mit der erhaltenen Arbeitskraft keine Stelle findet (RG 148, 23; zur Pflicht, sich im Rahmen des Zumutbaren umschulen zu lassen, s StSchäfer § 843, 64 ff). IGgs zu dieser Rspr ist in BGH 67, 127 (Verletzung einer Prostituierten) der zu ersetzende Schaden in abstrakt-normativer Berechnungsweise (zum Begriff s Rn 53 f vor § 249) auf einen Betrag unterhalb des tatsächlich entfallenen Einkommens festgelegt worden; entspr müßte auch zB bei Unternehmern oder Gesellschaftern (BGH 54, 45) ein Mindestschaden ermittelt werden können. **c)** Zur **Berücksichtigung von Lei-**
5 **stungen Dritter** s Rn 37 ff vor § 249. **d) Art des Ersatzes:** idR Rente, § 843 Rn 1. **e) Höhe des Ausgleichs.** Bei Berechnung nach der Nettolohnmethode kann der Geschädigte die ihm entgangenen Netto-Bezüge und Ersatz der Aufwendungen verlangen, die zur Erhaltung des Gleichstandes erforderlich sind. Bsp: Steuern (BGH DB 79, 2320), Beiträge zur Sozialversicherung, sofern die Fortzahlung wirtschaftlich vernünftig erscheint (zum Umfang ie s BGH NJW 83, 1669 mwN). Gleicht zB der Arbeitgeber die Erwerbsschäden aus und macht er den Anspruch aus abgeleitetem Recht (LFZG 4) geltend, so sind auch die Arbeitgeberanteile zur Sozialversicherung zu ersetzen (BGH 42, 78; 43, 383; SoeZeuner 4).

6 **4. Prozessuales. a) Geltendmachen.** Der sich möglicherweise aus verschiedenen Teilposten zusammensetzende einheitliche Schadensersatzanspruch (RG 74, 132) ist idR durch eine Leistungsklage (s ZPO 258) geltend zu machen; bei unübersehbarer Entwicklung der Verhältnisse ist nur eine Feststellungsklage möglich (BGH VersR 83, 688, Kinder unter 18 Jahren). Zur Abänderungsklage gem ZPO 323 bei nachträglicher Veränderung der Verhältnisse s BGH 34, 118 und ThP § 323, 2. **b) Beweislast.** Zur Schadensschätzung nach ZPO 287 trifft den Geschädigten die Beweislast für die tatsächlichen Grundlagen, zB für die Erwerbsbeeinträchtigung oder den Mehrbedarf (BGH 54, 47). § 252 S 2 ist anwendbar (s § 252 Rn 2). Der Schädiger muß den Einwand beweisen, der Verletzte hätte eine andere Erwerbstätigkeit aufnehmen können (BGH NJW 79, 2142, Baumgärtel I, 1).

§ 843 Geldrente oder Kapitalabfindung

(1) **Wird infolge einer Verletzung des Körpers oder der Gesundheit die Erwerbsfähigkeit des Verletzten aufgehoben oder gemindert oder tritt eine Vermehrung seiner Bedürfnisse ein, so ist dem Verletzten durch Entrichtung einer Geldrente Schadensersatz zu leisten.**

(2) ¹**Auf die Rente findet die Vorschrift des § 760 Anwendung.** ²**Ob, in welcher Art und für welchen Betrag der Ersatzpflichtige Sicherheit zu leisten hat, bestimmt sich nach den Umständen.**

(3) **Statt der Rente kann der Verletzte eine Abfindung in Kapital verlangen, wenn ein wichtiger Grund vorliegt.**

(4) **Der Anspruch wird nicht dadurch ausgeschlossen, dass ein anderer dem Verletzten Unterhalt zu gewähren hat.**

1 **1. Allgemeines. a) Funktion.** Zur allg Bedeutung der §§ 842–847 s § 842 Rn 1; § 843 legt bei Körper- und Gesundheitsverletzungen die Art und Weise des Schadensersatzes, nämlich grundsätzlich als Rente, nur im Ausnahmefall als sofortiger Kapitalbetrag (III) fest. Zur Bedeutung des IV s Rn 5. **b) Anwendungsbereich:** s § 842 Rn 1; Sonderbestimmungen enthalten HPflG 8, StVG 13, LuftVG 38, ProdHaftG 9 f und AtomG 30.

Titel 27. Unerlaubte Handlungen **§ 843**

2. Rentenanspruch. a) Voraussetzungen. aa) Die **Beeinträchtigung der** 2
Erwerbsfähigkeit deckt sich mit dem Begriff des Nachteils in § 842 (s § 842
Rn 3), die Rspr zitiert deshalb idR beide Normen (zB BGH NJW 78, 155). Zur
Beweislast s § 842 Rn 6 aE. **bb)** Unter die **Vermehrung der Bedürfnisse** (ie
Drees VersR 88, 784) fallen alle unfallbedingten Mehraufwendungen für die
persönliche Lebensführung, zB für Stärkungsmittel, Kuren, Erneuerung künstlicher Gliedmaßen, Ersatz stärker abgenutzter Kleidung, Verkehrsmittel, Pflegepersonal, und zwar auch bei unentgeltlicher Hilfe durch Familienangehörige als
Nettolohn für eine vergleichbare Hilfskraft zuzüglich gem SGB XI § 44 zu
erbringender Versicherungsbeiträge (BGH NJW 99, 422). Bei beeinträchtigter
Tätigkeit im Haushalt (einschließlich zB kleinerer Reparaturen und Gartenarbeit)
ist zwischen Bedarf (für die eigene Versorgung) und Entfallen der Erwerbsfähigkeit
(Tätigkeit für andere) zu unterscheiden (BGH NJW 89, 2539). Der Ersatzanspruch
entsteht nach der Rspr mit dem schädigenden Ereignis; es sei nicht erforderlich,
daß der Geschädigte den Ersatzbetrag dafür tatsächlich verwendet. **b)** Die **Höhe** 3
der Rente ist nach den konkreten Umständen zu ermitteln, s § 842 Rn 4 und
Bamberg VersR 78, 451; desgl ist bei der **Dauer** zu berücksichtigen, wie lange
konkret die Erwerbsfähigkeit noch bestanden haben würde (BGH NJW 95, 3313);
für erhöhte Bedürfnisse gilt Entsprechendes.

3. Kapitalisierung. Der wichtige Grund kann sowohl in der Person des Verletzten (zB Finanzierung des Erwerbs eines Geschäfts oder einer Ausbildung, 4
Larenz, SchR II 2, § 83 I 2 b) als auch beim Verletzer liegen (zB Erschwerung der
Durchsetzung des Anspruchs durch häufigen Wohnungswechsel, PalThomas 21;
ErmSchiemann 18). Bei ihrer Berechnung ist/sind die künftige Inflationsquote
bzw. Steigerungen eines vergleichbaren Gehalts mit zu berücksichtigen (BGH 79,
187). Die Klagebefugnis steht nur dem Gläubiger zu.

4. Keine Berücksichtigung von Unterhaltsleistungen (IV). Lit: Marschall 5
v. Bieberstein, Reflexschäden und Regreßrechte, 1967. Die Bestimmung wird als
ges Stütze des sog normativen Schadensbegriffs (s Rn 6 vor § 249) idS verstanden,
daß Schadensersatz zu leisten ist, wenn sich infolge der Zahlungen
Dritter beim Geschädigten keine Vermögensverringerung feststellen läßt (BGH 21,
116; NJW 71, 2070). Dementsprechend wird IV auch auf andere Ersatzleistungen
(zB hinsichtlich der Heilungskosten, RG 132, 224) angewandt. Unerheblich ist
nach hM, ob der Unterhalt bereits vor dem Geltendmachen des Schadensersatzanspruchs gezahlt wurde (SoeZeuner 27; PalThomas 22; ErmSchiemann 20; BGH
MDR 57, 538; Esser MDR 57, 523: der Schaden sei entfallen, möglich sei allein
ein Anspruch des Unterhaltspflichtigen nach GoA).

Vorbemerkungen zu den §§ 844–846

1. Funktion der Normen. Nach dem sog Dogma vom Gläubigerinteresse 1
(Hagen, Die Drittschadensliquidation im Wandel der Rechtsdogmatik, 1971, S 1 f)
ist der Kreis der Ersatzberechtigten aus Gründen der Risikobegrenzung eng gezogen (ie Esser/Schmidt I/2, § 34 I). Ansprüche aus unerlaubter Handlung kann nur
derjenige geltend machen, in dessen Rechtsgütersphäre in einer den jeweiligen
Tatbestand ausfüllenden Weise eingegriffen worden ist. § 844 und § 845 durchbrechen dieses Prinzip für bestimmte Formen von Rechtsgutsverletzungen zugunsten eines umgrenzten Personenkreises: des Unterhaltsberechtigten (§ 844) und
desjenigen, dem ges Dienstleistungen geschuldet werden. Im Gegenzug ordnet
§ 846 die Berücksichtigung eines Mitverschuldens des Verletzten an. Wegen des
Ausnahmecharakters ist eine Ausdehnung der Ansprüche über den genannten
Umfang und Personenkreis nicht möglich (BGH 7, 33). Zur dogmatischen Einordnung der einzelnen Schadensposten s § 842 Rn 1, zum **Anwendungsbereich**
s § 842 Rn 2, § 845 Rn 1 aE.

§ 844 Buch 2. Abschnitt 8. Einzelne Schuldverhältnisse

2 2. **Rechtscharakter.** Es handelt sich um eigene Ansprüche der Berechtigten selbst. Der Verletzte kann deshalb **nach Entstehen** nicht mehr über sie verfügen (SoeZeuner § 844, 2); sie setzen aber einen „Ersatzpflichtigen" voraus. Haftet der Schädiger zB wegen einer **vor Schädigung** mit dem Verletzten vereinbarten Freizeichnung nicht, so haben auch die Dritten keine Ansprüche (BGH VersR 61, 846).

§ 844 Ersatzansprüche Dritter bei Tötung

(1) Im Falle der Tötung hat der Ersatzpflichtige die Kosten der Beerdigung demjenigen zu ersetzen, welchem die Verpflichtung obliegt, diese Kosten zu tragen.

(2) ¹Stand der Getötete zur Zeit der Verletzung zu einem Dritten in einem Verhältnis, vermöge dessen er diesem gegenüber kraft Gesetzes unterhaltspflichtig war oder unterhaltspflichtig werden konnte, und ist dem Dritten infolge der Tötung das Recht auf den Unterhalt entzogen, so hat der Ersatzpflichtige dem Dritten durch Entrichtung einer Geldrente insoweit Schadensersatz zu leisten, als der Getötete während der mutmaßlichen Dauer seines Lebens zur Gewährung des Unterhalts verpflichtet gewesen sein würde; die Vorschrift des § 843 Abs. 2 bis 4 findet entsprechende Anwendung. ²Die Ersatzpflicht tritt auch dann ein, wenn der Dritte zur Zeit der Verletzung gezeugt, aber noch nicht geboren war.

Lit: Schubel, Ansprüche Unterhaltsberechtigter bei Tötung des Verpflichteten zwischen Delikts-, Familien- und Erbrecht, AcP 198, 1 ff.

I. Beerdigungskosten (I)

1 Ihr **Umfang** richtet sich nicht stets nach den tatsächlichen Aufwendungen, sondern wird bestimmt durch die Kostentragungspflicht für eine standesgemäße Beerdigung (Hamm NJW-RR 94, 155); ie s § 1968 Rn 4. **Ersatzberechtigt** ist in erster Linie der Erbe (§ 1968), danach (subsidiär) diejenigen, die dem Getöteten unterhaltspflichtig waren (s dazu Rn 3; ie StSchäfer 35; Theda DAR 85, 10). Auch dem aus einem Vertrag Verpflichteten stehen die Ansprüche zu (hM, MK/Mertens 12). Der Ersatzanspruch kann gem SGB X 116 auf den Sozialversicherungsträger übergehen.

II. Unterhalt (II)

2 1. **Allgemeines.** Auch bei diesem Anspruch handelt es sich um einen Schadensersatzanspruch (BGH NJW 74, 1373), der den Unterhaltsberechtigten in die Lage versetzen soll, sein Leben in wirtschaftlicher Weise so fortzuführen, als leistete der Getötete im Rahmen seiner Pflichten und Möglichkeiten weiterhin Unterhalt. Die Einzelheiten sind wegen des Einflusses zahlreicher Faktoren (zB aus Versicherungsverhältnissen) und wegen der Schwierigkeit, die hypothetische Entwicklung der Lebensumstände beim Getöteten abzuschätzen, sehr kompliziert (vgl die ungewöhnlich zahlreichen Entscheidungen in LM).

3 2. **Rechtsvoraussetzungen. a)** Die **ges Unterhaltspflicht** des Getöteten bestand oder hätte bestehen können zB gegenüber Verwandten (§§ 1601 ff), dem Ehegatten (§§ 1360 ff), uU auch geschiedenem (§§ 1569 ff), der Mutter des gemeinsamen Kindes, wenn eine Ehe nicht besteht (§ 1615 l), gegenüber dem angenommenen (§ 1754) Kind, nicht jedoch gegenüber dem Stiefkind (BGH NJW 84, 977). **b)** Der **Entzug des Unterhalts** setzt ua voraus, daß der Unterhalt vom Getöteten auch tatsächlich, notfalls zwangsweise, hätte erlangt werden können (BGH NJW 74, 1373).

4 3. **Rente als Rechtsfolge. a)** Die **Höhe** richtet sich nach dem, was die Hinterbliebenen an Unterhalt hätten konkret fordern können. Pauschalierungen sind

Titel 27. Unerlaubte Handlungen **§ 844**

möglich (zu den Grundsätzen der Rspr s BGH 137, 240 ff mwN; ie s Eckelmann/ Nehls/Schäfer NJW 84, 945). Sie hängt zum einen von der Leistungsfähigkeit des Verpflichteten ab (s § 1603); dabei ist die mutmaßliche Einkommensentwicklung zu berücksichtigen (zur Berechnung ie s Hamm VersR 76, 999). Zum anderen ist die Bedürftigkeit des Berechtigten maßgebend (BGH NJW 93, 125, Blinder). Verdient zB die Ehefrau des Getöteten selbst, so hat sie keinen Unterhalts- und damit auch keinen Ersatzanspruch (Hamm VersR 74, 1228 ff zur Differenzierung bei berufstätiger, haushaltführender Ehefrau). Die Rente umfaßt die darauf zu zahlende Einkommensteuer (s BFH NJW 79, 2423). **b)** Die **Dauer** wird nach dem 5 Gesetzeswortlaut begrenzt durch den konkret zu ermittelnden mutmaßlichen Zeitpunkt des natürlichen Todes, falls dann noch eine Unterhaltsverpflichtung bestanden hätte (s dazu RG 90, 226; zur Beweislast BGH NJW 72, 1515). Hätte aber der Getötete aufgrund seiner Unterhaltsverpflichtung zB durch Versicherungsleistungen für die Sicherung der Angehörigen über den Tod hinaus gesorgt, so ist auch dieser Ausfall zu ersetzen (BGH 32, 248; MDR 70, 223). Zur Anrechnung von Versorgungsansprüchen usw **(Vorteilsausgleich)** s Rn 37 vor §§ 249–253; zur **Schadensminderungspflicht** gem § 254 II durch Übernahme eigener Erwerbstätigkeit s BGH NJW 76, 1502.

4. Sonderfrage: Tod des im Haushalt tätigen Ehepartners. Lit: Jayme, Die 6 Familie im Recht der unerlaubten Handlungen, 1971, S 58 ff; Monstadt, Unterhaltsrenten bei Tötung eines Ehegatten, 1992; Schulz-Borck/Hofmann, Schadensersatz bei Ausfall von Hausfrauen und Müttern im Haushalt, 5. Aufl 1997. **a) Allgemeines.** Der im Haushalt tätige Ehepartner erbringt keine Dienste, sondern erfüllt seine Unterhaltspflicht gem § 1360 (BGH 104, 114). Damit entsteht bei einer Verletzung ein eigener, uU durch Rentenzahlung (§ 843 I) zu befriedigender Ersatzanspruch (s § 842 Rn 4), bei Tötung (s BGH NJW 86, 984: keine entspr Anwendung bei Verletzung) ein Anspruch der Unterhaltsberechtigten aus § 844 II (BGH 51, 111). § 845 ist nicht anwendbar. Anspruchsberechtigt sind die unterhaltsbedürftigen Angehörigen nach Anteilen; eine Gesamtgläubigerschaft besteht nicht (BGH 50, 306, GS). **b) Berechnung.** Abzustellen ist entgegen den allg 7 Grundsätzen (Rn 3 aE) auf den geschuldeten, nicht auf den tatsächlich erbrachten Unterhalt (BGH NJW 93, 125 mwN), der sich durch die Leistungsfähigkeit des Getöteten sowie die Bedürftigkeit des Angehörigen bestimmt (Rn 4). Bsp: Bei einem Haushalt mittleren Zuschnitts mit zwei Kindern ist das Nettogehalt (oder Bruttogehalt abzüglich 30%, BGH VersR 87, 72) von ca 49 Wochenstunden für eine vergleichbare Ersatzkraft (Familienpflegerin, Dorfhelferin) zugrunde zu legen (BGH 86, 372 mwN, zust Schlund JR 83, 415; ie s LG Bayreuth VersR 83, 66). War der getötete Ehegatte außer im Haushalt auch freiwillig beruflich tätig, so schuldete er sein Einkommen oder einen Teil davon als Unterhalt, dieser Barbeitrag ist zu ersetzen (BGH VersR 84, 81). Hinzukommen können Kosten für andere Leistungen als die Haushaltsführung (München VersR 77, 531, Nachhilfeunterricht). **c) Vorteilsausgleich.** Anzurechnen ist, was der überlebende Ehegatte an 8 Unterhaltsaufwendungen erspart.

5. Tod des im Gewerbe mitarbeitenden Ehegatten. Die Mitarbeit gilt als 9 Teil der Unterhaltsleistung (PalDiederichsen § 1356, 6 ff.; BGH NJW 80, 2196). Bei *Verletzung* hat der mitarbeitende Ehegatte deshalb einen eigenen Anspruch (s § 842 Rn 4). Ein Schadensersatzanspruch bei *Tötung* aus § 844 II besteht aber nur, soweit der Ehegatte zur Mitarbeit verpflichtet war, nicht bei freiwilligen Leistungen (BGH NJW 80, 2197). Dies ist nicht nur wegen der Abgrenzungsschwierigkeiten (dazu PalDiederichsen § 1356, 6) bedenklich.

6. Prozessuales. Wegen fehlender Gesamtgläubigerschaft (Rn 6) ist der An- 10 spruch von jedem Angehörigen hinsichtlich seines Teiles geltend zu machen; iü gelten die in § 842 Rn 6 dargestellten Grundsätze entspr.

§§ 845, 846 Buch 2. Abschnitt 8. Einzelne Schuldverhältnisse

§ 845 Ersatzansprüche wegen entgangener Dienste

¹Im Falle der Tötung, der Verletzung des Körpers oder der Gesundheit sowie im Falle der Freiheitsentziehung hat der Ersatzpflichtige, wenn der Verletzte kraft Gesetzes einem Dritten zur Leistung von Diensten in dessen Hauswesen oder Gewerbe verpflichtet war, dem Dritten für die entgehenden Dienste durch Entrichtung einer Geldrente Ersatz zu leisten. ²Die Vorschrift des § 843 Abs. 2 bis 4 findet entsprechende Anwendung.

1   1. **Allgemeines. a) Funktion.** § 845 ist das Spiegelbild zu § 844. Geht es dort um *Unterhaltsberechtigte,* die diesen Anspruch infolge des Todes des Verpflichteten verlieren, so erfaßt § 845 den Fall, daß die zum Unterhalt *verpflichteten* Eltern zB auf die **Dienste** der im Haushalt lebenden Kinder (§ 1619, s BGH VersR 91, 428) verzichten müssen. Unterhalt (§ 844) und Dienstleistung (§ 845) schließen daher logisch einander aus (LM Nr 17). Eine Leistung, die wie die Arbeit des im Haushalt tätigen Ehepartners als Unterhalt qualifiziert wird, kann nicht unter § 845 fallen (s § 844 Rn 6). **b)** Zum **Anwendungsbereich** s § 842 Rn 2; in Sonderregelungen, die eine Gefährdungshaftung vorsehen, ist ein Ersatz für entgangene Dienste entweder eingeschränkt (zB LuftVG 53 II) oder nicht vorgesehen (zB StVG, ProdHaftG). Ansprüche bestehen dann nur, wenn gleichzeitig eine unerlaubte Handlung vorliegt (s LM Nr 17).

2   2. **Rechtsvoraussetzungen. a)** Dienstleistungen **kraft Ges** (daher keine Anwendung, wenn die Leistung auf Vertrag beruht; zur Abgrenzung s BGH NJW 91, 1227). Bsp: **Kinder** gem § 1619 (sa § 1754 und § 1719), auch erwachsene; jedoch können die Eltern einen Anspruch insoweit nicht geltend machen, als das verletzte Kind einen eigenen Anspruch gem § 842 erhebt (BGH 69, 380) oder das Kind voll berufstätig, damit zur Dienstleistung gegenüber den Eltern nicht verpflichtet war (BGH 137, 3 ff). Zur **Mitarbeit des Ehegatten im Gewerbe** s § 844 Rn 9. **b)** Die Verpflichtung zur Dienstleistung muß nach der Rspr (München NJW 65, 1439; KG NJW 67, 1090) wegen des im Vergleich zu § 844 engeren Wortlauts (§ 845: „verpflichtet *war*"; § 844: „*werden* konnte") **zum Zeitpunkt der Verletzung** bereits bestanden haben (zweifelhaft). **c)** Zum **eigenen Hauswesen oder Gewerbe** s München NJW 65, 1439.

3   3. **Rente als Rechtsfolge.** Die **Höhe** bemißt sich im Prinzip nach den für eine Ersatzkraft erforderlichen Mehraufwendungen. Sehr str ist, wie weit sich der Anspruchsberechtigte im Wege der Vorteilsausgleichung (s Rn 37 ff vor § 249) Ersparnisse anrechnen lassen muß, die er zB bei Tötung des Kindes dadurch hat, daß er keinen Unterhalt leisten muß; zT wird volle Berücksichtigung gefordert (Köln NJW 49, 865); der BGH berücksichtigt Ersparnisse nur teilweise, zB im Blick auf Unterbringung und Verpflegung, nicht aber hinsichtlich Kleidung, ärztlicher Behandlung, Reisen, so daß Barlohn und Sozialabgaben für die Ersatzkraft als Mindestschaden zu ersetzen sind (BGH 4, 131 f; LM Nr 3, 5; zust SoeZeuner 8); teilw (Beitzke JZ 52, 333 f) wird jede Berücksichtigung abgelehnt. Die **Dauer** ist nach ZPO 287 konkret zu schätzen.

§ 846 Mitverschulden des Verletzten

Hat in den Fällen der §§ 844, 845 bei der Entstehung des Schadens, den der Dritte erleidet, ein Verschulden des Verletzten mitgewirkt, so findet auf den Anspruch des Dritten die Vorschrift des § 254 Anwendung.

1   1. § 846 erweitert § 254 um die Person des Verletzten, da die aus §§ 844, 845 Berechtigten ihre Ansprüche von ihm zwar nicht rechtlich (s Rn 2 f vor § 844), wohl aber wirtschaftlich ableiten. Die Bestimmung enthält keinen allg Grundsatz und bezieht sich daher allein auf Ansprüche aus §§ 844, 845 (BGH 56, 168 f, dazu Selb JZ 72, 124: keine Anwendung, wenn im Rahmen der haftungsbegründenden Kausalität die Nachricht vom Unfalltod des Ehemannes zum Schockschaden bei der Ehefrau führt und den Ehemann ein Mitverschulden am Unfall trifft; die sich

beim BGH daran anschließende, über § 242 zur Berücksichtigung des Mitverschuldens führende Argumentation ist abzulehnen, Deubner JuS 71, 625; Selb JZ 72, 124 ff).

§ 847

Aufgehoben durch Ges v 25. 7. 02 (BGBl I S 2674); geltend bis 31. 7. 2002 (s dazu Voraufl). Zum Schmerzensgeld s § 253 Rn 3 ff. 1

§ 848 Haftung für Zufall bei Entziehung einer Sache

Wer zur Rückgabe einer Sache verpflichtet ist, die er einem anderen durch eine unerlaubte Handlung entzogen hat, ist auch für den zufälligen Untergang, eine aus einem anderen Grunde eintretende zufällige Unmöglichkeit der Herausgabe oder die zufällige Verschlechterung der Sache verantwortlich, es sei denn, dass der Untergang, die anderweitige Unmöglichkeit der Herausgabe oder die Verschlechterung auch ohne die Entziehung eingetreten sein würde.

1. Häufig wird sich der Untergang usw der Sache bereits als zurechenbare Folge der unerlaubten Handlung im Rahmen der haftungsausfüllenden Kausalität (Rn 24 f vor § 249) darstellen. § 848 erweitert die Haftung auf rein zeitlich folgende Schäden unter den genannten Einschränkungen. Zu den – über § 251 I hinausgehenden (aA Meincke JZ 80, 677) – Rechtsfolgen ie s die parallele Vorschrift des § 287; zur Verschlechterung s § 989. 1

§ 849 Verzinsung der Ersatzsumme

Ist wegen der Entziehung einer Sache der Wert oder wegen der Beschädigung einer Sache die Wertminderung zu ersetzen, so kann der Verletzte Zinsen des zu ersetzenden Betrags von dem Zeitpunkt an verlangen, welcher der Bestimmung des Wertes zugrunde gelegt wird.

1. Die Bestimmung entspricht § 290, sie bezieht sich allein auf den Wertersatz, nicht auf die übrigen Ersatzansprüche (LM Nr 2). Maßgebend ist idR der Zeitpunkt des Schadensereignisses (BGH NJW 65, 392). Neben einer Nutzungsentschädigung (s Rn 10 ff, 13 vor § 249) können Zinsen, da sie denselben Schaden ausgleichen sollen, nicht verlangt werden (BGH 87, 42). 1

§ 850 Ersatz von Verwendungen

Macht der zur Herausgabe einer entzogenen Sache Verpflichtete Verwendungen auf die Sache, so stehen ihm dem Verletzten gegenüber die Rechte zu, die der Besitzer dem Eigentümer gegenüber wegen Verwendungen hat.

1. S §§ 994–1003. 1

§ 851 Ersatzleistung an Nichtberechtigten

Leistet der wegen der Entziehung oder Beschädigung einer beweglichen Sache zum Schadensersatz Verpflichtete den Ersatz an denjenigen, in dessen Besitz sich die Sache zur Zeit der Entziehung oder der Beschädigung befunden hat, so wird er durch die Leistung auch dann befreit, wenn ein Dritter Eigentümer der Sache war oder ein sonstiges Recht an der Sache hatte, es sei denn, dass ihm das Recht des Dritten bekannt oder infolge grober Fahrlässigkeit unbekannt ist.

Lit: Berger, Schadensersatzleistung an den Sachbesitzer, VersR 01, 419.

1. § 851 schützt wegen § 1006 denjenigen, der ohne Bösgläubigkeit (s § 932) an den nichtberechtigten Besitzer einer beweglichen Sache Ersatz leistet (zB KG VersR 76, 1160, Zahlung an Leasingnehmer). Ausgleich zwischen Berechtigtem und Nichtberechtigtem nach § 816 II.

§ 852 Herausgabeanspruch nach Eintritt der Verjährung

¹**Hat der Ersatzpflichtige durch eine unerlaubte Handlung auf Kosten des Verletzten etwas erlangt, so ist er auch nach Eintritt der Verjährung des Anspruchs auf Ersatz des aus einer unerlaubten Handlung entstandenen Schadens zur Herausgabe nach den Vorschriften über die Herausgabe einer ungerechtfertigten Bereicherung verpflichtet.** ²**Dieser Anspruch verjährt in zehn Jahren von seiner Entstehung an, ohne Rücksicht auf die Entstehung in 30 Jahren von der Begehung der Verletzungshandlung oder dem sonstigen, den Schaden auslösenden Ereignis an.**

Lit: Jahnke, Verjährung und Verwirkung im Schadensersatzrecht, VersR 98, 1343, 1473.

1. Bisheriges Recht. Nachdem das Verjährungssystem des § 852 I aF für die allg Verjährung übernommen (s §§ 195, 199 I) und auch die in § 852 II enthaltene Hemmung der Verjährung für den Fall schwebender Verhandlungen generalisiert worden ist (s § 203), bedurfte es für unerlaubte Handlungen keiner eigenständigen Normierung mehr. Erhalten geblieben ist allein die Regelung des § 852 III aF (s S 1).

2. Tatbestand. S 1. Systematisch handelt es sich weiterhin um einen Anspruch aus unerlaubter Handlung, der lediglich in seinem Umfang auf die Bereicherung begrenzt wird (Rechtsfolgenverweisung, BGH 98, 83 f). Die Regelung des **S 2** entspricht § 199 III Nr 1 und 2.

§ 853 Arglisteinrede

Erlangt jemand durch eine von ihm begangene unerlaubte Handlung eine Forderung gegen den Verletzten, so kann der Verletzte die Erfüllung auch dann verweigern, wenn der Anspruch auf Aufhebung der Forderung verjährt ist.

1. § 853 ergänzt § 852 und gibt dem Geschädigten ein Leistungsverweigerungsrecht auch nach Verjährung seines eigenen Anspruchs. Er muß allerdings vom Schädiger bereits erbrachte Leistungen zurückgewähren (RG 130, 216). Die Bestimmung ist entspr anwendbar beim Versäumen der Anfechtungsfrist nach § 124 (RG JW 28, 2972).

Buch 3. Sachenrecht

Vorbemerkungen

I. Gegenstand des Sachenrechts

1. Das 3. Buch regelt die **dinglichen Rechte**. Ds Rechte, die eine bewegliche oder unbewegliche Sache (Rn 2 vor § 90; § 90 a Rn 1 [Tier]; Ausnahmen: §§ 1068 ff, 1273 ff) zum Gegenstand haben und eine *unmittelbare* Beziehung zwischen Rechtsinhaber und Sache begründen. Prototyp des privaten Rechts an einer Sache ist das *Eigentum* als umfassendstes Sachherrschaftsrecht (Rn 1 vor § 903). Ohne Privateigentum gibt es kein privates Sachenrecht.

2. Die **Eigenart der dinglichen Rechte** zeigt sich in folgendem: **a) Sie sind absolute Rechte,** dh sie wirken gegen jedermann und sind gegen jeden rechtswidrigen Eingriff geschützt (iGgs zu den relativen Rechten, insbes Ansprüchen, § 194, die nur eine Rechtsbeziehung zwischen bestimmten Personen begründen). Dingliche Rechte können die *Grundlage dinglicher Ansprüche* (Rn 11–13), also relativer Rechte, sein; so fließt der dingliche Herausgabeanspruch des Eigentümers (§ 985) aus dem Eigentum. **b) Numerus clausus und Typenzwang** der Sachenrechte. Dingliche Rechte wirken gegen jedermann. Das verlangt Rechtsklarheit. Daher gibt es nur eine geschlossene Zahl (numerus clausus) von Sachenrechten mit ges umrissenem Inhalt (Typenzwang). Daß so die Vertragsfreiheit (iSd Inhaltsfreiheit, Rn 15 vor § 145) eingeschränkt ist, ergibt sich (nur) durch *Umkehrschluß* aus zahlreichen Vorschriften; vgl „kann" oder „kann nur" in §§ 1018 f, 1030, 1068, 1085 usw: Was man nicht „kann", ist rechtlich unmöglich (§ 134 Rn 5). **c) Publizitätsgrundsatz** (Offenkundigkeitsgrundsatz). Die Wirkung dinglicher Rechte gegen jedermann erfordert Erkennbarkeit der Rechte. Die Publizität wird bei Grundstücken durch Eintragung im Grundbuch (mit Einsichtsrecht, GBO 12, ferner 12 a–c, 132, 133), bei beweglichen Sachen nur sehr begrenzt (s StWiegand 21 ff vor § 929) erreicht. **d) Bestimmtheitsgrundsatz** (Spezialitätsgrundsatz). Dingliche Rechte können nur an bestimmten beweglichen und unbeweglichen Einzelsachen, nicht an Sachgesamtheiten (Begriffe Rn 4, 5 vor § 90) bestehen. Das ist wichtig für Verfügungen über dingliche Rechte; sie können sich (unmittelbar) nur auf Einzelsachen beziehen (§ 929 Rn 5), Verpflichtungsgeschäfte können auch Sachgesamtheiten zum Gegenstand haben (Rn 5 vor § 90).

3. Beschränkte *(nicht:* beschränkt; falsch EGBGB 233 § 2 b I 2) **dingliche Rechte** stehen dem Eigentum als umfassendstem Recht (Rn 1) gegenüber. Sie gewähren im Vergleich zum Eigentum eine inhaltlich beschränkte Rechtsmacht, die aus dem Eigentum abgespalten ist (verselbständigter „Eigentumssplitter"). Da diese Rechtsmacht dem konkreten Eigentum, auf das sich das beschränkte dingliche Recht bezieht, fehlt, ist das beschränkte dingliche Recht zugleich ein das Eigentum an der Sache *beschränkendes* dingliches Recht, es ist eine *Belastung* des Eigentums (ungenau: der Sache, vgl § 873 I). Bsp: Der Hypothekar kann das belastete Grundstück nicht wie der Eigentümer veräußern, der Eigentümer kann es nur belastet mit der Hypothek veräußern. Mehrfache Belastung möglich, daher *Rangordnung* (älter vor jünger) nötig. Beschränkte dingliche Rechte können auch dem *Eigentümer selbst* zustehen; für Grundstücke s allg BGH NJW 82, 2381 (ges Fälle in §§ 889, 1009, 1163, 1196; sa § 889 Rn 2), für bewegliche Sachen s §§ 1063 II, 1256.

II. Der dingliche Anspruch

1. Seine **Grundlage** ist ein dingliches, also absolutes Recht. Er selbst ist als dinglicher Anspruch (vgl § 198) ein relatives Recht (Rn 2). Begriffsjur Kritik am „Begriff" bei Picker, FS F. Bydlinski, 2000, S 270 ff.

Vor § 854

8 **2. Besonderheiten. a) Er ist nicht selbständig übertragbar,** da er dem Schutz des dinglichen Rechts, das seine Grundlage bildet, dient und daher mit ihm
9 verbunden bleiben muß (BGH 60, 240; für § 985 BGH 111, 369). **b) Vorschriften für schuldrechtliche Ansprüche** sind auf dingliche Ansprüche *analog* anwendbar, sofern die Regelungssituation gleichartig ist; so bei §§ 242 (dort Rn 11; § 985 Rn 9), 269 (§ 985 Rn 7), 271.

III. Das dingliche RGeschäft

10 1. Es ist **Verfügung** über ein dingliches Recht (Rn 10 vor § 104) und enthält entweder eine **einseitige** Willenserklärung (zB § 1255 I) oder einen **Vertrag** (Einigung). Nur insoweit gelten die Regeln der Willenserklärung, zB nicht für die zur Rechtsänderung weiter nötige Grundbucheintragung (vgl § 873) oder Übergabe (vgl § 929); vgl Rn 2 vor § 104, Rn 3 vor § 145.

11 2. Es gelten grundsätzlich die **§§ 104–185,** soweit nichts anderes bestimmt ist (zB in § 925 II: Auflassung ist bedingungs- und befristungsfeindlich). Die Bedingung für Entstehen/Ende eines dinglichen Rechts muß eindeutig sein (BayObLG NJW-RR 98, 85). Inwieweit Vorschriften über **schuldrechtliche** RGeschäfte anwendbar sind, ist str, insbes bzgl § 328 (vgl dort Rn 6 [bb]; § 873 Rn 12), ferner §§ 413, 399 Fall 2 bzgl beschränkter dinglicher Rechte (§ 1154 Rn 4; PalBassenge 14 Einl vor § 854).

IV. Verpflichtungsgeschäft und dingliches Erfüllungsgeschäft

Lit: Jauernig, Trennungsprinzip und Abstraktionsprinzip, JuS 94, 721; Stadler, Gestaltungsfreiheit und Verkehrsschutz durch Abstraktion, 1996.

12 1. **Trennungsprinzip.** Verpflichtungsgeschäfte verändern nicht die dingliche Rechtslage. Dazu ist ein vom Verpflichtungsgeschäft (zB Kauf) getrenntes bes RGeschäft nötig, durch das die eingegangene Verpflichtung erfüllt wird (daher der Name „dingliches Erfüllungsgeschäft"). Nicht der Kauf (s o), sondern erst die Übereignung (§§ 873, 925; 929 ff) überträgt Eigentum. Anders bei Verschmelzung beider Vorgänge zu einem RGeschäft (**Einheitsprinzip,** so ZGB 25, 26, 297, dazu BGH DtZ 96, 113 f).

13 2. **Abstraktionsprinzip.** Die Wirksamkeit des dinglichen Erfüllungsgeschäfts ist allein von dessen bes Voraussetzungen abhängig; vgl zB § 929: „ist (nur!) erforderlich". Zu diesen gehört weder eine Bestimmung über den Zweck (die causa) des dinglichen Geschäfts in diesem selbst – es ist *inhaltlich abstrakt* (Jahr AcP 168, 16, hM; aA Weitnauer, FS Larenz, 1983, S 709 mN) – noch das Vorhandensein eines wirksamen Verpflichtungsgeschäfts – das Erfüllungsgeschäft ist auch *äußerlich abstrakt.* Die Abstraktion soll dem Verkehrsschutz dienen. Ob das Ges dieses Ziel erreicht hat, ist zweifelhaft. Das Abstraktionsprinzip wurde häufig als lebensfremd bekämpft; die Angriffe galten zT zugleich dem Trennungsprinzip (s F. Peters Jura 86, 449 ff). Beide Prinzipien sind zu unterscheiden (Jauernig aaO), schon um Durchbrechungen des Abstraktionsprinzips (Rn 14–16) nicht als solche (auch) des Trennungsprinzips (und umgekehrt) mißzuverstehen.

14 3. **Durchbrechungen des Abstraktionsprinzips. a) Bei Fehleridentität** liegt keine Durchbrechung vor, da der gleiche Mangel doppelt, dh beim Verpflichtungs- und beim Erfüllungsgeschäft, auftritt, zB Geschäftsunfähigkeit (§§ 104,
15 105 I); sa § 134 Rn 16. **b) Sittenwidrigkeit.** § 138 II erfaßt auch das dingliche Erfüllungsgeschäft des Bewucherten („gewähren", vgl § 138 Rn 25). § 138 I erfaßt das dingliche Geschäft, wenn es nach Motiv und Zweck sittenwidrig ist
16 (§ 138 Rn 25). **c) Bedingungszusammenhang** (Stadler aaO S 82 ff; Grigoleit AcP 199, 409 ff). Beim **echten** hängt die Wirksamkeit des Verfügungsgeschäfts von einer Bedingung iSd §§ 158 ff ab, die Bezug zum Verpflichtungsgeschäft hat, dessen Bestehen oder Wirksamkeit aber nicht ihr Gegenstand ist (Bsp: § 449 I).

Besitz **§ 854**

Beim **unechten** hängt die Wirksamkeit des Verfügungsgeschäfts von Bestehen und Wirksamkeit des Verpflichtungsgeschäfts ab; keine echte Bedingung, da das „Ereignis" gegenwärtig und daher nur subj ungewiß ist (§ 158 Rn 6 [b]). Sie ist nach hM zulässig bei bedingungsfreundlichem Geschäft (nicht § 925 II) und Zweifeln an dessen Wirksamkeit, nötig ist eindeutige Vereinbarung. **d)** Zur Anwendbarkeit von § 139 dort Rn 4.

V. Sachenrecht außerhalb des BGB

1. Reichs- und bundesrechtliche SonderGes betreffen vor allem das **Grundstücksrecht,** so die ErbbauVO und das WEG. Eine Fülle von Ges befaßt sich mit den grundstücksrechtlichen Problemen im Beitrittsgebiet (EinV 3), die allmählich und partiell geringer werden oder gelöst sind. Zu landesrechtlichen Vorbehalten vgl EGBGB 64–69, 91, 106–133. 17

2. Bedeutsam sind die zahlreichen öffentl-rechtlichen Vorschriften zur inhaltlichen **Bestimmung und Beschränkung des Eigentums,** vor allem an Grundstücken. Vgl § 903 Rn 4 (bb). 18

Abschnitt 1. Besitz

§ 854 Erwerb des Besitzes

(1) Der Besitz einer Sache wird durch die Erlangung der tatsächlichen Gewalt über die Sache erworben.

(2) Die Einigung des bisherigen Besitzers und des Erwerbers genügt zum Erwerb, wenn der Erwerber in der Lage ist, die Gewalt über die Sache auszuüben.

I. Allgemeines zum Besitz

1. Begriffe. a) Besitz ist die tatsächliche Herrschaft einer Person über eine Sache (zum Tier § 90a Rn 1). „Tatsächliche" Herrschaft besagt nur, daß es für ihre Anerkennung *nicht* auf ein *Recht* zur Herrschaft (zum Besitz) ankommt. Daher bedeutet tatsächliche Herrschaft nicht: handgreiflich ausgeübte Herrschaft; *auch bloß geistige Sachherrschaft* ist Besitz, wenn auch nur vermittelter (vgl Rn 3). **b) Die Verkehrsanschauung entscheidet,** ob eine tatsächliche Herrschaft besteht (BGH 101, 188). Danach muß *erkennbar* nur sein, daß die Sache (der Sachteil, Rn 6) in einem *Herrschafts-(Besitz-)Verhältnis* zu irgend jemandem steht. Das ist zu bejahen, wenn die Sache sich am Ort ihrer wirtschaftlichen Bestimmung befindet, zB ein Pflug auf dem Feld. Erkennbarkeit des Besitzers ist unnötig. Die Sachherrschaft muß auf *gewisse Dauer* angelegt sein (hM; s MK/Joost 11, 12). Wer Besitz erst erwerben will, muß in eine engere Beziehung zur Sache treten, als für die Fortdauer bereits bestehenden Besitzes nötig ist (vgl § 856 II). 1 2

2. Arten. a) Unmittelbarer und mittelbarer Besitz, § 868. Mittelbarer Besitz ist vermittelte (geistige, Rn 1) Sachherrschaft, bei der auch der tatsächliche Gewalthaber selbst besitzt (unmittelbarer Besitz); Bsp in § 868. Das vermittelnde Rechtsverhältnis darf den tatsächlichen Gewalthaber nicht in soziale Abhängigkeit zum anderen bringen, sonst ist nur dieser (unmittelbarer!) Besitzer, der Gewalthaber bloßer Besitzdiener, also nicht Besitzer, § 855. Besitz iSd Ges ist iZw sowohl der unmittelbare wie der mittelbare Besitz (BGH 27, 364). Zum mittelbaren Besitz sa §§ 870f. **b) Fremdbesitz und Eigenbesitz.** Maßgebend ist, ob der (unmittelbare oder mittelbare) Besitzer für sich (§ 872) oder einen anderen besitzen will (sa § 872 Rn 1). **c) Alleinbesitz und Mitbesitz.** Dieser liegt vor, wenn mehrere eine Sache unmittelbar oder auf gleicher Stufe (str, § 866 Rn 1) mittelbar besitzen. **d) Teilbesitz und Vollbesitz** (Rn 6). **e) Sachbesitz und Rechtsbesitz** (Rn 7). **f) Ne-** 3 4 5

Jauernig 1091

§ 854 Buch 3. Abschnitt 1

benbesitz s § 868 Rn 12. **g) Abfallbesitz** (KrW-/AbfG 3) ist öffentl-rechtlicher Natur (aA Müggenborg NVwZ 98, 1125 f: Besitz iSd BGB). Besitzbegründungswille (Rn 12) unnötig (KrW-/AbfG 3 VI; Klett/Enders BB 96, 2003 f).

6 **3. Gegenstand. a) Sachen** (nicht Sachgesamtheiten, Rn 5 vor § 90) oder selbständig beherrschbare **Sachteile** (Teilbesitz iGgs zum Vollbesitz, vgl § 865), zB Wohnung, Außenfläche eines Gebäudes (BGH NJW 67, 47 f), gekennzeichnetes Holz auf dem Stamm (RG 108, 272). **Tiere** sind bewegliche Sachen sui generis
7 (§ 90 a Rn 1). **b) Rechte** nur ausnahmsweise (§§ 1029, 1090), nicht zB Miteigentumsanteil (BGH 85, 264 f). Zweck: Besitzschutzvorschriften sollen anwendbar sein; sa § 900 II.

8 **4.** Besitz ist – soweit er gegenüber jedermann geschützt ist – einem **sonstigen Recht** iSv § 823 I gleichgestellt (BGH 32, 204 f), ohne deshalb ein (beschränktes) dingliches Recht zu sein, s Rn 6 vor § 854. Geleisteter Besitz ist „**etwas**" iSv § 812 I 1; rechtmäßiger Besitz kann Gegenstand einer Eingriffskondiktion sein (BGH NJW 87, 772). Zum Besitzrecht des Wohnungsmieters als Eigentum iSv GG 14 s Rn 15 vor § 903.

II. Erwerb des unmittelbaren Besitzes

9 **1. Durch Erlangung der tatsächlichen Gewalt** wird Besitz erworben, **I.** Ob sie erlangt ist, bestimmt die *Verkehrsanschauung* (Rn 2). Notwendig ist stets, daß sich die Gewalterlangung äußerlich sichtbar vollzieht (wichtig insbes, wenn Besitzdiener Besitzer werden soll). *Besitzerwerb* kann erfolgen **a) originär** (zB durch Diebstahl,
10 Fund) *oder* **b) derivativ** (abgeleitet) durch Übergabe, dh einverständliches Geben und Nehmen (BGH 67, 209). Daher kein Erwerb durch Oberbesitzer bei bloßem Ablauf des besitzmittelnden Mietverhältnisses (BGH NJW 77, 1818). Der übereinstimmende Wille ist ein tatsächlicher, kein rechtsgeschäftlicher, so daß auch geistig wacher Sechsjähriger selbst Besitz übertragen kann (§ 856 Rn 2), sofern er nicht, wie idR, nur Besitzdiener des ges Vertreters ist. Zum Willen des Erwerbers
11 Rn 11; **c) mit Besitzbegründungswillen** des Erwerbers (BGH 101, 187 f; str). Tatsächlicher Wille genügt (Rn 10); erforderlich ist die Fähigkeit, eine auf Dauer angelegte Beziehung zur Sache begründen zu können (und zu wollen; daher kein Besitzerwerb durch Schlafenden). Für originären Erwerb soll genügen (BGH 101, 189 f bzgl Fund [zweifelhaft]; abl Ernst JZ 88, 359 ff; Dubischar JuS 89, 705; offen BGH 8, 131 f) und für derivativen Erwerb genügt *genereller*, dh nicht auf Einzelsache bezogener, Besitzbegründungswille, sofern er nach außen erkennbar ist (vgl BGH 101, 188, 190), zB durch Anbringen eines Hausbriefkastens für die bestimmungsgemäß dort einzuwerfende Post (einschließlich unverlangt zugesandter Waren, str).

12 **2.** Nach **II** genügt **rechtsgeschäftliche** (str) **Einigung**, wenn bisheriger Besitzer (der Übertragende) die tatsächliche Gewalt über die Sache aufgibt und der Erwerber sofort zur Gewaltausübung in der Lage ist (BGH NJW 79, 715); Paradefall: Besitzverschaffung an Holzstoß im Wald durch Einigung im Wirtshaus (vgl LM Nr 1, 4, 8); sa § 855 Rn 3. Für die Einigung gelten §§ 104 ff, insbes §§ 119–124, 158–163, 164–181. Betrifft nur Besitzübertragung, daher bei Übereignung nach § 929 S 1 außerdem Einigung über Eigentumsübertragung nötig (vgl § 929 Rn 4, 18).

13 **3. Besonderheiten. a) Jur Personen** besitzen selbst durch ihre Organe (BGH 57, 167), ebenso *nichtrechtsfähige Vereine*. Zur Abgrenzung Organbesitz/Eigenbesitz
14 des Organs Düsseldorf NJW-RR 01, 542. **b) Bei der BGB-Gesellschaft** sind die Gesellschafter (BGH 86, 343 f), bei **OHG** und **KG** ist die Gesellschaft unmittelbarer Besitzer (str, vgl BGH 57, 167 ff; differenzierend Flume I 1 § 6). Wer bei der GbR Besitzer ist, ist str; BGH 86, 343 f: die Gesellschafter; Derleder BB 01, 2491: die GbR (als Folge der von BGH 146, 341 ff angenommenen Rechtsfähigkeit der GbR; BGH 146, 341 ff ist freilich beseitigt, s Rn 1 vor § 21; BGH NJW 02, 1207 f – Kostenbeschluß nach ZPO 91 a).

Besitz **§§ 855, 856**

§ 855 Besitzdiener

Übt jemand die tatsächliche Gewalt über eine Sache für einen anderen in dessen Haushalt oder Erwerbsgeschäft oder in einem ähnlichen Verhältnis aus, vermöge dessen er den sich auf die Sache beziehenden Weisungen des anderen Folge zu leisten hat, so ist nur der andere Besitzer.

Lit: Hoche und Westermann JuS 61, 73.

1. Der Besitzdiener steht hinsichtlich der Sache in einem äußerlich erkennbaren (BGH 27, 363, str) **sozialen Abhängigkeitsverhältnis** zum Besitzer, das öffentl-rechtlicher (Soldat, Polizist bzgl Ausrüstungsgegenständen) oder privatrechtlicher Natur sein kann (AN bzgl Werkzeug [AN ist nur ausnahmsweise unmittelbarer Besitzer, BAG BB 99, 265], Handlungsreisender bzgl Musterkoffer, kleines Kind bzgl Spielzeug); es fehlt idR zwischen Eheleuten (str, sa Celle JuS 71, 210). Besitzdiener ist den Weisungen des Besitzers unterworfen. *Herrschaft über die Sache ist Herrschaft über den Besitzdiener* (vgl LM Nr 2 zu § 1006). Wirtschaftliche Abhängigkeit ungenügend (BGH 27, 363). Besitzdiener kann Vertreter, §§ 164 ff, des Besitzherrn sein (angestellter Verkäufer im Laden, angestellter Reisender mit Abschlußvollmacht). Genügend ist, daß Besitzdiener tatsächliche Gewalt im Rahmen des Abhängigkeitsverhältnisses ausübt; abw intern gebliebener Wille unerheblich, ebenso räumliche Entfernung des Besitzdieners. 1

2. Wirkungen. a) Besitzer ist nur der Besitzherr. Daher hat Besitzdiener keinen Besitzschutz gegen Besitzherrn, aber er darf dessen Besitz gegen Dritte verteidigen, § 860. Klage auf Herausgabe der Sache ist deshalb nur gegen Besitzherrn zu richten. **b) Besitzherr kann** durch Besitzdiener unmittelbaren **Besitz erwerben** (*keine* Vertretung iSv §§ 164 ff: BGH 8, 132), zB bei Annahme eines Kraftwagens zur Reparatur durch angestellten Meister. Stets nötig ist erkennbare Gewaltergreifung im Rahmen des sozialen Abhängigkeitsverhältnisses. Zur Gut- und Bösgläubigkeit bei Besitzerwerb vgl § 990 Rn 2 (bb). **c) Besitz endet aa)** mit Ende der tatsächlichen Gewalt des Besitzdieners (Bsp: er verliert die Sache, er räumt den Besitz mit oder ohne Weisung des Besitzherrn einem Dritten ein); **bb)** wenn Besitzdiener die tatsächliche Gewalt äußerlich erkennbar nicht mehr für Besitzherrn ausübt (Bsp: angestellter Verkäufer steckt Geld aus der Ladenkasse in die eigene Tasche; nach Einigung gem § 854 II; sa LM Nr 3). **cc)** Endet Besitz nach aa oder bb ohne (nicht nötig: gegen) Willen des Besitzherrn, so liegt unfreiwilliger Besitzverlust vor, sa § 856. Über Abhandenkommen vgl § 935 Rn 8. 2 3 4

§ 856 Beendigung des Besitzes

(1) Der Besitz wird dadurch beendigt, dass der Besitzer die tatsächliche Gewalt über die Sache aufgibt oder in anderer Weise verliert.

(2) Durch eine ihrer Natur nach vorübergehende Verhinderung in der Ausübung der Gewalt wird der Besitz nicht beendigt.

1. § 856 betrifft **unmittelbaren Besitz** und faßt unter „Besitz" die aus der tatsächlichen Gewalt abgeleiteten Befugnisse zusammen, meint also mit Besitz nicht die tatsächliche Gewalt selbst (sonst enthielte § 856 nur Tautologien). 1

2. Verlust tritt ein (Verkehrsanschauung entscheidet) **a) durch Aufgabe**, dh *freiwillig*, zB durch Übergabe, Wegwerfen (s § 959 Rn 3), dauernden Auszug eines Ehegatten aus der Ehewohnung (BGH FamRZ 71, 634). Erkennbares willentliches Handeln erforderlich (BGH NJW 79, 715). Natürlicher Wille genügt wie beim Erwerb (§ 854 Rn 11), str; sa § 935 Rn 4; **b) in anderer Weise**, dh *unfreiwillig* (ohne [nicht nötig: gegen] natürlichen Willen, Rn 2), zB durch Diebstahl. 2 3

3. Kein Verlust nach II, zB von Besitz an der Wohnung bei Urlaubsreise; bei Liegenlassen aus Vergeßlichkeit, solange Wiedererlangung möglich, dazu gehört auch Kenntnis des Orts. 4

Jauernig 1093

§ 857 Vererblichkeit

Der Besitz geht auf den Erben über.

1. **Allgemeines.** Tatsächliche Gewalt endet mit dem Tod des Besitzers, sie ist unvererblich. Daher hätte der Erbe als solcher ohne § 857 keine besitzrechtlich geschützte Position.

2. **Erbenbesitz,** § 857, ist nicht Besitz iSv § 854, sondern *Besitz ohne Sachherrschaft* (MK/Joost 3; hM); auch geistige Sachherrschaft (§ 854 Rn 3) fehlt. Vom Erbenbesitz ist *Erbschaftsbesitz* gem § 2018 zu *unterscheiden;* er ist Besitz aufgrund angemaßten Erbrechts.

3. **Wirkungen. a) Erbe erlangt Besitz** auch ohne Kenntnis (LM Nr 6 zu § 836). **b) Art** (§ 854 Rn 2–5) des Erbenbesitzes entspricht dem Besitz des Erblassers. Gilt für diesen § 1006, dann auch für den Erben (BGH NJW 93, 936). **c) Verbotene Eigenmacht** (§ 858) gegen Erben möglich; Folge: §§ 861 f. **d) Abhandenkommen** (§ 935) tritt ein bei Wegnahme einer Nachlaßsache durch Nichterben. Aber kein Abhandenkommen bei Veräußerung durch Erbscheinsbesitzer (§ 2366 geht vor); ferner nicht bei Wegnahme durch Erben, der die Erbenstellung später rückwirkend, zB durch Ausschlagung (§ 1953), verloren hat: Einschränkung der Rückwirkung zu Lasten des wahren Erben (hM). **e) Erlangung tatsächlicher Gewalt** wandelt Erbenbesitz in Besitz iSv § 854 um (vgl BGH 10, 121 f).

4. § 857 gilt **analog** in anderen Fällen der Gesamtnachfolge, zB Verschmelzung gem UmwG 2 ff.

§ 858 Verbotene Eigenmacht

(1) **Wer dem Besitzer ohne dessen Willen den Besitz entzieht oder ihn im Besitz stört, handelt, sofern nicht das Gesetz die Entziehung oder die Störung gestattet, widerrechtlich (verbotene Eigenmacht).**

(2) ¹**Der durch verbotene Eigenmacht erlangte Besitz ist fehlerhaft.** ²**Die Fehlerhaftigkeit muss der Nachfolger im Besitz gegen sich gelten lassen, wenn er Erbe des Besitzers ist oder die Fehlerhaftigkeit des Besitzes seines Vorgängers bei dem Erwerb kennt.**

1. **Allgemeines zu §§ 858–862. Objekt** des Besitzschutzes ist nur der *unmittelbare Besitz* (BGH NJW 77, 1818), vgl § 869 (auch Teilbesitz, § 865; zum Mitbesitz vgl § 866). Daher hat der unmittelbare Besitzer gegen den mittelbaren, der Besitzherr gegen den Besitzdiener Besitzschutz, nicht umgekehrt. **Schutzzweck:** *Sicherung des äußeren Friedens* durch vorläufige Regelung. Deshalb ist Recht zum Besitz unerheblich, ist § 863: *possessorische Natur* des Besitzschutzes. Dieb genießt gegen den zweiten Dieb, uU sogar gegen den Eigentümer Besitzschutz.

2. **Die verbotene Eigenmacht, I,** ist der Zentralbegriff des Besitzschutzes. **Voraussetzungen: a) Besitzentziehung,** dh völliger oder teilw Besitzverlust (im 2. Fall Besitzstörung bzgl ganzer Sache, vgl BGH NJW 67, 48), zB durch Diebstahl, Wegnahme zwecks Zerstörung, Parken auf fremdem Platz (OVG Saarlouis NJW 94, 879) **oder b) sonstige Besitzstörung,** die eine friedliche Besitzlage physisch oder psychisch unsicher macht (weitgehend deckungsgleich mit Beeinträchtigungen des Eigentums, s § 1004 Rn 4, 5), zB durch lärmenden Rundfunkempfang, Betrieb ungedämpfter Baumaschinen, Bestreiten des Besitzes mit Androhung handgreiflicher Verhinderung der Besitzausübung (aber keine Störung bei Bestreiten in Form der Klage: BGH 20, 171 f), Schwenkarm eines Baukrans über Nachbargrundstück (Karlsruhe NJW-RR 93, 91). **c) Ohne Willen** des unmittelbaren Besitzers muß Entziehung oder Störung erfolgen. Wille ist ein natürlicher, kein rechtsgeschäftlicher (MK/Joost 7 mN; hM), da er auch für die Besitzaufgabe genügt (§ 856 Rn 2). Dasselbe gilt für Einverständnis des Besitzers (str); es muß zZ der Eigenmacht vorliegen; antizipierte Gestattung genügt nicht (RG 146, 186;

Besitz **§§ 859, 860**

BGH NJW 77, 1818), aber für ihre Fortdauer besteht eine tatsächliche Vermutung. Beibehaltung des Besitzes trotz Widerrufs der Gestattung begründet mangels Besitzentziehung keine verbotene Eigenmacht. **d) Fehlen ges Gestattung.** Gestattung durch öffentl-rechtliche (zB ZPO 758, 808, 883 ff; TKG 57 I [BGH 145, 20]) oder privatrechtliche Normen (zB §§ 227 ff, 859, 904); entscheidend ist, daß ein Recht zum eigenmächtigen Handeln gewährt wird. **e) Nicht erforderlich** sind Bewußtsein der Rechtswidrigkeit sowie Verschulden des Täters. 5

6

3. Wirkungen der verbotenen Eigenmacht. **a) Erlangter Besitz ist fehlerhaft,** II 1. Fehlerhaftigkeit besteht nur zwischen dem Täter (sowie bestimmten Nachfolgern, II 2, Rn 8) auf der einen und dem (bei Entzug: früheren) Besitzer (samt dessen Rechtsnachfolgern, §§ 861 II, 862 II) auf der anderen Seite; der Makel ist also bloß *relativ:* Besitz des Diebes ist gegenüber dem Bestohlenen fehlerhaft, nicht gegenüber Dritten. **b) Gesamtnachfolger** (§ 857) des Täters besitzen stets fehlerhaft, **Sondernachfolger** nur, wenn sie die Fehlerhaftigkeit bei Besitzerwerb kennen, II 2 (fahrlässige Unkenntnis belanglos). **c) § 858 ist SchutzGes** iSv § 823 II, wenn der Gläubiger besitzberechtigt war (BGH DtZ 96, 20). 7

8

9

§ 859 Selbsthilfe des Besitzers

(1) **Der Besitzer darf sich verbotener Eigenmacht mit Gewalt erwehren.**

(2) **Wird eine bewegliche Sache dem Besitzer mittels verbotener Eigenmacht weggenommen, so darf er sie dem auf frischer Tat betroffenen oder verfolgten Täter mit Gewalt wieder abnehmen.**

(3) **Wird dem Besitzer eines Grundstücks der Besitz durch verbotene Eigenmacht entzogen, so darf er sofort nach der Entziehung sich des Besitzes durch Entsetzung des Täters wieder bemächtigen.**

(4) **Die gleichen Rechte stehen dem Besitzer gegen denjenigen zu, welcher nach § 858 Abs. 2 die Fehlerhaftigkeit des Besitzes gegen sich gelten lassen muss.**

1. Gewaltrechte des unmittelbaren Besitzers sind **a) Recht zur Besitzwehr** gegen drohende Entziehung oder Störung sowie gegen andauernde Störung, **I.** Nach hM wird § 227 durch I für Schutz des unmittelbaren Besitzes spezifiziert (MK/Joost 2 mN; aber beachten: ist Entziehung des Besitzes an Sachteil zugleich dauernde Störung des Besitzes an der ganzen Sache, so gelten II, III, vgl BGH NJW 67, 48; str). Abwehr zulässig, solange Angriff dauert. Besitzwehr nur im Rahmen des Notwendigen erlaubt (Koblenz MDR 78, 141), Überschreiten ist rechtswidrig, dagegen Notwehr (§ 227) möglich; **b) Recht zur Besitzkehr, II, III,** gerichtet auf eigenmächtige Wiederverschaffung des Besitzes (OVG Koblenz NJW 88, 930). Zulässig nur in zeitlich engen Grenzen, weil der Besitzschutz sonst den eingetretenen äußeren Frieden zweckwidrig störte (§ 858 Rn 1; BGH NJW 67, 48): II (sog Nacheile), III („sofort": so schnell wie obj möglich, also *nicht* nur „unverzüglich", LG Frankfurt/M NJW 84, 183; AG München NJW-RR 02, 200). Ist Besitzkehr ausgeschlossen, so bleiben §§ 229 ff, 861. **c) Auch gegen den Besitznachfolger** iSv § 858 II 2 sind a und b gegeben: **IV. d) Gewaltanwendung durch Besitzdiener:** § 860 (§ 855 Rn 2), durch **mittelbaren Besitzer:** § 869 Rn 2. 1

2

3

§ 860 Selbsthilfe des Besitzdieners

Zur Ausübung der dem Besitzer nach § 859 zustehenden Rechte ist auch derjenige befugt, welcher die tatsächliche Gewalt nach § 855 für den Besitzer ausübt.

1. Vgl § 855 Rn 2. 1

Jauernig

§ 861 Anspruch wegen Besitzentziehung

(1) Wird der Besitz durch verbotene Eigenmacht dem Besitzer entzogen, so kann dieser die Wiedereinräumung des Besitzes von demjenigen verlangen, welcher ihm gegenüber fehlerhaft besitzt.

(2) Der Anspruch ist ausgeschlossen, wenn der entzogene Besitz dem gegenwärtigen Besitzer oder dessen Rechtsvorgänger gegenüber fehlerhaft war und in dem letzten Jahre vor der Entziehung erlangt worden ist.

§ 862 Anspruch wegen Besitzstörung

(1) ¹Wird der Besitzer durch verbotene Eigenmacht im Besitz gestört, so kann er von dem Störer die Beseitigung der Störung verlangen. ²Sind weitere Störungen zu besorgen, so kann der Besitzer auf Unterlassung klagen.

(2) Der Anspruch ist ausgeschlossen, wenn der Besitzer dem Störer oder dessen Rechtsvorgänger gegenüber fehlerhaft besitzt und der Besitz in dem letzten Jahre vor der Störung erlangt worden ist.

§ 863 Einwendungen des Entziehers oder Störers

Gegenüber den in den §§ 861, 862 bestimmten Ansprüchen kann ein Recht zum Besitz oder zur Vornahme der störenden Handlung nur zur Begründung der Behauptung geltend gemacht werden, dass die Entziehung oder die Störung des Besitzes nicht verbotene Eigenmacht sei.

§ 864 Erlöschen der Besitzansprüche

(1) Ein nach den §§ 861, 862 begründeter Anspruch erlischt mit dem Ablauf eines Jahres nach der Verübung der verbotenen Eigenmacht, wenn nicht vorher der Anspruch im Wege der Klage geltend gemacht wird.

(2) Das Erlöschen tritt auch dann ein, wenn nach der Verübung der verbotenen Eigenmacht durch rechtskräftiges Urteil festgestellt wird, dass dem Täter ein Recht an der Sache zusteht, vermöge dessen er die Herstellung eines seiner Handlungsweise entsprechenden Besitzstands verlangen kann.

Anmerkungen zu den §§ 861–864

1 **1. Allgemeines.** Die **Ansprüche** aus §§ 861 f sind **possessorische** (§ 858 Rn 1): Grundlage ist die Tatsache des Besitzes, nicht ein Recht zum Besitz; dem entspricht § 863 (Rn 7). Zum Besitzschutz des Teilbesitzers: § 865, des Mitbesitzers: § 866; zu den Ansprüchen des mittelbaren Besitzers s § 869.

2 **2. Besonderheiten** des Anspruchs aus **§ 861. a) Nötig** Besitzverlust des Anspruchsberechtigten (oder seines Rechtsvorgängers) und fehlerhafter Besitz des Anspruchsgegners, der Täter oder Besitznachfolger iSv § 858 II 2 sein muß. Wer vor einer Ausfahrt parkt, hat den Besitz am „zugeparkten" Pkw nicht entzogen, weil nicht erlangt (§ 858 II; ErmWerner § 858, 3 mN), daher greift § 862 statt
3 § 861 ein (abl Eckert JuS 94, 626 f: Freiheitsverletzung iSv § 823 I). **b) Ziel:** Wiedereinräumung des Besitzes, nicht Schadensersatz (vgl Medicus AcP 165, 115 f;
4 § 858 Rn 9). **c) Anspruchskonkurrenz** mit §§ 985, 1007 ist möglich. Im Prozeß liegt dann ein Streitgegenstand vor (PalBassenge § 861, 17 mN; hM).

5 **3. Besonderheiten** des Anspruchs aus **§ 862. a)** Er steht dem unmittelbaren Besitzer gegen den Störer zu, dh gegen denjenigen, der unmittelbar selbst stört oder von dessen Willen die Beseitigung oder Unterlassung (Rn 5 [b]) abhängt (entspr § 1004 Rn 15–17). **b)** Er geht auf Beseitigung dauernder Störung (zB

Beseitigung von Müll) oder Unterlassung bei Besorgnis weiterer Störungen (zB erneutes Müllabladen). Die Abwehrbefugnis des Grundstücksbesitzers ist entspr § 906 beschränkt (BGH NJW 95, 132).

4. a) §§ 861 II, 862 II: Zur Erhaltung des äußeren Rechtsfriedens sind die 6 Ansprüche von vornherein *ausgeschlossen*. Nach § 864 *erlöschen* sie binnen Jahresfrist (I) oder schon früher, wenn Recht an der (oder: auf die) Sache rechtskräftig festgestellt ist (II). **b) § 863:** Gegen §§ 861 f gibt es grundsätzlich keine Berufung 7 auf Recht zum Besitz; Ausnahme: um verbotene Eigenmacht auszuschließen, ferner § 864 II. BGH 53, 169 f läßt trotz § 863 **Widerklage** aus Recht zum Besitz gegen Klage aus §§ 861 f zu (mR abl Westermann § 24 II 4 mN). Bei gleichzeitiger Entscheidungsreife und Begründetheit *beider* Klagen will BGH 73, 357 ff analog § 864 II die „an sich" begründete Besitzschutzklage auch vor Rechtskraft des Urteils zur Widerklage abweisen; abzulehnen, da das petitorische Urteil zur Widerklage entgegen § 864 II (noch) nicht unanfechtbar ist (Ausnahme in BGH 73, 359: mit Erlaß waren beide [Revisions-!] Urteile rechtskräftig; sa BGH NJW 99, 427).

§ 865 Teilbesitz

Die Vorschriften der §§ 858 bis 864 gelten auch zugunsten desjenigen, welcher nur einen Teil einer Sache, insbesondere abgesonderte Wohnräume oder andere Räume, besitzt.

1. Zum Teilbesitz vgl § 854 Rn 6. 1

§ 866 Mitbesitz

Besitzen mehrere eine Sache gemeinschaftlich, so findet in ihrem Verhältnisse zueinander ein Besitzschutz insoweit nicht statt, als es sich um die Grenzen des den einzelnen zustehenden Gebrauchs handelt.

1. Allgemeines. Das BGB kennt zwei Formen besitzrechtlicher Beteiligung 1 mehrerer Personen an einer Sache (einem Sachteil, § 854 Rn 6): **mittelbaren Besitz,** § 868 (gestufte Beteiligung) und **Mitbesitz,** vgl § 866 (nur als gleichstufige Beteiligung an unmittelbarem *oder* mittelbarem Besitz möglich, weil die Art der Sachherrschaft – tatsächliche oder geistige, § 854 Rn 3 – bei Mitbesitzern gleich sein muß, sonst könnten auch unmittelbarer Fremdbesitzer und mittelbarer Eigenbesitzer bei entspr Vereinbarung „Mitbesitzer" sein, sa BGH 85, 265 f mN). Möglich aber, daß von den unmittelbaren Mitbesitzern A und B der eine (A) Eigen-, der andere (B) Fremdbesitzer und zugleich Besitzmittler des A als mittelbarer Eigenbesitzer ist (BGH 73, 257; § 872 Rn 3). Zum Nebenbesitz § 868 Rn 12.

2. Arten des Mitbesitzes. a) Kollektiver *(„gesamthänderischer")* **Mitbesitz** 2 (hat mit Gesamthand nichts zu tun). Die Gewaltausübung ist nur gemeinsam möglich. Bsp: Doppelschloß ist nur gemeinsam zu öffnen (aber: am Inhalt eines Banksafes, das von Bank und Kunden nur gemeinsam zu öffnen ist, hat der Kunde nach der Verkehrsanschauung Alleinbesitz, Düsseldorf NJW-RR 96, 840, hM). **b) Schlichter** *(solidarischer)* **Mitbesitz.** Jeder Mitbesitzer hat die Sachherrschaft, 3 auf die anderen hat er Rücksicht zu nehmen. Bsp: gemeinsame Waschküche eines Mietshauses. IdR haben *Eheleute* in dem Gütergrund Mitbesitz an Wohnung und Hausrat, wenn gemeinsam benutzt (BGH 73, 256). – Übergabe des Wohnungsschlüssels kann Einräumung von Mit- oder Alleinbesitz sein (LM Nr 8 zu § 854).

3. Wirkung. a) Besitzschutz. aa) Gegenüber Dritten hat ihn der Mitbesit- 4 zer wie ein Alleinbesitzer, nur geht Anspruch aus § 861 auf Wiedereinräumung des Mitbesitzes, § 869 S 2 HS 2 gilt analog. **bb) Gegenüber Mitbesitzern** besteht er, soweit es nicht um eine bloße Grenzüberschreitung geht, § 866; denn diese betrifft das zugrundeliegende Rechtsverhältnis, dh das Recht zum Besitz, auf das der

Besitzschutz nicht abstellt (BGH 62, 248). Beeinträchtigt eine Besitzstörung den Mitbesitz insgesamt, so sind nicht nur die Grenzen des Besitzrechts betroffen, daher § 862 gegeben (Köln MDR 78, 405; str). **b) Anspruch auf Herausgabe** kann gegen jeden Mitbesitzer im Umfang seines Besitzes geltend gemacht werden. **Prozessuales:** Keine notwendige Streitgenossenschaft gem ZPO 62 wegen des Mitbesitzes (vgl RG JW 18, 368); Zwangsvollstreckung hat aber nur bei (nicht notwendig: einheitlichem) Titel gegen alle Erfolg. Ie ist vieles str, vgl PalBassenge 7.

§ 867 Verfolgungsrecht des Besitzers

¹Ist eine Sache aus der Gewalt des Besitzers auf ein im Besitz eines anderen befindliches Grundstück gelangt, so hat ihm der Besitzer des Grundstücks die Aufsuchung und die Wegschaffung zu gestatten, sofern nicht die Sache inzwischen in Besitz genommen worden ist. ²Der Besitzer des Grundstücks kann Ersatz des durch die Aufsuchung und die Wegschaffung entstehenden Schadens verlangen. ³Er kann, wenn die Entstehung eines Schadens zu besorgen ist, die Gestattung verweigern, bis ihm Sicherheit geleistet wird; die Verweigerung ist unzulässig, wenn mit dem Aufschub Gefahr verbunden ist.

1. S 1 ist unpraktisch. Bei Gestattung ist er überflüssig; bei Verweigerung des Zutritts gibt S 1 kein Recht zu eigenmächtigem Handeln, sondern ist unanwendbar, weil Grundstücksbesitzer idR (s aber S 3) mit Verweigerung Besitz ergreift (Lange § 12 A IV, str).

§ 868 Mittelbarer Besitz

Besitzt jemand eine Sache als Nießbraucher, Pfandgläubiger, Pächter, Mieter, Verwahrer oder in einem ähnlichen Verhältnisse, vermöge dessen er einem anderen gegenüber auf Zeit zum Besitz berechtigt oder verpflichtet ist, so ist auch der andere Besitzer (mittelbarer Besitz).

1. **Allgemeines** zum mittelbaren Besitz vgl § 854 Rn 3.

2. **Voraussetzungen. a) Unmittelbarer Fremdbesitz** (mittelbarer nur gem § 871) und **b) Besitzmittlungsverhältnis** zwischen dem Fremdbesitzer (Besitzmittler, Unterbesitzer) und dem mittelbaren Besitzer (Oberbesitzer), der Eigen- oder Fremdbesitzer sein kann (Bsp § 871 Rn 3). Zum Fremdbesitz vgl § 854 Rn 4 und § 872.

3. **Das Besitzmittlungsverhältnis.** § 868 gibt nur Bsp. Aus ihnen erschließt sich der wesentliche Inhalt des „ähnlichen Verhältnisses". **a) Es begründet** idR (Rn 4) *Recht oder Pflicht zum Besitz*. Das *Recht,* nicht der Besitz selbst, muß vom Oberbesitzer *abgeleitet* sein, hM (genügend: A vermietet dem B ein Auto, das am Hersteller direkt an B geliefert wird, sog antizipiertes Besitzkonstitut, Rn 7); an der Ableitung fehlt es beim Finder. Besitzrecht des Unterbesitzers ist, weil abgeleitet, *begrenzter* als das des Oberbesitzers. Recht oder Pflicht zum Besitz darf *nur auf Zeit* bestehen, weshalb dem Oberbesitzer gegen den Unterbesitzer ein *Anspruch auf Herausgabe* (nicht notwendig an sich selbst: LM Nr 1 zu § 2203) zustehen muß (BGH NJW-RR 98, 1661; aA StWiegand § 930, 21, 22, abw(?) § 933, 7 [sa Wieling AcP 184, 445 ff]: „Bereitschaft" zur Herausgabe sei erforderlich und genügend [das beruht auf der unzutr Annahme, nach hM genüge das Bestehen eines Anspruchs für § 868]; das Absehen vom Bestehen eines Anspruchs ist [auch] mit § 870 unvereinbar, s StWiegand § 931, 11; § 934, 5, 6 [s aber 4 mit unzutr Berufung auf BGH 5, 283]; nach Reinicke/Tiedtke Rn 489 betrifft § 870 nur den „Regelfall", diese Einschränkung ergibt sich nicht aus dem Ges). Besitzmittlungsverhältnis setzt entspr *Willensrichtung* von Ober- und Unterbesitzer (§ 854 Rn 4) voraus; str, ob das auch für ges begründete Besitzmittlungsverhältnisse gilt (nein: LM Nr 4; sa § 930 Rn 14, 15). **b) Es beruht idR auf RGeschäft,** das aber nicht rechtsgültig sein muß, sofern nur (Ersatz-)Herausgabeanspruch, zB aus §§ 812, 681

Besitz **§ 869**

mit 667, und Fremdbesitz vorliegen (BGH 85, 265 mN). Kein Besitzmittlungsverhältnis aufgrund ges begründeten besitzlosen Vermieter-/Verpächterpfandrechts (§§ 562, 581 II, 592). **c) Nötig ist konkretes Besitzmittlungsverhältnis.** Die 5 bloße Vereinbarung, in Zukunft als Besitzmittler zu besitzen, ohne Rechte und Pflichten festzulegen, genügt für § 868 nicht (sog abstraktes Besitzmittlungsverhältnis, vgl BGH NJW 53, 218). Zur *Bestimmtheit der Sache* § 930 Rn 8, 16. **d) Ähn-** 6 **liche Verhältnisse** iSv § 868: Leihe (vgl RG 57, 178), Fracht- und Speditionsvertrag (OGH 3, 234), Erbbaurechtsvertrag (LM Nr 10); uU Werkvertrag, Auftrag, Treuhandverhältnisse; ferner Kauf unter EV iSv § 449 I (BGH NJW 53, 218; stRspr), nicht gewöhnlicher Kauf (vgl RG 105, 22 f); zur SÜ § 930 Rn 45. **Nicht rechtsgeschäftlich begründete** Besitzmittlungsverhältnisse: Ehe (§ 1353 I; BGH 73, 257), elterliche Sorge (§ 1626, § 930 Rn 15), Lebenspartnerschaft (LPartG 2), Vormundschaft (§ 1793), Insolvenz-, Nachlaß-, Zwangsverwaltung, Testamentsvollstreckung, Pfändung (Jauernig, ZwV, § 17 V; vgl § 872 Rn 3).

4. Mittelbarer Besitz wird **a) begründet** durch Schaffung eines Besitzmitt- 7 lungsverhältnisses samt Erlangung unmittelbaren oder mittelbaren (vgl § 871) Fremdbesitzes auf seiten des Unterbesitzers, zB durch Abschluß eines Mietvertrags und Übergabe der Mietsache an den Mieter. Beim *antizipierten Besitzkonstitut* wird das Besitzmittlungsverhältnis vereinbart, bevor der Unterbesitzer Besitz erlangt hat; erst mit Besitzerwerb des Unterbesitzers erlangt Oberbesitzer mittelbaren Besitz (vgl BGH NJW 64, 398 und Bsp Rn 3); **b) übertragen** allein durch Abtretung 8 des Herausgabeanspruchs (Rn 3, 4), §§ 870, 398 ff; Mitteilung an Unterbesitzer unnötig, keine Publizität des Besitzwechsels; **c) beendet** durch Wegfall einer der 9 Voraussetzungen mittelbaren Besitzes (Rn 2): **aa) Besitzverlust des Unterbesitzers,** zB durch Rückgabe an Oberbesitzer (aber § 856 II beachten), Diebstahl; **bb) Ende der Besitzmittlung,** sei es durch erkennbare Umwandlung des Fremdin Eigenbesitzwillen (zB Namenseintrag in geliehenes Buch) mit oder ohne Willen des Oberbesitzers (Bsp: Eigentumserwerb oder Unterschlagung des geliehenen Buches), vgl BGH 85, 265 mN, sei es durch erkennbaren Wechsel des Besitzmittlungsverhältnisses samt Oberbesitzer (vgl BGH NJW 79, 2038; dazu Tiedtke WM 79, 1143 f); **cc) Wegfall des Herausgabeanspruchs,** zB mit vollständiger Zahlung des Kaufpreises, vgl § 449 I (dazu § 929 Rn 59, 61) und Rn 6.

5. Möglich sind **mehrfache Stufung** des mittelbaren Besitzes (Bsp: Vermieter- 10 Mieter-Untermieter, § 871) und **mittelbarer Mitbesitz** (§ 866 Rn 1).

6. Zum **Besitzschutz** des mittelbaren Besitzers: § 869. 11

7. Nebenbesitz. Str ist, ob eine Sache mehrere Oberbesitzer (sog Nebenbesit- 12 zer) haben kann, deren mittelbarer Besitz auf *verschiedenen* und voneinander unabhängigen Besitzmittlungsverhältnissen beruht (wegen der Verschiedenheit und Unabhängigkeit haben die Oberbesitzer keinen mittelbaren Mitbesitz). Bsp: A verwahrt für B 100 Sack Getreide, die E gehören, E verpfändet die 100 Sack dem A; sind B und E Nebenbesitzer? Die hM verneint, weil Nebenbesitz keine ges zugelassene besitzrechtliche Beteiligung mehrerer Personen an einer Sache sei (§ 866 Rn 1); im Bsp sei E allein mittelbarer Besitzer, weil die letzte Willensäußerung des A entscheide (BGH 28, 27 f), allein mit Begründung des neuen Besitzmittlungsverhältnisses sei das alte erloschen (BGH NJW 79, 2038; Tiedtke WM 79, 1143 f). Gegen Nebenbesitz Picker AcP 188, 539 ff; Erm/Werner 19, je mN. Löst der Unterbesitzer erkennbar die Besitzmittlung zum bisherigen Oberbesitzer (Rn 9 [bb]), so taucht das Problem des Nebenbesitzes nicht auf; es gibt dann nur einen mittelbaren Besitzer (so lag es in BGH 50, 45 ff [vgl PalBassenge 4], LM Nr 11 zu § 1006; dazu krit Medicus, FS Hübner, 1984, S 611 ff).

§ 869 Ansprüche des mittelbaren Besitzers

¹**Wird gegen den Besitzer verbotene Eigenmacht verübt, so stehen die in den §§ 861, 862 bestimmten Ansprüche auch dem mittelbaren Besitzer zu.**

§§ 870–872

²Im Falle der Entziehung des Besitzes ist der mittelbare Besitzer berechtigt, die Wiedereinräumung des Besitzes an den bisherigen Besitzer zu verlangen; kann oder will dieser den Besitz nicht wieder übernehmen, so kann der mittelbare Besitzer verlangen, daß ihm selbst der Besitz eingeräumt wird. ³Unter der gleichen Voraussetzung kann er im Falle des § 867 verlangen, daß ihm die Aufsuchung und Wegschaffung der Sache gestattet wird.

1 1. **Objekt des Besitzschutzes** ist nur der **unmittelbare Besitz** (§ 858 Rn 1). Daher hat der unmittelbare Besitzer gegen den mittelbaren vollen Besitzschutz, nicht umgekehrt. Für den mittelbaren Besitzer gelten §§ 227, 229.

2 2. **Anwendungsbereich. a) Nur gegen Dritte** hat mittelbarer Besitzer Ansprüche aus §§ 861 f, 867. Ihm stehen über den Gesetzeswortlaut hinaus auch die Gewaltrechte aus § 859 zu (PalBassenge 2; aA RGZ 146, 190; MK/Joost 7, je

3 mN). **b) Voraussetzung** ist stets verbotene Eigenmacht gegen den *un*mittelbaren Besitzer. Daher hat der mittelbare Besitzer keine Rechte nach Rn 2, wenn der unmittelbare Besitzer mit Besitzentziehung oder -störung einverstanden ist (BGH WM 77, 220).

§ 870 Übertragung des mittelbaren Besitzes

Der mittelbare Besitz kann dadurch auf einen anderen übertragen werden, daß diesem der Anspruch auf Herausgabe der Sache abgetreten wird.

1 1. Vgl § 868 Rn 7, 8. Abtretung: §§ 398 ff. Ges Übergang im Fall des § 571.

§ 871 Mehrstufiger mittelbarer Besitz

Steht der mittelbare Besitzer zu einem Dritten in einem Verhältnis der in § 868 bezeichneten Art, so ist auch der Dritte mittelbarer Besitzer.

1 1. **Anwendungsbereich.** § 871 betrifft Besitzverhältnis zwischen höherstufigen mittelbaren Besitzern, § 868 Rn 2 (a), 10 (Bsp: Vermieter – Mieter, wenn unmittelbarer Besitz bei Untermieter).

2 2. **Mehrstufige Besitzmittlung entsteht** durch Begründung eines Besitzmittlungsverhältnisses (§ 868 Rn 3), indem **a)** unmittelbar besitzender Unterbesitzer nun zu mittelbar besitzendem Unterbesitzer wird (Bsp: Mieter wird Untervermieter) *oder* **b)** mittelbarer Besitzer nun zum mittelbaren Fremdbesitzer wird (Bsp: Vermietender Eigentümer übereignet die Mietsache gem § 930 an Dritten zur Sicherheit, vgl § 930 Rn 2).

§ 872 Eigenbesitz

Wer eine Sache als ihm gehörend besitzt, ist Eigenbesitzer.

1 1. **Allgemeines.** Eigenbesitzer besitzt die Sache mit dem natürlichen Willen (Geschäftsfähigkeit also nicht erforderlich, hM), sie wie ein Eigentümer zu beherrschen (BGH 132, 257). Weder Eigentum noch die Vorstellung, es zu haben, sind nötig (BGH MDR 71, 915); auch ein Dieb kann Eigenbesitzer sein. Der Nicht-Eigenbesitzer ist Fremdbesitzer (s BGH 85, 265 f; Bsp in § 868); er hat den natürlichen Willen, die Sache für einen anderen, seinen Oberbesitzer, zu besitzen (vgl BGH NJW 64, 398).

2 2. **a) Wechsel** vom Fremd- zum Eigenbesitzerwillen und umgekehrt ist möglich (vgl § 868 Rn 9 [bb], § 871 Rn 2 [b]). Willensänderung muß äußerlich erkennbar

3 sein (BGH MDR 71, 916). **b) Zusammentreffen** von unmittelbarem Fremd- und mittelbarem Eigenbesitz *einer* Person an *einer* Sache ist möglich (Bsp: Vermieter wohnt beim Mieter als Untermieter), ferner von unmittelbarem Eigen-Mitbesitz und mittelbarem Eigen-Alleinbesitz (Bsp: Ehegatte bzgl des ihm gehörenden Hausrats, an dem der andere Ehegatte unmittelbaren Fremd-Mitbesitz hat, BGH 73, 257), nicht von unmittelbarem Eigen- und Fremdbesitz (BGH 85, 265 f; sa § 866 Rn 1).

3. Bedeutung. Eigentum an beweglicher Sache erwirbt nur, wer sie in Eigenbesitz nimmt (auch bei Erwerb von Sicherungseigentum gem § 929 oder § 930: Serick II 133 ff; BGH JZ 69, 433 für § 930, abw NJW 61, 778 für § 929); daher gilt Vermutung des § 1006 nur für Eigenbesitzer (BGH JZ 69, 433 f). Vgl ferner §§ 900, 927, 937, 955, 958: Eigenbesitz als Voraussetzung für Eigentumserwerb.

Abschnitt 2. Allgemeine Vorschriften über Rechte an Grundstücken

§ 873 Erwerb durch Einigung und Eintragung

(1) **Zur Übertragung des Eigentums an einem Grundstück, zur Belastung eines Grundstücks mit einem Recht sowie zur Übertragung oder Belastung eines solchen Rechts ist die Einigung des Berechtigten und des anderen Teils über den Eintritt der Rechtsänderung und die Eintragung der Rechtsänderung in das Grundbuch erforderlich, soweit nicht das Gesetz ein anderes vorschreibt.**

(2) **Vor der Eintragung sind die Beteiligten an die Einigung nur gebunden, wenn die Erklärungen notariell beurkundet oder vor dem Grundbuchamt abgegeben oder bei diesem eingereicht sind oder wenn der Berechtigte dem anderen Teil eine den Vorschriften der Grundbuchordnung entsprechende Eintragungsbewilligung ausgehändigt hat.**

I. Allgemeines

1. Aufgabe des Grundbuchs. Es soll die dingliche Rechtslage an Grundstücken (Begriff Rn 2 vor § 90) offenlegen (**Publizitätsgrundsatz,** Rn 4 vor § 854). Die **Rangordnung** unter mehreren Grundstücksbelastungen (Rn 6 vor § 854) ist idR dem Grundbuch zu entnehmen. Zur **Aufgabe des Katasters** (und seiner Entwicklung, insbes in der DDR) Mrosek/Petersen DtZ 94, 331 ff).

2. Das Grundbuch kann jedoch die dingliche Rechtslage **nicht immer vollständig und richtig** wiedergeben. Grundbuchinhalt und wirkliche Rechtslage können differieren (zum Grund §§ 891–899 Rn 1). Die Unvollständigkeit folgt daraus, daß zahlreiche Belastungen nicht eintragungsfähig sind, zB Notweg- und Überbaurecht (§§ 912 ff, 917 ff).

3. Eintragungsfähige und eintragungsbedürftige Rechte und Umstände. Eine ges Aufzählung fehlt. **a) Eintragungsfähig** sind: dingliche Rechte am Grundstück oder an Grundstücksrechten, vgl § 892 I 1 (nach BGB: Eigentum, Dienstbarkeiten, Vorkaufsrecht, Reallasten, Hypothek, Grund- und Rentenschuld, ferner Nießbrauch und Pfandrecht an Grundstücksbelastungen; nach ErbbauVO 14: Erbbaurecht; Wohnungs- und Teileigentum werden nach WEG 7 I in bes Grundbücher eingetragen); Vormerkung, §§ 883 ff; Widerspruch, § 899; relative Verfügungsbeschränkungen (sie bestehen nur zugunsten bestimmter Personen, vgl § 892 I 2; Verstoß führt nur diesen Personen gegenüber zu relativer Unwirksamkeit, Rn 19 vor § 104), zB gem §§ 135 f, dazu §§ 135, 136 Rn 4; den relativen Verfügungsbeschränkungen iSv § 892 I 2 sind zweckbeschränkte Verfügungsbeschränkungen gleichgestellt, obwohl ein Verstoß gegen sie zur absoluten Unwirksamkeit führt (Bsp: §§ 1984 I 1, 2211, 2113 ff; InsO 80 I, 81); Bedingungen und Befristungen (eintragungsfähig wegen § 892 f, 161 III, 163); Rechtshängigkeitsvermerk (eintragungsfähig wegen ZPO 325 II mit § 892, s § 899 Rn 7 [c]); Umlegungsvermerk, BauGB 54 I 2; bzgl absoluter Verfügungsverbote s Rn 4. **b) Nicht eintragungsfähig** sind insbes nicht anerkannte dingliche Rechte an Grundstücken, zB Erbpacht (s aber EGBGB 63); obligatorische Rechte, zB Grundstücksmiete; absolute Verfügungsbeschränkungen (zB 1365), soweit Ein-

§ 873 Buch 3. Abschnitt 2

tragung nicht ges notwendig oder zugelassen ist; Notweg- und Überbaurecht; öffentl-rechtliche Belastungen und Beschränkungen (zB Baufluchtlinien, Bausperren, Baulasten), ges Ausnahmen vorbehalten, GBO 54, dazu GBV 93 a. **c) Eintragungsbedürftig** sind idR *rechtsgeschäftliche Rechtsänderungen*. *Außer*rechtsgeschäftliche Änderungen sind selten eintragungsbedürftig, stets eintragungs*fähig* (zB der Erbe als neuer Grundstückseigentümer). GBO 39 will eintragungsfähige Passivbeteiligte zur Eintragung zwingen, vgl aber auch GBO 40 und Rn 30.

6 **4. Materielles und formelles Grundbuchrecht. a)** Die §§ 873 ff regeln in erster Linie das **materielle Grundbuchrecht,** dh welche Erklärungen in welcher Form notwendig sind, um ein dingliches Recht an einem Grundstück oder einem Grundstücksrecht zu begründen, zu übertragen, inhaltlich zu ändern oder aufzuheben. **7** **b) Das formelle Grundbuchrecht** regelt Voraussetzungen und Form der Eintragung im Grundbuch sowie die Einrichtung der Grundbuchämter und Grundbücher. Hauptquellen: GBO und GBV (mit Anlagen 1 bis 10 b im Anlageband zu BGBl I Nr 6 v 10. 2. 1995: amtliche Muster).

II. Einigung und Eintragung

8 **1. a) Zur rechtsgeschäftlichen Rechtsänderung** an Grundstücken, nämlich zur Übertragung und Belastung von Grundstücksrechten, sind sie idR notwendig, § 873; sog **Grundbuchsystem.** Zur Inhalts- und Rangänderung s §§ 877, 880 II. **9** **b) Der Inhalt** von Einigung und Eintragung muß einander entsprechen. Wenn völlig anderes als gewollt eingetragen wird, so kommt die Rechtsänderung nicht zustande (Bsp Parzellenverwechselung [s § 126 Rn 7]: Die Einigung betrifft Parzelle a, die Eintragung erfolgt bei Parzelle b). Wird mehr (zB Grundschuld über 9000 statt 6000 Euro) oder weniger (6000 statt 9000 Euro) eingetragen, so gelten §§ 139 f entspr (StGursky 188, 192; BGH NJW-RR 90, 206); sa §§ 879–882 **10** Rn 7; § 1116 Rn 4, 5; §§ 1184, 1185 Rn 2. **c) Gleichzeitig** müssen Einigung und Eintragung vorliegen (RG 131, 99). Hat zwischen Einigung und Eintragung der Berechtigte gewechselt, so ist Einigung mit dem neuen Rechtsinhaber oder dessen Genehmigung (§ 185 II) erforderlich (Baur § 19 Rn 33, 40 mN); anders bei Wechsel durch Gesamtrechtsnachfolge, weil Nachfolger in die Rechtsposition des Vorgängers eintritt (s BGH 48, 356). Reihenfolge und zeitlicher Abstand von Einigung und Eintragung sind gleichgültig. Zur zwischenzeitlichen Beschränkung **11** der Verfügungsbefugnis vgl § 878 mit Anm. **d) § 873 gilt nicht** für außerrechtsgeschäftliche Rechtsänderungen, zB durch Enteignung, Zuschlag in der Zwangsversteigerung (ZVG 90), Gesamtnachfolge (insbes Erbgang, § 1922). Zur Anwendbarkeit bei Gesamthandsgemeinschaften (GbR, OHG, KG; Güter-, Erbengemein- **12** schaft) vgl Baur § 19 Rn 3–5, sa § 925 Rn 2, 9. **e) Einigung zgDr, § 328,** ist unzulässig (BGH NJW 93, 2617, stRspr; StGursky 108 mN; hM. – AA Kaduk, FS Larenz, 1983, S 312 ff mN; jedenfalls für Nutzungs- und Verwertungsrechte Baur § 5 Rn 28). Das vermeidet den aufgedrängten Erwerb dinglicher Rechte (s § 333). Bei Bedarf hilft eine (vollmachtlose) Vertretung (der Vertretene erwirbt nur, wenn er will: § 177). Auch die Gegenansicht hält eine Eintragung des Dritten (nicht des Versprechensempfängers) für nötig (BayObLG NJW 58, 1918). Sa § 328 Rn 6.

13 **2. Erst Einigung und Eintragung gemeinsam** bewirken die dingliche Rechtsänderung, sog Doppeltatbestand oder gestreckter Erwerbstatbestand. Beide zusammen erst bilden daher die „**Verfügung**" (BGH NJW 63, 36 f).

14 **3. Formelles Konsensprinzip:** Für die Eintragung genügt idR die Bewilligung des von der Eintragung Betroffenen (GBO 19; Rn 6). Bewilligung ist überflüssig, wenn Einigung (und ihre Wirkamkeit, Hamm NJW-RR 00, 1612) nachgewiesen werden muß (**materielles Konsensprinzip),** zB gem GBO 20 (die spezielle Norm verdrängt die allg [GBO 19]); nur iE ebenso RG 141, 376; aA BGH 90, 325, 327; 112, 379; 125, 44, hM; nach StGursky 253 mN Auslegungsfrage.

Allgemeine Vorschriften über Rechte an Grundstücken **§ 873**

4. § 873 I ae läßt **Ausnahmen vom** sog **Grundbuchsystem** (Rn 8) zu. **15**
a) Rechtsänderung durch RGeschäft *ohne Eintragung,* zB bei Briefhypothek und Briefgrundschuld, §§ 1154, 1192. **b)** Rechtsänderung durch RGeschäft *ohne Einigung* nur aufgrund einseitiger Erklärung (samt Eintragung), zB gem §§ 1188, 1195 f.

5. Zustimmung eines Dritten ist zuweilen neben Einigung und Eintragung **16** nötig, s §§ 876, 880 II 2, III, 1183.

III. Die Einigung

1. a) Die Einigung ist ein **dinglicher Vertrag,** geschlossen vom Berechtigten **17** und dem „anderen Teil". Berechtigt iSv § 873 ist, wer bzgl des Rechts verfügungsbefugt ist (das ist idR der Rechtsinhaber, § 185 gilt, §§ 892 f geben ggf Scheinberechtigung; die Verfügungsbefugnis kann beschränkt, zB gem § 1365, oder entzogen und auf einen Verwalter übertragen sein, zB gem InsO 80 I; im 1. Fall ist Zustimmung eines Dritten nötig [zB gem § 1365], im 2. ist der Verwalter berechtigt). **b) Es gelten** idR die allg Vorschriften über RGeschäfte: **§§ 104–185** (Rn 11 vor § 854), auch §§ 133, 157 (s § 133 Rn 9, 10, § 126 Rn 7, 8, insbes zur falsa demonstratio); die Auslegung ist nicht wie bei der Eintragung (Rn 35) begrenzt (str, s Räfle WM 83, 806 mN). **c) Sie ist abstrakt,** Rn 13 vor § 854. **d) Sie ist idR formlos** wirksam; Ausnahme § 925 I. **e) Aufhebung** ist vor Eintragung trotz Bindung gem II (Bremen OLGZ 76, 93) formlos wirksam (sa BGH NJW 93, 3326).

2. Bindung. a) Mit der Eintragung wird die (wirksame) zuvor oder danach **18** erklärte Einigung stets bindend, dh sie ist nicht mehr einseitig widerrufbar. **Vor der Eintragung** tritt Bindung *nur* (arg II) bei formeller Verfestigung der Einigung ein; ist die Einigung formgebunden (Bsp § 925 I), so ist sie entspr dem Sinn von II sofort, nicht erst bei Vorliegen der Voraussetzungen II unwiderruflich (StGursky 154; str). Durch II sollen übereilte und leichtfertige Verfügungen über Grundstücksrechte verhindert werden (BGH 46, 399), was kaum gelingt, weil das Verpflichtungsgeschäft idR formlos gültig ist (abw zB § 311 b I). **b) Sie bewirkt keine Verfügungsbeschränkung** des Veräußerers (allgM). Er kann das Grundstück anderweit wirksam veräußern oder belasten. **c) Eine Verpflichtung** des Verfügenden zur Eigentumsverschaffung wird **nicht** durch die (bindende) Einigung (BGH 54, 64 f), sondern das zugrundeliegende Verpflichtungsgeschäft begründet.

3. Anwartschaft(srecht) aus bindender Einigung. Lit: Münzberg, FS Schie- **19** dermair, 1976, S 439; Reinicke/Tiedtke NJW 82, 2281; Habersack JuS 00, 1145. **a) Begriff.** Der Erwerber kann nach bindender Einigung und erteilter Eintragungsbewilligung (GBO 19; Ausnahme Rn 14) selbst den Eintragungsantrag stellen, weil zu seinen Gunsten die Eintragung erfolgen soll (GBO 13 I 2). Damit hat er alles Erforderliche getan, um das Recht zu erwerben. Str ist, ob diese Rechtsposition des Erwerbers (nur) eine Anwartschaft oder ein Anwartschafts*recht* ist; die Wortwahl hat keine Rechtsfolgen (s aber BGH 89, 44, 46 mN; mR krit Münzberg aaO S 439 ff mN; Reinicke/Tiedtke aaO S 2283; abl zum Anwartschaftsrecht des Auflassungsempfängers, § 925 Rn 18] Habersack aaO). **b) Die Rechtsposition 20 des Erwerbers** (im folgenden: Anwärter) ist trotz bindender Einigung unsicher, da der Veräußerer nicht verfügungsbeschränkt ist (Rn 18 [b]) und daher den Erwerb durch anderweite Veräußerung verhindern kann (BGH 83, 398; zur Kollusion § 883 Rn 1). Dagegen schützt den Anwärter zuverlässig nur die Eintragung einer **Vormerkung** zur Sicherung seines obligatorischen Anspruchs auf dingliche Rechtsänderung, § 883 (vgl BGH 45, 193; Kuchinke JZ 66, 798; ferner BGH 114, 166; 128, 188, Frankfurt/M NJW-RR 97, 1309, wo unzutr die Sicherung durch Vormerkung mit der Existenz eines Anwartschaftsrechts verbunden wird, dagegen StGursky 181 mN); das ist möglich, weil der schuldrechtliche Anspruch (zB auf

§ 873

Eigentumsverschaffung gem § 433 I 1) auch nach der dinglichen Einigung (Auflassung) noch besteht (BGH NJW 94, 2948 mN). Eine *gewisse Sicherheit* bietet dem Anwärter ferner die *Stellung des Eintragungsantrags* (GBO 13), da dieser vor einem späteren Antrag des Veräußerers erledigt werden muß, GBO 17 (aber Verstoß gegen GBO 17 unbeachtlich, weil bloße Verfahrensvorschrift; das beeinträchtigt
21 die Sicherheit des Anwärters, BGH 49, 201 f). **c) Die Rechtsposition** des Anwärters ist nach hM *übertragbar, pfändbar, verpfändbar,* wenn der Anwärter selbst den Eintragungsantrag gestellt hat und dieser weder zurückgenommen noch zurückgewiesen ist (BGH Rpfleger 75, 432; verkürzend BGH 128, 187 [Antrag genüge]; zur Problematik Münzberg aaO S 439 ff). **aa) Übertragung** erfolgt durch Einigung (§§ 873, 925) ohne Eintragung (BGH 114, 164). Vollrechtserwerb erst mit Eintragung, direkt vom Veräußerer ohne Durchgangserwerb des Anwärters (BGH 49, 205). **bb) Pfändung** ist gem ZPO 857 möglich (BGH 49, 203; Rpfleger 75, 432). Ist eine Eigentumsanwartschaft gepfändet, so entsteht mit Eigentumserwerb des Anwärters (= Vollstreckungsschuldners) kraft Ges eine Sicherungshypothek zugunsten des Vollstreckungsgläubigers, ZPO 848 II analog (BGH 49, 206). **cc) Verpfändung** entspr § 1274 durch Einigung gem § 873 (bei Eigentumsanwartschaft: Auflassung, § 925) ohne Eintragung (BGH 49, 202 f). Ist eine Eigentumsanwartschaft verpfändet, so erlangt der Pfandgläubiger mit dem Eigentumserwerb des Anwärters eine Sicherungshypothek, § 1287 S 2 entspr (BGH 49, 205).
22 **d) Kondizierbar** ist die Rechtsposition des Anwärters insbes bei Nichtigkeit des
23 Verpflichtungsgeschäfts (dann Leistungskondiktion, § 812 I 1; s aber § 814). **e) Str ist,** ob die Rechtsposition nach **§ 823 I** geschützt ist (ja: BGH 114, 164 f; sa § 909 Rn 3). BGH 45, 192 f (dazu Kuchinke JZ 66, 797 f) verneint, wenn ein wirksamer Umschreibungsantrag nicht (mehr) vorliegt.

IV. Die Eintragungsvoraussetzungen der GBO

24 **1. Antrag** (idR), GBO 13 I 1. Eintragungen von Amts wegen sind selten, Bsp GBO 18 II, 53. **a) Formfrei** ist der Antrag als solcher, GBO 30. **b) Er ist verfahrensbegründende Prozeßhandlung** (allgM), daher bedingungs- und befristungsfeindlich, GBO 16 I (Ausnahme: II). **c) Antragsberechtigung:** GBO 13 I 2, 14 (ihr Nachweis bedarf keiner bes Form, BGH 141, 349); Betroffener: Rn 28. Vollmacht (nicht: Antragsberechtigung!) des beurkundenden Notars wird
25 widerleglich vermutet, GBO 15. **d) GBO 13 ist reine Verfahrensvorschrift;** denn der Antrag gehört nicht zu den Voraussetzungen der materiellen Rechtsänderung. Liegen diese samt Eintragung vor, so tritt die Rechtsänderung auch ohne Antrag ein (BGH 141, 349 f). Decken sich Antrag und materiellrechtliche Eintragungsgrundlage (zB Auflassung) nicht und wird antragsgemäß eingetragen, so gilt Rn 9.
26 **2. Bewilligung** (idR), GBO 19. **a) Begriff.** Sie ist einseitige, an das Grundbuchamt gerichtete Erklärung des Betroffenen, daß eine bestimmte Eintragung (positive: Änderung, Berichtigung; negative: Löschung) gestattet wird (Eintragungsbewilligung als Änderungs-, Berichtigungs- oder Löschungsbewilligung). Betroffen iSv GBO 19 ist, wessen grundbuchmäßiges Recht durch die vorzunehmende Eintragung *rechtlich* beeinträchtigt wird oder zumindest nachteilig berührt werden kann (BGH 145, 136). IdR hat das Grundbuchamt nur sie, nicht das Vorliegen der Einigung (§ 873) zu prüfen: *formelles Konsensprinzip;* Ausnahme:
27 GBO 20 *(materielles Konsensprinzip),* ie Rn 14. **b) Rechtsnatur.** Sie ist, wie der Antrag, *Prozeßhandlung* (BayObLG NJW-RR 93, 284 mN), nicht rechtsgeschäftliche Erklärung des formellen Rechts (BGH 84, 207 läßt offen). Stellvertretung zulässig, § 181 anwendbar (BGH 77, 9), § 180 unanwendbar (arg ZPO 89 II). Die Regeln für rechtsgeschäftliche Verfügungen gelten entspr, insbes § 185. Sa
28 Rn 28. *Auslegung* entspr Rn 17 (b), nicht Rn 35 (aA BGH 129, 3 f). **c) Bewilligungsbefugnis** (zum Betroffensein iSv GBO 19 s Rn 26). Sie beruht auf der *Verfügungsbefugnis* des Bewilligenden (Hamburg NJW-RR 99, 600 f). Diese hat das

Allgemeine Vorschriften über Rechte an Grundstücken **§ 874**

Grundbuchamt von Amts wegen für den Zeitpunkt der Eintragung zu prüfen (BGH NJW 63, 36 f; BayObLG NJW-RR 87, 398; iE ebenso KEHE § 19, 73); zur Verfügungsbefugnis s Rn 17 (a). Bewilligungsbefugt ist bei *Änderungsbewilligungen* grundsätzlich der wahre Berechtigte (zu §§ 185, 892 s Rn 17 [a]), bei *Berichtigungsbewilligungen* der wahre Berechtigte oder der Buchberechtigte; denn entweder wird das wahre oder das Buchrecht durch die Eintragung beeinträchtigt (RG 133, 282; Baur § 16 Rn 32, 33). Einem Recht gleichgestellt sind: Vormerkung, Widerspruch, Verfügungsbeschränkung. Bzgl der Berechtigung gilt für das Grundbuchamt § 891. **d) Form:** GBO 29. **e) Einigung und Eintragungs-** 29 **bewilligung** sind zu *unterscheiden*. Diese kann in jener liegen. **f) GBO 19 f** enthalten wie GBO 13 *reine Verfahrensvorschriften*. Für ihre Verletzung gilt Rn 25. **g) Unnötig** ist die Bewilligung für Eintragungen von Amts wegen, nach GBO 22 I mit 29 I 2 und im Fall von GBO 20 (Rn 14); **ersetzt** wird sie zB gem § 885, GBO 26.

3. Voreintragung des Betroffenen, GBO 39 I. **a) Betroffener** iSv GBO 19 30
(Rn 26) ist gemeint. **b) Berichtigung** ist nötig, wenn er samt dem betr Recht nicht im Grundbuch steht. GBO 39 I will erreichen, daß der Rechtsstand des Grundbuchs in allen Entwicklungsstufen und nicht nur in der Endstufe klar und verständlich wiedergegeben wird (BGH 18, 293). **c) GBO 39 I ist** reine *Verfahrensvorschrift*. Für seine Verletzung gilt Rn 25. **d) Ausnahmen** von GBO 39 I insbes in GBO 39 II, 40. Sa BGH 18, 294.

4. Vorlage des Briefes bei Briefgrundpfandrechten, GBO 41, 42. 31

5. Verfügungen über Grundstücke sind wegen des davon berührten öffentl Inter- 32
esses häufig an **behördliche Genehmigungen** geknüpft, zB nach GrEStG 22 (Unbedenklichkeitsbescheinigung des Finanzamts), BauGB 51, GrdstVG 2. Übersichten bei Demharter § 19, 123 ff; § 20, 55.

V. Die Eintragung

1. Ihr Inhalt richtet sich nach ihrem Gegenstand. Ein (eintragungsfähiges, 33
Rn 3) Recht ist nach der Person des Berechtigten, nach Art und Inhalt (samt Bedingung und Befristung, s Düsseldorf OLGZ 83, 352 ff) zu bezeichnen; bei Vormerkung und Widerspruch muß der Berechtigte, bei relativem Verfügungsverbot die geschützte Person (RG 89, 159) angegeben werden. Sonst ist die Eintragung unwirksam (RG 89, 159); bei unzutr (Nicht-)Eintragung von Bedingung und Befristung gilt Rn 9 entspr (str). Iü kann (Ermessen) zur Entlastung des Grundbuchs in ges bestimmten Fällen bei der Eintragung auf die Eintragungsbewilligung Bezug genommen werden, § 874.

2. Vollzug der Eintragung tritt ein mit Unterschrift der zuständigen Beam- 34
ten (dazu GBO 44 I [abw GBO 129, 130, GBV 74, 75 für das EDV-Grundbuch]; in BW nur Notar oder Rechtspfleger, Karlsruhe Justiz 79, 336; GBO 143 I 1 HS 2).

3. Auslegung der Eintragung (sa § 874 Rn 5). Maßgebend sind deren nach 35
Wortlaut und Sinn nächstliegende Bedeutung; außerhalb liegende Umstände sind verwertbar, soweit sie im konkreten Fall für jedermann ohne weiteres erkennbar sind (BGH 145, 20 f; NJW 02, 1798). Die Eintragung ist bedeutsam für den Eintritt von Rechtsänderungen **(§ 873),** die Vermutungen des **§ 891** und den **Rang** des Rechts (§ 879, sa § 900 II 2).

§ 874 Bezugnahme auf die Eintragungsbewilligung

Bei der Eintragung eines Rechts, mit dem ein Grundstück belastet wird, kann zur näheren Bezeichnung des Inhalts des Rechts auf die Eintragungsbewilligung Bezug genommen werden, soweit nicht das Gesetz ein anderes vorschreibt.

§ 875

1 1. **Zweck** des § 874: Entlastung des Grundbuchs.
2 2. **Anwendungsbereich. a) Eintragung von Grundstücksbelastungen** (nicht: Eigentum!), vgl ferner §§ 877, 885 II, ErbbauVO 14 I 3, II, sa GBO 44 II, III. Bezugnahme ist auch bei Belastungen von Grundstücksbelastungen und bei
3 Verfügungsbeschränkungen zulässig (StGursky 13, 14). **b) Bezugnahme nur** zur „näheren" Bezeichnung zulässig. Alles Wesentliche gehört in die Eintragung selbst
4 (vgl § 873 Rn 33; BGH NJW 83, 116). **c) Bezugnahme auf** Eintragungsbewilligung, GBO 19 (vgl § 873 Rn 26); Bezeichnung der bezogenen Urkunde nicht entscheidend, ebenso nicht Einhaltung von GBO 29 bzgl der Urkunde. **d)** Nach § 874 liegt es im **Ermessen** des Grundbuchamts, ob und wieweit es den § 874 ausnützt (abw GBO 44 II: „soll"). **e) Ausgeschlossen** ist die Bezugnahme zB gem §§ 1115, 1116 II, 1184 II, 1190 I 2.
5 3. **Wirkung.** Die zulässigerweise in Bezug genommene Urkunde ist hinsichtlich des bezogenen Teils ebenso Grundbuchinhalt wie die Eintragung selbst (BGH 35, 381 f) und nimmt am öffentl Glauben des Grundbuchs (§ 892) teil; für ihre Auslegung gilt § 873 Rn 35 (BGH 145, 20 f; NJW-RR 95, 16). Inwieweit auf die Urkunde Bezug genommen ist, wird durch Auslegung ermittelt (§ 133). Unzulässige Bezugnahme ist wirkungslos (KG OLGZ 75, 302).

§ 875 Aufhebung eines Rechts

(1) ¹**Zur Aufhebung eines Rechts an einem Grundstück ist, soweit nicht das Gesetz ein anderes vorschreibt, die Erklärung des Berechtigten, dass er das Recht aufgebe, und die Löschung des Rechts im Grundbuch erforderlich.** ²**Die Erklärung ist dem Grundbuchamt oder demjenigen gegenüber abzugeben, zu dessen Gunsten sie erfolgt.**

(2) **Vor der Löschung ist der Berechtigte an seine Erklärung nur gebunden, wenn er sie dem Grundbuchamt gegenüber abgegeben oder demjenigen, zu dessen Gunsten sie erfolgt, eine den Vorschriften der Grundbuchordnung entsprechende Löschungsbewilligung ausgehändigt hat.**

1 1. **Anwendungsbereich. a) Aufhebung ist** die *rechtsgeschäftliche Beseitigung* beschränkter dinglicher Rechte an Grundstücken und an grundstücksgleichen Rechten (zB Erbbaurecht, s ErbbauVO 11). Gilt entspr für Vormerkung (BGH 60, 50). **b) Nicht** betrifft § 875: **aa)** außerrechtsgeschäftliche Beseitigung beschränkter dinglicher Rechte, zB durch Zuschlag (ZVG 52 I 2, 91 I); **bb)** Eigentumsaufgabe, § 928; **cc)** Aufhebung von Nießbrauch und Pfandrecht an beschränkten dinglichen Grundstücksrechten, §§ 1072, 1273.
2 2. **Voraussetzungen. a) Aufgabeerklärung. aa) Sie ist** einseitige empfangsbedürftige (vgl § 130) *Willenserklärung* (vgl BGH 60, 50); abstrakt (Rn 13 vor § 854), aber ohne Löschung (Rn 3) noch keine Verfügung (StGursky 21; str), vgl Rn 4. Sie liegt idR in der gem GBO 19 nötigen Löschungsbewilligung und umgekehrt (sa II). **bb) Erklärungsberechtigt** ist der wahre Berechtigte oder der (nur) Verfügungsberechtigte, vgl § 873 Rn 17; § 893 Fall 2 gilt. **cc) Erklärungsempfänger** ist das zuständige Grundbuchamt oder der vom Wegfall des Rechts rechtlich Begünstigte, I 2. Begünstigt ist stets der Eigentümer. **dd) Formlos** ist die Erklärung materiellrechtlich wirksam. GBO 29 hat nur verfahrensrechtliche Bedeutung. **ee) Bindung** der – wirksamen – Aufgabeerklärung tritt stets mit Löschung (Rn 3) ein, vorher ist sie grundsätzlich widerruflich (vgl § 873 Rn 18 [a]). Widerruf ist nach **II** ausgeschlossen; die Löschungsbewilligung (GBO 19) muß der Form von GBO 29 entsprechen. Auch die bindende Aufgabeerklärung begründet weder eine Verfügungsbeschränkung noch eine schuldrechtliche
3 Aufgabepflicht (vgl § 873 Rn 18 [b, c], sa BGH NJW 80, 228). **b) Löschung** ist Grundbucheintragung mit negativem Inhalt, vgl GBO 46 I. Die alte Eintragung wird nicht entfernt, sondern rot unterstrichen, GBV 17 II 1, 2, 17 a.

Allgemeine Vorschriften über Rechte an Grundstücken **§§ 876, 877**

3. Wirkung. Aufgabeerklärung und Löschung zusammen bringen das Recht 4
zum Erlöschen, sog Doppeltatbestand. Beide zusammen sind erst die Verfügung
über das aufgehobene Recht (Rn 2 [aa]). Erklärung und Löschung müssen gleichzeitig bestehen; Reihenfolge und zeitlicher Abstand sind gleichgültig (vgl auch
§ 873 Rn 10). § 878 gilt.
4. Die **Aufhebung eines Grundpfandrechts** ist nur mit Zustimmung des 5
Eigentümers möglich (vgl §§ 1183, 1192, 1200). Zum Grund s § 1183 Rn 1.

§ 876 Aufhebung eines belasteten Rechts

¹Ist ein Recht an einem Grundstück mit dem Recht eines Dritten belastet, so ist zur Aufhebung des belasteten Rechts die Zustimmung des Dritten erforderlich. ²Steht das aufzuhebende Recht dem jeweiligen Eigentümer eines anderen Grundstücks zu, so ist, wenn dieses Grundstück mit dem Recht eines Dritten belastet ist, die Zustimmung des Dritten erforderlich, es sei denn, dass dessen Recht durch die Aufhebung nicht berührt wird. ³Die Zustimmung ist dem Grundbuchamt oder demjenigen gegenüber zu erklären, zu dessen Gunsten sie erfolgt; sie ist unwiderruflich.

1. Aufhebung eines belasteten Rechts (§ 875) beseitigt Recht des Dritten 1
und seine Belastung, zB das Pfandrecht an der aufgehobenen Grundschuld (gilt
entspr für „belastende" Vormerkung, BayObLG Rpfleger 87, 156). Daher muß der
Drittberechtigte (Begriff wie § 875 Rn 2 [bb]) zustimmen, **S 1**.
2. Will der Eigentümer des herrschenden Grundstücks ein **subj dingliches** 2
Recht (§§ 1018 ff, 1094 II, 1105 II) am dienenden Grundstück aufgeben, so muß
der Inhaber eines beschränkten dinglichen Rechts am herrschenden Grundstück,
zB ein Hypothekengläubiger, (nur) zustimmen, wenn die Aufgabe sein Recht
berührt, **S 2**. Grund: Der Wert des Grundstücks und des beschränkten dinglichen
Rechts *kann* durch die Aufhebung geschmälert werden, sa § 96.
3. Rechtsnatur. Zustimmung ist einseitige empfangsbedürftige (vgl § 130) 3
Willenserklärung, abstrakt (Rn 13 vor § 854), materiellrechtlich formlos wirksam
(zu GBO 29 vgl § 875 Rn 2 [dd]) und unwiderruflich **(S 3 HS 2)**. Sie ist Verfügung (anders die Aufgabeerklärung, § 875 Rn 4).
4. Wirkung. Das Recht erlischt nur, wenn die nötige Zustimmung vorliegt (arg 4
§ 876: „ist erforderlich"). Fehlt sie, so soll Löschung nicht erfolgen (GBO 19; zur
grundbuchrechtlichen Entbehrlichkeit GBO 21); andernfalls wird das Grundbuch
durch Löschung unrichtig (Berichtigung können sowohl der Inhaber des belastenden wie der des gelöschten Rechts verlangen, hM), doch ist nachträgliche
Zustimmung (§ 184, StGursky 45; hM) möglich.

§ 877 Rechtsänderungen

Die Vorschriften der §§ 873, 874, 876 finden auch auf Änderungen des Inhalts eines Rechts an einem Grundstück Anwendung.

1. Anwendungsbereich. § 877 erfaßt *rechtsgeschäftliche Änderungen,* die nicht 1
Belastung, Übertragung (§ 873), Aufhebung (§ 875) oder Rangänderung (§ 880)
des bestehenden Rechts sind, zB Umwandlung von Hypothek in Grundschuld,
§ 1198 (BGH NJW 68, 1674). Erhöhung des Hypothekenkapitals ist Neubegründung einer Hypothek (RG 143, 428); bloße Zinserhöhung ist Inhaltsänderung (§ 1119 Rn 1, 2).
2. Erforderlich sind: Einigung zwischen Berechtigtem (§ 873 Rn 17 [a]) und 2
Eigentümer (§ 873), Eintragung (§ 873, mit Möglichkeit der Bezugnahme: § 874),
Zustimmung eines Drittberechtigten (§ 876).

Jauernig 1107

§ 878 Nachträgliche Verfügungsbeschränkungen

Eine von dem Berechtigten in Gemäßheit der §§ 873, 875, 877 abgegebene Erklärung wird nicht dadurch unwirksam, dass der Berechtigte in der Verfügung beschränkt wird, nachdem die Erklärung für ihn bindend geworden und der Antrag auf Eintragung bei dem Grundbuchamt gestellt worden ist.

1 **1. Allgemeines.** Zwischen Erklärung und Eintragung (diese Reihenfolge entspricht der Regel) kann geraume Zeit liegen. **a) Bei Eintritt von Geschäftsunfähigkeit oder Tod** des Verfügenden in der Zwischenzeit gilt § 130 II. War die wirksame Erklärung bindend (§§ 873 II, 877, 875 II), dann bleibt sie es (vgl BGH 32, 369); mit der Eintragung vollzieht sich die Rechtsänderung. War die Erklärung nicht bindend, so kann sie der Erbe widerrufen. Ist ein **Betreuer** für den betr Aufgabenkreis bestellt, so kann er widerrufen (§ 1902; ggf bedarf der Betreute für
2 seinen Widerruf der Einwilligung des Betreuers, § 1903). **b) Für Verfügungsbeschränkungen** gilt § 878.

3 **2. a) Grundsatz.** Der Berechtigte (§ 873 Rn 17 [a]) muß *bei Eintritt der Rechtsänderung* – hier: bei Eintragung – verfügungsbefugt sein (BGH 136, 92; NJW 01,
4 359). **b) Ausnahme** in § 878. **aa) Voraussetzungen.** Ist die wirksame Erklärung bindend (§§ 873 II, 875 II, 877) und der Eintragungsantrag gestellt (GBO 13 I 1, II), so bleibt danach eintretende Beschränkung (auch Entziehung, Wegfall) der Verfügungsbefugnis insoweit wirkungslos; denn der Verfügende hat alles seinerseits Erforderliche und Mögliche für die Eintragung getan. Auch der vom Verfügenden gestellte Eintragungsantrag bleibt wirksam (StGursky 50 mN; BGH NJW-RR 88, 1275 läßt offen); Rücknahme durch Insolvenzverwalter ist wegen Schutzfunktion von § 878, InsO 91 unzulässig (zust Häsemeyer, InsRecht, 2. Aufl 1998, Rn 10. 31; aA StGursky 50 mN); zusätzlicher eigener Antrag des Erwerbers empfehlenswert. Mit der Eintragung tritt die Rechtsänderung ein (zu den weiteren Erwerbsvoraussetzungen bei Grundpfandrechten, die ebenfalls zZ der Eintragung vorliegen müssen, vgl § 1113 Rn 13; KG NJW 75, 879; Dieckmann, FS Schiedermair, 1976, S 98). War zZ der Verfügungsbeschränkung die Erklärung nicht bindend oder der
5 Eintragungsantrag nicht gestellt, so wird die Erklärung wirkungslos. **bb) Anwendungsbereich.** § 878 betrifft nur *rechtsgeschäftliche* Erklärungen gem §§ 873, 875, 877. § 878 gilt entspr für die Bewilligung einer Vormerkung (BGH NJW 98, 2136), für die Zustimmung gem § 1183. § 878 gilt *nicht*, auch nicht analog, für
6 Erwerb in der *Zwangsvollstreckung* (BGH 9, 252 ff; hM). **cc) Mögliche Verfügungsbeschränkungen** sind zB gerichtl Veräußerungsverbote (§§ 136, 135, ZPO 938 II), Eröffnung des Insolvenzverfahrens (InsO 80 I), Anordnung der Zwangsversteigerung (ZVG 20 I, 23 I); zur Terminologie (relative und absolute Verfügungsbeschränkungen) vgl § 873 Rn 3.

§ 879 Rangverhältnis mehrerer Rechte

(1) ¹**Das Rangverhältnis unter mehreren Rechten, mit denen ein Grundstück belastet ist, bestimmt sich, wenn die Rechte in derselben Abteilung des Grundbuchs eingetragen sind, nach der Reihenfolge der Eintragungen.** ²**Sind die Rechte in verschiedenen Abteilungen eingetragen, so hat das unter Angabe eines früheren Tages eingetragene Recht den Vorrang; Rechte, die unter Angabe desselben Tages eingetragen sind, haben gleichen Rang.**

(2) **Die Eintragung ist für das Rangverhältnis auch dann maßgebend, wenn die nach § 873 zum Erwerb des Rechts erforderliche Einigung erst nach der Eintragung zustande gekommen ist.**

(3) **Eine abweichende Bestimmung des Rangverhältnisses bedarf der Eintragung in das Grundbuch.**

Allgemeine Vorschriften über Rechte an Grundstücken §§ 880–882

§ 880 Rangänderung

(1) Das Rangverhältnis kann nachträglich geändert werden.

(2) ¹Zu der Rangänderung ist die Einigung des zurücktretenden und des vortretenden Berechtigten und die Eintragung der Änderung in das Grundbuch erforderlich; die Vorschriften des § 873 Abs. 2 und des § 878 finden Anwendung. ²Soll eine Hypothek, eine Grundschuld oder eine Rentenschuld zurücktreten, so ist außerdem die Zustimmung des Eigentümers erforderlich. ³Die Zustimmung ist dem Grundbuchamt oder einem der Beteiligten gegenüber zu erklären; sie ist unwiderruflich.

(3) Ist das zurücktretende Recht mit dem Recht eines Dritten belastet, so findet die Vorschrift des § 876 entsprechende Anwendung.

(4) Der dem vortretenden Recht eingeräumte Rang geht nicht dadurch verloren, dass das zurücktretende Recht durch Rechtsgeschäft aufgehoben wird.

(5) Rechte, die den Rang zwischen dem zurücktretenden und dem vortretenden Recht haben, werden durch die Rangänderung nicht berührt.

§ 881 Rangvorbehalt

(1) Der Eigentümer kann sich bei der Belastung des Grundstücks mit einem Recht die Befugnis vorbehalten, ein anderes, dem Umfang nach bestimmtes Recht mit dem Rang vor jenem Recht eintragen zu lassen.

(2) Der Vorbehalt bedarf der Eintragung in das Grundbuch; die Eintragung muss bei dem Recht erfolgen, das zurücktreten soll.

(3) Wird das Grundstück veräußert, so geht die vorbehaltene Befugnis auf den Erwerber über.

(4) Ist das Grundstück vor der Eintragung des Rechts, dem der Vorrang beigelegt ist, mit einem Recht ohne einen entsprechenden Vorbehalt belastet worden, so hat der Vorrang insoweit keine Wirkung, als das mit dem Vorbehalt eingetragene Recht infolge der inzwischen eingetretenen Belastung eine über den Vorbehalt hinausgehende Beeinträchtigung erleiden würde.

§ 882 Höchstbetrag des Wertersatzes

¹Wird ein Grundstück mit einem Recht belastet, für welches nach den für die Zwangsversteigerung geltenden Vorschriften dem Berechtigten im Falle des Erlöschens durch den Zuschlag der Wert aus dem Erlös zu ersetzen ist, so kann der Höchstbetrag des Ersatzes bestimmt werden. ²Die Bestimmung bedarf der Eintragung in das Grundbuch.

Anmerkungen zu den §§ 879–882

1. **Allgemeines. a) Bedeutung des Ranges.** Ein Grundstück kann mit mehreren gleich- oder verschiedenartigen *beschränkten dinglichen Rechten* belastet sein. Unter ihnen bestehen Rangverhältnisse, deren Bedeutung sich (spätestens) in einer Zwangsversteigerung des Grundstücks zeigt: Je schlechter der Rang, desto höher das Risiko des Berechtigten, leer auszugehen („auszufallen", ZVG 10, 44, 52 I, 91 I); das höhere Risiko muß bezahlt werden, insbes durch höhere Zinsen für rangschlechte(re) Grundpfandrechte. **b) § 879** gibt allg Grundlage für die Rangverhältnisse, § 880 betrifft die nachträgliche Rangänderung, § 881 den Rangvorbehalt.

2. **Allg Grundlage** für die Rangverhältnisse, **§ 879. a) Eintragung mehrerer Rechte in derselben Abteilung.** Es entscheidet grundsätzlich die *räumliche*

§ 882 Buch 3. Abschnitt 2

Reihenfolge der Eintragungen, § 879 I 1 (hM). Sie entspricht wegen GBO 17, 45 I HS 1 (Verfahrensvorschriften, Rn 5) normalerweise der zeitlichen Reihenfolge der Antragstellung und Eintragung. Für gleichzeitig gestellte Anträge schreibt GBO 45 I HS 2 Rangvermerk vor. Stimmen räumliche und zeitliche Reihenfolge der Eintragungen nicht überein, zB wegen Eintragung in einem freigelassenen Raum (entgegen GBV 21 III), so gilt die zeitliche Reihenfolge (MK/Wacke

4 § 879, 19–21 mN, str). **b) Eintragung mehrerer Rechte in verschiedenen Abteilungen** (II oder III). Es entscheidet stets das angegebene *Datum*, § 879 I 2, auch wenn es falsch ist (hM). Die Reihenfolge entspricht idR der zeitlichen Reihenfolge von Antragstellung und Eintragung, vgl GBO 17. GBO 45 II will den zeitlichen Vorrang eines Antrags auch im Falle des § 879 I 2 HS 2 durch-

5 setzen; iü gilt: gleiches Datum, gleicher Rang. **c) Die Eintragung bestimmt** den Rang, § 879 I, II. Ein Verstoß gegen die Verfahrensvorschriften GBO 17, 45 ist für die Rangverhältnisse unbeachtlich, auch wenn dadurch ein Recht den ihm gem GBO 17, 45 zustehenden besseren Rang nicht erhält. Es besteht wegen Verletzung der Amtspflicht aus GBO 17, 45 durch den Grundbuchführer ein Anspruch aus GG 34, § 839 (BGH 21, 101), aber kein Berichtigungsanspruch (das Grundbuch ist richtig: § 879!), kein Bereicherungsanspruch gegen den Begünstigten (BGH 21, 98 ff; Hoche JuS 62, 60 ff). Zur Eintragung unter Verstoß gegen

6 eine Rangvereinbarung (§ 879 III) vgl Rn 2. **d) Gem § 879 II** richtet sich der Rang auch dann nach der Eintragung, wenn ihr die Einigung und damit die

7 Entstehung des Rechts nachfolgt. **e) Abw Regelung** der Rangverhältnisse ist von vornherein möglich, § 879 III, GBO 45 III Fall 2 (zur nachträglichen Änderung: § 880). Erforderlich: Einigung der Beteiligten (§ 873 I) und Eintragung (dazu GBV 18). Die Rangbestimmung ist stets Teil der dinglichen Einigung, zumeist auch Gegenstand des zugrundeliegenden Verpflichtungsgeschäfts. Decken sich Einigung und Eintragung (Rangvermerk) nicht, so gilt § 139 (BGH NJW-RR 90, 206).

8 **3. Nachträgliche rechtsgeschäftliche Rangänderung** läßt ein bereits bestehendes Recht zugunsten eines anderen Rechts im Rang zurücktreten, **§ 880 I.** Das andere Recht kann bereits eingetragen sein oder erst zusammen mit der Rangänderung eingetragen werden (RG 157, 27). **a) Erforderlich:** Einigung zwischen den Inhabern des vor- und zurücktretenden Rechts und Eintragung, § 880 II 1 (zur Eintragung GBV 18; Änderungsvermerk bei zurücktretendem Recht genügt, MK/Wacke 9; aA ErmHagen/Lorenz § 880, 6); materiellrechtliche Zustimmung des Eigentümers bei Zurücktreten eines Grundpfandrechts (ist idR in der Eintragungsbewilligung enthalten), § 880 II 2 (Grund: Rangverschlechterung des möglichen künftigen Eigentümergrundpfandrechts, s § 1179 a V, 1179 b II); Zustimmung eines am zurücktretenden Recht Drittberechtigten, § 880 III.

9 **b) Wirkung.** Das vortretende Recht behält seinen Rang auch bei Aufhebung (§ 875) des zurücktretenden Rechts, § 880 IV. Zwischenberechtigte werden vom Rangwechsel nicht berührt, § 880 V, und brauchen ihm daher nicht zuzustimmen.

10 **4. Der Rangvorbehalt, § 881,** soll einem erst später zu bestellenden, im Umfang festgelegten Recht den Vorrang vor einem jetzt schon zu bestellenden Recht sichern. **a) Erforderlich:** Einigung zwischen Eigentümer und Erwerber des mit dem Vorbehalt belasteten Rechts (§ 873 I) und Eintragung des Vorbehalts bei

11 diesem Recht, § 881 II. **b) Wenn vor Eintragung** des vorbehaltenen Rechts andere Rechte (**„Zwischenrechte"**) eingetragen werden, entstehen relative Rangverhältnisse, § 881 IV. Sie können den Vorbehalt bei einer Zwangsversteigerung nutzlos machen (s MK/Wacke 16–19). Deshalb spielt § 881 für Grundpfandrechte praktisch keine Rolle. Hier wird zwecks Rangwahrung vor späteren Belastungen eine Eigentümergrundschuld eingetragen (vgl. BGH 64, 321; sa § 1196 III); zu den verbleibenden Problemen Baur § 17 Rn 32; Eickmann NJW 81, 545 ff.

Allgemeine Vorschriften über Rechte an Grundstücken **§ 883**

§ 883 Voraussetzungen und Wirkung der Vormerkung

(1) ¹Zur Sicherung des Anspruchs auf Einräumung oder Aufhebung eines Rechts an einem Grundstück oder an einem das Grundstück belastenden Recht oder auf Änderung des Inhalts oder des Ranges eines solchen Rechts kann eine Vormerkung in das Grundbuch eingetragen werden. ²Die Eintragung einer Vormerkung ist auch zur Sicherung eines künftigen oder eines bedingten Anspruchs zulässig.

(2) ¹Eine Verfügung, die nach der Eintragung der Vormerkung über das Grundstück oder das Recht getroffen wird, ist insoweit unwirksam, als sie den Anspruch vereiteln oder beeinträchtigen würde. ²Dies gilt auch, wenn die Verfügung im Wege der Zwangsvollstreckung oder der Arrestvollziehung oder durch den Insolvenzverwalter erfolgt.

(3) Der Rang des Rechts, auf dessen Einräumung der Anspruch gerichtet ist, bestimmt sich nach der Eintragung der Vormerkung.

1. Bedeutung, Begriff und Wesen der Vormerkung. a) Die Bedeutung 1
zeigt am besten ein Bsp: E verkauft sein Grundstück an A und läßt es ihm auf. Vor Eintragung des A verkauft E es (für einen erheblich höheren Preis) an B, Auflassung und Eintragung folgen unmittelbar. B ist unangreifbar Eigentümer geworden (außer bei Kollusion zwischen E und B, § 826); A kann daher nicht mehr Eigentümer werden (die Eintragung fehlt!); dem E ist die Erfüllung (§ 433 I 1) unmöglich geworden, A daher auf Schadensersatz verwiesen (§§ 275, 280 I 1, 283). Gegen Verlust seines Anspruchs auf Eigentumsverschaffung, § 433 I 1, kann sich A durch rechtzeitige Eintragung einer Auflassungsvormerkung sichern (daher Belehrungspflicht des Notars, BGH NJW 89, 103). Mit ihrer Hilfe kann er seinen Anspruch aus § 433 I 1 trotz Übereignung an B durchsetzen (dem E wird die Erfüllung also nicht unmöglich); ie vgl Rn 14. Diese Möglichkeit der Anspruchsdurchsetzung wird idR schon die Vornahme vormerkungswidriger Verfügungen verhindern.
b) Begriff. Die Vormerkung *sichert* einen *obligatorischen Anspruch auf dingliche* 2
Rechtsänderung, genauer: auf Einräumung, Aufhebung, Inhalts- oder Rangänderung eines eintragungsfähigen dinglichen Rechts an einem Grundstück oder Grundstücksrecht (vgl BGH 34, 257). Ihr Entstehen und Fortbestehen hängt von der Existenz des zu sichernden Anspruchs ab: Die Vormerkung ist *streng akzessorisch* (BGH NJW 02, 2314). **c) Das „Wesen"** der Vormerkung ist str. Begriffsjuristische 3
Deduktionen beherrschen das Feld (aus ihrem „Wesen" – dingliches Recht oder Grundbuchvermerk – wird die [Nicht-]Anwendbarkeit von § 892 gefolgert usw; Übersicht bei StGursky 203 ff). Damit wird die Eigenart der Vormerkung nicht erfaßt: Sie verhilft einem obligatorischen Anspruch auf dingliche Rechtsänderung zu beträchtlichen dinglichen Wirkungen (BGH 34, 257 f; 60, 49), vgl Rn 13–22.

2. Der gesicherte Anspruch. a) Nur obligatorische Ansprüche des Privat- 4
rechts sind vormerkungsfähig, nicht bloß solche aus dem 2. Buch des BGB (Bsp: Anspruch aus Vermächtnis nach Erbfall, §§ 2174, 2176, vgl BGH 12, 117). Inhalt und Gegenstand müssen zumindest eindeutig bestimmbar sein. *Schuldgrund* kann RGeschäft (auch Erbvertrag zumindest nach Erbfall, nicht vorher: BGH 12, 117 ff; vgl Rn 9), Ges (zB §§ 648, 812; nicht hierher gehören §§ 1179 a, b) oder Richterspruch (zB gem § 1383) sein. **b) Zum Inhalt: I 1.** Praktisch wichtig sind Auflassungs- und 5
Löschungsvormerkung (dazu § 1179; bes gilt für §§ 1179 a, b, vgl § 1179 a Rn 10). Anspruch muß sich auf eintragungs*fähiges* (nicht nötig eintragungs*bedürftiges*) Recht beziehen; andernfalls ist die Vormerkung wirkungslos (RG 55, 273).
c) Rechtswirksam muß der Anspruch sein (BGH NJW 02, 2314; Ausnahme 6
Rn 7) und bleiben, sonst entsteht die Vormerkung trotz Eintragung nicht oder erlischt, Grundbuch wird unrichtig (BayObLG NJW-RR 97, 1446). Folge: Berichtigung möglich, § 894; Widerspruch, § 899, unzulässig, weil Vormerkung hier nicht vom öffentl Glauben des Grundbuchs erfaßt wird, allgM, vgl Rn 25). **d) Ein** 7
künftiger oder aufschiebend bedingter Anspruch genügt, I 2 (auflösend beding-

Jauernig 1111

§ 883

ter besteht bis zum Bedingungseintritt, daher problemlos). Der künftige Anspruch besteht (noch) nicht (Ausnahme von Rn 6); das gilt auch für den aufschiebend bedingten (str). „Bedingt" ist entgegen dem Wortlaut von I 2 nicht der Anspruch (vgl Mot I 256), sondern seine Grundlage, das RGeschäft (§ 158 I). Dieses besteht als gegenwärtiges ab Vornahme. In ihm ist der bedingte Anspruch „begründet" (BGH 38, 371), doch „besteht" er vor Bedingungseintritt noch nicht (widersprüchlich BGH NJW 02, 2462). Iü ist zwischen künftigem und aufschiebend

8 bedingtem Anspruch zu unterscheiden. **aa) Ein künftiger Anspruch** ist vormerkungsfähig, wenn er nach Inhalt und Gegenstand mindestens bestimmbar ist (BGH 61, 211). Daher muß bereits jetzt eine feste inhaltsbestimmende Grundlage des Anspruchs vorhanden sein (die aber kein aufschiebend bedingtes RGeschäft ist, sonst gilt Rn 9), zB ein bindendes Vertragsangebot (BGH NJW 02, 214; zur Verlängerung der Annahmefrist Frankfurt/M NJW-RR 93, 1489f), der künftige Rückgewähranspruch nach § 531 II (vgl BayObLG NJW-RR 01, 1529f, dazu sa BGH NJW 02, 2462). Der künftige Anspruch genießt schon jetzt Vormerkungsschutz, nicht erst nach seiner Entstehung (BH NJW 02, 215). Eine mehr oder weniger aussichtsreiche tatsächliche Möglichkeit genügt nicht, zB *nicht*: Vermächtnisanspruch vor (sondern erst nach) Erbfall (BGH 12, 118); wegen § 125 nichtiger Übereignungsanspruch (Heilung, § 311b I 2), hilft nicht, da ohne Rückwirkung: BGH NJW 83, 1545); Anspruch, dessen Entstehen von der blanken Willkür des künftig Verpflichteten abhängt (BGH 134, 184f mN; NJW 01, 2884). Nicht notwendig ist, daß die Entstehung des Anspruchs *allein* im Willen des künftig Berechtigten liegt (BayObLG Rpfleger 77, 361; zust Ertl ebda 346. – AA BGH WM 81, 1358 mN, zurückhaltend

9 NJW 81, 446f). **bb) Ein aufschiebend bedingter Anspruch** ist zwar ein künftiger Anspruch (Rn 7), aber durch das bestehende bedingte RGeschäft nach Inhalt und Gegenstand mindestens bestimmbar (BGH 134, 185f). Zulässige Bedingung ist auch die Potestativbedingung (§ 158 Rn 3; BGH NJW 02, 2462f: vereinbarter Rückübertragungsanspruch bei grobem Undank iSv § 530), nicht die Wollensbedingung (§ 158 Rn 4), bei der ein gültiges bedingtes RGeschäft und damit ein vormerkungsfähiger bedingter Anspruch fehlt (StGursky 120: künftiger ist gege-

10 ben). **e) Personenidentität** muß bestehen einerseits zwischen Anspruchsinhaber und Vormerkungsberechtigtem, andererseits zwischen Anspruchsgegner und Inhaber des von der Vormerkung betroffenen Rechts, BGH 134, 188 (Ausnahme: § 1179). Der *Anspruchsinhaber* muß zumindest *bestimmbar* sein, obj Maßstab entscheidet (genügend: die jeweiligen Eigentümer eines bestimmten Grundstücks, RG 128, 248ff; sa BayObLG DNotZ 87, 102f zum Anspruch aus Vertrag zgDr).

11 f) Besteht der zu sichernde Anspruch, so hat der Berechtigte einen **ges Anspruch auf** Eintragung einer **Vormerkung** (hM; aA Westermann § 83 II 2). Die Gegenansicht führt dazu, daß bei der einstw Verfügung beide Ansprüche verwechselt werden und letzterer der „zu sichernde" (§ 885 I 2) sein soll: Dempewolf NJW 57, 1259; sa MK/Eickmann § 1179, 17 (dazu § 1179 Rn 15).

12 3. Entstehungsvoraussetzungen. a) Vormerkungsfähiger Anspruch (Rn 4); **b)** Bewilligung oder einstw Verfügung, § 885 (vgl dort Rn 2–9); **c)** Eintragung (§ 885 Rn 10–12).

13 4. Wirkungen. a) Keine Grundbuchsperre (allgM); *keine Verfügungsbeschränkung* iSd §§ 878, 892 (hM); bei vormerkungswidriger Verfügung wird Grundbuch nicht unrichtig iSv § 894 und gehen die Pflichten des Anspruchsgegners nicht kraft Ges auf den Erwerber über (etwa bei der Auflassungsvormerkung kein Übergang der Pflichten aus § 433 I auf den Erwerber, vgl Bsp Rn 1). Vielmehr:

14 b) Begrenzte Unwirksamkeit der Verfügung des Anspruchsgegners (Rn 10), im Falle von § 1179 Rn 12 die eines Dritten, in doppelter Hinsicht (BGH 105, 261; hM): nur *soweit* sie den gesicherten Anspruch vereiteln oder *beeinträchtigen* würde (**obj** Begrenzung, II 1) und nur *zugunsten* des *Anspruchsinhabers* (**subj** Begrenzung, die zur relativen Unwirksamkeit [Rn 19 vor § 104] führt; **§ 888 I**). Die Unwirksamkeit wird nur beachtet, wenn sich der Anspruchsinhaber gem

Jauernig

Allgemeine Vorschriften über Rechte an Grundstücken **§ 883**

§ 888 I auf sie beruft; daher kann er auf sie auch verzichten und damit die Verfügung genehmigen (BGH, DtZ 97, 226; Rn 22). **c) Bsp:** Im Fall Rn 1 (*Auflas-* 15 *sungsvormerkung*) ist die Übereignung an B, weil vormerkungswidrig, unwirksam, aber nur dem A gegenüber (s Rn 19 vor § 104). Für ihn ist E noch Eigentümer (keine Unmöglichkeit, daher kann A von E Erfüllung verlangen, § 888 Rn 1). Eintragung des A als Eigentümer wegen GBO 19 nur möglich, wenn B zustimmt; auf diese Zustimmung hat A Anspruch (§ 888 I). Vormerkungswidrig ist bei der Auflassungsvormerkung jede andere Verfügung über das Grundstück, zB Bestellung eines Grundpfandrechts, sofern sie nicht erlaubt ist (vgl BGH NJW 81, 981 [krit Lehmann NJW 93, 1559], sa Rn 22). Ist ein Grundpfandrecht vormerkungswidrig eingetragen worden, so kann A Zustimmung zur Löschung verlangen (BGH 99, 388). Die Zustimmung (§ 888 I) ist nur formelle Eintragungsvoraussetzung (GBO 19, vgl § 873 Rn 26); ihr Fehlen hindert nicht den Eintritt der dinglichen Rechtsänderung (hM). – Besteht zugunsten des X eine *Vormerkung auf Belastung des Grundstücks,* zB durch eine Grundschuld, und wird vor endgültiger Eintragung dieser Belastung eine andere zugunsten des Y eingetragen, so liegt keine vormerkungswidrige Verfügung vor. Grund: Die endgültig eingetragene Belastung zugunsten des X geht der zugunsten des Y ohne weiteres im Rang vor, III. Einer Zustimmung bedarf es nicht, § 888 ist unanwendbar. – *Besteht* bei Eintragung einer Auflassungsvormerkung bereits eine *Eigentümergrundschuld,* so ist deren spätere Abtretung keine vormerkungswidrige Verfügung über das Grundstückseigentum (BGH NJW 94, 129). **d) Erfaßt werden** nicht nur rechts- 16 geschäftliche (II 1), sondern *auch Verfügungen im Wege der Zwangsvollstreckung,* des Arrestvollzugs oder durch den Insolvenzverwalter, **II 2.** Dem Berechtigten gegenüber Auflassungsvormerkung gegenüber ist die Erwirkung einer Arresthypothek (ZPO 932) unwirksam. Abhilfe nach §§ 883 II, 888 I (vgl Rn 15); ZPO 771 f unanwendbar (Hamburg MDR 63, 509). **Nicht erfaßt** wird *Erwerb kraft Ges* (s Frankfurt/M KTS 84, 166). **e) Vermietung** und Verpachtung stehen den Verfügungen 17 *nicht* gleich (BGH NJW 89, 451; aA StGursky 139 mN, um § 566, 578 gem II analog auszuschließen). **f) Vormerkung wirkt rangwahrend, III.** Gilt für Auf- 18 lassungsvormerkung nur im Verhältnis zu anderer Auflassungsvormerkung (MK/ Wacke 59); bei gleichrangigen setzt sich die erste Übereignung durch („Prioritätstheorie": Naumburg NJW-RR 00, 1185 f mN), str. Gegenüber vorgemerkter Grundstücksbelastung ist nachträgliche Belastung keine vormerkungswidrige Verfügung, weil sie der vorgemerkten im Rang nachsteht, III (Rn 15). Zur grundbuchtechnischen Verdeutlichung des Vorrangs GBV 12 I, 19, dazu § 879 I 1. **g) Im Insolvenzverfahren** des Anspruchsgegners ist die Vormerkung idR insol- 19 venzfest (InsO 106, auch InsO 254 II 1; zur möglichen Hinfälligkeit über ZVG 174 a Stöber NJW 00, 3600 ff), aber anfechtbar gem InsO 129 ff (nicht nach InsO 131, weil Vormerkung keine inkongruente Deckung, BGH 34, 257 ff zu KO 30 Nr 2). Auflassungsvormerkung führt zur Aussonderung (InsO 47), Grundpfandrechtsvormerkung zur abgesonderten Befriedigung (InsO 49). Die Vormerkung muß vor Eröffnung des Insolvenzverfahrens eingetragen sein; doch gelten für die *bewilligte* Vormerkung § 878, InsO 91 II entspr (BGH NJW 89, 2136 zu KO 15 S 2). Für KO 24 spielt der Eintragungsgrund (§ 885 I 1, ZPO 895) keine Rolle. Vormerkungswidrige Verfügungen des Insolvenzverwalters sind nach allg Grundsätzen (II 1, § 888 I, vgl Rn 14) unwirksam, II 2. **h) In der Zwangsversteige-** 20 **rung** und -verwaltung ist der Vormerkungsberechtigte Beteiligter (ZVG 9 Nr 1). Sein vorgemerktes Recht wird wie ein eingetragenes berücksichtigt (ZVG 48), sofern es, endgültig eingetragen, das Grundstück neu und überbietend belastet würde (BGH 53, 49); zum Rang ZVG 10 I Nr 4. Ob die Vormerkung das Vollstreckungsverfahren übersteht (und nach allg Grundsätzen, Rn 14, durchgesetzt werden kann) oder erlischt (ZVG 91), richtet sich vor allem danach, ob das vorgemerkte Recht dem Recht des betreibenden Gläubigers vorgeht oder nicht, dazu ZVG 10–13. Einzelheiten bei StGursky 185–193 mN. Zur Gefährdung der Vormerkung durch ZVG 174 a bei Versteigerung durch den Insolvenzverwalter

§ 883 Buch 3. Abschnitt 2

21 Stöber NJW 00, 3600 ff; sa Rn 19. **i) Eingetragen** (und nicht gelöscht: BGH NJW 91, 1113) muß die Vormerkung spätestens in dem Zeitpunkt sein, in dem die vormerkungswidrige Verfügung vollendet (dazu § 873 Rn 13) ist; unschädlich, daß Vormerkung unter Verletzung von GBO 17 vor dieser Verfügung eingetragen
22 ist (BGH DtZ 95, 101). **j) Zustimmung** des Vormerkungsberechtigten zur Verfügung (§§ 182 ff; LM Nr 2 mN) macht sie wirksam (Rn 14; Gursky DNotZ 98,
23 274 ff, auch zum „Wirksamkeitsvermerk" im Grundbuch). **k) Erlischt die Vormerkung** (§ 886 Rn 1) vor Durchsetzung des gesicherten Anspruchs, so wird die vormerkungswidrige Verfügung wirksam (BGH 117, 392).

24 **5. a) Übertragung aa)** des gesicherten *Anspruchs:* Nach allg Regeln; Vormerkung geht mit, § 401 entspr (BGH NJW 94, 2947 f; s aber § 886 Rn 1 [cc]). Grundbuch wird unrichtig; Berichtigung, § 894, möglich; Widerspruch, § 899, unzulässig (Grund: Der Eingetragene ist nicht mehr Anspruchsinhaber, daher gilt Rn 6, 28 [aa]); **bb)** der *Vormerkung* allein ist unmöglich (Grund: Rn 2), BGH NJW 94, 2947. **cc)** Erwerb vom Nichtberechtigten: Rn 25–29. **b) Erlöschen:** § 886 Rn 1.

25 **6. Vormerkung und öffentl Glaube des Grundbuchs. a) Ersterwerb. aa) Der Anspruch besteht nicht.** Dann gibt es keinen Vormerkungserwerb gem §§ 892 f (BGH 25, 24 f; 57, 344), da Vormerkung ohne Anspruch sinnlos ist. Berichtigung, § 894, möglich, Widerspruch, § 899, nicht, weil Erwerb vom
26 Nichtberechtigten ausgeschlossen ist (Rn 28 [aa]). **bb) Bei Bewilligung** der Vormerkung durch *eingetragenen Nichtberechtigten* für einen wirksamen (auch: aufschiebend bedingten oder künftigen, BGH NJW 81, 447; aA Hepting NJW 87, 865 ff) Anspruch gilt § 893, da die Bewilligung, wenn die Vormerkung eingetragen wird, eine Verfügung über das dingliche Recht am Grundstück ist (BGH NJW 81, 448, hM; sa Rn 3). Ist die Vormerkung vom Nichtberechtigten erworben, so hindern weder nachträgliche Unredlichkeit des Vormerkungsberechtigten noch die Eintragung eines Widerspruchs, noch die Berichtigung des Grundbuchs den Rechtserwerb des Vormerkungsberechtigten (BGH NJW 81, 447; hM). Ist das Grundbuch berichtigt, so gilt der (frühere) Buchberechtigte noch als Berechtigter (II entspr), und der im Wege der Berichtigung eingetragene Berechtigte muß die Eintragung des Vormerkungsberechtigten bewilligen (§ 888 I entspr); hM, s
27 StGursky § 888, 53 mN. **cc) Eintragung aufgrund einstw Verfügung** gegen den Nichtberechtigten verschafft keine Vormerkung, da dann eine Verfügung iSv § 893 (Rn 26) fehlt (Tiedtke WM 81, 1098; hM). Erwerb vom Nichtberechtigten möglich bei rechtskräftiger Verurteilung zur Bewilligung **(ZPO 894, 898)**, ferner
28 im Fall von ZPO 895 (Reinicke NJW 64, 2379 ff gegen hM). **b) Übertragung. aa) Besteht kein Anspruch,** so scheidet Vormerkungserwerb vom Nichtberechtigten aus (allgM). **bb) Besteht der Anspruch,** ist aber trotz Eintragung die Vormerkung nicht entstanden, so kann sie vom Zessionar redlich erworben werden (BGH 25, 23 f; Wunner NJW 69, 116 ff mwN); vorherige Berichtigung, § 894, und, weil Erwerb vom Nichtberechtigten möglich, auch Widerspruch, § 899, sind zulässig (vgl KG MDR 77, 500 f). AA überwiegend die Lit mit differierenden Begründungen (Nachw StGursky § 892, 46 f), ua damit, daß Erwerb nicht kraft RGeschäfts, sondern Ges (§ 401 entspr, Rn 24 [aa]) eintrete (SoeStürner § 893, 8;
29 vgl aber zu Parallelproblem § 1143 Rn 2; § 1150 Rn 4). **c) Bei unberechtigter Löschung** der Vormerkung bleibt vormerkungswidrige Verfügung grundsätzlich unwirksam, doch redlicher Erwerb ist möglich (BGH NJW 94, 2948 f); dagegen Schutz des Vormerkungsberechtigten durch Widerspruch gegen Löschung, § 899, und Berichtigung, § 894 (BGH 60, 51).

30 **7. Vormerkungsähnliche Institute. a) Amtsvormerkung** gem GBO 18 II. Für sie gelten InsO 106, 254 II 1 nicht. **b) Dingliches Vorkaufsrecht,** das wie eine Vormerkung durchgesetzt wird, § 1098 II. **c) Widerspruch,** § 899. Er zerstört den öffentl Glauben des Grundbuchs und damit die Grundlage eines Erwerbs vom Nichtberechtigten (vgl § 892 I 1 aE). Der Widerspruch setzt also

Jauernig

Allgemeine Vorschriften über Rechte an Grundstücken **§§ 884, 885**

Unrichtigkeit des Grundbuchs voraus und schützt vor Rechtsverlust (§ 894 Rn 1). Die Vormerkung hingegen baut auf der Richtigkeit des Grundbuchs auf und sichert künftige Rechtsänderung (s aber § 1179 Rn 12). **d) Veräußerungsverbot:** § 888 Rn 7.

§ 884 Wirkung gegenüber Erben

Soweit der Anspruch durch die Vormerkung gesichert ist, kann sich der Erbe des Verpflichteten nicht auf die Beschränkung seiner Haftung berufen.

1. Voraussetzung: Vormerkung ist bei Erbfall bereits eingetragen, zumindest 1
bewilligt, es genügt auch vom Erben bewilligte Vormerkung (arg §§ 1990 II, 2016 II, InsO 321 [zum Begriff „Zwangsvollstreckung" s Jauernig, ZwV, § 47 II]). *Folge:* Erbe haftet unbeschränkbar, vgl § 2016. Sa BGH NJW 02, 2463.

§ 885 Voraussetzung für die Eintragung der Vormerkung

(1) ¹**Die Eintragung einer Vormerkung erfolgt auf Grund einer einstweiligen Verfügung oder auf Grund der Bewilligung desjenigen, dessen Grundstück oder dessen Recht von der Vormerkung betroffen wird.** ²**Zur Erlassung der einstweiligen Verfügung ist nicht erforderlich, dass eine Gefährdung des zu sichernden Anspruchs glaubhaft gemacht wird.**

(2) **Bei der Eintragung kann zur näheren Bezeichnung des zu sichernden Anspruchs auf die einstweilige Verfügung oder die Eintragungsbewilligung Bezug genommen werden.**

1. Entstehungsvoraussetzungen der Vormerkung s § 883 Rn 12. 1
2. Bewilligung. a) Einseitige Erklärung, formlos wirksam (aber GBO 29 2
beachten). **ZPO 895** fingiert Bewilligung. Sie ist *materiellrechtliche* Voraussetzung, daher bei Fehlen oder Unwirksamkeit keine wirksame Vormerkung. *Erklärungsempfänger:* Grundbuchamt oder Inhaber des zu sichernden Anspruchs (arg §§ 875 I 2, 876 S 3), BGH NJW-RR 89, 199. In der Bewilligung der Eintragung des Rechts liegt idR die Vormerkungsbewilligung (aA ErmHagen/Lorenz 2 mN); sa ZPO 895. **b) Sie ist Verfügung** über das Recht, sobald die Vormerkung einge- 3
tragen ist; daher §§ 878, 893 anwendbar (§ 878 Rn 5, § 883 Rn 26). **c) Für** 4
Klage auf Bewilligung ist trotz möglicher einstw Verfügung das Rechtsschutzinteresse gegeben, weil die Beendigungsgründe bei bewilligter und verfügter Vormerkung verschieden sind, vgl GBO 25 (dazu BGH 39, 23 f), ZPO 936 mit 926 f, 939. Deshalb sind auch bewilligte und verfügte Vormerkung nebeneinander möglich, ebenso nachträgliche Bewilligung für verfügte Vormerkung. **d) Bewilligen muß** 5
der in seinem Recht *Betroffene,* der zugleich Anspruchsgegner ist (vgl § 883 Rn 10, auch § 873 Rn 28).

3. Einstw Verfügung. a) Sie ersetzt die Bewilligung, muß daher deren inhalt- 6
liche Bestimmtheit aufweisen (BayObLG Rpfleger 81, 191) und richtet sich gegen den Betroffenen iSv Rn 5 (BayObLG NJW 86, 2578). Zum Verhältnis von bewilligter und verfügter Vormerkung Rn 4. **b) Voraussetzungen.** Verfügungsan- 7
spruch (s ZPO 936, 920) ist der „zu sichernde Anspruch" (I 2) iSv § 883 Rn 4–10, nicht ein (vertraglicher) Anspruch auf Bewilligung. Glaubhaftmachung der Gefährdung unnötig, **I 2** (abw von ZPO 936, 920 II); sie wird ges (nur) vermutet, weil der Anspruch mangels dinglicher Sicherung idR gefährdet ist (vgl Bsp § 883 Rn 1), Düsseldorf NJW-RR 00, 826; aA StGursky 24. Anspruch ist idR glaubhaft zu machen, ZPO 936, 920 II, 921 II. **c) Vormerkungsfähiger künftiger An-** 8
spruch (§ 883 Rn 8) ist in I nicht bes behandelt. Für ihn ist Feststellungsklage (ZPO 256) zulässig (vgl allg BGH 4, 135 mN); daher Fristsetzung gem ZPO 926 möglich (StGursky 23 mN). **d) Verfahren.** Zuständigkeit: ZPO 937, 942 ff. Für 9
Vollzug sind Fristen zu beachten: ZPO 936, 929 II (dazu Jauernig, ZwV, § 36 III),

Jauernig 1115

§ 886 Buch 3. Abschnitt 2

III. Vor Beantragung einer einstw Verfügung ist der Gegner idR zur Bewilligung aufzufordern, sonst drohen Kostennachteile entspr ZPO 93 (Stuttgart NJW 75, 2069).

10 4. **Eintragung. a) Voraussetzungen. aa)** Für **verfügte** Vormerkung: gerichtl Ersuchen (ZPO 941, GBO 38), das den Antrag (GBO 13) und die Bewilligung (iSv I und GBO 19) ersetzt; oder Antrag (GBO 13) mit Ausfertigung der einstw Verfügung. **bb)** Für **bewilligte** Vormerkung: Vorlage der Bewilligung iSv I (die idR auch die gem GBO 19 nötige enthält) und Antrag (GBO 13). Möglich ist auch die Reihenfolge: Eintragung, dann Bewilligung (hM); praktisch, wenn nicht (mehr) bestehende, aber (noch) eingetragene Vormerkung für neuen inhaltsgleichen Anspruch verwandt wird (BGH NJW 00, 806 f mN; str); § 873 Rn 10 gilt entspr; wegen § 879 wirkt „neue" Vormerkung für neuen inhaltsgleichen An-
11 spruch erst ab „neuer" Bewilligung (BGH NJW 00, 807). **b) Inhalt** von Bewilligung, einstw Verfügung und Eintragung. Gläubiger, Schuldner und gesicherter Anspruch sind anzugeben; nähere Bezeichnung des Anspruchs nur in Bewilligung oder einstw Verfügung genügt, **II.** Angabe des Schuldgrundes bloß bei Verwechslungsgefahr nötig (StGursky 54 mN, str). **c) Wo** einzutragen ist, regeln GBV 12,
12 19. **d) Behördliche Genehmigung** *der Vormerkung* ist nur nötig, wenn *jede* Art von Verfügung über das Grundstück genehmigungsbedürftig ist; Bsp § 1821 I Nr 1 (hM); andernfalls kann es die Behörde trotz der Vormerkung ablehnen, die Eintragung des vorgemerkten Rechts zu genehmigen.

§ 886 Beseitigungsanspruch

Steht demjenigen, dessen Grundstück oder dessen Recht von der Vormerkung betroffen wird, eine Einrede zu, durch welche die Geltendmachung des durch die Vormerkung gesicherten Anspruchs dauernd ausgeschlossen wird, so kann er von dem Gläubiger die Beseitigung der Vormerkung verlangen.

1 1. **Allgemeines. a) Die Vormerkung erlischt** durch **aa)** *Aufgabeerklärung* des Gläubigers und Löschung, § 875 entspr (BGH NJW 94, 2949); **bb)** *Erlöschen* des gesicherten Anspruchs, zB durch Konfusion (sofern der Gläubiger dadurch keinen Rechtsverlust erleidet, Schleswig NJW-RR 99, 1529 [aufgehoben durch BGH NJW 00, 1033 f, dagegen v. Olshausen NJW 00, 2872 f]), durch Vertragsaufhebung (BGH NJW 00, 806), Erlöschen des bindenden Vertragangebots und damit des künftigen Anspruchs (BGH NJW 02, 214), Eintritt auflösender Bedingung (BGH 117, 392). Zur „Reaktivierung" nicht (mehr) bestehender Vormerkung § 885 Rn 10. Erlöschen durch Erfüllung tritt erst ein, wenn vormerkungswidrige Zwischenrechte gelöscht sind, zB ein nach Auflassungsvormerkung ohne Zustimmung des Vormerkungsberechtigten (§ 883 Rn 22) eingetragenes Grundpfandrecht (BGH BB 64, 576); sa NJW 02, 216; **cc)** *Abtretung* des Anspruchs ohne Vormerkung (§ 401 ist abdingbar); **dd)** *Aufhebung* der einstw Verfügung (§ 885) oder des vorläufig vollstreckbaren Urteils (ZPO 895), GBO 25, dazu BGH 39, 23 f; **ee)** *Ausschließung*, § 887; **ff)** *Eintritt auflösender* oder *Ausfall aufschiebender Bedingung* oder Befristung der Vormerkung selbst, §§ 158 II (BGH 117, 392), 163; **gg)** *priva-*
2 *tive Schuldübernahme*, § 418 I entspr. **b) Grundbuch wird unrichtig** bei Erlöschen gem Rn 1 (bb–gg), ebenso wenn Anspruch nie bestand (BGH NJW-RR 89, 199). Vormerkungsbetroffener kann entspr § 894 Berichtigung verlangen (BGH NJW 01, 3702); GBO 22 (mit 29), 25, auch 84 beachten. **c) Zur unberechtigt gelöschten** Vormerkung § 883 Rn 29.

3 2. § 886 gibt **dingliches Recht auf Beseitigung** (nötig, weil Einrede den gesicherten Anspruch bestehen läßt, also nicht der Fall Rn 1 [bb] vorliegt). Grundlage nur erhobene (s BGH NJW 89, 221) *dauernde* Einreden, insbes §§ 214 I, 821, 853. Gläubiger muß alles (Antragstellung, GBO 13, eingeschlossen) für Beseitigung *tun*; bloße Zustimmung entspr § 894 ungenügend.

Allgemeine Vorschriften über Rechte an Grundstücken §§ 887, 888

§ 887 Aufgebot des Vormerkungsgläubigers

¹Ist der Gläubiger, dessen Anspruch durch die Vormerkung gesichert ist, unbekannt, so kann er im Wege des Aufgebotsverfahrens mit seinem Recht ausgeschlossen werden, wenn die im § 1170 für die Ausschließung eines Hypothekengläubigers bestimmten Voraussetzungen vorliegen. ²Mit der Erlassung des Ausschlussurteils erlischt die Wirkung der Vormerkung.

1. Aufgebotsverfahren: ZPO 988, 1024. Voraussetzungen: § 1170. Wirkung: 1
S 2; der gesicherte Anspruch bleibt bestehen (BGH DtZ 94, 215).

§ 888 Anspruch des Vormerkungsberechtigten auf Zustimmung

(1) Soweit der Erwerb eines eingetragenen Rechts oder eines Rechts an einem solchen Recht gegenüber demjenigen, zu dessen Gunsten die Vormerkung besteht, unwirksam ist, kann dieser von dem Erwerber die Zustimmung zu der Eintragung oder der Löschung verlangen, die zur Verwirklichung des durch die Vormerkung gesicherten Anspruchs erforderlich ist.

(2) Das Gleiche gilt, wenn der Anspruch durch ein Veräußerungsverbot gesichert ist.

1. **Allgemeines.** Vgl zunächst § 883 Rn 1, 13–23. Eintragung zur Verwirk- 1
lichung des gesicherten Anspruchs (zB aus § 433 I 1) setzt formellrechtlich Zustimmung des vormerkungswidrig Eingetragenen voraus, GBO 19 (vgl § 883 Rn 15). Der Vormerkungsberechtigte hat zwecks Durchsetzung des gesicherten Anspruchs einen *unselbständigen dinglichen Hilfsanspruch* auf Zustimmung (nicht auf Erfüllung, BGH 54, 62) durch den Eingetragenen: **I**, ie Rn 2, 3.

2. **Zustimmung** kann a) **verlangt** werden, wenn gesicherter Anspruch 2
(§ 883 I) besteht und fällig ist. *Beweislast* beim Anspruchsinhaber. *Rechtskräftiges Urteil* gegen Anspruchsgegner wirkt nicht ohne weiteres gegen den Erwerber (RG 53, 34; sa BGH NJW-RR 88, 1357); b) **verweigert** werden aufgrund von *Ein-* 3
wendungen oder Einreden, **aa)** die dem *Erwerber* persönlich gegen Anspruchsinhaber zustehen; **bb)** die dem *Anspruchsgegner* zustehen, arg §§ 768, 1137 entspr (vgl RG 53, 31 f; Celle NJW 58, 385 mwN; zu Unrecht einschr RG 144, 283: nur Einwendungen gegen Anspruchsbestand); hierher zählen auch nichtausgeübte Gestaltungsrechte, § 770 entspr; Einredeverzicht des Anspruchsgegners berührt Erwerber nicht, § 768 II entspr (hM).

3. **Inhalt des Zustimmungsanspruchs** richtet sich nach dem gesicherten 4
Anspruch und seiner Verletzung; vgl Bsp § 883 Rn 15 (Zustimmung zur Eintragung des A als Eigentümer; Zustimmung zur Löschung der Eintragung des Grundpfandrechts). *Gegenrechte des Dritterwerbers wegen Verwendungen,* insbes Bebauung des Grundstücks, lassen I unberührt; Ausgleich gem §§ 994 ff, 999 II analog (BGH 75, 291; StGursky 56 mwN).

4. Tatsächliche schuldhafte **Verschlechterung des Grundstücks** durch den 5
Dritterwerber gibt Ansprüche aus §§ 823 I, 1004 entspr (Baur § 20 Rn 42). Der Vormerkungsberechtigte kann Ersatz erzielter/erzielbarer **Nutzungen** vom Dritterwerber verlangen (§ 987 analog), wenn sie ihm nach § 292 auch im Verhältnis zum Auflassungsschuldner zustehen (BGH NJW 00, 2960 im Anschluß an BGH 87, 301 [aA StGursky 60 mN]).

5. **Veräußerungsverbot, II,** dazu §§ 135 f. **a) Durch einstw Verfügung,** 6
ZPO 938, zu erlassen; daher jeder (auch ein dinglicher) Anspruch sicherbar. § 885 I 2 gilt entspr. Zustellung an Gegner nötig (ZPO 936, 929); Eintragung nicht nötig, aber wegen § 892 I 2 nützlich (vgl BayObLG NJW 78, 701). Bestellung durch RGeschäft ist unzulässig (§ 137). **b) Wirkung.** II bestimmt nur die Unwirk- 7
samkeit verbotswidriger Verfügung (keine Grundbuchsperre!); Verbotsgeschützter hat Zustimmungsanspruch gem I. §§ 883 III, 884 gelten nicht, auch nicht InsO

Jauernig 1117

§§ 889, 890 Buch 3. Abschnitt 2

106 (InsO 80 II). Beim Grundbuchamt bekanntes, aber (noch) nicht eingetragenes Verbot wirkt nach hM praktisch als Grundbuchsperre (sofern nicht § 878 eingreift, BayObLG NJW 54, 1120): Verbotswidrige Eintragung darf nicht vorgenommen werden; aA mR StGursky 67.

8 **6. Erwerbsverbot** (Gegenstück zum Veräußerungsverbot). Zulässig gem ZPO 938 (RG 120, 119 f; abl StGursky 71 mN). Praktisch wichtig, um Heilung nichtigen Grundstückskaufs (§ 311 b I 2) zu verhindern. Es verbietet dem (potentiellen) Erwerber, einen Antrag (GBO 13) zu stellen oder aufrechtzuerhalten (RG aaO). Zustellung an Erwerber nötig (ZPO 936, 929); Eintragung unmöglich, weil Erwerber nicht im Grundbuch steht. Verbotswidriger Erwerb ist dem Geschützten gegenüber unwirksam (vgl Rn 7). Verbot wirkt unter den Voraussetzungen von Rn 7 als Grundbuchsperre (BayObLG NJW-RR 97, 914 mN; hM). § 878 unanwendbar (BayObLG aaO).

§ 889 Ausschluss der Konsolidation bei dinglichen Rechten

Ein Recht an einem fremden Grundstück erlischt nicht dadurch, dass der Eigentümer des Grundstücks das Recht oder der Berechtigte das Eigentum an dem Grundstück erwirbt.

1 **1. a) Nachträgliche Vereinigung** von Grundstückseigentum und beschränktem dinglichem Recht läßt dieses nicht untergehen, § 889, abw §§ 1072, 1178 I.
2 **b) Ursprüngliche Bestellung** beschränkter dinglicher Eigentümerrechte am eigenen Grundstück ist im BGB nur vereinzelt vorgesehen (§§ 1196 I, 1199, eingeschränkt § 1009). Str, ob Einzelregelungen erweiterungsfähig; grundsätzlich zu bejahen für Grunddienstbarkeit (§ 1018 Rn 8 [b]), Nießbrauch (§ 1030 Rn 3), b p Dienstbarkeit (§ 1090 Rn 13); stets zu verneinen für Eigentümerhypothek (Rn 19 vor § 1113). **c) Befugnisse des Eigentümers** aus dem beschränkten
3 Recht sind eingeschränkt; vgl §§ 1197, 1177. Bedeutsam werden sie bei Trennung von Eigentum und beschränktem Recht; im Hinblick darauf erfolgt idR die Bestellung (Bsp: BGH 41, 209 ff).

4 **2.** Bei nachträglicher Vereinigung von **Fahrniseigentum** und beschränktem dinglichem Recht erlischt dieses idR, §§ 1063 („consolidatio" war im römischen Recht die „Erstarkung" des Eigentums durch Wegfall des Nießbrauchs), 1256; vgl ferner §§ 1072, 1273 II. Ursprüngliche Bestellung unzulässig.

§ 890 Vereinigung von Grundstücken; Zuschreibung

(1) Mehrere Grundstücke können dadurch zu einem Grundstück vereinigt werden, dass der Eigentümer sie als ein Grundstück in das Grundbuch eintragen lässt.

(2) Ein Grundstück kann dadurch zum Bestandteil eines anderen Grundstücks gemacht werden, dass der Eigentümer es diesem im Grundbuch zuschreiben lässt.

1 **1. Vereinigung, I. a) Voraussetzungen. aa)** Mehrere selbständige Grundstücke (Begriff: Rn 2 vor § 90) desselben Eigentümers. Sie können entfernt voneinander und in verschiedenen Grundbuchbezirken liegen, vgl GBO 5 I 2, II. **bb)** Vereinigungserklärung des Eigentümers (GBO 29 beachten), Eintragungsantrag, -bewilligung und Eintragung (dazu GBV 6 VI Buchst b und c mit 13 I). **cc)** Verwirrung soll nicht zu besorgen sein, GBO 5 I 2, auch II 2 s LG Aachen
2 Rpfleger 86, 50). **b) Wirkung.** Die bisherigen Einzelgrundstücke sind *von nun an* ein Grundstück. Daher bestehen alte Belastungen nur an bisherigen Einzelgrundstücken fort (BGH MDR 78, 302), neue ergreifen Gesamtgrundstück.

3 **2. Zuschreibung, II. a) Voraussetzungen** entspr Rn 1, ergänzend vgl GBO 6. Erklärung muß auf Zuschreibung zielen. **b) Wirkung** wie bei Vereinigung, Rn 2, mit wichtiger Ausnahme: Alte Grundpfandrechte am Haupt-

1118 *Jauernig*

Allgemeine Vorschriften über Rechte an Grundstücken **Vor §§ 891–899**

grundstück ergreifen nun auch das zugeschriebene Grundstück, nicht umgekehrt, §§ 1131, 1192, 1199. **c) Zu unterscheiden** von der **Zusammenschreibung:** Übertragung eines Grundstücks von Einzel- auf gemeinschaftliches Grundbuchblatt (GBO 3, 4). Sie verändert nicht den rechtlichen Bestand der Grundstücke.

3. Teilung (Abschreibung) eines Grundstücks ist nicht allg im BGB geregelt. **4**
a) Voraussetzungen. Teilungserklärung des Eigentümers (GBO 29 beachten) und Eintragung unter eigener Nr im Bestandsverzeichnis des bisherigen oder eines anderen Grundbuchblattes (dazu GBV 6 VI Buchst d, 7, 13 II, IV). **b) Wirkung** umgekehrt wie bei Vereinigung: Alte Belastungen bleiben auf bisherigem Gesamtgrundstück (Grundpfandrecht wird zu Gesamtgrundpfandrecht), neue ergreifen nur jeweiliges Einzelgrundstück. Sonderregelungen in §§ 1025 f, 1090 II, 1108 II, 1109.

Vorbemerkungen zu den §§ 891–899

1. Grundlagen. Wahre Rechtslage und die im Grundbuch verlautbarte können **1** differieren. Ursache können sein: Mängel der Einigung oder der einseitigen Erklärung (vgl § 873 I aE), fehlerhafte Eintragung oder – bes wichtig – eine Rechtsänderung außerhalb des Grundbuchs (durch Erbfall, § 1922, Zuschlag, ZVG 90, Enteignung usw), vgl § 873 Rn 2. Solche Unrichtigkeiten des Grundbuchs sind selten (im wesentlichen wegen eines ebenso sorgfältigen wie komplizierten Eintragungsverfahrens). Daher ist es berechtigt, auf den Grundbuchbestand zu vertrauen (ie § 892 Rn 15, 18). Die §§ 891–893 tragen dem Rechnung: Die Richtigkeit des Grundbuchs wird vermutet, § 891; das Grundbuch genießt öffentl Glauben in bezug auf Richtigkeit und Vollständigkeit, §§ 892 f. Grundbuch iSv §§ 891–893 ist das ganze Grundbuchblatt (vgl GBO 3 I), nicht nur die jeweilige Abteilung (RG 98, 219). Widersprüchliche Eintragungen hindern den öffentl Glauben (Köln NJW-RR 98, 1630; sa Rn 3). Zum maschinell geführten Grundbuch GBV 62, GBO 126 ff.

2. Die Vermutungen des § 891 kommen – wie alle Vermutungen – *nur in* **2** *einem behördlichen oder gerichtl Verfahren* zum Zuge, auch vor dem Grundbuchamt (BayObLG NJW-RR 93, 283). Vermutungen sind Beweislastregeln. Der vermutete Umstand kann richtig oder falsch sein, zB in § 891 I das Bestehen des Rechts. Daher kann (und muß) er vom Gegner widerlegt werden (§ 891 Rn 7 [c]). Gelingt das nicht, so ist der Eingetragene im Verfahren als Berechtigter anzusehen. An der materiellen Rechtslage ändert § 891 nichts.

3. Mangeln Richtigkeit und Vollständigkeit des Grundbuchs (Ausnahme!), **3** so werden sie zugunsten eines Erwerbers *fingiert,* **§ 892** (eingeschränkt für relative Verfügungsbeschränkungen, § 892 I 2). § 892 stellt keine (unwiderlegliche) Vermutung auf, da das Grundbuch notwendig falsch und nicht „mutmaßlich" richtig ist (daher unzutr MK/Wacke § 892, 1–3; ErmHagen/Lorenz § 891, 1; Schmitz JuS 94, 962 f; zum Unterschied Fiktion/unwiderlegliche Vermutung zutr StJ/Leipold § 292, 5). Die Richtigkeits- und Vollständigkeitsgarantie ist der **öffentl Glaube** des Grundbuchs. Er setzt Widerspruchsfreiheit der Eintragungen voraus (Rn 1) und versagt bei Kenntnis des Erwerbers von der Unrichtigkeit (Schutzbedürfnis fehlt) sowie bei Eintragung eines Widerspruchs gegen die Richtigkeit des Grundbuchs, § 899, GBO 53 (Widerspruch zerstört den öffentl Glauben, dh die Grundlage des buchgemäßen Erwerbs; daher nützt Unkenntnis nichts). § 892 enthält, anders als § 891, keine Vermutung als Beweislastregel, sondern eine materiellrechtliche Regelung des Erwerbs von Grundstücksrechten. Daher gelten die Fiktionen des § 892 (dort Rn 3) nicht für das Grundbuchamt (KG NJW 73, 430).

4. Unrichtigkeit und Unvollständigkeit des Grundbuchs sind wegen §§ 892 f, **4** 900 f für den Berechtigten gefährlich. Daher kann **Berichtigung** verlangt werden, **§ 894;** sa GBO 22, 82 ff.

Jauernig 1119

§ 891 Buch 3. Abschnitt 2

5 5. Die Durchsetzung des Berichtigungsanspruchs, § 894, dauert uU Jahre (vgl ZPO 894!). Langes Zuwarten ist wegen §§ 892f gefährlich, daher vorläufige Sicherung des betroffenen Rechts samt Berichtigungsanspruch durch **Widerspruch** gegen die Richtigkeit des Grundbuchs möglich, § 899, sa GBO 53, ZPO 895. Wirkung Rn 3, § 899 Rn 5.

§ 891 Gesetzliche Vermutung

(1) **Ist im Grundbuch für jemand ein Recht eingetragen, so wird vermutet, dass ihm das Recht zustehe.**

(2) **Ist im Grundbuch ein eingetragenes Recht gelöscht, so wird vermutet, dass das Recht nicht bestehe.**

1 1. **Allgemeines.** Vgl Rn 1, 2 vor § 891.

2 2. **Gegenstand** der Vermutungen. a) **Erfaßt** werden aa) Eigentum und alle eintragungsfähigen beschränkten dinglichen Rechte (daher nicht Notweg- und Überbaurente); **bb)** Vormerkung nur, sofern gesicherter Anspruch besteht (hM); **cc)** die Hypothekenforderung, aber nur in bezug auf („für") die Hypothek, § 1138; **dd)** tatsächliche Angaben im Grundbuch nur insoweit, als sie das Grundstück als Rechtsgegenstand bezeichnen (Frankfurt/M MDR 85, 498 mN).

3 b) **Nicht erfaßt** werden aa) nicht eintragungsfähige Rechte, insbes obligatorische Rechte am Grundstück, zB Mietrecht; öffentl-rechtliche Rechte und Belastungen, zB Bausperren, Grundsteuer (vgl § 873 Rn 4); **bb)** Verfügungsbeschränkungen, zB Insolvenzvermerk, Nacherbschaft, Testamentsvollstreckung; **cc)** Widersprüche, § 899, GBO 53; **dd)** tatsächliche Angaben, die nicht nur das Grundstück als Rechtsgegenstand bezeichnen (Rn 2 [dd]), wie Größe, Lage, Bebauung; **ee)** Rechtsstellung und persönliche Verhältnisse des Eingetragenen, wie Rechts- und Geschäftsfähigkeit (KG NJW-RR 98, 448), Familien- und Güterstand, volle Berechtigung auch in wirtschaftlicher Beziehung (statt bloßer Treuhandschaft).

4 3. **Inhalt** der Vermutungen. a) **Positive Vermutung,** I, daß eingetragenes Recht besteht und dem Eingetragenen seit der Eintragung (StGursky 29) so, wie eingetragen (sa § 874 Rn 5), zusteht (RG 116, 181f). Gilt auch für Erben des Eingetragenen, wenn Recht nicht unvererblich (zB gem §§ 1061, 1098 mit 514).
5 b) **Negative Vermutung,** II, daß ein gelöschtes Recht nicht besteht. Ist die Löschung erweislich wegen Aufhebung des Rechts (nicht wegen Berichtigung) erfolgt, so wird zugleich vermutet (I !), daß das gelöschte Recht bis zur Löschung
6 bestanden hat (StGursky 30 mN). c) **Keine Vermutung der Vollständigkeit** des Grundbuchs. Grund: Es fehlt die Vermutungsbasis (Eintragung, Löschung) dafür, daß ein nicht eingetragenes Recht nicht besteht.

7 4. **Geltung** der Vermutung. a) **In einem Verfahren** (Rn 2 vor § 891). b) **Bei wirksamer Eintragung** (BGH 7, 69). c) **Bis zur Widerlegung,** dh Beweis (nicht bloße Vermutung) des Gegenteils, ZPO 292 (BGH NJW 81, 2757). Bei I muß jeder vom Eingetragenen behauptete (BGH NJW 84, 2157) oder sonst nach den Umständen in Betracht kommende Erwerbsgrund ausgeräumt werden (BGH NJW-RR 99, 377); abw Medicus, FS Baur, 1981, S 81f: nur eintragungsbezogener Erwerbsgrund ist zu widerlegen. Nach Widerlegung kommt es auf die wahre Rechtslage an (BayObLG NJW-RR 93, 283). d) **Für und gegen jedermann** (doppelter Unterschied zu § 1006), auch zwischen den Parteien des Veräußerungsgeschäfts (LM Nr 5). e) **Bei widersprechenden Doppelbuchungen** (im selben oder in verschiedenen Grundbüchern) hebt sich Vermutung selbst auf (RG 56, 60). f) **Eintragung eines Widerspruchs** (§§ 899, GBO 53) berührt Vermutungen nicht (LM Nr 5). g) **Bei Offenkundigkeit des Gegenteils** gilt Vermutung nicht, ZPO 291.

Allgemeine Vorschriften über Rechte an Grundstücken **§ 892**

§ 892 Öffentlicher Glaube des Grundbuchs

(1) ¹Zugunsten desjenigen, welcher ein Recht an einem Grundstück oder ein Recht an einem solchen Recht durch Rechtsgeschäft erwirbt, gilt der Inhalt des Grundbuchs als richtig, es sei denn, dass ein Widerspruch gegen die Richtigkeit eingetragen oder die Unrichtigkeit dem Erwerber bekannt ist. ²Ist der Berechtigte in der Verfügung über ein im Grundbuch eingetragenes Recht zugunsten einer bestimmten Person beschränkt, so ist die Beschränkung dem Erwerber gegenüber nur wirksam, wenn sie aus dem Grundbuch ersichtlich oder dem Erwerber bekannt ist.

(2) Ist zu dem Erwerb des Rechts die Eintragung erforderlich, so ist für die Kenntnis des Erwerbers die Zeit der Stellung des Antrags auf Eintragung oder, wenn die nach § 873 erforderliche Einigung erst später zustande kommt, die Zeit der Einigung maßgebend.

Lit: Hager, Verkehrsschutz durch redlichen Erwerb, 1990; Lutter AcP 164, 122.

1. Allgemeines. a) Vgl zunächst Rn 1, 3 vor § 891. **b) Unrichtigkeit oder** 1 **Unvollständigkeit** des Grundbuchs wird in § 892 vorausgesetzt (zur Bedeutung Rn 3 vor § 891). Bleibt sie im Prozeß ungeklärt, sind aber iü die Voraussetzungen des § 892 erfüllt, so ist Rechtserwerb entspr dem Buchinhalt zu bejahen (RG 156, 126 ff). **c) § 892 enthält** eine Fiktion (Rn 3 vor § 891) und damit eine *materiell-* 2 *rechtliche Regelung* des Erwerbs von Grundstücksrechten.

2. Die drei Fiktionen. a) Zu Unrecht (so) eingetragene eintragungsfähige 3 **Rechte** (Begriff Rn 6) *bestehen*, I 1. **b) Zu Unrecht nicht oder,** weil zu Unrecht gelöscht, **nicht mehr eingetragene** eintragungsfähige **Rechte** (Begriff Rn 6) *bestehen nicht*, I 1. **c) Zu Unrecht nicht oder,** weil zu Unrecht gelöscht, **nicht mehr eingetragene Verfügungsbeschränkungen** (Begriff Rn 6 [d]) *bestehen nicht*, I 2; also keine Fiktion des Bestehens zu Unrecht eingetragener Verfügungsbeschränkung: Wer auf Insolvenzvermerk im Grundbuch vertraut und nach Aufhebung des Insolvenzverfahrens vom Insolvenzverwalter erwirbt, wird nicht gem § 892 geschützt (Ausnahme: InsO 203 I Nr 3, II, 205 S 1: Verwertung eines Grundstücks im Wege der Nachtragsverteilung). **d) Zusammen-** 4 **fassung:** Der unrichtige Grundbuchinhalt gilt als *richtig* (mit Ausnahme von zu Unrecht eingetragenen Verfügungsbeschränkungen) *und* – weil nicht eingetragene, aber eintragungsfähige Rechte und Verfügungsbeschränkungen als nicht bestehend gelten – als *vollständig*. **e) Einzelheiten. aa)** Die Fiktionen beziehen sich auf das 5 Grundbuchblatt (GBO 3 I) in seiner Gesamtheit (Rn 1 vor § 891; dort auch zur notwendigen Widerspruchsfreiheit der Eintragungen). **bb)** § 892 setzt wirksame Eintragung voraus (BGH 7, 69). **cc)** Maßgebend ist der Grundbuchstand bei Vollendung des Rechtserwerbs („welcher ... erwirbt", I 1). Ist das Grundbuch in diesem Zeitpunkt berichtigt (wenn auch unter Verstoß gegen GBO 17: Eintragungsantrag war vor Berichtigungsantrag eingegangen), so ist ein Erwerb gem § 892 nicht möglich (vgl Rn 1 [b]). **dd)** Richtigkeitsfiktion wirkt *nur zugunsten des Erwerbers iSv § 892* („relativ": BGH 51, 53 f mN), nicht für jedermann (BayObLG Rpfleger 86, 472). Bsp: Es bestehen zwei Grundschulden (G 1, 2); G 1 ist zu Unrecht gelöscht, als eine weitere Grundschuld (G 3) eingetragen wird; dadurch erlischt G 1 aber gem I 1 rangiert G 1 (und gem § 879 I 1 nach G 2), bei Wiedereintragung von G 1 (§ 894!) rangiert weiterhin G 1 vor G 2 und hinter G 3 (StGursky 183). Wird im Bsp nicht G 3 bestellt, sondern Grundstück übereignet, so erlischt G 1 gem I 1, das wirkt auch für G 2 (StGursky 185).

3. Öffentl Glaube (Rn 3 vor § 891) **erfaßt a) die dinglichen Rechte** am 6 Grundstück (ie § 891 Rn 2) mit buchmäßigem Inhalt und Rang (einschließlich Rangvermerk gem §§ 880 II 1, 881 II); bei zulässiger Bezugnahme gehört Eintragungsbewilligung zum Grundbuchinhalt (§ 874 Rn 5) und wird vom öffentl Glauben erfaßt; **b) die Vormerkung** nur begrenzt (§ 883 Rn 25–29); **c) die**

Jauernig

§ 892

Hypothekenforderung, aber nur in bezug auf ("für") die Hypothek, § 1138; **d) das Fehlen relativer Verfügungsbeschränkungen,** zB Veräußerungs- und Erwerbsverbot aufgrund einstw Verfügung (§ 888 Rn 6–8), gleichgestellt: Insolvenzvermerk, Testamentsvollstreckung, Nacherbschaft (vgl § 873 Rn 3); *keine* Verfügungsbeschränkung begründen: Vormerkung (§ 883 Rn 13), Bindung gem §§ 873, 875 (§ 873 Rn 18 [b]), Bedingung und Befristung (str); **e) tatsächliche Angaben** im Grundbuch nur, soweit damit das *Grundstück als Rechtsgegenstand* bezeichnet wird (Nürnberg MDR 76, 666; Lutter aaO S 134 ff mwN).

7   **4. Öffentl Glaube** (Rn 3 vor § 891) **erfaßt nicht a) nicht eintragungsfähige Rechte** (vgl Rn 5 [bb]; § 873 Rn 4; § 891 Rn 3); **b) ausnahmsweise** auch eintragungsfähige, aber nicht eintragungsbedürftige Rechte, zB Vorkaufsrechte gem BauGB 24 ff, 235 (ie Lutter aaO S 134 ff); **c) absolute Verfügungsbeschränkungen,** zB StPO 290, 292 (bei Verstoß: § 134), auch §§ 1365 f (mit Besonderheiten); **d) tatsächliche Angaben,** die *nicht* nur das Grundstück als Rechtsgegenstand bezeichnen, wie Größe, Lage, Bebauung; **e) persönliche Verhältnisse** und Rechtsstellung des Eingetragenen (s § 891 Rn 3 [ee]); **f) widersprüchliche Eintragungen** (insbes Doppelbuchungen, s § 891 Rn 7 [e]) oder durch Auslegung nicht zu klärende (RG 130, 67).

8   **5. Die geschützten Geschäfte. a) Nur rechtsgeschäftliche** Rechtsänderungen werden geschützt. Kein Schutz bei *abgeleitetem* Erwerb *kraft Ges* (zB durch Gesamtnachfolge, insbes Erbfolge, § 1922 [auch vorweggenommene, str]; s aber einschr § 883 Rn 28 [bb], § 1143 Rn 2, § 1150 Rn 4, § 1157 Rn 3, § 1180 Rn 6) oder *kraft Staatsakts,* insbes in der Zwangsvollstreckung (kein Erwerb einer Zwangshypothek, wenn Schuldner nur Bucheigentümer, BGH 64, 197); *originärer Erwerb kraft Staatsakts* (zB Eigentumserwerb nach ZVG 90) tritt ohne Rücksicht auf bisherige dingliche Rechtslage und (Un-)Kenntnis des Erwerbers davon ein (hM).
9   **b) Nur Erwerb dinglicher Rechte,** nicht obligatorischer wie Miet- oder Pachtrecht. Vermietung durch eingetragenen Nichteigentümer wirkt nicht gegen wah-
10 ren Eigentümer (sa § 883 Rn 17). **c) Nur rechtsgeschäftlicher Dritterwerb** (Lutter aaO S 159), sog Verkehrsgeschäft. Kein Schutz der Redlichkeit bei das eigene Recht. Daher **kein** redlicher Erwerb bei **aa) personeller** oder **bb) wirtschaftlicher Identität** zwischen Veräußerer und Erwerber. Bsp zu aa: Bestellung einer Eigentümergrundschuld durch eingetragenen Nichteigentümer; zu bb: Veräußerung durch AG oder GmbH an ihren einzigen Aktionär oder Gesellschafter (gleich, ob natürliche oder jur Person), BGH 78, 325; *keine* Identität bei Veräuße-
11 rung an einen von mehreren Aktionären oder Gesellschaftern. **d) Nur Erwerb** eines Rechts, das ist von seiten des Veräußerers die *Übertragung* eines Grundstücksrechts oder die Begründung einer *Belastung*. Erweiterung in § 893.

12 **6. Wirkung. a) Fiktion der Richtigkeit und Vollständigkeit** des Grund-
13 buchs (nur zugunsten des Erwerbers), ie Rn 3, 4. **b) Ausgenommen** von der Fiktion sind eingetragene, aber nicht bestehende Verfügungsbeschränkungen (Rn 6). Zu Recht eingetragener Vermerk von Insolvenzverfahren, Testamentsvollstreckung oder Nachlaßverwaltung wirkt als Grundbuchsperre (StGursky 202 mN). Hat das Grundbuchamt vor der Eintragung von der Verfügungsbeschränkung amtlich Kenntnis, so wirkt das (vorbehaltlich § 878) nach früher hM als Grundbuchsperre; dagegen zutr StGursky 201 mit 176, jetzt hM. Zur Wirkung eingetragener oder dem Erwerber bekannter Verfügungsbeschränkungen iü § 888 Rn 7.
14 **c) Der Redliche erwirbt** das Recht so wie bei Übereinstimmung von Grundbuchstand und dinglicher Rechtslage, dh endgültig und zu Lasten des Berechtigten. Dieser ist auf Ausgleichsansprüche gegen den Nichtberechtigten angewiesen, insbes aus §§ 816, 823; keine Ansprüche aus § 823 gegen Erwerber wegen Rechtsverletzung, weil Erwerb gem § 892 rechtmäßig (vgl BGH JZ 56, 490 f zu § 932). Für
15 den **Rückerwerb des Nichtberechtigten** gilt § 932 Rn 2 entspr. **d) Unnötig ist Einsichtnahme** in das Grundbuch, Buchstand entscheidet. Weil Kenntnis vom

Grundbuchinhalt unerheblich ist (BGH 104, 143), kann nicht gesagt werden, § 892 schütze das „Vertrauen" in das Grundbuch (Hager aaO S 419 ff; sa Rn 18).

7. Ausschluß des Erwerbs in zwei Fällen. **a) Widerspruch,** der zZ der Vollendung des Rechtserwerbs eingetragen ist, vernichtet den öffentl Glauben des Grundbuchs (ab Eintragung, auch wenn dabei gegen GBO 17 verstoßen wird), aber nur bei Eintragung zugunsten des Berechtigten und nur hinsichtlich des gesicherten Rechts. Ie vgl § 899 Rn 5. **b) Kenntnis** des Erwerbers von der Unrichtigkeit. **aa) Ungenügend** ist *bloße Kenntnis der Tatsachen,* aus denen sich die Unrichtigkeit des Grundbuchs ergibt, zB Kenntnis fehlender Valutierung der erworbenen Hypothek. Aus den Tatsachen muß der zutr rechtliche Schluß gezogen sein (KG NJW 73, 58 f; zum Beweis Rn 18). Selbst *grobfahrlässige Unkenntnis ist unschädlich;* daher bei Zweifeln keine Pflicht, sich über wahre Rechtslage zu erkundigen (anders § 932!). Aber Kenntnis ist gegeben, wenn Erwerber trotz hinreichender Aufklärung über die Unrichtigkeit des Grundbuchs vor dieser die Augen verschließt (Hamm NJW-RR 93, 1298). Weitergehend ist Erwerb auch dann ausgeschlossen, wenn Zweifel bewußt benutzt werden, um Berechtigten sittenwidrig zu schädigen, § 826 (s BayObLG NJW-RR 89, 909; abl StGursky 130 mN). **bb) Kenntnis bei Stellvertretung:** § 166 mit Anm. **c) Prozessuales.** Kenntnis *hindert* den Erwerb. Für sie trägt der Gegner des Erwerbers die *obj Beweislast.* **Beweis der Kenntnis** ist Hauptbeweis (BGH NJW 01, 360: Beweis des Gegenteils; volle richterliche Überzeugung nötig), nicht Gegenbeweis (dann würden Zweifel an der Kenntnis genügen); er ist erbracht, wenn Erwerber die Tatsachen kannte und sich für ihn der Schluß auf die Rechtslage aufdrängte (zu verneinen bei Rechtsirrtum, insoweit zutr BGH WM 70, 476) oder er bei undurchsichtiger Rechtslage vertrauenswürdige Aufklärung erhielt (vgl LM Nr 5). Unkenntnis (auch Redlichkeit oder, wegen § 932 II irreführend, Gutgläubigkeit genannt) ist nicht Erwerbsvoraussetzung; konkretes Vertrauen wird nicht verlangt (Rn 15). Zur Problematik § 932 Rn 5.

8. Zeitpunkt der Kenntnis. a) Grundsatz. Maßgebend ist die Vollendung des Rechtserwerbs, I 1 („welcher ... erwirbt"), BGH NJW 01, 360. Zu diesem Zeitpunkt muß das Grundbuch unrichtig sein (vgl Rn 5 [cc]). Es genügt, daß das Grundbuch erst durch gleichzeitige Erledigung eines anderen Antrags unrichtig wird (BGH NJW 69, 94: unberechtigte Löschung eines Erbbaurechts bei gleichzeitiger Eintragung einer Grundschuld verschafft dieser gem § 892 den Rang vor dem Erbbaurecht). **b) Ausnahme, II.** *Fehlt nur die Eintragung* zum Rechtserwerb, so ist der Zeitpunkt der Antragstellung (GBO 13 II) maßgebend, wenn Grundbuch unrichtig ist (BGH NJW 80, 2414); wird es erst zwischen Antragstellung und Eintragung unrichtig, so ist II unanwendbar (BGH aaO), maßgebender Zeitpunkt für Kenntnis ist dann der, zu dem das Grundbuch unrichtig wird (StGursky 168, str). Fehlt außer der Eintragung noch eine *andere Voraussetzung* (zB Einigung; bei Briefhypothek Valutierung oder Briefübergabe, §§ 1117, 1163 II; auch privat- oder öffentl-rechtliche Genehmigung, StGursky 169), so ist Eintritt der *letzten* anderen Voraussetzung maßgebend (StGursky 167). **c) Bei aufschiebend bedingtem Erwerbsgeschäft** ist maßgebend das Vorliegen aller Erwerbsvoraussetzungen außer dem Bedingungseintritt. Daher ist Kenntnis, die erst bei Bedingungseintritt vorliegt, unschädlich (BGH 10, 73 zu § 932). **d) Bei Vormerkungserwerb vom Nichtberechtigten** (§ 883 Rn 26, 27, 28 [bb]) ist spätere Kenntnis unschädlich.

9. EinV. S Rn 6 vor § 891.

§ 893 Rechtsgeschäft mit dem Eingetragenen

Die Vorschrift des § 892 findet entsprechende Anwendung, wenn an denjenigen, für welchen ein Recht im Grundbuch eingetragen ist, auf Grund dieses Rechts eine Leistung bewirkt oder wenn zwischen ihm und einem anderen in Ansehung dieses Rechts ein nicht unter die Vorschrift

§ 894   Buch 3. Abschnitt 2

des § 892 fallendes Rechtsgeschäft vorgenommen wird, das eine Verfügung über das Recht enthält.

1   **1. Erweiterung von § 892** in zwei Fällen: **a) Verfügungen,** die *nicht einen Rechtserwerb iSv § 892* zum Gegenstand haben. Bsp: Änderung des Rechtsinhalts (§ 877) oder Ranges (§ 880); Rechtsaufhebung (§ 875, dazu §§ 876, 1183); Zustimmung (§ 185); Kündigung eines Grundpfandrechts; Bewilligung einer Vormerkung, wenn Eintragung folgt (BGH 57, 342; zum Erwerb ie § 883 Rn 25–28 [bb]). **Keine** Verfügungen sind schuldrechtliche Geschäfte (vgl RG 90, 399 f), zB Grundstücksvermietung, auch nicht bei Gebrauchsüberlassung (RG 106, 111 f; sa
2 BGH 13, 4). **b) Leistungen** an den eingetragenen Nichtberechtigten zur Tilgung eines Anspruchs aus dem eingetragenen, existierenden Recht (BGH NJW 96, 1207 f), zB Zahlung auf die Grundschuld. Bei Briefgrundpfandrechten genügt Eintragung des Gläubigers nicht, stets ist Briefbesitz nötig (RG 150, 356; hM).
3   **2. Wirkung.** Leistung befreit, Verfügung ist gegenüber Berechtigtem wirksam. Ie vgl § 892 Rn 14.

§ 894 Berichtigung des Grundbuchs

Steht der Inhalt des Grundbuchs in Ansehung eines Rechts an dem Grundstück, eines Rechts an einem solchen Recht oder einer Verfügungsbeschränkung der in § 892 Abs. 1 bezeichneten Art mit der wirklichen Rechtslage nicht im Einklang, so kann derjenige, dessen Recht nicht oder nicht richtig eingetragen oder durch die Eintragung einer nicht bestehenden Belastung oder Beschränkung beeinträchtigt ist, die Zustimmung zu der Berichtigung des Grundbuchs von demjenigen verlangen, dessen Recht durch die Berichtigung betroffen wird.

1   **1. Allgemeines. a) Grundlage.** Unrichtigkeit des Grundbuchs gefährdet den Berechtigten. § 891 gilt nicht für ihn, wegen §§ 892 f, 900 f droht Verlust oder Beeinträchtigung seines Rechts. Daher kann der Berechtigte die Berichtigung des Grundbuchs verlangen: Er hat gem § 894 Anspruch auf Erteilung der formellrechtlich nötigen (Berichtigungs-)Bewilligung durch den von der Berichtigung Betroffenen, GBO 19 (s § 873 Rn 26), sog *Berichtigungsanspruch*. Durchsetzung im Prozeß meist langwierig; zur Vollstreckung ZPO 894, 895. Das betroffene Recht und damit auch der Berichtigungsanspruch können durch Eintragung eines Widerspruchs gegen Verlust und Beeinträchtigung vorläufig gesichert werden, §§ 899,
2 892 I 1, sa ZPO 895. **b) Bewilligung unnötig,** wenn Unrichtigkeit in der Form von GBO 29 nachweisbar (zur Ausnahme KG NJW-RR 98, 449 mN), GBO 22. Ist dieser Nachweis unzweifelhaft zu führen, ist dann die Klage aus § 894 idR mangels
3 Rechtsschutzinteresses unzulässig (StGursky 6 mN; hM). **c) Weitere Ansprüche** auf Berichtigung: aus Vertrag, § 812 oder (selten) § 823. § 812 praktisch, wenn Kläger sein Recht iSv § 894 nicht nachweisen kann, wohl aber eine ungerechtfertigte Bereicherung des Beklagten (Baur § 18, 32; sa BGH NJW 73, 614).
4   **2. Unrichtigkeit** muß betreffen: ein Grundstücksrecht, ein Recht daran oder eine Verfügungsbeschränkung (dazu § 892 Rn 6 [d]). Dem Grundstücksrecht gleichgestellt sind Vormerkung (§ 883 Rn 28 [bb], 29, § 886 Rn 2) und zu Unrecht eingetragener Widerspruch (BGH NJW 69, 93; sa § 899 Rn 1).
5   **3. Beteiligte. a) Berechtigt** ist, wer durch die Unrichtigkeit (Rn 4) in seiner dinglichen Rechtsstellung beeinträchtigt wird. Ist der Falsche als Grundschuldgläubiger eingetragen, so ist nur der Richtige, nicht (auch) der Eigentümer,
6 berechtigt (BGH NJW 00, 2021). **b) Verpflichtet** ist, wer in seinem wahren Recht oder Scheinrecht (Buchrecht) von der Berichtigung betroffen wird (BGH 132, 249). Bsp: Bei versehentlicher Löschung einer Grundschuld ist der Eigentümer (also der wahre Berechtigte) von der Berichtigung betroffen; soll anstelle des eingetragenen Nichteigentümers der wahre Eigentümer eingetragen werden, so ist der scheinberechtigte Nichteigentümer betroffen. Verpflichtet ist jeder, dessen

1124   *Jauernig*

Allgemeine Vorschriften über Rechte an Grundstücken **§§ 895–897**

Mitwirkung bei der Berichtigung nach Grundbuchrecht nötig ist (BGH 41, 32); das können mehrere sein, zB Gläubiger und Pfändungspfandgläubiger einer zu Unrecht eingetragenen Grundschuld. Ist der Verpflichtete verfügungsbeschränkt (zB gem InsO 80 I), so muß statt seiner der Verfügungsbefugte (zB der Insolvenzverwalter) bewilligen (§ 873 Rn 17 [a], 28).

4. Der Anspruch. a) Er zielt auf Abgabe der Berichtigungsbewilligung; zum Inhalt BGH 73, 307 f (keine Beschränkung auf Löschung des eingetragenen Eigentümers). Vollstreckung: ZPO 894, sa 895. **b) Abtretung unzulässig** (s Rn 12 vor § 854), daher auch eine Vollpfändung (ZPO 851 I). Zulässig aber *Ausübungsermächtigung* gem § 185 I: Geltendmachung fremden Rechts im eigenen Namen; im Prozeß als Prozeßstandschaft, sofern eigenes rechtliches Interesse an Geltendmachung besteht (BGH NJW-RR 88, 127). Möglich auch eine Pfändung des Anspruchs zur Ausübung (ZPO 857 III; BGH NJW 96, 3148), um durch Grundbuchberichtigung die Befriedigung des Vollstreckungsgläubigers vorzubereiten (zB Berichtigung durch Eintragung des Vollstreckungsschuldners als Eigentümer, um gegen ihn die Zwangsversteigerung betreiben zu können, ZVG 17; GBO 14 ist wegen GBO 19 ungenügend). **c) Keine Verjährung:** § 898. Verwirkung möglich (BGH 122, 314). 7 8 9

5. Gegenrechte des Verpflichteten. Zurückbehaltungsrecht (BGH NJW 90, 1171 f; NJW-RR 90, 848), zB wegen Verwendungen auf das Grundstück (BGH 75, 293 [sa BGH NJW 02, 2315] hält hierfür nur § 273 II, nicht § 1000 für anwendbar; inkonsequent, da nach hM für die Rechtsverhältnisse der Beteiligten [Rn 5, 6] neben §§ 987 ff auch §§ 994 ff *entspr* gelten [BGH 75, 293 f], was § 1000 einschließt, StGursky 108 f). Der Einwand unzulässiger Rechtsausübung (nach aA: § 986 entspr) verhindert oder vernichtet den Anspruch, insbes wenn der an sich Verpflichtete gegen den an sich Berechtigten (Rn 5, 6) einen Anspruch auf Herstellung des jetzigen Grundbuchstands hat (Bsp: Hypothekeneintragung unwirksam, aber es besteht wirksame Verpflichtung zur Hypothekenbestellung, vgl BGH NJW 74, 1651). 10

§ 895 Voreintragung des Verpflichteten

Kann die Berichtigung des Grundbuchs erst erfolgen, nachdem das Recht des nach § 894 Verpflichteten eingetragen worden ist, so hat dieser auf Verlangen sein Recht eintragen zu lassen.

1. Berichtigung setzt **Voreintragung des Verpflichteten** (§ 894 Rn 6) voraus, GBO 39 (vgl § 873 Rn 30). Daher ergänzt § 895 den § 894. Anspruch geht auf Eintragung (anders § 894). Ist Voreintragung entbehrlich (GBO 39 II, 40), so ist § 895 unanwendbar. Voreintragung auch gem GBO 14 erreichbar. 1

§ 896 Vorlegung des Briefes

Ist zur Berichtigung des Grundbuchs die Vorlegung eines Hypotheken-, Grundschuld- oder Rentenschuldbriefs erforderlich, so kann derjenige, zu dessen Gunsten die Berichtigung erfolgen soll, von dem Besitzer des Briefes verlangen, dass der Brief dem Grundbuchamt vorgelegt wird.

1. Vgl GBO 41 I 1 und II, 42, 43. Verpflichtete aus § 896 und § 894 müssen nicht identisch sein (RG 69, 41 f). 1

§ 897 Kosten der Berichtigung

Die Kosten der Berichtigung des Grundbuchs und der dazu erforderlichen Erklärungen hat derjenige zu tragen, welcher die Berichtigung verlangt, sofern nicht aus einem zwischen ihm und dem Verpflichteten bestehenden Rechtsverhältnis sich ein anderes ergibt.

1. Betrifft nur Kostenverteilung unter den Beteiligten. Kostenpflicht gegenüber Grundbuchamt, Notar regelt KostO. 1

§§ 898, 899 Buch 3. Abschnitt 2

§ 898 Unverjährbarkeit der Berichtigungsansprüche

Die in den §§ 894 bis 896 bestimmten Ansprüche unterliegen nicht der Verjährung.

1   1. Vgl § 902.

§ 899 Eintragung eines Widerspruchs

(1) In den Fällen des § 894 kann ein Widerspruch gegen die Richtigkeit des Grundbuchs eingetragen werden.

(2) ¹Die Eintragung erfolgt auf Grund einer einstweiligen Verfügung oder auf Grund einer Bewilligung desjenigen, dessen Recht durch die Berichtigung des Grundbuchs betroffen wird. ²Zur Erlassung der einstweiligen Verfügung ist nicht erforderlich, dass eine Gefährdung des Rechts des Widersprechenden glaubhaft gemacht wird.

1   1. **Allgemeines. a) Zweck:** § 894 Rn 1. **b) Rechtsnatur.** Sicherungsmittel eigener Art (RG 117, 351 f); *nicht:* Grundstücksrecht, Grundbuchsperre, Verfügungsbeschränkung. Unterschied zur Vormerkung: § 883 Rn 30 (c). **c) Vermutungen** des § 891 bleiben (LM Nr 5 zu § 891). **d) Widerspruch gegen Widerspruch** unzulässig (RG 117, 352), da er öffentl Glauben nur zerstören, aber
2   nicht wiederherstellen kann. Bei unberechtigter Löschung des Widerspruchs wird neuer Widerspruch eingetragen. Kein Widerspruch gegen eingetragene Verfügungsbeschränkung (Grund: Eintrag ist durch öffentl Glauben nicht geschützt, StGursky 26; § 892 Rn 3 [c]), wohl aber gegen unberechtigte Löschung, vgl § 892 I 2 (dazu § 892 Rn 3 [c], 6 [d]). Widerspruch gegen Eintragung einer Vormerkung zulässig, soweit deren redlicher Erwerb möglich ist, entspr bei Löschung (§ 883 Rn 28 [bb], 29).
3   2. **Eintragungsvoraussetzungen:** II mit GBO 13, 19, (29), 39. **a) Eintragungsbewilligung** des Verpflichteten iSv § 894 Rn 6; GBO 29 beachten. **ZPO 895** fingiert Bewilligung. Bewilligung ist keine Verfügung; daher str, ob § 878 anwendbar (hM: ja). Keine Nachprüfung der Unrichtigkeit des Grundbuchs durch
4   Grundbuchamt. **b) Einstw Verfügung** gegen Verpflichteten iSv § 894 Rn 6. Glaubhaftmachung der Gefährdung unnötig, II 2 (abw von ZPO 936, 920 II), sie wird ges (nur) vermutet (aA StGursky 38), weil Recht durch §§ 892 f idR gefährdet (§ 894 Rn 1). Recht ist idR glaubhaft zu machen, ZPO 936, 920 II, 921 II. Zuständigkeit: ZPO 937, 942 ff; Vollzug: ZPO 936, 928 f, 941 mit GBO 38, zu ZPO 929 II s § 885 Rn 9.
5   3. **Wirkung.** Vgl zunächst Rn 1 (b). Besteht das gesicherte Recht (und damit auch der Anspruch aus § 894), so zerstört der Widerspruch den öffentl Glauben des Grundbuchs, aber *nur* bzgl des *gesicherten Rechts* (also nicht total) und nur dann, wenn der Widerspruch zugunsten des *Berechtigten* eingetragen ist. *Folge:* Verfügungen des Widerspruchsgegners sind unwirksam. Bsp: Widerspruch zugunsten des Hypothekengläubigers H gegen versehentliche Löschung seiner Hypothek verhindert nicht den redlichen Erwerb des Eigentums vom eingetragenen Nichteigentümer NE, sondern nur den hypothekenfreien Erwerb. Ist gegen die Eintragung des NE als Eigentümer ein Widerspruch zugunsten des Nichteigentümers X (also nicht zugunsten des Eigentümers) eingetragen, so ist ebenfalls redlicher Eigentumserwerb möglich. Soweit eine Verfügung wegen des Widerspruchs unwirksam ist, kann sich jeder darauf berufen. Der Widerspruch wirkt auch gegen den ersten und gegen weitere Rechtsnachfolger des ursprünglichen Widerspruchsgegners. Zur Wirkung in der Zwangsversteigerung StGursky 6, 9.
6   4. **Löschung.** Bei Bewilligung (GBO 19), ferner gem GBO 25.
7   5. **a) Amtswiderspruch** (GBO 53, sa 76 I) steht dem Widerspruch gem § 899 in der Wirkung gleich. Zum Zweck BayObLG NJW-RR 99, 1690. **b) Widerspruch gem GBO 18 II, 23 f** ist bes Schutzvermerk, kein Widerspruch iSv § 899.

Eigentum **§§ 900–902, Vor § 903**

c) **Der Rechtshängigkeitsvermerk** schließt redlichen Erwerb gem ZPO 325 II aus (StGursky § 892, 213 mN). Er ähnelt dem Widerspruch iSv § 899. Für Eintragung genügend Nachweis der Rechtshängigkeit (Form: GBO 29), München NJW-RR 00, 385 mN, str.

§ 900 Buchersitzung

(1) ¹**Wer als Eigentümer eines Grundstücks im Grundbuch eingetragen ist, ohne dass er das Eigentum erlangt hat, erwirbt das Eigentum, wenn die Eintragung 30 Jahre bestanden und er während dieser Zeit das Grundstück im Eigenbesitz gehabt hat.** ²**Die dreißigjährige Frist wird in derselben Weise berechnet wie die Frist für die Ersitzung einer beweglichen Sache.** ³**Der Lauf der Frist ist gehemmt, solange ein Widerspruch gegen die Richtigkeit der Eintragung im Grundbuch eingetragen ist.**

(2) ¹**Diese Vorschriften finden entsprechende Anwendung, wenn für jemand ein ihm nicht zustehendes anderes Recht im Grundbuch eingetragen ist, das zum Besitz des Grundstücks berechtigt oder dessen Ausübung nach den für den Besitz geltenden Vorschriften geschützt ist.** ²**Für den Rang des Rechts ist die Eintragung maßgebend.**

1. **Buch- oder Tabularersitzung** bewirkt originären Erwerb. Frist: §§ 938 ff. Redlichkeit unnötig. Betrifft alle Sach- oder Rechtsbesitz gewährenden Rechte; zu II s §§ 1036 I, 1093 I, 1029. Keine Ersitzung gegen den Grundbuchinhalt. 1

§ 901 Erlöschen nicht eingetragener Rechte

¹**Ist ein Recht an einem fremden Grundstück im Grundbuch mit Unrecht gelöscht, so erlischt es, wenn der Anspruch des Berechtigten gegen den Eigentümer verjährt.** ²**Das Gleiche gilt, wenn ein kraft Gesetzes entstandenes Recht an einem fremden Grundstück nicht in das Grundbuch eingetragen worden ist.**

1. **Buch- oder Tabularversitzung.** Ein nicht eingetragenes, aber eintragungsfähiges beschränktes dingliches Recht erlischt, wenn ein aus ihm erwachsener dinglicher Anspruch auf Leistung oder Duldung verjährt. Das Grundbuch wird richtig, daher auch kein Anspruch aus § 894 mehr. Verjährung: §§ 194 ff, 902. Für Eigentum §§ 900, 927, nicht § 901. 1

§ 902 Unverjährbarkeit eingetragener Rechte

(1) ¹**Die Ansprüche aus eingetragenen Rechten unterliegen nicht der Verjährung.** ²**Dies gilt nicht für Ansprüche, die auf Rückstände wiederkehrender Leistungen oder auf Schadensersatz gerichtet sind.**

(2) **Ein Recht, wegen dessen ein Widerspruch gegen die Richtigkeit des Grundbuchs eingetragen ist, steht einem eingetragenen Recht gleich.**

1. Zu den Ansprüchen aus eingetragenem Recht iSv I 1 gehört auch der Beseitigungsanspruch des eingetragenen Eigentümers aus § 1004 (StGursky 8, § 1004, 194 mN; aA BGH 60, 238 f). – Vormerkung steht dem Widerspruch nach II nicht gleich. 1

Abschnitt 3. Eigentum

Vorbemerkungen

I. Begriff und Inhalt des Eigentums im BGB

1. Das BGB kennt Eigentum nur an **Sachen** (nicht an Forderungen usw). Eigentum ist also ein **dingliches Recht** (Rn 1 vor § 854), und zwar das **umfassendste Sachherrschaftsrecht**. Es gewährt dem Eigentümer die *grundsätzlich* 1

Jauernig 1127

Vor § 903 Buch 3. Abschnitt 3

unbeschränkte Macht zu jeder möglichen rechtlichen und tatsächlichen Einwirkung auf seine Sache. Die anderen dinglichen Rechte gewähren im Vergleich zum Eigentum nur eine begrenzte dingliche Rechtsmacht und heißen daher beschränkte dingliche Rechte (Rn 6 vor § 854).

2   2. Das BGB (§ 903 S 1) geht von der grundsätzlich unbeschränkten Rechtsmacht des Eigentümers aus und versteht deren **Einschränkung** durch Ges und Rechte Dritter **als Ausnahme**. Daß die Ausnahme praktisch zur Regel geworden ist (§ 903 Rn 4), tastet die Vorstellung des Ges vom Eigentum als – der Idee nach – unbegrenztem Recht nicht an. Bei Zweifeln über „Freiheit" oder „Bindung" des Eigentums ist daher zugunsten der (Eigentümer-)Freiheit zu entscheiden (Bsp: BGH 106, 232 f).

3   3. Eigentum an **Grundstücken** und Eigentum an **beweglichen Sachen** (Begriffe: Rn 2, 3 vor § 90) unterscheidet das BGB nicht begrifflich, wohl aber in der rechtlichen Behandlung, zB Übertragung (§ 925; §§ 929 ff), Aufgabe (§ 928; § 959), Belastung (§§ 1018 ff; §§ 1204 ff). Eigentum besteht immer nur an der **einzelnen Sache**, weder an Sachgesamtheiten (Begriffe: Rn 4, 5 vor § 90) noch Rechtsgesamtheiten (Vermögen).

4   4. **Öffentl Eigentum** („domaine public") an öffentl Sachen (Begriff: Pappermann JuS 79, 794 ff; sa Schmidt-Jortzig NVwZ 87, 1025 ff) ist dem BGB unbekannt, kann aber, soweit Bundesrecht das zuläßt (zB gem EGBGB 66), durch LandesGes geschaffen werden (BVerfG 24, 386 ff; 42, 28 ff).

5   5. **Arten des Eigentums. a) Das BGB kennt** nur aa) **Allein**eigentum; **bb) Mit** eigentum nach Bruchteilen, §§ 1008 ff; dazu gehört auch das Wohnungseigentum (BayObLG NJW-RR 97, 1237 mN; Weitnauer, FS Niederländer, 1991, S 455 ff; str); zum *Zeiteigentum* an Wohngebäuden zu Erholungs- und Wohnzwekken § 481 I 2, BGB-InfoV 2 I Nr 3. cc) **Gesamthands**eigentum an Sachen, die zum Vermögen einer GbR (§ 718), OHG, KG (HGB 105, 161), einer PartG (vgl. PartGG 8 I), eines nichtrechtsfähigen Vereins (§ 54), zum ungeteilten Nachlaß (§ 2032) oder zum Gesamtgut einer Gütergemeinschaft (§§ 1416, 1485) gehören.

6   b) Eigentum an einer Sache erfaßt auch deren **wesentliche Bestandteile**, §§ 93 f
7   mit Anm. WEG 1 läßt abw davon Sondereigentum an Gebäudeteilen zu. c) **Geistiges Eigentum** kennt das BGB nicht (iGgs zu RV 4 Nr 6, sa die Überschrift des PrPG und der RiLi 92/100/EWG), ebensowenig **wirtschaftliches** (s aber RBerG
8   7 S 3). d) **Fiduziarisches oder Treuhandeigentum** ist Eigentum des Treuhänders (vgl § 164 Rn 12). Er ist lediglich im Verhältnis zum Treugeber schuldrechtlich gebunden, gem dem Treuhandverhältnis mit dem Eigentum zu verfahren. Vgl allg Coing, Die Treuhand kraft privaten RGeschäfts, 1973, S 114 ff, 155 ff.
9   e) **Bergwerkseigentum** ist grundstücks(eigentums)gleiches Recht, das insbes zum Abbau von Bodenschätzen auf fremdem Boden berechtigt (BBergG 9).

II. Begriff und Inhalt des Eigentums im GG

Lit: Böhmer, Grundfragen der verfassungsrechtlichen Gewährleistung des Eigentums in der Rspr des BVerfG, NJW 88, 2561; Jarass, Inhalts- und Schrankenbestimmung oder Enteignung, NJW 00, 2841; Leisner, „Entschädigung falls Enteignung", DVBl 83, 61; Leisner, Eigentum, in HStR VI, § 149; Schmidt-Aßmann, Öffentl-rechtlicher Grundeigentumsschutz und Richterrecht, FS Heidelberg, 1986, S 107; Schoch, Die Eigentumsgarantie des Art 14 GG, Jura 89, 113; Schwerdtfeger, Die dogmatische Struktur der Eigentumsgarantie, 1983 (kürzer in JuS 83, 104).

11   1. **Begriff.** Das GG definiert ihn nicht, dennoch soll er aus ihm zu entnehmen sein (BVerfG 58, 335). Es muß sich um ein vermögenswertes Gut handeln (nicht nur um Sachen wie nach BGB, Rn 1; s BVerfG NJW 98, 1936, 1938: [auch] „Geldeigentum"), das einem Rechtsträger von privatem Nutzen sein soll („Privatnützigkeit") und über das der Inhaber grundsätzlich frei verfügen darf (BVerfG NJW 00, 2574; stRspr). Ein privatnütziges, verfügbares vermögenswertes Gut ist

Eigentum **Vor § 903**

aber nur dann Eigentum iSd GG, wenn das dem Schutzzweck der Eigentumsgarantie (GG 14 I 1) unter Berücksichtigung ihrer Bedeutung im Gesamtgefüge der Verfassung entspricht (s BVerfG 42, 292 f; Rn 13). Daraus folgt, daß nicht jede (ges) Beschränkung eines vermögenswerten Gutes „Enteignung" iSv GG 14 III ist (BVerfG 58, 336).

2. Eigentumsgarantie. a) Allgemeines. GG 14 I 1 garantiert das Privateigentum als Rechtsinstitut *(Institutsgarantie)* sowie in seiner konkreten Gestalt in der Hand des einzelnen Eigentümers *(Bestandsgarantie),* BVerfG 42, 294 f. **b) Die Institutsgarantie** gewährleistet das Eigentum so, wie es die („einfachen") Ges privat- *und* öffentl-rechtlichen Inhalts ausgestaltet haben (BVerfG 58, 334 ff; abw 65, 209, wo nur, wie früher [zB 19, 370], auf das bürgerliche Recht [und die gesellschaftlichen Anschauungen] abgestellt wird). Diese Inhalts- und Schrankenbestimmung hat einerseits (als spezifische Schranke) die Sozialgebundenheit des Eigentums zu beachten (GG 14 II; BVerfG NJW 99, 2878; 00, 2574 f mit GG 2 II 1, 20 a). Andererseits muß sie der grundlegenden verfassungsrechtlichen Wertentscheidung für das Privateigentum entsprechen (BVerfG 58, 147 f; 68, 367 f). Daher verbietet es die Institutsgarantie, solche Bereiche, die zum elementaren Bestand grundrechtlich geschützter Betätigung im vermögensrechtlichen Bereich gehören, der Privatrechtsordnung zu entziehen und damit den durch GG 14 geschützten Freiheitsbereich wesentlich zu schmälern oder gar aufzuheben (BVerfG 24, 389; sa 58, 339, dazu präzisierend Leisner DVBl 83, 65). Auch alle übrigen Verfassungsnormen sind zu beachten, insbes der Gleichheitssatz (BVerfG NJW 00, 2574), das Grundrecht auf freie Entfaltung der Persönlichkeit, die Prinzipien der Rechts- und Sozialstaatlichkeit (BVerfG 14, 278; 34, 146). Eigentumsbindungen müssen stets verhältnismäßig sein (BVerfG NJW 00, 2574; Schmidt-Aßmann aaO S 116 f mN). Bei Beachtung dieser Grundsätze durch den Gesetzgeber wird der Wesensgehalt des Eigentums nicht angetastet, GG 19 II hat daher keine eigenständige Bedeutung (BVerfG 58, 348). Bei Nichtbeachtung ist die ges Inhaltsbestimmung verfassungswidrig (BVerfG NJW 00, 2574); sie wird nicht zur (verfassungsmäßigen) Enteignungsnorm iSv GG 14 III (BVerfG NJW 00, 2574: „enteignender Eingriff"). Eine im Grundsatz verfassungsmäßige ges Sozialbindung, die eine bestimmte Personengruppe iGgs zu anderen (zu) intensiv und damit gleichheitswidrig trifft, wird ihm Hinblick auf diese Gruppe nur bei ges angeordneter Entschädigung verfassungsgemäß im Rahmen von GG 14 I 2, II sein (BVerfG 58, 149 ff; zu den Voraussetzungen einer „Ausgleichsregelung" BVerfG NJW 99, 2879); die Entschädigung ist keine Enteignungsentschädigung iSv GG 14 III (s BVerfG 79, 192; BGH 123, 245; 145, 32 f). **c) Die Bestandsgarantie** (Rn 12) bietet Schutz gegen Enteignung. Nur wenn diese zulässig ist, verwandelt sich die Bestands- in eine *Eigentumswertgarantie* (BVerfG NJW 99, 1176); das ist ein wesentlicher Unterschied zu WRV 153, wo die Eigentumsgarantie primär Eigentumswertgarantie war (BVerfG 24, 400). Zweifelhaft ist, inwieweit die Bestandsgarantie gegen Umformung, gänzlichen oder Teilentzug von Eigentum durch (entschädigungslose) ges Neubestimmung gem GG 14 I 2 schützt (s BVerfG 46, 288; 83, 211 ff; NJW 00, 2576; 01, 2961 [zu BGH 145, 26 f: Verfassungsbeschwerde nicht angenommen]; dazu mR krit Leisner DVBl 83, 66 f; Schwerdtfeger aaO S 23 ff mwN) oder ob hier nur die (entschädigungspflichtige) Enteignung gem GG 14 III offensteht.

3. Als Eigentum iSv GG 14 im Bereich des Privatrechts sind anerkannt alle subj Vermögensrechte (BVerfG NJW 92, 37): zB Erbbaurecht (BVerfG 79, 191) Forderungen (BVerfG 83, 208), urheberrechtliche Leistungsschutzrechte (BVerfG NJW 98, 1631; 01, 1784), Warenzeichen (ie BVerfG 51, 217 ff; s jetzt MarkenG 3 I, 4), Ausstattungsschutz gem WZG 25, jetzt MarkenG 3 I, 4 (BVerfG 78, 71 ff), Recht am eingerichteten und ausgeübten landwirtschaftlichen oder Gewerbebetrieb (BGH 98, 351; offenlassend BVerfG NJW 92, 37; BVerwG NJW 95, 543), Schürfrechte des Bergwerkseigentümers (BGH 59, 336 f); ferner eigentümer-

12

13

14

15

Jauernig 1129

§ 903

ähnliche Rechtspositionen ohne Rücksicht auf ihre Qualifizierbarkeit als subj Recht, zB Anwartschaftsrechte aus bindender Einigung (§ 873, dort Rn 19–21) oder aus aufschiebend bedingter Übereignung (§ 455 I, vgl § 929 Rn 43), rechtlich zulässige und im konkreten Fall sachgerechte Möglichkeit der Bebauung (BGH NJW 74, 639) oder Kiesausbeute (soweit sie nicht durch das WHG eingeschränkt ist, BGH WM 84, 786), doch gehört nicht jede (tatsächlich) mögliche Nutzung notwendigerweise zum *rechtlichen* Inhalt des Eigentums (BVerfG 45, 81, sa BGH WM 84, 823; abzulehnen BVerfG 58, 338: Eigentumsqualität einer *rechtlichen* Nutzungsmöglichkeit hänge von deren *tatsächlicher* Ausübung ab, dazu zutr Leisner DVBl 83, 67, BB 92, 76 ff, abw auch BGH NJW 94, 3285 f mN). BVerfG 89, 5 ff; 94, 41 f; NJW 00, 2659; NJW-RR 99, 1098 qualifiziert Besitzrecht des Wohnungsmieters als Eigentum (doppelt verfehlt: genügend ist ges Einschränkung der Vermieterbefugnisse gem GG 14 I 2, II [zutr BVerfG 79, 302 f]; das Recht zum Besitz wird ua auf §§ 861 f gestützt, die auch Hausbesetzern und Dieben zugute kommen können, s § 863). Bloße *Chancen* und künftige Verdienstmöglichkeiten sind, da sie einem Rechtssubjekt noch nicht als Rechtsposition zustehen, kein Eigentum (BVerfG 78, 211).

Titel 1. Inhalt des Eigentums

§ 903 Befugnisse des Eigentümers

¹ Der Eigentümer einer Sache kann, soweit nicht das Gesetz oder Rechte Dritter entgegenstehen, mit der Sache nach Belieben verfahren und andere von jeder Einwirkung ausschließen. ² Der Eigentümer eines Tieres hat bei der Ausübung seiner Befugnisse die besonderen Vorschriften zum Schutz der Tiere zu beachten.

1   **1. Allgemeines. a) Begriff, Gegenstand** und **Arten** des Eigentums iSd BGB: Rn 1, 3, 5 vor § 903. **b)** Zum **öffentl Eigentum** Rn 4 vor § 903. **c) S 2** (eingefügt durch Ges v 20. 8. 1990) enthält eine Banalität.

2   **2. Positiv** kann der Eigentümer mit seiner Sache grundsätzlich „nach Belieben" verfahren; ihm stehen Herrschafts-, Nutzungs- und Verfügungsrechte zu (vgl BVerfG 31, 239). Hier zeigt sich das Eigentum als Grundlage persönlicher Freiheit. Zur Eigentumsbeschränkung („Bindung" statt „Freiheit") Rn 4; Rn 2 vor § 903.

3   **3. Negativ** kann der Eigentümer grundsätzlich fremde **Einwirkungen** auf seine Sache **ausschließen.** Die Abwehrbefugnis ist Hauptinhalt der verfassungsrechtlichen Eigentumsgarantie (BVerfG 24, 400 f). Zivilrechtlichen Schutz gewähren insbes §§ 985, 1004, 906 ff, 823 ff. Sog *negative Einwirkungen* fallen nicht unter § 903 S 1 (und daher auch nicht unter § 906 [Jauernig JZ 86, 608] und § 907 [BGH 113, 386]), zB Versperren der Aussicht, Abhalten von Licht und Luft durch Bau hart an der Grenze (dagegen Abhilfe im Landesrecht, s EGBGB 124), Abschatten von Funkwellen durch Hochhäuser (BGH 88, 347). Hier nur Abwehr in Extremfällen mit Hilfe des nachbarlichen Gemeinschaftsverhältnisses (BGH 113, 386 [zust StGursky § 1004, 69]; NJW 01, 1209; großzügiger StRoth § 906, 120 ff; allg BGH NJW 01, 3120 f); bei verhinderter Abwehr kommt ein verschuldensunabhängiger Ausgleichsanspruch in Betracht (BGH 113, 389 ff; s a § 906 Rn 15). Sog *ideelle* (sittliche oder ästhetische) *Einwirkungen* fallen unter § 903 S 1, aber auch unter § 906, so daß sie nur eingeschränkt abwehrbar sind (str, ie § 906 Rn 2).

4   **4. Eigentumsbeschränkungen durch a) Ges** (Begriff EGBGB 2) **aa) privatrechtlichen** Inhalts: zB §§ 138, 226–229, 573, 573 a, 573 b, 577 a, 826, 904, 905 S 2, 906 ff; LandesnachbarrechtsGes (s EGBGB 124); **bb) öffentl-rechtlichen** Inhalts: zB BauGB, BBergG, BImSchG, BLG, BNatSchG (zur Abwehr unerträglichen Forschlärms BGH 120, 239 ff, VGH München NJW 99, 2914 ff, BVerwG NJW 99, 2912 ff: 10 Jahre Kampf gegen Lärm; zum Baumschutz § 910 Rn 2),

Titel 1. Inhalt des Eigentums **§ 904**

BWaldG, FlurbG, FStrG, KultgSchG (dazu BVerwG NJW 93, 3280 ff), GrdstVG, LuftVG, Wasser-, Wirtschafts-, VerkehrssicherstellungsG, WHG (dazu BVerfG 58, 300 ff), TKG 57; BVerfG NJW 00, 799 f; 01, 2960 ff); AltfahrzeugV; zum Denkmalschutz BVerfG NJW 99, 2878 ff; Dilcher, FS Coing, 1982, II 83 ff; Hammer JuS 97, 971 ff; **b) Rechte Dritter,** insbes durch beschränkte dingliche Rechte (Rn 6 vor § 854). Zur Einschränkung durch *Gemeingebrauch* § 905 Rn 4.

§ 904 Notstand

¹**Der Eigentümer einer Sache ist nicht berechtigt, die Einwirkung eines anderen auf die Sache zu verbieten, wenn die Einwirkung zur Abwendung einer gegenwärtigen Gefahr notwendig und der drohende Schaden gegenüber dem aus der Einwirkung dem Eigentümer entstehenden Schaden unverhältnismäßig groß ist.** ²**Der Eigentümer kann Ersatz des ihm entstehenden Schadens verlangen.**

Lit: Konzen, Aufopferung im Zivilrecht, 1969.

1. Allgemeines. § 904 behandelt den **Angriffsnotstand:** Die fremde Sache ist – abw von § 228, vgl dort Rn 1, 2 (a) – nicht selbst der Gefahrenherd, sondern das Mittel, um eine von anderwärts ausgehende Gefahr abzuwehren. *Selbstopferung* zB des Kraftfahrers, um Tötung eines Radfahrers zu vermeiden, fällt nicht unter § 904 (§ 677 Rn 3).

2. Voraussetzungen. a) Einwirkung, die unmittelbar oder mittelbar den zu ersetzenden Sachschaden (Rn 5) herbeigeführt hat (vgl RG 156, 190). Nach hM (BGH 92, 359 mN) muß zumindest bedingt vorsätzlich auf fremdes Eigentum eingewirkt werden (entspr dem Verteidigungswillen bei § 227, BGH aaO; dagegen § 227 Rn 6; Braun NJW 98, 943). Für S 1 (Rechtfertigungsgrund) kommt es auf dieses subj Moment nicht an (sonst wäre Notwehr möglich gegen Kraftfahrer, der einem Frontalzusammenstoß mit X ausweicht und daher den Pkw des Y beschädigt [Sachverhalt in BGH 92, 357], s § 227 Rn 5), folglich auch nicht für S 2 (aA mit dunkler Begründung StSeiler 23). **b) Notwendig** muß die Einwirkung sein, um *gegenwärtige Gefahr* abzuwenden. Gegenwärtig ist sie, wenn ihre Verwirklichung unmittelbar droht (daher *sofortige* Abhilfe geboten). Notwendig ist die Abwehr, wenn sie obj nur durch den Eingriff in fremdes unbeteiligtes Eigentum möglich ist. **c) Unverhältnismäßige Größe des drohenden Schadens** gegenüber dem aus der Einwirkung vermutlich entstehenden (nicht: wirklich entstandenen). Abwägung beider Schäden ist auf den Zeitpunkt der Einwirkung zu beziehen. Drohender Schaden für Leib oder Leben eines Menschen ist stets unverhältnismäßig groß.

3. Rechtsfolgen. a) Rechtmäßigkeit der Einwirkung (sa Rn 2). **b) Schadensersatzanspruch** des Duldungspflichtigen (Eigentümer, Besitzer: RG 156, 190), S 2. **aa) Verpflichtet** ist der Einwirkende (nach hM nur, wenn er bedingt vorsätzlich gehandelt hat, da sonst reine Kausalitätshaftung einträte, BGH 92, 359 ff; s Rn 2). Das gilt auch, wenn nicht (wie idR) er selbst, sondern ein Dritter durch die Einwirkung begünstigt wird (hM; aA Larenz, SchR II/2, § 85 I 1 b mN: alleinige und unmittelbare Ersatzpflicht des Begünstigten). Grund: Schadensersatzanspruch ist Ausgleich für Duldungspflicht, die unstr dem Einwirkenden, nicht dem Begünstigten gegenüber besteht; gegen letzteren ist Rückgriff gem §§ 677 f, 812 ff möglich. RG 113, 303 ff; BGH 6, 105 ff halten einen Dritten für ersatzpflichtig, wenn der Handelnde in einem Abhängigkeitsverhältnis zu ihm steht; daß der Dritte von der Einwirkung begünstigt wird (so lag es in RG, BGH aaO), ist nicht zu fordern, wohl aber, daß die Abhängigkeit nach außen erkennbar und die Person des Dritten bestimmbar ist. **bb)** Herbeiführung der Gefahr durch den Eigentümer berührt seinen Ersatzanspruch nicht (anders bei Verschulden, vgl BGH 6, 110), aber **§ 254** anwendbar.

Jauernig 1131

§§ 905, 906 Buch 3. Abschnitt 3

7   4. Auch bei **Irrtum** über Vorliegen der Voraussetzungen iSv Rn 3, 4 (und damit über die Rechtmäßigkeit des Eingriffs) besteht Ersatzanspruch gem S 2.

8   5. Zum **strafrechtlichen Notstand** vgl StGB 34 (rechtfertigender Notstand), 35 (entschuldigender Notstand). § 904 geht dem StGB 34 vor (Lackner/Kühl § 34, 14).

§ 905 Begrenzung des Eigentums

¹**Das Recht des Eigentümers eines Grundstücks erstreckt sich auf den Raum über der Oberfläche und auf den Erdkörper unter der Oberfläche.** ²**Der Eigentümer kann jedoch Einwirkungen nicht verbieten, die in solcher Höhe oder Tiefe vorgenommen werden, dass er an der Ausschließung kein Interesse hat.**

1   1. **Allgemeines. a) Grundstückseigentum umfaßt** auch Luftsäule über der Oberfläche, unter ihr nicht nur den Erdkörper, sondern auch natürliche und künstliche Höhlen (LM Nr 7; dazu J. Baur ZHR 150, 507 ff), aber nicht einen Schatz iSv § 984. Nach BVerfG 58, 336 f gehört die Einwirkungsbefugnis auf Grundwasser nicht zum Grundeigentum (sa BGH 84, 226, 236); dasselbe gilt folgeweise für Quellwasser (s WHG 1 I Nr 1, 2). Ausgenommen sind ferner berg-
2   freie Bodenschätze (BBergG 3 II, III). **b) Gegen** störende Beeinträchtigungen: §§ 903, 1004, 823 ff; Herausgabe unberechtigt gezogener Nutzungen, §§ 812 I, 818 II (LM Nr 7).

3   2. **Ausschluß des Verbietungsrechts** (Rn 2). Der Eigentümer ist zur Duldung verpflichtet **a) kraft Ges** bei **aa)** *Fehlen schutzwürdiger Interessen* des Eigentümers als solchen (nicht als Unternehmer, Konkurrent des Einwirkenden usw), **S 2**. Interesse besteht, wenn Benutzung (durch Eigentümer, berechtigten Dritten) behindert wird oder in Zukunft behindert werden kann (Düsseldorf NJW-RR 91, 404 mN); **bb)** *Einwirkungen auf den Luftraum* gem §§ 906, 912 (§ 906 Rn 1, § 912 Rn 6); **cc)** *Benutzung des Luftraums* durch zugelassene Luftfahrzeuge, LuftVG 1; **dd)** Beeinträchtigungen im Bereich des *Wasser-, Berg- und Abbaurechts,* vgl EGBGB 65, 68; BBergG; **ee)** nachbarrechtliche Beschränkungen durch LandesGes, s EGBGB 124;
4   **b) durch Dritter,** insbes im Rahmen des *Gemeingebrauchs* an öffentl Sachen, für die § 905 ebenfalls gilt (BGH 60, 366 f). Umfang des Gemeingebrauchs bestimmt idR das Landesrecht (zum Bundesrecht vgl zB FStrG 7 und dazu BGH 60, 367), iü sind allg oder örtl Rechtsauffassung und Übung maßgebend, LM Nr 2 betr Gaststätten-Vordach. Zum „zivilrechtlichen Gemeingebrauch" am **Wald**
5   BWaldG 14, allg Rinck MDR 61, 980 ff; sa § 956 Rn 3. **c) Verschuldensunabhängiger Ausgleichsanspruch** entspr § 906 Rn 15 kann bestehen, wenn der Eigentümer aus übergeordnetem Interesse die Tiefennutzung durch einen anderen dulden muß und dadurch unzumutbar beeinträchtigt wird (BGH 110, 23 f).

6   3. Ist eine Einwirkung, zB Tunnelbau, nach S 2 zu dulden, so sind es nicht auch darüber hinausgehende **Schäden,** zB Grundstückssenkung durch fehlerhaften Tunnelbau. Schadenszufügung ist rechtswidrig. Bei Verschulden Ersatz gem § 823, sonst entspr § 904 S 2 (hM; aA StRoth 40 mN).

§ 906 Zuführung unwägbarer Stoffe

(1) ¹**Der Eigentümer eines Grundstücks kann die Zuführung von Gasen, Dämpfen, Gerüchen, Rauch, Ruß, Wärme, Geräusch, Erschütterungen und ähnliche von einem anderen Grundstück ausgehende Einwirkungen insoweit nicht verbieten, als die Einwirkung die Benutzung seines Grundstücks nicht oder nur unwesentlich beeinträchtigt.** ²**Eine unwesentliche Beeinträchtigung liegt in der Regel vor, wenn die in Gesetzen oder Rechtsverordnungen festgelegten Grenz- oder Richtwerte von den nach diesen Vorschriften ermittelten und bewerteten Einwirkungen nicht über-**

Titel 1. Inhalt des Eigentums **§ 906**

schritten werden. ³ Gleiches gilt für Werte in allgemeinen Verwaltungsvorschriften, die nach § 48 des Bundes-Immissionsschutzgesetzes erlassen worden sind und den Stand der Technik wiedergeben.

(2) ¹ Das Gleiche gilt insoweit, als eine wesentliche Beeinträchtigung durch eine ortsübliche Benutzung des anderen Grundstücks herbeigeführt wird und nicht durch Maßnahmen verhindert werden kann, die Benutzern dieser Art wirtschaftlich zumutbar sind. ²Hat der Eigentümer hiernach eine Einwirkung zu dulden, so kann er von dem Benutzer des anderen Grundstücks einen angemessenen Ausgleich in Geld verlangen, wenn die Einwirkung eine ortsübliche Benutzung seines Grundstücks oder dessen Ertrag über das zumutbare Maß hinaus beeinträchtigt.

(3) Die Zuführung durch eine besondere Leitung ist unzulässig.

Lit: Fritz, Das Verhältnis von privatem und öffentl Immissionsschutzrecht nach der Ergänzung von § 906 I BGB, NJW 96, 973; Hagen, Der nachbarrechtliche Ausgleichsanspruch nach § 906 II 2 BGB als Musterlösung und Lösungsmuster, FS Lange, 1992, S 483; Hagen, Zum Topos der Priorität im privaten Immissionsschutzrecht, FS Medicus, 1999, S 161; Jauernig, Zum zivilrechtlichen Schutz des Grundeigentums in der neueren Rechtsentwicklung, FS Heidelberg, 1986, S 87; Jauernig, Zivilrechtlicher Schutz des Grundeigentums in der neueren Rechtsentwicklung, JZ 86, 605; Koch, Aktuelle Probleme des Lärmschutzes, NVwZ 00, 490; Marburger, Zur Reform des § 906 BGB, FS Ritter, 1997, S 901; Schlechtriem, Nachbarrechtliche Ausgleichsansprüche und Schadensersatzhaftung, FS Gernhuber, 1993, S 407; Schmidt-Aßmann, Verfassungsrechtliche Grundlagen und Systemgedanken einer Regelung des Lärmschutzes an vorhandenen Straßen, 1979; H.P. Westermann, Das private Nachbarrecht als Instrument des Umweltschutzes, in: Umweltschutz und Privatrecht, 1990, S 103.

1. Anwendungsbereich. a) Gegen Einwirkungen auf sein Grundstück steht 1 dem Eigentümer **grundsätzlich ein Ausschließungsrecht** zu, § 903 (RG 141, 408f; § 903 Rn 3). Bestünde es uneingeschränkt, so wäre das Benutzungsrecht des Nachbarn zu stark beschnitten. Diese Kollision zwischen Benutzungs- und Ausschließungsrecht löst § 906, indem er das grundsätzlich unbegrenzte (§ 903) Ausschließungsrecht für bestimmte Einwirkungen (Rn 2) **einschränkt:** Nach § 906 nicht ausschließbare (dh zulässige) Einwirkungen (Immissionen) müssen – ohne oder mit Entschädigung (II 2) – geduldet werden. **b) Einwirkungen iSv § 906.** 2 Das Ges gibt Bsp. Was „ähnliche" Einwirkungen sind, ist str. Maßgebend soll sein: ihre Unwägbarkeit (Einwirkungen als „Imponderabilien": BGH 51, 397; 90, 258; 111, 162; mR anders RG 160, 383; BGH 62, 187 für [wägbaren!] Staub; 117, 112; sa ges Bsp: Rauch, Ruß); ihre Kleinheit („feste Kleinstkörper": RG 141, 409 [Bienen], 160, 383 [Fliegen]; wo „Kleinheit" von Tieren aufhört, ist str [große Ratten, kleine Katzen?]); tatsächliche Unmöglichkeit völliger Fernhaltung (RG 160, 383 [Fliegen]). Diese Kriterien sind unsicher, zT widersprüchlich. Daher ist zu prüfen (s Jauernig JZ 86, 608): (1) *Liegt eine Einwirkung iSv § 903 vor* (s Rn 1; § 903 Rn 3)? Nur wenn das zu bejahen ist, kommt § 906 in Betracht (RG 141, 408f; 160, 382). Da negative Einwirkungen nicht unter § 903 fallen (dort Rn 3), scheidet § 906 aus (unzutr BGH 88, 346); nach hM gilt das auch für ideelle Einwirkungen (s aber u); (2) *kann eine Einwirkung (§ 903) je nach ihrer Intensität* – wie in den ges Bsp (I) – die Grundstücksbenutzung nicht, unwesentlich oder wesentlich *beeinträchtigen*? Wenn ja, handelt es sich um eine „Einwirkung" iSv § 906 (zust BGH 117, 112f). Zu bejahen für Tiere (nicht nur „kleine"), für Blüten- und Laubfall (RsprN bei Müller NJW 88, 2587 ff), für elektromagnetische Strahlungen (Stuttgart NJW-RR 01, 1314); ebenso für *ideelle Einwirkungen;* aber „wesentliche" Beeinträchtigung ist hier selten, sowohl durch *sittliche* Einwirkungen (daher iE zutr RG 76, 130ff: Anblick von [Halb-]Nackten in weit entferntem Freibad) wie durch *ästhetische* (Anblick von Häßlichkeit auf dem Nachbargrundstück); Wertverlust des Grundstücks kann Wesentlichkeit indizieren (StRoth 126 mN; aA BGH 95, 310 für sittliche, 54, 61 für ästhetische Einwirkungen; zur Wertminderung bei anstößiger Nutzung von Teileigentum BayObLG NJW-RR 00, 1324); Frankfurt/M

Jauernig 1133

§ 906 Buch 3. Abschnitt 3

NJW-RR 89, 464 f gibt bei „schwerwiegender" ästhetischer Beeinträchtigung Abwehranspruch wie bei negativer Einwirkung (s § 903 Rn 3). Beeinträchtigt die Einwirkung *stets wesentlich*, so scheidet § 906 aus, sie ist uneingeschränkt (§ 903!) abwehrbar; das trifft idR zu für sog *grob-körperliche Immissionen* (zB Steinbrocken aus Sprengungen [iE ebenso BGH 111, 162 mN]; zu Ausnahmen Jauernig JZ 86, 608). **c) Unmittelbar angrenzen** muß das einwirkende Grundstück **nicht** (LM Nr 6). **d) FluglärmschutzG** schließt Ansprüche aus §§ 1004 (iVm § 906), 906 II 2 nicht aus (BGH 69, 110). Dasselbe gilt gem UmweltHG 18 I.

3   **2. Zulässige Immissionen. a) Unwesentliche Beeinträchtigungen** der Grundstücksbenutzung. Sie liegen nach **I 2, 3 idR** (dazu BGH NJW 01, 3120) vor, wenn die in Ges und RechtsVO festgelegten Grenz- oder Richtwerte von den nach diesen Vorschriften festgestellten Einwirkungen nicht überschritten werden. „Ges und RechtsVO" weicht von EGBGB 2 ab; gemeint sind nur Ges im formellen Sinn (zum Begriff: Ossenbühl, HStR III, § 61 Rn 9, 10, 13). *Grenzwert* darf nicht überschritten werden, was uU bei *Richtwert* möglich. *„IdR"* heißt: Unterschreiten des Richtwertes *indiziert nur* die Unwesentlichkeit einer Beeinträchtigung, so daß diese trotzdem „wesentlich" sein kann (BGH NJW 01, 3120). Bei Überschreiten scheidet I 2, 3 aus: „Wesentlichkeit" ist dann im Einzelfall zu prüfen. Nach der neueren Rspr des BGH (120, 255; 121, 255; NJW 01, 3119 gegen 111, 65) ist für die (Un-)Wesentlichkeit maßgebend nicht mehr das Empfinden eines „normalen", sondern eines „verständigen" Durchschnittsmenschen im Hinblick auf Natur und Zweckbestimmung des Grundstücks in seiner konkreten Beschaffenheit. Der Wechsel vom „Normalen" zum „Verständigen" dient der Gleichstellung von **wesentlicher** Beeinträchtigung iSv II und **erheblicher** Belästigung iSv BImSchG 1, 3 und damit der Harmonisierung der divergierenden Rspr von BGH und BVerwG (s BGH 120, 255; NJW 99, 357, 358; BVerwG NJW 88, 2397). Die Feststellung von Erheblichkeit und Wesentlichkeit einer Beeinträchtigung setzt danach gleichermaßen eine Güterabwägung der konkreten Gegebenheiten voraus, bei der auch ges Wertungen zu berücksichtigen sind (BVerwG und BGH, je aaO; Köln NJW 98, 764 ff [GG 3 III 2]). Immissionsbedingte Schäden sind idR wesentliche Beeinträchtigungen (BGH NJW 99, 1030). I 2, 3 fixiert diese Rspr, geht aber nicht darüber hinaus (Fritz aaO S 573 f; offen gelassen in BGH NJW 95, 133). Der „verständige" Mensch muß mehr Lärm aushalten als der „normale" (s BGH 121, 255 f; NJW 99, 357; Köln NJW 98, 764; krit Rn 9). Dennoch verfehlt Düsseldorf NJW-RR 96, 211 f (zT wörtlich aus MK/Säcker 52): Spielbedingter Kinderlärm auf verkehrsberuhigter Straße (StVO 42 IVa) in reinem Wohngebiet ist (mittags-)pausen- und lärmgrenzenlos zu ertragen. Das fördert schon bei Kindern Rücksichtslosigkeit und Ellbogenmentalität (Rat des OLG aaO:

4   Wen's stört, muß umziehen – aber wohin?). **b) Gleichgestellt sind wesentliche Beeinträchtigungen durch ortsübliche Benutzung** des einwirkenden Grundstücks, **sofern** *Abwehrmaßnahmen* gegen die Beeinträchtigung entweder technisch *nicht möglich oder* Benutzern „dieser Art" (generalisierende Betrachtung!) *unzumutbar* sind. Maßstab für Wesentlichkeit: Rn 3 (danach hat es Sinn, II 1 auch auf I 2, 3 zu beziehen, aA Marburger aaO S 901). Benutzung ist ortsüblich, wenn sie idR öfter vorkommt (LM Nr 61) und bei einer Mehrheit von Grundstücken derselben örtlichen Lage ungefähr gleichartig ist (BGH 120, 260); das Vergleichsgebiet kann nach Lage des Falles (zB bei Verkehrsanlagen wie Fernstraßen, Flughäfen) weiträumig sein (BGH 111, 73 mN). Die Grundentscheidung des BImSchG für mehr Umweltschutz ist auch für die Ortsüblichkeit beachtlich (Diederichsen, FS Schmidt, 1976, S 8; sa Baur JZ 74, 659; BGH 70, 111). Maßgebend für sie sind die tatsächlichen Verhältnisse, weder Bebauungsplan noch Baugenehmigung (vgl BGH NJW 83, 751, sehr str; s Jauernig FS aaO, S 100 ff mN; sa Schmidt-Aßmann aaO S 14 ff; H. P. Westermann aaO S 117 ff; Vieweg NJW 93, 2572; kompromißbereit Hagen NVwZ 91, 822 f). Fehlen einer Anlagengenehmigung schließt Ortsüblichkeit aus (BGH NJW 99, 358 für Schweinemästerei). Maßgebender **Zeitpunkt** für

1134 *Jauernig*

Titel 1. Inhalt des Eigentums **§ 906**

Ortsüblichkeit: letzte mündliche Tatsachenverhandlung. Daher ist zeitliche Priorität der beeinträchtigenden Benutzung unerheblich; sie rechtfertigt zwar nicht die Eigentumsbeeinträchtigung, kann aber Abwehransprüche ausschließen, wenn die Beeinträchtigung den Richtwert einhält und der Nachbar sie kannte oder grobfahrlässig nicht kannte („Eigenverschulden"), BGH NJW 01, 3120f mN (Beeinträchtigung eines Grundstückseigentümers, der seit 10 Jahren neben einer seit 30 Jahren betriebenen Hammerschmiede wohnt). **c) Gestattung** der Immissionen durch Vertrag oder Dienstbarkeit.

3. Rechtsfolgen zulässiger Immissionen. a) Duldungspflicht. Sie trifft 5 Eigentümer und nutzungsberechtigten Besitzer (vgl BGH 92, 145). **b) Im Fall** 6 **Rn 4** angemessener Ausgleich in Geld, soweit Ertrag oder ortsübliche Benutzung des Grundstücks unzumutbar beeinträchtigt, sog **nachbarrechtlicher Ausgleichsanspruch,** II 2 (irreführend auch bürgerlich-rechtlicher Aufopferungsanspruch genannt). **aa) Berechtigt** sind die Duldungspflichtigen (Rn 5; BGH 70, 220), **bb) Verpflichtet** ist nicht der durch die Benutzung des einwirkenden 7 Grundstücks Begünstigte (LM Nr 29), sondern der Benutzer (vgl BGH 113, 392). BGH 49, 150f (sa 88, 352f) nennt ihn mißverständlich „Störer". Er ist aber nicht Störer iSv § 1004; denn die Immission ist zulässig (StRoth 231 mN). Ist die Beeinträchtigung nur durch das Zusammenwirken mehrerer Benutzer verursacht worden (sog *progressive Schadenssteigerung*), so haften diese gesamtschuldnerisch (BGH 72, 298); um Kleinimmittenten zu schützen, sind erst die gefährlicheren Benutzer iSv BImSchG 4, 19 heranzuziehen (Nawrath NJW 82, 2361f). **cc) Voller Schadens-** 8 **ausgleich** ist zu leisten, da nur so die im privaten Interesse des Immittenten auferlegte Duldungspflicht ausreichend abgegolten wird (Jauernig JZ 86, 610ff mN; aA BGH 49, 155, NJW 99, 1031; StRoth 226 mwN, hM: Ausgleich entspr der Enteignungsentschädigung – aber öffentl Interessen scheiden hier aus; dieses Tatbestandsmerkmal wird nicht durch den Wunsch nach einem flexiblen Entschädigungsmaßstab ersetzt [dafür aber Schlechtriem aaO S 420]; zur str Bemessung der Enteignungsentschädigung – Verkehrswertersatz? – Leisner, HStR VI, § 149 Rn 181, 182; sa Schlechtriem aaO S 420f; ferner BImSchG 14: voller Schadensersatz). Auch nach hM kann uU nur voller Ausgleich „angemessen" sein (BGH NJW 90, 3197 mN). Zumutbare Beeinträchtigungen sind nicht auszugleichen (BGH NJW-RR 88, 1292 mit zT falschen Nachw). Unzumutbarkeit kann auch ohne existenzgefährdende Beeinträchtigung vorliegen (LM Nr 40). Zur Zumutbarkeit von Straßenlärm vgl Rn 18. **dd) Konkurrenzen.** Soweit II 1 reicht, sind §§ 823ff ausgeschlossen (BGH 92, 148).

4. Unzulässige Immissionen. a) Wesentliche Beeinträchtigungen durch 9 **nicht ortsübliche Benutzung** des einwirkenden Grundstücks. Zur (Un-)Wesentlichkeit einer Beeinträchtigung Rn 3. Die Schwere (Wesentlichkeit) der Beeinträchtigung und die Ortsüblichkeit der Benutzung können sich ändern. Rechtzeitiger Gebrauch der Abwehrrechte aus § 1004 iVm §§ 903, 906 ist wichtig und wirkt, zumindest für begrenzte Zeit, konservierend. „Fortschritt" zeigt sich oft in einer Verstärkung statt einer Verminderung der Immissionen (vgl BGH 38, 62). Das gilt seit Jahrzehnten insbes für den Lärm (s Heck, SaR [1930!], § 50, 2). Die Abwehr dieser gravierendsten Umweltplage wird durch die neuere Rspr erschwert, weil sie das Empfinden eines „verständigen", nicht mehr eines „normalen" Durchschnittsmenschen für maßgeblich hält und der „verständige" mehr aushalten muß (Rn 3). **b) Wesentliche Beeinträchtigungen durch ortsübliche Benutzung** 10 des einwirkenden Grundstücks, die iSv Rn 4 *verhinderbar* sind, *aber nicht verhindert* werden. **c) Bes zugeleitete Immissionen** stets, auch bei iü unwesentlicher, 11 ortsüblicher Beeinträchtigung, III.

5. Rechtsfolgen unzulässiger Immissionen. a) IdR Abwehrrechte für Ei- 12 gentümer und nutzungsberechtigten Besitzer aus §§ 903, 1004 (vgl LM Nr 32; Rn 5), bei Verschulden auch aus § 823 I, II (BGH WM 86, 1448). **b) Abwehr-** 13 **rechte sind eingeschränkt aa) gem BImSchG 14** (sa AtomG 7 VI, LuftVG 11).

§ 906 Buch 3. Abschnitt 3

Diese Vorschrift setzt an sich gem § 906 ausschließbare Immissionen voraus (BGH 69, 110), die von einer unanfechtbar genehmigten Anlage (BImSchG 4 I) ausgehen. Der Eigentümer oder nutzungsberechtigte Besitzer als Duldungsverpflichteter (Rn 12) kann nicht Unterlassung, dh Einstellung, des Betriebs verlangen, sondern nur Vorkehrungen, die die benachteiligenden Wirkungen ausschließen, oder, falls die Vorkehrungen technisch undurchführbar oder wirtschaftlich unver-
14 tretbar sind, vollen Schadensersatz (ohne Verschulden); **bb) wenn Immission von einem gemeinwichtigen Betrieb** ausgeht, der unmittelbar öffentl Interessen dient und *privat*wirtschaftlich organisiert ist (BGH 72, 294; sa NJW 00,2902 [auch öffentl-rechtliche Träger, s Rn 16]; abl MK/Säcker 123 ff mN; StRoth 30; grundsätzlich gegen *allg* Einschränkung des § 1004 bei Benutzung fremder Grundstücke für Zwecke der Stromversorgung BGH 66, 41 [aA 60, 122 f, sa NJW 00, 2902 mN]). Bsp: Eisenbahn (vgl BGH NJW 97, 744 f: Erschütterungen und Lärm durch Züge der Deutschen Bahn AG), Omnibusbetrieb (BGH NJW 84, 1243). Eigentümer und nutzungsberechtigte Besitzer (Rn 12) können entspr BImSchG 14 (Rn 13) nur Einzelmaßnahmen verlangen, die den Betrieb weder lahmlegen noch erheblich beeinträchtigen (BGH NJW 84, 1243). Zum Ausgleich verbleibender, iSv § 906 nicht entschädigungslos hinzunehmender Immissionen gewährt die Rspr einen verschuldensunabhängigen **nachbarrechtlichen Ausgleichsanspruch** entspr II 2, BImSchG 14 (vgl BGH 48, 100 ff; 72, 291). Der Anspruch geht entspr BImSchG 14 und § 906 II 2 (Rn 8) auf vollen Schadensausgleich (ErmHagen/Lorenz 62). Verpflichtet ist der Störer iSv § 1004 (BGH NJW 93, 1855 f; zur Terminologie Rn 7; unentschieden, ob Störer oder Begünstigter: BGH 48, 106 f; 60, 124); **cc)** ausnahmsweise durch Pflicht zur **gegenseitigen Rücksichtnahme** (Grundlage: nachbarliches Gemeinschaftsverhältnis), BGH NJW 00, 1720; § 908 Rn 2; § 909 Rn 3.

15 **6. Verschuldensunabhängiger nachbarrechtlicher Ausgleichsanspruch analog II 2** (zur Entwicklung Hagen, FS Lange aaO und krit-resignierend Schlechtriem aaO). *Einwirkungen* (nicht nur iSv § 906: BGH 111, 162) vom benachbarten privatrechtlich benutzten Grundstück, die *wesentlich beeinträchtigen*, aber aus bes rechtlichen oder faktischen Gründen nicht oder nicht rechtzeitig (BGH 142, 68) gem § 1004 oder § 862 abgewehrt werden können („faktischer Duldungszwang", BGH 142, 68), sind analog II 2 zu entschädigen (BGH 142, 235 mN; sa § 905 Rn 5; § 908 Rn 2; § 909 Rn 4), Sonderregelung vorbehalten (BGH 97, 295 für § 912 II; 142, 236 für WHG 22 II; NJW 01, 3052 für Bergschadensersatz). Der Störer (Rn 14) hat *vollen* (Rn 8) Schadensausgleich zu leisten; anders BGH 142, 70 f; NJW 01, 1876; stRspr: angemessene Entschädigung in Geld nach enteignungsrechtlichen Grundsätzen, nur ausnahmsweise [aA BGH 142, 236: vielfach!] kommt Entschädigung nach II 2 vollem Schadensersatz gleich. Anspruchsberechtigt ist der Eigentümer oder der Besitzer (BGH 147, 50 = JZ 01, 1085 mit krit Anm Brehm; § 909 Rn 2). Ansprüche aus §§ 823 ff und aus § 906 II 2 analog bilden nach BGH NJW 01, 1866 = JZ 01, 1084 mit krit Anm Brehm S 1088; NJW 01, 3052) verschiedene Streitgegenstände; diese materiellrechtliche Bestimmung des Streitgegenstandes ist abzulehnen (Jauernig, ZPR, § 37 III 1, VIII).

16 **7. Immissionen von hoher Hand. a) Einwirkungen durch rechtmäßigen Eingriff** sind vom Eigentümer und vom nutzungsberechtigten Besitzer (Rn 5) zu dulden, Abwehransprüche aus § 1004 sind ausgeschlossen (abw StRoth 45, 46: kein Ausschluß kraft höheren öffentl Interesses, aber oft kraft Planfeststellungsrechts). Bsp: Lärm durch Fernstraßenbau (BGH 72, 292 ff); Lärm durch Starten und Landen von Militärflugzeugen (BGH 129, 125 ff); Verkehrslärm von öffentl Straße (BGH NJW 88, 901); Geruchsbelästigung durch gemeindliche Kläranlage (BGH 91, 21, 23); Manöverlärm (LM Nr 61); Anlocken hungriger Vögel durch
17 Mülldeponie (BGH NJW 80, 770 f). **b) Entschädigung. aa) Grundlage** des Anspruchs wegen rechtmäßigen, sog *enteignenden Eingriffs* ist nach BGH 90, 31 der

1136 *Jauernig*

Titel 1. Inhalt des Eigentums **§ 907**

allg Aufopferungsgrundsatz der EinlALR 74, 75 in seiner richterrechtlichen Ausprägung (abl Böhmer NJW 88, 2565 f, da Verstoß gegen GG 1 III). **bb) Berechtigt** ist der Duldungspflichtige (Rn 16). Ihm steht ein *öffentl-rechtlicher Entschädigungsanspruch* wegen enteignenden Eingriffs (Rn 17) zu, weil die rechtmäßige hoheitliche Maßnahme zu Nachteilen geführt hat, die er aus rechtlichen oder tatsächlichen Gründen hinnehmen muß, die aber die enteignungsrechtliche Zumutbarkeitsschwelle übersteigen (BGH NJW 92, 3232). Letztere liegt im allg deutlich über der Zumutbarkeitsgrenze von II 2 (BGH NJW 93, 1701). Die neuere Rspr bestimmt die Duldungsgrenze entspr GG 14 (s BGH 105, 17 f mit Hinweis auf den „vernünftigen und einsichtigen" Eigentümer, auf die seit BGH 120, 255 auch bei II abgestellt wird: Rn 3, 9). **Verpflichtet** ist der Begünstigte (BGH NJW 80, 582). **cc) Der Inhalt** des Anspruchs geht bei Einwirkung durch Straßenlärm primär auf Geldausgleich für Schutzeinrichtungen, nur sekundär und uU auf Entschädigung für Minderwert des Grundstücks (BGH WM 87, 245). Der **Umfang** soll sich nach den Grundsätzen der Enteignungsentschädigung richten (BGH 91, 28: entspr II 2; zur Problematik Jauernig JZ 86, 610 ff). **dd) Rechtsweg:** Zivilgericht (Aufopferungsanspruch iwS, da vermögensrechtliche Schäden ersetzt werden), VwGO 40 II 1 (BGH 128, 205 ff). **c) Einwirkungen durch rechtswidrigen Eingriff** werden unter den Voraussetzungen des *enteignungsgleichen Eingriffs* entschädigt. Rechtsgrundlage wie Rn 17 (BGH 91, 27 f; BVerfG NJW 00, 1402). Dem Betroffenen steht kein Wahlrecht zwischen verwaltungsgerichtl (Primär-)Rechtsschutz und Entschädigung zu; vielmehr entfällt der Entschädigungsanspruch entspr § 254, wenn der verwaltungsgerichtl (Primär-)Rechtsschutz vom Betroffenen, obwohl zumutbar, nicht ergriffen wird (BGH 90, 31 f; 110, 14 f; verfassungsgemäß: BVerfG NJW 00, 1402; krit Schmidt-Aßmann, FS Heidelberg, 1986, S 116 ff mN). – Zum *öffentl-rechtlichen nachbarlichen Abwehranspruch* samt Geldausgleich entspr II 2 BVerwG NJW 89, 1291; StRoth 58 ff.

18

19

20

21

8. LandesGes kann vorsehen, daß vor einer Klage über Ansprüche aus § 906, soweit es sich nicht um Einwirkungen eines gewerblichen Betriebs handelt, eine **Gütestelle** angerufen werden muß, EGZPO 15 a.

22

§ 907 Gefahrdrohende Anlagen

(1) ¹Der Eigentümer eines Grundstücks kann verlangen, dass auf den Nachbargrundstücken nicht Anlagen hergestellt oder gehalten werden, von denen mit Sicherheit vorauszusehen ist, dass ihr Bestand oder ihre Benutzung eine unzulässige Einwirkung auf sein Grundstück zur Folge hat. ²Genügt eine Anlage den landesgesetzlichen Vorschriften, die einen bestimmten Abstand von der Grenze oder sonstige Schutzmaßregeln vorschreiben, so kann die Beseitigung der Anlage erst verlangt werden, wenn die unzulässige Einwirkung tatsächlich hervortritt.

(2) Bäume und Sträucher gehören nicht zu den Anlagen im Sinne dieser Vorschriften.

1. I 1 gibt **vorbeugenden Unterlassungs- und Beseitigungsanspruch.** Sein Ausschluß in I 2 umfaßt auch die allg vorbeugende Unterlassungsklage (§ 1004 Rn 11).

1

2. Voraussetzungen. a) Anlagen sind Gebäude und andere Werke (§ 908 Rn 3) sowie von Menschenhand geschaffene Einrichtungen von Dauer und einiger Selbständigkeit, zB Badeanstalt (LM Nr 8 zu § 559 ZPO). Grundstückserhöhung gehört nicht dazu (BGH NJW 80, 2581). **b) Nachbarschaft.** Begriff: § 906 Rn 2 (c). **c) Sichere Voraussicht** verlangt nur Höchstmaß an Wahrscheinlichkeit; Lebenserfahrung entscheidet (RG 134, 255 f). **d) Negative Einwirkungen** (Bsp § 903 Rn 3) werden von I 1 **nicht** erfaßt (§ 903 Rn 3; BGH 113, 386; StRoth 23, 24).

2

3. Anspruchsbeschränkung durch I 2 (Rn 1). Weitere Fälle § 906 Rn 13, 14.

3

Jauernig

§§ 908, 909

§ 908 Drohender Gebäudeeinsturz

Droht einem Grundstück die Gefahr, dass es durch den Einsturz eines Gebäudes oder eines anderen Werkes, das mit einem Nachbargrundstück verbunden ist, oder durch die Ablösung von Teilen des Gebäudes oder des Werkes beschädigt wird, so kann der Eigentümer von demjenigen, welcher nach dem § 836 Abs. 1 oder den §§ 837, 838 für den eintretenden Schaden verantwortlich sein würde, verlangen, dass er die zur Abwendung der Gefahr erforderliche Vorkehrung trifft.

1 1. **Allgemeines.** a) **Berechtigter:** vgl § 1004 Rn 14. b) **Verpflichteter:** wer gem §§ 836 I, 837 f haftbar wäre (beachten: § 908 verlangt kein Verschulden!). c) **Erforderliche Vorkehrungen:** Reparatur oder Abbruch. Anspruch darauf
2 verjährt nicht, § 924. d) **Anspruchsbeschränkung** unter dem Gesichtspunkt des nachbarlichen Gemeinschaftsverhältnisses möglich; Ausgleich gem § 906 II 2 analog (vgl BGH 58, 159 f; dazu § 906 Rn 14, 15).

3 2. a) **Gebäude:** Ein durch Wände und Dach begrenztes, mit dem Erdboden zumindest durch eigene Schwere verbundenes Bauwerk, das den Eintritt von Menschen gestattet und Menschen oder Sachen schützen kann (vgl BGHSt 1, 163). b) **Andere Werke:** künstlich errichtete zweckbestimmte Sachen, zB Zäune, Gartenmauern, ober- oder unterirdisch verlegte Versorgungsleitungen. c) **Gleichgestellt:** Teile von a oder b.

§ 909 Vertiefung

Ein Grundstück darf nicht in der Weise vertieft werden, dass der Boden des Nachbargrundstücks die erforderliche Stütze verliert, es sei denn, dass für eine genügende anderweitige Befestigung gesorgt ist.

1 1. **Vertiefung:** Beseitigung (insbes Wegnahme) oder Zusammenpressen von Bodenbestandteilen infolge menschlichen Handelns, zB durch Auskippen schwerer Substanzen (LM Nr 12), durch das Gewicht eines Neubaus (BGH 101, 292), durch Anlegung unterirdischer Kanalisationsstränge (BGH WM 79, 1217). Zweck und Dauer der Vertiefung sind gleichgültig (BGH NJW 78, 1052). Ein Grundstück ist *benachbart,* wenn es im Einwirkungsbereich der Vertiefungsarbeiten liegt (BGH NJW-RR 96, 852). Die Vertiefung ist **unzulässig,** wenn der Boden (nicht nur die Bebauung, BGH 12, 78, str) des Nachbargrundstücks infolge der Vertiefung die erforderliche Stütze verliert. Der Boden kann den notwendigen Halt auch durch Senkung des Grundwasserspiegels als Folge der Vertiefung verlieren (BGH 101, 109). Die Vertiefung ist **zulässig** bei genügender anderweitiger Befestigung (ohne Eingriff in das Nachbargrundstück, BGH NJW 97, 2596), die der künftigen bestimmungsgemäßen Benutzung des Nachbargrundstücks Rechnung tragen muß (LM Nr 8; BGH NJW 73, 2207). – § 909 gilt *nicht* für Vertiefung durch den Eigentümer vor Veräußerung an den „Nachbarn" (BGH 103, 41 f), nicht entspr *für Erhöhung* (BGH NJW 74, 54).

2 2. **Rechtsfolgen.** a) **Anspruch auf Beseitigung,** bei drohender Verletzung auf **Unterlassung.** *Verpflichtet* ist, wer während der Störung Eigentümer oder Besitzer ist (vgl BGH 91, 285), ferner die in Rn 3 Genannten bzgl Unterlassung (StRoth 43); *berechtigt* ist auch der bloße Besitzer des Nachbargrundstücks (BGH 147, 51), ferner der Anwartschaftsberechtigte iSv § 873 Rn 20 (BGH 114, 165 f).
3 Anspruch verjährt nicht, § 924. b) **Schadensersatz** gem § 823 II iVm § 909 als SchutzGes (BGH NJW 96, 3206); § 823 I scheidet idR aus (vgl BGH 114, 166). Verpflichtet ist jeder schuldhaft handelnde Störer (BGH NJW 96, 3206 mN), insbes der Bauherr, der dieser Pflicht idR durch Beauftragung eines sorgfältig ausgewählten fachkundigen und zuverlässigen Architekten, Ingenieurs und Bauunternehmers nachkommt, außer bei Offenkundigkeit erhöhter Gefahrenlage oder bei Zweifeln an den situationsgebotenen Fähigkeiten der eingesetzten Fachkräfte (BGH 147, 48); verpflichtet sind ferner Architekt und Bauunternehmer (BGH

Titel 1. Inhalt des Eigentums **§§ 910–912**

NJW 96, 3206). Keine Haftung des Bauherrn für sie nach § 831, weil idR Weisungsgebundenheit fehlt (BGH 147, 49; abw BGH NJW-RR 88, 138). § 278 scheidet aus, da nach hM das (hier bestehende) nachbarliche Gemeinschaftsverhältnis sich praktisch nur als Schranke der Rechtsausübung, nicht als Grundlage schuldrechtlicher Rechte und Pflichten (dh als – ges – Schuldverhältnis) darstellt, vgl BGH 101, 293 f; NJW 01, 3120 f; zweifelnd BGH 135, 243 f). **c) Verschul-** **4** **densunabhängiger nachbarrechtlicher Ausgleichsanspruch entspr § 906 II 2** steht dem beeinträchtigten Nachbarn zu, der sich aus bes Gründen gegen die von privatwirtschaftlicher Nutzung ausgehende Störung nicht gem § 1004 (BGH NJW-RR 97, 1374 mN; § 906 Rn 15) oder § 862 (BGH 147, 50) wehren kann. **Verpflichtet** ist der Eigentümer (Benutzer, richtig: Störer, s § 906 Rn 7), nicht der Begünstigte (aA ErmHagen/Lorenz 5) des vertiefenden Grundstücks (BGH 101, 294). Da der Anspruch auf vollen Schadensausgleich geht (§ 906 Rn 15, str), verdrängt er praktisch den Anspruch aus § 823 (Rn 3). Kein Erlöschen nach § 864 (BGH 147, 52).

§ 910 Überhang

(1) ¹**Der Eigentümer eines Grundstücks kann Wurzeln eines Baumes oder eines Strauches, die von einem Nachbargrundstück eingedrungen sind, abschneiden und behalten.** ²**Das Gleiche gilt von herüberragenden Zweigen, wenn der Eigentümer dem Besitzer des Nachbargrundstücks eine angemessene Frist zur Beseitigung bestimmt hat und die Beseitigung nicht innerhalb der Frist erfolgt.**

(2) **Dem Eigentümer steht dieses Recht nicht zu, wenn die Wurzeln oder die Zweige die Benutzung des Grundstücks nicht beeinträchtigen.**

1. Selbsthilfe gem § 910 verdrängt nicht den Beseitigungsanspruch aus § 1004 **1** (BGH NJW 92, 1102); daher besteht Anspruch auf Ersatz der Beseitigungskosten (BGH 60, 243; aA LG Hannover NJW-RR 94, 14 f; Canaris, FS Medicus, 1999, S 53 ff, ig mN). Zum Anwendungsbereich von § 910 vgl Düsseldorf NJW 75, 739 f (Giftstrauch an der Grenze). Eindringen oder Herüberragen (I) muß Grundstücksbenutzung beeinträchtigen (II), s LG Saarbrücken NJW-RR 86, 1341 f; AG Königstein NJW-RR 00, 1256. Gegen herüberragende Baumstämme nur § 1004. Bes Landesrecht zulässig (EGBGB 111, 124) und häufig.

2. Ausschluß durch kommunale Baumschutzsatzung möglich (Düsseldorf NJW **2** 89, 1807 f; Otto NJW 89, 1784).

3. LandesGes kann vorschreiben, daß vor einer Klage über Ansprüche aus **3** §§ 910, 911, 923 erst eine **Gütestelle** anzurufen ist, EGZPO 15 a.

§ 911 Überfall

¹**Früchte, die von einem Baume oder einem Strauche auf ein Nachbargrundstück hinüberfallen, gelten als Früchte dieses Grundstücks.** ²**Diese Vorschrift findet keine Anwendung, wenn das Nachbargrundstück dem öffentlichen Gebrauch dient.**

1. Betrifft insbes Fallobst. Pflücken und Schütteln sind widerrechtlich (Diebstahl!). §§ 953 ff sind entspr der Fiktion in S 1 anwendbar. **1**

2. Zur Anrufung einer Gütestelle § 910 Rn 3. **2**

§ 912 Überbau; Duldungspflicht

(1) **Hat der Eigentümer eines Grundstücks bei der Errichtung eines Gebäudes über die Grenze gebaut, ohne dass ihm Vorsatz oder grobe Fahrlässigkeit zur Last fällt, so hat der Nachbar den Überbau zu dulden, es sei denn, dass er vor oder sofort nach der Grenzüberschreitung Widerspruch erhoben hat.**

Jauernig 1139

§ 912

(2) ¹Der Nachbar ist durch eine Geldrente zu entschädigen. ²Für die Höhe der Rente ist die Zeit der Grenzüberschreitung maßgebend.

Lit: Glaser, Der Grenzüberbau, ZMR 85, 145.

1 **1. Arten des Überbaus. a) Rechtmäßiger** liegt vor, soweit Zustimmung des Betroffenen reicht; die in §§ 912 ff bestimmten Rechtsfolgen treten nicht ein (BGH NJW 83, 1112 f; unzutr NJW-RR 89, 1040: sei entschuldigter Überbau). Eigentümer des ganzen Gebäudes ist der Überbauende; aA Weitnauer ZfBR 82, 102 ff: Wegen Unanwendbarkeit von §§ 912 ff trete vertikale Teilung ein (§§ 93 ff, 946, 921 f); dann aber wäre sinnwidrig der unrechtmäßig, wenn auch entschuldigt
2 Überbauende besser gestellt (Rn 9 [bb]; StRoth 71). **b) Rechtswidriger, entschuldigter:** Überbauender handelt höchstens leichtfahrlässig, der Betroffene
3 widerspricht nicht sofort. Hierfür gelten §§ 912 ff (vgl Rn 5–9). **c) Rechtswidriger, unentschuldigter** in *zwei* Fällen: **aa)** Überbauender handelt vorsätzlich oder grobfahrlässig; Widerspruch des Betroffenen unnötig; **bb)** Betroffener widerspricht
4 sofort. In beiden Fällen gelten §§ 912 ff nicht. Rechtsfolgen: Rn 10. **d) Kein Überbau** iSd § 912, wenn nicht bestimmbar, von welchem Grundstück *(„Stammgrundstück")* aus überbaut ist (BGH NJW 85, 790). Zu den Bestimmungsgrundsätzen BGH 110, 302 f.

5 **2. Der rechtswidrige, entschuldigte Überbau. a) Errichtung** eines einheitlichen (BGH NJW-RR 88, 458) *Gebäudes* (Begriff § 908 Rn 3; gleichgestellt größeres Bauwerk wie Großantenne, Brücke, LM Nr 25 läßt offen) durch Ei-
6 gentümer (Erbbauberechtigten, ErbbauVO 11) selbst oder mit dessen Zustimmung
7 durch Dritten, vgl BGH 15, 218 f. **b) Überbauung** der Grundstücksgrenze unter, auf oder über (BGH 53, 10; NJW 76, 669) der Erde. **c) Weder vorsätzlich (= bewußt) noch grobfahrlässig** darf die widerrechtliche Grenzüberschreitung erfolgen. Verschulden seiner Sachwalter („Repräsentanten"), zB Architekt, ist dem Eigentümer zuzurechnen, Begründung str (BGH NJW 77, 375: § 166 analog; andere wenden § 278 [nachbarliches Gemeinschaftsverhältnis als Schuldverhältnis] oder § 831 entspr an, dagegen BGH NJW 77, 375; sa § 909 Rn 3). Verschulden bloßer Hilfspersonen, zB idR Bauunternehmer, Polier, wird nicht zugerechnet
8 (BGH NJW 77, 375). **d) Kein Widerspruch,** weder vor noch sofort nach Grenzüberschreitung. Unterbleiben des Widerspruchs ist keine Zustimmung iSv Rn 1. Widerspruch ist einseitige empfangsbedürftige Willenserklärung, formlos, stillschweigend möglich. Richtet sich gegen Duldung des beanstandeten Bauwerks; Begründung unnötig, ebenso Kenntnis, daß Überbau vorliegt (BGH 59, 193 f). **Sofort:** So rechtzeitig, daß erhebliche Zerstörung vermeidbar (BGH 59, 196: Widerspruch 15 Monate nach Beginn und alsbaldiger Unterbrechung der Bautätigkeit ist rechtzeitig). **e) Rechtsfolgen. aa) Duldungspflicht** des benachbarten
9 Eigentümers, I (Erweiterung in § 916). Recht auf Duldung ist wesentlicher Bestandteil des Stammgrundstücks (RG 160, 181) und nicht eintragungsfähig. Ausübung des Rechts kann vertraglich ausgeschlossen werden, mit dinglicher Wirkung nur bei Eintragung einer Grunddienstbarkeit auf dem Stammgrundstück (LM Nr 9). **bb) Eigentümer** des ganzen Gebäudes ist der Überbauende (BGH NJW-RR 89, 1040). Eigentümer des überbauten Grundstücks bleibt der Nachbar, vgl § 915 (BGH 64, 274). Aufstockung ist unzulässig (BGH 64, 276 ff gegen 41, 181), Abriß zulässig (BGH 105, 205 f). **cc) Überbaurente,** II, ist die Entschädigung für die Duldungspflicht gem I. Rentenpflicht entsteht mit Grenzüberschreitung (vgl RG 160, 181); dieser Zeitpunkt ist auch für die Rentenhöhe entscheidend, II 2. Zur Bemessung BGH 97, 296 f. Rentenrecht ist nicht eintragungsfähig, § 914 II 1, und als reallastähnliches Recht (§ 914 III) wesentlicher Bestandteil des Nachbargrundstücks, § 96 (RG 160, 181). Rang und Erlöschen: § 914 I. Zur Zahlungsweise § 913. **dd) Ansprüche aus §§ 823 ff** wegen des Überbaus gegen den Überbauenden, nicht gegen Dritte (Bauunternehmer usw), sind ausgeschlossen, soweit §§ 912 ff eingreifen (BGH 97, 295).

Titel 1. Inhalt des Eigentums §§ 913–916

3. Bei **unentschuldigtem Überbau** (Rn 3) kann Nachbar Beseitigung verlangen, § 1004 (nicht bei Rechtsmißbrauch: BGH 62, 391). Der grenzüberschreitende Gebäudeteil wird vertikal geteilt (BGH NJW 85, 790 f; StRoth 76, hM). 10

4. §§ 912 ff gelten entspr gem § 916; ferner bei **ursprünglichem Eigengrenzüberbau,** dh *beide* Grundstücke gehören zZ des Überbaus demselben Eigentümer, später wird eines veräußert (BGH 110, 300 mN), ebenso beim **nachträglichen** (*ein* Grundstück wird bebaut, später durch den Bau hindurch geteilt, ein Teil wird veräußert) vgl BGH 64, 335 ff; 105, 203 f; NJW 02, 54 f; bei Überbauung der **Grenzabstandslinie** (Koblenz NJW-RR 99, 1394); bei Beeinträchtigung einer **Dienstbarkeit** (zB Wegerecht) durch Errichtung eines Gebäudes (ohne Überbau) auf dem belasteten Grundstück (BGH 39, 7 ff; Folge ua: Beseitigungsanspruch ausgeschlossen, §§ 1027, 1004 II). Sa BGH 97, 293 ff (Gebäudeneigung). 11

§ 913 Zahlung der Überbaurente

(1) **Die Rente für den Überbau ist dem jeweiligen Eigentümer des Nachbargrundstücks von dem jeweiligen Eigentümer des anderen Grundstücks zu entrichten.**

(2) **Die Rente ist jährlich im Voraus zu entrichten.**

§ 914 Rang, Eintragung und Erlöschen der Rente

(1) **¹Das Recht auf die Rente geht allen Rechten an dem belasteten Grundstück, auch den älteren, vor. ²Es erlischt mit der Beseitigung des Überbaus.**

(2) **¹Das Recht wird nicht in das Grundbuch eingetragen. ²Zum Verzicht auf das Recht sowie zur Feststellung der Höhe der Rente durch Vertrag ist die Eintragung erforderlich.**

(3) **Im Übrigen finden die Vorschriften Anwendung, die für eine zugunsten des jeweiligen Eigentümers eines Grundstücks bestehende Reallast gelten.**

1. Vgl § 912 Rn 9 (cc). Zu I 2 BGH 105, 204. Zum Verzicht (II 2) BayObLG NJW-RR 98, 1389. 1

§ 915 Abkauf

(1) **¹Der Rentenberechtigte kann jederzeit verlangen, dass der Rentenpflichtige ihm gegen Übertragung des Eigentums an dem überbauten Teil des Grundstücks den Wert ersetzt, den dieser Teil zur Zeit der Grenzüberschreitung gehabt hat. ²Macht er von dieser Befugnis Gebrauch, so bestimmen sich die Rechte und Verpflichtungen beider Teile nach den Vorschriften über den Kauf.**

(2) **Für die Zeit bis zur Übertragung des Eigentums ist die Rente fortzuentrichten.**

1. Recht auf **Abkauf** (Grundabnahme) steht nur dem duldungspflichtigen Eigentümer (§ 912 Rn 9 [aa]) zu. Ausübung durch einseitige formlose Erklärung. Erfüllung gem § 925. Wertersatz als „Kaufpreis"; § 435 gilt, § 442 nicht. Recht auf Abkauf verjährt nicht, § 924; nach Ausübung verjährt es gem Kaufrecht, I 2. 1

§ 916 Beeinträchtigung von Erbbaurecht oder Dienstbarkeit

Wird durch den Überbau ein Erbbaurecht oder eine Dienstbarkeit an dem Nachbargrundstück beeinträchtigt, so finden zugunsten des Berechtigten die Vorschriften der §§ 912 bis 914 entsprechende Anwendung.

§ 917 Notweg

(1) ¹Fehlt einem Grundstück die zur ordnungsmäßigen Benutzung notwendige Verbindung mit einem öffentlichen Wege, so kann der Eigentümer von den Nachbarn verlangen, dass sie bis zur Hebung des Mangels die Benutzung ihrer Grundstücke zur Herstellung der erforderlichen Verbindung dulden. ²Die Richtung des Notwegs und der Umfang des Benutzungsrechts werden erforderlichen Falls durch Urteil bestimmt.

(2) ¹Die Nachbarn, über deren Grundstücke der Notweg führt, sind durch eine Geldrente zu entschädigen. ²Die Vorschriften des § 912 Abs. 2 Satz 2 und der §§ 913, 914, 916 finden entsprechende Anwendung.

Lit: Säcker/Paschke NJW 81, 1009.

1   1. **Voraussetzungen** des Rechts, I 1. **a) Grundstück,** vgl Rn 2 vor § 90. **b) Öffentl Weg:** Maßgebend ist primär Landesrecht. **c) Ordnungsmäßige Benutzung** bestimmt sich nach den im Einzelfall obj gegebenen Bedürfnissen praktischer Wirtschaft, wobei Benutzungsart, Größe und Umgebung des Grundstücks zu berücksichtigen sind (Parkplatzzufahrt bei Wohngrundstück scheidet idR aus,
2   BGH 75, 317 ff, str). **d) Notwendig** ist die Verbindung, wenn erst sie die ordnungsmäßige Benutzung (Rn 1 [c] erlaubt; ebenso, wenn vorhandene Verbindung für ordnungsmäßige Benutzung unzulänglich (BGH NJW 54, 1321). Strenger Maßstab für „Notwendigkeit" zur ordnungsmäßigen Benutzung (BGH 75, 319).
3   **e) Verbindung** zum öffentl Weg muß nicht selbst ein Weg sein (Not„weg" daher irreführend). Bsp: Versorgungsleitungen, insbes unterirdische Abwasserkanäle, Wasser- und Gasrohre, Strom- und Nachrichtenkabel (vgl BGH 79, 308 f). Dieses **Notleitungsrecht** folgt direkt aus I 1 (so BGH 79, 309), nicht nur analog (so aber
4   BGH NJW 91, 176 f, um landesges Regelungen zu retten). **f) Verlangen** der Duldung durch den Eigentümer (BGH NJW 90, 2556) oder Erbbauberechtigten (BGH 94, 162; hM).
5   2. **Rechtsfolgen.** Mit dem Verlangen (Rn 4) entsteht die **Pflicht zur Duldungs** (nicht zur Herstellung oder Unterhaltung, arg I 1 aE) und zugleich zum Ausgleich dieser ges Eigentumsbeschränkung das **Rentenrecht** (BGH 113, 34 f). Der Anspruch auf Duldung verjährt nicht, § 924. Inhaltliche Konkretisierung der Pflicht durch Vereinbarung, notfalls Urteil, I 2; duldungspflichtige Miteigentümer sind materiellrechtlich notwendige Streitgenossen (BGH NJW 84, 2210 mN). Schutz des Benutzungsrechts entspr § 1004. Besitzschutz mangels Sachherrschaft nur entspr § 1029 (str, vgl LM Nr 12/13). Eigentümer kann entspr § 1023 I 1 HS 1 Verlegung der Verbindung fordern, Kostentragung uU entspr § 1023 I 1 HS 2 (BGH 79, 309 ff).

§ 918 Ausschluss des Notwegrechts

(1) Die Verpflichtung zur Duldung des Notwegs tritt nicht ein, wenn die bisherige Verbindung des Grundstücks mit dem öffentlichen Wege durch eine willkürliche Handlung des Eigentümers aufgehoben wird.

(2) ¹Wird infolge der Veräußerung eines Teils des Grundstücks der veräußerte oder der zurückbehaltene Teil von der Verbindung mit dem öffentlichen Wege abgeschnitten, so hat der Eigentümer desjenigen Teils, über welchen die Verbindung bisher stattgefunden hat, den Notweg zu dulden. ²Der Veräußerung eines Teils steht die Veräußerung eines von mehreren demselben Eigentümer gehörenden Grundstücken gleich.

1   1. **Wer bestehende Verbindung willkürlich,** dh freiwillig und nicht zum Zweck ordnungsmäßiger Grundstücksbenutzung unter Beachtung der Interessen des Nachbarn, aufgibt, erwirbt kein Benutzungsrecht iSv § 917 I. Bei Veräußerung eines Grundstücks(teils) wird Notwegrecht räumlich begrenzt, II (BGH 53, 170 f; München NJW-RR 93, 474 f); keine Verjährung, § 924.

Titel 1. Inhalt des Eigentums §§ 919–923

§ 919 Grenzabmarkung

(1) Der Eigentümer eines Grundstücks kann von dem Eigentümer eines Nachbargrundstücks verlangen, dass dieser zur Errichtung fester Grenzzeichen und, wenn ein Grenzzeichen verrückt oder unkenntlich geworden ist, zur Wiederherstellung mitwirkt.

(2) Die Art der Abmarkung und das Verfahren bestimmen sich nach den Landesgesetzen; enthalten diese keine Vorschriften, so entscheidet die Ortsüblichkeit.

(3) Die Kosten der Abmarkung sind von den Beteiligten zu gleichen Teilen zu tragen, sofern nicht aus einem zwischen ihnen bestehenden Rechtsverhältnis sich ein anderes ergibt.

§ 920 Grenzverwirrung

(1) ^{1}Lässt sich im Falle einer Grenzverwirrung die richtige Grenze nicht ermitteln, so ist für die Abgrenzung der Besitzstand maßgebend. ^{2}Kann der Besitzstand nicht festgestellt werden, so ist jedem der Grundstücke ein gleich großes Stück der streitigen Fläche zuzuteilen.

(2) Soweit eine diesen Vorschriften entsprechende Bestimmung der Grenze zu einem Ergebnis führt, das mit den ermittelten Umständen, insbesondere mit der feststehenden Größe der Grundstücke, nicht übereinstimmt, ist die Grenze so zu ziehen, wie es unter Berücksichtigung dieser Umstände der Billigkeit entspricht.

§ 921 Gemeinschaftliche Benutzung von Grenzanlagen

Werden zwei Grundstücke durch einen Zwischenraum, Rain, Winkel, einen Graben, eine Mauer, Hecke, Planke oder eine andere Einrichtung, die zum Vorteile beider Grundstücke dient, voneinander geschieden, so wird vermutet, dass die Eigentümer der Grundstücke zur Benutzung der Einrichtung gemeinschaftlich berechtigt seien, sofern nicht äußere Merkmale darauf hinweisen, dass die Einrichtung einem der Nachbarn allein gehört.

§ 922 Art der Benutzung und Unterhaltung

^{1}Sind die Nachbarn zur Benutzung einer der im § 921 bezeichneten Einrichtungen gemeinschaftlich berechtigt, so kann jeder sie zu dem Zwecke, der aus ihrer Beschaffenheit ergibt, insoweit benutzen, als nicht die Mitbenutzung des anderen beeinträchtigt wird. ^{2}Die Unterhaltungskosten sind von den Nachbarn zu gleichen Teilen zu tragen. ^{3}Solange einer der Nachbarn an dem Fortbestand der Einrichtung ein Interesse hat, darf sie nicht ohne seine Zustimmung beseitigt oder geändert werden. ^{4}Im Übrigen bestimmt sich das Rechtsverhältnis zwischen den Nachbarn nach den Vorschriften über die Gemeinschaft.

§ 923 Grenzbaum

(1) Steht auf der Grenze ein Baum, so gebühren die Früchte und, wenn der Baum gefällt wird, auch der Baum den Nachbarn zu gleichen Teilen.

(2) ^{1}Jeder der Nachbarn kann die Beseitigung des Baumes verlangen. ^{2}Die Kosten der Beseitigung fallen den Nachbarn zu gleichen Teilen zur Last. ^{3}Der Nachbar, der die Beseitigung verlangt, hat jedoch die Kosten allein zu tragen, wenn der andere auf sein Recht an dem Baume verzichtet; er erwirbt in diesem Falle mit der Trennung das Alleineigentum. ^{4}Der

§§ 924, 925 Buch 3. Abschnitt 3

Anspruch auf die Beseitigung ist ausgeschlossen, wenn der Baum als Grenzzeichen dient und den Umständen nach nicht durch ein anderes zweckmäßiges Grenzzeichen ersetzt werden kann.

(3) Diese Vorschriften gelten auch für einen auf der Grenze stehenden Strauch.

§ 924 Unverjährbarkeit nachbarrechtlicher Ansprüche

Die Ansprüche, die sich aus den §§ 907 bis 909, 915, dem § 917 Abs. 1, dem § 918 Abs. 2, den §§ 919, 920 und dem § 923 Abs. 2 ergeben, unterliegen nicht der Verjährung.

Anmerkungen zu den §§ 919–924

1 1. **Abmarkung, § 919,** dient zur Kennzeichnung einer festliegenden bekannten Grundstücksgrenze; die **Abgrenzung, § 920,** bezweckt die Ermittlung einer unbekannten Grundstücksgrenze (dazu Koblenz OLGZ 75, 216 ff). Die Ansprüche verjähren nicht, § 924. Zur klageweisen Geltendmachung der Ansprüche aus § 923 s § 910 Rn 3.

2 2. § 921 gibt Vermutung für gemeinschaftliches Benutzungsrecht bzgl solcher Grenzeinrichtungen, die (nicht notwendig in der Mitte) von der Grenze geschnitten werden (BGH 143, 3 f). Näheres zum Inhalt des Benutzungsrechts in § 922. Praktisch wichtige Grenzeinrichtung ist die **Kommunmauer** (halbscheidige Giebelmauer). Hier ist zu unterscheiden zwischen der Rechtslage vor und nach dem Anbau, ferner ob entschuldigter (§ 912) oder unentschuldigter Überbau vorliegt. Ie StRoth § 921, 19–53.

Titel 2. Erwerb und Verlust des Eigentums an Grundstücken

§ 925 Auflassung

(1) ¹Die zur Übertragung des Eigentums an einem Grundstück nach § 873 erforderliche Einigung des Veräußerers und des Erwerbers (Auflassung) muss bei gleichzeitiger Anwesenheit beider Teile vor einer zuständigen Stelle erklärt werden. ²Zur Entgegennahme der Auflassung ist, unbeschadet der Zuständigkeit weiterer Stellen, jeder Notar zuständig. ³Eine Auflassung kann auch in einem gerichtlichen Vergleich oder in einem rechtskräftig bestätigten Insolvenzplan erklärt werden.

(2) Eine Auflassung, die unter einer Bedingung oder einer Zeitbestimmung erfolgt, ist unwirksam.

1 1. **Allgemeines. a) Nur rechtsgeschäftlichen Erwerb** von Grundstückseigentum (auch Miteigentum, s § 1008 Rn 2, 3) behandelt § 925. Ergänzungen in
2 § 925 a, GBO 20. **b) Andere Erwerbsarten:** kraft Ges (zB § 1922, Umwandlung gem UmwG [StPfeifer 26, 27]), durch Staatsakt (zB ZVG 90), Buchersitzung (900 I), Aneignung (§§ 927 II, 928 II), Umwandlung einer OHG (KG) in GbR und umgekehrt; Erwerb von Anteilen an Erbengemeinschaft (§ 2033) oder Personengesellschaft mit Grundvermögen (zu letzterer BGH NJW 97, 861; 98, 377; MK/Ulmer § 719, 20, 26, 30 f; darin kann eine Umgehung von § 311 b I 1 [BGH NJW-RR 96, 235 zu § 313 aF] oder eine Steuerumgehung [BFH BB 86, 382] liegen). Sa Rn 22.

3 2. **Auflassung** ist gem I 1 die Einigung iSv § 873, gerichtet auf Übertragung des Eigentums an einem Grundstück, abgeschlossen zwischen Veräußerer und Erwerber. Sie ist ein dinglicher Vertrag, unterliegt grundsätzlich den allg Regeln über RGeschäfte und ist abstrakt (vgl § 873 Rn 17). IGgs zum Regelfall der Einigung des § 873 ist sie bedingungs- und befristungsfeindlich (Rn 6) sowie

Titel 2. Erwerb und Verlust des Eigentums an Grundstücken **§ 925**

formbedürftig (Rn 11–13). **a) Gegenstand** der Auflassung ist das zu übereignende 4
Grundstück. Es ist in der Auflassung zu bezeichnen. IdR geschieht das entspr GBO
28. Soll ein noch nicht vermessener Teil eines Grundstücks (iSv Rn 2 vor § 90)
aufgelassen werden, so genügt für § 925 und die Eintragungsbewilligung (s aber
§ 873 Rn 14) die eindeutige Bestimmbarkeit dieses Teils (BGH 90, 326 f, jetzt
stRspr: durch einen vom Schuldner genehmigten Veränderungsnachweis, s GBO
2 III; ungenügend Beschreibung in notarieller Urkunde samt Skizze: BGH NJW
86, 1868 betr Berichtigungsbewilligung; sa Hamm NJW-RR 92, 153). Die Eintragung muß sich auf ein bestimmtes Grundstück iSv Rn 2 vor § 90 beziehen. –
Irrtümlich falsche Bezeichnung des Grundstücks ist unschädlich, wenn die Parteien
dasselbe meinen (§ 126 Rn 7). Meinen die Parteien verschiedene Grundstücke, so
liegt bei Mehrdeutigkeit der Erklärungen versteckter Dissens (§ 155; vgl RG 165,
199), bei Eindeutigkeit ein Grund zur Irrtumsanfechtung vor. **b) Für den Inhalt** 5
der Auflassung ist erforderlich und genügend, daß ausdr und unzweideutig der
Wille zur Übertragung und zum Erwerb des Eigentums erklärt wird. Die Erklärungen sind auslegungsfähig (RG 152, 192). In wechselbezüglichen formellrechtlichen
Erklärungen (zB Bewilligung des Veräußerers, GBO 19, und Antrag des Erwerbers,
GBO 13) können sie nur bei Beachtung der Form von I (Rn 11–13) liegen. Zur
Angabe der Parteien Rn 9, 10. **c) Bedingte oder befristete Auflassung** ist 6
unwirksam, II, um gewillkürten Schwebezustand zu vermeiden. Es gibt kein
Grundstückseigentum „auf Zeit" (s aber § 481 I 2), keinen EV (§ 449 I). Unwirksam ist zB eine Auflassung „für den Fall der Scheidung" (praktisch Ausweg:
unbedingte Auflassung, aber keine Ausfertigung oder beglaubigte Abschrift an
Parteien vor Rechtskraft des Scheidungsurteils, Wichers SchlHA 80, 124 f) oder in
einem unter Widerrufsvorbehalt geschlossenen Prozeßvergleich (der Vorbehalt
macht den Vergleich – idR aufschiebend: BGH NJW 88, 416 – bedingt; unzutr
BVerwG NJW 95, 2180). **Zulässig** sind *Rechtsbedingungen* (Begriff § 158 Rn 6 [c]),
zB die Abrede, daß eine gem §§ 1643, 1821 I Nr 1 notwendige vormundschaftsgerichtl Genehmigung erteilt wird (vgl BayObLG NJW 72, 2131). Zulässig sind
Abreden, die wirtschaftlich die Funktion des hiernach II unzulässigen EV erfüllen
sollen: Die Parteien weisen den Notar an, den Eintragungsantrag erst bei Nachweis
der Kaufpreiszahlung zu stellen (vgl LM Nr 3; der Antrag selbst ist unbedingt iSv
GBO 16 I; zum Nachweis Eckhardt DNotZ 83, 96 ff); das Grundgeschäft wird
bzgl der Kaufpreiszahlung bedingt oder befristet geschlossen und der Anspruch auf
(Rück-)Auflassung durch Vormerkung gesichert (vgl Ertl Rpfleger 77, 352 Bsp 31;
§ 883 Rn 9); soll die gestundete Kaufpreisforderung durch eine Hypothek gesichert werden, so können der Antrag auf Eintragung der Eigentumsänderung und
auf Eintragung der Hypothek gekoppelt werden (GBO 16 II). **d) Auflassung** 7
durch Nichteigentümer ist mit Einwilligung des Eigentümers wirksam (§ 185 I,
sa Rn 8), sonst wird sie wirksam nach § 892, durch Genehmigung oder Konvaleszenz (§ 185 II, vgl § 185 Rn 7, 8). Einwilligung und Genehmigung sind nur gem
GBO 29 I formbedürftig (§ 182 II). **e) Kettenauflassung.** Bevor anerkannt war, 8
daß der Erwerber seine aus der Auflassung erwachsene Anwartschaft als Berechtigter übertragen kann (Rn 18), kam RG 129, 153 (zust BGH 106, 112; NJW 97,
860, 937; sa BFH NJW-RR 01, 519) auf anderem Weg zum ähnlichen Ergebnis
(beide Wege vermengt BGH NJW-RR 92, 1180): In der Auflassung soll idR
(BGH NJW 97, 937: Auslegungsfrage) die Einwilligung (§ 185 I) des Veräußerers
zu einer Auflassung durch den noch nicht eingetragenen Erwerber als Nichtberechtigten an einen Dritten liegen; Zwischeneintragung des Erwerbers sei unnötig (sa BGH 106, 4 f zur Verfügung generell).

3. Beteiligte Personen. a) IdR verschiedene Rechtsträger auf Veräußerer- 9
und Erwerberseite (Bsp: Übertragung von Erbengemeinschaft auf einen Miterben);
denn die Auflassung bezweckt Übertragung des Eigentums (I 1). Bei **Gleichheit
der Rechtsträger** ist Auflassung erforderlich, wenn das Eigentum vom einen
Sondervermögen auf ein anderes rechtsgeschäftlich übertragen werden soll, sei es

Jauernig 1145

§ 925 Buch 3. Abschnitt 3

mit Wechsel der Eigentumsart (zB bei Umwandlung von Gesamthands- in Bruchteilseigentum unter Miterben: BGH 21, 233), sei es ohne ihn (Übertragung bei „Aufteilung" *einer* GbR in *mehrere* personengleiche oder von bestehenbleibender OHG [oder GbR] auf [andere] BGB-Gesellschaft mit denselben Gesellschaftern, s
10 KG NJW-RR 87, 1321 mN). **b) Mehrere Personen auf der Erwerberseite.** Hier muß die Art ihrer Rechtsgemeinschaft in der Auflassung angegeben werden (zB Miteigentum, Gesamthand), sonst ist die Auflassung unwirksam (hM). Zum Grundstückserwerb von Ehegatten in Gütergemeinschaft BGH 82, 347 ff; BayObLG MDR 83, 763, je mN.

11 **4. Form** der Auflassung. **a) Vor einer zuständigen Stelle** (Rn 14, 15) muß die Auflassung *mündlich* erklärt werden. Die zuständige Stelle leistet sog passive Assistenz (sa § 1310 I 1); sie muß zur Entgegennahme der Erklärungen bereit sein
12 (RG 132, 409 f; sa BNotO 20 II). **b) Keine Beurkundung** nötig, s I 1 (BGH NJW 92, 1102; 94, 2768; BayObLG NJW-RR 01, 735 f [dort auch zum Nachweis nach GBO 20, 29). Bei Auflassung in einem *gerichtl Vergleich* (I 3; vgl Rn 15; § 127 a Rn 2) – ungenügend: außergerichtl – ist dessen Protokollierung Wirksamkeitsvoraussetzung für den gerichtl Vergleich (BGH 16, 390; 35, 312; hM) und damit für die Auflassung. Die Auflassung in einem *Insolvenzplan* (InsO 228 S 1, s Rn 15) gilt erst mit rechtskräftiger Bestätigung des Plans als formgerecht abgegeben
13 (I 3 mit InsO 254 I 1, 2 HS 1). **c) Gleichzeitige Anwesenheit** von Veräußerer und Erwerber (sonst ist die Auflassung gem § 125 nichtig: BGH 29, 9 f). Darin liegt keine Ausnahme von § 128 (unzutr BayObLG WM 83, 1119; StPfeifer 83), da Beurkundung der Auflassung nicht vorgeschrieben ist (Rn 12). Gleichzeitige Anwesenheit entbehrlich (da undurchführbar), wenn die Auflassungserklärung einer Partei durch Urteil erzwungen wird (ZPO 894); die andere muß bei ihrer Erklärung (Rn 11) das rechtskräftige Urteil vorlegen (bei Zug-um-Zug-Verurteilung sind ZPO 894 I 2, 726 zu beachten). Keine persönliche Anwesenheit nötig, daher *Vertretung gestattet.* Vollmachtserteilung ist idR formfrei (§ 167 Rn 10), nach GBO 29 I (sa GBO 31) formbedürftig; dasselbe gilt für Genehmigung gem § 177 I. Iü sind §§ 164 ff voll anwendbar, insbes § 181. Gleichzeitige Anwesenheit irrelevant, wenn Insolvenzplan rechtskräftig bestätigt ist (arg InsO 254 I 2 HS 1).

14 **5. Zuständige Stelle,** I 1. **a) In erster Linie** ist das jeder deutsche **Notar** (I 2, BNotO 1 ff, 20 II; kein ausländischer, hM) ohne Bindung an seinen Amtsbezirk (BeurkG 2). Grundbuchamt und AG sind seit dem 1. 1. 1970 nicht mehr zustän-
15 dig. **b) Jedes deutsche Gericht, sofern** es in einem Verfahren tätig wird, in dem ein **gerichtl Vergleich** geschlossen werden kann (vgl I 3; Rn 12). Ein solches Verfahren findet auch vor dem VG statt (BVerwG NJW 95, 2179 f mN; str), ferner vor dem Strafgericht im Fall des Privatklage- und Adhäsionsverfahrens (Stuttgart NJW 64, 110 f). Zum gerichtl Vergleich mit Widerrufsvorbehalt Rn 6. Zur rechtskräftigen Bestätigung eines Insolvenzplans durch das Insolvenzgericht Rn 12, 13. **c) Konsularbeamte.** Zur Zuständigkeit KonsG 12 Nr 1.

16 **6.** Die Auflassung ist **bindend** (dh nicht einseitig widerruflich), sobald sie formgerecht iSv Rn 11–13 erklärt ist. § 873 II gilt nicht (hM, s § 873 Rn 18).

17 **7. Wirkungen** der Auflassung. **a) Zum Eigentumsübergang** bedarf es noch der Eintragung; vgl § 873 Rn 8, 9, insbes zum Verhältnis von Einigung (Auflas-
18 sung) und Eintragung. **b) „Anwartschaftsrecht"** des Erwerbers. Hat er aufgrund der bindenden Auflassung (Rn 16) die Eintragung der Eigentumsänderung beantragt (GBO 13), so hat er damit eine Rechtsposition („Anwartschaftsrecht") erlangt, die übertragbar, verpfändbar und pfändbar ist (vgl § 873 Rn 21; abl Habersack JuS 00, 1145 ff: Die Rechtsfigur sei unsicher, also begrifflich kein „Recht", zudem überflüssig). Schon vor der Antragstellung steht dem Erwerber nach hM (aA BGH 106, 111 f) ein übertragbares und (ver-)pfändbares Vermögensrecht zu, das erst durch die Antragstellung zum Anwartschaftsrecht erstarken soll (MK/Kanzleiter 32 mN). Von der Übertragung usw dieser Rechtspositionen ist die Übertragung usw des Anspruchs auf Eigentums- und Besitzverschaffung (§ 433 I),

1146 *Jauernig*

Titel 2. Erwerb und Verlust des Eigentums an Grundstücken §§ 925 a, 926

sog Auflassungsanspruch, zu unterscheiden (s BGH 89, 44 f; zur [Ver-]Pfändung Hoche NJW 55, 161 ff; Ludwig DNotZ 92, 339 ff; § 1274 Rn 2, 3; § 1287 Rn 3; zum Erlöschen § 873 Rn 20). **c) Keine Verfügungsbeschränkung** aufgrund bindender Auflassung (§ 873 Rn 18 [b]). Daher führt die Auflassung an einen Dritten und dessen Eintragung zum Eigentumserwerb des Dritten. Dagegen sichert den ersten Auflassungsempfänger zuverlässig nur eine Vormerkung (ie § 873 Rn 20; § 883 Rn 1, 15). **d) Weitere Wirkungen:** § 311 b I 2 (s aber § 888 Rn 8); § 518 II (bei Erwerb eines Anwartschaftsrechts iSv Rn 18). 19

20

8. Fehlt eine notwendige **behördliche Genehmigung**, so ist die Auflassung schwebend unwirksam (vgl § 182 Rn 7; sa BGH WM 67, 703). Bsp: §§ 1643 I, 1821 I Nr 1; GrdstVG 2 (betr land- und forstwirtschaftliche Grundstücke; aber sa GrdstVG 7 III mit BGH NJW 81, 1958); BauGB 51; GVO 2. – **Unbedenklichkeitsbescheinigung des Finanzamts** (GrEStG 22) ist keine Wirksamkeitsvoraussetzung der Auflassung. 21

§ 925 a Urkunde über Grundgeschäft

Die Erklärung einer Auflassung soll nur entgegengenommen werden, wenn die nach § 311 b Abs. 1 Satz 1 erforderliche Urkunde über den Vertrag vorgelegt oder gleichzeitig errichtet wird.

1. § 925 a soll die Beachtung der Formvorschrift des § 311 b I 1 durchsetzen. Die Bestimmung ist eine reine Verfahrensvorschrift, ihre Nichtbeachtung macht die Auflassung nicht unwirksam. 1

§ 926 Zubehör des Grundstücks

(1) ¹Sind der Veräußerer und der Erwerber darüber einig, dass sich die Veräußerung auf das Zubehör des Grundstücks erstrecken soll, so erlangt der Erwerber mit dem Eigentum an dem Grundstück auch das Eigentum an den zur Zeit des Erwerbs vorhandenen Zubehörstücken, soweit sie dem Veräußerer gehören. ²Im Zweifel ist anzunehmen, dass sich die Veräußerung auf das Zubehör erstrecken soll.

(2) Erlangt der Erwerber auf Grund der Veräußerung den Besitz von Zubehörstücken, die dem Veräußerer nicht gehören oder mit Rechten Dritter belastet sind, so finden die Vorschriften der §§ 932 bis 936 Anwendung; für den guten Glauben des Erwerbers ist die Zeit der Erlangung des Besitzes maßgebend.

1. **Allgemeines.** Der Erwerber erlangt mit dem Grundstück rechtsnotwendig (§ 93) auch an dessen wesentlichen Bestandteilen Eigentum. Unwesentliche Bestandteile erwirbt er ebenfalls ohne weiteres, sofern sie dem Veräußerer gehören; sonst Erwerb nach §§ 932 ff. Für den Erwerb von Zubehör gibt § 926 Sondervorschriften. Zum Grundgeschäft: § 311 c. 1

2. Für bewegliche Sachen, die zZ des Eigentumserwerbs am Grundstück dessen **Zubehör** (§§ 97 f) sind und dem Veräußerer gehören, erleichtert **I 1** den Eigentumsverschaffung, um die wirtschaftliche Einheit von Grundstück und Zubehör zu erhalten: Übergabe(ersatz) ist entbehrlich; die allein notwendige Einigung iSv § 929 muß sich auf jedes zu übereignende Zubehörstück beziehen (Spezialitätsgrundsatz, vgl § 929 Rn 5). IZw ist das Zubehör mit veräußert, **I 2.** Die Parteien können statt nach I 1 ausschließlich nach §§ 929 ff übereignen (daher EV, § 449 I, möglich). 2

3. **Erwerb vom Nichtberechtigten und lastenfreier Erwerb, II. a) Veräußererfremdes Zubehör** kann nur gem §§ 932–935, nicht nach I erworben werden, vgl II HS 1; I 2 ist unanwendbar (Düsseldorf OLGZ 93, 74 ff mN). Für die Bösgläubigkeit (vgl § 932 I 1, II), nicht für die Gutgläubigkeit (wie II HS 2 formuliert), ist die Zeit der Besitzerlangung maßgebend, bei § 932 I 2 die Zeit der 3

§§ 927, 928

4 Auflassung, bei § 934 Fall 1 die der Abtretung. **b) Veräußereignes Zubehör,** das mit dem Recht eines Dritten belastet ist, kann nach I übereignet werden. Lastenfreier Erwerb gem § 936 setzt Besitzerlangung voraus, II HS 1. Zum Zeitpunkt der Bösgläubigkeit (II HS 2) vgl Rn 3.

§ 927 Aufgebotsverfahren

(1) ¹Der Eigentümer eines Grundstücks kann, wenn das Grundstück seit 30 Jahren im Eigenbesitz eines anderen ist, im Wege des Aufgebotsverfahrens mit seinem Recht ausgeschlossen werden. ²Die Besitzzeit wird in gleicher Weise berechnet wie die Frist für die Ersitzung einer beweglichen Sache. ³Ist der Eigentümer im Grundbuch eingetragen, so ist das Aufgebotsverfahren nur zulässig, wenn er gestorben oder verschollen ist und eine Eintragung in das Grundbuch, die der Zustimmung des Eigentümers bedurfte, seit 30 Jahren nicht erfolgt ist.

(2) Derjenige, welcher das Ausschlussurteil erwirkt hat, erlangt das Eigentum dadurch, dass er sich als Eigentümer in das Grundbuch eintragen lässt.

(3) Ist vor der Erlassung des Ausschlussurteils ein Dritter als Eigentümer oder wegen des Eigentums eines Dritten ein Widerspruch gegen die Richtigkeit des Grundbuchs eingetragen worden, so wirkt das Urteil nicht gegen den Dritten.

1 1. **Allgemeines.** Grundstücksbesitz allein führt nicht zur Ersitzung eines Grundstücksrechts, insbes nicht des Eigentums. § 927 eröffnet den Weg zur sog *Kontratabularersitzung* (zur sog Buchersitzung vgl § 900).

2 2. **Voraussetzungen** des Eigentumserwerbs. **a) Eigenbesitz** (§ 872) durch 30 Jahre. Fristberechnung gem §§ 938–944: I 2. **b) Keine Eintragung** des Eigentümers oder die Eintragung eines Nichteigentümers. **c) Ist der verstorbene Eigentümer** noch eingetragen, so darf – zusätzlich zu a – seit 30 Jahren keine Grundbucheintragung erfolgt sein, die der Zustimmung des (jeweiligen, hM) Eigentümers bedurfte. Gleiches gilt, wenn der Eingetragene verschollen ist; Todeserklärung des Verschollenen entbehrlich. **d) Erlaß eines Ausschlußurteils** (vgl ZPO 946–959, 977–981), wodurch das Grundstück herrenlos wird und der klagende Eigenbesitzer ein Aneignungsrecht erwirbt. **e) Eintragung** des Aneignungsberechtigten (d) im Grundbuch führt zum Eigentumserwerb, II. Eintragung eines Dritten vor Erlaß des Ausschlußurteils (III) hindert die Eintragung des Ausschlußklägers. Kein Eintragungshindernis ist die zwischenzeitliche Eintragung eines Widerspruchs; der Widerspruchsberechtigte verliert sein Recht nicht durch das Ausschlußurteil. Belastungen des Eigentums werden durch § 927 nicht berührt.

§ 928 Aufgabe des Eigentums, Aneignung des Fiskus

(1) Das Eigentum an einem Grundstück kann dadurch aufgegeben werden, dass der Eigentümer den Verzicht dem Grundbuchamt gegenüber erklärt und der Verzicht in das Grundbuch eingetragen wird.

(2) ¹Das Recht zur Aneignung des aufgegebenen Grundstücks steht dem Fiskus des *Bundesstaats* zu, in dessen Gebiet das Grundstück liegt. ²Der Fiskus erwirbt das Eigentum dadurch, dass er sich als Eigentümer in das Grundbuch eintragen lässt.

1 1. Zur Aufhebung eines Grundstücksrechts im allg vgl § 875 mit Anm.

2 2. **Voraussetzungen** für die Aufgabe des Grundstückseigentums, I (nicht: Miteigentumsanteil, dafür §§ 741 ff, BGH 115, 7 ff; aA Kanzleiter NJW 96, 905 ff: wahlweise § 749 oder § 928, gegen ihn Düsseldorf NJW-RR 01, 233). **a) Verzichtserklärung** des Eigentümers gegenüber dem Grundbuchamt. Die Erklärung ist bedingungs- und befristungsfeindlich (entspr § 925 II), unwiderruf-

Titel 3. Erwerb und Verlust des Eigentums **Vor § 929, § 929**

lich (§§ 875 II, 130 I, III), materiellrechtlich formfrei, formellrechtlich ist GBO 29 zu beachten. § 878 gilt entspr. **b) Eintragung** der Verzichtserklärung in das Grundbuch (dazu GBV 9 Buchst d); vgl BayObLG Rpfleger 83, 308.

3. Wirkungen. a) Herrenlosigkeit des Grundstücks aufgrund Verzichtserklärung und Eintragung. **b) Grundstücksbelastungen bleiben** bestehen (daher gilt § 876 nicht). **c) Alleiniges Aneignungsrecht** für den Fiskus des Bundeslandes, II 1 (verzichtbar; nach Verzicht ist jedermann aneignungsberechtigt, BGH 108, 282). Der Aneignungsberechtigte erwirbt mit seiner Eintragung im Grundbuch Eigentum, II 2. Das ist originärer Erwerb, daher § 892 unanwendbar (zB bleibt eine zu Unrecht gelöschte Belastung bestehen, s § 892 Rn 8). 3

4. EinV. S § 927 Rn 3. 4

Titel 3. Erwerb und Verlust des Eigentums an beweglichen Sachen

Vorbemerkungen

1. Der 3. Titel betrifft **bewegliche Sachen** (Begriff Rn 3 vor § 90; § 90a Rn 1). Dazu gehören auch nichtwesentliche Bestandteile eines Grundstücks (für wesentliche vgl §§ 93 f) sowie Scheinbestandteile (§ 95). 1

2. Der **Erwerb des Eigentums** ist im BGB nicht abschließend geregelt. Es gibt Erwerb **a) durch RGeschäft**, sog Übertragung (Titel 3. Untertitel 1: §§ 929–936); **b) durch Ges** (dazu gehören die Erwerbsfälle des Titels 3 (Untertitel 2–6: §§ 937–984), ferner zB §§ 582 a II 2, 585 II, 1048 I 2 HS 2, II, 1922); **c) durch Staatsakt**, zB Versteigerung gepfändeter Sachen oder deren gerichtl Zwangsüberweisung gem ZPO 825 (vgl Jauernig, ZwV, § 18 IV 1, V), Zuschlag in der Zwangsversteigerung bzgl beschlagnahmten Grundstückszubehörs (ZVG 90 II, 55). 2

3. Nach hM erleichtert § 1006 den **Beweis des Erwerbs.** 3

4. Der **Verlust des Eigentums** ist im BGB weder gesondert hervorgehoben noch abschließend geregelt. Er tritt ein durch **a) völlige Vernichtung** der Sache; **b) Herrenloswerden** (§§ 959, 960 II, III, 961); **c) Eigentumserwerb eines anderen.** – Durch bloßen Zeitablauf tritt kein Eigentumsverlust ein, auch nicht bei der Ersitzung (vgl Rn 2 vor § 937). 4

Untertitel 1. Übertragung

§ 929 Einigung und Übergabe

¹ Zur Übertragung des Eigentums an einer beweglichen Sache ist erforderlich, dass der Eigentümer die Sache dem Erwerber übergibt und beide darüber einig sind, dass das Eigentum übergehen soll. ² Ist der Erwerber im Besitz der Sache, so genügt die Einigung über den Übergang des Eigentums.

1. Allgemeines zu §§ 929–931. a) Der rechtsgeschäftliche Eigentumserwerb ist ihr Gegenstand. Zum rechtsgeschäftlichen Erwerb vom Nichteigentümer § 932 Rn 1, 3–6. **b) Erwerbsvoraussetzungen** sind stets die dingliche *Einigung* über den Eigentumsübergang (ie Rn 4–7) und grundsätzlich die *Übergabe* der Sache (S 1). Im Regelfall gilt also das *Traditionsprinzip,* doch wird es häufig durchbrochen: Die Übergabe kann gem §§ 930 f ersetzt werden; gem S 2, § 926 I 1 und in den Fällen § 931 Rn 10 genügt schlichte Einigung. Erst Einigung und – soweit nötig – Übergabe(ersatz) zusammen bewirken den Eigentumsübergang. **c) Trennungs- und Abstraktionsprinzip.** Die stets erforderliche Einigung ist von dem idR zugrundeliegenden Verpflichtungsgeschäft getrennt (Rn 12 vor § 854); das gilt auch, wenn Verpflichtungsgeschäft und Einigung iSv S 1 äußerlich zusammenfallen wie beim sog Handkauf. Die dingliche Einigung ist gegenüber dem Rechtsgrundgeschäft, zB Kauf, abstrakt (zur Bedeutung und Durchbrechung des *Abstraktionsprinzips* Rn 13–16 vor § 854). 1 2 3

§ 929 Buch 3. Abschnitt 3

4   2. **Einigung. a) Sie ist ein dinglicher Vertrag** über den Übergang des Eigentums (BGH 28, 19). Schlüssige Erklärungen genügen; Bsp: beim *Versandgeschäft* die Zusendung der Ware und ihr Behalten als Eigentum (RG 108, 27 f); das Aufstellen eines *Warenautomaten* enthält die Einigungsofferten des Aufstellers an jedermann (ad incertas personas) über Kauf und Eigentumsübertragung der Automatenware, beide bedingt durch Vorhandensein von Ware, Funktionieren des Automaten und Einwerfen des richtigen Geldbetrags (Einwurf ist als doppelte Annahmeerklärung zu werten); zum *Selbstbedienungsladen* § 145 Rn 7. Die Übergabe ist nicht Bestandteil der Einigung; gleiches gilt für den Übergabeersatz (§§ 930, 931). Daher weist die Eigentumsübertragung als *Verfügung* (Rn 10 vor § 104) idR (Rn 2) einen *Doppeltatbestand* oder gestreckten Erwerbstatbestand auf: Einigung und Übergabe (-ersatz). Die *Verfügungsbefugnis* muß zZ des letzten Tatbestandsstücks vorliegen, also zZ der Übergabe, wenn die Einigung vorausgeht (BGH NJW 97, 1858). Verfügungsbefugt ist idR der Eigentümer (§ 873 Rn 17 [a, b] gilt entspr; Schein-
5   berechtigung kann sich aus §§ 932–934 ergeben). **b) Ihr Gegenstand** muß eine bestimmte Sache sein, *Spezialitäts-* oder *Bestimmtheitsgrundsatz* (BGH 28, 19 f; NJW 94, 134); bloße Bestimmbarkeit soll nicht genügen (zur Problematik § 930 Rn 16, 46, 47). Jedenfalls ist die Einigung, ein „Warenlager", ein „Unternehmen" oder einen nicht eindeutig abgegrenzten Teil einer größeren Menge zu übereignen,
6   unwirksam. **c) Keine Form** erforderlich. **d) Die Einigung vor Übergabe** ist zwar wirksam, aber bis zur nachfolgenden Übergabe *nicht bindend*, dh einseitig widerrufbar (BGH 27, 367; NJW 79, 214; hM. – AA Westermann § 38, 4). Grund: Wortlaut von S 1 („einig sind": RG 109, 203) und Umkehrschluß aus § 873 II (RG 135, 367). Für das Fortbestehen der Einigung noch zZ der Übergabe spricht eine „tatsächliche Vermutung" iSd Anscheinsbeweises, keine Vermutung iSv ZPO 292 (Baumgärtel II Rn 2); das meinen wohl auch RG 135, 367; BGH NJW 92,
7   1163 mN. **e) Bedingte oder befristete** Einigung ist zulässig. Hauptfall: EV (Rn 25 ff). Auch iü gelten die allg Vorschriften über RGeschäfte, zB Stellvertretung (Rn 21–24), Geschäftsfähigkeit, Willensmängel. **f) Einigung zgDr** entspr § 328 ist unzulässig (§ 873 Rn 12). **g) Abstraktheit:** Rn 3.

8   3. **Übergabe, S 1. a) Grundgedanke:** Der Eigentümer muß jeden Besitz verlieren (wenn er ihn hatte!), der Erwerber muß auf Veranlassung des Eigentümers durch diesen unmittelbaren oder mittelbaren Eigenbesitz (§ 872) erlangen (zur „Aufweichung" des Grundgedankens s Rn 13–17). Ist der Besitz nicht „zwecks Eigentumsverschaffung" erlangt, so fehlt die Einigung, nicht die Übergabe (StWiegand 88; aA Martinek AcP 188, 582 f, hM). Die Übertragung des mittelbaren Besitzes (§ 870) ist keine Übergabe iSv S 1, arg § 931 (vgl RG 137, 25 ff); ebensowenig die Einräumung von Mitbesitz durch den veräußernden Eigentümer (BGH NJW 79, 715; s aber auch § 1008 Rn 2 [b]). Die Übergabe nach S 1 ist *Realakt*, Ausnahme § 854 II (Rn 18). Zur Besitzerlangung durch gestattete Weg-
9   nahme § 858 Rn 4. **b) Einfachster und häufigster Fall** der Übergabe: Der Eigentümer verschafft dem Erwerber den unmittelbaren Besitz, Dritte sind nicht
10 beteiligt (§ 854 Rn 11). **c) Überträgt oder erwirbt ein Besitzdiener** (§ 855) die tatsächliche Gewalt entspr einer Weisung seines Besitzherrn, so wird ebenfalls der unmittelbare Besitz vom Besitzherrn verschafft oder erworben (§ 855 Rn 3, 4 [aa]; RG 137, 25). Gleiches gilt, wenn der Eigentümer seinen Besitzdiener anweist, nunmehr die tatsächliche Gewalt für den Erwerber als Besitzherrn auszuüben, und mit dessen Einverständnis so verfahren wird; ebenso liegt es, wenn der Eigentümer selbst nunmehr als Besitzdiener des Erwerbers für diesen die tatsäch-
11 liche Gewalt ausübt. **d) Bei Veräußerung an den Besitzdiener** des Eigentümers durch diesen muß zur Einigung die Übergabe treten (S 1; schlichte Einigung, S 2,
12 genügt nicht). Übergabe nach § 854 II (Rn 18) möglich. **e) Einschaltung von Besitzmittlern.** Übergabe liegt vor, wenn die Sache auf Weisung des veräußernden Eigentümers *durch* dessen Besitzmittler an den Erwerber oder/und auf Weisung des Erwerbers *an* dessen Besitzmittler übergeben wird (BGH NJW 86, 1167).

Titel 3. Erwerb und Verlust des Eigentums an beweglichen Sachen **§ 929**

Gleiches gilt, wenn der Besitzmittler des Eigentümers auf dessen Weisung mit dem Erwerber ein Besitzmittlungsverhältnis vereinbart und damit das bisher zum Eigentümer bestehende endet (vgl § 868 Rn 9 [bb]), BGH 92, 287 f mN; aA Martinek AcP 188, 587 mN. **f) Geheiß des Veräußerers.** Für eine Übergabe genügt 13 es, wenn der unmittelbare Besitzer, der kein Besitzmittler des veräußernden Eigentümers ist (dieser ist besitzlos, Unterschied zu Rn 12), dem Erwerber auf Geheiß des Veräußerers (Eigentümers) den Besitz verschafft. Für die Art und Weise der Besitzerlangung durch den Erwerber gelten Rn 10, 12, 14–17 entspr. Vgl Baur § 51 Rn 15 mN; Wadle JZ 74, 693; BGH 36, 60 f; NJW 73, 142; unklar BGH NJW 79, 2037. Liegt in Wahrheit kein Geheiß vor, so geht entspr den Vorstellungen der Parteien das Eigentum erst über, wenn der Erwerber vom Dritten Besitz erlangt (schlichte Einigung, § 931 Rn 10 genügt hier nicht). **g) Geheiß des** 14 **Erwerbers.** Nach verbreiteter Ansicht liegt auch ohne Besitzerlangung iSv Rn 9–13 eine Übergabe an den Erwerber vor, wenn die Sache auf Geheiß des Erwerbers für ihn vom Eigentümer an einen vom Erwerber benannten Dritten ausgehändigt wird, der weder Besitzdiener noch Besitzmittler des Erwerbers ist (Unterschied zu Rn 12). Das Geheiß muß wirklich vorliegen (§ 932 Rn 15). **aa) Diese Durchbrechung des Traditionsprinzips** will Baur (§ 51 Rn 17) so 15 vermeiden, daß er die Einräumung der Weisungsbefugnis durch den Eigentümer an den Erwerber als Vereinbarung eines Besitzmittlungsverhältnisses zwischen beiden qualifiziert. Doch behält der Eigentümer besitzt nicht „für" den Erwerber (was § 868 voraussetzt: § 872 Rn 1). **bb) Jedenfalls bei Veräußerungsketten** *(Strecken-* 16 *geschäft, Direktlieferung)* bejaht der BGH (NJW 74, 1133 f; 86, 1166 f, je mN) eine Übergabe „in der Kette". Bsp: V liefert auf Geheiß seines Käufers K an D. Eine Übereignung V – K wäre rechtstechnisch problemlos, doch scheidet sie aus, da V idR nicht weiß, ob D überhaupt oder ohne weiteres Eigentum erlangen sollte (K hat zB die Sache an D vermietet oder unter EV verkauft, vgl BGH NJW 86, 1166). Soll D Eigentum erwerben, so kann das im Weg des *Durchgangserwerbs* V – K – D geschehen, wobei K gleichzeitig als Erwerber (von V) und Veräußerer (an D) auftritt. Hier ist die Einigung V – K problemlos. Die Einigung K – D erfolgt mit Kaufabschluß, also vor der Übergabe, daher antizipiert (Folge: Rn 6 [d]). Die Lieferung der Sache von V an D ist eine doppelte Übergabe: von V an K auf dessen Geheiß als Erwerber (Folge: Eigentumserwerb des K) wie von K auf D auf Geheiß des K als Veräußerer (Folge: Eigentumserwerb des D von K: Durchgangserwerb). K hat als Berechtigter verfügt, da er erst mit der Übergabe K – D „verfügt" hat (Rn 4) und in diesem Zeitpunkt Berechtigter war (sa den Fall § 930 Rn 17). Ein Erwerb des D gem § 185 II 1 Fall 2 scheidet daher aus (aA v. Caemmerer JZ 63, 587). – Möglich ist ein *Direkterwerb* V – D, wenn V in die Übereignung K – D eingewilligt hat, § 185 I (Flume, FS E. Wolf, 1985, S. 63 f); die Übergabe vollzieht sich entspr Rn 13. – Wird D nicht Eigentümer (Grund ist gleich), so muß es K werden. Das ist nur bei Ablehnung eines Durchgangserwerbs (s o) problematisch. Flume (aaO S 65 f) hilft so, daß V und K sich für den Fall des Nichterwerbs durch D über den Erwerb durch K geeinigt haben (Übergabe an K gem Rn 14–16, uU Rn 11 oder Rn 12). **cc) Außerhalb von Veräußerungsketten** (Rn 16) muß es beim Erfor- 17 dernis der Übergabe iSv Rn 9–13 bleiben, soll dieses Erwerbserfordernis nicht entgegen dem Ges zur Bedeutungslosigkeit herabsinken (zust Frankfurt/M NJW-RR 86, 471 [s aber BGH 98, 141 ff]; aA der Formulierung nach BGH NJW 73, 142; 74, 1133 f; 99, 425; ausdr offenlassend WM 76, 154; JZ 78, 105). **h) Nur** 18 **im Fall des § 854 II** ist die Übergabe ein RGeschäft (Rn 8); vgl § 854 Rn 13. Die Einigung nach § 854 II kann wie die nach S 1 vorweggenommen werden; dann geht Eigentum nur über, wenn beide Einigungen noch zZ der Gewalterlangung iSv § 854 II vorliegen (BGH NJW 76, 1540).

4. Übergabe ist gem S 2 unnötig. a) Erforderlich ist Besitz des Erwerbers 19 (entspr wie nach einer Übergabe iSv Rn 8, vgl BGH 56, 130 f) schon *vor* der Einigung. **b) Übereignung an Besitzmittler** des Veräußerers gem S 2 nur, wenn 20

§ 929 Buch 3. Abschnitt 3

Veräußerer jeden Besitz verliert (sofern er ihn hatte!). Daher genügt mittelbarer Besitz des Erwerbers nur, wenn Veräußerer keinen Besitz behält, insbes nicht Besitzmittler des Erwerbers wird (BGH NJW 87, 1266 mN). **c) Übereignung an Besitzdiener** des Veräußerers (Eigentümers): Rn 11.

21 **5. Eigentumserwerb durch Stellvertretung. a) Gem §§ 164 ff** gibt es Stellvertretung nur als offene und nur für Willenserklärungen. Offene Stellvertretung liegt auch vor bei dem Geschäft für den, den es angeht (§ 164 Rn 4, 5; aA RG
22 140, 229 [zur Einigung gem S 1]: verdeckte Stellvertretung). Zum Erwerb von Miteigentum an ehelichem Hausrat durch einen **Ehegatten** BGH 114, 79 f (Einigung für den, den es angeht); Leipold, FS Gernhuber, 1993, S 695 ff (aus § 1357, HausratsVO 8 II abgeleitete ges Miterwerbs-Ermächtigung), entspr für **Lebenspartner,** ges Miterwerbsberechtigung abgeleitet aus LPartG 8 II (§ 1357), 19 (HausratsVO 8 II). **b) Möglich** ist Stellvertretung iSv Rn 21 bei der Einigung, der Übergabe gem § 854 II (s dort Rn 13) und der rechtsgeschäftlichen Vereinbarung
23 eines Übergabeersatzes (§§ 930, 931). **c) Übergabe** durch oder an Stellvertreter als solchen ist nicht möglich, weil (und wenn: Rn 8) sie Realakt ist (RG 137, 26). Doch kann auf der Veräußerer- und Erwerberseite ein Dritter die Übergabe vornehmen (vgl Rn 10, 12, 13) und zugleich als Stellvertreter bzgl der Einigung tätig werden. Der Dritte kann sein: **aa) Besitzdiener oder Besitzmittler** (und jeweils Stellvertreter) **des Veräußerers** (Rn 10, 12); **bb) Besitzdiener** (und Stellvertreter) **des Erwerbers** (vgl Rn 10, 13); **cc) Besitzmittler** (und Stellvertreter) **des Erwerbers** (vgl Rn 12, 13; RG 137, 26). Das Besitzmittlungsverhältnis zwischen Drittem und Erwerber kann vereinbart werden, bevor der Dritte Besitz erlangt hat (antizipiertes Besitzkonstitut, § 868 Rn 7). Der Dritte kann es durch gestattetes Insichgeschäft (§ 181), das für einen mit den Verhältnissen Vertrauten erkennbar ist, zustande bringen (RG 140, 230). **dd)** In den Fällen Rn 23 (bb und cc) geht das Eigentum stets vom Veräußerer direkt (dh nicht über den Dritten) auf
24 den Erwerber über: *Direkterwerb,* kein Durchgangserwerb. **d) Bei verdeckter Stellvertretung** (§ 164 Rn 11) auf der Erwerberseite wirkt die Einigung nur zwischen Veräußerer und Vertreter. Wird diesem die Sache übergeben oder ist Übergabe entbehrlich (Rn 2), so erwirbt der Vertreter Eigentum (aber keine Übergabe iSv S 1 an den Vertreter, wenn dieser ein Besitzdiener des Vertretenen ist, vgl Rn 10). Der Vertretene erwirbt erst durch Weiterübertragung gem §§ 929 ff Eigentum vom Vertreter: *Durchgangserwerb* (dazu § 930 Rn 18).

25 **6. Eigentumsvorbehalt (EV)**

Lit: Serick, EV und Sicherungsübertragung, Bd I 1963, Bd II 1965, Bd III 1970, Bd IV 1976, Bd V 1982, Bd VI 1986; Serick, EV und Sicherungsübertragung. Neue Rechtsentwicklungen, 2. Aufl. 1993; Reinicke/Tiedtke, Kreditsicherung, 4. Aufl 2000, 2 Teil, 3. Kapitel; Hj. Weber, Kreditsicherheiten, 6. Aufl 1998, §§ 9, 10.

A. Allgemeines. a) Anlaß und Zweck des EV. Händigt der Verkäufer dem Käufer die gekaufte bewegliche Sache aus, stundet ihm aber den Kaufpreis, so wird er Sicherheit für seine Kaufpreisforderung verlangen. Die Vermögenslage des Käufers bietet sie oft nicht (sonst wäre Stundung vielfach entbehrlich). Personalsicherheiten sind, wenn überhaupt, nur umständlich zu beschaffen (vgl zB § 766 S 1: Formzwang für Bürgschaft). Eine Verpfändung der Kaufsache an den Verkäufer (nach Übereignung an den Käufer) scheidet aus, weil der Käufer die Sache dann nicht nutzen kann (§§ 1205, 1206 Rn 9). Als Sicherungsobjekt, das stets greifbar ist, bietet sich daher nur das Eigentum an der Kaufsache selbst an. Behält sich der Verkäufer das Eigentum bis zur vollständigen Zahlung des Kaufpreises vor, so wird nach der Auslegungsregel des § 449 I („iZw") die Kaufsache aufschiebend bedingt übereignet (der Kaufvertrag ist unbedingt). Erst durch vollständige Zahlung erlangt der VKäufer Eigentum. Bleibt sie ganz oder zT aus, so verstärkt der EV die Stellung des VVerkäufers bei Auflösung des Kaufvertrags, weil der VVerkäufer einen dinglichen Herausgabeanspruch (§ 985) und nicht nur eine bloße Forderung auf Rückübereignung hat, §§ 449 II, 323, 346 I (wichtig ua bei Insolvenz des VKäu-

Titel 3. Erwerb und Verlust des Eigentums an beweglichen Sachen **§ 929**

fers, Rn 41). So gesehen sichert der EV unmittelbar nur das Eigentum an der Kaufsache, lediglich mittelbar wirkt er auf Erfüllung der Kaufpreisforderung hin (ähnlich BGH 34, 198; 70, 98 f; sa Serick V 682). Zu einseitig BGH 54, 219, wo nur auf die Sicherung der Verkäuferrechte bei Vertragsauflösung abgestellt wird (dagegen zutr BGH 70, 101). **b) Anwendungsbereich.** EV iSv § 449 I gibt es 26 nur an beweglichen Sachen, nicht an Grundstücken (§ 925 Rn 6). EV ist das häufigste Sicherungsmittel der Warenlieferanten. Daher muß der Rechtsverkehr zumindest bei Veräußerung neu(wertiger) Sachen mit dem Bestehen eines EV rechnen (§ 932 Rn 17).

B. Arten des EV. a) Einfacher EV. Hier soll der VKäufer die Kaufsache idR 27 behalten und nicht weiterveräußern. Zahlt er den Kaufpreis, so wird er Eigentümer, der EV erlischt. Hauptfall: VVerkauf an Endverbraucher. **b) Verlänge-** 28 **rung oder/und Erweiterung des EV** sind möglich (zur Terminologie Serick IV 3 ff). **aa) Verlängerter EV.** Ist der VKäufer als Zwischenhändler schon vor Zahlung des Kaufpreises auf Weiterveräußerung angewiesen, so wird der VVerkäufer zwar die Veräußerung gestatten (§ 185; ie Serick I 153 ff). Da aber durch die Weiterveräußerung (oder Verbindung: § 946 Rn 4) der EV hinfällig werden kann (BGH 56, 37), wird der VVerkäufer in der Weise gesichert, daß der VKäufer die künftigen Kaufpreisforderungen gegen seine Abkäufer dem VVerkäufer zur Sicherung abtritt, sog *verlängerter EV mit Vorausabtretungsklausel* (zur Abtretung künftiger Forderungen § 398 Rn 9, 10). Die *Gestattung der Weiterveräußerung* (oder Verbindung, s o) hängt dann von der Wirksamkeit der Vorausabtretung ab (BGH 106, 4; 109, 300; sa NJW 91, 2286). Iü wird dem VKäufer idR die Weiterveräußerung „im ordentlichen (normalen) Geschäftsverkehr" gestattet (idR nicht SÜ, Verpfändung, Sale-and-Lease-back: BGH 104, 133 ff); ohne Gestattung Erwerb gem § 932, HGB 366 möglich (BGH NJW 89, 896 f). Die Gestattung kann *unterschiedlichen Inhalt* haben. **α)** Dem **VKäufer** kann **erlaubt** sein, dem Abkäufer **unbe-** 29 **dingt** zu **übereignen.** Dann erwirbt dieser Eigentum, der VVerkäufer verliert es. An die Stelle der Kaufsache tritt die sicherungshalber im voraus abgetretene Kaufpreisforderung des VKäufers gegen seinen Abkäufer (BGH 56, 37). Zur Sicherungsabtretung § 398 Rn 14–23, 26–31. **β)** Dem **VKäufer** kann (nur) **erlaubt** 30 sein, auch seinerseits **unter EV** zu **verkaufen.** Das kann zweierlei bedeuten. **αα)** Muß der VKäufer den EV seines VVerkäufers aufdecken und tut er das, so ist Bedingung für den Eigentumserwerb des Abkäufers die Bezahlung der Kaufpreisforderung des VVerkäufers (nicht des VKäufers), sog *weitergeleiteter EV* (Serick I 79 f, 428 f; BGH NJW 91, 2285 f). Er hat keine praktische Bedeutung (s BGH NJW 91, 2286, insbes zur Kombination weitergeleiteter/erweiterter EV in AGB). **ββ)** Muß der VKäufer den EV nicht aufdecken und tut das auch nicht, verkauft er aber unter Vorbehalt des „eigenen" Eigentums, so sind zwei VVerkäufe mit verschiedenen Bedingungen des VKäufers gem § 449 I hintereinandergeschaltet, sog *nachgeschalteter EV* (Serick I 80 ff, 429 ff; Bsp BGH NJW 82, 2371 f). Der Abkäufer erwirbt Eigentum, wenn er seine Kaufpreisschuld dem VKäufer gegenüber voll beglichen hat. Erst dann (nicht schon mit der Weiterveräußerung an den Abkäufer) verliert der VVerkäufer sein Eigentum (BGH 56, 37 f), ferner dann, wenn die Kaufpreisschuld des VKäufers vollständig bezahlt wird. – Zum verlängerten EV mit *Verarbeitungsklausel* vgl § 950 Rn 6–8. – Zum Zusammentreffen von verlängertem EV und *Globalzession* vgl § 398 Rn 19, 20. **bb) Erweiterter EV.** Er bezieht sich nicht nur 31 auf die Kaufpreisforderung für die eine verkaufte Sache. Zwei Hauptformen sind zu unterscheiden. **α) Der Kontokorrentvorbehalt** sichert auch alle weiteren, insbes künftigen Forderungen des VVerkäufers aus der Geschäftsverbindung mit dem VKäufer (zu den hierfür verwendeten Vertragsklauseln BGH NJW 68, 885). Erst wenn alle gesicherten Forderungen erfüllt sind, erwirbt der VKäufer Eigentum (vgl BGH NJW 78, 633). Das gilt bei einer Kombination von erweitertem und verlängertem EV (Rn 28 [aa], sa Rn 33) für die (noch) nicht weiterveräußerten Sachen. Die Rspr hat den Kontokorrentvorbehalt stets grundsätzlich für zulässig

Jauernig 1153

§ 929 Buch 3. Abschnitt 3

gehalten (vgl BGH 118, 377). Die Bedenken des Schrifttums (Voraufl Rn 31) hat der Gesetzgeber nicht geteilt, da er nur die 2. Hauptform, den Konzernvorbehalt (Rn 32), für nichtig erklärt hat (§ 449 III). Vorbehaltsklausel in **AGB** ist nach BGH 125, 87 mN im kaufmännischen Verkehr wirksam; gegenüber Nichtkaufleuten ist die Vorbehaltsklausel unwirksam, § 307 II Nr 2 (Koblenz WM 89, 894 mN
32 zu AGBG 9 II Nr 2; unentschieden BGH 145, 224). **β) Der Konzernvorbehalt** sichert Forderungen eines Dritten, insbes eines mit dem VVerkäufer verbundenen Unternehmens (Verbund im „Konzern", vgl AktG 15). Er ist nichtig, § 455 II (in Kraft seit 1. 1. 1999); denn er verschiebt den Eigentumserwerb des VKäufers in eine ungewisse Zukunft, was die Bewegungsfreiheit des VKäufers zu stark einschränkt (daher hielt die hM den Konzernvorbehalt schon bisher für nichtig, § 138.
33 cc) **Zusammentreffen** von aa und bb: s Serick IV 74 ff, V 261 ff. und o bb α.

34 **C. Die Vereinbarung des EV.** Vgl zunächst Rn 25. **a) Grundsatz.** Die *Pflicht des Verkäufers* geht auf unbedingte Übereignung, § 433 I 1. Bedingte Übereignung (vgl § 449 I) ist daher nur vertragsgemäß, wenn sie im Kaufvertrag vereinbart ist. Ist kein EV schuldrechtlich vereinbart, bietet der Verkäufer aber (kaufvertragswidrig) nur bedingte Übereignung an, so ist schlüssige Annahme dieses Angebots, zB durch widerspruchslose Entgegennahme der Kaufsache, möglich. Darin liegt zugleich und stets (str) eine nachträgliche schuldrechtliche Vereinbarung eines EV, so daß der EV kaufvertragsgemäß ist. Nimmt der Käufer das Angebot bedingter Übereignung nicht an, so erlangt er Besitz, aber mangels Einigung kein Eigentum (BGH 64, 397; sa 104, 136 ff). *Nach der Übergabe* ist die einseitige Erklärung des EV schuld- und sachenrechtlich bedeutungslos. Möglich ist aber die vereinbarte Ausdehnung des EV vor Bedingungseintritt (BGH 75, 224), ferner eine Vereinbarung, das Volleigentum des Käufers in Vorbehaltseigentum des Verkäufers „umzuwandeln" (zur Konstruktion StWiegand § 930, 36–40 mN; sa BGH 98, 165 f: Feststellungsvertrag). – **Bei kollidierenden AGB** (Verkäufer-AGB: Lieferung nur unter EV; Käufer-AGB: Einkauf nur zu eigenen AGB ohne EV des Gegners, sog Abwehrklausel) gilt grundsätzlich nichts anderes (str, s Schlechtriem, Kolloqu v. Caemmerer, S 15 ff mN): Im Kaufvertrag ist kein EV vereinbart (BGH NJW 85, 1839 f; NJW-RR 86, 985 für verlängerten und erweiterten EV; anders für einfachen EV bei Branchenüblichkeit: Ulmer § 2, 105 mN; gegen diese Differenzierung Eckert/Nebel WM 88, 1545 ff); daher kann der Käufer ein Angebot auf unbedingte (dh vertragsgemäße) Übereignung erwarten. Die Erwartung ist aber nicht gerechtfertigt, wenn er das vertragswidrige Angebot kannte oder von ihm zumutbar Kenntnis nehmen konnte (BGH NJW 89, 3213); nimmt er in diesen Fällen das Angebot auf bedingte Übereignung nicht an, so ist der Verkäufer Eigentümer geblieben. Bei Annahme des Angebots wird zugleich
35 der Kaufvertrag geändert (s o). **b) Mit vertragsgemäß aufschiebend bedingter Übereignung** (Rn 34) hat der VVerkäufer die von ihm geforderten Leistungshandlungen vorgenommen. Der geschuldete Leistungserfolg (dh der Eigentumserwerb des VKäufers) ist aber noch nicht eingetreten. Daher hat der VVerkäufer den Kaufvertrag *noch nicht erfüllt* (hM; differenzierend StHonsell § 455, 29; Schle-
36 gelberger/Hefermehl Anh § 382, 44, 140, je mN). **c) Das Rücktrittsrecht** des VVerkäufers folgt aus § 449 II iVm § 323. Danach kann der VVerkäufer nicht schon bei Zahlungsverzug des VKäufers zurücktreten, sondern muß erst erfolglos eine angemessene Zahlungsfrist setzen (§ 323 I), es sei denn, die Fristsetzung ist entbehrlich (§ 323 II) oder vertraglich abbedungen. Wird das Rücktrittsrecht ausgeübt, so kann die Bedingung der vollständigen Kaufpreiszahlung nicht mehr eintreten. Daher bleibt der VVerkäufer Eigentümer, das Anwartschaftsrecht des VKäufers entfällt (Rn 62). Dieses Recht beruht also auf der Existenz eines gültigen Kaufvertrags, der die Zahlungspflicht des VKäufers und damit die Voraussetzung für Entstehen und Vergehen des Anwartschaftsrechts begründet (sa BGH 75, 224 ff). Zu den bes Rücktrittsvoraussetzungen bei **Teilzahlungsgeschäften** s § 503 mit Anm.

Titel 3. Erwerb und Verlust des Eigentums an beweglichen Sachen **§ 929**

D. Die aufschiebend bedingte Übereignung. a) Bedingung für den Eigen- 37
tumserwerb ist gem § 449 I iZw die vollständige Zahlung des Kaufpreises (zur
Unwirksamkeit eines Drittvorbehalts s § 449 III und § 449 Rn 8). Die Bedingung
kann bis zu ihrem Eintritt oder Ausfall einverständlich geändert werden (BGH 42,
58; sa Rn 63 zum „Verzicht"). **b) Bis zum Bedingungseintritt** ist der Eigen- 38
tumsübergang noch nicht erfolgt (§ 158 I): Der VVerkäufer ist noch Eigentümer
(ie Rn 40), der VKäufer ist noch nicht Eigentümer (ie Rn 43). **Mit Bedingungseintritt** vollzieht sich der *Rechtserwerb automatisch* ohne Zutun der Parteien; mangelnder Übereignungswille des VVerkäufers ist unbeachtlich, weil die Einigung mit
der Übergabe bindend geworden ist (Rn 6); Tod, Geschäftsunfähigkeit, Verfügungsbeschränkung des VVerkäufers nach bedingter Übereignung hindern den
Erwerb ebensowenig wie Besitzverlust des VKäufers zZ des Bedingungseintritts
(BGH 30, 377; LM Nr 2 zu § 163). Beim *Erwerb vom Nichtberechtigten* kommt es
für die Bösgläubigkeit auf die Zeit der Übergabe (S 1 mit § 932 I 1) oder bedingten Einigung (S 2 mit § 932 I) an. Daher hindert Bösgläubigkeit erst zZ des
Bedingungseintritts den Erwerb nicht (BGH 30, 377). **c) Für aufschiebend** 39
befristete Übereignung (vgl LM Nr 2 zu § 163) gilt Rn 38 entspr.

E. Rechtsstellung des VVerkäufers nach der aufschiebend bedingten Über- 40
eignung. **a) Bis zum Bedingungseintritt** ist er noch Eigentümer, aber infolge
der bedingten Eigentumsübertragung in seiner *Verfügungsbefugnis beschränkt,* so daß
die nachträgliche Veräußerung an einen Dritten (§§ 930 f) bei Bedingungseintritt
unwirksam wird (§ 161 I 1; wirksam aber bei Zustimmung des VKäufers: §§ 160,
161 Rn 4); das Anwartschaftsrecht des VKäufers erlischt nicht (§ 161 III mit
§ 936 III entspr; zu § 986 II vgl Rn 59). Mit Bedingungseintritt verliert der
VVerkäufer automatisch sein Eigentum (Rn 38). **b) Im Insolvenzverfahren des** 41
VKäufers kann er vom Kauf zurücktreten, wenn die Rücktrittsvoraussetzungen
(Rn 36) bereits bei Verfahrenseröffnung vorliegen (Serick I 340 f, 346 zur KO)
oder wenn der Insolvenzverwalter nach Wahl der Erfüllung (InsO 107 II mit 103 I,
II 2) selbst in Verzug gerät und bei ihm die Voraussetzungen (Rn 36) vorliegen.
Mit dem Rücktritt fällt die Bedingung aus, der VVerkäufer bleibt endgültig
Eigentümer (Rn 36) und kann *aussondern* (InsO 47), ggf kommt eine Ersatzaus-
sonderung (InsO 48) in Betracht (Serick I 347 ff zu KO 43, 46). Zu den weiteren
aus dem Rücktritt erwachsenden Abwicklungsansprüchen vgl § 346 I (für Kaufpreisrückzahlung) und § 346 I mit II 1 Nr 1 (für Nutzungsentschädigung; sa
§ 357 I 1). Im Fall des *verlängerten EV mit Verarbeitungsklausel* (§ 950 Rn 6–8)
besteht ein Absonderungsrecht bzgl der neuen Sache (hM; zur Begründung Jauernig, ZwV § 45 II 3). Der *erweiterte EV* (Rn 31) begründet nach hM ebenfalls nur
ein Absonderungsrecht, jedenfalls nach Tilgung der ursprünglichen gesicherten Kaufpreisforderung (BGH 98, 170; vgl Serick V 673 ff mN). **c) Einer Zwangsvoll-** 42
streckung in die Kaufsache durch einen Gläubiger des VKäufers kann der VVerkäufer aufgrund seines Eigentums widersprechen, ZPO 771; sa Rn 55. **d) Besitzrecht:** Rn 59, 60.

F. Rechtsstellung des VKäufers nach der aufschiebend bedingten Überei- 43
gnung. **a) Bis zum Bedingungseintritt** ist er noch nicht Eigentümer, hat aber
eine vielfältig gesicherte Rechtsposition, die zusammenfassend als **Anwartschaftsrecht** bezeichnet wird. Die hM sieht darin „im Vergleich zum Eigentum kein
aliud, sondern ein wesensgleiches minus" (BGH 28, 21, stRspr; nicht ungefährliche
jur Bildersprache). Auf solche Weise erscheint es als dingliches Recht, ohne gegen
den numerus clausus der Sachenrechte (Rn 3 vor § 854) zu verstoßen. Die Besonderheit dieses dinglichen Rechts besteht in seiner Abhängigkeit vom VKauf (vgl
Rn 36). Mit der begrifflichen Qualifizierung als „Anwartschaftsrecht" lassen sich
jedoch keine Sachfragen lösen. **b) Erwerb des Anwartschaftsrechts vom** 44
Nichtberechtigten (das ist entweder ein Nichteigentümer oder ein Nicht-An-
wartschaftsberechtigter). **aa) Der Erwerb vom Nichteigentümer** zielt auch bei
bedingter Übereignung auf den Erwerb des Eigentums an der Sache. Daher gelten

Jauernig 1155

§ 929

45 hierfür die §§ 932 ff unmittelbar (Rn 38, sa Rn 51). **bb) Der Erwerb vom Nicht-Anwartschaftsberechtigten** zielt auf den Erwerb des dem Nichtberechtigten angeblich zustehenden Anwartschaftsrechts. *Besteht ein solches Recht* an der Sache, steht es aber dem Veräußerer nicht zu, so kann es analog §§ 932 ff erworben werden (Baur § 59 Rn 39, hM; aA Flume II § 42, 4 c, da bei Mobilien nur der gute Glauben an das Eigentum geschützt werde [unzutr, s § 1244]); StWiegand § 932, 131. Bsp: K kauft bei V unter EV einen Fernseher und verleiht ihn an L, der sich dem D gegenüber als VKäufer ausgibt und ihm „sein" Anwartschaftsrecht überträgt. Das Fortbestehen des Anwartschaftsrechts in der Hand des D hängt, wie stets, vom Fortbestand des Kaufvertrags zwischen VVerkäufer V und wahrem
46 VKäufer K ab (vgl Rn 36, 62). **cc) Besteht kein Anwartschaftsrecht** an der Sache, so ist ein Erwerb vom Nicht-Anwartschaftsberechtigten ausgeschlossen
47 (Baur § 59 Rn 40; Flume II § 42, 4 c; auch BGH 75, 225). **c) Übertragung des Anwartschaftsrechts** ist zulässig. **aa) Sie erfolgt** in der Form der Übereignung (§§ 929 ff, s BGH 75, 225), nicht gem §§ 413, 398. Ist übertragen, so gilt § 185 für nachträgliche Bedingungsänderung durch den VKäufer als Nicht(mehr)berechtigten und den VVerkäufer (BGH 75, 225). **bb) Mit Bedingungseintritt** (vgl § 449 I) erlangt der Erwerber des Anwartschaftsrechts unmittelbar das Eigentum (*Direkterwerb,* kein Durchgangserwerb über den veräußernden VKäufer), auch wenn der VVerkäufer der Übertragung des Anwartschaftsrechts nicht zugestimmt hat (allgM; grundlegend BGH 20, 98 ff), ggf mit einem Vermieterpfandrecht belastet (Düsseldorf NJW-RR 98, 560 mN). Eine vereinbarungsgemäß notwendige Zustimmung des VVerkäufers wirkt wegen § 137 gegenüber dem VKäufer nur
48 schuldrechtlich; § 399 gilt auch nicht entspr (vgl BGH NJW 70, 699). **cc) Pfändung** der Sache (dh des Eigentums) durch einen Gläubiger des VKäufers hindert eine Übertragung des Anwartschaftsrechts nicht. Wird es übertragen, so erlangt der Gläubiger bei Bedingungseintritt kein Pfändungspfandrecht an der Sache (dh am Eigentum), weil das Eigentum direkt auf den Erwerber des Anwartschaftsrechts
49 übergeht (BGH 20, 101; sa Rn 47 [bb], 57). **dd) Der Erwerber verliert das Anwartschaftsrecht,** wenn die *Bedingung* (vgl § 449 I) *ausfällt,* insbes durch Auflösung des Kaufvertrags zwischen VKäufer und veräußerndem VKäufer (vgl
50 Rn 36, 62; zur Zulässigkeit sa BGH 75, 229). **ee) Bei einer Sicherungsübertragung** des Anwartschaftsrechts gem § 930 ist die *besitzrechtliche Stellung* der Beteiligten zweifelhaft: Erlangt der Erwerber des Anwartschaftsrechts Nebenbesitz (Begriff § 868 Rn 12) oder schiebt er sich als erststufiger mittelbarer Besitzer zwischen VKäufer und VVerkäufer und wird letzterer zum zweitstufigen mittelbaren Besitzer (so BGH 28, 27 f)? Dazu Baur § 59 Rn 35 mN. Zur praktischen
51 Bedeutung § 933 Rn 4. **ff) Überträgt der VKäufer das Eigentum,** nicht das Anwartschaftsrecht, so handelt er *als Nichtberechtigter.* Erwerb möglich nach § 185 (Rn 28), sonst gem §§ 932 ff, HGB 366 (BGH NJW 91, 2286). Erwerb ist daher bei einer SÜ gem § 930 ausgeschlossen (§ 933), doch wird idR wenigstens das **Anwartschaftsrecht** sicherungsweise (vom Berechtigten: Rn 47) übertragen (BGH 35, 90 f; 50, 48 f; Serick I 257 f, II 243), mit Bedingungseintritt erlangt
52 Erwerber Sicherungseigentum. **d) Gegenstand der Pfandhaftung** ist das Anwartschaftsrecht: beim ges Pfandrecht (BGH NJW 65, 1475 für Vermieter- und Verpächterpfandrecht), beim Inventarpfandrecht (BGH 54, 330 f), bei der Hypothek am Anwartschaftsrecht an Zubehör (BGH 35, 88 ff). **Verpfändung** entspr der Übertragung (Rn 47 [aa]) gem §§ 1205 f, nicht § 1273 (BGH 92, 290). Mit Bedingungseintritt setzt sich das Pfandrecht analog § 1287 am nunmehrigen Eigentum des bisherigen Anwartschaftsberechtigten fort (Düsseldorf NJW-RR 98, 560 mN). Der Rang bestimmt sich nach dem Pfandrechtserwerb am Anwartschaftsrecht.
53 e) Pfändung der Sache (dh des Eigentums): **aa) durch Gläubiger des VVerkäufers.** Ihr kann der VKäufer widersprechen, ZPO 771 (Anwartschaftsrecht als veräußerunghinderndes Recht: BGH 55, 26 ff). Ist die Sache wie idR im Gewahrsam des VKäufers, so hat er außerdem die Erinnerung (ZPO 766) wegen Verletzung von ZPO 809; **bb) durch den VVerkäufer.** Er kann seine eigene Sache
54

1156 *Jauernig*

Titel 3. Erwerb und Verlust des Eigentums an beweglichen Sachen **§ 929**

pfänden und verwerten lassen, um sich aus dem Erlös für seine Kaufpreisforderung zu befriedigen. Die Unpfändbarkeit der Sache (s ZPO 811 I Nr 1, 4, 5–7) steht gem ZPO 811 II einer Vollstreckung nicht entgegen. **cc) durch Gläubiger des VKäufers.** Ihr kann der VVerkäufer als Eigentümer widersprechen (ZPO 771). Das vermeidet der Gläubiger durch Zahlung des Restkaufpreises (§ 267 I). Dadurch tritt die Bedingung ein, der VVerkäufer verliert sein Eigentum und damit das Widerspruchsrecht. Die hM geht jedoch davon aus, daß der Gläubiger die Höhe der Restforderung vom VVerkäufer nicht erfährt und dieser das angebotene Geld gem § 267 II zurückweist (!); daher hält sie **neben der Sachpfändung** eine **Rechtspfändung des Anwartschaftsrechts** (ZPO 857 I) für geboten, sog *Doppelpfändung* (BGH NJW 54, 1326 ff; Serick I 303 ff, je mwN): So werde der VVerkäufer zur Auskunft über die Restforderung verpflichtet (entspr ZPO 857 I, 840 I Nr 1), und bei Zurückweisung des Geldes gelte die Bedingung als eingetreten, § 162 (zur praktischen Bedeutung und zu abw Ansichten Jauernig, ZwV, § 20 III 2). **f) Im Insolvenzverfahren des VVerkäufers** kann (nur) der VKäufer 56 Erfüllung des Kaufvertrags verlangen, sofern er die Sache besitzt; dem Insolvenzverwalter steht kein Wahlrecht zu (InsO 103 ist durch InsO 107 I ausgeschlossen). Mit Zahlung erwirbt der VKäufer Eigentum und damit ein Aussonderungsrecht (InsO 47). **g) Besitzschutz** des Anwartschaftsberechtigten gem §§ 858 ff, 1007; 57 823 I (Besitz als sonstiges Recht: BGH 32, 204 f) und II iVm § 858 als SchutzGes (BGH 20, 171); zum Besitzschutz Rn 59, 60. Entspr anwendbar sind §§ 985, 1004. **h) Das Anwartschaftsrecht ist ein sonstiges Recht** iSv § 823 I (BGH 55, 25 f). 58 Beschädigung oder Vernichtung der Sache verletzt Anwartschaftsrecht und Eigentum gemeinsam. Behält der VVerkäufer wie idR seinen Kaufpreisanspruch (§ 446), so besteht sein Schaden nur in der Einbuße an Schutz, den ihm der EV gewährt hat (vgl Rn 25). Der Schaden des Anwartschaftsberechtigten bemißt sich nach dem Wert des Anwartschaftsrechts (BGH 55, 31 f), hinzu kommt das Besitz- und Nutzungsinteresse (MK/Westermann § 455, 55). Das Wahlrecht gem §§ 249 S 2, 250 wird man dem Anwartschaftsberechtigten zugestehen müssen, jedenfalls wenn er Naturalrestitution verlangt, weil nur dann sein Nutzungsinteresse vor Bedingungseintritt voll befriedigt wird. Auf die Geltendmachung des Schadensersatzanspruchs ist § 432 entspr anzuwenden (Baur § 59 Rn 45; offenlassend BGH 114, 165 f). Den zahlenden Schädiger schützt § 851.

G. Besitzrecht. a) Der VKauf ist ein „ähnliches Verhältnis" iSv § 868 (§ 868 59 Rn 6). Er gewährt dem VKäufer ein *obligatorisches Recht zum Besitz* gegenüber dem VVerkäufer. Dieses Recht steht einem Herausgabeverlangen des VVerkäufers als Eigentümer (§ 985) entgegen, § 986 I 1 (BGH 98, 168). Zahlungsverzug der VKäufers läßt Besitzrecht unberührt und berechtigt – entgegen dem bisherigen Recht – nicht ohne weiteres zum Rücktritt und danach zur Herausabe. Das ergibt sich aus § 449 II und der daraus folgenden Verweisung auf § 323: Der VVerkäufer muß erst noch erfolglos eine angemessene Zahlungsfrist setzen (§ 323 I), es sei denn, die Fristsetzung ist entbehrlich (§ 323 II) oder vertraglich abbedungen (Rn 36). Der Rücktritt ist auch nach Verjährung des Kaufpreisanspruchs möglich (§ 216 II 2). Das **Besitzrecht endet** mit dem Rücktritt (§ 449 II): Der Kaufvertrag wird in ein Rückgewährschuldverhältnis umgewandelt (§§ 346 ff), das auf den Kaufvertrag gestützte Besitzrecht (s o) entfällt. Auch wenn der Kaufpreisanspruch verjährt ist, kann (§ 216 II 2) und muß (§ 449 II) der Rücktritt erfolgen, um Herausgabe der Kaufsache verlangen zu können, und zwar nicht nur (wie nach BGH 70, 99 ff zu § 223 II aF analog) zur Verwertung. Hat der VVerkäufer die Sache gem § 931 an einen Dritten veräußert, so ist der VKäufer gem § 986 II solange geschützt, wie der VKauf besteht (Serick I 446). **b) Ob das Anwart-** 60 **schaftsrecht** allein oder neben dem obligatorischen Besitzrecht (Rn 59) ein „dingliches", dh ein gegen jedermann wirkendes Besitzrecht gewährt, ist str. Ein solches Recht ist nur insoweit anzuerkennen, als es die „Dinglichkeit" der Rechtsposition des Anwartschaftsberechtigten fordert. Daher besteht kein dingliches Besitzrecht

Jauernig 1157

des VKäufers gegenüber dem Eigentümer, der ihm die Sache unter EV verkauft hat (Serick I 276, str). Hat der Anwartschaftsberechtigte sein Recht entspr §§ 932 ff vom Nichtberechtigten erlangt (Rn 44, 45, sa Rn 38), so ist er dem Eigentümer gegenüber zum Besitz berechtigt, da sonst das Anwartschaftsrecht keine Nutzungsberechtigung gewähren würde (Baur § 59 Rn 47 mN). Gegen ein dingliches Besitzrecht Serick I 272. Ebenso BGH 10, 71 f, 74 f, wonach aber der Herausgabeanspruch (§ 985) uU an der Arglisteinrede scheitern soll, da der Eigentümer die Sache nach Bedingungseintritt wieder herausgeben müsse; unzutr, weil Arglist voraussetzt, daß schon jetzt die Pflicht zur sofortigen Rückgabe des Herausverlangten feststeht (so zB BGH 56, 25), hier aber offen ist, ob die Bedingung und damit die Herausgabepflicht je eintritt (die künftige Kaufpreiszahlung ist ja ungewiß!). Für ein nur obligatorisches Besitzrecht auch BGH 54, 216; 70, 98.

61 **H. Ende des Anwartschaftsrechts. a) Regulär** endet es mit *Bedingungseintritt:* Mit vollständiger Zahlung des Kaufpreises erwirbt der jeweilige Anwartschaftsberechtigte unmittelbar das Eigentum (Rn 38, 47 [bb]), das Anwartschaftsrecht
62 „wandelt sich" zum Vollrecht. **b) Irregulär** endet es mit *Bedingungsausfall,* dh mit Wegfall einer erfüllbaren Zahlungspflicht: durch Aufhebung oder Anfechtung des Kaufvertrags, Rücktritt gem 449 II (Rn 36, 59). Bei Bedingungsausfall verliert auch der Erwerber des Anwartschaftsrechts, der nicht VKäufer ist, sein Recht (BGH 75, 226, 229; Rn 36, 45, 49). **c) Weitere Fälle:** Veräußerung der Sache, nicht des Anwartschaftsrechts (Rn 28–30, 51); §§ 946 ff (§ 950 Rn 5, 8).
63 **d) Durch Verzicht** des VVerkäufers gegenüber dem VKäufer soll das Anwartschaftsrecht enden (BGH NJW 58, 1231 f; Serick I 435 ff mwN). Abzulehnen: Der Verzicht bedeutet die einseitige Beseitigung der Bedingung (BGH NJW-RR 89, 292) und damit eine Änderung der bindenden (Rn 6) Einigung; dazu bedarf es aber eines Vertrags (BGH 42, 58), der Vorteil des VKäufers macht ihn nicht entbehrlich (aA BGH 127, 133 mN). Zum Parallelproblem bei § 399 Fall 2 (Änderungsvertrag oder einseitiger Verzicht?) s StGursky 33, 34 vor § 182; BGH NJW-RR 91, 764; NJW 97, 3435. **Vertragliche Aufhebung** bedarf entspr § 1276 der Zustimmung des Pfandgläubigers (vgl Ludwig NJW 89, 1458 mN; StWiegand 301 ff Anh §§ 929 ff; aA BGH 92, 290 ff); möglich aber mittelbare Beseitigung gem Rn 62 (gegen Manipulationen will Ludwig aaO § 162 I entspr anwenden).

§ 929 a Einigung bei nicht eingetragenem Seeschiff

(1) **Zur Übertragung des Eigentums an einem Seeschiff, das nicht im Schiffsregister eingetragen ist, oder an einem Anteil an einem solchen Schiff ist die Übergabe nicht erforderlich, wenn der Eigentümer und der Erwerber darüber einig sind, dass das Eigentum sofort übergehen soll.**

(2) **Jeder Teil kann verlangen, dass ihm auf seine Kosten eine öffentlich beglaubigte Urkunde über die Veräußerung erteilt wird.**

1 1. Sonderregelung für nicht eingetragene Seeschiffe, iü gelten §§ 929 ff (BGH NJW 95, 2098). Zum Erwerb vom Nichtberechtigten vgl § 932 a.

§ 930 Besitzkonstitut

Ist der Eigentümer im Besitz der Sache, so kann die Übergabe dadurch ersetzt werden, dass zwischen ihm und dem Erwerber ein Rechtsverhältnis vereinbart wird, vermöge dessen der Erwerber den mittelbaren Besitz erlangt.

1 **1. Allgemeines.** Vgl zunächst § 929 Rn 1–3. **a) Voraussetzungen des Eigentumserwerbs** sind Einigung (§ 929 Rn 2) und Ersatz der Übergabe durch Vereinbarung eines Besitzmittlungsverhältnisses (Besitzkonstituts) zwischen Veräußerer (= Eigentümer) und Erwerber, das diesen zum mittelbaren Eigenbesitzer

Titel 3. Erwerb und Verlust des Eigentums an beweglichen Sachen **§ 930**

macht und dem Veräußerer den Besitz (nunmehr als Fremdbesitz) beläßt. Die Vereinbarung eines Besitzkonstituts ist als Teil des Verfügungsgeschäfts (§ 929 Rn 4) gegenüber dem zugrundeliegenden Verpflichtungsgeschäft ebenso *abstrakt* wie die Einigung (zu dieser § 929 Rn 3; Rn 17–20 vor § 854). Zur Problematik, wenn Verpflichtungsgeschäft und Vereinbarung eines Besitzkonstituts in einem RGeschäft zusammengeschlossen sind, vgl Rn 39, 57 (betr Sicherungsvertrag bei der SÜ). **b) Ein mittelbar besitzender Eigentümer** kann auch nach § 930 über- 2 eignen: Er bleibt mittelbarer Besitzer, doch wandelt sich sein Eigenbesitz in Fremdbesitz, weil er seinerseits dem Erwerber den Besitz vermittelt (mehrstufiger mittelbarer Besitz, § 871 Rn 2 [b]), BGH NJW 59, 1537. Überträgt der mittelbar besitzende Eigentümer das Eigentum hingegen nach § 931, so verliert er seinen Besitz durch Übertragung auf den Erwerber (§ 870), § 868 Rn 8. **c) Stellver-** 3 **tretung** bei Einigung und Vereinbarung eines Besitzkonstituts ist auf Veräußerer- und Erwerberseite zulässig. **d) Zeit.** Einigung und Vereinbarung eines Besitzkon- 4 stituts können erfolgen, wenn der Eigentümer die Sache besitzt (gewöhnliches Besitzkonstitut, Rn 9), aber auch schon, bevor der Eigentümer Besitz und Eigentum erlangt hat (antizipiertes Besitzkonstitut, Rn 16, und antizipierte Einigung, § 929 Rn 6). **e) Praktisch wichtigster Anwendungsfall** des § 930 ist die SÜ 5 (Rn 19 ff). Zum Grund vgl Rn 20; §§ 1205, 1206 Rn 9. **f) Abgrenzungen.** 6 Aushändigung der Sache an einen Besitzmittler des Erwerbers ist Übergabe iSv § 929 S 1, wenn der veräußernde Eigentümer keinerlei Besitz behält (§ 929 Rn 8, 12, 13); § 930 scheidet aus. Gleiches gilt, wenn der Eigentümer nunmehr als Besitzdiener des Erwerbers die tatsächliche Gewalt ausübt (§ 929 Rn 8, 10). Ob Übergabe (§ 929 S 1) oder Übergabeersatz nach § 930 vorliegt, ist insbes wegen der unterschiedlichen Regelung des Erwerbs vom Nichtberechtigten bedeutsam (vgl § 932 gegen § 933). Kommt es auf die Unterschiedlichkeit nicht an, so kann offenbleiben, ob der Erwerb nach § 929 S 1 oder § 930 eingetreten ist (LM Nr 21 zu § 929). **g) Erwerb vom Nichtberechtigten:** §§ 933, 935. 7

2. Bestimmtheits- oder Spezialitätsgrundsatz. Einigung und Vereinbarung 8 eines Besitzkonstituts müssen die zu übereignende Sache genügend bestimmt bezeichnen, sonst sind beide unwirksam (LM Nr 8). Der Bestimmtheitsgrundsatz soll Dritten gegenüber klare Eigentumsverhältnisse herbeiführen (vgl BGH 28, 23). Bes Bedeutung kommt ihm beim antizipierten Besitzkonstitut (Rn 16) zu, insbes bei der SÜ von Warenlagern mit wechselndem Bestand (Rn 47).

3. Gewöhnliches Besitzkonstitut. a) Der Eigentümer besitzt die Sache *zZ* 9 *der Vereinbarung* des Besitzkonstituts. Mittelbarer (Rn 2) oder Mitbesitz (RG 139, 117) genügt. **b) (Noch) zZ der Vollendung** des gestreckten Erwerbstatbestands 10 (§ 929 Rn 4) muß der Besitz des Eigentümers bestehen. **c) Vereinbarung eines** 11 **konkreten Besitzkonstituts** iSv § 868 (dort Rn 5) ist erforderlich. Sa Rn 33. **d) Rechtsgültigkeit** des vereinbarten Besitzkonstituts (zB Wirksamkeit des Miet- 12 vertrags) ist *nicht* nötig, doch sind Fremdbesitz des Eigentümers und ein (Ersatz-) Herausgabeanspruch des Erwerbers erforderlich (§ 868 Rn 4). Am Herausgabeanspruch wird es idR fehlen (Bsp Rn 39). **e) Auch auf nichtrechtsgeschäftli-** 13 **chen Umständen** (Ges, Staatsakt) kann ein Besitzkonstitut beruhen (§ 868 Rn 6). Ob ein solches Konstitut für § 930 genügt, ist str, weil § 930 vom vereinbarten Konstitut spricht (dafür, mit Unterschieden ie, Baur § 51 Rn 24–29; BGH NJW 92, 1163 mwN). Es ist zu unterscheiden: **aa)** *Ist der Erwerber bereits mittelbarer* 14 *Besitzer* der zu übereignenden Sache, so genügt es als Vereinbarung iSv § 930, wenn die Einigung auch im Hinblick auf das bestehende Besitzkonstitut erklärt wird. **bb)** *Ist der Erwerber noch nicht mittelbarer Besitzer,* so 15 bedarf es (außer der Einigung) einer (zumindest konkludenten) Vereinbarung, daß die zu übereignende Sache in das bereits als Rahmenverhältnis bestehende Besitzkonstitut einbezogen wird (BGH NJW 92, 1163). Diese rechtsgeschäftliche Vereinbarung genügt für § 930. Bsp: Bei einer Handschenkung von Spielzeug durch gemeinsam sorgeberechtigte Eltern (§§ 1626 I, 1626 a I) an ihr 6jähriges Kind

Jauernig 1159

§ 930 Buch 3. Abschnitt 3

bedarf es (als gestattete Insichgeschäfte, § 181 Rn 9 [dd]) der Einigung sowie der vertraglichen Einbeziehung der Sache in das bestehende Besitzkonstitut der elterlichen Vermögenssorge (das Kind ist Besitzdiener und mittelbarer Eigenbesitzer, die Eltern sind unmittelbare Fremdbesitzer, s MK/Huber § 1626, 59; zur elterlichen Vermögenssorge als ges Besitzmittlungsverhältnis BGH NJW 89, 2544); zur Übereignung unter Ehegatten (Ehe als ges Besitzmittlungsverhältnis) BGH NJW 92, 1163.

16 **4. Antizipiertes Besitzkonstitut** (von lateinisch „*anti*cipare": vorwegnehmen). **a) Bestimmtheit.** Einigung sowie Vereinbarung eines Besitzkonstituts erfolgen, bevor der Veräußerer Eigentümer und/oder Besitzer der Sache ist. Die Sache muß noch gar nicht existieren (sie ist zB erst herzustellen), so daß sich Einigung und Vereinbarung eines Konstituts *zZ ihrer Vornahme* gar nicht auf eine bestimmte Sache beziehen können (BGH 21, 56; WM 66, 95). Hier muß schon *zZ des Vertragsschlusses* feststehen, welche Sachen von der antizipierten Übereignung betroffen werden sollen. Dafür ist notwendig und genügend, daß einfache, weil leicht erkennbare Kriterien vereinbart sind, anhand derer künftig festgestellt werden kann, ob eine bestimmte Sache übereignet ist. Das ist bes wichtig bei der SÜ von Warenlagern im wechselnden Bestand für die neu hinzukommenden Sachen (vgl Rn 47). In diesen Fällen verlangt jedoch die Rspr für die Bestimmtheit von Einigung und Besitzkonstitut, daß infolge eines einfachen, nach außen erkennbaren Geschehens *zZ des Eigentumsübergangs* ersichtlich sein muß, welche neu hinzukommenden Sachen übereignet werden sollen (BGH NJW 86, 1986; 91, 2146, je mN). Damit werden Bestimmtheit und Vollzug der antizipierten Übereignung vermengt: Die Bestimmtheit muß (schon) zZ des Vertragsschlusses vorliegen und verlangt gem § 930 keine Publizität; das „einfache, nach außen erkennbare Geschehen" dient nur dem Vollzug der Übereignung, muß daher (erst) zZ des Eigentumserwerbs vorliegen und der Abrede im Sicherungsvertrag entsprechen. Ebenso
17 StWiegand 129 ff Anh zu §§ 929 ff; BGH NJW 96, 2655. **b) Eigentumserwerb tritt ein,** wenn alle seine Voraussetzungen bei Besitzerlangung des Veräußerers (noch) vorliegen: Einigung (§ 929 Rn 6; BGH NJW 92, 1163) und Verfügungsbefugnis (§ 929 Rn 4) müssen fortbestehen, das Besitzkonstitut muß bestehen und
18 der Veräußerer den Besitzmittlungswillen haben (§ 868 Rn 3). **c) Erwerb vom verdeckten Stellvertreter.** Zunächst erlangt dieser, nicht der verdeckt Vertretene Eigentum, so daß es der Weiterveräußerung gem §§ 929 ff an den Vertretenen bedarf (Durchgangserwerb, § 929 Rn 24). Die Übergabe kann durch Besitzkonstitut ersetzt werden (§ 930), das entweder antizipiert ist oder vom verdeckten Vertreter durch gestattetes Insichgeschäft (§ 181) begründet wird. Auf gleiche Weise kann die Einigung über den Eigentumsübergang zustande kommen. Ein Insichgeschäft ist nur dann wirksam, wenn es für einen mit den Verhältnissen Vertrauten erkennbar ist (s BGH NJW 89, 2543; § 181 Rn 12).

19 **5. Die Sicherungsübereignung (SÜ)**

Lit: Coing, Die Treuhand kraft privaten RGeschäfts, 1973; Gaul, Neuere „Verdinglichungs"-Tendenzen zur Rechtsstellung des SG bei der SÜ, FS Serick, 1992, S 105; Schlegelberger/Hefermehl HGB, 5. Aufl, Anh § 382; K. Schmidt, Zur Akzessorietätsdiskussion bei SÜ und Sicherungsabtretung, FS Serick, 1992, S 329; Siebert, Das rechtsgeschäftliche Treuhandverhältnis, 1933; Reinicke/Tiedtke, Kreditsicherung, 3. Aufl 1994; Hj. Weber, Kreditsicherheiten, 6. Aufl 1998, § 8. Weitere Lit s § 929 Rn 6 (vor A).

20 **A. Allgemeines. a) Anlaß und Zweck. aa) Verpfändung** von beweglichen Sachen, die der Verpfänder weiter benutzen will oder muß wie bisher, ist durch §§ 1205 f ausgeschlossen (§§ 1205, 1206 Rn 3–9). Wirtschaftlich kann der gleiche Zweck – Sicherung einer Forderung – durch Übereignung dieser Sachen in der Form des § 930 erreicht werden. Darin liegt, zumindest idR, *kein Scheingeschäft* (§ 117), denn die Parteien wollen die Übereignung, weil ihnen der Weg einer Verpfändung abgeschnitten ist (s RG 57, 177 f). Die SÜ ist keine richterliche Rechtsschöpfung praeter oder gar contra legem; denn die §§ 1205 f enthalten nach

Titel 3. Erwerb und Verlust des Eigentums an beweglichen Sachen **§ 930**

dem Willen des historischen Gesetzgebers kein Verbot der schon vor 1900 bekannten SÜ durch Besitzkonstitut (Gaul AcP 168, 357 ff), und § 223 II aF (jetzt § 216 II 1) erfaßte auch die SÜ (RG 57, 177; BGH NJW 84, 1186). Daher konnte „die Praxis die Rechtsform der SÜ" (Coing aaO S 72) ohne Gesetzeskollision entwickeln (wie viele andere Rechtsformen auch), und deshalb „gilt" die SÜ nicht „kraft ungeschriebenen Rechts" (Gewohnheitsrecht), so aber Serick, EuS, S 25 f; BB 98, 801 ff (mit überzogener Kritik am BGH [GS] NJW 98, 671 ff; sa Rn 58, 306 Rn 3, 5). Die SÜ erwähnen InsO 51 Nr 1, KostO 23 I. **bb) Zweck** der SÜ ist die Sicherung einer Forderung des Erwerbers (Sicherungsnehmers = SN) gegen den veräußernden Eigentümer (Sicherungsgeber = SG) oder gegen einen Dritten. Dieser Zweck begrenzt die Rechtsmacht des SN im Verhältnis zum SG (Rn 35). So darf der SN die Sache nicht ohne weiteres verwerten, insbes veräußern, und nach Wegfall des Sicherungszwecks ist er zur Rückübereignung (Rn 54) verpflichtet. Diese Beschränkungen des Überschusses an Rechtsmacht wirken grundsätzlich nur im Innenverhältnis. Dritten gegenüber ist der SN (Ausnahme im Insolvenzverfahren) unbeschränkter Eigentümer (vgl aber Rn 43), also Berechtigter, zB bei einer Veräußerung (hier ist der SG nur nach § 986 II geschützt; anders bei der auflösend bedingten SÜ: Rn 43). Die SÜ ist wegen der nur schuldrechtlich begrenzten Außenmacht ein echtes (eigennütziges: Rn 15 vor § 104) Treuhandgeschäft. Da es zumindest überwiegend im Interesse des SN (Treuhänders) vorgenommen wird, handelt es sich um eine *eigennützige Treuhand* (Sicherungstreuhand; Gegensatz: uneigennützige oder Verwaltungstreuhand; vgl Coing aaO S 72). **b) Anwendungsbereich.** Die SÜ ist das typische Sicherungsmittel der Geldgläubiger. Bei Waren, die unter EV stehen, ist SÜ gem §§ 930, 933 nicht möglich, doch wird idR das Anwartschaftsrecht des VKäufers (SG) zur Sicherung übertragen sein (§ 929 Rn 50, 51).

B. Arten. Sie entsprechen im Grundsatz den Arten des EV (§ 929 Rn 27–33). **a) Einfache SÜ.** Hier soll der SG die Sache behalten und nicht weiterveräußern. Tilgt er die Forderung, so entfällt der Sicherungszweck und er erlangt das Eigentum zurück (Rn 54). Prototyp: SÜ von Waren durch den Endverbraucher. **b) Verlängerung und/oder Erweiterung der SÜ** sind möglich (zur Terminologie § 929 Rn 28, 31, 32). **aa) Verlängerte SÜ.** Hier darf der SG die Sachen im ordentlichen (normalen) Geschäftsverkehr weiterveräußern (§ 185 I), so daß der SN sein Eigentum verliert. An die Stelle des Eigentums tritt die im voraus abgetretene künftige Kaufpreisforderung gegen den Abkäufer des SG *(verlängerte SÜ mit Vorausabtretungsklausel)*. Für die verlängerte SÜ mit *Verarbeitungsklausel* gilt § 950 Rn 6–8 entspr. **bb) Erweiterte SÜ.** Sie bezieht sich nicht nur auf bereits bestehende Forderungen des einen SN. Zwei Hauptformen sind zu unterscheiden. **α) Die Kontokorrentklausel** sichert auch alle künftigen Forderungen des SN aus der Geschäftsverbindung mit dem Schuldner (der idR der SG ist, aber auch ein Dritter sein kann, Rn 21). Erst wenn alle Forderungen erfüllt sind, erwirbt der SG wieder Eigentum (dazu Rn 54). **β) Die Konzernklausel** sichert Forderungen eines Dritten, insbes eines mit dem SN verbundenen Unternehmens (Verbund im „Konzern", vgl AktG 15). Sie ist wie der Konzernvorbehalt (§ 929 Rn 32) nichtig (nach § 138 und/oder § 449 III analog).

C. Gegenstand. a) Bewegliche Sachen (Rn 3 vor § 90) und das **Anwartschaftsrecht des VKäufers** (§ 929 Rn 50, 51) kommen praktisch allein in Betracht. Die (unbedingte, § 925 II) SÜ von Grundstücken ist zwar möglich, aber wegen der besitzlosen Grundpfandrechte (Rn 11 vor § 1113) unüblich (Serick II 18 ff). **b) Auch unpfändbare Sachen** (ZPO 811) können zur Sicherung übereignet werden (BGH WM 61, 244; Bamberg MDR 81, 50 f). Ihre Unentbehrlichkeit für den SG ist zwar der Grund für die Unpfändbarkeit, steht aber weder einer Veräußerung noch einer Verpfändung (§ 1204 Rn 11) entgegen. Eine SÜ, die nur die Umgehung von ZPO 811 bezweckt, soll nach § 138 I nichtig sein (Gerhardt JuS 72, 700); irreal, da eine SÜ stets auch den Zweck iSv Rn 21 verfolgt. Richtig

21

22

23

24

25

26

27

28

29

30

Jauernig 1161

§ 930 Buch 3. Abschnitt 3

ist, daß eine SÜ unpfändbarer Sachen aus den gleichen Gründen wie jede andere gegen § 138 verstoßen kann (Rn 55). **c) Warenlager:** s Rn 46, 47.

31 **D. Der Sicherungsvertrag. a) Zu unterscheiden sind aa) das Rechtsverhältnis, aus dem die zu sichernde Forderung** stammt, zB ein Darlehensvertrag. Aus ihm erwächst kein Anspruch auf SÜ, daher ist es auch nicht deren Rechtsgrund (causa); unzutr BGH NJW 82, 276 f, sa 86, 977 für die Sicherungszession
32 (abl Jauernig NJW 82, 268 ff; insoweit auch Serick V 12); **bb) die SÜ.** Sie ist, sachenrechtlich gesehen, normale Übereigung gem §§ 929 ff, erfordert also Einigung und Übergabe(ersatz). Für sie gilt § 929 mit Anm. IdR wird die Übergabe
33 (§ 929 S 1) gem § 930 ersetzt (zum Grund Rn 20); **cc) der Sicherungsvertrag** (die Sicherungsabrede) begründet die Pflicht zur SÜ, ist also das Verpflichtungsgeschäft und damit der *Rechtsgrund* (die *causa*) für die SÜ (BGH 124, 375). Fehlt er oder ist er unwirksam, so ist der SN gem § 812 I 1 zur Rückübereignung verpflichtet (s aber Rn 39, 57). Der Sicherungsvertrag bestimmt den Zweck der Übereignung (Sicherung einer oder mehrerer bestimmbarer Forderungen) und regelt die Rechtsbeziehungen zwischen SG und SN in bezug auf das Sicherungsgut. Er begründet ein Treuhandverhältnis (BGH [GS] NJW 98, 672). Bei einer Übereignung gem § 930 trifft er häufig Bestimmungen, die als Vereinbarung eines konkreten Besitzkonstituts (Rn 11) erscheinen (vgl BGH NJW 79, 2309). In diesem Fall umfaßt der Sicherungsvertrag sowohl das Verpflichtungsgeschäft wie den in § 930 geregelten Teil des Erfüllungsgeschäfts (zu den Konsequenzen Rn 39, 57). Der Sicherungsvertrag bestimmt idR, ob die SÜ unbedingt oder auflösend bedingt erfolgen soll (zur Bedeutung Rn 43). Schweigt er, so ist str, ob so oder so
34 übereignet ist (Rn 44). **b) Inhalt. aa) Er ist Rechtsgrund** der SÜ, er bestimmt ihren **Zweck** (Rn 33) und verknüpft so die gesicherte Forderung mit der SÜ, ohne daß dadurch das Sicherungseigentum zu einem akzessorischen Recht wie das Pfandrecht würde (s aber BGH NJW 95, 2885: Sicherungsvertrag über § 139 nichtig bei Nichtigkeit des Geschäfts, aus dem die zu sichernde Forderung stammt; dazu Rn 39). Bei Übertragung der gesicherten Forderung greift § 401 nicht ein
35 (Westermann § 44 III 3 mN). **bb) Die Eigentümerstellung des SN** wird im Verhältnis zum SG durch die Zweckbestimmung der (unbedingten) Übereignung (Rn 33) *begrenzt* (zur Beschränkung bei einer auflösend bedingten SÜ vgl Rn 43). Der SN darf die nach § 930 übereignete Sache nicht herausverlangen, solange der SG seine Pflichten erfüllt (§ 986 I 1) und nichts anderes vereinbart ist. Ebensowenig darf er bei Pflichterfüllung durch den SG die Sache veräußern; dieses Recht
36 steht ihm erst als Verwertungsrecht zu (Rn 37). **cc) Pflichten.** Aus dem Sicherungsvertrage ergeben sich Pflichten des **SG**, zB zu pfleglicher Behandlung der Sache und ihrer ausreichenden Versicherung, zur Anzeige einer Pfändung durch Dritte, zur Herausgabe im Verwertungsfall. Er begründet auch Pflichten des **SN**, zB zur schonenden und bestmöglichen Verwertung (Rn 37), ggf zur Rückübereignung oder Rückgabe (Rn 54) bei Erlöschen der Forderung, insbes nach Erfüllung (zur Freigabeklausel Rn 54); der SN ist jedoch ohne bes Vereinbarung nicht verpflichtet, sich aus dem Sicherungsgut zu befriedigen (Köhler WM 77, 243 f mN, sa Rn 37). Dem SG kann die Benutzung des Sicherungsguts, zB der übereigneten Möbel, gestattet werden. **dd) Voraussetzungen und Art der Verwer-**
37 **tung** richten sich primär nach dem Sicherungsvertrag (BGH NJW 80, 226). Besteht insoweit eine Lücke im Vertrag, so können einzelne Pfandrechtsregeln ergänzend herangezogen werden (betrifft nur das Innenverhältnis, so daß die Verletzung von Rechtmäßigkeitsvoraussetzungen, vgl § 1243 I, nicht zur Unwirksamkeit einer Veräußerung, aber zum Schadensersatz führen kann). Sobald der SN zur Verwertung befugt ist, idR bei Fälligkeit der Forderung, kann er die Sache herausverlangen (ohne Beschränkung entspr ZPO 803 I 2: BGH WM 61, 244), Nutzungen idR nur bei entspr Abrede (BGH NJW 80, 226 f); die Verjährung der gesicherten Forderung steht nicht entgegen, § 216 II 1 (BGH 70, 98 f). Gibt der SG nicht freiwillig heraus, so muß sich der SN auch dann einen Herausgabetitel

Titel 3. Erwerb und Verlust des Eigentums an beweglichen Sachen **§ 930**

beschaffen und nach ZPO 883 vollstrecken, wenn ihm vertraglich ein Wegnahmerecht zusteht (keine bindende Vorweggestattung von Eigenmacht, § 858 Rn 4). Stets ist der SN verpflichtet, so schonend und so gewinnbringend wie möglich zu verwerten (BGH NJW 00, 3274). Das geschieht idR durch Freihandverkauf (vgl Serick III 457 ff; aA Baur § 57 Rn 42: öffentl Versteigerung; BGH WM 61, 245 läßt offen). Von mehreren Sachen dürfen nur so viele veräußert werden, wie zur Befriedigung nötig (BGH WM 61, 244; sa ZPO 818). Eine „Verfallklausel" ähnlich § 1229 ist bei der SÜ unzulässig (Gaul AcP 168, 351 ff; aA die hM, vgl BGH NJW 80, 227 mN). – Hat der SN einen *Zahlungstitel* erstritten, so kann er die eigene Sache (das Sicherungsgut) pfänden und verwerten lassen; ZPO 811 I ist zu beachten, die Freistellung des VVerkäufers in ZPO 811 II gilt nicht (analog) für SN (ThP § 811, 39). **ee) Besitzkonstitut.** Bei einer SÜ gem § 930 enthält der 38 Sicherungsvertrag idR auch die Vereinbarung eines konkreten Besitzkonstituts; denn er regelt Rechte und Pflichten der Beteiligten bzgl des Sicherungsguts, insbes begründet er ein dem SN gegenüber begrenztes Besitzrecht des SG und gewährt dem SN einen Herausgabeanspruch im Verwertungsfall. Das genügt für §§ 868, 930 (hM, vgl Schlegelberger/Hefermehl Anh § 382, 183). **c) Ist der Sicherungs-** 39 **vertrag nichtig,** so soll die abstrakte SÜ gültig sein (Westermann § 44 III 2; grundsätzlich ebenso Serick I 64 f). Das ist unzutr, wenn der insgesamt nichtige Sicherungsvertrag neben dem Verpflichtungsgeschäft auch die Vereinbarung eines Besitzkonstituts umfaßt (Rn 33; übergangen von BGH NJW 94, 2885). Zwar erfordert § 868 als Besitzmittlungsverhältnis kein gültiges RGeschäft, doch muß dem SN als Oberbesitzer jedenfalls ein Ersatzherausgabeanspruch gegen den SG als Unterbesitzer zustehen (868 Rn 4). Daran fehlt es, wenn auch die Vereinbarung eines Besitzkonstituts nichtig ist: Der SN kann vom SG unter keinem rechtlichen Gesichtspunkt Herausgabe des Sicherungsguts verlangen, insbes nicht aus § 985 (der SN ist nicht Eigentümer geworden; darin liegt – entgegen StWiegand 90 Anh §§ 929 ff – kein Zirkelschluß, da das Besitzmittlungsverhältnis – entgegen StWiegand § 930, 21, 22 – einen Herausgabeanspruch verlangt, s § 868 Rn 3). Ohne Besitzkonstitut fehlt das Tatbestandsstück des § 930 der Übereignung. Folglich ist der SG Eigentümer geblieben (zust ErmMichalski 3 Anh §§ 929–931; MK/Quack 30 Anh §§ 929–936; PalBassenge 20; widersprüchlich Westermann § 44 III 2 gegen § 18, 6; ebenso Baur § 57 Rn 15 mit StWiegand 90 Anh §§ 929 ff [dazu s o], unvereinbar mit § 7 Rn 43–45 und insbes mit § 51 Rn 22, 23. – Abgesehen von dieser Abhängigkeit von Sicherungsvertrag und SÜ soll nach hM häufig „eine stillschweigend vereinbarte Gültigkeitsbeziehung" zwischen SÜ und Sicherungsvertrag bestehen (BGH NJW 86, 977 für die Sicherungsabtretung); abzulehnen: weder § 139 (dort Rn 4) noch §§ 158 ff sind hierzu geeignet (Rn 20 vor § 854).

E. Nichtbestehen der gesicherten Forderung. a) Fehlt sie von Anfang 40 **an,** so ist das für die Wirksamkeit der SÜ belanglos (Ausnahme: aufschiebend [BGH NJW 91, 353 f] oder auflösend bedingte SÜ, Rn 41; für die Sicherungsabtretung bejaht BGH NJW 82, 276 f [dagegen Jauernig NJW 82, 268 f] eine weitere Ausnahme, die Begründung ist unklar, der Klärungsversuch in BGH NJW 86, 977 nicht minder, zust aber Tiedtke DB 82, 1709 ff; abl StWiegand 187 ff Anh §§ 929 ff; für differenzierende Auslegung nach Fallgruppen K. Schmidt aaO; klarstellend für die SÜ BGH NJW 91, 353 f, sa Gaul aaO S 109 f. Abw Wieling I § 18 II 3 b, der das Sicherungseigentum „wie" ein Pfandrecht behandelt, so daß kraft Ges – § 1204! – Akzessorietät besteht; das beruht auf der früher vertretenen, aber nie zutr Vorstellung, die SÜ sei ein „Umgehungsgeschäft" zu §§ 1204 ff: Wieling I § 18 II 2, dagegen Rn 20; Gaul aaO S 151 f). Der Mangel der Forderung macht die Übereignung nicht rechtsgrundlos, denn Rechtsgrund ist der Sicherungsvertrag (Rn 33). Daher steht dem SG als früherem Eigentümer kein Rückgewähranspruch aus § 812 I 1 zu (aA Serick I 63, III 392 [s § 1191 Rn 9]). Der Rückgewähranspruch ergibt sich, sofern entspr Auslegung möglich, aus dem Sicherungsvertrag,

§ 930
Buch 3. Abschnitt 3

41 sonst aus § 812 I 2 Alt 2. Kann die zu sichernde Forderung noch entstehen, so ist der Rückgewähranspruch (noch) nicht entstanden. **b) Fehlt bei auflösend bedingter SÜ** (Rn 43) eine sicherbare Forderung und kann sie auch nicht mehr entstehen, so ist die auflösende Bedingung von Anfang an eingetreten (zur Problematik § 158 Rn 6 [b]; nicht beachtet von Reinicke/Tiedtke Rn 492) und daher der SG Eigentümer geblieben. Ist die SÜ durch Bestehen der Forderung **aufschiebend bedingt**, so bleibt der SG bei Nichtentstehen Eigentümer. **Kombination** idS möglich: aufschiebend bedingt durch Noch-Entstehen, auflösend bedingt durch Nichtmehrbestehen der zu sichernden/gesicherten Forderung. **c) Nichtmehrbestehen** der gesicherten Forderung: Rn 54.

42 **F. Formen. a) Allgemeines.** Die SÜ kann in jeder Form der §§ 929 ff erfolgen, also auch, wenn der SG nur mittelbarer Besitzer ist (in diesem Fall ist Übereignung nach § 929 S 1 [§ 929 Rn 12], § 930 [Rn 2] oder § 931 [Rn 2] möglich). Im *Regelfall* übereignet der unmittelbar besitzende Eigentümer gem § 930 (zum Grund Rn 20). Die Übereignung ist *formfrei* (BGH NJW 91, 353), sofern nicht § 311b III (zu § 311 aF BGH NJW 91, 355) für den Sicherungs-
43 vertrag als Besitzkonstitut (Rn 38) eingreift. **b) Einigung** iSv § 929 Rn 4–7 ist stets erforderlich. **aa) Sie kann auflösend bedingt** durch die vollständige Erfüllung der gesicherten Forderung sein. Die *Rechtsfolgen* unterscheiden sich von der unbedingten Übereignung erheblich (Serick III 394 ff): Bei Nichtbestehen der gesicherten Forderung scheitert die SÜ (Rn 41); existiert die Forderung, so steht dem SG ein Anwartschaftsrecht auf Rückerwerb des Eigentums bei Bedingungseintritt zu (es entspricht dem Anwartschaftsrecht des VKäufers, BGH NJW 84, 1185; § 929 Rn 43, 47–58 gilt entspr). Für die Rechtsstellung des SN in der Schwebezeit gilt § 929 Rn 40 entspr. Mit Bedingungseintritt fällt das Eigentum automatisch an den SG zurück, § 158 II (§ 929 Rn 38 gilt insoweit entspr).
44 **bb) Ob bei Schweigen** des Sicherungsvertrags über die Form der SÜ **iZw eine auflösend bedingte Einigung** vorliegt, ist str (Serick III 391, 393 mN). Das wird in der Lit zunehmend bejaht, von BGH NJW 91, 354 generell verneint, da es keinen allg Rechtsgrundsatz gebe, wonach eine SÜ stets durch den Sicherungszweck bedingt sei. In der Regel ist die Einigung unbedingt (Gaul aaO S 148 ff; sa Jauernig NJW 82, 270); daher verlangt auflösende Bedingung eine klare abw (nicht nötig ausdr) Abrede. In der Formularpraxis dominiert die unbedingte Übereignung (s BGH NJW 84, 1185 mN); das ist mit § 307 vereinbar (BGH NJW 84, 1186 zu
45 AGBG 9). **c) Das Besitzkonstitut** muß konkret sein (Rn 11), seine Vereinbarung
46 liegt idR im Sicherungsvertrag (Rn 38). **d) SÜ von Warenlagern.** Es ist zu unterscheiden zwischen der SÜ von Warenlagern mit festem und mit wechselndem Bestand. **aa) Warenlager mit festem Bestand.** Einigung und Besitzkonstitut sind bestimmt, wenn zZ des Vertragsschlusses die übereigneten Sachen eindeutig von anderen unterschieden werden können (BGH NJW 95, 2350 mN). Das ist bes wichtig, wenn nur ein **Teil** einer größeren Menge übereignet werden soll. Hier muß der Sicherungsvertrag eine Abgrenzung nach einfachen, weil leicht erkennbaren Kriterien vorsehen (BGH NJW-RR 94, 1538; abl StWiegand 105 Anh §§ 929 ff), zB durch eindeutige Identifizierbarkeit anhand von Rechnungen (selten, s BGH NJW 84, 804). Genügend bestimmt ist die Abrede, daß alle in einem Raum lagernden Waren Sicherungsgut sein sollen („All-Formel", BGH NJW 86, 1986; sa 94, 134), gleich, ob dem SG nur ein Anwartschaftsrecht als VKäufer zusteht oder das Eigentum (BGH NJW-RR 90, 95; abl StWiegand 113 ff Anh §§ 929 ff); die Abrede ist unbestimmt, wenn nur die dem SG gehörenden Waren übereignet werden sollen, nicht die noch unter EV stehenden Waren (die Abgrenzung kann nicht aufgrund einfacher, leicht erkennbarer Kriterien erfolgen, ähnlich BGH NJW-RR 90, 95), es sei denn, letztere sind kenntlich gemacht (vgl BGH NJW-RR 94, 1538). Die Bestimmtheit fehlt ferner, wenn nur die pfändbaren Sachen (BGH 117, 206) oder ein nur mengen- oder wertmäßig bezeichneter Teil des Warenlagers (zB 40% vom Gesamtlager; Waren im Wert der gesicherten Forderung) übereignet

Titel 3. Erwerb und Verlust des Eigentums an beweglichen Sachen **§ 930**

werden sollen (BGH 21, 55; WM 77, 219). Fehlt die Bestimmtheit, so ist die SÜ nichtig (BGH NJW 95, 2350). **bb) Warenlager mit wechselndem Bestand.** Hier vermengt die Rspr Bestimmtheit und Vollzug der Übereignung (Rn 16). Für die Bestimmtheit ist allein auf die Zeit des Vertragsschlusses abzustellen (BGH NJW-RR 90, 95). Daher ist es notwendig und genügend, daß der Sicherungsvertrag einfache, weil leicht erkennbare Kriterien aufstellt, anhand derer künftig festgestellt werden kann, welche der neu hinzukommenden Sachen von der SÜ erfaßt werden sollen (Rn 46 gilt entspr). Genügend bestimmt ist die Abrede, daß alle künftig in einen bestimmten Raum eingelagerten Sachen übereignet werden sollen (**Raumsicherungsvertrag**, BGH WM 79, 301 f; sa BGH 117, 206 f) oder eine künftig vom SG zu erwerbende Sache unter einer bestimmten Nr in einem Inventar aufgenommen werden soll (**Markierungsvertrag**, vgl BGH WM 66, 95). Daß die künftig beim SG eingehenden Sachen erst in den Raum verbracht oder markiert werden müssen, damit sie der SN erwirbt, dient dem konkreten Vollzug der antizipierten SÜ. Mit der Bestimmtheit der SÜ hat das nichts zu tun; denn sie muß schon zZ des Vertragsschlusses vorliegen (Rn 16; zust StWiegand 131 Anh §§ 929 ff). **e) Erwerb vom Nichtberechtigten** ist bei einer Übereignung gem § 930 ausgeschlossen, § 933. 47 48

G. Das Sicherungseigentum und die Gläubiger des Sicherungsgebers. 49 **a) Einer Zwangsvollstreckung** in die beim SG verbliebene Sache kann der SN als Eigentümer gem ZPO 771 widersprechen (BGH 118, 206 f, hM; nach aA: ZPO 805). Ist die Sache ausnahmsweise im Gewahrsam des SN, so scheitert eine Zwangsvollstreckung idR bereits an ZPO 809 (Rechtsbehelf des SN: ZPO 766). **b) Im Insolvenzverfahren** des SG kann der SN nur wie ein Pfandgläubiger 50 absondern (InsO 51 Nr 1), aber nicht als Eigentümer aussondern.

H. Schutz des Sicherungsgebers gegen Gläubiger des Sicherungsneh- 51 **mers. a)** Einer Zwangsvollstreckung in die ausnahmsweise im Gewahrsam des SN stehende Sache kann der SG schon vor (erst recht nach) Erfüllung der gesicherten Forderung gem ZPO 771 widersprechen, weil die Sache im Verhältnis zum SN und dessen Gläubigern erst dann aus dem Vermögen des SG ausscheidet, wenn sie der SN verwerten darf (BGH 72, 144 ff; str). **b) Im Insolvenzverfahren** des SN 52 kann der SG erst aussondern, wenn die gesicherte Forderung erfüllt ist (Jauernig, ZwV, § 44 II 1 a mN). Bei auflösend bedingter SÜ ist der SG dann wieder Eigentümer (Rn 43). Bei unbedingter SÜ hat der SG zwar nur einen obligatorischen Rückübertragungsanspruch (Rn 54), der aber gewohnheitsrechtlich ein Aussonderungsrecht gewährt. Dazu Gaul aaO S 130 ff.

J. Verlust des Sicherungseigentums. a) Durch Veräußerung seitens des 53 nichtberechtigten SG an einen Dritten, sei es mit Gestattung des SN (§ 185) oder ohne sie (Erwerb des Dritten gem §§ 932 ff, HGB 366). Zur Veräußerung durch den SN im Falle auflösend bedingter SÜ beachte Rn 43 mit § 929 Rn 51. **b) Durch Verwertung** des Sicherungsguts (Rn 37). **c) Bei Wegfall des Siche-** 54 **rungszwecks,** insbes bei Erlöschen der gesicherten Forderung durch Erfüllung, fällt das Eigentum bei auflösend bedingter SÜ automatisch an den SG zurück (§ 158 II; Rn 43); dieser kann gem dem Sicherungsvertrag Rückgabe der Sache vom SN verlangen. Bei unbedingter Übereignung steht dem SG ein Anspruch aus dem Sicherungsvertrag auf Rückübereignung zu (BGH 100, 105; zur „Freigabe" wegen deutlicher nachträglicher Übersicherung im Fall formularmäßiger SÜ von Sachgesamtheit mit wechselndem Bestand s Rn 58). Sa Rn 36. **d) Nichtbestehen der gesicherten Forderung:** Rn 40, 41. **e)** Zum Fall, daß der **Sicherungsvertrag** fehlt oder unwirksam ist, vgl Rn 33.

K. Grenzen zulässiger Sicherungsgeschäfte: §§ 134, 138, 307. a) Verstoß 55 **der SÜ gegen die guten Sitten** (§ 138 I) ist nur aufgrund einer Gesamtwürdigung aller Umstände feststellbar (BGH NJW 91, 354; ie Serick III 3 ff). Zwei Fallgruppen sind zu unterscheiden: wirtschaftliche Knebelung des SG (*Knebelungsvertrag;* § 138 Rn 12) und Täuschung von Gläubigern über die Kreditwürdigkeit

Jauernig 1165

§ 931

des SG (*Kredittäuschung;* § 138 Rn 14), BGH NJW 91, 354 f. Der Begriff der Sittenwidrigkeit in § 138 und § 826 ist gleich, iü haben beide Vorschriften unterschiedliche Voraussetzungen, Rechtsfolgen und Ziele (BGH NJW 70, 658; ie Serick III 101 ff), insbes führt § 826 nur zum Schadensersatz für den Geschädigten,
56 § 138 zur Nichtigkeit der SÜ gegenüber jedermann. **b) Keine Nichtigkeit der SÜ** nach §§ 134, 138, wenn nur die Voraussetzungen einer Anfechtung gem **AnfG** oder **InsO** vorliegen (BGH NJW 73, 513; Serick III 152 ff, je zur KO); gleiches gilt, wenn nur die Anfechtungsgründe des § 123 bestehen (BGH WM 72, 767). S
57 § 138 Rn 5. **c) Bei Nichtigkeit des Sicherungsvertrags gem § 138 I** soll nach Serick (I 65, III 24 ff) unter Durchbrechung des Abstraktionsprinzips auch die SÜ nichtig sein. Das ist teils iE, teils in der Begründung bedenklich (Jauernig JuS 94, 725 f). Enthält der nichtige Sicherungsvertrag auch die Vereinbarung des Besitzkonstituts, so fehlt ein Tatbestandsstück für die SÜ, deshalb schlägt sie fehl (ie Rn 39); ist das nicht der Fall, so wird bei sittenwidrigem Sicherungsvertrag vielfach (StWiegand 168 Anh §§ 929 ff: stets) die SÜ selbst sittenwidrig sein (Fehleridentität, Rn 14 vor § 854). Nach BGH 7, 115 kann die SÜ als solche auch dann gem § 138 I nichtig sein, wenn der Sicherungsvertrag nicht gegen § 138 verstößt (vgl
58 Ascher Anm LM Nr 1). **d)** Die SÜ eines **Warenlagers mit wechselndem Bestand** ist auch dann nicht gem § 307 und/oder § 138 unwirksam, wenn der Sicherungsvertrag für den Fall **nachträglicher Übersicherung** weder eine ausdr ermessensunabhängige **Freigabeklausel** noch eine zahlenmäßig bestimmte **Deckungsgrenze** noch eine Regelung für die **Bewertung** der Sicherheiten vorsieht (BGH [GS] 137, 212 ff; zu den vorangegangenen differierenden Urteile mehrerer ZS des BGH s Vorlagebeschluß des BGH NJW 97, 1571 ff): Der SG habe stets einen ermessensunabhängigen **Freigabeanspruch** (dazu krit AGBG 6 Rn 5); die *Deckungsgrenze* betrage (falls sie nicht ausdr vereinbart oder unangemessen sei) unter Berücksichtigung der Kosten für Verwaltung und Verwertung der Sicherheiten, bezogen auf den realisierbaren Wert der Sicherungsgegenstände, 110% der gesicherten Forderungen; Deckungsgrenze und Freigabeanspruch ergäben sich gem § 157 aus dem fiduziarischen Charakter der Sicherungsabrede und der Interessenlage der Parteien (BGH [GS] 137, 218 ff, 674; aA Serick [s o Rn 20]: Gewohnheitsrecht [zur theoretischen Relevanz § 306 Rn 5]); der Schätzwert (dh der geschätzte aktuelle Verkehrswert) des Sicherungsguts sei vom Sicherungsvertrag unabhängig und daher allg in Anlehnung an § 237 S 1 zu bestimmen, so daß die Grenze für das Entstehen des Freigabeanspruchs bzgl beweglicher Sachen bei 150% des Schätzwerts liege. – Bei **anfänglicher Übersicherung**, die also schon zZ des Vertragsschlusses besteht, bestimmt sich die Sittenwidrigkeit nach allg Grundsätzen (BGH NJW 98, 674, 2047; § 138 Rn 16).

§ 931 Abtretung des Herausgabeanspruchs

Ist ein Dritter im Besitz der Sache, so kann die Übergabe dadurch ersetzt werden, dass der Eigentümer dem Erwerber den Anspruch auf Herausgabe der Sache abtritt.

1 **1. Allgemeines.** Vgl zunächst § 929 Rn 1–3. **a) Voraussetzungen** des Eigentumserwerbs sind Einigung (§ 929 Rn 2) und Ersatz der Übergabe durch Abtretung des Herausgabeanspruchs aus dem Besitzmittlungsverhältnis zwischen Eigentümer und Drittem (Rn 4). Besteht kein Besitzmittlungsverhältnis, so genügt
2 *schlichte Einigung* (Rn 10). **b) Ein mittelbar besitzender Eigentümer** kann auch nach § 930 übereignen (§ 930 Rn 2; dort auch zum Unterschied gegenüber einer
3 Übertragung gem § 931). **c) Erwerb vom Nichtberechtigten:** §§ 934, 935.

4 **2. Abtretung des Herausgabeanspruchs. a) Gemeint ist** der Anspruch des Eigentümers aus dem Besitzmittlungsverhältnis (§ 868) mit einem Dritten (BGH NJW 59, 1538 mN). Der Dritte kann unmittelbarer oder (bei mehrstufigem Besitz, § 871) mittelbarer Fremdbesitzer, der *Eigentümer muß mittelbarer Eigenbesitzer* sein. Mit der Abtretung des Herausgabeanspruchs (§ 398) überträgt der Eigentümer den

Titel 3. Erwerb und Verlust des Eigentums an beweglichen Sachen **§ 932**

mittelbaren Besitz auf den Erwerber (§ 870). Ein abtretbarer Anspruch muß bestehen (RG JW 34, 1485), künftiger genügt. **b) Der Eigentumsherausgabeanspruch** (§ 985) ist kein Anspruch iSv § 931 (Rn 10); idS BGH NJW 59, 1538 jedenfalls dann, wenn dem Veräußerer ein Herausgabeanspruch als mittelbarer Besitzer (§ 870) zusteht. **c) Abtretung ist formlos.** Sie kann in der Einigung (Rn 1) liegen und umgekehrt. Die Abtretung ist als Teil des Verfügungsgeschäfts (§ 929 Rn 4) gegenüber dem zugrundeliegenden Verpflichtungsgeschäft ebenso *abstrakt* wie die Einigung (zu dieser § 929 Rn 3). **d) Weder Benachrichtigung noch Zustimmung des Dritten** ist zur Abtretung (und Eigentumsübertragung) erforderlich. **e) Antizipierte** Einigung und Abtretung liegen vor bei Übereignung einer Sache, an welcher der Veräußerer (und künftige Eigentümer) erst künftig mittelbaren Besitz (und Eigentum) erlangt. Der Erwerber wird nur dann Eigentümer, wenn der Veräußerer (und nunmehrige Eigentümer) noch bei Erlangung des mittelbaren Besitzes an ihn veräußern will (LM Nr 7; § 929 Rn 6, sa § 930 Rn 17). **f)** Zur Übereignung mit Hilfe von **Traditionspapieren** (zB HGB 448, 475 g) vgl BGH 49, 162 f: Zur Abtretung des verbrieften Herausgabeanspruchs bedarf es der Übergabe des Papiers. 5 6 7 8 9

3. Ist der Eigentümer nicht Besitzer, insbes nicht mittelbarer, so steht ihm kein Herausgabeanspruch iSv § 931 zu. Die Sache kann im Besitz eines Dritten (zB eines Diebes) oder besitzlos (verlorener Ring im See) sein. Im ersten Fall steht dem Eigentümer zwar der Herausgabeanspruch aus § 985 zu, ihn meint § 931 aber nicht: Der Anspruch aus § 985 ist nicht abtretbar (Rn 12 vor § 854); iü folgt er dem Eigentum (nicht umgekehrt), seine Abtretung hätte neben der Einigung über den Eigentumsübergang keinen selbständigen Inhalt. Im zweiten Fall fehlt jeder Herausgabeanspruch. In beiden Fällen genügt daher die *schlichte Einigung* über den Eigentumsübergang (StWiegand 14, 15, 17, 18 mN, aber kaum vereinbar mit § 930, 21, 22 [dazu § 868 Rn 3]; aA Wolf, SR, § 5 A VII c 4). 10

4. War der **Dritte** dem Eigentümer gegenüber obligatorisch **zum Besitz berechtigt,** so wirkt das auch dem Erwerber gegenüber (§ 986 II). Ist der Dritte dinglich, dh gegenüber jedermann zum Besitz berechtigt, so gilt dem Erwerber gegenüber § 986 I (sa Rn 12). Zugunsten des Dritten gelten §§ 404, 407. 11

5. Steht dem **Dritten** ein **dingliches Recht an der Sache** zu, so erlangt der Erwerber belastetes Eigentum, § 936 III (zum Anwendungsbereich § 936 Rn 1). 12

§ 932 Gutgläubiger Erwerb vom Nichtberechtigten

(1) ¹Durch eine nach § 929 erfolgte Veräußerung wird der Erwerber auch dann Eigentümer, wenn die Sache nicht dem Veräußerer gehört, es sei denn, dass er zu der Zeit, zu der er nach diesen Vorschriften das Eigentum erwerben würde, nicht in gutem Glauben ist. ²In dem Falle des § 929 Satz 2 gilt dies jedoch nur dann, wenn der Erwerber den Besitz von dem Veräußerer erlangt hatte.

(2) Der Erwerber ist nicht in gutem Glauben, wenn ihm bekannt oder infolge grober Fahrlässigkeit unbekannt ist, dass die Sache nicht dem Veräußerer gehört.

I. Allgemeines zu den §§ 932–935

Lit: Hager, Verkehrsschutz durch redlichen Erwerb, 1990.

1. §§ 932 ff behandeln den rechtsgeschäftlichen Erwerb des Eigentums von einem Veräußerer, der weder Eigentümer noch zur Veräußerung befugt ist (Rn 11). **a) Bevorzugt wird idR das Erwerberinteresse** vor dem Eigentümerinteresse; denn der Eigentümer verliert sein Recht und ist auf Ausgleichsansprüche angewiesen (§§ 687 II, 816 I 1, 823, 990, uU aus Vertrag). Vom Erwerber kann er nur ausnahmsweise Rückübereignung an sich fordern (§ 816 I 2; § 823 scheidet 1

§ 932

auch bei leichter Fahrlässigkeit des Erwerbers aus, denn der Eingriff ist nicht rechtswidrig, BGH JZ 56, 490 f). **b) Der Erwerber erlangt Eigentum** wie vom Berechtigten. Auf eine Weiterveräußerung sind daher die §§ 932 ff unanwendbar. Das gilt auch für eine „Rück"-Übereignung an den nichtberechtigten Veräußerer. Dieser sog **Rückerwerb des Nichtberechtigten** ist nach hM einzuschränken in Fällen der Rückabwicklung (zB gem §§ 812 ff oder nach Rücktritt), der nur vorläufigen Übereignung (zB bei unbedingter Sicherungsübereignung) und der Übereignung in der Absicht späteren Rückerwerbs (vgl Baur § 52 Rn 34 mN). In diesen Fällen soll bei einer Rückübereignung an den Nichtberechtigten nicht dieser, sondern der frühere Berechtigte automatisch wieder Eigentümer werden, und zwar mit Rücksicht auf Grund und Zweck der früheren Veräußerung durch den Nichtberechtigten. Darin liegt eine Durchbrechung der inhaltlichen Abstraktheit (dazu Rn 13 vor § 854). Das verkennt Braun (ZIP 98, 1470, 1472 f), da er auf die äußerliche Abstraktheit abstellt. Die von Braun (aaO S 1469 ff) postulierte „Rückabwicklungsnorm" kann ebensowenig wie andere Rechtfertigungsversuche der hM begründen, warum das Eigentum auch dann an den früheren Eigentümer zurückfällt, wenn Erwerber und Nichtberechtigter sich dahin einigen, daß Letzterer Eigentümer werden soll. Auch das zeigt: Die hM ist mit dem Ges unvereinbar und sachlich entbehrlich (zur Musielak, Liber Amicorum Gerhard Kegel, 2002, S 125 ff, mN S 129). Daher erwirbt der Nichtberechtigte das Eigentum „zurück", doch steht dem (früheren) Berechtigten ein obligatorischer Anspruch auf Übereignung zu (aus Vertrag, Delikt oder ungerechtfertigter Bereicherung). – Zu einem *automatischen Rückfall des Eigentums* an den früheren Berechtigten kommt es infolge Anfechtung der Übereignung (Einigung), § 142 I (ex tunc), und im Fall einer auflösend bedingten Übereignung bei Bedingungseintritt, § 158 II (ex nunc, sa § 159).

3   **2. Grundgedanken der ges Regelung. a) Die Einigung** iSv § 929 Rn 4–7 ist stets Voraussetzung des Eigentumserwerbs. Der Veräußerer muß Nichteigentümer oder (obwohl als Alleineigentümer auftretend) bloßer Mitberechtigter (Rn 5 [bb, cc]), darf nicht zur Verfügung befugt (Rn 11) und mit dem Erwerber weder persönlich noch wirtschaftlich identisch sein (das Ges schützt nur den rechtsgeschäftlichen *Dritterwerb,* zumeist Verkehrsgeschäft genannt, vgl § 892 Rn 10 mit
4   Bsp). **b) Übergabe oder Übergabeersatz** müssen in einer gegenüber §§ 929–931 zT modifizierten Form hinzutreten. Für einen Erwerb vom Nichtberechtigten genügen die Übergabe iSv § 929 S 1 (I 1) und die Abtretung des Herausgabeanspruchs iSv § 931 Rn 4. Ungenügend sind die Vereinbarung eines Besitzkonstituts gem § 930 (hier bedarf es der Übergabe durch den Veräußerer, § 933) und die schlichte Einigung, sei es nach § 929 S 2 (hier muß der Besitz vom Veräußerer erlangt sein), sei es im Fall des § 931 Rn 10 (hier ist die Übergabe durch den Dritten notwendig, § 934 Fall 2). Aus dieser ges Modifizierung folgt der Grundsatz: Auf seiten des Veräußerers muß der durch Besitz begründete Rechtsschein vorliegen (daher I 2), und diesen Besitz muß der Veräußerer vollständig zugunsten des Erwerbers verlieren (daher §§ 933, 934 Fall 2), vgl BGH 56, 129 f; NJW 78, 1854. Dem Veräußerer steht der zust besitzende Nichteigentümer gleich (Rn
5   16 [cc]). **c) Bösgläubigkeit** des Erwerbers hindert den Erwerb *(rechtshindernde Tatsache),* für die der Gegner des Erwerbers die obj Beweislast und damit auch die Behauptungslast trägt. Beweis der Bösgläubigkeit ist Hauptbeweis, nicht Gegenbeweis (zur Bedeutung § 892 Rn 18). Nur in der Begründung abw die hM: Gutgläubigkeit sei rechtsbegründende Tatsache (vgl BGH 77, 276), deren Vorliegen vermutet werde (BGH 50, 52), so daß der Gegner des (vermutet) Gutgläubigen die Beweislast für die Bösgläubigkeit trage (unzutr; es fehlt an einer [ggf widerlegbaren] ges Vermutungsbasis für die Gutgläubigkeit). Beachtet man, daß es im Streitfall auf den Nachweis der *Bös*gläubigkeit ankommt, so mag man weiterhin vom „gutgl Erwerb" sprechen (wie zuweilen auch das BGB: § 926 II HS 2, § 936 III, ferner
6   HGB 366, 367). **d) Abhandenkommen der Sache** (§ 935 I) schließt Erwerb nach §§ 932–934 aus. Ausnahmen in § 935 II, sa Rn 13.

Titel 3. Erwerb und Verlust des Eigentums an beweglichen Sachen **§ 932**

3. Die rechtspolitische Rechtfertigung des Erwerbs vom Nichtberechtigten 7
ist str. Der Gesetzgeber hat das allg Interesse an Sicherheit und Leichtigkeit des
Rechtsverkehrs grundsätzlich gegenüber dem Eigentümerinteresse bevorzugt
(Heck, SaR, § 58 I 1; WolffR § 68 II 1; ähnlich Baur § 52 Rn 8).
4. Nur der Mangel des (Allein-)Eigentums beim Veräußerer wird nach 8
§§ 932–934 ausgeglichen, also nicht Willensmängel, das Fehlen der Geschäftsfähigkeit oder der Vertretungsmacht usw. Bes hervorzuheben ist die *Beziehung zwischen Eigentum/Nichteigentum und Verfügungsbefugnis* (sa § 873 Rn 17): Letztere kann
einem Eigentümer fehlen, einem Nichteigentümer zustehen. **a) Fehlt die Verfü-** 9
gungsbefugnis dem Eigentümer, so greifen die §§ 932 ff nicht unmittelbar ein.
Vgl aber §§ 135 II, 136, 161 III, 163, 2113 III, 2129 II 1, 2211 II. Fehlen solche
Vorschriften, so ist der Erwerber schutzlos (wichtige Fälle: §§ 1365, 1369; InsO
81 I). **b) Fehlt die Verfügungsbefugnis dem Nichteigentümer,** der erkennbar 10
als solcher handelt, so gelten die §§ 932 ff ebenfalls nicht unmittelbar. Der Erwerber wird nur ausnahmsweise geschützt, vgl HGB 366 (dazu Düsseldorf NJW-RR
99, 615 f), §§ 1244, 1048; zu § 2205 S 3 vgl BGH 57, 89 ff. Wahlfeststellung
zwischen Erwerb gem §§ 932 ff und HGB 366 ist zulässig (BGH 77, 276). **c) Ist** 11
der Nichteigentümer verfügungsbefugt, so greifen die §§ 932 ff nicht ein,
denn der Verfügungsbefugte steht an der Stelle des Eigentümers iSd §§ 929–931.
Zur Verfügungsbefugnis eines Nichteigentümers vgl §§ 966 II 1, 1048 I 1, 1087
II 2, 1242 I, 1422 S 1, 2205 (zu S 3 vgl BGH 57, 89 ff). Hierher gehört auch der
Fall, daß der Nichteigentümer mit Einwilligung des Berechtigten veräußert
(§ 185 I; zur Genehmigung Rn 13). Zum Fall, daß der Einwilligende selbst Nichteigentümer ist, vgl Rn 16 (cc).
5. Auf nichtrechtsgeschäftlichen Erwerb sind die §§ 932 ff **unanwendbar.** 12
Bei ihm kann Bösgläubigkeit für den Erwerb hinderlich (so nach § 937 II) oder
irrelevant sein (so nach hM bei der Versteigerung gepfändeter Sachen gem ZPO
814 ff, vgl BGH 119, 76; Jauernig, ZwV, § 18 IV 1, je mN).
6. Ist der Eigentumserwerb nach §§ 932 ff **fehlgeschlagen,** weil der Erwer- 13
ber bösgläubig oder die bes Besitzlage (I 2, § 933, § 934 Fall 2) nicht eingetreten
oder die Sache abhanden gekommen ist (§ 935 I, s dort Rn 11), so wird die
Verfügung mit **Genehmigung des Berechtigten** rückwirkend wirksam (§ 185 II
1 Fall 1 mit § 184 I), ohne Rückwirkung bei Konvaleszenz (§ 185 II 1 Fälle 2 und
3); vgl § 185 Rn 6–8. Liegt ein Fall des § 185 II 1 vor, so kann idR offenbleiben,
ob schon §§ 932 ff erworben worden ist.

II. Erwerb vom Nichtberechtigten gem § 932 I

1. I betrifft den Erwerb in der Form des § 929. Zu den allg Erwerbsvorausset- 14
zungen Rn 3–6, 8–11, 13.
2. Für die Besitzerlangung durch Übergabe stellt I 1 keine anderen Voraus- 15
setzungen als § 929 S 1 auf (zu diesen § 929 Rn 8–18). Beim Erwerb auf **Geheiß
des Veräußerers** (§ 929 Rn 13) erlangt der Erwerber auch dann Eigentum, wenn
der Veräußerer Nichteigentümer ist. Ein Geheiß idS liegt nur vor, wenn dem
Veräußerer von Rechts wegen die Befugnis zusteht, den Besitzer zur Übertragung
des Besitzes anzuweisen. Praktisch wichtig ist das in Fällen der scheinbaren Direktlieferung (vgl § 929 Rn 16): N mietet eine Sache von dem Eigentümer E, einigt
sich mit dem X über den Eigentumsübergang und weist den ahnungslosen E an,
die gemietete Sache nicht an ihn, N, sondern an X auszuhändigen. Hier verfügt N
als Nichtberechtigter (abw von § 929 Rn 16); die Einigung N – X ist unproblematisch; die Übergabe von N an X liegt in der Ausführung des Geheißes des N an E,
die Sache (statt an ihn, N) an X zu liefern, um den Anspruch des N aus § 535 I 1
zu erfüllen, so daß E an X „für N" liefert. Da E aufgrund einer wirklichen (nicht
nur von X angenommenen) Weisungsbefugnis liefert, liegt eine Übergabe iSv
§ 929 S 1 vor, die auch für § 932 I 1 genügt (s o; iE ebenso Baur § 52 Rn 13 [c]

§ 932

zu München NJW 57, 857; v. Olshausen Anm JZ 75, 30 f; SoeMühl 6; Martinek AcP 188, 622 ff). Wollte E hingegen „für sich" an X liefern (zB selbst veräußern, vermieten), weil ihm der X von N etwa als Kauf- oder Mietinteressent empfohlen worden ist, so liegt mangels Weisungsbefugnis des N kein Geheiß vor, mag es auch von X „gutgl" angenommen worden sein; daher fehlt es am notwendigen Vertrauenstatbestand für I 1. Diesen Mangel behebt I 1 nicht (Rn 8). So Baur § 52 Rn 13 [c] mN; aA Westermann § 47 I 1 a; Wieling I § 10 IV 6, je mN. – Nach BGH NJW 74, 1133 f soll es nicht auf eine Weisungs*befugnis* (s o) des N ankommen, sondern darauf, daß die Übergabe an X auf Veranlassung des N *tatsächlich* erfolge, was auch geschähe, wenn E auf Veranlassung des N „für sich" an X liefere. Hier wird auf jeden Rechtsschein verzichtet, das ist abzulehnen; dem BGH zust StWiegand § 932, 24–28; Westermann § 47 I 1 a; Wieling I § 10 IV 6.

16 3. **Böser Glaube, II.** Vgl zunächst Rn 5. a) **Gegenstand** ist das *Eigentum* des Veräußerers. Das bedeutet: **aa) Der Mangel des Rechts** muß dem Erwerber *bekannt oder grobfahrlässig unbekannt* sein. Die Kenntnis allein der Tatsachen, aus denen das Nichteigentum folgt, genügt nicht (BGH NJW 61, 777). **bb) Andere Mängel** als das Fehlen des Eigentums bleiben bestehen. **cc) Dem Veräußerer steht gleich** der mittel- oder unmittelbar besitzende Nichteigentümer, wenn er
17 der Veräußerung durch einen Dritten zugestimmt hat (BGH 56, 128 f). **b) Grobe Fahrlässigkeit.** Gefordert wird ein Handeln des Erwerbers, bei dem die im Verkehr erforderliche Sorgfalt nach den gesamten Umständen in ungewöhnlich großem Maße verletzt wurde, ganz naheliegende Überlegungen nicht angestellt oder beiseite geschoben wurden und bei dem dasjenige unbeachtet blieb, was im gegebenen Fall jedem hätte einleuchten müssen (BGH NJW-RR 00, 577). *Anknüpfungspunkt* sind außergewöhnliche Umstände des Veräußerungsgeschäfts, die dem Erwerber dringlich nahelegen, sich über die Eigentumsverhältnisse entspr den Gegebenheiten des Falles zu informieren. Diese **Informationspflicht** kann durch Umstände ausgelöst werden, die im Gegenstand der Vereinbarung, in deren Art und Weise oder/und in den beteiligten Personen liegen (BGH NJW 93, 1649); eine allg Informationspflicht besteht nicht (BGH 77, 277; NJW-RR 91, 344). Bsp: Bei Veräußerung eines **Gebrauchtwagens** durch einen Privaten oder Kfz-Händler ist zumindest der Fahrzeugbrief vorzulegen, um die Berechtigung des Veräußerers prüfen zu können (BGH NJW 96, 2227, stRspr). Steht der Veräußerer nicht im Brief, so hat der Erwerber weitere Informationen einzuholen (BGH NJW 94, 2023), zB Nachfrage beim letzten eingetragenen Halter; das kann auch bei Veräußerung durch Kfz-Händler der Fall sein, wenn die Art und Weise, wie das Geschäft zustande kommt, eine Informationspflicht begründen (BGH NJW 92, 310: Straßenverkauf; sa Stuttgart NJW-RR 90, 635: Tausch). In den genannten Fällen liegen die außergewöhnlichen Umstände im Gegenstand des Geschäfts (Gebrauchtwagen), in der Person des Veräußerers (Privater) oder/und in der Art und Weise des Geschäftsabschlusses (Nichtvorlage oder Inhalt des Briefs, Straßenverkauf); hierzu Schlechtriem NJW 70, 2088 ff; Frankfurt/M NJW-RR 99, 928 (Vorführwagen sei kein gebrauchter, sondern „Neuwagen"). **Weitere Bsp:** Veräußerung von **Neuwagen** durch Private oder unseriös erscheinende Kfz-Händler ohne Haltereintragung im Fahrzeugbrief (BGH NJW 96, 314); Veräußerung **neuwertiger Sachen,** die gewöhnlich unter EV erworben werden, durch einen Privaten ohne Nachprüfung des Eigentums (zB durch Vorlage quittierter Rechnung); Nachprüfung auch erforderlich bei Erwerb **wertvoller Sachen** (zB Teppich, Gemälde, Schmuck) von Privaten; Zwischenhändler vorbehaltsware ersichtlich außerhalb des ordnungsgemäßen Geschäftsbetriebs (dazu § 929 Rn 28), zB zum **Schleuderpreis** (Hamburg MDR 70, 506). Die Kasuistik ist umfangreich. Stets entscheiden die gesamten Umstände des Einzelfalls. Bösgläubigkeit scheidet aus, wenn die gebotenen Nachforschungen zwar unterblieben sind, aber einwandfrei feststeht (Beweislast beim Erwerber), daß sie nicht das Nichteigentum des Veräußerers ergeben hätten; denn die **Informationspflicht ist nicht Selbst-**

Titel 3. Erwerb und Verlust des Eigentums **§§ 932 a, 933**

zweck, sondern basiert auf der Möglichkeit, zum Schutz des Eigentümers die wahre Rechtslage ermitteln zu können (zust Baumgärtel II Rn 7). Die Gegenansicht (BGH NJW 94, 2024 mN) verkennt (deutlich BGH aaO; RG 143, 19; StWiegand 84), daß die Unkenntnis „infolge grober Fahrlässigkeit", also aufgrund einer (schuldhaften) Verletzung der Informationspflicht, bestehen muß, hier aber eine „Information" die Unkenntnis nicht beseitigt hätte. **c) Maßgebender Zeitpunkt** ist der des Eigentumserwerbs, I 1. Hierfür ist bei Erwerb nach § 929 S 1 die Übergabe, bei Erwerb nach § 929 S 2 die Einigung maßgebend. Diese Zeitpunkte gelten auch bei aufschiebend bedingter Übereignung (§ 929 Rn 38). – Hängt der Eigentumserwerb von einer privat- oder öffentl-rechtlichen *Genehmigung* ab, so kommt es bei Vorliegen der anderen Erwerbsvoraussetzungen auf den Zeitpunkt der Genehmigung an. – *Nachträgliche Bösgläubigkeit* schadet nicht. **d) Bei Eigentumserwerb durch Stellvertreter** (§ 929 Rn 21–23) gilt § 166 (BGH NJW 82, 39; ie Schilken [Lit zu § 166] S 235 ff). 18

19

4. Bei **Übereignung durch schlichte Einigung** (§ 929 S 2) erschwert I 2 den Erwerb: Der Erwerber muß den Besitz vom nichtberechtigten Veräußerer erlangt haben, nur dann besteht ein durch Besitz begründeter Rechtsschein (Rn 4). I 2 fordert also die Übergabe iSv § 929 Rn 8 durch den Veräußerer (vgl BGH 56, 130 f). Dazu ist nötig, daß der Veräußerer seinen Besitz vollständig zugunsten des Erwerbers aufgibt (§ 929 Rn 8). Zur Gleichstellung von Veräußerer und zust besitzendem Nichteigentümer Rn 16 (cc). 20

§ 932 a Gutgläubiger Erwerb nicht eingetragener Seeschiffe

Gehört ein nach § 929 a veräußertes Schiff nicht dem Veräußerer, so wird der Erwerber Eigentümer, wenn ihm das Schiff vom Veräußerer übergeben wird, es sei denn, dass er zu dieser Zeit nicht in gutem Glauben ist; ist ein Anteil an einem Schiff Gegenstand der Veräußerung, so tritt an die Stelle der Übergabe die Einräumung des Mitbesitzes an dem Schiff.

1. Für Erwerb eines Binnen- oder Seeschiffs vom Nichtberechtigten gelten §§ 932 ff; Sonderregelung in § 932 a bei Übereignung nicht eingetragener Seeschiffe gem § 929 a. Auch HGB 366 I ist anwendbar (BGH NJW 90, 3209). 1

§ 933 Gutgläubiger Erwerb bei Besitzkonstitut

Gehört eine nach § 930 veräußerte Sache nicht dem Veräußerer, so wird der Erwerber Eigentümer, wenn ihm die Sache von dem Veräußerer übergeben wird, es sei denn, dass er zu dieser Zeit nicht in gutem Glauben ist.

1. Allgemeines. Dazu vgl § 932 Rn 1–13. 1

2. Übergabeersatz gem § 930 genügt nicht zum Erwerb vom Nichtberechtigten. Notwendig ist eine Übergabe iSv § 929 S 1 durch den Veräußerer (BGH NJW 96, 2655 mN): Dieser muß jeden Besitz verlieren, und der Erwerber muß aufgrund des Veräußerungsgeschäfts unmittelbaren oder mittelbaren Besitz erlangen, sofern dessen Erlangung als Übergabe iSv § 929 S 1 anzusehen ist (ie § 929 Rn 8–18). Erforderlich ist, daß zZ der Übergabe die Einigung fortbesteht (§ 929 Rn 6 gilt entspr), BGH NJW 78, 697. 2

3. Bösgläubigkeit (§ 932 Rn 5, 16, 17, 19) zZ der Übergabe (Rn 2) schließt den Erwerb aus. 3

4. Ist die **Eigentumsübertragung mißglückt,** weil keine Übergabe (Rn 2) vorliegt, so ist dennoch die Vereinbarung des Besitzkonstituts gültig. Der Erwerber hat somit (kein Eigentum, aber) mittelbaren Besitz erlangt (BGH 50, 48 f mit zweifelhafter Begründung) und kann daher einem Dritten gem § 934 Fall 1 Eigentum übertragen (sofern das Besitzkonstitut dem Erwerber nicht nur Nebenbesitz verschafft hat, s § 929 Rn 50). 4

§§ 934, 935 Buch 3. Abschnitt 3

§ 934 Gutgläubiger Erwerb bei Abtretung des Herausgabeanspruchs

Gehört eine nach § 931 veräußerte Sache nicht dem Veräußerer, so wird der Erwerber, wenn der Veräußerer mittelbarer Besitzer der Sache ist, mit der Abtretung des Anspruchs, anderenfalls dann Eigentümer, wenn er den Besitz der Sache von dem Dritten erlangt, es sei denn, dass er zur Zeit der Abtretung oder des Besitzerwerbs nicht in gutem Glauben ist.

1   **1. Allgemeines.** Dazu vgl § 932 Rn 1–13.

2   **2. Zwei Fälle** sind zu unterscheiden. **a) Fall 1: Der Veräußerer ist mittelbarer Besitzer.** Mittelbarer Fremdbesitz genügt (BGH WM 77, 1091 f). **aa) Mit Abtretung** des Herausgabeanspruchs aus dem Besitzmittlungsverhältnis wird der Erwerber Eigentümer. Durch die Abtretung gibt der Veräußerer jeden Besitz zugunsten des Erwerbers auf (§ 870). Das rechtfertigt den Eigentumserwerb hier und seine Versagung in § 933, weil bei Vereinbarung eines Besitzkonstituts der Veräußerer den Besitz behält (BGH 50, 49 f; abl Picker AcP 188, 511 ff). Der Herausgabeanspruch muß wirklich bestehen (LM Nr 7 zu § 931), sonst ist der Veräußerer nicht mittelbarer Besitzer (§ 868 Rn 3, 9 [cc]). In diesem Fall ist Erwerb nach Fall 2 möglich (Rn 3 [aa]; BGH NJW 59, 1538). **bb) Bösgläubigkeit** (§ 932 Rn 5, 16, 17, 19) des Erwerbers zZ der Abtretung schließt den Erwerb aus. **cc) Umgehung von** § 933 ist in Fall 1 möglich: Übereignet der Nichteigentümer N gem § 930 an E, so erlangt dieser kein Eigentum (§ 933); hat N aber die Sache bei L eingelagert und veräußert gem § 931 durch Einigung und Abtretung des Herausgabeanspruchs, so erwirbt E Eigentum. Dazu krit Picker AcP 188, 515 ff, der aber übergeht, daß die Übergabe iSv § 929 S 1 nicht stets einen Ortswechsel der Sache erfordert (§ 929 Rn 10, 12). **b) Fall 2: Der Veräußerer ist nicht**

3   **Besitzer,** aber ein Dritter besitzt die Sache. **aa)** Ungenügend ist schlichte Einigung (§ 931 Rn 10). Hinzu kommen muß die Verschaffung des Besitzes durch den Dritten in Anerkennung der Veräußerung, zB durch Begründung eines Besitzmittlungsverhältnisses zwischen ihm und dem Erwerber (BGH NJW 78, 697). Erwerb nach Fall 2 ist auch möglich, wenn Erwerb nach Fall 1 fehlschlägt, weil der abgetretene Herausgabeanspruch nicht besteht (Rn 3 [aa]). Die Einigung muß zZ des Besitzerwerbs fortbestehen (§ 929 Rn 6 gilt entspr). **bb) Bösgläubigkeit** (s Rn 2 [bb]) des Erwerbers zZ der Besitzerlangung schließt den Erwerb aus.

§ 935 Kein gutgläubiger Erwerb von abhanden gekommenen Sachen

(1) ¹Der Erwerb des Eigentums auf Grund der §§ 932 bis 934 tritt nicht ein, wenn die Sache dem Eigentümer gestohlen worden, verlorengegangen oder sonst abhanden gekommen war. ²Das Gleiche gilt, falls der Eigentümer nur mittelbarer Besitzer war, dann, wenn die Sache dem Besitzer abhanden gekommen war.

(2) Diese Vorschriften finden keine Anwendung auf Geld oder Inhaberpapiere sowie auf Sachen, die im Wege öffentlicher Versteigerung veräußert werden.

1   **1. Allgemeines.** Vgl zunächst § 932 Rn 1–13. **a)** An abhanden gekommenen Sachen ist ein Erwerb vom Nichtberechtigten ausgeschlossen, I. Ausnahmen in II. **b)** Steht Abhandenkommen fest, so ist – außer bei den in II genannten Sachen – Bösgläubigkeit unerheblich. Steht Bösgläubigkeit fest, so ist (auch für die Sachen iSv II) Abhandenkommen bedeutungslos.

2   **2. Abhandenkommen. a)** Dieser Begriff ist **Oberbegriff** („sonst") gegen-
3   über Besitzverlust **aa)** durch Diebstahl (StGB 242); maßgebend ist der obj Tatbestand, nicht die Strafbarkeit; **bb)** durch Verlorengehen. **b) Voraussetzungen.**
4   Der Eigentümer oder sein Besitzmittler muß den unmittelbaren Besitz ohne (nicht nötig: gegen) seinen Willen verloren haben (RG 101, 225). **aa) Natürlicher Wille,** kein rechtsgeschäftlicher, entscheidet. Daher kommt es auf die Ge-

1172 *Jauernig*

Titel 3. Erwerb und Verlust des Eigentums an beweglichen Sachen **§ 935**

schäfts(un)fähigkeit nicht an (Baur § 52 Rn 42). Abw die hM (s StWiegand 9): Bei Weggabe durch Geschäftsunfähigen liege stets (München NJW 91, 2571), bei Weggabe durch beschränkt Geschäftsfähigen nie Abhandenkommen vor (widersprüchlich ErmMichalski 4); diese Unterscheidung ist höchstens als Faustregel zur Ermittlung des natürlichen Willens brauchbar (Baur § 52 Rn 42). – Irrtum, Betrug oder Drohung beseitigt nicht die willentliche Weggabe (aA für Drohung StBund § 856, 18; StWiegand 11 mN; nach BGH 4, 38 f nur bei unwiderstehlichem seelischen Zwang). Bei *Wegnahme aufgrund wirksamen Staatsakts* (Vollstreckungstitel, Verwaltungsakt) kein Abhandenkommen, weil der Staatsakt den fehlenden Herausgabewillen ersetzt (BGH 4, 33 f). **bb) Ist der Eigentümer nicht unmittelbarer** 5 **Besitzer** (iGgs zu I 1) und verliert der unmittelbare Besitzer den Besitz ohne seinen Willen, aber *mit Willen des Eigentümers,* so ist diesem die Sache nicht abhanden gekommen. Praktisch bedeutungslos, da dann idR der Berechtigte (dh der Eigentümer) veräußert. **cc) Ist der Eigentümer mittelbarer Besitzer,** so ist ihm 6 die Sache abhanden gekommen, wenn der unmittelbare Besitzer den Besitz unfreiwillig verliert, **I 2** (Ausnahme: Verlust mit Willen des Eigentümers). Daran fehlt es zB, wenn der unmittelbare Besitzer mit der Sache wie ein Eigentümer verfährt (er veräußert sie; er schreibt seinen Namen in das geliehene Buch). Daß der Eigentümer seinen mittelbaren Besitz unfreiwillig verliert, begründet kein Abhandenkommen. **dd) Hat der unmittelbare Besitzer, der nicht Besitzmittler des** 7 **Eigentümers** ist, den Besitz unfreiwillig eingebüßt, so ist str, ob I 2 entspr gilt (Bsp nach Baur § 52 Rn 38: E gibt sein Fahrrad dem R zur Reparatur, der es an den Hehler H veräußert; D stiehlt das Rad bei H und veräußert es an X. Eigentumserwerb des X?). Abhandenkommen ist abzulehnen, wenn (wie im Bsp) und weil vor dem unfreiwilligen Besitzverlust der frühere unmittelbare Besitzer der Besitzmittler des Eigentümers seinen Besitz freiwillig beendet hat. IE ebenso Düsseldorf JZ 51, 269 f mit zust Anm Raiser; StWiegand 6; hM. AA Baur § 52 Rn 38 mN. **ee) Verfährt ein Besitzdiener** ohne Willen des Besitzherrn mit der Sache wie ein 8 Eigentümer (Rn 6), so kommt sie abhanden; das gilt auch, wenn der Besitzdiener als solcher nicht erkennbar ist, denn der gute Glaube" an den Besitz wird nicht geschützt (hM; aA StWiegand 14 mN; zum ähnlichen Problem des Gewahrsams iSv ZPO 808 StJ/Münzberg § 808, 7). Kein Abhandenkommen, wenn der Besitzdiener mit Vertretungsmacht verfügt; Legitimation nach HGB 56 genügt. **ff) Weggabe** 9 **durch Organ einer jur Person** bedeutet kein Abhandenkommen, weil die jur Person durch das Organ besitzt und daher den Besitz freiwillig verliert (BGH 57, 169). **gg) Wegnahme einer Nachlaßsache** durch Nichterben s § 857 Rn 3 (d).

3. Wirkung des Abhandenkommens, **I. a) Ausschluß des Erwerbs** vom 10 Nichtberechtigten sowohl bei der ersten Veräußerung (zB durch den Dieb) wie bei Folgeveräußerungen (zB durch den Hehler und dessen Abnehmer), auch wenn der Erwerber nicht bösgläubig ist. Die Sache ist nicht mehr „abhanden gekommen", wenn der Eigentümer die Sache zurückerhält oder der Verfügung über sie zustimmt, bei nichtrechtsgeschäftlichem originärem Eigentumserwerb (zB §§ 937 ff, 946 ff, Enteignung, Zwangsversteigerung, s Rn 12 [c]), ferner gem Rn 12. **b) Ge-** 11 **nehmigung** (§ 185 II 1) verschafft dem Eigentümer gegen den Verfügenden einen Anspruch aus § 816 I 1 (§ 932 Rn 13).

4. Ausnahmen, II. Erwerb vom Nichtberechtigten ist gem §§ 932–934 (also 12 nicht bei Bösgläubigkeit, RG 103, 288) möglich an **a) in- und ausländischem Geld** (nicht an Münzen als Schmuckstück, Pikart WM 80, 511, 514); **b) Inhaberpapieren** (§§ 793 ff; Inhaberaktien, AktG 10 I; Inhabermarken und -karten, § 807); Vermutung der Bösgläubigkeit in HGB 367. – II gilt nicht für Orderpapiere, auch nicht bei Blankoindossierung; Erwerb möglich gem HGB 365, ScheckG 21, WG 16 II; **c) an öffentl versteigerten Sachen.** Begriff der öffentl Versteigerung: § 383 III (dazu BGH NJW 90, 900). Der Erwerb vollzieht sich auch hier gem §§ 932 ff. Daher gilt II nicht für die öffentl Versteigerung gem ZPO 814 ff (zum Eigentumserwerb Rn 2 [c] vor § 929; § 932 Rn 12).

Jauernig

§ 936 Erlöschen von Rechten Dritter

(1) ¹Ist eine veräußerte Sache mit dem Recht eines Dritten belastet, so erlischt das Recht mit dem Erwerb des Eigentums. ²In dem Falle des § 929 Satz 2 gilt dies jedoch nur dann, wenn der Erwerber den Besitz von dem Veräußerer erlangt hatte. ³Erfolgt die Veräußerung nach § 929a oder § 930 oder war die nach § 931 veräußerte Sache nicht im mittelbaren Besitz des Veräußerers, so erlischt das Recht des Dritten erst dann, wenn der Erwerber auf Grund der Veräußerung den Besitz der Sache erlangt.

(2) Das Recht des Dritten erlischt nicht, wenn der Erwerber zu der nach Absatz 1 maßgebenden Zeit in Ansehung des Rechts nicht in gutem Glauben ist.

(3) Steht im Falle des § 931 das Recht dem dritten Besitzer zu, so erlischt es auch dem gutgläubigen Erwerber gegenüber nicht.

1. **Anwendungsbereich.** Ist die veräußerte Sache mit dem Recht eines Dritten belastet, so erlischt das Recht mit dem Erwerb des Eigentums, I 1 (Ausnahmen: Rn 7). Solche **Rechte Dritter** sind: Nießbrauch, ges und vertragliches Pfandrecht, Pfändungspfandrecht, das Anwartschaftsrecht des VKäufers (§ 929 Rn 43) und das des Sicherungsgebers bei der auflösend bedingten Sicherungsübereignung (§ 930 Rn 43).

2. **Voraussetzungen.** a) Erwerb des Eigentums, I 1, sei es vom Eigentümer, sei es gem §§ 932 ff vom Nichteigentümer (§ 935 I verhindert den Erwerb!). b) **Besitzerlangung** aufgrund der Veräußerung, I 2, 3 (vgl §§ 932 I 2, 933, 934 Fall 2), auch beim Erwerb vom Eigentümer. Lastenfreier Erwerb durch Besitzkonstitut (§ 930) ist damit ausgeschlossen. c) **Keine Bösgläubigkeit,** dh Kenntnis oder grobfahrlässige Unkenntnis des Erwerbers hinsichtlich des belastenden Rechts, II (§ 932 Rn 16, 17, 19 gilt entspr). Die hM bejaht grobfahrlässige Unkenntnis bei Erwerb gebrauchter Sachen in einem Mietraum, wenn Erwerber sich in Kenntnis des Mietverhältnisses nicht nach Vermieterpfandrecht erkundigt (vgl BGH NJW 72, 44; mR abl Baur § 52 Rn 52 [3]). – Zum *Zeitpunkt:* **II.** Nachträgliche Bösgläubigkeit schadet nicht. d) **Bei rechtmäßiger Pfandveräußerung** tritt lastenfreier Erwerb trotz Kenntnis ein, § 1242 II (bei fehlender Verfügungsbefugnis: § 1244). e) **Verfügungsbefugnis;** ihr Fehlen wird durch HGB 366 II überwunden.

3. **Die Rechte erlöschen nicht, wenn a)** Erwerber nicht Eigentümer wird, I 1; **b)** der Erwerber zwar Eigentum, aber nicht eine Besitzerstellung entspr I 2, 3 erhält; **c)** der Erwerber bösgläubig iSv II ist; **d)** die Sache dem Dritten abhanden gekommen ist (§ 935 I entspr; Ausnahmen: § 935 II entspr); Bsp: Hat E seine Sache dem Pfandgläubiger A weggenommen und an B veräußert, so erwirbt B Eigentum (Erwerb vom Berechtigten), aber belastet mit dem Pfandrecht des A; zur Verpfändung an B vgl § 1208 Rn 2; **e)** die Sache nach § 931 oder §§ 931, 934 veräußert ist und sie der Dritte mittel- oder unmittelbar besitzt, **III**; zur praktischen Bedeutung für VKäufer und Sicherungsgeber mit Anwartschaftsrecht s § 929 Rn 43; § 930 Rn 43.

4. Unterliegt die Sache der **hypothekarischen Haftung,** so gelten Sondervorschriften (§§ 1120–1122).

Untertitel 2. Ersitzung

Vorbemerkungen

1. **Allgemeines.** Die §§ 937 ff gelten **nur** für **bewegliche Sachen.** Eigentumserwerb durch Ersitzung kommt in Betracht, wenn ein Eigenbesitzer (§ 872) zu Unrecht und ohne bösen Glauben meint, Eigentum erlangt zu haben (zB bei Erwerb abhanden gekommener oder „Aneignung" scheinbar derelinquierter Sache, bei Erwerb von Geisteskrankem).

Titel 3. Erwerb und Verlust des Eigentums an beweglichen Sachen **§§ 937–940**

2. Voraussetzungen. 10 Jahre unmittelbarer oder mittelbarer Eigenbesitz, 2
§ 937 I mit § 872. *Keine Ersitzung* tritt ein, wenn Ersitzender unredlich im Hinblick auf sein vermeintliches (lastenfreies, vgl Rn 3) Eigentum ist; bei Besitzerwerb schadet grobfahrlässige Unkenntnis, später nur positive Kenntnis, § 937 II. Berechnung der Frist: §§ 187 ff, Hemmung oder Unterbrechung: §§ 939–942; die Ersitzungsfrist ist keine Verjährungsfrist. Erleichterter Nachweis des Eigenbesitzes durch die Vermutung des § 938. Anrechnung der Ersitzungszeit des Rechtsvorgängers oder Erbschaftsbesitzers ist möglich, §§ 943 f. Zur Ersitzung durch den Erben: Knütel, FS Lange, 1992, S 903 ff; Krämer NJW 97, 2580 f (dagegen Finkenauer NJW 98, 960 ff).

3. Wirkungen. a) Originärer Erwerb des Eigentums (§ 937 I), uU lastenfrei 3
(§ 945). Lastenfreiheit allein kann ersessen werden, wenn das Eigentum anderweit, zB durch Übereignung, erworben worden ist. **b) Nach fehlgeschlagenem Lei-** 4
stungsgeschäft kann die eingetretene Ersitzung aufgrund eines Bereicherungsanspruchs (Leistungskondiktion), gerichtet auf Rückübereignung, beseitigt werden (RG 130, 72 f, hM), doch kann sich der Ersitzungseigentümer ab 1. 1. 2002 wegen der gekürzten Verjährungsfrist des Bereicherungsanspruchs (3, maximal 10 Jahre, §§ 195, 199 IV; Überleitungsvorschrift in EGBGB 229 § 6) idR schon zZ der Ersitzung auf Verjährung berufen, § 214 I (nur das folgt aus der Neuregelung, aA Schwab/Prütting Rn 450 a). Ein Bereicherungsanspruch des ehemaligen Eigentümers bloß wegen seines Eigentumsverlustes (Eingriffskondiktion) ist ausgeschlossen (Ausnahme § 816 I 2); aA ErmHef § 937, 6.

§ 937 Voraussetzungen, Ausschluss bei Kenntnis

(1) **Wer eine bewegliche Sache zehn Jahre im Eigenbesitz hat, erwirbt das Eigentum (Ersitzung).**

(2) **Die Ersitzung ist ausgeschlossen, wenn der Erwerber bei dem Erwerb des Eigenbesitzes nicht in gutem Glauben ist oder wenn er später erfährt, dass ihm das Eigentum nicht zusteht.**

§ 938 Vermutung des Eigenbesitzes

Hat jemand eine Sache am Anfang und am Ende eines Zeitraums im Eigenbesitz gehabt, so wird vermutet, dass sein Eigenbesitz auch in der Zwischenzeit bestanden habe.

§ 939 Hemmung der Ersitzung

(1) ¹**Die Ersitzung ist gehemmt, wenn der Herausgabeanspruch gegen den Eigenbesitzer oder im Falle eines mittelbaren Eigenbesitzes gegen den Besitzer, der sein Recht zum Besitz von dem Eigenbesitzer ableitet, in einer nach den §§ 203 und 204 zur Hemmung der Verjährung geeigneten Weise geltend gemacht wird.** ²**Die Hemmung tritt jedoch nur zugunsten desjenigen ein, welcher sie herbeiführt.**

(2) **Die Ersitzung ist ferner gehemmt, solange die Verjährung des Herausgabeanspruchs nach den §§ 205 bis 207 oder ihr Ablauf nach den §§ 210 und 211 gehemmt ist.**

§ 940 Unterbrechung durch Besitzverlust

(1) **Die Ersitzung wird durch den Verlust des Eigenbesitzes unterbrochen.**

(2) **Die Unterbrechung gilt als nicht erfolgt, wenn der Eigenbesitzer den Eigenbesitz ohne seinen Willen verloren und ihn binnen Jahresfrist oder mittels einer innerhalb dieser Frist erhobenen Klage wiedererlangt hat.**

§§ 941–946

§ 941 Unterbrechung durch Vollstreckungshandlung

¹Die Ersitzung wird durch Vornahme oder Beantragung einer gerichtlichen oder behördlichen Vollstreckungshandlung unterbrochen. ²§ 212 Abs. 2 und 3 gilt entsprechend.

§ 942 Wirkung der Unterbrechung

Wird die Ersitzung unterbrochen, so kommt die bis zur Unterbrechung verstrichene Zeit nicht in Betracht; eine neue Ersitzung kann erst nach der Beendigung der Unterbrechung beginnen.

§ 943 Ersitzung bei Rechtsnachfolge

Gelangt die Sache durch Rechtsnachfolge in den Eigenbesitz eines Dritten, so kommt die während des Besitzes des Rechtsvorgängers verstrichene Ersitzungszeit dem Dritten zugute.

§ 944 Erbschaftsbesitzer

Die Ersitzungszeit, die zugunsten eines Erbschaftsbesitzers verstrichen ist, kommt dem Erben zustatten.

§ 945 Erlöschen von Rechten Dritter

¹Mit dem Erwerb des Eigentums durch Ersitzung erlöschen die an der Sache vor dem Erwerb des Eigenbesitzes begründeten Rechte Dritter, es sei denn, dass der Eigenbesitzer bei dem Erwerb des Eigenbesitzes in Ansehung dieser Rechte nicht in gutem Glauben ist oder ihr Bestehen später erfährt. ²Die Ersitzungsfrist muss auch in Ansehung des Rechts des Dritten verstrichen sein; die Vorschriften der §§ 939 bis 944 finden entsprechende Anwendung.

Untertitel 3. Verbindung, Vermischung, Verarbeitung

§ 946 Verbindung mit einem Grundstück

Wird eine bewegliche Sache mit einem Grundstück dergestalt verbunden, dass sie wesentlicher Bestandteil des Grundstücks wird, so erstreckt sich das Eigentum an dem Grundstück auf diese Sache.

1   1. **Voraussetzungen. a) Eine bewegliche Sache** kann durch Verbindung mit einem Grundstück zu dessen wesentlichem Bestandteil werden. Ob die Sache wesentlicher Bestandteil wird, bestimmen die §§ 93–95 (vgl Anm dort); abw Regelung in ErbbauVO 12, WEG 5 und für entschuldigten Überbau (§ 912 Rn 9
2   [bb]). **b) Verbindung durch Menschenhand** ist *Realakt* (Rn 24 vor § 104); daher Geschäftsfähigkeit, Berechtigung und Fehlen der Bösgläubigkeit des Verbindenden gleichgültig, Stellvertretung und § 935 sind ausgeschlossen. Verbindung und Vermischung (§ 948), aber nicht Verarbeitung (§ 950), sind auch durch **Naturereignis** möglich.

3   2. **Wirkung. a) Das Grundstückseigentum** erstreckt sich auf die bisher selbständige bewegliche Sache (§ 946). Das bisher an ihr bestehende Eigentum und die Rechte Dritter erlöschen endgültig (§ 949 S 1), weil wesentliche Bestandteile
4   sonderrechtsunfähig sind (§ 93 Rn 1); spätere Trennung ändert nichts. **b) § 946 ist nicht abdingbar,** auch nicht durch ausdr Vorbehalt des Eigentums (RG 130, 311 f). Deshalb wird § 946 praktisch bei Einbau von unter EV geliefertem Baumaterial (Serick IV 135 ff; Thamm BB 90, 866 ff).

5   3. Zum Ausgleich eingetretenen Rechtsverlustes vgl § 951 mit Anm.

Titel 3. Erwerb und Verlust des Eigentums an beweglichen Sachen §§ 947, 948

§ 947 Verbindung mit beweglichen Sachen

(1) **Werden bewegliche Sachen miteinander dergestalt verbunden, dass sie wesentliche Bestandteile einer einheitlichen Sache werden, so werden die bisherigen Eigentümer Miteigentümer dieser Sache; die Anteile bestimmen sich nach dem Verhältnis des Wertes, den die Sachen zur Zeit der Verbindung haben.**

(2) **Ist eine der Sachen als die Hauptsache anzusehen, so erwirbt ihr Eigentümer das Alleineigentum.**

1. Voraussetzungen. *Bewegliche* Sachen werden so verbunden, daß *entweder* **a)** die bisher selbständigen Sachen zu wesentlichen Bestandteilen einer einheitlichen Sache werden (**I**) *oder* **b)** eine der Sachen als Hauptsache anzusehen ist und die anderen als deren wesentliche Bestandteile (**II**). Was „Hauptsache" ist, bestimmt die Verkehrsanschauung, wobei es darauf ankommt, ob die übrigen Bestandteile fehlen könnten, insbes also dadurch das Wesen der Sache beeinträchtigt würde (BGH 20, 162 f). Danach ist eine Sache selten Hauptsache. Bsp für Hauptsache: städtische Werbetafel gegenüber aufgeklebtem Plakat (Oldenburg NJW 82, 1166). **c)** Zur Rechtsnatur der Verbindung § 946 Rn 2. 1

2. Die **Wirkung** folgt aus § 93. **a) Bei Verbindung nach I** werden die Eigentümer der bisher selbständigen Sachen zu Miteigentümern der einheitlichen Sache (§§ 741 ff, 1008 ff). Zur Größe des Anteils: I HS 2; bzgl Rechte Dritter s § 949 S 2. Die einheitliche Sache ist eine „neue" entspr § 950 (LM Nr 4 aE; s aber Rn 5). **b) Bei Verbindung nach II** erstrecken sich das Eigentum und die Rechte Dritter (§ 949 S 3) an der Hauptsache auf die bisher selbständigen, jetzt zu wesentlichen Bestandteilen gewordenen Sachen. Das bisher an diesen bestehende Eigentum und die Rechte Dritter (§ 949 S 1) erlöschen. Die Rechtsänderung bleibt bei späterer Trennung bestehen. **c) § 947 ist nicht abdingbar.** Erst die eingetretene Eigentumsänderung kann rechtsgeschäftlich (§§ 929 ff), auch antizipiert, geändert werden (Serick IV 131 f; auch LM Nr 4 aE, dazu Serick BB 72, 277 ff). 2 3 4

3. Verhältnis zu § 950. Trifft I mit § 950 zusammen (Verbindung durch Verarbeitung), so geht § 950 vor. Trifft II zu, so scheidet § 950 aus (keine „neue" Sache), Serick IV 126 f; Rn 2. 5

4. Zum Ausgleich eingetretenen Rechtsverlustes vgl § 951 mit Anm. 6

§ 948 Vermischung

(1) **Werden bewegliche Sachen miteinander untrennbar vermischt oder vermengt, so finden die Vorschriften des § 947 entsprechende Anwendung.**

(2) **Der Untrennbarkeit steht es gleich, wenn die Trennung der vermischten oder vermengten Sachen mit unverhältnismäßigen Kosten verbunden sein würde.**

1. Voraussetzungen. Werden bewegliche Sachen untrennbar (**I**) vermischt (Gase, Flüssigkeiten) oder vermengt (feste Körper, zB Getreide, Kohlen, Schweine [RG 140, 159 f; § 90 a Rn 1]; vgl Reinicke/Tiedtke WM 79, 186 f) oder wäre eine Trennung unverhältnismäßig teuer (**II**), so ist § 947, auch Abs 2 (hM), entspr anzuwenden. Zur Rechtsnatur der Vermischung (Vermengung) § 946 Anm 2. 1

2. Wirkung. S § 947 Rn 2–6 (auch § 947 II entspr anwendbar, StWiegand 8); gilt auch für die Vermengung von Geld (ie Medicus JuS 83, 899 f, 901). Auseinandersetzung idR gem § 752 (Zustimmung aller nötig), doch hat jeder besitzende Miteigentümer einseitiges Teilungsrecht (vgl HGB 469). 2

3. Ges Sonderfälle sind insbes Sammellagerung (HGB 469) und Sammelverwahrung von Wertpapieren (DepotG 5–8). 3

§§ 949, 950

§ 949 Erlöschen von Rechten Dritter

¹Erlischt nach den §§ 946 bis 948 das Eigentum an einer Sache, so erlöschen auch die sonstigen an der Sache bestehenden Rechte. ²Erwirbt der Eigentümer der belasteten Sache Miteigentum, so bestehen die Rechte an dem Anteil fort, der an die Stelle der Sache tritt. ³Wird der Eigentümer der belasteten Sache Alleineigentümer, so erstrecken sich die Rechte auf die hinzutretende Sache.

1   1. Vgl § 946 Rn 3; § 947 Rn 2, 3; § 948 Rn 2.
2   2. S 2 gilt entspr für Anwartschaftsrecht (Serick I 448).
3   3. Zum Ausgleich eingetretenen Rechtsverlustes vgl § 951 mit Anm.

§ 950 Verarbeitung

(1) ¹Wer durch Verarbeitung oder Umbildung eines oder mehrerer Stoffe eine neue bewegliche Sache herstellt, erwirbt das Eigentum an der neuen Sache, sofern nicht der Wert der Verarbeitung oder der Umbildung erheblich geringer ist als der Wert des Stoffes. ²Als Verarbeitung gilt auch das Schreiben, Zeichnen, Malen, Drucken, Gravieren oder eine ähnliche Bearbeitung der Oberfläche.

(2) Mit dem Erwerb des Eigentums an der neuen Sache erlöschen die an dem Stoffe bestehenden Rechte.

1   1. **Allgemeines. a) Problem.** Verarbeitet jemand fremden Stoff und stellt dadurch eine neue bewegliche Sache her, so ist fraglich, ob sie dem Hersteller oder dem Eigentümer des verarbeiteten Stoffs gehört. Die Frage stellt sich in einer arbeitsteiligen Wirtschaft auf verschiedenen Produktionsstufen (Erz – Eisen – Zahnrad – Antriebsaggregat – Schiff). § 950 entscheidet den *Interessenkonflikt* zugunsten des Herstellers. Dem liegt keine sozialpolitische („Arbeit vor Kapital"), sondern allein eine wirtschaftspolitische Erwägung zugrunde (BGH 56, 90). Das Ges bevorzugt aber nicht nur den Hersteller, sondern auch dessen Gläubiger vor dem Stofflieferanten, sofern sie (zumeist Banken) sich das Eigentum an der verarbeiteten Sache verschafft haben (BGH 56, 90). Die Bevorzugung wird deutlich, wenn der Hersteller in wirtschaftliche Schwierigkeiten gerät. **b) Zum Verhältnis zu §§ 947 f** vgl § 947 Rn 5.

2   2. **Voraussetzungen. a) Verarbeitung** oder Umbildung durch *menschliche Arbeit.* Ohne Arbeitsleistung keine Verarbeitung, zB bei Umbildung durch Naturgewalt (s § 946 Rn 2). Verarbeitung ist auch die Bearbeitung der Oberfläche (I 2).

3   **b) Herstellung einer neuen beweglichen Sache.** Ob sie „neu" ist, bestimmt die Verkehrsauffassung nach wirtschaftlichen Gesichtspunkten. Für Neuheit spricht, daß die hergestellte Sache einen neuen Namen trägt (Mehl – Kuchen, Kleiderstoff – Anzug). Entscheidend ist, daß die Verarbeitung das Wesen des Stoffs, seine Individualität, verändert hat; daran fehlt es beim Aufwachsen eines Lebewesens, zB eines Tieres (BGH NJW 78, 697 f: vom Kalb zur Kuh). Bei mehrstufiger Produktion sind auch die Zwischenprodukte (Halbfabrikate) „neue" Sachen (Stuttgart NJW 01, 2890 für in Entwicklungsstufen hergestelltes Kunstwerk). Ob ein Produktionsvorgang mehrstufig oder einheitlich ist, entscheidet die Verkehrsanschauung (LM Nr 4 zu § 97: einheitlich bei Schnitzelung von Weißkohl – Gärung zu Sauerkraut – Abfüllen als Konserven). Auch bei I 2 muß neue Sache entstehen (ja bei Belichten eines Films, nein bei Anbringen einer Reklameschrift auf Straßenbahnwagen). Keine neue Sache entsteht, weil keine Wesensänderung eintritt, bei Instandsetzung (RG 138, 50: Restaurierung alter Bilder) oder Pflege, wohl aber durch Entfernen der Übermalung eines Rembrandt-Bildes (I 2).

4   **c) Rechtsnatur** der Verarbeitung: § 946 Rn 2 entspr.

5   3. **Wirkung** (vgl Serick IV 138 ff). **a) Hersteller erwirbt** allein durch die Herstellung **Eigentum** an der neuen Sache (I 1). Die **Rechte Dritter** am ver-

Titel 3. Erwerb und Verlust des Eigentums an beweglichen Sachen **§ 951**

arbeiteten Stoff **erlöschen** (II), auch bei Verarbeitung eigener Sachen (hM).
b) Abdingbarkeit des § 950 wird von Flume (NJW 50, 843 ff; zust Baur § 53 6
Rn 15, 21, 22) bejaht. Die Abbedingung von § 950 macht jedoch ges Bestimmung
des Eigentümers der neuen Sache unmöglich und muß neue, höchst fragwürdige
Regeln für die Eigentümerbestimmung aufstellen (zB: Die neue Sache soll idR der
Stoffeigentümer erwerben, also dingliche Surrogation ohne ges Grundlage; bei
verlängertem EV mit Verarbeitungsklausel soll § 947 I gelten, so daß vertraglich
§ 950 durch § 947 „ersetzt" würde). **c) Die Rspr** läßt eine vertragliche Bestim- 7
mung des Herstellers zu (BGH 46, 118 f mN). Daher kann der am Produktionsvorgang völlig unbeteiligte Stofflieferant „Hersteller" sein, dh unmittelbar durch
die Verarbeitung Eigentümer der neuen Sache werden. Das ist wichtig, wenn der
Stoff unter EV mit Verarbeitungsklausel geliefert worden ist, wonach der Lieferant,
nicht der Verarbeiter, gem § 950 Hersteller und Eigentümer der neuen Sache sein
soll (für Zulässigkeit auch einer eingeschränkten Verarbeitungsklausel, wonach der
Stofflieferant nur Miteigentum in bestimmtem Umfang erhält, BGH 79, 23 f; ie
Serick IV 192 ff). **d) Stellungnahme.** § 950 knüpft den Eigentumserwerb an 8
einen obj Tatbestand (Herstellung einer neuen Sache). Das verlangt – entgegen der
Ansicht Flumes (Rn 6) und der Rspr (Rn 7) – eine **obj Bestimmung des
Herstellers.** Hierfür ist im wesentlichen entscheidend, wer unmittelbar das wirt-
schaftliche Risiko trägt, das mit der Herstellung der neuen Sache verbunden ist,
namentlich das Absatzrisiko; ferner ist zu beachten, ob der Verarbeiter idR als
Fremd- oder Eigenproduzent auftritt (ErmHef 7; sa StWiegand 34). Danach ist
Hersteller der Unternehmer (Betriebsinhaber), nicht der angestellte Ver- oder
Bearbeiter (BGH 103, 108). Wird Stoff, der unter EV geliefert ist, vom VKäufer
verarbeitet, so ist idR dieser, nicht der Stofflieferant, Hersteller; er erwirbt Eigentum (ErmHef 7). Folge: Der Stofflieferant kann nur rechtsgeschäftlich vom Hersteller Eigentum erwerben (Durchgangserwerb!), zB durch antizipierte Übereignung, § 930 (so bei antizipierter SÜ durch verarbeitenden VKäufer an VVerkäufer,
s Jauernig, ZwV, § 45 II 3 [gegen Serick IV 159 ff, auch V 411 ff, VI 422 ff]; sa
StWiegand 46, unklar 53). Bei Verarbeitung aufgrund eines Werkvertrags ist der
Besteller, nicht der Werkunternehmer, Hersteller anzusehen (BGH 14, 117),
weshalb der Schneider den aus Kundenstoff hergestellten Anzug nicht zu übereignen hat, er gehört ohnehin dem Kunden (sa § 651 II); anders beim Werklieferungsvertrag (§ 651 I 1).

4. Kein Eigentumserwerb tritt ein und Rechte Dritter (II) bleiben bestehen, 9
wenn der Verarbeitungswert erheblich geringer als der Stoffwert ist, **I 1 aE** (liegt
jedenfalls vor bei Verhältnis Stoffwert: Verarbeitungswert wie 100 : 60 [BGH NJW
95, 2633]). Das gilt auch für I 2. Verarbeitung ist auch die Weiterverarbeitung, so
daß der Stoffwert sich uU nach dem Wert des weiterverarbeiteten Halbfabrikats
bestimmt. Verarbeitungswert ist der Wert der neuen Sache minus Stoffwert; zur
Berechnung BGH 56, 90 f. Werden Stoffe verschiedener Eigentümer verarbeitet,
so gelten wegen Unanwendbarkeit von § 950 die §§ 947–949.

5. Zum Ausgleich eingetretenen Rechtsverlustes vgl § 951 mit Anm. 10

§ 951 Entschädigung für Rechtsverlust

(1) ¹Wer infolge der Vorschriften der §§ 946 bis 950 einen Rechtsverlust
erleidet, kann von demjenigen, zu dessen Gunsten die Rechtsänderung
eintritt, Vergütung in Geld nach den Vorschriften über die Herausgabe
einer ungerechtfertigten Bereicherung fordern. ²Die Wiederherstellung
des früheren Zustands kann nicht verlangt werden.

(2) ¹Die Vorschriften über die Verpflichtung zum Schadensersatz wegen
unerlaubter Handlungen sowie die Vorschriften über den Ersatz von Verwendungen und über das Recht zur Wegnahme einer Einrichtung bleiben
unberührt. ²In den Fällen der §§ 946, 947 ist die Wegnahme nach den für

Jauernig 1179

§ 951

das **Wegnahmerecht des Besitzers gegenüber dem Eigentümer** geltenden Vorschriften auch dann zulässig, wenn die Verbindung nicht von dem Besitzer der Hauptsache bewirkt worden ist.

1   **1. Allgemeines. a) Grundlage.** Die dinglichen Rechtsänderungen infolge Verbindung usw sind die sachenrechtliche Anerkennung von – im wesentlichen – faktischen Veränderungen. Sie sollen zwar erhalten bleiben, I 2 (Schutz des Gewinners, LM Nr 28), doch tragen sie nicht den Rechtsgrund in sich (arg I 1; BGH 55, 178). Die Verweisung in I 1 auf §§ 812 ff ist daher *Rechtsgrundverweisung* (BGH 41, 159; 55, 177), nicht nur Rechtsfolgenverweisung, dh die Bereicherung „in sonstiger Weise" (§ 812 I 1 Alt 2, sog *Eingriffskondiktion*) muß insbes rechtsgrundlos sein. I 1 bildet daher keine selbständige Anspruchsgrundlage, sondern nur einen Unterfall des allg Bereicherungsrechts (BGH 41, 163). Ein Bereicherungsanspruch gem § 951 ist ausgeschlossen, soweit der Rechtsverlust unmittelbar oder mittelbar auf einer Leistung des Verlierers (Rn 3) beruht, mag das Leistungsgeschäft auch
2   unwirksam sein (Rn 6–12). **b) § 951 ist abdingbar.** Die Betroffenen können die Entschädigungspflicht abw regeln oder ganz ausschließen (LM Nr 28).

3   **2. Anspruchsberechtigt** ist der **Verlierer**, das ist derjenige, der sein Eigentum oder sonstiges dingliches Recht völlig verloren hat. Kein Rechtsverlust bei Erwerb von Miteigentum (§§ 947 I, 948) und im Fall des § 949 S 2, 3.

4   **3. Anspruchsverpflichtet** ist der **Gewinner**, das ist derjenige, der (unbelastetes) Alleineigentum erworben hat (§§ 946, 947 II, 948, 949 S 1, 950).

5   **4. Ohne rechtlichen Grund** muß der Verlust des dinglichen Rechts, insbes des Eigentums, eingetreten sein. Die Rechtsgrundlosigkeit ist verschieden danach, ob die Bereicherung durch *Leistung* oder *in sonstiger Weise* (durch „Eingriff") eingetreten ist. Im ersten Fall kommt eine Leistungskondiktion in Betracht; nur im
6   zweiten ist § 951 anwendbar (Rn 1; ie str). **a) Leistung mit Rechtsgrund** liegt
7   vor, wenn der Verlierer (Rn 3) zur Herbeiführung seines Rechtsverlustes *vertraglich verpflichtet* war, sei es **aa)** direkt dem Gewinner (Rn 4) gegenüber (der Bauunter-
8   nehmer U verbaut ihm gehörendes Material auf dem Grundstück des E, weil er hierzu dem E als Bauherrn verpflichtet ist), sei es **bb)** aufgrund einer Vertragskette, die zum Gewinner führt (L liefert dem U unter EV Material, das U vor Bezahlung auf dem Grundstück des Bauherrn E verbaut [BGH 56, 240 mN; hM], gleichgültig, ob U dem L gegenüber vor Bezahlung zum Verbauen befugt war oder nicht [BGH 56, 241; NJW-RR 91, 345; aA StGursky 14 mN]; oder: der Subunternehmer des U, X, verbaut entspr dem mit U geschlossenen Vertrag eigenes Material auf dem Grundstück des Bauherrn E [BGH 27, 326; LM Nr 14 zu § 812 mwN]). Hier führt die Vertragskette vom Verlierer L oder X über U zum Gewin-
9   ner E. **b) Leistung ohne Rechtsgrund** liegt vor, wenn der Vertrag oder ein Glied in der Vertragskette zwischen Verlierer und Gewinner unwirksam ist. Das löst zwischen den Vertragspartnern eine Leistungskondiktion (§ 812 I 1 Alt 1) aus, die eine Eingriffskondiktion (I 1, § 812 I 1 Alt 2) des Verlierers gegen den Gewinner ausschließt (vgl allg BGH 61, 291 f). Das ist vor allem bei *Vertragsketten* (Lieferant L
10 – Bauunternehmer U – Grundstückseigentümer E) bedeutsam. **aa)** Ist der Vertrag L–U unwirksam, so hat L nur eine Ansprüch aus § 812 I 1 Alt 1 gegen U, aber
11 nicht aus I 1, § 812 I 1 Alt 2 gegen E (BGH 36, 32; 67, 241 f; hM). **bb)** Ist der Vertrag U–E unwirksam, so hat U gegen E nur einen Anspruch aus § 812 I 1 Alt 1, sog Leistungskondiktion (StGursky 7; auch LM Nr 14 zu § 812). Die hM gibt dem U gegen E jedoch einen Anspruch über I 1 (vgl BGH NJW 54, 794); dieser Weg führt aber nur zur Eingriffskondiktion (§ 812 I 1 Alt 2), die nicht mehr
12 gegeben ist. **cc) Doppelmangel.** Sind die Verträge L–U *und* U–E unwirksam, so ist ein Durchgriff des L gegen E im Wege der Eingriffskondiktion ausgeschlossen (aA WolffR § 74 I 3 b). Zwischen den jeweiligen Vertragspartnern kommt es zur Leistungskondiktion (StGursky 8; Baur § 53 Rn 31 mwN; sa BGH 48, 71 f; 61, 291 f). **dd)** Daß Leistungs- und nicht Eingriffskondiktion Platz greift, ist ua wichtig

Titel 3. Erwerb und Verlust des Eigentums an beweglichen Sachen **§ 951**

für §§ 814 f. Sie sind bei Eingriffskondiktion unanwendbar. **c) Ungerechtfertig-** 13
ter Eingriff liegt vor, wenn eine – wirksame oder unwirksame – Leistungsbeziehung zwischen Verlierer und Gewinner fehlt. **Bsp: aa)** Der Dieb verarbeitet das gestohlene Rind zu Fleischkonserven; § 951 gegeben. **bb)** Der Dieb veräußert das 14 gestohlene Rind (unwirksam: § 935) an E, der es zu Fleischkonserven verarbeitet. Der Bestohlene hat einen Anspruch aus Eingriffskondiktion (I 1 mit § 812 I 1 Alt 2) gegen E; die Leistungsbeziehung zum Dieb nützt dem E nichts, weil sie nicht zum Bestohlenen, dh zum Verlierer, reicht (BGH 55, 177 f). Der Bestohlene kann, statt nach § 951 vorzugehen, die Veräußerung an E genehmigen, obwohl er sein Eigentum bereits gem § 950 verloren hat, und vom Dieb nach § 816 I 1 kondizieren (BGH 56, 133 ff). **cc)** Hat der Bauunternehmer U gestohlenes oder sonst 15 abhanden gekommenes Material auf dem Grundstück des E verbaut, so gilt Rn 14 entspr. Für § 816 I 1 ist es in diesem Fall unerheblich, daß der Einbau keine rechtsgeschäftliche Verfügung ist (StGursky 17 mN). **dd)** Hat der Bauunternehmer 16 U nicht wie in Rn 15 gestohlenes, sondern gemietetes Material verbaut, so wäre eine Bereicherungshaftung des E gegenüber dem verlierenden Vermieter uU ungerecht: E hätte vor dem Einbau Eigentum gem § 932 erwerben und damit idR einer Bereicherungshaftung entgehen können (Ausnahme § 816 I 2, vgl BGH 40, 275). E haftet daher nach §§ 951, 812 ff nur bei Bösgläubigkeit (entspr § 932); ist E gutgl, so haftet U analog § 816 I 1 (StGursky 12, 13 mN. – BGH 56, 242 läßt offen). **d) Bei Beteiligung mehrerer** kann zweifelhaft sein, ob der Verlierer – uU 17 irrtümlich – auf eine eigene Schuld gegenüber dem Gewinner (Eigenleistung) oder auf die Schuld eines Dritten leisten wollte (Drittleistung). Zur Problematik BGH 67, 241; Ehmann NJW 69, 398 ff, je mwN.

5. Inhalt und Umfang des Anspruchs. a) Vergütung nur in Geld, I 1, 18
§ 818 II. **b) Der Anspruch entsteht** im Zeitpunkt des Rechtsverlustes. Bei Einbau in ein Gebäude ist das idR die Vollendung des Bauwerks (LM Nr 16); die Rspr läßt viele Ausnahmen zu (ie Klauser NJW 65, 517). **c) Herauszugeben** ist 19 die – grundsätzlich obj festzustellende – Steigerung des Verkehrswerts infolge der Verbindung usw. § 818 III, IV (nicht I), § 819 (LM Nr 13) sind anwendbar; kein Anspruch wegen aufgewendeter Arbeit (dafür uU §§ 812 I, 684: ErmHef 10). Kosten für Erwerb bei Drittem sind nicht absetzbar (BGH 55, 179; zum Fall: Rn 14. **d) Aufgedrängte Bereicherung** liegt vor, wenn der Rechtserwerb dem 20 Gewinner unerwünscht ist (vgl Haas AcP 176, 1 ff mN; allg: M. Wolf JZ 66, 467 ff mN). Hier kann der Bereicherungsanspruch des Verlierers abgewehrt oder verkürzt werden; das „Wie" ist str (StGursky 39 ff). **aa)** Ist derjenige, der auf fremdem Grund gebaut hat, zur Beseitigung des Bauwerks verpflichtet (§§ 1004 I, 823), so entfällt der Vergütungsanspruch wegen Rechtsmißbrauchs, wenn der Eigentümer Beseitigung verlangt (BGH NJW 65, 816 mN). **bb)** UU kann der Eigentümer dem Zahlungsverlangen einredeweise die Gestattung der Wegnahme entspr § 1001 S 2 entgegensetzen (BGH 23, 64 f für den Fall, daß das aufgedrängte Bauwerk erst nach erheblichem Kostenaufwand einen Ertragswert für den Eigentümer hat; zust LM Nr 28; dagegen StGursky 41 mN). **cc)** Die Bereicherung ist nicht (mehr) aufgedrängt, wenn der Gewinner die Verbindung usw genehmigt. Der Vergütungsanspruch besteht dann nach allg Grundsätzen.

6. Weitergehende Rechte sind in II 1 unvollständig aufgeführt. **a) §§ 823 ff,** 21
1004 (vgl Rn 20 [aa]). **b) Verwendungsersatz,** zB gem §§ 536 a II, 539 I, 22
581 II, 1049 I, 1216 S 1, 2125 I. **aa) Verwendungen sind** Vermögensaufwendungen, die der Sache zugute kommen sollen; dabei muß es sich um Maßnahmen handeln, die der Erhaltung, Wiederherstellung oder Verbesserung der Sache dienen (BGH 131, 222 f). Nach BGH 41, 160 (stRspr) dürfen Verwendungen die Sache nicht wesentlich verändern, wie zB die Errichtung einer Fabrik auf unbebautem Grundstück (BGH 10, 177 f); gegen diesen engen Verwendungsbegriff StGursky 5 ff vor §§ 994 ff mN. **bb) Ausgeschlossen** ist Bereicherungsrecht und damit auch 23 I 1 (vgl Rn 1) **durch §§ 994 ff** als einer erschöpfenden bereicherungsrechtlichen

Jauernig 1181

Sonderregelung für das Verhältnis von Eigentümer und unberechtigtem Besitzer (BGH 41, 162; NJW 96, 52, sa Rn 7 vor § 994, str). Das hat ua zur Folge, daß der gutgl unverklagte Besitzer für seine Aufwendungen, die keine Verwendungen sind, auf das Wegnahmerecht gem § 997 angewiesen ist (nach aA sind §§ 812 ff anwendbar). **c) Wegnahmerecht,** zB §§ 539 II, 552, 581 II, 997, 1049 II, 1216 S 2, 2125 II. – II 2 erweitert das Wegnahmerecht des Besitzers aus § 997 (BGH 40, 280 ff), gibt also nicht ein Wegnahmerecht für jeden, der ein dingliches Recht gem §§ 946 f verloren hat (aA StGursky 55 mN). Abwendung des Rechts gem § 997 II ist zulässig. Erst mit tatsächlicher Wegnahme erlischt der Vergütungsanspruch aus I 1 (BGH NJW 54, 266).

§ 952 Eigentum an Schuldurkunden

(1) **¹Das Eigentum an dem über eine Forderung ausgestellten Schuldscheine steht dem Gläubiger zu. ²Das Recht eines Dritten an der Forderung erstreckt sich auf den Schuldschein.**

(2) **Das Gleiche gilt für Urkunden über andere Rechte, kraft deren eine Leistung gefordert werden kann, insbesondere für Hypotheken-, Grundschuld- und Rentenschuldbriefe.**

1 **1. Anwendungsbereich. a) Schuldschein, I:** Vom Schuldner zu Beweiszwecken ausgestellte Urkunde, die eine Schuld begründet oder bestätigt (RG 116, 173). **II** stellt Urkunden über *andere Rechte* als Forderungen den Schuldscheinen gleich. § 952 gilt für sämtliche Rektapapiere (ErmHef 2). Stets darf die Urkunde nur das Recht verbriefen, daher ist § 952 unanwendbar auf Vertragsurkunden 2 (hM). **b) Bsp:** Grundpfandbriefe (II), außer Inhabergrund- und -rentenschuldbriefen, §§ 1195, 1199 (allgM); die qualifizierten Legitimationspapiere des § 808, insbes Sparbücher (BGH NJW 72, 2269). Für den Fahrzeugbrief (StVZO 20 III, 25) gilt § 952 entspr (BGH 88, 13; StGursky 9 mwN; aA ErmHef 2), da der Brief wie andere Zulassungspapiere (zB Waffenbesitzkarte) nicht selbständiger Gegen- 3 stand des rechtsgeschäftlichen Verkehrs ist (vgl Rn 6). **c) Nicht** unter § 952 fallen Inhaber- und Orderpapiere („Das Recht aus dem Papier folgt dem Recht am Papier"); anders, wenn die Wechselforderung durch Abtretung der Forderung und Übergabe des Papiers übertragen wird (ErmHef 3).

4 **2. Wirkung. a) Die Urkunde gehört** dem Inhaber des Rechts („Das Recht am Papier folgt dem Recht aus dem Papier"), sobald Recht und Papier gleichzeitig existieren. Mit der Abtretung (§§ 398, 413), für die zuweilen die Übergabe des Papiers nötig ist (zB § 1154 I), oder der ges Übertragung (§ 412) erwirbt der neue Gläubiger kraft Ges Eigentum am Papier. Erlischt das Recht, so hat der Schuldner einen Rückgabeanspruch, § 371 (str, manche wenden § 952 entspr zugunsten des 5 Schuldners an). **b) Rechte Dritter** iSv I 2 sind Nießbrauch und Pfandrecht.
6 **c) § 952 verhindert,** daß die Urkunden selbständige Gegenstände des rechtsgeschäftlichen Verkehrs werden (keine selbständige Übertragung oder Belastung). Möglich ist ein vertragliches Zurückbehaltungsrecht (LG Frankfurt/M NJW-RR 7 86, 986 f für Fahrzeugbrief). **d)** § 952 ist **nicht abdingbar** (StGursky 24 mN; aA die noch hM).

Untertitel 4. Erwerb von Erzeugnissen und sonstigen Bestandteilen einer Sache

Vorbemerkungen

1 **1. a) Vor der Trennung** sind Erzeugnisse wesentliche Bestandteile der beweglichen oder unbeweglichen Muttersache; Folge: Sonderrechtsunfähigkeit, § 93.
2 **b) Erst durch Trennung** (Mähen des Getreides, Kalben der Kuh) werden sie selbständige Sachen und damit sonderrechtsfähig. Daher muß das Ges entscheiden, wem sie gehören. Regel des Ges (§ 953): Sie gehören dem Eigentümer der

Titel 3. Erwerb und Verlust des Eigentums an beweglichen Sachen §§ 953–955

Muttersache. Diesem geht der wirkliche (§ 954), diesem der scheinbare (§ 955) dinglich Fruchtziehungsberechtigte vor, ihnen allen der persönlich Berechtigte (§§ 956, 957). Für den Eigentumserwerb ist es gleichgültig, ob der Berechtigte oder ein Dritter getrennt hat. Der Eigentümer erwirbt gem § 953 Eigentum an Äpfeln, die der Dieb gepflückt hat; ebenso zB der Pächter des Obstgartens, § 956 I 1 Fall 1.

2. §§ 953 ff regeln nur den Eigentumserwerb. Ob die Sachen dem Erwerber **3** gebühren (vgl § 101), dh ob er sie **behalten** darf, bestimmt sich primär nach den Parteivereinbarungen, iü vgl zB §§ 987 ff, 1039, 2133 und allg 101. Eigentumserwerb kann schadensersatzpflichtig machen (Bsp § 1039).

3. Für Früchte, die **keine Sachen** sind (§§ 99–103 Rn 2), gelten §§ 953 ff **4** nicht, zB für Mietforderung.

§ 953 Eigentum an getrennten Erzeugnissen und Bestandteilen

Erzeugnisse und sonstige Bestandteile einer Sache gehören auch nach der Trennung dem Eigentümer der Sache, soweit sich nicht aus den §§ 954 bis 957 ein anderes ergibt.

1. Allgemeines. a) Vgl Anm vor § 953. **b)** Erwerb gem §§ 954–957 geht vor. **1**

2. Eigentumserwerb (dh Fortdauer des Eigentums) erfaßt **a)** Erzeugnisse **2** (vgl § 99 I); **b)** (bisherige) wesentliche Bestandteile (§ 93 Rn 3); **c)** nichtwesentliche Bestandteile, sofern sie bereits vor der Trennung dem Eigentümer der Muttersache gehörten.

3. Zur Pfandhaftung §§ 1120–1122; § 1192; Sa § 1212. **3**

§ 954 Erwerb durch dinglich Berechtigten

Wer vermöge eines Rechts an einer fremden Sache befugt ist, sich Erzeugnisse oder sonstige Bestandteile der Sache anzueignen, erwirbt das Eigentum an ihnen, unbeschadet der Vorschriften der §§ 955 bis 957, mit der Trennung.

1. Allgemeines. a) Vgl Anm vor § 953. **b)** Erwerb gem §§ 955–957 geht vor. **1**

2. Dingliche Rechte sind insbes Nutzungspfandrecht (§ 1213); Erbbaurecht **2** (ErbbauVO 1 II); Dienstbarkeiten, soweit sie Nutzungsrecht an Sachen geben (Bsp Sachnießbrauch, § 1030). Besitz unnötig. Zum Gegenstand des Eigentumserwerbs § 953 Rn 2.

§ 955 Erwerb durch gutgläubigen Eigenbesitzer

(1) ¹Wer eine Sache im Eigenbesitz hat, erwirbt das Eigentum an den Erzeugnissen und sonstigen zu den Früchten der Sache gehörenden Bestandteilen, unbeschadet der Vorschriften der §§ 956, 957, mit der Trennung. ²Der Erwerb ist ausgeschlossen, wenn der Eigenbesitzer nicht zum Eigenbesitz oder ein anderer vermöge eines Rechts an der Sache zum Fruchtbezug berechtigt ist und der Eigenbesitzer bei dem Erwerb des Eigenbesitzes nicht in gutem Glauben ist oder vor der Trennung den Rechtsmangel erfährt.

(2) Dem Eigenbesitzer steht derjenige gleich, welcher die Sache zum Zwecke der Ausübung eines Nutzungsrechts an ihr besitzt.

(3) Auf den Eigenbesitz und den ihm gleichgestellten Besitz findet die Vorschrift des § 940 Abs. 2 entsprechende Anwendung.

1. Allgemeines. a) Vgl Anm vor § 953. **b)** Erwerb gem §§ 956 f geht vor. **1**
c) Hauptfälle des § 955: fehlgeschlagene Übereignung, fehlgeschlagene Bestellung eines Nutzungsrechts (s § 954 Rn 2).

Jauernig

§ 956 Buch 3. Abschnitt 3

2 2. **Gegenstand** des Eigentumserwerbs sind nur Sachfrüchte iSv § 99 I, nicht sonstige (bisherige) wesentliche Bestandteile der Muttersache, zB Abbruchmaterialien eines Gebäudes (dafür § 953).

3 3. a) **Eigenbesitzer (I):** § 872 Rn 1. Das kann auch der Eigentümer sein, wenn ein fremdes Nutzungsrecht (§ 954 Rn 2) besteht. b) **Dingliche Nutzungsrechte (II):** § 954 Rn 2. c) **Erwerb ist ausgeschlossen,** wenn Eigen- oder Nutzungsbesitzer bei Besitzerwerb den Mangel seines Rechts kennt oder grobfahrlässig nicht kennt; später, aber vor der Trennung, schadet nur noch positive Kenntnis; nach der Trennung ist auch diese unschädlich. Guter Glaube ist weder Erwerbsvoraussetzung noch wird er vermutet (§ 932 Rn 5). § 935 gilt bei Abhandenkommen der Muttersache entspr für Erwerb von Bestandteilen, nicht von Früchten (StGursky 9, str). d) **Eigen- und Nutzungsbesitzer** sind wegen ihres Erwerbs uU zum Ausgleich verpflichtet, zB gem §§ 987 ff.

§ 956 Erwerb durch persönlich Berechtigten

(1) ¹Gestattet der Eigentümer einem anderen, sich Erzeugnisse oder sonstige Bestandteile der Sache anzueignen, so erwirbt dieser das Eigentum an ihnen, wenn der Besitz der Sache ihm überlassen ist, mit der Trennung, anderenfalls mit der Besitzergreifung. ²Ist der Eigentümer zu der Gestattung verpflichtet, so kann er sie nicht widerrufen, solange sich der andere in dem ihm überlassenen Besitz der Sache befindet.

(2) Das Gleiche gilt, wenn die Gestattung nicht von dem Eigentümer, sondern von einem anderen ausgeht, dem Erzeugnisse oder sonstige Bestandteile einer Sache nach der Trennung gehören.

1 1. **Allgemeines. a)** Vgl Anm vor § 953. **b)** Erwerb gem § 957 geht vor. **c)** Str ist, ob die Aneignungsgestattung ein bes Fall der Übereignung künftiger Sachen (§§ 929 ff) oder eine einseitige Verfügung des Gestattenden ist (s BGH 27, 364 f). BGH 27, 364 f, 367 f vermeidet mR einseitige Festlegung.

2 2. **Gestattung. a) Zum „Wesen"** Rn 1 (c). **b) Sie ist** empfangsbedürftige Willenserklärung. § 130 I, II ist anwendbar (vgl BGH 27, 366). **c) Ihre Erteilung** ist Erfüllung des zugrundeliegenden Verpflichtungsgeschäfts, zB eines Pachtvertrags (vgl § 581 I 1: Gewährung = Gestattung des Fruchtgenusses). Diesem gegenüber ist sie abstrakt (Rn 13 vor § 854). Ihrem Inhalt nach ist sie Verfügung über das Fruchtziehungsrecht des Gestattenden (s d). **d) Berechtigt** zur Gestattung sind die in §§ 953–956 Genannten. Gestattungsrecht und Verfügungsbefugnis müssen idR zZ des Fruchterwerbs bestehen (BGH 27, 365 ff für I 1 Fall 2); zum Erwerb Rn 4. **e) Unwiderruflich** ist sie nur gem I 2. Bsp: Dem Käufer stehender Bäume ist durch Signieren unmittelbarer Teilbesitz übertragen worden (§ 854 Rn 6). Str ist, ob die Unwiderruflichkeit auch den Rechtsnachfolger des Gestattenden trifft (vgl
3 PalBassenge 8 mN). **f) Gewohnheitsrechtlich** begründete Nutzung von *Wald* und *Flur durch jedermann* (Rinck MDR 61, 982: „privatrechtlicher Gemeingebrauch") umfaßt *gewohnheitsrechtliche Gestattung* der Aneignung von wildwachsenden Früchten und Blumen in ortsüblichem Umfang. Bes landesrechtliches Aneignungsrecht zB in BayVerf 141 III 1, bw LWaldG 40.

4 3. **Der Fruchterwerb. a) Gegenstand:** § 953 Rn 2. Den Umfang bestimmt die Gestattung. **b) Eigentumserwerb** tritt ein **aa)** mit der Trennung, wenn der Berechtigte den Besitz an der Muttersache mit dem Willen des Gestattenden erlangt hat. Mittelbarer Besitz der Muttersache genügt jedenfalls dann nicht, wenn der Gestattende deren unmittelbarer Besitzer bleibt (BGH 27, 363 f). Genügend ist unmittelbarer Teilbesitz an ungetrennten Bestandteilen (RG 108, 271 f; Bsp Rn 2 [e]); **bb)** ohne Besitz an der Muttersache (s aa) erst mit Besitzergreifung an den getrennten Bestandteilen.

Titel 3. Erwerb und Verlust des Eigentums an beweglichen Sachen §§ 957–959

§ 957 Gestattung durch den Nichtberechtigten

Die Vorschrift des § 956 findet auch dann Anwendung, wenn derjenige, welcher die Aneignung einem anderen gestattet, hierzu nicht berechtigt ist, es sei denn, dass der andere, falls ihm der Besitz der Sache überlassen wird, bei der Überlassung, anderenfalls bei der Ergreifung des Besitzes der Erzeugnisse oder der sonstigen Bestandteile nicht in gutem Glauben ist oder vor der Trennung den Rechtsmangel erfährt.

1. Der Gestattende muß die Muttersache besitzen (RG 108, 271). Unmittelbarer Teilbesitz an den ungetrennten Bestandteilen genügt (s § 956 Rn 4 [aa]). 1

2. Erwerb ist ausgeschlossen, wenn der Aneignende **a)** im Fall der Besitzüberlassung zu diesem Zeitpunkt den Mangel der Gestattungsbefugnis kennt oder grobfahrlässig nicht kennt oder ihn vor der Trennung erfährt; **b)** im Fall mangelnder Besitzüberlassung im Zeitpunkt der Besitzergreifung an den getrennten Bestandteilen den Mangel kennt oder grobfahrlässig nicht kennt. Guter Glaube ist weder Erwerbsvoraussetzung noch wird er vermutet (§ 932 Rn 5). Zur entspr Anwendbarkeit von § 935 s § 955 Rn 3 (c) (wie dort StGursky 8). 2 3

Untertitel 5. Aneignung

§ 958 Eigentumserwerb an beweglichen herrenlosen Sachen

(1) Wer eine herrenlose bewegliche Sache in Eigenbesitz nimmt, erwirbt das Eigentum an der Sache.

(2) Das Eigentum wird nicht erworben, wenn die Aneignung gesetzlich verboten ist oder wenn durch die Besitzergreifung das Aneignungsrecht eines anderen verletzt wird.

1. Voraussetzungen. a) Herrenlosigkeit einer beweglichen Sache liegt vor, wenn sie noch nie in jemandes Eigentum stand (Bsp § 960 I 1) oder nicht mehr steht (Bsp §§ 959, 960 II, III, 961). **b) Ergreifung von Eigenbesitz** (§ 872), auch mit Hilfe von Besitzdiener (§ 855) oder Besitzmittler (§ 868 Rn 7). Zum Besitzerwerb § 854 Rn 10, 12. **c) Aneignung ist** Realakt, daher Geschäftsfähigkeit unnötig (StGursky 7; hM). 1

2. Wirkung. a) Eigentumserwerb kraft Ges, **I. b) Kein** Erwerb **(II)** bei ges Aneignungsverbot (zB gem BNatSchG) oder Verletzung des Aneignungsrechts eines Dritten (zB aus BJagdG 1). Mit Besitzergreifung durch einen Wilderer erlangt der Jagdberechtigte kein Eigentum (StGursky 14; str), doch kann der Wilderer einem anderen Eigentum verschaffen (§§ 932 ff gelten nur entspr: originärer Erwerb, weil am Wild bislang kein Eigentum bestand; daher § 935 unanwendbar). 2

§ 959 Aufgabe des Eigentums

Eine bewegliche Sache wird herrenlos, wenn der Eigentümer in der Absicht, auf das Eigentum zu verzichten, den Besitz der Sache aufgibt.

1. Voraussetzungen der Dereliktion. a) Verzichtswille. Er muß betätigt werden durch eine einseitige nichtempfangsbedürftige Willenserklärung, daher Geschäftsfähigkeit nötig. Verstoß gegen TierSchG 3 Nr 3, 4 macht Erklärung nichtig (§ 134). **b) Besitzaufgabe,** die der Willenserklärung nach Rn 1 zeitlich vorausgehen kann. Die Sache muß besitzlos werden oder sein. **c) Bewegliche Sachen** iSv § 959 sind idR (Tiere stets ausgenommen) „Abfälle" iSd KrW-/AbfG 3 I, da sich der Besitzer ihrer „entledigte" (KrW-/AbfG 3 II, VI); bes Regelung (keine Dereliktion) in AltautoV 3 mit 2 I. KrW-/AbfG 13 verbietet weder Besitznoch Eigentumsaufgabe, sonst wäre § 959 obsolet.– Auch für **Tiere** gilt § 959 (§ 90 a Rn 1), s aber Rn 1. 1 2 3

2. Wirkung. Herrenlosigkeit (§ 958 Rn 1 [a]). Rechte Dritter bleiben. 4

§ 960 Wilde Tiere

(1) ¹Wilde Tiere sind herrenlos, solange sie sich in der Freiheit befinden. ²Wilde Tiere in Tiergärten und Fische in Teichen oder anderen geschlossenen Privatgewässern sind nicht herrenlos.

(2) Erlangt ein gefangenes wildes Tier die Freiheit wieder, so wird es herrenlos, wenn nicht der Eigentümer das Tier unverzüglich verfolgt oder wenn er die Verfolgung aufgibt.

(3) Ein gezähmtes Tier wird herrenlos, wenn es die Gewohnheit ablegt, an den ihm bestimmten Ort zurückzukehren.

1 1. **Anwendungsbereich.** Wilde Tiere, die in Freiheit (I) oder in Gefangenschaft (II) leben oder in die Freiheit zurückgekehrt sind (III mit I 1). II gilt für III entspr (LG Bonn NJW 93, 940 [dazu Brehm/Berger JuS 94, 14 ff]; aA Avenarius NJW 93, 2589 f). Für zahme Tiere (Haustiere) gilt § 959.

§ 961 Eigentumsverlust bei Bienenschwärmen

Zieht ein Bienenschwarm aus, so wird er herrenlos, wenn nicht der Eigentümer ihn unverzüglich verfolgt oder wenn der Eigentümer die Verfolgung aufgibt.

1 1. §§ 961–964 gelten nur für Bienen in Bienenstöcken. § 961 gleicht dem § 960 II: „Die Biene ist ein wilder Wurm" (s Gercke NuR 91, 60 f).

§ 962 Verfolgungsrecht des Eigentümers

¹Der Eigentümer des Bienenschwarms darf bei der Verfolgung fremde Grundstücke betreten. ²Ist der Schwarm in eine fremde nicht besetzte Bienenwohnung eingezogen, so darf der Eigentümer des Schwarmes zum Zwecke des Einfangens die Wohnung öffnen und die Waben herausnehmen oder herausbrechen. ³Er hat den entstehenden Schaden zu ersetzen.

§ 963 Vereinigung von Bienenschwärmen

Vereinigen sich ausgezogene Bienenschwärme mehrerer Eigentümer, so werden die Eigentümer, welche ihre Schwärme verfolgt haben, Miteigentümer des eingefangenen Gesamtschwarms; die Anteile bestimmen sich nach der Zahl der verfolgten Schwärme.

§ 964 Vermischung von Bienenschwärmen

¹Ist ein Bienenschwarm in eine fremde besetzte Bienenwohnung eingezogen, so erstrecken sich das Eigentum und die sonstigen Rechte an den Bienen, mit denen die Wohnung besetzt war, auf den eingezogenen Schwarm. ²Das Eigentum und die sonstigen Rechte an dem eingezogenen Schwarme erlöschen.

Untertitel 6. Fund

Vorbemerkungen

1 1. **Begriffe. a) Verloren** ist eine Sache, wenn sie besitzlos, aber nicht herrenlos ist. Nicht verloren ist eine gestohlene, verlegte oder versteckte (Hamburg MDR 82, 409) Sache (da Besitz besteht), eine derelinquierte (da sie herrenlos ist). Verloren ist das vom Dieb weggeworfene Diebesgut (s Hamm NJW 79, 725 f), das vom Buchentleiher (Besitzmittler) oder Buchhändlergehilfen (Besitzdiener) wegge-
2 worfene Buch. **b) Finder** ist, wer die verlorene (uU von einem Dritten entdeckte) Sache in Besitz nimmt (BGH 8, 132 f, hM). Finden ist Realakt (Rn 24 vor § 104);

Titel 3. Erwerb und Verlust des Eigentums an beweglichen Sachen §§ 965–968

Besitzbegründungswille nötig (§ 854 Rn 12), genereller soll genügen (BGH 101, 189 f für verlorenen Geldschein in Selbstbedienungs-Großmarkt, abl Ernst JZ 88, 359 ff; sa BGH 8, 131 ff: „spätestens" mit Ergreifen der Sache durch den mit Suchen beauftragten Besitzdiener habe der Inhaber [als Besitzherr] Besitz erlangt; „Finder" ist in beiden Fällen der Inhaber).

2. Rechtsfolgen des Fundes. Zwischen Finder und Empfangsberechtigtem 3 (§ 969 Rn 1) entsteht ges Schuldverhältnis. Der Finder hat erhebliche Pflichten (§§ 965–969) und geringe Rechte. Er wird als Geschäftsbesorger des Verlierers angesehen (vgl §§ 970–972). Eigentumserwerb nicht mit Fund, sondern erst gem §§ 973 f (auch bei Kleinfund, vgl § 973 II), danach Bereicherungshaftung (§ 977).

3. §§ 965–967, 969–977 sind unanwendbar bei Fund in Geschäftsräumen 4 oder Beförderungsmitteln öffentl Behörden (Begriff: Eith MDR 81, 190 f) und in Verkehrsanstalten (§ 978 I 2). Haftungsmaßstab des § 968 gilt.

§ 965 Anzeigepflicht des Finders

(1) **Wer eine verlorene Sache findet und an sich nimmt, hat dem Verlierer oder dem Eigentümer oder einem sonstigen Empfangsberechtigten unverzüglich Anzeige zu machen.**

(2) **¹Kennt der Finder die Empfangsberechtigten nicht oder ist ihm ihr Aufenthalt unbekannt, so hat er den Fund und die Umstände, welche für die Ermittelung der Empfangsberechtigten erheblich sein können, unverzüglich der zuständigen Behörde anzuzeigen. ²Ist die Sache nicht mehr als zehn Euro wert, so bedarf es der Anzeige nicht.**

§ 966 Verwahrungspflicht

(1) **Der Finder ist zur Verwahrung der Sache verpflichtet.**

(2) **¹Ist der Verderb der Sache zu besorgen oder ist die Aufbewahrung mit unverhältnismäßigen Kosten verbunden, so hat der Finder die Sache öffentlich versteigern zu lassen. ²Vor der Versteigerung ist der zuständigen Behörde Anzeige zu machen. ³Der Erlös tritt an die Stelle der Sache.**

§ 967 Ablieferungspflicht

Der Finder ist berechtigt und auf Anordnung der zuständigen Behörde verpflichtet, die Sache oder den Versteigerungserlös an die zuständige Behörde abzuliefern.

§ 968 Umfang der Haftung

Der Finder hat nur Vorsatz und grobe Fahrlässigkeit zu vertreten.

Anmerkungen zu den §§ 965–968

1. Pflichten des Finders. a) Pflicht zur unverzüglichen (§ 121 I 1) **Anzeige** 1 an einen Empfangsberechtigten (§ 969 Rn 1), § 965 I. Ist oder wird dieser nicht bekannt, so Anzeige nach § 965 II 1. Nur diese, nicht die Anzeige nach § 965 I, ist bei Kleinfund entbehrlich, § 965 II 2. **b)** Pflicht zur **Verwahrung**, § 966 I. 2 Kein Besitzmittlungsverhältnis zwischen Finder und Empfangsberechtigtem bzw Verlierer. **c) Haftungsmaßstab** im ges Schuldverhältnis (Rn 3 vor § 965) und für 3 §§ 823 ff: § 968.

2. Verwahrungspflicht und Haftung sind durch sofortige Ablieferung an die 4 zuständige Behörde (idR Gemeindeverwaltung; maßgebend Landesrecht) **vermeidbar** (vgl § 967). Die Rechte des Finders bleiben erhalten (§ 975).

Jauernig

§ 969 Herausgabe an den Verlierer

Der Finder wird durch die Herausgabe der Sache an den Verlierer auch den sonstigen Empfangsberechtigten gegenüber befreit.

1 1. **Empfangsberechtigt** ist jeder, der vom Finder Herausgabe verlangen kann. Unabhängig davon gilt auch der Verlierer als empfangsbefugt, zB der Dieb, der Diebesgut verloren hat; § 969 gibt ihm aber keinen Herausgabeanspruch. Für Prüfung der Empfangsberechtigung gilt § 968 (StGursky 1).

§ 970 Ersatz von Aufwendungen

Macht der Finder zum Zwecke der Verwahrung oder Erhaltung der Sache oder zum Zwecke der Ermittelung eines Empfangsberechtigten Aufwendungen, die er den Umständen nach für erforderlich halten darf, so kann er von dem Empfangsberechtigten Ersatz verlangen.

§ 971 Finderlohn

(1) ¹Der Finder kann von dem Empfangsberechtigten einen Finderlohn verlangen. ²Der Finderlohn beträgt von dem Wert der Sache bis zu 500 Euro fünf vom Hundert, von dem Mehrwert drei vom Hundert, bei Tieren drei vom Hundert. ³Hat die Sache nur für den Empfangsberechtigten einen Wert, so ist der Finderlohn nach billigem Ermessen zu bestimmen.

(2) Der Anspruch ist ausgeschlossen, wenn der Finder die Anzeigepflicht verletzt oder den Fund auf Nachfrage verheimlicht.

§ 972 Zurückbehaltungsrecht des Finders

Auf die in den §§ 970, 971 bestimmten Ansprüche finden die für die Ansprüche des Besitzers gegen den Eigentümer wegen Verwendungen geltenden Vorschriften der §§ 1000 bis 1002 entsprechende Anwendung.

§ 973 Eigentumserwerb des Finders

(1) ¹Mit dem Ablauf von sechs Monaten nach der Anzeige des Fundes bei der zuständigen Behörde erwirbt der Finder das Eigentum an der Sache, es sei denn, dass vorher ein Empfangsberechtigter dem Finder bekannt geworden ist oder sein Recht bei der zuständigen Behörde angemeldet hat. ²Mit dem Erwerb des Eigentums erlöschen die sonstigen Rechte an der Sache.

(2) ¹Ist die Sache nicht mehr als zehn Euro wert, so beginnt die sechsmonatige Frist mit dem Fund. ²Der Finder erwirbt das Eigentum nicht, wenn er den Fund auf Nachfrage verheimlicht. ³Die Anmeldung eines Rechts bei der zuständigen Behörde steht dem Erwerb des Eigentums nicht entgegen.

§ 974 Eigentumserwerb nach Verschweigung

¹Sind vor dem Ablauf der sechsmonatigen Frist Empfangsberechtigte dem Finder bekannt geworden oder haben sie bei einer Sache, die mehr als zehn Euro wert ist, ihre Rechte bei der zuständigen Behörde rechtzeitig angemeldet, so kann der Finder die Empfangsberechtigten nach der Vorschrift des § 1003 zur Erklärung über die ihm nach den §§ 970 bis 972 zustehenden Ansprüche auffordern. ²Mit dem Ablauf der für die Erklärung bestimmten Frist erwirbt der Finder das Eigentum und erlöschen die sonstigen Rechte an der Sache, wenn nicht die Empfangsberechtigten sich rechtzeitig zu der Befriedigung der Ansprüche bereit erklären.

Titel 3. Erwerb und Verlust des Eigentums an beweglichen Sachen §§ 975–978

§ 975 Rechte des Finders nach Ablieferung

¹Durch die Ablieferung der Sache oder des Versteigerungserlöses an die zuständige Behörde werden die Rechte des Finders nicht berührt. ²Lässt die zuständige Behörde die Sache versteigern, so tritt der Erlös an die Stelle der Sache. ³Die zuständige Behörde darf die Sache oder den Erlös nur mit Zustimmung des Finders einem Empfangsberechtigten herausgeben.

§ 976 Eigentumserwerb der Gemeinde

(1) Verzichtet der Finder der zuständigen Behörde gegenüber auf das Recht zum Erwerb des Eigentums an der Sache, so geht sein Recht auf die Gemeinde des Fundorts über.

(2) Hat der Finder nach der Ablieferung der Sache oder des Versteigerungserlöses an die zuständige Behörde auf Grund der Vorschriften der §§ 973, 974 das Eigentum erworben, so geht es auf die Gemeinde des Fundorts über, wenn nicht der Finder vor dem Ablauf einer ihm von der zuständigen Behörde bestimmten Frist die Herausgabe verlangt.

§ 977 Bereicherungsanspruch

¹Wer infolge der Vorschriften der §§ 973, 974, 976 einen Rechtsverlust erleidet, kann in den Fällen der §§ 973, 974 von dem Finder, in den Fällen des § 976 von der Gemeinde des Fundorts die Herausgabe des durch die Rechtsänderung Erlangten nach den Vorschriften über die Herausgabe einer ungerechtfertigten Bereicherung fordern. ²Der Anspruch erlischt mit dem Ablauf von drei Jahren nach dem Übergang des Eigentums auf den Finder oder die Gemeinde, wenn nicht die gerichtliche Geltendmachung vorher erfolgt.

Anmerkungen zu den §§ 970–977

1. Rechte des Finders. a) Aufwendungsersatz, §§ 970, 972. **b) Finderlohn**, §§ 971 f. Für § 971 II gilt § 968. **c) Anwartschaftsrecht** auf Eigentumserwerb gem §§ 973 f, 966 II 3. Mit dem Eigentumserwerb erlöschen Rechte Dritter (§§ 973 I 2, 974 S 2). Der Erwerb ist gem § 973 I 1 aE, II 2, § 974 S 2 ausgeschlossen; uU wird die Gemeinde Eigentümerin (ie § 976). **d) Unberührt** bleiben diese Rechte durch Ablieferung an die zuständige Behörde (§§ 965–968 Rn 4) und Anzeige an sie (§§ 973 II 3, 975). 1

2. Berechtigt nach § 977 sind der frühere Eigentümer und ein ehemals dinglich Berechtigter (vgl §§ 973 I 2, 974 S 2). Verpflichtet sind der Finder, die Gemeinde (vgl § 976) oder ein Dritter (§ 822). 2

§ 978 Fund in öffentlicher Behörde oder Verkehrsanstalt

(1) ¹Wer eine Sache in den Geschäftsräumen oder den Beförderungsmitteln einer öffentlichen Behörde oder einer dem öffentlichen Verkehr dienenden Verkehrsanstalt findet und an sich nimmt, hat die Sache unverzüglich an die Behörde oder die Verkehrsanstalt oder an einen ihrer Angestellten abzuliefern. ²Die Vorschriften der §§ 965 bis 967 und 969 bis 977 finden keine Anwendung.

(2) ¹Ist die Sache nicht weniger als 50 Euro wert, so kann der Finder von dem Empfangsberechtigten einen Finderlohn verlangen. ²Der Finderlohn besteht in der Hälfte des Betrags, der sich bei Anwendung des § 971 Abs. 1 Satz 2, 3 ergeben würde. ³Der Anspruch ist ausgeschlossen, wenn der Finder Bediensteter der Behörde oder der Verkehrsanstalt ist oder der

Jauernig 1189

§§ 979–982   Buch 3. Abschnitt 3

Finder die Ablieferungspflicht verletzt. ⁴Die für die Ansprüche des Besitzers gegen den Eigentümer wegen Verwendungen geltende Vorschrift des § 1001 findet auf den Finderlohnanspruch entsprechende Anwendung. ⁵Besteht ein Anspruch auf Finderlohn, so hat die Behörde oder die Verkehrsanstalt dem Finder die Herausgabe der Sache an einen Empfangsberechtigten anzuzeigen.

(3) ¹Fällt der Versteigerungserlös oder gefundenes Geld an den nach § 981 Abs. 1 Berechtigten, so besteht ein Anspruch auf Finderlohn nach Absatz 2 Satz 1 bis 3 gegen diesen. ²Der Anspruch erlischt mit dem Ablauf von drei Jahren nach seiner Entstehung gegen den in Satz 1 bezeichneten Berechtigten.

§ 979 Öffentliche Versteigerung

(1) ¹Die Behörde oder die Verkehrsanstalt kann die an sie abgelieferte Sache öffentlich versteigern lassen. ²Die öffentlichen Behörden und die Verkehrsanstalten des *Reichs*, der *Bundesstaaten* und der Gemeinden können die Versteigerung durch einen ihrer Beamten vornehmen lassen.

(2) Der Erlös tritt an die Stelle der Sache.

§ 980 Öffentliche Bekanntmachung des Fundes

(1) Die Versteigerung ist erst zulässig, nachdem die Empfangsberechtigten in einer öffentlichen Bekanntmachung des Fundes zur Anmeldung ihrer Rechte unter Bestimmung einer Frist aufgefordert worden sind und die Frist verstrichen ist; sie ist unzulässig, wenn eine Anmeldung rechtzeitig erfolgt ist.

(2) Die Bekanntmachung ist nicht erforderlich, wenn der Verderb der Sache zu besorgen oder die Aufbewahrung mit unverhältnismäßigen Kosten verbunden ist.

§ 981 Empfang des Versteigerungserlöses

(1) Sind seit dem Ablauf der in der öffentlichen Bekanntmachung bestimmten Frist drei Jahre verstrichen, so fällt der Versteigerungserlös, wenn nicht ein Empfangsberechtigter sein Recht angemeldet hat, bei *Reichs*behörden und *Reichs*anstalten an den *Reichs*fiskus, bei Landesbehörden und Landesanstalten an den Fiskus des *Bundesstaats,* bei Gemeindebehörden und Gemeindeanstalten an die Gemeinde, bei Verkehrsanstalten, die von einer Privatperson betrieben werden, an diese.

(2) ¹Ist die Versteigerung ohne die öffentliche Bekanntmachung erfolgt, so beginnt die dreijährige Frist erst, nachdem die Empfangsberechtigten in einer öffentlichen Bekanntmachung des Fundes zur Anmeldung ihrer Rechte aufgefordert worden sind. ²Das Gleiche gilt, wenn gefundenes Geld abgeliefert worden ist.

(3) Die Kosten werden von dem herauszugebenden Betrag abgezogen.

§ 982 Ausführungsvorschriften

Die in den §§ 980, 981 vorgeschriebene Bekanntmachung erfolgt bei *Reichs*behörden und *Reichs*anstalten nach den von dem *Bundesrat,* in den übrigen Fällen nach den von der Zentralbehörde des *Bundesstaats* erlassenen Vorschriften.

Titel 4. Ansprüche aus dem Eigentum §§ 983, 984, Vor § 985

Anmerkungen zu den §§ 978–982

1. Anwendungsbereich. Räume (auch Nebenräume, zB Treppenhaus, Flure, Hof) und Beförderungsmittel einer öffentl Behörde (zB Schulbus) sowie öffentl Verkehrsanstalten, ds nur Transportanstalten (zB Deutsche Bahn AG), aber nicht „Anstalten" mit starkem Publikumsverkehr wie zB Warenhäuser, Theater, Gaststätten (RG 108, 259 f; StGursky 6, 7, hM; sa BGH 101, 192 f). 1

2. Rechtsfolgen. Der Finder (Rn 2 vor § 965; sa BGH 101, 192 f) hat die Sache unverzüglich (§ 121 I 1) abzuliefern (§ 978 I 1); Haftungsmaßstab: § 968. Ist die Fundsache 50 Euro oder mehr wert, so hat der Finder geminderten Anspruch auf Finderlohn (§ 978 II 1, 2, Ausschluß gem II 3; ie Bassenge NJW 76, 1486). Iü hat der Finder keine Rechte (insbes nicht auf Ersatz gem § 970, Eigentumserwerb gem §§ 973 f: § 978 I 2) und Pflichten. Zum Eigentumserwerb § 981. 2

§ 983 Unanbringbare Sachen bei Behörden

Ist eine öffentliche Behörde im Besitz einer Sache, zu deren Herausgabe sie verpflichtet ist, ohne dass die Verpflichtung auf Vertrag beruht, so finden, wenn der Behörde der Empfangsberechtigte oder dessen Aufenthalt unbekannt ist, die Vorschriften der §§ 979 bis 982 entsprechende Anwendung.

1. Für Private vgl §§ 372 ff. 1

§ 984 Schatzfund

Wird eine Sache, die so lange verborgen gelegen hat, dass der Eigentümer nicht mehr zu ermitteln ist (Schatz), entdeckt und infolge der Entdeckung in Besitz genommen, so wird das Eigentum zur Hälfte von dem Entdecker, zur Hälfte von dem Eigentümer der Sache erworben, in welcher der Schatz verborgen war.

1. Voraussetzungen. a) Der **Eigentümer** ist **nicht zu ermitteln**, weil die Sache lange verborgen war (Köln OLGZ 92, 254). Entscheidend ist das Verborgensein. Es fehlt, wenn an der Sache Besitz besteht. Hierfür genügt weder Besitz an der bergenden Sache (§ 984!) noch ein genereller Besitzwille an ihrem „verborgenen" Inhalt, sonst wäre § 984 obsolet (verkannt von Celle NJW 92, 2577). Unnötig sind Herrenlosigkeit und früheres Eigentum (es fehlt zB bei Mumienfund); zum Fossilienfund BVerwG NJW 97, 1172 f). **b) Entdeckung und Inbesitznahme** (Realakte). **c) Keine Sonderregelung** durch Landesrecht für Bodendenkmäler oder -altertümer (Entdeckung begründet entweder Landeseigentum oder, im Anschluß an Erwerb nach § 984, Ablieferungspflicht). 1

2. Wirkung. Erwerb hälftigen Miteigentums durch Entdecker (auch wenn anderer den Schatz in Besitz nahm) und Eigentümer (nicht Nießbraucher, § 1040) der bergenden Sache (Grundstück, Schreibtisch mit Geheimfach: BGH 103, 111 ff). Wer durch Hilfskräfte mit Erfolg nach vermutetem Schatz suchen läßt (RG 70, 310 f), ist Entdecker; ist er Eigentümer der bergenden Sache, so erwirbt er Alleineigentum. Bei Zufallsfund durch AN ist idR dieser, nicht der AG Entdecker (BGH 103, 107 f). 2

Titel 4. Ansprüche aus dem Eigentum

Vorbemerkungen

1. Die Ansprüche des Titels 4 (§§ 985, 1004, 1005) dienen dem Schutz des Eigentums. Sie sind daher **dingliche Ansprüche;** zur Bedeutung dieser Qualifizierung Rn 8 vor § 854. Zur Anwendbarkeit schuldrechtlicher Vorschriften auf 1

Jauernig

§ 985 Buch 3. Abschnitt 3

dingliche Ansprüche Rn 9 vor § 854. – Die Nebenansprüche der §§ 987 ff sind schuldrechtliche Ansprüche, denn sie entstammen einem ges Schuldverhältnis, dem sog **Eigentümer-Besitzer-Verhältnis**. – § 1007 gibt einen (petitorischen) Besitzschutzanspruch, gehört also sachlich zu den §§ 854–872 (BGH 7, 215).

2   **2.** Der Titel 4 unterscheidet grundsätzlich nicht zwischen Eigentum an **Fahrnis und Grundstücken**. Nur für Fahrniseigentum gelten zB §§ 986 II, 1006, nur für Grundstückseigentum zB § 998.

3   **3.** Str ist, ob und wieweit neben den Ansprüchen aus §§ 985 ff **gleichgerichtete Ansprüche aus anderem Rechtsgrund** (Vertrag, §§ 812 ff, 823 ff, unechte GoA) bestehen können. Zu den **Konkurrenzproblemen** vgl § 985 Rn 12; Rn 10–15 vor § 987; Rn 7 vor § 994; § 1004 Rn 26.

4   **4. Weiterer Schutz des Eigentums. a)** Grundbuchberichtigungsanspruch, § 894. **b)** ZPO 771 (Eigentum als veräußerungshinderndes Recht). **c)** InsO 47, 48 (Aussonderung).

5   **5. Entspr anwendbar** sind die §§ 985 ff auf Nießbrauch (§ 1065), Pfandrecht (§ 1227), Erbbaurecht (ErbbauVO 11 I 1), Recht aus Bewilligung gem BBergG 8 II.

§ 985 Herausgabeanspruch

Der Eigentümer kann von dem Besitzer die Herausgabe der Sache verlangen.

1   **1. Allgemeines.** Der dingliche Anspruch auf Herausgabe *(rei vindicatio)* fließt aus dem Eigentum. Er dient zu dessen Schutz und konkretisiert die Ausschließungsbefugnis des Eigentümers aus § 903 S 1 (§ 903 Rn 3).

2   **2. Beteiligte. a) Berechtigt** ist der Eigentümer, der die Sache nicht unmittelbar besitzt und dem gegenüber der Besitzer unberechtigt besitzt. Miteigentum
3   genügt. Zum Anspruch des mittelbar besitzenden Eigentümers Rn 12 (a). **b) Verpflichtet** ist der Besitzer, der dem Eigentümer gegenüber kein Recht zum Besitz hat, sog unberechtigter Besitzer (dazu § 986 mit Anm). Er kann Eigen- oder Fremd-, Allein- oder Mit-, mittel- oder unmittelbarer Besitzer sein (zum mittelbaren Besitzer Rn 5, zum Mitbesitzer § 866 Rn 5). Gleichgültig ist, ob der Besitzer schuldlos oder schuldhaft besitzt und ob der Eigentümer den Besitz schuldhaft verloren hat; § 254 ist unanwendbar (LM Nr 4 zu § 366 HGB). Besitzer ist nicht der Besitzdiener (§ 855).

4   **3. Der Anspruch. a) Ziel** ist die Herausgabe der Sache (bei Räumen und Grundstücken deren Räumung) durch den unberechtigten Besitzer. Herauszugeben ist idR an den Eigentümer, nicht notwendig (vgl § 986 I 2). Ist Herausgabe unmöglich (§ 989 Rn 1 [c]), so greifen die §§ 989 ff (nicht §§ 275 I, 280 I) ein. § 285 gilt nicht (hM, s BGH 75, 208 zu § 281 aF). **aa) Vom unmittelbaren Besitzer** kann der Eigentümer idR Herausgabe an sich verlangen. Ausnahme:
5   § 986 I 2. **bb) Auch vom mittelbaren Besitzer** kann der Eigentümer Herausgabe der Sache verlangen (obwohl dieser sie nicht in der Hand hat) oder, als ein weniger, die Übertragung des mittelbaren Besitzes (§ 870) fordern. Das Herausgabeurteil wird nach ZPO 883, 885 vollstreckt, wenn der mittelbare Besitzer die Sache zwischenzeitlich zurückerhalten hat, sonst nach ZPO 886, 829, 835 f oder
6   beim herausgabebereiten Dritten (arg ZPO 809). **cc) Ein Miteigentümer** kann vom anderen Einräumung des Mitbesitzes, von einem Dritten Herausgabe an die
7   Miteigentümer (§§ 1011, 432) verlangen. **b) Ort** der Herausgabe: § 269 (Rn 9 vor § 854). Der unverklagte gutgl Besitzer muß die Sache am Standort herausgeben; der bösgläubige oder verklagte, der die Sache nach Bösgläubigkeit oder Rechtshängigkeit entgegen dem Eigentümerinteresse anderweit verbracht hat, muß am früheren Standort herausgeben (BGH 79, 213 ff; abl StGursky 45; Picker FG Wiss I 725 ff). *Bereitstellungskosten* trägt der Besitzer (BGH 104, 306), *Abholungs-*

1192 *Jauernig*

Titel 4. Ansprüche aus dem Eigentum **§ 986**

kosten der Eigentümer. **c) Gegenstand** der Herausgabe ist nur die dem Eigentümer 8
gehörige Sache (zB die ihm gehörige Geldmünze oder -note), nicht die wertmäßig
an ihre Stelle getretene (zB das Wechselgeld). Eine *Wertvindikation* ist abzulehnen;
sie wäre nur bei Sachgeld praktisch und würde die Geldgläubiger unberechtigt
bevorzugen (StGursky 80; hM), zulässig aber Aufrechnung mit Geldforderung
gegen Anspruch aus § 985 (StGursky 81). – Herausgabe einer *Sachgesamtheit* kann
nicht verlangt werden, nur Herausgabe bestimmter Einzelsachen (wichtig für den
Klageantrag: ZPO 253 II Nr 2). **d) Er ist ausgeschlossen,** wenn und solange der 9
Besitzer zum Besitz berechtigt ist (§ 986 mit Anm) oder Treu und Glauben einer
Geltendmachung entgegenstehen (LM Nr 30; dazu s aber § 929 Rn 60). Str ist, ob
bei Sittenwidrigkeit und Nichtigkeit der Übereignung § 985 durch § 817 S 2
ausgeschlossen ist (nein: BGH 63, 369; NJW 51, 643; ja: zumeist die Lit, vgl
StGursky 80 mN). **e) Er erlischt,** wenn der Eigentümer sein Recht oder (BGH
WM 82, 750) der Besitzer seinen Besitz einbüßt (vgl aber § 198). **f) Er ist nicht** 10
selbständig übertragbar (Rn 8 vor § 854), auch nicht zwecks Übereignung
(§ 931 Rn 10), ferner nicht verpfändbar, § 1274 II (StGursky 3, str). Zulässig ist
die *Ermächtigung* eines Dritten, im eigenen Namen Herausgabe an sich zu verlangen, § 185; eine Klage des Dritten als gewillkürter Prozeßstandschafter ist nur
bei eigenem rechtlichen Interesse zulässig (hM; Bsp BGH WM 85, 1324). **g) Ver-** 11
jährung des Anspruchs: §§ 197 I Nr 1, 199 I, 198: 30 Jahre (das Eigentum selbst
verjährt nicht); keine Verjährung im Fall § 902 I 1.

4. Konkurrenz mit anderen Herausgabeansprüchen ist möglich: **a)** aus 12
Vertrag, so daß zB der vermietende Eigentümer nach Beendigung des Mietvertrags
Rückgabe gem § 556 und § 985 verlangen kann (BGH NJW 85, 141; hM, sa
§ 986 Rn 1. – AA Raiser JZ 61, 529 ff); **b)** § 1007 (bei beweglichen Sachen);
c) § 861; **d)** § 812 I (sog Leistungskondiktion, RG 170, 259 f); **e)** §§ 823 ff, 249.
– Zum **Streitgegenstand** §§ 861–864 Rn 4.

5. Die Beweislast für Eigentum und Beklagtenbesitz bei Rechtshängigkeit liegt 13
beim (angeblichen) Eigentümer (BGH WM 82, 750; zum Zeitpunkt krit StGursky
41). Beweiserleichterung durch Vermutungen: bei Grundstücken § 891 I, bei
Fahrnis § 1006 (hierzu LM Nr 1; BGH MDR 77, 661).

§ 986 Einwendungen des Besitzers

(1) ¹**Der Besitzer kann die Herausgabe der Sache verweigern, wenn er
oder der mittelbare Besitzer, von dem er sein Recht vom Besitz ableitet,
dem Eigentümer gegenüber zum Besitz berechtigt ist.** ²**Ist der mittelbare
Besitzer dem Eigentümer gegenüber zur Überlassung des Besitzes an den
Besitzer nicht befugt, so kann der Eigentümer von dem Besitzer die
Herausgabe der Sache an den mittelbaren Besitzer oder, wenn dieser den
Besitz nicht wieder übernehmen kann oder will, an sich selbst verlangen.**

(2) **Der Besitzer einer Sache, die nach § 931 durch Abtretung des Anspruchs auf Herausgabe veräußert worden ist, kann dem neuen Eigentümer die Einwendungen entgegensetzen, welche ihm gegen den abgetretenen Anspruch zustehen.**

1. Allgemeines. a) Nur vom unberechtigten Besitzer kann der Eigentümer 1
Herausgabe verlangen. Nur ihm gegenüber besteht die sog *Vindikationslage* (Raiser
JZ 58, 683; 61, 529 ff, je mN; ferner bzgl §§ 987 ff auch BGH 31, 132; 71, 224).
Unberechtigt isV § 986 ist der Besitzer auch dann, wenn er aus Vertrag zur
Herausgabe (Rückgabe) verpflichtet ist, zB als Mieter (Folge: § 985 Rn 12 [a]).
Insoweit unterscheidet sich die Vindikationslage bei § 985 von der bei §§ 987 ff,
994 ff (hM; aA Raiser JZ 61, 529 ff). **b) Mangel des Besitzrechts** ist *Anspruchsvor-* 2
aussetzung (Rn 1). Das bedeutet: Das Besitzrecht stellt sich materiellrechtlich als
Einwendung (nicht: Einrede) gegen das beanspruchte Recht dar, *prozessual* als
rechtshindernde oder rechtsvernichtende Tatsache (BGH NJW 99, 3717; hM), die

Jauernig 1193

Vor §§ 987–993

im Prozeß beachtet werden muß, gleich, welche Partei sie eingeführt hat (oft fälschlich „Berücksichtigung von Amts wegen" genannt, zB BGH NJW 99, 3717). Sa § 1004 II („Der Anspruch ist *ausgeschlossen*"); BGH 27, 206.

3 **2. Das Besitzrecht im allgemeinen.** Der Besitzer muß *gegenüber dem Eigentümer* zum Besitz berechtigt sein. **a)** Das Recht kann dem Besitzer selbst **un-**
4 **mittelbar** zustehen, I 1 Alt 1. **b)** Es kann dem Oberbesitzer zustehen und dann **mittelbar** zugunsten des Besitzers wirken, I 1 Alt 2 (Ausnahme in I 2; Bsp: unbe-
5 fugte Untervermietung, § 540 I 1). **c)** Ein **mittelbares** (abgeleitetes) Besitzrecht besteht entgegen dem zu engen Wortlaut von I 1 **auch,** wenn der Besitzer sein Recht von einem dem Eigentümer gegenüber besitzberechtigten Dritten herleitet, der nicht sein Oberbesitzer ist. Bsp: E verkauft und übergibt (ohne Übereignung) die Kaufsache an K 1, dieser verkauft und übergibt sie (ohne Übereignung) an K 2
6 (vgl BGH 111, 147). Auch hier gilt aber I 2. **d)** Die **Beweislast** für das Besitzrecht liegt beim Besitzer (BGH 27, 206).
7 **3. Grundlagen des Besitzrechts. a) Dingliches Recht.** Es berechtigt gegenüber jedermann („absolut") zum Besitz, auch wenn es vom Nichtberechtigten erworben ist. Bsp: Nießbrauch (§§ 1036 I, 1032 S 2, 892), Wohnungsrecht (§§ 1093, 892), Pfandrecht (§§ 1205, 1207). Zum dinglichen Besitzrecht des
8 VKäufers § 929 Rn 60. **b) Obligatorisches Recht.** Es berechtigt allein dem Eigentümer gegenüber („relativ") zum Besitz. Bsp: Miete, Kauf (s BGH 87, 159), wenn der Eigentümer (oder der Erwerber gem §§ 566 I, 578 I: BGH NJW 01, 2885) Vermieter oder Verkäufer ist; der Vertrag muß wirksam sein (BGH NJW 02, 1051). Zum VKauf vgl § 929 Rn 59, auch zum Besitzrecht bei verjährter Kaufpreisforderung. Ein Zurückbehaltungsrecht aus §§ 273, 1000 gibt kein Besitzrecht, weil es den Herausgabeanspruch nicht ausschließt: Eine Herausgabeklage wird nicht abgewiesen, sondern führt zur Verurteilung Zug-um-Zug, § 274
9 (BGH NJW 02, 1052); *für* Besitzrecht BGH NJW 95, 2628. **c) Erweiterung des obligatorischen Besitzrechts** *bei beweglichen Sachen* in **II:** Es wirkt auch gegenüber dem *Rechtsnachfolger* des Eigentümers, wenn die Veräußerung gem § 931 erfolgt ist. II gilt bei Veräußerung iSv § 930 Rn 2 entspr (BGH 111, 146f). Hat der redliche Besitzer, zB Mieter, nach einer Veräußerung iSv § 931 mit dem alten Eigentümer das Besitzrechtsverhältnis, zB den Mietvertrag, verlängert, so greift die Einwendung des Besitzrechts bzgl § 985 auch dem neuen Eigentümer gegenüber durch, §§ 404, 407 analog (BGH 64, 125). – Erweiterung bei *Grundstücken* nur gem §§ 578, 566, 581 II. – Dingliche Besitzrechte wirken gegenüber jedermann, also auch gegen einen Rechtsnachfolger des Eigentümers (kein gutgl lastenfreier Erwerb: § 936 III). Daher erfaßt II solche Rechte nicht.
10 **d) Familien- und Erbrecht:** BGH 71, 222 f (Besitzrecht an Ehewohnung gegenüber Ehepartner [während eines Eheprozesses sind die Besitzverhältnisse gem ZPO 620 Nr 7, HausratsVO 1, 18 zu regeln, daher ist eine Herausgabeklage unzulässig: BGH NJW 86, 1339]); 73, 257 (Besitzrecht am Hausrat des anderen Ehegatten); §§ 1985, 2205 (Besitzrecht von Nachlaßverwalter, Testamentsvollstrecker).

Vorbemerkungen zu den §§ 987–993

1 **I. Regelungsgegenstand** der §§ 987–993 sind die *Nebenansprüche des Eigentümers* auf Nutzungen und Schadensersatz im Eigentümer-Besitzer-Verhältnis. Diese Rechtsbeziehung ist ein ges Schuldverhältnis. Die Ansprüche daraus sind schuldrechtliche (Neben-)Ansprüche, keine dinglichen. Daher gehen sie bei Wechsel des Eigentums nicht automatisch auf den Erwerber über (StGursky 32 mN; hM), sondern sind selbständig abtretbar, verpfändbar und pfändbar.
2 **II. Das Haftungssystem** der §§ 987 ff unterscheidet danach, ob der Besitzer hinsichtlich seines Besitzrechts bös- oder gutgl ist (§ 990), was voraussetzt, daß er kein Besitzrecht hat (ie Rn 3–9). Dem Bösgläubigen steht der Gutgläubige ab

Titel 4. Ansprüche aus dem Eigentum **Vor §§ 987-993**

Rechtshängigkeit gleich (§§ 987, 989: verklagter gutgl Besitzer). Bzgl der Nutzungsherausgabe kommt es außerdem darauf an, ob der Besitz unentgeltlich erlangt worden ist (§ 988). Bes Behandlung erfährt der sog Deliktsbesitzer (§ 992). Wer den Besitz entgeltlich erlangt hat, gutgl und unverklagt ist sowie nicht unter § 992 fällt, ist dem Eigentümer gegenüber von jeder Schadensersatzpflicht und weitgehend von der Nutzungsherausgabe freigestellt, § 993 I (ausgenommen beim Fremdbesitzerexzeß: Rn 12 [aa]). Ob der Besitzer berechtigt oder unberechtigt besitzt, bös- oder gutgl oder (un)verklagt ist, muß für den Zeitpunkt der Schadenszufügung bzw der vorgenommenen oder unterlassenen Nutzziehung festgestellt werden.

III. Anwendungsbereich

1. Die §§ 987 ff setzen voraus, daß ein **eigenes Besitzrecht fehlt.** Es muß 3 folglich eine sog **Vindikationslage** bestehen, die aber enger gefaßt ist als bei §§ 985 f (ie Rn 7, 8; § 986 Rn 1): Ist § 985 zu bejahen, so sind nicht schon deshalb die §§ 987 ff anwendbar (die darin angeblich liegende Inkonsequenz – ErmHef 6 – ist praktisch bedeutungslos, zutr Raiser JZ 61, 531). Ist umgekehrt § 985 wegen eines Besitzrechts des Gegners ausgeschlossen, so scheiden die §§ 987 ff aus (BGH 59, 58; NJW 83, 165); anders nach BGH NJW 02, 1052 bei einem Besitzrecht nach § 273, sofern das besitzrechtbegründende Rechtsverhältnis keine Ansprüche iSd §§ 987 ff (Nutzungsherausgabe, Verwendungsersatz) enthält (gegen ein Besitzrecht aus § 273 s § 986 Rn 8; StGursky 13 mwN); s allg Rn 9.

2. Erfaßt werden in §§ 987 ff unmittelbarer und mittelbarer Eigen- und 4 Fremdbesitzer. **a) Unberechtigter Fremdbesitzer** ist unstr, wer aufgrund eines 5 nichtigen Rechtsverhältnisses, zB eines nichtigen Mietvertrags, besitzt. **b) Kein** 6 **unberechtigter Fremdbesitzer** ist, wer den Rahmen seines *bestehenden* Besitzrechts überschreitet, sog *Nicht-so-Berechtigter* (StGursky 13 mN; hM); Bsp: der Mieter zerstört die Mietsache. Hier sind §§ 987 ff unanwendbar (zu § 988: BGH NJW 02, 61); die §§ 823 ff gelten neben den Vertragsregeln unmittelbar (StGursky 13 mN). Ein „Exzeß des Fremdbesitzers" (BGH 31, 132) liegt nicht vor (zum Begriff Rn 12 [aa]). **c) Auch nach Umwandlung** von berechtigtem 7 Fremdbesitz **in unberechtigten Eigenbesitz** bleiben die §§ 987 ff unanwendbar (aA BGH 31, 133 ff; auch 32, 95; StGursky § 990, 28 mwN, auch zur Gegenansicht), weil diese Vorschriften auf den unberechtigten *Erst*erwerb von Fremd- *oder* Eigenbesitz abstellen (vgl §§ 990 I, 991 II, 992). Daher liegt auch hier – wie in Rn 6 – eine Überschreitung des Besitzrechts vor. Ob der Besitzer durch die Umwandlung zu einem unberechtigten Besitzer iSv § 985 geworden ist, hat für §§ 987 ff keine Bedeutung (Rn 3). **d) Entfällt das Besitzrecht** des Fremd- 8 besitzers *nachträglich* ohne Rückwirkung („ex nunc") – verlangt zB der Eigentümer nach §§ 604 III, 695 Herausgabe oder endet das Mietverhältnis –, so kann der Eigentümer zwar (auch) nach § 985 Herausgabe verlangen (§ 986 Rn 1), die §§ 987 ff bleiben jedoch unanwendbar; zum Grund Rn 7 (aA BGH 71, 224 ff bzgl der Nutzungen nach Wegfall des Besitzrechts; BGH 131, 222; NJW 01, 3119 [stRspr] für §§ 994 ff auch bzgl der Zeit vor Wegfall des Besitzrechts). §§ 987 ff dürften aber anwendbar sein, wenn der Besitz erkennbar aufgrund eines neuen Entschlusses nicht mehr aus dem (beendeten) Besitzrecht abgeleitet, sondern auf eine angemaßte (Faust-)„Rechts"-position gestützt wird (zB Haus„besetzung" durch Ex-Mieter); zu dieser Unterscheidung bzgl StGB 123: Düsseldorf NJW 91, 187.

3. Entspr Anwendung der §§ 987 ff ist str im Fall, daß es an einer vertragli- 9 chen oder ges Sonderregelung für das Rechtsverhältnis zwischen Eigentümer und *berechtigtem Besitzer* fehlt (dafür BGH NJW 95, 2628; 02, 1052; ErmHef 8; sa Rn 3).

IV. Konkurrenzen

10 **1. Grundsatz.** Innerhalb ihres Anwendungsbereichs (Rn 3–9) enthalten die §§ 987 ff eine grundsätzlich abschließende Sonderregelung der Nebenansprüche des Eigentümers gegen den Besitzer auf Nutzungsherausgabe und Schadensersatz (BGH 41, 158; NJW 80, 2354). Durchbrechungen des Grundsatzes sind zT schon lange anerkannt (vgl zB RG 163, 353).

11
12 **2. Folgerungen. a) Vertragsansprüche** gehen den §§ 987 ff vor, auch für die Zeit nach Vertragsende (Rn 8). **b)** §§ **823 ff** greifen grundsätzlich nur ein, wenn § 992 erfüllt ist (arg § 993 I), so daß ein bloß bösgläubiger oder ein unverklagter gutgl Besitzer nicht nach §§ 823 ff haftet (StGursky 60 ff; aA ErmHef 21, 22 mwN: § 992 privilegiere nur den unverklagten gutgl Besitzer; diese Ansicht spricht insoweit den §§ 992, 993 I jede Bedeutung ab). Vom Grundsatz gelten *zwei allg anerkannte Ausnahmen.* **aa) Fremdbesitzerexzeß:** Überschreitet der unberechtigte Fremdbesitzer (Rn 5) die Grenzen seines vermeintlichen Besitzrechts, so greifen die §§ 823 ff unmittelbar ein (RG 157, 135). Der Haftungsmaßstab ist ebenfalls dem vermeintlichen Besitzrecht zu entnehmen, zB § 690 (sa § 991 II für den Fall, daß Oberbesitzer nicht der Eigentümer ist, und dazu RG 157, 135; allg Wieling MDR 72, 651). – Überschreitet der berechtigte Fremdbesitzer die Grenzen seines bestehenden Besitzrechts, so sollte man nicht von einem Fremdbesitzerexzeß spre-
13 chen (Rn 6). **bb)** § **826** gilt stets unmittelbar. **c) Für §§ 812 ff** ist zu unterscheiden. **aa) Ist eine fehlgeschlagene Leistung des Eigentümers** der Grund für das Eigentümer-Besitzer-Verhältnis (Bsp: Kauf *und* Übereignung sind nichtig), so würde bei ausschließlicher Anwendung der §§ 987 ff der unverklagte entgeltliche gutgl Besitzer nicht haften, Nutzungen könnte er grundsätzlich behalten (vgl §§ 988, 993 I). Das befremdet. Wäre nämlich nur der Kauf, aber nicht zugleich die Übereignung nichtig, so müßte der Besitzer (und Eigentümer!) die Nutzungen herausgeben (§§ 812 I, 818). Um das gleiche Ergebnis auch bei Nichtigkeit der Übereignung zu erreichen, stellt die Rspr den rechtsgrundlosen Besitzerwerb dem unentgeltlichen gleich und wendet deshalb die §§ 988, 818 an (BGH NJW 00, 3130; stRspr). Die Lit bejaht in Fällen der Leistungskondiktion mR überwiegend die Anwendbarkeit der §§ 812 ff neben §§ 987 ff (StGursky 45 ff mN. – Nach aA gelten nur die §§ 812 ff, Nachw bei StGursky 46). Die Streitfrage hat Bedeutung, wenn der Besitzer B die Sache von einem Dritten (D) gekauft, aber zB wegen § 935 nicht erworben hat (vgl PalBassenge § 988, 9; StGursky 44): Die Rspr gibt dem Eigentümer gegen B § 988 (eine Anrechnung des von B an D gezahlten Kaufpreises auf die Nutzungen, § 818 III, ist entgegen RG 163, 349 ff nicht möglich: StGursky 44); die Lit lehnt § 988 und mangels Leistung auch § 812 ab
14 (der Eigentümer kann sich nur an D halten). **bb)** §§ **812, 816, 951** gelten neben den §§ 987 ff in den Fällen der Eingriffskondiktion, soweit es um den Wert der nicht mehr herausgebbaren Sache geht. Daher kann der Veräußerungserlös (§ 816 I) sowie der Wert der verbrauchten (§ 818 II) oder verbundenen Sache (§ 951) ohne die Voraussetzungen der §§ 987 ff verlangt werden (BGH 55, 178 f). Nur soweit es um die Herausgabe von Nutzungen im Wege der Eingriffskondik-
15 tion geht, gelten ausschließlich die §§ 987 ff. **d) Ansprüche aus unechter GoA** gem § 687 II stehen neben §§ 987 ff. Bei berechtigter GoA ist der Geschäftsführer berechtigter Besitzer, so daß §§ 987 ff ausscheiden (BGH 39, 188 läßt offen).

§ 987 Nutzungen nach Rechtshängigkeit

(1) **Der Besitzer hat dem Eigentümer die Nutzungen herauszugeben, die er nach dem Eintritt der Rechtshängigkeit zieht.**

(2) **Zieht der Besitzer nach dem Eintritt der Rechtshängigkeit Nutzungen nicht, die er nach den Regeln einer ordnungsmäßigen Wirtschaft**

Titel 4. Ansprüche aus dem Eigentum **§ 988**

ziehen könnte, so ist er dem Eigentümer zum Ersatz verpflichtet, soweit ihm ein Verschulden zur Last fällt.

1. Allgemeines. a) Gem I besteht schuldrechtlicher Anspruch (Rn 1 vor § 987) auf Herausgabe gezogener Nutzungen (Begriff: § 100). Gezogene Früchte müssen in das Eigentum des Besitzers gelangt sein (vgl §§ 955 ff), sonst kann der Eigentümer Herausgabe gem § 985 verlangen (vgl § 953). **b) Gem II** besteht für nicht gezogene Nutzungen Ersatzpflicht. **c)** § 987 betrifft den verklagten entgeltlichen gutgl Besitzer (für den unverklagten gilt § 993 I). Hat er unentgeltlich Besitz erlangt, so greift § 988 ein. Für den bösgläubigen Besitzer gilt § 990. 1

2

2. Herausgabe gezogener Nutzungen, **I. a) Voraussetzungen. aa) Vindikationslage** iSv Rn 3 vor § 987 (BGH 27, 204 f). **bb) Rechtshängigkeit** (ZPO 253 I, 261 I, II) der erfolgreichen Herausgabeklage, § 985 (BGH NJW 85, 1553; sa 78, 1531), oder Grundbuchberichtigungsklage, § 894 (LM Nr 10 zu § 989). Von diesem Zeitpunkt an muß der Besitzer mit der Herausgabe rechnen, das begründet seine Haftung. **b) Wirkungen.** Vorhandene Früchte (§ 99 I, III) sind zu übereignen, iü ist Wertersatz zu leisten, insbes für genossene Gebrauchsvorteile (BGH NJW-RR 98, 805). Zum Ausgleich von Gebrauchsvorteilen s § 989 Rn 2. – Zur entspr Anwendung von I auf gezogenen Gewinn s BGH NJW 84, 2938 mN. – Zur Auskunftspflicht des Besitzers BGH 27, 209. 3

4

3. Ersatzpflicht für nicht gezogene Nutzungen, **II.** Voraussetzungen (außer denen in Rn 3): Nutzziehung muß nach den Regeln einer ordnungsmäßigen Wirtschaft möglich gewesen, aber schuldhaft (§§ 276, 278) unterlassen worden sein. Kein Ersatz für Früchte, die nur der Eigentümer ziehen konnte (anders nach § 990 II). Ein unberechtigter Fremdbesitzer haftet nicht, wenn er sich aufgrund seines vermeintlichen Besitzrechts nicht für nutzungsberechtigt gehalten hat (LM Nr 7). 5

4. Aufwendungsersatz des Besitzers nur gem §§ 102, 994 ff, 687 II 2 mit § 684 S 1. 6

§ 988 Nutzungen des unentgeltlichen Besitzers

Hat ein Besitzer, der die Sache als ihm gehörig oder zum Zwecke der Ausübung eines ihm in Wirklichkeit nicht zustehenden Nutzungsrechts an der Sache besitzt, den Besitz unentgeltlich erlangt, so ist er dem Eigentümer gegenüber zur Herausgabe der Nutzungen, die er vor dem Eintritt der Rechtshängigkeit zieht, nach den Vorschriften über die Herausgabe einer ungerechtfertigten Bereicherung verpflichtet.

1. Allgemeines. § 988 stellt den Besitzer schlechter, der den *Besitz unentgeltlich erlangt* hat. 1

2. Voraussetzungen. a) Eigenbesitz (§§ 872, 955) *oder* **Fremdbesitz** aufgrund eines vermeintlichen dinglichen oder schuldrechtlichen Nutzungsrechts (BGH 71, 225). **b) Unentgeltlicher Erwerb**, zB aufgrund Schenkung, Leihe mit vereinbarter Fruchtziehung (zulässig: ErmWerner § 598, 4). Keine Gleichstellung des rechtsgrundlosen Erwerbs mit dem unentgeltlichen iSv § 988 (Rn 13 vor § 987). **c) Fehlende Bösgläubigkeit** des Besitzers bzgl seines Besitzrechts im Zeitpunkt der Nutzziehung (arg § 990 I). **d) Noch keine Rechtshängigkeit** (§ 987 Rn 3 [bb]) zZ der Nutzziehung; sonst gilt § 987. 2

3. Wirkungen. Alle vor Rechtshängigkeit gezogenen Nutzungen sind herauszugeben, § 818; Grenze in § 818 III (Rechtsfolgenverweisung); idR Wegfall der Bereicherung durch Aufwendungen des Besitzers auf die Sache (BGH NJW 98, 990 f). Kein Ersatzanspruch entspr § 987 II. Gegenansprüche des Besitzers: §§ 102, 994 ff. 3

Jauernig 1197

§ 989 Schadensersatz nach Rechtshängigkeit

Der Besitzer ist von dem Eintritt der Rechtshängigkeit an dem Eigentümer für den Schaden verantwortlich, der dadurch entsteht, dass infolge seines Verschuldens die Sache verschlechtert wird, untergeht oder aus einem anderen Grunde von ihm nicht herausgegeben werden kann.

1 **1. Voraussetzungen. a) Vindikationslage** iSv Rn 3 vor § 987. **b) Rechtshängigkeit** (§ 987 Rn 3 [bb]). **c) Verschlechterung** der Sache gegenüber der Zeit vor Rechtshängigkeit oder Unmöglichkeit der Herausgabe nach Rechtshängigkeit. Verschlechterung zB durch Verschleiß infolge normaler Benutzung, unterbliebener Wartung oder Reparatur, Belastung mit Grundpfandrecht (BGH NJW 01, 1069). Herausgabe kann obj („Untergang") oder subj unmöglich sein. **d) Verschulden:** §§ 276, 278.

2 **2. Schadensersatz** erfaßt alle Schäden infolge Verschlechterung oder Unmöglichkeit der Herausgabe, also auch für entgangenen Gewinn (ErmHef 7 mN; hM). Kein Ersatz für Schäden wegen Vorenthaltung der Sache (§ 990 Rn 6). Wird Schadensersatz wegen normaler Abnutzung verlangt, so entfällt Anspruch auf Herausgabe der Gebrauchsvorteile (§ 987) und umgekehrt. § 254 I, II 1 ist anwendbar (LM Nr 4 zu § 366 HGB), auch II 2 mit § 278, weil Schädigung innerhalb eines bestehenden (ges) Schuldverhältnisses erfolgt ist (StGursky 34, hM).

§ 990 Haftung des Besitzers bei Kenntnis

(1) ¹War der Besitzer bei dem Erwerb des Besitzes nicht in gutem Glauben, so haftet er dem Eigentümer von der Zeit des Erwerbs an nach den §§ 987, 989. ²Erfährt der Besitzer später, dass er zum Besitz nicht berechtigt ist, so haftet er in gleicher Weise von der Erlangung der Kenntnis an.

(2) Eine weitergehende Haftung des Besitzers wegen Verzugs bleibt unberührt.

1 **1. Voraussetzungen. a) Vindikationslage** iSv Rn 3 vor § 987; zur Art des
2 Besitzerwerbs Rn 7 vor § 987. **b) Bösgläubigkeit** (besser wegen I 2, § 932 II: Unredlichkeit) des Besitzers bzgl des eigenen Besitzrechts. **aa) Beim Besitzerwerb** genügt Kenntnis oder grobfahrlässige Unkenntnis vom Fehlen des Besitzrechts (Bösgläubigkeit iSv § 932 II [dort Rn 16, 17] gilt hier aber auch bzgl unbeweglicher Sachen), **I 1**. War der Besitzer beim Erwerb nicht bösgläubig, so schadet **später** nur noch positive Kenntnis, **I 2**. Kenntnis der Tatsachen allein genügt nur, wenn sich der Schluß auf das mangelnde Besitzrecht einem redlichen Dritten aufdrängt (BGH 32, 92). Wer sein Besitzrecht von einem Dritten ableitet, muß wissen, daß er diesem und dieser dem Eigentümer gegenüber nicht besitzberechtigt ist (Naumburg NJW-RR 99, 234 mN). **bb) Besitzerwerb durch Besitzdiener.** Hier genügt Bösgläubigkeit des Besitzherrn (BGH 16, 263 f). Ist dieser gutgl, so wird ihm die Bösgläubigkeit seines Besitzdieners zugerechnet; str ist, auf welcher Rechtsgrundlage und folglich in welchem Umfang zugerechnet wird (Nachw bei Schilken [Lit zu § 166] S 270): entspr § 166 (BGH, 32, 55 ff; Schilken [Lit zu § 166] S 271 ff mN) – oder – besser – § 831 (Westermann Jus 61, 81 f; modifizierend BGH 16, 264: keine Beweislastumkehr entspr § 831 I 2). Bei **jur Personen** kommt es auf die Kenntnis oder grobfahrlässige Unkenntnis ihrer Organe an, die selbst nicht Besitzer sind (§ 854 Rn 13). **cc)** Ob ein **minderjähriger Besitzer** bösgläubig sein kann, bestimmt § 828 (str, s StGursky 38, 39; zur ähnlichen Problematik bei § 819 vgl BGH 55, 135 ff). **dd) Nachfolgende Gutgläubigkeit**
3 ist unerheblich (StGursky 32 ff; aA hM). **c) Schadensersatzpflicht** setzt Verschlechterung oder Unmöglichkeit der Herausgabe nach bösgläubigem Besitzerwerb (I 1) oder späterem Kenntniserlangen (I 2) voraus. Zu Verschlechterung und Unmöglichkeit vgl § 989 Rn 1 (c). Zur Ausdehnung der Ersatzpflicht auf gutgl
4 Besitzer § 991 II. **d) Verschulden:** §§ 276, 278. Leichte Fahrlässigkeit bei der

Titel 4. Ansprüche aus dem Eigentum **§§ 991, 992**

Verletzungshandlung genügt, während beim Besitzerwerb zumindest grobfahrlässige Unkenntnis vom Fehlen des Besitzrechts vorliegen muß (zum Unterschied Baur § 11 Rn 10).

2. Wirkungen. a) Pflicht zur Herausgabe gezogener Nutzungen und zum 5 Ersatz bei unterbliebener Nutzziehung entspr § 987 Rn 3–5. Einschränkung in § 991 I. **b) Schadensersatzpflicht** entspr § 989 Rn 2. Erweiterung in § 991 II.

3. Haftungsverschärfung bei Verzug, II. Sie trifft nur den bösgläubigen 6 Besitzer iSv I 1, 2. Daher haftet ein verklagter gutgl Besitzer (§§ 987 f) nach II erst ab Kenntniserlangung iSv I 2 (ErmHef 7). Verzug: §§ 286 ff. Haftung für Zufall gem § 287 S 2, ferner für Schäden wegen Vorenthaltung der Sache (§§ 280 II, 286) und für Früchte, die nur der Eigentümer ziehen konnte (anders § 987 II).

§ 991 Haftung des Besitzmittlers

(1) **Leitet der Besitzer das Recht zum Besitz von einem mittelbaren Besitzer ab, so findet die Vorschrift des § 990 in Ansehung der Nutzungen nur Anwendung, wenn die Voraussetzungen des § 990 auch bei dem mittelbaren Besitzer vorliegen oder diesem gegenüber die Rechtshängigkeit eingetreten ist.**

(2) **War der Besitzer bei dem Erwerb des Besitzes in gutem Glauben, so hat er gleichwohl von dem Erwerb an den im § 989 bezeichneten Schaden dem Eigentümer gegenüber insoweit zu vertreten, als er dem mittelbaren Besitzer verantwortlich ist.**

1. Allgemeines. Die §§ 987 ff treffen auch den Fremdbesitzer (Besitzmittler; s 1 Rn 4–8 vor § 987) und den mittelbaren Besitzer (Oberbesitzer). Die Haftungsvoraussetzungen sind grundsätzlich unabhängig für jeden von beiden festzustellen (zum Verhältnis der Ansprüche zueinander LM Nr 10 zu § 987). Davon macht § 991 zwei Ausnahmen.

2. Für **Nutzungen** haftet der unverklagte bösgläubige Besitzmittler abw von 2 § 990 I erst, wenn sein Oberbesitzer entweder selbst nach § 990 haftet oder auf Herausgabe (oder Grundbuchberichtigung, § 987 Rn 3 [bb]) verklagt ist, **I.** Diese Haftungsbeschränkung verhindert, daß der auf Nutzungen in Anspruch genommene Besitzmittler bei seinem Oberbesitzer Regreß nehmen kann, obwohl dieser dem Eigentümer gegenüber nicht haftet (§ 993 I). Daher ist I auf die Fälle zu beschränken, in denen nach dem Rechtsverhältnis zwischen Besitzmittler und Oberbesitzer überhaupt Regreß möglich wäre. – Die Haftung des Besitzmittlers wegen der Nutzungen aus §§ 987 (Klage gegen ihn!), 988, 993 I HS 1 bleibt unberührt. – I gilt nicht für die Haftung des unverklagten bösgläubigen Besitzmittlers auf Schadensersatz gem §§ 990, 989.

3. Der unverklagte gutgl Besitzmittler eines Dritten haftet dem Eigentümer auf 3 **Schadensersatz** gem § 989, sofern er aufgrund des Besitzmittlungsverhältnisses dem Dritten, seinem Oberbesitzer, gegenüber haften würde, **II.** Ob der Besitzmittler dem Eigentümer haftet, bestimmt das Besitzmittlungsverhältnis mit dem Dritten (wichtig insbes bei vertraglicher Haftungsmilderung, LM Nr 8 zu § 985). Zum Umfang des Ersatzanspruchs § 989 Rn 2. Keine Zufallshaftung gem § 287 S 2 gegenüber dem Eigentümer, wenn Besitzmittler mit dem Oberbesitzer gegenüber in Verzug ist (gg § 990 II, der für die Verzugshaftung Bösgläubigkeit voraussetzt, § 990 Rn 6). – Leistet der Besitzmittler Schadensersatz an den Oberbesitzer, so schützt ihn § 851 analog vor Doppelleistung.

§ 992 Haftung des deliktischen Besitzers

Hat sich der Besitzer durch verbotene Eigenmacht oder durch eine Straftat den Besitz verschafft, so haftet er dem Eigentümer nach den Vorschriften über den Schadensersatz wegen unerlaubter Handlungen.

Jauernig 1199

§ 993, Vor §§ 994–1003

1 1. **Anwendungsbereich.** Im Eigentümer-Besitzer-Verhältnis sind die §§ 823 ff grundsätzlich nur auf den Besitzer anzuwenden, der seinen Besitz so, wie in § 992 beschrieben, erlangt hat, sog Deliktsbesitzer (str; ie vgl Rn 12 vor § 987). § 992 betrifft nur die Anwendung der §§ 823 ff auf die Verletzung des Eigentums. Wegen Verletzung des Besitzes haftet der Verletzer unmittelbar nach §§ 823 ff (BGH WM 60, 1148). – **Besonderheiten** der Haftung nach §§ 823 ff gegenüber §§ 989 f: Haftung für Zufallsschäden, § 848 (sonst nur gem §§ 990 II, 287 S 2; abw StGursky 14: keine Zufallshaftung bei Fundunterschlagung, s Rn 2); Verjährung, § 852 (sonst § 195; bei Zusammentreffen von §§ 989 f und § 992 unterschiedliche Verjährung: BGH 31, 132 f); uU Aufrechnungsverbot, § 393.

2 2. **Voraussetzungen.** a) **Vindikationslage** iSv Rn 3 vor § 987. b) **Besitzverschaffung** durch schuldhafte (hM; aA MK/Medicus 5 mN) verbotene Eigenmacht (§ 858) gegen den Eigentümer oder dessen Besitzmittler oder durch eine Straftat, dh die schuldhafte Verletzung einer Strafvorschrift, die den Eigentumsschutz bezweckt, zB StGB 242, 248 a, 249, 253, 259, 263; ob auch StGB 246 (Unterschlagung) eine Besitzverschaffung betrifft, ist str (StGursky 14: nur Fundunterschlagung), aber bedeutungslos, weil hier § 826 unmittelbar anwendbar ist (ErmHef 3; StGursky 14, sa Rn 1). Trotz Besitzverschaffung iSv § 992 kann Besitzer sich schuldlos für den Eigentümer halten (BGH WM 60, 1148; zu den
3 Folgen Rn 4). c) **Für unberechtigten Fremdbesitzer** gilt § 992 auch (hM). Zum Fremdbesitzerexzeß Rn 12 (aa) vor § 987.

4 3. **Wirkungen.** §§ 823 ff sind voll anwendbar (Rechtsgrund-, nicht nur Rechtsfolgenverweisung). Verschulden hinsichtlich der Eigentumsverletzung liegt oft schon bei der Besitzverschaffung vor (zB bei Diebstahl); fehlt es daran (Besitzer hielt sich bei der verbotenen Eigenmacht schuldlos für den Eigentümer), so erfordert nachfolgende Eigentumsverletzung Verschulden (BGH WM 60, 1148; StGursky 12). Zum Haftungsumfang §§ 249 ff, 848 (zu § 848 s Rn 1).

§ 993 Haftung des redlichen Besitzers

(1) **Liegen die in den §§ 987 bis 992 bezeichneten Voraussetzungen nicht vor, so hat der Besitzer die gezogenen Früchte, soweit sie nach den Regeln einer ordnungsmäßigen Wirtschaft nicht als Ertrag der Sache anzusehen sind, nach den Vorschriften über die Herausgabe einer ungerechtfertigten Bereicherung herauszugeben; im Übrigen ist er weder zur Herausgabe von Nutzungen noch zum Schadensersatze verpflichtet.**

(2) **Für die Zeit, für welche dem Besitzer die Nutzungen verbleiben, findet auf ihn die Vorschrift des § 101 Anwendung.**

1 1. **Grundsatz.** Im Eigentümer-Besitzer-Verhältnis ist der unrechtmäßige Besitzer nur gem §§ 987–992 zur Herausgabe von Nutzungen und zum Schadensersatz verpflichtet, **I HS 2.** Zu Problematik und Ausnahmen Rn 10–15 vor § 987.

2 2. **Weitere Ausnahmen** in I HS 1. Betrifft nur Früchte, § 99 I, III (nicht Gebrauchsvorteile), die im Übermaß vom unverklagten gutgl Nicht-Deliktsbesitzer (Begriff § 992 Rn 1) wirklich gezogen worden und gem §§ 955 ff in sein Eigentum gefallen sind. Herausgabe nach § 818, Grenze in § 818 III (Rechtsfolgenverweisung).

3 3. Gezogene Nutzungen werden gem § 101 auf die Zeit vor und nach Rechtshängigkeit (§ 987) oder Kenntniserlangung (§ 990 I 2) verteilt, **II.**

Vorbemerkungen zu den §§ 994–1003

1 1. **Regelungsgegenstand** der §§ 994–1003 sind die *Gegenansprüche des Besitzers auf Verwendungsersatz* im Eigentümer-Besitzer-Verhältnis (zu diesem vgl Rn 1 vor § 987). Sie sind schuldrechtliche Ansprüche.

Titel 4. Ansprüche aus dem Eigentum **Vor §§ 994–1003**

2. Anwendungsbereich. a) Voraussetzung ist, daß der Besitzer (Verwender) 2
kein Recht zum Besitz hat. Es muß eine **Vindikationslage** iSv Rn 3 vor § 987
bestehen. §§ 994 ff gelten sowohl für den unberechtigten *Eigen- wie Fremdbesitzer.*
Letzerem sollen nach hM keine Ansprüche zustehen, die über sein vermeintliches
Besitzrecht hinausgehen (BGH NJW 79, 716 mN); zB sollen Ansprüche des
vermeintlichen Pfandgläubigers aus §§ 994 ff durch § 1216 begrenzt sein. Diese
Einschränkung wird aber der unterschiedlichen Interessenlage bei berechtigtem
und unberechtigtem Fremdbesitz nicht gerecht (ie Raiser JZ 58, 684 f; 61, 530;
differenzierend StGursky 36 ff). **b) Hat der unmittelbare Fremdbesitzer** (Be- 3
sitzmittler) aufgrund eines Vertrags mit seinem Oberbesitzer, der nicht der Eigentümer ist, Verwendungen auf die Sache gemacht, so sind die §§ 994 ff nur
anwendbar, wenn zwischen Fremdbesitzer und Eigentümer eine **Vindikationslage** (Rn 2) **zZ der Verwendung** besteht. **aa) Sie besteht,** wenn der Ober- 4
besitzer dem Eigentümer gegenüber von Anfang an weder zum Besitz (§ 986 I 1)
noch zur Überlassung an den Fremdbesitzer (§ 986 I 2; Raiser JZ 58, 683; 61,
529 f) berechtigt war. Dann ist der Fremdbesitzer von Anfang an nicht zum Besitz
berechtigt, folglich stehen ihm die Rechte aus §§ 994 ff gegen den Eigentümer zu.
Daneben können Vertragsansprüche gegen seinen Oberbesitzer bestehen (Raiser
JZ 58, 683 zu RG 142, 422). **bb) Sie besteht nicht** in folgenden Fällen: α) Der 5
Oberbesitzer ist dem Eigentümer gegenüber zum Besitz und zur Überlassung der
Sache an den Fremdbesitzer (Verwender) **berechtigt,** § 986 I 1 (BGH 27, 320 ff
[dazu Raiser JZ 58, 681 ff]; 34, 128 [dazu Raiser JZ 61, 529 ff]; 100, 102). Bsp: E
veräußert seinen Pkw unter EV an K, dieser gibt den Wagen an U zur Reparatur;
U stehen gegen E keine Rechte aus §§ 994 ff zu, er erlangt zur Sicherung seiner
Vertragsansprüche gegen K kein ges Unternehmerpfandrecht (§ 647) am Eigentum
des E, sondern nur am Anwartschaftsrecht des K (§ 1257 Rn 2). β) **War** der 6
Oberbesitzer dem Eigentümer gegenüber zu Besitz und Überlassung **berechtigt**
und entfällt dann sein Besitz- oder Überlassungsrecht mit Wirkung ex nunc, so
entsteht zwar eine Vindikationslage iSv § 985 (§ 986 I 1, 2), aber nicht für
§§ 994 ff; Rn 8 vor § 987 gilt entspr (vgl Rn 2 mit Verweis auf Rn 3 vor § 987).
Bsp wie bei Rn 5 mit der Ergänzung, daß E vom VKauf zurücktritt, weshalb das
Besitzrecht des K und folglich auch das des U gegenüber dem E entfällt, § 986 I 1
(vgl § 929 Rn 59); U stehen keine Rechte aus §§ 994 ff gegen E zu, er hat nur
Vertragsansprüche gegen K. AA BGH 34, 129 ff (insoweit abw BGH 75, 294):
§§ 994 ff gelten sogar für Verwendungen *vor* Wegfall des Besitzrechts.

3. Konkurrenzen. Nach hM (BGH 87, 301) regeln *§§ 994 ff abschließend* die 7
Gegenansprüche des unberechtigten Besitzers wegen Aufwendungen auf die Sache.
Für Verwendungen (Begriff: Rn 8) bestehen gem §§ 994 ff abgestufte Ersatzansprüche. Für Aufwendungen, die keine Verwendungen sind, besteht ggf ein
Wegnahmerecht (§ 997), aber kein Ausgleichsanspruch nach §§ 812, 951 (BGH
41, 159 und 346; NJW 96, 52 [aA Canaris JZ 96, 344 ff, wenn der Eigentümer den
durch Aufwendungen erlangten Mehrwert zB durch Veräußerung realisiert];
vgl § 951 Rn 23). Zur rechtspolitischen Begründung der Ausschließlichkeit Rn 9.
Gegen Ausschluß der Leistungskondiktion bei nichtigem Grund- und Erfüllungsgeschäft ErmHef 11 mwN. – Für den Deliktsbesitzer (§ 992 Rn 1) vgl § 850.

4. Begriff der Verwendungen: § 951 Rn 22. Verwendungen auf die Sache 8
sind auch geldwerte Arbeiten an der Sache, zB Reparaturen (BGH 68, 329;
weitergehend für Arbeitsleistungen schlechthin, zB Reifenwechsel, wohl BGH
131, 224 ff), aber weder der für sie gezahlte Kaufpreis (BGH NJW 80, 2247) noch
ihre Verwaltung (BGH KTS 83, 436). Das Ges unterscheidet notwendige (§ 994)
und nicht notwendige Verwendungen. Letztere sind entweder nützlich (§ 996)
oder unnütz (Luxus).

5. Grundgedanken der Regelung. **a) Die Einengung der Gegenansprüche** 9
des Besitzers (Rn 7) dient dem *Interesse des Eigentümers,* seinen Herausgabeanspruch
nicht durch beträchtliche Gegenansprüche für ungewollte Verwendungen entwer-

§§ 994–996 Buch 3. Abschnitt 3

tet zu sehen. Eine großzügige Qualifizierung von Aufwendungen als Verwendungen isD §§ 994 ff nützt dem Besitzer; auch hier bevorzugt aber die hM den
10 Eigentümer durch einen engen Verwendungsbegriff (Rn 8). **b) Das Haftungssystem** der §§ 994 ff geht vom unberechtigten Besitzer aus (Rn 2). Es unterscheidet zwischen bös- und gutgl Besitzer (§§ 994 II, 996 mit § 990); dem bösgläubigen steht der verklagte gutgl Besitzer gleich (§§ 994 II, 996); zum Deliktsbesitzer § 850. Bösgläubigkeit oder Rechtshängigkeit (§ 987 Rn 3 [bb]) müssen zZ der Verwendung vorliegen.

§ 994 Notwendige Verwendungen

(1) ¹**Der Besitzer kann für die auf die Sache gemachten notwendigen Verwendungen von dem Eigentümer Ersatz verlangen.** ²**Die gewöhnlichen Erhaltungskosten sind ihm jedoch für die Zeit, für welche ihm die Nutzungen verbleiben, nicht zu ersetzen.**

(2) **Macht der Besitzer nach dem Eintritt der Rechtshängigkeit oder nach dem Beginn der im § 990 bestimmten Haftung notwendige Verwendungen, so bestimmt sich die Ersatzpflicht des Eigentümers nach den Vorschriften über die Geschäftsführung ohne Auftrag.**

1 1. **Voraussetzungen. a)** Vgl zunächst Rn 2–6 vor § 994. **b) Begriff der Verwendungen:** Rn 8 vor § 994. Ersatzfähig sind nach I, II *notwendige Verwendungen,* auch die nicht mehr wertsteigernd vorhandenen (BGH 131, 223; sa § 996 aE). Sie sind bei Betrachtung ex ante zur Erhaltung und ordnungsmäßigen Bewirtschaftung der Sache obj erforderlich und ersparen dem Eigentümer daher eigene Auslagen (BGH 64, 339), zB Reparaturen, Aufbewahrungskosten, ferner Lasten (§ 995).

2 2. **Wirkungen. a) Dem unverklagten entgeltlichen gutgl Besitzer** sind die notwendigen Verwendungen zu ersetzen, **I 1**, mit Ausnahme der gewöhnlichen Erhaltungskosten (ds regelmäßig wiederkehrende Auslagen, die idR aus den Nutzungen bestritten werden, die dem unverklagten entgeltlichen gutgl Besitzer ver-
3 bleiben), **I 2. c) Der unverklagte unentgeltliche gutgl** Besitzer kann auch die gewöhnlichen Erhaltungskosten (Rn 2) ersetzt verlangen, weil ihm die Nutzungen
4 nicht verbleiben, § 988. **c) Bösgläubig oder nach Rechtshängigkeit** (§ 987 Rn 3 [bb]) gemachte notwendige Verwendungen werden nach GoA (§§ 683, 679, 684 S 2, ob auch S 1, ist str, abl StGursky 26) ersetzt, **II;** Fremdgeschäftsführungswille ist nicht gefordert (StGursky 22). Geschäftsherr ist der Eigentümer zZ der Verwendung. I 2 gilt entspr, wenn der bösgläubige oder verklagte Besitzer ausnahmsweise die Nutzungen behalten darf (BGH 44, 239), zB nach § 991 I.

§ 995 Lasten

¹**Zu den notwendigen Verwendungen im Sinne des § 994 gehören auch die Aufwendungen, die der Besitzer zur Bestreitung von Lasten der Sache macht.** ²**Für die Zeit, für welche dem Besitzer die Nutzungen verbleiben, sind ihm nur die Aufwendungen für solche außerordentliche Lasten zu ersetzen, die als auf den Stammwert der Sache gelegt anzusehen sind.**

1 1. **Gewöhnliche Lasten** sind zB Hunde- und Grundsteuer, Hypotheken- und Grundschuldzinsen. **Außerordentliche** Lasten sind einmalige Leistungen, zB Rückzahlung des Hypothekenkapitals (vgl auch § 1047). S 1 ergänzt § 994 I 1, II; S 2 entspricht § 994 I 2.

§ 996 Nützliche Verwendungen

Für andere als notwendige Verwendungen kann der Besitzer Ersatz nur insoweit verlangen, als sie vor dem Eintritt der Rechtshängigkeit und vor dem Beginn der im § 990 bestimmten Haftung gemacht werden und der

Titel 4. Ansprüche aus dem Eigentum **§§ 997–999**

Wert der Sache durch sie noch zu der Zeit erhöht ist, zu welcher der Eigentümer die Sache wiedererlangt.

1. **Anwendungsbereich.** Betrifft nur *nicht notwendige Verwendungen* des unver- 1
klagten gutgl Besitzers. Bösgläubig und nach Rechtshängigkeit (§ 987 Rn 3 [bb]) gemachte nicht notwendige Verwendungen sind nicht zu ersetzen (vgl „nur" in § 996). Insoweit besteht bloß ein Wegnahmerecht (§ 997).

2. **Sonstige,** dh nicht notwendige, Verwendungen sind *nur* dann zu ersetzen, 2
wenn sie den Wert der Sache noch zZ ihrer Wiedererlangung obj (StGursky 5 ff, str) erhöhen, sog **nützliche Verwendungen** (zur Abgrenzung Celle NJW-RR 95, 1527). Ist die nützliche Verwendung vor diesem Zeitpunkt untergegangen, so besteht kein Anspruch, ebensowenig für unnütze Verwendungen.

§ 997 Wegnahmerecht

(1) ¹Hat der Besitzer mit der Sache eine andere Sache als wesentlichen Bestandteil verbunden, so kann er sie abtrennen und sich aneignen. ²Die Vorschrift des § 258 findet Anwendung.

(2) Das Recht zur Abtrennung ist ausgeschlossen, wenn der Besitzer nach § 994 Abs. 1 Satz 2 für die Verwendung Ersatz nicht verlangen kann oder die Abtrennung für ihn keinen Nutzen hat oder ihm mindestens der Wert ersetzt wird, den der Bestandteil nach der Abtrennung für ihn haben würde.

1. **Allgemeines.** I setzt voraus, daß der Eigentümer der (Haupt-)Sache die 1
verbundene Sache gem §§ 946, 947 II zu eigen erworben hat (sonst jederzeitige Wegnahme durch den Besitzer möglich). Bereicherungsanspruch des Besitzers aus § 951 I 1 ist durch die §§ 994 ff ausgeschlossen (Rn 7 vor § 994).

2. Das **Wegnahmerecht, I,** steht jedem, auch dem verklagten und dem 2
bösgläubigen Besitzer zu, der die Verbindung vorgenommen oder zumindest finanziert hat (Erweiterung in § 951 II 2; dazu § 951 Rn 24). Der Besitzer muß nicht Eigentümer der verbundenen Sache gewesen sein (hM). Der Eigentümer der (Haupt-)Sache ist verpflichtet, die Abtrennung zu dulden. Die abgetrennte Sache kann sich (nur) der Besitzer aneignen (dazu § 958), str. I gibt kein Aussonderungsrecht (InsO 47), weil das Wegnahmerecht mehr Verschaffungs- als Herausgabeanspruch ist (hM). **Ausgeschlossen** ist das Recht nach **II;** Wertersatz (Alt 3) umfaßt auch Liebhaberinteresse des Besitzers.

3. Wegnahmerecht eines berechtigten Besitzers in §§ 459, 539 (552), 581 II, 591 a, 601 II 2, 1049 II, 1093 I 2, 1216 S 2, 2125 II.

§ 998 Bestellungskosten bei landwirtschaftlichem Grundstück

Ist ein landwirtschaftliches Grundstück herauszugeben, so hat der Eigentümer die Kosten, die der Besitzer auf die noch nicht getrennten, jedoch nach den Regeln einer ordnungsmäßigen Wirtschaft vor dem Ende des Wirtschaftsjahrs zu trennenden Früchte verwendet hat, insoweit zu ersetzen, als sie einer ordnungsmäßigen Wirtschaft entsprechen und den Wert dieser Früchte nicht übersteigen.

1. Ergänzt § 102. Landwirtschaftliches Grundstück: § 585 I. 1

§ 999 Ersatz von Verwendungen des Rechtsvorgängers

(1) **Der Besitzer kann für die Verwendungen eines Vorbesitzers, dessen Rechtsnachfolger er geworden ist, in demselben Umfang Ersatz verlangen, in welchem ihn der Vorbesitzer fordern könnte, wenn er die Sache herauszugeben hätte.**

Jauernig

§§ 1000, 1001 Buch 3. Abschnitt 3

(2) **Die Verpflichtung des Eigentümers zum Ersatz von Verwendungen erstreckt sich auch auf die Verwendungen, die gemacht worden sind, bevor er das Eigentum erworben hat.**

1   1. Alle Ansprüche des Vorbesitzers aus §§ 994–998 gehen auf den Rechtsnachfolger über, **I.** Voraussetzung ist Gesamtnachfolge oder ein der Besitzübertragung zugrundeliegendes, nicht notwendig wirksames Veräußerungsgeschäft (RG 129, 204; 158, 397; abw BGH 41, 346). Anspruchsübergang ist abdingbar.

2   2. Haftung des jetzigen Eigentümers auch für frühere Verwendungen, **II** (anders ZVG 93 II), sofern Voreigentümer ersatzpflichtig war (BGH NJW 96, 52). Dessen Genehmigung bindet nicht (StGursky 13; hM). Ein früherer Eigentümer kann ihm ausgleichspflichtig sein, zB gem §§ 433 I 2 iVm 435, 437.

§ 1000 Zurückbehaltungsrecht des Besitzers

¹**Der Besitzer kann die Herausgabe der Sache verweigern, bis er wegen der ihm zu ersetzenden Verwendungen befriedigt wird.** ²**Das Zurückbehaltungsrecht steht ihm nicht zu, wenn er die Sache durch eine vorsätzlich begangene unerlaubte Handlung erlangt hat.**

1   1. **Allgemeines.** Der Verwendungsanspruch wird erst mit Herausgabe der Sache an den Eigentümer oder dessen Genehmigung der Verwendungen fällig (§ 1001 Rn 1), so daß zuvor mangels Fälligkeit kein Zurückbehaltungsrecht aus § 273 II besteht. Deshalb gibt S 1 Sonderregel; gilt auch gegenüber Grundbuchberichtigungsanspruch (s § 894 Rn 10).

2   2. **a) Zum Zurückbehaltungsrecht** vgl zunächst Rn 1. §§ 273 III, 274 sind entspr anwendbar. § 1000 gibt obligatorisches Leistungsverweigerungsrecht (BGH
3   51, 252). **b) Ausschluß** des Rechts bei vorsätzlicher unerlaubter Handlung (S 2), nicht bei fahrlässiger verbotener Eigenmacht oder Straftat. Ausschluß ferner, wenn Verwendungen absolut oder im Verhältnis zu den herauszugebenden Nutzungen geringfügig sind (§ 242), nach hM auch, wenn das vermeintliche Besitzrecht ein Zurückbehaltungsrecht ausschließt, zB §§ 570, 578 I (dazu allg Rn 2 vor § 994).

§ 1001 Klage auf Verwendungsersatz

¹**Der Besitzer kann den Anspruch auf den Ersatz der Verwendungen nur geltend machen, wenn der Eigentümer die Sache wiedererlangt oder die Verwendungen genehmigt.** ²**Bis zur Genehmigung der Verwendungen kann sich der Eigentümer von dem Anspruche dadurch befreien, dass er die wiedererlangte Sache zurückgibt.** ³**Die Genehmigung gilt als erteilt, wenn der Eigentümer die ihm von dem Besitzer unter Vorbehalt des Anspruchs angebotene Sache annimmt.**

1   1. **Ersatzanspruch. a) Fällig** ist er erst mit Wiedererlangung oder Genehmigung, S 1 (nach aA fehlt dem Anspruch zuvor die Klagbarkeit oder er ist aufschiebend bedingt). Bis zur Fälligkeit hat der Besitzer nur die Rechte aus §§ 1000, 1003. Zurückbehaltungsrecht (§ 1000) und fälliger Ersatzanspruch hinsichtlich des Verwendungen können nicht gleichzeitig bestehen (BGH 51, 253 f). **b) Voraussetzungen.** Der wirkliche Eigentümer oder sein zur Genehmigung befugter Besitzmittler (BGH 87, 278: Besitzmittler schlechthin) muß unmittelbaren Besitz erlangt haben, gleich von wem (arg § 1002), oder der Eigentümer oder ein von ihm Ermächtigter muß genehmigt oder (S 3) die unter Vorbehalt angebotene Sache angenommen haben.

2   2. **Durch Rückgabe** verliert der Ersatzanspruch, sofern nicht vorher genehmigt worden ist, seine Fälligkeit (Rn 1 [a]), S 2. Nach Rückgabe lebt ein früheres Zurückbehaltungsrecht nicht wieder auf, weil ein fälliger Ersatzanspruch nicht mehr besteht (BGH 51, 253 f). Der Besitzer hat das Recht aus § 1003.

Titel 4. Ansprüche aus dem Eigentum **§§ 1002, 1003**

§ 1002 Erlöschen des Verwendungsanspruchs

(1) **Gibt der Besitzer die Sache dem Eigentümer heraus, so erlischt der Anspruch auf den Ersatz der Verwendungen mit dem Ablauf eines Monats, bei einem Grundstück mit dem Ablauf von sechs Monaten nach der Herausgabe, wenn nicht vorher die gerichtliche Geltendmachung erfolgt oder der Eigentümer die Verwendungen genehmigt.**

(2) **Auf diese Fristen finden die für die Verjährung geltenden Vorschriften der §§ 206, 210, 211 entsprechende Anwendung.**

1. Der **Ersatzanspruch erlischt** nach Ablauf einer Ausschlußfrist im Falle 1 vorbehaltloser (arg § 1001 S 3) freiwilliger Herausgabe durch den Besitzer (abw von § 1001 Rn 1 [b]) an den wirklichen Eigentümer oder einen zur Genehmigung befugten Besitzmittler (§ 1001 Rn 1 [b]). **Fristwahrung** durch Genehmigung (vgl § 1001 Rn 1 [b]) oder gerichtl Geltendmachung (§ 204) des Ersatzanspruchs; damit scheidet § 1002 aus und der Anspruch verjährt (§ 195). Zur Fristberechnung §§ 187 I, 188 II, III.

§ 1003 Befriedigungsrecht des Besitzers

(1) ¹**Der Besitzer kann den Eigentümer unter Angabe des als Ersatz verlangten Betrags auffordern, sich innerhalb einer von ihm bestimmten angemessenen Frist darüber zu erklären, ob er die Verwendungen genehmige.** ²**Nach dem Ablauf der Frist ist der Besitzer berechtigt, Befriedigung aus der Sache nach den Vorschriften über den Pfandverkauf, bei einem Grundstück nach den Vorschriften über die Zwangsvollstreckung in das unbewegliche Vermögen zu suchen, wenn nicht die Genehmigung rechtzeitig erfolgt.**

(2) **Bestreitet der Eigentümer den Anspruch vor dem Ablauf der Frist, so kann sich der Besitzer aus der Sache erst dann befriedigen, wenn er nach rechtskräftiger Feststellung des Betrags der Verwendungen den Eigentümer unter Bestimmung einer angemessenen Frist zur Erklärung aufgefordert hat und die Frist verstrichen ist; das Recht auf Befriedigung aus der Sache ist ausgeschlossen, wenn die Genehmigung rechtzeitig erfolgt.**

1. Allgemeines. Will der Besitzer die Sache nur nach vorheriger Erfüllung 1 seiner Ansprüche herausgeben, zahlt oder genehmigt der Eigentümer aber nicht, so bleibt die Fälligkeit des Ersatzanspruchs in der Schwebe (§ 1001 Rn 1 [a]). Diesen **Schwebezustand** kann der Besitzer nach I 1 **beenden:** Er muß dem Eigentümer den verlangten Betrag mitteilen und ihn auffordern, binnen angemessener Frist zu genehmigen. Die Rechtsfolgen sind je nach dem Verhalten des Eigentümers verschieden.

2. Rechtsfolgen. a) Genehmigt der Eigentümer rechtzeitig, so wird der Er- 2 satzanspruch fällig, § 1001 S 1. § 1002 gilt nicht. **b) Befriedigung aus der Sache** 3 kann der Besitzer suchen, wenn nicht fristgerecht genehmigt (I 2) und der Anspruch auch nicht innerhalb der Frist bestritten wird (II). Einen Ausfall trägt er selbst. Durchführung des Befriedigungsrechts: bei Fahrnis gem §§ 1233 ff; bei Grundstücken durch Klage auf Duldung der Zwangsvollstreckung in das Grundstück, aufgrund des Duldungstitels Zwangsversteigerung oder Zwangsverwaltung (ZVG 15 ff, 146 ff), nicht Eintragung einer Zwangshypothek (ZPO 866 ff), weil diese keine Befriedigung gewährt. **c) Bei fristgerechtem Bestreiten des** 4 **Anspruchs** muß der Besitzer ein rechtskräftiges Feststellungsurteil erreichen und danach wieder erfolglos eine Frist nach I 1 setzen, **II.** Die Klagen auf Feststellung (ZPO 256 I), gerichtl Bestimmung der Frist (II, I 1) und Duldung (Rn 3) können in entspr Anwendung von ZPO 255, 259 verbunden werden (RG 137, 101).

Jauernig

§ 1004 Beseitigungs- und Unterlassungsanspruch

(1) ¹Wird das Eigentum in anderer Weise als durch Entziehung oder Vorenthaltung des Besitzes beeinträchtigt, so kann der Eigentümer von dem Störer die Beseitigung der Beeinträchtigung verlangen. ²Sind weitere Beeinträchtigungen zu besorgen, so kann der Eigentümer auf Unterlassung klagen.

(2) Der Anspruch ist ausgeschlossen, wenn der Eigentümer zur Duldung verpflichtet ist.

1   **1. Allgemeines. a) Funktion.** Die Abwehransprüche des § 1004 (auch Abwehrklage oder *actio negatoria* genannt) konkretisieren ebenso wie § 985 die Ausschließungsbefugnis des Eigentümers aus § 903 S 1. Die Gleichheit von Zweck und Gegenstand des Rechtsschutzes gestattet es, Unklarheiten bei Handhabung des § 1004 durch Rückgriff auf Problemlösungen bei § 985 aufzuhellen (Bsp in Rn 21). Wegen ihrer Zweckgebundenheit sind die Abwehransprüche als dingliche Ansprüche nicht selbständig abtretbar (BGH 60, 240; Rn 8 vor § 854), aber eine Ermächtigung Dritter zur Geltendmachung im eigenen Namen ist möglich (§ 985
2   Rn 10 gilt entspr). **b) Anwendungsbereich.** Unmittelbar gilt § 1004 nur für das *Eigentum*. Er gilt kraft Ges entspr für *beschränkte dingliche Rechte* (§§ 1027, 1065, 1090 II, 1227, ErbbauVO 11 I 1, WEG 34 II). Für *andere absolute Rechte* besteht vielfach ausdr ein ähnlicher Schutz (zB § 12, HGB 37 II 1, UrhG 97 I 1, MarkenG 14 V, 15 IV, 128 I, 135 I, PatG 47 I, GeschmMG 14 a I 1, GebrMG 15 I, BDSG 20, 35, 6 I). Absolute Rechte, für die eine entspr Regelung in Ges unmittelbar nicht vorgesehen ist, genießen in entspr Anwendung von § 1004 ebenfalls negatorischen Schutz, zB das allg Persönlichkeitsrecht (BGH 91, 239; NJW 92, 1959; BAG NJW 86, 1065) und das Recht am eingerichteten und ausgeübten Gewerbebetrieb (BGH NJW 98, 2059 f; str). Darüber hinaus werden auch deliktisch geschützte *Rechtsgüter* entspr erfaßt, insbes die des § 823 I (Leben, Körper, Gesundheit, Freiheit, ferner Gemeingebrauch, BGH NJW 98, 2059 f) und II iVm einem SchutzGes (BGH 122, 3 f), sog quasinegatorischer Schutz, *actio quasinegatoria*. Dazu
3   ie Rn 6 vor § 823. **c) Zwei Ansprüche** gibt § 1004: auf Beseitigung (I 1) und auf Unterlassung (I 2), aber nicht auf Schadensersatz (zur Problematik Rn 7). Beide Ansprüche unterscheiden sich nach Voraussetzungen und Folgen; das wird vielfach übersehen (zB in BGH 29, 317; 67, 253).

4   **2. Beeinträchtigung des Eigentums,** außer Entziehung oder Vorenthaltung des Besitzes (dafür § 985), ist *Voraussetzung* der Abwehransprüche. **a) Bsp:** Betreten fremden Grundstücks; Abladen von Müll; unzulässige Immissionen (§ 906 Rn 2, 9–11), Einwirkungen iSd §§ 907, 909, 910, 912; unerwünschte (Post-)Wurfwerbung (Frankfurt/M NJW 96, 934 f); aber nicht die gewerbliche Nutzung fremden Eigentums durch Herstellung und Vertrieb von Fotografien (BGH NJW 89, 2252 mN) oder von Kopien einer Plastik (BGH 44, 293 f), nicht das Bestreiten fremden Eigentums (Köln NJW 96, 1291), nicht die wirksame Bestellung von Grundpfandrechten durch Nichtberechtigten (§ 989 Rn 1). Negative Einwirkungen bewirken keine Beeinträchtigung (§ 903 Rn 3); ideelle (sittliche, ästhetische) Einwirkungen
5   können bei entspr Intensität beeinträchtigen (§ 906 Rn 2). **b) Gleichgültig** für das Vorliegen einer Beeinträchtigung ist, ob sie durch die **Handlung eines Menschen** herbeigeführt worden ist, sei es unmittelbar (A überquert das Grundstück des E), sei es mittelbar (A schrägt sein Hausgrundstück beim Hausbau so ab, daß beim nächsten Wolkenbruch Geröll von seinem auf das Nachbargrundstück gespült wird), oder ob die Beeinträchtigung überhaupt nicht auf menschlichem Handeln beruht (das Hanggrundstück des A blieb im natürlichen Zustand, trotzdem wird Geröll auf das Nachbargrundstück geschwemmt). Diese Frage spielt erst bei der Suche nach dem beseitigungspflichtigen Störer eine Rolle (BGH NJW 95, 2634 mN; Rn 7). Nach aA liegt eine Beeinträchtigung iSv § 1004 nur vor, wenn sie von einem Störer ausgeht (StGursky 17).

Titel 4. Ansprüche aus dem Eigentum § 1004

3. Der Beseitigungsanspruch, I 1, zielt auf Beseitigung einer bestehenden 6
Beeinträchtigung für die Zukunft. Ist Beseitigung unmöglich, so entfällt I 1.
a) Voraussetzung ist eine bereits eingetretene, *gegenwärtig* – dh im Prozeß: zZ der
letzten mündlichen Tatsachenverhandlung – *noch fortbestehende Beeinträchtigung* des
Eigentums. **b) Ziel** ist nur die Beseitigung der Beeinträchtigung, nicht das Unter- 7
binden künftigen Verhaltens (so aber Gursky JR 89, 400 und StGursky 133, weil er
I 1 und 2 „fast nahtlos" ineinander übergehen läßt [sa BGH 121, 247 f], was
materiellrechtlich unzutr [BGH NJW 96, 846] und prozessual mit ZPO 887 f, 890
unvereinbar ist, s Rn 9, 12, 13), **nicht Ersatz des Schadens,** den die beeinträchtigende Einwirkung herbeigeführt hat. Schadensersatz gem §§ 823 ff setzt
Verschulden des Täters voraus; § 1004 verlangt kein Verschulden des Störers (BGH
NJW 90, 2058), ist aber SchutzGes iSv § 823 II (hM; aA StGursky 164 mN). Die
Abgrenzung von Beeinträchtigung (I) und Schaden (§ 823) ist daher notwendig,
um zu verhindern, daß § 1004 einen Schadensersatzanspruch ohne Verschulden
gewährt (zur Problematik BGH 135, 238 f; NJW 96, 846 f [dazu Rn 8]; zum
„Schadensersatz" in AVB: BGH NJW 00, 1196). Eine zutr Abgrenzung löst das
Problem, macht es aber nicht zum Scheinproblem, auch nicht „fast" (so aber StGursky 136, dessen Abgrenzung – im Anschluß an Picker, Der negatorische Beseitigungsanspruch, 1972 – die Anwendbarkeit von § 1004 unangemessen einengt, sa
ErmHef 7; Rn 20). Als Beeinträchtigung ist nur die *Störungsquelle* anzusehen, nicht
die von ihr ausgehende weitere Störung. Bsp (sa BGH NJW 96, 846): Bei einem
Dammbruch ist Störungsquelle das Loch im Damm, seine Beseitigung kann verlangt
werden, nicht die der Überschwemmungsschäden; ist Sand vom Nachbargrundstück angeschwemmt worden, so kann Beseitigung des Sandes (aA StGursky
138), aber nicht Ersatz für die vom Sand zerstörten Pflanzen verlangt werden (BGH
49, 343, 349 f); bei einem Gasrohrbruch ist das gebrochene Rohrstück auszuwech-
seln, aber nicht der Explosionsschaden zu ersetzen (RG 63, 379; sa BGH 97, 236 f);
fängt ein Bahndamm infolge Brandes einer benachbarten Abraumhalde Feuer, so
verpflichtet I 1 zum Löschen des Feuers (aA StGursky 138), aber nicht zum Ersatz
des zerstörten Bahndamms (Baur AcP 160, 490; aA RG 127, 34 f); verstopfen
Baumwurzeln einen Abwasserkanal, so ist nach I 1 die Verstopfung zu beseitigen,
nicht der Kanal instandzusetzen (aA BGH NJW 95, 396); kontaminiert versickertes
Öl das Nachbargrundstück, so ist die verölte Erde zu beseitigen, da das beeinträchtigende Öl nur so zu entfernen ist (BGH NJW 96, 846 f; aA im Anschluß an
Picker aaO Buchholz//Radke Jura 97, 454 ff; Lobinger JuS 97, 981 ff, dazu abl
Rn 20). **c) Kosten** der Beseitigung trägt der Störer (Begriff: Rn 15–17). Zum 8
Rückgriff über GoA, § 812 I 1 gegen ihn, wenn der Gestörte beseitigt hat, BGH
NJW 99, 3635. Mitverantwortlichkeit des gestörten Eigentümers für die Störung
„begrenzt" den Beseitigungsanspruch durch Kostenteilung (§ 254 entspr), BGH
135, 239 f. Grund: Die Rspr. nähert den Beseitigungsanspruch umfangmäßig einem
Schadensersatzanspruch an. **d) Klage und Urteil** lauten idR nur auf Beseitigung 9
der konkret bezeichneten Beeinträchtigung und überlassen die Wahl des geeigneten
Mittels dem verurteilten Störer (BGH 120, 246). Kommt lediglich *ein* Mittel als
geeignet in Betracht, so kann zu seinem Gebrauch verurteilt werden (BGH 120,
248). Die Vollstreckung richtet sich nach ZPO 887 oder 888, nicht 890 (str; zur
praktischen Bedeutung Jauernig, ZwV, § 27 IV; zur Abgrenzung von Beseitigungs-
und Unterlassungsanspruch Rn 13). Ist die Beeinträchtigung freiwillig oder
zwangsweise beseitigt worden und wird sie später erneuert, so kann aus dem alten
Urteil nicht mehr oder wieder vollstreckt werden; der Titel ist verbraucht. **e)** Zum
Widerruf von Tatsachenbehauptungen als Beseitigung s § 823 Rn 84–86.

4. Der Unterlassungsanspruch, I 2, setzt künftige Beeinträchtigungen voraus. 10
Der Anspruch zielt auf ihre Verhinderung. **a) Er ist ein materiellrechtlicher
Anspruch** und nicht nur ein prozessualer Rechtsbehelf (StGursky 205 mN; hM).
b) Voraussetzungen. Nach I 2 müssen weitere Beeinträchtigungen drohen, dh es 11
muß die auf Tatsachen gestützte obj ernstliche Gefahr alsbaldiger weiterer nicht zu

Jauernig 1207

§ 1004 Buch 3. Abschnitt 3

duldender Störungen bestehen, sog **Wiederholungsgefahr** (für sie spricht wegen der früheren Beeinträchtigungen eine „tatsächliche Vermutung" iSd Anscheinsbeweises, BGH NJW 99, 358 f). Es genügt aber schon die Gefahr einer ersten Störung, sog **Erstbegehungsgefahr** (allgM: „vorbeugende" Unterlassungsklage; zur Terminologie Baur JZ 66, 381 f). Das Bestehen der Wiederholungs- oder Erstbegehungsgefahr ist Entstehungsvoraussetzung des materiellrechtlichen Unterlassungsanspruchs (StGursky 208; allg BGH 117, 271 f; hM). Fehlt die Gefahr, so ist die Unterlassungsklage unbegründet. Fehlt bereits in der Klage die schlüssige Behauptung einer Gefahr, so mangelt das Rechtsschutzinteresse und die Klage ist unzulässig (aA die hM: auch dann fehle bloß eine materielle Voraussetzung).

12 **c) Der Anspruchsinhalt** richtet sich nach der drohenden Beeinträchtigung. **Klage und Urteil** lauten idR nur auf Unterlassung der konkret weder zu eng noch zu weit umschriebenen Beeinträchtigung (zur Eingrenzungsproblematik Jauernig, ZwV, § 27 IV mN; BGH 121, 251 f; NJW 99, 356 f [betr Geruchsbelästigung durch Schweinemästerei]). Unterbleibt die künftige Beeinträchtigung nur bei Unterlassung einer ganz bestimmten Handlung, so kann dazu verurteilt werden (Jauernig NJW 73, 1672; sa BGH 67, 253). Ausgeschlossen ist jedoch die Verurteilung zu einem bestimmten Handeln, „um zu unterlassen". Damit würde – durch einen Wechsel der Vollstreckungsart (von ZPO 890 zu 887, 888) – entgegen dem Ges (ZPO 890) ein künftiges Unterlassen unmittelbar erzwungen werden können (dafür BGH 121, 247 f; sa Rn 3 [b]). Diesem „Vorteil" stünde der „Nachteil" gegenüber, daß nach einer freiwilligen Erfüllung oder einer Vollstreckung des Urteils auf „Unterlassung durch Handeln" nicht mehr wegen einer späteren Zuwiderhandlung vollstreckt werden könnte; der Titel wäre verbraucht (vgl Rn 9). Die **Vollstreckung** eines Unterlassungstitels richtet sich stets allein nach ZPO 890, nicht (wahlweise) nach ZPO 887, 888 (BGH NJW 82, 440; insoweit aA StGursky 237 mN; zur praktischen Bedeutung Jauernig, ZwV, § 27 IV, sie übergeht StGursky 237).

13 **d) Die Abgrenzung zum Beseitigungsanspruch** ist auch dann möglich und notwendig, wenn künftige Unterlassung einer bereits gegenwärtigen Beeinträchtigung verlangt wird (Henckel AcP 174, 99 Fn 3 mN; Jauernig NJW 73, 1672 f): Das Unterlassungsbegehren ist nur gerechtfertigt, wenn künftige Beeinträchtigungen drohen (Rn 11; allg BGH 117, 271 f); andernfalls kann nur Beseitigung der gegenwärtigen Beeinträchtigung verlangt werden (BGH NJW 57, 1676).

14 **5. Anspruchsberechtigt** ist der Eigentümer, bei entspr Anwendung von § 1004 (Rn 2) derjenige, dem das verletzte Recht(sgut) zugeordnet ist. – Für den **Miteigentümer** vgl § 1011 Rn 1, 2. – Der **Rechtsnachfolger** des Eigentümers ist bei Fortdauer der Störung ohne weiteres berechtigt, weil der Abwehranspruch automatisch mit dem Eigentum übergegangen ist (BGH 98, 241; Rn 1); weitere Einzelheiten bei Pikart WM 76, 608. ZPO 265 ist anwendbar (BGH 18, 225 f).

15 **6. Der Anspruchsgegner** heißt **Störer** (Lit: Herrmann, Der Störer nach § 1004, 1987). Er muß in einer bestimmten Kausalbeziehung zur Beeinträchtigung stehen. Dabei wird zwischen Handlungsstörern und Zustandsstörern unterschieden (krit MK/Medicus 33 f). Die Unterscheidung selbst hat keine praktische Konsequenzen, die Übergänge sind fließend. **Verschulden** des Störers wird **nicht**
16 verlangt (BGH NJW 90, 2058). **a) Handlungsstörer** ist, wer durch eigenes Tun oder pflichtwidriges Unterlassen die Beeinträchtigung adäquat verursacht (BGH NJW-RR 01, 232), zB durch Überqueren des Grundstücks, Abladen von Müll (sa Rn 20), Betreiben einer übelriechenden Schweinemästerei. Bei einem Unternehmen ist Störer nicht der weisungsgebundene AN, sondern der Unternehmer, sofern die Beeinträchtigung auf Weisungen oder deren pflichtwidriges Unterlassen seitens des Unternehmers zurückgeht (BGH DB 79, 544 f). Entspr zugerechnet werden, da eigene Willensbetätigung vorliegt: Lärm von Gaststättenbesuchern dem Gastwirt (BGH NJW 63, 2020; ob der Gastwirt den Lärm verhindern kann oder nicht, läßt das Vorliegen einer Störung unberührt, BGH NJW 00, 2902 mN, OLG München NJW-RR 00, 681); Belästigungen durch Drogensüchtige und Dealer

Titel 4. Ansprüche aus dem Eigentum **§ 1004**

dem Drogenhilfezentrum (BGH NJW 00, 2902; sa § 906 Rn 14), Beeinträchtigungen durch eine gewerbliche Anlage (nicht nur dem Inhaber, sondern auch) demjenigen, in dessen Interesse und mit dessen Geld die Anlage errichtet ist und unterhalten wird (RG 155, 319 f). Diese Zurechnungsfälle liegen auf der Grenze zur Zustandsstörung. **b) Zustandsstörer** ist, wer durch seine Willensbetätigung **17** mittelbar adäquat (also nicht unmittelbar durch eine Handlung) einen beeinträchtigenden Zustand herbeigeführt hat, sofern er den Zustand beseitigen oder verhindern kann (BGH NJW-RR 01, 232). Bsp: Bei Verpachtung einer Gaststätte ist der Verpächter Zustandsstörer, weil er den störenden Zustand (die störende „Anlage") mittelbar willentlich veranlaßt hat (ob er etwas dagegen unternehmen kann oder nicht, läßt das Vorliegen einer Störung unberührt [abl StGursky 122], doch scheidet eine Verurteilung nach I aus, wenn der Störer unter keinen Umständen in der Lage ist, die Störung zu beseitigen, BGH NJW 00, 2902; sa Koblenz NJW-RR 02, 1032 zum mittelbaren Handlungsstörer). Der Pächter ist Handlungsstörer (auch hier können Zurechnungsprobleme auftauchen, Rn 16; sa BGH NJW 00, 2902: mittelbarer [Handlungs-]Störer). Eltern können Zustandsstörer bzgl ihrer störenden Kinder sein (Düsseldorf NJW 86, 2512: nein, wenn Eltern machtlos!). Störer kann der Landeplatzhalter eines Flugplatzes sein (BGH 69, 123 f). Ist ein gestohlener Pkw vom Dieb auf fremdem Boden abgestellt worden, so ist damit der Eigentümer des Pkw noch nicht Störer (keine Willensbetätigung!), sondern erst, und weil er ihn trotz Aufforderung des Grundstückseigentümers nicht abholt (widersprüchlich Gursky JR 89, 401, 402). Störungen durch den iSv § 446 besitzenden Grundstückskäufer machen den Verkäufer nicht zum Zustandsstörer (BGH NJW 98, 3273). Das Eigentum an der störenden Sache oder Anlage begründet allein noch keine Haftung (BGH NJW-RR 01, 1208 mN; sog Anlagentheorie). Das ist wichtig für Störungen infolge normaler landwirtschaftlicher Nutzungsänderung (BGH 114, 187 f) sowie von Naturereignissen (BGH NJW 95, 2634; dazu krit Herrmann NJW 97, 153 ff). Störer ist zB nicht der Eigentümer eines Grundstücks, von dem durch Wolkenbruch Sand auf das Nachbargrundstück geschwemmt wird (anders, wenn das Abschwemmen durch eine Handlung des Eigentümers ermöglicht wurde, zB durch Abschrägen des Grundstücks beim Hausbau; vgl BGH NJW-RR 96, 659). AA die Eigentümertheorie (Kübler AcP 159, 276 ff mN), weil Eigentum „verpflichte" (dagegen zutr BGH 142, 69 mN); nur scheinbar anders die Kausalhaftungstheorie: Haftung an sich auch für höhere Gewalt, außer bei praktischer Unmöglichkeit von Sicherungsmaßnahmen oder gem § 242 (Herrmann JuS 94, 277 ff, 280). – Zu kriegsbedingten Katastrophenfällen BGH 19, 129 f; 28, 111. – Zum Rechtsnachfolger als Zustandsstörer Rn 19. **c) Gegen mehrere Störer** ist **18** je ein selbständiger Abwehranspruch gegeben ohne Rücksicht auf ihre einzelnen Tatbeiträge; diese bestimmen lediglich den Inhalt des jeweiligen Abwehranspruchs (BGH NJW 76, 800). § 830 I 2 gilt entspr (LG Köln NJW-RR 90, 866). Bsp für Störung durch mehrere: Verpächter und Pächter (Rn 17); Verfasser, Verleger, Hersteller, Importeur und andere bei Herstellung und Vertrieb eines Druckwerks mitwirkende Personen (BGH NJW 76, 800; sa BGH 66, 187 f für eine Fernsehsendung). **d) Der Rechtsnachfolger** eines Störers ist selbst Störer, sofern die Störung **19** noch andauert; daß er in der Lage und verpflichtet ist, die Störung zu beseitigen, muß hinzukommen (Rn 16, 17). Den störenden Zustand (die störende Anlage) muß er nicht herbeigeführt haben (BGH NJW 89, 2542). Der **Rechtsvorgänger** haftet nur, wenn er zur Beseitigung noch in der Lage ist (sa BGH 41, 396, 398). **e) Besitz- oder Eigentumsaufgabe** allein beseitigt Störereigenschaft nicht (BGH **20** 41, 397; zur öffentl-rechtlichen Zustandshaftung BVerwG NJW 99, 231). Nach A ist § 1004 unanwendbar, wenn der Eigentümer seine störende Sache, zB Müll, derelinquiert (StGursky 112; JR 89, 401 f im Anschluß an Picker, s FS Gernhuber, 1993, S 337 ff, 356 f) oder sonst sein Eigentum verliert (zB durch Einsickern von Öl auf Nachbargrundstück [§ 946], Lobinger JuS 97, 981 ff; sa Rn 7). Das soll sich „unmittelbar aus dem geltenden Recht" ergeben (Picker aaO S 337), wie sich daran zeige, daß der Anspruch aus § 894 mit Löschung des Scheinberechtigten und

§ 1005 Buch 3. Abschnitt 3

der Anspruch aus § 985 mit Besitzverlust des Gegners entfielen und mit ihnen die „Usurpationen" einer faktischen Eigentümerstellung zu Lasten des gestörten Eigentümers („strikte Parallelität von § 1004 und § 985": Lobinger JuS 97, 983; sa Buchholz//Radke Jura 97, 460). Beide Male entfällt ein Faktum („Buchbesitz", „echter" Besitz), bei der Dereliktion hingegen entfällt ein Recht. Auf dieser Ebene ergibt sich ein anderes Bild: Der Eigentumsverzicht des eingetragenen Nichteigentümers (§ 928 I) ist wirkungslos, vor einer (unwirksamen) Aneignung (§ 928 II 2) ist er „doppelt" zur Berichtigung verpflichtet (§ 894): wegen des Verzichts (s BGH 115, 10) und nach dessen Löschung wegen der Fehleintragung als Eigentümer (sa StPfeifer § 928, 26); verliert der Besitzer iSv § 985 sein Besitz*recht*, so wird der Anspruch begründet (§ 986 Rn 2), nicht vernichtet.

21   **7. Der Anspruch ist ausgeschlossen,** wenn der Eigentümer die Beeinträchtigung dulden muß, **II. b) Zu dulden** ist sie, wenn der Störer zu ihr berechtigt ist. Daraus schließt die hM, daß die Rechtswidrigkeit der Beeinträchtigung Anspruchsvoraussetzung sei (BGH 142, 235). Der Schluß geht fehl, wie § 985 beweist. Dort spielt die Rechtswidrigkeit der Vorenthaltung des Besitzes keine Rolle (unstr); erheblich ist nur, ob die Beeinträchtigung des Eigentums berechtigt und daher der Anspruch ausgeschlossen ist (§ 985 Rn 9). Nur darum geht es auch bei § 1004 (Münzberg JZ 67, 690 f; BGH 66, 39 mit Anm Picker JZ 76, 370 f; jetzt auch ErmHef 32; differenzierend nach Zustands- und Handlungshaftung StGursky 166). Das Ges sieht den Ausschluß in § 986 vom störenden Besitzer her (Recht zum Besitz), in § 1004 II vom gestörten Eigentümer aus (Pflicht zur Duldung). Eine bisher bestehende Duldungspflicht des Eigentümers kann durch Änderung der Verhältnisse entfallen und damit ein Anspruch aus I entstehen (Bsp: BGH 57, 325 ff; 110, 315), nicht anders als der Anspruch aus § 985 bei Wegfall des Besitzrechts (§ 986 Rn 1). Das Mysterium der Umwandlung bisher rechtmäßigen Verhaltens in rechtswidriges findet nicht statt (abw Pikart WM 76, 609 zu BGH WM 76, 275; sa Baur AcP 160, 481, SoeMühl 81, die – vom Standpunkt der hM – glauben, hier gehe es zumindest auch um den Streit „Erfolgs- oder Handlungsunrecht", wovon
22   aber ebensowenig wie bei § 985 die Rede sein kann). **b) Grundlagen der Duldungspflicht.** Ges privatrechtlichen Inhalts (zB §§ 227–229, 904 S 1, 905 S 2, 906 ff; in Extremfällen § 242: BGH NJW 91, 2827) und öffentl-rechtlichen Inhalts (Bsp: § 903 Rn 4 [bb], ferner StGB 193), Gemeingebrauch (§ 905 Rn 4), richterliche Anordnungen (zB einstw Verfügung, LM Nr 1 zu § 926 ZPO), dingliches Recht (Bsp: Dienstbarkeit, § 1018 Rn 4; § 1090 Rn 2–9), schuldrechtlicher Vertrag zwischen Eigentümer und Störer oder einem Dritten (entspr § 986 I 1: BGH
23   NJW 58, 2062; Bsp: Miete, Pacht). **c) Berücksichtigung im Prozeß** entspr
24   § 986 Rn 2. **Beweislast** für Duldungspflicht beim Störer (BGH 106, 145). **d) Ein verschuldensunabhängiger nachbarrechtlicher Ausgleichsanspruch** analog § 906 II 2 kann bestehen, wenn die Beeinträchtigungen aus bes Gründen nicht gem § 1004 abgewehrt werden können, § 906 Rn 15, § 908 Rn 2, § 909 Rn 4.

25   **8. Verjährung:** §§ 195, 198, 199 I, IV. Bei Zusammentreffen mit § 548 gilt dieser (BGH 98, 241 zu § 558 aF). § 902 I 1 ist anwendbar (§ 902 Rn 1).

26   **9. Konkurrenzen. a) § 985** und I 1 sind nebeneinander anwendbar (LM Nr 14), ebenso I und § 862. **b) Grundbuchberichtigung** kann nur nach § 894, nicht auch nach I 1 verlangt werden (vgl RG 158, 45; sa StGursky § 894, 64). **c) § 910** schließt den I 1 nicht aus (§ 910 Rn 1).

§ 1005 Verfolgungsrecht

Befindet sich eine Sache auf einem Grundstück, das ein anderer als der Eigentümer der Sache besitzt, so steht diesem gegen den Besitzer des Grundstücks der im § 867 bestimmte Anspruch zu.

1   **1.** Bedeutungslose Vorschrift, vgl § 867 Rn 1. Herausgabeverweigerung ist idR Besitzergreifung, so daß § 985 anwendbar ist.

Titel 4. Ansprüche aus dem Eigentum **§ 1006**

§ 1006 Eigentumsvermutung für Besitzer

(1) ¹Zugunsten des Besitzers einer beweglichen Sache wird vermutet, dass er Eigentümer der Sache sei. ²Dies gilt jedoch nicht einem früheren Besitzer gegenüber, dem die Sache gestohlen worden, verloren gegangen oder sonst abhanden gekommen ist, es sei denn, dass es sich um Geld oder Inhaberpapiere handelt.

(2) Zugunsten eines früheren Besitzers wird vermutet, dass er während der Dauer seines Besitzes Eigentümer der Sache gewesen sei.

(3) Im Falle eines mittelbaren Besitzes gilt die Vermutung für den mittelbaren Besitzer.

1. **Gegenstand der Vermutung.** Str ist, ob das gegenwärtige Eigentum des Besitzers vermutet wird (*Rechtszustandsvermutung;* dafür Rosenberg, Die Beweislast, 5. Aufl, § 16) oder nur der Erwerb unbedingten Eigentums zZ des Besitzerwerbs (*Erwerbsvermutung;* dafür BGH NJW-RR 00, 1585 mN, stRspr; Baur § 10 Rn 6; StGursky 7). Die Erwerbsvermutung setzt nach hM (BGH NJW 02, 2101; Baumgärtel II Rdn 1, 2) die Gleichzeitigkeit von Eigenbesitz- und Eigentumserwerb voraus, so daß § 1006 zB beim Eigentumserwerb durch Ersitzung nach § 931 Rn 10 ausscheidet (mR aA M. Wolf JuS 85, 941 ff). Die Erwerbsvermutung wird durch eine *Bestandsvermutung* ergänzt: Für die Zeit des Eigenbesitzes und nach Besitzverlust für die Zeit bis zur Begründung fremden Eigenbesitzes wird vermutet, daß das erworbene Eigentum fortbesteht (s II; BGH NJW 95, 1293). Die Bestandsvermutung gilt erst recht, wenn der Eigentumserwerb feststeht (M. Wolf JuS 85, 943). – Bei entspr Anwendung (§§ 1065, 1227) werden Erwerb und Bestehen des Nießbrauchs oder Pfandrechts vermutet. – Die Vermutung bezieht sich nur auf **bewegliche Sachen** (für Grundstücke vgl § 891). Zu ihnen gehören nicht Sparbücher (LM Nr 13), Fahrzeugbriefe (§ 1006 gilt für den Besitzer des Fahrzeugs, nicht des Briefs).

2. **Geltung der Vermutung. a) Nur zugunsten des Eigenbesitzers** (arg I 1 mit III), sowohl für den unmittelbaren wie den mittelbaren (III), den jetzigen (I 1) wie den früheren für die Dauer seines Besitzes (II). Bei mehrstufigem mittelbarem Besitz (§ 871) gilt III nur für den höchststufigen Oberbesitzer. Eigenbesitzer ist auch der unmittelbar oder mittelbar besitzende Sicherungseigentümer (BGH NJW 62, 102; LM Nr 11; Baumgärtel II Rn 13). Der Besitzdiener (§ 855) ist kein (Eigen-)Besitzer. Nach §§ 1065, 1227 gilt die Vermutung für Fremdbesitzer (Nießbraucher, Pfandgläubiger). **b) Für den Besitzer** besteht – außer nach §§ 1065, 1227, 1006 – die *tatsächliche Vermutung* isd Anscheinsbeweises, daß er *Eigen*besitzer ist (vgl Baumgärtel II Rn 9 mN). **c) Nur in einem Verfahren** (gerichtl, behördliches) gilt sie (s Rn 2 vor § 891). § 1006 betrifft nicht die materiellrechtliche Frage des Erwerbs oder Verlustes eines Rechts. **d) Die Vermutung kann ausgeräumt** werden, entweder durch den Nachweis des Abhandenkommens (Begriff: § 935 Rn 2–9; Beweislast beim Vermutungsgegner), da dann rechtsgeschäftlicher Eigentumserwerb nur ausnahmsweise möglich ist (BGH NJW 95, 1293 f), stets aber an Geld und Inhaberpapieren (§ 935 II, daher I 2 aE), ferner durch Erschütterung der Vermutungsbasis (kein Besitz; kein Eigenbesitz, vgl Rn 3) oder Widerlegung der Rechtsvermutung selbst (schon kein Erwerb oder nachträglicher Verlust des Eigentums). Die Rechtsvermutung ist nicht erst dann widerlegt, wenn jede denkbare Möglichkeit, daß der Besitzer Eigentümer ist, ausgeschlossen ist, sondern schon mit Ausräumung des naheliegenden Erwerbsgrundes (zB Ersitzung nach fehlgeschlagener Übereignung), solange der Besitzer nicht einen weiteren Erwerbsgrund (zB Genehmigung der fehlgeschlagenen Übereignung) vorbringt (Baumgärtel II Rn 17; StJ/Leipold § 292, 17 mN). Ob die Vermutung widerlegt ist, ist eine Frage der Beweiswürdigung (LM Nr 2, 8). Einen (naheliegenden) Erwerbsgrund auszuräumen, kann schwierig sein, weil der Besitzer

1

2

3

4

5

§ 1007

nach hM (RoSchwab/Gottwald § 114 I 4 b; sa LM Nr 1 zu § 985) überhaupt keinen Erwerbsgrund vortragen muß; zu Auswegen StGursky 44.

§ 1007 Ansprüche des früheren Besitzers, Ausschluss bei Kenntnis

(1) **Wer eine bewegliche Sache im Besitz gehabt hat, kann von dem Besitzer die Herausgabe der Sache verlangen, wenn dieser bei dem Erwerb des Besitzes nicht in gutem Glauben war.**

(2) [1]**Ist die Sache dem früheren Besitzer gestohlen worden, verloren gegangen oder sonst abhanden gekommen, so kann er die Herausgabe auch von einem gutgläubigen Besitzer verlangen, es sei denn, dass dieser Eigentümer der Sache ist oder die Sache ihm vor der Besitzzeit des früheren Besitzers abhanden gekommen war.** [2]**Auf Geld und Inhaberpapiere findet diese Vorschrift keine Anwendung.**

(3) [1]**Der Anspruch ist ausgeschlossen, wenn der frühere Besitzer bei dem Erwerb des Besitzes nicht in gutem Glauben war oder wenn er den Besitz aufgegeben hat.** [2]**Im Übrigen finden die Vorschriften der §§ 986 bis 1003 entsprechende Anwendung.**

1 **1. Allgemeines. a)** Zur **Stellung im Ges** vgl Rn 1 vor § 985. **b) Nur für bewegliche Sachen** gilt § 1007 (für zeitbedingten Sonderfall in BGH 7, 215 ff ausgedehnt auf Mieträume). **c) § 1007 gibt petitorischen Anspruch**, dh er ist bei einem besseren Recht des Beklagten zum Besitz ausgeschlossen (Rn 6); anders der Besitzschutzanspruch: §§ 861, 863. **d) Konkurrenz** mit §§ 861, 985 möglich (zur Einheitlichkeit des Streitgegenstandes §§ 861–864 Rn 4). Nur § 1007 ist anwendbar, wenn zB der Eigentümer sein Recht nicht nachweisen kann und § 861 mangels verbotener Eigenmacht ausscheidet. **e) Verjährung** des Herausgabeanspruchs: §§ 195, 199 I, IV (nicht § 197 I Nr 1, da Grundlage kein dingliches Recht, sondern der Besitz ist, s Rn 1 vor § 985, § 854 Rn 8).

2 **2. Voraussetzungen. a) Früherer Besitz** des Klägers, I am Anfang. Jede Art von Besitz, auch mittelbarer, Mit- oder Fremdbesitz, genügt. Für den Mitbesitzer gelten §§ 1011, 432 I 2 entspr, für den mittelbaren Besitzer § 869 S 2 HS 2 entspr.

3 **b) Alternativ** entweder **aa) Bösgläubigkeit** des Beklagten beim Besitzerwerb, I aE, dh Kenntnis oder grobfahrlässige Unkenntnis vom Mangel des eigenen Besitzrechts (BGH Warn 73 Nr 3), oder **bb) Abhandenkommen** der Sache beim Kläger, II 1 am Anfang. Gilt nicht für Geld- und Inhaberpapiere, II 2. Begriff des Abhandenkommens: § 935 Rn 2–9.

4 **3. Der Anspruch ist ausgeschlossen** (Einwendung, nicht Einrede, entspr § 986 Rn 2; wichtig für Beweislastverteilung) bei **a) Bösgläubigkeit des Klägers**
5 zZ des früheren eigenen Besitzerwerbs, III 1 Fall 1; **b) Aufgabe** des früheren Besitzes durch den Kläger, III 1 Fall 2. Aufgabe: Freiwilliger Verlust jeden Besitzes (Irrtum irrelevant, Karlsruhe NJW-RR 98, 1761). Keine Aufgabe durch Weggabe an Besitzmittler, weil noch mittelbarer Besitz verbleibt. Gibt Besitzmittler die Sache ohne Willen des Oberbesitzers weg, so hat dieser seinen Besitz nicht aufgegeben
6 (BGH Warn 73 Nr 3); **c) (besserem) Besitzrecht** (insbes Eigentum) des Beklag-
7 ten oder seines Besitzmittlers, II 1, III 2 mit § 986; **d) Abhandenkommen** der Sache beim Beklagten vor der Besitzzeit des Klägers, II 1. Gilt nicht für Geld- und Inhaberpapiere, II 2.

8 **4. Anspruchsinhalt.** Herausgabe des Besitzes (I, II) und der Nutzungen (III 2, §§ 987, 990). Schadensersatz gem III 2, §§ 989 ff; zu ersetzen ist idR nur das Besitzinteresse (str, s StGursky 44). Aussonderungsrecht im Insolvenzverfahren des jetzigen Besitzers (InsO 47).

9 **5. Gegenansprüche des Beklagten** auf Verwendungsersatz, III 2 mit §§ 994 ff.

Titel 5. Miteigentum

§ 1008 Miteigentum nach Bruchteilen

Steht das Eigentum an einer Sache mehreren nach Bruchteilen zu, so gelten die Vorschriften der §§ 1009 bis 1011.

1. Allgemeines. Über die Arten des Eigentums vgl Rn 5–9 vor § 903. – Steht mehreren das Eigentum an einer beweglichen oder unbeweglichen Sache nach Bruchteilen zu **(Miteigentum nach Bruchteilen),** so gelten die §§ 741 ff (BGH 115, 8 ff), ergänzt und modifiziert durch §§ 1009 ff. Das Recht (Eigentum), nicht die Sache wird in Teile zerlegt (vgl § 741), sog ideelle Teilung. Der Anteil ist selbst Eigentum (wichtig für Begründung, Übertragung, Belastung, vgl Rn 2–4; zum Verzicht Rn 5), der Bruchteil bezeichnet den Umfang der Berechtigung (BGH 36, 368). §§ 1009 ff gelten grundsätzlich nicht für Gesamthandseigentum.

2. Entstehung a) kraft Ges, zB §§ 947 I, 948, 984; **b) kraft RGeschäfts:** bei beweglichen Sachen gem §§ 929 ff (Verschaffung von Mitbesitz nötig und genügend), bei Grundstücken gem §§ 925, 873 mit GBO 47. Unwirksame Übertragung von Alleineigentum ist grundsätzlich nicht in Einräumung von Miteigentum umdeutbar (LM Nr 19 zu § 932).

3. Übertragung des Anteils (vgl § 747 S 1) erfolgt kraft RGeschäfts (entspr Rn 2 [b]). Übertragung eines Anteils auf mehrere begründet keine Unterbruchteilsgemeinschaft am Anteil, sondern zerlegt den Anteil am gemeinschaftlichen Eigentum (BGH 13, 141). Übertragung des **gemeinschaftlichen Eigentums** nur durch alle Miteigentümer (§ 747 S 2); der einzelne Miteigentümer ist insoweit Nichtberechtigter (§ 932 Rn 3). Übertragung aller Anteile auf einen macht diesen zum Alleineigentümer.

4. Belastung des Anteils zugunsten eines Miteigentümers oder eines Dritten erfolgt nach den Regeln der Eigentumsbelastung (Rn 1). Sie ist möglich nach §§ 1066, 1095, 1106, 1114, 1192 I, 1199, 1258; idR keine Belastung mit Grunddienstbarkeit (BGH 36, 189; s aber § 1018 Rn 3), bp Dienstbarkeit oder Erbbaurecht. Über Belastung des gemeinschaftlichen Eigentums vgl § 1009.

5. Ausscheiden ist nur gem § 749 (Aufhebung), nicht entspr § 928 (Verzicht auf Anteil) möglich (BGH 115, 7 ff). Der **Anspruch auf Aufhebung** der Gemeinschaft (§ 749) ist iVm dem Recht auf Teilung (§§ 752 ff) und Auszahlung des Versteigerungserlöses zur Ausübung übertragbar und entspr pfändbar (BGH 90, 215; hM).

§ 1009 Belastung zugunsten eines Miteigentümers

(1) **Die gemeinschaftliche Sache kann auch zugunsten eines Miteigentümers belastet werden.**

(2) **Die Belastung eines gemeinschaftlichen Grundstücks zugunsten des jeweiligen Eigentümers eines anderen Grundstücks sowie die Belastung eines anderen Grundstücks zugunsten der jeweiligen Eigentümer des gemeinschaftlichen Grundstücks wird nicht dadurch ausgeschlossen, dass das andere Grundstück einem Miteigentümer des gemeinschaftlichen Grundstücks gehört.**

1. Zur Belastung eines *Anteils* vgl § 1008 Rn 4. I erlaubt die Belastung der gemeinschaftlichen Sache (dh des Eigentums) zugunsten eines Miteigentümers, der auf beiden Seiten des Geschäfts auftritt (ges zulässiges Insichgeschäft, StGursky 1). Die Belastung verschafft ihm ein beschränktes dingliches Recht auch am eigenen Eigentumsanteil (zB ist eine Grundschuld insoweit Eigentümer-, iü Fremdgrundschuld; vgl BGH NJW 75, 445). II gilt für subj-dingliche Rechte (§§ 1018, 1094 II, 1105 II).

§ 1010 Sondernachfolger eines Miteigentümers

(1) **Haben die Miteigentümer eines Grundstücks die Verwaltung und Benutzung geregelt oder das Recht, die Aufhebung der Gemeinschaft zu verlangen, für immer oder auf Zeit ausgeschlossen oder eine Kündigungsfrist bestimmt, so wirkt die getroffene Bestimmung gegen den Sondernachfolger eines Miteigentümers nur, wenn sie als Belastung des Anteils im Grundbuch eingetragen ist.**

(2) **Die in den §§ 755, 756 bestimmten Ansprüche können gegen den Sondernachfolger eines Miteigentümers nur geltend gemacht werden, wenn sie im Grundbuch eingetragen sind.**

1 1. Regelungen der Bruchteilseigentümer über Verwaltung, Benutzung und Ausschluß der Aufhebung (§§ 744 f, 749 ff) wirken als (Mit-)Eigentumsbelastung nur bei Eintragung im Grundbuch **gegen den Sondernachfolger, I** (abw von §§ 746, 751 S 1); Kenntnis ohne Eintragung genügt nicht. Trotz Eintragung gelten §§ 749 II, III, 750, 751 S 2, InsO 84 II 1.

2 2. **Ansprüche** aus §§ 755 f können nur bei Eintragung im Grundbuch (Abteilung II, nicht III: StGursky 18, hM) gegen den Sondernachfolger geltend gemacht werden, **II**; Kenntnis ohne Eintragung genügt nicht (vgl Rn 1).

§ 1011 Ansprüche aus dem Miteigentum

Jeder Miteigentümer kann die Ansprüche aus dem Eigentum Dritten gegenüber in Ansehung der ganzen Sache geltend machen, den Anspruch auf Herausgabe jedoch nur in Gemäßheit des § 432.

1 1. Zu **unterscheiden** sind Ansprüche eines Miteigentümers gegen den oder die anderen Miteigentümer (zB auf Beseitigung oder Unterlassung, § 1004, auf Einräumung des Mitbesitzes, § 985; zum Besitzschutz § 866) und gegen Dritte. Nur für Ansprüche gegen Dritte trifft § 1011 eine ergänzende Regelung.

2 2. **Gegen Dritte** kann jeder Miteigentümer allein vorgehen (zB gem §§ 862, 1004, Klage auf Eigentumsfeststellung). Herausgabe (§§ 861, 985, 1007) kann er aber nur an alle verlangen, § 432 (BGH NJW 93, 937), es sei denn, die anderen können oder wollen den Besitz nicht wieder übernehmen (Rechtsgedanke des § 986 I 2); gleiches gilt für Ansprüche aus § 816 (bei Veräußerung der Sache durch den Dritten gem §§ 892, 932 ff), §§ 987–990, sofern sie im Rechtssinn unteilbar sind (BGH NJW 53, 59). Bei Teilbarkeit kann (nicht: muß; str) jeder Miteigentümer anteilige Leistung an sich fordern.

3 3. Der Miteigentümer macht nach § 1011 ein fremdes, weil ihm nicht allein zustehendes Recht geltend. Im Prozeß ist er daher **ges Prozeßstandschafter** (BGH NJW 02, 214). Klagen mehrere gem § 1011, so sind sie einfache, nicht notwendige Streitgenossen (BGH NJW 92, 1101). Das Urteil wirkt nicht gegen die anderen Miteigentümer (BGH 92, 354), anders bei deren Zustimmung (BGH NJW 85, 2825, hM).

§§ 1012 bis 1017 *(weggefallen)*

Abschnitt 4. Dienstbarkeiten

Vorbemerkungen

1 1. **Das BGB** faßt unter dem Begriff „Dienstbarkeiten" unterschiedliche dingliche Nutzungsrechte zusammen: **a) Grunddienstbarkeit,** §§ 1018 ff, die nur an einem Grundstück und nur zugunsten des jeweiligen Eigentümers eines anderen Grundstücks bestellt werden kann; **b) bp Dienstbarkeit,** §§ 1090 ff, die inhaltlich

Titel 1. Grunddienstbarkeiten **§ 1018**

der Grunddienstbarkeit ähnelt, aber nur zugunsten einer bestimmten Person bestellt werden kann; e) **Nießbrauch,** der an Sachen (§ 1030), Rechten (§ 1068) und an einem Vermögen (§§ 1085, 1089) bestehen kann.

    2. Dienstbarkeiten **außerhalb des BGB:** Dauerwohnrecht, Dauernutzungsrecht (WEG 31).   2

    3. Bes Erlöschensgrund von bp Dienstbarkeiten und Nießbrauch natürlicher Personen in GBBerG 5.   3

Titel 1. Grunddienstbarkeiten

§ 1018 Gesetzlicher Inhalt der Grunddienstbarkeit

Ein Grundstück kann zugunsten des jeweiligen Eigentümers eines anderen Grundstücks in der Weise belastet werden, dass dieser das Grundstück in einzelnen Beziehungen benutzen darf oder dass auf dem Grundstück gewisse Handlungen nicht vorgenommen werden dürfen oder dass die Ausübung eines Rechts ausgeschlossen ist, das sich aus dem Eigentum an dem belasteten Grundstück dem anderen Grundstück gegenüber ergibt (Grunddienstbarkeit).

    1. **Allgemeines. a) Die Grunddienstbarkeit ist** eine Belastung des dienenden zugunsten des herrschenden Grundstücks. Der Gebrauchswert des dienenden Grundstücks wird dem herrschenden dienstbar gemacht oder zu dessen Gunsten eingeschränkt. Der darin liegende Vorteil ist Existenzvoraussetzung des Rechts (§ 1019, vgl Anm dort); fehlt er, so ist die Bestellung nichtig. Dienendes und herrschendes Grundstück müssen nicht aneinandergrenzen. Zum Parallelinstitut der *öffentl-rechtlichen Baulast* Weisemann NJW 97, 2857 ff. **b) Berechtigter** ist der jeweilige Eigentümer des herrschenden Grundstücks, Ausübung durch Dritte möglich, zB eines Wegerechts durch Hausgenossen, Besucher, Kunden, Mieter, Pächter des jeweiligen Eigentümers (LM Nr 20). Zur Eigentümergrunddienstbarkeit Rn 8 (bb). **c) Belastungsgegenstand:** Grundstück oder grundstücksgleiches Recht (Rn 2 vor § 90), realer Grundstücksteil (vgl GBO 7 II; nicht zu verwechseln mit der Beschränkung der Ausübung auf einen Grundstücksteil, vgl BGH 90, 183 und § 1023 Rn 2); ideeller Bruchteil nur zwecks Ausschlusses teilbarer Befugnisse iSv Rn 6 (Hamm Rpfleger 80, 468 f: Ausschluß von Schadensersatz für Bergschäden; BGH 36, 189 steht nicht entgegen).   1 2 3

    2. **Inhalt.** § 1018 kennt **drei Möglichkeiten. a) Recht zur Benutzung** des dienenden Grundstücks (nur) in einzelnen (nicht in allen) Beziehungen; ein wirtschaftlich sinnvolles Benutzungsrecht des Eigentümers muß fortbestehen (hM, vgl BGH NJW 92, 1101). Einmalige Handlung genügt nicht (hM). Der Berechtigte darf etwas tun, was der Eigentümer aufgrund seines Eigentums „an sich" verbieten könnte, aber infolge der Grundstücksbelastung zu dulden hat. Bsp: Wegerecht, Recht auf Wasserentnahme, Wasserableitung, Wasserstau, Verlegungsrecht für Leitungen, Recht auf Entnahme von Bodenbestandteilen wie Sand, Kies, Steine. – Recht auf Betrieb eines Gewerbes, einer Tankstelle usw kann idR nicht Gegenstand einer Grunddienstbarkeit sein; Grund: § 1019. **b) Recht zum Verbot** der Vornahme bestimmter einzelner Handlungen auf dem dienenden Grundstück. Der Eigentümer, der die Handlung „an sich" vornehmen könnte, da ein *ges* Verbot fehlt, hat sie zu unterlassen. Hauptfall: Bebauungsbeschränkungen, zB Unterlassung der Bebauung überhaupt oder über eine bestimmte Höhe hinaus (bezwecke Sicherung der Aussicht muß im Grundbuch oder in der Eintragungsbewilligung erkennbar sein, BGH NJW 02, 1798; sa § 873 Rn 35) oder mit einem bestimmten Gebäude (Fabrik, Gaststätte). Sa § 1090 Rn 3–11. **c) Ausschluß von nachbarrechtlichen Befugnissen** aus §§ 903 ff (BayObLG NJW-RR 90, 207), sog vereinbartes Nachbarrecht (Westermann § 122 II 1 c). Hauptfall: Pflicht zur Duldung   4 5 6

Jauernig   1215

§ 1018 Buch 3. Abschnitt 4. Dienstbarkeiten

7 sonst unzulässiger Immissionen (§ 906 Rn 4 [c]). **d) Niemals** kann die Grunddienstbarkeit den Eigentümer des dienenden Grundstücks zu *positivem Tun* verpflichten (allgM); Ausnahme für Nebenpflichten in §§ 1021 f (vgl Anm dort) und allg BGH 106, 350; BayObLG NJW-RR 90, 601. Zur „Umgehung" durch unbeschränktes dingliches Verbot mit obligatorischer Gestattung s § 1090 Rn 9, 11. **e)** Zur Grunddienstbarkeit aus *Wettbewerbsgründen* vgl § 1019 Rn 3, § 1090 Rn 3–11.

8 **3. Entstehung. a) Rechtsgeschäftlich** durch Einigung und Eintragung im Grundbuch des dienenden Grundstücks, §§ 873 f. Diese Eintragung ist für §§ 891 f maßgebend. Eintragung im Grundbuch (Bestandsverzeichnis) des herrschenden Grundstücks ist nur deklaratorischer Vermerk (vgl GBO 9, GBV 7). Einigung ist materiellrechtlich formfrei, sie kann bedingt oder befristet sein. Die Eintragung muß den Inhalt des Rechts (Rn 4–6) schlagwortartig umreißen (zB Wegerecht, BayObLG NJW-RR 98, 879; nur „zur näheren Bezeichnung" des Rechtsinhalts kann auf die Eintragungsbewilligung Bezug genommen werden, § 874 (Bsp Nürnberg NJW-RR 00, 1257). Zum idR zugrundeliegenden Kausalgeschäft vgl BGH NJW 74, 2123 f. Der Anspruch auf Bestellung („Begründung") der Grunddienstbarkeit **verjährt** in 10 Jahren, §§ 196, 200. **b) Eine Eigentümergrunddienstbarkeit** kann entspr § 1196 II durch einseitige Erklärung des Eigentümers und Eintragung begründet werden (RG 142, 234 ff). Hier gehören herrschendes und dienendes Grundstück ders Person. **c) Ersitzung,** § 900 II 1 mit § 1029. **d) Hoheitsakt** als Entstehungsgrund, zB FlurbG 49 I 4 mit 1, BauGB 61 I.

9 **4. Inhaltsänderung:** § 877; vgl auch § 1023 und dort Rn 2. Anspruch auf Inhaltsänderung **verjährt** in 10 Jahren, §§ 196, 200. Umwandlung in bp Dienstbarkeit und umgekehrt ist ausgeschlossen.

10 **5. Inhalt und Umfang des Rechts** sind *wandelbar*. Maßgebend ist das jeweilige Bedürfnis des herrschenden Grundstücks unter Berücksichtigung der wirtschaftlichen und technischen Entwicklung; dementspr kann sich der Rechtsinhalt verändern, der Umfang einengen oder erweitern (BGH 106, 350). Eine stärkere Beeinträchtigung des dienenden Grundstücks ist aber nur dann von der Grunddienstbarkeit gedeckt, wenn die Benutzung des herrschenden Grundstücks artgleich geblieben ist (Bsp: früher Pferdefuhrwerk, heute Kraftfahrzeug, BGH NJW 67, 1610) und die Verhältnisse des herrschenden Grundstücks sich nicht durch Willkür oder in völlig unvorhersehbarer Weise geändert haben (BGH NJW 00, 3207).

11 **6.** Die Grunddienstbarkeit ist wegen ihres Zwecks (Rn 1) **nicht** selbständig, sondern nur mit dem Eigentum am herrschenden Grundstück zusammen **übertragbar** (§ 96 Rn 1; Erwerb nach § 892 möglich: Frankfurt Rpfleger 79, 418), daher weder selbständig **belastbar** (vgl §§ 1069 II, 1274 II) noch **pfändbar** (ZPO 857 III).

12 **7. Das Recht erlischt** durch **a) Aufhebung** (§§ 875 f, GBO 21); Anspruch auf Aufhebung **verjährt** in 10 Jahren, §§ 196, 200. Eintritt auflösender, Ausfall aufschiebender Bedingung oder Befristung; **b) Grundstücksteilung** gem §§ 1025 S 2, 1026; **c) Buchversitzung,** § 901; **d) Ersitzung** der Freiheit, § 1028; **e) endgültigen Wegfall des Vorteils** für das herrschende Grundstück (arg §§ 1019, 1025 S 2) oder endgültigen Ausschluß der Ausübung (BGH NJW-RR 88, 1230); **f) Untergang** des herrschenden oder dienenden Grundstücks (LM Nr 1 zu § 1020); **g) Enteignung,** zB FlurbG 49 I 1, BauGB 86 I Nr 2. **h)** Anspruch auf **Rechtsverzicht** besteht aus § 242 (unzulässige Rechtsausübung), wenn infolge unvorhersehbarer tatsächlicher Veränderungen der Nutzen des Rechts für das herrschende Grundstück in keinem Verhältnis zum Schaden für das dienende Grundstück steht, die Veränderung endgültig ist und ihr nur durch Rechtsverzicht Rechnung getragen werden kann (RG 169, 183). BGH NJW 67, 1610 mN läßt offen.

Titel 1. Grunddienstbarkeiten **§§ 1019–1022**

§ 1019 Vorteil des herrschenden Grundstücks

¹Eine Grunddienstbarkeit kann nur in einer Belastung bestehen, die für die Benutzung des Grundstücks des Berechtigten Vorteil bietet. ²Über das sich hieraus ergebende Maß hinaus kann der Inhalt der Dienstbarkeit nicht erstreckt werden.

1. S 1 bestimmt zwingend (S 2) und zusammen mit § 1018 den Zweck und Inhalt des Rechts. Verstoß gegen S 1 macht die Bestellung nichtig. 1

2. Dem herrschenden Grundstück muß das Recht einen **Vorteil** bieten (künftiger Vorteil, mit dessen Eintritt obj idR zu rechnen ist, genügt, BGH 106, 351). **a) Nicht genügt** ein Vorteil für den Eigentümer persönlich. Daher kann ein Wettbewerbsverbot idR nicht durch eine Grunddienstbarkeit verdinglicht werden; möglich ist eine bp Dienstbarkeit (§ 1090 Rn 3–9). **b) Der Vorteil** muß im privaten (nicht öffentl) Interesse liegen sowie wirtschaftlicher Natur und zumindest von mittelbarer Wirkung sein (BGH NJW 83, 116); Bsp § 1018 Rn 6. Wertsteigerung des herrschenden Grundstücks ist weder nötig noch ausreichend. **c)** Durch S 2 ist der „Vorteil" (S 1) auf den obj Nutzen für das herrschende Grundstück begrenzt. 2 3 4 5

§ 1020 Schonende Ausübung

¹Bei der Ausübung einer Grunddienstbarkeit hat der Berechtigte das Interesse des Eigentümers des belasteten Grundstücks tunlichst zu schonen. ²Hält er zur Ausübung der Dienstbarkeit auf dem belasteten Grundstück eine Anlage, so hat er sie in ordnungsmäßigem Zustand zu erhalten, soweit das Interesse des Eigentümers es erfordert.

§ 1021 Vereinbarte Unterhaltungspflicht

(1) ¹Gehört zur Ausübung einer Grunddienstbarkeit eine Anlage auf dem belasteten Grundstück, so kann bestimmt werden, dass der Eigentümer dieses Grundstücks die Anlage zu unterhalten hat, soweit das Interesse des Berechtigten es erfordert. ²Steht dem Eigentümer das Recht zur Mitbenutzung der Anlage zu, so kann bestimmt werden, dass der Berechtigte die Anlage zu unterhalten hat, soweit es für das Benutzungsrecht des Eigentümers erforderlich ist.

(2) Auf eine solche Unterhaltungspflicht finden die Vorschriften über die Reallasten entsprechende Anwendung.

§ 1022 Anlagen auf baulichen Anlagen

¹Besteht die Grunddienstbarkeit in dem Recht, auf einer baulichen Anlage des belasteten Grundstücks eine bauliche Anlage zu halten, so hat, wenn nicht ein anderes bestimmt ist, der Eigentümer des belasteten Grundstücks seine Anlage zu unterhalten, soweit das Interesse des Berechtigten es erfordert. ²Die Vorschrift des § 1021 Abs. 2 gilt auch für diese Unterhaltungspflicht.

Anmerkungen zu den §§ 1020–1022

1. Allgemeines. Zwischen dem Berechtigten (§ 1018) und dem Eigentümer des dienenden Grundstücks besteht ein **ges Schuldverhältnis** (BGH 106, 350). Aus ihm folgen für beide Beteiligten Rechte und Pflichten. Vertragliche Absprachen gehen vor (BGH NJW 94, 2758). 1

2. Ges (daher nicht eintragungsfähige) **Hauptpflicht des Berechtigten** ist es, sein Recht möglichst schonend auszuüben (§ 1020 S 1), zB eine Anlage nur an 2

Jauernig 1217

bestimmter Stelle des Grundstücks zu errichten (KG NJW 73, 1128 f). Bei Verstoß: § 1004 (BGH NJW 65, 1229), Schadensersatz wegen Verletzung des ges Schuldverhältnisses (Rn 1), § 823; sa § 1018 Rn 12 (h): Anspruch auf Verzicht.

3   **3. Pflicht zur Unterhaltung einer Anlage** (Damm, Wasserleitung, Graben usw; vgl § 907 Rn 2 [a]). Verpflichtet ist **a) kraft Ges** der Berechtigte, der die Anlage hält (§ 1020 S 2). Das „Interesse des Eigentümers" fordert nur den Schutz vor Schädigung, nicht die Betriebsfähigkeit der Anlage. § 1020 S 2 wird durch § 1022 ergänzt (Bsp: Recht auf Anbau an eine Grenzmauer, die völlig auf dem
4   dienenden Grundstück steht); **b) kraft Vereinbarung** der Eigentümer (§ 1021 I 1) oder der Berechtigte (§ 1021 I 2), ferner § 1022 S 1. Vereinbarung ist eintragungsbedürftig, §§ 873 f, 877; Bezugnahme auf die Eintragungsbewilligung
5   genügt (vgl § 1018 Rn 8 [a]). **c) Nur Nebenpflicht** darf die Pflicht für den Eigentümer des dienenden Grundstücks sein (allg BGH 106, 350), sonst Bestellung einer Reallast nötig. §§ 1021 II, 1022 S 2 machen Nebenpflicht nicht zur Reallast, weil §§ 1105 ff nur entspr anzuwenden sind.

§ 1023 Verlegung der Ausübung

(1) ¹**Beschränkt sich die jeweilige Ausübung einer Grunddienstbarkeit auf einen Teil des belasteten Grundstücks, so kann der Eigentümer die Verlegung der Ausübung auf eine andere, für den Berechtigten ebenso geeignete Stelle verlangen, wenn die Ausübung an der bisherigen Stelle für ihn besonders beschwerlich ist; die Kosten der Verlegung hat er zu tragen und vorzuschießen.** ²**Dies gilt auch dann, wenn der Teil des Grundstücks, auf den sich die Ausübung beschränkt, durch Rechtsgeschäft bestimmt ist.**

(2) **Das Recht auf die Verlegung kann nicht durch Rechtsgeschäft ausgeschlossen oder beschränkt werden.**

1   **1. Das Recht auf Verlegung** steht dem Eigentümer des dienenden Grundstücks unabdingbar (II) zu. Es konkretisiert die Pflicht des Berechtigten aus § 1020 S 1 (BGH WM 81, 499).

2   **2. Voraussetzungen.** Die *Belastung* ergreift das ganze Grundstück (vgl § 1018 Rn 3; zur Bestimmtheit BGH NJW 82, 1039), und nur die *Ausübung* ist naturgegeben (zB Fahrtrecht) *oder* rechtsgeschäftlich (I 2; zur Bestimmtheit BayObLG Rpfleger 84, 12 f) auf Grundstücksteil beschränkt. Verlegung ändert jedenfalls im zweiten Fall den Rechtsinhalt, daher Eintragung nötig (BGH MDR 76, 479; sa BGH 90, 183 f).

§ 1024 Zusammentreffen mehrerer Nutzungsrechte

Trifft eine Grunddienstbarkeit mit einer anderen Grunddienstbarkeit oder einem sonstigen Nutzungsrecht an dem Grundstück dergestalt zusammen, dass die Rechte nebeneinander nicht oder nicht vollständig ausgeübt werden können, und haben die Rechte gleichen Rang, so kann jeder Berechtigte eine den Interessen aller Berechtigten nach billigem Ermessen entsprechende Regelung der Ausübung verlangen.

1   **1.** Betrifft das Zusammentreffen *gleichrangiger* konkurrierender Nutzungsrechte, zB mehrerer Weiderechte. Bei *verschiedenem* Rang geht das besserrangige Recht (§ 879) vor. Jeder Berechtigte hat Anspruch auf sachgerechte Rechtsbegrenzung (eintragungsbedürftige Inhaltsänderung, § 877, str); ggf Klage auf Zustimmung zu beantragter Regelung; Vollstreckung: ZPO 894.

§ 1025 Teilung des herrschenden Grundstücks

¹**Wird das Grundstück des Berechtigten geteilt, so besteht die Grunddienstbarkeit für die einzelnen Teile fort; die Ausübung ist jedoch im Zweifel nur in der Weise zulässig, dass sie für den Eigentümer des belaste-**

Jauernig

Titel 1. Grunddienstbarkeiten §§ 1026–1029

ten Grundstücks nicht beschwerlicher wird. ²Gereicht die Dienstbarkeit nur einem der Teile zum Vorteil, so erlischt sie für die übrigen Teile.

§ 1026 Teilung des dienenden Grundstücks

Wird das belastete Grundstück geteilt, so werden, wenn die Ausübung der Grunddienstbarkeit auf einen bestimmten Teil des belasteten Grundstücks beschränkt ist, die Teile, welche außerhalb des Bereichs der Ausübung liegen, von der Dienstbarkeit frei.

Anmerkungen zu den §§ 1025, 1026

1. **Teilung** des herrschenden oder dienenden Grundstücks läßt das Recht idR unberührt. Teilung des herrschenden Grundstücks vervielfältigt die Berechtigung (str, s MK/Falckenberg § 1025, 2); deren Ausübung darf den Eigentümer des dienenden Grundstücks iZw nicht stärker als vor der Teilung beschweren, § 1025 S 1 HS 2. 1

2. **Erlöschen** gem §§ 1025 S 2, 1026 folgt aus § 1019 S 1. § 1026 setzt voraus, daß *rechtlich,* nicht nur tatsächlich, die Ausübung auf bestimmten Grundstücksteil beschränkt ist (BayObLG DNotZ 89, 166). 2

§ 1027 Beeinträchtigung der Grunddienstbarkeit

Wird eine Grunddienstbarkeit beeinträchtigt, so stehen dem Berechtigten die im § 1004 bestimmten Rechte zu.

1. **Beeinträchtigung** ist jede Rechtsbehinderung. **Berechtigt** ist der Berechtigte der Dienstbarkeit, idR der jeweilige (Mit-)Eigentümer des herrschenden Grundstücks (BGH NJW-RR 99, 167). **Verpflichtet** zur Beseitigung oder Unterlassung ist jeder Störer (der Eigentümer oder ein Dritter, zB Mieter); § 1004 I gibt keinen Schadensersatzanspruch. Muß der Eigentümer des herrschenden Grundstücks die Beeinträchtigung dulden, so ist der Anspruch ausgeschlossen, § 1004 II. 1

2. Bei Beeinträchtigung durch Überbau gelten **§§ 912 ff entspr** (§ 912 Rn 11). 2

§ 1028 Verjährung

(1) ¹Ist auf dem belasteten Grundstück eine Anlage, durch welche die Grunddienstbarkeit beeinträchtigt wird, errichtet worden, so unterliegt der Anspruch des Berechtigten auf Beseitigung der Beeinträchtigung der Verjährung, auch wenn die Dienstbarkeit im Grundbuch eingetragen ist. ²Mit der Verjährung des Anspruchs erlischt die Dienstbarkeit, soweit der Bestand der Anlage mit ihr in Widerspruch steht.

(2) **Die Vorschrift des § 892 findet keine Anwendung.**

1. Der Anspruch auf Beseitigung (§ 1027) **verjährt** (§§ 195, 199 I), auch wenn die Grunddienstbarkeit eingetragen ist (abw von § 902 I 1). Diese **erlischt** kraft Ges, wenn der Anspruch verjährt ist, I 2; kein Erwerb gem § 892: II. 1

2. Begriff der Anlage: § 907 Rn 2 (a). 2

§ 1029 Besitzschutz des Rechtsbesitzers

Wird der Besitzer eines Grundstücks in der Ausübung einer für den Eigentümer im Grundbuch eingetragenen Grunddienstbarkeit gestört, so finden die für den Besitzschutz geltenden Vorschriften entsprechende Anwendung, soweit die Dienstbarkeit innerhalb eines Jahres vor der Störung, sei es auch nur einmal, ausgeübt worden ist.

Jauernig

Vor § 1030 Buch 3. Abschnitt 4. Dienstbarkeiten

1   1. Der **Rechtsbesitz** an der Grunddienstbarkeit genießt **Besitzschutz** gem §§ 858 ff.
2   2. **Voraussetzungen. a) Sachbesitz** am herrschenden Grundstück, gleichgültig, ob unmittelbarer, mittelbarer (§ 869), Fremd-, Eigen-, Allein- oder Mitbesitz; für Besitzdiener s § 860. Mieter, Pächter des herrschenden Grundstücks sind
3   daher geschützt. **b) Eintragung** der Grunddienstbarkeit für den Eigentümer (nicht den Besitzer) des herrschenden Grundstücks (vgl § 1018 Rn 8 [a]). Die
4   Eintragung kann unrichtig sein. Ohne Eintragung kein Besitzschutz. **c) Mindestens einmalige Ausübung** des Rechts im letzten Jahr vor der Störung. Ausübung durch Dritten im Interesse des Besitzers genügt (zB Wegebenutzung durch Besucher).
5   3. Hat der Berechtigte (Rn 2 [a]) **Besitz an einer Anlage** auf dem dienenden Grundstück, so gelten insoweit die §§ 858 ff unmittelbar und ohne die Schranken des § 1029.

Titel 2. Nießbrauch

Vorbemerkungen

1   1. **Begriff.** Der Nießbrauch ist eine persönliche Dienstbarkeit. Er berechtigt eine bestimmte (natürliche oder jur) Person oder rechtsfähige Personengesellschaft (§ 1059 a II), grundsätzlich alle Nutzungen eines Gegenstands zu ziehen. Zur Unterscheidung von den beiden anderen Dienstbarkeiten Rn 1 vor § 1018. Er ist unvererblich (§ 1061) und unübertragbar (§ 1059 S 1; Ausnahme § 1059 a).
2   2. **Zweck** der Bestellung ist idR die wirtschaftliche Versorgung des Nießbrauchers **(Versorgungsnießbrauch)**; Hauptbsp: Nießbrauch am Nachlaß für hinterbliebenen Ehegatten (§ 1089) bei gleichzeitiger Erbeinsetzung von Kindern. Früher spielte der Nießbrauch an Grundstücken zur Befriedigung des Gläubigers aus den Nutzungen (irreführend **Sicherungsnießbrauch** genannt) eine erhebliche Rolle (StFrank § 1030, 63–70); als Sicherungsnießbrauch wird auch der (zulässige) Nießbrauch zur Sicherung eines bestehenden Miet- oder Pachtverhältnisses bezeichnet (BFH NJW 98, 3144). Einräumung der Verfügungsmacht über den belasteten Gegenstand (sog **Verfügungsnießbrauch**) kann **nicht** Gegenstand des Nießbrauchs sein; das widerspräche dem numerus clausus der Sachenrechte (vgl Rn 3 vor § 854); schuldrechtlich vereinbartes Verfügungsrecht ist zulässig (BGH NJW 82, 32). Ges Verfügungsermächtigungen des Nießbrauchers in §§ 1048, 1074, 1087 II 2.
3   3. **Entstehung. a) Durch RGeschäft** an *beweglichen Sachen*, § 1032; *Grundstücken* und grundstücksgleichen Rechten, §§ 873 f; *Rechten*, §§ 1069 I, 1080, 1081 II, 1084. Das Bestellungsgeschäft enthält eine Verfügung über das belastete Recht (vgl § 873 Rn 13). Dieses Geschäft ist zu unterscheiden (1.) von dem zugrundeliegenden *Verpflichtungsvertrag* zur Nießbrauchsbestellung zwischen Besteller und Nießbraucher (idR formlos gültig, BGH NJW 74, 2123; Ausnahme § 311 b III) und (2.) von dem mit Entstehung des Nießbrauchs begründeten *ges Schuldverhältnis* zwischen Eigentümer und Nießbraucher (vgl insbes §§ 1035, 1036 II, 1041–1055, 1057 und allg BGH 95, 146 f; zur Haftung bei Verletzung des
4   ges Schuldverhältnisses § 1036 Rn 2, § 1050 Rn 2). **b) Kraft Ges.** Hauptfälle **aa)** Surrogation, §§ 1066 (dort Rn 3), 1075 (§§ 1074–1080 Rn 4); **bb)** Ersitzung, § 900 II 1 mit § 1036 I; **cc)** FlurbG 68; BauGB 63 I.
5   4. **Erlöschensgründe. a) Aufhebung,** §§ 875, 1062, 1064, 1072. **b) Eintritt auflösender Bedingung** oder des Endtermins, §§ 158 II, 163. **c) Kraft Ges.** Hauptbsp: §§ 1061 (Ausnahme § 1059 a), 1063 I (Ausnahme in II), 1072, 901, GBBerG 5. **d) Hoheitsakt.** Bsp: Enteignung gem FlurbG 49 I 1, BauGB 86 I Nr 2; Zuschlag, ZVG 91, 52 I, 44 I, 49 I (zum Wertersatzanspruch vgl ZVG 92,

Titel 2. Nießbrauch **§§ 1030–1032**

121). **e) Untergang** des Gegenstands (aber kein Erlöschen bei Zerstörung des Gebäudes, LM Nr 10 zu § 1090; sa § 1046). – **Kein Erlöschen** durch Konsolidation beim Grundstücksnießbrauch, § 889 (idR anders bei Nießbrauch an beweglichen Sachen, § 1063; sa § 1072 für Rechtsnießbrauch).

Untertitel 1. Nießbrauch an Sachen

§ 1030 Gesetzlicher Inhalt des Nießbrauchs an Sachen

(1) **Eine Sache kann in der Weise belastet werden, dass derjenige, zu dessen Gunsten die Belastung erfolgt, berechtigt ist, die Nutzungen der Sache zu ziehen (Nießbrauch).**

(2) **Der Nießbrauch kann durch den Ausschluss einzelner Nutzungen beschränkt werden.**

Lit: Schön, Der Nießbrauch an Sachen, 1992.

1. **Allgemeines.** Vgl Anm vor § 1030. 1

2. **Bestellung** an beweglichen Sachen: § 1032, an Grundstücken (auch Wohnungseigentum) und grundstücksgleichen Rechten: §§ 873 f. Ideeller Bruchteil ist belastbar; bei Grundstücken auch realer Teil (MK/Petzoldt 4). Ergriffen werden alle wesentlichen Bestandteile (§§ 93 f); die unwesentlichen, wenn sie dem Eigentümer der belasteten Sache gehören, sonst Erwerb gem §§ 1032, 892; subjdingliche Rechte (§ 96), soweit Ausübung übertragbar. Erfaßt werden ein wiederaufgebautes Haus (BGH JZ 64, 369), Versicherungsforderungen (§ 1046). 2

3. **Berechtigt** können nur eine oder mehrere (BGH NJW 81, 177) bestimmte natürliche oder jur Personen sein, ferner rechtsfähige Personengesellschaften iSv § 1059 a II (§§ 1059 a–§ 1059 e Rn 2). Berechtigter kann *auch der Eigentümer* sein, nach hM aber nur bei Grundstücksnießbrauch, obwohl auch für Fahrnisnießbrauch Bedürfnis besteht (s § 107 Rn 5; StFrank 32); str ist, ob im Einzelfall ein rechtliches (v. Lübtow NJW 62, 275 ff), wirtschaftliches (RGRK/Rothe 5) oder überhaupt kein Interesse des Eigentümers bestehen muß (letztere Ansicht ist vorzuziehen). 3

4. **Inhalt. a) Das Recht, alle Nutzungen** (§ 100) zu ziehen, einschließlich Sachbesitz (§ 1036 I), Recht zur Vermietung und Verpachtung. In ein bereits bestehendes Miet- oder Pachtverhältnis mit erfolgter Überlassung tritt der Nießbraucher ein (§§ 566, 578 I, 581 II, 593 b); die Zinsforderungen stehen ihm ab Nießbrauchsbestellung als eigenes Recht zu (RG 124, 329), dennoch sind zur Rechtsverstärkung (vgl § 1124 I 2) die Abtretung dieser Forderungen an und die Pfändung durch ihn zulässig (MK/Petzold 25, str). Der Eigentümer hat nur zu dulden, nichts zu leisten. **b) Einzelne** Nutzungen können **ausgeschlossen** werden, **II** (ie BayObLG DNotZ 86, 152 f; sa § 1036 Rn 1). Der Ausschluß ist eintragungsbedürftig. Die Einräumung einzelner Nutzungen für bestimmte Personen ist nur als bp Dienstbarkeit zulässig, § 1090 I. 4, 5

§ 1031 Erstreckung auf Zubehör

Mit dem Nießbrauch an einem Grundstück erlangt der Nießbraucher den Nießbrauch an dem Zubehöre nach der für den Erwerb des Eigentums geltenden Vorschrift des § 926.

1. § 926 gibt Auslegungsregel. § 1031 erfaßt nur das bei der Nießbrauchsbestellung vorhandene Zubehör, für später angeschafftes gilt allein § 1032. Zum Verpflichtungsvertrag (Rn 3 vor § 1030) vgl § 311 c. 1

§ 1032 Bestellung an beweglichen Sachen

¹**Zur Bestellung des Nießbrauchs an einer beweglichen Sache ist erforderlich, dass der Eigentümer die Sache dem Erwerber übergibt und beide**

Jauernig 1221

§§ 1033–1036   Buch 3. Abschnitt 4. Dienstbarkeiten

darüber einig sind, dass diesem der Nießbrauch zustehen soll. ²Die Vorschriften des § 929 Satz 2, der §§ 930 bis 932 und der §§ 933 bis 936 finden entsprechende Anwendung; in den Fällen des § 936 tritt nur die Wirkung ein, dass der Nießbrauch dem Recht des Dritten vorgeht.

1   1. Die Nießbrauchsbestellung an **beweglichen Sachen** entspricht der Eigentumsübertragung. Einigung und Übergabe(ersatz) müssen auch das Zubehör erfassen. § 1031 gilt nur für Grundstückszubehör. Bestellung gem § 930 auch möglich, wenn Nießbraucher niemals unmittelbaren Besitz erhalten soll (LM Nr 1 zu § 2203). S 2 HS 2 modifiziert § 936: Mangelnde Bösgläubigkeit wirkt nicht rechtsvernichtend, sondern bloß vorrangbegründend.

§ 1033 Erwerb durch Ersitzung

¹Der Nießbrauch an einer beweglichen Sache kann durch Ersitzung erworben werden. ²Die für den Erwerb des Eigentums durch Ersitzung geltenden Vorschriften finden entsprechende Anwendung.

1   1. Für Nießbrauchserwerb an **beweglichen Sachen** gelten §§ 937–942 entspr, für jur Personen und rechtsfähige Personengesellschaften iSv § 1059a II auch §§ 943f (arg §§ 1059, 1059a). § 945 wird modifiziert entspr § 1032 S 2 HS 2 (§ 1032 Rn 1).

2   2. Für **Grundstücke** vgl § 900 II 1 mit § 1036 I.

§ 1034 Feststellung des Zustandes

¹Der Nießbraucher kann den Zustand der Sache auf seine Kosten durch Sachverständige feststellen lassen. ²Das gleiche Recht steht dem Eigentümer zu.

1   1. Zustandsfeststellung ist wichtig für die Rückgabe, § 1055. Verfahren: FGG 164, 15. Besteller ist in S 2 nicht genannt, doch gelten für ihn die Eigentumsvermutungen der §§ 891 I, 1006.

§ 1035 Nießbrauch an Inbegriff von Sachen; Verzeichnis

¹Bei dem Nießbrauch an einem Inbegriffe von Sachen sind der Nießbraucher und der Eigentümer einander verpflichtet, zur Aufnahme eines Verzeichnisses der Sachen mitzuwirken. ²Das Verzeichnis ist mit der Angabe des Tages der Aufnahme zu versehen und von beiden Teilen zu unterzeichnen; jeder Teil kann verlangen, dass die Unterzeichnung öffentlich beglaubigt wird. ³Jeder Teil kann auch verlangen, dass das Verzeichnis durch die zuständige Behörde oder durch einen zuständigen Beamten oder Notar aufgenommen wird. ⁴Die Kosten hat derjenige zu tragen und vorzuschießen, welcher die Aufnahme oder die Beglaubigung verlangt.

1   1. Ergänzung von § 1034. Inbegriff von Sachen: Rn 5 vor § 90.

§ 1036 Besitzrecht; Ausübung des Nießbrauchs

(1) **Der Nießbraucher ist zum Besitz der Sache berechtigt.**

(2) **Er hat bei der Ausübung des Nutzungsrechts die bisherige wirtschaftliche Bestimmung der Sache aufrechtzuerhalten und nach den Regeln einer ordnungsmäßigen Wirtschaft zu verfahren.**

1   1. Der Nießbraucher hat ein dingliches, gegen jedermann wirkendes Recht zum – idR unmittelbaren (vgl aber § 1032 Rn 1) – **Besitz, I.** Völliger Ausschluß des Besitzrechts (vgl § 1030 II) macht Nießbrauchsbestellung unwirksam (Hamm Rpfleger 83, 144). Besitzschutz gem §§ 858ff.

Titel 2. Nießbrauch **§§ 1037–1039**

2. Maßgebender **Zeitpunkt** für II ist die Entstehung des Nießbrauchs. Aufrechterhalten verlangt uU ein Tun. Schuldhafter Verstoß gegen II verletzt das ges Schuldverhältnis (Rn 3 vor § 1030), daher § 278 anwendbar.

§ 1037 Umgestaltung

(1) **Der Nießbraucher ist nicht berechtigt, die Sache umzugestalten oder wesentlich zu verändern.**

(2) **Der Nießbraucher eines Grundstücks darf neue Anlagen zur Gewinnung von Steinen, Kies, Sand, Lehm, Ton, Mergel, Torf und sonstigen Bodenbestandteilen errichten, sofern nicht die wirtschaftliche Bestimmung des Grundstücks dadurch wesentlich verändert wird.**

1. Ergänzung von § 1036 II. Unwesentliche Veränderungen zum Zweck ordnungsmäßiger Wirtschaft (vgl § 1036 II) sind erlaubt. I kann nicht mit dinglicher Wirkung abbedungen werden (KG Rpfleger 92, 15). II enthält Ausnahme von I.

§ 1038 Wirtschaftsplan für Wald und Bergwerk

(1) ¹**Ist ein Wald Gegenstand des Nießbrauchs, so kann sowohl der Eigentümer als der Nießbraucher verlangen, dass das Maß der Nutzung und die Art der wirtschaftlichen Behandlung durch einen Wirtschaftsplan festgestellt werden.** ²**Tritt eine erhebliche Änderung der Umstände ein, so kann jeder Teil eine entsprechende Änderung des Wirtschaftsplans verlangen.** ³**Die Kosten hat jeder Teil zur Hälfte zu tragen.**

(2) **Das Gleiche gilt, wenn ein Bergwerk oder eine andere auf Gewinnung von Bodenbestandteilen gerichtete Anlage Gegenstand des Nießbrauchs ist.**

1. Langfristige Wirtschaftsplanung wird durch verbindliche Planfeststellung gesichert. Klage auf Zustimmung zu einem detaillierten Plan möglich und uU nötig, Vollstreckung gem ZPO 894. Sa § 2123.

§ 1039 Übermäßige Fruchtziehung

(1) ¹**Der Nießbraucher erwirbt das Eigentum auch an solchen Früchten, die er den Regeln einer ordnungsmäßigen Wirtschaft zuwider oder die er deshalb im Übermaße zieht, weil dies infolge eines besonderen Ereignisses notwendig geworden ist.** ²**Er ist jedoch, unbeschadet seiner Verantwortlichkeit für ein Verschulden, verpflichtet, den Wert der Früchte dem Eigentümer bei der Beendigung des Nießbrauchs zu ersetzen und für die Erfüllung dieser Verpflichtung Sicherheit zu leisten.** ³**Sowohl der Eigentümer als der Nießbraucher kann verlangen, dass der zu ersetzende Betrag zur Wiederherstellung der Sache insoweit verwendet wird, als es einer ordnungsmäßigen Wirtschaft entspricht.**

(2) **Wird die Verwendung zur Wiederherstellung der Sache nicht verlangt, so fällt die Ersatzpflicht weg, soweit durch den ordnungswidrigen oder den übermäßigen Fruchtbezug die dem Nießbraucher gebührenden Nutzungen beeinträchtigt werden.**

1. Fruchterwerb des Nießbrauchers tritt ein mit Trennung (§ 954, Ausnahmen in §§ 955–957), auch bei Raubbau oder Übermaß (I 1), bei Verstoß gegen Wirtschaftsplan (§ 1038) oder bisherige wirtschaftliche Bestimmung (§ 1036 II); zu Früchten iSv § 99 III sa § 1030 Rn 4. Das dingliche Fruchtziehungsrecht des Nießbrauchers geht weiter als seine Befugnisse aufgrund des ges Schuldverhältnisses (Rn 3 vor § 1030), daher Ausgleichsregelung in I 2, 3, II. I 2 kann nicht mit dinglicher Wirkung abbedungen werden (BayObLG Rpfleger 77, 252).

Jauernig 1223

§ 1040 Schatz

Das Recht des Nießbrauchers erstreckt sich nicht auf den Anteil des Eigentümers an einem Schatze, der in der Sache gefunden wird.

1 1. Vgl § 984.

§ 1041 Erhaltung der Sache

¹Der Nießbraucher hat für die Erhaltung der Sache in ihrem wirtschaftlichen Bestand zu sorgen. ²Ausbesserungen und Erneuerungen liegen ihm nur insoweit ob, als sie zu der gewöhnlichen Unterhaltung der Sache gehören.

§ 1042 Anzeigepflicht des Nießbrauchers

¹Wird die Sache zerstört oder beschädigt oder wird eine außergewöhnliche Ausbesserung oder Erneuerung der Sache oder eine Vorkehrung zum Schutze der Sache gegen eine nicht vorhergesehene Gefahr erforderlich, so hat der Nießbraucher dem Eigentümer unverzüglich Anzeige zu machen. ²Das Gleiche gilt, wenn sich ein Dritter ein Recht an der Sache anmaßt.

§ 1043 Ausbesserung oder Erneuerung

Nimmt der Nießbraucher eines Grundstücks eine erforderlich gewordene außergewöhnliche Ausbesserung oder Erneuerung selbst vor, so darf er zu diesem Zwecke innerhalb der Grenzen einer ordnungsmäßigen Wirtschaft auch Bestandteile des Grundstücks verwenden, die nicht zu den ihm gebührenden Früchten gehören.

§ 1044 Duldung von Ausbesserungen

Nimmt der Nießbraucher eine erforderlich gewordene Ausbesserung oder Erneuerung der Sache nicht selbst vor, so hat er dem Eigentümer die Vornahme und, wenn ein Grundstück Gegenstand des Nießbrauchs ist, die Verwendung der im § 1043 bezeichneten Bestandteile des Grundstücks zu gestatten.

§ 1045 Versicherungspflicht des Nießbrauchers

(1) ¹Der Nießbraucher hat die Sache für die Dauer des Nießbrauchs gegen Brandschaden und sonstige Unfälle auf seine Kosten unter Versicherung zu bringen, wenn die Versicherung einer ordnungsmäßigen Wirtschaft entspricht. ²Die Versicherung ist so zu nehmen, dass die Forderung gegen den Versicherer dem Eigentümer zusteht.

(2) Ist die Sache bereits versichert, so fallen die für die Versicherung zu leistenden Zahlungen dem Nießbraucher für die Dauer des Nießbrauchs zur Last, soweit er zur Versicherung verpflichtet sein würde.

§ 1046 Nießbrauch an der Versicherungsforderung

(1) An der Forderung gegen den Versicherer steht dem Nießbraucher der Nießbrauch nach den Vorschriften zu, die für den Nießbrauch an einer auf Zinsen ausstehenden Forderung gelten.

(2) ¹Tritt ein unter die Versicherung fallender Schaden ein, so kann sowohl der Eigentümer als der Nießbraucher verlangen, dass die Versicherungssumme zur Wiederherstellung der Sache oder zur Beschaffung eines Ersatzes insoweit verwendet wird, als es einer ordnungsmäßigen Wirt-

Titel 2. Nießbrauch   **§§ 1047, 1048**

schaft entspricht. ²Der Eigentümer kann die Verwendung selbst besorgen oder dem Nießbraucher überlassen.

§ 1047 Lastentragung

Der Nießbraucher ist dem Eigentümer gegenüber verpflichtet, für die Dauer des Nießbrauchs die auf der Sache ruhenden öffentlichen Lasten mit Ausschluss der außerordentlichen Lasten, die als auf den Stammwert der Sache gelegt anzusehen sind, sowie diejenigen privatrechtlichen Lasten zu tragen, welche schon zur Zeit der Bestellung des Nießbrauchs auf der Sache ruhten, insbesondere die Zinsen der Hypothekenforderungen und Grundschulden sowie die auf Grund einer Rentenschuld zu entrichtenden Leistungen.

Anmerkungen zu den §§ 1041–1047

1. §§ 1041–1047 betreffen Pflichten des Nießbrauchers aus dem ges Schuldverhältnis zum Eigentümer (Rn 3 vor § 1030). **Abw Vereinbarung** (zB zu §§ 1041, 1047, sog Bruttonießbrauch, BFH BB 80, 1564) in Grenzen möglich (BGH 95, 100 mN; BayObLG DNotZ 86, 152 f).

2. Der Nießbraucher ist grundsätzlich zur **Erhaltung des Bestandes** (zB Feldbestellung, Viehfütterung) und zur Tragung der **laufenden Reparaturen** verpflichtet, § 1041, dazu auch §§ 1044, 1050. **Außergewöhnliche Ausbesserungen** darf er vornehmen, muß es aber nicht (BGH 52, 237), vgl ie §§ 1042 (Anzeigepflicht), 1043 (Verwendungsrecht), 1044 (Duldungspflicht; gilt auch für gewöhnliche Ausbesserungen).

3. Der Nießbraucher hat die Sache uU zu **versichern**, § 1045, dazu § 1046 (Ergänzung von § 1036 II).

4. Die ordentlichen (dh laufenden) öffentl **Lasten,** die auf der Sache ruhen, zB Grundsteuern, und die bei Nießbrauchsbestellung bestehenden privatrechtlichen Lasten, zB Hypothekenzinsen, Notwegrente, treffen im Verhältnis zum Eigentümer den Nießbraucher, § 1047 (abdingbar, Rn 1). Der Dritte, zB Hypothekengläubiger, hat keinen unmittelbaren Anspruch gegen den Nießbraucher. Zum Verhältnis von Lastentragung und Nutznießung vgl RG 153, 32, 35 f.

§ 1048 Nießbrauch an Grundstück mit Inventar

(1) ¹Ist ein Grundstück samt Inventar Gegenstand des Nießbrauchs, so kann der Nießbraucher über die einzelnen Stücke des Inventars innerhalb der Grenzen einer ordnungsmäßigen Wirtschaft verfügen. ²Er hat für den gewöhnlichen Abgang sowie für die nach den Regeln einer ordnungsmäßigen Wirtschaft ausscheidenden Stücke Ersatz zu beschaffen; die von ihm angeschafften Stücke werden mit der Einverleibung in das Inventar Eigentum desjenigen, welchem das Inventar gehört.

(2) Übernimmt der Nießbraucher das Inventar zum Schätzwert mit der Verpflichtung, es bei der Beendigung des Nießbrauchs zum Schätzwert zurückzugewähren, so findet die Vorschrift des § 582 a entsprechende Anwendung.

1. Das Inventar (vgl § 98) gehört weiter dem bisherigen Eigentümer. Dem Nießbraucher steht gem I 1 die **ges Verfügungsbefugnis** zu (vgl Rn 2 vor § 1030). Bei Überschreiten der Befugnis ist Erwerb vom Nichtverfügungsberechtigten analog §§ 932 ff möglich (hM), Nießbraucher ist bei Verschulden schadensersatzpflichtig (vgl § 1036 Rn 2).

2. Der bisherige Eigentümer (Rn 1) erlangt an den zunächst vom Nießbraucher erworbenen Ersatzstücken mit deren Einverleibung Eigentum kraft Ges, I 2.

Jauernig 1225

§ 1049 Ersatz von Verwendungen

(1) Macht der Nießbraucher Verwendungen auf die Sache, zu denen er nicht verpflichtet ist, so bestimmt sich die Ersatzpflicht des Eigentümers nach den Vorschriften über die Geschäftsführung ohne Auftrag.

(2) Der Nießbraucher ist berechtigt, eine Einrichtung, mit der er die Sache versehen hat, wegzunehmen.

1 1. Ersatzanspruch (I) und Wegnahmerecht (II) bestehen nur bei freiwilligen Verwendungen (abw §§ 1041, 1045, 1047 f: pflichtmäßige Verwendungen).

2 2. a) *Zum Ersatzanspruch* vgl §§ 683, 684 S 2, 679, 670; 684 S 1. Verpflichtet ist der Eigentümer zZ der Verwendungen (RG HRR 37 Nr 1444, str). b) *Zum Wegnahmerecht* vgl § 258. c) *Verjährung* für I und II: § 1057.

§ 1050 Abnutzung

Veränderungen oder Verschlechterungen der Sache, welche durch die ordnungsmäßige Ausübung des Nießbrauchs herbeigeführt werden, hat der Nießbraucher nicht zu vertreten.

1 1. Ergänzung zu § 1041. Ähnlich §§ 538, 602.

2 2. Bei Verschulden haftet der Nießbraucher wegen Verletzung des ges Schuldverhältnisses (Rn 3 vor § 1030; § 1036 Rn 2), ferner gem §§ 823 ff.

§ 1051 Sicherheitsleistung

Wird durch das Verhalten des Nießbrauchers die Besorgnis einer erheblichen Verletzung der Rechte des Eigentümers begründet, so kann der Eigentümer Sicherheitsleistung verlangen.

§ 1052 Gerichtliche Verwaltung mangels Sicherheitsleistung

(1) [1] Ist der Nießbraucher zur Sicherheitsleistung rechtskräftig verurteilt, so kann der Eigentümer statt der Sicherheitsleistung verlangen, dass die Ausübung des Nießbrauchs für Rechnung des Nießbrauchers einem von dem Gerichte zu bestellenden Verwalter übertragen wird. [2] Die Anordnung der Verwaltung ist nur zulässig, wenn dem Nießbraucher auf Antrag des Eigentümers von dem Gericht eine Frist zur Sicherheitsleistung bestimmt worden und die Frist verstrichen ist; sie ist unzulässig, wenn die Sicherheit vor dem Ablauf der Frist geleistet wird.

(2) [1] Der Verwalter steht unter der Aufsicht des Gerichts wie ein für die Zwangsverwaltung eines Grundstücks bestellter Verwalter. [2] Verwalter kann auch der Eigentümer sein.

(3) Die Verwaltung ist aufzuheben, wenn die Sicherheit nachträglich geleistet wird.

§ 1053 Unterlassungsklage bei unbefugtem Gebrauch

Macht der Nießbraucher einen Gebrauch von der Sache, zu dem er nicht befugt ist, und setzt er den Gebrauch ungeachtet einer Abmahnung des Eigentümers fort, so kann der Eigentümer auf Unterlassung klagen.

§ 1054 Gerichtliche Verwaltung wegen Pflichtverletzung

Verletzt der Nießbraucher die Rechte des Eigentümers in erheblichem Maße und setzt er das verletzende Verhalten ungeachtet einer Abmahnung des Eigentümers fort, so kann der Eigentümer die Anordnung einer Verwaltung nach § 1052 verlangen.

Titel 2. Nießbrauch §§ 1055, 1056

Anmerkungen zu den §§ 1051–1054

1. §§ 1051 f behandeln die **Gefährdung der Eigentümerrechte**, §§ 1053 f ihre **Verletzung**.

2. Sicherungsmittel. a) Anspruch auf Sicherheitsleistung, § 1051, setzt kein Verschulden voraus. Weitere Fälle §§ 1039 I, 1067 II. Arten der Sicherheitsleistung: §§ 232 ff. **b) Gerichtl Verwaltung** setzt Verurteilung zur Sicherheitsleistung (§ 1052 I 1) oder zur Duldung der Verwaltung (§ 1054) voraus. Ihr Ziel: bei § 1052 Erzwingung der Sicherheitsleistung (arg § 1052 III), bei § 1054 Verhinderung weiterer Schäden (so daß hier § 1052 I 2, III unanwendbar, StPromberger § 1054, 1). Sie entspricht der Zwangsverwaltung gem ZVG 146, vgl § 1052 II; zuständig ist das Vollstreckungsgericht (ZPO 764). **c) Unterlassungsklage** aus § 1004 und dem ges Schuldverhältnis (Rn 3 vor § 1030) ist durch § 1053 **eingeschränkt**. An die Stelle der vorbeugenden Unterlassungsklage (§ 1004 Rn 11) treten die §§ 1051 f.

§ 1055 Rückgabepflicht des Nießbrauchers

(1) **Der Nießbraucher ist verpflichtet, die Sache nach der Beendigung des Nießbrauchs dem Eigentümer zurückzugeben.**

(2) **Bei dem Nießbrauch an einem landwirtschaftlichen Grundstück finden die Vorschriften des § 596 Abs. 1 und des § 596 a, bei dem Nießbrauch an einem Landgut finden die Vorschriften des § 596 Abs. 1 und der §§ 596 a, 596 b entsprechende Anwendung.**

1. Der **Rückgabeanspruch** aus dem ges Schuldverhältnis (Rn 3 vor § 1030) steht neben dem aus § 985 gegen den Besitzer. Für den redlichen Nießbraucher gilt der Besteller als Eigentümer, § 1058.

§ 1056 Miet- und Pachtverhältnisse bei Beendigung des Nießbrauchs

(1) **Hat der Nießbraucher ein Grundstück über die Dauer des Nießbrauchs hinaus vermietet oder verpachtet, so finden nach der Beendigung des Nießbrauchs die für den Fall der Veräußerung von vermietetem Wohnraum geltenden Vorschriften der §§ 566, 566 a, 566 b Abs. 1 und der §§ 566 c bis 566 e, 567 b entsprechende Anwendung.**

(2) ¹**Der Eigentümer ist berechtigt, das Miet- oder Pachtverhältnis unter Einhaltung der gesetzlichen Kündigungsfrist zu kündigen.** ²**Verzichtet der Nießbraucher auf den Nießbrauch, so ist die Kündigung erst von der Zeit an zulässig, zu welcher der Nießbrauch ohne den Verzicht erlöschen würde.**

(3) ¹**Der Mieter oder der Pächter ist berechtigt, den Eigentümer unter Bestimmung einer angemessenen Frist zur Erklärung darüber aufzufordern, ob er von dem Kündigungsrecht Gebrauch mache.** ²**Die Kündigung kann nur bis zum Ablauf der Frist erfolgen.**

1. Ist das Grundstück dem Mieter oder Pächter bereits überlassen, so tritt der Eigentümer bei Beendigung des Nießbrauchs in den Miet- oder Pachtvertrag ein (I mit § 571 I). Die Zinsansprüche stehen dem Eigentümer kraft eigenen Rechts zu (BGH 53, 179). Er kann den Vertrag vorzeitig beenden (II 1, III); Einschränkung bei Nießbrauchsbeendigung durch Verzicht (II 2). Bei Tod des Nießbrauchers tritt der Erbe in den Miet-(Pacht-)vertrag ein, auch wenn der Eigentümer nach I mangels Überlassung (§§ 571 I, 582 II) nicht eintritt (BGH 109, 113 ff; abl Wacke, FS Gernhuber, 1993, S 489 ff, 521 ff).

Jauernig 1227

§§ 1057–1059 Buch 3. Abschnitt 4. Dienstbarkeiten

§ 1057 Verjährung der Ersatzansprüche

¹Die Ersatzansprüche des Eigentümers wegen Veränderungen oder Verschlechterungen der Sache sowie die Ansprüche des Nießbrauchers auf Ersatz von Verwendungen oder auf Gestattung der Wegnahme einer Einrichtung verjähren in sechs Monaten. ²Die Vorschrift des § 548 Abs. 1 Satz 2 und 3, Abs. 2 findet entsprechende Anwendung.

1 1. § 1057 erfaßt, ohne Rücksicht auf den Rechtsgrund, nur die dort genannten Ersatzansprüche des Eigentümers. Wegen der Ersatzansprüche des Nießbrauchers vgl § 1049.

§ 1058 Besteller als Eigentümer

Im Verhältnisse zwischen dem Nießbraucher und dem Eigentümer gilt zugunsten des Nießbrauchers der Besteller als Eigentümer, es sei denn, dass der Nießbraucher weiß, dass der Besteller nicht Eigentümer ist.

1 1. **Allgemeines.** Zu **unterscheiden** sind: der *Verpflichtungsvertrag* zur Nießbrauchsbestellung und das *Bestellungsgeschäft* zwischen Besteller und Nießbraucher einerseits sowie das *ges Schuldverhältnis* zwischen Eigentümer und Nießbraucher andererseits (Rn 3 vor § 1030). Besteller und Eigentümer müssen nicht identisch sein und bleiben. Sind sie es bei der Bestellung nicht, so kann Nießbrauch gem §§ 185, 892, 1032 mit §§ 932, 933 ff erworben werden. Ist der Nießbrauch erworben, so schadet dem Nießbraucher im Rahmen des § 1058 nur positive Kenntnis (nicht: grobfahrlässige Unkenntnis, Eintragung des richtigen Eigentümers oder eines Widerspruchs im Grundbuch).

2 2. **Wirkung. a)** Zugunsten des unwissenden **Nießbrauchers** gilt der Besteller als Eigentümer. Daher muß der wahre Eigentümer Rechtshandlungen des Bestellers und Leistungen an ihn gegen sich gelten lassen, zB die Rückgabe gem § 1055; ferner günstige Urteile des Nießbrauchers gegen den Besteller. **b)** Zugunsten des **Bestellers** gilt § 1058 **nicht;** für ihn gelten §§ 891 I, 1006.

§ 1059 Unübertragbarkeit; Überlassung der Ausübung

¹Der Nießbrauch ist nicht übertragbar. ²Die Ausübung des Nießbrauchs kann einem anderen überlassen werden.

1 1. Der Nießbrauch ist **unübertragbar** (S 1, Ausnahme § 1059 a), **unvererblich** (dazu s GBBerG 5), **nicht belastbar,** insbes nicht verpfändbar (§§ 1069 II, 1274 II). Zur Pfändbarkeit Rn 8.

2 2. **Überlassung der Ausübung,** S 2. **a) Der Dritte erlangt** gegen den Nießbraucher einen vererblichen schuldrechtlichen Anspruch auf Duldung der Ausübung, aber kein dingliches Recht (BGH 55, 115; hM). Daher ist die Überlassung nicht eintragungsfähig (vgl RG 159, 207 zur bp Dienstbarkeit) und formlos gültig. Sie kann entgeltlich oder unentgeltlich sein, alle oder nur bestimmte Nutzungen für die Nießbrauchsdauer oder eine kürzere Zeit erfassen. Gestattung durch den Eigentümer unnötig (anders § 1092 I 2). Dritter kann auch der Eigentümer sein.

3 **b) Der Dritte erwirbt** die Früchte gem §§ 956 II, 957; sein Besitz ist geschützt, §§ 858 ff, 1007. Das ges Schuldverhältnis zwischen Nießbraucher und Eigentümer (Rn 3 vor § 1030) bleibt unberührt, Haftung des Nießbrauchers für den Dritten

4 gem § 278 möglich (§ 1036 Rn 2). **c) Ende der (berechtigten) Überlassung:** stets mit Erlöschen des Nießbrauchs, zB gem § 1061, Aufhebung (Zustimmung des Dritten unnötig, hM), ferner bei nachträglicher Beschränkung des Nießbrauchs

5 (§ 1030 II) in diesem Rahmen. **d) Ausschluß** von S 2 (bei Eintragung mit dinglicher Wirkung) vereinbar (BGH 95, 100 f). **e) Vermietung** (Verpachtung) und Nießbrauchsüberlassung zur Ausübung unterscheiden sich in Gegenstand, Inhalt und Folgen (BGH 109, 115 f).

Titel 2. Nießbrauch **§§ 1059 a–1059 c**

3. Stehen dem Nießbraucher bestimmte oder bestimmbare **Einzelbefugnisse** 6
aus dem Nießbrauch zu, so kann er sie mit „dinglicher" Wirkung auf Dritte
übertragen (RG 101, 7), zB das Recht auf Mietzinsen, zur Selbstvermietung.
Doch hat die Übertragung von künftigen oder Dauerrechten keine Wirkung über
das Erlöschen des Nießbrauchs hinaus. Mit ihm endet zB das Recht zur Selbstvermietung (vgl aber § 1056 I mit § 571 I), Vorausabtretungen des Mietzinses
können unwirksam werden (§ 1056 I mit § 566 b I).

4. Vereinbarte Übertragung des Nießbrauchs ist in Überlassung der Ausübung 7
umdeutbar, § 140 (vgl RG 159, 203). Eine Übertragung von Einzelbefugnissen
iSv Rn 3 bedarf bes Anhaltspunkte (BGH 55, 116).

5. Pfändbarkeit. Vollstreckungsgegenstand ist der Nießbrauch selbst (BGH 62, 8
136 ff), nicht ein von ihm getrenntes Recht auf Ausübung (dafür SoeStürner 9 a
mN), so daß dessen Ausschluß trotz dinglicher Wirkung (Rn 5) die Pfändbarkeit
nicht berührt (vgl BGH 95, 101 f); bloß die Verwertung ist gem ZPO 857 III
beschränkt. Daher kann der Nießbraucher nur mit Zustimmung des Pfändungsgläubigers auf sein Recht verzichten (BGH 62, 138 f) und ist die Pfändung eintragungsfähig, aber wegen S 1 nicht -bedürftig (BGH 62, 139 f).

6. ISv Rn 8 unterliegt der Nießbrauch auch dem **Insolvenzverfahren;** nur die 9
insolvenzmäßige Verwertung ist durch InsO 36 I iVm ZPO 857 III beschränkt.
Daher kann weder der Insolvenzverwalter noch der Insolvenzschuldner auf den
Nießbrauch verzichten (iE ebenso Jaeger/Henckel § 1, 96 zur KO).

§ 1059 a Übertragbarkeit bei juristischer Person oder rechtsfähiger Personengesellschaft

(1) Steht ein Nießbrauch einer juristischen Person zu, so ist er nach
Maßgabe der folgenden Vorschriften übertragbar:
1. **Geht das Vermögen der juristischen Person auf dem Wege der Gesamtrechtsnachfolge auf einen anderen über, so geht auch der Nießbrauch auf den Rechtsnachfolger über, es sei denn, dass der Übergang ausdrücklich ausgeschlossen ist.**
2. **Wird sonst ein von einer juristischen Person betriebenes Unternehmen oder ein Teil eines solchen Unternehmens auf einen anderen übertragen, so kann auf den Erwerber auch ein Nießbrauch übertragen werden, sofern er den Zwecken des Unternehmens oder des Teils des Unternehmens zu dienen geeignet ist. Ob diese Voraussetzungen gegeben sind, wird durch eine Erklärung der obersten Landesbehörde oder der von ihr ermächtigten Behörde festgestellt. Die Erklärung bindet die Gerichte und die Verwaltungsbehörden.**

(2) **Einer juristischen Person steht eine rechtsfähige Personengesellschaft gleich.**

§ 1059 b Unpfändbarkeit

Ein Nießbrauch kann auf Grund der Vorschrift des § 1059 a weder gepfändet noch verpfändet noch mit einem Nießbrauch belastet werden.

§ 1059 c Übergang oder Übertragung des Nießbrauchs

(1) ¹Im Falle des Übergangs oder der Übertragung des Nießbrauchs tritt
der Erwerber an Stelle des bisherigen Berechtigten in die mit dem Nießbrauch verbundenen Rechte und Verpflichtungen gegenüber dem Eigentümer ein. ²Sind in Ansehung dieser Rechte und Verpflichtungen Vereinbarungen zwischen dem Eigentümer und dem Berechtigten getroffen
worden, so wirken sie auch für und gegen den Erwerber.

§§ 1059 d–1061

(2) Durch den Übergang oder die Übertragung des Nießbrauchs wird ein Anspruch auf Entschädigung weder für den Eigentümer noch für sonstige dinglich Berechtigte begründet.

§ 1059 d Miet- und Pachtverhältnisse bei Übertragung des Nießbrauchs

Hat der bisherige Berechtigte das mit dem Nießbrauch belastete Grundstück über die Dauer des Nießbrauchs hinaus vermietet oder verpachtet, so sind nach der Übertragung des Nießbrauchs die für den Fall der Veräußerung von vermietetem Wohnraum geltenden Vorschriften der §§ 566 bis 566 e, 567 a und 567 b entsprechend anzuwenden.

§ 1059 e Anspruch auf Einräumung des Nießbrauchs

Steht ein Anspruch auf Einräumung eines Nießbrauchs einer juristischen Person oder einer rechtsfähigen Personengesellschaft zu, so gelten die Vorschriften der §§ 1059 a bis 1059 d entsprechend.

Anmerkungen zu den §§ 1059 a–1059 e

1 **1. Allgemeines.** Die Unübertragbarkeit des Nießbrauchs, § 1059, führte insbes bei jur Personen zu Unzuträglichkeiten. Sie sind durch Ges vom 13. 12. 1935 (RGBl I 1468) beseitigt (vgl heute §§ 1059 a–e). Bloß rechtsformändernde Umwandlung nach UmwG ist keine Übertragung iSd §§ 1059 a ff, 1092 II (Düsseldorf NJW 99, 987).

2 **2. Gilt für** jur Personen des privaten und öffentl Rechts als Nießbraucher, ferner für rechtsfähige Personengesellschaften (§ 14 II; dazu zählen OHG, KG, PartG, EWIV; nach verbreiteter Meinung auch die GbR, s § 14 Rn 2 mN).

§ 1060 Zusammentreffen mehrerer Nutzungsrechte

Trifft ein Nießbrauch mit einem anderen Nießbrauch oder mit einem sonstigen Nutzungsrecht an der Sache dergestalt zusammen, dass die Rechte nebeneinander nicht oder nicht vollständig ausgeübt werden können, und haben die Rechte gleichen Rang, so findet die Vorschrift des § 1024 Anwendung.

1 1. Vgl § 1024 mit Anm, ferner §§ 566, 578 I, 581 II, 593 b (Zusammentreffen mit Miete, Pacht), 1208, 1242 II 2, 1245 I 2, 1247 (Zusammentreffen mit Pfandrecht).

§ 1061 Tod des Nießbrauchers

¹Der Nießbrauch erlischt mit dem Tode des Nießbrauchers. ²Steht der Nießbrauch einer juristischen Person oder einer rechtsfähigen Personengesellschaft zu, so erlischt er mit dieser.

1 1. Der Nießbrauch **erlischt** zwingend mit dem Tod (S 1) oder dem Erlöschen (S 2) des Nießbrauchers (Ausnahme von S 2: § 1059 a). Erlöschen iSv S 2 tritt erst mit Beendigung der Liquidation ein (RG 159, 199; §§ 41–44 Rn 4). Weitere Erlöschensgründe: Rn 5 vor § 1030.

2 2. Der Eigentümer kann sich dem Nießbraucher gegenüber *verpflichten,* nach dessen Tod einem Dritten von neuem einen Nießbrauch zu bestellen; der Anspruch ist vormerkungsfähig (ie LG Traunstein NJW 62, 2207 f).

Titel 2. Nießbrauch **§§ 1062–1065**

§ 1062 Erstreckung der Aufhebung auf das Zubehör

Wird der Nießbrauch an einem Grundstück durch Rechtsgeschäft aufgehoben, so erstreckt sich die Aufhebung im Zweifel auf den Nießbrauch an dem Zubehöre.

1. **Auslegungsregel** entspr § 1031. Gilt nur für Grundstücke. Aufhebung gem §§ 875, 878; wegen §§ 1069 II, 1274 II (mit §§ 1059 S 1, 1059 b) ist § 876 unanwendbar.   1

§ 1063 Zusammentreffen mit dem Eigentum

(1) **Der Nießbrauch an einer beweglichen Sache erlischt, wenn er mit dem Eigentum in derselben Person zusammentrifft.**

(2) **Der Nießbrauch gilt als nicht erloschen, soweit der Eigentümer ein rechtliches Interesse an dem Fortbestehen des Nießbrauchs hat.**

1. Erwirbt der Nießbraucher das Alleineigentum an der belasteten **beweglichen Sache,** so erlischt der Nießbrauch idR, I (Konsolidation). Anders bei Grundstücken: § 889 (dort Rn 4 zum Begriff).   1

2. **Rechtliches Interesse** iSv II ist zu bejahen, wenn ein gleich- oder nachrangiges Recht (Nießbrauch, Pfandrecht) besteht oder der Nießbraucher das auflösend bedingt oder befristet erworbene Eigentum verlieren kann.   2

§ 1064 Aufhebung des Nießbrauchs an beweglichen Sachen

Zur Aufhebung des Nießbrauchs an einer beweglichen Sache durch Rechtsgeschäft genügt die Erklärung des Nießbrauchers gegenüber dem Eigentümer oder dem Besteller, dass er den Nießbrauch aufgebe.

1. Zur Aufhebung des Nießbrauchs an **beweglichen Sachen** genügt die einseitige Erklärung gegenüber Eigentümer oder Besteller (§ 1058 hier unnötig). Für Grundstücke: § 1062 Rn 1; für Grundstücksrechte: § 1072 Rn 1 (c).   1

§ 1065 Beeinträchtigung des Nießbrauchsrechts

Wird das Recht des Nießbrauchers beeinträchtigt, so finden auf die Ansprüche des Nießbrauchers die für die Ansprüche aus dem Eigentum geltenden Vorschriften entsprechende Anwendung.

1. **Allgemeines.** Der Nießbrauch kann durch Dritte (Rn 2), durch den Eigentümer (Rn 4) oder den Besteller (Rn 5) beeinträchtigt werden.   1

2. **Gegen** Beeinträchtigungen durch **Dritte** schützen *in entspr Anwendung:*   2
a) § 985; §§ 987 ff (Nutzungsherausgabe im Rahmen von §§ 1030 II, 1039 I 1; Schadensersatz umfasst nur den Nießbraucherschaden, iü ist der Eigentümer ersatzberechtigt; für die Ersatzpflicht des Nießbrauchers wegen notwendiger Verwendungen gem § 994 II kommt es auf sein Interesse, seinen Willen, seine Genehmigung oder Bereicherung [str, § 994 Rn 4] gem §§ 683 f an); 1004 f; 1006 (dort Rn 1, 3); 823 ff und 812 ff im Rahmen von §§ 987 ff. **b) Für mehrere** Nießbraucher gilt § 1011 entspr.   3

3. **Gegen** Beeinträchtigung durch **a) Eigentümer:** §§ 985 (str), 1004 f, 1006   4
(dort Rn 1, 3), 823 ff, ferner Ansprüche aus dem ges Schuldverhältnis (daher §§ 987 ff unanwendbar) und, falls mit dem Eigentümer geschlossen, aus dem Verpflichtungsvertrag zur Bestellung (Rn 3 vor § 1030); **b) Besteller:** §§ 985,   5
1004–1006, 823 ff, ferner aus dem Verpflichtungsvertrag zur Bestellung (Rn 3 vor § 1030).

§§ 1066–1068 Buch 3. Abschnitt 4. Dienstbarkeiten

§ 1066 Nießbrauch am Anteil eines Miteigentümers

(1) **Besteht ein Nießbrauch an dem Anteil eines Miteigentümers, so übt der Nießbraucher die Rechte aus, die sich aus der Gemeinschaft der Miteigentümer in Ansehung der Verwaltung der Sache und der Art ihrer Benutzung ergeben.**

(2) **Die Aufhebung der Gemeinschaft kann nur von dem Miteigentümer und dem Nießbraucher gemeinschaftlich verlangt werden.**

(3) **Wird die Gemeinschaft aufgehoben, so gebührt dem Nießbraucher der Nießbrauch an den Gegenständen, welche an die Stelle des Anteils treten.**

1   1. **Nießbrauch an Miteigentumsanteil. a) Gemeinschaftsrechte** der Miteigentümer iSv **I: §§ 743–745** (BGH NJW 83, 932), 1011 (vgl KG NJW 64,
2   1809); bes Regelung gem § 746 bindet. **b) II schützt** den Nießbraucher. Er und der Miteigentümer sind im Prozeß notwendige Streitgenossen, ZPO 62. Zur
3   Aufhebung vgl §§ 749–751, 1010 I. c) **Bei Aufhebung** setzt sich der Nießbrauch an den Gegenständen fort, die an die Stelle des Anteils treten (dingliche Surrogation, vgl BGH 52, 105 ff zu § 1258 III).

4   2. § 1066 gilt **entspr,** wenn der Alleineigentümer einen Bruchteil seines Eigentums belastet **(Quotennießbrauch).**

§ 1067 Nießbrauch an verbrauchbaren Sachen

(1) ¹Sind verbrauchbare Sachen Gegenstand des Nießbrauchs, so wird der Nießbraucher Eigentümer der Sachen; nach der Beendigung des Nießbrauchs hat er dem Besteller den Wert zu ersetzen, den die Sachen zur Zeit der Bestellung hatten. ²Sowohl der Besteller als der Nießbraucher kann den Wert auf seine Kosten durch Sachverständige feststellen lassen.

(2) **Der Besteller kann Sicherheitsleistung verlangen, wenn der Anspruch auf Ersatz des Wertes gefährdet ist.**

1   1. **Allgemeines.** Der Nießbrauch an verbrauchbaren Sachen (§ 92) ist rechtlich kein Nießbrauch, dh kein beschränktes dingliches Recht, denn der Nießbraucher erlangt Eigentum (I 1) entweder bei Bestellung oder später, wenn die Sache erst dann zur verbrauchbaren wird. § 1067 ist abdingbar.

2   2. Das **ges Schuldverhältnis** entsteht hier, entgegen der Regel (Rn 3 vor § 1030), zwischen Besteller (nicht: Eigentümer) und Nießbraucher. Wertfeststellung (I 2) entspr § 1034; zum Verfahren FGG 164, 15. Sicherheitsleistung (II; Arten: §§ 232 ff) ohne Verschulden; II ersetzt die §§ 1051–1054.

Untertitel 2. Nießbrauch an Rechten

§ 1068 Gesetzlicher Inhalt des Nießbrauchs an Rechten

(1) **Gegenstand des Nießbrauchs kann auch ein Recht sein.**

(2) **Auf den Nießbrauch an Rechten finden die Vorschriften über den Nießbrauch an Sachen entsprechende Anwendung, soweit sich nicht aus den §§ 1069 bis 1084 ein anderes ergibt.**

1   1. **Allgemeines.** Ein Recht kann Gegenstand eines Rechts sein (§§ 1068 I, 1273 I). Str ist, ob das belastende Recht (Nießbrauch, Pfandrecht) „dingliche" Natur hat. Die Frage geht am Problem vorbei. Der Nießbrauch (das Pfandrecht) an einem Recht verschafft dem Nießbraucher (Pfandgläubiger) einen Teil der Rechtsmacht des belasteten Rechts. Das belastende Recht (Nießbrauch, Pfandrecht) ist ein verselbständigter Splitter des belasteten Rechts (vgl Rn 6 vor § 854). Daraus folgt zweierlei: (1.) Der Nießbrauch teilt die Rechtsnatur des belasteten Rechts (der Nießbrauch an einer Grundschuld ist ein Sachenrecht, der Nießbrauch an

Titel 2. Nießbrauch **§§ 1069, 1070**

einer Forderung ist ein Forderungsrecht); (2.) der abgespaltene Rechtsteil bleibt auch dann in der Hand des Nießbrauchers, wenn der Inhaber des belasteten Rechts wechselt (iE ebenso Baur § 60 Rn 3 mN).

2. Belastungsgegenstand. Vermögensrechte jeder Art, sofern sie unmittelbar 2 oder mittelbar Nutzungen gewähren können (zB Grundschulden, Forderungen, Mitgliedschaftsrechte [Rn 4], Erbteile, Verlags-, Urheber-, Patentrechte; nicht Vorkaufs- und Wiederkaufsrechte) und außerdem übertragbar sind (§ 1069 II; kein Nießbrauch am Nießbrauch, §§ 1059 S 1, 1059 b). Eigentum und grundstücksgleiche Rechte fallen nicht unter § 1068.

3. Rechtliche Regelung. Die §§ 1030 ff gelten entspr, soweit sie ihrem Sinne 3 nach für den Rechtsnießbrauch passen. Der Berechtigte hat Anrecht auf die Früchte (§ 99 II: zB Zinsen; § 99 III: zB Pachtforderung), vgl ferner § 1073.

4. Nießbrauch an Aktien, GmbH-Anteilen. Nach hM steht das Stimmrecht 4 allein dem Gesellschafter zu, weder dem Nießbraucher allein noch beiden gemeinsam (zur eigenen oder zur Ausübung durch einen gemeinschaftlichen Vertreter); ie StFrank 100, 118 Anh zu §§ 1068 f. Das Stimmrecht ist jedoch Teil des Mitverwaltungsrechts des Gesellschafters, das dem *Nießbraucher* zusteht. Fehlt abw Vereinbarung (vgl § 1030 II), so ist der Nießbraucher allein stimmberechtigt, hat aber bei der Ausübung die §§ 1037 I, 1041 S 1 zu beachten.

5. Zum Nießbrauch bei einer **Personengesellschaft** s §§ 718–720 Rn 9 (c). 5

§ 1069 Bestellung

(1) Die Bestellung des Nießbrauchs an einem Recht erfolgt nach den für die Übertragung des Rechts geltenden Vorschriften.

(2) An einem Rechte, das nicht übertragbar ist, kann ein Nießbrauch nicht bestellt werden.

1. Allgemeines. Der Nießbraucher erhält einen Teil der Rechtsmacht des 1 belasteten Rechts („Teilübertragung"), vgl § 1068 Rn 1. Daraus erklärt sich die Form der Nießbrauchsbestellung in I. Anwendbar insbes §§ 398, 413, 873, 1153 ff (Rn 2), 1192, 1199, 1205 ff (Rn 2), 2033 I, GmbHG 15 III.

2. Unübertragbare Rechte. Vgl insbes §§ 399, 400, Grunddienstbarkeit 2 (§ 1018 Rn 11). Hypothek und Pfandrecht werden durch Abtretung der Forderung übertragen (§§ 1153, 1250), folglich der Nießbrauch an der gesicherten Forderung zu bestellen.

§ 1070 Nießbrauch an Recht auf Leistung

(1) Ist ein Recht, kraft dessen eine Leistung gefordert werden kann, Gegenstand des Nießbrauchs, so finden auf das Rechtsverhältnis zwischen dem Nießbraucher und dem Verpflichteten die Vorschriften entsprechende Anwendung, welche im Falle der Übertragung des Rechts für das Rechtsverhältnis zwischen dem Erwerber und dem Verpflichteten gelten.

(2) [1]**Wird die Ausübung des Nießbrauchs nach § 1052 einem Verwalter übertragen, so ist die Übertragung dem Verpflichteten gegenüber erst wirksam, wenn er von der getroffenen Anordnung Kenntnis erlangt oder wenn ihm eine Mitteilung von der Anordnung zugestellt wird.** [2]**Das Gleiche gilt von der Aufhebung der Verwaltung.**

1. Der Verpflichtete soll durch die Nießbrauchsbestellung weder Vor- noch 1 Nachteile erlangen. Daher gelten gem **I** insbes §§ 404–411, 1156, 1158 f für den Verpflichteten; gegen ihn und für den Nießbraucher § 796, HGB 364 II, 365, WG 16, 17, 40.

§§ 1071-1074 Buch 3. Abschnitt 4. Dienstbarkeiten

2 2. Bei Eintritt und Aufhebung der gerichtl Verwaltung (§ 1052) wird der Verpflichtete geschützt, **II.** Der Schutz entfällt bei Kenntnis oder Zustellung der Anordnung.

§ 1071 Aufhebung oder Änderung des belasteten Rechts

(1) ¹**Ein dem Nießbrauch unterliegendes Recht kann durch Rechtsgeschäft nur mit Zustimmung des Nießbrauchers aufgehoben werden.** ²**Die Zustimmung ist demjenigen gegenüber zu erklären, zu dessen Gunsten sie erfolgt; sie ist unwiderruflich.** ³**Die Vorschrift des § 876 Satz 3 bleibt unberührt.**

(2) **Das Gleiche gilt im Falle einer Änderung des Rechts, sofern sie den Nießbrauch beeinträchtigt.**

1 1. Mit Untergang des belasteten Rechts erlischt der Nießbrauch, eine Änderung des Rechts berührt ihn unmittelbar. Daher ist die **rechtsgeschäftliche Aufhebung** (I) oder eine **nießbrauchsschädliche Änderung** (II) an die Zustimmung des Nießbrauchers gebunden. I 2 HS 1 wird ergänzt durch § 876 S 3. Ohne Zustimmung ist das RGeschäft – idR schwebend, vgl § 184 – unwirksam, aber nur relativ zugunsten des Nießbrauchers (StFrank 2 mN). Die Zustimmung ist unwiderruflich, I 2 HS 2 (anders § 183). § 1071 schränkt Schuldnerschutz gem § 1070 nicht ein (zB gilt § 407 auch ohne Zustimmung des Nießbrauchers).

2 2. **Inhaberwechsel beim belasteten Recht** läßt den Nießbrauch unberührt, § 1068 Rn 1.

§ 1072 Beendigung des Nießbrauchs

Die Beendigung des Nießbrauchs tritt nach den Vorschriften der §§ 1063, 1064 auch dann ein, wenn das dem Nießbrauch unterliegende Recht nicht ein Recht an einer beweglichen Sache ist.

1 1. **Beendigung. a)** Vgl Rn 5 vor § 1030. **b) Der Rechtsnießbrauch** erlischt idR bei Vereinigung von Nießbrauch und Recht (Ausnahme § 1063 II), auch wenn das Recht ein Grundstücksrecht, zB Grundschuld, ist; § 889 gilt insoweit nicht. Grundstücksrechte idS sind nicht das Eigentum und grundstücksgleiche Rechte, § 1068 Rn 2. **c) Nießbrauch an Grundstücksrecht** erlischt auch durch einseitige formlose Aufgabeerklärung gegenüber dem Rechtsinhaber oder dem Besteller (nicht Grundbuchamt), § 1072 mit § 1064. Löschung im Grundbuch ist nur Berichtigung.

§ 1073 Nießbrauch an einer Leibrente

Dem Nießbraucher einer Leibrente, eines Auszugs oder eines ähnlichen Rechts gebühren die einzelnen Leistungen, die auf Grund des Rechts gefordert werden können.

1 1. Der Nießbrauch an einer Leibrente usw ist ein einheitliches Recht, so daß der Nießbraucher Gläubiger (nicht nur Nießbraucher) der Forderung auf Einzelleistung ist.

§ 1074 Nießbrauch an einer Forderung; Kündigung und Einziehung

¹**Der Nießbraucher einer Forderung ist zur Einziehung der Forderung und, wenn die Fälligkeit von einer Kündigung des Gläubigers abhängt, zur Kündigung berechtigt.** ²**Er hat für die ordnungsmäßige Einziehung zu sorgen.** ³**Zu anderen Verfügungen über die Forderung ist er nicht berechtigt.**

Titel 2. Nießbrauch **§§ 1075–1080**

§ 1075 Wirkung der Leistung

(1) Mit der Leistung des Schuldners an den Nießbraucher erwirbt der Gläubiger den geleisteten Gegenstand und der Nießbraucher den Nießbrauch an dem Gegenstand.

(2) Werden verbrauchbare Sachen geleistet, so erwirbt der Nießbraucher das Eigentum; die Vorschrift des § 1067 findet entsprechende Anwendung.

§ 1076 Nießbrauch an verzinslicher Forderung

Ist eine auf Zinsen ausstehende Forderung Gegenstand des Nießbrauchs, so gelten die Vorschriften der §§ 1077 bis 1079.

§ 1077 Kündigung und Zahlung

(1) ¹Der Schuldner kann das Kapital nur an den Nießbraucher und den Gläubiger gemeinschaftlich zahlen. ²Jeder von beiden kann verlangen, dass an sie gemeinschaftlich gezahlt wird; jeder kann statt der Zahlung die Hinterlegung für beide fordern.

(2) ¹Der Nießbraucher und der Gläubiger können nur gemeinschaftlich kündigen. ²Die Kündigung des Schuldners ist nur wirksam, wenn sie dem Nießbraucher und dem Gläubiger erklärt wird.

§ 1078 Mitwirkung zur Einziehung

¹Ist die Forderung fällig, so sind der Nießbraucher und der Gläubiger einander verpflichtet, zur Einziehung mitzuwirken. ²Hängt die Fälligkeit von einer Kündigung ab, so kann jeder Teil die Mitwirkung des anderen zur Kündigung verlangen, wenn die Einziehung der Forderung wegen Gefährdung ihrer Sicherheit nach den Regeln einer ordnungsmäßigen Vermögensverwaltung geboten ist.

§ 1079 Anlegung des Kapitals

¹Der Nießbraucher und der Gläubiger sind einander verpflichtet, dazu mitzuwirken, dass das eingezogene Kapital nach den für die Anlegung von Mündelgeld geltenden Vorschriften verzinslich angelegt und gleichzeitig dem Nießbraucher der Nießbrauch bestellt wird. ²Die Art der Anlegung bestimmt der Nießbraucher.

§ 1080 Nießbrauch an Grund- oder Rentenschuld

Die Vorschriften über den Nießbrauch an einer Forderung gelten auch für den Nießbrauch an einer Grundschuld und an einer Rentenschuld.

Anmerkungen zu den §§ 1074–1080

1. Allgemeines. Das Ges unterscheidet zwischen dem Nießbrauch an **unverzinslichen** (§§ 1074 f) und an **verzinslichen Forderungen** (§§ 1076–1079). § 1080 stellt den Nießbrauch an einer Grund- und Rentenschuld einem Forderungsnießbrauch gleich. 1

2. Nießbrauch an unverzinslicher Forderung: §§ 1074 f. **a) Inhalt** des Nießbrauchs ist die alleinige Einziehungsbefugnis, § 1074. Der Nießbraucher darf im eigenen Namen kündigen, mahnen, klagen (für die Stellung im Prozeß gilt § 1282 Rn 2 entspr), vollstrecken, die Leistung annehmen. **b) Die Verfügungsbefugnis** ist zweckbeschränkt, § 1074 S 3. Nicht gestattet sind Erlaß, Abtretung, idR Stundung und Vergleich (wenn sie die ordnungsmäßige Einziehung, § 1074 2 3

§§ 1081-1084 Buch 3. Abschnitt 4. Dienstbarkeiten

S 2, nicht begünstigen). Der Nießbraucher kann mit der Nießbrauchsforderung gegen eine Forderung des Schuldners gegen ihn aufrechnen, sofern die Forderung auf Geld oder andere verbrauchbare Sachen gerichtet ist, weil nur dann der eingezogene Gegenstand dem Vermögen des Nießbrauchers selbst einverleibt wird (vgl
4   § 1075 II gegen I; anders nur, wenn § 1067 abbedungen). **c) Wirkung der Leistung an den Nießbraucher,** § 1075. Der Gläubiger wird Inhaber des übertragenen Rechts oder Eigentümer der Sache (eine bewegliche muß dem Nießbraucher übergeben werden, §§ 929 ff). Für den Erwerb vom Nichtberechtigten (§§ 892, 932 ff) kommt es auf die Kenntnis usw des Nießbrauchers an, aber § 166 II gilt entspr. Der Nießbrauch setzt sich an der übereigneten Sache (als Sachnießbrauch) oder am übertragenen Recht kraft Ges fort *(dingliche Surrogation).* Eintragung des Nießbrauchs ist Grundbuchberichtigung. – § 1075 II ergänzt § 1067; abdingbar (vgl § 1067 Rn 1).

5   **3. Nießbrauch an verzinslicher Forderung:** §§ 1076–1079 (abdingbar). **a) Zinsen.** Auf sie hat nur der Nießbraucher ein Anrecht (§ 1068 Rn 3). **b) Kapital.** Bei Verfügungen darüber sind Nießbraucher und Gläubiger aufeinander angewiesen, vgl §§ 1077 f. Das eingezogene Kapital ist wieder anzulegen und erneut ein Nießbrauch zu bestellen (keine dingliche Surrogation), § 1079.

§ 1081 Nießbrauch an Inhaber- oder Orderpapieren

(1) ¹Ist ein Inhaberpapier oder ein Orderpapier, das mit Blankoindossament versehen ist, Gegenstand des Nießbrauchs, so steht der Besitz des Papiers und des zu dem Papiere gehörenden Erneuerungsscheins dem Nießbraucher und dem Eigentümer gemeinschaftlich zu. ²Der Besitz der zu dem Papiere gehörenden Zins-, Renten- oder Gewinnanteilscheine steht dem Nießbraucher zu.

(2) Zur Bestellung des Nießbrauchs genügt anstelle der Übergabe des Papiers die Einräumung des Mitbesitzes.

§ 1082 Hinterlegung

¹Das Papier ist nebst dem Erneuerungsschein auf Verlangen des Nießbrauchers oder des Eigentümers bei einer Hinterlegungsstelle mit der Bestimmung zu hinterlegen, dass die Herausgabe nur von dem Nießbraucher und dem Eigentümer gemeinschaftlich verlangt werden kann. ²Der Nießbraucher kann auch Hinterlegung bei der *Reichsbank,* bei der *Deutschen Zentralgenossenschaftskasse* oder bei der Deutschen Girozentrale (Deutschen Kommunalbank) verlangen.

§ 1083 Mitwirkung zur Einziehung

(1) Der Nießbraucher und der Eigentümer des Papiers sind einander verpflichtet, zur Einziehung des fälligen Kapitals, zur Beschaffung neuer Zins-, Renten- oder Gewinnanteilscheine sowie zu sonstigen Maßnahmen mitzuwirken, die zur ordnungsmäßigen Vermögensverwaltung erforderlich sind.

(2) ¹Im Falle der Einlösung des Papiers findet die Vorschrift des § 1079 Anwendung. ²Eine bei der Einlösung gezahlte Prämie gilt als Teil des Kapitals.

§ 1084 Verbrauchbare Sachen

Gehört ein Inhaberpapier oder ein Orderpapier, das mit Blankoindossament versehen ist, nach § 92 zu den verbrauchbaren Sachen, so bewendet es bei der Vorschrift des § 1067.

Titel 2. Nießbrauch **§§ 1085, 1086**

Anmerkungen zu den §§ 1081–1084

1. §§ 1081–1083 sind abdingbar. Sie gelten nur für die in § 1081 I genannten 1
Wertpapiere: §§ 793 ff (ausgenommen § 808); AktG 10 I, 24, 278 III; HGB 363 ff
(falls die Papiere blanko indossiert sind); ScheckG 15 IV, 16 II, 17 II; WG 12 III,
13 II, 14 II. – § 1081 II erleichtert die Bestellung. § 1083 ergänzt § 1078.

2. Unter § 1084 fallen zB Banknoten. § 1084 ist abdingbar (§ 1067 Rn 1). 2

Untertitel 3. Nießbrauch an einem Vermögen

§ 1085 Bestellung des Nießbrauchs an einem Vermögen

¹Der Nießbrauch an dem Vermögen einer Person kann nur in der Weise bestellt werden, dass der Nießbraucher den Nießbrauch an den einzelnen zu dem Vermögen gehörenden Gegenständen erlangt. ²Soweit der Nießbrauch bestellt ist, gelten die Vorschriften der §§ 1086 bis 1088.

1. Bestellung. a) Nur durch Einzelbestellung, nicht durch einheitliches 1
RGeschäft, S 1 (Sach-, Rechtsnießbrauch, ferner §§ 1067, 1084). Folge der Einzelbestellung: Scheidet ein belasteter Gegenstand aus dem Vermögen des Bestellers aus, so bleibt der Nießbrauch an dem Gegenstand bestehen; wird ein neuer Gegenstand dem Vermögen einverleibt, so erstreckt sich der Nießbrauch nicht automatisch auf ihn. **b) Die Einzelbestellung** muß in der **Absicht** geschehen, den 2
Nießbrauch auf das ganze Vermögen zu legen; das muß dem Nießbraucher bewußt sein. Das ist der Sinn von S 2. Die §§ 1086–1088 sollen verhindern, daß die Gläubiger des Bestellers durch die Einräumung des Nießbrauchs am Vermögen kein zugriffsfähiges Vermögen mehr vorfinden und so benachteiligt werden. Daher ist es für S 2 belanglos, daß einzelne Gegenstände aus der (Einzel-)Bestellung ausgenommen werden oder bereits mit einem Nießbrauch zugunsten desselben Nießbrauchers belastet sind; denn auch in diesen Fällen sind die Gläubiger des Bestellers schutzbedürftig. **c) Pflicht zur Bestellung** wird durch Vertrag (Form: 3
§ 311 b III) oder Vermächtnis (§§ 1089, 2174) begründet.

2. 1085 ff gelten **nicht** für Nießbrauch an **Sondervermögen,** zB am Vorbehaltsgut (§ 1418). Da Sonderregeln fehlen, gelten die allg Vorschriften. 4

3. Str ist, ob es einen einheitlichen **Nießbrauch an einem Unternehmen** gibt 5
(**Lit:** v. Godin, Nutzungsrecht an Unternehmen und Unternehmensbeteiligungen, 1949; Bökelmann, Nutzungen und Gewinn beim Unternehmensnießbrauch, 1971; Janßen/Nickel, Unternehmensnießbrauch, 1998; Paus BB 90, 1675 ff). **Zweck** der Nießbrauchsbestellung: Der Nießbraucher soll das Unternehmen leiten (vgl BGH MDR 75, 225 f). **a)** HGB 22 II, VVG 151 II setzen ihn voraus. §§ 1085 ff greifen 6
nur ein, wenn das Unternehmen als das „ganze" Vermögen erscheint (Rn 2); gleiches gilt für § 311 b III (BGH 25, 4 f zu § 311 aF). **b)** Der durch Einzelbestellung nicht erfaßbare Geschäftswert des Tätigkeitsbereichs (Ruf, Geschäftserfahrungen, Kundenstamm usw) soll dem Nießbraucher zur Verfügung stehen. Die Verpflichtung zur Überlassung dieses Wertes durch „Einweisung" ist unproblematisch. Ihre Erfüllung iVm den Einzelbestellungen begründet ein einheitliches absolut geschütztes Recht des Nießbrauchers am Unternehmen (MK/Petzoldt 9; hM). 7

§ 1086 Rechte der Gläubiger des Bestellers

**¹Die Gläubiger des Bestellers können, soweit ihre Forderungen vor der Bestellung entstanden sind, ohne Rücksicht auf den Nießbrauch Befriedigung aus den dem Nießbrauch unterliegenden Gegenständen verlangen.
²Hat der Nießbraucher das Eigentum an verbrauchbaren Sachen erlangt, so tritt an die Stelle der Sachen der Anspruch des Bestellers auf Ersatz des Wertes; der Nießbraucher ist den Gläubigern gegenüber zum sofortigen Ersatze verpflichtet.**

§§ 1087, 1088 — Buch 3. Abschnitt 4. Dienstbarkeiten

1 1. **Allgemeines.** Die Anwendbarkeit von § 1086 setzt einen Nießbrauch am Vermögen iSv § 1085 Rn 2 voraus. Die Forderung muß vor Nießbrauchsbestellung entstanden sein (entspr InsO 38, s MK/Petzoldt 2 zu KO 3).

2 2. **Wirkung.** Keine persönliche Haftung des Nießbrauchers (anders § 1088), nur Befriedigungsrecht der Gläubiger des Bestellers. IdR ist der Nießbraucher zur Duldung der Zwangsvollstreckung verpflichtet, **S 1** mit ZPO 737 f. Ausnahmsweise (vgl § 1067) vollstreckt der Gläubiger in den Ersatzanspruch des Bestellers (ZPO 829, 835), **S 2**; der Nießbraucher ist hier Drittschuldner, daher Duldungstitel unnötig.

3 3. Der **Eigentümer,** der nicht Besteller ist, kann nach ZPO 64, 771 vorgehen. Dem dient die Anzeigepflicht des Nießbrauchers, § 1042 S 2.

§ 1087 Verhältnis zwischen Nießbraucher und Besteller

(1) ¹Der Besteller kann, wenn eine vor der Bestellung entstandene Forderung fällig ist, von dem Nießbraucher Rückgabe der zur Befriedigung des Gläubigers erforderlichen Gegenstände verlangen. ²Die Auswahl steht ihm zu; er kann jedoch nur die vorzugsweise geeigneten Gegenstände auswählen. ³Soweit die zurückgegebenen Gegenstände ausreichen, ist der Besteller dem Nießbraucher gegenüber zur Befriedigung des Gläubigers verpflichtet.

(2) ¹Der Nießbraucher kann die Verbindlichkeit durch Leistung des geschuldeten Gegenstands erfüllen. ²Gehört der geschuldete Gegenstand nicht zu dem Vermögen, das dem Nießbrauch unterliegt, so ist der Nießbraucher berechtigt, zum Zwecke der Befriedigung des Gläubigers einen zu dem Vermögen gehörenden Gegenstand zu veräußern, wenn die Befriedigung durch den Besteller nicht ohne Gefahr abgewartet werden kann. ³Er hat einen vorzugsweise geeigneten Gegenstand auszuwählen. ⁴Soweit er zum Ersatz des Wertes verbrauchbarer Sachen verpflichtet ist, darf er eine Veräußerung nicht vornehmen.

1 1. Zum **Anwendungsbereich** § 1086 Rn 1. § 1087 (abdingbar) begründet zwischen Besteller und Nießbraucher Rechte und Pflichten, um die Zwangsvollstreckung, insbes in nießbrauchsbelastete Gegenstände, abzuwehren. Der Besteller kann den zur Erfüllung benötigten Gegenstand vom Nießbraucher herausverlangen (I); der Nießbraucher kann den geschuldeten Gegenstand auch selbst an den Gläubiger leisten (II).

§ 1088 Haftung des Nießbrauchers

(1) ¹Die Gläubiger des Bestellers, deren Forderungen schon zur Zeit der Bestellung verzinslich waren, können die Zinsen für die Dauer des Nießbrauchs auch von dem Nießbraucher verlangen. ²Das Gleiche gilt von anderen wiederkehrenden Leistungen, die bei ordnungsmäßiger Verwaltung aus den Einkünften des Vermögens bestritten werden, wenn die Forderung vor der Bestellung des Nießbrauchs entstanden ist.

(2) Die Haftung des Nießbrauchers kann nicht durch Vereinbarung zwischen ihm und dem Besteller ausgeschlossen oder beschränkt werden.

(3) ¹Der Nießbraucher ist dem Besteller gegenüber zur Befriedigung der Gläubiger wegen der im Absatz 1 bezeichneten Ansprüche verpflichtet. ²Die Rückgabe von Gegenständen zum Zwecke der Befriedigung kann der Besteller nur verlangen, wenn der Nießbraucher mit der Erfüllung dieser Verbindlichkeit in Verzug kommt.

1 1. Zum **Anwendungsbereich** § 1086 Rn 1. § 1088 begründet in der Form des ges Schuldbeitritts zwingend (II) eine persönliche gesamtschuldnerische Haftung des Nießbrauchers (anders § 1086).

Titel 3. Beschränkte persönliche Dienstbarkeiten **§§ 1089, 1090**

§ 1089 Nießbrauch an einer Erbschaft

Die Vorschriften der §§ 1085 bis 1088 finden auf den Nießbrauch an einer Erbschaft entsprechende Anwendung.

1. Betrifft nur den Nießbrauch am Nachlaß. **Abgrenzungen: a)** Nießbrauch 1 an Miterbenanteil. Er ist Rechtsnießbrauch und hat daher nicht die Folgen der Einzelbestellung, vgl § 1085 Rn 1. **b)** Zuwendung des obligatorischen Anspruchs auf die Nutzungen des Nachlasses (vgl RG 148, 337).

2. Pflicht zur Bestellung wird idR durch Vermächtnis begründet, § 2174. 2 Auslegungsfrage, ob Nießbrauchsvermächtnis oder Vorerbeinsetzung gemeint (ie BayObLG Rpfleger 81, 64 f).

3. Gläubiger iSd §§ 1086–1088 sind die Nachlaßgläubiger. Die entspr Anwen- 3 dung von § 1087 soll dem Erben die Befriedigung der Nachlaßgläubiger ermöglichen, aber keine Vorteile zu Lasten des Nießbrauchers verschaffen (vgl BGH 19, 313 f).

Titel 3. Beschränkte persönliche Dienstbarkeiten

§ 1090 Gesetzlicher Inhalt der beschränkten persönlichen Dienstbarkeit

(1) Ein Grundstück kann in der Weise belastet werden, dass derjenige, zu dessen Gunsten die Belastung erfolgt, berechtigt ist, das Grundstück in einzelnen Beziehungen zu benutzen, oder dass ihm eine sonstige Befugnis zusteht, die den Inhalt einer Grunddienstbarkeit bilden kann (beschränkte persönliche Dienstbarkeit).

(2) Die Vorschriften der §§ 1020 bis 1024, 1026 bis 1029, 1061 finden entsprechende Anwendung.

1. Allgemeines. Die bp Dienstbarkeit gleicht in vielem der Grunddienstbarkeit. 1 Hauptunterschied: Berechtigter kann nur eine **bestimmte Person** sein (ie Rn 13). Daher gibt es **kein herrschendes Grundstück**, auf dessen Vorteil das Recht ausgerichtet sein könnte und müßte. § 1019 ist auch nicht entspr anwendbar: II. Zum **Belastungsgegenstand** § 1018 Rn 3.

2. Inhalt. a) Für ihn gilt § 1018, vgl dort Rn 4–7, 10. § 1019 ist zwar 2 unanwendbar (Rn 1), aber notwendig und genügend ist ein erlaubter Vorteil für irgend jemand, damit das Recht entsteht (BGH NJW 85, 1025). Die persönlichen Bedürfnisse bestimmen nur iZw den Umfang des Rechts, § 1091 mit Anm. **b) Als** 3 **Grundstücksbelastung** beschränkt die bp Dienstbarkeit das Eigentum und die daraus fließenden Befugnisse. Danach bestimmt sich auch, mit welchem Inhalt eine **bp Dienstbarkeit zu Wettbewerbszwecken** zulässig ist: **aa) Zulässiger Inhalt:** 4 (1) *Verbot*, auf dem belasteten Grundstück irgendein oder ein bestimmtes Gewerbe auszuüben (BGH NJW 84, 924): **Verbotsdienstbarkeit**, zB Getränkevertrieb. Solche Benutzungsverbote (§ 1018 Rn 5) können auch nichtwettbewerbliche Gründe haben (s allg BGH NJW 84, 924), zB Erhaltung der Ruhe (kein Fabriklärm), ästhetische Gründe (BGH JZ 67, 322), Städteplanung (BGH NJW 84, 924); (2) *Berechtigung*, auf dem belasteten Grundstück ein (bestimmtes) Gewerbe zu 5 betreiben, zB Tankstelle, Gaststätte (BayObLG MDR 81, 759): **Berechtigungsdienstbarkeit**, vgl § 1018 Rn 4; (3) *Benutzungserlaubnis* wie Rn 5, aber *mit Aus-* 6 *schließlichkeitsklausel,* wonach nur der Berechtigte das (bestimmte) Gewerbe, zB eine Tankstelle, betreiben darf, so daß jedem anderen diese Benutzung verboten ist (BGH NJW 85, 2474). Steht die Ausschließlichkeitsklausel in der Eintragungsbewilligung, so ist Bezugnahme gem § 874 nötig und ausreichend (vgl BGH NJW 85, 2474); (4) *Verbot* wie Rn 4 *mit schuldrechtlichem Zustimmungsvorbehalt* des 7 Berechtigten (BGH NJW 88, 2364); (5) *Verbot* der Errichtung bestimmter Anlagen, 8 zB zur Wärmeerzeugung (BGH WM 84, 821); (6) ein *unbeschränktes Ausübungs-* 9

§§ 1091, 1092

oder Bezugsverbot (entspr Rn 4, 7, 8), selbst wenn es (nur) eine dinglich nicht sicherbare (§ 1018 Rn 7) Bezugspflicht, zB für Getränke, Wärme, *sichern* soll (BayObLG NJW-RR 97, 913 mN): **Sicherungsdienstbarkeit.** Darin liegt, ebensowenig wie bei der SÜ (§ 930 Rn 20), ein Scheingeschäft (§ 117 I) oder eine Gesetzesumgehung durch unzulässige (§ 1018 Rn 7) Begründung einer dinglichen Bezugspflicht (BGH NJW 85, 2474). Eine Getränkebezugspflicht muß zeitlich begrenzt sein (§ 139 Rn 11); entspr muß nach BGH 74, 298 f die Verpflichtungsabrede (Sicherungsabrede) zur Dienstbarkeitsbestellung die Dienstbarkeit zeitlich begrenzen. Fehlt es daran, so können Getränkebezugspflicht (§ 139 Rn 11) und Sicherungsabrede (BGH NJW 88, 2365) auf eine zulässige Zeitdauer reduziert werden, wenn das dem Parteiwillen entspricht (§ 139). Andernfalls sind zwar die schuldrechtlichen Abreden nichtig (§ 138 I), doch bleibt die Dienstbarkeitsbestellung wegen ihrer Abstraktheit (Rn 13 vor § 854) davon idR unberührt (Ausnahmen: § 138 Rn 14; Rn 15, 16 vor § 854; sa § 139 Rn 4), BGH NJW-RR 92, 594 f mN. – Eine Wärmebezugspflicht unterliegt keiner Zeitgrenze (vgl BGH

10 NJW 95, 2351 mN). **bb) In allen Fällen** von Rn 4–9 werden nach der Rspr die tatsächlichen Eigentümerbefugnisse und nicht nur (was unzulässig sein soll) die rechtsgeschäftliche Freiheit des Eigentümers beschränkt (BGH 29, 248 f; NJW 83, 116). Die Unterscheidung ist als Zulässigkeitskriterium zwar ungeeignet (insoweit zutr Joost NJW 81, 309 f; sa BGH 29, 249), bestimmt aber die Praxis (Rn 11).

11 cc) Unzulässig ist Gebot, (nur) Waren eines bestimmten Herstellers zu verkaufen (begründet Pflicht zum Tun, unzulässig: § 1018 Rn 7). Verbot, Waren anderer Hersteller zu verkaufen, soll, da bloß rechtsgeschäftliche Einschränkung, unzulässig sein (BGH NJW 85, 2474 mN; Rn 10), weshalb die Praxis auf ein unbeschränktes dingliches Bezugsverbot mit schuldrechtlichem Zustimmungsvorbehalt oder

12 schuldrechtlicher Begrenzung ausweicht (Rn 9). **c) Umwandlung** in Grunddienstbarkeit und umgekehrt ist ausgeschlossen.

13 3. Berechtigte können nur eine oder mehrere bestimmte natürliche oder jur Personen (auch des öffentl Rechts, BGH NJW 84, 924) sein. Das ist der Hauptunterschied zwischen bp Dienstbarkeit und Grunddienstbarkeit (Rn 1, § 1018 Rn 2). Berechtigter kann *auch der Eigentümer* sein, nach BGH 41, 211 aber nur bei bes Bedürfnis, zB wegen einer beabsichtigten Grundstücksveräußerung (mR für unbeschränkte Zulässigkeit StRing 8 mN).

14 4. Entstehung: § 1018 Rn 8. Zur Eigentümerdienstbarkeit sa o Rn 13.

15 5. Erlöschen. Wie § 1018 Rn 12 (a, c, d, f), ferner gem § 1061 (II; Ausnahme: § 1092 II mit § 1059 a), bei Wegfall jeden Vorteils (Rn 2), GBBerG 5.

§ 1091 Umfang

Der Umfang einer beschränkten persönlichen Dienstbarkeit bestimmt sich im Zweifel nach dem persönlichen Bedürfnis des Berechtigten.

1 1. § 1019 ist unanwendbar, § 1090 II. Fehlt eine Regelung der Beteiligten, so gibt § 1091 eine **Auslegungsregel** (BGH 41, 214). Iü vgl § 1090 Rn 2–11.

§ 1092 Unübertragbarkeit; Überlassung der Ausübung

(1) ¹**Eine beschränkte persönliche Dienstbarkeit ist nicht übertragbar.** ²**Die Ausübung der Dienstbarkeit kann einem anderen nur überlassen werden, wenn die Überlassung gestattet ist.**

(2) **Steht eine beschränkte persönliche Dienstbarkeit oder der Anspruch auf Einräumung einer beschränkten persönlichen Dienstbarkeit einer juristischen Person oder einer rechtsfähigen Personengesellschaft zu, so gelten die Vorschriften der §§ 1059 a bis 1059 d entsprechend.**

(3) ¹**Steht einer juristischen Person oder einer rechtsfähigen Personengesellschaft eine beschränkte persönliche Dienstbarkeit zu, die dazu berech-**

Titel 3. Beschränkte persönliche Dienstbarkeiten **§ 1093**

tigt, ein Grundstück für Anlagen zur Fortleitung von Elektrizität, Gas, Fernwärme, Wasser, Abwasser, Öl oder Rohstoffen einschließlich aller dazugehörigen Anlagen, die der Fortleitung unmittelbar dienen, für Telekommunikationsanlagen, für Anlagen zum Transport von Produkten zwischen Betriebsstätten eines oder mehrerer privater oder öffentlicher Unternehmen oder für Straßenbahn- oder Eisenbahnanlagen zu benutzen, so ist die Dienstbarkeit übertragbar. ²Die Übertragbarkeit umfasst nicht das Recht, die Dienstbarkeit nach ihren Befugnissen zu teilen. ³Steht ein Anspruch auf Einräumung einer solchen beschränkten persönlichen Dienstbarkeit einer der in Satz 1 genannten Personen zu, so ist der Anspruch übertragbar. ⁴Die Vorschriften der §§ 1059 b bis 1059 d gelten entsprechend.

1. Die bp Dienstbarkeit ist **nicht belastbar, unvererblich** (§§ 1090 II, 1061, dazu GBBerG 5) und **unübertragbar,** I 1 (Ausnahme von der Unübertragbarkeit für jur Personen und rechtsfähige Personengesellschaften [zu diesen §§ 1059 a–1059 e Rn 2]; II mit § 1059 a; ferner für bp Dienstbarkeiten bestimmten Inhalts von jur Personen und rechtsfähigen Personengesellschaften, III). IdR unübertragbar ist auch der obligatorische Anspruch auf Dienstbarkeitsbestellung (arg II mit § 1059 e; III 3). Zur Pfändbarkeit ZPO 857 III, § 1092 II mit § 1059 b; Rn 2. 1

2. Ausübung des Rechts durch einen Dritten ist **nur bei Gestattung** erlaubt, I 2. Die Gestattung gehört zum Rechtsinhalt, daher §§ 873 f, 877 anwendbar (KG NJW 68, 1883; aA BGH NJW 62, 1393); nach hM (BGH aaO) soll die Eintragung nur notwendig sein, damit die Gestattung auch dem Rechtsnachfolger des Eigentümers gegenüber wirkt (abl KG NJW 68, 1883 f). Nicht gestattete Ausübung durch Dritte kann der Eigentümer abwehren, § 1004. Nur bei Ausübungsgestattung ist bp Dienstbarkeit pfändbar (ZPO 857 III; § 1059 Rn 8 gilt entspr), fällt sie in die Insolvenzmasse (BGH NJW 62, 1392; 63, 2319; sa § 1059 Rn 9) und ist eine gewillkürte Prozeßstandschaft zugunsten des Berechtigten zulässig (ohne Gestattung ist sie jedenfalls unzulässig: BGH NJW 64, 2297 f). *Überlassung:* § 1059 Rn 2 entspr. 2

§ 1093 Wohnungsrecht

(1) ¹**Als beschränkte persönliche Dienstbarkeit kann auch das Recht bestellt werden, ein Gebäude oder einen Teil eines Gebäudes unter Ausschluss des Eigentümers als Wohnung zu benutzen.** ²Auf dieses Recht finden die für den Nießbrauch geltenden Vorschriften der §§ 1031, 1034, 1036, des § 1037 Abs. 1 und der §§ 1041, 1042, 1044, 1049, 1050, 1057, 1062 entsprechende Anwendung.

(2) **Der Berechtigte ist befugt, seine Familie sowie die zur standesmäßigen Bedienung und zur Pflege erforderlichen Personen in die Wohnung aufzunehmen.**

(3) Ist das Recht auf einen Teil des Gebäudes beschränkt, so kann der Berechtigte die zum gemeinschaftlichen Gebrauch der Bewohner bestimmten Anlagen und Einrichtungen mitbenutzen.

1. Allgemeines. a) Eine bes Form der bp Dienstbarkeit ist das Wohnungsrecht (Benutzungserlaubnis, § 1018 Rn 4). Es belastet das gesamte Grundstück, ist aber in der Ausübung auf ein Gebäude oder einen Gebäudeteil beschränkt. Der Gebäudeteil muß in der Eintragung (mangels § 874, zulässig) genau beschrieben sein, sonst ist die Eintragung inhaltlich unzulässig und von Amts wegen zu löschen, GBO 53 I 2. **b) Abgrenzungen. aa)** Im Unterschied zu der *gewöhnlichen Dienstbarkeit* iSv § 1090 I (1. Alt) darf das Wohnungsrecht nur ein *Wohn*recht begründen und muß jede Mitbenutzung durch den Eigentümer ausschließen. 1

bb) Im Unterschied zum *Nießbrauch* ist das Wohnungsrecht auf eine bestimmte 3

Jauernig 1241

§ 1094 Buch 3. Abschnitt 5

Nutzung beschränkt und seine Ausübung durch Dritte bedarf gem § 1092 I 2 bes
4 Gestattung (Ausnahme in § 1093 II, abdingbar). **cc)** Im Unterschied zum *Dauerwohnrecht* (WEG 31 ff) ist es unvererblich (§§ 1090 II, 1061), idR unveräußerlich (§ 1092 Rn 1) und nur bei Gestattung auch durch Dritte ausübbar (§ 1092 I 2,
5 Ausnahme in § 1093 II). **dd)** Das Wohnungsrecht gibt ein dingliches Recht zum unentgeltlichen (BayObLG NJW-RR 89, 14 f; unklar 93, 284) Wohnen, die *Wohnungsmiete* nur ein entgeltlich-obligatorisches. Beide Rechte können nebeneinander bestehen (BGH Warn 65 Nr 82; BFH NJW 98, 3144 mN); nur im Mietvertrag kann ein Entgelt für das Wohnen vereinbart werden (BGH aaO). Rechtsgrund ist nicht ein/der Mietvertrag, sondern die Vereinbarung, ein dingliches Wohnungsrecht (§ 1093) zu bestellen (BGH NJW-RR 99, 377; sa § 1018 Rn 8; Rn 12 vor § 854). Über § 1093 kann eine dingliche Sicherung von Mietrechten nicht erreicht werden.

6   **2. Inhalt.** Notwendiger Hauptinhalt ist das **Recht zum Wohnen,** daneben möglich Recht zur (Mit-)Benützung des Hausgartens (MK/Joost 5). Benutzungsrecht an Gebäudeteil kraft Ges ausgedehnt: III (dazu BGH 52, 235 f). Zur **Unterhaltungspflicht** vgl I 2 mit §§ 1041 f, 1044, 1049, auch BGH 52, 238 f (Instandhaltung einer Zentralheizung als Gemeinschaftsanlage iSv III).

7   **3.** Zum **Wohnrecht für mehrere** vgl BGH 46, 254 ff. **„Familie":** die durch Ehe oder Verwandtschaft verbundenen Personen (vgl BFH NJW 82, 2895 f), nicht die Partner einer (dauerhaften) nichtehelichen Lebensgemeinschaft (Heinz und Stürner FamRZ 82, 763 ff, 775 f; aA BGH 84, 37 ff; sa NJW 93, 1000 f).

8   **4.** Werden die Räume, an denen das Wohnungsrecht besteht, zerstört oder nachhaltig unbewohnbar, so **erlischt** das Recht (LM Nr 6, hM). Stellt der Eigentümer die Räume wieder her, so besteht uU ein Anspruch auf (erneute) Bestellung. Zum Erlöschen vgl iü § 1018 Rn 12 (a, c, d, f). IdR kein Erlöschen bei subj Ausübungshindernis (zB Umzug in Pflegeheim), Celle NJW-RR 99, 10 f.

Abschnitt 5. Vorkaufsrecht

§ 1094 Gesetzlicher Inhalt des dinglichen Vorkaufsrechts

(1) Ein Grundstück kann in der Weise belastet werden, dass derjenige, zu dessen Gunsten die Belastung erfolgt, dem Eigentümer gegenüber zum Vorkauf berechtigt ist.

(2) Das Vorkaufsrecht kann auch zugunsten des jeweiligen Eigentümers eines anderen Grundstücks bestellt werden.

1   **1. Allgemeines. a) Berechtigt** aus dem dinglichen Vorkaufsrecht als einer Grundstücksbelastung (I) können entweder eine oder mehrere bestimmte natürliche oder jur Personen sein *(subj-persönliches Vorkaufsrecht, I)* oder der jeweilige Eigentümer eines anderen Grundstücks *(subj-dingliches Vorkaufsrecht, II);* dazu BGH 37, 152 ff. Haben *mehrere* Vorkaufsrechte am selben Grundstück *verschiedenen Rang,* so kommt das rangschlechtere erst zum Zuge, wenn das rangbessere nicht (rechtzeitig, §§ 1098 I 1, 469 II) ausgeübt wird (vgl BGH 35, 147 ff). *Gleichrangige* Vorkaufsrechte sind zulässig (Hamm NJW-RR 89, 913, str); für die Durchsetzung
2 gilt § 883 Rn 18 entspr. **b) Begriff.** Der Berechtigte kann das belastete Grundstück zu den Bedingungen kaufen (und erwerben), zu denen es der Verpflichtete an einen Dritten verkauft hat (vgl §§ 1098 I 1, 464 II). Das Vorkaufsrecht gewährt ein Gestaltungsrecht, das durch Verkauf des Grundstücks an einen Dritten aufschiebend bedingt ist (BGH 67, 397 f, str). Die *Besonderheit des dinglichen gegenüber dem schuldrechtlichen* (auch genannt: persönlichen) Vorkaufsrecht der §§ 463 ff besteht vor allem darin, daß es dem Berechtigten den Erwerb des Grundstücks auch dann ermöglicht, wenn dieses vom Verpflichteten bereits an den Dritten übereignet worden ist (vgl § 1098 Rn 3). *Weitere Unterschiede:* Das *schuld-*

1242   *Jauernig*

rechtliche Vorkaufsrecht verpflichtet nur den Besteller und dessen Gesamt-, nicht die Einzelrechtsnachfolger, daher gilt es nur für einen einzigen Verkaufsfall, es kann sich auf Sachen und Rechte („Gegenstände": § 463) beziehen, mit einem festen Preis vereinbart werden (Vertragsfreiheit); das *dingliche* Vorkaufsrecht bezieht sich nur auf Grundstücke (I), Miteigentumsanteile (§ 1095), Wohnungseigentum, grundstücksgleiche Rechte (zB Erbbaurecht, vgl ErbbauVO 1 I, 11), es kann für mehrere oder alle Verkaufsfälle bestellt werden (§ 1097), sein ges Inhalt kann nicht erweitert werden (keine Bestellung mit festem Preis, BGH NJW 01, 2883). **c) Arten.** Im **BGB** gibt es außer den rechtsgeschäftlich bestellten Vorkaufsrechten der §§ 463 ff, 1094 ff die ges Vorkaufsrechte bei Begründung von Wohnungseigentum an Mietwohnräumen (§ 577) und bzgl des Miterbenanteils (§§ 2034 f). **Außerhalb des BGB** bestehen einige *ges* Vorkaufsrechte, deren rechtspolitische Bedeutung wohl größer ist als ihre praktische; sie bedürfen keiner Eintragung im Grundbuch (am wichtigsten BauGB 24 ff). 3

2. Begründung durch RGeschäft, §§ 873 f. Eintragung beim belasteten Grundstück. Beim subj-dinglichen Vorkaufsrecht (Rn 1) ist Vermerk beim herrschenden Grundstück möglich (GBO 9). Für das *Kausalgeschäft* gilt § 311 b I 1; Formmangel durch Einigung und Eintragung des Vorkaufsrechts heilbar, § 311 b I 2 (BGH NJW-RR 91, 206 zu § 313 aF). Dem dinglichen muß kein schuldrechtliches Vorkaufsrecht zugrunde liegen (hM); in keinem Fall ist dieses der Rechtsgrund (causa) für die Bestellung des dinglichen Rechts (sa § 1093 Rn 5). 4

3. Zur **Übertragung** vgl § 1103 Rn 2. 5

4. Bei Bestellung für *einen* Verkaufsfall **erlischt** es mit rechtzeitiger Ausübung oder bei Unterbleiben der (rechtzeitigen, §§ 1098 I 1, 469 II) Ausübung, ferner bei Konsolidation und durch Veräußerung des Grundstücks, die nicht unter § 1097 HS 1 fällt (Zweibrücken NJW-RR 00, 94). *Jedes* Vorkaufsrecht erlischt durch Aufgabeerklärung und Löschung (§§ 875 f), durch Eintritt auflösender Bedingung (§ 158 II), Befristung (§ 163), Aufgebot (§ 1104), Buchversitzung (§ 901). Subjpersönliches Vorkaufsrecht erlischt mit Tod des Berechtigten, abw Vereinbarung möglich (§§ 1098 I 1, 473; eintragungsbedürftig, §§ 1103 Rn 2); Löschung gem GBO 22 (Demharter § 23, 11, 13). Der Berechtigte kann durch Vertrag mit dem Verpflichteten auf die Rechtsausübung in bestimmtem (auch künftigem) Vorkaufsfall verzichten (LM Nr 2 zu § 1098; aA StMayer-Maly 17 vor § 1094: einseitiger Verzicht genügt). 6

5. Wiederkaufsrecht. Das BGB kennt nur ein schuldrechtliches (§§ 456 ff), kein dingliches. Der schuldrechtliche Anspruch ist durch Vormerkung sicherbar. 7

§ 1095 Belastung eines Bruchteils

Ein Bruchteil eines Grundstücks kann mit dem Vorkaufsrecht nur belastet werden, wenn er in dem Anteil eines Miteigentümers besteht.

1. Vgl § 1008 Rn 4. Wird der Bruchteil eines Miteigentümers an einen anderen Miteigentümer veräußert, so liegt kein Vorkaufsfall vor (§ 1097 Rn 2), gleich, ob das gesamte Grundstück oder nur der veräußerte Anteil mit dem Vorkaufsrecht eines Dritten belastet ist (vgl BGH 13, 139; 48, 2 ff). – § 1095 gilt nicht für den Anteil eines Gesamthandseigentümers. 1

§ 1096 Erstreckung auf Zubehör

¹**Das Vorkaufsrecht kann auf das Zubehör erstreckt werden, das mit dem Grundstück verkauft wird.** ²**Im Zweifel ist anzunehmen, dass sich das Vorkaufsrecht auf dieses Zubehör erstrecken soll.**

1. Vgl §§ 97 f, 311 c, 926. 1

§ 1097 Bestellung für einen oder mehrere Verkaufsfälle

Das Vorkaufsrecht beschränkt sich auf den Fall des Verkaufs durch den Eigentümer, welchem das Grundstück zur Zeit der Bestellung gehört, oder durch dessen Erben; es kann jedoch auch für mehrere oder für alle Verkaufsfälle bestellt werden.

1 1. Die **Voraussetzungen für die Ausübung** des Vorkaufsrechts *(Vorkaufsfall)* sind: a) **Verkauf**, weder Schenkung (LM Nr 3 zu § 1098) noch Tausch des Grundstücks (BGH 49, 8 ff), es sei denn, das Nicht-Kaufgeschäft soll das Vorkaufsrecht unterlaufen und steht einem Kaufvertrag nahezu gleich (§ 242; BGH 115, 339 ff). Der Verkauf muß rechtswirksam (§ 1098 Rn 2) nach Begründung des Vorkaufsrechts erfolgt sein. Bei Vorkaufsrecht am Grundstück genügt Verkauf eines
2 Eigentumsbruchteils (BGH 90, 178). b) **Verkauf an einen Dritten.** Wer Dritter ist, kann zweifelhaft sein. Dritter ist nicht, wer als Bruchteils- oder Gesamthandseigentümer das gemeinschaftliche Grundstück erwirbt (LM Nr 3 zu § 1098; Bay-
3 ObLG JurBüro 81, 753), sa § 1095 Rn 1, ferner §§ 1098 I 1, 511. c) **Das Recht** darf noch **nicht erloschen** sein (§ 1094 Rn 6).

4 2. **Grundsätzlich** ist das Vorkaufsrecht auf **einen Verkaufsfall** beschränkt, HS 1, zum Erlöschen § 1094 Rn 6. Abw Vereinbarung zulässig, nicht nur nach Maßgabe von HS 2 (zB Beschränkung auf Verkauf durch Besteller, nicht auch durch dessen Erben). Für Abweichung gelten §§ 873 f, 877.

§ 1098 Wirkung des Vorkaufsrechts

(1) ¹Das Rechtsverhältnis zwischen dem Berechtigten und dem Verpflichteten bestimmt sich nach den Vorschriften der §§ 463 bis 473. ²Das Vorkaufsrecht kann auch dann ausgeübt werden, wenn das Grundstück von dem Insolvenzverwalter aus freier Hand verkauft wird.

(2) Dritten gegenüber hat das Vorkaufsrecht die Wirkung einer Vormerkung zur Sicherung des durch die Ausübung des Rechts entstehenden Anspruchs auf Übertragung des Eigentums.

(3) Steht ein nach § 1094 Abs. 1 begründetes Vorkaufsrecht einer juristischen Person oder einer rechtsfähigen Personengesellschaft zu, so gelten, wenn seine Übertragbarkeit nicht vereinbart ist, für die Übertragung des Rechts die Vorschriften der §§ 1059 a bis 1059 d entsprechend.

1 1. **Allgemeines.** Für das Rechtsverhältnis zwischen Berechtigtem und Verpflichtetem gelten die Regeln des schuldrechtlichen Vorkaufsrechts (§§ 463 ff), **I 1** (zwingend: BayObLG NJW-RR 98, 86), erweitert durch I 2. Dritten gegenüber wirkt das Recht wie eine Auflassungsvormerkung, **II.**

2 2. Für das **Rechtsverhältnis zwischen Berechtigtem und Verpflichtetem** vgl §§ 463 ff mit Anm. Ausübung des Vorkaufsrechts ist Ausübung eines Gestaltungsrechts (§ 1094 Rn 2). Sie setzt rechtswirksamen Kaufvertrag zwischen Verpflichtetem und Drittem voraus, daher nötig Wahrung der Form (§§ 311 b I 1, 125), ggf Erteilung behördlicher Genehmigung (BGH 67, 397; Ausübung vor Genehmigung zulässig, ihre Erteilung ist dann Rechtsbedingung, BGH NJW 98, 2354 f, s § 158 Rn 6 [c], 12). Mit Ausübung kommt der Kauf zwischen Berechtigtem und Verpflichtetem zu den Bedingungen zustande, die der Verpflichtete mit dem Dritten vereinbart hat (I 1 mit § 464 II; BGH NJW 83, 682). Daher kann Berechtigter eine Herabsetzung des Kaufpreises nicht verlangen. Der Vertrag (§ 464 II) bedarf ggf behördlicher Genehmigung. Zur Vertragsabwicklung Rn 3.

3 3. **Der Anspruch** des Berechtigten auf Eigentums- und Besitzverschaffung (§ 433 I 1) richtet sich gegen den Verpflichteten auch dann, wenn der Dritte in Erfüllung seines Vertragsanspruchs Eigentümer geworden ist. Der Berechtigte kann seinen Auflassungsanspruch nach §§ 883 II, 888 I durchsetzen (§ 883 Rn 15), **II,** und nach Ausübung des Vorkaufsrechts Herausgabe des Grundstücks vom besitzen-

Vorkaufsrecht **§§ 1099–1102**

den Dritten (auch wenn dieser Eigentümer ist) verlangen (in § 1100 S 1 vorausgesetzt, BGH 115, 344 f; sa §§ 1100–1102 Rn 1). Zu den Gegenrechten des Dritten, der schon den Kaufpreis (zT) gezahlt hat, vgl § 1100, ferner § 1101. Der Auflassungsanspruch ist gem §§ 1098 II, 883 II gegen eine Beeinträchtigung durch Belastung des Grundstücks schon geschützt, wenn das Vorkaufsrecht ausgeübt werden kann (dazu Rn 2), BGH 60, 294. Zum Schutz gegen Vereitelung durch Übereignung vgl BGH 60, 294 f (betr ges Vorkaufsrecht).

4. Die Erfüllung des Kaufvertrags mit dem Dritten (in §§ 1100–1102 4 Käufer genannt) wird dem Verpflichteten nachträglich unmöglich, wenn der Berechtigte das Eigentum erlangt. Eine Haftung aus §§ 435, 437 scheitert nicht an der Kenntnis des Berechtigten (§ 442; anders § 439 I aF). Zur Kaufpreiszahlungspflicht des Dritten vgl § 1102, zur Erstattung des gezahlten Kaufpreises § 1100.

5. III gilt auch für rechtsfähige Personengesellschaften: OHG, KG, PartG, 5 EWIV; sa Rn 1 vor § 21.

§ 1099 Mitteilungen

(1) Gelangt das Grundstück in das Eigentum eines Dritten, so kann dieser in gleicher Weise wie der Verpflichtete dem Berechtigten den Inhalt des Kaufvertrags mit der im § 469 Abs. 2 bestimmten Wirkung mitteilen.

(2) Der Verpflichtete hat den neuen Eigentümer zu benachrichtigen, sobald die Ausübung des Vorkaufsrechts erfolgt oder ausgeschlossen ist.

1. I tritt neben § 469 I. Grund für II: § 1098 I 1 (mit § 464 I 1), II. 1

§ 1100 Rechte des Käufers

¹Der neue Eigentümer kann, wenn er der Käufer oder ein Rechtsnachfolger des Käufers ist, die Zustimmung zur Eintragung des Berechtigten als Eigentümer und die Herausgabe des Grundstücks verweigern, bis ihm der zwischen dem Verpflichteten und dem Käufer vereinbarte Kaufpreis, soweit er berichtigt ist, erstattet wird. ²Erlangt der Berechtigte die Eintragung als Eigentümer, so kann der bisherige Eigentümer von ihm die Erstattung des berichtigten Kaufpreises gegen Herausgabe des Grundstücks fordern.

§ 1101 Befreiung des Berechtigten

Soweit der Berechtigte nach § 1100 dem Käufer oder dessen Rechtsnachfolger den Kaufpreis zu erstatten hat, wird er von der Verpflichtung zur Zahlung des aus dem Vorkauf geschuldeten Kaufpreises frei.

§ 1102 Befreiung des Käufers

Verliert der Käufer oder sein Rechtsnachfolger infolge der Geltendmachung des Vorkaufsrechts das Eigentum, so wird der Käufer, soweit der von ihm geschuldete Kaufpreis noch nicht berichtigt ist, von seiner Verpflichtung frei; den berichtigten Kaufpreis kann er nicht zurückfordern.

Anmerkungen zu den §§ 1100–1102

1. §§ 1100–1102 setzen voraus, daß der Dritte Eigentum erlangt hat („neuer 1 Eigentümer": § 1100 S 1). Hat er den Kaufpreis schon (zT) gezahlt, so gibt ihm § 1100 ein Leistungsverweigerungsrecht gegen den Anspruch auf Zustimmung (§§ 1098 II, 888 I) und auf Herausgabe (vgl § 1098 Rn 3), ferner entspr § 1000 (aA BGH 75, 293 ff: § 273 II; s § 894 Rn 10) ein Zurückbehaltungsrecht wegen

§§ 1103-1107 Buch 3. Abschnitt 6

Verwendungen, §§ 994 ff analog (dazu BGH 87, 297). Für den Fall der (teilw) Kaufpreiszahlung ordnen die §§ 1101 f einen Zahlungsausgleich unter den Beteiligten an.

§ 1103 Subjektiv-dingliches und subjektiv-persönliches Vorkaufsrecht

(1) **Ein zugunsten des jeweiligen Eigentümers eines Grundstücks bestehendes Vorkaufsrecht kann nicht von dem Eigentum an diesem Grundstück getrennt werden.**

(2) **Ein zugunsten einer bestimmten Person bestehendes Vorkaufsrecht kann nicht mit dem Eigentum an einem Grundstück verbunden werden.**

1 1. Durch selbständige Veräußerung würde sich ein subj-dingliches Vorkaufsrecht in ein subj-persönliches umwandeln. Eine **Umwandlung** ist aber wegen des Verbots selbständiger Veräußerung **ausgeschlossen**, I. Auch die umgekehrte Umwandlung ist unzulässig, II. Möglich sind nur Aufhebung und Neubegründung.

2 2. **Übertragung** des subj-dinglichen Rechts nur durch Veräußerung des herrschenden Grundstücks (vgl §§ 96, 93), I, des subj-persönlichen Rechts gem §§ 1098 I 1, 473 (von § 473 abw Vereinbarung ist eintragungsbedürftig, §§ 873 f, 877: BGH 37, 153 zu § 514 aF).

§ 1104 Ausschluss unbekannter Berechtigter

(1) ¹**Ist der Berechtigte unbekannt, so kann er im Wege des Aufgebotsverfahrens mit seinem Recht ausgeschlossen werden, wenn die im § 1170 für die Ausschließung eines Hypothekengläubigers bestimmten Voraussetzungen vorliegen.** ²**Mit der Erlassung des Ausschlussurteils erlischt das Vorkaufsrecht.**

(2) **Auf ein Vorkaufsrecht, das zugunsten des jeweiligen Eigentümers eines Grundstücks besteht, finden diese Vorschriften keine Anwendung.**

1 1. Vgl ZPO 988, 1024 I.

Abschnitt 6. Reallasten

§ 1105 Gesetzlicher Inhalt der Reallast

(1) ¹**Ein Grundstück kann in der Weise belastet werden, dass an denjenigen, zu dessen Gunsten die Belastung erfolgt, wiederkehrende Leistungen aus dem Grundstück zu entrichten sind (Reallast).** ²**Als Inhalt der Reallast kann auch vereinbart werden, dass die zu entrichtenden Leistungen sich ohne weiteres an veränderte Verhältnisse anpassen, wenn anhand der in der Vereinbarung festgelegten Voraussetzungen Art und Umfang der Belastung des Grundstücks bestimmt werden können.**

(2) **Die Reallast kann auch zugunsten des jeweiligen Eigentümers eines anderen Grundstücks bestellt werden.**

§ 1106 Belastung eines Bruchteils

Ein Bruchteil eines Grundstücks kann mit einer Reallast nur belastet werden, wenn er in dem Anteil eines Miteigentümers besteht.

§ 1107 Einzelleistungen

Auf die einzelnen Leistungen finden die für die Zinsen einer Hypothekenforderung geltenden Vorschriften entsprechende Anwendung.

§ 1108 Persönliche Haftung des Eigentümers

(1) **Der Eigentümer haftet für die während der Dauer seines Eigentums fällig werdenden Leistungen auch persönlich, soweit nicht ein anderes bestimmt ist.**

(2) **Wird das Grundstück geteilt, so haften die Eigentümer der einzelnen Teile als Gesamtschuldner.**

Anmerkungen zu den §§ 1105–1108

1. Allgemeines. a) Die Reallast ist eine *Grundstücksbelastung* (§ 1105 I). **b) Ihr Inhalt** sind Leistungen „aus dem Grundstück" (§ 1105 I 1). Damit ist die dingliche Haftung des Grundstücks gemeint (vgl §§ 1107, 1147; ebenso in §§ 1113 I, 1191 I). Die Leistungen müssen wiederkehren, aber nicht notwendig regelmäßig (anders § 1199 I). Sie können in Geld-, Sach- oder Dienstleistungen des Belasteten bestehen (zB beim sog Altenteil [vgl EGBGB 96, GBO 49, dazu BGH 125, 72 ff] in der Lieferung von Naturalien, Energie, Wasser, Pflege bei Krankheit, monatlicher Geldrente, Wohnrecht [als Wohnungsreallast oder gem § 1093 oder § 1090, vgl BayObLG MDR 81, 759], s BGH NJW-RR 89, 451), nicht aber im Dulden oder Unterlassen einer Handlung durch den Belasteten (anders §§ 1018, 1090). Zur zugelassenen *Währung* für Geldleistungen s § 1113 Rn 7 mit VO vom 30. 10. 1997 § 3 (dazu Demharter § 28, 21–25). Mit Rücksicht auf die stete Geldentwertung ist die Reallast wieder aktuell; denn sie bedarf keiner fest bestimmten Höhe der Leistung, Bestimmbarkeit genügt (BGH 130, 345 f), weshalb Wertsicherungsklauseln möglich sind, zB Geldrente entspr der jeweiligen Höchstpension eines bayerischen Notars (BGH 22, 58). IdS kann eine automatische Anpassung an veränderte Verhältnisse vereinbart werden, § 1105 I 2 (in Kraft seit 16. 6. 1998); die Vereinbarung muß die Anpassungsvoraussetzungen nennen und die nun zu entrichtenden Leistungen (= Belastung des Grundstücks) bestimmbar machen. **c) Berechtigt** können sein eine oder mehrere bestimmte natürliche oder jur Personen, § 1105 I *(subj-persönliche Reallast),* oder der jeweilige Eigentümer eines anderen Grundstücks, § 1105 II *(subj-dingliche Reallast).* In beiden Formen ist eine *Eigentümerreallast* möglich, sowohl nachträglich (§ 889) wie durch Bestellung entspr der Eigentümergrundschuld (MK/Joost § 1105, 33 mN; hM). **d) Modifizierendes Landesrecht** ist zulässig, s insbes EGBGB 113–115 (ie St-Amann 2 ff vor § 1105). 1

2. Begründung gem §§ 873 f. Eintragung beim belasteten Grundstück; Vermerk des subj-dinglichen Rechts beim herrschenden Grundstück möglich (GBO 9). Zur **Übertragung** vgl §§ 1110, 1111 mit Anm. **Erlöschen** insbes nach §§ 875 f, 1112, EGBGB 113. Dient die Reallast zur Sicherung einer Forderung, so gilt § 1163 nicht entspr (hM; aA MK/Joost § 1105, 33, 40 mN). 2

3. Es sind zu **unterscheiden:** Die **Reallast** als Grundstücksbelastung (§ 1105 I, sog Stammrecht), der daraus fließende **dingliche Anspruch** auf die einzelne Leistung (§ 1107, vgl LM Nr 1 zu § 1105), ein etwaiger **schuldrechtlicher Anspruch** auf die gleiche Leistung (LM Nr 35 zu § 157 [Ge]). Die Unterscheidung ist wichtig für die Haftung: Für die Reallast als Stammrecht haftet das Grundstück nur ausnahmsweise (bei Ablösung, vgl EGBGB 113); für den einzelnen dinglichen Anspruch haftet das Grundstück (§ 1107; dazu Amann DNotZ 93, 222 ff) und daneben der Eigentümer persönlich (dh mit seinem gesamten Vermögen) nach Maßgabe des § 1108 (BGH NJW-RR 89, 1098), auch wenn er nach Fälligwerden der Leistungen das Grundstück veräußert hat (vgl BGH MDR 78, 740); für den schuldrechtlichen Anspruch haftet nur der Vertragsgegner oder Schuldübernehmer. 3

Jauernig 1247

§ 1109 Teilung des herrschenden Grundstücks

(1) ¹Wird das Grundstück des Berechtigten geteilt, so besteht die Reallast für die einzelnen Teile fort. ²Ist die Leistung teilbar, so bestimmen sich die Anteile der Eigentümer nach dem Verhältnisse der Größe der Teile; ist sie nicht teilbar, so findet die Vorschrift des § 432 Anwendung. ³Die Ausübung des Rechts ist im Zweifel nur in der Weise zulässig, dass sie für den Eigentümer des belasteten Grundstücks nicht beschwerlicher wird.

(2) ¹Der Berechtigte kann bestimmen, dass das Recht nur mit einem der Teile verbunden sein soll. ²Die Bestimmung hat dem Grundbuchamt gegenüber zu erfolgen und bedarf der Eintragung in das Grundbuch; die Vorschriften der §§ 876, 878 finden entsprechende Anwendung. ³Veräußert der Berechtigte einen Teil des Grundstücks, ohne eine solche Bestimmung zu treffen, so bleibt das Recht mit dem Teil verbunden, den er behält.

(3) Gereicht die Reallast nur einem der Teile zum Vorteil, so bleibt sie mit diesem Teil allein verbunden.

1. Gilt nur für subj-dingliche Reallasten, I 1.

§ 1110 Subjektiv-dingliche Reallast

Eine zugunsten des jeweiligen Eigentümers eines Grundstücks bestehende Reallast kann nicht von dem Eigentum an diesem Grundstück getrennt werden.

§ 1111 Subjektiv-persönliche Reallast

(1) Eine zugunsten einer bestimmten Person bestehende Reallast kann nicht mit dem Eigentum an einem Grundstück verbunden werden.

(2) Ist der Anspruch auf die einzelne Leistung nicht übertragbar, so kann das Recht nicht veräußert oder belastet werden.

Anmerkungen zu den §§ 1110, 1111

1. Zur Bedeutung von §§ 1110, 1111 I vgl § 1103 Rn 1, 2.

2. Isolierte **Übertragung und Belastung** der subj-dinglichen Reallast ist unzulässig (§ 1110 mit §§ 93, 96). Zulässig bei der subj-persönlichen, aber Ausnahme nach § 1111 II, wenn Übertragbarkeit des dinglichen Anspruchs auf die Einzelleistung (§§ 1105–1108 Rn 3) ausgeschlossen ist (s §§ 399 f, 413).

§ 1112 Ausschluss unbekannter Berechtigter

Ist der Berechtigte unbekannt, so findet auf die Ausschließung seines Rechts die Vorschrift des § 1104 entsprechende Anwendung.

1. Gilt nur für subj-persönliche Reallast, § 1104 II. Iü vgl ZPO 988, 1024 I.

Abschnitt 7. Hypothek, Grundschuld, Rentenschuld

Lit: Klinkhammer/Rancke, Hauptprobleme des Hypothekenrechts, JuS 73, 665; Reinicke/Tiedtke, Kreditsicherung, 4. Aufl 2000; Hj. Weber, Kreditsicherheiten, 6. Aufl 1998, §§ 11–14.

Hypothek, Grundschuld, Rentenschuld **Vor § 1113**

I. Typen der Grundpfandrechte

1. Das Ges unterscheidet Hypothek, Grund- und Rentenschuld. Sie be- 1
schränken die Rechtsmacht des Eigentümers und belasten sein Eigentum (nicht das
Grundstück, ungenau: §§ 1113, 1191, 1199). Sie sind *beschränkte dingliche Rechte*
(Rn 6 vor § 854) und beschweren das Grundstück(seigentum!) in gleichartiger
Weise; stets ist „eine bestimmte Geldsumme aus dem Grundstücke zu zahlen"
(§§ 1113 I, 1191 I, 1199 I), womit (nur) die dingliche Haftung des Grundstücks
gemeint ist. Die funktionelle Gleichartigkeit rechtfertigt eine weitreichende
Gleichheit der ges Regelung (vgl §§ 1192, 1200) und die Zusammenfassung der
drei Rechte unter dem Begriff *Grundpfandrechte* (vgl §§ 489 I Nr 2, 491 III Nr 1;
sa GBV 49 a S 1). Die Umwandlung eines Grundpfandrechts in ein anderes ändert
nur den Inhalt der iü gleichbleibenden Belastung. Ie: **a) Die Hypothek** (Defini- 2
tion: § 1113 I 1) ist begriffsnotwendig mit einer Forderung verbunden, sog Akzessorietät der Hypothek (Rn 17). Nach dem BGB ist die Hypothek ein Nebenrecht
der Forderung (RG 81, 268), wirtschaftlich hingegen ist sie die Hauptsache
(Rn 24). **b) Die Grundschuld** unterscheidet sich von der Hypothek (nur) da- 3
durch, daß sie vom Ges nicht mit einer Forderung verbunden ist (in § 1191 I
fehlen die in § 1113 I enthaltenen Worte „zur Befriedigung wegen einer ihm
zustehenden Forderung"). Die Grundschuld ist also nicht akzessorisch (Rn 17).
c) Die Rentenschuld ist eine bes Form der Grundschuld, vgl § 1199 I. 4

2. Buch- und Briefgrundpfandrecht. a) Die Hypothek ist als Sicherungs- 5
hypothek notwendig Buchhypothek (§ 1185 I, auch § 1190 III), als gewöhnliche
(sog Verkehrshypothek) idR Briefhypothek (§ 1116 I), ausnahmsweise Buchhypothek (§ 1116 II 1). **b) Die Grundschuld** ist wie die Rentenschuld idR Brief- 6
grundschuld, ausnahmsweise Buchgrundschuld (§§ 1192 I, 1116 I, II 1). **c) Brief-** 7
grundpfandrechte können außerhalb des Grundbuchs übertragen werden
(§§ 1154 I, 1192 I). Sie sind daher leichter umlaufsfähig als ein Buchrecht (weitere
Erleichterungen für die Inhaberbriefgrundschuld, § 1195), abgesehen von der
Wertpapierhypothek (§§ 1187–1189).

3. Fälligkeits- und Tilgungsgrundpfandrecht. Die Unterscheidung betrifft 8
nur Hypothek und Grundschuld. **a) Fälligkeitsgrundpfandrecht.** Es wird für
eine feste Laufzeit, zB 15 Jahre, vereinbart. Nach Zeitablauf ist die Geldsumme (das
Kapital) auf einmal zu zahlen; bis dahin sind, sofern vereinbart (§§ 1115 I, 1192 I),
Zinsen zu entrichten. Eine ordentliche Kündigung ist für die vereinbarte Laufzeit
ausgeschlossen, idR werden außerordentliche Kündigungsgründe festgelegt.
b) Tilgungsgrundpfandrecht (Amortisationsgrundpfandrecht). Es wird jährlich 9
ein gleichhoher Betrag (Annuität), der sich aus Zinsen und Tilgung zusammensetzt, zurückbezahlt. Weil das zurückbezahlte (amortisierte) Kapital nicht verzinst
wird, sinkt innerhalb des gleichbleibenden Betrags der Anteil der Zinsen und steigt
der Anteil des Tilgungsbetrags (vgl BGH 67, 292). Eine ordentliche Kündigung ist
idR ausgeschlossen, außerordentliche Kündigungsgründe werden vereinbart, zB
Tod des Schuldners (sa § 1136 Rn 2). In Höhe des jeweiligen Tilgungsbetrags
entsteht eine Eigentümer(teil)grundschuld (§§ 1163 I 2, 1177 I; § 1192 Rn 2 [f]);
sie ist unverzinslich (§ 1177 Rn 2 [b]) und geht der Resthypothek im Range nach
(§ 1176; §§ 1192 I, 1176).

II. Gemeinsame Grundsätze

1. Alle Grundpfandrechte sind beschränkte dingliche **Rechte an Grundstük-** 10
ken (vgl ferner § 1114 – betrifft auch Wohnungseigentum: Weitnauer § 3, 107 –,
ErbbauVO 11). Sa Rn 1–4.

2. Alle Grundpfandrechte sind **besitzlose Pfandrechte.** 11

Jauernig 1249

Vor § 1113 Buch 3. Abschnitt 7

12 3. IdR entstehen die Grundpfandrechte nur, wenn sie im Grundbuch eingetragen sind (**Publizitätsgrundsatz,** Rn 4 vor § 854). Ausnahmen: § 1287 S 2, ZPO 848 II 2.

13 4. Alle Grundpfandrechte sind Belastungen nur „eines Grundstücks" (vgl Rn 1), **Bestimmtheitsgrundsatz** (Rn 5 vor § 854). Ein Pfandrecht am ganzen Vermögen des Schuldners (sog Generalhypothek) gibt es nicht.

14 5. Die Grundpfandrechte begründen **keine Zahlungspflicht** des Eigentümers, weder isd Theorie der Realobligation (persönliche Schuld mit einer auf das Grundstück begrenzten Haftung) noch iSd Theorie der dinglichen Schuld (Haftung mit dem Grundstück für eine nicht erzwingbare persönliche Schuld), noch iSd Theorie des dinglichen Zahlungsanspruchs (dafür Wolf, SR, § 11 A, G; MK/Eickmann § 1147, 4; StWolfsteiner 25–27 Einl § 1113: Der Eigentümer schulde Zahlung, vollstreckungsmäßig beschränkt auf das Grundstück und mithaftende Gegenstände). Vielmehr gewähren alle Grundpfandrechte (nur) ein **dingliches Verwertungsrecht** (hM): Der Grundpfandgläubiger kann sich im Wege der Zwangsvollstreckung (nur) aus dem Grundstück und den mithaftenden Gegenständen befriedigen (§ 1147; s Rn 24), bei der Hypothek wegen der Forderung, bei der Grundschuld wegen der Grundschuldsumme (nebst Zinsen und Nebenforderungen). Die Zahlung durch den Eigentümer als solchen ist nicht Bezahlung einer Schuld, sondern Abwendung der Zwangsvollstreckung (vgl §§ 1142 [dort Rn 3], 1192 I). Sa ZPO 592 S 2: Der „Anspruch aus dem Grundpfandrecht" *gilt* (Fiktion) als Zahlungsanspruch.

15 6. Alle Grundpfandrechte stehen unter sich und im Verhältnis zu den anderen beschränkten dinglichen Rechten in einer *Rangordnung*. Das früher entstandene Recht geht dem später entstandenen vor: **Prioritätsgrundsatz.** Vom Rang hängt der wirtschaftliche Wert eines Grundpfandrechts ab (§§ 879–882 Rn 1). Je besser der Rang, desto größer die Sicherheit, sofern die Belastung innerhalb der Beleihungsgrenze bleibt. Deren Feststellung ist ebenso wichtig wie schwierig (vgl zB ErbbauVO 19).

16 7. Für alle Grundpfandrechte gilt das **Abstraktionsprinzip** (Rn 13 vor § 854). Die Wirksamkeit des dinglichen Bestellungs- und Übertragungsgeschäfts (§§ 873, 1115, 1117, 1154, 1192 I, 1199) ist allein von den bes Voraussetzungen dieser Geschäfte abhängig. Von dem dinglichen Geschäft zu trennen ist die *Verpflichtung,* ein Grundpfandrecht *zu bestellen oder zu übertragen* (Trennungsprinzip, Rn 12 vor § 854). Sie beruht idR auf einem (formfrei zulässigen) Vertrag, § 311 I; Ausnahme § 648, § 648a I (iVm § 232 I). Fehlt eine Pflicht zur Bestellung, so kann der Eigentümer vom Hypothekengläubiger gem § 812 I 1 Rückübertragung des dinglichen Rechts (unter, spätestens gleichzeitiger, Umwandlung in Grundschuld) oder iVm § 1169 Verzicht oder Löschung verlangen (§ 1169 Rn 1). Die Bestellungspflicht trifft (beim Erwerb vom Berechtigten) den Eigentümer. Sie ist bei der Hypothek streng zu trennen von der hypothekarisch zu sichernden („persönlichen") Forderung, die sich gegen den persönlichen Schuldner richtet, der zugleich Eigentümer sein kann, aber nicht sein muß. Aus ihr allein erwächst niemals die Pflicht zur Hypothekenbestellung. Entspr gilt für die Sicherungsgrundschuld (§ 1191 Rn 4). – Zu unterscheiden von der Abstraktheit des dinglichen RGeschäfts ist die Akzessorietät der Hypothek von der gesicherten Forderung (ie Rn 17–21).

III. Unterschiede zwischen Hypothek und Grundschuld

17 1. Der entscheidende Unterschied liegt darin, daß die **Hypothek** begriffsnotwendig eine Forderung sichert und mit ihr auf Gedeih und Verderb verbunden ist (Grundsatz der **Akzessorietät**). Eine Hypothek kann als solche ohne Vorhandensein einer gesicherten Forderung weder entstehen noch fortbestehen; eine Übertragung der Forderung läßt auch die Hypothek übergehen (vgl §§ 1113, 1153). Die

Grundschuld ist **nicht akzessorisch,** auch wenn sie als sog *Sicherungsgrundschuld* nach Abrede der Parteien eine Forderung sichern soll. Daher gelten die hypothekenrechtlichen Vorschriften für die Grundschuld nur insoweit entspr, als diese Vorschriften nicht auf der Akzessorietät der Hypothek beruhen (§ 1192 I); dazu § 1192 Rn 2, 3. – Der Grundsatz der Akzessorietät wird vom Ges zwar in Abstufungen (Rn 21), aber in sich konsequent befolgt. Das erschwert vielfach das Verständnis der ges Regelung (vgl insbes Rn 21, § 1138 Rn 1). – Sichert die Hypothek, wie oft, eine Forderung aus *abstraktem Schuldversprechen* (und dieses seinerseits die eigentlich zu sichernde Darlehnsforderung), so sind Akzessorietätsprobleme weitgehend ausgeschlossen. Damit ist eine Annäherung der Hypothek an die Grundschuld erreicht (darin liegt kein Verstoß gegen den „Typenzwang bei Grundpfandrechten" [so aber AK/Winter § 1113, 12], denn einen Typenzwang für die Hypothekenforderung gibt es nicht; bedenklich aber die formularmäßige Gestaltung wegen §§ 305 c I, 307 II Nr 1, wenn persönlicher Schuldner und Eigentümer nicht identisch, s BGH 114, 13 ff betr Grundschuld für Drittkredit, § 305 c Rn 3). Trotz dieser Möglichkeit ist in der Praxis die Grundschuld wegen ihrer Unabhängigkeit von einer gesicherten Forderung wichtiger (geworden) als die Hypothek.

2. Die Akzessorietät ie. **a) Hypothekengläubiger und persönlicher Gläu-** 18 **biger,** dh dinglicher Berechtigter und Gläubiger der gesicherten („persönlichen") Forderung sind *notwendig und stets identisch* (BGH NJW 01, 3628). Eigentümer und persönlicher Schuldner können (müssen aber nicht) identisch sein, vgl § 1143. **b) Wird der Eigentümer zum Gläubiger** der gesicherten Forderung, so ist die 19 Hypothek eine *Eigentümerhypothek* (mißverständlich auch „forderungsbekleidete Eigentümerhypothek" genannt). Eine Eigentümerhypothek kann erst nachträglich entstehen; ihre Bestellung ist unzulässig. **c) Ist die Forderung nicht entstanden,** 20 „so steht die Hypothek dem Eigentümer zu" (§ 1163 I 1); ist sie **erloschen,** „so erwirbt der Eigentümer die Hypothek" (§ 1163 I 2). In beiden Fällen ist die Hypothek in der Hand des Eigentümers eine Grundschuld, weil eine Forderung fehlt (mißverständlich auch „forderungsentkleidete Eigentümerhypothek" genannt), § 1177 I. Ist trotz Nicht(mehr)bestehens der Forderung die Hypothek für den Gläubiger eingetragen, so ist das Grundbuch doppelt unrichtig: hinsichtlich der Rechtszuständigkeit (Fremd- statt Eigentümergrundpfandrecht) und hinsichtlich des Rechtsinhalts (Hypothek statt Grundschuld). **d) Übertragung.** Will der 21 mangels Forderung zu Unrecht eingetragene Hypothekengläubiger sein „Recht" (Forderung und Hypothek) übertragen, so kann das nur nach hypothekenrechtlichen Grundsätzen geschehen; denn im Grundbuch steht er als Hypothekar. Die Übertragung erfolgt durch Abtretung der Forderung in sachenrechtlicher Form (§ 1154). Die Abtretung einer nicht (mehr) existierenden Forderung ist jedoch schuldrechtlich wirkungslos (RG Gruch 57, 944). Bei *strenger Akzessorietät* der Hypothek kann daher auch das dingliche Recht nicht übergehen (§ 1153 II). Diese uneingeschränkte Abhängigkeit hat das Ges für die *Sicherungshypothek* angeordnet (§§ 1184 I, 1185 II: Ausschluß von § 1138). Bei der *Verkehrshypothek* (§ 1113 Rn 2) ist die *Akzessorietät gemildert.* Die Abtretung der nicht existenten Forderung ist zwar schuldrechtlich wirkungslos, aber sachenrechtlich („für die Hypothek") ist sie zugunsten des Erwerbers idS wirksam, daß dieser das dingliche Recht erwirbt, sofern er nicht unredlich oder der öffentl Glaube des Grundbuchs durch Widerspruch zerstört ist (§§ 1138, 892). Eine Forderung erwirbt er nicht. Das dingliche Recht ist mangels Forderung eine Grundschuld (nach hM „forderungsentkleidete Hypothek", StWolfsteiner § 1138, 5 mN), aber jetzt nicht mehr in der Hand des Eigentümers, sondern eines Dritten, also Fremdgrundschuld.

IV. Wirtschaftliche Bedeutung

1. Kreditarten. Zur Terminologie Baur § 36 Rn 4. **a) Personalkredit** wird 22 auf die Zuverlässigkeit einer Person hin gewährt (Schuldner, Mitschuldner, Bürge,

23 Garant). **b) Realkredit** wird gewährt gegen Einräumung einer „dinglichen" Vorzugsstellung an bestimmten Gegenständen, insbes durch Bestellung eines Pfandrechts an beweglichen Sachen (§§ 1204 ff), an Rechten (§§ 1273 ff) oder an Grundstücken (§§ 1113, 1191, 1199). Das Pfandrecht an Mobilien und Rechten (§§ 1204 ff, 1273 ff) ist weitgehend von der SÜ und der Sicherungsabtretung verdrängt. Auch beim Realkredit spielt die Zuverlässigkeit des Kreditnehmers eine erhebliche Rolle. Mittelbar wird das für die Grundpfandrechte in §§ 1134 f anerkannt.

24 2. Die Grundpfandrechte geben je nach ihrem Rang und der Einhaltung der Beleihungsgrenze (Rn 15) ein mehr oder weniger **sicheres Zugriffsrecht** auf das Grundstück und solche Gegenstände, die mit ihm eine wirtschaftliche Einheit bilden (vgl §§ 1120, 1123 I, 1126 f, 1192 I, 1199). Das dingliche Verwertungsrecht (Rn 14) ergreift nur diese Vermögensgegenstände, während die persönliche Forderung ein Recht zum Zugriff auf das gesamte Vermögen gewährt. So kann der Gläubiger bei Identität von Eigentümer und persönlichem Schuldner wegen der *Forderung* in das *gesamte* Schuldnervermögen vollstrecken, auch in das hypothekarisch belastete Grundstück; wegen der *Hypothek* steht ihm zwar *nur* der Zugriff auf das *Grundstück* und die mithaftenden Gegenstände offen, doch hat sein Recht idR einen besseren Rang als das eines bloßen persönlichen Gläubigers: Dieser erhält erst dann etwas, wenn der Grundpfandgläubiger befriedigt oder sichergestellt ist (s ZVG 10 I Nr 4, 5; 155 II; sa InsO 49). Diese Bevorzugung, außerdem die erfahrungsgemäß hohe Wertstabilität der Grundstücke und die feste Rangordnung der Grundpfandrechte erlauben es einem Kreditgeber, mit großer Sicherheit die Aussichten seiner künftigen Befriedigung zu beurteilen. Grundpfandrechte machen daher weitgehend immun gegen wirtschaftliche Risiken der Zukunft, namentlich bei Insolvenz des Eigentümers.

25 3. **Bsp** für wichtige Grundpfandkredite. **a) Baukredite.** Typische Kreditgeber: Hypothekenbanken, Pfandbriefanstalten, Bau- und allg Sparkassen, Geschäftsbanken, Versicherungen, die öffentl Hand. **b) Investitionskredite.** Typische Kreditgeber: Banken und auch hier in zunehmendem Maß die öffentl Hand. **c) Kontokorrentkredite** werden durch Höchstbetragshypothek (§ 1190) oder, häufiger, Grundschuld gesichert (§ 1190 Rn 2). Typische Geldgeber: Banken. **d) Kaufpreisresthypothek** (-grundschuld, -rentenschuld) zur Sicherung der vom Grundstücksverkäufer gestundeten Kaufpreis(rest)forderung, sa § 925 Rn 6. **e) Abfindungsansprüche,** zB unter Miterben (ein Miterbe „übernimmt" das zum Nachlaß gehörende Grundstück, die Ausgleichszahlungsansprüche der anderen Miterben werden durch Grundpfandrechte gesichert). **f) Kredite allg Art** (Sicherung durch sog Allzweckgrundpfandrechte). Hier bes deutlich, daß der Kredit keinen Bezug zum Grundstück haben muß. Nicht einmal ein Bezug zum Grundstückseigentümer ist nötig, denn persönlicher Schuldner kann auch ein Dritter sein (Rn 16, 18).

Titel 1. Hypothek

§ 1113 Gesetzlicher Inhalt der Hypothek

(1) **Ein Grundstück kann in der Weise belastet werden, dass an denjenigen, zu dessen Gunsten die Belastung erfolgt, eine bestimmte Geldsumme zur Befriedigung wegen einer ihm zustehenden Forderung aus dem Grundstück zu zahlen ist (Hypothek).**

(2) **Die Hypothek kann auch für eine künftige oder eine bedingte Forderung bestellt werden.**

1 1. **Begriff** der Hypothek: **I** (Rn 2, 17 vor § 1113).

Titel 1. Hypothek **§ 1113**

2. Arten der Hypothek. a) Verkehrs- und Sicherungshypothek. Diese ist 2
streng akzessorisch, bei jener die Akzessorietät gelockert (vgl §§ 1138, 1141, 1156
einerseits, § 1185 II andererseits); dazu Rn 21 vor § 1113. Die Hypothek ist nach
der ges Regel Verkehrshypothek (arg § 1184 II). Die *Höchstbetragshypothek* ist kraft
Ges Sicherungshypothek (§ 1190 III); weiterer Fall in § 1187 S 2. **b) Buch- und** 3
Briefhypothek (Rn 5–7 vor § 1113). Die Verkehrshypothek (Rn 2) ist idR Briefhypothek (§ 1116), die Sicherungshypothek immer Buchhypothek (§ 1185 I).
c) Einzel- und Gesamthypothek. Bei der Einzelhypothek besteht *eine* Hypo- 4
thek für *eine* Forderung an *einem* Grundstück (grundstücksgleichen Recht, Miteigentumsanteil: Rn 3). Bei der Gesamthypothek besteht *eine* Hypothek für *eine*
Forderung an *mehreren* Grundstücken (grundstücksgleichen Rechten, Miteigen-
tumsanteilen: § 1132 Rn 3), § 1132 I 1.

3. Gegenstand der Hypothek. **a)** *Grundstück* (Begriff Rn 2 vor § 90). **b)** *Anteil* 5
iSv § 1114. **c)** *Grundstücksgleiches Recht,* zB Erbbaurecht (ErbbauVO 11). **d)** *Belastung realer Grundstücksteile:* GBO 7. **e)** *Weitere Gegenstände,* die mit dem
Grundstück eine wirtschaftliche Einheit bilden (§§ 1120, 1123 I, 1126 f).

4. Die gesicherte Forderung. a) Ihr Gläubiger ist notwendig und stets 6
zugleich Hypothekengläubiger; denn die Hypothek ist begrifflich mit einer Forderung
verbunden, zu deren Sicherung sie dient (I). Der Gläubiger hat aus der Hypothek
einen dinglichen Anspruch gegen den Eigentümer auf Duldung der Zwangsvollstreckung (vgl § 1147; Rn 14, 24 vor § 1113). Aus der Forderung hat er einen
persönlichen Anspruch gegen den persönlichen Schuldner auf Zahlung. Schuldner
und Eigentümer müssen nicht, können aber identisch sein. Gläubiger und Eigentümer können erst nach Bestellung der Hypothek identisch werden (Rn 19 vor
§ 1113). **b) Sie geht auf Geld** (§ 1115 I), und zwar auf einen *bestimmten Betrag* 7
(Ausnahme § 1190 I). Eintragung in inländischer oder der Währung eines EU-
Mitgliedstaates, der Schweiz oder der USA (VO vom 30. 10. 1997, BGBl I 2683;
dort § 1 Nr 1, §§ 2, 4 S. 2 zum Euro, s Demharter § 28, 21–25). Iü besteht für die
Forderung keine Typenbegrenzung, so daß auch eine Forderung aus abstraktem
Schuldversprechen hypothekenfähig ist (Rn 17 vor § 1113). Wegen der steten
Geldentwertung möchten Gläubiger die Hypotheken *wertbeständig* machen, zB soll
vereinbarungsgemäß der Geldbetrag nach dem Wert einer gewissen Warenmenge
(zB Weizen) oder Feingoldmenge errechnet werden. Das verstößt gegen den
Bestimmtheitsgrundsatz von I sowie gegen GBO 28 S 2 und ist daher nur nach
Maßgabe von PaPkG 2 zulässig (dazu Schmidt-Räntsch NJW 98, 3166 ff). **c) Sie** 8
muß unverwechselbar festgelegt („individualisiert") sein durch Festlegung von
Gläubiger, Schuldner (vgl § 1115 I) und Schuldgrund (Westermann JZ 62, 303).
Einigung und Eintragung (§ 873) müssen sich auf die so bezeichnete Forderung
beziehen. Deshalb führt eine nachträgliche Valutierung nur dann zum Erwerb der
Hypothek durch den Gläubiger (vgl § 1163 Rn 10–12), wenn mit ihr die durch
Einigung und Eintragung festgelegte Forderung entstanden ist; andernfalls kommt
es zum Hypothekenerwerb nur nach Forderungsauswechslung gem § 1180 (Westermann JZ 62, 302 f gegen BGH 36, 89 f). Bei Nichtigkeit des Darlehens tritt die
Bereicherungsforderung mangels Individualisierung nicht an die Stelle der Darlehensforderung, doch kann die Auslegung von Einigung und Eintragung ergeben,
daß „auch" die Ersatzforderung gesichert sein soll (Räfle WM 83, 806 mit RsprN);
entspr Parteiwille soll „unterstellt" werden (MK/Eickmann 73 mN). **d) Aufschie-** 9
bend bedingt oder künftig (dh zZ – noch – nicht bestehend) kann sie sein,
II. (Auflösend bedingte Forderung besteht bereits, daher problemlos.) Rn 7 gilt
auch dann. Für das Entstehen der künftigen Forderung muß schon jetzt ein
gewisses Maß an Sicherheit bestehen (§ 883 Rn 8 gilt entspr); anders bei der
Höchstbetragshypothek (s § 1190 Rn 4). Bis zum Entstehen der künftigen oder
aufschiebend bedingten Forderung ist die Hypothek Eigentümergrundschuld
(§§ 1163 I 1, 1177 I entspr); das gleiche gilt ab Eintritt der auflösenden Bedingung
(§§ 1163 I 2, 1177 I). – Bedingte Forderung (II) und bedingte Hypothek (zu dieser

Jauernig 1253

§ 1113 Buch 3. Abschn. 7. Hypothek, Grundschuld, Rentenschuld

10 Rn 14) sind zu unterscheiden. **e) Mehrheit von Schuldnern und Forderungen.** Eine Forderung gegen mehrere Gesamtschuldner kann durch *eine* Hypothek gesichert werden, ebenso mehrere Forderungen gegen einen und denselben Schuldner (RG 126, 278 f). Nach hM sollen auch mehrere Forderungen gegen verschiedene Schuldner, die nicht in einer Verpflichtungsgemeinschaft stehen, durch *eine* Hypo-
11 thek gesichert werden können (aA MK/Eickmann 33 mN). **f) Verbot der Doppelsicherung:** Dieselbe Forderung kann idR nicht durch mehrere selbständige Hypotheken an einem oder an mehreren Grundstücken gesichert werden (RG 132, 138). Zulässig ist jedoch die Begründung einer Verkehrs- und einer Zwangshypothek für dieselbe Forderung an verschiedenen Grundstücken (BayObLG MDR 91, 163; hM). *Vom Verbot werden* **nicht** *getroffen:* Sicherung ders Forderung durch Hypothek und Grundschuld, weil letztere nicht akzessorisch ist (RG 132, 137 f); unbedingte Verkehrshypothek und aufschiebend bedingte Ausfall-Sicherungshypothek, weil letztere erst entsteht, wenn erstere erloschen ist (RG 122, 331 f; zur bedingten Hypothek Rn 14); die Gesamthypothek, weil bei ihr für eine Forderung an mehreren Grundstücken nur *eine* Hypothek entsteht, nicht mehrere
12 selbständige (vgl § 1132 I). **g) Öffentl-rechtliche Geldforderungen** können idR auch ohne ges Grundlage hypothekarisch gesichert werden (ie MK/Eickmann 62–65); für Steueransprüche vgl AO 241 I Nr 5 a sowie 322 f mit ZPO 867.

13 **5. Begründung der Hypothek. a) Durch RGeschäft.** Hier ist wegen § 1163 I 1, II zwischen *Bestellung* der Hypothek *als Grundpfandrecht* und ihrem *Erwerb* als *Fremdhypothek* durch den Gläubiger zu unterscheiden. Zur Bestellung sind Einigung (Ausnahme § 1188 I) und Eintragung nötig (§ 873), zum Erwerb außerdem das Bestehen der zu sichernden Forderung (vgl § 1163 I 1) und bei der Briefhypothek Übergabe(ersatz) des Hypothekenbriefs (§§ 1117, 1163 II), vgl § 1163 Rn 9–11, 18. Ie: **aa) Rechtsgrundlage** (causa) der Bestellung ist idR ein schuld-
14 rechtlicher Vertrag (Rn 16 vor § 1113). **bb) Einigung. α) Allg:** s § 873 Rn 8–23. **β)** Wird sie **bedingt** erklärt, so hängt das Entstehen oder Erlöschen des dinglichen Rechts von dem Eintritt der Bedingung ab (§ 158; RG 122, 331; 136, 77 f für aufschiebend bedingte Hypothek; LG Tübingen Rpfleger 84, 156 für auflösend bedingte); vor Eintritt der aufschiebenden und nach Eintritt der auflö-
15 senden Bedingung entsteht auch keine Eigentümergrundschuld (RG aaO). **γ) Ei-
16 nigung zgDr** (entspr § 328) zwischen dem Eigentümer und einem anderen (sog Versprechensempfänger) ist ausgeschlossen (§ 873 Rn 12). **δ) Fehlt die Einigung oder ist sie nichtig** (zB wegen Geschäftsunfähigkeit des Gläubigers oder infolge Anfechtung), so entsteht nicht etwa eine Fremdhypothek, sondern eine Eigentümergrundschuld (vgl MK/Eickmann § 1196, 3–5 mN, str); nachstehende Berechtigte rücken auf, was für den Eigentümer hart sein kann. Die Gegenansicht (Kiefner, FS Hübner, 1984, S 521 ff; StWolfsteiner 59 Einl § 1113, je mN) bejaht den Erwerb einer Eigentümergrundschuld. Die geforderten Voraussetzungen sind unterschiedlich (formell ordnungsmäßige Eintragung; wirksamer Eintragungsantrag; wirksame Eintragungsbewilligung; für sich wirksame Einigungserklärung des Eigentümers). Die Gegenmeinung hat die Billigkeit für, das Ges gegen sich. Weder Antrag noch Bewilligung des Eigentümers enthalten eine Erklärung iSv § 1196: Sie sind auf Eintragung einer Fremdhypothek gerichtet; eine andere Auslegung ist vom Empfängerhorizont (Grundbuchamt) aus unzulässig, eine Umdeutung (§ 140) mangels Nichtigkeit ebenfalls; die Annahme, mit jeder Eintragung eines Grundpfandrechts entstehe ein solches (so StWolfsteiner 59 Einl § 1113), mißt der Eintragung „formale Rechtskraft" bei, die dem BGB fremd ist (StGursky § 891, 1). **cc) Eintragung:** allg § 873 Rn 8–16, 24–35, bes §§ 1115, 1116 II 3. **dd) Gesicherte Forderung:** Rn 6–12. **ee) Übergabe des Hypothekenbriefs:** §§ 1117, 1163 II, 1177. **ff) Divergenzen** zwischen Einigung und Eintragung: § 1116 Rn 4, 5, §§ 1184, 1185
17 Rn 2. **b) Kraft Ges,** insbes durch Surrogation (§ 1287 S 2; ZPO 848 II 2).
18 **c) Durch Zwangsvollstreckung:** ZPO 866 f, AO 322 (Zwangshypothek); ZPO 932, AO 324 (Arresthypothek); ferner kraft gerichtl Anordnung (ZVG 128).

Titel 1. Hypothek **§§ 1114, 1115**

§ 1114 Belastung eines Bruchteils

Ein Bruchteil eines Grundstücks kann außer in den in § 3 Abs. 6 der Grundbuchordnung bezeichneten Fällen mit einer Hypothek nur belastet werden, wenn er in dem Anteil eines Miteigentümers besteht.

1. Anwendungsbereich. a) Nur der Anteil an einer Bruchteilsgemeinschaft 1 (§§ 1008 ff) wird als Belastungsgegenstand dem Grundstück (vgl §§ 1113, 1191 I, 1192 I, 1199 I) gleichgestellt. Erfaßt wird auch der Anteil an den mithaftenden Gegenständen (§§ 1120 ff). Das *Wohnungseigentum* ist Miteigentumsanteil iSv §§ 1114 (Weitnauer § 3, 107). Die von allen Miteigentümern bestellte Hypothek steht einer Gesamthypothek an mehreren Grundstücken gleich (BGH NJW 83, 2450). Soweit der Miteigentumsanteil vor einer Übertragung gebucht werden kann (GBO 3 VI), ist seine Belastung vor Übertragung zulässig. **b) Nicht** betrifft § 1114 2 den Anteil an einer Gesamthandsgemeinschaft (RG 117, 267), den Bruchteil eines Alleineigentümers (Zweibrücken NJW-RR 90, 147) und den Bruchteil vom Bruchteil. Eintragung wäre inhaltlich unzulässig. Folge: GBO 53 I. **c) § 1114** 3 **beruht** auf reiner Zweckmäßigkeit (RG 68, 80). Das rechtfertigt in – seltenen – Ausnahmen ein Abweichen vom Wortlaut des Ges (ie PalBassenge 3; StWolfsteiner 19–26; Frankfurt/M NJW-RR 88, 464).

§ 1115 Eintragung der Hypothek

(1) Bei der Eintragung der Hypothek müssen der Gläubiger, der Geldbetrag der Forderung und, wenn die Forderung verzinslich ist, der Zinssatz, wenn andere Nebenleistungen zu entrichten sind, ihr Geldbetrag im Grundbuch angegeben werden; im Übrigen kann zur Bezeichnung der Forderung auf die Eintragungsbewilligung Bezug genommen werden.

(2) Bei der Eintragung der Hypothek für ein Darlehen einer Kreditanstalt, deren Satzung von der zuständigen Behörde öffentlich bekannt gemacht worden ist, genügt zur Bezeichnung der außer den Zinsen satzungsgemäß zu entrichtenden Nebenleistungen die Bezugnahme auf die Satzung.

1. Allgemeines. § 1115 schränkt, abw von § 874, die Möglichkeit einer Be- 1 zugnahme auf die Eintragungsbewilligung ein, damit das Höchstmaß der Belastung aus dem Grundbuch selbst ersichtlich ist; deshalb müssen nur die Vereinbarungen zwischen Eigentümer und Gläubiger, die das Höchstmaß der Belastung betreffen, im Grundbuch vermerkt werden (BGH 47, 44 ff).

2. Im Grundbuch sind einzutragen: a) Gläubiger (§ 1113 Rn 6). Hierzu 2 GBV 15; BayObLG NJW-RR 88, 980. Ist die Namensangabe nicht möglich, so sind andere identifizierende Bezeichnungen zulässig (vgl RG 127, 312), zB die künftigen Abkömmlinge oder die noch unbekannten Erben einer namentlich bezeichneten Person (vgl BayObLG NJW 58, 1918). Auch ein nichtrechtsfähiger Verein ist eintragungsfähig (§ 54 Rn 14 [cc]; anders die noch hM. Ulmer/Steffek NJW 02, 330 ff mN bejahen darüber hinaus die Grundbuchfähigkeit der Außen-GbR, der das beseitigte Urteil BGH 146, 341 ff „hinkende" Rechts- und Parteifähigkeit zugesprochen hatte (Rn 1 vor § 21, zur Beseitigung BGH NJW 02, 1207 f). **b) Geldbetrag der Forderung** (§ 1113 Rn 7). Zu ihrer Individualisierung gehö- 3 ren die Festlegung von Gläubiger, persönlichem Schuldner und Schuldgrund (§ 1113 Rn 8). **aa)** *Die Bezeichnung des Schuldners* ist entbehrlich, wenn er der Eigentümer ist. Andernfalls genügt Bezugnahme auf die Eintragungsbewilligung (I; aA MK/Eickmann 21 mN); fehlt jede Angabe, so ist die Hypothek bei Feststellbarkeit des Schuldners zwar wirksam, aber das Grundbuch unrichtig. **bb)** Das Recht muß im Grundbuch erkennbar *als Hypothek ausgewiesen* sein durch die zumindest schlagwortartige Angabe des Schuldgrundes (Darlehen, Kaufpreisforderung usw); für Einzelheiten genügt Bezugnahme auf die Eintragungsbewilligung (MK/Eickmann 19). **c) Ggf der Zinssatz;** ohne (wirksame) Eintragung eines 4

Zinssatzes (Bezugnahme auf die Eintragungsbewilligung genügt insoweit nicht) ist die Hypothek unverzinslich. Ist die Zeiteinheit (zB „7% pro Jahr") nicht eingetragen, so handelt es sich um Jahreszinsen (Frankfurt/M MDR 80, 227; hM). Zulässig ist die Eintragung eines Höchstzinssatzes, wenn in der bezogenen Eintragungsbewilligung der Regel- oder Mindestzinssatz sowie die obj Maßstäbe zur sicheren Bestimmung eines höheren Zinses (bis zum Erreichen des Höchstzinssatzes) angegeben sind (BGH NJW 75, 1315); entspr zulässig ist auch ein gleitender Zinssatz, zB 2% über Bundesbankdiskont (zu dessen Ersatz nach Einführung des Euro DÜG 1, 2), ein Zinssatz entspr den von allen (BGH 35, 24) oder einer (BayObLG NJW 75, 1365 f) öffentl Sparkasse *allg* in Ansatz gebrachten Hypothekenzinsen (idS genügt für den Zins Bestimmbarkeit). Zum Zinsbeginn BayObLG

5 NJW-RR 01, 878; BGH 129, 4 f mN). **d) Andere Nebenleistungen,** zB Zinseszinsen (§ 248 II 2). Ihre Art ist anzugeben, zumindest in der Eintragungsbewilligung (bei Grundschulden ist auch das entbehrlich, Stuttgart WM 86, 1185 f, str). Einzutragen ist ein (berechenbarer, BayObLG JurBüro 81, 1724) Geldbetrag (I, Ausnahme in II), um das Höchstmaß der Belastung erkennen zu lassen (Rn 1). Ges Nebenleistungen (§ 1118) sind nicht eintragungsfähig.

6 3. Von Rn 2–5 abgesehen, ist **Bezugnahme** auf die Eintragungsbewilligung zulässig (I HS 2), aber nicht global, sondern nur, soweit in der Bewilligung die gesicherte Forderung näher bezeichnet ist (vgl BGH 21, 42 f).

§ 1116 Brief- und Buchhypothek

(1) Über die Hypothek wird ein Hypothekenbrief erteilt.

(2) ¹Die Erteilung des Briefes kann ausgeschlossen werden. ²Die Ausschließung kann auch nachträglich erfolgen. ³Zu der Ausschließung ist die Einigung des Gläubigers und des Eigentümers sowie die Eintragung in das Grundbuch erforderlich; die Vorschriften des § 873 Abs. 2 und der §§ 876, 878 finden entsprechende Anwendung.

(3) Die Ausschließung der Erteilung des Briefes kann aufgehoben werden; die Aufhebung erfolgt in gleicher Weise wie die Ausschließung.

1 1. **Allgemeines.** Zu Buch- und Briefhypothek Rn 5–7 vor § 1113.

2 2. Die Verkehrshypothek ist **idR Briefhypothek** (I gegen II 1, § 1185 I). **a) Inhalt des Briefs:** GBO 56–59, GBV 47–52. **b) Eigentum** am Brief: § 952 II. **c) Bedeutung** hat der Brief für den Erwerb (§§ 1117, 1163 II), die Übertragung (§§ 1154 f), Belastung (§§ 1069, 1274), Pfändung (ZPO 830) und Geltendmachung der Hypothek (§ 1160) sowie bei Identität von Eigentümer und persönlichem Schuldner auch für die Geltendmachung der Forderung (§ 1161). Öffentl Glauben genießt nur das Grundbuch, doch kann ihn der Brief zerstören (§ 1140).

3 3. **Als Buchhypothek** entsteht die *Verkehrshypothek* nur, wenn der Briefausschluß vereinbart und eingetragen ist (II 1, 3). Bezugnahme auf die Eintragungsbewilligung (§ 874) ist ungenügend; iü gelten §§ 873 II, 876, 878 entspr (II 3). Der Briefausschluß ist bei der Hypothekenbestellung (dazu allg § 1113 Rn 13) oder später (II 2) möglich. Er ist aufhebbar; Form: III, Folge: I (beachte §§ 1117, 1163 II, GBO 60). Bei nachträglichem Briefausschluß ist der noch vorhandene Brief rechtlich bedeutungslos geworden; §§ 1154 I 1, 1155 sind unanwendbar.

4 4. **Divergenzen** zwischen Einigung und Eintragung. **a)** *Einigung:* Briefhypothek; *Eintragung:* Briefausschluß; entstanden: Briefhypothek, die gem §§ 1163 II, 1177 Eigentümergrundschuld ist; das Grundbuch ist unrichtig (StWolfsteiner 77

5 Einl § 1113). **b)** *Einigung:* Briefausschluß; *keine Eintragung* des Ausschlusses, sondern Brieferteilung; entstanden: Briefhypothek (sofern Einigung gem § 139 aufrechtzuerhalten), für sie gelten §§ 1117, 1163 II. Das Grundbuch ist richtig, weil eine Briefhypothek eingetragen (arg II 3) und entstanden ist.

5. Für die **Sicherungshypothek** gilt § 1116 nicht (§ 1185 I).

Titel 1. Hypothek **§§ 1117, 1118**

§ 1117 Erwerb der Briefhypothek

(1) ¹Der Gläubiger erwirbt, sofern nicht die Erteilung des Hypothekenbriefs ausgeschlossen ist, die Hypothek erst, wenn ihm der Brief von dem Eigentümer des Grundstücks übergeben wird. ²Auf die Übergabe finden die Vorschriften des § 929 Satz 2 und der §§ 930, 931 Anwendung.

(2) Die Übergabe des Briefes kann durch die Vereinbarung ersetzt werden, dass der Gläubiger berechtigt sein soll, sich den Brief von dem Grundbuchamt aushändigen zu lassen.

(3) Ist der Gläubiger im Besitz des Briefes, so wird vermutet, dass die Übergabe erfolgt sei.

1. **Allgemeines. a) Mit Einigung und Eintragung** ist die Briefhypothek als **1** Eigentümergrundschuld entstanden; zum Erwerb als Fremdbriefhypothek sind ferner Bestehen der Forderung (§§ 1163 I 1, 1177 I entspr) und Übergabe des Hypothekenbriefs (§§ 1117, 1163 II, 1177) erforderlich. Zweck des § 1117: Sicherung des Eigentümers gegen eine Eigentumsbelastung ohne Erhalt des Gegenwerts (sog Valuta), außerdem gegen vorzeitige Verfügungen des Gläubigers (vgl §§ 1154, 1069, 1274, ferner ZPO 830). Diesen Schutz übernimmt bei der Buchhypothek zT § 1139. **b) Der Anspruch auf Verschaffung** der Hypothek (Rn 16 **2** vor § 1113) umfaßt auch die Briefübergabe. Der Verschaffungsanspruch ist durch Vormerkung sicherbar; dadurch ist der Gläubiger gegen Verfügungen des Eigentümers über die Grundschuld (§§ 1163 II, 1177) gesichert, ebenso gegen Zwangsvollstreckung und Insolvenz (vgl § 883 Rn 16, 19, 20).

2. **Voraussetzungen. a) Ges Regelfall** in **I.** I 1 meint körperliche Übergabe. **3** Zu §§ 929 S 2, 930 f vgl Anm dort; sie gelten entgegen I 2 nur „entspr", da Übergabe hier nicht Teil einer Übereignung ist. Zum Verfahren des Grundbuchamts GBO 60. **b) Sonderfall** in **II.** Die Vereinbarung (sog *Aushändigungs-* **4** *abrede*) ist nicht verwechseln mit der einseitigen Anweisung des Eigentümers gem GBO 60 II. Die Vereinbarung zwischen Eigentümer und Gläubiger ist formfrei. Nur die einseitige Anweisung nach GBO 60 II ist formbedürftig (GBO 29 I 1).

3. **Wirkung. a)** Sie ergibt sich mittelbar aus § 1163 II. **b)** Besteht die Forde- **5** rung und liegen Einigung (§ 873) und **Abrede gem II** vor, so erwirbt der Gläubiger die Briefhypothek schon mit der Eintragung (insoweit also kein Unterschied zur Buchhypothek!). Den Brief erwirbt er mit Herstellung (§ 952 II).

4. Für die Erwerbsvoraussetzung „Übergabe" stellt **III** eine **Tatsachenver- 6 mutung** auf und regelt damit die Beweislast (vgl ZPO 292). Die Vermutung ist ausgeräumt durch Erschütterung der Vermutungsbasis (kein Besitz; dann gilt auch nicht die Vermutung des § 891, str, s StGursky § 891, 34 mN) oder Widerlegung der Vermutung selbst (keine Übergabe iSv Rn 3, 4).

§ 1118 Haftung für Nebenforderungen

Kraft der Hypothek haftet das Grundstück auch für die gesetzlichen Zinsen der Forderung sowie für die Kosten der Kündigung und der die Befriedigung aus dem Grundstück bezweckenden Rechtsverfolgung.

1. **Ges Nebenleistungen** sind **a) ges Zinsen** der Forderung (insbes gem **1** §§ 288 I, 291), auch wenn Eigentümer und persönlicher Schuldner nicht identisch sind; **b) Kosten der Kündigung** gegenüber dem Eigentümer (vgl § 1141, gilt **2** nicht für die Sicherungshypothek: § 1185 II); **c) Kosten der Rechtsverfolgung 3** nur, soweit sie auf Befriedigung aus dem Grundstück gerichtet und (entspr ZPO 91 I 1) zweckmäßig sind. Auf Befriedigung zielt die dingliche Klage gegen den Eigentümer samt Zwangsvollstreckung (§ 1147; vgl § 1113 Rn 6), ferner das Vorgehen gem § 1133. **Nicht** hierher gehören die persönliche Klage (auch wenn

Eigentümer und persönlicher Schuldner identisch sind, RG 90, 172), ferner Vorgehen gem § 1134 (RG 72, 332 ff).

4 2. **Vertragliche Nebenleistungen:** § 1115.

§ 1119 Erweiterung der Haftung für Zinsen

(1) **Ist die Forderung unverzinslich oder ist der Zinssatz niedriger als fünf vom Hundert, so kann die Hypothek ohne Zustimmung der im Range gleich- oder nachstehenden Berechtigten dahin erweitert werden, dass das Grundstück für Zinsen bis zu fünf vom Hundert haftet.**

(2) **Zu einer Änderung der Zahlungszeit und des Zahlungsorts ist die Zustimmung dieser Berechtigten gleichfalls nicht erforderlich.**

1 1. **Grundsatz.** Erweiterung einer Nebenleistung der Hypothek oder Verschärfung der hypothekarischen Haftung ist eine **Inhaltsänderung**, die der Einigung und Eintragung bedarf (§§ 877, 873). Soll sie gleichen Rang wie die Hypothek (mit dem bisherigen Inhalt) haben, so ist außerdem die **Zustimmung** der gleich- und nachstehend Berechtigten notwendig (RG 132, 110). Fehlt die Zustimmung, dann hat die Haftungserweiterung Rang hinter den gleich- und nachstehend Berechtigten.

2 2. **Ausnahmen. a)** Die Zustimmung (Rn 1) ist entbehrlich für **aa)** Zinsen bis 5% **(I)**, darüber hinaus ist sie nötig (BGH NJW 86, 315); **bb)** Änderung von Zahlungszeit und -ort (vgl §§ 269 ff), **II. b)** Für I und II gilt § 877.

3 3. **Erhöhung des Hypothekenkapitals** ist Begründung einer neuen Hypothek, die an bereiter Stelle einzutragen ist (RG 143, 428).

§ 1120 Erstreckung auf Erzeugnisse, Bestandteile und Zubehör

Die Hypothek erstreckt sich auf die von dem Grundstück getrennten Erzeugnisse und sonstigen Bestandteile, soweit sie nicht mit der Trennung nach den §§ 954 bis 957 in das Eigentum eines anderen als des Eigentümers oder des Eigenbesitzers des Grundstücks gelangt sind, sowie auf das Zubehör des Grundstücks mit Ausnahme der Zubehörstücke, welche nicht in das Eigentum des Eigentümers des Grundstücks gelangt sind.

§ 1121 Enthaftung durch Veräußerung und Entfernung

(1) **Erzeugnisse und sonstige Bestandteile des Grundstücks sowie Zubehörstücke werden von der Haftung frei, wenn sie veräußert und von dem Grundstück entfernt werden, bevor sie zugunsten des Gläubigers in Beschlag genommen worden sind.**

(2) ¹**Erfolgt die Veräußerung vor der Entfernung, so kann sich der Erwerber dem Gläubiger gegenüber nicht darauf berufen, dass er in Ansehung der Hypothek in gutem Glauben gewesen sei.** ²**Entfernt der Erwerber die Sache von dem Grundstück, so ist eine vor der Entfernung erfolgte Beschlagnahme ihm gegenüber nur wirksam, wenn er bei der Entfernung in Ansehung der Beschlagnahme nicht in gutem Glauben ist.**

§ 1122 Enthaftung ohne Veräußerung

(1) **Sind die Erzeugnisse oder Bestandteile innerhalb der Grenzen einer ordnungsmäßigen Wirtschaft von dem Grundstück getrennt worden, so erlischt ihre Haftung auch ohne Veräußerung, wenn sie vor der Beschlagnahme von dem Grundstück entfernt werden, es sei denn, dass die Entfernung zu einem vorübergehenden Zwecke erfolgt.**

Titel 1. Hypothek **§ 1122**

(2) **Zubehörstücke werden ohne Veräußerung von der Haftung frei, wenn die Zubehöreigenschaft innerhalb der Grenzen einer ordnungsmäßigen Wirtschaft vor der Beschlagnahme aufgehoben wird.**

Anmerkungen zu den §§ 1120–1122

Lit: Plander JuS 75, 345.

1. Allgemeines. a) Erzeugnisse, sonstige Bestandteile und Zubehör werden, da sie mit dem Grundstück eine wirtschaftliche Einheit bilden, gem §§ 1120–1122 ebenfalls von der hypothekarischen Haftung erfaßt (für weitere Gegenstände vgl 1123–1131). **b) Die Haftung** ist zunächst nur eine **potentielle;** erst durch die Beschlagnahme (Rn 5–7) wird sie realisiert. Das bedeutet zweierlei. **aa) Die mithaftenden Sachen** (nicht das Grundstück) können vor der Beschlagnahme regulär **haftfrei** werden, insbes durch Veräußerung. Die Hypothek begründet also kein Veräußerungsverbot, so daß der Eigentümer Grundstück und mithaftende Sachen sinnvoll nutzen kann (zB durch Veräußerung der Ernte, Ersetzung veralteter Maschinen; Rn 9, 15). **bb) Pfändung** von Erzeugnissen und sonstigen (nicht: wesentlichen, Gaul NJW 89, 2510 f) Bestandteilen *durch Dritte* ist zwar zulässig (ZPO 865 II 2), aber der Hypothekengläubiger hat die Klage aus ZPO 805 (Baumbach § 805, 3). Die Pfändung von mithaftendem Zubehör (Rn 14) ist unzulässig (ZPO 865 II 1); sie ist nicht nichtig (aA RG 153, 259), aber anfechtbar (gem ZPO 766 für Vollstreckungsschuldner, Zwangsverwalter, Hypothekengläubiger; für letzteren nach BGH WM 87, 76 außerdem – entspr ZPO 810 II – Klage nach ZPO 771).

2. Arten der Beschlagnahme iSv §§ 1121 f. **a) Anordnung der Zwangsverwaltung** oder/und **Zwangsversteigerung** (ZVG 20, 146, ZPO 866 II) aufgrund dinglichen Titels (StWolfsteiner § 1147, 27, 34), außer im Fall ZPO 867 III (§ 1147 Rn 2). Zum Umfang: ZVG 21, 148 I. Wirkung: Veräußerungsverbot zugunsten des betreibenden und eines beigetretenen Gläubigers (ZVG 23 I 1, 27 II, 146 I, 151 II). **b) Pfändung,** aber nur vor einer Beschlagnahme gem Rn 5 und nicht von mithaftendem Zubehör (Rn 4; ZPO 865 II 1). Grundlage ist ein dinglicher Titel (§ 1147; vgl dort Rn 2). **c) Einl der Zwangsverwaltung** aufgrund einer vom Hypothekengläubiger beantragten einstw Verfügung zur Sicherung seines dinglichen Rechts (ZPO 935, 938; vgl RG 92, 19 f).

3. a) Für die Hypothek haften die wesentlichen und die dem Grundstückseigentümer gehörenden unwesentlichen Bestandteile mitsamt den Erzeugnissen (vgl § 94), und zwar selbstverständlich vor der Trennung (im Ges nicht hervorgehoben), nach der Trennung nur (§ 1120!), sofern sie jetzt dem Eigentümer oder dem Eigenbesitzer des Grundstücks gehören (also nicht, wenn der Pächter, § 956, oder Nießbraucher, § 954, Eigentümer zB der geernteten Äpfel geworden ist). Ist die Hypothek erst nach der Trennung entstanden, so erfaßt sie die getrennten Gegenstände nicht (StWolfsteiner § 1120, 25). Trennung ist Loslösung vom Gebäude oder Boden (zB durch Ernten). **b) Die Haftung erlischt regulär,** wenn **aa)** Bestandteile und Erzeugnisse *vor* der Beschlagnahme (Rn 5–7) veräußert und entfernt werden, **§ 1121 I** (Sondervorschrift gegenüber § 936). **Reihenfolge:** *Veräußerung – Entfernung – Beschlagnahme* oder: *Entfernung – Veräußerung – Beschlagnahme.* Veräußerung: Eigentumsübertragung ohne gleichzeitige Veräußerung des Grundstücks. Entfernung: Die auf Dauer angelegte Fortschaffung vom Grundstück; sie muß mit der Veräußerung in Zusammenhang stehen (hM, vgl RG 144, 155), was nur bei der Reihenfolge Veräußerung – Entfernung – Beschlagnahme selbständige praktische Bedeutung hat; bei Veräußerung nach § 930 fehlt Entfernung (BGH NJW 79, 2514); **bb)** Bestandteile oder Erzeugnisse in ordnungsmäßiger Wirtschaft (kein Raubbau) vom Grundstück getrennt und *vor* der Beschlagnahme *dauernd vom Grundstück entfernt, aber nicht veräußert* worden sind, § 1122 I (Erweiterung von § 1121 I, weil Freiwerden ohne Veräußerung). Bsp:

Jauernig 1259

§§ 1123, 1124 Buch 3. Abschn. 7. Hypothek, Grundschuld, Rentenschuld

Einlagerung von Getreide im Gemeindesilo zum Zweck späterer Veräußerung von dort aus. Bei vorübergehender Entfernung oder ordnungswidriger Trennung gilt
10 Rn 13. **c) Die Haftung erlischt uU irregulär**, wenn die Sachen erst *nach* Veräußerung und Beschlagnahme entfernt worden sind (**Reihenfolge:** *Veräußerung – Beschlagnahme – Entfernung* oder *Beschlagnahme – Veräußerung – Entfernung;* den
11 letzteren Fall regelt § 1121 II, für den ersteren gilt nichts anderes). **aa)** Die Haftung entfällt nicht schon deshalb, weil der Erwerber beim Erwerb hinsichtlich der
12 Hypothek in gutem Glauben war (**§ 1121 II 1**). § 936 ist ausgeschlossen. **bb)** Die Haftung erlischt, wenn der Erwerber die beschlagnahmte Sache von dem Grundstück entfernt, es sei denn, er ist bei der Entfernung hinsichtlich der Beschlagnahme bösgläubig (**§ 1121 II 2**). Der böse Glaube hindert den Erwerb (zur Bedeutung § 932 Rn 5). Der Erwerber ist bösgläubig (vgl § 932 II), wenn er die Beschlagnahme und die Zugehörigkeit der entfernten Sache zum Haftungsverband kannte oder grobfahrlässig nicht kannte (Plander aaO S 350 mN); die Kenntnis des Vollstreckungsantrags macht kraft Ges bösgläubig (ZVG 23 II 1, 146 I), ebenso die
13 Eintragung des Vollstreckungsvermerks (ZVG 23 II 2, 146 I). **d) Die Haftung erlischt uU ebenfalls irregulär**, wenn die Veräußerung zuletzt erfolgt (**Reihenfolge:** *Beschlagnahme – Entfernung – Veräußerung* oder *Entfernung – Beschlagnahme – Veräußerung;* soweit im letzteren Fall § 1122 I eingreift, gilt Rn 9 (bb), vgl Plander aaO S 350). Hier bestehen keine Sondervorschriften. Es gelten die allg Regeln (§§ 136, 135 II, 932 ff; ie ist manches str, vgl Plander aaO S 350 ff). Die Bösgläubigkeit (vgl § 932 II) bezieht sich auf die Beschlagnahme (str); ZVG 23 II, 146 I gelten auch hier (vgl Rn 12).

14 **4. a) Das eigene Zubehör** (§§ 97 f) des Grundstückseigentümers haftet für die Hypothek (**§ 1120**), ferner ein Anwartschaftsrecht des Grundstückseigentümers an
15 fremdem Zubehör (BGH 92, 289). **b) Die Haftung erlischt regulär aa)** gem § 1121 I (Rn 9 [aa]; BGH NJW 86, 60 mN) oder **bb)** auch ohne Veräußerung (und Entfernung) durch Aufhebung der Zubehöreigenschaft in ordnungsmäßiger Wirtschaft, **§ 1122 II** (zB Ausmusterung veralteter Maschinen). Endgültige Betriebsstillegung beseitigt zwar die Zubehöreigenschaft, aber nicht in ordnungsmäßiger Wirtschaft; daher endet die Haftung nicht gem § 1122 II (BGH NJW 96, 836).
16 **c) Die Haftung erlischt uU irregulär** gem § 1121 II (vgl Rn 10–12) oder
17 §§ 136, 135 II, 932 ff (Rn 13). **d) Durch Zuschlag** in der Zwangsversteigerung erwirbt der Ersteher uU auch dem *Grundstückseigentümer nicht gehörendes Zubehör* (ZVG 90 II, 55 II), obwohl Haftung (§ 1120) und Beschlagnahme (ZVG 20 II) es nicht ergriffen haben.

§ 1123 Erstreckung auf Miet- oder Pachtforderung

(1) **Ist das Grundstück vermietet oder verpachtet, so erstreckt sich die Hypothek auf die Miet- oder Pachtforderung.**

(2) ¹**Soweit die Forderung fällig ist, wird sie mit dem Ablauf eines Jahres nach dem Eintritt der Fälligkeit von der Haftung frei, wenn nicht vorher die Beschlagnahme zugunsten des Hypothekengläubigers erfolgt.** ²**Ist die Miete oder Pacht im Voraus zu entrichten, so erstreckt sich die Befreiung nicht auf die Miete oder Pacht für eine spätere Zeit als den zur Zeit der Beschlagnahme laufenden Kalendermonat; erfolgt die Beschlagnahme nach dem 15. Tage des Monats, so erstreckt sich die Befreiung auch auf den Miet- oder Pachtzins für den folgenden Kalendermonat.**

§ 1124 Vorausverfügung über Miete oder Pacht

(1) ¹**Wird die Miete oder Pacht eingezogen, bevor sie zugunsten des Hypothekengläubigers in Beschlag genommen worden ist, oder wird vor der Beschlagnahme in anderer Weise über sie verfügt, so ist die Verfügung dem Hypothekengläubiger gegenüber wirksam.** ²**Besteht die Verfügung in**

Titel 1. Hypothek **§§ 1125, 1126**

der Übertragung der Forderung auf einen Dritten, so erlischt die Haftung der Forderung; erlangt ein Dritter ein Recht an der Forderung, so geht es der Hypothek im Range vor.

(2) **Die Verfügung ist dem Hypothekengläubiger gegenüber unwirksam, soweit sie sich auf die Miete oder Pacht für eine spätere Zeit als den zur Zeit der Beschlagnahme laufenden Kalendermonat bezieht; erfolgt die Beschlagnahme nach dem fünfzehnten Tage des Monats, so ist die Verfügung jedoch insoweit wirksam, als sie sich auf die Miete oder Pacht für den folgenden Kalendermonat bezieht.**

(3) **Der Übertragung der Forderung auf einen Dritten steht es gleich, wenn das Grundstück ohne die Forderung veräußert wird.**

§ 1125 Aufrechnung gegen Miete oder Pacht

Soweit die Einziehung der Miete oder Pacht dem Hypothekengläubiger gegenüber unwirksam ist, kann der Mieter oder der Pächter nicht eine ihm gegen den Vermieter oder den Verpächter zustehende Forderung gegen den Hypothekengläubiger aufrechnen.

Anmerkungen zu den §§ 1123–1125

1. Die hypothekarische Haftung erstreckt sich auf die **Zinsforderungen aus Vermietung und Verpachtung** des Grundstücks (**§ 1123 I**). Die Forderungen treten an die Stelle der Nutzungen, die infolge der Vermietung oder Verpachtung nicht zur Verfügung stehen (ZVG 21 III, 152 II). 1

2. Die **Beschlagnahme** geschieht *aufgrund eines dinglichen Titels* (Ausnahme: ZPO 867 III, s § 1147 Rn 2) durch **a) Anordnung der Zwangsverwaltung** (nicht der Zwangsversteigerung), ZVG 148 I 1 mit 21 II, oder **b) Pfändung** der Forderung gem ZPO 829 (§ 1147). 2

3. **Die Haftung erlischt** durch **a) Zeitablauf** (§ 1123 II 1); **b) Vorausbefreiung** bei im voraus zahlbarem Zins, aber nur in den zeitlichen Grenzen von § 1123 II 2; **c) Verfügung** vor der Beschlagnahme (Rn 2), insbes Einziehung (dazu BGH NJW-RR 89, 200), Abtretung, Verpfändung (§ 1124 I, III), aber nur in den zeitlichen Grenzen von § 1124 II. Wegen möglicher Zweifel, ob § 1124 II eingreift, ist eine Zahlung über den Zeitraum des § 1124 II hinaus gefährlich, weil der Mieter (Pächter) dann uU doppelt zahlen muß; eine Aufrechnung ist ihm insoweit verwehrt (§ 1125, Einschränkung von § 392). 3

4. **Verfügungen nach der Beschlagnahme** (Rn 2) unterfallen den §§ 136, 135 mit ZVG 23 I 1, 146 I. Ein beschlagnahmefreier Forderungserwerb gem § 135 II ist ausgeschlossen. Der zahlende Mieter oder Pächter ist uU geschützt (ZVG 22 II 2, 146 I). 4

§ 1126 Erstreckung auf wiederkehrende Leistungen

¹Ist mit dem Eigentum an dem Grundstück ein Recht auf wiederkehrende Leistungen verbunden, so erstreckt sich die Hypothek auf die Ansprüche auf diese Leistungen. ²Die Vorschriften des § 1123 Abs. 2 Satz 1, des § 1124 Abs. 1, 3 und des § 1125 finden entsprechende Anwendung. ³Eine vor der Beschlagnahme erfolgte Verfügung über den Anspruch auf eine Leistung, die erst drei Monate nach der Beschlagnahme fällig wird, ist dem Hypothekengläubiger gegenüber unwirksam.

1. Vgl § 96. Bsp: Reallast (§ 1105 II), Überbau- und Notwegrente. 1

§§ 1127–1130 Buch 3. Abschn. 7. Hypothek, Grundschuld, Rentenschuld

§ 1127 Erstreckung auf die Versicherungsforderung

(1) Sind Gegenstände, die der Hypothek unterliegen, für den Eigentümer oder den Eigenbesitzer des Grundstücks unter Versicherung gebracht, so erstreckt sich die Hypothek auf die Forderung gegen den Versicherer.

(2) Die Haftung der Forderung gegen den Versicherer erlischt, wenn der versicherte Gegenstand wiederhergestellt oder Ersatz für ihn beschafft ist.

§ 1128 Gebäudeversicherung

(1) ¹Ist ein Gebäude versichert, so kann der Versicherer die Versicherungssumme mit Wirkung gegen den Hypothekengläubiger an den Versicherten erst zahlen, wenn er oder der Versicherte den Eintritt des Schadens dem Hypothekengläubiger angezeigt hat und seit dem Empfang der Anzeige ein Monat verstrichen ist. ²Der Hypothekengläubiger kann bis zum Ablauf der Frist dem Versicherer gegenüber der Zahlung widersprechen. ³Die Anzeige darf unterbleiben, wenn sie untunlich ist; in diesem Falle wird der Monat von dem Zeitpunkt an berechnet, in welchem die Versicherungssumme fällig wird.

(2) Hat der Hypothekengläubiger seine Hypothek dem Versicherer angemeldet, so kann der Versicherer mit Wirkung gegen den Hypothekengläubiger an den Versicherten nur zahlen, wenn der Hypothekengläubiger der Zahlung schriftlich zugestimmt hat.

(3) Im Übrigen finden die für eine verpfändete Forderung geltenden Vorschriften Anwendung; der Versicherer kann sich jedoch nicht darauf berufen, dass er eine aus dem Grundbuch ersichtliche Hypothek nicht gekannt habe.

§ 1129 Sonstige Schadensversicherung

Ist ein anderer Gegenstand als ein Gebäude versichert, so bestimmt sich die Haftung der Forderung gegen den Versicherer nach den Vorschriften des § 1123 Abs. 2 Satz 1 und des § 1124 Abs. 1, 3.

§ 1130 Wiederherstellungsklausel

Ist der Versicherer nach den Versicherungsbestimmungen nur verpflichtet, die Versicherungssumme zur Wiederherstellung des versicherten Gegenstands zu zahlen, so ist eine diesen Bestimmungen entsprechende Zahlung an den Versicherten dem Hypothekengläubiger gegenüber wirksam.

Anmerkungen zu den §§ 1127–1130

1 1. **Allgemeines.** Die hypothekarische Haftung erstreckt sich auf die **Versicherungsforderungen als dingliches Surrogat** für die Zerstörung oder Wertminderung des haftenden Gegenstands (§ 1127 I; dazu BGH NJW 89, 2124: nicht erweiterungsfähig). Die **Haftung erlischt** bei Wiederherstellung oder Ersatzbeschaffung (§ 1127 II). Keine allg ges Pflicht des Eigentümers (Eigenbesitzers) zur Versicherung (vgl aber § 1134 II).

2 2. Bei der **Gebäudeversicherung** erlangt der Hypothekengläubiger kraft Ges ein Pfandrecht an der Versicherungsforderung (§ 1128 III; s BGH NJW 81, 1672); eine Beschlagnahme (vgl §§ 1120–1122 Rn 5–7) ist nicht erforderlich. Folge: Vor Fälligkeit der Hypothek gilt § 1281, danach § 1282; eine Verfügung zum Nachteil des Hypothekengläubigers ist ausgeschlossen (eingeschränkt im Falle der Wieder-

Jauernig

Titel 1. Hypothek §§ 1131, 1132

herstellungsklausel, § 1130; weil diese Klausel idR vorliegt, sind die Einschränkungen gem § 1128 I, II gegenüber denen aus § 1130 praktisch bedeutungslos). – Für die **Gebäudefeuerversicherung** gelten ergänzend VVG 97 ff, die den Schutz des Hypothekengläubigers verstärken (zu VVG 102 I 1, 107 b s Saarbrücken NJW 98, 1486 f).

3. Bei der **Nicht-Gebäudeversicherung** (zB Hagel-, Viehversicherung) wird die Haftung erst durch Beschlagnahme (§§ 1120–1122 Rn 5–7) aktuell (ZVG 20 II, 21 I, 148 I 1), bis dahin ist freie Verfügung über die Versicherungsforderung möglich. Die Haftung erlischt gem §§ 1123 II 1, 1124 I, III (§ 1129).

§ 1131 Zuschreibung eines Grundstücks

¹Wird ein Grundstück nach § 890 Abs. 2 einem anderen Grundstück im Grundbuch zugeschrieben, so erstrecken sich die an diesem Grundstücke bestehenden Hypotheken auf das zugeschriebene Grundstück. ²Rechte, mit denen das zugeschriebene Grundstück belastet ist, gehen diesen Hypotheken im Range vor.

1. Vgl § 890 Rn 3. Rang: S 2.

§ 1132 Gesamthypothek

(1) ¹Besteht für die Forderung eine Hypothek an mehreren Grundstücken (Gesamthypothek), so haftet jedes Grundstück für die ganze Forderung. ²Der Gläubiger kann die Befriedigung nach seinem Belieben aus jedem der Grundstücke ganz oder zu einem Teil suchen.

(2) ¹Der Gläubiger ist berechtigt, den Betrag der Forderung auf die einzelnen Grundstücke in der Weise zu verteilen, dass jedes Grundstück nur für den zugeteilten Betrag haftet. ²Auf die Verteilung finden die Vorschriften der §§ 875, 876, 878 entsprechende Anwendung.

1. Allgemeines. a) Grundlage. *Eine* Forderung kann wegen der Akzessorietät der Hypothek idR nicht durch mehrere selbständige Hypotheken gesichert werden (§ 1113 Rn 11). Möglich ist aber, daß der Gläubiger die Forderung teilt und für jeden Teil eine selbständige Hypothek erlangt, oder daß eine Forderung ungeteilt bleibt und eine einheitliche Hypothek an mehreren Grundstücken (auch verschiedener Eigentümer) bestellt wird, sog *Gesamthypothek* (I). **b) Wirtschaftliche Bedeutung.** Streubesitz kann besser für die dingliche Kreditsicherung genutzt werden. Bsp: E hat 60 Parzellen, Wert je 3000 Euro; ein Darlehen über 100 000 Euro wird er nur bei Bestellung einer Gesamthypothek erlangen (vgl Heck, SaR, § 94 I 2). Nachteil: Weitere Kredite kann E nur durch weitere Gesamthypotheken sichern; denn auf jeder Parzelle im Wert von 3000 Euro ruht bereits eine Belastung von 100 000 Euro (vgl I).

2. Begriff (I 1): Für *eine* Forderung (Rn 1) besteht an *mehreren* Grundstücken (Begriff Rn 2 или § 90) oder grundstücksgleichen Rechten (zB Erbbaurecht) oder Anteilen an Bruchteilsgemeinschaft (§ 1114; vgl BGH 106, 22) *eine* Hypothek, die an allen Grundstücken usw *gleichartig* sein muß (entweder Sicherungs- oder Verkehrshypothek; wenn letztere, dann entweder Buch- oder Briefhypothek; artneutrale Abweichung zulässig, zB unterschiedlicher Rang, BGH 80, 124 f). Die Grundstücke usw können verschiedenen Personen gehören; keiner von ihnen muß persönlicher Schuldner sein.

3. Wirkung der Gesamthypothek (I). Sie belastet jedes Grundstück in Höhe der ganzen Forderung (I 1). Dem Gläubiger verschafft sie eine starke Stellung (Heck, SaR, § 94 I 4: „hypothekarischer Pascha"): Er kann aus jedem beliebigen Grundstück Befriedigung suchen (I 2; abdingbar, BGH NJW 86, 1488), er kann die Forderung verteilen (II 1, Rn 5) und einzelne Grundstücke aus der Haftung entlassen (§ 1175 I 2).

Jauernig 1263

§§ 1133-1135 Buch 3. Abschn. 7. Hypothek, Grundschuld, Rentenschuld

5 **4. Entstehung. a) Durch RGeschäft.** Bes Einigung und Eintragung für jedes Grundstück nötig. Erst mit der letzten Eintragung entsteht die Gesamthypothek; unterbleibt ein Teil der Eintragungen oder ist insoweit der Bestellungsakt unwirksam, so entscheidet sich gem § 139, ob (an weniger Grundstücken) eine Gesamthypothek oder (jeweils) Einzelhypotheken entstehen. Zum deklaratorischen Mit-
6 haftvermerk vgl GBO 48 I. **b) Durch reale oder ideelle Teilung** des
7 Grundstücks (RG 146, 365; sa BGH NJW 92, 1390). **c) Kraft Ges:** bei der Verpfändung oder Pfändung mehrerer Auflassungsansprüche bzgl verschiedener Grundstücke (§ 1287 S 2, ZPO 848); durch Forderungsauswechslung bei fortbestehender Gläubigeridentität, zB bei Zusammenlegung mehrerer bisher durch Einzelhypotheken gesicherter Forderungen (Umkehrung von II 1, s Rn 8).

8 **5. Verfügungen** über die Gesamthypothek. *Inhaltsänderung, Belastung, Übertragung*, ferner *Verfügungsbeschränkungen* sind nur einheitlich möglich. *Aufhebung* der Gesamthypothek ist auch für ein einzelnes Grundstück möglich (§ 1175 I 2). – Der Gläubiger kann durch **Forderungsverteilung** aus der Gesamthypothek Einzelhypotheken machen, **II 1.** Mit Eintragung der Verteilung besteht die Einzelhypothek in Höhe des zugewiesenen Forderungsteils; in Höhe des nicht zugewiesenen Teils erlischt sie ohne weiteres, § 1183 und GBO 27 sind unanwendbar (RG 70, 93 f). §§ 875 (Erklärung und Eintragung der Verteilung), 876, 878 gelten entspr, **II 2.**

9 **6. Weitere bes Vorschriften** für die Gesamthypothek: §§ 1143 II, 1172–1176, 1181 II, 1182. Dort werden die allg Regeln des Hypothekenrechts, insbes über den ges Übergang der Hypothek (§§ 1143 I, 1163), modifiziert. Zur Zwangsvollstreckung vgl ZVG 18, 63, ferner 64, 83 Nr 3.

§ 1133 Gefährdung der Sicherheit der Hypothek

¹Ist infolge einer Verschlechterung des Grundstücks die Sicherheit der Hypothek gefährdet, so kann der Gläubiger dem Eigentümer eine angemessene Frist zur Beseitigung der Gefährdung bestimmen. ²Nach dem Ablauf der Frist ist der Gläubiger berechtigt, sofort Befriedigung aus dem Grundstück zu suchen, wenn nicht die Gefährdung durch Verbesserung des Grundstücks oder durch anderweitige Hypothekenbestellung beseitigt worden ist. ³Ist die Forderung unverzinslich und noch nicht fällig, so gebührt dem Gläubiger nur die Summe, welche mit Hinzurechnung der gesetzlichen Zinsen für die Zeit von der Zahlung bis zur Fälligkeit dem Betrag der Forderung gleichkommt.

§ 1134 Unterlassungsklage

(1) Wirkt der Eigentümer oder ein Dritter auf das Grundstück in solcher Weise ein, dass eine die Sicherheit der Hypothek gefährdende Verschlechterung des Grundstücks zu besorgen ist, so kann der Gläubiger auf Unterlassung klagen.

(2) ¹Geht die Einwirkung von dem Eigentümer aus, so hat das Gericht auf Antrag des Gläubigers die zur Abwendung der Gefährdung erforderlichen Maßregeln anzuordnen. ²Das Gleiche gilt, wenn die Verschlechterung deshalb zu besorgen ist, weil der Eigentümer die erforderlichen Vorkehrungen gegen Einwirkungen Dritter oder gegen andere Beschädigungen unterlässt.

§ 1135 Verschlechterung des Zubehörs

Einer Verschlechterung des Grundstücks im Sinne der §§ 1133, 1134 steht es gleich, wenn Zubehörstücke, auf die sich die Hypothek erstreckt, verschlechtert oder den Regeln einer ordnungsmäßigen Wirtschaft zuwider von dem Grundstück entfernt werden.

Titel 1. Hypothek **§ 1136**

Anmerkungen zu den §§ 1133–1135

1. Allgemeines. Zwischen Erwerb und Fälligkeit (sog Pfandreife) der Hypothek muß der Gläubiger gegen Beeinträchtigungen seines Rechts geschützt werden. Er kann drohende wertmindernde Eingriffe in die Substanz des Grundstücks und in das Zubehör (§ 1135) abwehren (§ 1134) und Ausgleich für erlittene Eingriffe verlangen (§ 1133). Gegen Eingriffe in andere mithaftende Gegenstände gibt es keinen ges Rechtsbehelf (der Eigentümer läßt zB abgeerntetes Getreide auf dem Feld verderben). – Die **praktische Bedeutung** der §§ 1133 ff ist gering, weil der Gläubiger gegen den schuldenden Eigentümer zumeist weitergehende vertragliche Rechte hat. 1

2. Zu § 1133. Wird durch eine **eingetretene Verschlechterung** (dh wertmindernde Zustandsänderung) des Grundstücks die hypothekarische Sicherheit gefährdet, weil das Grundstück infolge der Verschlechterung bei einer Zwangsvollstreckung weniger erbringen würde, so kann der Gläubiger die Gefahrenbeseitigung in angemessener Frist verlangen (zur Wertminderung wegen umweltschädlicher Belastung des Grundstücks Baur § 40 Rn 12). Nach fruchtlosem Fristablauf hat er sofort das Recht zur Befriedigung gem § 1147 (betrifft nur die Hypothek, nicht die persönliche Forderung). 2

3. a) Ist eine Verschlechterung (Rn 2) **zu besorgen,** so kann der Gläubiger auf Unterlassung klagen, § **1134 I**. Er hat keinen Anspruch auf positives Tun, dh auf Beseitigung, wohl aber kann die Erfüllung der Unterlassungspflicht uU ein positives Tun fordern; Vollstreckung stets nach ZPO 890 (vgl allg Jauernig NJW 73, 1672). **b) Gerichtl Anordnung** bestimmter Maßnahmen kann nur unter den Voraussetzungen von **§ 1134 II** verlangt werden, zB Abschluß einer Feuerversicherung (BGH 105, 238, 242, vgl §§ 1127–1130 Rn 1; Vollstreckung: ZPO 887) oder Anordnung der Sequestration (Zwangsverwaltung) gem ZPO 938 (vgl StWolfsteiner § 1134, 8–10). 3 4

4. §§ 1133–1135 fordern **kein Verschulden.** Bei Verschulden bestehen uU Schadensersatzansprüche gem §§ 823 I (Hypothek als sonstiges Recht), II (§§ 1133–1135 sind SchutzGes, vgl BGH NJW 91, 696), 826 wegen Verletzung der Hypothek; vgl BGH 105, 242. 5

§ 1136 Rechtsgeschäftliche Verfügungsbeschränkung

Eine Vereinbarung, durch die sich der Eigentümer dem Gläubiger gegenüber verpflichtet, das Grundstück nicht zu veräußern oder nicht weiter zu belasten, ist nichtig.

1. Anwendungsbereich. Eine rechtsgeschäftliche Verfügungsbeschränkung ist Dritten gegenüber nichtig (§ 137 S 1). Die schuldrechtliche Verpflichtung des Eigentümers gegenüber dem Gläubiger, das Grundstück nicht zu veräußern oder weiter zu belasten, ist ebenfalls nichtig, § 1136 (abw von § 137 S 2), sofern sie die Stellung des Gegners als dinglicher Gläubiger sichern sollte (LM Nr 1). Sichert die Abrede den Gegner in seiner Stellung als Grundstückspächter, nicht als dinglicher Gläubiger (der er auch ist), so ist die Abrede gültig (LM Nr 1; aA StWolfsteiner 7). Ist die Vereinbarung gem § 1136 nichtig, dann besteht kein Anspruch auf Schadensersatz oder Vertragsstrafe; die Gültigkeit einer mit ihr verbundenen Hypothekenbestellung richtet sich nach § 139. 1

2. Zulässige Sicherungen. Auch der Realkredit ist Vertrauenssache. Deshalb ist ein Schutzbedürfnis des dinglichen Gläubigers gegenüber Grundstücksveräußerungen anzuerkennen. Ihm genügt ein Vorkaufsrecht (§§ 463 ff, 1094 ff; soll nach StWolfsteiner 4 unter § 1136 fallen). Eine Vereinbarung, daß die Hypothek bei Veräußerung oder weiterer Belastung fällig wird, ist mit dem Schutzzweck des § 1136 unvereinbar und daher nichtig (Baur § 40 Rn 15; aA BGH 76, 372 ff, hM; nach BGH aaO wird Kündigungsklausel in AGB nicht von AGBG 9 II Nr 1, jetzt § 307 II Nr 1, erfaßt; dazu Vogt Anm LM Nr 2). 2

Jauernig 1265

§ 1137 Einreden des Eigentümers

(1) ¹Der Eigentümer kann gegen die Hypothek die dem persönlichen Schuldner gegen die Forderung sowie die nach § 770 einem Bürgen zustehenden Einreden geltend machen. ²Stirbt der persönliche Schuldner, so kann sich der Eigentümer nicht darauf berufen, dass der Erbe für die Schuld nur beschränkt haftet.

(2) Ist der Eigentümer nicht der persönliche Schuldner, so verliert er eine Einrede nicht dadurch, dass dieser auf sie verzichtet.

1   1. **Allgemeines.** Hypothek und persönliche Forderung können je für sich Einreden (Leistungsverweigerungsrechten) und Einwendungen (Umständen, kraft deren das Recht nicht oder nicht mehr besteht) ausgesetzt sein. *Einreden gegen die Hypothek,* die dem Eigentümer als solchem gegen den (Hypotheken-)Gläubiger zustehen, behandelt § 1157; *Einwendungen gegen die Hypothek* erfaßt § 892 (§ 1138 Rn 1). Einreden und Einwendungen *gegen die persönliche Forderung* werden vom Ges auf die Hypothek als dingliches Recht erstreckt (Ausfluß der Akzessorietät der Hypothek). *Nach dem Übergang* der hypothekarisch gesicherten Forderung kann der persönliche Schuldner seine Einreden und Einwendungen dem neuen (persönlichen) Gläubiger (Zessionar) entgegenhalten (§ 404); da Einreden und Einwendungen auf die Hypothek erstreckt werden (s o), kann sie auch der Eigentümer dem neuen (Hypotheken-)Gläubiger entgegensetzen, sofern nicht § 1138 eingreift (§ 1138 Rn 3, 4). Leistungen des persönlichen Schuldners an den alten Gläubiger (§§ 406 f) oder den Zweitzessionar (§ 408) muß der (Erst-)Zessionar gegen sich gelten lassen; darauf kann sich jedoch der Eigentümer dem (Hypotheken-)Gläubiger gegenüber nicht berufen (§ 1156 S 1 mit Ausnahmen in §§ 1156 S 2, 1158 f).

2   2. **Einreden des persönlichen Schuldners.** a) Zu ihnen gehören aa) zB Stundungseinrede, Einreden aus §§ 273, 320, 771, „Einrede" der Rechtskraft; **bb)** die Einrede, der Schuldner könne dem Gläubiger gegenüber aufrechnen oder
3   anfechten (I 1 mit § 770). **b) Sie kann der Eigentümer** dem dinglichen An-
4   spruch (§ 1147) entgegensetzen. **c) Verzicht** des Schuldners auf seine Einrede iSv Rn 2 (aa) schadet dem Eigentümer, der nicht zugleich persönlicher Schuldner ist, nicht, **II.** Verzichtet der Schuldner auf sein Aufrechnungs- oder Anfechtungsrecht, so erlischt die Einrede des Eigentümers iSv Rn 2 (bb); II gilt für I 1 ebensowenig
5   wie § 768 II für § 770 (allgM). **d) Dem Eigentümer stehen nicht zu:** die Einrede der beschränkten Erbenhaftung (I 2), der Forderungsverjährung (§ 216 I,
6   aber beachte III), des Insolvenzplans (InsO 254 II 1). **e) § 1137 gilt** für alle Arten von Hypotheken (vgl § 1185 II), aber nicht für Grund- und Rentenschulden.

7   3. **Einwendungen des persönlichen Schuldners** beruhen auf Umständen, kraft deren die Forderung nicht (mehr) besteht. Ohne Forderung steht die Hypothek dem Eigentümer als Eigentümergrundschuld zu (§§ 1163 I, 1177 I), so daß mit der Einwendung gegen die Forderung zugleich die Rechtsinhaberschaft des (angeblichen) Hypothekengläubigers verneint wird. Diesen Fall erfaßt § 1138.

§ 1138 Öffentlicher Glaube des Grundbuchs

Die Vorschriften der §§ 891 bis 899 gelten für die Hypothek auch in Ansehung der Forderung und der dem Eigentümer nach § 1137 zustehenden Einreden.

1   1. **Allgemeines. a)** Vgl zunächst § 1137 Rn 1, 7. **b)** Das Verständnis des § 1138 bereitet Schwierigkeiten. Einerseits geht das Ges davon aus, daß die gesicherte Forderung auf das Schicksal des dinglichen Rechts „Hypothek" Einfluß hat (Akzessorietät der Hypothek, vgl Rn 18–21 vor § 1113). Andererseits gelten die §§ 891–899 für die Hypothek nur dann unmittelbar, soweit die Akzessorietät des dinglichen Rechts *keine* Rolle spielt (auf dieser Vorstellung beruht § 1138; Bsp: Hat der Gläubiger trotz Bestehens der Forderung keine Hypothek erlangt, etwa

Titel 1. Hypothek **§ 1139**

wegen Nichtigkeit der Einigung über die Hypothekenbestellung, § 873, so ist der Erwerber der bestehenden, aber nur scheinbar hypothekarisch gesicherten Forderung unmittelbar durch § 892 geschützt). § 1138 erstreckt den Anwendungsbereich der §§ 891–899 auf die Hypothek als *akzessorisches dingliches Recht,* aber nur auf dieses („für die Hypothek") und nicht auch auf die persönliche Forderung. Da gem § 1138 die §§ 891 ff nur „für die Hypothek", nicht auch für die Forderung gelten, können Forderung und dingliches Recht verschiedene Wege gehen (Bsp: Die dingliche Klage kann Erfolg haben, weil das Bestehen der Forderung „für die Hypothek" zu vermuten ist, §§ 1138, 891, während die persönliche Klage erfolglos bleibt, weil das Bestehen der Forderung nicht „für die Forderung", sondern *nur* „für die Hypothek" vermutet wird; vgl Rn 2). Diese Einschränkung des Akzessorietätsprinzips in § 1138 gilt allein für die Verkehrshypothek (Begriff § 1113 Rn 2), da für die Sicherungshypothek § 1138 nicht gilt (§ 1185 II: strenge Akzessorietät); damit sind die §§ 891–899 bei der Sicherungshypothek nur insoweit anwendbar, als die Akzessorietät nicht in Rede steht (vgl §§ 1184, 1185 Rn 3).

2. Anwendungsbereich. a) § 891 gilt gem § 1138 nur in einem Verfahren über die Hypothek als akzessorisches dingliches Recht (zB dingliche Klage, Berichtigungsklage des Eigentümers) und nur, soweit die Forderung „für die Hypothek" von Belang ist (vgl Rn 1). Für die persönliche Klage gilt § 891 auch dann nicht, wenn sie mit der dinglichen Klage verbunden ist. Vgl RG 137, 97. **b) Der öffentl Glaube des Grundbuchs, §§ 892 f,** gilt gem § 1138 ebenfalls nur für die Hypothek als akzessorisches dingliches Recht (Rn 1). Das ist insbes bedeutsam beim rechtsgeschäftlichen Erwerb einer nichtvalutierten Hypothek vom eingetragenen oder gem § 1155 legitimierten nichtberechtigten Hypothekengläubiger. Auch dieser Erwerb unterliegt § 1153 (vgl dort Rn 2). Da jedoch die Abtretung einer nichtbestehenden Forderung wirkungslos ist (RG Gruch 57, 944), muß die Forderung „für die Hypothek", dh für den Übergang des dinglichen Rechts, fingiert werden. Der Erwerber erlangt keine hypothekarisch gesicherte Forderung, daher auch keine Hypothek, sondern eine Grundschuld (Rn 21 vor § 1113). Der Erwerber erhält nichts, wenn er die Unrichtigkeit kennt (§ 892 Rn 17) oder der öffentl Glaube des Grundbuchs zerstört ist (§ 892 Rn 16, § 1140 Rn 2). – Betrifft der Mangel der Hypothek gleichzeitig als akzessorisches *und* als „rein" dingliches Recht, so ist § 892 sowohl unmittelbar wie über § 1138 mittelbar anzuwenden (Bsp: Die Einigung bei der Hypothekenbestellung, § 873, ist nichtig, außerdem besteht keine Forderung; überträgt der Gläubiger sein angebliches Recht, so ist der Erwerber gem § 892 und §§ 1138, 892 geschützt); sa § 1153 Rn 1. **c) Vermutet** wird das Bestehen eingetragener und das Nichtbestehen gelöschter Einreden iSv § 1137 (§§ 1138, 891); keine Vermutung für das Nichtbestehen nichteingetragener Einreden (§ 891 Rn 6). Nichteingetragene Einreden erlöschen gem §§ 1138, 892 nur für die Hypothek (nicht auch für die Forderung); die Einrede bleibt bestehen, wenn insoweit der öffentl Glaube des Grundbuchs zerstört ist oder der Erwerber Kenntnis hat (vgl § 892 Rn 16, 17, § 1140 Rn 2). **d) Zustimmung zur Berichtigung** sowie Eintragung eines **Widerspruchs** kann der Betroffene (das ist der Gläubiger oder der Eigentümer) verlangen, wenn Einreden oder Forderung nicht oder nicht richtig eingetragen sind, §§ 1138, **894–899.**

§ 1139 Widerspruch bei Darlehensbuchhypothek

¹Ist bei der Bestellung einer Hypothek für ein Darlehen die Erteilung des Hypothekenbriefs ausgeschlossen worden, so genügt zur Eintragung eines Widerspruchs, der sich darauf gründet, dass die Hingabe des Darlehens unterblieben sei, der von dem Eigentümer an das Grundbuchamt gerichtete Antrag, sofern er vor dem Ablauf eines Monats nach der Eintragung der Hypothek gestellt wird. ² Wird der Widerspruch innerhalb des Monats eingetragen, so hat die Eintragung die gleiche Wirkung, wie wenn der Widerspruch zugleich mit der Hypothek eingetragen worden wäre.

§§ 1140, 1141 Buch 3. Abschn. 7. Hypothek, Grundschuld, Rentenschuld

1 1. **Anwendungsbereich.** § 1139 betrifft nur die **Buchverkehrshypothek für eine Darlehensforderung.** a) **Vor Valutierung** der Hypothek steht sie dem Eigentümer als Eigentümergrundschuld zu (§§ 1163 I 1, 1177 I entspr). Über sie kann der eingetragene, aber nichtberechtigte Hypothekengläubiger gem § 1138 wirksam verfügen (§ 1138 Rn 3). Dagegen kann sich der Eigentümer durch Eintragung eines Widerspruchs, der den öffentl Glauben des Grundbuchs zerstört, **2** schützen (§ 892 I 1 aE; s § 1138 Rn 3). b) **Der Widerspruch wegen Nichtvalutierung** wird in § 1139 bes behandelt. aa) Für die Eintragung genügt (abw von § 899) der Antrag des Eigentümers, sofern er innerhalb eines Monats nach Eintragung der Hypothek gestellt wird **(S 1)**. bb) Wird der Widerspruch innerhalb dieses Monats eingetragen, so ist der öffentl Glaube des Grundbuchs schon ab Eintragung der Hypothek, dh rückwirkend, zerstört (S 2). Ein zwischenzeitlich eingetretener Erwerb vom nichtberechtigten Hypothekengläubiger gem §§ 1138, **3** 892 (Rn 1) entfällt rückwirkend. c) § **1139 gilt nicht** für die Sicherungshypothek, § 1185 II.

4 2. Zur nichtvalutierten **Briefhypothek** vgl § 1117 Rn 1.

§ 1140 Hypothekenbrief und Unrichtigkeit des Grundbuchs

¹**Soweit die Unrichtigkeit des Grundbuchs aus dem Hypothekenbrief oder einem Vermerk auf dem Briefe hervorgeht, ist die Berufung auf die Vorschriften der §§ 892, 893 ausgeschlossen.** ²**Ein Widerspruch gegen die Richtigkeit des Grundbuchs, der aus dem Briefe oder einem Vermerk auf dem Briefe hervorgeht, steht einem im Grundbuch eingetragenen Widerspruche gleich.**

1 1. **Nur das Grundbuch** genießt **öffentl Glauben,** nicht der Hypothekenbrief. Auch § 891 gilt nicht für den Brief.

2 2. **Der Hypothekenbrief kann** aber den **öffentl Glauben** des Grundbuchs **zerstören.** Fälle: a) *Die Unrichtigkeit* des Grundbuchs geht *aus dem Brief* hervor, **S 1** (Bsp: Der Brief verlautbart die Forderung in richtiger, das Grundbuch in falscher Höhe). b) *Ein Vermerk* auf dem Brief läßt die Unrichtigkeit des Grundbuchs erkennen, **S 1** (Bsp: Teilrückzahlungsvermerk, vgl §§ 1145 I, 1150, 1167). c) *Ein Widerspruch* gegen die Richtigkeit des Grundbuchs steht auf dem Brief, aber nicht im Buch, **S 2**.

§ 1141 Kündigung der Hypothek

(1) ¹**Hängt die Fälligkeit der Forderung von einer Kündigung ab, so ist die Kündigung für die Hypothek nur wirksam, wenn sie von dem Gläubiger dem Eigentümer oder von dem Eigentümer dem Gläubiger erklärt wird.** ²**Zugunsten des Gläubigers gilt derjenige, welcher im Grundbuch als Eigentümer eingetragen ist, als der Eigentümer.**

(2) **Hat der Eigentümer keinen Wohnsitz im Inland oder liegen die Voraussetzungen des § 132 Abs. 2 vor, so hat auf Antrag des Gläubigers das Amtsgericht, in dessen Bezirke das Grundstück liegt, dem Eigentümer einen Vertreter zu bestellen, dem gegenüber die Kündigung des Gläubigers erfolgen kann.**

1 1. **Anwendungsbereich. a) Abw vom Akzessorietätsprinzip,** wonach die Fälligkeit der Hypothek von der Fälligkeit der Forderung abhängt, schränkt § 1141 die Akzessorietät der Verkehrshypothek für den Fall ein, daß Eigentümer und Schuldner nicht identisch sind. Für die Sicherungshypothek gilt § 1141 nicht **2** (§ 1185 II). b) **Die Kündigung** muß vom Gläubiger an den Eigentümer oder umgekehrt erfolgen. Die Legitimation des Gläubigers folgt bei der Buchhypothek aus der Eintragung (Schutz des Eigentümers durch §§ 893, 1138); für die Briefhypothek vgl § 1160 II. Bei der Legitimation des Eigentümers ist zu unterscheiden.

Titel 1. Hypothek **§§ 1142, 1143**

Ist er Empfänger der Kündigung, so legitimiert ihn die Eintragung im Grundbuch (I 2), auch wenn er nicht der wahre Eigentümer ist und der kündigende Gläubiger das weiß; selbst kündigen kann nur der wahre Eigentümer (WolffR § 138 Fn 3), doch gilt § 893 zugunsten des Gläubigers (Verfügung über die Hypothek, nicht das Eigentum; vgl BGH 1, 304). c) **Eine Kündigung der Forderung** durch oder an 3 den persönlichen Schuldner, der nicht zugleich Eigentümer ist, hat keine Wirkung für die Hypothek, jedoch für die Forderung; das berechtigt den Eigentümer gem § 1142 zur Befriedigung (§ 1142 Rn 2). d) **Eine Kündigung des Eigentümers,** 4 der nicht zugleich Schuldner ist, macht die Forderung gegenüber dem persönlichen Schuldner nicht fällig (RG 104, 357 f).

2. **Eintritt der Fälligkeit** durch Zeitablauf oder Kündigung. Kündigungs- 5 gründe und -fristen sind meist vertraglich geregelt (Eintragung idR durch Bezugnahme auf die Eintragungsbewilligung; vgl BGH 21, 40 ff). Fehlt eine Vereinbarung, so gelten §§ 271 I, 488 III.

§ 1142 Befriedigungsrecht des Eigentümers

(1) Der Eigentümer ist berechtigt, den Gläubiger zu befriedigen, wenn die Forderung ihm gegenüber fällig geworden oder wenn der persönliche Schuldner zur Leistung berechtigt ist.

(2) Die Befriedigung kann auch durch Hinterlegung oder durch Aufrechnung erfolgen.

1. **Anwendungsbereich. a) I betrifft nur** den Fall, daß *Eigentümer und persön-* 1 *licher Schuldner nicht identisch* sind (hM, vgl StWolfsteiner 8). Das Befriedigungsrecht des Eigentümers begründet keinen Zahlungsanspruch des Gläubigers (BGH 7, 126). Das Recht soll den Eigentümer vor einer Zwangsvollstreckung in sein Grundstück (§ 1147) sichern und kann nicht mit dinglicher Wirkung ausgeschlossen werden, § 266 gilt (BGH 108, 378 f). Weil § dem Eigentümer ein Recht gibt, ist § 267 II unanwendbar. b) **I unterscheidet** zwischen der Fälligkeit ge- 2 genüber dem Eigentümer (dazu § 1141 Rn 2, 5) und dem Schuldner. Eine Kündigung gegenüber dem Schuldner wirkt zwar nicht gegenüber dem Eigentümer, berechtigt aber den Schuldner zur Leistung und daher den Eigentümer gem I zur Befriedigung. c) **Gestattet sind (II)** dem Eigentümer Hinterlegung (bei 3 Vorliegen von § 372) und Aufrechnung. Der Eigentümer rechnet mit einer Geldforderung an den Gläubiger gegen dessen Forderung an den persönlichen Schuldner auf (Durchbrechung des Gegenseitigkeitserfordernisses: RG 78, 384; hM. – AA StWolfsteiner 14 mN, wonach gegen einen „dinglichen Zahlungsanspruch" des Gläubigers an den Eigentümer aufgerechnet werde [dazu Rn 14 vor § 1113]). Entgegen § 389 erlischt die persönliche Forderung nicht, sondern geht auf den Eigentümer über, § 1143 I 1 (entspr §§ 268 II, III, 1150). Aus II folgt kein Recht des Gläubigers zur Aufrechnung gegen den Eigentümer (RG JW 14, 402, hM). d) **Zur Zahlung an** den legitimierten **Scheingläubiger** vgl § 1143 Rn 1. 4

2. Zur **Wirkung** der Befriedigung vgl § 1143 mit Anm. 5

§ 1143 Übergang der Forderung

(1) ¹Ist der Eigentümer nicht der persönliche Schuldner, so geht, soweit er den Gläubiger befriedigt, die Forderung auf ihn über. ²Die für einen Bürgen geltende Vorschrift des § 774 Abs. 1 findet entsprechende Anwendung.

(2) Besteht für die Forderung eine Gesamthypothek, so gilt für diese die Vorschrift des § 1173.

1. **Anwendungsbereich.** § 1143 betrifft nur die **Befriedigung durch** den 1 wahren **Eigentümer, der nicht** zugleich persönlicher **Schuldner** ist, knüpft also an § 1142 an, gilt aber auch bei zwangsweiser Befriedigung (§ 1147). Gleichgestellt

§ 1144 Buch 3. Abschn. 7. Hypothek, Grundschuld, Rentenschuld

ist die Befriedigung durch einen Dritten für Rechnung und mit Zustimmung des Eigentümers. Maßgebend ist das Eigentum zZ der Befriedigung.

2 **2. Wirkungen. a) Der Eigentümer erwirbt** kraft Ges die persönliche **Forderung,** bei Teilbefriedigung nur zT, **I 1.** Grund: Im Verhältnis von Eigentümer und Schuldner soll letztlich dieser die Schuld begleichen (zu Ausnahmen von der ges Regel Rn 3). Auch bei Zahlungen (oder Zahlungsersatz gem § 1142 II) an den legitimierten *Scheingläubiger* (§§ 893. 1155) erwirbt der Eigentümer die Forderung (samt Hypothek, Rn 4); der Erwerb tritt zwar kraft Ges ein, aber nur als Folge eines durch §§ 893, 1155 geschützten Verfügungsgeschäfts (Baur § 38 Rn 108–110; Gursky WM 01, 2361; übergangen in BGH NJW 97, 190 f, sa
3 § 1157 Rn 3). **b) Einwendungen des Schuldners** bleiben bestehen (§§ 412, 404, 1143 I 2 mit 774 I 3); §§ 406–408 sind anwendbar (§ 412). Ist der Eigentümer dem Schuldner gegenüber zur Befriedigung des Gläubigers verpflichtet (zB gem §§ 415 III, 416; vgl § 1164 Rn 1), und zahlt er für sich, statt – wie iZw (RG 143, 287) – für den Schuldner, so gilt I (str; aA v. Olshausen KTS 93, 514 f); doch hat der Schuldner die forderungsvernichtende Einwendung, daß der Ei-
4 gentümer ihm gegenüber zur Befriedigung verpflichtet ist (RG 143, 287). **c) Bei freiwilliger Befriedigung** gehen mit der Forderung die Hypothek und andere Nebenrechte auf den Eigentümer über (§§ 1153 I, 412, 401 I). Das dingliche Recht ist eine Eigentümerhypothek (Rn 19 vor § 1113), die wie eine Eigentümergrundschuld behandelt wird (§§ 1177 II, 1197). Eigentumserwerb am Brief gem § 952 II; vgl iü § 1144. Bei Teilbefriedigung geht das Restrecht des Gläubigers dem übergegangenen Recht vor (**I 2 mit § 774 I 2**); zur Aushändigung des Briefs § 1145. Zum Ausgleich mit gleichzeitig sicherndem Bürgen § 774 Rn 12, mit
5 Verpfänder § 1225 Rn 2 (b); BGH NJW-RR 91, 171, 682 f. **d) Die Hypothek erlischt** nach zwangsweiser Befriedigung (§ 1181) sowie gem § 1178 I.

6 **3. Andere Fälle der Befriedigung. a) Schuldet der Eigentümer,** so erlischt mit seiner Zahlung die Forderung. Folge: Die Hypothek geht als Grundschuld auf
7 ihn über (§§ 1163 I 2, 1177 I). **b) Zahlt ein Dritter für den Schuldner** (nicht für den Eigentümer, dann Rn 1, 2), so erlischt idR die Forderung. Folge wie Rn 6. Ausnahmsweise gehen Forderung und Hypothek auf den Dritten über (vgl
8 §§ 1150, 268 III, 412, 401 I, 1153 I; dazu KG NJW 73, 57). **c) Zahlt der nichtschuldende Eigentümer** nicht (wie im Falle von I) für sich, sondern *für den*
9 *Schuldner,* so erlischt die Forderung. Folge wie Rn 6. **d) Zahlt der Schuldner,** der nicht Eigentümer ist, so erlischt die Forderung. Folge idR wie Rn 6. Ausnahmsweise geht die Hypothek auf den Schuldner über und sichert seine Ersatzforderung gegen den Eigentümer (ges Forderungsauswechslung); Bsp § 1164.
10 **e) Gesamthypothek.** Hier gilt bei Befriedigung durch den nichtschuldenden Eigentümer für die Forderung I, für die Hypothek § 1173 **(II).**
11 **4.** Zur Anwendbarkeit bei der **Grundschuld** vgl § 1191 Rn 11 (aa, bb), 12 (bb), § 1192 Rn 2 (f).

§ 1144 Aushändigung der Urkunden

Der Eigentümer kann gegen Befriedigung des Gläubigers die Aushändigung des Hypothekenbriefs und der sonstigen Urkunden verlangen, die zur Berichtigung des Grundbuchs oder zur Löschung der Hypothek erforderlich sind.

1 **1. Anwendungsbereich.** Jeder Eigentümer, auch der schuldende, hat das Recht aus § 1144 (RG 132, 15). Die Vorschrift gilt für alle Hypothekenarten sowie für Grund- und Rentenschulden (BGH NJW 88, 3261).
2 **2. Der Anspruch** geht auf Aushändigung (anders § 896). Er entsteht mit voller Befriedigung durch den hierzu gem § 1142 berechtigten Eigentümer (RG 111, 401); bei teilw Befriedigung gilt § 1145. Aushändigung kann Zug um Zug gegen Befriedigung verlangt werden, möglich ist auch Herbeiführung des Annahmever-

Titel 1. Hypothek **§§ 1145, 1146**

zugs gem § 298; kein Zurückbehaltungsrecht des Gläubigers wegen anderer Ansprüche (vgl BGH NJW 94, 1162). Der Gläubiger ist zur Urkundenbeschaffung auf seine Kosten verpflichtet (vgl GBO 67 mit § 1162).

3. Gegenstand des Anspruchs sind der Hypothekenbrief und die sonstigen Urkunden zur Grundbuchberichtigung oder Löschung der Hypothek (Form: GBO 29 I 1). Solche Urkunden sind: **a) Berichtigungsbewilligung.** Sie muß den materiellrechtlichen Vorgang angeben, der zum Übergang des Rechts auf den Eigentümer geführt hat (KG JW 34, 1056). **b) Löschungsbewilligung** (statt Berichtigungsbewilligung). Sie genügt nicht zur Umschreibung auf den Eigentümer (dafür Rn 4). Stammt sie vom Hypothekengläubiger und geht aus ihr der Übergang des Rechts auf den Eigentümer oder einen Dritten hervor, so ist auch deren Löschungsbewilligung erforderlich (Form GBO 29 I 1). **c) Löschungsfähige Quittung** (statt Berichtigungsbewilligung, vgl KG NJW 73, 57). Aus ihr muß sich ergeben, wer den Gläubiger befriedigt hat und ob der zahlende Eigentümer persönlicher Schuldner war (wichtig wegen §§ 1143, 1150, 1164; 1163 I 2, 1177). Das unterscheidet sie von der Löschungsbewilligung (Frankfurt/M Rpfleger 76, 401 f; BGH 114, 333 f). **d) Anerkenntnis** bei der Briefhypothek (§ 1155 S 2). **e) Weitere Urkunden,** die dem Eigentümer eine Verfügung über das Recht oder dessen Löschung ermöglichen, Bsp in GBO 32, 33, 35. 3 4 5 6 7 8

§ 1145 Teilweise Befriedigung

(1) ¹**Befriedigt der Eigentümer den Gläubiger nur teilweise, so kann er die Aushändigung des Hypothekenbriefs nicht verlangen.** ²**Der Gläubiger ist verpflichtet, die teilweise Befriedigung auf dem Briefe zu vermerken und den Brief zum Zwecke der Berichtigung des Grundbuchs oder der Löschung dem Grundbuchamt oder zum Zwecke der Herstellung eines Teilhypothekenbriefs für den Eigentümer der zuständigen Behörde oder einem zuständigen Notar vorzulegen.**

(2) ¹**Die Vorschrift des Absatzes 1 Satz 2 gilt für Zinsen und andere Nebenleistungen nur, wenn sie später als in dem Kalendervierteljahr, in welchem der Gläubiger befriedigt wird, oder dem folgenden Vierteljahr fällig werden.** ²**Auf Kosten, für die das Grundstück nach § 1118 haftet, findet die Vorschrift keine Anwendung.**

1. Anwendungsbereich. Teilw Befriedigung iSv § 1142. § 1145 gilt auch für die Briefgrundschuld. 1

2. Die **Rechte des Eigentümers** sind gegenüber § 1144 **beschränkt,** weil der Gläubiger den Brief noch benötigt (daher kein Anspruch auf Aushändigung, I 1). Der Eigentümer kann Aushändigung der sonstigen Urkunden (§ 1144 Rn 3–8) verlangen, ferner gem **I 2** Teilbefriedigungsvermerk auf dem Brief (Bedeutung: § 1140 Rn 2 [b]), Vorlage des Briefs zur Löschung oder Berichtigung (vgl GBO 41 I 1, 42 S 1) oder zur Teilbriefbildung (vgl GBO 61 I). Zu **II** vgl §§ 1158 f, 1178; Eigentümer kann nur Quittung verlangen (§ 368). 2

§ 1146 Verzugszinsen

Liegen dem Eigentümer gegenüber die Voraussetzungen vor, unter denen ein Schuldner in Verzug kommt, so gebühren dem Gläubiger Verzugszinsen aus dem Grundstück.

1. Der Gläubiger hat keinen Zahlungsanspruch gegen den Eigentümer als solchen (Rn 14 vor § 1113). Daher stehen ihm keine Prozeßzinsen (§ 291) zu, wohl aber gem § 1146 Verzugszinsen bei verzögerter Befriedigung der Hypothek. Für die Forderung vgl § 1118. 1

2. Gilt auch für die Grundschuld (§ 1192 I) und die Ablösungssumme bei der Rentenschuld (§ 1200 I). 2

§§ 1147, 1148 Buch 3. Abschn. 7. Hypothek, Grundschuld, Rentenschuld

§ 1147 Befriedigung durch Zwangsvollstreckung

Die Befriedigung des Gläubigers aus dem Grundstück und den Gegenständen, auf die sich die Hypothek erstreckt, erfolgt im Wege der Zwangsvollstreckung.

1. **1. Allgemeines.** Die Hypothek gewährt dem Gläubiger ein dingliches Verwertungsrecht, dh ein **Recht auf Befriedigung im Wege der Zwangsvollstreckung** (Rn 14 vor § 1113). § 1147 gilt für alle Arten von Hypotheken, Grund- und Rentenschulden. Zur Vermeidung der Vollstreckung haben der nichtschuldende Eigentümer und bestimmte Dritte ein Befriedigungsrecht (§§ 1142, 1150, 268). Ein Ausschluß des Befriedigungsrechts im ganzen oder des Rechts auf Zwangsvollstreckung ist unzulässig; er hat auch keine schuldrechtliche Wirkung. Iü sind vertragliche Beschränkungen zulässig und eintragungsfähig; § 1157 gilt. – § 1147 betrifft nur die Befriedigung des Hypothekengläubigers wegen seines dinglichen Anspruchs. Für die Befriedigung wegen seines persönlichen Anspruchs gilt nichts Besonderes. Vgl § 1113 Rn 6; Rn 24 vor § 1113.

2. **2. Voraussetzung** für die Zwangsvollstreckung nach § 1147 ist ein *dinglicher Titel* gegen den Eigentümer (§ 1148), im Falle der Zwangsverwaltung auch oder nur gegen den Eigenbesitzer (ZVG 147). Für die Vollstreckung aus einer Zwangshypothek genügt hingegen der vollstreckbare Titel, auf dem die Eintragung vermerkt ist (ZPO 867 III, in Kraft seit 1. 1. 1999; die zuvor hM forderte einen

3. dinglichen Titel). *Die praktisch wichtigsten dinglichen Titel* sind: **a) vollstreckbare Urkunde** (ZPO 794 I Nr 5, 800). Sie ist die Regel. Inhalt: Unterwerfung unter die sofortige Zwangsvollstreckung in das Grundstück wegen Kapital und Neben-

4. leistungen. Zur Höchstbetragshypothek (§ 1190) § 1190 Rn 2. **b) Urteil** auf Duldung der Zwangsvollstreckung in das Grundstück wegen Kapital und Nebenleistungen. Gegen den schuldenden Eigentümer kann es mit dem Urteil auf Zahlung der persönlichen Schuld verbunden sein; es lautet dann auf Duldung der Zwangsvollstreckung in das Grundstück und auf Zahlung einer bestimmten Geldsumme (zum Gerichtsstand ZPO 24, 25).

5. **3. Arten der Zwangsvollstreckung.** Vgl §§ 1120–1122 Rn 5–7, §§ 1123–1125 Rn 2. Nicht hierher gehört die Zwangshypothek (ZPO 866), da sie keine „Befriedigung aus dem Grundstück" (§ 1147) verschafft (str). Zur Befriedigung aus einer Gebäudeversicherungsforderung §§ 1127–1130 Rn 2.

§ 1148 Eigentumsfiktion

¹**Bei der Verfolgung des Rechts aus der Hypothek gilt zugunsten des Gläubigers derjenige, welcher im Grundbuch als Eigentümer eingetragen ist, als der Eigentümer.** ²**Das Recht des nicht eingetragenen Eigentümers, die ihm gegen die Hypothek zustehenden Einwendungen geltend zu machen, bleibt unberührt.**

1. **1. Der Eingetragene gilt** für die *dingliche* Klage kraft unwiderlegbarer Vermutung als Eigentümer, **S 1**, auch zu seinen Ungunsten, so daß er sich nicht auf die Unrichtigkeit seiner Eintragung berufen kann (RG 94, 57). Statt des zu Unrecht eingetragenen kann der wahre Eigentümer verklagt werden; der erfolgreiche Kläger darf die Berichtigung des Grundbuchs beantragen (GBO 14).

2. **2. Der nicht eingetragene Eigentümer** kann nur Einreden und Einwendungen gegen die Hypothek (§ 1137 Rn 1) geltend machen, **S 2**, vor dem Prozeß des Gläubigers gegen den Eingetragenen gem ZPO 256, während des Prozesses gem ZPO 64 f, während des Vollstreckungsverfahrens gem ZPO 771. Dabei genügt der Nachweis seines Eigentums nicht (StWolfensteiner 5), auch kann er sich nicht darauf berufen, daß die Vollstreckung gegen ihn gehe, obwohl er nicht im Titel genannt sei (S 1 verdrängt insoweit ZPO 750, 795).

Titel 1. Hypothek **§§ 1149–1151**

§ 1149 Unzulässige Befriedigungsabreden

Der Eigentümer kann, solange nicht die Forderung ihm gegenüber fällig geworden ist, dem Gläubiger nicht das Recht einräumen, zum Zwecke der Befriedigung die Übertragung des Eigentums an dem Grundstück zu verlangen oder die Veräußerung des Grundstücks auf andere Weise als im Wege der Zwangsvollstreckung zu bewirken.

1. Unzulässig und nichtig ist jede vor Fälligkeit der Forderung (vgl § 1141 mit Anm) getroffene Vereinbarung zwischen Eigentümer und Gläubiger, die auf Übereignung an den Gläubiger oder auf sonstige Veräußerung im Falle der Nichtbefriedigung (BGH 130, 104 f) gerichtet ist; sa § 1229. Dieses Verbot der Verfallklausel schützt iVm § 1136 den Grundeigentümer (BGH 130, 104) und regelt negativ die Art der Pfandverwertung. 1

2. Zulässig sind *vor* Fälligkeit geschlossene Verpflichtungs- und Übereignungsgeschäfte, wenn sie – unabhängig von der Zahlung bei Fälligkeit – auf Übereignung zu bestimmtem Preis abzielen (RG 92, 105). *Nach* Fälligkeit sind schuldrechtliche Vereinbarungen iSv § 1149 zulässig, idR aber formbedürftig (§ 313). 2

§ 1150 Ablösungsrecht Dritter

Verlangt der Gläubiger Befriedigung aus dem Grundstück, so finden die Vorschriften der §§ 268, 1144, 1145 entsprechende Anwendung.

1. Allgemeines. Dritte haben ein **Ablösungsrecht,** wenn und weil sie Gefahr laufen, durch die Befriedigung des Gläubigers aus dem Grundstück ein Recht oder den Besitz am Vollstreckungsobjekt zu verlieren. § 1150 modifiziert § 268. 1

2. Voraussetzungen. a) Gefährdet iSv Rn 1 ist ein Recht, wenn es im Falle der Zwangsversteigerung nicht in das geringste Gebot (ZVG 44 I) aufgenommen würde; zur *Gefährdung des Besitzes* vgl § 268 I 2. Dazu ZVG 52 I, 57 ff, 91 I, 93. Ablösungsberechtigt sind daher zB nachstehende Grundpfandgläubiger, Mieter, Pächter. **b) Das Ablösungsrecht entsteht** nicht erst mit Betreiben der Zwangsvollstreckung (so § 268 I), sondern schon, wenn der Gläubiger berechtigterweise (dh nach Fälligkeit) Befriedigung verlangt, zB durch Zahlungsaufforderung mit Vollstreckungsandrohung (RG 91, 302). Ausübung nur bis zum Zuschlag, ZVG 89, 90. Möglich ist Zahlung unter dem Vorbehalt, daß dem Zahlenden kein Anspruch auf Löschung der Hypothek (zB aus § 1179 a) zusteht (BGH 136, 250). 2

3

3. Wirkungen. a) Der Dritte erwirbt, wenn er (nicht notwendig zwecks Abwendung der Zwangsvollstreckung, BGH NJW 94, 1475; str) den Gläubiger befriedigt, kraft Ges *Forderung und Hypothek* (§§ 1150, 268 III 1, 412, 401, 1153 I). Zur Aufrechnung (§ 268 II) sa § 1142 Rn 3. Die Befriedigung eines legitimierten Scheingläubigers fällt unter §§ 893, 1155, vorausgesetzt, das Recht steht einem anderen zu (Gursky WM 01, 2362 ff); dann und deshalb erwirbt der ablösende Dritte auch hier die Forderung samt Hypothek (§ 1143 Rn 2; § 1157 Rn 3). § 893 gilt nicht bei Befriedigung durch einen eingetragenen Nichtberechtigten (SoeKonzen 11; aA MK/Eickmann 29); hat der Nichtberechtigte Besitz, so schützt ihn § 268 I 2. **b) Bei Teilbefriedigung** geht das Restrecht des Gläubigers dem übergegangenen Recht vor (§§ 1150, 268 III 2; vgl RG 131, 325). 4

5

§ 1151 Rangänderung bei Teilhypotheken

Wird die Forderung geteilt, so ist zur Änderung des Rangverhältnisses der Teilhypotheken untereinander die Zustimmung des Eigentümers nicht erforderlich.

§ 1152 Teilhypothekenbrief

¹Im Falle einer Teilung der Forderung kann, sofern nicht die Erteilung des Hypothekenbriefs ausgeschlossen ist, für jeden Teil ein Teilhypothekenbrief hergestellt werden; die Zustimmung des Eigentümers des Grundstücks ist nicht erforderlich. ²Der Teilhypothekenbrief tritt für den Teil, auf den er sich bezieht, an die Stelle des bisherigen Briefes.

Anmerkungen zu den §§ 1151, 1152

1 **1. Allgemeines.** Forderungsteilung bewirkt Hypothekenteilung (Folge der Akzessorietät). Teilung beruht auf RGeschäft (zB auch durch abw Zins- oder Zahlungsabreden für einen Teil) oder Ges (zB §§ 1143, 1150, 1163). Die Teile sind selbständige Grundpfandrechte (vgl RG 131, 91), also selbständig übertragbar, verpfändbar usw; sie können typverschieden sein (Hypothek, Grundschuld; Brief-, Buchrecht).

2 **2. Rangänderung.** § 1151 befreit von § 880 II 2 (s Düsseldorf NJW-RR 91, 685 f), aber nur bei zeitlichem Zusammenhang von Rangänderung und Teilung.

3 **3. Bildung eines Teilhypothekenbriefs** ist für die Teilung (Rn 1) unnötig. Unterbleibt sie, so besteht am Brief Miteigentum (§ 952). Teilbrief kann beantragt werden (vgl GBO 61, BNotO 20 II). Zuweilen besteht ein Recht auf einen Teilbrief (zB gem §§ 1145 I 2, 1150, 1167). Für die Bildung eines Hypothekenbriefs nach Teilung einer Buchhypothek ist § 1152 unanwendbar (kein Teil-, sondern Stammbrief), daher Zustimmung des Eigentümers nötig (SoeKonzen § 1152, 1).

§ 1153 Übertragung von Hypothek und Forderung

(1) **Mit der Übertragung der Forderung geht die Hypothek auf den neuen Gläubiger über.**

(2) **Die Forderung kann nicht ohne die Hypothek, die Hypothek kann nicht ohne die Forderung übertragen werden.**

1 **1. Allgemeines.** § 1153 beruht auf dem *Akzessorietätsprinzip* (Rn 17 vor § 1113), er gilt daher nicht für Grund- und Rentenschuld. **I** zeigt das rechtliche Übergewicht der Forderung gegenüber der Hypothek (Rn 2 vor § 1113). Ausnahmsweise kommt es zu einer Umkehrung von I. Bsp: Eigentümer E hat dem gem § 104 Nr 2 geschäftsunfähigen A für eine bestehende Forderung eine Buchhypothek bestellt, A überträgt an B, B an C; dieser erwirbt, falls er nicht unredlich oder der öffentl Glaube des Grundbuchs zerstört ist, gem § 892 (unmittelbar), §§ 1138, 892 die Hypothek, zugleich auch die bei A verbliebene Forderung, um eine Verdoppelung des Rechts zu vermeiden (Baur § 38 Rn 28 mN; aA MK/Eickmann 13 mN). Das gilt nicht für eine Sicherungshypothek (arg § 1185 II).

2 **2. a) Mitlaufgebot** (Heck, SaR, § 96, 2): Bei Übertragung der Forderung läuft die Hypothek kraft Ges mit, **I.** Bei Abtretung der Forderung wird die Hypothek trotz I iSd §§ 1138, 892 rechtsgeschäftlich erworben (Heck, SaR, § 96, 7). Das Mitlaufgebot, I, ist zwingend (anders §§ 412, 401 I). Ausnahmen von I: §§ 1159, 1190 IV; ü ist isolierte Forderungsübertragung nur nach vorheriger Lösung von 3 der Hypothek möglich (vgl §§ 1168, 1180, 1198). **b) Übertragung der Hypothek** ohne Forderung verstößt gegen **II** und ist nichtig. Doch wird mit der Hypothekenübertragung zumeist eine Forderungsabtretung samt ges Hypothekenübergang (I) gewollt sein. Zuweilen geht die gesicherte Forderung nicht mit über; dann sichert die Hypothek eine andere Forderung des Erwerbers (§§ 1164, 1173 II, 1174 I, 1182 S 1).

Titel 1. Hypothek **§ 1154**

3. Die Übertragbarkeit der Forderung kann vertraglich **ausgeschlossen** 4
werden (§ 399). Das macht gem II die Hypothek unübertragbar (zweifelnd Baur
§ 4 Rn 22). Gegen Dritte wirkt das aber nur bei Eintragung der Abrede im
Grundbuch (Westermann § 103 I 1). Ohne Eintragung ist Erwerb einer Verkehrshypothek samt Forderung entspr Rn 1 möglich. – Auch die Übertragbarkeit des
Grundpfandrechts selbst ist ausschließbar durch Einigung und Eintragung, § 877
(Inhaltsänderung).

§ 1154 Abtretung der Forderung

(1) ¹ Zur Abtretung der Forderung ist Erteilung der Abtretungserklärung
in schriftlicher Form und Übergabe des Hypothekenbriefs erforderlich;
die Vorschrift des § 1117 findet Anwendung. ²Der bisherige Gläubiger hat
auf Verlangen des neuen Gläubigers die Abtretungserklärung auf seine
Kosten öffentlich beglaubigen zu lassen.

(2) Die schriftliche Form der Abtretungserklärung kann dadurch ersetzt
werden, dass die Abtretung in das Grundbuch eingetragen wird.

(3) Ist die Erteilung des Hypothekenbriefs ausgeschlossen, so finden auf
die Abtretung der Forderung die Vorschriften der §§ 873, 878 entsprechende Anwendung.

1. Allgemeines. Die Hypothek wird durch *Abtretung der Forderung* übertragen. 1
Der Vertrag ist, abw von § 398, *in eine sachenrechtliche Form* gekleidet, verschieden
für Brief- (I, II) und Buchhypothek (III). Die Abtretung ist als Verfügungsgeschäft
abstrakt und von dem zugrundeliegenden formlos gültigen Verpflichtungsgeschäft
zu unterscheiden (Rn 16 vor § 1113).

2. Anwendungsbereich. a) Gilt nur für die Abtretung, dh rechtsgeschäftli- 2
che Übertragung (vgl § 398), einer hypothekarisch gesicherten Forderung sowie
künftig fälliger Nebenleistungen (§ 1158). Entspr anwendbar für die Übertragung
von Grund- und Rentenschuld (§§ 1192 I, 1199 I), ferner für die Bestellung von
Nießbrauch (§ 1069) und Pfandrecht (§§ 1274, 1291) an der Hypothek. Zur
Pfändung vgl ZPO 830, 837, 857 VI (dazu Jauernig, ZwV, § 20 I, III 3 mN).
b) Gilt nicht aa) für den ges Übergang, zB kraft Erbfalls oder gem §§ 1143 I, 3
412, 401 I (§ 1143 Rn 2, 4); **bb)** gem §§ 1159, 1187 S 3, 1190 IV, 1195; **cc)** für
die Abtretung des Anspruchs auf den Versteigerungserlös nach Zuschlag (formlos:
BGH NJW 64, 813); für das (formlose) Verpflichtungsgeschäft zur Abtretung des
Grundpfandrechts (vgl Rn 1).

3. Abtretung bei der Briefhypothek (I, II). Erforderlich sind Abtretung, 4
Briefübergabe und entweder schriftliche Abtretungserklärung (I 1) oder Eintragung
der Abtretung (II). Gilt auch für die Rückabtretung. Ie: **a) Abtretung.** Sie ist
Vertrag. Nur ihre Erklärung des Abtretenden, nicht auch deren Annahme muß
schriftlich erfolgen (I 1 mit § 126). Wegen §§ 1155, 1160 f hat der neue Gläubiger
nach erfolgter Abtretung einen Anspruch auf öffentl Beglaubigung der Erklärung,
I 2, § 129 (BGH NJW 72, 44; zum Inhalt LG Stuttgart und Tübingen Rpfleger
76, 246 ff mit Anm Haegele, je mwN); ihm gegenüber besteht idR kein Zurückbehaltungsrecht (BGH NJW 72, 44). Die Erklärung ist entspr § 873 Rn 35 auslegungsfähig (BGH NJW-RR 92, 179). Ihre Aushändigung an den Zessionar ist
unnötig; der Zedent muß sie nur so aus der Hand geben, daß der Zessionar sich
ihrer bedienen kann (BGH FamRZ 65, 491). Nur die schriftliche Form der
Abtretungserklärung kann durch *Eintragung der Abtretung* ersetzt werden (II; zum
Verfahren GBO 26, 28). Die Eintragung ist sicherer, weil nur der Eingetragene von
einer Zwangsversteigerung und Zwangsverwaltung benachrichtigt wird (ZVG 41,
146 II mit 9 Nr 1, ferner 9 Nr 2, 37 Nr 4, 114 I, 146 I). **b) Briefübergabe** oder 5
ihr Ersatz (I 1 HS 2) muß vom Zedenten gewollt sein (BGH NJW-RR 93, 369).
Es gilt die Vermutung gem § 1117 III; ohne Übergabe scheidet ein Erwerb gem
§ 1154 aus. **c) Teilabtretung:** § 1152 (Bildung eines Teilbriefs; dessen Übergabe 6

§ 1155 Buch 3. Abschn. 7. Hypothek, Grundschuld, Rentenschuld

oder deren Ersatz ist erforderlich, § 1152 S 2). Ohne Teilbriefbildung muß dem Zessionar zumindest gleichstufiger Mitbesitz am Stammbrief eingeräumt werden (BGH 85, 265 f mit Anm Berg JR 83, 194 f; BGH NJW-RR 86, 345 f, str; sa § 866 Rn 1).

7 **4. Abtretung bei der Buchhypothek (III)** geschieht durch formlose Abtretung und Eintragung; §§ 873, 878 gelten entspr (vgl Anm dort).

§ 1155 Öffentlicher Glaube beglaubigter Abtretungserklärungen

¹Ergibt sich das Gläubigerrecht des Besitzers des Hypothekenbriefs aus einer zusammenhängenden, auf einen eingetragenen Gläubiger zurückführenden Reihe von öffentlich beglaubigten Abtretungserklärungen, so finden die Vorschriften der §§ 891 bis 899 in gleicher Weise Anwendung, wie wenn der Besitzer des Briefes als Gläubiger im Grundbuch eingetragen wäre. ²Einer öffentlich beglaubigten Abtretungserklärung steht gleich ein gerichtlicher Überweisungsbeschluss und das öffentlich beglaubigte Anerkenntnis einer kraft Gesetzes erfolgten Übertragung der Forderung.

1 **1. Allgemeines.** Nur der erste Briefhypothekengläubiger muß im Grundbuch stehen (§ 873 I). Die Briefhypothek kann mit Hilfe des Briefs außerhalb des Grundbuchs übertragen werden (§ 1154 I, II). Dennoch genießt der Brief keinen öffentl Glauben (§ 1140 Rn 1, 2). Bliebe es dabei, so wäre die erleichterte Übertragungsform des § 1154 für den Erwerber gefährlich. Außerdem könnte sich der Zessionar nicht auf die Vermutungen des § 891 berufen. Hier schafft § 1155 Abhilfe. Kann der Briefbesitzer (Rn 2) durch bestimmte Urkunden (Rn 3–6) sein Hypothekenrecht auf einen eingetragenen Gläubiger zurückführen (Rn 7, 8), so steht er selbst einem eingetragenen Gläubiger gleich; §§ 891–899 sind anwendbar (Rn 13).

2 **2. Voraussetzungen. a) Eigenbesitz** des nichteingetragenen Hypothekengläubigers am Brief; mittelbarer genügt (BGH NJW-RR 93, 370), weil er auch zum Rechtserwerb ausreicht (§§ 1154 I 1, 1117 I 2; aA Hager ZIP 93, 1450 f; Reinicke/Tiedtke NJW 94, 345 ff: Geheißerwerb vom Nichtbesitzer möglich).
3 Der Besitz muß durch Übergabe erlangt sein (dazu § 1154 Rn 5). **b) Urkundenkette.** Das Gläubigerrecht des nichteingetragenen Hypothekengläubigers muß sich aus einer zusammenhängenden, auf einen eingetragenen Gläubiger zurückführenden Reihe bestimmter Urkunden ergeben. Als solche Urkunden kommen in
4 Betracht (vgl **S 2**; zur öffentl Beglaubigung § 129): **aa) Öffentl beglaubigte Abtretungserklärung.** Der Zessionar kann Beglaubigung verlangen (§ 1154 I 2; dazu § 1154 Rn 4). Der beglaubigten Erklärung stehen gleich ein rechtskräftiges Urteil (ZPO 894 I 1), Zeugnis nach GBO 37, 36. Für eine gefälschte Urkunde gilt § 1155 nicht (Braunschweig OLGZ 83, 220 ff mN; aA RG 86, 263 für eine
5 „äußerlich einwandfreie" Beglaubigung [zust MK/Eickmann 12 mN]). **bb) Beschluß auf Überweisung an Zahlungs Statt** (nicht bloß zur Einziehung), weil
6 er die Wirkung der Abtretung hat (ZPO 835 II; BGH 24, 332). **cc) Öffentl beglaubigtes Anerkenntnis** des erfolgten ges Forderungsübergangs, dh die Bestätigung des bisherigen Gläubigers, daß die Forderung (samt Hypothek, § 1153), ggf das Grundpfandrecht ohne Forderung, aufgrund eines bestimmten, unterscheidbar bezeichneten Vorgangs auf den Eigentümer, Dritten usw übergegangen ist. Auf ein öffentl beglaubigtes Anerkenntnis hat der neue Gläubiger Anspruch (§§ 412, 403); ein rechtskräftiges Urteil ersetzt es (ZPO 894 I 1). Löschungsfähige Quittung und Löschungsbewilligung genügen nicht. Bsp für ges Übergang: §§ 268 III 1, 426 II 1, 774 I 1, 1143 I 1, 1163 I, 1164, 1173 f, 1182 S 1, 1249 S 2.
7 **dd) Vom Briefbesitzer zu einem eingetragenen** Gläubiger muß die Kette zurückführen (Eintragung nach § 1154 II genügt). Die Zahl der Urkunden ist
8 gleichgültig, eine genügt (RG 86, 263). **ee) Ist die Kette unterbrochen**, zB

1276 *Jauernig*

Titel 1. Hypothek **§ 1156**

durch Erbfall oder privatschriftliche Abtretungserklärung, so gilt § 1155 unstr für Abtretungen vor der Unterbrechung. Für danach liegende öffentl beglaubigte Abtretungserklärungen usw gilt § 1155 nur, wenn der Erbfall usw das Recht hat wirklich übergehen lassen (RGRK/Mattern 8, 15; WolffR § 142 VIII 3; aA, aber mit dem Ges unvereinbar, Baur § 38 Rn 37; Westermann § 105 IV 2 b: Es genüge, daß zB der Erbfall wirklich vorliege, und daher das Recht übertragen *hätte,* wenn es beim Erblasser bestanden *hätte*).

3. Wirkungen. a) § 891 gilt für den iSv Rn 2–8 legitimierten Briefbesitzer. **9** Die Vermutungen gelten in jedem Verfahren, auch vor dem Grundbuchamt (BayObLG NJW-RR 91, 1398). **b) Der Erwerb** vom legitimierten Briefbesitzer **10** (Rn 2–8) ist gem § 892 sowie §§ 1138, 892 möglich, auch wenn sich dieser Erwerb ohne öffentl Beglaubigung vollzieht (in diesem Fall kommen dem Erwerber aber die Vermutungen der § 891, 1138 mit 891 nicht zugute [Rn 9], ferner scheitert ggf die Geltendmachung von Hypothek, § 1160, und Forderung, § 1161). Der Schutz versagt bei Kenntnis, Vorliegen eines Widerspruchs oder bei einer im Brief verlautbarten Unrichtigkeit des Grundbuchs (vgl §§ 892 I 1, 1138, 1140). **c) Andere Verfügungsgeschäfte** sind gem § 893 sowie §§ 1138, 893 **11** geschützt. Bsp: Die Zahlung des Eigentümers oder ablösungsberechtigten Dritten an den legitimierten Briefbesitzer (Rn 2–8) gem §§ 1142, 1150 läßt Forderung und Hypothek übergehen (§ 1143 Rn 4, § 1150 Rn 4). **d) Der wahre Berech-** **12** **tigte** hat gegen den nichteingetragenen Briefbesitzer die Rechte aus §§ 894 ff. Zu § 899 vgl GBO 41 I 2, 42 (Frankfurt/M Rpfleger 75, 301 f). **e) Auswirkung auf** **13** **das Grundbuch:** GBO 39 II (dazu WolffR § 142 bei Fn 27).

§ 1156 Rechtsverhältnis zwischen Eigentümer und neuem Gläubiger

¹**Die für die Übertragung der Forderung geltenden Vorschriften der §§ 406 bis 408 finden auf das Rechtsverhältnis zwischen dem Eigentümer und dem neuen Gläubiger in Ansehung der Hypothek keine Anwendung.** ²**Der neue Gläubiger muss jedoch eine dem bisherigen Gläubiger gegenüber erfolgte Kündigung des Eigentümers gegen sich gelten lassen, es sei denn, dass die Übertragung zur Zeit der Kündigung dem Eigentümer bekannt oder im Grundbuch eingetragen ist.**

1. Allgemeines. Bei voller Akzessorietät der Hypothek wären auch die **1** §§ 406–408 uneingeschränkt anwendbar, so daß sich der Eigentümer zu seinem Schutz auf **Rechtsvorgänge** berufen könnte, die sich erst **nach dem Rechtsübergang** zwischen dem persönlichen Schuldner (der er auch selbst sein kann) und dem Zedenten (bei § 408 dem Zweitzessionar) zugetragen haben. Insoweit schränkt § 1156 die Akzessorietät der Hypothek ein (auch bei ges Übergang): Im Verhältnis von Eigentümer (als solchem) und neuem Gläubiger sind die §§ 406–408 überhaupt ausgeschlossen. Rechnet der Schuldner gem *§ 406* auf, so erlischt zwar ihm gegenüber die Forderung, aber nicht für den Eigentümer „in Ansehung der Hypothek" (S 1), weshalb §§ 1163 I, 1177 I ausschneiden und der neue Gläubiger das Grundpfandrecht (mangels Forderung als Fremdgrundschuld) behält. Die Unanwendbarkeit von §§ 407, 408 beeinträchtigt den Eigentümer nicht; er kann Legitimationsnachweis des Gläubigers fordern (Eintragung bei der Buchhypothek, zur Briefhypothek vgl § 1160); bei Zahlung an den Scheingläubiger schützt § 893 (§ 893 Rn 2, § 1143 Rn 1, 2). § 1156 gilt nicht für die Sicherungshypothek (§ 1185 II) sowie gewisse Nebenleistungen (§§ 1158, 1159).

2. a) Unanwendbar sind §§ 406 (Rn 1; ferner kann der Eigentümer gem **2** § 1142 II nur mit einer Forderung gegen den Zessionar, im Fall des § 408 gegen den Erstzessionar aufrechnen), 407 (Ausnahme für Kündigung des Eigentümers gegenüber dem Zedenten: **S 2**), 408. **b) Anwendbar** sind §§ 404 (modifiziert **3** durch §§ 1137, 1138, 1157), 405, 409, 410 (modifiziert durch §§ 1144 f, 1160).

Jauernig 1277

§§ 1157–1159 Buch 3. Abschn. 7. Hypothek, Grundschuld, Rentenschuld

§ 1157 Fortbestehen der Einreden gegen die Hypothek

¹Eine Einrede, die dem Eigentümer auf Grund eines zwischen ihm und dem bisherigen Gläubiger bestehenden Rechtsverhältnisses gegen die Hypothek zusteht, kann auch dem neuen Gläubiger entgegengesetzt werden. ²Die Vorschriften der §§ 892, 894 bis 899, 1140 gelten auch für diese Einrede.

1 1. **Allgemeines.** a) § 1157 setzt voraus, daß der Eigentümer Einreden gegen die Hypothek, Grund- und Rentenschuld erheben kann (§ 1137 Rn 1), zB Stundung der Hypothek (für Stundung der Forderung gilt § 1137). Gleichgültig ist, ob
2 der Eigentümer auch schuldet. b) **Der Einredegrund** kann sich ergeben zB aus RGeschäft (Bsp: Stundungsabrede), ungerechtfertigter Bereicherung (Bsp: Nichtigkeit der Verpflichtung zur Grundpfandbestellung, Rn 16 vor § 1113), unerlaubter Handlung bzgl der Hypothek (vgl § 853).

3 2. Das Ges ist mißverständlich. **S 1** stellt den **Grundsatz** auf, daß die zZ des Rechtsübergangs schon bestehende Einrede auch dem neuen Gläubiger gegenüber geltend gemacht werden kann (für später entstandene gilt § 1156: BGH 85, 390 f). Für den *rechtsgeschäftlichen* Erwerb, zu dem auch der gem § 1150 gehört (§ 1150 Rn 4 mit § 1143 Rn 2; aA BGH NJW 97, 190 f mN [dagegen Hager ZIP 97, 136 ff]), ist der Grundsatz durch **S 2** erheblich modifiziert: Die Einrede kann dem neuen Gläubiger gegenüber nur geltend gemacht werden, wenn sie im Grundbuch eingetragen (§§ 892 I 1, 894) oder aus dem Brief oder den Urkunden des § 1155 ersichtlich (§ 1140) oder durch Widerspruch (§§ 899, 1140 S 2) gesichert ist oder der Erwerber die einredebegründenden Tatsachen kennt und ihre Rechtswirkungen zutr einordnet (Rechtsirrtum nützt dem Zessionar: BGH 25, 32); andernfalls erlischt die Einrede (BGH NJW-RR 01, 1098). S 2 gilt auch, wenn die Formen des § 1155 nicht beachtet sind (RG 135, 365).

4 3. Die Vermutungen des **§ 891** gelten für die Einreden **nicht** (vgl S 2).

§ 1158 Künftige Nebenleistungen

Soweit die Forderung auf Zinsen oder andere Nebenleistungen gerichtet ist, die nicht später als in dem Kalendervierteljahr, in welchem der Eigentümer von der Übertragung Kenntnis erlangt, oder dem folgenden Vierteljahre fällig werden, finden auf das Rechtsverhältnis zwischen dem Eigentümer und dem neuen Gläubiger die Vorschriften der §§ 406 bis 408 Anwendung; der Gläubiger kann sich gegenüber den Einwendungen, welche dem Eigentümer nach den §§ 404, 406 bis 408, 1157 zustehen, nicht auf die Vorschrift des § 892 berufen.

1 1. **Allgemeines.** §§ 1158 f enthalten Sondervorschriften für bestimmte Nebenleistungen (§ 1158: künftig fällige, § 1159: rückständige). Sie gelten für alle Grundpfandrechte.

2 2. **Künftig fällig werdende Zinsen** und andere Nebenleistungen (zu diesen § 1115 Rn 5) werden gem §§ 1153 f (nicht §§ 398 ff) abgetreten. Die Wirkung der Abtretung bestimmt sich nach den §§ 404 ff. § 1158 erfaßt nur Nebenleistungen für das Quartal, in dem sie fällig werden und der Eigentümer von der Abtretung erfährt, sowie das folgende Quartal. Daher kann der unwissende Eigentümer die Zinsen unbesorgt für ein halbes Jahr im voraus zahlen; § 892 ist durch § 1158 ausgeschlossen. Für später fällig werdende Nebenleistungen gelten §§ 1138, 1140, 1156 f.

§ 1159 Rückständige Nebenleistungen

(1) ¹Soweit die Forderung auf Rückstände von Zinsen oder anderen Nebenleistungen gerichtet ist, bestimmt sich die Übertragung sowie das Rechtsverhältnis zwischen dem Eigentümer und dem neuen Gläubiger

Jauernig

Titel 1. Hypothek **§§ 1160, 1161**

nach den für die Übertragung von Forderungen geltenden allgemeinen Vorschriften. ²Das Gleiche gilt für den Anspruch auf Erstattung von Kosten, für die das Grundstück nach § 1118 haftet.

(2) **Die Vorschriften des § 892 finden auf die im Absatz 1 bezeichneten Ansprüche keine Anwendung.**

1. **Allgemeines.** Vgl § 1158 Rn 1. 1

2. Für **Rückstände von Zinsen** und anderen Nebenleistungen (zu diesen 2 § 1115 Rn 5) sowie für Erstattungsansprüche iSv § 1118 gelten bzgl Form und Wirkung die §§ 398 ff uneingeschränkt **(I).** Rückstände sind Leistungen, die zZ der Abtretung fällig, aber nicht erbracht sind (RG 91, 301). §§ 404 ff gelten auch für den dinglichen Anspruch; § 892 ist ausgeschlossen **(II),** §§ 1156 f sind unanwendbar. Der Hypothekenbrief legitimiert nicht (§ 1160 III), es gilt § 410.

§ 1160 Geltendmachung der Briefhypothek

(1) **Der Geltendmachung der Hypothek kann, sofern nicht die Erteilung des Hypothekenbriefs ausgeschlossen ist, widersprochen werden, wenn der Gläubiger nicht den Brief vorlegt; ist der Gläubiger nicht im Grundbuch eingetragen, so sind auch die im § 1155 bezeichneten Urkunden vorzulegen.**

(2) **Eine dem Eigentümer gegenüber erfolgte Kündigung oder Mahnung ist unwirksam, wenn der Gläubiger die nach Absatz 1 erforderlichen Urkunden nicht vorlegt und der Eigentümer die Kündigung oder die Mahnung aus diesem Grunde unverzüglich zurückweist.**

(3) **Diese Vorschriften gelten nicht für die im § 1159 bezeichneten Ansprüche.**

1. **Allgemeines. a) Briefgrundpfandrechte** sind außerhalb des Grundbuchs 1 abtretbar. Daher kann der Eigentümer den Gläubiger nicht stets aus dem Grundbuch ersehen. Hier weisen Brief und Urkunden des § 1155 den Gläubiger aus. Darauf beruht § 1160. **b) Legitimation des Gläubigers** ist nur auf Verlangen des 2 Eigentümers nötig (RG 55, 226). Deshalb ist Verzicht auf das Vorlegungsrecht mit dinglicher Wirkung möglich und eintragungsfähig (Frankfurt/M DNotZ 77, 112 f).

2. Bei gerichtl **Geltendmachung der Hypothek (I)** kann der Eigentümer die 3 Vorlage von Brief und ggf Urkunden iSv § 1155 einredeweise verlangen (bei privatschriftlichen Abtretungserklärungen muß der Gläubiger entweder die Beglaubigungen nachholen lassen, s § 1154 I 2, oder gem § 894 seine Eintragung im Grundbuch bewirken). Dem Gläubiger ist auf Antrag vom Gericht eine angemessene Frist zu setzen; nach fruchtlosem Ablauf wird die Klage abgewiesen (RG 55, 228 f). Der Eigentümer kann ferner die sachliche Berechtigung bestreiten oder die Rechte aus § 1144 geltend machen.

3. **Kündigung oder Mahnung (II)** oder eine andere außergerichtl Geltendmachung ist ohne Vorlage der Urkunden nur bei unverzüglicher (§ 121 I 1) Zurückweisung unwirksam. 4

4. Zu **III** vgl Anm zu § 1159. 5

5. Für die gerichtl **Geltendmachung der Forderung** gilt § 1160 nur, wenn 6 der Eigentümer auch persönlicher Schuldner ist, § 1161; sonst sind §§ 371, 410, 810 anwendbar.

§ 1161 Geltendmachung der Forderung

Ist der Eigentümer der persönliche Schuldner, so findet die Vorschrift des § 1160 auch auf die Geltendmachung der Forderung Anwendung.

1. Vgl § 1160 Rn 6.

Jauernig 1279

§§ 1162, 1163 Buch 3. Abschn. 7. Hypothek, Grundschuld, Rentenschuld

§ 1162 Aufgebot des Hypothekenbriefs

Ist der Hypothekenbrief abhanden gekommen oder vernichtet, so kann er im Wege des Aufgebotsverfahrens für kraftlos erklärt werden.

1 1. **Anwendungsbereich,** Brief muß abhanden gekommen (§§ 799, 800 Rn 1 [c]) oder vernichtet sein. § 1162 unanwendbar für Inhabergrundschuldbrief (§ 1195). Zum Verfahren ZPO 946–959, 1003–1018, 1024.

2 2. **Wirkung.** Vgl ZPO 1017 I, II mit 957 I, 1018, 1024. Das Urteil tritt nur eingeschränkt an die Stelle des Briefs (ZPO 1018 I, GBO 41 II 2), iü neuer Brief nötig (vgl GBO 67, 68). Zur Beseitigung des Urteils ZPO 957 II, 958, 1017 III, 1018 II.

§ 1163 Eigentümerhypothek

(1) ¹Ist die Forderung, für welche die Hypothek bestellt ist, nicht zur Entstehung gelangt, so steht die Hypothek dem Eigentümer zu. ²Erlischt die Forderung, so erwirbt der Eigentümer die Hypothek.

(2) Eine Hypothek, für welche die Erteilung des Hypothekenbriefs nicht ausgeschlossen ist, steht bis zur Übergabe des Briefes an den Gläubiger dem Eigentümer zu.

1 1. **Allgemeines zum Eigentümergrundpfandrecht. a) Die Forderung ist nicht entstanden.** Hier steht die Hypothek von Anfang an dem Eigentümer zu (I 1). Sie ist mangels Forderung *ursprüngliche Eigentümergrundschuld;* eine „Umwandlung" der Hypothek findet also nicht statt, daher gilt § 1177 nur entspr (WolffR § 145 II). Die ursprüngliche Eigentümergrundschuld ist eine *vorläufige,* wenn die Forderung noch entstehen kann (zB durch Auszahlung des Darlehens, sog Valutierung der Hypothek); sie ist eine *endgültige,* wenn die Forderung nicht (mehr) entstehen kann (zB wegen Auflösung des Darlehensvertrags vor Auszahlung). Die vorläufige Eigentümergrundschuld ist auflösend bedingt durch Entstehen der Forderung (BGH 60, 228); mit Bedingungseintritt (und Briefübergabe, II) wird sie automatisch zur Fremdhypothek, mit Bedingungsausfall zur endgültigen Eigentümergrundschuld (BGH 60, 228 f). Weiterer Fall der vorläufigen Ei-
2 gentümergrundschuld in II. **b) Nachträglicher Übergang** der Hypothek auf den Eigentümer ist möglich, ohne Forderung als *nachträgliche Eigentümergrundschuld* (zB gem I 2, § 1177 I) *oder* mit Forderung als (nur nachträglich mögliche) *Eigentümerhypothek* (zB gem §§ 1143, 1153). Letztere wird wie eine Eigentümergrundschuld
3 behandelt (§ 1177 II). **c) Inhaber des Eigentümergrundpfandrechts** ist mit oder ohne Forderung derjenige, der bei Entstehen dieses Rechts (Rn 1, 2) der
4 wahre Eigentümer ist (RG 80, 320). **d) Zweck.** Der Erwerb des als Fremdhypothek gewollten (I 1) oder begründeten (I 2) Grundpfandrechts durch den Eigentümer verhindert das Aufrücken nachrangiger, zumeist höherverzinslicher Grundpfandrechte und berücksichtigt das wirtschaftliche Interesse des Eigentümers, ein ranggünstiges Eigentümergrundpfandrecht als Fremdrecht zur Sicherung neuen Kredits zu verwenden (vgl Rn 15 vor § 1113). Das gegenläufige Interesse nachstehender Grundpfandgläubiger wird aber idR mehr berücksichtigt;
5 vgl §§ 1179a, b mit Anm, ferner § 1179 Rn 2. **e) Bedingungen.** Zur Frage, ob bei *bedingter Hypothekenbestellung* ein Eigentümergrundpfandrecht entsteht, vgl
6 § 1113 Rn 14. Zur Sicherung einer bedingten Forderung s § 1113 Rn 9. **f) Bei Fehlen oder Nichtigkeit der Einigung** über die Hypothekenbestellung (§ 873) entsteht kein Grundpfandrecht (§ 1113 Rn 16).

7 2. **Anwendungsbereich.** I gilt für alle Hypothekenarten (nicht für Grund- und Rentenschulden, § 1191 Rn 6), II für alle Briefgrundpfandrechte. § 1163 ist zwingend (vgl RG 142, 159 f für I 2). Die Vorschrift ist unanwendbar in den Fällen der §§ 1159, 1178 I. Sonderregeln für die Gesamthypothek in § 1172.

Titel 1. Hypothek **§ 1163**

3. Die Forderung ist (noch) nicht entstanden (I 1). a) Bsp: Das Darlehen 8
ist (noch) nicht ausgezahlt; das RGeschäft, aus dem die zu sichernde Forderung
stammt, ist nichtig, zB gem §§ 117 I, 125, 142 I (die Anfechtung darf nicht die
Einigung gem § 873 miterfassen, sonst gilt § 1113 Rn 12), doch kann uU die
Ersatzforderung, zB aus § 812, an die Stelle der eigentlich zu sichernden Forderung
treten (§ 1113 Rn 8). Sa § 1113 II (dort Rn 9). – Eine bloß nicht fällige Forderung ist entstanden, daher I 1 unanwendbar. **b) Wirkung.** Die Hypothek steht 9
dem wahren Eigentümer (Rn 3) von Anfang an als Eigentümergrundschuld zu, **I 1**
mit § 1177 I entspr (Rn 1). Sie kann eine vorläufige oder endgültige sein (Rn 1);
im letzteren Fall ist eine Berichtigung (§§ 894 ff, GBO 22) möglich, im ersteren
hat der eingetragene Gläubiger ein Recht auf den Hypothekenerwerb, das den
Berichtigungsanspruch des Eigentümers vernichtet (vgl § 894 Rn 10). Die Beweislast für das Nichtentstehen der Forderung als Grundlage der Fremdhypothek trifft
den Eigentümer (§§ 1138, 891). **c) Solange die Forderung noch entstehen** 10
kann, haben Gläubiger und Eigentümer des Rechtspositionen. **aa) Der Gläubiger** hat ein dingliches Anwartschaftsrecht, wenn er eingetragen ist und den Brief
besitzt. Es wird durch Abtretung der künftigen Forderung übertragen (§ 1154); der
Zessionar erlangt mit Valutierung unmittelbar und automatisch das Vollrecht. Wird
statt des Anwartschaftsrechts das (noch nicht bestehende) Vollrecht durch Abtretung einer angeblich schon existierenden Forderung übertragen, so gilt § 1138.
bb) Der Eigentümer hat eine vorläufige Eigentümergrundschuld. Ist sie Buch- 11
recht, so kann er mangels Eintragung nicht verfügen (vgl GBO 39; Eintragung
durch Grundbuchberichtigung ist ausgeschlossen: Rn 9). Ist sie Briefrecht, so ist
eine Verfügung möglich und praktisch wichtig zur *Sicherung eines Zwischenkredits.*
Bsp: E hat für die Bank H eine Briefhypothek für ein Baudarlehen über 50 000 DM
bestellt, das Darlehen soll erst nach Fertigstellung des Rohbaus ausgezahlt werden;
um einen Zwischenkredit, den E von Z erhält, zu sichern, tritt ihm E den
Auszahlungsanspruch gegen H und die Eigentümergrundschuld ab; die Abtretung
erfolgt gem §§ 1192, 1154 I (dh mit Briefübergabe; ist der Brief schon bei H, so
tritt E seinen Herausgabeanspruch gegen H an Z ab: §§ 1154 I 1, 1117 I 2, 931;
vgl BGH 60, 229; NJW 73, 895); ist der Rohbau fertig, so zahlt H an Z, damit
entsteht die Darlehensforderung der H und sie erwirbt (ggf nach Aushändigung des
Briefs an sie) die Fremdgrundschuld des Z als Fremdhypothek zur Sicherung ihrer
Forderung gegen E. Lit zur Zwischenkreditsicherung bei Serick II 415 f Fn 19 ff;
BGH 53, 62 f; zur Problematik bei Bestehen einer Löschungsvormerkung § 1179
Rn 5. – Zur *Pfändung* der vorläufigen Eigentümergrundschuld Tempel JuS 67,
217. **d) Entsteht die Forderung** später (zB durch Auszahlung des Darlehens) und 12
wird der Brief übergeben **(II),** so geht das Recht automatisch als Fremdhypothek
auf den eingetragenen Gläubiger über (Rn 1). Zwischenzeitlicher Wechsel des
Eigentums ist unerheblich (RG 153, 169 f).

4. Die Forderung ist erloschen (I 2). a) Bsp für Erlöschen: Zahlung (dazu 13
RG 143, 75), Hinterlegung (§ 378), Aufrechnung, Erlaß, Rücktritt, negatives
Schuldanerkenntnis, Eintritt der Bedingung bei auflösend bedingter Forderung
(§ 1113 Rn 9). Bei Zahlung durch Miteigentümer gilt § 1173, nicht I 2, weil eine
Gesamthypothek besteht (RG 146, 364 f). **b) Wirkung.** Die Hypothek geht auf 14
denjenigen, der zZ des Erlöschens wahrer Eigentümer ist (Rn 3), als Eigentümergrundschuld über (I 2 mit § 1177 I). Bei späterer Veräußerung des Grundstücks
bleibt das Recht beim Veräußerer (RG 129, 30 f). Dieselben Wirkungen treten bei
der Tilgungshypothek ein (Rn 9 vor § 1113). Bei ihr und in sonstigen Fällen teilw
Erlöschens ist § 1176 zu beachten. **c) Bis zum Erlöschen** hat der Eigentümer nur 15
eine Aussicht auf den Erwerb einer Eigentümergrundschuld. Das ist kein gegenwärtiger Vermögenswert, insbes kein Anwartschaftsrecht, folglich untaugliches
Objekt einer Verfügung (BGH 53, 64 mN) oder Pfändung (vgl Frankfurt/M NJW
62, 640 f mN; aA Tempel JuS 67, 217 f). **d) Nach dem Erlöschen** hat der 16
Eigentümer, vorbehaltlich der §§ 1179–1179 b, die Wahl zwischen Umschreibung

Jauernig 1281

§ 1164 Buch 3. Abschn. 7. Hypothek, Grundschuld, Rentenschuld

(dh Grundbuchberichtigung) oder Löschung der Eigentümergrundschuld (vgl § 1144 Rn 4, 5; zur Löschung ie StWolfsteiner 80–83). Möglich ist auch die Übertragung an Dritte (bei der Buchhypothek nach Voreintragung des Eigentümers gem GBO 39, aA die hM, s StWolfsteiner 82; bei der Briefhypothek ist die Frage belanglos, wenn der Eigentümer sich nach § 1155 legitimieren kann).

17 **e) Ausnahmen von I 2.** Trotz Befriedigung des Gläubigers greift I 2 nicht ein, wenn **aa)** die Forderung (samt Hypothek, § 1153) auf den Befriedigenden übergeht (§§ 426 II 1, 1143 I 1, 1150 mit 268 III 1); **bb)** die Hypothek auf den Befriedigenden übergegangen ist, um einen ihm zustehenden Ersatzanspruch zu sichern (§§ 1164, 1173 II, 1174); **cc)** Forderung *und* Hypothek erlöschen (§§ 1173 I 1 HS 2, 1174 I HS 2, 1178 I 1, 1181).

18 **5. Fehlende Briefübergabe** führt zur vorläufigen Eigentümergrundschuld (II mit § 1177 I entspr; zum Zweck § 1117 Rn 1). Sie wird, sofern die Forderung besteht, mit Übergabe des Briefs oder deren Ersatz zur Fremdhypothek (§ 1117 I, II). Liegt die Aushändigungsabrede gem § 1117 II vor der Eintragung, so scheidet II aus (§ 1117 Rn 5). Ohne Brief hat der Gläubiger vor Valutierung kein Anwartschaftsrecht auf Erwerb der Hypothek (Rn 10). Pfändung: ZPO 829, nicht 830 (Hamm Rpfleger 80, 483 f).

§ 1164 Übergang der Hypothek auf den Schuldner

(1) ¹Befriedigt der persönliche Schuldner den Gläubiger, so geht die Hypothek insoweit auf ihn über, als er von dem Eigentümer oder einem Rechtsvorgänger des Eigentümers Ersatz verlangen kann. ²Ist dem Schuldner nur teilweise Ersatz zu leisten, so kann der Eigentümer die Hypothek, soweit sie auf ihn übergegangen ist, nicht zum Nachteile der Hypothek des Schuldners geltend machen.

(2) Der Befriedigung des Gläubigers steht es gleich, wenn sich Forderung und Schuld in einer Person vereinigen.

1 **1. Allgemeines. a) IdR** ist der persönliche Schuldner, der nicht zugleich **2** Eigentümer ist, diesem gegenüber verpflichtet, den Gläubiger zu befriedigen. Zahlt er, so erlischt die Forderung; Folge: §§ 1163 I 2, 1177 I (§ 1163 Rn 14). **b) Ausnahmsweise** kann der persönliche Schuldner vom Eigentümer oder dessen Rechtsvorgänger für seine Zahlung Ersatz verlangen (dazu §§ 1164–1167). Auch hier erlischt die Forderung durch Zahlung des Schuldners, doch geht die Hypothek kraft Ges auf den Schuldner über zur Sicherung seines Ersatzanspruchs gegen den Eigentümer oder dessen Rechtsvorgänger (*ges Forderungsauswechslung*). Hauptfall: Nach Grundstücksveräußerung mit fehlgeschlagener Schuldübernahme (vgl § 416) zahlt der Veräußerer als persönlicher Schuldner; die Forderung erlischt, die Hypothek geht auf ihn über und sichert seinen Ersatzanspruch aus § 415 III (RG 131, **3** 158; sa § 1143 Rn 3). **c) §§ 1165 f schützen** den persönlichen Schuldner vor Verlust seiner künftigen Rechte aus § 1164; § 1167 ermöglicht ihm die Grund-**4** buchberichtigung. **d) Für die Gesamthypothek** gilt § 1164 nur, wenn der Schuldner von allen Eigentümern oder deren Rechtsvorgängern Ersatz verlangen kann; sonst gilt § 1174.

5 **2. Voraussetzungen. a) Keine Identität** von persönlichem Schuldner und **6** Eigentümer. Bei Identität: §§ 1163 I 2, 1177 I. **b) Der persönliche Schuldner befriedigt** den Gläubiger, so daß die Forderung erlischt (RG 143, 284). Dem Erlöschen durch Befriedigung steht die Vereinigung von Schuld und Forderung gleich (II), aber nicht der Erlaß (§ 397), wenn und weil der Schuldner nichts einbüßt (aA StWolfsteiner 3; hM). Zahlung an den durch Eintragung oder Brief legitimierten Scheingläubiger genügt nicht; § 893 greift nicht ein, weil die Zahlung auf die persönliche Forderung erfolgt. Zur Zahlung durch den Eigentümer **7** oder einen Dritten für den Schuldner: § 1143 Rn 7, 8. **c) Ersatzanspruch** des persönlichen Schuldners gegen den Eigentümer zum Ausgleich für die erbrachte

Titel 1. Hypothek **§§ 1165, 1166**

Leistung (I 1) oder erlittene Einbuße (II: Untergang der ursprünglichen Hypothekenforderung), die im Verhältnis zum Schuldner vom Eigentümer oder dessen Rechtsvorgänger zu tragen ist (RG 131, 157). Die *Beweislast* für den Ersatzanspruch trifft den Schuldner. Fehlt ein Ersatzanspruch, so gilt Rn 1.

3. Wirkung. a) Vgl Rn 2. Dem Eigentümer stehen die Einreden gem §§ 1137, 1157 zu. §§ 1138, 892 scheiden aus, weil kein rechtsgeschäftlicher Erwerb vorliegt und § 893 nicht für die Zahlung gilt (Rn 6; zum Problem § 1143 Rn 2). Zur Grundbuchberichtigung sind Bewilligungen des Eigentümers und des bisherigen Gläubigers nötig (GBO 19). **b) Kann der Schuldner nur zT Ersatz** verlangen, so erwirbt er bloß insoweit die Hypothek, iü geht sie mit Rang nach der Hypothek auf den Eigentümer als Grundschuld über **(I 2)**. Wird der Gläubiger nur zT vom Schuldner befriedigt, dann hat die Resthypothek des Gläubigers Vorrang (§ 1176). 8

9

§ 1165 Freiwerden des Schuldners

Verzichtet der Gläubiger auf die Hypothek oder hebt er sie nach § 1183 auf oder räumt er einem anderen Recht den Vorrang ein, so wird der persönliche Schuldner insoweit frei, als er ohne diese Verfügung nach § 1164 aus der Hypothek hätte Ersatz erlangen können.

1. Anwendungsbereich. § 1165 setzt die Anwendbarkeit von § 1164 voraus. Abw Vereinbarung zwischen Gläubiger und Schuldner ist zulässig. 1

2. Voraussetzungen. Rückgriffsrecht des Schuldners (§ 1164) würde ohne § 1165 durch eine aus freien Stücken getroffene Verfügung des Gläubigers über die Hypothek geschmälert werden (vgl BGH MDR 58, 88 f). Das Ges nennt Verzicht (§§ 1168, 1175 I), Aufhebung (§ 1183), Rangrücktritt (§ 880). Ihnen stehen gleich Forderungsauswechslung (§ 1180), Umwandlung in Grundschuld (§ 1198), Entlassung eines Teilstücks aus der Mithaft (StWolfsteiner 5). Ein allg Regreßbehinderungsverbot ergibt sich aus § 1165 nicht (BGH NJW 74, 1083). 2

3. Wirkung. a) Die Forderung erlischt kraft Ges, soweit der Schuldner ohne die Verfügung (Rn 2) von Rechts wegen (§ 1164) und faktisch (wegen des Rangs der Hypothek und des Grundstückswertes) aus dem Grundstück hätte Ersatz verlangen können; *Beweislast* liegt beim Schuldner. **b) Bei Verzicht** des Gläubigers wird die Hypothek schon gem §§ 1168, 1177 I zur Eigentümergrundschuld. Bei Rangrücktritt (§ 880) wird die zurückgetretene Hypothek wegen Erlöschens der Forderung gem §§ 1163 I 2, 1177 I zur Eigentümergrundschuld; nach aA bleibt sie Fremdgrundschuld, weil wegen der Zustimmung des Eigentümers (§ 880 II 2) die Vorschrift des § 1163 unanwendbar ist (§ 1163 ist jedoch unabdingbar, vgl dort Rn 7). 3

4

§ 1166 Benachrichtigung des Schuldners

¹**Ist der persönliche Schuldner berechtigt, von dem Eigentümer Ersatz zu verlangen, falls er den Gläubiger befriedigt, so kann er, wenn der Gläubiger die Zwangsversteigerung des Grundstücks betreibt, ohne ihn unverzüglich zu benachrichtigen, die Befriedigung des Gläubigers wegen eines Ausfalls bei der Zwangsversteigerung insoweit verweigern, als er infolge der Unterlassung der Benachrichtigung einen Schaden erleidet.** ²**Die Benachrichtigung darf unterbleiben, wenn sie untunlich ist.**

1. Anwendungsbereich wie § 1165 Rn 1. 1

2. Voraussetzungen. Schädigung des persönlichen Schuldners durch Unterbleiben unverzüglicher (§ 121 I 1) Benachrichtigung nach Erlaß des Zwangsversteigerungs- oder Zulassungsbeschlusses (vgl ZVG 15, 27). 2

3. Wirkung. Leistungsverweigerungsrecht (Einrederecht) des Schuldners, soweit er durch Nichtbenachrichtigung geschädigt ist; Beweislast beim Schuldner. Kein Einrederecht des Schuldners, wenn er auch ohne Benachrichtigung rechtzeitig Bescheid wußte. 3

Jauernig 1283

§ 1167 Aushändigung der Berichtigungsurkunden

Erwirbt der persönliche Schuldner, falls er den Gläubiger befriedigt, die Hypothek oder hat er im Falle der Befriedigung ein sonstiges rechtliches Interesse an der Berichtigung des Grundbuchs, so stehen ihm die in den §§ 1144, 1145 bestimmten Rechte zu.

1   **1. Anwendungsbereich.** Zum Erwerb der Hypothek durch den persönlichen Schuldner vgl §§ 1164, 1174, 426 II 1 mit 1153. In diesen Fällen und bei rechtlichem Interesse (zB gem § 439 II 1) hat der Schuldner zum Zweck der Grundbuchberichtigung die Rechte aus §§ 1144 f (vgl Anm dort).

§ 1168 Verzicht auf die Hypothek

(1) Verzichtet der Gläubiger auf die Hypothek, so erwirbt sie der Eigentümer.

(2) ¹Der Verzicht ist dem Grundbuchamt oder dem Eigentümer gegenüber zu erklären und bedarf der Eintragung in das Grundbuch. ²Die Vorschriften des § 875 Abs. 2 und der §§ 876, 878 finden entsprechende Anwendung.

(3) Verzichtet der Gläubiger für einen Teil der Forderung auf die Hypothek, so stehen dem Eigentümer die im § 1145 bestimmten Rechte zu.

1   **1. Anwendungsbereich.** Betrifft nur den Verzicht auf die Hypothek (für die Gesamthypothek vgl § 1175). Davon sind zu unterscheiden: Aufhebung der Hypothek (§§ 875, 1183) und Erlaß der persönlichen Forderung (§ 397). – Zu § 418 I 2 vgl Rn 6.

2   **2. Voraussetzungen. a) Erklärung** des Verzichts, dh einseitige rechtsgeschäftliche Preisgabe des Rechts durch den Gläubiger (I) gegenüber Grundbuchamt oder Eigentümer (II, modifiziert by § 1178 II). Materiellrechtlich formfrei wirksam; grundbuchrechtliche Form gem GBO 29 I 1. Verzicht ist Verfügung über die Hypothek (nicht das Grundstückseigentum); daher ist § 893 für Verzicht durch den Scheingläubiger anwendbar, und ist Verzicht gegenüber dem Scheineigentümer wirkungslos. In der Löschungsbewilligung liegt kein Verzicht (Hamm
3   NJW-RR 99, 742). **b) Eintragung** von Verzicht (II 1) und (insoweit Berichtigung, § 894) von Übergang der Hypothek und Umwandlung in Grundschuld (StWolfsteiner 14–16; sa Rn 4).

4   **3. Wirkung. a) Übergang der Hypothek** kraft Ges auf denjenigen, der in diesem Zeitpunkt wahrer (str) Eigentümer ist; sie wird Grundschuld (§ 1177 I). Die Forderung des Gläubigers bleibt ungesichert bestehen, es sei denn, sie erlischt gem § 1165 oder wird erlassen (dann wegen §§ 1163 I 2, 1177 I Verzicht unnötig).
5   **b) Bei Teilverzicht** geht die Teileigentümergrundschuld der Teilhypothek des Gläubigers im Range nach (§ 1176). Zu den Rechten aus § 1145 (vgl III) s Anm
6   dort. **c) Schuldübernahme ohne Zustimmung** des Eigentümers läßt die Wirkungen nach Rn 4, 5 automatisch eintreten (§ 418 I 2, 3); denn dem Eigentümer ist es nicht zuzumuten, sein Grundstück ohne weiteres für einen anderen Schuldner haften zu lassen.

§ 1169 Rechtszerstörende Einrede

Steht dem Eigentümer eine Einrede zu, durch welche die Geltendmachung der Hypothek dauernd ausgeschlossen wird, so kann er verlangen, dass der Gläubiger auf die Hypothek verzichtet.

1   **1. Anwendungsbereich.** Dauernde (peremptorische) Einreden gegen die Forderung (§ 1137) oder gegen die Hypothek (§ 1157) lassen den Bestand der Hypothek zwar unberührt, ihre Erhebung hindert aber die Durchsetzung der Hypothek (Ausnahmen Rn 3). Daher gibt § 1169 dem Eigentümer einen übertragbaren

Titel 1. Hypothek **§§ 1170, 1171**

(sa Rn 2) Anspruch auf Verzicht; dessen Erfüllung hat die Wirkungen iSv § 1168 Rn 4, 5 (RG 91, 225 f; LM Nr 1, beide für Grundschulden). Der Eigentümer kann Löschungsbewilligung statt Verzicht verlangen (RG 91, 226).

2. Einreden. Vgl Rn 1. **a) Bsp:** Einreden aus ungerechtfertigter Bereicherung, unerlaubter Handlung. Die Einreden sind oft der Sache nach (Gegen-)Ansprüche, die der Forderung (§ 1137) oder dem dinglichen Recht (§ 1157) einredeweise entgegengehalten werden (vgl §§ 821, 853); die Abtretung der „Einrede" oder des Verzichtsanspruchs betrifft in diesen Fällen den zugrundeliegenden (Gegen-)Anspruch (vgl BGH WM 85, 801). **b) § 1169 erfaßt nicht** die Einrede der Verjährung (§§ 216 I, 902) und der beschränkten Erbenhaftung (§ 1137 I 2), ferner die insolvenzrechtliche Anfechtungseinrede (Hamm MDR 77, 668 f). **c) Bei einredefreiem Erwerb** des dinglichen Rechts gem §§ 1138, 1157 S 2 (jeweils mit § 892) entfällt § 1169. Zum Schutz des Eigentümers gegen einredefreien Erwerb sind Vormerkung des Verzichtsanspruchs (§§ 1169, 883) und Widerspruch wegen der Einreden (§§ 1137, 1138; 1157 S 2, jeweils mit § 899) möglich. 2 3 4

§ 1170 Ausschluss unbekannter Gläubiger

(1) ¹Ist der Gläubiger unbekannt, so kann er im Wege des Aufgebotsverfahrens mit seinem Recht ausgeschlossen werden, wenn seit der letzten sich auf die Hypothek beziehenden Eintragung in das Grundbuch zehn Jahre verstrichen sind und das Recht des Gläubigers nicht innerhalb dieser Frist von dem Eigentümer in einer nach § 212 Abs. 1 Nr. 1 zum Neubeginn der Verjährung geeigneten Weise anerkannt worden ist. ²Besteht für die Forderung eine nach dem Kalender bestimmte Zahlungszeit, so beginnt die Frist nicht vor dem Ablauf des Zahlungstags.

(2) ¹Mit der Erlassung des Ausschlussurteils erwirbt der Eigentümer die Hypothek. ²Der dem Gläubiger erteilte Hypothekenbrief wird kraftlos.

§ 1171 Ausschluss durch Hinterlegung

(1) ¹Der unbekannte Gläubiger kann im Wege des Aufgebotsverfahrens mit seinem Recht auch dann ausgeschlossen werden, wenn der Eigentümer zur Befriedigung des Gläubigers oder zur Kündigung berechtigt ist und den Betrag der Forderung für den Gläubiger unter Verzicht auf das Recht zur Rücknahme hinterlegt. ²Die Hinterlegung von Zinsen ist nur erforderlich, wenn der Zinssatz im Grundbuch eingetragen ist; Zinsen für eine frühere Zeit als das vierte Kalenderjahr vor der Erlassung des Ausschlussurteils sind nicht zu hinterlegen.

(2) ¹Mit der Erlassung des Ausschlussurteils gilt der Gläubiger als befriedigt, sofern nicht nach den Vorschriften über die Hinterlegung die Befriedigung schon vorher eingetreten ist. ²Der dem Gläubiger erteilte Hypothekenbrief wird kraftlos.

(3) Das Recht des Gläubigers auf den hinterlegten Betrag erlischt mit dem Ablauf von 30 Jahren nach der Erlassung des Ausschlussurteils, wenn nicht der Gläubiger sich vorher bei der Hinterlegungsstelle meldet; der Hinterleger ist zur Rücknahme berechtigt, auch wenn er auf das Recht zur Rücknahme verzichtet hat.

Anmerkungen zu den §§ 1170, 1171

1. Allgemeines. Ist der Name oder Aufenthaltsort des Gläubigers unbekannt, so kann er sein Recht gem §§ 1170 f verlieren. Nach § 1170 erwirbt es der Eigentümer als Grundschuld; wer es im Falle des § 1171 erwirbt und in welcher Form (Hypothek, Grundschuld), bestimmen §§ 1143, 1163 I 2. 1

2. Aufgebotsverfahren: ZPO 946–959, 982–987, 1024 I. Hinterlegung: § 378. 2

§ 1172 Eigentümergesamthypothek

(1) Eine Gesamthypothek steht in den Fällen des § 1163 den Eigentümern der belasteten Grundstücke gemeinschaftlich zu.

(2) ¹Jeder Eigentümer kann, sofern nicht ein anderes vereinbart ist, verlangen, dass die Hypothek an seinem Grundstück auf den Teilbetrag, der dem Verhältnisse des Wertes seines Grundstücks zu dem Werte der sämtlichen Grundstücke entspricht, nach § 1132 Abs. 2 beschränkt und in dieser Beschränkung ihm zugeteilt wird. ²Der Wert wird unter Abzug der Belastungen berechnet, die der Gesamthypothek im Range vorgehen.

1 1. **Allgemeines zu §§ 1172–1175.** Sie modifizieren die §§ 1163 f, 1168 für die Gesamthypothek (Begriff § 1132 I 1). Wird der Gläubiger „aus dem Grundstück" (§ 1147) befriedigt, so gelten §§ 1181 f.

2 2. **Anwendungsbereich.** Die mit der Gesamthypothek belasteten Grundstücke müssen verschiedenen Eigentümern gehören; sonst gelten § 1163 (statt I) und § 1132 II (statt II).

3 3. **Die Eigentümergesamtgrundschuld entsteht** nach allg Grundsätzen, I mit §§ 1163, 1177 I. Doch gelten folgende Besonderheiten. Sie entsteht **a)** wenn *alle* Eigentümer den Gläubiger gemeinsam befriedigen (sonst gilt § 1173); bes Fall der Befriedigung in § 1171 II; **b)** wenn der befriedigende persönliche Schuldner, der nicht Eigentümer ist, von *keinem* Eigentümer Ersatz verlangen kann (sind alle ersatzpflichtig, so gilt § 1164; sind es nicht alle, dann gilt § 1174); **c)** wenn der Gläubiger auf die Gesamthypothek an *allen* Grundstücken verzichtet, § 1175 I 1 (bei Verzicht bzgl einzelner Grundstücke erlischt die Hypothek an diesen, § 1175 I 2); **d)** wenn der Gläubiger mit seinem Recht an *allen* Grundstücken ausgeschlossen wird (§ 1175 II).

4 4. Die Gesamtgrundschuld steht den Eigentümern in **Bruchteilsgemeinschaft**, nicht zur gesamten Hand zu (BGH NJW-RR 86, 234). Es gelten §§ 741 ff. Das freie Verteilungsrecht (§ 1132 II) ist zugunsten des einzelnen Eigentümers begrenzt (II).

§ 1173 Befriedigung durch einen der Eigentümer

(1) ¹Befriedigt der Eigentümer eines der mit einer Gesamthypothek belasteten Grundstücke den Gläubiger, so erwirbt er die Hypothek an seinem Grundstück; die Hypothek an den übrigen Grundstücken erlischt. ²Der Befriedigung des Gläubigers durch den Eigentümer steht es gleich, wenn das Gläubigerrecht auf den Eigentümer übertragen wird oder wenn sich Forderung und Schuld in der Person des Eigentümers vereinigen.

(2) Kann der Eigentümer, der den Gläubiger befriedigt, von dem Eigentümer eines der anderen Grundstücke oder einem Rechtsvorgänger dieses Eigentümers Ersatz verlangen, so geht in Höhe des Ersatzanspruchs auch die Hypothek an dem Grundstück dieses Eigentümers auf ihn über; sie bleibt mit der Hypothek an seinem eigenen Grundstück Gesamthypothek.

1 1. **Anwendungsbereich.** Vgl zunächst § 1172 Rn 1. Die mit der Gesamthypothek belasteten Grundstücke müssen verschiedenen Eigentümern gehören, von denen nur einer oder einzelne den Gläubiger befriedigen (befriedigen alle, so gilt § 1172, s dort Rn 3 [a]). I gibt die Regel, II die Ausnahme. § 1173 gilt für jede Art freiwilliger Befriedigung; Erweiterung in I 2 (s RG 77, 151).

2 2. Die gesamthypothekarische Belastung allein gibt dem befriedigenden Eigentümer **kein Rückgriffsrecht** (BGH NJW-RR 95, 589 zur Gesamtgrundschuld); daher erwirbt er idR nur das dingliche Recht an seinem Grundstück (in voller Höhe, BGH NJW 83, 2451), iü erlischt die Hypothek (**I 1**). Das Recht ist Einzeleigentümerhypothek (§§ 1143, 1177 II) oder Einzeleigentümergrundschuld

Titel 1. Hypothek **§§ 1174, 1175**

(§§ 1163 I 2, 1177 I); sofern dem befriedigenden Eigentümer mehrere (nicht alle, sonst § 1172 Rn 2) Grundstücke gehören, ist es Eigentümergesamthypothek oder -grundschuld.

3. Ausnahmsweise steht dem Eigentümer ein **Ersatzanspruch** zu. **a) Dazu bedarf es** eines bes Rechtsgrundes (Vertrag, Ges), denn die Gesamthypothek als solche ist regreßlos. Zum Ersatzanspruch § 1164 Rn 7. Soweit der ersatzberechtigte Eigentümer den Gläubiger befriedigt, erwirbt er die Hypothek am eigenen Grundstück (I 1 mit § 1177 II) und am Grundstück des ersatzpflichtigen Eigentümers als Gesamthypothek (II). Sie sichert seinen Ersatzanspruch (ges Forderungsauswechslung; str, vgl Westermann § 108 V 4). **b) § 1165 gilt entspr,** wenn der Eigentümer zugleich schuldet; zweifelhaft, wenn er nicht schuldet (dafür Baur § 43 II 4 a; abl BGH 52, 97 mN). **c) Allg Vorschriften** über den gemeinsamen Übergang von Forderung und Hypothek (zB § 774 mit § 1153) gehen § 1173 vor (Westermann § 108 V 4).

§ 1174 Befriedigung durch den persönlichen Schuldner

(1) **Befriedigt der persönliche Schuldner den Gläubiger, dem eine Gesamthypothek zusteht, oder vereinigen sich bei einer Gesamthypothek Forderung und Schuld in einer Person, so geht, wenn der Schuldner nur von dem Eigentümer eines der Grundstücke oder von einem Rechtsvorgänger des Eigentümers Ersatz verlangen kann, die Hypothek an diesem Grundstück auf ihn über; die Hypothek an den übrigen Grundstücken erlischt.**

(2) **Ist dem Schuldner nur teilweise Ersatz zu leisten und geht deshalb die Hypothek nur zu einem Teilbetrag auf ihn über, so hat sich der Eigentümer diesen Betrag auf den ihm nach § 1172 gebührenden Teil des übrig bleibenden Betrags der Gesamthypothek anrechnen zu lassen.**

1. Anwendungsbereich. Vgl zunächst § 1172 Rn 1. Der persönliche Schuldner ist nicht zugleich Eigentümer (sonst § 1173) und hat einen Ersatzanspruch nur gegen einen oder einige Eigentümer oder deren Rechtsvorgänger (wenn gegen alle, so gilt § 1164; wenn keiner ersatzpflichtig ist, dann gilt § 1172 I, vgl § 1172 Rn 3 [b]). §§ 1165–1167 sind entspr anwendbar. Zum Ersatzanspruch § 1164 Anm 2 c.

2. Wirkung. a) Bis zur Höhe des Ersatzanspruchs geht die Hypothek am Grundstück des (der) Ersatzpflichtigen auf den Schuldner über (ges Forderungsauswechslung wie in § 1164, vgl dort Rn 2); insoweit erlischt die Hypothek an den übrigen Grundstücken **(I). b)** Kann der Schuldner nur Teilersatz verlangen und befriedigt voll, so gelten für den überschießenden Betrag §§ 1163 I 2, 1172 I; § 1172 II wird durch **II** modifiziert.

§ 1175 Verzicht auf die Gesamthypothek

(1) ¹**Verzichtet der Gläubiger auf die Gesamthypothek, so fällt sie den Eigentümern der belasteten Grundstücke gemeinschaftlich zu; die Vorschrift des § 1172 Abs. 2 findet Anwendung.** ²**Verzichtet der Gläubiger auf die Hypothek an einem der Grundstücke, so erlischt die Hypothek an diesem.**

(2) **Das Gleiche gilt, wenn der Gläubiger nach § 1170 mit seinem Recht ausgeschlossen wird.**

1. Verzicht auf die Gesamthypothek **an allen Grundstücken** läßt Eigentümergrundschuld entstehen (**I 1** mit §§ 1168, 1177 I; vgl § 1172 Rn 1, 3 [c]). Die Voraussetzungen des § 1168 (dort Rn 2, 3) müssen für alle Grundstücke vorliegen.

2. Verzicht auf die Hypothek **an einzelnem Grundstück** läßt sie erlöschen **(I 2)**. Das ist unbillig, wenn dadurch der Ersatzanspruch eines anderen Eigentümers

§§ 1176, 1177   Buch 3. Abschn. 7. Hypothek, Grundschuld, Rentenschuld

oder des persönlichen Schuldners (vgl §§ 1164, 1173 II, 1174) ungesichert ist. § 1165 hilft nicht unmittelbar, weil er nur bei Gesamtverzicht iSv I 1 gilt (Erm-Räfle 2); str, ob entspr anwendbar (abl BGH 52, 97, wenn der Eigentümer nicht schuldet, vgl § 1173 Rn 3 [b]). Zustimmung des Eigentümers (vgl § 1183, GBO 27) unnötig.

3   **3.** Dem **Verzicht gleichgestellt** ist der Gläubigerausschluß an allen Grundstükken, II mit § 1170. Zu § 418 I 2, 3 vgl § 1168 Rn 6.

§ 1176 Eigentümerteilhypothek; Kollisionsklausel

Liegen die Voraussetzungen der §§ 1163, 1164, 1168, 1172 bis 1175 nur in Ansehung eines Teilbetrags der Hypothek vor, so kann die auf Grund dieser Vorschriften dem Eigentümer oder einem der Eigentümer oder dem persönlichen Schuldner zufallende Hypothek nicht zum Nachteil der dem Gläubiger verbleibenden Hypothek geltend gemacht werden.

1   **1. Anwendungsbereich.** Betrifft nur ges **Übergang** eines **Teils** der Hypothek auf den Eigentümer, Dritten usw; ein Teil bleibt beim Gläubiger. Bei rechtsgeschäftlicher Teilübertragung haben die Teile gleichen Rang.

2   **2. Wirkung.** Das Teilrecht des Gläubigers hat kraft Ges Vorrang vor dem übergegangenen Teil, damit der Gläubiger im Fall des ges Übergangs nicht schlechter als bei Teillöschung steht (allg Rechtsgedanke, vgl §§ 268 III 2, 426 II 2, 774 I 2, 1143 I 2, 1150, 1182 S 2, 1249 S 2, ZVG 128 III 2). Die ges Rangfolge wirkt dinglich (RG 131, 326). Berichtigung (§ 894) möglich und wegen § 892 empfehlenswert.

§ 1177 Eigentümergrundschuld, Eigentümerhypothek

(1) ¹Vereinigt sich die Hypothek mit dem Eigentum in einer Person, ohne dass dem Eigentümer auch die Forderung zusteht, so verwandelt sich die Hypothek in eine Grundschuld. ²In Ansehung der Verzinslichkeit, des Zinssatzes, der Zahlungszeit, der Kündigung und des Zahlungsorts bleiben die für die Forderung getroffenen Bestimmungen maßgebend.

(2) Steht dem Eigentümer auch die Forderung zu, so bestimmen sich seine Rechte aus der Hypothek, solange die Vereinigung besteht, nach den für eine Grundschuld des Eigentümers geltenden Vorschriften.

1   **1. Allgemeines** zum Eigentümergrundpfandrecht vgl § 1163 Rn 1–6. § 1177 regelt den Inhalt des Rechts; I behandelt die Eigentümergrundschuld, II die Eigentümerhypothek (zum Begriff Rn 19, 20 vor § 1113). In beiden Fällen vereinigt sich das wirksam entstandene (§ 1113 Anm 5) dingliche Recht mit dem Eigentum; I gilt im Falle von § 1163 I 1 entspr (§ 1163 Rn 1).

2   **2. Eigentümergrundschuld (I). a) Erwirbt der Eigentümer** die Hypothek ohne Forderung, so wird sie in seiner Hand zur Eigentümergrundschuld (I 1) mit dem bisherigen Rang. Fälle: §§ 418 I, 1163, 1168 I, 1170 II, 1172 I, 1175; ZPO
3   868, 932 II; ferner §§ 1171, 1173 (wenn Eigentümer auch schuldet). **b) Inhalt.** Er bestimmt sich vornehmlich nach der nicht (mehr) bestehenden Forderung **(I 2).** §§ 1193f gelten nicht. Zum Zinsanspruch des Eigentümers § 1197 II. Durch ratenweise Rückzahlung einer Tilgungshypothek entstehende Eigentümergrundschuld (Rn 9 vor § 1113) ist kündbar gem I 2 (BGH 71, 209); sie ist unverzinslich nur, solange sie nicht an Dritte abgetreten ist (rückwirkender Zinsbeginn zulässig,
4   Celle NJW-RR 89, 1244 mN, str); **c) Veräußert der Eigentümer das Grundstück,** so bleibt ihm das Recht als Fremdgrundschuld. Ebenso ist es bei einer Zwangsversteigerung, wenn die Grundschuld im geringsten Gebot (ZVG 44) steht (BGH ZIP 86, 90); ist sie dort nicht berücksichtigt, dann fällt ein etwaiger
5   Erlös dem Eigentümer zu. **d) Verfügen** kann der Eigentümer über die Grundschuld, dh sie abtreten (§§ 1192 I, 1154; vgl § 1163 Rn 16 zur Voreintragung des

1288   *Jauernig*

Titel 1. Hypothek **§ 1178**

Eigentümers gem GBO 39), belasten (§§ 1069 I, 1274 I, 1291), aufheben (§§ 875 f), inhaltlich ändern (insbes umwandeln, § 1198). Umwandlung in Hypothek nur für einen Dritten (nicht für den Eigentümer) zur Sicherung von dessen Forderung. Zur Verfügung über vorläufige und künftige Eigentümergrundschulden vgl § 1163 Rn 11, 15. **e) Pfändung** ist zulässig (nach hM gem ZPO 857 VI, nach 6 der zutr Gegenansicht gem ZPO 857 II; vgl Jauernig, ZwV, § 20 III 3 mN). **f) Vollstreckung** aus der Grundschuld durch den Eigentümer ist ausgeschlossen 7 (§ 1197 I). Diese Einschränkung gilt nicht für (Pfändungs-)Pfandgläubiger (§ 1197 Rn 1).

3. Eigentümerhypothek (II). Der Eigentümer erwirbt nachträglich Forderung 8 und Hypothek. Eine ursprüngliche Eigentümerhypothek ist unzulässig, ebenso die Umwandlung aus einer Grundschuld. Hauptfall der Eigentümerhypothek: §§ 1143, 1153. Das Recht wird wie eine Eigentümergrundschuld behandelt **(II),** insbes gilt § 1197. Das ändert sich, wenn der Eigentümer das Grundstück oder die Forderung samt Hypothek (§ 1154) veräußert: das Recht wird Fremdhypothek; §§ 1137 f sind anwendbar.

§ 1178 Hypothek für Nebenleistungen und Kosten

(1) ¹Die Hypothek für Rückstände von Zinsen und anderen Nebenleistungen sowie für Kosten, die dem Gläubiger zu erstatten sind, erlischt, wenn sie sich mit dem Eigentum in einer Person vereinigt. ²Das Erlöschen tritt nicht ein, solange einem Dritten ein Recht an dem Anspruch auf eine solche Leistung zusteht.

(2) ¹Zum Verzicht auf die Hypothek für die im Absatz 1 bezeichneten Leistungen genügt die Erklärung des Gläubigers gegenüber dem Eigentümer. ²Solange einem Dritten ein Recht an dem Anspruch auf eine solche Leistung zusteht, ist die Zustimmung des Dritten erforderlich. ³Die Zustimmung ist demjenigen gegenüber zu erklären, zu dessen Gunsten sie erfolgt; sie ist unwiderruflich.

1. Anwendungsbereich. § 1178 enthält zwingende Sonderregelung für 1 **rückständige** (dh fällige) Zinsen und andere **Nebenleistungen** (zu diesen § 1115 Rn 5) sowie die in § 1118 genannten Kosten (keine anderen, hM). Für Zinsrückstände entstehen keine Eigentümergrundpfandrechte; Grund: Schutz des nachstehend Berechtigten (vgl RG 143, 286).

2. Bei **Vereinigung mit dem Eigentum** erlischt kraft Ges die Hypothek für 2 Rückstände usw (**I 1;** Abweichung von §§ 889, 1177); Ausnahme in **I 2** bei Belastung der Hypothek mit Nießbrauch (§§ 1068 ff) oder Pfandrecht (§§ 1273 ff). Grund der Vereinigung gleichgültig. Keine Vereinigung, wenn ersatzberechtigter persönlicher Schuldner zahlt; denn § 1178 schließt den § 1164 nicht aus (RG 143, 285 f).

3. Zum **Verzicht** genügt formlose Erklärung gegenüber dem Eigentümer; Ein- 3 tragung weder nötig noch möglich (**II 1;** Abweichung von § 1168 II). Folge: Vereinigung von Hypothek und Eigentum (§ 1168 I) und damit Erlöschen der Hypothek (I). Zustimmungserklärung des Nießbrauchers oder Pfandgläubigers (II 2, 3) formlos gültig.

4. Die Hypothek für **künftige Nebenleistungen** und andere als in § 1118 4 genannte Kosten (vgl Rn 1) unterfällt §§ 1168, 1177, 1197. Für aufschiebend bedingte Nebenleistungen (zB Strafzinsen) ist die Hypothek selbst idR aufschiebend bedingt bestellt (RG 136, 76 ff; Wirkung: § 1113 Rn 14); ist sie unbedingt bestellt, so gilt § 1178 entspr (RG 136, 78 ff; BayObLG NJW-RR 01, 879).

Jauernig 1289

§ 1179 Löschungsvormerkung

Verpflichtet sich der Eigentümer einem anderen gegenüber, die Hypothek löschen zu lassen, wenn sie sich mit dem Eigentum in einer Person vereinigt, so kann zur Sicherung des Anspruchs auf Löschung eine Vormerkung in das Grundbuch eingetragen werden, wenn demjenigen, zu dessen Gunsten die Eintragung vorgenommen werden soll,
1. ein anderes gleichrangiges oder nachrangiges Recht als eine Hypothek, Grundschuld oder Rentenschuld am Grundstück zusteht oder
2. ein Anspruch auf Einräumung eines solchen anderen Rechts oder auf Übertragung des Eigentums am Grundstück zusteht; der Anspruch kann auch ein künftiger oder bedingter sein.

Lit: Zagst, Das Recht der Löschungsvormerkung und seine Reform, 1973. – Zur Neuregelung Kollhosser JA 79, 176; Stöber Rpfleger 77, 399 und 425; krit Reithmann ZRP 77, 84.

1   **1. Allgemeines. a)** §§ 1179 nF, 1179 a, b gelten seit 1. 1. 1978 (dazu BGH 99, 368 ff). Zum Übergangsrecht vgl Ges vom 22. 6. 1977 (BGBl I 998) Art 8 § 1;
2   Stöber aaO S 431 f. **b) Problem.** Grundpfandgläubiger sind idR daran interessiert, daß gleich- oder vorrangige Grundpfandrechte aufgehoben werden und damit erlöschen, wenn oder sobald sie sich mit dem Eigentum am belasteten Grundstück vereinigt sind. Mit der Aufhebung dieses Rechts steigt das gleich- oder nachrangige Grundpfandrecht im Wert, denn es rückt auf oder steht allein auf der Rangstufe (vgl Rn 15, 24 vor § 1113). § 1179 a gewährt jedem gleich- oder nachrangigen Grundpfandgläubiger einen gesetzlichen Löschungsanspruch (als Inhalt des Grundpfandrechts), der ohne Grundbucheintragung als durch Vormerkung gesichert anzusehen ist (Erweiterung in § 1179 b: „Löschungsvormerkung am eigenen Recht"); einen vormerkungsfähigen vertraglichen Löschungsanspruch gibt es nur für die in § 1179 Nr 1 und 2 genannten Personen. § 1179 entspricht dem § 1179 aF, schränkt aber den Kreis der möglichen Vormerkungsberechtigten drastisch ein.

3   **2. Der gesicherte obligatorische Löschungsanspruch. a) Er beruht idR**
4   auf Vertrag, uU auf Ges. **b) Personenidentität** muß bestehen zwischen Anspruchsinhaber und Vormerkungsberechtigtem (Rn 6, 7), hingegen *nicht* (abw von § 883, vgl dort Rn 10) zwischen dem Anspruchsgegner (= Eigentümer, Rn 8) und dem Inhaber der von der Löschungsvormerkung betroffenen Hypothek. An dieser Identität wird es zZ der Vormerkungseintragung idR fehlen, weil die
5   Hypothek noch dem Gläubiger zusteht (vgl Rn 5). **c) Inhalt.** Er greift auf Aufhebung (ungenau: Löschung, vgl § 875 I 1) der Hypothek, sobald sich das Grundpfandrecht mit dem Eigentum vereinigt hat. Gleichgültig ist, wer zu diesem Zeitpunkt Eigentümer ist. Die Vereinigung muß endgültig sein; daher wird die vorläufige Eigentümergrundschuld (§ 1163 Rn 1, 10–12) nicht vom Löschungsanspruch erfaßt. Davon abgesehen hängt es von der (Auslegung der) Vereinbarung (Rn 3) ab, ob der Anspruch nur eine künftige oder eine bestehende Vereinigung trifft. Das ist nach hM (StWolfsteiner 20 mN) anhand der Eintragungsbewilligung und sonstiger für jedermann zutage liegender Umstände zu ermitteln (gegen diese Einengung § 873 Rn 27). IZw ist auch die bestehende Vereinigung gemeint (BGH 60, 233 f; NJW 73, 896 stehen nicht entgegen). Nach hM (ErmWenzel 2 mN) greift § 1179 auch ein, wenn das aufzuhebende Recht bereits als Eigentümergrundschuld eingetragen ist und damit – wegen bestehender Personenidentität von Anspruchsgegner und Inhaber des betroffenen Rechts sowie dessen Eintragung – § 883 anwendbar wäre (vgl Rn 4); Grund: § 883 schließt § 1179 nicht aus, und nur über § 1179 ist eine *künftige* Wiedervereinigung des Eigentums und der zwischenzeitlich zur Fremdhypothek werdenden Eigentümergrundschuld zu erfassen. – Zur problematischen Sicherung eines Zwischenkredits (§ 1163 Rn 11) bei Bestehen einer Löschungsvormerkung: BGH 60, 232 ff und NJW 73, 896 (dazu krit Mittenzwei NJW 73, 1196); Zagst aaO S 79 ff (ausführlich); Kollhosser aaO S 179 f (bzgl § 1179 a II).

Titel 1. Hypothek **§ 1179**

3. Gläubiger eines vormerkungsfähigen Löschungsanspruchs können nur die in 6
Nr 1, 2 Genannten sein. **a) Nr 1** betrifft Inhaber eines beschränkten dinglichen
Rechts am Grundstück, ausgenommen Grundpfandgläubiger. Bsp: Berechtigte von
Dienstbarkeiten, Reallasten, dinglichen Vorkaufsrechten; Grundpfandgläubiger
nur, wenn ihnen auch ein anderes beschränktes dingliches Recht am Grundstück
zusteht und allein zu dessen Gunsten. Aufzuhebendes Grundpfandrecht muß
gleich- oder vorrangig gegenüber dem Recht des Gläubigers sein. **b) Nr 2** betrifft 7
Inhaber eines schuldrechtlichen Anspruchs auf Einräumung eines in Nr 1 genannten Rechts sowie auf Eigentumsübertragung. Unschädlich, daß Anspruchsberechtigter zugleich Grundpfandgläubiger ist (vgl Rn 6).

4. Schuldner ist der zur Löschung verpflichtete Eigentümer. Er bleibt es auch, 8
wenn er das Grundstück nach Vormerkungsentstehung veräußert (vgl Rn 10 [b]),
es sei denn, der Erwerber übernimmt die Schuld. Kein Vormerkungsfall, wenn der
Veräußerer Schuldner bleibt und die Hypothek gem § 1164 erwirbt.

5. Entstehung der Vormerkung. Sie erfordert **a) Löschungsanspruch** 9
(Rn 3–5); **b) Eintragungsbewilligung** des eingetragenen Eigentümers oder
einstw Verfügung (§ 885 I); **c) Eintragung** bei dem betroffenen Recht (GBV
12 I Buchst c), und zwar frühestens mit der Hypothekentstehung dieses Rechts, auch wenn
hierfür bereits eine Vormerkung besteht (BayObLG MDR 75, 664). Bei einer
Briefhypothek muß der Brief nicht vorgelegt werden (GBO 41 I 3). Auf welche
Fälle sich der vorgemerkte Anspruch bezieht, kann in der Eintragungsbewilligung
stehen (§ 885 II; vgl Rn 5). Zur Eintragung des Berechtigten bei subj-dinglichem
Recht BayObLG NJW 81, 2583 f.

6. Wirkungen. a) Keine Grundbuchsperre (§ 883 Rn 13). **b) Im Vereinigungsfall** kann der Gläubiger vom Schuldner die Aufhebung („Löschung") verlangen. Hat der Schuldner das Grundstück nach Bestellung der Vormerkung veräußert, 10
ohne daß der neue Eigentümer die Schuld übernimmt (vgl Rn 8), so muß dieser
zustimmen (§ 888 I). **c) Ist der ehemalige Hypothekengläubiger noch eingetragen,** so kann der Vormerkungsberechtigte von ihm die Löschungsbewilligung 11
verlangen (Wörbelauer NJW 58, 1514). **d) Die Auswirkung der Löschungsvormerkung** auf *Verfügungen* über die Hypothek, die nach der Vereinigung *vom nunmehr* 12
nur scheinberechtigten Hypothekengläubiger vorgenommen werden, ist str. Bsp: Die
Hypothek ist gem §§ 1163 I 2, 1177 I zur Eigentümergrundschuld geworden, der
ehemalige Hypothekengläubiger ist aber noch durch Eintragung oder gem § 1155
legitimiert; überträgt er die „Hypothek", so erlangt der Erwerber gem §§ 1138, 892,
1155 unstr eine Fremdgrundschuld. Nach stRspr des RG (93, 117) ist der Erwerb
dem Vormerkungsberechtigten gegenüber gem § 883 II 1 unwirksam, so daß dieser
nach § 888 I vom Erwerber die Zustimmung zur Löschung der Grundschuld verlangen kann. Die heute hM glaubt, die Löschungsvormerkung nütze nichts gegen
solche Manipulationen des legitimierten Scheingläubigers (MK/Eickmann 34 mN;
zur Problematik auch BT-Drs 8/89 S 15). Dem RG ist zuzustimmen. IdR muß die
Vormerkung nur gegen Verfügungen des Vormerkungsverpflichteten schützen; hier
aber kann über §§ 1138, 892, 1155 auch die Verfügung eines Dritten (des legitimierten Scheingläubigers) den Löschungsanspruch vereiteln. Die Unwirksamkeit auch
solcher Verfügungen entspricht dem Wortlaut des § 883 II 1 (das gegen Zagst aaO
S 45). Die Löschungsvormerkung schützt so „gegen die Gefahren des gutgl Erwerbs" (RG JW 08, 275). Das genügt. Eine „widerspruchsgleiche Wirkung der
Vormerkung" hat das RG aaO nicht angenommen, vielmehr gemeint, da die Vormerkung nach Ansicht des Berufungsgerichts in casu auch den Fall des § 1163 I 1
umfasse, habe sie „zugleich" (!) für diesen Fall die Bedeutung eines Widerspruchs.
Damit wollte sich das RG nur die Erörterung ersparen, ob aus der „bes Natur" der
Löschungsvormerkung oder des Hypothekenrechts eine Ausnahme von § 883 II
(Schutz gegen gutgl Erwerb) herzuleiten sei. Für solche Ausnahme fehlt jede Grundlage. **e) Zur Wirkung im Insolvenzverfahren:** InsO 106 I. **f)** Zur Wirkung in der 13
Zwangsversteigerung: BGH 25, 382 ff; 39, 242 ff; Zagst aaO S 100 ff.

§ 1179 a Buch 3. Abschn. 7. Hypothek, Grundschuld, Rentenschuld

14 **7. Löschungsvormerkung bei einer Grundschuld. a) Sie erfaßt nur** die Vereinigung von Eigentum und Grundschuld. Zu dieser kommt es bei Übertragung der Grundschuld an den Eigentümer, bei Grundstückserwerb durch den Grundschuldgläubiger (vgl § 889), bei Verzicht (§ 1168), Zahlung auf die Grundschuld (§ 1191 Rn 11 [aa, bb]; § 1192 Rn 2 [f]), ferner bei §§ 1170, 1171, 418

15 I 2. **b) Keine Vereinigung** findet statt, wenn **bei der Sicherungsgrundschuld** die gesicherte Forderung nicht entsteht oder erlischt; denn § 1163 I ist unanwendbar (§ 1191 Rn 6). Der Eigentümer kann nur Übertragung, Verzicht oder Aufhebung der Grundschuld verlangen (§ 1191 Rn 9, 12, 15). Den künftigen oder – falls aus dem Sicherungsvertrag stammend (vgl BGH NJW 77, 247; § 1191 Rn 15) – aufschiebend bedingten Anspruch auf Übertragung usw kann der Eigentümer an den nach § 1179 Vormerkungsberechtigten abtreten und durch Vormerkung gem §§ 883 ff sichern (zum Unterschied zwischen künftigem und aufschiebend bedingtem Anspruch § 883 Rn 7–9). Die Eintragung erfolgt aufgrund Bewilligung des gegenwärtigen Grundschuldgläubigers (Hamm NJW-RR 90, 273) oder aufgrund einstw Verfügung gegen ihn (aA Dempewolf NJW 57, 1259; MK/Eickmann 17 mwN, da ein Bewilligungsanspruch nicht bestehe – aber nicht dieser, sondern der Anspruch iSv § 883 Rn 4, 5, 7 wird gesichert: § 883 Rn 11; sa MK/Wacke § 885, 3; Baur, Studien zum einstw Rechtsschutz, 1967, S 48 f). Zur Vormerkungsfähigkeit künftiger Ansprüche § 885 Rn 8. Ohne diese Maßnahme ist der nur gem § 1179 Begünstigte schutzlos, insbes bei Pfändung des Anspruchs auf Übertragung usw durch einen Dritten oder bei Abtretung an ihn (vgl BGH NJW 75, 980 f). Ie str; vgl Stöber aaO S 402.

§ 1179 a Löschungsanspruch bei fremden Rechten

(1) ¹Der Gläubiger einer Hypothek kann von dem Eigentümer verlangen, dass dieser eine vorrangige oder gleichrangige Hypothek löschen lässt, wenn sie im Zeitpunkt der Eintragung der Hypothek des Gläubigers mit dem Eigentum in einer Person vereinigt ist oder eine solche Vereinigung später eintritt. ²Ist das Eigentum nach der Eintragung der nach Satz 1 begünstigten Hypothek durch Sondernachfolge auf einen anderen übergegangen, so ist jeder Eigentümer wegen der zur Zeit seines Eigentums bestehenden Vereinigungen zur Löschung verpflichtet. ³Der Löschungsanspruch ist in gleicher Weise gesichert, als wenn zu seiner Sicherung gleichzeitig mit der begünstigten Hypothek eine Vormerkung in das Grundbuch eingetragen worden wäre.

(2) ¹Die Löschung einer Hypothek, die nach § 1163 Abs. 1 Satz 1 mit dem Eigentum in einer Person vereinigt ist, kann nach Absatz 1 erst verlangt werden, wenn sich ergibt, dass die zu sichernde Forderung nicht mehr entstehen wird; der Löschungsanspruch besteht von diesem Zeitpunkt ab jedoch auch wegen der vorher bestehenden Vereinigungen. ²Durch die Vereinigung einer Hypothek mit dem Eigentum nach § 1163 Abs. 2 wird ein Anspruch nach Absatz 1 nicht begründet.

(3) Liegen bei der begünstigten Hypothek die Voraussetzungen des § 1163 vor, ohne dass das Recht für den Eigentümer oder seinen Rechtsnachfolger im Grundbuch eingetragen ist, so besteht der Löschungsanspruch für den eingetragenen Gläubiger oder seinen Rechtsnachfolger.

(4) Tritt eine Hypothek im Range zurück, so sind auf die Löschung der ihr infolge der Rangänderung vorgehenden oder gleichstehenden Hypothek die Absätze 1 bis 3 mit der Maßgabe entsprechend anzuwenden, dass an die Stelle des Zeitpunkts der Eintragung des zurückgetretenen Rechts der Zeitpunkt der Eintragung der Rangänderung tritt.

(5) ¹Als Inhalt einer Hypothek, deren Gläubiger nach den vorstehenden Vorschriften ein Anspruch auf Löschung zusteht, kann der Ausschluss

Titel 1. Hypothek **§ 1179 a**

dieses Anspruchs vereinbart werden; der Ausschluss kann auf einen bestimmten Fall der Vereinigung beschränkt werden. ²Der Ausschluss ist unter Bezeichnung der Hypotheken, die dem Löschungsanspruch ganz oder teilweise nicht unterliegen, im Grundbuch anzugeben; ist der Ausschluss nicht für alle Fälle der Vereinigung vereinbart, so kann zur näheren Bezeichnung der erfassten Fälle auf die Eintragungsbewilligung Bezug genommen werden. ³Wird der Ausschluss aufgehoben, so entstehen dadurch nicht Löschungsansprüche für Vereinigungen, die nur vor dieser Aufhebung bestanden haben.

Lit: s § 1179.

1. Allgemeines. Vgl § 1179 Rn 1, 2. 1

2. Der Löschungsanspruch. a) Er besteht kraft Ges als Inhalt der begünstigten Hypothek. **b) Inhalt.** Er geht auf Aufhebung (ungenau: Löschung, vgl § 875 I 1) einer gleich- oder vorrangigen Hypothek bei schon bestehender oder künftig eintretender Vereinigung mit dem Eigentum, **I 1**. Vereinigung erfolgt zB gem §§ 889, 1143, 1163 I (dazu § 1179 a II), 1168, 1170 II. Sie muß endgültig sein. Daraus zieht **II 1** HS 1 für vorläufige Eigentümergrundschuld des § 1163 I 1 die Konsequenz (vgl § 1179 Rn 5); steht fest, daß die Forderung nicht mehr entstehen kann, so erfaßt der Löschungsanspruch das betroffene Grundpfandrecht auch, wenn darüber verfügt wurde, bevor das Schicksal der Forderung feststand (II 1 HS 2); zur Problematik beim *Zwischenkredit* (§ 1163 Rn 11) vgl Kollhosser JA 79, 179 f, ferner § 1179 Rn 5. Für eine Eigentümergrundschuld gem § 1163 II gibt **II 2** Sondervorschrift; ihr geht aber II 1 vor, wenn schon vor Briefübergabe feststeht, daß die Forderung nicht mehr entstehen wird (MK/ Eickmann 24, hM; aA StWolfsteiner 39). **c) Ausschluß** des Anspruchs ist möglich bei Bestellung der begünstigten Hypothek oder nachträglich (Inhaltsänderung; § 877) durch Einigung zwischen Gläubiger und Eigentümer sowie Eintragung (V 1); vom Löschungsanspruch nicht erfaßte Hypotheken sind im Grundbuch selbst anzugeben (V 2 HS 1); sollen nicht alle Vereinigungsfälle erfaßt werden, so genügt insoweit Bezugnahme auf Eintragungsbewilligung (V 2 HS 2). Zur Reichweite des Löschungsanspruchs bei Aufhebung des Ausschlusses vgl V 3. 2 3 4

3. Gläubiger des ges Löschungsanspruchs (Rn 2) ist der jeweilige Inhaber der begünstigten (gleich- oder nachrangigen) Hypothek. **a) Abtretung** der hypothekarisch gesicherten Forderung („der Hypothek") läßt den Anspruch als Inhalt der Hypothek mit übergehen. Selbständige Abtretung des Anspruchs ist ausgeschlossen. **b) Nur der wirkliche Inhaber** der begünstigten Hypothek ist Gläubiger. Das ist der eingetragene Gläubiger im Fall des § 1163 erst bei Eintritt der fehlenden Voraussetzungen, doch wird mit deren Eintritt die Wirkung des Löschungsschutzes iSv I 1 auf den Zeitpunkt der Eintragung des begünstigten Rechts zurückdatiert (das ist der str Sinn von **III**: ErmWenzel 3 mN, hM; dagegen und für Verfassungswidrig- und Nichtigkeit von III StWolfsteiner 46). **c) Auch eine Zwangshypothek** (ZPO 866 ff) kann begünstigte Hypothek sein; wichtig für Zwangsvollstreckung in ein mit Eigentümergrundschulden belastetes Grundstück durch nicht dinglich gesicherten Vollstreckungsgläubiger (vgl Stöber aaO S 426). Unter § 1179 a fällt auch die Sicherungshypothek iSv ZVG 128, 130, aber nicht die Arresthypothek (ZPO 932 I 2). 5 6 7

4. Schuldner ist gem I 1, 2 der Eigentümer zZ der Eintragung der begünstigten Hypothek bzw bereits bestehender Vereinigungen; für spätere Vereinigungen ist Schuldner, wer zZ des Eintritts der jeweiligen Vereinigung Eigentümer (gewesen) ist. Bei Übertragung von Eigentum und Eigentümergrundschuld sind Schuldner der neue und der alte Eigentümer (vgl I 2; Stöber aaO S 428; aA MK/Eickmann 21: nur der neue). Für Einreden des Eigentümers gegen die Geltendmachung des Löschungsanspruchs gilt § 1157 (Stöber aaO S 430). 8

Jauernig 1293

§§ 1179 b, 1180 Buch 3. Abschn. 7. Hypothek, Grundschuld, Rentenschuld

9   5. Vorrangige Hypotheken können nicht begünstigt iSv I sein. Anders, wenn sie im **Rang zurücktreten;** dann gelten I–III, wobei auf den Zeitpunkt der Eintragung der Rangänderung abzustellen ist, **IV** (ie Stöber aaO S 428).

10   6. **Wirkungen. a)** Der Löschungsanspruch ist kraft Ges so gesichert, wie wenn für ihn gleichzeitig mit der begünstigten Hypothek eine Vormerkung eingetragen worden wäre, I 3. Mit Hilfe dieser Fiktion gelten §§ 883 ff, soweit nicht § 1179 a Sonderregeln enthält (zB Verzicht auf Personenidentität von Schuldner und Inha-
11 ber des betroffenen Rechts; sa § 1179 Rn 4). Vgl ferner § 1179 Rn 10–13. **b)** Zur Wirkung in der Zwangsversteigerung, wenn nur das betroffene, nicht das begünstigte Recht im geringsten Gebot steht, vgl ZVG 44, 52 I, 91 I, IV 1, 130, 130 a, 131.

12   7. **Grund- und Rentenschuld** können ebenfalls vom Löschungsanspruch begünstigt und betroffen sein (§§ 1192 I, 1199 I). **a) Zur Vereinigung** von Grundschuld und Eigentum vgl § 1179 Rn 14. Für die Briefgrundschuld gilt II 2, wenn Brief noch nicht übergeben (§§ 1192 I, 1163 II). Zur Abtretung und Sicherung (gem §§ 883 ff) des künftigen Anspruchs des Eigentümers auf Übertragung
13 der Grundschuld gilt § 1179 Rn 15 entspr. **b) Ursprüngliche Eigentümergrundschuld** (§ 1196) unterfällt dem Löschungsanspruch erst, wenn sie einmal Fremdrecht war und sodann Vereinigung mit dem Eigentum eingetreten ist, **§ 1196 III** (s BGH 108, 241). Das beschränkt die Verwendungsfähigkeit einer Eigentümerbriefgrundschuld zur verdeckten Kreditsicherung durch Abtretung außerhalb des Grundbuchs. Zum Ausschluß gem **V** s BayObLG NJW-RR 92, 307; zu den Gefahren für (weiteren) Briefgrundschuldgläubiger und der nur zT möglichen Abwendung gem V vgl Stöber aaO S 431; Kollhosser JA 79, 232 ff (er empfiehlt Verpfändung statt Abtretung; MK/Eickmann § 1196, 22 wendet bei Verpfändung § 1196 III analog an!). Zur entspr Anwendung von § 1196 III bei **nachträglicher Eigentümergrundschuld** BGH 136, 251 ff.

§ 1179 b Löschungsanspruch bei eigenem Recht

(1) **Wer als Gläubiger einer Hypothek im Grundbuch eingetragen oder nach Maßgabe des § 1155 als Gläubiger ausgewiesen ist, kann von dem Eigentümer die Löschung dieser Hypothek verlangen, wenn sie im Zeitpunkt ihrer Eintragung mit dem Eigentum in einer Person vereinigt ist oder eine solche Vereinigung später eintritt.**

(2) § 1179 a Abs. 1 Satz 2, 3, Abs. 2, 5 ist entsprechend anzuwenden.

1   1. Die Vorschrift gewährt dem durch Bucheintrag oder gem § 1155 legitimierten Gläubiger einen bes Löschungsanspruch gegen den eingetragenen Eigentümer (I, II iVm § 1179 a I 2), wenn und sobald seine (wirkliche oder scheinbare) Hypothek, Grund- oder Rentenschuld (§§ 1192 I, 1199 I) mit dem Eigentum vereinigt ist (wichtig zB bei häufigerem Eigentumswechsel während der Tilgungszeit wegen der Folge § 1163 Rn 14). Der Anspruch wird entspr II iVm § 1179 I 3 so gesichert, als sei für ihn eine Vormerkung eingetragen (Löschungsvormerkung am eigenen Recht). Ausschluß des Anspruchs ist möglich (II iVm § 1179 a V). StWolfsteiner 1–3 hält § 1179 b für verfassungswidrig und nichtig, da er einem Nichtberechtigten (Scheingläubiger) ungerchtfertigte Eingriffe in das Eigentum Dritter gestatte; sa § 1179a Rn 6.

§ 1180 Auswechslung der Forderung

(1) ¹**An die Stelle der Forderung, für welche die Hypothek besteht, kann eine andere Forderung gesetzt werden.** ²**Zu der Änderung ist die Einigung des Gläubigers und des Eigentümers sowie die Eintragung in das Grundbuch erforderlich; die Vorschriften des § 873 Abs. 2 und der §§ 876, 878 finden entsprechende Anwendung.**

Titel 1. Hypothek **§ 1181**

(2) ¹Steht die Forderung, die an die Stelle der bisherigen Forderung treten soll, nicht dem bisherigen Hypothekengläubiger zu, so ist dessen Zustimmung erforderlich; die Zustimmung ist dem Grundbuchamt oder demjenigen gegenüber zu erklären, zu dessen Gunsten sie erfolgt. ²Die Vorschriften des § 875 Abs. 2 und des § 876 finden entsprechende Anwendung.

1. Allgemeines. a) Auswechslung der hypothekarisch gesicherten Forderung ist rechtsgeschäftlich so möglich, daß der *Gläubiger bleibt* (I) *oder* auch der Gläubiger *wechselt* (II). Voraussetzung ist eine bereits bestehende rechtsgültige Hypothek (RG 139, 129). Die Auswechslung ist Verfügung über Hypothek und Eigentum. **b) Die neue Forderung** kann einen anderen Schuldner haben. Sie darf nicht höher sein als die bisherige, über den überschießende Betrag ist als neue Hypothek einzutragen; die Eintragung der ungeteilten Forderung macht das Grundbuch nur in Höhe des überschießenden Betrags und nur dann unrichtig, wenn gleich- oder nachstehende Berechtigte vorhanden sind und nicht zustimmen (StWolfsteiner 9). Zur Verschärfung der Haftung und Erhöhung von Nebenleistungen vgl § 1119 Rn 1.

2. Voraussetzungen der Auswechslung. **a) Ohne Gläubigerwechsel, I.** Einigung zwischen Eigentümer und Gläubiger; Eintragung im Grundbuch, dabei Bezeichnung der Forderung gem § 1115 (vgl RG 147, 302). Verfahrensrechtlich müssen Eigentümer und Gläubiger bewilligen (GBO 19, 29); für die Briefhypothek ferner GBO 65 II, 58 I. Zu §§ 873 II, 876, 878 vgl Anm dort. Für die Auswechslung gilt § 893. Verbindung von Auswechslung und Abtretung möglich (vgl Rn 5). **b) Mit Gläubigerwechsel, II.** Einigung zwischen Eigentümer und neuem Gläubiger; Zustimmung des bisherigen Gläubigers gegenüber dem Grundbuchamt, Eigentümer oder neuen Gläubiger (II 1); Eintragung im Grundbuch (Rn 3).

3. Wirkungen. a) Bei I bleibt die bisherige Forderung ungesichert bestehen, § 1153 gilt nicht mehr für sie; uU erlischt sie, zB gem § 1165 (vgl dort Rn 2). § 1137 gilt nur für die neue Forderung. Besteht sie nicht, so gelten §§ 1163 I 1, 1177 I. Bei Abtretung der Hypothek wird der Erwerber auch dann gem §§ 892, 1138 geschützt, wenn sie mit einer Auswechslung nach I in einer Urkunde und einem Eintragungsvermerk zusammengefaßt ist (RG 147, 301 f). **b) Bei II** geht die Hypothek kraft Ges auf den neuen Gläubiger über. Weil der ges Erwerb ein RGeschäft (II) zur Voraussetzung hat, greifen zugunsten des neuen Gläubigers §§ 892, 1138 ein (zum Problem § 1143 Rn 2). Für die Briefhypothek gelten §§ 1163 I 1, 1177 I, für die Buchhypothek § 1139. § 1137 gilt nur für die neue Forderung; besteht sie nicht, so gelten §§ 1163 I 1, 1177 I.

4. Für die **Grundschuld** gilt I nicht. II ist entspr anwendbar bei Umwandlung in eine Hypothek, die einem anderen als dem bisherigen Gläubiger zustehen soll (vgl § 1198 Rn 4; StScherübl § 1198, 6).

1

2

3

4

5

6

7

§ 1181 Erlöschen durch Befriedigung aus dem Grundstück

(1) **Wird der Gläubiger aus dem Grundstück befriedigt, so erlischt die Hypothek.**

(2) **Erfolgt die Befriedigung des Gläubigers aus einem der mit einer Gesamthypothek belasteten Grundstücke, so werden auch die übrigen Grundstücke frei.**

(3) **Der Befriedigung aus dem Grundstück steht die Befriedigung aus den Gegenständen gleich, auf die sich die Hypothek erstreckt.**

1. Allgemeines. Das Erlöschen der Hypothek ist vom Erlöschen der Forderung zu unterscheiden (zu letzterem § 1163 Rn 14). Die Hypothek (nicht notwendig auch die Forderung) erlischt durch Aufhebung (§§ 875, 1183), Verzicht gem § 1175 I 2, durch Zuschlag gem ZVG 10, 44 I, 52 I, 91 I, 89 sowie durch zwangsweise Befriedigung aus dem Grundstück (I) oder den mithaftenden Gegenständen

1

Jauernig 1295

§§ 1182, 1183 Buch 3. Abschn. 7. Hypothek, Grundschuld, Rentenschuld

(III; vereinbartes Bestehenbleiben [ZVG 91 II, III] wirkt nur „iü" wie eine zwangsweise Befriedigung); zur Gesamthypothek vgl II (Ausnahme in § 1182). Die freiwillige Befriedigung fällt auch dann nicht unter § 1181, wenn der Eigentümer aus dem Erlös eines freihändigen Grundstücksverkaufs zahlt; auch eine Veräußerung gem § 1149 scheidet für § 1181 aus.

2 **2. Anwendungsbereich.** Vgl zunächst Rn 1. § 1181 meint nur Befriedigung wegen der Hypothek durch Zwangsvollstreckung (§ 1147 Rn 1). Voraussetzung ist ein dinglicher Titel (§ 1147 Rn 2; Ausnahme in ZPO 867 III). Arten der Zwangsvollstreckung: bei I Zwangsversteigerung und Zwangsverwaltung, bei III auch Pfändung (ie §§ 1120–1122 Rn 5–7).

3 **3. Wirkung der Befriedigung.** Die *Hypothek erlischt* kraft Ges (nicht gem ZVG 91 II, III, s Rn 1). Ist bei Erlöschen durch Zuschlag (Rn 1) die Hypothek vom Meistgebot gedeckt, so setzt sie sich kraft Surrogation am Versteigerungserlös fort (vgl BGH 58, 301 ff; 60, 228). Das Grundbuch ist auf Ersuchen des Vollstreckungsgerichts zu berichtigen (ZVG 130 I 1, 158 II). Die persönliche Forderung erlischt nur, wenn der Eigentümer auch schuldet; sonst geht sie auf ihn über (§ 1143 Rn 2, 5).

§ 1182 Übergang bei Befriedigung aus der Gesamthypothek

¹ **Soweit im Falle einer Gesamthypothek der Eigentümer des Grundstücks, aus dem der Gläubiger befriedigt wird, von dem Eigentümer eines der anderen Grundstücke oder einem Rechtsvorgänger dieses Eigentümers Ersatz verlangen kann, geht die Hypothek an dem Grundstück dieses Eigentümers auf ihn über.** ² **Die Hypothek kann jedoch, wenn der Gläubiger nur teilweise befriedigt wird, nicht zum Nachteil der dem Gläubiger verbleibenden Hypothek und, wenn das Grundstück mit einem im Range gleich- oder nachstehenden Recht belastet ist, nicht zum Nachteil dieses Rechts geltend gemacht werden.**

1 **1. Anwendungsbereich.** Die Grundstücke müssen verschiedenen Eigentümern gehören. Der Gläubiger wird zwangsweise aus dem Grundstück eines Eigentümers befriedigt, der vom Eigentümer eines mithaftenden Grundstücks oder einem Rechtsvorgänger dieses Eigentümers Ersatz verlangen kann.

2 **2. Wirkung. a)** In Höhe des Ersatzanspruchs geht die Hypothek am Grundstück des ersatzpflichtigen Eigentümers auf den Ersatzberechtigten über (**S 1**; Ausnahme von § 1181 II) und sichert den Ersatzanspruch; iü erlischt die Gesamthypothek (§ 1181). Geht die ursprüngliche Forderung nach § 1143 I 1 ebenfalls auf den Ersatzberechtigten über, so bleibt sie ungesichert (vgl RG 81, 77 f mit zweifelhafter Begründung). **b)** Die Hypothek des Ersatzberechtigten läßt den in **S 2** genannten Rechten den Vorrang. **c)** Grundbuchberichtigung nur auf Antrag des Betroffenen.

§ 1183 Aufhebung der Hypothek

¹ **Zur Aufhebung der Hypothek durch Rechtsgeschäft ist die Zustimmung des Eigentümers erforderlich.** ² **Die Zustimmung ist dem Grundbuchamt oder dem Gläubiger gegenüber zu erklären; sie ist unwiderruflich.**

1 **1. Anwendungsbereich.** § 1183 gilt für die **rechtsgeschäftliche Aufhebung** von Grundpfandrechten aller Art (nicht mit dem Verzicht gem § 1168 zu verwechseln; abw StWolfsteiner 1). Die Vorschrift **ergänzt** die **§§ 875 f** (vgl Anm dort). Die Zustimmung des Eigentümers ist nötig, weil er eine Aussicht auf künftigen Erwerb des Grundpfandrechts hat (trotz §§ 1179 a, b!), die er mit seiner Zustimmung aufgibt. Die Aussicht ist kein Anwartschaftsrecht (§ 1163 Rn 15). Deshalb liegt in der Zustimmung keine Verfügung über ein solches Recht; dennoch wird

Titel 1. Hypothek **§§ 1184, 1185**

sie als Verfügung oder verfügungsähnlich bezeichnet, aber praktisch nicht als „Verfügung" iSd Verfügungsverbote behandelt (ie ErmRäfle 4).

2. Voraussetzung der Aufhebung eines Grundpfandrechts ist – außer den in §§ 875 f genannten Punkten – die **Zustimmung** dessen, dem das Grundstück in dem Zeitpunkt gehört, in dem alle Erfordernisse der §§ 875 f, 1183 erfüllt sind. Die Zustimmung ist einseitiges materielles RGeschäft, unwiderruflich (S 2 HS 2; abw von § 183), dem Grundbuchamt oder dem Gläubiger gegenüber zu erklären (S 2 HS 1) und formlos gültig. § 878 gilt entspr. Von der materiell-rechtlichen Zustimmung nach § 1183 ist die verfahrensrechtliche gem GBO 27 zu unterscheiden (Demharter § 27, 10); Form: GBO 29 f. 2

3. Wirkung. Die Hypothek erlischt, nachstehende Berechtigte rücken auf. 3

§ 1184 Sicherungshypothek

(1) **Eine Hypothek kann in der Weise bestellt werden, dass das Recht des Gläubigers aus der Hypothek sich nur nach der Forderung bestimmt und der Gläubiger sich zum Beweise der Forderung nicht auf die Eintragung berufen kann (Sicherungshypothek).**

(2) **Die Hypothek muss im Grundbuch als Sicherungshypothek bezeichnet werden.**

§ 1185 Buchhypothek; unanwendbare Vorschriften

(1) **Bei der Sicherungshypothek ist die Erteilung des Hypothekenbriefs ausgeschlossen.**

(2) **Die Vorschriften der §§ 1138, 1139, 1141, 1156 finden keine Anwendung.**

Anmerkungen zu den §§ 1184, 1185

1. Allgemeines. Die Sicherungshypothek ist **streng akzessorisch:** Jeder Mangel der Forderung ist zugleich ein Mangel des dinglichen Rechts. Außer der strengen Akzessorietät und dem ges Ausschluß der Brieferteilung (§ 1185 I) gelten für sie keine Besonderheiten (für Sonderformen Abweichungen in §§ 1187 S 3, 1188, 1190 IV). Wegen der strengen Akzessorietät ist sie idR ungeeignet zur Sicherung langfristiger Kredite. Ihr **Zweck** ist vor allem die Sicherung kurzfristig zu erfüllender Forderungen (bes deutlich bei §§ 648, 648 a, ZPO 866 I, 932 I). 1

2. Bestellung durch Einigung, die auf eine Sicherungshypothek gerichtet ist, und entspr Eintragung (§§ 873, 1184 II); Eintragung des Briefausschlusses ist wegen § 1185 I unnötig. Bei Nichtbestehen der Forderung gelten §§ 1163 I 1, 1177 I. – Es können **Divergenzen zwischen Einigung und Eintragung** bestehen. *Einigung:* Verkehrshypothek; Eintragung: entspr § 1184 II; es entsteht Sicherungshypothek (wenn Forderung existiert), da sie wegen Ausschlusses von § 1138 den Eigentümer weniger als eine Verkehrshypothek beschwert (ähnlich RG 123, 170 f: Sicherungshypothek als minus gegenüber Verkehrshypothek). *Einigung:* Sicherungshypothek; Eintragung: Verkehrshypothek; es entsteht keine Sicherungshypothek (unstr), sondern Verkehrhypothek (MK/Eickmann § 1184, 16). – Haben sich die Parteien bei **Dissens** (§§ 154 f) **über die Art der Hypothek** jedenfalls über eine hypothekarische Belastung geeinigt, so betrifft die Einigung den Regelfall, dh eine Verkehrshypothek; fehlt auch insoweit eine Einigung, so entsteht keine Hypothek (iE ebenso MK/Eickmann § 1184, 14. – Nach StWolfsteiner § 1184, 10 mN entsteht eine Sicherungshypothek; ob ohne Einigung bei Eintragung ein Grundpfandrecht entsteht, ist str (§ 1113 Rn 16). – Bes Form der Bestellung in § 1188 I. – Bsp für **nichtrechtsgeschäftliche Entstehung:** § 1287 S 2; ZPO 848 II 2, 866, 867, 932. 2

§§ 1186–1188 Buch 3. Abschn. 7. Hypothek, Grundschuld, Rentenschuld

3 **3. Durchführung der strengen Akzessorietät (§ 1185 II).** Vgl zunächst Rn 1, ferner Rn 21 vor § 1113. Strenge Akzessorietät gilt ohne Rücksicht auf den Entstehungsgrund der Sicherungshypothek (RGeschäft, Ges, gerichtl Anordnung). § 1185 II schließt alle Vorschriften aus, welche die Akzessorietät auflockern: **a) § 1138.** Konsequenz: § 1138 Rn 1. Erwerb einer Sicherungshypothek vom Nichtberechtigten ist nur möglich, wenn die Forderung besteht und übergeht (Bsp: § 1153 Rn 1); andernfalls erlangt der Erwerber nichts, insbes keine Grundschuld. **b) § 1139.** S Anm dort. **c) § 1141.** Deshalb muß die Kündigung der Hypothek (wie der Forderung) zwischen Gläubiger und persönlichem Schuldner erfolgen (RG 111, 401; § 1141 Rn 1). **d) § 1156.** Die §§ 406–408 gelten bei der Sicherungshypothek zwischen neuem Hypothekengläubiger und Eigentümer für die Hypothek (anders bei der Verkehrshypothek: § 1156 Rn 1). Folge: Erlischt die Forderung durch Zahlung des redlichen Schuldners an den Zedenten (§ 407) oder Erstzessionar (§ 408), so gelten für die Sicherungshypothek die §§ 1163 I 2, 1177 I.

§ 1186 Zulässige Umwandlungen

¹Eine Sicherungshypothek kann in eine gewöhnliche Hypothek, eine gewöhnliche Hypothek kann in eine Sicherungshypothek umgewandelt werden. ²Die Zustimmung der im Range gleich- oder nachstehenden Berechtigten ist nicht erforderlich.

1 1. **Anwendungsbereich.** Jede Hypothek kann in eine Hypothek anderen Typs umgewandelt werden, auch eine Sicherungs- in eine Höchstbetragshypothek und umgekehrt. Die Umschreibung einer Arrest- in eine Zwangshypothek unterfällt nicht § 1186, sondern ZPO 867 I. Zur Umwandlung einer Hypothek in eine Grundschuld: § 1198.

2 2. Umwandlung ist **Inhaltsänderung** iSv § 877; zu ihren Voraussetzungen § 877 Anm 2. Bei Umwandlung von Buch- in Briefrecht und umgekehrt gilt ferner § 1116 I, III (dazu GBO 60, 69). Die gleich- oder nachstehenden Berechtigten werden nicht benachteiligt; daraus erklärt sich S 2.

§ 1187 Sicherungshypothek für Inhaber- und Orderpapiere

¹Für die Forderung aus einer Schuldverschreibung auf den Inhaber, aus einem Wechsel oder aus einem anderen Papiere, das durch Indossament übertragen werden kann, kann nur eine Sicherungshypothek bestellt werden. ²Die Hypothek gilt als Sicherungshypothek, auch wenn sie im Grundbuch nicht als solche bezeichnet ist. ³Die Vorschrift des § 1154 Abs. 3 findet keine Anwendung. ⁴Ein Anspruch auf Löschung der Hypothek nach den §§ 1179a, 1179b besteht nicht.

§ 1188 Sondervorschrift für Schuldverschreibungen auf den Inhaber

(1) Zur Bestellung einer Hypothek für die Forderung aus einer Schuldverschreibung auf den Inhaber genügt die Erklärung des Eigentümers gegenüber dem Grundbuchamt, dass er die Hypothek bestelle, und die Eintragung in das Grundbuch; die Vorschrift des § 878 findet Anwendung.

(2) ¹Die Ausschließung des Gläubigers mit seinem Recht nach § 1170 ist nur zulässig, wenn die im § 801 bezeichnete Vorlegungsfrist verstrichen ist. ²Ist innerhalb der Frist die Schuldverschreibung vorgelegt oder der Anspruch aus der Urkunde gerichtlich geltend gemacht worden, so kann die Ausschließung erst erfolgen, wenn die Verjährung eingetreten ist.

Titel 1. Hypothek **§§ 1189, 1190**

§ 1189 Bestellung eines Grundbuchvertreters

(1) ¹Bei einer Hypothek der im § 1187 bezeichneten Art kann für den jeweiligen Gläubiger ein Vertreter mit der Befugnis bestellt werden, mit Wirkung für und gegen jeden späteren Gläubiger bestimmte Verfügungen über die Hypothek zu treffen und den Gläubiger bei der Geltendmachung der Hypothek zu vertreten. ²Zur Bestellung des Vertreters ist die Eintragung in das Grundbuch erforderlich.

(2) Ist der Eigentümer berechtigt, von dem Gläubiger eine Verfügung zu verlangen, zu welcher der Vertreter befugt ist, so kann er die Vornahme der Verfügung von dem Vertreter verlangen.

Anmerkungen zu den §§ 1187–1189

1. **Allgemeines.** Die Sicherungshypothek ist wegen ihrer strengen Akzessorietät umlauffeindlich. Abw davon erhöht die strenge Akzessorietät der sog Wertpapierhypothek deshalb deren Umlaufsfähigkeit, weil die gesicherte Wertpapierforderung nach wertpapierrechtlichen Grundsätzen, nicht nach § 1154 III übertragen wird (Übergang der Hypothek: § 1153 I): § 1187 S 3. Der Umlauffähigkeit dient auch der Ausschluß des „an sich" gem §§ 1179 a, b gegebenen Löschungsanspruchs: § 1187 S 4. Die Wertpapierhypothek wird zunehmend von der Sicherungsgrundschuld verdrängt, die der Eigentümer zugunsten eines Treuhänders der (zumeist unbekannten) Gläubiger bestellt.   1

2. Wesentliche **Besonderheiten:** § 1187 S 2 (abw von § 1184 II); § 1187 S 3 (Rn 1); § 1188 I (abw von § 873); für den Gläubiger kann gem § 1189 ein sog Grundbuchvertreter (RG 90, 213) rechtsgeschäftlich bestellt und im Grundbuch eingetragen werden (zur Rechtsstellung RG 150, 290 ff).   2

§ 1190 Höchstbetragshypothek

(1) ¹Eine Hypothek kann in der Weise bestellt werden, dass nur der Höchstbetrag, bis zu dem das Grundstück haften soll, bestimmt, im Übrigen die Feststellung der Forderung vorbehalten wird. ²Der Höchstbetrag muss in das Grundbuch eingetragen werden.

(2) Ist die Forderung verzinslich, so werden die Zinsen in den Höchstbetrag eingerechnet.

(3) Die Hypothek gilt als Sicherungshypothek, auch wenn sie im Grundbuch nicht als solche bezeichnet ist.

(4) ¹Die Forderung kann nach den für die Übertragung von Forderungen geltenden allgemeinen Vorschriften übertragen werden. ²Wird sie nach diesen Vorschriften übertragen, so ist der Übergang der Hypothek ausgeschlossen.

1. **Allgemeines. a) Bei der Höchstbetragshypothek** (auch Höchst- oder Maximalhypothek genannt) muß – zunächst – nur der **Haftungshöchstbetrag** bestimmt sein, § 1190 (abw von § 1113 I, wonach die Hypothek mit einer bestimmten Forderung verbunden ist, weshalb sie Forderungen wechselnden Umfangs, zB aus laufender Geschäftsverbindung, nicht sichern kann). **b) Die praktische Bedeutung** der rechtsgeschäftlich bestellten Höchstbetragshypothek ist gering. Gründe: Die Übertragung macht zuweilen Schwierigkeiten (Rn 8), der Gläubiger trägt die Beweislast für das Entstehen der Forderung (III mit § 1185 II: §§ 1138, 891 gelten nicht für die Forderung), etwaige Zinsen müssen von vornherein in den Höchstbetrag eingerechnet werden (II) und eine Unterwerfung des Eigentümers unter die sofortige Zwangsvollstreckung ist nur für einen bezifferten Teilbetrag, nicht „bis zum Höchstbetrag" zulässig, weil ZPO 794 I Nr 5, 800 eine „bestimmte" Geldsumme verlangen (BGH BB 71, 195; ie Hornung NJW 91,   1   2

Jauernig 1299

§ 1191 Buch 3. Abschn. 7. Hypothek, Grundschuld, Rentenschuld

1649 ff; aA StWolfsteiner 44); daran hat ZPO 794 I Nr 5 idF ab 1. 1. 1999 nichts geändert (ThP § 794, 49). Die Höchstbetragshypothek wird daher zunehmend von
3 der Sicherungsgrundschuld verdrängt. **c) Die sog verdeckte Höchstbetragshypothek.** Sie soll als gewöhnliche Verkehrshypothek den Anspruch aus dem jeweiligen, dh wechselnden Schlußguthaben sichern; das ist wegen § 1163 I unzulässig (Westermann § 110 I 3; aA die hM, insbes das RG, vgl StWolfsteiner § 1113, 19–21 mN). Sie spielt keine Rolle mehr.
4 **2. Besonderheiten** der Höchstbetragshypothek. **a) Die Forderung** ist nur dem möglichen Höchstbetrag nach bestimmt, sonst muß sie unbestimmt sein. Der Schuldgrund darf ganz allg gefaßt sein (zB für alle Forderungen des Gläubigers
5 gegen S); ie StWolfsteiner 28. **b) Der Höchstbetrag** muß eingetragen werden
6 (I 2), Zinsen dürfen es nicht (II; sonst GBO 53 I 2). **c) §§ 1163, 1177** gelten modifiziert, weil der Höchstbetrag (nur) einen Rahmen absteckt, innerhalb dessen die „Anteile" von Fremdhypothek und Eigentümergrundschuld einem laufenden Wechsel unterliegen können, bis die vorbehaltene Feststellung der Forderung (I 1) erfolgt ist. Der nicht von der Forderung ausgefüllte Teil des Grundpfandrechts ist eine vorläufige, dh auflösend bedingte Eigentümergrundschuld, sofern eine Forderung noch (§ 1163 I 1) oder wieder (§ 1163 I 2) entstehen kann. Solange darf der Eigentümer noch nicht Grundbuchberichtigung (§ 1163 Rn 9), der gem § 1179 Vormerkungsberechtigte noch nicht Löschung verlangen (RG 125, 136; ganz unklar BGH NJW 86, 54); der gem §§ 1179 a, b Löschungsberechtigte kann in Erweiterung von §§ 1179 a II 1, 1179 b II auch im Falle des § 1163 I 2 nicht Löschung verlangen, sofern eine Forderung wieder entstehen kann (so). Die vorläufige Eigentümergrundschuld steht bei § 1163 I 1 dem Bestellenden, bei § 1163 I 2 dem Eigentümer zZ des Erlöschens der Forderung zu. Der Schwebezustand wird erst beendet, wenn die Forderung durch Vertrag zwischen Gläubiger und Schuldner oder durch Urteil festgestellt ist (vgl I 1). Dann wird die vorläufige zur endgültigen Eigentümergrundschuld; Berichtigung (§ 894) und Löschung
7 (§§ 1179, 1179 a, b) können verlangt werden. **d) Bestehen der Forderung** kann nicht vermutet werden, da ungewiß ist, ob sie den Höchstbetrag erreicht (hat). Deshalb ist die Höchstbetragshypothek kraft Ges *Sicherungshypothek* **(III),** bei der
8 diese Vermutung nicht gilt (§ 1185 II schließt §§ 1138, 891 aus). **e) Übertragung der Hypothek** erfolgt durch Abtretung der Forderung (§ 1154 III); § 1153 II 2. Hälfte gilt. Vor Feststellung der Forderung ist das nur dann problemlos, wenn die Forderung den Höchstbetrag erreicht hat. Sonst bleibt dem Zedenten der nicht ausgefüllte Teil, der zZ Eigentümergrundschuld ist (Rn 6). Nach der Feststellung
9 kann die Forderung nur in der festgestellten Höhe abgetreten werden. **f) Abtretung der Forderung allein** gem §§ 398 ff ist möglich (**IV;** Ausnahme von § 1153 I, II 1. Hälfte). Sie ist nicht mehr hypothekarisch gesichert, in ihrer Höhe entsteht eine (idR vorläufige) Eigentümergrundschuld; sind sämtliche Forderungen abgetreten, so entsteht eine endgültige Eigentümergrundschuld (StWolfsteiner 54).
10 **g) Umwandlung** in eine Verkehrs- oder gewöhnliche Sicherungshypothek erfordert vorherige Feststellung der Forderung (I 1) oder deren Auswechslung gegen eine bestimmte (§ 1180). §§ 1198, 1203 gelten auch hier.
11 **3.** Höchstbetragshypothek **außerhalb des BGB:** ZPO 932 I, AO 324 III.

Titel 2. Grundschuld, Rentenschuld

Untertitel 1. Grundschuld

§ 1191 Gesetzlicher Inhalt der Grundschuld

(1) Ein Grundstück kann in der Weise belastet werden, dass an denjenigen, zu dessen Gunsten die Belastung erfolgt, eine bestimmte Geldsumme aus dem Grundstück zu zahlen ist (Grundschuld).

Titel 2. Grundschuld, Rentenschuld **§ 1191**

(2) **Die Belastung kann auch in der Weise erfolgen, dass Zinsen von der Geldsumme sowie andere Nebenleistungen aus dem Grundstück zu entrichten sind.**

I. Allgemeines

1. Bedeutung. Die Grundschuld ist das wichtigste Grundpfandrecht; sie hat die Hypothek weitgehend verdrängt (insbes die Höchstbetragshypothek, s § 1190 Rn 2). 1

2. Begriff. Er wird durch den Gegensatz zwischen Grundschuld und Hypothek bestimmt: Diese ist (grundsätzlich) akzessorisch, jene nicht; ie Rn 17 vor § 1113. Außerhalb der Akzessorietät gelten für beide die gleichen Grundsätze (§ 1192 I, s dort Rn 2; Rn 10–16 vor § 1113). Ihre gegenseitige Umwandlung (§ 1198) ist bloße Inhaltsänderung (Rn 1 vor § 1113). 2

3. Die **Verpflichtung, eine Grundschuld zu bestellen,** kann zB beruhen auf Schenkung, Kauf, Vermächtnis oder – bes wichtig – Sicherungsvertrag (dazu Rn 5). Trotz Fehlens, Unwirksamkeit oder Wegfalls des Verpflichtungsgeschäfts entsteht die Grundschuld beim Gläubiger; dem Eigentümer steht ein Rückgewähranspruch gem § 812 I 1 oder 2 Alt 1 zu (ie Rn 5). 3

II. Die Sicherungsgrundschuld

Lit: Clemente, Recht der Sicherungsgrundschuld, 3. Aufl 1999; Huber, Die Sicherungsgrundschuld, 1965; Reinicke/Tiedtke, Kreditsicherung, 4. Aufl 2000; Serick II 409 ff, III 240 ff, 312 ff, 315 ff, 513 ff; Hj. Weber, Kreditsicherheiten, 6. Aufl 1998, § 13.

1. „Sicherungsgrundschuld" ist **kein Begriff des BGB.** Sie hat nichts mit der Sicherungshypothek der §§ 1184 f zu tun, sondern ist Grundschuld iSv § 1191 und dient zur Sicherung einer Forderung des Gläubigers (der idR auch Grundschuldgläubiger werden soll) gegen den Eigentümer oder einen Dritten. Maßgebend hierfür ist der *Sicherungsvertrag* (Rn 5). 4

2. Der **Sicherungsvertrag. a)** Er ist der **schuldrechtliche Vertrag** zwischen dem Gläubiger (SN) und dem SG. Dieser kann sein der (schuldende oder der Nur-)Eigentümer, der Nur-Schuldner oder ein Dritter. Der Vertrag bestimmt insbes, welche Forderung gesichert werden soll (BGH 105, 158 f; sa § 305 c Rn 3; Clemente ZIP 90, 971 ff); die (idR schriftliche) Bestimmung heißt *Zweckerklärung.* Der Sicherungsvertrag begründet die Pflicht des SG zur Grundschuldbestellung (SG ist hier der Eigentümer), -überlassung oder -beschaffung (einer Eigentümer- oder Fremdgrundschuld), vgl BGH NJW 91, 1821. Der Vertrag ist daher der Rechtsgrund (die *causa*) für die Bestellung/Überlassung/Beschaffung (nicht ist es die gesicherte Forderung: Rn 9). Fehlt er oder ist er unwirksam, so steht dem SG ein Anspruch aus § 812 I 1 (BGH NJW 90, 392), bei späterem Wegfall aus § 812 I 2 Alt 1 zu; zum Anspruchsinhalt Rn 15. **b) Er begründet keine Akzessorietät** der Grundschuld. Folglich ist weder er noch die Forderung eintragbar (wohl aber die aus dem Vertrag erwachsenden Einreden: Rn 20, 23, 24; Baur § 45 Rn 34, 35). Daher erwirbt und behält der Gläubiger das dingliche Recht unabhängig vom Bestehen und Fortbestehen der gesicherten Forderung; § 1163 I ist unanwendbar (Rn 9, 12). Sa Rn 8. **c)** Zur **Kündbarkeit** Gerth BB 90, 78 ff. **d) Form.** Nach allg Regeln formlos, aber insbes im Verkehr mit Banken wird Vereinbarung iSv § 154 II vermutet (BGH NJW-RR 93, 236). 5 6 7

3. Die Nichtakzessorietät der Grundschuld verbietet eine unmittelbare Einflußnahme der Forderung auf das dingliche Recht. Daher kann durch RGeschäft eine dinglich wirkende Verbindung von Grundschuld und Forderung nicht herbeigeführt werden (keine Akzessorietät kraft RGeschäfts; unzutr BGH NJW 86, 53). Deshalb gibt es keine eintragungsfähige (sondern nur schuldrechtlich wirksame) Begrenzung des dinglichen Verwertungsrechts auf die Höhe der Forderung (KG 8

§ 1191 Buch 3. Abschn. 7. Hypothek, Grundschuld, Rentenschuld

JW 32, 1759 f). Ebensowenig können Grundschuld und Forderung durch § 139 verknüpft werden (RG 145, 156 f; str). Die Grundschuld kann auch nicht unter der (unechten: § 158 Rn 6 [b]) Bedingung bestellt werden, daß die Forderung besteht (StWolfsteiner 4 mN, auch zur abw hM); wegen der Nichtakzessorietät der Grundschuld ist die Einigung (§ 873) insoweit bedingungsfeindlich (sa Rn 16 vor § 854).

9 **4. Fehlt die gesicherte Forderung** *von Anfang an,* so ist das für die Wirksamkeit und Rechtszuständigkeit der nichtakzessorischen Grundschuld belanglos. § 1163 I 1 ist unanwendbar (allgM). Das Fehlen der Forderung nimmt der Grundschuld nicht den Rechtsgrund, denn dieser ist der Sicherungsvertrag (Rn 5; zutr BGH NJW-RR 96, 235; NJW 89, 1733 gegen 86, 54). Daher steht dem SG kein Rückgewähranspruch aus § 812 I 1 zu (aA Serick I 63, III 392: Nichtigkeit des Darlehensvertrags mache auch den Sicherungsvertrag nichtig, § 139; sa Jäckle JZ 82, 55 f), sondern jedenfalls kraft Auslegung aus dem Sicherungsvertrag (BGH NJW-RR 90, 589; Buchholz ZIP 87, 891 ff), subsidiär aus § 812 I 2 Alt 2 (MK/ Lieb § 812, 179 mN; aA Schapp § 22 II 1 a mN). *Kann die Forderung noch entstehen,* so ist der bereicherungsrechtliche Rückgewähranspruch (noch) nicht entstanden; ein vertraglicher Rückgewähranspruch ist noch aufschiebend bedingt (BGH 106, 378), zB bei laufendem Kreditverhältnis (vgl BGH NJW 90, 1602 f). Zum Rückgewähranspruch ie Rn 15, 21. – Für die Sicherung einer *Ersatzforderung* (zB aus § 812 bei Nichtigkeit des Darlehens) gilt § 1113 Rn 8 entspr.

10 **5. Tilgung.** Ob die Grundschuld oder die Forderung getilgt ist, hat große Bedeutung für die Rechtsfolgen; ebenso wichtig ist, wer getilgt hat: der Eigentümerschuldner, der Nur-Eigentümer, der Nur-Schuldner oder ein Dritter. *Keine Tilgung* liegt vor, wenn für die rechtsgeschäftliche Übertragung der gekauften Grundschuld oder Forderung bezahlt wird (letztere erlischt nicht, BGH NJW 82,
11 2308). **a) Tilgung der Grundschuld aa) durch den Eigentümerschuldner** oder für seine Rechnung und mit seiner Zustimmung durch einen anderen (LM Nr 6, 7 zu § 1192): Die Grundschuld geht kraft Ges auf den Eigentümer über; Begründung str (Analogie zu §§ 1142 f oder 1163 I 2 oder 1168, 1170 f), am besten entspr §§ 1142 f (BGH NJW 86, 2111, 2112). Zugleich erlischt die Forderung (BGH 105, 157: idR; unzutr BGH NJW 92, 3229: „auch" die Forderung erlischt); **bb) durch den Nur-Eigentümer** oder für seine Rechnung und mit seiner Zustimmung durch einen anderen: Die Grundschuld geht gem §§ 1192 I, 1143 auf ihn über. Die Forderung erlischt nicht (BGH NJW 91, 1821); sie geht auch nicht kraft Ges auf ihn über, denn § 1143 I gilt gem § 1192 I nur für die Grundschuld, nicht für die Forderung (BGH 108, 184). Der Gläubiger kann nach Tilgung der Grundschuld die Forderung nicht mehr gegen den Schuldner geltend machen (§ 242: BGH NJW 91, 1821). Kann der Eigentümer vom Schuldner Ersatz verlangen, so hat er gegen den Gläubiger einen Anspruch auf Abtretung der Forderung (KG NJW 61, 415 f mN); kann er keinen Ersatz verlangen, so erlischt die Forderung mit Tilgung der Grundschuld (ebenso, aber unzutr zum Zeitpunkt, Reinicke/Tiedtke WM 91 Beil 5 S 11); abw BGH NJW 91, 1821: Forderung sei übertragbar, aber da vom Zedenten nicht durchsetzbar (§ 242, so), auch nicht vom Zessionar (§ 404); **cc) durch einen ablösungsberechtigten Dritten:** Die Grundschuld geht auf ihn über (§§ 1192 I, 1150, 268 III 1), nicht die Forderung (§§ 1150, 268 III 1 gelten nur entspr § 1192 I), diese erlischt nicht, ist aber (unentschieden BGH NJW 01, 1418); zur Tilgung durch einen *nichtablösungsberechtigten* Dritten BGH NJW 83, 2503 f; **dd) durch den Schuldner** ist nur möglich, wenn dieser als anderer (Rn 11 [bb]) oder als ablösungsberechtigter Dritter (Rn 11 [cc])
12 gezahlt hat. **b) Tilgung der Forderung aa) durch den Eigentümerschuldner** (ohne gleichzeitige Tilgung der Grundschuld, vgl Rn 11 [aa]): Die Grundschuld bleibt beim Gläubiger; § 1163 I 2 ist unanwendbar (allgM). Dem Eigentümerschuldner steht nur ein Rückgewähranspruch zu (Rn 15); **bb) durch den Nur-Eigentümer:** Es gilt Rn 12 (aa); **cc) durch den Schuldner** beläßt die Grundschuld beim Gläubiger; § 1163 I 2 ist unanwendbar. Hat der Schuldner wegen

1302 *Jauernig*

Titel 2. Grundschuld, Rentenschuld **§ 1191**

seiner Zahlung einen Ersatzanspruch gegen den Eigentümer, so ist § 1164 auch nicht entspr anwendbar (str), aber uU kann er vom Eigentümer die Abtretung des Rückgewähranspruchs oder, nach Rückgewähr an den Eigentümer, die Übertragung der Grundschuld verlangen. c) **Worauf gezahlt** wird (auf Grundschuld, 13 Forderung [ggf welche] oder beide), entscheidet primär der erklärte *Wille des Leistenden* (BGH NJW 97, 2047), der aus den Umständen, insbes einer etwaigen Abrede mit dem Gläubiger, zu entnehmen ist. In Sicherungsverträgen mit Kreditinstituten wird idR Zahlung auf die Forderung vereinbart (nicht eintragungsfähig), um den Übergang der Grundschuld auf den Eigentümer auszuschließen (vgl LM Nr 6 zu § 1192). Die Abrede gilt nicht mehr, wenn der Eigentümerschuldner auf die Grundschuld zahlt, weil der Gläubiger vollstreckt (BGH NJW 88, 708), oder wenn nach § 268 gezahlt wird (BGH NJW 01, 1418); gleiches gilt, wenn der Insolvenzverwalter des Eigentümer-(schuldner)s zahlt (BGH NJW 94, 2692). Fehlen andere Anhaltspunkte, so wird es der Interessenlage entsprechen, daß der Nur-Eigentümer auf die Grundschuld (beachte aber §§ 1192 I, 1179 a, b), der Nur-Schuldner (StScherübl § 1192, 19) und – jedenfalls bei laufenden Teilzahlungen – der Eigentümerschuldner (BGH NJW-RR 93, 389) auf die Forderung leistet. Hat der Eigentümerschuldner auf die Forderung gezahlt, so kann er mit dem Gläubiger nachträglich vereinbaren, daß die Zahlung auch Grundschuldablösung sein soll (zu weitgehend LM Nr 7 zu § 1192). d) **Befriedigung des Gläubi-** 14 **gers durch Zwangsvollstreckung** (§§ 1192 I, 1181) läßt Grundschuld und Forderung erlöschen (BGH NJW 87, 504 zu ZVG 114 a). Anders die hM (RG 150, 374; vgl BGH WM 79, 439) bzgl der Forderung, wenn der Eigentümer vom Schuldner Ersatz verlangen kann; hier könne der Eigentümer vom Gläubiger Abtretung der Forderung verlangen (iE ebenso bei der freiwilligen Befriedigung durch den ersatzberechtigten Nur-Eigentümer, Rn 11 [bb]).

6. Der Rückgewähranspruch des Eigentümers als SG (s Rn 5; zum An- 15 spruch des Schuldners/eines Dritten als SG: Rn 21). **a) Inhalt.** Er geht auf *Übertragung* der Grundschuld an den Anspruchsinhaber (§§ 1192 I, 1154), auf *Verzicht* (§§ 1192 I, 1157, 1169, 1168) – in diesem Fall erwirbt der gegenwärtige Eigentümer (§ 1168 Rn 4), der nicht notwendig Anspruchsinhaber ist (vgl Rn 16; sa BGH NJW 89, 2538), die Grundschuld (beachte §§ 1192 I, 1179 a, b [s BGH 108, 244 f]; 1196 III) – oder auf *Aufhebung* (§§ 875, 1192 I, 1183; das ist eine Erweiterung von § 1169, vgl dort Rn 1), wodurch die Grundschuld erlischt und nachstehende Berechtigte aufrücken. Dem Anspruchsinhaber steht ein *Wahlrecht* zu (Serick II 438 f; BGH NJW-RR 99, 505). – Grundlage des durch Wegfall des Sicherungszwecks aufschiebend bedingten Anspruchs ist der Sicherungsvertrag (BGH NJW-RR 93, 389); iü vgl Rn 5, 9. Zur *Beweislast* BGH NJW 92, 1621. – **Er besteht nicht** bei ges Übergang der Grundschuld (BGH 115, 246); ferner, wenn die Grundschuld in zulässiger Weise (Rn 26) verwertet worden ist (BGH WM 89, 488: Übertragung; LM Nr 14 zu § 91 ZVG: Bestehenbleiben gem ZVG 91 II, sa § 1181 Rn 1). **b) Anspruchsinhaber** ist der den Sicherungsvertrag 16 abschließende Eigentümer. Bei Wechsel des Eigentums geht der Anspruch nur durch ausdr oder stillschweigende Abtretung oder durch Übernahme des Sicherungsvertrags auf den neuen Eigentümer über (BGH NJW 90, 576; 91, 1822); fehlt es daran, so ist der Anspruch mangels abw Abrede durch Übertragung der nicht (mehr) valutierten Grundschuld an den früheren Eigentümer zu erfüllen (BGH 106, 378 f; NJW-RR 90, 1202). **c) Im Insolvenzverfahren** gewährt der An- 17 spruch auf Verzicht (§§ 1192 I, 1157, 1169) ein Aussonderungsrecht (InsO 47), ebenso der auf Übertragung und Aufhebung. **d) Übertragbar** ist der Anspruch, 18 auch schon vor einer etwaigen Tilgung (BGH 115, 246; formlos: LM Nr 14 zu § 313). Die Übertragbarkeit kann ausgeschlossen oder von Schuldnerzustimmung abhängig gemacht werden (BGH 110, 243). Der Anspruch ist ferner *verpfändbar* (§§ 1273 ff) und *pfändbar* (ZPO 857, 829: LM Nr 4 zu § 857 ZPO). Zur Konzentration der Wahlschuld durch Pfändung vgl StWolfsteiner 182 vor § 1191. **e) Si-** 19

Jauernig 1303

§ 1192 Buch 3. Abschn. 7. Hypothek, Grundschuld, Rentenschuld

cherbar ist der Anspruch durch Vormerkung (§§ 883 ff); vgl § 1179 Rn 15 (dort
20 auch zum Verhältnis zur Löschungsvormerkung), § 1179 a Rn 12. **f) Gegen die
Geltendmachung der Grundschuld** steht dem rückgewährberechtigten Eigentümer aufgrund seines Anspruchs die *Einrede* zu (vgl BGH NJW-RR 90, 589;
Huber, FS Serick, 1992, S 195 ff). Die Einrede kann gem §§ 1192 I, 1157, 892
dem Einzelrechtsnachfolger des Grundschuldgläubigers nur dann entgegengehalten
werden, wenn er bei Erwerb den Sicherungszweck der Grundschuld und das
Fehlen der Forderung kannte (BGH NJW-RR 90, 589, hM; einschr für Sonderfall
BGH 66, 172 f) oder ihm das Fehlen des Sicherungsvertrags bekannt war (BGH 85,
391) oder wenn der Eigentümer geschützt ist: durch Vormerkung (Rn 19), Eintragung der Einrede oder Widerspruch (§§ 1192 I, 1157, 899: das Grundbuch ist
unrichtig, weil es eine einredefreie Grundschuld ausweist; zum Zusammentreffen
21 von Vormerkung und Widerspruch StWolfsteiner § 1169, 13). **g) Der Rückgewähranspruch des Schuldners/eines Dritten** (Rn 5) geht mangels abw Abrede
nur auf Übertragung der Grundschuld auf den Anspruchsinhaber (§§ 1192 I,
1154), BGH NJW-RR 93, 389; sa Rn 16.

22 **7. Inhaberwechsel von Grundschuld und Forderung. a) IGgs zur Hypothek** werden Grundschuld und Forderung selbständig abgetreten (§§ 1192, 1154;
398 ff), auch wenn darin ein, uU zum Schadensersatz verpflichtender, Verstoß
gegen den Sicherungsvertrag liegt (BGH NJW 82, 2769; sa NJW-RR 91, 305).
23 §§ 401, 1153 sind unanwendbar. **b) Bei Übertragung von Grundschuld und
Forderung an dieselbe Person** ist der Eigentümerschuldner bzgl der Forderung
gem § 404, bzgl der Grundschuld gem §§ 1192 I, 1157 S 1 geschützt (sofern die
Grundschuld nicht einredefrei erworben ist: §§ 1192 I, 1157 S 2, 892; dazu Rn
24 20). **c) Bei isolierter Übertragung** ist der Eigentümerschuldner ebenfalls
geschützt: **aa)** Dem neuen **Forderungsgläubiger** kann er gem § 404 entgegenhalten, nur Zug um Zug gegen Rückgewähr der Grundschuld zahlen zu müssen
(BGH NJW 91, 1821). **bb)** Dem neuen **Grundschuldgläubiger** kann er gem
§§ 1192 I, 1157 S 1 entgegenhalten, nach dem Sicherungsvertrag nur gegen
Befreiung von der Forderung auf die Grundschuld leisten zu müssen (beachte aber
§§ 1192 I, 1157 S 2, 892 und dazu Rn 20). **cc) Wegen Verletzung des Sicherungsvertrags** kann der Zedent schadensersatzpflichtig sein. **d) Übertragung
25 der Grundschuld zwecks Verwertung:** Rn 26. **e) Ausschluß der Übertragbarkeit** der Grundschuld kann vereinbart (§§ 413, 399) und muß, da anfängliche
(§ 873) oder nachträgliche (§ 877) Inhaltsänderung (str), im Grundbuch eingetragen werden. Für die Forderung: § 399 (s BGH NJW-RR 91, 305).

26 **8. Verwertung** der Grundschuld kann im Sicherungsvertrag mit schuldrechtlicher Wirkung abw von § 1147 geregelt werden, zB durch Gestattung entgeltlicher Veräußerung nach Fälligkeit der gesicherten Forderung (BGH WM 89, 488),
wobei in Höhe des erhaltenen Entgelts die Forderung erlischt (BGH WM 89, 488).

§ 1192 Anwendbare Vorschriften

(1) **Auf die Grundschuld finden die Vorschriften über die Hypothek
entsprechende Anwendung, soweit sich nicht daraus ein anderes ergibt,
dass die Grundschuld nicht eine Forderung voraussetzt.**

(2) **Für Zinsen der Grundschuld gelten die Vorschriften über die Zinsen
einer Hypothekenforderung.**

Lit: Goertz/Roloff, Die Anwendung des Hypothekenrechts auf die Grundschuld, JuS 00,
762.

1 **1. Allgemeines.** Für die (nicht akzessorische!) Grundschuld gilt Hypothekenrecht nur, soweit es nicht auf der Akzessorietät der Hypothek beruht **(I).** Zumeist
sichert die Grundschuld eine Forderung oder mehrere; zu den Besonderheiten der
sog Sicherungsgrundschuld: § 1191 Rn 4 ff. Doch gibt es auch die isolierte
Grundschuld, die keine Forderung sichert (zB die geschenkte Grundschuld).

Titel 2. Grundschuld, Rentenschuld **§§ 1193–1195**

2. Entspr anwendbar sind insbes: **a) § 1116:** Die Grundschuld ist idR Briefrecht. Zur Bedeutung des Briefs BGH NJW 78, 710. **b) §§ 1115, 1117, 1163 II:** Die Grundschuld entsteht durch Einigung und Eintragung (§ 873); für letztere gilt § 1115 (außer I HS 2), eingetragen wird nur die Grundschuld (zur zugelassenen Währung s § 1113 Rn 7), nicht die uU gesicherte Forderung. Bei der Briefgrundschuld tritt Übergabe des Briefs hinzu (bis zur Übergabe oder ihrem Ersatz steht die Grundschuld dem Eigentümer zu: § 1163 II). Das Bestehen einer Forderung ist nicht nötig (Rn 1). **c) §§ 1154 f** für die Übertragung. Die Einigung (§ 1154) bezieht sich auf die Grundschuld, die Legitimation gem § 1155 ebenfalls. Zur Sicherungsgrundschuld vgl § 1191 Rn 22–25. **d) § 1157:** Die Verteidigung kann nur grundschuldbezogen sein (wichtig für die Sicherungsgrundschuld, § 1191 Rn 20). **e) § 1156:** Bei Übertragung der Grundschuld sind §§ 406–408 unanwendbar. Daher kann der Eigentümer mit befreiender Wirkung nur an den wahren Grundschuldgläubiger oder den legitimierten Scheingläubiger (§§ 893, 1155) leisten. Zu Besonderheiten der Sicherungsgrundschuld vgl § 1191 Rn 22–25. **f) §§ 1143, 1150:** Bei Tilgung der isolierten Grundschuld erwirbt der tilgende Eigentümer (§ 1143) oder der ablösungsberechtigte Dritte (§ 1150) die Grundschuld (zur Sicherungsgrundschuld: § 1191 Rn 11 [bb, cc]). **g) § 1168:** Verzicht läßt die Grundschuld auf den Eigentümer übergehen. **h) §§ 1179–1179 b:** Rn 3; § 1179 Rn 14, 15; § 1179 a Rn 12, 13; § 1179 b Rn 1; § 1191 Rn 15. **i) § 1147** gilt für die Verwertung. **j) §§ 1181, 1183:** Die Grundschuld erlischt durch zwangsweise Befriedigung (§ 1181) oder durch Aufhebung (§§ 875, 878, 1183).

3. Unanwendbar mangels Akzessorietät der Grundschuld sind: §§ 1113, 1115 I HS 2, 1137–1139, 1141 I 1, 1153, 1161, 1163 I, 1164–1166 (für entspr Anwendung von § 1164 bei der Sicherungsgrundschuld Dieckmann WM 90, 1481 ff; dagegen mR Reinicke/Tiedtke WM 91, Beil 5 S 10), 1173 I 2 (bzgl der Vereinigung von Forderung und Schuld), 1174, 1177, 1179 a II 1 (dazu § 1179 a Rn 3), 1180 I, 1184–1187, 1190. Die anderen Vorschriften sind **entspr anwendbar**, ggf für „Grundschuld" statt „Forderung" zu lesen, zB in §§ 1115 I HS 1, 1118, 1142, 1143, 1154 f, 1157. Für die **Zinsen** sind (neben §§ 1194, 1197 II) entspr anwendbar: §§ 1115 I HS 1, 1118, 1119 I, 1145 II, 1146, 1158, 1159, 1160 III, 1171 I 2, 1178.

§ 1193 Kündigung

(1) ¹**Das Kapital der Grundschuld wird erst nach vorgängiger Kündigung fällig.** ²**Die Kündigung steht sowohl dem Eigentümer als dem Gläubiger zu.** ³**Die Kündigungsfrist beträgt sechs Monate.**

(2) **Abweichende Bestimmungen sind zulässig.**

1. Die Fälligkeit richtet sich in erster Linie nach der Vereinbarung zwischen Eigentümer und Grundschuldgläubiger (**II**). Sie bedarf der Eintragung, um gegen Rechtsnachfolger zu wirken. Mangels Vereinbarung gilt für das Kapital **I,** für die Zinsen gilt § 608 entspr.

§ 1194 Zahlungsort

Die Zahlung des Kapitals sowie der Zinsen und anderen Nebenleistungen hat, soweit nicht ein anderes bestimmt ist, an dem Orte zu erfolgen, an dem das Grundbuchamt seinen Sitz hat.

1. Vgl allg §§ 269 f.

§ 1195 Inhabergrundschuld

¹**Eine Grundschuld kann in der Weise bestellt werden, dass der Grundschuldbrief auf den Inhaber ausgestellt wird.** ²**Auf einen solchen Brief**

§§ 1196, 1197 Buch 3. Abschn. 7. Hypothek, Grundschuld, Rentenschuld

finden die Vorschriften über Schuldverschreibungen auf den Inhaber entsprechende Anwendung.

1 1. Die Inhabergrundschuld ist praktisch bedeutungslos.

§ 1196 Eigentümergrundschuld

(1) **Eine Grundschuld kann auch für den Eigentümer bestellt werden.**

(2) **Zu der Bestellung ist die Erklärung des Eigentümers gegenüber dem Grundbuchamte, dass die Grundschuld für ihn in das Grundbuch eingetragen werden soll, und die Eintragung erforderlich; die Vorschrift des § 878 findet Anwendung.**

(3) **Ein Anspruch auf Löschung der Grundschuld nach § 1179 a oder § 1179 b besteht nur wegen solcher Vereinigungen der Grundschuld mit dem Eigentum in einer Person, die eintreten, nachdem die Grundschuld einem anderen als dem Eigentümer zugestanden hat.**

1 **1. Allgemeines.** Der Eigentümer kann am eigenen Grundstück für sich eine Grundschuld bestellen (beschränktes dingliches Recht an der eigenen Sache, sa § 889 Rn 2), aber keine Hypothek (eine Eigentümerhypothek kann erst nachträglich entstehen: § 1177 Rn 8). Zum Zweck: §§ 879–882 Rn 11. Veräußert der Eigentümer das Grundstück, so bleibt ihm die Grundschuld als Fremdgrundschuld (BGH 64, 320 f).

2 **2. Bestellung** durch einseitige Erklärung und Eintragung (**II,** abw vom Grundsatz des § 873 I). Briefausschluß durch einseitige Erklärung (abw von § 1116 II 3). Die Erklärungen bedürfen nach BGB keiner Form; für GBO 29 I 1 gilt § 875 Rn 2 (dd, ee) entspr. Unterwerfung unter die sofortige Zwangsvollstreckung gem ZPO 794 I Nr 5, 800 möglich (BGH 64, 319).

3 **3.** Für die **Übertragung** gilt § 1192 Rn 2 (c). Zur **Pfändung** s § 1177 Rn 6. Ges **Abweichungen von** der **Fremdgrundschuld** in § 1197.

4 **4. Weitere Fälle** von Eigentümergrundschulden (kraft Ges oder rechtsgeschäftlichen Erwerbs): Rn 20 vor § 1113; § 1139 Rn 1; § 1143 Rn 6–9; § 1163 Rn 1–6, 8–18; § 1165 Rn 4; § 1168 Rn 4–6; § 1169 Rn 1; §§ 1170, 1171 Rn 1; § 1172 Rn 3; § 1173 Rn 2; § 1175 Rn 1–3; § 1177 Rn 2, 4; § 1191 Rn 11 (aa, bb, dd); § 1192 Rn 2 (b, f, g).

5 **5.** Zu III vgl § 1179 a Rn 13.

§ 1197 Abweichungen von der Fremdgrundschuld

(1) **Ist der Eigentümer der Gläubiger, so kann er nicht die Zwangsvollstreckung zum Zwecke seiner Befriedigung betreiben.**

(2) **Zinsen gebühren dem Eigentümer nur, wenn das Grundstück auf Antrag eines anderen zum Zwecke der Zwangsverwaltung in Beschlag genommen ist, und nur für die Dauer der Zwangsverwaltung.**

1 **1. Anwendungsbereich.** Eigentümer- und Fremdgrundschuld sind inhaltlich nicht verschieden. § 1197 erlegt dem **Eigentümer als Grundschuldgläubiger** lediglich eine persönliche Bindung auf (BGH 103, 37). Ihm ist das Betreiben der Zwangsvollstreckung verwehrt, um eine Schädigung nachstehender Berechtigter, insbes durch Erlöschen ihrer Rechte (vgl ZVG 52 I, 91 I), zu vermeiden. Die Bindung entfällt, wenn Eigentümer und Grundschuldgläubiger nicht (mehr) identisch sind, zB nach Veräußerung des Grundstücks oder Übertragung der Grundschuld auf einen Dritten (BGH 64, 318, 320 f). Die **Identität** ist nicht allein nach der Rechtsträgerschaft, sondern nach dem Zweck des § 1197 zu bestimmen. Daher greift zur **Verhütung von Mißbrauch** I ein, wenn Eigentümer eine GmbH, Grundschuldgläubiger deren Alleingesellschafter ist (II hingegen ist in diesem Falle unanwendbar, weil insoweit Mißbrauch nicht zu befürchten ist; iE ebenso RG JW

Titel 2. Grundschuld, Rentenschuld **§ 1198, Vor § 1199**

29, 248); I greift trotz Personengleichheit von Eigentümer und Grundschuldgläubiger nicht ein, wenn ein **Dritter** den Vollstreckungsantrag stellt (arg II), zB der Vertrags- oder Pfändungspfandgläubiger (s BGH 103, 37 f) oder der Insolvenzverwalter des Eigentümers (SoeKonzen 1; str).

2. Persönliche Beschränkungen des Eigentümers als Grundschuldgläubiger. 2
Er darf aus der Grundschuld **nicht** die **Zwangsvollstreckung** zum Zwecke seiner Befriedigung betreiben, I (zum Befriedigungsrecht § 1147 Rn 1, §§ 1120–1122 Rn 5–7). **Zinsen** kann der Eigentümer nur verlangen, wenn ein anderer die Zwangsverwaltung beantragt hat **(II)**. Zulässig ist, daß die Eigentümergrundschuld als verzinsliche bestellt wird (BGH 64, 320). Zur Verzinslichkeit nach Abtretung vgl § 1177 Rn 3, ferner BGH NJW 86, 315, Düsseldorf Rpfleger 86, 469; nach Verpfändung Bayer AcP 189, 478 ff mN.

§ 1198 Zulässige Umwandlungen

¹**Eine Hypothek kann in eine Grundschuld, eine Grundschuld kann in eine Hypothek umgewandelt werden.** ²**Die Zustimmung der im Range gleich- oder nachstehenden Berechtigten ist nicht erforderlich.**

1. Anwendungsbereich ist die **Umwandlung durch RGeschäft**. Sie ist 1
bloße Inhaltsänderung der iü gleichbleibenden Grundstücksbelastung (Rn 1 vor § 1113; BGH NJW 68, 1674). Deshalb müssen gleich- und nachstehende Berechtigte nicht zustimmen **(S 2)**.

2. Voraussetzungen. a) Materiellrechtlich: Einigung und Eintragung 2
(§ 877); **grundbuchrechtlich:** Bewilligung von Eigentümer und Grundpfandgläubiger (GBO 19, 29 I 1), ggf Vorlage des Briefs (GBO 41, 42, dazu 65, 69, 70).
b) Bei Umwandlung einer Hypothek in eine Grundschuld erlischt die Forde- 3
rung nicht ohne weiteres. Sie erlischt bei Annahme der Grundschuld an Erfüllungs Statt (§ 364 I), ferner entspr § 1165 (wegen dieses Schutzes ist Zustimmung des Schuldners zur Umwandlung unnötig). **c) Bei Umwandlung einer Fremd-** 4
grundschuld in eine Hypothek muß die zu sichernde Forderung bestimmt bezeichnet werden (genügend: künftige oder bedingte Forderung, § 1113 II). Soll die Forderung eines Dritten gesichert werden, so stehen zwei Wege offen: Übertragung der Grundschuld an den Dritten und nachfolgende Umwandlung oder Umwandlung mit Forderungsunterlegung entspr §§ 1192 I, 1180 II, wodurch die Hypothek kraft Ges auf den Dritten übergeht (§ 1180 Rn 6, 7). **d) Umwandlung** 5
einer Eigentümergrundschuld in eine Fremdhypothek verlangt Umwandlung iVm spätestens gleichzeitiger Abtretung an den persönlichen Gläubiger (sonst handelte es sich um eine – unzulässige, su – Eigentümerhypothek) sowie bestimmte Bezeichnung der zu sichernden Forderung (BGH NJW 68, 1674). Da die Bestellung einer *Eigentümerhypothek* ausgeschlossen ist (§ 1196 Rn 1), ist es auch die Umwandlung aus einer Eigentümergrundschuld (aA MK/Eickmann 4 mN, wenn persönlicher Schuldner ein Dritter ist).

Untertitel 2. Rentenschuld

Vorbemerkungen

1. Allgemeines. Die Rentenschuld ist eine bes Form der Grundschuld. Beson- 1
derheit: Die Geldsumme ist in regelmäßig wiederkehrenden Terminen zu zahlen. Die Zahlungen sind weder Tilgung noch Verzinsung der Ablösungssumme (zu dieser §§ 1199 II, 1200–1202). Praktisch spielt die Rentenschuld keine Rolle.

2. Notwendig ist die Bestimmung und Eintragung einer **Ablösungssumme** 2
(§ 1199 II); fehlt ihre Angabe, so ist die Eintragung unzulässig (Folge: GBO 53 I 2). Die einzelnen Zahlungen werden rechtlich wie Hypothekenzinsen, die Ablösungssumme wie das Grundschuldkapital behandelt (§ 1200 I). Das Ablösungsrecht des Eigentümers ist unentziehbar (vgl § 1202 II); nur ausnahmsweise ist er zur

Ablösung verpflichtet (vgl §§ 1201 II 2, 1202 III). Zahlt der Eigentümer, so erwirbt er entspr §§ 1192 I, 1143 die Rentenschuld. Zur Umwandlung in ein anderes Grundpfandrecht: §§ 1203, 1198, 1186 (auch direkte Umwandlung in eine Hypothek jeder Art möglich).

§ 1199 Gesetzlicher Inhalt der Rentenschuld

(1) **Eine Grundschuld kann in der Weise bestellt werden, dass in regelmäßig wiederkehrenden Terminen eine bestimmte Geldsumme aus dem Grundstück zu zahlen ist (Rentenschuld).**

(2) [1]**Bei der Bestellung der Rentenschuld muss der Betrag bestimmt werden, durch dessen Zahlung die Rentenschuld abgelöst werden kann.** [2]**Die Ablösungssumme muss im Grundbuch angegeben werden.**

1. Zur zugelassenen Währung s § 1113 Rn 7.

§ 1200 Anwendbare Vorschriften

(1) **Auf die einzelnen Leistungen finden die für Hypothekenzinsen, auf die Ablösungssumme finden die für ein Grundschuldkapital geltenden Vorschriften entsprechende Anwendung.**

(2) **Die Zahlung der Ablösungssumme an den Gläubiger hat die gleiche Wirkung wie die Zahlung des Kapitals einer Grundschuld.**

§ 1201 Ablösungsrecht

(1) **Das Recht zur Ablösung steht dem Eigentümer zu.**

(2) [1]**Dem Gläubiger kann das Recht, die Ablösung zu verlangen, nicht eingeräumt werden.** [2]**Im Falle des § 1133 Satz 2 ist der Gläubiger berechtigt, die Zahlung der Ablösungssumme aus dem Grundstück zu verlangen.**

§ 1202 Kündigung

(1) [1]**Der Eigentümer kann das Ablösungsrecht erst nach vorgängiger Kündigung ausüben.** [2]**Die Kündigungsfrist beträgt sechs Monate, wenn nicht ein anderes bestimmt ist.**

(2) **Eine Beschränkung des Kündigungsrechts ist nur soweit zulässig, dass der Eigentümer nach dreißig Jahren unter Einhaltung der sechsmonatigen Frist kündigen kann.**

(3) **Hat der Eigentümer gekündigt, so kann der Gläubiger nach dem Ablauf der Kündigungsfrist die Zahlung der Ablösungssumme aus dem Grundstück verlangen.**

§ 1203 Zulässige Umwandlungen

[1]**Eine Rentenschuld kann in eine gewöhnliche Grundschuld, eine gewöhnliche Grundschuld kann in eine Rentenschuld umgewandelt werden.** [2]**Die Zustimmung der im Range gleich- oder nachstehenden Berechtigten ist nicht erforderlich.**

Abschnitt 8. Pfandrecht an beweglichen Sachen und an Rechten

Vorbemerkungen

1. Ein Pfandrecht an beweglichen Sachen und an Rechten **entsteht** *kraft RGeschäfts* (sog Vertragspfandrecht: §§ 1205–1207, 1274) oder *kraft Ges* (§§ 1257,

Titel 1. Pfandrecht an beweglichen Sachen **§ 1204**

1273 II). ZPO 804 stellt diesen beiden Pfandrechten das *Pfändungspfandrecht* an die Seite, auf das die Pfandrechtsbestimmungen des BGB anzuwenden sind, soweit das mit der öffentl-rechtlichen Natur der Zwangsvollstreckung und den Sonderregeln der ZPO (zB über die Verwertung, ZPO 814 ff) vereinbar ist (ie Jauernig, ZwV, § 16 III; sa BGH 179, 82 ff).

2. Ein irreguläres oder **unregelmäßiges Pfandrecht** liegt vor, wenn zur Sicherung einer Forderung die „Pfandsache" dem Gläubiger übereignet wird und dieser berechtigt und verpflichtet ist, eine gleichartige Sache zurückzuerstatten (BGH 127, 140). Dafür gelten §§ 1204 ff entspr, zB §§ 1213–1215, auch § 1223 (aber keine Rückgabe, sondern [ggf Rück-]Übereignung). Praktisch bedeutsam ist die **Barkaution** (Pikart WM 80, 514): Übereignung von Geld zum Zweck der Forderungssicherung (Bsp Mietkaution; bei Gewerberaum BGH 127, 140 ff; zur Verzinsung bei Wohnraum § 551 III). Wird das Geld nicht übereignet, sondern separat verwahrt, dann liegt echte Verpfändung vor. Ob diese oder ein unregelmäßiges Pfandrecht vorliegt, ist Frage des Parteiwillens (BayObLG NJW 81, 995). – Zum **Flaschenpfand** vgl LM Nr 10 zu § 339; Köln NJW-RR 88, 375 (dazu Martinek JuS 89, 268 ff); jedenfalls kein Eigentumserwerb des Abnehmers (offenlassend BGH NJW-RR 94, 301 f). Umweltschutz bezweckt VerpackV 8 betr Pfanderhebungspflicht für Einwegpackungen von flüssigen Lebensmitteln ua; dazu KrW-/AbfG 24 I Nr. 2. 2

3. **Praktische Bedeutung** hat der 9. Abschnitt vor allem für die ges Pfandrechte (Bsp § 1257 Rn 1) und das Pfändungspfandrecht (Rn 1). Das rechtsgeschäftlich bestellte Pfandrecht spielt nicht die Rolle, die der Gesetzgeber ihm zugedacht hat. Bei beweglichen Sachen ist es durch die SÜ und den EV, bei Rechten durch die Sicherungsabtretung weitgehend verdrängt (§§ 1205, 1206 Rn 9; § 1280 Rn 1). Von Bedeutung sind heute nur noch die rechtsgeschäftlich bestellten Pfandrechte der Pfandleihanstalten (dazu PfandlV; Kommentar von Damrau, 1990), die Lombarddarlehen der Banken (Kreditgewährung gegen Verpfändung von Wertpapieren, Edelmetallen oder anderen einfach und sicher verwertbaren Waren) und die Pfandrechte der Banken gem Nr 14 I ihrer AGB. 3

Titel 1. Pfandrecht an beweglichen Sachen

§ 1204 Gesetzlicher Inhalt des Pfandrechts an beweglichen Sachen

(1) Eine bewegliche Sache kann zur Sicherung einer Forderung in der Weise belastet werden, dass der Gläubiger berechtigt ist, Befriedigung aus der Sache zu suchen (Pfandrecht).

(2) Das Pfandrecht kann auch für eine künftige oder eine bedingte Forderung bestellt werden.

1. **Allgemeines.** Das Fahrnispfandrecht ist als Belastung des Eigentums an der Pfandsache ein beschränktes dingliches Recht. **a) Das Pfandrecht gewährt** dem Berechtigten ein *dingliches Verwertungsrecht,* für seine pfandgesicherte Forderung aus dem Pfand zu befriedigen, **I. b) Das Pfandrecht ist streng akzessorisch;** denn es setzt die Existenz der zu sichernden Forderung voraus (arg I). Ohne sie entsteht es nicht (Ausnahmen in **II,** vgl Rn 14), bleibt nicht bestehen (sondern erlischt, § 1252) und kann nicht übertragen werden (§ 1250 I 2). Besteht keine Forderung, so gibt es kein Eigentümerpfandrecht (anders § 1163 I), auch nicht im Falle der Konsolidation (§ 1256 I 1 mit Ausnahmen in I 2, II). S BGH NJW 98, 2596. **c) Bestimmtheitsgrundsatz** (Rn 5 vor § 854): Pfandobjekt kann nur eine bestimmte Sache sein, nicht eine Sachgesamtheit (zB Unternehmen, Warenlager), hier ist Einzelverpfändung nötig (BGH NJW 68, 393). Bloße Zusammenfassung der Einzelsachen unter einem Gesamtnamen ist unschädlich. Möglich ist die Verpfändung *mehrerer* Sachen zur Sicherung *einer* Forderung, vgl §§ 1222, 1230 (*Ge-* 1 2 3

§ 1204 Buch 3. Abschnitt 8. Pfandrecht

4 *samtpfandrecht* entspr der Gesamthypothek, § 1132). **d) Publizitätsgrundsatz** (Rn 4 vor § 854): Das Pfandrecht muß nach außen erkennbar sein. Dazu dient idR der Besitz (§§ 1205 f, 583, 585 II, 647), bei Registerpfandrechten die Eintragung in ein öffentl Register (zB beim Pfandrecht an Luftfahrzeugen, Ges vom 26. 2. 1959, BGBl I 57). Bei einigen ges Pfandrechten (zB des Vermieters, Verpächters,
5 §§ 562, 592) wird auf Publizität verzichtet. **e) Prioritätsgrundsatz.** Das früher bestellte Pfandrecht geht dem später bestellten vor *(prior tempore, potior iure)*, vgl
6 § 1209 (Ausnahmen: § 1208, HGB 366 II). **f) Trennungs- und Abstraktionsprinzip.** Wie beim Grundpfandrecht ist zwischen Verpflichtungsgeschäft und dinglichem Bestellungs- und Übertragungsgeschäft zu unterscheiden: *Trennungsprinzip* (s Rn 16 vor § 1113; Rn 12 vor § 854). Das dingliche Erfüllungs- (nämlich Bestellungs- oder Übertragungs-)geschäft ist gegenüber dem Verpflichtungsgeschäft abstrakt (Rn 13 vor § 854). Besteht keine wirksame Pflicht zur Bestellung, so kann das Pfandrecht zwar entstehen, ist aber kondizierbar (§ 812 I 1 Alt 1; sa §§ 1254, 1253). Die zu sichernde Forderung begründet keine Pflicht zur Pfandbestellung.

7 **2. Die Beteiligten** beim Vertragspfandrecht (§§ 1205–1207). **a) Vier Personen** können beteiligt sein: **aa) Pfandgläubiger.** Er ist stets zugleich Gläubiger der gesicherten Forderung (notwendige Personenidentität). **bb) Eigentümer** der Pfandsache. Er kann nicht von Anfang an zugleich Pfandgläubiger sein (§ 1256 Rn 1). **cc) Schuldner** der gesicherten Forderung. **dd) Verpfänder,** das ist derjenige, mit dem der Pfandgläubiger das dingliche Bestellungsgeschäft (Rn 6) ab-
8 schließt. **b) Identität** von Eigentümer, Schuldner und Verpfänder ist die Regel, aber keine rechtliche Notwendigkeit. Das Ges geht davon aus, daß Eigentümer und Verpfänder idR identisch sind: In §§ 1205 f ist Verpfänder der Eigentümer, in § 1207 ein Nichteigentümer. Zwischen Verpfänder (nicht dem Nur-Eigentümer) und Pfandgläubiger entsteht durch die Verpfändung (das Bestellungsgeschäft, auch Pfandvertrag genannt) ein **ges Schuldverhältnis** (§§ 1215–1221 Rn 1). Der Schuldner als solcher wird von der Verpfändung in seiner Rechtsstellung nicht berührt. Der Gläubiger (zugleich Pfandgläubiger, Rn 7 [aa]) kann von ihm Erfüllung verlangen und muß sich nicht auf das Pfand verweisen lassen (Ausnahme ZPO
9 777). **c) Die Rechtsbeziehungen** zwischen Eigentümer, Verpfänder und Schuldner können sehr unterschiedlich sein. Der verpfändende, nicht schuldende Eigentümer kann bei Pfandverwertung vom Schuldner Aufwendungsersatz verlangen (§ 670, sa §§ 1249, 268 III, 1250, 1256). Der verpfändende Nichteigentümer kann dem Eigentümer ersatzpflichtig sein (§§ 816, 823, pVV [§ 280]).

10 **3.** Zum **Entstehen** Rn 1 vor § 1204. Zum **Erlöschen** vgl insbes §§ 418 I, 936, 1242 II, 1244, 1250 II, 1252 f, 1255, 1256 I 1, ferner Rn 14 (Folge: Pflicht zur Pfandherausgabe an Verpfänder oder Eigentümer, § 1223 Rn 1). Zur **Verwertung** vgl §§ 1233 I, 1234–1240, 1245 f (mit oder ohne Vollstreckungstitel gegen den Eigentümer), § 1233 II (mit Vollstreckungstitel gegen den Eigentümer).

11 **4. Pfandgegenstand** kann sein: **a) Bewegliche Sache,** auch Geld; auch unpfändbare (ZPO 811), denn Pfändbarkeit nach ZPO 808 ff und Verpfändbarkeit einer Sache decken sich nicht: Zubehör eines Grundstücks (§§ 97 f) ist verpfändbar, aber nicht pfändbar (ZPO 865 II); Früchte am Halm sind pfändbar (ZPO 810), aber als wesentliche Grundstücksbestandteile (§§ 94 I, 93) nicht verpfändbar. Order- und Inhaberpapiere werden wie Sachen verpfändet (§§ 1292 f). – Nicht als solche verpfändbar sind: Grundpfandbriefe (BGH 60, 175; außer Inhabergrund- und -rentenschuldbriefen, §§ 1195, 1199, 1293), qualifizierte Legitimationspapiere des § 808 (zB Sparbuch, RG 68, 282), Fahrzeugbrief (StVZO 20 III, 25), andere Zulassungspapiere (zB Waffenbesitzkarte, Führerschein), amtliche Ausweise (zB Personalausweis, Reisepaß). Diese Urkunden sind keine selbständigen Gegenstände des rechtsgeschäftlichen Verkehrs (§ 952 Rn 2, 6). Möglich ist Umdeutung der nichtigen Pfandrechtsbestellung an Hypothek in ein vertragliches Zurückbehaltungsrecht am Hypothekenbrief, § 140 (RG 66, 26 f). – Sachgesamtheiten scheiden als Pfandobjekt aus (Rn 3). **b) Miteigentumsanteil,** § 1258. **c) Anwart-**

1310 *Jauernig*

Titel 1. Pfandrecht an beweglichen Sachen **§§ 1205, 1206**

schaftsrecht auf Eigentumserwerb an beweglicher Sache, zB des VKäufers (§ 929 Rn 52; sa § 930 Rn 43 betr bedingte SÜ). Anwartschaftsrecht auf Grundstückserwerb wird entspr § 1274 verpfändet (§ 873 Rn 21 [cc]).

5. Die gesicherte Forderung. a) Sie muß auf Geld gerichtet sein oder in 12 eine Geldforderung übergehen können (vgl § 1228 II 2; beachte auch ZPO 916 I), zB gem §§ 280 mit 249 S 2, 250 f (nicht jeder Schadensersatzanspruch geht auf Geld: § 249 S 1). **b) Ohne gültige Forderung** entsteht kein Pfandrecht (Rn 2). 13 Scheinbare Ausnahme, wenn nach dem Parteiwillen anstelle der ungültigen Forderung die Ersatzforderung (zB aus § 812) gesichert werden soll (BGH NJW 68, 1134 für eine nach § 138 nicht entstandene Forderung). **c) Aufschiebend be-** 14 **dingt oder künftig** (dh zZ – noch – nicht bestehend) kann sie sein, II (auflösend bedingte besteht, daher problemlos). Entstehungsgrund (nicht auch die Höhe) der künftigen Forderung muß bestimmbar sein (BGH 86, 346). Mit der Bestellung (§§ 1205, 1206 Rn 2–9), schon vor Entstehen der Forderung, erlangt der Pfandgläubiger das Pfandrecht (BGH 86, 346 f; abdingbar: BGH 86, 310), danach richtet sich der Rang (§ 1209); §§ 1213, 1227 sind anwendbar. Vor Entstehen der Forderung hat der Pfandgläubiger noch kein Verwertungsrecht (BGH 93, 76; das ist nichts Besonderes: ein Pfandrecht mit erst nachträglich entstehendem Verwertungsrecht kann es auch bei existenter Forderung geben, vgl § 1228 II). Das Pfandrecht erlischt, sobald der Ausfall der Bedingung oder das Nichtentstehen der künftigen Forderung feststeht (BGH 86, 347).

§ 1205 Bestellung

(1) ¹Zur Bestellung des Pfandrechts ist erforderlich, dass der Eigentümer die Sache dem Gläubiger übergibt und beide darüber einig sind, dass dem Gläubiger das Pfandrecht zustehen soll. ²Ist der Gläubiger im Besitz der Sache, so genügt die Einigung über die Entstehung des Pfandrechts.

(2) Die Übergabe einer im mittelbaren Besitz des Eigentümers befindlichen Sache kann dadurch ersetzt werden, dass der Eigentümer den mittelbaren Besitz auf den Pfandgläubiger überträgt und die Verpfändung dem Besitzer anzeigt.

§ 1206 Übergabeersatz durch Einräumung des Mitbesitzes

Anstelle der Übergabe der Sache genügt die Einräumung des Mitbesitzes, wenn sich die Sache unter dem Mitverschluss des Gläubigers befindet oder, falls sie im Besitz eines Dritten ist, die Herausgabe nur an den Eigentümer und den Gläubiger gemeinschaftlich erfolgen kann.

Anmerkungen zu den §§ 1205, 1206

1. Allgemeines. Das dingliche Pfandbestellungsgeschäft (§ 1204 Rn 6) verlangt 1 – ähnlich wie Übereignung (§ 929) und Nießbrauchsbestellung (§ 1032) – Einigung und Übergabe. Letztere folgt in verschiedener Hinsicht eigenen Regeln (Rn 3–9).

2. §§ 1205 f behandeln die *Verpfändung durch den Eigentümer* (anders § 1207). 2 Daher ist hier die **Einigung** zwischen Eigentümer und Pfandgläubiger notwendig (Einigung mit dem Nichteigentümer kann gem § 185 oder § 1207 wirksam sein). Für antizipierte Einigung gilt § 929 Rn 6 entspr. **Inhalt:** Bestellung eines Pfandrechts an einer bestimmten Sache für den Gläubiger einer bestimmbaren (§ 1204 Rn 14) Forderung (ihre Höhe muß nicht feststehen). Einigung zgDr ist ausgeschlossen (RG 124, 221; sa § 328 Rn 6 [bb]; § 873 Rn 12). Einigung ist formfrei und abstrakt (§ 1204 Rn 6). Bedingte und befristete Einigung zulässig.

3. Übergabe (§ 1205 I 1) ist die Übertragung des unmittelbaren Besitzes 3 (§ 854, vgl dort Rn 10, 12). Verpfänder (hier: der Eigentümer, Rn 2) muß

Jauernig 1311

§ 1207 Buch 3. Abschnitt 8. Pfandrecht

unmittelbaren Besitz verlieren (RG 66, 262f). Für die Übergabe gilt § 929 Rn 8–13 entspr. Besitzt der Pfandgläubiger zZ der Einigung bereits selbst, sei es durch Besitzdiener oder Besitzmittler (der nicht der Eigentümer sein darf), so gilt Rn 4.

4 4. **Übergabe ist nicht erforderlich,** schlichte Einigung genügt, wenn der Pfandgläubiger zZ der Einigung die Sache bereits besitzt: als unmittelbarer Alleinbesitzer (§ 1205 I 2), als Mitbesitzer (§ 1206) oder als mittelbarer Besitzer (sofern der Eigentümer [Rn 3] nicht sein Besitzmittler ist, Rittner JZ 65, 274 f).

5 5. **Übergabeersatz, § 1205 II.** Erforderlich sind, außer der Einigung (Rn 2), zur wirksamen Verpfändung: **a) Übertragung des mittelbaren Besitzes** durch Abtretung des Herausgabeanspruchs aus dem Besitzmittlungsverhältnis (§ 870), nicht aus § 985 (sa § 931 Rn 4, 5). Damit verliert Verpfänder (= Eigentümer, Rn 3) seinen bisherigen mittelbaren Besitz. Durch die Pfandbestellung erlangt er neuen, höherstufigen mittelbaren Besitz, vermittelt durch den Pfandgläubiger **6** (§§ 871, 868); **b) formfreie Anzeige** der Verpfändung an den bisherigen Besitzmittler des Verpfänders (Rn 3). Die Anzeige ist Willenserklärung (hM) des Verpfänders oder eines von ihm bevollmächtigten Dritten (RG 89, 290 zu § 1280). Kenntnis des Besitzmittlers ersetzt Anzeige nicht (RG 89, 289f zu § 1280).

7 c) **Nicht** unter II, sondern I 1 fällt die Weisung des Verpfänders an seinen Besitzmittler, nunmehr nur für den Pfandgläubiger zu besitzen (Rn 3 mit § 929 Rn 12; StWiegand § 1205, 24).

8 6. **Übergabeersatz, § 1206,** erfolgt durch Einräumung von qualifiziertem Mitbesitz in zwei Formen. **a) Sog Mitverschluß,** das ist kollektiver („gesamthänderischer") unmittelbarer Mitbesitz von Verpfänder (= Eigentümer, Rn 3) und Pfandgläubiger (Bsp § 866 Rn 2, sa BGH 86, 308). **b) Verschaffung von mittelbarem Mitbesitz** so, daß der besitzende Dritte, der sog *Pfandhalter,* nur an den Verpfänder (Rn 3) und den Pfandgläubiger gemeinsam herauszugeben hat. Die Pflicht zur Herausgabe an beide gemeinsam muß auf Vertrag des Dritten mit dem Verpfänder **9** (allein oder zusammen mit dem Pfandgläubiger) beruhen. **c) Unzulässig** ist ein Übergabeersatz **entspr § 930,** wonach der Verpfänder (Rn 3) Besitzer, jetzt: Fremdbesitzer, bliebe und dem Pfandgläubiger den Besitz vermitteln würde. Daher ist die Verpfändung beweglicher Sachen als Kreditsicherungsmittel weitgehend durch SÜ und EV verdrängt worden. Die vom Ges insbes durch Ausschluß eines Übergabeersatzes entspr § 930 gewollte Publizität hat das Gegenteil bewirkt: SÜ und EV verschleiern die Rechtslage erst recht (vgl § 929 Rn 25, § 930 Rn 30).

§ 1207 Verpfändung durch Nichtberechtigten

Gehört die Sache nicht dem Verpfänder, so finden auf die Verpfändung die für den Erwerb des Eigentums geltenden Vorschriften der §§ 932, 934, 935 entsprechende Anwendung.

1 1. **Allgemeines.** § 1207 betrifft den rechtsgeschäftlichen Erwerb eines Pfandrechts, wenn **Verpfänder nicht** der **Eigentümer** ist und die Zustimmung des Eigentümers (§ 185) fehlt. Der Erwerb setzt auch hier das Bestehen der gesicherten Forderung (Ausnahme § 1204 II) und Erfüllung der §§ 1205f voraus, nur das mangelnde Eigentum des Verpfänders wird nach § 1207 ausgeglichen. Zur Anwendbarkeit bei ges Pfandrecht vgl § 1257 Rn 2.

2 2. **Die entspr Anwendung** der §§ 932, 934, 935. **a) § 932 I 1** gilt entspr für §§ 1205 I 1, 1206 Fall 1. **b) § 932 I 2** gilt entspr für § 1205 I 2: Der (spätere) Pfandgläubiger muß den Besitz vom (späteren) Verpfänder erhalten haben. **c) § 934** gilt entspr für §§ 1205 II, 1206 Fall 2. Fehlt dem Verpfänder der mittelbare Besitz, so hilft § 934 nicht (Rn 1); aber Erwerb gem Rn 2 (a) ist möglich. **d) § 935 I** entspr verhindert den Pfandrechtserwerb, wenn die Pfandsache dem Eigentümer abhanden gekommen ist. Ausnahme für Geld (§ 1204 Rn 11 [a]) und **3** Inhaberpapiere (§ 1293), **§ 935 II** entspr. **e) Bösgläubigkeit** des Pfandgläubigers

1312 *Jauernig*

Titel 1. Pfandrecht an beweglichen Sachen **§§ 1208, 1209**

(§ 932 II entspr) verhindert den Pfandrechtserwerb (nicht ist Gutgläubigkeit Erwerbsvoraussetzung; zur Bedeutung § 932 Rn 5). Es besteht entspr § 932 Rn 17 eine Informationspflicht des Pfandgläubigers (BGH 86, 311 ff). Nach BGH NJW 81, 227 mN ist sie begrenzter als beim Eigentumserwerb (insbes keine Notwendigkeit zur Vorlage des Fahrzeugbriefs, BGH 119, 90 mN; krit StWiegand 9); denn (iGgs zu § 932) verliere der wahre Eigentümer gem § 1207 nicht sein Recht (BGH 68, 327). Das ist zu kurz gesehen: Im Ernstfall tritt Eigentumsverlust gem § 1242 I ein (so in BGH 68, 323 ff; NJW 81, 226 f). Zum *Zeitpunkt* der Bösgläubigkeit § 932 Rn 18. Trotz Bösgläubigkeit erwirbt der Pfandgläubiger das Recht, wenn der Eigentümer der Verpfändung zustimmt (§ 185). **f)** § 933 ist **unanwendbar,** da es keinen Übergabeersatz entspr § 930 gibt (§§ 1205, 1206 Rn 9). 4

3. Besonderheiten. HGB 366 I gleicht (auch) den Mangel der Verfügungsbefugnis aus. HGB 367 enthält eine widerlegbare Vermutung des bösen Glaubens (von der Veröffentlichung wird auf den bösen Glauben geschlossen). – Zu § 1207 und **AGB**-Pfandrecht s § 1257 Rn 2. 5

§ 1208 Gutgläubiger Erwerb des Vorrangs

¹**Ist die Sache mit dem Recht eines Dritten belastet, so geht das Pfandrecht dem Recht vor, es sei denn, dass der Pfandgläubiger zur Zeit des Erwerbs des Pfandrechts in Ansehung des Rechts nicht in gutem Glauben ist.** ²**Die Vorschriften des § 932 Abs. 1 Satz 2, des § 935 und des § 936 Abs. 3 finden entsprechende Anwendung.**

1. Anwendungsbereich. a) § **1208 betrifft** rechtsgeschäftliche Pfandbestellung durch den Eigentümer (§§ 1205, 1206) oder Nichteigentümer (§ 1207) an einer bereits (insbes mit Pfandrecht oder Nießbrauch) belasteten Sache. Das Pfandrecht erlangt den Vorrang vor der schon bestehenden Belastung, diese steht dem Pfandrecht nach (S 1 HS 1). Bei Erwerb nach § 1205 I 2 gilt § 932 I 2 entspr; bei Erwerb nach § 1205 II behält das Recht des besitzenden Dritten den Vorrang, § 936 III entspr (S 2). **b) Bei Bösgläubigkeit** (Begriff § 932 II) des Pfandgläubigers bzgl einer bestehenden Belastung geht sein Pfandrecht dieser Belastung nach (S 1 HS 2). Gleiches gilt, wenn die Pfandsache dem Inhaber der vorrangigen Belastung abhanden gekommen ist (S 2 mit § 935 I entspr, Ausnahme in § 935 II entspr). Ist die Pfandsache dem Eigentümer abhanden gekommen, so kommt es idR überhaupt nicht zum Erwerb eines Pfandrechts (§ 1207 Rn 2 [d]). 1 2

2. Besonderheit. HGB 366 II gleicht (auch) den Mangel der Verfügungsbefugnis aus. 3

§ 1209 Rang des Pfandrechts

Für den Rang des Pfandrechts ist die Zeit der Bestellung auch dann maßgebend, wenn es für eine künftige oder eine bedingte Forderung bestellt ist.

1. Allgemeines. Bestehen mehrere beschränkte dingliche Rechte an einer Sache, so stehen sie in einem bestimmten **Rangverhältnis** zueinander. Der Rang hat vor allem Bedeutung bei einer Pfandverwertung, deren Erlös nicht alle Belastungen der Sache abdeckt (vgl §§ 879–882 Rn 1). 1

2. Prioritätsgrundsatz (§ 1204 Rn 5): Das früher bestellte Pfandrecht geht dem später bestellten vor; Ausnahmen: § 1208, HGB 366 II. Diese Rangordnung gilt unter allen Pfandrechtsarten (vgl BGH 93, 76) und gegenüber anderen Belastungen (LM Nr 1 zu § 559: Vermieterpfandrecht am Zubehör und Hypothek). Keine Vorrangeinräumung mit dinglicher Wirkung möglich (anders §§ 881, 882), widersprüchlich BAG NJW 90, 2642 f (Verpflichtung mit dinglicher Wirkung); 2

nur Aufhebung mit Nachrücken der nachrangigen Rechte und Neubestellung an letzter Rangstelle. Pfandrecht für künftige oder (aufschiebend) bedingte Forderung entsteht mit Bestellung (§ 1204 Rn 14; BGH NJW 93, 2878).

3. Für das **Pfändungspfandrecht** trifft ZPO 804 III eine entspr Regelung.

§ 1210 Umfang der Haftung des Pfandes

(1) ¹**Das Pfand haftet für die Forderung in deren jeweiligem Bestand, insbesondere auch für Zinsen und Vertragsstrafen.** ²**Ist der persönliche Schuldner nicht der Eigentümer des Pfandes, so wird durch ein Rechtsgeschäft, das der Schuldner nach der Verpfändung vornimmt, die Haftung nicht erweitert.**

(2) **Das Pfand haftet für die Ansprüche des Pfandgläubigers auf Ersatz von Verwendungen, für die dem Pfandgläubiger zu ersetzenden Kosten der Kündigung und der Rechtsverfolgung sowie für die Kosten des Pfandverkaufs.**

1. Wird der **Haftungsumfang** nicht vertraglich festgelegt, so gilt § 1210. Die Forderung kann sich verringern (zB durch Teilerfüllung) oder – vorbehaltlich Rn 2 – erweitern, zB durch ges oder vertragliche Zinsen, Vertragsstrafe (I 1), Schadensersatz wegen Nicht- oder Schlechterfüllung und bestimmte Gläubigerkosten (II).

2. Rechtsgeschäftliche Haftungserweiterung, zB Aufstockung (nicht Neubegründung) der Forderung wirkt nur bei Identität von Eigentümer und Schuldner (I 2), dann aber auch gegen nachrangig Berechtigte (arg I 1, hM). Erweiterung wirkt auch, wenn der Pfandgläubiger den schuldenden Verpfänder ohne Bösgläubigkeit für den Eigentümer hält (differenzierend StWiegand 10).

§ 1211 Einreden des Verpfänders

(1) ¹**Der Verpfänder kann dem Pfandgläubiger gegenüber die dem persönlichen Schuldner gegen die Forderung sowie die nach § 770 einem Bürgen zustehenden Einreden geltend machen.** ²**Stirbt der persönliche Schuldner, so kann sich der Verpfänder nicht darauf berufen, dass der Erbe für die Schuld nur beschränkt haftet.**

(2) **Ist der Verpfänder nicht der persönliche Schuldner, so verliert er eine Einrede nicht dadurch, dass dieser auf sie verzichtet.**

1. Allgemeines. Der Verpfänder kann, unabhängig von § 1211, dem Pfandgläubiger gegenüber Einreden aus seinem persönlichen Rechtsverhältnis zu ihm geltend machen, ferner (ebenso wie der Eigentümer) das Nichtbestehen des Pfandrechts, zB wegen Nichtigkeit der Einigung (§§ 1205, 1206 Rn 2).

2. § 1211 **erweitert** wegen der Akzessorietät des Pfandrechts den **Kreis der Einreden** ebenso wie § 1137 für die Hypothek. Daher gilt § 1137 Rn 2–6 entspr. Auch der Eigentümer, der weder Verpfänder noch Schuldner ist, kann sich auf § 1211 berufen (RG JW 12, 749). Bei dauernden Einreden gilt § 1254.

3. Geltendmachung der Einreden gegen eine Klage aus § 1231 S 1, ferner durch Klage auf Unterlassung der Pfandverwertung oder auf Herausgabe (§ 1254).

§ 1212 Erstreckung auf getrennte Erzeugnisse

Das Pfandrecht erstreckt sich auf die Erzeugnisse, die von dem Pfande getrennt werden.

1. Zum **Pfandobjekt** gehören wesentliche (§ 93) und iZw auch unwesentliche **Bestandteile** der Pfandsache. **Zubehör** wird nur erfaßt, wenn es mit verpfändet ist (zur Verpflichtung s § 311 c).

Titel 1. Pfandrecht an beweglichen Sachen **§§ 1213-1216**

2. Bestandteile und **Erzeugnisse** (Begriff § 99 I) bleiben auch nach der Trennung pfandverhaftet (§ 1212), gleichgültig, wer mit der Trennung Eigentum erworben hat; anders nur bei pfandfreiem Erwerb eines Dritten (§§ 936, 945, 954, 956), ferner nach § 1213.

3. Ein **Surrogat** der Pfandsache wird vom Pfandrecht nur gem §§ 1219 II, 1247 erfaßt (betrifft Erlös), nicht zB eine Versicherungsforderung bei Untergang der Pfandsache (anders § 1127).

§ 1213 Nutzungspfand

(1) **Das Pfandrecht kann in der Weise bestellt werden, dass der Pfandgläubiger berechtigt ist, die Nutzungen des Pfandes zu ziehen.**

(2) **Ist eine von Natur fruchttragende Sache dem Pfandgläubiger zum Alleinbesitz übergeben, so ist im Zweifel anzunehmen, dass der Pfandgläubiger zum Fruchtbezug berechtigt sein soll.**

§ 1214 Pflichten des nutzungsberechtigten Pfandgläubigers

(1) **Steht dem Pfandgläubiger das Recht zu, die Nutzungen zu ziehen, so ist er verpflichtet, für die Gewinnung der Nutzungen zu sorgen und Rechenschaft abzulegen.**

(2) **Der Reinertrag der Nutzungen wird auf die geschuldete Leistung und, wenn Kosten und Zinsen zu entrichten sind, zunächst auf diese angerechnet.**

(3) **Abweichende Bestimmungen sind zulässig.**

Anmerkungen zu den §§ 1213, 1214

1. **Allgemeines.** §§ 1213, 1214 regeln das **Nutzungspfandrecht**; § 1214 gilt bei Nutzziehung ohne Ermächtigung entspr (RG 105, 409).

2. **Voraussetzung** des Nutzungspfandrechts ist eine bes Vereinbarung, § 1213 I (Vermutung in § 1213 II). Nutzungen: §§ 99 I, III, 100. Zur Fruchtverteilung § 101.

3. **Wirkungen. a)** Der Pfandgläubiger erwirbt an Sachfrüchten Eigentum mit der Trennung (§ 954), an mittelbaren Rechtsfrüchten (§ 99 III) mit Entgegennahme der Leistung. **b)** Der Pfandgläubiger ist zur Nutzziehung verpflichtet (bei Pflichtverletzung Schadensersatz), ebenso zur Rechnungslegung (§§ 259, 261), § 1214 I. **c)** Anrechnung des Reinertrags auf Kosten (§ 1210 II), Zinsen, Hauptforderung, § 1214 II. Reinertrag: bei Verbrauch ist das der obj Verkehrswert, bei Verwertung der Verkaufspreis, jeweils abzüglich Nutzziehungs- und Verwertungskosten. **d)** Zu b und c sind abw Vereinbarungen möglich, § 1214 III.

§ 1215 Verwahrungspflicht

Der Pfandgläubiger ist zur Verwahrung des Pfandes verpflichtet.

§ 1216 Ersatz von Verwendungen

¹**Macht der Pfandgläubiger Verwendungen auf das Pfand, so bestimmt sich die Ersatzpflicht des Verpfänders nach den Vorschriften über die Geschäftsführung ohne Auftrag.** ²**Der Pfandgläubiger ist berechtigt, eine Einrichtung, mit der er das Pfand versehen hat, wegzunehmen.**

Jauernig

§ 1217 Rechtsverletzung durch den Pfandgläubiger

(1) Verletzt der Pfandgläubiger die Rechte des Verpfänders in erheblichem Maße und setzt er das verletzende Verhalten ungeachtet einer Abmahnung des Verpfänders fort, so kann der Verpfänder verlangen, dass das Pfand auf Kosten des Pfandgläubigers hinterlegt oder, wenn es sich nicht zur Hinterlegung eignet, an einen gerichtlich zu bestellenden Verwahrer abgeliefert wird.

(2) ¹Statt der Hinterlegung oder der Ablieferung der Sache an einen Verwahrer kann der Verpfänder die Rückgabe des Pfandes gegen Befriedigung des Gläubigers verlangen. ²Ist die Forderung unverzinslich und noch nicht fällig, so gebührt dem Pfandgläubiger nur die Summe, welche mit Hinzurechnung der gesetzlichen Zinsen für die Zeit von der Zahlung bis zur Fälligkeit dem Betrag der Forderung gleichkommt.

§ 1218 Rechte des Verpfänders bei drohendem Verderb

(1) Ist der Verderb des Pfandes oder eine wesentliche Minderung des Wertes zu besorgen, so kann der Verpfänder die Rückgabe des Pfandes gegen anderweitige Sicherheitsleistung verlangen; die Sicherheitsleistung durch Bürgen ist ausgeschlossen.

(2) Der Pfandgläubiger hat dem Verpfänder von dem drohenden Verderb unverzüglich Anzeige zu machen, sofern nicht die Anzeige untunlich ist.

§ 1219 Rechte des Pfandgläubigers bei drohendem Verderb

(1) Wird durch den drohenden Verderb des Pfandes oder durch eine zu besorgende wesentliche Minderung des Wertes die Sicherheit des Pfandgläubigers gefährdet, so kann dieser das Pfand öffentlich versteigern lassen.

(2) ¹Der Erlös tritt an die Stelle des Pfandes. ²Auf Verlangen des Verpfänders ist der Erlös zu hinterlegen.

§ 1220 Androhung der Versteigerung

(1) ¹Die Versteigerung des Pfandes ist erst zulässig, nachdem sie dem Verpfänder angedroht worden ist; die Androhung darf unterbleiben, wenn das Pfand dem Verderb ausgesetzt und mit dem Aufschub der Versteigerung Gefahr verbunden ist. ²Im Falle der Wertminderung ist außer der Androhung erforderlich, dass der Pfandgläubiger dem Verpfänder zur Leistung anderweitiger Sicherheit eine angemessene Frist bestimmt hat und diese verstrichen ist.

(2) Der Pfandgläubiger hat den Verpfänder von der Versteigerung unverzüglich zu benachrichtigen; im Falle der Unterlassung ist er zum Schadensersatz verpflichtet.

(3) Die Androhung, die Fristbestimmung und die Benachrichtigung dürfen unterbleiben, wenn sie untunlich sind.

§ 1221 Freihändiger Verkauf

Hat das Pfand einen Börsen- oder Marktpreis, so kann der Pfandgläubiger den Verkauf aus freier Hand durch einen zu solchen Verkäufen öffentlich ermächtigten Handelsmäkler oder durch eine zur öffentlichen Versteigerung befugte Person zum laufenden Preis bewirken.

Titel 1. Pfandrecht an beweglichen Sachen **§§ 1222, 1223**

Anmerkungen zu den §§ 1215–1221

1. Allgemeines. §§ 1215–1221, 1223–1226 regeln das **ges Schuldverhältnis** 1
zwischen Pfandgläubiger und Verpfänder (nicht Eigentümer!). Die Rechte
des verpfändenden Nichteigentümers aus dem ges Schuldverhältnis stehen nicht
global auch dem Eigentümer zu (str, s StWiegand § 1215, 5 mN). Pflichtverletzung
kann Schadensersatzansprüche nach sich ziehen. Der Eigentümer hat bei Eigentumsverletzung Anspruch aus § 823; im Verhältnis zum Pfandgläubiger scheiden
§§ 987 ff aus, weil dieser dem Eigentümer gegenüber zum Besitz berechtigt ist.

2. Die **Pflichten und Rechte** ie. **a) Verwahrungspflicht,** § 1215. Sie setzt 2
unmittelbaren Alleinbesitz des Pfandgläubigers voraus. §§ 688 ff sind entspr anwendbar, dh soweit nicht Besonderheiten des Pfandrechts entgegenstehen (Bsp: statt § 690 gelten §§ 276, 278, statt § 693: § 1216, statt § 695: § 1223). Aus
§ 1215 folgt keine allg Versicherungs- und Erhaltungspflicht; sie kann sich aus den
Umständen ergeben (verpfändetes Tier ist zu füttern), zum Ersatzanspruch § 1216
S 1. Verwahrungspflicht endet erst mit Rückgabe der Sache, nicht schon mit
Erlöschen des Pfandrechts. **b) Recht auf Verwendungsersatz** (Begriff § 951
Rn 22) gem §§ 683 f gegen den Verpfänder und Recht zur *Wegnahme* (dazu
§ 258), § 1216. **c) Schutzrechte des Verpfänders** bei fortgesetzter Rechtsverletzung nach (formlos möglicher) Abmahnung, § 1217: Anspruch auf Hinterlegung
(§§ 372 ff), Ablieferung an Verwahrer (FGG 165) oder vorzeitige Pfandeinlösung
(dazu § 1225). Bsp: Weiterbenützung der Pfandsache ohne Gestattung, Schadenseintritt nicht erforderlich. **d) Bei drohendem Verderb:** §§ 1218, 1219. Zur
Sicherheitsleistung (§ 1218 I) §§ 232 I, 233–238, 240. Zur öffentl Versteigerung
(§ 1219 I) §§ 383 III, 1220, 1236–1246, zur dinglichen Surrogation § 1219 II.
e) Androhung der Versteigerung, Fristsetzung für Sicherheitsleistung, § 1220 I.
Versteigerung ohne notwendige Androhung oder ohne notwendige Fristbestimmung oder trotz Sicherheitsleistung ist unwirksam (aA MK/Damrau § 1220, 1),
aber Eigentumserwerb gem § 1244 möglich (StWiegand § 1220, 5). **f) Freihandverkauf:** § 385 mit Anm.

§ 1222 Pfandrecht an mehreren Sachen

**Besteht das Pfandrecht an mehreren Sachen, so haftet jede für die ganze
Forderung.**

1. Betrifft das **Gesamtpfandrecht** (§ 1204 Rn 3). Pfandgläubiger kann wählen, 1
welche Sache er verwerten will, § 1230 (s BGH WM 80, 1385).

§ 1223 Rückgabepflicht; Einlösungsrecht

**(1) Der Pfandgläubiger ist verpflichtet, das Pfand nach dem Erlöschen
des Pfandrechts dem Verpfänder zurückzugeben.**

**(2) Der Verpfänder kann die Rückgabe des Pfandes gegen Befriedigung
des Pfandgläubigers verlangen, sobald der Schuldner zur Leistung berechtigt ist.**

1. Der Pfandgläubiger ist nach Erlöschen des Pfandrechts (§ 1204 Rn 10) zur 1
Rückgabe der Pfandsache und der in § 1212 genannten Nebensachen an den
Verpfänder verpflichtet, **I.** Ein Verpfänder, der gegenüber dem Eigentümer kein
Besitzrecht hat, kann nur Rückgabe an diesen verlangen (Rechtsgedanke des § 986
I 2; aA BGH 73, 321 ff: Verpfänder kann grundsätzlich Rückgabe an sich fordern,
zust StWiegand 15 mN). I gilt auch für Herausgabe des Übererlöses als Surrogat
der Pfandsache (§ 1247 S 2). Eigentümer, der nicht Verpfänder ist, hat Anspruch
aus §§ 985, 986 I. Der Schuldner kann Herausgabe nicht verlangen.

2. Der **Verpfänder** hat ein **Einlösungsrecht,** sobald der Schuldner leisten darf 2
(das kann wegen § 271 II schon vor Eintritt der Pfandreife [§ 1228 Rn 2] der Fall

Jauernig 1317

sein), **II.** § 267 II ist ausgeschlossen. Der Verpfänder kann Rückgabe Zug um Zug gegen Zahlung der gerichtl festgestellten Pfandforderung verlangen (vgl RG 140, 346 f; auch BGH 73, 318 ff; NJW 99, 3717). Befriedigt er den Pfandgläubiger, so gehen Forderung (§ 1225) und Pfandrecht (§§ 412, 401 I, 1250 I) auf ihn über. Ist der Verpfänder auch Eigentümer, so gilt für die Forderung das gleiche, aber das Pfandrecht erlischt idR (§§ 412, 401 I, 1250, 1256). Ist der Leistende (Verpfänder, Eigentümer) auch Schuldner oder leistet der Nur-Schuldner, so erlöschen Forderung (§ 362 I) und Pfandrecht (§ 1252). Befriedigt der Eigentümer, der weder Verpfänder noch Schuldner ist, so gilt § 1249 (vgl dort). Befriedigt ein Dritter, so können Forderung und Pfandrecht übergehen, zB nach §§ 1249 S 2, 268 III, 412, 401 I, 1250 I.

§ 1224 Befriedigung durch Hinterlegung oder Aufrechnung

Die Befriedigung des Pfandgläubigers durch den Verpfänder kann auch durch Hinterlegung oder durch Aufrechnung erfolgen.

1   1. **Aufrechnung** durch den nicht schuldenden Verpfänder durchbricht § 387 (Gegenseitigkeitserfordernis) und § 389 (kein Erlöschen der Gegenforderung: § 1225), s § 1142 Rn 3.

§ 1225 Forderungsübergang auf den Verpfänder

¹**Ist der Verpfänder nicht der persönliche Schuldner, so geht, soweit er den Pfandgläubiger befriedigt, die Forderung auf ihn über.** ²**Die für einen Bürgen geltende Vorschrift des § 774 findet entsprechende Anwendung.**

1   1. Zum **Übergang der Forderung** auf den Verpfänder § 1223 Rn 2; dort auch zur Befriedigung durch Eigentümer, Schuldner oder Dritten. Befriedigung auch durch Hinterlegung oder Aufrechnung (§ 1224). § 1225 ist abdingbar.

2   2. Problematisch ist der Übergang von Forderung und Pfandrecht, wenn **mehrere Sicherheiten für die Forderung** bestehen (Hypothek, Bürgschaft, mehrere Pfandrechte) und ein SG, der nicht zugleich Schuldner ist, den Gläubiger befriedigt (s Schlechtriem, FS v. Caemmerer, 1978, S 1014 ff; BGH 108, 182 ff). **a)** Befriedigt einer von mehreren Verpfändern, so erhält er bei Fehlen abw Vereinbarung pfandgesicherten Ausgleichsanspruch nach Kopfteilen, S 2 mit §§ 774 II, 426 (hM; s BGH NJW-RR 91, 500 mN; StWiegand 16–18). **b)** Wie a, wenn Grundpfand- und Pfandrecht zusammentreffen und der Grundstückseigentümer oder der Verpfänder den Gläubiger befriedigt (BGH NJW-RR 91, 682 f). **c)** Zum Zusammentreffen von Pfandrecht und Bürgschaft § 774 Rn 12.

§ 1226 Verjährung der Ersatzansprüche

¹**Die Ersatzansprüche des Verpfänders wegen Veränderungen oder Verschlechterungen des Pfandes sowie die Ansprüche des Pfandgläubigers auf Ersatz von Verwendungen oder auf Gestattung der Wegnahme einer Einrichtung verjähren in sechs Monaten.** ²**Die Vorschriften des § 548 Abs. 1 Satz 2 und 3, Abs. 2 finden entsprechende Anwendung.**

1   1. Betrifft nur Ansprüche des Verpfänders und des Pfandgläubigers aus §§ 1215 f; Verjährungsbeginn: § 548 I 2, 3, II entspr. Für Ansprüche des Eigentümers, der nicht Verpfänder ist, gelten die allg Vorschriften.

§ 1227 Schutz des Pfandrechts

Wird das Recht des Pfandgläubigers beeinträchtigt, so finden auf die Ansprüche des Pfandgläubigers die für die Ansprüche aus dem Eigentum geltenden Vorschriften entsprechende Anwendung.

Titel 1. Pfandrecht an beweglichen Sachen §§ 1228–1230

1. Ansprüche aus dem Eigentum. a) § 985 (für Pfandsache und Erzeugnisse, vgl § 1212); §§ 989 ff für Schadensersatz (als solcher kann vor Pfandreife [§ 1228 Rn 2] nur ein Pfandrecht am Schadensersatz verlangt werden), für Nutzungen nur beim Nutzungspfandrecht (§ 1213); §§ 994 ff für Anspruch auf Verwendungsersatz desjenigen Besitzers, der nicht Eigentümer, Schuldner oder Verpfänder ist, gegen den Pfandgläubiger (WolffR § 164 II 6 c). **b)** §§ 1004, 1005. **c)** Im Prozeß gilt § 1006 entspr (dort Rn 2).

2. Weitere Rechte aus der Beeinträchtigung des dinglichen Rechts: § 823 I (sonstiges Recht); ZPO 771 (veräußerunghinderndes Recht), 805 (vorzugsweise Befriedigung).

§ 1228 Befriedigung durch Pfandverkauf

(1) **Die Befriedigung des Pfandgläubigers aus dem Pfande erfolgt durch Verkauf.**

(2) ¹**Der Pfandgläubiger ist zum Verkauf berechtigt, sobald die Forderung ganz oder zum Teil fällig ist.** ²Besteht der geschuldete Gegenstand nicht in Geld, so ist der Verkauf erst zulässig, wenn die Forderung in eine Geldforderung übergegangen ist.

1. Pfandverwertung erfolgt durch Pfandverkauf, I (dazu §§ 1233 ff), bei Verpfändung von Geld durch einseitigen Eigentumserwerb des Pfandgläubigers (insoweit ist, abw von § 1229, entspr Vereinbarung zulässig). Voraussetzung des Verkaufs ist Alleinbesitz des Pfandgläubigers (vgl § 1231). Die Verwertung ist ein Recht, keine Pflicht des Pfandgläubigers (abw § 772 II, ZPO 777). Er befriedigt sich aus dem Erlös, § 1247.

2. Verkaufsberechtigung tritt mit der sog *Pfandreife* ein, **II. a)** Gesicherte **Geldforderungen** müssen fällig sein, dh der Gläubiger kann Zahlung verlangen (zu unterscheiden von der Erfüllbarkeit, die den Schuldner zur Leistung berechtigt, vgl § 271 II und § 1223 Rn 2). **b) Andere Forderungen,** II 2, müssen in Geldforderungen übergegangen sein (§ 1204 Rn 12), zB gem §§ 249 S 2, 250 f. **c) Verstoß gegen II** macht Veräußerung unrechtmäßig (§ 1243 I), aber Eigentumserwerb gem § 1244 möglich.

§ 1229 Verbot der Verfallvereinbarung

Eine vor dem Eintritt der Verkaufsberechtigung getroffene Vereinbarung, nach welcher dem Pfandgläubiger, falls er nicht oder nicht rechtzeitig befriedigt wird, das Eigentum an der Sache zufallen oder übertragen werden soll, ist nichtig.

1. Die **Verfallklausel** knüpft an die Nichtbefriedigung den Eigentumserwerb des Pfandgläubigers. Sie ist vor Eintritt der Pfandreife (§ 1228 Rn 2) erlaubt, wenn Geld verpfändet ist (§ 1228 Rn 1). Iü ist sie bis zur Pfandreife verboten, um dem verpfändenden Eigentümer ein ges Verwertungsverfahren (§§ 1233 ff, s aber § 1245) zu sichern. Grenze der erlaubten Klausel: § 138. Nichtigkeit der Klausel macht idR nicht die Pfandbestellung nichtig (s § 139).

§ 1230 Auswahl unter mehreren Pfändern

¹Unter mehreren Pfändern kann der Pfandgläubiger, soweit nicht ein anderes bestimmt ist, diejenigen auswählen, welche verkauft werden sollen. ²Er kann nur so viele Pfänder zum Verkauf bringen, als zu seiner Befriedigung erforderlich sind.

1. Zu S 1 vgl § 1222 mit Anm. Verstoß gegen einschr Vereinbarung macht schadensersatzpflichtig (§ 1243 II), die Veräußerung ist rechtmäßig (§ 1243 I).

§§ 1231–1233 Buch 3. Abschnitt 8. Pfandrecht

2 2. **Zuviel-Verkauf, S 2,** ist unrechtmäßig (§ 1243 I), aber Eigentumserwerb gem § 1244 möglich.

§ 1231 Herausgabe des Pfandes zum Verkauf

¹**Ist der Pfandgläubiger nicht im Alleinbesitz des Pfandes, so kann er nach dem Eintritt der Verkaufsberechtigung die Herausgabe des Pfandes zum Zwecke des Verkaufs fordern.** ²**Auf Verlangen des Verpfänders hat an Stelle der Herausgabe die Ablieferung an einen gemeinschaftlichen Verwahrer zu erfolgen; der Verwahrer hat sich bei der Ablieferung zu verpflichten, das Pfand zum Verkauf bereitzustellen.**

1 1. **Verkauf erfordert** unmittelbaren Alleinbesitz des verkaufenden Pfandgläubigers. Er hat ihn bei Verpfändung nach § 1205 I. Bei § 1205 II kann er vom Besitzer Herausgabe verlangen (vgl §§ 1205, 1206 Rn 5). **S 1** verhilft bei Verpfändung nach § 1206 zum unmittelbaren Alleinbesitz (vgl RG JW 38, 869). Voraussetzung ist Pfandreife (§ 1228 Rn 2). Zu den Einreden des Verpfänders § 1211 Rn 1–3. – § 1231 gilt nicht bei Mitbesitz mehrerer gleichrangiger Pfandgläubiger (§ 1232 Rn 2).

2 2. **Ablieferungsanspruch, S 2,** steht unter den Voraussetzungen von S 1 nur dem Verpfänder, nicht dem Nur-Eigentümer zu. Der Verwahrer wird bei Streit vom Prozeßgericht bestimmt.

§ 1232 Nachstehende Pfandgläubiger

¹**Der Pfandgläubiger ist nicht verpflichtet, einem ihm im Range nachstehenden Pfandgläubiger das Pfand zum Zwecke des Verkaufs herauszugeben.** ²**Ist er nicht im Besitz des Pfandes, so kann er, sofern er nicht selbst den Verkauf betreibt, dem Verkauf durch einen nachstehenden Pfandgläubiger nicht widersprechen.**

1 1. **Pfandgläubiger mit verschiedenem Rang.** a) Nachrangiger hat gegen besitzenden vorrangigen Pfandgläubiger keinen Herausgabeanspruch, **S 1.** Er kann sich nur dessen Pfandverwertung anschließen oder nach § 1249 ablösen. b) Besitzt der nachrangige, so kann vorrangiger zum Zweck des Pfandverkaufs herausverlangen. Wenn er Verkauf nicht betreiben will oder kann, so gilt **S 2.**

2 2. **Pfandgläubiger mit gleichem Rang.** Wenn für jeden die Pfandreife (§ 1228 Rn 2) besteht und alle Mitbesitz haben, so gelten §§ 741 ff, insbes 749, 753. § 1231 gilt nicht. Besitzt nur einer, so können die anderen Einräumung des Mitbesitzes verlangen, jedenfalls dürfen sie nicht schlechter als nachrangige Pfandgläubiger (Rn 1) stehen.

§ 1233 Ausführung des Verkaufs

(1) **Der Verkauf des Pfandes ist nach den Vorschriften der §§ 1234 bis 1240 zu bewirken.**

(2) **Hat der Pfandgläubiger für sein Recht zum Verkauf einen vollstreckbaren Titel gegen den Eigentümer erlangt, so kann er den Verkauf auch nach den für den Verkauf einer gepfändeten Sache geltenden Vorschriften bewirken lassen.**

1 1. **Pfandverkauf ohne Titel, I.** Für ihn gelten §§ 1234–1240. Abweichungen möglich (§§ 1245, 1246). Verkäufer ist der Pfandgläubiger kraft seines Pfandrechts. Daher handelt er nicht als Vertreter des Eigentümers, sondern nur auf dessen Rechnung. Das Pfandrecht berechtigt zur Pfandveräußerung (vgl § 1242 I 1). Der Pfandgläubiger wird durch den Versteigerer (vgl §§ 1235, 383 III) vertreten. Haftung für Rechtsmängel ist stark eingeschränkt (vgl §§ 1242 II, 1244, 439), für Sachmängel nur bei Verkauf nach § 1235 II gegeben (§ 461).

1320 *Jauernig*

Titel 1. Pfandrecht an beweglichen Sachen **§§ 1234–1236**

2. Pfandverkauf mit Titel, II. a) Nötig ist ein Titel (Urteil, Prozeßvergleich, vollstreckbare Urkunde) gegen den Eigentümer als solchen auf Duldung der Pfandverwertung mit Angabe der gesicherten Forderung (BGH NJW 77, 1242). Grundlage ist das Pfandrecht, nicht die Forderung. Urkundenprozeß ist zulässig (entspr ZPO 592 S 2, str), Mahnverfahren nicht (vgl ZPO 688 I). **b) II ermöglicht** dem Pfandgläubiger die Wahl einer bes Art von Pfandverkauf (nicht eines Verkaufs „im Wege der Zwangsvollstreckung"). Daher ZPO 803–805, 807–813 unanwendbar. Anwendbar ZPO 806 (MK/Damrau 7, str), 814, 816 (ohne II, dafür § 1236), 817 (ohne IV, dafür § 1239 I 2), 817 a, 821–823, 825 (hM). Statt ZPO 818 gilt § 1230 S 2, statt 819: § 1247. Auch hier gelten §§ 1244, 1248, 1249.   2

3. Zwangsvollstreckung mit Zahlungstitel. Der Pfandgläubiger kann auch aufgrund seiner Forderung einen Zahlungstitel gegen den Schuldner erwirken und in die Pfandsache vollstrecken (vgl ZPO 809). Ein Widerspruch des nicht schuldenden Eigentümers nach ZPO 771 verstößt wegen des Verwertungsrechts des Gläubigers (§ 1204 I) gegen § 242 und ist unbeachtlich (RG 143, 277 f; offenlassend BGH 118, 207). ZPO 803 ff sind voll anwendbar, auch 811.   3 4

§ 1234 Verkaufsandrohung; Wartefrist

(1) ¹**Der Pfandgläubiger hat dem Eigentümer den Verkauf vorher anzudrohen und dabei den Geldbetrag zu bezeichnen, wegen dessen der Verkauf stattfinden soll.** ²**Die Androhung kann erst nach dem Eintritt der Verkaufsberechtigung erfolgen; sie darf unterbleiben, wenn sie untunlich ist.**

(2) ¹**Der Verkauf darf nicht vor dem Ablauf eines Monats nach der Androhung erfolgen.** ²**Ist die Androhung untunlich, so wird der Monat von dem Eintritt der Verkaufsberechtigung an berechnet.**

1. Androhung, I, des Verkaufs (§ 1235) an den Eigentümer (§ 1248) erst nach Pfandreife (§ 1228 Rn 2). Zweck: Ermöglichung der Ablösung, § 1249. Abdingbar (§ 1245), ebenso die **Wartefrist, II.** Verstoß gegen I oder II macht schadensersatzpflichtig (§ 1243 II), die Veräußerung ist rechtmäßig (§ 1243 I).   1

§ 1235 Öffentliche Versteigerung

(1) **Der Verkauf des Pfandes ist im Wege öffentlicher Versteigerung zu bewirken.**

(2) **Hat das Pfand einen Börsen- oder Marktpreis, so findet die Vorschrift des § 1221 Anwendung.**

1. Zwei Verkaufsformen kennt das Ges (sie sind erst nach der Pfandreife abdingbar, § 1245 II, § 1228 Rn 2; vgl auch §§ 1229, 1246): **a) Öffentl Versteigerung,** I (Begriff: § 383 III). Vgl § 1233 Rn 1. Kaufvertrag kommt mit Zuschlag zustande (§ 156 S 1), Übereignung gem §§ 929 ff. **b) Freihandverkauf,** II. Vgl §§ 1221, 1240 II.   1

2. Verstoß macht Veräußerung unrechtmäßig (§ 1243 I); Eigentumserwerb nach § 1244 ist ausgeschlossen. Zur Schadensersatzpflicht des Pfandgläubigers § 1243 Rn 2.   2

§ 1236 Versteigerungsort

¹**Die Versteigerung hat an dem Orte zu erfolgen, an dem das Pfand aufbewahrt wird.** ²**Ist von einer Versteigerung an dem Aufbewahrungsort ein angemessener Erfolg nicht zu erwarten, so ist das Pfand an einem geeigneten anderen Orte zu versteigern.**

1. Schon vor Pfandreife abdingbar (§§ 1245, 1246). Verstoß macht schadensersatzpflichtig (§ 1243 II), Veräußerung ist rechtmäßig (§ 1243 I).   1

Jauernig

§ 1237 Öffentliche Bekanntmachung

¹Zeit und Ort der Versteigerung sind unter allgemeiner Bezeichnung des Pfandes öffentlich bekanntzumachen. ²Der Eigentümer und Dritte, denen Rechte an dem Pfande zustehen, sind besonders zu benachrichtigen; die Benachrichtigung darf unterbleiben, wenn sie untunlich ist.

1 1. **Öffentl Bekanntmachung**, S 1, ist erst nach Pfandreife (§ 1228 Rn 2) abdingbar, §§ 1245 II, 1246. Verstoß macht Veräußerung unrechtmäßig (§ 1243 I), aber Eigentumserwerb gem § 1244 möglich.

2 2. **Benachrichtigungspflicht**, S 2, ist schon vor Pfandreife (§ 1228 Rn 2) abdingbar, §§ 1245, 1246. Verstoß macht schadensersatzpflichtig (§ 1243 II), Veräußerung ist rechtmäßig (§ 1243 I).

§ 1238 Verkaufsbedingungen

(1) Das Pfand darf nur mit der Bestimmung verkauft werden, dass der Käufer den Kaufpreis sofort bar zu entrichten hat und seiner Rechte verlustig sein soll, wenn dies nicht geschieht.

(2) ¹Erfolgt der Verkauf ohne diese Bestimmung, so ist der Kaufpreis als von dem Pfandgläubiger empfangen anzusehen; die Rechte des Pfandgläubigers gegen den Ersteher bleiben unberührt. ²Unterbleibt die sofortige Entrichtung des Kaufpreises, so gilt das Gleiche, wenn nicht vor dem Schluss des Versteigerungstermins von dem Vorbehalte der Rechtsverwirkung Gebrauch gemacht wird.

1 1. **Sofortige Barzahlung und Vorbehalt** der Rechtsverwirkung müssen zum Inhalt des Kaufvertrags gemacht werden, I (abdingbar, §§ 1245 I, 1246). Macht der Pfandgläubiger bei Nichtzahlung nicht vor Terminsschluß von der Klausel Gebrauch (durch Rücktritt, § 360) oder fehlt überhaupt die Klausel, so werden Eigentümer und Schuldner durch die Zahlungsfiktion geschützt (II 1 HS 1). Der Kaufpreisanspruch des Pfandgläubigers gegen den Ersteher bleibt bestehen. Rücktritt des Pfandgläubigers nach Terminschluß noch möglich, aber II bleibt unberührt.

§ 1239 Mitbieten durch Gläubiger und Eigentümer

(1) ¹Der Pfandgläubiger und der Eigentümer können bei der Versteigerung mitbieten. ²Erhält der Pfandgläubiger den Zuschlag, so ist der Kaufpreis als von ihm empfangen anzusehen.

(2) ¹Das Gebot des Eigentümers darf zurückgewiesen werden, wenn nicht der Betrag bar erlegt wird. ²Das Gleiche gilt vom Gebot des Schuldners, wenn das Pfand für eine fremde Schuld haftet.

1 1. **Besonderheiten** (vgl WolffR § 166 VI). **a) Pfandgläubiger** ist Verkäufer und Veräußerer (§ 1233 Rn 1). Bietet er mit und erhält den Zuschlag **(I),** so kommt nur ein einseitiges kaufähnliches Kausalgeschäft zustande; Eigentumserwerb
2 ebenfalls durch einseitiges Geschäft (vgl § 1242 I 2). § 1244 gilt. **b) Pfandverkauf an den Eigentümer** hat die Befreiung der Pfandsache von dinglicher Haftung zum Gegenstand (StWiegand 3; hM). „Übereignung" läßt Haftung erlöschen (§ 1242 II); insoweit gilt § 1244.

§ 1240 Gold- und Silbersachen

(1) Gold- und Silbersachen dürfen nicht unter dem Gold- oder Silberwert zugeschlagen werden.

(2) Wird ein genügendes Gebot nicht abgegeben, so kann der Verkauf durch eine zur öffentlichen Versteigerung befugte Person aus freier Hand zu einem den Gold- oder Silberwert erreichenden Preis erfolgen.

Titel 1. Pfandrecht an beweglichen Sachen §§ 1241-1243

1. Abdingbar erst nach Pfandreife (§§ 1245 II, 1246; § 1228 Rn 2). Verstoß 1
macht Veräußerung unrechtmäßig (§ 1243 I). Eigentumserwerb gem § 1244 nur
in öffentl Versteigerung möglich. II (und damit auch § 1244) setzt Versteigerungs-
versuch voraus (MK/Damrau 3).

§ 1241 Benachrichtigung des Eigentümers

Der Pfandgläubiger hat den Eigentümer von dem Verkaufe des Pfandes und dem Ergebnis unverzüglich zu benachrichtigen, sofern nicht die Benachrichtigung untunlich ist.

1. Betrifft jede Art von Verkauf. Schon vor Pfandreife abdingbar (§§ 1245, 1
1246). Eigentümer: § 1248. Unverzüglich: § 121 I 1. Verstoß macht schadensersatzpflichtig (§ 1243 II).

§ 1242 Wirkungen der rechtmäßigen Veräußerung

(1) ¹**Durch die rechtmäßige Veräußerung des Pfandes erlangt der Erwerber die gleichen Rechte, wie wenn er die Sache von dem Eigentümer erworben hätte.** ²**Dies gilt auch dann, wenn dem Pfandgläubiger der Zuschlag erteilt wird.**

(2) ¹**Pfandrechte an der Sache erlöschen, auch wenn sie dem Erwerber bekannt waren.** ²**Das Gleiche gilt von einem Nießbrauch, es sei denn, dass er allen Pfandrechten im Range vorgeht.**

1. **Voraussetzungen der rechtmäßigen Pfandveräußerung. a) Pfandrecht** 1
des betreibenden Gläubigers. **b) Wirksame Übereigung** gem §§ 929 ff; zum
Erwerb gem ZPO 825 (§ 1233 Rn 3) vgl Celle NJW 61, 1730 f. **c) Einhaltung**
der in § 1243 I genannten Vorschriften, sofern sie nicht gem §§ 1245, 1246 wirksam abdingungen sind.

2. **Rechtsfolgen.** Ersteher erlangt, bisheriger Eigentümer verliert das Eigentum 2
an der Pfandsache. §§ 932–935 scheiden bei rechtmäßiger Veräußerung als Pfand
aus (zT anders bei unrechtmäßiger, § 1244). Belastungen an der Pfandsache erlöschen, II, ein erstrangiger Nießbrauch (vgl II 2) nur gem § 936 I, II; für alle
Belastungen gilt § 936 III entspr (WolffR § 172 IV 3). Belastungen können sich
am Erlös fortsetzen (vgl § 1247).

§ 1243 Rechtswidrige Veräußerung

(1) **Die Veräußerung des Pfandes ist nicht rechtmäßig, wenn gegen die Vorschriften des § 1228 Abs. 2, des § 1230 Satz 2, des § 1235, des § 1237 Satz 1 oder des § 1240 verstoßen wird.**

(2) **Verletzt der Pfandgläubiger eine andere für den Verkauf geltende Vorschrift, so ist er zum Schadensersatz verpflichtet, wenn ihm ein Verschulden zur Last fällt.**

1. **Unrechtmäßige Pfandveräußerung, I. a) Voraussetzung.** Fehlen einer 1
Rechtmäßigkeitsvoraussetzung (§ 1242 Rn 1). **b) Rechtsfolgen.** Kein Eigen- 2
tumserwerb des Erstehers, Pfandrecht und andere Belastungen bleiben bestehen
(alles vorbehaltlich eines Eigentumserwerbs gem § 1244). Die gesicherte Forderung
erlischt nicht (zum Erlöschen bei Erwerb gem § 1244 vgl § 1247 Rn 8). Der
Pfandgläubiger kann schadensersatzpflichtig sein, insbes wenn § 1244 eingreift;
Anspruchsgrundlage ist nicht § 1243 II, sondern § 823 (RG 100, 278), ges Schuldverhältnis mit dem Verpfänder (§§ 1215–1221 Rn 1), § 990 (StWiegand 3). Keine
Ersatzpflicht, wenn der Pfandgläubiger nachweist, daß auch bei rechtmäßiger Veräußerung der Erlös nicht höher gewesen wäre (RG JW 30, 134; Frankfurt/M
NJW-RR 86, 44), sog rechtmäßiges Alternativverhalten (vgl allg Rn 47–49 vor
§ 249); **Beweislast** beim Pfandgläubiger (allg BGH NJW 91, 3209).

Jauernig

§§ 1244–1246 Buch 3. Abschnitt 8. Pfandrecht

3   **2. Ordnungswidrige Pfandveräußerung, II. a) Voraussetzungen.** Rechtmäßige Pfandverwertung iSv § 1242 Rn 1, aber Verstoß gegen Vorschriften, die I nicht nennt, oder gegen eine Vereinbarung oder gerichtl Entscheidung gem
4   §§ 1245, 1246. **b) Rechtsfolgen.** Veräußerung ist rechtmäßig, aber uU Schadensersatzpflicht gem II (dazu BGH NJW-RR 98, 544).
5   **3. Genehmigung** des Pfandeigentümers heilt Verstöße gegen I und II (BGH NJW 95, 1351).

§ 1244 Gutgläubiger Erwerb

Wird eine Sache als Pfand veräußert, ohne dass dem Veräußerer ein Pfandrecht zusteht oder den Erfordernissen genügt wird, von denen die Rechtmäßigkeit der Veräußerung abhängt, so finden die Vorschriften der §§ 932 bis 934, 936 entsprechende Anwendung, wenn die Veräußerung nach § 1233 Abs. 2 erfolgt ist oder die Vorschriften des § 1235 oder des § 1240 Abs. 2 beobachtet worden sind.

1   **1. Allgemeines.** Trotz Unrechtmäßigkeit der Pfandveräußerung (§ 1243 Rn 1) kann Ersteher Eigentum erwerben.
2   **2. Voraussetzungen. a)** Veräußerung als Pfand (bei Veräußerung als Eigentum gelten §§ 932 ff unmittelbar, auch § 935). **b)** Veräußerung gem § 1233 II oder § 1235 I (auch § 1219 I) oder §§ 1235 II, 1240 II (auch § 1221). Bei Veräußerung in anderer Form ist § 1244 unanwendbar, auch wenn sie nach § 1245, 1246 zulässig wäre (StWiegand 3). **c)** Keine Bösgläubigkeit des Erstehers, dh entspr § 932 II weder Kenntnis noch grobfahrlässige Unkenntnis von der Unrechtmäßigkeit der Veräußerung iSv § 1243 Rn 1 (vgl RG 100, 277; BGH 119, 89 f). Bösgläubigkeit hindert den Erwerb; Gutgläubigkeit ist keine Erwerbsvoraussetzung (zur Bedeutung § 932 Rn 5). **d)** Die Voraussetzungen der §§ 932–934, 936 müssen (entspr) vorliegen. § 935 ist auch nicht entspr anwendbar, so daß Eigentum auch an Sachen erworben werden kann, die dem Eigentümer abhanden gekommen sind (und an denen deshalb ein Pfandrecht nicht entstehen konnte, §§ 1207, 935, HGB 366 II).
3   **3. Rechtsfolgen** wie § 1242 Rn 2. Zum Erlöschen der Forderung und zu den Rechtsverhältnissen am Erlös § 1247 Rn 8.

§ 1245 Abweichende Vereinbarungen

(1) ¹Der Eigentümer und der Pfandgläubiger können eine von den Vorschriften der §§ 1234 bis 1240 abweichende Art des Pfandverkaufs vereinbaren. ²Steht einem Dritten an dem Pfande ein Recht zu, das durch die Veräußerung erlischt, so ist die Zustimmung des Dritten erforderlich. ³Die Zustimmung ist demjenigen gegenüber zu erklären, zu dessen Gunsten sie erfolgt; sie ist unwiderruflich.

(2) Auf die Beobachtung der Vorschriften des § 1235, des § 1237 Satz 1 und des § 1240 kann nicht vor dem Eintritt der Verkaufsberechtigung verzichtet werden.

§ 1246 Abweichung aus Billigkeitsgründen

(1) Entspricht eine von den Vorschriften der §§ 1235 bis 1240 abweichende Art des Pfandverkaufs nach billigem Ermessen den Interessen der Beteiligten, so kann jeder von ihnen verlangen, dass der Verkauf in dieser Art erfolgt.

(2) Kommt eine Einigung nicht zustande, so entscheidet das Gericht.

Titel 1. Pfandrecht an beweglichen Sachen **§ 1247**

Anmerkungen zu den §§ 1245, 1246

1. Freiwillige Vereinbarung zwischen Pfandgläubiger und Eigentümer, 1
§ 1245. **a)** Sie ändert den Inhalt des Pfandrechts und hat daher dingliche Wirkung. Möglich sind Erleichterung und Erschwerung des Pfandverkaufs; letztere kann aber nicht als Rechtmäßigkeitsvoraussetzung vereinbart werden (StWiegand § 1245, 4; abw die hM). **b)** § 1245 II zieht zeitliche Grenze. Vorzeitiger Verzicht (vor Pfandreife, § 1228 Rn 2) ist unwirksam. Folge: § 1243 I. **c)** Betroffene Dritte (§ 1245 I 2, 3): § 1242 II. **d)** Abreden, die § 1245 nicht deckt, sind mit schuldrechtlicher Wirkung zulässig. Verstoß macht uU schadensersatzpflichtig. Veräußerung ist rechtmäßig.

2. Eigentümer, Pfandgläubiger und nach § 1242 II betroffener Dritter haben 2 gem § 1246 I **ges Anspruch auf Abweichung** von §§ 1235–1240 (nicht § 1234). Scheitert eine Einigung, so entscheidet das Gericht (FGG 166) über die Art des Pfandverkaufs (§ 1246 II). Auch für das Gericht gilt § 1245 II. Neue Rechtmäßigkeitsvoraussetzungen kann es nicht bestimmen, str.

§ 1247 Erlös aus dem Pfande

¹ **Soweit der Erlös aus dem Pfande dem Pfandgläubiger zu seiner Befriedigung gebührt, gilt die Forderung als von dem Eigentümer berichtigt.** ² **Im Übrigen tritt der Erlös an die Stelle des Pfandes.**

1. Allgemeines. § 1247 regelt zweierlei: die dingliche Rechtslage am Verwer- 1 tungserlös und das Erlöschen der gesicherten Forderung. Beides hängt davon ab, ob und wieweit der Erlös dem Pfandgläubiger „gebührt". Soweit ihm der Erlös nicht gebührt, tritt **dingliche Surrogation** ein (S 2).

2. Wieweit bei rechtmäßiger Pfandveräußerung (§ 1242 Rn 1) der *Erlös* 2 *dem Pfandgläubiger* **gebührt**, hängt davon ab, ob der Erlös die Forderung (§ 1210) übersteigt und ob dem betreibenden Pfandgläubiger Rechte Dritter an der Sache vorgehen. **a)** *Ein vorrangiges Recht besteht nicht. aa)* Der Erlös übersteigt die 3 *Forderung nicht.* Dann gebührt er dem Pfandgläubiger allein, dieser wird Alleineigentümer. **bb)** *Der Erlös übersteigt* die Forderung. Dann erwirbt der Pfandgläubiger 4 kraft Ges (S 2) Miteigentum am Erlös im Verhältnis Forderung : Erlös. Bsp: Forderung 80, Erlös 100; Miteigentumsanteil des Pfandgläubigers ⁸/₁₀, der des ehemaligen Pfandeigentümers ²/₁₀. An diesem Anteil setzt sich ein nachrangiges Recht, das am Pfand erloschen ist (§ 1242 II), fort. Nimmt der Pfandgläubiger den ihm gebührenden Anteil weg (§§ 749 I, 752), so erwirbt der ehemalige Pfandeigentümer am Rest Alleineigentum. §§ 948 f sind zu beachten. Zur Herausgabe des Übererlöses § 1223 Rn 1. **b)** *Ein vorrangiges Recht besteht. aa)* *Deckt der Erlös höchstens das vor-* 5 *rangige Recht,* so gebührt dem Pfandgläubiger nichts, sein Pfandrecht erlischt ersatzlos. S 2 bedeutet dann: Der ehemalige Pfandeigentümer wird Alleineigentümer des Erlöses, an dem sich (nur) das vorrangige Recht fortsetzt (vgl RG 119, 269). Ist das vorrangige Recht ein Nießbrauch, so gilt § 1067 (Erlös in Geld ist verbrauchbare Sache, § 92). Bei Vermischung: §§ 948 f. **bb)** *Übersteigt der Erlös das vorrangige Recht,* 6 so gebührt dem Pfandgläubiger der Übererlös bis zur Höhe seiner Forderung. Er erlangt Miteigentum am *Gesamt*erlös. Sein Anteil berechnet sich danach, wieweit ihm der *Über*erlös gebührt. Bsp: Forderung 80, vorrangiges Recht 110, Erlös 200; Übererlös also 90, Miteigentumsanteil des Pfandgläubigers ⁸/₂₀, des früheren Pfandeigentümers ¹²/₂₀ (an diesem Anteil setzt sich das vorrangige Recht fort: S 2). §§ 948, 949, 1067 sind auch hier zu beachten (Rn 5).

3. Soweit der Erlös dem Pfandgläubiger **gebührt** (Rn 2–6), gilt die Forderung 7 als vom (ehemaligen) Eigentümer des Pfandes berichtigt, **S 1**. Ist der Eigentümer auch Schuldner, so erlischt die Forderung. Andernfalls erwirbt er sie entspr §§ 1249 S 2, 268 III (nach hM entspr § 1225; für Kumulation StWiegand 20 mN).

Jauernig

§§ 1248-1250 Buch 3. Abschnitt 8. Pfandrecht

8 4. **Unrechtmäßige Pfandveräußerung** (§ 1243 Rn 1). Hier ist zu *unterscheiden*. a) **Ersteher hat Eigentum** erlangt, § 1244. aa) *Liegt (jetzt) Pfandreife* (§ 1228 Rn 2) vor, so gebührt dem Pfandgläubiger der Erlös wie bei rechtmäßiger Veräußerung (StWiegand 17), vgl Rn 2–7. bb) *Fehlt* Pfandreife, so gilt allein S 2: Mit Zahlung des Erlöses erlangt der ehemalige Pfandeigentümer kraft Ges Alleineigentum am Erlös; die erloschenen Belastungen (§ 1242 II) setzen sich am Erlös fort;
9 die gesicherte Forderung erlischt nicht. b) **Der Ersteher hat kein Eigentum** gem § 1244 erlangt: Die dingliche Rechtslage an der Pfandsache ändert sich nicht.

§ 1248 Eigentumsvermutung

Bei dem Verkauf des Pfandes gilt zugunsten des Pfandgläubigers der Verpfänder als der Eigentümer, es sei denn, dass der Pfandgläubiger weiß, dass der Verpfänder nicht der Eigentümer ist.

1 1. Verpfänder gilt als Eigentümer nur beim Pfandverkauf: §§ 1233 II, 1234–1241, 1245 f, auch bei Aushändigung des Übererlöses (str).
2 2. Nur Kenntnis schadet, grobfahrlässige Unkenntnis ist unschädlich. Kenntnis allein macht die Pfandveräußerung nicht unrechtmäßig iSv § 1243 I.

§ 1249 Ablösungsrecht

¹**Wer durch die Veräußerung des Pfandes ein Recht an dem Pfande verlieren würde, kann den Pfandgläubiger befriedigen, sobald der Schuldner zur Leistung berechtigt ist.** ²**Die Vorschriften des § 268 Abs. 2, 3 finden entsprechende Anwendung.**

1 1. **Ablösungsberechtigt** ist, wer durch die Pfandveräußerung ein Recht an der Pfandsache verlieren würde (vgl § 1242), nämlich der **Eigentümer** (der nicht zugleich Schuldner ist; zahlt dieser, so erlöschen Forderung und Pfandrecht: §§ 362 I, 1252) und andere **dinglich Berechtigte** (vgl § 1242 II). Das Ablösungsrecht entsteht, sobald der Schuldner leisten darf (§ 271, vgl § 1223 Rn 2) und erlischt mit Eigentumserwerb des Erstehers.

2 2. **Rechtsfolgen.** Wird kraft Ablösungsrechts gezahlt (nicht gem § 267), so gehen Forderung (S 2 mit § 268 III) und Pfandrecht (§§ 412, 401, 1250) auf den Ablösenden über; bei Ablösung durch den Eigentümer erlischt das Pfandrecht idR, § 1256. Statt Zahlung sind Aufrechnung und Hinterlegung möglich (S 2 mit § 268 II); zur Aufrechnung § 1224 Rn 1. Mit Übergang des Pfandrechts besteht Anspruch auf Herausgabe der Pfandsache, § 1251.

§ 1250 Übertragung der Forderung

(1) ¹**Mit der Übertragung der Forderung geht das Pfandrecht auf den neuen Gläubiger über.** ²**Das Pfandrecht kann nicht ohne die Forderung übertragen werden.**

(2) **Wird bei der Übertragung der Forderung der Übergang des Pfandrechts ausgeschlossen, so erlischt das Pfandrecht.**

1 1. **Die Akzessorietät des Pfandrechts** zeigt sich in § 1250. a) **Mit Übertragung** der Forderung (§§ 398, 412, ZPO 835 II) geht das Pfandrecht über (sa §§ 401, 412), **I 1**; gilt auch für künftige und bedingte Forderungen (vgl § 1204 II). Mit Übergang des Pfandrechts besteht Anspruch auf Herausgabe der Pfandsache, § 1251. Bestand die Forderung, aber kein Pfandrecht, so scheitert dessen gutgl Erwerb am Fehlen einer ges Grundlage (StWiegand 4; hM). b) **Isolierte Übertragung** des Pfandrechts ist nichtig, **I 2**. b) **Das Pfandrecht erlischt** beim Versuch, I 1 zu umgehen, **II** (anders, wenn eine Einzelforderung aus laufendem Kredit unter Ausschluß von I abgetreten wird; das Pfandrecht sichert weiter den laufenden Kredit ohne die Einzelforderung: Westermann I § 67 I 1 a). Bei II geht die Forderung ungesichert über (abw von § 1153 II).

1326 *Jauernig*

Titel 1. Pfandrecht an beweglichen Sachen §§ 1251–1254

§ 1251 Wirkung des Pfandrechtsübergangs

(1) Der neue Pfandgläubiger kann von dem bisherigen Pfandgläubiger die Herausgabe des Pfandes verlangen.

(2) ¹Mit der Erlangung des Besitzes tritt der neue Pfandgläubiger an Stelle des bisherigen Pfandgläubigers in die mit dem Pfandrechte verbundenen Verpflichtungen gegen den Verpfänder ein. ²Erfüllt er die Verpflichtungen nicht, so haftet für den von ihm zu ersetzenden Schaden der bisherige Pfandgläubiger wie ein Bürge, der auf die Einrede der Vorausklage verzichtet hat. ³Die Haftung des bisherigen Pfandgläubigers tritt nicht ein, wenn die Forderung kraft Gesetzes auf den neuen Pfandgläubiger übergeht oder ihm auf Grund einer gesetzlichen Verpflichtung abgetreten wird.

1. Die Übertragung der pfandgesicherten Forderung verlangt nicht die Übergabe der Pfandsache (§ 1250 I 1). Daher gibt **I** dem neuen Pfandgläubiger einen Anspruch auf Einräumung desjenigen Besitzes, den der bisherige innehat.

2. Mit Besitzerlangung (nicht schon mit Pfandrechtserwerb) übernimmt der neue Pfandgläubiger kraft Ges die Pflichten des bisherigen aus dem ges Schuldverhältnis iVm dem Pfandbestellungsvertrag (StWiegand 8), **II 1**. Für einen Schadensersatzanspruch des Verpfänders wegen Verletzung einer Pflicht iSv II 1 haftet der alte Pfandgläubiger wie ein selbstschuldnerischer Bürge (§ 773 I Nr 1), sofern er die Forderung freiwillig abgetreten hat, **II 2, 3**. Bei einer Überweisung gem § 1233 II, ZPO 835 gilt ZPO 838.

§ 1252 Erlöschen mit der Forderung

Das Pfandrecht erlischt mit der Forderung, für die es besteht.

1. Daß das Pfandrecht mit der Forderung erlischt, ist Folge seiner **Akzessorietät**. Zur gesicherten Forderung § 1210 Rn 1. Zu ihrem Erlöschen § 1204 Rn 10 (allg), Rn 14 (künftige und aufschiebend bedingte Forderung).

§ 1253 Erlöschen durch Rückgabe

(1) ¹Das Pfandrecht erlischt, wenn der Pfandgläubiger das Pfand dem Verpfänder oder dem Eigentümer zurückgibt. ²Der Vorbehalt der Fortdauer des Pfandrechts ist unwirksam.

(2) ¹Ist das Pfand im Besitz des Verpfänders oder des Eigentümers, so wird vermutet, dass das Pfand ihm von dem Pfandgläubiger zurückgegeben worden sei. ²Diese Vermutung gilt auch dann, wenn sich das Pfand im Besitz eines Dritten befindet, der den Besitz nach der Entstehung des Pfandrechts von dem Verpfänder oder dem Eigentümer erlangt hat.

1. **Rückgabe**, I, ist der freiwillige (auch irrig oder arglistig herbeigeführte) Verlust des pfandbegründenden Besitzes (vgl §§ 1205, 1206) beim Pfandgläubiger und Erwerb dieses Besitzes durch den Eigentümer oder Verpfänder oder deren Besitzmittler (vgl RG 108, 164). Rückgabe ist idR Realakt (str), daher Geschäftsfähigkeit nicht erforderlich (Ausnahme: Übertragung des mittelbaren Pfandbesitzes [§ 1205 II] gem § 870). Bei kurzfristiger Aushändigung kein Besitzverlust (vgl § 856 II), daher keine Rückgabe. Iü kommt es auf den Rechtsgrund der Pfandrückgabe nicht an.

2. Die **Vermutung** der Rückgabe, **II**, ist widerlegbar (ZPO 292).

§ 1254 Anspruch auf Rückgabe

¹Steht dem Pfandrecht eine Einrede entgegen, durch welche die Geltendmachung des Pfandrechts dauernd ausgeschlossen wird, so kann der Verpfänder die Rückgabe des Pfandes verlangen. ²Das gleiche Recht hat der Eigentümer.

§§ 1255–1257   Buch 3. Abschnitt 8. Pfandrecht

1   1. **Dauernde Einreden** gegen das Pfandrecht (zB wegen Nichtigkeit des Kausalgeschäfts, s § 1204 Rn 6) und gegen die Forderung (§ 1211) gewähren Verpfänder und Eigentümer einen **Rückgabeanspruch**. Sa § 1169.

2   2. **Rechtsfolge** der Rückgabe: § 1253 I.

§ 1255 Aufhebung des Pfandrechts

(1) **Zur Aufhebung des Pfandrechts durch Rechtsgeschäft genügt die Erklärung des Pfandgläubigers gegenüber dem Verpfänder oder dem Eigentümer, dass er das Pfandrecht aufgebe.**

(2) ¹Ist das Pfandrecht mit dem Recht eines Dritten belastet, so ist die Zustimmung des Dritten erforderlich. ²Die Zustimmung ist demjenigen gegenüber zu erklären, zu dessen Gunsten sie erfolgt; sie ist unwiderruflich.

1   1. Rechtsgeschäftliche **Aufhebung** (sog Aufgabe) des Pfandrechts geschieht durch formlose einseitige Willenserklärung gegenüber dem Eigentümer oder Verpfänder, **I**. Stillschweigender Verzicht muß eindeutig sein (BGH NJW 97, 2111); s allg Rn 8 vor § 116.

2   2. Ohne die notwendige **Zustimmung Dritter, II**, ist Aufgabe unwirksam, Rückgabe wirksam (§ 1253 I, doch uU Schadensersatzanspruch des Dritten).

§ 1256 Zusammentreffen von Pfandrecht und Eigentum

(1) ¹**Das Pfandrecht erlischt, wenn es mit dem Eigentum in derselben Person zusammentrifft.** ²**Das Erlöschen tritt nicht ein, solange die Forderung, für welche das Pfandrecht besteht, mit dem Recht eines Dritten belastet ist.**

(2) **Das Pfandrecht gilt als nicht erloschen, soweit der Eigentümer ein rechtliches Interesse an dem Fortbestehen des Pfandrechts hat.**

1   1. Ein **ursprüngliches Eigentümerpfandrecht** gibt es **nicht**. Eine dem § 1163 I 1 entspr Vorschrift fehlt für das Mobiliarpfandrecht.

2   2. Beim nachträglichen Zusammentreffen von Alleineigentum und Pfandrecht (zB gem §§ 1249, 268 III, 412, 401, 1250) erlischt idR das Pfandrecht, **I 1**, sog **Konsolidation** (§ 889 Rn 4). Es bleibt als **nachträgliches Eigentümerpfandrecht** bestehen, wenn die pfandgesicherte Forderung mit Pfandrecht oder Nießbrauch belastet ist, **I 2**; Bestehenbleiben wird bei rechtlichem Interesse des Eigentümers am Fortbestand nur bzgl einzelner Wirkungen Dritten gegenüber fingiert (StWiegand 7), **II**, zB weil er Forderung und Pfandrecht, das einer anderen Belastung vorgeht, übertragen will. Weitere Fälle: §§ 1976, 1991 II, 2143, 2175, 2377.

§ 1257 Gesetzliches Pfandrecht

Die Vorschriften über das durch Rechtsgeschäft bestellte Pfandrecht finden auf ein kraft Gesetzes entstandenes Pfandrecht entsprechende Anwendung.

1   1. **Allgemeines.** Bsp für ges Pfandrechte: §§ 233, 562, 583, 592, 647, 704; HGB 397, 404, 441, 464, 475 b; OASG 1.

2   2. **Entspr Anwendung** der §§ 1204 ff. **a) Die Entstehung** richtet sich nach den jeweiligen Sondervorschriften; die §§ 1204 ff sind gem § 1257 erst „auf ein kraft Ges entstandenes" Pfandrecht entspr anwendbar (BGH NJW 99, 3717). Ein **Erwerb vom Nichtberechtigten** entspr § 1207 ist für besitzlose Pfandrechte ausgeschlossen (allgM), für ges Besitzpfandrechte, von HGB 366 III abgesehen, str (abl der BGH [119, 89 mN; stRspr] wegen des Wortlauts von § 1257; Westermann § 133 I mwN; hM. – Dafür Baur § 55 Rn 40 wegen HGB 366 III; ebenso

Titel 1. Pfandrecht an beweglichen Sachen **§ 1258**

Canaris, FS Medicus, 1999, S 43 ff; St Wiegand 14, je mwN). Der Streit geht vor allem um das Unternehmerpfandrecht des § 647. Bsp: E veräußert seinen Pkw unter EV an K, dieser gibt ihn dem U zur Reparatur; str ist, ob U für seine Werklohnforderung ein ges Pfandrecht am Pkw, dh am Eigentum des E, erlangt. Maßgebend muß sein, ob U nur bei Entstehen eines Pfandrechts angemessen geschützt werden kann (vgl BGH 34, 127; Gelhaar Anm LM Nr 3 zu § 647 sub 1). Das verneint BGH 34, 127 ff, auch 51, 251 f wegen Anwendbarkeit der §§ 994 ff, die hier aber unanwendbar sind (Rn 5 vor § 994). Angemessenen, wenn auch nicht vollkommenen Schutz gewährt dem U aber das ges Pfandrecht am Anwartschaftsrecht des K (dieses Pfandrecht wird von der hM bejaht: Baur § 55 Rn 41; Serick I 279 ff; BGH NJW 65, 1475 mwN). Daher ist die entspr Anwendung des § 1207 beim ges Besitzpfandrecht als entbehrlich abzulehnen. Wer sie dennoch bejaht, muß im obigen Bsp zumindest idR Bösgläubigkeit des U annehmen (zutr Gelhaar aaO sub 4 c; auf der Grundlage von BGH NJW 81, 227 müßte Bösgläubigkeit jedoch verneint werden, vgl § 1207 Rn 3). Die Praxis weicht oft auf ein *Vertragspfandrecht* aus. Begründung durch **AGB** soll für gutgl Erwerb, § 1207, genügen (BGH NJW 81, 227; Ulmer 604 Anh §§ 9–11 mN). Letzteres ist abzulehnen: Die Pfandbestellung kann praktisch nur kunden*fremde* Sachen erfassen (für kunden*eigene* greift schon § 1257 ein, zutr Picker NJW 78, 1417); daher handelt es sich insgesamt um eine überraschende Klausel iSv 305 c I, die nicht Vertragsbestandteil wird (sa BGH 93, 75; NJW 91, 100, stRspr, wo AGB 19 II aF [= 14 I nF] der Banken mR so verstanden wird, daß Pfandrechte [nur] „an Sachen und Rechten [14 I nF: Wertpapieren und Sachen] *des Kunden*", nicht schlechthin „an *vom Kunden erlangten* Werten" entstehen sollen, wie Canaris [Bankvertragsrecht, 2. Bearbeitung, 1981, Rdn 2665 ff] meint). **b) Nicht entspr anwendbar** sind §§ 1207 (Rn 2), 1208, 1211, 1224, 1225, 1248 (aber anwendbar, wenn Erwerb vom Nichtberechtigten möglich, vgl HGB 366 III), 1253 (beim besitzlosen Pfandrecht; sollte der Pfandgläubiger die Sache besitzen, so kann in der Rückgabe die Aufhebung gem § 1255 liegen). 3

§ 1258 Pfandrecht am Anteil eines Miteigentümers

(1) **Besteht ein Pfandrecht an dem Anteil eines Miteigentümers, so übt der Pfandgläubiger die Rechte aus, die sich aus der Gemeinschaft der Miteigentümer in Ansehung der Verwaltung der Sache und der Art ihrer Benutzung ergeben.**

(2) ¹**Die Aufhebung der Gemeinschaft kann vor dem Eintritt der Verkaufsberechtigung des Pfandgläubigers nur von dem Miteigentümer und dem Pfandgläubiger gemeinschaftlich verlangt werden.** ²**Nach dem Eintritt der Verkaufsberechtigung kann der Pfandgläubiger die Aufhebung der Gemeinschaft verlangen, ohne dass es der Zustimmung des Miteigentümers bedarf; er ist nicht an eine Vereinbarung gebunden, durch welche die Miteigentümer das Recht, die Aufhebung der Gemeinschaft zu verlangen, für immer oder auf Zeit ausgeschlossen oder eine Kündigungsfrist bestimmt haben.**

(3) **Wird die Gemeinschaft aufgehoben, so gebührt dem Pfandgläubiger das Pfandrecht an den Gegenständen, welche an die Stelle des Anteils treten.**

(4) **Das Recht des Pfandgläubigers zum Verkauf des Anteils bleibt unberührt.**

1. Abgrenzung der Rechte von Miteigentümern und Pfandgläubiger in **I.** Diesem steht Benutzung nur gem §§ 1213, 1214 zu. 1

2. Aufhebung der Miteigentumsgemeinschaft kann Pfandgläubiger allein erst nach Pfandreife verlangen, **II 1, 2**. Str ist, ob sich das Pfandrecht nach der Aufhebung an den Ersatzgegenständen automatisch fortsetzt; Wortlaut von III 2

Jauernig 1329

§§ 1259–1274 Buch 3. Abschnitt 8. Pfandrecht

("gebührt") spricht dagegen (s die Surrogationsanordnung in §§ 1219 II 1, 1247 S 2), dennoch mR für Surrogation: BGH 52, 105 ff; sa § 1066 Rn 3.

§§ 1259 bis 1272 *(weggefallen)*

Titel 2. Pfandrecht an Rechten

§ 1273 Gesetzlicher Inhalt des Pfandrechts an Rechten

(1) **Gegenstand des Pfandrechts kann auch ein Recht sein.**

(2) ¹**Auf das Pfandrecht an Rechten finden die Vorschriften über das Pfandrecht an beweglichen Sachen entsprechende Anwendung, soweit sich nicht aus den §§ 1274 bis 1296 ein anderes ergibt.** ²**Die Anwendung der Vorschriften des § 1208 und des § 1213 Abs. 2 ist ausgeschlossen.**

1 **1. Allgemeines.** Zu den Entstehungsgründen und der praktischen Bedeutung des Pfandrechts an Rechten vgl Rn 1, 3 vor § 1204.

2 **2. Gegenstand des Pfandrechts** kann jedes übertragbare (§ 1274 II) Recht sein. Bsp: Forderung, Anwartschaftsrecht auf Grundeigentumserwerb (§ 873 Rn 21 [cc]; sa § 1204 Rn 11 [cc]), Grundschuld, Miterbenanteil (§ 2033), Patentrecht, Aktie, GmbH-Anteil. Auch künftig erst entstehende Rechte sind verpfändbar, wenn sie jetzt schon abtretbar sind (dazu § 398 Rn 9); das Pfandrecht entsteht erst, wenn das verpfändete Recht entstanden ist (BGH NJW 98, 2597). – Gegenstand eines Pfandrechts nach § 1273 können **nicht** sein Grundstücks- und Wohnungseigentum, ferner grundstücksgleiche Rechte wie das Erbbaurecht (dafür §§ 1113, 1114, 1191) sowie das Eigentum an beweglichen Sachen und das Anwartschaftsrecht aus bedingter Übereignung (dafür §§ 1204, 1258; s § 929 Rn 52; § 930 Rn 43).

3 **3. Anwendbares Recht.** Grundsätzlich gelten §§ 1204 ff, vorbehaltlich abw Regelungen in §§ 1274–1296, **II.** Unanwendbar sind §§ 1207 (Ausnahme § 1274 Rn 5), 1208 (außer, wenn § 892 anwendbar), 1212, 1213 II, 1246 (vgl §§ 1277 S 2, 1284).

§ 1274 Bestellung

(1) ¹**Die Bestellung des Pfandrechts an einem Recht erfolgt nach den für die Übertragung des Rechts geltenden Vorschriften.** ²**Ist zur Übertragung des Rechts die Übergabe einer Sache erforderlich, so finden die Vorschriften der §§ 1205, 1206 Anwendung.**

(2) **Soweit ein Recht nicht übertragbar ist, kann ein Pfandrecht an dem Recht nicht bestellt werden.**

1 **1. Bestellung** des Pfandrechts geschieht idR nach den Übertragungsvorschriften, **I 1.** Für Forderungen s § 1280. **a) Inhalt der Einigung** zwischen Rechts-
2 inhaber und Pfandgläubiger: entspr §§ 1205, 1206 Rn 2. **b) Form:** Ist die Einigung bei der Übertragung formbedürftig (Bsp GmbHG 15 III), so gilt das auch für die Einigung bei der Verpfändung. Sonst besteht Formfreiheit, zB bei Verpfändung eines Auflassungsanspruchs aus § 433 I I (BayObLG NJW 76, 1896 f; str).
3 **c) Grundbucheintragung** (§ 873) ist nötig zB bei Verpfändung einer durch Buchhypothek gesicherten Forderung (vgl § 1154 III), *nicht* bei Verpfändung eines Auflassungsanspruchs (aber möglich, wenn Auflassungsvormerkung eingetragen ist, vgl BayObLG NJW-RR 87, 794) oder der Anwartschaft aus erfolgter Auflassung
4 (§ 873 Rn 21 [cc[). **d) Sachübergabe,** I 2, zB des Hypothekenbriefs bei Verpfändung einer hypothekarisch gesicherten Forderung (vgl § 1154 I). Hierfür gelten §§ 1205 f, so daß Übergabeersatz entspr § 930 ausgeschlossen ist (§§ 1205, 1206 Rn 9). Verpfändung einer Sparforderung bedarf der Anzeige nach § 1280, aber

1330 *Jauernig*

Titel 2. Pfandrecht an Rechten **§§ 1275–1277**

nicht der Übergabe des Sparbuchs (BGH ZIP 86, 722). **e) Erwerb vom Nicht-** 5
berechtigten setzt voraus, daß das verpfändete Recht selbst (zB nach §§ 405,
2366) oder das miterfaßte Sicherungsrecht vom Nichtberechtigten erworben werden kann. ZB kann an der zu Unrecht eingetragenen, weil forderungslos scheinbaren Fremdhypothek gem §§ 1138, 1155, 892 ein Pfandrecht erworben werden,
aber nicht an der nicht existierenden Forderung.

2. Bsp für **unübertragbare Rechte** in §§ 399 f, 413, 514, 719, 985, 1018, 6
1103 I, 1110, 1419, 2033 II (gilt auch für künftige Rechte, die als nichtübertragbare entstehen, BGH DtZ 97, 53). – Kann ein Recht nur zur Ausübung überlassen
werden (Bsp: Nießbrauch, § 1059), so ist es weder als solches noch hinsichtlich des
Überlassungsrechts verpfändbar (StWiegand 28; str).

§ 1275 Pfandrecht an Recht auf Leistung

Ist ein Recht, kraft dessen eine Leistung gefordert werden kann, Gegenstand des Pfandrechts, so finden auf das Rechtsverhältnis zwischen dem Pfandgläubiger und dem Verpflichteten die Vorschriften, welche im Falle der Übertragung des Rechts für das Rechtsverhältnis zwischen dem Erwerber und dem Verpflichteten gelten, und im Falle einer nach § 1217 Abs. 1 getroffenen gerichtlichen Anordnung die Vorschrift des § 1070 Abs. 2 entsprechende Anwendung.

1. Im Verhältnis zwischen Pfandgläubiger und Verpflichtetem gelten 1
§§ 404–410.

§ 1276 Aufhebung oder Änderung des verpfändeten Rechts

(1) ¹**Ein verpfändetes Recht kann durch Rechtsgeschäft nur mit Zustimmung des Pfandgläubigers aufgehoben werden.** ²**Die Zustimmung ist demjenigen gegenüber zu erklären, zu dessen Gunsten sie erfolgt; sie ist unwiderruflich.** ³**Die Vorschrift des § 876 Satz 3 bleibt unberührt.**

(2) Das Gleiche gilt im Falle einer Änderung des Rechts, sofern sie das Pfandrecht beeinträchtigt.

1. Die Vorschrift entspricht inhaltlich dem § 1071, vgl Anm dort. Bei Vereini- 1
gung von Berechtigung und Verpflichtung aus einem verpfändeten Anspruch bleibt
dieser zugunsten des Pfandgläubigers bestehen (keine Konfusion). Zur entspr
Anwendung bei Aufhebung des verpfändeten Anwartschaftsrechts eines VKäufers
§ 929 Rn 63.

§ 1277 Befriedigung durch Zwangsvollstreckung

¹**Der Pfandgläubiger kann seine Befriedigung aus dem Recht nur auf Grund eines vollstreckbaren Titels nach den für die Zwangsvollstreckung geltenden Vorschriften suchen, sofern nicht ein anderes bestimmt ist.** ²**Die Vorschriften des § 1229 und des § 1245 Abs. 2 bleiben unberührt.**

1. Voraussetzungen der Regelverwertung, S 1, sind Pfandreife (§§ 1273 II, 1
1228 II) und Duldungstitel gegen den Rechtsinhaber. Zum Titel s § 1233 Rn 2.
Die Befriedigung erfolgt gem ZPO 803–807, 828 ff, 857. Obwohl schon ein
Pfandrecht besteht, ist Pfändung (ZPO 829, 857) nötig (RG 103, 139); für den
Rang gilt auch dann § 1209 (§ 1273 II), hM.

2. Von S 1 abw Vereinbarungen sind unter Beachtung von §§ 1229, 1245 II 2
zulässig, **S 2,** zB Verwertung durch Pfandverkauf ohne Titel (s RG 100, 276).

3. Sondervorschriften bestehen für die Verwertung von verpfändeten Forde- 3
rungen (§§ 1281–1288, 1290), Grund- und Rentenschulden (§ 1291), Wertpapieren (§§ 1293–1295). Daneben steht der Weg des § 1277 offen.

Jauernig

§§ 1278-1281

§ 1278 Erlöschen durch Rückgabe

Ist ein Recht, zu dessen Verpfändung die Übergabe einer Sache erforderlich ist, Gegenstand des Pfandrechts, so findet auf das Erlöschen des Pfandrechts durch die Rückgabe der Sache die Vorschrift des § 1253 entsprechende Anwendung.

1   1. Zur notwendigen Sachübergabe bei Pfandbestellung § 1274 Rn 4. Zur Rückgabe § 1253 mit Anm. Weitere Erlöschensgründe zB §§ 418 I, 1273 II mit 1250 II, 1252, 1255, 1256 I 1.

§ 1279 Pfandrecht an einer Forderung

Für das Pfandrecht an einer Forderung gelten die besonderen Vorschriften der §§ 1280 bis 1290.

1   1. **Allgemeines.** Für das Pfandrecht an verpfändbaren (§ 1274 II) **Forderungen** und Grundschulden (§ 1291) gelten **Sondervorschriften** (§§ 1280–1290). Soweit mit ihnen vereinbar, gelten daneben §§ 1273–1278 und über § 1273 II die §§ 1204 ff, zB § 1228 II. Die Sondervorschriften behandeln insbes die Bestellung (§ 1280) und Verwertung (§§ 1281–1288, 1290) des Pfandrechts. Weitere Sondervorschriften für verbriefte Forderungen in §§ 1292–1296.

2   2. **Beteiligt** bei der Forderungsverpfändung sind: der Pfandgläubiger; der Gläubiger der verpfändeten Forderung; deren Schuldner, der zugleich Pfandgläubiger sein kann (BGH NJW 88, 3262). Der Pfandgläubiger ist zugleich Inhaber der pfandgesicherten Forderung (§ 1204 Rn 7 [aa]).

§ 1280 Anzeige an den Schuldner

Die Verpfändung einer Forderung, zu deren Übertragung der Abtretungsvertrag genügt, ist nur wirksam, wenn der Gläubiger sie dem Schuldner anzeigt.

1   1. **Allgemeines.** Grund der Anzeigepflicht ist der Schuldnerschutz (daher keine Pflicht, wenn Schuldner und Pfandgläubiger identisch: BGH 93, 76). Iü ist Verpfändungsanzeige nur erforderlich, wenn zur Übertragung der Forderung die schlichte Abtretung (§ 398) genügt. Genügt sie nicht (Bsp § 1274 Rn 3, 4), bedarf es also keiner Anzeige an den Schuldner, dann ist dieser dadurch geschützt, daß er nur gegen Aushändigung der Sache leisten muß oder ggf das Grundbuch einsehen kann; iü gelten §§ 404 ff (§ 1275). Zur Verpfändung einer Sparforderung § 1274 Rn 4. Ohne Anzeige ist die Verpfändung unwirksam (Rn 2). Der darin liegende Zwang zur Offenlegung der Verpfändung wird durch die ohne Anzeige wirksame Sicherungsabtretung umgangen (zur Problematik sa §§ 1205, 1206 Rn 9).

2   2. **Die Anzeige** ist Teil des Verfügungstatbestands der Pfandrechtsbestellung und setzt daher bei Abgabe Verfügungsbefugnis voraus. Ohne erforderliche (Rn 1) Anzeige ist Verpfändung unwirksam (RG 89, 289). Die formfreie Anzeige geht von dem verpfändenden Gläubiger (nicht vom Pfandgläubiger) oder einem von ihm bevollmächtigten Dritten an den Schuldner (RG 89, 290). Sie muß erkennen lassen, daß der Gläubiger die Verpfändung gegen sich gelten lassen will; bloße Kenntnis des Schuldners vom Pfandvertrag ersetzt die Anzeige nicht (RG 89, 289 f). Die Anzeige wird entspr § 130 Rn 4–12 wirksam, so daß der Schuldner nicht notwendig Kenntnis erhält (s § 130 Rn 4); zum *Schuldnerschutz* § 1281 Rn 1.

§ 1281 Leistung vor Fälligkeit

¹Der Schuldner kann nur an den Pfandgläubiger und den Gläubiger gemeinschaftlich leisten. ²Jeder von beiden kann verlangen, dass an sie gemeinschaftlich geleistet wird; jeder kann statt der Leistung verlangen,

Titel 2. Pfandrecht an Rechten **§§ 1282, 1283**

dass die geschuldete Sache für beide hinterlegt oder, wenn sie sich nicht zur Hinterlegung eignet, an einen gerichtlich zu bestellenden Verwahrer abgeliefert wird.

1. **Vor der Pfandreife** (§ 1228 Rn 2) kann der Schuldner nur an Pfandgläubiger und Gläubiger **gemeinschaftlich** leisten, um zu erfüllen, und nur dies können Pfandgläubiger und Gläubiger selbständig (BGH 5, 253) verlangen, ebenso Hinterlegung (§§ 372 ff) für beide oder Ablieferung an gerichtl bestellten Verwahrer (vgl FGG 165). Beide Berechtigten sind zum Zusammenwirken verpflichtet (§ 1285 I). Bei mehreren Pfandgläubigern gilt § 1290. Zur dinglichen Rechtslage nach der Leistung: §§ 1287, 1288 I. – § 1281 ist **abdingbar** (§ 1284). – Der **unwissende Schuldner** ist gem §§ 1275, 407 geschützt; ob § 1287 gilt, ist str (s MK/Damrau 7).   1

2. Zur Rechtslage **nach der Pfandreife:** § 1282.   2

§ 1282 Leistung nach Fälligkeit

(1) ¹Sind die Voraussetzungen des § 1228 Abs. 2 eingetreten, so ist der Pfandgläubiger zur Einziehung der Forderung berechtigt und kann der Schuldner nur an ihn leisten. ²Die Einziehung einer Geldforderung steht dem Pfandgläubiger nur insoweit zu, als sie zu seiner Befriedigung erforderlich ist. ³Soweit er zur Einziehung berechtigt ist, kann er auch verlangen, dass ihm die Geldforderung an Zahlungs statt abgetreten wird.

(2) Zu anderen Verfügungen über die Forderung ist der Pfandgläubiger nicht berechtigt; das Recht, die Befriedigung aus der Forderung nach § 1277 zu suchen, bleibt unberührt.

1. **Nach der Pfandreife** (§ 1228 Rn 2) ändert sich die Rechtslage gegenüber § 1281. **a) Das Einziehungsrecht,** nicht die Forderung selbst, steht nunmehr dem Pfandgläubiger zu („Forderungsspaltung"), nur ihn kann der Schuldner mit Erfüllungswirkung leisten, **I 1** (zum Schuldnerschutz nach §§ 1275, 407 s § 1280 Rn 1, § 1281 Rn 1). Der Pfandgläubiger darf verpfändete Forderung in voller Höhe einziehen (anders bei Geldforderungen: I 2), er darf mahnen, kündigen (§ 1283 III), gegen Schuldnerforderung an ihn aufrechnen (umgekehrt gelten §§ 1275, 406). Gläubigerschädliche Verfügungen (ds leistungsvereitelnde Verfügungen) sind vom Einziehungsrecht nicht gedeckt (II HS 1) und unwirksam, zB Abtretung, Erlaß, Vergleich. **b) Im Einziehungsprozeß** ist der Pfandgläubiger bzgl der Forderung Prozeßstandschafter (Klage über fremdes Recht im eigenen Namen); nur bzgl des Einziehungsrechts klagt er ein eigenes Recht ein (StJ/Brehm § 835, 25). **c) Zur Einziehungspflicht** des Pfandgläubigers § 1285 II. **d) Rechtslage nach der Einziehung:** §§ 1287, 1288 II. Wird eine verpfändete Geldforderung dem Pfandgläubiger abgetreten (**I 3**; Umfang: I 2), so gilt er als befriedigt, auch wenn die Forderung nicht eintreibbar ist.   1 2 4 3

2. Der **Gläubiger bleibt Forderungsinhaber** und zu Verfügungen berechtigt, die das Einziehungsrecht des Pfandgläubigers (Rn 1) nicht beeinträchtigen. Er kann zB zugunsten des Pfandgläubigers mahnen, kündigen (einschr § 1283 I), Leistung an diesen verlangen, auch klageweise (BGH NJW-RR 91, 537).   5

3. § 1282 ist **abdingbar** (§ 1284). Kraft Ges ist wahlweise Befriedigung nach § 1277 stets möglich, II HS 2.   6

§ 1283 Kündigung

(1) **Hängt die Fälligkeit der verpfändeten Forderung von einer Kündigung ab, so bedarf der Gläubiger zur Kündigung der Zustimmung des Pfandgläubigers nur, wenn dieser berechtigt ist, die Nutzungen zu ziehen.**

(2) **Die Kündigung des Schuldners ist nur wirksam, wenn sie dem Pfandgläubiger und dem Gläubiger erklärt wird.**

Jauernig 1333

§§ 1284–1287   Buch 3. Abschnitt 8. Pfandrecht

(3) Sind die Voraussetzungen des § 1228 Abs. 2 eingetreten, so ist auch der Pfandgläubiger zur Kündigung berechtigt; für die Kündigung des Schuldners genügt die Erklärung gegenüber dem Pfandgläubiger.

1   1. **Kündigung vor Pfandreife** (§ 1228 Rn 2) nur durch den Gläubiger (arg III HS 1). Beim Nutzungspfand (§§ 1213 f) ist Zustimmung des Pfandgläubigers erforderlich, **I**. Auf Kündigung und Zustimmung besteht uU Anspruch (§ 1286). Kündigung des Schuldners muß an Pfandgläubiger und Gläubiger gehen, **II**.

2   2. **Nach Pfandreife** genügt Kündigung durch oder an Pfandgläubiger, **III**.

3   3. § 1283 ist **abdingbar** (§ 1284).

§ 1284 Abweichende Vereinbarungen

Die Vorschriften der §§ 1281 bis 1283 finden keine Anwendung, soweit der Pfandgläubiger und der Gläubiger ein anderes vereinbaren.

1. § 1277 S 2 ist stets zu beachten (RG 90, 256).

§ 1285 Mitwirkung zur Einziehung

(1) Hat die Leistung an den Pfandgläubiger und den Gläubiger gemeinschaftlich zu erfolgen, so sind beide einander verpflichtet, zur Einziehung mitzuwirken, wenn die Forderung fällig ist.

(2) [1] Soweit der Pfandgläubiger berechtigt ist, die Forderung ohne Mitwirkung des Gläubigers einzuziehen, hat er für die ordnungsmäßige Einziehung zu sorgen. [2] Von der Einziehung hat er den Gläubiger unverzüglich zu benachrichtigen, sofern nicht die Benachrichtigung untunlich ist.

§ 1286 Kündigungspflicht bei Gefährdung

[1] Hängt die Fälligkeit der verpfändeten Forderung von einer Kündigung ab, so kann der Pfandgläubiger, sofern nicht das Kündigungsrecht ihm zusteht, von dem Gläubiger die Kündigung verlangen, wenn die Einziehung der Forderung wegen Gefährdung ihrer Sicherheit nach den Regeln einer ordnungsmäßigen Vermögensverwaltung geboten ist. [2] Unter der gleichen Voraussetzung kann der Gläubiger von dem Pfandgläubiger die Zustimmung zur Kündigung verlangen, sofern die Zustimmung erforderlich ist.

Anmerkungen zu den §§ 1285, 1286

1   1. Bei Einziehung vor Pfandreife (§ 1281) oder aufgrund Vereinbarung (§ 1284) sind Pfandgläubiger und Gläubiger aufeinander angewiesen. Daraus ergeben sich Mitwirkungspflichten (§§ 1285 I, 1286, 1288 I).

2   2. Bei Verletzung von Einziehungs- oder Benachrichtigungspflicht (zu dieser § 1285 II 2) ist uU Schadensersatz zu leisten.

§ 1287 Wirkung der Leistung

[1] Leistet der Schuldner in Gemäßheit der §§ 1281, 1282, so erwirbt mit der Leistung der Gläubiger den geleisteten Gegenstand und der Pfandgläubiger ein Pfandrecht an dem Gegenstand. [2] Besteht die Leistung in der Übertragung des Eigentums an einem Grundstück, so erwirbt der Pfandgläubiger eine Sicherungshypothek; besteht sie in der Übertragung des Eigentums an einem eingetragenen Schiff oder Schiffsbauwerk, so erwirbt der Pfandgläubiger eine Schiffshypothek.

1   1. **Allgemeines.** § 1287 gilt für die Einziehung einer verpfändeten Forderung vor oder nach Pfandreife (für verpfändete Geldforderung gilt daneben § 1288).

Titel 2. Pfandrecht an Rechten **§§ 1288, 1289**

Wird die verpfändete Forderung erfüllt, so erlöschen sie und das Pfandrecht. Den Leistungsgegenstand erwirbt der Gläubiger. Bei *Erwerb vom Nichtberechtigten* kommt es vor Pfandreife auf die Bösgläubigkeit des Gläubigers, danach auf die des Pfandgläubigers an, da er den Leistungsgegenstand für den Gläubiger als ges Vertreter erwirbt (vgl § 166 I).

2. An geleisteten **beweglichen Sachen oder Rechten** erwirbt der Gläubiger 2 Eigentum oder Rechtsinhaberschaft (zum Erwerb vom Nichtberechtigten Rn 1). An diesem Recht (das wiederum eine Forderung sein kann) erwirbt der Pfandgläubiger kraft Surrogation ein Pfandrecht, **S 1**. Bei Eintritt der Pfandreife (§ 1228 Rn 2) wird das Ersatzpfand gem §§ 1228 ff, 1277, 1282 ff verwertet.

3. Bei Verpfändung eines **Auflassungsanspruchs** (Anspruch auf Übereignung 3 eines Grundstücks) erwirbt der Pfandgläubiger, sobald der Gläubiger Eigentum am Grundstück erlangt hat (Rn 1), kraft Surrogation eine Sicherungshypothek am Grundstück (§ 1184), **S 2 HS 1**. Ihre Eintragung ist Grundbuchberichtigung (§ 894, GBO 22). Verwertung: § 1147. – Zur Verpfändung einer Eigentumsanwartschaft § 873 Rn 21 (cc).

§ 1288 Anlegung eingezogenen Geldes

(1) ¹**Wird eine Geldforderung in Gemäßheit des § 1281 eingezogen, so sind der Pfandgläubiger und der Gläubiger einander verpflichtet, dazu mitzuwirken, dass der eingezogene Betrag, soweit es ohne Beeinträchtigung des Interesses des Pfandgläubigers tunlich ist, nach den für die Anlegung von Mündelgeld geltenden Vorschriften verzinslich angelegt und gleichzeitig dem Pfandgläubiger das Pfandrecht bestellt wird.** ²**Die Art der Anlegung bestimmt der Gläubiger.**

(2) **Erfolgt die Einziehung in Gemäßheit des § 1282, so gilt die Forderung des Pfandgläubigers, soweit ihm der eingezogene Betrag zu seiner Befriedigung gebührt, als von dem Gläubiger berichtigt.**

1. Wird die verpfändete **Geldforderung vor Pfandreife** (§ 1228 Rn 2) einge- 1 zogen, **I,** so erwirbt der Gläubiger das Eigentum, der Pfandgläubiger ein Pfandrecht am Geld (§ 1287 S 1). Nach mündelsicherer Anlegung (§ 1807) hat der Pfandgläubiger Anspruch auf Pfandbestellung, zB am Rückzahlungsanspruch gegen die Sparkasse (§ 1807 I Nr 5).

2. Bei Einziehung **nach Pfandreife, II,** erlangt der Pfandgläubiger Alleineigen- 2 tum am Geld, auch soweit er mehr einzieht, als ihm § 1282 I 2 erlaubt; § 1247 S 2 gilt hier nicht (hM; aA StWiegand 4 mN). Folge: Schuldner bleibt insoweit dem Gläubiger zur Leistung verpflichtet und kann überschießenden Betrag vom Pfandgläubiger kondizieren. Die verpfändete Forderung und nachrangige Belastungen erlöschen stets, idR auch die gesicherte Forderung (diese geht aber auf den Gläubiger über, wenn er nicht ihr Schuldner war: §§ 1273 II, 1249, vgl § 1247 Rn 7).

§ 1289 Erstreckung auf die Zinsen

¹**Das Pfandrecht an einer Forderung erstreckt sich auf die Zinsen der Forderung.** ²**Die Vorschriften des § 1123 Abs. 2 und der §§ 1124, 1125 finden entsprechende Anwendung; an die Stelle der Beschlagnahme tritt die Anzeige des Pfandgläubigers an den Schuldner, dass er von dem Einziehungsrecht Gebrauch mache.**

1. § 1289 erweitert das Pfandobjekt (sa § 1212). Eine selbständige Zinsverpfän- 1 dung und das Nutzungspfandrecht (§ 1213 I) werden von § 1289 nicht berührt.

Jauernig 1335

§§ 1290–1295 Buch 3. Abschnitt 8. Pfandrecht

§ 1290 Einziehung bei mehrfacher Verpfändung

Bestehen mehrere Pfandrechte an einer Forderung, so ist zur Einziehung nur derjenige Pfandgläubiger berechtigt, dessen Pfandrecht den übrigen Pfandrechten vorgeht.

1. Das Einziehungsrecht nach §§ 1281 f steht allein dem **rangersten Pfandgläubiger** zu. Ein nachrangiger Pfandgläubiger kann nur Leistung an den Rangersten verlangen, sobald für diesen Pfandreife (§ 1228 Rn 2) eingetreten ist. Vor Pfandreife kann er bloß Leistung an den Rangersten und den Gläubiger entspr § 1281 fordern.

2. **Gleichrangige Pfandgläubiger** können unteilbare Leistung nur an alle verlangen (§ 432). Geldforderungen kann jeder anteilmäßig allein einziehen (StWiegand 5, str).

§ 1291 Pfandrecht an Grund- oder Rentenschuld

Die Vorschriften über das Pfandrecht an einer Forderung gelten auch für das Pfandrecht an einer Grundschuld und an einer Rentenschuld.

1. Zur Pfandbestellung § 1274 Rn 3, 4, ferner § 1293.

2. § 1291 gilt **nicht für die Hypothek,** weil nicht sie, sondern die hypothekarisch gesicherte Forderung verpfändet wird (§§ 1274 I, 1154).

§ 1292 Verpfändung von Orderpapieren

Zur Verpfändung eines Wechsels oder eines anderen Papiers, das durch Indossament übertragen werden kann, genügt die Einigung des Gläubigers und des Pfandgläubigers und die Übergabe des indossierten Papiers.

1. Die Verpfändung von **Orderpapieren** (sie sind übertragbar durch Indossament) erfordert außer der Einigung auch die Übergabe des (indossierten) Papiers. Daher bedarf es keiner Anzeige gem § 1280.

§ 1293 Pfandrecht an Inhaberpapieren

Für das Pfandrecht an einem Inhaberpapier gelten die Vorschriften über das Pfandrecht an beweglichen Sachen.

1. Für **Inhaberpapiere** gelten §§ 1204–1258 unmittelbar, ferner § 1294.

§ 1294 Einziehung und Kündigung

Ist ein Wechsel, ein anderes Papier, das durch Indossament übertragen werden kann, oder ein Inhaberpapier Gegenstand des Pfandrechts, so ist, auch wenn die Voraussetzungen des § 1228 Abs. 2 noch nicht eingetreten sind, der Pfandgläubiger zur Einziehung und, falls Kündigung erforderlich ist, zur Kündigung berechtigt und kann der Schuldner nur an ihn leisten.

1. Bei Order- und Inhaberpapieren hat Pfandgläubiger schon vor Pfandreife ein selbständiges Einziehungs- und Kündigungsrecht (abw von §§ 1281, 1283).

§ 1295 Freihändiger Verkauf von Orderpapieren

Hat ein verpfändetes Papier, das durch Indossament übertragen werden kann, einen Börsen- oder Marktpreis, so ist der Gläubiger nach dem Eintritt der Voraussetzungen des § 1228 Abs. 2 berechtigt, das Papier nach § 1221 verkaufen zu lassen.

1. Ausnahme von §§ 1277, 1282.

Titel 2. Pfandrecht an Rechten **§ 1296**

§ 1296 Erstreckung auf Zinsscheine
¹Das Pfandrecht an einem Wertpapier erstreckt sich auf die zu dem Papiere gehörenden Zins-, Renten- oder Gewinnanteilscheine nur dann, wenn sie dem Pfandgläubiger übergeben sind. ²Der Verpfänder kann, sofern nicht ein anderes bestimmt ist, die Herausgabe der Scheine verlangen, soweit sie vor dem Eintritt der Voraussetzungen des § 1228 Abs. 2 fällig werden.

1. Abweichung von § 1289. 1

Buch 4. Familienrecht

Einführung

I. Regelungsgegenstand, Einordnung und Wesenszüge

1. Unter **Familienrecht** versteht man die Gesamtheit der im ersten Abschnitt des 4. Buchs des BGB durch die bürgerliche Ehe (§§ 1297–1588) und im zweiten Abschnitt aufgrund der Verwandtschaft (§§ 1589–1773) begründeten status- und vermögensrechtlichen Rechtsverhältnisse. Hinzu kommen im dritten Abschnitt mit der Vormundschaft (§§ 1773–1895), der rechtlichen Betreuung (§§ 1896–1908 k) und der Pflegschaft (§§ 1909–1921) drei Rechtsinstitute, die durch die Wahrung von Fürsorgeinteressen geprägt sind, materiell aber nicht zum Familienrecht zählen. Deren Zuordnung zum 4. Buch ist eine Verlegenheitslösung des Gesetzgebers.

2. a) Der **Begriff „Familie"** wird im BGB nicht definiert. Man versteht darunter die durch Ehe oder Verwandtschaft rechtlich verbundenen Personen. Fehlt es sowohl an Verwandtschaft als auch an Ehe, scheidet die Anwendung familienrechtlicher Bestimmungen aus. b) Die Familie ist nicht Rechtssubjekt. Normadressaten des Familienrechts sind die die Familie bildenden natürlichen Personen. Es gibt kein „Familieneigentum". c) Der Begriff „Angehöriger" (§§ 530 I, 1611 I) ist weiter als der Begriff Familie und umfaßt etwa auch Pflegekinder. LPartG 11 I fingiert Lebenspartner als Familienangehörige.

3. a) Im 4. Buch knüpft das BGB nicht an abstrakte Kriterien wie Person, Schuldverhältnis oder Sache an, sondern greift den **Lebenssachverhalt „Familie"** auf. Dies hat zur Folge, daß im Familienrecht personenrechtliche (Status-)Bestimmungen (Bsp: Familienname, Verwandtschaft) und vermögensrechtliche Rechtsverhältnisse (Bsp: Unterhaltspflichten, Zugewinnausgleich, Eigentum an Hausratsgegenständen) nebeneinander geregelt werden. b) Die familienrechtlichen Statusbeziehungen Ehe und Verwandtschaft sind auf **Rechtssicherheit** und -klarheit angewiesen. Die Privatautonomie ist entsprechend deutlich eingeschränkt. Die Rechtsgeschäfte unterliegen häufig Formvorschriften (Bsp: §§ 1310 I, 1311 S 1, 1410, 1597 I, 1752 II 2), sind grundsätzlich bedingungsfeindlich (Bsp: § 1311 S 2) und bedürfen der Mitwirkung staatlicher Stellen (Bsp: § 1310, Standesbeamter bei Eheschließung; § 1564, Familiengericht bei Ehescheidung). c) Von besonderer Bedeutung für Rechtssicherheit und -klarheit ist das im PStG geregelte **Personenstandsrecht**. Der Standesbeamte führt als Personenstandsbücher ein Heirats-, Familien-, Geburten- und Sterbebuch (PStG 1). Einsichtsrecht PStG 61. Personenstandsurkunden PStG 61 a. Zur Beweiskraft s PStG 60, 66.

II. Verfassungsrechtliche Vorgaben

4. 1. Die konkurrierende Gesetzgebungskompetenz des Bundes für das Familienrecht folgt aus GG 74 I Nr 1 („bürgerliches Recht") und GG 74 I Nr 2 („Personenstandswesen").

5. 2. Die in GG 3 II 1 verbriefte Gleichberechtigung von Mann und Frau ist seit dem 1. 4. 1953 (GG 117 I) geltendes Recht (BGH 11, Anh 36; BVerfG 3, 225). Durch das am 1. 7. 1958 in Kraft getretene GleichberG wurden insbesondere der Güterstand, das Unterhaltsrecht und das Kindschaftsrecht GG 3 II angepaßt.

6. 3. a) GG 6 I schützt den Kernbereich des im BGB normierten Ehe- und Familienrechts vor Aufhebung (Institutsgarantie). Daneben garantiert GG 6 I als klassisches Freiheitsrecht insbesondere die Eheschließungsfreiheit. GG 6 I enthält

Buch 4. Abschnitt 1. Bürgerliche Ehe **Vor § 1297**

ferner eine wertentscheidende Grundsatznorm: Der Gesetzgeber hat insbesondere die Aufgabe, Ehe und Familie zu bewahren und zu fördern (BVerfG 6, 76). In den Schutzbereich von GG 6 I fällt auch die Beziehung des Kindes zu nicht verheirateten Elternteilen (BVerfG 8, 215; 79, 267). **b)** GG 6 II, III schützt das Elternrecht auf Pflege und Erziehung ihrer Kinder. Es umfaßt insbesondere das Sorgerecht. Entscheidungen der Eltern sind grundsätzlich zu respektieren. Grenzen: Persönlichkeitsrecht des Kindes, Mißbrauch des Elternrechts (vgl § 1666 und GG 6 II 2). **c)** GG 6 IV ist Ausprägung des Sozialstaatsprinzips und Grundrecht. Umgesetzt etwa im arbeitsrechtlichen Mutterschaftsschutz. **d)** Der Gesetzgebungsauftrag des GG 6 V ist durch das NEhelG vom 19. 8. 1969 und das KindRG vom 16. 12. 1997 weitgehend erfüllt worden.

III. Verfahrensrecht

GVG 23 b sieht für Familiensachen Familiengerichte vor. ZPO 606–660 enthalten besondere Vorschriften für Ehe-, Kindschafts- und Unterhaltssachen Minderjähriger. Aufgrund des öffentlichen Interesses am Bestand von Ehe und Familie gelten in Ehe- und Kindschaftssachen der zivilprozessuale Dispositions- und Verhandlungsgrundsatz nur eingeschränkt (ZPO 616 I, 617, 640 I, 640 d). Zahlreiche Angelegenheiten (s ZPO 621 a) entscheidet das Familiengericht im Verfahren der freiwilligen Gerichtsbarkeit. 7

IV. IPR und Einigungsvertrag

1. Zum IPR vgl EGBGB 10, 13–24, 220. Daneben sind zahlreiche Staatsverträge zu beachten, s Jayme/Hausmann, Internationales Privat- und Verfahrensrecht, 11. Aufl 2002. 8

2. Einigungsvertrag vgl EGBGB 234.

Abschnitt 1. Bürgerliche Ehe

Vorbemerkungen
I. Gegenstand

1. Der 1. Abschnitt des 4. Buches regelt die Ehe als obligatorische Zivilehe. Die Beschränkung auf „bürgerliche Ehe" (statt schlicht: „Ehe") soll zum Ausdruck bringen, daß das BGB die „kirchliche" Ehe unberührt läßt; vgl § 1588. 1

2. Die Gliederung des 1. Abschnitts orientiert sich an den Regelungsgegenständen Entstehung (§§ 1303–1320), Inhalt (§§ 1353–1563) und Beendigung der Ehe und deren Rechtsfolgen (§§ 1564–1587 p). Zum Eherecht zählen auch die Bestimmungen über das Verlöbnis (§§ 1297–1302). 2

II. Nichteheliche Lebensgemeinschaft

Lit: *Grziwotz*, Rechtsprechung zur nichtehelichen Lebensgemeinschaft, FamRZ 99, 413; *Hausmann/Hohloch*, Das Recht der nichtehelichen Lebensgemeinschaft, 1999 (Handbuch); *E. Schumann*, Die nichteheliche Familie, 1998; *Verschraegen*, Nichteheliche Partnerschaft – Eine rechtsvergleichende Einführung, FamRZ 00, 65.

Nichteheliche Lebensgemeinschaft ist eine auf Dauer angelegte, durch innere Bindungen und gegenseitiges Einstehen geprägte Lebensgemeinschaft zwischen Mann und Frau, die daneben keine weitere Lebensgemeinschaft gleicher Art zuläßt (BGH NJW 93, 999; krit MK/Wacke nach § 1302 Rn 2). Bloße Haushalts- und Wirtschaftsgemeinschaft und vorübergehende Partnerschaft scheiden aus. Auf nichteheliche Lebensgemeinschaften sind die eherechtlichen Vorschriften nicht anwendbar. Daher kein Zeugnisverweigerungsrecht nach ZPO 3

Vor § 1297

383 I, StPO 52 I. Punktuelle Regelung enthält § 563 II 4; iü werden § 1093 II (BGH NJW 82, 1868) und § 1969 (Düsseldorf NJW 83, 1566; sa § 1969 Rn 1) analog angewandt. Daneben gelten § 1615l (Unterhalt anläßlich der Geburt) und § 1626a I Nr 1 (gemeinsame Sorge) (auch) bei nichtehelicher Lebensgemeinschaft. Die Begründung einer nichtehelichen Lebensgemeinschaft ändert die **Vermögenszuordnung** nicht. Die Partner können ihre schuld-, sachen- und erbrechtlichen Beziehungen durch Zuwendung, Unterhalts- und Abfindungsvereinbarung, Gesellschaftsvertrag, Bruchteilsgemeinschaft, Erbeinsetzung usw. rechtsgeschäftlich gestalten („Partnerschaftsvertrag"). Entsprechende Rechtsgeschäfte sind nicht grundsätzlich sittenwidrig, vgl § 138 Rn 7. Verzichten die Partner – wie häufig – auf eine Regelung, findet nach der Trennung der Lebensgemeinschaft eine Verrechnung von dem anderen geleisteten Zuwendungen oder Diensten grundsätzlich nicht statt (BGH 77, 55; BGH NJW 83, 1055). Ein Ausgleichsanspruch nach den Vorschriften über die bürgerlich-rechtliche Gesellschaft (§ 738 I) kann ausnahmsweise vorliegen, wenn die Partner durch gemeinsame Leistungen zum Bau und zur Erhaltung eines zwar auf den Namen des einen Partners eingetragenen, aber als gemeinsames Vermögen betrachteten Anwesens beigetragen hatten. Ein ausdrücklich oder stillschweigend abgeschlossener Gesellschaftsvertrag ist hierfür nicht erforderlich (BGH FamRZ 93, 939); sa § 705 Rn 15. In Betracht kommt im Einzelfall auch eine Rückforderung von Leistungen nach §§ 530, 531 II, § 812 I 2 Fall 2 oder §§ 313 III, 346 (BGH NJW 91, 830).

III. Eingetragene Lebenspartnerschaft

Lit: Arnauld/Platter, Die Eingetragene Lebensgemeinschaft, Jura 02, 411; Braun, Ein neues familienrechtliches Institut, JZ 02, 23 mit Erwiderung Bruns JZ 02, 291; D. Kaiser, Das Lebenspartnerschaftsgesetz, JZ 01, 617; Muscheler, Das Recht der Eingetragenen Lebenspartnerschaft, 2001; D. Schwab, Eingetragene Lebenspartnerschaft – Ein Überblick, FamRZ 01, 385.

Nach LPartG 1 können (nur) gleichgeschlechtliche Personen eine Lebenspartnerschaft begründen. Voraussetzung ist eine darauf gerichtete Erklärung vor der (nach Maßgabe des jeweiligen Landesrechts) zuständigen Behörde (LPartG 1 I). Wirksamkeitshindernisse s LPartG 1 II. Die **Rechtsfolgen** der Lebenspartnerschaft lehnen sich eng an die Ehe an (vielfach unter Verweisung auf das Eherecht des BGB): Die Lebenspartner trifft wechselseitig eine Fürsorgepflicht (LPartG 2), sie können einen Lebenspartnerschaftsnamen führen (LPartG 3), sind zum Lebenspartnerschafts- (LPartG 5), Trennungs- (LPartG 12) und nachpartnerschaftlichen Unterhalt (LPartG 16) verpflichtet (dazu Büttner FamRZ 01, 1105), bei Beendigung der Ausgleichsgemeinschaft findet Vermögensausgleich statt (LPartG 6 II) (dazu Rieger FamRZ 01, 1497), Eigentumsvermutung, Schlüsselgewalt und Vinkulierung (LPartG 8) werden aus dem Eherecht übernommen, ein „kleines" Sorgerecht ist möglich (LPartG 9), die Lebenspartner haben ein gesetzliches Erbrecht (LPartG 10) (dazu Dickhuth-Harrach FamRZ 01, 1660), die Lebensgemeinschaft wird außer durch Tod (nur) durch gerichtliches Urteil aufgehoben (LPartG 15) usw. **Unterschiede zur Ehe:** Kein gemeinsames Sorgerecht, keine gemeinsame Adoption, Aufhebungsgründe (LPartG 15 II), Versorgungsausgleich findet nicht statt. **Verfassungsrechtliche Bedenken** gegen das LPartG werden ua auf einen Verstoß gegen das GG 6 I entnommenen Abstandsgebots gestützt (Scholz/Uhle NJW 01, 396; aA Wasmuth, Der Staat 02, 47, 52 ff). BVerfG NJW 01, 2457 hat einen Eilantrag auf vorläufige Aussetzung des Inkrafttretens zurückgewiesen. – **IPR:** EGBGB 17b (dazu Henrich FamRZ 02, 137).

Titel 1. Verlöbnis

Vorbemerkungen

Lit: Strätz, Das Verlöbnis als ehevorbereitendes Rechtsverhältnis, Jura 84, 449.

1. a) Der **Begriff** „Verlöbnis" bezeichnet einmal das Eheversprechen (Verlobung) und zum anderen das dadurch begründete Rechtsverhältnis. **b)** Die **Rechtsnatur** des Verlöbnisses ist str (dazu Gernhuber/Coester-Waltjen § 8 I 3, 4). Im Mittelpunkt steht die Frage der Anwendung der Vorschriften des AT über Willenserklärungen. Die (heute überholte) Tatsächlichkeitstheorie geht von einer faktischen Willensübereinstimmung, nicht von Willenserklärungen der Verlobten aus. Die hM folgt der **Vertragstheorie**, wonach das Verlöbnis durch Vertrag zustande komme (RG 98, 14; beiläufig BGH 28, 378: ehevorbereitender familienrechtlicher Vertrag). Die Vertrauenshaftungslehre (Rauscher Rn 107) deutet das Verlöbnis als ges Schuldverhältnis parallel zur cic (s § 311 II). **c)** Das Verlöbnis als Rechtsverhältnis bildet ein rechtlich geregeltes personenrechtliches Gemeinschaftsverhältnis (BGH 115, 264). 6

2. a) Voraussetzungen des Verlöbnisses sind (nach der Vertragstheorie, Rn 1) Willenserklärungen der Verlobten. Konkludenter Vertragsschluß ist möglich, etwa durch Ringtausch oder auch nur durch Hochzeitsvorbereitungen (anschaulich AG Neumünster FamRZ 00, 817: Traugespräch mit Pastor vereinbart, Einladungskarten für Hochzeit unterschrieben). Stellvertretung nach § 164 scheidet wegen höchstpersönlicher Natur des Verlöbnisses aus, nicht aber Botenschaft. **b)** §§ 106 ff finden Anwendung. Der Minderjährige bedarf der Einwilligung des ges Vertreters, § 107. Dadurch Schutz des Minderjährigen vor übereilten Verlobungen. Tritt der Verlobte des Minderjährigen zurück, kann der ges Vertreter genehmigen (§ 108, sa § 109 II) und so die Rechtsfolgen der §§ 1298 ff herbeiführen (Gernhuber/Coester-Waltjen § 8 I 5). **c)** Willensmängel: §§ 116–118 sind anwendbar; Verlöbnis des „Heiratsschwindlers" ist daher nach § 116 S 1 wirksam; ein Scheinverlöbnis (etwa erklärt wegen StPO 52 I Nr 1) ist nach § 117 I nichtig. §§ 119, 123 werden durch die spezielleren §§ 1298 ff ausgeschlossen, str; aA Pal/Brudermüller Einf Rn 1 zu § 1297. **d)** §§ 134, 138 sind anwendbar. Verlöbnis trotz Eheverbots ist nichtig. Verlöbnis eines Verheirateten ist (auch bei Scheidungsantrag, Karlsruhe FamRZ 89, 867) wegen GG 6 I sittenwidrig und nach § 138 I nichtig, wenn nicht besondere Gründe ausnahmsweise eine andere Bewertung rechtfertigen (BGH FamRZ 84, 386). Nichtigkeit schließt Analogie zu §§ 1298 ff nicht aus (BGH FamRZ 69, 474, Rückforderung von Geschenken nach § 1301), nicht aber zugunsten desjenigen, in dessen Person der Nichtigkeitsgrund liegt (Karlsruhe NJW 88, 3023). 7 8 9 10

§ 1297 Unklagbarkeit, Nichtigkeit eines Strafversprechens

(1) **Aus einem Verlöbnis kann nicht auf Eingehung der Ehe geklagt werden.**

(2) **Das Versprechen einer Strafe für den Fall, dass die Eingehung der Ehe unterbleibt, ist nichtig.**

1. Wirkungen des Verlöbnisses. a) Nach hM begründet das Verlöbnis die Rechtspflicht zur Eheschließung (MK/Wacke 15). Der Anspruch ist freilich zum Schutze der negativen Eheschließungsfreiheit nach I nicht klagbar; sa ZPO 888 III, 894 II. Nach II ist ein Vertragsstrafeversprechen nichtig, um nicht mittelbar die Eheschließung zu erzwingen. I schließt Klage auf Feststellung des (Nicht-)Bestehens eines Verlöbnisses (ZPO 256) nicht aus. Aus Verlöbnis folgt Rechtspflicht zur gegenseitigen Hilfeleistung, etwa Selbstmordverhinderung (BGH NJW 60, 1821). **b)** Verlöbnis begründet keine Unterhaltspflichten und kein ges Erbrecht. Zu Erb- 1 2 vertrag sa §§ 2275 III, 2276 II, 2279 II, 2290 III 2, zu Erbverzicht §§ 2347 I, 2352. **c)** Verlöbnis begründet prozessuale Privilegien: Zeugnisverweigerungsrecht (ZPO 383–385, FGG 15 I, StPO 52, 55); Gutachtenverweigerungsrecht (ZPO 408 I); Eidesverweigerungsrecht (StPO 63). **d)** Der Verlobte ist Angehöriger iSd StGB 11 I Nr 1 a. Ergänzend zum Zugewinnausgleich (§§ 1372 ff) ist ein Ausgleichsanspruch für während der Verlobungszeit erbrachte erhebliche Leistungen nach Scheitern der (geschlossenen, sonst § 1298) Ehe möglich (BGH 115, 264: Hausbau).

3

§ 1298 Ersatzpflicht bei Rücktritt

(1) ¹**Tritt ein Verlobter von dem Verlöbnis zurück, so hat er dem anderen Verlobten und dessen Eltern sowie dritten Personen, welche an Stelle der Eltern gehandelt haben, den Schaden zu ersetzen, der daraus entstanden ist, dass sie in Erwartung der Ehe Aufwendungen gemacht haben oder Verbindlichkeiten eingegangen sind.** ²**Dem anderen Verlobten hat er auch den Schaden zu ersetzen, den dieser dadurch erleidet, dass er in Erwartung der Ehe sonstige sein Vermögen oder seine Erwerbsstellung berührende Maßnahmen getroffen hat.**

(2) **Der Schaden ist nur insoweit zu ersetzen, als die Aufwendungen, die Eingehung der Verbindlichkeiten und die sonstigen Maßnahmen den Umständen nach angemessen waren.**

(3) **Die Ersatzpflicht tritt nicht ein, wenn ein wichtiger Grund für den Rücktritt vorliegt.**

§ 1299 Rücktritt aus Verschulden des anderen Teils

Veranlasst ein Verlobter den Rücktritt des anderen durch ein Verschulden, das einen wichtigen Grund für den Rücktritt bildet, so ist er nach Maßgabe des § 1298 Abs. 1, 2 zum Schadensersatz verpflichtet.

1   **1. a)** Ein **Rücktritt** vom Verlöbnis ist stets möglich. Folge ist die Auflösung des Verlöbnisses ex nunc. Ob ein „wichtiger Grund" für den Rücktritt vorliegt, ist nur für die Schadensersatzpflicht nach §§ 1298 f (Rn 2) von Bedeutung. Der Rücktritt erfolgt durch einseitige empfangsbedürftige Willenserklärung. Ebenso wie die Verlobung (vor § 1297 Rn 2) ist der Rücktritt ein höchstpersönliches Rechtsgeschäft; Stellvertretung scheidet aus. **b)** Vom Rücktritt ist die einverständliche **Entlobung** zu unterscheiden; insoweit finden §§ 1298 f keine Anwendung, wohl aber § 1301.

2   **2. Schadensersatz. a)** Wer vom Verlöbnis zurücktritt (§ 1298 I) oder schuldhaft einen wichtigen Grund für den Rücktritt des anderen Teils setzt (§ 1299), hat dem anderen Verlobten Schadensersatz zu leisten. Zu ersetzen sind die im Hinblick auf die Eheschließung getätigten Aufwendungen und eingegangenen Verbindlich-
3   keiten. Die Ersatzpflicht umfaßt das negative Interesse. **b) Bsp:** Kosten der Verlobungsanzeige (Frankfurt NJW-RR 95, 899) und -feier, Brautkleid (AG Neumünster FamRZ 00, 818), Buchung der Hochzeitsreise, Miete einer Wohnung, Kauf von Hausrat, Dienstleistungen für den anderen Verlobten (BGH NJW 61, 1716: Steuerberatung). Gem § 1298 I 2 ist dem Verlobten insbes zu ersetzen der durch Veräußerung von Vermögensgegenständen (prämienschädliche Auflösung eines Spar- oder Versicherungsvertrags) und die Aufgabe einer (frei-)beruflichen Stellung (Verdienstausfall) oder eines Gewerbebetriebs entstandene Nachteil.
4   **c) Einschränkungen:** Nach § 1298 II sind nur „den Umständen nach angemessene" Aufwendungen, Verpflichtungen usw ersatzfähig. Eingeschränkter Vertrauensschutz, weil spätere Heirat nicht sicher und nicht erzwingbar ist. Übereilte und mit dem anderen Verlobten nicht abgesprochene Aufgabe einer beruflichen Stellung ist nicht angemessen. Nicht zu ersetzen sind auch Aufwendungen für das voreheliche Zusammenleben (Frankfurt, NJW-RR 95, 899: von Eltern den Ver-

Titel 2. Eingehung der Ehe **§§ 1300–1302**

lobten überlassene Wohnung). Anschaffungen (etwa Hausrat) können im Rahmen der Vorteilsausgleichung schadensmindernde Vorteile bilden. **d) Berechtigte** des 5 Schadensersatzanspruchs ist bei § 1298 der andere Verlobte, bei § 1299 der zurücktretende Verlobte. Im Rahmen des § 1298 I 1 können Eltern und an ihrer Stelle handelnde Dritte schadensersatzberechtigt sein; deren Vertrauen ist mit in den Schutzbereich des Verlöbnisses einbezogen. **e)** Der Anspruch auf Schadensersatz 6 entfällt nach § 1298 III bei Vorliegen eines **wichtigen Grundes** für den Rücktritt. Die Eingehung der Ehe muß bei vernünftiger Würdigung dem Zurücktretenden unzumutbar sein. Voraussetzung ist, daß die Ursache für den Rücktritt in den Risikobereich des anderen Teils fällt. Schuldhaftes Verhalten des anderen Teils ist nicht erforderlich (Umkehrschluß zu § 1299). Bsp: Untreue, gravierendes Fehlverhalten, entstellende Krankheiten. Im Lichte der §§ 1565 ff zählt auch die Zerrüttung des Verhältnisses der Verlobten dazu. Anfechtungsgründe nach §§ 119, 123 bilden ebenfalls einen wichtigen Grund, nicht hingegen allein die Änderung der emotionalen Einstellung gegenüber dem anderen Teil.

3. Weitere Rechtsfolgen. a) Deliktsansprüche aus §§ 825, 826, 823 II iVm 7 StGB 263 (Heiratsschwindel) und § 823 I (Gesundheitsschäden) bleiben unberührt. **b)** Unwirksamkeit einer Verfügung von Todes wegen: §§ 2077 II, 2279.

§ 1300 *(weggefallen)*

§ 1301 Rückgabe der Geschenke

¹**Unterbleibt die Eheschließung, so kann jeder Verlobte von dem anderen die Herausgabe desjenigen, was er ihm geschenkt oder zum Zeichen des Verlöbnisses gegeben hat, nach den Vorschriften über die Herausgabe einer ungerechtfertigten Bereicherung fordern.** ²**Im Zweifel ist anzunehmen, dass die Rückforderung ausgeschlossen sein soll, wenn das Verlöbnis durch den Tod eines der Verlobten aufgelöst wird.**

1. Kommt die versprochene Ehe gleich aus welchem Grunde (auch grundloser 1 Rücktritt, einverständliche Auflösung des Verlöbnisses) nicht zustande, haben die Verlobten Geschenke und Verlöbniszeichen (Ringe) herauszugeben, die sie vom anderen Verlobten (nicht von dessen Eltern, str; aA MK/Wacke 7) erhalten haben. Nicht Briefe und Photographien, str; aA MK/Wacke 3 (unter unzutr Hinweis auf Urheberrecht).

2. Rechtsfolgenverweisung (Hadding FS Mühl, 1981, 264) auf Bereicherungs- 2 recht, insbesondere § 818 III. Die Pflicht zur Herausgabe beschränkt sich auf die noch vorhandene Bereicherung. Freilich kann § 819 I anwendbar sein (BGH FamRZ 69, 476). §§ 346 ff finden keine Anwendung. § 530 bleibt unberührt.

§ 1302 Verjährung

Die in den §§ 1298 bis 1301 bestimmten Ansprüche verjähren in zwei Jahren von der Auflösung des Verlöbnisses an.

1. Ansprüche aus §§ 1298–1301 unterliegen kurzer Verjährung. Grund: Beteiligte 1 sollen gescheitertes Verlöbnis rasch abwickeln. Beginn der Verjährung mit Scheitern des Verlöbnisses, bei §§ 1298 f mit Wirksamwerden der Rücktrittserklärung. Die Verjährung von Deliktsansprüchen bleibt unberührt.

§§ 1303–1306 Buch 4. Abschnitt 1. Bürgerliche Ehe

Titel 2. Eingehung der Ehe

Untertitel 1. Ehefähigkeit

§ 1303 Ehemündigkeit

(1) Eine Ehe soll nicht vor Eintritt der Volljährigkeit eingegangen werden.

(2) Das Familiengericht kann auf Antrag von dieser Vorschrift Befreiung erteilen, wenn der Antragsteller das 16. Lebensjahr vollendet hat und sein künftiger Ehegatte volljährig ist.

(3) Widerspricht der gesetzliche Vertreter des Antragstellers oder ein sonstiger Inhaber der Personensorge dem Antrag, so darf das Familiengericht die Befreiung nur erteilen, wenn der Widerspruch nicht auf triftigen Gründen beruht.

(4) Erteilt das Familiengericht die Befreiung nach Absatz 2, so bedarf der Antragsteller zur Eingehung der Ehe nicht mehr der Einwilligung des gesetzlichen Vertreters oder eines sonstigen Inhabers der Personensorge.

§ 1304 Geschäftsunfähigkeit

Wer geschäftsunfähig ist, kann eine Ehe nicht eingehen.

Anmerkungen zu den §§ 1303, 1304

Lit: Barth/Wagenitz, Zur Neuordnung des Eheschließungsrechts, FamRZ 96, 833.

1. Regelung der **persönlichen Voraussetzungen** der Eheschließung.

2. **Ehefähigkeit.** Nicht ehefähig ist, wer geschäftsunfähig (§ 104 Nr 2) ist, § 1304. **Verstoß** ist Aufhebungsgrund, § 1314 I; Bestätigung s § 1315 I Nr 2.

3. **a) Ehemündigkeit** tritt ein mit Volljährigkeit (§ 2), § 1303 I. **b) Befreiung** durch FamG möglich, wenn Antragsteller das 16. Lebensjahr vollendet hat und der künftige Ehegatte volljährig ist; keine Befreiung daher, falls beide Heiratswilligen minderjährig sind. Maßstab der Entscheidung ist das Wohl des Minderjährigen. Bsp: Fehlen charakterlicher Reife für eine Ehe. Kein Versagungsgrund ist Sozialhilfebezug beider Partner (Karlsruhe FamRZ 00, 819). Widerspruch des Vertreters oder sonstiger Personensorgeberechtigter hindert Befreiung nur, wenn ein triftiger Grund vorliegt, § 1303 III. Wurde Befreiung erteilt, ist Einwilligung des ges Vertreters des Minderjährigen oder Personensorgeberechtigten nicht erforderlich, § 1303 IV. – **Verfahren:** Zuständig FamG (ZPO 621 I Nr 12), Richtervorbehalt (RPflG 14 I Nr 18), FG-Verfahren (ZPO 621 a I). Anhörung Eltern und Verlobter (Karlsruhe FamRZ 00, 819), Jugendamt FGG 49 a I Nr 1. **c) Verstoß** ist Aufhebungsgrund, § 1314 I; Genehmigung und Bestätigung s § 1315 I Nr 1.

§ 1305 *(weggefallen)*

Untertitel 2. Eheverbote

§ 1306 Doppelehe

Eine Ehe darf nicht geschlossen werden, wenn zwischen einer der Personen, die die Ehe miteinander eingehen wollen, und einer dritten Person eine Ehe besteht.

Titel 2. Eingehung der Ehe **§§ 1307–1309**

§ 1307 Verwandtschaft

¹Eine Ehe darf nicht geschlossen werden zwischen Verwandten in gerader Linie sowie zwischen vollbürtigen und halbbürtigen Geschwistern. ²Dies gilt auch, wenn das Verwandtschaftsverhältnis durch Annahme als Kind erloschen ist.

§ 1308 Annahme als Kind

(1) ¹Eine Ehe soll nicht geschlossen werden zwischen Personen, deren Verwandtschaft im Sinne des § 1307 durch Annahme als Kind begründet worden ist. ²Dies gilt nicht, wenn das Annahmeverhältnis aufgelöst worden ist.

(2) ¹Das Familiengericht kann auf Antrag von dieser Vorschrift Befreiung erteilen, wenn zwischen dem Antragsteller und seinem künftigen Ehegatten durch die Annahme als Kind eine Verwandtschaft in der Seitenlinie begründet worden ist. ²Die Befreiung soll versagt werden, wenn wichtige Gründe der Eingehung der Ehe entgegenstehen.

Anmerkungen zu den §§ 1306–1308

1. §§ 1306–1308 enthalten Eheverbote. **Bedeutung:** Standesbeamter darf an Eheschließung nicht mitwirken (sa § 1310 I 2 HS 1; PStG 5 II 1); bei Verstoß gegen §§ 1306 f kann die Ehe aufgehoben werden, § 1314.   1

2. **Doppelehe,** § 1306. Ehe darf nicht geschlossen werden, wenn zwischen einem (oder beiden) Eheschließenden und einem Dritten eine Ehe schon besteht. Eingeschränkt bei falscher Todeserklärung nach § 1319 I. § 1306 dient der Sicherung des Grundsatzes der Einehe. Daher ist es nicht ausgeschlossen, daß Ehegatten, die *miteinander* verheiratet sind, erneut die Ehe schließen, um Zweifel an der Gültigkeit oder dem Fortbestand ihrer Ehe zu beseitigen. Verstoß s §§ 1314 I, 1315 II Nr 1, 1316 I Nr 1, III.   2

3. **Verwandtschaft,** § 1307. **a)** Eheverbot gilt bei Verwandtschaft in gerader Linie (§ 1589 S 1), unabhängig vom Grad (§ 1589 S 3), und zwischen Geschwistern; kein Eheverbot zwischen Onkel und Nichte, Cousin und Cousine, zwischen Verschwägerten. **b)** Eheverbot besteht aus medizinischen und sittlichen Gründen und umfaßt daher genetische und rechtliche Verwandtschaft. Soweit rechtliche Verwandtschaft nach §§ 1591 ff vorliegt, besteht das Eheverbot des § 1307, auch wenn blutsmäßige Verwandtschaft fehlt. Umgekehrt gilt § 1307 im Verhältnis zu blutsmäßigen Verwandten, auch wenn rechtlich kein Verwandtschaftsverhältnis besteht. Adoption hebt trotz § 1755 das Eheverbot zu leiblichen Verwandten nicht auf, § 1307 S 2. **c) Verstoß** s §§ 1314 I, 1316 I Nr 1, III.   3, 4

4. **Adoptionsverwandtschaft,** § 1308. Eheverbot bei durch Adoption begründeter Verwandtschaft. Gilt nicht, wenn Annahmeverhältnis aufgehoben (s §§ 1759 ff) wurde. Befreiung durch FamG möglich, wenn Adoption Verwandtschaft in der *Seiten*linie (§ 1589 S 2) begründete, § 1308 II. **Verstoß** bildet keinen Eheaufhebungsgrund.   5

Untertitel 3. Ehefähigkeitszeugnis

§ 1309 Ehefähigkeitszeugnis für Ausländer

(1) ¹Wer hinsichtlich der Voraussetzungen der Eheschließung vorbehaltlich des Artikels 13 Abs. 2 des Einführungsgesetzes zum Bürgerlichen Gesetzbuche ausländischem Recht unterliegt, soll eine Ehe nicht eingehen, bevor er ein Zeugnis der inneren Behörde seines Heimatstaates darüber beigebracht hat, dass der Eheschließung nach dem Recht dieses Staates kein Ehehindernis entgegensteht. ²Als Zeugnis der inneren Behörde gilt

§§ 1310, 1311 Buch 4. Abschnitt 1. Bürgerliche Ehe

auch eine Bescheinigung, die von einer anderen Stelle nach Maßgabe eines mit dem Heimatstaat des Betroffenen geschlossenen Vertrags erteilt ist. ³Das Zeugnis verliert seine Kraft, wenn die Ehe nicht binnen sechs Monaten seit der Ausstellung geschlossen wird; ist in dem Zeugnis eine kürzere Geltungsdauer angegeben, ist diese maßgebend.

(2) ¹Von dem Erfordernis nach Absatz 1 Satz 1 kann der Präsident des Oberlandesgerichts, in dessen Bezirk der Standesbeamte, bei dem die Eheschließung angemeldet worden ist, seinen Sitz hat, Befreiung erteilen. ²Die Befreiung soll nur Staatenlosen mit gewöhnlichem Aufenthalt im Ausland und Angehörigen solcher Staaten erteilt werden, deren Behörden keine Ehefähigkeitszeugnisse im Sinne des Absatzes 1 ausstellen. ³In besonderen Fällen darf sie auch Angehörigen anderer Staaten erteilt werden. ⁴Die Befreiung gilt nur für die Dauer von sechs Monaten.

1   1. Die Voraussetzungen der Eheschließung richten sich nach dem Heimatrecht eines Eheschließenden, EGBGB 13 I. Das **Ehefähigkeitszeugnis** soll dem Standesbeamten die Prüfung erleichtern, ob nach dem Heimatrecht die Eheschließung erlaubt ist. Ehen, die dem Heimatrecht widersprechen und daher dort möglicherweise nicht anerkannt werden, sollen verhindert werden (BGH 41, 139).

2   2. **Befreiung** s II. Verfahren PStG 5 a.

Untertitel 4. Eheschließung

§ 1310 Zuständigkeit des Standesbeamten, Heilung fehlerhafter Ehen

(1) ¹Die Ehe wird nur dadurch geschlossen, dass die Eheschließenden vor dem Standesbeamten erklären, die Ehe miteinander eingehen zu wollen. ²Der Standesbeamte darf seine Mitwirkung an der Eheschließung nicht verweigern, wenn die Voraussetzungen der Eheschließung vorliegen; er muss seine Mitwirkung verweigern, wenn offenkundig ist, dass die Ehe nach § 1314 Abs. 2 aufhebbar wäre.

(2) Als Standesbeamter gilt auch, wer, ohne Standesbeamter zu sein, das Amt eines Standesbeamten öffenlich ausgeübt und die Ehe in das Heiratsbuch eingetragen hat.

(3) Eine Ehe gilt auch dann als geschlossen, wenn die Ehegatten erklärt haben, die Ehe miteinander eingehen zu wollen, und
1. der Standesbeamte die Ehe in das Heiratsbuch oder in das Familienbuch eingetragen hat,
2. der Standesbeamte im Zusammenhang mit der Beurkundung der Geburt eines gemeinsamen Kindes der Ehegatten einen Hinweis auf die Eheschließung in das Geburtenbuch eingetragen hat oder
3. der Standesbeamte von den Ehegatten eine familienrechtliche Erklärung, die zu ihrer Wirksamkeit eine bestehende Ehe voraussetzt, entgegengenommen hat und den Ehegatten hierüber eine in Rechtsvorschriften vorgesehene Bescheinigung erteilt worden ist

und die Ehegatten seitdem zehn Jahre oder bis zum Tode eines der Ehegatten, mindestens jedoch fünf Jahre, als Ehegatten miteinander gelebt haben.

§ 1311 Persönliche Erklärung

¹Die Eheschließenden müssen die Erklärungen nach § 1310 Abs. 1 persönlich und bei gleichzeitiger Anwesenheit abgeben. ²Die Erklärungen können nicht unter einer Bedingung oder Zeitbestimmung abgegeben werden.

Titel 3. Aufhebung der Ehe **§§ 1312, 1313**

§ 1312 Trauung, Eintragung

(1) ¹Der Standesbeamte soll bei der Eheschließung die Eheschließenden einzeln befragen, ob sie die Ehe miteinander eingehen wollen, und, nachdem die Eheschließenden diese Frage bejaht haben, aussprechen, dass sie nunmehr kraft Gesetzes rechtmäßig verbundene Eheleute sind. ²Die Eheschließung kann in Gegenwart von einem oder zwei Zeugen erfolgen, sofern die Eheschließenden dies wünschen.

(2) Der Standesbeamte soll die Eheschließung in das Heiratsbuch eintragen.

Anmerkungen zu den §§ 1310–1312

1. **Allgemeines.** § 1310 regelt den Grundsatz der obligatorischen Zivilehe. Die Ehe kann nur vor dem Standesbeamten geschlossen werden; kirchliche Eheschließung zeitigt keine staatlichen Ehewirkungen. 1

2. **Voraussetzungen der Eheschließung. a)** Ehe kommt zustande durch Erklärung der Eheschließenden, die Ehe miteinander eingehen zu wollen, § 1310 I 1. Die Eheschließenden müssen verschiedenen Geschlechts sein. Verlöbnis (s § 1297) ist nicht Voraussetzung. **b)** Höchstpersönlichkeit der Erklärung (§ 1311 I 1) schließt Vertretung und Botenschaft aus. Verstoß begründet (aufhebbare, § 1314 I) Ehe mit Vertretenem. **c)** Erklärungen sind bedingungs- und befristungsfeindlich (sa § 1353 I 1), § 1311 I 2. Bedingung oder Befristung sind unwirksam. Verstoß führt zur aufhebbaren Ehe, § 1314 I. **d) Heilung** von Nichtehen, § 1310 III. Betr vor allem nach ausländischem Recht in Deutschland geschlossene und daher rechtlich nicht existente Ehen (s BT-Drs 13/4898 S 17). **Voraussetzungen: aa)** Parteien erklären Eheschließungswillen nicht vor Standesbeamten. **bb)** Standesbeamter nimmt Eintragung nach Nr 1 u 2 vor bzw Erklärung nach Nr 3 entgegen. **cc)** Nichtehegatten leben seitdem zehn Jahre (oder bis zum Tode eines Ehegatten mindestens fünf Jahre) wie Ehegatten in Lebensgemeinschaft miteinander. 2

3

3. **Form der Eheschließung.** Gleichzeitige Anwesenheit der Eheschließenden vor dem Standesbeamten, § 1311 I 1. Ferntrauung und sukzessive Entgegennahme der Erklärungen sind ausgeschlossen. Standesbeamter muß zur Entgegennahme der Erklärungen bereit sein (sa § 925). Verstoß: § 1314 I. Erklärung kann mündlich, schriftlich oder konkludent erfolgen. Beurkundung ist nicht Voraussetzung der Wirksamkeit der Ehe; § 1312 II ist nur Sollbestimmung. 4

4. **Mitwirkung des Standesbeamten. a)** Standesbeamter muß an Eheschließung mitwirken, wenn Voraussetzungen der §§ 1303ff vorliegen und Eheverbote nicht bestehen. Keine Mitwirkungspflicht, wenn offenkundig ein Aufhebungsgrund nach § 1314 II vorliegt, § 1310 I 2 HS 2. Daher keine Mitwirkung an sog Scheinehe etwa zur Erlangung einer Aufenthaltserlaubnis, § 1314 II Nr 5 (krit Eisfeld AcP 201, 662); sa PStG 5 IV. **b) Zuständigkeit** PStG 6 II – V. § 1310 II fingiert Standesbeamten (zB Bürgermeister). **c)** Verfahren s PStG 4ff. 5

Titel 3. Aufhebung der Ehe

§ 1313 Aufhebung durch Urteil

¹Eine Ehe kann nur durch gerichtliches Urteil auf Antrag aufgehoben werden. ²Die Ehe ist mit der Rechtskraft des Urteils aufgelöst. ³Die Voraussetzungen, unter denen die Aufhebung begehrt werden kann, ergeben sich aus den folgenden Vorschriften.

§ 1314 Aufhebungsgründe

(1) Eine Ehe kann aufgehoben werden, wenn sie entgegen den Vorschriften der §§ 1303, 1304, 1306, 1307, 1311 geschlossen worden ist.

(2) Eine Ehe kann ferner aufgehoben werden, wenn

1. ein Ehegatte sich bei der Eheschließung im Zustand der Bewusstlosigkeit oder vorübergehender Störung der Geistestätigkeit befand;
2. ein Ehegatte bei der Eheschließung nicht gewusst hat, dass es sich um eine Eheschließung handelt;
3. ein Ehegatte zur Eingehung der Ehe durch arglistige Täuschung über solche Umstände bestimmt worden ist, die ihn bei Kenntnis der Sachlage und bei richtiger Würdigung des Wesens der Ehe von der Eingehung der Ehe abgehalten hätten; dies gilt nicht, wenn die Täuschung Vermögensverhältnisse betrifft oder von einem Dritten ohne Wissen des anderen Ehegatten verübt worden ist;
4. ein Ehegatte zur Eingehung der Ehe widerrechtlich durch Drohung bestimmt worden ist;
5. beide Ehegatten sich bei der Eheschließung darüber einig waren, dass sie keine Verpflichtung gemäß § 1353 Abs. 1 begründen wollen.

§ 1315 Ausschluss der Aufhebung

(1) ¹Eine Aufhebung der Ehe ist ausgeschlossen

1. bei Verstoß gegen § 1303, wenn die Voraussetzungen des § 1303 Abs. 2 bei der Eheschließung vorlagen und das Familiengericht, solange der Ehegatte nicht volljährig ist, die Eheschließung genehmigt oder wenn der Ehegatte, nachdem er volljährig geworden ist, zu erkennen gegeben hat, dass er die Ehe fortsetzen will (Bestätigung),
2. bei Verstoß gegen § 1304, wenn der Ehegatte nach Wegfall der Geschäftsunfähigkeit zu erkennen gegeben hat, dass er die Ehe fortsetzen will (Bestätigung),
3. im Falle des § 1314 Abs. 2 Nr. 1, wenn der Ehegatte nach Wegfall der Bewusstlosigkeit oder der Störung der Geistestätigkeit zu erkennen gegeben hat, dass er die Ehe fortsetzen will (Bestätigung),
4. in den Fällen des § 1314 Abs. 2 Nr. 2 bis 4, wenn der Ehegatte nach Entdeckung des Irrtums oder der Täuschung oder nach Aufhören der Zwangslage zu erkennen gegeben hat, dass er die Ehe fortsetzen will (Bestätigung),
5. in den Fällen des § 1314 Abs. 2 Nr. 5, wenn die Ehegatten nach der Eheschließung als Ehegatten miteinander gelebt haben.

²Die Bestätigung eines Geschäftsunfähigen ist unwirksam. ³Die Bestätigung eines Minderjährigen bedarf bei Verstoß gegen § 1304 und im Falle des § 1314 Abs. 2 Nr. 1 der Zustimmung des gesetzlichen Vertreters; verweigert der gesetzliche Vertreter die Zustimmung ohne triftige Gründe, so kann das Familiengericht die Zustimmung auf Antrag des Minderjährigen ersetzen.

(2) Eine Aufhebung der Ehe ist ferner ausgeschlossen

1. bei Verstoß gegen § 1306, wenn vor der Schließung der neuen Ehe die Scheidung oder Aufhebung der früheren Ehe ausgesprochen ist und dieser Ausspruch nach der Schließung der neuen Ehe rechtskräftig wird;
2. bei Verstoß gegen § 1311, wenn die Ehegatten nach der Eheschließung fünf Jahre oder, falls einer von ihnen vorher verstorben ist, bis zu dessen Tode, jedoch mindestens drei Jahre als Ehegatten miteinander gelebt haben, es sei denn, dass bei Ablauf der fünf Jahre oder zur Zeit des Todes die Aufhebung beantragt ist.

Titel 3. Aufhebung der Ehe **§§ 1316–1318**

§ 1316 Antragsberechtigung

(1) Antragsberechtigt
1. sind bei Verstoß gegen die §§ 1303, 1304, 1306, 1307, 1311 sowie in den Fällen des § 1314 Abs. 2 Nr. 1 und 5 jeder Ehegatte, die zuständige Verwaltungsbehörde und in den Fällen des § 1306 auch die dritte Person. Die zuständige Verwaltungsbehörde wird durch Rechtsverordnung der Landesregierungen bestimmt. Die Landesregierungen können die Ermächtigung nach Satz 2 durch Rechtsverordnung auf die zuständigen obersten Landesbehörden übertragen;
2. ist in den Fällen des § 1314 Abs. 2 Nr. 2 bis 4 der dort genannte Ehegatte.

(2) ¹Der Antrag kann für einen geschäftsunfähigen Ehegatten nur von seinem gesetzlichen Vertreter gestellt werden. ²In den übrigen Fällen kann ein minderjähriger Ehegatte den Antrag nur selbst stellen; er bedarf dazu nicht der Zustimmung seines gesetzlichen Vertreters.

(3) Bei Verstoß gegen die §§ 1304, 1306, 1307 sowie in den Fällen des § 1314 Abs. 2 Nr. 1 und 5 soll die zuständige Verwaltungsbehörde den Antrag stellen, wenn nicht die Aufhebung der Ehe für einen Ehegatten oder für die aus der Ehe hervorgegangenen Kinder eine so schwere Härte darstellen würde, dass die Aufrechterhaltung der Ehe ausnahmsweise geboten erscheint.

§ 1317 Antragsfrist

(1) ¹Der Antrag kann in den Fällen des § 1314 Abs. 2 Nr. 2 bis 4 nur binnen eines Jahres gestellt werden. ²Die Frist beginnt mit der Entdeckung des Irrtums oder der Täuschung oder mit dem Aufhören der Zwangslage; für den gesetzlichen Vertreter eines geschäftsunfähigen Ehegatten beginnt die Frist jedoch nicht vor dem Zeitpunkt, in welchem ihm die den Fristbeginn begründenden Umstände bekannt werden, für einen minderjährigen Ehegatten nicht vor dem Eintritt der Volljährigkeit. ³Auf den Lauf der Frist sind die §§ 206, 210 Abs. 1 Satz 1 entsprechend anzuwenden.

(2) Hat der gesetzliche Vertreter eines geschäftsunfähigen Ehegatten den Antrag nicht rechtzeitig gestellt, so kann der Ehegatte selbst innerhalb von sechs Monaten nach dem Wegfall der Geschäftsunfähigkeit den Antrag stellen.

(3) Ist die Ehe bereits aufgelöst, so kann der Antrag nicht mehr gestellt werden.

§ 1318 Folgen der Aufhebung

(1) Die Folgen der Aufhebung einer Ehe bestimmen sich nur in den nachfolgend genannten Fällen nach den Vorschriften über die Scheidung.

(2) ¹Die §§ 1569 bis 1586 b finden entsprechende Anwendung
1. zugunsten eines Ehegatten, der bei Verstoß gegen die §§ 1303, 1304, 1306, 1307 oder 1311 oder in den Fällen des § 1314 Abs. 2 Nr. 1 oder 2 die Aufhebbarkeit der Ehe bei der Eheschließung nicht gekannt hat oder der in den Fällen des § 1314 Abs. 2 Nr. 3 oder 4 von dem anderen Ehegatten oder mit dessen Wissen getäuscht oder bedroht worden ist;
2. zugunsten beider Ehegatten bei Verstoß gegen die §§ 1306, 1307 oder 1311, wenn beide Ehegatten die Aufhebbarkeit kannten; dies gilt nicht bei Verstoß gegen § 1306, soweit der Anspruch eines Ehegatten auf Unterhalt einen entsprechenden Anspruch der dritten Person beeinträchtigen würde.

²Die Vorschriften über den Unterhalt wegen der Pflege oder Erziehung eines gemeinschaftlichen Kindes finden auch insoweit entsprechende An-

§ 1318

wendung, als eine Versagung des Unterhalts im Hinblick auf die Belange des Kindes grob unbillig wäre.

(3) Die §§ 1363 bis 1390 und die §§ 1587 bis 1587 p finden entsprechende Anwendung, soweit dies nicht im Hinblick auf die Umstände bei der Eheschließung oder bei Verstoß gegen § 1306 im Hinblick auf die Belange der dritten Person grob unbillig wäre.

(4) Die Vorschriften der Hausratsverordnung finden entsprechende Anwendung; dabei sind die Umstände bei der Eheschließung und bei Verstoß gegen § 1306 die Belange der dritten Person besonders zu berücksichtigen.

(5) § 1931 findet zugunsten eines Ehegatten, der bei Verstoß gegen die §§ 1304, 1306, 1307 oder 1311 oder im Falle des § 1314 Abs. 2 Nr. 1 die Aufhebbarkeit der Ehe bei der Eheschließung gekannt hat, keine Anwendung.

Anmerkungen zu den §§ 1313–1318

1   **1. Allgemeines.** Mangel bei der Eheschließung führt zu Nichtehe (zB § 1310 I 1) oder zu aufhebbarer Ehe. Nichtehe zeitigt keine Ehewirkungen. Aufhebung der Ehe erfolgt nur durch rechtskräftiges Gestaltungsurteil mit Wirkung für die Zukunft, § 1313. Zu den abschließenden (§ 1313 S 2) Aufhebungsgründen s § 1314. Folgen der Aufhebung s § 1318; diese können günstiger als Scheidungsfolgen sein. Gleichwohl ist ein Aufhebungsantrag bei geschiedener Ehe nicht statthaft, kann aber auszulegen sein als Begehren, der Scheidung seien die Folgen des § 1318 beizugeben (BGH NJW 96, 2729 zu EheG 37 II).

2   **2. Aufhebungsgründe. a)** § 1314 I: Mangelnde Ehefähigkeit, Eheverbote der Doppelehe und der (nicht durch Adoption begründeten, § 1308) Verwandtschaft, Mängel des § 1311; **nicht** Verletzung von Sollbestimmungen, s §§ 1308, 1309, 1312. **b)** § 1314 II Nr 1–4 betrifft Willensmängel. Nr 3: Bei Eheschließung wegen Schwangerschaft besteht eine Offenbarungspflicht über anderweitigen Geschlechtsverkehr während der Empfängniszeit auch ohne Nachfrage (Karlsruhe NJW-RR 00, 737); **nicht** bei bloßem Irrtum über die Person oder persönliche Eigenschaften des Ehegatten. **c)** § 1314 II Nr 5: Scheinehe.

3   **3. Ausschluß** der Aufhebung. **a)** § 1315 I: Aufgrund **Genehmigung** durch FamG bei Verstoß gegen § 1303 II, ferner in den Fällen §§ 1303 II, 1304, 1314 I infolge **Bestätigung.** Bestätigung ist jedes Verhalten, durch das der Aufhebungsberechtigte den Willen zur Fortsetzung der Ehe erkennen läßt. Bestätigung des
4   nicht voll Geschäftsfähigen s § 1315 I 2 und 3. **b)** § 1315 II Nr 1: Wenn Scheidung oder Aufhebung der früheren Ehe vor der Schließung der neuen Ehe ausgesprochen, aber erst danach rechtskräftig (sa §§ 1313 S 2, 1564 S 2) wurde. Zweitehe bleibt aufhebbar, wenn Scheidungs- oder Aufhebungsurteil nach neuer Eheschließung erfolgt oder die erste Ehe nach neuer Eheschließung durch Tod
5   endet. **c)** § 1315 II Nr 2: Bei Verstoß gegen § 1311, wenn Ehegatten fünf Jahre oder (mindestens drei Jahre) bis zum Tode eines Ehegatten miteinander gelebt haben und innerhalb der Frist kein Aufhebungsantrag gestellt wird.

6   **4. Frist** s § 1317.

7   **5. Verfahren. a)** ZPO 606 I 1, 631. **b) Antragsbefugt** in den Fällen des § 1314 II Nr 2–4 ist der Ehegatte, in dessen Person der Eheschließungsmangel begründet war, in den übrigen Fällen beide Ehegatten, die (nach § 1316 I Nr 1 S 2 und 3 bestimmte) Verwaltungsbehörde und, bei bigamischer Ehe, der Ehegatte der früheren Ehe; nach Scheidung der Vorehe nur, wenn ein bes Interesse an der Aufhebung der bigamischen Ehe besteht (BGH FamRZ 02, 605). Antragstellung bei nicht voll geschäftsfähigem Ehegatten s § 1316 II; Pflicht der Behörde zur Antragstellung s § 1316 III.

Titel 4. Wiederverheiratung nach Todeserklärung §§ 1319–1352

6. Folgen s § 1318; keine (Rück-)Wirkungen für den Zeitraum der Ehe, § 1313 S 2. **a) Unterhaltsanspruch** nach Maßgabe der §§ 1569–1586b nur unter den Voraussetzungen des § 1318 II. **b) Zugewinnausgleich** findet grundsätzlich statt, es sei denn, er ist grob unbillig, § 1318 III. **c) Hausrat** wird verteilt nach der HausratsVO; im Rahmen des richterlichen Ermessens sind ua Umstände der Eheschließung zu berücksichtigen, § 1318 IV. **d)** Zum ges **Erbrecht** nach § 1931 s § 1318 V. **e) Vaterschaft** s § 1592 Nr 1. **f)** Iü findet trotz der mißverständlichen Formulierung in § 1318 I Scheidungsfolgenrecht Anwendung, zB §§ 1355 V, 1478.

7. Übergangsregelung s EGBGB 226.

Titel 4. Wiederverheiratung nach Todeserklärung

§ 1319 Aufhebung der bisherigen Ehe

(1) **Geht ein Ehegatte, nachdem der andere Ehegatte für tot erklärt worden ist, eine neue Ehe ein, so kann, wenn der für tot erklärte Ehegatte noch lebt, die neue Ehe nur dann wegen Verstoßes gegen § 1306 aufgehoben werden, wenn beide Ehegatten bei der Eheschließung wussten, dass der für tot erklärte Ehegatte im Zeitpunkt der Todeserklärung noch lebte.**

(2) ¹Mit der Schließung der neuen Ehe wird die frühere Ehe aufgelöst, es sei denn, dass beide Ehegatten der neuen Ehe bei der Eheschließung wussten, dass der für tot erklärte Ehegatte im Zeitpunkt der Todeserklärung noch lebte. ²Sie bleibt auch dann aufgelöst, wenn die Todeserklärung aufgehoben wird.

§ 1320 Aufhebung der neuen Ehe

(1) ¹Lebt der für tot erklärte Ehegatte noch, so kann unbeschadet des § 1319 sein früherer Ehegatte die Aufhebung der neuen Ehe begehren, es sei denn, dass er bei der Eheschließung wusste, dass der für tot erklärte Ehegatte zum Zeitpunkt der Todeserklärung noch gelebt hat. ²Die Aufhebung kann nur binnen eines Jahres begehrt werden. ³Die Frist beginnt mit dem Zeitpunkt, in dem der Ehegatte aus der früheren Ehe Kenntnis davon erlangt hat, dass der für tot erklärte Ehegatte noch lebt. ⁴§ 1317 Abs. 1 Satz 3, Abs. 2 gilt entsprechend.

(2) Für die Folgen der Aufhebung gilt § 1318 entsprechend.

Anmerkungen zu den §§ 1319, 1320

1. Auflösung einer Ehe bei falscher Todeserklärung (VerschG 9 I) nur mit Schließung einer neuen Ehe, falls mindestens einer der Ehegatten der neuen Ehe nicht gewußt hat, daß der für tot Erklärte noch lebt, § 1319 II; weithin gilt Scheidungsfolgenrecht entspr (vgl Johannsen/Henrich § 1320, 4). Aufhebung der neuen Ehe wegen Verstoßes gegen § 1306 nur nach § 1319 I.

2. a) Erlangt der scheinbar verwitwete Ehegatte nach der Schließung der neuen Ehe Kenntnis vom Überleben seines früheren Ehegatten, kann allein er (weder der für tot erklärte Ehegatte noch der Ehegatte der neuen Ehe) die Aufhebung der neuen Ehe beantragen, § 1320 I. **b)** Folgen: s §§ 1320 II, 1318. Die nach § 1319 II aufgelöste frühere Ehe lebt nicht wieder auf.

§§ 1321 bis 1352 *(weggefallen)*

Vor § 1353, § 1353 Buch 4. Abschnitt 1. Bürgerliche Ehe

Titel 5. Wirkungen der Ehe im Allgemeinen

Vorbemerkungen

1 1. **Ehewirkungen. a)** Die Ehe zeitigt personen- und vermögensbezogene Wirkungen, die im 5. Titel allgemein (unabhängig vom Güterstand) geregelt werden. Der 6. Titel normiert vermögensrechtliche Folgen der Ehe in Abhängigkeit vom Güterstand. **b)** Die Ehewirkungen sind in §§ 1353 ff nicht abschließend geregelt. Im BGB finden sich **weitere Rechtsfolgen** der Ehe in § 207 I 1 (Verjährungshemmung), in §§ 1931 ff (Ehegattenerbrecht), in §§ 2265 ff (Möglichkeit gemeinschaftlichen Testaments), in §§ 2275 II, 2276 II (Privilegierungen beim Erbvertrag) und in § 2303 II (Pflichtteilsrecht). Zum Zeugnisverweigerungsrecht s ZPO 383 I Nr 2, StPO 52 I Nr 2; zum Vollstreckungs- und Haftungsrecht s ZPO 739 ff; InsO 37, 133 iVm 138 I Nr 1, AnfG 3 II, 15 II Nr 2; zum Strafrecht StGB 11 I Nr 1 a, 139 III, 247, 258 VI; zum öffentlichen Recht vgl Steiner FamRZ 94, 1289.

2 **c) Keine** Wirkungen hat die Ehe für die Geschäfts- und Prozeßfähigkeit der Ehegatten. Sie können untereinander selbstverständlich RGeschäfte abschließen. Die Ehe begründet keine gesetzliche Vertretungsmacht eines Ehegatten für den jeweils anderen (sa § 1357).

3 2. **Schutz der Ehe. Lit:** Smid, Schutz des räumlich-gegenständlichen Bereichs der Ehe oder Eheschutz, JuS 84, 101. **a)** Das Recht zur ehelichen Lebensgemeinschaft nach § 1353 I 2 HS 1 ist ein absolutes Recht iSd § 823 I. Schutz genießt allerdings nicht die persönliche Beziehung der Ehegatten, sondern nur der **räumlich-gegenständliche Bereich der Ehe** (BGH 6, 365). Die Verletzung begründet Unterlassungs- und Beseitigungsansprüche. Insbesondere kann jeder Ehegatte Unterlassung ehewidriger Beziehungen innerhalb der Ehewohnung verlangen. Der Schutzbereich erstreckt sich auch auf Geschäftsräume (BGH 34, 809). Entsprechende Ansprüche bestehen sowohl gegen den Ehegatten als auch gegen dritte
4 Ehestörer. **b)** Die Rechtsfolgen der Verletzung ehelicher Pflichten sind im Eherecht des BGB und in ZPO 888 III abschließend geregelt. **Schadensersatzansprüche** gegen den anderen Ehegatten wegen Verletzung der ehelichen Pflichten bestehen daher **nicht** (BGH 23, 217 für Ehebruch). Nur im Ausnahmefall kann bei Hinzutreten besonders verwerflicher Umstände (Belügen, Bedrohen des Ehepartners) ein Schadensersatzanspruch aus § 826 gegeben sein (BGH NJW 90, 707 für Schaden infolge Unterhaltszahlung). Um eine mittelbare Schadenshaftung des Ehegatten im Wege des Gesamtschuldnerregresses nach §§ 840, 426 auszuschließen, scheiden auch gegen den am Ehebruch beteiligten Dritten Schadensersatzansprüche aus (BGH 23, 281), nicht aber ein Ersatzanspruch wegen der Kosten der Ehelichkeitsanfechtung (BGH 57, 236). Für vom Ehemann geleisteten Unterhalt s § 1607 III. – Die Lit befürwortet demgegenüber eine auf das Eheabwicklungsinteresse beschränkte Schadensersatzpflicht sowohl des Ehegatten als auch des Ehebruchpartners, etwa auf Ersatz der Scheidungskosten (MK/Wacke § 1353 Rn 40 f).

§ 1353 Eheliche Lebensgemeinschaft

(1) ¹**Die Ehe wird auf Lebenszeit geschlossen.** ²**Die Ehegatten sind einander zur ehelichen Lebensgemeinschaft verpflichtet; sie tragen füreinander Verantwortung.**

(2) **Ein Ehegatte ist nicht verpflichtet, dem Verlangen des anderen Ehegatten nach Herstellung der Gemeinschaft Folge zu leisten, wenn sich das Verlangen als Missbrauch seines Rechts darstellt oder wenn die Ehe gescheitert ist.**

Lit: Gernhuber, Eherecht und Ehetypen, 1981; Lipp, Die eherechtlichen Pflichten und ihre Verletzung, 1988.

Titel 5. Wirkungen der Ehe im Allgemeinen **§ 1353**

1. Das **Lebenszeitprinzip** nach I 1 ist durch die Anerkennung der Ehescheidung aufgrund des Zerrüttungsprinzips und der Zerrüttungsvermutung (§§ 1565 f) relativiert und wird vielfach nur als Programmsatz verstanden. Es verbietet aber weiterhin befristete und auflösend bedingte Eheschließungen. Ein Rücktrittsvorbehalt ist unwirksam. 1

2. a) Die **Generalklausel** der Verpflichtung zur Herstellung und Aufrechterhaltung der **ehelichen Lebensgemeinschaft** einschließlich der Klarstellung gegenseitiger Verantwortung in I 2 ist Grundlage ehelicher Rechtspflichten und Auslegungsleitlinie. Ferner kann die fehlende Verwirklichung der ehelichen Lebensgemeinschaft zum Scheitern der Ehe nach § 1565 I 2 führen (BGH NJW 87, 1762). Sind sich die Ehegatten bei Eheschließung über Ausschluß des § 1353 I einig, kann die Ehe aufgehoben werden (§ 1314 II Nr 5). – Die konkrete Ausgestaltung der aus I 2 abgeleiteten Pflichten steht im Spannungsverhältnis zwischen Ehegattenautonomie und den nach hM der Disposition der Ehegatten entzogenen ehelichen Grundpflichten, wozu die Pflicht zur gegenseitigen Treue gerechnet wird. Ein Eheleitbild schreibt I 2 nicht vor. Zu berücksichtigen sind individuelle Kriterien wie Anlagen, Prägung, Alter und Gesundheit der Ehegatten. Im einzelnen ist zwischen den persönlichen und den vermögensrechtlichen Beziehungen der Ehegatten zu unterscheiden. **b)** Zu den **personenrechtlichen Pflichten** (Einzelheiten MK/Wacke 16 ff) zählen die Pflicht zur gegenseitigen Liebe und Achtung, zur Verständigungsbereitschaft und zum Respekt vor der Persönlichkeits- und Privatsphäre des anderen Ehegatten. Daher ist das Briefgeheimnis zu respektieren, heimliche Ton- und Bildaufnahmen und das Ausspähen durch Dritte in der Ehewohnung (BGH NJW 70, 1848) sind unzulässig. Die Ehegatten schulden einander Beistand und Fürsorge (Selbstmordverhinderungspflicht s BGHSt 2, 150); sie haben auf Angehörige des anderen Ehegatten Rücksicht zu nehmen, sind aber nicht verpflichtet, deren dauerhafte Aufnahme in die Ehewohnung zu dulden. Als echte Rechtspflicht wird I 2 die Pflicht zur ehelichen Treue und zum Geschlechtsverkehr entnommen (überzogen BGH 67, 1079), nicht aber die Pflicht zur Zeugung bzw Empfang eines Kindes (BGH FamRZ 01, 542). Die Ehegatten sind ferner zur Herstellung der häuslichen Gemeinschaft verpflichtet; ohne gemeinsamen Wohnsitz leben die Ehegatten nicht in häuslicher Gemeinschaft iSv § 1567. Ein Ehegatte kann aber einen Zweitwohnsitz begründen. Pflichten nach I 2 wirken nicht im Außenverhältnis; daher Kündigung der Ehewohnung auch bei Pflichtenverstoß wirksam; sa §§ 1365, 1369. **c) Vermögensrechtliche Pflichten** nach I 2 sind das Recht auf Mitbenutzung von Hausrat und Wohnung (BGH 71, 222 f), woraus ein Recht zum Besitz nach § 986 folgt. Die Ehe kann ges Besitzmittlungsverhältnis nach §§ 868, 930 sein (BGH NJW 79, 977). Die Ehegatten sind zur Auskunft über das Vermögen in groben Zügen (BGH FamRZ 78, 677), nicht aber detailliert (Hamm FamRZ 00, 229) verpflichtet. Ehegatten sind zur Mitwirkung an der gemeinsamen steuerrechtlichen Veranlagung (BGH FamRZ 77, 38) und zur Zustimmung zum begrenzten Realsplitting (BGH FamRZ 98, 954) verpflichtet, als Nachwirkung der Ehe auch noch nach der Scheidung (BGH FamRZ 98, 954). Aus I 2 folgt ferner eine Beistands- und Beratungspflicht in Rechts- und Vermögensangelegenheiten (BGH NJW 01, 3541; daher kein Verstoß gegen RBerG). **d)** I 2 kann **Pflicht zur Mitarbeit** im Beruf oder Geschäft des anderen Ehegatten begründen (Ausgleichsansprüche s § 1372 Rn 4), etwa zur gemeinsamen Schaffung einer Existenzgrundlage (BGH NJW 74, 2076). Diese Pflicht trägt Unterhaltscharakter; daher ist bei Tötung eines Ehegatten Anspruch des anderen Ehegatten nach § 844 II möglich (BGH 77, 162). **e)** Die **Verfolgung von Ansprüchen** der Ehegatten untereinander ist nicht grundsätzlich ehewidrig (BGH 61, 105 für Schmerzensgeldanspruch). Nur aufgrund besonderer Umstände des Einzelfalls kann ein Ehegatte gehalten sein, einen Schadensersatzanspruch nicht geltend zu machen (BGH FamRZ 88, 477: Bemühungen um anderweitigen Schadensausgleich). **f) Grenzen** der Pflichten nach I 2 ergeben sich aus Abreden der Ehegat- 2

3

4

5

6

7

Chr. Berger

ten, ferner gem II bei mißbräuchlicher Rechtsausübung und Scheitern der Ehe; hierzu muß die Trennungsfrist des § 1565 II nicht abgelaufen sein (Hamburg NJW 78, 644). g) **Durchsetzbar** sind die Pflichten nach I 2 im Wege der Eheherstellungsklage, die wegen des Vollstreckungsverbots nach ZPO 888 III bei persönlichen Pflichten freilich kaum praktische Bedeutung hat. Vermögensrechtliche Ansprüche (etwa Auskunftsanspruch) fallen nicht unter ZPO 888 III, für Anspruch auf Zustimmung zum Realsplitting gilt ZPO 894 I (BGH FamRZ 98, 954). Eine Vertragsstrafeabrede zur mittelbaren Erzwingung der Pflichten nach I 2 ist gem § 138 I nichtig (MK/Wacke 4). Auswirkungen können Pflichtverletzungen freilich im Rahmen des § 1579 Nr 6 haben (vgl BGH NJW 87, 1761). Zu Ansprüchen gegen Dritte bei Beeinträchtigung der ehelichen Lebensgemeinschaft s vor § 1353 Rn 3.

§ 1354 *(weggefallen)*

§ 1355 Ehename

(1) ¹Die Ehegatten sollen einen gemeinsamen Familiennamen (Ehenamen) bestimmen. ²Die Ehegatten führen den von ihnen bestimmten Ehenamen. ³Bestimmen die Ehegatten keinen Ehenamen, so führen sie ihren zur Zeit der Eheschließung geführten Namen auch nach der Eheschließung.

(2) Zum Ehenamen können die Ehegatten durch Erklärung gegenüber dem Standesbeamten den Geburtsnamen des Mannes oder den Geburtsnamen der Frau bestimmen.

(3) ¹Die Erklärung über die Bestimmung des Ehenamens soll bei der Eheschließung erfolgen. ²Wird die Erklärung später abgegeben, so muss sie öffentlich beglaubigt werden.

(4) ¹Ein Ehegatte, dessen Geburtsname nicht Ehename wird, kann durch Erklärung gegenüber dem Standesbeamten dem Ehenamen seinen Geburtsnamen oder den zur Zeit der Erklärung über die Bestimmung des Ehenamens geführten Namen voranstellen oder anfügen. ²Dies gilt nicht, wenn der Ehename aus mehreren Namen besteht. ³Besteht der Name eines Ehegatten aus mehreren Namen, so kann nur einer dieser Namen hinzugefügt werden. ⁴Die Erklärung kann gegenüber dem Standesbeamten widerrufen werden; in diesem Fall ist eine erneute Erklärung nach Satz 1 nicht zulässig. ⁵Die Erklärung und der Widerruf müssen öffentlich beglaubigt werden.

(5) ¹Der verwitwete oder geschiedene Ehegatte behält den Ehenamen. ²Er kann durch Erklärung gegenüber dem Standesbeamten seinen Geburtsnamen oder den Namen wieder annehmen, den er bis zur Bestimmung des Ehenamens geführt hat, oder seinen Geburtsnamen dem Ehenamen voranstellen oder anfügen. ³Absatz 4 gilt entsprechend.

(6) Geburtsname ist der Name, der in die Geburtsurkunde eines Ehegatten zum Zeitpunkt der Erklärung gegenüber dem Standesbeamten einzutragen ist.

Lit: Giesen, Der Familienname aus rechtshistorischer, rechtsvergleichender und rechtspolitischer Sicht, FuR 93, 65; Schwenzer, Namensrecht im Überblick, FamRZ 91, 390; Wagenitz, Grundlinien des neuen Familiennamensrechts, FamRZ 94, 409.

1. Allgemeines. Die aufgrund BVerfG 84, 9, 23 erforderlich gewordene Neuregelung durch das FamNamRG 1993 bricht mit der Tradition, daß die Zugehörigkeit zur Lebensgemeinschaft „Familie" nach außen durch einen gemeinsamen Ehe- und Familiennamen der Familienmitglieder zum Ausdruck gebracht werden muß (zur Geschichte s Giesen aaO S 68 ff mwN); die Neufassung sieht einen

Titel 5. Wirkungen der Ehe im Allgemeinen **§ 1356**

gemeinsamen Ehenamen in I 1 nur noch als **Soll**vorschrift vor (Namenseinheit ist Ziel, nicht Zwang, BT-Drs 12/3163 S 11). Die Ehegatten können deshalb, statt einen gemeinsamen Ehenamen als Familiennamen zu wählen, den bei der Eheschließung geführten Namen – Geburtsname oder erheirateter Name – beibehalten, I 3. Auch die Möglichkeiten der Hinzufügung eines Begleitnamens zum gewählten Ehenamen sind erweitert worden, IV.

2. Ehename. a) Der Ehename wird nicht ipso jure mit Eheschließung erworben, sondern nach dem „Grundsatz der namensrechtlichen Selbstbestimmung der Ehegatten" (BGH NJW 01, 2471) durch Wahl eines der **Geburtsnamen** der Ehegatten als Ehenamen, II. Nicht gewählt werden kann erheirateter Familienname (BayObLG FamRZ 96, 555); verfassungskonform (KG FamRZ 96, 557). Zum Geburtsnamen s VI; auch der durch Adoption oder Legitimation erworbene Name ist Geburtsname iS dieser Vorschrift. Verpflichtende pränuptiale Verträge über Namenswahl str, s MK/Wacke 14. Geburtsname des Kindes s §§ 1616 ff. **b) Erklärung der Namenswahl** erfolgt bei Eheschließung, III 1. Fragepflicht des Standesbeamten, PStG 6 I 3. Spätere Erklärung möglich. Sie bedarf öffentlicher Beglaubigung (s Rn 6), III 2. Frist besteht nicht. Nachträgliche Änderung der erfolgten Ehenamensbestimmung nicht zulässig; anders bei Ehenamen nach ausländischem Recht nach Statutenwechsel (BGH NJW 01, 2471, „Spätaussiedler-Ehegatten"). 2

3

3. Begleitname. Nach IV kann der Ehegatte, dessen Geburtsname nicht Ehename wird, seinen Geburtsnamen oder den zur Zeit der Namensbestimmung geführten Namen, also zB einen früheren – erheirateten – Ehenamen, hinzufügen, und zwar entweder durch Voranstellen oder durch Anfügen. Bei mehreren Namen kann nur ein einziger (irgend einer) hinzugefügt werden, IV 3. Erklärung nach IV 1 ist nicht anfechtbar (BayObLG NJW-RR 98, 1016). Widerrufsmöglichkeit s IV 4. Eine Befristung sieht das Gesetz nicht vor, jedoch besteht die Möglichkeit nach IV nur einmal. 4

4. Nach **Verwitwung** oder **Scheidung** wird Ehename grundsätzlich beibehalten, V 1. Stattdessen möglich: Aufgabe zugunsten des Geburtsnamens oder des zuvor geführten (zB erheirateten) Namens, V 2 HS 1; oder: Hinzufügen (nur noch) des Geburtsnamens, V 2 HS 2. Widerrufsmöglichkeit V 3 iVm IV 4. Befristung ist nicht vorgesehen, jedoch besteht die Möglichkeit nach V ebenfalls nur einmal. 5

5. Form für nachträgliche Erklärung nach III 2, für Hinzufügung eines Begleitnamens oder Widerruf (IV 5) sowie für Änderungen nach Verwitwung oder Scheidung (V 3 iVm IV 5): öffentliche Beglaubigung, die auch Standesbeamter vornehmen kann, PStG 15 c I 1 Nr 1–3. 6

6. Rechtlich nicht geregelte **Namensführungssitten** bleiben unberührt, so die – auch für den Mann bestehende – Möglichkeit, zu dem als Ehenamen geführten Namen einen mit der Verbindung „geb." angefügten Geburtsnamen zu nennen. Auch die im Geschäftsverkehr zuweilen zu findende Bezeichnung der Ehefrau mit Familiennamen und Vornamen des Mannes bleibt zulässig. Zusatz „jr" kann jedoch nicht in Personenstandsbuch eingetragen werden, AG Bad Kreuznach StAZ 90, 107. 7

7. IPR. Namenswahl bei Ehen mit oder von Nichtdeutschen s EGBGB 10 II, dazu Henrich IPRax 94, 174. 8

§ 1356 Haushaltsführung, Erwerbstätigkeit

(1) ¹**Die Ehegatten regeln die Haushaltsführung im gegenseitigen Einvernehmen.** ²**Ist die Haushaltsführung einem der Ehegatten überlassen, so leitet dieser den Haushalt in eigener Verantwortung.**

§ 1357

(2) ¹**Beide Ehegatten sind berechtigt, erwerbstätig zu sein.** ²**Bei der Wahl und Ausübung einer Erwerbstätigkeit haben sie auf die Belange des anderen Ehegatten und der Familie die gebotene Rücksicht zu nehmen.**

Lit: Kurr, Vertragliches „Einvernehmen" der Ehegatten gemäß § 1356 I 1 BGB?, FamRZ 78, 2.

1   1. **Allgemeines.** Das BGB gibt für die Haushaltsführung und die Erwerbstätigkeit der Ehegatten kein Leitbild vor. § 1356 I 1 bestätigt, daß auch die Haushaltsführung Sache beider Ehegatten und einverständlich zu regeln ist. Die Möglichkeit einer Funktionsteilung wird in I 2 aber ebenfalls klargestellt, so daß die Hausfrauenehe rechtlich als konsentierte Regelung der Haushaltsführung möglich bleibt. Beide Ehegatten sind zur Erwerbstätigkeit berechtigt (II 1) und unterliegen dabei gleichen Einschränkungen (II 2).

2   2. **Haushaltsführung durch einen Ehegatten. a)** Voraussetzung ist ein tatsächliches Einverständnis, das nicht Vertragscharakter hat und jederzeit aufgegeben oder inhaltlich geändert werden kann (str, aA Diederichsen NJW 77, 219). Allerdings dürften für einseitige Sinnesänderungen die Einschränkungen des II 2 entspr gelten; die einverständlich übernommene Haushaltsführung kann nicht einseitig niedergelegt werden, wenn die Familie vom Erwerb des anderen Teils abhängt und dieser zur sofortigen Übernahme der Haushaltsführung deshalb außerstande ist (weitergehend Wacke FamRZ 77, 518). Auch Unterhaltspflichten gegenüber Dritten können Erwerbsobliegenheit begründen und damit die vereinbarte Rollenverteilung beeinflussen, BGH NJW 87, 1550. **b) Eigenverantwortlichkeit:** Der
3   haushaltsführende Ehegatte ist nicht Verrichtungsgehilfe des anderen und braucht Weisungen nicht zu befolgen. Zur Vertretungsmacht s § 1357 I. **c)** Die einvernehmlich übernommene Haushaltsführung ist Erfüllung ges Unterhaltspflicht iSd § 844 II (Diederichsen NJW 77, 219).

4   3. **Erwerbstätigkeit. a)** Jeder Ehegatte kann grundsätzlich frei und allein über Aufnahme und Art einer Erwerbstätigkeit entscheiden, (s jedoch Rn 2). **b)** Die Verpflichtung zur Rücksichtnahme nach II 2 trifft beide Partner, aber je nach Umständen nicht notwendig in gleicher Weise: Je nach Eignung (zB beruflicher Vorbildung) und konkreten Bedürfnissen der Familie (zB Säuglingsbetreuung) wird die erforderliche Rücksichtnahme das Recht auf freie Berufswahl und -ausübung beim einen Teil stärker einschränken als beim anderen. **c)** Je nach der individuellen Ausgestaltung der konkreten Ehe können sich weitere Einschränkungen des Rechts zur Erwerbstätigkeit aus § 1353 ergeben, zB bei einer Tätigkeit, die nur bei Getrenntleben ausgeübt werden könnte. **d) Verpflichtung** zur Erwerbstätigkeit kann sich aus § 1360 S 1 ergeben; zur Mitarbeit im Geschäft des anderen Ehegatten s § 1353 Rn 5.

§ 1357 Geschäfte zur Deckung des Lebensbedarfs

(1) ¹**Jeder Ehegatte ist berechtigt, Geschäfte zur angemessenen Deckung des Lebensbedarfs der Familie mit Wirkung auch für den anderen Ehegatten zu besorgen.** ²**Durch solche Geschäfte werden beide Ehegatten berechtigt und verpflichtet, es sei denn, dass sich aus den Umständen etwas anderes ergibt.**

(2) ¹**Ein Ehegatte kann die Berechtigung des anderen Ehegatten, Geschäfte mit Wirkung für ihn zu besorgen, beschränken oder ausschließen; besteht für die Beschränkung oder Ausschließung kein ausreichender Grund, so hat das Vormundschaftsgericht sie auf Antrag aufzuheben.** ²**Dritten gegenüber wirkt die Beschränkung oder Ausschließung nur nach Maßgabe des § 1412.**

(3) **Absatz 1 gilt nicht, wenn die Ehegatten getrennt leben.**

Titel 5. Wirkungen der Ehe im Allgemeinen **§ 1357**

Lit: Käppler, Familiäre Bedarfsdeckung im Spannungsfeld von Schlüsselgewalt und Güterstand, AcP 179, 245; Löhnig, Verbrauchergeschäfte mit Ehegatten – zum Verhältnis von Verbraucherschutz und Schlüsselgewalt, FamRZ 01, 135; Peter, „Schlüsselgewalt" bei Arzt- und Krankenhausverträgen, NJW 93, 1949; Wacke, Streitfragen um die neugeregelte „Schlüsselgewalt", NJW 79, 2585.

1. Allgemeines. a) Die Bestimmung ermächtigt dazu, RGeschäfte im eigenen 1 Namen auch mit Wirkung für und gegen den anderen Ehegatten zu schließen („Schlüsselgewalt"). Die Funktion der Vorschrift wird darin gesehen, dem haushaltsführenden Ehegatten die nötige wirtschaftliche Bewegungsfreiheit zu verschaffen. Gläubigerschutz ist nur Normreflex. **b)** Die **dogmatische Einordnung** ist 2 schwierig. § 1357 begründet keine Vertretungsmacht iSd § 164, da Handeln in fremdem Namen nicht erforderlich ist. Die Einordnung als ges Verpflichtungsermächtigung (s § 185 Rn 3) vermag Berechtigung des anderen Ehegatten nicht zu erklären. Zur Verfassungsmäßigkeit BVerfG 81, 1.

2. Voraussetzungen. a) „Angemessener Lebensbedarf" nimmt Bezug auf die 3 unterhaltsrechtlichen Maßstäbe der §§ 1360, 1360a (BGHZ 91, 6). Unter § 1357 fallen daher der für Familienmitglieder erforderliche Erwerb von Nahrungsmitteln, Kleidung, Haushalts- und Einrichtungsgegenständen, Spielzeug, Lernmaterialien, der Abschluß von Verträgen zur Freizeitgestaltung, Verträge mit Energieversorgern und Telekommunikationsunternehmen (LG Stuttgart FamRZ 01, 1611), Reparaturvertrag für Familien-Pkw (LG Freiburg FamRZ 88, 1052), ferner Arzt- und Krankenhausvertrag. Unter § 1357 fallen auch **Verbraucherverträge,** falls sie der angemessenen Deckung des familiären Bedarfs dienen (Löhnig FamRZ 01, 135). Formerfordernisse und Informationspflichten sind nur durch den oder gegenüber dem kontrahierenden Ehegatten einzuhalten. **b)** Jedoch darf ein Ehegatte bei für 4 die eheliche Lebensgemeinschaft bedeutenden Angelegenheiten nicht ohne Rücksprache vollendete Tatsachen schaffen. Geschäfte größeren Umfangs, die ohne Schwierigkeiten zurückgestellt werden können, fallen daher nicht unter § 1357. Entscheidend ist auf den Lebenszuschnitt der Familie abzustellen, wie er nach außen in Erscheinung tritt (BGHZ 94, 6). Eine Mithaftung scheidet daher aus bei Reiseverträgen, wenn nach den konkreten Verhältnissen der Familie über die Durchführung der Reise vorher eine Verständigung zwischen den Ehegatten üblich ist (Köln FamRZ 91, 434), Bauverträgen (BGH FamRZ 89, 35), Verträgen zur Hausfinanzierung (LG Aachen FamRZ 89, 1177), Abschluß und Kündigung von Mietverträgen über Familienwohnraum. **c)** „**Etwas anderes**" iSv I 2 HS 2 kann 5 sich aus ausdr Erklärungen ergeben. Tritt ein Ehegatte nach § 164 namens und in Vollmacht des anderen auf, so entfällt allein damit jedoch nicht die Eigenhaftung des handelnden Ehegatten nach I (BGH 96, 3 f, ärztlicher Behandlungsvertrag). Auch aus den „Umständen" kann sich ein Ausschluß der Mithaftung ergeben, etwa aus dem Verhalten des Vertragspartners beim Vertragsschluß, wenn er zum Ausdruck bringt, auf die Mithaftung kein Gewicht zu legen (LG Aachen FamRZ 89, 1177 f, Kreditvertrag). Allein der Erwerb von Gegenständen zum persönlichen Gebrauch läßt die Mithaftung nicht entfallen (aA 9. Aufl).

3. Rechtsfolgen. a) Auf **schuldrechtlicher** Ebene entsteht nach I 2 eine 6 gesamtschuldnerische Haftung (§ 421) der Ehegatten. Beim Innenausgleich sind Abreden, Unterhaltsverpflichtungen und Zweckbestimmung des Vertrags zu beachten. Ansprüche aus dem Vertrag stehen den Ehegatten gemeinsam nach § 428 zu, str; aA § 432. Ungeklärt ist die Zuordnung und die Ausübung **sekundärer Gläubigerrechte.** Dabei ist zu differenzieren: Rechtsdurchsetzungshandlungen (Mahnung, Fristsetzung) kann jeder Ehegatte mit Wirkung auch für den anderen vornehmen; Gestaltungsrechte, die dem Schutz der Privatautonomie und Entscheidungsfreiheit dienen (Anfechtung, Widerruf), kann nur der kontrahierende Ehegatte (mit Wirkung für den anderen) ausüben, sehr str; aA D. Schwab Rn 175. **b)** Auf **dinglicher Ebene** entfaltet § 1357 keine Wirkung. Der andere Ehegatte 7 wird nicht kraft Gesetzes Eigentümer des erworbenen Gegenstands (BGH 114,

§§ 1358, 1359, Vor § 1360   Buch 4. Abschnitt 1. Bürgerliche Ehe

76 f). Allerdings kann Miteigentumserwerb aufgrund rechtsgeschäftlicher Erklärung eintreten. Die Einigungserklärung des erwerbenden Ehegatten ist bei Hausrat dahin zu verstehen, daß beide Ehegatten Miteigentümer werden sollen, wenn nichts anderes erklärt wird (BGH 114, 78 ff). § 1357 begründet keine Rechtsmacht zur Verfügung über Gegenstände des anderen Ehegatten.

8   **4. Ausschluß. a)** Die Rechtsmacht kann nach II 1 durch einseitige, empfangsbedürftige Willenserklärung **beschränkt oder entzogen** werden. Außenwirkung entfaltet die Beschränkung gem II 2 nur, wenn die Beschränkung entweder im Güterrechtsregister eingetragen ist oder dem Vertragspartner bei Vertragsschluß
9 bekannt war. Eine Zeitungsanzeige allein genügt also nicht. **b)** Das VormundschaftsG kann die Entziehung oder Beschränkung ex nunc aufheben, falls kein ausreichender Grund vorliegt. Dafür ist ein Mißbrauch der Rechtsmacht erforderlich; ein Zerwürfnis genügt nicht. Verfahren: FGG 12; örtl Zuständigkeit FGG 45; Richtervorbehalt RPflG 14 I Nr 1. **c)** Nach III entfällt die Verpflichtungsmacht bei **Getrenntleben,** also Aufhebung der häuslichen Gemeinschaft (s § 1567 I).

§ 1358 *(weggefallen)*

§ 1359 Umfang der Sorgfaltspflicht

Die Ehegatten haben bei der Erfüllung der sich aus dem ehelichen Verhältnis ergebenden Verpflichtungen einander nur für diejenige Sorgfalt einzustehen, welche sie in eigenen Angelegenheiten anzuwenden pflegen.

1   **1. Allgemeines. a)** Keine Anspruchsgrundlage, sondern **Haftungsmaßstab.** Ehegatten schulden einander nur die eigenübliche Sorgfalt. Grund: Ehegatten haben Nachlässigkeiten des frei gewählten Partners hinzunehmen. Grenze: § 277. § 1359 enthält Haftungsmilderung, keine Haftungsverschärfung zu Lasten desjenigen Ehegatten, der in eigenen Angelegenheiten gesteigerte Sorgfalt obwalten läßt.
2 **b) Geltungsbereich:** Ursprünglich Wahrnehmung der ehegüterrechtlichen Befugnisse (Mot IV, 121 f), später Erstreckung auf alle Bereiche der ehelichen Beziehung. **c)** § 1359 ist abdingbar (Grenze § 276 III). Für besondere Verträge oder Rechtsverhältnisse zwischen Ehegatten gilt den besonderer Haftungsmaßstab (zB §§ 708, 680) bzw § 276 I.
3 **2. Voraussetzungen. a)** Wirksame (auch aufhebbare) **Ehe.** § 1359 gilt auch für Schädigungen während des Getrenntlebens (s Sachverhalt BGH 53, 352). Entsprechende Anwendung für Verlobte und Partner einer nichtehelichen Lebensgemeinschaft (Celle FamRZ 92, 942; aA Karlsruhe FamRZ 92, 940: Haftungs-
4 verzicht). **b)** Gegenstand der Privilegierung sind alle **ehelichen Pflichten** der Ehegatten, insbes §§ 1353, 1356, 1357, 1360 ff, etwa bei Pflege des anderen Ehegatten, Umgang mit Hausrat, Ausübung der Schlüsselgewalt. Privilegierung gilt auch für konkurrierende Deliktsansprüche (vgl BGH 46, 316 f zu § 708).
5 **c) Keine Anwendung** bei Schädigungen im *Straßenverkehr.* Regeln des Straßenverkehrs lassen keinen Spielraum für individuelle Sorgfalt (BGH 53, 355, Sachbeschädigung; BGH 61, 104 f, Körperverletzung).

Vorbemerkungen zu §§ 1360–1361

1   **1. Systematik der Unterhaltsansprüche.** Die §§ 1360–1361 regeln die Unterhaltspflichten während der Ehe unabhängig vom Güterstand. Sie unterscheiden zwischen intakter Ehe (§§ 1360, 1360 a) und Getrenntleben (§ 1361). Nach Beendigung der Ehe bestimmt sich der Unterhalt gem §§ 1569 ff (s § 1318 II 1). Zwischen Trennungsunterhalt und nachehelichem Unterhalt besteht keine Identität. Folgerungen: Eine Mahnung wegen Trennungsunterhalts begründet keinen Verzug (s § 286) für Scheidungsunterhalt; erneute Mahnung erforderlich (BGH 103, 64). Ein Urteil über den Unterhaltsanspruch während des Getrenntlebens

Titel 5. Wirkungen der Ehe im Allgemeinen **§§ 1360, 1360 a**

umfaßt nicht den Unterhaltsanspruch nach Scheidung (BGH NJW 81, 978). Daher ist für die Zeit nach Scheidung ein neuer Titel erforderlich (keine Abänderung des Alttitels gem ZPO 323, BGH NJW 81, 978); der Schuldner kann sich nach Scheidung mit ZPO 767 gegen den Unterhaltstitel über Trennungsunterhalt zur Wehr setzen (BGH NJW 82, 2078, für Prozeßvergleich).

2. Die Bestimmungen über den Unterhalt sind geprägt durch Generalklauseln 2 und unbestimmte Rechtsbegriffe. Zur Orientierung und Vereinheitlichung der Unterhaltshöhe und der Berechnungsmethoden haben die Oberlandesgerichte für den Ehegatten- und Kindesunterhalt **Richtlinien** entwickelt, die sich vielfach an die „Düsseldorfer Tabelle" anlehnen. Die Quoten und Richtsätze dieser Tabellenwerke (Fundstelle NJW 02, Beil Heft 9) bilden keine verbindlichen Rechtsnormen. Sie sind aber ein Hilfsmittel für den Richter zur Ausfüllung des unbestimmten Rechtsbegriffs „angemessener Unterhalt" (BGH NJW 90, 2887).

3. **Unterhaltsverträge** sind statthaft. Allerdings können die Ehegatten für die 3 Zukunft nicht auf Familien- (§§ 1360 a III, 1614 I) und Trennungsunterhalt (s § 1361 IV 4) verzichten. Möglich sind aber (formlose) Vereinbarungen, sparsamer zu leben (MK/Wacke § 1360, 23) und die einvernehmliche Gestaltung des „Ehetyps" (Einverdiener-, Zuverdiener-, Doppelverdienerehe, s PalBrudermüller, § 1360 Rn 8 ff), der die Ausgestaltung des Unterhaltsanspruchs nach §§ 1360 S 2, 1360 a I, II wesentlich bestimmt, sowie über die Art und Weise der Unterhaltsgewährung.

4. **Prozessuales:** Zuständig FamG, ZPO 621 I Nr 5. Verfahrensart Zivilprozeß, 4 vgl ZPO 621 a I. **IPR** s EGBGB 18.

§ 1360 Verpflichtung zum Familienunterhalt

¹**Die Ehegatten sind einander verpflichtet, durch ihre Arbeit und mit ihrem Vermögen die Familie angemessen zu unterhalten.** ²**Ist einem Ehegatten die Haushaltsführung überlassen, so erfüllt er seine Verpflichtung, durch Arbeit zum Unterhalt der Familie beizutragen, in der Regel durch die Führung des Haushalts.**

§ 1360 a Umfang der Unterhaltspflicht

(1) **Der angemessene Unterhalt der Familie umfasst alles, was nach den Verhältnissen der Ehegatten erforderlich ist, um die Kosten des Haushalts zu bestreiten und die persönlichen Bedürfnisse der Ehegatten und den Lebensbedarf der gemeinsamen unterhaltsberechtigten Kinder zu befriedigen.**

(2) ¹**Der Unterhalt ist in der Weise zu leisten, die durch die eheliche Lebensgemeinschaft geboten ist.** ²**Die Ehegatten sind einander verpflichtet, die zum gemeinsamen Unterhalt der Familie erforderlichen Mittel für einen angemessenen Zeitraum im Voraus zur Verfügung zu stellen.**

(3) **Die für die Unterhaltspflicht der Verwandten geltenden Vorschriften der §§ 1613 bis 1615 sind entsprechend anzuwenden.**

(4) ¹**Ist ein Ehegatte nicht in der Lage, die Kosten eines Rechtsstreits zu tragen, der eine persönliche Angelegenheit betrifft, so ist der andere Ehegatte verpflichtet, ihm diese Kosten vorzuschießen, soweit dies der Billigkeit entspricht.** ²**Das Gleiche gilt für die Kosten der Verteidigung in einem Strafverfahren, das gegen einen Ehegatten gerichtet ist.**

Anmerkungen zu den §§ 1360, 1360 a

1. **Allgemeines.** Regelung der Grundlagen (§ 1360) und des Umfangs 1 (§ 1360 a) der Unterhaltspflicht der Ehegatten bei intakter Ehe. Der Unterhalts-

§ 1360 a

anspruch ist *familienbezogen;* er deckt nicht nur den individuellen Bedarf der Ehegatten, sondern den Bedarf der Familie einschließlich gemeinsamer Kinder. Leistet ein Ehegatte Familienunterhalt, erfüllt er daher zugleich den Unterhaltsanspruch der Kinder aus §§ 1601 ff.

2 2. **Inhaber** des Anspruchs auf Familienunterhalt ist der einzelne Ehegatte, nicht – schon mangels Rechtssubjektsqualität – die Familie. Daher ist der Unterhalt dem anderen Ehegatten zu leisten, an eine gemeinsame „Familienkasse" nur nach Vereinbarung der Ehegatten. Die wechselseitigen Ansprüche sind nicht synallagmatisch verknüpft; mithin kein Zurückbehaltungsrecht des Ehegatten nach § 320, wenn der andere nicht leistet.

3 3. **Umfang.** Die Ehegatten schulden einander nach § 1360 S 1 den angemessenen Unterhalt der (Klein-)Familie. Dazu zählen gem § 1360 a I **a)** die **Kosten der Haushaltsführung,** also die laufenden Aufwendungen für Ernährung, Kleidung und Wohnung der Familie, für die Kosten der Haushaltsführung (Reinigung, kleinere Reparaturen) einschließlich Haushaltshilfen, nicht jedoch für die Vermögensbildung (BGH NJW 66, 2401, Erwerb eines Eigenheims [zu § 844 II]), die
4 unterhaltsrechtlich nicht geschuldet ist. **b)** Zu den **persönlichen Bedürfnissen der Ehegatten** gehören Aufwendungen für Kleidung, ärztliche Behandlung (BGH NJW 85, 1394), kulturelle Bedürfnisse, Freizeit, Urlaub, Fortsetzung einer vor der Ehe einverständlich begonnenen Berufsausbildung oder -fortbildung (BGH FamRZ 85, 353), ferner der Aufbau einer Altersversorgung (BGH 32, 248 [zu § 844 II]). Anerkannt ist ein (gem ZPO 850 b I Nr 2 bedingt pfändbarer, KG NJW 00, 149, str) **Taschengeldanspruch** in Höhe von 5–7 % des verfügbaren Nettoeinkommens des Unterhaltspflichtigen (BGH NJW 98, 1554 f, str; aA Braun NJW 00, 97); ein Zuverdienst des taschengeldberechtigten Ehegatten mindert den Anspruch (BGH aaO). Teil des Unterhaltsanspruchs ist gem § 1360 a IV auch der Anspruch auf **Prozeßkostenvorschuß** für persönliche Angelegenheiten. Darunter fallen Prozesse zum Schutz immaterieller Güter wie Ehre, Gesundheit, ferner Ehe- und Statussachen, auch die Kosten der Strafverteidigung (§ 1360 a IV 2), nicht aber rein vermögensrechtliche Streitigkeiten. Die Rechtsverfolgung darf nicht mutwillig oder aussichtslos erscheinen. Ein durchsetzbarer Anspruch auf Prozeßkostenvor-
5 schuß beseitigt die Bedürftigkeit für Prozeßkostenhilfe (vgl ZPO 115 II 1). **c)** Der **Lebensbedarf** der gemeinsamen unterhaltsberechtigten **Kinder** bestimmt sich nach §§ 1601 ff. Für Verwandte des anderen Ehegatten (insbes Stiefkinder) wird kein Familienunterhalt geschuldet, auch wenn sie in der Hausgemeinschaft leben. Insoweit kann nur ein (auch konkludent, vgl MK/Wacke § 1360 a, 12) geschlossener Unterhaltsvertrag vorliegen.

6 4. Den **Maßstab** der Angemessenheit bilden die Arbeits- und Erwerbsmöglichkeiten der Ehegatten und ihre Vermögens- und Einkommensverhältnisse. Er bestimmt sich objektiv (Lebensstil gleicher Berufskreise, PalBrudermüller § 1360 a, 1) nach den ehelichen Lebensverhältnissen. Grundlage des Unterhalts sind Arbeit und Vermögen. Den Vermögensstamm muß ein Ehegatte erst angreifen, wenn dem anderen eine angemessene Erwerbstätigkeit nicht möglich oder nicht zumutbar ist. *Haushaltsführung* durch einen Ehegatten ist gem § 1360 S 2 Erfüllung der Unterhaltspflicht durch Arbeit. Bei gemeinsamer Haushaltsführung erbringt jeder Ehegatte nur eine Teilleistung zum Unterhalt.

7 5. **Art und Weise der Unterhaltserbringung** richtet sich gem § 1360 a II 1 nach der ehelichen Lebensgemeinschaft. Entweder Naturalleistung durch Bereitstellung von Wohnraum und (Mit-)Besitzeinräumung an Einrichtungsgegenständen, Abschluß von Versicherungsverträgen, durch Pflege und Erziehung der Kinder, iü durch gem § 1360 a II 2 im voraus zu leistende Geldbeträge („Wirtschaftsgeld"). Zugriffsmöglichkeit auf Bankkonto genügt. Bei Streit über Angemessenheit des Wirtschaftsgelds besteht Abrechnungspflicht (Hamburg FamRZ 84, 584). Wirtschaftsgeld darf nicht anderweitig verwendet werden.

Titel 5. Wirkungen der Ehe im Allgemeinen **§§ 1360 b, 1361**

6. Verweisungen in § 1360 a III auf Verwandtenunterhaltsrecht: Unterhalt für 8
die Vergangenheit und Schadensersatz s § 1613; Verzicht und Vorausleistung s
§ 1614; Erlöschen durch Tod s § 1615.

§ 1360 b Zuvielleistung

Leistet ein Ehegatte zum Unterhalt der Familie einen höheren Beitrag als ihm obliegt, so ist im Zweifel anzunehmen, dass er nicht beabsichtigt, von dem anderen Ehegatten Ersatz zu verlangen.

1. **Allgemeines.** § 1360 b enthält eine Vermutung (str; aA: Auslegungsregel), 1
der Unterhaltsverpflichtete wolle zuviel geleisteten Unterhalt nicht zurückfordern.
Parallelbestimmungen: §§ 685 II, 1620. Normzweck (Karlsruhe FamRZ 90, 745):
Streitvermeidung und Gefahr summierender Einzelbeträge (ähnlich Ausschluß des
Unterhaltsanspruchs für Vergangenheit, §§ 1360 a III, 1613). Gilt bei Unterhaltsleistung während intakter Ehe und bei Trennungsunterhalt (§ 1361 IV 4), nicht aber bei Unterhalt nach Scheidung gem §§ 1569 ff.

2. § 1360 b ist **keine Anspruchsgrundlage;** allein Widerlegung der Vermutung begründet noch nicht den Rückforderungsanspruch (BGH NJW 84, 2
2095). Anspruchsgrundlage für Rückforderung sind vielmehr §§ 812 ff, GoA oder ein besonderer familienrechtlicher Ausgleichsanspruch (dazu BGH 50, 266). Der Kläger muß die Überzahlung von als Unterhalt bestimmten Leistungen sowie Umstände beweisen, aus denen sich für den Empfänger erkennbar die Rückforderungsabsicht bei der Leistung ergab.

§ 1361 Unterhalt bei Getrenntleben

(1) ¹Leben die Ehegatten getrennt, so kann ein Ehegatte von dem anderen den nach den Lebensverhältnissen und den Erwerbs- und Vermögensverhältnissen der Ehegatten angemessenen Unterhalt verlangen; für Aufwendungen infolge eines Körper- oder Gesundheitsschadens gilt § 1610 a. ²Ist zwischen den getrennt lebenden Ehegatten ein Scheidungsverfahren rechtshängig, so gehören zum Unterhalt vom Eintritt der Rechtshängigkeit an auch die Kosten einer angemessenen Versicherung für den Fall des Alters sowie der Berufs- oder Erwerbsunfähigkeit.

(2) **Der nichterwerbstätige Ehegatte kann nur dann darauf verwiesen werden, seinen Unterhalt durch eine Erwerbstätigkeit selbst zu verdienen, wenn dies von ihm nach seinen persönlichen Verhältnissen, insbesondere wegen einer früheren Erwerbstätigkeit unter Berücksichtigung der Dauer der Ehe, und nach den wirtschaftlichen Verhältnissen beider Ehegatten erwartet werden kann.**

(3) **Die Vorschrift des § 1579 Nr. 2 bis 7 über die Herabsetzung des Unterhaltsanspruchs aus Billigkeitsgründen ist entsprechend anzuwenden.**

(4) ¹**Der laufende Unterhalt ist durch Zahlung einer Geldrente zu gewähren.** ²**Die Rente ist monatlich im Voraus zu zahlen.** ³**Der Verpflichtete schuldet den vollen Monatsbetrag auch dann, wenn der Berechtigte im Laufe des Monats stirbt.** ⁴**§ 1360 a Abs. 3, 4 und die §§ 1360 b, 1605 sind entsprechend anzuwenden.**

1. **Allgemeines.** Regelung des **Unterhalts bei Getrenntleben.** Trennung der 1
Ehegatten führt zu grundlegender Umgestaltung der Unterhaltspflichten. An die Stelle wechselseitiger, den gesamten Familienbedarf umfassender, auch durch Haushaltsführung erfüllbarer Unterhaltsansprüche (§§ 1360, 1360 a) tritt ein individueller Anspruch eines Ehegatten gegen den anderen, der den Lebensbedarf umfaßt und auf Zahlung einer Geldrente gerichtet ist (§§ 1361 I, IV 1). Ansprüche der Kinder nach §§ 1601 ff bleiben unberührt.

§ 1361 Buch 4. Abschnitt 1. Bürgerliche Ehe

2 2. Das **Getrenntleben** der Ehegatten richtet sich nach § 1567; Getrenntleben innerhalb der Ehewohnung genügt (§ 1567 I 2). Die Gründe für das Getrenntleben sind unerheblich. Auf Verschulden kommt es grundsätzlich nicht an; allerdings Herabsetzung gem §§ 1361 III, 1579 Nr 2–7 möglich.

3 3. Die **Bedürftigkeit** bestimmt sich gem § 1361 I nach den Erwerbs- und Vermögensverhältnissen der Ehegatten. **a)** Soweit sich ein Ehegatte durch **Erwerbsarbeit** selbst unterhalten kann, entfällt ein Unterhaltsanspruch. **aa)** Ist der Ehegatte nicht erwerbstätig, besteht eine **Erwerbsobliegenheit** nur unter den – gegenüber § 1574 II engeren – Voraussetzungen der Schutzvorschrift des II; trotz der Trennung sollen die ehelichen Verhältnisse zunächst für einen gewissen Zeitraum fortbestehen. Im **ersten Trennungsjahr** trifft den während der Ehe längere Zeit nicht erwerbstätig gewesenen Ehegatten im Normalfall keine Erwerbsobliegenheit (BGH NJW 01, 974, Ausnahme bei beengten finanziellen Verhältnissen). Im Anschluß an das Trennungsjahr mit zunehmender Verfestigung der Trennung nähert sich die Erwerbsobliegenheit immer mehr den Maßstäben der §§ 1569 ff an, insbes wenn die Scheidung nur noch eine Frage der Zeit ist (BGH
4 aaO). **bb)** Eingeschränkt wird die Erwerbsobliegenheit bei **Kinderbetreuung.** Maßgeblich sind die Umstände des Einzelfalls, insbes die Betreuungsbedürftigkeit; Orientierung bietet § 1570. Anders als beim Scheidungsunterhalt kann beim Trennungsunterhalt auch die Betreuung nicht gemeinschaftlicher Kinder (Stief-
5 und Pflegekinder) eine Erwerbsobliegenheit entfallen lassen. **cc)** Besteht eine Erwerbsobliegenheit, arbeitet der Unterhaltsberechtigte aber trotz Möglichkeit einer angemessenen Tätigkeit nicht, wird sein Bedarf (rechnerisch) um ein fiktives Einkommen gemindert. Nimmt der Unterhaltsberechtigte ohne Erwerbsobliegenheit (insbes bei Betreuung kleiner Kinder) eine Arbeit auf („unzumutbare Tätigkeit"), entfällt damit nicht die Bedürftigkeit; nur teilweise Anrechnung analog § 1577 II. War der Unterhaltsberechtigte allerdings bereits während des Zusammenlebens unzumutbar tätig, rechtfertigen die „Erwerbsverhältnisse" iSv I die Anrechnung des Einkommens bei der Bedürftigkeit (BGH NJW 98, 2822); für Differenz-
6 methode Karlsruhe NJW 02, 901. **b) Vermögenseinkünfte** lassen die Bedürftigkeit entfallen. Die Verwertung des *Vermögensstamms* ist an höhere Voraussetzungen als nach § 1581 S 2 gebunden (Hamm FamRZ 97, 1538); ggf Teilveräußerung zumutbar (BGH FamRZ 86, 557 [landwirtschaftlicher Hof]). *Sozialleistungen* sind kein Einkommen, falls sie (wie regelmäßig) subsidiär erbracht werden und den Unterhaltsverpflichteten nicht entlasten sollen; daher mindern Sozial- und Arbeitslosenhilfe die Bedürftigkeit nicht. An eine Pflegeperson weitergeleitetes *Pflegegeld* bleibt unberücksichtigt (SGB XI § 13 VI 1 [Ausn S 2]). Einkommen ist auch der *Wohnvorteil,* dazu § 1578 Rn 4. Bei infolge Auszugs des anderen Ehegatten zu großer Wohnung wird „totes Kapital" berücksichtigt (BGH FamRZ 98, 901), ohne daß den Ehegatten während der Trennung schon die nach der Scheidung gesteigerte Verwertungsobliegenheit trifft (BGH FamRZ 00, 951).

7 4. Die **Höhe des Unterhalts** bestimmt sich gem I 1 nach den ehelichen Lebensverhältnissen. **a)** Die Ehegatten sollen den bis zur Trennung erreichten ehelichen Lebensstandard zunächst beibehalten. Nur in Extremfällen („Geizkragen-Ehe"; „Verschwender-Ehe", MK/Wacke 5) erfolgt eine Korrektur anhand objektiver Maßstäbe: Der bedürftige Ehegatte muß sich zB eine den Lebensstandard unangemessen einschränkende Vermögensbildung nicht entgegenhalten lassen
8 (BGH NJW 97, 738). **b)** Die ehelichen Lebensverhältnisse werden im wesentlichen durch das zum Zeitpunkt der Trennung verfügbare **Nettoeinkommen** beider Ehegatten **geprägt,** das sich aus Erwerbstätigkeit, Zinseinkünften, mietfreiem Wohnen usw ergibt, nicht aber aus nur fiktiven Einkünften (BGH NJW 97, 738). Auch gewöhnliche und vorhersehbare Veränderungen der Einkommensverhältnisse, die zwischen Trennung und Scheidung eintreten, prägen die für die Unterhaltsbemessung maßgeblichen ehelichen Lebensverhältnisse. Hierzu zählen übliche Einkommensschwankungen (BGH FamRZ 87, 459), ein mit hoher Wahrscheinlich-

Titel 5. Wirkungen der Ehe im Allgemeinen **§ 1361**

keit erfolgender beruflicher Aufstieg und nach der Trennung erzieltes Einkommen des den ehelichen Haushalt führenden Ehegatten, soweit dies als „Surrogat" des wirtschaftlichen Werts der Haushaltstätigkeit angesehen werden kann (grundlegend BGH NJW 01, 2258 [zu § 1573 II]). Um **nicht prägendes** Einkommen 9 handelt es sich bei einer außergewöhnlichen und vom Normalverlauf erheblich abweichenden Entwicklung (BGH FamRZ 94, 88). Bsp: Unerwarteter Karriereverlauf infolge der Wiedervereinigung Deutschlands (Celle FamRZ 99, 858); Erbschaft (Hamm FamRZ 92, 1186); Lottogewinn. **c) Berechnungsmethoden:** 10 **aa)** Grundsätzlich bemißt sich der Trennungsunterhalt nach der **Differenzmethode.** Der Unterhaltsberechtigte kann die Hälfte der Differenz des (bereinigten, s Rn 15) eheprägenden Nettoeinkommens verlangen (Halbteilungsgrundsatz). Handelt es sich – wie im Regelfall – um Einkünfte aus Erwerbstätigkeit, gebührt dem Erwerbstätigen zum Ausgleich erhöhter Aufwendungen (und um einen Arbeitsanreiz zu schaffen, BGH FamRZ 91, 305) ein im Ermessen des Tatrichters (BGH FamRZ 97, 807) stehender sog Erwerbstätigenbonus von in der Regel $1/7$ (BGH FamRZ 81, 1166); bei Erwerbseinkünften kann der Unterhaltsberechtigte daher nur $3/7$ der Differenz beanspruchen. Bsp: Vor der Trennung erzielte der erwerbstätige Ehemann ein bereinigtes Nettoeinkommen von 50. Die nicht berufstätige Ehefrau kann (50 × $3/7$ =) 21,43 als Trennungsunterhalt verlangen. War die Ehefrau während der Ehe berufstätig oder nimmt sie nach der Trennung eine die ehelichen Lebensverhältnisse prägende Erwerbstätigkeit auf, aus der sie ein Nettoeinkommen von 30 erzielt, kann sie $3/7$ der Differenz (20 × $3/7$ =) 8,57 als Trennungsunterhalt verlangen. **bb)** Nach der Trennung erzielte *nicht prägende* 11 Einkünfte werden nach der – für den Unterhaltsberechtigten ungünstigeren – **Anrechnungsmethode** auf die Differenz angerechnet. Bsp: Die Ehefrau erzielt nach der Trennung nicht prägendes Einkommen iHv 30, der Ehemann prägendes Einkommen iHv 50. Davon gebühren der Ehefrau zunächst (50 × $3/7$ =) 21,43; dabei handelt es sich aber nur um einen Berechnungsfaktor, denn hierauf wird ihr (um den Erwerbstätigenbonus von [30 × $1/7$ =] 4,26 gekürztes) Einkommen iHv 25,74 angerechnet, so daß die Ehefrau keinen Trennungsunterhalt verlangen kann. Zu gleichen Ergebnissen führt die neuere Additionsmethode, Gerhardt FamRZ 93, 261. **d) Umfang.** Neben dem Elementarunterhalt kann der Unterhaltsberechtigte 12 ferner geltend machen: **aa)** Ab Rechtshängigkeit des Scheidungsantrags kann der Unterhaltsberechtigte gem I 2 zusätzlich **Vorsorgeunterhalt** für den Fall des Alters und der verminderten Erwerbsfähigkeit verlangen. I 2 soll Versorgungslücke zwischen dem für die Berechnung des Versorgungsausgleichs maßgeblichen Zeitpunkt (§ 1587 II) und Rechtskraft des Scheidungsurteils (s §§ 1569, 1578 III) schließen. Berechnung nach der „Bremer Tabelle" (FamRZ 02, 80). **bb)** Ausbil- 13 dungsunterhalt kann verlangt werden, soweit nach den Kriterien der §§ 1573 iVm 1574 III, im Ausnahmefall auch nach § 1575 geboten (BGH NJW 01, 974). **cc) Prozeßkostenvorschuß** s IV 4 iVm § 1360a IV. **dd) Auskunftsanspruch** s IV 4 iVm § 1605.

5. Leistungsfähigkeit. a) aa) Maßgeblich ist das nachhaltig (atypische 14 Schwankungen scheiden aus) erzielte **Nettoeinkommen** (Bruttoeinkommen abzüglich Lohn- bzw Einkommenssteuer sowie Sozialversicherungsabgaben). Grundsätzlich sind alle Einkünfte (einschließlich Kapitalerträge und Einkommen aus Vermietung und Verpachtung) heranzuziehen einschließlich Zulagen, Weihnachtsgeld, Treueprämien, Trinkgeld, in Geld umgerechnete Sachleistungen (Firmenwagen, Dienstwohnung, Verpflegung), auch gesetzwidrig erlangtes Einkommen, etwa aus Schwarzarbeit (PalBrudermüller 31), sogar regelmäßige Skatgewinne (Düsseldorf FamRZ 94, 896). Freiwillige Arbeitsplatzaufgabe und grob fahrlässiger Arbeitsplatzverlust sind unbeachtlich; bei unfreiwilliger Arbeitslosigkeit sind intensive Anstrengungen erforderlich, die, falls nicht erbracht, zu fiktivem Einkommen führen. Auch Arbeitslosengeld ist anzurechnen, mangels Lohnersatzfunktion nicht Sozialhilfeleistungen. **bb)** Die Leistungsfähigkeit bestimmt sich nach dem **berei-** 15

§ 1361 a

nigten Nettoeinkommen. Vom Nettoeinkommen abzuziehen sind insbesondere *Unterhaltsleistungen* an gemeinsame (s BGH NJW 81, 573), aus einer früheren Ehe stammende (BGH NJW 91, 2703) oder nach der Trennung geborene nicht aus der Ehe stammende (BGH FamRZ 94, 89) Kinder. Abzusetzen sind ferner aus der Zeit des Zusammenlebens der Eheleute herrührende *Schulden* im Rahmen eines vernünftigen Tilgungsplans (BGH NJW 82, 232), Zins-, nicht aber Tilgungszahlungen für gemeinsames Haus (BGH NJW 84, 1238) und Prozeßkostenhilfe-Raten
16 (München FamRZ 94, 898). **b)** Begrenzt wird die Leistungsfähigkeit analog § 1581 auch beim Trennungsunterhalt durch den **Selbstbehalt:** Die Unterhaltspflicht entfällt, soweit der eigene angemessene Unterhalt des Unterhaltspflichtigen unterschritten wird. Der Selbstbehalt für den erwerbstätigen Unterhaltspflichtigen beträgt nach der Düsseldorfer Tabelle (s Rn 2 vor §§ 1360–1361) 840 €. Keine Unterhaltspflicht besteht auch, wenn der Verpflichtete dadurch sozialhilfebedürftig würde (BGH 111, 198 [Pflegeheimunterbringung]).

17   **6. Art und Weise** der Unterhaltsleistung: Monatlich vorauszahlbare Geldrente, IV 1 und 2. Ehegatten können Naturalleistungen vereinbaren, etwa Benutzung der Wohnung (s BGH NJW 97, 732), Pkw usw. Einmaliger Sonderbedarf – § 1613 II 1 – wird durch die Wortfassung „laufenden Unterhalt" vorbehalten (vgl BGH NJW 82, 328). Zu Überzahlungen s IV 4 iVm § 1360 b. Vorausleistung IV 4 iVm §§ 1360 a III, 1614 II.

18   **7. Begrenzung und Ausschluß.** III verweist auf die **Härteklauseln** des § 1579 I Nr 2–7. Auf Nr 1 wird nicht verwiesen; kurze Ehe ist daher kein Ausschlußgrund (auch nicht gem § 1579 Nr 7, Köln FamRZ 98, 1428), aber von Bedeutung bei Zumutbarkeit im Rahmen der Erwerbsobliegenheit (BGH NJW 79, 1453). Neue nichteheliche Lebensgemeinschaft kann bei § 1579 Nr 7 berücksichtigt werden (Köln FamRZ 00, 291), obgleich vor Scheidung der Ehe eine Heirat ausgeschlossen ist, str; aA München FamRZ 98, 1589: fiktives Einkommen wegen Haushaltsführung für neuen Partner.

19   **8. Erlöschen: a)** Rechtskraft des **Scheidungsurteils**, dann § 1569 ff. **b)** Aufhebung der Trennung durch dauerhafte (§ 1567 II) **Versöhnung;** dann § 1360. **c) Tod** des Berechtigten oder Verpflichteten, IV 4 iVm §§ 1360 a III, 1615. **d) Verzicht** (für die Zukunft unwirksam, IV 4 iVm §§ 1360 a III, 1614 I). **e) Verwirkung** s BGH 103, 68.

§ 1361 a Hausratsverteilung bei Getrenntleben

(1) ¹**Leben die Ehegatten getrennt, so kann jeder von ihnen die ihm gehörenden Haushaltsgegenstände von dem anderen Ehegatten herausverlangen.** ²**Er ist jedoch verpflichtet, sie dem anderen Ehegatten zum Gebrauch zu überlassen, soweit dieser sie zur Führung eines abgesonderten Haushalts benötigt und die Überlassung nach den Umständen des Falles der Billigkeit entspricht.**

(2) **Haushaltsgegenstände, die den Ehegatten gemeinsam gehören, werden zwischen ihnen nach den Grundsätzen der Billigkeit verteilt.**

(3) ¹**Können sich die Ehegatten nicht einigen, so entscheidet das zuständige Gericht.** ²**Dieses kann eine angemessene Vergütung für die Benutzung der Haushaltsgegenstände festsetzen.**

(4) **Die Eigentumsverhältnisse bleiben unberührt, sofern die Ehegatten nichts anderes vereinbaren.**

1   **1. Allgemeines. a)** Hausrat steht im Mitbesitz der Ehegatten. Mit der Trennung endet die Besitzüberlassungspflicht aus § 1353 I 2 (s § 1353 Rn 4) nicht. Um getrennte Haushaltsführung zu ermöglichen, kann der Eigentümer-Ehegatte nach I 1 Herausgabe verlangen, vorbehaltlich Notwendigkeit und Billigkeit (I 2). Bei Miteigentum Verteilung nach Billigkeit (II). **b)** Die Zuteilung des Hausrats erfolgt

Titel 5. Wirkungen der Ehe im Allgemeinen § 1361 b

nur *vorläufig* (IV). Auch die gerichtliche Zuweisung (III, HausratsVO 18 a) ändert das Eigentum nicht; anders HausratsVO 8 III nach der Scheidung. **c)** I, II verdrängen §§ 985 f, nicht aber § 861, um Eigenmächtigkeiten auszuschließen, str; aA PalBrudermüller 19: § 1361 a analog iVm HausratsVO 13 IV; für § 1361 b Karlsruhe FamRZ 01, 760: Vorrang § 1361 b, aber Berücksichtigung possessorischen Besitzschutzes. 2

2. a) Getrenntleben s § 1567; Verschulden unerheblich, kann aber bei Billigkeit berücksichtigt werden. **b) „Gehören"** meint Eigentum, ferner andere zum Besitz berechtigende Rechte, zB Anwartschaft, Nießbrauch, Miete. **c) Haushaltsgegenstände** (sa § 1369) sind Sachen, die nach den Vermögens- und Lebensverhältnissen der Eheleute zum gemeinsamen Zusammenleben der Familie bestimmt sind, zB Wohnungseinrichtung, (nicht allein der Kapitalanlage dienende) Kunstgegenstände, Bücher, Instrumente für Hausmusik, Kraftfahrzeuge (s München FamRZ 98, 1230, Nutzungsberechtigter hat zudem Steuer und Pflichtversicherung zu tragen), *nicht* die zum persönlichen Gebrauch eines Ehegatten bestimmten Sachen (Kleidung, Arbeitszimmereinrichtung, Fachliteratur, Musikinstrument für Berufsmusiker). **d) Eigentum.** Zu beachten ist § 1370. Bei *Miteigentum* (insbes nach § 1357 Rn 7) stets Verteilung nach Billigkeit (II), wobei Notwendigkeit für abgesonderte Haushaltsführung (s I 2) ebenfalls Voraussetzung ist. **e) Besitzrecht** nach I 2. **aa)** I 2 ist Einwendung gegen I 1; jedoch eigenständige Anspruchsgrundlage für den Nichteigentümer-Ehegatten, wenn Hausrat im (Mit-)Besitz des anderen Ehegatten steht, der ihn nicht benötigt. **bb) Voraussetzungen:** (1) Der andere Ehegatte benötigt den Gegenstand zur Führung eines abgesonderten Haushalts; Maßstab sind die ehelichen Lebensverhältnisse. (2) Überlassung entspricht der Billigkeit. Dabei sind insbes die Bedürfnisse der Kinder zu berücksichtigen, ferner Vermögens- und Erwerbsverhältnisse. Teileinigung der Ehegatten ist bei Zuweisung des Resthausrats zu berücksichtigen. **f)** Mit Überlassung entsteht **Besitzmittlungsverhältnis** iSv § 868. **Nutzungsvergütung** bei gerichtlicher Verteilung, III 2; Maßstab Billigkeit (München FamRZ 98, 1230). Haftungsmaßstab ist § 1359. 3 4 5 6 7

3. Verfahren. HausratsVO 18 a; FG-Verfahren, HausratsVO 13 I. Für Klagen auf Herausgabe persönlicher Gegenstände und aus „Einigung" (s III 1) über Hausratsverteilung ist das Prozeßgericht zuständig. 8

§ 1361 b Ehewohnung bei Getrenntleben

(1) ¹Leben die Ehegatten voneinander getrennt oder will einer von ihnen getrennt leben, so kann ein Ehegatte verlangen, dass ihm der andere die Ehewohnung oder einen Teil zur alleinigen Benutzung überlässt, soweit dies auch unter Berücksichtigung der Belange des anderen Ehegatten notwendig ist, um eine unbillige Härte zu vermeiden. ²Eine unbillige Härte kann auch dann gegeben sein, wenn das Wohl von im Haushalt lebenden Kindern beeinträchtigt ist. ³Steht einem Ehegatten allein oder gemeinsam mit einem Dritten das Eigentum, das Erbbaurecht oder der Nießbrauch an dem Grundstück zu, auf dem sich die Ehewohnung befindet, so ist dies besonders zu berücksichtigen; Entsprechendes gilt für das Wohnungseigentum, das Dauerwohnrecht und das dingliche Wohnrecht.

(2) ¹Hat die Ehegatte, gegen den sich der Antrag richtet, den anderen Ehegatten widerrechtlich und vorsätzlich am Körper, der Gesundheit oder der Freiheit verletzt oder mit einer solchen Verletzung oder der Verletzung des Lebens widerrechtlich gedroht, ist in der Regel die gesamte Wohnung zur alleinigen Benutzung zu überlassen. ²Der Anspruch auf Wohnungsüberlassung ist nur dann ausgeschlossen, wenn keine weiteren Verletzungen und widerrechtlichen Drohungen zu besorgen sind, es sei denn, dass dem verletzten Ehegatten das weitere Zusammenleben mit dem anderen wegen der Schwere der Tat nicht zuzumuten ist.

§ 1361 b

(3) ¹Wurde einem Ehegatten die Ehewohnung ganz oder zum Teil überlassen, so hat der andere alles zu unterlassen, was geeignet ist, die Ausübung dieses Nutzungsrechts zu erschweren oder zu vereiteln. ²Er kann von dem nutzungsberechtigten Ehegatten eine Vergütung für die Nutzung verlangen, soweit dies der Billigkeit entspricht.

(4) Ist nach der Trennung der Ehegatten im Sinne des § 1567 Abs. 1 ein Ehegatte aus der Ehewohnung ausgezogen und hat er binnen sechs Monaten nach seinem Auszug eine ernstliche Rückkehrabsicht dem anderen Ehegatten gegenüber nicht bekundet, so wird unwiderleglich vermutet, dass er dem in der Ehewohnung verbliebenen Ehegatten das alleinige Nutzungsrecht überlassen hat.

Lit: P. Huber, Die Ehewohnung in der Trennungszeit – Nutzungsvergütung oder Trennungsunterhalt?, FamRZ 00, 129.

1 **1. Allgemeines.** *Vorläufige* (gegenüber GewSchG 2 speziellere) Regelung der Wohnungsnutzung bei (oder zum Zwecke des) Getrenntleben(s); nach Scheidung HausratsVO 3 ff; sa § 1361 a Rn 2.

2 **2. Voraussetzungen. a)** Ehewohnung sind alle Räume, welche die Ehegatten gemeinsam zu Wohnzwecken benutzen oder benutzt haben, einschließlich der Nebenräume. Die bisherige Ehewohnung verliert diesen Charakter nicht schon
3 durch Auszug eines Ehegatten (Karlsruhe NJW-RR 99, 731). **b)** Wohnungszuweisung ist gravierender Eingriff zu Lasten des Antragsgegners, der bei Vollzuweisung (Rn 5) zu Obdachlosigkeit führen kann. Daher *strenger* Maßstab: „Unbillige Härte" liegt nur vor, wenn aufgrund außergewöhnlicher Umstände die Zuweisung der Wohnung an den anderen Ehegatten zur Abwehr unerträglicher Belastungen – unter besonderer Beachtung des Kindeswohls (I 2) – ausnahmsweise unausweichlich ist (Frankfurt FamRZ 96, 289 [zu § 1361 b aF]). Dabei ist auch das Verhalten des Antragstellers zu berücksichtigen (zB Provokation). *Bsp:* Mißhandlungen, Alkoholmißbrauch, auch grob rücksichtsloses Verhalten ohne Lebens- oder Gesundheitsgefahren (Köln FamRZ 01, 761, zweifelhaft), *nicht* schon Streitigkeiten und bloße Belästigungen. Dingliche Rechte an der Wohnung (bzw dem Grundstück) sind gem I 3 besonders zu würdigen. Zuweisung darf nur zu Wohnzwecken erfolgen, nicht für Vermietung, Veräußerung (Karlsruhe NJW-RR 99, 731).

4 **3. Rechtsfolgen. a) aa) Verhältnismäßigkeitsgrundsatz** ist streng zu beachten; Zuweisung muß „notwendig", also unabweisbar geboten sein. **bb)** Daher ist **Teilzuweisung** der Wohnung iVm Benutzungsanordnungen vorrangig, zumal andernfalls Trennung vertieft wird und ggf elterliche Sorge nur eingeschränkt
5 ausgeübt werden kann. **cc) Vollzuweisung** der (gesamten) Wohnung gem **II 1** idR nur, wenn Antragsgegner den anderen Ehegatten vorsätzlich und widerrechtlich (nicht in Notwehr anläßlich einer [auch tätlichen] Auseinandersetzung) am Körper, der Gesundheit (auch psychische Beeinträchtigungen) und der Freiheit verletzt oder damit (auch Tötung) ernsthaft (dh nicht nur gelegentlich einer Auseinandersetzung in emotionaler Ausnahmesituation) droht. Gem **II 2 HS 1** keine Vollzuweisung, wenn der Antragsgegner beweist, daß keine weiteren Verletzungen und Drohungen zu besorgen sind; Unterausnahme, wenn antragstellender Ehegatte beweist, daß ihm ein weiteres Zusammenleben wegen Schwere der Tat nicht mehr zumutbar ist **(II 2 HS 2)**. Liegen die Voraussetzungen einer Vollzuweisung nicht vor, ist Teilzuweisung (Rn 4 [bb]) möglich. **dd) Befristung,** wenn Versöhnung nach einer „Abkühlungsphase" nicht ausgeschlossen ist. Auch ist Räumungsfrist zu
6 bewilligen; uU Räumungstermin festzulegen. **b) Unterlassungspflicht (III 1)** folgt für tatsächliche Beeinträchtigungen bereits aus §§ 859 ff. III 1 erfaßt auch *Rechts*handlungen, etwa Veräußerung des zugewiesenen Grundstücks bzw der Wohnung oder Kündigung des Mietvertrags. Verstoß: RGeschäft ist wirksam, ggf Schadensersatz. Nur nach ZPO 935, 938 II ergangene Verfügungsverbote wirken

Titel 5. Wirkungen der Ehe im Allgemeinen **§ 1362**

gem §§ 136, 135; sa § 135 II. **c) Nutzungsvergütung (III 2). Voraussetzun-** 7
gen: aa) Überlassungspflicht; um ehewidriges Verhalten nicht zu provozieren
oder zu prämieren, analoge Anwendung des III 2 auch bei einverständlicher Nutzungsüberlassung (MK/Wacke 17), ferner bei Überlassungsvermutung gem IV.
bb) Billigkeit. Gesamtabwägung erforderlich. Zu berücksichtigen ist insbes, in- 8
wieweit Zuweisung entgegen dinglicher Berechtigung erfolgt und den anderen
Teil dadurch ein Vermögensvorteil zufließt (BGH NJW 94, 2154). Maßgeblich
sind ferner die Vermögensverhältnisse. Wurde Wohnungsnutzung bereits bei Unterhaltsberechnung berücksichtigt, entfällt zusätzlicher Vergütungsanspruch (BGH
FamRZ 86, 437). **cc)** Bei Miteigentum ist III 2 (Familiensache) lex specialis zu 9
§ 745 II, PalErgB/Brudermüller 27.

§ 1362 Eigentumsvermutung

(1) ¹**Zugunsten der Gläubiger des Mannes und der Gläubiger der Frau
wird vermutet, dass die im Besitz eines Ehegatten oder beider Ehegatten
befindlichen beweglichen Sachen dem Schuldner gehören.** ²**Diese Vermutung gilt nicht, wenn die Ehegatten getrennt leben und sich die Sachen
im Besitz des Ehegatten befinden, der nicht Schuldner ist.** ³**Inhaberpapiere und Orderpapiere, die mit Blankoindossament versehen sind,
stehen den beweglichen Sachen gleich.**

**(2) Für die ausschließlich zum persönlichen Gebrauch eines Ehegatten
bestimmten Sachen wird im Verhältnis der Ehegatten zueinander und zu
den Gläubigern vermutet, dass sie dem Ehegatten gehören, für dessen
Gebrauch sie bestimmt sind.**

1. Allgemeines. a) Bestimmung dient vor allem dem Schutz der Gläubiger 1
eines Ehegatten. Sie hat als Beweislastregelung (s ZPO 292) Bedeutung im Prozeß,
insbes ZPO 771. Bei dem in der intakten Ehe regelmäßig gegebenen Mitbesitz der
Ehegatten (oder Alleinbesitz des nichtschuldenden Ehegatten) müßte nach § 1006
der Gläubiger beweisen, daß der nichtschuldende Ehegatte nicht Eigentümer ist;
schwierig, weil der Gläubiger die ehelichen Verhältnisse regelmäßig nicht kennt.
§ 1362 verdrängt § 1006: Der Ehegatte muß beweisen, daß er Eigentümer der
Sache ist. § 1006 gilt jedoch, falls nichtschuldender Ehegatte bereits vor der Ehe
Besitzer war (BGH NJW 93, 936). Ergänzung durch ZPO 739; wichtig wegen
ZPO 808 f. § 1362 wirkt auch in der Insolvenz. **b)** Gilt bei allen Güterständen. 2
Bei Gütergemeinschaft geht § 1416 vor; nur für Gegenstände, die (nachgewiesen)
nicht zum Gesamtgut gehören, bleibt § 1362 anwendbar. Nicht anwendbar auf
nichteheliche Lebensgemeinschaft (Köln FamRZ 90, 623). Verfassungsrechtliche
Bedenken s Jauernig ZwV § 17 II aE.

2. Voraussetzungen I. a) Bewegliche Sachen, Inhaberpapiere und **blan-** 3
koindossierte Orderpapiere, I 3; **b)** Unmittelbarer oder mittelbarer (BGH
NJW 93, 936, sa ZPO 847) **Besitz** eines oder beider Ehegatten; **c)** nicht ausschließlich zum persönlichen Gebrauch eines Ehegatten bestimmt, II (s Rn 5);
d) Eheleute leben nicht getrennt, I 2 (bei im Besitz des Ehegatten/Schuldners 4
verbliebenen Sachen decken sich für Gläubiger I und § 1006 I).

3. Voraussetzungen II. a) Sachen, die ausschließlich zum persönlichen Ge- 5
brauch eines Ehegatten bestimmt sind, zB Kleider, Schmuck (anders: ererbter
Familienschmuck, s BGH NJW 59, 142; Geldanlage, Nürnberg, FamRZ 00,
1220), Pkw (s Oldenburg FamRZ 91, 814) usw. Zum Geschäft eines Ehegatten
gehörende Gegenstände fallen unter II, also gem MK/Wacke 29: klare räumliche
Trennung vom Ehebereich erforderlich. **b)** Trotz des Wortlauts nur **bewegliche** 6
Sachen (SoeLange 9). **c)** Besitzlage ist unerheblich.

4. Rechtsfolgen. a) I: Vermutung des Eigentums des schuldenden Ehegatten 7
zugunsten der Gläubiger, und zwar nicht nur in der Zwangsvollstreckung, sondern
auch zB bei Sicherungsübereignung. Nicht: Im Verhältnis der Ehegatten zuein-

Vor § 1362 Buch 4. Abschnitt 1. Bürgerliche Ehe

ander, insoweit § 1006 I (München NJW 72, 543 mwN). Vermutung ist durch Eigentumsnachweis des nicht schuldenden Ehegatten zu widerlegen; Erwerbsnachweis allein genügt wegen § 1370 nicht immer. Fortbestand des nachgewiesen erworbenen Eigentums braucht dagegen nicht bewiesen zu werden (BGH NJW

8 76, 238). **b) II: aa)** Vermutung zugunsten der Gläubiger und – abweichend zu I – gegenüber dem anderen Ehegatten, daß Sachen dem Ehegatten gehören, für dessen Gebrauch sie bestimmt sind. Widerlegbar zB durch den Nachweis, daß Familienschmuck vom Mann geerbt worden ist. Behauptete Bestimmung zum persönlichen Gebrauch, zB durch Überlassung, hat zu beweisen, wer sich auf die Eigentums-

9 vermutung beruft (BGH FamRZ 71, 25). **bb) Dauer der Vermutung:** Während der Ehe und über Eheauflösung hinaus bis zur Auseinandersetzung (BGH 2, 85).

10 **5. Zwangsvollstreckung.** Titel gegen einen Ehegatten genügt (bei Gütergemeinschaft s Rn 2 und ZPO 740). **Rechtsbehelfe** des nicht schuldenden Ehegatten (hierzu Eichenhofer JZ 88, 330): **a)** ZPO 771, falls Veräußerung hinderndes Recht (zB Eigentum) besteht; **b)** ZPO 766, falls Voraussetzungen der Gewahrsamsvermutung fehlen (Einzelheiten Jauernig ZwV § 17 II mwN, str).

Titel 6. Eheliches Güterrecht

Vorbemerkungen

1 **1. Allgemeines.** Im 6. Titel des 1. Abschnitts des 4. Buches ist die zwischen den Ehegatten durch die Eheschließung oder einen Ehevertrag bewirkte Ordnung ihrer vermögensrechtlichen Beziehungen geregelt. Zu unterscheiden sind der ges Güterstand, der bestimmte Modifikationen der Vermögensverhältnisse der Eheleute in den §§ 1363–1390 normiert, und die im „vertragsmäßigen Güterrecht" (§§ 1408–1518) zur Wahl der Parteien angebotenen Typen einer vertraglichen Gestaltung ihrer Vermögensordnung. Ergänzend zu den § 1363 ff sind vermögensrechtliche Ausprägungen der Ehewirkungen in allg in §§ 1353–1362 zu berücksichtigen, ferner GVG 23 b I Nr 9, ZPO 620 I Nr 7, 8; 621 I Nr 7, 8; 623; 739–745; 774; 860; 999; FGG 45; 53 a; 99; InsO 37; 318; 332 ff; GBO 33; 34 sowie die HausratsVO.

2 **2. Entwicklung** (ausführlich MK/Koch, Einl 15 zu §§ 1363–1563). Das BGB regelte 1900 zunächst 5 Güterstände. Im ges Güterstand hatte der Ehemann am Vermögen der Frau das Recht der Verwaltung und Nutznießung. Vertraglich konnten Gütertrennung, allg Gütergemeinschaft, Errungenschaftsgemeinschaft und Fahrnisgemeinschaft vereinbart werden. Übergangsregelung: EGBGB 200. Der ges Güterstand war mit dem Grundsatz der Gleichberechtigung von Mann und Frau unvereinbar und trat deshalb am 31. 3. 1953 außer Kraft, GG 3 II, 117 I. An seine Stelle trat Gütertrennung als ges Güterstand, vgl BGH 10, 279; 11 Anh 73 f. Das GleichbergG brachte als ges Güterstand die sog Zugewinnschaft und als Vertragsgüterstände Gütertrennung und Gütergemeinschaft. Übergangsregelung s GleichbergG 8 I Nr 2–7. In der ehem DDR galt nach FGB 13 der Güterstand der Errungenschaftsgemeinschaft; Überleitung („Optionsmodell") s 7. Aufl Anm 6.

3 **3. Güterstände. a)** Der ges Güterstand der **Zugewinngemeinschaft** bewirkt keine sachenrechtliche Vergemeinschaftung der Vermögen der Ehegatten, jedoch enthalten die §§ 1365–1369 bestimmte Verpflichtungs- und Verfügungsbeschränkungen. Auch der während der Ehe erworbene Neuerwerb wird nicht gemeinschaftliches Vermögen. Erst wenn der Güterstand endet, wird der Zugewinn durch einen Ausgleichsanspruch (§§ 1372 ff) bzw die Erbteilserhöhung (§ 1371) wirt-

4 schaftlich ausgeglichen. **b) Gütertrennung** ist eigentlich kein ges Güterstand, da für diese Gestaltung gerade kennzeichnend ist, daß die Ehe keinen speziellen (dh nicht aus §§ 1353–1362 folgenden) Einfluß auf die Vermögensverhältnisse der

5 Partner hat. **c)** Bei der **Gütergemeinschaft** wird ein – in seinem Umfang disponibler – Teil der beiderseitigen Vermögen als *Gesamtgut* gesamthänderisch zuge-

Titel 6. Eheliches Güterrecht   **§§ 1363, 1364**

ordnet; *Vorbehaltsgut* und *Sondergut* verbleiben dagegen weiter dem jeweiligen Inhaber ohne Beschränkung (Einzelheiten s §§ 1415 ff). In der „fortgesetzten Gütergemeinschaft" wird bei Tod eines Ehegatten die gesamthänderische Vergemeinschaftung des „Gesamtguts" mit den zur ges Erbfolge berufenen gemeinschaftlichen Abkömmlingen fortgesetzt (Einzelheiten s §§ 1483 ff).

4. Privatautonomie. Die ges Typen können durch die Parteien nicht nur 6 gewählt (s zunächst §§ 1408 ff) bzw abgewählt (§ 1414), sondern auch variiert werden (Einzelheiten bei §§ 1408, 1409). Auch die Zugewinngemeinschaft kann modifiziert werden, s jedoch § 1378 Rn 7. Darüber hinaus können die Ehegatten allg vermögensrechtliche Gestaltungsformen nutzen und damit praktisch Formen der Vergemeinschaftung einzelner Vermögensbestandteile erreichen, die mit den güterrechtlichen Regeln konkurrieren und sie ergänzen, so gesamthänderische Bindung in einer Ehegattengesellschaft (§§ 705 ff, s hierzu Johannsen, FS 25 Jahre BGH, 1975, S 52 f; krit K. Schmidt AcP 182, 482) und Miteigentum nach Bruchteilen (§§ 741 ff, 1008 ff; dazu Rauscher AcP 186, 529).

5. Auslandsberührung, vor allem durch ausländische Nationalität oder 7 gewöhnlichen Aufenthalt eines oder beider Ehegatten oder Lageort von Immobilien im Ausland s EGBGB 15 (iVm 14), 16 und (Übergangsregelung) 220. Bei Vertriebenen und Flüchtlingen s VFGüterstandsG (erläutert ua bei PalHeldrich Anh 2 zu Art 15 EGBGB), EGBGB 15 IV.

Untertitel 1. Gesetzliches Güterrecht

§ 1363 Zugewinngemeinschaft

(1) **Die Ehegatten leben im Güterstand der Zugewinngemeinschaft, wenn sie nicht durch Ehevertrag etwas anderes vereinbaren.**

(2) ¹**Das Vermögen des Mannes und das Vermögen der Frau werden nicht gemeinschaftliches Vermögen der Ehegatten; dies gilt auch für Vermögen, das ein Ehegatte nach der Eheschließung erwirbt.** ²**Der Zugewinn, den die Ehegatten in der Ehe erzielen, wird jedoch ausgeglichen, wenn die Zugewinngemeinschaft endet.**

§ 1364 Vermögensverwaltung

Jeder Ehegatte verwaltet sein Vermögen selbständig; er ist jedoch in der Verwaltung seines Vermögens nach Maßgabe der folgenden Vorschriften beschränkt.

Anmerkungen zu den §§ 1363, 1364

1. Allgemeines. §§ 1363, 1364 regeln die Entstehungsvoraussetzungen und 1 grundsätzliche Struktur der Zugewinngemeinschaft. Tragen die Eheleute im Prozeß nichts Abweichendes vor, so ist davon auszugehen, daß sie im ges Güterstand leben (BGH 10, 267).

2. Voraussetzungen. a) Eheschließung; Nichtehe bewirkt keine güterrecht- 2 lichen Folgen. **b)** Keine Abwahl durch Ehevertrag (nach §§ 1408 ff), § 1363 I. Möglich ist auch Übergang vom vertraglichen zum ges Güterstand, § 1408.

3. Dauer. a) Beginn mit Eheschließung (Kenntnis oder Wille nicht erforder- 3 lich) oder einem späteren, durch Ehevertrag bestimmten Zeitpunkt (SoeLange § 1363, 11), ausnahmsweise auch (Rn 2) mit Wirksamwerden eines entspr Ehevertrags. **b)** Ende mit **aa)** Auflösung der Ehe durch Urteil oder Tod eines Ehegatten 4 sowie im Falle des § 1319 II, **bb)** durch Ehevertrag, **cc)** nach § 1388 bei vorzeitigem Zugewinnausgleich, **dd)** durch Ausschluß des Zugewinn- oder des Versorgungsausgleichs, § 1414 S 2.

§ 1364, Vor §§ 1365–1369 Buch 4. Abschnitt 1. Bürgerliche Ehe

5 **4. Grundzüge. a)** Trotz Bezeichnung Zugewinn*gemeinschaft* bleiben die Ehegatten jeweils allein Inhaber ihres vor oder während der Ehe erworbenen Vermögens, § 1363 II 1, soweit nicht aufgrund anderer Vorgänge (RGeschäft, Beerbung) vergemeinschaftete Gegenstände oder einseitige Verwaltungsbefugnis geschaffen
6 bzw erworben werden. **b)** Grundsätzlich werden auch die Verwaltungsbefugnisse der Ehegatten hinsichtlich ihres jeweiligen Vermögens nicht beschränkt, § 1364 I HS 1; der minderjährige Ehegatte wird nicht durch den anderen, sondern den ges Vertreter vertreten. Einschränkungen ergeben sich jedoch aus §§ 1365–1369; als partielle Verwaltungsmacht für und gegen den anderen Ehegatten wirkt auch
7 § 1357. **c)** Mit Beendigung der Zugewinngemeinschaft (Rn 4) findet der Umstand, daß eine funktionierende Ehe zumeist auch eine Wirtschaftsgemeinschaft darstellt, dadurch Berücksichtigung, daß bei Beendigung durch Tod der Erbteil des überlebenden Ehegatten erhöht wird (§ 1371), in allen anderen Fällen ein etwaiger Zugewinn zu errechnen und aufgrund eines schuldrechtlichen Anspruchs auszu-
8 gleichen ist, § 1363 II 2. **d)** Verpflichtung zur ordnungsgemäßen Verwaltung ist aus § 1364 nicht herzuleiten (Gernhuber/Coester-Waltjen § 34 I 4, str).

9 **5. Modifikationen** durch Ehevertrag s §§ 1408, 1409 Rn 3. Ausgleichsmodus für den Todesfall kann durch letztwillige Verfügungen und durch Ausschlagung verändert werden (Gernhuber/Coester-Waltjen § 34 I 7).

Vorbemerkungen zu den §§ 1365–1369

1 **1. Allgemeines.** Durch § 1365 werden RGeschäfte über das eigene **Gesamtvermögen,** durch § 1369 über eigene **Hausratsgegenstände** an die Zustimmung des anderen Ehegatten gebunden ("vinkuliert"). Die grundsätzlich freie Verwaltung des eigenen Vermögens (§ 1364) wird dadurch eingeschränkt.

2 **2. Zweck.** Die Vinkulierung des Gesamtvermögens und des Hausrats dient in erster Linie der Erhaltung der materiellen Basis der Familie und ihres Haushalts, daneben kann diese Beschränkung den künftigen Ausgleichsanspruch sichern (vgl BGH NJW 82, 1100). Sie endet mit Rechtskraft eines Scheidungs- (Hamm FamRZ 87, 591) oder Auflösungsurteils, nicht schon mit Trennung.

3 **3. Art der zustimmungsgebundenen Geschäfte. a)** Gebunden sind RGeschäfte **unter Lebenden;** letztwillige Verfügungen (BGH 40, 224) und Schenkungen auf den Todesfall, die nach dem Tode vollzogen werden sollen, bleiben zustimmungsfrei. Nur RGeschäfte sind zustimmungsbedürftig; zuordnungsändernde Handlungen wie Verbindung, Vermischung oder Verarbeitung fallen
4 nicht unter §§ 1365 ff. **b)** Sowohl bei Gesamtvermögensgeschäften als auch bei solchen über den Hausrat sind Verpflichtungs- und Verfügungsgeschäft(e) zustimmungsbedürftig. Obwohl die Beeinträchtigung der wirtschaftlichen Grundlage der Familie erst mit der dinglichen Verfügung geschieht, muß auch ein Verpflichtungsgeschäft unter den Zustimmungsvorbehalt gestellt werden, um Gefährdungen durch Zwangsverfügungen oder Schadensersatzbelastungen gem § 311a II
5 auszuschließen. Bei Gesamtvermögensgeschäften wertet das Ges die Zustimmung zur Verpflichtung als Zustimmung zu ihrem Vollzug, s § 1365 I 1 und 2, der nach sachenrechtlichen Grundsätzen durch Einzelverfügungen zu geschehen hat. Auch bei § 1369 ist die Zustimmung zum Verpflichtungsgeschäft iZw Einwil-
6 ligung zur Verfügung. Konsentierte Verfügungen, die das Gesamtvermögen betreffen, decken auch die zustimmungslose Verpflichtung, § 1365 I 2; das gleiche muß für gebilligte Hausratsverfügungen gelten (Gernhuber/Coester-Waltjen § 35 I 5). Vor Eheschließung eingegangene Verpflichtungen sollen ohne Zustimmung erfüllt werden können (SoeLange § 1365, 28 mwN; § 1369, 4, str). Konvaleszenz
7 s §§ 1366, 1367 Rn 5. **c)** Zustimmungsbedürftig sind auch Vorverträge zu gebundenen Geschäften, durch – bevollmächtigten oder ges – Vertreter vorgenommene RGeschäfte (sa Rn 9) sowie Zustimmungen zu Verfügungen Dritter über Ehegattenvermögen oder Hausrat, nicht aber schon widerrufliche Bevollmächti-

Titel 6. Eheliches Güterrecht **§ 1365**

gungen. **d) Nicht zustimmungsbedürftig:** Vorkaufsvertrag (BGH NJW 82, 8
1100); Prozeßführung einschließlich Klageverzicht und Anerkenntnis (Gernhuber/Coester-Waltjen § 35 I 6), Zwangsvollstreckungsmaßnahmen und -anträge
von Gläubigern des Ehegatten (KG OLGZ 92, 242, str) und Unterwerfung iSv
ZPO 794 I Nr 5, 800; zustimmungsbedürftig ist jedoch der verfügende Prozeßvergleich (Gernhuber/Coester-Waltjen aaO; Brox FamRZ 61, 285, str). **e) Keiner Zustimmung** bedürfen Testamentsvollstrecker, Nachlaßverwalter, Konkursverwalter (SoeLange § 1365, 31). **f) Zustimmungsfrei** sind ferner Verpflich- 10
tungsgeschäfte, die nicht auf Verfügung über vinkuliertes Gut gerichtet sind, zB
Bürgschaften (BGH ZIP 83, 276), Miet- und Pachtverträge oder andere Zahlungsverpflichtungen.

4. Rechtsnatur der Bindung. §§ 1365, 1369 enthalten nach hM absolute 11
Veräußerungsverbote (BGH 40, 218 f), da Familienschutz höher als Verkehrsschutz
eingestuft wird (s aber § 1365 Rn 8). § 135 II ist deshalb unanwendbar, gutgl
Erwerb vom Eigentümer-Ehegatten nicht möglich, wohl aber von seinem Vertragspartner oder einem anderen Dritten (Köln OLGZ 69, 171: Briefgrundschuld).
Abhandenkommen des Besitzes des Nichteigentümer-Ehegatten hindert jedoch
gutgl Erwerb nach § 935 I (s Gernhuber/Coester-Waltjen § 35 I 8).

5. Zustimmung: a) Sie ist als Einwilligung vor Abschluß des gebundenen Ge- 12
schäftes zu erklären, kann aber bei Verträgen auch als Genehmigung nachfolgen,
§ 1366 I, nicht dagegen bei einseitigen RGeschäften, s § 1367. **b)** Für die Erklärung 13
und ihre Wirkung gelten die §§ 182 ff: Sie kann gegenüber dem Ehegatten oder dem
Dritten erfolgen (Ausnahme: § 1366 III), ist stets formlos möglich und wird vor
allem für Hausratsgegenstände oft durch schlüssiges Verhalten und wechselseitig
erfolgen; als vorab und bindend gegebene Generaleinwilligung ist sie jedoch nach
§ 1410 formbedürftig. Einwilligung ist bis zur Vornahme des RGeschäfts widerruflich, § 183. Eine Bevollmächtigung des Eigentümer-Ehegatten zur Zustimmung
muß vom Verbot des Selbstkontrahierens (§ 181) entbinden. **c) Fehlt Zustim-** 14
mung, so ist ein einseitiges RGeschäft nichtig; ein Vertrag ist schwebend unwirksam. Er wird durch Genehmigung voll wirksam, durch Verweigerung endgültig
unwirksam (Einzelheiten s §§ 1366, 1367). **Konvaleszenz** s §§ 1366, 1367 Rn 5.
Bei Nichtigkeit des Verpflichtungsgeschäftes Leistungskondiktion auf den rechtsgrundlos überlassenen Besitz, bei Nichtigkeit des Verfügungsgeschäfts Vindikation,
ggf auch Ansprüche auf Grundbuchberichtigung nach § 894 oder aus § 816 I bei
Weiterveräußerung durch den Erwerber oder Dritte. Keine Einrede des Dritten
gestützt auf ein venire contra factum proprium des Ehegatten. **d)** Dem Schutz des
zustimmungsbefugten Nichteigentümer-Ehegatten dient § 1368. **e) Ersetzung** 15
der Zustimmung. Eine rechtliche Verpflichtung zur Erteilung der Zustimmung
besteht nicht. Unter bestimmten Voraussetzungen kann sie jedoch vom VormundschaftsG auf Antrag des Eigentümer-Ehegatten ersetzt werden, s § 1365 II, 1369 II.
6. Rechte des Vertragspartners. a) Bei Nichtigkeit Haftung nach §§ 280 I, 16
241 II, 311 II (cic), ferner §§ 826, 823 II iVm StGB 263. **b)** Kein Zurückbehaltungsrecht aus § 273 (hL, vgl SoeLange § 1368, 14), wohl aber aus § 1000 (aA
Gernhuber/Coester-Waltjen § 35 V 1). **c)** Falls Ehegattenansprüche auf Geld gerichtet sind, zB aus § 816 I 1, ist Aufrechnung mit Gegenansprüchen infolge
erbrachter Gegenleistung – § 812 I 1 – möglich.

§ 1365 Verfügung über Vermögen im Ganzen

(1) ¹**Ein Ehegatte kann sich nur mit Einwilligung des anderen Ehegatten
verpflichten, über sein Vermögen im Ganzen zu verfügen.** ²**Hat er sich
ohne Zustimmung des anderen Ehegatten verpflichtet, so kann er die
Verpflichtung nur erfüllen, wenn der andere Ehegatte einwilligt.**

(2) **Entspricht das Rechtsgeschäft den Grundsätzen einer ordnungsmäßigen Verwaltung, so kann das Vormundschaftsgericht auf Antrag des**

§ 1365

Ehegatten die Zustimmung des anderen Ehegatten ersetzen, wenn dieser sie ohne ausreichenden Grund verweigert oder durch Krankheit oder Abwesenheit an der Abgabe einer Erklärung verhindert und mit dem Aufschub Gefahr verbunden ist.

1   1. **Voraussetzungen** des Zustimmungserfordernisses. **a)** I 1 bindet **Verpflichtungsgeschäfte** über Gegenstände des Gesamtvermögens iSd § 311b III (nicht die Begründung von *Zahlungs*verbindlichkeiten, BGH FamRZ 89, 1051 [Bürgschaft]) an die Einwilligung des anderen Ehegatten. Ist die Einwilligung *nicht* erteilt worden, sind die das gesamte (Aktiv-)Vermögen ausschöpfenden **Verfügungsgeschäfte** gem I 2 einwilligungsgebunden. Liegt hingegen die Einwilligung zum
2   Verpflichtungsgeschäft vor, ist die Verfügung zustimmungsfrei. **b) aa)** Bedeutung von „**Vermögen im ganzen**" ist str. Familienschutz verlangt eine extensive Auslegung, Verkehrsschutz und das Prinzip selbständiger Vermögensverwaltung (§ 1364) sprechen für Begrenzung. Die Rspr erweitert mit der „Einzeltheorie" den Tatbestand auf einzelne Rechte, beachtet aber mit der „subjektiven Theorie" Verkehrsschutzbelange. **bb)** Nach der **Einzeltheorie** (BGH 35, 143 [Erbauseinandersetzungsvertrag]; BGH 43, 174; aA „Gesamttheorie", vgl Sandrock, FS Bosch, S 842) fällt bereits ein RGeschäft über *einen* Gegenstand unter den Gesamtvermögensbegriff, sofern er im wesentlichen das ganze Vermögen des Veräußerers darstellt. Maßgeblich ist das **Wertverhältnis** des Gesamtvermögens zum beim Ehegatten verbleibenden Restvermögen. Bei kleinen Vermögen ist I *nicht* erfüllt, wenn dem verfügenden Ehegatten 15% seines ursprünglichen Gesamtvermögens verbleiben (BGH 77, 299), bei größeren Vermögen schon bei einem Restvermögen von 10% (BGH FamRZ 91, 670 [Vermögen: 490 000 DM]). Grundlage der Berechnung ist das Aktivvermögen (einschl der Anwartschaften, BGH NJW 96, 1741) abzüglich der (valutierten) Belastungen (BGH 123, 93) und der Verbindlichkeiten. Bei der Berechnung bleibt die Gegenleistung außer Betracht, so daß Anlagegeschäfte oder Umschichtungen des (Gesamt-) Vermögens zustimmungspflichtig sein können (BGH 35, 145); unberücksichtigt bleiben ferner zukünftiges Arbeits- (BGH 101, 227) und Renteneinkommen (BGH NJW 90, 113). Da es auf Familienschutz ankommt, können auch unpfändbare Gegenstände beachtliches Restvermögen bilden. Sukzessive (isoliert nicht unter I fallende) Geschäfte können durch entspr Absicht der Parteien oder engen zeitlichen Zusammenhang so
3   verknüpft sein, daß § 1365 anwendbar wird (vgl BGH FamRZ 67, 383). **cc)** Eingeschränkt wird die Einzeltheorie durch die „**subjektive Theorie**". I greift danach nur ein, wenn der Vertragspartner positiv weiß, daß es sich bei dem Gegenstand um (nahezu) das ganze Vermögen handelt oder wenn er zumindest die Verhältnisse kennt, aus denen sich dies ergibt (BGH 43, 177). Bei Belastungen muß der Erwerber wissen, daß diese den Wert des Einzelgegenstands im wesentlichen ausschöpfen (BGH 123, 95). Es genügt aber, wenn der Erwerber zum Zeitpunkt des Verpflichtungsgeschäfts keine Kenntnis hat (BGH 106, 253); Kenntniserlangung nach Verpflichtung, aber vor Verfügung hindert daher deren Wirksamkeit nicht (BGH NJW-RR 90, 1154). Die Beweislast trägt derjenige, der sich auf die Zustimmungsbedürftigkeit beruft, idR also der Ehegatte (BGH 43, 177). Nicht geschützt wird der Erwerber, der zwar den Gesamtvermögenscharakter kennt, nicht aber den Umstand, daß der Verfügende verheiratet ist, arg § 1366 II 2 (Giesen
4   Rn 275). **c) Grundstücksgeschäfte.** Belastung zugunsten eines anderen ist Gesamtvermögensgeschäft, falls der Wert des Grundstücks und damit des Gesamtvermögens ausgeschöpft wird (BGH NJW 90, 113; NJW 93, 2441 [Wohnrecht]). Der Antrag auf Teilungsversteigerung bedarf der Einwilligung (Frankfurt FamRZ 99, 524); Löschungsbewilligung für Grundpfandrecht ist zustimmungsbedürftig. **Nicht** zustimmungsbedürftig ist die Bestellung einer Eigentümergrundschuld (ggf aber ihre Übertragung), die Bestellung eines Restkaufgeldhypothek oder eines Grundpfandrechts zur Sicherung eines zum Grundstückserwerb aufgenommenen Kredits (s BGH NJW 96, 1742), die Bestellung eines Vorkaufsrechts (vgl BGH

NJW 82, 1100) und die Bewilligung einer Vormerkung (BayObLG NJW 76, 574). Nießbrauch str (verneinend BGH FamRZ 66, 23). – Zur Prüfungspflicht des Grundbuchamts, ob Grundstücksgeschäft das Gesamtvermögen betrifft, s Zweibrücken Rpfleger 89, 95 (erkennbare Anhaltspunkte erforderlich; strenger BayObLG NJW 60, 821: wenn sich berechtigte Zweifel aufdrängen); zur Prüfungspflicht des Notars s BGH 64, 249. Für die Zustimmung gilt GBO 29 I.
d) Gesellschaftsrecht (Lit: Sandrock, FS Duden, S 513). Bei RGeschäften, die 5 einen Gesellschaftsvertrag betreffen, ist § 1365 anwendbar, falls der vermögensrechtliche Teil des Geschäfts bei wirtschaftlicher Betrachtungsweise das Gesamtvermögen des Ehegatten erfaßt. Die Einbringung etwa eines Handelsgeschäfts oder eines Miterbenanteils in eine Gesellschaft kann Verfügung iSv Rn 1 sein; bei der Bewertung ist der im Gesellschaftsanteil enthaltene Gegenwert nicht zu berücksichtigen, str; s Rn 2). Auch die Änderung eines Gesellschaftsvertrags und die Übertragung eines Gesellschaftsanteils (und eines Anwartschaftsrechts darauf, BGH NJW 96, 1740) fallen unter I, wenn entsprechende vermögensrechtliche Auswirkungen damit verbunden sind; Bsp: Verlust eines Abfindungsanspruchs (Köln NJW 62, 2109).

2. Zustimmungsersetzung. Das VormundschaftsG kann die Zustimmung er- 6 setzen, falls sie ohne ausreichenden Grund oder infolge abwesenheits- bzw krankheitsbedingter Verhinderung nicht erteilt wurde. **a)** Voraussetzung für beide Alternativen ist, daß das Geschäft **ordnungsgemäßer Verwaltung** entspricht, also die materielle Basis der Familie erhält oder verbessert und dem Ausgleichsanspruch sichert. Bsp: Hofübergabe aus Alters- oder Gesundheitsgründen, Umschichtung inflationsbedrohter Vermögensanlagen. **b)** Zustimmung kann ersetzt werden, wenn 7 sie **ohne ausreichenden,** im Schutzbereich des § 1365 liegenden **Grund** verweigert wird. Erforderlich ist eine Gesamtabwägung, die auch mögliche geschäftliche Alternativen berücksichtigt (Stuttgart NJW 83, 634 [Vermietung der Ehewohnung statt Verkauf]). Die konkrete *Gefährdung des Zugewinnausgleichsanspruchs* (bzw der Anwartschaft auf Zugewinn vor Scheidung) berechtigt zur Zustimmungsverweigerung (BGH NJW 78, 1381); teilw werden jedoch auch *ideelle Motive* für ausreichend gehalten (BayObLG FamRZ 68, 317). Die Gründe müssen jedenfalls einen Bezug zum in Frage stehenden Geschäft haben, Verweigerung als Druckmittel zur Durchsetzung anderer Ansprüche ist nicht ausreichend begründet (SoeLange 67). Bedingungen oder Auflagen, welche den Weigerungsgrund ausräumen, sind möglich (BayObLG FamRZ 63, 521), nicht dagegen die Vorwegnahme der Sicherung des Zugewinnausgleichs durch Bürgschaft (BayObLG NJW 75, 835 f, str). **c)** Ersetzung bei **krankheits- oder abwesenheitsbedingter Verhinderung** kann 8 erfolgen, wenn das Geschäft keinen Aufschub gestattet („Gefahr im Verzug", vgl RG 103, 128 – unabweisbarer Kreditbedarf). IdR ist also eine länger dauernde Verhinderung erforderlich. **d) Verfahren:** Zuständigkeit FGG 45; antragsberech- 9 tigt ist nur der abschließende Ehegatte bzw dessen Erbe, nicht der Geschäftspartner; Richtervorbehalt, RPflG 14 Nr 6; Wirksamkeit FGG 53.

§ 1366 Genehmigung von Verträgen

(1) **Ein Vertrag, den ein Ehegatte ohne die erforderliche Einwilligung des anderen Ehegatten schließt, ist wirksam, wenn dieser ihn genehmigt.**

(2) [1]**Bis zur Genehmigung kann der Dritte den Vertrag widerrufen.** [2]**Hat er gewusst, dass der Mann oder die Frau verheiratet ist, so kann er nur widerrufen, wenn der Mann oder die Frau wahrheitswidrig behauptet hat, der andere Ehegatte habe eingewilligt; er kann auch in diesem Falle nicht widerrufen, wenn ihm beim Abschluss des Vertrags bekannt war, dass der andere Ehegatte nicht eingewilligt hatte.**

(3) [1]**Fordert der Dritte den Ehegatten auf, die erforderliche Genehmigung des anderen Ehegatten zu beschaffen, so kann dieser sich nur dem**

§ 1367 Buch 4. Abschnitt 1. Bürgerliche Ehe

Dritten gegenüber über die Genehmigung erklären; hat er sich bereits vor der Aufforderung seinem Ehegatten gegenüber erklärt, so wird die Erklärung unwirksam. ²Die Genehmigung kann nur innerhalb von zwei Wochen seit dem Empfang der Aufforderung erklärt werden; wird sie nicht erklärt, so gilt sie als verweigert. ³Ersetzt das Vormundschaftsgericht die Genehmigung, so ist sein Beschluss nur wirksam, wenn der Ehegatte ihn dem Dritten innerhalb der zweiwöchigen Frist mitteilt; andernfalls gilt die Genehmigung als verweigert.

(4) Wird die Genehmigung verweigert, so ist der Vertrag unwirksam.

§ 1367 Einseitige Rechtsgeschäfte

Ein einseitiges Rechtsgeschäft, das ohne die erforderliche Einwilligung vorgenommen wird, ist unwirksam.

Anmerkungen zu den §§ 1366, 1367

1 1. **Allgemeines.** Regelung der Rechtsfolgen fehlender Einwilligung und erteilter Genehmigung (sa §§ 108 f, 177 f) bei Gesamtvermögensgeschäften und Verfügung über Hausrat (s § 1369 III). Ein ohne Einwilligung geschlossener (schuldrechtlicher oder dinglicher) Vertrag ist nach § 1366 genehmigungsfähig und bis zur Genehmigung (§ 1366 I) bzw deren Verweigerung (§ 1366 IV) schwebend unwirksam. Einseitige RGeschäfte ohne Einwilligung sind gem § 1367 nichtig.

2 2. Bei **Verträgen** bewirkt die fehlende Einwilligung einen Schwebezustand. **Beendigung der Schwebelage: a) Erteilung** der Genehmigung (§ 1366 I). Erteilung s § 182 I (Ausnahme § 1366 III 1 HS 1 nach Aufforderung zur Genehmigungseinholung: Erteilung nur an Dritten); Form s § 182 II (aber bei Grundstücksgeschäften *grundbuchrechtlich* GBO 29 I erforderlich). Folge der Gene3 migung: Wirksamwerden des Vertrags ex tunc (§ 184 I). **b) aa) Verweigerung** der Genehmigung durch den anderen Ehegatten. Voraussetzung ist, daß Ehegatte das Rechtsgeschäft und seinen wesentlichen Inhalt kennt (BGH NJW 92, 1099 f). Folge: Vertrag ist grundsätzlich endgültig unwirksam (§ 1366 IV). Der vertragsschließende Ehegatte hat Rückgewähransprüche aus §§ 985, 894, 812, soweit bereits geleistet; der andere Ehegatte kann sie nach § 1368 geltend machen. Die Verweigerung der Genehmigung ist unwiderruflich (BGH NJW 94, 1786).

4 **bb) Wirksamwerden** trotz Genehmigungsverweigerung in zwei Ausnahmefällen (BGH NJW 94, 1786): (1) Ersetzung der Zustimmung durch das Vormundschaftsgericht nach § 1365 II. Wirksamwerden setzt voraus, daß der Ehegatte dem Dritten die vormundschaftsgerichtliche Genehmigung innerhalb einer Frist von zwei Wochen mitteilt (§ 1366 III 3). (2) Hatte der andere Ehegatte dem vertragsschließenden Ehegatten die Zustimmung bereits verweigert, wird diese Erklärung nach § 1366 III 1 HS 2 unwirksam; wenn der Dritte zur Einholung der Genehmigung auffordert. Der Vertrag wird mit Erklärung der Genehmigung an den Dritten 5 wirksam. **c) Widerruf** des Vertrags (genauer: der Willenserklärung) durch den Vertragspartner (§ 1366 II 1). Das Widerrufsrecht besteht nicht, wenn der Dritte wußte, daß sein Vertragspartner verheiratet ist, es sei denn, dieser hatte die Einwilligung unzutreffend behauptet (§ 1366 II 2 HS 1); Unterausnahme: Trotz behaupteter Einwilligung kennt der Dritte deren Fehlen (§ 1366 II 2 HS 2) und ist daher 6 nicht schutzwürdig. **d) Konvaleszenz** möglich, wenn während der Schwebelage (BGH NJW 94, 1787) der Schutzzweck der §§ 1365, 1369 entfällt. Bei § 1369 mit Ende des Güterstands. Bei § 1365 ist Zugewinnausgleich zu beachten. Daher führt nicht schon Scheidung (BGH NJW 78, 1381) zu Konvaleszenz, wohl aber Tod des zustimmungsberechtigten Ehegatten, gleich ob Zugewinn nach der erbrechtlichen (§ 1371 I) oder güterrechtlichen Lösung (§ 1371 II) ausgeglichen wird (BGH

1374 *Chr. Berger*

Titel 6. Eheliches Güterrecht **§§ 1368, 1369**

NJW 82, 1100). Konvaleszenz ferner, wenn Ehegatten Gütertrennung vereinbaren und Zugewinnausgleichsforderung erlassen.

3. Einseitige RGeschäfte (zB Stiftungsgeschäft, Vollmacht für Gesamtvermögensgeschäft) sind gem § 1367 nichtig und damit nicht genehmigungsfähig. Parallelvorschriften: §§ 111 S 1, 180 S 1. Ist Empfänger mit Schwebelage einverstanden, findet analog § 180 S 2 Regelung des § 1366 Anwendung. 7

§ 1368 Geltendmachung der Unwirksamkeit

Verfügt ein Ehegatte ohne die erforderliche Zustimmung des anderen Ehegatten über sein Vermögen, so ist auch der andere Ehegatte berechtigt, die sich aus der Unwirksamkeit der Verfügung ergebenden Rechte gegen den Dritten gerichtlich geltend zu machen.

1. **Funktion:** Schutz des übergangenen Ehegatten. 1

2. Die aufgrund **nichtiger Verfügungen** entstandenen Ansprüche – §§ 985, 2 894, 812 – können auch vom übergangenen Ehegatten geltend gemacht werden (auch nach Scheidung, BGH NJW 84, 610); Feststellung der Nichtigkeit nur unter den Voraussetzungen von ZPO 256 (BGH NJW-RR 90, 1154). Arrest und einstweilige Verfügung möglich, bei Grundstücksrechten kann durch einstweilige Verfügung Veräußerungsverbot ins Grundbuch eingetragen werden (Celle NJW 70, 1882). Bei Zwangsvollstreckung des Dritten hat der übergangene Ehegatte ZPO 771 (SoeLange 17). Zu den Gegenrechten des Dritten s Rn 16 vor §§ 1365–1369.

3. **a)** Revokation geschieht als Ausübung fremder Rechte im eigenen Namen; 3 im Prozeß in Prozeßstandschaft (MK/Koch 3). **b)** Rechtskraft des Urteils erstreckt sich nicht auf den anderen Ehegatten (MK/Koch 21, str); folglich auch keine wechselbezügliche Rechtshängigkeitswirkung. **c)** Der revozierende Ehegatte muß 4 Herausgabe an den Inhaber-Ehegatten fordern, kann nach hM jedoch auch Herausgabe an sich verlangen, jedenfalls bedingt für den Fall, daß der verfügende Ehegatte nicht zurücknehmen will (s SoeLange 11).

4. **Eigene Rechte** des revozierenden Ehegatten, etwa aus Miteigentum oder 5 Mitbesitz, fallen nicht unter § 1368 und bleiben von dessen Anwendungsvoraussetzungen unberührt.

§ 1369 Verfügungen über Haushaltsgegenstände

(1) Ein Ehegatte kann über ihm gehörende Gegenstände des ehelichen Haushalts nur verfügen und sich zu einer solchen Verfügung auch nur verpflichten, wenn der andere Ehegatte einwilligt.

(2) Das Vormundschaftsgericht kann auf Antrag des Ehegatten die Zustimmung des anderen Ehegatten ersetzen, wenn dieser sie ohne ausreichenden Grund verweigert oder durch Krankheit oder Abwesenheit verhindert ist, eine Erklärung abzugeben.

(3) Die Vorschriften der §§ 1366 bis 1368 gelten entsprechend.

1. **Allgemeines.** Zu Funktion und Zweck s Rn 1 f vor §§ 1365–1369. Siche- 1 rung des Zugewinnausgleichs tritt bei Hausrat zurück. I gilt auch bei Getrenntleben (Koblenz NJW 91, 3224, str); sa § 1361 a. Rechtsnatur der Bindung s Rn 11 vor §§ 1365–1369; Rechtsfolgen zustimmungsloser Geschäfte s Rn 14 ff vor §§ 1365–1369.

2. **a) Haushaltsgegenstände** sind Sachen, die nach den Vermögens- und Le- 2 bensverhältnissen der Eheleute zum gemeinsamen Zusammenleben der Familie bestimmt sind (s § 1361 a Rn 4), ggf auch Luxusgegenstände (LG Ravensburg FamRZ 95, 1585: Segelyacht). Nicht erfaßt sind zum persönlichen Gebrauch (zB Kleider, Schmuck), zur Berufsausübung oder als Vermögensanlage (Kunstgegen-

Chr. Berger 1375

§ 1370 Buch 4. Abschnitt 1. Bürgerliche Ehe

3 stände) bestimmte Sachen. Die Vorschrift ist *nicht* (analog) anwendbar auf Ansprüche auf Hausrat (str), etwa auf Lieferung aus einem Kaufvertrag (PalBrudermüller 4), oder auf Besitzüberlassung aus einem Miet- oder Pachtvertrag; auch nicht analog auf Forderungen, die Hausratsgegenstände surrogieren, zB auf Schadensersatz oder auf eine Versicherungssumme. **b)** Hausrat muß im **(Mit-)Eigentum des verfügenden Ehegatten** („ihm gehören") stehen. Gleich zu behandeln sind die Anwartschaft des EV-Käufers und des Sicherungsgebers (bei Bedingungskonstruktion, s § 930 Rn 43). **c)** Im **Eigentum des übergangenen Ehegatten** stehende Gegenstände fallen nicht unter § 1369 (SoeLange 16, sehr str; aA Gernhuber/Coester-Waltjen § 35 III 1). Regelmäßig scheitert Erwerb durch Vertragspartner an § 935, weil Hausrat im Mitbesitz des übergangenen Ehegatten steht, s Rn 11 vor §§ 1365–1369.

6 **3. Gebundene RGeschäfte** s Rn 3 vor §§ 1365–1369. Auch eine Sicherungsübereignung kann zustimmungsbedürftig sein; anders als Sicherung bei kreditiertem Erwerb (LG Bielefeld MDR 63, 760), da im wirtschaftlichen Ergebnis Kauf unter Eigentumsvorbehalt vorliegt.

7 **4. Voraussetzung** für die **Ersetzung der Zustimmung** ist das Fehlen eines ausreichenden Grundes für die Verweigerung oder krankheits- oder abwesenheitsbedingte Verhinderung der Erklärung. Maßgeblich ist, ob das Geschäft die Familieninteressen schädigt. Anders als bei § 1365 II kommt es nicht darauf an, ob das RGeschäft den Grundsätzen einer „ordnungsgemäßen Verwaltung" entspricht. Allerdings ist die Zustimmungsverweigerung ausreichend begründet, wenn das Geschäft ordnungsmäßiger Verwaltung widerspricht, ferner, wenn die Veräußerung den Anspruch nach der HausratsVO auf zweckmäßige Hausratsverteilung gefährdet
8 (BayObLG FamRZ 80, 1001). – Ermessen des VormundschaftsG („kann") dürfte auch bei krankheits- oder abwesenheitsbedingter Zustimmungshinderung die Ablehnung der Ersetzung decken, falls keine ordnungsgemäße Verwaltung vorliegt (SoeLange 23). Gefahr durch Aufschub der Zustimmung in diesen Fällen nicht erforderlich, aber zu berücksichtigen. Notlage des verfügenden Ehegatten kann sogar Beeinträchtigung des Familienhaushalts rechtfertigen (vgl BayObLG FamRZ 60, 158).

9 **5. Verfahren** s § 1365 Rn 9.

§ 1370 Ersatz von Haushaltsgegenständen

Haushaltsgegenstände, die an Stelle von nicht mehr vorhandenen oder wertlos gewordenen Gegenständen angeschafft werden, werden Eigentum des Ehegatten, dem die nicht mehr vorhandenen oder wertlos gewordenen Gegenstände gehört haben.

1 **1. Allgemeines.** Da jeder Ehegatte aus § 1353 verpflichtet ist, seine Haushaltsgegenstände zur gemeinsamen Be- (und damit Ab-)nutzung zur Verfügung zu stellen, sollen ihm Ersatzanschaffungen unabhängig vom Willen der am Erwerbsvorgang Beteiligten zugeordnet werden.

2 **2. Voraussetzungen. a)** Zugewinngemeinschaft. § 1370 gilt auch bei Getrenntleben. **b)** Hausratsgegenstände, s § 1369 Rn 2. **c)** Anschaffung (nicht: Erben, Stuttgart NJW 82, 586) als Ersatz („anstelle") verbrauchter **(„nicht mehr vorhandener")** oder **„wertlos gewordener"** Gegenstände. Vorausgesetzt ist Ersatzbedarf aufgrund bestimmungsgemäßen Ge- bzw Verbrauchs, doch muß § 1370 entspr bei Untergang aufgrund Unglücks auch wohl gelten, str „Wertlos" werden derartige Gegenstände auch durch einen Wandel der Mode (zB Kücheneinrichtung)
3 oder technische Entwicklung (Kohleöfen). **d) Ersatzanschaffung.** Entscheidend ist gleiche Funktion, die großzügig aufgefaßt wird; nicht erforderlich Sachidentität (Hifiturm statt Radio möglich) oder gleicher Anschaffungswert.

4 **3. Rechtsfolgen.** Unabhängig von der Einigung (s § 929) zwischen Veräußerer und erwerbendem Ehegatten fallen die angeschafften Gegenstände unmittelbar (dh

Titel 6. Eheliches Güterrecht **Vor §§ 1371–1390, § 1371**

ohne Durchgangserwerb) und ipso iure in das Eigentum (oder Miteigentum) des Eigentümers (Miteigentümers) des ersetzten Stückes (Fall sog „dinglicher Surrogation"). Unerheblich ist, aus wessen Vermögen die Gegenleistung für die Ersatzanschaffung stammt. § 1362 wird widerlegbar, falls die Voraussetzungen des § 1370 gegeben sind (s § 1362 Rn 7).

4. Abdingbarkeit. Der generelle Ausschluß des § 1370 bedarf der Form des § 1410. Kein Ausschluß im Einzelfall durch Ermächtigung (aA hM, s MK/Koch § 1370 Rn 15), denn Zuordnungsänderung findet auch zwischen Ehegatten nur nach §§ 929 ff statt. 5

Vorbemerkungen zu den §§ 1371–1390

Lit: Gernhuber, Geld und Güter beim Zugewinnausgleich, FamRZ 84, 1053.

1. Das Ges unterscheidet zwei Situationen, in denen der ges Güterstand beendet wird: 1. durch Tod oder 2. „auf andere Weise als durch Tod" (s § 1372). Nur in den Fällen der 2. Gruppe wird ein etwaiger Zugewinn ausgeglichen. Bei Beendigung des ges Güterstandes durch Tod wird dagegen im ges Regelfall des § 1371 I der gesetzliche Erbteil des überlebenden Ehegatten erhöht, ohne daß es darauf ankommt, ob der Verstorbene einen „Zugewinn" seines Vermögens hatte (s § 1371 I HS 2). Die **erbrechtliche Lösung** soll ob ihrer Einfachheit Streitigkeiten zwischen nahen Angehörigen verhindern. Freilich wurden damit im Kernbereich des ges Güterstandes familienrechtliche und erbrechtliche Zielsetzungen systemwidrig verkoppelt und bestimmte Grundwertungen beider Rechtsgebiete preisgegeben: So vor allem die erbrechtliche Sicherstellung der Abkömmlinge, die erbrechtliche Gleichbehandlung von „einseitigen" Kindern und solchen aus der durch Tod eines Ehegatten beendeten Ehe (s zunächst § 1371 IV), vor allem aber die dem Zugewinnausgleich zugrunde liegende Idee der **Teilung** (da weder berechnet noch geteilt wird) **gemeinschaftlich erarbeiteter** Werte (da auch voreheliches Vermögen in die erbrechtliche Abgeltung einbezogen wird). 1 2

§ 1371 Zugewinnausgleich im Todesfall

(1) **Wird der Güterstand durch den Tod eines Ehegatten beendet, so wird der Ausgleich des Zugewinns dadurch verwirklicht, dass sich der gesetzliche Erbteil des überlebenden Ehegatten um ein Viertel der Erbschaft erhöht; hierbei ist unerheblich, ob die Ehegatten im einzelnen Falle einen Zugewinn erzielt haben.**

(2) **Wird der überlebende Ehegatte nicht Erbe und steht ihm auch kein Vermächtnis zu, so kann er Ausgleich des Zugewinns nach den Vorschriften der §§ 1373 bis 1383, 1390 verlangen; der Pflichtteil des überlebenden Ehegatten oder eines anderen Pflichtteilsberechtigten bestimmt sich in diesem Falle nach dem nicht erhöhten gesetzlichen Erbteil des Ehegatten.**

(3) **Schlägt der überlebende Ehegatte die Erbschaft aus, so kann er neben dem Ausgleich des Zugewinns den Pflichtteil auch dann verlangen, wenn dieser ihm nach den erbrechtlichen Bestimmungen nicht zustünde; dies gilt nicht, wenn er durch Vertrag mit seinem Ehegatten auf sein gesetzliches Erbrecht oder sein Pflichtteilsrecht verzichtet hat.**

(4) **Sind erbberechtigte Abkömmlinge des verstorbenen Ehegatten, welche nicht aus der durch den Tod dieses Ehegatten aufgelösten Ehe stammen, vorhanden, so ist der überlebende Ehegatte verpflichtet, diesen Abkömmlingen, wenn und soweit sie dessen bedürfen, die Mittel zu einer angemessenen Ausbildung aus dem nach Absatz 1 zusätzlich gewährten Viertel zu gewähren.**

1. Allgemeines. § 1371 regelt die Folgen der durch Tod eines Ehegatten eintretenden Auflösung des ges Güterstandes und enthält 3 Komplexe: **a)** I regelt die 1

§ 1371 Buch 4. Abschnitt 1. Bürgerliche Ehe

2 güterrechtlich motivierte, aber erbrechtlich zu qualifizierende Erhöhung des ges Erbteils des überlebenden Ehegatten. **b)** II und III regeln einmal den Zugewinnausgleich in Fällen, in denen der überlebende Ehegatte nicht Erbe oder Vermächtnisnehmer wird, zum anderen den Umfang und die – teilw die erbrechtlichen
3 Vorschriften modifizierenden – Voraussetzungen des Pflichtteilsrechts. **c)** IV gewährt bestimmten Abkömmlingen gegen den überlebenden Ehegatten einen Anspruch auf Mittel zur Ausbildung als Ausgleich für die Benachteiligung aufgrund der Regelung des I.

I. Erbrechtliche Lösung

4 **1. Voraussetzungen** für die Erhöhung des ges Erbteils nach I: **a)** Beendigung des Güterstandes durch den **Tod eines Ehegatten** (zum Fall des gleichzeitigen Todes beider Ehegatten s Rn 13). **b) Güterstand der Zugewinngemeinschaft** im Zeitpunkt des Todes. **c)** Der überlebende Ehegatte ist **ges Erbe** des verstorbenen Ehegatten geworden.

5 **2. Folgen. a)** Erbteil des überlebenden Ehegatten wird um $1/4$ **erhöht**. Er erbt also in Ergänzung der Grundregel des § 1931 neben den Abkömmlingen des Verstorbenen die Hälfte, neben Verwandten der 2. Ordnung und Großeltern jedenfalls $3/4$ (ggf nach § 1931 I 2 iVm § 1371 mehr, Einzelheiten v. Olshausen
6 FamRZ 81, 633). **b)** Der nach I erhöhte Erbteil ist **Maßstab für den Pflichtteil** nach § 2303 II, sog „großer Pflichtteil" (hM, s BGH 42, 184; ErmSchlüter § 2303, 7 ff je mwN), sofern nicht die Voraussetzungen des II vorliegen; nach seiner Höhe richten sich Pflichtteilsansprüche des durch letztwillige Verfügung auf einen (geringeren) Erbteil Berufenen (§ 2305) und des nur mit einem Vermächtnis bedachten (arg aus II) Ehegatten nach § 2307 I 2 (vgl Dieckmann DNotZ 83, 631), Pflichtteilsergänzungsansprüche (§§ 2325–2330), die Grenze für Beschwerungen und Beschränkungen nach § 2306 I 1 sowie die Kürzungseinrede nach §§ 2318, 2319. Entspr dem erhöhten Pflichtteil mindern sich die Pflichtteile anderer Pflichtteilsberechtigter (BGH 37, 59), und zwar unabhängig davon, ob der Ehegatte ges oder testamentarischer Erbe geworden ist (str; s BGH aaO). **c)** Die
7 Erhöhung ist echte Erbteilserhöhung trotz der irreführenden Formulierung „Verwirklichung des Ausgleichs des Zugewinns". Annahme oder Ausschlagung können nach § 1950 nicht auf das erhöhte Viertel oder den Erbteil nach § 1931 beschränkt werden. Zur Möglichkeit eines Verzichts auf einen Bruchteil s Gernhuber/Coester-Waltjen § 37 I 2. Der erhöhte Erbteil unterliegt voll der Erbschaftsteuer, soweit er nicht echten Zugewinn enthält, ErbStG 5 I. Zum gütervertraglich geregelten Ausgleichsanspruch s Litfin BB 75, 1213. Zur Qualifikation als güter-
8 rechtliche Regelung durch die hL im IPR s PalHeldrich EGBGB 15, 26. **d)** Unberührt bleiben der Voraus nach § 1932 und etwa ausgesetzte Vermächtnisse. **e)** Andere Ansprüche wegen Zuwendungen zwischen den Ehegatten während der Ehe s BGH NJW 76, 2132; krit Kühne FamRZ 78, 221.

II. Güterrechtliche Lösung

9 **1. Voraussetzungen.** Der überlebende Ehegatte ist weder (ges oder durch letztwillige Verfügung berufener) Erbe noch Vermächtnisnehmer geworden; Gründe etwa: Erbunwürdigkeit, §§ 2339 ff, Erbverzicht, §§ 2346 ff, Enterbung, § 1938 (iZw ist so auch die Einsetzung auf den Pflichtteil zu verstehen, § 2304), Ausschlagung der Erbschaft oder (und) eines Vermächtnisses.

10 **2. Folgen. a)** Der überlebende Ehegatte kann Pflichtteil und Ausgleich des tatsächlichen Zugewinns verlangen. Stichtag für Endvermögen ist Todestag; bei laufender Scheidung und begründetem Scheidungsantrag jedoch § 1384 analog (BGH 99, 304). Der Pflichtteil berechnet sich nach dem nicht erhöhten ges Ehegattenerbteil gem § 1931, sog „kleiner Pflichtteil" (BGH NJW 82, 2497); der Ehegatte kann nicht statt Zugewinnausgleich den „großen" Pflichtteil verlangen

Titel 6. Eheliches Güterrecht **§ 1371**

(BGH aaO; str). **b)** Schlägt der überlebende Ehegatte die Erbschaft aus (§§ 1942 ff), erhält er (über die §§ 2306 I 2, 2307 hinausgehend, sa § 2303 Rn 3) den Pflichtteilsanspruch neben dem Zugewinnausgleichsanspruch, III. Die Möglichkeit, den Zugewinnausgleich zu verlangen, wird als legitimer Ausschlagungsgrund bewertet, der nicht zum Wegfall des Pflichtteilsanspruchs führen soll (Dölle § 56 II 3 d). Zu den damit für den überlebenden Ehegatten eröffneten Wahlmöglichkeiten ie s Gernhuber/Coester-Waltjen § 37 III. **c)** Der neben dem Pflichtteil zu beanspruchende Zugewinnausgleich richtet sich gegen den (die) Erben; als Nachlaßforderung geht er Verbindlichkeiten aus Vermächtnissen, Pflichtteilen und Auflagen im Rang vor. Für seine Ausgestaltung gelten die §§ 1373–1383. Er unterliegt nicht der Erbschaftssteuer, ErbStG 5 II. **d)** Versterben beide Eheleute gleichzeitig oder wird gleichzeitiger Tod vermutet (VerschG 11), dann findet kein Zugewinnausgleich statt (BGH 72, 89, str; zust Werner DNotZ 78, 736 mwN). 11

12

13

III. Ausbildungsanspruch

1. Allgemeines. a) IV soll die infolge I eintretenden Benachteiligungen der einseitigen Abkömmlinge des verstorbenen Ehegatten ausgleichen, die mangels Verwandtschaft kein ges Erbrecht nach dem Überlebenden haben. **b)** Die Benachteiligung kann in eine Bevorzugung der halbbürtigen Geschwister umschlagen, wenn sie mit ihrem Ausbildungsanspruch das volle Ehegattenviertel ausschöpfen, 3 oder mehr vollbürtige Geschwister sich dagegen die (andere) Hälfte des Nachlasses teilen müssen. **c)** Der Anspruch ist als erbrechtliche Beschwerung zu qualifizieren, doch läßt die Einbindung unterhaltsrechtlicher Züge analoge Anwendung einzelner Vorschriften des Unterhaltsrechtes zu. 14

15

16

2. Voraussetzungen. a) Ehegatte ist **ges Erbe** nach § 1931 I geworden (für Ausdehnung auf den nach § 2066 S 1 bedachten Ehegatten s Gernhuber/Coester-Waltjen § 37 V 3). **b)** Nach gesetzlicher Erbfolge erbberechtigte **Abkömmlinge** (s § 1924 I, III). Nicht: Erbfolge aufgrund letztwilliger Verfügung, auch wenn Abkömmling eingesetzt wird, str. Keinen Ausbildungsanspruch hat, wer aufgrund Erbunwürdigkeit, Erbverzicht, Enterbung usw nicht erbberechtigt ist. **c)** Der Abkömmling muß **bedürftig** sein, dh er darf keine eigenen Einkünfte haben. Einkünfte aus zumutbarem Nebenerwerb sollten anrechenbar sein (aA ErmHe 29 mwN). Zum Vermögensstamm s Gernhuber/Coester-Waltjen § 37 V 5. Unterhaltsansprüche gegen Verwandte hindern den Ausbildungsanspruch nicht, da im Verhältnis zum unterhaltsverpflichteten Verwandten Bedürftigkeit insoweit nicht besteht, als die Ausbildung durch den erbrechtlichen Erwerb sichergestellt werden kann (hM, sa Rn 21). 17

18

19

3. Folgen. a) Anspruch auf die für eine angemessene Ausbildung erforderlichen Mittel, also zumeist Geld in Form einer Geldrente analog § 1612 I 1, III 1. Soweit mit Ausbildung vereinbar, kann auch Bestimmungsbefugnis in analoger Anwendung von § 1612 S 2 angenommen werden. **b) Umfang.** Ob zu den Ausbildungskosten auch die alig Lebenshaltungskosten gehören (mit der Folge entspr Entlastung anderer Unterhaltsverpflichteter, Rn 19) ist str, aber aufgrund der unterhaltsrechtlichen Momente des Anspruchs zu bejahen (Gernhuber/Coester-Waltjen § 37 V 7; aA zB Johannsen FamRZ 61, 164 je mwN). **Angemessenheit der Ausbildung** bestimmt sich entspr den zum Unterhaltsrecht entwickelten Kriterien (s § 1610 Rn 2 ff). 20

21

4. Haftungsumfang. Trotz Formulierung des Textes nicht gegenständlich, sondern wertmäßig auf das Erbschaftsviertel (im Zeitpunkt des Anfalls) begrenzte Haftung. Alle Belastungen des Erbteils sind in Abzug zu bringen (Gernhuber/Coester-Waltjen § 37 V 8, str), der Berechtigte geht also Erblasser- und Erbfallgläubigern nach. Beschränkung der Erbenhaftung möglich, Gernhuber/Coester-Waltjen § 37 V 8 (str). 22

Chr. Berger

§ 1372 Buch 4. Abschnitt 1. Bürgerliche Ehe

23   5. **Mehrere Berechtigte** sind wie gleichberechtigte Unterhaltsgläubiger zu behandeln; ein nicht ausreichendes Viertel führt also zu (dem Ausbildungsbedarf proportionalen) Kürzungen.

§ 1372 Zugewinnausgleich in anderen Fällen

Wird der Güterstand auf andere Weise als durch den Tod eines Ehegatten beendet, so wird der Zugewinn nach den Vorschriften der §§ 1373 bis 1390 ausgeglichen.

Lit: Haas, Ehegatteninnengesellschaft und familienrechtlicher Vertrag sui generis, FamRZ 02, 205.

1   **1. Allgemeines.** Der Zugewinnausgleich erfolgt im Wege der „**güterrechtlichen Lösung**", wenn der Güterstand „auf andere Weise als durch den Tod eines Ehegatten" (sa Rn 1 vor §§ 1371–1390) beendet wird. Darunter fallen insbes die Scheidung (§ 1564), die Eheaufhebung (§ 1318 III), das Urteil auf vorzeitigen Zugewinnausgleich (§ 1388) und die ehevertragliche Aufhebung des (zunächst durch Eheschließung begründeten) ges Güterstands oder durch Ausschluß des Zugewinn- und Versorgungsausgleichs (§ 1414 S 2).

2   2. Für die **Auseinandersetzung vergemeinschafteter Vermögensbestandteile**, zB Ehegattengesellschaft (vgl BGH 47, 162) gelten die §§ 1371–1390 nicht. Gemeinschaftliche Hausratsgegenstände und Ausgleichsforderungen aus Hausratsverteilung unterliegen nicht dem Zugewinnausgleich (BGH 89, 137; NJW 91, 1552; krit Gernhuber FamRZ 84, 1054 – die Bedenken haben besonderes Gewicht für § 1361 b). Statt Auseinandersetzung gemeinschaftlicher Gegenstände kann uU ein Ehegatte nach § 242 (Rück-)Übertragung eines Miteigentumsanteils verlangen, wenn Teilungsversteigerung zu unzumutbaren Ergebnissen führen würde (BGH 68, 304; s zum Familienheim Graba NJW 87, 1725).

3   **3. Ausgleich besonderer Leistungen. a)** Aufgrund der ehelichen Lebensgemeinschaft kann es zu vielerlei Leistungen zwischen den Ehegatten kommen, zB Dienstleistungen, Mitarbeit im Betrieb, ehebedingte Zuwendungen, Tilgung von Verbindlichkeiten usw. Die entsprechenden Ausgleichsansprüche bereiten zunehmend Probleme. **b)** Die eheliche Lebensgemeinschaft kann zu **Dienstleistungen**
4   verpflichten (BGH 77, 162), etwa bei erforderlicher Krankenpflege (falls nicht Beitrag zum Familienunterhalt, s BGH NJW 93, 124) oder bei der gemeinsamen Schaffung einer Existenz auf der Grundlage der noch aufzubauenden Arztpraxis eines Partners (vgl BGH NJW 74, 2046). Jenseits der unproblematischen Fälle eindeutiger schuldvertraglicher Abreden (Arbeitsvertrag, hierzu Fenn, Die Mitarbeit in den Diensten Familienangehöriger, 1970, S 31 ff; Gesellschaftsvertrag s BGH NJW-RR 90, 736; 88, 261; krit zur Eigenheimgesellschaft K. Schmidt AcP 182, 482) wird die Frage des **Ausgleichs** vor allem wichtig, wenn nach Beendigung der Ehe für die erbrachten Leistungen Entgelt verlangt wird (hierzu grundsätzlich Johannsen WM 78, 502 ff; zur Entwicklung der Rspr umfassend Rauscher AcP 186, 531). Die Rspr läßt dazu *konkludent* erklärte vertragliche Regelungen zu, vgl BGH 84, 367; BGH NJW 94, 2545 (Mitarbeit im Betrieb; bei Scheitern der Ehe Geschäftsgrundlage „Kooperationsvertrag" entfallen). Je nach Ausgestaltung ie können Dienst-, Gesellschafter- oder Kooperationspflichten sui generis (Gernhuber/Coester-Waltjen § 20 III 7) vereinbart sein, die zu entgelten bzw bei Auseinandersetzung der Gesellschaft zu berücksichtigen sind. **c) Arbeitsleistungen** zum
5   Ausbau eines Familienheims können, wenn nicht ein Gesellschaftsvertrag geschlossen ist, aufgrund familienrechtlichen Vertrags besonderer Art erbracht worden sein; bei Scheitern der Ehe Ausgleichsanspruch wegen Wegfalls der Geschäftsgrundlage (BGH 84, 367 f, BGH NJW 94, 2545), nicht dagegen Bereicherungsausgleich
6   (BGH 84, 364). **d)** Im ges Güterstand findet Ausgleich **ehebedingter Zuwendungen** nach den Ausgleichsregeln des ehelichen Güterrechts statt (BGH NJW-RR 90, 834 mwN), nur ausnahmsweise nach § 242 (BGH 115, 135 f; NJW

1380   *Chr. Berger*

Titel 6. Eheliches Güterrecht **§§ 1373, 1374**

89, 1987 [Gütertrennung]; s BGH NJW-RR 96, 1347 [Wegfall der Geschäftsgrundlage]; zur Rspr Rauscher AcP 186, 531, 550). Rückforderung jedenfalls nicht vor Scheidung (Düsseldorf NJW-RR 92, 1478). Verjährung entspr § 1378 IV 1 (LG Düsseldorf NJW 93, 542). – Widerruf wie bei Schenkungen scheidet aus. Abgrenzung von Schenkung subjektiv nach Zweckrichtung: freigebige Zuwendung oder Ausgestaltung der Lebensgemeinschaft (BGH aaO, Waas FamRZ 00, 453). **e) Gesamtschuldnerausgleich** nach § 426 (dazu Gernhuber JZ 96, 696; Bosch FamRZ 02, 366) kann insbes bei Bedienung gemeinsamer Schulden nach Scheitern der Ehe geltend gemacht werden (BGH NJW 95, 653). **f)** Zur **Befreiung von Kreditsicherheiten** für Verbindlichkeiten des anderen s BGH NJW 89, 1920; Hamm FamRZ 92, 437. **g)** Ausgleich **Steuerzahlungen** s Dorstmann FamRZ 91, 761.

7

8

§ 1373 Zugewinn

Zugewinn ist der Betrag, um den das Endvermögen eines Ehegatten das Anfangsvermögen übersteigt.

1. Begriffsdefinition, die verdeutlicht, daß Zugewinn nur eine Rechengröße, nicht eine rechtlich selbständige Vermögensmasse ist.

1

§ 1374 Anfangsvermögen

(1) Anfangsvermögen ist das Vermögen, das einem Ehegatten nach Abzug der Verbindlichkeiten beim Eintritt des Güterstands gehört; die Verbindlichkeiten können nur bis zur Höhe des Vermögens abgezogen werden.

(2) Vermögen, das ein Ehegatte nach Eintritt des Güterstands von Todes wegen oder mit Rücksicht auf ein künftiges Erbrecht, durch Schenkung oder als Ausstattung erwirbt, wird nach Abzug der Verbindlichkeiten dem Anfangsvermögen hinzugerechnet, soweit es nicht den Umständen nach zu den Einkünften zu rechnen ist.

1. **Allgemeines.** § 1374 bestimmt den zur Berechnung des Zugewinns erforderlichen Rechnungsposten „Anfangsvermögen" (s § 1373) und das maßgebende Datum („Eintritt des Güterstandes", dazu Rn 2), ferner die Berücksichtigung bzw Nichtberücksichtigung bestimmter Vermögenspositionen, um spezifisch familienrechtlichen Wertungen Rechnung zu tragen (Rn 5 ff). Iü s für die Bewertung der Gegenstände § 1376 I und dort Rn 6 ff.

1

2. **Eintritt des Güterstandes.** Mangels Parteivereinbarung Zeitpunkt der Eheschließung; bei vor Inkrafttreten des GleichberG geschlossenen Ehen der 1. 7. 1958, GleichberG 8 I Nr 3. Ehevertrag kann anderen Zeitpunkt des Eintritts bestimmen bzw für die Bewertung des Anfangsvermögens als maßgeblich festlegen (s §§ 1408, 1409 Rn 3). Form: § 1410.

2

3. **Berechnung** erfolgt grundsätzlich durch Summierung aller Aktiva und Abzug aller Verbindlichkeiten (nicht: negatives Kapitalkonto, BGH NJW-RR 86, 226), doch sind Verbindlichkeiten nur in Höhe vorhandener Aktiva abzuziehen, I HS 2, so daß Anfangsvermögen nie geringer als Null sein kann (BGH NJW 84, 434). Zu den **Aktivposten** gehören alle objektiv bewertbaren Sachen und Rechte einschließlich Forderungen (s Düsseldorf FamRZ 89, 1181), also auch die Anteile an gemeinschaftlichem Vermögen, zB die Beteiligung an einer Gesellschaft. Ansprüche der Ehegatten gegeneinander sind für den einen zu berücksichtigender Aktivposten, für den Schuldner abzuziehende Verbindlichkeit. Zu Versorgungsansprüchen s BGH NJW 81, 1039; Abfindung in „qualifiziertem Interessenausgleich" s BGH FamRZ 01, 278; Abfindung für Witwenrente bei Wiederheirat BGH 82, 149. **Hausrat** s § 1372 Rn 1. **Unvererbliches Gut** soll außer Betracht bleiben, BGH 68, 163; krit Gernhuber FamRZ 84, 1054, Schwab FamRZ 84, 430.

3

4

§ 1375

5   4. a) Ausgeglichen werden soll einseitige Vermögensmehrung durch Einkünfte, die aus Arbeit, gewinnbringender Vermögensverwendung usw herrühren. Die in II genannten Erwerbsfälle werden dagegen durch ihre Zurechnung zum *Anfangsvermögen* in Höhe ihres Wertes beim Erwerb neutralisiert (sa § 1376 I); ihre gewinnbringende Verwendung kann dagegen ausgleichspflichtige Einkünfte bewirken. Kaufkraftschwund ist zu berücksichtigen (BGH 101, 65). Verrechnung von Schulden bei negativer Anfangsbilanz mit späterem privilegierten Erwerb str, abl
6   BGH 129, 311. **Schenkung** entspricht §§ 516 ff, s BGH 101, 232; Beteiligung als Kommanditist s BGH 112, 44 f. Anzusetzen ist voller Wert trotz späteren Pflichtteilsergänzungsanspruchs, Stuttgart NJW-RR 90, 1476. Nur Schenkungen Dritter, BGH 101, 69; zwischen Ehegatten s Rn 9. Keine Schenkung: Arbeitsleistungen, Gebrauchsüberlassung, sofern nicht Vergütung geschenkt, BGH 101, 232, gemeinsam geschaffene Wertsteigerung, Köln NJW-RR 95, 707. Nicht hinzuzurechnen: Schmerzensgeld, BGH 80, 387 f, Lottogewinn, BGH 68, 43; Zuwendungen zur wirtschaftlichen Sicherung der Ehe, BGH NJW 95, 1890. § 1587 I 1, III hat
7   Vorrang, s BGH NJW 95, 524. b) **Erwerb von Todes wegen** aufgrund ges Erbrechts oder letztwilliger Verfügung; auch Nacherbschaft und ihre Wertsteigerung, BGH 87, 374, dazu Gernhuber FamRZ 84, 1058; Lebensversicherung steht gleich, BGH NJW 95, 1314, dazu Gernhuber JZ 96, 205, Tiedtke JZ 96, 201. „Erwerb" durch Konfusion Düsseldorf FamRZ 88, 287. Verbindlichkeiten mindern bis zur Höhe des Nachlasses den anzurechnenden Erwerb; beschränkt der Erwerber die Erbenhaftung nicht, so sind den Nachlaßwert übersteigende Verbindlichkeiten ggf vom Endvermögen abzuziehen, soweit sie noch offenstehen. Leibgedinge ist keine mindernde Verbindlichkeit, BGH NJW-RR 90, 1284; Erlöschen
8   Altenteil s Schleswig FamRZ 91, 943. c) Erwerb mit Rücksicht auf künftiges Erbrecht ist zB die Hofübergabe zu Lebzeiten; auch in der Rechtsform des Kaufs kann „mit Rücksicht auf künftiges Erbrecht" erworben werden, BGH 70, 291. Gegenleistungen schließen Erwerb iSd II nicht aus, BGH NJW-RR 90, 1284; sa
9   Bamberg FamRZ 90, 408. d) II gilt nur für **Schenkungen Dritter**. Unbenannte oder ehebedingte Zuwendungen (s BGH 82, 230, Lipp JuS 93, 89) oder Schenkungen zwischen Ehegatten (BGH 101, 70; zur Abgrenzung BGH NJW-RR 90, 386) fallen nicht unter II; sa § 1372 Rn 3, § 1380. Gemischte Schenkung s BGH NJW
10   92, 2567. e) Zur **Ausstattung** s § 1624. f) **Einkünfte** sind nicht anzurechnen, bleiben also ausgleichspflichtig. **Zuwendungen** Dritter, insbesondere naher Verwandter, rechnen nur dann als Einkünfte, wenn sie zur Deckung des laufenden Lebensbedarfs, nicht aber zur Vermögensbildung bestimmt sind, BGH 101, 234 f.
11   5. Durch Ehevertrag können die Ehegatten Anrechnung oder Nichtanrechnung von bestimmten Gegenständen abw vom Ges regeln (s §§ 1408, 1409 Rn 3).

§ 1375 Endvermögen

(1) ¹**Endvermögen ist das Vermögen, das einem Ehegatten nach Abzug der Verbindlichkeiten bei der Beendigung des Güterstands gehört.** ²**Die Verbindlichkeiten werden, wenn Dritte gemäß § 1390 in Anspruch genommen werden können, auch insoweit abgezogen, als sie die Höhe des Vermögens übersteigen.**

(2) **Dem Endvermögen eines Ehegatten wird der Betrag hinzugerechnet, um den dieses Vermögen dadurch vermindert ist, dass ein Ehegatte nach Eintritt des Güterstands**

1. **unentgeltliche Zuwendungen gemacht hat, durch die er nicht einer sittlichen Pflicht oder einer auf den Anstand zu nehmenden Rücksicht entsprochen hat,**
2. **Vermögen verschwendet hat oder**
3. **Handlungen in der Absicht vorgenommen hat, den anderen Ehegatten zu benachteiligen.**

Titel 6. Eheliches Güterrecht **§ 1375**

(3) **Der Betrag der Vermögensminderung wird dem Endvermögen nicht hinzugerechnet, wenn sie mindestens zehn Jahre vor Beendigung des Güterstands eingetreten ist oder wenn der andere Ehegatte mit der unentgeltlichen Zuwendung oder der Verschwendung einverstanden gewesen ist.**

1. § 1375 bestimmt den 2. Posten – „Endvermögen" – zur Errechnung des Zugewinns (s § 1374 Rn 1).

2. Ausgangspunkt für die Berechnung ist die **Summe der vorhandenen Aktiva.** Zur Bewertung s § 1376 II, IV. Einkommensüberschüsse sind nur Indiz für Vermögensbildung, BGH WM 78, 1391. Aufgrund Geldentwertung nur nominale Wertsteigerungen haben außer Ansatz zu bleiben, BGH 61, 385 (dazu § 1376 Rn 11). Lebensversicherungen sind auszugleichen (BGH 67, 262) und dabei mit ihrem Rückkaufwert zu berücksichtigen, BGH NJW 81, 1039; gemischte Kapitallebensversicherung und Berechnung der Anrechte s BGH NJW 92, 2157; Voith FamRZ 93, 508; betriebliche Altersversorgung durch Kapitallebensversicherung s BGH 117, 76; betriebliche Direktversicherung s Köln NJW 00, 3651; Abgrenzung zum vorrangigen (§ 1587 III) Versorgungsausgleich sa BGH NJW 92, 1888 f; zum Soldausgleich BGH NJW 82, 1982; zur Schadensersatzabfindung BGH NJW 82, 281; zur ausgezahlten Rentenanwartschaft Düsseldorf MDR 82, 494; zur Übergangshilfe BGH NJW 83, 2141; zum Inkassobestand eines Versicherungsagenten s Koblenz FamRZ 79, 131; zu Nießbrauch KG FamRZ 88, 171; zu Hausrat s § 1372 Rn 1; zu unvererblichem Gut § 1374 Rn 4. Zur Wirkung von Vereinbarungen im Hausratsverteilungsverfahren über Einzelposten vgl BGH NJW-RR 86, 1325.

3. **Zurechnung nicht mehr vorhandener Aktiva.** Vermögensmindernde Manipulationen sollen nicht auf den Zugewinnausgleich durchschlagen; sie werden deshalb nach II dem Endvermögen zugerechnet: **a)** Unentgeltliche Zuwendungen, die den Rahmen des durch Sitte und Anstand Gebotenen überschreiten, zB erhebliche Schenkungen, Stiftungen, unverhältnismäßige Ausstattung (s § 1624 I). Schenkungen unter Ehegatten bleiben wegen III außer Betracht; sa § 1374 Rn 9, § 1380. Abfindungsklauseln in Gesellschaftsverträgen str; hM verneint zutr Schenkungscharakter, wenn die Abfindungsklausel für alle Gesellschafter in gleicher Weise gilt (s Rittner FamRZ 61, 510 ff; aA zB ErmHe § 1376, 7 ff, je mwN). Erfüllung einer Schuld ist „entgeltlich", BGH FamRZ 86, 567. **b) Verschwendung** von Vermögen ist Verbrauch, der angesichts der Verhältnisse als unvernünftig und wirtschaftlich unvertretbar erscheint. **c) Einverständnis** des anderen Ehegatten mit den Zuwendungen oder (und) der Verschwendung läßt die Zurechnung entfallen, III. **d) Handlungen** in **Benachteiligungsabsicht**; sie muß leitendes, nicht aber einziges Motiv sein (sa Frankfurt FamRZ 84, 1098 zu mangelnder Zurechnungsfähigkeit); Behauptungs- und Beweislast s BGH NJW-RR 86, 1326 (Kontoüberziehung). **e) Zeitliche Grenze** für die Zurechnung: 10 Jahre, III, und zwar ab Verfügung (ErmHe 11, str).

4. **Verbindlichkeiten** werden (nur) bis zum Nullstand des Vermögens abgezogen; Bewertung s § 1376 III. Zur Entstehung von Steuerverbindlichkeiten BGH NJW 91, 1551; Ehegatten als Darlehensschuldner nach Umschuldung s BGH NJW-RR 91, 578; Hausratsschulden s Bamberg NJW-RR 95, 386. Ausnahmsweise werden nach I 2 bestimmte Verbindlichkeiten auch dann abgezogen, wenn sich daraus ein Minussaldo ergibt; er ist aber nur für die Ansprüche gegen Dritte nach § 1390 erheblich, da die Hinzurechnung nach II zwar einen rechnerischen Zugewinn ergeben kann, ein Ausgleichsanspruch gegen den Ehegatten jedoch nach § 1378 II durch die Höhe des Aktivvermögens begrenzt ist. Der Abzug der Verbindlichkeiten verringert also ie nur die Verpflichtung des herausgabepflichtigen Dritten (Rechenbsp s PalDiederichsen 10).

5. Maßgebende **Zeitpunkte** s §§ 1376, 1384.

§ 1376 Wertermittlung des Anfangs- und Endvermögens

(1) Der Berechnung des Anfangsvermögens wird der Wert zugrunde gelegt, den das beim Eintritt des Güterstands vorhandene Vermögen in diesem Zeitpunkt, das dem Anfangsvermögen hinzuzurechnende Vermögen im Zeitpunkt des Erwerbs hatte.

(2) Der Berechnung des Endvermögens wird der Wert zugrunde gelegt, den das bei Beendigung des Güterstands vorhandene Vermögen in diesem Zeitpunkt, eine dem Endvermögen hinzuzurechnende Vermögensminderung in dem Zeitpunkt hatte, in dem sie eingetreten ist.

(3) Die vorstehenden Vorschriften gelten entsprechend für die Bewertung von Verbindlichkeiten.

(4) Ein land- oder forstwirtschaftlicher Betrieb, der bei der Berechnung des Anfangsvermögens und des Endvermögens zu berücksichtigen ist, ist mit dem Ertragswert anzusetzen, wenn der Eigentümer nach § 1378 Abs. 1 in Anspruch genommen wird und eine Weiterführung oder Wiederaufnahme des Betriebs durch den Eigentümer oder einen Abkömmling erwartet werden kann; die Vorschrift des § 2049 Abs. 2 ist anzuwenden.

Lit: Kroeschell, Die Bewertung landwirtschaftlicher Betriebe beim Zugewinnausgleich, 1983; v. Olshausen, Geldwertänderung und Zugewinnausgleich, FamRZ 83, 765; Piltz/Wissmann, Unternehmensbewertung beim Zugewinnausgleich nach Scheidung, NJW 85, 2673.

1 **1. Allgemeines.** Die Vorschrift legt die für die Wertberechnung der Posten „Anfangsvermögen" und „Endvermögen" und damit die für den jeweiligen Zugewinn maßgebenden Stichtage fest. Ausnahmsloses Abstellen auf Ertragswert in IV ist verfassungswidrig, BVerfG 67, 348.

2 **2. Stichtage:** a) Für Berechnung des vorhandenen Anfangsvermögens der Eintritt des ges Güterstandes (hierzu § 1374 Rn 2); b) für hinzuzurechnende Posten – 3 s § 1374 II, dazu § 1374 Rn 5 ff – Zeitpunkt des Erwerbs; c) für Endvermögen das Ende des ges Güterstandes (s jedoch § 1384 sowie § 1371 Rn 10); d) für dem Endvermögen hinzuzurechnende Minderungen – § 1375 II – der Zeitpunkt ihres 4 Eintritts (dazu § 1375 Rn 8); e) bei **abzuziehenden Verbindlichkeiten** ist zu unterscheiden zwischen **aa)** vom Anfangsvermögen abzurechnenden Lasten, die bei Eintritt des Güterstandes bestanden – sie sind in der zu diesem Zeitpunkt bestehenden Höhe abzuziehen –, und **bb)** bis zur Beendigung entstandenen und vom Endvermögen in der bei Beendigung noch offenstehenden Höhe abzuziehen-5 den Verbindlichkeiten. Steuerverbindlichkeit aus Veräußerung, um Zugewinnausgleich zu erfüllen, ist zu berücksichtigen, Düsseldorf FamRZ 89, 1181. Zu den Lasten anrechnungsfähigen Erwerbs nach § 1374 II (zB Nachlaßverbindlichkeiten) s § 1374 Rn 7.

6 **3. Bewertung** der Aktiva erfolgt durch Summierung der einzelnen Verkehrswerte. Für bedingte Rechte (gemischte Kapitallebensversicherung, Anrechte s BGH NJW 92, 2157; NJW 95, 2782). **a) Ausnahme:** IV; dazu BVerfG 80, 170; 7 BGH NJW-RR 90, 68; NJW 91, 1741. **b) Unternehmen** und **Beteiligungen** sind nach ihrem tatsächlichen Wert anzusetzen, wobei im allg die Hilfe eines Sachverständigen unentbehrlich sein wird (vgl BGH 17, 136); statt Ermittlung aus Substanz- und Ertragswert (vgl BGH 68, 163) rückt zunehmend Ertragswert in den Vordergrund, vgl Großfeld, Unternehmensbewertung im Gesellschaftsrecht, 1983, 33 ff; Piltz/Wissmann aaO mwN; einschränkend BGH NJW 91, 1548 (Arztpraxis); 8 sa Rn 1. **Goodwill** einer freiberuflichen Praxis s BGH NJW 77, 378, Kotzur NJW 88, 3239; Architektenbüro München FamRZ 84, 1096; kleinerer Handwerksbetrieb BGH 70, 224; GmbH-Anteil mit Abfindungsklausel s BGH NJW 87, 321; Steuerberaterbüro s BGH FamRZ 99, 361. Zur Bewertung einer unveräußerlichen 9 Unternehmensbeteiligung BGH 75, 200. **c)** Str Forderungen sind beim Endvermögen entspr ihrer Unsicherheit nur mit einem Risikoabschlag zu bewerten.

Titel 6. Eheliches Güterrecht **§ 1377**

Nicht einklagbare Forderung s Frankfurt FamRZ 90, 998. Grundstück belastet mit Wiederkaufsrecht s BGH NJW 93, 2804. **d)** Bei Gesamtschulden ist das Maß der 10 Ausgleichsverpflichtung und die Realisierbarkeit von Regreßansprüchen zu berücksichtigen, sa Frankfurt FamRZ 85, 482; Bamberg NJW-RR 95, 386.

4. a) Wertsteigerungen einzelner Vermögensgegenstände, die ie das End- 11 vermögen erhöhen, sind grundsätzlich ausgleichspflichtig. Wertsteigerung durch Absinken des Wertes von Belastungen (Nießbrauch, Leibgedinge) des Vermögens nach § 1374 II sind kein Zugewinn, BGH NJW 90, 3019; abw Bamberg NJW-RR 95, 259. Bei Anfangsvermögen = Null ist Wert des Endvermögens Zugewinn auch bei Kaufkraftschwund, BGH NJW 84, 434. **Inflationäre Wertsteigerungen** des Anfangsvermögens sind dagegen nicht zu berücksichtigen, da andernfalls der Ausgleichsberechtigte zum Schaden des Verpflichteten aus der Inflation Gewinn ziehen würde, BGH 61, 385 mwN (389), der Wert des (aktiven) Anfangsvermögens ist deshalb hochzurechnen; zur Berechnungsformel s BGH 61, 393. Das Herausrechnen inflationärer Wertsteigerungen bezieht sich auf das (jeweilige) Gesamtvermögen, nicht auf einzelne Gegenstände, BGH WM 75, 28; sa BGH 101, 65 zur Berücksichtigung des Kaufkraftschwundes bei Schenkungen iSd § 1374 II. Wertzuwachs von DDR-Grundbesitz infolge der Wiedervereinigung ist ausgleichspflichtig (Düsseldorf FamRZ 99, 226). **b)** Zu vorübergehenden **Wertverlusten** 12 aufgrund schlechter Marktlage (Einfamilienhaus) und Stichtag s BGH NJW-RR 92, 899.

§ 1377 Verzeichnis des Anfangsvermögens

(1) Haben die Ehegatten den Bestand und den Wert des einem Ehegatten gehörenden Anfangsvermögens und der diesem Vermögen hinzuzurechnenden Gegenstände gemeinsam in einem Verzeichnis festgestellt, so wird im Verhältnis der Ehegatten zueinander vermutet, dass das Verzeichnis richtig ist.

(2) ¹**Jeder Ehegatte kann verlangen, dass der andere Ehegatte bei der Aufnahme des Verzeichnisses mitwirkt.** ²**Auf die Aufnahme des Verzeichnisses sind die für den Nießbrauch geltenden Vorschriften des § 1035 anzuwenden.** ³**Jeder Ehegatte kann den Wert der Vermögensgegenstände und der Verbindlichkeiten auf seine Kosten durch Sachverständige feststellen lassen.**

(3) Soweit kein Verzeichnis aufgenommen ist, wird vermutet, dass das Endvermögen eines Ehegatten seinen Zugewinn darstellt.

Lit: Buchwald, Das Anfangsvermögen nach dem Gleichberechtigungsgesetz, BB 58, 493.

1. Allgemeines. Nach langjähriger Ehe kann Feststellung und Bewertung des 1 Anfangsvermögens schwierig sein. Deshalb sieht § 1377 vor, daß ein gemeinsam erstelltes Verzeichnis eine Richtigkeitsvermutung für sich hat, I. Zur Mitwirkung bei der Aufstellung ist jeder Ehegatte verpflichtet, II 1. Die Vermutung in III, bei fehlendem Verzeichnis sei das gesamte Endvermögen Zugewinn, soll Anreiz zur erwünschten Inventarisierung sein.

2. Zeitpunkt: Jederzeit, auch nach Beendigung des Güterstandes. 2

3. Inhalt des Verzeichnisses. a) Bestand, dh Aufzählung der einzelnen Gegen- 3 stände, Rechte und Verbindlichkeiten; **b) Wert** der aufgezählten Gegenstände usw nach übereinstimmender Schätzung, ggf aufgrund Feststellung durch Sachverständigen (s II 3); **c)** hinzuzurechnender Erwerb nach § 1374 II ist aufzunehmen, soweit bei Aufnahme schon eingetreten.

4. Form. S § 1035 (II 2); gemeinsame Unterzeichnung, ggf öffentl Beglaubi- 4 gung. Fehlendes Datum ist unschädlich, MK/Gernhuber 8.

§ 1378   Buch 4. Abschnitt 1. Bürgerliche Ehe

5   **5. Mitwirkung** des anderen Ehegatten erforderlich und erzwingbar, II 1; Vollstreckung ZPO 888 (aA Gernhuber/Coester-Waltjen § 36 V 2: ZPO 894). Mitwirkungspflichtig sind auch die Erben eines verstorbenen Ehegatten.

6   **6. Folgen. a)** Bei Aufstellung Vermutung der Richtigkeit zwischen den Ehegatten; Beweis des Gegenteils zulässig, ZPO 292. Auch partielle Widerlegung bzw Ergänzung, etwa bei späterem Erwerb nach § 1374 II, ist möglich. Gegenüber
7   Dritten ZPO 286 I. **b)** Bei unterlassener Aufnahme Vermutung, daß das ganze Endvermögen Zugewinn ist, III; Beweislast für werterhöhende Faktoren BGH NJW 91, 1743. **c)** Aufstellung oder Mitwirkung nach hM anfechtbar, vgl ErmHe 2 mwN.

§ 1378 Ausgleichsforderung

(1) Übersteigt der Zugewinn des einen Ehegatten den Zugewinn des anderen, so steht die Hälfte des Überschusses dem anderen Ehegatten als Ausgleichsforderung zu.

(2) Die Höhe der Ausgleichsforderung wird durch den Wert des Vermögens begrenzt, das nach Abzug der Verbindlichkeiten bei Beendigung des Güterstands vorhanden ist.

(3) ¹Die Ausgleichsforderung entsteht mit der Beendigung des Güterstands und ist von diesem Zeitpunkt an vererblich und übertragbar. ²Eine Vereinbarung, die die Ehegatten während eines Verfahrens, das auf die Auflösung der Ehe gerichtet ist, für den Fall der Auflösung der Ehe über den Ausgleich des Zugewinns treffen, bedarf der notariellen Beurkundung; § 127a findet auch auf eine Vereinbarung Anwendung, die in einem Verfahren in Ehesachen vor dem Prozessgericht protokolliert wird. ³Im Übrigen kann sich kein Ehegatte vor der Beendigung des Güterstands verpflichten, über die Ausgleichsforderung zu verfügen.

(4) ¹Die Ausgleichsforderung verjährt in drei Jahren; die Frist beginnt mit dem Zeitpunkt, in dem der Ehegatte erfährt, dass der Güterstand beendet ist. ²Die Forderung verjährt jedoch spätestens dreißig Jahre nach der Beendigung des Güterstands. ³Endet der Güterstand durch den Tod eines Ehegatten, so sind im Übrigen die Vorschriften anzuwenden, die für die Verjährung eines Pflichtteilsanspruchs gelten.

Lit: Brix, Eheverträge und Scheidungsfolgenvereinbarungen nach §§ 1378 III und 1408 I BGB, FamRZ 93,12; Gaul, Zur Abgrenzung des Ehevertrags von der Scheidungsvereinbarung nach § 1378 Abs. 2 S. 2 BGB und dem Auseinandersetzungsvertrag, FS Lange 1992, 829.

1   **1. Allgemeines.** § 1378 regelt Höhe und Inhalt der Ausgleichsforderung (I, II), Entstehung und Verfügbarkeit (III) sowie die Verjährung (IV). Zur Verfassungsmäßigkeit BGH WM 78, 1390.

2   **2. Inhalt.** Auf Geld gerichtete Forderung. Teilklage möglich, BGH NJW 94, 3165. Kein Anspruch auf bestimmte Vermögensgegenstände, s jedoch § 1383 und HausratsVO 8 ff.

3   **3. Höhe. a)** Nach §§ 1373–1376 berechnete Zugewinnbeträge der Ehegatten werden verglichen; die Differenz zwischen höherem und niedrigerem Zugewinn
4   halbiert ergibt die Ausgleichsforderung. **b)** Obergrenze bildet jedoch das **Aktivvermögen** („nach Abzug der Verbindlichkeiten") des Ausgleichsverpflichteten, II. Schutz für Gläubiger, denn ihre Ansprüche gehen durch diese Berechnung der Entstehung einer Ausgleichsforderung vor, BGH NJW 88, 2369. Auch wird die Möglichkeit vermieden, daß ein Ehegatte durch Hinzurechnung von Beträgen nach § 1375 II rechnerisch einen (höheren) Zugewinn (als der andere) trotz Minussaldo hat und Zugewinn deshalb nicht aus gegenwärtigem Vermögen, sondern aus künftigen Einnahmen zu zahlen hat. Sa § 1390. Maßgebender Zeitpunkt bei

Titel 6. Eheliches Güterrecht **§ 1379**

Beendigung durch Scheidung: Rechtskraft, BGH NJW 88, 2369 (str), und zwar auch, falls Sicherheit (§ 1389) gestellt worden ist, BGH aaO.

4. Entstehung und sofortige Fälligkeit nach III, § 271 I, mit Beendigung des Güterstandes (s hierzu Rn 1 vor §§ 1371–1390). Vorher ist Forderung mangels Existenz nicht vererblich (III 1). Wiederverheiratung der gleichen Partner läßt Anspruch nicht entfallen, Nürnberg MDR 80, 668. **Zurückbehaltungsrecht** *gegen* Ausgleichsanspruch möglich, doch kann Berufung darauf Rechtsmißbrauch sein, BGH 92, 194. § 273 *wegen* Ausgleichsanspruchs gegen andere Ansprüche aus Auflösung der Ehe s BGH NJW-RR 90, 134. 5

5. RGeschäfte über Ausgleichsforderung. Abweichend von allg Regeln (§ 398 Rn 9) sind Verfügungen (nicht nur Abtretung) und Verpflichtungen hierzu (III 3) über die zukünftige Ausgleichsforderung nichtig. Zweck: Einem Erwerber soll kein Interesse an der Beendigung des Güterstands (insbes infolge Scheidung) erwachsen (sa ZPO 852 II); ferner Schutz der Ehegatten vor Übereilung (Giesen Rn 312). III 1, 3 gelten auch für RGeschäfte zwischen den Ehegatten, insbes § 397 I. Nach III 2 sind wirksam ARreden während eines Scheidungsverfahrens, auch, wenn sie vor einem (beabsichtigten) Scheidungsverfahren geschlossen werden, BGH 86, 150, str; s Tiedtke JZ 83, 457; Gaul aaO 836, 843. – III 3 gilt auch für Eheverträge (BGH 86, 149). 7 8

6. Verjährungsfrist. 3 Jahre ab Kenntnis von der Beendigung des Güterstandes, IV 1 (zu Beginn, Kenntnis und Beweislast BGH 100, 203; Unterbrechung auch durch fehlerhaften Antrag, BGH NJW-RR 94, 515), spätestens 30 Jahre nach Beendigung, S 2. Kenntnis Gebrechlichkeitspfleger (heute: Betreuer) s Frankfurt IPRax 88, 104. Gilt auch bei vertraglich geregeltem Ausgleichsanspruch, Karlsruhe FamRZ 84, 894. Bei Ausgleichsanspruch, der in Ausnahme zur erbrechtlichen Lösung nach § 1371 II, III bei Beendigung durch Tod eines Ehegatten entsteht, ist Kenntnis vom Tod und ggf letztwilliger Verfügung maßgebend, IV 3 iVm § 2332, s dazu BGH NJW 84, 2936. Hemmung der Verjährung aufgrund der Rückwirkung einer Ausschlagung tritt nicht ein, § 2332 III; iü gelten die §§ 194 ff, vgl BGH NJW 84, 2936. 9

§ 1379 Auskunftspflicht

(1) ¹**Nach der Beendigung des Güterstands ist jeder Ehegatte verpflichtet, dem anderen Ehegatten über den Bestand seines Endvermögens Auskunft zu erteilen.** ²**Jeder Ehegatte kann verlangen, dass er bei der Aufnahme des ihm nach § 260 vorzulegenden Verzeichnisses zugezogen und dass der Wert der Vermögensgegenstände und der Verbindlichkeiten ermittelt wird.** ³**Er kann auch verlangen, dass das Verzeichnis auf seine Kosten durch die zuständige Behörde oder durch einen zuständigen Beamten oder Notar aufgenommen wird.**

(2) **Hat ein Ehegatte die Scheidung oder die Aufhebung der Ehe beantragt, gilt Absatz 1 entsprechend.**

1. Allgemeines. Berechnung des Ausgleichs verlangt Einblick in die Vermögenslage des anderen. Für das Anfangsvermögen hilft § 1377 (nicht § 1379, Karlsruhe FamRZ 86, 1105), für das Endvermögen nach § 1375 I (vgl BGH NJW 82, 177) gewährt § 1379 Auskunftsanspruch. Gilt nicht für Hausrat, BGH 89, 137; s jedoch § 1353 Rn 6. 1

2. Voraussetzung ist eine mögliche Ausgleichspflicht; ist offensichtlich, daß kein Zugewinn erzielt wurde, besteht kein Auskunftsanspruch, Koblenz FamRZ 85, 286. Auskunftspflicht auch bei Leistungsverweigerungsrecht nach § 1381 (BGH 44, 163); nach München NJW 69, 882 sogar bei Verjährung des Ausgleichsanspruchs (str). Dauer der Ehe sowie Gründe der Beendigung unerheblich. 2

§ 1380 Buch 4. Abschnitt 1. Bürgerliche Ehe

3   3. **Inhalt. a)** Wechselseitige Auskunftspflicht, also auch für den ie Ausgleichsberechtigten; § 273 str, abl Frankfurt NJW 85, 3083 mwN. Angaben betreffen (nur) Stand des Endvermögens, BGH FamRZ 89, 158, müssen aber Wertermittlung ermöglichen; insoweit eigener Anspruch, I 2; dazu Dörr NJW 89, 1958; negative Tatsachen s Stuttgart FamRZ 93, 193 f. Stichtag s § 1384, Hamm FamRZ
4   87, 701. **b) Inventarisierung** (§ 260 I) unter Mitwirkung des anderen Ehegatten, I 2; Bestandsverzeichnis muß Aktiva und Passiva genau zusammenstellen (s Hamm FamRZ 76, 631); die nach § 1375 II hinzuzurechnenden Vermögensminderungen sind jedoch allenfalls nach § 242 (s §§ 259–261 Rn 3) anzugeben, BGH NJW 82, 177. **c)** Aufnahme durch Behörde usw s I 3. **d) Form:** Schriftform, München FamRZ 95, 737.

5   4. Normale mit der Auskunftserteilung verbundene **Kosten** treffen den Auskunftspflichtigen (BGH NJW 75, 1022); Sachverständigenkosten jedoch den Auskunft Verlangenden, BGH 84, 31; sa I 3 sowie Müller, FamRZ 81, 837.

6   5. **Durchsetzung.** Stufenklage nach ZPO 254 möglich; Vollstreckung ZPO 888. Zugewinnausgleich kann jedoch schon vor vollständiger Auskunft verlangt werden, BGH WM 78, 1391. § 260 II anwendbar, s jedoch Düsseldorf FamRZ 82, 281.

7   6. **Zeitpunkt.** Grundsätzlich erst mit Beendigung des Güterstandes; s jedoch II.

8   7. **Wirkungen.** Keine Vermutung der Richtigkeit – Ausgleich verlangender Ehegatte kann andere Berechnungen zugrunde legen, muß sie aber beweisen.

§ 1380 Anrechnung von Vorausempfängen

(1) ¹**Auf die Ausgleichsforderung eines Ehegatten wird angerechnet, was ihm von dem anderen Ehegatten durch Rechtsgeschäft unter Lebenden mit der Bestimmung zugewendet ist, dass es auf die Ausgleichsforderung angerechnet werden soll.** ²**Im Zweifel ist anzunehmen, dass Zuwendungen angerechnet werden sollen, wenn ihr Wert den Wert von Gelegenheitsgeschenken übersteigt, die nach den Lebensverhältnissen der Ehegatten üblich sind.**

(2) ¹**Der Wert der Zuwendung wird bei der Berechnung der Ausgleichsforderung dem Zugewinn des Ehegatten hinzugerechnet, der die Zuwendung gemacht hat.** ²**Der Wert bestimmt sich nach dem Zeitpunkt der Zuwendung.**

Lit: Bosch, Widerruf von Schenkungen unter (geschiedenen) Ehegatten, FS Beitzke 1979, 121; Grünewald, Die Anrechnung von Zuwendungen unter Ehegatten im Zugewinnausgleich – ein Streit ohne Ende? NJW 95, 505.

1   1. **Allgemeines.** Berücksichtigung des durch Zuwendungen während Bestehens des ges Güterstandes (teilw) vorweggenommenen Zugewinnausgleichs. S ferner § 1372 Rn 3, § 1374 Rn 9; durch die dort zit Rspr hat § 1380 an Bedeutung verloren, SoeLange 3, da sie regelmäßig zu ähnlichen Ergebnissen führt (sa BGH 101, 71).

2   2. **Voraussetzungen. a) Zuwendungen** – Schenkungen und unbenannte Zuwendungen – zwischen Ehegatten während ges Güterstand. Auch: Überschießender Unterhalt, BGH NJW 83, 1113. **b)** (Einseitige, auch stillschweigende [BGH FamRZ 01, 413]) **Anrechnungsbestimmung** vor oder bei der Zuwendung (I 2); später ist Anrechnungsvereinbarung erforderlich. Nach der Auslegungsregel (str) in I 2 ist bei unüblich wertvollen Zuwendungen im Zweifel von einer Anrechnungsbestimmung auszugehen. „Unüblich wertvoll" sind Geschenke, die den Lebensverhältnissen nicht entsprechen; Lebensversicherung ist kein Gelegenheitsgeschenk. **c) Ausgleichsforderung** s Rn 5.

3   3. **Wirkungen.** Anrechnung dergestalt, daß **a)** zunächst der Wert der Zuwendung im Zeitpunkt ihrer Vornahme (II 2; § 1377 gilt entspr) zum Zugewinn des

Titel 6. Eheliches Güterrecht **§§ 1381, 1382**

Zuwendenden addiert wird (II 1), beim Endvermögen des Empfängers jedoch unberücksichtigt bleibt (BGH 82, 234 f; keine Zurechnung beim Anfangsvermögen, s § 1374 Rn 9). **b)** Sodann wird Wert der Zuwendung auf neu berechneten Ausgleichsanspruch angerechnet, vgl BGH 82, 235. **c)** § 1380 greift nur ein, falls Zuwendungsempfänger Ausgleichsanspruch hat; zu überschüssigen Zuwendungen s BGH 82, 227; sa BGH NJW 91, 2554 f, krit dazu Tiedtke JZ 92, 337. 4 5

4. Können Zuwendungen rückgängig gemacht werden, etwa Schenkungen nach § 530, dann entfällt Anrechnung, MK/Koch 9. 6

§ 1381 Leistungsverweigerung wegen grober Unbilligkeit

(1) Der Schuldner kann die Erfüllung der Ausgleichsforderung verweigern, soweit der Ausgleich des Zugewinns nach den Umständen des Falles grob unbillig wäre.

(2) Grobe Unbilligkeit kann insbesondere dann vorliegen, wenn der Ehegatte, der den geringeren Zugewinn erzielt hat, längere Zeit hindurch die wirtschaftlichen Verpflichtungen, die sich aus dem ehelichen Verhältnis ergeben, schuldhaft nicht erfüllt hat.

Lit: Roth-Stielow, Der „prämierte Ausbruch" aus der Ehe, NJW 81, 1594.

1. Allgemeines. Billigkeitsbehelf, der die Ausgleichung in Fällen korrigieren soll, in denen das Verhalten des rechtlich-rechnerisch Ausgleichsberechtigten einen Ausgleich als grob unbillig erscheinen läßt. 1

2. Voraussetzungen. a) S II; zB nicht nur kurzfristige Verletzung von §§ 1356, 1360. Verschulden s § 1359. **b)** Grobe Unbilligkeit nach I kann sich aus der langdauernden schweren Verletzung wirtschaftlicher oder persönlicher Eheverpflichtungen ergeben, str; aA MK/Koch 30 (nur ökonomisches Fehlverhalten). Eine generelle Erörterung der Gründe für das Scheitern der Ehe findet nicht statt. Schuldhafte Aufgabe der Ehegemeinschaft kann aber (mit)berücksichtigt werden, vgl BGH NJW 80, 1463; Hamm FamRZ 89, 1188 (schwere Eheverfehlung). Iü müssen die gesamten Umstände des Einzelfalles entscheiden, BGH NJW 80, 1463. **Einzelfälle-** und **umstände** (sa Schwab FamRZ 84, 529): Schmerzensgeld s BGH 80, 387; „Abfindung" für Folgen eines Unfalls (Stuttgart FamRZ 02, 99: Absicherung der eigenen Versorgung bei Querschnittslähmung); Verletzung von Unterhaltspflichten gegenüber Kindern, Düsseldorf FamRZ 87, 821; geringerer (Veräußerungs)Erlös als in Ausgleichsberechnung eingesetzt, Hamburg FamRZ 88, 1166; wirtschaftliche Existenzbedrohung des Ausgleichspflichtigen ausnahmsweise, s BGH NJW 70, 1600; Selbstversteigerung des (früher) gemeinsamen Grundstücks in Teilungsversteigerung s Düsseldorf NJW 95, 3193. Grob unbillig kann der Ausgleich des Zugewinns sein, wenn bei ungewöhnlich langer Trennungszeit der Schuldner sein Endvermögen erst nach der Trennung erwirtschaftet hat (BGH FamRZ 02, 608). Einkommens- und Erwerbsverhältnisse und die daraus resultierende Versorgungssituation der Beteiligten können ebenfalls relevant sein, zB durch Ausgleichung verursachte Unterhaltsbedürftigkeit bei unsicherer Leistungsfähigkeit des unterhaltspflichtigen Ausgleichsempfängers, BGH NJW 73, 749; unterlassener Erwerb von Versorgungsanwartschaften s Frankfurt FamRZ 83, 921. 2 3

3. Folge. Dauernde Einrede. § 1381 kann auch gegen die Höhe der Ausgleichsforderung geltend gemacht werden. 4

4. Verhältnis zu § 1382: Soweit Stundung ausreicht, grobe Unbilligkeit zu vermeiden, ist ein Leistungsverweigerungsrecht nicht zuzugestehen. 5

§ 1382 Stundung

(1) ¹Das Familiengericht stundet auf Antrag eine Ausgleichsforderung, soweit sie vom Schuldner nicht bestritten wird, wenn die sofortige Zahlung auch unter Berücksichtigung der Interessen des Gläubigers zur Un-

§ 1383

zeit erfolgen würde. ²Die sofortige Zahlung würde auch dann zur Unzeit erfolgen, wenn sie die Wohnverhältnisse oder sonstigen Lebensverhältnisse gemeinschaftlicher Kinder nachhaltig verschlechtern würde.

(2) Eine gestundete Forderung hat der Schuldner zu verzinsen.

(3) Das Familiengericht kann auf Antrag anordnen, dass der Schuldner für eine gestundete Forderung Sicherheit zu leisten hat.

(4) Über Höhe und Fälligkeit der Zinsen und über Art und Umfang der Sicherheitsleistung entscheidet das Familiengericht nach billigem Ermessen.

(5) Soweit über die Ausgleichsforderung ein Rechtsstreit anhängig wird, kann der Schuldner einen Antrag auf Stundung nur in diesem Verfahren stellen.

(6) Das Familiengericht kann eine rechtskräftige Entscheidung auf Antrag aufheben oder ändern, wenn sich die Verhältnisse nach der Entscheidung wesentlich geändert haben.

Lit: Diederichsen, Die Änderungen des materiellen Rechts nach dem UÄndG, NJW 86, 1283; Gerold, Die Stundung des Zugewinnausgleichs, NJW 60, 1744.

1   **1. Allgemeines.** § 1382 soll den Ausgleichsschuldner vor unzumutbaren wirtschaftlichen Schwierigkeiten aufgrund sofortiger Fälligkeit des Ausgleichs schützen; sa ZVG 180 II, III.

2   **2. Voraussetzungen. a)** Ganz oder teilweise („soweit") unbestrittene **Ausgleichsforderung** § 1378 III 1; sa V. **b) Antrag** des Ausgleichsschuldners (sa V). **c)** Sofortige Zahlung käme für Schuldner **„zur Unzeit"**, wobei nicht nur wirtschaftliche Interessen zu berücksichtigen sind, vgl I 2. Anzunehmen zB, falls Aufgabe des Familienheims und Umzug, Schulwechsel (Kindesinteressen) oder Veräußerung von Vermögensgegenständen unter Verkehrswert (vgl BT-Drs 10/2888 S 17) erforderlich würden. Abzuwägen ist jedoch („auch") gegen Gläubigerinteresse.

3   **3. Folgen. a)** FamG kann Stundung verfügen, I, V, **b) Höhe** und **Fälligkeit** der **Zinsen** nach billigem Ermessen (IV) neu bestimmen, **c)** auf Antrag des Schuldners **Sicherheitsleistung** anordnen (III), wobei Art und Umfang wieder nach billigem Ermessen festzusetzen sind (IV).

4   **4. Änderungsbefugnis** nach VI. „Wesentliche Veränderungen" sind zB Vermögensverfall, Unterhaltsbedürftigkeit, erneute Eheschließung des Verpflichteten (SoeLange 36). Änderung kann erfolgen durch Aufhebung der Stundung (bei Verbesserung der Schuldnerverhältnisse), Verlängerung (bei Verschlechterung), Anpassung des Zinssatzes bei erheblichen Veränderungen des Kapitalmarktes. Nicht: Änderung von Bestand und Höhe der Forderung.

5   **5. Prozessuales.** Alternatives Verfahren – falls Ausgleich unstr, wird Stundung im FGG-Verfahren behandelt; falls Ausgleich str, ist im Rahmen dieser Scheidungsfolgesache zu entscheiden, V. **a)** Zuständig FamG GVG 23 b I 2 Nr 10; örtl Zuständigkeit ZPO 621 II oder FGG 45 I; Verfahren FGG 53 a, sa ZPO 621 a.

6   **b)** Entscheidung durch Beschluß, über Antrag nach V durch Urteil, ZPO 621 a II; **c) Rechtsmittel:** entweder sofortige Beschwerde (FGG 60 I Nr 6) oder Beschwerde (ZPO 621 e I, 629 a II); beachte Beschwerdefrist (ZPO 621 e III). **d)** Kostenvorschuß durch einstw Anordnung, s ZPO 621 f I.

§ 1383 Übertragung von Vermögensgegenständen

(1) Das Familiengericht kann auf Antrag des Gläubigers anordnen, dass der Schuldner bestimmte Gegenstände seines Vermögens dem Gläubiger unter Anrechnung auf die Ausgleichsforderung zu übertragen hat, wenn dies erforderlich ist, um eine grobe Unbilligkeit für den Gläubiger zu

Titel 6. Eheliches Güterrecht **§ 1384**

vermeiden, und wenn dies dem Schuldner zugemutet werden kann; in der Entscheidung ist der Betrag festzusetzen, der auf die Ausgleichsforderung angerechnet wird.

(2) Der Gläubiger muss die Gegenstände, deren Übertragung er begehrt, in dem Antrag bezeichnen.

(3) § 1382 Abs. 5 gilt entsprechend.

1. Allgemeines. Auf Geld gerichtete Ausgleichsforderung kann unzureichend 1 sein, wo der Geldwert schwankt und der ausgleichspflichtige Ehegatte in der „Wirtschaftsgemeinschaft Ehe" das wertbeständigere Vermögen erworben hat, oder wo es um Vermögensgegenstände geht, die mit Geld nicht (wieder-)beschafft werden können. Für extreme Ausnahmefälle wird deshalb das Grundprinzip der Zugewinngemeinschaft, Unterschiede im Vermögenszuwachs nur in Geld auszugleichen, in § 1383 durch eine Billigkeitsregel abgeschwächt.

2. Voraussetzungen. a) Grobe Unbilligkeit des Geldausgleichs für den Gläubi- 2 ger (Bsp s Rn 1), s hierzu Hamm FamRZ 78, 687. **b)** Zumutbarkeit der Hingabe von Gegenständen für den Schuldner; Unzumutbarkeit wird häufig gegeben sein bei Familienerbstücken oder Liegenschaften, die seit Generationen in Familienbesitz waren. **c) Antrag** an das FamG auf Übertragung bestimmter und benannter (II) Gegenstände; **d)** beachte, daß für Hausrat HausratsVO in 8 ff spezielle Verteilungsmöglichkeit enthält.

3. Folgen. FamG kann, falls keine gütliche Einigung erreicht wird (s FGG 53 a 3 I), verfügen, daß die benannten Gegenstände zu übertragen sind; zur Vollstreckung s FGG 53 a IV. Es muß zugleich den Betrag festsetzen, mit dem die Gegenstände auf die Ausgleichsforderung anzurechnen sind, I HS 2.

4. Verfahren s § 1382 Rn 5 f.

§ 1384 Berechnungszeitpunkt bei Scheidung

Wird die Ehe geschieden, so tritt für die Berechnung des Zugewinns an die Stelle der Beendigung des Güterstands der Zeitpunkt der Rechtshängigkeit des Scheidungsantrags.

Lit: Heckelmann, Der Zeitpunkt für die Vermögensbewertung bei Beendigung der Zugewinn- und Gütergemeinschaft, FamRZ 68, 59.

1. Allgemeines. Stichtag ist grundsätzlich Tag der Beendigung des Güterstan- 1 des (s § 1375 I). § 1384 soll verhindern, daß nach Einleitung eines Scheidungsverfahrens zugewinnmindernde Dispositionen vorgenommen werden.

2. Voraussetzung: Zustellung (ZPO 622, 253 I, 261 I) des (zur Scheidung 2 führenden, vgl BGH NJW 79, 2100) Scheidungsantrags. Bei Gegenantrag bleibt Scheidungsantrag für Berechnungszeitpunkt maßgebend, auch wenn er später zurückgenommen wird (vgl BGH 46, 215; krit dazu Reinicke BB 67, 521). Findet nach § 1318 III Zugewinnausgleich statt, ist ebenfalls Zustellung der Aufhebungsantragsschrift entscheidend (arg ZPO 631 II 2).

3. Folgen. a) Vorverlegung (s Rn 1) auf Zeitpunkt der Zustellung (hL); gilt 3 auch bei jahrelang nicht betriebenen Scheidungsverfahren, Hamm NJW-RR 92, 965. **b)** § 1378 III bleibt unberührt, die Ausgleichsforderung selbst entsteht also erst mit Beendigung, dh Rechtskraft des Scheidungsurteils.

4. Durch Ehevertrag kann der für den Zugewinnausgleich maßgebliche Be- 4 rechnungszeitpunkt anders festgelegt werden, BGH LM Nr 1 zu § 1384.

5. Zusätzliche Sicherung des künftigen Ausgleichsanspruchs durch Sicherheits- 5 leistung nach § 1389 ist möglich.

Chr. Berger

§§ 1385–1388

§ 1385 Vorzeitiger Zugewinnausgleich bei Getrenntleben

Leben die Ehegatten seit mindestens drei Jahren getrennt, so kann jeder von ihnen auf vorzeitigen Ausgleich des Zugewinns klagen.

§ 1386 Vorzeitiger Zugewinnausgleich in sonstigen Fällen

(1) Ein Ehegatte kann auf vorzeitigen Ausgleich des Zugewinns klagen, wenn der andere Ehegatte längere Zeit hindurch die wirtschaftlichen Verpflichtungen, die sich aus dem ehelichen Verhältnis ergeben, schuldhaft nicht erfüllt hat und anzunehmen ist, dass er sie auch in Zukunft nicht erfüllen wird.

(2) Ein Ehegatte kann auf vorzeitigen Ausgleich des Zugewinns klagen, wenn der andere Ehegatte
1. ein Rechtsgeschäft der in § 1365 bezeichneten Art ohne die erforderliche Zustimmung vorgenommen hat oder
2. sein Vermögen durch eine der in § 1375 bezeichneten Handlungen vermindert hat

und eine erhebliche Gefährdung der künftigen Ausgleichsforderung zu besorgen ist.

(3) Ein Ehegatte kann auf vorzeitigen Ausgleich des Zugewinns klagen, wenn der andere Ehegatte sich ohne ausreichenden Grund beharrlich weigert, ihn über den Bestand seines Vermögens zu unterrichten.

§ 1387 Berechnungszeitpunkt bei vorzeitigem Ausgleich

Wird auf vorzeitigen Ausgleich des Zugewinns erkannt, so tritt für die Berechnung des Zugewinns an die Stelle der Beendigung des Güterstands der Zeitpunkt, in dem die Klage auf vorzeitigen Ausgleich erhoben ist.

§ 1388 Eintritt der Gütertrennung

Mit der Rechtskraft des Urteils, durch das auf vorzeitigen Ausgleich des Zugewinns erkannt ist, tritt Gütertrennung ein.

Anmerkungen zu den §§ 1385–1388

1   **1. Allgemeines.** Klage auf vorzeitigen Zugewinn führt zu Beendigung des ges Güterstandes (§ 1388); zugleich entsteht die Ausgleichsforderung, § 1378 III 1; Stichtag für Berechnung wird vorverlegt, 1387. Damit kann Ehegatte nach dreijähriger Trennung (§ 1388) bzw bei schwerwiegender Verletzung von wirtschaftlichen Pflichten oder Gefährdung der Ausgleichsforderung (§ 1386) einen Ausgleichsanspruch (vorzeitig) realisieren. Zugleich kann er weiteren eigenen Zugewinn bei langanhaltendem Getrenntleben vor dem späteren Ausgleich bewahren (Giesen Rn 323).

2   **2. Voraussetzungen** der 4 Einzelfälle, in denen vorzeitiger Zugewinnausgleich verlangt werden kann: **a)** 1. Fall: **Trennung,** dh Aufhebung der häuslichen Gemeinschaft (s § 1567 I) seit mindestens **3 Jahren,** § 1385. Ein Ehegatte kann auch dann klagen, wenn er nicht Zugewinn erwartet, sondern abrechnen will.

3   **b)** 2. Fall: **Schuldhafte Vernachlässigung der wirtschaftlichen Verpflichtungen** aus der ehelichen Lebensgemeinschaft längere Zeit hindurch sowie die begründete Annahme künftiger Pflichtverletzungen, § 1386 I. Nur die wirtschaftlichen Pflichten, also in erster Linie zum Familienunterhalt beizutragen, sind von Bedeutung, nicht etwa alle Verpflichtungen zwischen Ehegatten. Haftungsmaßstab

4   für Verschulden: § 1359 (hM, s SoeLange § 1386, 9). **c)** 3. Fall: **Gefährdung** der künftigen Ausgleichsforderung durch **aa)** zustimmungslose Gesamtvermögens-

geschäfte (§ 1365) oder **bb)** vermögensmindernde RGeschäfte und Handlungen der in § 1375 II genannten Art, § 1386 II. Die Gefährdung muß **erheblich** und damit konkret zu bezeichnen sein; § 1375 III gilt entspr. Nach Scheidungsantrag nur noch § 1389, Frankfurt FamRZ 84, 895. **d)** 4. Fall: Anhaltende und grundlose **Weigerung,** über den Bestand des Vermögens dem anderen Ehegatten **Auskunft zu geben,** § 1386 III. Die entspr Verpflichtung folgt aus der ehelichen Lebensgemeinschaft; sie ist nicht Auskunftspflicht wie in § 1379 über Details, die ggf nur durch ein Verzeichnis erfüllt werden kann, sondern sie soll nur einen Überblick über den Stand des Vermögens und größere Veränderungen verschaffen. Die Weigerung ist dann nicht grundlos, wenn mit der schädigenden Weitergabe von Geschäftsgeheimnissen gerechnet werden muß (enger ErmHe § 1386, 4).

3. Folgen. a) Aufhebung des Güterstandes der Zugewinngemeinschaft und Eintritt der Gütertrennung mit Rechtskraft des Urteils, das auf vorzeitigen Ausgleich erkennt (§ 1388), und damit **b)** Entstehung des Anspruchs auf Zugewinnausgleich, § 1378 III. **c)** Vorverlegung des Berechnungsstichtages auf den Zeitpunkt der Klageerhebung, um zugewinnmindernde Dispositionen während des Verfahrens zu verhindern, § 1387; hierzu Heckelmann FamRZ 68, 59. **d)** § 1388 gilt nicht, wenn die Parteien in einem Prozeßvergleich (nur) eine Ausgleichszahlung vereinbaren; wichtig, wenn Kläger am zukünftigen Zugewinn teilhaben will.

4. Zwingende und abschließende Regelung. a) Die Möglichkeit eines vorzeitigen Zugewinnausgleichs kann nicht abbedungen werden, ErmHe § 1385, 6 (str). **b)** §§ 1385, 1386 sind abschließende Regelung; insbes können Eheverfehlungen oder das Scheitern der Ehe allein die Klage nicht begründen.

5. Prozessuales. a) Gestaltungsklage, bei der das Urteil den Anspruch entstehen läßt und den Güterstand beendet. **b)** Vorgehen: Stufenklage (ZPO 254) auf **aa)** vorzeitigen Ausgleich, **bb)** Auskunft über Endvermögen nach § 1379 und **cc)** Leistung des Zugewinnausgleichs möglich (s MK/Koch §§ 1385, 1386, 36; aA Baur FamRZ 62, 509).

§ 1389 Sicherheitsleistung

Ist die Klage auf vorzeitigen Ausgleich des Zugewinns erhoben oder der Antrag auf Scheidung oder Aufhebung der Ehe gestellt, so kann ein Ehegatte Sicherheitsleistung verlangen, wenn wegen des Verhaltens des anderen Ehegatten zu besorgen ist, dass seine Rechte auf den künftigen Ausgleich des Zugewinns erheblich gefährdet werden.

Lit: Furtner, Sicherung des Anspruchs auf Ausgleich des Zugewinns, NJW 65, 373; Kohler, Die beschleunigte Sicherung des Zugewinnausgleichs, FamRZ 89, 797; Schacht, Die Sicherung des Zugewinnausgleichsanspruchs, AnwBl 82, 411.

1. Zweck. Sicherung der Durchsetzung eines künftigen Ausgleichsanspruchs.

2. Voraussetzungen. a) Erhebung der Klage auf vorzeitigen Zugewinnausgleich nach §§ 1385, 1386 oder Einl eines auf Scheidung oder Aufhebung der Ehe gerichteten Verfahrens. **b)** Besorgnis erheblicher Gefährdung der Verwirklichung einer möglichen Ausgleichsforderung aufgrund des Verhaltens des anderen Ehegatten, zB in den Fällen des § 1386 II.

3. Folge. Verpflichtung zur Stellung von Sicherheiten gem §§ 232 ff in Höhe der zu erwartenden Ausgleichsforderung. Rückgewähr der Sicherheit nach Abschluß Zugewinnausgleich, Köln FamRZ 88, 1275.

4. Konkurrenzen. § 1389 schließt Arrest zur Sicherung der Ausgleichsforderung nicht aus, wenn Scheidungsantrag gestellt ist, Karlsruhe NJW 97, 1017, str. Nicht sicherbar soll der Anspruch auf Sicherheitsleistung sein, KG FamRZ 94, 1479.

§ 1390 Buch 4. Abschnitt 1. Bürgerliche Ehe

§ 1390 Ansprüche des Ausgleichsberechtigten gegen Dritte

(1) ¹Soweit einem Ehegatten gemäß § 1378 Abs. 2 eine Ausgleichsforderung nicht zusteht, weil der andere Ehegatte in der Absicht, ihn zu benachteiligen, unentgeltliche Zuwendungen an einen Dritten gemacht hat, ist der Dritte verpflichtet, das Erlangte nach den Vorschriften über die Herausgabe einer ungerechtfertigten Bereicherung an den Ehegatten zum Zwecke der Befriedigung wegen der ausgefallenen Ausgleichsforderung herauszugeben. ²Der Dritte kann die Herausgabe durch Zahlung des fehlenden Betrags abwenden.

(2) Das Gleiche gilt für andere Rechtshandlungen, wenn die Absicht, den Ehegatten zu benachteiligen, dem Dritten bekannt war.

(3) ¹Der Anspruch verjährt in drei Jahren nach der Beendigung des Güterstands. ²Endet der Güterstand durch den Tod eines Ehegatten, so wird die Verjährung nicht dadurch gehemmt, dass der Anspruch erst geltend gemacht werden kann, wenn der Ehegatte die Erbschaft oder ein Vermächtnis ausgeschlagen hat.

(4) Ist die Klage auf vorzeitigen Ausgleich des Zugewinns erhoben oder der Antrag auf Scheidung oder Aufhebung der Ehe gestellt, so kann ein Ehegatte von dem Dritten Sicherheitsleistung wegen der ihm nach den Absätzen 1 und 2 zustehenden Ansprüche verlangen.

1 **1. Allgemeines.** Schenkungen in Benachteiligungsabsicht oder andere Leistungen aufgrund kollusiven Zusammenwirkens mit Dritten werden zwar dem Endvermögen des Zuwendenden zugerechnet (§ 1375 II). Gleichwohl kann ein Ausgleichsanspruch an § 1378 II, dh an fehlenden oder unzureichenden Aktiva scheitern. Den an sich ausgleichsberechtigten Ehegatten sucht § 1390 in solchen Fällen mit Ansprüchen gegen den Schenkungsempfänger zu schützen.

2 **2. Voraussetzungen. a) Unentgeltliche Zuwendungen** an (gutgl) Dritte in der Absicht, den Ehegatten zu benachteiligen, I 1, oder **andere Rechtshandlungen,** bei denen der Drittbegünstigte die Benachteiligungsabsicht im Zeitpunkt des Leistungsempfangs kannte, II. Die Leistungen müssen während Bestehens des 3 ges Güterstandes erbracht worden sein. **b)** Eine rechnerisch gegebene Ausgleichsforderung scheitert (teilw) an § 1378 II. § 1390 ist nicht gegeben, wenn der Ausgleichsanspruch rechtlich begründet ist, aber die Beitreibung der Forderung erfolglos bleibt.

4 **3. Folgen. a)** Verpflichtung des (oder der) Dritten zur Herausgabe des Erlangten nach Bereicherungsrecht (Rechtsfolgenverweisung). Im Falle des I kann also § 818 III zugunsten des Zuwendungsempfängers eingreifen, im Falle des II gelten §§ 819, 818 IV. Zwischen mehreren Verpflichteten besteht keine Rangfolge, der 5 ausgleichsberechtigte Ehegatte kann sich also an jeden halten. **b)** Herausgabe nur zum Zweck der Befriedigung: Verpflichtung geht in erster Linie auf Duldung der Zwangsvollstreckung in das Zugewandte (SoeLange 12 mwN), evtl auch auf Wertersatz nach § 818 II. **c)** Der Verpflichtete hat die Ersetzungsbefugnis, durch Zahlung des gesamten Fehlbetrages der rein rechnerischen Ausgleichsforderung die Herausgabe abzuwenden, I 2.

6 **4. Verjährung:** 3 Jahre ab Beendigung des Güterstandes, III 1. Bei Ausgleich im Todesfall tritt keine Hemmung der Verjährung während der Zeit bis zur Ausschlagung ein, III 2 (sa § 1378 IV 3).

7 **5. Sicherheitsleistung** s IV. Gefährdung ist (anders als nach § 1389) nicht Voraussetzung des Anspruchs. Für die Sicherheitsleistungen gelten die §§ 232 ff. Konkurrenz zu Arrest s § 1389 Rn 4.

Titel 6. Eheliches Güterrecht **§§ 1391–1409**

§§ 1391 bis 1407 *(weggefallen)*

Untertitel 2. Vertragliches Güterrecht
Kapitel 1. Allgemeine Vorschriften
Vorbemerkungen

1. §§ 1408–1413 normieren für die Vertragsfreiheit im Ehegüterrecht, insbes für die Wahl eines der Vertragsgüterstände „Gütertrennung" und „Gütergemeinschaft", **allg Regeln**. 1

2. **Vertragsfreiheit** der Parteien zur Ordnung ihrer güterrechtlichen Beziehungen wird durch § 1408 bestätigt und durch § 1409 begrenzt. Gestaltungsmittel ist der **Ehevertrag**. Form § 1410. IPR s EGBGB 15 iVm 14, 16. 2

3. **Eheverträge** können sich mit anderen Verträgen, vor allem **Gesellschaftsverträgen**, in Zwecken und Folgen teilw überschneiden. Die güterrechtliche Vermögensordnung schließt grundsätzlich den Abschluß von anderen RGeschäften zwischen den Eheleuten, die diese Ordnung berühren, nicht aus. Daraus können konkurrierende Regelungen entstehen. Eine jährliche Gewinnabschichtung in einer Ehegatteninnengesellschaft kann faktisch zu einem regelmäßigen und von den §§ 1373 ff gelösten Zugewinnausgleich ausgestaltet worden sein (s dazu Soe-Gaul vor § 1408, 28). Die **Konkurrenz** solcher Verträge **zu güterrechtlichen Regeln** wirft zwei Fragen auf: Stellt ihre Ausgestaltung funktional und den Absichten der Parteien entspr einen Ehevertrag dar, so ist die Form des § 1410 einzuhalten. Soweit Gesellschaftsverträge teilw mit güterrechtlichen Gestaltungen konkurrieren, müssen sie deren zwingenden Regeln entsprechen: Leben die Eheleute in Gütergemeinschaft, dann kann eine Ehegatten-OHG nach BGH 65, 79 nur durch ehevertragliche Ausgliederung des Gesellschaftsvermögens als Vorbehaltsgut (§ 1418) errichtet werden; Lit behandelt Gesellschaftsanteile überwiegend als Sondergut (vgl SoeGaul vor § 1408, 29). 3 4

§ 1408 Ehevertrag, Vertragsfreiheit

(1) Die Ehegatten können ihre güterrechtlichen Verhältnisse durch Vertrag (Ehevertrag) regeln, insbesondere auch nach der Eingehung der Ehe den Güterstand aufheben oder ändern.

(2) ¹In einem Ehevertrag können die Ehegatten durch eine ausdrückliche Vereinbarung auch den Versorgungsausgleich ausschließen. ²Der Ausschluss ist unwirksam, wenn innerhalb eines Jahres nach Vertragsschluss Antrag auf Scheidung der Ehe gestellt wird.

§ 1409 Beschränkung der Vertragsfreiheit

Der Güterstand kann nicht durch Verweisung auf nicht mehr geltendes oder ausländisches Recht bestimmt werden.

Lit: Börger, Eheliches Güterrecht, 1996, 31 ff; Langenfeld, Handbuch der Eheverträge und Scheidungsvereinbarungen, 3. Aufl 1996; ders, Der Ehevertrag, 7. Aufl. 1997; Schwenzer, Vertragsfreiheit im Ehevermögens- und Scheidungsfolgenrecht, AcP 196, 88 ff; Slapnicar, Vertragliche Vereinbarungen im Ehegüterrecht zum Erhalt unternehmerischer Entscheidungskompetenzen, WiB 94, 590 ff; Walter, Schuldprinzip kraft Ehevertrages?, NJW 81, 1409; sa Lit vor § 1378, § 1587 o.

Anmerkungen zu den §§ 1408, 1409

1. **Allgemeines.** §§ 1408, 1409 gestalten und begrenzen Vertragsfreiheit im Ehegüterrecht. § 1409 sichert die mit dem BGB erfolgte Straffung des Güterrechts durch Abschaffung der Vielfalt von partikularrechtlichen Güterständen. 1

§ 1409 Buch 4. Abschnitt 1. Bürgerliche Ehe

2 2. **Möglichkeiten. a) Wahl** zwischen den geltenden ges Typen Gütertrennung und Gütergemeinschaft sowie den ges normierten Modifikationen der Gütergemeinschaft (Verwaltung, § 1421, und evtl Fortsetzung mit den Abkömmlingen, § 1483). Auch der ges Güterstand kann in einem Ehevertrag „bekräftigt" werden (s RG 133, 20). **b) Güterstand ausländischen Rechts** s EGBGB 15 I iVm 14,
3 15 II. **c)** In „**speziellen Eheverträgen**" können Einzelregelungen des ges oder gewählten Güterstandes abbedungen oder geändert werden, soweit sie nicht zwingenden Rechts sind. Verfügungsbeschränkungen der §§ 1365, 1369 und Surrogation nach § 1370 können abbedungen, Regelung des Zugewinnausgleichs kann modifiziert werden, etwa durch Beschränkung des Ausgleichs auf den Fall der Auflösung der Ehe durch Tod (BGH NJW 64, 1795; wN bei SoeGaul § 1408, 18), Änderung von Stichtagen oder Herausnahme bestimmter Gegenstände aus dem Ausgleich, s BGH NJW 97, 2240 (Betriebsvermögen). Auch Ausschluß des Zugewinnausgleichs unter ausdrücklicher Beibehaltung der Beschränkungen aus §§ 1365–1369 muß möglich sein; § 1414 ist insoweit dispositiv (s Gernhuber/
4 Coester-Waltjen § 32 III 5, str; zum Ganzen Slapnicar aaO 619 ff). **d) Abdingbarkeit des Versorgungsausgleichs** s § 1408 II 1; Modifizierung oder Teilausschluß sind zulässig, BGH NJW 86, 2317; auch vor Eheschließung, BGH NJW 97, 128 (auch zur Treuwidrigkeit der Berufung auf Ausschluß). Sittenwidrigkeit nur in Ausnahmefällen anzunehmen, BGH NJW 97, 192 f. Verfassungsrechtlich unbedenklich, BGH NJW 85, 316. § 1408 II 2 soll benachteiligende Ausschlüsse des Versorgungsausgleichs im Krisenzeitraum verhindern und Genehmigungserfordernis nach § 1587 o II 3 sichern; gilt auch für Genehmigung eines solchen Vertrages,
5 Koblenz FamRZ 89, 407. Treuwidrige Verhinderung fristgemäßen Scheidungsantrags kann Berufung auf Fristablauf nach § 242 ausschließen, doch muß dann Scheidungsantrag binnen angemessener Frist nach dem Wegfall der Umstände gestellt werden, die das Vertrauen in die Redlichkeit des anderen begründet hatten, BGH NJW 93, 1005. Nach Rechtshängigkeit des Scheidungsantrags Ausschlußver-
6 einbarung nur nach § 1587 o, vgl Düsseldorf NJW-RR 86, 627. Bei **Rücknahme** des **Scheidungsantrags** entfällt Unwirksamkeit, BGH NJW 86, 2318, str; ebenso bei Zurückweisung des Scheidungsantrags, Frankfurt NJW-RR 90, 583, str; zur Scheidung aufgrund erneuten Antrags Hamm NJW-RR 95, 964. Sa BGH NJW 87, 1769, Koblenz FamRZ 86, 1220 zum Ehevertrag während Scheidung. „Stellen" bedeutet Zustellung des Scheidungsantrags, BGH NJW-RR 92, 1346. Begründetheit ist nicht Voraussetzung, Stuttgart NJW 83, 458, str, aber Postulationsfähigkeit, BGH NJW-RR 87, 323. Antrag unter der Bedingung der Bewilligung
7 von Prozeßkostenhilfe genügt nicht (BGH FamRZ 99, 156). **Folge:** Rückwirkende Beseitigung der Vereinbarung; Wirkung gegenüber Dritten str, vgl SoeGaul § 1408, 55.

8 3. **Grenzen** der Privatautonomie. **a)** Nicht möglich ist **Verweisung** auf einen der früher geltenden Güterstände („Stichwortvertrag"). Ausländisches Recht s vor allem EGBGB 15 II (kollisionsrechtliche Parteiautonomie), während § 1409 nur materiellrechtliche Parteiautonomie nach deutschem Sachrecht beschränkt. Iü ist str, ob und inwieweit der Vertragsfreiheit zur Ausgestaltung von güterrechtlichen
9 Beziehungen Grenzen gesetzt sind. Diskutiert werden: **aa)** Ehevertrag nach ausländischem oder früher geltendem Recht durch Übernahme der ges Regelung in den Text des Vertrages; **bb)** Vereinbarung eines „Mischgüterstandes", der aus einzelnen Regelungen der ges Typen individuell (und im Vertrag ausformuliert) zusammengesetzt ist; **cc)** „Phantasiegüterstände", in denen in freier Rechtsschöpfung ohne Anlehnung an frühere oder jetzige ges Typen eine individuelle Regelung versucht wird (umfassende Nachw der Diskussion MK/Kanzleiter § 1408, 13). Überwiegend wird iE die Zulässigkeit dieser Möglichkeiten verworfen, s Schleswig NJW-RR 96, 134. Teilw wird jedoch die Freiheit der Parteien im Güterrecht allein durch die „institutionellen Möglichkeiten des BGB" (SoeGaul § 1408, 14) und seine zwingenden Regeln eingeschränkt gesehen. Solche Schran-

Titel 6. Eheliches Güterrecht **§§ 1410, 1411**

ken bestehen vor allem für die Wirkungen zuordnungsändernder Vereinbarungen, die sich im Interesse des Rechtsverkehrs im Rahmen der sachenrechtlichen Gestaltungsmöglichkeiten halten müssen. **b)** Der Privatautonomie sind ferner solche Regeln der ges Güterstandstypen entzogen, die entweder einen der Ehegatten oder Dritte zwingend schützen: Schuldenhaftung des Gesamtguts in der Gütergemeinschaft kann nicht mit Wirkung gegen die Gläubiger abw vom ges Haftungsverteilungsschlüssel (§§ 1437–1440, 1459–1462) geregelt, die Klagerechte aus §§ 1368, 1447, 1448, 1469 können nicht abbedungen werden. Darüber hinaus bleiben natürlich die allg Schranken der Vertragsfreiheit zu beachten; Ausschluß oder Modifikation des Versorgungsausgleichs zu Lasten Dritter ist unzulässig, Koblenz FamRZ 86, 274; sa Bamberg FamRZ 84, 483 – § 138 (vgl zum Ganzen SoeGaul vor § 1408, 9 ff, § 1408, 34 ff mwN). **c)** Ob die Nichtigkeit einer unzulässigen Vereinbarung den ganzen Vertrag vernichtet, richtet sich nach § 139; bei Verbindung von Ehe- und Erbvertrag gilt § 139 nicht (BGH 29, 131 f). 10

11

4. Vertragsschluß und Vertragswirksamkeit richten sich nach den Vorschriften des AT, wobei allerdings für Form (§ 1410) und Geschäftsfähigkeit (§ 1411) qualifizierte Regeln bestehen. Anfechtung wegen Drohung/Täuschung (Selbstmord) BGH NJW-RR 96, 1282. Auch ist der Ehevertrag nur Ehepartnern oder Verlobten zugänglich; im letzteren Fall wird er erst mit Eheschließung wirksam, BayObLG 57, 51. 12

5. Zeitpunkt. Ein Ehevertrag kann vor (hierzu Rn 12) oder nach Eingehung der Ehe geschlossen oder geändert werden. 13

6. Dauer. Der Ehevertrag endet mit Auflösung der Ehe oder Aufhebungsvertrag, der von beiden Parteien jederzeit einvernehmlich geschlossen werden kann, ferner mit Rechtskraft eines Urteils auf Aufhebung bei Klagen aus §§ 1447, 1448, 1469. 14

7. Anfechtung eines Ehevertrages wegen Gläubigerbenachteiligung nach InsO 133 f, AnfG 3 ist möglich. 15

8. Streitigkeiten aus güterrechtlichen Vereinbarungen sind Familiensachen, BGH 76, 307. 16

§ 1410 Form

Der Ehevertrag muss bei gleichzeitiger Anwesenheit beider Teile zur Niederschrift eines Notars geschlossen werden.

1. Zweck. Mit der Form des § 1410 soll Warnung, Klarheit, Beweissicherheit und Zwang zu sachkundiger Beratung erreicht werden. 1

2. Geltungsbereich. Auch Vorverträge (BGH FamRZ 66, 492) und Aufhebungsverträge (Frankfurt FamRZ 01, 1524). **Nicht:** Ehegatten-Gesellschaftsvertrag, s jedoch Rn 4 vor §§ 1408–1413. Zu Rechtsgeschäften im Zusammenhang mit Ehevertrag Kanzleiter NJW 97, 217. 2

3. Das Erfordernis **gleichzeitiger Anwesenheit** schließt Sukzessivbeurkundungen aus, meint aber nicht persönliche Anwesenheit; Stellvertretung ist also zulässig. Die Vollmacht ist nicht formbedürftig (§ 167 II); für widerrufliche Vollmacht bestätigt von BGH NJW 98, 1858. 3

4. Folge eines **Formmangels** ist Nichtigkeit, § 125 S 1. 4
5. Zur Beurkundung s BeurkG 8 ff. 5

§ 1411 Eheverträge beschränkt Geschäftsfähiger und Geschäftsunfähiger

(1) ¹ Wer in der Geschäftsfähigkeit beschränkt ist, kann einen Ehevertrag nur mit Zustimmung seines gesetzlichen Vertreters schließen. ²Dies gilt auch für einen Betreuten, soweit für diese Angelegenheit ein Einwilligungsvorbehalt angeordnet ist. ³Ist der gesetzliche Vertreter ein Vor-

§ 1412 Buch 4. Abschnitt 1. Bürgerliche Ehe

mund oder Betreuer, so ist außer der Zustimmung des gesetzlichen Vertreters die Genehmigung des Vormundschaftsgerichts erforderlich, wenn der Ausgleich des Zugewinns ausgeschlossen oder eingeschränkt oder wenn Gütergemeinschaft vereinbart oder aufgehoben wird. ⁴Der gesetzliche Vertreter kann für einen in der Geschäftsfähigkeit beschränkten Ehegatten oder einen geschäftsfähigen Betreuten keinen Ehevertrag schließen.

(2) ¹Für einen geschäftsunfähigen Ehegatten schließt der gesetzliche Vertreter den Vertrag; Gütergemeinschaft kann er nicht vereinbaren oder aufheben. ²Ist der gesetzliche Vertreter ein Vormund oder Betreuer, so kann er den Vertrag nur mit Genehmigung des Vormundschaftsgerichts schließen.

1 **1. Zweck.** Soll vor allem minderjährigen Ehegatten persönlichen Vertragsschluß vorbehalten.

2 **2. Vertragsschluß beschränkt Geschäftsfähiger oder geschäftsfähiger Betreuter. a)** Vornahme nur persönlich, I 4. **b)** Zustimmung der (des) ges Vertreter(s) – im Regelfall also beider Elternteile – erforderlich. Für **Vormund oder Betreuer** s I 3; darunter fällt auch die Vereinbarung der Gütertrennung, da damit der Zugewinnausgleich ausgeschlossen wird.

3 3. Für **Geschäftsunfähige** s II.

§ 1412 Wirkung gegenüber Dritten

(1) Haben die Ehegatten den gesetzlichen Güterstand ausgeschlossen oder geändert, so können sie hieraus einem Dritten gegenüber Einwendungen gegen ein Rechtsgeschäft, das zwischen einem von ihnen und dem Dritten vorgenommen worden ist, nur herleiten, wenn der Ehevertrag im Güterrechtsregister des zuständigen Amtsgerichts eingetragen oder dem Dritten bekannt war, als das Rechtsgeschäft vorgenommen wurde; Einwendungen gegen ein rechtskräftiges Urteil, das zwischen einem der Ehegatten und dem Dritten ergangen ist, sind nur zulässig, wenn der Ehevertrag eingetragen oder dem Dritten bekannt war, als der Rechtsstreit anhängig wurde.

(2) Das Gleiche gilt, wenn die Ehegatten eine im Güterrechtsregister eingetragene Regelung der güterrechtlichen Verhältnisse durch Ehevertrag aufheben oder ändern.

Lit: Lange, Ehevertrag und Güterrechtsregister, FamRZ 64, 546; sa Lit vor §§ 1408, 1409.

1 **1. Allgemeines.** Ehe und Güterstand beeinflussen die Befugnisse der Ehegatten zum Abschluß von RGeschäften mit Dritten durch Erweiterungen (§ 1357) und Schranken (§§ 1365, 1369). Vereinbaren die Ehegatten Änderungen oder machen sie vereinbarte Veränderungen rückgängig, so muß das Interesse Dritter, die auf den „Normalfall" der Befugnisse von Ehegatten vertrauen, berücksichtigt werden. Das Ges sieht deshalb die Publikation solcher Veränderungen im Güterrechtsregister als Voraussetzung der Außenwirkung vor. Eintragung ist nicht Wirksamkeitsvoraussetzung des Ehevertrages zwischen Ehegatten (oder der Beschränkung § 1357, SoeLange vor § 1558, 5), sondern der Geltung bestimmter RGeschäfte zwischen Ehegatten und Dritten, die auf der Grundlage geänderter Befugnisse unternommen worden sind.

2 **2. Einzelfälle der aufgrund § 1412 einzutragenden Eheverträge. a)** Ausschluß oder Änderung des ges Güterstandes, I 1. Änderung zB Ausschluß Zugewinn, falls Ehe anders als durch Tod endet, Köln NJW-RR 95, 390. Nach der Funktion der Vorschrift (s Rn 1) an sich nur Vereinbarung der Gütergemeinschaft oder einer anderen, Befugnisse einschränkenden Vermögensordnung (etwa aufgrund ausländischen Güterstandes; s jedoch EGBGB 12). Gütertrennung bewirkt keine Einschränkung von Befugnissen, gegen die ein Dritter zu schützen wäre, und

Titel 6. Eheliches Güterrecht **§ 1413**

bedarf deshalb an sich nicht der Eintragung (vgl Gernhuber/Coester-Waltjen § 33 II 1; sa Rn 3 vor § 1558 mwN; Eintragungs**fähigkeit** bejaht BGH 66, 205). **b)** Änderung oder Aufhebung eines eingetragenen vereinbarten Güterstandes, 3 wenn sich daraus Einschränkungen der rechtlichen Befugnisse der Ehegatten ergeben. Bsp: Änderung der Verwaltungsmacht in der Gütergemeinschaft, Vereinbarung der Zugewinngemeinschaft und Aufgabe der Gütertrennung.

3. Wirkungen. a) Eintragung oder Nichteintragung haben Wirkungen nur bei 4 **aa)** RGeschäften und Urteilen, **bb)** zwischen Ehegatten und Dritten. Keine Bedeutung für Haftung aus unerlaubter Handlung, für Unterhaltsbeziehungen oder Rechtserwerb in der Zwangsvollstreckung, ferner für RGeschäfte zwischen den Ehegatten oder zwischen Dritten (etwa Nacherwerb einer von einem Ehegatten stammenden Sache). **b) Eintragung** wirkt zugunsten der Ehegatten – sie können 5 sich auf die durch Ehevertrag abw vom ges Güterstand (I) oder einem früheren Ehevertrag (II) geordneten Befugnisse auch einem Dritten gegenüber berufen, der an die alte Rechtslage glaubte. **c) Nichteintragung** wirkt zugunsten des Dritten, 6 falls er die Änderung gegenüber dem ges Güterstand (I) oder einem früheren Ehevertrag (II) bei Vornahme des RGeschäfts (s RG 142, 59: nicht erst Zeitpunkt der Genehmigung durch VormundschaftsG) nicht kannte. Kenntnis muß sich nur auf Tatsachen beziehen; falsche rechtliche Würdigung bewirkt nicht Unkenntnis. Bei unentgeltlichem Erwerb aus Gesamtgut § 816 I 2, BGH 91, 288. **d)** Urteile, 7 die zwischen einem Ehegatten und einem Dritten aufgrund der verlautbarten Rechtslage ergangen sind, wirken ggf gegen den nicht prozeßführenden Ehegatten, falls bei Rechtshängigkeit Eintragung vorlag und der Dritte (Prozeßgegner des Ehegatten) nicht positiv die Unrichtigkeit der verlautbarten Prozeßführungsbefugnis kannte.

4. Keinen Schutz genießt **unrichtige Eintragung,** die nie richtig war, zB eines 8 nichtigen Ehevertrages. Haftung für veranlaßten Rechtsschein wird jedoch überwiegend entspr § 171 und der Wirkung von Handelsregistereintragung bejaht (vgl SoeGaul 16 mwN).

5. Vorschriften über den gutgl Erwerb bleiben unberührt. 9
6. Zum Eintragungsverfahren s §§ 1558–1563. 10

§ 1413 Widerruf der Überlassung der Vermögensverwaltung
Überlässt ein Ehegatte sein Vermögen der Verwaltung des anderen Ehegatten, so kann das Recht, die Überlassung jederzeit zu widerrufen, nur durch Ehevertrag ausgeschlossen oder eingeschränkt werden; ein Widerruf aus wichtigem Grunde bleibt gleichwohl zulässig.

1. Allgemeines. Zu weitgehende Bindungen an Verwaltungsüberlassung er- 1 schwert § 1413 durch Formzwang; totale Bindung verhindert HS 2.

2. Voraussetzungen. Überlassung der Verwaltung des eigenen Vermögens an 2 den anderen Ehegatten aufgrund ehelicher Aufgabenverteilung oder schuldrechtlichen Vertrages; konkludent möglich, wegen Pflichten des Verwaltenden jedoch „keine geringen Anforderungen" an Vertragsschluß durch schlüssiges Handeln, BGH NJW 86, 1871. In der Gütergemeinschaft kommt nur Vorbehalts- oder Sondergut in Betracht. Zugrunde liegen kann Auftrag, entgeltliche Geschäftsbesorgung (§ 675) oder Vereinbarung sui generis; auch eine Ehegattengesellschaft kann zur Alleinverwaltung des Vermögens eines Ehegatten durch den anderen führen und unter § 1413 fallen (Gernhuber/Coester-Waltjen § 32 IV 6, str). Verteilung der Aufgabenbereiche in der Ehe allein bewirkt aber kein Auftragsverhältnis, BGH NJW-RR 87, 1347.

3. Folgen. a) § 1413 setzt nach dem Wortlaut ein Recht zum jederzeitigen 3 Widerruf voraus. **b)** Ausschluß oder Einschränkungen des Widerrufsrechts bedürfen der Form des Ehevertrags, HS 1. **c)** Widerruf aus wichtigem Grund

§ 1414, Vor § 1415

4 bleibt stets zulässig, HS 2. **d)** Ob Nichtigkeit einer Widerrufseinschränkung die Verwaltungsvereinbarung insgesamt vernichtet, ist nach § 139 zu beurteilen. Bei einer gegen HS 2 verstoßenden Klausel kommt es auf den Parteiwillen aber nicht
5 an, der Vertrag bleibt ohne diese Klausel gültig. **e)** Widerruf geschieht durch einseitige empfangsbedürftige Willenserklärung. **f)** § 1412 ist nicht anwendbar.
6 **4. Haftung** für die Pflichten aus dem Verwaltungsvertrag nach dem Maßstab des § 1359 (hL; aA MK/Kanzleiter 9 bei entgeltlicher Überlassung). Zur Ausgestaltung solcher Verwaltungsverträge und den Pflichten ie s SoeGaul 3.

Kapitel 2. Gütertrennung

§ 1414 Eintritt der Gütertrennung

¹Schließen die Ehegatten den gesetzlichen Güterstand aus oder heben sie ihn auf, so tritt Gütertrennung ein, falls sich nicht aus dem Ehevertrag etwas anderes ergibt. ²Das Gleiche gilt, wenn der Ausgleich des Zugewinns oder der Versorgungsausgleich ausgeschlossen oder die Gütergemeinschaft aufgehoben wird.

1   **1. Allgemeines.** Ersatzgüterstand für den Fall, daß die Ehegatten den ges Güterstand oder eine vereinbarte Gütergemeinschaft abbedungen oder Zugewinn- oder Versorgungsausgleich ausgeschlossen haben, ohne anderen Güterstand zu vereinbaren.

2   **2. Voraussetzungen für den Eintritt der Gütertrennung. a)** Ehegatten vereinbaren Gütertrennung durch Ehevertrag; **b)** sie schließen ges Güterstand bei Eingehung der Ehe aus oder heben ihn später auf, ohne anderen Güterstand zu
3 vereinbaren, S 1; **c)** Ausschluß des Zugewinnausgleichs, S 2; **d)** zunächst vereinbarte Gütergemeinschaft wird aufgehoben, ohne daß eine andere mögliche Regelung (Vereinbarung der Zugewinngemeinschaft oder eines ausländischen Rechts nach EGBGB 15 II) getroffen wird, S 2; **e)** Fälle der §§ 1388, 1449, 1470;
4 **f)** (Völliger) Ausschluß des Versorgungsausgleichs, S 2; Modifikation reicht nicht.

5   **3. Wirkungen der Gütertrennung. a)** Güterrechtliche Bindungen der Ehegatten fehlen. Die Vermögen bleiben rechtlich gesondert, jeder Ehegatte verwaltet selbst, kann ohne Zustimmung des anderen Verpflichtungs- und Verfügungsgeschäfte schließen und führt die sein Vermögen betr Rechtsstreitigkeiten selbst.
6 **b)** Gütertrennung schließt nicht aus, daß Verwaltungsverträge geschlossen, Vollmachten eingeräumt werden, gemeinschaftliches Vermögen (Miteigentum oder Gesamthandseigentum) entsteht oder benannte (ehebedingte) Zuwendungen vorgenommen werden, vgl BGH NJW-RR 88, 962 (zum Ausgleich beim Zer-
7 brechen der Ehe aaO S 964; ferner § 1353 Rn 21). **c)** Unberührt von Gütertrennung bleiben die vermögensrechtlichen Ehewirkungen aus § 1353 (s § 1353 Rn 5 f).

8   **4. Eintragung** ins Güterrechtsregister ist nur beim Übergang von der Gütergemeinschaft zur Gütertrennung *erforderlich*, um Dritte zu schützen. Beim Übergang von der Zugewinngemeinschaft zur Gütertrennung ist Verlautbarung *möglich* (s § 1412 Rn 2).

Kapitel 3. Gütergemeinschaft

Vorbemerkungen

1   **1.** Mit der „Gütergemeinschaft" stellt das Ges einen in Einzelheiten geregelten Vertragsgüterstand zur Wahl, dessen Eigenart in der (teilw) Vergemeinschaftung der beiderseitigen Vermögen besteht. Durch Vereinbarung der „fortgesetzten Gütergemeinschaft" können die Ehegatten erreichen, daß die Vergemeinschaftung des Vermögens nach dem Tode eines Ehegatten zwischen dem Überlebenden und den gemeinschaftlichen Abkömmlingen fortgesetzt wird, § 1483.

Titel 6. Eheliches Güterrecht **§§ 1415–1418**

2. a) Für Gütergemeinschaft ist kennzeichnend das in der Rechtsform der Gesamthand (s § 1419) vergemeinschaftete Vermögen der Ehegatten. Ausgenommen von der Vergemeinschaftung bleiben die als „Sondergut" (s § 1417) und „Vorbehaltsgut" (s § 1418) bezeichneten Vermögensmassen, die von dem jeweiligen Inhaber-Ehegatten selbständig verwaltet werden. In Gütergemeinschaft lebende Ehegatten können also insgesamt 5 rechtlich zu unterscheidende **Vermögensmassen** haben: (vergemeinschaftetes) Gesamtgut und je zweimal (selbständiges) Sondergut und Vorbehaltsgut. Weitere Vermögensmassen können nicht geschaffen werden; das Vermögen einer Ehegattengesellschaft muß deshalb den 3 ges Typen eingeordnet werden (s hierzu Rn 4 vor §§ 1408–1413). **b)** Für die Verwaltung des Gesamtgutes gibt das Ges zwei Grundmodelle: Verwaltung durch beide Ehegatten gemeinschaftlich (§§ 1450–1470) und Verwaltung entweder durch Mann oder Frau allein (§§ 1422–1449).

2

3

4

Unterkapitel 1. Allgemeine Vorschriften

§ 1415 Vereinbarung durch Ehevertrag

Vereinbaren die Ehegatten durch Ehevertrag Gütergemeinschaft, so gelten die nachstehenden Vorschriften.

1. Gütergemeinschaft kann nur durch Ehevertrag begründet werden, s §§ 1408, 1410 (Form), 1411 (Geschäftsfähigkeit); zur Wirkung der Eintragung ins Güterrechtsregister s § 1412; zur Möglichkeit von Abänderungen des ges Typs s §§ 1408, 1409 Rn 3, 8 ff. Schenkung als causa für Begründung der Gütergemeinschaft s BGH NJW 92, 559.

1

§ 1416 Gesamtgut

(1) ¹Das Vermögen des Mannes und das Vermögen der Frau werden durch die Gütergemeinschaft gemeinschaftliches Vermögen beider Ehegatten (Gesamtgut). ²Zu dem Gesamtgut gehört auch das Vermögen, das der Mann oder die Frau während der Gütergemeinschaft erwirbt.

(2) Die einzelnen Gegenstände werden gemeinschaftlich; sie brauchen nicht durch Rechtsgeschäft übertragen zu werden.

(3) ¹Wird ein Recht gemeinschaftlich, das im Grundbuch eingetragen ist oder in das Grundbuch eingetragen werden kann, so kann jeder Ehegatte von dem anderen verlangen, dass er zur Berichtigung des Grundbuchs mitwirke. ²Entsprechendes gilt, wenn ein Recht gemeinschaftlich wird, das im Schiffsregister oder im Schiffsbauregister eingetragen ist.

§ 1417 Sondergut

(1) Vom Gesamtgut ist das Sondergut ausgeschlossen.

(2) Sondergut sind die Gegenstände, die nicht durch Rechtsgeschäft übertragen werden können.

(3) ¹Jeder Ehegatte verwaltet sein Sondergut selbständig. ²Er verwaltet es für Rechnung des Gesamtguts.

§ 1418 Vorbehaltsgut

(1) Vom Gesamtgut ist das Vorbehaltsgut ausgeschlossen.

(2) Vorbehaltsgut sind die Gegenstände,

1. die durch Ehevertrag zum Vorbehaltsgut eines Ehegatten erklärt sind;
2. die ein Ehegatte von Todes wegen erwirbt oder die ihm von einem Dritten unentgeltlich zugewendet werden, wenn der Erblasser durch

§ 1419

letztwillige Verfügung, der Dritte bei der Zuwendung bestimmt hat, dass der Erwerb Vorbehaltsgut sein soll;

3. die ein Ehegatte auf Grund eines zu seinem Vorbehaltsgut gehörenden Rechts oder als Ersatz für die Zerstörung, Beschädigung oder Entziehung eines zum Vorbehaltsgut gehörenden Gegenstands oder durch ein Rechtsgeschäft erwirbt, das sich auf das Vorbehaltsgut bezieht.

(3) ¹Jeder Ehegatte verwaltet das Vorbehaltsgut selbständig. ²Er verwaltet es für eigene Rechnung.

(4) Gehören Vermögensgegenstände zum Vorbehaltsgut, so ist dies Dritten gegenüber nur nach Maßgabe des § 1412 wirksam.

§ 1419 Gesamthandsgemeinschaft

(1) Ein Ehegatte kann nicht über seinen Anteil am Gesamtgut und an den einzelnen Gegenständen verfügen, die zum Gesamtgut gehören; er ist nicht berechtigt, Teilung zu verlangen.

(2) Gegen eine Forderung, die zum Gesamtgut gehört, kann der Schuldner nur mit einer Forderung aufrechnen, deren Berichtigung er aus dem Gesamtgut verlangen kann.

Anmerkungen zu den §§ 1416–1419

Lit: Behmer, Ist die Gütergemeinschaft als Wahlgüterstand ‚obsolet'? Grundfragen, FamRZ 88, 339; Buchner, Gütergemeinschaft und erwerbswirtschaftliche Betätigung der Ehegatten – einige Folgewirkungen der gesamthänderischen Bindung des Gesamtguts, FS Beitzke 1979, 153; Tiedtke, Universalsukzession und Gütergemeinschaft, FamRZ 76, 510.

1 **1. Allgemeines.** Die §§ 1416–1419 definieren die im Güterstand der Gütergemeinschaft zu unterscheidenden Vermögensmassen (s Rn 3 vor § 1415) und regeln ihre Entstehung, Abgrenzung und rechtliche Konzeption.

2 **2. Entstehung des Gesamtgutes. a)** Zum gemeinschaftlichen **Gesamtgut** werden **aa)** bei Begründung der Gütergemeinschaft, dh bei Abschluß des Ehevertrages vorhandenen Vermögen der Ehegatten (§ 1416 I 1) und **bb)** die später von dem einen oder anderen Ehegatten oder gemeinsam erworbenen Vermögen oder Einzelgegenstände (§ 1416 I 2), sofern sie nicht **cc)** Sondergut

3 (s Rn 11) oder Vorbehaltsgut (Rn 13 ff) sind oder werden. Rechtsgrund und Art des späteren Erwerbs spielen für die Zuordnung zum Gesamtgut keine Rolle. Auch eine Erbschaft fällt ins Gesamtgut (der andere Ehegatte wird deshalb jedoch nicht Miterbe), ebenso der Anteil eines Abkömmlings am Gesamtgut einer beendeten, aber noch nicht auseinandergesetzten fortgesetzten Gütergemeinschaft (RG 125, 347 – Sondergut ist dagegen der unübertragbare Anteil der noch nicht beendeten fortgesetzten Gütergemeinschaft). Erträge des Gesamtguts und des Sondergutes der Ehegatten werden Gesamtgut, ferner Ansprüche auf Gehalt (soweit pfändbar), aus unerlaubter Handlung, Bereicherung, GoA (s aber Rn 12) oder Erwerb durch

4 Realakt, zB Verarbeitung. **b)** Die Zuordnung zum Gesamtgut geschieht bei Begründung der Gütergemeinschaft durch Universalsukzession, § 1416 II. Gutgl Erwerb ist mangels rechtsgeschäftlicher Zuordnungsänderung nicht möglich (sa § 892

5 Rn 8). **c)** Grundbuch wird unrichtig und bedarf der Berichtigung. Folgerichtig gibt § 1416 III einen Anspruch des einen Ehegatten gegen den anderen (eingetragenen) Ehegatten auf Mitwirkung an der Grundbuch- (oder Schiffs- bzw Schiffsbauregister-)berichtigung, dh auf Bewilligung der Berichtigung, GBO 19 (zur Wirkung eines stattgebenden Urteils s ZPO 894). Bei Eintragung der Gütergemeinschaft im Güterrechtsregister ist Grundbuchberichtigung nach GBO 22, 33 möglich; Bewilligung des eingetragenen Ehegatten ist dann nicht erforderlich. Widerspruch nach § 899 gegen Eintragung eines Ehegatten als Alleineigentümer

6 möglich (RG 108, 286). **d)** Rechtliche Konstruktion der Zuordnung nachträglich

Titel 6. Eheliches Güterrecht **§ 1419**

erworbener Gegenstände zum Gesamtgut (Durchgangserwerb des erwerbenden Ehegatten oder Direkterwerb des Gesamtguts) str; umfassend Hofmann FamRZ 72, 117, offengelassen in BGH 82, 348. Dogmatisch folgerichtig ist Annahme von Durchgangserwerb (s Gernhuber/Coester-Waltjen § 38 III 2), praktische Gründe sprechen jedoch für Direkterwerb des Gesamtguts; im Grundstücksverkehr kann deshalb sofortige Eintragung beider Ehegatten als Gesamthänder ohne Voreintragung (GBO 39) des Erwerbers erfolgen, ebenso für Auflassung an Miteigentümer BGH 82, 350.

3. Sachenrechtliche Konzeption des Gesamtguts, § 1419. **a)** Wie bei den 7 anderen Gesamthandsgemeinschaften „Erbengemeinschaft" (§ 2033 II) und „Gesellschaft" (§ 719) haben die Beteiligten (Ehegatten) an den Einzelgegenständen des Gesamtguts keine verfügbaren Anteile, § 1419 I. Die Ehegatten sind deshalb auch nicht mit bestimmten Quoten an Forderungen des Gesamtguts beteiligt, so daß ein Gläubiger eines Ehegatten gegen dessen Anteil nicht aufrechnen kann und gegen eine zum Gesamtgut gehörige Forderung nur, soweit das Gesamtgut verpflichtet ist, § 1419 II. S zu den Gesamtgutsverbindlichkeiten §§ 1437–1440, 1459–1462. **b)** Auch der Anteil an der gesamten Vermögensmasse „Gesamtgut" ist 8 bis zur Aufhebung der Gütergemeinschaft unter Lebenden nicht verfügbar, § 1419 I (anders § 2033 für die Erbengemeinschaft). Verpflichtung zur Übertragung eines Anteils ist nach § 306 nichtig, kann aber evtl umgedeutet werden in die Verpflichtung zur Abtretung des Auseinandersetzungsguthabens nach Aufhebung der Gütergemeinschaft (SoeGaul § 1419, 4; BGH FamRZ 66, 443, str). **c)** Güter- 9 stände werden im Regelfall auf Lebenszeit der Ehegatten begründet; daher im Prinzip keine Möglichkeit einseitiger Auflösung, § 1419 I HS 2 (Ausnahmen §§ 1447, 1448, 1469); Gläubiger können deshalb einen Anteil auch nicht pfänden und so Auflösung betreiben, ZPO 860 I (s dagegen für Gesellschaft ZPO 859); Schutz der Gläubiger wird durch weitgehende Haftung des Gesamtguts für Ehegattenverbindlichkeiten erreicht, s §§ 1437 ff; zur Insolvenz in InsO 37. **d)** Die ge- 10 meinschaftliche Zuordnung des Gesamtguts erfordert Regelung der Verwaltungsbefugnisse, s hierzu §§ 1422 ff, 1450 ff; die aus der Vergemeinschaftung folgende Änderung der Verwaltungsbefugnisse kann Dritten nur nach Maßgabe des § 1412 entgegengehalten werden. **e)** Eintragung ins **Grundbuch:** GBO 47.

4. Sondergut bleibt von der Vergemeinschaftung im Gesamtgut ausgeschlossen, 11 § 1417 I. **a)** Rechtstechnischer Grund und Abgrenzungsmerkmal ist die Unübertragbarkeit der als Sondergut bezeichneten Gegenstände durch RGeschäft: Was nicht übertragen werden kann, kann auch nicht durch Universalsukzession in eine anders zugeordnete Vermögensmasse eingeschmolzen werden. Bsp: Nießbrauch (s § 1059 S 1), nicht übertragbare Anteile an einer Gesellschaft (s § 719; zur Ehegattengesellschaft s Rn 4 vor §§ 1408–1413), der unpfändbare Teil des Gehaltes (§ 400), das Persönlichkeitsrecht, auch rechtsgeschäftlich mit einer Abtretungsbeschränkung belegte Forderungen (§ 399 Fall 2) und sonstige Rechte (§§ 413, 399 Fall 2), str; s Berger, Rechtsgeschäftliche Verfügungsbeschränkungen, 1998, 329 mwN Fn 208. **b)** Sondergut verbleibt in Gütertrennung jedem Ehegatten zur 12 selbständigen und unbeschränkten Verwaltung, § 1417 III 1; zur Haftung s zunächst §§ 1440 S 1, 1463 Nr 2, 3, 1464 S 1. **c)** Da der Ausschluß der Vergemeinschaftung nur Konsequenz der Unübertragbarkeit ist, fallen Surrogate und Einnahmen aus dem Sondergut, soweit sie selbst übertragbar sind, in das Gesamtgut. Folgerichtig bestimmt § 1417 III 2, daß das jeweilige Sondergut für Rechnung des Gesamtguts verwaltet wird. Dafür hat das Gesamtgut Lasten des Sonderguts zu tragen, die aus dessen Erträgen beglichen werden, §§ 1440 S 2 HS 2, 1462 S 2 HS 2.

5. Vorbehaltsgut entsteht durch rechtsgeschäftliche Widmung oder kraft Sur- 13 rogation bei an die Stelle von Vorbehaltsgut tretenden Rechten oder Gegenständen. Die Bestimmung der Eigenschaft als Vorbehaltsgut kann erfolgen **a)** in Ehevertrag 14 durch die Ehegatten, § 1418 II Nr 1. Sie sind dabei frei, insbes kann das Vor-

Chr. Berger 1403

§ 1420

behaltsgut im Verhältnis zum Gesamtgut den größeren Umfang haben. Widmung erfolgt durch Bezeichnung bestimmter Gegenstände oder Sachinbegriffe (zB Wertpapiere, Grundvermögen usw). Auch das gesamte bei Eintritt der Güterstände vorhandene Ehegattenvermögen kann Vorbehaltsgut bleiben, so daß nur der spätere Erwerb Gesamtgut wird und damit eine Art Errungenschaftsgemeinschaft entsteht, oder es kann das Grundvermögen zum Vorbehaltsgut bestimmt werden, so daß (nur) Fahrnisgemeinschaft begründet wird. Auch nachträgliche Ausgliederung von Vorbehaltsgut aus dem Gesamtgut ist durch Ehevertrag möglich (vgl BGH 65, 79 zur Gründung einer Ehegattengesellschaft, aber auch BGH NJW 94, 654), bedarf aber rechtsgeschäftlicher Übertragung aus dem Gesamtgut in das Vorbehaltsgut

15 (s SoeGaul § 1418, 5). **b)** Bei Erwerb von Dritten kann der Dritte die Eigenschaft als Vorbehaltsgut festlegen bei **aa)** Erwerb von Todes wegen, § 1418 II Nr 2 (Bestimmung geschieht dabei durch letztwillige Verfügung und ist formbedürftig; der Erwerbsgrund kann dagegen auch ges Erbrecht oder Pflichtteilsrecht sein); **bb)** unentgeltlichen Zuwendungen, § 1418 II Nr 2, wobei die Bestimmung als Vorbehaltsgut vor oder bei, nicht aber nach der Zuwendung zu erfolgen hat; konkludente Widmung ist möglich. Der Zuwendende kann die Überführung in das Gesamtgut durch den Empfänger-Ehegatten (nur) durch eine entspr Bedingung verhindern, die die Zuwendung vom Verbleib im Vorbehaltsgut abhängig macht. Nur unentgeltliche Zuwendungen können derart gewidmet werden, also Schenkungen oder Ausstattung nach § 1624 I; Unentgeltlichkeit ist auch bei Gegenleistung durch einen Dritten oder den anderen Ehegatten gegeben, RG 171, 87.

16 **c) Vorbehaltsgut kraft Surrogation** entsteht nach § 1418 II Nr 3 **aa)** aufgrund Realisierung eines zum Vorbehaltsgut gehörenden Rechts (zB Erfüllung einer Forderung, Fruchtziehung, Zinsen, Gewinnausschüttung, Dividenden usw); **bb)** durch Ersatzleistung für Zerstörung, Beschädigung oder Entziehung von Vorbehaltsgut; dazu rechnet auch Versicherungssumme; zum Umfang eines Schadenersatzanspruchs (Gewinneinbußen) BGH NJW 94, 655; **cc)** bei Erwerb durch RGeschäft, das sich auf das Vorbehaltsgut „bezieht". Der Bezug muß durch einen wirtschaftlichen Zusammenhang gegeben sein, wobei subj (Absicht) und obj Momente (Anschaffung aus Mitteln des Vorbehaltsguts, Verkauf von Vorbehaltsgut)

17 gegeben sein müssen (hierzu RG 92, 141 f). **d) Verwaltung des Vorbehaltsguts** geschieht „in Gütertrennung", steht also dem jeweiligen Inhaber selbständig und unbeschränkt zu, § 1418 III 1. Er verwaltet für Rechnung des Vorbehaltsguts, § 1418 III 2; Ergebnisse und Erträge seines Verwaltens fallen deshalb wieder ins Vorbehaltsgut, § 1418 II Nr 3.

18 **6.** Bei Eintragung ins Güterrechtsregister muß ein Dritter davon ausgehen, daß alle übertragbaren Rechte und Gegenstände zum Gesamtgut gehören und entspr verwaltet werden. Die Eigenschaft als Vorbehaltsgut (und damit die entspr Befugnis des Inhabers zur selbständigen Verwaltung) kann einem Dritten nur entgegengehalten werden, wenn sie eingetragen war oder er sie kannte, § 1418 IV iVm § 1412. Aufzählung aller Gegenstände des Vorbehaltsguts im Güterrechtsregister ist jedoch nicht erforderlich, auch nicht möglich; ein Hinweis auf die Existenz von Gegenständen, die zum Vorbehaltsgut gehören, soll ausreichen (s Dölle § 67 IV 5). An die Stelle der nach § 1412 erforderlichen positiven Kenntnis tritt damit allerdings ein Fahrlässigkeitsvorwurf.

§ 1420 Verwendung zum Unterhalt

Die Einkünfte, die in das Gesamtgut fallen, sind vor den Einkünften, die in das Vorbehaltsgut fallen, der Stamm des Gesamtguts ist vor dem Stamm des Vorbehaltsguts oder des Sonderguts für den Unterhalt der Familie zu verwenden.

1 **1. Allgemeines.** Regelung der **Rangfolge**, in der im Güterstand der Gütergemeinschaft die Einkünfte entspr ihrer Verteilung auf die verschiedenen Vermögensmassen sowie diese selbst (Stamm) zum Familienunterhalt zu verwenden sind.

Titel 6. Eheliches Güterrecht **§ 1421, Vor §§ 1422–1470**

Gilt auch für Trennungsunterhalt, BGH 111, 253. Das Gesamtgut, seine Erträge (zB Nutzung einer Wohnung, vgl Bamberg FamRZ 87, 703 f) und die in das Gesamtgut fallenden Einkünfte (auch des Sonderguts, § 1417 III 2), zu denen auch das Einkommen aus Arbeit rechnet, werden dabei als „der Familie näher stehend" (Gernhuber/Coester-Waltjen § 21 I 9) vorrangig herangezogen. Stamm nur, wenn Einkünfte nicht ausreichen, München FamRZ 96, 166. Soweit ein Ehegatte seine Beitragspflicht durch Haushaltsführung erfüllt (s § 1360 S 2), hat er nicht mit seinem Vorbehalts- und Sondergut beizutragen. § 1360 b gilt auch für die Leistungen in der Rangfolge des § 1420 (Dölle § 67 V 7).

§ 1421 Verwaltung des Gesamtguts

¹Die Ehegatten sollen in dem Ehevertrag, durch den sie die Gütergemeinschaft vereinbaren, bestimmen, ob das Gesamtgut von dem Mann oder der Frau oder von ihnen gemeinschaftlich verwaltet wird. ²Enthält der Ehevertrag keine Bestimmung hierüber, so verwalten die Ehegatten das Gesamtgut gemeinschaftlich.

1. Zu den Verwaltungsmöglichkeiten s Rn 2 vor § 1422; zur Außenwirkung § 1412. 1

Unterkapitel 2. Verwaltung des Gesamtguts durch den Mann oder die Frau

Vorbemerkungen zu den §§ 1422–1470

1. **Sachfragen.** Vergemeinschaftung und rechtliche Herauslösung des Gesamtguts aus den Einzelvermögen der Ehegatten stellt drei Sachfragen: Verwaltung, Haftung und Aufhebungsmöglichkeit. Die §§ 1422–1470 regeln diese Sachfragen nach folgenden Prinzipien: 1

2. **Verwaltung** kann a) durch **einen** der beiden **Ehegatten allein** oder **beide gemeinsam** erfolgen; Wahl zwischen den drei gegebenen Möglichkeiten durch Ehevertrag, § 1421; s jedoch auch § 1458. b) Nicht vorgesehen und auch nicht durch „speziellen Ehevertrag" (dazu §§ 1408, 1409 Rn 3) in Kraft zu setzen ist konkurrierende, dh selbständige und voneinander unabhängige Einzelverwaltungsmacht für beide Ehegatten: Gefahr widersprüchlichen und in seiner Geltung für den Verkehr schwer beurteilbaren Verwaltungshandelns (BayObLG NJW 68, 896 mwN). c) Die Verwaltungsmacht des Einzelverwalters umfaßt das Recht zur Inbesitznahme, zu Verfügungen über Gesamtgut und zur Prozeßführung im eigenen Namen für das Gesamtgut (§ 1422), wird aber für Geschäfte, die für das Gesamtgut als bes gefährlich bewertet werden – Gesamtvermögensgeschäfte, Grundstücks- uä Geschäfte sowie Schenkungen (§§ 1423–1425) – an die Zustimmung des anderen gebunden. Neben dem Alleinverwalter verbleiben aber dem anderen Partner bestimmte Befugnisse, die das Gesamtgut betreffen können, s zunächst §§ 1429, 1431, 1432, 1433. d) Bei gemeinsamer Verwaltung kann über Gesamtgut nur gemeinschaftlich verfügt, ein auf das Gesamtgut bezogener Prozeß nur gemeinschaftlich geführt werden; die Ehegatten haben am Gesamtgut gemeinschaftlichen (Mit-)Besitz, § 1450. Zur erforderlichen Mitwirkung ist jeder verpflichtet, § 1451. Daneben gibt es eine Reihe von Ausnahmefällen, in denen jeder Ehegatte ohne Mitwirkung des anderen mit Wirkung für das Gesamtgut handeln kann, s zunächst §§ 1455, 1456. 2 3 4 5

3. Für die **Haftung** des Gesamtguts sind kraft Ges entstehende Verbindlichkeiten und solche aus rechtsgeschäftlichem Handeln zu unterscheiden. a) Für ges Verbindlichkeiten der Ehegatten wie zB aus Delikt oder aufgrund Unterhaltspflicht haftet das Gesamtgut, §§ 1437 I, 1459 I, bei Bereicherung aus zustimmungslosem Geschäft des (insoweit) nicht befugten Ehegatten jedoch nur, wenn und soweit das 6

Chr. Berger

7 Gesamtgut bereichert ist, §§ 1434, 1457. **b)** Für rechtsgeschäftlich während Bestehens der Gütergemeinschaft begründete Verbindlichkeiten haftet das Gesamtgut, soweit entweder ein allein verwaltungsbefugter Ehegatte - § 1438 I 1. Fall - gehandelt hat oder die Zustimmung des anderen vorlag, §§ 1438 I 2. Fall, 1460 I 1. Fall; das Gesamtgut haftet ferner für RGeschäfte des (nicht oder nicht allein) verwaltungsbefugten Ehegatten in den Ausnahmefällen, in denen dieser ohne Zustimmung des anderen für das Gesamtgut handeln kann, §§ 1438 I 3. Fall, 1460 I
8 2. Fall. **c)** Verbindlichkeiten, die aus Rechten oder Besitz für Sonder- oder Vorbehaltsgut entstehen, fallen grundsätzlich dem Gesamtgut nicht zur Last (Ausnahmen §§ 1440 S 2, 1462 S 2). **d)** Soweit das Gesamtgut haftet, haben der Verwalter stets auch persönlich, bei gemeinschaftlicher Verwaltung beide Ehegatten als Ge-
9 samtschuldner einzustehen, §§ 1437 II 1, 1459 II 1. **e)** Die Haftung des Gesamtgutes und die evtl gegebene gesamtschuldnerische Verpflichtung der Ehegatten bei Gesamtgutsverbindlichkeiten im Außenverhältnis wird ergänzt durch Ausgleichspflichten im Innenverhältnis bei bestimmten Verbindlichkeiten, mit denen billigerweise iE nur ein Ehegatte belastet werden kann, s §§ 1441, 1463 (jeweils mit Ausnahmen in §§ 1442, 1464) sowie §§ 1443, 1444, 1465, 1466. Die Ausgleichspflichten werden allerdings grundsätzlich erst mit Beendigung des Güterstandes fällig, §§ 1446, 1468 (Ausnahmen §§ 1446 II HS 2, 1468 HS 2).
10 **4. Aufhebung** der Gütergemeinschaft kann **a)** von einem Ehegatten nur durch Urteil aufgrund einer **Aufhebungsklage** aus den in §§ 1447, 1448, 1469 genannten Gründen erwirkt werden. **b)** Ehevertragliche Aufhebung ist stets möglich, §§ 1408 ff, 1440 S 2.

§ 1422 Inhalt des Verwaltungsrechts

¹**Der Ehegatte, der das Gesamtgut verwaltet, ist insbesondere berechtigt, die zum Gesamtgut gehörenden Sachen in Besitz zu nehmen und über das Gesamtgut zu verfügen; er führt Rechtsstreitigkeiten, die sich auf das Gesamtgut beziehen, im eigenen Namen.** ²**Der andere Ehegatte wird durch die Verwaltungshandlungen nicht persönlich verpflichtet.**

1 **1. Regelungsbereich.** § 1422 regelt Verwaltungsbefugnisse des durch Ehevertrag (§ 1421) zum Alleinverwalter bestimmten Ehegatten. Alleinverwalter ist auch der Ehegatte eines nicht voll geschäftsfähigen Partners, s § 1458.
2 **2. Inhalt der Verwaltungsmacht.** Der Verwalter handelt im **eigenen Namen** mit Wirkung für das Gesamtgut. **a)** Er kann allein über Gegenstände des Gesamtgutes **verfügen** (Ausn Rn 8 ff), dh im eigenen Namen veräußern, belasten, Forde-
3 rungen einziehen oder erlassen usw. **b)** Er kann Rechte des Gesamtgutes **ausüben**, zB Stimmrechte aus Aktien, aus Wohnungseigentum (WEG 25 II). **c)** Auch beim **Erwerb** im eigenen Namen erwirbt das Gesamtgut (s §§ 1416-1419 Anm 2 d). **d)** Er ist Adressat von **Willenserklärungen**, die Rechtsbeziehungen Dritter zum Gesamtgut (genauer seinen Inhabern) betreffen und gestalten, zB Kündigung.
4 **e)** Er kann alle **tatsächlichen Maßnahmen** für das und mit dem Gesamtgut vornehmen, zB bei der Bewirtschaftung eines Hofes. **f) Verpflichtungsgeschäfte** verpflichten nur den Verwalter, doch kann er sie kraft Verwaltungsrechts aus Mitteln des Gesamtgutes erfüllen; iü haftet das Gesamtgut „akzessorisch" (Gernhuber/Coester-Waltjen § 38 VI 2) auch für rechtsgeschäftliche Verpflichtungen des
5 Verwalters, die nicht auf das Gesamtgut bezogen sind. **g) Prozeßführungsbefugnis** steht dem Verwalter als **Prozeßstandschafter** für die Gesamthand zu; nur er ist Partei, der andere Ehegatte kann als Zeuge vernommen werden (RG 67, 266). Das auf das Gesamtgut bezogene Urteil erlangt insoweit Rechtskraft für und gegen den anderen Ehegatten (Einzelheiten SoeGaul 10); zur Zwangsvollstreckung in das
6 Gesamtgut genügt das Urteil gegen den Verwalter, ZPO 740 I. **h) Besitz** wird nicht ipso iure erworben, der Verwalter kann jedoch in Besitz nehmen und dieses Recht gegen den anderen Ehegatten oder Dritte (RG 85, 420) klageweise, nicht

Titel 6. Eheliches Güterrecht **§§ 1423–1425**

jedoch eigenmächtig durchsetzen. Im Verhältnis zur Gesamthand ist der Verwalter als Alleinbesitzer Besitzmittler für beide Ehegatten; ob Alleinbesitz oder unmittelbarer Mitbesitz mit dem anderen vorliegt, ist jedoch eine Sache der Ausgestaltung der ehelichen Lebensgemeinschaft. Zwar ist der Verwalter zum Alleinbesitz berechtigt, doch wird diese Berechtigung durch die Verpflichtung aus § 1353, dem anderen Mitbenutzung an Hausrat und Wohnung einzuräumen, beschränkt (s Soe-Gaul 7 mwN). i) Gehört **Handelsgeschäft** zum Gesamtgut, ist nur **Verwalter als** 7 **Kaufmann** ins Handelsregister einzutragen, BayObLG BB 78, 423.

3. Die **Beschränkungen der Verwaltungsmacht: a) Vinkulierung.** Bei bes 8 weittragenden und wirtschaftlich gefährlichen Geschäften ist die Alleinverwaltungsmacht abgeschwächt und an die Zustimmung des anderen gebunden, §§ 1423–1425. b) **Notverwaltung** des anderen Ehegatten bei Verhinderung des Verwalters, § 1429. c) **Persönlicher Bereich.** Für bestimmte Bereiche werden 9 dem an sich nicht verwaltenden Ehegatten eigene und selbständige Verwaltungsbefugnisse eingeräumt; der Verwalter ist insoweit von der Verwaltung ausgeschlossen (§§ 1431, 1432, 1433), soweit nicht zusätzlich rechtsgeschäftlich eingeräumt worden ist. Daneben gibt § 1430 die Möglichkeit, die Zustimmung des Verwalters durch das VormundschaftsG ersetzen zu lassen, wenn anders die ordnungsmäßige Besorgung persönlicher Angelegenheiten, die Wirkung für das Gesamtgut hat, nicht durchführbar wäre. d) Beschränkungen werden schließlich er- 10 forderlich, soweit der Verwalter nicht voll geschäftsfähig ist, s hierzu § 1436.

4. **Rechtsgeschäftliche Änderungen** der Alleinverwaltung sind möglich, etwa 11 Bevollmächtigung des nicht verwaltenden Ehegatten. Eine unwiderrufliche Generalvollmacht, die zu konkurrierender Verwaltungsmacht führen würde, dürfte unzulässig sein, s Rn 3 vor § 1422.

5. Soweit der Verwalter verwaltungsbefugt ist, kann der nicht verwaltende Ehe- 12 gatte nicht wirksam verfügen. Gutgl Erwerb Dritter ist zwar möglich, scheitert aber bei beweglichen Sachen regelmäßig am Abhandenkommen des Verwalterbesitzes, bei Grundstücken an der Eintragung nach GBO 47.

§ 1423 Verfügung über das Gesamtgut im Ganzen

¹Der Ehegatte, der das Gesamtgut verwaltet, kann sich nur mit Einwilligung des anderen Ehegatten verpflichten, über das Gesamtgut im Ganzen zu verfügen. ²Hat er sich ohne Zustimmung des anderen Ehegatten verpflichtet, so kann er die Verpflichtung nur erfüllen, wenn der andere Ehegatte einwilligt.

§ 1424 Verfügung über Grundstücke, Schiffe oder Schiffsbauwerke

¹Der Ehegatte, der das Gesamtgut verwaltet, kann nur mit Einwilligung des anderen Ehegatten über ein zum Gesamtgut gehörendes Grundstück verfügen; er kann sich zu einer solchen Verfügung auch nur mit Einwilligung seines Ehegatten verpflichten. ²Dasselbe gilt, wenn ein eingetragenes Schiff oder Schiffsbauwerk zum Gesamtgut gehört.

§ 1425 Schenkungen

(1) ¹Der Ehegatte, der das Gesamtgut verwaltet, kann nur mit Einwilligung des anderen Ehegatten Gegenstände aus dem Gesamtgut verschenken; hat er ohne Zustimmung des anderen Ehegatten versprochen, Gegenstände aus dem Gesamtgut zu verschenken, so kann er dieses Versprechen nur erfüllen, wenn der andere Ehegatte einwilligt. ²Das Gleiche gilt von einem Schenkungsversprechen, das sich nicht auf das Gesamtgut bezieht.

(2) **Ausgenommen sind Schenkungen, durch die einer sittlichen Pflicht oder einer auf den Anstand zu nehmenden Rücksicht entsprochen wird,**

§ 1426 Ersetzung der Zustimmung des anderen Ehegatten

Ist ein Rechtsgeschäft, das nach den §§ 1423, 1424 nur mit Einwilligung des anderen Ehegatten vorgenommen werden kann, zur ordnungsmäßigen Verwaltung des Gesamtguts erforderlich, so kann das Vormundschaftsgericht auf Antrag die Zustimmung des anderen Ehegatten ersetzen, wenn dieser sie ohne ausreichenden Grund verweigert oder durch Krankheit oder Abwesenheit an der Abgabe einer Erklärung verhindert und mit dem Aufschub Gefahr verbunden ist.

§ 1427 Rechtsfolgen fehlender Einwilligung

(1) Nimmt der Ehegatte, der das Gesamtgut verwaltet, ein Rechtsgeschäft ohne die erforderliche Einwilligung des anderen Ehegatten vor, so gelten die Vorschriften des § 1366 Abs. 1, 3, 4 und des § 1367 entsprechend.

(2) ¹Einen Vertrag kann der Dritte bis zur Genehmigung widerrufen. ²Hat er gewusst, dass der Ehegatte in Gütergemeinschaft lebt, so kann er nur widerrufen, wenn dieser wahrheitswidrig behauptet hat, der andere Ehegatte habe eingewilligt; er kann auch in diesem Falle nicht widerrufen, wenn ihm beim Abschluss des Vertrags bekannt war, dass der andere Ehegatte nicht eingewilligt hatte.

§ 1428 Verfügungen ohne Zustimmung

Verfügt der Ehegatte, der das Gesamtgut verwaltet, ohne die erforderliche Zustimmung des anderen Ehegatten über ein zum Gesamtgut gehörendes Recht, so kann dieser das Recht gegen Dritte gerichtlich geltend machen; der Ehegatte, der das Gesamtgut verwaltet, braucht hierzu nicht mitzuwirken.

Anmerkungen zu den §§ 1423–1428

1 1. **Zweck.** §§ 1423–1425 binden den Alleinverwalter des Gesamtguts bei den in diesen Vorschriften geregelten RGeschäften an die Zustimmung des nicht verwaltenden Ehegatten, um wegen der bes gefährlichen Tragweite dieser Geschäfte iE gemeinschaftliche Verwaltung zu erzwingen. Zustimmungsersetzung – § 1426 – und die Regelung der Folgen fehlender Zustimmung – §§ 1427, 1428 – sind sachnotwendige Ergänzung und Konsequenz dieser Vinkulierung.

2 2. **Vinkulierte Geschäfte** sind a) solche über das **„Gesamtgesamtgut"**, § 1423. Der Begriff „Gesamtgut im ganzen" ist wie „Vermögen im ganzen" nach § 1365 zu verstehen (vgl statt aller SoeGaul § 1423, 4); entscheidend also, ob bei wirtschaftlicher Betrachtungsweise das Gesamtgut im wesentlichen erfaßt wird, was auch bei Einzelgegenständen der Fall sein kann, wenn sie faktisch das ganze Gesamtgut ausmachen. Der Rechtsverkehr wird entspr der subj Theorie zu § 1365
3 zu schützen sein (s § 1365 Rn 8). **b) Grundstücksgeschäfte** und solche über in entspr Register eingetragene Schiffe und Schiffsbauwerke, § 1424, sowie Erbbaurechte, ErbbauVO 11 (BGH 48, 369). **Nicht:** RGeschäfte über Rechte an Grundstücken (außer Erbbaurecht), zB Grundpfandrechte; auch die Übertragung
4 eines Auflassungsanspruchs ist nicht gebunden, RG 111, 187. **c) Schenkungen** aus dem Gesamtgut, § 1425 I, soweit sie das Maß des durch Sitte und Anstand Gebotenen übersteigen, § 1425 II; sie entsprechen nicht dem Gebot wirtschaftlicher Verwaltung, da eine Gegenleistung für die Weggabe von Werten fehlt. Unbedenklich sind übliche Festtagspräsente.

5 3. Zustimmungsbedürftig sind **Verfügung** und die darauf gerichtete **Verpflichtung.** a) Verfügung über Gesamtgut – § 1423 S 2 – ist trotz Wortlauts des § 1423 S 1 nur möglich als solche über Einzelgegenstände, die das Gesamtgut darstellen.

Titel 6. Eheliches Güterrecht **§ 1428**

b) Bei **Grundstücken** sind Verfügungen vor allem Veräußerung und Belastung, aber auch Vormerkungsbewilligung (PalDiederichsen § 1424, 2; obiter RG 90, 399) und Teilung. Auseinandersetzung eines Nachlasses, zu dem ein Grundstück gehört, ist ebenfalls Verfügung, da sich die Zuordnung ändert (sehr str; s ErmHe § 1424, 3 mwN). **Keine zustimmungsbedürftige Verfügung** liegt in der Belastung im Zusammenhang mit dem Erwerb eines Grundstücks, wenn die Belastung (Restkaufgeldhypothek) den Erwerb ermöglichen soll (RG 69, 177). **Keine Verfügung** ist Erwerb, Vermietung oder Verpachtung und die damit verbundene Besitzüberlassung. **c)** Bei **Schenkung** nach § 516 I geschieht die bereichernde Zuwendung aus dem Gesamtgut ebenfalls durch Verfügung und bedarf der Zustimmung, § 1425 I 1 HS 1. **d)** Die auf Verfügung über das Gesamtgut oder Grundstücke gerichteten **Verpflichtungen** sowie **Schenkungsversprechen** (s §§ 1423 S 1, 1424 S 1 HS 2, 1425 I 1 HS 2) sind zustimmungsbedürftig, um zu verhindern, daß aufgrund wirksamer Verpflichtungen das Gesamtgut durch Schadensersatzansprüche oder Zwangsverfügungen doch ausgehöhlt wird (vgl Rn 4 vor §§ 1365–1369). Aus dem gleichen Grund sind auch **e) Schenkungsversprechen,** die sich nicht auf das Gesamtgut beziehen, zustimmungsbedürftig, § 1425 I 2, da bei solchen Schenkungen des Verwalters das Gesamtgut nach § 1438 I haftet. Dagegen sind Schenkungen aus dem Vorbehaltsgut oder Sondergut oder Schenkungsversprechen unter Haftungsfreistellung des Gesamtguts zulässig (SoeGaul § 1425, 3). **f) Prozeßführung** über das Gesamtgut oder dazu gehörende Grundstücke bedarf dagegen keiner Zustimmung; zustimmungsbedürftig ist jedoch ein verfügender Vergleich. **g) Nicht zustimmungsbedürftig** sind Verfügungen von Todes wegen (beachte jedoch § 1483 I 3) und Schenkungen auf den Todesfall. 7 8 9 10 11 12

4. Für die **Zustimmung** gelten die §§ 182 ff. Sie kann konkludent gegeben werden; auch Stillschweigen kann bei Kenntnis der Umstände und Billigungsabsicht Zustimmung zum Ausdruck bringen (SoeGaul § 1423, 3). 13

5. Abdingbarkeit der Vinkulierung im Ehevertrag ist str und wird auch für die 3 Einzelfälle unterschiedlich beurteilt. Überwiegend wird sie zu §§ 1423, 1424 bejaht (PalDiederichsen § 1423, 1; § 1424, 1; Gernhuber/Coester-Waltjen § 32 III 6; aA SoeGaul § 1423, 2; § 1424, 2 je mwN), wobei freilich § 138 als strenger Maßstab angelegt wird (vgl Dölle § 70 VI 1 Fn 27). § 1425 wird von der hM dagegen als zwingend qualifiziert (PalDiederichsen § 1425, 1; aA wohl Gernhuber/Coester-Waltjen § 32 III 6 mwN in Fn 23). Eine generelle Einwilligung bzw Generalvollmacht unter Freistellung vom Verbot des Selbstkontrahierens ist als widerrufliche möglich (s RG 159, 365 f); als unwiderrufliche bedingt sie iE die Verwaltungsregelung des Ges ab und bedarf der Form des Ehevertrages (Gernhuber/Coester-Waltjen § 38 VII 6 Fn 15). 14

6. Garantieverpflichtungen des Verwalters zur Beschaffung der Zustimmung des anderen Ehegatten oder entspr Vertragsstrafenvereinbarungen werden allg als unwirksam bewertet, s SoeGaul § 1424, 8 mwN. 15

7. Gutgl Erwerb vom Verwalter ist nach hM möglich (vgl SoeGaul § 1422, 14 mwN; aA Gernhuber/Coester-Waltjen § 38 VII 11), aber nicht bestandskräftig, da das unwirksame Verpflichtungsgeschäft Bereicherungsansprüche auslöst, die auch vom zustimmungsbefugten Ehegatten geltend gemacht werden können (hierzu Rn 20, § 1368 Rn 2). Sa § 1422 Rn 12 – gutgl Erwerb kann am Mitbesitz des zustimmungsbefugten Ehegatten scheitern. 16

8. Ersetzung der Zustimmung ist unter den in § 1426 geregelten Voraussetzungen möglich; die Vorschrift entspricht §§ 1365 II, 1369 II. **a)** Die Zustimmung kann nur in den Fällen der §§ 1423, 1424, nicht also bei zustimmungsbedürftigen Schenkungen ersetzt werden. **b)** Zu den Voraussetzungen „zur ordnungsmäßigen Verwaltung erforderlich", „Verweigerung ohne ausreichenden Grund" und „Krankheit oder Abwesenheit" s § 1365 Rn 16 ff; RG 103, 126. **c)** Verfahren s § 1365 Rn 21. 17 18

Chr. Berger

§§ 1429, 1430 Buch 4. Abschnitt 1. Bürgerliche Ehe

19   **9. Rechtsfolgen fehlender Einwilligung. a)** § 1427 I verweist auf § 1366 I, III, IV und § 1367, s §§ 1366, 1367 Rn 2–4, 7; § 1427 II entspricht § 1366 II. **b)** Der Widerruf des Dritten kann nur dem verwaltenden Ehegatten erklärt wer-
20   den. **c)** Das **Revokationsrecht** des § 1428 entspricht § 1368. In Ausnahme von § 1422 kann hier der nicht verwaltende Ehegatte zum Gesamtgut gehörende Rechte ausüben. § 1428 ist nicht abdingbar. Das Urteil im Revokationsprozeß hat keine Rechtskraftwirkung gegen den anderen Ehegatten, und zwar bei Prozeßführung sowohl durch den Verwalter als auch durch den anderen Ehegatten (SoeGaul § 1428, 6 mwN). Entgegen dem Wortlaut kann nicht nur aufgrund nichtiger Verfügungen, sondern auch wegen unwirksamer Verpflichtung aus Bereicherung geklagt werden (SoeGaul § 1428, 7).

§ 1429 Notverwaltungsrecht

¹Ist der Ehegatte, der das Gesamtgut verwaltet, durch Krankheit oder durch Abwesenheit verhindert, ein Rechtsgeschäft vorzunehmen, das sich auf das Gesamtgut bezieht, so kann der andere Ehegatte das Rechtsgeschäft vornehmen, wenn mit dem Aufschub Gefahr verbunden ist; er kann hierbei im eigenen Namen oder im Namen des verwaltenden Ehegatten handeln. ²Das Gleiche gilt für die Führung eines Rechtsstreits, der sich auf das Gesamtgut bezieht.

1   **1. Voraussetzungen. a) Verhinderung** des Alleinverwalters durch Krankheit oder Abwesenheit (hierzu RG 103, 126) an rechtsgeschäftlichen Verwaltungsmaßnahmen für das Gesamtgut. Nicht: Absichtliches Untätigbleiben (s RG 103, 128), Verlust der Geschäftsfähigkeit (dann § 1436). **b)** Gefahr für das Gesamtgut bei Aufschub des Geschäfts, s hierzu § 1365 Rn 20.

2   **2. Folgen.** Ges Ermächtigung für den nicht verwaltenden Ehegatten, entweder im Namen des Verwalters oder im eigenen Namen **a)** Verpflichtungsgeschäfte mit Wirkung für den Verwalter (s ie SoeGaul 7) und **b)** Verfügungen über Gegen-
3   stände des Gesamtguts zu tätigen sowie **c)** Prozesse im eigenen Namen oder im Namen des Verwalters zu führen, S 2; bei Prozeßführung im eigenen Namen keine Rechtskrafterstreckung auf den Verwalter; zur Vollstreckung ins Gesamtgut ist Titel nach ZPO 740 I gegen den Verwalter erforderlich (s SoeGaul 8 mwN). Endet die
4   Verhinderung des Verwalters während des Prozesses, gilt § 1433 analog. **d)** Auch zustimmungsbedürftige Geschäfte nach §§ 1423, 1424 sind voll wirksam; unaufschiebbare Schenkungen nach § 1424 I sind kaum vorstellbar.

5   **3.** § 1429 berechtigt, verpflichtet aber nicht.

§ 1430 Ersetzung der Zustimmung des Verwalters

Verweigert der Ehegatte, der das Gesamtgut verwaltet, ohne ausreichenden Grund die Zustimmung zu einem Rechtsgeschäft, das der andere Ehegatte zur ordnungsmäßigen Besorgung seiner persönlichen Angelegenheiten vornehmen muss, aber ohne diese Zustimmung nicht mit Wirkung für das Gesamtgut vornehmen kann, so kann das Vormundschaftsgericht die Zustimmung auf Antrag ersetzen.

1   **1. Allgemeines.** Vergemeinschaftung der Vermögen und Alleinverwaltungsrecht eines Ehegatten können dem anderen die rechtsgeschäftliche Bewegungsfreiheit weitgehend nehmen, sofern er nicht über ausreichendes eigenes Vermögen (Sonder- oder Vorbehaltsgut) verfügt. Nach § 1430 kann deshalb das VormundschaftsG angerufen werden, falls es sich um Geschäfte handelt, die der nicht verwaltende Ehegatte zur Besorgung seiner persönlichen Angelegenheiten vornehmen muß.

2   **2. Voraussetzungen. a) Persönliche Angelegenheit** wird teilw eng personenbezogen verstanden (Ehelichkeitsanfechtung, Abwehr von Ehestörungen usw, s SoeGaul 3), die Rspr zieht jedoch die Grenze zwischen Vermögenssphäre und

Titel 6. Eheliches Güterrecht **§ 1431**

persönlichen Angelegenheiten zu Recht großzügig (s BayObLG NJW 65, 348: Kündigung eines Mietverhältnisses mit dem Ehestörer; ErmHe 2 mwN). **b)** Das RGeschäft **muß** zur ordnungsgemäßen Besorgung **erforderlich** sein; kann die persönliche Angelegenheit mit anderen Mitteln als durch Inanspruchnahme des Gesamtguts erledigt werden, entfällt die Ersetzungsbefugnis (BayObLG NJW 65, 348). **c)** Das RGeschäft muß Auswirkungen auf das Gesamtgut haben und deshalb zur Verwaltungsmacht des Verwalters gehören; Bsp: Erlangung von erforderlichen Mitteln, die im Gesamtgut gebunden sind (dazu zählen auch Einkünfte aus Arbeit oder Sondergut). Prozeßführung ist nicht zustimmungsbedürftig trotz Haftung des Gesamtguts für die Kosten nach § 1438 II. **d)** Verweigerung der Zustimmung durch den Verwalter „ohne ausreichenden Grund"; ausreichende Gründe können nur überwiegende Interessen des Gesamtguts sein (s § 1365 Rn 17). 3

4

5

3. Verfahren s § 1365 Rn 21. 6

§ 1431 Selbständiges Erwerbsgeschäft

(1) ¹**Hat der Ehegatte, der das Gesamtgut verwaltet, darin eingewilligt, dass der andere Ehegatte selbständig ein Erwerbsgeschäft betreibt, so ist seine Zustimmung zu solchen Rechtsgeschäften und Rechtsstreitigkeiten nicht erforderlich, die der Geschäftsbetrieb mit sich bringt.** ²**Einseitige Rechtsgeschäfte, die sich auf das Erwerbsgeschäft beziehen, sind dem Ehegatten gegenüber vorzunehmen, der das Erwerbsgeschäft betreibt.**

(2) **Weiß der Ehegatte, der das Gesamtgut verwaltet, dass der andere Ehegatte ein Erwerbsgeschäft betreibt, und hat er hiergegen keinen Einspruch eingelegt, so steht dies einer Einwilligung gleich.**

(3) **Dritten gegenüber ist ein Einspruch und der Widerruf der Einwilligung nur nach Maßgabe des § 1412 wirksam.**

1. Allgemeines. Gütergemeinschaft und Alleinverwaltung eines Ehegatten schränken das Recht des anderen Ehegatten zur Erwerbstätigkeit nicht ein, doch wird seine Möglichkeiten, als Erwerbstätigkeit ein eigenes Geschäft zu führen, durch die Bindung seiner Vermögenswerte im Gesamtgut praktisch stark behindert. § 1431 erweitert deshalb die Rechtsmacht des nicht verwaltenden Ehegatten, falls der Verwalter dem Betrieb eines selbständigen Erwerbsgeschäftes zugestimmt hat, und erleichtert die Erklärung dieser Zustimmung (II). 1

2. Voraussetzungen der erweiterten Rechtsmacht des nicht verwaltenden Ehegatten in bezug auf das Gesamtgut sind **a)** Betrieb eines selbständigen Erwerbsgeschäftes; auch Arzt-, Anwaltspraxis ua freie Berufe (BGH 83, 76; Gernhuber/Coester-Waltjen § 38 VII 4), ferner die Stellung als OHG-Gesellschafter; **b)** Einwilligung des Verwalters, die entweder nach §§ 182 ff oder durch Unterlassen eines Einspruchs in Kenntnis des Betriebs eines Erwerbsgeschäfts – II – geschehen kann. 2

3

3. Rechtsfolgen der Zustimmung. a) Der nicht verwaltende Ehegatte kann alle zum Betrieb seines Erwerbsgeschäfts gehörenden **RGeschäfte,** insbes Verpflichtungen und Verfügungen, mit Wirkungen für das Gesamtgut – § 1438 I – und den Verwalter – s § 1437 II 1 – vornehmen. Auch wenn das Erwerbsgeschäft selbst Vorbehaltsgut ist, können Wirkungen zu Lasten des Gesamtguts eintreten, s § 1440 S 2, 1. Fall. Außergewöhnliche, für den Verwalter selbst zustimmungsbedürftige Geschäfte (zB über Grundstücke) können ebenfalls vorgenommen werden; nach hM ist allerdings die Veräußerung des Geschäftsbetriebs selbst nicht zulässig (s SoeGaul 5). **b)** Befugnis zur Führung von **Rechtsstreitigkeiten** aus dem und für das Erwerbsgeschäft im eigenen Namen mit Wirkung für und gegen das Gesamtgut und den Verwalter (RG 148, 247; Dölle § 71 II 4 b); zur Vollstreckung in das Gesamtgut genügt Titel gegen den prozeßführenden (nicht verwaltenden) Ehegatten, ZPO 741. **c) Empfangszuständigkeit** für einseitige RGeschäfte, die sich auf das Erwerbsgeschäft beziehen, I 2 (Bsp: Kündigung gemieteter Geschäftsräume). 4

5

6

Chr. Berger

§§ 1432–1434 Buch 4. Abschnitt 1. Bürgerliche Ehe

7   4. **Widerruflichkeit** der Zustimmung ergibt sich aus III und wird überwiegend als einschränkungslos bis zur Grenze des Mißbrauchs gegeben gesehen, s Soe-Gaul 9. Bei Widerruf während eines schwebenden Prozesses gilt § 1433 analog.

8   5. Dritten gegenüber wirken Einspruch und Zustimmungswiderruf nur bei Eintragung ins Güterrechtsregister, III iVm § 1412.

§ 1432 Annahme einer Erbschaft; Ablehnung von Vertragsantrag oder Schenkung

(1) ¹Ist dem Ehegatten, der das Gesamtgut nicht verwaltet, eine Erbschaft oder ein Vermächtnis angefallen, so ist nur er berechtigt, die Erbschaft oder das Vermächtnis anzunehmen oder auszuschlagen; die Zustimmung des anderen Ehegatten ist nicht erforderlich. ²Das Gleiche gilt von dem Verzicht auf den Pflichtteil oder auf den Ausgleich eines Zugewinns sowie von der Ablehnung eines Vertragsantrags oder einer Schenkung.

(2) Der Ehegatte, der das Gesamtgut nicht verwaltet, kann ein Inventar über eine ihm angefallene Erbschaft ohne Zustimmung des anderen Ehegatten errichten.

1   1. Die Entscheidungen über die in I genannten RGeschäfte werden als höchstpersönliche bewertet und deshalb dem betroffenen Ehegatten vorbehalten, obwohl der Erwerb aus den erwähnten RGeschäften in das Gesamtgut fällt oder fallen kann und eine Haftung des Gesamtguts und des Verwalters in Betracht kommt, s §§ 1438 I, 1437 II. **Inventar**errichtung als Voraussetzung der Beschränkung der Erbenhaftung durch Verwalter, aber **auch** durch nicht verwaltenden Ehegatten, II; sa ZPO 999 (Aufgebot), InsO 318 (Nachlaßinsolvenz).

§ 1433 Fortsetzung eines Rechtsstreits

Der Ehegatte, der das Gesamtgut nicht verwaltet, kann ohne Zustimmung des anderen Ehegatten einen Rechtsstreit fortsetzen, der beim Eintritt der Gütergemeinschaft anhängig war.

1   1. **Allgemeines.** Ausnahme zu § 1422 für den Fall eines Rechtsstreits, dessen Gegenstand nach Prozeßbeginn durch Begründung der Gütergemeinschaft in das Gesamtgut gefallen ist. Analog anzuwenden, wenn die Verhinderung des Verwalters (§ 1429) während eines schwebenden Prozesses endet oder die Zustimmung nach § 1431 im Verlauf eines Prozesses widerrufen wird.

2   2. Der nicht verwaltende Ehegatte kann als Kläger den Klageantrag auf Leistung an sich selbst aufrecht erhalten (SoeGaul 2, str; aA ErmHe 1), da die Leistung ohnehin ins Gesamtgut fällt; er kann aber auch umstellen auf Leistung an den verwaltenden Ehegatten. Der Gesamtgutsverwalter kann als Nebenintervenient beitreten, dann ZPO 69 (SoeGaul 3, str). Zur vollstreckbaren Ausfertigung gegen den Verwalter s ZPO 742.

§ 1434 Ungerechtfertigte Bereicherung des Gesamtguts

Wird durch ein Rechtsgeschäft, das ein Ehegatte ohne die erforderliche Zustimmung des anderen Ehegatten vornimmt, das Gesamtgut bereichert, so ist die Bereicherung nach den Vorschriften über die ungerechtfertigte Bereicherung aus dem Gesamtgut herauszugeben.

1   1. Fließt aus einem RGeschäft, das der nicht verwaltende Ehegatte vornimmt, die Leistung des Vertragspartners in das Gesamtgut (wie regelmäßig, s §§ 1416–1419 Rn 6), so ist der handelnde Ehegatte zwar persönlich wirksam verpflichtet, nicht aber das Gesamtgut ohne Zustimmung des Verwalters; auch kann eine Gegenleistung nicht ohne Zustimmung des Verwalters aus dem Gesamtgut erbracht werden. Das Gesamtgut bzw seine Inhaber sind deshalb „bereichert";

Titel 6. Eheliches Güterrecht **§§ 1435–1437**

§ 1434 ordnet Rückgewähr dieses Erwerbs nach Bereicherungsregeln an (Rechtsfolgenverweisung, zur dogmatischen Einordnung s Dölle § 71 I 3). Daneben bleibt der handelnde Ehegatte persönlich verpflichtet und haftet mit seinem Vorbehaltsgut, zusätzlich hat der Verwalter einzustehen (§ 1437 II 1). Einziehung einer zum 2 Gesamtgut gehörenden Forderung durch den nicht verwaltenden Ehegatten fällt ebenfalls unter § 1434, BGH NJW 57, 1635. Bei Erwerb aufgrund eines nichtigen RGeschäfts des Verwalters oder aufgrund Bereicherung in sonstiger Weise gelten die §§ 812 ff direkt.

§ 1435 Pflichten des Verwalters

¹Der Ehegatte hat das Gesamtgut ordnungsmäßig zu verwalten. ²Er hat den anderen Ehegatten über die Verwaltung zu unterrichten und ihm auf Verlangen über den Stand der Verwaltung Auskunft zu erteilen. ³Mindert sich das Gesamtgut, so muss er zu dem Gesamtgut Ersatz leisten, wenn er den Verlust verschuldet oder durch ein Rechtsgeschäft herbeigeführt hat, das er ohne die erforderliche Zustimmung des anderen Ehegatten vorgenommen hat.

1. **Pflichten des Verwalters. a) Ordnungsgem Verwaltung,** die auf Bewahrung und, soweit möglich, Mehrung des Gesamtguts gerichtet sein muß. 1
b) Pflicht zur Unterrichtung, S 2, Erzwingbarkeit str (s Gernhuber/Coester- 2 Waltjen § 38 VI 6 Fn 16 einerseits, ErmHe 2 andererseits). **c) Auskunftserteilung,** mit Leistungsklage erzwingbar, Vollstreckung ZPO 888, 889.

2. **Haftung** des Verwalters für **a) schuldhafte Minderung** des Gesamtguts; 3 Haftungsmaß § 1359; **b)** für **Verluste aus vinkulierten RGeschäften** (§§ 1423– 1425) ohne Zustimmung des anderen. Ersatzanspruch gegen Dritte schließt Schaden nicht aus (ErmHe 4, str). **c) Fälligkeit** mit Beendigung der Gütergemein- 4 schaft, § 1446 I. **d)** Beachte, daß die Haftung des Verwalters durch § 1445 I ergänzt wird.

3. Durch **Ehevertrag** kann in den Grenzen der §§ 276 II, 138 **Freizeichnung** 5 erfolgen; ein Ausschluß der Auskunftspflicht soll stets nichtig sein (SoeGaul 2).

§ 1436 Verwalter unter Vormundschaft oder Betreuung

¹Steht der Ehegatte, der das Gesamtgut verwaltet, unter Vormundschaft oder fällt die Verwaltung des Gesamtguts in den Aufgabenkreis seines Betreuers, so hat ihn der Vormund oder Betreuer in den Rechten und Pflichten zu vertreten, die sich aus der Verwaltung des Gesamtguts ergeben. ²Dies gilt auch dann, wenn der andere Ehegatte zum Vormund oder Betreuer bestellt ist.

1. Führung der Vormundschaft s §§ 1793 ff, Betreuung §§ 1896 ff; verpflichtet 1 wird das Gesamtgut wie bei Handeln des Verwalters selbst. Haftung: §§ 1833, 1908 i.

2. Ist der andere Ehegatte Vormund oder Betreuer – S 2 –, kann er die nach 2 §§ 1422–1425 erforderlichen Zustimmungen selbst erteilen; § 181 ist nicht anwendbar (hL, s SoeGaul 5). Für den Ehegatten-Vormund/Betreuer gilt § 1833, nicht § 1359.

§ 1437 Gesamtgutsverbindlichkeiten; persönliche Haftung

(1) Aus dem Gesamtgut können die Gläubiger des Ehegatten, der das Gesamtgut verwaltet, und, soweit sich aus den §§ 1438 bis 1440 nichts anderes ergibt, auch die Gläubiger des anderen Ehegatten Befriedigung verlangen (Gesamtgutsverbindlichkeiten).

(2) ¹Der Ehegatte, der das Gesamtgut verwaltet, haftet für die Verbindlichkeiten des anderen Ehegatten, die Gesamtgutsverbindlichkeiten sind,

auch persönlich als Gesamtschuldner. ²Die Haftung erlischt mit der Beendigung der Gütergemeinschaft, wenn die Verbindlichkeiten im Verhältnis der Ehegatten zueinander dem anderen Ehegatten zur Last fallen.

§ 1438 Haftung des Gesamtguts

(1) Das Gesamtgut haftet für eine Verbindlichkeit aus einem Rechtsgeschäft, das während der Gütergemeinschaft vorgenommen wird, nur dann, wenn der Ehegatte, der das Gesamtgut verwaltet, das Rechtsgeschäft vornimmt oder wenn er ihm zustimmt oder wenn das Rechtsgeschäft ohne seine Zustimmung für das Gesamtgut wirksam ist.

(2) Für die Kosten eines Rechtsstreits haftet das Gesamtgut auch dann, wenn das Urteil dem Gesamtgut gegenüber nicht wirksam ist.

§ 1439 Keine Haftung bei Erwerb einer Erbschaft

Das Gesamtgut haftet nicht für Verbindlichkeiten, die durch den Erwerb einer Erbschaft entstehen, wenn der Ehegatte, der Erbe ist, das Gesamtgut nicht verwaltet und die Erbschaft während der Gütergemeinschaft als Vorbehaltsgut oder als Sondergut erwirbt; das Gleiche gilt beim Erwerb eines Vermächtnisses.

§ 1440 Haftung für Vorbehalts- oder Sondergut

¹Das Gesamtgut haftet nicht für eine Verbindlichkeit, die während der Gütergemeinschaft infolge eines zum Vorbehaltsgut oder Sondergut gehörenden Rechts oder des Besitzes einer dazu gehörenden Sache in der Person des Ehegatten entsteht, der das Gesamtgut nicht verwaltet. ²Das Gesamtgut haftet jedoch, wenn das Recht oder die Sache zu einem Erwerbsgeschäft gehört, das der Ehegatte mit Einwilligung des anderen Ehegatten selbständig betreibt, oder wenn die Verbindlichkeit zu den Lasten des Sonderguts gehört, die aus den Einkünften beglichen zu werden pflegen.

Anmerkungen zu den §§ 1437–1440

1   **1. Allgemeines.** Die §§ 1437–1440 regeln Voraussetzungen und Umfang der Haftung des Gesamtguts für Verbindlichkeiten der Ehegatten und der Verpflichtung des Verwalters, für die Schulden des anderen Ehegatten einzustehen.

2   **2. Haftung des Gesamtguts.** Das Gesamtgut ist mangels Rechtspersönlichkeit nur Haftungsobjekt, Haftungssubjekte bleiben die Ehegatten als Inhaber des Gesamtguts. Persönliche Schulden und Gesamtgutsverbindlichkeiten unterscheiden sich also nicht in der Person der Schuldner, sondern in den haftenden Vermögensmassen (teilw anders Gernhuber/Coester-Waltjen § 38 VII 13: „Selbständige

3   Schulden der Gesamthand"). Das Gesamtgut haftet **a)** für ex lege vor Begründung der Gütergemeinschaft entstandene Verbindlichkeiten jedes Ehegatten, § 1437 I (Bsp: Deliktsschulden, Unterhaltsverpflichtungen, Verbindlichkeiten aus GoA); **Ausnahmen:** §§ 1439, 1440 (dazu Rn 8 f); **b)** für alle rechtsgeschäftlich be-

4   gründeten Verbindlichkeiten des Verwalters, § 1438 I 1. Fall; **c)** für Verbindlichkeiten aus RGeschäften des nicht verwaltenden Ehegatten nur, falls **aa)** sie vor Begründung der Gütergemeinschaft eingegangen worden waren, **bb)** der Verwalter zugestimmt hat – § 1438 I 2. Fall oder seine Zustimmung nach § 1430 ersetzt worden ist, bzw seine generelle Zustimmung zum Betrieb eines selbständigen Erwerbsgeschäftes nach § 1431 vorlag, **cc)** wenn es sich um Geschäfte zur angemessenen Deckung des Lebensbedarfs der Familie handelt, § 1357 I iVm § 1437 I,

5   **dd)** wenn ein Notverwaltungsgeschäft vorlag, § 1429 iVm § 1438 I 3. Fall, wobei

Titel 6. Eheliches Güterrecht **§ 1441**

die persönliche Verpflichtung des nicht verwaltenden Ehegatten und seine Haftung mit Vorbehalts- oder Sondergut in all diesen Fällen unberührt bleibt; **d)** für Kosten eines Rechtsstreits, gleich, welcher Ehegatte in welcher Rolle (Kläger oder Beklagter) ihn geführt hat; erfaßt werden Kosten aus allen Verfahren, also auch Strafsachen, Verwaltungsverfahren, FGG-Verfahren. Kosten sind nur die Gerichtskosten und die Kosten der anderen Seite, nicht die Gebühren des eigenen Anwalts (s SoeGaul § 1438, 5 mwN, str). 6

3. Keine Haftung des Gesamtguts tritt ein für Verbindlichkeiten **a)** aus RGeschäften des nicht verwaltenden Ehegatten, sofern nicht einer der Fälle Rn 4 f gegeben ist; **b)** aus Erwerb einer Erbschaft oder eines Vermächtnisses des nicht verwaltenden Ehegatten während der Gütergemeinschaft, falls diese Zuwendungen in sein Sondergut oder Vorbehaltsgut (s § 1418 II Nr 2) fallen, § 1439; **c)** aus Rechten oder Besitz am Sonder- oder Vorbehaltsgut, § 1440 S 1, sofern nicht die Ausnahmen § 1440 S 2 gegeben sind. Grund der Ausnahme: Die Einkünfte des Sonderguts fallen ins Gesamtgut, § 1417 III 2. 7 8 9

4. Persönliche Verpflichtung der Ehegatten und Haftung mit ihrem Vorbehalts- und Sondergut auch dann, falls das Gesamtgut nicht haftet, ist für die jeweils eigenen, ex lege oder rechtsgeschäftlich begründeten Verbindlichkeiten stets gegeben. **a)** (Nur) der **verwaltende** Ehegatte hat darüber hinaus auch für solche Verbindlichkeiten des anderen Ehegatten einzustehen, für die das Gesamtgut haftet, § 1437 II 1. Rechtsstreitigkeiten sind Familiensache, BGH 76, 307. **b)** Die Mitschuld des Verwalters erlischt mit Beendigung der Gütergemeinschaft, falls die jeweilige Verbindlichkeit im Innenverhältnis nach §§ 1441 ff dem anderen zur Last fällt, § 1437 II 2. **c)** In Analogie zu § 770 hat der Verwalter ein Leistungsverweigerungsrecht, solange der andere anfechten oder aufrechnen kann (Gernhuber/Coester-Waltjen § 38 VII 13 Fn 39). 10 11 12

5. Die ges Haftungsverteilung kann **nicht durch Ehevertrag abbedungen** werden (s §§ 1408, 1409 Rn 10); die Ehegatten können aber mit dem jeweiligen Vertragspartner Haftungsbeschränkungen auf das Gesamtgut oder ein Sondervermögen vereinbaren. 13

6. Zur Zwangsvollstreckung in das Gesamtgut ist Titel gegen den Verwalter erforderlich und genügend (ZPO 740 I), und zwar auch dann, wenn der andere Ehegatte nach §§ 1428, 1429 im eigenen Namen den Prozeß geführt hat, so daß dann ein zusätzlicher Titel gegen den Verwalter erforderlich wird (hierzu ErmHe § 1437, 4; § 1429 Rn 3), s aber auch §§ 1431 Rn 5, 1433 Rn 2. In der Insolvenz des Verwalters gehört das Gesamtgut zur Insolvenzmasse, nicht dagegen in die Insolvenz des nicht verwaltenden Ehegatten (s SoeGaul § 1437, 8, 9). 14

§ 1441 Haftung im Innenverhältnis

Im Verhältnis der Ehegatten zueinander fallen folgende Gesamtgutsverbindlichkeiten dem Ehegatten zur Last, in dessen Person sie entstehen:
1. die Verbindlichkeiten aus einer unerlaubten Handlung, die er nach Eintritt der Gütergemeinschaft begeht, oder aus einem Strafverfahren, das wegen einer solchen Handlung gegen ihn gerichtet wird;
2. die Verbindlichkeiten aus einem sich auf sein Vorbehaltsgut oder sein Sondergut beziehenden Rechtsverhältnis, auch wenn sie vor Eintritt der Gütergemeinschaft oder vor der Zeit entstanden sind, zu der das Gut Vorbehaltsgut oder Sondergut geworden ist;
3. die Kosten eines Rechtsstreits über eine der in den Nummern 1 und 2 bezeichneten Verbindlichkeiten.

Chr. Berger

§§ 1442 Verbindlichkeiten des Sonderguts und eines Erwerbsgeschäfts

¹Die Vorschrift des § 1441 Nr. 2, 3 gilt nicht, wenn die Verbindlichkeiten zu den Lasten des Sonderguts gehören, die aus den Einkünften beglichen zu werden pflegen. ²Die Vorschrift gilt auch dann nicht, wenn die Verbindlichkeiten durch den Betrieb eines für Rechnung des Gesamtguts geführten Erwerbsgeschäfts oder infolge eines zu einem solchen Erwerbsgeschäft gehörenden Rechts oder des Besitzes einer dazu gehörenden Sache entstehen.

§ 1443 Prozesskosten

(1) Im Verhältnis der Ehegatten zueinander fallen die Kosten eines Rechtsstreits, den die Ehegatten miteinander führen, dem Ehegatten zur Last, der sie nach allgemeinen Vorschriften zu tragen hat.

(2) ¹Führt der Ehegatte, der das Gesamtgut nicht verwaltet, einen Rechtsstreit mit einem Dritten, so fallen die Kosten des Rechtsstreits im Verhältnis der Ehegatten zueinander diesem Ehegatten zur Last. ²Die Kosten fallen jedoch dem Gesamtgut zur Last, wenn das Urteil dem Gesamtgut gegenüber wirksam ist oder wenn der Rechtsstreit eine persönliche Angelegenheit oder eine Gesamtgutsverbindlichkeit des Ehegatten betrifft und die Aufwendung der Kosten den Umständen nach geboten ist; § 1441 Nr. 3 und § 1442 bleiben unberührt.

§ 1444 Kosten der Ausstattung eines Kindes

(1) Verspricht oder gewährt der Ehegatte, der das Gesamtgut verwaltet, einem gemeinschaftlichen Kind aus dem Gesamtgut eine Ausstattung, so fällt ihm im Verhältnis der Ehegatten zueinander die Ausstattung zur Last, soweit sie das Maß übersteigt, das dem Gesamtgut entspricht.

(2) Verspricht oder gewährt der Ehegatte, der das Gesamtgut verwaltet, einem nicht gemeinschaftlichen Kind eine Ausstattung aus dem Gesamtgut, so fällt sie im Verhältnis der Ehegatten zueinander dem Vater oder der Mutter zur Last; für den Ehegatten, der das Gesamtgut nicht verwaltet, gilt dies jedoch nur insoweit, als er zustimmt oder die Ausstattung nicht das Maß übersteigt, das dem Gesamtgut entspricht.

Anmerkungen zu den §§ 1441–1444

1   **1. Allgemeines.** Verbindlichkeiten eines Ehegatten sind häufig (s §§ 1437, 1438) Gesamtgutsverbindlichkeiten; ein Ehegatte trägt dann mit seinem Anteil iE die Lasten des anderen mit. Die §§ 1441–1444 regeln den Innenausgleich für Fälle, in denen eine gemeinschaftliche Lastentragung für Schulden, die in der Person eines Ehegatten entstanden sind, aus verschiedenen Gründen unbillig wäre.

2   **2. Ehevertraglich abdingbar;** Grenze § 138.

3   **3. Einzelfälle:** a) Verpflichtungen und Verfahrenskosten (einschließlich der Gebühren des eigenen Anwalts, SoeGaul § 1441, 5, 7) aus einer **unerlaubten Handlung** während der Gütergemeinschaft, § 1441 Nr 1, 3; **nicht:** Gefährdungs-
4   haftung (Gernhuber § 38 VII 14 Fn 43); b) Verbindlichkeiten aus Rechtsverhältnissen, die sich auf Sonder- oder Vorbehaltsgut beziehen einschließlich daraus erwachsender Verfahrenskosten, § 1441 Nr 2, 3; ausgenommen bleiben jedoch die in § 1442 genannten Verbindlichkeiten, da die Einkünfte aus dem Gesamtgut und einem zum Sondergut gehörenden Erwerbsgeschäft (nur darauf bezieht sich S 2, SoeGaul § 1442, 3), zB einer unübertragbaren OHG-Beteiligung, in das Gesamt-
5   gut fallen. c) Kosten eines **Rechtsstreits der Ehegatten gegeneinander,** § 1443 I, soweit nicht schon § 1441 Nr 3 eingreift. d) Kosten eines **Rechtsstrei-**

Titel 6. Eheliches Güterrecht **§§ 1445, 1446**

tes des nicht verwaltenden Ehegatten mit Dritten, § 1443 II 1; Verteilung nach ZPO 91 oder Vergleichsregelung; Ausnahmen § 1443 II 2. **e) Ausstattung** 6 eines gemeinschaftlichen Kindes außer Verhältnis zum Gesamtgut durch den Verwalter, § 1444 I; zur Übermaßausstattung beachte § 1425 I. **f) Ausstattung** 7 aus dem Gesamtgut an ein **nicht gemeinsames Kind,** § 1444 II, soll iE der leibliche Elternteil tragen; die Einschränkung des § 1444 II HS 2 ist gegenstandslos, da es sich bei Zuwendung trotz fehlender Zustimmung, dh gegen den Willen des leiblichen Elternteils, nicht um Ausstattung iSv § 1624 handeln kann (Gernhuber/Coester-Waltjen § 38 VII 14).

§ 1445 Ausgleichung zwischen Vorbehalts-, Sonder- und Gesamtgut

(1) Verwendet der Ehegatte, der das Gesamtgut verwaltet, Gesamtgut in sein Vorbehaltsgut oder in sein Sondergut, so hat er den Wert des Verwendeten zum Gesamtgut zu ersetzen.

(2) Verwendet er Vorbehaltsgut oder Sondergut in das Gesamtgut, so kann er Ersatz aus dem Gesamtgut verlangen.

1. I schützt den nicht verwaltenden Ehegatten gegen Übertragung von Vermögenswerten aus dem Gesamtgut in das Sonder- oder Vorbehaltsgut des Verwalters, die dieser kraft seiner Verwaltungsbefugnis vornehmen kann; die Vorschrift ergänzt den Schutz des nicht verwaltenden Ehegatten aus § 1435. 1

2. Aufwendungen des Verwalters zugunsten des Gesamtgutes aus seinem Vorbehalts- oder Sondergut kann er nach II aus dem Gesamtgut ersetzt verlangen, ohne insoweit auf § 677 zurückgreifen zu müssen (s Mot IV 381); § 818 III ist nicht anwendbar. Aufwendungen für den Unterhalt der Familie s § 1360 b (vgl BGH 50, 269 f); auch § 685 kann den Ausgleichsanspruch abschneiden. 2

3. Der nicht verwaltende Ehegatte hat für seine Aufwendungen Ansprüche aus 3 GoA oder §§ 812 ff.

§ 1446 Fälligkeit des Ausgleichsanspruchs

(1) Was der Ehegatte, der das Gesamtgut verwaltet, zum Gesamtgut schuldet, braucht er erst nach der Beendigung der Gütergemeinschaft zu leisten; was er aus dem Gesamtgut zu fordern hat, kann er erst nach der Beendigung der Gütergemeinschaft fordern.

(2) Was der Ehegatte, der das Gesamtgut nicht verwaltet, zum Gesamtgut oder was er aus Vorbehaltsgut oder Sondergut des anderen Ehegatten schuldet, braucht er erst nach der Beendigung der Gütergemeinschaft zu leisten; er hat die Schuld jedoch schon vorher zu berichtigen, soweit sein Vorbehaltsgut und sein Sondergut hierzu ausreichen.

1. Allgemeines. Das Ges geht davon aus, daß in der Gütergemeinschaft das 1 Gesamtgut wirtschaftliche Grundlage der Familie ist, die nicht durch Teilauseinandersetzung vor endgültiger Beendigung der Gütergemeinschaft gefährdet werden soll. Die Regelung ist durch Ehevertrag **abdingbar;** zur Vereinbarung früherer Fälligkeit einzelner Forderungen s ErmHe 5.

2. a) I stellt die Ausgleichung zwischen Gesamtgut und Verwalter bis zur Beendigung der Gütergemeinschaft zurück. **b)** II schiebt die Fälligkeit der Verbindlichkeiten des nicht verwaltenden Ehegatten gegenüber **aa)** dem Gesamtgut und **bb)** dem Verwalter persönlich („zum Vorbehalts- oder Sondergut des anderen Ehegatten") bis zur Beendigung der Gütergemeinschaft auf, falls und soweit Vorbehalts- und Sondergut des Schuldners zur Deckung seiner Verbindlichkeiten nicht ausreichen. Das ausreichende Sondervermögen des Schuldners hat der klagende Verwalter im Prozeß zu beweisen (hL, SoeGaul 4). 2

Chr. Berger

§§ 1447–1449 Buch 4. Abschnitt 1. Bürgerliche Ehe

3   3. Nach allg Regeln fällig bleiben a) dingliche Ansprüche; b) Forderungen des nicht verwaltenden Ehegatten gegen das Gesamtgut (nicht abdingbar, SoeGaul 7) oder den Verwalter.

§ 1447 Aufhebungsklage des nicht verwaltenden Ehegatten

Der Ehegatte, der das Gesamtgut nicht verwaltet, kann auf Aufhebung der Gütergemeinschaft klagen,
1. wenn seine Rechte für die Zukunft dadurch erheblich gefährdet werden können, dass der andere Ehegatte zur Verwaltung des Gesamtguts unfähig ist oder sein Recht, das Gesamtgut zu verwalten, missbraucht;
2. wenn der andere Ehegatte seine Verpflichtung, zum Familienunterhalt beizutragen, verletzt hat und für die Zukunft eine erhebliche Gefährdung des Unterhalts zu besorgen ist;
3. wenn das Gesamtgut durch Verbindlichkeiten, die in der Person des anderen Ehegatten entstanden sind, in solchem Maße überschuldet ist, dass ein späterer Erwerb des Ehegatten, der das Gesamtgut nicht verwaltet, erheblich gefährdet wird;
4. wenn die Verwaltung des Gesamtguts in den Aufgabenkreis des Betreuers des anderen Ehegatten fällt.

§ 1448 Aufhebungsklage des Verwalters

Der Ehegatte, der das Gesamtgut verwaltet, kann auf Aufhebung der Gütergemeinschaft klagen, wenn das Gesamtgut infolge von Verbindlichkeiten des anderen Ehegatten, die diesem im Verhältnis der Ehegatten zueinander zur Last fallen, in solchem Maße überschuldet ist, dass ein späterer Erwerb erheblich gefährdet wird.

§ 1449 Wirkung des Aufhebungsurteils

(1) Mit der Rechtskraft des Urteils ist die Gütergemeinschaft aufgehoben; für die Zukunft gilt Gütertrennung.

(2) Dritten gegenüber ist die Aufhebung der Gütergemeinschaft nur nach Maßgabe des § 1412 wirksam.

Anmerkungen zu den §§ 1447–1449

1   **1. Allgemeines.** Einseitige Beendigung der Gütergemeinschaft ist nur aus bestimmten Gründen, die Gefährdungen der wirtschaftlichen Basis der Familie erfassen wollen, durch Gestaltungsklage möglich. Einvernehmliche Beendigung durch Ehevertrag bleibt unberührt, § 1408 I.

2   **2. Die Gründe** sind auf die Verwaltungsregelung und die unterschiedlichen Befugnisse der Ehegatten, die durch die Belastung des Gesamtguts die wirtschaftli-
3   che Grundlage der Familie zu gefährden geeignet sind, abgestimmt. **a)** Aufgrund der Befugnisse des Alleinverwalters zur Verwaltung des Gesamtguts sind auch seine Möglichkeiten, Gesamtgut, Familieneinkommen und Familienunterhalt zu gefährden, größer als die des nicht verwaltenden Ehegatten; dem entspricht der (abschließende) Katalog des § 1447 Nr 1–4. Klagebefugt ist der nicht verwaltende Ehegatte.
4   **b)** Soweit der nicht verwaltende Ehegatte Überschuldung durch Belastung des Gesamtguts mit Verbindlichkeiten, die im Innenverhältnis ihm zur Last fallen, erreichen kann, gibt § 1448 – als Gegenstück zu § 1447 Nr 3 – dem Verwalter ein
5   Klagerecht. **c)** Insolvenzverfahren über das Vermögen des verwaltenden Ehegatten beendet die Gütergemeinschaft nicht ipso iure, wird aber meist den Tatbestand des § 1447 Nr 3 erfüllen. Zur Sonderinsolvenz bei gemeinschaftlicher Verwaltung des Gesamtguts durch beide Ehegatten s InsO 11 II Nr 2, 333 f.

Titel 6. Eheliches Güterrecht §§ 1450–1453

3. §§ 1447, 1448 sind zwingende und abschließende Regelungen, s Dölle § 74 I 5; für analoge Anwendung des § 1385 Grasmann FamRZ 84, 957; abl SoeGaul § 1447, 3.

4. Prozessuales. Die Aufhebungsklage ist auf ein Gestaltungsurteil gerichtet, mit dessen Rechtskraft die Gütergemeinschaft beendet wird, § 1449 I HS 1. Die gleiche Wirkung hat ein Prozeßvergleich (RG Recht 1919, Nr 1486). Das Verfahren ist Vermögens-, nicht Ehesache nach ZPO 606 ff, ErmHe § 1447, 7; zuständig FamG ZPO 621 I Nr 8. Streitwert: ZPO 3, dazu BGH NJW 73, 50.

5. Folgen. a) Gütertrennung, § 1449 I HS 2; b) Auseinandersetzung des zunächst noch gemeinschaftlichen (s § 1471 II) Gesamtguts, §§ 1471 ff; c) Wirkung gegenüber Dritten s § 1449 II iVm § 1412.

6

7

8

Unterkapitel 3. Gemeinschaftliche Verwaltung des Gesamtguts durch die Ehegatten

§ 1450 Gemeinschaftliche Verwaltung durch die Ehegatten

(1) ¹Wird das Gesamtgut von den Ehegatten gemeinschaftlich verwaltet, so sind die Ehegatten insbesondere nur gemeinschaftlich berechtigt, über das Gesamtgut zu verfügen und Rechtsstreitigkeiten zu führen, die sich auf das Gesamtgut beziehen. ²Der Besitz an den zum Gesamtgut gehörenden Sachen gebührt den Ehegatten gemeinschaftlich.

(2) Ist eine Willenserklärung den Ehegatten gegenüber abzugeben, so genügt die Abgabe gegenüber einem Ehegatten.

§ 1451 Mitwirkungspflicht beider Ehegatten

Jeder Ehegatte ist dem anderen gegenüber verpflichtet, zu Maßregeln mitzuwirken, die zur ordnungsmäßigen Verwaltung des Gesamtguts erforderlich sind.

§ 1452 Ersetzung der Zustimmung

(1) Ist zur ordnungsmäßigen Verwaltung des Gesamtguts die Vornahme eines Rechtsgeschäfts oder die Führung eines Rechtsstreits erforderlich, so kann das Vormundschaftsgericht auf Antrag eines Ehegatten die Zustimmung des anderen Ehegatten ersetzen, wenn dieser sie ohne ausreichenden Grund verweigert.

(2) Die Vorschrift des Absatzes 1 gilt auch, wenn zur ordnungsmäßigen Besorgung der persönlichen Angelegenheiten eines Ehegatten ein Rechtsgeschäft erforderlich ist, das der Ehegatte mit Wirkung für das Gesamtgut nicht ohne Zustimmung des anderen Ehegatten vornehmen kann.

§ 1453 Verfügung ohne Einwilligung

(1) Verfügt ein Ehegatte ohne die erforderliche Einwilligung des anderen Ehegatten über das Gesamtgut, so gelten die Vorschriften des § 1366 Abs. 1, 3, 4 und des § 1367 entsprechend.

(2) ¹Einen Vertrag kann der Dritte bis zur Genehmigung widerrufen. ²Hat er gewusst, dass der Ehegatte in Gütergemeinschaft lebt, so kann er nur widerrufen, wenn dieser wahrheitswidrig behauptet hat, der andere Ehegatte habe eingewilligt; er kann auch in diesem Falle nicht widerrufen, wenn ihm beim Abschluss des Vertrags bekannt war, dass der andere Ehegatte nicht eingewilligt hatte.

CHR. Berger

§ 1453

Buch 4. Abschnitt 1. Bürgerliche Ehe

Anmerkungen zu den §§ 1450–1453

1   **1. Allgemeines.** Gemeinschaftliche Verwaltung ist entweder vereinbarte oder hilfsweise geltende Regelung (s § 1421 S 2). Ihre Schwerfälligkeit wird ausgeglichen teilw durch die Notverwaltungsrechte aus §§ 1454, 1455 Nr 5, 6, 8, 9, 10 und die Einzelempfangszuständigkeit in § 1450 II, vor allem wohl durch die Möglichkeit gegenseitiger Bevollmächtigung, die vielfach durch Duldung geschehen wird, in gewissem Umfang schließlich auch durch § 1357 I 1, der zu Entnahmen aus dem Gesamtgut zur Deckung des Familienbedarfs ermächtigen dürfte (vgl auch § 1420), und § 1357 I 2, der iVm §§ 1460 I, 1459 I die Begründung
2   von Gesamtgutsverbindlichkeiten gestattet. Eine **unwiderrufliche gegenseitige Bevollmächtigung** bewirkt praktisch konkurrierende Alleinverwaltungsrechte und dürfte unzulässig sein (s Rn 2 vor §§ 1422–1470).

3   **2. Gemeinsame Verwaltung** umfaßt die in § 1450 I 1 bes erwähnten **Verfügungen** über **Gesamtgut** sowie **Rechtsstreitigkeiten,** aber auch Ausübung von Stimmrechten und tatsächliche Maßnahmen sowie Maßregeln zur ordnungsgemäßen Verwendung des Gesamtgutes für Unterhalt (s BGH 111, 255). Begründung der Gütergemeinschaft nach erfolgter Auflassung des Grundstücks eines Ehegatten an einen Dritten macht Zustimmung erforderlich; § 878 findet keine
4   Anwendung (aA Tiedtke FamRZ 76, 511). **a) Verpflichtungsgeschäfte** verpflichten primär den jeweils Handelnden, das Gesamtgut dagegen grundsätzlich nur mit Zustimmung des jeweils anderen Ehegatten, § 1460 I (s aber Rn 1,
5   ferner §§ 1459–1462 Rn 4). **b) Erwerb** für das Gesamtgut erfordert nicht ge-
6   meinsames Handeln, s § 1416 I 2 (dazu §§ 1416–1419 Rn 6). **c) Empfangszuständigkeit** für Willenserklärungen hat jeder Ehegatte, § 1450 II; Bsp: Kündigung, aber wohl auch Bindung an Angebot, wenn es nur einem Ehegatten
7   zugegangen ist (SoeGaul § 1450, 14). **d)** Ansprüche und Forderungen können nur gemeinsam geltend gemacht bzw eingezogen werden; § 2039 S 1 HS 2 ist während Bestehens der Gütergemeinschaft nicht analog anwendbar (SoeGaul § 1450, 15 mwN).

8   **3. Besitz** der Ehegatten soll gemeinschaftlicher, dh Mitbesitz sein, entsteht aber nicht ipso iure, sondern durch entspr Einräumung, zu der die Ehegatten verpflichtet sind, § 1450 I 2. Zur Verteidigung ist jeder Mitbesitzer selbständig berechtigt, auch gegen den anderen, s SoeGaul § 1450, 11.

9   **4. Rechtsstreitigkeiten. a)** In **Aktivprozessen** über Gesamtgut sind die Ehegatten grundsätzlich nur gemeinschaftlich prozeßführungsberechtigt (Ausnahmen: §§ 1454, 1455 Nr 6–10, 1456 sowie Ermächtigung durch den anderen); sie sind notwendige Streitgenossen, ZPO 62 (Baur FamRZ 62, 510). Verletzter Ehegatte muß für Schadenersatzanspruch Ermächtigung des anderen Ehegatten (spätestens) in der letzten mündlichen Verhandlung offenlegen, BGH NJW 94,
10 653. **b)** Bei **Passivprozessen** besteht notwendige Streitgenossenschaft, soweit der Kläger auf Leistung aus dem Gesamtgut klagt (s Baur aaO). Zu Verwaltungsgerichtsprozessen s VGH München NJW-RR 88, 454. Zur Zwangsvollstreckung s ZPO 740 II.

11 **5. Mitwirkungspflicht** in § 1451 ist notwendige Ergänzung der gemeinschaftlichen Verwaltung. Haftung für Verluste wegen Unterlassens der Mitwirkung zur ordnungsgemäßen Verwaltung s BGH FamRZ 86, 42, aber keine Haftung bei Aufgabe der Mitarbeit in landwirtschaftlichem Betrieb zur Trennung, BGH aaO. Schuldmaßstab § 1359. Klage auf Mitwirkung soll nach hL unzulässig sein (SoeGaul § 1451, 5), da § 1452 eingreift.

12 **6. Ersetzung der Zustimmung.** § 1452 I entspricht § 1426, § 1452 II dem § 1430. **a)** Der Anwendungsbereich des § 1452 I ist erheblich weiter als der des § 1426, da grundsätzlich die gesamte Verwaltung an Mitwirkung, dh bei RGeschäften und Prozessen an die Zustimmung des jeweils anderen gebunden ist. Zu den Voraussetzungen der Ersetzung nach § 1452 I s § 1365 Rn 16 ff; RG 103, 127; für § 1452 II s § 1430 Rn 2 ff. **b)** Die Ersetzungsmöglichkeit ist nicht abdingbar. **c)** Zum Verfahren s § 1365 Rn 21. 13

7. Rechtsfolgen fehlender Zustimmung. § 1453 entspricht § 1427, deckt 14 aber einen etwas anderen Regelungsbereich ab, da einerseits **alle** Verfügungen über Gesamtgut nur mit Zustimmung des anderen wirksam sind, andererseits Verpflichtungen den kontrahierenden Ehegatten stets binden, da sie das Gesamtgut ohne Zustimmung des anderen grundsätzlich nicht belasten, s § 1460. Die Ergänzung des Zustimmungserfordernisses durch ein Revokationsrecht (s § 1368, 1428) enthält § 1455 Nr 8. Gutgl Erwerb ist nach hM möglich (SoeGaul § 1453, 4). Vgl iü § 1427 und §§ 1423–1428 Rn 19.

§ 1454 Notverwaltungsrecht

¹Ist ein Ehegatte durch Krankheit oder Abwesenheit verhindert, bei einem Rechtsgeschäft mitzuwirken, das sich auf das Gesamtgut bezieht, so kann der andere Ehegatte das Rechtsgeschäft vornehmen, wenn mit dem Aufschub Gefahr verbunden ist; er kann hierbei im eigenen Namen oder im Namen beider Ehegatten handeln. ²Das Gleiche gilt für die Führung eines Rechtsstreits, der sich auf das Gesamtgut bezieht.

1. Die Vorschrift entspricht § 1429, s Anm dort. Anders als § 1429 wird § 1454 1 iVm § 1451 nicht nur als Ermächtigung, sondern auch als Verpflichtung zum Tätigwerden unter den genannten Voraussetzungen gesehen. Sa § 1455 Nr 10.

§ 1455 Verwaltungshandlungen ohne Mitwirkung des anderen Ehegatten

Jeder Ehegatte kann ohne Mitwirkung des anderen Ehegatten

1. eine ihm angefallene Erbschaft oder ein ihm angefallenes Vermächtnis annehmen oder ausschlagen,
2. auf seinen Pflichtteil oder auf den Ausgleich eines Zugewinns verzichten,
3. ein Inventar über eine ihm oder dem anderen Ehegatten angefallene Erbschaft errichten, es sei denn, dass die dem anderen Ehegatten angefallene Erbschaft zu dessen Vorbehaltsgut oder Sondergut gehört,
4. einen ihm gemachten Vertragsantrag oder eine ihm gemachte Schenkung ablehnen,
5. ein sich auf das Gesamtgut beziehendes Rechtsgeschäft gegenüber dem anderen Ehegatten vornehmen,
6. ein zum Gesamtgut gehörendes Recht gegen den anderen Ehegatten gerichtlich geltend machen,
7. einen Rechtsstreit fortsetzen, der beim Eintritt der Gütergemeinschaft anhängig war,
8. ein zum Gesamtgut gehörendes Recht gegen einen Dritten gerichtlich geltend machen, wenn der andere Ehegatte ohne die erforderliche Zustimmung über das Recht verfügt hat,
9. ein Widerspruchsrecht gegenüber einer Zwangsvollstreckung in das Gesamtgut gerichtlich geltend machen,
10. die zur Erhaltung des Gesamtguts notwendigen Maßnahmen treffen, wenn mit dem Aufschub Gefahr verbunden ist.

1. Allgemeines. Die Vorschrift regelt Ausnahmen vom Grundsatz gemein- 1 schaftlicher Verwaltung; rechtsgeschäftliches Handeln oder tatsächliche Maßnahmen nach § 1455 wirken für und gegen das Gesamtgut. Abdingbarkeit ist zu verneinen (vgl Zöllner FamRZ 65, 118).

§ 1456 Selbständiges Erwerbsgeschäft

(1) ¹Hat ein Ehegatte darin eingewilligt, dass der andere Ehegatte selbständig ein Erwerbsgeschäft betreibt, so ist seine Zustimmung zu solchen Rechtsgeschäften und Rechtsstreitigkeiten nicht erforderlich, die der Geschäftsbetrieb mit sich bringt. ²Einseitige Rechtsgeschäfte, die sich auf das Erwerbsgeschäft beziehen, sind dem Ehegatten gegenüber vorzunehmen, der das Erwerbsgeschäft betreibt.

(2) Weiß ein Ehegatte, dass der andere ein Erwerbsgeschäft betreibt, und hat er hiergegen keinen Einspruch eingelegt, so steht dies einer Einwilligung gleich.

(3) Dritten gegenüber ist ein Einspruch und der Widerruf der Einwilligung nur nach Maßgabe des § 1412 wirksam.

1. Entspricht § 1431, s Anm dort.

§ 1457 Ungerechtfertigte Bereicherung des Gesamtguts

Wird durch ein Rechtsgeschäft, das ein Ehegatte ohne die erforderliche Zustimmung des anderen Ehegatten vornimmt, das Gesamtgut bereichert, so ist die Bereicherung nach den Vorschriften über die ungerechtfertigte Bereicherung aus dem Gesamtgut herauszugeben.

1. Entspricht § 1437, s Anm zu §§ 1437–1440.

§ 1458 Vormundschaft über einen Ehegatten

Solange ein Ehegatte unter elterlicher Sorge oder unter Vormundschaft steht, verwaltet der andere Ehegatte das Gesamtgut allein; die Vorschriften der §§ 1422 bis 1449 sind anzuwenden.

1. Die Vorschrift trifft wie § 1436 Vorsorge für den Fall fehlender oder eingeschränkter Geschäftsfähigkeit eines Ehegatten, überträgt aber abw von § 1436 die (Mitwirkung an der) Verwaltung nicht einem Vormund, sondern dem anderen Ehegatten, der damit Alleinverwalter wird. Muß auch für Ehegatten unter Betreuung gelten. Abw von § 1436 wird ein Ehegatte auch zum Alleinverwalter bestimmt, falls und solange der andere Ehegatte unter elterlicher Sorge steht. Fehlt beiden Ehegatten die Geschäftsfähigkeit, sind die Vormünder/Eltern oder (und) Betreuer gemeinschaftliche Verwalter. Verbleib beider Ehegatten unter elterlicher Sorge durch § 1303 II ausgeschlossen.

§ 1459 Gesamtgutsverbindlichkeiten; persönliche Haftung

(1) Die Gläubiger des Mannes und die Gläubiger der Frau können, soweit sich aus den §§ 1460 bis 1462 nichts anderes ergibt, aus dem Gesamtgut Befriedigung verlangen (Gesamtgutsverbindlichkeiten).

(2) ¹Für die Gesamtgutsverbindlichkeiten haften die Ehegatten auch persönlich als Gesamtschuldner. ²Fallen die Verbindlichkeiten im Verhältnis der Ehegatten zueinander einem der Ehegatten zur Last, so erlischt die Verbindlichkeit des anderen Ehegatten mit der Beendigung der Gütergemeinschaft.

§ 1460 Haftung des Gesamtguts

(1) Das Gesamtgut haftet für eine Verbindlichkeit aus einem Rechtsgeschäft, das ein Ehegatte während der Gütergemeinschaft vornimmt, nur dann, wenn der andere Ehegatte dem Rechtsgeschäft zustimmt oder wenn das Rechtsgeschäft ohne seine Zustimmung für das Gesamtgut wirksam ist.

Titel 6. Eheliches Güterrecht **§§ 1461, 1462**

(2) Für die Kosten eines Rechtsstreits haftet das Gesamtgut auch dann, wenn das Urteil dem Gesamtgut gegenüber nicht wirksam ist.

§ 1461 Keine Haftung bei Erwerb einer Erbschaft

Das Gesamtgut haftet nicht für Verbindlichkeiten eines Ehegatten, die durch den Erwerb einer Erbschaft oder eines Vermächtnisses entstehen, wenn der Ehegatte die Erbschaft oder das Vermächtnis während der Gütergemeinschaft als Vorbehaltsgut oder als Sondergut erwirbt.

§ 1462 Haftung für Vorbehalts- oder Sondergut

¹Das Gesamtgut haftet nicht für eine Verbindlichkeit eines Ehegatten, die während der Gütergemeinschaft infolge eines zum Vorbehaltsgut oder zum Sondergut gehörenden Rechts oder des Besitzes einer dazu gehörenden Sache entsteht. ²Das Gesamtgut haftet jedoch, wenn das Recht oder die Sache zu einem Erwerbsgeschäft gehört, das ein Ehegatte mit Einwilligung des anderen Ehegatten selbständig betreibt, oder wenn die Verbindlichkeit zu den Lasten des Sonderguts gehört, die aus den Einkünften beglichen zu werden pflegen.

Anmerkungen zu den §§ 1459–1462

1. **Allgemeines.** §§ 1459–1462 regeln Voraussetzungen und Umfang der Haftung des Gesamtgutes und die daran angelehnte Gesamtschuld der Ehegatten.

2. **Haftung des Gesamtguts** (hierzu auch §§ 1437–1440 Rn 2 ff) für **a)** ex lege vor oder während der Gütergemeinschaft entstandene Verbindlichkeiten jedes Ehegatten; Ausnahmen §§ 1461, 1462 S 1 (dazu Rn 6 f); **b)** die rechtsgeschäftlich vor Begründung der Gütergemeinschaft von jedem Ehegatten eingegangenen Verbindlichkeiten; **c)** während der Gütergemeinschaft gemeinsam rechtsgeschäftlich begründete Schulden; **d)** während der Gütergemeinschaft von einem Ehegatten **aa)** entweder mit Zustimmung des anderen (oder ersetzter Zustimmung nach §§ 1452), § 1460 I 1. Fall, oder **bb)** ohne dessen Zustimmung, aber gleichwohl für das Gesamtgut wirksam eingegangene Verbindlichkeiten, § 1460 I 2. Fall (s §§ 1454–1456) oder **cc)** zur angemessenen Deckung des Lebensbedarfs nach § 1357 I eingegangene Verpflichtungen; **e)** Kosten eines Rechtsstreits, § 1460 II (hierzu §§ 1437–1440 Rn 6).

3. **Keine Haftung des Gesamtguts a)** bei zustimmungslosen RGeschäften eines Ehegatten während der Gütergemeinschaft, falls nicht eine der Ausnahmen Rn 4 gegeben ist; **b)** für Verbindlichkeiten aus Erbschafts- oder Vermächtniserwerb, falls die Zuwendung in das Vorbehalts- oder Sondergut eines Ehegatten fällt, § 1461; **c)** Verbindlichkeiten aus Rechten oder Besitz an Gegenständen, die zum Vorbehalts- oder Sondergut eines Ehegatten gehören, § 1462 S 1, sofern nicht die Ausnahme in § 1462 S 2 vorliegt (s hierzu §§ 1437– 1440 Rn 9).

4. **Persönliche Verpflichtungen** der Ehegatten und Haftung mit ihrem Vorbehalts- und Sondergut sind für die eigenen Schulden stets gegeben, darüber hinaus aber auch für alle in der Person des anderen begründeten Verbindlichkeiten, soweit sie Gesamtgutsverbindlichkeiten sind, § 1459 II 1 (krit hierzu Gernhuber/Coester-Waltjen § 38 VIII 6 mwN). Diese Mitschuld erlischt mit Beendigung der Gütergemeinschaft, falls die jeweilige Verpflichtung im Innenverhältnis nach §§ 1463–1466 dem anderen zur Last fällt.

5. Die ges Haftungsregelung kann **nicht durch Ehevertrag abbedungen** werden. Im jeweiligen Einzelgeschäft mit dem Dritten können die Ehegatten jedoch die Haftung auf das Gesamtgut oder ein Sondervermögen beschränken.

Auch kann der Dritte seine Klage nur gegen die Gesamthand richten (hierzu Tiedtke FamRZ 75, 538).

10   6. Zur **Zwangsvollstreckung** in das Gesamtgut ist Titel gegen beide Ehegatten erforderlich, ZPO 740 II (sa ZPO 742), doch kann ein Gläubiger auch einen Ehegatten allein unter Behauptung einer Gesamtgutsverbindlichkeit verklagen (§ 1459 II), um in dessen Sondervermögen vollstrecken zu können, BGH FamRZ 75, 405; hierzu Tiedtke FamRZ 75, 538. Zur Sonderinsolvenz über das Gesamtgut s InsO 11 II, Nr 2, 333 f.

§ 1463 Haftung im Innenverhältnis

Im Verhältnis der Ehegatten zueinander fallen folgende Gesamtgutsverbindlichkeiten dem Ehegatten zur Last, in dessen Person sie entstehen:
1. die Verbindlichkeiten aus einer unerlaubten Handlung, die er nach Eintritt der Gütergemeinschaft begeht, oder aus einem Strafverfahren, das wegen einer solchen Handlung gegen ihn gerichtet wird,
2. die Verbindlichkeiten aus einem sich auf sein Vorbehaltsgut oder sein Sondergut beziehenden Rechtsverhältnis, auch wenn sie vor Eintritt der Gütergemeinschaft oder vor der Zeit entstanden sind, zu der das Gut Vorbehaltsgut oder Sondergut geworden ist,
3. die Kosten eines Rechtsstreits über eine der in den Nummern 1 und 2 bezeichneten Verbindlichkeiten.

§ 1464 Verbindlichkeiten des Sonderguts und eines Erwerbsgeschäfts

¹Die Vorschrift des § 1463 Nr. 2, 3 gilt nicht, wenn die Verbindlichkeiten zu den Lasten des Sonderguts gehören, die aus den Einkünften beglichen zu werden pflegen. ²Die Vorschriften gelten auch dann nicht, wenn die Verbindlichkeiten durch den Betrieb eines für Rechnung des Gesamtguts geführten Erwerbsgeschäfts oder infolge eines zu einem solchen Erwerbsgeschäft gehörenden Rechts oder des Besitzes einer dazu gehörenden Sache entstehen.

§ 1465 Prozesskosten

(1) Im Verhältnis der Ehegatten zueinander fallen die Kosten eines Rechtsstreits, den die Ehegatten miteinander führen, dem Ehegatten zur Last, der sie nach allgemeinen Vorschriften zu tragen hat.

(2) ¹Führt ein Ehegatte einen Rechtsstreit mit einem Dritten, so fallen die Kosten des Rechtsstreits im Verhältnis der Ehegatten zueinander dem Ehegatten zur Last, der den Rechtsstreit führt. ²Die Kosten fallen jedoch dem Gesamtgut zur Last, wenn das Urteil dem Gesamtgut gegenüber wirksam ist oder wenn der Rechtsstreit eine persönliche Angelegenheit oder eine Gesamtgutsverbindlichkeit des Ehegatten betrifft und die Aufwendung der Kosten den Umständen nach geboten ist; § 1463 Nr. 3 und § 1464 bleiben unberührt.

§ 1466 Kosten der Ausstattung eines nicht gemeinschaftlichen Kindes

Im Verhältnis der Ehegatten zueinander fallen die Kosten der Ausstattung eines nicht gemeinschaftlichen Kindes dem Vater oder der Mutter des Kindes zur Last.

Titel 6. Eheliches Güterrecht **§§ 1467–1470**

Anmerkungen zu den §§ 1463–1466

1. Die Vorschriften entsprechen den §§ 1441–1444 unter Ausdehnung der für den nicht verwaltenden Ehegatten geltenden Regel des § 1443 II auf den allein und ermächtigungslos prozessierenden Ehegatten, § 1465 II.

§ 1467 Ausgleichung zwischen Vorbehalts-, Sonder- und Gesamtgut

(1) Verwendet ein Ehegatte Gesamtgut in sein Vorbehaltsgut oder in sein Sondergut, so hat er den Wert des Verwendeten zum Gesamtgut zu ersetzen.

(2) Verwendet ein Ehegatte Vorbehaltsgut oder Sondergut in das Gesamtgut, so kann er Ersatz aus dem Gesamtgut verlangen.

1. Entspricht § 1445, s Anm dort.

§ 1468 Fälligkeit des Ausgleichsanspruchs

Was ein Ehegatte zum Gesamtgut oder was er zum Vorbehaltsgut oder Sondergut des anderen Ehegatten schuldet, braucht er erst nach Beendigung der Gütergemeinschaft zu leisten; soweit jedoch das Vorbehaltsgut und das Sondergut des Schuldners ausreichen, hat er die Schuld schon vorher zu berichtigen.

1. Entspricht § 1446, s Anm dort.

§ 1469 Aufhebungsklage

Jeder Ehegatte kann auf Aufhebung der Gütergemeinschaft klagen,

1. wenn seine Rechte für die Zukunft dadurch erheblich gefährdet werden können, dass der andere Ehegatte ohne seine Mitwirkung Verwaltungshandlungen vornimmt, die nur gemeinschaftlich vorgenommen werden dürfen,
2. wenn der andere Ehegatte sich ohne ausreichenden Grund beharrlich weigert, zur ordnungsmäßigen Verwaltung des Gesamtguts mitzuwirken,
3. wenn der andere Ehegatte seine Verpflichtung, zum Familienunterhalt beizutragen, verletzt hat und für die Zukunft eine erhebliche Gefährdung des Unterhalts zu besorgen ist,
4. wenn das Gesamtgut durch Verbindlichkeiten, die in der Person des anderen Ehegatten entstanden sind und diesem im Verhältnis der Ehegatten zueinander zur Last fallen, in solchem Maße überschuldet ist, dass sein späterer Erwerb erheblich gefährdet wird,
5. wenn die Wahrnehmung eines Rechts des anderen Ehegatten, das sich aus der Gütergemeinschaft ergibt, vom Aufgabenkreis eines Betreuers erfasst wird.

§ 1470 Wirkung des Aufhebungsurteils

(1) Mit der Rechtskraft des Urteils ist die Gütergemeinschaft aufgehoben; für die Zukunft gilt Gütertrennung.

(2) Dritten gegenüber ist die Aufhebung der Gütergemeinschaft nur nach Maßgabe des § 1412 wirksam.

Anmerkungen zu den §§ 1469, 1470

1. Allgemeines. Die §§ 1469, 1470 entsprechen in Funktion und Einzelregelung weitgehend den §§ 1447, 1449, wobei nach § 1469 beide Ehegatten gleiche

Chr. Berger

§§ 1471–1473 Buch 4. Abschnitt 1. Bürgerliche Ehe

Klagegründe geltend machen können, die an die des nicht verwaltenden Ehegatten in § 1447 angelehnt sind.

2 **2. Einzelfälle. a)** § 1469 Nr 1 entspricht § 1447 Nr 1 unter Konkretisierung auf den für die gemeinsame Verwaltung wichtigen Mißbrauchsfall der Anmaßung von Alleinverwaltungsmacht; **b)** § 1469 Nr 2 ist auf Verletzung der zum Funktionieren gemeinsamer Verwaltung unerläßlichen Mitwirkungspflicht zugeschnitten; **c)** § 1469 Nr 3, 4 und 5 entsprechen § 1447 Nr 2, 3 und 4.

3 **3.** Zu § 1470 s § 1449 und §§ 1447–1449 Rn 7 f.

Unterkapitel 4. Auseinandersetzung des Gesamtguts

§ 1471 Beginn der Auseinandersetzung

(1) **Nach der Beendigung der Gütergemeinschaft setzen sich die Ehegatten über das Gesamtgut auseinander.**

(2) **Bis zur Auseinandersetzung gilt für das Gesamtgut die Vorschrift des § 1419.**

§ 1472 Gemeinschaftliche Verwaltung des Gesamtguts

(1) **Bis zur Auseinandersetzung verwalten die Ehegatten das Gesamtgut gemeinschaftlich.**

(2) ¹Jeder Ehegatte darf das Gesamtgut in derselben Weise wie vor der Beendigung der Gütergemeinschaft verwalten, bis er von der Beendigung Kenntnis erlangt oder sie kennen muss. ²Ein Dritter kann sich hierauf nicht berufen, wenn er bei der Vornahme eines Rechtsgeschäfts weiß oder wissen muss, dass die Gütergemeinschaft beendet ist.

(3) **Jeder Ehegatte ist dem anderen gegenüber verpflichtet, zu Maßregeln mitzuwirken, die zur ordnungsmäßigen Verwaltung des Gesamtguts erforderlich sind; die zur Erhaltung notwendigen Maßregeln kann jeder Ehegatte allein treffen.**

(4) ¹Endet die Gütergemeinschaft durch den Tod eines Ehegatten, so hat der überlebende Ehegatte die Geschäfte, die zur ordnungsmäßigen Verwaltung erforderlich sind und nicht ohne Gefahr aufgeschoben werden können, so lange zu führen, bis der Erbe anderweit Fürsorge treffen kann. ²Diese Verpflichtung besteht nicht, wenn der verstorbene Ehegatte das Gesamtgut allein verwaltet hat.

§ 1473 Unmittelbare Ersetzung

(1) **Was auf Grund eines zum Gesamtgut gehörenden Rechts oder als Ersatz für die Zerstörung, Beschädigung oder Entziehung eines zum Gesamtgut gehörenden Gegenstands oder durch ein Rechtsgeschäft erworben wird, das sich auf das Gesamtgut bezieht, wird Gesamtgut.**

(2) **Gehört eine Forderung, die durch Rechtsgeschäft erworben ist, zum Gesamtgut, so braucht der Schuldner dies erst dann gegen sich gelten zu lassen, wenn er erfährt, dass die Forderung zum Gesamtgut gehört; die Vorschriften der §§ 406 bis 408 sind entsprechend anzuwenden.**

Anmerkungen zu den §§ 1471–1473

1 **1. Allgemeines.** Die §§ 1471–1473 regeln das rechtliche Schicksal des Gesamtgutes im Auseinandersetzungsstadium nach Beendigung der Gütergemeinschaft.

2 **2. Beendigung der Gütergemeinschaft,** § 1471 I, tritt ein durch **a)** Ehevertrag, **b)** Auflösung der Ehe durch Tod eines Ehegatten oder rechtsgestaltendes

Titel 6. Eheliches Güterrecht **§ 1473**

Urteil unter Lebenden sowie Wiederverheiratung eines Ehegatten nach Todeserklärung des anderen (§ 1319 II) oder c) durch Aufhebungsurteil nach §§ 1447, 1448, 1469.

3. Auch nach Beendigung der Gütergemeinschaft bleibt das Gesamtgut „in Liquidation" den Ehegatten in der Rechtsform der **Gesamthand** zugeordnet, § 1471 II iVm § 1419 (s RG 136, 21), bis aufgrund der Auseinandersetzung kein gemeinsames Vermögen mehr vorhanden ist. Bei Beendigung der Gütergemeinschaft durch Tod eines Ehegatten fällt, sofern nicht fortgesetzte Gütergemeinschaft vereinbart ist – § 1483 I –, das Gesamtgut als solches in den Nachlaß, so daß bei mehreren Erben zwei ineinandergeschachtelte Gesamthandsgemeinschaften entstehen; zum Nachlaß gehören der Anteil an der Gütergemeinschaft, nicht einzelne Gegenstände des Gesamtguts (BGH NJW 76, 894; NJW 64, 768 mwN). Zur Zulässigkeit der Verfügung eines Vorerben über Gegenstände, die zum Nachlaß auch in ihrer Zuordnung zum Gesamtgut gehören, s BGH NJW 76, 894 mwN. Die gesamthänderische Bindung ist jedoch abgeschwächt, denn der jeweilige Anteil kann jetzt gepfändet werden (ZPO 860 II) und gehört zur Insolvenzmasse eines Ehegatten, s InsO 35, 36 I. Auch kann ein Miterbe durch Verfügung über seinen Miterbenanteil mittelbar auch über Gesamtgut, das zum Nachlaß gehört, verfügen. Wirksam ist auch die Verfügung über den Anspruch auf ein Auseinandersetzungsguthaben (BGH LM Nr 1 zu § 1497), nicht dagegen über Anteil am Gesamtgut.

4. Verwaltung der Liquidationsgemeinschaft steht den Ehegatten stets **gemeinschaftlich** zu, § 1472 I. Entspr § 1451 ist jetzt jeder Ehegatte zur Mitwirkung an der ordnungsgemäßen Verwaltung auch verpflichtet, § 1472 III HS 1 (s §§ 1450–1453 Rn 11); bei der Auseinandersetzung ist der das Gesamtgut am wenigsten belastende Weg zu wählen, vgl Düsseldorf FamRZ 93, 194. Im Verhältnis zu Dritten ist die Änderung der Verwaltungsmacht nur nach Maßgabe des § 1412 geltend zu machen. Die Ausnahmeregeln des §§ 1450 II, 1452, 1454–1456, 1458 gelten nicht (SoeGaul § 1472, 3). **Alleinverwaltungsrechte: a)** Vor Beendigung der Gütergemeinschaft begründete Alleinverwaltungsrechte bleiben bestehen, bis der Verwaltungsberechtigte von der Beendigung Kenntnis hat oder haben muß, § 1472 II 1, doch kann ein bösgl oder fahrlässig gutgl Dritter sich nicht auf eine frühere Alleinverwaltungsmacht eines Ehegatten berufen, § 1472 II 2. **b)** Ein Notverwaltungsrecht gibt § 1472 III HS 2; Maßregel zur Erhaltung iS dieser Vorschrift ist auch die Durchsetzung von Ansprüchen des Gesamtguts (Herausgabeansprüche: RG 48, 271 f), selbst gegen den anderen Ehegatten (RG aaO).

5. Verpflichtung, Geschäfte vorzunehmen, die zur ordentlichen Verwaltung erforderlich sind und keinen Aufschub dulden, hat bei einer durch Tod beendeten Gütergemeinschaft der überlebende Ehegatte, sofern er Alleinverwalter oder Mitverwalter war (§ 1472 IV) und solange der (die) mitverwaltende(n) Erbe(n) an den erforderlichen Fürsorgemaßnahmen noch nicht mitwirken kann (können). Haftung: § 1359. War der überlebende Ehegatte aber von der Verwaltung ausgeschlossen, hat er allenfalls ein Notverwaltungsrecht nach § 1472 III HS 2.

6. Mit Beendigung der Gütergemeinschaft soll das Gesamtgut auseinandergesetzt, nicht aber gemehrt werden. § 1416 I 2, wonach Erwerb der Ehegatten regelmäßig ins Gesamtgut fällt, gilt deshalb nicht mehr. Das Gesamtgut soll jedoch möglichst ungeschmälert verteilt werden; das Prinzip der **Surrogation** sichert deshalb die Erhaltung des Wertes des Gesamtgutes, § 1473 I. Nicht mehr bei jedem Erwerb, aber bei den drei Erwerbsarten des § 1473 fällt das Erworbene wie nach § 1416 I 2, II unmittelbar ins Gesamtgut: **a)** Realisierung eines Rechtes des Gesamtguts, zB Einziehung einer Forderung, **b)** Ersatzerwerb, **c)** auf das Gesamtgut bezogenes RGeschäft, wobei die Beziehung durch einen wirtschaftlichen Zusammenhang hergestellt wird (vgl RG 92, 142), der durch obj und subj Momente konstituiert wird (hierzu §§ 1416–1419 Rn 16[cc]). Bei typischen Verwaltungsmaßnahmen bedarf es jedoch keines Willens, für das Gesamtgut handeln zu wollen (vgl BGH NJW 68, 1824 zu § 2041).

Chr. Berger

§§ 1474–1477 Buch 4. Abschnitt 1. Bürgerliche Ehe

15   7. **Schutz Dritter,** die von der mit Beendigung der Gütergemeinschaft eingetretenen Beendigung einer Alleinverwaltung nichts erfahren haben, gewährleistet zunächst § 1412 I. Zahlung auf eine nach Beendigung der Gütergemeinschaft entstandene und zum Gesamtgut gehörige Forderung s § 1473 II.

§ 1474 Durchführung der Auseinandersetzung

Die Ehegatten setzen sich, soweit sie nichts anderes vereinbaren, nach den §§ 1475 bis 1481 auseinander.

§ 1475 Berichtigung der Gesamtgutsverbindlichkeiten

(1) ¹Die Ehegatten haben zunächst die Gesamtgutsverbindlichkeiten zu berichtigen. ²Ist eine Verbindlichkeit noch nicht fällig oder ist sie streitig, so müssen die Ehegatten zurückbehalten, was zur Berichtigung dieser Verbindlichkeit erforderlich ist.

(2) Fällt eine Gesamtgutsverbindlichkeit im Verhältnis der Ehegatten zueinander einem der Ehegatten allein zur Last, so kann dieser nicht verlangen, dass die Verbindlichkeit aus dem Gesamtgut berichtigt wird.

(3) Das Gesamtgut ist in Geld umzusetzen, soweit dies erforderlich ist, um die Gesamtgutsverbindlichkeiten zu berichtigen.

§ 1476 Teilung des Überschusses

(1) Der Überschuss, der nach der Berichtigung der Gesamtgutsverbindlichkeiten verbleibt, gebührt den Ehegatten zu gleichen Teilen.

(2) ¹Was einer der Ehegatten zum Gesamtgut zu ersetzen hat, muss er sich auf seinen Teil anrechnen lassen. ²Soweit er den Ersatz nicht auf diese Weise leistet, bleibt er dem anderen Ehegatten verpflichtet.

§ 1477 Durchführung der Teilung

(1) Der Überschuss wird nach den Vorschriften über die Gemeinschaft geteilt.

(2) ¹Jeder Ehegatte kann gegen Ersatz des Wertes die Sachen übernehmen, die ausschließlich zu seinem persönlichen Gebrauch bestimmt sind, insbesondere Kleider, Schmucksachen und Arbeitsgeräte. ²Das Gleiche gilt für die Gegenstände, die ein Ehegatte in die Gütergemeinschaft eingebracht oder während der Gütergemeinschaft durch Erbfolge, durch Vermächtnis oder mit Rücksicht auf ein künftiges Erbrecht, durch Schenkung oder als Ausstattung erworben hat.

Anmerkungen zu den §§ 1474–1477

1   **1. Allgemeines.** Die Ehegatten können die Auseinandersetzung vertraglich formfrei regeln, § 1474. Hilfsweise gelten die §§ 1475 ff, wobei §§ 1475–1477, 1480, 1481 die Auseinandersetzung allg und Fragen der Haftung für Gesamtgutsverbindlichkeiten regeln, während die §§ 1478, 1479 und 1482 bestimmte Fälle der Beendigung der Gütergemeinschaft (Scheidung, Aufhebungsurteil, Tod eines Ehegatten) ergänzend normieren. Richterliche (gestaltende) Teilung ist nicht möglich; bei Streit deshalb nur Klage auf Zustimmung zu Teilungsplan, der §§ 1475 ff entspricht, s BGH NJW-RR 88, 1157.

2   **2. Auseinandersetzungsschritte.** Grundsätzlich sind zunächst die Gesamtgutsverbindlichkeiten zu begleichen, § 1475 I 1, bzw entspr Rückstellungen vorzunehmen, § 1475 I 2. Soweit erforderlich, ist dazu das Gesamtgut zu versilbern,

Titel 6. Eheliches Güterrecht **§ 1478**

§ 1475 III. Der Überschuß ist dann hälftig zu verteilen, § 1476 I, wobei nach den §§ 752 ff zu verfahren ist, § 1477 I.

3. Berichtigung der Verbindlichkeiten. a) Verbindlichkeiten gegenüber **3** Dritten s §§ 1437, 1459. Eine einseitige Lastentragung im Innenverhältnis hat in diesem Stadium die in § 1475 II normierte Auswirkung, daß der im Innenverhältnis Verpflichtete – s §§ 1441–1444, 1463–1466 – nicht Berichtigung aus dem Gesamtgut verlangen kann, während der andere Teil, dessen persönliche Mitschuld erloschen ist – s §§ 1437 II 2, 1459 II 2 –, auf Berichtigung aus dem Gesamtgut vor Verteilung bestehen kann, um die Haftung aus § 1480 zu vermeiden; zur Freistellung eines Ehegatten als Berichtigung s Köln FamRZ 91, 572. Berichtigung der Gesamtgutsverbindlichkeiten erfolgt durch Erfüllung, Aufrechnung, Hinterlegung oder befreiende Übernahme (Karlsruhe FamRZ 82, 289). **b)** Gläubiger kann auch ein Ehegatte sein, s §§ 1445 II, 1467 II. **c) Rückstellungen** nach **4** § 1475 I 2 verbleiben unter gemeinschaftlicher Verwaltung. **d)** Bei unzulänglichem Gesamtgut erfolgt anteilige Befriedigung der Gläubiger; soweit die Ehegatten für die Gesamtgutsverbindlichkeiten persönlich einzustehen haben – s §§ 1437 II, 1459 II –, schulden sie den Ausfall.

4. Verteilung des Überschusses erfolgt mangels abw Vereinbarung zu gleichen **5** Teilen (§ 1476 I), wobei die Vorschriften über die Teilung einer Gemeinschaft anzuwenden sind, § 1477 iVm §§ 752–754, 756, 757; Ausnahmen vom Grundsatz der Halbteilung regelt § 1478. Zur Teilungsmasse gehören auch Ansprüche gegen einen Ehegatten, s hierzu § 1476 II. Verzinsung von Zahlungsansprüchen §§ 291 S 2 iVm 288 I 1, BGH 109, 96.

5. Recht zur Übernahme gegen Wertersatz aus § 1477 II modifiziert Auseinandersetzungsregel aus § 1477 I. Voraussetzung: Regulierung Gesamtgutsverbindlichkeiten, Köln FamRZ 91, 571. §§ 1418 II Nr 3 und 1473 bei S 2 nicht anwendbar, Düsseldorf FamRZ 93, 195. Formfrei auch bei Grundstück, München FamRZ 88, 1275. Wirkung bei Teilungsversteigerung – ZPO 771 – s BGH NJW-RR 87, 69. Nach hM soll jedoch die Erforderlichkeit der Verwertung nach **7** § 1475 III vorgehen, da Voraussetzung des Übernahmerechts ein verteilbarer Überschuß sei, RG 73, 42. „Durch Erbfolge" ist ein Gegenstand auch dann erworben, wenn er dem Miterben-Ehegatten nicht unmittelbar, sondern erst im Zuge der Auseinandersetzung der Erbengemeinschaft zufällt (BGH NJW-RR 98, 1010). Übernahmerecht ist vererblich, RG 85, 4. Seine Geltendmachung erfolgt durch einseitige, empfangsbedürftige Willenserklärung, die einen Anspruch auf Übernahme begründet, nicht aber schon eine Zuordnungsänderung bewirkt; Übereignung bleibt deshalb erforderlich. Verpflichtung zur Übernahme besteht nicht. Wertermittlung geschieht im Zeitpunkt der Übernahme (BGH FamRZ 86, 40) **8** notfalls durch Sachverständigen; für landwirtschaftlichen Betrieb s BGH NJW-RR 86, 1067. Berücksichtigung wertsteigernder Aufwendungen des anderen Ehegatten nach § 242 s BGH NJW-RR 87, 71. Wertersatz ist nicht ins Gesamtgut zu zahlen, vielmehr gilt § 1476 II 1, BGH NJW-RR 88, 1155.

§ 1478 Auseinandersetzung nach Scheidung

(1) **Ist die Ehe geschieden, bevor die Auseinandersetzung beendet ist, so ist auf Verlangen eines Ehegatten jedem von ihnen der Wert dessen zurückzuerstatten, was er in die Gütergemeinschaft eingebracht hat; reicht hierzu der Wert des Gesamtguts nicht aus, so ist der Fehlbetrag von den Ehegatten nach dem Verhältnis des Wertes des von ihnen Eingebrachten zu tragen.**

(2) **Als eingebracht sind anzusehen**

1. die Gegenstände, die einem Ehegatten beim Eintritt der Gütergemeinschaft gehört haben,

Chr. Berger

§§ 1479, 1480   Buch 4. Abschnitt 1. Bürgerliche Ehe

2. die Gegenstände, die ein Ehegatte von Todes wegen oder mit Rücksicht auf ein künftiges Erbrecht, durch Schenkung oder als Ausstattung erworben hat, es sei denn, dass der Erwerb den Umständen nach zu den Einkünften zu rechnen war,
3. die Rechte, die mit dem Tode eines Ehegatten erlöschen oder deren Erwerb durch den Tod eines Ehegatten bedingt ist.

(3) Der Wert des Eingebrachten bestimmt sich nach der Zeit der Einbringung.

1   **1. Allgemeines.** Gestaltungsrecht, das Verpflichtung auf Wertersatz entstehen läßt (Gernhuber/Coester-Waltjen § 38 X 9, str). Nach heute hM abdingbar; zu den ehevertraglichen Gestaltungsmöglichkeiten insoweit Stumpp Rpfleger 79, 441.

2   **2. Voraussetzungen. a) Einbringung** von Gegenständen oder Rechten der in II Nr 1–3 genannten Art; auch Anspruch auf Zugewinnausgleich, BGH 109, 93. **b)** Vergemeinschaftung dieser Gegenstände oder Rechte im Gesamtgut nach § 1414 I, II; **c) Scheidung** oder Aufhebung (s §§ 1313–1318 Rn 8[f]) der Ehe vor **Beendigung der Auseinandersetzung; d)** Berichtigung der Gesamtgutsverbindlichkeiten und Beginn des „Teilungsstadiums" (s §§ 1474–1477 Anm 2, 3).

3   **3. Rechtsfolgen. a) Wahlrecht** des (oder der) Ehegatten, der Gegenstände oder Rechte nach II eingebracht hat (haben), es entweder **aa)** bei der hälftigen Teilung nach §§ 1476, 1477 zu belassen oder **bb)** vorab den inflationsbereinigten (BGH 84, 338; 109, 92) Wert der eingebrachten Gegenstände oder Rechte (nicht diese selbst) erstattet zu verlangen; Surrogate bleiben jedoch außer Betracht, Gernhuber/Coester-Waltjen § 38 X 9 Fn 34. **b)** Zeitpunkt für Wertberechnung: III; **4** **c)** Schulden des eingebrachten Guts sind bei der Wertberechnung abzuziehen; **d)** bei unzureichendem Gesamtgut sind die Fehlbeträge nach dem Verhältnis der **5** Werte des jeweils Eingebrachten zu tragen, I HS 2. **e)** Wahlrecht und Werterstattungsrecht sind vererblich. **f)** Übernahmerecht aus § 1477 II und Wertersatzrecht können nebeneinander verfolgt werden. Die Forderung der Gesamthand aus § 1477 II auf Wertersatz kann dann gegen die Forderung aus I aufgerechnet werden.

§ 1479 Auseinandersetzung nach Aufhebungsurteil

Wird die Gütergemeinschaft auf Grund der §§ 1447, 1448 oder des § 1469 durch Urteil aufgehoben, so kann der Ehegatte, der das Urteil erwirkt hat, verlangen, dass die Auseinandersetzung so erfolgt, wie wenn der Anspruch auf Auseinandersetzung in dem Zeitpunkt rechtshängig geworden wäre, in dem die Klage auf Aufhebung der Gütergemeinschaft erhoben ist.

Lit: Heckelmann, Der Zeitpunkt für die Vermögensbewertung bei Beendigung von Zugewinn- und Gütergemeinschaft, FamRZ 68, 59.

1   **1.** Bei Beendigung der Gütergemeinschaft durch Aufhebungsurteil hat der Ehegatte, der das Urteil erwirkt hat, nach § 1479 ein Wahlrecht hinsichtlich des für die Auseinandersetzung maßgeblichen Zeitpunktes zwischen **a)** der Beendigung der **2** Gütergemeinschaft mit Rechtskraft des Aufhebungsurteils oder **b)** der Rechtshängigkeit der Aufhebungsklage. Im letzteren Fall rechnet späterer Erwerb (außer aufgrund Surrogation nach § 1473 I) im Verhältnis zwischen den Ehegatten nicht mehr zum Gesamtgut, Schulden eines Ehegatten werden nicht mehr Gesamtgutsverbindlichkeiten (SoeGaul 3, str; aA Gernhuber/Coester-Waltjen § 38 X 4). § 1479 ist nicht abdingbar (SoeGaul 6; str).

§ 1480 Haftung nach der Teilung gegenüber Dritten

¹Wird das Gesamtgut geteilt, bevor eine Gesamtgutsverbindlichkeit berichtigt ist, so haftet dem Gläubiger auch der Ehegatte persönlich als

Titel 6. Eheliches Güterrecht **§§ 1481, 1482**

Gesamtschuldner, für den zur Zeit der Teilung eine solche Haftung nicht besteht. ²Seine Haftung beschränkt sich auf die ihm zugeteilten Gegenstände; die für die Haftung des Erben geltenden Vorschriften der §§ 1990, 1991 sind entsprechend anzuwenden.

1. **Funktion.** Erzwingung der Vorab-Berichtigung von Gesamtgutsverbindlichkeiten durch persönliche Gesamtschuld der Ehegatten und Erhaltung der Zugriffsmasse für Gesamtgutsverbindlichkeiten trotz Teilung. 1

2. **Voraussetzungen.** a) Verteilung des Gesamtguts, wobei ein Rest mit unerheblichem Wert unberücksichtigt bleiben kann, RG 89, 366; Rücklagen nach § 1475 I 2 bedeuten, daß die Teilung noch nicht vollständig erfolgt ist; b) unberichtigte Gesamtgutsverbindlichkeiten; c) Zuteilungen aus dem Gesamtgut an den Ehegatten, der für Gesamtgutsverbindlichkeiten nicht persönlich haftete oder dessen Haftung erloschen war (s §§ 1437 II 2, 1459 II 2). 2 3

3. **Rechtsfolgen.** a) Persönliche Haftung beider Ehegatten als Gesamtschuldner, und zwar auch des bis dahin nicht persönlich Haftenden (s Rn 3). b) Beschränkung der Haftung des bis dahin nicht persönlich haftenden Ehegatten auf die ihm zugeteilten Gegenstände (cum viribus), S 2; er muß sich aber diese Haftungsbeschränkung im Urteil vorbehalten lassen, ZPO 786, 780 I. 4

4. § 1480 ist durch Ehevertrag nicht abdingbar. 5

§ 1481 Haftung der Ehegatten untereinander

(1) Wird das Gesamtgut geteilt, bevor eine Gesamtgutsverbindlichkeit berichtigt ist, die im Verhältnis der Ehegatten zueinander dem Gesamtgut zur Last fällt, so hat der Ehegatte, der das Gesamtgut während der Gütergemeinschaft allein verwaltet hat, dem anderen Ehegatten dafür einzustehen, dass dieser weder über die Hälfte der Verbindlichkeit noch über das aus dem Gesamtgut Erlangte hinaus in Anspruch genommen wird.

(2) Haben die Ehegatten das Gesamtgut während der Gütergemeinschaft gemeinschaftlich verwaltet, so hat jeder Ehegatte dem anderen dafür einzustehen, dass dieser nicht über die Hälfte der Verbindlichkeit hinaus in Anspruch genommen wird.

(3) Fällt die Verbindlichkeit im Verhältnis der Ehegatten zueinander einem der Ehegatten zur Last, so hat dieser dem anderen dafür einzustehen, dass der andere Ehegatte von dem Gläubiger nicht in Anspruch genommen wird.

1. **Allgemeines.** Die Vorschrift regelt den Innenausgleich, falls ein Ehegatte nach Auseinandersetzung und Teilung wegen noch offenstehender Gesamtgutsverbindlichkeit aufgrund des § 1480 in Anspruch genommen wird. 1

2. **Einzelfälle.** § 1481 unterscheidet zwei Grundfälle: a) Offengeblieben sind Gesamtgutsverbindlichkeiten, die iE hälftig getragen werden müssen. Der Innenausgleich ist dann von der Verwaltungsregelung abhängig, s I zur Einzelverwaltung und II zur gemeinschaftlichen Verwaltung. b) Sind Gesamtgutsverbindlichkeiten offengeblieben, die im Innenverhältnis ein Ehegatte allein zu tragen hat, also in den Fällen der §§ 1441–1444, 1463–1466, dann muß der im Innenverhältnis Verpflichtete in voller Höhe befreien bzw ausgleichen. 2 3

§ 1482 Eheauflösung durch Tod

¹Wird die Ehe durch den Tod eines Ehegatten aufgelöst, so gehört der Anteil des verstorbenen Ehegatten am Gesamtgut zum Nachlass. ²Der verstorbene Ehegatte wird nach den allgemeinen Vorschriften beerbt.

1. **Allgemeines.** Tod eines Ehegatten beendet regelmäßig Gütergemeinschaft, es sei denn, fortgesetzte Gütergemeinschaft (§ 1483) wurde vereinbart. 1

Vor § 1483 Buch 4. Abschnitt 1. Bürgerliche Ehe

2 **2. Rechtsfolgen. a)** Beendigung der Gütergemeinschaft. **b)** Vererbung des Anteils am Gesamtgut nach allg Regeln, § 1482. **aa)** Ist der überlebende Ehegatte Alleinerbe, so erlischt die gesamthänderische Bindung des Gesamtguts ohne Aus-
3 einandersetzung. **bb)** Bei mehreren Erben fällt der Anteil am Gesamtgut insgesamt (nicht einzelne Gegenstände oder Anteile an einzelnen Gegenständen) in den Nachlaß. Der als Gesamthand organisierten „Erbengemeinschaft" gehört also ein Anteil am Gesamthandsvermögen „Gesamtgut"; als Erbe ist der überlebende Ehegatte an beiden Vermögensmassen beteiligt. Zur Liquidation der ineinandergeschachtelten Gesamthandsgemeinschaften ist zunächst das Gesamtgut entspr §§ 1474 ff zwischen Miterben und Ehegatten auseinanderzusetzen, dann die Er-
4 bengemeinschaft nach §§ 2042 ff. **cc)** Ist der überlebende Ehegatte befreiter Vorerbe, so kann er über Gegenstände, die zum Gesamtgut und zum Nachlaß gehören, unentgeltlich verfügen; § 2113 II findet keine Anwendung, BGH NJW 76, 894 mwN; hierzu Schmidt FamRZ 76, 683. **dd)** Testamentsvollstreckung s BGH NJW 83, 2247.

Unterkapitel 5. Fortgesetzte Gütergemeinschaft

Vorbemerkungen

1 **1. Allgemeines.** Die Regelung der fortgesetzten Gütergemeinschaft ist am Bild einer Hausgemeinschaft zwischen Eltern und Kindern orientiert, die den Tod eines Ehegatten/Elternteils überdauert und durch bleibende Vergemeinschaftung des Familienvermögens rechtlich verklammert wird. Wegen der Nachteile für die volljährigen Kinder wird diese Konstruktion allg kritisiert (vgl Dölle § 81 I 1) und in der Praxis offenbar zumeist zugunsten erbrechtlicher Formen der Vermögensbindung (Vorerbschaft, erbvertragliche Bindung des Überlebenden; vgl Herb Justiz 60,
2 108) vermieden. Fortsetzung der Gütergemeinschaft tritt nur durch **Ehevertrag** ein. Sie geschieht über den Tod eines Ehegatten hinaus durch Einrücken der gemeinschaftlichen erbberechtigten Abkömmlinge in den Gesamtgutsanteil des Verstorbenen; Mitglieder der Gesamthandsgemeinschaft sind also der überlebende
3 Ehegatte und die gemeinschaftlichen Abkömmlinge. **Vier Vermögensmassen** sind zu unterscheiden: **a)** Gesamtgut, **b)** Vorbehalts- und **c)** Sondergut des überlebenden Ehegatten sowie **d)** die Vermögen der Abkömmlinge. Vorbehalts- und
4 Sondergut des Verstorbenen gehören, soweit vererblich, zum Nachlaß. Der **überlebende Ehegatte** erhält (oder behält) die Stellung eines Alleinverwalters, die Abkömmlinge haben grundsätzlich die Stellung des nicht verwaltenden Ehegatten.

5 **2. Voraussetzungen. a) Ehevertrag**liche Vereinbarung und **Tod eines Ehegatten**, § 1483, **keine Ablehnung** der Fortsetzung durch überlebenden Ehegatten nach § 1484. Jeder Ehegatte kann zudem für den Fall der Eheauflösung durch seinen Tod unter den in § 1509 geregelten Voraussetzungen die Fortsetzung der Gütergemeinschaft durch letztwillige Verfügung **ausschließen;** beantragte Scheidung muß in analoger Anwendung als Ausschließungsgrund gleichstehen, MK/Kanzleiter § 1509, 3. Auch durch Erbvertrag oder gemeinschaftliches Testament (RG 94, 317) kann die Vereinbarung der fortgesetzten Gütergemeinschaft ausgeschlossen werden (sa § 1511). Folge der **Ausschließung:** §§ 1510, 1482. An der
6 fortgesetzten Gütergemeinschaft nehmen **b) erbunwürdige** gemeinschaftliche **Abkömmlinge nicht** teil, § 1506. Auch kann ein Abkömmling uU durch letztwillige Verfügung von der Teilnahme ausgeschlossen werden, s §§ 1511 I, 1516, aber auch § 1511 II. Zum **Verzicht** eines Abkömmlings durch Vertrag s § 1517.
7 **c)** Zum **Zeugnis** für den überlebenden Ehegatten s § 1507. **d) Eintragung** der fortgesetzten Gütergemeinschaft in **Register.** Güterrechtsregister: nein; Handelsregister: nein; Grundbuch: ja, vgl § 1416 III, GBO 35 II, 47; s PalDiederichsen § 1485, 5.

1432 *Chr. Berger*

Titel 6. Eheliches Güterrecht §§ 1483, 1484

3. Vermögensmassen s §§ 1485, 1486 sowie Rn 3. Die beteiligten gemein- 8
schaftlichen Abkömmlinge bringen ins Gesamtgut nichts ein, s § 1485 II. Zur
Zuordnung und Verwaltung ie s § 1487.

4. Schuld und **Haftung** – §§ 1488, 1489 – sind dadurch gekennzeichnet, daß 9
die eingerückten Abkömmlinge nicht persönlich für Verbindlichkeiten der Ehegatten einzustehen haben, § 1489 III (es sei denn, als Erben des Verstorbenen), der
überlebende Ehegatte dagegen Gesamtgutsverbindlichkeiten auch dann schuldet,
wenn er bis zum Tode nicht persönlich verpflichtet war, § 1489 I; Schutz:
§ 1489 II.

5. Wegfall eines Abkömmlings durch **Tod** läßt seine anteilsberechtigten Ab- 10
kömmlinge einrücken, s § 1490 S 2; s jedoch auch S 3; bei **Verzicht** wächst
dagegen Anteil des Verzichtenden den anderen Abkömmlingen zu, § 1491 IV iVm
§ 1490 S 2 (zur Anfechtbarkeit des Verzichts wegen Gläubigerbenachteiligung s
SoeGaul § 1491, 8; str).

6. Beendigung. a) **Ausscheiden** des überlebenden Ehegatten durch **Auf-** 11
hebung – s § 1492 –, **Wiederverheiratung** bzw Begründung einer Lebenspartnerschaft – s § 1493 – oder **Tod** – s § 1494 – **beendet** die fortgesetzte Gütergemeinschaft. b) Anteilsberechtigte Abkömmlinge können unter den Voraussetzungen des § 1495 **Aufhebung** im Klagewege erreichen; Urteilswirkungen s
§ 1496. **Beendigung** geschieht ferner durch c) Wegfall aller Abkömmlinge oder
d) Rechtsgeschäft der Beteiligten, 1492 II.

7. Mit **Beendigung** entsteht außer im Falle Rn 11 (c) Liquidationsgemeinschaft 12
zur gesamten Hand, § 1497; zur Auseinandersetzung ie s §§ 1498–1505. **Her-**
absetzung oder **Entziehung** des Auseinandersetzungsanteils s §§ 1512–1514,
1516; **Übernahmerechte** s §§ 1515, 1516.

8. §§ 1483–1517 sind **zwingendes Recht,** § 1518; entgegenstehende Verein- 13
barungen oder letztwillige Verfügungen sind nichtig. Nicht betroffen sind RGeschäfte des überlebenden Ehegatten während der fortgesetzten Gütergemeinschaft,
zB vom Ges abw Verteilung der Verwaltungsmacht zwischen Ehegatten und Abkömmlingen oder Auseinandersetzungsvereinbarungen. Der überlebende Ehegatte
ist auch nicht an letztwilligen Verfügungen über seinen Nachlaß gehindert, BGH
NJW 64, 2298.

§ 1483 Eintritt der fortgesetzten Gütergemeinschaft

(1) ¹**Die Ehegatten können durch Ehevertrag vereinbaren, dass die**
Gütergemeinschaft nach dem Tod eines Ehegatten zwischen dem über-
lebenden Ehegatten und den gemeinschaftlichen Abkömmlingen fort-
gesetzt wird. ²**Treffen die Ehegatten eine solche Vereinbarung, so wird**
die Gütergemeinschaft mit den gemeinschaftlichen Abkömmlingen fort-
gesetzt, die bei gesetzlicher Erbfolge als Erben berufen sind. ³**Der Anteil**
des verstorbenen Ehegatten am Gesamtgut gehört nicht zum Nachlass;
im Übrigen wird der Ehegatte nach den allgemeinen Vorschriften
beerbt.

(2) **Sind neben den gemeinschaftlichen Abkömmlingen andere Ab-**
kömmlinge vorhanden, so bestimmen sich ihr Erbrecht und ihre Erbteile
so, wie wenn fortgesetzte Gütergemeinschaft nicht eingetreten wäre.

§ 1484 Ablehnung der fortgesetzten Gütergemeinschaft

(1) **Der überlebende Ehegatte kann die Fortsetzung der Gütergemein-**
schaft ablehnen.

(2) ¹**Auf die Ablehnung finden die für die Ausschlagung einer Erbschaft**
geltenden Vorschriften der §§ 1943 bis 1947, 1950, 1952, 1954 bis 1957,
1959 entsprechende Anwendung. ²**Steht der überlebende Ehegatte unter**

elterlicher Sorge oder unter Vormundschaft, so ist zur Ablehnung die Genehmigung des Vormundschaftsgerichts erforderlich. ³Dies gilt auch für die Ablehnung durch den Betreuer des überlebenden Ehegatten.

(3) Lehnt der Ehegatte die Fortsetzung der Gütergemeinschaft ab, so gilt das Gleiche wie im Falle des § 1482.

§ 1485 Gesamtgut

(1) Das Gesamtgut der fortgesetzten Gütergemeinschaft besteht aus dem ehelichen Gesamtgut, soweit es nicht nach § 1483 Abs. 2 einem nicht anteilsberechtigten Abkömmling zufällt, und aus dem Vermögen, das der überlebende Ehegatte aus dem Nachlass des verstorbenen Ehegatten oder nach dem Eintritt der fortgesetzten Gütergemeinschaft erwirbt.

(2) Das Vermögen, das ein gemeinschaftlicher Abkömmling zur Zeit des Eintritts der fortgesetzten Gütergemeinschaft hat oder später erwirbt, gehört nicht zu dem Gesamtgut.

(3) Auf das Gesamtgut findet die für die eheliche Gütergemeinschaft geltenden Vorschrift des § 1438 Abs. 2, 3 entsprechende Anwendung.

§ 1486 Vorbehaltsgut; Sondergut

(1) Vorbehaltsgut des überlebenden Ehegatten ist, was er bisher als Vorbehaltsgut gehabt hat oder was er nach § 1418 Abs. 2 Nr. 2, 3 als Vorbehaltsgut erwirbt.

(2) Sondergut des überlebenden Ehegatten ist, was er bisher als Sondergut gehabt hat oder was er als Sondergut erwirbt.

§ 1487 Rechtsstellung des Ehegatten und der Abkömmlinge

(1) Die Rechte und Verbindlichkeiten des überlebenden Ehegatten sowie der anteilsberechtigten Abkömmlinge in Ansehung des Gesamtguts der fortgesetzten Gütergemeinschaft bestimmen sich nach den für die eheliche Gütergemeinschaft geltenden Vorschriften der §§ 1419, 1422 bis 1428, 1434, des § 1435 Satz 1, 3 und der § 1436, 1445; der überlebende Ehegatte hat die rechtliche Stellung des Ehegatten, der das Gesamtgut allein verwaltet, die anteilsberechtigten Abkömmlinge haben die rechtliche Stellung des anderen Ehegatten.

(2) Was der überlebende Ehegatte zu dem Gesamtgut schuldet oder aus dem Gesamtgut zu fordern hat, ist erst nach der Beendigung der fortgesetzten Gütergemeinschaft zu leisten.

§ 1488 Gesamtgutsverbindlichkeiten

Gesamtgutsverbindlichkeiten der fortgesetzten Gütergemeinschaft sind die Verbindlichkeiten des überlebenden Ehegatten sowie solche Verbindlichkeiten des verstorbenen Ehegatten, die Gesamtgutsverbindlichkeiten der ehelichen Gütergemeinschaft waren.

§ 1489 Persönliche Haftung für die Gesamtgutsverbindlichkeiten

(1) Für die Gesamtgutsverbindlichkeiten der fortgesetzten Gütergemeinschaft haftet der überlebende Ehegatte persönlich.

(2) Soweit die persönliche Haftung den überlebenden Ehegatten nur infolge des Eintritts der fortgesetzten Gütergemeinschaft trifft, finden die für die Haftung des Erben für die Nachlassverbindlichkeiten geltenden

Vorschriften entsprechende Anwendung; an die Stelle des Nachlasses tritt das Gesamtgut in dem Bestand, den es zur Zeit des Eintritts der fortgesetzten Gütergemeinschaft hat.

(3) Eine persönliche Haftung der anteilsberechtigten Abkömmlinge für die Verbindlichkeiten des verstorbenen oder des überlebenden Ehegatten wird durch die fortgesetzte Gütergemeinschaft nicht begründet.

§ 1490 Tod eines Abkömmlings

[1] Stirbt ein anteilsberechtigter Abkömmling, so gehört sein Anteil an dem Gesamtgut nicht zu seinem Nachlass. [2] Hinterlässt er Abkömmlinge, die anteilsberechtigt sein würden, wenn er den verstorbenen Ehegatten nicht überlebt hätte, so treten die Abkömmlinge an seine Stelle. [3] Hinterlässt er solche Abkömmlinge nicht, so wächst sein Anteil den übrigen anteilsberechtigten Abkömmlingen und, wenn solche nicht vorhanden sind, dem überlebenden Ehegatten an.

§ 1491 Verzicht eines Abkömmlings

(1) [1] Ein anteilsberechtigter Abkömmling kann auf seinen Anteil an dem Gesamtgut verzichten. [2] Der Verzicht erfolgt durch Erklärung gegenüber dem für den Nachlass des verstorbenen Ehegatten zuständigen Gericht; die Erklärung ist in öffentlich beglaubigter Form abzugeben. [3] Das Nachlassgericht soll die Erklärung dem überlebenden Ehegatten und den übrigen anteilsberechtigten Abkömmlingen mitteilen.

(2) [1] Der Verzicht kann auch durch Vertrag mit dem überlebenden Ehegatten und den übrigen anteilsberechtigten Abkömmlingen erfolgen. [2] Der Vertrag bedarf der notariellen Beurkundung.

(3) [1] Steht der Abkömmling unter elterlicher Sorge oder unter Vormundschaft, so ist zu dem Verzicht die Genehmigung des Vormundschaftsgerichts erforderlich. [2] Dies gilt auch für den Verzicht durch den Betreuer des Abkömmlings.

(4) Der Verzicht hat die gleichen Wirkungen, wie wenn der Verzichtende zur Zeit des Verzichts ohne Hinterlassung von Abkömmlingen gestorben wäre.

§ 1492 Aufhebung durch den überlebenden Ehegatten

(1) [1] Der überlebende Ehegatte kann die fortgesetzte Gütergemeinschaft jederzeit aufheben. [2] Die Aufhebung erfolgt durch Erklärung gegenüber dem für den Nachlass des verstorbenen Ehegatten zuständigen Gericht; die Erklärung ist in öffentlich beglaubigter Form abzugeben. [3] Das Nachlassgericht soll die Erklärung den anteilsberechtigten Abkömmlingen und, wenn der überlebende Ehegatte gesetzlicher Vertreter eines der Abkömmlinge ist, dem Vormundschaftsgericht mitteilen.

(2) [1] Die Aufhebung kann auch durch Vertrag zwischen dem überlebenden Ehegatten und den anteilsberechtigten Abkömmlingen erfolgen. [2] Der Vertrag bedarf der notariellen Beurkundung.

(3) [1] Steht der überlebende Ehegatte unter elterlicher Sorge oder unter Vormundschaft, so ist zu der Aufhebung die Genehmigung des Vormundschaftsgerichts erforderlich. [2] Dies gilt auch für die Aufhebung durch den Betreuer des überlebenden Ehegatten.

§ 1493 Wiederverheiratung oder Begründung einer Lebenspartnerschaft des überlebenden Ehegatten

(1) Die fortgesetzte Gütergemeinschaft endet, wenn der überlebende Ehegatte wieder heiratet oder eine Lebenspartnerschaft begründet.

(2) [1]Der überlebende Ehegatte hat, wenn ein anteilsberechtigter Abkömmling minderjährig ist, die Absicht der Wiederverheiratung dem Vormundschaftsgericht anzuzeigen, ein Verzeichnis des Gesamtguts einzureichen, die Gütergemeinschaft aufzuheben und die Auseinandersetzung herbeizuführen. [2]Dies gilt auch, wenn die Sorge für das Vermögen eines anteilsberechtigten Abkömmlings zum Aufgabenkreis eines Betreuers gehört. [3]Das Vormundschaftsgericht kann gestatten, dass die Aufhebung der Gütergemeinschaft bis zur Eheschließung unterbleibt und dass die Auseinandersetzung erst später erfolgt.

§ 1494 Tod des überlebenden Ehegatten

(1) Die fortgesetzte Gütergemeinschaft endet mit dem Tode des überlebenden Ehegatten.

(2) Wird der überlebende Ehegatte für tot erklärt oder wird seine Todeszeit nach den Vorschriften des Verschollenheitsgesetzes festgestellt, so endet die fortgesetzte Gütergemeinschaft mit dem Zeitpunkt, der als Zeitpunkt des Todes gilt.

§ 1495 Aufhebungsklage eines Abkömmlings

Ein anteilsberechtigter Abkömmling kann gegen den überlebenden Ehegatten auf Aufhebung der fortgesetzten Gütergemeinschaft klagen,
1. wenn seine Rechte für die Zukunft dadurch erheblich gefährdet werden können, dass der überlebende Ehegatte zur Verwaltung des Gesamtguts unfähig ist oder sein Recht, das Gesamtgut zu verwalten, missbraucht,
2. wenn der überlebende Ehegatte seine Verpflichtung, dem Abkömmling Unterhalt zu gewähren, verletzt hat und für die Zukunft eine erhebliche Gefährdung des Unterhalts zu besorgen ist,
3. wenn die Verwaltung des Gesamtguts in den Aufgabenkreis des Betreuers des überlebenden Ehegatten fällt,
4. wenn der überlebende Ehegatte die elterliche Sorge für den Abkömmling verwirkt hat oder, falls sie ihm zugestanden hätte, verwirkt haben würde.

§ 1496 Wirkung des Aufhebungsurteils

[1]Die Aufhebung der fortgesetzten Gütergemeinschaft tritt in den Fällen des § 1495 mit der Rechtskraft des Urteils ein. [2]Sie tritt für alle Abkömmlinge ein, auch wenn das Urteil auf die Klage eines der Abkömmlinge ergangen ist.

§ 1497 Rechtsverhältnis bis zur Auseinandersetzung

(1) Nach der Beendigung der fortgesetzten Gütergemeinschaft setzen sich der überlebende Ehegatte und die Abkömmlinge über das Gesamtgut auseinander.

(2) Bis zur Auseinandersetzung bestimmt sich ihr Rechtsverhältnis am Gesamtgut nach den §§ 1419, 1472, 1473.

Titel 6. Eheliches Güterrecht §§ 1498–1502

§ 1498 Durchführung der Auseinandersetzung

¹Auf die Auseinandersetzung sind die Vorschriften der §§ 1475, 1476, des § 1477 Abs. 1, der §§ 1479, 1480 und des § 1481 Abs. 1, 3 anzuwenden; an die Stelle des Ehegatten, der das Gesamtgut allein verwaltet hat, tritt der überlebende Ehegatte, an die Stelle des anderen Ehegatten treten die anteilsberechtigten Abkömmlinge. ²Die in § 1476 Abs. 2 Satz 2 bezeichnete Verpflichtung besteht nur für den überlebenden Ehegatten.

§ 1499 Verbindlichkeiten zu Lasten des überlebenden Ehegatten

Bei der Auseinandersetzung fallen dem überlebenden Ehegatten zur Last:
1. die ihm bei dem Eintritt der fortgesetzten Gütergemeinschaft obliegenden Gesamtgutsverbindlichkeiten, für die das eheliche Gesamtgut nicht haftete oder die im Verhältnisse der Ehegatten zueinander ihm zur Last fielen;
2. die nach dem Eintritt der fortgesetzten Gütergemeinschaft entstandenen Gesamtgutsverbindlichkeiten, die, wenn sie während der ehelichen Gütergemeinschaft in seiner Person entstanden wären, im Verhältnisse der Ehegatten zueinander ihm zur Last gefallen sein würden;
3. eine Ausstattung, die er einem anteilsberechtigten Abkömmling über das dem Gesamtgut entsprechende Maß hinaus oder die er einem nicht anteilsberechtigten Abkömmlinge versprochen oder gewährt hat.

§ 1500 Verbindlichkeiten zu Lasten der Abkömmlinge

(1) Die anteilsberechtigten Abkömmlinge müssen sich Verbindlichkeiten des verstorbenen Ehegatten, die diesem im Verhältnis der Ehegatten zueinander zur Last fielen, bei der Auseinandersetzung auf ihren Anteil insoweit anrechnen lassen, als der überlebende Ehegatte nicht von dem Erben des verstorbenen Ehegatten Deckung hat erlangen können.

(2) In gleicher Weise haben sich die anteilsberechtigten Abkömmlinge anrechnen zu lassen, was der verstorbene Ehegatte zu dem Gesamtgut zu ersetzen hatte.

§ 1501 Anrechnung von Abfindungen

(1) Ist einem anteilsberechtigten Abkömmling für den Verzicht auf seinen Anteil eine Abfindung aus dem Gesamtgut gewährt worden, so wird sie bei der Auseinandersetzung in das Gesamtgut eingerechnet und auf die den Abkömmlingen gebührende Hälfte angerechnet.

(2) ¹Der überlebende Ehegatte kann mit den übrigen anteilsberechtigten Abkömmlingen schon vor der Aufhebung der fortgesetzten Gütergemeinschaft eine abweichende Vereinbarung treffen. ²Die Vereinbarung bedarf der notariellen Beurkundung; sie ist auch denjenigen Abkömmlingen gegenüber wirksam, welche erst später in die fortgesetzte Gütergemeinschaft eintreten.

§ 1502 Übernahmerecht des überlebenden Ehegatten

(1) ¹Der überlebende Ehegatte ist berechtigt, das Gesamtgut oder einzelne dazu gehörende Gegenstände gegen Ersatz des Wertes zu übernehmen. ²Das Recht geht nicht auf den Erben über.

(2) ¹Wird die fortgesetzte Gütergemeinschaft auf Grund des § 1495 durch Urteil aufgehoben, so steht dem überlebenden Ehegatten das im

Absatz 1 bestimmte Recht nicht zu. ²Die anteilsberechtigten Abkömmlinge können in diesem Falle diejenigen Gegenstände gegen Ersatz des Wertes übernehmen, welche der verstorbene Ehegatte nach § 1477 Abs. 2 zu übernehmen berechtigt sein würde. ³Das Recht kann von ihnen nur gemeinschaftlich ausgeübt werden.

§ 1503 Teilung unter den Abkömmlingen

(1) Mehrere anteilsberechtigte Abkömmlinge teilen die ihnen zufallende Hälfte des Gesamtguts nach dem Verhältnisse der Anteile, zu denen sie im Falle der gesetzlichen Erbfolge als Erben des verstorbenen Ehegatten berufen sein würden, wenn dieser erst zur Zeit der Beendigung der fortgesetzten Gütergemeinschaft gestorben wäre.

(2) Das Vorempfangene kommt nach den für die Ausgleichung unter Abkömmlingen geltenden Vorschriften zur Ausgleichung, soweit nicht eine solche bereits bei der Teilung des Nachlasses des verstorbenen Ehegatten erfolgt ist.

(3) Ist einem Abkömmling, der auf seinen Anteil verzichtet hat, eine Abfindung aus dem Gesamtgut gewährt worden, so fällt sie den Abkömmlingen zur Last, denen der Verzicht zustatten kommt.

§ 1504 Haftungsausgleich unter Abkömmlingen

¹Soweit die anteilsberechtigten Abkömmlinge nach § 1480 den Gesamtgutsgläubigern haften, sind sie im Verhältnis zueinander nach der Größe ihres Anteils an dem Gesamtgut verpflichtet. ²Die Verpflichtung beschränkt sich auf die ihnen zugeteilten Gegenstände; die für die Haftung des Erben geltenden Vorschriften der §§ 1990, 1991 finden entsprechende Anwendung.

§ 1505 Ergänzung des Anteils des Abkömmlings

Die Vorschriften über das Recht auf Ergänzung des Pflichtteils finden zugunsten eines anteilsberechtigten Abkömmlings entsprechende Anwendung; an die Stelle des Erbfalls tritt die Beendigung der fortgesetzten Gütergemeinschaft, als gesetzlicher Erbteil gilt der dem Abkömmling zur Zeit der Beendigung gebührende Anteil an dem Gesamtgut, als Pflichtteil gilt die Hälfte des Wertes dieses Anteils.

§ 1506 Anteilsunwürdigkeit

¹Ist ein gemeinschaftlicher Abkömmling erbunwürdig, so ist er auch des Anteils an dem Gesamtgut unwürdig. ²Die Vorschriften über die Erbunwürdigkeit finden entsprechende Anwendung.

§ 1507 Zeugnis über Fortsetzung der Gütergemeinschaft

¹Das Nachlassgericht hat dem überlebenden Ehegatten auf Antrag ein Zeugnis über die Fortsetzung der Gütergemeinschaft zu erteilen. ²Die Vorschriften über den Erbschein finden entsprechende Anwendung.

§ 1508 *(weggefallen)*

Titel 6. Eheliches Güterrecht §§ 1509–1513

§ 1509 Ausschließung der fortgesetzten Gütergemeinschaft durch letztwillige Verfügung

¹Jeder Ehegatte kann für den Fall, dass die Ehe durch seinen Tod aufgelöst wird, die Fortsetzung der Gütergemeinschaft durch letztwillige Verfügung ausschließen, wenn er berechtigt ist, dem anderen Ehegatten den Pflichtteil zu entziehen oder auf Aufhebung der Gütergemeinschaft zu klagen. ²Das Gleiche gilt, wenn der Ehegatte berechtigt ist, die Aufhebung der Ehe zu beantragen, und den Antrag gestellt hat. ³Auf die Ausschließung finden die Vorschriften über die Entziehung des Pflichtteils entsprechende Anwendung.

§ 1510 Wirkung der Ausschließung

Wird die Fortsetzung der Gütergemeinschaft ausgeschlossen, so gilt das Gleiche wie im Falle des § 1482.

§ 1511 Ausschließung eines Abkömmlings

(1) Jeder Ehegatte kann für den Fall, dass die Ehe durch seinen Tod aufgelöst wird, einen gemeinschaftlichen Abkömmling von der fortgesetzten Gütergemeinschaft durch letztwillige Verfügung ausschließen.

(2) ¹Der ausgeschlossene Abkömmling kann, unbeschadet seines Erbrechts, aus dem Gesamtgut der fortgesetzten Gütergemeinschaft die Zahlung des Betrags verlangen, der ihm von dem Gesamtgut der ehelichen Gütergemeinschaft als Pflichtteil gebühren würde, wenn die fortgesetzte Gütergemeinschaft nicht eingetreten wäre. ²Die für den Pflichtteilsanspruch geltenden Vorschriften finden entsprechende Anwendung.

(3) ¹Der dem ausgeschlossenen Abkömmlinge gezahlte Betrag wird bei der Auseinandersetzung den anteilsberechtigten Abkömmlingen nach Maßgabe des § 1500 angerechnet. ²Im Verhältnisse der Abkömmlinge zueinander fällt er den Abkömmlingen zur Last, denen die Ausschließung zustatten kommt.

§ 1512 Herabsetzung des Anteils

Jeder Ehegatte kann für den Fall, dass mit seinem Tode die fortgesetzte Gütergemeinschaft eintritt, den einem anteilsberechtigten Abkömmlinge nach der Beendigung der fortgesetzten Gütergemeinschaft gebührenden Anteil an dem Gesamtgut durch letztwillige Verfügung bis auf die Hälfte herabsetzen.

§ 1513 Entziehung des Anteils

(1) ¹Jeder Ehegatte kann für den Fall, dass mit seinem Tode die fortgesetzte Gütergemeinschaft eintritt, einem anteilsberechtigten Abkömmling den diesem nach der Beendigung der fortgesetzten Gütergemeinschaft gebührenden Anteil an dem Gesamtgut durch letztwillige Verfügung entziehen, wenn er berechtigt ist, dem Abkömmling den Pflichtteil zu entziehen. ²Die Vorschriften des § 2336 Abs. 2 bis 4 finden entsprechende Anwendung.

(2) Der Ehegatte kann, wenn er nach § 2338 berechtigt ist, das Pflichtteilsrecht des Abkömmlinges zu beschränken, den Anteil des Abkömmlings am Gesamtgut einer entsprechenden Beschränkung unterwerfen.

§ 1514 Zuwendung des entzogenen Betrags

Jeder Ehegatte kann den Betrag, den er nach § 1512 oder nach § 1513 Abs. 1 einem Abkömmling entzieht, auch einem Dritten durch letztwillige Verfügung zuwenden.

§ 1515 Übernahmerecht eines Abkömmlings und des Ehegatten

(1) Jeder Ehegatte kann für den Fall, dass mit seinem Tode die fortgesetzte Gütergemeinschaft eintritt, durch letztwillige Verfügung anordnen, dass ein anteilsberechtigter Abkömmling das Recht haben soll, bei der Teilung das Gesamtgut oder einzelne dazu gehörende Gegenstände gegen Ersatz des Wertes zu übernehmen.

(2) [1] Gehört zu dem Gesamtgut ein Landgut, so kann angeordnet werden, dass das Landgut mit dem Ertragswert oder mit einem Preis, der den Ertragswert mindestens erreicht, angesetzt werden soll. [2] Die für die Erbfolge geltende Vorschrift des § 2049 finden Anwendung.

(3) Das Recht, das Landgut zu dem in Absatz 2 bezeichneten Werte oder Preis zu übernehmen, kann auch dem überlebenden Ehegatten eingeräumt werden.

§ 1516 Zustimmung des anderen Ehegatten

(1) Zur Wirksamkeit der in den §§ 1511 bis 1515 bezeichneten Verfügungen eines Ehegatten ist die Zustimmung des anderen Ehegatten erforderlich.

(2) [1] Die Zustimmung kann nicht durch einen Vertreter erteilt werden. [2] Ist der Ehegatte in der Geschäftsfähigkeit beschränkt, so ist die Zustimmung seines gesetzlichen Vertreters nicht erforderlich. [3] Die Zustimmungserklärung bedarf der notariellen Beurkundung. [4] Die Zustimmung ist unwiderruflich.

(3) Die Ehegatten können die in den §§ 1511 bis 1515 bezeichneten Verfügungen auch in einem gemeinschaftlichen Testament treffen.

§ 1517 Verzicht eines Abkömmlings auf seinen Anteil

(1) [1] Zur Wirksamkeit eines Vertrags, durch den ein gemeinschaftlicher Abkömmling einem der Ehegatten gegenüber für den Fall, dass die Ehe durch dessen Tod aufgelöst wird, auf seinen Anteil am Gesamtgut der fortgesetzten Gütergemeinschaft verzichtet oder durch den ein solcher Verzicht aufgehoben wird, ist die Zustimmung des anderen Ehegatten erforderlich. [2] Für die Zustimmung gilt die Vorschrift des § 1516 Abs. 2 Satz 3, 4.

(2) Die für den Erbverzicht geltenden Vorschriften finden entsprechende Anwendung.

§ 1518 Zwingendes Recht

[1] Anordnungen, die mit den Vorschriften der §§ 1483 bis 1517 in Widerspruch stehen, können von den Ehegatten weder durch letztwillige Verfügung noch durch Vertrag getroffen werden. [2] Das Recht der Ehegatten, den Vertrag, durch den sie die Fortsetzung der Gütergemeinschaft vereinbart haben, durch Ehevertrag aufzuheben, bleibt unberührt.

§§ 1519 bis 1557 *(weggefallen)*

Untertitel 3. Güterrechtsregister

Vorbemerkungen

1. Funktion des Güterrechtsregisters. Verlautbarung bestimmter güterrechtlicher Verhältnisse, die Zuordnung von Vermögen, Verwaltungsbefugnissen und Haftung der Ehegatten betreffen und deshalb für den Rechtsverkehr von Bedeutung sind (s zum Ehevertrag § 1412 und dort Rn 1). 1

2. Wirkung der Eintragung oder Nichteintragung s § 1412 Rn 4 ff. 2

3. Eintragungsfähig sind nicht nur güterrechtliche Verhältnisse, die die Rechtsstellung Dritter unmittelbar berühren können (deutscher Vertragsgüterstand oder Güterstand aufgrund ausländischen Güterrechts), sondern auch solche, deren Offenlegung wegen ihrer Abweichung vom als Normalfall der vermögensrechtlichen Ordnung der Ehe (Zugewinngemeinschaft, § 1357) oder Änderung einer eingetragenen Regelung im Interesse der Ehegatten oder Dritter liegt (BGH 66, 205 mwN; sa § 1412 Rn 2 f), also zB der Ausschluß des ges Güterstandes (so BGH 66, 203 mwN; auch als Folge des Ausschlusses von Zugewinn- oder Versorgungsausgleich oder Befreiung von der Vinkulierung nach §§ 1365 ff; s ferner §§ 1357 II, 1412, 1418 IV, 1431 III, 1449 II, 1456 III, 1470 II. Den Umfang der Eintragung bestimmen die Parteien, § 1560 S 1; sie können ihren Antrag also auf bestimmte Teile eines Ehevertrags beschränken. Die Fassung der Eintragung bestimmt dagegen das Registergericht, das an den Wortlaut des Antrags nicht gebunden ist. Einzutragen ist auch der Rechtsgrund der güterrechtlichen Änderung, also Ehevertrag oder Aufhebungsurteil. 3 4

4. Nicht eintragungsfähig ist der Eintritt der fortgesetzten Gütergemeinschaft und ihre Ausschließung. 5

5. Eintragungszwang besteht nicht (s §§ 1560, 1561 Rn 1). 6

§ 1558 Zuständiges Registergericht

(1) **Die Eintragungen in das Güterrechtsregister sind bei jedem Amtsgericht zu bewirken, in dessen Bezirk auch nur einer der Ehegatten seinen gewöhnlichen Aufenthalt hat.**

(2) **Durch Anordnung der Landesjustizverwaltung kann die Führung des Registers für mehrere Amtsgerichtsbezirke einem Amtsgericht übertragen werden.**

§ 1559 Verlegung des gewöhnlichen Aufenthalts

¹**Verlegt ein Ehegatte nach der Eintragung seinen gewöhnlichen Aufenthalt in einen anderen Bezirk, so muss die Eintragung im Register dieses Bezirks wiederholt werden.** ²**Die frühere Eintragung gilt als von neuem erfolgt, wenn ein Ehegatte den gewöhnlichen Aufenthalt in den früheren Bezirk zurückverlegt.**

Anmerkungen zu den §§ 1558, 1559

1. Allgemeines. IPRNG hat gleichberechtigungsgemäße Anknüpfung der Zuständigkeit gebracht; Mehrfacheintragung möglich. 1

2. Bei Kaufmannseigenschaft eines Ehegatten ist auch am Ort der Handelsniederlassung einzutragen, s EGHGB 4 I, Verlegung der Niederlassung s EGHGB 4 II. 2

3. Bei Maßgeblichkeit ausländischen Güterrechts s EGBGB 16. 3

4. Zuständig ist Rechtspfleger, s RPflG 3 Nr 1 e. 4

§§ 1560–1562 Buch 4. Abschnitt 1. Bürgerliche Ehe

5   5. **Verlegung** des Aufenthalts s § 1559 S 1, Eintragung am alten Aufenthalt muß nicht gelöscht werden, arg S 2. Für Löschungen, zB wegen Aufhebung der Gütertrennung, bleibt das alte Registergericht zuständig, Hamburg MDR 75, 492.

§ 1560 Antrag auf Eintragung

¹Eine Eintragung in das Register soll nur auf Antrag und nur insoweit erfolgen, als sie beantragt ist. ²Der Antrag ist in öffentlich beglaubigter Form zu stellen.

§ 1561 Antragserfordernisse

(1) Zur Eintragung ist der Antrag beider Ehegatten erforderlich; jeder Ehegatte ist dem anderen gegenüber zur Mitwirkung verpflichtet.

(2) Der Antrag eines Ehegatten genügt

1. zur Eintragung eines Ehevertrags oder einer auf gerichtlicher Entscheidung beruhenden Änderung der güterrechtlichen Verhältnisse der Ehegatten, wenn mit dem Antrag der Ehevertrag oder die mit dem Zeugnis der Rechtskraft versehene Entscheidung vorgelegt wird;
2. zur Wiederholung einer Eintragung in das Register eines anderen Bezirks, wenn mit dem Antrag eine nach der Aufhebung des bisherigen Wohnsitzes erteilte, öffentlich beglaubigte Abschrift der früheren Eintragung vorgelegt wird;
3. zur Eintragung des Einspruchs gegen den selbständigen Betrieb eines Erwerbsgeschäfts durch den anderen Ehegatten und zur Eintragung des Widerrufs der Einwilligung, wenn die Ehegatten in Gütergemeinschaft leben und der Ehegatte, der den Antrag stellt, das Gesamtgut allein oder mit dem anderen Ehegatten gemeinschaftlich verwaltet;
4. zur Eintragung der Beschränkung oder Ausschließung der Berechtigung des anderen Ehegatten, Geschäfte mit Wirkung für den Antragsteller zu besorgen (§ 1357 Abs. 2).

Anmerkungen zu den §§ 1560, 1561

1   1. **Allgemeines.** Eintragungen von Amts wegen sind nicht möglich. Verpflichtung zur Beantragung einer Eintragung besteht für die Ehegatten nicht, jedoch gegenseitige Mitwirkungspflicht, s § 1561 I; für die wichtigsten Eintragungsfälle sieht § 1561 II Nr 1–4 selbständige Antragsrechte für jeden Ehegatten vor.

2   2. **Form des Antrags.** § 1560 S 2. Der Antrag kann im Ehevertrag mit beurkundet werden, s § 129 II. Form der Eintragung: FGG 161, 130.

3   3. **Prüfung** durch den Rechtspfleger (s §§ 1558, 1559 Rn 4) erstreckt sich auf Zuständigkeit, formelle Voraussetzungen des Antrags, Eheschließung der Parteien und inhaltliche Zulässigkeit. Unklare oder widersprüchliche Eintragungen können abgelehnt werden. Eintragung trotz Antragsmängel ist nicht unwirksam, aber von Amts wegen zu löschen, FGG 161, 142, 143.

4   4. **Umfang der Eintragung** s Rn 3 f vor §§ 1558–1563.

5   5. **Rechtsmittel** gegen Ablehnung: Erinnerung, RPflG 11; Beschwerde, FGG 19, 20 II.

6   6. **Kosten:** KostO 29, 81, 86.

7   7. **Benachrichtigung:** FGG 161, 130 II.

§ 1562 Öffentliche Bekanntmachung

(1) Das Amtsgericht hat die Eintragung durch das für seine Bekanntmachungen bestimmte Blatt zu veröffentlichen.

Titel 7. Scheidung der Ehe **§ 1563, Vor § 1564**

(2) **Wird eine Änderung des Güterstands eingetragen, so hat sich die Bekanntmachung auf die Bezeichnung des Güterstands und, wenn dieser abweichend von dem Gesetz geregelt ist, auf eine allgemeine Bezeichnung der Abweichung zu beschränken.**

1. Öffentl Bekanntmachung unabhängig vom Eintragungsgrund, also auch bei Änderung durch Urteil oder kraft Ges. Bei Wiederaufleben einer alten Eintragung nach § 1559 S 2 Neuveröffentlichung erforderlich (SoeGaul 1; str). **1**

§ 1563 Registereinsicht

[1] **Die Einsicht des Registers ist jedem gestattet.** [2] **Von den Eintragungen kann eine Abschrift gefordert werden; die Abschrift ist auf Verlangen zu beglaubigen.**

1. Für das Güterrechtsregister besteht keine Einschränkung des Einsichtsrechts durch vorausgesetztes rechtliches oder berechtigtes Interesse (vgl dagegen GBO 12 I und FGG 34). Abschriften, auch beglaubigte, können nach S 2 jederzeit verlangt werden; amtliche Zeugnisse über Eintragungen sind dagegen nur aufgrund bes ges Vorschriften zu erteilen, zB GBO 33, 34. **1**

Titel 7. Scheidung der Ehe

Einführung

Lit: Bergerfurth, Der Ehescheidungsprozeß, 13. Aufl 2002; Johannsen/Henrich, Eherecht, 3. Aufl 1998; Schwab, Handbuch des Scheidungsrechts, 4. Aufl 2000.

1. **Allgemeines. Scheidung** ist Auflösung der gescheiterten (§ 1565) Ehe durch gerichtliches Urteil (§ 1564). Die Voraussetzungen (und die Rechtsfolgen) der Scheidung wurden durch das 1. EheRG mit Wirkung zum 1. 1. 1977 (auch für zuvor geschlossene Ehen) formal vom EheG zurück in das BGB übertragen und inhaltlich durch den Übergang vom Verschuldens- zum reinen Zerrüttungsprinzip neu geregelt. GG 6 I stand dem nicht entgegen (BVerfG 53, 253). Zur Geschichte des Ehescheidungsrechts MK/Wolf vor §§ 1564 ff Rn 7. **1**

2. **Rechtsfolgen** der Scheidung ua: Namen (§ 1355 V); Zugewinnausgleich (§§ 1372 ff); Unterhalt (§§ 1569 ff); Versorgungsausgleich (§§ 1587 ff); Hausrat und Ehewohnung s HausratsVO; Eintragung im Familienbuch (PStG 14 I Nr 2). Elterliche Sorge (§ 1671) und Umgang (§ 1684) knüpfen bereits an Getrenntleben an. **2**

3. Das **Scheidungsverfahren** bestimmt sich nach ZPO 606 ff (Ehesachen) und ZPO 622 ff (Scheidungssachen). Zuständig ist das FamG (GVG 23 a Nr 4, 23 b I 2 Nr 1; ZPO 606). Internationale Zuständigkeit: ZPO 606 a; EG-EheVO 2; Verfahren: ZPO 608, 624 III. Besonderheiten: Es herrscht Anwaltszwang (ZPO 78 II 1 Nr 1); Verfahrenseinleitung durch Antrag, nicht durch Klageschrift (ZPO 622); ZPO 630 I wirkt wie materiellrechtliche Scheidungsvoraussetzungen; es gilt der (allerdings beschränkte) Untersuchungsgrundsatz (ZPO 616); Gericht kann einstweilige Anordnungen erlassen (ZPO 620 ff); Verbindung von Scheidungsverfahren und Folgesachen im Verbundverfahren (ZPO 623) mit uU einheitlicher Entscheidung (ZPO 629 I); Kosten s ZPO 93 a. **3**

4. **IPR** EGBGB 17. **Lit:** Henrich, Internationales Scheidungsrecht, 1998. **4**

Untertitel 1. Scheidungsgründe

Vorbemerkungen

1. Einziger **Scheidungsgrund** ist das **Scheitern der Ehe** (§ 1565 I 1). Jedoch kommen bei der Beurteilung eines Scheidungsantrags aufgrund der differenzierten **1**

Beweisanforderungen für das Scheitern vier Situationen in Betracht; dabei erlangt die Dauer des „Getrenntlebens" der Ehegatten ausschlaggebende Bedeutung:

2 **a)** Leben die Ehegatten noch nicht ein Jahr getrennt, kann die Ehe nach § 1565 I iVm § 1565 II geschieden werden, falls (1) ihr Scheitern bewiesen ist, (2) ihre Fortsetzung für den Antragsteller aus Gründen in der Person des anderen Ehegatten eine unzumutbare Härte darstellen würde und (3) Härteklauseln des § 1568 nicht
3 entgegenstehen. **b)** Leben die Ehegatten mindestens ein Jahr getrennt und sind sie sich über die Scheidung einig, so kann die Ehe auf der Grundlage der Vermutung des § 1566 I geschieden werden, sofern nicht im Kindesinteresse die Härteklausel
4 des § 1568 I Fall 1 entgegensteht. **c)** Leben die Ehegatten mindestens ein Jahr getrennt, sind sich über die Scheidung aber nicht einig, so kann die Ehe aufgrund § 1565 I geschieden werden, ohne daß eine unzumutbare Härte iSv § 1565 II
5 vorliegen muß, sofern nicht eine Härteklausel des § 1568 I eingreift. **d)** Leben die Ehegatten seit mindestens drei Jahren getrennt, so kann die Ehe aufgrund der Vermutung des **§ 1566 II** geschieden werden, soweit nicht § 1568 I entgegensteht.

6 2. Ein **vertraglicher Ausschluß** der Scheidung oder die Modifikation ihrer Voraussetzungen etwa durch eheverträgliche Begründung des Schuldprinzips sind nach § 134 nichtig. Auf ein bereits entstandenes Scheidungsrecht kann verzichtet werden (BGH 97, 304). Die Vereinbarung einer Abstandssumme für den Fall eines Scheidungsantrags ist nicht grundsätzlich sittenwidrig (BGH NJW 90, 704; s aber Oldenburg FamRZ 94, 1455).

§ 1564 Scheidung durch Urteil

¹**Eine Ehe kann nur durch gerichtliches Urteil auf Antrag eines oder beider Ehegatten geschieden werden.** ²**Die Ehe ist mit der Rechtskraft des Urteils aufgelöst.** ³**Die Voraussetzungen, unter denen die Scheidung begehrt werden kann, ergeben sich aus den folgenden Vorschriften.**

1 1. **Allgemeines.** Regelung der formellen (S 1 und 2) und materiellen (S 3) **Voraussetzungen der Ehescheidung.**

2 2. Ehescheidung erfolgt nur auf **Antrag**; keine Scheidung („von Amts wegen") gegen den Willen beider Ehegatten.

3 3. Scheidung setzt ein **gerichtliches Gestaltungsurteil** voraus. Das gilt auch für eine „Scheinehe" (Karlsruhe FamRZ 86, 681). Scheidung durch RGeschäft („Privatscheidung"), Verwaltungsakt (zB eines Notars oder Standesbeamten) oder Spruch einer religiösen Instanz findet nicht statt. Scheidungsurteil auch erforderlich, wenn eine Ehe im Ausland nach deutschem Sachrecht geschieden wird (BGH FamRZ 90, 607).

4 4. Scheidung der Ehe erfolgt mit Eintritt der **formellen Rechtskraft** (ZPO 705) des Scheidungsurteils mit Wirkung für die Zukunft. Auch ein fehlerhaftes oder durch falsche Angaben erschlichenes Urteil löst die Ehe auf. Schadensersatzansprüche nur unter den Voraussetzungen des § 826 möglich.

5 5. Verweisung in S 3 auf §§ 1565–1568 regelt (abschließend) die Gründe für die Ehescheidung.

§ 1565 Scheitern der Ehe

(1) ¹**Eine Ehe kann geschieden werden, wenn sie gescheitert ist.** ²**Die Ehe ist gescheitert, wenn die Lebensgemeinschaft der Ehegatten nicht mehr besteht und nicht erwartet werden kann, dass die Ehegatten sie wiederherstellen.**

(2) Leben die Ehegatten noch nicht ein Jahr getrennt, so kann die Ehe nur geschieden werden, wenn die Fortsetzung der Ehe für den Antragsteller aus Gründen, die in der Person des anderen Ehegatten liegen, eine unzumutbare Härte darstellen würde.

Titel 7. Scheidung der Ehe **§ 1565**

1. Allgemeines. Überblick über Scheidungsvoraussetzungen s Rn 1 vor § 1564. **a)** I 1 bestimmt „Scheitern der Ehe" als alleinigen Scheidungsgrund („Zerrüttungsprinzip"). I 2 definiert die Voraussetzungen des Scheiterns. II errichtet Scheidungshindernis, wenn die Ehegatten noch nicht ein Jahr getrennt leben. **b)** „Kann" begründet kein Ermessen; liegen die Voraussetzungen der Scheidung vor, muß geschieden werden.

2. Scheitern der Ehe. a) Nach I 2 ist erforderlich eine Analyse des Zustands der Ehe und eine Prognose der Entwicklung. **aa)** Die **eheliche Lebensgemeinschaft** besteht **nicht** mehr, wenn mindestens ein Ehegatte die ehelichen Beziehungen abgebrochen und die eheliche Gesinnung verloren hat. Dabei kommt es nicht auf ein ges festgeschriebenes Wesen der Ehe an. Maßgebend ist die Ausgestaltung der konkreten Lebensgemeinschaft nach den Vorstellungen der Ehegatten. Der Begriff „Lebensgemeinschaft" ist weiter als häusliche Gemeinschaft iSv § 1567 I. Aufhebung der häuslichen Gemeinschaft führt nicht notwendig zum Aufheben der ehelichen Lebensgemeinschaft, wenngleich die räumliche Trennung ein Indiz dafür ist (BGH NJW 78, 1810). Umgekehrt kann die eheliche Lebensgemeinschaft beendet sein, obgleich die Ehegatten in häuslicher Gemeinschaft leben (BGH FamRZ 80, 127). **bb)** Eine **Wiederherstellung** der ehelichen Lebensgemeinschaft kann **nicht** mehr erwartet werden, wenn dafür jede Aussicht fehlt. Zu fragen ist, ob die Ehekrise überwunden werden kann. Das ist nicht der Fall, wenn einem Ehegatten erkennbar jede Versöhnungsbereitschaft fehlt (PalBrudermüller 3). Die bloße Erklärung des scheidungswilligen Ehegatten genügt dafür nicht. **Indizien** bilden die Dauer des Getrenntlebens (einjährige Trennung begründet jedoch kein weitgehendes Indiz, um § 1566 I [Einverständnis des anderen Ehegatten] nicht zu unterhöhlen), gefestigte Verbindung eines Ehegatten mit einem anderen Partner, kein ehelicher Verkehr, Ehebruch, Abbruch jeder Kommunikation, Mißhandlungen, Alkoholismus. *Nicht* ist die Ehe allein deshalb gescheitert, weil ein Ehegatte infolge Geisteskrankheit jedes Verständnis für die Ehe verloren hat (BGH NJW 02, 671). **cc)** Die Ursachen des Scheiterns spielen keine Rolle; auf Verschulden kommt es nicht an. **dd)** Das Scheitern der Ehe muß **festgestellt** werden. Damit ist bei I der Privat- und Intimbereich der Ehegatten Gegenstand richterlicher Aufklärung. Wollen die Ehegatten dies vermeiden, bleibt einverständliche Scheidung nach Ablauf des Trennungsjahres aufgrund der Vermutung des § 1566 II. Es gilt der eingeschränkte Untersuchungsgrundsatz (ZPO 616 II). Die Beweislast trägt der Antragsteller. Verbleiben Zweifel, darf nicht geschieden werden. Zur Aussetzung des Scheidungsverfahrens bei Aussicht auf Fortsetzung der Ehe s ZPO 614 II.

3. Scheidung ohne einjähriges Getrenntleben. a) Vor Ablauf eines Jahres kann die Ehe gem II nur geschieden werden, wenn ihre Fortsetzung für den Antragsteller aus Gründen *in der Person des anderen Ehegatten* (nicht: in der eigenen Person, zB Kinderlosigkeit, Zweibrücken FamRZ 82, 610) eine **unzumutbare Härte** darstellen würde. Zum Versöhnungsversuch gilt § 1567 II analog (Hamm FamRZ 78, 190). **Zweck:** § 1565 II soll verhindern, daß ein Ehegatte einseitig die Lebensgemeinschaft zerstört und sogleich die Folgen der Scheidung in Anspruch nimmt; ferner wird leichtfertigen, voreiligen und verdeckten einverständlichen Scheidungen entgegengewirkt (BGH NJW 81, 451). II bildet daher ein strenges Scheidungshindernis (vgl KG NJW 80, 1053 [„Scheidungserschwerung"], das nur in Ausnahmefällen überwindbar ist, aber keine unüberwindbare Scheidungssperre begründet (BGH NJW 81, 450). **b) Voraussetzungen.** Die „unzumutbare Härte" bezieht sich nicht auf das tatsächliche eheliche Zusammenleben (dessen Folgen durch Trennung beseitigt werden können), sondern auf die Aufrechterhaltung des Rechtsverhältnisses „Ehe" (BGH NJW 81, 450). Die Aufrechterhaltung des formellen Ehebandes muß für den Antragsteller unerträglich sein. Bloße Härten und trennungstypische Zerwürfnisse genügen nicht. Abgrenzung schwierig. Stets ist eine Gesamtabwägung erforderlich. Öffentlichkeitswirksamkeit kommt besondere Bedeutung zu. Voraussetzung sind schwere Eheverfehlungen, zB Mißhandlungen,

§ 1566 Buch 4. Abschnitt 1. Bürgerliche Ehe

ernsthafte Mordrohungen (Brandenburg FamRZ 01, 1458), Alkoholmißbrauch, feste Lebensgemeinschaft zu einem anderen Partner; *nicht* hingegen schon Nervenkrankheit des anderen Partners (Düsseldorf FamRZ 93, 809), Nichtzahlung von Unterhalt (KG FamRZ 00, 288), Ehebruch (str); bei Schwangerschaft aufgrund Ehebruchs kann der Ehemann zum Ausschluß der Vaterschaftsvermutung des § 1599 II 1 HS 1 (Karlsruhe NJW-RR 00, 1389) und der Härteklausel aus § 1568 I Fall 1 Scheidung begehren. – Beiderseitiger Scheidungsantrag allein läßt II nicht unanwendbar werden, Unzumutbarkeit ist deshalb für jeden Antragsteller

8 zu prüfen (Stuttgart NJW 78, 546). **c)** Legt Antragsteller Voraussetzungen des II nicht schlüssig dar oder werden sie nicht bewiesen, ist der Rechtsstreit entscheidungsreif und der Antrag abzuweisen. Das Verfahren darf nicht verzögert werden, um nach Ablauf des Trennungsjahres ohne Rücksicht auf II die Scheidung aussprechen zu können (vgl BGH FamRZ 97, 347).

§ 1566 Vermutung für das Scheitern

(1) **Es wird unwiderlegbar vermutet, dass die Ehe gescheitert ist, wenn die Ehegatten seit einem Jahr getrennt leben und beide Ehegatten die Scheidung beantragen oder der Antragsgegner der Scheidung zustimmt.**

(2) **Es wird unwiderlegbar vermutet, dass die Ehe gescheitert ist, wenn die Ehegatten seit drei Jahren getrennt leben.**

1 **1. Allgemeines.** Die Vorschrift enthält keine besonderen Scheidungsgründe, sondern Vermutungen für das Scheitern der Ehe, das in § 1565 I als Scheidungsgrund vorgesehen ist. Liegen die Voraussetzungen von I (einjährige Trennung und Einverständnis) oder II (dreijährige Trennung) vor, müssen die das Scheitern begründenden konkreten ehelichen Verhältnisse und die Privat- und Intimsphäre der Ehegatten nicht mehr dargelegt und festgestellt werden. Greift eine Vermutung ein, kann die Scheidung noch nach § 1568 I ausgeschlossen sein, nicht aber gem § 1565 I. Die Vermutungen sind unwiderleglich; ein Beweis des Gegenteils ist nicht statthaft.

2 **2. Einverständliche Scheidung** bei *einjähriger* Trennung (s § 1567) aufgrund der Vermutung des Scheiterns der Ehe gem I. **a) Voraussetzung** ist, daß die Ehegatten den Scheidungsantrag einverständlich stellen oder ein Ehegatte dem Antrag des anderen zustimmt. Die Zustimmung ist eine Willenserklärung, die zu Protokoll der Geschäftsstelle oder in der mündlichen Verhandlung zur Niederschrift des Gerichts zu erklären ist, ZPO 630 II 2; eine Zustimmung in einer Unterhaltsvereinbarung genügt nicht (BGH NJW 95, 1082). Ein Widerruf der Zustimmung ist bis zur letzten mündlichen Verhandlung möglich, ZPO 630 II 1. Mit dem Widerruf entfällt die Grundlage der Vermutung, so daß nur bei nachgewiesener Zerrüttung gem § 1565 I oder nach § 1566 II geschieden werden kann.

3 **b)** Ergänzt wird I durch **ZPO 630** (dazu Jauernig ZPR § 91 IV 1). Die Antragsschrift muß danach zusätzlich enthalten: (1) Mitteilung, der andere Ehegatte werde zustimmen oder seinerseits Scheidung beantragen, (2) übereinstimmende Erklärungen der Ehegatten bzw Antrag zu elterlicher Sorge und Umgang sowie (3) eine Einigung über Ehegatten- und Kindesunterhalt und hinsichtlich der Rechtsverhältnisse an Ehewohnung und Hausrat; insoweit ist nach ZPO 630 III ein vollstreckbarer Titel zu errichten. Nicht erforderlich sind Einigung bzgl des Versorgungsausgleichs und der güterrechtlichen Folgen der Scheidung. Fehlen der Voraussetzungen des ZPO 630 führt nicht zur Unzulässigkeit des Scheidungsantrags, sondern hindert (nur) die Vermutung des § 1566 I, nicht aber eine Scheidung gem § 1565 I 2 (Köln FamRZ 78, 25) oder § 1566 II.

4 **3.** Die **dreijährige Trennung** (§ 1567 I) begründet die unwiderlegbare Vermutung des Scheiterns der Ehe, II. Zustimmung des anderen Ehegatten nicht erforderlich. Maßgeblicher Zeitpunkt ist die letzte Tatsachenverhandlung. Scheidung aufgrund der Vermutung des II steht ggf § 1568 I entgegen.

Titel 7. Scheidung der Ehe **§ 1567**

§ 1567 Getrenntleben

(1) ¹Die Ehegatten leben getrennt, wenn zwischen ihnen keine häusliche Gemeinschaft besteht und ein Ehegatte sie erkennbar nicht herstellen will, weil er die eheliche Lebensgemeinschaft ablehnt. ²Die häusliche Gemeinschaft besteht auch dann nicht mehr, wenn die Ehegatten innerhalb der ehelichen Wohnung getrennt leben.

(2) Ein Zusammenleben über kürzere Zeit, das der Versöhnung der Ehegatten dienen soll, unterbricht oder hemmt die in § 1566 bestimmten Fristen nicht.

1. **Allgemeines.** Das Getrenntleben der Ehegatten ist Basis der Vermutungen in § 1566, ferner Tatbestandsmerkmal der §§ 1361, 1361 a, 1361 b. Getrenntleben erfordert *objektiv* das Nichtbestehen der häuslichen Gemeinschaft und *subjektiv* den durch Ablehnung der ehelichen Lebensgemeinschaft motivierten Willen mindestens eines Ehegatten, die häusliche Gemeinschaft nicht herstellen zu wollen. II soll Versöhnungsversuch erleichtern. – Bedeutung für § 1361 b IV.   **1**

2. a) Die **häusliche Gemeinschaft** besteht **nicht,** wenn ein Ehegatte die eheliche Wohnung endgültig verlassen hat. Gelegentliche Rückkehr, auch vereinzelte Übernachtungen, begründen keine häusliche Gemeinschaft. „Aufhebung" einer (bestehenden) häuslichen Gemeinschaft ist nicht erforderlich; Getrenntleben kann daher auch vorliegen, wenn die Ehegatten niemals zusammen lebten (KG NJW 82, 112 [Scheinehe]). Das Getrenntleben beginnt dann nicht schon mit der Eheschließung, sondern mit der „Aufsage", die auch konkludent erfolgen kann (KG NJW 82, 112 [Scheidungsantrag]). b) Nach I 2 können die Ehegatten auch **innerhalb derselben Wohnung** getrennt leben. Damit soll Ehegatten, die eine zweite Wohnung nicht finanzieren können, die Trennung ermöglicht werden. Voraussetzung ist der Abbruch des persönlichen Kontakts der Ehegatten. Bloße Einschränkung der häuslichen Gemeinschaft genügt nicht (München FamRZ 01, 1457 [keine Raumaufteilung]). Verbleibende Gemeinsamkeiten müssen sich auf ein räumliches Nebeneinander ohne persönliche Beziehung und geistige Gemeinsamkeiten beschränken (BGH NJW 78, 1810 [gelegentliche gemeinsame Küchennutzung]). Auch ein im Interesse gemeinsamer Kinder gepflegter Kontakt schließt Getrenntleben nicht aus (Köln NJW 87, 1561 [gemeinsamer sonntäglicher Mittagstisch]). Ein gemeinsames Schlafzimmer beläßt jedoch die häusliche Gemeinschaft, unabhängig davon, wie sich der Kontakt im einzelnen gestaltet (Hamm FamRZ 99, 723). Tatsachen, die gegen das Getrenntleben sprechen, sind von Amts wegen zu berücksichtigen, ZPO 616 II.   **2**, **3**

3. **Subjektiv** ist gem I 1 erforderlich, daß ein Ehegatte die Lebensgemeinschaft nicht herstellen will, weil er sie ablehnt. Erzwungene oder nicht aus ehefeindlichen Motiven erfolgte Trennungen führen nicht zum Getrenntleben. *Bsp:* Berufsbedingte oder durch Mangel an Wohnraum bewirkte Trennung, Strafhaft (Bamberg FamRZ 81, 52), Aufnahme in Pflegeheim wegen Demenz (BGH NJW 89, 1988). Die Weigerung muß deutlich erkennbar und ernsthaft sein. Bei zunächst aus anderen als ehefeindlichen Gründen erfolgter Trennung kommt der Erkennbarkeit ausschlaggebende Bedeutung zu. Ein natürlicher Wille ist maßgeblich, Geschäftsfähigkeit nicht erforderlich (BGH NJW 89, 1989).   **4**

4. a) Einem **Versöhnungsversuch** dienendes kurzzeitiges Zusammenleben unterbricht oder hemmt die Fristen des § 1566 nicht, II. Zusammenleben ist einverständliche voll oder eingeschränkte (Wieder-)Aufnahme der häuslichen Gemeinschaft. Einseitige, nicht erwiderte Annäherungsversuche sind unerheblich. Keine Unterbrechung auch, wenn Zusammenleben anderen Zwecken dient, etwa anläßlich eines Besuchs bei den gemeinsamen Kindern. b) Kürzere Wiederherstellung: Obergrenze drei (Hamm NJW-RR 86, 554; Düsseldorf FamRZ 95, 96) bis vier (Köln FamRZ 82, 1015) Monate. c) Führt Versöhnungsversuch zur Aussöhnung unter den Ehegatten, wird die Frist unterbrochen. Einmaliger Geschlechtsverkehr   **5**, **6**

§ 1568 Buch 4. Abschnitt 1. Bürgerliche Ehe

kein ausreichendes Indiz (Hamm FamRZ 96, 804); wohl aber Einzug in die eheliche Wohnung einschließlich polizeilicher Meldung und Ummeldung des Telefonanschlusses (München FamRZ 90, 885), Rücknahme des Scheidungsantrags.

§ 1568 Härteklausel

(1) **Die Ehe soll nicht geschieden werden, obwohl sie gescheitert ist, wenn und solange die Aufrechterhaltung der Ehe im Interesse der aus der Ehe hervorgegangenen minderjährigen Kinder aus besonderen Gründen ausnahmsweise notwendig ist oder wenn und solange die Scheidung für den Antragsgegner, der sie ablehnt, auf Grund außergewöhnlicher Umstände eine so schwere Härte darstellen würde, dass die Aufrechterhaltung der Ehe auch unter Berücksichtigung der Belange des Antragstellers ausnahmsweise geboten erscheint.**

(2) *(weggefallen)*

1 **1. Allgemeines. a)** Der (verfassungsrechtlich unbedenkliche, BVerfG NJW 01, 2874) § 1568 I enthält zur Vermeidung von Härten zwei scheidungshindernde Gründe: Fall 1 dient dem Schutz gemeinsamer Kinder, Fall 2 dem Schutz des Ehegatten. Schwelle bei Kinderschutz niedriger („besondere Gründe") als bei Ehegattenschutz („außergewöhnliche Umstände"). Liegen die Voraussetzungen
2 vor, darf nicht geschieden werden. **b)** Die Befristung der Härteklauseln in II aF auf fünf Jahre nach der Trennung verstieß gegen GG 6 I (BVerfG 55, 134) und wurde durch das UÄndG gestrichen. Bei Kinderschutz erfolgt freilich durch Erfordernis der Minderjährigkeit mittelbare zeitliche Begrenzung.

3 **2. Voraussetzungen Kinderschutzklausel. a)** In der Ehe geborenes minderjähriges (§ 2) Kind. Entsprechende Anwendung auf adoptierte (Schwab FamRZ 76, 507), nicht jedoch Stiefkinder. **b)** Erforderlich ist Abwehr von Härten, die sich aus der Scheidung ergeben. Trennungsfolgen bleiben unberücksichtigt. Bsp: Gefahr der Selbsttötung des Kindes (Hamburg FamRZ 86, 469). Anders als bei Ehegattenschutz muß es sich jedoch nicht um ganz außergewöhnliche Umstände handeln. Bereits starke Beeinträchtigung des Kindeswohls durch scheidungsbedingte Verschlechterung der häuslichen, erzieherischen, seelischen oder wirtschaftlichen Verhältnisse genügt (Schwab, FamR Rn 311, bzgl vermögensrechtlicher Interessen aA PalBrudermüller 2). Kleinkind- und Pubertätsphase ist besonders zu berücksichtigen, nicht jedoch, wenn Kind Vater nur als Spielpartner anläßlich gelegentlicher Besuche erlebt hat (Köln FamRZ 98, 829). Nach Wegfall des Grundes, spätestens mit Eintritt der Volljährigkeit des Kindes, kann Scheidungsantrag erneut gestellt werden. **c)** Feststellung von Amts wegen, ZPO 616 I.

4 **3. Voraussetzungen Ehegattenschutzklausel. a)** Antragsgegner lehnt Scheidung trotz gescheiterter Ehe ab. **b)** Aufgrund des Scheidungsausspruch (BGH NJW 81, 2809) für den Antragsgegner **schwere Härte. aa)** Maßgeblich sind die Auswirkungen auf die seelische und körperliche Gesundheit und die wirtschaftliche Lage (BGH NJW 84, 2354). Die gesamte Disposition und Lebensentwicklung des Betroffenen sind zu würdigen (vgl BGH NJW 79, 1042). „Außergewöhnliche Umstände" liegen nur vor, wenn es sich um Folgen handelt, die nicht üblicherweise mit einer Scheidung einhergehen oder bereits durch das Scheitern der Ehe
5 oder die Trennung eingetreten sind (Köln NJW 82, 2262). **bb) Bsp:** Lange Ehedauer, hohes Alter, Scheidung während einer schweren Krankheit (Karlsruhe FamRZ 79, 512; nicht aber bei therapiefähigen Depressionen, Stuttgart NJW-RR 92, 109) oder zZ bes Schicksalsschläge. *Kein Ehegattenschutz:* Unterhaltsgefährdung durch neue Ehe (Düsseldorf FamRZ 78, 36); Verlust von Witwenrente (vgl Düsseldorf FamRZ 80, 780); erhöhte Selbstmordgefahr (BGH NJW 81, 2809; Androhung Suizid s Celle NJW-RR 95, 1409); drohende Ausweisung ausländischen Ehegattens mit der Folge des Abbruchs des Kontakts zu gemeinschaftlichem Kind,

Titel 7. Scheidung der Ehe **Vor § 1569**

da nicht ungewöhnliche Folge einer deutsch-ausländischen Ehe (Köln FamRZ 98, 829); Ablehnung der Scheidung aus ethischen und wirtschaftlichen Gründen (Hamm FamRZ 89, 1188); religiöse Überzeugung und Stellung in einer Glaubensgemeinschaft (Stuttgart FamRZ 91, 334). **c) Abwägung** der Härtefolgen gegen Interesse des Antragstellers an Scheidung. Die Unzumutbarkeit der Fortführung der Ehe trotz Härte für den Antragsgegner kann sich insbes aus dessen Verhalten ergeben. **d)** Die außergewöhnlichen Umstände, die die „schwere Härte" für den Antragsgegner begründen, sind nicht von Amts wegen, sondern nur bei entspr Vorbringen des Antragsgegners zu berücksichtigen, ZPO 616 III. 6

7

Untertitel 2. Unterhalt des geschiedenen Ehegatten

Vorbemerkungen

Lit: Diederichsen, Geschiedenenunterhalt – Überforderung nachehelicher Solidarität?, NJW 93, 2265; Göppinger/Börger, Vereinbarungen anläßlich der Ehescheidung, 7. Aufl 1997; Kalthoener/Büttner, Rechtsprechung zur Höhe des Unterhalts, 7. Aufl 2000; Knöpfel, Gerechtigkeit und nacheheliche Unterhalt – eine ungelöste Frage, AcP 191, 107; sa Lit vor § 1601.

1. a) Das durch 1. EheRG und UÄndG (neu)geregelte Recht des nachehelichen Unterhalts beruht auf folgenden Grundlagen: Nach der Scheidung haben grundsätzlich beide Ehegatten selbst für ihren Unterhalt zu sorgen. Ein Ehegatte kann jedoch deshalb bedürftig sein, weil er sich nicht aus eigenem Vermögen unterhalten und eine seinen Verhältnissen angemessene Erwerbstätigkeit nicht aufnehmen kann. In einer solchen Bedürfnislage, die nicht notwendig ehebedingt sein muß (s BGH NJW 83, 683), hat er gegen den anderen Teil, sofern dieser leistungsfähig ist, einen Unterhaltsanspruch; Unterhaltspflicht von Verwandten ist dazu nachrangig. Die Fälle der Verhinderung, durch eigene Erwerbstätigkeit eine Bedürfnislage zu vermeiden, werden vom Ges enumerativ in §§ 1570–1573, 1575 normiert und durch einen Billigkeitsanspruch in § 1576 ergänzt. Die Verpflichtung, für seinen Unterhalt durch Erwerbstätigkeit zu sorgen, wird zudem in § 1574 I eingeschränkt; zur Verwertung des Vermögens s zunächst § 1577 III. Bei grober Unbilligkeit der Inanspruchnahme des Verpflichteten, zB bei schwerem Fehlverhalten des Berechtigten, kann ein Unterhaltsanspruch versagt, zeitlich begrenzt oder herabgesetzt werden, s § 1579; zeitliche Begrenzungen aus Billigkeitsgründen erlauben auch §§ 1573 IV, 1578 I. Gleichwohl bleibt ein Widerspruch zwischen Zerrüttungsprinzip und Recht des nachehelichen Unterhalts, Knöpfel aaO S 113 ff. **b)** Mangelnde Leistungsfähigkeit beschränkt die Unterhaltsverpflichtung oder schließt sie aus, § 1581; bei mehreren Unterhaltsberechtigten s zunächst § 1582. **c)** Zu Inhalt und Sicherung des Unterhaltsanspruchs s §§ 1585–1585 b. **d)** Vereinbarungen über den Unterhalt sind möglich, s § 1585 c. **e)** Mit Wiederheirat oder Tod des Berechtigten erlischt der Unterhaltsanspruch grundsätzlich, § 1586, während der Tod des Verpflichteten die Unterhaltsverpflichtung auf die Erben übergehen läßt, § 1586 b. **f) Unterhaltsschuldverhältnis** beinhaltet Treu- und Nebenpflichten nach § 242, so etwa zur Erstattung von Rentennachzahlungen, BGH NJW 89, 1990, oder zur Zustimmung des Unterhaltsempfängers zum begrenzten Realsplitting nach EStG 10 I Nr 1 gegen entspr Vorteilsteilhabe, BGH NJW 85, 195; entsprechender Ausgleichsanspruch ist jedoch nicht Unterhaltsanspruch, BGH NJW 86, 254.

1

2

3

4

5

2. Verfahren: Scheidungsfolgesache, s ZPO 621 I Nr 5, 623, 630 I Nr 3, III. 6

3. EinV. Unterhaltsansprüche eines vor dem 3. 10. 1990 geschiedenen Ehegatten richten sich nach bisherigem, in analoger Anwendung von EGBGB 18 IV, V (BGH NJW 94, 383) zu bestimmenden Recht, EGBGB 234 § 5; ggf also nach FGB 29–32; abw Vereinbarung möglich. *Abänderungsklage* nur gem ZPO 323, BGH NJW 92, 1475 (nicht FGB 33, da keine anspruchsregelnde Norm). 7

§§ 1569, 1570 Buch 4. Abschnitt 1. Bürgerliche Ehe

Kapitel 1. Grundsatz

§ 1569 Abschließende Regelung

Kann ein Ehegatte nach der Scheidung nicht selbst für seinen Unterhalt sorgen, so hat er gegen den anderen Ehegatten einen Anspruch auf Unterhalt nach den folgenden Vorschriften.

1 **1. Allgemeines.** Die Vorschrift hält eine grundsätzliche Unterhaltsvoraussetzung fest, s dazu Rn 1 vor § 1569. Sie ist selbst keine Anspruchsgrundlage, vielmehr werden die Voraussetzungen eines Unterhaltsanspruchs ie, insbes die der Bedürftigkeit, in den 5 Unterhaltstatbeständen §§ 1570, 1571, 1572, 1573, 1575 enumerativ geregelt, in § 1576 durch eine positive Billigkeitsklausel mit Auffangfunktion ergänzt, und in § 1579 durch eine negative Billigkeitsklausel, die mehr
2 Einzelfallgerechtigkeit ermöglichen soll (vgl BT-Drs 10/2888 S 11), teilw zurückgenommen. Unabhängig von den Voraussetzungen ie und ihrer möglichen Konkurrenz handelt es sich um **einen** einheitlichen Anspruch, BGH FamRZ 84, 354. **Verzicht** s §§ 1585–1585 c Rn 11.

3 **2.** §§ 1569 ff gelten nicht bei gescheiterten nichtehelichen Gemeinschaften, soweit nicht vertraglich vereinbart, s Rn 3 vor § 1353.

Kapitel 2. Unterhaltsberechtigung

§ 1570 Unterhalt wegen Betreuung eines Kindes

Ein geschiedener Ehegatte kann von dem anderen Unterhalt verlangen, solange und soweit von ihm wegen der Pflege oder Erziehung eines gemeinschaftlichen Kindes eine Erwerbstätigkeit nicht erwartet werden kann.

1 **1. Allgemeines. a) Betreuungsunterhalt:** § 1570 soll die persönliche Pflege und Erziehung gemeinschaftlicher Kinder aus der geschiedenen Ehe durch einen Ehegatten gewährleisten. Soweit eine Erwerbstätigkeit deshalb nicht zumutbar ist, hat der betreuende Ehegatte einen privilegierten (vgl §§ 1577 IV 2, 1582 I 2,
2 1586 a) Unterhaltsanspruch. **b) Verzicht** auf den Betreuungsunterhalt ist wirksam; der Schuldner kann sich aber nicht darauf berufen, soweit Wohl des Kindes entgegen steht (BGH NJW 95, 1148).

3 **2. Voraussetzungen. a)** „Pflege" und „Erziehung" s § 1606 III 2. Auch bloße „Pflege" eines nicht mehr erziehungsbedürftigen (pflegebedürftigen) volljährigen Kindes reicht aus („oder"). Zeitpunkt der Erziehungs- oder Pflegebedürftigkeit unerheblich. Auch die Betreuung eines erst nach Scheidung geborenen oder zunächst vom anderen Ehegatten oder von Verwandten betreuten Kindes erfüllt die
4 Voraussetzungen des § 1570. **b)** Betreuung sind tatsächliche Maßnahmen. Darauf, wem (rechtlich) die elterliche **Sorge** zusteht, kommt es *nicht* an. Bei gemeinsamer
5 Sorge entscheidet also der dauerhafte Aufenthalt des Kindes. **c)** Es muß sich um ein eheliches **gemeinschaftliches** (§§ 1591 f), auch gemeinschaftlich adoptiertes (BGH NJW 84, 1539) oder „scheineheliches" (BGH NJW 85, 428) Kind handeln, nicht Pflege- oder Stiefkind (insoweit nur § 1576). Wird ein vom früheren Ehegatten stammendes Kind nach der Scheidung geboren, Unterhalt nur nach § 1615 l
6 (BGH FamRZ 98, 426). **d)** Die Betreuung eines oder mehrerer Kinder muß eine Erwerbstätigkeit ganz oder teilw hindern. Maßgeblich ist die altersbedingte Betreuungsbedürftigkeit (Einzelheiten MK/Maurer 10). Keine **Erwerbsobliegenheit** bei Betreuung eines Kindes unter 8 Jahren (BGH NJW 95, 1148), zwischen 8 und 11 Jahren entscheiden Umstände des Einzelfalls, zwischen 11 und 15 Jahren ist in der Regel eine Teilzeitbeschäftigung zumutbar, die aber nicht eine Halbtagsbeschäftigung erreichen muß (BGH FamRZ 99, 372), anschließend eine Vollerwerbstätigkeit. Bei der Betreuung mehrerer Kinder kann eine Erwerbstätigkeit nur in geringerem Umfang erwartet werden; eine Teilzeiterwerbsobliegenheit be-

Titel 7. Scheidung der Ehe **§§ 1571, 1572**

steht nicht vor Vollendung des 14. oder 15. Lebensjahrs eines der Kinder (BGH FamRZ 98, 875). – Bei danach zumutbarer („zu erwartender") Teil-Erwerbstätigkeit besteht Anspruch auf den Unterschiedsbetrag zwischen Einkünften und Einkommen bei Vollerwerbstätigkeit (BGH NJW 90, 1848); falls dadurch der Unterhaltsbedarf nicht gedeckt wird, ist für den erforderlichen Mehrbetrag § 1573 II anzuwenden (BGH aaO). 7

3. Dauer. Der Anspruch *entfällt* mit Wegfall der Pflege- oder Erziehungsbedürftigkeit etwa aufgrund Alters des Kindes, ferner bei dauerhafter Unterbringung in Internat oder Pflegefamilie. Zeitliche Begrenzung im Urteil aber nur, wenn Erwerbsobliegenheit (ausnahmsweise) mit hinreichender Sicherheit vorhersehbar ist (BGH FamRZ 97, 875). Unterhaltsanspruch kann wieder *aufleben*, falls erneut Betreuungsnotwendigkeit eintritt. – Anschlußunterhalt insbes aus §§ 1571 Nr 2, 1572 Nr 2, 1573. 8

§ 1571 Unterhalt wegen Alters

Ein geschiedener Ehegatte kann von dem anderen Unterhalt verlangen, soweit von ihm im Zeitpunkt
1. der Scheidung,
2. der Beendigung der Pflege oder Erziehung eines gemeinschaftlichen Kindes oder
3. des Wegfalls der Voraussetzungen für einen Unterhaltsanspruch nach den §§ 1572 und 1573
wegen seines Alters eine Erwerbstätigkeit nicht mehr erwartet werden kann.

1. Allgemeines. Der altersbedingt erwerbsunfähige Ehegatte soll nicht auf öffentl Fürsorge angewiesen sein. Folgen altersbedingter Erwerbsunzumutbarkeit werden damit dem früheren Ehegatten übertragen. Bedürftigkeit besteht auch dann, wenn der um Unterhalt nachsuchende Ehegatte bereits im Zeitpunkt der Eheschließung wegen seines Alters keiner Erwerbstätigkeit mehr nachgehen konnte und diese daher nicht ehebedingt ist (BGH NJW 83, 683). 1

2. Voraussetzungen. a) Altersbedingte Erwerbsunfähigkeit ist gegeben, wenn wegen des Alters des Ehegatten keine Stelle nachgewiesen werden kann. Spezielle Alterserfordernisse für bestimmte Berufe bleiben außer Betracht, können jedoch für §§ 1573, 1574 Bedeutung gewinnen. **b)** Die Aufnahme nachgewiesener Arbeit kann aber aufgrund des Alters unzumutbar sein („kann nicht mehr erwartet werden"), so zB bei Gebrechlichkeit, Anfälligkeit, erhöhter altersbedingter Gefährdung auf dem Arbeitsweg usw. Nicht angemessene Tätigkeit iSd § 1574 II kann grundsätzlich nicht erwartet werden (BGH NJW 83, 1483). Erwerbstätigkeit ist unzumutbar, wenn Ehegatte die *allgemeine Altersgrenze* von 65 Jahren erreicht hat (BGH FamRZ 92, 435). Rentenbezug aufgrund *flexibler* Altersgrenze läßt Erwerbsobliegenheit nicht entfallen (BGH NJW 99, 1547). **c)** Die altersbedingte Erwerbsunfähigkeit muß zu einem der in Nr 1–3 bezeichneten **Zeitpunkte** vorliegen. Wiederaufleben des Unterhaltsanspruchs scheidet aus, wenn zwischenzeitlich eine wirtschaftliche Selbständigkeit erreicht worden war. **d) Kürzung** nach § 1579 Nr 3, wenn in der Vergangenheit Ausbildung mutwillig unterlassen wurde (Hamburg FamRZ 91, 445). 2 3 4 5

§ 1572 Unterhalt wegen Krankheit oder Gebrechen

Ein geschiedener Ehegatte kann von dem anderen Unterhalt verlangen, solange und soweit von ihm vom Zeitpunkt
1. der Scheidung,
2. der Beendigung der Pflege oder Erziehung eines gemeinschaftlichen Kindes,

Chr. Berger

§ 1573 Buch 4. Abschnitt 1. Bürgerliche Ehe

3. der Beendigung der Ausbildung, Fortbildung oder Umschulung oder
4. des Wegfalls der Voraussetzungen für einen Unterhaltsanspruch nach § 1573

an wegen Krankheit oder anderer Gebrechen oder Schwäche seiner körperlichen oder geistigen Kräfte eine Erwerbstätigkeit nicht erwartet werden kann.

1 **1. Allgemeines.** Bei krankheitsbedingter Erwerbsunfähigkeit und dadurch verursachter Bedürftigkeit besteht Unterhaltsanspruch. Eine kausale Verknüpfung zwischen Ehe und Krankheit ist nicht erforderlich (BGH NJW 82, 40).

2 **2. Voraussetzungen.** a) Körperliche oder seelische **Erkrankung,** gleich, ob vor oder während der Ehe eingetreten, bei Eheschließung bekannt (vgl BGH NJW 82, 41), ob anlagebedingt, angeboren oder erworben. Auch Alkoholsucht (Stuttgart FamRZ 81, 963) oder Scheidungsneurose (vgl BGH NJW 84, 1817). Auch eine
3 vorübergehende Erkrankung genügt (str). b) Krankheit muß zu den in Nr 1–4 genannten **Einsatzzeitpunkten** vorliegen. Unerheblich ist, daß sie erst später erkannt wurde. Latente Erkrankung zum Zeitpunkt der Scheidung usw genügt nicht, um die durch die Einsatzzeitpunkte gewollte Begrenzung des nachehelichen Unterhaltsrisikos nicht zu unterhöhlen (str; offen gelassen von BGH NJW 01, 3261: Jedenfalls zeitnaher [nicht 23 Monate nach Scheidung] Ausbruch der Krank-
4 heit und Eintritt der Erwerbsunfähigkeit erforderlich). c) Nicht nur direkt krankheitsbedingte **Unfähigkeit zur Erwerbstätigkeit,** sondern auch Unzumutbarkeit („nicht erwartet werden kann") fällt unter § 1572, zB krankheitsbedingte Gefährdung auf dem Weg zur Arbeitsstätte. Jedoch muß eine leichtere, angemessene und mögliche Arbeit – auch vollschichtig – übernommen werden, falls die bisher ausgeübte Tätigkeit aufgrund gesundheitlicher Beeinträchtigung nicht mehr (voll) ausgeübt werden kann (BGH NJW-RR 93, 898 f). Auch ein Teilerwerb oder geringer bezahlte, aber nach § 1574 II angemessene Vollzeitbeschäftigung (s BGH
5 NJW 91, 225) kann uU „zu erwarten" sein („soweit"). d) Den erkrankten Ehegatten trifft eine **Obliegenheit zur Behandlung** und Therapie, uU auch zu einer
6 Operation (BGH NJW 94, 1593). e) Zur **Auskunftspflicht** des Unterhaltsgläubigers Schleswig FamRZ 82, 1018.

7 **3. Beendigung.** Mit Gesundung und damit wiedergewonnener Erwerbsfähigkeit entfällt der Unterhaltsanspruch („solange"). Befristung nach § 1579 Nr 7 jedoch nicht möglich (BGH NJW-RR 95, 449), da Ende nicht sicher vorhersehbar. Ggf ZPO 323.

§ 1573 Unterhalt wegen Erwerbslosigkeit und Aufstockungsunterhalt

(1) **Soweit ein geschiedener Ehegatte keinen Unterhaltsanspruch nach den §§ 1570 bis 1572 hat, kann er gleichwohl Unterhalt verlangen, solange und soweit er nach der Scheidung keine angemessene Erwerbstätigkeit zu finden vermag.**

(2) **Reichen die Einkünfte aus einer angemessenen Erwerbstätigkeit zum vollen Unterhalt (§ 1578) nicht aus, kann er, soweit er nicht bereits einen Unterhaltsanspruch nach den §§ 1570 bis 1572 hat, den Unterschiedsbetrag zwischen den Einkünften und dem vollen Unterhalt verlangen.**

(3) **Absätze 1 und 2 gelten entsprechend, wenn Unterhalt nach den §§ 1570 bis 1572, 1575 zu gewähren war, die Voraussetzungen dieser Vorschriften aber entfallen sind.**

(4) ¹**Der geschiedene Ehegatte kann auch dann Unterhalt verlangen, wenn die Einkünfte aus einer angemessenen Erwerbstätigkeit wegfallen, weil es ihm trotz seiner Bemühungen nicht gelungen war, den Unterhalt durch die Erwerbstätigkeit nach der Scheidung nachhaltig zu sichern.** ²**War es ihm gelungen, den Unterhalt teilweise nachhaltig zu sichern, so**

Titel 7. Scheidung der Ehe **§ 1573**

kann er den Unterschiedsbetrag zwischen dem nachhaltig gesicherten und dem vollen Unterhalt verlangen.

(5) ¹Die Unterhaltsansprüche nach Absatz 1 bis 4 können zeitlich begrenzt werden, soweit insbesondere unter Berücksichtigung der Dauer der Ehe sowie der Gestaltung von Haushaltsführung und Erwerbstätigkeit ein zeitlich unbegrenzter Unterhaltsanspruch unbillig wäre; dies gilt in der Regel nicht, wenn der Unterhaltsberechtigte nicht nur vorübergehend ein gemeinschaftliches Kind allein oder überwiegend betreut hat oder betreut. ²Die Zeit der Kindesbetreuung steht der Ehedauer gleich.

1. **Allgemeines.** I gibt Anspruch zur Überbrückung bis zur Aufnahme **angemessener**, Unterhalt **nachhaltig** sichernder Erwerbstätigkeit („Erwerbslosenunterhalt"), II soll Fortführung des ehelichen Lebensstandards trotz unzureichender Einkünfte aus angemessener Erwerbstätigkeit (BGH NJW 88, 2370) – Teilzeit- oder Ganztagsarbeit – ermöglichen („Aufstockungsanspruch"). Ie unterscheidet das Ges vier Fälle: a) Der Ehegatte kann nach der Scheidung eine Zeitlang („solange") keine angemessene Erwerbstätigkeit finden. b) Die angemessene Erwerbstätigkeit deckt nicht den Unterhaltsbedarf („soweit" sowie II). c) Der Ehegatte hat mit Rücksicht auf die Ehe zunächst eine nicht angemessene Tätigkeit ausgeübt und gibt diese nach der Scheidung auf (s BT-Drs 7/650 S 125). d) Die Einkünfte aus angemessener Erwerbstätigkeit fallen später weg (IV 1). V, eingeführt durch UÄndG, ermöglicht **zeitliche Begrenzung** aus Billigkeitsgründen. 1

2

3

4

2. **Voraussetzungen. a)** Der Geschiedene muß außerstande sein, den Lebensbedarf selbst nachhaltig zu bestreiten, s dazu § 1577. **b)** Der Ehegatte kann **nach der Scheidung** oder im **Anschluß** an die in §§ 1570–1572, 1575 geregelten Bedürfnislagen (III) (überhaupt) keine angemessene Erwerbstätigkeit finden, vgl BGH FamRZ 84, 989. „Ehebedingtheit" der Erwerbslosigkeit ist nicht erforderlich (BGH NJW 80, 394), s jedoch Rn 17. Gibt der Ehegatte dagegen aus Anlaß der Scheidung eine angemessene Erwerbstätigkeit auf, ist Anspruch aus § 1573 nicht gegeben (für kurz vor der Scheidung aufgegebene Erwerbstätigkeit s § 1579 I Nr 3). „Nicht zu finden vermag" bringt Erwerbsobliegenheit zum Ausdruck. Aufgabe gewinnloser selbständiger Tätigkeit, um abhängige Beschäftigung aufzunehmen, s Stuttgart FamRZ 91, 1059. Bei Teilzeitarbeit Suche nach vollschichtiger Erwerbstätigkeit geboten, Celle NJW-RR 94, 1354. Bemühungen sind konkret vorzutragen und zu beweisen, vgl BGH FamRZ 86, 886; neben „subjektiven" Bemühungen kommt es auch auf „objektive" Verhältnisse (Arbeitsmarkt, Ausbildung, Gesundheitszustand usw) an, BGH NJW 87, 899; sa BGH NJW-RR 87, 963. **c)** Nur angemessene Erwerbstätigkeit muß übernommen werden; Angemessenheit s § 1574 II; vgl Koblenz FamRZ 93, 199; Schleswig FamRZ 93, 72 (zumutbare Nebentätigkeit), aber auch Hamm NJW-RR 93, 776 f (nicht „unterwertige" Erwerbstätigkeit). Aufgabe während der Ehe ausgeübter unangemessener Tätigkeit hindert nicht das Entstehen eines Unterhaltsanspruchs nach § 1573. **d) Beweislast** für vergebliche Suche trägt Anspruchsteller, BGH NJW 87, 899, NJW-RR 87, 198. 5

6

7

8

9

3. **Teilw Bedürftigkeit. a)** Zweck und Voraussetzungen des „Aufstockungsanspruchs" s Rn 1; zur Verfassungsmäßigkeit s BVerfG NJW 81, 1773 f sub III. Anspruchsvoraussetzungen müssen im Einsatzzeitpunkt (s § 1573 I) gegeben sein. Zur Bemessung am Maßstab des § 1578 s BGH NJW 83, 1733 (Doppelverdiener), aber auch NJW 85, 1029 (Rente/Einkommen); NJW 84, 295 (nach Trennung aufgenommene Tätigkeit); NJW 82, 1872; 85, 1027 (maßgeblicher Zeitpunkt für eheliche Lebensverhältnisse ist Scheidung, es sei denn, während Trennung treten außergewöhnliche Veränderungen ein); NJW 83, 2321 zum trennungsbedingten Mehrbedarf. Bei Ansatz von fiktivem Erwerbseinkommen ist Erwerbstätigenbonus zu berücksichtigen, BGH NJW-RR 90, 580. Geringfügigkeit s Düsseldorf FamRZ 96, 947. **b)** Unterhaltvoraussetzungen aus §§ 1570–1572 haben Vorrang; 10

11

Chr. Berger

§ 1574 Buch 4. Abschnitt 1. Bürgerliche Ehe

Ergänzung des Bedarfs nach diesen Vorschriften („soweit") bis zur Höhe von Einkommen aus Vollerwerbstätigkeit unterliegt nicht Begrenzung aus V, vgl BGH NJW 90, 1848; sa § 1570 Rn 6.

12 4. **Dauer des Anspruchs** s V, Rn 16 f; iü Dauer der zugrundegelegten Voraussetzungen maßgeblich. Das gilt auch für den „Aufstockungsanspruch", wenn später die nicht ausreichenden Einkünfte ganz wegfallen, ohne daß ein voller Unterhaltsanspruch entsteht, IV 2.

13 5. **Anschlußunterhalt** nach Beendigung der in §§ 1570–1572, 1575 geregelten Bedürfnislagen s III.

14 6. a) Späterer **Verlust** der Einkünfte aus angemessener Erwerbstätigkeit führt nur dann zum Entstehen oder Wiederaufleben von Unterhaltsansprüchen, wenn es dem Ehegatten nicht möglich war, seinen Unterhalt durch eine angemessene Erwerbstätigkeit **nachhaltig** zu sichern, IV 1. Als nachhaltige Unterhaltssicherung ist in Anlehnung an BEG 75 Erwerbstätigkeit anzusehen, die im Zeitpunkt der Aufnahme nach obj Maßstäben und allg Lebenserfahrung mit einer gewissen Sicherheit als dauerhaft angesehen werden konnte, BGH NJW 86, 375; zum Beurteilungszeitpunkt s BGH NJW 85, 431. Aushilfstätigkeiten oder bes krisenanfällige „Jobs" bewirken keine nachhaltige Unterhaltssicherung (hierzu auch Dieckmann FamRZ 77, 89 f); Arbeitsbeschaffungsmaßnahmen s Frankfurt NJW-RR 87, 1154. Einkünfte aus Versorgung eines neuen Partners sind solchen aus angemessener **15** Erwerbstätigkeit nicht gleichzusetzen, BGH NJW 89, 3129. **b)** Bei nur teilw nachhaltiger Sicherung kann wieder der Unterschiedsbetrag verlangt werden, IV 2 (hierzu auch Holzhauer JZ 77, 75). **c)** Zum Problem der Überleitung von Unterhaltsansprüchen auf Träger der Sozial- oder Arbeitslosenhilfe s Dieckmann FamRZ 77, 84.

16 7. **Zeitliche Begrenzung** vor allem bei kurzer Ehedauer (dazu BGH FamRZ 86, 887), wobei Zeiten des Kinderbetreuungsunterhalts einzurechnen sind (auch vor Wiederverheiratung, Düsseldorf NJW-RR 96, 1348, doch gehören solche Zeiten zur Billigkeitsprüfung). Bsp: Ca 9jährige (kinderlose) Ehe berechtigt Begrenzung auf 4 Jahre, Hamm FamRZ 90, 413. Jedoch keine bestimmten Zeitgrenzen, sondern umfassende Billigkeitsprüfung, s BGH NJW 90, 2811. Begrenzung kann ferner Billigkeit entsprechen bei nicht ehebedingter Arbeitslosigkeit oder Differenz der Ehegatteneinkommen (zu II), BT-Drs 10/2888 S 18. Unzureichende Bemühungen um Halbtagsstelle als Grund für Begrenzung des Aufstockungsunterhalts s Koblenz NJW-RR 87, 132. V gilt für alle Ansprüche aus I–IV. Beweislast s BGH NJW 90, 2812. Durch Prozeßvergleich titulierter Anspruch s BGH NJW 95, 1891.

§ 1574 Angemessene Erwerbstätigkeit

(1) **Der geschiedene Ehegatte braucht nur eine ihm angemessene Erwerbstätigkeit auszuüben.**

(2) **Angemessen ist eine Erwerbstätigkeit, die der Ausbildung, den Fähigkeiten, dem Lebensalter und dem Gesundheitszustand des geschiedenen Ehegatten sowie den ehelichen Lebensverhältnissen entspricht; bei den ehelichen Lebensverhältnissen sind die Dauer der Ehe und die Dauer der Pflege oder Erziehung eines gemeinschaftlichen Kindes zu berücksichtigen.**

(3) **Soweit es zur Aufnahme einer angemessenen Erwerbstätigkeit erforderlich ist, obliegt es dem geschiedenen Ehegatten, sich ausbilden, fortbilden oder umschulen zu lassen, wenn ein erfolgreicher Abschluss der Ausbildung zu erwarten ist.**

1 1. **Allgemeines.** Einschränkung der Erwerbsobliegenheit.

Titel 7. Scheidung der Ehe **§ 1575**

2. Angemessenheit. a) II definiert und konkretisiert die Angemessenheit der obliegenden Erwerbstätigkeit. Maßgebend sind zunächst vor allem Ausbildung, Fähigkeiten, Alter und Gesundheitszustand (vgl BGH NJW-RR 87, 197), die Berufsplanung aufgrund der gemeinschaftlich beschlossenen Gestaltung der ehelichen Lebensgemeinschaft (BGH NJW 80, 394: Studium als Hinderungsgrund, früheren, erlernten Beruf wiederaufzunehmen), aber auch eheliche Lebensverhältnisse und ihre Entwicklung bis zur Scheidung, BGH NJW 84, 1686; für Doppelverdiener s BGH NJW 83, 1733; 85, 1027; Sonderentwicklungen nach Trennung können jedoch außer Betracht bleiben, BGH NJW 84, 1686; im Vergleich zur Trennungszeit ist Angemessenheit eher zu bejahen, BGH NJW 91, 1051 (auch zu „umfassender Abwägung"). Zum Wertungsgesichtspunkt „Arbeitsplatzsicherheit" s BGH NJW-RR 87, 197. **b)** Ein höherer Ausbildungsstand, der durch eine vom geschiedenen Partner finanzierte Ausbildung, Fortbildung oder Umschulung nach der Ehe erreicht worden ist, bleibt jedoch bei der Angemessenheit außer Betracht (§ 1575 III).

3. Zu den Bemühungen um angemessene Erwerbstätigkeit gehört nach **III** auch eine den Fähigkeiten entspr Ausbildung, Fortbildung oder Umschulung, die einen erfolgreichen Abschluß und einen Arbeitsplatz (vgl BGH NJW-RR 87, 198) erwarten läßt; für die Dauer dieser Ausbildung etc kann Unterhaltsanspruch nach § 1573 I bestehen, BGH NJW 84, 1686. Verletzung dieser Obliegenheit kann zur Anrechnung fiktiver Einkünfte führen, vgl Hamburg FamRZ 85, 1261.

§ 1575 Ausbildung, Fortbildung oder Umschulung

(1) ¹**Ein geschiedener Ehegatte, der in Erwartung der Ehe oder während der Ehe eine Schul- oder Berufsausbildung nicht aufgenommen oder abgebrochen hat, kann von dem anderen Ehegatten Unterhalt verlangen, wenn er diese oder eine entsprechende Ausbildung sobald wie möglich aufnimmt, um eine angemessene Erwerbstätigkeit, die den Unterhalt nachhaltig sichert, zu erlangen und der erfolgreiche Abschluss der Ausbildung zu erwarten ist.** ²**Der Anspruch besteht längstens für die Zeit, in der eine solche Ausbildung im allgemeinen abgeschlossen wird; dabei sind ehebedingte Verzögerungen der Ausbildung zu berücksichtigen.**

(2) **Entsprechendes gilt, wenn sich der geschiedene Ehegatte fortbilden oder umschulen lässt, um Nachteile auszugleichen, die durch die Ehe eingetreten sind.**

(3) **Verlangt der geschiedene Ehegatte nach Beendigung der Ausbildung, Fortbildung oder Umschulung Unterhalt nach § 1573, so bleibt bei der Bestimmung der ihm angemessenen Erwerbstätigkeit (§ 1574 Abs. 2) der erreichte höhere Ausbildungsstand außer Betracht.**

1. Allgemeines. § 1575 gewährt „Ausbildungsunterhalt" aufgrund Nichtaufnahme oder Unterbrechung einer Schul- oder Berufsausbildung **vor** oder **während** der **Ehe** (I) und zur Fortbildung oder Umschulung, um den geschiedenen Ehegatten „unbeschränkt berufstüchtig zu machen" (BT-Drs 7/650 S 132), II. Daneben Anspruch aus §§ 1573 I, 1574 III möglich, BGH NJW 84, 1686. Verhältnis des Ausbildungsanspruchs zur staatlichen Ausbildungsförderung s BGH NJW 80, 395; Dieckmann FamRZ 77, 92 f sowie § 1577 Rn 3.

2. Voraussetzungen I. a) Schul- oder Berufsausbildung (s hierzu Diederichsen NJW 77, 356) muß unterblieben oder unterbrochen worden sein. **b)** Nichtaufnahme oder Unterbrechung einer Ausbildung vor der Ehe muß in Erwartung einer konkret beabsichtigten Ehe geschehen sein (Gernhuber/Coester-Waltjen § 30 VI 1: Motivationszusammenhang); Vernachlässigung der eigenen Ausbildung in der allg Erwartung, später zu heiraten und damit versorgt zu sein, fällt nicht unter I. **c)** Auch bei Unterbleiben oder Unterbrechen der Ausbildung während der Ehe ist ursächliche Verknüpfung zwischen Ehe und Aufgabe von Ausbildungsabsichten

§ 1576

nicht nachzuweisen; auch aus anderen Gründen erfolgter Abbruch der Ausbildung, zB wegen Krankheit (BGH NJW 80, 394), reicht, jedoch müssen Ausbildungsabsichten während Ehe konkret in Angriff genommen worden sein, Bamberg FamRZ 81, 151. **d)** Ausbildung muß zum Ziel haben, eine **angemessene Erwerbstätigkeit,** die **nachhaltige Unterhaltssicherung** erwarten läßt, zu ermöglichen. „Angemessenheit" wird nicht durch eheliche Verhältnisse bestimmt, sondern durch konkreten Lebensplan, vgl Gernhuber/Coester-Waltjen, § 30 VI 2, Frankfurt FamRZ 95, 879: unangemessenes Medizinstudium, aber auch Schleswig SchlHA 84, 163: der wegen Ehe abgebrochenen Ausbildung sozial gleichwertig. Nicht nur materielle Erwerbssicherung, sondern auch berufliche Entfaltung kann zu berücksichtigen sein, vgl BGH FamRZ 84, 989; Gernhuber/Coester-Waltjen § 30 VI 1 mwN, str; Promotion s Düsseldorf FamRZ 87, 708. Finanzierung der Ausbildung in einem Beruf ohne Arbeitsplatzaussichten kann nicht verlangt werden. Findet sich nach Abschluß der Ausbildung kein Arbeitsplatz, trägt der Verpflichtete das Risiko des Bildungsstrebens des Berechtigten, s krit Dieckmann FamRZ 77, 93. **e)** Ein erfolgreicher Abschluß der Ausbildung muß aufgrund der Umstände, insbesondere der Fähigkeiten und auch des Alters des Berechtigten zu erwarten sein, vgl Hamm FamRZ 88, 1280: Studium mit 46 aufgenommen, Vordiplom nach 9 Semestern nicht erreicht. **f) Folgen der (Wieder-)Aufnahme** einer Ausbildung nach Scheidung: Der geschiedene Ehegatte hat Anspruch auf Unterhalt für die Zeit der (wieder-)aufgenommenen oder einer entspr Ausbildung. **Dauer** des Anspruchs: I 2; (nur) ehebedingte Verzögerungen sind unschädlich, I 2 HS 2; vgl BGH NJW 80, 394. Die (Wieder-)Aufnahme der oder einer entspr Ausbildung muß allerdings sobald als möglich geschehen.

3. Voraussetzungen II. Fortbildung oder Umschulung muß erforderlich sein, um ehebedingte Nachteile (dazu BGH FamRZ 84, 989) auf dem Arbeitsmarkt „aufzuholen". Dauer der Fortbildung oder Umschulung soll sich dabei ebenfalls nach den Anforderungen des Arbeitsmarktes richten. Fortbildungs- oder Umschulungsbedarf muß an frühere Ausbildung anschließen, Frankfurt FamRZ 79, 591.

4. Soweit **Erwerbstätigkeit neben Ausbildung oder Fortbildung** usw möglich ist und erwartet werden kann, sind Einkünfte anzurechnen; der Unterhaltsanspruch beschränkt sich dann auf die Differenz zum vollen Unterhaltsbedarf.

§ 1576 Unterhalt aus Billigkeitsgründen

¹ **Ein geschiedener Ehegatte kann von dem anderen Unterhalt verlangen, soweit und solange von ihm aus sonstigen schwerwiegenden Gründen eine Erwerbstätigkeit nicht erwartet werden kann und die Versagung von Unterhalt unter Berücksichtigung der Belange beider Ehegatten grob unbillig wäre.** ² **Schwerwiegende Gründe dürfen nicht allein deswegen berücksichtigt werden, weil sie zum Scheitern der Ehe geführt haben.**

1. Allgemeines. „Positive Billigkeitsklausel" soll sicherstellen, daß jede ehebedingte Unterhaltsbedürftigkeit erfaßt wird und nicht einem Bedürftigen durch die enumerative Regelung der §§ 1570–1575 Unterhaltsansprüche versagt bleiben; eng auszulegende Ausnahmevorschrift, nicht unterhaltsrechtliche Generalklausel. Zu § 1570 subsidiär, BGH NJW 84, 1540.

2. Voraussetzungen. a) Bedürftigkeit (§ 1577 I), wobei der Bedürftige auf eine eigene Erwerbstätigkeit nur verwiesen werden kann, wenn nicht schwerwiegende Gründe (die nicht schon durch die §§ 1570, 1571, 1572, 1573 und 1575 erfaßt sind) entgegenstehen. Schwerwiegende Gründe sind zB, wenn ein Partner in der Ehe weit über seine Rechtspflichten hinaus dem anderen oder sonstigen Familienangehörigen Leistungen erbracht oder Belastungen auf sich genommen hat (vgl BT-Drs 7/4361 S 17). Betreuung eines nicht-gemeinschaftlichen Kindes s BGH NJW 84, 1540; dem Wohl des Pflegekindes kommt dabei besonderes Gewicht zu, BGH aaO; sa BGH NJW 84, 2355 (einseitig aufgenommenes Pflege-

Titel 7. Scheidung der Ehe **§ 1577**

kind); Ehebruchskind s Frankfurt NJW 81, 2069; **nicht:** Ausbildung, Düsseldorf FamRZ 80, 585. **b)** Unterhaltsbedürftigkeit ist gegen die Interessen des anderen Ehegatten abzuwägen; nur eine bei umfassender Abwägung feststellbare „grobe Unbilligkeit" der Versagung eines Anspruchs rechtfertigt Unterhalt aus Billigkeitsgründen, vgl Bamberg FamRZ 80, 588. **c)** Ehebedingtheit der Bedürfnislage nicht erforderlich (BGH FamRZ 83, 800). 3

3. Rechtsfolgen. Unterhalt ist zu gewähren, soweit und solange die Bedürftigkeit deshalb besteht, weil Vermögenseinkünfte nicht zur Verfügung stehen und eine Erwerbstätigkeit aus den „schwerwiegenden Gründen" nicht erwartet werden kann. Zumutbarkeit der Erwerbstätigkeit wird strenger als in §§ 1570 ff beurteilt, Düsseldorf FamRZ 80, 56, aA Düsseldorf FamRZ 81, 1070. 5

§ 1577 Bedürftigkeit

(1) Der geschiedene Ehegatte kann den Unterhalt nach den §§ 1570 bis 1573, 1575 und 1576 nicht verlangen, solange und soweit er sich aus seinen Einkünften und seinem Vermögen selbst unterhalten kann.

(2) [1]**Einkünfte sind nicht anzurechnen, soweit der Verpflichtete nicht den vollen Unterhalt (§ 1578) leistet.** [2]**Einkünfte, die den vollen Unterhalt übersteigen, sind insoweit anzurechnen, als dies unter Berücksichtigung der beiderseitigen wirtschaftlichen Verhältnisse der Billigkeit entspricht.**

(3) Den Stamm des Vermögens braucht der Berechtigte nicht zu verwerten, soweit die Verwertung unwirtschaftlich oder unter Berücksichtigung der beiderseitigen wirtschaftlichen Verhältnisse unbillig wäre.

(4) [1]**War zum Zeitpunkt der Ehescheidung zu erwarten, dass der Unterhalt des Berechtigten aus seinem Vermögen nachhaltig gesichert sein würde, fällt das Vermögen aber später weg, so besteht kein Anspruch auf Unterhalt.** [2]**Dies gilt nicht, wenn im Zeitpunkt des Vermögenswegfalls von dem Ehegatten wegen der Pflege oder Erziehung eines gemeinschaftlichen Kindes eine Erwerbstätigkeit nicht erwartet werden kann.**

Lit: Schwab, § 1577 II BGB – das große Rätsel? Brühler Schriften I, S 23; Krenzler, Zur Anrechnungsproblematik gemäß § 1577 II BGB, FamRZ 83, 653.

1. Allgemeines. a) I schreibt Bedürftigkeit als allgemeine Voraussetzung nachehelicher Unterhaltsansprüche fest; II und III schränken jedoch die nach I gebotene Berücksichtigung von Einkünften und Vermögensverzehr ein. Bei einer durch Vermögensverlust entstehenden Bedürfnislage, die nicht scheidungsbedingt ist, besteht nach IV nur ausnahmsweise ein Unterhaltsanspruch. **b) Anzurechnen** sind nach I („soweit") Einkünfte aus zumutbarem Erwerb; im Prinzip gelten für Berechtigte und Verpflichtete die gleichen Grundsätze für ihre Erwerbsobliegenheit, Kalthoener/Büttner NJW 91, 404 mwN. Bei Ansatz fiktiver Erwerbseinkünfte bei Berechtigten ist ein Erwerbstätigenbonus ebenfalls zu berücksichtigen, BGH NJW-RR 90, 580. Weitere **Einkünfte:** Vermögenserträge s BGH FamRZ 85, 356 (sa BGH NJW 85, 911; 86, 1343); Schmerzensgeld BGH NJW-RR 88, 1093. Kapitalerträge aus Auseinandersetzung nach Scheidung s Bamberg NJW-RR 93, 68 (bedarfsdeckende Anlage), Oldenburg NJW-RR 95, 453 (ertragreiche Anlage – Festgeld), BGH NJW-RR 86, 682; zur Obliegenheit zu wirtschaftlicher Anlage und Umschichtung s BGH NJW 92, 1046; Verwertung Hausgrundstück und Mitwirkung daran s Frankfurt NJW-RR 87, 7; Wohnvorteile wie das mietfreie Wohnen im eigenen Haus, BGH FamRZ 98, 88; Zuwendungen oder Vergütung für Versorgungsleistungen durch neuen Partner s BGH NJW-RR 87, 1283 (anderweitige Deckung des Unterhaltsbedarfs), NJW 89, 1085, aber auch Hamm NJW-RR 94, 707 (leistungsunfähiger neuer Partner); Wohngeld BGH NJW 83, 686; Erwerbsunfähigkeitsrente BGH NJW 83, 1481; Leistungen nach BErzGG BGH NJW 92, 365; Pflichtteilsanspruch BGH NJW 93, 1921; Pflegegeld,

Chr. Berger

§ 1578 Buch 4. Abschnitt 1. Bürgerliche Ehe

BGH NJW 87, 1201, Hamm NJW 96, 3016; zur Darlehensmöglichkeit s BGH NJW 85, 2331 (BAföG), Graba FamRZ 85, 118. **Nicht:** Sozialhilfe, vgl BGH 78, 201; Arbeitslosenhilfe, BGH NJW 87, 1551.

2. **Nicht voll anrechenbare Einkünfte, II: a)** Einkünfte aus nicht angemessener (§ 1574 II) *oder* nach §§ 1570–1572 nicht zumutbarer Erwerbstätigkeit (wohl aber Abfindung aufgrund unzumutbarer Tätigkeit, Koblenz FamRZ 02, 325). Unzumutbare Erwerbstätigkeit braucht nicht durch Unterhaltssäumigkeit veranlaßt zu sein, BGH NJW 83, 935. Zumutbare, aber überobligationsmäßige Tätigkeit s Hamm FamRZ 94, 1035; Born FamRZ 97, 129. **Keine Anrechnung** solcher Einkünfte in Höhe der Differenz zwischen geschuldetem (Quoten)unterhalt und vollem Bedarf nach § 1578 I, BGH NJW 83, 935. Evtl zusätzliche Korrektur über § 1581, BGH aaO. Auch für die Lebensverhältnisse der Ehegatten nach § 1578 I bleiben diese Einkünfte außer Betracht, BGH NJW 83, 936. Berechnungsbsp s BGH NJW-RR 88, 516. **b)** Übersteigen die Einkünfte, evtl iVm teilw gewährtem Unterhalt oder/und Einkünften aus angemessener Erwerbstätigkeit (Dieckmann FamRZ 77, 101) jedoch den vollen Unterhaltsbedarf, so kommt eine teilw Anrechnung nach II 2 in Betracht, vgl Frankfurt FamRZ 84, 800. Anzurechnen ist nicht nach „Differenzmethode", sondern durch Abzug vom geschuldeten Betrag, BGH NJW 83, 936; s auch Hamm FamRZ 95, 173. Zur Problematik der Bestimmung ie s Dieckmann FamRZ 77, 98 ff; Hampel FamRZ 84, 629.

3. **Verwertung des Vermögensstammes** s III; dazu BGH NJW 85, 911.

4. **a) Kein Unterhaltsanspruch** bei **Wegfall** eines **Vermögens,** dessen Erträge oder Substanz im Zeitpunkt der Scheidung Unterhaltsdeckung für die Lebenszeit („nachhaltig") des Vermögensinhabers erwarten ließen, IV 1. Soweit jedoch Unterhaltsdeckung aus dem Stamm des Vermögens erfolgt, ist der Verbrauch bei Ehescheidung vorauszusetzen, nachhaltige Unterhaltssicherung also nur bei entspr großem Vermögen zu erwarten. **b) Ausnahme** bei Kinderbetreuung s IV 2.

§ 1578 Maß des Unterhalts

(1) ¹**Das Maß des Unterhalts bestimmt sich nach den ehelichen Lebensverhältnissen.** ²**Die Bemessung des Unterhaltsanspruchs nach den ehelichen Lebensverhältnissen kann zeitlich begrenzt und danach auf den angemessenen Lebensbedarf abgestellt werden, soweit insbesondere unter Berücksichtigung der Dauer der Ehe sowie der Gestaltung von Haushaltsführung und Erwerbstätigkeit eine zeitlich unbegrenzte Bemessung nach Satz 1 unbillig wäre; dies gilt in der Regel nicht, wenn der Unterhaltsberechtigte nicht nur vorübergehend ein gemeinschaftliches Kind allein oder überwiegend betreut hat oder betreut.** ³**Die Zeit der Kindesbetreuung steht der Ehedauer gleich.** ⁴**Der Unterhalt umfasst den gesamten Lebensbedarf.**

(2) **Zum Lebensbedarf gehören auch die Kosten einer angemessenen Versicherung für den Fall der Krankheit und der Pflegebedürftigkeit sowie die Kosten einer Schul- oder Berufsausbildung, einer Fortbildung oder einer Umschulung nach den §§ 1574, 1575.**

(3) **Hat der geschiedene Ehegatte einen Unterhaltsanspruch nach den §§ 1570 bis 1573 oder § 1576, so gehören zum Lebensbedarf auch die Kosten einer angemessenen Versicherung für den Fall des Alters sowie der verminderten Erwerbsfähigkeit.**

1. **Allgemeines.** Das Maß des nachehelichen Unterhalts bestimmt sich – abweichend vom allg Unterhaltsrecht – nicht nach dem angemessenen Bedarf des Berechtigten, sondern nach den ehelichen Lebensverhältnissen, I 1. Damit wird

Titel 7. Scheidung der Ehe **§ 1578**

eine (in I 2 abgeschwächte) **Lebensstandardgarantie** geschaffen. Der Unterhaltsberechtigte wird zu Lasten des -verpflichteten vor sozialem Abstieg geschützt.

2. Geprägt werden die **ehelichen Lebensverhältnisse** insbes durch das **Ein- 2 kommen** der Ehegatten und durch den aufgrund der **häuslichen Arbeit** des nicht erwerbstätigen Ehegatten erreichten sozialen Standard (BGH NJW 01, 2257). **a)** Maßgeblich ist grundsätzlich das nachhaltig erzielte tatsächlich verfügbare (BGH NJW 90, 1477) und zur Bedarfsdeckung (nicht zur Vermögensbildung) verwendete Einkommen (vgl BGH NJW 92, 2478 f). Die **Einkommens- und Vermögensverhältnisse** müssen den Lebensstandard nachhaltig geprägt haben (BGH NJW 82, 1871). Bei Doppelverdienern ist die Summe der Einkünfte maßgebend (BGH NJW 83, 683). Beschränkungen im ehelichen Lebensstandard trotz hoher Einkünfte sind zu beachten (BGH NJW 82, 1646). Belastungen, die verfügbares Einkommen mindern, sind abzuziehen (sog bereinigtes Nettoeinkommen), zB Beiträge zu Kranken- und Altersvorsorge, berufsbedingte Aufwendungen, Fahrtkosten zur Arbeitsstelle, einvernehmlich eingegangene Verbindlichkeiten (Hamm NJW-RR 94, 707), Unterhalt an volljährige Kinder (BGH NJW 85, 2716). Ob Ausgaben erforderlich sind, ist unerheblich (BGH NJW 92, 1045). **b) Einzelne Einkünfte:** Leibrente 3 (BGH NJW 94, 936); Aufwandsentschädigung (BGH NJW-RR 86, 1003), Verletztenrente (BGH NJW 82, 1593), Pflegezulage usw (BGH NJW 82, 1594). *Nicht:* Zinsen aus Anlage des Veräußerungserlöses von Familienheim (BGH FamRZ 85, 354), aus Zugewinnausgleich (BGH NJW 86, 1343), nicht geltend gemachter Pflichtteilsanspruch (BGH NJW 82, 2772), Kindergeld (BGH FamRZ 00, 1494; Ausgleich nach § 1612b IV), Pflegegeld (s § 1361 Rn 6). **c)** Dem Einkommen 4 hinzuzurechnen ist auch der **Wohnvorteil,** dh der mit dem mietfreien Wohnen im eigenen Haus oder der eigenen Wohnung verbundene Vorteil (BGH FamRZ 00, 951). Berechnung: Objektiver Mietwert abzüglich Hauslasten (Grundstückslasten, Zins und Tilgung für Finanzierung der Immobilie, BGH FamRZ 00, 952). Wird das Haus bzw die Wohnung nach dem Auszug des früheren Ehegatten wegen der Größe nicht mehr vollständig bewohnt, so ist nur derjenige Betrag als Wohnvorteil anzurechnen, der der tatsächlichen Nutzung entspricht (idR Mietzins für eine den ehelichen Lebensverhältnissen angemessene kleinere Wohnung). Der darüber hinausgehende Wert unterliegt als allgemeiner Vermögenswert der Obliegenheit zur möglichst ertragreichen Nutzung bzw Verwertung des Vermögens. Der Ehegatte kann daher nach der Scheidung zur Teil- oder Vollvermietung gehalten sein (BGH FamRZ 00, 951). **d)** Maßgeblich sind die ehelichen Verhältnisse im **Zeitpunkt** der 5 Rechtskraft des Scheidungsurteils (BGH NJW 88, 2034). Prägend sind daher auch die *während der Trennung* eingetretenen Veränderungen (vgl § 1361 Rn 8), insbes ein während der Trennung geborenes Kind eines Unterhaltsberechtigten aus einer anderen Beziehung (BGH FamRZ 99, 369). *Nach der Scheidung* eingetretene Änderungen werden nur berücksichtigt, wenn sie zum Zeitpunkt der Scheidung mit hoher Wahrscheinlichkeit zu erwarten waren (BGH NJW 88, 2034), insbes gewöhnliche Erhöhungen von Einkommen und Besoldung (BGH FamRZ 00, 1492). **e)** Die **Auf-** 6 **nahme einer Berufstätigkeit** (bzw ihre Erweiterung) nach der Scheidung wirkt sich prägend aus, weil das daraus erzielte Erwerbseinkommen jedenfalls bei Normalverdienern gleichsam als „Surrogat" des wirtschaftlichen Wertes der bisherigen häuslichen Tätigkeit angesehen wird (grundlegend BGH NJW 01, 2258, dazu Büttner NJW 01, 3244; Hohloch JuS 01, 1123). Unter Verzicht auf eine monetäre Bewertung der Familienarbeit wird entsprechendes Einkommen nicht nach der Anrechnungs-, sondern nach der für den Unterhaltsberechtigten günstigeren Differenzmethode verrechnet, s Rn 7. Die Familienarbeit soll damit der Erwerbstätigkeit gleichgestellt und ein Anreiz zur Arbeitsaufnahme gesetzt werden. Folge ist Anspruch nach Maßgabe des § 1573 II. – Eheprägendes „Surrogateinkommen" in diesem Sinne sind ferner der (gem ZPO 287 II zu schätzende) Wert der Versorgungsleistungen, die der Unterhaltsberechtigte für einen *neuen* Partner erbringt (BGH FamRZ 01, 1694) und eine nach der Ehe bezogene Altersrente (BGH FamRZ 02, 91).

Chr. Berger

§§ 1578a, 1579 Buch 4. Abschnitt 1. Bürgerliche Ehe

7 3. **Berechnungsmethoden** s § 1361 Rn 10. a) Nach dem **Halbteilungsgrundsatz** steht jedem Ehegatten als Bedarf grundsätzlich die Hälfte des verteilungsfähigen Einkommens zu (BGH NJW 88, 2371). Dem erwerbstätigen Teil – also nicht bei Bezug von Arbeitslosengeld (Karlsruhe FamRZ 98, 746) – ist vorab ein Erwerbstätigenbonus von $1/7$ zuzubilligen (BGH NJW 90, 2888). Unterhalt ist deshalb als Quote (meist $3/7$) des (Netto-)Erwerbseinkommens des Verpflichteten, bei Doppelverdienern der Differenz zu berechnen (Differenzmethode, vgl BGH NJW 81, 1611; 95, 963f). Das gilt auch für Einkommen aus nach der Ehe aufgenommener Tätigkeit des bislang haushaltsführenden Ehegatten (BGH NJW 01, 2258). Iü verbleibt es bei der Anrechnungsmethode. **Richtsätze** für Unterhaltsbemessung s Tabellen, dazu Rn 2 vor §§ 1360–1361; dort auch **Selbstbehalt**.

8 – Bei außergewöhnlich **hohen Einkommensverhältnissen** scheidet eine quotale Bemessung aus; Bedarf ist im einzelnen darzulegen und zu monetarisieren (Bamberg FamRZ 99, 515 [Unterhalt iHv DM 14 646]).

9 4. **Umfang.** Nach I 4 ist grundsätzlich der gesamte Bedarf geschuldet. II und III enthalten die Klarstellung, daß die genannten Kosten zum Lebensbedarf gehören. III wird dabei wichtig in den Fällen, in denen auch unter Berücksichtigung des Versorgungsausgleichs der Aufbau einer eigenen Alterssicherung ohne entspr Bemessung des Unterhalts nicht möglich wäre. Ausrichtung am zugebilligten Elementarunterhalt, BGH NJW-RR 88, 518. Analogie zu II bei Pflegeversicherung (Saarbrücken FamRZ 99, 383). Grundsätzlich besteht ein Anspruch auf Altersvorsorgeunterhalt auch dann, wenn der Berechtigte seinen Elementarunterhaltsbedarf teilweise durch eine nicht sozialversicherungspflichtige Tätigkeit abdeckt (BGH FamRZ 99, 373). Zum **Vorsorgeunterhalt** sa § 1361 Rn 12. **Prozeßkostenvorschuß** zählt bei geschiedenen Ehegatten nicht zum Unterhalt (BGH 89, 33).

10 5. **Begrenzung** des Unterhalts durch I 2 (eingeführt durch UÄndG). Zu den Kriterien der Billigkeitsabwägung BGH NJW 86, 2833; Hamburg FamRZ 98, 295 (10jährige Ehedauer und Krankheit). „Angemessener" Bedarf ist mehr als Existenzminimum oder notwendiger Bedarf (Hamm NJW-RR 88, 8). Befristung in späterem Abänderungsverfahren s Hamm FamRZ 94, 1392.

§ 1578a Deckungsvermutung bei schadensbedingten Mehraufwendungen

Für Aufwendungen infolge eines Körper- oder Gesundheitsschadens gilt § 1610a.

1 1. S. Anm zu § 1610a.

§ 1579 Beschränkung oder Wegfall der Verpflichtung

Ein Unterhaltsanspruch ist zu versagen, herabzusetzen oder zeitlich zu begrenzen, soweit die Inanspruchnahme des Verpflichteten auch unter Wahrung der Belange eines dem Berechtigten zur Pflege oder Erziehung anvertrauten gemeinschaftlichen Kindes grob unbillig wäre, weil

1. die Ehe von kurzer Dauer war; der Ehedauer steht die Zeit gleich, in welcher der Berechtigte wegen der Pflege oder Erziehung eines gemeinschaftlichen Kindes nach § 1570 Unterhalt verlangen konnte,
2. der Berechtigte sich eines Verbrechens oder eines schweren vorsätzlichen Vergehens gegen den Verpflichteten oder einen nahen Angehörigen des Verpflichteten schuldig gemacht hat,
3. der Berechtigte seine Bedürftigkeit mutwillig herbeigeführt hat,
4. der Berechtigte sich über schwerwiegende Vermögensinteressen des Verpflichteten mutwillig hinweggesetzt hat,
5. der Berechtigte vor der Trennung längere Zeit hindurch seine Pflicht, zum Familienunterhalt beizutragen, gröblich verletzt hat,

Titel 7. Scheidung der Ehe **§ 1579**

6. dem Berechtigten ein offensichtlich schwerwiegendes, eindeutig bei ihm liegendes Fehlverhalten gegen den Verpflichteten zur Last fällt oder
7. ein anderer Grund vorliegt, der ebenso schwer wiegt wie die in den Nummern 1 bis 6 aufgeführten Gründe.

Lit: Brudermüller, Zeitliche Begrenzung des Unterhaltsanspruchs, FamRZ 98, 650; Dieckmann, Zur Einschränkung des nachehelichen Unterhaltsanspruchs nach dem UÄndG für „Berufstätigenehen", FamRZ 87, 981; Diederichsen, Die Ehedauer als Begrenzungskriterium für den nachehelichen Unterhalt, FS Müller-Freienfels 1986, 99; Häberle, Zum Einfluß persönlicher Eheverfehlungen auf den Ehegattenunterhalt, FamRZ 82, 557; ders, Die Erweiterung der negativen Härteklausel (§ 1579) durch das UÄndG, FamRZ 86, 311; Henrich, Die negative Härteklausel (§ 1579 nF) und die Belange des Kindes, FamRZ 86, 401; Lübbert, Der Ausschluß des nachehelichen Unterhalts wegen „grober Unbilligkeit" – § 1579 –, 1982.

1. Allgemeines. Durch UÄndG neugefaßte Härteklausel zugunsten des Unterhaltsverpflichteten; unter den in Nr 1–7 geregelten Voraussetzungen kann Unterhalt versagt, herabgesetzt oder zeitlich begrenzt werden. Gilt nicht bei § 1576, da die in § 1579 erheblichen Umstände schon in die Billigkeitsabwägung eingehen können (BGH NJW 84, 1540). **1**

2. a) Fälle der **grob unbilligen Inanspruchnahme** sind in Nr 1–6 enumerativ aufgezählt und werden in Nr 7 durch eine Generalklausel ergänzt; bei den genannten Voraussetzungen können für das Urteil „grob unbillig" zusätzliche Momente Gewicht haben, vgl BGH NJW-RR 86, 1194. Die Fassung des UÄndG stellt iü klar, daß die Belange gemeinschaftlicher, dem Unterhaltsbedürftigen durch Sorgerechtsentscheidung oder entspr Vereinbarung „anvertrauter" Kinder (für die Dauer der Betreuung) Vorrang vor den Interessen des Unterhaltspflichtigen haben; gleichwohl muß auch bei berücksichtigenswerten Kindesbelangen völlige Versagung in Betracht kommen, vgl Diederichsen NJW 86, 1290; Düsseldorf NJW-RR 88, 7 (seltene Ausnahmefälle). Die Zahl der teilweise bizarren Einzelfälle wächst ständig; hier können nur Bsp wiedergegeben werden. **b)** Für die **kurze Dauer** der **Nr 1** ist nach BVerfG 80, 286 maßgebend tatsächliche Ehedauer; anschließend sind Kindesbelange abzuwägen. Iü ist die jeweilige Lebenssituation der Ehegatten, insbes des Unterhaltsbedürftigen, BGH NJW 81, 756. 2 Jahre sind regelmäßig als kurz zu bewerten, 3 Jahre nicht mehr, vgl BGH NJW 81, 756; dagegen Köln FamRZ 92, 66 (4 Jahre). Ehedauer iS dieser Vorschrift endet jedenfalls mit Rechtshängigkeit des Scheidungsantrags, BGH NJW 81, 755. Zur Kinderbetreuungszeit BVerfG 80, 293; Dieckmann aaO S 983. Wiederverheiratung: Dauer der 1. Ehe bleibt außer Betracht, Hamm FamRZ 89, 1091. **Nr 2**: gefährliche Körperverletzung s Koblenz FamRZ 98, 745; Prozeßbetrug gegen Antragsteller s Hamm NJW-RR 88, 8 (Verhältnismäßigkeitsgrundsatz sei zu beachten); Verschweigen eigener Einkünfte s BGH NJW 97, 1440; Revolverschüsse s Düsseldorf NJW 93, 3078 f. Täter muß schuldhaft, wenn auch im Zustand verminderter Schuldfähigkeit gehandelt haben (Hamm FamRZ 02, 241); bei Schuldunfähigkeit s Rn 7. **c) „Mutwilligkeit"** iSv **Nr 3** ist schon leichtfertiges Verhalten, das Unterhaltsbedürftigkeit herbeiführt, vgl BGH NJW 81, 2807: Trunksucht; sa zum Vermögensverbrauch BGH FamRZ 84, 368; zur unterlassenen Ausbildung BGH NJW 86, 986; zur „Selbstverwirklichung" Köln FamRZ 85, 930: Aufgabe der Erwerbstätigkeit (s a Hamm FamRZ 96, 954; Bamberg NJW-RR 88, 132), Verweigern therapeutischer Hilfe (Hamm FamRZ 99, 238); nicht: Selbsttötungsversuch, BGH NJW-RR 89, 1219; homologe In-vitro-Fertilisation trotz Widerrufs des Einverständnisses durch Ehemann (BGH FamRZ 01, 543); **Nr 4**: Anschwärzen, Karlsruhe FamRZ 98, 747; Bestehlen, Hamm FamRZ 94, 168; **Nr 6** deckt früher zu Nr 4 aF entschiedene Fälle des schwerwiegenden und klar bei dem unterhaltsbedürftigen Ehegatten liegenden Fehlverhaltens, also insbesondere dauerhafte intime Beziehungen zu einem Dritten vor oder nach der Trennung (vgl BGH NJW 90, 254; Frankfurt NJW-RR 94, 456), Mehrverkehr (Celle NJW-RR 87, 580); „böser Schein" eines Treubruchs (Celle FamRZ 99, **2** **3** **4** **5** **6**

§§ 1580, 1581 Buch 4. Abschnitt 1. Bürgerliche Ehe

509); „Unterschieben" eines Kindes, Köln FamRZ 98, 749; Vereitelung des Umgangsrechts, München FamRZ 98, 750; Weigerung, gemeinsamen Wohnsitz zu begründen, BGH NJW 87, 1761 (krit dazu Dieckmann aaO); Tätlichkeiten,
7 Koblenz NJW-RR 89, 5; **Nr 7** übernimmt die Funktion eines Auffangtatbestandes, insbes wenn bei Nr 2, 4 Verschulden nicht nachgewiesen werden kann (s Hamm FamRZ 98, 372). Anwendungsbsp BGH NJW 85, 2268 (Teilhabe am Splittingvorteil zum Nachteil des neuen Ehegatten); BGH NJW 84, 2692 (unterlassene Wiederheirat, um Unterhaltsanspruch zu erhalten); BGH NJW 85, 428 (Verschweigen der Scheinehelichkeit eines Kindes); zur nF Köln NJW-RR 86, 687 (Anzeige bei östlichem Staatssicherheitsdienst); einverständlich unterbliebenes Zusammenleben, BGH NJW-RR 94, 644; eheähnliche längere (nicht unter zwei bis drei Jahren) Verbindung mit neuem Partner (BGH FamRZ 02, 811), auch bei § 1570 (Hamm NJW-RR 99, 1233), und jeweils eigener Wohnung, Zweibrücken NJW 93, 1660, nicht jedoch, wenn die Partner ihre jeweiligen Lebensbereiche bewußt getrennt halten, um ihre Unabhängigkeit zu bewahren (BGH NJW 02, 219; dazu D. Schwab FamRZ 02, 92); Hamm NJW-RR 99, 1233; objektiv unzumutbare Belastung, Celle FamRZ 86, 912; **nicht:** Absinken des Unterhaltsverpflichteten und seiner neuen Familie unter Sozialhilfeschwelle, BGH NJW 96, 2793; unerkannte voreheliche Erkrankung, BGH NJW 94, 1286; gleichge-
8 schlechtliches Zusammenleben, BGH NJW 95, 655. Zur **Beweislast** für Härtegrund BGH NJW 91, 1291. Verwirkung selbst bei Schwerbehinderung des Unterhaltsberechtigten s BGH NJW-RR 88, 834. Zum Wiederaufleben eines ausgeschlossenen Anspruchs BGH NJW 87, 3130.
9 **3. Folgen.** Versagung, Herabsetzung oder zeitliche Beschränkung des Unterhaltsanspruchs. **Herabsetzung** auf 2/3 trotz 30jähriger Ehedauer s Hamm FamRZ 90, 633. **Zeitliche Beschränkung** an Ehedauer orientiert, Hamm NJW-RR 87, 518.

§ 1580 Auskunftspflicht

¹**Die geschiedenen Ehegatten sind einander verpflichtet, auf Verlangen über ihre Einkünfte und ihr Vermögen Auskunft zu erteilen.** ²**§ 1605 ist entsprechend anzuwenden.**

1 **1.** Auskunft kann nur verlangt werden, wenn und soweit zur Feststellung eines Unterhaltsanspruchs oder einer Unterhaltsverpflichtung relevant (§ 1605 I 1), vgl BGH NJW 82, 2771 (Pflichtteil); 83, 1783 (Rente); Hamburg FamRZ 85, 394 (Einkünfte, nicht Vermögensgegenstände); Karlsruhe NJW-RR 90, 712 (Verwendung von Kapitalbeträgen). Erforderlich ist systematische Aufstellung der Angaben, die Berechnung ohne übermäßigen Arbeitsaufwand ermöglicht, BGH NJW 83, 2243 (auch zum Zeitraum). Auskunft und Vorlage von Belegen: zwei Ansprüche, München FamRZ 93, 202. Fehlende Relevanz bei uneingeschränkter Leistungsbereitschaft Hamm FamRZ 96, 736; bei besonders günstigen wirtschaftlichen Verhältnissen BGH NJW 94, 2619.
2 **2.** Anspruch kann bereits im Verbundverfahren geltend gemacht werden, BGH NJW 82, 1645. Kein Zurückbehaltungsrecht, Köln FamRZ 87, 714.

Kapitel 3. Leistungsfähigkeit und Rangfolge

§ 1581 Leistungsfähigkeit

¹**Ist der Verpflichtete nach seinen Erwerbs- und Vermögensverhältnissen unter Berücksichtigung seiner sonstigen Verpflichtungen außerstande, ohne Gefährdung des eigenen angemessenen Unterhalts dem Berechtigten Unterhalt zu gewähren, so braucht er nur insoweit Unterhalt zu leisten, als es mit Rücksicht auf die Bedürfnisse und die Erwerbs- und Vermögensverhältnisse der geschiedenen Ehegatten der Billigkeit entspricht.** ²**Den**

Titel 7. Scheidung der Ehe **§ 1581**

Stamm des Vermögens braucht er nicht zu verwerten, soweit die Verwertung unwirtschaftlich oder unter Berücksichtigung der beiderseitigen wirtschaftlichen Verhältnisse unbillig wäre.

Lit: Deisenhofer, Der Mindestbedarf des unterhaltsberechtigten Ehegatten, FamRZ 90, 580; Dieckmann, Der Selbstbehalt – Versuch einer systematischen Einordnung, Brühler Schriften zum Familienrecht Bd 1, 1981, S 41; Duderstadt, Unterhaltsrechtliche Mangelfälle, FamRZ 87, 548; Graba, Zur Unterhaltsberechnung im Mangelfall, FamRZ 89, 232; Gutdeutsch, Vorschläge zur Bedarfsbemessung und Kürzung nach § 1581 BGB bei gleichrangigen Unterhaltsansprüchen von Ehegatten, FamRZ 95, 327; v. Krog, Unterhaltspflicht und verschuldete Leistungsunfähigkeit, FamRZ 84, 539; sa Lit zu § 1578.

1. Allgemeines. § 1581 kürzt den (nach § 1578 berechneten) Unterhaltsanspruch des geschiedenen Ehegatten bei Gefährdung des eigenen eheangemessenen Bedarfs des Unterhaltsverpflichteten („Mangelfall"; praktisch die Regel). 1

2. Voraussetzungen. Einkünfte, insbes aus Vermögen oder (und) Erwerbstätigkeit des in Anspruch Genommenen reichen nicht aus, um den Unterhaltsbedarf beider Teile sowie seine sonstigen (gleichrangigen oder vorrangigen) Unterhaltsverpflichtungen (dazu Rn 7) zu decken. Spätere Einkommensverschlechterung s Düsseldorf FamRZ 91, 331. Eigener angemessener Unterhalt des Verpflichteten ist der eheangemessene Unterhalt nach § 1578 I 1, BGH NJW 90, 1172; dazu Böhmer JR 90, 375; zur Bemessung als Quote sa Düsseldorf NJW 90, 2695. **a) Vermögensverzehr** s S 2, der § 1577 III entspricht. Zur Abwägung Frankfurt NJW-RR 88, 1161. **b) Einkünfte: aa)** Welche **Erwerbstätigkeit** von dem in Anspruch Genommenen erwartet werden kann, sagt das Ges nicht. Die für den Berechtigten geltenden Grundsätze sind entsprechend zu berücksichtigen. Auch der **Verpflichtete** hat deshalb **Erwerbsobliegenheit**, vgl BGH NJW-RR 87, 515 für wiederverheirateten (oder in nichtehelicher Lebensgemeinschaft lebenden, BGH NJW 01, 1489) „Hausmann" mit Unterhaltsverpflichtung aus § 1570, die zur Annahme fiktiven Einkommens führen kann. Sie legt auch bei Wahl oder Aufgabe einer Stelle Beschränkungen auf, BGH NJW 82, 1052. Bei Aufgabe des Arbeitsplatzes ohne zureichenden Grund wird der Verpflichtete als leistungsfähig behandelt, BGH NJW 81, 1610; sa Düsseldorf NJW-RR 94, 326 (Straftat gegen Arbeitgeber); Stuttgart FamRZ 83, 1233 (für beide Seiten); sa BGH NJW 93, 1975 zum schuldhaften Verlust des Arbeitsplatzes (beachtlich, es sei denn, Berufung darauf ist treuwidrig). Berufs- und Ortswechsel s KG FamRZ 84, 592; Studium als Hinderungsgrund s Karlsruhe FamRZ 81, 559. Entscheidung für selbständigen Beruf entlastet nicht für Übergangszeit, Düsseldorf NJW-RR 88, 2. **bb) Sonstige Einkünfte:** Grundrente, BGH NJW 81, 1313; Zulagen, BGH NJW 82, 41; Ortszuschlag s BGH NJW-RR 90, 581; Versorgung durch neuen Partner s BGH NJW 80, 126, 1688. **c) Sonstige Verpflichtungen** sind **aa)** solche gegenüber im Rang aufgrund § 1582 I, 1609 III vorgehenden oder gleichstehenden Unterhaltsberechtigten; vgl zum Kindesunterhalt aber auch KG FamRZ 84, 898, Hamm FamRZ 90, 413 und zum Vorab-Abzug bei ausreichendem Einkommen § 1578 Rn 2. **bb)** andere Verbindlichkeiten, soweit sie nicht nach Entstehung der Unterhaltspflicht ohne zwingenden Grund eingegangen worden sind (s §§ 1601–1604 Rn 21; Einschränkungen BGH NJW 84, 1238). Evtl Tilgungsplan erforderlich, um monatliche Belastung auszugleichen, sa BGH NJW 82, 1641; Düsseldorf FamRZ 86, 65 zur Schuldentilgung im Verhältnis zu Unterhaltsgläubigern; Hamburg MDR 83, 935 zu Versicherungsbeiträgen. **cc)** Belastungen aus dem Versorgungsausgleich sind nicht zu berücksichtigen, weil sonst der Ausgleichsberechtigte seinen Ausgleich mit einem späteren Unterhaltsanspruch zu bezahlen hätte (BT-Drs 7/650 S 163). Zu Abschreibungen s Durchlaub FamRZ 87, 1223. **d)** Als „Selbstbehalt" ist jedenfalls der zur Erhaltung der Arbeitskraft notwendige Unterhalt zu belassen; zur Höhe s § 1361 Rn 16, Bamberg NJW-RR 92, 1415 (gleich hoch für Ehegatten und Kinder); BGH 104, 169 (großer Selbstbehalt); Karlsruhe FamRZ 93, 1452 (Mitte zwischen kleinem und großem Selbstbehalt), aber auch 2 3 4 5 6 7 8 9

§ 1582 Buch 4. Abschnitt 1. Bürgerliche Ehe

BGH NJW 92, 1623 zum Mangelfall (zweistufige Berechnung) s Braunschweig
10 FamRZ 95, 356; BGH NJW-RR 92, 1475 zum FGB. **e)** Berücksichtigung von
Einkünften des Berechtigten aus nicht gebotener Erwerbstätigkeit im Rahmen der
Billigkeit s BGH NJW 83, 936.

11 **3. Rechtsfolgen.** Minderung oder auch gänzlicher Wegfall der Unterhaltsverpflichtung für die Dauer der mangelnden Leistungsfähigkeit; aA Düsseldorf FamRZ 89, 982: nicht Wegfall, sondern Billigkeitsprüfung; Untergrenze notwendiger Selbstbehalt; Braunschweig FamRZ 95, 356: Mindestbedarf. Aber: Berufung auf selbst herbeigeführte Leistungsunfähigkeit kann treuwidrig sein, BGH NJW 88, 2241.

§ 1582 Rangverhältnisse mehrerer Unterhaltsbedürftiger

(1) **¹Bei Ermittlung des Unterhalts des geschiedenen Ehegatten geht im Falle des § 1581 der geschiedene Ehegatte einem neuen Ehegatten vor, wenn dieser nicht bei entsprechender Anwendung der §§ 1569 bis 1574, § 1576 und des § 1577 Abs. 1 unterhaltsberechtigt wäre. ²Hätte der neue Ehegatte nach diesen Vorschriften einen Unterhaltsanspruch, geht ihm der geschiedene Ehegatte gleichwohl vor, wenn er nach § 1570 oder nach § 1576 unterhaltsberechtigt ist oder die Ehe mit dem geschiedenen Ehegatten von langer Dauer war. ³Der Ehedauer steht die Zeit gleich, in der ein Ehegatte wegen der Pflege oder Erziehung eines gemeinschaftlichen Kindes nach § 1570 unterhaltsberechtigt war.**

(2) **§ 1609 bleibt im Übrigen unberührt.**

Lit: Büttner, Zur Mangelverteilung im Unterhaltsrecht, NJW 87, 1855; Schmitt, Der Rang des Geschiedenenunterhalts, 1985.

1 **1. Allgemeines.** § 1582 soll das Rangverhältnis der Ansprüche mehrerer Unterhaltsberechtigter, insbes geschiedener und neuer Ehegatten untereinander (I) bei mangelnder Leistungsfähigkeit des Verpflichteten, dh (nur) im Falle des § 1581 (s BGH NJW 83, 1735) ordnen. Er kann damit als Wiederverheiratungssperre wirken; gleichwohl nicht verfassungswidrig, BVerfG 66, 84; BGH NJW 85, 1029; gegen einschränkende Auslegung BGH NJW 86, 2056; krit H. Lange, Symposion Wieacker (1991), 341.

2 **2. Einzelfälle. a)** Nach I 1 geht der geschiedene Ehegatte dem neuen Ehegatten vor. **b)** Der geschiedene Ehegatte hat gleichen Rang, wenn für den neuen Ehegatten einer der in §§ 1570–1574, 1576 iVm § 1577 I geregelten Unterhaltstatbestände gegeben ist, vgl BGH NJW 83, 1734; Schmitt aaO S 184: „Normalfall".

3 **c)** Der geschiedene Ehegatte geht jedoch nach I 2 dem neuen Ehegatten auch in den Situationen nach Rn 2 vor, falls **aa)** die Bedürftigkeit durch die Betreuung gemeinschaftlicher Kinder veranlaßt (§ 1570, zur eingeschränkten Möglichkeit einer Rollenwahl in einer neuen Ehe BGH NJW 96, 1816), **bb)** Billigkeitsunterhalt nach § 1576 geschuldet oder **cc)** die geschiedene Ehe von langer Dauer (hierzu BGH NJW 83, 1734f, 2322 – 13½ Jahre) oder der geschiedene Ehegatte
4 längere Zeit nach § 1570 unterhaltsabhängig war, I 3. **d)** Mehrere geschiedene Ehegatten erwähnt das Ges nicht; überwiegend wird vertreten, daß Rangfolge aus § 1582 fortgesetzt wird, s Rolland 16. **e) Mangelfall** s BGH NJW 92, 1623.

5 **3. Kindesunterhalt. a)** Unterhaltsansprüche von Kindern iSv § 1603 II stehen mit den Ansprüchen geschiedener Ehegatten auf gleicher Stufe, II iVm § 1609 II 1. Der in I angeordnete Vorrang des geschiedenen Ehegatten ist mit dem in § 1609 II vorgesehenen Gleichrang „der Ehegatten" – also des geschiedenen und des neuen, BGH 104, 162 – mit Kindern iSv § 1603 II nicht zu vereinbaren. Der Widerspruch wird gelöst, wenn man den in § 1609 II 1 angeordneten Gleichrang nur auf den nach I privilegierten (geschiedenen) Ehegatten, nicht hingegen auf den neuen Ehegatten bezieht (BGH 104, 165). **b)** Andere Kinder treten hinter den geschiedenen Ehegatten zurück, II iVm § 1609 II 2.

Titel 7. Scheidung der Ehe **§§ 1583–1585**

4. Stufen der Unterhaltsberechnung bei Nachrang des neuen Ehegatten 6
(hierzu BGH 104, 168 ff): Zunächst ist der Unterhalt des geschiedenen Ehegatten nach § 1578 und *aller* Kinder nach § 1610 zu ermitteln. Sodann ist vom verfügbaren Einkommen der angemessene Eigenbedarf des Verpflichteten (nach Tabelle) abzusetzen. In einer zweiten Berechnungsstufe sind die Unterhaltsansprüche anteilig entsprechend dem für Unterhaltsleistungen verbleibenden Betrag herabzusetzen. Der neue Ehegatte erhält deshalb nur Unterhalt, falls das verfügbare Einkommen den Unterhalt von Kindern und geschiedenen Ehegatten sowie den Selbstbehalt übersteigt; Absinken unter Sozialhilfeschwelle wird hingenommen, BGH NJW 96, 2793.

§ 1583 Einfluss des Güterstands

Lebt der Verpflichtete im Falle der Wiederheirat mit seinem neuen Ehegatten im Güterstand der Gütergemeinschaft, so ist § 1604 entsprechend anzuwenden.

1. Die Vorschrift stellt sicher, daß ein geschiedener Ehegatte seine Leistungs- 1
fähigkeit bei Wiederverheiratung nicht durch Vergemeinschaftung seines Vermögens schmälert; das Gesamtgut und seine Erträgnisse werden deshalb dem Verpflichteten bei Beurteilung seiner Leistungsfähigkeit zugerechnet.

§ 1584 Rangverhältnisse mehrerer Unterhaltsverpflichteter

¹Der unterhaltspflichtige geschiedene Ehegatte haftet vor den Verwandten des Berechtigten. ²Soweit jedoch der Verpflichtete nicht leistungsfähig ist, haften die Verwandten vor dem geschiedenen Ehegatten. ³§ 1607 Abs. 2 und 4 gilt entsprechend.

1. **Allgemeines.** Die Vorschrift regelt die gesteigerte Unterhaltsverantwortung 1
zwischen (geschiedenen) Ehegatten im Vergleich zur Unterhaltspflicht Verwandter.

2. **Rangfolge. a)** Der geschiedene Ehegatte haftet vor unterhaltspflichtigen 2
Verwandten, soweit und solange er nicht leistungsunfähig iSd § 1581 ist. Auch wenn er ohne Gefährdung seines eigenen Unterhalts nur Teilleistungen erbringen kann, hat er insoweit primär einzustehen. **b) Ersatzhaftung** der unterhaltspflichti- 3
gen, dh leistungsfähigen (s § 1603 I) Verwandten (s § 1589) tritt ein, wenn der geschiedene Ehegatte entweder **aa)** absolut leistungsunfähig ist oder **bb)** seinen 4
eigenen angemessenen Unterhalt unter Berücksichtigung seiner sonstigen Verpflichtungen gefährden würde (vgl auch § 1608 S 2); auch braucht er den Stamm seines Vermögens nur unter den Voraussetzungen des § 1581 S 2 zu verwerten, um unterhaltspflichtige Verwandte zu entlasten. Verpflichtungen gegenüber einem neuen Ehegatten sind jedoch nur nach Maßgabe des § 1582 I 1 zu berücksichtigen. **cc)** Der Leistungsunfähigkeit des verpflichteten Ehegatten steht die Hinderung 5
oder Erschwerung der Rechtsverfolgung im Inland gleich, S 2 iVm § 1607 II 1.

3. **Ges Forderungsübergang** der Unterhaltsansprüche gegen den Ehegatten 6
auf die ersatzweise leistenden Verwandten tritt im Falle verhinderter oder erschwerter Rechtsverfolgung im Inland aufgrund S 2 iVm § 1607 II 2 ein. Soweit Verwandte in anderen Situationen Unterhalt leisten, kommt es für ihre Rückgriffsansprüche aus Bereicherung darauf an, ob tatsächlich Unterhaltsansprüche gegen den geschiedenen Ehegatten bestanden (vgl hierzu §§ 1606–1608 Rn 16); war er zur Leistung etwa nach § 1581 nicht verpflichtet, besteht auch kein Regreßanspruch der hilfsweise eingesprungenen Verwandten (BT-Drs 7/650 S 145).

Kapitel 4. Gestaltung des Unterhaltsanspruchs

§ 1585 Art der Unterhaltsgewährung

(1) ¹Der laufende Unterhalt ist durch Zahlung einer Geldrente zu gewähren. ²Die Rente ist monatlich im Voraus zu entrichten. ³Der Ver-

pflichtete schuldet den vollen Monatsbetrag auch dann, wenn der Unterhaltsanspruch im Laufe des Monats durch Wiederheirat oder Tod des Berechtigten erlischt.

(2) Statt der Rente kann der Berechtigte eine Abfindung in Kapital verlangen, wenn ein wichtiger Grund vorliegt und der Verpflichtete dadurch nicht unbillig belastet wird.

§ 1585 a Sicherheitsleistung

(1) [1]Der Verpflichtete hat auf Verlangen Sicherheit zu leisten. [2]Die Verpflichtung, Sicherheit zu leisten, entfällt, wenn kein Grund zu der Annahme besteht, dass die Unterhaltsleistung gefährdet ist oder wenn der Verpflichtete durch die Sicherheitsleistung unbillig belastet würde. [3]Der Betrag, für den Sicherheit zu leisten ist, soll den einfachen Jahresbetrag der Unterhaltsrente nicht übersteigen, sofern nicht nach den besonderen Umständen des Falles eine höhere Sicherheitsleistung angemessen erscheint.

(2) Die Art der Sicherheitsleistung bestimmt sich nach den Umständen; die Beschränkung des § 232 gilt nicht.

§ 1585 b Unterhalt für die Vergangenheit

(1) Wegen eines Sonderbedarfs (§ 1613 Abs. 2) kann der Berechtigte Unterhalt für die Vergangenheit verlangen.

(2) Im Übrigen kann der Berechtigte für die Vergangenheit Erfüllung oder Schadensersatz wegen Nichterfüllung erst von der Zeit an fordern, in der der Unterhaltspflichtige in Verzug gekommen oder der Unterhaltsanspruch rechtshängig geworden ist.

(3) Für eine mehr als ein Jahr vor der Rechtshängigkeit liegende Zeit kann Erfüllung oder Schadensersatz wegen Nichterfüllung nur verlangt werden, wenn anzunehmen ist, dass der Verpflichtete sich der Leistung absichtlich entzogen hat.

§ 1585 c Vereinbarungen über den Unterhalt

Die Ehegatten können über die Unterhaltspflicht für die Zeit nach der Scheidung Vereinbarungen treffen.

Anmerkungen zu den §§ 1585–1585 c

Lit: Frey, Der Verzicht auf nachehelichen Unterhalt, 1988.

1   **1. Allgemeines.** Die Vorschriften regeln Ausgestaltung des Unterhaltsanspruchs sowie Möglichkeit seiner Sicherung und rechtsgeschäftlichen Modifikation.

2   **2. Laufender Unterhalt** ist für die Dauer der Unterhaltspflicht nach § 1585 I in Form einer monatlich vorauszahlbaren Geldrente zu leisten. § 1612 I 2 ist nicht anwendbar. Das Wort „laufend" soll klarstellen, daß weiterer Unterhalt aufgrund Sonderbedarfs geschuldet sein kann (s Rn 5). Erlöschen des Unterhaltsanspruchs aufgrund Wiederverheiratung oder Tod des Berechtigten (s § 1586 I) im Laufe des Monats s § 1585 I 3. Unterhalt als **Überbrückungsdarlehen** bis zur Auszahlung beantragter Rente s Köln NJW 80, 2817.

3   **3. Kapitalabfindung** (§ 1585 II) kann vom Berechtigten verlangt werden,
4   wenn **a)** ein wichtiger Grund vorliegt (zB Existenzgründung) und **b)** der Verpflichtete dadurch nicht unbillig belastet wird, also etwa die Abfindung vermittels eines Kredits erbringen kann, dessen Rückzahlung in Raten in etwa seiner Unter-

Titel 7. Scheidung der Ehe **§ 1585 c**

haltsverpflichtung entspricht. Dem Unterhaltsberechtigten kann jedoch eine Unterhaltsabfindung nicht aufgedrängt werden.

4. Sonderbedarf (Definition s § 1613 II 1) ist neben dem laufenden Unterhalt 5
geschuldet (s § 1585 b I), zB bei unerwarteter Operation.

5. a) Für die **Vergangenheit** sind entspr § 1613 I a Rückstände laufenden 6
Unterhalts bzw Schadensersatz wegen Nichterfüllung nur geschuldet, wenn der
Unterhaltspflichtige in Verzug geraten oder der Anspruch rechtshängig war,
§ 1585 b II; Verzug s § 286; Mahnung vor Rechtskraft des Scheidungsurteils begründet keinen Verzug, BGH NJW 92, 1956. Rechtshängigkeit s ZPO 261,
696 III, 700 II; ZPO 270 III ist anwendbar (Düsseldorf FamRZ 02, 327); Prozeßkostenhilfegesuch reicht nicht, AG Wilburg NJW-RR 95, 3. Vertragliche Vereinbarung des Unterhalts steht Verzug oder Rechtshängigkeit gleich, BGH 105, 254.
b) Sonderbedarf kann auch für die Vergangenheit verlangt werden, § 1585 b I. 7
c) Nach einem Jahr erlöschen alle Unterhaltsansprüche, auch solche auf rückständigen Sonderbedarf, sofern nicht Tatsachen bewiesen werden, die die Annahme
rechtfertigen, daß sich der Verpflichtete der Leistung absichtlich entzogen hat,
§ 1585 b III. Für „absichtliches Entziehen" s BGH 105, 257 f (auch zur **Beweis-** 8
last). Geltendmachung durch Träger der Sozialhilfe s BGH NJW-RR 87, 1220. III
gilt auch für vertraglich vereinbarten Unterhaltsanspruch, BGH 105, 255 f; Verzicht
auf III möglich, BGH aaO. Ausgleichsanspruch aufgrund Zustimmung zum Realsplitting s BGH NJW 86, 255.

6. Unterhaltsverträge werden durch § 1585 c zugelassen und nicht an be- 9
stimmte Formen gebunden; regelmäßig wird jedoch ein solcher Vertrag auch den
Versorgungsausgleich berücksichtigen, so daß dann § 1587 o zu beachten ist. Bei
Konventionalscheidung dürfte praktisch Formzwang aus ZPO 630 III, I Nr 3 iVm
794 I Nr 5 folgen. Prozeßvergleich umfaßt nicht ohne weiteres Anspruch aus
§ 1586 a, BGH NJW 88, 557 f. § 1585 b gilt auch für vertraglich vereinbarte
Unterhaltsansprüche (aA RG 164, 69 zu § 1613). Streitigkeiten sind Unterhaltsverträgen und Familiensache, BGH NJW 79, 2518. **a)** Unterhaltsverträge schon 10
bei oder vor Eheschließung für den Fall der Scheidung sind nach hA zulässig, vgl
Celle FamRZ 89, 64 (Ehevertrag); Walter, FamRZ 82, 7 (Vereinbarung des Verschuldensprinzips). **Änderung** aufgrund UÄndG 6 Nr 1 s BGH NJW-RR 89,
898. **b) Verzicht** auf Unterhalt grundsätzlich zulässig, BGH NJW 91, 914, er 11
kann jedoch sittenwidrig sein, vgl BGH 86, 87 (zu Lasten der Sozialhilfe). Bei
vorehelichen Unterhaltsverzichtsverträgen gesteigerte Inhaltskontrolle; Schwangerschaft ist Indiz für ungleiche Verhandlungsposition (BVerfG NJW 01, 2248).
Berufung auf Verzicht uU treuwidrig, wenn Verzicht zu Lasten der Kinder geht,
Düsseldorf FamRZ 96, 734; BGH NJW 91, 914 (Geburt und Betreuung eines
gemeinschaftlichen Kindes nach Verzicht); gefordert werden kann dann nur notwendiger Unterhalt, BGH NJW 92, 3166. Vorbehalt einer Veränderung der wirtschaftlichen Verhältnisse s Hamm FamRZ 93, 973; Vorvertrag (nein) s Karlsruhe
NJW 95, 1561. **c)** Vereinbarte **Unabänderbarkeit** ist durch § 242 begrenzt, 12
wenn Unterhalt des Verpflichteten selbst nicht mehr gesichert ist, Köln FamRZ
89, 637.

7. Sicherheitsleistung, wenn **a)** der Unterhaltsberechtigte sie verlangt und 13
b) Grund zur Annahme einer Gefährdung der Unterhaltsansprüche besteht. Die
Formulierung des Ges stellt klar, daß der Verpflichtete dartun und beweisen muß,
daß keine Gefährdung besteht. **c)** Bei unbilliger Belastung des Verpflichteten durch
die Sicherheitsleistung (Beweislast wie Rn 13) entfällt der Anspruch. **d)** Höhe 14
der Sicherheitsleistung s § 1585 a I 3; **e) Art** der Sicherheitsleistung ist frei,
§ 1585 a II; so können zB Ansprüche aus einer Lebensversicherung verpfändet
werden. Nicht: Abtretung künftiger Lohn- und Gehaltsansprüche.

§§ 1586–1586 b Buch 4. Abschnitt 1. Bürgerliche Ehe

Kapitel 5. Ende des Unterhaltsanspruchs

§ 1586 Wiederverheiratung, Begründung einer Lebenspartnerschaft oder Tod des Berechtigten

(1) Der Unterhaltsanspruch erlischt mit der Wiederheirat, der Begründung einer Lebenspartnerschaft oder dem Tode des Berechtigten.

(2) ¹Ansprüche auf Erfüllung oder Schadensersatz wegen Nichterfüllung für die Vergangenheit bleiben bestehen. ²Das Gleiche gilt für den Anspruch auf den zur Zeit der Wiederheirat, der Begründung einer Lebenspartnerschaft oder des Todes fälligen Monatsbetrag.

§ 1586 a Wiederaufleben des Unterhaltsanspruchs

(1) ¹Geht ein geschiedener Ehegatte eine neue Ehe ein und wird die Ehe wieder aufgelöst, so kann er von dem früheren Ehegatten Unterhalt nach § 1570 verlangen, wenn er ein Kind aus der früheren Ehe zu pflegen oder zu erziehen hat. ²Ist die Pflege oder Erziehung beendet, so kann er Unterhalt nach den §§ 1571 bis 1573, 1575 verlangen.

(2) Der Ehegatte der später aufgelösten Ehe haftet vor dem Ehegatten der früher aufgelösten Ehe.

Anmerkungen zu den §§ 1586, 1586 a

1 1. **Allgemeines. Erlöschen** und **Wiederaufleben** von Unterhaltsansprüchen. Gilt auch für beim Tode des Berechtigten noch nicht erfüllten Abfindungsanspruch für künftigen Unterhalt (Hamburg FamRZ 02, 234).

2 2. **Voraussetzungen des Erlöschens.** a) Tod oder b) Wiederverheiratung des bzw Begründung einer Lebenspartnerschaft durch den Berechtigten (nicht: Tod des Verpflichteten, s § 1586 b).

3 3. **Grenzen der Wirkung des Erlöschens.** a) Der für den Monat des Todes oder der Wiederverheiratung bzw der Begründung einer Lebenspartnerschaft ge-
4 schuldete Betrag ist in voller Höhe zu leisten, § 1586 II 2. b) Ansprüche auf Erfüllung oder Schadensersatz wegen Nichterfüllung für die Vergangenheit nach § 1585 b II bleiben bestehen (beachte aber § 1585 b III) und fallen bei Tod in den Nachlaß des Berechtigten. c) Keine Verpflichtung, die Beerdigungskosten zu tragen (vgl § 1613 II, EheG 69 II aF), da der unterhaltsberechtigte Ehegatte dafür selbst vorsorgen soll (vgl BT-Drs 7/650 S 150).

5 4. **Wiederaufleben** des durch Wiederverheiratung erloschenen Anspruchs; materiellrechtlich entsteht neuer Anspruch, der mit altem Anspruch nicht identisch ist, BGH NJW 88, 557. Voraussetzungen (§ 1586 a): a) Auflösung der neuen Ehe (durch rechtskräftiges Scheidungs-, Aufhebungsurteil usw, nicht Tod des neuen Ehegatten), deren Eingehung den Unterhaltsanspruch nach § 1586 I zum Erlöschen gebracht hat;
6 b) Unterhaltsbedürftigkeit wegen Notwendigkeit der Betreuung eines gemeinschaftlichen Kindes aus der geschiedenen (Erst-)Ehe, § 1586 a I 1 iVm § 1570. Andere Bedürftigkeitsgründe bleiben außer Betracht und greifen nur ein, wenn die Betreuungsbedürftigkeit aus § 1570 endet, § 1586 a I 2 iVm §§ 1571–1573, 1575.

7 5. Bei **mehreren unterhaltspflichtigen Ehegatten,** denen gegenüber Unterhaltsansprüche nach § 1570 ff und § 1586 a I gegeben sein können, haftet der spätere vor dem früheren Ehegatten, § 1586 a II.

§ 1586 b Kein Erlöschen bei Tod des Verpflichteten

(1) ¹Mit dem Tode des Verpflichteten geht die Unterhaltspflicht auf den Erben als Nachlassverbindlichkeit über. ²Die Beschränkungen nach § 1581

Titel 7. Scheidung der Ehe **Vor § 1587**

fallen weg. ³ Der Erbe haftet jedoch nicht über einen Betrag hinaus, der dem Pflichtteil entspricht, welcher dem Berechtigten zustände, wenn die Ehe nicht geschieden worden wäre.

(2) Für die Berechnung des Pflichtteils bleiben Besonderheiten auf Grund des Güterstands, in dem die geschiedenen Ehegatten gelebt haben, außer Betracht.

Lit: Probst, Konkurrenz zwischen Unterhaltsberechtigten und Pflichtteilsberechtigten?, AcP 191, 138.

1. Allgemeines. Vererblichkeit der Unterhaltsverpflichtung berücksichtigt, daß ehebedingte Unterhaltsbedürftigkeit bei Tod des Verpflichteten weiterbestehen kann. § 1586 b stellt für die Haftung des unterhaltsverpflichteten Erben auf den potentiellen Pflichtteil des Unterhaltsberechtigten ab, da dieser durch den Tod des Unterhaltsverpflichteten nicht besser gestellt sein soll als bei intakter Ehe. 1

2. Verpflichtung der Erben. Der Erbe haftet unabhängig von seiner Leistungsfähigkeit auf Unterhalt, I 2. Weitere Voraussetzung bleibt jedoch die „Bedürftigkeit" des Unterhaltsberechtigten. 2

3. Haftungsbeschränkung. a) Die Erben haften nur in Höhe des Pflichtteils, der dem Unterhaltsberechtigten zustände, wenn die Ehe nicht geschieden worden wäre, I 3. Der Pflichtteil ist dabei nach § 2302 I 2, II iVm § 1931 I, II zu berechnen; (fiktive) Pflichtteilsergänzungsansprüche sind zu berücksichtigen (BGH FamRZ 01, 283). Güterrechtliche Besonderheiten bleiben nach II außer Betracht; die Haftungsgrenze bestimmt sich also immer nach dem kleinen Pflichtteil; unberücksichtigt bleibt auch eine Veränderung der Erbquote nach § 1931 IV. Zur Wirkung eines Erb- oder Pflichtteilsverzichts des Unterhaltsberechtigten s Dieckmann NJW 80, 2777. **b)** Dem Erben verbleibt weiter die Möglichkeit, die allg Beschränkung der Erbenhaftung nach §§ 1970 ff, 1975 ff herbeizuführen. **c)** Maßgebender Berechnungszeitpunkt ist der Tod des Verpflichteten, nicht die Scheidung der Ehe. **d)** Die Fiktion, daß die Ehe bis zum Tod des Verpflichteten bestanden habe, bewirkt, daß für die Berechnung der Höchsthaftung des Erben nach dem fiktiven Pflichtteil ein etwa vorhandener neuer Ehegatte unberücksichtigt bleibt (BT-Drs 7/650 S 153). 3 4 5

Untertitel 3. Versorgungsausgleich

Vorbemerkungen

Lit: Bergner, Der Versorgungsausgleich, 1996; Eißler, Versorgungsausgleich, 1991; Graba, Einführung in den Versorgungsausgleich, JuS 90, 464; Gümpel, Handbuch des Versorgungsausgleichs unter besonderer Berücksichtigung des nach über- und zwischenstaatlichem Recht erworbenen Versorgungsanrechtes, 1990; Klattenhoff, Der Versorgungsausgleich nach der Rechtseinheit in der gesetzlichen Rentenversicherung, DAngVers 91, 352; Ruland, Neuregelungen im Recht des Versorgungsausgleichs, NJW 1992, 77; Tabellen s NJW 02, Beil Heft 5.

1. Dem 1977 eingeführten Versorgungsausgleich liegen zwei Motive zugrunde: Einmal können Erwerb und Verbesserung von Anwartschaften und Aussichten auf Altersversorgung eine Art „Zugewinn" sein, der auch durch die Ehe und die Anstrengung des anderen Ehegatten („gemeinsame Lebensleistung") mit ermöglicht worden ist. Zum andern sind Altersrenten zumeist auf Familien bzw Ehepaare bezogen, die Zuordnung der entspr Versorgungstitel erfolgt jedoch meist zum Vermögen eines Ehegatten und ist von der Aufgabenteilung in der Ehe abhängig. Der Versorgungsausgleich beruht deshalb auf einer Weiterentwicklung des güterrechtlichen Prinzips der Vermögensteilung und auf unterhaltsrechtlichen Erwägungen, BGH 85, 186. Das Ges wurde 1983 ergänzt durch das VAHRG (abgedr bei § 1587 b), geändert zum 1. 1. 87 durch VAwMG; ges Regelung und ihre Änderung erzwungen durch BVerfG 63, 88 und 71, 364. Erneute Änderung durch 1 2

Chr. Berger 1469

Vor § 1587 Buch 4. Abschnitt 1. Bürgerliche Ehe

RRG 1992, dazu Ruland aaO. An die Stelle von RVO, AVG und RKnG sind die entsprechenden Vorschriften des SGB VI getreten.

3 2. **Grundzüge. a)** Auszugleichen ist nach § 1587 a I die **Differenz des Wertes aa)** der beiderseitigen Anwartschaften oder Aussichten auf eine Versorgung wegen Alters, Berufs- oder Erwerbsunfähigkeit; bei nur von einem Ehegatten erworbenem Anrecht partizipiert der andere also am ehezeitbezogenen Mehrwert zur **4** Hälfte; **bb)** nur die **während der Ehezeit** (zu)erworbenen oder aufrecht erhaltenen Anrechte bzw ihre Werte sind auszugleichen, § 1587 I 1, II; ist der Versorgungsfall vor Eheschließung bereits eingetreten oder ein Anrechte bewirkendes Beamtenverhältnis erst nach Scheidung(santrag) begründet worden (vgl BGH NJW 84, 1612), findet bei Scheidung kein Ausgleich statt; zur Steigerung von Bezügen zwischen Ehezeitende iSv § 1587 II und gerichtlicher Entscheidung s Saarbrücken FamRZ 94, 758. Unterschiedliche Wertentwicklung nach dem Urteil über Aus-
5 gleich erlaubt VAHRG 10 a I Nr 1 zu korrigieren. **b) Vollzogen** wird der Versorgungsausgleich durch **aa) Übertragung von Rentenanwartschaften**, falls der Ausgleichsverpflichtete Rentenanwartschaften in der ges Rentenversicherung erworben hat **(Rentensplitting);** die Übertragung geschieht dabei durch das FamG, **6** § 1587 b I; **bb) Begründung** von **Rentenanwartschaften** für den Ausgleichsberechtigten durch das FamG, falls der Verpflichtete Versorgung aus öffentl-rechtlichem Dienstverhältnis oder gleichgestelltem Arbeitsverhältnis – s § 1587 a II Nr 1 – zu erwarten hat **(Quasi-Splitting),** § 1587 b II; die erforderliche Beitragszahlung übernimmt ggf der Dienstherr des ausgleichspflichtigen Partners, dessen **7** Pension entspr gekürzt wird, BeamtVG 57; für Härtefälle s VAHRG 4. **cc) Realteilung** bei Anrechten außerhalb der ges Rentenversicherung oder **Quasi-Splitting** bei Anrechten gegen einen öffentl-rechtlichen Versorgungsträger, soweit **8** § 1587 b I oder II nicht eingreifen, VAHRG 1. Durch **dd) anderweitige Regelung** des Versorgungsausgleichs, die das FamG anordnen kann, wenn Übertragung (Rn 5) oder Begründung (Rn 6) einer Rentenanwartschaft zugunsten des Berechtigten diesem nichts nützt (Bsp: er kann bereits die ges zulässige Höchstrente erwarten, s § 1587 b V) oder unwirtschaftlich ist (zB Begründung einer Anwartschaft auf geringfügige Altersrente neben Beamtenpension); erforderlich ist ein **9** entspr Antrag einer Partei, § 1587 b IV. **c) Erlöschen** s § 1587 e II, III; **Vererbung der Verpflichtung** s § 1587 e IV. **d)** Kommt ein Versorgungsausgleich durch Übertragung oder Begründung von Rentenanwartschaften (Gründe s § 1587 f Nr 1–5) oder nach VAHRG 1 nicht in Betracht, dann hat der Ausgleichsberechtigte **subsidiär** einen unterhaltsartigen Rentenanspruch **(Ausgleichsrente)** gegen den Verpflichteten im Versorgungsfall (mindestens) des Verpflichteten **(schuldrechtlicher Versorgungsausgleich),** § 1587 f, g, VAHRG 2, der uU auch auf **Abfindung** oder Begründung von Anrechten durch **Kapitaleinzahlung** gerichtet sein kann, s VAHRG 3 b I Nr 2. Statt Ausgleichsrente zu zahlen, kann der Verpflichtete eigene Versorgungsansprüche abtreten, § 1587 i. **Erlöschen** s § 1587 k II; für den **Inhalt** der Ausgleichsrente s die Verweisung in § 1587 k I auf das Unterhaltsrecht; zur **Abfindung** künftiger Ausgleichsansprüche **10** s §§ 1587 l–n. **e) Ausschluß** tritt ein bei Vorliegen der in § 1587 c Nr 1–3 für den öffentl-rechtlichen Versorgungsausgleich, in § 1587 h Nr 1–3 für den subsidiären schuldrechtlichen Versorgungsausgleich konkretisierten Billigkeitsgründe; daneben kein Verwirkungseinwand, BGH NJW 92, 3295. **f) Absehen** von jeglichem Aus-
11 gleich bei Geringfügigkeit s VAHRG 3 c. **g) Auskunft** und Vorlage von Unterlagen kann der Berechtigte nach §§ 1587 e I, k I, VAHRG 3 a VIII je iVm §§ 1605, 1580 vom Ausgleichspflichtigen verlangen; das mit dem Versorgungsausgleich befaßte FamG kann ferner nach FGG 53 b II 2, VAHRG 11 II Auskünfte von Dienstherren, Rentenversicherungsträgern, Arbeitgebern, Versicherungsgesellschaften und sonstigen Stellen einholen. Auskunftsansprüche des Inhabers von **12** Versorgungstiteln **gegen** den jeweiligen **Versorgungsträger** können sich aus dem der Versorgung zugrunde liegenden Verhältnis ergeben, der ges Rentenversiche-

1470 *Chr. Berger*

Titel 7. Scheidung der Ehe **§ 1587**

rung zudem – gegenüber einem Anwalt des Versicherten oder Notar – aus AuskunftsVO 1; die Versorgungsträger sind verpflichtet, nicht nur über die bei Eintritt des Versorgungsfalles zu erwartende Rente, Pension usw Auskunft zu geben, sondern auch über die in der Ehezeit erworbenen und ausgleichspflichtigen Anteile. Gleichwohl dürften diese Auskünfte regelmäßig von beschränktem Wert sein, vgl Glockner AnwBl 78, 125; PalBrudermüller § 1587 o, 5 („idR nutzlos").
h) Parteivereinbarungen über den Versorgungsausgleich sind möglich: **aa)** in einem Ehevertrag nach § 1408 II 1, **bb)** im Zusammenhang mit der Scheidung nach § 1587 o. **i)** Keine **Obliegenheit** des Ausgleichspflichtigen, berufliche Veränderungen zu unterlassen, damit sich ehezeitbezogene Versorgung nicht ändert, BGH NJW 89, 34. 13

14

3. Einzelschritte des Ausgleichs. Da für die Ehegatten nicht nur inhomogene, sondern bei jedem von ihnen auch mehrere verschiedene Versorgungsanwartschaften und -aussichten gegeben sein können, sind **a)** zunächst die auszugleichenden Versorgungstitel zusammenzustellen. Sodann sind **b)** ihre Werte nach § 1587 a II–VIII zu berechnen bzw umzurechnen und **c)** die Ergebnisse beider Ehegatten zu vergleichen. Entsteht eine Differenz, so ist sie **d)** zugunsten des minderversorgten Ehegatten nach § 1587 b, VAHRG 1 oder – subsidiär – §§ 1587 f, g, i, VAHRG 2, 3 b auszugleichen. Für Ausgleich angleichungsdynamischer Anrechte, die im Beitrittsgebiet erworben worden sind, gelten Sonderbestimmungen des VAÜG. **e)** Da Bewertung und Ausgleich notwendig auf einer „Momentaufnahme" am Ende der Ehezeit beruhen, ermöglicht VAHRG 10 a spätere Anpassungen durch FamG. 15

16

17

18

4. Der Aufbau einer eigenständigen Altersversorgung für den geschiedenen Ehegatten wird nicht nur durch den Versorgungsausgleich ermöglicht – der bei kurzer Ehedauer nur geringwertige Anwartschaften geben kann –, sondern durch das **Unterhaltsrecht** ergänzt: Nach § 1578 III gehören zum Unterhaltsanspruch des unterhaltsberechtigten (geschiedenen) Ehegatten auch die Kosten der Vorsorge für Alter, Erwerbs- und Berufsunfähigkeit, so daß der durch den Versorgungsausgleich gelegte Grundstock entweder durch eigene Erwerbstätigkeit oder durch Unterhaltsbeträge ergänzt werden kann. Bei getrenntlebenden Ehegatten gehören diese Kosten ab Rechtshängigkeit des Scheidungsantrags ebenfalls zum Unterhalt, § 1361 I 2, da dieser Zeitpunkt Stichtag für die Berechnung der (ehezeitbedingten) auszugleichenden Versorgungsanwartschaften ist, § 1587 II, von diesem Datum ab jeder Ehegatte für den Aufbau seiner Versorgung selbst zu sorgen hat. 19

20

5. IPR: EGBGB 17 III iVm I 1, 14. Bei Auslandsscheidung Deutscher nachträglicher Versorgungsausgleich in Deutschland möglich, KG NJW 79, 1107. Versteckte Rückverweisung durch englisches Recht s Stuttgart IPRax 87, 98, Anm Adam. 21

6. Verfahren. Zuständig FamG, ZPO 621 I Nr 6; örtliche Zuständigkeit FGG 45. Mit Scheidungssache grundsätzlich Entscheidungsverbund, ZPO 623 I; Trennung möglich durch Aussetzung, ZPO 628 I 1; gesonderte Anfechtung der Entscheidung über den Versorgungsausgleich, ZPO 629 a II. Durchführung des Verfahrens: ZPO 621 a I, FGG 53 b–g. Rechtsmittel ZPO 629 a. 22

Kapitel 1. Grundsatz

§ 1587 Auszugleichende Versorgungsanrechte

(1) ¹Zwischen den geschiedenen Ehegatten findet ein Versorgungsausgleich statt, soweit für sie oder einen von ihnen in der Ehezeit Anwartschaften oder Aussichten auf eine Versorgung wegen Alters oder verminderte Erwerbsfähigkeit der in § 1587 a Abs. 2 genannten Art begründet oder aufrechterhalten worden sind. ²Außer Betracht bleiben Anwartschaften oder Aussichten, die weder mit Hilfe des Vermögens noch durch Arbeit der Ehegatten begründet oder aufrechterhalten worden sind.

§ 1587 Buch 4. Abschnitt 1. Bürgerliche Ehe

(2) **Als Ehezeit im Sinne der Vorschriften über den Versorgungsausgleich gilt die Zeit vom Beginn des Monats, in dem die Ehe geschlossen worden ist, bis zum Ende des Monats, der dem Eintritt der Rechtshängigkeit des Scheidungsantrags vorausgeht.**

(3) **Für Anwartschaften oder Aussichten, über die der Versorgungsausgleich stattfindet, gelten ausschließlich die nachstehenden Vorschriften; die güterrechtlichen Vorschriften finden keine Anwendung.**

1   1. **Allgemeines.** § 1587 formuliert das Prinzip des Versorgungsausgleichs und umschreibt den Kreis der ausgleichspflichtigen Versorgungsanrechte; in III wird Spezialität des Versorgungsausgleichs gegenüber güterrechtlichen Regelungen bestimmt, s Rn 9. Versorgungsausgleich findet statt bei Ehescheidung (§ 1564) und -aufhebung nach § 1318 III.

2   2. **Gegenstand des Versorgungsausgleichs. Anwartschaften** oder **Aussichten** auf Versorgung wegen Alters oder Berufs- oder Erwerbsunfähigkeit nach SGB VI, aber auch bereits fällige Versorgungen, BGH NJW 80, 397; s jedoch BVerfG 53, 288 (zum Versorgungs**zweck** und seiner Bestimmung s BGH NJW 93, 1263). Sie müssen durch **Vermögen** oder **Arbeit** aufgebaut bzw aufrechterhalten worden sein, I 2; Beitragsnachzahlung mit darlehensweise zur Verfügung gestellten Mitteln genügt (Koblenz FamRZ 01, 1221). Durch die Verweisung in I 1 auf § 1587 a werden die auszugleichenden Versorgungsrechte konkreter eingegrenzt, nicht aber
3   abschließend umschrieben. **Bsp:** Anrechte auf Rente aus Sozialsicherung (auch aus beitragslosen Zeiten erworbene), Beamtenpensionen, Altershilfe für Landwirte, Abgeordnetenversorgung (Koblenz FamRZ 86, 172), betriebliche Ruhegehälter, Renten aus berufsständischen Vereinigungen (Ärzte), Zusatzversorgungen des Bundes der Länder, private Rentenversicherungen (uz auch dann, wenn bei Ende der Ehezeit Umwandlung in beitragsfreie Versicherung noch nicht möglich, BGH NJW 86, 1344); zu durch unentgeltliche Zuwendungen Dritter begründeten
4   Anrechten s BGH NJW 84, 1542. **Nicht:** Kapitallebensversicherungen, BGH 88, 395; 117, 76; sie können aber dem Zugewinnausgleich unterliegen (s § 1375 Rn 2); durch Vermögen begründete oder aufrechterhaltene Anrechte, über die Zugewinnausgleich stattfindet, BGH NJW 92, 1889; Versorgungsleistungen mit Entschädigungscharakter, zB Unfallrenten (Einzelheiten Ruland NJW 76, 1716 f), Anwartschaften aus privaten Risikoversicherungen (vgl BGH NJW 86, 1345: Berufsunfähigkeitszusatzversicherung); Anrechte auf Hinterbliebenenversorgung s BGH NJW-RR 92, 195; erloschene Anrechte s BGH NJW 92, 313; Leibgedinge s BGH NJW-RR 93, 901; zu Geldrente aufgrund Übertragung von Gesellschaftsanteilen s BGH NJW-RR 88, 1091.

5   3. Die Versorgungsanrechte sind nur in der Höhe ausgleichspflichtig, in der sie **während der Ehe** erworben bzw aufrechterhalten worden sind, I 1; zur Bestimmung des als Ehezeit zu berücksichtigenden Zeitraumes s II sowie vor § 1587
6   Rn 4. Entscheidend ist Vorliegen materiellrechtlicher Voraussetzungen, s BGH NJW-RR 89, 133 (Bewilligung Invaliditätsrente ab Zeitpunkt nach Ende der Ehezeit). Ausnahmefälle BGH NJW 86, 1040 (weiteres Zusammenleben in irriger Annahme, Scheidungsantrag sei erledigt), spätere Änderungen ges Regelungen (vgl BGH NJW 84, 1544) zu berücksichtigen nach VAHRG § 10 a. Bei Ruhen des
7   Verfahrens ist gleichwohl **Rechtshängigkeit** maßgeblicher Zeitpunkt, vgl BGH NJW 80, 1161; sa BGH NJW 82, 280 zur Scheidung auf Antrag des Gegners, BGH NJW-RR 90, 66 zu Vereinbarungen über Ehezeitende. Eine frühere Ehe derselben Partner bleibt außer Betracht, die in der früheren Scheidung auseinandergesetzt worden ist, BGH NJW 83, 37. Nachentrichtung nach Ende der Ehezeit bzw Scheidungsantrag führt nicht zu ausgleichspflichtigen Versorgungsanrechten (**In-Prinzip**, BGH NJW 85, 2024). Korrektur nicht durch 1587 c, BGH aaO.

Titel 7. Scheidung der Ehe § 1587a

4. **Ausschluß güterrechtlicher Ansprüche**, III, soweit Versorgungsausgleichsregelung eingreift, und zwar auch dann, wenn im konkreten Fall ein Versorgungsausgleich nicht stattfindet, zB aufgrund § 1408 II. „Spiegelbildlich" kein Versorgungsausgleich, soweit Zugewinnausgleich stattfindet, BGH NJW 92, 1889. 8

Kapitel 2. Wertausgleich von Anwartschaften oder Aussichten auf eine Versorgung

§ 1587a Ausgleichsanspruch

(1) ¹Ausgleichspflichtig ist der Ehegatte mit den werthöheren Anwartschaften oder Aussichten auf eine auszugleichende Versorgung. ²Dem berechtigten Ehegatten steht als Ausgleich die Hälfte des Wertunterschieds zu.

(2) Für die Ermittlung des Wertunterschieds sind folgende Werte zugrunde zu legen:
1. Bei einer Versorgung oder Versorgungsanwartschaft aus einem öffentlich-rechtlichen Dienstverhältnis oder aus einem Arbeitsverhältnis mit Anspruch auf Versorgung nach beamtenrechtlichen Vorschriften oder Grundsätzen ist von dem Betrag auszugehen, der sich im Zeitpunkt des Eintritts der Rechtshängigkeit des Scheidungsantrags als Versorgung ergäbe. Dabei wird die bis zu diesem Zeitpunkt zurückgelegte ruhegehaltfähige Dienstzeit um die Zeit bis zur Altersgrenze erweitert (Gesamtzeit). Maßgebender Wert ist der Teil der Versorgung, der dem Verhältnis der in die Ehezeit fallenden ruhegehaltfähigen Dienstzeit zu der Gesamtzeit entspricht. Unfallbedingte Erhöhungen bleiben außer Betracht. Insofern stehen Dienstbezüge entpflichteter Professoren Versorgungsbezügen gleich und gelten die beamtenrechtlichen Vorschriften über die ruhegehaltfähige Dienstzeit entsprechend.
2. Bei Renten oder Rentenanwartschaften aus der gesetzlichen Rentenversicherung ist der Betrag zugrunde zu legen, der sich am Ende der Ehezeit aus den auf die Ehezeit entfallenden Entgeltpunkten ohne Berücksichtigung des Zugangsfaktors als Vollrente wegen Alters ergäbe.
3. Bei Leistungen, Anwartschaften oder Aussichten auf Leistungen der betrieblichen Altersversorgung ist,
   a) wenn bei Eintritt der Rechtshängigkeit des Scheidungsantrags die Betriebszugehörigkeit andauert, der Teil der Versorgung zugrunde zu legen, der dem Verhältnis der in die Ehezeit fallenden Betriebszugehörigkeit zu der Zeit vom Beginn der Betriebszugehörigkeit bis zu der in der Versorgungsregelung vorgesehenen festen Altersgrenze entspricht, wobei der Betriebszugehörigkeit gleichzubehandelte Zeiten einzubeziehen sind; die Versorgung berechnet sich nach dem Betrag, der sich bei Erreichen der in der Versorgungsregelung vorgesehenen festen Altersgrenze ergäbe, wenn die Bemessungsgrundlagen im Zeitpunkt des Eintritts der Rechtshängigkeit des Scheidungsantrags zugrunde gelegt würden;
   b) wenn vor dem Eintritt der Rechtshängigkeit des Scheidungsantrags die Betriebszugehörigkeit beendet worden ist, der Teil der erworbenen Versorgung zugrunde zu legen, der dem Verhältnis der in die Ehezeit fallenden Betriebszugehörigkeit zu der gesamten Betriebszugehörigkeit entspricht, wobei der Betriebszugehörigkeit gleichgestellte Zeiten einzubeziehen sind.

Dies gilt nicht für solche Leistungen oder Anwartschaften auf Leistungen aus einem Versicherungsverhältnis zu einer zusätzlichen Versorgungseinrichtung des öffentlichen Dienstes, auf die Nummer 4

§ 1587 a

Buchstabe c anzuwenden ist. Für Anwartschaften oder Aussichten auf Leistungen der betrieblichen Altersversorgung, die im Zeitpunkt des Erlasses der Entscheidung noch nicht unverfallbar sind, finden die Vorschriften über den schuldrechtlichen Versorgungsausgleich Anwendung.
4. Bei sonstigen Renten oder ähnlichen wiederkehrenden Leistungen, die der Versorgung wegen Alters oder verminderte Erwerbsfähigkeit zu dienen bestimmt sind, oder Anwartschaften oder Aussichten hierauf ist,
   a) wenn sich die Rente oder Leistung nach der Dauer einer Anrechnungszeit bemisst, der Betrag der Versorgungsleistung zugrunde zu legen, der sich aus der in die Ehezeit fallenden Anrechnungszeit ergäbe, wenn bei Eintritt der Rechtshängigkeit des Scheidungsantrags der Versorgungsfall eingetreten wäre;
   b) wenn sich die Rente oder Leistung nicht oder nicht nur nach der Dauer einer Anrechnungszeit und auch nicht nach Buchstabe d bemisst, der Teilbetrag der vollen bestimmungsmäßigen Rente oder Leistung zugrunde zu legen, der dem Verhältnis der in die Ehezeit fallenden, bei der Ermittlung dieser Rente oder Leistung zu berücksichtigenden Zeit zu deren voraussichtlicher Gesamtdauer bis zur Erreichung der für das Ruhegehalt maßgeblichen Altersgrenze entspricht;
   c) wenn sich die Rente oder Leistung nach einem Bruchteil entrichteter Beiträge bemisst, der Betrag zugrunde zu legen, der sich aus den für die Ehezeit entrichteten Beiträgen ergäbe, wenn bei Eintritt der Rechtshängigkeit des Scheidungsantrags der Versorgungsfall eingetreten wäre;
   d) wenn sich die Rente oder Leistung nach den für die gesetzlichen Rentenversicherungen geltenden Grundsätzen bemisst, der Teilbetrag der sich bei Eintritt der Rechtshängigkeit des Scheidungsantrags ergebenden Rente wegen Alters zugrunde zu legen, der dem Verhältnis der in die Ehezeit fallenden Versicherungsjahre zu den insgesamt zu berücksichtigenden Versicherungsjahren entspricht.
5. Bei Renten oder Rentenanwartschaften auf Grund eines Versicherungsvertrages, der zur Versorgung des Versicherten eingegangen wurde, ist,
   a) wenn es sich um eine Versicherung mit einer über den Eintritt der Rechtshängigkeit des Scheidungsantrags hinaus fortbestehenden Prämienzahlungspflicht handelt, von dem Rentenbetrag auszugehen, der sich nach vorheriger Umwandlung in eine prämienfreie Versicherung als Leistung des Versicherers ergäbe, wenn in diesem Zeitpunkt der Versicherungsfall eingetreten wäre. Sind auf die Versicherung Prämien auch für die Zeit vor der Ehe gezahlt worden, so ist der Rentenbetrag entsprechend geringer anzusetzen;
   b) wenn eine Prämienzahlungspflicht über den Eintritt der Rechtshängigkeit des Scheidungsantrags hinaus nicht besteht, von dem Rentenbetrag auszugehen, der sich als Leistung des Versicherers ergäbe, wenn in diesem Zeitpunkt der Versicherungsfall eingetreten wäre. Buchstabe a Satz 2 ist anzuwenden.

(3) Bei Versorgungen oder Anwartschaften oder Aussichten auf eine Versorgung nach Absatz 2 Nr. 4, deren Wert nicht in gleicher oder nahezu gleicher Weise steigt wie der Wert der in Absatz 2 Nr. 1 und 2 genannten Anwartschaften, sowie in den Fällen des Absatzes 2 Nr. 5 gilt Folgendes:
1. Werden die Leistungen aus einem Deckungskapital oder einer vergleichbaren Deckungsrücklage gewährt, ist die Regelaltersrente zugrunde zu legen, die sich ergäbe, wenn der während der Ehe gebildete

Titel 7. Scheidung der Ehe § 1587 a

Teil des Deckungskapitals oder der auf diese Zeit entfallende Teil der Deckungsrücklage als Beitrag in der gesetzlichen Rentenversicherung entrichtet würde,
2. werden die Leistungen nicht oder nicht ausschließlich aus einem Deckungskapital oder einer vergleichbaren Deckungsrücklage gewährt, ist die Regelaltersrente zugrunde zu legen, die sich ergäbe, wenn ein Barwert der Teilversorgung für den Zeitpunkt des Eintritts der Rechtshängigkeit des Scheidungsantrags ermittelt und als Beitrag in der gesetzlichen Rentenversicherung entrichtet würde. Das Nähere über die Ermittlung des Barwerts bestimmt die Bundesregierung durch Rechtsverordnung mit Zustimmung des Bundesrates.

(4) Bei Leistungen oder Anwartschaften oder Aussichten auf Leistungen der betrieblichen Altersversorgung nach Absatz 2 Nr. 3 findet Absatz 3 Nr. 2 Anwendung.

(5) Bemisst sich die Versorgung nicht nach den in den vorstehenden Absätzen genannten Bewertungsmaßstäben, so bestimmt das Familiengericht die auszugleichende Versorgung in sinngemäßer Anwendung der vorstehenden Vorschriften nach billigem Ermessen.

(6) Stehen einem Ehegatten mehrere Versorgungsanwartschaften im Sinne von Absatz 2 Nr. 1 zu, so ist für die Wertberechnung von den sich nach Anwendung von Ruhensvorschriften ergebenden gesamten Versorgungsbezügen und der gesamten in die Ehezeit fallenden ruhegehaltfähigen Dienstzeit auszugehen; sinngemäß ist zu verfahren, wenn die Versorgung wegen einer Rente oder einer ähnlichen wiederkehrenden Leistung einer Ruhens- oder Anrechnungsvorschrift unterliegen würde.

(7) ¹ Für die Zwecke der Bewertung nach Absatz 2 bleibt außer Betracht, dass eine für die Versorgung maßgebliche Wartezeit, Mindestbeschäftigungszeit, Mindestversicherungszeit oder ähnliche zeitliche Voraussetzungen im Zeitpunkt des Eintritts der Rechtshängigkeit des Scheidungsantrags noch nicht erfüllt sind; Absatz 2 Nr. 3 Satz 3 bleibt unberührt. ²Dies gilt nicht für solche Zeiten, von denen die Rente nach Mindesteinkommen in den gesetzlichen Rentenversicherungen abhängig ist.

(8) Bei der Wertberechnung sind die in einer Versorgung, Rente oder Leistung enthaltenen Zuschläge, die nur auf Grund einer bestehenden Ehe gewährt werden, sowie Kinderzuschläge und ähnliche familienbezogene Bestandteile auszuscheiden.

Lit: Bergner, Der Versorgungsausgleich beim Zusammentreffen unterschiedlicher Versorgungen, NZS 93, 482; Glockner, Die betriebliche Altersversorgung beim Versorgungsausgleich, FamRZ 88, 777; Klattenhoff, Die private Lebensversicherung im Versorgungsausgleich (§ 1587 a II Nr 5 BGB), NZS 94, 537; sa Lit vor § 1587. Versorgungsausgleichs-Tabellen NJW 02, Beil Heft 5.

1. Allgemeines. Neben der Ausgleichspflicht für den Ehegatten mit den 1 werthöheren Versorgungstiteln (I) regelt die Vorschrift die komplizierte Bewertung und Vergleichung der verschiedenen Anwartschaften und Aussichten auf Versorgung in II–IV, VI–VIII. Die für die Berechnung zu berücksichtigenden Faktoren und Vorschriften können hier ie nicht dargestellt werden. Die ges Regelung beruht auf folgenden Grundzügen: **a)** Der Ehegatte mit den werthöheren Anwartschaften 2 ist ausgleichspflichtig in Höhe der Hälfte der Differenz zum Wert der Anwartschaften oder Aussichten des anderen. **b)** Die jeweilige Bewertung richtet sich 3 grundsätzlich nach den – fiktiv errechneten – Versorgungsleistungen, die zum Bewertungsstichtag, dh mit Rechtshängigkeit des Scheidungsantrags zu erbringen sind bzw wären, wenn der Versorgungsfall damit eingetreten wäre; zu berücksichtigen ist aber regelmäßig nur der in der Ehezeit – hierzu § 1587 II – erworbene Teil des Wertes der Anwartschaft oder Aussicht. Entspr den verschiedenen Arten von

§ 1587a Buch 4. Abschnitt 1. Bürgerliche Ehe

Versorgungsanwartschaften gestaltet sich auch ihre Bewertung unterschiedlich, II, wobei Verschiedenheiten in der Dynamisierung durch III ausgeglichen werden.
4 Mehrere Versorgungsanwartschaften eines Ehegatten bzw ihre Werte sind zusammenzurechnen, VI (zu BeamtVG 55 s Karlsruhe NJW 81, 688 mwN). Soweit an sich noch weitere Voraussetzungen, zB Wartezeiten, zum Entstehen einer Anwartschaft erforderlich sind, mindert ihr Fehlen nicht die Entstehung von Versorgungswerten, die deshalb grundsätzlich zu berücksichtigen sind, VII; s jedoch VII 2. Zuschläge, die nur aufgrund bestehender Ehe zu gewähren sind, müssen abgezogen
5 werden, VIII. **c)** Soweit trotz der feingesponnenen Bewertungsvorschriften des Ges die Entstehung von Versorgungswerten nicht zu erfassen ist, hat das FamG in sinngemäßer Anwendung der ges Bewertungsmaßstäbe die auszugleichende Ver-
6 sorgung „nach billigem Ermessen" zu berücksichtigen, V. **d)** Die Notwendigkeit, Bewertung auch künftiger Entwicklungen vorzunehmen und aufgrund einer „Momentaufnahme" im Zeitpunkt des Endes der Ehezeit auszugleichen, macht die **Möglichkeit späterer Korrekturen** erforderlich, dazu VAHRG 10a. Anwendung der Härteklausel des § 1587c zur Vermeidung verfassungswidriger Rechenergebnisse s BVerfG NJW 93, 1059.

7 **2. Bewertung einzelner Versorgungstitel. a)** Versorgung oder Versorgungsanwartschaft aus **öffentl-rechtlichem Dienstverhältnis** und gleichstehende Anrechte, II Nr 1: Die Berechnungsregel soll das unterschiedliche Ansteigen des Ruhegehalts bei zunehmendem Dienstalter ausgleichen und legt deshalb zur Errechnung der ehezeiterworbenen Versorgungsbezüge einen linearen Anstieg zu-
8 grunde s BGH 82, 70; zur „Altersgrenze" s BGH NJW 82, 2375; zur maßgebenden Besoldungsgruppe BGH NJW 82, 223; Berücksichtigung von Ausbildungszeiten s BGH NJW 81, 1506; Kindererziehungszeiten BGH NJW 86, 1169 Anm Dieth; Berechnung bei vorzeitigem Ruhestand BGH NJW 82, 227, NJW 92, 313; Wahlbeamte BGH NJW 92,177; Stellenzulagen BGH NJW 82, 2378. Widerrufsbeamte im Vorbereitungsdienst s BGH NJW-RR 99, 803; Zeitsoldaten BGH NJW 82, 379; Sonderzuwendungen BGH NJW 83, 1317. Entfernung aus dem Dienst unter Aberkennung des Ruhegehalts s BGH NJW-RR 88, 1410; Urlaub ohne Bezüge BGH NJW-RR 88, 1028. Zum Einkommen beachte VIII; darunter fällt Familienzuschlag nach BBesG 39f. Zur Auskunftspflicht des Dienstherrn FGG
9 53b II 3, 4 II Nr 1 ist lex specialis zu II Nr 3, BGH NJW-RR 94, 194. **b) Rentenanwartschaften aus den ges Rentenversicherungen,** II Nr 2 (neugefaßt durch RRG; zu Altfällen BGH NJW 93, 465; Bergner NJW 93, 435): Zugrunde zu legen ist der Betrag, der sich am Ende der Ehezeit (§ 1587 II) aus den in die Ehezeit fallenden anrechnungsfähigen Versicherungsjahren als Altersruhegeld ergäbe. Bereinigung von Zurechnungszeiten nach Ehezeitende BGH NJW 89, 1995.
10 Ob im Zeitpunkt der Scheidung die Wartezeit für das Altersruhegeld bereits erfüllt ist, bleibt außer Betracht, VII 1; zur Berücksichtigung von Ausfallzeiten s VII 2. Berechnung nach SGB VI 64ff s Ruland NJW 92, 678; PalBrudermüller 34ff; Klattenhoff DAngVers 91, 354ff (zum VAÜG). Wird am Ende der Ehezeit bereits Altersrente bezogen, ist der tatsächlich bezahlte Betrag maßgebend, BGH NJW 82, 229. Auskunftspflicht der Rentenversicherungsträger s FGG 53b II 3, 4, gegenüber den Versicherten s AuskunftsVO und dazu Bergner NJW 77, 1748.
11 **c) aa)** Für (unverfallbare) **betriebliche Altersversorgungen** ist, gleichgültig in welcher Form sie konstruiert sind (Ausnahme: Kapital-Lebensversicherung, BGH 88, 395), nach II Nr 3 zunächst die volle Betriebsrente zu berechnen, die sich bei Fortsetzung des Arbeitsverhältnisses bis zur normalen Altersgrenze ergäbe; veränderliche Bemessungsgrundlagen (zB Gehalt) werden dabei auf das Ende der Ehezeit
12 festgeschrieben. Die so berechnete „volle" Betriebsrente wird im Verhältnis der in die Ehe fallenden Betriebszugehörigkeit zur insgesamt berücksichtigten (fiktiven) Betriebszugehörigkeit aufgeteilt, um die „ehezeiterworbene" Betriebsrente zu ermitteln; zu nachträglichen Änderungen nichtges Versorgungen BGH NJW-RR
13 86, 1322. Pensionskasse s Celle FamRZ 95, 366. **bb)** Ist die Betriebszugehörigkeit

Titel 7. Scheidung der Ehe **§ 1587 b**

vor Ende der Ehezeit (§ 1587 II) beendet worden, gilt II Nr 3 S 1; „gleichgestellte" Zeiten in II S 1 a) und b) s BGH 93, 222; BGH NJW-RR 86, 365 („Vordienstzeit"). **cc)** Für zusätzliche Altersversorgung des öffentl Dienstes s II Nr 3 S 2 iVm II Nr 4 c; zur „Spitz-Anrechnung" s BGH NJW 96, 119. **dd)** Für im Zeitpunkt des Erlasses der Entscheidung (hierzu BGH NJW 83, 37) noch nicht unverfallbare Versorgungen gelten nach II Nr 3 S 3 die Vorschriften über den schuldrechtlichen Versorgungsausgleich, §§ 1587 f ff; s jedoch zur Abänderung von Entscheidungen bei späterer Unverfallbarkeit VAHRG 10 a I Nr 2. Zur „Unverfallbarkeit" bei Zusatzversorgungen des öffentl Dienstes s BGH 84, 164; NJW-RR 88, 898; 86, 1198 f (spätere Unverfallbarkeit). Auskunftspflicht des Arbeitgebers s FGG 53 b II 3, 4. **ee) Reihenfolge** des Ausgleichs bei mehreren betrieblichen Altersversorgungen s Hamm FamRZ 90, 173. **d)** Für **sonstige Rentenanrechte uä wiederkehrende Versorgungsleistungen** bzw entspr Anwartschaften oder Aussichten, zB berufsständische Versorgungswerke einschließlich Altershilfe für Landwirte, Renten aus ausländischen Sozialversicherungen oder Versorgung aus internationalen Organisationen (soweit zu berücksichtigen, s EGBGB 17 III), Leibrenten usw, wird in II Nr 4 auf die verschiedenen Bemessungsarten abgestellt; bei ungleichmäßigen (im Vergleich zu Beamtenpensionen oder Renten aus ges Rentenversicherung) steigenden Werten, dh nicht „voll dynamisierten" Renten schreibt III eine Berechnung zwecks qualitativer Angleichung vor, die auf die jeweilige Deckungsgrundlage abstellt. Zur Bewertung BGH NJW-RR 89, 2; anschaulich Eißler, Versorgungsausgleich S 4 ff; tatsächliche Zahlung vor Ehezeitende s BGH NJW-RR 95, 1. **e)** Bei Renten und Anwartschaften aus **privaten Versicherungen** (hierzu Gitter/Hoffmann FS Beitzke 1979, S 937), insbes **Lebensversicherung auf Rentenbasis** ist zunächst zu unterscheiden, ob eine Prämienzahlungspflicht über das Ende der Ehezeit (§ 1587 II) hinaus besteht, II Nr 4 a, b, sodann ist mangelnde Dynamisierung nach III auszugleichen. Dies geschieht, indem der in der Ehezeit angesparte Teil des Deckungskapitals oder der Barwert der Versicherung im Zeitpunkt des Scheidungsantrags in Werteinheiten der ges Rentenversicherung umgerechnet, dann die daraus mögliche Rente errechnet und bei der Ermittlung der Versorgungslage zugrunde gelegt wird, III Nr 1, 2. Die Berechnungsfaktoren werden durch RechtsVO der Bundesregierung – **BarwertVO** – bestimmt. Die BarwertVO begegnet infolge veralteter biometrischer Datengrundlagen jedoch Bedenken; Anwendung gleichwohl bis einschl 31. 12. 2002 (BGH NJW 02, 300); eine „Ersatztabelle" (so München FamRZ 99, 1432) dürfen die Gerichte nicht anwenden (BGH aaO).

3. Wertbestimmung nach billigem Ermessen, V, ist vom FamG vorzunehmen, wo die rechnerischen Bewertungsmaßstäbe der II–IV versagen, also zB bei ausländischen Versorgungstiteln, die im Ges nicht berücksichtigt werden konnten, BGH NJW 82, 1939. Das eingeräumte Ermessen ist dabei in sinngemäßer Anwendung der vorhandenen Vorschriften zu konkretisieren. Fehlende Feststellbarkeit des Wertes ausländischer Versorgung s Düsseldorf FamRZ 94, 903. V ist dagegen nicht allein deshalb anwendbar, weil die Bewertung II–IV auf tatsächliche Schwierigkeiten stößt, zB die Auskünfte nach FGG 53 b II ungenügend oder nicht in angemessener Frist zu erlangen sind.

4. Mehrere Versorgungsanwartschaften nach II Nr 1 s VI. Zum „sinngemäßen" Verfahren nach HS 2 s BGH FamRZ 00, 746. Zum Zusammentreffen verschiedenartiger Versorgungsformen s Glockner FamRZ 80, 308; Bergner NJW 82, 1492 zu Konsequenzen aus dem 2. HStrukturG.

14

15
16

17

18

19

§ 1587 b Übertragung und Begründung von Rentenanwartschaften durch das Familiengericht

(1) ¹Hat ein Ehegatte in der Ehezeit Rentenanwartschaften in einer gesetzlichen Rentenversicherung im Sinne des § 1587 a Abs. 2 Nr. 2 erworben und übersteigen diese die Anwartschaften im Sinne des § 1587 a Abs. 2

§ 1587 b/VAHRG

Nr. 1, 2, die der andere Ehegatte in der Ehezeit erworben hat, so überträgt das Familiengericht auf diesen Rentenanwartschaften in Höhe der Hälfte des Wertunterschieds. ²Das Nähere bestimmt sich nach den Vorschriften über die gesetzlichen Rentenversicherungen.

(2) ¹Hat ein Ehegatte in der Ehezeit eine Anwartschaft im Sinne des § 1587a Abs. 2 Nr. 1 gegenüber einer Körperschaft, Anstalt oder Stiftung des öffentlichen Rechts, einem ihrer Verbände einschließlich der Spitzenverbände oder einer ihrer Arbeitsgemeinschaften erworben und übersteigt diese Anwartschaft allein oder zusammen mit einer Rentenanwartschaft im Sinne des § 1587a Abs. 2 Nr. 2 die Anwartschaften im Sinne des § 1587a Abs. 2 Nr. 1, 2, die der andere Ehegatte in der Ehezeit erworben hat, so begründet das Familiengericht für diesen Rentenanwartschaften in einer gesetzlichen Rentenversicherung in Höhe der Hälfte des nach Anwendung von Absatz 1 noch verbleibenden Wertunterschieds. ²Das Nähere bestimmt sich nach den Vorschriften über die gesetzlichen Rentenversicherungen.

(3) ¹*Soweit der Ausgleich nicht nach Absatz 1 oder 2 vorzunehmen ist, hat der ausgleichspflichtige Ehegatte für den Berechtigten als Beiträge zur Begründung von Anwartschaften auf eine bestimmte Rente in einer gesetzlichen Rentenversicherung den Betrag zu zahlen, der erforderlich ist, um den Wertunterschied auszugleichen;* dies gilt nur, solange der Berechtigte die Voraussetzungen für ein Altersruhegeld aus einer gesetzlichen Rentenversicherung noch nicht erfüllt. ²Das Nähere bestimmt sich nach den Vorschriften über die gesetzlichen Rentenversicherungen. ³Nach Absatz 1 zu übertragende oder nach Absatz 2 zu begründende Rentenanwartschaften sind in den Ausgleich einzubeziehen; im Wege der Verrechnung ist nur ein einmaliger Ausgleich vorzunehmen.

(4) Würde sich die Übertragung oder Begründung von Rentenanwartschaften in den gesetzlichen Rentenversicherungen voraussichtlich nicht zugunsten des Berechtigten auswirken oder wäre der Versorgungsausgleich in dieser Form nach den Umständen des Falles unwirtschaftlich, soll das Familiengericht den Ausgleich auf Antrag einer Partei in anderer Weise regeln; § 1587 o Abs. 1 Satz 2 gilt entsprechend.

(5) Der Monatsbetrag der nach Absatz 1 zu übertragenden oder nach Absatz 2, 3 zu begründenden Rentenanwartschaften in den gesetzlichen Rentenversicherungen darf zusammen mit dem Monatsbetrag der in den gesetzlichen Rentenversicherungen bereits begründeten Rentenanwartschaften des ausgleichsberechtigten Ehegatten den in § 76 Abs. 2 Satz 3 des Sechsten Buches Sozialgesetzbuch bezeichneten Höchstbetrag nicht übersteigen.

(6) Bei der Übertragung oder Begründung von Rentenanwartschaften in der gesetzlichen Rentenversicherung hat das Familiengericht anzuordnen, dass der Monatsbetrag der zu übertragenden oder zu begründenden Rentenanwartschaften in Entgeltpunkte umzurechnen ist.

Gesetz zur Regelung von Härten im Versorgungsausgleich v. 21. 2. 1983 (BGBl I S 105) idF vom 25. 7. 1991 (BGBl I S 1606):

I. Maßnahmen zur Beseitigung der Beitragszahlungspflicht im Versorgungsausgleich

§ 1. [Realteilung; Quasi-Splitting] (1) Sind im Versorgungsausgleich andere als die in § 1587b Abs. 1 und 2 des Bürgerlichen Gesetzbuchs genannten Anrechte auszugleichen, so gelten an Stelle des § 1587b Abs. 3 Satz 1 des Bürgerlichen Gesetzbuchs die nachfolgenden Bestimmungen.

(2) Wenn die für ein Anrecht des Verpflichteten maßgebende Regelung dies vorsieht, begründet das Familiengericht für den anderen Ehegatten ein Anrecht außerhalb der gesetz-

Titel 7. Scheidung der Ehe **§ 1587 b/VAHRG**

lichen Rentenversicherung (Realteilung). Das Nähere bestimmt sich nach den Regelungen über das auszugleichende und das zu begründende Anrecht.

(3) Findet ein Ausgleich nach Absatz 2 nicht statt und richtet sich das auszugleichende Anrecht gegen einen öffentlich-rechtlichen Versorgungsträger, so gelten die Vorschriften über den Ausgleich von Anrechten aus einem öffentlich-rechtlichen Dienstverhältnis (Quasi-Splitting) sinngemäß.

§ 2. [Schuldrechtlicher Versorgungsausgleich] Soweit der Ausgleich nicht nach § 1 durchgeführt werden kann, findet der schuldrechtliche Versorgungsausgleich statt.

§ 3. [Geltung der Vorschriften über den Versorgungsausgleich] Soweit die Vorschriften des Bürgerlichen Gesetzbuchs über den Versorgungsausgleich auf einen Ausgleich nach diesem Gesetz nicht unmittelbar anzuwenden sind, gelten sie sinngemäß.

I a. Verlängerung des schuldrechtlichen Versorgungsausgleichs

§ 3 a. [Verlängerung des schuldrechtlichen Versorgungsausgleichs] (1) Nach dem Tod des Verpflichteten kann der Berechtigte in den Fällen des schuldrechtlichen Versorgungsausgleichs von dem Träger der auszugleichenden Versorgung, von dem er, wenn die Ehe bis zum Tode des Verpflichteten fortbestanden hätte, eine Hinterbliebenenversorgung erhielte, bis zur Höhe dieser Hinterbliebenenversorgung die Ausgleichsrente nach § 1587 g des Bürgerlichen Gesetzbuchs verlangen. Für die Anwendung des § 1587 g Abs. 1 Satz 2 des Bürgerlichen Gesetzbuchs ist nicht erforderlich, daß der Verpflichtete bereits eine Versorgung erlangt hatte. Sind mehrere Anrechte schuldrechtlich auszugleichen, so hat jeder Versorgungsträger die Ausgleichsrente nur in dem Verhältnis zu entrichten, in dem das bei ihm bestehende schuldrechtlich auszugleichende Anrecht zu den insgesamt schuldrechtlich auszugleichenden Anrechten des Verpflichteten steht.

Eine bereits zu entrichtende Ausgleichsrente unterliegt den Anpassungen, die für die Hinterbliebenenversorgung maßgebend sind.

(2) Absatz 1 findet keine Anwendung, wenn die für das auszugleichende Anrecht maßgebende Regelung in dem Zeitpunkt, in dem der Anspruch nach Absatz 1 bei dem Versorgungsträger geltend gemacht wird,
1. für das Anrecht eine Realteilung vorsieht, oder
2. dem Berechtigten nach dem Tod des Verpflichteten einen Anspruch gewährt, der dem Anspruch nach Absatz 1 bei Würdigung aller Umstände allgemein gleichwertig ist.

(3) Absatz 1 findet keine Anwendung in den Fällen des § 1587 f Nr. 5 in Verbindung mit § 1587 b Abs. 4 des Bürgerlichen Gesetzbuchs. In den Fällen des § 1587 f Nr. 5 in Verbindung mit § 1587 o des Bürgerlichen Gesetzbuchs gilt Absatz 1 insoweit nicht, als die vereinbarte Ausgleichsrente die nach dem Gesetz geschuldete Ausgleichsrente übersteigt und der Versorgungsträger nicht zugestimmt hat.

(4) Eine an die Witwe oder den Witwer des Verpflichteten zu zahlende Hinterbliebenenversorgung ist in Höhe der nach Absatz 1 ermittelten und gezahlten Ausgleichsrente zu kürzen. Die Kürzung erfolgt auch über den Tod des Berechtigten hinaus. Satz 2 gilt nicht, wenn der Versorgungsträger nach Absatz 1 nur Leistungen erbracht hat, die insgesamt zwei Jahresbeträge der am Ende des Leistungsbezugs berechneten Ausgleichsrente nicht übersteigen. Hat er solche Leistungen erbracht, so sind diese auf die an die Witwe oder den Witwer des Verpflichteten zu zahlende Hinterbliebenenversorgung anzurechnen.

(5) Ist eine ausländische, zwischenstaatliche oder überstaatliche Einrichtung Träger der schuldrechtlich auszugleichenden Versorgung, so hat die Witwe oder der Witwer des Verpflichteten auf Antrag die entsprechend den vorstehenden Absätzen ermittelte Ausgleichsrente zu entrichten, soweit die Einrichtung an Witwe oder den Witwer eine Hinterbliebenenversorgung erbringt. Leistungen, die der Berechtigte von der Einrichtung als Hinterbliebener erhält, werden angerechnet.

(6) In den Fällen der Absätze 1, 4 und 5 gelten § 1585 Abs. 1 Sätze 2 und 3, § 1585 b Abs. 3 und 3, 1587 d Abs. 2, § 1587 h und § 1587 k Abs. 2 Satz 1 des Bürgerlichen Gesetzbuchs entsprechend.

(7) Der Versorgungsträger wird bis zum Ablauf des Monats, der dem Monat folgt, in dem er von der Rechtskraft der Entscheidung über die Ausgleichsrente nach Absatz 1 Kenntnis erlangt,
1. gegenüber dem Berechtigten befreit, soweit er an die Witwe oder den Witwer des Verpflichteten Leistungen erbringt, welche die um die Ausgleichsrente nach Absatz 1 gekürzte Hinterbliebenenversorgung übersteigen;
2. gegenüber der Witwe oder dem Witwer des Verpflichteten befreit, soweit er an den Berechtigten nach Maßgabe eines gegen den Verpflichteten gerichteten Vollstreckungs-

§ 1587 b/VAHRG Buch 4. Abschnitt 1. Bürgerliche Ehe

titels, der diesen wegen des bei dem Versorgungsträger begründeten Anrechts zur Zahlung einer Ausgleichsrente verpflichtete, oder auf Grund einer Abtretung nach § 1587 i Abs. 1 des Bürgerlichen Gesetzbuchs Leistungen erbringt, welche die Ausgleichsrente nach Absatz 1 übersteigen. Nach Ablauf des Monats, der dem Monat folgt, in dem der Berechtigte den Versorgungsträger zur Zahlung der Ausgleichsrente aufgefordert und ihm eine beglaubigte Abschrift des Vollstreckungstitels übermittelt hat, findet Nummer 1 keine Anwendung; Nummer 1 findet ferner insoweit keine Anwendung, als der Versorgungsträger in dem dem Tod des Verpflichteten vorangehenden Monat an den Berechtigten auf Grund einer Abtretung nach § 1587 i des Bürgerlichen Gesetzbuchs Leistungen erbracht hat;

3. gegenüber dem Berechtigten befreit, soweit er an die Witwe oder den Witwer des Verpflichteten nach Maßgabe einer gemäß Absatz 9 Satz 3 ergangenen einstweiligen Anordnung Leistungen erbringt, welche die um die Ausgleichsrente nach Absatz 1 gekürzte Hinterbliebenenversorgung übersteigen; gegenüber der Witwe oder dem Witwer des Verpflichteten wird er befreit, soweit er an den Berechtigten nach Maßgabe einer solchen einstweiligen Anordnung Leistungen erbringt, welche die Ausgleichsrente nach Absatz 1 übersteigen. Nach Ablauf des Monats, der dem Monat folgt, in welchem dem Versorgungsträger die einstweilige Anordnung zugestellt worden ist, finden die Nummern 1 und 2 keine Anwendung.

(8) Der Berechtigte und die Witwe oder der Witwer des Verpflichteten sind verpflichtet, einander und dem nach Absatz 1 verpflichteten Versorgungsträger die Auskünfte zu erteilen, die zur Feststellung eines Anspruchs nach den vorstehenden Absätzen erforderlich sind. Die Träger einer im schuldrechtlichen Versorgungsausgleich zu berücksichtigenden Versorgung sind einander, dem Berechtigten und der Witwe oder dem Witwer des Verpflichteten verpflichtet, diese Auskünfte zu erteilen. Ist der Wert eines Anrechts von dem Wert eines anderen Anrechts abhängig, so hat der Träger des anderen Anrechts dem Träger des einen Anrechts die erforderliche Auskunft über den Wert des anderen Anrechts zu erteilen. § 1605 des Bürgerlichen Gesetzbuchs gilt entsprechend.

(9) Über Streitigkeiten entscheidet das Familiengericht. In den Fällen des Absatzes 1 hat das Gericht die Witwe oder den Witwer des Verpflichteten, in den Fällen des Absatzes 4 den Berechtigten zu beteiligen. Das Gericht kann auf Antrag des Berechtigten oder der Witwe oder des Witwers des Verpflichteten im Wege der einstweiligen Anordnung die Zahlung der Ausgleichsrente nach den Absätzen 1 und 5 und die an die Witwe oder den Witwer des Verpflichteten zu zahlende Hinterbliebenenversorgung regeln. Die Entscheidung nach Satz 3 ist unanfechtbar; im übrigen gelten die §§ 620 a bis 620 g der Zivilprozeßordnung entsprechend.

I b. Regelung des Versorgungsausgleichs in anderer Weise

§ 3 b. [Regelungsmöglichkeiten des Familiengerichts] (1) Verbleibt auch nach Anwendung des § 1587 b des Bürgerlichen Gesetzbuchs und des § 1 Abs. 2 und 3 noch ein unverfallbares, dem schuldrechtlichen Versorgungsausgleich unterliegendes Anrecht, kann das Familiengericht

1. ein anderes vor oder in der Ehezeit erworbenes Anrecht des Verpflichteten, das seiner Art nach durch Übertragung oder Begründung von Anrechten ausgeglichen werden kann, zum Ausgleich heranziehen. Der Wert der zu übertragenden oder zu begründenden Anrechte darf, bezogen auf das Ende der Ehezeit, insgesamt zwei vom Hundert des auf einen Monat entfallenden Teils der am Ende der Ehezeit maßgebenden Bezugsgröße (§ 18 des Vierten Buches Sozialgesetzbuch) nicht übersteigen;
2. den Verpflichteten, soweit ihm dies nach seinen wirtschaftlichen Verhältnissen zumutbar ist, verpflichten, für den Berechtigten Beiträge zur Begründung von Anrechten auf eine bestimmte Rente in einer gesetzlichen Rentenversicherung zu zahlen; dies gilt nur, solange der Berechtigte die Voraussetzungen für eine Vollrente wegen Alters aus der gesetzlichen Rentenversicherung noch nicht erfüllt. Das Gericht kann dem Verpflichteten Ratenzahlungen gestatten; es hat dabei die Höhe der dem Verpflichteten obliegenden Ratenzahlungen festzusetzen; § 1587 d Abs. 2, § 1587 e Abs. 3 und § 1587 f Nr. 3 des Bürgerlichen Gesetzbuchs gelten entsprechend.

(2) Absatz 1 findet auf die in § 3 a Abs. 5 bezeichneten Versorgungen keine Anwendung.

§ 3 c. *(aufgehoben durch RÜG)*

II. Auswirkungen des Versorgungsausgleichs in besonderen Fällen

§ 4. [Tod des Berechtigten vor Empfang angemessener Leistungen] (1) Ist ein Versorgungsausgleich gemäß § 1587 b Abs. 1 oder 2 des Bürgerlichen Gesetzbuchs durchgeführt worden und hat der Berechtigte vor seinem Tod keine Leistungen aus dem im Versorgungsausgleich erworbenen Anrecht erhalten, so wird die Versorgung des Verpflichteten oder seiner Hinterbliebenen nicht auf Grund des Versorgungsausgleichs gekürzt.

(2) Ist der Berechtigte gestorben und wurden oder werden aus dem im Versorgungsausgleich erworbenen Anrecht Leistungen gewährt, die insgesamt zwei Jahresbeträge einer auf das Ende des Leistungsbezuges ohne Berücksichtigung des Zugangsfaktors berechneten Vollrente wegen Alters aus der Rentenversicherung der Arbeiter und Angestellten aus dem erworbenen Anrecht nicht übersteigen, so gilt Absatz 1 entsprechend, jedoch sind die gewährten Leistungen auf die sich aus Absatz 1 ergebende Erhöhung anzurechnen.

(3) Wurde der Verpflichtete nach Durchführung des Versorgungsausgleichs vor dem 1. Januar 1992 nachversichert, so sind insoweit dem Rentenversicherungsträger die sich aus Absatz 1 und 2 ergebenden Erhöhungen vom Dienstherrn zu erstatten; § 290 Satz 2 des Sechsten Buches Sozialgesetzbuch gilt entsprechend.

§ 5. [Unterhaltsfälle] (1) Solange der Berechtigte aus dem im Versorgungsausgleich erworbenen Anrecht keine Rente erhalten kann und er gegen den Verpflichteten einen Anspruch auf Unterhalt hat oder nur deshalb nicht hat, weil der Verpflichtete zur Unterhaltsleistung wegen der auf dem Versorgungsausgleich beruhenden Kürzung seiner Versorgung außerstande ist, wird die Versorgung des Verpflichteten nicht auf Grund des Versorgungsausgleichs gekürzt.

(2) § 4 Abs. 3 gilt entsprechend.

§ 6. [Nachzahlungen in den Unterhaltsfällen] Sind Nachzahlungen zu leisten, so erfolgen sie in den Fällen des § 5 an den Verpflichteten und an den Berechtigten je zur Hälfte.

§ 7. [Rückzahlungsanspruch bei Zahlungen an gesetzliche Rentenversicherung] Sind auf Grund des Versorgungsausgleichs für den Berechtigten Beiträge zu einer gesetzlichen Rentenversicherung geleistet worden, sind dem Leistenden von dem Rentenversicherungsträger die Beiträge unter Anrechnung der gewährten Leistungen zurückzuzahlen, wenn feststeht, daß aus dem durch die Beitragszahlungen begründeten Anrecht keine höheren als die in § 4 Abs. 2 genannten Leistungen zu gewähren sind.

§ 8. [Rückzahlungsanspruch bei freiwilligen Zahlungen] Ein zur Abwendung der Kürzung gezahlter Kapitalbetrag ist unter Anrechnung der gewährten Leistung zurückzuzahlen, wenn feststeht, daß aus dem im Versorgungsausgleich erworbenen Anrecht keine höheren als die in § 4 Abs. 2 genannten Leistungen zu gewähren sind.

§ 9. [Antrag; Vererblichkeit des Anspruchs; Auskunftsrecht; Mitteilungspflicht]
(1) Über Maßnahmen nach §§ 4 bis 8 entscheidet der Leistungsträger auf Antrag.
(2) Antragsberechtigt sind der Verpflichtete und, soweit sie belastet sind, seine Hinterbliebenen. In den Fällen des § 5 kann auch der Berechtigte den Antrag stellen.
(3) Ansprüche nach §§ 4 bis 8 gehen auf den Erben über, wenn der Erblasser den erforderlichen Antrag gestellt hatte.
(4) Der Antragsberechtigte und der Leistungsträger können von den betroffenen Stellen die für die Durchführung von Maßnahmen nach §§ 4 bis 8 erforderliche Auskunft verlangen.
(5) In den Fällen des § 5 hat der Verpflichtete dem Leistungsträger die Einstellung der Unterhaltsleistungen, die Wiederheirat des Berechtigten sowie dessen Tod mitzuteilen.

§ 10. [Quasi-Splitting] In den Fällen des § 1 Abs. 3 gelten die §§ 4 bis 9 sinngemäß.

II a. Abänderung von Entscheidungen über den Versorgungsausgleich

§ 10 a. [Abänderung von Entscheidungen] (1) Das Familiengericht ändert auf Antrag seine Entscheidung entsprechend ab, wenn
1. ein im Zeitpunkt des Erlasses der Abänderungsentscheidung ermittelter Wertunterschied von dem in der abzuändernden Entscheidung zugrunde gelegten Wertunterschied abweicht, oder
2. ein in der abzuändernden Entscheidung als verfallbar behandeltes Anrecht durch Begründung von Anrechten ausgeglichen werden kann, weil es unverfallbar war oder nachträglich unverfallbar geworden ist, oder
3. ein von der abzuändernden Entscheidung dem schuldrechtlichen Versorgungsausgleich überlassenes Anrecht durch Begründung von Anrechten ausgeglichen werden kann, weil die für das Anrecht maßgebende Regelung eine solche Begründung bereits vorsah oder nunmehr vorsieht.

§ 1587 b/VAHRG

(2) Die Abänderung findet nur statt, wenn
1. sie zur Übertragung oder Begründung von Anrechten führt, deren Wert insgesamt vom Wert der durch die abzuändernde Entscheidung insgesamt übertragenen oder begründeten Anrechte wesentlich abweicht, oder
2. durch sie eine für die Versorgung des Berechtigten maßgebende Wartezeit erfüllt wird, und
3. sie sich voraussichtlich zugunsten eines Ehegatten oder seiner Hinterbliebenen auswirkt.
Eine Abweichung ist wesentlich, wenn sie 10 vom Hundert des Wertes der durch die abzuändernde Entscheidung insgesamt übertragenen oder begründeten Anrechte, mindestens jedoch 0,5 vom Hundert des auf einen Monat entfallenden Teils der am Ende der Ehezeit maßgebenden Bezugsgröße (§ 18 des Vierten Buches Sozialgesetzbuch) übersteigt.

(3) Eine Abänderung findet nicht statt, soweit sie unter Berücksichtigung der beiderseitigen wirtschaftlichen Verhältnisse, insbesondere des Versorgungserwerbs nach der Ehe, grob unbillig wäre.

(4) Antragsberechtigt sind die Ehegatten, ihre Hinterbliebenen und die betroffenen Versorgungsträger.

(5) Der Antrag kann frühestens in dem Zeitpunkt gestellt werden, in dem einer der Ehegatten das 55. Lebensjahr vollendet hat oder der Verpflichtete oder seine Hinterbliebenen aus einer auf Grund des Versorgungsausgleichs gekürzten Versorgung oder der Berechtigte oder seine Hinterbliebenen auf Grund des Versorgungsausgleichs Versorgungsleistungen erhalten.

(6) Durch die Abänderungsentscheidung entfällt eine für die Versorgung des Berechtigten bereits erfüllte Wartezeit nicht.

(7) Die Abänderung wirkt auf den Zeitpunkt des der Antragstellung folgenden Monatsersten zurück. Die Ehegatten und ihre Hinterbliebenen müssen Leistungen des Versorgungsträgers gegen sich gelten lassen, die der Versorgungsträger auf Grund der früheren Entscheidung bis zum Ablauf des Monats erbringt, der dem Monat folgt, in dem er von dem Eintritt der Rechtskraft der Abänderungsentscheidung Kenntnis erlangt hat. Werden durch die Abänderung einem Ehegatten zum Ausgleich eines Anrechts Anrechte übertragen oder für ihn begründet, so müssen sich der Ehegatte oder seine Hinterbliebenen Leistungen, die der Ehegatte wegen dieses Anrechts gemäß § 3 a erhalten hat, anrechnen lassen.

(8) Hat der Verpflichtete auf Grund einer Entscheidung des Familiengerichts Zahlungen erbracht, gelten die Absätze 1 bis 7 entsprechend. Das Familiengericht bestimmt, daß der Berechtigte oder der Versorgungsträger den zuviel gezahlten Betrag zurückzuzahlen hat, der Versorgungsträger unter Anrechnung der dem Berechtigten oder seinen Hinterbliebenen zuviel gewährten Leistungen. § 1587 d des Bürgerlichen Gesetzbuchs gilt zugunsten des Berechtigten entsprechend.

(9) Die vorstehenden Vorschriften sind auf Vereinbarungen über den Versorgungsausgleich entsprechend anzuwenden, wenn die Ehegatten die Abänderung nicht ausgeschlossen haben.

(10) Das Verfahren endet mit dem Tod des antragstellenden Ehegatten, wenn nicht ein Antragsberechtigter binnen drei Monaten gegenüber dem Familiengericht erklärt, das Verfahren fortsetzen zu wollen. Nach dem Tod des Antraggegners wird das Verfahren gegen dessen Erben fortgesetzt.

(11) Die Ehegatten oder ihre Hinterbliebenen sind verpflichtet, einander die Auskünfte zu erteilen, die zur Wahrnehmung ihrer Rechte nach den vorstehenden Vorschriften erforderlich sind. Sofern ein Ehegatte oder seine Hinterbliebenen die erforderlichen Auskünfte von dem anderen Ehegatten oder dessen Hinterbliebenen nicht erhalten können, haben sie einen entsprechenden Auskunftsanspruch gegen die betroffenen Versorgungsträger. Die Ehegatten und ihre Hinterbliebenen haben den betroffenen Versorgungsträgern die erforderlichen Auskünfte zu erteilen.

(12) Hat der Verpflichtete Zahlungen zur Abwendung der Kürzung seines Versorgungsanrechts geleistet, sind die unter Berücksichtigung der Abänderung der Entscheidung zuviel geleisteten Beträge zurückzuzahlen.

II b. Maßnahmen zur Verringerung des Verwaltungsaufwands

§§ 10 b, c *(aufgehoben durch RRG 1992)*

§ 10 d. [Zahlungen im Lauf des Versorgungsausgleichsverfahrens] Bis zum wirksamen Abschluß eines Verfahrens über den Versorgungsausgleich ist der Versorgungsträger verpflichtet, Zahlungen an den Versorgungsberechtigten zu unterlassen, die auf die Höhe eines in den Versorgungsausgleich einzubeziehenden Anrechts Einfluß haben können.

Titel 7. Scheidung der Ehe **§ 1587 b/VAHRG**

III. Auskunftspflicht im Versorgungsausgleich

§ 11. [Geltung der verfahrensrechtlichen Vorschriften über den Versorgungsausgleich; Auskunftspflicht] (1) Entscheidet nach diesem Gesetz das Familiengericht, so gelten die verfahrensrechtlichen Vorschriften über den Versorgungsausgleich entsprechend, soweit sie nicht unmittelbar anzuwenden sind.

(2) Das Gericht kann über Grund und Höhe der Versorgungsanwartschaften und Versorgungen von den hierfür zuständigen Behörden, Rentenversicherungsträgern, Arbeitgebern, Versicherungsunternehmen und sonstigen Stellen sowie von den Ehegatten und ihren Hinterbliebenen Auskünfte einholen. Die in Satz 1 bezeichneten Stellen, die Ehegatten und ihre Hinterbliebenen sind verpflichtet, den gerichtlichen Ersuchen Folge zu leisten.

IV. Übergangs- und Schlußbestimmungen

§ 12. [Geltung im Land Berlin] *gegenstandslos.*

§ 13. [Inkrafttreten; Außerkrafttreten] (1) Es treten in Kraft
1. die §§ 4 bis 10 mit Wirkung vom 1. Juli 1977;
2. die §§ 3 a, 3 b, 3 c, 10 a und 10 d am 1. Januar 1987; § 10 a Abs. 9 gilt für vor dem 1. Januar 1987 geschlossene Vereinbarungen, jedoch mit der Maßgabe, daß sie nur abgeändert werden können, soweit die Bindung an die Vereinbarung auch unter besonderer Berücksichtigung des Vertrauens des Antragsgegners in die getroffene Vereinbarung für den Antragsteller unzumutbar ist; wurde im Zusammenhang mit der Vereinbarung über den Versorgungsausgleich auch anderes geregelt, findet eine Abänderung nicht statt, es sei denn, daß die Regelung im übrigen auch ohne den Versorgungsausgleich getroffen worden wäre;
3. die §§ 10 b und 10 c am 1. Januar 1988;
4. die übrigen Vorschriften dieses Gesetzes mit Wirkung vom 1. April 1983.
(2) *(aufgehoben durch RÜG)*

Lit: Bergner, Unterschiedlich besteuerte Versorgungsanrechte im Versorgungsausgleich, NJW 90, 678; Dörr, Zur Abänderung von Versorgungsausgleichsentscheidungen nach § 10 a VAHRG, NJW 88, 97; Hoppenz, Zum isolierten Versorgungsausgleichsverfahren, FamRZ 87, 425; Rolland, Kommentar zum VAHRG, 1983 (zur Fassung 83); Ruland, Das Gesetz über weitere Maßnahmen auf dem Gebiet des Versorgungsausgleichs, NJW 87, 345; sa Lit Vor § 1587.

1. Allgemeines. Die Vorschrift regelt die Vollziehung des Versorgungsausgleichs durch das FamG, soweit nicht die Parteien nach § 1587 o eine Ausgleichung durch Vereinbarung vorgenommen haben (sa § 1587 f Nr 5, VAHRG 3 a III). III 1 HS 1 verfassungswidrig, BVerfG 63, 88. Überblick und Grundstrukturen s Rn 5 ff vor § 1587; Dörr NJW 90, 2721. Ob der Ausgleichspflichtige bereits Renten uä bezieht oder nur entspr Anwartschaften hat, spielt keine Rolle. Noch verfallbare Aussichten auf **betriebliche Altersversorgung** sind zunächst durch den schuldrechtlichen Versorgungsausgleich auszugleichen, § 1587 f Nr 4; Abänderung bei Unverfallbarkeit s VAHRG 10 a I Nr 2. Durch Ausgleichsverfahren nach I–III sind auch Interessen der Träger der Versorgungslast berührt, deshalb sollen auch Dispositionsbefugnisse der Parteien eingeschränkt sein, dazu jedoch BGH 85, 180, 188. VAHRG 3 b ergänzt und vereinfacht für den Fall, daß (soweit) schuldrechtlich auszugleichen wäre, durch die Möglichkeiten (I Nr 1), ein Anrecht zum Ausgleich für ein anderes Anrecht heranzuziehen (**erweiterter Ausgleich; Supersplitting;** zum Auswahlermessen BGH NJW 92, 1958) und dadurch Splitting, Quasisplitting oder Realteilung zu erweitern, oder (I Nr 2) den Verpflichteten zu Beitragszahlung an ges Rentenversicherung zu verurteilen. Höchstgrenze § 1587 b V, BGH NJW-RR 89, 770. Beitragszahlung nach VAHRG 3 b I Nr 2 nach Eintritt des Versorgungsfalles s BGH NJW-RR 88, 1092. Zur Beteiligung privatrechtlicher Versorgungsträger s BGH NJW 89, 1858, 1859, 1860 (zu VAwMG 4). VAHRG 3 c (Bagatellgrenze) entfallen durch RRG. **Obergrenze** für Ausgleichserweiterung s VAHRG 3 b I Nr 1 S 2; Restbetrag bleibt schuldrechtlich auszugleichen. I Nr 2 ist subsidiär zu I Nr 1. Bei nicht-inländischen Versorgungsträgern bleibt es beim schuldrechtlichen Ausgleich, VAHRG 3 b II. **Härtefälle** (Vor- oder Frühversterben des Berechtigten; Kumulierung von Rentenkürzung und Unterhaltslast) s VAHRG 4 ff (erlassen aufgrund BVerfG 53, 302 ff und geändert aufgrund BVerfG

1
2
3
4
5

Chr. Berger 1483

§ 1587 b/VAHRG Buch 4. Abschnitt 1. Bürgerliche Ehe

6 71, 364). Spätere **Änderung** s VAHRG 10 a; Einfluß RRG s Ruland NJW 92, 84. „Wesentlichkeitsgrenze" in VAHRG 10 a II s BGH NJW 91, 1827, Korrektur wegen Nichtberücksichtigung eines Anrechts s BGH NJW 93, 1650. Berücksichtigung veränderter Verhältnisse im „Erstverfahren" Bergner NJW 89, 1975 mwN. Zur Rechtskraftdurchbrechung bei fehlerhafter Entscheidung über öffentl-rechtlichen Versorgungsausgleich BGH NJW-RR 89, 130. Zuständigkeit FGG 45, BGH NJW-RR 88, 1221.

7 **2. Auszugleichen** ist die Differenz, die sich aus unterschiedlichen Summen bei der Zusammenrechnung (*nicht:* Schätzung, Frankfurt NJW 79, 1609) der jedem Ehegatten zustehenden Renten oder Anwartschaften ergibt. Obwohl für den Wert der jeweiligen Versorgungssituation die Art der einzelnen Versorgungsanwartschaft oder -aussicht unerheblich ist, spielt sie für die Durchführung der Ausgleichung eine Rolle. Ergibt sich der ausgleichspflichtige Mehrwert bei einem Ehegatten aus
8 der **Summierung mehrerer Anwartschaften,** so ist für den Ausgleich die Reihenfolge der I–IV zu beachten. Die Reihenfolge in II–IV bestimmt wegen der unterschiedlichen Sicherheit der Versorgungstitel auch die Reihenfolge der Aus-
9 gleichsmodalitäten. Ausgleich von Anrechten nach II durch Übertragung von Anwartschaften nach I, Supersplitting durch Ausgleich von Anrechten nach III durch Anrechte nach I sind grundsätzlich unzulässig, BGH 81, 192 ff; NJW-RR 86, 290, doch gestattet VAHRG 3 b I statt schuldrechtlichen Ausgleichs in bestimmten Grenzen Austausch der Anrechte beim Ausgleich und damit doch erweitertes Splitting.

10 **3. Ausgleich von Rentenanwartschaften, I. a)** Ges Rentenversicherung s § 1587 a II Nr 2; nur bei den dort umschriebenen, mithin deutschen Sozialversicherungsträgern der Arbeiter- oder Angestelltenrentenversicherung sowie der Knappschaftsversicherung kann das FamG durch Hoheitsakt Anwartschaften übertragen; analoge Anrechnung auf privatrechtlich organisierten Schulträger unzuläs-
11 sig, BGH NJW 85, 2712; **b)** Berechnung auf der Grundlage von Entgeltpunkten nach § 1587 a ergibt Wertdifferenz; **c)** die Differenz der Rentenanwartschaften wird zur Hälfte vom Rentenkonto des Höherversicherten genommen und auf das Rentenkonto des Berechtigten bei einem der Sozialversicherungsträger – das ggf neu eingerichtet werden muß – in Form von Entgeltpunkten/Entgeltpunkten (Ost) (s VI iVm SGB VI 76, 86) gutgebracht **(„Rentensplitting").** Die Einzelheiten der Übertragung und der Berechnung von Entgeltpunkten richten sich nach den Vorschriften über die ges Rentenversicherung, I 2. Der Berechtigte kann sein
12 gemindertes Konto wieder auffüllen. **d)** Die Übertragung erfolgt durch Gestaltungsurteil des FamG; Korrektur rechtskräftiger Entscheidungen s BGH NJW 82,
13 1646. **e)** Rechtsfolge: Rente oder Rentenanwartschaft geht mit Rechtskraft der Entscheidung auf den anderen Ehegatten über, FGG 53 g I, ZPO 629 d. Ist der Ausgleichsberechtigte in diesem Zeitpunkt bereits erwerbs- oder berufsunfähig oder hat er die Altersgrenze erreicht, so erhält er sofort eine Rente wegen Berufs- oder Erwerbsunfähigkeit, sofern er die kleine Wartezeit von 60 Monaten erfüllt; er erhält sofort ein erhöhtes Altersruhegeld, wenn die große Wartezeit von 180 Monaten abgelaufen ist und er auch die übrigen Voraussetzungen für den Bezug des Altersruhegeldes in seiner Person erfüllt. Beim Ausgleichspflichtigen wirkt sich die Kürzung erst aus, wenn für ihn der Versicherungsfall eintritt und aus seiner Versicherung eine Rente zu gewähren ist.

14 **4. Ausgleich von Beamtenpensionen** uä Versorgungen (II): **a)** Auszugleichende Versorgung ie s § 1587 a II Nr 1; **b)** Berechnung nach § 1587 a ergibt ausgleichspflichtige Differenz; **c)** Begründung einer Rentenanwartschaft in einer ges Rentenversicherung für den Ausgleichsberechtigten in Höhe der Hälfte der Differenz und umgerechnet in Werteinheiten, die durch entspr Erstattung des Versorgungsträgers des Ausgleichspflichtigen beim Rentenversicherungsträger abgedeckt und durch Kürzung der Versorgungsbezüge des Verpflichteten aufgebracht wird, BeamtVG 57 („Quasi-Splitting" durch fiktive Nachversicherung); gilt auch

Titel 7. Scheidung der Ehe **§ 1587 b/VAHRG**

bei entlassenem Beamten, falls Nachversicherung noch nicht erfolgt, BGH NJW 89, 35. **d)** Gestaltungsurteil des FamG (Rn 12); **e)** Rechtsfolge: Der Ausgleichsberechtigte gilt bei dem im Urteil bezeichneten Versicherungsträger als versichert und erhält nach Eintritt des Versicherungsfalles Rentenleistungen entspr der für ihn aus dem Versorgungsausgleich und seiner späteren Aufstockung durch eigene Leistungen begründeten Rentenanwartschaft. Bei Widerrufsbeamten im Vorbereitungsdienst entspr Anwendung, BGH NJW 82, 1754. 15

5. Statt der in III 1 vorgesehenen Ausgleichsform Renteneinkauf durch Bareinzahlung, falls Ausgleich nicht nach I oder II stattfindet, sieht VAHRG 1 zwei neue Ausgleichsformen vor: Bei **Realteilung** wird beim Leistungsträger des Verpflichteten für den Berechtigten ein Anrecht zu Lasten des Verpflichteten eingeräumt. Bsp: Lebensversicherungen, berufsständische Versorgungseinrichtungen, betriebliche Altersvorsorgung, vgl aber BGH MDR 85, 745 zu den Voraussetzungen ie. Beim **Quasi-Splitting** wird für den Berechtigten bei seinem Rentenversicherungsträger eine gesetzliche Rentenanwartschaft begründet; Bsp: berufsständische Versorgungseinrichtungen, Zusatzversorgung des öffentl Dienstes. Zuordnung des Versorgungsträgers zu den öffentl-rechtlichen Versorgungsträgern nach VAHRG 1 III richtet sich nach Rechtsform, BGH 92, 156, zu ZDF und privatrechtlicher Pensionskasse s BGH 99, 10; Abgeordnete s AbgG 25 a, BGH NJW-RR 88, 708. Zur Verwaltungsvereinfachung s VAHRG 10 b, c. Grundsatz des einmaligen Ausgleichs bzw der Gesamtsaldierung in III 3 HS 2 bleibt in Geltung. Reihenfolge der Durchführung des Versorgungsausgleichs unverändert, BGH NJW 83, 2444, doch ist VAHRG 3 b I zu beachten. Bei Zusammentreffen von Realteilung und Quasisplitting erfolgt Ausgleich anteilsmäßig **(Quotierungsmethode),** BGH NJW 94, 48 f. Für den in der Praxis wichtigen Ausgleich von Betriebsrenten kam, wenn Versorgungsträger Splitting nicht ermöglichte, schuldrechtlicher Versorgungsausgleich nach VAHRG iVm §§ 1587 f–1587 n in Betracht; s jetzt VAHRG 3 b nF, dazu Ruland aaO 346. Nach § 1587 l kann wegen künftiger schuldrechtlicher Ausgleichsansprüche auch Abfindung verlangt werden. Im Ergebnis wird der schuldrechtliche Versorgungsausgleich jedoch stark zurückgedrängt. 16 17 18

6. Modifikationen des Ausgleichs läßt das Ges in IV für den Fall zu, daß **a)** der Berechtigte durch Anwartschaftsübertragung oder -begründung nicht begünstigt würde, weil zB Wartezeiten nicht mehr zu erreichen sind, der im Ausland lebende Berechtigte Rentenleistungen nicht empfangen kann (vgl BGH NJW 83, 513) oder **b)** der Ausgleich in dieser Form unwirtschaftlich wäre, weil zB Minirenten entstehen würden oder dem pensionsversorgten Ausgleichsberechtigten mit einer zusätzlichen geringfügigen Sozialrente nicht gedient wäre (s BT-Drs 7/4361 S 42). **c)** Erforderlich ist **Antrag** einer Partei (auch im Laufe des Verfahrens, BGH NJW 83, 513); das FamG hat freies Ermessen, wie es den Ausgleich wertentspr und sachgerecht regelt, nur kann es nicht Anwartschaften auf Sozialrenten übertragen oder begründen, IV 2 iVm § 1587 o I 2; vgl BGH NJW-RR 86, 291. Möglich sind zB schuldrechtlicher Versorgungsausgleich, s § 1587 f Nr 5 sowie VAHRG 2, Abfindung durch Übertragung von Vermögensgegenständen, Abschluß einer Lebensversicherung, „Realteilung" eines Anrechts (BGH NJW 82, 2496). 19 20 21

7. Grenzen des Ausgleichs nach I–III ergeben sich, falls und soweit der Berechtigte bereits den Höchstbetrag aus der gesetzl Rentenversicherung aus eigenem Recht erwarten kann, V; dann auch kein Ausgleich durch Supersplitting oder Beitragszahlung, Düsseldorf NJW-RR 91, 1477. Nicht anzurechnen auf Höchstbetrag sind durch Nachentrichtung freiwilliger Beträge für in Zeiten vor der Ehe begründete Anwartschaften, BGH NJW-RR 91, 579. Bekanntgabe des Höchstbeträge jährlich durch den Bundesminister für Arbeit und Sozialordnung. Schuldrechtlicher Ausgleich bleibt möglich, § 1587 f Nr 2. 22

8. a) Im **Beitrittsgebiet** gilt ab 1. 1. 1992 aufgrund RÜG 31 Sonderregelung des VAÜG für Versorgungsausgleich bei Ende der Ehezeit **vor** Herstellung einheitlicher Einkommensverhältnisse **(Einkommensangleichung)** – VAÜG 1 IV – 23

§ 1587 c Buch 4. Abschnitt 1. Bürgerliche Ehe

und für am 1. 1. 1992 ausgesetzte Verfahren, durch die Besonderheiten aus Rentenrückstand und beschleunigter Angleichungsdynamik – s VAÜG 1 I – berücksichtigt werden soll; hierzu Klattenhof DAngVers 91, 352, 354 ff. Versorgungsausgleich ist nach VAÜG 2 I Nr 1 nur durchzuführen, wenn beide Ehegatten während der Ehezeit nur angleichungsdynamische Anrechte oder der ausgleichspflichtige Ehegatte mit den werthöheren angleichungsdynamischen Anrechten auch die werthöheren nichtangleichungsdynamischen Anrechte erworben hat, sowie nach Nr 2 dann, wenn Ausgleich entweder zu Leistungen an den Ausgleichsberechtigten oder zur Kürzung von Leistungen führt; hierzu Klattenhof DAngVers 91, 362 f. Betrifft Fälle, in denen nicht schon Ausgleich nach VAÜG 2 I 1 Nr 1 erfolgen

24 kann. In allen anderen Fällen wegen der Schwierigkeiten bei der Ermittlung der Anrechte und der Überlastung der Gerichte im Beitrittsgebiet nach VAÜG 2 II Aussetzung bis zur Einkommensangleichung; Wiederaufnahme s VAÜG 2 II, III. Ist Versorgungsausgleich durchzuführen, dann gelten §§ 1587 a ff mit Maßgabe der in VAÜG 3 geregelten Änderungen für die Ermittlung und Berechnung der Anrechte (dazu Ruland NJW 92, 86) sowie VAHRG 3 b, 1 o nach Maßgabe des

25 VAÜG 3 (dazu Ruland NJW 92, 86). Sind nur im Beitrittsgebiet entstandene Rentenrechte auszugleichen, findet Rentensplitting nach § 1587 b I statt; Umrechnung der übertragenen Rentenanwartschaft in Entgeltpunkte (Ost) s VAÜG 3 I Nr 5 iVm SGB VI 264 a, 265 a; zu Auffüllbeträgen s Nr 6 (schuldrechtlicher Ausgleich). Sind in den Ausgleich sowohl Anrechte aus den alten wie aus den neuen Bundesländern einzubeziehen, dann werden sie im Rahmen der Ausgleichsbilanz addiert oder verrechnet, ein getrennter Ausgleich der Anrechte aus West und

26 Ost ist nicht vorgesehen; Einzelheiten Ruland NJW 92, 86 mwN. **b) Nach** Einkommensangleichung gelten §§ 1587 a ff nach Maßgabe des VAÜG 5 für Ermittlung und Bewertung der ausgleichspflichtigen Anrechte.

§ 1587 c Beschränkung oder Wegfall des Ausgleichs

Ein Versorgungsausgleich findet nicht statt,

1. **soweit die Inanspruchnahme des Verpflichteten unter Berücksichtigung der beiderseitigen Verhältnisse, insbesondere des beiderseitigen Vermögenserwerbs während der Ehe oder im Zusammenhang mit der Scheidung, grob unbillig wäre; hierbei dürfen Umstände nicht allein deshalb berücksichtigt werden, weil sie zum Scheitern der Ehe geführt haben;**
2. **soweit der Berechtigte in Erwartung der Scheidung oder nach der Scheidung durch Handeln oder Unterlassen bewirkt hat, dass ihm zustehende Anwartschaften oder Aussichten auf eine Versorgung, die nach § 1587 Abs. 1 auszugleichen wären, nicht entstanden oder entfallen sind;**
3. **soweit der Berechtigte während der Ehe längere Zeit hindurch seine Pflicht, zum Familienunterhalt beizutragen, gröblich verletzt hat.**

1 **1. Allgemeines.** Negative Härteklausel, die Voraussetzungen normiert, die zum Verlust oder Einschränkung des Rechts auf Versorgungsausgleich führen können. Voraussetzung ist Feststellung auszugleichender Versorgungsanwartschaften, Karlsruhe Justiz 84, 286.

2 **2. Voraussetzungen.** Zu unterscheiden sind 3 Fallgruppen. **a)** Nr 1: **Grobe Unbilligkeit** der Inanspruchnahme des an sich Verpflichteten. Bsp: geringfügige Rentenaussichten des ausgleichspflichtigen Teils, Grund- und Kapitalvermögen des Ausgleichsberechtigten, BGH NJW 81, 396; extrem kurze Ehedauer, BGH FamRZ 81, 944; anders Hamm FamRZ 85, 78; fiktive (höhere) Versorgungsrente als tatsächlich gewährt, BGH MDR 85, 745; erhebliches wirtschaftliches Ungleichgewicht, BGH NJW-RR 89, 134; steuerliche Belastung des Ausgleichspflichtigen, BGH NJW 89, 2814; deutlich niedrigere Nettoversorgung des Ausgleichspflichtigen (BGH NJW 99, 498); für den Ausgleichsberechtigten vom -verpflichteten

Titel 7. Scheidung der Ehe **§ 1587 d**

finanzierte Ausbildung, BGH NJW-RR 88, 709, sa NJW-RR 89, 902; Beeinträchtigung des notwendigen Eigenbedarfs des Verpflichteten und künftiges Ungleichgewicht der Versorgung, vgl BGH NJW 82, 989, aber auch BGH FamRZ 89, 46 (Sozialhilfe für Ausgleichspflichtigen); längere Trennungszeit, BGH NJW 93, 588, Brandenburg NJW-RR 98, 8 (Trennung länger als 30 Jahre, nach Übersiedelung aus DDR); übereinstimmende Ablehnung der Parteien, Celle NJW 79, 1660; Finanzierung des Studiums des Ausgleichsberechtigten, Hamm FamRZ 98, 684; einseitige Lastenverteilung in der Ehe s Köln NJW-RR 94, 1028; kürzlicher Erwerb der deutschen Staatsangehörigkeit, BGH NJW 82, 1943; unbillige Wirkung des In-Prinzips, BGH NJW-RR 87, 322; keine Unbilligkeit jedoch, wenn der Berechtigte hohe Einkünfte hat, falls auch der Verpflichtete abgesichert ist (BGH NJW 99, 802). Nicht aus vermögensrechtliche Gründe, vgl Hamburg NJW 82, 1823 (Kindstötung); Frankfurt NJW-RR 91, 772 (versuchter Mord), s dagegen BGH NJW 90, 2746 (Tötungsversuch). Schwerwiegendes eheliches Fehlverhalten s BGH NJW 98, 1085; Verschweigen der Nichtehelichkeit eines in der Ehe geborenen Kindes Hamm FamRZ 92, 72 (zur Behauptung der Nichtehelichkeit jedoch BGH NJW 83, 824: § 1593 aF [entspricht § 1599 I] gilt); sa zu diesen Fällen BGH NJW-RR 87, 324: strenge Anforderungen. Die Ursachen, die zum Scheitern der Ehe geführt haben, können aber **allein** das Billigkeitsurteil nicht tragen, Nr 1 HS 2. Für Behauptung der Nichtehelichkeit gilt § 1593, BGH NJW 83, 824. Nach Tod des Ausgleichspflichtigen soll Kürzung oder Ausschluß nicht mehr in Betracht kommen, Frankfurter FamRZ 95, 299. Nicht unbillig ist Berücksichtigung von Anwartschaften durch Kindererziehung (Zweibrücken FamRZ 00, 890; aA Nürnberg FamRZ 00, 891). **b)** Nr 2: Der an sich Berechtigte 4 hat trotz gegebener Möglichkeiten eine eigene Altersversorgung nicht aufgebaut, vgl Köln FamRZ 86, 580, oder eine bereits angelegte Versorgungssituation aufgegeben, so daß deshalb eine Ausgleichsberechtigung entstanden ist. Erforderlich ist ein Verhalten, das im bewußten Zusammenhang mit der Scheidung auf Änderung der Versorgungsbilanz zu Gunsten des Ausgleichsberechtigten abzielt, vgl BGH NJW 86, 1934 für Beurlaubung aus Schuldienst; BGH FamRZ 87, 49 für Fortführung unrentablen Betriebs. Keine isolierte Bewertung von Zeitabschnitten, BGH FamRZ 87, 48. **c)** Nr 3: **Unterhaltspflichtverletzungen** gegenüber der 5 Familie (§§ 1360 ff, wohl auch gegenüber Kindern im Haushalt); Strafbarkeit (StGB 170 b) nicht erforderlich, aber verschuldete („gröblich"), im Umfang beträchtliche und länger dauernde Pflichtverletzungen, vgl BGH NJW 86, 1935; BGH NJW-RR 87, 578 (langes Studium ohne Abschluß).

3. Rechtsfolge. Verlust oder Beschränkung („soweit") der Ausgleichsberechti- 6 gung; Beschränkung auf 3/4 zB Hamm FamRZ 92, 72. Die zu übertragende oder zu begründende Rentenanwartschaft ist deshalb entspr zu mindern. Berücksichtigung auch im Rechtsmittelverfahren durch Träger der Versorgungslast, BGH NJW 85, 2267.

§ 1587 d Ruhen der Verpflichtung zur Begründung von Rentenanwartschaften

(1) ¹**Auf Antrag des Verpflichteten kann das Familiengericht anordnen, dass die Verpflichtung nach § 1587 b Abs. 3 ruht, solange und soweit der Verpflichtete durch die Zahlung unbillig belastet, insbesondere außerstande gesetzt würde, sich selbst angemessen zu unterhalten und seinen gesetzlichen Unterhaltspflichten gegenüber dem geschiedenen Ehegatten und den mit diesem gleichrangig Berechtigten nachzukommen.** ²**Ist der Verpflichtete in der Lage, Raten zu zahlen, so hat das Gericht unter die Höhe der dem Verpflichteten obliegenden Ratenzahlungen festzusetzen.**

(2) Das Familiengericht kann eine rechtskräftige Entscheidung auf Antrag aufheben oder ändern, wenn sich die Verhältnisse nach der Scheidung wesentlich geändert haben.

1. Allgemeines. Härteklausel ohne große praktische Bedeutung. Anwendung im Rahmen des VAHRG 10 a möglich, MK/Gräper 2. Zur Anwendbarkeit des II kann es nach § 1587 g III, VAHRG 3 a VI, 3 b I Nr 2 kommen.

§ 1587 e Auskunftspflicht; Erlöschen des Ausgleichsanspruchs

(1) **Für den Versorgungsausgleich nach § 1587 b gilt § 1580 entsprechend.**

(2) **Mit dem Tode des Berechtigten erlischt der Ausgleichsanspruch.**

(3) **Der Anspruch auf Entrichtung von Beiträgen (§ 1587 b Abs. 3) erlischt außerdem, sobald der schuldrechtliche Versorgungsausgleich nach § 1587 g Abs. 1 Satz 2 verlangt werden kann.**

(4) ¹**Der Ausgleichsanspruch erlischt nicht mit dem Tode des Verpflichteten.** ²**Er ist gegen die Erben geltend zu machen.**

1. Allgemeines. § 1587 e enthält vier verschiedene Vorschriften, die nur durch die Materie „Versorgungsausgleich" verbunden sind.

2. Auskunftsanspruch (I). a) Jeder Ehegatte kann vom anderen entspr § 1580 Auskunft über dessen Versorgungssituation verlangen, um abschätzen zu können, ob und zu wessen Gunsten ein Versorgungsausgleich in Betracht kommt. Die Verweisung auf § 1605 bedeutet Verpflichtung auch zur Vorlage von Belegen usw und zur Ausfüllung von Formularen, Koblenz FamRZ 78, 700; KG FamRZ 79, 297 (zur Verfassungsmäßigkeit BVerfG NJW 78, 2389). Geltendmachung ist Familiensache nach ZPO 621 I Nr 6; Verfahrensregeln: FGG; Geltendmachung im Verbundverfahren, Hamm FamRZ 80, 64. Nach rechtskräftiger Entscheidung über öffentl-rechtlichen Versorgungsausgleich kein Auskunftsanspruch mehr, BGH NJW 82, 1647. VAHRG 11 II kann Rechtsschutzbedürfnis ausschließen, München FamRZ 98, 244, str; aA Nürnberg FamRZ 95, 1480. **b)** Kann auch bei intakter Ehe geltend gemacht werden, um über Aufbau einer eigenen Versorgung entscheiden zu können; enger hL, vgl Gernhuber/Coester-Waltjen § 28 III 9.

c) Anordnung des FamG, Angaben zur Berechnung des Versorgungsausgleichs vorzulegen, kann nicht durch Zwangsgeld erzwungen werden, Stuttgart NJW 78, 547; aA Celle FamRZ 79, 151; offengelassen BGH NJW 81, 178. **d)** Tod des Auskunftspflichtigen s BGH NJW-RR 86, 369: Neues Verfahren gegen Erben erforderlich.

3. Tod des Berechtigten (II) läßt **Ansprüche** auf Versorgungsausgleich erlöschen (sa § 1587 k). Zum Tod nach Erlaß, aber vor Rechtskraft (Ergänzungsbeschluß) Frankfurt FamRZ 90, 296.

4. III ist durch VAHRG weitgehend obsolet geworden; s jedoch VAHRG 3 b I Nr 2.

5. Verpflichtung zum Versorgungsausgleich ist **vererblich** (IV). Versorgungsanrechte der Verstorbenen sind als fortbestehend anzusehen, BGH NJW 82, 1939. Gilt auch bei VAHRG 1 III, BGH NJW 86, 186; NJW-RR 86, 1198. Verhältnis des Berechtigten zu Drittschädiger, der Tod des Ausgleichspflichtigen verursacht hat, s Koblenz FamRZ 82, 175. Tod des Berechtigten s VAHRG 9 III.

Kapitel 3. Schuldrechtlicher Versorgungsausgleich

§ 1587 f Voraussetzungen

In den Fällen, in denen

1. die Begründung von Rentenanwartschaften in einer gesetzlichen Rentenversicherung mit Rücksicht auf die Vorschrift des § 1587 b Abs. 3 Satz 1 zweiter Halbsatz nicht möglich ist,

Titel 7. Scheidung der Ehe **§ 1587 g**

2. die Übertragung oder Begründung von Rentenanwartschaften in einer gesetzlichen Rentenversicherung mit Rücksicht auf die Vorschrift des § 1587 b Abs. 5 ausgeschlossen ist,
3. der ausgleichspflichtige Ehegatte die ihm nach § 1587 b Abs. 3 Satz 1 erster Halbsatz auferlegten Zahlungen zur Begründung von Rentenanwartschaften in einer gesetzlichen Rentenversicherung nicht erbracht hat,
4. in den Ausgleich Leistungen der betrieblichen Altersversorgung auf Grund solcher Anwartschaften oder Aussichten einzubeziehen sind, die im Zeitpunkt des Erlasses der Entscheidung noch nicht unverfallbar waren,
5. das Familiengericht nach § 1587 b Abs. 4 eine Regelung in der Form des schuldrechtlichen Versorgungsausgleichs getroffen hat oder die Ehegatten nach § 1587 o den schuldrechtlichen Versorgungsausgleich vereinbart haben,

erfolgt insoweit der Ausgleich auf Antrag eines Ehegatten nach den Vorschriften der §§ 1587 g bis 1587 n (schuldrechtlicher Versorgungsausgleich).

Lit: Brandenburg, Der schuldrechtliche Versorgungsausgleich, 1984; Dörr, Die Entwicklung des Versorgungsausgleichsrechts seit dem 1. EheRG, NJW 90, 2730; Rotax, Probleme des schuldrechtlichen Versorgungsausgleichs, MDR 84, 621.

1. Allgemeines. Subsidiär oder **ergänzend** zu dem in §§ 1587–1587 e, VAHRG 1 geordneten Versorgungsausgleich gewährt das Ges in bestimmten Fällen einen unterhaltsähnlichen Rentenanspruch des Ausgleichsberechtigten gegen den Ausgleichsverpflichteten, der iE einen Teil der Rente des Ausgleichspflichtigen abführt. Diese Fälle normiert § 1587 f in 5 Tatbeständen. Sie können auch mit dem sozialversicherungsmäßigen Versorgungsausgleich zusammen eintreten („insoweit"). Dazu ist VAHRG 2 zu berücksichtigen, aber auch VAHRG 3 b I, der schuldrechtlichen Ausgleich zurückdrängt. Die Durchführung erfolgt nur auf **Antrag** eines Ehegatten. Nicht: Überbrückung bis zur Rechtskraft der Entscheidung über öffentlichen Ausgleich eines Versorgungsanrechts nach VAHRG 1 III, BGH NJW 87, 1018. Zu VAHRG 10 a subsidiär, Köln FamRZ 90, 294. 1

2

2. Einzelfälle des schuldrechtlichen Versorgungsausgleichs. **a)** Zu Nr 1 s § 1587 b Rn 16 f und VAHRG 2. **b)** Nr 2 gewährt schuldrechtlichen Versorgungsausgleich, soweit die Berechtigte bereits den zulässigen Rentenhöchstbetrag (SGB VI 76, 86) erreicht, sei es aufgrund eigener oder im Versorgungsausgleich erworbener Rentenanwartschaften; vgl § 1587 b V und dort Rn 22. Betrag kann Gegenstand gesonderter Feststellung sein, BGH NJW 82, 388. **c)** Nr 3 ist durch VAHRG weitgehend überholt; s jedoch VAHRG 3 b I Nr 2 S 2. **d)** Nr 4 berücksichtigt iVm § 1587a III Nr 3, II 2 die Unsicherheit eines Versorgungsausgleichs aufgrund noch verfallbarer Versorgungsstufe der betrieblichen Altersversorgung. Solche Aussichten bleiben deshalb bei der Berechnung der Versorgungslage außer Betracht und können nur durch den schuldrechtlichen Versorgungsausgleich verteilt werden; sa VAHRG 10 a I Nr 2, II zur späteren Abänderung von Entscheidungen. **e)** Nr 5 nimmt Bezug auf **aa)** die vom FamG aufgrund § 1587 b IV zu treffenden Regelungen oder **bb)** den aufgrund Parteivereinbarungen nach § 1587 o schuldrechtlich durchzuführenden Versorgungsausgleich. Bei ausländischen Anwartschaften sind §§ 1587 IV, 1587 f Nr 5 ebenfalls anwendbar, vgl BGH NJW 82, 1940; sa VAHRG 3 b II. 3

4

5

§ 1587 g Anspruch auf Rentenzahlung

(1) ¹**Der Ehegatte, dessen auszugleichende Versorgung die des anderen übersteigt, hat dem anderen Ehegatten als Ausgleich eine Geldrente (Ausgleichsrente) in Höhe der Hälfte des jeweils übersteigenden Betrags zu entrichten.** ²Die Rente kann erst dann verlangt werden, wenn beide Ehe-

§ 1587 h Buch 4. Abschnitt 1. Bürgerliche Ehe

gatten eine Versorgung erlangt haben oder wenn der ausgleichspflichtige Ehegatte eine Versorgung erlangt hat und der andere Ehegatte wegen Krankheit oder anderer Gebrechen oder Schwäche seiner körperlichen oder geistigen Kräfte auf nicht absehbare Zeit eine ihm nach Ausbildung und Fähigkeiten zumutbare Erwerbstätigkeit nicht ausüben kann oder das 65. Lebensjahr vollendet hat.

(2) ¹Für die Ermittlung der auszugleichenden Versorgung gilt § 1587a entsprechend. ²Hat sich seit Eintritt der Rechtshängigkeit des Scheidungsantrags der Wert einer Versorgung oder einer Anwartschaft oder Aussicht auf Versorgung geändert oder ist eine bei Eintritt der Rechtshängigkeit des Scheidungsantrags vorhandene Versorgung oder eine Anwartschaft oder Aussicht auf Versorgung weggefallen oder sind Voraussetzungen einer Versorgung eingetreten, die bei Eintritt der Rechtshängigkeit gefehlt haben, so ist dies zusätzlich zu berücksichtigen.

(3) § 1587d Abs. 2 gilt entsprechend.

1 **1. Allgemeines.** Regelt Art und Durchführung des schuldrechtlichen Versorgungsausgleichs. Kein Rechtsbehelf für fehlgegangene Entscheidungen über öffentl-rechtlichen Versorgungsausgleich, BGH NJW 93, 331.

2 **2. Voraussetzungen. a)** Für die Fälle des schuldrechtlichen Versorgungsausgleichs s § 1587f, VAHRG 2. **b)** Schuldrechtlicher Versorgungsausgleich findet nur statt, wenn die in der Ehezeit erworbene oder erhaltene Versorgungssituation eines Ehegatten die des anderen wertmäßig übertrifft. Bei Berechnung der jeweiligen ehezeitbezogenen Versorgungsanwartschaften und -aussichten gilt § 1587a entspr, II 1; BarwertVO ist jedoch nicht heranzuziehen, BGH NJW 85, 2707. Nach dem Bewertungsstichtag eintretende, bereits „latente" (s BGH 98, 397) Veränderungen des Wertes einer Anwartschaft sind grundsätzlich zu berücksichtigen, II 2, zB vorzeitiges Ende der Betriebszugehörigkeit, BGH 110, 224; Unverfallbarwerden einer betrieblichen Ruhegehaltszusage; nicht dagegen (s § 1587a II Nr 10) auf individuellen Umständen wie beruflicher Aufstieg oder vorzeitiger Eintritt der Erwerbsunfähigkeit beruhende Veränderungen, BGH 98, 393, 397 f. Auch der Zusammenbruch eines Versorgungsträgers kann hier berücksichtigt werden. Zu ausländischer Versorgung s BGH FamRZ 01, 284. **c) Fälligkeitsvoraussetzungen:** Entweder haben **aa)** beide Ehegatten bereits eine Versorgung oder **bb)** der ausgleichspflichtige Ehegatte hat bereits Versorgung erlangt **und** der Ausgleichsberechtigte kann entweder aus den im Ges aufgezählten Gründen keine Erwerbstätigkeit aufnehmen oder hat das 65. Lebensjahr vollendet, I 2. „Erlangt" auch die Verrechnung abgetretener Versorgungsbezüge, BGH NJW-RR 88, 1090.

3

4 **3. Rechtsfolgen.** Der Ausgleichsverpflichtete hat Geldrente in Höhe der Hälfte der Differenz der beiderseitigen ehezeiterworbenen, beim Ausgleichspflichtigen bereits gezahlten, beim Ausgleichsberechtigten möglicherweise noch ausstehenden (s Anm 2 c) Altersversorgung zu zahlen, I 1. Maßgebend ist Bruttobetrag der Versorgungsrente, BGH NJW 94, 1214. Dynamisierung der Rente des Verpflichteten begünstigt auch den Berechtigten. Zur Berechnung bei vorzeitiger Pensionierung BGH NJW 00, 3707. Gefährdung des unterhaltsrechtlichen Eigenbedarfs s Hamm NJW 91, 184.

5 **4.** Entscheidung ergeht auf Antrag (s § 1587 f); festgestellt werden kann nur die Verpflichtung des Ausgleichspflichtigen, da die endgültige Höhe der Rente erst im Fälligkeitszeitpunkt errechnet bzw angepaßt werden kann.

§ 1587 h Beschränkung oder Wegfall des Ausgleichsanspruchs

¹Ein Ausgleichsanspruch gemäß § 1587 g besteht nicht,

1. soweit der Berechtigte den nach seinen Lebensverhältnissen angemessenen Unterhalt aus seinen Einkünften und seinem Vermögen bestreiten

Titel 7. Scheidung der Ehe **§ 1587 o**

3. Durchführung der Abfindung (§ 1587 l III). Die Abfindung kann **nur** in 3
der Form der Schaffung selbständiger Versorgungstitel erfolgen, und zwar entweder
durch Einkauf in die ges Rentenversicherung oder Abschluß einer privaten Renten- oder Lebensversicherung zugunsten des Berechtigten, III 1. Zur Höhe und
Vertragsgestaltung bei privater Versicherung s III 2.

4. Höhe (§ 1587 l II). Hälfte der Differenz des Zeitwertes der beiderseitigen 4
Versorgungstitel nach § 1587 g II iVm § 1587 a.

5. Tod des Berechtigten läßt den Anspruch auf Abfindung erlöschen, soweit 5
noch nicht geleistet worden ist, § 1587 m.

6. Auf einen **Unterhaltsanspruch** muß der Berechtigte nach § 1587 n im Falle 6
der Abfindung den damit abgegoltenen Versorgungsausgleich **anrechnen** lassen; er
kann also nicht einen evtl Versorgungsausfall bei der Bemessung seines Unterhaltsbedarfs erneut in Ansatz bringen.

Kapitel 4. Parteivereinbarungen

§ 1587 o Vereinbarungen über den Ausgleich

(1) ¹Die Ehegatten können im Zusammenhang mit der Scheidung eine
Vereinbarung über den Ausgleich von Anwartschaften oder Anrechten auf
eine Versorgung wegen Alters oder verminderter Erwerbsfähigkeit
(§ 1587) schließen. ²Durch die Vereinbarung können Anwartschaftsrechte
in einer gesetzlichen Rentenversicherung nach § 1587 b Abs. 1 oder 2 nicht
begründet oder übertragen werden.

(2) ¹Die Vereinbarung nach Absatz 1 muss notariell beurkundet werden.
²§ 127 a ist entsprechend anzuwenden. ³Die Vereinbarung bedarf der Genehmigung des Familiengerichts. ⁴Die Genehmigung soll nur verweigert
werden, wenn unter Einbeziehung der Unterhaltsregelung und der Vermögensauseinandersetzung offensichtlich die vereinbarte Leistung nicht zu
einer dem Ziel des Versorgungsausgleichs entsprechenden Sicherung des
Berechtigten geeignet ist oder zu keinem nach Art und Höhe angemessenen Ausgleich unter den Ehegatten führt.

Lit: Langenfeld, Notarielle Scheidungsvereinbarungen über den Versorgungsausgleich,
DNotZ 83, 139; v. Maydell, Dispositionsmöglichkeiten der Ehegatten im Rahmen des Versorgungsausgleichs, FamRZ 78, 749; Philippi, Verfahrensrechtliche Konsequenzen des vertraglichen Ausschlusses des Versorgungsausgleichs, FamRZ 82, 1057; sa Lit bei §§ 1408, 1409.

1. Allgemeines. Die Privatautonomie der Parteien hinsichtlich des Versor- 1
gungsausgleiches wahrt einmal § 1408 II; zum anderen gilt für entspr Vereinbarungen während des Scheidungsverfahrens § 1587 o. Auch vor Scheidungsantrag
möglich; eine nach § 1408 II 1 getroffene Vereinbarung, die durch Stellung des
Scheidungsantrags unwirksam geworden ist, kann nicht mehr nach § 1587 o genehmigt werden, Hamburg FamRZ 91, 1068. Vereinbarung ist „familienrechtlicher Vertrag mit richterlicher Richtigkeitskontrolle", Gernhuber, Eherecht und
Ehetypen, 1981, S 19. Genehmigungserfordernis soll vor Übervorteilung schützen,
BGH NJW 87, 1771; verfassungsmäßig, BVerfG 60, 329.

2. Form. Notarielle Beurkundung oder gerichtl Vergleich, II 1, 2. Zur Not- 2
wendigkeit anwaltlicher Vertretung bei gerichtlich-protokollierter Vereinbarung
BGH NJW 91, 1743 f.

3. Genehmigung des FamG ist erforderlich, II 3, jedoch nur unter den Vor- 3
aussetzungen des II 4 zu versagen. Verzicht des Ausgleichspflichtigen auf die
Geltendmachung von Härtegründen (§§ 1587 c, 1587 h) unterliegt nicht dem
Genehmigungsvorbehalt (BGH FamRZ 01, 1448). Entscheidung von Amts wegen,
BGH NJW 87, 1770. Bei Versagung der Genehmigung Versorgungsausgleich nach
§§ 1587 ff.

Chr. Berger

4 4. Inhalt. a) Ausschluß des Versorgungsausgleichs ist genehmigungsfähig, wenn im Gesamtpaket der geregelten Leistungen die Altersversorgung des Verzichtenden in irgendeiner Form berücksichtigt worden ist, II 4; grundlegend zur richterlichen Kontrollbefugnis und Ermittlungspflicht BGH NJW 94, 580 f. Nur offensichtliche Disparitäten zwischen Vereinbarungsinhalt und dem Ziel „geeigneter Sicherung" sind zu rügen, Gernhuber/Coester-Waltjen § 28 VIII 5. „Sicherung" ist nicht auf Versorgungsanwartschaften iSv § 1587 I beschränkt, Bergner NJW 77, 1753. Gänzlicher Verzicht auf Versorgungsausgleich ist genehmigungsfähig, wenn aus Durchführung für Berechtigten nichts zu erwarten ist oder er des Versorgungsausgleichs nicht bedarf, zB bei anderweitigem Vermögenserwerb, vgl BGH NJW 82, 1464. Eine Mißachtung der Privatautonomie (und unerträgliche staatliche Bevormundung) liegt der Verweigerung der Genehmigung eines unentgeltlichen Verzichts durch Zweibrücken FuR 98, 214 zugrunde; beide Ehegatten waren während der Ehezeit voneinander wirtschaftlich unabhängig und hatten ohne ehebedingte Einbußen durchgehend Anwartschaften erworben, der Berechtigte war wieder verheiratet und die früheren Ehegatten suchten die Ehe „in gutem
5 Einvernehmen" zu beenden. **b) Modifikationen** des Versorgungsausgleichs möglich, zB Teilausschluß oder -verzicht, vgl Celle FamRZ 94, 1039; KG FamRZ 94, 1038. Durch Parteivereinbarungen können jedoch nicht wirksam Anwartschaften in der ges Rentenversicherung begründet oder übertragen werden, I 2; sa BGH NJW 90, 1363 (Vereinbarung, daß nur bestimmte Anwartschaften ausgeglichen werden, darf dem Berechtigten nicht mehr Anwartschaften in der ges Rentenversicherung verschaffen, als ihm nach der ges Regelung zustehen). Dagegen kann Verpflichtung zum Renteneinkauf genehmigungsfähige Leistung iSv II 4 sein. Zu außerhalb der ges Ehezeit erworbenen Anwartschaften Koblenz NJW-RR 86, 1387; vertragliche „Realteilung" s Düsseldorf FamRZ 82, 718; auf betriebliche Altersversorgung beschränkter Ausschluß des Ausgleichs s Zweibrücken FamRZ
6 87, 76. **c)** Zulässige Änderungen des Ausgleichsmodus müssen ebenfalls in den Grenzen des II 4 bleiben, um genehmigungsfähig zu sein. **d)** Weitere Grenzen §§ 134, 138 sowie Unübertragbarkeit anderer als der in I 2 genannten Anwart-
7 schaften. **e) Nach Rechtskraft** der gerichtl Entscheidung über Versorgungsausgleich kommen Vereinbarungen nach § 1587 o nicht mehr in Betracht, Plagemann NJW 77, 844; Ausnahmen s PalBrudermüller 10.

8 **5. Rechtsfolgen. a)** Ein Versorgungsausgleich nach § 1587 b oder 1587 g ist nicht mehr durchzuführen, soweit die Vereinbarung reicht; **b)** ggf Erwerb von Ansprüchen und Rechten durch den Ausgleichsberechtigten. **c)** Die Vereinbarung wird unwirksam, wenn es nicht zur Ehescheidung kommt.

Kapitel 5. Schutz des Versorgungsschuldners

§ 1587 p Leistung an den bisherigen Berechtigten

Sind durch die rechtskräftige Entscheidung des Familiengerichts Rentenanwartschaften in einer gesetzlichen Rentenversicherung auf den berechtigten Ehegatten übertragen worden, so muss dieser eine Leistung an den verpflichteten Ehegatten gegen sich gelten lassen, die der Schuldner der Versorgung bis zum Ablauf des Monats an den verpflichteten Ehegatten bewirkt, der dem Monat folgt, in dem ihm die Entscheidung zugestellt worden ist.

1 **1.** Die Vorschrift schützt die Versorgungsträger vor doppelter Inanspruchnahme; Ausgleich zugunsten des Berechtigten nach § 816 II, Hamm NJW-RR 94, 1287 (§ 1585 b auf Erstattungsanspruch analog anwendbar). Zum Charakter als (eng auszulegende) Ausnahmeregelung s Baltzer/Joedt SGb 82, 417. Zum Beginn der Monatsfrist BSG MDR 83, 171. Sa VAHRG 3 a VII.

Titel 8. Kirchliche Verpflichtungen

§ 1588 (keine Überschrift)

Die kirchlichen Verpflichtungen in Ansehung der Ehe werden durch die Vorschriften dieses Abschnitts nicht berührt.

1. Verpflichtungen von Kirchenangehörigen nach innerkirchlichen Ges und 1 Ordnungen bleiben vom BGB, das nur die bürgerliche Ehe regelt, unberührt; krit Renck NJW 96, 907.

Abschnitt 2. Verwandtschaft

Vorbemerkungen

1. Verwandtschaft. a) Begriff. „Verwandtschaft iSd 2. Abschnitts umfaßt 1 **aa)** Verwandtschaft aufgrund Abstammung (s § 1589), **bb)** Schwägerschaft (§ 1590) und **cc)** die durch Adoption begründete Beziehung (s § 1754). **b) Abstufung.** 2 BGB unterscheidet Verwandtschaft (und Schwägerschaft, § 1590 I 2) **aa)** nach der Linie (gerade Linie und Seitenlinie, § 1589 S 1, 2); wichtig zB für § 1601; **bb)** nach dem Grad (§ 1589 S 3); wichtig zB für die Fälle Rn 5. **c)** Der 3 Verwandtschaftsbegriff des BGB ist nach EGBGB 51 auch maßgebend für die vor dem 1. 1. 1900 in Kraft getretenen GVG, ZPO und StPO. Bei späteren Ges richtet sich seine Bedeutung regelmäßig nach dem BGB (SoeHartmann EGBGB 51 Rn 3). Bei RGeschäften ist seine Bedeutung Auslegungsfrage. Die Begriffe „(Familien-)Angehöriger" (zB §§ 530, 1969) sind weiter als „Verwandter".

2. Bedeutung. Verwandtschaft begründet ein Rechtsverhältnis, an das eine 4 Reihe weiterer Rechtswirkungen anknüpfen (§§ 1601 ff); **b)** ges Erbrecht (§§ 1924 ff) und Pflichtteilsrecht (§ 2303 I); **c)** im Vormundschafts- und Betreuungsrecht (s §§ 1776 I, 1779 II 2, 1795, 1847, 1897 V usw); **d)** Eheverbot 5 (§ 1307); **e)** Zeugnis- und Auskunftsverweigerungsrechte (ZPO 383 I Nr 3, 384 Nr 1; StPO 52 I Nr 3, 55); **f)** Ausschließung von der Mitwirkung am Verfahren (zB ZPO 41 Nr 3; FGG 6 I Nr 3; StPO 22 Nr 3; BeurkG 3 I Nr 3, 6 I Nr 3 u 4, 7 Nr 3).

3. Klage auf Feststellung des Verwandtschaftsverhältnisses nach ZPO 256. Bei 6 Feststellung des Eltern-Kind-Verhältnisses ZPO 640 II Nr 1.

4. IPR s EGBGB 19 (Abstammung); 20 (Anfechtung der Abstammung); 21 7 (Rechtsverhältnis Eltern-Kind); 22 (Adoption).

5. Intertemporales Privatrecht enthalten **a)** NEhelG 12 § 1, der die Stellung 8 nichtehelicher Kinder, die vor Inkrafttreten des NEhelG geboren sind, und ihre Verwandten dem neuen Recht unterstellt; **b)** AdoptionsG 12 §§ 1ff für Adoptionen, die vor dem 1. 1. 77 abgeschlossen worden sind; **c)** EGBGB 224 § 1 hinsichtlich der Abstammung vom Vater der vor dem 1. 7. 1998 geborenen Kinder.

Titel 1. Allgemeine Vorschriften

§ 1589 Verwandtschaft

(1) ¹**Personen, deren eine von der anderen abstammt, sind in gerader Linie verwandt.** ²**Personen, die nicht in gerader Linie verwandt sind, aber von derselben dritten Person abstammen, sind in der Seitenlinie verwandt.** ³**Der Grad der Verwandtschaft bestimmt sich nach der Zahl der sie vermittelnden Geburten.**

(2) *(weggefallen)*

§ 1590, Vor § 1591 Buch 4. Abschnitt 2. Verwandtschaft

1 **1. Allgemeines.** Abstammung (s §§ 1591 ff) begründet Verwandtschaft. Bedeutung s Rn 4 vor § 1589.

2 **2. Verwandtschaft in gerader Linie:** Personen, die voneinander abstammen, also Kinder, Eltern, Großeltern.

3 **3. Verwandtschaft in der Seitenlinie:** Abstammung von derselben dritten Person, also zB Geschwister.

4 **4. Gradesnähe:** Zahl der vermittelnden Geburten; bei Geschwistern zwei Geburten und folglich Verwandtschaft 2. Grades in der Seitenlinie; Eltern zu Kind: Verwandschaft 1. Grades in gerader Linie.

§ 1590 Schwägerschaft

(1) **¹Die Verwandten eines Ehegatten sind mit dem anderen Ehegatten verschwägert. ²Die Linie und der Grad der Schwägerschaft bestimmen sich nach der Linie und dem Grade der sie vermittelnden Verwandtschaft.**

(2) **Die Schwägerschaft dauert fort, auch wenn die Ehe, durch die sie begründet wurde, aufgelöst ist.**

1 **1. Eheschließung** begründet **Schwägerschaft** mit den **Verwandten** des anderen Ehegatten, wobei Linie und Grad der vermittelnden Verwandtschaft auch Linie und Grad der Schwägerschaft bestimmen, I 2. **Keine Schwägerschaft** zwischen den Verwandten des einen Ehegatten und den Verwandten des anderen.

2 **2. Voraussetzungen. a)** Gültige Ehe, **b)** Verwandtschaft des Ehegatten.

3 **3. Dauer der Schwägerschaft** s II. Aus der aufgelösten Ehe können keine neuen Schwägerschaften durch die ehemaligen Ehegatten vermittelt werden.

Titel 2. Abstammung

Vorbemerkungen

Lit: Gaul, Die Neuregelung des Abstammungsrechts durch das KindRG, FamRZ 97, 1441.

1 **1. Allgemeines. a)** Die Bestimmungen des 2. Titels regeln Voraussetzungen und Feststellung der Abstammung eines Kindes von seinen Eltern. Mutter ist die gebärende Frau (§ 1591), Vaterschaft entsteht aufgrund Ehe mit der Mutter, Anerkennung oder gerichtlicher Feststellung (§§ 1592 f). Die statusrechtliche Unterscheidung zwischen ehelicher und nichtehelicher Abstammung wurde durch das KindRG aufgehoben. Ob die Mutter verheiratet ist, spielt aber eine Rolle bei
2 §§ 1592 Nr 1, 1593. **b)** Bedeutung hat die Abstammung für die Verwandtschaftsverhältnisse (§ 1589; sa Rn 4 vor § 1589); ferner begründet die Abstammung als besonderes Verwandtschaftsverhältnis ein Eltern-Kind-Verhältnis mit Wirkungen zB für den Wohnsitz des Kindes (§ 11 S 1), Unterhalt (§§ 1603 II, 1612 a usw), Kindesname (§§ 1616 ff), Beistandspflicht (§ 1618 a), elterliche Sorge (§§ 1626 ff).

3 **2. Ein „Recht" auf Kenntnis der eigenen Abstammung** folgt aus GG 2 I iVm GG 1 I; es besteht im Rahmen der verfassungsmäßigen Ordnung und des Verhältnismäßigkeitsgrundsatzes (BVerfG 79, 268 f). **a)** Damit unvereinbar sind Normen, die eine gerichtl (wichtig wegen ZPO 372 a) Klärung der Abstammung kenntnisunabhängig an eine Ausschlußfrist (so § 1598 HS 2 aF) binden (BVerfG 90, 263). Dem trägt jetzt § 1600 b III 2 für die Vaterschaftsanfechtung Rechnung. Eine gerichtl Klärung der genetischen Abstammung von der Mutter ist nicht vorgesehen
4 (verfassungsrechtlich bedenklich). **b)** Das Recht auf Abstammungskenntnis kann einen Anspruch (s § 1618 a Rn 2) gegen die Mutter auf Benennung des genetischen Vaters begründen, LG Bremen FamRZ 98, 1039. Voraussetzung dafür ist, daß die Kindesinteressen die nach GG 2 I iVm GG 1 I geschützte Privatsphäre der Mutter überwiegen; dabei besteht ein weiter Abwägungsspielraum der Gerichte (BVerfG

Titel 2. Abstammung   **§§ 1591, 1592**

96, 56, dazu Edenmüller JuS 98, 789). Vollstreckung nach ZPO 888 I; ZPO 888 III steht nicht entgegen (Bremen JZ 00, 314 mit Anm Walker).

3. Nachweis der Abstammung kann durch Familien- und Geburtenbuch geführt werden, PStG 12, 15, 16. Anspruch auf Erteilung von Personenstandsurkunden s PStG 61 I. Beweiskraft PStG 60, 66. 5

4. a) Der **Beweis** der Abstammung im **Prozeß** spielt eine Rolle als positiver Vaterschaftsbeweis, wenn die Abstammung von einem bestimmten Mann bewiesen werden soll, als negativer Vaterschaftsausschluß, wenn bewiesen werden soll, daß ein bestimmter Mann nicht der Erzeuger ist. Die Feststellungslast bestimmen die Vaterschaftsvermutungen, §§ 1600 c I, 1600 d II. **b)** Große Bedeutung für die Beweisführung hat der Sachverständigenbeweis nach folgenden **Begutachtungsmethoden** (eingehend StRauscher Vorbem 49 ff zu §§ 1591 ff): **aa)** Blutgruppengutachten knüpfen an die Vererblichkeit bestimmter Blutmerkmale an. Sie ermöglichen auf der Grundlage von VererbungsGes den Vaterschaftsausschluß, wenn das Kind Merkmale aufweist, die weder bei der Mutter noch beim Putativvater vorliegen. In Verbindung mit Merkmalshäufigkeiten der Bevölkerung lassen sich zum Zwecke des positiven Vaterschaftsbeweises biostatistische Abstammungswahrscheinlichkeiten ermitteln. **bb)** HLA-Gutachten untersuchen die Antigene der weißen Blutkörperchen. **cc)** DNA-Gutachten analysieren den Aufbau bestimmter Zellkernmoleküle. **dd)** Angesichts der Zuverlässigkeit dieser Methoden haben Tragezeit- und erbbiologische Gutachten (Ähnlichkeitsuntersuchungen) an Bedeutung verloren. **c)** In Kindschaftssachen gilt der Untersuchungsgrundsatz, ZPO 640, 616 I, 640 d. Regelmäßig wird das Gericht Beweispersonen vernehmen und ein Blutgruppengutachten einholen; die Entnahme erforderlicher Blutproben ist nach ZPO 372 a zu dulden. Die Frage weiterer Gutachten richtet sich nach der Beweislage und möglichen Beweisanträgen (StJ/Schlosser § 640, 34). Der vollständige Vaterschaftsausschluß erübrigt weitere Gutachten. Der Beweiswert der Methoden und Merkmalsysteme wird nicht einheitlich beurteilt. Das Bundesgesundheitsamt erstellt Richtlinien (FamRZ 97, 344), die den Richter nicht binden. 6 7 8

5. Verfahrensrecht. Kindschaftssache, ZPO 640 II Nr 1, 2. Duldungspflicht für Abstammungsuntersuchung: ZPO 372 a; Nichtöffentlichkeit des Verfahrens, GVG 170. Streitwert: GKG 12 II 3; Kosten: ZPO 91, 93 c. 9

6. IPR s EGBGB 19. 10

§ 1591 Mutterschaft

Mutter eines Kindes ist die Frau, die es geboren hat.

1. Regelung der **Mutterschaft** im abstammungsrechtlichen Sinne (s § 1589). Mutter ist (nur) die gebärende Frau. Die Herkunft der Eizelle ist für die Mutterschaft unerheblich; wichtig bei (verbotener, EschG 1 I 1) Ei- oder Embryonenspende. 1

2. a) Eine **Anfechtung** der Mutterschaft **findet nicht statt.** Die Zuordnung ist unverrückbar, vorbehaltlich § 1755. **b)** Im Falle der Ei- oder Embryonenspende besteht zwischen der Frau, von der die Eizelle stammt, und dem Kind kein Eltern-Kind-Verhältnis; Statusklage nach ZPO 640 II Nr 1 scheidet aus, ebenso ZPO 256, weil genetische Abstammung eine Tatsache ist und kein Rechtsverhältnis begründet, Gaul, FamRZ 97, 1464, str.; aA Greßmann, Neues Kindschaftsrecht, 1998, Rn 60 unter Hinweis auf BT-Drs 13/4899 S 83. Zum Recht auf Kenntnis der Abstammung s Rn 3 vor § 1591. 2

§ 1592 Vaterschaft

Vater eines Kindes ist der Mann,

1. der zum Zeitpunkt der Geburt mit der Mutter des Kindes verheiratet ist,

§§ 1593, 1594

2. der die Vaterschaft anerkannt hat oder
3. dessen Vaterschaft nach § 1600 d gerichtlich festgestellt ist.

1   **1. a)** Vaterschaft im abstammungsrechtlichen Sinne kann beruhen auf **aa)** Ehe des Mannes mit der Mutter (§ 1591) zum Zeitpunkt der Geburt, Nr 1 (s Rn 3). Bei nichtehelicher Lebensgemeinschaft mangels klarer Anknüpfungskriterien keine Vaterschaft des Partners der Mutter nach Nr 1 (BT-Drs 13/4899 S 52); **bb)** Anerkennung, Nr 2 (§§ 1594 ff); **cc)** gerichtl Feststellung der Vaterschaft, Nr 3 (§ 1600) **b)** Rechtsfolgen: § 1589; sa Rn 4 vor § 1589. **c)** Vaterschaft nach Nr 1, 2 besteht nicht bei erfolgreicher Vaterschaftsanfechtung, § 1599 I; sa § 1599 II.

2   **2. Eheliche Geburt (Nr 1).** Das Kind wird abstammungsrechtlich dem Ehemann der Mutter zugeordnet, wenn es während der Ehe geboren wurde. Voreheliche Zeugung ist unbeachtlich. Geburt nach Scheidung (§ 1564) oder Aufhebung der Ehe (§ 1313) begründet keine Vaterschaft des fr Ehemannes, auch wenn die Frau das Kind während der Ehe empfangen hat (anders § 1591 aF); die Abstammung vom fr Ehemann erscheint wegen §§ 1565 II, 1566 wenig wahrscheinlich (BT-Drs 13/4899 S 52). Bei Auflösung der Ehe durch Tod gilt § 1593.

3   **3. Künstliche Befruchtung. a)** I Nr 1 gilt auch, falls die Mutter den Samen des *Ehemannes* im Wege künstlicher Samenübertragung empfangen hat **(homologe Insemination). b)** Das Kind wird dem Ehemann ferner dann zugeordnet, wenn bei der künstlichen Befruchtung Sperma eines *anderen Mannes* verwendet wird **(heterologe Insemination).** Die Anfechtung ist nach § 1600 II ausgeschlossen, wenn Mutter und Mann zugestimmt haben (s §§ 1599–1600 c Rn 4).

§ 1593 Vaterschaft bei Auflösung der Ehe durch Tod

¹ § 1592 Nr. 1 gilt entsprechend, wenn die Ehe durch Tod aufgelöst wurde und innerhalb von dreihundert Tagen nach der Auflösung ein Kind geboren wird. ² Steht fest, dass das Kind mehr als dreihundert Tage vor seiner Geburt empfangen wurde, so ist dieser Zeitraum maßgebend. ³ Wird von einer Frau, die eine weitere Ehe geschlossen hat, ein Kind geboren, das sowohl nach den Sätzen 1 und 2 Kind des früheren Ehemanns als auch nach § 1592 Nr. 1 Kind des neuen Ehemanns wäre, so ist es nur als Kind des neuen Ehemanns anzusehen. ⁴ Wird die Vaterschaft angefochten und wird rechtskräftig festgestellt, dass der neue Ehemann nicht Vater des Kindes ist, so ist es Kind des früheren Ehemanns.

1   **1. Vaterschaft bei Tod des Ehemannes.** Der verstorbene Ehemann ist Vater des Kindes, wenn das Kind innerhalb von 300 Tagen (ges Empfängniszeit, vgl § 1600 d III) nach der Eheauflösung geboren wird, **S 1.** Anders als bei Auflösung der Ehe durch Scheidung oder Aufhebung (§ 1592 Rn 2) ist bei Auflösung durch Tod die Annahme der Vaterschaft des früheren Ehemannes lebensnah. – **S 2** erweitert den maßgeblichen Zeitraum.

2   **2. Erneute Heirat der Mutter.** Heiratet die Mutter im Zeitraum zwischen dem Tod des Ehemannes und der Geburt des Kindes erneut, entsteht ein Konflikt zwischen S 1, 2 und § 1592 Nr 1; entspr der Lebenserfahrung bestimmt **S 3** den neuen Ehemann als Vater. Wird diese Vaterschaft jedoch erfolgreich angefochten (§ 1599 I), ist (ohne gerichtl Feststellung, §§ 1600 d, 1600 e II) der frühere Ehemann Vater, **S 4.**

§ 1594 Anerkennung der Vaterschaft

(1) **Die Rechtswirkungen der Anerkennung können, soweit sich nicht aus dem Gesetz anderes ergibt, erst von dem Zeitpunkt an geltend gemacht werden, zu dem die Anerkennung wirksam wird.**

(2) **Eine Anerkennung der Vaterschaft ist nicht wirksam, solange die Vaterschaft eines anderen Mannes besteht.**

(3) Eine Anerkennung unter einer Bedingung oder Zeitbestimmung ist unwirksam.
(4) Die Anerkennung ist schon vor der Geburt des Kindes zulässig.

§ 1595 Zustimmungsbedürftigkeit der Anerkennung

(1) Die Anerkennung bedarf der Zustimmung der Mutter.
(2) Die Anerkennung bedarf auch der Zustimmung des Kindes, wenn der Mutter insoweit die elterliche Sorge nicht zusteht.
(3) Für die Zustimmung gilt § 1594 Abs. 3 und 4 entsprechend.

§ 1596 Anerkennung und Zustimmung bei fehlender oder beschränkter Geschäftsfähigkeit

(1) ¹Wer in der Geschäftsfähigkeit beschränkt ist, kann nur selbst anerkennen. ²Die Zustimmung des gesetzlichen Vertreters ist erforderlich. ³Für einen Geschäftsunfähigen kann der gesetzliche Vertreter mit Genehmigung des Vormundschaftsgerichts anerkennen. ⁴Für die Zustimmung der Mutter gelten die Sätze 1 bis 3 entsprechend.
(2) ¹Für ein Kind, das geschäftsunfähig oder noch nicht 14 Jahre alt ist, kann nur der gesetzliche Vertreter der Anerkennung zustimmen. ²Im Übrigen kann ein Kind, das in der Geschäftsfähigkeit beschränkt ist, nur selbst zustimmen; es bedarf hierzu der Zustimmung des gesetzlichen Vertreters.
(3) Ein geschäftsfähiger Betreuter kann nur selbst anerkennen oder zustimmen; § 1903 bleibt unberührt.
(4) Anerkennung und Zustimmung können nicht durch einen Bevollmächtigten erklärt werden.

§ 1597 Formerfordernisse; Widerruf

(1) Anerkennung und Zustimmung müssen öffentlich beurkundet werden.
(2) Beglaubigte Abschriften der Anerkennung und aller Erklärungen, die für die Wirksamkeit der Anerkennung bedeutsam sind, sind dem Vater, der Mutter und dem Kind sowie dem Standesbeamten zu übersenden.
(3) ¹Der Mann kann die Anerkennung widerrufen, wenn sie ein Jahr nach der Beurkundung noch nicht wirksam geworden ist. ²Für der Widerruf gelten die Absätze 1 und 2 sowie § 1594 Abs. 3 und § 1596 Abs. 1, 3 und 4 entsprechend.

§ 1598 Unwirksamkeit von Anerkennung, Zustimmung und Widerruf

(1) Anerkennung, Zustimmung und Widerruf sind nur unwirksam, wenn sie den Erfordernissen der vorstehenden Vorschriften nicht genügen.
(2) Sind seit der Eintragung in eine deutsches Personenstandsbuch fünf Jahre verstrichen, so ist die Anerkennung wirksam, auch wenn sie den Erfordernissen der vorstehenden Vorschriften nicht genügt.

Anmerkungen zu den §§ 1594–1598

1. Allgemeines. a) Ist die Mutter bei der Geburt des Kindes nicht verheiratet, 1
kann die Vaterschaft durch **Anerkennung** (§ 1592 Nr 2) begründet werden.
b) Ohne Anerkennung treten die Wirkungen der Vaterschaft (s Rn 2 vor § 1591)

§ 1599 Buch 4. Abschnitt 2. Verwandtschaft

grundsätzlich nicht ein, § 1594 I. Ausnahme zB § 1615 o, ZPO 641 d. – Anerkennung allein begründet nicht die elterliche Sorge für den Vater, s § 1626 a I.

2   **2. Rechtsnatur der Anerkennungserklärung.** Einseitiges, formbedürftiges, nicht empfangsbedürftiges, höchstpersönliches (§ 1596 IV) RGeschäft. Bedingungs- und befristungsfeindlich, § 1594 III. Anerkennung kann schon vor der Geburt des Kindes (§ 1594 IV) und noch nach seinem Tod (BayObLG FamRZ 01, 1543) erklärt werden.

3   **3. Zustimmung a) der Mutter.** Anerkennung bedarf der Zustimmung der Mutter, § 1595 I, die insoweit nicht als ges Vertreterin des Kindes, sondern aus „eigenem Recht" handelt; Grund: Anerkennung berührt ihre Rechtsstellung, zB § 1684 I, II. Zustimmung kann nicht ersetzt werden; bei Nichterteilung bleibt nur § 1600 d. Zustimmung ist bedingungs- und befristungsfeindlich, höchstpersönlich (§ 1596 IV), nicht empfangsbedürftig, schon vor Geburt des Kindes möglich,
4 § 1595 III. **b) des Kindes.** Nur erforderlich, wenn der Mutter insoweit die elterliche Sorge nicht zusteht (§ 1595 II), zB: Sorge steht Vormund oder Pfleger mit Wirkungskreis Vaterschaftsfeststellung zu; Kind ist volljährig. Kindeszustim-
5 mung ist neben der Zustimmung der Mutter erforderlich. **c)** Eine **Frist** für die Erklärung der Zustimmung besteht nicht. Sa § 1597 III.

6   **4. Geschäftsfähigkeit. a)** des Mannes: **aa)** Der beschränkt geschäftsfähige Mann bedarf zu seiner (höchstpersönlichen, § 1596 I 1) Anerkennung die Zustimmung seines ges Vertreters, § 1596 I 2; Form § 1597 I. **bb)** Für einen geschäftsunfähigen Mann muß der ges Vertreter die Anerkennung erklären; Genehmigung des VormundschaftsG erforderlich, § 1831 I gilt. **b)** der Mutter s § 1596 I 4. **c)** des Kindes s § 1596 II. **d)** § 1903 bleibt unberührt, § 1596 III.

7   **5. Form** von Anerkennung und Zustimmung s § 1597 I. Öffentl Beurkundung kann durch Notar (BNotO 20), AG (BeurkG 62 Nr 1, RPflG 3 Nr 1 Buchst f), Standesbeamten (PStG 29 a I, BeurkG 58), beim Jugendamt (SGB VIII 59 I 1 Nr 1, BeurkG 59) oder Gericht der Vaterschaftsklage (ZPO 641 c) vorgenommen werden. – Übersendung nach § 1597 II ist kein Wirksamkeitserfordernis.

8   **6. Widerruf.** § 1597 III schützt das Interesse des Mannes, an seine (etwa wegen fehlender Zustimmung nach § 1595) schwebend unwirksame Anerkennung nicht unverhältnismäßig lange Zeit gebunden zu sein. Die Anerkennungserklärung kann widerrufen werden, wenn sie ein Jahr nach Beurkundung (§ 1597 I) nicht wirksam geworden ist. Wurde nicht widerrufen, führt spätere Zustimmung zum Wirksamwerden der Anerkennung.

9   **7. a)** Endgültige **Unwirksamkeit** von Anerkennung, Zustimmung und Widerruf tritt nur ein, wenn die in Rn 2–6 genannten Wirksamkeitsvoraussetzungen nicht vorliegen, **§ 1598 I.** §§ 138, 134, 142 sind ausgeschlossen; auch das unrichtige Anerkenntnis ist wirksam (vorbehaltlich Vaterschaftsanfechtung, § 1599 I). Damit wird der Anerkennung größere Bestandskraft verliehen.
10 **b)** Ein Anerkenntnis während der Vaterschaft eines anderen Mannes ist schwebend unwirksam (Ausnahme: § 1599 II 1 HS 2); es wird wirksam, wenn die Vaterschaft des anderen Mannes wegfällt, etwa infolge Anfechtung, § 1594 II. Anerkennung
11 muß dann nicht erneut erklärt werden. **c)** Unwirksame (etwa mangels Form) Anerkennung wird wirksam nach **§ 1598 II.** Klage auf Feststellung der Unwirksamkeit der Anerkennung unterbricht Ausschlußfrist (ZPO 270 III).

§ 1599 Nichtbestehen der Vaterschaft

(1) § 1592 Nr. 1 und 2 und § 1593 gelten nicht, wenn auf Grund einer Anfechtung rechtskräftig festgestellt ist, dass der Mann nicht der Vater des Kindes ist.

(2) ¹§ 1592 Nr. 1 und § 1593 gelten auch nicht, wenn das Kind nach Anhängigkeit eines Scheidungsantrags geboren wird und ein Dritter spä-

testens bis zum Ablauf eines Jahres nach Rechtskraft des dem Scheidungsantrag stattgebenden Urteils die Vaterschaft anerkennt; § 1594 Abs. 2 ist nicht anzuwenden. ²Neben den nach den §§ 1595 und 1596 notwendigen Erklärungen bedarf die Anerkennung der Zustimmung des Mannes, der im Zeitpunkt der Geburt mit der Mutter des Kindes verheiratet ist; für diese Zustimmung gelten § 1594 Abs. 3 und 4, § 1596 Abs. 1 Satz 1 bis 3, Abs. 3 und 4, § 1597 Abs. 1 und 2 und § 1598 Abs. 1 entsprechend. ³Die Anerkennung wird frühestens mit Rechtskraft des dem Scheidungsantrag stattgebenden Urteils wirksam.

§ 1600 Anfechtungsberechtigte

(1) Berechtigt, die Vaterschaft anzufechten, sind der Mann, dessen Vaterschaft nach § 1592 Nr. 1 und 2, § 1593 besteht, die Mutter und das Kind.

(2) Ist das Kind mit Einwilligung des Mannes und der Mutter durch künstliche Befruchtung mittels Samenspende eines Dritten gezeugt worden, so ist die Anfechtung der Vaterschaft durch den Mann oder die Mutter ausgeschlossen.

§ 1600 a Persönliche Anfechtung; Anfechtung bei fehlender oder beschränkter Geschäftsfähigkeit

(1) Die Anfechtung kann nicht durch einen Bevollmächtigten erfolgen.

(2) ¹Der Mann, dessen Vaterschaft nach § 1592 Nr. 1 und 2, § 1593 besteht, und die Mutter können die Vaterschaft nur selbst anfechten. ²Dies gilt auch, wenn sie in der Geschäftsfähigkeit beschränkt sind; sie bedürfen hierzu nicht der Zustimmung ihres gesetzlichen Vertreters. ³Sind sie geschäftsunfähig, so kann nur ihr gesetzlicher Vertreter anfechten.

(3) Für ein geschäftsunfähiges oder in der Geschäftsfähigkeit beschränktes Kind kann nur der gesetzliche Vertreter anfechten.

(4) Die Anfechtung durch den gesetzlichen Vertreter ist nur zulässig, wenn sie dem Wohl des Vertretenen dient.

(5) Ein geschäftsfähiger Betreuter kann die Vaterschaft nur selbst anfechten.

§ 1600 b Anfechtungsfristen

(1) ¹Die Vaterschaft kann binnen zwei Jahren gerichtlich angefochten werden. ²Die Frist beginnt mit dem Zeitpunkt, in dem der Berechtigte von den Umständen erfährt, die gegen die Vaterschaft sprechen.

(2) ¹Die Frist beginnt nicht vor der Geburt des Kindes und nicht, bevor die Anerkennung wirksam geworden ist. ²In den Fällen des § 1593 Satz 4 beginnt die Frist nicht vor der Rechtskraft der Entscheidung, durch die festgestellt wird, dass der neue Ehemann der Mutter nicht der Vater des Kindes ist.

(3) ¹Hat der gesetzliche Vertreter eines minderjährigen Kindes die Vaterschaft nicht rechtzeitig angefochten, so kann das Kind nach dem Eintritt der Volljährigkeit selbst anfechten. ²In diesem Falle beginnt die Frist nicht vor Eintritt der Volljährigkeit und nicht vor dem Zeitpunkt, in dem das Kind von den Umständen erfährt, die gegen die Vaterschaft sprechen.

(4) ¹Hat der gesetzliche Vertreter eines Geschäftsunfähigen die Vaterschaft nicht rechtzeitig angefochten, so kann der Anfechtungsberechtigte nach dem Wegfall der Geschäftsunfähigkeit selbst anfechten. ²Absatz 3 Satz 2 gilt entsprechend.

§ 1600 c Buch 4. Abschnitt 2. Verwandtschaft

(5) **Erlangt das Kind Kenntnis von Umständen, auf Grund derer die Folgen der Vaterschaft für es unzumutbar werden, so beginnt für das Kind mit diesem Zeitpunkt die Frist des Absatzes 1 Satz 1 erneut.**

(6) [1]**Der Fristablauf ist gehemmt, solange der Anfechtungsberechtigte widerrechtlich durch Drohung an der Anfechtung gehindert wird.** [2]**Im Übrigen sind die für die Verjährung geltenden Vorschriften der §§ 206, 210 entsprechend anzuwenden.**

§ 1600 c Vaterschaftsvermutung im Anfechtungsverfahren

(1) **In dem Verfahren auf Anfechtung der Vaterschaft wird vermutet, dass das Kind von dem Mann abstammt, dessen Vaterschaft nach § 1592 Nr. 1 und 2, § 1593 besteht.**

(2) **Die Vermutung nach Absatz 1 gilt nicht, wenn der Mann, der die Vaterschaft anerkannt hat, die Vaterschaft anficht und seine Anerkennung unter einem Willensmangel nach § 119 Abs. 1, § 123 leidet; in diesem Fall ist § 1600 d Abs. 2 und 3 entsprechend anzuwenden.**

Anmerkungen zu §§ 1599–1600 c

Lit: Wieser, Zur Anfechtung der Vaterschaft nach neuem Recht, FamRZ 98, 1004.

1 **1. Vaterschaftsanfechtung. a)** Liegen die Voraussetzungen der §§ 1592 Nr 1 oder 2, 1593 vor, so ist der (frühere) Ehemann der Mutter bzw der anerkennende Mann unabhängig davon, ob das Kind von ihm genetisch abstammt, zunächst einmal sein Vater mit allen daran anknüpfenden Wirkungen, insbes für Unterhalt und Erbrecht. Aus Gründen der Rechtssicherheit und -klarheit setzt die Geltendmachung der Nichtabstammung des Kindes von dem Mann die aufgrund einer Vaterschaftsanfechtung erfolgende rechtskräftige Feststellung voraus, daß der Mann nicht der Vater des Kindes ist, **§ 1599 I.** Bestehende Vaterschaft sperrt Anerkennung (§ 1594 II) und gerichtl Vaterschaftsfeststellung (§ 1600 d I). Kein Unterhaltsregreß nach § 1607 III 1 des Ehemannes der Mutter. **b) Anfechtungsberechtigt**
2 sind nach § 1600 (nur) der Ehemann bzw anerkennender Mann, die Mutter und das Kind, nicht der Erzeuger des Kindes (der die Sperrwirkung des § 1594 II daher nicht selbst beseitigen kann, womit sich der Gesetzgeber im Rahmen des verfassungsrechtlich gegebenen Gestaltungsspielraums bewegt [BGH FamRZ 99, 716, str; aA E. Schumann FamRZ 00, 391]), die Eltern des Ehe- bzw anerkennenden Mannes, eine Behörde oder sonstige Dritte.

3 **2. a)** Das **Anfechtungsrecht des Mannes** ist höchstpersönlich, § 1600 a I, II 1, V, unverzichtbar (BGH 2, 137) und nicht vererblich; der beschränkt geschäftsfähige Mann bedarf nicht der Zustimmung des ges Vertreters, § 1600 a I 2. Ist der Mann geschäftsunfähig, kann nur der ges Vertreter anfechten, § 1600 a I 3, wenn die Anfechtung dem Wohl des Vertretenen dient, § 1600 a IV. Ausübung kann Rechtsmißbrauch sein, wenn der Vater längere Zeit während Hemmung des Fristablaufs zum Ausdruck gebracht hat, die Vaterschaft nicht anzufechten, BGH
4 LM Nr 2 zu § 1598 aF. **b) Ausgeschlossen** ist das Anfechtungsrecht des Mannes (Mutter s Rn 7) nach § 1600 II, wenn das Kind im Wege **künstlicher Befruchtung** mit dem Samen eines Dritten gezeugt wurde (heterologe Insemination, s § 1592 Rn 3) und nicht nur die Mutter, sondern auch der Mann eingewilligt haben; die Einwilligung bedarf keiner bes Form. Sie ist bis zur Vornahme der Befruchtung widerruflich (Janzen FamRZ 02, 786). Das Anfechtungsrecht des
5 Kindes (Rn 8) bleibt unberührt. **c) Ausschlußfrist** von 2 Jahren, § 1600 b I. **aa)** Fristbeginn mit Kenntniserlangung von Tatsachen, die gegen die Vaterschaft sprechen, § 1600 b I 2, aber nicht vor Geburt des Kindes bzw Wirksamwerden der Anerkennung, § 1600 b II 1. Hat der ges Vertreter des geschäftsunfähigen Mannes nicht angefochten, gilt § 1600 b IV. – Für Kenntniserlangung ist **sichere**

Titel 2. Abstammung **§ 1600 c**

Kenntnis erforderlich; die Umstände (zB Ehebruch, abw Hautfarbe, Divergenz von Tragezeit und letztem ehelichen Verkehr) müssen für den Mann gewiß sein (BGH 61, 195); bloßer Verdacht genügt nicht. Rechtlich richtige Würdigung ist nicht erforderlich (BGH 24, 134). Irrtümliche Annahme, einer Anfechtung bedürfe es nicht, ist unerheblich. **bb)** Hemmung des Fristablaufs bei Hinderung der Anfechtung durch widerrechtliche Drohung, § 1600 b VI 1. §§ 203, 206 gelten entspr, § 1600 b IV 2. Keine höhere Gewalt: Verschulden des Prozeßbevollmächtigten (BGH 81, 353, falsche Beratung), Rechtsunkenntnis (BGH FamRZ 82, 918), Unmöglichkeit des medizinischen Vaterschaftsausschlusses (BGH NJW 75, 1466). – Eine absolute Ausschlußfrist (wie in § 1594 IV von 1961–1970) gibt es nicht. 6

3. Das **Anfechtungsrecht der Mutter** nach § 1600 besteht in allen Fällen, in denen auch der Mann anfechten kann (s Rn 3). Es ist bei **künstlicher Befruchtung** gemäß § 1600 II **ausgeschlossen**. Ausschluß des Anfechtungsrechts der Mutter entgegen dem zu engen Wortlaut auch, wenn nur sie, nicht aber der Mann zugestimmt hat. Die Zustimmung des Kindes ist nicht erforderlich. Die Anfechtung muß nicht dem Kindeswohl dienen; das Anfechtungsrecht ist ein eigenes Recht der Mutter. Das KindRG stärkt damit ihre Rechtsstellung; nach § 1600 g aF konnte sie nur die Anerkennung anfechten. – Zur Höchstpersönlichkeit des Anfechtungsrechts Rn 3, zur Frist Rn 4. 7

4. Anfechtungsrecht des Kindes. a) Das Kind hat ein eigenes Anfechtungsrecht, das für das volljährige Kind grundsätzlich höchstpersönlich auszuüben ist, § 1600 a I. Das Anfechtungsrecht des Kindes ist bei künstlicher Befruchtung nicht nach § 1600 II ausgeschlossen. Ist das Kind nicht voll geschäftsfähig, kann nur sein ges Vertreter anfechten, § 1600 a III. b) Frist. aa) Für die Anfechtung durch das Kind gilt die 2-Jahresfrist des § 1600 b I. Fristbeginn § 1600 b I 2; bei gemeinsamem Sorgerecht Fristbeginn erst mit Bestellung eines Ergänzungspflegers (Köln FamRZ 01, 245). Hemmung usw s § 1600 b VI; sa Rn 5. **bb)** Hat der ges Vertreter des Kindes nicht rechtzeitig angefochten, kann das volljährige Kind selbst anfechten; die 2-Jahresfrist beginnt dann mit Volljährigkeit, § 1600 b III 1 u 2 HS 1, nicht aber vor Kenntnis von Umständen, die gegen die Vaterschaft sprechen. Eine absolute Ausschlußfrist (wie nach § 1598 HS 2 aF) besteht nicht. § 1600 b III dient der Durchsetzung des Rechts des Kindes auf Kenntnis der Abstammung, s Rn 3 vor § 1591. **cc)** Die 2-Jahresfrist beginnt erneut zu laufen, wenn das Kind von Umständen Kenntnis erlangt, die die Folgen der Vaterschaft unzumutbar werden lassen, § 1600 b V, etwa eine schwere Verfehlung des Mannes gegen das Kind. Die in § 1596 I Nr 4 und 5 aF genannten Gründe bilden Anhaltspunkte für Unzumutbarkeit (BT-Drs 13/4899 S 88). 8 9 10

5. Anfechtungsgrund ist einheitlich für alle Anfechtungsberechtigten die Nichtabstammung des Kindes von dem (früheren) Ehemann der Mutter bzw eine (irrtümlich oder bewußt falsche [Köln NJW 02, 902]) Anerkennung. 11

6. Beweislast. a) Vermutung für Vaterschaft s § 1600 c. Der Anfechtende muß den Beweis des Gegenteils führen, daß das Kind **nicht** von dem (früheren) Ehemann der Mutter oder vom anerkennenden Mann abstammt. – Zu den Beweismethoden s Rn 7 vor § 1591. **b)** Vermutung gilt nicht bei Anfechtung einer mit Willensmängeln nach §§ 119 I, 123 behafteten Anerkennung durch den Mann. Von Bedeutung ist vor allem der Fall der Täuschung des Mannes durch die Mutter über Mehrverkehr (§ 123 II ist nicht anwendbar, Windel AcP 199, 452); eine Offenbarungspflicht besteht allerdings nicht (s ie Gernhuber/Coester-Waltjen § 52 IV 7). Verweisung in § 1600 c II HS 2: Beiwohnung innerhalb der Empfängniszeit ist vom Anfechtungsgegner zu beweisen; schwerwiegende Zweifel an der Vaterschaft können zum Erfolg der Anfechtung führen. 12

7. Verfahren s Anm zu § 1600 e. 13

§ 1600 d Buch 4. Abschnitt 2. Verwandtschaft

14 **8. Wirkungen** s § 1599 I. Die rechtskräftige Feststellung, daß der Mann nicht der Vater des Kindes ist, hebt mit Wirkung für und gegen alle (ZPO 640 h S 1) die durch §§ 1592 Nr 1, 2 oder 1593 begründete Zuordnung des Kindes zum Mann (s Rn 1) rückwirkend auf (insoweit Gestaltungsurteil, Jauernig ZPR § 91 V 1 d). Die Rechtslage so angesehen, als habe die Vaterschaft nie bestanden.

15 **9. Anerkennung mit Zustimmung des fr Ehemannes. a) Zweck.** Eine rechtskräftige Feststellung ist nach **§ 1599 II** nicht erforderlich, wenn das Kind während eines Scheidungsverfahrens geboren wird, falls ein anderer Mann die Vaterschaft anerkennt und der Ehemann zustimmt. Damit soll ein aufwendiger Anfechtungsprozeß überflüssig werden, wenn sich Mutter, (fr) Ehemann und der
16 anerkennende Mann einig sind. **b) Voraussetzungen.** Ob das Kind vor oder nach Anhängigkeit des Scheidungsantrags geboren wurde, ist unerheblich. Die Anerkennung muß innerhalb einer Frist von einem Jahr nach Rechtskraft des stattgebenden Scheidungsurteils erklärt werden; sie kann schon während des Scheidungsverfahrens erfolgen, wird aber erst mit Rechtskraft des stattgebenden Scheidungsurteils
17 wirksam, § 1599 II 3. **c) Wirkungen.** Die wirksame Anerkennung begründet ein Vaterschaftsverhältnis zum anerkennenden Mann (§ 1592 Nr 2) und beendet zugleich das Vaterschaftsverhältnis zum (fr) Ehemann. Anfechtung der Anerkennung nach § 1599 I bleibt möglich. Ist sie erfolgreich, ist analog § 1593 S 4 der fr Ehemann der Vater.

§ 1600 d Gerichtliche Feststellung der Vaterschaft

(1) **Besteht keine Vaterschaft nach § 1592 Nr. 1 und 2, § 1593, so ist die Vaterschaft gerichtlich festzustellen.**

(2) [1]**Im Verfahren auf gerichtliche Feststellung der Vaterschaft wird als Vater vermutet, wer der Mutter während der Empfängniszeit beigewohnt hat.** [2]**Die Vermutung gilt nicht, wenn schwerwiegende Zweifel an der Vaterschaft bestehen.**

(3) [1]**Als Empfängniszeit gilt die Zeit von dem 300. bis zu dem 181. Tage vor der Geburt des Kindes, mit Einschluss sowohl des 300. als auch des 181. Tages.** [2]**Steht fest, dass das Kind außerhalb des Zeitraums des Satzes 1 empfangen worden ist, so gilt dieser abweichende Zeitraum als Empfängniszeit.**

(4) **Die Rechtswirkungen der Vaterschaft können, soweit sich nicht aus dem Gesetz anderes ergibt, erst vom Zeitpunkt ihrer Feststellung an geltend gemacht werden.**

1 **1. Allgemeines.** S § 1592 Nr 3. Liegt Vaterschaft nach §§ 1592 Nr 1 oder (nicht „und") Nr 2, § 1593 nicht vor, muß sie gericht (positiv) festgestellt werden, **I.** Erst vom Zeitpunkt der Feststellung an können die Wirkungen der Vaterschaft wie Unterhaltsansprüche, Erbrecht usw geltend gemacht werden, **IV.** Ausnahmsweise kann Vaterschaft ohne Feststellung angenommen werden bei § 1615 o I und ZPO 641 d.

2 **2. Voraussetzungen der Vaterschaftsfeststellung. a)** Keine Vaterschaft nach § 1592 Nr 1 oder 2, 1593; gerichtl Feststellung ist subsidiär. **b)** Klagebefugt (s § 1600 e) sind das Kind, die Mutter (Gaul, FamRZ 98, 1451) und der Mann, der die Vaterschaft für sich in Anspruch nimmt (zB wenn die Mutter seiner Anerken-
3 nung nicht zustimmt, § 1595 I). **c)** Die Klage ist begründet, wenn das Kind von dem Mann abstammt. Eine sichere positive Feststellung der Abstammung ist schwierig. Nach II wird als Vater vermutet, wer der Mutter während der Empfängniszeit **(III)** beigewohnt hat. Vermutung kann widerlegt werden (mit allen Beweismitteln und Begutachtungsmethoden wie bei Vaterschaftsanfechtung, s Rn 7 vor § 1591) durch Beweis des Gegenteils, daß das Kind nicht vom Mann gezeugt wurde. Ferner entfällt die Vermutung bereits, wenn **„schwerwiegende Zweifel"**
4 an der Vaterschaft bestehen, II 2. Dabei sind wie zu § 1600 o II 2 aF alle Umstände

Titel 3. Unterhaltspflicht **§ 1600 e, Vor § 1601**

zu würdigen. Die Feststellungslast trifft den Mann; zur Beweisvereitelung BGH NJW 93, 1393. Begründete Zweifel können sich insbes aus Mehrverkehr der Mutter ergeben. Vor allem aber ist die Wahrscheinlichkeit der Vaterschaft des Mannes oder eines anderen aufgrund Blutgruppen- ua Gutachten (s Rn 7 vor § 1591) zu berücksichtigen.

3. Wirkungen. a) Erst die rechtskräftige Feststellung erlaubt die Geltendmachung der Rechtswirkungen der Abstammung für Vergangenheit und Zukunft, IV (insoweit Gestaltungsurteil, Jauernig, ZPR, § 91 V 1 a). Das Urteil wirkt nach Maßgabe ZPO 640 h für und gegen alle. **b)** Vaterschaftsvermerk am Rande des Geburtseintrags des Kindes, PStG 29 I. 5

§ 1600 e Zuständigkeit des Familiengerichts; Aktiv- und Passivlegitimation

(1) **Auf Klage des Mannes gegen das Kind oder auf Klage der Mutter oder des Kindes gegen den Mann entscheidet das Familiengericht über die Feststellung oder Anfechtung der Vaterschaft.**

(2) **Ist die Person, gegen die die Klage zu richten wäre, verstorben, so entscheidet das Familiengericht auf Antrag der Person, die nach Absatz 1 klagebefugt wäre.**

1. Allgemeines. Feststellung und Anfechtung der Vaterschaft können nur im gerichtl Verfahren erfolgen; § 1600 e regelt Zuständigkeit, Klagegegner und Verfahrensarten. 1

2. Klage s I. **a)** Der Mann hat die Anfechtungs- und Feststellungsklagen gegen das Kind zu richten, die Mutter und das Kind gegen den Mann, I. **b) Verfahren.** Kindschaftssache (ZPO 640 II Nr 1, 2); FamG (ZPO 621 I Nr 10); Verfahren s ZPO 640 I. 2

3. Antrag s II. **a)** Ist der nach I richtige Klagegegner verstorben, erfolgt die Feststellung bzw Anfechtung aufgrund Antrags beim FamG. **b) Verfahren.** Kindschaftssache (ZPO 640 II Nr 1, 2); FamG (ZPO 621 I Nr 10); Richtervorbehalt (RPflG 14 I Nr 3 a); FG-Verfahren (ZPO 621 a I); Anhörung s FGG 55 b I; Wirksamwerden der Entscheidung s FGG 55 b II, 56 c I; sofortige Beschwerde FGG 60 I Nr 6. 3

Titel 3. Unterhaltspflicht

Untertitel 1. Allgemeine Vorschriften

Vorbemerkungen

Lit: Göppinger ua, Unterhaltsrecht, 7. Aufl 2000; Heiß (Hgb), Unterhaltsrecht, Ein Handbuch für die Praxis, Loseblatt seit 1986; Kalthoener/Büttner, Die Rspr zur Höhe des Unterhalts, 7. Aufl 2000; Schumacher/Grün, Das neue Unterhaltsrecht minderjähriger Kinder, FamRZ 98, 778; Wendl/Staudigl, Das Unterhaltsrecht in der familienrichterlichen Praxis, 5. Aufl 2000.

1. a) §§ 1601–1615 regeln Unterhaltsberechtigung und -pflicht zwischen Verwandten, §§ 1615 a–1615 n bestimmen Unterhaltsansprüche zwischen nicht miteinander verheirateten Eltern aus Anlaß der Geburt eines Kindes, § 1615 o gestattet eine einstw Verfügung auf Unterhalt für Mutter und Kind. **b)** Innerhalb des Verwandtenunterhalts wird der **Kindesunterhalt** bes geregelt, vgl §§ 1602 II, 1603 II, 1611 II, 1612 II, 1612 a. **c)** Ergänzend sind die Vorschriften über den Familienunterhalt in §§ 1360–1360 b, über die Verwendung von Einkünften des Gesamtguts, § 1420, und des Kindesvermögens, § 1649, den Ausbildungsanspruch nach § 1371 IV (hierzu § 1371 Rn 14 ff) zu berücksichtigen sowie die Veränderung von Unterhaltsansprüchen, die sich aus der Konkurrenz mit anderen Unter- 1 2

3 haltsberechtigten ergeben können, s § 1582 II. **d)** Zum Unterhaltstitel für Kinder aus einvernehmlich geschiedenen Ehen s ZPO 630 I Nr 3, III. Zur Unterhaltspflicht als Schaden s Rn 32 vor §§ 249–253.

4 **2. Grundlage** der in §§ 1601 ff geregelten Unterhaltsansprüche ist **Verwandtschaft** (Ausnahme: §§ 1615 l–n, 1615 o II); auch Scheinvaterschaft bis zur rechtskräftigen Anfechtung (§ 1599 I) und Annahme als Kind – §§ 1741 ff – begründen unterhaltsrelevante Verwandtschaft, s § 1754; zu den Einschränkungen bei der Volljährigen-Adoption s § 1770 I. Unterhaltspflicht zwischen Ehegatten s §§ 1360–1361, nach Ehescheidung §§ 1569 ff, bei Aufhebung s § 1318 II; s ferner Unterhalt der werdenden Mutter eines Erben, § 1963, und eines Nacherben, § 2141, sowie § 1969 („Dreißigster").

5 **3. Vertragliche Vereinbarungen** über Unterhaltsansprüche zwischen Berechtigtem und Verpflichtetem sind grundsätzlich möglich, BGH NJW 86, 1168 (Freistellung des Ehegatten von Unterhaltsansprüchen gemeinschaftlicher Kinder); Grenze § 138 (BVerfG NJW 01, 957; 2248). Bei Verzicht auf Unterhalt für die Zukunft s jedoch § 1614 I. Wesentliche Änderungen von Bedürftigkeit oder Leistungsfähigkeit können Geschäftsgrundlage berühren, Lüderitz § 24 IV 1.

6 **4. Schutz der Unterhaltsansprüche und des Berechtigten:** StGB 170, §§ 1666 II, 2333 Nr 4, 2334, ZPO 850 b I Nr 2 (unpfändbar, s jedoch II), §§ 394 (keine Aufrechnung), 400 (nicht abtretbar), 194 II (keine Verjährung künftiger Ansprüche), 204 S 2 (Hemmung der Verjährung während Minderjährigkeit), ZPO 850 d (erweiterte Pfändbarkeit von Arbeitseinkommen bei Unterhaltstiteln), ZPO 850 i I (Privilegierung des für Unterhaltszwecke benötigten Einkommens des Pfändungsschuldners), InsO 100, 209 I Nr 3; bei Tötung des Unterhaltsverpflichteten § 844 II. S ferner § 1495 Nr 2 (Aufhebungsklage eines Abkömmlings bei fortgesetzter Gütergemeinschaft).

7 **5. Verfahrensrecht.** Zuständig ist das FamG, ZPO 621 I Nr 4, 11; örtl Zuständigkeit s ZPO 642. Einstw Anordnung ZPO 644, einstw Verfügung ZPO 940; sa § 1615 o. Unterhaltsentscheidung im Verbund mit Vaterschaftsfeststellung s ZPO 653. Unterhalt minderjähriger Kinder kann im „vereinfachten Verfahren" tituliert werden, ZPO 645 ff. Abänderung von Unterhaltstiteln s ZPO 323, 654 ff.

8 **6. IPR** s EGBGB 18; Haager Unterhaltsabkommen.

§ 1601 Unterhaltsverpflichtete

Verwandte in gerader Linie sind verpflichtet, einander Unterhalt zu gewähren.

§ 1602 Bedürftigkeit

(1) **Unterhaltsberechtigt ist nur, wer außerstande ist, sich selbst zu unterhalten.**

(2) **Ein minderjähriges unverheiratetes Kind kann von seinen Eltern, auch wenn es Vermögen hat, die Gewährung des Unterhalts insoweit verlangen, als die Einkünfte seines Vermögens und der Ertrag seiner Arbeit zum Unterhalt nicht ausreichen.**

§ 1603 Leistungsfähigkeit

(1) **Unterhaltspflichtig ist nicht, wer bei Berücksichtigung seiner sonstigen Verpflichtungen außerstande ist, ohne Gefährdung seines angemessenen Unterhalts den Unterhalt zu gewähren.**

(2) ¹**Befinden sich Eltern in dieser Lage, so sind sie ihren minderjährigen unverheirateten Kindern gegenüber verpflichtet, alle verfügbaren Mittel zu ihrem und der Kinder Unterhalt gleichmäßig zu verwenden.** ²**Den**

Titel 3. Unterhaltspflicht **§ 1604**

minderjährigen unverheirateten Kindern stehen volljährige unverheiratete Kinder bis zur Vollendung des 21. Lebensjahrs gleich, solange sie im Haushalt der Eltern oder eines Elternteils leben und sich in der allgemeinen Schulausbildung befinden. ³Diese Verpflichtung tritt nicht ein, wenn ein anderer unterhaltspflichtiger Verwandter vorhanden ist; sie tritt auch nicht ein gegenüber einem Kind, dessen Unterhalt aus dem Stamme seines Vermögens bestritten werden kann.

§ 1604 Einfluss des Güterstands

¹Besteht zwischen Ehegatten Gütergemeinschaft, so bestimmt sich die Unterhaltspflicht des Mannes oder der Frau Verwandten gegenüber so, wie wenn das Gesamtgut dem unterhaltspflichtigen Ehegatten gehörte. ²Sind bedürftige Verwandte beider Ehegatten vorhanden, so ist der Unterhalt aus dem Gesamtgut so zu gewähren, wie wenn die Bedürftigen zu beiden Ehegatten in dem Verwandtschaftsverhältnis ständen, auf dem die Unterhaltspflicht des verpflichteten Ehegatten beruht.

Anmerkungen zu den §§ 1601–1604

1. Allgemeines. Regelung der Grundvoraussetzungen für die Unterhaltspflicht 1 zwischen Verwandten: Verwandtschaft – § 1601 –, Bedürftigkeit – § 1602 – und Leistungsfähigkeit, §§ 1603, 1604.

2. Verwandtschaft. Nach § 1601 sind nur Verwandte in gerader Linie (Definition s § 1589 S 1) einander ohne Rücksicht auf den Grad der Verwandtschaft (krit Schwenzer FamRZ 89, 685) unterhaltspflichtig (zur Reihenfolge s § 1606), also Kinder, Eltern, Großeltern, Urgroßeltern, nicht dagegen Verwandte in der Seitenlinie (Definition s § 1589 S 2), also zB Geschwister, nicht Verschwägerte (Definition s § 1590) oder Stiefkinder, BGH NJW 69, 2007.

3. Bedürftigkeit. Nach § 1602 I setzt Unterhaltsberechtigung Bedürftigkeit 3 voraus. Ursachen der Bedürftigkeit grundsätzlich unerheblich (Ausnahme § 1611), BGH 93, 129. § 1602 II privilegiert das minderjährige unverheiratete Kind, das grundsätzlich – Ausnahme § 1603 II HS 2 – den Stamm seines Vermögens nicht verzehren muß. **a)** Bedürftigkeit volljähriger oder minderjähriger verheirateter 4 Kinder ist gegeben, wenn weder Vermögen noch Einkünfte aus Erwerbstätigkeit zu erzielen sind. **aa)** Vermögenslosigkeit auch bei geringfügigen Mittel als „Notgro- 5 schen" oder Affektionsinteresse, BGH FamRZ 98, 369; uU kann völlig unwirtschaftliche Verwertung des Vermögens unzumutbar sein, jedoch engere Voraussetzungen als § 1577 III, BGH FamRZ 98, 369. Grundsätzlich ist Vermögen jedoch zu verwerten, s Köln FamRZ 92, 56 (Hausgrundstück). **bb)** Einkünfte aus 6 Erwerbstätigkeit sind stets anzurechnen, vgl für Ausbildungsvergütung BGH NJW 81, 2463; für Gelegenheitsarbeit KG NJW 82, 112; „jede Arbeit" Zweibrücken FamRZ 84, 1251; einschränkend Koblenz FamRZ 89, 1219 für Ferienjob. Mögliche Einkünfte aus unterlassener Erwerbstätigkeit (auch berufsfremde) hindern Bedürftigkeit, falls Erwerbstätigkeit zumutbar war, vgl BGH 93, 127 (**Erwerbsobliegenheit** volljähriger Tochter trotz Betreuung eines eigenen Kindes), Hamm NJW-RR 91, 580; sa AG Berlin-Tempelhof FamRZ 96, 46: Jedes gesunde, volljährige Kind, das sich nicht in angemessener Berufsausbildung befindet, hat Erwerbsobliegenheit. Auch minderjähriges arbeitsfähiges Kind, das sich nicht in Ausbildung befindet, muß Erwerbstätigkeit aufnehmen. Zur **Ausbildungsberech-** 7 **tigung** s § 1610 Rn 7 ff; Übergangszeit nach Ausbildung KG FamRZ 85, 421; Saarbrücken NJW-RR 86, 295. **Wehrdienst** str, s München FamRZ 88, 756, Anm Globitza mwN. **cc)** Freigiebigkeiten Dritter entlasten nur, falls und soweit 8 damit nachhaltige Unterhaltssicherung erreicht wird (RG 105, 166) und der Verpflichtete endgültig entlastet werden sollte, BGH NJW-RR 93, 322; sonst Regreß

§ 1604 Buch 4. Abschnitt 2. Verwandtschaft

des in Vorlage Tretenden (s §§ 1606–1608 Rn 16). Leistungen des Umgangsbefugten während gemeinsamer Ferien s BGH NJW 84, 2828; Zusammenleben der
9 Tochter mit Partner s BGH 93, 123. **dd)** Bei **öffentl Leistungen** ist zu prüfen, ob sie dem Unterhaltsbedürftigen zugute kommen und den Unterhaltsverpflichteten entlasten sollen. **Sozialleistungen** sind wie sonstiges Einkommen zu behandeln, soweit sie geeignet sind, allg Unterhalt zu decken, und nicht subsidiär gewährt werden, BGH NJW-RR 93, 322. Leistungen wegen Körper- und Gesundheitsschäden und entspr Mehrbedarf s § 1610 a; Pflegegeld ist nur auf behinderungsbedingten Mehrbedarf anrechenbar (BGH NJW-RR 93, 322); an Pflegeperson weitergeleitetes Pflegegeld s SGB XI § 13 VI. Familienabhängige Leistungen mindern oder beseitigen Bedürftigkeit nicht; familienunabhängige Sozialleistungen – Arbeitslosengeld, Krankengeld – wirken dagegen wie eigenes Einkommen. **Wai-**
10 **sengeld** ist anzurechnen, BGH NJW 81, 169. **Kindergeld** ist nicht Einkommen des Kindes, sondern steht beiden Elternteilen zu und erhöht deren Leistungsfähig-
11 keit; zur Anrechnung s § 1612 b. **Sozialhilfe** nach BSHG oder UnterhaltsvorschußG entlastet nicht, Übergang des Unterhaltsanspruchs nach BSHG 91 (hierzu
12 Münder NJW 94, 494) bzw nach UVG 7. **Arbeitslosenhilfe** s AFG 136 ff, 140, dazu aber BSG SGb 86, 387. **BAföG**-Darlehen mindern Bedürftigkeit, BGH NJW 85, 2331; NJW-RR 86, 748, str (sa Graba FamRZ 85, 118; abw Hamm FamRZ 87, 91); anders bei Vorausleistung und Überleitung, BAföG 37. Verpflichtung zur
13 Aufnahme von BAföG-Darlehen s BGH NJW-RR 86, 1262. **ee)** Sonstige Einkünfte, zB (fiktive) Zinseinkünfte s BGH NJW 88, 2372. **ff)** Soweit nicht ges Anspruchsübergang vorgesehen ist und so der Unterhaltsanspruch trotz Leistungen an den Bedürftigen erhalten bleibt, kann die durch Leistung Dritter erfolgte Entlastung des Verpflichteten diesen aus §§ 683, 812 regreßpflichtig machen
14 (s §§ 1606–1608 Rn 12 ff). **b)** Ein **minderjähriges** und **unverheiratetes** (also noch nicht durch Ehe oder auch nacheheliche Unterhaltsansprüche versorgtes) **Kind** braucht Vermögensstamm nicht anzugreifen – Ausnahme: § 1603 II 2 HS 2 –, muß sich aber Vermögenserträge anrechnen lassen, soweit nicht zur Verwaltung und Substanzerhaltung benötigt.

15 **4. Leistungsfähigkeit** (hierzu Kalthoener/Büttner NJW 95, 1791) des Inanspruchgenommenen als weitere Voraussetzung – s § 1603 I – setzt **a)** eigene Einkünfte aus Vermögen oder Erwerbstätigkeit (evtl auch Nebentätigkeit, Hamburg FamRZ 90, 784) voraus; der Stamm des Vermögens – mit Ausnahme geringfügiger „Notgroschen" – ist einzusetzen. Unwirtschaftliche Verschleuderung oder Veräußerung, die Einkünfte (zB aus Vermietung) abschneidet, ist nicht zu verlangen, vgl BGH 75, 278; NJW 86, 1345 (Ferienhaus ist zu verkaufen). Grenze Eigenbedarf s BGH NJW 89, 524; wer durch Unterhaltsleistungen selbst sozialhilfebedürftig würde, ist insoweit nicht leistungsfähig, BGH 111, 194; BVerfG
16 FamRZ 01, 1685. Zum **Selbstbehalt** s Tabellen Rn 2 vor §§ 1360–1361. Eigenbedarf von **volljährigen Kindern** bei Unterhaltsanspruch der Eltern bemißt sich nach dem „erweiterten großen Selbstbehalt" (Frankfurt aM FamRZ 02, 1391 [mindestens 2250 DM]; zust Hamm FamRZ 02, 123; sa Oldenburg NJW 00, 524 [mindestens 25% über großem Selbstbehalt]). Dabei ist das Einkommen des Ehegatten des unterhaltspflichtigen Kindes (und ein eventueller Unterhaltsanspruch des Kindes gegen diesen) unbeachtlich, auch wenn das Einkommen des Kindes unter dem Selbstbehalt liegt, sein Ehegatte aber besser verdient (zutr Frankfurt aM FamRZ 00, 1392; aA Hamm FamRZ 02, 127); andernfalls würde der Ehegatte mittelbar für Unterhalt der Schwiegereltern aufkommen müssen. – Verlust oder Verringerung der Leistungsfähigkeit grundsätzlich relevant, insbesondere auch Verminderung der Leistungsfähigkeit durch schuldhaften Verlust des Arbeitsplatzes, s BGH NJW 93, 1975; 94, 258 f (beachtlich, sofern nicht im Einzelfall Berufung auf Leistungsunfähigkeit nach § 242 zu verwehren; dazu Born FamRZ 95, 523; BGH NJW 00, 2352) oder Aufgabe einer unselbständigen zugunsten einer selbständigen Arbeit (Hamm FamRZ 97, 310). Einkünfte aus möglicher und zumutbarer, aber

Titel 3. Unterhaltspflicht **§ 1604**

unterbliebener Erwerbstätigkeit sind zu berücksichtigen, zur erforderlichen konkreten Feststellung Düsseldorf NJW 94, 672. Grundsätzlich besteht gleiche **Erwerbsobliegenheit** für Berechtigte und Verpflichtete, Kalthoener/Büttner NJW 91, 404; deshalb Einschränkungen für freie Wahl oder Aufgabe des Arbeitsplatzes, BGH NJW 82, 1052. Gegenüber minderjährigem Kind besteht gesteigerte (Neben-)Erwerbsobliegenheit (BGH FamRZ 98, 359); Umschulungsobliegenheit s Bremen FamRZ 96, 957. Nicht bei Versorgung eines (behinderten) Kleinkindes aus nichtehelicher Lebensgemeinschaft s BGH NJW 95, 1833; aA Köln NJW 00, 2117. Gesteigerte Erwerbsobliegenheit gegenüber Kindesmutter s Hamm FamRZ 96, 1218. Haushaltsführung oder Kindesbetreuung in Zweitehe entlasten dagegen nicht (BGH 75, 276 [„Hausmann"-Rspr]; zB Frankfurt FamRZ 01, 1476). Ehepartner aus Zweitehe ist aus § 1356 II 2 verpflichtet, Erwerbstätigkeit zu ermöglichen; sa BGH NJW 87, 1549 zum **Rangverhältnis** der Kinder aus verschiedenen Ehen. Benachteiligung der Kinder aus Zweitehe verfassungsmäßig, BVerfG 68, 256, selbst wenn aus Zweitehe minderjährige Kinder zu betreuen sind. Zur betreuungsbedingten Einkommensminderung s jedoch auch BVerfG NJW 96, 915 sowie Graba FamRZ 97, 394. Ausbildungswünsche rechtfertigen nicht Berufsaufgabe, BGH NJW 83, 814, es sei denn, Familienunterhalt erscheint als gesichert (BGH aaO); Hochschulstudium s BGH NJW-RR 87, 706. Anrechnung von Überstundenvergütungen und Sparzulagen s BGH NJW 80, 2251, von Einkünften aus **unzumutbarer Erwerbstätigkeit** BGH NJW 91, 698 (Einschränkung mit § 242 möglich), von Auslandszuschlägen BGH FamRZ 80, 342, von Wohngeld BGH NJW 80, 2082, von Verletztenrente BGH NJW 82, 1593 (s jedoch 103, 267) und Erwerbsunfähigkeitsrente BGH NJW 84, 1614; zu Sozialleistungen sa § 1610 a. Abfindung aus Sozialplan s BGH NJW 82, 822; Pflicht zur Geltendmachung einer Abfindung s Hamburg FamRZ 98, 619; Kindergeld s § 1612 b. Nachzahlung Rente BGH NJW 85, 486 (nein), eines Strafgefangenen (nein) BGH NJW 82, 2491, Kinderzuschuß zur Erwerbsunfähigenrente (nein) BGH NJW 81, 167, 173. Barunterhalt von dritter Seite str, s Hamm FamRZ 88, 1271, FamRZ 96, 1234 (trotz Zweckbestimmung); anders BGH NJW 95, 1487 f für freiwillige Leistungen Dritter: Nur, wenn nach dem Willen des Leistenden auch für den Unterhaltsberechtigten gedacht. Schmerzensgeld s BGH NJW 89, 525 f (maßvolle Berücksichtigung). **b)** Besteht Gütergemeinschaft, so ist nach § 1604 S 1 das Gesamtgut dem Potential des Unterhaltspflichtigen hinzuzurechnen. **c)** Vom Einkommen und Vermögen sind nach § 1603 I abzuziehen **aa)** der eigene angemessene Unterhalt des Verpflichteten, dazu BGH NJW 89, 523; Nürnberg FamRZ 96, 45. **bb)** sonstige Verpflichtungen, zB vorrangige oder mindestens gleichrangige Unterhaltspflichten nach §§ 1609, 1582 II (vgl Karlsruhe FamRZ 88, 1272: Kindesunterhalt abzugsfähig; für nachrangige Pflichten Braunschweig FamRZ 95, 357) sowie bei Gütergemeinschaft evtl Verwandte des anderen Ehegatten nach § 1604 S 2; ferner allg Verbindlichkeiten (ggf Tilgungsplan), BGH NJW-RR 96, 322; Differenzierung berücksichtigungswürdiger und anderer Verbindlichkeiten s BGH NJW 84, 2352 (zu § 1361); NJW-RR 86, 430; zum „bereinigten Nettoeinkommen" sa § 1578 Anm 1 a. Vermögensbildung zu Lasten von Unterhaltsgläubigern ist nicht zulässig, vgl Bamberg FamRZ 85, 1141. **cc)** Zu Mehraufwendungen für Körper- und Gesundheitsschäden s § 1610 a. **d)** Gegenüber **minderjährigen unverheirateten** Kindern bleibt der eigene angemessene Unterhalt als Grenze der Leistungsfähigkeit außer Betracht, § 1603 II 1. Gleichmäßig für den Unterhalt einzusetzen sind „alle verfügbaren Mittel". Die **Regelbeträge** nach der RegelbetragV (§ 1612 a Rn 4) bilden die **Untergrenze** des Kindesunterhalts (KG FamRZ 99, 405; sa § 1610 Rn 2). Unterschreitung auch bei Schulden des Unterhaltspflichtigen nur in ganz seltenen Ausnahmefällen, denn Unterhalt zu leisten durch ständig weiter wachsenden Verschuldung führt (BGH FamRZ 86, 254); zum **Mangelfall** s Tabellen Rn 2 vor §§ 1360–1361. Eigene Unterhaltsempfänge sind einzurechnen, BGH NJW 80, 934. Arbeitspflicht erhöht sich, BGH NJW 80, 2414 (auch zu Berufs- und Ortswechsel), Koblenz FamRZ 85, 812 (zur

17

18

19

20
21

22

23

Chr. Berger 1509

§ 1605

Betriebsaufgabe). Vereinbarung von Altersteilzeit ohne sachlichen Grund ist unterhaltsbezogene Leichtfertigkeit (Hamm FamRZ 01, 1476). Vermögensstamm s BGH NJW 89, 524. Volljährige, geistig oder körperlich behinderte Kinder stehen nicht gleich (BT-Dr 13/7338 S 21), wohl aber bei mindestens einem Elternteil wohnende, noch in allgemeiner Schulausbildung (Maßstab: BAföG 2 I Nr 1, BGH FamRZ 02, 816) befindliche Kinder, wenn sie das 21. Lebensjahr noch nicht

24 vollendet haben, § 1603 II 2. **Ausnahmen: aa)** Anderer leistungsfähiger unterhaltspflichtiger Verwandter vorhanden, § 1603 II 3 HS 1 (auch der andere Elternteil, BGH NJW 80, 935; s jedoch BGH NJW 91, 697 für geringe Erwerbs-

25 einkünfte des anderen), oder (und) **bb)** Kind kann sich aus Stamm seines Vermögens unterhalten, § 1603 II 3 HS 2.

26 **5. Beweislast.** Der Unterhalt Verlangende hat **a)** Verwandtschaft, **b)** Umfang und Dauer der Bedürftigkeit zu beweisen, es sei denn, er begehrt nur den Mindestbedarf nach der RegelbetragV (§ 1612 a Rn 4); der Beklagte hat Leistungsunfähigkeit (vgl Düsseldorf FamRZ 85, 311 – Alkoholsucht; BGH 109, 211 – Verbindlichkeiten) oder Vorhandensein vorrangig Verpflichteter (auch bei § 1603 II 2 HS 1) darzulegen und zu beweisen.

§ 1605 Auskunftspflicht

(1) **¹Verwandte in gerader Linie sind einander verpflichtet, auf Verlangen über ihre Einkünfte und ihr Vermögen Auskunft zu erteilen, soweit dies zur Feststellung eines Unterhaltsanspruchs oder einer Unterhaltsverpflichtung erforderlich ist. ²Über die Höhe der Einkünfte sind auf Verlangen Belege, insbesondere Bescheinigungen des Arbeitgebers, vorzulegen. ³Die §§ 260, 261 sind entsprechend anzuwenden.**

(2) **Vor Ablauf von zwei Jahren kann Auskunft erneut nur verlangt werden, wenn glaubhaft gemacht wird, dass der zur Auskunft Verpflichtete später wesentlich höhere Einkünfte oder weiteres Vermögen erworben hat.**

1 **1. Voraussetzungen. a)** Verwandtschaft in gerader Linie. Ein Auskunftsanspruch gegen Geschwister besteht uU gem § 242 (vgl §§ 259–261 Rn 3), kann aber auch auf Auskunft über Einkommen deren Ehegatten gerichtet sein (München FamRZ 02, 51; LG Braunschweig FamRZ 99, 457); ein unmittelbarer Anspruch gegen Schwager besteht nicht (München FamRZ 02, 51). **b)** Auskunftsverlangen; zum Rechtsschutzbedürfnis für Klage s Düsseldorf FamRZ 81, 42. Kein Übergang nach BSHG 90 auf Träger der Sozialhilfe, BGH NJW 86, 1688. **c)** Frist nach II abgelaufen, falls erneute Auskunft. Beginn: Letzte Auskunftserteilung. Für Ablauf der Frist bei Unterhaltsvergleich s jedoch Düsseldorf NJW 93, 1080.

2 **2. Umfang. a)** Nur soweit Unterhaltsanspruch oder -verpflichtung abzuschätzen bzw zu bemessen ist, reicht Auskunftsanspruch; hierzu, insbes zum Zeitraum BGH NJW 82, 1642; 83, 1554. Nicht: Auskunft über Verletzung unterhaltsrecht-

3 licher Obliegenheit, Bamberg FamRZ 86, 685. **b)** Auf Verlangen ist die Auskunft durch Belege über Einkünfte (Anlage von Kapital s Karlsruhe NJW-RR 90, 756) zu stützen, s I 2, ferner I 3 iVm §§ 260, 261 (Verzeichnis, ggf eidesstattliche Versicherung; zB Einkommensteuerbescheid oder -erklärung; Bilanz, Gewinn- und Verlustrechnung einer GmbH, BGH NJW 82, 1642; Jahresabschluß nach HGB 242 ff, Bamberg FamRZ 89, 423); Dienst- oder Arbeitsvertrag BGH NJW 93, 3263. Systematische, geordnete Zusammenstellung, Hamm NJW-RR 92,

4 1029. **c)** Auskunftsanspruch wegen Mitunterhaltspflicht s Köln FamRZ 92, 470 mwN.

5 **3. Schadenersatz** bei schuldhafter Nicht-, Schlecht- oder Späterfüllung, BGH NJW 84, 868; aA Bamberg NJW-RR 90, 906 mwN.

Titel 3. Unterhaltspflicht **§§ 1606–1608**

§ 1606 Rangverhältnisse mehrerer Pflichtiger

(1) Die Abkömmlinge sind vor den Verwandten der aufsteigenden Linie unterhaltspflichtig.

(2) Unter den Abkömmlingen und unter den Verwandten der aufsteigenden Linie haften die näheren vor den entfernteren.

(3) ¹Mehrere gleich nahe Verwandte haften anteilig nach ihren Erwerbs- und Vermögensverhältnissen. ²Der Elternteil, der ein minderjähriges unverheiratetes Kind betreut, erfüllt seine Verpflichtung, zum Unterhalt des Kindes beizutragen, in der Regel durch die Pflege und die Erziehung des Kindes.

§ 1607 Ersatzhaftung und gesetzlicher Forderungsübergang

(1) Soweit ein Verwandter auf Grund des § 1603 nicht unterhaltspflichtig ist, hat der nach ihm haftende Verwandte den Unterhalt zu gewähren.

(2) ¹Das Gleiche gilt, wenn die Rechtsverfolgung gegen einen Verwandten im Inland ausgeschlossen oder erheblich erschwert ist. ²Der Anspruch gegen einen solchen Verwandten geht, soweit ein anderer nach Absatz 1 verpflichteter Verwandter den Unterhalt gewährt, auf diesen über.

(3) ¹Der Unterhaltsanspruch eines Kindes gegen einen Elternteil geht, soweit unter den Voraussetzungen des Absatzes 2 Satz 1 anstelle des Elternteils ein anderer, nicht unterhaltspflichtiger Verwandter oder der Ehegatte des anderen Elternteils Unterhalt leistet, auf diesen über. ²Satz 1 gilt entsprechend, wenn dem Kind ein Dritter als Vater Unterhalt gewährt.

(4) Der Übergang des Unterhaltsanspruchs kann nicht zum Nachteil des Unterhaltsberechtigten geltend gemacht werden.

§ 1608 Haftung des Ehegatten oder Lebenspartners

(1) ¹Der Ehegatte des Bedürftigen haftet vor dessen Verwandten. ²Soweit jedoch der Ehegatte bei Berücksichtigung seiner sonstigen Verpflichtungen außerstande ist, ohne Gefährdung seines angemessenen Unterhalts den Unterhalt zu gewähren, haften die Verwandten vor dem Ehegatten. ³§ 1607 Abs. 2 und 4 gilt entsprechend. ⁴Der Lebenspartner des Bedürftigen haftet in gleicher Weise wie ein Ehegatte.

(2) *(weggefallen)*

Anmerkungen zu den §§ 1606–1608

Lit: Graba, Kindesbetreuung und Kindesunterhalt, FamRZ 90, 454; Wohlgemuth, Quotenhaftung der Eltern beim Volljährigenunterhalt, FamRZ 01, 321.

1. Allgemeines. Regelung der Stufenfolge, nach der mehrere Unterhaltsverpflichtete nacheinander oder nebeneinander einzustehen haben, und entspr Ersatzhaftung (§ 1607). 1

2. Der Ehegatte, auch der geschiedene, geht den kraft Verwandtschaft Unterhaltspflichtigen stets vor, §§ 1608 S 1, 1584. Grundlage der Ehegattenverpflichtung s §§ 1360, 1361, 1569 ff. Unterhaltsverzicht gegenüber Ehegatten wirkt nicht zu Lasten Verwandter, Frankfurt FamRZ 84, 396. Subsidiär greift jedoch die Unterhaltspflicht der Verwandten wieder ein, wenn der Ehegatte **a)** unter Berücksichtigung sonstiger Verpflichtungen (hierzu auch § 1609) seinen eigenen angemessenen Unterhalt gefährden würde, § 1608 S 2, § 1584 S 2 (s § 1584 Rn 3 f), oder **b)** die Rechtsverfolgung gegen ihn im Inland ausgeschlossen oder erheblich erschwert ist, §§ 1608 S 3, 1584 S 3 je iVm § 1607 II. Lebenspartner steht haftungsrechtlich dem Ehegatten gleich (§ 1608 S 4). 2 3 4

Chr. Berger

§ 1608 Buch 4. Abschnitt 2. Verwandtschaft

5 **3. Abkömmlinge** haften nach Gradnähe der Verwandtschaft – s § 1589 S 3 – und vor Eltern und anderen Verwandten aufsteigender Linie; untereinander haben sie ebenfalls nach Verwandtschaftsgrad einzustehen, § 1606 I, II. Die gleiche Rangfolge gilt für die Unterhaltspflicht Verwandter aufsteigender Linie.

6 **4.** Bei **gleicher Gradnähe** haften Verwandte, so insbes die Eltern, anteilig nach ihren Erwerbs- und Vermögensverhältnissen, § 1606 III 1; zur Ermittlung der Anteile s BGH NJW-RR 86, 293, FamRZ 88, 1039; zur anteiligen Entlastung durch Einkünfte des Berechtigten BGH NJW-RR 86, 748. Ausnahme: § 1615 f. „Anteilig" meint Teilschuld, nicht Gesamtschuld, BGH NJW 71, 1985 mwN, wobei nicht stets gleiche Anteile geschuldet sind, sondern Erwerbs- und Vermögensverhältnisse jedes Elternteils maßgebend sind, BGH aaO; zur Haftungsquote sa Bamberg FamRZ 90, 554 (auch zum Verzicht des Kindes gegenüber einem Elternteil).

7 **Aufgabenverteilung** in der Ehe berücksichtigt § 1606 III 2 durch Verteilung der Unterhaltslast als Natural- und Barunterhalt. Verfügt der Elternteil, der seine Unterhaltspflicht gegenüber minderjährigem Kind durch Pflege und Erziehung gem § 1606 III 2 erfüllt, über eigenes Einkommen, so bleibt der andere regelmäßig (Ausnahme: s BGH FamRZ 98, 288) doch allein barunterhaltspflichtig, ie BGH NJW 80, 2306; entspr Anwendung ab Volljährigkeit s BGH NJW 81, 2462; bei vollberuflich tätigen Eltern ist Betreuung eines volljährigen Kindes jedoch regelmäßig freiwillige Zuwendung, s BGH NJW 94, 1531 f (auch zum Unterhaltsbedarf).

8 Zur **Bemessung des Barunterhalts** neben Naturalunterhalt des erwerbstätigen Sorgepflichtigen s BGH NJW 81, 1560, 91, 697; Bamberg NJW 95, 1434; Beweislast BGH NJW 81, 924 mwN; bei erhöhten Betreuungsleistungen für behindertes Kind s BGH NJW 83, 2083. Bei verabredeter gemeinsamer Pflege ist anteilige Unterhaltshaftung entspr § 1606 III 1 zu berechnen,

9 BGH NJW 85, 1460 f (zu § 844). **Übertragung** der Betreuung auf Dritten bewirkt Barunterhaltspflicht, Hamm NJW-RR 90, 900. Zum Regreß sa Rn 18.

10 **5. Ersatzhaftung. a)** Bei völliger oder teilw Leistungsunfähigkeit – § 1607 iVm § 1603 – oder Erschwerung bzw Unmöglichkeit der Rechtsverfolgung im Inland – § 1607 II 1 – tritt der nächstverpflichtete Verwandte ein; ebenso bei Leistungsunfähigkeit des bzw erschwerter Rechtsverfolgung gegen den Ehegatten, § 1608 S 2, 3 iVm § 1607 II, § 1584 S 2, 3 iVm § 1607 II; Bsp: böswilliges Unterlassen von Erwerbstätigkeit (nicht: Ausbildung, Hamburg FamRZ 89, 95),

11 Fehlen inländischer Zuständigkeit. **b)** Gilt auch, wenn von mehreren auf gleicher Stufe haftenden Verwandten, zB Eltern, einer nicht leistungsfähig ist oder wegen tatsächlicher Hindernisse nicht belangt werden kann, BGH NJW 71, 2070, selbst bei Vorliegen Vollstreckungstitel, Karlsruhe NJW-RR 91, 904.

12 **6. Regreß: a)** Wird ein nachrangig berufener Verwandter für einen aufgrund näherer Verwandtschaft nach § 1606 I, II oder als Ehegatte nach § 1608 S 1, § 1584 S 1 an sich vorrangig Verpflichteten **wegen** dessen **Leistungsunfähigkeit** ganz oder zT nach § 1607 I oder §§ 1608 S 2, 1584 S 2 ersatzweise unterhaltspflichtig, so hat er grundsätzlich keinen Regreßanspruch. Denn Leistungsunfähigkeit läßt Unterhaltsverpflichtung entfallen, so daß der ersatzweise Leistende nicht

13 für den Freigewordenen leistet. **b)** Tritt der nachrangig Verpflichtete ein, weil aus den in § 1607 II 1 geregelten Gründen Unterhalt vom vorrangig verpflichteten Verwandten oder Ehegatten nicht erlangt werden kann, dann geht der Unterhaltsanspruch auf den Leistenden kraft cessio legis über (§ 1607 II 2); s auch § 1607 IV. Für den übergegangenen Anspruch gilt Schuldnerschutz nach §§ 1613, 197, ferner das Gläubigerprivileg aus ZPO 850 d (zust BGH FamRZ 86, 568, str); § 1360 b kann jedoch bei fehlender Regreßabsicht auch cessio legis hindern, vgl Celle NJW

14 74, 504. Daneben kommt Rückgriff aus §§ 683, 812 nicht in Betracht. **c)** Der Unterhaltsanspruch eines Kindes gegen ein Elternteil geht nach **§ 1607 III** über, wenn für das Kind ein nicht unterhaltspflichtiger Verwandter, der Ehegatte des anderen Elternteils oder ein Dritter als Vater Unterhalt leistet. Nach §§ 412, 404

15 gelten §§ 197, 1613 I, II Nr 2. **d)** Leistet Sozialhilfeträger, dann Anspruchserwerb

Titel 3. Unterhaltspflicht **§ 1609**

durch cessio legis, BSHG 91; Bedarfsmitteilung nach BSHG 91 III 1 macht § 1613 unanwendbar; Verzug ist nicht erforderlich. S ferner UnterhaltsvorschußG 7. Zum Bereicherungsausgleich, falls übergeleiteter (nach früherem Recht) Anspruch nicht bestand, s BGH NJW 81, 49. **e)** Leisten Dritte oder Verwandte, die nicht selbst vorrangig oder ersatzweise nach § 1607 I unterhaltspflichtig (geworden) sind, bleiben grundsätzlich die Regreßmöglichkeiten bei Zahlung fremder Schuld, §§ 683 oder 812. Bei Bewertung der Bereicherung des Unterhaltsschuldners wie seines Geschäftsherreninteresses sind jedoch §§ 1613, 197 zu berücksichtigen, s BGH NJW 84, 2159. Bei irriger Annahme eigener Verpflichtung kann der Zahlende grundsätzlich nachträglich die **Zweckbestimmung** seiner Leistung **ändern** und sie als für den Unterhaltsschuldner erfolgt gelten lassen, BGH NJW 86, 2700 (str), ansonsten bleibt in solchen Fällen nur ein Bereicherungsanspruch gegen den Unterhaltsempfänger; s jedoch BGH NJW 81, 2184. **f)** Leistet ein Ehegatte den Anteil der Unterhaltspflicht des anderen mit, dann kann Grundlage eines Regresses auch ein bes familienrechtlicher Ausgleichsanspruch sein (BGH 31, 332; 50, 270; ferner BGH NJW 78, 2297; NJW 79, 659: Familiensache), es sei denn, § 1360 b greift ein (vgl BGH 50, 268) oder die Leistung erfolgt aufgrund rechtskräftiger Verurteilung, BGH NJW 81, 2349. Ausgleich bei Betreuung s BGH NJW 94, 2234 f (nein, sofern nicht Unterhaltsleistung auf die Verpflichtung des anderen). Maßgebende Zeitpunkte für Rückwirkungsschranke § 1613 oder Klage des Berechtigten als Vertreter des Kindes auf Unterhalt, BGH NJW 89, 2817 f; entspr Auskunftsanspruch aus § 242, BGH NJW 88, 1906. Ob in Fällen von Drittleistungen auch cessio legis in analoger Anwendung der §§ 1607 II 2, III angenommen werden kann, ist str, abl BGH 43, 1 für §§ 1607 II 2 aF und 1709 II aF.

16

17

18

§ 1609 Rangverhältnisse mehrerer Bedürftiger

(1) **Sind mehrere Bedürftige vorhanden und ist der Unterhaltspflichtige außerstande, allen Unterhalt zu gewähren, so gehen die Kinder im Sinne des § 1603 Abs. 2 den anderen Kindern, die Kinder den übrigen Abkömmlingen, die Abkömmlinge den Verwandten der aufsteigenden Linie und unter den Verwandten der aufsteigenden Linie die näheren den entfernteren vor.**

(2) ¹**Der Ehegatte steht den Kindern im Sinne des § 1603 Abs. 2 gleich; er geht anderen Kindern und den übrigen Verwandten vor.** ²**Ist die Ehe geschieden oder aufgehoben, so geht der unterhaltsberechtigte Ehegatte den anderen Kindern im Sinne des Satzes 1 sowie den übrigen Verwandten des Unterhaltspflichtigen vor.**

1. Allgemeines. Leistungsfähigkeit als Voraussetzung der Unterhaltspflicht nach § 1603 kann auch dadurch erschöpft werden, daß mehrere Personen an sich unterhaltsberechtigt sind. § 1609 stellt deshalb eine Rangordnung der Berechtigung auf: **a)** An erster Stelle stehen Kinder iSv § 1603 II 1, 2, § 1609 I, und (auch geschiedene, BGH 104, 162) Ehegatte(n), §§ 1609 II, 1582 II; gesteigerte Erwerbsobliegenheit, s §§ 1601–1604 Rn 17, Hamm FamRZ 96, 1218, Stuttgart FamRZ 94, 1403 (Nebenerwerb geboten). Volljährige behinderte Kinder, die nicht unter § 1603 II 2 fallen, stehen nicht gleich, BGH NJW 84, 1815. Zur Konkurrenz volljähriger Kinder aus 1. Ehe mit neuer Ehefrau und minderjährigen Kindern aus 2. Ehe (Vorabzug des Unterhaltsbedarfs der Kinder aus 1. Ehe) s Hamm NJW 91, 238. **b)** andere Kinder; Adoptivkinder sind leiblichen Kindern gleichrangig, BGH NJW 84, 1176 (LS). **c)** übrige Abkömmlinge, also Enkelkinder usw; **d)** Verwandte aufsteigender Linie nach Gradnähe, § 1609 I. **e)** Soweit mehrere Bedürftige auf gleicher Stufe stehen, ist das zur Verfügung Stehende zu ihrem Unterhalt anteilig zu verwenden; zur Berechnung s Frankfurt FamRZ 78, 723.

1

2

3

5

2. Rechtsfolgen unzureichender Leistungsfähigkeit. Soweit die Leistungsfähigkeit durch vorrangig Berechtigte ausgeschöpft wird, entsteht für die nachrangigen Verwandten kein Unterhaltsanspruch, falls nicht ein nach § 1606 nach-

6

§ 1610 Buch 4. Abschnitt 2. Verwandtschaft

rangiger Verpflichteter leistungsfähig ist. Zur Verteilung im **Mangelfall** zwischen Kindern, geschiedenen Ehegatten und Schuldner (Selbstbehalt) sa Bamberg NJW-RR 92, 14. Bei rechtskräftiger Verurteilung zugunsten des Nichtberechtigten ZPO 323, s BGH NJW 80, 935; Ansprüche des vorrangig Berechtigten werden dadurch nicht geschmälert, BGH aaO.

§ 1610 Maß des Unterhalts

(1) **Das Maß des zu gewährenden Unterhalts bestimmt sich nach der Lebensstellung des Bedürftigen (angemessener Unterhalt).**

(2) **Der Unterhalt umfasst den gesamten Lebensbedarf einschließlich der Kosten einer angemessenen Vorbildung zu einem Beruf, bei einer der Erziehung bedürftigen Person auch die Kosten der Erziehung.**

Lit: Thierschmann, Unterhaltsansprüche Volljähriger gegen ihre Eltern, 1986.

1   1. **Allgemeines.** § 1610 konkretisiert den Umfang des Unterhaltsanspruchs einschließlich Ausbildungskosten, II. Zu Tabellen s Rn 2 vor §§ 1360–1361. Wie bei Geschiedenen- und Trennungsunterhalt ist bei überdurchschnittlichen Einkommensverhältnissen tabellenunabhängig und individuell zu bemessen, Düsseldorf FamRZ 91, 806.

2   2. Als Unterhalt ist der **gesamte Lebensbedarf** geschuldet, II, wobei die **Lebensstellung des Bedürftigen** bestimmend ist, so daß dieser Lebensstellung **angemessene Unterhalt** geschuldet ist. Mindestbedarf des unverheirateten minderjährigen Kindes beträgt 135% des Regelbetrags der RegelbetragV (Karlsruhe FamRZ 02, 344). Beim Kind, das sich noch keine eigene Lebensstellung schaffen konnte, ist die Lebensstellung zunächst an den Verhältnissen der Eltern orientiert, vgl BGH NJW-RR 86, 426, für volljähriges Kind im Studium BGH NJW-RR 86, 1261; zum berücksichtigungsfähigen Einkommen BGH NJW 83, 933, Köln FamRZ 95, 55 (Schülerarbeit); überdurchschnittliches Einkommen der Eltern s BGH NJW 00, 954; keine schematische Fortschreibung der Düsseldorfer Tabelle, sondern Bedarfsdarlegung (BGH FamRZ 01, 1604); geschiedene Eltern s BGH NJW 81, 1559. Anders als beim Ehegattenunterhalt (s § 1361 Rn 7) richten sich die Bemessungsgrundlagen nach der *gegenwärtigen* Lebensstellung des Verpflichteten; das Kind hat daher grundsätzlich keinen Anspruch auf Beibehaltung einer besser bezahlten Tätigkeit durch den Verpflichteten, Zweibrücken NJW 97, 2391. Durch Begabung und Fähigkeiten des Kindes, die mit entspr Ausbildung entfaltet werden können, kann also die Lebensstellung des Kindes jedoch bereits ein eigenes Gepräge haben, uU also den Status der Eltern übersteigende Ausbildungs-
3   bedürfnisse als angemessen erscheinen lassen. Krankheitsbedingter Berufsverlust und „eigene Lebensstellung" s Bamberg NJW-RR 93, 1094 (niedriger). Kindsein, dh Schul- und Ausbildungsbedürfnisse prägen jedoch Lebensverhältnisse vor allem, was zur Begrenzung der Leistungspflicht bei hohem Einkommen des Verpflichteten führen kann, BGH NJW 83, 1430; NJW-RR 86, 426. Kein Abschlag vom Bedarf bei Unterhaltsberechtigten im Beitrittsgebiet, Koblenz NJW 92, 699; sa Köln NJW-RR 93, 395 (Düsseldorfer Tabelle); Ausland (Polen) s dagegen Düsseldorf FamRZ 91, 1095; Celle FamRZ 93, 105, zu den Problemen aus der dramatischen Geldentwertung in manchen Ländern sa Kalthoener/Büttner NJW 93,
4   1828. a) Zum **Lebensbedarf** gehören außer Nahrung, Wohnung und Kleidung auch Krankheits- bzw Krankenversicherungskosten, angemessene Aufwendungen zur Pflege kultureller Interessen und Möglichkeiten geistiger und körperlicher
5   Entspannung, nicht aber ein Pkw. b) **Prozeßkostenvorschüsse** für persönlich lebenswichtige Dinge § 1360 a IV entspr, BGH NJW 64, 2152 (Anfechtungsrechtsstreit); Köln FamRZ 94, 1409 (Schmerzensgeld); für Unterhaltsprozeß s Nürnberg NJW-RR 96, 1090 f (volljähriges Kind, str); Scheidungsprozeß Hamm
6   StAZ 82, 311, KG NJW 82, 112. c) **Erziehungskosten,** soweit Erziehungsbedürfnis und -befugnis reichen, also bei Kindern bis zur Erlangung der Volljährig-

Titel 3. Unterhaltspflicht **§ 1610 a**

keit, II HS 2. **d) Ausbildungskosten,** auch über die Erlangung der Volljährigkeit 7
hinaus, II HS 1. Dem Anspruch auf Ausbildungsunterhalt korrespondiert die Obliegenheit des Berechtigten, die Ausbildung mit Fleiß und Zielstrebigkeit zu verfolgen und in angemessener Zeit zu beenden (Gegenseitigkeitsprinzip). Bei nachhaltiger Verletzung dieser Obliegenheit geht der Anspruch unabhängig von den Voraussetzungen des § 1611 I 1 unter, BGH NJW 98, 1556. Dem Kind obliegt es ferner, nach dem Schulabgang und einer angemessenen Orientierungsphase baldmöglichst die Ausbildung aufzunehmen. Eine lange Verzögerung kann den Ausbildungsunterhalt entfallen lassen, BGH NJW 98, 1556. In den „Abitur–Lehre–Studium"-Fällen ist ein enger sachlicher und zeitlicher Zusammenhang erforderlich (BGH FamRZ 01, 1602). **aa)** Der Ausbildungsunterhalt ist obj begrenzt durch die normalen Kosten einer bestimmten Ausbildung, wobei die durchschnittlich erforderliche und übliche Dauer der Ausbildung (plus angemessene Frist zur Stellensuche, Frankfurt FamRZ 89, 83) den Anspruch limitiert; zum Ausbildungswechsel s BGH NJW 01, 2170; zur Regelstudienzeit s Hamm FamRZ 94, 387; Auslandssemester s BGH NJW-RR 92, 1026. Promotion ist idR nicht Berufsausbildung, vgl Hamm FamRZ 90, 904; aA Karlsruhe Justiz 80, 23. Orientierung des Ausbildungsunterhalts an BAföG-Sätzen s Moritz, JZ 80, 19; Hamburg, FamRZ 81, 71. **bb)** Subj müssen beim Unterhalt Verlangenden Befähigung und 8
Motivation einen erfolgreichen Abschluß erwarten lassen. Die Vorstellungen der Eltern sind nur beim Minderjährigen im Rahmen des Erziehungsrechts für die Ausbildungsbedürfnisse relevant (s aber zu den Mehrkosten aus Besuch einer Privatschule für barunterhaltspflichtigen Elternteil BGH NJW 83, 393), der Volljährige kann seine Ausbildung unabhängig von den Wünschen (nicht aber der Leistungsfähigkeit!) seiner Eltern wählen; s hierzu Thierschmann aaO S 33, zur Dauer S 95 ff. **cc)** Anspruch auf Zweitausbildung besteht nur in Ausnahmefällen, 9
Dresden OLG-NL 94, 247; Studium nach Lehre s jedoch BGH NJW 93, 2239 (bei engem zeitlichen und sachlichen Zusammenhang) mwN zu einzelnen Kombinationen, einschr auch BGH NJW 95, 719 (Lehre–Fachoberschule–Fachhochschule); aber auch BGH NJW 94, 2362; Ausbildungsgang Lehre-Abitur-Studium s LG Freiburg FamRZ 90, 308; zum Ganzen sa Kalthoener/Büttner NJW 91, 400.

§ 1610 a Deckungsvermutung bei schadensbedingten Mehraufwendungen

Werden für Aufwendungen infolge eines Körper- oder Gesundheitsschadens Sozialleistungen in Anspruch genommen, wird bei der Feststellung eines Unterhaltsanspruchs vermutet, dass die Kosten der Aufwendungen nicht geringer sind als die Höhe dieser Sozialleistungen.

Lit: Diederichsen, Die Anwendung von § 1610 a BGB, FS Gernhuber, 1993, 597; Drerup, Die Beweislastregel des neuen § 1610 a BGB, NJW 91, 683.

1. Allgemeines. a) Die Vorschrift soll Härten vermeiden, die bei der Berech- 1
nung von Leistungsfähigkeit einerseits und Bedürftigkeit andererseits dadurch entstehen können, daß der Nachweis der tatsächlichen Mehraufwendungen für Körper- oder Gesundheitsschäden, die vom Einkommen abgezogen werden können, bei den Betroffenen schwierig sein kann. Durch die – widerlegliche (Bamberg FamRZ 92, 185) – Vermutung, daß in Höhe der gezahlten Sozialleistungen schadensbedingte Mehraufwendungen entstehen, wird die Berücksichtigung der entspr Sozialleistungen als Einkommen bei der Berechnung von Unterhaltsansprüchen vermieden. Zu privatrechtlichen Entschädigungen s Diederichsen aaO 601. **b)** Die Vorschrift gilt für das gesamte Unterhaltsrecht, s §§ 1361 I 1, 2
1578 a. **c)** Zur Darlegungs- und Beweislast ie Diederichsen aaO 603 ff. Auskunftsansprüche nach §§ 1605, 1361 IV 4, 1580 über die Aufwendungen für Körper- und Gesundheitsschäden können gegenüber der Vermutung aber erst dann geltend gemacht werden, wenn sie in einem Maße erschüttert wird, daß nicht der voll-

§§ 1611, 1612 Buch 4. Abschnitt 2. Verwandtschaft

ständige Verbrauch, sondern der (teilweise) Nichtverbrauch von Sozialleistungen hinreichend möglich erscheint (BT-Drs 11/6153 S 6).

3 **2. Voraussetzungen.** Aufwendungen für Körper- und Gesundheitsschäden s BGH FamRZ 81, 338 ff, 339; zur Beweisführung Drerup aaO. Pflegegeld für behindertes Kind s Hamburg NJW-RR 92, 1352; Kriegsopferrente Hamm NJW 92, 515; Berufsschadensausgleichsrente Hamm FamRZ 92, 186 (nein); Blindengeld Schleswig NJW-RR 92, 390.

§ 1611 Beschränkung oder Wegfall der Verpflichtung

(1) ¹Ist der Unterhaltsberechtigte durch sein sittliches Verschulden bedürftig geworden, hat er seine eigene Unterhaltspflicht gegenüber dem Unterhaltspflichtigen gröblich vernachlässigt oder sich vorsätzlich einer schweren Verfehlung gegen den Unterhaltspflichtigen oder einen nahen Angehörigen des Unterhaltspflichtigen schuldig gemacht, so braucht der Verpflichtete nur einen Beitrag zum Unterhalt in der Höhe zu leisten, die der Billigkeit entspricht. ²Die Verpflichtung fällt ganz weg, wenn die Inanspruchnahme des Verpflichteten grob unbillig wäre.

(2) Die Vorschriften des Absatzes 1 sind auf die Unterhaltspflicht von Eltern gegenüber ihren minderjährigen unverheirateten Kindern nicht anzuwenden.

(3) Der Bedürftige kann wegen einer nach diesen Vorschriften eintretenden Beschränkung seines Anspruchs nicht andere Unterhaltspflichtige in Anspruch nehmen.

1 **1. Allgemeines.** Unter den in I genannten Voraussetzungen steht dem Bedürftigen ein Billigkeitsanspruch auf Beitrag zu seinen Unterhaltsbedürfnissen zu; minderjährige unverheiratete Kinder sind jedoch von dieser Verwirkung des vollen Unterhaltsanspruchs ausgenommen, II. Generell zur Verwirkung s Kalthoener/Büttner NJW 91, 408 mwN. Für Ehegattenunterhalt s §§ 1361 III, 1579.

2 **2. Voraussetzungen. a)** Bedürftigkeit aufgrund eigenen sittlichen Verschuldens, zB Arbeitsscheu, Verschwendung, Trunksucht, nicht jedoch allein selbstverschuldete Armut (zu Rauschgiftkonsum Celle FamRZ 90, 1142, Zusammenleben
3 mit leistungsfähigen Partner s Celle NJW 93, 2880); oder **b)** gröbliche Vernachlässigung der eigenen Unterhaltspflicht gegenüber dem jetzt Verpflichteten, vgl LG
4 Hannover NJW-RR 92, 197, oder **c)** vorsätzlich schwere Verfehlung gegen den Unterhaltspflichtigen oder nahe(n) Angehörige(n); Verweigerung des persönlichen Kontakts reicht nicht, Frankfurt NJW-RR 96, 708, Köln NJW-RR 96, 707, Celle NJW 94, 301; noch weniger „eingeschlafene Beziehung", BGH NJW 95, 1216; Herabwürdigung des Verpflichteten s AG Königstein FamRZ 92, 594.

5 **3. Folgen. a)** Beschränkung des Unterhalts auf Beitrag, der angesichts der Umstände des konkreten Falles der Billigkeit entspricht. Zu berücksichtigen ist also auch die Schwere der Verfehlung. **b)** Bei grober Unbilligkeit der Inanspruchnahme des Verpflichteten gänzlicher Wegfall der Verpflichtung, I 2.

6 **4. Privilegierung minderjähriger unverheirateter Kinder** aus II beruht auf dem Gedanken, daß der Unterhaltspflichtige idR als Erziehungsberechtigter Einfluß auf das Kind hat; II gilt jedoch auch im Verhältnis zwischen nicht sorgeberechtigtem Elternteil und Kind sowie bei volljährigem Kind, falls es nach I zu berücksichtigende Handlungen als Minderjähriger begangen hat, BGH NJW 88, 2374.

§ 1612 Art der Unterhaltsgewährung

(1) ¹Der Unterhalt ist durch Entrichtung einer Geldrente zu gewähren. ²Der Verpflichtete kann verlangen, dass ihm die Gewährung des Unterhalts in anderer Art gestattet wird, wenn besondere Gründe es rechtfertigen.

Titel 3. Unterhaltspflicht **§ 1612**

(2) ¹Haben Eltern einem unverheirateten Kinde Unterhalt zu gewähren, so können sie bestimmen, in welcher Art und für welche Zeit im Voraus der Unterhalt gewährt werden soll, wobei auf die Belange des Kindes die gebotene Rücksicht zu nehmen ist. ²Aus besonderen Gründen kann das Familiengericht auf Antrag des Kindes die Bestimmung der Eltern ändern. ³Ist das Kind minderjährig, so kann ein Elternteil, dem die Sorge für die Person des Kindes nicht zusteht, eine Bestimmung nur für die Zeit treffen, in der das Kind in seinen Haushalt aufgenommen ist.

(3) ¹Eine Geldrente ist monatlich im Voraus zu zahlen. ²Der Verpflichtete schuldet den vollen Monatsbetrag auch dann, wenn der Berechtigte im Laufe des Monats stirbt.

1. Allgemeines. Während allg Unterhalt in Form einer Geldrente zu leisten ist (I), können Eltern Art und zeitliche Voraussetzungen des Unterhalts an unverheiratete Kinder bestimmen, insbes also den Unterhaltsbedarf weitgehend durch Versorgung im eigenen Haushalt erbringen (II). 1

2. a) Geldrente, monatlich im voraus zahlbar (III 1) und bei Tod des Berechtigten stets für den vollen Monat geschuldet (III 2), ist die **normale Form** der Unterhaltsgewährung, I 1. Neben dem durch diese Rente zu deckenden laufenden Bedarf, der Kosten üblicher Krankheiten bzw ihrer Versicherung umfaßt (s § 1610 Rn 4), kann jedoch auch **Sonderbedarf** geschuldet sein, s § 1613 II Nr 1, zB bei nicht (voll) versicherten Krankheitskosten, vgl BGH NJW 82, 329, Kosten für Rechtsverfolgung, München FamRZ 90, 312, Baby-Erstausstattung, Nürnberg FamRZ 93, 995 (s jedoch LG Bochum FamRZ 91, 1477), notwendigen Reisekosten, Karlsruhe FamRZ 88, 1091, Klassenreise Köln NJW 99, 296; nicht: Urlaub, Frankfurt FamRZ 90, 436. Kosten für Erstkommunion s Köln NJW-RR 90, 1093; Auslandsstudiums Hamm NJW 94, 2627. Zahlung bei Rückständen s §§ 1613 II, 366, 367. Anspruch auf Sicherheitsleistung analog § 1585 a verneint Düsseldorf FamRZ 81, 68. **b)** Gestattung **anderer Art** der **Unterhaltsgewährung,** insbes Naturalleistungen, kann der Verpflichtete vom Berechtigten aus bes Gründen, die auf beiden Seiten gegeben sein können, verlangen, zB Gewährung von Wohnraum, wenn Anmietung vergleichsweise teuer. Bequemlichkeit von Naturalleistungen für den Verpflichteten allein ist jedoch kein bes Grund. Bei Änderung der Verhältnisse s ZPO 323. 2

3

3. a) Eltern **unverheirateter Kinder,** auch volljähriger Kinder, können nach II 1 Art des Unterhalts und Zeitraum der Vorausleistungen bestimmen, ggf durch schlüssiges Verhalten, BGH NJW 83, 2199. Bei minderjährigen Kindern ist das Gestaltungsrecht Konsequenz des Erziehungsrechts, bei Volljährigen Ausdruck der Rücksichtnahme auf die Eltern (Karlsruhe NJW 77, 681). Geschiedene sind als verheiratete Kinder iSv § 1612 II zu sehen. Gericht ist im Unterhaltsrechtsstreit an Bestimmung gebunden, Hamm NJW 83, 2203; Grenze: rechtliche oder tatsächliche Undurchführbarkeit, BGH NJW 81, 575, dazu auch BayObLG NJW-RR 90, 901; Naturalunterhalt muß für Kind „erreichbar" sein, BGH NJW 92, 974. Bei der Ausübung des Bestimmungsrechts sind die Kinderbelange angemessen zu berücksichtigen, II 1 HS 2. Bei volljährigen Kindern ist gesteigerte Rücksichtnahme angezeigt (BT-Drs 13/9596 S 32). Auch Bestimmung unter Verletzung des Rücksichtnahmegebots ist (zunächst) maßgeblich (Eltern kommen nicht in Verzug); Änderung der Bestimmung nur nach II 2. Bieten Eltern Unterhalt in Form von Sachleistungen vergeblich an, kommen sie nicht in Verzug, so daß § 1613 Ansprüche auf rückständigen Unterhalt abschneidet (Frankfurt FamRZ 76, 705). Das Kind kann nicht Geldleistung dadurch erzwingen, daß es außerhalb des elterlichen Haushalts Wohnung nimmt (vgl BGH NJW 81, 574). Eine von den Eltern getroffene Wahl, Unterhalt als Geldrente zu gewähren, ist nicht ohne weiteres frei widerruflich (Frankfurt aaO); sa Zweibrücken FamRZ 88, 204: jederzeit änderbar. Möglich sind Teilleistungen in Natur (Wohnung) und Geld BayObLG 4

5

§ 1612 a

6 NJW 79, 1712; beachte jedoch BGH NJW 81, 576. **b)** Bestimmung ist von Eltern gemeinsam zu treffen; vgl für Alleinbestimmung, falls Belange des anderen Elternteils nicht berührt sind, Hamm NJW-RR 90, 1229. Gewährung von teilw Naturalleistungen allein ist nicht Bestimmung, BGH NJW-RR 93, 323. **c)** Bei **getrennt**
7 **lebenden** oder **geschiedenen Eltern** entscheidet der (allein) Sorgeberechtigte, es sei denn, II 3 greift ein. Aufenthaltsbestimmungsrecht kann nicht durch Angebot von Naturalunterhalt unterlaufen werden, BGH NJW 85, 2591 (für Aufenthaltsbestimmung durch Gebrechlichkeitspfleger). Bei gemeinsamem Sorgerecht getrennter oder geschiedener Eltern oder bei volljährigem Kind bleibt einvernehmlich erfolgte Bestimmung nur bis zur Undurchführbarkeit – die freilich auch durch Aufsage der Vereinbarung des Naturalunterhalt Leistenden eintreten kann – in
8 Kraft, BGH NJW 92, 974. **c)** Bei **volljährigem Kind** und getrennten oder geschiedenen Eltern wird Bestimmungsrecht dessen, der vollen Lebensbedarf des Kindes zu decken bereit und imstande ist, angenommen; auf die Belange des
9 anderen Elternteils ist jedoch Rücksicht zu nehmen, BGH 104, 227, 229. **d)** Das FamG kann Bestimmung der Eltern auf Antrag des Kindes ändern, II 2. Praktisch geht es um eine Änderung des gewährten Natural- in Barunterhalt. Voraussetzung ist das Vorliegen bes Gründe. Erforderlich ist eine sorgfältige Abwägung der Elterninteressen, insbes ihrer wirtschaftlichen Lage, und der Kinderbelange (s II 1 HS 2). Nicht genügend ist der bloße Wunsch des Kindes, aus dem Elternhaus auszuziehen und einen eigenen Haushalt zu gründen. Gewalttätigkeiten gegen das Kind können Änderung rechtfertigen, Köln FamRZ 96, 963. Volljährigkeit allein ist nicht ausreichend. Allerdings sind die Anforderungen an das Vorliegen bes Gründe bei volljährigen Kindern geringer (gesteigertes Rücksichtnahmegebot, BT-Drs 13/9596 S 32; vgl BayObLG FamRZ 00, 976).

§ 1612 a Art der Unterhaltsgewährung bei minderjährigen Kindern

(1) Ein minderjähriges Kind kann von einem Elternteil, mit dem es nicht in einem Haushalt lebt, den Unterhalt als Vomhundertsatz des jeweiligen Regelbetrags nach der Regelbetrag-Verordnung verlangen.

(2) ¹Der Vomhundertsatz ist auf eine Dezimalstelle zu begrenzen; jede weitere sich ergebende Dezimalstelle wird nicht berücksichtigt. ²Der sich bei der Berechnung des Unterhalts ergebende Betrag ist auf volle Euro aufzurunden.

(3) ¹Die Regelbeträge werden in der Regelbetrag-Verordnung nach dem Alter des Kindes für die Zeit bis zur Vollendung des sechsten Lebensjahrs (erste Altersstufe), für die vom siebten bis zur Vollendung des zwölften Lebensjahrs (zweite Altersstufe) und für die Zeit vom 13. Lebensjahr an (dritte Altersstufe) festgesetzt. ²Der Regelbetrag einer höheren Altersstufe ist ab dem Beginn des Monats maßgebend, in dem das Kind das betreffende Lebensjahr vollendet.

(4) ¹Die Regelbeträge ändern sich entsprechend der Entwicklung des durchschnittlich verfügbaren Arbeitsentgelts erstmals zum 1. Juli 1999 und danach zum 1. Juli jeden zweiten Jahres. ²Die neuen Regelbeträge ergeben sich, indem die zuletzt geltenden Regelbeträge mit den Faktoren aus den jeweils zwei der Veränderung vorausgegangenen Kalenderjahren für die Entwicklung

1. der Bruttolohn- und -gehaltssumme je durchschnittlich beschäftigten Arbeitnehmer und
2. der Belastung bei Arbeitsentgelten

vervielfältigt werden; das Ergebnis ist auf auf volle Euro aufzurunden.
³Das Bundesministerium der Justiz hat die Regelbetrag-Verordnung durch Rechtsverordnung, die nicht der Zustimmung des Bundesrates bedarf, rechtzeitig anzupassen.

Titel 3. Unterhaltspflicht **§ 1612 b**

(5) ¹Die Faktoren im Sinne von Absatz 4 Satz 2 werden ermittelt, indem jeweils der für das Kalenderjahr, für das die Entwicklung festzustellen ist, maßgebende Wert durch den entsprechenden Wert für das diesem vorausgegangene Kalenderjahr geteilt wird. ²Der Berechnung sind
1. für das der Veränderung vorausgegangene Kalenderjahr die dem Statistischen Bundesamt zu Beginn des folgenden Kalenderjahres vorliegenden Daten der Volkswirtschaftlichen Gesamtrechnung,
2. für das Kalenderjahr, in dem die jeweils letzte Veränderung vorgenommen wurde, die vom Statistischen Bundesamt endgültig festgestellten Daten der Volkswirtschaftlichen Gesamtrechnung, sowie
3. im Übrigen die der Bestimmung der bisherigen Regelbeträge zugrunde gelegten Daten der Volkswirtschaftlichen Gesamtrechnung

zugrunde zu legen; sie ist auf zwei Dezimalstellen durchzuführen.

1. Allgemeines. a) I regelt nicht einen eigenständigen Unterhaltsanspruch. Vielmehr ermöglicht die Bestimmung die automatische Anpassung (Dynamisierung) der Höhe des Barunterhaltsanspruchs aus §§ 1601 ff an die Nettolohnentwicklung (IV) und das Lebensalter des unterhaltsberechtigten Kindes (III). Dazu wird der geschuldete Unterhalt nicht als Geldbetrag ausgewiesen, sondern als (fester) Vomhundertsatz eines Regelbetrags. Wird der Regelbetrag nach IV angepaßt, so ergibt sich mittelbar eine Anpassung des Unterhaltsbetrags. Die Festsetzung des Vomhundertsatzes kann im „vereinfachten Verfahren" nach ZPO 645 ff erfolgen. Der Festsetzungsbeschluß ist Vollstreckungstitel, s ZPO 794 I Nr 2 a. **b)** Wahlweise bleibt dem Kind die Möglichkeit, den Unterhaltsanspruch als Geldbetrag geltend zu machen. **1**

2. Voraussetzungen. a) Barunterhaltsanspruch eines minderjährigen Kindes. Die Festsetzung kann auch für die Zeit nach der Vollendung des 18. Lebensjahres erfolgen, s ZPO 798 a. **b)** Unterhaltsverpflichteter muß ein Elternteil sein, mit dem das Kind nicht in einem Haushalt wohnt. **3**

3. Regelbetrag. a) Die **Höhe** bemißt sich nach der RegelbetragV und den Anpassungen durch Rechtsverordnung, IV 3. Sie ist nach drei Altersstufen gestaffelt, III. Die Regelbeträge für das Beitrittsgebiet sind niedriger, RegelbetragV 2; maßgeblich ist der Wohnsitz des Kindes. **b)** Der Regelbetrag hat die Funktion einer Rechengröße, nicht bestimmt er die Höhe des (bedarfsdeckenden Regel-) Unterhalts; andere Funktionen des Regelbetrags s §§ 1601–1604 Rn 22; § 1610 Rn 3; § 1612 b V, ZPO 645. **c)** Anpassung (Zeitpunkte: IV 1) durch Rechtsverordnung, IV 3. Maßstab bildet die durchschnittliche Bruttolohn- und Gehaltssumme sowie die Belastung der Arbeitsentgelte (IV 2). Damit kommt eine infolge erhöhter verfügbarer Einkommen verbesserte Leistungsfähigkeit dem Kind zugute. V sieht ein eigenständiges Fortschreibungsverfahren auf der Grundlage von Daten der Volkswirtschaftlichen Gesamtrechnung vor (BT-Drs 14/3781 S 7). Nettolohnentwicklung ausgerichteter Faktor der Berechnung der Renten aus ges Rentenversicherung, IV 2. **d)** Berechnungsbsp: Ein 10jähriges Kind kann nach der maßgeblichen Unterhaltstabelle 250 Euro Unterhalt verlangen. Festgesetzt werden kann dieser Anspruch als „Unterhalt in Höhe von (250 : 228 [s RegelbetragV 1 § 1 Nr 2] × 100 =) 109,6% (s II 1) des jeweiligen Regelbetrags der zweiten Altersstufe". Wird der Regelbetrag erhöht (IV), erhöht sich auch der aus dem zuvor errichteten Titel beitreibbare Betrag. Vollendet das Kind das 12. Lebensjahr, bemißt sich der Unterhaltsbetrag nach der dritten Altersstufe. Beginn s III 2. **4** **5**

§ 1612 b Anrechnung von Kindergeld

(1) **Das auf das Kind entfallende Kindergeld ist zur Hälfte anzurechnen, wenn an den barunterhaltspflichtigen Elternteil Kindergeld nicht ausgezahlt wird, weil ein anderer vorrangig berechtigt ist.**

Chr. Berger 1519

§ 1612 c Buch 4. Abschnitt 2. Verwandtschaft

(2) Sind beide Elternteile zum Barunterhalt verpflichtet, so erhöht sich der Unterhaltsanspruch gegen den das Kindergeld beziehenden Elternteil um die Hälfte des auf das Kind entfallenden Kindergelds.

(3) Hat nur der barunterhaltspflichtige Elternteil Anspruch auf Kindergeld, wird es aber nicht an ihn ausgezahlt, ist es in voller Höhe anzurechnen.

(4) Ist das Kindergeld wegen Berücksichtigung eines nicht gemeinschaftlichen Kindes erhöht, ist es im Umfang der Erhöhung nicht anzurechnen.

(5) Eine Anrechnung des Kindergelds unterbleibt, soweit der Unterhaltspflichtige außerstande ist, Unterhalt in Höhe von 135 Prozent des Regelbetrags nach der Regelbetrag-Verordnung zu leisten.

§ 1612 c Anrechnung anderer kindbezogener Leistungen

§ 1612 b gilt entsprechend für regelmäßig wiederkehrende kindbezogene Leistungen, soweit sie den Anspruch auf Kindergeld ausschließen.

Anmerkungen zu den §§ 1612 b, 1612 c

1   **1. Allgemeines.** Regelung der Anrechnung von Kindergeld (§ 1612 b) und Kindergeldersatzleistungen (§ 1612 c) auf den Barunterhaltanspruch. Anspruch auf Kindergeld haben beide Elternteile (EStG 62, BKGG 1); nach dem Vorrangprinzip wird es aber aus Gründen der Verwaltungsvereinfachung nur an einen Elternteil ausbezahlt (EStG 64, BKGG 3). Eine Ausgleichspflicht des Empfängers ist nicht vorgesehen.

2   **2. a)** Der **Ausgleich** erfolgt vielmehr dadurch, daß die Unterhaltspflicht des nicht das Kindergeld empfangenden, barunterhaltspflichtigen Elternteils um die Hälfte des an den betreuenden Elternteil voll ausbezahlten Kindergeldbetrags gekürzt wird, § 1612 b I. Im Ergebnis kommt der barunterhaltspflichtige Elternteil damit das Kindergeld hälftig zugute, sa § 1606 III 2. – Gebührt dem barunterhaltspflichtigen Elternteil das Kindergeld voll, weil nur er, nicht der andere Elternteil Anspruch auf Kindergeld hat, wird es voll auf den Unterhaltsanspruch angerechnet, wenn es nicht an ihn ausbezahlt wird (etwa bei Verletzung der

3   Unterhaltspflicht, EStG 74), § 1612 b III. **b)** Die Kürzung nach § 1612 b I findet auch statt, wenn beide Elternteile barunterhaltspflichtig sind (insbes bei volljährigen Kindern). In diesem Fall erhöht sich der Unterhaltsanspruch gegen den das Kindergeld empfangenden Elternteil um die Hälfte des Kindergelds, § 1612 b II. Das gilt auch bei unterschiedlichen Barunterhaltsquoten (Schumacher/Grün FamRZ 98,

4   784). **c)** Die Kürzung nach § 1612 b I unterbleibt, soweit der Unterhaltspflichtige nicht Unterhalt in Höhe von 135% des Regelbetrags nach der RegelbetragV (s § 1612 a Rn 4) leistet, V. Das Kindergeld soll dem Kind zur Sicherung seines Barexistenzminimums voll zugute kommen (BT-Drs 14/3781 S 7 f); Regelung ist verfassungsgemäß (Düsseldorf FamRZ 01, 1096; Stuttgart FamRZ 02, 177; aA AG Kamenz FamRZ 01, 1090 [Vorlagebeschluß nach GG 100]). – Ist der Elternteil infolge Leistungsunfähigkeit überhaupt nicht unterhaltspflichtig („absoluter Mangelfall"), greift V nicht ein; das Kind kann Leistung an sich beantragen (SGB I 48, EStG 74 I 3, 67 I 2), Johannsen/Henrich/Graba § 1612 b Rn 13.

5   **3. Höhe der Anrechnung. a)** Die Höhe des Kindergelds ist nach der Kinderzahl gestaffelt und beträgt monatlich für das erste, zweite und dritte Kind jeweils 154 Euro, für weitere Kinder jeweils 179 Euro (EStG 66, BKGG 6). Der ab dem vierten Kind erhöhte Betrag wird bei der Anrechnung nach § 1612 b I–III nicht auf alle Kinder gleichmäßig verteilt, sondern stets nur bei dem Kind angerechnet, bei dem er anfällt (§ 1615 b I, II: „auf das Kind entfallende[n] Kindergeld[es]").

6   **b)** Erhöht sich der Betrag des ausbezahlten Kindergeldes (s Rn 5), weil der

Titel 3. Unterhaltspflicht **§ 1613**

Zahlungsempfänger noch ein oder mehrere andere Kinder betreut, das bzw die er nicht mit dem Unterhaltspflichtigen gemeinsam hat, kann sich der Unterhaltspflichtige nicht auf die Erhöhung berufen, § 1612b IV. Betreut der Kindergeldempfänger zB neben drei Kindern ein weiteres Kind, das er mit dem Unterhaltspflichtigen gemeinsam hat und das für diesen das erste Kind ist, werden auf den Unterhaltsanspruch nicht 89,50 Euro, sondern nur 77 Euro angerechnet. Der „Zählkindvorteil" kommt dem barunterhaltspflichtigen Elternteil nicht zugute.

§ 1613 Unterhalt für die Vergangenheit

(1) ¹**Für die Vergangenheit kann der Berechtigte Erfüllung oder Schadensersatz wegen Nichterfüllung nur von dem Zeitpunkt an fordern, zu welchem der Verpflichtete zum Zwecke der Geltendmachung des Unterhaltsanspruchs aufgefordert worden ist, über seine Einkünfte und sein Vermögen Auskunft zu erteilen, zu welchem der Verpflichtete in Verzug gekommen oder der Unterhaltsanspruch rechtshängig geworden ist.** ²**Der Unterhalt wird ab dem Ersten des Monats, in den die bezeichneten Ereignisse fallen, geschuldet, wenn der Unterhaltsanspruch dem Grunde nach zu diesem Zeitpunkt bestanden hat.**

(2) ¹**Der Berechtigte kann für die Vergangenheit ohne die Einschränkung des Absatzes 1 Erfüllung verlangen**
1. **wegen eines unregelmäßigen außergewöhnlich hohen Bedarfs (Sonderbedarf); nach Ablauf eines Jahres seit seiner Entstehung kann dieser Anspruch nur geltend gemacht werden, wenn vorher der Verpflichtete in Verzug gekommen oder der Anspruch rechtshängig geworden ist;**
2. **für den Zeitraum, in dem er**
   a) **aus rechtlichen Gründen oder**
   b) **aus tatsächlichen Gründen, die in den Verantwortungsbereich des Unterhaltspflichtigen fallen,**
   an der Geltendmachung des Unterhaltsanspruchs gehindert war.

(3) ¹In den Fällen des Absatzes 2 Nr. 2 kann Erfüllung nicht, nur in Teilbeträgen oder erst zu einem späteren Zeitpunkt verlangt werden, soweit die volle oder die sofortige Erfüllung für den Verpflichteten eine unbillige Härte bedeuten würde. ²Dies gilt auch, soweit ein Dritter vom Verpflichteten Ersatz verlangt, weil er an Stelle des Verpflichteten Unterhalt gewährt hat.

1. Der Grundsatz, daß Unterhalt für die Vergangenheit nicht verlangt werden kann, schützt den Unterhaltsverpflichteten vor hohen Nachforderungen, mit denen er nicht rechnen konnte. Verwirkung s Schleswig NJW-RR 94, 582.

2. **Ausnahmen.** Für die Vergangenheit kann Unterhalt in folgenden Fällen verlangt werden: **a) Aufforderung** an den Verpflichteten, Auskunft über Einkünfte und Vermögen zu erteilen, I 1 Fall 1. Auskunftsverlangen muß sich auf einen bestimmten Unterhaltsanspruch beziehen. Maßgeblicher Zeitpunkt ist Zugang der Aufforderung. **b) Verzug,** I 1 Fall 2 (Voraussetzungen s § 286; zur Mahnung sa BGH NJW-RR 90, 323; Entbehrlichkeit München NJWE-FER 96, 55). **c) Rechtshängigkeit** (ZPO 261) des Unterhaltsanspruchs, I 1 Fall 3, oder Bedarfsmitteilung nach BSHG 91 III 1. **d) Sonderbedarf,** II Nr 1: Plötzlich auftretende Zusatzbedürfnisse, die wegen ihrer Nichtvoraussehbarkeit im laufenden Unterhalt nicht rechtzeitig berücksichtigt werden können, Bsp s § 1612 Rn 2. Frist s II Nr 1 HS 2. **e)** In dem Zeitraum, in dem Unterhaltsberechtigter an **Geltendmachung gehindert** war aus **aa)** rechtlichen Gründen, inbes mangels Anerkennung oder rechtskräftiger Feststellung der Vaterschaft (s §§ 1594 I, 1600d IV), II Nr 2a; **bb)** tatsächlichen Gründen, die in den Verantwortungsbereich des Unterhaltspflichtigen fallen, II Nr 2 b; Bsp: unbekannter Aufenthalt. II Nr 2 b gilt auch, wenn der Unterhaltspflichtige die Umstände nicht kennt oder nicht zu

§§ 1614, 1615   Buch 4. Abschnitt 2. Verwandtschaft

6 vertreten hat. Schutz nur nach III. **cc)** Unbillige Härte nach III 1 setzt bes gravierende Umstände voraus, die mit Stundung allein nicht ausreichend berücksichtigt werden können. Gilt auch bei Unterhaltsregreß, III 2. **dd)** In dem Zeitraum
7 nach Wegfall der Hindernisse des II Nr 2 gilt I. **f) Vertraglich** begründeter **Unterhaltsanspruch,** RG 164, 69.

§ 1614 Verzicht auf den Unterhaltsanspruch; Vorausleistung

(1) **Für die Zukunft kann auf den Unterhalt nicht verzichtet werden.**

(2) **Durch eine Vorausleistung wird der Verpflichtete bei erneuter Bedürftigkeit des Berechtigten nur für den im § 760 Abs. 2 bestimmten Zeitabschnitt oder, wenn er selbst den Zeitabschnitt zu bestimmen hatte, für einen den Umständen nach angemessenen Zeitabschnitt befreit.**

1 **1. Allgemeines.** Begrenzung der Privatautonomie (sa § 134 Rn 2) zum Zwecke der Unterhaltssicherung im privaten und öffentl Interesse. Entsprechender Erlaßvertrag und negatives Schuldanerkenntnis iSv § 397 sind nichtig.

2 **2. Anwendungsbereich. a)** I erfaßt den vollständigen und den Teilverzicht auf zukünftige Unterhaltsansprüche. Unerheblich ist, ob ein Entgelt („Abfindung") geleistet wurde. Möglich ist aber der Verzicht auf bereits entstandene Unterhalts-
3 ansprüche („Unterhaltsrückstände"). **b) Freistellungsvereinbarungen** zwischen Eltern wirken nur im Innenverhältnis. Sie lassen den Unterhaltsanspruch des Kindes unberührt (BGH FamRZ 86, 44) und fallen daher nicht unter I (Hamm FamRZ 99, 163). Allerdings kann die Vereinbarung nach § 138 I nichtig sein, falls das Kindeswohl übergangen wird, etwa bei der Koppelung mit einer Sorgerechtsvereinbarung (vgl Hamm aaO). Besondere richterliche Inhaltskontrolle ist erforderlich, wenn eine unverheiratete Schwangere vor der Eheschließung eine Freistellungsvereinbarung trifft (BVerfG NJW 01, 958).

4 **3. Vorausleistungen** befreien nur in beschränktem zeitlichem Umfang, regelmäßig nur für drei Monate, II. Vorleistungen für einen späteren Zeitraum erfolgen auf Risiko des Verpflichteten. Bei Bedürftigkeit nach Ablauf des Befreiungszeitraums entsteht der Unterhaltsanspruch neu.

§ 1615 Erlöschen des Unterhaltsanspruchs

(1) **Der Unterhaltsanspruch erlischt mit dem Tode des Berechtigten oder des Verpflichteten, soweit er nicht auf Erfüllung oder Schadensersatz wegen Nichterfüllung für die Vergangenheit oder auf solche im Voraus zu bewirkende Leistungen gerichtet ist, die zur Zeit des Todes des Berechtigten oder des Verpflichteten fällig sind.**

(2) **Im Falle des Todes des Berechtigten hat der Verpflichtete die Kosten der Beerdigung zu tragen, soweit ihre Bezahlung nicht von dem Erben zu erlangen ist.**

1 **1. Allgemeines.** Unterhaltsberechtigung und -verpflichtung werden als höchstpersönlich und deshalb als unvererblich bewertet; anders für Verpflichtung geschiedener Ehegatten, s § 1586 b.

2 **2. Rechtsfolge** des Todes von Unterhaltsberechtigtem oder -verpflichtetem ist Erlöschen der Unterhaltsansprüche; **Ausnahme:** durchsetzbare (s § 1613) Rückstände sowie bereits fällige Vorausleistungen (s § 1612 III), I HS 2.

3 **3. Beerdigungskosten.** II soll standesgemäßes Begräbnis sichern und Armenkasse entlasten (Mot IV 699; s jedoch §§ 1586, 1586 a Rn 4[c]). Nur subsidiäre Verpflichtung im Verhältnis zu Erben, s § 1968, die deshalb aus § 426 regreßpflichtig sind (§ 1615 II regelt insoweit auch Innenverhältnis).

Titel 3. Unterhaltspflicht §§ 1615 a–1615 m

Untertitel 2. Besondere Vorschriften für das Kind und seine nicht miteinander verheirateten Eltern

§ 1615 a Anwendbare Vorschriften

Besteht für ein Kind keine Vaterschaft nach § 1592 Nr. 1, § 1593 und haben die Eltern das Kind auch nicht während ihrer Ehe gezeugt oder nach seiner Geburt die Ehe miteinander geschlossen, gelten die allgemeinen Vorschriften, soweit sich nicht anderes aus den folgenden Vorschriften ergibt.

1. **Allgemeines. a)** Das Kindesunterhaltsrecht differenziert grundsätzlich nicht mehr zwischen in einer Ehe geborenen Kindern und Kindern, deren Eltern bei der Geburt nicht miteinander verheiratet waren; für diese Fälle verweist § 1615 a (klarstellend) auf die allgemeinen Bestimmungen der §§ 1601 ff. **b)** Der Unterhaltsanspruch der Eltern untereinander richtet sich – soweit er überhaupt besteht – in den Fällen des § 1615 a nach §§ 1360–1361, 1569 ff. 1

2. Als **Sonderregelungen** begründen §§ 1615 l–1615 n einen Unterhaltsanspruch zwischen den nicht miteinander verheirateten Eltern des Kindes; § 1615 o II, III erleichtert die Durchsetzung von Mutter-, § 1615 o I, III die Durchsetzung von Kindesunterhalt. 3

§§ 1615 b bis 1615 k *(weggefallen)*

§ 1615 l Unterhaltsanspruch von Mutter und Vater aus Anlass der Geburt

(1) ¹Der Vater hat der Mutter für die Dauer von sechs Wochen vor und acht Wochen nach der Geburt des Kindes Unterhalt zu gewähren. ²Dies gilt auch hinsichtlich der Kosten, die infolge der Schwangerschaft oder der Entbindung außerhalb dieses Zeitraums entstehen.

(2) ¹Soweit die Mutter einer Erwerbstätigkeit nicht nachgeht, weil sie infolge der Schwangerschaft oder einer durch die Schwangerschaft oder die Entbindung verursachten Krankheit dazu außerstande ist, ist der Vater verpflichtet, ihr über die in Absatz 1 Satz 1 bezeichnete Zeit hinaus Unterhalt zu gewähren. ²Das Gleiche gilt, soweit von der Mutter wegen der Pflege oder Erziehung des Kindes eine Erwerbstätigkeit nicht erwartet werden kann. ³Die Unterhaltspflicht beginnt frühestens vier Monate vor der Geburt; sie endet drei Jahre nach der Geburt, sofern es nicht insbesondere unter Berücksichtigung der Belange des Kindes grob unbillig wäre, einen Unterhaltsanspruch nach Ablauf dieser Frist zu versagen.

(3) ¹Die Vorschriften über die Unterhaltspflicht zwischen Verwandten sind entsprechend anzuwenden. ²Die Verpflichtung des Vaters geht der Verpflichtung der Verwandten der Mutter vor. ³Die Ehefrau und minderjährige unverheiratete Kinder des Vaters gehen bei Anwendung des § 1609 der Mutter vor; die Mutter geht den übrigen Verwandten des Vaters vor. ⁴§ 1613 Abs. 2 gilt entsprechend. ⁵Der Anspruch erlischt nicht mit dem Tode des Vaters.

(4) ¹Wenn der Vater das Kind betreut, steht ihm der Anspruch nach Absatz 2 Satz 2 gegen die Mutter zu. ²In diesem Fall gilt Absatz 3 entsprechend.

§ 1615 m Beerdigungskosten für die Mutter

Stirbt die Mutter infolge der Schwangerschaft oder der Entbindung, so hat der Vater die Kosten der Beerdigung zu tragen, soweit ihre Bezahlung nicht von dem Erben der Mutter zu erlangen ist.

Chr. Berger

§§ 1615n, 1615o   Buch 4. Abschnitt 2. Verwandtschaft

§ 1615 n Kein Erlöschen bei Tod des Vaters oder Totgeburt

¹Die Ansprüche nach den §§ 1615 l, 1615 m bestehen auch dann, wenn der Vater vor der Geburt des Kindes gestorben oder wenn das Kind tot geboren ist. ²Bei einer Fehlgeburt gelten die Vorschriften der §§ 1615 l, 1615 m sinngemäß.

Anmerkungen zu den §§ 1615 l–1615 n

1   **1. Allgemeines.** Regelung von Unterhalts- und anderen Ansprüchen anläßlich Schwangerschaft, Geburt und Kindesbetreuung für den Fall, daß Eltern des Kindes nicht miteinander verheiratet sind bzw waren (s § 1615 a). Beruht auf dem Gedanken gemeinsamer Verantwortung von Mutter und Vater für die Schwangerschaft und ihre Folgen.

2   **2. Unterhalt. a)** Anläßlich der Geburt, § 1615 l I 1. Voraussetzung ist (s 1615 l III 1) Leistungsfähigkeit des Mannes und (nicht notwendig durch Schwangerschaft verursachte, BGH NJW 98, 1310) Bedürftigkeit der Frau. Dauer: § 1615 l I 1. Einstw Verfügung s § 1615 o II; **b)** Mangels Erwerbstätigkeit der Frau, § 1615 l II 1. Erwerbsunfähigkeit muß (mit-)verursacht worden sein durch Schwangerschaft oder Krankheit infolge Schwangerschaft oder Entbindung, BGH NJW 98, 1310 f. Dauer: § 1615 l II 3; **c)** Wegen nicht zu erwartender Erwerbstätigkeit infolge Betreuung des (nicht: eines anderen) Kindes, § 1615 l II 2. Anspruch besteht auch, wenn Erwerbslosigkeit schon bestand, Betreuung hierfür also nicht kausal ist, BGH NJW 98, 1311. Betreut der Vater das Kind, steht ihm der Anspruch zu, IV. Dauer: § 1615 l II 3; grobe Unbilligkeit zB bei Betreuung eines behinderten Kindes (BT-Drs 13/4899 S 89). **d)** Ansprüche entstehen auch bei Tod des Vaters vor der Geburt (gegen die Erben gerichtet) und (abgesehen von § 1615 l II 2) bei Tot- oder Fehl-
3   geburt, § 1615 n. **e) Rechtsfolge:** Gewöhnlicher Unterhaltsanspruch, § 1615 l III 1, 4, den jedoch (s § 1615 I) bei Tod des Vaters die Erben zu tragen haben, § 1615 l III 5. Die Höhe des **Bedarfs** richtet sich (anders als bei [nach-]ehelichem Unterhalt) nicht nach dem Einkommen des Vaters, sondern danach, welches Einkommen die Mutter ohne die Geburt bezogen hätte (Naumburg FamRZ 01, 1321). Ein Mindestbedarfssatz ist nicht zugrunde zu legen, um die nicht verheiratete Mutter nicht gegenüber der verheirateten zu privilegieren (Köln FamRZ 01, 1322; aA PalDiederichsen § 1615 l Rn 7: Mindestbedarf 1300 DM). Erhöhter **Selbstbehalt** als bei Trennungs- und Scheidungsunterhalt (Oldenburg FamRZ 00, 1521). Rangordnung § 1615 l III 2, 3. Vater und Ehemann der Mutter (aus § 1361) haften analog § 1606 III 1 anteilig, wenn Mutter auch Kinder aus der Ehe betreut, BGH NJW 98, 1311 f. **f)** Verjährung s § 1615 l IV.

4   **3. Schwangerschafts- und Entbindungskosten** unabhängig vom Entstehungszeitpunkt, § 1615 l I 2. Bsp: Kosten für Arzt, Hebamme, Klinik, Vor- und Nachsorgeuntersuchungen. Rechtsnatur: Unterhaltsanspruch (§ 1615 l III 1); setzt mithin Leistungsfähigkeit und Bedürftigkeit voraus. Einstw Verfügung s § 1615 o II.

5   **4. Beerdigungskosten,** falls der Tod der Mutter die Folge der Schwangerschaft oder Entbindung ist, § 1615 m. Subsidiär zu § 1968.

§ 1615 o Einstweilige Verfügung

(1) ¹Auf Antrag des Kindes kann durch einstweilige Verfügung angeordnet werden, dass der Mann, der die Vaterschaft anerkannt hat oder der nach § 1600 d Abs. 2 als Vater vermutet wird, den für die ersten drei Monate dem Kinde zu gewährenden Unterhalt zu zahlen hat. ²Der Antrag kann bereits vor der Geburt des Kindes durch die Mutter oder einen für die Leibesfrucht bestellten Pfleger gestellt werden; in diesem Falle kann angeordnet werden, dass der erforderliche Betrag angemessene Zeit vor der Geburt zu hinterlegen ist.

(2) **Auf Antrag der Mutter** kann durch einstweilige Verfügung angeordnet werden, dass der Mann, der die Vaterschaft anerkannt hat oder der nach § 1600 d Abs. 2 als Vater vermutet wird, und die nach § 1615 l Abs. 1 voraussichtlich zu leistenden Beträge an die Mutter zu zahlen hat; auch kann die Hinterlegung eines angemessenen Betrags angeordnet werden.

(3) Eine Gefährdung des Anspruchs braucht nicht glaubhaft gemacht zu werden.

1. **Allgemeines.** Erleichterte Möglichkeit, durch einstw Verfügung Kindesunterhalt für die ersten drei Monate (I) sowie Unterhalt für die Mutter und Entbindungskosten (II) zu erlangen. Ausnahme von § 1600 d IV. Keine Glaubhaftmachung der Gefährdung des Anspruchs erforderlich, III.   1

2. **Kindesunterhalt. a) Voraussetzungen** (die glaubhaft zu machen sind): **aa)** Schwangerschaft bzw Geburt und **bb)** anerkannte (s § 1592 Nr 2) oder nach § 1600 d II vermutete Vaterschaft; schwerwiegende Zweifel entkräften auch hier die Vermutung. **b) Umfang.** Nicht der volle Unterhalt nach §§ 1601 ff; Regelbeträge nach der RegelbetragV bilden Richtwerte (obgleich sie keinen Mindestbedarf festlegen, s § 1612 a Rn 4); ggf zusätzlich Sonderbedarf. **c) Antrag** kann schon vor der Geburt des Kindes gestellt werden, I 2. Antragsberechtigt sind Mutter und Pfleger nach § 1912. Zuständig ist FamG, ZPO 937, 621 I Nr 11. **d)** Nach Einreichung der Vaterschaftsfeststellungsklage gem § 1600 d ist einstw Anordnung nach ZPO 641 d statthaft. **e)** Regreß s § 1607 III 2.   2

3. **Unterhalt der Mutter** und **Entbindungskosten** nach § 1615 l I; Antrag ebenfalls vor der Geburt möglich. Einstw Anordnung s ZPO 641 d I; Mutter antragsberechtigt.   3

Titel 4. Rechtsverhältnis zwischen den Eltern und dem Kind im Allgemeinen

§ 1616 Geburtsname bei Eltern mit Ehenamen

Das Kind erhält den Ehenamen seiner Eltern als Geburtsnamen.

§ 1617 Geburtsname bei Eltern ohne Ehenamen und gemeinsamer Sorge

(1) ¹Führen die Eltern keinen Ehenamen und steht ihnen die Sorge gemeinsam zu, so bestimmen sie durch Erklärung gegenüber dem Standesbeamten den Namen, den der Vater oder die Mutter zur Zeit der Erklärung führt, zum Geburtsnamen des Kindes. ²Eine nach der Beurkundung der Geburt abgegebene Erklärung muss öffentlich beglaubigt werden. ³Die Bestimmung der Eltern gilt auch für ihre weiteren Kinder.

(2) ¹Treffen die Eltern binnen eines Monats nach der Geburt des Kindes keine Bestimmung, überträgt das Familiengericht das Bestimmungsrecht einem Elternteil. ²Absatz 1 gilt entsprechend. ³Das Gericht kann dem Elternteil für die Ausübung des Bestimmungsrechts eine Frist setzen. ⁴Ist nach Ablauf der Frist das Bestimmungsrecht nicht ausgeübt worden, so erhält das Kind den Namen des Elternteils, dem das Bestimmungsrecht übertragen ist.

(3) Ist ein Kind nicht im Inland geboren, so überträgt das Gericht einem Elternteil das Bestimmungsrecht nach Absatz 2 nur dann, wenn ein Elternteil oder das Kind dies beantragt oder die Eintragung des Namens des Kindes in ein deutsches Personenstandsbuch oder in ein amtliches deutsches Identitätspapier erforderlich wird.

§ 1617a Geburtsname bei Eltern ohne Ehenamen und Alleinsorge

(1) Führen die Eltern keinen Ehenamen und steht die elterliche Sorge nur einem Elternteil zu, so erhält das Kind den Namen, den dieser Elternteil im Zeitpunkt der Geburt des Kindes führt.

(2) ¹Der Elternteil, dem die elterliche Sorge für ein unverheiratetes Kind allein zusteht, kann dem Kind durch Erklärung gegenüber dem Standesbeamten den Namen des anderen Elternteils erteilen. ²Die Erteilung des Namens bedarf der Einwilligung des anderen Elternteils und, wenn das Kind das fünfte Lebensjahr vollendet hat, auch der Einwilligung des Kindes. ³Die Erklärungen müssen öffentlich beglaubigt werden. ⁴Für die Einwilligung des Kindes gilt § 1617c Abs. 1 entsprechend.

§ 1617b Name bei nachträglicher gemeinsamer Sorge oder Scheinvaterschaft

(1) ¹Wir eine gemeinsame Sorge der Eltern erst begründet, wenn das Kind bereits einen Namen führt, so kann der Name des Kindes binnen drei Monaten nach der Begründung der gemeinsamen Sorge neu bestimmt werden. ²Die Frist endet, wenn ein Elternteil bei Begründung der gemeinsamen Sorge seinen gewöhnlichen Aufenthalt nicht im Inland hat, nicht vor Ablauf eines Monats nach Rückkehr in das Inland. ³Hat das Kind das fünfte Lebensjahr vollendet, so ist die Bestimmung nur wirksam, wenn es sich der Bestimmung anschließt. ⁴§ 1617 Abs. 1 und § 1617c Abs. 1 Satz 2 und 3 und Abs. 3 gelten entsprechend.

(2) ¹Wird rechtskräftig festgestellt, dass ein Mann, dessen Familienname Geburtsname des Kindes geworden ist, nicht der Vater des Kindes ist, so erhält das Kind auf seinen Antrag oder, wenn das Kind das fünfte Lebensjahr noch nicht vollendet hat, auch auf Antrag des Mannes den Namen, den die Mutter im Zeitpunkt der Geburt des Kindes führt, als Geburtsnamen. ²Der Antrag erfolgt durch Erklärung gegenüber dem Standesbeamten, die öffentlich beglaubigt werden muss. ³Für den Antrag des Kindes gilt § 1617c Abs. 1 Satz 2 und 3 entsprechend.

§ 1617c Name bei Namensänderung der Eltern

(1) ¹Bestimmen die Eltern einen Ehenamen, nachdem das Kind das fünfte Lebensdjahr vollendet hat, so erstreckt sich der Ehename auf den Geburtsnamen des Kindes nur dann, wenn es sich der Namensgebung anschließt. ²Ein in der Geschäftsfähigkeit beschränktes Kind, welches das 14. Lebensjahr vollendet hat, kann die Erklärung nur selbst abgeben; es bedarf hierzu der Zustimmung seines gesetzlichen Vertreters. ³Die Erklärung ist gegenüber dem Standesbeamten abzugeben; sie muss öffentlich beglaubigt werden.

(2) Absatz 1 gilt entsprechend,

1. wenn sich der Ehename, der Geburtsname eines Kindes geworden ist, ändert oder
2. wenn sich in den Fällen der §§ 1617, 1617a und 1617b der Familienname eines Elternteils, der Geburtsname eines Kindes geworden ist, auf andere Weise als durch Eheschließung oder Begründung einer Lebenspartnerschaft ändert.

(3) Eine Änderung des Geburtsnamens erstreckt sich auf den Ehenamen oder den Lebenspartnerschaftsnamen des Kindes nur dann, wenn sich auch der Ehegatte oder der Lebenspartner der Namensänderung anschließt; Absatz 1 Satz 3 gilt entsprechend.

Titel 4. Rechtsverhältnis zwischen Eltern und Kind **§ 1617 c**

Anmerkungen zu §§ 1616–1617 c

1. Name des Kindes. Der Geburtsname des Kindes richtet sich in erster Linie   1
nach dem gemeinsamen Ehenamen der Eltern (Prinzip der Namenseinheit).
Führen sie keinen Ehenamen, entscheidet die elterliche Sorge.

2. Geburtsname bei Ehename. a) Der Geburtsname des Kindes ist der   2
gemeinsame **Ehename** der Eltern (§ 1355 I 1), sofern sie einen solchen bei der
Geburt führen, **§ 1616.** Nicht zum Ehenamen gehört der Begleitname iSv
§ 1355 IV, V 2 HS 2. § 1616 gilt auch, wenn die Eltern bei der Geburt des Kindes
nicht mehr miteinander verheiratet sind, aber den Ehenamen nach § 1355 V 1
weiter führen. **b)** Bestimmen die Eltern einen Ehenamen nach der Geburt des   3
Kindes, so ändert sich der Geburtsname des Kindes nur, wenn es das 5. Lebensjahr
nicht vollendet hat oder sich der Änderung anschließt, **§ 1617 c I.** Auch das bereits
volljährige Kind kann sich anschließen. § 1617 c I gilt auch, wenn sich der Ehe-
bzw Familienname, der Geburtsname wurde, ändert, **§ 1617 c II. c)** Führt das   4
Kind, dessen Geburtsname sich ändert, einen Ehenamen bzw Lebenspartnerschaftsnamen, ändert sich dieser nur, wenn sich auch der Ehegatte bzw Lebenspartner der
Änderung anschließt, **§ 1617 c III.**

3. Geburtsname ohne Ehename. Führen die Eltern bei der Geburt des   5
Kindes keinen Ehenamen, so ist die elterliche Sorge ausschlaggebend: **a)** Steht
den Eltern die **Sorge gemeinsam** zu, **aa) bestimmen** sie durch Erklärung
gegenüber dem Standesbeamten den Geburtsnamen des Kindes, **§ 1617 I.** Bestimmt werden kann nur ein Name, den der Vater oder die Mutter bei der
Erklärung führt; dies kann der Geburtsname oder ein durch fr Ehe erheirateter
Name sein, fraglich: Begleitname iSv § 1355 IV. Damit wird die Namenseinheit
jedenfalls gegenüber einem Elternteil anfänglich sichergestellt. Ein aus beiden
Namen der Eltern zusammengesetzter Doppelname ist nicht zulässig (arg: „oder";
verfassungsgemäß (BVerfG FamRZ 02, 306). Die Bestimmung gilt auch für weitere
gemeinsame Kinder („Einheitlichkeit des Geschwisternamens"), § 1617 I 3. Form
s § 1617 I 2. **bb) Unterbleibt die Bestimmung** binnen eines Monats nach der   6
Geburt des Kindes, überträgt das FamG das Bestimmungsrecht einem Elternteil,
der das Recht nur nach § 1617 I ausüben kann, **§ 1617 II 1, 2.** Wurde das Kind
im Ausland geboren, Übertragung nur nach § 1617 III. Das FamG soll vor der
Entscheidung beide Elternteile anhören und auf eine einvernehmliche Namensbestimmung hinwirken, FGG 46 a S 1. Die Entscheidung bedarf keiner Begründung und ist unanfechtbar, FGG 46 a S 2. Wurde eine Frist gesetzt (Ermessen),
so erhält das Kind den Namen des Bestimmungsberechtigten, wenn die Bestimmung nicht innerhalb der Frist erfolgte, § 1617 II 3, 4. Zuständigkeit für Entgegennahme der Erklärung und Randvermerk im Geburtenbuch s PStG 31 a II 1.
Mitteilung des Standesbeamten an FamG s PStG 21 a. Auch für die Bestimmung
nach § 1617 II gilt § 1617 I 3; Grundsatz der Einheitlichkeit des Geschwisternamens geht vor. **cc)** Wird die gemeinsame Sorge erst **später begründet** (s   7
§ 1626 a I), kann der Name des Kindes innerhalb von drei Monaten neu bestimmt
werden, **§ 1617 b I.** Frist beginnt mit Begründung gemeinsamer Sorge, Fristende
bei Aufenthalt im Ausland s § 1617 b I 2. Heiraten die Eltern (s § 1626 a I Nr 2)
und führen sie einen Ehenamen (§ 1355 I 1), geht § 1617 c vor (FamRefK/Wax
§ 1617 c Rn 3). Führen sie keinen Ehenamen oder wird die gemeinsame Sorge
nach § 1626 a I Nr 1 begründet, richtet sich das Bestimmungsrecht nach §§ 1617 b
I 4, 1617 I. § 1617 II gilt nicht, weil das Kind bereits nach § 1617 a einen Namen
führt. Hat das Kind das 5. Lebensjahr vollendet, ist Bestimmung nur wirksam,
wenn es sich anschließt, § 1617 b I 3. **b)** Steht die **Sorge einem Elternteil** zu, so   8
ist der Geburtsname des Kindes der Name (einschließlich Begleitname iSv
§ 1355 IV), den der sorgeberechtigte Elternteil bei der Geburt des Kindes führt,
§ 1617 a I. Der sorgeberechtigte Elternteil kann aber durch Erklärung gegenüber
dem Standesbeamten dem Kind den Namen des anderen Elternteils erteilen, wenn

Chr. Berger

§ 1618 Buch 4. Abschnitt 2. Verwandtschaft

dieser zustimmt (§ 1617a II); die Zustimmung kann nicht ersetzt werden (anders bei Einbenennung: § 1618 S 4). Analog § 1716a II kann der Elternteil, dem *nachträglich* die Alleinsorge übertragen wird, seinen Namen dem Kind erteilen, falls der andere Teil einwilligt (BayObLG FamRZ 00, 1436). Hat das Kind das 5. Lebensjahr vollendet, ist auch seine Einwilligung erforderlich. Nach dem Tode des Kindes kann der Name nicht mehr geändert werden (BayObLG FamRZ 01, 1544). Form der Erklärungen s § 1617a II 3; für die Kindeseinwilligung s §§ 1617a II 4, 1617c.

9 **4. Geburtsname bei Vaterschaftsanfechtung.** Führt das Kind den Familiennamen des Vaters als Geburtsnamen und wird die Vaterschaft erfolgreich angefochten (§ 1599 I), so erhält das Kind auf Antrag (nicht automatisch, anders § 1617 I aF) den Namen der Mutter als Geburtsnamen. Form s § 1617b II 2 HS 2. **Antragsberechtigt** sind das Kind und bis zur Vollendung des 5. Lebensjahres des Kindes auch der Mann, nicht die Mutter. Nach Vollendung des 5. Lebensjahres des Kindes kann der Mann den Wechsel zum Mutternamen nicht erzwingen.

10

11 **5. Vorname. a)** Bestimmung erfolgt durch Personensorgeberechtigten formlos aufgrund Benennung (BGH 29, 257; 30, 134). Eintragung ins Geburtenbuch (PStG 21 I Nr 4) ist deklaratorisch; Berichtigung PStG 46a ff; Änderung NÄG 11. **b)** Auswahl s BGH 79, 239; nur geschlechtsbezogene Vornamen, Beiname „Maria" für Jungen jedoch gestattet. Rspr toleriert auch ungewöhnliche Vornamen: „Samandu" (BayObLG NJW 84, 1362); „Decembre Noëlle" (Hamm NJW-RR 89, 1032); „Jesus" (Frankfurt aM NJW-RR 99, 730); als Beivornamen: „Speedy" (Karlsruhe NJWE-FER 98, 174); „Prestige" (Schleswig NJWE-FER 98, 175).

12 **6. Übergangsregelung** s EGBGB Art 224 § 3.
13 **7. IPR** s EGBGB 10 II 2, III.

§ 1618 Einbenennung

¹ **Der Elternteil, dem die elterliche Sorge für ein unverheiratetes Kind allein oder gemeinsam mit dem anderen Elternteil zusteht, und sein Ehegatte, der nicht Elternteil des Kindes ist, können dem Kind, das sie in ihren gemeinsamen Haushalt aufgenommen haben, durch Erklärung gegenüber dem Standesbeamten ihren Ehenamen erteilen.** ² **Sie können diesen Namen auch dem von dem Kind zur Zeit der Erklärung geführten Namen voranstellen oder anfügen; ein bereits zuvor nach Halbsatz 1 vorangestellter oder angefügter Ehename entfällt.** ³ **Die Erteilung, Voranstellung oder Anfügung des Namens bedarf, wenn das Kind den Namen des anderen Elternteils führt, der Einwilligung des anderen Elternteils und, wenn das Kind das fünfte Lebensjahr vollendet hat, auch der Einwilligung des Kindes.** ⁴ **Das Familiengericht kann die Einwilligung des anderen Elternteils ersetzen, wenn die Erteilung, Voranstellung oder Anfügung des Namens zum Wohl des Kindes erforderlich ist.** ⁵ **Die Erklärungen müssen öffentlich beglaubigt werden.** ⁶ **§ 1617c gilt entsprechend.**

1 **1. Einbenennung** ermöglicht die (partielle, S 2) Namensgleichheit aller faktisch zu einem Familienverband gehörenden Personen. Insbes Integration von Stiefkindern in die neue Familie soll erleichtert werden. Analog § 1618 kann der allein sorgeberechtigte Vater seinem außerehelich geborenen Kind seinen Ehenamen geben (Köln FamRZ 01, 1548). Auch Kinder aus aufgelösten Ehen können einbenannt werden (anders § 1618 aF).

2 **2. Voraussetzungen. a)** Ehegatten führen Ehenamen (§ 1355 I 1). Kind ist unverheiratet. **b)** Ein Ehegatte ist allein oder gemeinsam mit dem anderen Elternteil sorgeberechtigt; anderer Ehegatte ist nicht Elternteil des Kindes (sonst § 1617a II). **c)** Ehegatten haben das Kind in ihren gemeinsamen Haushalt auf-

Titel 4. Rechtsverhältnis zwischen Eltern und Kind **§ 1618a**

genommen; nicht bei Getrenntleben der Ehegatten. **d)** Erklärung der Ehegatten gegenüber Standesbeamten. Form S 5. **e)** Einwilligungserfordernis **aa)** des Kindes, wenn es das 5. Lebensjahr vollendet hat; **bb)** des anderen Elternteils, wenn ihm die elterliche Sorge zusteht oder eine Namensidentität mit dem Kind zur Zeit der Einbenennung (noch) besteht. Ersetzung der Einwilligung durch FamG möglich (S 4). Hohe Voraussetzungen, denn der andere Elternteil hat ein schützenswertes Interesse an der Erhaltung des „Namensbandes" (Oldenburg NJW 00, 367) und grundsätzlich auch das Kind an Namenskontinuität. Erforderlich ist eine umfassende Interessenabwägung; Beseitigung der Namensverschiedenheit muß für Kindeswohl nicht nur förderlich, sondern unabdingbar notwendig sein; nur, wenn „additive Einbennung" gem S 2 nicht genügt (BGH NJW 02, 301). – Ist der andere Elternteil verstorben, ist seine Einwilligung zur Einbenennung nicht erforderlich und muß daher nicht ersetzt werden (Stuttgart FamRZ 01, 567; str). 3

3. Folgen. Kind erhält Ehenamen von Elternteil und dessen Ehegatte, im Falle des S 2 Voranstellung oder Anfügung des Ehenamens an bisherigen Namen. Randvermerk im Geburtenbuch (PStG 30 I 1) nur deklaratorisch. Andere familienrechtliche Beziehungen werden durch Einbenennung nicht begründet. 4

4. IPR s EGBGB 10 I, III. 5

§ 1618a Pflicht zu Beistand und Rücksicht
Eltern und Kinder sind einander Beistand und Rücksicht schuldig.

Lit: Gernhuber „Eltern und Kinder sind einander Beistand schuldig", FS Müller-Freienfels, 1986, S 159; Knöpfel, Beistand und Rücksicht zwischen Eltern und Kindern (§ 1618a BGB), FamRZ 85, 554.

1. Allgemeines. Leitbildartige Vorschrift ohne direkte, eigene Sanktionen, die aber über das Familienrecht hinaus Ausstrahlung haben kann (vgl BGH NJW 94, 1279 f zur Bürgschaft eines Kindes für seine Eltern). Eingrenzende Voraussetzungen wie Hausgemeinschaft, bes Beistandsbedürftigkeit oder Minderjährigkeit fehlen, so daß der erwünschte Zusammenhalt der Kleinfamilie durch eine ges Pflichtengrundlage bis zum Tode verrechtlicht wird. In der Lit wird Parallele zu § 1353 gezogen, vgl Meyer-Stolte Rpfleger 80, 138. 1

2. a) Entwicklung **durchsetzbarer** Pflichten aus § 1618a str; bejahend viele, vgl Diederichsen NJW 80, 1; sa AG Arnsberg (Zutrittsrecht zur Wohnung) NJW 96, 1157; str, aA Zweibrücken NJW 90, 720; gegen Dienstleistungspflicht für Eltern Bamberg NJW 85, 2724 (zu § 845). Zum Anspruch des Kindes auf Benennung des Vaters (LG Passau NJW 88, 144; abl AG Rastatt FamRZ 96, 1300) sa Rn 4 vor § 1591. Erweiterung speziell geregelter Pflichten – Unterhalt, Dienstleistung, elterliche Personen- und Vermögenssorge – dürfte ebensowenig wie ihre inhaltliche Änderung, falls das Ges bereits bestimmte Änderungsverfahren vorsieht (zB § 1612 II 2), zulässig sein, da insoweit keine Lücken gegeben sind, vgl KG NJW-RR 88, 1227 (absolut geschütztes Rechts auf Kontaktaufnahme). Vorstellbar sind jedoch Pflichten, deren Verletzung (nur) Schadenersatzansprüche auslöst, Gernhuber FS Müller-Freienfels S 188. **b)** Gebotene Rücksichtnahme kann die Verfolgung von Ansprüchen, zB auf Schadensersatz, einschränken, soweit solche Schranken nicht schon in den Anspruchsvoraussetzungen des einzelnen Anspruchs normiert sind; s jedoch zu Unterhaltsanspruch Köln NJW 82, 2507. **c)** § 1618a kann auch Grundlage von strafrechtlichen Garantenpflichten zur Verhinderung von Selbsttötung, Selbstverletzung usw sein, doch haben die erforderlichen Konkretisierungen die jeweilige Situation – zB Hausgemeinschaft – zu berücksichtigen; vgl hierzu auch Bosch FamRZ 80, 741. 2 3 4

§§ 1619, 1620 Buch 4. Abschnitt 2. Verwandtschaft

§ 1619 Dienstleistungen in Haus und Geschäft

Das Kind ist, solange es dem elterlichen Hausstand angehört und von den Eltern erzogen oder unterhalten wird, verpflichtet, in einer seinen Kräften und seiner Lebensstellung entsprechenden Weise den Eltern in ihrem Hauswesen und Geschäft Dienste zu leisten.

Lit: Enderlein, Die Dienstpflicht des Hauskindes..., AcP 200, 565; Fenn, Die Mitarbeit in den Diensten Familienangehöriger, 1970.

1   1. **Allgemeines.** Dienstleistungspflicht des Hauskindes soll Gegenleistung für Unterhalt (Boehmer FamRZ 55, 127), für die Vorteile der Zugehörigkeit zum Hausstand der Eltern (Lüderitz § 25 IV 1) oder „Folge der Hausgemeinschaft von Personen, die in einem komplexen familienrechtlichen Rechtsverhältnis miteinander verbunden sind" (Gernhuber/Coester-Waltjen § 55 I) sein.

2   2. **Voraussetzungen.** a) „Dem elterlichen Hausstand angehören"; Wohnen bei den Eltern nicht stets Voraussetzung (vgl Saarbrücken VersR 81, 542); b) entweder **aa)** tatsächliche Unterhaltsgewährung durch Eltern; Unterhaltsverpflichtung weder erforderlich noch allein ausreichend (vgl Fenn aaO S 140); auch volljährige Kinder können als Unterhaltsempfänger dienstleistungspflichtig sein (vgl BGH NJW 91, 1227); oder **bb)** Erziehung durch die Eltern, so daß insoweit Sorgerecht der Eltern und damit Minderjährigkeit des Kindes gegeben sein müssen.

3   3. **Rechtsfolgen.** a) Unentgeltliche Dienstleistungspflicht in Hauswesen, zB Mithilfe im Haushalt, Betreuung jüngerer Geschwister, wohl auch Krankenpflege, Mitarbeit im Geschäft (Handwerksbetrieb, vgl BGH FamRZ 60, 359 f), in der Landwirtschaft der Eltern (vgl BGH NJW 91, 1227). Maß der Dienstleistung richtet sich nach Fähigkeiten, Kräften und Lebensstellung des Kindes, wobei beim Minderjährigen zusätzliche Grenzen durch Erziehungsziel und -pflicht gezogen sind (vgl BGH FamRZ 60, 359 f: Berücksichtigung von Ausbildungsbedürfnissen). Bei Mißbrauch kindlicher Arbeitskraft § 1666 I; das erwachsene Hauskind soll durch die Möglichkeit, auszuziehen oder einen Arbeitsvertrag zu schließen, hinreichend geschützt sein (BGH FamRZ 60, 101 f; ferner NJW 78, 160).

4   Arbeitsertrag des Hauskindes steht den dienstberechtigten Eltern zu. b) **Haftungsentlastung** analog § 1664 wird vielfach befürwortet; sa § 1618a Rn 3. c) Bei Verletzung oder Tötung des Hauskindes haben Eltern Anspruch aus § 845 (vgl BGH NJW 91, 1227: Führung des elterlichen Hofes). Soweit das Kind wegen seiner Verletzung eigene Ansprüche hat und geltend macht, besteht ein Ersatzanspruch der Eltern nicht (BGH NJW 78, 159); auch ist für den Anspruch der Eltern kein Raum, wenn das getötete Kind seine gesamte Arbeitskraft für eine anderweitige entgeltliche Erwerbstätigkeit einsetzt, BGH 137, 8 (krit Gernhuber JZ 98, 365).

5   4. **Gesellschaftsverträge**, vor allem aber **Dienstverträge** zwischen Eltern und Kind bleiben möglich und dürften oft stillschweigend geschlossen worden sein (beachte jedoch §§ 181, 1822 Nr 3), wo den Rahmen von Rn 3 überschreitende Dienstleistungen erbracht oder (und) Taschengeld übersteigende Geldbeträge gezahlt werden, soweit nicht Eltern und (oder) Kind schenkweise oder gefälligkeitshalber leisten (zum Ganzen Fenn aaO S 176 ff, 279 sowie BAG AP Nr 24 zu § 612; BGH NJW 65, 1224). Zur Pfändung von Entgeltansprüchen des Kindes sa ZPO 850 h II. Bei enttäuschten Vergütungserwartungen, insbes erwarteter Erbeinsetzung, wird auch mit Bereicherungsanspruch wegen Zweckverfehlung geholfen (vgl BGH FamRZ 60, 101 f; 73, 298 f).

§ 1620 Aufwendungen des Kindes für den elterlichen Haushalt

Macht ein dem elterlichen Hausstand angehörendes volljähriges Kind zur Bestreitung der Kosten des Haushalts aus seinem Vermögen eine Auf-

Titel 4. Rechtsverhältnis zwischen Eltern und Kind §§ 1621–1625

wendung oder überlässt es den Eltern zu diesem Zwecke etwas aus seinem Vermögen, so ist im Zweifel anzunehmen, dass die Absicht fehlt, Ersatz zu verlangen.

1. Auslegungsregel bei freiwilliger Beitragsleistung, vgl §§ 685 II, 1360 b (§§ 1360–1361 Rn 19).

§§ 1621 bis 1623 *(weggefallen)*

§ 1624 Ausstattung aus dem Elternvermögen

(1) Was einem Kind mit Rücksicht auf seine Verheiratung oder auf die Erlangung einer selbständigen Lebensstellung zur Begründung oder zur Erhaltung der Wirtschaft oder der Lebensstellung von dem Vater oder der Mutter zugewendet wird (Ausstattung), gilt, auch wenn eine Verpflichtung nicht besteht, nur insoweit als Schenkung, als die Ausstattung das den Umständen, insbesondere den Vermögensverhältnissen des Vaters oder der Mutter, entsprechende Maß übersteigt.

(2) Die Verpflichtung des Ausstattenden zur Gewährleistung wegen eines Mangels im Recht oder wegen eines Fehlers der Sache bestimmt sich, auch soweit die Ausstattung nicht als Schenkung gilt, nach den für die Gewährleistungspflicht des Schenkers geltenden Vorschriften.

§ 1625 Ausstattung aus dem Kindesvermögen

¹Gewährt der Vater einem Kind, dessen Vermögen kraft elterlicher Sorge, Vormundschaft oder Betreuung seiner Verwaltung unterliegt, eine Ausstattung, so ist im Zweifel anzunehmen, dass er sie aus diesem Vermögen gewährt. ²Diese Vorschrift findet auf die Mutter entsprechende Anwendung.

Anmerkungen zu den §§ 1624, 1625

1. **Allgemeines.** Privilegierung für Zuwendungen mit Rücksicht auf Verheiratung oder Erlangung einer selbständigen Lebensstellung als **Ausstattung** gegenüber normalen Schenkungen. Ausstattung ist jede Vermögensmehrung mit der in der Definition in I verfolgten Zwecksetzung, insbes Aussteuer. Sind bei Zuwendungen von Eltern an Ehegatten Adressat oder Verwendungszweck nicht bestimmt, so Vermutung für Ausstattung (AG Stuttgart NJW-RR 99, 1449). Ein ges Anspruch auf Ausstattung besteht nicht und kann auch nicht aus § 1618 a abgeleitet werden. Zur Quelle der Ausstattung s Auslegungsregel § 1625.

2. **Einzelheiten. a)** Zwecksetzung (s Wortlaut § 1624 I) kann auch zu einem späteren Zeitpunkt als dem der Heirat oder der Begründung einer selbständigen Lebensstellung erfolgen und Zuwendungen zu Ausstattungen machen (vgl Gernhuber/Coester-Waltjen § 56 I 2). **b)** Ausstattungen können auch durch Zuwendung an den Ehegatten des Kindes geschehen, wenn sie als Leistung an das Kind bestimmt sind (vgl LG Mannheim NJW 70, 2111). **c) Ausstattungsversprechen** formlos möglich; § 518 ist nicht anwendbar, soweit „angemessene" Ausstattung versprochen wird, s aber Rn 7. Jedoch kann Ausstattungsgegenstand Versprechen formbedürftig machen, so bei Grundstück, § 313. **d)** Bei Verfehlung des Ausstattungszwecks soll Bereicherungsanspruch wegen Zweckverfehlung gegeben sein, Gernhuber/Coester-Waltjen § 56 I 7. Der Ausstattungsgrund kann auch bei mangelnder Beständigkeit der ausgestatteten Ehe entfallen (vgl MK/Hinz § 1624, 7; str). **e)** Gewährleistung s § 1624 II. **f)** Vater als **Betreuer** s § 1908.

3. **Übermäßige** Ausstattungen sind als Schenkungen zu behandeln, soweit sie nicht als Entgelt, etwa für Dienstleistungen erbracht werden.

Vor § 1626, § 1626

Titel 5. Elterliche Sorge

Vorbemerkungen

Lit: Coester, Elternautonomie und Staatsverantwortung bei der Pflege und Erziehung von Kindern, FamRZ 96, 1181; Lüderitz, Elterliche Sorge als privates Recht, AcP 178, 263; Reuter, Elterliche Sorge und Verfassungsrecht, AcP 192, 108; Schwenzer, Empfiehlt es sich, das Kindschaftsrecht neu zu regeln? Gutachten A 59. DJT 1992, S 64 ff.

1 1. Die Regelung des 5. Titels ist vor allem durch das GleichbergG, das SorgeRG und das KindRG inhaltlich geändert worden. In den als Spannungsfeld verstandenen Wechselbeziehungen zwischen dem durch GG 6 II 1 geschützten Erziehungsrecht der Eltern, dem Wächteramt der staatlichen Gemeinschaft über seine Betätigung – GG 6 II 2 – und dem Grundrecht des Kindes auf freie Entfaltung seiner Persönlichkeit hat das SorgeRG die Pflichtgebundenheit des Elternrechts („Elternverantwortung", BVerfG 72, 172) betont, Möglichkeiten der Mitbestimmung des Kindes stärker berücksichtigt und die Eingriffsmöglichkeiten des Staates zugunsten gefährdeter Kinder erweitert. Das KindRG regelt insbes die gemeinsame elterliche Sorge nicht miteinander verheirateter oder geschiedener Eltern und gestaltet das Umgangsrecht neu. Die Rspr des BVerfG hat zunehmend gerade auch im Recht der elterlichen Sorge als Verwirklichung grundges Wertungen „Verfassungszivilrecht" entwickelt, s zu dieser Entwicklung Reuter aaO.

§ 1626 Elterliche Sorge, Grundsätze

(1) ¹Die Eltern haben die Pflicht und das Recht, für das minderjährige Kind zu sorgen (elterliche Sorge). ²Die elterliche Sorge umfasst die Sorge für die Person des Kindes (Personensorge) und das Vermögen des Kindes (Vermögenssorge).

(2) ¹Bei der Pflege und Erziehung berücksichtigen die Eltern die wachsende Fähigkeit und das wachsende Bedürfnis des Kindes zu selbständigem verantwortungsbewusstem Handeln. ²Sie besprechen mit dem Kind, soweit es nach dessen Entwicklungsstand angezeigt ist, Fragen der elterlichen Sorge und streben Einvernehmen an.

(3) ¹Zum Wohl des Kind gehört in der Regel der Umgang mit beiden Elternteilen. ²Gleiches gilt für den Umgang mit anderen Personen, zu denen das Kind Bindungen besitzt, wenn ihre Aufrechterhaltung für seine Entwicklung förderlich ist.

1 1. **Allgemeines.** I 1 definiert die elterliche Sorge als Pflicht und Recht der Eltern; Inhaberschaft s §§ 1626 a–1626 e Rn 1. I 2 bestimmt Personen- und Vermögenssorge, § 1629 I 1 ergänzt dies um die Vertretungsmacht für das Kind. II bindet die Ausübung der Sorge an die wachsenden Fähigkeiten und die Mitsprache des Kindes. III stellt klar, daß das Kindeswohl regelmäßig den Umgang des Kindes mit seinen Eltern und anderen Bezugspersonen umfaßt.

2 2. **Inhalte** der elterlichen Sorge. a) **Personensorge** s §§ 1631–1633; b) **Vermögenssorge**; als ges Besitzmittlungsverhältnis s BGH NJW 89, 2542. Sa **3** §§ 1638–1649; c) zur **Vertretung** des Kindes s § 1629 I. d) Ob Eltern bei rechtsgeschäftlichem Handeln für das Kind in dessen Namen handeln und damit das Kind verpflichten und berechtigen (s § 1629 Rn 9) oder im eigenen Namen, evtl Ansprüche zugunsten des Kindes begründend, ist ihrem pflichtgemäßen Ermessen überlassen, doch kann insoweit Grenzziehung zwischen elterlicher Vertretungs- **4** macht und tatsächlicher Sorge schwierig werden, vgl § 1633. (Mögliche) **Beschränkungen** s §§ 1303 IV, 1629 II, 1630 III, 1631 b, 1632 IV, 1633, 1643, 1666, 1666 a, 1667; **Teilmündigkeiten** des Kindes zB zur Wahl eines Glaubensbekenntnisses s § 5 RKEG, zur Antragstellung s §§ 1303 II, 1316 II, zu Einwil-

Titel 5. Elterliche Sorge   **§§ 1626a, 1626b**

ligungen in Adoption – §§ 1746, 1750 III – oder Widerruf – § 1746 II –; zur Beschwerde s FGG 59; Testierfähigkeit s § 2229; s ferner die genehmigungsabhängigen Erklärungen des Kindes in §§ 1746 I 3, 1411 I; zur Einwilligung in Heileingriffe s BGH 29, 33; FamRZ 72, 89f; zur Humanforschung Eberbach FamRZ 82, 450; zur Verfügung über Persönlichkeitsrecht s BGH NJW 74, 1949f; abw Hamburg FamRZ 84, 1222. Einschränkungen der elterlichen Sorge sa Rn 7 und § 1629 Rn 5ff. **e) Haftung** bei Verletzung der elterlichen Pflichten s § 1664. **f) Schutz** 5 des elterlichen Sorgerechts als absolutes Recht (BGH 111, 168) gegenüber Eingriffen Dritter aus §§ 823 I, 1004; sa § 1632 II zur Umgangsuntersagung.

3. Dauer. Als Beginn wird regelmäßig Geburt angegeben, doch besteht Sor- 6 gepflicht und -recht auch gegenüber Nasciturus, s § 1912 II; Mittenzwei AcP 187, 274f; Ende mit Volljährigkeit des Kindes, ferner für beide Eltern oder einen Elternteil §§ 1666a II, 1677, 1755 I, 1671 I, 1672. **Ruhen** s §§ 1673–1675, 1751 I.

4. Inhalte, Funktionen und **Intensität** des Sorgerechts, **II.** Sie sind durch 7 Schutzbedürfnisse, Erziehungsziel und Persönlichkeit(srecht) des Kindes gebunden (vgl BVerfG 72, 172), wobei mit dessen Lebensalter und individueller Reife Bindungen und Konkretisierungen sich (ständig) verändern, vgl BGH NJW 74, 1949. Zur Pflicht des Kindes, sich erziehen zu lassen, Schütz FamRZ 87, 438. II 1 versucht die entwicklungsabhängigen Rechtsschranken und Pflichten leitbildartig zu normieren und in II 2 durch das Gebot zum Dialog die Mitwirkung des Kindes an seiner Persönlichkeitsentwicklung zu erreichen. Zu Einwilligung in Heilein- 8 griffe durch Kind s Kern NJW 94, 755f. Sa § 1631 II. **Ausbildung** und **Berufswahl** s § 1631a.

5. Haftung des Kindes aus § 278 für Eltern, soweit sie aufgrund ihres Sor- 9 gerechts bestehende Verpflichtungen des Kindes erfüllen; Anrechnung des Elternverschuldens bei Schädigung des Kindes nach § 254 II 2 (vgl BGH 9, 316; 24, 325). Auch hier müssen jedoch die Einschränkungen aus BVerfG 72, 155 Beach- 10 tung finden. Dagegen sind Eltern nicht Verrichtungsgehilfen des Kindes iSv § 831; beachte aber § 832. Zur Begrenzung eines Ersatzanspruches des verletzten Kindes, falls Verschulden eines Elternteils die außervertragliche Verletzung mitverursacht hat, s BGH 73, 190 mwN.

6. Umgang des Kindes mit den Eltern und anderen Personen, zu denen eine 11 Beziehung besteht, zählt zum Kindeswohl. Umgang zwecks Begründung einer Beziehung wird damit nicht ausgeschlossen, vgl § 1685. III ist bei der Auslegung von Bestimmungen heranzuziehen, die auf das Kindeswohl Bezug nehmen, s §§ 1627 S 1, 1666, 1684 IV 1, 1685, begründet jedoch kein Recht auf Umgang (Bamberg NJW-RR 99, 804); Umgangsvereitelung kann aber zB Maßnahmen nach § 1666 rechtfertigen. Sa § 1684.

§ 1626a Elterliche Sorge nicht miteinander verheirateter Eltern; Sorgeerklärungen

(1) Sind die Eltern bei der Geburt des Kindes nicht miteinander verheiratet, so steht ihnen die elterliche Sorge dann gemeinsam zu, wenn sie

1. **erklären, dass sie die Sorge gemeinsam übernehmen wollen (Sorgeerklärungen), oder**
2. **einander heiraten.**

(2) Im Übrigen hat die Mutter die elterliche Sorge.

§ 1626b Besondere Wirksamkeitsvoraussetzungen der Sorgeerklärung

(1) Eine Sorgeerklärung unter einer Bedingung oder einer Zeitbestimmung ist unwirksam.

Chr. Berger

(2) Die Sorgeerklärung kann schon vor der Geburt des Kindes abgegeben werden.

(3) Eine Sorgeerklärung ist unwirksam, soweit eine gerichtliche Entscheidung über die elterliche Sorge nach den §§ 1671, 1672 getroffen oder eine solche Entscheidung nach § 1696 Abs. 1 geändert wurde.

§ 1626 c Persönliche Abgabe; beschränkt geschäftsfähiger Elternteil

(1) Die Eltern können die Sorgeerklärungen nur selbst abgeben.

(2) ¹Die Sorgeerklärung eines beschränkt geschäftsfähigen Elternteils bedarf der Zustimmung seines gesetzlichen Vertreters. ²Die Zustimmung kann nur von diesem selbst abgegeben werden; § 1626 b Abs. 1 und 2 gilt entsprechend. ³Das Familiengericht hat die Zustimmung auf Antrag des beschränkt geschäftsfähigen Elternteils zu ersetzen, wenn die Sorgeerklärung dem Wohl dieses Elternteils nicht widerspricht.

§ 1626 d Form; Mitteilungspflicht

(1) Sorgeerklärungen und Zustimmungen müssen öffentlich beurkundet werden.

(2) Die beurkundete Stelle teilt die Abgabe von Sorgeerklärungen und Zustimmungen unter Angabe des Geburtsorts der Kindes sowie des Namens, den das Kind zur Zeit der Beurkundung seiner Geburt geführt hat, dem nach § 87 c Abs. 6 Satz 2 des Achten Buches Sozialgesetzbuch zuständigen Jugendamt zum Zwecke der Auskunftserteilung nach § 58 a des Achten Buches Sozialgesetzbuch unverzüglich mit.

§ 1626 e Unwirksamkeit

Sorgeerklärungen und Zustimmungen sind nur unwirksam, wenn sie den Erfordernissen der vorstehenden Vorschriften nicht genügen.

Anmerkungen zu den §§ 1626 a–1626 e

Lit: Lipp, Das elterliche Sorgerecht für das nichteheliche Kind nach dem KindRG, FamRZ 1998, 65; Schwab, Kindschaftsrechtsreform und notarielle Vertragsgestaltung, DNotZ 98, 437.

1 **1. Allgemeines.** Die elterliche Sorge für ein in der Ehe geborenes Kind steht den Eltern (s §§ 1591 ff) zu, § 1626 I 1. Die nicht verheiratete Mutter ist allein sorgeberechtigt, § 1626 a II. Das gilt auch dann, wenn sie bei der Geburt (im Rahmen einer nichtehelichen Lebensgemeinschaft) mit dem Vater zusammen lebt.

2 Die **gemeinsame Sorgeberechtigung** nicht miteinander verheirateter Eltern entsteht nach § 1626 a I (nur), wenn die Eltern einander heiraten (s §§ 1310 ff) oder beide Elternteile Sorgeerklärungen abgeben. Gegen den Willen des anderen Elternteils kann eine gemeinsame Sorgeberechtigung nicht begründet werden; der Vater kann daher ohne Mitwirkung der Mutter nicht Teilhaber der Sorge werden (verfassungsgemäß, BGH NJW 01, 2474, str; aA Lipp aaO S 70); s aber § 1680 III. Zur Sorgerechtsübertragung durch das FamG s §§ 1671 f. Hinweispflicht des Jugendamtes s SGB VIII 52 a I Nr 5.

3 **2. Sorgeerklärung. a) Bedeutung.** Sorgeerklärungen von Vater und Mutter begründen gemeinsame Sorgeberechtigung der Eltern und wirken daher rechtsgestaltend. Sie sind übereinstimmende Willenserklärungen, vergleichbar einem Beschluß, aber kein Vertrag, auch kein Antrag (s aber Lipp aaO S 69: „Antragsprinzip"). **b) Voraussetzungen. aa)** Die Übernahme der gemeinsamen Sorge
4 muß von den Eltern erklärt werden. Mutterschaft bestimmt sich nach § 1591; der Vater muß anerkannt haben oder gerichtlich festgestellt sein, § 1592 Nr 2, 3

Titel 5. Elterliche Sorge **§§ 1627, 1628**

(Schwab aaO S 450). **bb)** Abgabe einer Sorgeerklärung durch jeden Elternteil, 5
die jeweils auf die Person des anderen Elternteils und ein bestimmtes Kind
bezogen sein muß. Eine Sorgeerklärung erstreckt sich nicht auf Geschwisterkinder. Inhalt ist die Erklärung, die elterliche Sorge gemeinsam wahrnehmen zu
wollen. Gestaltungsfreiheit besteht nicht; die Eltern können Einzelheiten der
Ausübung der Sorge nicht in der Sorgeerklärung regeln, wohl aber in Begleitvereinbarungen (Schwab aaO S 455). Bedingung und Bestimmung eines Anfangs- 6
oder Endtermins sind unwirksam, § 1626 b I; keine gemeinsame Sorge „auf
Probe". Auch läßt sich die Sorgeerklärung nicht auf einen Teil der Sorge (zB
Vermögenssorge, Aufenthaltsbestimmung) beschränken (s aber Teilübertragung
nach § 1671 I, II Nr 1). Sorgeerklärungen können gerichtl Entscheidungen über
die elterliche Sorge nach §§ 1671, 1672, 1696 I nicht ändern, § 1626 b III, andere
gerichtl Entscheidungen stehen nicht entgegen, zB Aufhebung nach § 1696 II.
cc) Nicht wird vorausgesetzt, daß die Eltern zusammenleben; sa § 1687. Ge- 7
meinsame elterliche Sorge entsteht auch für den Elternteil, der mit einem Dritten
verheiratet ist. Eine Prüfung, ob die gemeinsame Sorgeausübung dem Kindeswohl
entspricht, ist nicht vorgesehen. Eine Frist für die Sorgeerklärung besteht nicht.
dd) Die Sorgeerklärung ist eine höchstpersönliche Erklärung, § 1626 c I; Stell- 8
vertretung scheidet aus. Ist der Erklärende beschränkt geschäftsfähig, so ist Zustimmung des gesetzl Vertreters erforderlich (§ 1626 c II 1), die durch das FamG
ersetzt werden kann, falls die gemeinsame Ausübung der Sorge (s § 1673 II) dem
Wohl des beschränkt Geschäftsfähigen (nicht dem Kindeswohl!) nicht widerspricht, § 1626 c II 3. Zum Geschäftsunfähigen s Lipp aaO S 70 f. **ee)** Form s 9
§ 1626 I. Zuständige Stellen: Notar (BNotO 20); Urkundsperson beim Jugendamt
(SGB VIII 59 I Nr 8), nicht Standesbeamter. Zeitpunkt: Schon vor der Geburt,
§ 1626 b; zur erforderlichen (Rn 4) Anerkennung in diesen Fällen s § 1594 IV.
Liegen beide Sorgeerklärungen bei der Geburt vor, entsteht die gemeinsame
Sorgeberechtigung (wie bei miteinander verheirateten Eltern) mit der Geburt.
Mitteilung nach § 1626 d II ist nicht Wirksamkeitsvoraussetzung der Sorgeerklärung. **ff)** Beschränkung der Unwirksamkeitsgründe s § 1626 e; keine Anwendung 10
der allg Vorschriften über Willensmängel. **c) Wirkungen.** Die gemeinsame Sorge 11
aufgrund Sorgeerklärungen steht der elterlichen Sorge aus §§ 1626, 1626 a I Nr 2
gleich. Rechtsgeschäftliche Lösung von Sorgeerklärung scheidet aus. Änderung
(nur) nach § 1671.

3. Bei Heirat der Eltern entsteht gemeinsame Sorge für ihr Kind, § 1626 a I 12
Nr 2. Voraussetzung ist Anerkennung oder Feststellung der Vaterschaft nach
§ 1592 Nr 2, 3. Anerkennung oder Feststellung nach der Eheschließung genügt,
aber keine Rückwirkung. − Vorausgegangene gerichtl Sorgerechtsentscheidung 13
nach §§ 1671 f steht gemeinsamer Sorge nicht entgegen (§ 1626 b III gilt nicht).

4. Alleinsorge der Mutter entsteht in den übrigen Fällen, § 1626 a II; auch 14
erfolgreiche Anfechtung (§ 1599 I) führt zu Alleinsorge der Mutter. Vater verbleiben Rechte aus §§ 1684, 1686. Nachweis der Alleinsorge durch Negativattest nach
SGB VIII 58 a (krit Schwab aaO S 452).

§ 1627 Ausübung der elterlichen Sorge

¹**Die Eltern haben die elterliche Sorge in eigener Verantwortung und in
gegenseitigem Einvernehmen zum Wohle des Kindes auszuüben.** ²**Bei
Meinungsverschiedenheiten müssen sie versuchen, sich zu einigen.**

§ 1628 Gerichtliche Entscheidung bei Meinungsverschiedenheiten der Eltern

¹**Können sich die Eltern in einer einzelnen Angelegenheit oder in einer
bestimmten Art von Angelegenheiten der elterlichen Sorge, deren Regelung für das Kind von erheblicher Bedeutung ist, nicht einigen, so kann**

§ 1629

das Familiengericht auf Antrag eines Elternteils die Entscheidung einem Elternteil übertragen. ²Die Übertragung kann mit Beschränkungen oder mit Auflagen verbunden werden.

Anmerkungen zu den §§ 1627, 1628

1 **1. Grundlagen.** § 1627 sieht **gemeinschaftliches** und **gleichrangiges Handeln** vor; entspr der Aufgabenverteilung in der Familie kann durch konkludente **Zustimmung** für einzelne Angelegenheiten alleinige Handlungsmacht eingeräumt werden (zu Vertreterhandeln s § 1629 Rn 2); Zustimmung ist jederzeit widerruflich. Bis zum Widerruf muß sich der Zustimmende nicht nur Handeln, sondern auch Wissen des allein für das Kind tätig werdenden Elternteils zurechnen lassen (Frankfurt FamRZ 92, 181 zu § 852). Bei Getrenntleben s § 1687.

2 **2. Übertragung** des Entscheidungsrechts **auf einen Elternteil. a) Voraussetzungen: aa) Antrag** eines Elternteils oder beider Eltern; **bb)** vergeblicher Einigungsversuch der Eltern; **cc)** Angelegenheit(en) von erheblicher Bedeutung, zB Wahl der Schule oder Ausbildung, Heilbehandlung, Anlegung von beträchtlichem Kindesvermögen, Aufenthaltsbestimmung, Wahl des Religionsbekenntnisses (sa RKEG 2 III); sa zur Uneinigkeit über Abtreibung AG Köln NJW 85, 2201 und krit dazu Coester-Waltjen NJW 85, 2176. Bei geringfügigen Angelegenheiten kann auf das Einigungsgebot aus § 1627 S 2 vertraut und Untätigkeit in Kauf genommen werden; Grenze sollte sein, ob Nichtentscheidung dem Wohl des Kindes in erheblichem Maße abträglich ist, insbes bei nicht nachholbaren Entscheidungen;

3 **dd)** auch die Übertragung an den jeweiligen Elternteil muß dem Wohl des Kindes entsprechen (s § 1697a); regelmäßig müssen deshalb konkrete Vor-

4 schläge der Eltern zur Beurteilung vorliegen. **b) Rechtsfolge.** Übertragung der Entscheidungsbefugnis an einen Elternteil, ggf mit Beschränkungen oder Auflagen, § 1628 S 2. Durch Beschränkungen oder Auflagen darf das FamG aber nicht iE eigene Entscheidung durchsetzen. Neben § 1628 dürfte für § 1666 nur in

5 Ausnahmefällen beharrlicher Obstruktion Platz sein. **c) Verfahren.** FamG ZPO 621 I Nr 1; FGG-Verfahren, s ZPO 621 a I, FGG 64 III 2; Zuständigkeit FGG 43, 36; Hinwirken auf Einvernehmen FGG 52; Anhörung der Eltern FGG 50a, des Kindes FGG 50b; Beschwerde ZPO 621 e; Ausübung des Beschwerderechts durch das Kind FGG 59 I.

§ 1629 Vertretung des Kindes

(1) ¹Die elterliche Sorge umfasst die Vertretung des Kindes. ²Die Eltern vertreten das Kind gemeinschaftlich; ist eine Willenserklärung gegenüber dem Kind abzugeben, so genügt die Abgabe gegenüber einem Elternteil. ³Ein Elternteil vertritt das Kind allein, soweit er die elterliche Sorge allein ausübt oder ihm die Entscheidung nach § 1628 übertragen ist. ⁴Bei Gefahr im Verzug ist jeder Elternteil dazu berechtigt, alle Rechtshandlungen vorzunehmen, die zum Wohl des Kindes notwendig sind; der andere Elternteil ist unverzüglich zu unterrichten.

(2) ¹Der Vater und die Mutter können das Kind insoweit nicht vertreten, als nach § 1795 ein Vormund von der Vertretung des Kindes ausgeschlossen ist. ²Steht die elterliche Sorge für ein Kind den Eltern gemeinsam zu, so kann der Elternteil, in dessen Obhut sich das Kind befindet, Unterhaltsansprüche des Kindes gegen den anderen Elternteil geltend machen. ³Das Familiengericht kann dem Vater und der Mutter nach § 1796 die Vertretung entziehen; dies gilt nicht für die Feststellung der Vaterschaft.

(3) ¹Sind die Eltern des Kindes miteinander verheiratet, so kann ein Elternteil, solange die Eltern getrennt leben oder eine Ehesache zwischen ihnen anhängig ist, Unterhaltsansprüche des Kindes gegen den anderen Elternteil nur im eigenen Namen geltend machen. ²Eine von einem El-

Titel 5. Elterliche Sorge **§ 1629 a**

ternteil erwirkte gerichtliche Entscheidung und ein zwischen den Eltern geschlossener gerichtlicher Vergleich wirken auch für und gegen das Kind.

1. Allgemeines. Gesetzl Vertretungsmacht der Eltern für das Kind ist Bestandteil der Sorge, I 1. Eltern können zu Sorgezwecken auch im eigenen Namen handeln, ggf Rechte des Kindes nach § 328 I begründen. Zu unterscheiden ist Zustimmung der Eltern zu einem RGeschäft des Kindes, §§ 107 f, 111. 1

2. Vertretungsmacht. a) Soweit den Eltern die Sorge gemeinsam zusteht (§§ 1626, 1626 a), findet **Gesamtvertretung** statt, I 2 HS 1; Ausnahme ist Empfangszuständigkeit für Willenserklärungen, I 2 HS 2. Ein Elternteil kann den anderen bevollmächtigen, auch konkludent oder im Wege der Duldungsvollmacht (s § 167 Rn 8), insbes bei Geschäften geringerer Bedeutung oder durch entspr Aufgabenverteilung der Eltern. Möglich soll auch eine „Ermächtigung" (PalDiederichsen Rn 3) oder „Zustimmung" nach §§ 182 ff (s Voraufl Rn 2) zur Alleinvertretung sein. Freilich genügen Bevollmächtigung nach § 177 I, wenn erklärender Elternteil verdeckt auch für den anderen Elternteil handelt (s § 164 Rn 5). 2

b) Alleinvertretungsmacht hat **aa)** ein Elternteil, wenn ihm die Sorge allein zusteht (s §§ 1626 a II, 1671, 1672, 1678 II, 1680 III) oder ihm die Entscheidung in einer einzelnen Angelegenheit nach § 1628 übertragen wurde, I 3; **bb)** der Elternteil, bei dem sich das Kind nach Trennung der gemeinsam sorgeberechtigten Eltern gewöhnlich aufhält, für Angelegenheiten des täglichen Lebens, § 1687 I 2. 3

cc) Ferner begründet I 4 in Eil- und Notfällen ein Notvertretungsrecht für einen Elternteil. Voraussetzung ist, daß das RGeschäft (oder die geschäftsähnliche Handlung) im Interesse des Kindeswohls unausweichlich vorgenommen werden muß und eine Mitwirkung des anderen Elternteils infolge Abwesenheit usw ausscheidet; nicht jedoch, wenn sie verweigert wird. **dd)** Alleinvertretungsmacht besteht überdies bei Ausübungsverhinderung und Ruhen der Sorge (§ 1678 I) oder nach Entziehung (§§ 1629 II 3, 1666); s auch § 1638 III 2. 4

5

3. Beschränkungen. a) Keine Vertretungsmacht für Schenkungen nach § 1641 S 1 und nach II 1 in den Fällen des § 1795 I und II iVm § 181. Beide Elternteile sind ausgeschlossen, auch wenn Tatbestand des § 1795 nur für einen vorliegt, BGH NJW 72, 1708. **b)** Für Geschäfte nach §§ 1643–1645 ist familiengerichtliche Genehmigung erforderlich. **c)** Keine Beschränkung der Vertretungsmacht bedeutet § 1629 a I, wohl aber eine Haftungsbegrenzung. 6

4. Unterhalt. II 2 gibt bei gemeinsamer Sorge (s §§ 1626 I, 1626 a I) dem Elternteil, in dessen Obhut sich das Kind befindet, Alleinvertretungsmacht für die Geltendmachung von Unterhaltsansprüchen gegen den anderen Elternteil. Grund: Andernfalls würde Durchsetzung von Unterhaltsforderung an I 2 und II 2 iVm § 1795 I Nr 3 scheitern. Ergänzend sieht III 1 eine die Vertreterklage ausschließende ges Prozeßstandschaft für den verheirateten Elternteil vor; Zweck: Das Kind soll in den Streit der Eltern nicht als formelle Partei einbezogen werden. III 2 ordnet Wirkungsverlagerung an; erforderlich, weil Elternteil insoweit nicht im fremden Namen handelt. 7

8

5. Rechtsfolgen. Wirkungsverlagerung nach § 164 I auf das Kind, auch bei Prozeßhandlungen. Bei fehlender oder eingeschränkter (Allein-)Vertretungsmacht kann anderer Elternteil oder Pfleger (II 2 iVm §§ 1795, 1909) genehmigen, auch das volljährig gewordene Kind. 9

§ 1629 a Beschränkung der Minderjährigenhaftung

(1) ¹Die Haftung für Verbindlichkeiten, die die Eltern im Rahmen ihrer gesetzlichen Vertretungsmacht oder sonstige vertretungsberechtigte Personen im Rahmen ihrer Vertretungsmacht durch Rechtsgeschäft oder eine sonstige Handlung mit Wirkung für das Kind begründet haben, oder die auf Grund eines während der Minderjährigkeit erfolgten Erwerbs von Todes wegen entstanden sind, beschränkt sich auf den Bestand des bei

§ 1629 a

Eintritt der Volljährigkeit vorhandenen Vermögens des Kindes; dasselbe gilt für Verbindlichkeiten aus Rechtsgeschäften, die der Minderjährige gemäß §§ 107, 108 oder § 111 mit Zustimmung seiner Eltern vorgenommen hat oder für Verbindlichkeiten aus Rechtsgeschäften, zu denen die Eltern die Genehmigung des Vormundschaftsgerichts erhalten haben. ²Beruft sich der volljährig Gewordene auf die Beschränkung der Haftung, so finden die für die Haftung des Erben geltenden Vorschriften der §§ 1990, 1991 entsprechende Anwendung.

(2) Absatz 1 gilt nicht für Verbindlichkeiten aus dem selbständigen Betrieb eines Erwerbsgeschäfts, soweit der Minderjährige hierzu nach § 112 ermächtigt war, und für Verbindlichkeiten aus Rechtsgeschäften, die allein der Befriedigung seiner persönlichen Bedürfnisse dienten.

(3) Die Rechte der Gläubiger gegen Mitschuldner und Mithaftende, sowie deren Rechte aus einer für die Forderung bestellten Sicherheit oder aus einer deren Bestellung sichernden Vormerkung werden von Absatz 1 nicht berührt.

(4) ¹Hat das volljährig gewordene Mitglied einer Erbengemeinschaft oder Gesellschaft nicht binnen drei Monaten nach Eintritt der Volljährigkeit die Auseinandersetzung des Nachlasses verlangt oder die Kündigung der Gesellschaft erklärt, ist im Zweifel anzunehmen, dass die aus einem solchen Verhältnis herrührende Verbindlichkeit nach dem Eintritt der Volljährigkeit entstanden ist; Entsprechendes gilt für den volljährig gewordenen Inhaber eines Handelsgeschäfts, der dieses nicht binnen drei Monaten nach Eintritt der Volljährigkeit einstellt. ²Unter den in Satz 1 bezeichneten Voraussetzungen wird ferner vermutet, dass das gegenwärtige Vermögen des volljährig Gewordenen bereits bei Eintritt der Volljährigkeit vorhanden war.

Lit: Habersack, Das neue G zur Beschränkung der Haftung Minderjähriger, FamRZ 99, 1; Muscheler, Haftungsbeschränkung zugunsten Minderjähriger, WM 98, 2271. Katrin Thiel, Das G zur Beschränkung der Haftung Minderjähriger (2002).

1 **1. Haftungsbegrenzung.** Mit dem allg Persönlichkeitsrecht (GG 2 I iVm GG 1 I) Minderjähriger ist es nicht vereinbar, daß Eltern aufgrund § 1629 I 1 (und andere Vertreter) unbegrenzt Verbindlichkeiten begründen, die das volljährig gewordene Kind auf seinem weiteren Lebensweg erheblich belasten (s BVerfGE 72,
2 155). I gewährt Einrede der Haftungsbegrenzung auf das bei Eintritt der Volljährigkeit (§ 2) vorhandene Vermögen. Eine Beschränkung der Vertretungsmacht tritt nicht ein; darum keine Haftung der Eltern nach § 179. – Restschuldbefreiung nach InsO 286 ff bleibt unberührt. Sa § 723 I 3 Nr 2.

3 **2. Voraussetzungen.** a) Begründung von Verbindlichkeiten für das minderjährige Kind aufgrund Vertretungsmacht, insbes nach § 1629 I 1. Den Eltern gleichstellt sind sonstige ges Vertreter (§§ 1793 II, 1915 I), ferner (vgl BR-Drs 366/96 S 14) Testamentsvollstrecker, Mitgesellschafter und Bevollmächtigte, auch das Kind bei RGeschäften, die es mit Zustimmung des ges Vertreters (§§ 107 f) vornimmt, I 1 HS 2 Fall 1. – Erteilte Genehmigung des FamG bzw VormundschaftsG (s § 1643 I, §§ 1821, 1822) schließt Haftungsbegrenzung nicht
4 aus, I 1 HS 2 Fall 2. **b)** Die Verbindlichkeit muß **aa)** durch ein RGeschäft oder **bb)** eine sonstige Handlung begründet worden sein, für die das Kind zB nach § 278 S 1 Fall 1 einstehen muß. Verbindlichkeiten aus eigenem Verschulden des Minderjährigen fallen nicht unter I; mangelnde Verantwortlichkeit wird nur nach §§ 276 I 3, 828 berücksichtigt. **cc)** Haftungsbeschränkung (auf bei Volljährigkeit vorhandenes Vermögen, nicht nur auf Nachlaß) auch bei Verbindlichkeiten, die den Minderjährigen als Erben treffen (s § 1967). Erbrechtliche Haftungsbeschrän-
5 kung (§ 1975) bleibt unberührt. **c) Keine Haftungsbegrenzung** bei RGeschäften, die **aa)** der Minderjährige im Rahmen der selbständigen Führung eines

Titel 5. Elterliche Sorge **§ 1630**

Erwerbsgeschäfts nach § 112 tätigte; **bb)** der ges Vertreter oder das Kind zur Deckung persönlicher Bedürfnisse eingehen. Darunter fallen Kleingeschäfte des täglichen Lebens (Nahrungs- und Genußmittel, Kleidung) und alterstypische größere Anschaffung (Kleinkrafträder, Computer). **d) Erhebung** der Einrede; Haftungsbeschränkung tritt nicht von Ges wegen ein. 6

3. Rechtsfolgen. s I 2 iVm §§ 1990, 1991 I, III. **a)** Das volljährig gewordene 7 Kind kann Gläubiger auf bei Eintritt der Volljährigkeit vorhandenes Vermögen verweisen; Neuvermögen haftet nicht. Im Prozeß muß sich der volljährig Gewordene die Haftungsbeschränkung vorbehalten (ZPO 780 I); bei Zwangsvollstreckung in Neuvermögen s ZPO 786, 785, 767. Vgl iü §§ 1990, 1991 Rn 7. **b)** Wird 8 Einrede erhoben, entsteht Herausgabepflicht, § 1990 I 2. **c)** Anwendung von Auftragsrecht, s §§ 1991 I, 1978 I, 662 ff. Volljähriger haftet insbes für ordnungsgemäße Verwaltung; für Ersatzansprüche aus Verletzung dieser Pflichten gilt I nicht.
d) Haftungsbeschränkung erfaßt nicht Rechte des Gläubigers gegen Dritte, insbes 9 Mitverpflichtete, Bürgen, Verpfänder oder sonstige Sicherungsgeber, III. Für Regreß (sa §§ 426 II, 774 I, 1143, 1225) gilt jedoch I. **e)** Am Kindesvermögen 10 bestellte dingliche Sicherheiten bleiben unberührt.

4. Vermutungen zugunsten der Gläubiger in IV sind weithin bedeutungslos, da 11 der volljährig Gewordene ohnehin nach allg Grundsätzen die Beweislast für die Voraussetzungen des I trägt.

5. Übergangsvorschriften s MHbeG 3. 12

§ 1630 Elterliche Sorge bei Pflegerbestellung oder Familienpflege

(1) **Die elterliche Sorge erstreckt sich nicht auf Angelegenheiten des Kindes, für die ein Pfleger bestellt ist.**

(2) **Steht die Personensorge oder die Vermögenssorge einem Pfleger zu, so entscheidet das Familiengericht, falls sich die Eltern und der Pfleger in einer Angelegenheit einigen können, die sowohl die Person als auch das Vermögen des Kindes betrifft.**

(3) ¹**Geben die Eltern das Kind für längere Zeit in Familienpflege, so kann das Familiengericht auf Antrag der Eltern oder der Pflegeperson Angelegenheiten der elterlichen Sorge auf die Pflegeperson übertragen.** ²**Für die Übertragung auf Antrag der Pflegeperson ist die Zustimmung der Eltern erforderlich.** ³**Im Umfang der Übertragung hat die Pflegeperson die Rechte und Pflichten eines Pflegers.**

1. **Allgemeines.** Neugefaßt durch SorgeRG und KindRG. 1

2. **Ausschluß** der elterlichen Befugnisse nach I ist notwendige Folge der Pfle- 2 gerbestellung (hierzu § 1909) und der dafür maßgebenden Gründe.

3. **a)** Sind Personensorge und Vermögenssorge in einer konkreten Angelegen- 3 heit zugleich berührt (Bsp: zum Unterhalt zu verwendende Mittel des Kindes, BayObLG FamRZ 75, 219), so können zwischen den jeweils Sorgeberechtigten **Meinungsverschiedenheiten** entstehen; II begründet Zuständigkeit des FamG zur Entscheidung. Verfahren ZPO 621 a I, 621 I Nr 1, FGG 64 III. Anhörung des Kindes FGG 50 b, des nicht sorgeberechtigten Elternteils FGG 50 a II. Entscheidung ersetzt Zustimmung eines Teils, dagegen sofortige Beschwerde FGG 53 I 2, 60 I Nr 6, bei Ablehnung einfache Beschwerde, Beschwerdeausübung durch Kind FGG 59, durch Eltern oder Pfleger FGG 58 II. **b)** Bei Meinungsverschiedenheiten 4 ohne Rücksicht auf das Kindeswohl, die mit Entscheidung eines konkreten Falles nicht auszuräumen sind, kommen §§ 1915, 1837 III, 1886, 1666, 1666 a in Betracht.

4. **Familienpflege.** III sieht die Übertragung einzelner Sorgeangelegenheiten 5 durch das FamG auf Pflegeperson vor, wenn dies der Betreuung des Kindes dient, sa § 1697 a. Antragsberechtigt sind Eltern(-teil) im Rahmen des Sorgerechts und

6 Pflegeperson. Stellt **Pflegeperson** den **Antrag**, setzt Übertragung die Zustimmung der sorgeberechtigten Eltern voraus, III 2; bei Elternantrag ist die Zustimmung der Pflegeperson erforderlich, str; aA Windel FamRZ 97, 721: §§ 1915, 1785. FamG begründet für die Pflegeperson die Stellung eines Pflegers mit den im Beschluß umschriebenen Befugnissen; sa Rn 3 vor § 1909.

§ 1631 Inhalt und Grenzen der Personensorge

(1) Die Personensorge umfasst insbesondere die Pflicht und das Recht, das Kind zu pflegen, zu erziehen, zu beaufsichtigen und seinen Aufenthalt zu bestimmen.

(2) [1]Kinder haben ein Recht auf gewaltfreie Erziehung. [2]Körperliche Bestrafungen, seelische Verletzungen und andere entwürdigende Maßnahmen sind unzulässig.

(3) Das Familiengericht hat die Eltern auf Antrag bei der Ausübung der Personensorge in geeigneten Fällen zu unterstützen.

§ 1631 a Ausbildung und Beruf

[1]In Angelegenheiten der Ausbildung und des Berufes nehmen die Eltern insbesondere auf Eignung und Neigung des Kindes Rücksicht. [2]Bestehen Zweifel, so soll der Rat eines Lehrers oder einer anderen geeigneten Person eingeholt werden.

§ 1631 b Mit Freiheitsentziehung verbundene Unterbringung

[1]Eine Unterbringung des Kindes, die mit Freiheitsentziehung verbunden ist, ist nur mit Genehmigung des Familiengerichts zulässig. [2]Ohne die Genehmigung ist die Unterbringung nur zulässig, wenn mit dem Aufschub Gefahr verbunden ist; die Genehmigung ist unverzüglich nachzuholen. [3]Das Gericht hat die Genehmigung zurückzunehmen, wenn das Wohl des Kindes die Unterbringung nicht mehr erfordert.

§ 1631 c Verbot der Sterilisation

[1]Die Eltern können nicht in eine Sterilisation des Kindes einwilligen. [2]Auch das Kind selbst kann nicht in die Sterilisation einwilligen. [3]§ 1909 findet keine Anwendung.

§ 1632 Herausgabe des Kindes; Bestimmung des Umgangs; Verbleibensanordnung bei Familienpflege

(1) Die Personensorge umfasst das Recht, die Herausgabe des Kindes von jedem zu verlangen, der es den Eltern oder einem Elternteil widerrechtlich vorenthält.

(2) Die Personensorge umfasst ferner das Recht, den Umgang des Kindes auch mit Wirkung für und gegen Dritte zu bestimmen.

(3) Über Streitigkeiten, die eine Angelegenheit nach Absatz 1 oder 2 betreffen, entscheidet das Familiengericht auf Antrag eines Elternteils.

(4) Lebt das Kind seit längerer Zeit in Familienpflege und wollen die Eltern das Kind von der Pflegeperson wegnehmen, so kann das Familiengericht von Amts wegen oder auf Antrag der Pflegeperson anordnen, dass das Kind bei der Pflegeperson verbleibt, wenn und solange das Kindeswohl durch die Wegnahme gefährdet würde.

Titel 5. Elterliche Sorge **§ 1633**

§ 1633 Personensorge für verheirateten Minderjährigen
Die Personensorge für einen Minderjährigen, der verheiratet ist oder war, beschränkt sich auf die Vertretung in den persönlichen Angelegenheiten.

Anmerkungen zu den §§ 1631–1633

1. **Allgemeines.** §§ 1631–1633 bestimmen Inhalt und Umfang der Personensorge als Teil der elterlichen Sorge; sa § 1626 I 2. Zur Namensgebung s §§ 1616–1617 c Rn 11.

2. a) Kern der Personensorge ist die **Erziehung** (vgl Gernhuber/Coester-Waltjen § 62 I 1); **Pflege** gewinnt eigenständige Bedeutung, wo Erziehung zur selbständig handlungsfähigen Persönlichkeit nicht möglich ist. Erziehungsziel bestimmt und begrenzt die Wahl der **Erziehungsmittel,** die auch von Reife und Entwicklung des Kindes begrenzt werden; Bsp: Ermahnung, Erklärung, Verweise, Entzug von Annehmlichkeiten und Genüssen, von Spielgeräten, Taschengeld, Fernsehen usw; Schranken §§ 1631 II, 1626 II 1. Das Kind hat den danach zulässigen Weisungen der Eltern Folge zu leisten; zur Durchsetzung s Rn 3. b) „**Recht**" des Kindes **auf gewaltfreie Erziehung** (Lit: Huber/Scherer, Die Neuregelung zur Ächtung der Gewalt in der Erziehung, FamRZ 01, 797) und § 1631 II 1 entfaltet Appellfunktion. **aa) Konkretisierung** durch § 1631 II 2: Körperliche Bestrafungen (Bsp: Prügel, Schläge, Einsperren), seelische Verletzungen (Bsp: Beleidigungen) und andere entwürdigende Erziehungsmaßnahmen (Auffangklausel) sind nicht zulässig. § 1631 II 2 verbietet aber die Bestrafung des Kindes nicht grundsätzlich. Auch sind Gewaltanwendungen zur *Durchsetzung* nicht entwürdigender Erziehungsmaßnahmen (Bsp: Ausgeh-, Umgangs- und Konsumverbote) zulässig, um Widerstand des Kindes zu brechen. Gleiches gilt für Gefahrenabwehr (Bsp: Zurückholen von öffentl Verkehrsflächen, Entwenden von Streichhölzern oder Drogen). Schranke: Verhältnismäßigkeitsprinzip. **bb)** Bei **Verstoß** gegen § 1631 II 2 besteht kein Beseitigungs- oder Unterlassungsanspruch des Kindes, wohl aber sind Maßnahmen nach §§ 1666, 1666 a möglich; vereinzelte Verstöße gegen II 2, die den Eltern bei ihren Erziehungsbemühungen unterlaufen, beeinträchtigen Kindeswohl aber regelmäßig nicht. c) **Aufsicht** verlangt Bewahren vor Selbstschädigung oder Verletzung durch Dritte, aber auch vor Schadensverursachung, vgl § 832. Als Teil der Erziehungsaufgabe ist sie an die entwicklungsabhängigen Schranken der Erziehungsbefugnisse und -möglichkeiten gebunden, zB in der altersentsprechenden Achtung eines Geheimbereichs des Kindes (Briefe, Tagebücher); s auch BGH NJW 80, 1044 (17jähriger Schläger). d) **Aufenthaltsbestimmung.** Wahl von Wohnort und Wohnung ist Voraussetzung effektiver Erziehung; umfaßt ist auch Recht zur Unterbringung im Internat oder bei Pflegeperson. Kindeswille ist nach § 1626 I 1 zu berücksichtigen, vgl BayObLG NJW-RR 86, 4 (Rückführung einer 15jährigen in die Türkei); krit Knöpfel FamRZ 85, 1211. Bei **Unterbringung** mit **Freiheitsentziehung** (geschlossene Heime, Anstalten mit geschlossenen Abteilungen, zB für Drogensüchtige, nicht aber bei sonstigen Freiheitsbeschränkungen wie Ausgangsverboten, Einschließung in der elterlichen Wohnung usw) s Schranken in § 1631 b, dazu FGG 70 ff. Einschränkungen der Aufenthaltsbestimmung sind auch aufgrund § 1632 IV möglich, hierzu Rn 19. **Wohnsitz** s § 11. e) „Insbes" § 1631 I stellt klar, daß andere zur Personensorge notwendige Rechte und gebotene Aufgaben umfaßt sind, zB Geltendmachen von **Unterhalt,** Beilegung des **Vornamens** (s §§ 1616–1617 c, Rn 11), Erstbestimmung des **religiösen Bekenntnisses** (hierzu jedoch RKEG; zum Spannungsfeld von Religionsmündigkeit und Sorgerecht Umbach, FS Geiger 1989, 372), **Wahl von Schule** und **Ausbildung** (hierzu jedoch auch § 1631 a, Rn 11), Steuerung des **Umgangs** (hierzu jedoch § 1632 II, Rn 22 ff), **Kontrolle, Betreuung** und (je nach Reife) **Beratung** des Kindes im Umgang mit dem eigenen Körper (zB bei Einwilligung in

§ 1633 Buch 4. Abschnitt 2. Verwandtschaft

Heileingriffe oder sonstiger ärztlicher Behandlung, hierzu Lüderitz AcP 178, 276; Kern NJW 94, 755 f), Einwilligung in die Einstellung lebenserhaltender Maßnahmen (vgl Brandenburg FamRZ 00, 1034: familiengerichtliche Genehmigung nicht erforderlich), bei Verfügung über eigene Persönlichkeitsrechte (zB Einwilligung in
8 Aktfotos und ihre kommerzielle Verwertung, vgl BGH NJW 74, 1947 f). **f) Sterilisation** Minderjähriger ist nicht möglich, § 1631 c (s BT-Drs 11/4528 S 107).

9 3. a) Bei Ausübung der Personensorge hat das **FamG** die Inhaber elterlicher Personensorge zu **unterstützen**, § 1631 III. Voraussetzungen: **aa) Antrag** (jederzeit widerruflich) des (jedes) Sorgeberechtigten; **bb)** beantragte Maßnahme dient dem Kindeswohl. Das FamG kann helfen durch Ermahnung, Vorladung des Kindes, überzeugende Bestätigung elterlicher Entscheidungen, Umgangsverbote gegenüber Dritten nach § 1632 III, Vollstreckungshilfe bei Rückkehr ins Elternhaus, FGG 33 II. **cc)** Mit Heirat endet auch die Unterstützungsbefugnis des FamG,
10 § 1633. **b) Gegen** den **Willen der Eltern** kann das FamG nur eingreifen **aa)** im Fall des § 1632 IV; **bb)** unter den Voraussetzungen der §§ 1666 I, 1666 a. Überschreiten der immanenten Schranken der in § 1631 I normierten Befugnisse allein rechtfertigt Maßnahmen nach § 1666 I noch nicht; selbst bei entwürdigenden Erziehungsmaßnahmen (s § 1631 II) ist zusätzlich Gefährdung des Kindeswohls erforderlich, wenn auch oft indiziert (vgl Frankfurt NJW 81, 2524). Vernachlässigung des Gebots, in Ausbildungsfragen Rat einzuholen (§ 1631 a S 2), dürfte dagegen nicht einmal Indiz für Gefährdung des Kindeswohls sein.

11 4. Neigung für **Ausbildung** und **Beruf** iSv § 1631 a S 1 ist nicht vorübergehende Laune, wenngleich in der gegebenen Entscheidungssituation die Unterscheidung schwierig sein kann. Bei Beurteilung der Eignung, insbes der Begabung, kann Rat von Lehrern und bisherigen Ausbildern, Berufsberatern, Pflegepersonen oder Verwandten für die Eltern hilfreich sein. Einholung entspr Rats ist jedoch nicht
12 Pflicht („soll", vgl auch Rn 10). Bei **a) offensichtlicher Vernachlässigung** von Eignung und Neigung des Kindes und **b)** daraus folgender Besorgnis **nachhaltiger** und **schwerer Beeinträchtigung** der Entwicklung des Kindes kann FamG nach § 1666 I eingreifen. Bloße Zweifel an elterlichen Berufszielen gestatten Eingriff
13 nicht, sondern es muß eine offenbare Fehleinschätzung der Eltern vorliegen. Erforderlich ist deshalb eine Berufs- und Ausbildungsprognose für das Kind und seine
14 Zukunft (zur praktischen Bedeutung aufgezwungener Schul- oder Berufswahl vgl freilich Lüderitz AcP 178, 283; Diederichsen FamRZ 78, 466, 472). FamG kann bei **Streit zwischen Eltern und Kind** über Ausbildung und Beruf Vorstellungen des Kindes durchsetzen; § 1666 III ermöglicht dabei auch Eingriffe in Vertretungsmacht der Eltern zur Abgabe von Erklärungen, zB bei Ausbildungsvertrag, Kündigung einer Lehrstelle usw. Formelles Antragsrecht des Kindes besteht nicht; FamG hat von Amts wegen tätig zu werden, ggf auf Anregung des Kindes hin.

15 5. a) Befugnis zur **Aufenthaltsbestimmung** wird durch **Anspruch** des (der) Sorgeberechtigten auf **Herausgabe** des Kindes ergänzt, § 1632 I. **Vorenthalten** setzt Vereiteln des Aufenthaltsbestimmungsrechts der Eltern voraus; faktische Per-
16 sonensorge ohne Einfluß auf Kindeswillen reicht nicht. Für **Widerrechtlichkeit** ist Bestimmung des (der) Sorgeberechtigten entscheidend; zum Umgangsrecht s § 1684 f. Öffentl-rechtliche Pflichten (zB Schulpflicht) können jedoch Herausgabeanspruch beschränken. Zuständig für Herausgabeanspruch gegen Dritte ist FamG, § 1632 III (vgl Zweibrücken OLGZ 82, 178 zum Ziel Übertragung elterlicher Sorge), das Interessen des Kindes im Rahmen des § 1666 I 1 berücksichtigen
17 kann. Zu **Auslandsberührung** s Mansel NJW 90, 2176 (internationale Rechtshilfe, europäisches Sorgerechtsübereinkommen). Anhörung s FGG 49 a I Nr 6, 50 a ff; zur Herausgabe von persönlichen Sachen des Kindes s FGG 50 d; dazu Peschel-Gutzeit MDR 84, 890. Zur Vollstreckung s auch Schüler DGVZ 80, 98;
18 vorläufige Anordnung s BayObLG FamRZ 90, 1379. **b) § 1632 IV** dient dem **Schutz von Pflegekindern.** Erforderlich, weil die Gestattung der Eltern an Dritte, das Kind bei sich zu haben, jederzeit widerruflich ist und der Sorgerech-

Titel 5. Elterliche Sorge **§§ 1634–1638**

tigte daher durch das Pflegeverhältnis nicht gehindert ist, das Kind nach § 1632 I herauszuverlangen. **aa) Voraussetzung** ist eine bereits **längerdauernde Famili-** 19 **enpflege.** Ein faktisches Pflegeverhältnis ist ausreichend, die Erlaubnis nach SGB VIII 44 nicht entscheidend (BayObLG NJW 84, 2168). Leibliche Eltern als Pflegeeltern s Frankfurt OLGZ 83, 297. Die Dauer ist nicht absolut zu bestimmen, sondern unter Berücksichtigung des Kindesalters und der Pflegeumstände. Erforderlich ist eine **Abwägung** (dazu BayObLG NJW 88, 2382) nach Maßgabe des 20 § 1697 a. Dabei ist neben dem Willen des Kindes auch der Anlaß der Familienpflege zu berücksichtigen, etwa das frühere Verhalten der Eltern. Bessere Eignung der Pflegeeltern zur Erziehung allein reicht nicht aus (vgl Lüderitz AcP 178, 292). **bb) Verfahren:** Antragsrecht für Pflegeperson s § 1632 IV; zur Beschwerde trotz 21 erzwungener Herausgabe Frankfurt Rpfleger 82, 421. Anhörung des Kindes unverzichtbar, Frankfurt OLGZ 82, 8. Gilt auch gegenüber Vormund oder Pfleger, Hamm NJW 85, 3030. **c)** Befugnis zur **Umgangsregelung** des Kindes hat im 22 Innenverhältnis Grundlage in § 1631 I; gegenüber Dritten ist das komplementäre Abwehrrecht in § 1632 II geregelt, zuständig ist FamG, § 1632 III. **Umgangs-** 23 **regelung** steht dem Personensorgeberechtigten zu; Umgangsverbote durch FamG aufgrund Umgangsuntersagung durch Personensorgeberechtigten nach § 1632 III s BayObLG NJW-RR 95, 138. Reife und Entwicklung des Minderjährigen sind auch bei der Steuerung seines Umgangs zu berücksichtigen, doch sollten Eltern insoweit bis zur Mißbrauchsgrenze des § 1666 I letztlich allein entscheiden können (vgl Frankfurt NJW 79, 2053; BayObLG Rpfleger 82, 284). Die von den Gerich- 24 ten bes häufig zu entscheidende Frage **sexueller Beziehungen** sollte ebenfalls grundsätzlich in der Entscheidungskompetenz der Eltern verbleiben (vgl LG Berlin FamRZ 85, 519: Verbot des Umgangs wegen Gefahr lesbischer Betätigung), wobei freilich individuelle Reife des Jugendlichen und allg Überzeugungen die Höhe der Mißbrauchsschwelle erheblich beeinflussen können (vgl hierzu Lüderitz AcP 178, 281 mwN). „**Umgang**" ist weit auszulegen, so daß das FamG auch für das Verbot 25 an Dritte, dem Minderjährigen Alkohol, ein Kfz usw zu überlassen, zuständig ist. Für Ansprüche aus §§ 823 I, 1004 dürfte neben § 1632 II nur noch in Ausnahmefällen Raum sein, zB bei Schadensersatzansprüchen wegen Aufwendungen für Rückführung des vorenthaltenen Kindes (vgl RG HRR 1928 Nr 1413).

6. Heirat des Minderjährigen beschränkt elterliche Sorge auf Vertretungsmacht 26 in persönlichen Angelegenheiten und Vermögenssorge; tatsächliche Personensorge entfällt, § 1633. Insbes haben die Eltern keine Erziehungsbefugnisse mehr. Für die bei den Eltern verbleibende Vermögenssorge s Ausnahme in § 1649 II 2. Auflösung der Ehe läßt die durch Heirat erworbenen Befugnisse unberührt (MK/Huber 1). Für Streitigkeiten im Überschneidungsbereich von tatsächlicher Personensorge, Vertretungsmacht und Vermögenssorge wird Anrufung des FamG analog § 1630 II befürwortet, MK/Huber 6.

§§ 1634 bis 1637 *(weggefallen)*

§ 1638 Beschränkung der Vermögenssorge

(1) **Die Vermögenssorge erstreckt sich nicht auf das Vermögen, welches das Kind von Todes wegen erwirbt oder welches ihm unter Lebenden unentgeltlich zugewendet wird, wenn der Erblasser durch letztwillige Verfügung, der Zuwendende bei der Zuwendung bestimmt hat, dass die Eltern das Vermögen nicht verwalten sollen.**

(2) **Was das Kind auf Grund eines zu einem solchen Vermögen gehörenden Rechts oder als Ersatz für die Zerstörung, Beschädigung oder Entziehung eines zu dem Vermögen gehörenden Gegenstands oder durch ein Rechtsgeschäft erwirbt, das sich auf das Vermögen bezieht, können die Eltern gleichfalls nicht verwalten.**

§§ 1639, 1640 Buch 4. Abschnitt 2. Verwandtschaft

(3) ¹Ist durch letztwillige Verfügung oder bei der Zuwendung bestimmt, dass ein Elternteil das Vermögen nicht verwalten soll, so verwaltet es der andere Elternteil. ²Insoweit vertritt dieser das Kind.

§ 1639 Anordnungen des Erblassers oder Zuwendenden

(1) Was das Kind von Todes wegen erwirbt oder was ihm unter Lebenden unentgeltlich zugewendet wird, haben die Eltern nach den Anordnungen zu verwalten, die durch letztwillige Verfügung oder bei der Zuwendung getroffen worden sind.

(2) Die Eltern dürfen von den Anordnungen insoweit abweichen, als es nach § 1803 Abs. 2, 3 einem Vormund gestattet ist.

Anmerkungen zu den §§ 1638, 1639

1   **1. Allgemeines.** Einschränkung der elterlichen Vermögenssorge für solche Vermögen, die das Kind von Todes wegen oder unter Lebenden unentgeltlich erwirbt, durch entspr Bestimmung des Erblassers oder Zuwendenden. Ausschluß des elterlichen Verwaltungsrechts über ererbtes Vermögen durch Testamentsvollstreckung ist nicht notwendig gleichbedeutend mit Entzug nach § 1638 I (s hierzu MK/Huber § 1638, 9; Gernhuber/Coester-Waltjen § 61 I 3).

2   **2. Voraussetzungen. a)** Erwerb **von Todes wegen**, dh als Erbe, Vermächtnisnehmer oder Pflichtteilsberechtigter (hierzu Hamm FamRZ 69, 662), oder **b)** aufgrund **unentgeltlicher Zuwendung** zu Lebzeiten, dh einer Zuwendung

3   ohne Gegenleistung und Rechtsanspruch des Kindes. **c) Bestimmung** des Erblassers oder Zuwendenden (bei Zuwendung, dh nicht nachträglich), die auch unter einer Bedingung oder Zeitbestimmung getroffen werden kann. Inhaltlich kann die Bestimmung elterliche Vermögenssorge ganz ausschließen (§ 1638 I) oder für die

4   Verwaltung bestimmte Anordnungen treffen (§ 1639 I). Bestimmung braucht **nicht ausdrücklich** geschehen, sondern kann sich auch aus Auslegung des zuwendenden oder Erwerb bewirkenden RGeschäftes ergeben, vgl BayObLG FamRZ 64, 522 (Enterbung der Tochter als Ausschluß von der Vermögensverwaltung für Enkel).

5   **3. Wirkungen. a)** Wird Vermögenssorge nur einem Elternteil entzogen, so verwaltet der andere Elternteil, sofern er überhaupt Vermögenssorge hat, § 1638

6   III 1; zur Vertretungsmacht § 1638 III 2. **b)** Wird Vermögenssorge beiden Eltern entzogen, so ist Pfleger gem § 1909 I 2 zu bestellen; zum Beschwerderecht gegen Auswahl des Ergänzungspflegers s einerseits BayObLG Rpfleger 77, 253. Eltern können nicht Entlassung des Testamentsvollstreckers beantragen, BGH 106, 99. Befugnis der Eltern, erbrechtlichen Erwerb für das Kind anzunehmen oder auszuschlagen, wird von der Wirkung einer Bestimmung nach § 1638 I ausgenommen (s Karlsruhe FamRZ 65, 573 f). Zu **Surrogaten** des fraglichen Vermögens s

7   § 1638 II. **c) Verwaltungsanordnungen** (§ 1639) lassen Sorgebefugnis unberührt, binden aber ihre Ausübung; Bsp: Ausschluß der „Nutznießung" nach § 1649 II, vgl BayObLG Rpfleger 82, 180. Ausnahmemöglichkeit: § 1639 II iVm § 1803 II, III. Bei Verstoß gegen Anordnungen des Zuwendenden kann Schadensersatzpflicht aus § 1664 entstehen, ferner sind Maßnahmen nach § 1666 möglich.

§ 1640 Vermögensverzeichnis

(1) ¹Die Eltern haben das ihrer Verwaltung unterliegende Vermögen, welches das Kind von Todes wegen erwirbt, zu verzeichnen, das Verzeichnis mit der Versicherung der Richtigkeit und Vollständigkeit zu versehen und dem Familiengericht einzureichen. ²Gleiches gilt für Vermögen, welches das Kind sonst anläßlich eines Sterbefalls erwirbt, sowie für Abfin-

Titel 5. Elterliche Sorge **§§ 1641, 1642**

dungen, die anstelle von Unterhalt gewährt werden, und unentgeltliche Zuwendungen. ³Bei Haushaltsgegenständen genügt die Angabe des Gesamtwertes.

(2) Absatz 1 gilt nicht,
1. wenn der Wert eines Vermögenserwerbes 15 000 Euro nicht übersteigt oder
2. soweit der Erblasser durch letztwillige Verfügung oder der Zuwendende bei der Zuwendung eine abweichende Anordnung getroffen hat.

(3) Reichen die Eltern entgegen Absatz 1, 2 ein Verzeichnis nicht ein oder ist das eingereichte Verzeichnis ungenügend, so kann das Familiengericht anordnen, dass das Verzeichnis durch eine zuständige Behörde oder einen zuständigen Beamten oder Notar aufgenommen wird.

1. Allgemeines. Inventarisierungspflicht für Erwerb des Kindes von Todes wegen, anläßlich eines Sterbefalles, als Abfindung an Stelle von Unterhalt oder durch unentgeltliche Zuwendung von Vermögen im Wert von mehr als 15 000 Euro. 1

2. Voraussetzungen. a) Erwerb aa) von Todes wegen, also als Erbe, Vermächtnisnehmer, Pflichtteilsberechtigter, I 1; zur Anzeigepflicht des Nachlaßgerichts s FGG 74 a; **bb)** sonstiger **Vermögenserwerb anläßlich** eines **Sterbefalles**, I 2, also zB Renten, Ansprüche aus Lebensversicherungen, Schadensersatzansprüche aus § 844 II; **cc) Abfindungen** für Unterhaltsansprüche, I 2; **dd) unentgeltliche Zuwendungen**, dh solche ohne Gegenleistung und Rechtsanspruch des Kindes, I 2. **b) Wert** des Vermögenserwerbs übersteigt **15 000 Euro,** II Nr 1; maßgebend ist Zeitpunkt des Erwerbs. Renten und andere wiederkehrende Leistungen sind zur Bestimmung der Wertgrenze zu kapitalisieren. Belastungen und Verbindlichkeiten sind wertmindernd zu berücksichtigen (vgl MK/Huber 9: Aktiva und Passiva sind anzugeben). **c)** Erblasser oder Zuwender haben **nicht** eine **abw Bestimmung** getroffen, II Nr 2. 2 3

3. Rechtsfolge. Verpflichtung zur Erstellung eines Inventars und zur Einreichung beim FamG mit der Versicherung der Richtigkeit und Vollständigkeit, I 1. Private Aufzeichnung genügt. Aufzunehmen sind die der Vermögenssorge unterliegenden Gegenstände mit den zur Identifizierung erforderlichen Details. Kosten der Inventarisierung sind anders als nach § 1667 IV als Verwaltungskosten aus dem inventarisierten Vermögen zu bestreiten. 4

4. Sanktionen. Möglich nach III, ferner unter den Voraussetzungen des § 1666. 5

§ 1641 Schenkungsverbot

¹Die Eltern können nicht in Vertretung des Kindes Schenkungen machen. ²Ausgenommen sind Schenkungen, durch die einer sittlichen Pflicht oder einer auf den Anstand zu nehmenden Rücksicht entsprochen wird.

1. Voraussetzungen. Schenkung s zu § 516; Anstandsschenkung s zu § 534. 1

2. Rechtsfolge einer gegen S 1 verstoßenden Schenkung nach hM Nichtigkeit gem § 134 (zweifelhaft); Genehmigung durch volljährig gewordenes Kind scheidet daher aus. Rechtsfolge erfaßt auch die Verfügung. Erwerb nach § 932 nur, wenn Eltern über Kindsgut im eigenen Namen verfügen; Ausgleich § 816 I 1. Krit zum Schenkungsverbot Canaris JZ 87, 998. 2

§ 1642 Anlegung von Geld

Die Eltern haben das ihrer Verwaltung unterliegende Geld des Kindes nach den Grundsätzen einer wirtschaftlichen Vermögensverwaltung anzulegen, soweit es nicht zur Bestreitung von Ausgaben bereitzuhalten ist.

Chr. Berger

§ 1643 Buch 4. Abschnitt 2. Verwandtschaft

1 1. Ziele der Anlagepflicht sind nicht nur bestmögliche Rendite und größtmögliche Sicherheit, sondern auch – soweit überhaupt möglich – Schutz vor Inflation. Bei größeren Vermögen ist eine Streuung der Anlagearten erforderlich (Frankfurt/M, NJW-RR 99, 1237). Bei Gefährdung kann das FamG nach §§ 1666, 1667 II eingreifen; Verluste können Ansprüche des Kindes nach § 1664 auslösen.

§ 1643 Genehmigungspflichtige Rechtsgeschäfte

(1) **Zu Rechtsgeschäften für das Kind bedürfen die Eltern der Genehmigung des Familiengerichts in den Fällen, in denen nach § 1821 und nach § 1822 Nr. 1, 3, 5, 8 bis 11 ein Vormund der Genehmigung bedarf.**

(2) ¹**Das Gleiche gilt für die Ausschlagung einer Erbschaft oder eines Vermächtnisses sowie für den Verzicht auf einen Pflichtteil.** ²**Tritt der Anfall an das Kind erst infolge der Ausschlagung eines Elternteils ein, der das Kind allein oder gemeinsam mit dem anderen Elternteil vertritt, so ist die Genehmigung nur erforderlich, wenn dieser neben dem Kind berufen war.**

(3) **Die Vorschriften der §§ 1825, 1828 bis 1831 sind entsprechend anzuwenden.**

Lit: Schrade, Die rechtlichen Grenzen der Entscheidung des Vormundschaftsgerichts im Rahmen des § 1643 BGB, 1993.

1 1. **Allgemeines.** Die Vorschrift soll bei bes schwerwiegenden Geschäften die Mitwirkung und Kontrolle des FamG sichern und schränkt die elterliche Vertretungsmacht durch das Erfordernis familiengerichtlicher Genehmigung entspr ein. Im Vergleich zu Vormund und Pfleger ist der Kreis der genehmigungsabhängigen RGeschäfte für die Eltern kleiner.

2 2. **Genehmigungsbedürftig** sind a) die durch Verweisung in I auf §§ 1821, 1822 ie bezeichneten, von den Eltern **im Namen des Kindes** vorgenommenen **RGeschäfte**, bei Vornahme durch den Minderjährigen die **Zustimmung** der Eltern. Zu den nach I genehmigungsbedürftigen RGeschäften s Kommentierung **3** zu §§ 1821, 1822. b) **Ausschlagung** einer angefallenen Erbschaft oder eines Vermächtnisses sowie **Verzicht** auf einen Pflichtteil, II 1; Anwendbarkeit § 181 str, s Buchholz NJW 93, 1165 f mwN (Ergänzungspfleger erforderlich); aA Coing **4** NJW 85, 9. **Ausnahme** II 2; ist jedoch das Kind bereits unabhängig von der Ausschlagung durch den Elternteil als Erbe – also neben Elternteil – berufen, dann bleibt es bei II 1, weil Kind nicht aufgrund Ausschlagung erwirbt. Erwirbt Kind infolge Ausschlagung des nicht vertretungsberechtigten Elternteils, dann ist Ausschlagung für das Kind durch vertretungsberechtigten Elternteil ebenfalls genehmigungspflichtig. Schlägt Elternteil für sich als Testamentserbe und für Kind als testamentarischer Ersatzerbe aus, um damit selbst ges Erbe zu werden, gilt II 2 nicht.

5 3. **Prüfungsmaßstab** für FamG sind Kindeswohl und Kindesinteresse (dazu Schrade aaO S 55 ff), und zwar nicht nur in wirtschaftlicher Hinsicht (vgl Karlsruhe FamRZ 73, 380; Gernhuber/Coester-Waltjen § 60 IV 8). Vorteile, Risiken, Erträge und Aufwendungen sind abzuwägen. Dabei steht die elterliche Dispositionsbefugnis nur beschränkt zur Überprüfung (Zweibrücken FamRZ 01, 1236).

6 4. Für **Erklärung der Genehmigung** sowie die Möglichkeit einer allg Ermächtigung verweist III auf §§ 1825, 1828–1831; s hierzu Anm zu § 1825, §§ 1828–1832.

Titel 5. Elterliche Sorge §§ 1644–1649

§ 1644 Überlassung von Vermögensgegenständen an das Kind

Die Eltern können Gegenstände, die sie nur mit Genehmigung des Familiengerichts veräußern dürfen, dem Kind nicht ohne diese Genehmigung zur Erfüllung eines von dem Kind geschlossenen Vertrags oder zu freier Verfügung überlassen.

1. Verhindert Umgehung des § 1643 mit Hilfe von § 110.   1
2. **Rechtsfolge** bei Verstoß: Nichtigkeit.   2

§ 1645 Neues Erwerbsgeschäft

Die Eltern sollen nicht ohne Genehmigung des Familiengerichts ein neues Erwerbsgeschäft im Namen des Kindes beginnen.

1. Gründung ohne Genehmigung wirksam (Sollvorschrift), doch evtl Grund für   1
FamG, nach § 1666 einzuschreiten. S ferner §§ 112 I, 1629 a, 1643 I, 1822 Nr 3, 4. Zur str Genehmigungsbedürftigkeit der Fortführung eines unentgeltlich erworbenen Erwerbsgeschäfts s MK/Huber 5. Genehmigung nach § 1645 ersetzt nicht die nach §§ 112 I, 1643 I iVm § 1822 Nr 3, 4 erforderlichen Genehmigungen. Maßgebend für Genehmigung ist Kindeswohl, § 1697 a.

§ 1646 Erwerb mit Mitteln des Kindes

(1) ¹Erwerben die Eltern mit Mitteln des Kindes bewegliche Sachen, so geht mit dem Erwerb das Eigentum auf das Kind über, es sei denn, dass die Eltern nicht für Rechnung des Kindes erwerben wollen. ²Dies gilt insbesondere auch von Inhaberpapieren und von Orderpapieren, die mit Blankoindossament versehen sind.

(2) Die Vorschriften des Absatzes 1 sind entsprechend anzuwenden, wenn die Eltern mit Mitteln des Kindes ein Recht an Sachen der bezeichneten Art oder ein anderes Recht erwerben, zu dessen Übertragung der Abtretungsvertrag genügt.

1. **Allgemeines.** Rechtsfolgen unmittelbarer Stellvertretung für mittelbare   1
Stellvertretung des Kindes bei Erwerb der in I und II bezeichneten Sachen, Wertpapieren und Rechte, um Kindesvermögen zu erhalten. Bei offener Stellvertretung erwirbt Kind bereits nach § 164 I.

§ 1647 *(weggefallen)*

§ 1648 Ersatz von Aufwendungen

Machen die Eltern bei der Ausübung der Personensorge oder der Vermögenssorge Aufwendungen, die sie den Umständen nach für erforderlich halten dürfen, so können sie von dem Kind Ersatz verlangen, sofern nicht die Aufwendungen ihnen selbst zur Last fallen.

1. **Voraussetzungen.** a) Aufwendungen, die b) in pflichtgemäßer (§ 1664)   1
Ausübung der Personen- oder Vermögenssorge von den Eltern oder einem Elternteil gemacht werden und c) nicht als Unterhalt geschuldet sind.

2. **Rechtsfolge.** Spezieller Aufwendungsersatzanspruch; zum Inhalt s §§ 256,   2
257 sowie die Anm zu § 670. §§ 677–687 bleiben unanwendbar; anders jedoch bei fehlendem Sorgerecht.

§ 1649 Verwendung der Einkünfte des Kindesvermögens

(1) ¹Die Einkünfte des Kindesvermögens, die zur ordnungsmäßigen Verwaltung des Vermögens nicht benötigt werden, sind für den Unterhalt des Kindes zu verwenden. ²Soweit die Vermögenseinkünfte nicht ausrei-

§§ 1650–1664

chen, können die Einkünfte verwendet werden, die das Kind durch seine Arbeit oder durch den ihm nach § 112 gestatteten selbständigen Betrieb eines Erwerbsgeschäfts erwirbt.

(2) ¹Die Eltern können die Einkünfte des Vermögens, die zur ordnungsmäßigen Verwaltung des Vermögens und für den Unterhalt des Kindes nicht benötigt werden, für ihren eigenen Unterhalt und für den Unterhalt der minderjährigen unverheirateten Geschwister des Kindes verwenden, soweit dies unter Berücksichtigung der Vermögens- und Erwerbsverhältnisse der Beteiligten der Billigkeit entspricht. ²Diese Befugnis erlischt mit der Eheschließung des Kindes.

1 **1. Allgemeines.** I und II regeln – I in Ergänzung von § 1602 II – die Reihenfolge der Verwendung von Kindeseinkünften zu Unterhaltszwecken, wobei Erhaltung des Kindesvermögens Vorrang hat, I; die nach II gestattete Verwendung von Überschüssen zugunsten von Eltern und Geschwistern verhindert krasse Ungleichheiten im Lebensstandard innerhalb der engeren Familie (Gernhuber/Coester-Waltjen § 63 I 3).

2 **2. Voraussetzung:** Verwaltungsbefugnis der Eltern bzw eines Elternteils. **Reihenfolge** von Verwendungen und Einkünften: **a)** Bestreiten der ordnungsgemäßen

3 Verwaltung des Kindesvermögens; **b)** Unterhalt des Kindes aus **aa)** Vermögenserträgen; **bb)** Einkünften aus Erwerbstätigkeit. Die Verwendung zum Unterhalt verschiebt nicht die Grenze des § 1610, wenn auch praktisch der Unterhaltsbedarf

4 des wohlhabenden Kindes großzügiger bemessen werden dürfte. **c)** Unterhalt der Eltern und minderjähriger unverheirateter – auch halbbürtiger – Geschwister, II 1. Häusliche Gemeinschaft mit Eltern oder Geschwistern ist nicht erforderlich (str, s MK/Huber 23). Begünstigung von Stiefgeschwistern str, vgl MK/Huber 23.

5 **3. Rechtsfolge** aus II. **Befugnis** der Eltern im Rahmen der – in II 1 HS 2 konkretisierten – Billigkeit, nicht aber Verpflichtung zur Überschußverwendung zum Familienunterhalt. Befugnis erfaßt ausschließlich Einkünfte aus Vermögen, nicht Arbeitseinkommen, Impfschadenrente uä (Hamm FamRZ 74, 31). Soweit Unterhaltsansprüche der begünstigten Eltern gegen das wohlhabende Kind gegeben sind, ist § 1649 II nicht anzuwenden. Die Vorschrift ist Rechtsgrund für den Eltern und Geschwistern zugewandten Unterhalt.

6 **4. Ende** der Befugnis s II 2.

§§ 1650 bis 1663 *(weggefallen)*

§ 1664 Beschränkte Haftung der Eltern

(1) Die Eltern haben bei der Ausübung der elterlichen Sorge dem Kind gegenüber nur für die Sorgfalt einzustehen, die sie in eigenen Angelegenheiten anzuwenden pflegen.

(2) Sind für einen Schaden beide Eltern verantwortlich, so haften sie als Gesamtschuldner.

1 **1. Allgemeines.** Zu I: Die erst von der zweiten Kommission eingeführte (Prot IV 561), rechtspolitisch (vgl MK/Huber 2) sowie in ihrer Reichweite und dogmatischen Qualifikation umstrittene, gleichwohl durch alle Reformen unverändert beibehaltene Vorschrift individualisiert Sorgfaltsstandard der Eltern bei Wahrnehmung der Vermögens- und Personensorge. Zu II: Gesamtschuld, §§ 421 ff, und damit Innenausgleich der Eltern nach § 426 I 1, II 1, soweit beide Elternteile haften. Die hL sieht § 1664 als selbständige Anspruchsgrundlage (SoeLange 2; aA Gernhuber/Coester-Waltjen § 57 IV 6 [Haftungsmaßstab]).

2 **2. Voraussetzungen I. a)** Wahrnehmung der Sorge für Person oder Vermögen des Kindes durch sorgeberechtigte Eltern bzw Elternteil. Analogie zugunsten des „faktisch" Sorgenden oder bei Ausübung des Umgangsrechts (BGH 103, 345)

Titel 5. Elterliche Sorge **§§ 1665–1666 a**

möglich. b) Verletzung der obj gebotenen Pflicht zur Sorge (zB Erziehungsfehler, 3
falsche Ernährung, schlechte Vermögensverwaltung, aber auch mangelhafte Beaufsichtigung durch **Eltern,** vgl BGH 103, 345); keine analoge Anwendung auf andere Personen, BGH NJW 96, 53. c) Durch Pflichtverletzung verursachte Schädigung des Kindes. d) Bei Schädigung durch Dritte, die Pflichten für die Eltern 4
erfüllen, gilt § 278 mit Sorgfaltsmilderung für die Gehilfen (StEngler 23); soweit Eltern nur zur Beiziehung Dritter verpflichtet sind (zB Arzt), gilt § 1664 für die Sorgfalt in der Auswahl.

3. Rechtsfolge. Individuelle Sorgfaltsbestimmung, die oft als Sorgfaltsent- 5
lastung gegenüber allg Standards wirkt; zur diligentia quam in suis s § 277.

4. Konkurrenzen. Auf Ansprüche aus Vertrag oder wegen Verletzung allg 6
Verkehrspflichten findet § 1664 keine Anwendung (sehr str, aA etwa von Gernhuber/Coester-Waltjen § 57 IV 6, Hamm NJW 93, 542; sa BGH 103, 345 für Deliktsanspruch bei Verletzung der Aufsichtspflicht durch Umgangsberechtigten). UU kann jedoch das Kind mit Rücksicht auf die Familiengemeinschaft aufgrund § 1618 a gehalten sein, Ersatzansprüche wegen leichtfahrlässiger Schadenszufügung, insbes auf Schmerzensgeld, nicht geltend zu machen (vgl Karlsruhe VersR 77, 232 f). Zu Gesamtschuld und Ausgleich, falls Elternteil und Dritter für Verletzung des Kindes verantwortlich sind, s BGH 103, 346 f.

§ 1665 *(weggefallen)*

§ 1666 Gerichtliche Maßnahmen bei Gefährdung des Kindeswohls

(1) ¹**Wird das körperliche, geistige oder seelische Wohl des Kindes oder sein Vermögen durch missbräuchliche Ausübung der elterlichen Sorge, durch Vernachlässigung des Kindes, durch unverschuldetes Versagen der Eltern oder durch das Verhalten eines Dritten gefährdet, so hat das Familiengericht, wenn die Eltern nicht gewillt oder nicht in der Lage sind, die Gefahr abzuwenden, die zur Abwendung der Gefahr erforderlichen Maßnahmen zu treffen.**

(2) **In der Regel ist anzunehmen, dass das Vermögen des Kindes gefährdet ist, wenn der Inhaber der Vermögenssorge seine Unterhaltspflicht gegenüber dem Kind oder seine mit der Vermögenssorge verbundenen Pflichten verletzt oder Anordnungen des Gerichts, die sich auf die Vermögenssorge beziehen, nicht befolgt.**

(3) **Das Gericht kann Erklärungen des Inhabers der elterlichen Sorge ersetzen.**

(4) **In Angelegenheiten der Personensorge kann das Gericht auch Maßnahmen mit Wirkung gegen einen Dritten treffen.**

§ 1666 a Trennung des Kindes von der elterlichen Familie; Entziehung der Personensorge insgesamt

(1) **Maßnahmen, mit denen eine Trennung des Kindes von der elterlichen Familie verbunden ist, sind nur zulässig, wenn der Gefahr nicht auf andere Weise, auch nicht durch öffentliche Hilfen, begegnet werden kann.** ²**Dies gilt auch, wenn einem Elternteil vorübergehend oder auf unbestimmte Zeit die Nutzung der Familienwohnung untersagt werden soll.** ³**Wird einem Elternteil oder einem Dritten die Nutzung der vom Kind mitbewohnten oder einer anderen Wohnung untersagt, ist bei der Bemessung der Dauer der Maßnahme auch zu berücksichtigen, ob diesem das Eigentum, das Erbbaurecht oder der Nießbrauch an dem Grundstück zusteht, auf dem sich die Wohnung befindet; Entsprechendes gilt für das**

Chr. Berger

§ 1667 Buch 4. Abschnitt 2. Verwandtschaft

Wohnungseigentum, das Dauerwohnrecht, das dingliche Wohnrecht oder wenn der Elternteil oder Dritte Mieter der Wohnung ist.

(2) Die gesamte Personensorge darf nur entzogen werden, wenn andere Maßnahmen erfolglos geblieben sind oder wenn anzunehmen ist, dass sie zur Abwendung der Gefahr nicht ausreichen.

§ 1667 Gerichtliche Maßnahmen bei Gefährdung des Kindesvermögens

(1) [1]Das Familiengericht kann anordnen, dass die Eltern ein Verzeichnis des Vermögens des Kindes einreichen und über die Verwaltung Rechnung legen. [2]Die Eltern haben das Verzeichnis mit der Versicherung der Richtigkeit und Vollständigkeit zu versehen. [3]Ist das eingereichte Verzeichnis ungenügend, so kann das Familiengericht anordnen, dass das Verzeichnis durch eine zuständige Behörde oder durch einen zuständigen Beamten oder Notar aufgenommen wird.

(2) [1]Das Familiengericht kann anordnen, dass das Geld des Kindes in bestimmter Weise anzulegen und dass zur Abhebung seine Genehmigung erforderlich ist. [2]Gehören Wertpapiere, Kostbarkeiten oder Schuldbuchforderung gegen den Bund oder ein Land zum Vermögen des Kindes, so kann das Familiengericht dem Elternteil, der das Kind vertritt, die gleichen Verpflichtungen auferlegen, die nach §§ 1814 bis 1816, 1818 einem Vormund obliegen; die §§ 1819, 1820 sind entsprechend anzuwenden.

(3) [1]Das Familiengericht kann dem Elternteil, der das Vermögen des Kindes gefährdet, Sicherheitsleistung für das seiner Verwaltung unterliegende Vermögen auferlegen. [2]Die Art und den Umfang der Sicherheitsleistung bestimmt das Familiengericht nach seinem Ermessen. [3]Bei der Bestellung und Aufhebung der Sicherheit wird die Mitwirkung des Kindes durch die Anordnung des Familiengerichts ersetzt. [4]Die Sicherheitsleistung darf nur dadurch erzwungen werden, dass die Vermögenssorge gemäß § 1666 Abs. 1 ganz oder teilweise entzogen wird.

(4) Die Kosten der angeordneten Maßnahmen trägt der Elternteil, der sie veranlasst hat.

Anmerkungen zu den §§ 1666–1667

1   **1. Allgemeines. a)** Die Generalklausel des § 1666 I ist Ausprägung des staatlichen Wächteramtes aus GG 6 II 2 und bildet die Grundlage des Eingriffs in die Personen- und Vermögenssorge bei Gefahren für das Kindeswohl. Auch die anzu-
2   ordnende Maßnahme ist am Kindeswohl auszurichten, § 1697 a. **b)** Anordnungen nach § 1666 I gehen den Sorgerechtsentscheidungen nach Trennung der Eltern vor, § 1671 III (s Schwab FamRZ 98, 465).

3   **2. Eingriff** in die **Personensorge. a) Voraussetzungen. aa)** Erwiesene Gefährdung des körperlichen, geistigen oder seelischen Wohl des Kindes. Kindeswohl ist unbestimmter Rechtsbegriff, der zu orientieren ist am Erziehungsziel eines gesunden, zu Selbstbestimmung und -verantwortung fähigen Menschen (vgl Gern-
4   huber FamRZ 73, 231). Gefährdung ist ein Zustand, dessen Weiterentwicklung mit ziemlicher Sicherheit eine erhebliche Beeinträchtigung des Kindeswohls erwarten läßt (vgl BGH NJW 56, 1434). Bsp: Entwürdigende Erziehungsmaßnahmen (s § 1631 II); Vernachlässigung oder Fehlleitung von Begabung und Eignung in Schule, Ausbildung oder bei der Berufswahl (s § 1631 a); sexueller Mißbrauch; Vernachlässigung von Ernährung und Pflege (BayObLG NJW-RR 88, 1223); Unfähigkeit, allgemein anerkannte sittliche Überzeugungen zu vermitteln (zB Anhalten zu oder Gestatten von Bettelei oder Prostitution); ungerechtfertigte Umgangsverbote (vgl BayObLG NJW 81, 1380 – Großeltern); Ablehnung von notwendigen Heileingriffen, zB aus religiöser Überzeugung (vgl OLG Celle MDR

Titel 5. Elterliche Sorge **§ 1667**

94, 487 – Bluttransfusion); **nicht:** abstrakte Gefährdung durch Glaubensüberzeugung der Eltern (vgl BayObLG NJW 76, 2017 – Jehovas Zeugen; Hamm NJW-RR 86, 754 – Bhagwan); Verweigerung eines Schwangerschaftsabbruchs (AG Helmstedt FamRZ 87, 621); geistige Behinderung der Eltern (LG Berlin NJW-RR 88, 1419, nicht verallgemeinerungsfähig); Rauchen im Beisein der Kinder (BayObLG MDR 93, 649, nicht verallgemeinerungsfähig). **bb)** Kindeswohlgefährdung muß verursacht worden sein durch Sorgemißbrauch, Vernachlässigung oder Versagen der Eltern oder Dritter. Verschulden ist nicht erforderlich. **cc)** Eltern sind zur Gefahrenabwehr nicht willens oder nicht fähig. Auch hier ist Verschulden unerheblich. **b) Maßnahmen. aa)** Das FamG hat die zur Gefahrenabwehr erforderlichen Maßnahmen unter strikter Wahrung des Verhältnismäßigkeitsgrundsatzes zu treffen. Nur Maßnahmen, die zur Gefahrenabwehr geeignet und erforderlich sind, sind anzuordnen. Es ist stets das mildeste Mittel zu wählen. Die Übertragung der Sorge auf einen Elternteil geht zB der Pflegerbestellung vor; daher auch Übertragung der Alleinsorge auf einen Elternteil gegen dessen Willen möglich (Karlsruhe FuR 99, 224). Der Verhältnismäßigkeitsgrundsatz gilt auch für die zeitliche Dauer einer Maßnahme. **bb)** Konkretisiert wird der Verhältnismäßigkeitsgrundsatz für besonders **gravierende Maßnahmen** in § 1666 a. Vor Trennung von der Familie nach § 1666 a I stets Prüfung milderer Mittel und Vorrang öffentl Hilfen. S 3 läßt erkennen, daß zur Herbeiführung einer Trennung auch dem Elternteil die Nutzung der Wohnung untersagt werden kann; Rechte an der Wohnung sind bei der Bemessung der Dauer zu berücksichtigen. Entzug der gesamten Personensorge nach § 1666 a II ist nur zulässig, wenn weniger einschneidende Maßnahmen bereits ohne Erfolg eingesetzt waren oder sich mit an Sicherheit grenzender Wahrscheinlichkeit als ergebnislos erweisen werden. **cc)** Maßnahmen außerhalb von § 1666 a können sein: Ersetzung von Erklärungen der Sorgeinhaber, zB Einwilligung in eine Operation (§ 1666 III), Ermahnungen, Verwarnungen, Ge- und Verbote, Entzug der tatsächlichen Sorge durch oder iVm Unterbringung in einem Heim oder bei Pflegepersonen, Einschränkung oder Entziehung der Umgangsaufsicht und -steuerung, der Entscheidung über Heilbehandlung oder der Verfügung über Persönlichkeitsrechte, schließlich Entziehung von Teilbereichen der Sorge, zB des Aufenthaltsbestimmungsrechts, Ergänzungspflegschaft mit Wirkungskreis der Regelung des Umgangsrechts (Frankfurt aM NJW 00, 368). – Sind beide Elternteile sorgeberechtigt, wird die Sorge aber nur einem Elternteil (teilweise, zB Aufenthaltsbestimmungsrecht) entzogen, steht sie dem anderen zu, § 1680 III, I; sonst Pflegerbestellung, § 1909. Bei bisheriger Alleinsorge nach § 1626 a II ist eine Übertragung auf den anderen Elternteil möglich (Hamm FamRZ 00, 1239). **dd)** Das FamG kann auch Maßnahmen gegenüber **Dritten** verhängen, § 1666 IV. Bsp: Verbote des Umgangs, der Überlassung von Drogen, Alkohol, pornographischen Schriften, Fahrzeugen, Waffen, sogar Verbot des Wohnens in der Nachbarschaft (vgl Zweibrücken NJW 94, 1741, Sexualtäter – mißbrauchtes Kind). Dritter kann auch der neue Partner eines Elternteils sein. Eine Anordnung gegenüber Dritten unterliegt dem Verhältnismäßigkeitsprinzip und setzt ebenfalls voraus, daß die Eltern nicht willens oder in der Lage sind, die Kindeswohlgefährdung abzuwehren. Vollstreckung FGG 33, Diederichsen NJW 80, 7.

3. Eingriff in die **Vermögenssorge. a) Voraussetzung** ist die Gefährdung des Kindesvermögens, also eine gegenwärtige Gefahrenlage für das Vermögen. Eine Vermögensminderung muß noch nicht eingetreten sein, aber mit hoher Wahrscheinlichkeit bevorstehen. Verschulden ist nicht erforderlich. **aa)** Die Regelbeispiele des § 1666 II indizieren die Vermögensgefährdung. Unterhaltspflicht ist verletzt, wenn der Unterhaltsanspruch (§§ 1601 ff) ganz oder teilweise nicht erfüllt wird. Pflichten, die mit der Vermögenssorge verbunden sind, erwachsen aus §§ 1639, 1642, 1649. Pflichtverletzung ist auch Verwendung von Kindesvermögen im elterlichen Betrieb oder das Unterlassen möglicher Vermögensmehrung. Ge-

§§ 1668–1671 Buch 4. Abschnitt 2. Verwandtschaft

richtl Anordnungen zum Schutze des Kindesvermögens s § 1667. – Ist ein Regelbeispiel erfüllt, scheidet eine Vermögensgefährdung nur im Ausnahmefall unter besonderen Gründen aus. Nicht entbunden wird das FamG von der Prüfung, ob die Gefahr auch in Zukunft besteht, weil die Eltern nicht willens oder in der Lage sind, sie abzuwenden. **bb)** Vermögensgefährdung kann auch aus anderen Gründen anzunehmen sein, etwa bei Begehung von Vermögensdelikten, (drohendem) Vermögensverfall oder schwerwiegendem Zerwürfnis mit den Eltern (Köln

14 NJW-RR 00, 373). **b) Maßnahmen** unterliegen auch hier streng dem Verhältnismäßigkeitsgrundsatz. Der (Teil-)Entzug der Vermögenssorge ist nur letztes Mittel. Weniger einschneidende Maßnahmen nach § 1667 (Errichtung eines Vermögensverzeichnisses, bestimmte Vermögensanlage, Sicherheitsleistung) haben Vor-

15 rang (BT-Drs 13/4899 S 97); Kosten § 1667 IV. Gegenüber Dritten können keine Maßnahmen ergriffen werden, s § 1666 IV; Kontosperre bei der Bank scheidet daher aus.

16 4. Prüfungs- und Aufhebungspflicht s § 1696 II, III.

17 **5. Verfahren.** FamG ZPO 621 I Nr 1; FGG-Verfahren 621 a I; Zuständigkeit FGG 64 III 2, 43, 36; Anhörung des Jugendamtes FGG 49 a I Nr 8, der Eltern FGG 50 a, des Kindes FGG 50 b; Bestellung eines Verfahrenspflegers für das Kind FGG 50. Keine Einholung eines kinderpsychologischen Gutachtens gegen den Willen der Sorgeberechtigten (Frankfurt/M FamRZ 01, 638). Beschwerderecht der Eltern FGG 20, der Verwandten und Verschwägerten des Kindes gegen Ablehnung einer Maßnahme FGG 57 I Nr 8, sonstiger Interessenten FGG 57 I Nr 9; Ausübung des Beschwerderechts durch Kind FGG 59 I, III.

18 6. IPR s EGBGB 24 sowie MSA.

§§ 1668 bis 1670 *(weggefallen)*

§ 1671 Getrenntleben bei gemeinsamer elterlicher Sorge

(1) **Leben Eltern, denen die elterliche Sorge gemeinsam zusteht, nicht nur vorübergehend getrennt, so kann jeder Elternteil beantragen, dass ihm das Familiengericht die elterliche Sorge oder einen Teil der elterlichen Sorge allein überträgt.**

(2) **Dem Antrag ist stattzugeben, soweit**
1. **der andere Elternteil zustimmt, es sei denn, dass das Kind das vierzehnte Lebensjahr vollendet hat und der Übertragung widerspricht, oder**
2. **zu erwarten ist, dass die Aufhebung der gemeinsamen Sorge und die Übertragung auf den Antragsteller dem Wohl des Kindes am besten entspricht.**

(3) **Dem Antrag ist nicht stattzugeben, soweit die elterliche Sorge auf Grund anderer Vorschriften abweichend geregelt werden muss.**

Lit: Schwab, Wandlungen der „gemeinsamen elterlichen Sorge", FS Gaul (1997), 171; ders, Elterliche Sorge bei Trennung und Scheidung der Eltern – Die Neuregelung des KindRG –, FamRZ 98, 457.

1 **1. Allgemeines.** Die Trennung (und Scheidung) der Eltern läßt die gemeinsame Sorge unberührt; ihr Fortbestand bedarf keiner gerichtl Anordnung. Zum inhaltlichen Wandel bei Getrenntleben s § 1687. Die Übertragung der Sorge auf einen Elternteil erfolgt nur auf dessen Antrag durch das FamG.

2 **2. Voraussetzungen. a)** Unerheblich ist, ob **gemeinsame elterliche Sorge** nach §§ 1626, 1626 a I Nr 2 durch Eheschließung oder nach § 1626 a I Nr 1 aufgrund Sorgeerklärungen begründet wurde. Alleinübertragung daher auch möglich, wenn sich Partner einer nichtehelichen Lebensgemeinschaft trennen, falls

Titel 5. Elterliche Sorge **§ 1671**

gemeinsame Sorge nach § 1626 a I Nr 1 bestand; wenn nicht s § 1672. **b)** Nicht 3
nur vorübergehendes **Getrenntleben der Eltern** liegt vor, wenn sie die häusliche
Gemeinschaft dauerhaft aufgehoben haben und nicht wiederherstellen wollen,
s §§ 1566, 1567 Rn 4. Alleinübertragung der Sorge ist aber auch möglich, wenn
Eltern niemals zusammen lebten, etwa im Falle des § 1626 a I Nr 1. Der bloße
Wille, in Zukunft getrennt zu leben, genügt nicht; will ein Elternteil unter Mitnahme der Kinder aus der gemeinsamen Wohnung ausziehen, setzt dies die Begründung eines Alleinentscheidungsrechts nach § 1628 hinsichtlich der Aufenthaltsbestimmung voraus. **c) Antrag** auf Übertragung der Sorge ganz oder teilweise 4
an den Antragsteller, nicht an den anderen Elternteil. Stellen Eltern einen Antrag
gemeinsam, so kann darin die Zustimmung eines Elternteils nach II Nr 1 liegen;
der Antragsteller muß aber bestimmbar sein. Kein Antragsrecht haben das Kind
und das Jugendamt. **d)** Dem Antrag ist **stattzugeben,** wenn **aa)** der andere 5
Elternteil **zustimmt.** Gemeinsamer Elternwille bindet. Eine Kindeswohlprüfung
findet nicht statt. Widerspricht aber das Kind, das das 14. Lebensjahr vollendet hat,
so kann eine Übertragung nur nach II Nr 2 erfolgen; Widerspruch erzwingt also
Kindeswohlprüfung. Widerspruch jüngerer Kinder ist unbeachtlich. Eine andere
Sorgerechtsregelung kann aber unter den hohen Voraussetzungen des § 1666 vorgenommen werden, s III. Zustimmung und Widerspruch sind widerruflich
(Schwab aaO S 461). **bb)** Fehlt die Zustimmung oder liegt ein wirksamer Widerspruch vor, kann die Sorge auf einen Elternteil übertragen werden, wenn sowohl 6
die Aufhebung als auch die Übertragung dem **Kindeswohl** entspricht. Dabei ist
zweistufig zu prüfen: α) Die Aufhebung der gemeinsamen Sorge entspricht dem 7
Kindeswohl, wenn eine gemeinsame Ausübung der Sorge nicht stattfindet und
notwendige Entscheidungen nicht getroffen werden. Bsp: Die Eltern wohnen
infolge der Trennung in großer räumlicher Entfernung (Hamm NJW-RR 99,
373); ein Elternteil steht der Erziehung gleichgültig gegenüber oder ist ungeeignet.
Bestehen zwischen den Eltern persönliche Spannungen (wie nicht selten nach einer
Scheidung) oder sind sie zerstritten, entscheidet allein das Kindeswohl über die
Alleinsorge (vgl BT-Drs 13/4899 S 99). Ein normativer Vorrang der gemeinsamen
Sorge, der zu einer Pflicht zur Kooperation in Kindesangelegenheiten führte,
besteht nicht. Die Alleinsorge ist daher nicht an besonders hohe Voraussetzungen
geknüpfte Ausnahme oder gar „ultima ratio" (BGH FamRZ 99, 1647; dazu
Gruber FamRZ 00, 398; str, aA Frankfurt/M FamRZ 02, 187 [wenn emotionale
Bindung des Kindes zu nicht kooperationsbereitem Elternteil]). β) Entspricht Aufhebung dem Kindeswohl, muß ferner geprüft werden, ob die Sorge dem Antragsteller allein überlassen werden kann. Maßstab ist auch hier das Kindeswohl. Die zu 8
§ 1671 II aF entwickelten Sorgerechtskriterien können teilweise weiter herangezogen werden. Nach dem **Förderungsprinzip** ist die Sorge dem Antragsteller zu 9
übertragen, wenn er besser als der andere Ehegatte zur Erziehung und Betreuung
geeignet erscheint. Ein Erfahrungssatz, daß ein Kind (bis zu einem bestimmten
Alter) bei der Mutter besser aufgehoben ist als beim Vater, besteht nicht. Der 10
Kontinuitätsgrundsatz spricht für den Antragsteller, wenn er das Kind nach der
Trennung bereits längere Zeit betreut; freilich darf ein nicht einverständlicher
„Zugriff auf das Kind" nach der Trennung die Entscheidung nicht präjudizieren.
Eine wichtige Rolle spielen persönliche **Bindungen** des Kindes zu einem Elternteil, Großeltern, Pflegepersonen, Freunden; Geschwister sollen miteinander aufwachsen. Unabhängig von einer festen Altersgrenze ist der **Kindeswille** zu berücksichtigen: Äußerungen nur beachtlich, wenn sie frei von Einflußnahme erfolgen 11
(Braunschweig FamRZ 01, 1637). Ursachen der Trennung sind nur zu berücksichtigen, wenn sie weiter kindeswohlbeeinträchtigend wirken, etwa Alkoholismus.
Glaubensüberzeugung des Antragstellers spricht weder für noch gegen seine Eignung (Oldenburg NJW 97, 2962). Die biologische Abstammung allein ist nicht
ausschlaggebend. S ferner SGB VIII 17 II. γ) Ergibt sich, daß die Aufhebung 12
gemeinsamer Sorge dem Kindeswohl entspricht, nicht aber die alleinige Übertragung auf den Antragsteller, so setzt die Übertragung auf den anderen Elternteil

§ 1672

13 dessen Antrag voraus. Gegen den Willen des anderen Elternteils kann ihm die Alleinsorge nicht übertragen werden. **cc)** Antrag ist abzulehnen, wenn Entscheidung nach § 1666 getroffen werden muß (III), zB falls nach den (strengen) Voraussetzungen des § 1666 zB ein Vormund bestellt werden muß; das gilt auch, wenn der andere Elternteil dem Antrag zustimmt.

14 **3. Entscheidung. a)** Liegen die **Voraussetzungen** nach II vor, kann die Sorge dem Antragsteller ganz oder zum Teil allein übertragen werden. Eine Teilübertragung ist auch möglich, wenn die Vollübertragung beantragt war. Eine teilweise Übertragung (unter Belassung der Restsorge zu gemeinsamer Ausübung oder ihrer [partiellen] Übertragung auf den anderen Elternteil auf dessen Antrag) dürfte nur im Ausnahmefall dem Kindeswohl entsprechen, kann aber ggf den Verhältnismäßigkeitsgrundsatz wahren (Hamm FamRZ 99, 393). Der Teil sollte eindeutig abgegrenzt werden (zB: Vermögenssorge, Aufenthaltsbestimmung); klare Zuständigkeiten dienen dem Kindeswohl. Im Umfang der Übertragung wird die Sorge

15 dem anderen Elternteil entzogen; Folge: §§ 1684, 1686. **b)** Liegen die Voraussetzungen nach II **nicht** vor, so wird der Antrag zurückgewiesen. Es bleibt bei der gemeinsamen Sorge, vorbehaltlich III (s Rn 13). Das gilt auch dann, wenn zwar ihre Aufhebung dem Kindeswohl entspricht, nicht aber die Übertragung auf den Antragsteller.

16 **4. Verfahren.** FamG ZPO 621 I Nr 1; FGG-Verfahren ZPO 621 a I; Zuständigkeit FGG 64 III 2, 43; Verfahrensverbund ZPO 623 II Nr 1; Antragsrecht s Rn 4; Anhörung des Jugendamts FGG 49 a I Nr 5, 6, der Eltern FGG 50 a, ZPO 613 I 2, des Kindes FGG 50 b; Verfahrenspflegerbestellung für Kind s FGG 50.

17 **5. IPR** s MSA und EGBGB 21.

§ 1672 Getrenntleben bei elterlicher Sorge der Mutter

(1) ¹**Leben die Eltern nicht nur vorübergehend getrennt und steht die elterliche Sorge nach § 1626 a Abs. 2 der Mutter zu, so kann der Vater mit Zustimmung der Mutter beantragen, dass ihm das Familiengericht die elterliche Sorge oder einen Teil der elterlichen Sorge allein überträgt.** ²**Dem Antrag ist stattzugeben, wenn die Übertragung dem Wohl des Kindes dient.**

(2) ¹**Soweit eine Übertragung nach Absatz 1 stattgefunden hat, kann das Familiengericht auf Antrag eines Elternteils mit Zustimmung des anderen Elternteils entscheiden, dass die elterliche Sorge den Eltern gemeinsam zusteht, wenn dies dem Wohl des Kindes nicht widerspricht.** ²**Das gilt auch, soweit die Übertragung nach Absatz 1 wieder aufgehoben wurde.**

Lit: Lipp, Das elterliche Sorgerecht für das nichteheliche Kind nach dem KindRG, FamRZ 98, 65.

1 **1. Allgemeines.** Sind die Eltern bei der Geburt des Kindes nicht verheiratet, so steht der Mutter die Sorge alleine zu, § 1626 a II. I ermöglicht die Übertragung der Alleinsorge (zur gemeinsamen Sorge s § 1626 a I) auf den Vater. Alternativer Weg zur Alleinsorge s §§ 1626 a I Nr 1, 1671 I, II Nr 1. Bei Tod der Mutter s § 1680 II 2.

2 **2. Voraussetzungen** der Übertragung der Alleinsorge auf den Vater. **a)** Dauerhaftes Getrenntleben der Eltern (s § 1671 Rn 3). **b)** Antrag des Vaters, nicht des Kindes. **c) Zustimmung** der Mutter. Zustimmung ist widerruflich. Sie kann nicht gerichtlich ersetzt werden (AG Pankow/Weißensee FamRZ 00, 1241); verfassungsrechtlich bedenklich, wenn Vater das Kind längere Zeit betreut hatte (Schumann FuR 02, 59 mwN). Fehlt sie, ist Antrag unzulässig, nicht unbegründet

3 (BT-Drs 13/4899 S 100). Zustimmung des Kindes nicht erforderlich. **d)** Alleinsorge fördert das Kindeswohl; nicht genügt es, wenn die Übertragung dem Kindeswohl nicht widerspricht. Verbleiben Zweifel, ist der Antrag abzuweisen.

Titel 5. Elterliche Sorge **§§ 1673–1675**

3. Entscheidung. Übertragung der Sorge auf den Vater vollständig oder teilweise. 4
Im Umfang der Übertragung wird Sorge der Mutter entzogen. Folge: §§ 1684, 1686.
Änderung s § 1696 I. Entscheidung sperrt Sorgeerklärung, § 1626 b III; Begründung gemeinsamer Sorge nach II, wenn Kindeswohl nicht entgegensteht.

4. Verfahren. FamG ZPO 621 Nr 1; FGG-Verfahren ZPO 621 a I; Zuständigkeit FGG 64 III 2, 43. Anhörung des Jugendamts FGG 49 a I Nr 9, der Eltern FGG 50 a, des Kindes FGG 50 b; Verfahrenspflegerbestellung für Kind s FGG 50. 5

§ 1673 Ruhen der elterlichen Sorge bei rechtlichem Hindernis

(1) Die elterliche Sorge eines Elternteils ruht, wenn er geschäftsunfähig ist.

(2) ¹Das Gleiche gilt, wenn er in der Geschäftsfähigkeit beschränkt ist. ²Die Personensorge für das Kind steht ihm neben dem gesetzlichen Vertreter zu; zur Vertretung des Kindes ist er nicht berechtigt. ³Bei einer Meinungsverschiedenheit geht die Meinung des minderjährigen Elternteils vor, wenn der gesetzliche Vertreter des Kindes ein Vormund oder Pfleger ist; andernfalls gelten § 1627 Satz 2 und § 1628.

§ 1674 Ruhen der elterlichen Sorge bei tatsächlichem Hindernis

(1) Die elterliche Sorge eines Elternteils ruht, wenn das Familiengericht feststellt, dass er auf längere Zeit die elterliche Sorge tatsächlich nicht ausüben kann.

(2) Die elterliche Sorge lebt wieder auf, wenn das Familiengericht feststellt, dass der Grund des Ruhens nicht mehr besteht.

§ 1675 Wirkung des Ruhens

Solange die elterliche Sorge ruht, ist ein Elternteil nicht berechtigt, sie auszuüben.

Anmerkungen zu den §§ 1673–1675

Lit: Kirsch, Das Ruhen der elterlichen Sorge, Rpfleger 88, 234.

1. Allgemeines. Hinderung der Sorgemöglichkeit bewirkt (nur) Ruhen der 1
Ausübungsbefugnis. Zum zugrunde liegenden Prinzip s § 1678 Rn 1. Sa § 1751 I 1.

2. Voraussetzungen. a) Rechtliche Hindernisse s § 1673 I, II 1. Geschäfts- 2
unfähigkeit § 104, Beschränkung der Geschäftsfähigkeit s § 106. **b) Tatsächliche** 3
Hindernisse. aa) Sie müssen die Ausübung elterlicher Sorge hindern, zB Strafhaft, Auswanderung, Kriegsgefangenschaft, unbekannter Aufenthalt, körperliche oder geistige Erkrankung; **nicht** notwendig: Untersuchungshaft (vgl Köln FamRZ 78, 623); bloß räumliche Trennung (KG FamRZ 68, 92); bei kurzfristiger Hinderung s § 1678, 1693. **bb)** Hinzukommen muß **Feststellung** der **längerfristigen Hinderung** durch **FamG**.

3. Rechtsfolgen s § 1675; regelmäßig übt dann der andere Elternteil (insoweit) 4
allein aus, § 1678 I. Umgangsrecht und Auskunftsrecht bleiben unberührt vorbehaltlich § 1684 IV. Bei rechtlicher Verhinderung wegen beschränkter Geschäftsfähigkeit (§ 1673 II) ruht jedoch nur Vermögenssorge und Vertretungsmacht, ansonsten verbleibt dem Elternteil ein **Nebensorgerecht, §** 1673 II 2; zum Vorrang 5
bei Meinungsverschiedenheiten zwischen ges Vertreter und minderjährigem Elternteil s § 1673 II 3, zum Gleichrang der Eltern s § 1673 II 3 HS 2 iVm §§ 1627 S 2, 1628. Zur vorläufigen Fortführung der Sorgeausübung s § 1698 a II.

Chr. Berger

6 4. Bei **Wegfall** der **rechtlichen Hinderung** lebt Personensorge voll wieder auf, bei **Wegfall** der **tatsächlichen Hinderung** jedoch nur aufgrund feststellenden Bescheids des FamG, § 1674 II.

§ 1676 *(weggefallen)*

§ 1677 Beendigung der Sorge durch Todeserklärung

Die elterliche Sorge eines Elternteils endet, wenn er für tot erklärt oder seine Todeszeit nach den Vorschriften des Verschollenheitsgesetzes festgestellt wird, mit dem Zeitpunkt, der als Zeitpunkt des Todes gilt.

1. Zu Todeserklärung und Feststellung des Todeszeitpunktes s VerschG 1 ff, 23, 39, 44.

§ 1678 Folgen der tatsächlichen Verhinderung oder des Ruhens für den anderen Elternteil

(1) Ist ein Elternteil tatsächlich verhindert, die elterliche Sorge auszuüben, oder ruht seine elterliche Sorge, so übt der andere Teil die elterliche Sorge allein aus; dies gilt nicht, wenn die elterliche Sorge dem Elternteil nach § 1626 a Abs. 2, § 1671 oder § 1672 Abs. 1 allein zustand.

(2) Ruht die elterliche Sorge des Elternteils, dem sie nach § 1626 a Abs. 2 allein zustand, und besteht keine Aussicht, dass der Grund des Ruhens wegfallen werde, so hat das Familiengericht die elterliche Sorge dem anderen Elternteil zu übertragen, wenn dies dem Wohl des Kindes dient.

§ 1679 *(weggefallen)*

§ 1680 Tod eines Elternteils oder Entziehung des Sorgerechts

(1) Stand die elterliche Sorge den Eltern gemeinsam zu und ist ein Elternteil gestorben, so steht die elterliche Sorge dem überlebenden Elternteil zu.

(2) ¹Ist ein Elternteil, dem die elterliche Sorge gemäß § 1671 oder § 1672 Abs. 1 allein zustand, gestorben, so hat das Familiengericht die elterliche Sorge dem überlebenden Elternteil zu übertragen, wenn dies dem Wohl des Kindes nicht widerspricht. ²Stand die elterliche Sorge der Mutter gemäß § 1626 a Abs. 2 allein zu, so hat das Familiengericht die elterliche Sorge dem Vater zu übertragen, wenn dies dem Wohl des Kindes dient.

(3) Absatz 1 und Absatz 2 Satz 2 gelten entsprechend, soweit einem Elternteil, dem die elterliche Sorge gemeinsam mit dem anderen Elternteil oder gemäß § 1626 a Abs. 2 allein zustand, die elterliche Sorge entzogen wird.

§ 1681 Todeserklärung eines Elternteils

(1) § 1680 Abs. 1 und 2 gilt entsprechend, wenn die elterliche Sorge eines Elternteils endet, weil er für tot erklärt oder seine Todeszeit nach den Vorschriften des Verschollenheitsgesetzes festgestellt worden ist.

(2) Lebt dieser Elternteil noch, so hat ihm das Familiengericht auf Antrag die elterliche Sorge in dem Umfang zu übertragen, in dem sie ihm vor dem nach § 1677 maßgebenden Zeipunkt zustand, wenn dies dem Wohl des Kindes nicht widerspricht.

Titel 5. Elterliche Sorge **§ 1682**

Anmerkungen zu den §§ 1678–1681

1. Allgemeines. Regelung der „subsidiären" elterlichen Sorge beim **Ausfall** **1** **eines Elternteils** durch Tod (§ 1680 I, II; gleichgestellt Fälle des § 1681 I), tatsächliche Verhinderung der Ausübung (§ 1678 I) Ruhen (§ 1678 I 1 HS 2, II) und Entzug (§ 1680 III) der Sorge. Die Bestimmungen unterscheiden danach, ob Alleinsorge oder gemeinsame Sorge vorlag. – Beschränkung des Aufenthaltsbestimmungsrechts s § 1682.

2. Beim Ausfall eines Elternteils bei **gemeinsamer Sorge** (s §§ 1626, 1626 a I) **2** nimmt der andere Elternteil von Ges wegen die Sorge allein wahr (§§ 1678 I HS 1, 1680 I, III Alt 1, 1681 I). Eine gerichtl Übertragung ist entbehrlich, da eine Kindeswohlprüfung nicht erforderlich erscheint, wenn bislang schon gemeinsame Sorge bestand.

3. Bei **Alleinsorge** eines Elternteils nach §§ 1626 a II, 1671, 1672 I kann die **3** Übertragung der Sorge auf den anderen Elternteil (nur) durch das FamG erfolgen. **a)** Beruht die Alleinsorge **der Mutter auf § 1626 a II,** so ist bei Tod der Mutter (§ 1680 II 2), Entzug der Sorge (§ 1680 III Alt 2) oder dauerhaftem Ruhen (§ 1678 II) die Sorge dem Vater zu übertragen, wenn dies dem Kindeswohl dient; daß Übertragung dem Kindeswohl nicht widerspricht, genügt nicht. Verbleiben Zweifel, erfolgt Übertragung. **b)** Beruht Alleinsorge (insbes des Vaters) auf einer **Sor-** **4** **gerechtsentscheidung nach §§ 1671, 1672 I aa)** kann bei Tod des sorgeberechtigten Elternteils die Sorge auf den überlebenden Elternteil übertragen werden, wenn dies dem Kindeswohl nicht widerspricht (§ 1680 II 1); **bb)** beim Ruhen der Sorge, tatsächlicher Verhinderung ihrer Ausübung (s § 1678 I HS 2) und beim Entzug kann die Sorge auf den anderen Teil übertragen werden im Wege einer Änderungsentscheidung nach § 1696 (BT-Drs 13/4899 S 102 ff). **c)** Liegen die **5** Voraussetzungen Rn 3, 4 nicht vor, s §§ 1773 I, 1909.

4. Verfahren s § 1672 Rn 5. **6**

§ 1682 Verbleibensanordnung zugunsten von Bezugspersonen

¹Hat das Kind seit längerer Zeit in einem Haushalt mit einem Elternteil und dessen Ehegatten gelebt und will der andere Elternteil, der nach den §§ 1678, 1680, 1681 den Aufenthalt des Kindes nunmehr allein bestimmen kann, das Kind von dem Ehegatten wegnehmen, so kann das Familiengericht von Amts wegen oder auf Antrag des Ehegatten anordnen, dass das Kind bei dem Ehegatten verbleibt, wenn und solange das Kindeswohl durch die Wegnahme gefährdet würde. ²Satz 1 gilt entsprechend, wenn das Kind seit längerer Zeit in einem Haushalt mit einem Elternteil und dessen Lebenspartner oder einer nach § 1685 Abs. 1 umgangsberechtigten volljährigen Person gelebt hat.

1. Allgemeines. Begrenzung des Sorgerechts des Elternteils, dem es aufgrund **1** subsidiärer Sorge nach §§ 1678, 1680, 1681 allein zusteht. Zweck: Verbleib des Kindes bei Bezugsperson (und damit in gewohnter Umgebung) nach Ausfall des bisherigen sorgeberechtigten Elternteils. – Bei Pflegekindern s § 1632 IV.

2. Voraussetzungen. a) Nicht nur kurzzeitiges Zusammenleben des Kindes **2** mit Elternteil und dessen Ehegatten (Stiefelternteil, S 1) bzw Lebenspartner (S 2) oder volljähriger umgangsberechtigter Person nach § 1685 I (S 2), nicht: Partner einer nichtehelichen Lebensgemeinschaft. **b)** Alleinsorge des anderen Elternteils nach §§ 1678, 1680, 1681. **c)** Kindeswohlgefährdung aufgrund Entfernung von Ehegatte, Geschwister, Großeltern.

3. Wirkungen. Verbleibensanordnung des FamG beschneidet das Aufent- **3** haltsbestimmungsrecht des allein sorgeberechtigten Elternteils.

4. Verfahren s § 1671 Rn 16. **4**

§ 1683 Vermögensverzeichnis bei Wiederheirat

(1) Sind die Eltern des Kindes nicht oder nicht mehr miteinander verheiratet und will der Elternteil, dem die Vermögenssorge zusteht, die Ehe mit einem Dritten schließen, so hat er dies dem Familiengericht anzuzeigen, auf seine Kosten ein Verzeichnis des Kindesvermögens einzureichen und soweit eine Vermögensgemeinschaft zwischen ihm und dem Kind besteht, die Auseinandersetzung herbeizuführen.

(2) Das Familiengericht kann gestatten, dass die Auseinandersetzung erst nach der Eheschließung vorgenommen wird.

(3) Das Familiengericht kann ferner gestatten, dass die Auseinandersetzung ganz oder teilweise unterbleibt, wenn dies den Vermögensinteressen des Kindes nicht widerspricht.

1   1. **Allgemeines.** Die Vorschrift soll Verdunkelung und Unübersichtlichkeit von Vermögensverhältnissen zu Lasten des Kindesvermögens verhindern.

2   2. **Voraussetzung.** **Eheschließung**(sabsicht) des Elternteils, dem die Vermögenssorge zusteht, mit **Dritten**; bei Wiederverheiratung der gleichen Partner miteinander fehlt die Voraussetzung „Dritter".

3   3. **Rechtsfolgen.** a) **Anzeigepflicht** s I; b) Einreichung eines auf eigene Kosten erstellten **Verzeichnisses** des Kindesvermögens, I; c) unter der zusätzlichen **Voraussetzung** einer **Vermögensgemeinschaft** von Elternteil und Kind – zB Miterbengemeinschaft, Gesellschaft, fortgesetzte Gütergemeinschaft; nicht: Pflichtteilsrecht des Kindes, Miteigentum nach Bruchteilen (BayObLG NJW 65, 2299), Stellung des Kindes als Kommanditist – **Verpflichtung zur Auseinandersetzung**; für die Auseinandersetzung ist dem Kind ein Pfleger zu bestellen, §§ 1629 II, 1795, 1909 I 1. FamG kann unter den Voraussetzungen von III dispensieren oder nach II Aufschub gewähren. Zum str Verhältnis zu § 2044 s MK/Finger 8; der Konflikt wird heute regelmäßig durch Dispens zu lösen sein.

4   4. **Sanktionen** s § 1666.

§ 1684 Umgang des Kindes mit den Eltern

(1) Das Kind hat das Recht auf Umgang mit jedem Elternteil; jeder Elternteil ist zum Umgang mit dem Kind verpflichtet und berechtigt.

(2) ¹Die Eltern haben alles zu unterlassen, was das Verhältnis des Kindes zum jeweils anderen Elternteil beeinträchtigt oder die Erziehung erschwert. ²Entsprechendes gilt, wenn sich das Kind in der Obhut einer anderen Person befindet.

(3) ¹Das Familiengericht kann über den Umfang des Umgangsrechts entscheiden und seine Ausübung, auch gegenüber Dritten, näher regeln. ²Es kann die Beteiligten durch Anordnungen zur Erfüllung der in Absatz 2 geregelten Pflicht anhalten.

(4) ¹Das Familiengericht kann das Umgangsrecht oder den Vollzug früherer Entscheidungen über das Umgangsrecht einschränken oder ausschließen, soweit dies zum Wohl des Kindes erforderlich ist. ²Eine Entscheidung, die das Umgangsrecht oder seinen Vollzug für längere Zeit oder auf Dauer einschränkt oder ausschließt, kann nur ergehen, wenn andernfalls das Wohl des Kindes gefährdet wäre. ³Das Familiengericht kann insbesondere anordnen, dass der Umgang nur stattfinden darf, wenn ein mitwirkungsbereiter Dritter anwesend ist. ⁴Dritter kann auch ein Träger der Jugendhilfe oder ein Verein sein; dieser bestimmt dann jeweils, welche Einzelperson die Aufgabe wahrnimmt.

Titel 5. Elterliche Sorge **§ 1685**

§ 1685 Umgang des Kindes mit anderen Bezugspersonen

(1) **Großeltern und Geschwister haben ein Recht auf Umgang mit dem Kind, wenn dieser dem Wohl des Kindes dient.**

(2) **Gleiches gilt für den Ehegatten oder früheren Ehegatten sowie den Lebenspartner oder früheren Lebenspartner eines Elternteils, der mit dem Kind längere Zeit in häuslicher Gemeinschaft gelebt hat, und für Personen, bei denen das Kind längere Zeit in Familienpflege war.**

(3) **§ 1684 Abs. 2 bis 4 gilt entsprechend.**

Anmerkungen zu den §§ 1684, 1685

Lit: Motzer, Das Umgangsrecht in der gerichtlichen Praxis seit der Reform des Kindschaftsrechts, FamRZ 00, 925; Rauscher, Das Umgangsrecht im KindRG, FamRZ 98, 329.

1. **Allgemeines.** Das Umgangsrecht des Kindes gegenüber jedem Elternteil und 1 eines jeden Elternteils gegenüber dem Kind ist Ausfluß des natürlichen Eltern-Kind-Verhältnisses. Umgangsrecht der Eltern ist als Pflichtenrecht ausgestaltet; das Kind trifft keine Umgangspflicht (Rn 7 [bb]). Das Umgangsrecht ist höchstpersönlich, unübertragbar, unverzichtbar (BGH NJW 1984, 1952); Ausübungsverzicht möglich (Frankfurt FamRZ 1986, 596); die Ausübungsüberlassung ist unwirksam.

2. **Kindesumgangsrecht. a) Voraussetzungen.** Das Kind hat ein Umgangs- 2 recht gegenüber jedem Elternteil, nicht gegenüber Großeltern und Geschwistern. Unerheblich ist, ob die Vaterschaft auf Ehe (§ 1592 Nr 1) oder Anerkennung bzw gerichtlicher Feststellung (§ 1592 Nr 2, 3) beruht. **b) Inhalt.** Umgangsrecht zählt 3 zum Kindeswohl und ist bei der Sorgerechtsausübung zu beachten, s § 1626 III. **aa)** Dem Umgangsrecht korrespondiert eine Duldungs- und Unterlassungspflicht (§ 1684 II 1) des einen Elternteils (und anderer Obhutspersonen, § 1684 II 2, zB Vormund, Pflegeeltern), um dem Kind die Beziehungspflege zum anderen Elternteil zu ermöglichen. **bb)** Der andere Elternteil darf sich dem Umgang nicht verweigern; Ausgestaltung als erzwingbare (FGG 33, sa FGG 52 a) Rechtspflicht zweifelhaft. Sa BT-Drs 13/8511 S 68: „Signalwirkung". Einstweilige Anordnung (BVerfGG 32 I) gegen Umgangsverpflichtung s BVerfG NJW 02, 1863. **c) Um-** 4 **fang.** Maßgeblich ist Kindeswohl unter Berücksichtigung der Gegebenheiten des Einzelfalles wie räumliche Entfernung, Alter, Schulpflicht, Krankheit. Das Kind muß die Möglichkeit haben, eine persönliche Beziehung zu den Eltern aufzubauen und zu pflegen; hierzu zählen persönliche Kontakte wie (regelmäßig periodische, nicht flexibel selbständig vereinbarte [für Kindergartenkinder Oldenburg FamRZ 01, 1164]) Besuche, gemeinsame Unternehmungen, ferner Telefonate, Briefverkehr, Übersendung von Geschenken. **d) Kosten** gehören zum Unterhalt. 5

3. **Elternumgangsrecht. a) Voraussetzungen.** Elternschaft nach §§ 1591 f; 6 Sorgeberechtigung ist unerheblich. Kindeswohl wird nicht vorausgesetzt, s aber § 1684 IV. **b) Inhalt. aa)** Unterlassungs- und Duldungspflicht des anderen Eltern- 7 teils (und Obhutspersonen), § 1684 II. Kind ist zB zur Abholung oder für einen Besuch bereit zu halten. Insbesondere bei **entfernt liegenden Wohnorten** von Kind und Umgangsberechtigtem darf die Umgangsregelung nicht unzumutbar gestaltet und der Umgang damit faktisch vereitelt werden; in diesen Fällen ist zu prüfen, ob der sorgeberechtigte Elternteil anteilig zur Übernahme des für das Abholen und Zurückbringen des Kindes erforderlichen zeitlichen und organisatorischen Aufwands zu verpflichten ist (BVerfG NJW 02, 1864: Bringen zu und Holen vom Flughafen). **bb)** Eine durchsetzbare Umgangspflicht des Kindes besteht nicht. Verweigert das Kind den Umgang, darf das Umgangsrecht nur ausgeschlossen werden, wenn die Haltung des Kindes auf verständigen und berechtigten Beweggründen beruht und die Interessen des umgangssuchenden Elternteils überwiegen (Brandenburg FamRZ 00, 1106: Nicht, wenn Vater früheren Umgang „nicht abwechslungsreich genug gestaltet" hatte). **c) Umfang** richtet sich nach den Ge- 8

Chr. Berger 1559

§ 1686 Buch 4. Abschnitt 2. Verwandtschaft

gebenheiten des Einzelfalles. Der umgangsberechtigte Elternteil soll sich einen persönlichen Eindruck von der Entwicklung des Kindes verschaffen und die verwandtschaftliche Beziehung entwickeln können. Dies umfaßt persönliche Kontakte, Briefverkehr, angemessene Geschenke. Maßgeblich ist Einvernehmen der Eltern
9 (sa FGG 52 a IV). **d) Kosten** trägt der Umgangsberechtigte; sa Rn 11.
10   **4. Umgangsrecht Dritter.** Nur die in § 1685 genannten Personen. Nicht der frühere nichteheliche Partner des Sorgeberechtigten (Hamm NJW 00, 2684). Voraussetzung: Kindeswohl, insbesondere Bindungen zu Drittem (sa § 1626 III 2). Bei schweren Loyalitätskonflikten des Kindes zeitweiliger Ausschluß möglich (Koblenz NJW-RR 00, 884).
11   **5. Entscheidung des FamG. a)** FamG kann umgangskonkretisierende Regelungen und Anordnungen gegenüber Eltern und Dritten treffen, § 1684 III 1, zB Zahl, Dauer und Zeitpunkt der Besuche und Telefonate, Umfang von Geschenken. Zulässig sind ferner (konkrete und damit vollstreckbare, Frankfurt/M FamRZ 99, 618) umgangssichernde Anordnungen, § 1684 III 2, zB das Kind frühzeitig zu Bett zu bringen, damit es nicht beim Besuch des Umgangsberechtigten übermüdet ist (BT-Drs 13/4899 S 105 f). Verweigert der durch eine wirksame, wenn auch anfechtbare Entscheidung zur Gewährung des Umgangs verpflichtete Elternteil die Mitwirkung an der Wahrnehmung des Umgangs durch den anderen Elternteil (sa Rn 7), kann er dessen Mehraufwendungen zu ersetzen haben (BGH NJW 02, 2566). Möglich ist die Anordnung einer Ergänzungspflegschaft mit dem
12 Wirkungskreis der Regelung des Umgangs (Frankfurt/M NJW 00, 368). **b) Ausschluß** oder Einschränkung des Umgangsrechts (und Vollzug bereits getroffener Entscheidungen) durch FamG möglich, wenn das Kindeswohl dies verlangt, § 1684 IV 1. Eine dauernde oder langfristige Beschränkung setzt konkrete Kindeswohlgefährdung voraus, § 1684 IV 2. Das Umgangsrecht kann selbst einem zur Erziehung ungeeigneten Elternteil zustehen (Hamm FamRZ 97, 1096 zu § 1634 aF; Entführung der Mutter durch den nicht sorgeberechtigten Vater). Der
13 Eingriff in das Umgangsrecht unterliegt dem Verhältnismäßigkeitsgrundsatz. Gegenüber dem Ausschluß vom Umgang ist vorrangig die Ausübung des Umgangsrechts unter Anwesenheit eines Dritten, sog **„beschützter Umgang"**. Nach BT-Drs 13/4899 S 106 soll dies zB bei einem nicht fernliegenden Verdacht des sexuellen Mißbrauchs des Kindes durch den Umgangsberechtigten oder der Gefahr der Kindesentziehung durch den Umgangsberechtigten im Einzelfall eine annehmbare Lösung bieten. Der Dritte kann zur Mitwirkung nicht gezwungen werden; möglich ist Mitwirkung eines Trägers der Jugendhilfe oder Vereins, § 1684 IV 4.
14   **6. Beratung** und Unterstützung s SGB VIII 18 III.
15   **7. Verfahren.** Zuständig FamG ZPO 621 I Nr 2; FGG-Verfahren ZPO 621 a I; Richtervorbehalt RPflG 14 I Nr 16; Anhörung des Jugendamtes FGG 49 a Nr 7, der Eltern FGG 50 a, des Kindes FGG 50 b; Hinwirkung auf einvernehmliche Lösung s FGG 52 I 1; Verfahrenspfleger für Kind s FGG 50 I, II Nr 3.
16   **8. Durchsetzung.** FGG 33; Vermittlungsverfahren s FGG 52 a.

§ 1686 Auskunft über die persönlichen Verhältnisse des Kindes

¹**Jeder Elternteil kann vom anderen Elternteil bei berechtigtem Interesse Auskunft über die persönlichen Verhältnisse des Kindes verlangen, soweit dies dem Wohl des Kindes nicht widerspricht.** ²**Über Streitigkeiten entscheidet das Familiengericht.**

1   **1. Auskunftsanspruch** eines Elternteils gegen den anderen besteht unabhängig vom Sorgerecht. Bedeutung vor allem, wenn regelmäßiger Umgang ausscheidet. Voraussetzung ist Elternschaft nach §§ 1591 f und berechtigtes Interesse; es fehlt, wenn Information vom Kind erlangt werden kann, etwa anläßlich des Umgangs. Ein Anspruch gegenüber dem Kind besteht nicht. Bsp: (schulische) Entwicklung,

Titel 5. Elterliche Sorge **§ 1687**

Gesundheitszustand, nicht: Entbindung von ärztlicher Schweigepflicht, Hamm NJW-RR 95, 1028 (zu § 1634 III aF). Grenze: Beeinträchtigung des Kindeswohls. Streitentscheidung durch FamG, S 2 (Rechtspfleger).

§ 1687 Ausübung der gemeinsamen Sorge bei Getrenntleben

(1) ¹Leben Eltern, denen die elterliche Sorge gemeinsam zusteht, nicht nur vorübergehend getrennt, so ist bei Entscheidungen in Angelegenheiten, deren Regelung für das Kind von erheblicher Bedeutung ist, ihr gegenseitiges Einvernehmen erforderlich. ²Der Elternteil, bei dem sich das Kind mit Einwilligung des anderen Elternteils oder auf Grund einer gerichtlichen Entscheidung gewöhnlich aufhält, hat die Befugnis zur alleinigen Entscheidung in Angelegenheiten des täglichen Lebens. ³Entscheidungen in Angelegenheiten des täglichen Lebens sind in der Regel solche, die häufig vorkommen und die keine schwer abzuändernden Auswirkungen auf die Entwicklung des Kindes haben. ⁴Solange sich das Kind mit Einwilligung dieses Elternteils oder auf Grund einer gerichtlichen Entscheidung bei dem anderen Elternteil aufhält, hat dieser die Befugnis zur alleinigen Entscheidung in Angelegenheiten der tatsächlichen Betreuung. ⁵§ 1629 Abs. 1 Satz 4 und § 1684 Abs. 2 Satz 1 gelten entsprechend.

(2) Das Familiengericht kann die Befugnisse nach Absatz 1 Satz 2 und 4 einschränken oder ausschließen, wenn dies zum Wohl des Kindes erforderlich ist.

1. Allgemeines. Regelung der Ausübung gemeinsamer Sorge, wenn sich das Kind bei einem Elternteil gewöhnlich aufhält und infolge der Trennung der Eltern die ständige Abstimmung erheblich erschwert ist. I unterscheidet, ob es sich um Angelegenheiten von erheblicher Bedeutung oder des täglichen Lebens handelt. Abgrenzung schwierig (dazu Schwab, FamRZ 98, 468 f). 1

2. Voraussetzung ist, daß sich das Kind aufgrund Einvernehmen der Eltern oder einer gerichtl Entscheidung rechtmäßig bei einem sorgeberechtigten Elternteil aufhält. Hält sich das Kind beim nicht sorgeberechtigten Elternteil auf, s § 1687 a. 2

3. Einvernehmliche Ausübung der Sorge. I 2 beschränkt die einvernehmliche Ausübung der Sorge und die Einigungspflicht des § 1627 auf Angelegenheiten, deren Regelung für das Kind von erheblicher Bedeutung sind und daher nicht unter I 3 fallen. Hierzu zählen grundlegende Entscheidungen der tatsächlichen Betreuung, die Bestimmung des Aufenthalts, der Schulbesuch (München FamRZ 99, 112), die religiöse Erziehung, die Berufsausbildung, die medizinische Versorgung, auch wichtige Angelegenheiten der Vermögenssorge (nicht nur Geschäfte, die nach § 1643 genehmigungsbedürftig sind); in Eilfällen hilft I 5 iVm § 1629 I 4. – Kommt Einigung nicht zustande s § 1628. Zum Unterhaltsanspruch gegen anderen Elternteil s § 1629 II 2. 3

4. Alleinentscheidungsrecht a) des Elternteils, bei dem sich das *Kind rechtmäßig gewöhnlich aufhält* (I 2). Voraussetzung: Es handelt sich um eine Angelegenheit des täglichen Lebens. Maßstab: I 3; Entscheidung muß häufig vorkommen und keine schwer abänderbaren Wirkungen haben. Bsp: Einzelfragen, die bei der gewöhnlichen medizinischen Versorgung auftreten, Entscheidungen im Rahmen der gewählten schulischen oder beruflichen Ausbildung, Maßregelung des nicht folgsamen Kindes, Regelung von Vermögensangelegenheiten geringerer Bedeutung, etwa die Höhe des Taschengeldes; nicht: gesundheitsgefährdende Fernreisen (Köln NJW 99, 295 [Ägypten]), keinesfalls Geschäfte nach § 1643; **b)** des sein *Umgangsrecht (s § 1684) ausübenden Elternteils* (I 4). Alleinentscheidungsbefugnis besteht, soweit es sich um Fragen der tatsächlichen Betreuung als Folge des Umgangs handelt. Bsp: Gestaltung des Tagesablaufs, Zeitpunkt der Bettruhe. **c) Grenze:** Anordnung des FamG, II. **d)** Soweit das Alleinentscheidungsrecht reicht, besteht auch Vertretungsmacht, Schwab DNotZ 98, 442. 4

5

§§ 1687 a–1688 Buch 4. Abschnitt 2. Verwandtschaft

6   5. **Notvertretungsrecht** nach § 1629 I 4 gilt auch bei getrennt lebenden Eltern, ebenso Wohlverhaltensklausel des § 1684 II 1, I 4.

§ 1687 a Entscheidungsbefugnisse des nicht sorgeberechtigten Elternteils

Für jeden Elternteil, der nicht Inhaber der elterlichen Sorge ist und bei dem sich das Kind mit Einwilligung des anderen Elternteils oder eines sonstigen Inhabers der Sorge oder auf Grund einer gerichtlichen Entscheidung aufhält, gilt § 1687 Abs. 1 Satz 4 und 5 und Abs. 2 entsprechend.

1   1. Elternteil, der nicht (Mit-)Inhaber der Sorge ist (sonst § 1687), hat bei rechtmäßiger Ausübung seines Umgangsrechts ein Alleinentscheidungsrecht bzgl Fragen der tatsächlichen Betreuung und das Notvertretungsrecht.

§ 1687 b Sorgerechtliche Befugnisse des Ehegatten

(1) ¹**Der Ehegatte eines allein sorgeberechtigten Elternteils, der nicht Elternteil des Kindes ist, hat im Einvernehmen mit dem sorgeberechtigten Elternteil die Befugnis zur Mitentscheidung in Angelegenheiten des täglichen Lebens des Kindes.** ²**§ 1629 Abs. 2 Satz 1 gilt entsprechend.**

(2) **Bei Gefahr im Verzug ist der Ehegatte dazu berechtigt, alle Rechtshandlungen vorzunehmen, die zum Wohl des Kindes notwendig sind; der sorgeberechtigte Elternteil ist unverzüglich zu unterrichten.**

(3) **Das Familiengericht kann die Befugnisse nach Absatz 1 einschränken oder ausschließen, wenn dies zum Wohl des Kindes erforderlich ist.**

(4) **Die Befugnisse nach Absatz 1 bestehen nicht, wenn die Ehegatten nicht nur vorübergehend getrennt leben.**

1   1. **Allgemeines.** Regelung der Mitwirkung des Ehegatten des allein sorgerechtigten Elternteils an der Ausübung der Sorge; sog „kleines Sorgerecht" des Stiefelternteils. Sa LPartG 9.

2   2. **Voraussetzungen. a)** Alleiniges Sorgerecht eines Elternteils; bei gem Sorgerecht des Elternteils s § 1687 b. **b)** Sorgeberechtigter und sein Ehegatte leben nicht getrennt (IV). Nach Trennung ggf Umgangsrecht gem § 1685 II. Sa § 1682. **c)** Keine Beschränkung durch FamG (III).

3   3. **Rechtsfolgen. a)** Mitwirkung des Ehegatten des alleinsorgeberechtigten Elternteils an der Ausübung elterlicher Sorge. Einvernehmen s § 1627. **b)** Notvertretungsrecht gem II s § 1629 I 4.

§ 1688 Entscheidungsbefugnisse der Pflegeperson

(1) ¹**Lebt ein Kind für längere Zeit in Familienpflege, so ist die Pflegeperson berechtigt, in Angelegenheiten des täglichen Lebens zu entscheiden sowie den Inhaber der elterlichen Sorge in solchen Angelegenheiten zu vertreten.** ²**Sie ist befugt, den Arbeitsverdienst des Kindes zu verwalten sowie Unterhalts-, Versicherungs-, Versorgungs- und sonstige Sozialleistungen für das Kind geltend zu machen und zu verwalten.** ³**§ 1629 Abs. 1 Satz 4 gilt entsprechend.**

(2) **Der Pflegeperson steht eine Person gleich, die im Rahmen der Hilfe nach den §§ 34, 35 und 35 a Abs. 1 Satz 2 Nr. 3 und 4 des Achten Buches Sozialgesetzbuch die Erziehung und Betreuung eines Kindes übernommen hat.**

(3) ¹**Die Absätze 1 und 2 gelten nicht, wenn der Inhaber der elterlichen Sorge etwas anderes erklärt.** ²**Das Familiengericht kann die Befugnisse nach den Absätzen 1 und 2 einschränken oder ausschließen, wenn dies zum Wohl des Kindes erforderlich ist.**

Titel 5. Elterliche Sorge **§§ 1689–1696**

(4) Für eine Person, bei der sich das Kind auf Grund einer gerichtlichen Entscheidung nach § 1632 Abs. 4 oder § 1682 aufhält, gelten die Absätze 1 und 3 mit der Maßgabe, dass die genannten Befugnisse nur das Familiengericht einschränken oder ausschließen kann.

1. **Allgemeines.** Regelung der Entscheidungs- und Vertretungsbefugnisse von nicht sorgeberechtigten Personen, in deren Obhut sich das Kind befindet. 1

2. **Personenkreis.** Pflegeperson bei Familienpflege (I 1, IV Fall 1), soweit nicht Anordnung nach § 1630 IV; Erzieher und Betreuer nach II (insbes Heimerzieher, nicht aber bei Internatsaufenthalt); Stiefeltern, Großeltern und Geschwister, bei denen sich das Kind aufgrund einer Verbleibensanordnung nach § 1682 befindet (IV Fall 2). 2

3. **Befugnisse. a)** Entscheidung und Vertretungsmacht (für den Sorgeberechtigten) bei Fragen des täglichen Lebens (s § 1687 I 3), I 1; Notvertretungsrecht für das Kind, I 3; Verwaltungsrecht für Arbeitseinkommen und Sozialleistungen (insoweit auch Vertretungsbefugnis zum Zwecke der Durchsetzung), I 2. **b) Grenzen: aa)** Entzug durch Erklärung des Sorgeberechtigten, III 1; auch konkludent, wenn der Sorgeberechtigte selbst für das Kind handelt. Erklärung unwirksam im Falle einer Verbleibensanordnung, IV. **bb)** Entzug oder Beschränkung durch das FamG, III 2. 3 4

§§ 1689 bis 1692 *(weggefallen)*

§ 1693 Gerichtliche Maßnahmen bei Verhinderung der Eltern

Sind die Eltern verhindert, die elterliche Sorge auszuüben, so hat das Familiengericht die im Interesse des Kindes erforderlichen Maßregeln zu treffen.

1. Bei Verhinderung **beider** Elternteile (sonst § 1678 I) oder des allein sorgeberechtigten Elternteils kann das FamG ausnahmsweise unmittelbar für das Kind handeln. Mögliche Maßnahmen: Pflegschaft, Unterbringung, auch RGeschäfte im Namen des Kindes. Zur Zuständigkeit für Fürsorgemaßregeln s FGG 44. Bei Fehlverhalten der Eltern ist nicht nach § 1693, sondern nach § 1666 I zu entscheiden. 1

§§ 1694, 1695 *(weggefallen)*

§ 1696 Abänderung und Überprüfung gerichtlicher Anordnungen

(1) Das Vormundschaftsgericht und das Familiengericht haben ihre Anordnungen zu ändern, wenn dies aus triftigen, das Wohl des Kindes nachhaltig berührenden Gründen angezeigt ist.

(2) Maßnahmen nach den §§ 1666 bis 1667 sind aufzuheben, wenn eine Gefahr für das Wohl des Kindes nicht mehr besteht.

(3) Länger dauernde Maßnahmen nach den §§ 1666 bis 1667 hat das Gericht in angemessenen Zeitabständen zu überprüfen.

1. **Allgemeines.** Materielles Abänderungsrecht; FGG 18 sieht formelles Abänderungsrecht vor. VormundschaftsG und FamG haben Entscheidungen in einem neuen Verfahren zu ändern (I) oder aufzuheben (II), wenn sich die zugrunde gelegten Verhältnisse geändert haben. Bei länger dauernden Maßnahmen nach §§ 1666 bis 1667 besteht Überprüfungspflicht (III). 1

2. **Voraussetzungen. a)** Entscheidung zum Sorgerecht, auch Umgang oder Verbleibensanordnung, ferner die in § 1678 I 1 HS 2 benannten Fälle, s §§ 1678–1681 Rn 4 (bb). **b)** (Nachträgliche, str) Änderung der für die frühere Entscheidung maßgebenden Sach- oder Rechtslage, im Falle des II Wegfall der 2

3 Kindeswohlgefährdung. **c)** Änderung muß aus triftigen Gründen angezeigt sein, die das Kindeswohl nachhaltig berühren. Gründe müssen so schwerwiegend sein, daß sie die mit der Änderung der Lebensverhältnisse des Kindes verbundenen Nachteile überwiegen („Erziehungskontinuität", s BT-Drs 13/4899 S 109).

4 **3. Entscheidung.** Liegen die Voraussetzungen von I, II vor, muß geändert bzw aufgehoben werden; kein Ermessen des Gerichts. Maßgeblich ist das Kindeswohl und der Verhältnismäßigkeitsgrundsatz. Änderung kann auch eine erforderliche Verschärfung einer Maßnahme sein.

5 **4. Verfahren.** Änderung erfolgt in einem neuen Verfahren; Änderung nach FGG 18 setzt früheres Verfahren fort (Abgrenzung str). Zuständig ist je nach dem, welches Gericht die frühere Entscheidung getroffen hat, VormundschaftsG oder FamG; örtl zuständig kann ein anderes Gericht sein, wenn sich zuständigkeitsbegründende Umstände nach Erlaß der ersten Entscheidung geändert haben. Verfahrenspflegerbestellung für das Kind FGG 50; Anhörungspflichten FGG 50 a–c; Mitwirkungspflicht des Jugendamts SGB VIII 50.

§ 1697 Anordnung von Vormundschaft oder Pflegschaft durch das Familiengericht

Ist auf Grund einer Maßnahme des Familiengerichts eine Vormundschaft oder Pflegschaft anzuordnen, so kann das Familiengericht auch diese Anordnung treffen und den Vormund oder Pfleger auswählen.

1 1. Erstreckung der Kompetenzen des FamG, das einen Eingriff in die elterliche Sorge vorgenommen hat. FamG kann auch die sachlich zusammenhängenden Fragen der Anordnung einer Vormund- oder Pflegschaft entscheiden und den Vormund bzw Pfleger auswählen. Die Bestellung (§§ 1789, 1915 I) bleibt dem VormundschaftsG vorbehalten; Grund: §§ 1837, 1915 I.

§ 1697 a Kindeswohlprinzip

Soweit nicht anderes bestimmt ist, trifft das Gericht in Verfahren über die in diesem Titel geregelten Angelegenheiten diejenige Entscheidung, die unter Berücksichtigung der tatsächlichen Gegebenheiten und Möglichkeiten sowie der berechtigten Interessen der Beteiligten dem Wohl des Kindes am besten entspricht.

1 1. **a)** Kindeswohl ist Voraussetzung und Entscheidungsmaßstab bei gerichtl Eingriffen in die elterliche Sorge auch bei solchen Bestimmungen, die dies nicht ausdr vorsehen (s §§ 1628, 1643, 1645, 1684 III 1). **b)** Bei der Entscheidung sind Gegebenheiten und Möglichkeiten zu berücksichtigen, zB räumliche Entfernung, Arbeits- und Schulzeiten bei Umgangsregelung. **c)** Ferner sind Rechte und berechtigte Interessen Dritter maßgeblich, insbes der Eltern, aber auch Geschwister, Großeltern, Pflege- und Stiefeltern.

§ 1698 Herausgabe des Kindesvermögens; Rechnungslegung

(1) Endet oder ruht die elterliche Sorge der Eltern oder hört aus einem anderen Grunde ihre Vermögenssorge auf, so haben sie dem Kind das Vermögen herauszugeben und auf Verlangen über die Verwaltung Rechenschaft abzulegen.

(2) Über die Nutzungen des Kindesvermögens brauchen die Eltern nur insoweit Rechenschaft abzulegen, als Grund zu der Annahme besteht, dass sie die Nutzungen entgegen den Vorschriften des § 1649 verwendet haben.

1 1. Abwicklungsregelung für den Fall der Beendigung oder des Ruhens der elterlichen Sorge insgesamt oder der Vermögenssorge.

Titel 6. Beistandschaft **§§ 1698 a–1713**

§ 1698 a Fortführung der Geschäfte in Unkenntnis der Beendigung der elterlichen Sorge

(1) ¹Die Eltern dürfen die mit der Personensorge und mit der Vermögenssorge für das Kind verbundenen Geschäfte fortführen, bis sie von der Beendigung der elterlichen Sorge Kenntnis erlangen oder sie kennen müssen. ²Ein Dritter kann sich auf diese Befugnis nicht berufen, wenn er bei der Vornahme eines Rechtsgeschäfts die Beendigung kennt oder kennen muss.

(2) Diese Vorschriften sind entsprechend anzuwenden, wenn die elterliche Sorge ruht.

1. a) Vorschrift dient dem Schutz der Eltern, die von der Beendigung (I) oder dem Ruhen der Sorge (II) (ohne Fahrlässigkeit, s § 122 II) keine Kenntnis haben, vor Ansprüchen aus legitimationslosem Handeln, insbes § 179. b) Rechtsfolge: Fiktion ges Vertretungsmacht. Nach I 2 nicht, wenn Vertragspartner Mangel kennt oder kennen muß; Grund: § 179 III.

§ 1698 b Fortführung dringender Geschäfte nach Tod des Kindes

Endet die elterliche Sorge durch den Tod des Kindes, so haben die Eltern die Geschäfte, die nicht ohne Gefahr aufgeschoben werden können, zu besorgen, bis der Erbe anderweit Fürsorge treffen kann.

1. Die Vorschrift will einstw Fürsorge für Kindesvermögen sicherstellen.

§§ 1699 bis 1711 *(weggefallen)*

Titel 6. Beistandschaft

§ 1712 Beistandschaft des Jugendamts; Aufgaben

(1) Auf schriftlichen Antrag eines Elternteils wird das Jugendamt Beistand des Kindes für folgende Aufgaben:
1. die Feststellung der Vaterschaft,
2. die Geltendmachung von Unterhaltsansprüchen einschließlich der Ansprüche auf eine an Stelle des Unterhalts zu gewährende Abfindung sowie die Verfügung über diese Ansprüche; ist das Kind bei einem Dritten entgeltlich in Pflege, so ist der Beistand berechtigt, aus dem vom Unterhaltpflichtigen Geleisteten den Dritten zu befriedigen.

(2) Der Antrag kann auf einzelne der in Absatz 1 bezeichneten Aufgaben beschränkt werden.

§ 1713 Antragsberechtigte

(1) ¹Den Antrag kann ein Elternteil stellen, dem für den Aufgabenkreis der beantragten Beistandschaft die alleinige elterliche Sorge zusteht oder zustünde, wenn das Kind bereits geboren wäre. ²Steht die elterliche Sorge für das Kind den Eltern gemeinsam zu, kann der Antrag von dem Elternteil gestellt werden, in dessen Obhut sich das Kind befindet. ³Der Antrag kann auch von einem nach § 1776 berufenen Vormund gestellt werden. ³Er kann nicht durch einen Vertreter gestellt werden.

(2) ¹Vor der Geburt des Kindes kann die werdende Mutter den Antrag auch dann stellen, wenn das Kind, sofern es bereits geboren wäre, unter Vormundschaft stünde. ²Ist die werdende Mutter in der Geschäftsfähigkeit beschränkt, so kann sie den Antrag nur selbst stellen; sie bedarf hierzu nicht der Zustimmung ihres gesetzlichen Vertreters. ³Für eine geschäftsunfähige werdende Mutter kann nur ihr gesetzlicher Vertreter den Antrag stellen.

Chr. Berger 1565

§ 1714 Eintritt der Beistandschaft

¹Die Beistandschaft tritt ein, sobald der Antrag dem Jugendamt zugeht.
²Dies gilt auch, wenn der Antrag vor der Geburt des Kindes gestellt wird.

§ 1715 Beendigung der Beistandschaft

(1) ¹Die Beistandschaft endet, wenn der Antragsteller dies schriftlich verlangt. ²§ 1712 Abs. 2 und § 1714 gelten entsprechend.

(2) Die Beistandschaft endet auch, sobald der Antragsteller keine der in § 1713 genannten Voraussetzungen mehr erfüllt.

§ 1716 Wirkungen der Beistandschaft

¹Durch die Beistandschaft wird die elterliche Sorge nicht eingeschränkt.
²Im Übrigen gelten die Vorschriften über die Pflegschaft mit Ausnahme derjenigen über die Aufsicht des Vormundschaftsgerichts und die Rechnungslegung sinngemäß; die §§ 1791, 1791 c Abs. 3 sind nicht anzuwenden.

§ 1717 Erfordernis des gewöhnlichen Aufenthalts im Inland

¹Die Beistandschaft tritt nur ein, wenn das Kind seinen gewöhnlichen Aufenthalt im Inland hat; sie endet, wenn das Kind seinen gewöhnlichen Aufenthalt im Ausland begründet. ²Dies gilt für die Beistandschaft vor der Geburt des Kindes entsprechend.

Anmerkungen zu den §§ 1712–1717

1 **1. Allgemeines.** Beistandschaft dient der Unterstützung des Kindes eines allein sorgeberechtigten Elternteils (s §§ 1626 a II, 1671 f), insbes gegenüber dem anderen Elternteil. Beistandschaft wird dem Elternteil nicht aufgezwungen, sondern tritt nur auf Antrag ein. Zur Hinweispflicht des Jugendamts s SGB VIII 52 a I 2 Nr 4.

2 **2. Voraussetzungen. a)** Schriftlicher **Antrag**, § 1712 I. **b) Zugang** des Antrags beim zuständigen (SGB VIII 87 c V) Jugendamt; s § 1714. Eine (gerichtliche) Entscheidung ist nicht erforderlich. Fürsorgebedürfnis wird nicht vorausgesetzt. Antrag kann schon vor der Geburt des Kindes gestellt werden, § 1713 I 1 HS 1;
3 wichtig für § 1615 o I 2. **c) Antragsbefugnis. aa)** Der Elternteil, dem die Alleinsorge (s §§ 1626 a II, 1671 f) für den Aufgabenkreis des Beistands (s § 1712) zusteht oder bei vorgeburtlichem Antrag zustehe, § 1713 I 1. Bei gemeinsamer Sorge (§§ 1626, 1626 a I) der Elternteil, der das Kind in seiner Obhut hat, § 1713 I 2. **bb)** Die werdende Mutter, wenn das Kind, wäre es geboren, unter Vormundschaft (s § 1793) stünde, § 1713 II; damit soll Zeitraum bis zum Eintritt der Amtsvormundschaft nach § 1791 c überbrückt werden. **cc)** Von den Eltern
4 benannter Vormund, § 1713 I 3. **d)** Antrag ist grundsätzlich **höchstpersönlich,** § 1713 I 4, II 2; Ausn: § 1713 II 3. **e)** Gewöhnlicher Aufenthalt des Kindes im Inland, § 1717 S 1 HS 1.

5 **3. Aufgabenbereiche,** soweit keine Beschränkung nach § 1712 II: **a) Vaterschaftsfeststellung,** insbes durch gerichtliche Entscheidung (§ 1600 d). **Nicht:**
6 Vaterschaftsanfechtung (§ 1599). **b) Unterhaltssicherung** durch Geltendmachung von Unterhaltsansprüchen insbes gegen den Vater, und sonstige Verfügungen über Unterhaltsansprüche, insbes Abschluß von Abfindungsvergleichen. Erlangter Unterhalt ist dem sorgeberechtigten Elternteil zu überlassen, Ausnahme § 1712 II Nr 2 HS 2. **Nicht:** Leistungen nach dem UnterhaltsvorschußG (BGH FamRZ 99, 1344); Verteidigung gegen Unterhaltsansprüche.

Titel 7. Annahme als Kind §§ 1718–1740, Vor § 1741

4. Wirkungen. a) Mit Zugang des Antrags wird das Jugendamt Beistand, 7
§ 1714. Grundsätzlich gelten Regelungen über die Pflegschaft entsprechend;
s § 1716 S 2. – Jugendamt (sa SGB VIII 55 II) erlangt im Rahmen des Aufgabenkreises **ges Vertretungsmacht** für das Kind, §§ 1716 S 2, 1915 I, 1793 S 1 HS 2. Eine Beschränkung der elterlichen Sorge tritt grundsätzlich nicht ein, § 1716 S 1. Folge: Konkurrierende Handlungsbefugnisse von Elternteil und Jugendamt für das Kind; Ausnahme im Zivilprozeß, ZPO 53 a. **b)** Haftung s §§ 1716 S 2, 1915 I, 8
1833. **c)** Kein Vergütungs- und Aufwendungsersatzanspruch, §§ 1716 S 2, 1915 I, 1836 IV, 1835 a V. **d)** Aufsicht des VormundschaftsG und Rechnungslegungspflicht entfallen, § 1716 S 2.

5. Beendigung. a) Mit Zugang eines schriftlichen (auch: Teil-)Aufhebungs- 9
antrags beim Jugendamt, § 1715 I 1. **b)** Wegfall der Voraussetzungen des § 1713, § 1715 II. Bsp: Antragsteller verliert Alleinsorge (§§ 1626 a I, 1672). **c)** Kind begründet gewöhnlichen Aufenthalt im Ausland, § 1717 S 1 HS 2; bei vorgeburtlicher Beistandschaft s § 1717 S 2. **d)** Erreichung des Zwecks der Beistandschaft bei Vaterschaftsfeststellung, §§ 1716 S 2, 1918 III; nicht bei Unterhalt, s BT-Drs 13/892 S 54.

6. IPR s EGBGB 24. 10
7. Übergangsrecht s EGBGB 223. 11

§§ 1718 bis 1740 *(weggefallen)*

Titel 7. Annahme als Kind

Vorbemerkungen

Lit: Bosch, Entwicklungen und Probleme des Adoptionsrechts in der Bundesrepublik Deutschland, FamRZ 84, 829; Frank, Grenzen der Adoption, 1978; ders, Die Neuregelung des Adoptionsrechts, FamRZ 98, 393.

1. Das AdoptionsR des BGB ist seit 1900 mehrfach geändert worden. Das 1
AdoptionsG 1976 hat das AdoptionsR völlig neu gefaßt, inhaltlich die bereits den Novellierungen zugrundeliegende Tendenz zur Adoption als Institut der Fürsorge für Kinder ohne familiäre Eingliederung folgerichtig zur Volladoption fortgeführt und rechtssystematisch die Konsequenz durch Übergang von der „Annahme an Kindes Statt" durch Privatvertrag zur staatlich verfügten „Annahme als Kind" gezogen. Das mit dem AdoptionsG gleichzeitig erlassene AdoptionsvermittlungsG 2
(Neufassung v 27. 11. 89, BGBl I 2016, hierzu Lüderitz NJW 89, 1633) soll flankierend helfen, daß für elternlose Kinder schneller geeignete Adoptiveltern gefunden und ungeeignete Vermittler ausgeschaltet werden. Nach dem KindRG setzt die Adoption grundsätzlich die Einwilligung beider Elternteile voraus.

2. Der 9. Titel unterscheidet die **Adoption Minderjähriger** (§§ 1741–1766) 3
und **Erwachsener** (§§ 1767–1772) in den Voraussetzungen, vor allem aber in den Wirkungen (vgl §§ 1754 ff und 1770). Als Kind angenommene Minderjährige erwerben die volle rechtliche Stellung ehelicher Kinder, während die Verwandtschaftsbeziehungen zu den bisherigen Verwandten grundsätzlich abgebrochen werden, §§ 1754, 1755. Ausnahmen gelten nur für die Annahme von Verwandtenoder Ehegattenkindern, s § 1756. Bei der Erwachsenenadoption bleiben die Wir- 4
kungen der Annahme auf Annehmenden und Angenommenen beschränkt; dessen Rechte und Pflichten aus Verwandtschaftsverhältnissen bleiben im wesentlichen unverändert bestehen, § 1770.

3. Übergangsrecht s AdoptionsG Art 12 §§ 1–10; zum **IPR** s EGBGB 22, 23; 5
zur int Zuständigkeit deutscher VormundschaftsG s FGG 43 b.

Untertitel 1. Annahme Minderjähriger

§ 1741 Zulässigkeit der Annahme

(1) ¹Die Annahme als Kind ist zulässig, wenn sie dem Wohl des Kindes dient und zu erwarten ist, dass zwischen dem Annehmenden und dem Kind ein Eltern-Kind-Verhältnis entsteht. ²Wer an einer gesetzes- oder sittenwidrigen Vermittlung oder Verbringung eines Kindes zum Zwecke der Annahme mitgewirkt oder einen Dritten hiermit beauftragt oder hierfür belohnt hat, soll ein Kind nur dann annehmen, wenn dies zum Wohl des Kindes erforderlich ist.

(2) ¹Wer nicht verheiratet ist, kann ein Kind nur allein annehmen. ²Ein Ehepaar kann ein Kind nur gemeinschaftlich annehmen. ³Ein Ehegatte kann ein Kind seines Ehegatten allein annehmen. ⁴Er kann ein Kind auch dann allein annehmen, wenn der andere Ehegatte das Kind nicht annehmen kann, weil er geschäftsunfähig ist oder das 21. Lebensjahr noch nicht vollendet hat.

§ 1742 Annahme nur als gemeinschaftliches Kind

Ein angenommenes Kind kann, solange das Annahmeverhältnis besteht, bei Lebzeiten eines Annehmenden nur von dessen Ehegatten angenommen werden.

§ 1743 Mindestalter

¹Der Annehmende muss das 25., in den Fällen des § 1741 Abs. 2 Satz 3 das 21. Lebensjahr vollendet haben. ²In den Fällen des § 1741 Abs. 2 Satz 2 muss ein Ehegatte das 25. Lebensjahr, der andere Ehegatte das 21. Lebensjahr vollendet haben.

§ 1744 Probezeit

Die Annahme soll in der Regel erst ausgesprochen werden, wenn der Annehmende das Kind eine angemessene Zeit in Pflege gehabt hat.

§ 1745 Verbot der Annahme

¹Die Annahme darf nicht ausgesprochen werden, wenn ihr überwiegende Interessen der Kinder des Annehmenden oder des Anzunehmenden entgegenstehen oder wenn zu befürchten ist, dass Interessen des Anzunehmenden durch Kinder des Annehmenden gefährdet werden. ²Vermögensrechtliche Interessen sollen nicht ausschlaggebend sein.

§ 1746 Einwilligung des Kindes

(1) ¹Zur Annahme ist die Einwilligung des Kindes erforderlich. ²Für ein Kind, das geschäftsunfähig oder noch nicht 14 Jahre alt ist, kann nur sein gesetzlicher Vertreter die Einwilligung erteilen. ³Im Übrigen kann das Kind die Einwilligung nur selbst erteilen; es bedarf hierzu der Zustimmung seines gesetzlichen Vertreters. ⁴Die Einwilligung bedarf bei unterschiedlicher Staatsangehörigkeit des Annehmenden und des Kindes der Genehmigung des Vormundschaftsgerichts; dies gilt nicht, wenn die Annahme deutschem Recht unterliegt.

(2) ¹Hat das Kind das 14. Lebensjahr vollendet und ist es nicht geschäftsunfähig, so kann es die Einwilligung bis zum Wirksamwerden des Ausspruchs der Annahme gegenüber dem Vormundschaftsgericht widerrufen.

Titel 7. Annahme als Kind **§§ 1747, 1748**

²Der Widerruf bedarf der öffentlichen Beurkundung. ³Eine Zustimmung des gesetzlichen Vertreters ist nicht erforderlich.

(3) Verweigert der Vormund oder Pfleger die Einwilligung oder Zustimmung ohne triftigen Grund, so kann das Vormundschaftsgericht sie ersetzen; einer Erklärung nach Absatz 1 durch die Eltern bedarf es nicht, soweit diese nach den §§ 1747, 1750 unwiderruflich in die Annahme eingewilligt haben oder ihre Einwilligung nach § 1748 durch das Vormundschaftsgericht ersetzt worden ist.

§ 1747 Einwilligung der Eltern des Kindes

(1) ¹Zur Annahme eines Kindes ist die Einwilligung der Eltern erforderlich. ²Sofern kein anderer Mann nach § 1592 als Vater anzusehen ist, gilt im Sinne des Satzes 1 und des § 1748 Abs. 4 als Vater, wer die Voraussetzung des § 1600 d Abs. 2 Satz 1 glaubhaft macht.

(2) ¹Die Einwilligung kann erst erteilt werden, wenn das Kind acht Wochen alt ist. ²Sie ist auch dann wirksam, wenn der Einwilligende die schon feststehenden Annehmenden nicht kennt.

(3) ¹Sind die Eltern nicht miteinander verheiratet und haben sie keine Sorgeerklärungen abgegeben,
1. kann die Einwilligung des Vaters bereits vor der Geburt erteilt werden;
2. darf, wenn der Vater die Übertragung der Sorge nach § 1672 Abs. 1 beantragt hat, eine Annahme erst ausgesprochen werden, nachdem über den Antrag des Vaters entschieden worden ist.
3. kann der Vater darauf verzichten, die Übertragung der Sorge nach § 1672 Abs. 1 zu beantragen. Die Verzichtserklärung muss öffentlich beurkundet werden. § 1750 gilt sinngemäß mit Ausnahme von Absatz 4 Satz 1.

(4) Die Einwilligung eines Elternteils ist nicht erforderlich, wenn er zur Abgabe einer Erklärung dauernd außerstande oder sein Aufenthalt dauernd unbekannt ist.

§ 1748 Ersetzung der Einwilligung eines Elternteils

(1) ¹Das Vormundschaftsgericht hat auf Antrag des Kindes die Einwilligung eines Elternteils zu ersetzen, wenn dieser seine Pflichten gegenüber dem Kind anhaltend gröblich verletzt hat oder durch sein Verhalten gezeigt hat, dass ihm das Kind gleichgültig ist, und wenn das Unterbleiben der Annahme dem Kind zu unverhältnismäßigem Nachteil gereichen würde. ²Die Einwilligung kann auch ersetzt werden, wenn die Pflichtverletzung zwar nicht anhaltend, aber besonders schwer ist und das Kind voraussichtlich dauernd nicht mehr der Obhut des Elternteils anvertraut werden kann.

(2) ¹Wegen Gleichgültigkeit, die nicht zugleich eine anhaltende gröbliche Pflichtverletzung ist, darf die Einwilligung nicht ersetzt werden, bevor der Elternteil vom Jugendamt über die Möglichkeit ihrer Ersetzung belehrt und nach Maßgabe des § 51 Abs. 2 des Achten Buches Sozialgesetzbuch beraten worden ist und seit der Belehrung wenigstens drei Monate verstrichen sind; in der Belehrung ist auf die Frist hinzuweisen. ²Der Belehrung bedarf es nicht, wenn der Elternteil seinen Aufenthaltsort ohne Hinterlassung seiner neuen Anschrift gewechselt hat und der Aufenthaltsort vom Jugendamt während eines Zeitraums von drei Monaten trotz angemessener Nachforschungen nicht ermittelt werden konnte; in diesem Falle beginnt die Frist mit der ersten auf die Belehrung und Beratung oder auf die Ermittlung des Aufenthaltsorts gerichteten Handlung des Jugendamts. ³Die Fristen laufen frühestens fünf Monate nach der Geburt des Kindes ab.

(3) Die Einwilligung eines Elternteils kann ferner ersetzt werden, wenn er wegen einer besonders schweren psychischen Krankheit oder einer besonders schweren geistigen oder seelischen Behinderung zur Pflege und Erziehung des Kindes dauernd unfähig ist und wenn das Kind bei Unterbleiben der Annahme nicht in einer Familie aufwachsen könnte und dadurch in seiner Entwicklung schwer gefährdet wäre.

(4) In den Fällen des § 1626a Abs. 2 hat das Vormundschaftsgericht die Einwilligung des Vaters zu ersetzen, wenn das Unterbleiben der Annahme dem Kind zu unverhältnismäßigem Nachteil gereichen würde.

§ 1749 Einwilligung des Ehegatten

(1) ¹Zur Annahme eines Kindes durch einen Ehegatten allein ist die Einwilligung des anderen Ehegatten erforderlich. ²Das Vormundschaftsgericht kann auf Antrag des Annehmenden die Einwilligung ersetzen. ³Die Einwilligung darf nicht ersetzt werden, wenn berechtigte Interessen des anderen Ehegatten und der Familie der Annahme entgegenstehen.

(2) Zur Annahme eines Verheirateten ist die Einwilligung seines Ehegatten erforderlich.

(3) Die Einwilligung des Ehegatten ist nicht erforderlich, wenn er zur Abgabe der Erklärung dauernd außerstande oder sein Aufenthalt dauernd unbekannt ist.

§ 1750 Einwilligungserklärung

(1) ¹Die Einwilligung nach §§ 1746, 1747 und 1749 ist dem Vormundschaftsgericht gegenüber zu erklären. ²Die Erklärung bedarf der notariellen Beurkundung. ³Die Einwilligung wird in dem Zeitpunkt wirksam, in dem sie dem Vormundschaftsgericht zugeht.

(2) ¹Die Einwilligung kann nicht unter einer Bedingung oder einer Zeitbestimmung erteilt werden. ²Sie ist unwiderruflich; die Vorschrift des § 1746 Abs. 2 bleibt unberührt.

(3) ¹Die Einwilligung kann nicht durch einen Vertreter erteilt werden. ²Ist der Einwilligende in der Geschäftsfähigkeit beschränkt, so bedarf seine Einwilligung nicht der Zustimmung seines gesetzlichen Vertreters. ³Die Vorschrift des § 1746 Abs. 1 Satz 2, 3 bleibt unberührt.

(4) ¹Die Einwilligung verliert ihre Kraft, wenn der Antrag zurückgenommen oder die Annahme versagt wird. ²Die Einwilligung eines Elternteils verliert ferner ihre Kraft, wenn das Kind nicht innerhalb von drei Jahren seit dem Wirksamwerden der Einwilligung angenommen wird.

Anmerkungen zu den §§ 1741–1750

1 **1. Allgemeines.** Gesetzgeberisches Ziel der Adoption Minderjähriger ist die Integration eines bislang nicht in einer intakten Familie lebenden Kindes in eine Familie durch Aufbau eines Eltern-Kind-Verhältnisses.

2 **2. Voraussetzungen. a) aa)** Adoption muß dem **Kindeswohl** dienen, § 1741 I 1. Ausschlaggebend ist, ob sich durch die Adoption die Voraussetzungen für die körperliche und charakterliche Entwicklung des Kindes gegenüber der bisherigen Lebenslage verbessern. Eine materielle Besserstellung wird nicht gefordert; es dient aber nicht dem Kindeswohl, in schlechten finanziellen Verhältnissen aufzuwachsen. Das Kindeswohl wird nicht gefördert, wenn wegen bereits vorhandener Kinder des Annehmenden die Interessen des Anzunehmenden (oder seiner Kinder) beeinträchtigt werden, § 1745 S 1 Fall 2, 3. **bb)** Hat der Annehmende an Kinderhandel
3 uä mitgewirkt, setzt Adoption zudem voraus, daß Kindeswohl die Annahme

Titel 7. Annahme als Kind **§ 1750**

erfordert, § 1741 I 2. Durch diese Erschwerung soll rechts- u sittenwidriger Adoptionspraxis entgegengewirkt werden. **b)** Entstehung eines **Eltern-Kind-Verhältnisses;** Adoption darf nicht nur der Weitergabe von Vermögen oder Namen dienen. Vorgeschaltete Pflege (§ 1744) soll Prognose erleichtern. **c)** Adoption soll sich nicht nachteilig für **vorhandene Kinder** des Annehmenden auswirken, § 1745 S 1 Fall 1. Hierzu zählt zB drohende Vernachlässigung wegen Überforderung der annehmenden Eltern. Vermögensbelange wie Unterhalt oder Erbrecht (die stets berührt werden) sind zu berücksichtigen, dürfen aber nicht ausschlaggebend sein, § 1745 S 2. **d) Status des Annehmenden:** Der nicht verheiratete Annehmende kann nur allein annehmen (Einzeladoption, § 1741 II 1), der verheiratete nur gemeinschaftlich mit dem Ehegatten (Ehegattenadoption, § 1741 II 2), auch bei Getrenntleben und Zustimmung des anderen Ehegatten (Hamm NJW-RR 99, 1376). Ausnahme: Alleinige Annahme eines Kindes des Ehegatten (§ 1741 II 2, insbes aus früherer Ehe; sa § 1741 II 3). Eine gemeinsame Adoption durch Partner einer eingetragenen Lebenspartnerschaft und einer nichtehelichen Lebensgemeinschaft scheidet aus. – Grundsätzlich **keine Mehrfachadoption;** das Kind soll nicht „weitergereicht" werden können, § 1742. Ausnahme: Tod des Annehmenden, Adoption durch Ehegatten des Annehmenden. 4

5

3. Alter. a) Der **Annehmende** muß mindestens 25 Jahre alt sein, § 1743 S 1 HS 1. Nimmt ein Ehegatte ein Kind seines Ehepartners (allein) an, genügt Vollendung des 21. Lebensjahres, § 1743 S 1 HS 2, ebenso bei Annahme durch ein Ehepaar, wenn der andere Ehegatte mindestens 25 Jahre alt ist, § 1743 S 2. **b)** Der **Anzunehmende** muß minderjährig sein, sonst §§ 1767 ff; beachte auch § 1747 II 1. 6

7

4. Einwilligung. a) des Kindes, § 1746 I 1. **aa)** Höchstpersönlich, aber Zustimmung des ges Vertreters erforderlich, § 1746 I 3. Ist das Kind geschäftsunfähig oder noch nicht 14 Jahre alt, muß ges Vertreter Einwilligung erklären, § 1746 I 2. Bei gemischt-nationalen Adoptionen bedarf Einwilligung der Genehmigung des VormundschaftsG, wenn nicht deutsches Recht anwendbar ist (s EGBGB 22, 23), § 1746 I 4. – Zustimmung und Einwilligung der Eltern zur Kindeseinwilligung sind **nicht** erforderlich, wenn sie in die Annahme unwiderruflich eingewilligt haben oder ihre Einwilligung vom VormundschaftsG ersetzt wurde, § 1746 III HS 2. **bb) Ersetzung** von Einwilligung und Zustimmung bei Vormund oder Pfleger s § 1746 III HS 1. **cc)** Das mindestens 14 Jahre alte, nicht geschäftsunfähige Kind kann bis zum Wirksamwerden der Adoption ohne Zustimmung des ges Vertreters die Einwilligung **widerrufen,** § 1746 II. **b) Elterneinwilligung,** § 1747 I 1 (Ausnahme § 1747 IV). Grund: § 1755. **aa) Einwilligungsbefugnis:** Mutter s § 1591, Vater s § 1592. Ist kein Vater nach § 1592 vorhanden, besteht ein Einwilligungsrecht für den, der die Voraussetzungen der Vaterschaftsvermutung des § 1600 d II glaubhaft macht, § 1747 I 2 (krit Frank FamRZ 98, 395); zur Ersetzung s § 1748 IV. Erteilt ein Mann die Einwilligung, der nicht der genetische Vater ist, s §§ 1759–1763 Rn 5. **bb) Zeitpunkt:** Frühestens 8 Wochen nach der Geburt, § 1747 II 1. Um Frühadoptionen zu erleichtern, kann der nicht mit der Mutter verheiratete Vater (nicht die Mutter) die Einwilligung schon vor der Geburt des Kindes erklären, wenn die Eltern keine Sorgeerklärungen (§ 1626 a I Nr 1) abgegeben haben, § 1747 III Nr 1. **cc)** Die Annehmenden müssen feststehen, der Einwilligende muß sie aber nicht kennen, § 1747 II 2 (Inkognitoadoption). Nicht möglich ist daher die Blankoeinwilligung in eine beliebige Adoption. Beschränkung der Inkognitoeinwilligung auf das Vorliegen bes Voraussetzungen bei den Annehmenden (zB hinsichtlich Religion) ist keine Bedingung nach § 1750 II 1 und daher zulässig. **dd) Ersetzung** der Einwilligung der Eltern nach § 1748 I auf Antrag des Kindes. **Voraussetzungen:** Anhaltende gröbliche (§ 1748 I 1 Fall 1) oder einmalige bes schwere (§ 1748 I 2) Pflichtverletzung (bes kraß: Tötung der Kindesmutter vor den Augen des Kindes durch den Vater, dessen Einwilligung ersetzt werden soll [Zweibrücken FamRZ 01, 1731]) gegenüber dem Kinde, ferner dauernde Gleichgültigkeit (§ 1748 I 1 Fall 2, II) oder zwar nicht vorwerfbare, aber 8

9

10

11

12

13

Chr. Berger 1571

§ 1751

gleichwohl dem Kindeswohl schwer abträgliche krankheits- oder behinderungsbedingte Unfähigkeit zu Pflege und Erziehung, die etwa eine Heimunterbringung erforderlich machen würde (§ 1748 III). Allein die Nichtleistung von Unterhalt bedeutet keine gröbliche Pflichtverletzung, wenn nicht erschwerende Umstände hinzutreten (BayObLG NJWE-FER 98, 173). In den Fällen des § 1748 I 1 muß das Unterbleiben der Adoption einen unverhältnismäßigen Nachteil bedeuten (dazu BayObLG FamRZ 82, 1129). Hat die **Mutter das alleinige Sorgerecht,** kann die Einwilligung des Vaters nach § 1748 IV unter gegenüber I, III erleichterten Voraussetzungen ersetzt werden (krit Frank FamRZ 98, 394). Es genügt, wenn das Unterbleiben der Adoption für das Kind nachteilig ist und das Kindesinteresse an der Adoption die Interessen des Vaters überwiegt (Karlsruhe FamRZ 01, 574). Maßgeblich ist das Kindeswohl; auf Fehlverhalten des Vaters kommt es nicht an. Grund: Vater trägt mangels Sorgerecht nicht die Verantwortung für das Kind. Belange des Vaters sind bes zu berücksichtigen, wenn er (auch ohne Sorgerecht) faktisch Betreuung und Fürsorge übernommen hat; BayObLG NJW-RR 02, 434 läßt Unterhaltszahlung und Wahrnehmung des Umgangs „in gewissem Maße" genügen. – Allerdings kann der Vater Antrag auf Erteilung der Sorge nach § 1672 stellen, der in diesem Fall nicht der Zustimmung der Mutter bedarf, wenn die Mutter in die Adoption eingewilligt hat, § 1751 I 6; der Antrag entfaltet eine Sperrwirkung gegenüber der Adoption, § 1747 III Nr 2; zum Verzicht

15 s § 1747 III Nr 3. – **Verfahren:** Zuständigkeit FGG 43 b, RPflG 14 I Nr 3 f; Beschwerde des Kindes, wenn Ersetzung verweigert, FGG 20 II, der Eltern, wenn Einwilligung ersetzt, FGG 20 I, 53 I 2, 60 I Nr 6. Bei Verfahrensmängel evtl

16 § 1760. **c) Ehegatteneinwilligung.** Bei Annahme durch einen Ehegatten hat dessen Ehepartner einzuwilligen, § 1749 I 1, Ersetzung möglich, s § 1749 I 2, 3; bei Annahme eines Verheirateten auch dessen Ehegatte, § 1749 II; Ausnahme

17 s § 1749 III. **d) Form,** Adressat, Wirkungsdauer usw der Einwilligung s § 1750.

§ 1751 Wirkung der elterlichen Einwilligung, Verpflichtung zum Unterhalt

(1) ¹Mit der Einwilligung eines Elternteils in die Annahme ruht die elterliche Sorge dieses Elternteils; die Befugnis zum persönlichen Umgang mit dem Kind darf nicht ausgeübt werden. ²Das Jugendamt wird Vormund; dies gilt nicht, wenn der andere Elternteil die elterliche Sorge allein ausübt oder wenn bereits ein Vormund bestellt ist. ³Eine bestehende Pflegschaft bleibt unberührt. ⁴Das Vormundschaftsgericht hat dem Jugendamt unverzüglich eine Bescheinigung über den Eintritt der Vormundschaft zu erteilen; § 1791 ist nicht anzuwenden. ⁵Für den Annehmenden gilt während der Zeit der Adoptionspflege § 1688 Abs. 1 und 3 entsprechend. ⁶Hat die Mutter in die Annahme eingewilligt, so bedarf ein Antrag des Vaters nach § 1672 Abs. 1 nicht ihrer Zustimmung.

(2) Absatz 1 ist nicht anzuwenden auf einen Ehegatten, dessen Kind vom anderen Ehegatten angenommen wird.

(3) Hat die Einwilligung eines Elternteils ihre Kraft verloren, so hat das Vormundschaftsgericht die elterliche Sorge dem Elternteil zu übertragen, wenn und soweit dies dem Wohl des Kindes nicht widerspricht.

(4) ¹Der Annehmende ist dem Kind vor den Verwandten des Kindes zur Gewährung des Unterhalts verpflichtet, sobald die Eltern des Kindes die erforderliche Einwilligung erteilt haben und das Kind in die Obhut des Annehmenden mit dem Ziel der Annahme aufgenommen ist. ²Will ein Ehegatte ein Kind seines Ehegatten annehmen, so sind die Ehegatten dem Kind vor den anderen Verwandten des Kindes zur Gewährung des Unterhalts verpflichtet, sobald die erforderliche Einwilligung der Eltern des Kindes erteilt und das Kind in die Obhut der Ehegatten aufgenommen ist.

Titel 7. Annahme als Kind **§ 1752**

1. Allgemeines. Lösung der rechtlichen Verwandtschaft zwischen leiblichen 1
Eltern und Kind tritt erst mit dem Adoptionsbeschluß ein, § 1755, doch liegt für
die Eltern die entscheidende Zäsur bereits in der Einwilligung in die Adoption.
Das Ges ordnet deshalb für die Fremdadoption Ruhen der elterlichen Sorge und
des elterlichen Verkehrsrechtes sowie Amtsvormundschaft des Jugendamtes an,
soweit nicht Vormundschaft bereits besteht oder der andere Elternteil, der nicht
eingewilligt hat, die elterliche Sorge allein (s § 1678) ausübt und deshalb ein entspr
Bedürfnis nicht besteht. Der Annehmende wird vorrangig unterhaltspflichtig.

2. Voraussetzungen. Einwilligung oder Ersetzung der Einwilligung des El- 2
ternteils, s §§ 1741–1750 Rn 8 ff.

3. Rechtsfolgen. a) Ruhen der elterlichen Sorge nach §§ 1626 ff, Wirkung 3
des Ruhens § 1675, s I 1 HS 1; **b)** Umgangsrecht nach § 1684 f kann ebenfalls
nicht mehr ausgeübt werden, I 1 HS 2. **c)** Eintritt der Amtsvormundschaft, soweit 4
nicht ein Elternteil nicht eingewilligt hat und deshalb elterliche Sorge allein –
§ 1678 – innehat oder bereits Vormundschaft besteht, I 2. Amtsvormundschaft
auch bei Ersetzung der Einwilligung, KG OLGZ 78, 139. Das VormundschaftsG,
dem die Einwilligung zugehen muß – § 1750 I 3 –, erteilt dem Jugendamt unverzüglich
Bescheinigung über Eintritt der Vormundschaft, I 4. Keine Adoptionsvormundschaft
bei bereits bestehender Amtsvormundschaft, Köln NJW-RR 92,
904, str. **d)** Eine bestehende Pflegschaft bleibt unberührt, I 3. **e) Unterhalts-** 5
pflicht des Annehmenden entsteht, wenn erforderliche Einwilligung der Eltern
wirksam gegeben (hierzu § 1750 I) und das Kind mit dem Ziel der Annahme vom
Annehmenden in Obhut genommen worden ist, IV 1. Unterhaltspflicht der leib- 6
lichen Eltern und der anderen Verwandten besteht weiter, geht aber im Rang nach.
Bei Halbwaisen oder fehlender Vaterschaft nach § 1592 ist „erforderlich" nur
Einwilligung des einen Elternteils. Maßgebender Zeitpunkt für die Entstehung der
Unterhaltspflicht ist tatsächliche In-Obhut-Nahme, nicht Pflegeerlaubnis nach
SGB VIII 44 I 1. **f)** In der Adoption vorgeschalteten Zeit der Familienpflege 7
(§ 1744) hat der Annehmende die Sorge in Angelegenheiten des täglichen Lebens,
soweit nichts anderes erklärt oder angeordnet wird, I 5. **g)** Zu I 6 s §§ 1741–1750
Rn 14.

4. Ausnahmen. Ruhen der elterlichen Sorge und des Verkehrsrechtes sowie 8
Amtsvormundschaft des Jugendamtes treten nicht ein, wenn ein Ehegatte in die
Adoption durch den anderen einwilligt, II, da hier nicht untaugliche Familienbande
gelöst, sondern Familienbeziehungen vervollständigt werden. Zum Unterhalt
in diesem Falle s IV 2.

5. Rückübertragung der elterlichen Sorge findet nach III statt, wenn **a)** die 9
Einwilligung in die Annahme unwirksam geworden ist, zB nach § 1750 IV, und
b) die Rückübertragung nicht dem Kindeswohl widerspricht. **c)** Rückübertra- 10
gung erfolgt durch Beschluß des VormundschaftsG. Sie kann sich auch auf Umgangsrecht
beschränken (arg „soweit") oder Teilbereiche des Sorgerechts zurückgewähren.

§ 1752 Beschluss des Vormundschaftsgerichts, Antrag

(1) **Die Annahme als Kind wird auf Antrag des Annehmenden vom Vormundschaftsgericht ausgesprochen.**

(2) ¹**Der Antrag kann nicht unter einer Bedingung oder einer Zeitbestimmung oder durch einen Vertreter gestellt werden.** ²**Er bedarf der notariellen Beurkundung.**

1. Allgemeines. Annahme als Kind wird durch konstitutiven Beschluß auf 1
Antrag des Annehmenden des VormundschaftsG verfügt, I.

2. Annahmeantrag kann nur vom Annehmenden ausgehen, ist höchstpersön- 2
lich, bedingungs- und befristungsfeindlich, II 1, und bedarf der notariellen Beur-

§§ 1753-1755 Buch 4. Abschnitt 2. Verwandtschaft

kundung, II 2. Einreichung durch Notar verletzt Vertretungsverbot nicht, PalDiederichsen 2. Auch Rücknahme ist höchstpersönlich und nicht vererblich, BayObLG NJW-RR 96, 1092.

3 3. **Verfahren** (hierzu Engler FamRZ 76, 588; Beitzke FamRZ 76, 507; Lüderitz NJW 76, 1868). Örtl und int Zuständigkeit FGG 43 b; alle wichtigen Entscheidungen im Adoptionsverfahren, insbes der Adoptionsbeschluß, sind dem Richter vorbehalten, RPflG 14 Nr 3 f. Das Gericht hat gutachtliche Äußerung der Adoptionsvermittlungsstelle oder des Jugendamtes über Eignung von Kind und Familie des Annehmenden einzuholen, s FGG 56 d; zur Anhörung des Kindes s FGG 55 c; Mitwirkungspflicht des Jugendamtes SGB VIII 50 I. Inhalt des Beschlusses s FGG 56 e S 1; Wirksamwerden FGG 56 e S 2; Unanfechtbarkeit und wohl auch Unabänderbarkeit (s Lüderitz NJW 76, 1869) FGG 56 e S 3. Bis zur Ersetzung verweigerter elterlicher Einwilligung, ggf also Entscheidung über diesbezügliches
4 Rechtsmittel (s §§ 1741–1750 Rn 15), kann der Adoptionsbeschluß nicht ergehen. Der Beschluß heilt alle Willensmängel und Verfahrensfehler, s jedoch zur Aufhebung §§ 1759 ff. Gegen ablehnenden Beschluß hat Antragsteller Beschwerde, FGG 20 II.

§ 1753 Annahme nach dem Tode

(1) **Der Ausspruch der Annahme kann nicht nach dem Tode des Kindes erfolgen.**

(2) **Nach dem Tode des Annehmenden ist der Ausspruch nur zulässig, wenn der Annehmende den Antrag beim Vormundschaftsgericht eingereicht oder bei oder nach der notariellen Beurkundung des Antrags den Notar damit betraut hat, den Antrag einzureichen.**

(3) **Wird die Annahme nach dem Tode des Annehmenden ausgesprochen, so hat sie die gleiche Wirkung, wie wenn sie vor dem Tode erfolgt wäre.**

1 1. **Stirbt das Kind,** verliert die Annahme ihren Sinn. Bei **Tod des Annehmenden** kann die Adoption jedoch zwecks Herstellung der Verwandtschaft zu den Verwandten des Verstorbenen sinnvoll sein. Keine Rücknahme des Antrags durch Erben, BayObLG NJW-RR 96, 1092. Voraussetzungen des Beschlusses s II, ferner § 1741 I. Wirkungen s III, insbes ges Erbrecht oder Pflichtteilsanspruch (beachte jedoch Anfechtbarkeit anderweitiger Erbeinsetzung nach § 2079). Wirksamwerden s FGG 56 e S 2 HS 2.

§ 1754 Wirkung der Annahme

(1) **Nimmt ein Ehepaar ein Kind an oder nimmt ein Ehegatte ein Kind des anderen Ehegatten an, so erlangt das Kind die rechtliche Stellung eines gemeinschaftlichen Kindes der Ehegatten.**

(2) **In den anderen Fällen erlangt das Kind die rechtliche Stellung eines Kindes des Annehmenden.**

(3) **Die elterliche Sorge steht in den Fällen des Absatzes 1 den Ehegatten gemeinsam, in den Fällen des Absatzes 2 dem Annehmenden zu.**

§ 1755 Erlöschen von Verwandtschaftsverhältnissen

(1) ¹**Mit der Annahme erlöschen das Verwandtschaftsverhältnis des Kindes und seiner Abkömmlinge zu den bisherigen Verwandten und die sich aus ihm ergebenden Rechte und Pflichten.** ²**Ansprüche des Kindes, die bis zur Annahme entstanden sind, insbesondere auf Renten, Waisengeld und andere entsprechende wiederkehrende Leistungen, werden durch die Annahme nicht berührt; dies gilt nicht für Unterhaltsansprüche.**

Titel 7. Annahme als Kind **§§ 1756, 1757**

(2) Nimmt ein Ehegatte das Kind seines Ehegatten an, so tritt das Erlöschen nur im Verhältnis zu dem anderen Elternteil und dessen Verwandten ein.

§ 1756 Bestehenbleiben von Verwandtschaftsverhältnissen

(1) Sind die Annehmenden mit dem Kind im zweiten oder dritten Grad verwandt oder verschwägert, so erlöschen nur das Verwandtschaftsverhältnis des Kindes und seiner Abkömmlinge zu den Eltern des Kindes und die sich aus ihm ergebenden Rechte und Pflichten.

(2) Nimmt ein Ehegatte das Kind seines Ehegatten an, so erlischt das Verwandtschaftsverhältnis nicht im Verhältnis zu den Verwandten des anderen Elternteils, wenn dieser die elterliche Sorge hatte und verstorben ist.

§ 1757 Name des Kindes

(1) ¹Das Kind erhält als Geburtsnamen den Familiennamen des Annehmenden. ²Als Familienname gilt nicht der dem Ehenamen oder dem Lebenspartnerschaftsnamen hinzugefügte Name (§ 1355 Abs. 4; § 3 Abs. 2 des Lebenspartnerschaftsgesetzes).

(2) ¹Nimmt ein Ehepaar ein Kind an oder nimmt ein Ehegatte ein Kind des anderen Ehegatten an und führen die Ehegatten keinen Ehenamen, so bestimmen sie den Geburtsnamen des Kindes vor dem Ausspruch der Annahme durch Erklärung gegenüber dem Vormundschaftsgericht; § 1617 Abs. 1 gilt entsprechend. ²Hat das Kind das fünfte Lebensjahr vollendet, so ist die Bestimmung nur wirksam, wenn es sich der Bestimmung vor dem Ausspruch der Annahme durch Erklärung gegenüber dem Vormundschaftsgericht anschließt; § 1617 c Abs. 1 Satz 2 gilt entsprechend.

(3) Die Änderung des Geburtsnamens erstreckt sich auf den Ehenamen des Kindes nur dann, wenn sich auch der Ehegatte der Namensänderung vor dem Ausspruch der Annahme durch Erklärung gegenüber dem Vormundschaftsgericht anschließt; die Erklärung muss öffentlich beglaubigt werden.

(4) ¹Das Vormundschaftsgericht kann auf Antrag des Annehmenden mit Einwilligung des Kindes mit dem Ausspruch der Annahme
1. Vornamen des Kindes ändern oder ihm einen oder mehrere neue Vornamen beigeben, wenn dies dem Wohl des Kindes entspricht;
2. dem neuen Familiennamen des Kindes den bisherigen Familiennamen voranstellen oder anfügen, wenn dies aus schwerwiegenden Gründen zum Wohl des Kindes erforderlich ist.

²§ 1746 Abs. 1 Satz 2, 3, Abs. 3 erster Halbsatz ist entsprechend anzuwenden.

Anmerkungen zu den §§ 1754–1757

Lit: Dittmann, Adoption und Erbrecht, Rpfleger 78, 277; Doms, Zum Wegfall des Unterhaltsanspruchs bei Adoption, FamRZ 81, 325.

1. **Allgemeines.** Regelung der Wirkungen der **Volladoption** ie.   **1**
2. **Wirkungen** im Verhältnis zum **Annehmenden** und dessen Verwandten: **2**
a) Nach § 1754 II erwirbt der Angenommene bei einseitiger Annahme die Stellung eines **Kindes des Annehmenden;** bei gemeinschaftlicher Annahme durch Ehepaar oder einseitiger Annahme des Kindes des anderen Ehegatten erwirbt der Angenommene nach § 1754 I die Stellung eines **gemeinschaftlichen Kindes** der Ehegatten; zum Vorversterben des anderen Ehegatten s Hellermann FamRZ 83,

§ 1758 Buch 4. Abschnitt 2. Verwandtschaft

3   659. **b)** Adoption bewirkt rechtliche **Verwandtschaft** zum (zu) Annehmenden und dessen (deren) Verwandten (zB Eltern, leiblichen oder angenommenen Kindern) mit gegenseitigen **Unterhaltspflichten** und **Erbberechtigung;** die annehmenden Ehegatten (bzw der Annehmende) erlangen die **elterliche Sorge,** § 1754 III; **Eheverbote** s §§ 1307 S 2, 1308; **Staatsangehörigkeit** s RuStAG 3 Nr 3, 6; Vollwirkung auch im **Strafrecht** (Ausnahme StGB 173), **Sozialversicherungs-, Beamten-** und **SteuerR; Vaterschaftsfeststellung** wird jedoch durch Adoption nicht gehindert, BT-Drs 7/5087 S 16. Bei Trennung der Adoptiveltern
4   s §§ 1671, 1684. **Name** s § 1757 (Abs 1 verfassungsgemäß, s Karlsruhe NJW-RR 99, 1089). **Vorname** des Angenommenen s § 1757 IV, zur Neufassung 1992 s Lüderitz NJW 93, 1050.

5   **3. Wirkung** im Verhältnis zu **leiblichen Eltern:** Verwandtschaft der leiblichen Eltern und ihrer Verwandten zum Angenommenen und seinen Abkömmlingen erlischt mit allen daraus folgenden Rechten und Pflichten, § 1755 I 1, also Unterhaltsansprüche (nicht: rückständige, BGH NJW 81, 2298), Sorge- und Verkehrsrecht, Erb- und Pflichtteilsrecht, Namensführungsrecht (s aber § 1757 II). **Aus-**
6   **nahmen: a)** Ansprüche auf wiederkehrende Leistungen, § 1755 I 2, bleiben erhalten, um Adoption nicht zu gefährden; Gegenausnahme: Unterhaltsansprüche
7   § 1755 I 2 HS 2, hierzu Ruthe FamRZ 77, 30 ff. **b)** Bei **Stiefkindadoption** bleibt Verwandtschaft zum leiblichen Elternteil-Ehegatten bestehen, § 1755 II, und erstarkt zum Kindschaftsverhältnis, § 1754 I; dagegen erlischt Verwandtschaft zum anderen leiblichen Elternteil und dessen Verwandten; anders jedoch, falls frühere Ehe des Elternteil-Ehegatten durch Tod des sorgeberechtigten anderen Elternteils aufgelöst worden ist, § 1756 II: Verwandtschaft zu Verwandten des verstorbenen Elternteils bleibt bestehen, um den Großeltern nicht auch noch Enkel
8   zu nehmen, BT-Drs 7/5087 S 17. **c)** Bei **Verwandtenadoption** oder **Verschwägertenadoption** innerhalb des zweiten oder dritten Grades beschränkt sich das Erlöschen der Verwandtschaftsverhältnisse auf das Verhältnis zu den leiblichen Eltern, § 1756 I; Kind „bleibt in der Familie" und (nur) über seine Großeltern mit Geschwistern verwandt.

§ 1758 Offenbarungs- und Ausforschungsverbot

(1) **Tatsachen, die geeignet sind, die Annahme und ihre Umstände aufzudecken, dürfen ohne Zustimmung des Annehmenden und des Kindes nicht offenbart oder ausgeforscht werden, es sei denn, dass besondere Gründe des öffentlichen Interesses dies erfordern.**

(2) [1]**Absatz 1 gilt sinngemäß, wenn die nach § 1747 erforderliche Einwilligung erteilt ist.** [2]**Das Vormundschaftsgericht kann anordnen, dass die Wirkungen des Absatzes 1 eintreten, wenn ein Antrag auf Ersetzung der Einwilligung eines Elternteils gestellt worden ist.**

1   **1. Allgemeines.** Zweck: Schutz des Adoptionsgeheimnisses (Engler FamRZ 76, 590). Abstützende Vorschriften: PStG 61 II, 62 II; FGG 34 II. Abstammungsverhältnisse werden freilich nicht völlig gelöscht, Geburtenbuch und Abstammungsurkunde, die zur Verhinderung von Verwandtenehen nach PStG 5 I bei Eheschließung vorzulegen sind, weisen leibliche Verwandtschaft aus. Nach OVG Münster, NJW 85, 1107 steht Auskunft durch Jugendamt „in pflichtgemäßem Ermessen", doch gilt grundsätzlich I; zur entspr Leistungsklage s OVG Lüneburg NJW 94, 2634 f. Adoptivkind selbst hat Recht auf Kenntnis der eigenen Abstammung; Zeitpunkt entsprechender Aufklärung ist Sache erzieherischer Fürsorge.

2   **2. Folgerungen.** In allen amtlichen oder privaten Erklärungen zur Person der Beteiligten sind die Annehmenden als Eltern anzugeben. Gegenüber Ausforschung oder Offenbarung haben Annehmende und Angenommene Unterlassungsansprüche; uU auch weitergehende Ansprüche wegen Verletzung des allg Persönlichkeitsrechts. Rechtfertigende Eingriffsgründe möglich.

Titel 7. Annahme als Kind §§ 1759, 1760

3. Beginn des Ausforschungsverbots: Nach II 1 bereits mit Einwilligung der **3** leiblichen Eltern nach § 1747; VormundschaftsG kann Beginn auf Zeitpunkt des Antrags auf Ersetzung der elterlichen Einwilligung nach § 1748 vorverlegen, II 2.

§ 1759 Aufhebung des Annahmeverhältnisses

Das Annahmeverhältnis kann nur in den Fällen der §§ 1760, 1763 aufgehoben werden.

§ 1760 Aufhebung wegen fehlender Erklärungen

(1) Das Annahmeverhältnis kann auf Antrag vom Vormundschaftsgericht aufgehoben werden, wenn es ohne Antrag des Annehmenden, ohne die Einwilligung des Kindes oder ohne die erforderliche Einwilligung eines Elternteils begründet worden ist.

(2) Der Antrag oder eine Einwilligung ist nur dann unwirksam, wenn der Erklärende

a) zur Zeit der Erklärung sich im Zustand der Bewusstlosigkeit oder vorübergehenden Störung der Geistestätigkeit befand, wenn der Antragsteller geschäftsunfähig war oder das geschäftsunfähige oder noch nicht 14 Jahre alte Kind die Einwilligung selbst erteilt hat,

b) nicht gewusst hat, dass es sich um eine Annahme als Kind handelt, oder wenn er dies zwar gewusst hat, aber einen Annahmeantrag nicht hat stellen oder eine Einwilligung zur Annahme nicht hat abgeben wollen oder wenn sich der Annehmende in der Person des anzunehmenden Kindes oder wenn sich das anzunehmende Kind in der Person des Annehmenden geirrt hat,

c) durch arglistige Täuschung über wesentliche Umstände zur Erklärung bestimmt worden ist,

d) widerrechtlich durch Drohung zur Erklärung bestimmt worden ist,

e) die Einwilligung vor Ablauf der in § 1747 Abs. 2 Satz 1 bestimmten Frist erteilt hat.

(3) ¹Die Aufhebung ist ausgeschlossen, wenn der Erklärende nach Wegfall der Geschäftsunfähigkeit, der Bewusstlosigkeit, der Störung der Geistestätigkeit, der durch die Drohung bestimmten Zwangslage, nach der Entdeckung des Irrtums oder nach Ablauf der in § 1747 Abs. 2 Satz 1 bestimmten Frist den Antrag oder die Einwilligung nachgeholt oder sonst zu erkennen gegeben hat, dass das Annahmeverhältnis aufrechterhalten werden soll. ²Die Vorschriften des § 1746 Abs. 1 Satz 2, 3 und des § 1750 Abs. 3 Satz 1, 2 sind entsprechend anzuwenden.

(4) Die Aufhebung wegen arglistiger Täuschung über wesentliche Umstände ist ferner ausgeschlossen, wenn über Vermögensverhältnisse des Annehmenden oder des Kindes getäuscht worden ist oder wenn die Täuschung ohne Wissen eines Antrags- oder Einwilligungsberechtigten von jemand verübt worden ist, der weder antrags- noch einwilligungsberechtigt noch zur Vermittlung der Annahme befugt war.

(5) ¹Ist beim Ausspruch der Annahme zu Unrecht angenommen worden, dass ein Elternteil zur Abgabe der Erklärung dauernd außerstande oder sein Aufenthalt dauernd unbekannt sei, so ist die Aufhebung ausgeschlossen, wenn der Elternteil die Einwilligung nachgeholt oder sonst zu erkennen gegeben hat, dass das Annahmeverhältnis aufrechterhalten werden soll. ²Die Vorschrift des § 1750 Abs. 3 Satz 1, 2 ist entsprechend anzuwenden.

Chr. Berger

§ 1761 Aufhebungshindernisse

(1) Das Annahmeverhältnis kann nicht aufgehoben werden, weil eine erforderliche Einwilligung nicht eingeholt worden oder nach § 1760 Abs. 2 unwirksam ist, wenn die Voraussetzungen für die Ersetzung der Einwilligung beim Ausspruch der Annahme vorgelegen haben oder wenn sie zum Zeitpunkt der Entscheidung über den Aufhebungsantrag vorliegen; dabei ist es unschädlich, wenn eine Belehrung oder Beratung nach § 1748 Abs. 2 nicht erfolgt ist.

(2) Das Annahmeverhältnis darf nicht aufgehoben werden, wenn dadurch das Wohl des Kindes erheblich gefährdet würde, es sei denn, dass überwiegende Interessen des Annehmenden die Aufhebung erfordern.

§ 1762 Antragsberechtigung; Antragsfrist, Form

(1) ¹Antragsberechtigt ist nur derjenige, ohne dessen Antrag oder Einwilligung das Kind angenommen worden ist. ²Für ein Kind, das geschäftsunfähig oder noch nicht 14 Jahre alt ist, und für den Annehmenden, der geschäftsunfähig ist, können die gesetzlichen Vertreter den Antrag stellen. ³Im Übrigen kann der Antrag nicht durch einen Vertreter gestellt werden. ⁴Ist der Antragsberechtigte in der Geschäftsfähigkeit beschränkt, so ist die Zustimmung des gesetzlichen Vertreters nicht erforderlich.

(2) ¹Der Antrag kann nur innerhalb eines Jahres gestellt werden, wenn seit der Annahme noch keine drei Jahre verstrichen sind. ²Die Frist beginnt

a) in den Fällen des § 1760 Abs. 2 Buchstabe a mit dem Zeitpunkt, in dem der Erklärende zumindest die beschränkte Geschäftsfähigkeit erlangt hat oder in dem der gesetzliche Vertreter des geschäftsunfähigen Annehmenden oder des noch nicht 14 Jahre alten oder geschäftsunfähigen Kindes die Erklärung bekannt wird;

b) in den Fällen des § 1760 Abs. 2 Buchstabe b, c mit dem Zeitpunkt, in dem der Erklärende den Irrtum oder die Täuschung entdeckt;

c) in dem Falle des § 1760 Abs. 2 Buchstabe d mit dem Zeitpunkt, in dem die Zwangslage aufhört;

d) in dem Falle des § 1760 Abs. 2 Buchstabe e nach Ablauf der in § 1747 Abs. 2 Satz 1 bestimmten Frist;

e) in den Fällen des § 1760 Abs. 5 mit dem Zeitpunkt, in dem dem Elternteil bekannt wird, dass die Annahme ohne seine Einwilligung erfolgt ist.

³Die für die Verjährung geltenden Vorschriften der §§ 206, 210 sind entsprechend anzuwenden.

(3) Der Antrag bedarf der notariellen Beurkundung.

§ 1763 Aufhebung von Amts wegen

(1) Während der Minderjährigkeit des Kindes kann das Vormundschaftsgericht das Annahmeverhältnis von Amts wegen aufheben, wenn dies aus schwerwiegenden Gründen zum Wohl des Kindes erforderlich ist.

(2) Ist das Kind von einem Ehepaar angenommen, so kann auch das zwischen dem Kind und einem Ehegatten bestehende Annahmeverhältnis aufgehoben werden.

(3) Das Annahmeverhältnis darf nur aufgehoben werden,

a) wenn in dem Falle des Absatzes 2 der andere Ehegatte oder wenn ein leiblicher Elternteil bereit ist, die Pflege und Erziehung des Kindes zu

Titel 7. Annahme als Kind **§ 1763**

übernehmen, und wenn die Ausübung der elterlichen Sorge durch ihn dem Wohl des Kindes nicht widersprechen würde oder
b) wenn die Aufhebung eine erneute Annahme des Kindes ermöglichen soll.

Anmerkungen zu den §§ 1759–1763

1. Allgemeines. Der mit der Volladoption bezweckten und bewirkten vollen 1 Eingliederung des Angenommenen in die Familie des (der) Annehmenden entspricht die Beschränkung der Möglichkeiten zur Aufhebung der Adoption. § 1759 läßt sie deshalb nur noch in zwei Fällen zu: Unwirksamkeit oder Fehlen der erforderlichen Erklärungen der Beteiligten, § 1760, und schwerwiegende Gründe des Kindeswohls, § 1763; nicht § 1771 S 1 analog, Düsseldorf NJW-RR 86, 300. Aufhebung durch Anordnung des VormundschaftsG, und zwar entweder auf An- 2 trag der Beteiligten in den Fällen der ersten Gruppe oder von Amts wegen bei Gefährdung des Kindeswohls. Ohne förmliche Aufhebung können Adoptionsmängel nicht geltend gemacht werden, Dritte können die Aufhebung nicht beantragen. Ausnahmsweise tritt Aufhebung des Adoptionsverhältnisses kraft Ges ein, wenn 3 entgegen § 1308 zwischen Adoptivverwandten oder -verschwägerten die Ehe geschlossen worden ist, § 1766.

2. Erklärungsmängel, § 1760. a) Erheblich sind nur Fehlen oder Mängel der 4 folgenden Erklärungen: **aa)** Antrag des Annehmenden; auch bei Rücknahme deshalb (nur) Aufhebung, Düsseldorf NJW-RR 96, 67; **bb)** Einwilligung des Kindes; **cc)** erforderliche Einwilligung der Eltern oder eines Elternteils, § 1760 I. **Nicht:** Fehlende Einwilligung des Ehegatten, fehlende Zustimmung des ges Vertreters des Kindes im Falle des § 1746 I 3. **b) Art der erheblichen Mängel:** 5 **aa)** Gänzliches Fehlen der Einwilligung usw. Das ist auch der Fall, wenn der Scheinvater nach § 1747 I 2 einwilligt bzw seine Einwilligung ersetzt wird. **bb)** Unwirksamkeit wegen eines der in § 1760 II a–d geregelten Willensmängel; die Aufhebung wegen arglistiger Täuschung wird jedoch in § 1760 IV für die dort aufgeführten Täuschungsfälle ausgeschlossen. **cc)** Einwilligung vor Ablauf der 8-Wochen-Frist seit Geburt des Kindes, §§ 1760 II e iVm 1747 II 1. **c) Heilung von Erklärungs-** 6 **mängeln** durch höchstpersönliche Wiederholung bzw Nachholung der fehlerhaften Erklärung s § 1760 III, V. **d) Unbeachtlichkeit** des Fehlens oder Mangels von 7 Erklärungen dann, wenn Voraussetzungen für ihre Ersetzung vorgelegen haben, § 1761 I, also in den Fällen der §§ 1746 III, 1748 I, III, IV. **e) Keine Aufhebung** 8 möglich, wenn dadurch Kindeswohl gefährdet würde, § 1761 II; erforderlich ist ggf Interessenabwägung zwischen Kindeswohl und Interessen des Annehmenden. „Zwischenlösungen" unzulässig, s Karlsruhe NJWE-FER 96, 5.

3. Verfahren bei Aufhebung wegen Erklärungsmängel. S FGG 56 f. 9 **a)** Voraussetzung ist **Antrag** desjenigen, dessen Erklärung fehlt oder mangelhaft ist, § 1762 I 1. Nicht: Kinder des Annehmenden, BayObLG NJW-RR 86, 872. Antrag ist grundsätzlich höchstpersönlich zu stellen, § 1762 I 3; Ausnahme: § 1762 I 2. **b) Fristen** s § 1762 II 1; Fristbeginn s § 1762 II 2 a–e. **c) Form** des Antrags 10 s § 1762 III. **d) Zuständigkeit** FGG 43, 36; es entscheidet der Richter, RPflG 14 Nr 3; Mitwirkungspflicht des Jugendamts SGB VIII 50 I. **f) Rechtsmittel** bei 11 Aufhebung: sofortige Beschwerde, FGG 56 f III, 60 I Nr 6.

4. Amtsaufhebung nach § 1763 setzt voraus: **a) Minderjährigkeit** des Ange- 12 nommenen, I; **b) schwerwiegende Gründe,** die es zum Wohl des Kindes gebieten, die Adoption aufzuheben (I), zB Scheidung der Adoptiveltern und Heirat eines Teils mit leiblichem Elternteil und Faktoren der scheidungsbedingte Unfähigkeit zur Erziehung und Personensorge, nicht dagegen Scheidung allein, BayObLG Rpfleger 80, 59; genügt Eingreifen nach §§ 1666, 1666 a, ist Aufhebung nicht geboten, Gernhuber/Coester-Waltjen § 68 XII 5. **c)** Sicherung des Verbleibs oder 13 der Aufnahme in einen Familienverband durch **aa)** Gewährleistung der Pflege und

Erziehung des Kindes durch den anderen Ehegatten oder einen leiblichen Elternteil oder **bb)** eine in Aussicht stehende neue Adoption, § 1763 III a, b. **d)** Bei Adoption durch Ehepaare kann Aufhebungswirkung auf einen Ehegatten beschränkt werden, § 1763 II. **e)** Zuständigkeit Vormundschaftsgericht am Ehegattenwohnsitz, KG FamRZ 95, 440.

§ 1764 Wirkung der Aufhebung

(1) ¹**Die Aufhebung wirkt nur für die Zukunft.** ²**Hebt das Vormundschaftsgericht das Annahmeverhältnis nach dem Tode des Annehmenden auf dessen Antrag oder nach dem Tode des Kindes auf dessen Antrag auf, so hat dies die gleiche Wirkung, wie wenn das Annahmeverhältnis vor dem Tode aufgehoben worden wäre.**

(2) Mit der Aufhebung der Annahme als Kind erlöschen das durch die Annahme begründete Verwandtschaftsverhältnis des Kindes und seiner Abkömmlinge zu den bisherigen Verwandten und die sich aus ihm ergebenden Rechte und Pflichten.

(3) Gleichzeitig leben das Verwandtschaftsverhältnis des Kindes und seiner Abkömmlinge zu den leiblichen Verwandten des Kindes und die sich aus ihm ergebenden Rechte und Pflichten, mit Ausnahme der elterlichen Sorge, wieder auf.

(4) Das Vormundschaftsgericht hat den leiblichen Eltern die elterliche Sorge zurückzuübertragen, wenn und soweit dies dem Wohl des Kindes nicht widerspricht; andernfalls bestellt es einen Vormund oder Pfleger.

(5) Besteht das Annahmeverhältnis zu einem Ehepaar und erfolgt die Aufhebung nur im Verhältnis zu einem Ehegatten, so treten die Wirkungen des Absatzes 2 nur zwischen dem Kind und seinen Abkömmlingen und diesem Ehegatten und dessen Verwandten ein; die Wirkungen des Absatzes 3 treten nicht ein.

§ 1765 Name des Kindes nach der Aufhebung

(1) ¹Mit der Aufhebung der Annahme als Kind verliert das Kind das Recht, den Familiennamen des Annehmenden als Geburtsnamen zu führen. ²Satz 1 ist in den Fällen des § 1754 Abs. 1 nicht anzuwenden, wenn das Kind einen Geburtsnamen nach § 1757 Abs. 1 führt und das Annahmeverhältnis zu einem Ehegatten allein aufgehoben wird. ³Ist der Geburtsname zum Ehenamen oder Lebenspartnerschaftsnamen des Kindes geworden, so bleibt dieser unberührt.

(2) ¹Auf Antrag des Kindes kann das Vormundschaftsgericht mit der Aufhebung anordnen, dass das Kind den Familiennamen behält, den es durch die Annahme erworben hat, wenn das Kind ein berechtigtes Interesse an der Führung dieses Namens hat. ²§ 1746 Abs. 1 Satz 2, 3 ist entsprechend anzuwenden.

(3) Ist der durch die Annahme erworbene Name zum Ehenamen oder Lebenspartnerschaftsnamen geworden, so hat das Vormundschaftsgericht auf gemeinsamen Antrag der Ehegatten oder Lebenspartner mit der Aufhebung anzuordnen, dass die Ehegatten oder Lebenspartner als Ehenamen oder Lebenspartnerschaftsnamen den Geburtsnamen führen, den das Kind vor der Annahme geführt hat.

Anmerkungen zu den §§ 1764, 1765

1. **Allgemeines.** Regelung der Wirkungen einer vormundschaftsgerichtl Aufhebung des Adoptionsverhältnisses.

Titel 7. Annahme als Kind **§§ 1766, 1767**

2. Zeitliche Wirkungen. Aufhebung wirkt nur **für die Zukunft,** § 1764 I 1. **Ausnahme:** Nach § 1764 I 2 ist Zeitpunkt der Antragstellung maßgebend, falls Beantragender – und zwar nur Annehmender oder Kind – nach Antragstellung stirbt. Rückwirkung ist wichtig für Erbfälle: Soweit keine Rückwirkung eintritt, bleibt es bei Erb- oder Pflichtteilsrecht trotz schwebenden Aufhebungsverfahrens. 2

3. Wirkungen auf Verwandtschaftsverhältnisse. a) Zu dem oder den Annehmenden und deren Familie werden alle rechtlichen **Verwandtschaftsbeziehungen gelöst,** § 1764 II. Damit enden auch alle auf Verwandtschaft gegründeten Rechte und Pflichten. Möglichkeit der Beschränkung der Aufhebung auf einen Adoptivelternteil mit entspr beschränkter Aufhebungswirkung s § 1764 V und dazu Celle FamRZ 82, 197. **b)** Zu den **leiblichen Verwandten** leben die rechtlichen Verwandtschaftsbeziehungen wieder auf, § 1764 III, jedoch wird **aa)** die elterliche Sorge der leiblichen Eltern nicht als Folge der Aufhebung der Adoption zurückerworben, sondern ist, soweit dies dem Wohl des Kindes nicht widerspricht, vom VormundschaftsG zurückzuübertragen, § 1764 IV; andernfalls ist Vormund oder Pfleger zu bestellen. **bb)** Alle anderen Rechte und Pflichten zwischen leiblichen Eltern und Kind leben ipso iure wieder auf, also Erbrecht, Unterhaltspflichten usw. 3
4
5
6

4. Name. a) Grundsätzlich Verlust des nach § 1757 I–III erworbenen Adoptivnamens, s § 1765 I 1; **b)** gilt nicht für **Vornamen,** auch wenn dieser nach § 1757 IV geändert worden ist. **c) Ausnahme:** Nach § 1765 II kann erworbener Familienname aufgrund Anordnung des VormundschaftsG behalten werden; nicht dagegen Hinzufügen möglich. „Berechtigtes Interesse" kann wirtschaftlicher Art, aber auch psychologisches Bedürfnis (Identifikation) sein. **d)** Adoptivname als **Ehename** bzw Lebenspartnerschaftsname s § 1765 I 3, III. 7
8
9

§ 1766 Ehe zwischen Annehmendem und Kind

¹Schließt ein Annehmender mit dem Angenommenen oder einem seiner Abkömmlinge den eherechtlichen Vorschriften zuwider die Ehe, so wird mit der Eheschließung das durch die Annahme zwischen ihnen begründete Rechtsverhältnis aufgehoben. ²§§ 1764, 1765 sind nicht anzuwenden.

1. Allgemeines. Das Ges bewertet die entgegen dem Eheverbot aus § 1308 I 1 geschlossene Ehe als „vorrangig" und läßt deshalb von den konkurrierenden familienrechtlichen Beziehungen Ehegatte/Ehegatte und Adoptivkind/Annehmender die letztere zurücktreten. 1

2. Voraussetzung. Eheschließung zwischen Annehmendem und Angenommenen unter Verstoß gegen §§ 1308 I 1, 1307. 2

3. Wirkungen. a) Eltern-Kind-Verhältnis zwischen den Ehegatten wird mit ex-nunc-Wirkung aufgehoben. **b)** Alle anderen durch die Adoption begründeten Verwandtschaftsbeziehungen bleiben bestehen, S 2: Bei Heirat der Adoptivtochter wird also Adoptivgroßvater zusätzlich Schwiegervater. 3

4. EinV. § 1766 gilt nicht für vor dem 3. 10. 1990 geschlossene Ehen, s EGBGB 234 § 13 I 2. 4

Untertitel 2. Annahme Volljähriger

Lit: Lüderitz, Das Ärgernis Erwachsenenadoption, FS Gernhuber, 1993, 713.

§ 1767 Zulässigkeit der Annahme, anzuwendende Vorschriften

(1) **Ein Volljähriger kann als Kind angenommen werden, wenn die Annahme sittlich gerechtfertigt ist; dies ist insbesondere anzunehmen, wenn zwischen dem Annehmenden und dem Anzunehmenden ein Eltern-Kind-Verhältnis bereits entstanden ist.**

(2) ¹Für die Annahme Volljähriger gelten die Vorschriften über die Annahme Minderjähriger sinngemäß, soweit sich aus den folgenden Vorschriften nichts anderes ergibt. ²§ 1757 Abs. 3 ist entsprechend anzuwenden, wenn der Angenommene eine Lebenspartnerschaft begründet hat und sein Geburtsname zum Lebenspartnerschaftsnamen bestimmt worden ist.

§ 1768 Antrag

(1) ¹Die Annahme eines Volljährigen wird auf Antrag des Annehmenden und des Anzunehmenden vom Vormundschaftsgericht ausgesprochen. ²§§ 1742, 1744, 1745, 1746 Abs. 1, 2, § 1747 sind nicht anzuwenden.

(2) Für einen Anzunehmenden, der geschäftsunfähig ist, kann der Antrag nur von seinem gesetzlichen Vertreter gestellt werden.

§ 1769 Verbot der Annahme

Die Annahme eines Volljährigen darf nicht ausgesprochen werden, wenn ihr überwiegende Interessen der Kinder des Annehmenden oder des Anzunehmenden entgegenstehen.

§ 1770 Wirkung der Annahme

(1) ¹Die Wirkungen der Annahme eines Volljährigen erstrecken sich nicht auf die Verwandten des Annehmenden. ²Der Ehegatte des Annehmenden wird nicht mit dem Angenommenen, dessen Ehegatte wird nicht mit dem Annehmenden verschwägert.

(2) Die Rechte und Pflichten aus dem Verwandtschaftsverhältnis des Angenommenen und seiner Abkömmlinge zu ihren Verwandten werden durch die Annahme nicht berührt, soweit das Gesetz nichts anderes vorschreibt.

(3) Der Annehmende ist dem Angenommenen und dessen Abkömmlingen vor den leiblichen Verwandten des Angenommenen zur Gewährung des Unterhalts verpflichtet.

§ 1771 Aufhebung des Annahmeverhältnisses

¹Das Vormundschaftsgericht kann das Annahmeverhältnis, das zu einem Volljährigen begründet worden ist, auf Antrag des Annehmenden und des Angenommenen aufheben, wenn ein wichtiger Grund vorliegt. ²Im Übrigen kann das Annahmeverhältnis nur in sinngemäßer Anwendung der Vorschrift des § 1760 Abs. 1 bis 5 aufgehoben werden. ³An die Stelle der Einwilligung des Kindes tritt der Antrag des Anzunehmenden.

§ 1772 Annahme mit den Wirkungen der Minderjährigenannahme

(1) ¹Das Vormundschaftsgericht kann beim Ausspruch der Annahme eines Volljährigen auf Antrag des Annehmenden und des Anzunehmenden bestimmen, dass sich die Wirkungen der Annahme nach den Vorschriften über die Annahme eines Minderjährigen oder eines verwandten Minderjährigen richten (§§ 1754 bis 1756), wenn
 a) ein minderjähriger Bruder oder eine minderjährige Schwester des Anzunehmenden von dem Annehmenden als Kind angenommen worden ist oder gleichzeitig angenommen wird oder
 b) der Anzunehmende bereits als Minderjähriger in die Familie des Annehmenden aufgenommen worden ist oder

Titel 7. Annahme als Kind **§ 1772**

c) **der Annehmende das Kind seines Ehegatten annimmt** oder
d) **der Anzunehmende in dem Zeitpunkt, in dem der Antrag auf Annahme bei dem Vormundschaftsgericht eingereicht wird, noch nicht volljährig ist.**
²Eine solche Bestimmung darf nicht getroffen werden, wenn ihr überwiegende Interessen der Eltern des Anzunehmenden entgegenstehen.

(2) ¹Das Annahmeverhältnis kann in den Fällen des Absatzes 1 nur in sinngemäßer Anwendung der Vorschrift des § 1760 Abs. 1 bis 5 aufgehoben werden. ²An die Stelle der Einwilligung des Kindes tritt der Antrag des Anzunehmenden.

Anmerkungen zu den §§ 1767–1772

Lit: Bosch, Zur Volljährigen-Adoption, ein Rechtsgutachten, FamRZ 64, 401; ders, Die gescheiterte Adoption, FamRZ 78, 656; Hinz, Das Minderjährigkeitserfordernis im Adoptionsrecht, ZRP 95, 171; Lüderitz, Sittenwidrige Entscheidungen der freiwilligen Gerichtsbarkeit?, NJW 80, 1087.

1. Allgemeines. In der Regelung an die Minderjährigenadoption angelehnt, **1** § 1767 II, sind die Wirkungen der Volljährigenadoption schwächer, s zunächst § 1770. Das VormundschaftsG kann jedoch die Wirkungen steigern, s § 1772. Auch die Aufhebung ist erleichtert, s § 1771. Minderjährigenadoption schließt spätere Volljährigenadoption aus, Stuttgart NJW 88, 2386.

2. Voraussetzungen der Annahme. a) Sittliche Rechtfertigung der Be- **2** gründung eines Eltern-Kind-Verhältnisses, § 1767 I HS 1; Bsp in § 1767 I HS 2; fehlt, wenn lediglich wirtschaftliche Interessen verfolgt, Ausweisung verhindert, Karlsruhe NJW-RR 91, 713, oder Fortführung Adelsname gesichert werden soll, BayObLG NJW-RR 93, 456. Begründete Zweifel an sittlich gerechtfertigten Absichten genügen, BGH NJW 57, 674; Frankfurt OLGZ 80, 104 (Ermöglichung des Daueraufenthalts in Bundesrepublik). Zum Altersunterschied s Köln FamRZ 82, 844; AG Bielefeld FamRZ 82, 961 (negativer Altersunterschied). Begründete Zweifel genügen zur Ablehnung, Karlsruhe NJW-RR 91, 713. **b) Antrag** von **3** Annehmenden und Anzunehmenden, § 1768 I 1; Form und Bedingungsfeindlichkeit der Anträge s § 1752 II; Vertretungserfordernis bei fehlender Geschäftsfähigkeit des Anzunehmenden s § 1768 II. **c) Überwiegende Interessen von Kin-** **4** **dern** des Annehmenden oder Anzunehmenden dürfen nicht entgegenstehen, § 1769; hier dürften auch Vermögensinteressen größeres Gewicht als in § 1745 haben, dem § 1769 ansonsten entspricht; vgl BayObLG DNotZ 84, 577: Unternehmensfortführung. **d) Wohl** des Anzunehmenden ist nur bei fehlender Ge- **5** schäftsfähigkeit durch das VormundschaftsG besonders zu prüfen, ansonsten – auch bei Betreuung – dem Urteil der Antragsteller anzuvertrauen. **e) Iü** gelten die **6** §§ 1741ff, s § 1767 II, soweit nicht in §§ 1767–1769 spezielle Voraussetzungen geregelt sind; so etwa erforderlich Ehegatteneinwilligung(en) nach §§ 1749 I 2, 1750 I. **f) Nicht erforderlich:** Probezeit nach § 1744, s § 1768 I 2; Einwilligung **7** der Eltern des Anzunehmenden, § 1768 I 2 iVm § 1747. **g)** Zweit- und Rückad- **8** option durch leibliche Eltern möglich durch Neufassung § 1768 I 2, Lüderitz NJW 93, 1051.

3. Verfahren s § 1752 Rn 3 f. **9**

4. Wirkung. a) Verwandtschaft als eheliches Kind wird nur zwischen Ange- **10** nommenem sowie seinen Abkömmlingen einerseits und dem (den) Annehmenden andererseits begründet, § 1770 I 1, nicht dagegen zu den Verwandten des Annehmenden. **b)** Schwägerschaften werden durch die Volljährigenadoption nicht be- **11** gründet, § 1770 I 2. **c) Die leibliche Verwandtschaft** des Angenommenen wird nicht rechtlich abgebrochen, § 1770 II; Pflichten und Rechte, zB Erbrecht, bleiben also bestehen. Die Unterhaltspflicht der leiblichen Verwandten tritt jedoch im

Chr. Berger

Vor § 1773 Buch 4. Abschnitt 3. Vormundschaft

12 Rang hinter die der Adoptiveltern zurück. **d) Starke Wirkung** wie bei Minderjährigenadoption möglich aufgrund Anordnung des VormundschaftsG, wenn die qualifizierten Voraussetzungen des § 1772 I a–d gegeben sind und ein entspr Antrag gestellt worden ist.
13 **5. Aufhebung** durch das VormundschaftsG ist **a)** bereits aus **wichtigem Grund** möglich; erforderlich ist Antrag von Annehmendem und Angenommenem, BGH 103, 12, 15. § 1771 S 1 gilt nicht bei volljährig gewordenen, aber minder-
14 jährig Adoptierten, BayObLG NJW-RR 91, 1221. **b)** Iü kann bei Willensmängeln der Antrag in entspr Anwendung des § 1760 I–V aufgehoben werden, § 1771 S 2.
15 **c)** Bei **Volljährigenadoption** mit sog **starker Wirkung** nach § 1772 I kann nur in sinngemäßer Anwendung des § 1760 I–V aufgehoben werden, § 1772 II, also
16 nicht schon aus wichtigem Grund. **d) Fristen** des § 1762 II gelten, § 1767 II.
17 **6. EinV.** §§ 1767–1772 gelten nicht (EGBGB 234 § 13 I 1), denn das FGB kannte keine Annahme Volljähriger; vor Inkrafttreten des FGB (1. 4. 1966) begründete Annahmeverhältnisse unterlagen dem FGB (EGFGB 2), Sonderregeln für Volljährige gab es nicht mehr.

Abschnitt 3. Vormundschaft, Rechtliche Betreuung, Pflegschaft

Vorbemerkungen

1 **1. Gegenstand** des dritten Abschnitts sind **Vormundschaft** als **allgemeine Fürsorge** für **Minderjährige, Betreuung** als durch das Erforderliche **begrenzte Fürsorge** für **geistig** oder **körperlich Behinderte** und **Pflegschaft** als **begrenzte Fürsorge** für Personen, die aus anderen Gründen außerstande sind, ihre Angelegenheiten selbst wahrzunehmen; ausnahmsweise auch – bei Pflegschaft des § 1914 – die Fürsorge für ein Vermögen. Die Ordnung des materiellen Vormund-
2 schaftsR erfolgte im 4. Buch, weil **Vormundschaft elterliche Sorge ersetzt** und ihr nachgebildet ist (vgl BGH 17, 115). Kennzeichnend sind die Amtsorganstellung von Vormund und Pfleger (vgl RG 151, 62) und die – gegenüber der elterlichen Sorge – weitergehende Funktion des Vormundschafts- und Betreuungswesens, so daß Vormundschaft sogar als Ausübung „öffentlicher Fürsor-
3 ge" gesehen wird (BVerfG 10, 311). Die **Verschränkung mit öffentlich-rechtlicher Materie** wird verstärkt durch die ergänzend zu berücksichtigende Regelung des SGB VIII, das Organisation, Aufgaben und Funktion des Jugendamtes auch in Vormundschaftssachen regelt, s SGB VIII 50, 53 ff.
4 **2. Grundzüge** und **Institutionen: a)** Das Ges unterscheidet Vormundschaft über **Minderjährige** (§§ 1773–1895), **Betreuung Volljähriger** (§§ 1896–1908 k) und **Pflegschaften** (§§ 1909–1921). Während der Wirkungskreis des Vormunds ges umschrieben ist, wird er für den Betreuer und den Pfleger im Bestellungsakt
5 festgelegt. **b)** Vormundschaft und Betreuung treten grundsätzlich nicht ipso iure ein, sondern bedürfen entspr **Anordnung** und der **Bestellung** des Vormundes
6 oder Betreuers durch das VormundschaftsG. Ausnahme § 1791 c. **c)** Vormundschaft oder Betreuung sind regelmäßig **Einzelvormundschaft** oder -betreuung durch natürliche Personen, aus bes Gründen können **Mitvormünder** oder **mehrere Betreuer** bestellt werden, §§ 1775, 1899, die die Vormundschaft oder Betreuung gemeinschaftlich oder mit verteilten Wirkungskreisen führen, §§ 1797 I, II, 1899 III, IV. Ein **Gegenvormund** kann zur Überwachung des Vormundes
7 bestellt sein, § 1792; zum **Gegenbetreuer** s § 1908 i I 1 iVm 1792. **d) Vormund** ist im Regelfall eine **natürliche Person,** kann aber auch ein **Verein** (s § 1791 a) oder das **Jugendamt** (§§ 1791 b, c) sein. Auch bei **Betreuung** haben **natürliche Personen** – die auch **Mitarbeiter** eines **Betreuungsvereins** oder einer **Betreuungsbehörde** sein können – den Vorzug (§ 1897 I, II), doch ist auch **Betreuung**
8 **durch Verein** oder **Behörde** möglich, § 1900 I, IV. **e)** Trotz Aufsicht und zahlreicher Aufsichtsmittel des VormundschaftsG (Gebote, Verbote, Ordnungsstrafen, Entlassungsmöglichkeit und Genehmigungsvorbehalte) übt ein Vormund seine

Titel 1. Vormundschaft **§§ 1773, 1774**

Tätigkeit grundsätzlich selbständig und nach Zweckmäßigkeitserwägungen aus (BGH 17, 116); für den Betreuer ist Richtlinie allein das Wohl des Betreuten, § 1901 I 1. Zur Reichweite des Grundsatzes BayObLG FamRZ 92, 108 (Antrag auf Weisung, bestimmte Pflegeform zu wählen). Fürsorgliche Tätigkeit des VormundschaftsG s § 1837 I.

    3. Verfahren. VormundschaftsG ist das AG, FGG 35; landesrechtliche Vorbehalte s EGBGB 147, FGG 194, 195. Zur Zuständigkeitsverteilung zwischen Richter und Rechtspfleger s RPflG 3 I Nr 2 a, 4, 14. Örtl Zuständigkeit FGG 36 ff, 65 (Betreuung); Beschwerde FGG 57 ff; Rechtshilfeersuchen FGG 2; Amtsermittlung FGG 12; Kosten s KostO 91 ff, 129 ff. Zum Jugendamt s Rn 3.   9

    4. IPR s EGBGB 24; int Zuständigkeit FGG 35 b, 36.   10

Titel 1. Vormundschaft

Untertitel 1. Begründung der Vormundschaft

§ 1773 Voraussetzungen

(1) **Ein Minderjähriger erhält einen Vormund, wenn er nicht unter elterlicher Sorge steht oder wenn die Eltern weder in den die Person noch in den das Vermögen betreffenden Angelegenheiten zur Vertretung des Minderjährigen berechtigt sind.**

(2) **Ein Minderjähriger erhält einen Vormund auch dann, wenn sein Familienstand nicht zu ermitteln ist.**

    1. Voraussetzungen. a) Minderjährigkeit, s hierzu § 2; zum nasciturus s § 1774 S 2. **b)** Der Minderjährige ist nicht durch effektives elterliches Sorgerecht rechtlich „aufgehoben", und zwar weil **aa)** beide Eltern oder der allein sorgeberechtigte Elternteil (auch Mutter nach § 1626 a II) gestorben oder für tot erklärt worden sind, ein Adoptionsverhältnis aufgehoben worden ist, das FamilienG das Sorgerecht nach § 1666 a II entzogen hat, oder **bb)** bei tatsächlicher oder rechtlicher Sperrung des aus dem Sorgerecht fließenden Befugnisse zur Vertretung des Kindes in persönlichen und vermögensrechtlichen Angelegenheiten, zB bei Ruhen der elterlichen Sorge §§ 1673–1675, oder **cc)** wenn Familienstand und damit Sorgeberechtigte nicht zu ermitteln sind, II, zB bei Findelkind. **dd)** Sind Eltern bei der Geburt des Kindes nicht verheiratet, sa § 1791 c.   1 2 3

§ 1774 Anordnung von Amts wegen

¹**Das Vormundschaftsgericht hat die Vormundschaft von Amts wegen anzuordnen.** ²**Ist anzunehmen, dass ein Kind mit seiner Geburt eines Vormunds bedarf, so kann schon vor der Geburt des Kindes ein Vormund bestellt werden; die Bestellung wird mit der Geburt des Kindes wirksam.**

    1. Allgemeines. Vormundschaft muß regelmäßig (Ausnahme: §§ 1751 I 2, 1791 c) durch das VormundschaftsG konstituiert werden, und zwar durch **a) Anordnung** der Vormundschaft und **b) Bestellung des Vormundes** nach § 1789; beide Vorgänge können zusammenfallen. Bekanntmachungsadressat ist Mündel, s Drews Rpfleger 81, 13.   1

    2. Voraussetzungen s § 1773 und den zusätzlichen Fall § 1774 S 2 (zB wenn Mutter bei Geburt minderjährig sein wird).   2

    3. Verfahren. VormundschaftsG wird von Amts wegen tätig, regelmäßig aufgrund entspr Anzeige, zu der Standesbeamter – FGG 48 –, Jugendamt – SGB VIII 50 III („hat anzurufen") – und Prozeßgericht – FGG 35 a – verpflichtet sind. Bes Beschluß nicht erforderlich, aber üblich. Zuständigkeit und Rechtsmittel s Rn 9 vor § 1773. Fehlen materieller Voraussetzungen macht die rechtsbegründende Anordnung nicht unwirksam (anders, falls Mündel bereits verstorben war), str.   3

§§ 1775–1778 Buch 4. Abschnitt 3. Vormundschaft

§ 1775 Mehrere Vormünder

¹Das Vormundschaftsgericht kann ein Ehepaar gemeinschaftlich zu Vormündern bestellen. ²Im Übrigen soll das Vormundschaftsgericht, sofern nicht besondere Gründe für die Bestellung mehrerer Vormünder vorliegen, für den Mündel und, wenn Geschwister zu bevormunden sind, für alle Mündel nur einen Vormund bestellen.

1 1. **Grundsatz** ist die Bestellung eines Einzelvormunds; auch für (Halb-)Geschwister, S 2 HS 2.

2 2. **Ausnahmen: a)** Nach S 1 steht es im Ermessen des VormundschaftsG, miteinander verheiratete Ehegatten zu Mitvormündern zu bestellen. Das bietet sich
3 insbes an, wenn Ehegatten das Kind in ihren Haushalt aufgenommen haben. **b)** In anderen Fällen erfolgt Bestellung von Mitvormündern nur unter besonderen Voraussetzungen, S 2; Bsp: schwierige Vermögensverhältnisse des Mündels. VormundschaftsG entscheidet nach Ermessen und kann auch Anordnungen der Eltern (s § 1776) übergehen, s jedoch § 1778 IV.

4 3. **Führung der Mitvormundschaft** s § 1797.

§ 1776 Benennungsrecht der Eltern

(1) Als Vormund ist berufen, wer von den Eltern des Mündels als Vormund benannt ist.

(2) Haben der Vater und die Mutter verschiedene Personen benannt, so gilt die Benennung durch den zuletzt verstorbenen Elternteil.

§ 1777 Voraussetzungen des Benennungsrechts

(1) Die Eltern können einen Vormund nur benennen, wenn ihnen zur Zeit ihres Todes die Sorge für die Person und das Vermögen des Kindes zusteht.

(2) Der Vater kann für ein Kind, das erst nach seinem Tode geboren wird, einen Vormund benennen, wenn er dazu berechtigt sein würde, falls das Kind vor seinem Tode geboren wäre.

(3) Der Vormund wird durch letztwillige Verfügung benannt.

§ 1778 Übergehen des benannten Vormunds

(1) Wer nach § 1776 als Vormund berufen ist, darf ohne seine Zustimmung nur übergangen werden,
1. wenn er nach den §§ 1780 bis 1784 nicht zum Vormund bestellt werden kann oder soll,
2. wenn er an der Übernahme der Vormundschaft verhindert ist,
3. wenn er die Übernahme verzögert,
4. wenn seine Bestellung das Wohl des Mündels gefährden würde,
5. wenn der Mündel, der das 14. Lebensjahr vollendet hat, der Bestellung widerspricht, es sei denn, der Mündel ist geschäftsunfähig.

(2) Ist der Berufene nur vorübergehend verhindert, so hat ihn das Vormundschaftsgericht nach dem Wegfall des Hindernisses auf seinen Antrag anstelle des bisherigen Vormunds zum Vormund zu bestellen.

(3) Für einen minderjährigen Ehegatten darf der andere Ehegatte vor den nach § 1776 Berufenen zum Vormund bestellt werden.

(4) Neben dem Berufenen darf nur mit dessen Zustimmung ein Mitvormund bestellt werden.

Titel 1. Vormundschaft § 1779

Anmerkungen zu den §§ 1776–1778

1. Allgemeines. Eltern haben Vorrang bei Benennung eines Vormundes durch 1
letztwillige Verfügung für den Fall ihres Todes. Der von den Eltern berufene
Vormund ist deshalb vom VormundschaftsG zu bestellen, sofern nicht eine der in
§ 1778 I geregelten Ausnahmen gegeben ist oder der Berufene ablehnt.

2. a) Voraussetzungen des Benennungsrechtes ist **umfassendes Sorgerecht** 2
der **Eltern** (oder des benennenden Elternteils) für das **minderjährige Kind im
Zeitpunkt ihres Todes,** § 1777 I. Str ist, ob das Ges nur tatsächliche Sorge
meint oder auch Vertretungsrecht der Eltern voraussetzt; für die letztere Ansicht
spricht, daß die Eltern nicht postmortal mehr Rechtsmacht ausüben können als zu
Lebzeiten, s Gernhuber/Coester-Waltjen § 70 IV 6; BayObLG RPfleger 93, 17
(kein Benennungsrecht bei Ruhen elterlicher Sorge). Benennungsrecht ist nur für
den Fall der durch Tod der Benennenden eintretenden Sorgebedürftigkeit des
Mündels gewährt. **b)** Bei **divergierenden** Benennungen durch Vater und Mutter 3
s § 1776 II. **c)** Benennung für nasciturus s § 1777 II; das dem Vater ausdrücklich
eingeräumte Benennungsrecht muß auch für die Mutter gelten, falls sie ausnahmsweise vor der Lebendgeburt des Kindes stirbt.

3. Form: Letztwillige Verfügung, § 1777 III iVm §§ 2231 ff, 2267, 2276; als 4
„einseitige" Verfügung ist Benennung bei Erbvertrag und gemeinschaftlichem
Testament frei widerruflich.

4. Folge der Benennung ist Bindung des VormundschaftsG; eine abw Auswahl 5
kann es nach § 1778 I nur treffen **a)** in den in I Nr 1–5 geregelten Fällen; Gefährdung des Mündelwohls in I Nr 4 ist auslegungsfähiger unbestimmter Rechtsbegriff,
Gernhuber/Coester-Waltjen § 70 IV 7 Fn 16, str; Gefährdung kann unabhängig
von den Voraussetzungen des §§ 1666, 1667 gegeben sein. Adoptionsabsicht als
Gefährdung s BayObLG RPfleger 93, 17. **b)** Ist das minderjährige Mündel verhei- 6
ratet, so kann das VormundschaftsG in Abweichung von der Benennung den volljährigen Ehegatten berufen, § 1778 III. **c) Mitvormund** kann nur mit Zustim- 7
mung des Benannten bestellt werden, § 1778 IV.

5. Rechtsmittel des Benannten bei Übergehen durch VormundschaftsG: sofor- 8
tige Beschwerde, FGG 60 I Nr 1.

§ 1779 Auswahl durch das Vormundschaftsgericht

(1) **Ist die Vormundschaft nicht einem nach § 1776 Berufenen zu übertragen, so hat das Vormundschaftsgericht nach Anhörung des Jugendamts den Vormund auszuwählen.**

(2) ¹**Das Vormundschaftsgericht soll eine Person auswählen, die nach ihren persönlichen Verhältnissen und ihrer Vermögenslage sowie nach den sonstigen Umständen zur Führung der Vormundschaft geeignet ist.** ²**Bei der Auswahl unter mehreren geeigneten Personen sind der mutmaßliche Wille der Eltern, die persönlichen Bindungen des Mündels, die Verwandtschaft oder Schwägerschaft mit dem Mündel sowie das religiöse Bekenntnis des Mündels zu berücksichtigen.**

(3) ¹Das Vormundschaftsgericht soll bei der Auswahl des Vormunds Verwandte oder Verschwägerte des Mündels hören, wenn dies ohne erhebliche Verzögerung und ohne unverhältnismäßige Kosten geschehen kann. ²Die Verwandten und Verschwägerten können von dem Mündel Ersatz ihrer Auslagen verlangen; der Betrag der Auslagen wird von dem Vormundschaftsgericht festgesetzt.

1. Allgemeines. Die Vorschrift regelt Ermessen und Verfahren des Vormund- 1
schaftsG bei der Auswahl eines Vormundes.

Chr. Berger 1587

§§ 1780–1782 Buch 4. Abschnitt 3. Vormundschaft

2 2. **Voraussetzung** der Auswahl: Von den Eltern ist kein Vormund benannt worden oder der Berufene ist nach § 1778 zu übergehen.

3 3. **Auswahlkriterien.** **a)** Die Auswahl des Vormunds steht im Ermessen des VormundschaftsG. Maßstab ist das Wohl des Mündels. Die Person muß zur Führung geeignet sein, III 1. Sind mehrere Personen geeignet, gibt III 2 eine Rangfolge von ermessensleitenden Auswahlgesichtspunkten vor: Der mutmaßliche Wille der Eltern (zum erklärten Willen s § 1776), Bindungen des Kindes, Verwandtschaft oder Schwägerschaft mit dem Mündel und schließlich Religionsgleichheit (sa § 1801); zu ergänzen ist der Gesichtspunkt des § 1775, wenn bereits
4 ein Vormund für Geschwister ausgewählt ist. **b)** Ein ausdr Vorrang der Verwandten besteht nicht (anders II 3 aF). Aus verfassungsrechtlichen Gründen genießen geeignete (§ 1779 II) nahe Verwandte des Mündels freilich den Vorrang (Hamm FamRZ 99, 679). (Selbst besser geeignete) Dritte (zB familiennahe Freunde) daher nur, wenn kein geeigneter Verwandter vorhanden ist. Einzel- geht Amtsvormundschaft vor, daher eher Pflegeeltern als Jugendamt (LG Flensburg FamRZ 01, 445).

5 4. **Anhörung** des Jugendamtes s I, von Verwandten oder Verschwägerten s III 1, der Eltern und des Mündels s FGG 50 a, b; vgl BayOblG Rpfleger 80, 386. Unterlassene Anhörung berührt Wirksamkeit der Bestellung nicht, kann jedoch Entlassung rechtfertigen, BayOblG FamRZ 74, 219.

6 5. **Beschwerde** gegen Auswahl durch Kind FGG 20, 59 I 2; sonst nach FGG 57 I Nr 9 nur im Interesse des Kindes möglich; beschwerdeberechtigt also Eltern sowie jeder, der aufgrund seiner Beziehungen zum Mündel ein obj berechtigtes Interesse hat, sich des persönlichen Wohls des Mündels anzunehmen, s PalDiederichsen 10 mwN; gegen hL für eigenes Beschwerderecht des übergangenen Verwandten aus FGG 20 Gernhuber/Coester-Waltjen § 70 IV 8 mwN.

§ 1780 Unfähigkeit zur Vormundschaft
Zum Vormund kann nicht bestellt werden, wer geschäftsunfähig ist.

§ 1781 Untauglichkeit zur Vormundschaft
Zum Vormund soll nicht bestellt werden:
1. wer minderjährig ist,
2. derjenige, für den ein Betreuer bestellt ist.

§ 1782 Ausschluss durch die Eltern
(1) ¹**Zum Vormund soll nicht bestellt werden, wer durch Anordnung der Eltern des Mündels von der Vormundschaft ausgeschlossen ist.** ²**Haben die Eltern einander widersprechende Anordnungen getroffen, so gilt die Anordnung des zuletzt verstorbenen Elternteils.**

(2) **Auf die Ausschließung ist die Vorschrift des § 1777 anzuwenden.**

Anmerkungen zu den §§ 1780–1782

1 1. Regelung der Hinderungsgründe für die Bestellung zum Vormund.

2 2. **Einzelheiten. a) Unfähigkeitsgrund** s § 1780; bei Verstoß ist Bestellung nichtig. **b) Untauglichkeitsgründe** nach § 1781 hindern nicht Gültigkeit gleich-
3 wohl erfolgter Bestellung. **c) Ausschließung** durch die Eltern ist das Gegenstück zu ihrem Benennungsrecht, auf dessen Regelung § 1782 II verweist. Ausschließung muß sich auf bestimmte oder durch Auslegung bestimmbare Personen beziehen. Jugendamt kann nicht ausgeschlossen werden, § 1791 b I 2. Trotz Ausschließung erfolgte Bestellung ist gültig, kann aber auf Beschwerde nach FGG 57 I Nr 9, 59 aufgehoben werden.

Titel 1. Vormundschaft **§§ 1783-1787**

§ 1783 *(weggefallen)*

§ 1784 Beamter oder Religionsdiener als Vormund

(1) Ein Beamter oder Religionsdiener, der nach den Landesgesetzen einer besonderen Erlaubnis zur Übernahme einer Vormundschaft bedarf, soll nicht ohne die vorgeschriebene Erlaubnis zum Vormund bestellt werden.

(2) Diese Erlaubnis darf nur versagt werden, wenn ein wichtiger dienstlicher Grund vorliegt.

1. Zur Genehmigung bei Bundesbeamten s BBG 65 I Nr 1, bei Soldaten SoldatenG 21. Bei Religionsdienern ist innerkirchliches Recht maßgebend.

§ 1785 Übernahmepflicht

Jeder Deutsche hat die Vormundschaft, für die er von dem Vormundschaftsgericht ausgewählt wird, zu übernehmen, sofern nicht seiner Bestellung zum Vormund einer der in den §§ 1780 bis 1784 bestimmten Gründe entgegensteht.

§ 1786 Ablehnungsrecht

(1) Die Übernahme der Vormundschaft kann ablehnen:
1. ein Elternteil, welcher zwei oder mehr noch nicht schulpflichtige Kinder überwiegend betreut oder glaubhaft macht, dass die ihm obliegende Fürsorge für die Familie die Ausübung des Amts dauernd besonders erschwert,
2. wer das 60. Lebensjahr vollendet hat,
3. wem die Sorge für die Person oder das Vermögen von mehr als drei minderjährigen Kindern zusteht,
4. wer durch Krankheit oder durch Gebrechen verhindert ist, die Vormundschaft ordnungsmäßig zu führen,
5. wer wegen Entfernung seines Wohnsitzes von dem Sitz des Vormundschaftsgerichts die Vormundschaft nicht ohne besondere Belästigung führen kann,
6. *(weggefallen)*
7. wer mit einem anderen zur gemeinschaftlichen Führung der Vormundschaft bestellt werden soll,
8. wer mehr als eine Vormundschaft, Betreuung oder Pflegschaft führt; die Vormundschaft oder Pflegschaft über mehrere Geschwister gilt nur als eine; die Führung von zwei Gegenvormundschaften steht der Führung einer Vormundschaft gleich.

(2) Das Ablehnungsrecht erlischt, wenn es nicht vor der Bestellung bei dem Vormundschaftsgericht geltend gemacht wird.

§ 1787 Folgen der unbegründeten Ablehnung

(1) Wer die Übernahme der Vormundschaft ohne Grund ablehnt, ist, wenn ihm ein Verschulden zur Last fällt, für den Schaden verantwortlich, der dem Mündel dadurch entsteht, dass sich die Bestellung des Vormunds verzögert.

(2) Erklärt das Vormundschaftsgericht die Ablehnung für unbegründet, so hat der Ablehnende, unbeschadet der ihm zustehenden Rechtsmittel, die Vormundschaft auf Erfordern des Vormundschaftsgerichts vorläufig zu übernehmen.

§ 1788 Zwangsgeld

(1) Das Vormundschaftsgericht kann den zum Vormund Ausgewählten durch Festsetzung von Zwangsgeld zur Übernahme der Vormundschaft anhalten.

(2) ¹Die Zwangsgelder dürfen nur in Zwischenräumen von mindestens einer Woche festgesetzt werden. ²Mehr als drei Zwangsgelder dürfen nicht festgesetzt werden.

Anmerkungen zu den §§ 1785–1788

1 1. **Allgemeines.** Regelung der Verpflichtung zur Übernahme einer Vormundschaft – § 1785 –, Sanktionen ihrer Verletzung – §§ 1787, 1788 – und Gründe berechtigter Ablehnung, § 1786.

2 2. a) **Übernahmepflicht** entsteht aufgrund Auswahl durch VormundschaftsG, nicht schon aufgrund Berufung durch die Eltern nach § 1776, jedoch kann der Berufene nach Ablehnung vom VormundschaftsG ausgewählt werden und dann
3 nach § 1785 zur Übernahme verpflichtet sein. b) **Deutscher** s GG 116 I. c) **Zwangsmittel** ausschließlich nach § 1788. d) Bei grundloser und verschuldeter Ablehnung ist Verzögerungsschaden zu ersetzen, § 1787 I.

4 3. **Ablehnungsgründe** s abschließende Regelung in § 1786. **Ablehnungsrecht** muß vor Bestellung beim VormundschaftsG geltend gemacht werden und erlischt mit Bestellung, § 1786 II; VormundschaftsG muß anhören und Gelegenheit zur Ablehnung geben. Nachträglich entstandene Gründe s § 1889 I (Entlassungsgründe).

5 4. **Vorläufige Übernahme** der Vormundschaft nach § 1787 II kann nicht abgelehnt werden, auch wenn Gründe nach § 1786 I gegeben sind; bei Weigerung §§ 1787 I, 1788.

§ 1789 Bestellung durch das Vormundschaftsgericht

¹Der Vormund wird von dem Vormundschaftsgericht durch Verpflichtung zu treuer und gewissenhafter Führung der Vormundschaft bestellt. ²Die Verpflichtung soll mittels Handschlags an Eides statt erfolgen.

§ 1790 Bestellung unter Vorbehalt

Bei der Bestellung des Vormunds kann die Entlassung für den Fall vorbehalten werden, dass ein bestimmtes Ereignis eintritt oder nicht eintritt.

§ 1791 Bestallungsurkunde

(1) Der Vormund erhält eine Bestallung.

(2) Die Bestallung soll enthalten den Namen und die Zeit der Geburt des Mündels, die Namen des Vormunds, des Gegenvormunds und der Mitvormünder sowie im Falle der Teilung der Vormundschaft die Art der Teilung.

Anmerkungen zu den §§ 1789–1791

1 1. **Allgemeines.** Von Anordnung der Vormundschaft und Auswahl des Vormunds ist der Verwaltungsakt der **Bestellung** als konstitutive Amtsübertragung zu unterscheiden. §§ 1789, 1791 regeln Förmlichkeiten der Bestellung; zur Vereinsvormundschaft s § 1791 a II, zur Amtsvormundschaft § 1791 b II. § 1790 gestattet einen möglichen Entlassungsvorbehalt.

Titel 1. Vormundschaft **§§ 1791 a–1791 c**

2. **Förmlichkeiten. a)** Ausdrücklicher Bestellungsakt unter Anwesenden, Mitwirkung des zu Bestellenden erforderlich. Duldung der Betätigung als Vormund durch VormundschaftsG reicht nicht aus, OGH NJW 49, 65. **b)** Bedingungen oder Befristungen sind unzulässig. **c) Handschlag** an Eides Statt nach § 1789 S 2 nur Sollvorschrift, nicht Wirksamkeitsvoraussetzung. **d) Bestallung** ist eine Urkunde und von der Bestellung (Rechtsakt) zu unterscheiden. Übergabe nicht konstitutiv; Beweisfunktion nach ZPO 417. § 174 ist bei einseitigem RGeschäft unanwendbar (RG 74, 265). Bei Unrichtigkeit der Angaben evtl Haftung gegenüber Dritten und Mündel nach § 839, GG 34. Zum Inhalt gehören auch Beschränkungen der Vertretungsmacht nach § 1796. **e)** Verpflichtung des Vormunds zur Treue und gewissenhafter Amtsführung muß zum Ausdruck gebracht werden, sie ist iü Grundlage der einzelnen **Pflichten** und **Befugnisse** nach §§ 1793 ff. 2 3 4 5

3. **Wirkung. a)** Entstehung eines ges Schuldverhältnisses zwischen Mündel und Vormund; zur str „generellen" Verpflichtung zur Führung von Vormundschaften und Pflegschaften Goerke RPfleger 82, 169; Damrau RPfleger 84, 48. **b)** Beginn des Amtes als Vormund mit allen Rechten und Pflichten auch gegenüber Dritten. 6 7

4. **Entlassungsvorbehalt** nach § 1790 ist funktioneller Ausgleich für Unzulässigkeit von Befristung oder auflösender Bedingung; Notwendigkeit der förmlichen Entlassung dient der Rechtsklarheit. Bsp: § 1778 II. 8

5. **Zuständig** für Bestellung ist Rechtspfleger, RPflG 3 Nr 2 a, 14 Nr 4; s iü Anm 3 vor § 1773. 9

§ 1791 a Vereinsvormundschaft

(1) ¹Ein rechtsfähiger Verein kann zum Vormund bestellt werden, wenn er vom Landesjugendamt hierzu für geeignet erklärt worden ist. ²Der Verein darf nur zum Vormund bestellt werden, wenn eine als Einzelvormund geeignete Person nicht vorhanden ist oder wenn er nach § 1776 als Vormund berufen ist; die Bestellung bedarf der Einwilligung des Vereins.

(2) Die Bestellung erfolgt durch schriftliche Verfügung des Vormundschaftsgerichts; die §§ 1789, 1791 sind nicht anzuwenden.

(3) ¹Der Verein bedient sich bei der Führung der Vormundschaft einzelner seiner Mitglieder oder Mitarbeiter; eine Person, die den Mündel in einem Heim des Vereins als Erzieher betreut, darf die Aufgaben des Vormunds nicht ausüben. ²Für ein Verschulden des Mitglieds oder des Mitarbeiters ist der Verein dem Mündel in gleicher Weise verantwortlich wie für ein Verschulden eines verfassungsmäßig berufenen Vertreters.

(4) Will das Vormundschaftsgericht neben dem Verein einen Mitvormund oder will es einen Gegenvormund bestellen, so soll es vor der Entscheidung den Verein hören.

§ 1791 b Bestellte Amtsvormundschaft des Jugendamts

(1) ¹Ist eine als Einzelvormund geeignete Person nicht vorhanden, so kann auch das Jugendamt zum Vormund bestellt werden. ²Das Jugendamt kann von den Eltern des Mündels weder benannt noch ausgeschlossen werden.

(2) Die Bestellung erfolgt durch schriftliche Verfügung des Vormundschaftsgerichts; die §§ 1789, 1791 sind nicht anzuwenden.

§ 1791 c Gesetzliche Amtsvormundschaft des Jugendamts

(1) ¹Mit der Geburt eines Kindes, dessen Eltern nicht miteinander verheiratet sind und das eines Vormunds bedarf, wird das Jugendamt Vormund, wenn das Kind seinen gewöhnlichen Aufenthalt im Geltungs-

§ 1792 Buch 4. Abschnitt 3. Vormundschaft

bereich dieses Gesetzes hat; dies gilt nicht, wenn bereits vor der Geburt des Kindes ein Vormund bestellt ist. ²Wurde die Vaterschaft nach § 1592 Nr. 1 oder 2 durch Anfechtung beseitigt und bedarf das Kind eines Vormunds, so wird das Jugendamt in dem Zeitpunkt Vormund, in dem die Entscheidung rechtskräftig wird.

(2) War das Jugendamt Pfleger eines Kindes, dessen Eltern nicht miteinander verheiratet sind, endet die Pflegschaft kraft Gesetzes, und bedarf das Kind eines Vormunds, so wird das Jugendamt Vormund, das bisher Pfleger war.

(3) Das Vormundschaftsgericht hat dem Jugendamt unverzüglich eine Bescheinigung über den Eintritt der Vormundschaft zu erteilen; § 1791 ist nicht anzuwenden.

Anmerkungen zu den §§ 1791 a–1791 c

1 **1. Allgemeines.** Die Bestellung einer natürlichen Person als Vormund ist vorrangig; Vereins- oder Amtsvormundschaft subsidiär (§§ 1791 a I 2, 1791 b I 1). Vereinsvormundschaft ist stets bestellte Vormundschaft, Amtsvormundschaft kann auch von Ges wegen eintreten, § 1791 c.

2 **2. Ges Amtsvormundschaft. a) Voraussetzungen. aa)** Geburt eines Kindes, dessen Eltern nicht miteinander verheiratet sind, § 1791 c I HS 1; gleichgestellt ist rechtskräftige Anfechtung der Vaterschaft, § 1791 c I HS 2; Ende der Pflegschaft des Jugendamtes kraft Gesetzes, § 1791 c II. **bb)** Kind bedarf eines Vormunds, weil Mutter Sorge nicht hat oder nicht ausüben kann, zB § 1673; vor allem minderjährige Mutter. **cc)** Vormund ist nicht schon vor Geburt oder Rechtskraft der
3 Entscheidung iSv § 1791 c I 2 nach § 1774 S 2 bestellt worden. **b) Wirkungen:** Amtsvormundschaft des Jugendamtes kraft Ges. Einzelheiten s SGB VIII 55 ff. Kein Gegenvormund, § 1792 I 2. Zu Pflichtenfreistellungen s § 1857 a. **c)** Jugendamt erhält keine Bestallung; **Bescheinigung** nach § 1791 c III ist Beweisurkunde.

4 **3. Bestellte Amtsvormundschaft. a) Voraussetzungen.** Keine natürliche Person ist als Vormund geeignet. Bestellung erfolgt durch schriftliche Verfügung des VormundschaftsG. **b) Wirkungen.** Jugendamt wird Vormund. Iü s Rn 3.

5 **4. Vereinsvormundschaft. a) Voraussetzungen.** Keine natürliche Person ist als Vormund geeignet. Rechtsfähiger Verein, dem Erlaubnis nach SGB VIII 54 erteilt ist. Einwilligung des Vereins, § 1791 a I HS 2; keine Übernahmepflicht
6 nach § 1785. Schriftliche Verfügung des VormundschaftsG, § 1791 a II. **b) Wirkungen.** Verein ist Vormund, bedient sich bei der Führung der Vormundschaft einzelner Mitglieder oder (auch angestellter) Mitarbeiter, für die er nach § 31 haftet, § 1791 a III. Zu Pflichtenfreistellungen s § 1857 a.

§ 1792 Gegenvormund

(1) ¹Neben dem Vormund kann ein Gegenvormund bestellt werden. ²Ist das Jugendamt Vormund, so kann kein Gegenvormund bestellt werden; das Jugendamt kann Gegenvormund sein.

(2) Ein Gegenvormund soll bestellt werden, wenn mit der Vormundschaft eine Vermögensverwaltung verbunden ist, es sei denn, dass die Verwaltung nicht erheblich oder dass die Vormundschaft von mehreren Vormündern gemeinschaftlich zu führen ist.

(3) Ist die Vormundschaft von mehreren Vormündern nicht gemeinschaftlich zu führen, so kann der eine Vormund zum Gegenvormund des anderen bestellt werden.

(4) Auf die Berufung und Bestellung des Gegenvormunds sind die für die Begründung der Vormundschaft geltenden Vorschriften anzuwenden.

Titel 1. Vormundschaft **§§ 1793, 1794**

1. Der Gegenvormund tritt neben den Vormund und beaufsichtigt diesen, 1
§ 1799. IV regelt Berufung und Bestellung unter Verweisung auf die §§ 1776 ff;
I 2 schließt einen Gegenvormund zum Jugendamt als ges oder bestellten Amtsvormund aus; II konkretisiert Ermessensbindung des VormundschaftsG für Bestellung eines Gegenvormundes; dazu BayObLG FamRZ 94, 325: Höhe Vermögen ohne unmittelbare Bedeutung.

Untertitel 2. Führung der Vormundschaft

§ 1793 Aufgaben des Vormunds, Haftung des Mündels

(1) ¹Der Vormund hat das Recht und die Pflicht, für die Person und das Vermögen des Mündels zu sorgen, insbesondere den Mündel zu vertreten. ²§ 1626 Abs. 2 gilt entsprechend. ³Ist der Mündel auf längere Dauer in den Haushalt des Vormunds aufgenommen, so gelten auch die §§ 1618a, 1619, 1664 entsprechend.

(2) Für Verbindlichkeiten, die im Rahmen der Vertretungsmacht nach Absatz 1 gegenüber dem Mündel begründet werden, haftet der Mündel entsprechend § 1629a.

§ 1794 Beschränkung durch Pflegschaft

Das Recht und die Pflicht des Vormunds, für die Person und das Vermögen des Mündels zu sorgen, erstreckt sich nicht auf Angelegenheiten des Mündels, für die ein Pfleger bestellt ist.

Anmerkungen zu den §§ 1793, 1794

1. **Allgemeines.** Festlegung der Rechte und Pflichten des Vormunds in enger 1
Anlehnung an Sorgerecht und -pflicht der Eltern mit der Berücksichtigung möglicher Beschränkung durch Befugnisse eines Pflegers; § 1794 entspricht § 1630 I. Beratung und Unterstützung durch Jugendamt s SGB VIII 53 II, ferner 27 ff.

2. **Inhalt** der vormundschaftlichen Rechte und Pflichten. a) Sorge für die 2
persönlichen Angelegenheiten des Mündels, s §§ 1800, 1801; b) Vermögensverwaltung, s §§ 1802–1832 sowie c) die dazu erforderliche ges Vertretung in aa) persönlichen und bb) vermögensrechtlichen Angelegenheiten. Wirkungen der Vertretungsmacht s §§ 164 ff. Möglichkeit der Haftungsbegrenzung nach § 1629a II. d) Ist Mündel länger in den Haushalt des Vormunds aufgenommen, gelten nach § 1793 I 3 einige Bestimmungen des Eltern-Kind-Verhältnisses. e) Nicht: Pflich- 3
ten gegenüber Dritten, BGH 100, 313; Ausnahme (Amtspflicht nach § 839) BGH aaO.

3. **Einschränkungen** der alleinigen Sorgebefugnis und -pflicht können sich 4
ergeben bei a) konkurrierender Sorgebefugnis der Eltern, s § 1673 II; b) einer Pflegschaft für bestimmte Angelegenheiten in den Fällen des § 1909 I iVm §§ 1795, 1796, 1801, § 1794; c) ges Einschränkung der Vertretungsmacht in be- 5
stimmten Fällen von Interessenkollision, s §§ 1795, 1796; d) dem Verbot von Schenkungen zu Lasten des Mündels, § 1804; e) Verwaltungsrecht des anderen Ehegatten (§ 1485) bei Gütergemeinschaft des Mündels; f) bestehender Testa- 6
mentsvollstreckung über ererbte Rechte des Mündels, RG 106, 187; g) höchstpersönlichen RGeschäften, zB Eheschließung; h) RGeschäften, für die 7
Mündel unbeschränkt geschäftsfähig ist, §§ 112, 113; i) zusätzlich erforderlichen Genehmigungen des VormundschaftsG oder Gegenvormundes bei bestimmten, als bes gravierend bewerteten Geschäften, s §§ 1810, 1812, 1819 ff; j) Rücksicht auf 8
Mündel entspr § 1626 II, s § 1793 S 2.

4. **Vormundschaft** ist **unübertragbar,** doch können einzelne Tätigkeiten und 9
Befugnisse, die nicht persönliches Handeln des Vormundes erfordern, übertragen

§ 1795 Buch 4. Abschnitt 3. Vormundschaft

werden, deshalb ist zB Vollmachterteilung (beachte jedoch für Prokura § 1822 Nr 11) möglich. Für Hilfspersonen haftet der Vormund dem Mündel nach § 278 nur, soweit er sie in Wahrnehmung der „eigentlichen" vormundschaftlichen Geschäfte eingesetzt hat; sonst für eigenes Auswahlverschulden (RG 76, 185).

10 5. Vormund kann **Erfüllungsgehilfe** sein, § 278 S 1 Fall 1; keine Haftung des Mündels für unerlaubte Handlungen des Vormunds (RG 132, 80). Für cic nur, soweit rechtsgeschäftliche Risiken des jeweils angebahnten Vertrages in Frage stehen, nicht bei Verletzung allg Verkehrspflichten.

§ 1795 Ausschluss der Vertretungsmacht

(1) Der Vormund kann den Mündel nicht vertreten:
1. **bei einem Rechtsgeschäft zwischen seinem Ehegatten, seinem Lebenspartner oder einem seiner Verwandten in gerader Linie einerseits und dem Mündel andererseits, es sei denn, dass das Rechtsgeschäft ausschließlich in der Erfüllung einer Verbindlichkeit besteht,**
2. **bei einem Rechtsgeschäft, das die Übertragung oder Belastung einer durch Pfandrecht, Hypothek, Schiffshypothek oder Bürgschaft gesicherten Forderung des Mündels gegen den Vormund oder die Aufhebung oder Minderung dieser Sicherheit zum Gegenstand hat oder die Verpflichtung des Mündels zu einer solchen Übertragung, Belastung, Aufhebung oder Minderung begründet,**
3. **bei einem Rechtsstreit zwischen den in Nummer 1 bezeichneten Personen sowie bei einem Rechtsstreit über eine Angelegenheit der in Nummer 2 bezeichneten Art.**

(2) **Die Vorschrift des § 181 bleibt unberührt.**

1 **1. Zweck.** Verhinderung von Interessenkollisionen zwischen vertretenem Mündel und Vormund; abstrakte Gefährdung der Mündelinteressen in den geregelten Fällen reicht grundsätzlich aus, vgl BGH NJW 75, 1885 f. Gilt auch für den Beamten des Jugendamts, dem die Vertretung nach SGB VIII 55 II 1 übertragen ist. Durch die Verweisung in § 1629 II 1 wird die Reichweite des § 1795 auf die ges Vertretung eines Kindes durch seine Eltern erstreckt und damit erheblich erweitert. Für die nach § 1795 untersagten Geschäfte ist dem Mündel ein Pfleger nach § 1909 zu bestellen. Zu mehraktigen RGeschäften, bei denen Vertretungsverbot nur hinsichtlich eines Teils besteht, s BGH 50, 8.

2 **2. Einzelfälle in I. a)** Nr 1 gilt nicht für Geschäfte, die dem Mündel (Kind) lediglich einen rechtlichen Vorteil bringen, BGH NJW 75, 1885 (Grundstücksschenkung; s jedoch BGH 78, 32 für Wohnungseigentum und dazu Jauernig JuS 82, 576; ferner Tiedtke DB 77, 1065 für unentgeltliche Gesellschaftsbeteiligung); für die Erfüllung einer aus derartigen Geschäften begründeten Verbindlichkeit besteht die Vertretungssperre ohnehin nicht, Nr 1 HS 2. Anders jedoch Erfüllungs-
3 surrogate, zB Aufrechnung. **Ehegatte** ist nur der gegenwärtige Ehegatte (Düsseldorf NJW 65, 400); ebenso Lebenspartnerschaft. Verwandtschaft s § 1589; Schwägerschaft sperrt nicht, Hamm FamRZ 65, 86. Einwilligung in Stiefvateradoption fällt nicht unter I Nr 1, BGH NJW 80, 1747. **b)** Nr 2 gilt auch für
4 Kündigung und Einziehung einer iSd Vorschrift gesicherten Forderung gegen Vormund, da sie zum Erlöschen von Forderung und Sicherheit führt, str. Ausdehnung auf andere Sicherheiten, zB Grundschuld str, s SoeDamrau 3 mwN.
5 **c)** Nr 3 gilt bei Vaterschaftsanfechtung für Ehemann und Mutter, Zweibrücken FamRZ 80, 911. Geltung nicht allg für FGG-Angelegenheiten, BayObLG NJW 61, 2309 (Erbscheinsverfahren).

6 **3. Zu II** s Anm zu § 181; rechtlich für Mündel lediglich vorteilhafte Geschäfte fallen nicht unter das Verbot des In-Sich-Geschäfts, BGH 94, 232; aA Jauernig § 181 Rn 7; Oldenburg NJW-RR 88, 839 zur schenkweisen Übereignung eines vermieteten Grundstücks an Kinder. Kind als Miterbe (neben sorgeberechtigter

Titel 1. Vormundschaft **§§ 1796, 1797**

Mutter) und Verkauf Nachlaßgrundstück s Jena NJW 95, 3127 (möglich); Anwendbarkeit auf Erbschaftsausschlagung str, wenn dadurch Vertreter erwirbt, s BayObLG RPfleger 83, 483, § 1643 Rn 3; zur Interessenkollision, falls Vormund des Erben auch Testamentsvollstrecker ist, LG Frankfurt RPfleger 90, 207 Anm Meyer-Stolte. Die Vertretungsmöglichkeit bei Erfüllungsgeschäften entbindet nicht von   7
erforderlichen Genehmigungen des VormundschaftsG oder eines Gegenvormundes. Befreiung vom Verbot des Selbstkontrahierens durch das VormundschaftsG ist nicht möglich (BGH 21, 234; Hamm FamRZ 75, 510). Zur Beschlußfassung in Gesellschaften s Coing NJW 85, 7 f mwN.

4. Rechtsfolgen. Verstoß bewirkt Schwebezustand, §§ 177 ff; Pfleger nach   8
§ 1909 oder volljährig gewordenes Mündel kann genehmigen.

§ 1796 Entziehung der Vertretungsmacht

(1) **Das Vormundschaftsgericht kann dem Vormund die Vertretung für einzelne Angelegenheiten oder für einen bestimmten Kreis von Angelegenheiten entziehen.**

(2) **Die Entziehung soll nur erfolgen, wenn das Interesse des Mündels zu dem Interesse des Vormunds oder eines von diesem vertretenen Dritten oder einer der in § 1795 Nr. 1 bezeichneten Personen in erheblichem Gegensatze steht.**

1. Allgemeines. Die in den Voraussetzungen starre Regelung des § 1795 wird   1
durch die in § 1796 vorgesehene Möglichkeit ergänzt, dem Vormund die Vertretungsmacht partiell zu entziehen. Gilt auch für Jugendamt als Vormund.

2. Voraussetzungen. a) Vertretungsmacht nicht schon nach § 1795 aus-   2
geschlossen; b) **erheblicher Interessengegensatz** (dazu Hamm FamRZ 74, 33; zur Ablehnung Ehelichkeitsanfechtung durch sorgeberechtigte Mutter BayObLG NJW-RR 94, 841) zwischen Mündel einerseits, Vormund, einem von diesem vertretenen Dritten oder einer der in § 1795 I Nr 1 genannten Personen andererseits, II. Zur Entscheidung über Anfechtung der Vaterschaft s BGH NJW 75, 346; zu Schadensersatzansprüchen gegen Vormund BayObLG Rpfleger 82, 379.

3. Folgen. Entziehung der Vertretung für a) einzelne oder b) einen be-   3
stimmten Kreis von Angelegenheiten; Beschluß (KG FamRZ 66, 240) und Zustellung an Vormund erforderlich. c) Entzug anderer Befugnisse außer Vertretungsmacht str; bejahend Gernhuber/Coester-Waltjen § 61 IV 5 (Handlungsmacht); aA   4
SoeDamrau 1, soweit nicht spezielle Regelung wie in § 1801 gegeben sei. Verhältnis zu § 1666 s BayObLG NJW-RR 94, 841 (Vorrang § 1796). d) Gegen   5
Entziehung Beschwerde FGG 20, KG OLGZ 65, 237.

§ 1797 Mehrere Vormünder

(1) ¹**Mehrere Vormünder führen die Vormundschaft gemeinschaftlich.** ²**Bei einer Meinungsverschiedenheit entscheidet das Vormundschaftsgericht, sofern nicht bei der Bestellung ein anderes bestimmt wird.**

(2) ¹**Das Vormundschaftsgericht kann die Führung der Vormundschaft unter mehrere Vormünder nach bestimmten Wirkungskreisen verteilen.** ²**Innerhalb des ihm überwiesenen Wirkungskreises führt jeder Vormund die Vormundschaft selbständig.**

(3) **Bestimmungen, die der Vater oder die Mutter für die Entscheidung von Meinungsverschiedenheiten zwischen den von ihnen benannten Vormündern und für die Verteilung der Geschäfte unter diese nach Maßgabe des § 1777 getroffen hat, sind von dem Vormundschaftsgericht zu befolgen, sofern nicht ihre Befolgung das Interesse des Mündels gefährden würde.**

§§ 1798–1800 Buch 4. Abschnitt 3. Vormundschaft

§ 1798 Meinungsverschiedenheiten

Steht die Sorge für die Person und die Sorge für das Vermögen des Mündels verschiedenen Vormündern zu, so entscheidet bei einer Meinungsverschiedenheit über die Vornahme einer sowohl die Person als das Vermögen des Mündels betreffenden Handlung das Vormundschaftsgericht.

Anmerkungen zu den §§ 1797, 1798

1   1. Mitvormundschaft ist Ausnahme, s 1775. Mitvormünder führen Vormundschaft grundsätzlich gemeinsam, sind also in der Vertretung Gesamtvertreter (s jedoch ZPO 171 III, FGG 58 I). Struktur der Mitvormundschaft ist gemeinschaftlicher Sorgebefugnis der Eltern ähnlich (Gernhuber/Coester-Waltjen § 70 VI 4). Haftung s § 1833 II. Aufteilung der Wirkungskreise möglich, § 1797 II; s auch § 1798.

§ 1799 Pflichten und Rechte des Gegenvormunds

(1) ¹Der Gegenvormund hat darauf zu achten, dass der Vormund die Vormundschaft pflichtmäßig führt. ²Er hat dem Vormundschaftsgericht Pflichtwidrigkeiten des Vormunds sowie jeden Fall unverzüglich anzuzeigen, in welchem das Vormundschaftsgericht zum Einschreiten berufen ist, insbesondere den Tod des Vormunds oder den Eintritt eines anderen Umstandss, infolgedessen das Amt des Vormunds endigt oder die Entlassung des Vormunds erforderlich wird.

(2) Der Vormund hat dem Gegenvormund auf Verlangen über die Führung der Vormundschaft Auskunft zu erteilen und die Einsicht der sich auf die Vormundschaft beziehenden Papiere zu gestatten.

1   1. Gegenvormund ist nur **Aufsichtsorgan**, nicht selbst Vertreter des Mündels. **Pflichten: Überwachung**, I 1, daneben allg Pflicht, stets auf Mündelinteressen bedacht zu sein, BGH NJW 56, 790. Zur Ermöglichung der Überwachung Auskunfts- und Einsichtsrecht aus II; kein klagbarer Anspruch, sondern Durchsetzung mit Zwangsmitteln nach §§ 1837, 1886. Verpflichtung zur **Anzeige** an das VormundschaftsG s I 2; keine eigenen **Eingriffsrechte**.

§ 1800 Umfang der Personensorge

Das Recht und die Pflicht des Vormunds, für die Person des Mündels zu sorgen, bestimmen sich nach §§ 1631 bis 1633.

1   1. **Allgemeines.** Vormundschaft ist auch in der Personensorge entspr den Rechten und Pflichten der Eltern ausgestaltet (s Rn 1 vor § 1773); die Befugnisse des Vormundes werden grundsätzlich selbständig ausgeübt, stehen jedoch unter der allg Kontrolle des VormundschaftsG nach §§ 1837 ff und ggf eines Gegenvormundes, § 1799, sowie des Jugendamtes nach SGB VIII 53 III.

2   2. **Befugnisse des Vormunds.** Erziehung, Pflege, Wahl der Schulausbildung und des Aufenthaltsortes, Regelung des Umgangs des Mündels mit Dritten und Verwandten, der jedoch nicht mißbräuchlich unterbunden werden darf; zum Umgangsrecht der Eltern s § 1684. Geltendmachen von Herausgabeansprüchen s § 1632 I, und zwar auch gegenüber Eltern (KG NJW 70, 1793). Zur Zuständigkeit bei Streitigkeiten in diesen Fällen s § 1632 III.

3   3. **Freiheitsentziehung** s § 1631 b; Voraussetzung der Genehmigung ist, daß Kindeswohl sie erfordert, arg § 1631 b S 3. Verhältnismäßigkeitsgrundsatz ist strikt zu beachten. Rücknahme § 1631 b S 3. Verfahren FGG 70 ff.

Titel 1. Vormundschaft **§§ 1801–1803**

§ 1801 Religiöse Erziehung

(1) **Die Sorge für die religiöse Erziehung des Mündels kann dem Einzelvormund von dem Vormundschaftsgericht entzogen werden, wenn der Vormund nicht dem Bekenntnis angehört, in dem der Mündel zu erziehen ist.**

(2) **Hat das Jugendamt oder ein Verein als Vormund über die Unterbringung des Mündels zu entscheiden, so ist hierbei auf das religiöse Bekenntnis oder die Weltanschauung des Mündels und seiner Familie Rücksicht zu nehmen.**

1. I lex specialis zu § 1796. Entzug nur bei **Gefährdung** der Erziehung des Mündels in seinem Bekenntnis durch **Einzelvormund;** Religionswechsel oder Kirchenaustritt macht Vormund nicht ohne weiteres ungeeignet, KG KGJ 46, 79.

§ 1802 Vermögensverzeichnis

(1) ¹**Der Vormund hat das Vermögen, das bei der Anordnung der Vormundschaft vorhanden ist oder später dem Mündel zufällt, zu verzeichnen und das Verzeichnis, nachdem er es mit der Versicherung der Richtigkeit und Vollständigkeit versehen hat, dem Vormundschaftsgericht einzureichen.** ²**Ist ein Gegenvormund vorhanden, so hat ihn der Vormund bei der Aufnahme des Verzeichnisses zuzuziehen; das Verzeichnis ist auch von dem Gegenvormund mit der Versicherung der Richtigkeit und Vollständigkeit zu versehen.**

(2) **Der Vormund kann sich bei der Aufnahme des Verzeichnisses der Hilfe eines Beamten, eines Notars oder eines anderen Sachverständigen bedienen.**

(3) **Ist das eingereichte Verzeichnis ungenügend, so kann das Vormundschaftsgericht anordnen, dass das Verzeichnis durch eine zuständige Behörde oder durch einen zuständigen Beamten oder Notar aufgenommen wird.**

1. **Allgemeines.** Gewährleistung der ordnungsgemäßen Vermögensverwaltung und ihrer Überwachung durch das VormundschaftsG. Gilt für alle Vormünder.

2. **Umfang.** Auch Vermögen, das nicht der Verwaltung durch Vormund unterliegt. Nachträglich zuerworbenes Vermögen s I 1; ebenso sind zuerworbene Einzelstücke zu behandeln, nicht aber normale Zu- und Abgänge; letztere gehören nur in die jährliche Rechnungslegung nach § 1840. Bei Beteiligung des Mündels an Gesamthand ist das gesamte Vermögen der Gesamthand unter Angabe des Mündelanteils zu inventarisieren. **Stichtag** s LG Berlin Rpfleger 81, 110.

3. Mitwirkung des **Gegenvormundes** s I 2; Zuziehung von **Sachverständigen** s II; Befugnis des **VormundschaftsG** bei ungenügendem Verzeichnis s III.

§ 1803 Vermögensverwaltung bei Erbschaft oder Schenkung

(1) **Was der Mündel von Todes wegen erwirbt oder was ihm unter Lebenden von einem Dritten unentgeltlich zugewendet wird, hat der Vormund nach den Anordnungen des Erblassers oder des Dritten zu verwalten, wenn die Anordnungen von dem Erblasser durch letztwillige Verfügung, von dem Dritten bei der Zuwendung getroffen worden sind.**

(2) **Der Vormund darf mit Genehmigung des Vormundschaftsgerichts von den Anordnungen abweichen, wenn ihre Befolgung das Interesse des Mündels gefährden würde.**

(3) ¹**Zu einer Abweichung von den Anordnungen, die ein Dritter bei einer Zuwendung unter Lebenden getroffen hat, ist, solange er lebt, seine**

Zustimmung erforderlich und genügend. ²Die Zustimmung des Dritten kann durch das Vormundschaftsgericht ersetzt werden, wenn der Dritte zur Abgabe einer Erklärung dauernd außerstande oder sein Aufenthalt dauernd unbekannt ist.

1 1. Bindung des Ermessens des Vormunds bei der Verwaltung der in I genannten Vermögensteile, vgl § 1638. Bei Verstoß des Vormunds gegen Anordnung evtl Haftung aus § 1833.

§ 1804 Schenkungen des Vormunds

¹Der Vormund kann nicht in Vertretung des Mündels Schenkungen machen. ²Ausgenommen sind Schenkungen, durch die einer sittlichen Pflicht oder einer auf den Anstand zu nehmenden Rücksicht entsprochen wird.

1 1. Schenkung s § 516, **Anstandsschenkung** iSv S 2 s § 534; sa Hamm NJW-RR 87, 453. Schenkung aus **Gesamtgut** kann vom Vormund nicht genehmigt werden, da § 1804 eingreift (RG 91, 41). Schenkung aus Vermögen einer Gesellschaft, an der Mündel beteiligt ist, fällt nicht unter § 1804 (RG 125, 381). **Rechtsfolge** Nichtigkeit, hM, s BayObLGZ 96, 118 (Grundstücksschenkung durch Betreuer); iü s § 1641 Rn 2.

§ 1805 Verwendung für den Vormund

¹Der Vormund darf Vermögen des Mündels weder für sich noch für den Gegenvormund verwenden. ²Ist das Jugendamt Vormund oder Gegenvormund, so ist die Anlegung von Mündelgeld gemäß § 1807 auch bei der Körperschaft zulässig, bei der das Jugendamt errichtet ist.

1 1. Verboten sind auch unentgeltlicher Gebrauch von Sachen des Mündels, unentgeltliche Nutzung seiner Arbeitskraft (s aber § 1793 S 3 iVm § 1619) oder Anlage von Mündelgeld in einer OHG, an der Vormund beteiligt ist. Wirtschaftlicher Vorteil für Mündel ist unerheblich. Zur Anlegung von Mündelgeld im Falle einer Vormundschaft durch Jugendamt s S 2. Bei Verstoß gegen § 1805 Rechtsfolge nicht Nichtigkeit, sondern Haftung des Vormundes nach §§ 1833, 1834.

§ 1806 Anlegung von Mündelgeld

Der Vormund hat das zum Vermögen des Mündels gehörende Geld verzinslich anzulegen, soweit es nicht zur Bestreitung von Ausgaben bereitzuhalten ist.

§ 1807 Art der Anlegung

(1) Die im § 1806 vorgeschriebene Anlegung von Mündelgeld soll nur erfolgen:
1. in Forderungen, für die eine sichere Hypothek an einem inländischen Grundstück besteht, oder in sicheren Grundschulden oder Rentenschulden an inländischen Grundstücken;
2. in verbrieften Forderungen gegen den Bund oder ein Land sowie in Forderungen, die in das Bundesschuldbuch oder in das Landesschuldbuch eines Landes eingetragen sind;
3. in verbrieften Forderungen, deren Verzinsung vom Bund oder einem Land gewährleistet ist;
4. in Wertpapieren, insbesondere Pfandbriefen, sowie in verbrieften Forderungen jeder Art gegen eine inländische kommunale Körperschaft oder die Kreditanstalt einer solchen Körperschaft, sofern die Wert-

Titel 1. Vormundschaft §§ 1808-1811

papiere oder die Forderungen von der Bundesregierung mit Zustimmung des Bundesrates zur Anlegung von Mündelgeld für geeignet erklärt sind;
5. bei einer inländischen öffentlichen Sparkasse, wenn sie von der zuständigen Behörde des *Bundesstaats,* in welchem sie ihren Sitz hat, zur Anlegung von Mündelgeld für geeignet erklärt ist, oder bei einem anderen Kreditinstitut, das einer für die Anlage ausreichenden Sicherungseinrichtung angehört.

(2) Die Landesgesetze können für die innerhalb ihres Geltungsbereichs belegenen Grundstücke die Grundsätze bestimmen, nach denen die Sicherheit einer Hypothek, einer Grundschuld oder einer Rentenschuld festzustellen ist.

§ 1808 *(weggefallen)*

§ 1809 Anlegung mit Sperrvermerk

Der Vormund soll Mündelgeld nach § 1807 Abs. 1 Nr. 5 nur mit der Bestimmung anlegen, dass zur Erhebung des Geldes die Genehmigung des Gegenvormunds oder des Vormundschaftsgerichts erforderlich ist.

§ 1810 Mitwirkung von Gegenvormund oder Vormundschaftsgericht

¹Der Vormund soll die in den §§ 1806, 1807 vorgeschriebene Anlegung nur mit Genehmigung des Gegenvormunds bewirken; die Genehmigung des Gegenvormunds wird durch die Genehmigung des Vormundschaftsgerichts ersetzt. ²Ist ein Gegenvormund nicht vorhanden, so soll die Anlegung nur mit Genehmigung des Vormundschaftsgerichts erfolgen, sofern nicht die Vormundschaft von mehreren Vormündern gemeinschaftlich geführt wird.

§ 1811 Andere Anlegung

¹Das Vormundschaftsgericht kann dem Vormund eine andere Anlegung als die in den § 1807 vorgeschriebene gestatten. ²Die Erlaubnis soll nur verweigert werden, wenn die beabsichtigte Art der Anlegung nach Lage des Falles den Grundsätzen einer wirtschaftlichen Vermögensverwaltung zuwiderlaufen würde.

Anmerkungen zu den §§ 1806–1811

Lit: Hötzel, Substanzerhaltende Anlage und Mündelsicherheit, DB 94, 2303; Jünger, Geldanlage für Mündel und Betreute, FamRZ 93, 147.

1. **Allgemeines.** Regelung der Bindung des Vormunds in der Anlage von 1
Kapital des Mündels durch die Verpflichtung zu verzinslicher und „mündelsicherer" **Anlage** von **Geldvermögen** des Mündels, der ohne weiteres zugelassenen verzinslichen Anlagen ie und der Gestattung anderer Anlegung durch das VormundschaftsG. Vgl auch § 1642. Bereits angelegtes Vermögen des Mündels wird von der Verpflichtung aus § 1806 nicht erfaßt.

2. **Voraussetzung** ist, **a)** daß eine verzinsliche Anlage überhaupt pflichtgemä- 2
ßem Ermessen entspricht und nicht andere Nutzung des Geldes den Interessen des Mündels besser dient, zB inflationssichere Anlage in Grundstücken oder die Verwendung zur Geschäftsvergrößerung, s Gernhuber/Coester-Waltjen § 72 III 1; vgl auch AG Bremen WM 93, 1659: Anlage auf Sparbuch mit 2% Verzinsung als Pflichtverletzung! Ausgenommen von der Anlagepflicht ist das sog „Verfügungs-

§ 1812 Buch 4. Abschnitt 3. Vormundschaft

geld" nach § 1806 HS 2. Es kann in bar oder auf Anderkonto des Vormunds bei einer Bank aufbewahrt werden (Schütz NJW 67, 1569; aA KG NJW 67, 883).

3 b) **Abw Anordnungen** nach § 1803 gehen den §§ 1806 ff vor.

4 3. **Verzinsliche Anlage** entweder in den in §§ 1807, 1808 näher geregelten Anlagearten oder in anderen Anlageformen mit Zustimmung des VormundschaftsG, § 1811. Bei Verstoß § 1833, evtl § 1837. Zwischen den Anlagemöglichkeiten des § 1807 hat Vormund nach pflichtgemäßem Ermessen zu wählen.

5 a) **Einzelheiten. aa)** Mündelsichere Grundpfandrechte iSv § 1807 I Nr 1, II sind regelmäßig bei Belastung zwischen 1/3 bis 2/3 des Grundstückswertes gegeben; Einzelnachw der landesrechtlichen Vorschriften zu § 1807 II s PalDiederichsen § 1807, 3. Wohnungseigentum sollte gleich behandelt werden, s PalDiederichsen

6, 7 § 1807, 3. **bb)** Zu § 1807 Nr 2: nicht erforderlich Wertpapier. **cc)** Zu § 1807 Nr 4 zählt auch Postsparbuch, vgl SoeDamrau § 1807, 9, str; Verzeichnisse von mündelsicheren Papieren bei Sichtermann aaO. **dd)** Anlagen nach § 1807 Nr 5 sollen nur in der qualifizierten Form des § 1809 erfolgen. Änderung durch BtG zum 1. 1. 1992 erweitert Kreis der geeigneten Kreditinstitute um solche, die dem Einlagensicherungsfonds des Bundesverbands Deutscher Banken e. V., dem Sparkassen Stützungsfonds oder dem Garantiefonds und -verband der Genossenschaftsbanken angehören, s dazu Jünger aaO. Folge einer solchen Anlegung: Ausschaltung

8 des § 1813 I Nr 3, s § 1813 II 1; Sperrvermerk in Sparbuch oder sonstigem Legitimationspapier; Auszahlung an Vormund ohne Genehmigung von VormundschaftsG oder Gegenvormund befreit nicht, RG 85, 422. Dagegen keine Pfändungssperre. Bei Verstoß gegen Gebot qualifizierter Anlegung § 1833. Zustimmung des Gegenvormundes s Rn 11. Auf zZ der Anordnung der Vormundschaft bereits angelegte Gelder ist § 1809 entspr anwendbar, SoeDamrau § 1809, 5; str.

9 b) Zur **andersartigen Anlage** nach § 1811 s grundlegend RG 128, 309; sie ist zustimmungsfähig entweder bei **aa)** Vorliegen einer bes Situation, zB Darlehen an

10 Mündeleltern oder **bb)** klar erkennbaren wirtschaftlichen Vorteilen aufgrund der allg Wirtschaftslage, also bei höheren Erträgen und vergleichbarer Sicherheit der **konkret** vorgeschlagenen Anlage, zB Anlage von Festgeld bei deutscher Großbank; abl für Volksbank Frankfurt RPfleger 84, 147. Anlage in Sachwerten s dagegen Rn 2.

11 4. **Mitwirkung** von **Gegenvormund** oder **VormundschaftsG** bei **Anlage** s § 1810; Gegenvormund oder VormundschaftsG können alternativ genehmigen, nicht VormundschaftsG nur subsidiär zum Gegenvormund. Fehlende Mitwirkung berührt Wirksamkeit der Anlage nicht („soll"), kann jedoch §§ 1833, 1837 auslösen. Genehmigung formlos entspr § 182 I 1 gegenüber Vormund oder Anlageinstitut. Für erforderliche Genehmigung beim „Erheben" – § 1809 – gilt dagegen § 1832 (SoeDamrau § 1810, 1).

§ 1812 Verfügungen über Forderungen und Wertpapiere

(1) ¹Der Vormund kann über eine Forderung oder über ein anderes Recht, kraft dessen der Mündel eine Leistung verlangen kann, sowie über ein Wertpapier des Mündels nur mit Genehmigung des Gegenvormunds verfügen, sofern nicht nach den §§ 1819 bis 1822 die Genehmigung des Vormundschaftsgerichts erforderlich ist. ²Das Gleiche gilt von der Eingehung der Verpflichtung zu einer solchen Verfügung.

(2) Die Genehmigung des Gegenvormunds wird durch die Genehmigung des Vormundschaftsgerichts ersetzt.

(3) Ist ein Gegenvormund nicht vorhanden, so tritt an die Stelle der Genehmigung des Gegenvormunds die Genehmigung des Vormundschaftsgerichts, sofern nicht die Vormundschaft von mehreren Vormündern gemeinschaftlich geführt wird.

Titel 1. Vormundschaft **§ 1813**

§ 1813 Genehmigungsfreie Geschäfte

(1) **Der Vormund bedarf nicht der Genehmigung des Gegenvormunds zur Annahme einer geschuldeten Leistung:**
1. **wenn der Gegenstand der Leistung nicht in Geld oder Wertpapieren besteht,**
2. **wenn der Anspruch nicht mehr als 3 000 Euro beträgt,**
3. **wenn Geld zurückgezahlt wird, das der Vormund angelegt hat,**
4. **wenn der Anspruch zu den Nutzungen des Mündelvermögens gehört,**
5. **wenn der Anspruch auf Erstattung von Kosten der Kündigung oder der Rechtsverfolgung oder auf sonstige Nebenleistungen gerichtet ist.**

(2) ¹Die Befreiung nach Absatz 1 Nr. 2, 3 erstreckt sich nicht auf die Erhebung von Geld, bei dessen Anlegung ein anderes bestimmt worden ist. ²Die Befreiung nach Absatz 1 Nr. 3 gilt auch nicht für die Erhebung von Geld, das nach § 1807 Abs. 1 Nr. 1 bis 4 angelegt ist.

Anmerkungen zu den §§ 1812, 1813

Lit: Damrau, Das Ärgernis um §§ 1812, 1813 BGB, FamRZ 84, 842.

1. **Allgemeines.** § 1812 konkretisiert das Grundprinzip der „kontrollierten Kapitalanlage" (Gernhuber/Coester-Waltjen § 72 III 11) für RGeschäfte des Vormundes über Gläubigerrechte des Mündels – Forderungen, sonstige Leistungsansprüche und in Wertpapieren verbriefte Rechte – durch ihre Bindung an die Genehmigung von Gegenvormund oder VormundschaftsG; § 1813 lockert diese Bindung für die in I näher bezeichneten Fälle der Annahme bestimmter Leistungen. **1**

2. **Genehmigungsbedürftig** sind **Verfügungen** und die darauf gerichteten **Verpflichtungen,** § 1812 I 2, über **a) Forderungen,** also zB Annahme der geschuldeten Leistung (s jedoch § 1813), Erlaß, Kündigung (Mietvertrag s Hamm RPfleger 91, 56), Änderung des Zinssatzes oder der Fälligkeit, Schuldübernahme, Abtretung, Belastung, Aufrechnung; **nicht:** Mahnung, Prozeßführung als solche, bei Schenkung bereits vereinbarte Rückgewähr als verzinsliches Darlehen, BayObLG NJW 74, 1143; Entgegennahme der Rente, BSG MDR 82, 698; Abheben der auf Konto überwiesenen Rente, s Köln RPfleger 86, 432; Damrau WM 86, 1023; zur Genehmigungsbedürftigkeit der Annahme einer dem Mündel aus Kauf geschuldeten Geldleistung, Gernhuber/Coester-Waltjen § 72 III 11. **b) andere Rechte,** kraft derer Mündel eine Leistung verlangen kann, insbes Grundpfandrechte; Löschungsbewilligung (auch für letztrangige Eigentümergrundschuld, BayObLG RPfleger 85, 25, sehr str; aA Damrau RPfleger 85, 26, FamRZ 84, 849), es sei denn, bewilligt werden bloße Berichtigung. § 1812 gilt nicht für Ansprüche auf Herausgabe beweglicher Sachen (Gernhuber/Coester-Waltjen § 72 III 11, sehr str) oder auf Dienstleistungen (PalDiederichsen § 1812, 4); **c) Wertpapiere,** zum Begriff s § 793 Rn 5, beachte §§ 1814–1820. Genehmigungsbedürftig ist auch die Genehmigung der Verfügung eines Nichtberechtigten (RG 115, 156). **2 3 4 5**

3. **Ausnahmen. a)** § 1813 I (abw jedoch dort II); beim Grenzbetrag nach Nr 2 entscheidet Höhe des Gesamtbetrags, nicht Einzelverfügung (Köln WM 94, 1560); **b)** befreite Vormundschaft, §§ 1852 II, 1855; **c)** Amts- oder Vereinsvormundschaft, §§ 1857 a, 1852 II; **d)** bei allg Ermächtigung des Vormunds durch VormundschaftsG nach § 1825; **e)** Entbindung nach § 1817 I. **6**

4. **Zu genehmigen** ist durch **Gegenvormund;** s jedoch § 1812 I 1 HS 1. Fehlt Gegenvormund, gilt § 1812 III. Bei Verweigerung der Genehmigung durch Gegenvormund oder bei seiner Verhinderung s § 1812 II. **7**

5. Zur **Erteilung** der **Genehmigung** s §§ 1832, 1828–1831. **8**

9 6. **Rechtsfolge** fehlender Genehmigung: Unwirksamkeit des genehmigungsbedürftigen Geschäfts; nicht genehmigte Forderungseinziehung befreit Schuldner nicht, uU auch bei Vorlage eines Legitimationspapiers iSv § 808 (Karlsruhe NJW-RR 99, 231). Leistender hat Bereicherungsanspruch gegen Mündel; Aufrechnung damit gegen Anspruch des Mündels nicht möglich (Gernhuber/Coester-Waltjen § 72 III 11, str).

§ 1814 Hinterlegung von Inhaberpapieren

¹Der Vormund hat die zu dem Vermögen des Mündels gehörenden Inhaberpapiere nebst den Erneuerungsscheinen bei einer Hinterlegungsstelle oder bei einem der in § 1807 Abs. 1 Nr. 5 genannten Kreditinstitute mit der Bestimmung zu hinterlegen, dass die Herausgabe der Papiere nur mit Genehmigung des Vormundschaftsgerichts verlangt werden kann. ²Die Hinterlegung von Inhaberpapieren, die nach § 92 zu den verbrauchbaren Sachen gehören, sowie von Zins-, Renten- oder Gewinnanteilscheinen ist nicht erforderlich. ³Den Inhaberpapieren stehen Orderpapiere gleich, die mit Blankoindossament versehen sind.

§ 1815 Umschreibung und Umwandlung von Inhaberpapieren

(1) ¹Der Vormund kann die Inhaberpapiere, statt sie nach § 1814 zu hinterlegen, auf den Namen des Mündels mit der Bestimmung umschreiben lassen, dass er über sie nur mit Genehmigung des Vormundschaftsgerichts verfügen kann. ²Sind die Papiere vom Bund oder einem Land ausgestellt, so kann er sie mit der gleichen Bestimmung in Schuldbuchforderungen gegen den Bund oder das Land umwandeln lassen.

(2) Sind Inhaberpapiere zu hinterlegen, die in Schuldbuchforderungen gegen den Bund oder ein Land umgewandelt werden können, so kann das Vormundschaftsgericht anordnen, dass sie nach Absatz 1 in Schuldbuchforderungen umgewandelt werden.

§ 1816 Sperrung von Buchforderungen

Gehören Schuldbuchforderungen gegen den Bund oder ein Land bei der Anordnung der Vormundschaft zu dem Vermögen des Mündels oder erwirbt der Mündel später solche Forderungen, so hat der Vormund in das Schuldbuch den Vermerk eintragen zu lassen, dass er über die Forderungen nur mit Genehmigung des Vormundschaftsgerichts verfügen kann.

§ 1817 Befreiung

(1) ¹Das Vormundschaftsgericht kann den Vormund auf dessen Antrag von den ihm nach den §§ 1806 bis 1816 obliegenden Verpflichtungen entbinden, soweit

1. der Umfang der Vermögensverwaltung dies rechtfertigt und
2. eine Gefährdung des Vermögens nicht zu besorgen ist.

²Die Voraussetzungen der Nummer 1 liegen im Regelfall vor, wenn der Wert des Vermögens ohne Berücksichtigung von Grundbesitz 6 000 Euro nicht übersteigt.

(2) Das Vormundschaftsgericht kann aus besonderen Gründen den Vormund von den ihm nach den §§ 1814, 1816 obliegenden Verpflichtungen auch dann entbinden, wenn die Voraussetzungen des Absatzes 1 Nr. 1 nicht vorliegen.

Titel 1. Vormundschaft §§ 1818–1820

§ 1818 Anordnung der Hinterlegung

Das Vormundschaftsgericht kann aus besonderen Gründen anordnen, dass der Vormund auch solche zu dem Vermögen des Mündels gehörende Wertpapiere, zu deren Hinterlegung er nach § 1814 nicht verpflichtet ist, sowie Kostbarkeiten des Mündels in der in § 1814 bezeichneten Weise zu hinterlegen hat; auf Antrag des Vormunds kann die Hinterlegung von Zins-, Renten- und Gewinnanteilscheinen angeordnet werden, auch wenn ein besonderer Grund nicht vorliegt.

§ 1819 Genehmigung bei Hinterlegung

¹Solange die nach § 1814 oder nach § 1818 hinterlegten Wertpapiere oder Kostbarkeiten nicht zurückgenommen sind, bedarf der Vormund zu einer Verfügung über sie und, wenn Hypotheken-, Grundschuld- oder Rentenschuldbriefe hinterlegt sind, zu einer Verfügung über die Hypothekenforderung, die Grundschuld oder die Rentenschuld der Genehmigung des Vormundschaftsgerichts. ²Das Gleiche gilt von der Eingehung der Verpflichtung zu einer solchen Verfügung.

§ 1820 Genehmigung nach Umschreibung und Umwandlung

(1) Sind Inhaberpapiere nach § 1815 auf den Namen des Mündels umgeschrieben oder in Schuldbuchforderungen umgewandelt, so bedarf der Vormund auch zur Eingehung der Verpflichtung zu einer Verfügung über die sich aus der Umschreibung oder der Umwandlung ergebenden Stammforderungen der Genehmigung des Vormundschaftsgerichts.

(2) Das Gleiche gilt, wenn bei einer Schuldbuchforderung des Mündels der im § 1816 bezeichnete Vermerk eingetragen ist.

Anmerkungen zu den §§ 1814–1820

1. Allgemeines. Beschränkung der Rechtsmacht des Vormunds zu RGeschäften über Wertpapiere, insbes Inhaberpapiere, und Kostbarkeiten des Mündels durch ges vorgeschriebene (§ 1814) oder vom VormundschaftsG verfügte (§ 1818) Hinterlegungsverpflichtung, durch – auch als Alternative zur Hinterlegung mögliche – Umschreibung oder Umwandlung (§ 1815) sowie durch Qualifizierung bestimmter Schuldbuchforderungen (§ 1816) und Genehmigungsbedürftigkeit von Verfügungen. 1

2. Inhaberpapiere nebst Erneuerungsscheinen und **blankoindossierte Orderpapiere** bedarf der Vormund mit der Maßgabe zu hinterlegen, daß Herausgabe der **Genehmigung** des **VormundschaftsG** bedarf. Bei Rücknahme ohne erforderliche Genehmigung s §§ 1832, 1828–1831; ein Sperrvermerk auf den Papieren ist nicht erforderlich, s RG 79, 16. **a) Ausnahmen. aa)** Die in § 1814 S 2 genannten Papiere, hierzu jedoch § 1818 und Rn 8; Inhaberpapiere, die zu verbrauchbaren Sachen nach § 92 zählen, sind zB Banknoten; **bb)** befreite Vormundschaft, §§ 1853, 1855; **cc)** Amts- und Vereinsvormundschaft, § 1857a; **dd)** Befreiung von Hinterlegungspflicht durch VormundschaftsG, § 1817; nach I auf Antrag des Vormunds bei geringem Vermögenswert (Regelfall: § 1817 I 2), wenn Vermögensgefährdung nicht zu befürchten ist; § 1817 II läßt Befreiung auch bei größeren Vermögen zu, falls „bes Gründe" vorliegen, etwa Sicherheitsleistung, nicht aber bei (ohnehin erforderlicher) Vertrauenswürdigkeit des Vormunds, str; **ee) Wahl** der **Umschreibung** mit Verfügungssperrvermerk durch Vormund nach § 1815 I oder **Umwandlung** der in § 1815 I 2 genannten Papiere; **ff) Anordnung** der **Umschreibung** durch VormundschaftsG bei den in § 1815 II genannten Papieren. **b) Durchsetzung** der Hinterlegungsverpflichtung durch Zwangs- 2 3 4 5 6

Chr. Berger 1603

Vor §§ 1821-1831 Buch 4. Abschnitt 3. Vormundschaft

mittel des VormundschaftsG nach § 1837 II 1; evtl Entlassung des Vormunds.
7 **c) Haftung** des Vormunds s § 1833. **d) Bei Antritt** der Vormundschaft bereits bei Privatbank **verwahrte Papiere** sind in dieser Verwahrung zu belassen (RG 137, 323, str).

8 **3. Andere Wertpapiere** und hinterlegungsfähige **Kostbarkeiten** sind auf Anordnung des VormundschaftsG zu hinterlegen, § 1818. Voraussetzung der Anordnung nach § 1818 S 1: Bes Gründe, insbes also Unsicherheit der Verwahrung durch Vormund. Hinterlegung von **Zins-, Renten-** und **Gewinnanteilscheinen** s jedoch § 1818 S 2.

9 **4. Sperrwirkung der Hinterlegung** durch **Genehmigungsbedürftigkeit a)** der Rücknahme aufgrund entspr Bestimmung bei Hinterlegung; **b)** der Verfügung über die hinterlegten Papiere und − bei Hypotheken-, Grundschuld- oder Rentenschuldbriefen − über die Hypothekenforderung, die Grundschuld oder die
10 Rentenschuld, § 1819 S 1; **c)** der auf Verfügungen zu Rn 9 (b) gerichteten Verpflichtungsgeschäfte, § 1819 S 2. Ist an den Vormund trotz Genehmigungsmangel herausgegeben worden, gilt für Verfügungen und Verpflichtungen nicht § 1819, sondern nur § 1812.

11 **5. Hinterlegungsstellen. a)** AG nach HintO 1 II; **b)** Staatsbanken, HintO 27; **c)** die in § 1814 S 1 genannten Stellen.

12 **6. Verfügungsbeschränkung** durch **Umschreibung** von Inhaberpapieren auf die Namen des Mündels oder Umwandlung von in Inhaberpapieren verbrieften Forderungen gegen Bund oder Länder in Schuldbuchforderungen an Stelle ihrer Verwahrung durch Erfordernis der Genehmigung des VormundschaftsG s § 1815
13 I 1, 2; **Sperrung** von Buchforderungen des Mündels s § 1816; Befreiungsmöglichkeit s § 1817 und dazu Rn 4. **Sperrwirkung** bei Umschreibung oder Umwandlung oder des Vermerks nach § 1816 erstreckt sich auch auf Verpflichtungsgeschäfte zu den genehmigungsabhängigen Verfügungen, § 1820. Bei den in § 1815 II genannten Papieren kann VormundschaftsG auch Umwandlung gegen Willen des Vormunds anordnen.

Vorbemerkungen zu den §§ 1821–1831

Lit: Brüggemann, Der sperrige Katalog. §§ 1821, 1822 BGB: Anwendungskriterien – Grenzfälle, FamRZ 90, 5; Kurz, Die Problematik des § 1822 BGB, NJW 92, 1798; Mayer, Der Anspruch auf vormundschaftsgerichtliche Genehmigung, FamRZ 94, 1007.

1 **1. Allgemeines.** Nach § 1821 ist die Vertretungsmacht des Vormunds beschränkt für RGeschäfte über Grundstücke und Schiffe, nach § 1822 für die dort ie aufgeführten, als bes gravierend bewerteten Geschäfte. Bindung wird durch Notwendigkeit der Zustimmung des VormundschaftsG erreicht, zur Erteilung der Zustimmung s §§ 1828–1831, zur Anhörung des Mündels s § 1827 II. Richtlinie ist Mündelwohl (unbestimmter Rechtsbegriff, s Mayer aaO). Für Vertreter nach VermG s LG Berlin FamR 96, 56 (VormundschaftsG nicht zuständig).

2 **2. Weitere Fälle.** §§ 1821, 1822 sind nicht erschöpfend, s ZPO 607 II; §§ 1411 II, 1596 I 3, 2275 II 2, 2282 II, 2290 III 1, 1491 III, 1517 II, 1819, 1820, 112 I 1; beachte ferner §§ 112 I 2, 113 I 2.

3 **3. Nicht anwendbar** sind die §§ 1821 ff auf Prozeßführung und Zwangsvollstreckung. Genehmigung soll ferner nicht erforderlich sein, wenn Mündel zur Abgabe einer Willenserklärung verurteilt wird und ZPO 894 die Abgabe fingiert, s MK/Wagenitz § 1821, 14; abzulehnen, denn die Fiktion kann keine stärkeren
4 Wirkungen zeitigen als die Mündelerklärung, StJ/Münzberg, § 894, 24. RGeschäfte, die mit Wirkung für oder gegen eine **jur Person** oder eine OHG, an denen das **Mündel beteiligt** ist, geschlossen werden, fallen nicht unter §§ 1821 ff, und zwar auch dann nicht, wenn Mündel Alleingesellschafter ist, RG 54, 281; 133, 11. Rechtsmacht des Testamentsvollstreckers (RG 91, 70) oder eines vom Erblasser

1604 *Chr. Berger*

Titel 1. Vormundschaft **§ 1821**

eingesetzten Bevollmächtigten (RG 88, 350) ist nicht zustimmungsabhängig, soweit für den Nachlaß gehandelt wird.

§ 1821 Genehmigung für Geschäfte über Grundstücke, Schiffe oder Schiffsbauwerke

(1) Der Vormund bedarf der Genehmigung des Vormundschaftsgerichts:
1. zur Verfügung über ein Grundstück oder über ein Recht an einem Grundstück;
2. zur Verfügung über eine Forderung, die auf Übertragung des Eigentums an einem Grundstück oder auf Begründung oder Übertragung eines Rechts an einem Grundstück oder auf Befreiung eines Grundstücks von einem solchen Recht gerichtet ist;
3. zur Verfügung über ein eingetragenes Schiff oder Schiffsbauwerk oder über eine Forderung, die auf Übertragung des Eigentums an einem eingetragenen Schiff oder Schiffsbauwerk gerichtet ist;
4. zur Eingehung einer Verpflichtung zu einer der in den Nummern 1 bis 3 bezeichneten Verfügungen;
5. zu einem Vertrag, der auf den entgeltlichen Erwerb eines Grundstücks, eines eingetragenen Schiffes oder Schiffsbauwerks oder eines Rechts an einem Grundstück gerichtet ist.

(2) Zu den Rechten an einem Grundstück im Sinne dieser Vorschriften gehören nicht Hypotheken, Grundschulden und Rentenschulden.

1. Allgemeines. S Rn 1 vor §§ 1821–1831. Kreis der nach §§ 1821, 1822 gebundenen Geschäfte kann nicht durch Analogie erweitert werden, BGH NJW 83, 1781. 1

2. Einzelfälle. a) Verfügung und Verpflichtung über die in Nr 1–3 geregelten Rechte. Auch bei wirksamer Verpflichtung bleibt Verfügung genehmigungsbedürftig, doch erstreckt sich Genehmigung für Verpflichtung regelmäßig auch auf Verfügung, BayObLG RPfleger 85, 235. Auseinandersetzung unter Gesamthand, der in Nr 1–3 genannte Rechte umfasst, ist genehmigungsbedürftig, BGH 56, 283. 2

aa) Nr 1 (hierzu Klüsener Rpfleger 81, 461): Eigentumsübertragung, Belastung; Zustimmung zur Verfügung eines Nichtberechtigten, des Ehegatten nach § 1365 I, des Vorerben; Verzicht auf Grundbuchberichtigung (RG 133, 259); Bewilligung einer Vormerkung (PalDiederichsen 9; str); Umwandlung einer Sicherungs- in Verkehrshypothek (sehr str, vgl SoeDamrau 6 f mwN); Auflassung aufgrund Rücktritts BayObLG FamRZ 77, 141. **Nicht genehmigungsbedürftig:** Bewilligung einer Restkaufgeldhypothek im Zusammenhang mit Grundstückskauf (dazu aber Nr 5), RG 108, 364; Nießbrauchsbestellung zugunsten des Grundstücksschenkers, BGH 24, 372; NJW 83, 1781; Übernahme bestehender Belastungen beim Erwerb, KG HRR 32, 1305; Besitz- oder Gebrauchsüberlassung (vgl RG 106, 112); Kündigung einer Hypothek durch Eigentümer, BGH 1, 303. **Str:** Unterwerfung unter sofortige Zwangsvollstreckung (s SoeDamrau 7); Zustimmung zu Rangrücktritt oder Löschung eines Grundpfandrechts (KG KGJ 22 A 140). Zur Hypotheken-, Grund- und Rentenschuld s II iVm §§ 1812, 1819. **bb)** Nr 2: Abtretung des Anspruchs auf Auflassung aus Meistgebot ZVG 81 II; Aufhebung eines Kauf- oder Schenkungsvertrages (Karlsruhe FamRZ 73, 378). **Nicht:** Abtretung von Herausgabeansprüchen. **b) Entgeltlicher Erwerb** nach Nr 5: Auch „Schenkung" unter Auflage, wenn Auflage Gegenleistung darstellt; Ausübung von Vorkaufs- oder Wiederkaufsrecht; Tauschverpflichtung; Gebot in der Zwangsversteigerung. **Nicht:** Unentgeltlicher Erwerb eines Nachlaßgrundstücks zu Alleineigentum, BayObLG NJW 68, 941; Ankauf vom Testamentsvollstrecker aus Nachlaßmitteln, RG 91, 70; Erwerb mit Belastung durch Nießbrauch oder Eintritt in Mietvertrag, BGH NJW 83, 1780. Zu Hypotheken-, Grund- und Rentenschulden s II, §§ 1807 I Nr 1, 1810. 3 4 5 6 7

Chr. Berger 1605

§ 1822 Genehmigung für sonstige Geschäfte

Der Vormund bedarf der Genehmigung des Vormundschaftsgerichts:

1. zu einem Rechtsgeschäft, durch das der Mündel zu einer Verfügung über sein Vermögen im ganzen oder über eine ihm angefallene Erbschaft oder über seinen künftigen gesetzlichen Erbteil oder seinen künftigen Pflichtteil verpflichtet wird, sowie zu einer Verfügung über den Anteil des Mündels an einer Erbschaft,
2. zur Ausschlagung einer Erbschaft oder eines Vermächtnisses, zum Verzicht auf einen Pflichtteil sowie zu einem Erbteilungsvertrag,
3. zu einem Vertrag, der auf den entgeltlichen Erwerb oder die Veräußerung eines Erwerbsgeschäfts gerichtet ist, sowie zu einem Gesellschaftsvertrag, der zum Betrieb eines Erwerbsgeschäfts eingegangen wird,
4. zu einem Pachtvertrag über ein Landgut oder einen gewerblichen Betrieb,
5. zu einem Miet- oder Pachtvertrag oder einem anderen Vertrag, durch den der Mündel zu wiederkehrenden Leistungen verpflichtet wird, wenn das Vertragsverhältnis länger als ein Jahr nach dem Eintritt der Volljährigkeit des Mündels fortdauern soll,
6. zu einem Lehrvertrag, der für längere Zeit als ein Jahr geschlossen wird,
7. zu einem auf die Eingehung eines Dienst- oder Arbeitsverhältnisses gerichteten Vertrag, wenn der Mündel zu persönlichen Leistungen für längere Zeit als ein Jahr verpflichtet werden soll,
8. zur Aufnahme von Geld auf den Kredit des Mündels,
9. zur Ausstellung einer Schuldverschreibung auf den Inhaber oder zur Eingehung einer Verbindlichkeit aus einem Wechsel oder einem anderen Papier, das durch Indossament übertragen werden kann,
10. zur Übernahme einer fremden Verbindlichkeit, insbesondere zur Eingehung einer Bürgschaft,
11. zur Erteilung einer Prokura,
12. zu einem Vergleich oder einem Schiedsvertrag, es sei denn, dass der Gegenstand des Streites oder der Ungewissheit in Geld schätzbar ist und den Wert von 3 000 Euro nicht übersteigt oder der Vergleich einem schriftlichen oder protokollierten gerichtlichen Vergleichsvorschlag entspricht,
13. zu einem Rechtsgeschäft, durch das die für eine Forderung des Mündels bestehende Sicherheit aufgehoben oder gemindert oder die Verpflichtung dazu begründet wird.

1 1. Zu **Nr 1**: a) **Gesamtvermögensgeschäfte. Verpflichtung** muß auf Übertragung des Gesamtvermögens entspr § 311a III gerichtet sein, BGH FamRZ 57, 121; aA Reinicke DNotZ 57, 506; Anlehnung an Gesamtvermögensbegriff in § 1365 zB Gernhuber/Coester-Waltjen § 60 VI 5 mwN. **b) Verfügung** über Miterbenanteil s § 2033 I.

2 2. Zu **Nr 2**: a) Anfechtung der Annahme steht Ausschlagung gleich, § 1957 I. **b)** Erbteilungsvertrag s §§ 2042 ff, auch Verpflichtungsgeschäft genehmigungsbedürftig (SoeDamrau 9; str). **Nicht:** Veräußerung der gesamten Erbschaft an Dritte, dann aber evtl § 1821 Nr 1.

3 3. Zu **Nr 3**: Grundgedanke ist Schutz vor den Gefahren aus Betrieb von Erwerbsgeschäften, doch bleiben Erwerb im Erbgang oder aufgrund Schenkung genehmigungsfrei; zum Überschuldungsschutz sa Wolf, AcP 187, 319 ff; Reuter
4 AcP 192, 137; § 1629a. a) **Erwerbsgeschäft** s RG 133, 11: Berufsmäßig ausgeübte, auf selbständigen Erwerb gerichtete Tätigkeit. Auch Anteil an Erwerbsgeschäft, der durch Ausscheiden den anderen anwächst, wird „veräußert", RG 122,

Titel 1. Vormundschaft **§ 1822**

372; zur Veräußerung von GmbH-Anteilen s KG NJW 76, 1946 (genehmigungspflichtig, wenn mehr als bloße Kapitalbeteiligung); umfassend Damrau in Anm zu Hamm RPfleger 85, 62. Auflösung einer Gesellschaft ist nicht Veräußerung, BGH 52, 319. Veräußerung aller Anteile an Einmann-GmbH ist genehmigungsbedürftig. Zum Verkauf einer Arztpraxis nach dem Tode des Inhabers s RG 144, 5. **Nicht:** 5 Unentgeltlicher Erwerb eines GmbH-Anteils, BGH 107, 23, 28; sa Gerken Rpfleger 89, 270. **b) Gesellschaftsvertrag:** Nur Abschluß, nicht Änderung (BGH 38, 6 26; WM 72, 1368; Gernhuber/Coester-Waltjen § 60 V 6 mwN). Falls stille Gesellschaft nur Kapitaleinlage ohne Verlustbeteiligung darstellt, ist Nr 3 nicht anwendbar (BGH NJW 57, 672; aA LG München II NJW-RR 99, 1019). Beteiligung als Kommanditist bedarf Genehmigung (Bremen NJW-RR 99, 877); zur unentgeltlichen Aufnahme in Familiengesellschaft s Brox FS Bosch, 1976, S 78 ff. Anteilserwerb (Schenkung) an BGB-Gesellschaft s LG Aachen NJW-RR 94, 1320. Beitritt zu existenter Kapitalgesellschaft ist grundsätzlich Kapitalbeteiligung, nicht 7 Abschluß eines Gesellschaftsvertrages; bei noch nicht voll eingezahlten GmbH-Stammeinlagen jedoch Nr 10 wegen GmbHG 24 anwendbar. Gründungsvertrag für GmbH oder AG ist genehmigungsbedürftig. Abtretung von GmbH-Anteil s KG MDR 76, 755. Grundsätze für Entscheidung, Ermittlungs- und Begründungspflicht BayObLG DB 79, 2314; Hamm BB 83, 791 (BGB-Gesellschaft). **c) Fort-** 8 **führung erererbten Erwerbsgeschäfts** durch minderjährigen (Mit)erben wohl genehmigungsbedürftig, falls und soweit Minderjähriger mitverpflichtet werden soll, BVerfG 72, 155 gegen BGH 92, 259; zweckmäßig ist deshalb ein förmlicher Fortführungsbeschluß als Genehmigungsgegenstand.

4. Zu Nr 5: a) Verpflichtung zur Bereitstellung von Kfz-Einstellplätzen gegen 9 Gestattung von Grenzbebauung steht Mietvertrag nicht gleich, BGH NJW 74, 1134. **b)** Verträge mit Verpflichtung zu wiederkehrenden Leistungen, zB Versiche- 10 rungsverträge (vgl Hamm NJW-RR 92, 1186: Kapitallebensversicherung, AG Hamburg NJW-RR 94, 721); Abzahlungsgeschäft (vgl Stuttgart NJW-RR 96, 1288: ratenweise Bezahlung einer Einlage); Unterhaltsvereinbarungen str, s KG NJW 71, 434; Odersky FamRZ 71, 137 mwN. Voraussetzung „Dauer" entfällt bei Kündbarkeit (str). Zu Arbeitsverträgen s Nr 7.

5. Zu Nr 8: Kauf mit Teilzahlungskredit ist genehmigungsbedürftig, PalDiede- 11 richsen 8.

6. Zu Nr 10: Bürgschaft, auch Verpfändung für fremde Schuld, Schuldbeitritt; 12 Übernahme gesamtschuldnerischer Verpflichtung für Kaufpreis neben Mitkäufer, s BGH 60, 385; ges oder vereinbarte Schuldübernahme bei Erwerb eines GmbH-Anteils, BGH 107, 26. Erfaßt sind alle Interzessionen mit primärer oder subsidiärer Einstandspflicht und Regreßmöglichkeit, weil deren Aussicht Anreiz zur Verpflichtung ist, RG 158, 216. Auch Sicherungszessionen, Sicherungsübereignung, Um- 13 wandlung der Stellung als Kommanditist in solche als Komplementär (wegen HGB 130, 128), Gründung einer GmbH, Stuttgart OLGZ 78, 426; **nicht** aber befreiende Schuldübernahme ohne Regreß (BGH 107, 26), Tilgung fremder Schuld, Beitritt zu Genossenschaft (BGH 41, 71, str), Eintritt in Mietvertrag durch Grundstückserwerb, BGH NJW 83, 1780.

7. Zu Nr 11: Prokura s HGB 48 ff. Prokura durch Erblasser über den Tod 14 hinaus bleibt trotz Minderjährigkeit des Erben ohne Genehmigung wirksam.

8. Zu Nr 12: a) Vergleich s § 779; auch Prozeßvergleich, RG 56, 333; 15 **b)** Schiedsvereinbarung s ZPO 1029 ff.

9. Zu Nr 13: Obligatorische wie dingliche Geschäfte sind gebunden. Auch 16 Zustimmung des Mündels als Nacherbe. Rangrücktritt oder Umwandlung von Sicherungshypothek in Verkehrshypothek bewirken „Minderung" der Sicherheit.

§ 1823 Genehmigung bei einem Erwerbsgeschäft des Mündels

Der Vormund soll nicht ohne Genehmigung des Vormundschaftsgerichts ein neues Erwerbsgeschäft im Namen des Mündels beginnen oder ein bestehendes Erwerbsgeschäft des Mündels auflösen.

1 1. **Erwerbsgeschäft** s § 1822 Rn 4; Fortführung ererbten Erwerbsgeschäfts s § 1822 Rn 8.

2 2. **Sanktion.** Sollvorschrift, deshalb Beginn (Mündel wird ggf Kaufmann) oder Auflösung ohne Genehmigung wirksam (anders § 112 I 1, II); jedoch evtl §§ 1833, 1837, 1886.

§ 1824 Genehmigung für die Überlassung von Gegenständen an den Mündel

Der Vormund kann Gegenstände, zu deren Veräußerung die Genehmigung des Gegenvormunds oder des Vormundschaftsgerichts erforderlich ist, dem Mündel nicht ohne diese Genehmigung zur Erfüllung eines von diesem geschlossenen Vertrags oder zu freier Verfügung überlassen.

1 1. **Umgehung** der §§ 1812 f, 1819 ff durch § 110 wird durch Genehmigungsabhängigkeit nach § 1824 verhindert. § 1812 II gilt entspr.

§ 1825 Allgemeine Ermächtigung

(1) Das Vormundschaftsgericht kann dem Vormund zu Rechtsgeschäften, zu denen nach § 1812 die Genehmigung des Gegenvormunds erforderlich ist, sowie zu den in § 1822 Nr. 8 bis 10 bezeichneten Rechtsgeschäften eine allgemeine Ermächtigung erteilen.

(2) Die Ermächtigung soll nur erteilt werden, wenn sie zum Zwecke der Vermögensverwaltung, insbesondere zum Betrieb eines Erwerbsgeschäfts, erforderlich ist.

1 1. **Ausnahme** vom grundsätzlichen Gebot der Einzelgenehmigung für die in §§ 1812, 1822 Nr 8–10 geregelten Fälle. Allg Ermächtigung wird vom Rechtspfleger erteilt, RPflG 3 Nr 2 a. **Voraussetzung:** II, doch Wirksamkeit der Ermächtigung auch bei Verstoß gegen II. **Wirkung:** Befreiung vom Genehmigungserfordernis; kann auf Gruppen oder Teile von Geschäften beschränkt werden.

§ 1826 Anhörung des Gegenvormunds vor Erteilung der Genehmigung

Das Vormundschaftsgericht soll vor der Entscheidung über die zu einer Handlung des Vormunds erforderliche Genehmigung den Gegenvormund hören, sofern ein solcher vorhanden und die Anhörung tunlich ist.

§ 1827 *(weggefallen)*

§ 1828 Erklärung der Genehmigung

Das Vormundschaftsgericht kann die Genehmigung zu einem Rechtsgeschäft nur dem Vormund gegenüber erklären.

§ 1829 Nachträgliche Genehmigung

(1) ¹Schließt der Vormund einen Vertrag ohne die erforderliche Genehmigung des Vormundschaftsgerichts, so hängt die Wirksamkeit des Vertrags von der nachträglichen Genehmigung des Vormundschaftsgerichts ab. ²Die Genehmigung sowie deren Verweigerung wird dem anderen Teil gegenüber erst wirksam, wenn sie ihm durch den Vormund mitgeteilt wird.

Titel 1. Vormundschaft **§§ 1830–1832**

(2) Fordert der andere Teil den Vormund zur Mitteilung darüber auf, ob die Genehmigung erteilt sei, so kann die Mitteilung der Genehmigung nur bis zum Ablauf von zwei Wochen nach dem Empfang der Aufforderung erfolgen; erfolgt sie nicht, so gilt die Genehmigung als verweigert.

(3) Ist der Mündel volljährig geworden, so tritt seine Genehmigung an die Stelle der Genehmigung des Vormundschaftsgerichts.

§ 1830 Widerrufsrecht des Geschäftspartners

Hat der Vormund dem anderen Teil gegenüber der Wahrheit zuwider die Genehmigung des Vormundschaftsgerichts behauptet, so ist der andere Teil bis zur Mitteilung der nachträglichen Genehmigung des Vormundschaftsgerichts zum Widerruf berechtigt, es sei denn, dass ihm das Fehlen der Genehmigung bei dem Abschlusse des Vertrags bekannt war.

§ 1831 Einseitiges Rechtsgeschäft ohne Genehmigung

[1] Ein einseitiges Rechtsgeschäft, das der Vormund ohne die erforderliche Genehmigung des Vormundschaftsgerichts vornimmt, ist unwirksam. [2] Nimmt der Vormund mit dieser Genehmigung ein solches Rechtsgeschäft einem anderen gegenüber vor, so ist das Rechtsgeschäft unwirksam, wenn der Vormund die Genehmigung nicht in schriftlicher Form vorlegt und der andere das Rechtsgeschäft aus diesem Grunde unverzüglich zurückweist.

§ 1832 Genehmigung des Gegenvormunds

Soweit der Vormund zu einem Rechtsgeschäft der Genehmigung des Gegenvormunds bedarf, finden die Vorschriften der §§ 1828 bis 1831 entsprechende Anwendung.

Anmerkungen zu den §§ 1826–1832

1. Allgemeines. a) Erteilung der Genehmigung des VormundschaftsG und ihre Wirkung sind den §§ 108 ff, 177 ff nachgebildet, doch kann abw von § 182 I die Zustimmung nur gegenüber dem Vormund erteilt werden, § 1828, und ist von diesem dem Geschäftsgegner mitzuteilen, § 1829 I 2. Dem Vormund bleibt also die Entscheidung, ob er von der Genehmigung Gebrauch machen will, RG 130, 151 (s Rn 12). **b)** Genehmigung (oder ihre Verweigerung) ist gerichtl Hoheitsakt; rechtsgeschäftlicher Einschlag und daraus folgende Anwendbarkeit der für Willenserklärungen geltenden Vorschriften, vor allem der §§ 116 ff, 157, 158 ff (RG 85, 421), § 184 (RG 142, 62) ist str (hM bejahend, aA Gernhuber/Coester-Waltjen § 60 IV 3). Mit Wirksamwerden durch Mitteilung sollte jedenfalls Anfechtung ausgeschlossen sein (aA hM, s PalDiederichsen § 1828, 2 mwN).

2. Zeitpunkt der Genehmigung. Bei einseitigem RGeschäft (s § 1831) muß sie vor der Vornahme (s auch Rn 9), ansonsten kann sie auch nachträglich erteilt werden.

3. Form. Genehmigung ist formfrei, beachte jedoch bei einseitigem RGeschäft § 1831 S 2.

4. Voraussetzungen. Maßgebend ist Mündelinteresse im Zeitpunkt der Entscheidung, nicht öffentl Interessen; ein rechtlich unwirksames Geschäft, etwa bei Verstößen gegen § 181 oder § 134, darf nicht genehmigt werden.

5. Umfang und **Inhalt.** Genehmigung betrifft nur das dem VormundschaftsG zur Prüfung unterbreitete Geschäft (RG 61, 209), nicht darüber hinaus getroffene Abreden, RG 132, 78. **Stillschweigende Genehmigung** für Verfügungsgeschäft

§ 1833

7 aufgrund erteilter Genehmigung für Verpflichtungsgeschäft RG 130, 150. **Negativattest**, daß Genehmigung nicht erforderlich sei, ist nicht Genehmigung, BGH 44, 325.

8 **6. a) Wirkung** fehlender Genehmigung bei Verträgen s § 1829 I 1; Vertragspartner kann Schwebezustand nach § 1829 II beenden. Wirksamkeit eines Versicherungsvertrags während Schwebe s AG Hamburg VersR 85, 683. Bei wahrheitswidrig 9 behaupteter Genehmigung s § 1830. Verweigerung bewirkt Nichtigkeit. **b)** Bei **einseitigem RGeschäft** s § 1831; bei vorhandener Genehmigung kann vom anderen Teil Vorlage in schriftlicher Form verlangt werden, § 1831 S 2. Zeitpunkt, zu dem Genehmigung beim einseitigen RGeschäft vorliegen muß, ist Wirksamwerden des RGeschäfts; bei Frist (etwa Ausschlagungsfrist nach § 1944) genügt Nachw der Genehmigung bis zum Fristablauf, RG 118, 147 f. Zustimmung des Vormunds zum Vertrag des Mündels fällt nicht unter § 1831, vielmehr ist Vertrag selbst zustimmungsbedürftig und deshalb nach § 1829 I 1 genehmigungsfähig, PalDiederichsen 10 § 1831, 3, str. **c)** Bei wegen fehlender oder verweigerter Genehmigung nichtigen Geschäften kann nur durch Neuvornahme und Genehmigung der erstrebte Erfolg 11 bewirkt werden. **d)** Dritter hat wegen des nichtigen Geschäfts **Schadensersatzansprüche** gegen Vormund auch dann nicht, wenn dieser dem Gericht die Umstände mitgeteilt hat, die zur Versagung der Genehmigung geführt haben, BGH 54, 73 f. Schadensersatzpflicht des Vormundes jedoch im Falle des § 1830 möglich.

12 **7. Mitteilung** der Genehmigung durch Vormund – § 1829 I 2 – ist nach hL RGeschäft des Vormunds im Namen des Mündels, zu dessen Vornahme Vormund nicht verpflichtet ist, RG 132, 261; BayObLG FamRZ 89, 1115. § 162 I ist bei Zurückhalten der Mitteilung nicht anwendbar. Empfang und Mitteilung durch 13 Bevollmächtigten sind möglich, BGH 19, 5. Kein Formerfordernis. **Verzicht** auf Mitteilung oder ihren Zugang nicht möglich (RG 121, 36, str). Nach BGH 15, 100 soll ausreichen, daß Dritter Kenntnis von Genehmigung hat und Vormund zu erkennen gibt, daß er den Vertrag weiter billigt. Möglich ist auch Doppelbevollmächtigung zu Abgabe und Empfang der Mitteilung (BGH 19, 5; sa BayObLG FamRZ 89, 1115 zur Erkennbarkeit des Willens des Doppelbevollmächtigten).

14 **8. Genehmigung** durch **Mündel** nach Volljährigkeit s § 1829 III; formfrei, BGH BB 80, 857 (GmbH-Vertrag). Erbvertrag nach Tod des Erblassers nicht mehr genehmigungsfähig, BGH NJW 78, 1159. Nach Mitteilung der Versagung der Genehmigung kann Mündel selbst nicht mehr durch Genehmigung heilen, sondern Neuvornahme ist erforderlich. Nach **Tod** des **Mündels** keine Genehmigung durch VormundschaftsG (BayObLG NJW 65, 397), sondern ggf durch die Erben.

15 **9. Verfahren.** FGG 12, Anhörungen nach §§ 1826, 1847, FGG 50 b IV; Wirksamwerden gegenüber Vormund FGG 16, jedoch Änderungsmöglichkeit bis zur Mitteilung gegenüber Dritten nach §§ 1829 II 2, 1831 S 1, FGG 18, 55 I. Beschwerdeberechtigt nach FGG 20 I nur Vormund namens des Mündels, KG OLGZ 65, 375, nicht der Vertragspartner. Ausübung durch Mündel FGG 59 I.

§ 1833 Haftung des Vormunds

(1) ¹**Der Vormund ist dem Mündel für den aus einer Pflichtverletzung entstehenden Schaden verantwortlich, wenn ihm ein Verschulden zur Last fällt.** ²**Das Gleiche gilt von dem Gegenvormund.**

(2) ¹**Sind für den Schaden mehrere nebeneinander verantwortlich, so haften sie als Gesamtschuldner.** ²**Ist neben dem Vormund für den von diesem verursachten Schaden der Gegenvormund oder ein Mitvormund nur wegen Verletzung seiner Aufsichtspflicht verantwortlich, so ist in ihrem Verhältnis zueinander der Vormund allein verpflichtet.**

Lit: Schreiber, Die Haftung des Vormundes im Spannungsfeld von öffentl Recht und Privatrecht, AcP 178, 533.

Titel 1. Vormundschaft **§§ 1834, 1835**

1. Allgemeines. Haftung des Vormundes aus ges Schuldverhältnis familien- 1
rechtlicher Prägung, die auch jeden Mitvormund, Gegenvormund, das Jugendamt
als Amtsvormund (dh die nach SGB VIII 69 errichtende Körperschaft) oder Verein
(der für jedes Mitglied, das Vormundschaft führt, nach § 1791 a III 2 haftet) als
Vormund treffen kann. Beim Amtsvormund sind Grundsätze über Ermessensspielraum, der gerichtl Nachprüfung nicht unterliegt, nicht anwendbar, BGH 9, 255;
zur Staatshaftung für Amtsvormund Schreiber AcP 178, 533. Gerichtsstand ZPO
31. Ansprüche aus § 823 I können konkurrieren; dann Gerichtsstand für diesen
Anspruch ZPO 32.

2. Voraussetzungen. a) Bestehende Vormundschaft; nach Beendigung 2
Haftung dann, wenn „Vormund" ohne Widerspruch weiter als solcher tätig bleibt,
RG JW 38, 3116. Haftung auch des nach § 1781 Untauglichen, nicht aber des
nach § 1780 Unfähigen. **b) Schuldhafte Verletzung** der **Pflichten** des Vor- 3
munds, ges (s § 1793) oder durch Anordnung des VormundschaftsG konkretisierte.
Gegenvormund s § 1799. Bsp: Abträglicher Unterhaltsvergleich, BGH 9, 255;
22, 72; gering verzinste Geldanlage, AG Bremen NJW 93, 206 (Ergänzungspfleger); Anerkennung falsch berechneten Pflichtteilsanspruchs, BGH VersR 83, 1081;
fehlerhafte Prozeßführung; Preisgabe vermögensrechtlicher Ansprüche, s zB
Nürnberg FamRZ 65, 454; **nicht:** Unterlassung gebotener Haftpflichtversicherung, BGH 77, 224. Genehmigung des VormundschaftsG entlastet grundsätzlich
nur, wenn allein Rechtsfragen zu beurteilen waren, BGH FamRZ 64, 199.
c) Sorgfaltsmaßstab: Lebenskreis des Vormundes (BGH FamRZ 64, 199), nicht 4
aber nur diligentia quam in suis; Ausnahme: §§ 1793 S 3, 1664. **d)** Haftung für
Hilfspersonen nach § 278, soweit solche überhaupt zur Erfüllung der Pflichten des
Vormunds eingesetzt werden durften, sonst aufgrund eigener Pflichtverletzung; vgl
§§ 1793, 1794 Rn 9.

3. Rechtsfolgen. a) Haftung auf Schadensersatz; bei Schadensabnahme durch 5
Dritte gelten Grundsätze der Vorteilsausgleichung, vgl BGH 22, 72. **b)** Mehrere 6
Ersatzpflichtige sind Gesamtschuldner; Regreß nach § 426. **c)** II 2 bestimmt für
das Innenverhältnis eine von der Grundregel des § 426 abw Lastentragung.

4. Beweislast für Pflichtverletzung und Verschulden trägt Mündel, RG 76, 186. 7
5. Verjährung: § 195. 8

§ 1834 Verzinsungspflicht

**Verwendet der Vormund Geld des Mündels für sich, so hat er es von der
Zeit der Verwendung an zu verzinsen.**

1. Verschuldensunabhängiger pauschalierter Mindestschadensersatzanspruch, 1
wenn der Vormund gegen § 1805 S 1 Fall 1 verstößt. Einzahlung auf eigenes
Konto genügt.

§ 1835 Aufwendungsersatz

(1) [1]**Macht der Vormund zum Zwecke der Führung der Vormundschaft
Aufwendungen, so kann er nach den für den Auftrag geltenden Vorschriften der §§ 669, 670 von dem Mündel Vorschuss oder Ersatz verlangen; für
den Ersatz von Fahrtkosten gilt die in § 9 des Gesetzes über die Entschädigung von Zeugen und Sachverständigen für Sachverständige getroffene
Regelung entsprechend.** [2]**Das gleiche Recht steht dem Gegenvormund zu.**
[3]**Ersatzansprüche erlöschen, wenn sie nicht binnen 15 Monaten nach ihrer
Entstehung gerichtlich geltend gemacht werden; die Geltendmachung des
Anspruchs beim Vormundschaftsgericht gilt dabei auch als Geltendmachung gegenüber dem Mündel.** [4]**Das Vormundschaftsgericht kann in sinngemäßer Anwendung von § 15 Abs. 3 Satz 1 bis 5 des Gesetzes über die
Entschädigung von Zeugen und Sachverständigen eine abweichende Frist
bestimmen.**

(2) ¹Aufwendungen sind auch die Kosten einer angemessenen Versicherung gegen Schäden, die dem Mündel durch den Vormund oder Gegenvormund zugefügt werden können oder die dem Vormund oder Gegenvormund dadurch entstehen können, dass er einem Dritten zum Ersatz eines durch die Führung der Vormundschaft verursachten Schadens verpflichtet ist; dies gilt nicht für die Kosten der Haftpflichtversicherung des Halters eines Kraftfahrzeugs. ²Satz 1 ist nicht anzuwenden, wenn der Vormund oder Gegenvormund eine Vergütung nach § 1836 Abs. 2 erhält.

(3) Als Aufwendungen gelten auch solche Dienste des Vormunds oder des Gegenvormunds, die zu seinem Gewerbe oder seinem Beruf gehören.

(4) ¹Ist der Mündel mittellos, so kann der Vormund Vorschuss und Ersatz aus der Staatskasse verlangen. ²Absatz 1 Satz 3 und 4 gilt entsprechend.

(5) ¹Das Jugendamt oder ein Verein kann als Vormund oder Gegenvormund für Aufwendungen keinen Vorschuss und Ersatz nur insoweit verlangen, als das einzusetzende Einkommen und Vermögen des Mündels ausreicht. ²Allgemeine Verwaltungskosten einschließlich der Kosten nach Absatz 2 werden nicht ersetzt.

§ 1835 a Aufwandsentschädigung

(1) ¹Zur Abgeltung seines Anspruchs auf Aufwendungsersatz kann der Vormund als Aufwandsentschädigung für jede Vormundschaft, für die ihm keine Vergütung zusteht, einen Geldbetrag verlangen, der für ein Jahr dem Vierundzwanzigfachen dessen entspricht, was einem Zeugen als Höchstbetrag der Entschädigung für eine Stunde versäumter Arbeitszeit gewährt werden kann (Aufwandsentschädigung). ²Hat der Vormund für solche Aufwendungen bereits Vorschuss oder Ersatz erhalten, so verringert sich die Aufwandsentschädigung entsprechend.

(2) Die Aufwandsentschädigung ist jährlich zu zahlen, erstmals ein Jahr nach Bestellung des Vormunds.

(3) Ist der Mündel mittellos, so kann der Vormund die Aufwandsentschädigung aus der Staatskasse verlangen; Unterhaltsansprüche des Mündels gegen den Vormund sind insoweit bei der Bestimmung des Einkommens nach § 1836 c Nr. 1 nicht zu berücksichtigen.

(4) Der Anspruch auf Aufwandsentschädigung erlischt, wenn er nicht binnen drei Monaten nach Ablauf des Jahres, in dem der Anspruch entsteht, geltend gemacht wird; die Geltendmachung des Anspruchs beim Vormundschaftsgericht gilt auch als Geltendmachung gegenüber dem Mündel.

(5) Dem Jugendamt oder einem Verein kann keine Aufwandsentschädigung gewährt werden.

§ 1836 Vergütung des Vormunds

(1) ¹Die Vormundschaft wird unentgeltlich geführt. ²Sie wird ausnahmsweise entgeltlich geführt, wenn das Gericht bei der Bestellung des Vormunds feststellt, dass der Vormund die Vormundschaft berufsmäßig führt. ³Das Gericht hat diese Feststellung zu treffen, wenn dem Vormund in einem solchen Umfang Vormundschaften übertragen sind, dass er sie nur im Rahmen seiner Berufsausübung führen kann, oder zu erwarten ist, dass dem Vormund in absehbarer Zeit Vormundschaften in diesem Umfang übertragen sein werden. ⁴Die Voraussetzungen des Satzes 3 erste Alternative liegen im Regelfall vor, wenn der Vormund

a) mehr als zehn Vormundschaften führt oder

Titel 1. Vormundschaft **§§ 1836 a–1836 c**

b) die für die Führung der Vormundschaften erforderliche Zeit voraussichtlich 20 Wochenstunden nicht unterschreitet.

(2) ¹Liegen die Voraussetzungen des Absatzes 1 Satz 2 vor, so hat das Vormundschaftsgericht dem Vormund oder Gegenvormund eine Vergütung zu bewilligen. ²Die Höhe der Vergütung bestimmt sich nach den für die Führung der Vormundschaft nutzbaren Fachkenntnissen des Vormunds sowie nach dem Umfang und der Schwierigkeit der vormundschaftlichen Geschäfte. ³Der Vormund kann Abschlagszahlungen verlangen. ⁴Der Vergütungsanspruch erlischt, wenn er nicht binnen 15 Monaten nach seiner Entstehung beim Vormundschaftsgericht geltend gemacht wird; das Vormundschaftsgericht kann in sinngemäßer Anwendung von § 15 Abs. 3 Satz 1 bis 5 des Gesetzes über die Entschädigung von Zeugen und Sachverständigen eine abweichende Frist bestimmen.

(3) Trifft das Gericht keine Feststellung nach Absatz 1 Satz 2, so kann es dem Vormund und aus besonderen Gründen auch dem Gegenvormund gleichwohl eine angemessene Vergütung bewilligen, soweit der Umfang oder die Schwierigkeit der vormundschaftlichen Geschäfte dies rechtfertigen; dies gilt nicht, wenn der Mündel mittellos ist.

(4) Dem Jugendamt oder einem Verein kann keine Vergütung bewilligt werden.

§ 1836 a Vergütung aus der Staatskasse

Ist der Mündel mittellos, so kann der Vormund die nach § 1836 Abs. 1 Satz 2, Abs. 2 zu bewilligende Vergütung nach Maßgabe des § 1 des Gesetzes über die Vergütung von Berufsvormündern aus der Staatskasse verlangen.

§ 1836 b Vergütung des Berufsvormunds, Zeitbegrenzung

¹In den Fällen des § 1836 Abs. 1 Satz 2 kann das Vormundschaftsgericht
1. dem Vormund einen festen Geldbetrag als Vergütung zubilligen, wenn die für die Führung der vormundschaftlichen Geschäfte erforderliche Zeit vorhersehbar und ihre Ausschöpfung durch den Vormund gewährleistet ist. Bei der Bemessung des Geldbetrags ist die voraussichtlich erforderliche Zeit mit den in § 1 Abs. 1 des Gesetzes über die Vergütung von Berufsvormündern bestimmten Beträgen zu vergüten. Einer Nachweisung der vom Vormund aufgewandten Zeit bedarf es in diesem Falle nicht; weitergehende Vergütungsansprüche des Vormunds sind ausgeschlossen;
2. die für die Führung der vormundschaftlichen Geschäfte erforderliche Zeit begrenzen. Eine Überschreitung der Begrenzung bedarf der Genehmigung des Vormundschaftsgerichts.

²Eine Entscheidung nach Satz 1 kann zugleich mit der Bestellung des Vormunds getroffen werden.

§ 1836 c Einzusetzende Mittel des Mündels

Der Mündel hat einzusetzen:
1. nach Maßgabe des § 84 des Bundessozialhilfegesetzes sein Einkommen, soweit es zusammen mit dem Einkommen seines nicht getrennt lebenden Ehegatten oder Lebenspartners die nach den §§ 76, 79 Abs. 1, 3, § 81 Abs. 1 und § 82 des Bundessozialhilfegesetzes maßgebende Einkommensgrenze für Hilfe in besonderen Lebenslagen übersteigt; wird im Einzelfall der Einsatz eines Teils des Einkommens zur Deckung

Chr. Berger

eines bestimmten Bedarfs im Rahmen der Hilfe in besonderen Lebenslagen nach dem Bundessozialhilfegesetz zugemutet oder verlangt, darf dieser Teil des Einkommens bei der Prüfung, inwieweit der Einsatz des Einkommens zur Deckung der Kosten der Vormundschaft einzusetzen ist, nicht mehr berücksichtigt werden. Als Einkommen gelten auch Unterhaltansprüche sowie die wegen Entziehung einer solchen Forderung zu entrichtenden Renten;
2. sein Vermögen nach Maßgabe des § 88 des Bundessozialhilfegesetzes.

§ 1836 d Mittellosigkeit des Mündels

Der Mündel gilt als mittellos, wenn er den Aufwendungsersatz oder die Vergütung aus seinem einzusetzenden Einkommen oder Vermögen
1. nicht oder nur zum Teil oder nur in Raten oder
2. nur im Wege gerichtlicher Geltendmachung von Unterhaltsansprüchen

aufbringen kann.

§ 1836 e Gesetzlicher Forderungsübergang

(1) ¹Soweit die Staatskasse den Vormund oder Gegenvormund befriedigt, gehen Ansprüche des Vormunds oder Gegenvormunds gegen den Mündel auf die Staatskasse über. ²Der übergegangene Anspruch erlischt in zehn Jahren vom Ablauf des Jahres an, in dem die Staatskasse die Aufwendungen oder die Vergütung bezahlt hat. ³Nach dem Tode des Mündels haftet sein Erbe nur mit dem Wert des im Zeitpunkt des Erbfalls vorhandenen Nachlasses; § 92 c Abs. 3 und 4 des Bundessozialhilfegesetzes gilt entsprechend, § 1836 c findet auf den Erben keine Anwendung.

(2) Soweit Ansprüche gemäß § 1836 c Nr. 1 Satz 2 einzusetzen sind, findet zugunsten der Staatskasse § 850 b der Zivilprozeßordnung keine Anwendung.

Anmerkungen zu den §§ 1835–1836 e

1 **1. Allgemeines.** Die Vormundschaft wird grundsätzlich unentgeltlich geführt (§ 1836 I 1); der Vormund hat gegen den Mündel nur einen Vorschuß- und Aufwendungsersatzanspruch (§ 1835), der pauschal durch eine Aufwandsentschädigung abgegolten werden kann (§ 1835 a). Nur Berufsvormünder haben einen Vergütungsanspruch (§ 1836 I 2). Die Bestimmungen gelten auch für die Betreuung (§ 1908 i I) und die Pflegschaft (§ 1915).

2 **2. Aufwendungsersatzanspruch. a) Voraussetzungen. aa)** Vormund oder Gegenvormund, § 1835 I 1, 2; auch Amts- oder Vereinsvormundschaft, allerdings nur bei ausreichendem Einkommen und Vermögen des Mündels, § 1835 V. **bb)** Freiwillige Vermögensopfer zum Zwecke der Führung der Vormundschaft; Maßstab: Wohl des Mündels. Bsp: Auslagen, in eigenem Namen eingegangene Verbindlichkeiten (§ 257), angemessene Versicherungsprämien, wenn der Vormund keine Vergütung erhält (§ 1835 II), berufliche oder gewerbliche Dienstleistungen, zB Arzt, Anwalt, Handwerker (s § 1835 III); **nicht:** sonstiger Einsatz der Arbeitskraft für Tätigkeiten, die jeder leisten kann; Leistungen Dritter, für die keine besonderen Kenntnisse erforderlich sind (LG Memmingen FamRZ 99, 459; krit
3 Bienwald FamRZ 99, 1305); Schäden. **b) Rechtsfolgen. aa)** Ges (Bewilligung durch VormundschaftsG nicht erforderlich), privatrechtlicher Anspruch auf Aufwendungsersatz und (auf Verlangen, § 669) Vorschuß; Fahrtkostenersatz nur nach Sachverständigenentschädigung gem ZSEG 9, § 1835 I 1 HS 2. Sa § 256. Vormund kann die erforderlichen Beträge aus dem Mündelvermögen entnehmen, da

Titel 1. Vormundschaft **§ 1836 e**

Erfüllung einer Verbindlichkeit, s § 1795 II iVm § 181 HS 2. Klagt der Vormund, ist dem Mündel ein Pfleger zu bestellen. – Beschränkung für Vereins- und Amtsvormund s § 1835 V. **bb)** Schuldner ist der Mündel, § 1835 I 1. Ist er mittellos (§ 1836 d), die Staatskasse, § 1835 IV 1. Leistet sie an den Vormund, Legalzession, § 1836 e. Schonvermögen 4500 DM (BGH NJW 02, 366). – Festsetzung durch VormundschaftsG s FGG 56 g I 1 Nr 1. **c) Erlöschen** des Anspruchs, wenn er 4 nicht binnen 15 Monaten gerichtl geltend gemacht wird, § 1835 I 3. Den Vormund trifft also eine Obliegenheit zur gerichtl Verfolgung. Der Antrag muß aufgeschlüsselt nachvollziehbare Angaben über Zeitaufwand sowie Art und Umfang der Aufwendungen enthalten (Frankfurt FamRZ 02, 193). – Abweichende Fristbestimmung mögl, § 1835 I 4; nach Legalzession gilt für die Frist § 1836 e I 2.

3. Aufwandsentschädigung. a) Voraussetzungen. aa) Vormund, § 1835 a, 5 nicht Gegenvormund oder Vereins- bzw Amtsvormund, § 1835 a V. **bb)** Keine Vergütung nach § 1836. **cc)** Kein geleisteter Vorschuß bzw Aufwendungsersatz, 6 § 1835 a I 2. **b) Rechtsfolgen. aa)** Jährlich zu leistende (§ 1835 a II), in der Höhe durch § 1835 a I iVm ZSEG 2 II 1 bestimmte pauschalierte Aufwandsentschädigung von zZ 600 DM; Aufwendungen müssen nicht einzeln nachgewiesen werden. **bb)** Schuldner ist der Mündel; ist er mittellos (s § 1836 d), die Staatskasse, § 1835 a III; Legalzession s § 1836 e. Festsetzung durch VormundschaftsG s FGG 56 g I 1 Nr 1. **cc)** Erlöschen s § 1835 a IV.

4. Vergütung. Vormundschaft ist grundsätzlich unentgeltlich zu führen, 7 § 1836 I 1. Ausnahmsweise hat *Berufs*vormund einen Vergütungsanspruch. Berufsbetreuung ist auch als Nebenberuf möglich (BVerfG NJW 99, 1622). **a) Voraussetzungen. aa)** Vormund oder Gegenvormund, nicht Vereins- oder Amtsvormundschaft, § 1836 IV. Eine fehlerhafte (aber wirksame) Bestellung genügt, auch wenn sie im Beschwerdeweg aufgehoben wird (BayObLG FamRZ 97, 702; Betreuung). **bb) Feststellung** der berufsmäßigen Führung der Vormundschaft 8 durch das VormundschaftsG, § 1836 I 2. Sie ist zu treffen, wenn Vormund mehrere Vormundschaften übertragen sind (oder sein werden), deren Führung nur im Rahmen der Berufsausübung (etwa als Rechtsanwalt) möglich ist (§ 1836 I 3); § 1836 I 4 gibt Regelbeispiele, die auf Zahl der übertragenen Vormundschaften und zeitliche Inanspruchnahme abstellen. Feststellung muß bei der Bestellung erfolgen. **cc) Bewilligung** der Vergütung; sie muß erfolgen, wenn Feststellung 9 nach § 1836 I 2 getroffen wurde. Späterer Rückgang der Gesamtzahl der Betreuungen und damit der Fortfall der Voraussetzungen der einmal getroffenen Feststellung steht nicht entgegen (vgl BayObLG FamRZ 98, 187 zu § 1836 II aF). – Ohne Feststellung kann das VormundschaftsG bei nicht mittellosem Mündel auch für einen ehrenamtlichen Vormund eine Vergütung bewilligen, § 1836 III. Voraussetzung: Umfangreiche und schwierige Geschäfte; bei Gegenvormund zudem „bes Gründe". **dd) Vormundschaftschaftliche Tätigkeiten** im übertragenen 10 Aufgabenkreis. Beginn mit Aufnahme der Verrichtungen, aber nicht vor Bekanntmachung der Bestellung nach FGG 69 a III 1 (Schleswig NJW-RR 99, 660). Ende mit Tod des Mündels/Betreuten (BayObLG FamRZ 99, 466). **b) Rechts-** 11 **folgen. aa)** Vergütungsanspruch; Höhe: § 1836 II 2. Bei vermögendem Mündel Mindestsatz nach BVormVG 1, der nur ausnahmsweise (zB Anwalt, Karlsruhe NJW 01, 1220) überschritten werden darf (BGH NJW 00, 3709). VormundschaftsG kann nach § 1836 b dem Vormund festen Geldbetrag als (zeitbezogene) Vergütungspauschale zubilligen; ein weitergehender Anspruch ist dann auch bei Mehraufwand ausgeschlossen. - Festsetzung s FGG 56 g I 1 Nr 2. **bb)** Erlöschen § 1836 II 4. **cc)** Schuldner ist der Mündel; ist er mittellos, die Staatskasse, § 1836 a. In diesem Fall bemißt sich die Höhe nach dem BVormVG (im Beitrittsgebiet ergänzt durch BtÄndG 4). Legalzession s § 1836 e. **dd)** § 1835 bleibt unberührt.

Chr. Berger 1615

§ 1837 Buch 4. Abschnitt 3. Vormundschaft

Untertitel 3. Fürsorge und Aufsicht des Vormundschaftsgerichts

§ 1837 Beratung und Aufsicht

(1) ¹Das Vormundschaftsgericht berät die Vormünder. ²Es wirkt dabei mit, sie in ihre Aufgaben einzuführen.

(2) ¹Das Vormundschaftsgericht hat über die gesamte Tätigkeit des Vormunds und des Gegenvormunds die Aufsicht zu führen und gegen Pflichtwidrigkeiten durch geeignete Gebote und Verbote einzuschreiten. ²Es kann dem Vormund und dem Gegenvormund aufgeben, eine Versicherung gegen Schäden, die sie dem Mündel zufügen können, einzugehen.

(3) ¹Das Vormundschaftsgericht kann den Vormund und den Gegenvormund zur Befolgung seiner Anordnungen durch Festsetzung von Zwangsgeld anhalten. ²Gegen das Jugendamt oder einen Verein wird kein Zwangsgeld festgesetzt.

(4) §§ 1666, 1666 a und 1696 gelten entsprechend.

1 **1. Allgemeines.** Verhältnis von selbständiger Amtsführung des Vormunds und Aufsicht des VormundschaftsG allg s Rn 2, 8 vor § 1773. Durch BtG eingeführter I betont fürsorgliche Tätigkeit. VormundschaftsG darf erst **eingreifen,** wenn **Pflichtwidrigkeit** (II) gegeben ist, doch kann es aufgrund seines Aufsichtsrechtes aus I HS 1 den Vormund auch in **Ermessensfragen beraten** (RG 75, 231) und **unterstützen** (RG 67, 419). Nicht: Tätigwerden anstelle Vormund in Zweckmäßigkeitsfragen, LG Köln NJW 93, 207 (Aufenthaltsort).

2 **2. Beginn** der Aufsicht mit Bestellung des Vormunds oder Gegenvormunds; **Ende** mit Beendigung des Amtes oder der Vormundschaft; Einreichung ordnungsgemäßer Schlußrechnung und Rückgabe der Bestallung (§ 1791) kann auch noch nach Beendigung angeordnet und erzwungen werden, SoeDamrau 5 mwN, str.

3 **3. Voraussetzungen** für **Eingreifen. a)** Pflichtwidrigkeit, auch unverschuldete. Sa BayObLG RPfleger 84, 466 (Kindeswohl gefährdende Pflichtwidrigkeit). Sachlich begründete Ansichten in Zweckmäßigkeitsfragen sind vom Vormund-
4 schaftsG nicht zu korrigieren, BGH 17, 116. **b)** Für andere als die aufgrund der Vormundschaft dem Vormund gegenüber dem Mündel obliegenden Verpflichtungen (zB Unterhaltsverpflichtungen) ist das VormundschaftsG nicht Aufsichtsorgan nach § 1837.

5 **4. a) Beratung** nach I 1 entspr bisheriger Praxis; sa BtBG 5; **Mitwirkung** bei **Aus-** und **Fortbildung** s I 2 (Pflichtaufgabe, dienstliche Tätigkeit). **b) Befugnisse** des VormundschaftsG bei **Pflichtwidrigkeiten. aa) Gebote** oder **Verbote.**
6 **bb)** Festsetzung von **Zwangsgeld** nach III 1, außer gegen Jugendamt oder Vereinsvormund, III 2. Für Verhängung derartiger Zwangsgelder ist **schuldhafte** Nichtbefolgung von Anordnungen, die aufgrund Pflichtwidrigkeiten ergangen sind, Voraussetzung, SoeDamrau 20; nicht zulässig „Bestrafung" von Ungebühr.
7 Vorherige Androhung erforderlich, FGG 33 III. **cc) Entlassung** s § 1886. Bei Vereinsvormund nicht Vereinsmitglied oder -mitarbeiter, BayObLG RPfleger 93, 403. **dd)** Haftung des Vormundes s § 1833, des Staates bei ungeeigneten Anordnungen des VormundschaftsG § 839, GG 34. **ee)** IV hat mit der Verweisung auf §§ 1666, 1666 a und 1696 flexiblere korrigierende Maßnahmen und Möglichkei-
8 ten ihrer Änderung eingeführt. **c) Pflicht** zur **Versicherung** s II 2.

9 **5. Verfahren.** Zuständig Rechtspfleger, RPflG 3 Nr 2 a, 14; Beschwerderecht des Vormunds FGG 20; des Gegenvormunds FGG 57 I Nr 6, 9; Ausübung durch Mündel FGG 59. Dritte können nur im Interesse des Mündels Beschwerde führen, FGG 57 I Nr 6. **Anhörung** des Mündels FGG 50 b IV, der Eltern FGG 50 a IV.

Titel 1. Vormundschaft **§§ 1838–1843**

§ 1838 *(weggefallen)*

§ 1839 Auskunftspflicht des Vormunds
Der Vormund sowie der Gegenvormund hat dem Vormundschaftsgericht auf Verlangen jederzeit über die Führung der Vormundschaft und über die persönlichen Verhältnisse des Mündels Auskunft zu erteilen.

1. Auskunftspflicht auch für Amts- und Vereinsvormund. Entspr § 1799 II Fall 2 ist dem VormundschaftsG Einsicht in die auf die Vormundschaft bezogenen Papiere zu gestatten. Anordnung der Auskunftserteilung kann durch Zwangsgeld erzwungen werden, § 1837 II; bei Nichtbefolgung uU Entlassung, § 1886. Nach Beendigung des Amtes §§ 1890, 260 II. **1**

§ 1840 Bericht und Rechnungslegung
(1) Der Vormund hat über die persönlichen Verhältnisse des Mündels dem Vormundschaftsgericht mindestens einmal jährlich zu berichten.
(2) Der Vormund hat über seine Vermögensverwaltung dem Vormundschaftsgericht Rechnung zu legen.
(3) ¹Die Rechnung ist jährlich zu legen. ²Das Rechnungsjahr wird von dem Vormundschaftsgericht bestimmt.
(4) Ist die Verwaltung von geringem Umfang, so kann das Vormundschaftsgericht, nachdem die Rechnung für das erste Jahr gelegt worden ist, anordnen, dass die Rechnung für längere, höchstens dreijährige Zeitabschnitte zu legen ist.

§ 1841 Inhalt der Rechnungslegung
(1) Die Rechnung soll eine geordnete Zusammenstellung der Einnahmen und Ausgaben enthalten, über den Ab- und Zugang des Vermögens Auskunft geben und, soweit Belege erteilt zu werden pflegen, mit Belegen versehen sein.
(2) ¹Wird ein Erwerbsgeschäft mit kaufmännischer Buchführung betrieben, so genügt als Rechnung ein aus den Büchern gezogener Jahresabschluss. ²Das Vormundschaftsgericht kann jedoch die Vorlegung der Bücher und sonstigen Belege verlangen.

§ 1842 Mitwirkung des Gegenvormunds
¹Ist ein Gegenvormund vorhanden oder zu bestellen, so hat ihm der Vormund die Rechnung unter Nachweisung des Vermögensbestands vorzulegen. ²Der Gegenvormund hat die Rechnung mit den Bemerkungen zu versehen, zu denen die Prüfung ihm Anlass gibt.

§ 1843 Prüfung durch das Vormundschaftsgericht
(1) Das Vormundschaftsgericht hat die Rechnung rechnungsmäßig und sachlich zu prüfen und, soweit erforderlich, ihre Berichtigung und Ergänzung herbeizuführen.
(2) Ansprüche, die zwischen dem Vormund und dem Mündel streitig bleiben, können schon vor der Beendigung des Vormundschaftsverhältnisses im Rechtsweg geltend gemacht werden.

Anmerkungen zu den §§ 1840–1843

Lit: Birkenfeld, Rechnungslegung und Rechnungsprüfung in Vormundschafts- und Nachlaßsachen, FamRZ 76, 197.

1 1. §§ 1840, 1841 regeln die Verpflichtung des Vormundes zu jährlichen **Berichten** über persönliche Verhältnisse des Betroffenen, zur **Rechnungslegung** gegenüber dem VormundschaftsG, ihren **Umfang** (gesamtes Mündelvermögen), **Inhalt** (§ 1841; zu Klarheit und Übersichtlichkeit s Bay ObLG FamRZ 93, 237) und Abrechnungs**zeiträume**, s § 1840 III, IV. **Erzwingung** s § 1837 III; **Kosten** s § 1835. Keine Entpflichtung durch Mündel/Pflegling, Hamm Rpfleger 89, 20. Nach **Beendigung** der Vormundschaft s § 1890. **Mitwirkung** des **Gegenvormunds** s § 1842. Der Rechnungslegungspflicht des Vormunds korrespondiert die Überprüfungspflicht des VormundschaftsG, § 1843; bei Pflichtverletzungen § 839, GG 34.

§ 1844 *(weggefallen)*

§ 1845 Eheschließung des zum Vormund bestellten Elternteils

Will der zum Vormund bestellte Vater oder die zum Vormund bestellte Mutter des Mündels eine Ehe eingehen, so gilt § 1683 entsprechend.

1 1. Vermögensvermischung und -unübersichtlichkeit sollen verhindert werden.

§ 1846 Einstweilige Maßregeln des Vormundschaftsgerichts

Ist ein Vormund noch nicht bestellt oder ist der Vormund an der Erfüllung seiner Pflichten verhindert, so hat das Vormundschaftsgericht die im Interesse des Betroffenen erforderlichen Maßregeln zu treffen.

1 1. **Allgemeines.** Schutz des Betroffenen vor Nachteilen aus zeitweiliger Hinderung des Vormunds oder Verzögerung seiner Bestellung.

2 2. **Voraussetzungen. a) Verhinderung** des Vormunds, und zwar **aa) rechtliche**, zB Interessenkollision, oder **bb) tatsächliche**, zB Krankheit, Abwesenheit, Freiheitsentzug; **b) Vormund ist noch nicht bestellt. c)** Es müssen **drin-**
3 **gende Gründe** für die Annahme bestehen, daß ein **Vormund/Betreuer** bestellt werden wird (BayObLG FamRZ 01, 192). Eine einstweilige Unterbringung aufgrund § 1846 (iVm FGG 70 h) kann auch ohne gleichzeitige Betreuerbestellung angeordnet werden, wenn das Gericht unverzüglich die Betreuerbestellung veranlaßt (BGH FamRZ 02, 745).

4 3. **Rechtsfolge. a)** Verpflichtung zum Tätigwerden; bei Verletzung § 839, GG 34. **b)** VormundschaftsG hat Ermessen in der Wahl der vorläufigen Maßregeln; Ermessen ist durch „Erforderlichkeit", dh durch Betroffeneninteresse und Sachangemessenheit begrenzt. Bsp: Vertretung des Betroffenen, jedoch gilt bei Vertretung mehrerer Betroffener § 181 (RG 71, 170); Unterbringung in geschlossener Anstalt jedoch nur unter den Voraussetzungen des § 1631 b, Hamm FamRZ 64, 380; zur str Notwendigkeit gleichzeitiger Bestellung eines Betreuers s §§ 1896–1908 a
5 Rn 22. **c)** Beendigung der vorläufigen Maßregeln nicht ipso iure mit Wegfall ihres Anlasses (aA Hamm FamRZ 64, 381), sondern Vormund hat über Änderung oder Aufhebung zu entscheiden.

§ 1847 Anhörung von Angehörigen

(1) ¹Das Vormundschaftsgericht soll in wichtigen Angelegenheiten Verwandte oder Verschwägerte des Mündels hören, wenn dies ohne erhebliche Verzögerung und ohne unverhältnismäßige Kosten geschehen kann. ²§ 1779 Abs. 3 Satz 2 gilt entsprechend.

(2) *(weggefallen)*

Titel 1. Vormundschaft **§§ 1848–1853**

1. Allgemeines. Gewährleistung einer (Mindest-)Rücksichtnahme auf die Familie des Mündels. Ordnungsvorschrift, Verletzung berührt Wirksamkeit getroffener Maßnahmen oder Entscheidungen nicht. 1

2. Anhörungsberechtigte: §§ 1589, 1590. 2

3. Wichtige Angelegenheiten: ZB ZPO 607 II, §§ 112, 113 III, 1748, 1779, 1823. 3

4. Anhörung erfolgt formlos; sie darf nur aus den im Ges genannten Gründen unterbleiben. VormundschaftsG ist an Stellungnahme der Anhörungsberechtigten nicht gebunden; sie haben auch kein Beschwerderecht aus FGG 20, sondern allenfalls aus FGG 57 I Nr 8, 9. 4

5. Auslagenersatz s S 2; gegen Festsetzung durch VormundschaftsG Beschwerderecht aus FGG 20. 5

§ 1848 *(weggefallen)*

Untertitel 4. Mitwirkung des Jugendamts

§§ 1849, 1850 *(weggefallen)*

§ 1851 Mitteilungspflichten

(1) Das Vormundschaftsgericht hat dem Jugendamt die Anordnung der Vormundschaft unter Bezeichnung des Vormunds und des Gegenvormunds sowie einen Wechsel in der Person und die Beendigung der Vormundschaft mitzuteilen.

(2) Wird der gewöhnliche Aufenthalt eines Mündels in den Bezirk eines anderen Jugendamts verlegt, so hat der Vormund dem Jugendamt des bisherigen gewöhnlichen Aufenthalts und dieses dem Jugendamt des neuen gewöhnlichen Aufenthalts die Verlegung mitzuteilen.

(3) Ist ein Verein Vormund, so sind die Absätze 1 und 2 nicht anzuwenden.

1. Allgemeines. Mitwirkung des Jugendamtes ist durch das KJHG in SGB VIII geregelt; §§ 1849, 1850, 1851 a sind deshalb aufgehoben worden. 1

2. Mitteilungspflichten aufgrund § 1851 sollen Überwachung durch Jugendamt erleichtern. 2

Untertitel 5. Befreite Vormundschaft

§ 1852 Befreiung durch den Vater

(1) Der Vater kann, wenn er einen Vormund benennt, die Bestellung eines Gegenvormunds ausschließen.

(2) ¹Der Vater kann anordnen, dass der von ihm benannte Vormund bei der Anlegung von Geld den in den §§ 1809, 1810 bestimmten Beschränkungen nicht unterliegen, zu den in § 1812 bezeichneten Rechtsgeschäften der Genehmigung des Gegenvormunds oder des Vormundschaftsgerichts nicht bedürfen soll. ²Diese Anordnungen sind als getroffen anzusehen, wenn der Vater die Bestellung eines Gegenvormunds ausgeschlossen hat.

§ 1853 Befreiung von Hinterlegung und Sperrung

Der Vater kann den von ihm benannten Vormund von der Verpflichtung entbinden, Inhaber- und Orderpapiere zu hinterlegen und den in § 1816

§§ 1854–1857a   Buch 4. Abschnitt 3. Vormundschaft

bezeichneten Vermerk in das Bundesschuldbuch oder das Schuldbuch eines Landes eintragen zu lassen.

§ 1854 Befreiung von der Rechnungslegungspflicht

(1) Der Vater kann den von ihm benannten Vormund von der Verpflichtung entbinden, während der Dauer seines Amtes Rechnung zu legen.

(2) ¹Der Vormund hat in einem solchen Falle nach dem Ablauf von je zwei Jahren eine Übersicht über den Bestand des seiner Verwaltung unterliegenden Vermögens dem Vormundschaftsgericht einzureichen. ²Das Vormundschaftsgericht kann anordnen, dass die Übersicht in längeren, höchstens fünfjährigen Zwischenräumen einzureichen ist.

(3) ¹Ist ein Gegenvormund vorhanden oder zu bestellen, so hat ihm der Vormund die Übersicht unter Nachweisung des Vermögensbestands vorzulegen. ²Der Gegenvormund hat die Übersicht mit den Bemerkungen zu versehen, zu denen die Prüfung ihm Anlass gibt.

§ 1855 Befreiung durch die Mutter

Benennt die Mutter einen Vormund, so kann sie die gleichen Anordnungen treffen wie nach den §§ 1852 bis 1854 der Vater.

§ 1856 Voraussetzungen der Befreiung

¹Auf die nach den §§ 1852 bis 1855 zulässigen Anordnungen ist die Vorschrift des § 1777 anzuwenden. ²Haben die Eltern denselben Vormund benannt, aber einander widersprechende Anordnungen getroffen, so gelten die Anordnungen des zuletzt verstorbenen Elternteils.

§ 1857 Aufhebung der Befreiung durch das Vormundschaftsgericht

Die Anordnungen des Vaters oder der Mutter können von dem Vormundschaftsgericht außer Kraft gesetzt werden, wenn ihre Befolgung das Interesse des Mündels gefährden würde.

§ 1857a Befreiung des Jugendamts und des Vereins

Dem Jugendamt und einem Verein als Vormund stehen die nach § 1852 Abs. 2, §§ 1853, 1854 zulässigen Befreiungen zu.

Anmerkungen zu den §§ 1852–1857a

1. Da davon auszugehen ist, daß die von den Eltern in letztwilliger Verfügung benannten Personen das Vertrauen der Benennenden genießen, können natürliche Personen als Vormünder von dem sie benennenden Vater oder der sie benennenden Mutter – s § 1855 – von den in §§ 1852–1854 ie geregelten Beschränkungen und Pflichten befreit werden. Für die **Erklärung** der Befreiung gelten nach § 1856 die Voraussetzungen des § 1777; bei widersprechenden Erklärungen der Eltern s § 1856 S 2. Die Befreiung kann bei Benennung, aber auch nachträglich erfolgen, SoeDamrau 1852, 1 mwN; der Umfang der gewollten Befreiung ist ggf durch Auslegung zu ermitteln. Für Jugendamt und Vereinsvormund gelten nach § 1857a die in §§ 1852 II, 1853 und 1854 geregelten Befreiungen von Ges wegen.

Titel 1. Vormundschaft §§ 1858-1884

§§ 1858 bis 1881 *(weggefallen)*

Untertitel 6. Beendigung der Vormundschaft

§ 1882 Wegfall der Voraussetzungen
Die Vormundschaft endigt mit dem Wegfall der in § 1773 für die Begründung der Vormundschaft bestimmten Voraussetzungen.

§ 1883 *(weggefallen)*

§ 1884 Verschollenheit und Todeserklärung des Mündels
(1) ¹Ist der Mündel verschollen, so endigt die Vormundschaft erst mit der Aufhebung durch das Vormundschaftsgericht. ²Das Vormundschaftsgericht hat die Vormundschaft aufzuheben, wenn ihm der Tod des Mündels bekannt wird.
(2) Wird der Mündel für tot erklärt oder wird seine Todeszeit nach den Vorschriften des Verschollenheitsgesetzes festgestellt, so endigt die Vormundschaft mit der Rechtskraft des Beschlusses über die Todeserklärung oder die Feststellung der Todeszeit.

Anmerkungen zu den §§ 1882, 1884

1. Allgemeines. Zu unterscheiden sind Beendigung der Vormundschaft (§§ 1882, 1884), Beendigung des Amtes des Vormunds (§§ 1885 ff) und Erlöschen des Rechtsverhältnisses zwischen Vormund und Mündel. Grundsätzlich endet die Vormundschaft ipso iure; das VormundschaftsG stellt dann nur deklaratorisch das Ende der Vormundschaft fest. Dagegen ist im Fall des § 1884 I der Aufhebungsbeschluß konstitutiv. Nach Beendigung kann VormundschaftsG nicht mehr vom Vormund (oder Pfleger) geschlossenen Vertrag genehmigen, Frankfurt Rpfleger 78, 99. 1

2. Gründe der **Beendigung kraft Ges. a) Tod** des Mündels; **b) Rechtskraft** des **Beschlusses** über **Todeserklärung** oder **Feststellung der Todeszeit**, § 1884 II iVm VerschG 2, 39; **c)** Wegfall der in § 1773 bestimmten Voraussetzungen, also **aa) Eintritt der Volljährigkeit, bb) Eintritt** oder **Wiedereintritt** der **elterlichen Sorgebefugnis,** soweit nicht Eltern(-teil) Vertretung in persönlichen und Vermögensangelegenheiten entzogen ist. **d) Substituierung** von Gründen str; anzunehmen, daß Vormundschaft stets mit Wegfall der Gründe, wegen der sie angeordnet worden ist, endet. Liegen andere Gründe vor, muß neu angeordnet werden (Gernhuber/Coester-Waltjen § 73 I). Liegen Voraussetzung für Betreuung vor, muß nach §§ 1896 ff Betreuer bestellt werden, MK/Schwab § 1882, 8. Einstimmigkeit besteht jedoch für Beendigung der Minderjährigenvormundschaft bei Erreichung der Volljährigkeit trotz Vorliegens anderer Gründe für Anordnung einer Vormundschaft, MK/Schwab § 1882, 8. **e) Keine Beendigung** bei Eheschließung des Mündels. 2 3 4 5

3. Beendigung infolge *Aufhebung* bei **Verschollenheit** des Mündels, § 1884 I. Jedoch geht § 1882 vor: Wird zB verschollenes Mündel volljährig, endet Vormundschaft ipso iure; aA SoeDamrau § 1884, 1. **Verfahren:** Zuständig Rechtspfleger, RPflG 3 I Nr 2 a, 14; Wirksamkeit des Beschlusses s FGG 16. 6 7

§ 1885 *(weggefallen)*

§ 1886 Entlassung des Einzelvormunds

Das Vormundschaftsgericht hat den Einzelvormund zu entlassen, wenn die Fortführung des Amts, insbesondere wegen pflichtwidrigen Verhaltens des Vormunds, das Interesse des Mündels gefährden würde oder wenn in der Person des Vormunds einer der in § 1781 bestimmten Gründe vorliegt.

§ 1887 Entlassung des Jugendamts oder Vereins

(1) Das Vormundschaftsgericht hat das Jugendamt oder den Verein als Vormund zu entlassen und einen anderen Vormund zu bestellen, wenn dies dem Wohl des Mündels dient und eine andere als Vormund geeignete Person vorhanden ist.

(2) ¹Die Entscheidung ergeht von Amts wegen oder auf Antrag. ²Zum Antrag ist berechtigt der Mündel, der das 14. Lebensjahr vollendet hat, sowie jeder, der ein berechtigtes Interesse des Mündels geltend macht. ³Das Jugendamt oder der Verein sollen den Antrag stellen, sobald sie erfahren, dass die Voraussetzungen des Absatzes 1 vorliegen.

(3) Das Vormundschaftsgericht soll vor seiner Entscheidung auch das Jugendamt oder den Verein hören.

§ 1888 Entlassung von Beamten und Religionsdienern

Ist ein Beamter oder ein Religionsdiener zum Vormund bestellt, so hat ihn das Vormundschaftsgericht zu entlassen, wenn die Erlaubnis, die nach den Landesgesetzen zur Übernahme der Vormundschaft oder zur Fortführung der vor dem Eintritt in das Amts- oder Dienstverhältnis übernommenen Vormundschaft erforderlich ist, versagt oder zurückgenommen wird oder wenn die nach den Landesgesetzen zulässige Untersagung der Fortführung der Vormundschaft erfolgt.

§ 1889 Entlassung auf eigenen Antrag

(1) Das Vormundschaftsgericht hat den Einzelvormund auf seinen Antrag zu entlassen, wenn ein wichtiger Grund vorliegt; ein wichtiger Grund ist insbesondere der Eintritt eines Umstandes, der den Vormund nach § 1786 Abs. 1 Nr. 2 bis 7 berechtigen würde, die Übernahme der Vormundschaft abzulehnen.

(2) ¹Das Vormundschaftsgericht hat das Jugendamt oder den Verein als Vormund auf seinen Antrag zu entlassen, wenn eine andere als Vormund geeignete Person vorhanden ist und das Wohl des Mündels dieser Maßnahme nicht entgegensteht. ²Ein Verein ist auf seinen Antrag ferner zu entlassen, wenn ein wichtiger Grund vorliegt.

Anmerkungen zu den §§ 1886–1889

1 **1. Allgemeines.** Das Amt des Vormunds endet entweder kraft Ges oder durch Konstitutivakt des VormundschaftsG, nie aber durch bloße Erklärung des Vormunds. Für den **Gegenvormund** gelten die §§ 1885–1889 entspr, § 1895.

2 **2. Beendigung kraft Ges. a)** Tod des **Vormunds,** Anzeigepflicht s § 1894; **b) Todeserklärung** des Vormunds; **c) nicht:** Geschäftsunfähigkeit nach § 104 Nr 2, Bestellung eines Betreuers, Verschollenheit (PalDiederichsen § 1885, 1); in diesen Fällen jedoch Entlassung nach § 1886 möglich.

Titel 1. Vormundschaft **§§ 1890–1892**

3. Entlassungsgründe. a) Einzelvormund ist von Amts wegen zu entlassen, 3
falls **aa) Mündelinteressen gefährdet** sind oder **bb) Untauglichkeitsgründe**
nach § 1781 in der Person des Vormunds gegeben sind (zu den Unfähigkeits-
gründen des § 1780 s §§ 1780–1782 Rn 2) oder **cc) Verstoß** gegen die **Auswahl-** 4
richtlinien des § 1779 II oder Ausschluß nach § 1782 gegeben ist; nach hM soll
erfolgreiche Beschwerde Voraussetzung sein, dagegen mR Gernhuber/Coester-
Waltjen § 73 II 2. Zu aa) „**Gefährdung**" s §§ 1776–1778 Rn 5; **Pflichtwidrig-** 5
keit ist nur Beispielsfall („insbes") für Gefährdungsgrund. Bsp: langwierige Erkran- 6
kung, mangelnde Fähigkeit, dauernder Interessengegensatz, Starrsinn, Unbelehr-
barkeit und (oder) beharrliche Weigerung, dem VormundschaftsG Auskünfte zu
erteilen oder Rechenschaft zu legen, tiefgreifende Entfremdung zwischen Mündel
und Vormund, falls persönlicher Verkehr erforderlich ist; solche Entfremdung kann
auch durch Religionswechsel verursacht worden sein. **Entlassung** nur, wenn 7
weniger schwerwiegende Maßnahmen, zB nach §§ 1796, 1818, 1837, 1857 nicht
ausreichen und die schädlichen Folgen der Entlassung für Mündel nicht die Gefährdung überwiegen. Sonderfall eines zu Unrecht eingesetzten „Nachgepflegers" s
BayObLG NJW-RR 88, 643. **b) Jugendamt** oder **Verein** als Vormund s § 1887; 8
§ 1886 ist nicht anzuwenden, BayObLG RPfleger 93, 403; nicht: zugunsten
anderen Jugendamtes, KG Rpfleger 88, 144. **c) Beamte** oder **Religionsdiener**
s § 1888, der § 1784 ergänzt. **d)** Auf **Antrag** des **Einzelvormundes** hat Entlas- 9
sung bei wichtigen, insbes bei Ablehnungsgründen nach § 1786 I Nr 2–7 zu
erfolgen, § 1889 I. Entscheidend ist Interesse des Vormunds an Entlassung, Bay-
ObLG FamRZ 59, 373. **e)** Auf **Antrag** des Vereinsvormunds oder des Jugendamtes als Vormund nach § 1889 II.

4. Verfahren. Zuständig für Entlassung nach §§ 1886–1889 ist Rechtspfleger, 10
RPflG 3 I Nr 2 a, 14; bei Entlassung nach §§ 1886–1888 Antrag nicht erforderlich.
Anspruch auf rechtliches Gehör BVerfG NJW 95, 2096. Entscheidung ist zu
begründen; der ohne Antrag entlassene Vormund hat sofortige Beschwerde aus
FGG 60 I Nr 3; Ausübung durch Mündel FGG 59; bei Ablehnung eines Antrags
auf Entlassung FGG 20, 57 I Nr 9.

§ 1890 Vermögensherausgabe und Rechnungslegung

¹Der Vormund hat nach der Beendigung seines Amts dem Mündel das verwaltete Vermögen herauszugeben und über die Verwaltung Rechenschaft abzulegen. ²Soweit er dem Vormundschaftsgericht Rechnung gelegt hat, genügt die Bezugnahme auf diese Rechnung.

§ 1891 Mitwirkung des Gegenvormunds

(1) ¹Ist ein Gegenvormund vorhanden, so hat ihm der Vormund die Rechnung vorzulegen. ²Der Gegenvormund hat die Rechnung mit den Bemerkungen zu versehen, zu denen die Prüfung ihm Anlass gibt.

(2) Der Gegenvormund hat über die Führung der Gegenvormundschaft und, soweit er dazu imstande ist, über das von dem Vormund verwaltete Vermögen auf Verlangen Auskunft zu erteilen.

§ 1892 Rechnungsprüfung und -anerkennung

(1) Der Vormund hat die Rechnung, nachdem er sie dem Gegenvormund vorgelegt hat, dem Vormundschaftsgericht einzureichen.

(2) ¹Das Vormundschaftsgericht hat die Rechnung rechnungsmäßig und sachlich zu prüfen und deren Abnahme durch Verhandlung mit den Beteiligten unter Zuziehung des Gegenvormunds zu vermitteln. ²Soweit die Rechnung als richtig anerkannt wird, hat das Vormundschaftsgericht das Anerkenntnis zu beurkunden.

Chr. Berger

§§ 1893–1895　　　　Buch 4. Abschnitt 3. Vormundschaft

§ 1893 Fortführung der Geschäfte nach Beendigung der Vormundschaft, Rückgabe von Urkunden

(1) Im Falle der Beendigung der Vormundschaft oder des vormundschaftlichen Amts finden die Vorschriften der §§ 1698a, 1698b entsprechende Anwendung.

(2) ¹Der Vormund hat nach Beendigung seines Amts die Bestallung dem Vormundschaftsgericht zurückzugeben. ²In den Fällen der §§ 1791a, 1791b ist die schriftliche Verfügung des Vormundschaftsgerichts, im Falle des § 1791c die Bescheinigung über den Eintritt der Vormundschaft zurückzugeben.

§ 1894 Anzeige bei Tod des Vormunds

(1) Den Tod des Vormunds hat dessen Erbe dem Vormundschaftsgericht unverzüglich anzuzeigen.

(2) Den Tod des Gegenvormunds oder eines Mitvormunds hat der Vormund unverzüglich anzuzeigen.

§ 1895 Amtsende des Gegenvormunds

Die Vorschriften der §§ 1886 bis 1889, 1893, 1894 finden auf den Gegenvormund entsprechende Anwendung.

Anmerkungen zu den §§ 1890–1895

1　**1. Allgemeines.** Abwicklung des beendeten Amtes eines Vormunds oder – § 1895 – Gegenvormunds bis zum Erlöschen der Rechtsbeziehungen des Vormunds zum Mündel durch Erfüllung aller Abwicklungspflichten. Vormund darf und muß bestimmte Geschäfte abwickeln, unterliegt der Aufsicht des VormundschaftsG und kann Vergütung bewilligt bekommen, Gernhuber/Coester-Waltjen § 73 III 2 mwN. Rechtsgeschäftlicher Verzicht des volljährig gewordenen Mündels auf Abwicklung und entspr Entlastungsvertrag mit dem Vormund nach § 397 II sind möglich, RG 115, 371; Gernhuber/Coester-Waltjen § 73 III 4; Rechtshilfe zur Vermittlung dieser Entlastung ist statthaft, RG 115, 370. Verzicht und Entlastung durch neuen Vormund str.

2　**2. Verpflichtung zur Vermögensherausgabe,** § 1890 S 1. Privatrechtliche Herausgabeverpflichtung des Vormunds gegenüber dem Mündel (dieser evtl vertreten durch neuen Vormund), die vor dem ProzeßG durchzusetzen ist. Ist Mündel mit anderen gesamtberechtigt, hat Herausgabe an alle Berechtigten zu erfolgen. Zurückbehaltungsrecht des Vormunds (§§ 273, 274) möglich. Vorlage eines Bestandsverzeichnisses s § 260; Anspruch des Vormunds auf Quittungen s § 368.

3　**3. Verpflichtung zur Rechenschaftslegung,** § 1890 S 1. **a)** Besteht gegenüber Mündel; §§ 259, 260 gelten. Durchsetzung vor dem Prozeßgericht. Soweit dem VormundschaftsG Rechenschaft gelegt worden ist, genügt Bezugnahme, § 1890 S 2. Erzwingbar nach § 1837 II ist jedoch nur die Verpflichtung gegenüber dem VormundschaftsG nach § 1841, die aber – § 1890 S 2 – mit der aus § 1890 S 1 zusammen erfüllt werden kann. Zum Inhalt der Rechenschaft s RG 115, 369 f.

4　**b) Mitwirkung** des **Gegenvormunds** s § 1891. **c)** Prüfung, Vermittlung der Abnahme und Beurkundung eines Anerkenntnisses durch VormundschaftsG s § 1892; Erzwingung der Einreichungspflicht gem § 1892 I nach § 1837 II.

5　**4. Verpflichtung** zur **Rückgabe** der Bestallung (§ 1791), einer schriftlichen Verfügung des VormundschaftsG nach §§ 1791a II, 1791b II oder einer Bescheinigung über Eintritt der Vormundschaft s § 1893 II. Erzwingung der Rückgabe nach § 1837 II möglich.

Titel 2. Rechtliche Betreuung **Vor § 1896, § 1896**

5. Fortführung von Geschäften, § 1893 I: Zu unterscheiden ist das Dürfen 6
des gutgläubigen Vormunds nach §§ 1893 I, 1698 a und die Verpflichtung zur
Fortführung unaufschiebbarer Geschäfte nach §§ 1893 I, 1698 b. Insoweit bleibt
Amtsführung Vormundstätigkeit, es gelten also § 1833, Genehmigungspflichten
und Genehmigungsmöglichkeiten, SoeDamrau § 1893, 2; aA BayObLG NJW 65,
397 für den Fall der Beendigung durch Tod des Pfleglings. Außerhalb der Berechtigung nach § 1893 I gelten §§ 177 ff, 677 ff.

6. Bei **Tod** des **Vormunds** treffen Verpflichtungen aus §§ 1890, 1893 II (nicht 7
aber aus § 1893 I) seine Erben, dazu **Anzeigepflicht** gegenüber VormundschaftsG
nach § 1894 I. Bei **Tod** des **Mitvormunds** Anzeigepflicht für Vormund nach
§ 1894 II; bei schuldhafter Verzögerung oder Unterlassung Haftung aus § 1833.
Keine Geschäftsführungspflicht der Erben; handeln sie gleichwohl, gelten §§ 677 ff.

Titel 2. Rechtliche Betreuung

Vorbemerkungen

Lit: Bienwald, Betreuungsrecht, Kommentar, 3. Aufl 1999; Damrau/Zimmermann, Betreuungsrecht, 3. Aufl 2001; Diederichsen, Zur Reform des Vormundschafts- und Entmündigungsrechts in der Bundesrepublik Deutschland, FS Keller, 1989, S 3; Schwab, Das neue Betreuungsrecht, FamRZ 90, 681.

1. Geschichte. Mit dem seit 1. 1. 1992 in Kraft befindlichen BtG wurde eine 1
weitreichende Reform des Rechts der menschlichen Person verwirklicht (Schwab
aaO S 681: „eine der wichtigsten Änderungen des BGB seit 1900"); zum Ablauf
des Gesetzgebungsverfahrens ie Schwab aaO S 681. Das BtÄndG betont im Gegen- 2
satz zu tatsächlicher Fürsorge den rechtlichen Charakter der Betreuertätigkeit (s
Titelüberschrift, §§ 1897 I, 1901; vgl BT-Drs 13/7158 S 33) und regelt Vergütungsfragen.

2. Allgemeines. Das BtG hat die Entmündigung und den beschränkt geschäfts- 3
fähigen Volljährigen abgeschafft; geschäftsunfähig sind Volljährige nur noch aufgrund „natürlicher Geschäftsunfähigkeit", § 104 Nr. 2. Die Vormundschaft über
Volljährige (§§ 1896 ff aF) und die Gebrechlichkeitspflegschaft (§ 1910 aF) wurden
durch das neue Rechtsinstitut der **Betreuung** ersetzt; entsprechend regelt das FGG 4
jetzt „Betreuungssachen", FGG 65–69 m. Voraussetzung der Betreuung sind bestimmte Behinderungen des zu betreuenden Volljährigen, § 1896 I 1, wobei die
Betreuung und die damit bewirkte Fremdbestimmung im Unterschied zur
Entmündigung konkret auf den Zustand des Betreuten und seine Lebensverhältnisse abzustimmen ist (Prinzip der **Erforderlichkeit,** § 1896 II 1, s Gernhuber/ 5
Coester-Waltjen § 76 I 1: Entmündigung war vielfach „sozialer Tod"). Ein Betreuungsverhältnis kann aufgrund des Erforderlichkeitsprinzips auch durch die Erteilung von Vollmachten durch den Betroffenen zur Vorsorge für Angelegenheiten,
die er aufgrund einer Behinderung nicht selbst besorgen kann, oder durch andere
Hilfen überflüssig sein oder werden, § 1896 II 2. Grundprinzip ist die Berücksich- 6
tigung der Fähigkeit des Betreuten zur Selbstbestimmung, soweit diese möglich ist;
obwohl der Betreuer in seinem Aufgabenkreis als gesetzlicher Vertreter des Betreuten fungiert, § 1902, bleibt der Betreute daneben handlungsfähig („Doppelzuständigkeit"), sofern er nicht nach § 104 Nr 2 geschäftsunfähig oder ein Einwilligungsvorbehalt nach § 1903 angeordnet worden ist. Übergangsrecht für Vor- 7
mundschaften und Pflegschaften BtG 9 s Gernhuber/Coester-Waltjen § 76 I 3.

§ 1896 Voraussetzungen

(1) ¹**Kann ein Volljähriger auf Grund einer psychischen Krankheit oder
einer körperlichen, geistigen oder seelischen Behinderung seine Angelegenheiten ganz oder teilweise nicht besorgen, so bestellt das Vormund-**

§ 1897

schaftsgericht auf seinen Antrag oder von Amts wegen für ihn einen Betreuer. ²Den Antrag kann auch ein Geschäftsunfähiger stellen. ³Soweit der Volljährige auf Grund einer körperlichen Behinderung seine Angelegenheiten nicht besorgen kann, darf der Betreuer nur auf Antrag des Volljährigen bestellt werden, es sei denn, dass dieser seinen Willen nicht kundtun kann.

(2) ¹Ein Betreuer darf nur für Aufgabenkreise bestellt werden, in denen die Betreuung erforderlich ist. ²Die Betreuung ist nicht erforderlich, soweit die Angelegenheiten des Volljährigen durch einen Bevollmächtigten, der nicht zu den in § 1897 Abs. 3 bezeichneten Personen gehört, oder durch andere Hilfen, bei denen kein gesetzlicher Vertreter bestellt wird, ebenso gut wie durch einen Betreuer besorgt werden können.

(3) Als Aufgabenkreis kann auch die Geltendmachung von Rechten des Betreuten gegenüber seinem Bevollmächtigten bestimmt werden.

(4) Die Entscheidung über den Fernmeldeverkehr des Betreuten und über die Entgegennahme, das Öffnen und das Anhalten seiner Post werden vom Aufgabenkreis des Betreuers nur dann erfasst, wenn das Gericht dies ausdrücklich angeordnet hat.

§ 1897 Bestellung einer natürlichen Person

(1) Zum Betreuer bestellt das Vormundschaftsgericht eine natürliche Person, die geeignet ist, in dem gerichtlich bestimmten Aufgabenkreis die Angelegenheiten des Betreuten rechtlich zu besorgen und ihn in dem hierfür erforderlichen Umfang persönlich zu betreuen.

(2) ¹Der Mitarbeiter eines nach § 1908 f anerkannten Betreuungsvereins, der dort ausschließlich oder teilweise als Betreuer tätig ist (Vereinsbetreuer), darf nur mit Einwilligung des Vereins bestellt werden. ²Entsprechendes gilt für den Mitarbeiter einer in Betreuungsangelegenheiten zuständigen Behörde, der dort ausschließlich oder teilweise als Betreuer tätig ist (Behördenbetreuer).

(3) Wer zu einer Anstalt, einem Heim oder einer sonstigen Einrichtung, in welcher der Volljährige untergebracht ist oder wohnt, in einem Abhängigkeitsverhältnis oder in einer anderen engen Beziehung steht, darf nicht zum Betreuer bestellt werden.

(4) ¹Schlägt der Volljährige eine Person vor, die zum Betreuer bestellt werden kann, so ist diesem Vorschlag zu entsprechen, wenn es dem Wohl des Volljährigen nicht zuwiderläuft. ²Schlägt er vor, eine bestimmte Person nicht zu bestellen, so soll hierauf Rücksicht genommen werden. ³Die Sätze 1 und 2 gelten auch für Vorschläge, die der Volljährige vor dem Betreuungsverfahren gemacht hat, es sei denn, dass er an diesen Vorschlägen erkennbar nicht festhalten will.

(5) Schlägt der Volljährige niemanden vor, der zum Betreuer bestellt werden kann, so ist bei der Auswahl des Betreuers auf die verwandtschaftlichen und sonstigen persönlichen Bindungen des Volljährigen, insbesondere auf die Bindungen zu Eltern, zu Kindern, zum Ehegatten und zum Lebenspartner, sowie auf die Gefahr von Interessenkonflikten Rücksicht zu nehmen.

(6) ¹Wer Betreuungen im Rahmen seiner Berufsausübung führt, soll nur dann zum Betreuer bestellt werden, wenn keine andere geeignete Person zur Verfügung steht, die zur ehrenamtlichen Führung der Betreuung bereit ist. ²Werden dem Betreuer Umstände bekannt, aus denen sich ergibt, dass der Volljährige durch eine oder mehrere andere geeignete Personen außerhalb einer Berufsausübung betreut werden kann, so hat er dies dem Gericht mitzuteilen.

(7) Wird eine Person unter den Voraussetzungen des Absatzes 6 Satz 1 erstmals in dem Bezirk des Vormundschaftsgerichts zum Betreuer bestellt, soll das Gericht zuvor die zuständige Behörde zur Eignung des ausgewählten Betreuers und zu den nach § 1836 Abs. 1 Satz 3 zweite Alternative zu treffenden Feststellungen anhören.

§ 1898 Übernahmepflicht

(1) Der vom Vormundschaftsgericht Ausgewählte ist verpflichtet, die Betreuung zu übernehmen, wenn er zur Betreuung geeignet ist und ihm die Übernahme unter Berücksichtigung seiner familiären, beruflichen und sonstigen Verhältnisse zugemutet werden kann.

(2) Der Ausgewählte darf erst dann zum Betreuer bestellt werden, wenn er sich zur Übernahme der Betreuung bereit erklärt hat.

§ 1899 Mehrere Betreuer

(1) ¹Das Vormundschaftsgericht kann mehrere Betreuer bestellen, wenn die Angelegenheiten des Betreuten hierdurch besser besorgt werden können. ²In diesem Falle bestimmt es, welcher Betreuer mit welchem Aufgabenkreis betraut wird.

(2) Für die Entscheidung über die Einwilligung in eine Sterilisation des Betreuten ist stets ein besonderer Betreuer zu bestellen.

(3) Soweit mehrere Betreuer mit demselben Aufgabenkreis betraut werden, können sie die Angelegenheiten des Betreuten nur gemeinsam besorgen, es sei denn, dass das Gericht etwas anderes bestimmt hat oder mit dem Aufschub Gefahr verbunden ist.

(4) Das Gericht kann mehrere Betreuer auch in der Weise bestellen, dass der eine die Angelegenheiten des Betreuten nur zu besorgen hat, soweit der andere verhindert ist oder ihm die Besorgung überträgt.

§ 1900 Betreuung durch Verein oder Behörde

(1) ¹Kann der Volljährige durch eine oder mehrere natürliche Personen nicht hinreichend betreut werden, so bestellt das Vormundschaftsgericht einen anerkannten Betreuungsverein zum Betreuer. ²Die Bestellung bedarf der Einwilligung des Vereins.

(2) ¹Der Verein überträgt die Wahrnehmung der Betreuung einzelnen Personen. ²Vorschlägen des Volljährigen hat er hierbei zu entsprechen, soweit nicht wichtige Gründe entgegenstehen. ³Der Verein teilt dem Gericht alsbald mit, wem er die Wahrnehmung der Betreuung übertragen hat.

(3) Werden dem Verein Umstände bekannt, aus denen sich ergibt, dass der Volljährige durch eine oder mehrere natürliche Personen hinreichend betreut werden kann, so hat er dies dem Gericht mitzuteilen.

(4) ¹Kann der Volljährige durch eine oder mehrere natürliche Personen oder durch einen Verein nicht hinreichend betreut werden, so bestellt das Gericht die zuständige Behörde zum Betreuer. ²Die Absätze 2 und 3 gelten entsprechend.

(5) Vereinen oder Behörden darf die Entscheidung über die Einwilligung in eine Sterilisation des Betreuten nicht übertragen werden.

§ 1901 Umfang der Betreuung, Pflichten des Betreuers

(1) Die Betreuung umfasst alle Tätigkeiten, die erforderlich sind, um die Angelegenheiten des Betreuten nach Maßgabe der folgenden Vorschriften rechtlich zu besorgen.

(2) ¹Der Betreuer hat die Angelegenheiten des Betreuten so zu besorgen, wie es dessen Wohl entspricht. ²Zum Wohl des Betreuten gehört auch die Möglichkeit, im Rahmen seiner Fähigkeiten sein Leben nach seinen eigenen Wünschen und Vorstellungen zu gestalten.

(3) ¹Der Betreuer hat Wünschen des Betreuten zu entsprechen, soweit dies dessen Wohl nicht zuwiderläuft und dem Betreuer zuzumuten ist. ²Dies gilt auch für Wünsche, die der Betreute vor der Bestellung des Betreuers geäußert hat, es sei denn, dass er an diesen Wünschen erkennbar nicht festhalten will. ³Ehe der Betreuer wichtige Angelegenheiten erledigt, bespricht er sie mit dem Betreuten, sofern dies dessen Wohl nicht zuwiderläuft.

(4) Innerhalb seines Aufgabenkreises hat der Betreuer dazu beizutragen, dass Möglichkeiten genutzt werden, die Krankheit oder Behinderung des Betreuten zu beseitigen, zu bessern, ihre Verschlimmerung zu verhüten oder ihre Folgen zu mildern.

(5) ¹Werden dem Betreuer Umstände bekannt, die eine Aufhebung der Betreuung ermöglichen, so hat er dies dem Vormundschaftsgericht mitzuteilen. ²Gleiches gilt für Umstände, die eine Einschränkung des Aufgabenkreises ermöglichen oder dessen Erweiterung, die Bestellung eines weiteren Betreuers oder die Anordnung eines Einwilligungsvorbehalts (§ 1903) erfordern.

§ 1901 a Schriftliche Betreuungswünsche

Wer ein Schriftstück besitzt, in dem jemand für den Fall seiner Betreuung Vorschläge zur Auswahl des Betreuers oder Wünsche zur Wahrnehmung der Betreuung geäußert hat, hat es unverzüglich an das Vormundschaftsgericht abzuliefern, nachdem er von der Einleitung eines Verfahrens über die Bestellung eines Betreuers Kenntnis erlangt hat.

§ 1902 Vertretung des Betreuten

In seinem Aufgabenkreis vertritt der Betreuer den Betreuten gerichtlich und außergerichtlich.

§ 1903 Einwilligungsvorbehalt

(1) ¹Soweit dies zur Abwendung einer erheblichen Gefahr für die Person oder das Vermögen des Betreuten erforderlich ist, ordnet das Vormundschaftsgericht an, dass der Betreute zu einer Willenserklärung, die den Aufgabenkreis des Betreuers betrifft, dessen Einwilligung bedarf (Einwilligungsvorbehalt). ²Die §§ 108 bis 113, 131 Abs. 2 und § 210 gelten entsprechend.

(2) Ein Einwilligungsvorbehalt kann sich nicht erstrecken auf Willenserklärungen, die auf Eingehung einer Ehe oder Begründung einer Lebenspartnerschaft gerichtet sind, auf Verfügungen von Todes wegen und auf Willenserklärungen, zu denen ein beschränkt Geschäftsfähiger nach den Vorschriften des Buches vier und fünf nicht der Zustimmung seines gesetzlichen Vertreters bedarf.

(3) ¹Ist ein Einwilligungsvorbehalt angeordnet, so bedarf der Betreute dennoch nicht der Einwilligung seines Betreuers, wenn die Willenserklä-

Titel 2. Rechtliche Betreuung **§§ 1904–1906**

rung dem Betreuten lediglich einen rechtlichen Vorteil bringt. [2] Soweit das Gericht nichts anderes anordnet, gilt dies auch, wenn die Willenserklärung eine geringfügige Angelegenheit des täglichen Lebens betrifft.

(4) § 1901 Abs. 5 gilt entsprechend.

§ 1904 Genehmigung des Vormundschaftsgerichts bei ärztlichen Maßnahmen

(1) [1] Die Einwilligung des Betreuers in eine Untersuchung des Gesundheitszustandes, eine Heilbehandlung oder einen ärztlichen Eingriff bedarf der Genehmigung des Vormundschaftsgerichts, wenn die begründete Gefahr besteht, dass der Betreute auf Grund der Maßnahme stirbt oder einen schweren und länger dauernden gesundheitlichen Schaden erleidet. [2] Ohne die Genehmigung darf die Maßnahme nur durchgeführt werden, wenn mit dem Aufschub Gefahr verbunden ist.

(2) [1] Absatz 1 gilt auch für die Einwilligung eines Bevollmächtigten. [2] Sie ist nur wirksam, wenn die Vollmacht schriftlich erteilt ist und die in Absatz 1 Satz 1 genannten Maßnahmen ausdrücklich umfasst.

§ 1905 Sterilisation

(1) [1] Besteht der ärztliche Eingriff in einer Sterilisation des Betreuten, in die dieser nicht einwilligen kann, so kann der Betreuer nur einwilligen, wenn

1. die Sterilisation dem Willen des Betreuten nicht widerspricht,
2. der Betreute auf Dauer einwilligungsunfähig bleiben wird,
3. anzunehmen ist, dass es ohne die Sterilisation zu einer Schwangerschaft kommen würde,
4. infolge dieser Schwangerschaft eine Gefahr für das Leben oder die Gefahr einer schwerwiegenden Beeinträchtigung des körperlichen oder seelischen Gesundheitszustands der Schwangeren zu erwarten wäre, die nicht auf zumutbare Weise abgewendet werden könnte, und
5. die Schwangerschaft nicht durch andere zumutbare Mittel verhindert werden kann.

[2] Als schwerwiegende Gefahr für den seelischen Gesundheitszustand der Schwangeren gilt auch die Gefahr eines schweren und nachhaltigen Leides, das ihr drohen würde, weil vormundschaftsgerichtliche Maßnahmen, die mit ihrer Trennung vom Kind verbunden wären (§§ 1666, 1666a), gegen sie ergriffen werden müssten.

(2) [1] Die Einwilligung bedarf der Genehmigung des Vormundschaftsgerichts. [2] Die Sterilisation darf erst zwei Wochen nach Wirksamkeit der Genehmigung durchgeführt werden. [3] Bei der Sterilisation ist stets der Methode der Vorzug zu geben, die eine Refertilisierung zulässt.

§ 1906 Genehmigung des Vormundschaftsgerichts bei der Unterbringung

(1) Eine Unterbringung des Betreuten durch den Betreuer, die mit Freiheitsentziehung verbunden ist, ist nur zulässig, solange sie zum Wohl des Betreuten erforderlich ist, weil

1. auf Grund einer psychischen Krankheit oder geistigen oder seelischen Behinderung des Betreuten die Gefahr besteht, dass er sich selbst tötet oder erheblichen gesundheitlichen Schaden zufügt, oder
2. eine Untersuchung des Gesundheitszustands, eine Heilbehandlung oder ein ärztlicher Eingriff notwendig ist, ohne die Unterbringung des Betreuten nicht durchgeführt werden kann und der Betreute auf Grund

Chr. Berger

einer psychischen Krankheit oder geistiger oder seelischen Behinderung die Notwendigkeit der Unterbringung nicht erkennen oder nicht nach dieser Einsicht handeln kann.

(2) ¹Die Unterbringung ist nur mit Genehmigung des Vormundschaftsgerichts zulässig. ²Ohne die Genehmigung ist die Unterbringung zur zulässig, wenn mit dem Aufschub Gefahr verbunden ist; die Genehmigung ist unverzüglich nachzuholen.

(3) ¹Der Betreuer hat die Unterbringung zu beenden, wenn ihre Voraussetzungen wegfallen. ²Er hat die Beendigung der Unterbringung dem Vormundschaftsgericht anzuzeigen.

(4) Die Absätze 1 bis 3 gelten entsprechend, wenn dem Betreuten, der sich in einer Anstalt, einem Heim oder einer sonstigen Einrichtung aufhält, ohne untergebracht zu sein, durch mechanische Vorrichtungen, Medikamente oder auf andere Weise über einen längeren Zeitraum oder regelmäßig die Freiheit entzogen werden soll.

(5) ¹Die Unterbringung durch einen Bevollmächtigten und die Einwilligung eines Bevollmächtigten in Maßnahmen nach Absatz 4 setzt voraus, dass die Vollmacht schriftlich erteilt ist und die in den Absätzen 1 und 4 genannten Maßnahmen ausdrücklich umfasst. ²Im Übrigen gelten die Absätze 1 bis 4 entsprechend.

§ 1907 Genehmigung des Vormundschaftsgerichts bei der Aufgabe der Mietwohnung

(1) ¹Zur Kündigung eines Mietverhältnisses über Wohnraum, den der Betreute gemietet hat, bedarf der Betreuer der Genehmigung des Vormundschaftsgerichts. ²Gleiches gilt für eine Willenserklärung, die auf die Aufhebung eines solchen Mietverhältnisses gerichtet ist.

(2) ¹Treten andere Umstände ein, auf Grund derer die Beendigung des Mietverhältnisses in Betracht kommt, so hat der Betreuer dies dem Vormundschaftsgericht unverzüglich mitzuteilen, wenn sein Aufgabenkreis das Mietverhältnis oder die Aufenthaltsbestimmung umfasst. ²Will der Betreuer Wohnraum des Betreuten auf andere Weise als durch Kündigung oder Aufhebung eines Mietverhältnisses aufgeben, so hat er dies gleichfalls unverzüglich mitzuteilen.

(3) Zu einem Miet- oder Pachtvertrag oder zu einem anderen Vertrag, durch den der Betreute zu wiederkehrenden Leistungen verpflichtet wird, bedarf der Betreuer der Genehmigung des Vormundschaftsgerichts, wenn das Vertragsverhältnis länger als vier Jahre dauern oder vom Betreuer Wohnraum vermietet werden soll.

§ 1908 Genehmigung des Vormundschaftsgerichts bei der Ausstattung

Der Betreuer kann eine Ausstattung aus dem Vermögen des Betreuten nur mit Genehmigung des Vormundschaftsgerichts versprechen oder gewähren.

§ 1908a Vorsorgliche Betreuerbestellung und Anordnung des Einwilligungsvorbehalts für Minderjährige

¹Maßnahmen nach den §§ 1896, 1903 können auch für einen Minderjährigen, der das 17. Lebensjahr vollendet hat, getroffen werden, wenn anzunehmen ist, dass sie bei Eintritt der Volljährigkeit erforderlich werden. ²Die Maßnahmen werden erst mit dem Eintritt der Volljährigkeit wirksam.

Titel 2. Rechtliche Betreuung **§ 1908 a**

Anmerkungen zu den §§ 1896–1908 a

Lit: S Vor §§ 1896–1908 i.

1. Allgemeines. Die §§ 1896–1908 a regeln Voraussetzungen eines Betreu- 1
ungsverhältnisses, Befugnisse und Wirkungskreis des Betreuers sowie die als Betreuer berufbaren Personen und Organisationen.

2. Voraussetzungen. Volljährigkeit, Gebrechen, Erforderlichkeit der Betreu- 2
ung. **a)** Bestellung eines Betreuers erfolgt auf **Antrag** oder **von Amts wegen,**
§ 1896 I 1. Bei bloß körperlicher Behinderung nur Antrag des Betroffenen, es sei
denn, daß dieser seinen Willen nicht kundtun kann, § 1896 I 3. Auch Geschäftsunfähiger kann Antrag stellen, § 1896 I 2. **b)** Materiell muß **aa)** eine der in § 1896 3
I 1 genannten Behinderungen oder Krankheiten vorliegen und **bb)** der Betroffene
nach ihrer Art oder Schwere ganz oder teilweise außerstande sein, seine Angelegenheiten zu besorgen, § 1896 I 1; Bsp: Hirntod, AG Hersbruck NJW 92, 3245,
dazu Schwab FamRZ 92, 1471; fehlende Krankheitseinsicht, LG Regensburg
FamRZ 93, 477 f; zu geistigen Behinderungen und psychischen Beeinträchtigungen sowie „Unfähigkeit" Gernhuber/Coester-Waltjen § 76 II 1, 2; BayObLG
FamRZ 94, 318; Anforderungen an Feststellungen s Hamm FamRZ 95, 433;
schubförmig verlaufende Krankheit s BayObLG NJW-RR 95, 1274 (zur amtswegigen Bestellung gegen den Willen der zu Betreuenden). **cc)** Geschäftsunfähigkeit und Betreuungsbedürftigkeit müssen sich nicht decken, Geschäfts(un)fähigkeit
ist deshalb nicht zu ermitteln. Zur Erheblichkeit des Willens des zu Betreuenden s
Rausch/Rausch NJW 92, 274. **c)** Betreuung muß **erforderlich** sein, s § 1896 4
II 1, hierzu Gernhuber/Coester-Waltjen § 76 II 3 (entscheidendes Korrektiv zum
Schutz verfassungsrechtlich geschützter Belange); erforderlich subjektive Betreuungsbedürftigkeit und objektiver Betreuungsbedarf. Private Fürsorge geht vor, s
Schwab FS Gernhuber, 1993, 815. Eine Betreuung kann insbes beim Vorliegen
einer „Betreuungsvollmacht" (dazu Rn 26), zB einer Altersvorsorgevollmacht, 5
überflüssig sein, wenn nicht eine Person nach § 1897 III bevollmächtigt wird,
§ 1896 II 2. **d)** Betreuungsverhältnis für den Zeitpunkt des Eintritts der Volljährig- 6
keit s § 1908 a.

3. Betreuer. a) Das Ges geht vom Vorrang der Betreuung durch **natürliche** 7
Personen aus, Schwab aaO S 683. Der Betreuer muß **geeignet** sein (unbestimmter Rechtsbegriff, BayObLG RZ 94, 530); dem Vorschlag eines zu Betreuenden
kommt dabei Vorrang unabhängig von seiner Geschäftsfähigkeit (vgl BayObLG NJW-RR
97, 72) zu, wenn er „dem Wohl des Volljährigen nicht zuwiderläuft", § 1897 IV.
Berücksichtigung entspr Vorschläge des Betroffenen sichert § 1901 a (Ablieferungspflicht für Schriftstücke); str, ob sie schon vor Einleitung des Betreuungsverfahrens
abgeliefert werden können, s Dodegge NJW 96, 2409. Bei Fehlen eines Vorschlags
ist auf Verwandtschaft und sonstige Bindungen (Auswahlermessen des Tatrichters s
BayObLG FamRZ 94, 530) sowie auf die Gefahr von Interessenkonflikten (hierzu
Hamm FamRZ 93, 988) Rücksicht zu nehmen, § 1897 V. Zur Generalklausel
„Eignung" s BT-Drs 11/4528 S 125: Eignung hängt auch vom Aufgabenkreis für 8
die Betreuung ab. Mitarbeiter von Betreuungsvereinen (zur str Eigenschaft als
Arbeitnehmer oder freie Mitarbeiter Jaschinski NJW 96, 1521) oder Betreuungsbehörden sind Einzelbetreuer (**Vereinsbetreuer** oder **Behördenbetreuer**),
Schwab aaO S 683 (auch zur Doppelverantwortung gegenüber dem Betreuten und
dem VormundschaftsG einerseits, gegenüber Verein oder Behörde andererseits);
zur erforderlichen Genehmigung des Vereins trotz Benennung durch zu Betreuenden BayObLG FamRZ 94, 1061. – Bestellung von Berufsbetreuern ist subsidiär,
§ 1897 VI. Mitteilungspflicht in § 1897 VI 2 soll Übertragung auf ehrenamtlichen
Betreuer ermöglichen, zB wenn der Berufsbetreuer die seine Fachkenntnisse voraussetzenden Maßnahmen eingeleitet hat. – Vor der erstmaligen Bestellung eines
Berufsbetreuers soll VorundschaftsG die Betreuungsbehörde zur Eignung anhören,

§ 1908 a

9 § 1897 VII. **b)** Bestellung bedarf Erklärung der Bereitschaft, § 1898 II; zur Verpflichtung des vom VormundschaftsG Ausgewählten s § 1898 I. **c)** Bestellt werden können auch **mehrere Betreuer** mit je verschiedenen oder demselben Aufgaben-
10 kreis, § 1899 I, III, IV. **d)** Entscheidung über die Einwilligung in eine **Sterilisation** des Betreuten bedarf eines besonderen Betreuers, § 1899 II; Betreuungsvereine oder Betreuungsbehörden sind insoweit ausgeschlossen, § 1900 V. **e)** Ausnahms-
11 weise kann statt einer natürlichen Person ein anerkannter **Betreuungsverein** zum Betreuer bestellt werden, s § 1900 I–III. Zur Anerkennung s Dodegge NJW 93, 2354, zur Subsidiarität sa § 1908 b V. **f)** Subsidiär zur Betreuung durch natürliche Personen oder einen Betreuungsverein kann das VormundschaftsG Betreuung
12 durch die zuständige Behörde **(Amtsbetreuung)** anordnen; Art 8 BtG enthält mit BtBG Grundvorschriften für die zu schaffende Organisation von Betreuungsbehörden; hierzu Dodegge NJW 92, 1936. Die für Betreuungsangelegenheiten zuständige Behörde wird durch Landesrecht bestimmt, BtBG 1; zu den Landesausführungsgesetzen Dodegge aaO 2354: örtlich zuständige Behörden sind Landkreise
13 und kreisfreie Städte. **g) Vorläufiger Betreuer** durch einstweilige Anordnung des VormundschaftsG s FGG 69 f. **h) Gegenbetreuer** möglich, s § 1908 i I 1 iVm §§ 1792, 1799, um VormundschaftsG zu entlasten (zB bei § 1812); auch Verein oder Behörde, Vereinsbetreuer oder Behördenbetreuer.

14 **4. Aufgaben.** Betreuung umfaßt nur die rechtliche Tätigkeit für den Betreuten einschließlich der dazu erforderlichen Willenserforschung (BT-Drs 13/7158 S 33), nicht jedoch rein tatsächliche Hilfeleistung oder persönliche Zuwendung, § 1901 I; Abgrenzung schwierig. **a)** Richtschnur ist das Wohl des Betreuten, § 1901 II 1, wobei seine Wünsche Vorrang haben, soweit sie seinem Wohl nicht zuwiderlaufen und ihre Berücksichtigung dem Betreuer zuzumuten ist, § 1901 II 2, III 2; vgl hierzu Diederichsen aaO S 15. Sicherung entspr Wünsche durch Ablieferungspflicht für Schriftstücke s § 1901 a. Wichtige Angelegenheiten hat der Betreuer grundsätzlich mit dem Betreuten vor der Erledigung zu besprechen, § 1901 III 3; s ferner § 1901 IV zur Verpflichtung des Betreuers, falls Krankheit oder Behinderung des Betreuten beseitigt, gebessert, die Verschlimmerung verhütet oder ihre Folgen gemildert werden können, sowie § 1901 V zur Verpflichtung, dem VormundschaftsG Umstände mitzuteilen, die eine Aufhebung oder Beschränkung der Betreuung ermöglichen oder Erweiterung des Aufgabenkreises usw erfordern.
15 **b)** Vor allem hat der Betreuer in seinem Aufgabenkreis den Betreuten gerichtlich und außergerichtlich zu vertreten, § 1902 (dazu Rn 17 ff).

16 **5. Befugnisse des Betreuers. Aufgabenkreis** wird durch Bestellungsbeschluß klar und so konkret wie möglich (BayObLG FamRZ 95, 116) festgelegt, § 1896 II 1; Bspe: Gesundheitsfürsorge, Rechtsangelegenheiten, Vermögenssorge, Postkontrolle (s Dodegge NJW 93, 2357); Sonderfälle: § 1896 III, IV, § 1899 II (dazu auch § 1900 V). Bei Bestimmung des Aufgabenkreises ist Erforderlichkeitsgrundsatz besonders zu beachten; keine formularmäßige Zuweisung umfangreicher Aufgaben (BVerfG FamRZ 99, 1420). Bei Ausübung der Fürsorge ist Betreuer selbständig, Dodegge NJW 93, 2358. Aufgabenkreis bestimmt iü die Pflichten des Betreuers; ggf Schadensersatzhaftung gem §§ 1908 i I 1, 1833 I, 1896, 1901 (Bsp: Nichtverfolgung von Rentenansprüchen bei Aufgabenbereich „Vermögenssorge",
17 LG Berlin FamRZ 02, 346). Ie: **a) Vertretungsmacht** des Betreuers s § 1902; Rechte und Pflichten aus Rechtsgeschäften des Betreuers im zugewiesenen Aufgabenkreis treffen den Betreuten, § 164 I. Daneben bleibt der geschäftsfähige
18 Betreute selbst handlungsfähig **("Doppelzuständigkeit"**, Schwab aaO S 683). Er kann auch Vollmachten erteilen, Schwab aaO S 683 f. **Alleinzuständigkeit** für bestimmte Handlungen, s zB §§ 1596 III, 1600 a V. VormundschaftsG kann jedoch unter den Voraussetzungen des § 1903 1 1 anordnen, daß der Betreute für Willens-
19 erklärungen im Aufgabenkreis des Betreuers dessen Einwilligung bedarf **("Einwilligungsvorbehalt").** Berührt Geschäftsfähigkeit nicht; Verhältnis zu § 105 s Schreieder BtPrax 96, 96. Voraussetzung ist erhebliche Gefahr für Person oder Ver-

Titel 2. Rechtliche Betreuung § 1908 a

mögen des Betreuten; geringfügige Schadensgefahren reichen nicht, vgl LG Köln NJW 93, 207 f. Folgen fehlender Einwilligung s § 1903 I 2: Einwilligungsvorbehalt bewirkt aber Quasi-Beschränkung der Geschäftsfähigkeit (nur) für bestimmte Geschäftskreise; zur konkreten gegenständlichen und zeitlichen Beschränkung BayObLG BtPrax 95, 143. Ausnahmen vom Einwilligungsvorbehalt s § 1903 II (vor allem höchstpersönliche RGeschäfte, Katalog s MK/Schwab § 1903, 15) sowie III 1 (rechtlich vorteilhaft) und III 2 (geringfügige Angelegenheiten des täglichen Lebens). Sa § 1896 IV zu Fernmelde- und Postverkehr. **b) Bestimmungsbefugnisse** des Betreuers, zB Umgang (§ 1908 i I 1 iVm § 1632 II, III); Aufenthaltsbestimmung (hierzu Sonnenfeld FamRZ 95, 393); Unterbringung mit Freiheitsentziehung s § 1906; Alkoholismus s BayObLG FamRZ 94, 1617, nicht ambulante Zwangsmedikation (BGH NJW 01, 888). **c) Sterilisation** des einwilligungsunfähigen Betreuten s §§ 1905, 1899 II; Minderjähriger s jedoch § 1631 c. **d) Genehmigung des VormundschaftsG** als „doppelter Filter" (Gernhuber/Coester-Waltjen § 76 I 2) erforderlich bei gefährlichen **Untersuchungen oder Heileingriffen,** § 1904 S 1 (Ausnahme Gefahr, s S 2); nach Frankfurt/M NJW 02, 690 und Karlsruhe NJW 02, 685 auch Abbruch einer lebenserhaltenden Maßnahme (aA LG Augsburg NJW 00, 2363; vgl Düsseldorf NJW 01, 2807); dies setzt aber voraus, daß Abbruch überhaupt zum Aufgabenbereich des Betreuers zählt (Bienwald FamRZ 98, 1138 f). **Sterilisation,** § 1905 II (s Hamm NJW 01, 1800); **Unterbringung** und **unterbringungsähnliche Maßnahmen,** § 1906 II 1, IV (Ausnahme „Gefahr" II 2). Zur erforderlichen Konkretheit der Genehmigung s Düsseldorf FamRZ 95, 118. Voraussetzungen § 1906 I, nicht fiskalische Gesichtspunkte, s Jürgens § 1906, 45. Fehlende Einsichtsfähigkeit iSd § 1906 I 2 s Düsseldorf FamRZ 95, 118; „Erforderlichkeit" s BayObLG FamRZ 94, 1617 (Einfluß des Verfassungsgrundsatzes der Verhältnismäßigkeit). Schutz Dritter, bejahend Pardey FamRZ 95, 713. Geschlossene Unterbringung, wenn Aufenthalt überwacht wird und Außenkontakte durch Sicherungsmaßnahmen verhindert oder kontrolliert werden. § 1906 IV auch anwendbar, wenn bereits untergebracht, Jürgens § 1906, 31; gesonderte vormundschaftsgerichtliche Genehmigung erforderlich, Düsseldorf FamRZ 95, 118. Bsp freiheitsziehende Maßnahmen Dodegge NJW 93, 2359; Verhältnis § 1906 IV zu I s ders NJW 96, 2410. Auflösung eines **Mietvertrages** über Wohnraum, § 1907 I, Abschluß des Miet- oder Pachtvertrages, § 1907 III; **Ausstattung** aus dem Vermögen des Betreuten, § 1908; s ferner §§ 1484 II 3, 1491 III 2, 1492 III 2; über § 1908 i I 1 gelten aber auch die §§ 1803, 1805 ff, insbes §§ 1812, 1821, 1822 (ohne Nr 5).

6. Verfahren. a) Anordnung der Betreuung und Bestellung des Betreuers geschehen in einem Akt **(Einheitsentscheidung);** erst mit Bestellung des Betreuers wird Betreuung wirksam, FGG 69 a III; in Eilfällen vorläufiger Betreuer, FGG 69 f, oder Maßnahmen nach § 1908 i I 1 iVm § 1846. Ebenso endet Betreuung nur und stets durch Entlassung des Betreuers, § 1908 b; sa § 1908 d, dazu Schwab aaO § 683. **b)** Zuständig ist Richter, RPflG 14 Nr 4, Ausnahme für § 1896 III; örtl Zuständigkeit FGG 65 I (gewöhnlicher Aufenthalt), sa II–V; **c)** Verfahrensfähigkeit des Betroffenen s FGG 66; Verfahrenspfleger FGG 67; Anhörung des Betroffenen FGG 68; Einführungsgespräch FGG 69 b III. **d) Unterbringung** eines Betreuten s FGG 70 ff (Unterbringungssachen); Geschäftsunfähigkeit ist nicht zu prüfen.

7. Betreuungsvollmacht. Keine Betreuung nach § 1896 I, soweit ein Betreuungsbevollmächtigter bestellt wurde, s § 1896 II 2 Fall 1 und Rn 5. Betreuungsvollmacht begründet rechtsgeschäftliche Vertretungsmacht, die (auch) bei Verlust der Selbstbestimmungsfähigkeit insbes im Alter Interessenwahrnehmung ermöglicht („Vorsorgevollmacht"). Sie kann auch für die Einwilligung in Untersuchungen und Heilbehandlungen sowie für Unterbringung bzw Einwilligung hierzu erteilt werden, wenn dies ausdrücklich (dazu LG Düsseldorf FamRZ 00, 1315) und schriftlich erfolgt, §§ 1904 II 2, 1906 V. – Überwachung des Bevollmächtigten durch Betreuer s § 1896 III.

§ 1908 b Entlassung des Betreuers

(1) ¹Das Vormundschaftsgericht hat den Betreuer zu entlassen, wenn seine Eignung, die Angelegenheiten des Betreuten zu besorgen, nicht mehr gewährleistet ist oder ein anderer wichtiger Grund für die Entlassung vorliegt. ²Das Gericht soll den nach § 1897 Abs. 6 bestellten Betreuer entlassen, wenn der Betreute durch eine oder mehrere andere Personen außerhalb einer Berufsausübung betreut werden kann.

(2) Der Betreuer kann seine Entlassung verlangen, wenn nach seiner Bestellung Umstände eintreten, auf Grund derer ihm die Betreuung nicht mehr zugemutet werden kann.

(3) Das Gericht kann den Betreuer entlassen, wenn der Betreute eine gleich geeignete Person, die zur Übernahme bereit ist, als neuen Betreuer vorschlägt.

(4) ¹Der Vereinsbetreuer ist auch zu entlassen, wenn der Verein dies beantragt. ²Ist die Entlassung nicht zum Wohl des Betreuten erforderlich, so kann das Vormundschaftsgericht stattdessen mit Einverständnis des Betreuers aussprechen, dass dieser die Betreuung künftig als Privatperson weiterführt. ³Die Sätze 1 und 2 gelten für den Behördenbetreuer entsprechend.

(5) Der Verein oder die Behörde ist zu entlassen, sobald der Betreute durch eine oder mehrere natürliche Personen hinreichend betreut werden kann.

§ 1908 c Bestellung eines neuen Betreuers

Stirbt der Betreuer oder wird er entlassen, so ist ein neuer Betreuer zu bestellen.

§ 1908 d Aufhebung oder Änderung von Betreuung und Einwilligungsvorbehalt

(1) ¹Die Betreuung ist aufzuheben, wenn ihre Voraussetzungen wegfallen. ²Fallen diese Voraussetzungen nur für einen Teil der Aufgaben des Betreuers weg, so ist dessen Aufgabenkreis einzuschränken.

(2) ¹Ist der Betreuer auf Antrag des Betreuten bestellt, so ist die Betreuung auf dessen Antrag aufzuheben, es sei denn, dass eine Betreuung von Amts wegen erforderlich ist. ²Den Antrag kann auch ein Geschäftsunfähiger stellen. ³Die Sätze 1 und 2 gelten für die Einschränkung des Aufgabenkreises entsprechend.

(3) ¹Der Aufgabenkreis des Betreuers ist zu erweitern, wenn dies erforderlich wird. ²Die Vorschriften über die Bestellung des Betreuers gelten hierfür entsprechend.

(4) Für den Einwilligungsvorbehalt gelten die Absätze 1 und 3 entsprechend.

Anmerkungen zu den §§ 1908 b–1908 d

Lit: S Vor §§ 1896–1908 i.

1   **1. Allgemeines.** Anders als bei der Begründung der Betreuung gilt bei der Entlassung des Betreuers das Einheitsprinzip (s §§ 1896–1908 a Rn 24) nicht; Betreuung kann trotz Entlassung oder Tod des Betreuers fortdauern (MK/Schwab § 1908 Rn 16).

Titel 2. Rechtliche Betreuung **§ 1908 d**

2. Beendigungsgründe. a) Maßgebend für Betreuung ist das **Erforderlich-** 2
keitsprinzip. Sie hat deshalb zu enden, wenn ihre Voraussetzungen entfallen sind,
§ 1908 d I. Einholung Gutachten über Geisteszustand s Frankfurt NJW 92, 1395.
Für teilweisen Wegfall s Rn 11. **b) Entlassung** ist zwingend bei **mangelnder** 3
Eignung oder bei Vorliegen eines **wichtigen Grundes,** § 1908 b I. Mangelnde
Eignung kann in der Person oder in den Verhältnissen des Betreuers begründet
sein, zB mangelnde Sachkenntnis für Vermögensverwaltung, fehlender Einsatz,
Untätigkeit, Krankheit oder Abwesenheit, aber auch in der Person des Betreuten,
zB unüberwindliche Abneigung gegen Betreuer, die persönliche Betreuung iSd
§ 1897 I verhindert, BT-Drs 11/4528 S 153. Nicht: Spannungen im Bereich der 4
Vermögenssorge, BayObLG BtPrax 94, 136. Wichtiger Grund, wenn zB ein
Ehegatte oder naher Verwandter, der bisher nicht übernehmen konnte, jetzt zur
Verfügung steht und geeignet ist. Verpflichtung zur Entlassung nur gegenüber
Betreutem, Düsseldorf FamRZ 95, 483, nicht gegenüber Angehörigen. **Wichtiger**
Grund erfordert umfassende Abwägung der beteiligten Interessen, BayObLG
FamRZ 94, 323. Entlassung durch einstw Anordnung s FGG 69 f III. **c)** Vormund- 5
schaftsG „kann" entlassen, wenn vom Betreuten eine gleich geeignete und bereite
Person vorgeschlagen wird, § 1908 b III – Wunsch des Betreuten ist stets zu
berücksichtigen, s § 1897 IV. VormundschaftsG „soll" Berufsbetreuer entlassen,
wenn Betreuung durch ehrenamtliche(n) Betreuer möglich ist, § 1908 b I 2;
Grund: Subsidiarität der Berufsbetreuung. **d)** Entlassung **Vereinsbetreuer** s 6
§ 1908 b IV – Verein entscheidet nicht, sondern kann nur beantragen. Fortführung
nach § 1908 b IV 2 als Privatperson möglich. Gleiches gilt für **Behördenbetreuer,**
§ 1908 b IV 3. **e) Verein** oder **Behörde** sind als Betreuer zu entlassen, sobald 7
natürliche Person als Betreuer zur Verfügung steht, § 1908 b V, sa zum Vorrang für
Einzelbetreuer §§ 1896–1908 a Rn 7 sowie FGG 69 c zur regelmäßigen Überprüfung, ob natürliche Person(en) bestellt werden können. **f)** Entlassung wegen 8
nachträglicher **Unzumutbarkeit** für den Betreuer kann auf Antrag des Betreuers
erfolgen, § 1908 b II, zB wegen Umständen in der Person des Betreuten oder
Betreuers wie familiäre, berufliche oder sonstige Verhältnisse, unzureichende
Vergütung (BayObLG FamRZ 02, 196), Verschlechterung des eigenen Gesundheitszustandes des Betreuers, fortgeschrittenes Alter, Verschlechterung von Ver-
kehrsverbindungen, aber auch tiefgreifende Entfremdung vom Betreuten (BT-Drs
11/4528, S 153: hohe Anforderungen an Toleranzschwelle des Betreuers). **g)** Für 9
den Fall eines auf Antrag des Betreuten bestellten Betreuers ist auf Antrag des
Betreuten die Betreuung aufzuheben, sofern nicht Fortführung von Amts wegen
erforderlich, § 1908 d II 1. Auch Geschäftsunfähiger kann Antrag stellen, § 1908 d
II 2.

3. Folgen. Im Falle der Entlassung eines Betreuers oder seines Todes ist ein 10
neuer Betreuer zu bestellen, § 1908 c. Die Betreuung bleibt unberührt (s Rn 1).
Der neu bestellte Betreuer rückt in die vom früheren Betreuer geschaffene
Rechtslagen ein; zB kann er von einer dem früheren Betreuer erteilten vormundschaftsgerichtlichen Genehmigung Gebrauch machen; eine vom alten Betreuer
beantragte Genehmigung ist dem neuen Betreuer mitzuteilen (MK/Schwab
§ 1908 c Rn 16). Eilfälle: FGG 69 f. Nachfolgebetreuer ist zu entlassen, wenn
Entlassung Erstbetreuers auf Beschwerde hin aufgehoben wird, BayObLG FGPrax
95, 197.

4. a) Einschränkung des **Aufgabenkreises,** falls Voraussetzungen für einen 11
Teil der Aufgaben weggefallen sind – Erforderlichkeitsprinzip, § 1908 d I 2. **b) Er-**
weiterung des **Aufgabenkreises,** falls erforderlich, § 1908 d III, zB Fortschreiten
der Krankheit, Entstehung zusätzlicher Angelegenheiten des Betreuten durch Erbschaft usw. **c) Einwilligungsvorbehalt** – s § 1903 – kann entsprechend § 1908 d I
aufgehoben werden, wenn seine Voraussetzungen weggefallen sind, oder entspr
§ 1908 d III eingeführt werden, falls dies erforderlich wird, § 1908 d IV.

§ 1908 e Aufwendungsersatz und Vergütung für Vereine

(1) ¹Ist ein Vereinsbetreuer bestellt, so kann der Verein Vorschuss und Ersatz für Aufwendungen nach § 1835 Abs. 1 und 4 und eine Vergütung nach § 1836 Abs. 2, §§ 1836 a, 1836 b verlangen; § 1836 Abs. 1 Satz 2 und 3 findet keine Anwendung. ²Allgemeine Verwaltungskosten werden nicht ersetzt.

(2) Der Vereinsbetreuer selbst kann keine Rechte nach den §§ 1835 bis 1836 b geltend machen.

§ 1908 f Anerkennung als Betreuungsverein

(1) Ein rechtsfähiger Verein kann als Betreuungsverein anerkannt werden, wenn er gewährleistet, dass er
1. eine ausreichende Zahl geeigneter Mitarbeiter hat und diese beaufsichtigen, weiterbilden und gegen Schäden, die diese anderen im Rahmen ihrer Tätigkeit zufügen können, angemessen versichern wird,
2. sich planmäßig um die Gewinnung ehrenamtlicher Betreuer bemüht, diese in ihre Aufgaben einführt, fortbildet und berät,
2 a. planmäßig über Vorsorgevollmachten und Betreuungsverfügungen informiert,
3. einen Erfahrungsaustausch zwischen den Mitarbeitern ermöglicht.

(2) ¹Die Anerkennung gilt für das jeweilige Bundesland; sie kann auf einzelne Landesteile beschränkt werden. ²Sie ist widerruflich und kann unter Auflagen erteilt werden.

(3) ¹Das Nähere regelt das Landesrecht. ²Es kann auch weitere Voraussetzungen für die Anerkennung vorsehen.

§ 1908 g Behördenbetreuer

(1) Gegen einen Behördenbetreuer wird kein Zwangsgeld nach § 1837 Abs. 3 Satz 1 festgesetzt.

(2) Der Behördenbetreuer kann Geld des Betreuten gemäß § 1807 auch bei der Körperschaft anlegen, bei der er tätig ist.

§ 1908 h Aufwendungsersatz und Vergütung für Behördenbetreuer

(1) ¹Ist ein Behördenbetreuer bestellt, so kann die zuständige Behörde Ersatz für Aufwendungen nach § 1835 Abs. 1 Satz 1 und 2 verlangen, soweit eine Inanspruchnahme des Betreuten nach § 1836 c zulässig ist. ²§ 1835 Abs. 5 Satz 2 gilt entsprechend.

(2) Der zuständigen Behörde kann eine Vergütung nach § 1836 Abs. 3 bewilligt werden, soweit eine Inanspruchnahme des Betreuten nach § 1836 c zulässig ist.

(3) Der Behördenbetreuer selbst kann keine Rechte nach den §§ 1835 bis 1836 b geltend machen.

Anmerkungen zu den §§ 1908 e–1908 h

Lit: S Vor §§ 1896–1908 i.

1 1. a) §§ 1908 e, 1908 h regeln **Vorschuß, Aufwendungsersatz** und **Vergütung** für Betreuung durch Mitarbeiter eines Vereins nach § 1897 II 1 und für Behördenbetreuung durch **Amtsangehörige,** ferner für Betreuung durch Verein gem § 1900 I, s § 1908 i I iVm §§ 1835 V, 1836 IV; zur Maßgeblichkeit der Maßstäbe für selbständige Betreuer s BayObLG FamRZ 95, 692. Betreuungsverein

Titel 2. Rechtliche Betreuung **§§ 1908 i, 1908 k**

kann für Aufwendungen Vorschuß und Ersatz, ferner eine (auch fixe Vorhaltekosten für Personal umfassende, vgl BVerfG FamRZ 02, 85) Vergütung verlangen, § 1908 e I. Der Betreuungsbehörde steht kein Vorschußanspruch zu; ihr Aufwendungsersatzanspruch erlischt nicht nach § 1835 I 3, 4, auf den insoweit in § 1908 h I nicht verwiesen wird. Eine Vergütung kann der Behörde bewilligt werden, § 1908 h II. Da Vereinsbetreuer und Behördenbetreuer selbst ihre Vergütung von Verein oder Behörde erhalten, stehen ihnen keine Aufwendungsersatz- oder Vergütungsansprüche zu, §§ 1908 e II, 1908 h III; daher kein Ersatz allg Bürokosten (BGH NJW 00, 3714).

2. § 1908 f regelt Eignungs-**(Anerkennungs-)**voraussetzungen für Betreuungsvereine. Nur rechtsfähige Vereine kommen in Betracht. Anerkennung ist Verwaltungsakt; über Zuständigkeit entscheidet das Landesrecht, § 1908 f III 1. Zuständige Behörde hat kein Ermessen; bei Ablehnung Verpflichtungsklage, BT-Drs 11/4528 S 157. 2

3. Kein Zwangsgeld gegen Behördenbetreuer, § 1908 g; Ausnahme zu § 1908 i I iVm § 1837 III 1. Behörde als Betreuer s § 1908 i I iVm § 1837 III 2. 3

§ 1908 i Entsprechend anwendbare Vorschriften

(1) ¹**Im Übrigen sind auf die Betreuung § 1632 Abs. 1 bis 3, §§ 1784, 1787 Abs. 1, § 1791 a Abs. 3 Satz 1 zweiter Halbsatz und Satz 2, §§ 1792, 1795 bis 1797 Abs. 1 Satz 2, §§ 1798, 1799, 1802 Abs. 1 Satz 1, Abs. 2 und 3, §§ 1803, 1805 bis 1821, 1822 Nr. 1 bis 4, 6 bis 13, §§ 1823 bis 1825, 1828 bis 1831, 1833 bis 1836 e, 1837 Abs. 1 bis 3, §§ 1839 bis 1841, 1843, 1845, 1846, 1857 a, 1888, 1890, 1892 bis 1894 sinngemäß anzuwenden.** ²**Durch Landesrecht kann bestimmt werden, dass Vorschriften, welche die Aufsicht des Vormundschaftsgerichts in vermögensrechtlicher Hinsicht sowie beim Abschluss von Lehr- und Arbeitsverträgen betreffen, gegenüber der zuständigen Behörde außer Anwendung bleiben.**

(2) ¹**§ 1804 ist sinngemäß anzuwenden, jedoch kann der Betreuer in Vertretung des Betreuten Gelegenheitsgeschenke auch dann machen, wenn dies dem Wunsch des Betreuten entspricht und nach seinen Lebensverhältnissen üblich ist.** ²**§ 1857 a ist auf die Betreuung durch den Vater, die Mutter, den Ehegatten, den Lebenspartner oder einen Abkömmling des Betreuten sowie auf den Vereinsbetreuer und den Behördenbetreuer sinngemäß anzuwenden, soweit das Vormundschaftsgericht nichts anderes anordnet.**

1. Pauschale Verweisung auf das Recht der Vormundschaft über Minderjährige ist nicht sinnvoll, da eine Reihe von Bestimmungen wegen ihres Regelungsgehalts für eine Anwendung auf Erwachsene nicht in Betracht kommen und die §§ 1896 ff Sonderregelungen enthalten. Deshalb verweist § 1908 i nur auf einzelne Vorschriften des Vormundschaftsrechts. 1

2. II enthält weitere Einzelverweisungen auf Regeln des Vormundschaftsrechts über Minderjährige unter Modifizierung dieser Vorschriften: **a)** Schenkungen des Betreuers sind grundsätzlich nicht zulässig; die Ausnahme des § 1804 S 2 wird jedoch durch II 1 erweitert. **b)** II 2 befreit die genannten Betreuer von bestimmten Rechnungslegungsvorschriften, die an sich aufgrund Verweisung in I 1 zu beachten wären. 2

3. Landesrecht kann aufgrund I 2 Betreuungsbehörde (Behördenbetreuer) von Aufsicht des VormundschaftsG in den genannten Bereichen freistellen. 3

§ 1908 k Mitteilung an die Betreuungsbehörde

(1) **Wer Betreuungen entgeltlich führt, hat der Betreuungsbehörde, in deren Bezirk er seinen Sitz oder Wohnsitz hat, kalenderjährlich**
1. die Zahl der von ihm im Kalenderjahr geführten Betreuungen,

Chr. Berger 1637

Vor § 1909

2. die von ihm für die Führung dieser Betreuungen insgesamt in Rechnung gestellte Zeit,
3. den von ihm für die Führung dieser Betreuungen insgesamt in Rechnung gestellten Geldbetrag und
4. den von ihm für die Führung von Betreuungen im Kalenderjahr erhaltenen Geldbetrag

mitzuteilen.

(2) ¹Die Mitteilung erfolgt jeweils bis spätestens 31. März für den Schluss des vorangegangenen Kalenderjahres. ²Die Betreuungsbehörde kann verlangen, dass der Betreuer die Richtigkeit der Mitteilung an Eides Statt versichert.

(3) Die Betreuungsbehörde ist berechtigt und auf Verlangen des Vormundschaftsgerichts verpflichtet, dem Vormundschaftsgericht diese Mitteilung zu übermitteln.

1   1. Die Vorschrift soll Kontrolle über Berufsbetreuer und Betreuungsvereine erleichtern. Diese haben der Betreuungsbehörde (Übermittlung an VormundschaftsG s III) für jedes Kalenderjahr mitzuteilen die Zahl der geführten Betreuungen und die dafür in Rechnung gestellte Zeit, ferner den in Rechnung gestellten und erhaltenen Geldbetrag. Zeitpunkt II 1, Versicherung der Richtigkeit II 2.

Titel 3. Pflegschaft

Vorbemerkungen

Lit: Boschan, Die Pflegschaft, 1956.

1   1. **Allgemeines. a)** Pflegschaft ist Einrichtung personenbezogener oder sachbezogener Fürsorge. **b) Vormundschaft** und personenbezogene **Pflegschaft unterscheiden** sich in Umfang und Dauer der Fürsorge. Vormundschaft ist umfassende, dem elterlichen Sorgerecht entsprechende Befugnis und Verpflichtung von Dauer, während die Pflegschaft die Besorgung einzelner Angelegenheiten (s § 1918 III) oder eines umschriebenen Kreises von Angelegenheiten für den Pflegling beinhaltet. Während der Wirkungskreis des Vormunds ges festgelegt ist, werden die Befugnisse des Pflegers und deren Grenzen vom VormundschaftsG bei der Bestellung bestimmt. Die frühere Gebrechlichkeitspflegschaft des § 1910 ist
2   durch die Regelung der Betreuung in §§ 1896 ff entbehrlich geworden. **c)** Die in §§ 1909 ff geregelten Pflegschaften können nicht durch Analogien vermehrt werden. Pflegschaft außerhalb der §§ 1909 ff s § 1961; Pflegschaften oder pflegschaftsähnliche Einrichtungen außerhalb des BGB s MK/Schwab 22–30 vor § 1909. Teilw werden die Pflegschaftsvorschriften des BGB ausdrücklich ergänzend für anwendbar erklärt; fehlt Verweisung, ist zu prüfen, ob und inwieweit nach Inhalt und Zweck der eine Pflegschaft anordnenden Normen die BGB-Vorschriften passen.

3   2. **Wirkungen** der Pflegschaft. Entspr Anwendung der Vormundschaftsvorschriften, § 1915 I. **a)** Nur bei nicht voll geschäftsfähigen Personen hat der Pfleger Stellung eines ges Vertreters. Jedoch ist auch der geschäftsunfähige Pflegling über FGG 59 I hinaus prozeßfähig oder verfahrensgeschäftsfähig hinsichtlich aller Maßnahmen, die wegen seines Geisteszustandes zu treffen sind, s BGH 35, 1 zur frühe-
4   ren Gebrechlichkeitspflegschaft für Geschäftsunfähige. **b)** Pfleger für Abwesende und unbekannt Beteiligten gilt als ges Vertreter (BGH 18, 393; BGH MDR 68, 484; Hamm NJW 74, 505 mwN). Geschäftsfähiger Pflegling bleibt trotz Pflegerbestellung geschäftsfähig; bei widersprechenden Verfügungen von Pfleger und Pflegling geht die zeitlich frühere vor, bei gleichzeitigem Handeln ist das des Pfleglings entscheidend, zum früheren Gebrechlichkeitspfleger s BGH WM 74, 272.

Titel 3. Pflegschaft **§ 1909**

3. **Verfahren** s Rn 9 vor § 1773. 5
4. **IPR** s Rn 10 vor § 1773. 6

§ 1909 Ergänzungspflegschaft

(1) ¹Wer unter elterlicher Sorge oder unter Vormundschaft steht, erhält für Angelegenheiten, an deren Besorgung die Eltern oder der Vormund verhindert sind, einen Pfleger. ²Er erhält insbesondere einen Pfleger zur Verwaltung des Vermögens, das er von Todes wegen erwirbt oder das ihm unter Lebenden unentgeltlich zugewendet wird, wenn der Erblasser durch letztwillige Verfügung, der Zuwendende bei der Zuwendung bestimmt hat, dass die Eltern oder der Vormund das Vermögen nicht verwalten sollen.

(2) Wird eine Pflegschaft erforderlich, so haben die Eltern oder der Vormund dies dem Vormundschaftsgericht unverzüglich anzuzeigen.

(3) Die Pflegschaft ist auch dann anzuordnen, wenn die Voraussetzungen für die Anordnung einer Vormundschaft vorliegen, ein Vormund aber noch nicht bestellt ist.

1. **Allgemeines.** § 1909 schließt Lücken, die aus rechtlichen oder tatsächlichen 1
Gründen im Bereich der Befugnisse und Rechte von Eltern oder Vormund be- oder entstehen und sichert notwendige Fürsorge.

2. **Voraussetzungen. a) Verhinderung** von Eltern oder Vormund (auch Mit- 2
vormund, nicht aber Gegenvormund) an der Besorgung von **persönlichen** oder **vermögensrechtlichen** konkreten Angelegenheiten oder eines Kreises von Angelegenheiten eines Minderjährigen oder Mündels. Keine Hinderung, falls und soweit der andere Elternteil handeln kann, also §§ 1680 I, 1678 I, oder das VormundschaftsG selbst eingreifen kann, §§ 1837 III, 1846. Ernstliche Zweifel an der Verhinderung genügen, Saarbrücken DNotZ 80, 113; Gernhuber/Coester-Waltjen § 75 V 2. **aa) Tatsächliche Verhinderung** zB durch Krankheit, Abwesenheit, 3
Strafhaft; **nicht**: Abwesenheit nur eines Elternteils, wenn und soweit anderer Elternteil allein handeln kann, § 1678 I HS 1; beharrliche „Selbstablehnung" der Eltern, str, überzeugend gegen Verhinderungsgrund Gernhuber/Coester-Waltjen § 75 V 2. **bb) Rechtliche Verhinderung:** Bsp § 1909 I 2, hierzu auch § 1638; 4
ferner §§ 181, 1629 II 1 iVm §§ 1795 I Nr 1–3, 1673 I, II, 1674, 1666 I, 1677, 1795, 1796, 1801. **Einzelfälle:** Offensichtlicher Interessenkonflikt zum Vormund, 5
BVerfG NJW 95, 2023 (Verfassungsbeschwerde gegen Abschiebung); Abschluß oder Änderung eines Gesellschaftsvertrages, wenn Elternteil oder Vormund selbst Gesellschafter ist oder wird; Dauerpflegschaft jedoch nicht erforderlich für die rechtliche Mitwirkung des Minderjährigen/Mündels als Kommanditist in Familiengesellschaft (BGH 65, 93; sa Coing NJW 85, 7); Durchsetzung von Unterhaltsansprüchen, beachte jedoch §§ 1360, 1629 II 2, III; Auseinandersetzung einer Miterbengemeinschaft, BGH 21, 229; Sicherung Pflichtteil, BayObLG FamRZ 89, 540; Pfleger für Kinder zur Wahrung von erbrechtlichen Ansprüchen, wenn Eltern zum Testamentsvollstrecker bestellt worden sind (aA LG Mannheim MDR 77, 579); Asylanerkennungsverfahren, KG NJW 82, 526; Strafverfahren gegen Eltern, vgl Stuttgart Rpfleger 82, 183, LG Memmingen MDR 82, 145. **cc) Sonderfall** des Pflegers für noch nicht bestellten Vormund s III. **b)** Ernsthaftes und 6
gegenwärtiges (s Gernhuber/Coester-Waltjen § 75 V 3) **Bedürfnis**; gilt auch für III; Bsp: Prozeßführung, auch Passivprozesse, Gernhuber/Coester-Waltjen § 75 V 5.

3. **Pfleger.** Bei **Auswahl** hat VormundschaftsG nach pflichtgemäßem Ermessen 7
vorzugehen; §§ 1746 ff gelten nicht, § 1916. Vorschläge der Eltern sind aber zu berücksichtigen, LG München Rpfleger 75, 130. Auch kann § 1779 II berücksichtigt werden, es sei denn, der zur Verhinderung der Eltern führende Interessenwiderstreit betrifft auch die nach § 1779 II in Betracht kommenden Personen,

§§ 1910, 1911 Buch 4. Abschnitt 3. Vormundschaft

8 BayObLG NJW 64, 2306. **Ausnahme** von der Auswahlfreiheit: § 1917 I; VormundschaftsG kann die Befreiung nach § 1917 II 1 aufheben (§ 1917 II 2) und den benannten Pfleger übergehen, §§ 1917 I HS 2, 1778 I. Es kann jedoch nicht den nach § 1909 I 2 ausgeschlossenen und nicht nach § 1917 I berufenen Elternteil zum Ergänzungspfleger bestellen, BayObLG Rpfleger 77, 253.

9 **4. Bestellung.** Für beide Eltern ist nur ein Pfleger zu bestellen. Für mehrere Geschwister jeweils ein Pfleger, wenn sie miteinander RGeschäfte abschließen, zB bei Gesellschaftsgründung, Zweibrücken OLGZ 80, 213. **Aufhebung** bei Wegfall oder Fehlen einer der Voraussetzungen, BayObLG RPfleger 90, 119.

10 **5. Verfahren.** Zuständigkeit FGG 37, Rechtspfleger RPflG 3 Nr 2 a, 14 Nr 4; Tätigwerden von Amts wegen, FGG 12, beachte hierzu **Anzeigepflicht** nach § 1909 II, ferner aus §§ 1799 I 2, FGG 48, SGB VIII 50 III („anrufen"); Beschwerderecht FGG 57 I Nr 3, gegen Anordnung haben Eltern und Vormund Beschwerde nach FGG 20, s BayObLG NJW 64, 2306; Pflegling FGG 59, Dritte FGG 57 I Nr 9. Rechtliches Interesse eines Nachlaßschuldners s BayObLG FamRZ 90, 909.

11 **6. Wirkungen** der Pflegerbestellung s Rn 3 f vor § 1909, dazu § 1630 I; für Meinungsverschiedenheiten zwischen Eltern und Pfleger s § 1630 II; zum Streit über Verwendung von Vermögenseinkünften s BayObLGZ 75, 29 (§ 1649 I 1 analog). Inhalt der Befugnisse des Pflegers werden durch Bestellungsbeschluß bestimmt; Erweiterungen der Befugnisse nur durch erneute Bestellung möglich.

12 **7. Beendigung** s §§ 1918–1921.

§ 1910 *(weggefallen)*

§ 1911 Abwesenheitspflegschaft

(1) ¹**Ein abwesender Volljähriger, dessen Aufenthalt unbekannt ist, erhält für seine Vermögensangelegenheiten, soweit sie der Fürsorge bedürfen, einen Abwesenheitspfleger.** ²**Ein solcher Pfleger ist ihm insbesondere auch dann zu bestellen, wenn er durch Erteilung eines Auftrags oder einer Vollmacht Fürsorge getroffen hat, aber Umstände eingetreten sind, die zum Widerruf des Auftrags oder der Vollmacht Anlass geben.**

(2) **Das Gleiche gilt von einem Abwesenden, dessen Aufenthalt bekannt, der aber an der Rückkehr und der Besorgung seiner Vermögensangelegenheiten verhindert ist.**

1 **1. Allgemeines.** Personenpflegschaft, die Fürsorge für eine volljährige, natürliche Person ermöglichen soll, die infolge Abwesenheit ihre **Vermögensange-**
2 **legenheiten** nicht selbst wahrnehmen kann. **a) Keine** Abwesenheitspflegschaft, wenn der Abwesende Vermögensangelegenheiten selbst besorgen kann, aber nicht will, oder wenn nicht vermögensrechtliche Interessen, zB Führung eines Kindschaftsprozesses (Koblenz FamRZ 74, 422) oder eines Scheidungsprozesses (RG 126, 262) wahrzunehmen sind; Pflegerbestellung ist in solchen Fällen nichtig.

3 **b) Erweiterung,** vor allem auch für jur Personen durch ZustErgG 10. **c)** Wichtiger Fall ist Abwesenheitspflegschaft für unbekannten Erben, die neben Nachlaßpflegschaft zulässig ist, s (mit anderem Bezugspunkt) Gernhuber/Coester-Waltjen § 75 VI 5; zur Abgrenzung s BayObLG 14, 632; Müller NJW 56, 652; aA wohl hL, s MK/Schwab 10.

4 **2. Voraussetzungen. a) Abwesenheit** des Vermögensinhabers mit unbekanntem Aufenthalt, I 1, **oder** – bei bekanntem Aufenthalt – **Verhinderung** der Rückkehr und dadurch bewirkte Unmöglichkeit oder wesentliche Erschwerung der Besorgung seiner Vermögensangelegenheiten, II; Abwesenheit vom Ort, an dem die Vermögensangelegenheiten zu betreiben sind, nicht (nur) vom Wohnsitz, RG 98, 265; Strafhaft s KG NJW-RR 88, 838. „Unbekannt" iSv I ist Aufenthalt,

Titel 3. Pflegschaft **§ 1912**

wenn alle aufgrund der Amtsermittlungspflicht möglichen und erforderlichen Nachforschungen vergeblich bleiben. Auch bei Verschollenheit und Ablauf der Lebensvermutungsfrist – VerschG 10, 9 III, IV – ist Anordnung zulässig, StBienwald 7; Abwesenheitspfleger ist berechtigt, Antrag zu stellen, den Abwesenden für tot zu erklären, BGH 18, 389. Stellt sich später Tod heraus, bleiben Pflegschaft und Pflegerhandeln wirksam bis zur Aufhebung nach § 1921 II, bei Todeserklärung bis zum Zeitpunkt nach § 1921 III. Bis dahin Wirkungen für Erben, es sei denn, es handelt sich um nach diesem Zeitpunkt angefallenes Vermögen, s Rn 3. Speziell geregelter Fall einer verhinderten Besorgung s I 2; Erleichterungen bezüglich der „Hinderung" durch ZustErgG 10 I. **b) Fürsorgebedürfnis**, nach hM nur des Abwesenden (vgl Zweibrücken NJW-RR 87, 584), wobei Nützlichkeit für Dritte Pflegerbestellung nicht ausschließt; weitergehend für Berücksichtigung von Drittinteressen Gernhuber/Coester-Waltjen § 75 VI 3; MK/Schwab 15 f mwN. Fürsorgebedürfnis auch bei bestehender Nachlaßpflegschaft, da Befugnisse des Nachlaßpflegers beschränkt sind, vgl § 1960 Rn 8. **Kein Fürsorgebedürfnis**, falls und soweit durch Auftrag und Bevollmächtigung die Angelegenheiten besorgt werden können, beachte jedoch I 2. 5 6 7

3. Befugnisse des Pflegers nur hinsichtlich Vermögensangelegenheiten (s Rn 1); sie werden ie im Bestellungsbeschluß umschrieben und sind („insoweit") am Fürsorgebedürfnis auszurichten. Bestellung ohne umschriebene Beschränkung bedeutet Befugnis zur Besorgung aller Vermögensangelegenheiten. Pfleger ist nach hM ges Vertreter des Abwesenden, BGH 18, 393; MK/Schwab 20; s Rn 4 vor § 1909. 8

4. Auswahl s §§ 1915, 1899, 1900, 1779 II. 9

5. Verfahren. Örtliche Zuständigkeit s FGG 39, iü § 1909 Rn 10. 10

6. Beendigung s §§ 1918 III, 1919, 1921 sowie Anm zu §§ 1918–1921. 11

§ 1912 Pflegschaft für eine Leibesfrucht

(1) **Eine Leibesfrucht erhält zur Wahrung ihrer künftigen Rechte, soweit diese einer Fürsorge bedürfen, einen Pfleger.**

(2) **Die Fürsorge steht jedoch den Eltern insoweit zu, als ihnen die elterliche Sorge zustünde, wenn das Kind bereits geboren wäre.**

1. Allgemeines. a) Personenpflegschaft, die zumeist funktional Ergänzungspflegschaft ist, also erforderlich wird, soweit die Befugnisse der Eltern, für den Nasciturus zu handeln, nicht ausgeübt werden können. Zur Teilrechtsfähigkeit des Nasciturus und den werdenden Rechten, deren Wahrnehmung § 1912 ermöglichen soll, s Rn 2. **b)** Für noch nicht Erzeugte s § 1913. 1

2. Voraussetzungen. a) Nasciturus **b)** elterliche Vertretungsmacht fehlt, dh sie würde, wenn das Kind bereits geboren wäre, nicht bestehen oder nicht ausgeübt werden können, II und dazu §§ 1638, 1629 II, 1795, 1796, 181, 1673; **c) Fürsorgebedürfnis** des Nasciturus hinsichtlich künftiger Rechte, zB aus Erbfall (s § 1923 II), Vertrag zugunsten Dritter, § 844 II 2, Ersatzansprüche bei Verletzung des Nasciturus oder solche aus Insassenunfallversicherung (aA Hamm VersR 73, 810). Bedürfnisse Dritter nicht maßgebend. Fürsorgebedürfnis fehlt, falls Wahrnehmung der Rechte auf andere Weise, zB durch Testamentsvollstreckung oder Nachlaßpflegschaft gesichert ist. 2

3. Wirkungskreis ist auf die wahrnehmungsbedürftigen Rechte beschränkt (s Rn 2); Pfleger ist insoweit ges Vertreter. 3

4. Auswahl. §§ 1915, 1779 II 1; kein Benennungsrecht entspr § 1776, str, s MK/Schwab 10 mwN. 4

5. Verfahren. Örtliche Zuständigkeit FGG 40; iü s § 1909 Rn 10. 5

6. Beendigung s §§ 1918 II, III, 1919 und Anm zu §§ 1918–1921. 6

§ 1913 Pflegschaft für unbekannte Beteiligte

¹Ist unbekannt oder ungewiss, wer bei einer Angelegenheit der Beteiligte ist, so kann dem Beteiligten für diese Angelegenheit, soweit eine Fürsorge erforderlich ist, ein Pfleger bestellt werden. ²Insbesondere kann einem Nacherben, der noch nicht gezeugt ist oder dessen Persönlichkeit erst durch ein künftiges Ereignis bestimmt wird, für die Zeit bis zum Eintritt der Nacherbfolge ein Pfleger bestellt werden.

Lit: Beitzke, Pflegschaften für Handelsgesellschaften und juristische Personen, FS Ballerstedt, 1975, S 185; Damrau, Pflegschaft für den unbekannten Testamentsvollstrecker, FS H. Lange, 1992, S 797; Müller, Abwesenheits-, Nachlaßpflegschaft und Pflegschaft für unbekannte Beteiligte, NJW 56, 652.

1 **1. Allgemeines. a) Personenpflegschaft** „für den, den es angeht", Bsp in S 2; Testamentsvollstrecker s Damrau aaO S 801. Auch für jur Personen, nicht aber, wenn nur Organ der Vertreter unbekannt oder verhindert ist, dann ZustErgG 10, s § 1911 Rn 3. Keine Pflegschaft nach § 1913 für herrenlose Sachen
2 (SoeDamrau 2, str); s jedoch BauGB 207 Nr 5 für herrenloses Grundstück. **b)** Zur Abgrenzung von Nachlaßpflegschaft, Abwesenheitspflegschaft und Pflegschaft für Leibesfrucht s MK/Schwab 5–12; Müller NJW 56, 652.

3 **2. Voraussetzungen. a)** Beteiligter an Angelegenheit; Beteiligung muß rechtlicher Natur sein, auch künftige Berechtigung (S 2) genügt; **b)** fehlender oder unsicherer Kenntnisstand über Person des Beteiligten; auch Ungewißheit aus Rechtsgründen möglich, s Düsseldorf OLGZ 76, 385: rechtliche Ungewißheit über Person des Alleingesellschafters; **c)** Fürsorgebedürfnis; fehlt bei anderweitiger Vorsorge für den Unbekannten, zB regelmäßig bei Nachlaßpflegschaft, -verwaltung, Testamentsvollstreckung.

4 **3. Wirkungskreis** ergibt sich aus Bestellungsakt, der am Fürsorgebedürfnis („soweit erforderlich") orientiert sein muß; Pfleger ist ges Vertreter (BGH MDR 68, 484; s Rn 4 vor §§ 1909–1914).

5 **4. Auswahl** s §§ 1915, 1779 II; eine Berufung zur Pflegschaft gibt es nicht, doch wird zu Recht ein Vorzugsrecht der (künftigen) Eltern eines künftigen Nacherben in Anlehnung an die Wertung in § 1912 II sowie aus GG 6 I, II vertreten, MK/Schwab 23 mN der abw hM.

6 **5. Verfahren.** Zuständigkeit s FGG 41.

7 **6. Beendigung.** §§ 1919, 1918 III, s Anm zu §§ 1918–1921.

§ 1914 Pflegschaft für gesammeltes Vermögen

Ist durch öffentliche Sammlung Vermögen für einen vorübergehenden Zweck zusammengebracht worden, so kann zum Zwecke der Verwaltung und Verwendung des Vermögens ein Pfleger bestellt werden, wenn die zu der Verwaltung und Verwendung berufenen Personen weggefallen sind.

Lit: Laux, Sammelvermögen. Rechtsnatur und steuerliche Behandlung, JZ 53, 214.

1 **1. Allgemeines.** Sachpflegschaft für ein Sammelvermögen, für dessen Verwaltung mangels eigener Rechtspersönlichkeit und wegen Wegfalls der verwaltungsbefugten Personen Sorge getragen werden muß.

2 **2. Voraussetzungen. a) Sammelvermögen,** dh durch öffentlich durchgeführte Sammlung zusammengebrachte Beiträge in Form von Geld oder (und) Sachwerten, wobei diese Sammlung nur zu einem vorübergehenden Zweck, zB zur Unterstützung von Katastrophenopfern geschehen sein darf, nicht dagegen als laufende Trägerschaft einer Einrichtung oder eines Vorhabens dienen soll. Zur streitigen Zuordnung an Spender, Sammler oder Dritte s Laux JZ 53, 214.

3 **b) Wegfall** der zur Verwaltung und Verwendung befugten Personen, also regelmä-

Titel 3. Pflegschaft **§§ 1915–1917**

ßig der Sammler, sei es durch Tod, Beendigung einer jur Person, Aufgabe der Verwaltungstätigkeit, Geschäftsunfähigkeit.

3. Befugnisse des Pflegers werden in der Bestellungsverhandlung festgelegt; er ist Verwalter und Partei kraft Amtes (BGH LM Nr 1). 4

4. Verfahren. Zuständigkeit s FGG 42. 5

5. Beendigung s §§ 1919, 1918 III sowie Anm zu §§ 1918–1921. 6

§ 1915 Anwendung des Vormundschaftsrechts

(1) Auf die Pflegschaft finden die für die Vormundschaft geltenden Vorschriften entsprechende Anwendung, soweit sich nicht aus dem Gesetz ein anderes ergibt.

(2) Die Bestellung eines Gegenvormunds ist nicht erforderlich.

(3) § 1793 Abs. 2 findet auf die Pflegschaft für Volljährige keine Anwendung.

1. Geltungsbereich. a) Die Wesensverwandtschaft der Personenpflegschaften mit Vormundschaft ermöglicht entspr Anwendung der für die Vormundschaft geltenden Vorschriften auf die Personenpflegschaften. Nicht nur die im Vormundschaftsrecht geregelten Vorschriften, sondern alle auf Vormundschaft bezogenen Normen finden entspr Anwendung, also zB auch §§ 204 S 2, 1999, 1436. **b)** § 1915 gilt für alle Pflegschaften des BGB, wobei die zu Rn 1 genannten Typisierungen ebenfalls für die Pflegschaften außerhalb der §§ 1909 ff zu beachten sind. Für Pflegschaften außerhalb des BGB s Rn 2 vor §§ 1909–1914. 1

2. Einschränkungen der Verweisung. **a)** Generelle Einschränkung s II. Gegenvormund nach § 1792 II ist nicht erforderlich, Bestellung jedoch zulässig. **b)** Möglichkeit zur Haftungsbegrenzung nach I iVm §§ 1793 II, 1629 gilt nicht für volljährigen Pflegling (zB § 1911), III. **c)** Speziell für Pflegschaften geregelte Verweisungsschranken s § 1916 (Gegenausnahme § 1917) sowie für die Beendigung §§ 1918–1921, ferner § 1962 iVm FGG 75, § 1987 (abw von § 1836 I 1). **d)** Weitere Verweisungsschranken ergeben sich aus dem Typ der jeweiligen Pflegschaft, für den Normen des VormundschaftsR unpassend sein können, s hierzu ie die Kommentierung zu §§ 1909–1913. 3

3. Einzelheiten. a) Fürsorge und Aufsicht des VormundschaftsG §§ 1837 ff. Gerichtliche Weisung als Teilaufhebung nach § 1919 s BayObLG RPfleger 84, 235. **b)** Vormundschaftsgerichtl Genehmigungen sind auch für Ergänzungspfleger, der an Stelle der Eltern handelt, erforderlich; Privilegien der Eltern im Rahmen des § 1643 gelten nicht für Pfleger **c)** Haftung stets nach § 1833. **d)** Vergütung §§ 1835, 1836. **e)** Entlassung wegen Pflichtwidrigkeit § 1886, wenn Interessen des Pfleglings gefährdet, BayObLG RPfleger 84, 355. **f)** Befreiung von § 181 ist für Pfleger nicht möglich, Hamm DNotZ 75, 410; erforderlich ggf Bestellung eines (weiteren) Ergänzungspflegers. 4

§ 1916 Berufung als Ergänzungspfleger

Für die nach § 1909 anzuordnende Pflegschaft gelten die Vorschriften über die Berufung zur Vormundschaft nicht.

1. Vgl § 1909 Rn 7. 1

§ 1917 Ernennung des Ergänzungspflegers durch Erblasser und Dritte

(1) Wird die Anordnung einer Pflegschaft nach § 1909 Abs. 1 Satz 2 erforderlich, so ist als Pfleger berufen, wer durch letztwillige Verfügung oder bei der Zuwendung benannt worden ist; die Vorschrift des § 1778 ist entsprechend anzuwenden.

Chr. Berger 1643

§§ 1918–1921 Buch 4. Abschnitt 3. Vormundschaft

(2) ¹Für den benannten Pfleger können durch letztwillige Verfügung oder bei der Zuwendung die in den §§ 1852 bis 1854 bezeichneten Befreiungen angeordnet werden. ²Das Vormundschaftsgericht kann die Anordnungen außer Kraft setzen, wenn sie das Interesse des Pfleglings gefährden.

(3) ¹Zu einer Abweichung von den Anordnungen des Zuwendenden ist, solange er lebt, seine Zustimmung erforderlich und genügend. ²Ist er zur Abgabe einer Erklärung dauernd außerstande oder ist sein Aufenthalt dauernd unbekannt, so kann das Vormundschaftsgericht die Zustimmung ersetzen.

1 1. Vgl § 1909 Rn 7 f.

§ 1918 Ende der Pflegschaft kraft Gesetzes

(1) Die Pflegschaft für eine unter elterlicher Sorge oder unter Vormundschaft stehende Person endigt mit der Beendigung der elterlichen Sorge oder der Vormundschaft.

(2) Die Pflegschaft für eine Leibesfrucht endigt mit der Geburt des Kindes.

(3) Die Pflegschaft zur Besorgung einer einzelnen Angelegenheit endigt mit deren Erledigung.

§ 1919 Aufhebung der Pflegschaft bei Wegfall des Grundes

Die Pflegschaft ist von dem Vormundschaftsgericht aufzuheben, wenn der Grund für die Anordnung der Pflegschaft weggefallen ist.

§ 1920 *(weggefallen)*

§ 1921 Aufhebung der Abwesenheitspflegschaft

(1) Die Pflegschaft für einen Abwesenden ist von dem Vormundschaftsgericht aufzuheben, wenn der Abwesende an der Besorgung seiner Vermögensangelegenheiten nicht mehr verhindert ist.

(2) ¹Stirbt der Abwesende, so endigt die Pflegschaft erst mit der Aufhebung durch das Vormundschaftsgericht. ²Das Vormundschaftsgericht hat die Pflegschaft aufzuheben, wenn ihm der Tod des Abwesenden bekannt wird.

(3) Wird der Abwesende für tot erklärt oder wird seine Todeszeit nach den Vorschriften des Verschollenheitsgesetzes festgestellt, so endigt die Pflegschaft mit der Rechtskraft des Beschlusses über die Todeserklärung oder die Feststellung der Todeszeit.

Anmerkungen zu den §§ 1918–1921

1 **1. Allgemeines.** Pflegschaften enden entweder kraft Ges oder infolge Aufhebung durch das VormundschaftsG. Gemeinsames Merkmal der Beendigung kraft Ges ist dabei die Eindeutigkeit und leichte Feststellbarkeit des Beendigungsgrundes. Von der Aufhebung der Pflegschaft ist die Entlassung des Pflegers zu unterscheiden; trotz Ende der Pflegschaft keine Erledigung des Verfahrens auf Entlassung des Pflegers, BGH 65, 45.

2 **2. Beendigung kraft Ges. a)** Sie tritt regelmäßig mit dem Tod des Pfleglings ein, KG WM 71, 871; Ausnahme § 1921 II, beachte ferner § 1921 III. **b)** Ergänzungspflegschaft endet mit Wegfall der ergänzten elterlichen Befugnisse oder der Vormundschaft, zB bei Volljährigkeit, Tod der Eltern, § 1918 I; auch bei Wechsel

Titel 3. Pflegschaft **§ 1921**

der elterlich Sorgebefugten oder des Vormunds, MK/Schwab § 1918, 10, str. **c)** Leibesfruchtpflegschaft s § 1918 II. **d)** Erledigung bestimmter einzelner Pflegeraufgaben s § 1918 III; Bsp: Gesellschaftsvertrag vom VormundschaftsG genehmigt; Rechtsstreit rechtskräftig abgeschlossen, BayObLG Rpfleger 88, 105, Auseinandersetzungsplan für Nachlaß wirksam festgestellt. § 1918 III gilt nicht, falls dem Pfleger ein Kreis von Angelegenheiten oder eine Pflegschaft ohne konkreten Wirkungskreis übertragen ist. **e)** Todeserklärung eines abwesenden Pfleglings s § 1921 III iVm VerschG 2f, 39.

3. Beendigung durch Aufhebung. a) Wegfall des Grundes, insbes des Fürsorgebedürfnisses, zB Wegfall der Verhinderung von Eltern oder Vormund bei Ergänzungspflegschaft nach § 1909, Rückkehr des Abwesenden bei § 1911, oder Ende der Verhinderung, seine Angelegenheiten zu besorgen, § 1921 I; Bekanntwerden des Beteiligten bei Pflegschaft nach § 1913. Aufhebung auch dann, falls Grund für die Anordnung einer Pflegschaft nie gegeben war. **b) Bekanntwerden des Todes** des abwesenden Pfleglings, § 1921 II 1, 2. **c)** Ob Rückforderung der Bestallung nach § 1893 II Aufhebung der Pflegschaft oder (nur) Entlassung bedeutet, kann nicht abstrakt festgelegt werden, vgl MK/Schwab § 1919, 20 mwN; entscheidend ist, ob nicht nur für Abberufung des Pflegers, sondern auch für die Aufhebung der Pflegschaft ein Grund vorliegt und deshalb die Rückforderung als Aufhebung verstanden werden kann.

4. Verfahrensfragen. a) Gegen Aufhebung Beschwerdeberechtigung nach FGG 57 I Nr 3; aus FGG 20 nur, soweit Recht einer Person beeinträchtigt wird, zB des minderjährigen Kindes wegen **Aufhebung** der Unterhaltspflegschaft. Beschwerde auch gegen deklaratorische Feststellung, daß Pflegschaft kraft Ges beendet sei (MK/Schwab § 1918, 21; § 1919, 9, 22). **b) Kein Beschwerderecht** des Pflegers, da er kein Recht auf sein Amt hat (BGH NJW 53, 1666); Ausnahme, falls Anspruch auf Vergütung besteht und nur bei Fortbestand der Pflegschaft durchzusetzen ist (BayObLG 6, 440), oder sonst FGG 57 I Nr 9 gegeben ist. Gegen **Entlassung** hat Pfleger dagegen sofortige Beschwerde, FGG 60 I Nr 3; **c)** gegen Ablehnung der Aufhebung haben Pfleger wie Pflegling Beschwerde aus FGG 20, MK/Goerke § 1919, 23; Geschäftsfähigkeit des Mündels ist nicht Voraussetzung der Beschwerdeeinlegung, BGH 70, 252; **d) Antrag** eines Geschäftsunfähigen als Anregung s BayObLG Rpfleger 88, 65; Zuständigkeit Richter s BayObLG NJW-RR 87, 583.

Chr. Berger

Buch 5. Erbrecht

Vorbemerkungen

1 **1. Erbrecht und Verfassung.** GG 14 I schützt das Erbrecht neben dem Eigentum und legt damit den Zusammenhang zwischen Privateigentum bzw Privatautonomie einerseits und Privaterbrecht andererseits offen. Der verfassungsrechtliche Schutz umfaßt die Privaterbfolge (BVerfG 67, 340; 99, 341, 350), die Testierfreiheit (BVerfG 99, 341, 350; 67, 341; 58, 398; NJW 01, 141) und iVm GG 6 I die Familienerbfolge (offen BVerfG 67, 341). Der Gesetzgeber kann diese Grundprinzipien modifizieren, aber nicht gänzlich beseitigen. Verfassungswidrig wäre also ein reines Staatserbrecht (BVerfG 67, 340) oder die gänzliche Abschaffung des Pflichtteilsrechts nächster Verwandter (BGH 98, 233; 109, 313; str, offen BVerfG 67, 341; NJW 01, 141). Hingegen ist niemandem eine bestimmte Erbquote oder entfernteren Verwandten ein Erbrecht garantiert. Auch ist der Gesetzgeber nicht gehindert, die Pflichtteilsentziehung neu zu ordnen oder einzuschränken (BGH NJW 89, 2055; hierzu Leipold JZ 90, 702). Wenn der Gesetzgeber die Grenzlinien zwischen den verfassungsrechtlich geschützten Elementen neu zieht, muß er den Verhältnismäßigkeitsgrundsatz wahren (BVerfG 91, 360; 99, 341, 352; NJW 01, 142). Die Verfassung schafft gleichzeitig eine Einrichtungsgarantie und ein Grundrecht auf erbrechtlichen Erwerb und Testierfreiheit (BVerfG 99, 349; 44, 17; 67, 340; NJW 00, 2496). Die ges Erbfolge hat insbes GG 3 I (BVerfG 58, 389; 67, 345), GG 3 II (BVerfG 15, 342) und GG 6 V (BVerfG 44, 18; 58, 389; 74, 33) zu beachten. Sie muß aus obj Sicht dem Interesse eines verständigen Erblassers entsprechen (BVerfG 91, 358 f; krit Leipold JZ 96, 288). Bei Ausgestaltung der Testierfreiheit muß der Gesetzgeber GG 3 I und 3 III 2 beachten, und darf durch zu strenge Formvorschriften insbes Behinderte nicht benachteiligen (BVerfG 99, 341, 352; sa § 2232 Rn 2). Die Testierfreiheit kann eine Erbunfähigkeitsklausel decken, die an nicht standesgemäße Eheschließung in adeliger Familie anknüpft (BGH 140, 118 = NJW 98, 566; BVerfG NJW 00, 2495: trotz GG 6 I, 3 III; sa §§ 2074–2076 Rn 4). Lit: Leipold AcP 180, 160; Haas ZEV 00, 249.

2 **2. Rechtsverhältnis zwischen Erblasser und Erbe vor dem Tod des Erblassers.** Gem dem Grundsatz der Testierfreiheit (vgl § 2302) kann der Erblasser grundsätzlich die ges Erbfolge und letztwillige Verfügungen ändern. Deshalb hat der Erbe *keine rechtlich geschützte Anwartschaft* (sa BVerfG 67, 341; 99, 349; NJW 00, 2496), sondern nur die tatsächliche Aussicht des Erbschaftserwerbs. Dies gilt grundsätzlich auch für Vertragserben bzw Vertragsvermächtnisnehmer (BGH 12, 118; 23, 259), weil Erbverträge oder gemeinschaftliche Testamente aufhebbar sind. Eine Anwartschaft befürwortet die hM nur für den Schlußerben des Erbvertrags bzw gemeinschaftlichen Testaments (vgl § 2269 Rn 6; § 2286 Rn 1) nach dem Tod eines Teils. Eine *Feststellungsklage,* die ein Erbrecht zum Gegenstand hat, ist folglich regelmäßig mangels eines Rechtsverhältnisses (ZPO 256 I) unzulässig (BGH 37, 145; sa Karlsruhe FamRZ 89, 1351). Ausnahmen gelten nur für die Anwartschaft des Schlußerben und die Feststellung des – grundsätzlich feststehenden – Pflichtteilsrechts (vgl § 2303 Rn 1). Ein Vertrag unter Lebenden ist die vorweggenommene Erbfolge (Vor § 2274 Rn 3).

3 **3. Internationales Erbrecht** (Siehr IPRax 87, 4; Reinhart BWNotZ 87, 97; Dörner DNotZ 88, 67; Tiedemann RabelsZ 91, 17; Lange ZEV 00, 469; Lorenz DNotZ 93, 148 – Deutschland/Schweiz; Lucht Rpfleger 97, 133; zum internationalen Erbschaftsteuerrecht Schindhelm ZEV 97, 8). Grundsätzlich bestimmt die *Staatsangehörigkeit* des Erblassers das anwendbare Erbrecht (EGBGB 25 I), aus-

Erbfolge **Vor § 1922**

nahmsweise Sonderanknüpfung nach Sachbelegenheit (EGBGB 25 II, 3 III; BGH NJW 93, 1921; 97, 521; Zweibrücken ZEV 97, 512; hierzu Hohloch ZEV 97, 469; Köln NJW-RR 97, 1091); kein dingliches Vermächtnis an deutschem Grundstück (BGH NJW 95, 58). Rück- und Weiterverweisungen des fremden internationalen Erbrechts sind zu beachten (EGBGB 4 I; BGH NJW 86, 2192; Köln NJW 86, 2200 zum alten Recht; Zweibrücken Rpfleger 94, 466; Ebenroth, ErbR, Rn 1237 mBsp). Ob im Nichtehelichenerbrecht eine wesentliche Schlechterstellung des nichtehelichen Kindes (GG 6 V) durch fremdes Recht hinzunehmen ist, erscheint zweifelhaft (offen BGH NJW 86, 2191); uU Abhilfe über EGBGB 20 II. Die Ordre-public-Widrigkeit (EGBGB 6) der Schlechterstellung von Frauen im ausländischen Erbrecht ist nicht an der abstrakten Regelung, sondern am konkreten Ergebnis zu messen (Hamm FamRZ 93, 111). Vorzeitiger Erbausgleich folgt dem Erbstatut (BGH NJW 86, 2192; 96, 2096), ebenso das Pflichtteilsrecht (BGH NJW 93, 1921; 97, 521). Für die Form letztwilliger Verfügung übernimmt EGBGB 26 die Erleichterungen des Haager Übereinkommens 1961. Zur internationalen Zuständigkeit im Erbscheinsverfahren § 2353 Rn 3.

4. Erbrecht in den neuen Bundesländern (einschl Ostberlin). Art. 235   4 EGBGB (zur verfassungsmäßigen Prüfung BVerfG DtZ 93, 209; NJW 96, 1884) trifft folgende Übergangsregelung (Lit: Adlerstein/Desch DtZ 91, 193; Schotten/Johnen DtZ 91, 225; Trittel DNotZ 91, 237; Böhringer Rpfleger 91, 257; Drobnig RabelsZ 91, 268; Bosch FamRZ 91, 749; FamRZ 92, 869, 875, 993; Wasmuth DNotZ 92, 3; Fahrenhorst JR 92, 265; Bestelmeyer Rpfleger 92, 229, 321; 93, 381; Wähler ROW 92, 103; Eberhardt/Lübchen DtZ 92, 206; Wandel BWNotZ 91, 22; Sandweg BWNotZ 92, 45; Faßbender DNotZ 94, 359; Kuchinke DtZ 96, 194; Märker ZEV 99, 245; weitere Angaben bei MK/Leipold Art 235 EGBGB):

§ 1 Erbrechtliche Verhältnisse

(1) **Für die erbrechtlichen Verhältnisse bleibt das bisherige Recht maßgebend, wenn der Erblasser vor dem Wirksamwerden des Beitritts gestorben ist.**

(2) **Ist der Erblasser nach dem Wirksamwerden des Beitritts gestorben, so gelten in Ansehung eines nichtehelichen Kindes, das vor dem Beitritt geboren ist, die für die erbrechtlichen Verhältnisse eines ehelichen Kindes geltenden Vorschriften.**

§ 2 Verfügungen von Todes wegen

Die Errichtung oder Aufhebung einer Verfügung von Todes wegen vor dem Wirksamwerden des Beitritts wird nach dem bisherigen Recht beurteilt, auch wenn der Erblasser nach dem Wirksamwerden des Beitritts stirbt. Dies gilt auch für die Bindung des Erblassers bei einem gemeinschaftlichen Testament, sofern das Testament vor dem Wirksamwerden des Beitritts errichtet worden ist.

a) **Grundsatz.** Für Erbfälle nach dem 2. 10. 90 ist grundsätzlich das Erbrecht   5 des BGB anzuwenden, für Erbfälle bis zum 3. 10. 90 aus Gründen des Vertrauensschutzes das bisherige Erbrecht (intertemporale Regelung, BGH 124, 272; Brandenburg FamRZ 97, 1024: Erbausschlagung und ihre Anfechtung). Im interlokalen Kollisionsrecht ist entsprechend EGBGB 25 I (BGH 124, 272) davon auszugehen, daß der gewöhnliche Aufenthalt bzw die Staatsangehörigkeit des Erblassers das Erbstatut bestimmt; Erbfälle nach Erblassern, die in der ehemaligen DDR gelebt haben, beurteilen sich folglich nach dem ZGB (s Rn 11 ff), Erbfälle nach Erblassern mit gewöhnlichem Aufenthalt in der BRD nach BGB. Kommt DDR-Erbrecht zur Anwendung, erfordert der Vertrauensschutz grundsätzlich auch die Übernahme des alten Normverständnisses; Ausnahme: frühere Gesetzesauslegung ist unvereinbar mit dem GG (Rechtsstaatsprinzip) oder beruht auf spezifisch sozialistischen

Stürner 1647

Wertungen (BGH 124, 277; 128, 303). Für DDR-belegene Immobilien (Dresden MittRhNotK 97, 267; BGHZ 146, 310: nicht für ererbten Anteil an Erbengemeinschaft, der DDR-Grundvermögen umfaßt – fragwürdig!) gilt Nachlaßspaltung (EGBGB 3 III analog, RAG DDR 25 II) und damit DDR-Erbrecht nach ZGB (BVerfG DtZ 93, 209; BGH 131, 26; 144, 251; NJW 01, 2397; BayObLG NJW-RR 01, 950). Schon in der Zeit vor Geltung des EGBGB nF (1. 9. 86) war das interlokale Recht der BRD diesen Grundsätzen weithin angepaßt (Mampel NJW 76, 593 ff; Kringe NJW 83, 2292; Dörner DNotZ 77, 324). Für die Zeit vor 1. 1. 76 und damit vor Inkrafttreten des RAG besteht keine Nachlaßspaltung (BayObLGZ 92, 64; Frankfurt DtZ 91, 301; KG DtZ 96, 213: auch bzgl des Erbrechts nichtehelicher Kinder). Erbausschlagung (zur Empfangszuständigkeit s § 1945 Rn 2), ihre Anfechtung und Auslegung folgen gespaltenem Recht, falls Nachlaßspaltung gilt (BGH NJW 98, 227; KG FamRZ 96, 157; BayObLG NJW 91, 1237; Karlsruhe DtZ 95, 338; vgl aber auch KG NJW 98, 243: Wirksamkeit einer gegenüber dem später zuständigen Nachlaßgericht vor dem Beitritt erklärten Totalausschlagung bei noch laufender Frist; sa Rn 10, 12), ebenso Pflichtteilsberechnungen (Hamburg DtZ 93, 28; sa Rn 12 und § 2313 Rn 1), Testamentsauslegung (Köln FamRZ 94, 592; KG FGPrax 97, 232; sa Rn 13 f und § 2084 Rn 5) und Testamentsvollstreckung (KG Rpfleger 95, 505; 96, 114; sa Rn 13 und v. Morgen/Götting DtZ 94, 199), Erbverzicht (vgl Düsseldorf FGPrax 98, 58). In bezug auf den abgespaltenen DDR-Nachlaß ist sehr für Testierfähigkeit, Arten zulässiger testamentarischer Verfügungen und deren Anfechtung RAG DDR 26 zu beachten, der auf das Recht des Staates verweist, in dem der Erblasser zZ der Errichtung des Testaments seinen Wohnsitz hatte (KG Rpfleger 96, 113; sa Rn 13 f). Erbeinsetzung durch Erbvertrag ist deshalb auch für abgespaltenen Nachlaß wirksam, obwohl das ZGB keine Erbverträge vorsah (BayObLG DtZ 96, 214; sa Rn 14). Die Nachlaßspaltung greift nicht für Ansprüche aus dem VermG ein (BGH 131, 22; 144, 251). Wurde jedoch beim Erben des abgespaltenen Nachlasses enteignet und zugunsten des Erben des sonstigen Vermögens nach VermG restituiert, so kann der Erbe des DDR-Grundstücks nach § 2018 vorgehen (Brandenburg ZEV 97, 157); sa BVerwG NJW 98, 255 zur Anfechtbarkeit eines zugunsten des erstberufenen Ausschlagenden gem VermG 1 II erlassenen Restitutionsbescheides durch Nach-
6 berufenen (hierzu BVerfG NJW 98, 2583). **b) Nichteheliche Kinder** erbten bei Erbfällen bis zum 2. 10. 90 nach allgemeinen Regeln (BezG Erfurt DtZ 93, 344; Rn 5). Bei Erbfällen ab dem 3. 10. 90 erbten vorher geborene uneheliche Kinder nach BGB, aber wie eheliche Kinder (EGBGB 235 § 1 II nF), wenn auf den Erbfall ohne Beitritt das ZGB anwendbar gewesen wäre. Letzteres richtete sich nach dem gewöhnlichen Aufenthalt beim Erbfall (Rn 5), so daß auch der nachträgliche Ortswechsel des nichtehelichen Vaters das Erbrecht hätte verändern können (so LG Berlin DtZ 93, 122; Henrich IPRax 91, 19; sa Dörner/Meyer-Sparenberg DtZ 91, 6/7; Köster Rpfleger 91, 101; 92, 369; Eberhardt/Lübchen DtZ 92, 206); es war deshalb besser darauf abzustellen, ob das ZGB gegolten hätte, falls der Erblasser vor dem 3. 10. 90 gestorben wäre (zutreffend Brandenburg FamRZ 97, 1031 f; Pal-Edenhofer EGBGB 235 § 1, 2; Trittel DNotZ 91, 242). Die Gleichstellung mit ehelichen Kindern im Erbfall führte allerdings auch zum Wegfall des Anspruchs auf vorzeitigen Erbausgleich (§§ 1934 d und e aF), der für Altfälle grundsätzlich Restbedeutung behielt (§§ 1924 Rn 3, 1934 a Rn 1); starb das nichteheliche Kind, galt die Gleichstellung *nicht* zugunsten seiner Erben, soweit sich die Verwandtschaft auf nichteheliche Vaterschaft gründete. Die Regelung wollte den nichtehelichen Kindern, die nach Erblassern in der DDR geboren waren und einen Erbgang nach ZGB erwarten konnten, ihre Rechtsposition erhalten (s Rn 1). Das ErbGleichG v 16. 12. 1997 (BGBl I, 2968) hat durch ersatzlose Streichung der §§ 1934 a–e (hierzu VorAufl) die Gleichbehandlung ehelicher und nichtehelicher Kinder weithin verwirklicht (hierzu Böhm NJW 98, 1043 mN); es läßt das bisherige Übergangsrecht *sachlich* unverändert, das damit vor allem für Erbfälle zwischen dem
7 3. 10. 90 und dem 1. 4. 98 bedeutsam bleibt. Sa § 1924 Rn 3. **c) Errichtung** und

Erbfolge **Vor § 1922**

Aufhebung von Verfügungen von Todes wegen beurteilen sich wie die **Bindungswirkung des gemeinschaftlichen Testaments** (s Rn 14) auch bei Erbfällen ab 3. 10. 90 nach altem Recht, wenn die Verfügung bzw Aufhebung vorher erfolgten (EGBGB 235 § 2; hierzu de Leve Rpfleger 96, 141). Hierunter fallen Testierfähigkeit und Form, nicht dagegen zulässiger Inhalt, Auslegung und Wirkung mit der Ausnahme der Bindungswirkung gemeinschaftlicher Testamente (BGH ZEV 95, 221 mAnm Leipold; Brandburg FamRZ 97, 1030; KG FGPrax 97, 232: auch bei Nachlaßspaltung; Limmer ZEV 94, 290), ebensowenig Testamentsanfechtung (Notariat Müllheim 1, DtZ 92, 158: § 2078 II). Als bisheriges interlokales Recht für Testierfähigkeit und Form sind insbes zu beachten EGBGB 26 und RAG DDR 26, ferner das Haager Abkommen über das auf die Form letztwilliger Verfügungen anwendbare Recht (Staatsangehörigkeit des Erblassers, Ortsrecht, Wohnsitzrecht, Ortsrecht unbeweglichen Vermögens), uU älteres Recht (MK Birk EGBGB 25, 374 ff); praktisch bedeutet dies idR, daß für Erblasser mit gewöhnlichem Aufenthalt in der DDR im Zeitpunkt der Errichtung der Verfügung das ZGB oder – vor 1. 1. 76 – das alte BGB mit Übergangsrecht gilt (zB Leipzig NJW 00, 438; Brandenburg FamRZ 97, 1030: gemeinschaftliches Testament aus dem Jahre 1965). Zu Fällen der Nachlaßspaltung Rn 5 mN. **d) Erbscheine. aa)** Unter **altem Recht** vor dem 3. 10. 90 haben die Gerichte und Behörden der Bundesrepublik die Erbscheine der Staatlichen Notariate der DDR (ZGB 413, 414) zwar anerkannt, aber für Nachlaßgegenstände auf dem Gebiet der BRD einen gegenständlich beschränkten Erbschein zugelassen (BGH 52, 123: örtl Zuständigkeit gem FGG 73 III), ähnlich zur Rechtswahrnehmung in der BRD, falls die DDR-Notariate der Erbschein rechtswidrig verweigerten (BGH 65, 318: örtl Zuständigkeit gem FGG 73 II). Die Notariate der DDR haben einen gegenständlich beschränkten Erbschein auf Grundvermögen in der DDR nach Erblassern in der BRD erteilt (ZGB 414; RAG 25 II). **bb)** Unter **neuem Recht** ist bei Erbfällen ab 3. 10. 90 für einen gegenständlich beschränkten Erbschein kein Raum; das nach FGG 73 zuständige NachlaßG erteilt einen einheitlichen Erbschein. Soweit für Erbfälle vor dem 3. 10. 90 für Grundvermögen in den neuen Bundesländern Nachlaßspaltung eingetreten ist, hat die Zuständigkeit der Staatlichen Notariate bzw Nachlaßgerichte in den neuen Bundesländern zur Erteilung gegenständlich beschränkter Erbscheine geendet. Wenn allerdings gegenständlich beschränkte Erbscheine bereits erteilt sind, werden sie nicht unrichtig (str) und müssen nicht eingezogen werden (BayObLG FamRZ 94, 724; offen NJW 98, 242; Hamm FamRZ 96, 1577). Das zuständige Nachlaßgericht (FGG 73; BayObLG NJW 91, 1238; DtZ 92, 251) kann ausstellen (BayObLG NJW-RR 01, 950): einen allgemeinen Erbschein ohne Aussage über seinen Geltungsbereich; einen allgemeinen Erbschein, der zusätzlich ausdrücklich das Grundvermögen in den neuen Bundesländern erwähnt; einen ergänzenden Erbschein nur über Grundvermögen in den neuen Bundesländern (zum letzteren BGH NJW 01, 2397; KG Rpfleger 96, 112; FamRZ 96, 1573; Hamm FamRZ 96, 1577; zu umstrittenen Einzelheiten des Erbscheinsverfahrens Trittel DNotZ 91, 243; Köster Rpfleger 91, 99; Rau DtZ 91, 19; Reinhardt DtZ 91, 185; Schotten/Johnen DtZ 91, 257; Bestelmeyer Rpfleger 92, 229; Böhringer Rpfleger 91, 275; zur Zuständigkeit des früheren Nachlaßgerichts KG Rpfleger 93, 113, 201; sa Köln Rpfleger 97, 67). **e)** Zur **Testamentsverwahrung** s § 2261 Rn 2. **f)** Zur Berücksichtigung des Rechtswechsels bei **Erbausschlagung** s § 1945 Rn 2; bei **Anfechtung einer Ausschlagung** s § 1954 Rn 1; bei **Testamentsauslegung** s § 2084 Rn 5; bei **Testamentsanfechtung** s BGH FamRZ 94, 304 und § 2078 Rn 4; bei **Pflichtteilsverzicht** § 2303 Rn 8; bei **Pflichtteilsneuberechnung** § 2313 Rn 1.

5. Besonderheiten des Erbrechts des ZGB. a) Gesetzliche Erbfolge. Erben 1. Ordnung: Ehegatte und eheliche und nichteheliche Kinder des Erblassers bzw deren Nachkommen zu gleichen Teilen (ZGB 365); Ehegattenerbrecht mindestens ¼, Alleinerbschaft bei fehlenden Kindern (ZGB 366), Sondererbfolge in

Stürner 1649

Vor § 1922

Haushaltsgegenstände (ZGB 365 I 2), hälftige güterrechtliche Beteiligung des überlebenden Ehegatten (ZGB 365 III, FGB 13, 39) geht vorab; Erben 2. Ordnung: Eltern und ersatzweise ihre Nachkommen, Alleinerbschaft des allein lebenden Elternteils (ZGB 367); Erben 3. Ordnung: Großeltern und ersatzweise ihre Nachkommen (ZGB 368); Staatserbrecht (ZGB 369). Lit: Stübe, Die gesetzliche
12 Erbfolge nach BGB und ZGB, 1994. **b) Pflichtteilsrecht** nur des Ehegatten und *unterhaltsberechtigter* Kinder, Enkel und Eltern; ²/₃ des gesetzl Erbteils (ZGB 396); Verjährung 2 Jahre ab Kenntnis, spätestens nach 10 Jahren, jedoch gilt interlokal die dreijährige Frist nach § 2332 Nr 1, falls der Anspruch nach ZGB noch nicht verjährt war (EGBGB Art 231 § 6; hierzu BGH JZ 96, 971 mAnm Rauscher; sa § 2332 Rn 3); keine Ergänzung, Ausgleichung, Anrechnung, Entziehung; sa Rn 5
13 zur Nachlaßspaltung. Lit: Freytag ZRP 91, 304. **c) Testament** bei Volljährigkeit (ZGB 370 I 2; 18 J.) durch notarielle Beurkundung (obligatorische Verwahrung) oder eigenhändige schriftl Erklärung (ZGB 383); Nottestament mit 2 Zeugen. Möglicher Inhalt sind Erbeinsetzung, Vermächtnis, Auflage, Teilungsanordnung, Enterbung (ZGB 371, 380, 382); keine Verfügungsbeschränkung des Erben (ZGB 371 III), deshalb Testamentsvollstreckung nur im Sinne einer Erbenvertretung (KG Rpfleger 95, 506); keine Vor- und Nacherbfolge (KG FamRZ 96, 1574; BayObLG Rpfleger 97, 67), doch bleibt die vor Inkrafttreten des ZGB testamentarisch verfügte Nacherbfolge trotz späterer Nachlaßspaltung (Rn 5) auch für Grundvermögen in den neuen Bundesländern wirksam (BayObLG NJW 98, 241; NJW-RR 01, 950). Auslegung (ZGB 372) wie nach BGB: Andeutungstheorie gilt (KG DtZ 95, 418; BayObLG FamRZ 95, 1092; s § 2084 Rn 4), ergänzende Auslegung ist zulässig (Naumburg Rpfleger 95, 416; s § 2084 Rn 5). Widerruf (ZGB 387) ähnlich wie nach BGB; Anfechtung wegen Irrtums (ZGB 374) auch bei Motivirrtum (BGH FamRZ 94, 306; zur notwendigen Klageerhebung Dresden
14 DtZ 93, 311; Jena OLG-NL 96, 42). **Gemeinschaftliches Testament** der Ehegatten (ZGB 388), notariell oder handschriftlich (ZGB 391), beinhaltet gegenseitige Erbeinsetzung (ZGB 389) und Schlußerbeneinsetzung, ferner sonst zulässige Verfügungen. Gemeinsamer Widerruf wie Einzeltestament (ZGB 392 I), einseitiger Widerruf zu Lebzeiten des anderen Teils durch notarielle Erklärung (ZGB 392 II), Unwirksamkeit bei Eheauflösung (ZGB 392 III); nach dem Tode des anderen Teils Widerruf gegenüber Notariat unter Ausschlagung der Erbschaft bei Wahrung des Pflichtteilsrechts (ZGB 392 IV) oder Aufhebung der eigenen Verfügung unter Herausgabe der Erbschaft, soweit sie den gesetzl Erbteil übersteigt (ZGB 393). Vorbehalt abweichender Verfügungen im gemeinschaftlichen Testament ist möglich (ZGB 390 I 2). Bindung des überlebenden Ehegatten an das gemeinschaftliche Testament gilt nur für Verfügungen von Todes wegen, nicht für Verfügungen unter Lebenden (ZGB 390 II; hierzu BGH 128, 302). Das ZGB kennt keinen **Erbvertrag**; Erbverträge aus der Zeit vor 1. 1. 76 sind nach den Kriterien übergeleitet, wie sie für Testamente gelten (EG ZGB 2 II 2; 8 II 1).
15 **d) Erwerb der Erbschaft** durch Gesamtrechtsnachfolge (ZGB 363 I) mit dem Erbfall (ZGB 399); Ausschlagung binnen 2 Monaten nach Kenntnis von Erbfall bzw Testamentseröffnung (ZGB 402, 403; hierzu BayObLG NJW 91, 1237; FamRZ 95, 1090), bei Wohnsitz außerhalb der DDR 6 Monate; Anfechtung von Annahme oder Ausschlagung (ZGB 405; hierzu KG DNotZ 93, 410: Drohung mit Verweigerung der Ausreisegenehmigung in der früheren DDR; Hemmung der Anfechtungsfrist bis längstens 9. 11. 89, also Grenzöffnung); sa § 1954 Rn 1.
16 **e) Erbengemeinschaft** als gesamthänderische Gemeinschaft (ZGB 400), Verfügungsrecht über Erbteil hat Vorkaufsrecht der Miterben (ZGB 401); Aufhebung nach Begleichung der Verbindlichkeiten (ZGB 423) durch Einigung unter Vermittlung des Notariats (ZGB 425, 426); notfalls Teilungsentscheidung des Notariats
17 (ZGB 427). **f) Beschränkung der Erbenhaftung** auf Nachlaß (ZGB 409); bei dürftigem Nachlaß Rangordnung (ZGB 410); gesamtschuldnerische Haftung der Miterben (ZGB 412). Lit: Hetmeier, Grundlagen der Privaterbfolge in der BRD und in der DDR, 1990.

Abschnitt 1. Erbfolge

§ 1922 Gesamtrechtsnachfolge

(1) **Mit dem Tode einer Person (Erbfall) geht deren Vermögen (Erbschaft) als Ganzes auf eine oder mehrere andere Personen (Erben) über.**

(2) **Auf den Anteil eines Miterben (Erbteil) finden die sich auf die Erbschaft beziehenden Vorschriften Anwendung.**

Lit: Leipold, Wandlungen in den Grundlagen des Erbrechts?, AcP 180, 160, 204. Zu Änderungen durch das neue Schuldrecht Bambring, Die Auswirkungen der Schuldrechtsreform auf das Erbrecht, ZEV 02, 137; Krug, Schuldrechtsmodernisierungsgesetz und Erbrecht, 2002; Sarres, Das neue Schuldrecht und erbrechtliche Auskunftsansprüche, ZEV 02, 96.

1. Nach dem **Grundsatz der Gesamtrechtsnachfolge** und des **Vonselbsterwerbs** treten der Erbe bzw die Miterben (§§ 2032 ff) mit dem Tod des Erblassers in alle Rechte und Pflichten ein (BGH 32, 369; str, ob der Übergang von Verbindlichkeiten nicht erst aus § 1967 I folgt, vgl Kipp/Coing § 91 II 2 mN). Der Übergang des Vermögens als Ganzes schließt grundsätzlich Sondererbfolge an einzelnen Erbschaftsgegenständen aus; vgl aber die Ausnahmen Rn 14.   1

2. Vererbliche Rechtspositionen. a) Ansprüche aus Vertrag oder Ges gehen auf den Erben über. Bsp: Ausgleichsansprüche gem HGB 89 b (BGH 24, 214; zur Anwendbarkeit des § 207 aF = § 211 nF BGH NJW 79, 651); Ansprüche aus Hausratsversicherung (Frankfurt VersR 84, 1059) oder aus Lebens- bzw Unfalltodversicherung, sofern der Versicherungsnehmer keinen Bezugsberechtigten benennt (BGH 32, 46, 48; FamRZ 96, 935) oder den Bezugsberechtigung widerruft (BGH NJW 90, 256; 96, 2230; dazu Kummer ZEV 96, 264); sa VVG 166 ff, 180 und § 2077 Rn 8; Ansprüche auf Auskehrung der Versicherungssumme gegen einen Versicherungsnehmer, der zugunsten des Erblassers als Gefahrperson (VVG 179 II, 75 ff) eine Insassenunfallversicherung abgeschlossen hat (BGH 32, 48 ff); Anspruch auf Raten des lebzeitig kapitalisierten Ruhegeldes (BGH WM 83, 43); einmalige schon entstandene Sozialhilfeansprüche (SGB I 58 f; BVerwG NJW 94, 2842; sa Rn 14); einmalige Sozialplanabfindungsansprüche (aA BAG NJW 97, 2065, falls AN nach Abschluß des Aufhebungsvertrags, aber vor Beendigung des Arbeitsverhältnisses stirbt – abzulehnen; wie hier Compensis DB 92, 888; str, ob für fortlaufende Ansprüche nicht SGB I 56 ff analog); Urlaubsabgeltungsansprüche bei Verzug des AG (BAG NJW 97, 2343); deliktische Ersatzansprüche, allerdings unter der Voraussetzung, daß der Schaden noch vor Eintritt des Erbfalls in der Person des Erblassers eintritt (BGH NJW 62, 911; LM Nr 15 zu § 249 [Hd], sehr fragwürdig); Schmerzensgeldanspruch des Erblassers (BGH NJW 95, 783: ohne Willensbekundung; zur – geringen – Höhe bei Ableben kurz nach dem Unfall s Düsseldorf NJW 97, 860); Anspruch auf Einsicht in Krankenpapiere zur Prüfung ärztlicher Haftung, soweit Schweigepflicht nicht entgegensteht (BGH NJW 83, 2627; Giesen JZ 84, 281; sa Rn 12); Bankguthaben mit dazugehörigen Auskunftsansprüchen (BGH 107, 108; Kuchinke JZ 90, 652; NJW 96, 191) u forderungsbegründenden (pVV, vgl nunmehr §§ 280 I, 241 II nF) vertraglichen Schutzpflichten der Bank (LG Kempten WM 91, 71); Forderungen gem §§ 1371 II und III, 1378 I (vgl § 1378 III 1; sa BGH NJW 95, 1832); 2303 ff (vgl § 2317 II); 1934 a aF (vgl § 1934 b II aF; hierzu § 1924 Rn 3); Auskunftsansprüche (§ 666), soweit vom Erblasser nichts anderes bestimmt (BGH NJW-RR 90, 131); Recht des Meistbietenden auf den Zuschlag gem ZVG 81 I (Düsseldorf FamRZ 96, 1440); Ansprüche nach dem VermG (BGH 131, 24, 31; zur Kettenausschlagung BVerwG NJW 94, 1233; 98, 255; BVerfG NJW 98, 2583). **b) Verbindlichkeiten.** Der Erbe rückt in die Schuldnerstellung ein, zB in die Bürgschaftsverpflichtung (LM Nr 10) oder die Verleiherpflicht bei unentgeltl Wohnrecht (BGH NJW 85, 1553). Auch geht die Pflicht über, Rechnung zu legen, Auskunft zu erteilen (BGH NJW   2

   3

§ 1922

85, 3069) und die eidesstattliche Versicherung abzugeben (BGH NJW 88, 2729; München OLGZ 87, 226); ferner Pflicht zur Leistung von Geschiedenenunterhalt (§ 1586b; hierzu BFH NJW 98, 1584: keine Abzugsfähigkeit als Sonderausgaben gem EStG 10 I Nr 1). Bei deliktischem Verhalten des Erblassers kann der Schaden auch erst nach seinem Tode entstanden sein (BGH NJW 62, 911; vgl aber zum umgekehrten Fall Rn 2). Verarmung des Schenkers nach dem Erbfall belastet den Erben aus § 528 I (BGH NJW 91, 2558; sa § 1967 Rn 1). In dingliche Unterlassungspflichten tritt der Erbe nur ein, wenn der pflichtbegründende Störungstatbestand persönlichkeitsunabhängig war (s Brehm JZ 72, 225). Übergangsfähige Zustandshaftung liegt bei baurechtlichen Abrißverfügungen vor (Ortloff JuS 81, 574). **c) In Anwartschaften** rückt der Erbe in der Erwerberseite und der Veräußererseite ein. Die antezipierte Abtretung von künftigen, erst nach dem Tode entstehenden Forderungen durch den Erblasser bindet den Erben deshalb ebenso wie eine dingliche Einigung gem § 873 II (BGH 32, 369). Vgl ferner §§ 130 II, 153, 2108 II. **d) Gestaltungsrechte,** die bereits dem Erblasser zugestanden haben, kann der Erbe ausüben, zB Anfechtung gem § 119 (BGH NJW 51, 308) oder Ausschlagung gem § 1952 I. **e) Herrschaftsrechte** und ähnliche Rechtspositionen, vgl insbes § 857, UrhG 28 I, GeschmMG 3, PatG 6, GebrMG 13 III, MarkenG 27. **f) Vollmacht.** Eine dem Erblasser erteilte Vollmacht endet im Zweifel mit dem Tod, §§ 168, 673; zur Bevollmächtigung durch den Erblasser vgl Vor § 2197 Rn 2. **g) Unternehmen und Unternehmensbeteiligungen: aa) Einzelhandelsgeschäft** vgl HGB 22; ferner § 1967 Rn 6 und § 2032 Rn 4. Vererblich sind auch gewerbliche Unternehmen, die kein Handelsgewerbe sind (LM Nr 1); anders, wenn das Unternehmen so stark persönlichkeitsgeprägt ist, daß es die Erben nicht fortführen können (LM Nr 7). Nicht vererblich ist die Kaufmannseigenschaft, da sie an persönliche Merkmale anknüpft. **bb) Anteile an Personalgesellschaften,** vgl § 2032 Rn 5 ff, 10. **cc) Mitgliedschaften:** Aktien sind vererblich, ohne daß ein satzungsmäßiger Ausschluß möglich wäre, vgl auch § 2032 Rn 10. Für GmbH-Geschäftsanteile gelten GmbHG 15 I, 17 III und VI; nach hM kann Satzung die Fortdauer der Gesellschafterstellung der Erben ausschließen, falls sie gleichzeitig anderweitige Bestimmung trifft, zB Pflicht zur Übertragung auf Mitgesellschafter oder Dritte (BGH 92, 386); vgl § 2032 Rn 10, § 2033 Rn 3. S iü GenG 77 (hierzu Frankfurt OLGZ 77, 303) und § 38 S 1. **h)** In ein **Prozeßrechtsverhältnis** rückt der Erbe ein (BGH 104, 4; FamRZ 93, 1311); wird eine Partei vom Prozeßgegner allein beerbt, endet das Verfahren in der Hauptsache von selbst, Fortsetzung zur Kostenentscheidung möglich (BGH NJW-RR 99, 1152). Gerichtsstandsklauseln (ZPO 38) binden den Erben, auch wenn er selbst nicht prorogationsfähig ist (Meyer-Lindemann JZ 82, 592 gegen LG Trier NJW 82, 286).

9   **3. Vereinigung von Recht und Verbindlichkeit (Konfusion)** in der Person des Erben führt zum Erlöschen (vgl §§ 425 II, 429 II). Die Vereinigung von Recht und Belastung **(Konsolidation)** bewirkt bei Grundstücken *kein* Erlöschen (§ 889), wohl aber bei Fahrnis (§§ 1063, 1256) und Rechten (§§ 1072, 1273 II, 1291). Ausnahmevorschriften: §§ 1976, 1991 II, 2143, 2175, 2377; zur Sachlage bei Testamentsvollstreckung vgl § 2213 Rn 4. Im Hinblick auf Rechte Dritter (Nießbraucher, Pfandgläubiger) sind Forderungen als fortbestehend zu betrachten (sa BGH NJW 95, 2288 für BSHG 90; Vollkommer/Schwaiger JZ 96, 633; sa Rn 13). Die akzessorische Vormerkung erlischt bei Konfusion des Auflassungsanspruchs (BGH NJW 81, 448; zT krit Wacke NJW 81, 1577). Kein Fall der Konfusion liegt vor, wenn der Inhaber eines schuldrechtlichen Vorkaufsrechts vor Zustandekommen des Kaufvertrages (§ 464 II nF bzw 505 II aF) Erbe des Vorkaufsverpflichteten wird (BGH NJW 00, 1033).

10 **4. Nichtvererbliche Rechtspositionen. a) Ges** Regelungen: §§ 38 S 1, 40; § 1061 S 1 (s aber BGHZ 109, 113: Eintritt in Mietvertrag über nießbrauchbelastetes Grundstück) § 1090 II (pers Dienstbarkeit, vererblich uU Bestellungs-

Erbfolge **§ 1923**

anspruch: BGH 28, 102); § 473 nF = § 514 aF; § 520; § 759 I; §§ 1586, 1615 (Unterhaltsansprüche, anders Unterhaltspflichten gem § 1586b I; hierzu BFH NJW 98, 1584: keine Abzugsfähigkeit als Sonderausgaben gem EStG 10 I Nr 1); §§ 1587k II, 1587m; Beihilfeansprüche (BVerwG ZBR 83, 106; anders bei Festsetzung zu Lebzeiten, BVerwG ZBR 90, 265). **b) Versicherungsvertragliche** 11 **Ansprüche** bei Bezugsberechtigung Dritter auf den Todesfall (BGH JZ 96, 204; FamRZ 96, 935), vgl Rn 2 u § 2301 Rn 6 u 7. **c)** Der **Leichnam** gehört nicht zum Nachlaß. Über seine Widmung zur Anatomie entscheidet der Erblasserwille, dessen Kundgabe keiner erbrechtlichen Form bedarf; Sektionseinwilligung ist im Krankenhausaufnahmevertrag formularmäßig möglich (BGH NJW 90, 2313 mabl Anm Deutsch). Das TransplantationsG stellt zur Hirntod, Erblasser- und hilfsweise Angehörigenwille ab (dazu Deutsch NJW 98, 777; Walter FamRZ 98, 201). Zur rechtlichen Zulässigkeit von Leichenversuchen Pluisch/Heifer NJW 94, 2377. Vgl iü Vor § 90 Rn 9 und § 1968 Rn 5. **d)** Das **Persönlichkeitsrecht** ist nicht 12 vererblich, jedoch überdauert der Persönlichkeitsschutz in uU abgeschwächter Form die Rechtsfähigkeit ihres Subjekts, die mit dem Tode erlischt (BGH 15, 259; 50, 136; BVerfG 30, 173, 194; NJW 01, 2957, 2959), uU über 30 Jahre (BGH 107, 385 mAnm Schack JZ 90, 40). Die Wahrnehmung dieses Schutzes obliegt primär dem vom Erblasser bes Ermächtigten (BGH 107, 389), iü den nahen Angehörigen, wobei für die Reihenfolge StGB 194 II, 77 II herangezogen werden können (BGH 50, 139/140; LG Bückeburg NJW 77, 1066; sa BGH WRP 84, 681: wissenschaftl Institution bei verstorbenem Wissenschaftler). Der Schutz ideeller Interessen beschränkt sich auf Widerrufs- und Unterlassungsansprüche, Geldansprüche für immateriellen Schaden bleiben ausgeschlossen (BGH 143, 214 = NJW 00, 2195, 2198; 74, 1371); besonderer Bildnisschutz für Verstorbene in KunstUrhG 22 S 3 und 4 (BGH NJW 96, 593). Jedoch erlaubt der unbefugte Eingriff in vermögenswerte Bestandteile des Persönlichkeitsrechts (Abbildung, Name) den Erben Ersatz materiellen Schadens, solange auch ideelle Interessen noch geschützt sind (BGH 143, 214 = NJW 00, 2195; Götting NJW 01, 585). Die Befugnis zur Entbindung von *beruflicher Geheimhaltungspflicht* ist unvererblich, der Geheimnisträger hat nach dem mutmaßlichen Erblasserwillen zu entscheiden (BGH NJW 83, 2627 mAnm Giesen JZ 84, 281; BGH 91, 396; BayObLG NJW-RR 91, 1287: Arzt; Stuttgart OLGZ 83, 6; BayObLG NJW-RR 91, 8: Steuerberater; LG Koblenz AnwBl 83, 328; NJW-RR 91, 8; 91, 1288: Anwalt; sa BGH 107, 109: Bank), der aber gerichtl Nachprüfung unterliegt. **e) Höchstper-** 13 **sönlichkeit** kraft Anspruchinhalts kann Vererblichkeit ausschließen; zB Urlaubsabgeltungsanspruch (LAG Frankfurt DB 85, 1138); Schenkungsrückforderung gem § 528 I, soweit Schenker nicht Sozialhilfe in Anspruch genommen hat (BGH NJW 01, 2085; 95, 2287 mwN; hierzu Kollhosser ZEV 95, 391; 01, 289; sa Rn 9); vertragl Beschränkung von Auskunftsansprüchen (BGH NJW-RR 90, 131); Befugnis zur Aufhebung des Erbverzichts (BGH JZ 99, 147) usw. **f)** Familienrechtlich höchstpersönlicher Natur, zB das Recht zur Rücknahme eines Adoptionsantrags (BayObLG Rpfleger 96, 108). **g)** Zum Patiententestament s §§ 1937–1941 Rn 2.

5. Sondererbfolge für einzelne Erbschaftsgegenstände gilt ausnahmsweise in 14 folgenden Fällen: Anerbenrecht für die Hoferbfolge gem HöfeO 4 oder nach Landesrecht (vgl Lüdtke-Handjery Einl); RHeimstG 24 mit AVO v 19. 7. 40 §§ 25 ff für Erbfälle bis zur Aufhebung am 1. 10. 93 (vgl Ehrenforth NJW 93, 2083 mN); fällige laufende Sozialhilfeansprüche (SGB I 56; BVerwG NJW 94, 2843); §§ 563 ff nF, §§ 569a, 569b aF; Anteile an Personalgesellschaften, vgl § 2032 Rn 5 ff.

§ 1923 Erbfähigkeit

(1) **Erbe kann nur werden, wer zur Zeit des Erbfalls lebt.**

(2) **Wer zur Zeit des Erbfalls noch nicht lebte, aber bereits erzeugt war, gilt als vor dem Erbfall geboren.**

§ 1924

1 **1. a) Erbfähig** ist der natürliche Mensch, die juristische Person (arg § 2101 II), zB Stiftungen (Zweibrücken NJW-RR 00, 815, 817), aber auch die OHG (HGB 124 I). Gesamthandsgemeinschaften (also auch nichtrechtsfähige Vereine, § 54 S 1) werden nach traditioneller Lehre in Person der Gesamthänder als Träger des Sondervermögens Erbe; sofern man mit der neueren Auffassung für unternehmerisch tätige Außengesellschaften (Teil)Rechtsfähigkeit annimmt, erbt die BGB-Gesellschaft selbst (§ 705 Rn 1; überholt insoweit BayObLG FamRZ 99, 170). Die Erbfähigkeit *endet* mit dem Tod, so daß nicht Erbe wird, wer vor oder mit dem Erblasser stirbt (Köln NJW-RR 92, 1481: Hirntod; sa Hamm Rpfleger 96, 28; BayObLG NJW-RR 99, 1309: Gleichzeitigkeit als Zweifelsregel); vgl auch § 2108
2 Rn 1–3; VerschG 9–11, 44 sind gegebenenfalls zu beachten. **b)** Die **Erbfähigkeit des nasciturus** (E. Wolf, Das Erbrecht des ungeborenen Kindes, FS von Lübtow, 1991, S 195) folgt aus der ges Fiktion gem II. Die Erbschaft fällt erst bei Geburt an (vgl § 1942 Rn 2); zur Bestellung eines Nachlaßpflegers vgl § 1960 Rn 3. Bei Totgeburt gilt dasselbe wie beim Vorversterben des Erben (Rn 1). Die Fiktion gilt auch für Vermächtnisnehmer (Hafner BWNotZ 84, 67: Vermächtnis an Enkel; § 2178 Rn 1). **c) Nicht erzeugte Personen** sind iZw Nacherben, vgl § 2101 Rn 1–4.

§ 1924 Gesetzliche Erben erster Ordnung

(1) **Gesetzliche Erben der ersten Ordnung sind die Abkömmlinge des Erblassers.**

(2) **Ein zur Zeit des Erbfalls lebender Abkömmling schließt die durch ihn mit dem Erblasser verwandten Abkömmlinge von der Erbfolge aus.**

(3) **An die Stelle eines zur Zeit des Erbfalls nicht mehr lebenden Abkömmlinges treten die durch ihn mit dem Erblasser verwandten Abkömmlinge (Erbfolge nach Stämmen).**

(4) **Kinder erben zu gleichen Teilen.**

1 **1. Grundsatz.** Die Reihenfolge der Verwandten (BGH NJW 89, 2198: Verwandtschaft im Rechtssinne), die bei ges Erbfolge zum Zuge kommen, richtet sich nach Ordnungen, wobei Verwandte vorrangiger Ordnung die Verwandten nachfolgender Ordnungen ausschließen (§ 1930). Die Kategorisierung nach Ordnungen gem §§ 1924–1929 wird durch das Ehegattenerbrecht ergänzt (§ 1931).
2 **2. Abkömmlinge** sind: **a)** Eheliche Kinder (§ 1591 I 1). **b)** legitimierte Kinder (§§ 1719 S 1, 1736, 1733 II, 1740 f). **c)** Adoptivkinder: Die Adoption *Minderjähriger* macht das Adoptivkind zum ehelichen Kind des bzw der Annehmenden (§ 1754) mit vollen erbrechtlichen Konsequenzen; die bisherigen Verwandtschaftsverhältnisse des Kindes erlöschen im Regelfall (§§ 1755–1756), wobei Erlöschen und ausnahmsweise Aufrechterhaltung systemkonforme erbrechtliche Folgen haben; vgl auch § 1925 Rn 2. Die Adoption *Volljähriger* hat demgegenüber eingeschränkte Wirkung (§ 1770, aber auch § 1772): Das Adoptivkind erbt nicht von den aufsteigenden Verwandten des Annehmenden (§ 1770 I 1), wohl aber weiterhin von den leiblichen Verwandten (§ 1770 II; Frankfurt Rpfleger 95, 459); es wird auch von den Annehmenden neben den leiblichen Verwandten beerbt (Zweibrücken Rpfleger 97, 24). Übergangsrecht gem AdoptionsG Art 12 §§ 1–8 (PalEdenhofer 23). Maßgebliches Qualifikationsstatut im IPR ist für die Adoption selbst das Adoptionsstatut, jedoch muß die Intensität der Folgen dem Erbstatut
3 vergleichbar sein (BGH NJW 89, 2197; Düsseldorf FamRZ 98, 1627). **d) Nichteheliche Kinder** (zB aus nichtehelicher Lebensgemeinschaft, Diederichsen NJW 83, 1020) sind gewöhnliche Abkömmlinge, so daß eine – Feststellung der Vaterschaft gem § 1592 Nr 2 u 3 (§ 1600 a aF) vorausgesetzt (BGH 85, 277; sa § 1934 c aF) – ganz der Regel entspr erben und beerbt werden. *Altes Recht:* Diese gewöhnliche ges Erbfolge setzte aber § 1934 a aF bis zum 30. 6. 1998 zugunsten des Erbersatzanspruchs außer Kraft, wenn sie zu Erbengemeinschaften geführt hätte, die nach

Erbfolge **§ 1924**

damaliger Auffassung durch die nichteheliche Geburt für einzelne Mitglieder in unzumutbarer Weise vorbelastet gewesen wären. *Uraltes Recht:* Gem NEhelG Art 12 § 10 galt „uraltes" Recht ohne ges Erbfolge aufgrund nichtehelicher Verwandtschaft für Erbfälle vor dem 1. 7. 70 und für vor dem 1. 7. 49 geborene nichteheliche Kinder (zur Verfassungsmäßigkeit BVerfG 44, 1; Bsp: BGH NJW 77, 1338); das nichteheliche Kind hatte aber – anders als nach späterem und über den 30. 6.1998 fortgeltendem Recht (§§ 1615, 1615 a nF, vgl § 1615 a aF; zur Reform durch das KindesunterhaltsG Weber NJW 98, 1992) – Unterhaltsansprüche gegen die Erben (NEhelG Art 12 § 10 I 2, II 2, §§ 1708, 1712 aF; Johannsen WM 79, 599). Zum Pflichtteilsrecht s § 2338 a aF u Voraufl; zum Recht der *neuen Bundesländer* Vor § 1922 Rn 12. Das am 1. 4. 1998 in Kraft getretene *Erbrechtsgleichstellungs G* v 16. 12. 1997 (BGBl I, 2968) hat durch ersatzlose Streichung der §§ 1934 a–e, 2338 a (hierzu Voraufl) weithin die Gleichbehandlung ehelicher und nichtehelicher Kinder verwirklicht; lange umstritten war vor allem das Übergangsrecht, das für „Altfälle" und „Uraltfälle" die alte Rechtslage (mit NEhelG Art 12 § 10) vorsieht (EGBGB 227 nF); altes Nichtehelichenerbrecht gilt fort, sofern vor dem 1. 4. 1998 der Erbfall eingetreten ist oder eine wirksame Erbausgleichsvereinbarung getroffen oder der Erbausgleich rechtskräftig zuerkannt worden ist (EGBGB 227 nF); zur Reform Böhm NJW 98, 1043; Zimmermann DNotZ 98, 404; Schwab DNotZ 98, 437; Bosch FamRZ 96, 1; Hess FamRZ 96, 781; Stürner JZ 96, 749; Ebenroth/Frank ZEV 96, 167; Radziwill/Steiger FamRZ 97, 268; Rauscher ZEV 98, 41. **e)** Sonderfall: Kinder nach künstlicher Befruchtung. Unwiderlegliche und unanfechtbare (sic!) Mutterschaftsvermutung zugunsten der gebärenden Mutter nach Eispende oder Embryotransfer (§ 1591 nF; hierzu Quantius FamRZ 98, 1145, 1150 ff; Gaul FamRZ 97, 1441, 1463); umstrittenes Anfechtungsrecht des Ehemannes nach einverständlicher heterologer Insemination (BGH 87, 169; 129, 297; NJW 95, 2921; krit Quantius FamRZ 98, 1145, 1149; Gaul FamRZ 97, 1441, 1465); nach neuem Recht (§§ 1600 ff nF) Anfechtungsrecht des Kindes und auch der Mutter (s Celle FamRZ 01, 700); zum alten Recht Coester-Waltjen FamRZ 92, 371; Mansees, Das Erbrecht des Kindes nach künstlicher Befruchtung, 1991 (Diss. Marburg); FamRZ 86, 756.   4

3. Rangfolge der Abkömmlinge. Der nähere Abkömmling schließt den entfernteren gem II von der Erbfolge aus (Linearsystem); der entferntere Abkömmling – nicht etwa die Erben des näheren Abkömmlings – tritt gem III an die Stelle des nicht mehr lebenden näheren Abkömmlings (Eintrittsrecht bei Erbfolge nach Stämmen). Entgegen dem Gesetzeswortlaut ist dieses Eintrittsrecht bei jedwedem Wegfall – also nicht nur Tod – des näheren Abkömmlings zu bejahen, also auch bei Ausschlagung (§ 1953), Enterbung (§ 1938 – soweit sie sich nicht auf den ganzen Stamm erstreckt), Erbunwürdigkeit (§ 2344), Erbverzicht (§§ 2346, 2349). Abkömmlinge können nach dem Tod des Verzichtenden den noch bestehenden Erbverzicht nicht durch einen Aufhebungsvertrag mit dem Erblasser beseitigen (BGH JZ 99, 147 f; sa § 2346 Rn 1).   5

4. Erbschaftsteuer. Kinder des Erblassers können einen Freibetrag von 205 000,– € geltend machen (ErbStG 15 I Abs 1 Nr 2, 16 Abs 1 Nr 2); hinzu kommt die Steuerbefreiung für Hausrat bis zu 41 000,– € (ErbStG 13 Nr 1 a) und für Kinder bis zum 27. Lebensjahr ein nach Alter gestaffelter Versorgungsfreibetrag, von dem aber der Kapitalwert erbschaftsteuerfreier Versorgungsbezüge abzusetzen ist. Wesentlich ist, daß die Bewertung von *Grundbesitz* zu deutlichen Ermäßigungen gegenüber dem Verkehrswert führt (hierzu Geiß NJW 98, 13): bebaute Grundstücke (BewertungsG 146) nach dem Ertragswert (12,5fache Jahresnettokaltmiete, Alterswertminderung 0,5% pro Jahr bis maximal 25%, 20%iger Zuschlag bei Ein- und Zweifamilienhäusern, insgesamt idR gut 50% des Verkehrswertes); unbebaute Grundstücke mit 80% des Bodenrichtwertes (BewertungsG 145 III). Beim Erwerb von *Betriebsvermögen* bleiben 256 000,– € des Gesamtnachlasses steuerfrei, im übrigen erfolgt ein Bewertungsabschlag von 40% (ErbStG 13 a); der Erblasser   6

Stürner 1655

§§ 1925, 1926

kann den Freibetrag unter mehrere Erben aufteilen. Der Steuersatz der Steuerklasse I, zu der außer den Kindern und dem Ehegatten auch Stiefkinder, Enkel und weitere Abkömmlinge sowie Eltern und Großeltern gehören, steigt von 7% auf 30%. So beträgt er bei einem zu versteuernden Erwerb von 512 000,– € 15% (ErbStG 19). Für Betriebsvermögen, das nicht Steuerklasse I unterfällt, mildert ein besonderer Entlastungsbetrag (ErbStG 19 a) die Besteuerung. S. zum Ganzen die Erbschaftssteuerrichtlinien 1998 (BStBl I 1998, SonderNr 2) und die Hinweise der Obersten Länderfinanzbehörden (BStBl I 1998, 1529); hierzu Ebeling NJW 99, 1087; ferner Söffing/Breitenöter NJW 97, 686; Dressler NJW 97, 2848 (Vereinbarungen über Pflichtteilsansprüche); Korezkij ZEV 98, 291 (ErbStG 14 I 3); zur Verfassungsmäßigkeit der Erbschaftsbesteuerung nach Rückfall der im Wege vorweggenommener Erbfolge übertragenen Vermögenswerte aufgrund Vorversterbens des Beschenkten s BVerfG NJW 98, 743. Zum Erbschaftsteuerrecht bei Erbfällen *vor* dem 1. 1. 1996 s 7. Aufl § 1924 Anm 4.

7   5. Zur **Hoferbenordnung** vgl HöfeO 5, 6.

§ 1925 Gesetzliche Erben zweiter Ordnung

(1) **Gesetzliche Erben der zweiten Ordnung sind die Eltern des Erblassers und deren Abkömmlinge.**

(2) **Leben zur Zeit des Erbfalls die Eltern, so erben sie allein und zu gleichen Teilen.**

(3) ¹**Lebt zur Zeit des Erbfalls der Vater oder die Mutter nicht mehr, so treten an die Stelle des Verstorbenen dessen Abkömmlinge nach den für die Beerbung in der ersten Ordnung geltenden Vorschriften.** ²**Sind Abkömmlinge nicht vorhanden, so erbt der überlebende Teil allein.**

(4) **In den Fällen des § 1756 sind das angenommene Kind und die Abkömmlinge der leiblichen Eltern oder des anderen Elternteils des Kindes im Verhältnis zueinander nicht Erben der zweiten Ordnung.**

1   1. a) Bei Wegfall beider Elternteile läuft die Erbfolge auf Vater- und Mutterseite ebenfalls getrennt, so daß halbbürtige Geschwister einen Erbteil und vollbürtige Geschwister zwei Erbteile erwerben (sehr str, vgl zu den Folgen § 1951 Rn 2). III findet auch auf die Erbfolge nach dem volljährig Adoptierten Anwendung, so daß an die Stelle leiblicher Elternteile deren Abkömmlinge treten (Zweibrücken Rpfle-
2   ger 97, 24). b) § 1756 löst in bestimmten Fällen der Minderjährigenadoption nur das Verwandtschaftsverhältnis zu den leiblichen Eltern bzw einem leiblichen Elternteil auf. In IV wird klargestellt, daß damit auch die Abkömmlinge der nichtverwandten Eltern nicht mehr Erben zweiter Ordnung sind; das schließt aber nicht aus, daß sie zB über gemeinsame Großeltern als Erben dritter Ordnung (§ 1926 III, IV) zum Zuge kommen; vgl auch § 1924 Rn 2. Die gleichen Grundsätze gelten auch umgekehrt für das Erbrecht des angenommenen Kindes (zum Ganzen Schmitt-Kammler FamRZ 78, 570; Dieckmann FamRZ 79, 393–395).

§ 1926 Gesetzliche Erben dritter Ordnung

(1) **Gesetzliche Erben der dritten Ordnung sind die Großeltern des Erblassers und deren Abkömmlinge.**

(2) **Leben zur Zeit des Erbfalls die Großeltern, so erben sie allein und zu gleichen Teilen.**

(3) ¹**Lebt zur Zeit des Erbfalls von einem Großelternpaar der Großvater oder die Großmutter nicht mehr, so treten an die Stelle des Verstorbenen dessen Abkömmlinge.** ²**Sind Abkömmlinge nicht vorhanden, so fällt der Anteil des Verstorbenen dem anderen Teil des Großelternpaars und, wenn dieser nicht mehr lebt, dessen Abkömmlingen zu.**

(4) Lebt zur Zeit des Erbfalls ein Großelternpaar nicht mehr und sind Abkömmlinge der Verstorbenen nicht vorhanden, so erben die anderen Großeltern oder ihre Abkömmlinge allein.

(5) Soweit Abkömmlinge an die Stelle ihrer Eltern oder ihrer Voreltern treten, finden die für die Beerbung in der ersten Ordnung geltenden Vorschriften Anwendung.

§ 1927 Mehrere Erbteile bei mehrfacher Verwandtschaft

¹ Wer in der ersten, der zweiten oder der dritten Ordnung verschiedenen Stämmen angehört, erhält den in jedem Stämme ihm zufallenden Anteil. ² Jeder Anteil gilt als besonderer Erbteil.

1. Die Vorschrift kann bei Verwandtenehe (zB Heirat zwischen Vetter und Base) oder Verwandtenadoption (vgl § 1924 Rn 2 und § 1925 Rn 2) praktisch werden; vgl auch § 1925 Rn 1. Die Bedeutung der Erbteilstrennung zeigt sich bei §§ 1951, 2007, ferner bei Ausgleichspflichten oder Belastungen, die nur einen Erbteil treffen.

§ 1928 Gesetzliche Erben vierter Ordnung

(1) Gesetzliche Erben der vierten Ordnung sind die Urgroßeltern des Erblassers und deren Abkömmlinge.

(2) Leben zur Zeit des Erbfalls Urgroßeltern, so erben sie allein; mehrere erben zu gleichen Teilen, ohne Unterschied, ob sie derselben Linie oder verschiedenen Linien angehören.

(3) Leben zur Zeit des Erbfalls Urgroßeltern nicht mehr, so erbt von ihren Abkömmlingen derjenige, welcher mit dem Erblasser dem Grade nach am nächsten verwandt ist; mehrere gleich nahe Verwandte erben zu gleichen Teilen.

1. Von der vierten Ordnung an fällt das Eintrittsrecht mit Erbfolge nach Stämmen weg: Es erben gem II die lebenden Urgroßeltern allein unter Ausschluß von Abkömmlingen verstorbener Urgroßeltern, iü Abkömmlinge nach Verwandtschaftsgrad (§ 1589 S 2).

§ 1929 Fernere Ordnungen

(1) Gesetzliche Erben der fünften Ordnung und der ferneren Ordnungen sind die entfernteren Voreltern des Erblassers und deren Abkömmlinge.

(2) Die Vorschrift des § 1928 Abs. 2, 3 findet entsprechende Anwendung.

§ 1930 Rangfolge der Ordnungen

Ein Verwandter ist nicht zur Erbfolge berufen, solange ein Verwandter einer vorhergehenden Ordnung vorhanden ist.

1. a) Die Vorschrift gibt die **Grundregel** zur Reihenfolge der Ordnungen (vgl § 1924 Rn 1) und stellte dabei früher klar, daß auch Erbersatzanspruchsberechtigte die Verwandten fernerer Ordnungen ausschlossen (§ 1930 letzter HS aF). Bsp zum alten Recht: Erblasser war der verheiratete nichteheliche Vater; Erbin war die Ehefrau, erbersatzberechtigt in Höhe des halben Nachlaßwertes (§§ 1934 a I aF, 1931 I aF, 1371 I aF, 1924 I) das nichteheliche Kind, so daß die Eltern des Erblassers auch unter altem Recht nichts erbten. **b) Fälle des Nichtvorhandenseins:** §§ 1953, 1934 d aF, 1938, 2344, 2346 mit 2349, wobei aber stets der Eintritt von Erben der gleichen Ordnung zu prüfen ist. **c)** Zur *Reform* des Nichtehelichenrechtes durch das ErbrechtsgleichstellungsG v 16. 12. 1997 (BGBl I, 2968) § 1924 Rn 3.

§ 1931 Gesetzliches Erbrecht des Ehegatten

(1) ¹Der überlebende Ehegatte des Erblassers ist neben Verwandten der ersten Ordnung zu einem Viertel, neben Verwandten der zweiten Ordnung oder neben Großeltern zur Hälfte der Erbschaft als gesetzlicher Erbe berufen. ²Treffen mit Großeltern Abkömmlinge von Großeltern zusammen, so erhält der Ehegatte auch von der anderen Hälfte den Anteil, der nach § 1926 den Abkömmlingen zufallen würde.

(2) Sind weder Verwandte der ersten oder der zweiten Ordnung noch Großeltern vorhanden, so erhält der überlebende Ehegatte die ganze Erbschaft.

(3) Die Vorschrift des § 1371 bleibt unberührt.

(4) Bestand beim Erbfall Gütertrennung und sind als gesetzliche Erben neben dem überlebenden Ehegatten ein oder zwei Kinder des Erblassers berufen, so erben der überlebende Ehegatte und jedes Kind zu gleichen Teilen; § 1924 Abs. 3 gilt auch in diesem Falle.

Lit: Dieckmann FamRZ 79, 390–392; Bosch FamRZ 83, 227 und Jung Rpfleger 84, 165 (Reform).

1. Die **bestehende Ehe** ist Voraussetzung des Ehegattenerbrechts; es entfällt also bei Nichtehe, nichtig erklärter, aufgehobener und geschiedener Ehe (vgl zur Vorverlegung § 1933); kein Erbrecht bei nichtehelicher Lebensgemeinschaft (Saarbrücken NJW 79, 2050; Frankfurt NJW 82, 1885; Diederichsen NJW 83, 1024; zur Reform Goetz FamRZ 85, 987; vgl iü § 705 Rn 15 f). Bei eingetragener Lebenspartnerschaft gilt § 10 LPartG. „Hinkende" (dh nur nach ausländischem Recht wirksame, nach deutschem IPR und materiellem Recht unwirksame) Ehen können unter deutschem Erbrecht keine ges Erbfolge begründen (trotz BVerfG 62, 323, wo für RVO 1264 aF anders entschieden ist; krit Müller-Freienfels JZ 83, 230).

2. a) **Ehegattenerbteil bei Gütergemeinschaft** (§§ 1482 S 2, 1483 I 3, II): Erbfolge gem I. *Bsp:* Geschwister des Erblassers leben: Ehegattenerbteil ¹/₂; alle Großeltern leben: Ehegattenerbteil ¹/₂; 2 Großväter leben neben 1 Abkömmling einer verstorbenen Großmutter: Ehegattenerbteil ⁵/₈; keine Großeltern leben, sondern ihre Abkömmlinge: Ehegattenerbteil ¹/₁; ein Großelternteil lebt, keine Abkömmlinge der Großeltern: Ehegattenerbteil ¹/₂; ein Großelternteil lebt mit Abkömmlingen des andern Großelternpaares: Ehegattenerbteil ³/₄; ein nichteheliches Kind des Erblassers lebt (Altfälle): Ehegattenerbteil ¹/₁, aber Erbersatzanspruch in Höhe von ³/₄; zur Reform § 1924 Rn 3. b) **Ehegattenerbteil bei Gütertrennung:** Sofern *keine* Kinder ges Erben oder Erbersatzberechtigte alten Rechts (§ 1924 Rn 3) sind oder wenn *mehr als zwei Kinder* Erben oder Erbersatzberechtigte alten Rechts sind, bewendet es bei I; sonst gilt IV mit Eintrittsrecht der Kindeskinder. *Bsp*: Ehegatte und ein eheliches Kind leben: Ehegattenerbteil ¹/₂; Ehegatte, ein eheliches und ein nichteheliches Kind leben: Ehegatte und Kinder erben zu je ¹/₃, bei Altfällen (Erbfall vor 1. 4. 1998): Ehegatte und eheliches Kind erben zu je ¹/₂, Erbersatzanspruch in Höhe von ¹/₃; Ehegatte, 2 eheliche und 2 nichteheliche Kinder leben: Ehegatte ¹/₄, Kinder je ³/₁₆, bei Altfällen: Ehegatte ¹/₄, eheliche Kinder je ³/₈, Erbersatzanspruch zu je ¹/₆ (teilw str). *Übergangsrecht:* Gem NEhelG Art 12 § 10 I 1 gilt IV nicht für Erbfälle vor 1. 7. 70; bei nichtehelichen Kindern vgl ferner § 1924 Rn 3. c) **Erhöhter Ehegattenerbteil bei Zugewinngemeinschaft:** § 1371 I, 1931 III. Bsp: Ehegatte, ein Großelternteil mit Abkömmlingen des andern Großelternpaares leben: Ehegattenerbrecht ¹/₁, nämlich ³/₄ gem I (Rn 2) und ¹/₄ gem III (str, v. Olshausen FamRZ 81, 633); Ehegatte und nichteheliches Kind leben: Ehegattenerbteil ¹/₂, nichteheliches Kind ¹/₂ (kein Erbersatzanspruch mehr!); Ehegatte, 1 eheliches und 1 nichteheliches Kind leben: Ehegatte ¹/₂, eheliches und nichteheliches Kind jeweils ¹/₄ (kein Erbersatz-

Erbfolge **§§ 1932, 1933**

anspruch des nichtehelichen Kindes; Übergangsrecht EGBGB 227). S zur Reform des Nichtehelichenrechtes durch das ErbGleichG v 16. 12. 1997 (BGBl I, 2968) § 1924 Rn 3; zum Pflichtteilsrecht § 2303 Rn 4 ff; zur Ehegatteninnengesellschaft und entspr Abwicklungsansprüchen § 705 Rn 13 f.

3. Steuerrecht. Vom Ehegattenerbteil ist auch bei der Erbfolge gem § 1371 I der Wert des Zugewinnausgleichs abzusetzen (ErbStG 5 I). Der Zugewinnausgleich selbst ist nicht erbschaftsteuerpflichtig (ErbStG 5 II). Zum Ehegattenfreibetrag von 307 000,– € (ErbStG 16 I Nr 1) tritt der Versorgungsfreibetrag von 256 000,– € (ErbStG 17 I: Kürzung um Kapitalwert erbschaftsteuerfreier Versorgungsbezüge, dazu BFHE 183, 244 f). Gemeinschaftliche Konten bzw Gemeinschaftsdepots („Undkonten" bzw „Oderkonten") fallen im Zweifel nur zur Hälfte in den steuerlichen Nachlaß des erstverstorbenen Ehegatten. Vgl zur Steuerbefreiung für Hausrat, zur Bewertung von Grundstücken und zum Steuersatz § 1924 Rn 6. Der *nichteheliche Lebensgefährte* kann anders als der Ehegatte nicht Steuerklasse I beanspruchen, ebensowenig den Freibetrag gem ErbStG 16 I Nr 1 oder den Versorgungsfreibetrag gem ErbStG 17 I (BFH NJW 83, 1080 – LS; BVerfG DB 83, 2232; NJW 90, 1593, vgl BFH NJW 01, 2655 zu GrEStG 3 Nr 4). Der Erbe kann Zuwendungen für Pflegeleistungen des Lebensgefährten am Erblasser nicht als Erblasserschuld absetzen (EStG 10 V Nr 1; BFH NJW 89, 1696). Der *Lebenspartner* nach dem LPartG, nachdem das zustimmungsbedürftige LPartErgG (BT-Drs 14/4545, 69 ff) im BR nicht verabschiedet worden ist, dem Ehegatten steuerlich noch nicht gleichgestellt, was wohl keinen verfassungsrechtlichen Bedenken begegnet.

4. Zum **Ehegattenerbrecht bei Hoferbfolge** vgl HöfeO 5 Nr 2, 6 II, 8 (hierzu BGH NJW 86, 2434), 14.

§ 1932 Voraus des Ehegatten

(1) ¹**Ist der überlebende Ehegatte neben Verwandten der zweiten Ordnung oder neben Großeltern gesetzlicher Erbe, so gebühren ihm außer dem Erbteil die zum ehelichen Haushalt gehörenden Gegenstände, soweit sie nicht Zubehör eines Grundstücks sind, und die Hochzeitsgeschenke als Voraus.** ²**Ist der überlebende Ehegatte neben Verwandten der ersten Ordnung gesetzlicher Erbe, so gebühren ihm diese Gegenstände, soweit er sie zur Führung eines angemessenen Haushalts benötigt.**

(2) **Auf den Voraus sind die für Vermächtnisse geltenden Vorschriften anzuwenden.**

Lit: Eigel, Der Voraus des überlebenden Ehegatten, MittRhNotK 1983, 1.

1. a) Voraussetzungen des Voraus sind: Bestehen der Ehe beim Erbfall; ges Erbschaft des Ehegatten (also keine testamentarische Erbfolge – BGH 73, 31, 35; NJW 83, 2874 – und keine Ausschlagung des ges Erbteils, vgl auch § 1948 Rn 2). Im Falle eingetragener Lebenspartnerschaften findet § 10 Abs 1 S 2–4 LPartG Anwendung. **b)** Der Ehegatte **benötigt** Haushaltsgegenstände (vgl I 2), wenn ihm eigene Gegenstände dieser Art fehlen und eine Neubeschaffung nicht zumutbar erscheint. **c)** Gem II besteht nur ein schuldrechtlicher Übertragungsanspruch gegen die Erben (§§ 2147, 2174); zur Anrechnung bei der Pflichtteilsberechnung vgl § 2311 Rn 10. **d)** Ähnlichen Zwecken dienen §§ 563 ff nF bzw §§ 569 a und b aF.

§ 1933 Ausschluss des Ehegattenerbrechts

¹**Das Erbrecht des überlebenden Ehegatten sowie das Recht auf den Voraus ist ausgeschlossen, wenn zur Zeit des Todes des Erblassers die Voraussetzungen für die Scheidung der Ehe gegeben waren und der Erblasser die Scheidung beantragt oder ihr zugestimmt hatte.** ²**Das Gleiche**

§ 1934

gilt, wenn der Erblasser berechtigt war, die Aufhebung der Ehe zu beantragen, und den Antrag gestellt hatte. ³ In diesen Fällen ist der Ehegatte nach Maßgabe der §§ 1569 bis 1586 b unterhaltsberechtigt.

Lit: Battes, Die Änderung erbrechtlicher Vorschriften im Zusammenhang mit der Reform des Scheidungsrechts, FamRZ 77, 433; Dieckmann FamRZ 79, 396.

1 1. a) **Voraussetzungen** des vorverlegten Ausschlusses der ges Erbfolge: **aa)** Antrag auf Scheidung durch den Erblasser (ZPO 622, 253, 261), wobei Einreichung analog ZPO 270 III genügen sollte (SoeStein 4; aA die hM: BGH NJW 90, 2382; BayObLGZ 90, 22; Saarbrücken FamRZ 83, 1274 zu § 2077); alternativ die Zustimmung zur Scheidung (§ 1566 I, ZPO 630 II) auf Antrag des überlebenden Ehegatten (BGH NJW 90, 2382; 95, 1083; BayObLG NJW-RR 96, 651: Willenserklärung und zugleich Prozeßhandlung, außergerichtliche Zustimmung nicht ausreichend). Dem Scheidungsantrag steht der Aufhebungsantrag (§ 1313 nF; ZPO 253, 261) gleich. **bb)** Vorliegen eines Scheidungsgrundes (§§ 1565–1568) bzw Vorliegen von Aufhebungsgründen (§§ 1314 f nF). Sofern sich der Antrag des Erblassers auf § 1566 I stützt, muß der Zustimmung des anderen Teils genügen; Einigung über Scheidungsfolgen (ZPO 630 I Nr 2 und 3 nF) ist nicht zu verlangen (Frankfurt NJW-RR 90, 136; str, aA Bremen FamRZ 86, 833; Schleswig NJW 93,
2 1083; Zweibrücken NJW 01, 236). **b)** Die **Wirkung** besteht im Fortfall des ges Erbrechts und des Pflichtteilsrechts (vgl auch § 2335). Der Fortfall ist verfassungsrechtlich bedenklich, wenn er gem S 1 1. Alt einseitig den Scheidungsgegner trifft, während der Antragsteller erbberechtigt bleibt (Zopfs ZEV 95, 309; offen BVerfG FamRZ 95, 536). Unberührt bleiben der Zugewinnausgleich (BGH 99, 304: Scheidungsantrag als Berechnungsstichtag) und der Unterhaltsanspruch, sofern er nach Scheidung bestehen würde. Rücknahme des Scheidungsantrags vor Herz- und Kreislaufstillstand, aber nach Hirntod, ist unbeachtlich (Frankfurt NJW 97, 3099; hierzu krit Leipold JZ 98, 661). **c) Parallelvorschriften** §§ 2077 nF, 2268, 2279.

3 2. **Prozessuales:** Wer sich auf den Ausschluß des Ehegattenerbrechts beruft, hat zum einen nachzuweisen, daß der Erblasser die Scheidung beantragt bzw ihr zugestimmt oder den Aufhebungsantrag gestellt hat. Zum andern muß er beweisen, daß ein Scheidungs- bzw Aufhebungsgrund vorlag (BGH NJW 95, 1084; BayObLG FamRZ 92, 1350; Schleswig NJW 93, 1083). Er kann sich dabei auf die Vermutungen des § 1566 stützen (Bremen FamRZ 86, 834). Der überlebende Ehegatte trägt hingegen die Beweislast, daß die Ehe trotz Vorliegens eines Grundes wegen §§ 1568, 1315 nF nicht geschieden bzw aufgehoben worden wäre.

4 3. Das **Eheschließungsrechtsgesetz** vom 4. 5. 1998 (BGBl I, 833) hat das EheG aufgehoben und reformierte Vorschriften zur Aufhebung der Ehe in das BGB inkorporiert (§§ 1313–1318 nF). Die frühere Aufhebungsklage ist in Anpassung an das Scheidungsrecht (vgl § 1564) durch ein Antragsverfahren ersetzt worden (§ 1313 nF; sa die Folgeänderungen in §§ 1933 S 2, 2077 I 3 nF). Die Folgen der fehlerhaften Ehe sind vereinheitlicht: bisherige Nichtigkeits- sind nunmehr Aufhebungsgründe (§ 1314 nF).

5 4. Für eingetragene Lebenspartnerschaften gilt die entsprechende Regelung des § 10 Abs 3 LPartG.

§ 1934 Erbrecht des verwandten Ehegatten

¹ Gehört der überlebende Ehegatte zu den erbberechtigten Verwandten, so erbt er zugleich als Verwandter. ² Der Erbteil, der ihm auf Grund der Verwandtschaft zufällt, gilt als besonderer Erbteil.

1 1. Die Vorschrift entspricht § 1927. Ihre praktische Bedeutung ist gering.

§§ 1934 a–e *(aufgehoben durch ErbGleichG)*, s § 1924 Rn 3 und 8. Aufl.

§ 1935 Folgen der Erbteilserhöhung

Fällt ein gesetzlicher Erbe vor oder nach dem Erbfall weg und erhöht sich infolgedessen der Erbteil eines anderen gesetzlichen Erben, so gilt der Teil, um welchen sich der Erbteil erhöht, in Ansehung der Vermächtnisse und Auflagen, mit denen dieser Erbe oder der wegfallende Erbe beschwert ist, sowie in Ansehung der Ausgleichungspflicht als besonderer Erbteil.

1. a) Der **Erbteilserhöhung** bei ges Erbfolge entspricht die Anwachsung bei gewillkürter Erbfolge (§ 2094). **b) Wegfall:** vgl §§ 1923 I, 1933, 1938, 2346 vor dem Erbfall; §§ 1953, 2344, 1923 II (Totgeburt) nach dem Erbfall. **c) Erbteilstrennung** gilt nur hinsichtlich der genannten Belastungen, ansonsten handelt es sich um einheitliche Erbteile; vgl aber § 2007 S 2. Parallelvorschrift bei testamentarischer Erbfolge ist insoweit § 2095.

§ 1936 Gesetzliches Erbrecht des Fiskus

(1) ¹Ist zur Zeit des Erbfalls weder ein Verwandter, ein Lebenspartner noch ein Ehegatte des Erblassers vorhanden, so ist der Fiskus des *Bundesstaats,* dem der Erblasser zur Zeit des Todes angehört hat, gesetzlicher Erbe. ²Hat der Erblasser mehreren *Bundesstaaten* angehört, so ist der Fiskus eines jeden dieser *Staaten* zu gleichem Anteil zur Erbfolge berufen.

(2) War der Erblasser ein Deutscher, der keinem *Bundesstaat* angehörte, so ist der *Reichs*fiskus gesetzlicher Erbe.

1. Das Staatserbrecht gebührt nunmehr den Bundesländern; vgl ie VO v 5. 2. 1934 (RGBl I 85 = BGBl III 102 – 2) § 4. Seine praktischen Voraussetzungen regeln §§ 1964–1966; vgl auch § 1942 Rn 4. Zum IPR des Staatserbrechts Stephan Lorenz Rpfleger 93, 433 (Deutschland/Österreich).

§ 1937 Erbeinsetzung durch letztwillige Verfügung

Der Erblasser kann durch einseitige Verfügung von Todes wegen (Testament, letztwillige Verfügung) den Erben bestimmen.

§ 1938 Enterbung ohne Erbeinsetzung

Der Erblasser kann durch Testament einen Verwandten, den Ehegatten oder den Lebenspartner von der gesetzlichen Erbfolge ausschließen, ohne einen Erben einzusetzen.

§ 1939 Vermächtnis

Der Erblasser kann durch Testament einem anderen, ohne ihn als Erben einzusetzen, einen Vermögensvorteil zuwenden (Vermächtnis).

§ 1940 Auflage

Der Erblasser kann durch Testament den Erben oder einen Vermächtnisnehmer zu einer Leistung verpflichten, ohne einem anderen ein Recht auf die Leistung zuzuwenden (Auflage).

§ 1941 Erbvertrag

(1) Der Erblasser kann durch Vertrag einen Erben einsetzen sowie Vermächtnisse und Auflagen anordnen (Erbvertrag).

§ 1941

(2) **Als Erbe (Vertragserbe) oder als Vermächtnisnehmer kann sowohl der andere Vertragschließende als ein Dritter bedacht werden.**

Anmerkungen zu den §§ 1937–1941

Lit: Strothmann, Privatautonome Gestaltungsfreiheit im Recht der Verfügung von Todes wegen, Jura 82, 349; Wacke, Rechtsfolgen testamentarischer Verwirkungsklauseln, DNotZ 90, 403.

1   1. **Zweck.** Die Vorschriften beinhalten die Grundsätze der gewillkürten Erbfolge und stellen damit klar, daß die vom Ges als Regelfall behandelte ges Erbfolge (§§ 1924–1936) durch Erblasserwillen abdingbar ist. Die formellen Anforderungen an ein Testament müssen dabei beachtet werden (BayObLG FamRZ 00, 853). Außer Erbeinsetzung (§ 1937), Enterbung (§ 1938), Vermächtnis (§ 1939) und Auflage (§ 1940) können letztwillige Verfügung aber auch noch anderen Inhalt haben; vgl §§ 83 (hierzu BGH 70, 321), 2048, 2197, 2254, 2258, 2336, 2338; ferner §§ 332, 1638, 1639, 1640 II Nr 2, 1803, 1777, 1782. Die entgeltliche Zuwendung eines Auflassungsanspruchs in einem Erbvertrag kann einen Vorkaufsfall gem § 463 nF bzw 504 aF begründen (BGH NJW 98, 2136 mN). Das sog

2   **Patiententestament** ist keine letztwillige Verfügung, sondern die vorgezogene rechtsverbindliche Einwilligung oder Verweigerung der Einwilligung in eine Behandlungsform für den Fall späterer Geschäftsunfähigkeit; diese Erklärung ist jederzeit widerruflich (Lit: Berger JZ 00, 797; Taupitz, Gutachten 63. DJT, 2000; Sternberg/Lieben NJW 85, 2734; Schöllhammer, Die Rechtsverbindlichkeit des Patiententestaments, 1993; Uhlenbruck, Selbstbestimmtes Sterben durch Patiententestament, 1997; ders, ZAP 99, 223; Verfügungsmuster in NJW 00, 855).

3   2. Die **einzelnen Vorschriften** tragen zur genauen Regelung wenig bei und haben mehr definitorische Bedeutung; es ist deshalb im wesentlichen auf die ausführlichere Regelung der nachfolgenden Abschnitte zu verweisen. a) **Erbeinsetzung.** Vgl §§ 2087 ff, aber auch schon §§ 2064 ff; ferner §§ 2100 ff. Zur Zuwendung des Pflichtteils bzw Ersatzanspruchs alten Rechts vgl § 2304 Rn 1 f.

4   b) **Enterbung.** Die Erbeinsetzung anderer wird meist vgl § 2066) die Enterbung des ges Erben schlüssig mitenthalten (BayObLG NJW-RR 92, 840; Stuttgart BWNotZ 81, 143); § 1938 gestattet darüber hinaus die alleinige Enterbung (negatives Testament); BayObLG NJW-RR 96, 967: schlüssige Enterbung; NJW-RR 96, 967: „Pflichtteilsentzug" bei nicht pflichtteilsberechtigtem gesetzl Erben als Enterbung. IZw wird sich die Enterbung nicht auf Abkömmlinge erstrecken (LM Nr 1; BayObLG DNotZ 90, 425 mAnm Kuchinke), so daß sie anstelle des weggefallenen Erben eintreten (vgl § 1924 III); anders bei eindeutigem Willen zur Enterbung des ganzen Stammes (Karlsruhe BWNotZ 84, 69; sa § 2069 Rn 2). Der Enterbte hat ggf Pflichtteilsrecht gem §§ 2303 ff, jedoch ist vor allem bei – zur Enterbung nicht notwendiger – Angabe von Gründen Pflichtteilsentziehung (§§ 2333–2336) zu prüfen. Unzutreffende Begründung kann zur Irrtumsanfechtung gem § 2078 II berechtigen (BGH NJW 65, 584). Nachträgliche Pflichtteilsentziehung bzw. -beschränkung ist nicht zwingend als Enterbung aufzufassen (BayObLG FamRZ 00, 1459), sondern kann allein zur Vermeidung einer Ausschlagung

5   durch den eingesetzten Erben gewollt sein. c) **Vermächtnis.** Vgl §§ 2147 ff, insbes § 2174. Wichtige Abgrenzungen: Erbeinsetzung – Vermächtnis, § 2087 Rn 1–3; Teilungsanordnung – Vorausvermächtnis, § 2048 Rn 4; Nacherbschaft – Nießbrauchvermächtnis, § 2100 Rn 3 ff; Vermächtnis – Auflage, Vor § 2147 Rn 2. d) **Auflage.** Vgl §§ 2192 ff. e) **Erbvertrag.** Vgl §§ 2274 ff; zur Auslegung § 2084 Rn 2.

6   3. Zur Stellung des potentiellen Erben vor dem Erbfall: Vor § 1922 Rn 2.
     4. Zum Vertrag unter Lebenden auf den Todesfall vgl § 2301.
     5. Zur gewillkürten Erbfolge im Höferecht vgl HöfeO 7, 8, 16.

Abschnitt 2. Rechtliche Stellung des Erben

Titel 1. Annahme und Ausschlagung der Erbschaft, Fürsorge des Nachlassgerichts

§ 1942 Anfall und Ausschlagung der Erbschaft

(1) **Die Erbschaft geht auf den berufenen Erben unbeschadet des Rechts über, sie auszuschlagen (Anfall der Erbschaft).**

(2) **Der Fiskus kann die ihm als gesetzlichem Erben angefallene Erbschaft nicht ausschlagen.**

Lit: Lüke, Die ausgeschlagene Erbschaft, JuS 78, 254; Pohl, Mängel der Erbschaftsannahme und -ausschlagung, AcP 177, 52; Weithase, Zurückweisung einer geringfügigen Erbschaft, Rpfleger 88, 434.

1. Allgemeines. Die Vorschrift wiederholt inhaltlich § 1922 I, statuiert aber das Ausschlagungsrecht. „Berufen" ist der ges (§§ 1923 ff) oder testamentarische (§ 1937) Erbe.

2. Erbschaftsanfall. Erbfall (§ 1922 I) und Erbschaftsanfall fallen regelmäßig zusammen. § 1942 I ist zwingendes Recht, der Erblasser kann den Anfall nicht aufschieben. Die Klausel, jemand werde Erbe, „falls er nicht ausschlägt", ändert daher nichts am sofortigen Anfall, insbes liegt kein Fall des § 2105 I vor. Zum Zusammenfallen bei Ausschlagung oder Erbunwürdigkeit vgl §§ 1953 II, 2344 II, zum Anfall des Vermächtnisses vgl § 2176. *Ausnahmen:* § 1923 II (der Anfall mit der Geburt wirkt aber auf den Zeitpunkt des Erbfalles zurück), § 2139, §§ 2177–2179.

3. Schwebezustand. Bis zur Annahme (§ 1943) ist der vorläufige Erbe während einer Überlegungsfrist (§ 1944) geschützt: §§ 211 nF bzw 207 aF, 1958, 1995 II; ZPO 239 V, 778. Die Begünstigungsabsicht (InsO 131 I Nr 3, II) des vorläufigen Erben muß sich der endgültige Erbe zurechnen lassen (BGH NJW 69, 1349 zu KO 30 Nr 2 aF).

4. Erbpflicht des Fiskus. Damit eine Erbschaft nicht herrenlos wird, kann der Fiskus als Erbe iSd § 1936 nicht ausschlagen. Dafür hat er die Privilegien der §§ 1966, 2011, ZPO 780 II.

§ 1943 Annahme und Ausschlagung der Erbschaft

Der Erbe kann die Erbschaft nicht mehr ausschlagen, wenn er sie angenommen hat oder wenn die für die Ausschlagung vorgeschriebene Frist verstrichen ist; mit dem Ablauf der Frist gilt die Erbschaft als angenommen.

1. Rechtsnatur der Annahme. Die Annahme ist die formlose, nicht empfangsbedürftige Willenserklärung, Erbe sein zu wollen.

2. Die Erklärung der Annahme kann folglich erfolgen **a) ausdr:** zB durch Erklärung gegenüber einem Gläubiger, Miterben oder dem Nachlaßgericht; **b) schlüssig:** zB durch Stellung eines Erbscheinantrages (BayObLG NJW-RR 99, 590), Erbschaftsverkauf, uU auch den Verkauf eines einzelnen Nachlaßgegenstandes (BayObLG FamRZ 88, 213; weitgehend Oldenburg NJW-RR 95, 141), Geltendmachung des Erbschaftsanspruchs usw. Maßnahmen, die nur der Ausschlagung lediglich der angemessenen Nachlaßfürsorge dienen sollen (zB Antrag auf Testamentseröffnung, evtl auch Verfügungen gemäß § 1959 II, BayObLG 4, 60), sollten nicht als Annahme mißdeutet werden (Celle OLGZ 65, 30; Köln OLGZ 80, 235). Fehlender Annahmewillen bei obj schlüssigem Verhalten befreit den Fahrlässigen nicht von der Erklärungswirkung, uU Anfechtung gem §§ 119 I, 1954

§ 1944 Buch 5. Abschnitt 2. Rechtliche Stellung des Erben

(zT str, BayObLGZ 83, 153). **Sonderfall:** Das Ablaufenlassen der Frist zur Ausschlagung gilt aufgrund ges Auslegungsregel als schlüssige Annahme (vgl auch § 1956).

3   3. **Stellvertretung und Annahmebefugnis.** Für Minderjährige gelten §§ 104 Nr 1, 105 I, 111 S 1, 1629 I 1, 1629a nF; und zwar auch für Annahme durch Fristablauf (arg § 1629a I 1 nF: „auf Grund eines während der Minderjährigkeit erfolgten Erwerbs"; str). Keine vormundschaftsgerichtliche Genehmigung erforderlich (BayObLG Rpfleger 96, 455). Vertretungsberechtigt sind Pfleger iSd §§ 1909–1911. Keine Annahmebefugnis haben Testamentsvollstrecker und Nachlaßpfleger (SoeStein 6). Sondervorschriften: §§ 1432, 1455 Nr 1; InsO 83, KO 9 aF).

§ 1944 Ausschlagungsfrist

(1) **Die Ausschlagung kann nur binnen sechs Wochen erfolgen.**

(2) [1]**Die Frist beginnt mit dem Zeitpunkt, in welchem der Erbe von dem Anfall und dem Grunde der Berufung Kenntnis erlangt.** [2]**Ist der Erbe durch Verfügung von Todes wegen berufen, so beginnt die Frist nicht vor der Verkündung der Verfügung.** [3]**Auf den Lauf der Frist finden die für die Verjährung geltenden Vorschriften der §§ 206, 210 entsprechende Anwendung.**

(3) **Die Frist beträgt sechs Monate, wenn der Erblasser seinen letzten Wohnsitz nur im Ausland gehabt hat oder wenn sich der Erbe bei dem Beginn der Frist im Ausland aufhält.**

1   1. **Kenntnis von Anfall und Berufungsgrund. a) Anfall:** Kenntnis des Erbfalles und der Erbenstellung. Kenntnis der Erbenstellung ergibt sich regelmäßig aus Kenntnis der Verwandtschaftsverhältnisse oder aus Kenntnis einer letztwilligen Verfügung. Notwendig ist die positive zuverlässige Kenntnis, die durch verständlichen Rechts- oder Tatsachenirrtum ausgeschlossen bleibt (BayObLG FamRZ 94, 265; Hamm OLGZ 69, 288; BGH NJW-RR 00, 1530; LM Nr 4 zu § 2306); bloßer Zugang einer Mitteilung steht Kenntnis nicht gleich (BayObLGZ 68, 74;
2   BGH Rpfleger 68, 183). **b) Berufungsgrund:** Kenntnis des Berufungsgrundes spielt nur eine Rolle, wenn zwar Erbenstellung, nicht aber ihr Grund feststeht, also zB bei Zweifeln des ges Erben über Vorliegen oder Wirksamkeit eines ihn ebenfalls berücksichtigenden Testaments; alles zu Rn 1 Gesagte gilt entspr. **c) Fehlen voller Geschäftsfähigkeit:** Kenntnis der Vertreter entscheidend (BayObLGZ 69, 18; Rpfleger 84, 403; sa Hamburg MDR 84, 54), also beider Elternteile (LG Freiburg BWNotZ 93, 44, str); bei gewillkürter Stellvertretung soll § 166 I nicht gelten (zweifelhaft!). **d) Sonderfälle:** §§ 2142 I, 2306 I 2; die Frist für den nasciturus beginnt nicht vor der Geburt (vgl § 1942 Rn 2).

3   2. **Verkündung.** § 1944 I 2 verweist auf § 2260 II, bei fehlender Verkündung gilt der Zeitpunkt der Eröffnung. Die Ausschlagungsfrist läuft erst ab Kenntnis des Erben von der Verkündung bzw Eröffnung (BGH 112, 234).

4   3. **Fristablauf.** Vgl §§ 186 ff; zur Dispositionsbefugnis des Erblassers Stuttgart OLGZ 74, 67 f; bei Verzögerung einer vormundschaftsgerichtlichen Entscheidung (§§ 1643 II, 1822 Nr 2) gilt § 206, nicht § 1956, hM, zuletzt zu § 203 II aF BayObLGZ 69, 18 und 20; 83, 9 (anders bei irrig nicht beantragter Genehmigung!). Innerhalb der Frist kann die vormundschaftsgerichtliche Genehmigung nachgereicht werden (BayObLGZ 83, 219).

5   4. **Ausland,** III. Entspr vor dem Beitritt auch für frühere DDR und Ostberlin, falls Erbrecht des BGB gilt (Dresden, Rpfleger 99, 493); zur Ausschlagung bei Geltung des ZGB-DDR vgl Vor § 1922 Rn 5, 15 und § 1954 Rn 1.

6   5. **Prozessuales.** Wer geltend macht, die Ausschlagungsfrist sei verstrichen, hat dies seinerseits zu beweisen (BGH NJW-RR 00, 1530; Baumgärtel/Strieder II

Titel 1. Annahme, Fürsorge d. Nachlassgerichts **§§ 1945, 1946**

§ 1944 Rn. 2; str). Der ausschlagende Erbe trägt jedoch die Beweislast für seine Behauptung, er sei nicht geschäftsfähig und der Lauf der Frist deshalb gehemmt gewesen (BGH NJW-RR 00, 1530).

§ 1945 Form der Ausschlagung

(1) Die Ausschlagung erfolgt durch Erklärung gegenüber dem Nachlassgericht; die Erklärung ist zur Niederschrift des Nachlassgerichts oder in öffentlich beglaubigter Form abzugeben.

(2) Die Niederschrift des Nachlassgerichts wird nach den Vorschriften des Beurkundungsgesetzes errichtet.

(3) ¹**Ein Bevollmächtigter bedarf einer öffentlich beglaubigten Vollmacht.** ²**Die Vollmacht muss der Erklärung beigefügt oder innerhalb der Ausschlagungsfrist nachgebracht werden.**

1. Rechtsnatur der Ausschlagung. Die Ausschlagung ist die form- und empfangsbedürftige Willenserklärung, nicht Erbe sein zu wollen; zur Auslegung BayObLGZ 67, 33 = NJW 67, 1135; NJW-RR 98, 798 (Ausschlagungserklärung nach griechischem Recht). **a) Form:** Niederschrift des Nachlaßgerichts (II; BeurkG insbes §§ 8 ff) oder öffentl Beglaubigung (§ 129; BeurkG 40, 63); zur Form bei Anwendbarkeit von DDR-Recht Dresden ZEV 97, 26 (notarielle Beglaubigung vor bundesdeutschem Notar); Brandenburg FamRZ 97, 1023 (notarielle Beglaubigung in Belgien). **b) Empfang:** Es gelten die Regeln über den Empfang und Zugang von Willlenserklärungen, insbes § 130. **c) Empfangszuständigkeit:** Nachlaßgericht, idR AG (FGG 72, 73), in Baden-Württemberg der Notar (bwLFGG 1, 38); zur internationalen Empfangszuständigkeit BayObLG NJW-RR 98, 800 (Erbfall unter griechischem Recht). Empfang durch örtl unzuständiges AG ist hinreichend, falls es die Erklärung bearbeitet oder weiterreicht (für einen ähnlich gelagerten Fall BGH 36, 197; sa BGH WM 77, 1145 gegen KG OLGZ 76, 167 bei früherer interlokaler Unzuständigkeit) und jedenfalls nicht zurückweist. Bei innerdeutscher Nachlaßspaltung ist eine vor der Wiedervereinigung vor bundesdeutschen Nachlaßgerichten erklärte Erbausschlagung grundsätzlich nicht für den abgespaltenen Nachlaßteil wirksam (BGH NJW 98, 227). Heilung interlokaler Unzuständigkeit kommt jedoch in Betracht, wenn Ausschlagung für den DDR-Nachlaß schon vor dem 3. 10. 1990 gegenüber demjenigen bundesdeutschen Nachlaßgericht erfolgte, das nach dem Beitritt Zuständigkeit erlangte (KG NJW 98, 243; zur Nachlaßspaltung s Vor § 1922 Rn 5). Das Nachlaßgericht muß außerhalb des Erbscheinsverfahrens nicht über die Wirksamkeit der Ausschlagung entscheiden (BayObLG FamRZ 85, 1291). **d)** Keine Schenkung, folglich keine Gläubigeranfechtung (RG 54, 289).

2. Stellvertretung und Ausschlagungsbefugnis. a) Vertretung durch beide Elternteile, auch bei Ausschluß von der Nachlaßverwaltung (Karlsruhe FamRZ 65, 573). Eltern, Vormund, Betreuer und Pfleger bedürfen vormundschaftsgerichtlicher Genehmigung, §§ 1643 II, 1822 Nr 2, 1908 i I, 1915 I; zur Verzögerung vgl § 1944 Rn 4. § 181 hindert Vertretung nicht, falls Eltern ersatzweise erben; uU Entzug gem §§ 1629 II, 1796 unter Pflegerbestellung (BayObLGZ 83, 220; Coing NJW 85, 6). **b) Ausschlagungsbefugnis:** Es gelten die Regeln zur Annahmebefugnis, vgl § 1943 Rn 3; Zugewinngemeinschaft läßt Ausschlagungsbefugnis unberührt.

3. Besonderheiten für neue Bundesländer: s Vor § 1922 Rn 5, 15; § 1954 Rn 1.

§ 1946 Zeitpunkt für Annahme oder Ausschlagung

Der Erbe kann die Erbschaft annehmen oder ausschlagen, sobald der Erbfall eingetreten ist.

§§ 1947–1949 Buch 5. Abschnitt 2. Rechtliche Stellung des Erben

1 1. Die Vorschrift stellt klar, **a)** daß nicht bereits vor dem Erbfall angenommen oder ausgeschlagen werden kann, obwohl Verträge zwischen Erben (§ 312 II aF = § 311 b IV, V nF; Damrau ZEV 95, 425) und Erbverzicht (§ 2346) möglich sind; **b)** daß nach dem Erbfall, aber vor dem Erbschaftsanfall (§ 1942 Rn 2) oder Beginn der Ausschlagungsfrist (§ 1944 Rn 1 f) angenommen oder ausgeschlagen werden kann. Für den nasciturus können die gesetzlichen Vertreter schon vor seiner Geburt ausschlagen (Stuttgart NJW 93, 2250; Oldenburg FamRZ 94, 847; str, aA 7. Aufl). Sondervorschrift: § 2142 I (BayObLGZ 62, 239/241). Der Schlußerbe iSd Berliner Testaments (§ 2269) kann erst nach dem Tod des zweiten Ehegatten ausschlagen, da er ausschließlich als dessen Erbe eingesetzt ist (BGH NJW 98, 543; aA Düsseldorf FamRZ 96, 1569 mkritAnm Leipold; sa § 2269 Rn 6).

§ 1947 Bedingung und Zeitbestimmung

Die Annahme und die Ausschlagung können nicht unter einer Bedingung oder einer Zeitbestimmung erfolgen.

1 1. Zweck der Vorschrift ist Rechtsklarheit. Deshalb sind überflüssige Rechtsbedingungen unschädlich, zB Annahme für den Fall der Berufung. Ausschlagung zugunsten eines Dritten ist überflüssige Rechtsbedingung, falls dieser ohnehin erbt; andernfalls handelt es sich je nach Gewicht um eine schädliche Bedingung (BayObLGZ 77, 168; Rpfleger 82, 69) oder um ein bloßes unbeachtliches Motiv (KG JW 33, 2067; Hamm FamRZ 98, 771 f).

§ 1948 Mehrere Berufungsgründe

(1) Wer durch Verfügung von Todes wegen als Erbe berufen ist, kann, wenn er ohne die Verfügung als gesetzlicher Erbe berufen sein würde, die Erbschaft als eingesetzter Erbe ausschlagen und als gesetzlicher Erbe annehmen.

(2) Wer durch Testament und durch Erbvertrag als Erbe berufen ist, kann die Erbschaft aus dem einen Berufungsgrund annehmen und aus dem anderen ausschlagen.

1 1. Die **Voraussetzung** ist Eintritt der ges Erbfolge nach der Ausschlagung, zB bei Einsetzung des ges Erben als testamentarischen Alleinerben. Sie entfällt in den Fällen der §§ 2069; 2094, 2096, 2102 I und ist praktisch selten erfüllt. Bei der Formulierung der Ausschlagung ist § 1949 II zu beachten.

2 2. Der **Vorteil der ges Erbfolge** kann liegen im Erhalt des Voraus (§ 1932) oder im Wegfall der Bindung nach § 2271 II, evtl auch in der Erlangung von Ausgleichsansprüchen (§ 2050), str. Die meisten Beschwerungen der testamentarischen Erbfolge bleiben auch bei ges Erbfolge bestehen; vgl hierzu § 2085, ferner §§ 2161, 2192.

3 3. Das Wahlrecht des Abs II wird ebenfalls selten Vorteile bringen.

§ 1949 Irrtum über den Berufungsgrund

(1) Die Annahme gilt als nicht erfolgt, wenn der Erbe über den Berufungsgrund im Irrtum war.

(2) Die Ausschlagung erstreckt sich im Zweifel auf alle Berufungsgründe, die dem Erben zur Zeit der Erklärung bekannt sind.

1 1. **Irrtum über den Berufungsgrund** ist das unbewußte Abweichen des konkret vorgestellten und des tatsächlichen Berufungsgrundes (zB fälschliche Annahme der Unwirksamkeit eines Testaments, BGH NJW 97, 393); daher kein Irrtum bei Gleichgültigkeit gegenüber dem Berufungsgrund. Die Vorschrift läßt die Anfechtungswirkung ohne Anfechtungserklärung eintreten. Schlüssige Annahme durch Fristablauf setzt Kenntnis des Berufungsgrundes voraus (§§ 1943, 1944 II 1), daher ist hier niemals § 1949 anwendbar. Entgegen der hM greift § 122 durch.

Titel 1. Annahme, Fürsorge d. Nachlassgerichts §§ 1950–1952

2. Auch die **Ausschlagung unter Irrtum** über den Berufungsgrund gilt als nicht erfolgt; gegen hM § 122 analog anwendbar. II enthält zugleich eine Auslegungsregel, falls alle Berufungsgründe bekannt sind (vgl § 1948 Rn 1). 2

§ 1950 Teilannahme; Teilausschlagung

¹Die Annahme und die Ausschlagung können nicht auf einen Teil der Erbschaft beschränkt werden. ²Die Annahme oder Ausschlagung eines Teils ist unwirksam.

1. Die Vorschrift sichert den Grundsatz der Universalsukzession (§ 1922 I) gegen Unterlaufen durch Teilannahme bzw -ausschlagung. Derartige Willenserklärungen sind unwirksam, so daß gem § 1943 die ganze Erbschaft anfällt. Die Ausschlagung unter Vorbehalt des Pflichtteils intendiert keine dingliche Teilhaberschaft am Nachlaß; sie ist nicht unter § 1950, sondern unter § 1947 zu subsumieren (str; Hamm Rpfleger 81, 402; Frohn Rpfleger 78, 56). Angabe unrichtiger Motive bei Ausschlagung läßt Wirksamkeit nicht entfallen (BayObLGZ 92, 64: Ausschlagung, weil „nur Grundbesitz in Dresden", obwohl Erbschaftsgegenstände auch in alten Bundesländern waren, ist wirksame Gesamtausschlagung und keine unwirksame Teilausschlagung; sa Vor § 1922 Rn 10). Sonderregeln: §§ 1371 (KG Rpfleger 91, 23: keine selbständige Ausschlagung der Erhöhung des Ehegattenerbteils nach § 1371 I), 1951, 1952 III, 2180 III; HöfeO 11. 1

§ 1951 Mehrere Erbteile

(1) **Wer zu mehreren Erbteilen berufen ist, kann, wenn die Berufung auf verschiedenen Gründen beruht, den einen Erbteil annehmen und den anderen ausschlagen.**

(2) ¹**Beruht die Berufung auf demselben Grund, so gilt die Annahme oder Ausschlagung des einen Erbteils auch für den anderen, selbst wenn der andere erst später anfällt.** ²**Die Berufung beruht auf demselben Grund auch dann, wenn sie in verschiedenen Testamenten oder vertragsmäßig in verschiedenen zwischen denselben Personen geschlossenen Erbverträgen angeordnet ist.**

(3) **Setzt der Erblasser einen Erben auf mehrere Erbteile ein, so kann er ihm durch Verfügung von Todes wegen gestatten, den einen Erbteil anzunehmen und den anderen auszuschlagen.**

1. Mehrere Erbteile: §§ 1927, 1934, Koppelung von testamentarischer und ges Erbfolge, nicht dagegen bei §§ 1935, 2094, 2095. 1

2. Verschiedene Gründe: zB mehrere ges Erbteile, Testament und Ges, Testament und Erbvertrag usw, nicht aber mehrere Testamente oder mehrere Erbverträge. Es gilt § 1949 II entspr. 2

3. Bei **einheitlichem** Berufungsgrund gilt § 1950 S 2 mit der Folge, daß gem §§ 1943, 1944 auch der ausgeschlagene Erbteil als angenommen gilt. Abs II steht gem Abs III zur Disposition des Erblassers. 3

§ 1952 Vererblichkeit des Ausschlagungsrechts

(1) **Das Recht des Erben, die Erbschaft auszuschlagen, ist vererblich.**

(2) **Stirbt der Erbe vor dem Ablauf der Ausschlagungsfrist, so endigt die Frist nicht vor dem Ablauf der für die Erbschaft des Erben vorgeschriebenen Ausschlagungsfrist.**

(3) **Von mehreren Erben des Erben kann jeder den seinem Erbteil entsprechenden Teil der Erbschaft ausschlagen.**

Lit: v. Lübtow, Die Vererblichkeit des Ausschlagungsrechts, JZ 69, 502.

§§ 1953, 1954 Buch 5. Abschnitt 2. Rechtliche Stellung des Erben

1 1. **Der Erbeserbe** kann beide Erbschaften annehmen oder ausschlagen, er kann die erste ausschlagen und die zweite annehmen, nicht aber umgekehrt. Die Erben des Vorerben können nach dem Eintritt des Nacherbfalles die Erbschaft ausschlagen, ohne Nacherben zu sein (BGH 44, 152 mAnm Bosch FamRZ 65, 607). Die Ausschlagung durch einen von mehreren Erbeserben führt gem § 1953 II entweder zum Eintritt nach §§ 1924 III, 2069 (zB Heinrich/Heinrich Rpfleger 99, 201) oder nach eher hM zur Anwachsung bei den Miterbeserben (zuletzt Pentz Rpfleger 99, 516); bei gemeinsamer Ausschlagung gilt unstreitig § 1953 II (BayObLG NJW 53, 1431).

§ 1953 Wirkung der Ausschlagung

(1) **Wird die Erbschaft ausgeschlagen, so gilt der Anfall an den Ausschlagenden als nicht erfolgt.**

(2) **Die Erbschaft fällt demjenigen an, welcher berufen sein würde, wenn der Ausschlagende zur Zeit des Erbfalls nicht gelebt hätte; der Anfall gilt als mit dem Erbfall erfolgt.**

(3) ¹**Das Nachlassgericht soll die Ausschlagung demjenigen mitteilen, welchem die Erbschaft infolge der Ausschlagung angefallen ist.** ²**Es hat die Einsicht der Erklärung jedem zu gestatten, der ein rechtliches Interesse glaubhaft macht.**

1 1. **Fiktion des nicht erfolgten Anfalles.** Besitznahme durch vorläufigen Erben ist weder verbotene Eigenmacht (§ 858) noch Abhandenkommen (§ 935). Für die Interimsgeschäfte des vorläufigen Erben gilt § 1959; zur Anfechtung solcher Geschäfte im Nachlaßkonkurs s BGH NJW 69, 1349. Eine Rechtsnachfolge iSd § 265 ZPO findet nicht statt, so daß Urteile, die in Rechtsstreitigkeiten des vorläufigen Erben ergangen sind, den endgültigen Erben nicht binden (BGH 106, 365).

2 2. **Wegen der weiteren Erbfolge** vgl §§ 1924 III, 2069 f, 2142 II, 1935, 2094.

3 3. **Kein Pflichtteilsanspruch** des Ausschlagenden, vgl aber §§ 1371 III, 2305 und 2306 I 2.

§ 1954 Anfechtungsfrist

(1) **Ist die Annahme oder die Ausschlagung anfechtbar, so kann die Anfechtung nur binnen sechs Wochen erfolgen.**

(2) ¹**Die Frist beginnt im Falle der Anfechtbarkeit wegen Drohung mit dem Zeitpunkt, in welchem die Zwangslage aufhört, in den übrigen Fällen mit dem Zeitpunkt, in welchem der Anfechtungsberechtigte von dem Anfechtungsgrund Kenntnis erlangt.** ²**Auf den Lauf der Frist finden die für die Verjährung geltenden Vorschriften der §§ 206, 210, 211 entsprechende Anwendung.**

(3) **Die Frist beträgt sechs Monate, wenn der Erblasser seinen letzten Wohnsitz nur im Ausland gehabt hat oder wenn sich der Erbe bei dem Beginn der Frist im Ausland aufhält.**

(4) **Die Anfechtung ist ausgeschlossen, wenn seit der Annahme oder der Ausschlagung 30 Jahre verstrichen sind.**

1 1. **Anfechtungsgründe** sind §§ 119, 120, 123. *Beachtlicher* Eigenschaftsirrtum (§ 119 II): irrige Annahme einer Überschuldung (RG 158, 53; BayObLG NJW-RR 93, 781) bzw Unkenntnis von Überschuldung (Zweibrücken ZEV 96, 428; BayObLG NJW-RR 99, 590); Belastung des Nachlasses mit einer wesentlichen Verbindlichkeit, deren rechtlicher Bestand ungeklärt ist (BGH 106, 363; FamRZ 91, 55); Irrtum über das Bestehen einer Beschränkung durch eine Nacherbfolge (BayObLG NJW-RR 97, 74, im konkreten Fall verneint); Irrtum über

Titel 1. Annahme, Fürsorge d. Nachlassgerichts **§ 1955**

Erbteilsquote (Hamm NJW 66, 1080; aA Hamm ZEV 98, 215 bei Irrtum über Höhe des Erbersatzanspruchs eines Mitberechtigten – fragwürdig); Unkenntnis der Berufung eines weiteren Miterben (BGH NJW 97, 394 = LM § 2087 Nr 3 mzustAnm Leipold); Irrtum über Nachlaßzugehörigkeit bestimmter Gegenstände (BayObLG NJW-RR 98, 797). Inhaltsirrtum (§ 119 I): schlüssiges Annahmeverhalten in Unkenntnis des Ausschlagungsrechts (BayObLGZ 83, 153); Fehlvorstellung über das Nachrücken von Ersatzvorerben (Düsseldorf NJW-RR 98, 150); Irrtum über Ausschlagung des gesamten Erbes bei Nachlaßspaltung (BayObLG NJW-RR 98, 801). *Unbeachtlich* dagegen bei ausdrücklich erklärter Annahme der Irrtum über das Bestehen einer Ausschlagungsmöglichkeit (BayObLGZ 87, 356; NJW-RR 95, 906); der Irrtum über Person des Nächstberufenen (Stuttgart OLGZ 83, 306; Düsseldorf ZEV 97, 258; zT str, SoeStein 2); über späteren Wegfall der Überschuldung (LG Berlin NJW 75, 2104); über das Fehlen eines Leistungsverweigerungsrechts gegenüber Vermächtnisanspruch (BayObLG FGPrax 98, 146); über Höhe der Erbschaftsteuer; über güterrechtliche Rechtsfolgen (D. Schwab JuS 65, 437); über pflichtteilsrechtliche Folgen (BayObLG NJW-RR 95, 906; SoeStein 2; aA Hamm Rpfleger 81, 403; Düsseldorf FamRZ 01, 946, hierzu § 1950 Rn 1); über Bestand von Lastenausgleichsansprüchen (zweifelhaft, KG NJW 69, 191); über weitere politische und rechtliche Entwicklung, auch soweit sie die Nachlaßgegenstände unmittelbar betrifft (für Nachlaßgegenstände in der früheren DDR KG FamRZ 92, 613; Frankfurt DtZ 91, 301; BVerfG DtZ 94, 312; Grunewald NJW 91, 1212; anders uU bei Unkenntnis der Nachlaßzugehörigkeit von DDR-Vermögen: KG DNotZ 93, 409); bei Nachlaßspaltung ist die Anfechtung für den dem DDR-Erbrecht unterliegenden Nachlaßteil unwirksam, ohne daß es auf eine Anfechtung ankommt, wenn die Erklärung nach gem Art 403 II 1 ZGB-DDR gegenüber einem staatlichen Notariat der DDR erfolgte: BayObLG NJW 91, 1238; FamRZ 95, 1090; KG FamRZ 96, 1574; s aber KG Rpfleger 96, 457 bei erst nach dem 2. 10. 90 endender Ausschlagungsfrist; KG NJW 98, 243: Heilung interlokaler Unzuständigkeit, hierzu § 1945 Rn 2; sa Vor § 1922 Rn 5 u 15). Bei ges Stellvertretung gilt § 166 (LG Koblenz FamRZ 68, 656; Karlsruhe NJW-RR 95, 1349).

2. Anfechtungsberechtigung ist mit Annahme- bzw Ausschlagungsbefugnis identisch, vgl § 1943 Rn 3; § 1945 Rn 3.

3. Wirkung: § 1957, nicht § 142 I. § 122 ist anwendbar.

4. Fristlauf: §§ 121, 124 sind voll durch § 1954 ersetzt. Kenntnis des Anfechtungsgrundes ist ausreichend, keine Kenntnis des Anfechtungsrechtes erforderlich (Hamm Rpfleger 85, 365; BayObLG NJW-RR 93, 781). Die Kenntnis einer erstinstanzlichen nicht rechtskräftigen Entscheidung, welche von Sittenwidrigkeit (§ 138) lebzeitiger Vermögensübertragung ausgeht, kann spätere Anfechtung der Ausschlagung wegen Eigenschaftsirrtums ausschließen (BayObLG NJW-RR 98, 797; str). Zur Hemmung der Frist bei Ausschlagungen nach Erbfällen in der früheren DDR s Vor § 1922 Rn 15.

5. Die zulässige **Anfechtung der Anfechtungserklärung** (§§ 143, 119, 120, 123) führt zu deren Wegfall (§ 142 I); Fristen gem §§ 121, 124, *nicht* § 1954 (BayObLGZ 80, 27).

2

3

4

5

§ 1955 Form der Anfechtung

¹**Die Anfechtung der Annahme oder der Ausschlagung erfolgt durch Erklärung gegenüber dem Nachlassgericht.** ²**Für die Erklärung gelten die Vorschriften des § 1945.**

1. Die Vorschrift ist Spezialvorschrift zu § 143.

1

Stürner 1669

§ 1956 Anfechtung der Fristversäumung

Die Versäumung der Ausschlagungsfrist kann in gleicher Weise wie die Annahme angefochten werden.

1. Da das Ablaufenlassen der Ausschlagungsfrist schlüssige Annahmeerklärung ist (§ 1943), gelten alle Regeln zur Anfechtung der Annahme auch für diesen Fall (s § 1954). Beachtlicher Inhaltsirrtum: Irrtum (§ 119 I) bezüglich Bedeutung des Fristablaufs bzw des Schweigens (Hamm OLGZ 85, 286 mN; BayObLG NJW-RR 93, 781; zu strenge Kausalitätsanforderung bei LG Bonn Rpfleger 85, 148 m abl Anm Stein); Irrtum über Wirksamkeit einer ausdr Ausschlagung (zB fehlende vormundschaftsgerichtl Genehmigung des ausschlagenden ges Vertreters, BayObLGZ 83, 13, Formmangel, § 1945, BayObLG Rpfleger 94, 168 oder §§ 1947 ff); s iü § 1944 Rn 4.

§ 1957 Wirkung der Anfechtung

(1) Die Anfechtung der Annahme gilt als Ausschlagung, die Anfechtung der Ausschlagung gilt als Annahme.

(2) ¹Das Nachlassgericht soll die Anfechtung der Ausschlagung demjenigen mitteilen, welchem die Erbschaft infolge der Ausschlagung angefallen war. ²Die Vorschrift des § 1953 Abs. 3 Satz 2 findet Anwendung.

1. Zur Vereinfachung und Wahrung der Rechtsklarheit trifft das Ges eine von § 142 I abw Spezialregelung (Bsp: BGH 106, 364). § 1957 gilt auch im Falle des § 2142 I (BayObLGZ 62, 239).

§ 1958 Gerichtliche Geltendmachung von Ansprüchen gegen den Erben

Vor der Annahme der Erbschaft kann ein Anspruch, der sich gegen den Nachlass richtet, nicht gegen den Erben gerichtlich geltend gemacht werden.

1. Die Vorschrift gewährt **Schutz vor Passivprozessen,** indem sie die Erbschaftsannahme zur von Amts wegen zu beachtenden Prozeßvoraussetzung erhebt. Prozessuale Korrespondenzvorschriften: ZPO 239 V, 778, 779; Titelumschreibung (ZPO 727) wegen Nachlaßverbindlichkeit ist erst nach Annahme möglich. Entgegen hM (RG 60, 179) sollte generell ein Verfahren des einstw Rechtsschutzes zulässig sein.

2. **Abw Vorschriften:** §§ 1960 III, 2213 II, InsO 316 (KO 216 I aF; VerglO 113 I Nr 2 aF).

3. **Außergerichtliche Rechtsverfolgung:** §§ 1959 III, 1995 II, 2014, 207. Trotz Wirksamkeit der Mahnung jedoch kein Schuldnerverzug (§ 286 IV).

§ 1959 Geschäftsführung vor der Ausschlagung

(1) Besorgt der Erbe vor der Ausschlagung erbschaftliche Geschäfte, so ist er demjenigen gegenüber, welcher Erbe wird, wie ein Geschäftsführer ohne Auftrag berechtigt und verpflichtet.

(2) Verfügt der Erbe vor der Ausschlagung über einen Nachlassgegenstand, so wird die Wirksamkeit der Verfügung durch die Ausschlagung nicht berührt, wenn die Verfügung nicht ohne Nachteil für den Nachlass verschoben werden konnte.

(3) Ein Rechtsgeschäft, das gegenüber dem Erben als solchem vorgenommen werden muss, bleibt, wenn es vor der Ausschlagung dem Ausschlagenden gegenüber vorgenommen wird, auch nach der Ausschlagung wirksam.

Titel 1. Annahme, Fürsorge d. Nachlassgerichts **§ 1960**

1. Geschäftsführungsbefugnis bedingt Pflichtigkeit des § 677, ggf auch Schadensersatzpflicht gegenüber endgültigem Erben (Celle MDR 70, 1012). Aufwendungsersatzanspruch (§ 683) ist Nachlaßverbindlichkeit (§ 1967 II). Der vorläufige Erbe ist aber nicht Repräsentant gegenüber einer Versicherung des Erblassers (LM Nr 2 zu § 61 VVG). 1

2. Unaufschiebbare Verfügungen sind zB Zahlung der Beerdigungskosten (LAG Berlin MDR 85, 169), Veräußerung verderblicher Ware usw; nicht dagegen aktive Prozeßführung. Verfügungsbefugnis ist keine Vertretungsbefugnis, daher keine schuldrechtliche Bindung des endgültigen Erben (str). Iü gelten §§ 185 II, 932 ff, 892 f. 2

3. Einseitige empfangsbedürftige RGeschäfte gegenüber vorläufigen Erben sind zB Mahnung, Kündigung, Anfechtung, Genehmigung, Meldung nach § 1974 I. 3

4. Die **Abgrenzung** zu § 1978 und §§ 2018 ff ist zu beachten. 4

§ 1960 Sicherung des Nachlasses; Nachlasspfleger

(1) ¹**Bis zur Annahme der Erbschaft hat das Nachlassgericht für die Sicherung des Nachlasses zu sorgen, soweit ein Bedürfnis besteht.** ²**Das Gleiche gilt, wenn der Erbe unbekannt oder wenn ungewiss ist, ob er die Erbschaft angenommen hat.**

(2) **Das Nachlassgericht kann insbesondere die Anlegung von Siegeln, die Hinterlegung von Geld, Wertpapieren und Kostbarkeiten sowie die Aufnahme eines Nachlassverzeichnisses anordnen und für denjenigen, welcher Erbe wird, einen Pfleger (Nachlasspfleger) bestellen.**

(3) **Die Vorschrift des § 1958 findet auf den Nachlasspfleger keine Anwendung.**

1. Zuständiges Nachlaßgericht: FGG 72–75; gem RPflG 3 Nr 2 c, 16 I Nr 1, 14 Nr 4 Rechtspflegeraufgabe (insbes für Nachlaßpflegschaft bei Auslandsberührung str, BayObLG Rpfleger 82, 423 mAnm Meyer-Stolte). Baden-Württemberg: bwLFGG: 1 II, 38, 40 ff (Notariate). 1

2. Sicherungsbedürfnis besteht bei Gefährdung des Nachlaßwertes, regelmäßig also nicht bei Vertrauenswürdigkeit des vorläufigen Erben oder Testamentsvollstreckers (KG OLGZ 73, 106) oder gar feststehenden Erben (Düsseldorf FamRZ 95, 895) oder „mißbrauchsfester" Nachlaßzusammensetzung (KG FamRZ 00, 445). 2

3. Ungewißheit über Person des Erben kann bestehen bei Erbschaft des nasciturus (§ 1923 II); in Altfällen auch vor Feststellung der nichtehelichen Vaterschaft, falls Erbberechtigte nach § 1934 a I aF in Frage standen (Stuttgart NJW 75, 880; sa § 1924 Rn 3); bei Erbscheinseinziehung (BayObLGZ 62, 307), uU schon bei wohlbegründetem Einziehungsantrag (BayObLGZ 60, 407) ohne Rücksicht auf die Vermutung des § 2365; bei weitläufiger und verwickelter Erbfolge (BayObLG Rpfleger 84, 102); wenn sich das Nachlaßgericht nicht ohne umfängliche Ermittlungen überzeugen kann, wer Erbe geworden ist (Köln OLGZ 89, 145; BayObLG Rpfleger 90, 257; FamRZ 96, 308). 3

4. Fürsorgemaßnahmen sind nur beispielhaft aufgezählt und unterliegen pflichtgemäßem richterlichen Ermessen (s Koblenz Rpfleger 85, 443); zB Kontensperrung (KG Rpfleger 82, 184), Nachforschung nach Testamenten (RG 69, 271) usw. Für das Inventarverzeichnis gelten §§ 2001, 2010. 4

5. Nachlaßpflegschaft. Lit: Draschka Rpfleger 92, 281 (Gläubigerbefriedigung); Hartung Rpfleger 91, 279 (Erbprätendenten); Tidow Rpfleger 91, 400 (Anordnung der Nachlaßpflegschaft). **a) Rechtsnatur:** Sonderfall der Pflegschaft iSd §§ 1909 ff, so daß gem §§ 1915 I, 1897 die Vorschriften der §§ 1773 ff entspr Anwendung finden. Der Nachlaßpfleger ist folglich Vertreter des uU unbekannten Erben (§ 1793; BGH 94, 314; BFH NJW 82, 2576) bzw Miterben (Düsseldorf 5

Stürner 1671

§ 1960 Buch 5. Abschnitt 2. Rechtliche Stellung des Erben

FamRZ 95, 895; sa Dresden ZEV 00, 402), im Innenverhältnis treffen ihn Fürsorge- und Treuepflichten entspr dem Sicherungszweck (vgl §§ 1793, 1833); dementsprechend hat er gegen den Erben die Rechte eines Beauftragten (§§ 1835 f).

6 b) Bestellung erfolgt durch das Nachlaßgericht, vgl Rn 1; §§ 1779, 1789, 1791 sind anwendbar. Ein Nachlaßgläubiger kann idR wegen möglicher Interessenkollision nicht zum Nachlaßpfleger bestellt werden (BayObLG NJW-RR 92, 967; sa § 1779 II 1). Fehlerhafte Bestellung bleibt bis zur Aufhebung der Pflegschaft wirksam; auch keine Beendigung durch bloße Erledigung wesentlicher Teile des Wirkungskreises (Oldenburg FGPrax 98, 108). Beschwerderecht bzgl Anordnung und Person (FGG 20) steht zu dem Erben bzw Erbprätendenten (LG Heidelberg NJW 55, 469), nicht aber dem Ersatz- oder Nacherben (zweifelhaft) oder Dritten (Stuttgart BWNotZ 71, 88; BayObLG NJW-RR 01, 297: Bevollmächtigter des Erblassers); Beschwerderecht des Testamentsvollstreckers (KG OLGZ 73, 106) nach hM nur gegen Anordnung, nicht gegen Person des Pflegers (zweifelhaft). Gegen Anordnung der Pflegschaft ist auch der Nachlaßpfleger selbst beschwerdebefugt (Frankfurt FamRZ 94, 266). Beschwerderecht bei Ablehnung nach FGG 75, 57 I

7 Nr 3 (KG OLGZ 71, 210). **c) Gründe zur Bestellung:** Vgl zunächst Rn 2 u 3. Zulässig ist die Pflegerbestellung auch für unbekannten Nacherben (BGH RdL 68, 97). Partielles Sicherungsbedürfnis rechtfertigt nach hM die Anordnung der Teilnachlaßpflegschaft, zB zur Verwaltung einzelner Nachlaßgegenstände (KG NJW 65, 1719); wegen der aus der Beschränkung folgenden Rechtsunsicherheit bedenklich. Unbedenklich ist die Pflegerbestellung für einen unbekannten Miterben, die nur einen Teil des Gesamtnachlasses erfaßt (KG NJW 71, 565; Köln FamRZ 89, 436; Düsseldorf FamRZ 95, 895). Hingegen keine Pflegschaft für bekannte, aber zerstrittene Erben zur besseren Rechtsverfolgung (Zweibrücken Rpfleger 86, 433;

8 Düsseldorf FamRZ 95, 895). **d) Rechte und Pflichten:** Vertretungsrecht (§ 1793) nach außen hängt nicht von Zweck- und Pflichtmäßigkeit des Handelns ab (BGH 49, 4), es ist wie bei Stellvertretung Innen- und Außenverhältnis zu unterscheiden. §§ 1795, 181 (RG 71, 162) sind ebenso zu beachten wie §§ 1802 (Nachlaßverzeichnis), 1821 ff (Genehmigungspflicht des Nachlaßgerichts, § 1962), 1837 ff (Aufsicht des Nachlaßgerichts; BayObLG NJW-RR 97, 326: kein Weisungsrecht), 1886 (Entlassung als ultima ratio, BayObLGZ 83, 59), 1890, 1892 (Herausgabe bei Beendigung unter Rechnungslegung; hierzu KG OLGZ 77, 132). Die Vermögensfürsorge (§ 1793) umfaßt Recht und Pflicht zur Besitznahme, auch gegenüber dem Erbprätendenten (BGH 94, 314; NJW 72, 1752; 83, 226), dessen Erbrecht nicht rechtskräftig feststeht; aber keine Herausgabe von Wohnraum! (BGH NJW 81, 2300). Auch Surrogate unterliegen der Herausgabe (BGH NJW 83, 227; Dieckmann FamRZ 83, 582). Der Pfleger kann zur Prozeßverhütung Gläubiger befriedigen und hierzu Nachlaßgegenstände veräußern (BGH DRiZ 66, 395); zur Auskunftspflicht gegen Gläubiger § 2012. Er kann Forderungen beitreiben, um öffentliche Schulden zu tilgen (aA Stuttgart BWNotZ 85, 71). Weitere Rechte des Pflegers in ZPO 991 II, InsO 317 (KO 217 aF). Der Pfleger darf *nicht* die Erbschaft annehmen und ausschlagen; den Nachlaß auseinandersetzen, außer bei Pflegschaft für nur einen Miterben (KG NJW 71, 565; OLGZ 81, 151); über den Erbteil aufgrund Erbschaftsverkaufs verfügen; Erbschein beantragen (s aber

9 § 2353 Rn 4); Nachlaßverwaltung beantragen (str). **e) Prozeßführung:** aktiv und passiv (§§ 1960 III, 1958, 1961) als Vertreter des Erben; vgl ZPO 243 (hierzu BGH NJW 95, 2171), ZPO 325 ff, 727 ff folglich im Verhältnis Pfleger – Erbe nicht anwendbar (str). Prozeßkostenhilfe steht dem Erben zu, nicht dem Pfleger gem ZPO 116 Nr 1 (RG 50, 394); die Bedürftigkeitsprüfung erfolgt ausschließlich anhand des Nachlaßwertes und nicht des Vermögens des – oft unbekannten – Erben (KG Rpfleger 95, 357; BayObLG NJW-RR 00, 1395; sa BVerfG NJW-RR 98, 1081). Der Nachlaßpfleger ist selbst Partei, sofern er von Erbprätendenten Herausgabe verlangt (BGH NJW 72, 1752; 81, 2300; 83, 227); iü gehört die prozessuale Feststellung des wahren Erben nicht zu seinen Befugnissen, wohl aber kann der Erbprätendent uU gegen den Nachlaß auf Feststellung seines Erbrechts

Titel 1. Annahme, Fürsorge d. Nachlassgerichts **§ 1961**

klagen (BGH NJW 51, 559; 83, 227). **f) Haftung:** gegenüber Erben nach 10
§ 1833 I (Hamm NJW-RR 95, 1159); Haftung gegenüber Gläubigern analog
§ 1985 II mit Vertreterstellung unvereinbar (str, vgl KG FamRZ 75, 292); die
Gläubiger müssen sich über § 278 an den Erben halten. Bei Nachlaßinsolvenz sind
Bereicherungsansprüche aus Handlungen des Nachlaßpflegers Masseschulden
(BGH 94, 312). **g) Vergütung:** Grundsatz der Ehrenamtlichkeit (§ 1836 I 1; 11
BVerfGE 54, 251). Gemäß § 1836 I 2 u 3 Festlegung durch Beschluß des Nach-
laßgerichts, falls berufsmäßige Nachlaßpflege vorliegt, oder gemäß § 1836 III, falls
Nachlaßvermögen u Geschäftsumfang eine Vergütung rechtfertigen. Kriterien sind
nach neuem, seit 1. 1. 1999 geltendem Recht die nutzbaren Fachkenntnisse und
Umfang und Schwierigkeit der Geschäfte (§ 1836 II 2). Unter altem, auf frühere
Tätigkeiten noch anwendbarem Recht (BayObLG NJW-RR 00, 1392) nutzte die
Rspr ähnliche Maßstäbe: Höhe des Aktivvermögens (BayObLG Rpfleger 91, 253),
Bedeutung der Nachlaßgeschäfte, Umfang der Mühewaltung (BayObLG Rpfleger
80, 282; Frankfurt NJW-RR 93, 267; Düsseldorf Rpfleger 98, 203), nicht aber die
Notwendigkeit der Anordnung, wirksame Bestellung genügte (BayObLG Rpfleger
90, 301; Frankfurt NJW-RR 93, 267/268). Der Praktikerrichtwert lag für größere
Nachlässe bei 1–2% des Aktivnachlasses, für kleinere Nachlässe bei 3–5% (KG
OLGZ 81, 179; BayObLG Rpfleger 84, 357; FamRZ 97, 969: 4% von
DM 100 000 nicht zu beanstanden); Festsetzung für Einzelfall entspr Aufwand
(Zweibrücken Rpfleger 95, 301); uU Heranziehung der Richtlinien des Rhein-
preußischen Notarvereins (JW 1935, 1831; hierzu Düsseldorf Rpfleger 98, 203).
Bei berufsmäßig geführter Pflegschaft ist unter neuem Recht die Vergütung grund-
sätzlich nach Zeitaufwand und Stundensatz abzurechnen (BayOblG NJW-RR 00,
1395). § 1836 b Nr 1 gestattet nunmehr auch bei ehrenamtlicher Pflegschaft eine
pauschalierte Vergütung. Ob für die Vergütung künftig die Sätze des BVormVG als
Maßstab oder untere Grenze gewählt werden (§ 1836 a), wie sie für die Betreuung
mittelloser Mündel gelten (s BGH NJW 00, 3709), bleibt abzuwarten (Wangenitz/
Engers FamRZ 98, 1275; LG Hannover NJW-RR 02, 653; großzügiger LG Stuttgart Rpfleger 01, 427: im Regelfall ist doppelter Vergütungssatz des BVormVG
angemessen). Vergütung, die Nachlaßgericht durch Beschluß festsetzt (FGG 75,
56 g I Nr 2, VI, VII; zum alten Recht BayObLG FamRZ 95, 683), und Auslagen,
die der Erbe zu erstatten hat (§ 1835 I–III) und der Pfleger einklagen muß (Bay-
ObLG Rpfleger 84, 356; 91, 254), sind grundsätzlich zu unterscheiden (Frankfurt
NJW-RR 93, 267). § 1835 a I erlaubt bei vergütungsloser Nachlaßpflege pauschalierten Aufwendungsersatz. Der Einwand mangelhafter Geschäftsführung greift nur
bei Vorsatz (RG 154, 117; vgl KG OLGZ 88, 283 mN). Für die Vergütung haftet
stets nur und unabhängig von der Antragstellung der Erbe (Frankfurt NJW-RR 93,
267); keine Vorschußpflicht des beantragenden Gläubigers, aber Vorschußrecht zur
Vermeidung der Ablehnung seines Nachlaßpflegschaftsantrages (Weithase Rpfleger
93, 143). Gegen die Festsetzung greift sofortige Beschwerde (FGG 56 g V 1; unter
150 Euro RpflG 11 II) des echten oder behaupteten Erben, des Nachlaßgläubigers
(BayObLGZ 58, 74; FamRZ 86, 107), des Erbschaftskäufers oder des Pflegers
selbst. **Anwaltsgebühren** des Rechtsanwaltspflegers für Prozesse sind nach § 1835 12
III iVm BRAGO 1 II zu erstatten (BayObLG FamRZ 97, 185; aA für Steuerberater Schleswig ZEV 97, 202 mAnm Klinghöffer: nur § 1836); keine Festsetzung
nach BRAGO 19, sondern gewöhnliche Klage (str, Köln NJW 67, 2408). Lit:
Löhnig FamRZ 97, 204; Wangenitz/Engers FamRZ 98, 1273; Zimmermann ZEV
99, 329; 01, 15.

§ 1961 Nachlasspflegschaft auf Antrag

Das Nachlassgericht hat in den Fällen des § 1960 Abs. 1 einen Nachlasspfleger zu bestellen, wenn die Bestellung zum Zwecke der gerichtlichen
Geltendmachung eines Anspruchs, der sich gegen den Nachlass richtet,
von dem Berechtigten beantragt wird.

Stürner

§§ 1962–1965 Buch 5. Abschnitt 2. Rechtliche Stellung des Erben

1   1. Die Vorschrift sichert die Möglichkeit der Rechtsverfolgung bei Ungewißheit über den Erben; Korrespondenzvorschriften sind §§ 1960 III, 1958, ferner ZPO 792 und ZVG 17 (Ablehnung eines Erbscheinantrags eines Vollstreckungsgläubigers, LG Oldenburg Rpfleger 82, 105). Der Anspruch ist nicht glaubhaft zu machen (BayObLG Rpfleger 84, 102). Auch der Miterbe, der seinen Auseinandersetzungsanspruch (§ 2042) verfolgen will, kann Nachlaßpflegschaft für den unbekannten Miterben beantragen (KG OLGZ 81, 151). Dem Nachlaßgläubiger steht gegen die Aufhebung der Pflegschaft ein Beschwerderecht nach FGG 57 I Nr 3 zu (Hamm Rpfleger 87, 416). Der Prozeßpfleger ist voller Nachlaßpfleger, außer er wird nur beschränkt für den Prozeß bestellt (vgl § 1960 Rn 7). Beschwerderecht: § 1960 Rn 6. Sonderfälle: ZPO 779 II; AO 1977 § 81.

§ 1962 Zuständigkeit des Nachlassgerichts

Für die Nachlasspflegschaft tritt an die Stelle des Vormundschaftsgerichts das Nachlassgericht.

1   1. Vgl auch FGG 75. Abgabe an das NachlaßG am Wohnsitz des Pflegers oder der Belegenheit von Nachlaßgrundstücken ist denkbar (Frankfurt Rpfleger 93, 448). Keine Umdeutung einer vormundschaftsgerichtlichen in eine nachlaßgerichtliche Genehmigung (MK/Leipold 3).

§ 1963 Unterhalt der werdenden Mutter eines Erben

¹Ist zur Zeit des Erbfalls die Geburt eines Erben zu erwarten, so kann die Mutter, falls sie außerstande ist, sich selbst zu unterhalten, bis zur Entbindung angemessenen Unterhalt aus dem Nachlass oder, wenn noch andere Personen als Erben berufen sind, aus dem Erbteil des Kindes verlangen. ²Bei der Bemessung des Erbteils ist anzunehmen, dass nur ein Kind geboren wird.

1   1. Der nasciturus muß ges oder gewillkürter Erbe (§ 1923 II) sein, in Altfällen ist auch der Erbersatzanspruch (§§ 1934 a ff aF) ausreichend (SoeStein 2; str; sa zu Reform und Fortfall § 1924 Rn 3). Einzelheiten: §§ 1602 I, 1610, 1612, I, III, 1614, wohl auch 1613 (str); ZPO 850 b Nr 2 ist zu beachten.

§ 1964 Erbvermutung für den Fiskus durch Feststellung

(1) Wird der Erbe nicht innerhalb einer den Umständen entsprechenden Frist ermittelt, so hat das Nachlassgericht festzustellen, dass ein anderer Erbe als der Fiskus nicht vorhanden ist.

(2) Die Feststellung begründet die Vermutung, dass der Fiskus gesetzlicher Erbe sei.

§ 1965 Öffentliche Aufforderung zur Anmeldung der Erbrechte

(1) ¹Der Feststellung hat eine öffentliche Aufforderung zur Anmeldung der Erbrechte unter Bestimmung einer Anmeldungsfrist vorauszugehen; die Art der Bekanntmachung und die Dauer der Anmeldungsfrist bestimmen sich nach den für das Aufgebotsverfahren geltenden Vorschriften. ²Die Aufforderung darf unterbleiben, wenn die Kosten dem Bestand des Nachlasses gegenüber unverhältnismäßig groß sind.

(2) ¹Ein Erbrecht bleibt unberücksichtigt, wenn nicht dem Nachlassgericht binnen drei Monaten nach dem Ablauf der Anmeldungsfrist nachgewiesen wird, dass das Erbrecht besteht oder dass es gegen den Fiskus im Wege der Klage geltend gemacht ist. ²Ist eine öffentliche Aufforderung nicht ergangen, so beginnt die dreimonatige Frist mit der gerichtlichen Aufforderung, das Erbrecht oder die Erhebung der Klage nachzuweisen.

Titel 2. Haftung des Erben für die Nachlassverbindlichkeiten § **1966**

§ **1966 Rechtsstellung des Fiskus vor Feststellung**
Von dem Fiskus als gesetzlichem Erben und gegen den Fiskus als gesetzlichen Erben kann ein Recht erst geltend gemacht werden, nachdem von dem Nachlassgericht festgestellt worden ist, dass ein anderer Erbe nicht vorhanden ist.

Anmerkungen zu den §§ 1964–1966

1. Die Vorschriften gelten nur im Falle des § 1936. Die Vermutung des § 1964 II ist widerlegbar, der Feststellungsbeschluß aufhebbar (FGG 18 I). Ein obsiegendes Urteil des Erbprätendenten bindet das Nachlaßgericht. Das Feststellungsverfahren ist auch bei fehlendem oder überschuldetem Nachlaß durchzuführen (LG Düsseldorf Rpfleger 81, 358; MK/Leipold 7; str). Das *Erbscheinsverfahren* steht selbständig neben dem Feststellungsverfahren (BayObLGZ 83, 204); der Feststellungsbeschluß ersetzt im Grundbuchverfahren nicht den Erbschein (Frankfurt MDR 84, 15; BayObLG NJW-RR 89, 586). Lit: Frohn Rpfleger 86, 37.

Titel 2. Haftung des Erben für die Nachlassverbindlichkeiten

Vorbemerkungen

Lit: Behr, Zwangsvollstreckung in den Nachlass, Rpfleger 02, 2; Börner, Das System der Erbenhaftung, JuS 68, 53, 108; Harder/Müller-Freienfels, Grundzüge der Erbenhaftung, JuS 80, 877; Hoepfner, Grundzüge der Erbenhaftung, Jura 82, 169; Noack, Vollstreckung gegen Erben, JR 69, 8; Schröder, Zum Übergang inhaltlich variabler Verpflichtungen auf den Erben, JZ 78, 379.

1. Nach dem **Grundsatz der Gesamtrechtsnachfolge** (§ 1922 I) haftet der Erbe für Nachlaßschulden (§ 1967). Mit dem Erbschaftsanfall entstehen indessen zwei Vermögensmassen gleicher Rechtsträgerschaft: das Eigenvermögen des Erben und der Nachlaß. Das Ges muß deshalb über die Haftungsmasse entscheiden. Grundsätzlich haften für Nachlaßschulden die Nachlaßmasse und das Eigenvermögen **(Grundsatz der unbeschränkten Haftung)**.

2. Diese Haftung ist aber auf die Nachlaßmasse beschränkbar **(Beschränkungsrecht)** in folgenden Fällen: Nachlaßinsolvenz (§ 1975; InsO 315–331, KO 214–235 aF); Nachlaßverwaltung (§§ 1975, 1981–1988); Nachlaßinsolvenzplanverfahren (InsO 315 ff, 217 ff; vgl auch VerglO 113 I Nr 4 aF: Nachlaßvergleichsverfahren); Einrede der Dürftigkeit (§§ 1990–1993).

3. **Verlust** des **Beschränkungsrechtes** bei Versäumung der Inventarfrist (§ 1994 I 2); Inventaruntreue (§ 2005 I 1); Eidesverweigerung (§ 2006).

4. Eine **Überlegungsfrist** zur sachgerechten Wahrnehmung des Beschränkungsrechts gewähren §§ 2014–2017.

5. **Zur Information** über den Stand der Aktiva und Passiva dienen Inventarverzeichnis (§§ 1993–2013) und Gläubigeraufgebot (§§ 1970–1974).

6. **Ges Sonderfälle:** §§ 2058–2063; 2144 f; 2382 f; zur Haftung für Geschäftsschulden vgl § 1967 Rn 6 ff.

7. **Prozessuales** (K. Schmidt JR 89, 45; Baur/Stürner I, Rn 20.1 ff). Das Beschränkungsrecht (Rn 2) muß verfahrensrechtlich – falls es das Prozeßgericht nicht selbst berücksichtigt (vgl hierzu auch §§ 1970–1974 Rn 4 und §§ 1990, 1991 Rn 4) – im Urteil gegen den Erben vorbehalten sein (ZPO 780; BGH NJW 54, 635) und durch Abwehrklage (ZPO 785) durchgesetzt werden. Der Antrag ist allein in der Tatsacheninstanz zulässig (BGH NJW 62, 1250), in der Revisionsinstanz nur, falls Erblasser erst nach der Tatsacheninstanz stirbt (BGH 17, 69); das Revisionsgericht kann den rechtzeitig gestellten, aber bisher unbeachteten Antrag ohne bes Rüge berücksichtigen (BGH NJW 83, 2379). Auch bei rechtskräftiger

Stürner

§ 1967 Buch 5. Abschnitt 2. Rechtliche Stellung des Erben

Verurteilung des Erblassers muß die beschränkte Haftung nach zulässiger Titelumschreibung (ZPO 727) vom Erben durch Abwehrklage geltend gemacht werden (ZPO 781, 785); der Erbe kann und muß nicht zur Erwirkung eines Vorbehalts Revision einlegen, falls Erblasser nach Tatsacheninstanz stirbt (BGH 54, 204). Gegen Steuerforderungen muß der Erbe ebenfalls im Zwangsvollstreckungsverfahren die beschränkte Erbenhaftung geltend machen (BFH NJW 93, 350).

Untertitel 1. Nachlassverbindlichkeiten

§ 1967 Erbenhaftung, Nachlassverbindlichkeiten

(1) **Der Erbe haftet für die Nachlassverbindlichkeiten.**

(2) **Zu den Nachlassverbindlichkeiten gehören außer den vom Erblasser herrührenden Schulden die den Erben als solchen treffenden Verbindlichkeiten, insbesondere die Verbindlichkeiten aus Pflichtteilsrechten, Vermächtnissen und Auflagen.**

1 1. **Arten der Nachlaßverbindlichkeiten.** a) **Erblasserschulden,** die vom Erblasser herrühren; zB Verbindlichkeiten aus unerlaubten Handlungen (BGH NJW 87, 1013), auch wenn der Schaden erst nach dem Erbfall eintritt; Rückforderungsanspruch aus § 528 I bei Verarmung nach Erbfall (BGH NJW 91, 2558); Steuerschulden (AO 45; BFH BB 83, 2243; NJW 93, 350); Verpflichtung zur Erteilung einer Eintragungsbewilligung; Pflicht zur eidesstattlichen Versicherung gem § 260 II (keine überwiegend persönlichkeitsbezogene Pflicht, München OLGZ 87, 226 BGH NJW 88, 2729); altenteilsvertragliche Pflegeverpflichtung, sofern die Parteien bei Abschluß des Vertrages übereinstimmend davon ausgingen, daß auch andere Verwandte ggf pflegerisch tätig werden würden (Hamm FamRZ 1999, 1055); Rückzahlung unzulässiger Entnahme aus Gesellschaftsvermögen (LM Nr 3 zu § 115 HGB); Haftung für Verpflichtung, die durch nach Tod eintretendes Ereignis bedingt war (BGH BB 68, 152); Auseinandersetzungsansprüche aus nichtehelicher Lebensgemeinschaft des Erblassers (§ 705 Rn 15 f; Diederichsen NJW 83, 1025); ges Verpflichtungen der §§ 1371 II, III; 1586 b, 1587 e IV; Betreuervergütung gem §§ 1908, 1836 II (BayObLG FamRZ 96, 1173; NJW-RR 98, 657); Verpflichtung zum *Aufwendungs*ersatz gem BSHG 11 II S 2, 29 S 2 – auch die Verpflichtung zum *Kosten*ersatz nach BSHG 92 a I, 92 c I, allerdings hier kraft
2 Ges beschränkt, s BSHG 92 a II, 92 c II (BVerwGE 52, 22). b) **Erbfallschulden,** die mit dem Erbfall entstehen, zB vorzeitig (an den Erblasser) gezahlte Versorgungsbezüge oder Renten (aA MK/Siegmann 22; BVerwG MDR 71, 784); ges geregelte Fälle: §§ 2303 ff (BGH 80, 209 f für § 2329), 1934 b aF (für Altfälle, vgl. § 1924 Rn 3); 2174, 1932, 1969, 1371 IV nF; 1963; 1968; ErbStG 9 I, 20 (BFH NJW 93,
3 350, str; aA für Erbschaftsteuerschuld des Erben: Hamm OLGZ 90, 395). c) **Erbschaftsverwaltungsschulden,** die nach dem Erbfall bei Abwicklung des Nachlasses entstehen; Bsp: Kosten der Testamentseröffnung (§ 2260), Vergütung des Testamentsvollstreckers (§ 2221, s dort Rn 4), der gerichtl Nachlaßsicherung (§ 1960), der Erbauseinandersetzung, Nachlaßpflegschaft, eines Gläubigeraufgebotes (§§ 1970 ff), einer Nachlaßverwaltung oder -insolvenz; Schulden aus der Verwaltung durch Nachlaßpfleger, -verwalter oder insolvenzverwalter, und zwar sowohl Ansprüche dieser Personen als auch Dritter; Aufwendungsersatzansprüche des vorläufigen Erben (§ 1959 I); Wohngeldschulden, die aus Eigentümerbeschlüssen nach dem Erbfall herrühren, sofern Erbe die begründete Einrede der Dürftigkeit erhoben hat (BayObLG NJW-RR 00, 306); nicht dagegen die Kosten des Verfahrens zur Feststellung des Staatserbrechts (§§ 1964 f), wenn schließlich ein privater Erbe ermittelt wird (KG FamRZ 97, 969).

4 2. **Eigen- oder Erbenschulden** sind keine Nachlaßschulden, sie bestehen unabhängig vom Erbfall und Erbschaftsanfall in der Person des Erben. Während für Nachlaßschulden stets der Nachlaß haftet und die Freistellung des Eigenvermögens des Erben in Frage steht (vgl Anm Vor § 1967), haftet für Eigenschulden stets das

Titel 2. Haftung des Erben für die Nachlassverbindlichkeiten **§ 1967**

Eigenvermögen des Erben, und es stellt sich das Problem der Enthaftung des Nachlasses zugunsten der Nachlaßgläubiger (§§ 1984 II; ZPO 784 II, 785; InsO 321, KO 221 I aF).

3. Nachlaßerbenschulden sind gleichzeitig Erbschaftsverwaltungsschulden, 5 also Nachlaßschulden, und Erben- bzw Eigenschulden. Sie entstehen, falls der Erbe in eigenem Namen ein Geschäft zur Verwaltung des Nachlasses abschließt (BGH 32, 64; 38, 193); bei der Geschäftsführung durch einen Miterben können die Grundsätze der Anscheinsvollmacht durchgreifen (LM Nr 2 zu § 2032). Der Anspruch auf Rückforderung von weitergezahlten Renten oder Versorgungsbezügen ist bereicherungsrechtliche Nachlaßerbenschuld (BGH 71, 187; 73, 202; aA MK/Siegmann 23; AG Kassel NJW 92, 586; sa Rn 2). Für die Nachlaßerbenschuld haften stets und unbeschränkbar Nachlaß und Eigenvermögen. Der Erbe kann aber seine Aufwendungen aus dem Nachlaß ersetzt verlangen (§ 1978 III). Er kann beim Geschäftsabschluß die Haftung auf den Nachlaß beschränken (RG 146, 346; BGH BB 68, 770). Einkommensteuerschulden, die aus Geschäftsfortführung durch den Nachlaßverwalter entstehen, sind als Erbenschulden oder Nachlaßerbenschulden einzuordnen, so daß in jedem Falle das Eigenvermögen des Erben haftet (BGH NJW 93, 350).

4. Bei Geschäftsschulden sind neben erbrechtlichen Vorschriften die Sonder- 6 regeln des HGB zu beachten. **a) Einzelhandelsgeschäft,** HGB 27: Der das Geschäft fortführende Erbe kann durch Handelsregistereintragung nach HGB 25 II die Haftung für Altschulden auf den Nachlaß beschränken (KG DR 1940, 2007, str). Nacherbe bzw endgültiger Erbe haften für Schulden aus der Geschäftsführungszeit des Vorerben bzw vorläufigen Erben sowohl aus § 1967 wie aus HGB 27 (BGH 32, 64, 66). Haftung des Erben gem HGB 27 bei Fortführung durch bevollmächtigten Testamentsvollstrecker (hierzu BGH 12, 100; 35, 15). Während der Schwebezeit (HGB 27 II) entstehen Nachlaßerbenschulden (BGH BB 68, 770), für die der Erbe nach allg Grundsätzen die Haftung auf den Nachlaß beschränken kann (s BGH NJW 91, 845 u Rn 5). Die Fortführung durch ges Vertreter namens des minderjährigen Erben führte vor der Rechtsänderung durch das MinderjährigenhaftungsbeschränkungsG (BGBl I 1998, 2487) jedenfalls für Neuschulden zur unbegrenzten Haftung des Minderjährigen (s BGH 92, 259); die verfassungsrechtlichen Bedenken gegen die Verschuldung Minderjähriger durch Eltern (BVerfG NJW 86, 1859) betrafen auch diesen Fall, so daß bis zur Neuregelung entspr §§ 1643 I, 1822 Nr 3 vormundschaftsgerichtl Genehmigung zur Fortführung erforderlich war (s § 2032 Rn 4) und in der Schwebezeit HGB 27 II analog galt. Der *Reformgesetzgeber* hat im § 1629 a nF eine Haftungsbeschränkung (§§ 1990, 1991) des Minderjährigen auf das Vermögen eingeführt, das bei Eintritt der Volljährigkeit vorhanden ist; eine Vermutung spricht für das Entstehen einer Schuld nach Eintritt der Volljährigkeit aus dem Bestand des gegenwärtigen Vermögens bereits bei Eintritt der Volljährigkeit, falls der Volljährige das Handelsgeschäft nicht binnen drei Monaten einstellt (sa §§ 723–728 Rn 17; § 2032 Rn 4). **b) OHG,** 7 HGB 139: Bleibt der Erbe persönlich haftender Gesellschafter, so haftet er für Altschulden persönlich ohne Beschränkungsmöglichkeit (BGH NJW 82, 45; 91, 845; zur BGB-Gesellschaft §§ 738–740 Rn 4). Wird der Erbe Kommanditist, so haftet er für Altschulden wie für gewöhnliche Nachlaßverbindlichkeiten nur beschränkbar (HGB 139 IV); daneben besteht aber gewöhnliche Kommanditistenhaftung bis zur Höhe der Einlage (HGB 173, 171; str). Der ausgeschiedene Erbe haftet nur nach erbrechtlichen Grundsätzen beschränkbar (HGB 139 IV). Für die Haftungsfolgen ist es gleich, ob die erbbedingte Änderung während der Schwebezeit (HGB 139 III) nicht oder ohne entspr Vorbehalt eingetragen wurde (BGH 55, 272 f). Bei Rechtsnachfolge in Liquidationsgesellschaft ist die Haftung beschränkbar (BGH NJW 82, 45; 95, 3315). Die Haftung des elterlich vertretenen minderjährigen Gesellschaftererben ist künftig auf den Vermögensbestand bei Eintritt der Volljährigkeit beschränkbar (§§ 723–728 Rn 17; § 1967 Rn 6). Lit: Börner AcP

Stürner 1677

§ 1968

166, 426; H. P. Westermann AcP 173, 24 (beide unter Berücksichtigung der §§ 2058–2062); Ebenroth, ErbR, Rn 857 ff. **c) KG:** Die handelsrechtlich beschränkte Haftung des Kommanditisten (HGB 173, 171 f) erfaßt für die nach Erbschaftsannahme begründeten Gesellschaftsschulden Nachlaß und Eigenvermögen. Für die vor Annahme begründeten Altschulden muß dasselbe gelten, der Kommanditist kann also auch insoweit die Haftung nicht auf den Nachlaß beschränken (str). HGB 176 II ist auf den Erben des Kommanditisten unanwendbar; idR aber anwendbar dann, wenn ein Nichtgesellschafter kraft Erbrechts den Gesellschaftsanteil eines persönlich haftenden Gesellschafters unter Umwandlung in eine Kommanditbeteiligung erwirbt und dies nicht eingetragen wird (BGH 66, 98). War der Erbe schon vor dem Erbfall Kommanditist, bleiben Haftung als Erbe des Vollgesellschafters gem HGB 15 I, 128 und ihre Beschränkbarkeit gem HGB 139 gegeben (BGH NJW 91, 845). Beschränkbare Erbenhaftung (zB § 1990) für Einlageverpflichtung ist bei Erbfolge in eine Liquidationsgesellschaft anzunehmen (BGH NJW 95, 3314). Falls der einzige Kommanditist den einzigen Komplementär beerbt, entsteht ein Einzelhandelsgeschäft, die Haftung des Erben folgt HGB 27 (BGH NJW 91, 845); bei Geschäftseinstellung haftet aber nicht nur der Nachlaß für Altschulden, sondern das gesamte Gesellschaftsvermögen (BGH NJW 91, 846). Lit: Eckert JuS 86, 126; Herf DB 91, 2121; Marotzke ZHR 156, 17.

§ 1968 Beerdigungskosten

Der Erbe trägt die Kosten der Beerdigung des Erblassers.

Lit: Berger, Die Erstattung der Beerdigungskosten, Diss Köln, 1968.

1. Sofern der **Alleinerbe** oder die Miterben gemeinsam (§ 2038) die Beerdigung besorgen, haften sie den Vertragspartnern aus RGeschäft mit Nachlaß und Eigenvermögen (Nachlaßerbenschuld, § 1967 Rn 5); zu Regreßansprüchen der Miterbengemeinschaft gem § 844 I gegen einen Miterben BGH NJW 62, 792.

2. Sonst ist **Anspruchsinhaber** der Träger der Totenfürsorge (Rn 5), der die Beerdigung tatsächlich ausrichtet; für Dritte gelten die allg Regeln, insbes §§ 677 f (Widmann FamRZ 88, 352). Schuldner sind der Erbe bzw die Erben. Es handelt sich um *Erbfallschulden* (§ 1967 Rn 2).

3. **Korrespondenzvorschriften:** §§ 1615 II (hierzu LG Dortmund NJW-RR 96, 775), 1360 a III, 1361 IV 3, 844 I; BSHG 15 (hierzu BVerwG ZEV 98, 151); Landesrecht, zB bwBestattungsG 30 ff (hierzu VGH Mannheim NJW 97, 3113).

4. **Anspruchsinhalt:** Kosten für eine Beerdigung, die nach Lebensstellung des Erblassers Brauch und Sitte ist; zB auch Reisekosten von Angehörigen (vgl BGH 32, 72) oder Kosten eines Doppelgrabes (BGH 61, 238). Keine Beerdigungskosten sind die Grabpflegekosten (Oldenburg FamRZ 92, 987; Märker MDR 92, 217). Der Erblasser kann aber ein Vermächtnis für Grabpflege anordnen und so einen Anspruch gegen den Erben schaffen; denkbar auch Auflage an Erben.

5. Die **Gestaltung der Beerdigung und des Grabmals** richtet sich primär nach dem *Erblasserwillen* (dazu Widmann FamRZ 01, 74). Ist er nicht erkennbar, so liegt das *Totenfürsorgerecht* bei dem, den der Erblasser damit betraut, bei Fehlen solchen Willens bei den Angehörigen (BGH NJW-RR 92, 834; LM Nr 2). Insbesondere *können* Erbenstellung und Totenfürsorge zusammenfallen, sie *müssen* es aber nicht (LG Bonn Rpfleger 93, 448); zu Streitigkeiten über Exhumierung und Umbettung Karlsruhe NJW 01, 2980; LG Gießen NJW-RR 95, 265 mN.

6. **Steuern.** Beerdigungs- und Grabmalkosten absetzbar gem ErbStG 10 V Nr 3, ebenso Kapitalwert der Pflegekosten (BewG 13 II: 9facher Jahresbetrag); idR keine einkommensteuerliche Absetzbarkeit der Pflegekosten (BFH NJW 89, 3303).

Titel 2. Haftung des Erben für die Nachlassverbindlichkeiten §§ 1969–1973

§ 1969 Dreißigster

(1) ¹Der Erbe ist verpflichtet, Familienangehörigen des Erblassers, die zur Zeit des Todes des Erblassers zu dessen Hausstand gehört und von ihm Unterhalt bezogen haben, in den ersten 30 Tagen nach dem Eintritt des Erbfalls in demselben Umfang, wie der Erblasser es getan hat, Unterhalt zu gewähren und die Benutzung der Wohnung und der Haushaltsgegenstände zu gestatten. ²Der Erblasser kann durch letztwillige Verfügung eine abweichende Anordnung treffen.

(2) Die Vorschriften über Vermächtnisse finden entsprechende Anwendung.

1. Da **Hausangestellte** keinen Unterhalt beziehen, gilt § 1969 nicht für sie, wohl aber für den eingetragenen Lebenspartner (LPartG 11 I) und nach zweifelhafter hM für nichteheliche Lebensgefährten (so Düsseldorf NJW 83, 1566 mit Anm Bosch FamRZ 83, 275; MK/Siegmann 2 mN; abl Steinert NJW 86, 686).

2. Unterfall eines Unterhaltsanspruchs, daher §§ 399, 400, ZPO 850b I Nr 2, II, 851 anwendbar, ebenso § 1613.

Untertitel 2. Aufgebot der Nachlassgläubiger

§ 1970 Anmeldung der Forderungen

Die Nachlassgläubiger können im Wege des Aufgebotsverfahrens zur Anmeldung ihrer Forderungen aufgefordert werden.

§ 1971 Nicht betroffene Gläubiger

¹Pfandgläubiger und Gläubiger, die im Insolvenzverfahren den Pfandgläubigern gleichstehen, sowie Gläubiger, die bei der Zwangsvollstreckung in das unbewegliche Vermögen ein Recht auf Befriedigung aus diesem Vermögen haben, werden, soweit es sich um die Befriedigung aus den ihnen haftenden Gegenständen handelt, durch das Aufgebot nicht betroffen. ²Das Gleiche gilt von Gläubigern, deren Ansprüche durch eine Vormerkung gesichert sind oder denen im Insolvenzverfahren ein Aussonderungsrecht zusteht, in Ansehung des Gegenstands ihres Rechts.

§ 1972 Nicht betroffene Rechte

Pflichtteilsrechte, Vermächtnisse und Auflagen werden durch das Aufgebot nicht betroffen, unbeschadet der Vorschrift des § 2060 Nr. 1.

§ 1973 Ausschluss von Nachlassgläubigern

(1) ¹Der Erbe kann die Befriedigung eines im Aufgebotsverfahren ausgeschlossenen Nachlassgläubigers insoweit verweigern, als der Nachlass durch die Befriedigung der nicht ausgeschlossenen Gläubiger erschöpft wird. ²Der Erbe hat jedoch den ausgeschlossenen Gläubiger vor den Verbindlichkeiten aus Pflichtteilsrechten, Vermächtnissen und Auflagen zu befriedigen, es sei denn, dass der Gläubiger seine Forderung erst nach der Berichtigung dieser Verbindlichkeiten geltend macht.

(2) ¹Einen Überschuss hat der Erbe zum Zwecke der Befriedigung des Gläubigers im Wege der Zwangsvollstreckung nach den Vorschriften über die Herausgabe einer ungerechtfertigten Bereicherung herauszugeben. ²Er kann die Herausgabe der noch vorhandenen Nachlassgegenstände durch Zahlung des Wertes abwenden. ³Die rechtskräftige Verurteilung des Erben zur Befriedigung eines ausgeschlossenen Gläubigers wirkt einem anderen Gläubiger gegenüber wie die Befriedigung.

§§ 1974, 1975 Buch 5. Abschnitt 2. Rechtliche Stellung des Erben

§ 1974 Verschweigungseinrede

(1) ¹Ein Nachlassgläubiger, der seine Forderung später als fünf Jahre nach dem Erbfall dem Erben gegenüber geltend macht, steht einem ausgeschlossenen Gläubiger gleich, es sei denn, dass die Forderung dem Erben vor dem Ablauf der fünf Jahre bekannt geworden oder im Aufgebotsverfahren angemeldet worden ist. ²Wird der Erblasser für tot erklärt oder wird seine Todeszeit nach den Vorschriften des Verschollenheitsgesetzes festgestellt, so beginnt die Frist nicht vor dem Eintritt der Rechtskraft des Beschlusses über die Todeserklärung oder die Feststellung der Todeszeit.

(2) Die dem Erben nach § 1973 Abs. 1 Satz 2 obliegende Verpflichtung tritt im Verhältnis von Verbindlichkeiten aus Pflichtteilsrechten, Vermächtnissen und Auflagen zueinander nur insoweit ein, als der Gläubiger im Falle des Nachlassinsolvenzverfahrens im Range vorgehen würde.

(3) Soweit ein Gläubiger nach § 1971 von dem Aufgebot nicht betroffen wird, finden die Vorschriften des Absatzes 1 auf ihn keine Anwendung.

Anmerkungen zu den §§ 1970–1974

1. 1. Das **Aufgebotsverfahren** richtet sich nach ZPO 989–1001, 946–959.
2. 2. **Zweck des Verfahrens.** Erbe, Nachlaßpfleger, Nachlaßverwalter oder Testamentsvollstrecker soll Überblick über die Passiva erhalten.
3. 3. **Unberührt** vom Aufgebotsverfahren bleiben die dinglichen Gläubiger (§ 1971) und Erbfallgläubiger (§ 1972).
4. 4. Die **Wirkung** des Ausschlußurteils besteht in der Beschränkung der Haftungsmasse für ausgeschlossene Forderungen (§ 1973). Nur wenn nach Abzug nicht ausgeschlossener Forderungen und der Forderungen nach § 1971, ferner der befriedigten ausgeschlossenen Forderungen (vgl auch § 1973 II 3) noch etwas verbleibt, schuldet der Erbe Vollstreckungspreisgabe, wobei § 818 zu beachten ist. Bei Erschöpfung des Nachlasses erfolgt Abweisung als zur Zeit unbegründet (str, vgl Schlüter § 52 III 1 c, cc, Rn 1180), da ja noch Nachlaßgegenstände auftauchen können. Andernfalls ist der Erbe unter Vorbehalt (ZPO 780 I) zu verurteilen und muß die eingeschränkte Vollstreckungsmöglichkeit nach ZPO 785, 767 geltend machen; vgl Vor § 1967 Rn 2.
5. 5. **Während des Aufgebotsverfahrens** gelten § 2015, ZPO 782, 785.
6. 6. Die sog **Verschweigungseinrede** (§ 1974) stellt bisher unbekannte Forderungen, die erst nach 5 Jahren geltend gemacht werden, den ausgeschlossenen Forderungen gleich. Zu § 1974 II s InsO 327 IV, KO 226 IV aF.

Untertitel 3. Beschränkung der Haftung des Erben

§ 1975 Nachlassverwaltung; Nachlassinsolvenz

Die Haftung des Erben für die Nachlassverbindlichkeiten beschränkt sich auf den Nachlass, wenn eine Nachlasspflegschaft zum Zwecke der Befriedigung der Nachlassgläubiger (Nachlassverwaltung) angeordnet oder das Nachlassinsolvenzverfahren eröffnet ist.

Lit: S Vor § 1967.

1. 1. **Antragsrecht** für Nachlaßverwaltung oder -insolvenz § 1981, InsO 317, 318; vgl KO 217 aF, VerglO 113 I Nr 1 aF (Koblenz Rpfleger 89, 510: kein Antragsrecht des Erben nach Ausschlagung).
2. 2. **Haftungsbeschränkung** besteht *während* dieser Verfahren. *Nach* ihrem Abschluß gilt bei Insolvenz § 1989, ebenso früher beim Vergleich (VerglO 113 I Nr 4 aF); bei Verwaltung gilt § 1990 analog (BGH NJW 54, 635); nunmehr einheitliche Regelung für Insolvenzverfahren (§§ 1975, 1989 nF).

Titel 2. Haftung des Erben für die Nachlassverbindlichkeiten **§§ 1976, 1977**

3. Prozessuales. Gegen Vollstreckungsmaßnahmen ist die Haftungsbeschrän- 3
kung klagweise geltend zu machen (ZPO 785, 784, 781). Bei Klagen gegen den
Erben muß der Erbe die Einrede der Haftungsbeschränkung erheben, das Gericht
kann sie sachlich berücksichtigen (zB Klagabweisung wegen Nachlaßaufzehrung)
oder gem ZPO 780 die Entscheidung über die Folgen der Beschränkung dem
Vollstreckungsverfahren überlassen (vgl auch Vor § 1967 Rn 2).

§ 1976 Wirkung auf durch Vereinigung erloschene Rechtsverhältnisse

Ist die Nachlassverwaltung angeordnet oder das Nachlassinsolvenzverfahren eröffnet, so gelten die infolge des Erbfalls durch Vereinigung von Recht und Verbindlichkeit oder von Recht und Belastung erloschenen Rechtsverhältnisse als nicht erloschen.

1. Beseitigung der Konfusion und Konsolidation. Anordnung der Nach- 1
laßverwaltung oder Eröffnung des Insolvenzverfahrens beseitigt rückwirkend Konsolidation und Konfusion (vgl § 1922 Rn 9). Der Erbe kann also Forderungen
gegenüber dem Nachlaßverwalter (§§ 1984, 1985 I) oder Insolvenzverwalter (InsO
80 I, 326, KO 6 II, 225 aF) geltend machen, obwohl er Träger des Eigenvermögens
und des Nachlasses ist (BGH 48, 219); der Erbe als Hypothekengläubiger
(§§ 1177 II, 1197 I) kann wieder vollstrecken (§ 1984 II, InsO 49, KO 47 aF).
Die Schuldnerstellung des Erben lebt neu auf, so daß er auch im Nachlaß wirksam
eine Hypothek bestellen kann, wie überhaupt der Nachlaßverwalter gegenüber
dem Erben rechtsgeschäftlich neue Rechte begründen kann (hierzu BGH
NJW-RR 91, 684 für surrogierende Rechtsgeschäfte; sa §§ 1984, 1985 Rn 4).
Sofern ein Gesellschafter durch Mitgesellschafter beerbt wird und § 738, HGB
131 III gelten, läßt § 1976 nur den Abfindungsanspruch aufleben, an der Anwachsung ändert sich nichts (hierzu RG 136, 99; offen BGH NJW 1991, 845); aA im
Falle zweigliedriger Gesellschaft BGH BB 78, 522; SoeStein 2: Fiktion des Fortbestandes; nach Ulmer JuS 86, 858 (zu BGH 98, 57 bei Anordnung von Testamentsvollstreckung, s näher § 2205 Rn 3) allerdings keine „relative Einmann-
OHG" möglich, sondern fiktiver Fortbestand als Innengesellschaft; vgl §§ 723–728
Rn 14.

2. Keine **analoge Anwendung** (allerdings im Ergebnis ähnlich, BGH 48, 218; s 2
§ 2205 Rn 1) bei Anordnung der Testamentsvollstreckung (MK/Siegmann 9). Der
Rechtsgedanke des § 1976 findet überall dort Anwendung, wo der Bestand des
Nachlasses im Zeitpunkt des Erbfalls Berechnungsgrundlage für eine Forderung des
Erben gegen den Nachlaß (zB Pflichtteilsanspruch, BGH 98, 389, s § 2311 Rn 3,
8) war.

§ 1977 Wirkung auf eine Aufrechnung

(1) Hat ein Nachlassgläubiger vor der Anordnung der Nachlassverwaltung oder vor der Eröffnung des Nachlassinsolvenzverfahrens seine Forderung gegen eine nicht zum Nachlasse gehörende Forderung des Erben ohne dessen Zustimmung aufgerechnet, so ist nach der Anordnung der Nachlassverwaltung oder der Eröffnung des Nachlassinsolvenzverfahrens die Aufrechnung als nicht erfolgt anzusehen.

(2) Das Gleiche gilt, wenn ein Gläubiger, der nicht Nachlassgläubiger ist, die ihm gegen den Erben zustehende Forderung gegen eine zum Nachlass gehörende Forderung aufgerechnet hat.

1. Zweck. § 1977 führt den Trennungsgrundsatz im Falle der Aufrechnung 1
durch. Aufrechnungen vor der Vermögenstrennung gelten deshalb als nicht erfolgt,
die Forderungen als fortbestehend entgegen § 389.

2. Nach dem Eintritt der Vermögenstrennung sind Nachlaßforderungen 2
bzw -schulden und Eigenschulden bzw -forderungen nicht mehr gegenseitig

§§ 1978, 1979 Buch 5. Abschnitt 2. Rechtliche Stellung des Erben

(§ 387), so daß es an der Aufrechnungslage fehlt (teilw str, SoeStein 7). Möglich bleibt die Aufrechnung zwischen Nachlaßforderungen und Nachlaßschulden (vgl InsO 94 ff, KO 53 ff aF, § 1984).

3 3. **Aufrechnung vor Eintritt** der Vermögenstrennung bleibt wirksam bei *Zustimmung des Erben*, gleichgültig, ob Forderung des Erben oder Nachlaßforderung erloschen ist (RG LZ 16, 1364; str). Im ersten Fall kann sich der Erbe gem § 1978 III, InsO 326 II, KO 225 II aF am Nachlaß schadlos halten, im zweiten Fall haftet er nach § 1978 I 1.

4 4. Bei allg unbeschränkter Haftung gilt § 1977 II entgegen dem Wortlaut des § 2013 I 1 fort. Bei unbeschränkter Haftung gegenüber einzelnen Nachlaßgläubigern bleibt deren Recht, gegen Eigenforderungen des Erben aufzurechnen, bestehen; gem § 2013 II gilt im Verhältnis zu anderen Gläubigern § 1977 I, generell aber § 1977 II zum Schutz der Nachlaßgläubiger.

§ 1978 Verantwortlichkeit des Erben für bisherige Verwaltung, Aufwendungsersatz

(1) ¹Ist die Nachlassverwaltung angeordnet oder das Nachlassinsolvenzverfahren eröffnet, so ist der Erbe den Nachlassgläubigern für die bisherige Verwaltung des Nachlasses so verantwortlich, wie wenn er von der Annahme der Erbschaft an die Verwaltung für sie als Beauftragter zu führen gehabt hätte. ²Auf die vor der Annahme der Erbschaft von dem Erben besorgten erbschaftlichen Geschäfte finden die Vorschriften über die Geschäftsführung ohne Auftrag entsprechende Anwendung.

(2) Die den Nachlassgläubigern nach Absatz 1 zustehenden Ansprüche gelten als zum Nachlass gehörend.

(3) Aufwendungen sind dem Erben aus dem Nachlass zu ersetzen, soweit er nach den Vorschriften über den Auftrag oder über die Geschäftsführung ohne Auftrag Ersatz verlangen könnte.

1 1. Für die **Zeit nach Erbschaftsannahme** haftet der Erbe den Nachlaßgläubigern wie ein Beauftragter, §§ 662 ff. Er hat daher gem § 667 alles durch Geschäfte über Nachlaßgegenstände Erworbene herauszugeben, also sowohl den Gegenwert als auch Forderungen auf einen Gegenwert. Der Erbe handelt weder als Vertreter des Nachlasses noch tritt entspr §§ 2019, 2111 Surrogation ein (zT str, s RG 134, 259; LM Nr 2 = NJW-RR 89, 1227; SoeStein 4; wichtig wegen eines Aussonderungsrechtes in der Erbeninsolvenz!). Gem § 1978 II gehören Herausgabe- und Ersatzansprüche zum Nachlaß und sind vom Nachlaß- bzw Insolvenzverwalter geltend zu machen (§ 1984, InsO 148, 159, KO 117 aF), InsO 323 (KO 223 aF) gibt wegen Aufwendungsersatzansprüchen (§ 1978 III, InsO 324 Nr 1, KO 224 I Nr 1 aF) kein Zurückbehaltungsrecht.

2 2. **Vor Erbschaftsannahme** gelten §§ 677 ff ohne Pflicht zum Tätigwerden.
3 3. Der Erbe haftet persönlich und unbeschränkbar (RG 89, 408).

§ 1979 Berichtigung von Nachlassverbindlichkeiten

Die Berichtigung einer Nachlassverbindlichkeit durch den Erben müssen die Nachlassgläubiger als für Rechnung des Nachlasses erfolgt gelten lassen, wenn der Erbe den Umständen nach annehmen durfte, dass der Nachlass zur Berichtigung aller Nachlassverbindlichkeiten ausreiche.

1 1. Die Vorschrift konkretisiert die nach § 1978 I bestehende Ersatzpflicht bei schlechter Verwaltung durch Berichtigung von Nachlaßverbindlichkeiten aus Nachlaßmitteln. Der Erbe haftet nicht, falls er angemessene Sorgfalt bei der Nachlaßprüfung (vollständige Erfassung der Aktiva und Passiva, Bewertung, Aufzeichnung, uU Gläubigeraufgebot) dartut und beweist (s BGH NJW 85, 140). Die Erbenhaftung reicht nur soweit, als den vor- und gleichrangigen Nachlaßgläubi-

Titel 2. Haftung des Erben für die Nachlassverbindlichkeiten **§§ 1980, 1981**

gern bei insolvenzmäßiger Abwicklung aufgrund der vorzeitigen Zahlung ein Schaden entstanden ist (Düsseldorf FamRZ 00, 1332).

2. Die Vorschrift regelt auch den **Aufwendungsersatzanspruch** (§ 1978 III) bei Befriedigung aus eigenen Mitteln: Er besteht bei Gutgläubigkeit und ist gegebenenfalls Masseschuld (InsO 324 Nr 1, KO 224 I Nr 1 aF). Bei fahrlässiger Fehleinschätzung besteht nur ein Bereicherungsanspruch (§§ 1978 III, 684); in der Insolvenz gilt InsO 326 II, KO 225 II aF (dazu Düsseldorf FamRZ 00, 1332). 2

3. Neben die Ersatzpflicht des Erben treten die Anfechtungsrechte nach InsO 129 ff, 322 (KO 30 ff, 222 aF); AnfG 3–5 (AnfG 3, 3 a aF). 3

4. Für den **ausschlagenden** Erben gilt § 1978 überhaupt nicht; er haftet nur gem § 1959 dem endgültigen Erben (Celle MDR 70, 1012). Erwägenswert ist allerdings eine Haftung des Erben für Verwalter, Pfleger oder Testamentsvollstrecker (InsO 317, KO 217 I aF) gem §§ 1980, 278. 4

§ 1980 Antrag auf Eröffnung des Nachlassinsolvenzverfahrens

(1) ¹**Hat der Erbe von der Zahlungsunfähigkeit oder der Überschuldung des Nachlasses Kenntnis erlangt, so hat er unverzüglich die Eröffnung des Nachlassinsolvenzverfahrens zu beantragen.** ²**Verletzt er diese Pflicht, so ist er den Gläubigern für den daraus entstehenden Schaden verantwortlich.** ³**Bei der Bemessung der Zulänglichkeit des Nachlasses bleiben die Verbindlichkeiten aus Vermächtnissen und Auflagen außer Betracht.**

(2) ¹**Der Kenntnis der der Zahlungsunfähigkeit oder Überschuldung steht die auf Fahrlässigkeit beruhende Unkenntnis gleich.** ²**Als Fahrlässigkeit gilt es insbesondere, wenn der Erbe das Aufgebot der Nachlassgläubiger nicht beantragt, obwohl er Grund hat, das Vorhandensein unbekannter Nachlassverbindlichkeiten anzunehmen; das Aufgebot ist nicht erforderlich, wenn die Kosten des Verfahrens dem Bestand des Nachlasses gegenüber unverhältnismäßig groß sind.**

1. Die Vorschrift modifiziert die Verwaltungspflichten des § 1978 I; folglich keine Pflicht vor Annahme der Erbschaft. Vereinbarung mit Nachlaßgläubigern befreit von Antragspflicht. Bei Nachlaßverwaltung trifft die Pflicht den Verwalter (§§ 1985 II, 1980). Eine Pflicht des verwaltenden Testamentsvollstreckers zur Antragstellung besteht gegenüber den Nachlaßgläubigern nicht (str, aA Kilger/K. Schmidt, Insolvenzgesetze, § 217, 2), ebensowenig eine Pflicht des Nachlaßpflegers (zum Antragsrecht s aber InsO 317, KO 217 I aF). 1

§ 1981 Anordnung der Nachlassverwaltung

(1) **Die Nachlassverwaltung ist von dem Nachlassgericht anzuordnen, wenn der Erbe die Anordnung beantragt.**

(2) ¹**Auf Antrag eines Nachlassgläubigers ist die Nachlassverwaltung anzuordnen, wenn Grund zu der Annahme besteht, dass die Befriedigung der Nachlassgläubiger aus dem Nachlass durch das Verhalten oder die Vermögenslage des Erben gefährdet wird.** ²**Der Antrag kann nicht mehr gestellt werden, wenn seit der Annahme der Erbschaft zwei Jahre verstrichen sind.**

(3) **Die Vorschrift des § 1785 findet keine Anwendung.**

1. **Antrag des Erben:** Sondervorschriften in § 2062 für Miterben; InsO 317, KO 217 I aF (Testamentsvollstrecker), InsO 318, KO 218 I aF (Gütergemeinschaft) gelten entspr. Aus §§ 2144, 2383 folgt das Antragsrecht des Nacherben bzw Erbschaftskäufers; kein Antragsrecht des Nachlaßpflegers iSd §§ 1960 f. Der Antrag ist an keine bes Voraussetzungen geknüpft; uU Rechtsmißbrauch bei Antragstellung aus Bequemlichkeit des Erben (LG Tübingen BWNotZ 84, 168; zweifelhaft!). 1

Stürner 1683

§§ 1982–1985   Buch 5. Abschnitt 2. Rechtliche Stellung des Erben

2   **2. Antragsrecht des Nachlaßgläubigers** betrifft jedweden Gläubiger, also auch ausgeschlossene Gläubiger, Erbfallgläubiger wie Pflichtteilsberechtigte und Erbersatzberechtigte. Gefährdung der Befriedigung kann bei schlechter Vermögenslage nur eines Miterben vorliegen (BayObLGZ 66, 75). Gem § 278 muß sich der Erbe das Verhalten des Testamentsvollstreckers zurechnen lassen (str, aA SoeStein 11).

3   **3. Anordnung des Nachlaßgerichts:** gem RPflG 3 Nr 2 c, 16 I Nr 1 Rechtspflegeraufgabe. Bekanntmachung (FGG 16) an Erbe oder Nachlaßpfleger des unbekannten Erben (BayObLGZ 76, 167). Änderungsbefugnis und Beschwerderecht FGG 18, 76, 22.

§ 1982 Ablehnung der Anordnung der Nachlassverwaltung mangels Masse

Die Anordnung der Nachlassverwaltung kann abgelehnt werden, wenn eine den Kosten entsprechende Masse nicht vorhanden ist.

1   **1. Kosten der Verwaltung:** §§ 1983, 1987; KostO 106, 136 ff. Dem Erben bleibt § 1990 (Düsseldorf Rpfleger 00, 115).

§ 1983 Bekanntmachung

Das Nachlassgericht hat die Anordnung der Nachlassverwaltung durch das für seine Bekanntmachungen bestimmte Blatt zu veröffentlichen.

1   **1. Bekanntmachung** hat keine konstitutive Wirkung; sie kann aber gem § 1984 I, InsO 81, 82 (KO 7 I, 8 II, III aF) Bedeutung erlangen. Von der Bekanntmachung zu unterscheiden ist die Eintragung der Verfügungsbeschränkung im Grundbuch (§ 1984 I, InsO 81 I, KO 7 I aF); Antragsrecht nur des Verwalters, nicht des Nachlaßgerichts (str, SoeStein 2).

§ 1984 Wirkung der Anordnung

(1) ¹Mit der Anordnung der Nachlassverwaltung verliert der Erbe die Befugnis, den Nachlass zu verwalten und über ihn zu verfügen. ²Die Vorschriften der §§ 81 und 82 der Insolvenzordnung finden entsprechende Anwendung. ³Ein Anspruch, der sich gegen den Nachlass richtet, kann nur gegen den Nachlassverwalter geltend gemacht werden.

(2) Zwangsvollstreckungen und Arreste in den Nachlass zugunsten eines Gläubigers, der nicht Nachlassgläubiger ist, sind ausgeschlossen.

§ 1985 Pflichten und Haftung des Nachlassverwalters

(1) Der Nachlassverwalter hat den Nachlass zu verwalten und die Nachlassverbindlichkeiten aus dem Nachlass zu berichtigen.

(2) ¹Der Nachlassverwalter ist für die Verwaltung des Nachlasses auch den Nachlassgläubigern verantwortlich. ²Die Vorschriften des § 1978 Abs. 2 und der §§ 1979, 1980 finden entsprechende Anwendung.

Anmerkungen zu den §§ 1984, 1985

1   **1.** Der **Nachlaßverwalter** ist nach hM **amtliches Organ** zur Verwaltung einer Vermögensmasse (RG 135, 307; 151, 62); das ist zwar mit §§ 1975, 1915, 1793, die eher auf eine Vertreterposition weisen, kaum vereinbar, doch sollte es wegen der Parallele zum Insolvenzverwalter (§ 1984 I) bei der hM bleiben.

2   **2.** Die Pflegschaftsvorschriften (§§ 1975, 1915) finden sinngemäße Anwendung, insbes §§ 1779 (Ernennung; vgl aber §§ 1981 III, 1785); 1802 (Verzeichnis des Nachlaßvermögens); 1840 f, 1890 (Berichts- u Rechnungslegungspflicht); 1821 ff

Titel 2. Haftung des Erben für die Nachlassverbindlichkeiten **§ 1985**

(Genehmigungspflicht auch bei volljährigen Erben); 1837 (Aufsichtsmaßnahmen, Versicherungsauflage), 1886 (Entlassung, Bsp: Karlsruhe NJW-RR 89, 1095; Antragsrecht von Nachlaßgläubigern ist str, verneinend Frankfurt ZEV 98, 263), 1962, 1975 (Aufsicht des Nachlaßgerichtes); unanwendbar dagegen §§ 1812, 1813 (str).

3. Gegenstand der Nachlaßverwaltung ist wie bei Insolvenz das gesamte der Zwangsvollstreckung unterliegende Vermögen des Erblassers (InsO 35, 36, KO 1 aF). Hierzu gehört der Anteil an einer Personengesellschaft als Teil des Nachlasses (BGH 98, 51), obwohl er getrennt vom übrigen Nachlaß unmittelbar in das Privatvermögen des Gesellschafter-Erben fällt (Sondererbfolge, BGH 91, 136; hierzu Brox JZ 84, 892). Der Nachlaßverwalter kann allerdings nicht in die inneren Angelegenheiten der Gesellschaft eingreifen, er verwaltet lediglich die „Außenseite" (so BGH 98, 57 für den Testamentsvollstrecker) des Gesellschaftsanteils: die mitgliedschaftlichen, höchstpersönlichen Rechte bleiben beim Erben (BGH 47, 293, hierzu Großfeld und Rohlff JZ 67, 705; BGH 98, 55; BayObLG WM 91, 133; Beispiel: BayObLGZ 88, 30), so auch das Verfügungsrecht über Gesellschaftsvermögen; der Verwalter versagt Gewinn- und Auseinandersetzungsansprüche und kann entspr HGB 135, § 725 kündigen (str, s St/Marotzke § 1985 Rn 21). Für den Umfang des Verwaltungsrechts gilt das Surrogationsprinzip (BGH 46, 229 für Schadensersatzforderung nach Verlust eines Nachlaßgegenstandes).

4. Materiellrechtlich kann der Verwalter sich mit Wirkung gegen den Nachlaß verpflichten und über Nachlaßgegenstände verfügen (§§ 1985 I, 1975, 1915, 1793); im Falle von Vor- und Nacherbschaft gilt § 2115 S 2 analog (Braunschweig OLGZ 88, 394). Dementspr verliert der Erbe die Verwaltungs- und Verfügungsbefugnis (§ 1984 I, InsO 80–82, KO 7, 8 aF). Gutgl Erwerb nach §§ 892, 893 ist möglich, falls Verfügungsbeschränkung nicht ins Grundbuch eingetragen ist. Dagegen kein gutgl Erwerb bei beweglichen Sachen, InsO 81 I 1 (KO 7 I aF) lex specialis zu § 135 II; anders, wenn Erwerber ohne grobe Fahrlässigkeit über Zugehörigkeit zum Nachlaß irrt, da sich InsO 81 I (KO 7 I aF) nur auf Kenntnis der Verfügungsbeschränkung bezieht (str). InsO 82 (KO 8 II, III aF) korrespondiert mit § 1983.

5. Aufgabe des Verwalters ist die Gläubigerbefriedigung. Dazu hat er den Nachlaß in Besitz zu nehmen, ggf einen Herausgabetitel gegen den Erben zu erstreiten; denn der Anordnungsbeschluß des Nachlaßgerichtes ist kein vollstreckbarer Titel (str), und das Gericht kann keinen Gerichtsvollzieher beauftragen (KG NJW 58, 2071). Der Nachlaßverwalter kann eine vom Erblasser erteilte Vollmacht wirksam widerrufen (KG NJW 71, 566). Er kann ein Gläubigeraufgebot beantragen (ZPO 991) und nach seinem Ermessen den Nachlaß versilbern, nicht aber die Nachlaßauseinandersetzung betreiben (BayObLG 25, 454); zum Insolvenzantrag vgl §§ 1985 II, 1980 (Stuttgart OLGZ 84, 304: Antragspflicht bei Masseaarmut). Bei mangelnder Masse kann Verwalter Aufhebung der Verwaltung nach § 1988 II beantragen. § 1973 (RG 61, 221) und § 1992 sind auch bei Nachlaßverwaltung entsprechend anzuwenden.

6. Die Haftung gegenüber dem Erben folgt aus §§ 1975, 1915, 1833, 1834, 1839–1841 (vgl zur Haftung bei Wertanlagen BGH FamRZ 75, 576). Die Haftung gegenüber den Gläubigern regeln §§ 1985 II, 1978 II, 1979 (hierzu BGH NJW 85, 140; § 1979 Rn 1), 1980.

7. Prozessuales. Im Prozeß ist der Nachlaßverwalter ges Prozeßstandschafter und damit Partei kraft Amtes (RG 135, 307); Aufnahme unterbrochener Prozesse nach ZPO 239, 241 III, 246 I. Der Erbe verliert die Prozeßführungsbefugnis, Aktiv- und Passivprozesse sind unzulässig. Gewillkürte Prozeßstandschaft des Erben (Ermächtigung durch Nachlaßverwalter) soll zulässig sein (BGH 38, 281; dazu Bötticher JZ 63, 582). Vollstreckungshandlungen der Eigengläubiger in den Nachlaß (§ 1984 II) oder der Nachlaßgläubiger in das Eigenvermögen (§ 1975) sind auf

Stürner 1685

§§ 1986–1988   Buch 5. Abschnitt 2. Rechtliche Stellung des Erben

Abwehrklage (ZPO 785) für unzulässig zu erklären (ZPO 784 II bzw 780, 781, 784 I; Frankfurt ZEV 98, 192; hierzu Stein ZEV 98, 178); vgl § 1975 Rn 3. Nachlaßgläubiger können aufgrund eines Titels gegen den Erben nach Umschreibung auf den Verwalter gem ZPO 727 I, 749 (str, Baur/Stürner I, Rn 17.16; Loritz ZZP 95, 329) vollstrecken.

§ 1986 Herausgabe des Nachlasses

(1) **Der Nachlassverwalter darf den Nachlass dem Erben erst ausantworten, wenn die bekannten Nachlassverbindlichkeiten berichtigt sind.**

(2) ¹**Ist die Berichtigung einer Verbindlichkeit zur Zeit nicht ausführbar oder ist eine Verbindlichkeit streitig, so darf die Ausantwortung des Nachlasses nur erfolgen, wenn dem Gläubiger Sicherheit geleistet wird.** ²**Für eine bedingte Forderung ist Sicherheitsleistung nicht erforderlich, wenn die Möglichkeit des Eintritts der Bedingung eine so entfernte ist, dass die Forderung einen gegenwärtigen Vermögenswert nicht hat.**

1 1. Gem § 1919 ist Nachlaßverwaltung **aufzuheben**, wenn der Grund für die Anordnung entfällt, also bei Befriedigung aller Gläubiger oder bei Erschöpfung (vgl auch § 1988 II); den Fall der nachfolgenden Insolvenz regelt § 1988 I. § 1986 gewährt **keinen Anspruch auf Herausgabe,** der erst nach Aufhebung oder Beendigung der Verwaltung entsteht, § 1890. Er stellt nur klar, wann der Verwalter ohne Pflichtverletzung herausgeben kann (vgl §§ 1985 II 1, 1975, 1915, 1833 I 1). An mehrere Miterben ist ohne Verteilung (vgl §§ 1984, 1985 Rn 5) gemeinsam herauszugeben.

2 2. § 1986 I verlangt in Zweifelsfällen ein **Aufgebot** (§§ 1970 ff).

3 3. Zur **Haftung** des Erben nach Aufhebung vgl § 1975 Rn 2. Bis zur Aufhebung gilt auch nach Herausgabe § 1984 I; der Erbe hat dem Verwalter die Befriedigung zu ermöglichen, ggf durch Rückgabe.

§ 1987 Vergütung des Nachlassverwalters

Der Nachlassverwalter kann für die Führung seines Amts eine angemessene Vergütung verlangen.

1 1. Die Vorschrift gibt entgegen §§ 1975, 1915, 1836 I 1 – anders als beim Nachlaßpfleger (vgl § 1960 Rn 11) – einen uneingeschränkten **Vergütungsanspruch.** Bemessungskriterien waren vor dem 1. 1. 99 (§ 1960 Rn 11) Nachlaßmasse, Dauer und Schwierigkeit der Verwaltungsgeschäfte (s BayObLGZ 72, 156; Rpfleger 85, 402); für Verwaltungen nach dem 1. 1. 99 gelten die nunmehr bei Nachlaßpflege anwendbaren Bemessungskriterien (Pal/Edenhofer 2). **Aufwendungsersatzanspruch** gem §§ 1915 I, 1835, 1835 a, 670, 669. Beide Verbindlichkeiten sind Masseschulden gem InsO 324 I Nr 4, 6 (KO 226 I Nr 4, 6 aF).

2 2. **Festsetzung der Höhe** durch Nachlaßgericht, §§ 1836, 1836 b, FGG 56 g; Rechtspflegerzuständigkeit, RPflG 3 Nr 2 c, 16 I Nr 1, sofortige Beschwerde gem FGG 75, 56 g V, VII (BayObLG NJW-RR 01, 870; sa § 1960 Rn 11).

3 3. **Prozessuales.** Die Durchsetzung des Vergütungsanspruchs erfolgt aus dem Festsetzungsbeschluß (FGG 56 g VI); über Aufwendungsersatz entscheidet das gewöhnliche Prozeßgericht (§§ 1975, 1915, 1835).

§ 1988 Ende und Aufhebung der Nachlassverwaltung

(1) **Die Nachlassverwaltung endigt mit der Eröffnung des Nachlassinsolvenzverfahrens.**

(2) **Die Nachlassverwaltung kann aufgehoben werden, wenn sich ergibt, dass eine den Kosten entsprechende Masse nicht vorhanden ist.**

Titel 2. Haftung des Erben für die Nachlassverbindlichkeiten §§ 1989-1991

1. Mit **Insolvenzeröffnung** geht die Verfügungsbefugnis (§ 1984 I) auf den 1
Insolvenzverwalter über (InsO 80 I, KO 6 II aF); entgegen hM sind dann InsO 81,
82 (KO 7, 8 aF) auf Nachlaßverwalter anstelle des Schuldners anzuwenden.

2. Zur **Aufhebung** vgl § 1986 Rn 1; kein Beschwerderecht des Verwalters (Jena 2
Rpfleger 98, 427).

§ 1989 Erschöpfungseinrede des Erben

Ist der Nachlassinsolvenzverfahren durch Verteilung der Masse oder durch einen Insolvenzplan beendet, so findet auf die Haftung des Erben die Vorschrift des § 1973 entsprechende Anwendung.

1. Die Haftungsbeschränkung des § 1975 wird in zwei Fällen der Beendigung 1
des Insolvenzverfahrens fortgesetzt und präzisiert: **a)** Bei **Beendigung durch Verteilung der Masse** (InsO 187 ff, KO 161 ff aF) beschränkt sich die Haftung gegen
nicht befriedigte Gläubiger (InsO 201, KO 164 aF) nach §§ 1989, 1973. **b)** Bei
Insolvenzplanverfahren (InsO 217 ff) haftet der Erbe den Beteiligten gem InsO
254 unbeschränkt, falls – wie dies regelmäßig der Fall sein dürfte – im Insolvenzplan eine solche Haftung übernommen ist (str; zum korrespondierenden alten
Recht des Zwangsvergleichs KO 173 ff, 193 aF). Gläubigern gem InsO 324 und –
entgegen dem Wortlaut des InsO 254 (für die Vorgängerregelung des Zwangsvergleichs durch KO 193 aF str, s St/Marotzke 18) – nicht am Insolvenzplanverfahren
beteiligten Gläubigern haftet der Erbe nur gem §§ 1989, 1973.

2. Gem VerglO 113 I Nr 4 aF galt für das Vergleichsverfahren Entspr. 2

3. Die Vorschrift ist **unanwendbar** in den Fällen des § 2013 (vgl aber § 2000); 3
InsO 26, 207, 212 ff (vgl aber § 1990; KO 107, 204 u 116, 202 aF).

§ 1990 Dürftigkeitseinrede des Erben

(1) ¹**Ist die Anordnung der Nachlassverwaltung oder die Eröffnung des Nachlassinsolvenzverfahrens wegen Mangels einer den Kosten entsprechenden Masse nicht tunlich oder wird aus diesem Grunde die Nachlassverwaltung aufgehoben oder das Insolvenzverfahren eingestellt, so kann der Erbe die Befriedigung eines Nachlassgläubigers insoweit verweigern, als der Nachlass nicht ausreicht. ²Der Erbe ist in diesem Falle verpflichtet, den Nachlass zum Zwecke der Befriedigung des Gläubigers im Wege der Zwangsvollstreckung herauszugeben.**

(2) Das Recht des Erben wird nicht dadurch ausgeschlossen, dass der Gläubiger nach dem Eintritt des Erbfalls im Wege der Zwangsvollstreckung oder der Arrestvollziehung ein Pfandrecht oder eine Hypothek oder im Wege der einstweiligen Verfügung eine Vormerkung erlangt hat.

§ 1991 Folgen der Dürftigkeitseinrede

(1) Macht der Erbe von dem ihm nach § 1990 zustehenden Recht Gebrauch, so finden auf seine Verantwortlichkeit und den Ersatz seiner Aufwendungen die Vorschriften der §§ 1978, 1979 Anwendung.

(2) Die infolge des Erbfalls durch Vereinigung von Recht und Verbindlichkeit oder von Recht und Belastung erloschenen Rechtsverhältnisse gelten im Verhältnis zwischen dem Gläubiger und dem Erben als nicht erloschen.

(3) Die rechtskräftige Verurteilung des Erben zur Befriedigung eines Gläubigers wirkt einem anderen Gläubiger gegenüber wie die Befriedigung.

Stürner

§ 1991 Buch 5. Abschnitt 2. Rechtliche Stellung des Erben

(4) Die Verbindlichkeiten aus Pflichtteilsrechten, Vermächtnissen und Auflagen hat der Erbe so zu berichtigen, wie sie im Falle des Insolvenzverfahrens zur Berichtigung kommen würden.

Anmerkungen zu den §§ 1990, 1991

1. **1. Das Wesen** der Dürftigkeitseinrede besteht in der Möglichkeit einer Haftungsbeschränkung ohne Nachlaßverwaltung bzw -insolvenz (§ 1975).

2. **2. Arten der Dürftigkeit: a) Dürftigkeit kraft Tatbestandswirkung.** Es liegen Entscheidungen gem §§ 1982, 1988 II; InsO 26, 207 ff (vormals KO 107, 204 aF; VerglO 113 I Nr 4, 17 Nr 6, 100 I Nr 1 aF) vor, die den Nachweis der Dürftigkeit ersparen (zu § 1982: LM Nr 2 = NJW-RR 89, 1227). **b) Tatsächliche Dürftigkeit.** Ohne entspr Entscheidungen sind die Voraussetzungen der Dürftigkeit gegeben und werden vom Schuldner dargetan und bewiesen.

3. **3. Voraussetzung der tatsächlichen Dürftigkeit** ist das Fehlen einer kostendeckenden Masse, maßgebender Zeitpunkt nicht der Erbfall, sondern der Zeitpunkt der Entscheidung über die Einrede (BGH 85, 280). Ansprüche gegen den Erben gem §§ 1991 I, 1978, 1979, 1991 II sind der Masse zuzurechnen, ebenso anfechtbar veräußerte Gegenstände (LG Köln ZIP 81, 1385). Nachlaßgläubiger können Ansprüche gegen den Erben entweder der Klage des Erben entgegenhalten (ZPO 785, s Rn 7) oder selbst klagweise geltend machen (BGH NJW-RR 89, 1226).

4. **4. Aufrechnung** eines Nachlaßgläubigers gegen eine private Forderung des Erben ist im Falle des § 1990 ausgeschlossen (BGH 35, 327 f).

5. **5. Eine Reihenfolge zur Befriedigung** schreibt das Ges grundsätzlich nicht vor. Der Erbe kann daher zunächst seine Aufwendungsersatzansprüche (§§ 1991 I, 1978 III) oder seine Forderungen gem § 1991 II befriedigen (BGH 85, 287; MDR 85, 117 mN) und selbst Gläubiger mit rechtskräftigen Titeln hintanstellen (RG 82, 278; 139, 202). Ausnahmen: **a) Gläubiger mit Titel** gehen Gläubigern ohne Titel vor (§ 1991 III). **b) Erbfallschulden** gem § 1991 VI sind nachrangig in der Reihenfolge Pflichtteilsrecht (einschließlich Ergänzungsanspruch gem § 2325; BGH 85, 280), Vermächtnisse und Auflagen (uU Erbersatzanspruch alten Rechts; vgl § 1924 Rn 3) zu befriedigen (InsO 327; KO 226 II Nr 4, 5, 6 aF). Bei falscher Reihenfolge haftet der Erbe gem §§ 1991 I, 1978 I; uU Bereicherungsanspruch des Erben aus § 813 I (Stuttgart NJW-RR 89, 1283).

6. **6. Zur entspr Anwendung nach Abschluß der Nachlaßverwaltung** vgl § 1975 Rn 2; vgl iü §§ 419 II aF, 1480, 1498, 1504, 2036 f, 2145.

7. **7. Prozessuales.** Bei der prozessualen Durchführung der Haftungsbeschränkung gibt es **drei Alternativen. a)** Der Erbe wird mit dem Vorbehalt des ZPO 780 I verurteilt (BGH NJW 91, 2840: Vorbehalt bei ZPO 794 I Nr 1) und muß sich dann nach ZPO 784 I, 785, 767 gegen die Vollstreckung in Gegenstände des Eigenvermögens wehren. **b)** Das Gericht beschränkt im Urteil die Vollstreckung auf bestimmte, noch vorhandene Nachlaßgegenstände (unpraktisch). **c)** Der Erbe beweist die **Unzulänglichkeit** und erreicht damit völlige oder teilw Klagabweisung. Das Gericht kann je nach Sachlage eine Alternative auswählen (vgl RG 54, 413; BGH NJW 54, 635; 83, 2379; 93, 1853); ein öffentl-rechtl Rückforderungsbescheid darf bei Dürftigkeit nicht ergehen (VGH Mannheim NJW 86, 273). Die Dürftigkeitseinrede muß nicht unbedingt bereits im Feststellungsprozeß erhoben werden (RG JW 30, 2215; aA Bamberg ZEV 96, 463; offen BGH ZEV 96, 465). Im Betreuervergütungsverfahren genügt summarische Prüfung der Voraussetzungen der Dürftigkeit (BayObLGZ 97, 335).

8. **8. Vollstreckungsmaßnahmen** von Nachlaßgläubigern (§ 1990 II) in das Eigenvermögen kann der Erbe analog ZPO 784 I, 785 aufheben lassen; ebenso nach hM Maßnahmen, welche die Rangfolge des § 1991 IV beeinträchtigen würden.

Titel 2. Haftung des Erben für die Nachlassverbindlichkeiten **§§ 1992–1996**

Maßnahmen der Erbengläubiger in den Nachlaß sind analog ZPO 784 II aufhebbar (str), weil der Haftungsbeschränkung die Trennung der Vermögensmassen entsprechen sollte.

§ 1992 Überschuldung durch Vermächtnisse und Auflagen

¹Beruht die Überschuldung des Nachlasses auf Vermächtnissen und Auflagen, so ist der Erbe, auch wenn die Voraussetzungen des § 1990 nicht vorliegen, berechtigt, die Berichtigung dieser Verbindlichkeiten nach den Vorschriften der §§ 1990, 1991 zu bewirken. ²Er kann die Herausgabe der noch vorhandenen Nachlassgegenstände durch Zahlung des Wertes abwenden.

1. Bei **Überschuldung** durch Vermächtnisse und Auflagen soll der Erbe ohne Nachlaßinsolvenz und dementspr ohne Dürftigkeit des Nachlasses die beschränkte Haftung des § 1990 herbeiführen können; das Ges versucht, die Insolvenz wegen Verbindlichkeiten aus Vermächtnissen und Auflagen entspr dem mutmaßlichen Erblasserwillen zu vermeiden (vgl § 1980 I 3, KO 219 I 2 aF, etwas anders jetzt InsO 14 I, 317, 327 III); Vorschrift ist unanwendbar, wenn Nachlaß ohnehin überschuldet ist (München ZEV 98, 100 mAnm Weber; hM). 1

2. **Prozessuales.** Das Prozeßgericht kann über die beschränkte Haftung mitentscheiden (vgl §§ 1990, 1991 Rn 7) und insbes eine teilw Befriedigung so gestalten, daß der Vermächtnisnehmer den vermachten Gegenstand gegen eine Ausgleichszahlung in natura erhält (LM Nr 1); das Einlösungsrecht des § 1992 S 2 entfällt in diesem Falle. 2

Untertitel 4. Inventarerrichtung, unbeschränkte Haftung des Erben

§ 1993 Inventarerrichtung

Der Erbe ist berechtigt, ein Verzeichnis des Nachlasses (Inventar) bei dem Nachlassgericht einzureichen (Inventarerrichtung).

§ 1994 Inventarfrist

(1) ¹Das Nachlassgericht hat dem Erben auf Antrag eines Nachlassgläubigers zur Errichtung des Inventars eine Frist (Inventarfrist) zu bestimmen. ²Nach dem Ablauf der Frist haftet der Erbe für die Nachlassverbindlichkeiten unbeschränkt, wenn nicht vorher das Inventar errichtet wird.

(2) ¹Der Antragsteller hat seine Forderung glaubhaft zu machen. ²Auf die Wirksamkeit der Fristbestimmung ist es ohne Einfluss, wenn die Forderung nicht besteht.

§ 1995 Dauer der Frist

(1) ¹Die Inventarfrist soll mindestens einen Monat, höchstens drei Monate betragen. ²Sie beginnt mit der Zustellung des Beschlusses, durch den die Frist bestimmt wird.

(2) Wird die Frist vor der Annahme der Erbschaft bestimmt, so beginnt sie erst mit der Annahme der Erbschaft.

(3) Auf Antrag des Erben kann das Nachlassgericht die Frist nach seinem Ermessen verlängern.

§ 1996 Bestimmung einer neuen Frist

(1) ¹Ist der Erbe durch höhere Gewalt verhindert worden, das Inventar rechtzeitig zu errichten oder die nach den Umständen gerechtfertigte Verlängerung der Inventarfrist zu beantragen, so hat ihm auf seinen An-

trag das Nachlassgericht eine neue Inventarfrist zu bestimmen. ²Das Gleiche gilt, wenn der Erbe von der Zustellung des Beschlusses, durch den die Inventarfrist bestimmt worden ist, ohne sein Verschulden Kenntnis nicht erlangt hat.

(2) Der Antrag muss binnen zwei Wochen nach der Beseitigung des Hindernisses und spätestens vor dem Ablauf eines Jahres nach dem Ende der zuerst bestimmten Frist gestellt werden.

(3) Vor der Entscheidung soll der Nachlassgläubiger, auf dessen Antrag die erste Frist bestimmt worden ist, wenn tunlich gehört werden.

§ 1997 Hemmung des Fristablaufs

Auf den Lauf der Inventarfrist und der im § 1996 Abs. 2 bestimmten Frist von zwei Wochen finden die für die Verjährung geltenden Vorschriften der §§ 206, 210 entsprechende Anwendung.

§ 1998 Tod des Erben vor Fristablauf

Stirbt der Erbe vor dem Ablauf der Inventarfrist oder der im § 1996 Abs. 2 bestimmten Frist von zwei Wochen, so endigt die Frist nicht vor dem Ablauf der für die Erbschaft des Erben vorgeschriebenen Ausschlagungsfrist.

§ 1999 Mitteilung an das Vormundschaftsgericht

¹Steht der Erbe unter elterlicher Sorge oder unter Vormundschaft, so soll das Nachlassgericht dem Vormundschaftsgericht von der Bestimmung der Inventarfrist Mitteilung machen. ²Dies gilt auch, wenn die Nachlassangelegenheit in den Aufgabenkreis eines Betreuers des Erben fällt.

§ 2000 Unwirksamkeit der Fristbestimmung

¹Die Bestimmung einer Inventarfrist wird unwirksam, wenn eine Nachlassverwaltung angeordnet oder das Nachlassinsolvenzverfahren eröffnet wird. ²Während der Dauer der Nachlassverwaltung oder des Nachlassinsolvenzverfahrens kann eine Inventarfrist nicht bestimmt werden. ³Ist das Nachlassinsolvenzverfahren durch Verteilung der Masse oder durch einen Insolvenzplan beendet, so bedarf es zur Abwendung der unbeschränkten Haftung der Inventarerrichtung nicht.

§ 2001 Inhalt des Inventars

(1) In dem Inventar sollen die bei dem Eintritt des Erbfalls vorhandenen Nachlassgegenstände und die Nachlassverbindlichkeiten vollständig angegeben werden.

(2) Das Inventar soll außerdem eine Beschreibung der Nachlassgegenstände, soweit eine solche zur Bestimmung des Wertes erforderlich ist, und die Angabe des Wertes enthalten.

§ 2002 Aufnahme des Inventars durch den Erben

Der Erbe muss zu der Aufnahme des Inventars eine zuständige Behörde oder einen zuständigen Beamten oder Notar zuziehen.

§ 2003 Amtliche Aufnahme des Inventars

(1) ¹Auf Antrag des Erben hat das Nachlassgericht entweder das Inventar selbst aufzunehmen oder die Aufnahme einer zuständigen Behörde oder einem zuständigen Beamten oder Notar zu übertragen. ²Durch die Stellung des Antrags wird die Inventarfrist gewahrt.

(2) Der Erbe ist verpflichtet, die zur Aufnahme des Inventars erforderliche Auskunft zu erteilen.

(3) Das Inventar ist von der Behörde, dem Beamten oder dem Notar bei dem Nachlassgericht einzureichen.

§ 2004 Bezugnahme auf ein vorhandenes Inventar

Befindet sich bei dem Nachlassgericht schon ein den Vorschriften der §§ 2002, 2003 entsprechendes Inventar, so genügt es, wenn der Erbe vor dem Ablauf der Inventarfrist dem Nachlassgericht gegenüber erklärt, dass das Inventar als von ihm eingereicht gelten soll.

§ 2005 Unbeschränkte Haftung des Erben bei Unrichtigkeit des Inventars

(1) ¹Führt der Erbe absichtlich eine erhebliche Unvollständigkeit der im Inventar enthaltenen Angabe der Nachlassgegenstände herbei oder bewirkt er in der Absicht, die Nachlassgläubiger zu benachteiligen, die Aufnahme einer nicht bestehenden Nachlassverbindlichkeit, so haftet er für die Nachlassverbindlichkeiten unbeschränkt. ²Das Gleiche gilt, wenn er im Falle des § 2003 die Erteilung der Auskunft verweigert oder absichtlich in erheblichem Maße verzögert.

(2) Ist die Angabe der Nachlassgegenstände unvollständig, ohne dass ein Fall des Absatzes 1 vorliegt, so kann dem Erben zur Ergänzung eine neue Inventarfrist bestimmt werden.

§ 2006 Eidesstattliche Versicherung

(1) Der Erbe hat auf Verlangen eines Nachlassgläubigers zu Protokoll des Nachlassgerichts an Eides statt zu versichern, dass er nach bestem Wissen die Nachlassgegenstände so vollständig angegeben habe, als er dazu imstande sei.

(2) Der Erbe kann vor der Abgabe der eidesstattlichen Versicherung das Inventar vervollständigen.

(3) ¹Verweigert der Erbe die Abgabe der eidesstattlichen Versicherung, so haftet er dem Gläubiger, der den Antrag gestellt hat, unbeschränkt. ²Das Gleiche gilt, wenn er weder in dem Termin noch in einem auf Antrag des Gläubigers bestimmten neuen Termin erscheint, es sei denn, dass ein Grund vorliegt, durch den das Nichterscheinen in diesem Termin genügend entschuldigt wird.

(4) Eine wiederholte Abgabe der eidesstattlichen Versicherung kann derselbe Gläubiger oder ein anderer Gläubiger nur verlangen, wenn Grund zu der Annahme besteht, dass dem Erben nach der Abgabe der eidesstattlichen Versicherung weitere Nachlassgegenstände bekannt geworden sind.

§ 2007 Haftung bei mehreren Erbteilen

¹Ist ein Erbe zu mehreren Erbteilen berufen, so bestimmt sich seine Haftung für die Nachlassverbindlichkeiten in Ansehung eines jeden der

Erbteile so, wie wenn die Erbteile verschiedenen Erben gehörten. ²In den Fällen der Anwachsung und des § 1935 gilt dies nur dann, wenn die Erbteile verschieden beschwert sind.

§ 2008 Inventar für eine zum Gesamtgut gehörende Erbschaft

(1) ¹Ist ein in Gütergemeinschaft lebender Ehegatte Erbe und gehört die Erbschaft zum Gesamtgut, so ist die Bestimmung der Inventarfrist nur wirksam, wenn sie auch dem anderen Ehegatten gegenüber erfolgt, sofern dieser das Gesamtgut allein oder mit seinem Ehegatten gemeinschaftlich verwaltet. ²Solange die Frist diesem gegenüber nicht verstrichen ist, endet sie auch nicht dem Ehegatten gegenüber, der Erbe ist. ³Die Errichtung des Inventars durch den anderen Ehegatten kommt dem Ehegatten, der Erbe ist, zustatten.

(2) Die Vorschriften des Absatzes 1 gelten auch nach der Beendigung der Gütergemeinschaft.

§ 2009 Wirkung der Inventarerrichtung

Ist das Inventar rechtzeitig errichtet worden, so wird im Verhältnis zwischen dem Erben und den Nachlassgläubigern vermutet, dass zur Zeit des Erbfalls weitere Nachlassgegenstände als die angegebenen nicht vorhanden gewesen seien.

§ 2010 Einsicht des Inventars

Das Nachlassgericht hat die Einsicht des Inventars jedem zu gestatten, der ein rechtliches Interesse glaubhaft macht.

§ 2011 Keine Inventarfrist für den Fiskus als Erben

¹Dem Fiskus als gesetzlichem Erben kann eine Inventarfrist nicht bestimmt werden. ²Der Fiskus ist den Nachlassgläubigern gegenüber verpflichtet, über den Bestand des Nachlasses Auskunft zu erteilen.

§ 2012 Keine Inventarfrist für den Nachlasspfleger und Nachlassverwalter

(1) ¹Einem nach den §§ 1960, 1961 bestellten Nachlasspfleger kann eine Inventarfrist nicht bestimmt werden. ²Der Nachlasspfleger ist den Nachlassgläubigern gegenüber verpflichtet, über den Bestand des Nachlasses Auskunft zu erteilen. ³Der Nachlasspfleger kann nicht auf die Beschränkung der Haftung des Erben verzichten.

(2) Diese Vorschriften gelten auch für den Nachlassverwalter.

§ 2013 Folgen der unbeschränkten Haftung des Erben

(1) ¹Haftet der Erbe für die Nachlassverbindlichkeiten unbeschränkt, so finden die Vorschriften der §§ 1973 bis 1975, 1977 bis 1980, 1989 bis 1992 keine Anwendung; der Erbe ist nicht berechtigt, die Anordnung einer Nachlassverwaltung zu beantragen. ²Auf eine nach § 1973 oder § 1974 eingetretene Beschränkung der Haftung kann sich der Erbe jedoch berufen, wenn später der Fall des § 1994 Abs. 1 Satz 2 oder des § 2005 Abs. 1 eintritt.

(2) Die Vorschriften der §§ 1977 bis 1980 und das Recht des Erben, die Anordnung einer Nachlassverwaltung zu beantragen, werden nicht dadurch ausgeschlossen, dass der Erbe einzelnen Nachlassgläubigern gegenüber unbeschränkt haftet.

Titel 2. Haftung des Erben für die Nachlassverbindlichkeiten **§ 2013**

Anmerkungen zu den §§ 1993–2013

Lit: Weimar, Risiken bei der Inventarerrichtung für den Erben, MDR 79, 726; van Venrooy, Zum Sinn eines Nachlaßinventars, AcP 186, 356.

1. Begriff: Inventar ist das Verzeichnis aller beim Erbfall vorhandenen Aktiva 1 und Passiva des Nachlasses (§ 2001 I); §§ 1976, 1991 II sind dabei zu beachten. Nach Inventarerrichtung entstehende Nachlaßverbindlichkeiten bleiben unberücksichtigt (BGH 32, 65).

2. Arten der Inventarerrichtung: a) Aufnahme und Einreichung durch 2 **den Erben** (§ 1993) beim örtlichen Nachlaßgericht (FGG 73). Ein Privatinventar ist unzulässig, die Zuziehung einer Behörde oder Amtsperson ist notwendig (§ 2002); sie hat die Stellung eines Beistandes, die Verantwortlichkeit des Erben besteht fort, der unterschreiben (RG 77, 246) und rechtzeitig einreichen (Hamm NJW 62, 53) muß. Zuständigkeit zur Beistandsleistung: BNotO 20; nach EGBGB 147 f LandesR, vgl PalEdenhofer § 2002 Anm 2. **b) Aufnahme durch Nachlaßgericht** (§ 2003), das eine Behörde oder Amtsperson (vgl EGBGB 148) beauftragen kann. **c) Anerkennung** eines bereits vorliegenden Verzeichnisses (§ 2004); zB Inventar des Nachlaßverwalters (§ 1802). **d)** Vom Nachlaßinventar ist das **Verzeichnis über ererbtes Vermögen des Kindes** zu unterscheiden (§ 1640, FGG 74 a).

3. Die **Inventarfrist** soll den Erben, der nicht freiwillig ein Inventar errichtet 3 (§ 1993), zur Errichtung zwingen (§ 1994); wegen §§ 2063, 1993 kein Antragsrecht des Miterben (KG OLGZ 79, 276). Da bei Nachlaßpflegschaft (§§ 1960 II, 1915, 1802), Nachlaßverwaltung (§§ 1975, 1915, 1802) und Nachlaßinsolvenz (InsO 151, KO 124 aF) ohnehin entspr Verzeichnisse zu fertigen sind, entfällt hier die Obliegenheit des Erben (§§ 2000, 2012, VerglO 5, 113 I Nr 4 aF); dafür bestehen Auskunftspflichten (§ 2012 I 2, II) des Pflegers und Verwalters. Sonderregelung für Fiskus (§ 2011) als Erbe nach § 1936, weil er nicht ausschlagen kann, § 1942 II. Die Höchstgrenze für die Frist (§ 1995 I 1) gilt nicht bei Verlängerung gem § 1995 III (KG Rpfleger 85, 193; Düsseldorf Rpfleger 97, 216); Fristablauf zeitigt keine unbeschränkte Haftung, wenn innerhalb der Frist ein den Umständen nach gerechtfertigter Verlängerungsantrag gestellt wird (Düsseldorf Rpfleger 97, 216). Vor Fristbestimmung muß dem Erben ausreichend Gehör gegeben werden (BayObLG NJW-RR 92, 1159). Verhinderung der Fristeinhaltung durch höhere Gewalt kann bei Fehlbehandlung durch amtliche Stellen vorliegen (BayObLG NJW-RR 93, 780).

4. Inventaruntreue (§ 2005 I) liegt nur bei absichtlicher Unvollständigkeit der 4 Aktiva, Angabe nicht bestehender Passiva in Benachteiligungsabsicht oder verweigerter Auskunft vor, nicht also bei Unvollständigkeit der Passiva oder falscher Beschreibung (§ 2001 II). Während die Untreue nach § 2005 I die unbeschränkte Haftung auslöst, kann für andere Unvollständigkeiten auf Antrag eines Gläubigers (§ 1994 I) eine Ergänzungsfrist (§ 2005 II) gesetzt werden. Die Folgen der Inventaruntreue (§ 1994 I 1) bleiben von einer nachträglichen Vervollständigung (§ 2006 II) unberührt.

5. Die **eidesstattliche Versicherung** auf Verlangen eines Nachlaßgläubigers 5 erfaßt nur Nachlaßaktiva (§ 2006 I). Sie ist (nicht erzwingbare) Obliegenheit des Erben (§ 2006 III); Verletzung führt zur unbeschränkbaren Haftung für die Forderung, die der Gläubiger im Antrag auf Offenbarungsversicherung benennt. Verfahren: FGG 79, RPflG 3 Nr 2 c.

6. Wirkung des Inventars (§ 2009) liegt allein in negativer Vermutung zwi- 6 schen Erben und Nachlaßgläubiger, daß weitere Nachlaßgegenstände nicht vorhanden sind; Zugehörigkeit der aufgeführten Gegenstände wird nicht vermutet. Praktische Bedeutung der Vermutung zeigt sich bei §§ 1978; 1973, 1974; 1990, 1992. Inventaruntreue (§ 2005 I) beseitigt die Vermutungswirkung.

§§ 2014, 2015 Buch 5. Abschnitt 2. Rechtliche Stellung des Erben

7 **7. Zwei Formen der unbeschränkbaren Haftung (§ 2013)** sind zu unterscheiden: **a) allg unbeschränkbare Haftung** gem §§ 1994 I 2, 2005 I und bei Verzicht. Der Erbe verliert jede Möglichkeit der Haftungsbeschränkung und die aufschiebenden Einreden, § 2016 I. § 1976 bleibt anwendbar. Das Recht, einen Insolvenzantrag zu stellen, erlischt nicht (InsO 316; anders noch VerglO 113 I Nr 3 aF für Vergleichsantrag). Ausnahmsweise bleiben dem Erben Ausschließungs- und Verschweigungseinrede (§§ 1973, 1974), falls diese schon vor Eintritt der Verfalltatbestände gegeben waren. **b) relativ unbeschränkbare Haftung** gem § 2006 III, bei Verlust des Vorbehalts (ZPO 780 I) und persönlich beschränktem Verzicht. Der Erbe hat über die im § 2013 II ausdr erwähnten Vorschriften hinaus gegenüber den übrigen Gläubigern alle Möglichkeiten der Haftungsbeschränkung; frühere Ausnahme VerglO 113 I Nr 3 aF; s jetzt s aber InsO 316. **c) Wegen Aufrechnung** vgl § 1977 Rn 4.

Untertitel 5. Aufschiebende Einreden

§ 2014 Dreimonatseinrede

Der Erbe ist berechtigt, die Berichtigung einer Nachlaßverbindlichkeit bis zum Ablauf der ersten drei Monate nach der Annahme der Erbschaft, jedoch nicht über die Errichtung des Inventars hinaus, zu verweigern.

1 **1. Rechtsnatur.** § 2014 wird durch ZPO 305 I, 782 inhaltlich präzisiert. Da der Erbe verurteilt werden kann und das Urteil sogar eingeschränkt vollstreckbar ist, handelt es sich um keine materiellrechtliche Einrede mit Stundungswirkung, sondern um ein prozessuales Recht. Der Erbe kommt also in Verzug (RG 79, 204; str), die Verjährung läuft auch nach neuem Verjährungsrecht ungehemmt fort (vgl § 202 II aF und § 206 nF). Allein diese Auslegung ist interessengerecht: es soll nur während einer Schonfrist die endgültige Schmälerung des Nachlasses verhindert werden, darüber hinaus sollen die Gläubiger durch den Erbfall keine Nachteile treffen.

2 **2. Weigerungsberechtigt** sind Erbe (vgl § 2016 I), Nachlaßpfleger (§ 2017), Nachlaßverwalter und Testamentsvollstrecker.

3 **3. Einredefeste Ansprüche** sind §§ 1963, 1969.

4 **4. Vor Annahme** der Erbschaft gelten § 1958, ZPO 778.

§ 2015 Einrede des Aufgebotsverfahrens

(1) Hat der Erbe den Antrag auf Erlassung des Aufgebots der Nachlassgläubiger innerhalb eines Jahres nach der Annahme der Erbschaft gestellt und ist der Antrag zugelassen, so ist der Erbe berechtigt, die Berichtigung einer Nachlassverbindlichkeit bis zur Beendigung des Aufgebotsverfahrens zu verweigern.

(2) Der Beendigung des Aufgebotsverfahrens steht es gleich, wenn der Erbe in dem Aufgebotstermin nicht erschienen ist und nicht binnen zwei Wochen die Bestimmung eines neuen Termins beantragt oder wenn er auch in dem neuen Termin nicht erscheint.

(3) Wird das Ausschlussurteil erlassen oder der Antrag auf Erlassung des Urteils zurückgewiesen, so ist das Verfahren nicht vor dem Ablauf einer mit der Verkündung der Entscheidung beginnenden Frist von zwei Wochen und nicht vor der Erledigung einer rechtzeitig eingelegten Beschwerde als beendigt anzusehen.

1 **1.** Die Vorschrift soll dem Erben die Möglichkeit gleichmäßiger Gläubigerbefriedigung gewähren. Der Aufgebotsantrag eines Miterben genügt (ZPO 997). Antragszulassung bedeutet Erlaß des Aufgebots gem ZPO 947. Das Aufgebotsverfahren endet idR durch Ausschlußurteil oder zurückweisenden Beschluß (ZPO

952); § 2015 III verlängert die Einredefrist auch ohne Rechtsmitteleinlegung unabhängig von der Statthaftigkeit eines Rechtsmittels (ZPO 952 IV, 957 I) um zwei Wochen. § 2015 II verhindert Verfahrensverschleppungen. Die Wirkung der Einrede entspricht § 2014.

§ 2016 Ausschluss der Einreden bei unbeschränkter Erbenhaftung

(1) **Die Vorschriften der §§ 2014, 2015 finden keine Anwendung, wenn der Erbe unbeschränkt haftet.**

(2) **Das Gleiche gilt, soweit ein Gläubiger nach § 1971 von dem Aufgebote der Nachlassgläubiger nicht betroffen wird, mit der Maßgabe, dass ein erst nach dem Eintritt des Erbfalls im Wege der Zwangsvollstreckung oder der Arrestvollziehung erlangtes Recht sowie eine erst nach diesem Zeitpunkt im Wege der einstweiligen Verfügung erlangte Vormerkung außer Betracht bleibt.**

1. Da die Einreden der §§ 2014, 2015 die beschränkte Haftung vorbereiten sollen, entfallen sie bei nicht beschränkbarer Haftung.

2. **Dingliche Gläubiger** werden durch keine Haftungsbeschränkung betroffen (vgl auch §§ 1971, 1974 III) und sind deshalb auch von den vorbereitenden Einreden freigestellt.

3. **Vollstreckungspfandrechte,** die **nach dem Eintritt des Erbfalles** erlangt sind, werden von einer Haftungsbeschränkung betroffen (vgl InsO 321, KO 221 I aF, § 1990 II) und unterfallen deshalb den §§ 2014, 2015.

§ 2017 Fristbeginn bei Nachlasspflegschaft

Wird vor der Annahme der Erbschaft zur Verwaltung des Nachlasses ein Nachlasspfleger bestellt, so beginnen die in § 2014 und in § 2015 Abs. 1 bestimmten Fristen mit der Bestellung.

1. Die Vorschrift stellt einerseits klar, daß sich auch der Nachlaßpfleger auf §§ 2014, 2015 berufen kann; andererseits verlegt sie den Beginn des Fristenlaufs im Interesse der Nachlaßgläubiger vor. Sie wird im Zusammenspiel mit §§ 1958, 1960 III, 1961, ZPO 991 II verständlich.

Titel 3. Erbschaftsanspruch

§ 2018 Herausgabepflicht des Erbschaftsbesitzers

Der Erbe kann von jedem, der auf Grund eines ihm in Wirklichkeit nicht zustehenden Erbrechts etwas aus der Erbschaft erlangt hat (Erbschaftsbesitzer), die Herausgabe des Erlangten verlangen.

Lit: Wieling, Hereditatis petitio und res iudicata, JZ 86, 5; Olzen, Der Erbschaftsanspruch, JuS 89, 374; Gursky, Zur Rechtsnatur des Erschaftsanspruchs, FS von Lübtow, 1991, S 211; Wendt, Die Bedeutung des Erbschaftsanspruchs, FS von Lübtow, 1991, S 229.

1. **Anspruchsgläubiger** ist der Erbe; für den Miterben gilt § 2039. Der Rechtsnachfolger des Miterben (§ 2033 I) tritt insoweit in die Stellung des Miterben ein, während der Erbschaftskäufer (§ 2371) sich den Anspruch eigens abtreten lassen muß (vgl § 2374). **Ges Prozeßstandschaft** liegt vor bei Nachlaßverwaltung (§ 1984), Insolvenz (InsO 80; KO 6 aF) und Testamentsvollstreckung (§ 2212). Der **Nachlaßpfleger** hat einen Herausgabeanspruch aus § 1960, auf den aber §§ 2019 ff anzuwenden sind (s § 1960 Rn 8 f). Der **Nacherbe** ist nach dem Nacherbfall aktivlegitimiert gegenüber Dritten; im Verhältnis zum Vorerben ist § 2130 Sonderregel mit Vorrang (zT str, SoeDieckmann 7).

2 2. Anspruchsschuldner ist der Erbschaftsbesitzer. **a) Erlangt** sein können Vermögensvorteile aller Art (zB Buchposition, Forderungen, Rechte und Sachen, Eigentum aufgrund Restitution nach VermG zugunsten des Scheinerben, s Brandenburg ZEV 97, 157), wobei es gleichgültig ist, ob der Erblasser Eigentümer oder Besitzer der Sachen war; Surrogation nach § 2019. **b) Aus dem Nachlaß erlangt** sind zunächst Gegenstände, die *nach* dem Erbfall dem Nachlaß entnommen sind. Ist jedoch ein behauptetes Erbrecht Anlaß für das nicht gerechtfertigte Behalten von Vorteilen, die *vor* dem Erbfall erlangt wurden, soll ebenfalls § 2018 anwendbar sein: Verwandlung von Fremdbesitz in Eigenbesitz nach dem Erbfall (RG 81, 294; BGH NJW 85, 3069); Verweigerung der Rückzahlung eines Erblasserdarlehens; Einlösungsbetrag des bereits vor dem Erbfall erlangten Blankoschecks (str, KG NJW 70,
3 329). **c) Erbrechtsanmaßung** muß mit dem Erlangen verbunden sein; dabei genügt Anmaßung des Alleinerbrechts durch den Miterben (RG 81, 293). Anfängliche Erbrechtsanmaßung bleibt ausreichend, auch wenn später die Berufung auf einen anderen Erwerbsgrund hinzutritt (BGH FamRZ 85, 693; NJW 85, 3069). Der Erbe des Erbschaftsbesitzers ist auch ohne eigene Anmaßung Anspruchsschuldner (BGH NJW 85, 3069). *Nicht* unter § 2018 fallen: ausschlagender Erbe (§ 1959), Dieb (§§ 857 ff, 985), angeblicher Anspruchsgläubiger, Testamentsvollstrecker (RG 81, 151), Nachlaßpfleger, Nachlaßverwalter, Insolvenzverwalter; wohl aber der aufgrund wirksam angefochtenen Erbrechts (§§ 2078 f, 2281, 2340) besitzende vermeintliche Erbe (BGH NJW 85, 3069; zT krit Dieckmann FamRZ 85, 1247).

4 3. Erbrechtlicher Gesamtanspruch. Auch bei Verfolgung des Gesamtanspruchs müssen die Nachlaßgegenstände einzeln bezeichnet werden, ZPO 253 II Nr 2 (str); möglich ist Stufenklage auf Auskunft (§ 2027, ZPO 254) und Herausgabe (Nürnberg OLGZ 81, 115). Der Schuldner kann grundsätzlich gegen die Herausgabe auch einzelner Gegenstände Einwendungen und Einreden vorbringen (zB nachträglicher Kauf usw); ein Zurückbehaltungsrecht wegen eines Vermächtnisses oder Pflichtteilsrechtes wird jedoch verneint (BGH 120, 96, 103; Düsseldorf FamRZ 92, 600; KG OLGZ 74, 18; Hamm MDR 64, 151), weil der Erbschaftsanspruch die Einziehung des Nachlasses und damit der Haftungsmasse erst ermöglichen soll (str, vgl Dütz NJW 67, 1105).

§ 2019 Unmittelbare Ersetzung

(1) Als aus der Erbschaft erlangt gilt auch, was der Erbschaftsbesitzer durch Rechtsgeschäft mit Mitteln der Erbschaft erwirbt.

(2) Die Zugehörigkeit einer in solcher Weise erworbenen Forderung zur Erbschaft hat der Schuldner erst dann gegen sich gelten zu lassen, wenn er von der Zugehörigkeit Kenntnis erlangt; die Vorschriften der §§ 406 bis 408 finden entsprechende Anwendung.

1 1. Surrogationsprinzip (Lit: M. Wolf JuS 75, 646, 710; 76, 32, 104; Krebber FamRZ 00, 197; sa §§ 2041, 2111): Das Erworbene wird ohne Zwischenerwerb des Erbschaftsbesitzers Nachlaßbestandteil (zB Zahlungsanspruch bei Veräußerung eines Nachlaßgrundstückes, BGH NJW 91, 842 = JZ 91, 727 mAnm Bork); § 894, GBO 22, ZPO 771, InsO 47 (KO 43 aF) kommen folglich zugunsten des Erben zur Anwendung. Kein Zwischenerwerb findet auch statt bei Kreditgeschäften, falls der Erbschaftsbesitzer erst nach Erhalt des Surrogationsgegenstandes die Gegenleistung aus Nachlaßmitteln erbringt (str, vgl SoeDieckmann 1).

2 2. Nicht surrogationsfähig sind höchstpersönliche Rechte (zB Nießbrauch) oder Rechte als Bestandteile von Grundstücken des Erbschaftsbesitzers (§ 96); im Vermögen des Erbschaftsbesitzers inkorporierte Vorteile (zB Schuldenzahlung mit Nachlaßmitteln); hier Herausgabe nach §§ 2021, 818. Hingegen sind andere erworbene nichtübertragbare Rechte surrogationsfähig (BGH 109, 216 ff für Kommanditanteil gegen BGH NJW 77, 433; Düsseldorf FamRZ 92, 600 für Gesellschafterstellung durch Leistung einer Einlage aus Erbschaftsmitteln).

Titel 3. Erbschaftsanspruch **§§ 2020–2022**

3. RGeschäft mit Erbschaftsmitteln: a) Wirksamkeit der Verfügung über Erbschaftsgegenstände ist gleichgültig; im Herausgabeverlangen des Ersatzgutes liegt aber die Genehmigung (§ 185), bedingt durch die tatsächliche Herausgabe (str, vgl Lüke/Göler JuS 75, 381 f). **b)** Bei **gemischter Finanzierung** entsteht Mitberechtigung nach Bruchteilen (zB § 1008) zwischen Erbe und Erbschaftsbesitzer. **c) Rechtsgeschäftlicher Erwerb** schließt ges Ersatzvorteile (zB Ansprüche aus Zerstörung, Beschädigung, Entziehung) von der Surrogation aus; hier gelten §§ 2021, 818 (str). 3

4. Gutglaubensschutz besteht für den Schuldner der durch Surrogation erworbenen Forderung: er darf bis zur Kenntnis der Nachlaßzugehörigkeit den Erbschaftsbesitzer als Gläubiger betrachten. § 404 (zB Einwendung von Sachmängeln) ist gegenüber dem Erben anwendbar. 4

§ 2020 Nutzungen und Früchte

Der Erbschaftsbesitzer hat dem Erben die gezogenen Nutzungen herauszugeben; die Verpflichtung zur Herausgabe erstreckt sich auch auf Früchte, an denen er das Eigentum erworben hat.

1. Die Vorschrift erfaßt nur *gezogene* Nutzungen (§ 100), anders §§ 2023 II, 2024, 987 II. Für Früchte, an denen der Erbschaftsbesitzer gem § 955 Eigentum erworben hat, schafft Halbs 2 einen gesonderten schuldrechtlichen Herausgabeanspruch. Stets ist § 2021 zu beachten. 1

§ 2021 Herausgabepflicht nach Bereicherungsgrundsätzen

Soweit der Erbschaftsbesitzer zur Herausgabe außerstande ist, bestimmt sich seine Verpflichtung nach den Vorschriften über die Herausgabe einer ungerechtfertigten Bereicherung.

1. § 2021 enthält eine **Rechtsfolgenverweisung** (RG 81, 206; Olzen JuS 89, 374) auf §§ 818, 822. Sie gilt nicht in Fällen verschärfter Haftung, §§ 2023–2025. Beweislast des Erbschaftsbesitzers (BGH NJW 85, 3070). 1

2. Unmöglichkeit der Herausgabe in natura liegt vor bei Gebrauchsvorteilen, bei Untergang, Verbrauch oder Vermischung des Erbschaftsgegenstandes bzw seines Surrogates (§ 2019). Der auf Geldleistung gerichtete Erbschaftsanspruch wird praktisch stets an § 2021 zu messen sein, so daß der Einwand der Entreicherung möglich ist. 2

3. Entreicherung kann liegen in Verschwendung von Werten, in Verwendungen des Erbschaftsbesitzers auf den Nachlaß (arg § 2022 I); nach hL dagegen *nicht* in Aufwendungen zur Erlangung des Nachlasses (zB Erbscheinkosten, Prozeßkosten, str). 3

§ 2022 Ersatz von Verwendungen und Aufwendungen

(1) ¹Der Erbschaftsbesitzer ist zur Herausgabe der zur Erbschaft gehörenden Sachen nur gegen Ersatz aller Verwendungen verpflichtet, soweit nicht die Verwendungen durch Anrechnung auf die nach § 2021 herauszugebende Bereicherung gedeckt werden. ²Die für den Eigentumsanspruch geltenden Vorschriften der §§ 1000 bis 1003 finden Anwendung.

(2) Zu den Verwendungen gehören auch die Aufwendungen, die der Erbschaftsbesitzer zur Bestreitung von Lasten der Erbschaft oder zur Berichtigung von Nachlassverbindlichkeiten macht.

(3) Soweit der Erbe für Aufwendungen, die nicht auf einzelne Sachen gemacht worden sind, insbesondere für die im Absatz 2 bezeichneten Aufwendungen, nach den allgemeinen Vorschriften in weiterem Umfang Ersatz zu leisten hat, bleibt der Anspruch des Erbschaftsbesitzers unberührt.

1. Anwendungsbereich: Die Vorschrift gilt nicht in den Fällen der §§ 2023, 2024; ferner nicht bei bereicherungsrechtlicher Berücksichtigung der Verwendungen (§ 2021). Sie ist anwendbar, falls der Erbe aus § 2018 Grundbuchberichtigung oder gem § 2020 Halbs 2 Herausgabe der Früchte verlangt; ebenso beim Herausgabeanspruch des Nachlaßpflegers (§ 1960 Rn 8).

2. Die **Bedeutung** des § 2022 liegt in der Verbesserung der Position des Erbschaftsbesitzers, der anders als §§ 994 ff Ersatz *aller,* also auch überflüssiger Verwendungen verlangen kann.

3. Der sehr weite **Verwendungsbegriff** (§ 2022 II) umfaßt die Erfüllung von Nachlaßverbindlichkeiten (Düsseldorf FamRZ 92, 602), insbes der Erbschaftsteuerschuld; *keine* Verwendung ist die eigene Arbeitsleistung ohne Verdienstausfall (KG OLGZ 74, 19).

4. Die **Rechte** des *Erbschafts*besitzers sind: Zurückbehaltungsrecht (§ 1000); Aufwendungsersatzanspruch (§§ 1001 f); Befriedigungsrecht (§ 1003); Wegnahmerecht analog §§ 997, 258. Kein Zurückbehaltungsrecht bei Vermächtnis- und Pflichtteilsansprüchen, vgl § 2018 Rn 4.

5. Der **Vorbehalt weiterer Ansprüche** bezieht sich vor allem auf Bereicherungsansprüche.

§ 2023 Haftung bei Rechtshängigkeit, Nutzungen und Verwendungen

(1) Hat der Erbschaftsbesitzer zur Erbschaft gehörende Sachen herauszugeben, so bestimmt sich von dem Eintritt der Rechtshängigkeit an der Anspruch des Erben auf Schadensersatz wegen Verschlechterung, Unterganges oder einer aus einem anderen Grund eintretenden Unmöglichkeit der Herausgabe nach den Vorschriften, die für das Verhältnis zwischen dem Eigentümer und dem Besitzer von dem Eintritt der Rechtshängigkeit des Eigentumsanspruchs an gelten.

(2) Das Gleiche gilt von dem Anspruch des Erben auf Herausgabe oder Vergütung von Nutzungen und von dem Anspruch des Erbschaftsbesitzers auf Ersatz von Verwendungen.

1. Die **Haftungsverschärfung** nach Rechtshängigkeit (ZPO 261) zeigt sich im Verweis insbes auf §§ 989, 987 II; soweit bereits vor Rechtshängigkeit die Beschränkung auf Bereicherungshaftung eingetreten ist (§ 2021), gelten §§ 818 IV, 291, 292, 987 ff.

2. Notwendige Verwendungen sind nach GoA-Regeln zu ersetzen, § 994 II; sie müssen auf den Nachlaß, nicht auf die konkret herauszugebende Sache gemacht sein (str, vgl SoeDieckmann 3 a); Verwendungsersatz für Erfüllung von Nachlaßverbindlichkeiten nur bei Beachtung der §§ 1978, 1980, 1991.

§ 2024 Haftung bei Kenntnis

¹Ist der Erbschaftsbesitzer bei dem Beginn des Erbschaftsbesitzes nicht in gutem Glauben, so haftet er so, wie wenn der Anspruch des Erben zu dieser Zeit rechtshängig geworden wäre. ²Erfährt der Erbschaftsbesitzer später, dass er nicht Erbe ist, so haftet er in gleicher Weise von der Erlangung der Kenntnis an. ³Eine weitergehende Haftung wegen Verzugs bleibt unberührt.

1. Ursprüngliche Bösgläubigkeit liegt vor bei positiver Kenntnis und grob fahrlässiger Unkenntnis.

2. Nachträgliche Bösgläubigkeit setzt stets positive Kenntnis voraus (RG 56, 317); Parallelregelung zu § 990.

3. Weitergehende Verzugshaftung ist die Zufallshaftung, § 287 S 2.

Titel 3. Erbschaftsanspruch **§§ 2025–2027**

§ 2025 Haftung bei unerlaubter Handlung

¹Hat der Erbschaftsbesitzer einen Erbschaftsgegenstand durch eine Straftat oder eine zur Erbschaft gehörende Sache durch verbotene Eigenmacht erlangt, so haftet er nach den Vorschriften über den Schadensersatz wegen unerlaubter Handlungen. ²Ein gutgläubiger Erbschaftsbesitzer haftet jedoch wegen verbotener Eigenmacht nach diesen Vorschriften nur, wenn der Erbe den Besitz der Sache bereits tatsächlich ergriffen hatte.

1. Die **verschärfte Haftung** geht auf Naturalrestitution, §§ 823 ff, 249 ff; Zufallshaftung gem § 848; Verwendungsersatzansprüche gem §§ 850, 994 ff. 1

2. Die **Einschränkung bei gutgl verbotener Eigenmacht** erklärt sich aus § 857: da der Erbe stets mit dem Erbfall Besitz erwirbt, wäre die verschärfte Haftung in allen Fällen verbotener Eigenmacht zu hart und bleibt auf Fälle tatsächlicher Sachherrschaft des Erben beschränkt. 2

3. Die deliktische Haftung setzt **Verschulden** voraus. 3

§ 2026 Keine Berufung auf Ersitzung

Der Erbschaftsbesitzer kann sich dem Erben gegenüber, solange nicht der Erbschaftsanspruch verjährt ist, nicht auf die Ersitzung einer Sache berufen, die er als zur Erbschaft gehörend im Besitz hat.

1. Bei **beweglichen Sachen** könnte die 10jährige Ersitzungsfrist (§ 937 I) die 30jährige Verjährungsfrist des Erbschaftsanspruchs (§ 197 I Nr 2 nF) Pal/Heinrichs § 197 nF Rn 8) unterlaufen. Deshalb bleibt die Ersitzung des Erbschaftsbesitzers während des Laufs der Verjährungsfrist gegenüber dem Erben *relativ unwirksam* (SoeDieckmann 3, str; aA MK/Frank 7: schuldrechtlicher Übertragungsanspruch des Erben). 1

2. Bei **Immobilien** sind Ersitzungsfrist (§ 900 I) und Verjährungsfrist (§ 197 I Nr 2 nF) gleich lang, so daß die Vorschrift nur in Ausnahmefällen (zB Fristenverschiebung durch unterschiedlichen Fristenlauf oder Hemmung) Bedeutung erlangen dürfte. 2

§ 2027 Auskunftspflicht des Erbschaftsbesitzers

(1) **Der Erbschaftsbesitzer ist verpflichtet, dem Erben über den Bestand der Erbschaft und über den Verbleib der Erbschaftsgegenstände Auskunft zu erteilen.**

(2) **Die gleiche Verpflichtung hat, wer, ohne Erbschaftsbesitzer zu sein, eine Sache aus dem Nachlass in Besitz nimmt, bevor der Erbe den Besitz tatsächlich ergriffen hat.**

1. Die **Auskunftspflicht des Erbschaftsbesitzers** ergänzt die Verpflichtung gem §§ 2018, 260. Sie betrifft den Aktivbestand, folglich nicht die Schulden (RGSt 71, 360) oder Schenkungen zu Lebzeiten (BGH 61, 182). Da über den Verbleib nicht mehr vorhandener Gegenstände Auskunft zu geben ist, kann sich die Auskunftspflicht zur Rechnungslegungspflicht steigern (§ 259); zum fließenden Übergang zwischen Auskunft und Rechnungslegung vgl Stürner, Die Aufklärungspflicht der Parteien des Zivilprozesses, 1976, S 356 ff. Der Auskunftsanspruch ist nicht selbständig übertragbar (Karlsruhe FamRZ 67, 692); auch der Erbe des Erbschaftsbesitzers ist auskunftspflichtig: kraft vererbter Auskunftspflicht über Vorgänge vor dem Erbfall und kraft eigener Auskunftspflicht über spätere Vorgänge (BGH NJW 85, 3069 f; zT krit Dieckmann FamRZ 85, 1248). Der Auskunftsanspruch entfällt, falls Fortfall des Anspruchs gem §§ 2018 ff feststeht; Beweislast des Schuldners (BGH NJW 85, 3070). Zum Ganzen vgl Sarres ZEV 98, 298. 1

§ 2028 Buch 5. Abschnitt 2. Rechtliche Stellung des Erben

2 2. Eine **eidesstattliche Versicherung** kann entsprechend §§ 259 II, 260 II verlangt werden; sie ist das Zwangsmittel zur Erzielung wahrer und vollständiger Angaben. Ausnahmsweise kann auf Ergänzung der Auskunft geklagt werden, wenn ganze Komplexe fehlen (RG 84, 44; ausführlich Stürner aaO S 351 ff).

3 3. **Verfahren:** Auskunftsklage (Gerichtsstand ZPO 27: Nürnberg OLGZ 81, 115) bewirkt nicht die Rechtshängigkeit des Erbschaftsanspruchs, weshalb Stufenklage (ZPO 254) zu empfehlen ist (vgl RG 115, 29); Vollstreckung gem ZPO 888 (Stürner aaO S 340). Freiwillige Abgabe der eidesstattlichen Versicherung nach FGG 163, RPflG 3 Nr 1 b. Vollstreckung auf Klage gem ZPO 889; bei Richtigstellung vor Versicherung paßt das Vollstreckungsgericht die Formel des Prozeßgerichts an (str, vgl Bamberg NJW 69, 1304).

4 4. Die **Auskunftspflicht des Besitzers von Nachlaßsachen** besteht unabhängig vom Grund des Eingriffs und von der Kenntnis der Nachlaßzugehörigkeit (str). Wer Sachen an sich nimmt, die der Erblasser *Dritten* übergeben hatte, ist nicht auskunftspflichtig (LM Nr 1 zu § 1421). Ebensowenig, wer aufgrund eines bes, zur Auskunft verpflichtenden Rechtsverhältnisses besitzt, zB Nachlaßverwalter, Nachlaßpfleger oder verwaltender Miterbe (§§ 2038 I 2, 666 bzw 681; RG 81, 32; HRR 1932 Nr 1928). Gerichtsstand: ZPO 27 (Nürnberg OLGZ 81, 116).

5 5. Neben dem Anspruch aus § 2027 ist allerdings stets der **allg Informationsanspruch zwischen künftigen Prozeßparteien** zu erwägen (sehr str, vgl Stürner aaO S 300 ff, 327 ff).

§ 2028 Auskunftspflicht des Hausgenossen

(1) **Wer sich zur Zeit des Erbfalls mit dem Erblasser in häuslicher Gemeinschaft befunden hat, ist verpflichtet, dem Erben auf Verlangen Auskunft darüber zu erteilen, welche erbschaftlichen Geschäfte er geführt hat und was ihm über den Verbleib der Erbschaftsgegenstände bekannt ist.**

(2) **Besteht Grund zu der Annahme, dass die Auskunft nicht mit der erforderlichen Sorgfalt erteilt worden ist, so hat der Verpflichtete auf Verlangen des Erben zu Protokoll an Eides statt zu versichern, dass er seine Angaben nach bestem Wissen so vollständig gemacht habe, als er dazu imstande sei.**

(3) **Die Vorschriften des § 259 Abs. 3 und des § 261 finden Anwendung.**

1 1. **Rechtsgrund** der Auskunftspflicht des Hausgenossen ist der verführerische soziale Kontakt und die schlechte Informationslage des Erben, der zur Rechtsverfolgung bereits auf das vorprozessuale Zeugnis Dritter angewiesen ist.

2 2. Die Vorschrift ist deshalb **weit auszulegen.** Sie erfaßt jede Form engeren räumlichen und persönlichen Kontakts vor dem Tode und gilt auch für Gegenstände, die vor dem Tode weggeschafft wurden. Beispiele: RG 80, 285 (längerer Besuch beim Erblasser); RG Warn 1922 Nr 75 (Gastgeber des Erblassers); RG Recht 1913 Nr 217 (Auskunft über zu Lebzeiten weggenommene Gegenstände); LM Nr 1 (Erblasser als verkösteter Untermieter des Auskunftspflichtigen); BGH WM 1971, 443 (Auskunft über Verbleib angeblich zurückgezahlter Darlehen); LG Berlin FamRZ 79, 503 (Auskunft der Lebensgefährtin über angeblich geschenkte Sparbücher). **Keine** Auskunftspflicht besteht über rechtlich eindeutig wirksame Schenkungen (RG 84, 206; BGH DB 64, 1443), wobei sich allerdings die Frage stellt, wann die Wirksamkeit der Schenkung eindeutig feststeht.

3 3. Die Pflicht des § 2028 trifft auch den **Miterben** (RG 81, 30).

4 4. **Eidesstattliche Versicherung:** Allg Mißtrauen und obj Unrichtigkeit sollen nicht schon die Pflicht des § 2028 II begründen (BGH DB 1964, 1443); doch ist idR obj Unrichtigkeit ein Indiz mangelhafter Sorgfalt.

Titel 4. Mehrheit von Erben §§ 2029–2031

§ 2029 Haftung bei Einzelansprüchen des Erben

Die Haftung des Erbschaftsbesitzers bestimmt sich auch gegenüber den Ansprüchen, die dem Erben in Ansehung der einzelnen Erbschaftsgegenstände zustehen, nach den Vorschriften über den Erbschaftsanspruch.

1. Die Vorschrift stellt klar, daß der Erbschaftsbesitzer die Vorzüge der §§ 2018 ff nicht verlieren kann, weil der Erbe Einzelansprüche geltend macht (§§ 985, 861, 823, 812). Allerdings muß der Erbschaftsbesitzer auch die Regelungen gegen sich gelten lassen, die ihn schlechter stellen als bei Einzelansprüchen (zB § 2020 statt § 993). Für Einzelklagen gilt ZPO 27 nicht (Nürnberg OLGZ 81, 115; str).

§ 2030 Rechtsstellung des Erbschaftserwerbers

Wer die Erbschaft durch Vertrag von einem Erbschaftsbesitzer erwirbt, steht im Verhältnis zu dem Erben einem Erbschaftsbesitzer gleich.

1. **Anwendungsbereich:** Verkauf der Erbschaft (§ 2371) bei Erfüllung durch Einzelverfügungen; Veräußerung eines Erbteils (§ 2033). Die Vorschrift greift nicht ein bei Veräußerung einzelner Nachlaßgegenstände.

2. **Bedeutung:** Der Erwerber haftet wie ein Erbschaftsbesitzer, ein gutgläubiger Erwerb der einzelnen Nachlaßgegenstände (§§ 932 ff, 892 f, 2366 f) ist ausgeschlossen; anders, wenn nur einzelne Nachlaßgegenstände veräußert werden. §§ 2024 f müssen in der Person des Erwerbers vorliegen.

3. Der Erbe hat die Wahl, ob er gegen den Verkäufer bzw Veräußerer nach §§ 2018, 2019 oder den Erwerber nach §§ 2018, 2030 vorgehen will, der dann aus §§ 280 I, 283 nF (früher § 440 aF) gegen den Erstbesitzer vorgehen kann; zur teilw Beanspruchung beider Teile durch den Erben SoeDieckmann 3.

§ 2031 Herausgabeanspruch des für tot Erklärten

(1) ¹Überlebt eine Person, die für tot erklärt oder deren Todeszeit nach den Vorschriften des Verschollenheitsgesetzes festgestellt ist, den Zeitpunkt, der als Zeitpunkt ihres Todes gilt, so kann sie die Herausgabe ihres Vermögens nach den für den Erbschaftsanspruch geltenden Vorschriften verlangen. ²Solange sie noch lebt, wird die Verjährung ihres Anspruchs nicht vor dem Ablauf eines Jahres nach dem Zeitpunkt vollendet, in welchem sie von der Todeserklärung oder der Feststellung der Todeszeit Kenntnis erlangt.

(2) **Das Gleiche gilt, wenn der Tod einer Person ohne Todeserklärung oder Feststellung der Todeszeit mit Unrecht angenommen worden ist.**

1. Der Scheintote kann den Anspruch nicht nur gegen den Erbschaftsbesitzer, sondern gegen jeden Eindringling in sein Vermögen geltend machen (str).

Titel 4. Mehrheit von Erben

Vorbemerkungen

1. Die **Miterbengemeinschaft** ist neben der Gesellschaft (str, s § 705 Rn 1) und der ehelichen Gütergemeinschaft die dritte *Gesamthandsgemeinschaft* des BGB. Anders als die beiden übrigen Gesamthandsgemeinschaften ist sie auf Abwicklung, nicht auf Fortbestand ausgerichtet. Der Gesamthandscharakter kommt bes klar in §§ 2038–2040 zum Ausdruck, wird aber zB in §§ 2033 I, 2042 I deutlich durchbrochen.

2. **Sondervorschriften** zur Mehrheit von Erben: **a)** RHeimstG §§ 19, 9, 24 aF mit AVO; s aber § 1922 Rn 14. **b) Landwirtschaftliche Betriebe:** HöfeO idF v 26. 7. 76 §§ 4, 12, 13, 15 V (Hoferbe und Erbe bilden keine Miterben-

§ 2031 Buch 5. Abschnitt 2. Rechtliche Stellung des Erben

gemeinschaft gem §§ 2032 ff). Auch soweit Anerbenrecht nicht gilt und kraft *ges* Erbfolge (BGH 40, 60) eine Erbengemeinschaft gem §§ 2032 ff entsteht, gestatten §§ 13–17, 33 GrdstVG die gerichtl Zuweisung des Betriebs an einen Erben (hierzu BVerfG 91, 346). Guter Überblick bei PalEdenhofer § 2042 Rn 24. **c) Mietrecht:** §§ 563 ff nF bzw 569 a, 569 b aF. **d) Versteigerungsschutz:** ZVG 180 II. **e) Bodenreformgrundstücke:** Für Grundeigentum aus der Bodenreform ist Art. 233 § 11 Abs 2 S 2 EGBGB zu beachten, der für den Fall des Versterbens des Begünstigten vor dem 16. 3. 90 für das Grundstück das Entstehen einer Bruchteilsgemeinschaft zwischen den Erben anordnet mit der Konsequenz, daß das Grundstück aus dem Nachlaß ausscheidet (vgl BGH WM 01, 212)

3   3. **Erbschaftsteuer: a) Grundsatz:** Jeder Miterbe wird mit dem Erbfall (ErbStG 9 I Nr 1) Steuerschuldner (ErbStG 20 I), wobei grundsätzlich die Erbquote seinen Anteil am Steuerwert des gesamten Nachlasses bestimmt (AO 39 II Nr 2). Bis zur Auseinandersetzung haftet der Nachlaß für die Steuerschuld der Erbbeteiligten (ErbStG 20 III); gemeinsame Steuererklärung ist möglich (ErbStG
4   31 IV). **b)** Die **Erbquote** richtet sich nach dem Anteil am **Verkehrswert** des Nachlasses, nicht nach der steuerlichen Bewertung dessen, was der Miterbe aufgrund Teilungsanordnung oder Auseinandersetzungsvereinbarung tatsächlich erhält (BFH BB 83, 2241; BFH 167, 562). Bsp: Verkehrswert der Erbschaft 1 000 000 €, dabei ein Grundstück mit Verkehrswert von 500 000 € und einem steuerlichen Wert von 250 000 € (vgl § 1924 Rn 6); erhält Miterbe A das Grundstück und Miterbe B 500 000 € in bar, so hat jeder Miterbe Erbschaftsteuer aus 375 000,– € – abzüglich der auf ihn entfallenden Freibeträge (§ 1924 Rn 6) – zu tragen. Bei der Bestimmung der Erbquote ist zu unterscheiden zwischen Teilungsanordnungen, welche die Wertquote erst festlegen, und Anordnungen, die sich nur innerhalb einer feststehenden Wertquote mit Auseinandersetzungsmodalitäten befassen. Ausgleichungspflichten (§§ 2055, 2057 a) ändern die steuerliche Erbquote. **Auseinandersetzungsvereinbarungen,** die *wesentlich* von der Erbquote abweichen, können eine steuerpflichtige Schenkung enthalten (BFH NJW 82, 2896). **Vorausvermächtnisse** (vgl § 2048 Rn 4) eines Miterben sind isoliert steuerlich zu
5   bewerten. Bsp: Verkehrswert der Erbschaft 1 000 000 €, A und B sind Miterben zu je 1/2; Vorausvermächtnis eines Grundstücks an A mit Verkehrswert 500 000 €, steuerlicher Wert 250 000 €. A versteuert 500 000 €, B 250 000 €. Bei Erbeinsetzung A 3/4 und B 1/4 mit Teilungsanordnung versteuern A 3/4 von 750 000 € und B 1/4 von 750 000 €.

6   4. **Einkommensteuerlich** ist die Auseinandersetzung kein Teil des Erwerbs durch Erbfall, sondern ein getrennter steuerlicher Erwerbsvorgang (BFH GS NJW 91, 249). Im Rahmen der Auseinandersetzung geleistete Abfindungen oder Aufwendungen für den Erwerb eines Erbteils führen beim Leistenden grundsätzlich zu Anschaffungskosten (sa BFH ZEV 01, 245), beim Empfänger zu einem Veräußerungserlös. Dies ist, falls es sich um Privatvermögen handelt, idR willkommen (Erhöhung des Absetzungsvolumens auf der Erwerberseite, auf der Veräußererseite meist – s aber EStG 17, 23, UmwStG 21 – keine Einkommensteuerpflicht) – weniger jedoch, falls Betriebsvermögen betroffen ist (steuerbarer Veräußerungsgewinn gem EStG 16). Eine Möglichkeit zur steuerneutralen Unternehmensfortführung kann uU die Realteilung des Erblasservermögens bieten, weil sie, soweit sie sich innerhalb der Erbquote bewegt, keinen Anschaffungs- bzw Veräußerungsvorgang darstellt (aber: Einzelentnahmen vermeiden!). Weiter ist die Erbeinsetzung im Verhältnis der den Erben jeweils zugedachten (ungleichen) Vermögensmassen zu erwägen; zum Ausgleich ist der bevorzugte Miterbe mit einem Vermächtnis zu belasten. Alternative: Erbeinsetzung zu gleichen Teilen, Aussetzung eines Vorausvermächtnisses, das zwecks Gleichstellung mit einem Untervermächtnis zu belasten ist. Ausführlich das BMF-Schreiben vom 11. 1. 1993, NJW 93, 977–987 (mit zahlreichen Nachweisen und Gestaltungsvorschlägen!).

Untertitel 1. Rechtsverhältnis der Erben untereinander

§ 2032 Erbengemeinschaft

(1) **Hinterlässt der Erblasser mehrere Erben, so wird der Nachlass gemeinschaftliches Vermögen der Erben.**

(2) **Bis zur Auseinandersetzung gelten die Vorschriften der §§ 2033 bis 2041.**

Lit: J. Blomeyer, Die Rechtsnatur der Gesamthand, JR 71, 397; Grunewald, Die Rechtsfähigkeit der Erbengemeinschaft, AcP 197, 305; Ann, Die Erbengemeinschaft, 2001.

1. Gesamthandsgemeinschaft. Der Nachlaß geht als Ganzes (§ 1922 I) auf 1 die Miterben über. Jeder ist am Gesamtnachlaß berechtigt und dabei durch die Rechte der übrigen Gemeinschafter eingeschränkt. Die Erben können nur gemeinsam (§ 2040 I), nicht einzeln (§ 2033 II) über Nachlaßgegenstände verfügen, es kann nur an alle gemeinsam geleistet werden (§ 2039), und die Verwaltung ist gemeinsam (§ 2038). An den Nachlaßgegenständen entsteht gesamthänderische Inhaberschaft (Gesamthandseigentum, -forderung). Zuteilende Bestimmungen des Erblassers bleiben ohne dingliche Wirkung und sind erst bei der Auseinandersetzung zu berücksichtigen (§§ 2150, 2048). Nicht die Erbengemeinschaft, nur ihre Mitglieder sind rechts- und parteifähig (ZPO 50 I; BGH NJW 89, 2134; aA Grunewald AcP 197, 305); vgl aber SGG 70 Nr 2 und BSG NJW 58, 1560. Grundbucheintragung: GBO 47; Untererbengemeinschaften sind kenntlich zu machen (BayObLGZ 90, 190). Miterben, die in ein Girovertragsverhältnis des Erblassers eintreten und das Girokonto für den eigenen Zahlungsverkehr fortführen, erlangen eine eigene persönliche Rechtsbeziehung zur Bank (BGH NJW 00, 1258; sa § 2139 Rn 1 für Vorerben).

2. Entstehung ist denkbar aufgrund ges Erbfolge oder durch Verfügung von 2 Todes wegen. Ersatzerben oder Nacherben werden erst bei Eintritt des Ersatz- bzw Nacherbfalles Mitglieder der Gemeinschaft; keine Miterbengemeinschaft von Nacherben vor dem Nacherbfall (BGH NJW 93, 1583; sa § 2100 Rn 7 f).

3. Übertragung von Rechten durch die Erbengemeinschaft auf andere 3 Rechtspersonen oder Rechtsgebilde bedürfen der gewöhnlichen Vertragsform. Wollen zB nur einige Miterben ein Handelsgeschäft, das zum Nachlaß gehört, fortführen, so müssen sie eine Gesellschaft gründen und das Handelsgeschäft von der Erbengemeinschaft auf die neue Gesellschaft übertragen (BGH WM 75, 1110). Zur Übertragung von Grundstückseigentum (direkt gem § 925; indirekt durch Anteilsübertragung, § 2033 I) s § 925 Rn 2, 9; zu Bodenreformgrundstücken s. vor § 2032 Rn 2.

4. Rechtsnachfolge der Gemeinschaft im Handels- und Gesellschafts- 4 **recht: a) Einzelhandelsgeschäft:** Die Erbengemeinschaft kann ein Einzelhandelsgeschäft zeitlich unbegrenzt (BGH 92, 262; hierzu K. Schmidt NJW 85, 138, 2785; John JZ 85, 246) als werbendes Unternehmen fortführen und wird als Inhaberin im Handelsregister eingetragen (krit R. Fischer ZHR 144, 1; Johannsen FamRZ 80, 1075 f). Möglich ist die Fortführung unter der alten Firma mit oder ohne Nachfolgezusatz (HGB 22) oder unter einer neuen Firma, die allerdings erkennbar machen muß, daß Inhaber Miteigentümer in gesamthänderischer Verbundenheit sind (vgl KG JFG 5, 209). Im Innenverhältnis gelten OHG-Regeln entsprechend (BGH 17, 299). Zur OHG wird die Erbengemeinschaft erst durch Abschluß eines Gesellschaftsvertrages – kein stillschweigender Abschluß durch bloße längere Fortführung – und durch Übertragung der Unternehmensgüter, s Rn 3 (BFH NJW 88, 1343). Die Prokura eines Miterben erlischt mit dem Erbfall (BGH NJW 59, 2116). Die Gemeinschaft kann kein Handelsgeschäft neu errichten (KG HRR 32 Nr 749), die Erwerber sämtlicher Gemeinschaftsanteile können das Handelsgeschäft nicht fortführen (KG FGPrax 99, 27; str, s Keller ZEV 99, 174).

§ 2032

Fortführen durch Miterben und damit Haftung gem HGB 27 (§ 1967 Rn 6) ist nur gegeben, wenn die Geschäftsführung gemeinsam erfolgt oder für alle durch einen stillschweigend oder ausdr bevollmächtigten Miterben (BGH 32, 67; BB 61, 1027). Die Fortführung durch ges Vertreter minderjähriger Miterben bedurfte bis zum Inkrafttreten der Neuregelung durch das MinderjährigenhaftungsbeschränkungsG am 1. 1. 1999 (BGBl I 1998, 2487) vormundschaftsgerichtl Genehmigung (aA BGH 92, 265), s § 1822 Rn 8. Entgegen § 1629 iVm § 1643 I konnten die Eltern den Minderjährigen nicht ohne weiteres über das ererbte Vermögen hinaus unbegrenzt verpflichten (BVerfG 72, 155; krit Medicus AcP 192, 63). Bis zur verfassungskonformen Neuregelung hatte BGH NJW-RR 87, 450 das Verfahren ausgesetzt. Die *Reform* beschränkt die Haftung des Minderjährigen auf das Vermögen bei Eintritt der Volljährigkeit (§ 1629 a nF); falls der volljährig gewordene Erbe nicht binnen drei Monaten die Nachlaßauseinandersetzung verlangt, gelten Vermutungen für das Entstehen einer Schuld nach Eintritt der Volljährigkeit und den Bestand des gegenwärtigen Vermögens bereits bei Eintritt der Volljährigkeit (sa

5 §§ 723–728 Rn 17; § 1967 Rn 6). **b) Bei OHG oder KG** sind verschiedene Fälle zu unterscheiden (BGH WM 82, 1170): **aa) Auflösung** der OHG bei entspr gesellschaftsvertraglicher Gestaltung gem HGB 131 III 1 Nr 1 (unpraktisch) oder als gesetzl Regelfall alten Rechts gem HGB 131 Nr 4 aF. Die Miterbengemeinschaft ist an der Abwicklung zu beteiligen (RG 106, 65). An einer Liquidationsgesellschaft bleiben die Erben als Erbengemeinschaft beteiligt (BGH NJW 95, 3315: keine Sonderrechtsnachfolge). **bb) Fortsetzung durch die restlichen Gesellschafter** ist entspr HGB 131 III 1 Nr 1 (HGB 138 aF) gesetzlicher Regelfall für die OHG, nach HGB 171 für den Kommanditanteil vertraglich zu regeln. Der Erbengemeinschaft steht ein Abfindungsanspruch (§ 738) als Gesamthandsforderung zu; zum gesellschaftsvertraglichen Ausschluß einer Abfindung vgl § 2301 Rn 3 u 6; § 2311 Rn 5; § 2325 Rn 5. Erbschaftsteuerpflichtigkeit der Gesellschaft bei Auseinanderfallen von Anwachsung (§ 738 I 1) und Abfindungswert (BFH

6 NJW 93, 157). **cc) Erbrechtliche Nachfolge,** HGB 139, 171. Der Gesellschaftsvertrag der OHG stellt den Gesellschaftsanteil vererblich und überläßt den Vollzug der Rechtsnachfolge dem Erbrecht (HGB 139). Bei der KG entspricht diese Lösung für den Kommanditanteil (HGB 171) dem Gesetz. Die Erbengemeinschaft wird nicht Gesellschafter, vielmehr wird jeder Miterbe mit einem seinem Erbteil entspr Gesellschaftsanteil Gesellschafter bzw Kommanditist (BGH 91, 132, 135; 98, 50 f; NJW 99, 572; KG NZG 00, 1167). Trotz *Sondererbfolge* gehören die Gewinn- und Auseinandersetzungsguthaben (vgl § 717 S 2) zum Nachlaß (BGH JZ 87, 880) und unterliegen damit dem Vollstreckungszugriff der Nachlaßgläubiger. Die Mitgliedschaft ist von den vermögensrechtlichen Bezügen nicht selbständig abspaltbar (aA BGH JZ 87, 880), fällt also ebenfalls in den Nachlaß (BGH 98, 48; sehr str vgl Flume NJW 88, 161; Ulmer JZ 87, 881; Marotzke JR 88, 184); denn Voraussetzung zur Zwangsvollstreckung in das Auseinandersetzungsguthaben ist die Pfändung eines Gesellschaftsanteils und die Kündigung der Gesellschaft, § 725.

7 **dd) Qualifizierte Nachfolgeklausel.** Es wird nach dem Gesellschaftsvertrag nur ein Miterbe oder eine beschränkte Anzahl von Miterben Gesellschafter. Bei dieser Gestaltung erwirbt der gesellschaftsvertraglich zugelassene Miterbe den Anteil des Gesellschafters unmittelbar im Ganzen (BGH 68, 237 gegen BGH 22, 193 ff; hierzu P. Ulmer BB 77, 805; H. P. Westermann JuS 79, 761; Wiedemann JZ 77, 689), mehrere zugelassene Miterben erwerben gleiche Teile im Wege der Einzelnachfolge (München MDR 81, 587). Die nicht zugelassenen Erben haben ohne bes gesellschaftsvertragliche Vereinbarung keinen Abfindungsanspruch gegen die Gesellschaft; die Ausgleichspflicht der Gesellschafterreben ist Auslegungsfrage, uU entspr Anwendung der §§ 2050 ff (str, s Tiedau NJW 80, 2446; Marotzke AcP 184, 562; Ulmer NJW 84, 1500), aber ohne § 2056 (str); zum Pflichtteilsanspruch

8 vgl § 2325 Rn 5. **ee) Eintrittsklausel.** Die Gesellschaft wird gem HGB 131 III 1 Nr 1, § 738 zwischen den übrigen Gesellschaftern fortgesetzt. Ein Dritter erwirbt durch Gesellschaftsvertrag unabhängig vom Erbrecht ein Eintrittsrecht auf den

Todesfall (rechtsgeschäftliche Nachfolgeklausel); die unwirksame *Zuwendung* eines Anteils durch RGeschäft unter Lebenden auf den Todesfall (unzulässige Verfügung zgDr) ist als Eintrittsklausel zu deuten. Die Eintrittsklausel schließt Abfindungsansprüche der weichenden Erben gegen die Gesellschafter (§ 738 I 2) idR aus. IZw ist stets von der erbrechtlichen Nachfolgeklausel auszugehen, selbst wenn der Gesellschaftsvertrag Nachfolger benennt, die teilw nicht Erbe werden und deshalb leer ausgehen (BGH 68, 233; BayObLG DNotZ 81, 704). Sofern der durch erbrechtliche Nachfolgeklausel allein vorgesehene Nachfolger nicht Erbe, sondern nur Vermächtnisnehmer wird, kann auch ein gesellschaftsvertragliches Eintrittsrecht als Vermächtnisgegenstand Auslegungsergebnis sein (BGH NJW 78, 264; Frankfurt NJW-RR 88, 1251; sa § 2174 Rn 3); zum Pflichtteilsergänzungsanspruch § 2325 Rn 5. **ff) Vertreterklausel.** Die verbleibenden Gesellschaftererben dürfen nur gemeinschaftlich oder durch einen gemeinsamen Vertreter ihre Gesellschafterrechte wahrnehmen (BGH 46, 291 für Kommanditisten). Lit: Esch und Ulmer NJW 84, 339, 1496; Rüthers AcP 168, 263; Marotzke AcP 184, 541 mN; Wiedemann, Die Übertragung und Vererbung der Mitgliedschaft bei Handelsgesellschaften, 1965; Siegmann, Personengesellschaftsanteil und Erbrecht, 1991; Ebenroth, ErbR, Rn 857–890. **gg)** Zur Haftungsbeschränkung zugunsten des gesetzlich vertretenen **minderjährigen** Gesellschafters s §§ 723–728 Rn 17, § 1967 Rn 6 f. **c)** Für die **BGB-Gesellschaft** gilt das zur OHG Gesagte entspr (BGH NJW 81, 750; BayObLGZ 84, 225; zur Einkommensteuer BFH ZEV 98, 78; allg zur steuerlichen Behandlung Sistermann ZEV 98, 166). Nachfolge in **Partnerschaftsgesellschaften**: s Heydn ZEV 98, 161 (Steuerfragen s Sistermann ZEV 98, 166). Der Tod des **stillen Gesellschafters** (HGB 234 II) führt zum Eintritt der Erben bzw der Erbengemeinschaft in seine Position (hierzu BGH NJW 97, 3371; sa § 398 Rn 9). **d) GmbH.** Die Miterben sind gesamthänderische Inhaber des Geschäftsanteils; Grundsatz der gemeinsamen Ausübung der Anteilsrechte und damit auch des Stimmrechts (GmbHG 18; BGH WM 69, 590). Der Gesellschaftsvertrag kann einzelne Miterben zur Übertragung auf allein nachfolgeberechtigte Miterben, den Gesellschafter oder Dritte verpflichten (BGH 92, 386; zur Erbschaftsteuer BFH NJW 93, 158; zur Einkommensteuer Geuenich ZEV 98, 62); sa § 1922 Rn 7; § 2033 Rn 3. **e) Aktiengesellschaft.** AktG 69; Satzung kann Einzug gem AktG 237 ff vorsehen.

§ 2033 Verfügungsrecht des Miterben

(1) ¹**Jeder Miterbe kann über seinen Anteil an dem Nachlass verfügen.** ²**Der Vertrag, durch den ein Miterbe über seinen Anteil verfügt, bedarf der notariellen Beurkundung.**

(2) **Über seinen Anteil an den einzelnen Nachlassgegenständen kann ein Miterbe nicht verfügen.**

1. Zulässiger Gegenstand der Verfügung ist der Anteil am Nachlaß oder ein Bruchteil dieses Anteils (BGH NJW 63, 1610; BayObLG NJW-RR 91, 1031), wobei dann zwischen Erwerber und Veräußerer eine Bruchteilsgemeinschaft hinsichtlich des Gesamthandsanteils entsteht (str; zur Veräußerung an Miterben s Rn 5). Vereinigen sich alle Nachlaßanteile in der Hand eines Miterben, so kann dieser ebensowenig wie ein Alleinerbe über die Erbschaft als Ganzes verfügen (LM Nr 8) oder einen früheren – nicht mehr existenten – Anteil rückübertragen (s aber BGH JZ 92, 748: vollstreckungsmäßige Gleichstellung des Gläubigers des Anteilsveräußerers nach Anfechtung; hierzu Gerhardt JZ 92, 724). Unzulässig ist die Verfügung über einen – rechtlich nicht existenten (RG 61, 76, str) – Anteil an einem Nachlaßgegenstand (§ 2033 II); eine Genehmigung (§ 185 II) ist ausgeschlossen (RG 88, 27). Denkbar ist dagegen die schuldrechtliche Verpflichtung zur Übertragung eines Bruchteils an einem Nachlaßgegenstand oder des ganzen Nachlaßgegenstandes, da die Erfüllung nach Auseinandersetzung möglich sein kann (LM Nr 8). Eine nach 2033 II unzulässige Verfügung kann uU in einen

§ 2033 Buch 5. Abschnitt 2. Rechtliche Stellung des Erben

Auseinandersetzungsvertrag umgedeutet werden (Bremen OLGZ 87, 10). Selbst wenn der Nachlaß nur noch aus einem Nachlaßgegenstand besteht, bleibt lediglich die Verfügung des Miterben über den Erbteil zulässig (BGH NJW 67, 201). Der Anteil an einer nicht auseinandergesetzten Erbengemeinschaft ist bewegliches Vermögen (BGH 146, 310; sa Vor § 1922 Rn 5).

2 **2. Die Verfügungsbefugnis** liegt allein beim Miterben, auch im Fall der Testamentsvollstreckung (BGH NJW 84, 2467) oder Verpfändung. Die Miterben eines Erbteils können hingegen nur gemeinsam (§ 2040 I) verfügen (RG 162, 397), der Erbe eines Erbteils bei Testamentsvollstreckung nur unter Mitwirkung des Vollstreckers (BGH NJW 84, 2467). Der Erblasser kann die Verfügungsbefugnis nicht mit dinglicher Wirkung beschränken (§ 137).

3 **3. Genehmigungspflichtigkeit:** GrdstVG 2 II Nr 2; §§ 1643 I, 1822 Nr 1, 10; uU § 1365 I (BGH NJW 61, 1304); *nicht* aber Zustimmungspflicht gem WEG 12, wenn Wohnungseigentum zum Nachlaß gehört (Hamm OLGZ 79, 423; SoeStürner WEG 12, 2; anders bei Auflassung des Wohnungseigentums durch die Gemeinschaft an einen einzelnen Miterben: BayObLG MDR 82, 496, s § 2042 Rn 5); *keine* Genehmigung gem GmbHG 15 V, wenn Geschäftsanteil Nachlaßbestandteil ist (BGH 92, 393).

4 **4. Form der Verfügung.** Notarielle Beurkundung gem I 2; entspr Vorschrift für das Verpflichtungsgeschäft in §§ 2371, 2385 (BGH NJW 86, 1813). Formmangel des Verpflichtungsgeschäftes ist nicht heilbar (BGH NJW 67, 1128; str, aA Schlüter JuS 69, 10). § 2033 I 2 gilt auch bei Erbteilsverfügung zum Zwecke der – selbst formfreien – Auseinandersetzung (§ 2042 Rn 5; sa BGH NJW 86, 1813) sowie für unwiderrufliche Vollmacht zur Erbteilsübertragung (Dresden u BGH ZEV 96, 461 f mablAnm Keller); anders bei Verfügung über Nachlaßgegenstände gem § 2040 (zum erbteilsverfügenden Auslegungsvergleich s aber § 2042 Rn 6, § 2385 Rn 1). Berufung auf die Formnichtigkeit kann ausnahmsweise treuwidrig sein (BGH DRiZ 69, 279).

5 **5. Wirkung der Verfügung.** Der Erwerber tritt im Wege der Gesamtrechtsnachfolge in die Stellung des Veräußerers innerhalb der Miterbengemeinschaft ein und ist bei der Verwaltung, Auseinandersetzung und Ausgleichung wie der Miterbe zu behandeln (RG 60, 131; 83, 30; anders BGH NJW 79, 1306 für HöfeO 13); das Grundbuch ist zu berichtigen (BGH NJW 69, 92). Bei Anteilserwerb durch die übrigen Miterben erfolgt Anwachsung analog §§ 1935, 2094, sofern nicht Bruchteilserwerb ausdr vereinbart ist (BayObLG NJW 81, 830; NJW-RR 91, 1031); Abgrenzung zur Auseinandersetzung durch sog Abschichtung s § 2042 Rn 1. Bei Veräußerung eines Bruchteils des Erbanteils (s Rn 1) an einen Miterben tritt ebenfalls Ab- und Anwachsung ein, also keine Untergemeinschaft nach Bruchteilen (BayObLG NJW-RR 91, 1031). Der veräußernde Miterbe bleibt aber iü Erbe (BGH 56, 117; 86, 380; NJW 93, 726; s aber § 2034 Rn 6) und ist zB im Erbschein aufzuführen (RG 64, 173). Der (Mit-) Besitz geht nicht analog § 857 auf den Erwerber über; denkbar ist der Besitzerwerb gem § 854 II oder § 870.

6 **6. Pfandrechte. a)** Form der **Verpfändung** bestimmen §§ 1274 I, 2033 I 2; keine Anzeige gem § 1280 (RG 84, 397). Eine Pfandrechtsbestellung, die das Tilgungsrecht des Schuldners ausschließt, ist unwirksam (BGH 23, 293). Der Pfandgläubiger erwirbt das Recht zur Mitwirkung bei der Verwaltung, der Verfügung und der Auseinandersetzung des Erbteils (RG 83, 30 f; BGH NJW 69, 1347). Da sich das Pfandrecht auf das Auseinandersetzungsguthaben (§ 2047) erstreckt, ist mit dem BGH ein Pfandrecht kraft Surrogation an den Gegenständen zu bejahen,

7 die an die Stelle des Erbteils treten (s §§ 1258, 1287). **b) Pfändung,** ZPO 857 I, 859 II. Zustellung gem ZPO 829 an die übrigen Miterben (RG 75, 180) oder den Testamentsvollstrecker (RG 86, 294). Der Vollstreckungsgläubiger kann entweder Auseinandersetzung verlangen (§ 2042 I) – auch bei Ausschluß durch den Erblasser (§ 2044) – oder die Versteigerung betreiben (ZPO 844 I; hierzu BGH FamRZ 99,

Titel 4. Mehrheit von Erben **§ 2034**

433; sa § 2042 Rn 9). Sofern die Miterbengemeinschaft dem Gläubiger eines Miterben ein Grundpfandrecht bestellt und so den Wert des Miterbenanteils mindert, kann der Insolvenzverwalter des Miterben vom Gläubiger gem InsO 129 ff, 143 Wertersatz verlangen (BGH 72, 44 zu KO 29 ff, 37 aF). **c) Grundbucheintragung** der Verpfändung oder Pfändung ist möglich (RG 90, 233), um den gutgläubigen Erwerb eines Grundstücks ohne Mitwirkung des Pfandrechtgläubigers (§ 2040) auszuschließen. 8

§ 2034 Vorkaufsrecht gegenüber dem Verkäufer

(1) Verkauft ein Miterbe seinen Anteil an einen Dritten, so sind die übrigen Miterben zum Vorkaufe berechtigt.

(2) ¹Die Frist für die Ausübung des Vorkaufsrechts beträgt zwei Monate. ²Das Vorkaufsrecht ist vererblich.

Lit: Bartholomeyczik, Das Gesamthandsprinzip beim gesetzlichen Vorkaufsrecht der Miterben, FS Nipperdey, 1965, I 145; Diedenhofer, Das Vorkaufsrecht der Miterben, 1992 (Diss Augsburg); Martinek/Ittenbach, Die Erbengemeinschaft und das Vorkaufsrecht in der Teilungsversteigerung, BB 93, 519.

1. Die allg Vorschriften der §§ 463 ff nF finden grundsätzlich Anwendung 1
(LM Nr 3 zu §§ 504 ff aF); insbes gilt § 471 nF bzw 512 aF, so daß beim Verkauf durch den Insolvenzverwalter ein Vorkaufsrecht nicht besteht (BGH NJW 77, 37).

2. Verkaufender Miterbe ist auch der Erbeserbe (BGH NJW 93, 726 mN). 2

3. Dritter ist auch, wer bereits einen anderen Erbteil erworben hat (BGH 56, 3
115; NJW 93, 726), nicht dagegen, wer mit Rücksicht auf die künftige Beerbung eines Miterben in die Gemeinschaft eingetreten ist (LM Nr 3).

4. Verkauf als Tatbestandsmerkmal schließt Anwendung auf Fälle von Tausch, 4
Schenkung (LM Nr 3 zu § 1098), Sicherungsübereignung usw aus, ebenso auf den Fall der unwiderruflichen notariellen Verkaufsvollmacht (BGH DNotZ 60, 551). Umgehungsgeschäfte, wie zB Hingabe des Erbteils gegen Darlehen (BGH 25, 174) oder Übertragung der Miterbenrechte gegen Entgelt (KG DR 43, 1108), sind wie ein Kauf zu behandeln; uU sind sie aber auch nichtig gem § 138 (BGH WM 70, 1315).

5. Der Erbanteil muß Gegenstand des Kaufes sein; daher besteht kein Vorkaufs- 5
recht, wenn die Erben eines Miterben ihren Anteil am Miterbennachlaß weiterveräußern, zu dem ua der Miterbenanteil des Erblassers gehört (BGH NJW 75, 445). Ebensowenig liegt in der Zwangsversteigerung gem §§ 2042, 753, ZVG 180 die Veräußerung eines Miterbenanteils (BGH 72, 1199).

6. Vorkaufsberechtigt sind die übrigen Miterben als Gesamthänder (BGH 6
WM 79, 1067); einzelne Miterben können gem § 472 S 2 nF bzw 513 S 2 aF das Vorkaufsrecht für sich ausüben, wenn die übrigen Miterben verzichten, nicht aber gegen ihren Widerspruch (LM Nr 6; BGH NJW 82, 330). Ausübung durch einen Miterben aufschiebend bedingt durch Einigung aller oder Verzicht der anderen Miterben ist denkbar (BGH NJW 82, 330). Dem früheren Miterben, der seinen Anteil veräußert hat, steht kein Vorkaufsrecht zu (BGH NJW 93, 726; sa BGH 86, 379; NJW-RR 90, 1283), weil er kein schutzwürdiges Interesse an personeller Geschlossenheit der Gemeinschaft mehr hat. Der Erbteilserwerber (§ 2033) ist ebensowenig vorkaufsberechtigt (BGH 56, 118; NJW 93, 726; 02, 821); dem Miterben als Erwerber steht deshalb die Ausübung des Vorkaufsrechts nur mit ihm entspr Folgen für die Erwerbsquote (BGH NJW 83, 2143). Die Berechtigung zur Ausübung hängt nicht vom Erfüllungsvermögen hinsichtlich des Kaufvertrages ab (BGH NJW 72, 202); die gleichzeitige Ablehnung künftiger Erfüllung steht ihr aber entgegen (BGH WM 62, 722). Die eigene Veräußerungsabsicht von Miterben, die das Vorkaufsrecht ausüben, ist grundsätzlich unbeachtlich; anders wenn der begehrte Anteil bereits von diesen Miterben bindend an Dritte weiterverkauft

ist (BGH NJW-RR 90, 1282: teleologische Reduktion wegen fehlenden Interesses an persönlicher Geschlossenheit der Gemeinschaft). Lit: Ann ZEV 94, 343.

7. Die **Wirkung** des Vorkaufsrechts liegt im Anspruch auf Übertragung des Erbteils (LM Nr 1; Schleswig NJW-RR 92, 1160: §§ 280 I, III, 281, 323 nF bzw 326 aF), nicht einzelner Nachlaßgegenstände. Er richtet sich zunächst gegen den verkaufenden Miterben (BGH 6, 89), nach Übertragung auf den Käufer gilt § 2035. Gesamthandserwerb der Miterben (BayObLG NJW 81, 830) entspr §§ 1935, 2094.

8. Genehmigungen: §§ 1643 I, 1821 I Nr 5 für Nachlaßgrundstücke.

§ 2035 Vorkaufsrecht gegenüber dem Käufer

(1) ¹Ist der verkaufte Anteil auf den Käufer übertragen, so können die Miterben das ihnen nach § 2034 dem Verkäufer gegenüber zustehende Vorkaufsrecht dem Käufer gegenüber ausüben. ²Dem Verkäufer gegenüber erlischt das Vorkaufsrecht mit der Übertragung des Anteils.

(2) Der Verkäufer hat die Miterben von der Übertragung unverzüglich zu benachrichtigen.

1. Zwischen dem Erbteilserwerber und den vorkaufsberechtigten Miterben entsteht ein ges Schuldverhältnis (BGH 6, 85), das den Erbteilserwerber zur Übertragung des Erbteils und die Miterben als Gesamtschuldner (§ 427) zur Kaufpreisrückzahlung bzw zur Freistellung von der Kaufpreiszahlung verpflichtet (BGH 6, 90); kein Rücktrittsrecht (§ 323 nF) des Erbteilserwerbers bei Nichtleistung (BGH 15, 102: zu § 326 aF).

2. Die Pflicht der §§ 2034, 469 nF bzw 510 aF und die Pflicht des § 2035 II sind zu unterscheiden; § 469 I 2 nF bzw 510 I 2 aF ist auf § 2035 II anzuwenden. Unterbleibt die Erklärung nach § 2035 II, so können die Miterben das Vorkaufsrecht fristwahrend gegenüber dem Verkäufer auch nach Übertragung ausüben, selbst wenn die Übertragung anderweitig bekannt ist (BGH WM 79, 1067).

3. Wenn die Miterben das Vorkaufsrecht gem § 2034 ausgeübt haben und der Verkäufer trotzdem an den Drittkäufer überträgt, so haben die Miterben Schadensersatzansprüche (§§ 280 ff nF bzw 325, 326 aF) gegen den Verkäufer. Sie können aber auch den Vertrag auflösen (Rücktritt, § 323 nF bzw 326 aF) und ihr Vorkaufsrecht analog § 2035 gegenüber dem Käufer ausüben, und zwar noch nach der Zweimonatsfrist gem § 2034 II 1; andernfalls stünden zuwartende Miterben besser als rasch zupackende (BGH NJW 02, 821; Schleswig NJW-RR 92, 1160; MK/Dütz, § 2035 Rn 7).

§ 2036 Haftung des Erbteilkäufers

¹Mit der Übertragung des Anteils auf die Miterben wird der Käufer von der Haftung für die Nachlassverbindlichkeiten frei. ²Seine Haftung bleibt jedoch bestehen, soweit er den Nachlassgläubigern nach den §§ 1978 bis 1980 verantwortlich ist; die Vorschriften der §§ 1990, 1991 finden entsprechende Anwendung.

1. Die Vorschrift befreit den Erbteilskäufer von der Haftung aus §§ 2385, 2382, 2383. Die Haftung für Verwaltungshandlungen gegenüber den Nachlaßgläubigern bleibt bestehen in den Fällen der Nachlaßverwaltung, der Nachlaßinsolvenz (§§ 1978–1980) und der Dürftigkeit (§§ 1990, 1991).

§ 2037 Weiterveräußerung des Erbteils

Überträgt der Käufer den Anteil auf einen anderen, so finden die Vorschriften der §§ 2033, 2035, 2036 entsprechende Anwendung.

1. Vorausgesetzt wird **Weiterveräußerung**, nicht wie in § 2034 Weiterverkauf.

Titel 4. Mehrheit von Erben **§ 2038**

2. Andere sind nicht Miterben (RG 170, 207). 2

3. Die Vorschrift schafft kein neues Vorkaufsrecht (BGH 56, 119), sondern 3
erstreckt nur die Wirkungen des Vorkaufsrechts nach § 2034; daher kein neuer
Fristlauf gem § 2034 II.

§ 2038 Gemeinschaftliche Verwaltung des Nachlasses
(1) ¹Die Verwaltung des Nachlasses steht den Erben gemeinschaftlich
zu. ²Jeder Miterbe ist den anderen gegenüber verpflichtet, zu Maßregeln
mitzuwirken, die zur ordnungsmäßigen Verwaltung erforderlich sind; die
zur Erhaltung notwendigen Maßregeln kann jeder Miterbe ohne Mitwirkung der anderen treffen.
(2) ¹Die Vorschriften der §§ 743, 745, 746, 748 finden Anwendung. ²Die
Teilung der Früchte erfolgt erst bei der Auseinandersetzung. ³Ist die Auseinandersetzung auf längere Zeit als ein Jahr ausgeschlossen, so kann jeder
Miterbe am Schluss jedes Jahres die Teilung des Reinertrags verlangen.

Lit: Bartholomeyczik, Willensbildung, Willenserklärung und das Gesamthandsprinzip in
der Miterbengemeinschaft, FS Reinhardt, 1972, S 13; Jülicher, Mehrheitsgrundsatz und
Minderheitenschutz bei der Erbengemeinschaft, AcP 175, 143; Wernecke, Die Aufwendungs-
und Schadensersatzansprüche bei der Notgeschäftsführung des Miterben – eine Zusammenschau, AcP 193, 240.

1. Die **Verwaltung** umfaßt alle Maßnahmen zur Erhaltung oder Vermehrung 1
des Nachlasses, gleichgültig, ob es sich um Maßnahmen des Innenverhältnisses oder
des Außenverhältnisses handelt. Nach außen gilt grundsätzlich das *Prinzip gesamthänderischen Selbsthandelns,* das nur ausnahmsweise von Fällen ges Stellvertretung
(Vertretungsmacht des Notgeschäftsführers oder der Erbenmehrheit bei Maßnahmen ordnungsmäßiger Verwaltung) durchbrochen wird. § 2040 wiederholt diesen
Grundsatz für Verfügungen. § 2040 verlangt indessen *nicht* Gemeinschaftlichkeit
für Verfügungen der Notgeschäftsführung (§ 2038 I 2, 2. Halbs) oder der Erbenmehrheit zur ordnungsmäßigen Verwaltung (§§ 2038 II 1, 745). Insoweit ist
§ 2038 Sondervorschrift zu § 2040 I; andernfalls müßte in diesen Fällen die Mitwirkung immer umständlich durch Klage erzwungen werden (sehr str; wie hier
SoeWolf 5; Nürnberg JurBüro 01, 52; aA aber BGH 38, 124; 56, 50; vgl auch
§§ 743–748 Rn 12 ff). Keine Verwaltungshandlungen sind Maßnahmen der Totenfürsorge (hierzu § 1968 Rn 5), ferner nicht der Widerruf einer Erblasservollmacht (BGH 30, 397), die jeder Miterbe mit Wirkung gegen sich alleine widerruft.

2. Bsp für Verwaltungsmaßnahmen: Vergleich über Forderungen im Rah- 2
men ihrer Einziehung (BGH 46, 280); Abschluß (BGH 56, 50) und Kündigung
(LM Nr 1) von Miet- oder Pachtverträgen; Begleichung laufender Verbindlichkeiten (BGH FamRZ 65, 269); Anträge im Grundbuchverfahren (Düsseldorf NJW
56, 877); Baumaßnahmen (Düsseldorf MDR 47, 289) und Rechtsbehelfe gegen
nachbarliche Baumaßnahmen (VGH Baden-Württemberg NJW 92, 388); Nachfristsetzung zur Zahlung des Kaufpreises aus einem Nachlaßgegenstand (BGH 143,
42, 46); Fortführung (BGH 30, 394) oder Einstellung eines Erwerbsgeschäfts; uU
Grundstücksveräußerungen (BGH FamRZ 65, 269; hierzu H. Lange JuS 67, 453).

3. Ordnungsmäßige Verwaltung: Sie umfaßt Maßnahmen, die der Beschaf- 3
fenheit der Nachlaßgegenstände und dem obj Interesse aller Miterben entsprechen
(vgl § 745) unter Ausschluß wesentlicher Veränderungen. **a) Maßnahmen ordnungsmäßiger Verwaltung:** Bestellung eines Fremdverwalters bei Unfähigkeit
der Miterben (BGH NJW 83, 2142); Benutzungsregelung für Nachlaßgegenstände
(BGH WM 68, 1172), zB Unterbindung von Prostitution in Wohnraum (Hamm
NJW-RR 92, 329); Abschluß und Kündigung von Mietverhältnissen als Vermieter,
wohl nicht als Mieter (str, vgl § 2040 Rn 3). **b) Stimmrecht** besteht im Verhältnis 4
der Erbteilsgröße (§ 745 I 2; BayObLGZ 63, 324). Ausschluß des Stimmrechts bei

Stürner 1709

Interessenkollision, zB Abstimmung über Erfüllung der Forderung eines Miterben aus dem Nachlaß (BGH WM 73, 360; vgl. auch Nürnberg JurBüro 01, 52). Interessenkollision wird aber verneint für einen Miterben, der Mitglied des GmbH-Vertragspartners ist (BGH 56, 47), oder der als künftiger Verwalter über die Bedingungen des Verwaltungsvertrages abstimmt (Nipperdey AcP 143, 315); zweifelhaft, vgl §§ 709–713 Rn 22. **c) Die Mitwirkungspflicht** des Miterben ist angesichts des möglichen Mehrheitsbeschlusses (s hierzu Muscheler ZEV 97, 169, 222) von Bedeutung in Fällen notwendiger tatsächlicher Mitwirkung, die sich nicht in Zustimmung erschöpft, oder bei verfehlter Mehrheit. Sie kann im Klageweg erzwungen werden (BGH 6, 85); Klage nur gegen widersprechende Miterben notwendig (BGH FamRZ 92, 50; sa §§ 743–748 Rn 3). Die Mitwirkungspflicht ersetzt aber im Außenverhältnis nie die verweigerte Mitwirkung (BGH NJW 58, 2061). **d)** Zur **Vertretungsbefugnis** der Mehrheit und zur Frage der *Verfügungen* im Rahmen ordnungsmäßiger Verwaltung vgl Rn 1.

6   **4. Notgeschäftsführung** eines Miterben betrifft lediglich die Maßnahmen ordnungsmäßiger Verwaltung (BGH NJW 58, 2061); sie ist bei bedeutsamen Maßnahmen nur in Dringlichkeitsfällen zulässig, wenn die Stellungnahme bzw Zustimmung der übrigen Miterben nicht mehr eingeholt werden kann (BGH 6, 83; Hamm OLGZ 85, 226); zur Vertretungsbefugnis Rn 1. Bsp: Verkehrssicherungsmaßnahmen (BGH JZ 53, 706); Rechtsbehelfe gegen Enteignung (VGH Kassel NJW 58, 1203) oder Maßnahmen im Flurbereinigungsverfahren (BVerwG NJW 65, 1546; 82, 1113); urheberrechtliche Wahrnehmungsvertrag (BGH MDR 82, 641); Anfechtung eines Gesellschafterbeschlusses (BGH 108, 30); Anfechtung vermögensgesetzlicher Restitution eines Nachlaßgegenstandes an einen Dritten (BVerwG NJW 98, 552); *nicht* dagegen Wiederaufbau eines Gebäudes (LM Nr 14 zu § 1004) oder Abschluß eines langjährigen Mietvertrages (BGH NJW 58, 2061). Auch bei Überschreitung des Notgeschäftsführungsrechts können Ansprüche gem §§ 677 ff, 812 ff bestehen (BGH NJW 87, 3001; vgl §§ 743–748 Rn 9).

7   **5. Das Verwaltungsrecht kraft letztwilliger Verfügung** kann als Testamentsvollstreckung dingliche Wirkung haben (§§ 2209, 2211), als Auflage zu Lasten der Miterben verstanden (RG HRR 29 Nr 500) oder als (Voraus-)Vermächtnis gedeutet (BGH 6, 78) werden, wobei in den beiden letzten Fällen nur schuldrechtliche Wirkungen eintreten. Stets ist Entzug aus wichtigem Grund möglich (BGH 6, 78).

8   **6. Verteilung der Nutzungen: a) Früchte** können entgegen II 2 nur durch einstimmigen (nicht Mehrheits-)Beschluß vorzeitig verteilt werden (RG 81, 243). Der jährliche Reinertrag gem II 3 ist entspr der Erbquote zu verteilen, die allerdings Ausgleichspflichten (§§ 2050 ff) zu berücksichtigen hat (BGH 96, 179). **b)** Gebrauch und Nutzungsentgelt: s §§ 743–748 Rn 2 ff.

9   **7. Auskunftspflichten** gem §§ 2027, 2028, 2057, uU 666, 681. Die hM verneint die allgemeine Auskunftspflicht zwischen Miterben (seit RG 81, 30; BGH FamRZ 89, 377; sa Wassermann JR 90, 16; Sarres/Afraz ZEV 95, 433); nach allgemeinen Grundsätzen (§ 242) ist sie nur zur Durchsetzung eines unzweifelhaft bestehenden Anspruchs zu bejahen (BGH FamRZ 89, 377: Erbschaftsanspruch unter Miterben; sa Stürner, Die Aufklärungspflicht der Parteien des Zivilprozesses, 1976, S 327 mN; § 2314 Rn 10). Jeder Miterbe kann sich aber selbst über Bestand und Wert des Nachlasses in Kenntnis setzen und dabei die Mitwirkung verlangen (sa BGH 61, 182; Lorenz JuS 95, 569; ferner Köln NJW-RR 98, 438: Einsicht in Betreuungsakten eines Miterben gem FGG 34).

§ 2039 Nachlassforderungen

¹Gehört ein Anspruch zum Nachlass, so kann der Verpflichtete nur an alle Erben gemeinschaftlich leisten und jeder Miterbe nur die Leistung an alle Erben fordern. ²Jeder Miterbe kann verlangen, dass der Verpflichtete

Titel 4. Mehrheit von Erben **§ 2039**

die zu leistende Sache für alle Erben hinterlegt oder, wenn sie sich nicht zur Hinterlegung eignet, an einen gerichtlich zu bestellenden Verwahrer abliefert.

Lit: A. Blomeyer, Einzelanspruch und gemeinschaftlicher Anspruch von Miterben und Miteigentümern, AcP 159, 385.

1. Nur **Ansprüche** gem § 194 I nF unterfallen der Vorschrift, also zB ein schuldrechtlicher Freistellungsanspruch (RG 158, 42); ein Unterlassungsanspruch (Hamm NJW-RR 92, 330); Anfechtungsanspruch nach dem AnfG; Grundbuchberichtigungsanspruch (BGH 44, 367; NJW 76, 1095); Erbschaftsanspruch (§ 2018); Ersatzansprüche gem § 2041 sowie Schadensersatzansprüche gegen den beurkundenden Notar wegen Amtspflichtverletzung (BGH NJW 87, 435); öffentlich-rechtliche Versorgungsansprüche (BVerfG 17, 86); Restitutionsanspruch nach VermG (BVerwG ZIP 97, 941); Anspruch auf Auseinandersetzung gegen eine Gemeinschaft, der die Miterbengemeinschaft angehört (RG 108, 422); Anspruch auf Leistung an Bruchteilsgemeinschaft durch Hinterlegung (§ 432; § 741 Rn 6), sofern Erbengemeinschaft Bruchteilsgemeinschafter ist (BGH NJW 83, 2021). *Keine* Ansprüche sind dagegen Anfechtungsrecht nach §§ 119 ff (BGH NJW 51, 308) oder im Gesellschaftsrecht (BGH 108, 30; sa § 2038 Rn 6); Rücktritt (RG 107, 238); Kündigung (RG 65, 5); subj Recht auf Aufhebung eines Verwaltungsaktes (BVerwG NJW 56, 1295; 98, 552). Die Wahrnehmung dieser Rechte unterfällt §§ 2038, 2040. 1

2. Ansprüche des Nachlasses sind nicht Ansprüche gegen den Testamentsvollstrecker oder Nachlaßverwalter. Auf Herausgabeansprüche (zB §§ 1975, 1890, 1986) wendet die Rspr § 2039 analog an (RG 150, 190); Ansprüche auf Rechnungslegung kann der Miterbe ebenfalls derart geltend machen, daß Leistung an alle Miterben verlangt wird (BGH NJW 65, 396 für Testamentsvollstrecker). 2

3. Der Miterbe hat **zweierlei Befugnisse: a) Außergerichtliches Leistungsverlangen.** Er kann mahnen und damit in Verzug setzen. **b) Prozeßführungsbefugnis.** Er kann auf Leistung oder Feststellung klagen (RG 75, 26) und die Zwangsvollstreckung betreiben (KG NJW 57, 1154). Er kann die durch Erblassertod unterbrochenen Verfahren wiederaufnehmen (BGH FamRZ 64, 360; 14, 254) und seitherige prozessuale Mängel durch Genehmigung heilen (BGH 23, 207). Der Miterbe handelt dabei in eigenem Namen als ges Prozeßstandschafter (RG 149, 193). **c) Pfändung** des Miterbenanteils läßt die Befugnisse aus § 2039 unberührt (BGH NJW 68, 2059; aA zT LG Mannheim WM 86, 77 mAnm Bayer). 3

4. Leistungsempfänger ist die Gesamtheit der Miterben, auch bei Rechnungslegungsansprüchen (BGH NJW 65, 396). Weil die Miterbengemeinschaft nicht Mitglied einer Personalgesellschaft sein kann, gehört der Anspruch auf Übertragung eines Gesellschaftsanteils nicht unter § 2039; vgl § 2032 Rn 5 ff. Die Arglisteinrede gegen einen einzelnen Erben gibt dem Schuldner kein Leistungsverweigerungsrecht, ebensowenig ein Gegenanspruch gegen einzelne Erben (RG 132, 87; BGH 44, 370); anders, wenn ein Fehlverhalten sämtlicher Miterben vorliegt (RG 132, 86) oder wenn die übrigen Miterben der Rechtsverfolgung durch den arglistigen Miterben widersprechen (BGH 44, 372). 4

5. Für den **Miterben als Nachlaßschuldner** gelten bei der Rechtsverfolgung grundsätzlich keine Besonderheiten (RG 65, 8; LM Nr 3 zu § 249 [Fa]). Er kann gegen ein Verlangen nach § 2039 kein Zurückbehaltungsrecht wegen des Auseinandersetzungsguthabens ausüben; jedoch kann bei der Deckung der Schuld durch den Erbteil im Einzelfall Schikane bzw Arglist vorliegen (BGH WM 71, 653; RG 65, 10; zum Ganzen Dütz NJW 67, 1103). *Ausnahmsweise* kann der Miterbe vom Miterbenschuldner Leistung an sich selbst verlangen, so etwa, wenn er mit der Klage zugleich die Auseinandersetzung anstrebt und auf ihn ein ohne weiteres bestimmbarer Teil der Nachlaßforderung entfällt (RG Warn 13 Nr 236; LM Nr 4 zu § 2042). 5

Stürner

§ 2040 Buch 5. Abschnitt 2. Rechtliche Stellung des Erben

6 6. **Prozessuales. a)** Das obsiegende **Leistungsurteil** schafft Rechtskraft auch für die Miterben (sehr str, aA BGH 92, 354 betr § 1011; wie hier RoSchwab/Gottwald § 49 II 2, III 1), nicht jedoch das unterliegende Urteil, es sei denn, die anderen Erben haben der Prozeßführung zugestimmt (BGH NJW 85, 2825 betr § 1011); die Miterben sind deshalb bei gemeinsamer Klage notwendige Streitgenossen, ZPO 62 I 1. Alt (Lange/Kuchinke § 45 III 4 d; aA BFH FamRZ 89, 977;
7 BGH 92, 351: ZPO 59). **b) Feststellungsklagen** sind, sofern die Feststellung eines absoluten Rechts oder eines Rechtsverhältnisses begehrt wird, von allen Miterben zu erheben, ZPO 62 I 2. Alt (offen BGH NJW 89, 2133); jedoch ist die Rechtskraft eines vorausgehenden Einzelverfahrens zu beachten (krit zu Recht Schilken NJW 91, 281: kein identischer Streitgegenstand); keine notwendige Streitgenossenschaft bei Feststellungsprozeß um Sparbuchinhaberschaft mit Drittem (BGH WM 92, 1296; str, sa grundsätzlich RoSchwab/Gottwald § 49 III 1 b [2]).

§ 2040 Verfügung über Nachlassgegenstände, Aufrechnung

(1) Die Erben können über einen Nachlassgegenstand nur gemeinschaftlich verfügen.

(2) Gegen eine zum Nachlass gehörende Forderung kann der Schuldner nicht eine ihm gegen einen einzelnen Miterben zustehende Forderung aufrechnen.

1 1. **Gegenstand** der Verfügung sind einzelne Nachlaßgegenstände, nicht der Erbteil insgesamt (§ 2033 I).

2 2. Es gilt der **Grundsatz gesamthänderischen Selbsthandelns.** Dieser wird jedoch durchbrochen in Fällen der Notgeschäftsführung und des Mehrheitsbeschlusses im Rahmen ordnungsmäßiger Verwaltung (§ 2038); hier handeln der Notgeschäftsführer und die beschließenden Erben auch bei Verfügungen als ges Vertreter der übrigen Miterben (str, s § 2038 Rn 1). Gemeinschaftliche Verfügung erfordert zwar kein gleichzeitiges Handeln in einem Rechtsakt, aber doch Ergänzung der Einzelakte zu einer einheitlichen Verfügung (BGH NJW 97, 1151: nicht ausreichend Zusammentreffen von Vollrechtsübertragung und bloßer Bevollmächtigung).

3 3. **Verfügung** ist jedes RGeschäft, durch das ein Recht unmittelbar übertragen, belastet, geändert oder aufgehoben wird. **Bsp:** Übereignung ins Alleineigentum eines Miterben (RG HRR 1929 Nr 1831); Anerkenntnis (RG Gruch 46, 664); Rücktritt (RG 107, 238; 151, 312); Kündigung einer Forderung (RG 65, 5); Anfechtung des § 119 ff (BGH NJW 51, 308); Ermächtigung eines Dritten zur Verfügung (RG 67, 27); Aufrechnung mit einer Nachlaßforderung (BGH 38, 124); Löschungsbewilligung für eine Reallast (BayObLGZ 88, 231); Wahrnehmung von Rechten aus Verlagsvertrag (BGH NJW 97, 1151). Nach BGH (LM Nr 1 zu § 2038) ist die Kündigung eines Pacht- bzw Mietverhältnisses nur Verwaltungshandlung und keine Verfügung; das ist sehr fraglich, aber hat nach der hier zum Verhältnis von §§ 2038, 2040 vertretenen Auffassung (vgl § 2038 Rn 1) meist ohne Bedeutung, falls die Miterben Verpächter bzw Vermieter sind (vgl § 2038 Rn 3); in der Herausgabeklage liegt keine Verfügung, sie folgt § 2039 (str, aA LG Köln MDR 72, 520). In der Kündigung durch die Pächter- bzw Mietererben (hierzu § 564 nF; sa Vor § 2032 Rn 2, § 1922 Rn 14) liegt idR eine Verfügung zu sehen, die allein nach I, nicht als mehrheitsfähige Verwaltungsmaßnahme nach §§ 2038 II 1, 745 I 1 (vgl § 2038 Rn 3) zu beurteilen ist. Bei einem Vergleich mit Widerrufsvorbehalt kann (Auslegung!) jeder Miterbe zum Widerruf berechtigt sein (BGH 46, 277).

4 4. **Einwilligung** der nicht mitwirkenden Miterben bedingt Wirksamkeit (§ 185 I; RG 129, 284), ebenso die Genehmigung (§ 185 II; BGH 19, 138); zum gleich zu lösenden Fall des § 185 II 1, 3. Alt vgl LM Nr 19 zu § 105 HGB.

Titel 4. Mehrheit von Erben **§§ 2041, 2042**

Miterbende Eltern können bei der gemeinsamen Verfügung miterbende Kinder vertreten, solange keine Erbauseinandersetzung ansteht (Jena NJW 95, 3126; sa § 2042 Rn 4).

5. Der **Ausschluß des Aufrechnungsrechtes** umfaßt auch Zurückbehaltungs- 5 rechte (RG 132, 84). Ein als Gesamtschuldner verklagter Miterbe kann den Nachlaßgläubiger einredeweise auf die Aufrechnung mit einer fälligen Forderung der Erbengemeinschaft verweisen (BGH 38, 122).

§ 2041 Unmittelbare Ersetzung

¹ **Was auf Grund eines zum Nachlass gehörenden Rechts oder als Ersatz für die Zerstörung, Beschädigung oder Entziehung eines Nachlassgegenstands oder durch ein Rechtsgeschäft erworben wird, das sich auf den Nachlass bezieht, gehört zum Nachlass.** ² **Auf eine durch ein solches Rechtsgeschäft erworbene Forderung findet die Vorschrift des § 2019 Abs. 2 Anwendung.**

1. **Ersatzsurrogation** (Lit: Wieser, FS Heinrich Lange, 1970, 325). ZB Scha- 1 densersatzansprüche gegen Testamentsvollstrecker aus ungerechtfertigter Aufgabe eines zum Nachlaß gehörenden Anspruchs in einem Vergleich (BGH NJW 91, 842 = JZ 91, 727 mAnm Bork). Ersatzsurrogation sollte auch bei Lastenausgleichsansprüchen für die Zerstörung eines Grundstückes bejaht werden (vgl BGH 44, 336; aA aber BVerwG 24, 89; 27, 86).

2. Bei **rechtsgeschäftlicher Surrogation** ist zu unterscheiden: **a) Bezie-** 2 **hungssurrogation.** Sie hängt vom Willen des Erwerbers ab, wobei zusätzlich ein objektiver Zusammenhang zum Nachlaß gegeben sein muß (Köln OLGZ 65, 117; BGH WM 99, 2412). Bsp: Ersteigerung eines Grundstücks zur Rettung einer Nachlaßhypothek (RG 117, 264). **b) Mittelsurrogation:** Ohne Rücksicht auf den Willen des erwerbenden Miterben findet Surrogation statt, falls der Erwerb durch Nachlaßmittel erfolgt (Hamm ZEV 01, 275). Bsp: Verpachtung eines Nachlaßgrundstückes (BGH NJW 68, 1824; str); Schadensersatzansprüche wegen Nicht- oder Schlechterfüllung (BGH NJW 87, 434). Das Surrogationsprinzip erfährt auch in Fällen der Doppel- oder Kettensurrogation keine Einschränkung (BGH WM 99, 2412). Lit: M. Wolf JuS 75, 646, 710; 76, 32, 104; Krebber FamRZ 00, 197; Krug ZEV 99, 381. Sa die Parallelproblematik bei §§ 2019, 2111.

§ 2042 Auseinandersetzung

(1) Jeder Miterbe kann jederzeit die Auseinandersetzung verlangen, soweit sich nicht aus den §§ 2043 bis 2045 ein anderes ergibt.

(2) Die Vorschriften des § 749 Abs. 2, 3 und der §§ 750 bis 758 finden Anwendung.

1. Das **Recht auf Auseinandersetzung** steht zu dem Miterben, dem Erbteils- 1 erwerber (KG OLG 14, 154), dem Pfandrechtsgläubiger (RG 60, 126; 84, 396) entspr § 1258 II. Es kann *jederzeit* ausgeübt werden; zum Ausschluß vgl §§ 2043–2045. Beim Ausschluß durch Vereinbarung der Miterben (BGH WM 68, 1172) sind §§ 749 II, 750 ff mit ihren bes Auflösungsgründen zu beachten. Die Auseinandersetzung kann nach hM auf drei verschiedenen Wegen erfolgen: Teilung bzw Veräußerung von Nachlaßgegenständen (Rn 2 ff), Übertragung von Erbteilen gem § 2033 I (BGH 86, 379) und die sog *Abschichtung* in Anlehnung an das Ausscheiden von BGB-Gesellschaftern (§§ 738–740 Rn 5 ff), dh formfreies Ausscheiden von Miterben gegen Abfindung unter Verzicht auf Mitgliedschaftsrechte und gleichzeitiger Anwachsung analog §§ 1935, 2094, 2095 bei den verbleibenden Miterben (BGH ZEV 98, 141; BFH NJW 91, 251 f; hierzu Damrau ZEV 96, 361; Reimann ZEV 98, 213; abl Keller ZEV 98, 281).

§ 2042   Buch 5. Abschnitt 2. Rechtliche Stellung des Erben

2   **2. Auseinandersetzungsvertrag.** Die Miterben können die Auseinandersetzung vertraglich regeln. **a) Form.** Der Vertrag bedarf nur der Form, soweit er schuldrechtliche Abreden enthält, die nach allg Grundsätzen formpflichtig sind, zB bei Verpflichtung zur Übertragung von Grundeigentum, § 311b I nF bzw § 313
3   aF (LM Nr 22 zu § 242 [Ca]). **b)** Das **Abstraktionsprinzip** fordert die Unterscheidung zwischen Verpflichtung und Verfügung; die Auflassung ist auch notwendig, wenn Gesamthandseigentum in Bruchteilseigentum aller Miterben verwandelt werden soll (§ 925 Rn 9). Alleinberechtigung an einem Handelsgeschäft tritt ebenfalls erst mit dem dinglichen Vollzug des schuldrechtlichen Vertrages ein
4   (BGH WM 65, 1155). c) **Minderjährige** müssen gem § 181 grundsätzlich durch verschiedene ges Vertreter vertreten sein (RG 93, 334; BGH FamRZ 68, 245; sa Jena NJW 95, 3127); auch wenn nur Gesamthands- in Bruchteilseigentum verwandelt wird (BGH 21, 229). Das VormundschaftsG kann nicht Insichgeschäft gestatten (BGH 21, 234). Eine Ausnahme von § 181 soll nur gelten, wenn strikt gem §§ 2046 ff auseinandergesetzt wird, da dann Erfüllung einer Verbindlichkeit vorliegt (RG 93, 336). §§ 1643 I (Eltern), 1822 Nr 2 (Vormund) sind zu beachten (hierzu Damrau ZEV 94, 1; ferner FGG 97 II, 88 und BVerfG NJW 00, 1709;
5   Schleswig NJW-RR 01, 78); wichtig § 1629a IV nF! **d)** Ein **Ehegatte,** dessen wesentliches Vermögen der Erbteil ist, bedarf der Zustimmung gem § 1365f (BGH 35, 135); sie soll bei Realteilung nicht notwendig sein (LG München MDR 70, 928). Vgl iü §§ 1423, 1424, 1450 I für den Fall, daß der Erbteil ins Gesamtgut fällt; § 1477 II 2 gilt für Erwerb durch Auseinandersetzung entspr (BGH ZEV 98, 231). **e) Inhalt des Vertrages.** Es gilt der Grundsatz der Vertragsfreiheit (BFH FamRZ 92, 1076; zur steuerlichen Behandlung Vor § 2032 Rn 3–6); Teilungsanordnungen des Erblassers (§ 2048) binden nur den Auflagencharakter, ohne die Wirksamkeit dinglicher Rechtsgeschäfte zu beeinflussen (vgl BGH 40, 117). Es kann der gesamte Nachlaß gegen Abfindung auf einen Miterben übertragen werden; nach hM keine Formpflicht gem § 2371, wohl aber – ggf – gem § 311b I nF bzw 313 aF und § 2033 I 2 (sa Rn 1; § 2033 Rn 4; § 2042 Rn 2; § 2385 Rn 1). Begründung von Miteigentum an einem Nachlaßgrundstück erfordert Auflassung an alle Miterben als Gemeinschafter (Hamm MittRhNotK 96, 225). Auflassung von Wohnungseigentum an einen Miterben unterliegt WEG 12 (BayObLG MDR 82, 496), nicht aber Erbteilsübertragung bei Wohnungseigentum als Nachlaßbestandteil (§ 2033 Rn 3). Hat der Auseinandersetzungsvertrag Vergleichscharakter, so ist bei Anfechtung (§§ 119 ff) § 779 zu berücksichtigen. Zur Teilung von GmbH-Anteilen vgl GmbHG 17; Aktien sind unteilbar (AktG 8 III). Sa § 2032
6   Rn 10. **f)** Für **gerichtl Vermittlung** der Auseinandersetzung: FGG 86 ff iVm Landesrecht (FGG 192, 193). **g)** Der **Vertrag über die Auslegung einer Verfügung von Todes wegen** ist von der Auseinandersetzung zu unterscheiden. Er schafft uU eine von der letztwilligen Verfügung abweichende Nachlaßbeteiligung (§ 779) und unterliegt je nach Art der ausgelegten Anordnung (zutr Damrau JR 86, 375) §§ 2385, 2371, 2033 I 2 (BGH NJW 86, 1813; sa § 2385 Rn 1).

7   **3. a)** Die **ges Teilungsregeln** enthalten die Bedingungen des Auseinandersetzungsvertrages, wie sie jeder Miterbe annehmen muß, falls keine abw Vereinbarungen ausgehandelt sind und keine Anordnungen des Erblassers vorliegen; vgl §§ 2046 ff, 752 ff. Jeder Miterbe hat einen Anspruch auf Abschluß eines entspr Auseinandersetzungsvertrages; dieser Anspruch setzt aber *Teilungsreife* voraus (Karlsruhe NJW 74, 956), an der es zB fehlt, wenn der Umfang des Nachlasses erst noch
8   durch eidesstattliche Versicherung zu klären ist (KG NJW 61, 733); str. **b)** Der Anspruch ist durch **Auseinandersetzungsklage** zu verwirklichen (zum unbekannten Miterben s § 1961 Rn 1). Der *Klageantrag* geht auf Abschluß eines bestimmten Vertrages, den der Kläger vorzulegen hat (Teilungsplan) und der idR den gesamten Nachlaß erfaßt (München NJW-RR 91, 1097; sa Rn 10 f). Das Gericht hat gem ZPO 139 auf sachgerechte Antragstellung hinzuwirken (vgl RG Recht 36 Nr 3138); Hilfsanträge sind zweckmäßig. Feststellungsklage über ein-

Titel 4. Mehrheit von Erben **§ 2043**

zelne Streitpunkte zur Klärung von Grundlagen der Auseinandersetzung ist zulässig (BGH NJW-RR 90, 1221; 92, 364, 771). Mit der Klage auf Abgabe der Annahmeerklärung zum schuldrechtlichen Vertrag kann die Klage auf Abgabe der notwendigen Erklärungen zum dinglichen Vollzug verbunden werden; das Rechtsschutzbedürfnis besteht unabhängig von der Möglichkeit zur Teilungsversteigerung nachlaßzugehörigen Grundbesitzes (Köln NJW-RR 97, 519); Vollstreckung gem ZPO 894. Die vormundschaftliche bzw nachlaßgerichtliche (FGG 97 II) Genehmigung hat der Kläger – falls sie erforderlich ist (vgl § 1821 Nr 1, 3; sa Rn 4) – während des Verfahrens beizubringen (KG NJW 61, 733). Die Klage auf Zahlung einer bestimmten Summe ist nur bei entsprechender Teilungsanordnung des Erblassers zulässig (RG SeuffA 77 Nr 149; Frankfurt OLGZ 77, 228). Lebte der Erblasser in Zugewinngemeinschaft, so ist uU § 1383, FGG 53 a zu beachten; zur Berücksichtigung von ausgleichspflichtigen Vorempfängen s § 2055 Rn 1 ff. c) Die **Auseinandersetzungsversteigerung** von Immobilien (ZVG 180 ff) bedarf keines Titels, die Versilberung bereitet die Teilung vor (s §§ 749–758 Rn 8; Baur/Stürner I, Rn 34.7); uU Verbot der Teilungsversteigerung durch testamentarische Auflage (BGH WM 85, 175; sa § 2048 Rn 1). Antragsrecht geht auf Gläubiger eines gepfändeten Miterbenanteils über (BGH FamRZ 99, 433; sa § 2033 Rn 7). 9

4. Teilauseinandersetzung. Sie ist stets zulässig bei allseitigem Einverständnis; gegen den Willen eines Miterben dann, wenn bes Gründe vorliegen und die Belange der Gemeinschaft nicht beeinträchtigt werden (LM Nr 4; München NJW-RR 91, 1097). a) **Persönliche**: Einzelne Miterben scheiden vollständig aus, die Gesamthand besteht unter den verbleibenden Erben fort (KG OLGZ 65, 247); zulässig nur bei Einverständnis aller Miterben (BGH NJW 85, 52). b) **Gegenständliche**: Einzelne Nachlaßgegenstände scheiden aus der gesamthänderischen Bindung aus, für den übrigen Nachlaß besteht die Gemeinschaft fort (Neustadt DNotZ 65, 489); zulässig bei allseitigem Einverständnis und für den Fall, daß Nachlaßverbindlichkeiten nicht mehr bestehen und berechtigte Belange der Gemeinschaft und einzelner Miterben nicht gefährdet sind (BGH NJW 85, 52; LM Nr 4). 10 11

5. Bei Testamentsvollstreckung gilt § 2204.

6. Die **Wirkung der Auseinandersetzung** liegt in der Beendigung der Erbengemeinschaft. Auch bei Rücktritt vom Auseinandersetzungsvertrag wegen Verzugs des abfindungspflichtigen Miterben lebt die Gemeinschaft nicht mehr auf (LM Nr 2 zu § 326 [A]). Selbst die Rückübertragung auf die Erbengemeinschaft bei gegenständlicher Teilauseinandersetzung ist nicht möglich (Köln OLGZ 65, 117). 12

7. Prozessuales. Vgl zur Auseinandersetzungsklage und -versteigerung Rn 7 f; Zuständigkeit gem ZPO 27 I (besonderer Gerichtsstand des allgemeinen Erblassergerichtsstands im Todeszeitpunkt; BGH NJW 92, 364). 13

§ 2043 Aufschub der Auseinandersetzung

(1) **Soweit die Erbteile wegen der zu erwartenden Geburt eines Miterben noch unbestimmt sind, ist die Auseinandersetzung bis zur Hebung der Unbestimmtheit ausgeschlossen.**

(2) **Das Gleiche gilt, soweit die Erbteile deshalb noch unbestimmt sind, weil die Entscheidung über einen Antrag auf Annahme als Kind, über die Aufhebung des Annahmeverhältnisses oder über die Genehmigung einer vom Erblasser errichteten Stiftung noch aussteht.**

1. Die Vorschrift gibt jedem Miterben das Recht, die Auseinandersetzung bis zur Beendigung der Unbestimmtheit zu verweigern; Fristenlauf des § 1629 a IV nF ist gehemmt. Die einverständlich vollzogene Auseinandersetzung ist zunächst wirksam. Schuldrechtlicher Vertrag und dingliche Vollzugsgeschäfte werden aber mit dem Hinzutreten eines weiteren Miterben schwebend unwirksam, der Miterbe 1 kann jedoch genehmigen (§§ 177, 185 II). Sofern die Ungewißheit nur die Unterverteilung innerhalb eines Erbstammes betrifft, können die übrigen Miterben gleichwohl auseinandersetzen, da ja die Erbteile feststehen.

§ 2044 Ausschluss der Auseinandersetzung

(1) ¹Der Erblasser kann durch letztwillige Verfügung die Auseinandersetzung in Ansehung des Nachlasses oder einzelner Nachlassgegenstände ausschließen oder von der Einhaltung einer Kündigungsfrist abhängig machen. ²Die Vorschriften des § 749 Abs. 2, 3, der §§ 750, 751 und des § 1010 Abs. 1 finden entsprechende Anwendung.

(2) ¹Die Verfügung wird unwirksam, wenn 30 Jahre seit dem Eintritt des Erbfalls verstrichen sind. ²Der Erblasser kann jedoch anordnen, dass die Verfügung bis zum Eintritt eines bestimmten Ereignisses in der Person eines Miterben oder, falls er eine Nacherbfolge oder ein Vermächtnis anordnet, bis zum Eintritt der Nacherbfolge oder bis zum Anfalle des Vermächtnisses gelten soll. ³Ist der Miterbe, in dessen Person das Ereignis eintreten soll, eine juristische Person, so bewendet es bei der dreißigjährigen Frist.

1 1. Auch bei **ges Erbfolge** kann ein Auseinandersetzungsverbot angeordnet werden (BayObLG NJW 67, 1136).

2 2. **Rechtsnatur:** Das Auseinandersetzungsverbot kann als *Vermächtnis* (§ 2150) jedem Miterben das Recht zur Verweigerung der Auseinandersetzung geben; dann kann mit Zustimmung aller Miterben auseinandergesetzt werden. Falls nach dem Erblasserwillen die Miterben auch bei Einverständnis gebunden sein sollen, liegt ein rechtsgeschäftliches Veräußerungsverbot (§ 137) vor, das aber nur die verpflichtende Wirkung einer Auflage (§ 2194) entfaltet. Dingliche Verfügungen sind wirksam, sofern sie den allg Vorschriften genügen, also zB §§ 2040 I, 2205 S 2, 2112 ff (BGH 40, 115; 56, 275; BayObLG Rpfleger 82, 468; teilw aA Kegel, FS R. Lange, 1976, 927 ff).

3 3. **Anderweitige Regelungen** der Auseinandersetzung können in einer testamentarischen Erschwerung bestehen, zB Auseinandersetzung nur bei Mehrheitsbeschluß (RG 110, 273), oder von den Erben vereinbart werden (BGH WM 68, 1172).

4 4. **Durchbrechungen** des testamentarischen Ausschlusses ergeben sich aus §§ 749 ff, auch § 1683 (BayObLGZ 67, 230; str) und InsO 84 II 2 (KO 16 II 2 aF).

§ 2045 Aufschub der Auseinandersetzung

¹Jeder Miterbe kann verlangen, dass die Auseinandersetzung bis zur Beendigung des nach § 1970 zulässigen Aufgebotsverfahrens oder bis zum Ablauf der im § 2061 bestimmten Anmeldungsfrist aufgeschoben wird. ²Ist das Aufgebot noch nicht beantragt oder die öffentliche Aufforderung nach § 2061 noch nicht erlassen, so kann der Aufschub nur verlangt werden, wenn unverzüglich der Antrag gestellt oder die Aufforderung erlassen wird.

1 1. Die Vorschrift gewährt ein Weigerungsrecht zur Erwirkung anteiliger Haftung für Nachlaßverbindlichkeiten nach der Auseinandersetzung, vgl §§ 2060 Nr 1, 2061.

§ 2046 Berichtigung der Nachlassverbindlichkeiten

(1) ¹Aus dem Nachlass sind zunächst die Nachlassverbindlichkeiten zu berichtigen. ²Ist eine Nachlassverbindlichkeit noch nicht fällig oder ist sie streitig, so ist das zur Berichtigung Erforderliche zurückzubehalten.

(2) Fällt eine Nachlassverbindlichkeit nur einigen Miterben zur Last, so können diese die Berichtigung nur aus dem verlangen, was ihnen bei der Auseinandersetzung zukommt.

(3) Zur Berichtigung ist der Nachlass, soweit erforderlich, in Geld umzusetzen.

1. Bedeutung. Die Vorschrift ist lex specialis zu §§ 2042 II, 755 (s BGH NJW 85, 52). Sie sichert dem Erben sein Leistungsverweigerungsrecht gem § 2059 (RG 95, 325). Sie regelt das Verhältnis unter den Miterben, nicht das Verhältnis zum Gläubiger (BGH NJW 71, 2266); hier gelten ausschließlich §§ 2058 ff. Zum Begriff der Nachlaßverbindlichkeit s § 1967.

2. Abweichende Vereinbarung der Miterben ist zulässig, ebenso abw Erblasseranordnung (§ 2048). Der Testamentsvollstrecker darf jedoch nicht eigenmächtig anders verfahren (RG 95, 329).

3. Miterbengläubiger können wie andere Gläubiger schon vor Teilung Befriedigung verlangen, vgl §§ 2058–2063 Rn 9 iVm 2–8. Nur ausnahmsweise – zB bei Verwertungsschwierigkeiten oder gegenläufigen Forderungen aus einer Teilauseinandersetzung – können die Miterben die Befriedigung verweigern (vgl LM Nr 1). Der Miterbengläubiger muß sich die auf seinen Erbteil entfallende Quote abziehen lassen. Zum Zurückbehaltungsrecht bei Pflichtverletzungen des Miterbengläubigers vgl Dütz NJW 67, 1110.

4. Nachlaßverbindlichkeiten nur einiger Miterben sind zB nichtgemeinschaftliche Vermächtnisse oder Auflagen. Auch sie sind vor der Teilung aus dem Auseinandersetzungsguthaben (§ 2047) zu tilgen (RG 95, 325).

§ 2047 Verteilung des Überschusses

(1) Der nach der Berichtigung der Nachlassverbindlichkeiten verbleibende Überschuss gebührt den Erben nach dem Verhältnis der Erbteile.

(2) Schriftstücke, die sich auf die persönlichen Verhältnisse des Erblassers, auf dessen Familie oder auf den ganzen Nachlass beziehen, bleiben gemeinschaftlich.

1. Der schuldrechtl **Anspruch auf Leistung des Auseinandersetzungsguthabens** geht primär auf Teilung in Natur gem § 752 (zB Aktien, BGH 96, 180; Wohnungseigentum bei Wohngrundstücken), ersatzweise auf Geldzahlung, §§ 2042 II, 753; der Anspruchsinhalt kann vertragl modifiziert werden. Die *Teilungsquote* muß ausgleichungspflichtige Vorempfänge berücksichtigen (BGH 96, 179); auch für die durch Ausgleichung verschobenen Teilungsquoten gilt primär Naturalteilung (BGH 96, 180). Zur Haftung der Miterben gegenüber übergangenem Miterben s Dresden ZEV 98, 308 mAnm Ann (Teilschuldnerschaft entspr Erbquote).

§ 2048 Teilungsanordnungen des Erblassers

¹Der Erblasser kann durch letztwillige Verfügung Anordnungen für die Auseinandersetzung treffen. ²Er kann insbesondere anordnen, dass die Auseinandersetzung nach dem billigen Ermessen eines Dritten erfolgen soll. ³Die von dem Dritten auf Grund der Anordnung getroffene Bestimmung ist für die Erben nicht verbindlich, wenn sie offenbar unbillig ist; die Bestimmung erfolgt in diesem Falle durch Urteil.

Lit: Loritz, Teilungsanordnung und Vorausvermächtnis, NJW 88, 2697.

1. Rechtsnatur. Die Teilungsanordnung hat schuldrechtliche Wirkung für den Fall der Auseinandersetzung und läßt zunächst die Stellung der Miterben als Gesamthänder unberührt (BayObLG MDR 82, 496; BGH NJW 81, 1839). Jeder Miterbe hat Anspruch auf den angeordneten Teilungsmodus; die Erben können

§ 2049 Buch 5. Abschnitt 2. Rechtliche Stellung des Erben

folglich einverständlich eine andere Aufteilung vereinbaren. Seltener ist mit der Teilungsanordnung eine Auflage verbunden (§ 2194), deren Einhaltung auch Nichterben überwachen; abw gemeinsame dingliche Geschäfte der Miterben (§ 2040) sind aber selbst in diesem Falle wirksam (BGH 40, 117); vgl auch § 2044 Rn 2.

2 **2. Inhalt. a)** Die Anordnung kann die Verwaltung oder die Auseinandersetzung betreffen, insbes volle Zuweisung von Nachlaßgegenständen (zB BGH 82, 279; 86, 48; NJW 85, 52; FamRZ 85, 63) oder Zuweisung zur Nutzung und Bewirtschaftung (LM Nr 5 a). Es kann eine Ausgleichung (vgl § 2050) angeordnet werden oder die Begleichung einer Nachlaßschuld aus dem Erbteil nur eines Miterben (LM Nr 2 zu § 138 [Cd]); der Erblasser kann die Änderung des Gesellschaftsvertrages anordnen, wenn außer Erben keine weiteren Gesellschafter vorhanden sind oder der Gesellschaftsvertrag dies vorsieht (BGH NJW-RR 90, 1446); stets bewen-
3 det es bei der schuldrechtlichen Wirkung im Innenverhältnis. **b) Dritter** iSd § 2048 S 2 kann auch ein Miterbe sein (RG 110, 274); § 319 I 2 ist entsprechend anwendbar (str). Für den Streitfall kann der Erblasser auch ein schiedsrichterliches Verfahren (ZPO 1025 ff) anordnen (RG 100, 76).

4 **3. Teilungsanordnung und Vorausvermächtnis.** Die Höhe des Erbteils kann unabhängig von der Zuweisung konkreter Nachlaßgegenstände festgelegt sein oder aber erst durch das Wertverhältnis der Gegenstände bestimmt werden (s § 2087 Rn 2 f; § 2091 Rn 1). Nur wenn Wortlaut und Auslegung einer Verfügung den gegenstandsunabhängigen Erbteil ergeben, wird die Abgrenzung von Teilungsanordnung und Vorausvermächtnis notwendig. Da eine Teilungsanordnung den Wert des Erbteils, so wie er sich aus der Erbquote ergibt, nicht verändern kann, liegt ein Vorausvermächtnis vor, wenn und soweit gegenüber dem Erbteil ein Mehrwert zugewendet werden soll (BGH NJW 85, 62; FamRZ 87, 476; NJW-RR 90, 1221; NJW 98, 682), der keiner Ausgleichszahlung unterliegt. Ein Vorausvermächtnis ist jedoch auch gegeben, wenn die Zuwendung den Wert der Beteiligung am Nachlaß zwar unberührt lassen soll, aber ein von der Erbeinsetzung unabhängiger Geltungsgrund für sie gewollt ist (BGH NJW 95, 721: Bestätigung von BGH 36, 115 und gegen die Deutung von BGH FamRZ 87, 476 als Aufgabe der älteren Rspr; sa BGH NJW-RR 90, 1221). Bsp: Ein bestimmter Gegenstand soll einem Miterben auch für den Fall zugewendet werden, daß er das Erbe ausschlägt oder aus anderen Gründen nicht Erbe wird; Vorausvermächtnis trotz voller Anrechnung der Zuwendung auf den Erbteil (BGH NJW 95, 721; Skibbe ZEV 95, 145). Ob ein Mehrwert zugewendet werden soll oder für die Zuwendung ein von der Erbeinsetzung unabhängiger Geltungsgrund gewollt ist, muß durch Auslegung ermittelt werden (BGH NJW 85, 52; NJW-RR 90, 392; NJW 95, 721). Wenn sich weder das eine noch das andere feststellen läßt, ist von einer Teilungsanordnung auszugehen; ein Mehrwert des zugewiesenen Gegenstands ist dann auszugleichen (BGH 82, 279; NJW-RR 90, 392, 1221), ohne daß allerdings der Ausgleich aufschiebende Bedingung für die Wirksamkeit der Teilungsanordnung wäre (BGH NJW-RR 96, 577; str, Kummer und Siegmann ZEV 96, 71, 47). Das Vermächtnis stellt den Miterben in vielen Punkten günstiger als die Auseinandersetzungsanordnung: Ausschlagungsrecht (§ 2180); Bindungswirkung bzw Schutz bei Erbvertrag oder gemeinschaftlichem Testament (§§ 2289–2291; 2270, 2271; 2288); besserer Rang (§§ 2046, 2047, 1991 IV; InsO 327 I Nr 2 bzw KO 226 II Nr 5 aF); zur ErbSt s Vor § 2032 Rn 3 f.

§ 2049 Übernahme eines Landguts

(1) **Hat der Erblasser angeordnet, dass einer der Miterben das Recht haben soll, ein zum Nachlass gehörendes Landgut zu übernehmen, so ist im Zweifel anzunehmen, dass das Landgut zu dem Ertragswert angesetzt werden soll.**

Titel 4. Mehrheit von Erben **§ 2050**

(2) **Der Ertragswert bestimmt sich nach dem Reinertrag, den das Landgut nach seiner bisherigen wirtschaftlichen Bestimmung bei ordnungsmäßiger Bewirtschaftung nachhaltig gewähren kann.**

Lit: Kronthaler, Landgut, Ertragswert und Bewertung im bürgerlichen Recht, 1991 (Diss Augsburg); Piltz, Bewertung landwirtschaftlicher Betriebe bei Erbfall..., 1999.

1. **Landgut.** Zum Begriff § 2312 Rn 1. 1
2. Die Bewertungsregel soll das öffentl Interesse an der Erhaltung leistungsfähiger bäuerlicher Höfe schützen (BVerfG 67, 367). Der Ertragswert steht im Gegensatz zum Verkehrswert und liegt idR deutlich niedriger. Er ist konkret und individuell zu bestimmen (BVerfG NJW 88, 2724). Die näheren Modalitäten der Ertragswertfeststellung (§ 2049 II) regelt gem EGBGB 137 Landesrecht; gängig ist das Vielfache des jährlichen Reinertrages (zB das 18- oder 25 fache). Mit § 2049 II, EGBGB 137 nicht vereinbar ist eine Ertragswertberechnung, die weichende Miterben anhand steuerrechtlicher Bewertung abfindet (BVerfG NJW 88, 2723). Bei Übernahme eines Bruchteils gilt die Auslegungsregel des § 2049 I nicht (vgl BGH NJW 73, 995; FamRZ 77, 196); ebensowenig, wenn der übernahmeberechtigte Miterbe den Hof nicht weiter bewirtschaften, sondern zB verpachten wird (arg BVerfG 67, 368). GrdstVG 16 I verweist für den Fall der gerichtl Zuweisung auf § 2049. Sa § 2312 und Vor § 2032 Rn 2. 2
3. Zur Berechnung des Abfindungsanspruchs bei höferechtlicher Sondererbfolge (vgl Vor § 2032 Rn 2) regelt HöfeO 12 II die Bewertung. 3

§ 2050 Ausgleichungspflicht für Abkömmlinge als gesetzliche Erben

(1) **Abkömmlinge, die als gesetzliche Erben zur Erbfolge gelangen, sind verpflichtet, dasjenige, was sie von dem Erblasser bei dessen Lebzeiten als Ausstattung erhalten haben, bei der Auseinandersetzung untereinander zur Ausgleichung zu bringen, soweit nicht der Erblasser bei der Zuwendung ein anderes angeordnet hat.**

(2) **Zuschüsse, die zu dem Zwecke gegeben worden sind, als Einkünfte verwendet zu werden, sowie Aufwendungen für die Vorbildung zu einem Beruf sind insoweit zur Ausgleichung zu bringen, als sie das den Vermögensverhältnissen des Erblassers entsprechende Maß überstiegen haben.**

(3) **Andere Zuwendungen unter Lebenden sind zur Ausgleichung zu bringen, wenn der Erblasser bei der Zuwendung die Ausgleichung angeordnet hat.**

1. **Bedeutung.** Das Ges stellt für bestimmte Zuwendungen des Erblassers die Vermutung auf, sie seien eine Vorausleistung auf den künftigen Erbteil (sa § 2052 Rn 1). 1
2. **Rechtsnatur.** Die Ausgleichungspflicht ist kein Vermächtnis zugunsten der Ausgleichungsberechtigten, sondern sie stellt eine Berechnungsregel für den Fall der Auseinandersetzung dar (BGH FamRZ 89, 175; vgl § 2055). Die Stellung des ausgleichspflichtigen Miterben bleibt im übrigen unberührt (§§ 2038 ff, 2058 ff). 2
3. **Teilnehmer des Ausgleichs** sind nur Abkömmlinge; also zB nicht Ehegatten, wohl aber Enkel des Erblassers. Sondervorschriften in §§ 2372, 2376 (Erbteilskäufer) und nach altem Nichtehelichenrecht in § 1934 b III aF (s § 1924 Rn 3). 3
4. **Ausstattung** ist in § 1624 I ges definiert. Die Ausstattung kann auch in einem zu Lebzeiten nicht mehr erfüllten Versprechen liegen; das Ausstattungsversprechen ist dann gleichzeitig Nachlaßverbindlichkeit (BGH 44, 91; vgl §§ 1624, 1625 Rn 4). Die sog Aussteuer ist ein Unterfall der Ausstattung; soweit sie statt einer angemessenen Berufsausbildung gewährt wird, besteht keine Ausgleichungspflicht (BGH NJW 82, 577; Celle FamRZ 65, 390). 4

Stürner

5. Zuschüsse in Rentenform fallen unter § 2050 II auch dann, wenn sie gleichzeitig Ausstattungen gem §§ 1624 I, 2050 I sind (RG 79, 267). Vorbildung zum Beruf ist nicht die allg Schulbildung, auch an höheren Schulen, sondern nur die darüber hinausgehende Ausbildung durch Studium, Lehre, Fachhochschule, Promotion etc (BGH NJW 82, 577). Ob solche Zuschüsse, zB bei einem Zweitberuf, der ges Unterhaltspflicht unterfallen, ist gleichgültig (RG 114, 53). Das Übermaß richtet sich *allein* nach den Vermögensverhältnissen des Erblassers.

6. Andere Zuwendungen, zB gemischte Schenkungen (RG 73, 377), sind nur bei ausdr oder stillschweigender *Anordnung* ausgleichungspflichtig. Die Anordnung hat vor oder mit der Zuwendung zu erfolgen (RG 67, 308), damit die Zuwendung abgelehnt werden kann. Zutr sieht der BGH (LM Nr 1 zu § 107) in ihr keinen Rechtsnachteil gem § 107 (vgl Stürner AcP 173, 439). Die nachträgliche Anordnung ist nur in Form eines Vermächtnisses zugunsten der übrigen Erben als Verfügung von Todes wegen möglich (BGH NJW 82, 577).

7. Bei der **qualifizierten Nachfolgeklausel** im OHG-Vertrag uU Ausgleichungspflicht des Gesellschaftererben gegenüber den weichenden Erben analog §§ 2050 ff; vgl § 2032 Rn 5 ff.

§ 2051 Ausgleichungspflicht bei Wegfall eines Abkömmlings

(1) **Fällt ein Abkömmling, der als Erbe zur Ausgleichung verpflichtet sein würde, vor oder nach dem Erbfall weg, so ist wegen der ihm gemachten Zuwendungen der an seine Stelle tretende Abkömmling zur Ausgleichung verpflichtet.**

(2) **Hat der Erblasser für den wegfallenden Abkömmling einen Ersatzerben eingesetzt, so ist im Zweifel anzunehmen, dass dieser nicht mehr erhalten soll, als der Abkömmling unter Berücksichtigung der Ausgleichungspflicht erhalten würde.**

1. Ggf ist § 1935 zu beachten.

§ 2052 Ausgleichungspflicht für Abkömmlinge als gewillkürte Erben

Hat der Erblasser die Abkömmlinge auf dasjenige als Erben eingesetzt, was sie als gesetzliche Erben erhalten würden, oder hat er ihre Erbteile so bestimmt, dass sie zueinander in demselben Verhältnisse stehen wie die gesetzlichen Erbteile, so ist im Zweifel anzunehmen, dass die Abkömmlinge nach den §§ 2050, 2051 zur Ausgleichung verpflichtet sein sollen.

1. Sofern nur ein Teil der Abkömmlinge entspr dem ges Erbteil eingesetzt ist, findet die Ausgleichung unter ihnen statt. Ob ein Vorausvermächtnis bei Einsetzung der ges Erben auf den Rest die Ausgleichung ausschließt, ist Auslegungsfrage (RG 90, 419). Beim gemeinschaftlichen Testament (§§ 2265 ff) sind auch Zuwendungen des vorverstorbenen Ehegatten auszugleichen (BGH 88, 109; str).

§ 2053 Zuwendung an entfernteren oder angenommenen Abkömmling

(1) **Eine Zuwendung, die ein entfernterer Abkömmling vor dem Wegfall des ihn von der Erbfolge ausschließenden näheren Abkömmlinges oder ein an die Stelle eines Abkömmlinges als Ersatzerbe tretender Abkömmling von dem Erblasser erhalten hat, ist nicht zur Ausgleichung zu bringen, es sei denn, dass der Erblasser bei der Zuwendung die Ausgleichung angeordnet hat.**

(2) **Das Gleiche gilt, wenn ein Abkömmling, bevor er die rechtliche Stellung eines solchen erlangt hatte, eine Zuwendung von dem Erblasser erhalten hat.**

Titel 4. Mehrheit von Erben   §§ 2054–2056

1. Die Absicht des Erblassers, auf den Erbteil vorzuleisten, kann nicht vermutet 1
werden, falls der entferntere Abkömmling im Zeitpunkt der Leistung nicht erben
würde; anders, wenn der nähere Abkömmling im Leistungszeitpunkt bereits von
der Erbfolge ausgeschlossen war (RG 149, 134). § 2053 II korrespondiert mit
§§ 1741 ff; die Korrespondenzvorschriften bei Legitimation nichtehelicher Kinder
(§§ 1719, 1723 ff aF) sind durch das KindschaftsreformG v 16. 12. 1997 (BGBl I,
2942) weggefallen.

§ 2054 Zuwendung aus dem Gesamtgut

(1) ¹**Eine Zuwendung, die aus dem Gesamtgut der Gütergemeinschaft erfolgt, gilt als von jedem der Ehegatten zur Hälfte gemacht.** ²**Die Zuwendung gilt jedoch, wenn sie an einen Abkömmling erfolgt, der nur von einem der Ehegatten abstammt, oder wenn einer der Ehegatten wegen der Zuwendung zu dem Gesamtgut Ersatz zu leisten hat, als von diesem Ehegatten gemacht.**

(2) Diese Vorschriften sind auf eine Zuwendung aus dem Gesamtgut der fortgesetzten Gütergemeinschaft entsprechend anzuwenden.

1. Die Vorschrift will bei Gütergemeinschaft eine Auslegungsregel bzgl der 1
Person des Leistenden schaffen. Gemeinsame Abkömmlinge müssen also regelmäßig zweimal – beim Tod jedes Ehegatten – ausgleichen.

§ 2055 Durchführung der Ausgleichung

(1) ¹**Bei der Auseinandersetzung wird jedem Miterben der Wert der Zuwendung, die er zur Ausgleichung zu bringen hat, auf seinen Erbteil angerechnet.** ²**Der Wert der sämtlichen Zuwendungen, die zur Ausgleichung zu bringen sind, wird dem Nachlass hinzugerechnet, soweit dieser den Miterben zukommt, unter denen die Ausgleichung stattfindet.**

(2) Der Wert bestimmt sich nach der Zeit, zu der die Zuwendung erfolgt ist.

1. Berechnungsbeispiel: Teilungsmasse 30 000 €. Auseinandersetzungsguthaben des Ehegatten (§§ 1371 I, 1931 I, 2047 I): 15 000 €. Es verbleiben für die 1
Söhne A und B 15 000 €. Vorempfang des A: 5000 €. Erhöhte Teilungsmasse
(§ 2055 I 2): 20 000 €. A erhält 20 000 : 2 € – 5000 € (§ 2055 I 1) = 5000 €; B
erhält 20 000 : 2 € = 10 000 €.

2. Bewertung und Durchführung. a) Der Nachlaß ist zum Zeitpunkt des 2
Erbfalles (*nicht* der Auseinandersetzung) zu bewerten (BGH 96, 181). Die Zuwendung ist zunächst gem II zu bewerten und dann entspr dem *Kaufkraftschwund*
zwischen Zuwendungszeitpunkt und Erbfall umzurechnen (BGH 96, 180; 65, 77;
Meincke AcP 178, 45). Formlose Wertfestsetzung durch den Erblasser bei der
Zuwendung ist möglich (Hamm MDR 66, 330; zur dispositiven Wertbestimmung
durch den Erblasser Ebenroth/Bacher/Lorz JZ 91, 277). **b)** Der ausgleichs- 3
berechtigte Miterbe hat keinen Anspruch auf Durchführung der Ausgleichung im
Wege der Realteilung (München NJW-RR 91, 1098). Unterblieb die Ausgleichung bei einer Teilauseinandersetzung, ist sie bei der Restauseinandersetzung *voll*
zu berücksichtigen mit der Folge einer verstärkten Abweichung von Erbquote und
Teilungsquote; vor Restauseinandersetzung keine Klage aus § 812, wohl aber Feststellungsklage (BGH NJW-RR 92, 771; sa § 2042 Rn 8).

§ 2056 Mehrempfang

¹**Hat ein Miterbe durch die Zuwendung mehr erhalten, als ihm bei der Auseinandersetzung zukommen würde, so ist er zur Herauszahlung des Mehrbetrags nicht verpflichtet.** ²**Der Nachlass wird in einem solchen Falle**

unter den übrigen Erben in der Weise geteilt, dass der Wert der Zuwendung und der Erbteil des Miterben außer Ansatz bleiben.

1 1. **Grundsatz.** Die Ausgleichungspflicht führt zu keiner „Nachschußpflicht" des Miterben.

2 2. **Berechnungsbeispiel** (PalEdenhofer 2): Teilungsmasse 8000 €. Miterben sind A zu ½, B und C zu je ¼. Vorausempfang des C: 4000 €. Erhöhte Teilungsmasse: 12 000 €. C würde 3000 € erhalten, folglich scheidet er aus. A und B teilen 8000 € im Verhältnis 2 : 1.

3 3. **Bei Pflichtteilsberechnungen** verweist § 2316 auch auf § 2056 (vgl RG 77, 282). § 2056 greift hier aber erst ein, wenn der Vorempfang des ausgleichungspflichtigen ges Erben höher ist als dessen ges Erbteil bei Hinzurechnung aller Vorempfänge und der Schenkungen gem § 2325 (BGH NJW 65, 1526; 88, 822).

§ 2057 Auskunftspflicht

¹Jeder Miterbe ist verpflichtet, den übrigen Erben auf Verlangen Auskunft über die Zuwendungen zu erteilen, die er nach den §§ 2050 bis 2053 zur Ausgleichung zu bringen hat. ²Die Vorschriften der §§ 260, 261 über die Verpflichtung zur Abgabe der eidesstattlichen Versicherung finden entsprechende Anwendung.

1 1. Die Auskunftspflicht erstreckt sich auf alle Zuwendungen, die *möglicherweise* unter § 2050 fallen (RG 73, 376; Sarres ZEV 00, 349).

2 2. **Verfahren:** FGG 163, 79; ZPO 889.

3 3. Zur **allgemeinen Auskunftspflicht** unter Miterben vgl § 2038 Rn 9.

§ 2057a Ausgleichungspflicht bei besonderen Leistungen eines Abkömmlings

(1) ¹Ein Abkömmling, der durch Mitarbeit im Haushalt, Beruf oder Geschäft des Erblassers während längerer Zeit, durch erhebliche Geldleistungen oder in anderer Weise in besonderem Maße dazu beigetragen hat, dass das Vermögen des Erblassers erhalten oder vermehrt wurde, kann bei der Auseinandersetzung eine Ausgleichung unter den Abkömmlingen verlangen, die ihm als gesetzliche Erben zur Erbfolge gelangen; § 2052 gilt entsprechend. ²Dies gilt auch für einen Abkömmling, der unter Verzicht auf berufliches Einkommen den Erblasser während längerer Zeit gepflegt hat.

(2) ¹Eine Ausgleichung kann nicht verlangt werden, wenn für die Leistungen ein angemessenes Entgelt gewährt oder vereinbart worden ist oder soweit dem Abkömmling wegen seiner Leistungen ein Anspruch aus anderem Rechtsgrund zusteht. ²Der Ausgleichungspflicht steht es nicht entgegen, wenn die Leistungen nach den §§ 1619, 1620 erbracht worden sind.

(3) Die Ausgleichung ist so zu bemessen, wie es mit Rücksicht auf die Dauer und den Umfang der Leistungen und auf den Wert des Nachlasses der Billigkeit entspricht.

(4) ¹Bei der Auseinandersetzung wird der Ausgleichungsbetrag dem Erbteil des ausgleichungsberechtigten Miterben hinzugerechnet. ²Sämtliche Ausgleichungsbeträge werden vom Werte des Nachlasses abgezogen, soweit dieser den Miterben zukommt, unter denen die Ausgleichung stattfindet.

1 1. **Zweck.** Die Vorschrift schafft eine klare Rechtsgrundlage für den Ausgleich bes Leistungen eines Miterben zugunsten des Erblassers; früher mußten hierfür oft sehr verkrampft arbeits- oder gesellschaftsrechtliche Ansprüche konstruiert werden.

Gem II ist die Ausgleichungspflicht aber subsidiär. Verdrängende Ansprüche können sich ergeben aus Vertrag (vgl auch § 612 II), §§ 677 ff, 812 ff; sie sind dann Nachlaßverbindlichkeiten (§ 1967).

2. Der **Umfang der Leistung** darf nicht unerheblich gewesen sein und muß auf jeden Fall über die bloße Unterhaltspflicht (§§ 1601 ff) hinausgehen (Oldenburg FamRZ 99, 1466).

3. Beim **Erbersatzanspruch** alten Rechts war § 2057 a zu berücksichtigen (§ 1934 b III aF; sa § 1924 Rn 3).

4. **Berechnungsbeispiel** (§ 2057 a IV): Teilungsmasse 15 000 €. Es erben A, B und C zu je $^1/_3$. Ausgleichsbetrag des A: 3000 €. Erniedrigte Teilungsmasse: 12 000 € (§ 2057 a IV 2). Anteil B und C je 4000 €. Anteil des A (§ 2057 a IV 1) 7000 €.

5. **Prozessuales.** Gerichtsstand für Feststellungsklage auf Berücksichtigung von Versorgungsleistungen gem ZPO 27 I (BGH NJW 92, 364; sa § 2042 Rn 8 u 13).

Untertitel 2. Rechtsverhältnis zwischen den Erben und den Nachlassgläubigern

§ 2058 Gesamtschuldnerische Haftung

Die Erben haften für die gemeinschaftlichen Nachlassverbindlichkeiten als Gesamtschuldner.

§ 2059 Haftung bis zur Teilung

(1) ¹Bis zur Teilung des Nachlasses kann jeder Miterbe die Berichtigung der Nachlassverbindlichkeiten aus dem Vermögen, das er außer seinem Anteil an dem Nachlass hat, verweigern. ²Haftet er für eine Nachlassverbindlichkeit unbeschränkt, so steht ihm dieses Recht in Ansehung des seinem Erbteil entsprechenden Teils der Verbindlichkeit nicht zu.

(2) Das Recht der Nachlassgläubiger, die Befriedigung aus dem ungeteilten Nachlass von sämtlichen Miterben zu verlangen, bleibt unberührt.

§ 2060 Haftung nach der Teilung

Nach der Teilung des Nachlasses haftet jeder Miterbe nur für den seinem Erbteil entsprechenden Teil einer Nachlassverbindlichkeit:
1. **wenn der Gläubiger im Aufgebotsverfahren ausgeschlossen ist; das Aufgebot erstreckt sich insoweit auch auf die im § 1972 bezeichneten Gläubiger sowie auf die Gläubiger, denen der Miterbe unbeschränkt haftet;**
2. **wenn der Gläubiger seine Forderung später als fünf Jahre nach dem im § 1974 Abs. 1 bestimmten Zeitpunkt geltend macht, es sei denn, dass die Forderung vor dem Ablauf der fünf Jahre dem Miterben bekannt geworden oder im Aufgebotsverfahren angemeldet worden ist; die Vorschrift findet keine Anwendung, soweit der Gläubiger nach § 1971 von dem Aufgebot nicht betroffen wird;**
3. **wenn das Nachlassinsolvenzverfahren eröffnet und durch Verteilung der Masse oder durch einen Insolvenzplan beendigt worden ist.**

§ 2061 Aufgebot der Nachlassgläubiger

(1) ¹Jeder Miterbe kann die Nachlassgläubiger öffentlich auffordern, ihre Forderungen binnen sechs Monaten bei ihm oder bei dem Nachlassgericht anzumelden. ²Ist die Aufforderung erfolgt, so haftet nach der Teilung jeder Miterbe nur für den seinem Erbteil entsprechenden Teil einer

Forderung, soweit nicht vor dem Ablauf der Frist die Anmeldung erfolgt oder die Forderung ihm zur Zeit der Teilung bekannt ist.

(2) ¹Die Aufforderung ist durch den Bundesanzeiger und durch das für die Bekanntmachungen des Nachlassgerichts bestimmte Blatt zu veröffentlichen. ²Die Frist beginnt mit der letzten Einrückung. ³Die Kosten fallen dem Erben zur Last, der die Aufforderung erlässt.

§ 2062 Antrag auf Nachlassverwaltung

Die Anordnung einer Nachlassverwaltung kann von den Erben nur gemeinschaftlich beantragt werden; sie ist ausgeschlossen, wenn der Nachlass geteilt ist.

§ 2063 Errichtung eines Inventars, Haftungsbeschränkung

(1) Die Errichtung des Inventars durch einen Miterben kommt auch den übrigen Erben zustatten, soweit nicht ihre Haftung für die Nachlassverbindlichkeiten unbeschränkt ist.

(2) Ein Miterbe kann sich den übrigen Erben gegenüber auf die Beschränkung seiner Haftung auch dann berufen, wenn er den anderen Nachlassgläubigern gegenüber unbeschränkt haftet.

Anmerkungen zu den §§ 2058–2063

Lit: Bayer, Die Schuld- und Haftungsstruktur der Erbengemeinschaft, 1993 (Diss Augsburg); Riering, Gemeinschaftliche Schulden, 1991 (Diss Konstanz); sa Vor § 1967 und § 1967 Rn 6 ff.

1 **1. Systematisch** sind die §§ 2058–2063 der „Besondere Teil" zu den §§ 1967–2017.

2 **2. Unbeschränkte** oder **beschränkte Haftung** richtet sich grundsätzlich nach §§ 1967–2017 und zwar für jeden Miterben gesondert. Die §§ 2058 ff enthalten aber einige *Spezialvorschriften für Miterben:* **a) Nachlaßverwaltung** (§ 1981) können nur alle Erben gemeinschaftlich beantragen (§ 2062); dies nur, falls die Teilung noch ansteht und *alle* Miterben noch nicht unbeschränkt haften (§ 2013 I). Jeder Miterbe kann sich frei entscheiden, weil keine Maßregel ordnungsmäßiger Verwaltung (§ 2038 I) ansteht (anders InsO 317 bzw KO 217 I, II, 216 II aF; entfallen die Parallelregelung in VerglO 113 I Nr 1 S 3, Nr 3). **b) Inventarerrichtung** (§§ 1993 ff) durch einen Miterben gilt für alle Miterben (§ 2063 I), die
3 nicht schon unbeschränkt haften. **c) Beschränkbare Haftung des einzelnen Miterben bis zur Teilung** ordnet § 2059 I 1 an. Dieses Beschränkungsrecht besteht neben der allg Möglichkeiten der §§ 1967 ff. Auch für dilatorische Beschränkungsrecht gelten ZPO 780, 781, 785, 767 (vgl RG 71, 371; AG Kassel NJW 92, 586). Der nach allg Vorschriften unbeschränkbar haftende Miterbe verliert dieses spezielle Beschränkungsrecht nur für den seiner Erbquote entspr Teil der Nachlaßverbindlichkeit (§ 2059 I 2). Wann der Nachlaß geteilt ist, richtet sich nach dem obj Gesamtbild (str; SoeWolf 2 mN). Die Zuweisung nur einzelner Gegenstände an Miterben bedeutet noch keine Teilung, wobei dann allerdings str ist, ob die Gläubiger auf die Ansprüche gem §§ 1978 II, 1991 I angewiesen sind (so RG 89, 407 f) oder ob sie bis zur endgültigen Teilung in die zugewiesenen Gegenstände als Nachlaßbestandteile vollstrecken dürfen (so richtig RGRK/Kregel § 2059, 6). Haftungsmasse bei gem § 2059 I beschränkter Haftung ist entweder der pfändbare Erbteil (vgl § 2033 Rn 6 ff) des Miterben bei einem Einzeltitel oder der Nachlaß mit seinen einzelnen Gegenständen bei Titel(n) gegen alle Miterben
4 (§ 2059 II, ZPO 747). **d) Rechtsgeschäftliche Haftungsbeschränkung** für Nachlaßerbenschulden (vgl § 1967 Rn 5) durch den verwaltenden (§ 2038 I) Mit-

Titel 4. Mehrheit von Erben **§ 2063**

erben ist bei erkennbarem Handeln nur für den Nachlaß – auch stillschweigend – möglich (BGH BB 68, 769).

3. Gesamtschuldnerische und anteilige Haftung der einzelnen Miterben. 5
Sie ist – da nur bei der Gemeinschaft fraglich – allein in den §§ 2058, 2060, 2061 geregelt. a) Grundsätzlich gilt vor und nach der Teilung **gesamtschuldnerische Haftung** (§ 2058). Die *Gesamtschaftlichkeit* der Verbindlichkeiten ist der Regelfall (Beispiel: Haftung des Miterben für Abriß einer Giebelmauer durch Gemeinschaftsmitglieder aus §§ 1004, 922 S 3; BGH NJW 89, 2542). Ausnahmsweise betreffen zB Vermächtnisse oder Auflagen nur einen oder einzelne Miterben (vgl auch § 2046 II); für die betroffenen Miterben gilt die Gesamtschuldnerschaft des § 2058. Ein Miterbe hat ein Leistungsverweigerungsrecht, solange er den Gläubiger durch Aufrechnung mit einer fälligen Forderung der Erbengemeinschaft befriedigen kann (BGH 38, 122; vgl § 2040 Rn 5). Im *Innenverhältnis* sind sich die Miterben vor der Teilung zur Mitwirkung bei der Befriedigung aus dem Nachlaß verpflichtet (§§ 2038 I, 2046); nach der Auseinandersetzung kann der in Anspruch genommene Erbe die Miterben im Verhältnis der Erbteile heranziehen (§ 426 II 2. Alt, II), wobei im Falle der Ausgleichung (§§ 2050 ff) der reale Ausgleichsbetrag die Quotelung bestimmen soll (§ 2056 S 2!). **b)** Die **anteilige Haftung** tritt 6 *ausnahmsweise* in den Sonderfällen der §§ 2060, 2061 *nach der Teilung* ein (BGH WM 82, 102: keine Verwirkung gesamtschuldnerischer Haftung vor der Fünfjahresfrist gem § 2060 Nr 2). Sie bestimmt sich nach der ideellen Erbquote, also nicht nach dem Verhältnis der Auseinandersetzungsguthaben. Vgl auch § 2045.
c) Verknüpfung der Haftungsvarianten. Ein Miterbe kann als Gesamtschuldner 7 unbeschränkbar oder beschränkbar haften; die Beschränkung bezieht sich vor der Teilung auf seinen Erbteil (vgl § 2033 I 1), nach der Teilung auf den realiter bezogenen Auseinandersetzungsanteil. Er kann ferner anteilig unbeschränkbar oder beschränkbar haften; im Falle des § 2056 kann deshalb ein Gläubiger mit der ideellen Quote des zu Lebzeiten begünstigten Miterben ausfallen, wenn dieser die Haftung beschränkt.

4. Die Haftung der Erben in ihrer Schuldnermehrheit mit dem ungeteil- 8
ten Nachlaß ergibt sich aus § 2059 II, ZPO 747. Die Schuldnermehrheit kann *Gesamtschuld* sein: aufgrund eines gegen alle Miterben einzeln oder als Gesamtschuldner gerichteten Titels („Gesamtschuldklage") wird in den ungeteilten Nachlaß vollstreckt. Sie kann aber auch *gemeinschaftliche Schuld* sein, wenn gemeinschaftliches Zusammenwirken geschuldet ist: zB schulden die Miterben gemeinsame Mitwirkung bei einer Auflassung („Gesamthandsklage"; hierzu BGH NJW 95, 59 f; ähnlich Naumburg NJW-RR 98, 309). Ob Gesamt- oder gemeinschaftliche Schuld vorliegt, entscheidet die Rechtsnatur der Verbindlichkeit. Nach eher hM hat der Nachlaßgläubiger die Wahl, ob er die Gesamtschuld- oder die Gesamthandsklage erhebt (BGH NJW-RR 88, 710). Dies gelte auch, wenn die Verbindlichkeit nur gemeinschaftlich erfüllbar ist, da jeder Erbe gesamtschuldnerisch die *Herbeiführung* schulde (BGH NJW 63, 1612; StMarotzke § 2058, 29).

5. Der **Gläubiger-Miterbe** kann schon vor der Teilung Gesamtschuldklage 9 erheben (BGH NJW 63, 1612; NJW-RR 88, 710), allerdings muß er die seinem Erbteil entspr Quote absetzen (Düsseldorf MDR 70, 766); auch die Möglichkeit der Gesamthandsklage ist zu bejahen. Ebenso ist Gesamtschuldklage nach Teilung möglich (RG 150, 347; BGH NJW 98, 682: Klage aus Vorausvermächtnis nach Teilungsversteigerung eines nachlaßzugehörigen Grundstücks). Gegenüber den Gläubiger-Miterben bleibt die Haftung stets beschränkt (§ 2063 II; Buchholz JR 90, 45); der Schuldner-Miterbe haftet aber nicht automatisch beschränkt, sondern muß wie sonst seine Beschränkungsrechte geltend machen. § 2063 II schließt § 185 II 1 für den Fall aus, daß der Erblasser als Nichtberechtigter ohne Zustimmung der berechtigten Miterben zugunsten eines Miterben verfügt (LM Nr 1 zu § 2113).

6. Haftung für Geschäftsschulden vgl § 1967 Rn 6 ff. 10

§§ 2064, 2065 Buch 5. Abschnitt 3. Testament

11 **7. Prozessuales. a) Gerichtsstand.** ZPO 27, 28. **b) Klageart** vgl Rn 8. **c) Streitgenossenschaft:** Die Miterben sind bei Erhebung der Gesamtschuldklage einfache, bei Erhebung der Gesamthandsklage notwendige Streitgenossen. **d) Vollstreckung** in den ungeteilten Nachlaß erfordert einen – nicht notwendig einheitlichen – Titel gegen alle Erben, ZPO 747. **e) Haftungsbeschränkung:** vgl Rn 3.

Abschnitt 3. Testament

Titel 1. Allgemeine Vorschriften

§ 2064 Persönliche Errichtung

Der Erblasser kann ein Testament nur persönlich errichten.

1 1. Ausgeschlossen ist die Vertretung im Willen und in der Erklärung (BGH 15, 200). Folge eines Verstoßes ist unheilbare Nichtigkeit. Der Erblasser muß sich selbst über den Inhalt aller wesentlichen Teile seines letzten Willens schlüssig werden (BayObLG NJW 99, 1120).

§ 2065 Bestimmung durch Dritte

(1) Der Erblasser kann eine letztwillige Verfügung nicht in der Weise treffen, dass ein anderer zu bestimmen hat, ob sie gelten oder nicht gelten soll.

(2) Der Erblasser kann die Bestimmung der Person, die eine Zuwendung erhalten soll, sowie die Bestimmung des Gegenstands der Zuwendung nicht einem anderen überlassen.

Lit: Brox, Die Bestimmung des Nacherben oder des Gegenstandes der Zuwendung durch den Vorerben, FS Bartholomeyczik, 1973, S 41; Klunzinger, Die erbrechtliche Ermächtigung zur Auswahl des Betriebsnachfolgers durch Dritte, BB 70, 1197; Stiegeler, Die Nacherbeneinsetzung, abhängig vom Willen des Vorerben, BWNotZ 86, 25; H. Westermann, Die Auswahl des Nachfolgers im frühzeitigen Unternehmertestament, FS Möhring, 1965, S 183.

1 **1. Keine Bestimmung über Gültigkeit durch Dritte.** In einer letztwilligen Verfügung kann der Erblasser die Bestimmung des Zuwendungsempfängers nicht der letztwilligen Verfügung eines Dritten überlassen (BGH NJW 84, 47; WM 87, 564), im gemeinschaftlichen Testament kann der überlebende Teil nicht ermächtigt werden, Anordnungen mit Bezug auf den Nachlaß des Erstversterbenden zu ändern (RG 79, 32). Daher kann der Erblasser nicht bestimmen, daß die Erben des Vorerben seine Nacherben sein sollen (Frankfurt ZEV 01, 316 mAnm Otte; Kanzleiter DNotZ 01, 149; aA Ivo DNotZ 02, 260). Möglich ist aber die Erbeinsetzung unter einer aufschiebenden oder auflösenden Bedingung. Deshalb kann der erstversterbende Ehegatte die Abkömmlinge unter der Bedingung zu Nacherben einsetzen, daß der überlebende Teil nicht anderweitig testiert (BGH 2, 35; 59, 220; Oldenburg MDR 91, 539; zutr krit MK/Leipold 10; Stiegeler aaO; offen BGH NJW 82, 2052) oder sogar, daß der überlebende Teil nicht lebzeitig anderweitig verfügt (Hamm FamRZ 00, 446 = ZEV 00, 198 mAnm Loritz).

2 **2. Bestimmung der Person durch Dritte.** Eine verbotene Bestimmung soll nicht vorliegen, wenn der Dritte nach sachlichen Kriterien, zB Eignung zur Bewirtschaftung eines Landgutes (RG 159, 299; Celle RdL 99, 328: Hof) oder Führung eines Unternehmens (Köln OLGZ 84, 299), auswählt und dabei Willkür ausgeschlossen bleibt (vgl BayObLG NJW-RR 98, 729: keine Überlassung der freien Auswahl an Leiter eines Waisenhauses; sa § 2151 Rn 1). Nach BGH 15, 202 darf der Dritte den Erben nicht bestimmen, sondern nur nach vorgegebenen Kriterien „bezeichnen" (sa BayObLG FamRZ 81, 403; 00, 1392 = NJW-RR 00, 1174; Hamm NJW-RR 95, 1478; KG ZEV 98, 182 mAnm Wagner; Zawar

Titel 1. Allgemeine Vorschriften §§ 2066, 2067

DNotZ 99, 685). Der bezeichnende Dritte muß aber benannt werden (BGH NJW 65, 2201; BayObLG NJW 99, 1121). Beispiele: unwirksame Erbenbestimmung bei Einsetzung der Personen, „welche die Beisetzung und die Grabpflege übernehmen" (BayObLG FamRZ 92, 987; NJW-RR 93, 138; LG Magdeburg Rpfleger 99, 493) oder den „Erblasser im Alter pflegen und beerdigen" (Frankfurt FamRZ 92, 226; s aber Frankfurt NJW-RR 95, 711: Auswahl des Erben durch nicht benannten Dritten nach unklaren Kriterien) oder „die (tätowierten) Hautpartien des Erblassers abziehen, konservieren und auf einen Rahmen spannen (lassen)" (KG ZEV 98, 260; hierzu Wagner ZEV 98, 255). Die Anweisung an den Testamentsvollstrecker, den gesamten Nachlaß einer sozialen Bestimmung zuzuführen, ist unwirksam, kann aber in Erbeinsetzung unter Auflage umgedeutet werden (BayObLG FamRZ 01, 317).

3. Dritte können als **Schiedsrichter** für Auslegungs- oder Streitfragen eingesetzt werden (zB ob eine Bedingung oder Auflage erfüllt ist); ebenso der Testamentsvollstrecker (RG 100, 78), allerdings nicht zu Entscheidungen über den Bestand seines eigenen Amtes (BGH 41, 23). **3**

4. Die **Bestimmung des Zeitpunkts** der Nacherbfolge kann keinem Dritten überlassen bleiben (BGH 15, 199; sa Köln FamRZ 95, 57 mAnm Hermann S 1396). **4**

5. Ausnahmevorschriften: §§ 2048 S 2, 2151 ff, 2192 f, 2198–2200; HöfeO 14 III (dazu BGH 45, 199). **5**

§ 2066 Gesetzliche Erben des Erblassers

¹**Hat der Erblasser seine gesetzlichen Erben ohne nähere Bestimmung bedacht, so sind diejenigen, welche zur Zeit des Erbfalls seine gesetzlichen Erben sein würden, nach dem Verhältnis ihrer gesetzlichen Erbteile bedacht.** ²**Ist die Zuwendung unter einer aufschiebenden Bedingung oder unter Bestimmung eines Anfangstermins gemacht und tritt die Bedingung oder der Termin erst nach dem Erbfall ein, so sind im Zweifel diejenigen als bedacht anzusehen, welche die gesetzlichen Erben sein würden, wenn der Erblasser zur Zeit des Eintritts der Bedingung oder des Termins gestorben wäre.**

Lit: Tappmeier, Die erbrechtlichen Auslegungsvorschriften in der gerichtlichen Praxis, NJW 88, 2714.

1. Die **Ergänzungsvorschrift** des S 1 gilt auch bei einem Rechtswechsel zwischen letztwilliger Verfügung und Erbfall; das durch die Rechtsänderung nach Errichtung der Verfügung begünstigte nichteheliche Kind ist folglich „ges Erbe" (Stuttgart FamRZ 73, 279). Unter altem Recht war str, ob damit auch das nichteheliche Kind Miterbe wurde oder – richtiger – nur den Anspruch aus § 1934 a aF erhielt (vgl RGRK/Johannsen 3 und SoeDamrau 4; Spellenberg FamRZ 77, 190); behält nur für Altfälle Restbedeutung (§ 1924 Rn 3). Parallelvorschrift: VVG 167 II (hierzu Damrau FamRZ 84, 443). **1**

2. Die **Auslegungsregel** des S 2 ist entspr anwendbar, wenn der Erblasser seine gesetzlichen Erben oder die ges Erben des Vorerben als Nacherben einsetzt (Zweibrücken NJW-RR 90, 1161; Köln FamRZ 70, 605; ähnlich BayObLG FamRZ 86, 611). Maßgeblich sind die ges Bestimmungen und Verhältnisse bei Eintritt der Nacherbfolge (BayObLG NJW-RR 91, 1096); sa § 2104 Rn 1. **2**

3. Der ermittelbare abw Erblasserwille geht den Vermutungen des § 2066 stets vor (RG 70, 391; BayObLG FamRZ 86, 611); sa § 2070 Rn 1. **3**

§ 2067 Verwandte des Erblassers

¹**Hat der Erblasser seine Verwandten oder seine nächsten Verwandten ohne nähere Bestimmung bedacht, so sind im Zweifel diejenigen Ver-**

wandten, welche zur Zeit des Erbfalls seine gesetzlichen Erben sein würden, als nach dem Verhältnis ihrer gesetzlichen Erbteile bedacht anzusehen. ²Die Vorschrift des § 2066 Satz 2 findet Anwendung.

1 1. **Verwandte** (§ 1589) sind auch nichteheliche Kinder und Väter (vgl auch § 2066 Rn 1); analoge Anwendung bei Einsetzung einer Gruppe von Verwandten („Kinder der Geschwister", Hamm Rpfleger 86, 480; für „übrige Verwandte" BayObLG NJW 92, 322; „Abkömmlinge", BayObLG Rpfleger 01, 305 mAnm Wegmann ZEV 01, 442).

2 2. **Ehegatten** sind nicht Verwandte iSv § 2067; jedoch kann eine am Erblasserwillen orientierte Auslegung zu einem Erbrecht des Ehegatten führen.

§ 2068 Kinder des Erblassers

Hat der Erblasser seine Kinder ohne nähere Bestimmung bedacht und ist ein Kind vor der Errichtung des Testaments mit Hinterlassung von Abkömmlingen gestorben, so ist im Zweifel anzunehmen, dass die Abkömmlinge insoweit bedacht sind, als sie bei der gesetzlichen Erbfolge an die Stelle des Kindes treten würden.

1 1. Die Vorschrift stellt die Auslegungsregel auf, daß unter „Kind" auch der „Kindesstamm" zu verstehen ist, falls ein Kind schon *vor* Testamentserrichtung verstorben ist (sonst § 2069!). Die Kindeskinder rücken nach den Anteilen gem § 1924 III, IV ein; nichteheliche Kindeskinder erhalten nur ein Übergangsrecht (EGBGB 227 nF; hierzu § 1924 Rn 3) ggf noch den entspr Erbersatzanspruch. Ob Kindeskinder eines Dritten erben, falls allg dessen Kinder eingesetzt sind, ist nach allg Auslegungskriterien (vgl RG 134, 280; KG NJW-RR 91, 394) zu ermitteln.

§ 2069 Abkömmlinge des Erblassers

Hat der Erblasser einen seiner Abkömmlinge bedacht und fällt dieser nach der Errichtung des Testaments weg, so ist im Zweifel anzunehmen, dass dessen Abkömmlinge insoweit bedacht sind, als sie bei der gesetzlichen Erbfolge an dessen Stelle treten würden.

1 1. Die **individuelle Testamentsauslegung** geht der ges Auslegungsregel vor (BGH 33, 63; sa Hamm OLGZ 92, 23); diese gilt also erst, falls ein tatsächlicher oder hypothetischer Erblasserwille nicht feststellbar ist.

2 2. Die Auslegungsregel enthält eine stillschweigend erklärte Ersatzerbeneinsetzung für den Fall des **Wegfalls** eines Abkömmlings; begünstigt ist der Stamm des Abkömmlings, falls er bei gesetzl Erbfolge nach dem Erblasser – nicht nach dem weggefallenen Abkömmling! – nachrücken würde (BGH NJW 02, 1126 für gemeinschaftliches Testament; s aber § 2270 Rn 5). Dies gilt auch für nichteheliche Kinder des Abkömmlings (Köln Rpfleger 93, 404). Adoptivkinder des Abkömmlings gehören hierzu nur bei adoptionsbedingter Verwandtschaft (§ 1924 Rn 2) zum Erblasser (BayObLG Rpfleger 85, 66). War der durch gemeinschaftliches Testament bedachte Abkömmling Stiefkind des zuletzt verstorbenen Erblassers, so kann der Eintritt der Stiefenkel in die testamentarische Erbfolge Auslegungsergebnis sein (BGH NJW-RR 01, 1154; BayObLG NJW-RR 91, 9; sa Frankfurt FGPrax 98, 65; LG Berlin FamRZ 94, 786). Typische Fälle des Wegfalls sind Tod und – *grundsätzlich* – Ausschlagung (BGH 33, 60) oder Erbverzicht (§ 2352) zugunsten der Abkömmlinge. *Kein Wegfall* liegt indessen bei rechtswirksamer Enterbung vor (LM Nr 4), falls die Erstreckung auf die Abkömmlinge deutlich gewollt war.

3 3. **Doppelbegünstigung desselben Stammes** wird iZw allerdings nicht gewollt sein. Deshalb kommt § 2069 nicht zur Anwendung, wenn Erbverzicht gegen volle Abfindung erfolgte (BGH NJW 74, 43) oder wenn der Ausschlagende den Pflichtteil verlangt (BGH 33, 62; Stuttgart OLGZ 82, 271; str).

Titel 1. Allgemeine Vorschriften **§§ 2070–2072**

4. Konkurrenzprobleme. a) § 2074. Stirbt der bedachte Abkömmling vor Bedingungseintritt, so treten gleichwohl gem § 2069 die Kindeskinder an seine Stelle (BGH NJW 58, 22). **b) § 2096.** Ob im Testament benannte Ersatzerben iSd § 2096 den gem § 2069 zu Ersatzerben berufenen Abkömmlingen vorgehen, ist Auslegungsfrage (BayObLG FamRZ 94, 785; hierzu Musielak ZEV 95, 5; Muscheler JR 95, 309). Wenn kein die Reichweite der Ersatzerben-Einsetzung einschränkender Erblasserwillen feststellbar ist, erben die ausdrücklich eingesetzten Ersatzerben (str). **c) § 2108 II 1.** Wenn der als Nacherbe eingesetzte Abkömmling vor dem Nacherbfall stirbt und Vererbung der Nacherbenanwartschaft nicht ausgeschlossen ist (BGH NJW 73, 242; § 2108 Rn 2), ist durch Auslegung zu ermitteln, ob gem § 2069 die Abkömmlinge als ges Erben oder gem § 2108 II 1 die uU testamentarischen Erben Nacherbe werden; keine Vorschrift hat Vorrang (str). Wesentliches Kriterium kann dabei der Erblasserwille zur Fernhaltung familienfremder Personen sein (BGH NJW 63, 1150; § 2108 Rn 3). 4

5. Analoge Anwendung bei Wegfall Dritter scheidet aus; hier entscheidet allein die durch ergänzende Auslegung zu ermittelnde Erblasserwille, der sich auf eine derartige Ersatzerbeneinsetzung nachweislich richten muß (BGH NJW 73, 242; BayObLGZ 82, 159; NJW 88, 2744; FamRZ 91, 865; NJW-RR 92, 73; 93, 459; 97, 517; Karlsruhe NJW-RR 92, 1482; Hamm FamRZ 97, 122; BayObLG FamRZ 01, 517 mAnm Hohloch JuS 01, 712). Eine ausreichende Andeutung im Testament kann schon die Einsetzung einer dem Erblasser nahestehenden Person (BayObLG FamRZ 00, 59) sein. 5

§ 2070 Abkömmlinge eines Dritten

Hat der Erblasser die Abkömmlinge eines Dritten ohne nähere Bestimmung bedacht, so ist im Zweifel anzunehmen, dass diejenigen Abkömmlinge nicht bedacht sind, welche zur Zeit des Erbfalls oder, wenn die Zuwendung unter einer aufschiebenden Bedingung oder unter Bestimmung eines Anfangstermins gemacht ist und die Bedingung oder der Termin erst nach dem Erbfall eintritt, zur Zeit des Eintritts der Bedingung oder des Termins noch nicht erzeugt sind.

1. Die Vorschrift ist nur vor dem Hintergrund der §§ 1923, 2101 I, 2105 II, 2106 II verständlich. Sie begründet die – widerlegbare – Auslegungsregel, daß der Erblasser an eine so komplizierte Erbfolge bei Erbeinsetzung von Abkömmlingen eines *Dritten* nicht gedacht habe. Die Vorschrift gilt *nicht* für Abkömmlinge eigener Kinder: hier entscheidet die Auslegung, ob nach dem Erbfall bzw Bedingungseintritt erzeugte Enkelkinder als Nacherben (§ 2101 I 1) eingesetzt sind (Köln NJW-RR 92, 1032). 1

§ 2071 Personengruppe

Hat der Erblasser ohne nähere Bestimmung eine Klasse von Personen oder Personen bedacht, die zu ihm in einem Dienst- oder Geschäftsverhältnis stehen, so ist im Zweifel anzunehmen, dass diejenigen bedacht sind, welche zur Zeit des Erbfalls der bezeichneten Klasse angehören oder in dem bezeichneten Verhältnis stehen.

1. Die Auslegungsregel gilt nicht, wenn der Erblasser auf den Zeitpunkt der letztwilligen Verfügung abhebt, was oft der Fall sein wird. 1

§ 2072 Die Armen

Hat der Erblasser die Armen ohne nähere Bestimmung bedacht, so ist im Zweifel anzunehmen, dass die öffentliche Armenkasse der Gemeinde, in deren Bezirk er seinen letzten Wohnsitz gehabt hat, unter der Auflage bedacht ist, das Zugewendete unter Arme zu verteilen.

Stürner

§§ 2073–2076 Buch 5. Abschnitt 3. Testament

1 1. „Öffentl Armenkasse" ist der Träger der örtl Sozialhilfe (BSHG 9, 96); Analogie bei Zuwendungen an „sozial Schwache", „Behinderte" oder Begünstigung eines „sozialen Zwecks" wie Waisenhaus, Altenheim etc (Hamm OLGZ 84, 323), ebenso bei Zuwendung an „Kriegsbeschädigte" (KG NJW-RR 93, 76). Sogar „ein Heim in München" soll ausreichen (BayObLG NJW-RR 00, 1174 = FamRZ 00, 1392). Die Auflage, für „wohltätige Zwecke" einen bestimmten Betrag auszugeben, ist kein Fall des § 2072 und betrifft folglich den Erben (sa BayObLG FamRZ 01, 317 und § 2065 Rn 2).

§ 2073 Mehrdeutige Bezeichnung

Hat der Erblasser den Bedachten in einer Weise bezeichnet, die auf mehrere Personen passt, und lässt sich nicht ermitteln, wer von ihnen bedacht werden sollte, so gelten sie als zu gleichen Teilen bedacht.

1 1. Die Fiktion tritt erst ein, wenn die mehrdeutige Bezeichnung nicht durch Auslegung zu konkretisieren ist (zB „der Staat", AG Leipzig Rpfleger 95, 22; BayObLG NJW 99, 1121: „die Kirche" bzw „die Stadtverwaltung"). Sie soll nach BGH WM 75, 737 ausgeschlossen sein, falls der Erblasser mit Sicherheit nur eine Person bedenken wollte (zweifelhaft). Auf wahlweise Erbeinsetzung ist § 2073 entspr anzuwenden (str, offen BayObLG NJW 99, 1121), ebenso bei nicht erschöpfender Aufzählung (BayObLG FamRZ 90, 1275: gleiche Teile für alle).

§ 2074 Aufschiebende Bedingung

Hat der Erblasser eine letztwillige Zuwendung unter einer aufschiebenden Bedingung gemacht, so ist im Zweifel anzunehmen, dass die Zuwendung nur gelten soll, wenn der Bedachte den Eintritt der Bedingung erlebt.

§ 2075 Auflösende Bedingung

Hat der Erblasser eine letztwillige Zuwendung unter der Bedingung gemacht, dass der Bedachte während eines Zeitraums von unbestimmter Dauer etwas unterlässt oder fortgesetzt tut, so ist, wenn das Unterlassen oder das Tun lediglich in der Willkür des Bedachten liegt, im Zweifel anzunehmen, dass die Zuwendung von der auflösenden Bedingung abhängig sein soll, dass der Bedachte die Handlung vornimmt oder das Tun unterlässt.

§ 2076 Bedingung zum Vorteil eines Dritten

Bezweckt die Bedingung, unter der eine letztwillige Zuwendung gemacht ist, den Vorteil eines Dritten, so gilt sie im Zweifel als eingetreten, wenn der Dritte die zum Eintritt der Bedingung erforderliche Mitwirkung verweigert.

Anmerkungen zu den §§ 2074–2076

Lit: Keuk, Der Erblasserwille post testamentum. Zur Unzulässigkeit der testamentarischen Potestativbedingung, FamRZ 72, 9; Wacke, Rechtsfolgen testamentarischer Verwirkungsklauseln, DNotZ 90, 403; Wagner, Erbeinsetzung unter einer Potestativbedingung und § 2065 BGB, ZEV 98, 255.

1 1. Eine **Bedingung** liegt vor, wenn das künftige Ereignis obj und in der subj Vorstellung des Erblassers ungewiß ist. Ein Beweggrund („Sollte mir während meines Urlaubs etwas passieren", BayObLG MDR 82, 145) ist weder Bedingung noch Befristung.

Titel 1. Allgemeine Vorschriften **§ 2076**

2. Bei **aufschiebender Bedingung** (§ 158 I) gilt § 2105 I; zum Verhältnis von 2
§ 2074 und § 2069 vgl § 2069 Rn 4. § 2074 ist lex specialis zu § 2108 II.

3. Auflösende Bedingung (§ 158 II). Der Erbe hat die Stellung eines – befrei- 3
ten (BayObLGZ 62, 57) – Vorerben (§ 2103); erst wenn die Bedingung nicht
mehr eintreten kann, wird er Vollerbe. Nacherben sind – aufschiebend bedingt –
die ges Erben (§ 2104). Mit einer *Wiederverheiratungsklausel* kann angeordnet werden, daß der überlebende Ehegatte zugleich auflösend bedingter Vollerbe und
aufschiebend bedingter Vorerbe sein soll (BGH 96, 202, 204; aA Zawar NJW 88,
16; sa § 2269 Rn 7 f mN). Weitere Beispiele: Pflegeleistung (BayObLG NJW-RR
98, 729); Hofbewirtschaftung (BayObLG FamRZ 99, 59).

4. Unerlaubte Bedingungen führen – gleichviel ob aufschiebend oder auflö- 4
send – zur Unwirksamkeit der Gesamtverfügung. § 140 ist unanwendbar, weil die
unbedingte Verfügung weitergehende Wirkung hat (str); Aufrechterhaltung über
§ 2084 ist allenfalls möglich, wenn nicht auszuschließen ist, daß der Erblasser die
Bedingung nur insoweit, als gerade noch zulässig, aufstellen wollte. Sittenwidrig
wäre zB Heirat einer bestimmten Person als Bedingung, nicht aber Verheiratung
überhaupt. Die Bedingung einer „hausgesetzmäßigen" Ehe des adeligen Erben ist
nicht sittenwidrig, wenn der Erblasser damit ihr ansonsten zulässige Ziele verfolgt
(BGH 140, 132 mAnm Muscheler ZEV 99, 151; BayObLGZ 96, 204; aA Stuttgart
ZEV 98, 185; zum Ganzen Goebel FamRZ 97, 656; Otte ZEV 98, 185; sa Vor
§ 1922 Rn 1; BVerfG NJW 00, 2495). Nicht sittenwidrig soll das berechtigte
Scheidungsbegehren des Erblassers als Bedingung sein (LM Nr 5 zu § 138 [Cd]).
Zulässig ist die Bedingung für den Nacherbfall, daß der Lebensgefährte der Vorerbin in das zum Nachlaß gehörende Haus eingelassen werde (BayObLG ZEV 01,
189). Mit § 2302 vereinbar ist jene Bedingung, wonach der Bedachte seinerseits
zugunsten des Testators oder eines Dritten letztwillig zu verfügen hat (LM Nr 1 zu
§ 533). Die **unmögliche** aufschiebende Bedingung führt uU zur Gesamtunwirksamkeit, falls Auslegung nicht das Bemühen um Herbeiführung der Bedingung
genügen läßt (hierzu BayObLG FamRZ 86, 606); die unmögliche auflösende
Bedingung ist unbeachtlich.

5. Die sog **Verwirkungsklausel** ist ein Sonderfall der auflösenden Bedingung 5
(§ 2075): der bedachte Abkömmling wird auf den Pflichtteil gesetzt – bzw der
Erbe entfällt –, falls er sich gegen den Erblasserwillen vergeht; wenn er in einem
gemeinschaftlichen Testament als Schlußerbe eingesetzt ist, kann dieses Vergehen
insbesondere im Pflichtteilsverlangen nach dem Tod des erstversterbenden Ehegatten bestehen (Stuttgart OLGZ 68, 246; 79, 52; BayObLGZ 90, 60; von Olshausen
DNotZ 79, 707; sa § 2269 Rn 5). Die Verwirkung setzt indessen böswillige
Auflehnung gegen den Erblasserwillen voraus (BGH WM 85, 175; Celle ZEV 96,
307 mAnm Skibbe: Weigerung voller Vermächtniserfüllung wegen Pflichtteilsbeeinträchtigung; str; aA BayObLGZ 90, 62 mwN; Stuttgart ZEV 98, 228 mAnm
Kummer: bewußter Verstoß genügt); soll durch Testamentsanfechtung aus beachtlichen Gründen oder im Rahmen verständlicher Auslegungsstreitigkeiten nur der
wahre Erblasserwille erforscht werden, so liegt kein Fall der Verwirkung vor (vgl
Birk DNotZ 72, 284 ff mN; Dresden NJW-RR 99, 1165; Braunschweig OLGZ
77, 188). Die Auslegung kann im Einzelfall auch auf die Zumutbarkeit eines
bestimmten Verhaltens für den Bedachten abstellen (Celle NZG 00, 150: existenzgefährdendes Verlangen des Mietzinses für Schulgrundstück, wenn der Erblasser im
Erbvertrag andere Sicherungen für den Erhalt des Schulbetriebs vorgesehen hatte).
Ob im Verwirkungsfalle die Bindungswirkung einer Schlußerbeneinsetzung
(§ 2271) entfällt (s BayObLG 90, 60), gem § 2069 die Abkömmlinge des Verwirkenden oder gem § 2104 die ges Erben des Erblassers Nacherben werden, ist
Auslegungsfrage (BayObLGZ 62, 57); vgl aber auch § 2069 Rn 3 f. In der angeordneten Beschränkung auf den Pflichtteil liegt regelmäßig nur ein Verweis auf das
Gesetz, kein Vermächtnis. Unwirksam ist eine Verwirkungsklausel bei Erbeinsetzung auf den Pflichtteil (BGH NJW 93, 1005; sa § 2306 Rn 3). Sollen Stiefkinder

Stürner

§ 2077 Buch 5. Abschnitt 3. Testament

des letztversterbenden Ehegatten nur den – in Wirklichkeit nicht existenten – Pflichtteil erhalten, falls sie beim Tod des leiblichen Elternteils den Pflichtteil fordern, so kann darin liegen ein Vermächtnis in Höhe des vollen fiktiven Pflichtteils oder – wahrscheinlicher – in Höhe des Pflichtteils nach dem leiblichen Elternteil (BGH NJW-RR 91, 707).

6   6. Die **Bedingung zum Vorteil eines Dritten** (§ 2076) liegt nicht vor bei Vermächtnis oder Auflage, weil hier Ansprüche (§§ 2147, 2192) bestehen. § 2076 ergänzt § 162.

§ 2077 Unwirksamkeit letztwilliger Verfügungen bei Auflösung der Ehe oder Verlobung

(1) [1]Eine letztwillige Verfügung, durch die der Erblasser seinen Ehegatten bedacht hat, ist unwirksam, wenn die Ehe vor dem Tode des Erblassers aufgelöst worden ist. [2]Der Auflösung der Ehe steht es gleich, wenn zur Zeit des Todes des Erblassers die Voraussetzungen für die Scheidung der Ehe gegeben waren und der Erblasser die Scheidung beantragt oder ihr zugestimmt hatte. [3]Das Gleiche gilt, wenn der Erblasser zur Zeit seines Todes berechtigt war, die Aufhebung der Ehe zu beantragen, und den Antrag gestellt hatte.

(2) Eine letztwillige Verfügung, durch die der Erblasser seinen Verlobten bedacht hat, ist unwirksam, wenn das Verlöbnis vor dem Tode des Erblassers aufgelöst worden ist.

(3) Die Verfügung ist nicht unwirksam, wenn anzunehmen ist, dass der Erblasser sie auch für einen solchen Fall getroffen haben würde.

Lit: Battes, Zur Wirksamkeit von Testamenten und Erbverträgen nach der Ehescheidung, JZ 78, 733; Gernhuber, Testierfreiheit, Sittenordnung und Familie, FamRZ 60, 326; Otte, Die Nichtigkeit letztwilliger Verfügungen wegen Gesetzes- oder Sittenwidrigkeit, JA 85, 192; Schmoeckel, Der maßgebliche Zeitpunkt zur Bestimmung der Sittenwidrigkeit nach § 138 I BGB, AcP 197, 1, 64; Smid, Rechtliche Schranken der Testierfreiheit aus § 138 BGB, NJW 90, 409; Thielmann, Sittenwidrige Verfügungen von Todes wegen, 1973.

1   1. Die Vorschrift ergänzt die **allg Nichtigkeitsvorschriften. a)** Unwirksamkeit kann gegeben sein bei *Formverstößen* (§ 125) oder Verstößen gegen *zwingende erbrechtliche Vorschriften* (§ 134), zB Einsetzung eines Altenheimträgers bei Kenntnis vertretungsberechtigter oder betreuender Heimmitarbeiter, § 14 I HeimG (verfassungsgemäß – BVerfG NJW 98, 2964; s ferner BayObLG NJW 92, 55; 93, 1143; NJW-RR 98, 730 f; BGH ZEV 96, 145; BVerwG NJW 90, 2268); entsprechende Anwendung bei Einsetzung anderer dem Heimträger oder den Mitarbeitern nahestehender Personen (BayObLG NJW 00, 1959; 1875; NJW-RR 01, 295; Frankfurt NJW 01, 1504 = ZEV 01, 364 mAnm Rossak; Düsseldorf FamRZ 99, 848; Petersen DNotZ 00, 379), jedoch reicht mittelbare Begünstigung nicht aus (BayObLG NJW 00, 1959, 1961); keine analoge Anwendbarkeit auf Zuwendungen des Betreuten an Betreuer (BayObLG NJW 98, 2369 und Müller ZEV 98, 219); ebensowenig bei privater Pflege (BayObLG NJW-RR 98, 729; Düsseldorf NJW 01, 2338; LG Bonn NJW 99, 2977) oder für Heime außerhalb des BRD (Oldenburg FamRZ 99, 1313); Erbeinsetzung entgegen BRRG 43, BBG 70, BAT 10, ZDG 78 II, SG 19 (BVerwG NJW 96, 2319; Battis JZ 96, 856; Ebenroth/Koos
2   ZEV 96, 344; BayObLG NJW 95, 3260). **b) Sittenwidrigkeit,** § 138. Da Testierfreiheit besteht, ist nicht jede Abweichung von den ges Regeln sittenwidrig, auch wenn in ihr eine bes Härte liegen mag. Wirksam ist deshalb ein Testament, in dem der unverheiratete Erblasser seine Haushälterin unter Ausschluß ges Erben zur Alleinerbin (LM Nr 9 zu § 138 [Cd]) oder der kinderlose Witwer den behandelnden Arzt mit Frau einsetzt (BayObLG FamRZ 85, 1085). Ebenfalls wirksam ist ein Testament, in dem ein Freund und Reisegefährte eingesetzt wird und die getrennt lebende Ehefrau sowie der Sohn auf den Pflichtteil beschränkt werden (BayObLG

Titel 1. Allgemeine Vorschriften **§ 2077**

NJW 87, 910) oder in dem die zweite Ehefrau Alleinerbin wird und die Kinder aus erster – mit der Alleinerbin gebrochener – Ehe nur den Pflichtteil erhalten (BGH DRiZ 66, 397). Wirksam schließlich die Einsetzung eines jungen Mannes, dessen „väterlicher Freund" der Erblasser war, zu Lasten von Ehefrau und Schwester (Frankfurt FamRZ 92, 226). Zulässig ist ein *Behindertentestament,* mit dem der 3 Erblasser zugunsten seines behinderten Kindes den Zugriff der Sozialbehörden auf den bescheidenen Nachlaß verhindert (BGH NJW 90, 2055; NJW 94, 248 für Erbvertrag; OVG Bautzen NJW 97, 2900; van de Loo, NJW 90, 2853; Krampe AcP 191, 526; Reimann DNotZ 92, 245; Pieroth NJW 93, 173; Nieder NJW 94, 1264; Damrau ZEV 98, 1; sa § 2100 Rn 5). Das sog *Mätressentestament,* das bisher 4 als sittenwidrig galt, wenn der verheiratete Erblasser seine Geliebte ausschließlich für geschlechtliche Hingabe belohnen oder sie zu weiterer Hingabe motivieren wollte (BGH 20, 73; 53, 376; NJW 84, 797, 2151; BAG NJW 84, 1712; Düsseldorf ZEV 98, 28; stRspr), könnte mit In-Kraft-Treten des ProstG einer vorsichtigeren Beurteilung unterliegen. Denn wenn die Prostitutionsabrede strikt unbedenklich sein soll (zweifelhaft!), so kann auch die Motivation des Erblassers, Beischlaf zu belohnen, rechtlich für sich besehen Sittenwidrigkeit nicht begründen. Es bleibt aber die Abwägung zwischen dem Schutz von Ehe und Familie (GG 6 I) und dem Recht auf Persönlichkeitsentfaltung (GG 2 I), die Sittenwidrigkeit bei bestehender Ehe weiterhin begründen könnte und auch sollte. Anders, wenn neben diesem Motiv insbes bei langer Lebensgemeinschaft billigenswerte Beweggründe mitspielen; dann kann bei teilbaren (§ 139 Rn 7) Zuwendungen Sittenwidrigkeit nur insoweit vorliegen, als das Ausmaß der Zuwendung durch billigenswerte Beweggründe nicht gedeckt ist. Dies hat dann zB zur Folge, daß neben der allein eingesetzten Geliebten Ehefrau und Kinder ges Erben zur Hälfte werden (BGH 52, 22; 53, 383); ein Vermächtnis an die Geliebte kann uU voll wirksam sein (BGH NJW 83, 674 mAnm Finger JZ 83, 608: Darlehenserlaß). Die gleichen Grundsätze sollen auch gelten, falls der unverheiratete Mann die verheiratete Geliebte einsetzt, selbst wenn der Ehemann den geschlechtlichen Beziehungen zugestimmt hat (BGH NJW 68, 932). Testamente zugunsten des *nichtehelichen Lebensgefährten* sind 5 im Rahmen der beschriebenen Grenzen wirksam (s BGH 77, 59; 112, 262; Diederichsen NJW 83, 1024; vgl iü § 705 Rn 15 f); kein Schutz des Lebensgefährten vor Testamenten zugunsten „Drittgeliebter" (Liebl-Wachsmuth MDR 83, 988). Die Erbeinsetzung *homosexueller Lebenspartner* durch verheiratete Erblasser ist nach den Grundsätzen des Geliebtentestaments sittenwidrig oder wirksam (Frankfurt NJW-RR 95, 266). Für die Erbeinsetzung des *eingetragenen Lebenspartners,* der ein gesetzliches Erbrecht hat (LPartG 11), gelten allgemeine Regeln; Erbeinsetzung neuer Partner unter Bruch der eingetragenen Lebenspartnerschaft folgt den Regeln des Geliebtentestaments verheirateter Erblasser (str.). *Tatsächliche Grundlage* für das 6 Sittenwidrigkeitsurteil sind die Verhältnisse bei Testamentserrichtung, weil sie den Erblasser motivieren (Frankfurt NJW 95, 266; BayObLGZ 96, 204 mkritAnm Goebel FamRZ 97, 656); führen erst nachträgliche Tatsachenänderungen zu mißbilligenswerten Ergebnissen, so kann die Berufung auf das Testament treuwidrig sein (BGH 20, 74/75; Stuttgart ZEV 98, 185 mAnm Otte; offen BGH 140, 118, 128; zum Streitstand Schmoeckel AcP 197, 1 ff). Ändern sich zwischen Errichtung und späterer Beurteilung die *Bewertungskriterien,* so gelten die sittlichen Maßstäbe des Beurteilungszeitpunktes (Hamm OLGZ 79, 425: nichteheliches Kind als Alleinerbe trotz ehelicher Familie; BayObLGZ 96, 204: Nacherbeneinsetzung unter der Bedingung „hausgesetzmäßiger Ehe"; teilw aA Stuttgart ZEV 98, 185: Nacherbschaft bei „standesgemäßer Heirat"; offen BGH 140, 118, 128; sa Vor § 1922 Rn 1; §§ 2074–2076 Rn. 4).

2. Unwirksamkeit bei bevorstehender oder vollzogener Auflösung von 7 **Ehe oder Verlöbnis.** § 2077 enthält eine widerlegbare Nichtigkeitsregel, die den vermuteten wirklichen Willen des Erblassers berücksichtigt. Diese Regel kann widerlegt werden, wenn die Auslegung des Testaments den wirklichen Willen auf

Stürner 1733

§ 2078 Buch 5. Abschnitt 3. Testament

Fortgeltung ergibt oder wenn für den – nicht bedachten – Fall der Eheauflösung ein entspr hypothetischer Wille ermittelt werden kann (BGH FamRZ 60, 29; BayObLG NJW-RR 93, 12); nicht genügend ist Erbeinsetzung während zur Scheidung führender Ehekrise (Zweibrücken NJW-RR 98, 942). Diese Grundsätze gelten auch, falls die letztwillige Verfügung schon vor der Eheschließung errichtet war (BGH FamRZ 61, 366; BayObLG NJW-RR 93, 12). Die Bedenkung der „Ehefrau" kann nicht ohne weiteres auf die zweite Frau umgedeutet werden (RG 134, 281; str). Die Unwirksamkeitsvoraussetzungen gem I decken sich mit § 1933 (s dort Rn 1–3); für den Antrag auf Scheidung oder Aufhebung sollte ZPO 270 III entspr gelten (aA die hM; s § 1933 Rn 4; sa BayObLG FamRZ 97, 760: uU genügt Formulierung „Antragsgegnerin wird zustimmen" in einem Schriftsatz). Die Neuregelung des Eheschließungsrechts (BGBl 98 I, 833) hat die Folgen der fehlerhaften Ehe durch Umwandlung der bisherigen Nichtigkeits- in Aufhebungsgründe vereinheitlicht (§ 1314 nF) und die Aufhebungsklage durch ein Antragsverfahren ersetzt (§ 1313 nF); § 2077 I nF ist dementspr angepaßt; sa § 1933 Rn 4. Sondervorschrift: § 2268 für gemeinschaftliches Testament. Für nichteheliche Lebensgemeinschaften gilt II nicht (BayObLG Rpfleger 83, 440). Haben Eltern den Ehegatten ihres Kindes bedacht (kein unmittelbarer Anwendungsfall des § 2077), ist bei der Auslegung ihrer letztwilligen Verfügung der Rechtsgedanke des § 2077 zu beachten (Saarbrücken FamRZ 94, 1205). Die

8 Bezugsberechtigung bei *Lebensversicherungen* (VVG 166) endet nicht analog § 2077 mit Eheauflösung vor dem Tod, sofern sie trotz Widerruflichkeit unwiderrufen bleibt (BGH NJW 76, 290; zum Zugangserfordernis BGH NJW 93, 3133). Mit der Scheidung kann jedoch zugleich der rechtliche Grund für die Bezugsberechtigung entfallen, so daß der frühere Ehegatte um die Versicherungsleistung ungerechtfertigt bereichert ist (BGH NJW 87, 3131; NJW 95, 1084). Im Falle einer unwiderruflichen Bezugsberechtigung „der Ehefrau" soll die Ehegattin im Zeitpunkt des Versicherungsfalls, nicht die geschiedene, berechtigt sein (BGH NJW 81, 984). ME ist stets § 2077 zu beachten (ebenso MK/Leipold 25), die Fortgeltung für den neuen Ehegatten ist Auslegungsfrage (Lit: Wrabetz, FS v. Lübtow, 1991, S 239; Tappmeier DNotZ 87, 715; Völkel VersR 92, 539). Entsprechende Anwendung des § 2077 I, III auf Lebenspartner nach § 10 V LPartG.

9 **3. Prozessuales.** Die Beweislast, daß der Erblasser die letztwillige Verfügung auch im Falle einer Auflösung der Ehe oder Verlobung getroffen hätte, trägt derjenige, der sich hierauf beruft (BGH FamRZ 60, 28; BayObLG FamRZ 87, 1199; NJW-RR 93, 13; FamRZ 95, 1088). Ebenso trägt ein als Verlobter letztwillig Bedachter die Feststellungslast, daß das Verlöbnis zum Zeitpunkt des Erbfalls noch bestand (BayObLG FamRZ 87, 1199; aA Stuttgart FGPrax 97, 110). Zu den Scheidungs- und Aufhebungsvoraussetzungen s § 1933 Rn 3.

§ 2078 Anfechtung wegen Irrtums oder Drohung

(1) Eine letztwillige Verfügung kann angefochten werden, soweit der Erblasser über den Inhalt seiner Erklärung im Irrtum war oder eine Erklärung dieses Inhalts überhaupt nicht abgeben wollte und anzunehmen ist, dass er die Erklärung bei Kenntnis der Sachlage nicht abgegeben haben würde.

(2) Das Gleiche gilt, soweit der Erblasser zu der Verfügung durch die irrige Annahme oder Erwartung des Eintritts oder Nichteintritts eines Umstands oder widerrechtlich durch Drohung bestimmt worden ist.

(3) Die Vorschrift des § 122 findet keine Anwendung.

Lit: Keymer, Die Anfechtung nach § 2078 II BGB und die Lehre von der Geschäftsgrundlage, 1984; Nieder, Die Anfechtung von Verfügungen von Todes wegen, ZERB 99, 42; Pohl, „Unbewußte Vorstellungen" als erbrechtlicher Anfechtungsgrund?, 1976; Schubert/Czub, Die Anfechtung letztwilliger Verfügungen, JA 80, 257, 334.

Titel 1. Allgemeine Vorschriften **§ 2078**

1. Auslegung geht der Anfechtung nach allg Grundsätzen vor. Erst wenn gem 1
§§ 133, 2084 der reale oder der hypothetische Wille ermittelt ist, darf Anfechtung
geprüft werden (LM Nr 1 zu § 2100). Die Möglichkeit der ergänzenden Auslegung, die dem hypothetischen Willen Geltung verschafft (s § 2084 Rn 5), engt
die praktische Bedeutung der Anfechtung wegen Motivirrtums ein; dies ist zu
begrüßen, weil die Auslegung den Erblasserwillen verwirklicht, während die Anfechtung häufig ges Erbfolge auslöst.

2. §§ 119, 123 werden durch die Sonderregeln der §§ 2078, 2079 verdrängt.

3. Der **Erklärungs- und Inhaltsirrtum** – gleich unglücklich definiert wie in 2
§ 119 I – ist wegen §§ 133, 2084 selten: Sind solche Irrtümer offenbar, läßt sich
meist auch der reale oder hypothetische Wille ermitteln. Bsp für Inhaltsirrtum:
Irrtum über Bindungswirkung letztwilliger Verfügung durch Erbvertrag (BayObLG
NJW-RR 97, 1027; § 2281 Rn 2); der Erblasser glaubt, halbbürtige Abkömmlinge
seien keine „ges Erben" (RG 70, 391), oder er irrt über die Bedeutung der
Rücknahme aus amtlicher Verwahrung, § 2256; in der Rücknahme liegt ein
anfechtbarer rechtsgeschäftlicher Widerrufstatbestand (vgl BGH 23, 211; KG NJW
70, 612; BayObLG NJW-RR 90, 1482; hM).

4. Jeder **Motivirrtum** ist grundsätzlich beachtlich. „Irrige Annahme eines Um- 3
standes" bezieht sich auf die Vergangenheit (zB Verheiratetsein der Erben, BayObLG Rpfleger 84, 66; irrtumsbedingte Vorstellungen über Verschulden am Tod
eines Sohnes, BayObLG Rpfleger 02, 206), „Erwartung des Eintritts oder Nichteintritts eines Umstandes" auf die Zukunft. Die *Vorstellung über Künftiges* kann
Entwicklungen aller Art betreffen: Irrtum des Erblassers über sein künftiges Verhältnis zu den politischen Ansichten des Enterbten (LM Nr 4); Erwartung des
Ausbleibens tiefgreifender Unstimmigkeiten mit dem Erben (LM Nr 8; BGH
FamRZ 83, 898) sowie Fehlvorstellungen über einen Streit, mit dessen Beilegung
der Erblasser nicht rechnete (Köln FamRZ 90, 1038); Erwartung harmonischer
Ehe (BayObLG FamRZ 90, 323); Wohlverhalten des Bedachten (BGH WM 71,
1155); spätere Heirat des Erblassers (RG 148, 218); Zugehörigkeit des Erben zu
einer religiösen Sekte mit einschlägigen vermögensmäßigen Folgen (München
NJW 83, 2577 – zutr, aber wegen GG 4 besserer Begründung wert!). Grundsätzlich
muß der Erblasser sich *wirklich* eine Vorstellung gemacht haben, die hypothetische 4
Vorstellung über Künftiges bleibt unberücksichtigt. Diese Grenzziehung wird aber
von der Rspr nicht scharf durchgehalten: wirkliche Vorstellungen sind auch solche,
die für den Erblasser ohne nähere Überlegung so selbstverständlich sind, daß er sie
zwar nicht konkret im Bewußtsein hat, aber doch jederzeit abrufen und in sein
Bewußtsein holen kann (BGH NJW-RR 87, 1412 – „unbewußte Vorstellung")
und die er deshalb selbstverständlich seiner Verfügung zugrunde legt (BGH
FamRZ 83, 899 mN; BayObLG FamRZ 98, 1625; 84, 1271; krit MK/Leipold
27 f). Anfechtungsgrund können auch Umstände sein, die erst nach dem Erbfall
eintreten (offen BGH NJW-RR 87, 1413; abl MK/Leipold 35). Vorstellungen
über künftige politische und rechtliche Entwicklungen, die den Nachlaß unmittelbar betreffen, können deshalb beachtlicher Motivirrtum sein, auch soweit sie sich
nach dem Erbfall als falsch erweisen (BGHFamRZ 94, 304, 307 – konkret verneinend; Frankfurt DtZ 93, 214; Meyer ZEV 94, 12; aA Grunewald NJW 91,
1211 für Entwicklung in der früheren DDR; sa 2084 Rn 5; Vor § 1922 Rn 5, 7,
13 f; § 2303 Rn 8).

5. Kausalität zwischen Fehlvorstellung und Verfügung liegt vor, wenn die Fehl- 5
vorstellung der bewegende Grund für die Verfügung des Erblassers war (BGH WM
87, 1020; Düsseldorf FamRZ 97, 1506; BayObLG FamRZ 97, 1437). Sie fehlt
folglich, wenn der Erblasser nach Errichtung des Testaments die Verfügung vergißt
und meint, er habe nie testiert (BGH 42, 332), oder wenn er irrtümlich wirksame
Rücknahme annimmt (Saarbrücken NJW-RR 92, 587; sa § 2256 Rn 2; vgl aber
Frankfurt FamRZ 97, 1433: Kausalität trotz Fehlvorstellung über Gegenstandslosigkeit wegen geänderter Umstände). Die Rspr hat Kausalität verneint bei Irrtum

Stürner 1735

§ 2079   Buch 5. Abschnitt 3. Testament

über steuerliche Folgen (Hamburg MDR 55, 291); bei Irrtum über das weitere Schicksal des Nachlasses (LM Nr 11); bei Festhalten an der Verfügung nach Kenntnis des Irrtums (BayObLGZ 71, 150; NJW-RR 95, 1098; 02, 370; sa § 2080 Rn 4), sofern andere Umstände (Passivität, Scheu, Kosten etc) die Änderung nicht hindern (BayObLG FamRZ 90, 213; 1040).

6   6. Die **Wirkung** der Anfechtung liegt in der Unwirksamkeit (§ 142 I), die alle vom Irrtum betroffenen Verfügungen erfaßt (BGH NJW 85, 2026; 86, 1813), nicht andere Teile des Testaments, § 2085 (Köln NJW-RR 92, 1357: Fortgeltung einer postmortalen Vollmacht). Das hat ges Erbfolge zur Folge, uU auch die Geltung früherer Verfügungen oder bisher unwirksamer (zB gem § 2271) späterer Verfügungen.

7   7. Bei **Drohung** (Bsp: BayObLG FamRZ 90, 211; KG FamRZ 00, 912) oder **Täuschung** ist darüber hinaus § 2339 I Nr 3 zu beachten. Zu politischen Drohungen in der früheren DDR s Vor § 1922 Rn 15.

8   8. Zum **mißbräuchlichen Schaffen** der Anfechtungsvoraussetzungen s BGH 4, 91 einerseits und BayObLG FamRZ 00, 1053 andererseits.

9   9. **Prozessuales:** Der Beweis obliegt dem Anfechtenden (BayObLG FamRZ 90, 211; 1040). Anhaltspunkte für den Willensmangel müssen sich *nicht* aus der Verfügung selbst ergeben (BGH NJW 65, 584; BayObLG FamRZ 90, 1040). Beim Motivirrtum sind strenge Anforderungen zu stellen; den Anscheinsbeweis hält der BGH bei Vorgängen des Innenlebens für unzulässig (LM Nr 8).

§ 2079 Anfechtung wegen Übergehung eines Pflichtteilsberechtigten

¹**Eine letztwillige Verfügung kann angefochten werden, wenn der Erblasser einen zur Zeit des Erbfalls vorhandenen Pflichtteilsberechtigten übergangen hat, dessen Vorhandensein ihm bei der Errichtung der Verfügung nicht bekannt war oder der erst nach der Errichtung geboren oder pflichtteilsberechtigt geworden ist.** ²**Die Anfechtung ist ausgeschlossen, soweit anzunehmen ist, dass der Erblasser auch bei Kenntnis der Sachlage die Verfügung getroffen haben würde.**

Lit: Jung, Die Testamentsanfechtung wegen „Übergehens" eines Pflichtteilsberechtigten, AcP 194, 42; Tiedtke, Die Auswirkungen der Anfechtung eines Testaments durch den übergangenen Pflichtteilsberechtigten, JZ 88, 649; Wintermantel, Anfechtung gemäß § 2079 BGB beim gemeinschaftlichen Testament, BWNotZ 89, 120 ff.

1   1. In **Ergänzung des § 2078** begründet § 2079 die Vermutung, daß die Unkenntnis vorhandener oder künftiger Pflichtteilsberechtigter bestimmendes Motiv des Erblassers war.

2   2. **Nichteheliche Kinder** können auch dann unter § 2079 S 1 fallen, wenn die Verfügung vor dem 1. 7. 70 errichtet wurde (dazu Damrau BB 70, 471 ff; BGH 80, 204; zur Reform des Nichtehelichenrechts § 1924 Rn 3).

3   3. **Übergehen** liegt vor, falls keine oder eine ganz geringfügige Zuwendung gemacht wird. Wird nicht nur ganz Geringfügiges zugewendet, ist der Bedachte nicht übergangen, selbst wenn die Zuwendung in Unkenntnis des gegenwärtigen oder zukünftigen Pflichtteilsrechts erfolgte (BayObLGZ 93, 395; Karlsruhe ZEV 95, 454 mkritAnm Ebenroth; str).

4   4. Die Vermutung ist **widerlegt**, falls der reale Wille des Erblassers erkennbar ist, auch potentielle Pflichtteilsberechtigte enterben zu wollen (BGH NJW 83, 2249; BayObLG FamRZ 92, 988; Düsseldorf FamRZ 99, 122). Iü ist der hypothetische Erblasserwille zZ der letztwilligen Verfügung (BayObLGZ 71, 151; 90, 119; NJW-RR 01, 725; BGH NJW 81, 1736; LM Nr 1; Brandenburg FamRZ 98, 59) zu ermitteln; dies auch, soweit es um spätere Rechtsänderungen geht (BGH 80, 294: Nichtehelichenrecht). Dabei kann das Festhalten an der Verfügung nach Kenntnis des Pflichtteilsrechts wesentliches Indiz sein (BGH 80, 295; BayObLGZ

Titel 1. Allgemeine Vorschriften **§ 2080**

80, 50; FamRZ 85, 535; 92, 988). Nichtberücksichtigung der Lebensgefährtin bei Testamentserrichtung indiziert nicht ohne weiteres Willen zur Nichtberücksichtigung nach Heirat (BayObLG FamRZ 83, 953).

5. IdR hat die Anfechtung gem § 2079 **Nichtigkeit des ganzen Testaments** 5 zur Folge, weil die Berücksichtigung eines weiteren Erben alle Erbteile verschieben würde (BayObLGZ 71, 147; aA LG Darmstadt NJW-RR 88, 262; Tiedtke aaO). Im Rahmen des § 2085 ist eine andere Bewertung denkbar (zum Ganzen Reinicke NJW 71, 1961); zB hypothetischer Erblasserwille, daß der übergangene Pflichtteilsberechtigte seinen gesetzlichen Erbteil erhält und das Testament im übrigen bestehen bleibt (Düsseldorf FamRZ 99, 122; Hamm NJW-RR 94, 462; Langenfeld ZEV 94, 171).

6. Zur **Arglisteinrede** BGH FamRZ 70, 82 (Adoptionsvertrag zur Schaffung 6 eines Anfechtungsgrundes, §§ 2281, 2079).

7. Prozessuales: Die Vermutung in S 1 enthebt den übergangenen Pflichtteils- 7 berechtigten von der Last, die Kausalität zwischen Irrtum und Verfügung beweisen zu müssen. Vielmehr obliegt es dem Anfechtungsgegner gem S 2, die Vermutung zu widerlegen (BayObLG FamRZ 85, 535; Hamburg FamRZ 90, 912; Frankfurt NJW-RR 95, 1350; Düsseldorf FamRZ 99, 1024). Macht der eingesetzte Erbe geltend, die Nichtigkeit erfasse nicht das gesamte Testament, so hat er zu beweisen, daß der Erblasser die restlichen Verfügungen auch getroffen hätte, wenn er von der Existenz des Pflichtteilsberechtigten gewußt hätte (ähnlich Reinicke NJW 71, 1964; aA LG Darmstadt NJW-RR 88, 262; Tiedtke aaO).

§ 2080 Anfechtungsberechtigte

(1) **Zur Anfechtung ist derjenige berechtigt, welchem die Aufhebung der letztwilligen Verfügung unmittelbar zustatten kommen würde.**

(2) **Bezieht sich in den Fällen des § 2078 der Irrtum nur auf eine bestimmte Person und ist diese anfechtungsberechtigt oder würde sie anfechtungsberechtigt sein, wenn sie zur Zeit des Erbfalls gelebt hätte, so ist ein anderer zur Anfechtung nicht berechtigt.**

(3) **Im Falle des § 2079 steht das Anfechtungsrecht nur dem Pflichtteilsberechtigten zu.**

1. Nach dem **Zweck** der Vorschrift sollen nur diejenigen anfechten können, die 1 im Falle der Unwirksamkeit der Verfügung unmittelbar etwas erhalten würden, was sie sonst nicht erhielten (BGH NJW 85, 2026). **Vorteil** ist neben der Erlangung eines Erbrechts oder dem Wegfall einer Beschwerung u Beschränkung auch ein Gestaltungsrecht (BGH 112, 229, 238: Anfechtbarkeit der Ausschlagung gem § 2308).

2. Unmittelbarkeit des Vorteils liegt allein vor, wenn nicht zuerst ein Dritter 2 Nutznießer der Anfechtung wäre; ausnahmsweise ist allerdings anfechtungsberechtigt, wer durch einen anfechtungsberechtigten Erbunwürdigen ausgeschlossen wäre (sehr str).

3. Die Anfechtung durch einen Anfechtungsberechtigten wirkt absolut für und 3 gegen alle (BGH NJW 85, 2026), also nicht nur zugunsten des Anfechtenden.

4. a) Bei **personenbeschränktem Irrtum** sollen gem II Dritte aus dieser 4 beschränkten Fehlmotivation *selbständig* Vorteile nicht ziehen dürfen (BayObLG NJW-RR 02, 728). **b) Bestätigung** durch den Anfechtungsberechtigten entspr § 144 ist möglich (sehr str), weil diese Vorschrift die Ausprägung des allgemeinen Verbots widersprüchlichen Verhaltens ist. Der Erblasser kann die Anfechtbarkeit seiner letztwilligen Verfügung beseitigen, indem er in einem späteren Testament seinen Fortgeltungswillen in bezug auf seine frühere Verfügung zum Ausdruck bringt; den Inhalt der anfechtbaren Verfügung muß er darin nicht ausdrücklich wiederholen (Hamm FamRZ 94, 1065).

5. Sondervorschrift beim Erbvertrag: § 2281.

Stürner

§ 2081 Anfechtungserklärung

(1) **Die Anfechtung einer letztwilligen Verfügung, durch die ein Erbe eingesetzt, ein gesetzlicher Erbe von der Erbfolge ausgeschlossen, ein Testamentsvollstrecker ernannt oder eine Verfügung solcher Art aufgehoben wird, erfolgt durch Erklärung gegenüber dem Nachlassgericht.**

(2) ¹**Das Nachlassgericht soll die Anfechtungserklärung demjenigen mitteilen, welchem die angefochtene Verfügung unmittelbar zustatten kommt.** ²**Es hat die Einsicht der Erklärung jedem zu gestatten, der ein rechtliches Interesse glaubhaft macht.**

(3) **Die Vorschrift des Absatzes 1 gilt auch für die Anfechtung einer letztwilligen Verfügung, durch die ein Recht für einen anderen nicht begründet wird, insbesondere für die Anfechtung einer Auflage.**

1 1. Anfechtung gegenüber dem NachlaßG findet – abw von § 143 I – nur in den angeführten Fällen statt; Angabe des Grundes ist nicht erforderlich (BayObLGZ 90, 330; Frankfurt FamRZ 92, 226), jedoch eindeutige Kundgabe des Anfechtungswillens. Auch wenn die Nachlaßsache schon in der Beschwerdeinstanz anhängig ist, erfolgt die Anfechtungserklärung gegenüber dem NachlaßG (BayObLGZ 90, 330; Frankfurt FamRZ 92, 226). Soweit bereits ein Erbschein erteilt ist, hat das Gericht von Amts wegen die Voraussetzungen einer Einziehung (§ 2361) zu prüfen (KG NJW 63, 766; Köln FamRZ 93, 1125; BayObLG FamRZ 97, 1179). § 2081 III meint in erster Linie Auflagen, Teilungsverbot und Pflichtteilsentziehung oder -beschränkung.

2 2. Anfechtung gegenüber dem Anfechtungsgegner (§ 143 IV 1) erfolgt in allen übrigen Fällen, also bei Vermächtnis (KG FamRZ 77, 273), rechtsbegründender Teilungsanordnung usw. Falls eine letztwillige Verfügung zB eine Erbeinsetzung und ein Vermächtnis enthält, muß doppelte Anfechtung erfolgen, sofern § 2085 nicht ohnehin zur Gesamtnichtigkeit führt (vgl BayObLGZ 60, 490). Erfolgt die Anfechtung entgegen § 143 IV 1 gegenüber dem NachlaßG, so geht sie dem Anfechtungsgegner mit der Mitteilung gem § 2081 II 1 zu.

3 3. Eine besondere **Form** der Erklärung ist nicht erforderlich (BayObLGZ 90, 121); Ausnahme: § 2282 III. Zur Anfechtung von Testamenten aus der früheren DDR s Vor § 1922 Rn 5, 13 f.

§ 2082 Anfechtungsfrist

(1) **Die Anfechtung kann nur binnen Jahresfrist erfolgen.**

(2) ¹**Die Frist beginnt mit dem Zeitpunkt, in welchem der Anfechtungsberechtigte von dem Anfechtungsgrund Kenntnis erlangt.** ²**Auf den Lauf der Frist finden die für die Verjährung geltenden Vorschriften der §§ 206, 210, 211 entsprechende Anwendung.**

(3) **Die Anfechtung ist ausgeschlossen, wenn seit dem Erbfall 30 Jahre verstrichen sind.**

1 1. **Fristbeginn** setzt voraus: Erbfall, Kenntnis einer wirksamen letztwilligen Verfügung und der anfechtungsbegründenden Tatsachen (RG 132, 4; BayObLG NJW-RR 90, 201).

2 2. Bei **Tatsachenirrtum** läuft also die Frist nicht; unbeachtlich ist dagegen der Rechtsirrtum über das Anfechtungsrecht (Hamm Rpfleger 85, 365; BayObLGZ 90, 99). Der Tatsachenirrtum kann auch auf falscher rechtlicher Beurteilung beruhen; so etwa, wenn der Anfechtungsberechtigte die Verfügung irrtümlich für unwirksam hält. Ein schädlicher Rechtsirrtum ist zB gegeben, sofern der Berechtigte bei Kenntnis aller Umstände nicht weiß, daß er die Anfechtung erklären muß (zum Ganzen BGH FamRZ 70, 79 mN; BayObLG NJW-RR 97, 1027, 1030) oder über ihre Form irrt (Hamm FamRZ 94, 849).

Titel 1. Allgemeine Vorschriften **§§ 2083, 2084**

3. Mangel der ges Vertretung (§§ 2082 II, 210 I) liegt auch im Falle des 3
§ 181 vor (RG 143, 354; hierzu Coing NJW 85, 8).

4. Zur Fristwahrung bei Anfechtung gegenüber dem örtl oder früher interlokal 4
unzuständigen NachlaßG vgl § 1945 Rn 2 (entspr Johannsen WM 79, 608).

§ 2083 Anfechtbarkeitseifnrede

Ist eine letztwillige Verfügung, durch die eine Verpflichtung zu einer Leistung begründet wird, anfechtbar, so kann der Beschwerte die Leistung verweigern, auch wenn die Anfechtung nach § 2082 ausgeschlossen ist.

1. Die Vorschrift gewährt dem Beschwerten, der nicht mehr anfechten kann, 1
ein Leistungsverweigerungsrecht (vgl §§ 438 IV, V nF bzw 478 aF, 821, 853 etc).

2. Der **Einredetatbestand** setzt eine anspruchsbegründende Verfügung voraus, 2
zB Vermächtnis, Auflage; nicht dagegen Teilungsanordnung (hM). Rückabwicklung gem §§ 813, 814.

3. Der **Testamentsvollstrecker** kann die Einrede nur mit Zustimmung des 3
beschwerten Erben erheben (BGH NJW 62, 1058).

4. Die Vorschrift kommt nicht zur Anwendung, wenn die Anfechtung bereits an 4
§ 2285 scheitert (BGH 106, 362).

§ 2084 Auslegung zugunsten der Wirksamkeit

Lässt der Inhalt einer letztwilligen Verfügung verschiedene Auslegungen zu, so ist im Zweifel diejenige Auslegung vorzuziehen, bei welcher die Verfügung Erfolg haben kann.

Lit: Brox, Der BGH und die Andeutungstheorie, JA 84, 549; Flume, Testamentsauslegung bei Falschbezeichnung, NJW 83, 2007; Kapp, Die Auslegung von Testamenten, BB 84, 2077; Keuk, Der Erblasserwille post testamentum und die Auslegung des Testaments, 1965; Smid, Probleme bei der Auslegung letztwilliger Verfügungen, JuS 87, 283; Stumpf, Erläuternde und ergänzende Auslegung letztwilliger Verfügungen im System privatautonomer Rechtsgestaltung, 1991; M. Wolf/Gangel, Der nicht formgerecht erklärte Erblasserwille und die Auslegungsfähigkeit eindeutiger testamentarischer Verfügungen, JuS 83, 663; Werner, Die benigna interpretatio des § 2084 BGB, FS von Lübtow, 1991, S 265.

1. Die **Auslegung letztwilliger Verfügungen** richtet sich zunächst nach *allg* 1
Vorschriften; sodann sind die Auslegungsregeln der §§ 2066–2076 zu berücksichtigen. § 2084 behandelt nur einen kleinen Problemkreis der Auslegungsproblematik, was oft nicht genügend beachtet wird. *Vertragliche Einigung* der Beteiligten über die Auslegung (§ 779) ist zulässig (§ 2042 Rn 6).

2. Allg Auslegungsgrundsätze. a) Der **Erblasserwille** ist alleiniger Orientie- 2
rungspunkt. Da die Erblassererklärung nicht empfangsbedürftig ist, bedarf es keiner obj Sinndeutung im Sinne eines Vertrauensschutzes. Zentrale Auslegungsnorm ist folglich allein § 133 (BGH 86, 45; 80, 249; FamRZ 87, 476; NJW 93, 256). Nur bei Erbverträgen (BGH WM 69, 1223; BayObLGZ 95, 123; FamRZ 97, 125; NJW-RR 97, 835; 1028) oder wechselbezüglichen Verfügungen in gemeinschaftlichen Testamenten (BGH 112, 233; NJW 93, 256; LM Nr 7 zu § 242 [A]; BayObLG FamRZ 93, 367; 97, 252) ist gem §§ 157, 242 der Empfängerhorizont und der Wille des anderen Teils zu berücksichtigen. **b)** Die **Auslegungsbedürftigkeit** 3
setzt Mehrdeutigkeit voraus, wobei schon über die „Mehrdeutigkeit" Streit bestehen kann (vgl BayObLG FamRZ 87, 209 mit Karlsruhe NJW 88, 9 zu „gemeinsamer Tod"; Stuttgart FamRZ 94, 852 zu „gleichzeitig sterben"; ähnlich BayObLG FamRZ 97, 250; Oldenburg NJW-RR 93, 581 für Zuwendung an „Tierschutz"); Mehrdeutigkeit kann sich aus außerhalb des Testaments liegenden Umständen ergeben (BayObLG NJW-RR 91, 7). Bei notariellen Urkunden mag eine Vermutung für die Identität von obj Erklärung und Erblasserverständnis sprechen (Köln Rpfleger 82, 424; BayObLG FamRZ 96, 1038), jedoch ist auch

Stürner

§ 2084 Buch 5. Abschnitt 3. Testament

hier die Abweichung denkbar (LM Nr 1 zu § 2100; KG OLGZ 87, 2; BayObLG NJW-RR 97, 835). Zunächst eindeutige Erklärungen können angesichts äußerer Umstände mehrdeutig erscheinen und eine vom „klaren" Wortlaut abw Auslegung erheischen, zB bei falsa demonstratio (BGH 80, 246) oder ergänzender Auslegung (BGH 86, 41: Erbeinsetzung auf Surrogat eines Hofes; FamRZ 83, 382: adoptierter Neffe als „leiblicher Abkömmling"; BayObLG NJW-RR 89, 837; ähnlich FamRZ 97, 1030: „verwalten" als Erbeinsetzung; FamRZ 89, 1119: Adoptivkind ausnahmsweise kein „Kind"; NJW-RR 92, 839: Adoptivkind als „leibliches" Kind? BayObLG-FER 00, 93: Nacherbeneinsetzung nur für Wiederverheiratung oder auch für Tod?); zur Auslegung bei teilweise modifizierenden Folgetestamenten BayObLG NJW-RR 97, 836; 98, 727; sa § 2258 Rn 2; bei Nacherbeneinsetzung § 2100 Rn 3 ff.

4 **c) „Andeutungstheorie".** Es können zur Auslegung zwar nicht nur Tatsachen berücksichtigt werden, die sich aus der letztwilligen Verfügung unmittelbar bzw mittelbar ergeben, sondern auch die äußeren Umstände vor und nach der Testamentserrichtung (BayObLG NJW 99, 1121; 88, 2742; NJW-RR 91, 7; 9). Wegen der Formalisierung letztwilliger Verfügungen (sa § 2247 Rn 2) muß die Auslegung aber stets in der förmlichen Erklärung einen – uU sehr entfernten – Anhalt finden (BGH 80, 244 u 250; 86, 47 mAnm Leipold JZ 83, 711; 94, 42 mAnm Kuchinke JZ 85, 748; NJW-RR 02, 292; BayObLG DNotZ 90, 425 mAnm Kuchinke; Hamm OLGZ 92, 23; München ZEV 98, 100 mAnm Weber; Karlsruhe FamRZ 00, 915). Formnichtige Verfügungen mögen zwar den „besseren" Willen des Erblassers zum Ausdruck bringen; sie bleiben aber auch dann unwirksam, wenn der Wille des Erblassers eindeutig feststeht (BGH 80, 242 u 250), und können allenfalls zur Auslegung anderer formwirksamer Verfügungen herangezogen werden (BayObLGZ 81, 82).

5 **d) Berücksichtigung des hypothetischen Erblasserwillens** kann im Wege ergänzender Auslegung erfolgen. Hat der Erblasser regelungsbedürftige Punkte übersehen oder ergeben sich nach dem Erbfall von ihm nicht vorhergesehene Änderungen (BayObLG NJW-RR 97, 1439: auch bei Fehlvorstellung über Verhältnisse bei Testamentserrichtung), so ist zu ermitteln, wie der Erblasser verfügt hätte, falls er die Regelungsbedürftigkeit eines Punktes oder die weitere Entwicklung der Verhältnisse erkannt hätte (BGH 22, 360; LM Nr 5; Karlsruhe OLGZ 81, 407; Düsseldorf FGPrax 98, 107: Ernennung eines Ersatztestamentsvollstreckers bei Entlassung des ursprünglich Ernannten; BayObLG NJW-RR 97, 1439; 02, 370: Gegenstandslosigkeit einzelner Anordnungen; uU Ersuchen auf Benennung eines Testamentsvollstreckers durch das Nachlaßgericht statt unwirksamer Bestellung eines bestimmten Testamentsvollstreckers: Zweibrücken ZEV 01, 27 mAnm Damrau); auch hier gilt nach hM indessen die „Andeutungstheorie" (BGH 86, 41, 47; BayObLG NJW 88, 2745; NJW-RR 91, 9; 1096; BayObLGZ 96, 221; NJW-RR 97, 1439). Ergänzende Auslegung verdrängt Lehre vom Wegfall der Geschäftsgrundlage bei Pflichten aus Vermächtnis (BGH NJW 93, 850; Düsseldorf FamRZ 96, 1303 mAnm Medicus ZEV 96, 467; sa § 2174 Rn 2). Politische und rechtliche Änderungen, die den Nachlaß unmittelbar betreffen, können im Rahmen dieser Maßstäbe Anlaß ergänzender Auslegung sein, auch soweit sie nach dem Erbfall eintreten (zurückhaltend Oldenburg DtZ 92, 291; Grunewald NJW 91, 1209 für frühere DDR; zutreffend Frankfurt DtZ 93, 216; BezG Meiningen DtZ 93, 64; KG FamRZ 95, 763; sa Vor § 1922 Rn 5, 15; Wasmuth DNotZ 92, 3; zur Anfechtung s § 2078 Rn 3 f). Erbeinsetzung erfaßt idR den gesamten Nachlaß, auch wenn der Erblasser zu Zeiten der DDR die Nachlaßspaltung und ihre Folgen nicht voll erfassen konnte (KG DtZ 96, 217; BayObLG 94, 723; 95, 1089; DtZ 96, 214; Hamm FamRZ 95, 758; Rpfleger 97, 529: Widerrufstestament betr „sämtliches Geld" beschränkt sich auf bundesrepublikanisches Vermögen; Gottwald FamRZ 94, 726; sa Vor § 1922 Rn 5).

6 **3. Die spezielle Regelung** des § 2084 erfaßt nur Fälle der Mehrdeutigkeit, in denen eine Auslegungsmodalität zur Unwirksamkeit führen würde oder sich nur schlecht verwirklichen ließe; sie ist praktisch kaum bedeutsam. Wird zB eine nicht

Titel 1. Allgemeine Vorschriften **§ 2085**

rechtsfähige Gemeinschaft eingesetzt, so gelten die Mitglieder als Erben mit der Auflage, den Nachlaß zu Gemeinschaftszwecken zu verwenden etc.

4. Die **Abgrenzung zwischen letztwilliger Verfügung und unverbindlicher Erklärung** (Wunsch, Vorentwurf) erfolgt allein nach den Kriterien des § 133: es ist der Rechtsbindungswille zu ermitteln. Es gibt keine Vermutung zugunsten der letztwilligen Verfügung, § 2084 ist unanwendbar (LM Nr 13; BayObLGZ 63, 60 f; 82, 59; KG NJW-RR 91, 393; Frankfurt VIZ 01, 286: nachrichtliche „Schenkung" eines in der DDR belegenen Grundstücks an die Gemeinde). Steht dagegen der Rechtsbindungswille fest und ist nur fraglich, ob eine (unwirksame) Schenkung unter Lebenden oder eine (wirksame) letztwillige Verfügung vorliegt, so ist *entspr* § 2084 von einer (wirksamen) letztwilligen Verfügung auszugehen (LM Nr 3) und umgekehrt (BGH FamRZ 85, 695; NJW 84, 47; ähnlich BayObLG FamRZ 00, 853); sa § 2247 Rn 1. 7

5. **Konversion.** § 2084 gebietet eine Auslegung, die eine nachfolgende zusätzliche Umdeutung vermeidet (BGH WM 87, 565; sa das Beispiel BayObLG NJW-RR 98, 730: Testament trotz äußerer Gestaltungsmerkmale einer Vereinbarung). Steht jedoch fest, daß das Erblasser das nichtige Geschäft wollte, so ist gem § 140 zu prüfen, ob er das in dem nichtigen Geschäft steckende wirksame Geschäft gewollt hätte, falls er die Nichtigkeit gekannt hätte. Bsp: Umdeutung einer eindeutig gewollten, aber formnichtigen Schenkung in ein handschriftliches Testament; Umdeutung eines wegen § 2271 II nichtigen schulderlassenden Vermächtnisses in vollzogenen schenkweisen Erlaß auf den Todesfall, § 2301 II (BGH NJW 78, 423; abl Tiedtke NJW 78, 2572); Umdeutung eines wegen § 1365 unwirksamen Kaufvertrags in Erbvertrag (BGH NJW 80, 2351; hierzu Tiedtke FamRZ 81, 1; BGH NJW 94, 1787); Umdeutung eines Übergabevertrages in Erbvertrag (BGH 40, 218) oder einer Vereinbarung, ein Testament nicht zu ändern (Stuttgart OLGZ 89, 415) oder neu zu testieren (Hamm FamRZ 97, 581), in Erbvertrag; Umdeutung einer erbvertraglichen Verfügung in einem wegen Geschäftsunfähigkeit des einen Teils unwirksamen zweiseitigen Erbvertrag in eine testamentarische Verfügung (BayObLG FamRZ 95, 1449); Umdeutung des von einem Teil unterschriebenen Entwurfs eines gemeinschaftlichen Testaments in Einzeltestament (BGH NJW-RR 87, 1410; BayObLG NJW-RR 92, 333; FamRZ 95, 1449; Frankfurt FGPrax 98, 145 mN: nur bei Geltungswillen unabhängig von Verfügungen des anderen Teils; sa § 2247 Rn 1, § 2265 Rn 1 und §§ 2266, 2267 Rn 3); Umdeutung eines gemeinschaftlichen Testaments Verlobter in Einzeltestamente setzt Wahrung der Form voraus (Düsseldorf FamRZ 97, 518; ähnlich Hamm ZEV 96, 304 mablAnm Kanzleiter: keine Konversion unwirksamer wechselbezüglicher Verfügung bei Formnichtigkeit der Gegenverfügung; Düsseldorf FamRZ 97, 771). Die Grenze zur Auslegung ist praktisch oft fließend. 8

§ 2085 Teilweise Unwirksamkeit

Die Unwirksamkeit einer von mehreren in einem Testament enthaltenen Verfügungen hat die Unwirksamkeit der übrigen Verfügungen nur zur Folge, wenn anzunehmen ist, dass der Erblasser diese ohne die unwirksame Verfügung nicht getroffen haben würde.

1. **Bedeutung.** Die Vorschrift kehrt die Beweislage des § 139 um (s BayObLG NJW-RR 91, 8). Während in § 139 der Geschäftswille für den wirksamen Teil zu beweisen ist, muß gem § 2085 der *fehlende* Geschäftswille bewiesen werden (LM Nr 2). Sie verwirklicht damit wie § 2084 den Grundsatz, dem Erblasserwillen möglichst Geltung zu verschaffen. 1

2. **Voraussetzung** ist das **Vorliegen mehrerer Verfügungen** in *einem* Testament – nicht in verschiedenen (BayObLG FamRZ 00, 1395). Das trifft zu bei Enterbung eines Pflichtteilsberechtigten und Erbeinsetzung eines Dritten (LM Nr 2; sa Zweibrücken FGPrax 96, 152), bei Entziehung des Pflichtteils und des in einem 2

früheren Testament zugewandten Erbteils (Hamm NJW 72, 2132), sowie bei Verfügung über mehrere Gegenstände, von denen einer nicht zum Vermögen des Erblassers gehört (BayObLG FamRZ 89, 326), oder bei Erbeinsetzung unter gleichzeitiger Beschwerung mit unwirksamem Vermächtnis, dessen Höhe frei durch den Erben zu bestimmen ist (BayObLG NJW-RR 99, 946).

3 3. Die **Wirksamkeit von Teilen einer einheitlichen Verfügung** beurteilt sich ebenfalls nach § 2085, nicht nach § 139 (BGH NJW 83, 278 mAnm Stürner JZ 83, 149; offen noch LM Nr 2, 3; BGH 52, 25). Die Teilwirksamkeit einer Verfügung erfordert ihre *Teilbarkeit*. Sie ist zB zu bejahen für die Testamentsvollstreckung bei mehreren Miterben (LM Nr 3), im Falle des Mätressentestaments (BGH 52, 17; 53, 383; vgl § 2077 Rn 4) oder beim Geldvermächtnis (BGH NJW 83, 278); sa § 2078 Rn 6; zur vollen Unwirksamkeit bei unbestimmter Erbeinsetzung § 2065 Rn 2; zur Teilunwirksamkeit nach Anfechtung s § 2078 Rn 6; § 2079 Rn 5.

4 4. Bei **Ungewißheit über Teile eines Testaments** ist § 2085 unanwendbar; hier gilt die Beweislastverteilung des § 139 (LM Nr 1).

§ 2086 Ergänzungsvorbehalt

Ist einer letztwilligen Verfügung der Vorbehalt einer Ergänzung beigefügt, die Ergänzung aber unterblieben, so ist die Verfügung wirksam, sofern nicht anzunehmen ist, dass die Wirksamkeit von der Ergänzung abhängig sein sollte.

1 1. Bedeutung. Die Vorschrift kehrt die Vermutung des § 154 I 1 um.

2 2. Beim **unvollendeten oder unvollständigen Testament** gelten die Auslegungsregeln und § 2085.

Titel 2. Erbeinsetzung

§ 2087 Zuwendung des Vermögens, eines Bruchteils oder einzelner Gegenstände

(1) Hat der Erblasser sein Vermögen oder einen Bruchteil seines Vermögens dem Bedachten zugewendet, so ist die Verfügung als Erbeinsetzung anzusehen, auch wenn der Bedachte nicht als Erbe bezeichnet ist.

(2) Sind dem Bedachten nur einzelne Gegenstände zugewendet, so ist im Zweifel nicht anzunehmen, dass er Erbe sein soll, auch wenn er als Erbe bezeichnet ist.

Lit: Otte, Läßt das Erbrecht des BGB eine Erbeinsetzung auf einzelne Gegenstände zu?, NJW 87, 3164; Schrader, Erb- und Nacherbeinsetzung auf einzelne Nachlaßgegenstände, NJW 87, 117.

1 1. § 2087 I enthält eine Auslegungsregel (str), nach welcher unabhängig von der Bezeichnung die Zuwendung eines Vermögensbruchteils als Erbeinsetzung gelten soll (zB „Restbetrag meines Vermögens", BayObLG FamRZ 86, 605); auch die Zuwendung von inländischem bzw auslandsbelegenem Vermögen kann Bruchteilzuwendung iSd I sein (BGH NJW 97, 397 = LM Nr 3 mAnm Leipold). Der Erblasser kann aber durch abw Willenserklärung einen Vermögensbruchteil als Vermächtnis zuwenden (BGH NJW 60, 1759; LM Nr 14 zu § 2084; BayObLG NJW-RR 96, 1478; FGPrax 98, 109; hierzu Johannsen WM 79, 605), indem er den Vermächtniswert als Quote des Nachlasses festlegt („Quotenvermächtnis").

2 2. § 2087 II definiert die Zuwendung einzelner Gegenstände als Vermächtnis (Bsp: BayObLG Rpfleger 80, 471; Köln Rpfleger 82, 424; BayObLG NJW-RR 93, 139; FamRZ 96, 1306). Auch hier kann sich aus dem eindeutig ermittelbaren

Erblasserwillen eine abw Auslegung ergeben (Köln FamRZ 93, 735: Auslegungsregel, keine gesetzliche Vermutung; BayObLG FamRZ 99, 1393), zB bei eindeutiger Wortwahl und Rechtskenntnissen des Erblassers (BayObLG FamRZ 93, 1250). Falls der Erblasser in einzelnen Gegenständen oder sogar in einem einzigen Gegenstand den Hauptwert des Nachlasses sieht und den Zuwendungsempfänger ganz oder teilw in seine wirtschaftliche Position einrücken lassen will, wird Erbeinsetzung gewollt sein (BGH FamRZ 72, 563; BayObLG FamRZ 00, 1458; NJW-RR 01, 657; 00, 1174; 93, 139; Hohloch JuS 01, 713). Der Hauptwert muß nach Vorstellung des Erblassers auch noch im Zeitpunkt des Erbfalles wesentlicher Nachlaßwert sein (BayObLG NJW-FER 01, 182). Die *Erbeinsetzung nach Vermögensgruppen* (zB Grundstücke, Mobilien etc) wird häufig nicht als Zuwendung einzelner Gegenstände, sondern als Zuwendung eines Vermögensbruchteils und damit als Erbeinsetzung anzusehen sein (LM Nr 12 zu § 2084; BGH NJW 97, 393; vgl BayObLG NJW-RR 90, 1230; 97, 517; Rpfleger 97, 215). Die Zuweisung von Gegenständen hat dann gleichzeitig die Bedeutung einer Teilungsanordnung (§ 2048), uU auch eines Vorausvermächtnisses (Köln Rpfleger 92, 199; BayObLG NJW-RR 93, 582; § 2048 Rn 4; ferner Emler NJW 82, 87 zur Nacherbeneinsetzung für eine Vermögensgruppe; sa § 2091 Rn 1). 3

§ 2088 Einsetzung auf Bruchteile

(1) Hat der Erblasser nur einen Erben eingesetzt und die Einsetzung auf einen Bruchteil der Erbschaft beschränkt, so tritt in Ansehung des übrigen Teils die gesetzliche Erbfolge ein.

(2) Das Gleiche gilt, wenn der Erblasser mehrere Erben unter Beschränkung eines jeden auf einen Bruchteil eingesetzt hat und die Bruchteile das Ganze nicht erschöpfen.

1. Die Vorschrift stellt klar, daß testamentarische und ges Erbfolge nebeneinander möglich sind. Hat der Erblasser über einen Bruchteil durch letztwillige Verfügung verfügt, so ist es Auslegungsfrage, ob der testamentarische Bruchteilserbe auch noch gleichzeitig ges Erbe bzw Miterbe am Restnachlaß (vgl § 1951) sein soll (BayObLGZ 65, 166; FamRZ 98, 1335; 99, 52); im Regelfall wird dies jedoch zu verneinen sein. Beim Tod vorhandenes weiteres Vermögen fällt dagegen den Bruchteilserben zu, wenn der Erblasser den Nachlaß mit der Zuweisung von Bruchteilen seines Vermögens vollständig verteilen wollte (BayObLG NJW-RR 98, 1230; 00, 888, 889). War das nichteheliche Kind neben der eingesetzten Ehefrau oder den eingesetzten ehelichen Abkömmlingen ges Erbe, so bewendete es unter altem Recht beim Erbersatzanspruch (§ 1934 a aF; im Rahmen des EGBGB 227 von Restbedeutung für Altfälle, zur Reform des Nichtehelichenrechts § 1924 Rn 3), die bruchteilseingesetzten Erben werden am freien Nachlaßteil ges Erben (str; sa Spellenberg FamRZ 77, 187). Zum Nebeneinander von Testamentserben und ges Erben beim teilnichtigen Mätressentestament vgl § 2077 Rn 4. 1

§ 2089 Erhöhung der Bruchteile

Sollen die eingesetzten Erben nach dem Willen des Erblassers die alleinigen Erben sein, so tritt, wenn jeder von ihnen auf einen Bruchteil der Erbschaft eingesetzt ist und die Bruchteile das Ganze nicht erschöpfen, eine verhältnismäßige Erhöhung der Bruchteile ein.

§ 2090 Minderung der Bruchteile

Ist jeder der eingesetzten Erben auf einen Bruchteil der Erbschaft eingesetzt und übersteigen die Bruchteile das Ganze, so tritt eine verhältnismäßige Minderung der Bruchteile ein.

Anmerkungen zu den §§ 2089, 2090

1. Die §§ 2089, 2090 unterstellen eine widersprüchliche Verfügung: der Erblasser hat entweder zuwenig oder zuviel verteilt. Dieses Zuwenig oder Zuviel wird auf die eingesetzten Erben im Verhältnis ihrer testamentarischen Erbteile aufgeteilt. Im Falle des § 2089 muß dabei feststehen, daß keine Bruchteilseinsetzung gem § 2088 vorliegt (s BayObLG FamRZ 90, 1279 bei Erbeinsetzung durch Zuwendung einzelner Vermögensgegenstände).

§ 2091 Unbestimmte Bruchteile

Sind mehrere Erben eingesetzt, ohne dass die Erbteile bestimmt sind, so sind sie zu gleichen Teilen eingesetzt, soweit sich nicht aus den §§ 2066 bis 2069 ein anderes ergibt.

1   1. Die Auslegungsregel ordnet iZw Beteiligung nach Kopfteilen an. Sie gilt nach hM auch dann, wenn die ges Erben nicht als solche (§ 2066), sondern einzeln namentlich benannt werden. Sie gilt nicht, falls sich mit der Aufzählung der Erben eine Einteilung nach Stämmen verbindet (Frankfurt FamRZ 94, 327). Erbeinsetzung unter Zuweisung von Gegenständen kann Einsetzung zu gleichen bzw ges Teilen verbunden mit Teilungsanordnung oder Vorausvermächtnis bedeuten (BayObLG FamRZ 85, 314; 93, 1251; sa § 2048 Rn 4, § 2087 Rn 2 f) oder aber Erbeinsetzung mit der Quote des Verkehrswertes der Gegenstände. Anhaltspunkte für die Einsetzung der Erben auf verschieden große Bruchteile stehen der Anwendung der Vorschrift stets entgegen (BayObLG NJW-RR 90, 1419; 00, 120).

§ 2092 Teilweise Einsetzung auf Bruchteile

(1) Sind von mehreren Erben die einen auf Bruchteile, die anderen ohne Bruchteile eingesetzt, so erhalten die letzteren den freigebliebenen Teil der Erbschaft.

(2) Erschöpfen die bestimmten Bruchteile die Erbschaft, so tritt eine verhältnismäßige Minderung der Bruchteile in der Weise ein, dass jeder der ohne Bruchteile eingesetzten Erben so viel erhält wie der mit dem geringsten Bruchteil bedachte Erbe.

1   1. Im Rahmen des § 2092 I kommt § 2091 zur Anwendung.

§ 2093 Gemeinschaftlicher Erbteil

Sind einige von mehreren Erben auf einen und denselben Bruchteil der Erbschaft eingesetzt (gemeinschaftlicher Erbteil), so finden in Ansehung des gemeinschaftlichen Erbteils die Vorschriften der §§ 2089 bis 2092 entsprechende Anwendung.

1   1. Der gemeinschaftliche Erbteil ist als große Ausnahme nur anzunehmen bei unzweifelhaftem Willen des Erblassers, zwischen einzelnen Erben eine engere Gemeinschaft als zu den übrigen herzustellen; sprachliche Verbindung oder Gesamtbezeichnung genügen nicht (BayObLGZ 76, 125/126; FamRZ 88, 215; NJW-RR 99, 1312).

§ 2094 Anwachsung

(1) ¹Sind mehrere Erben in der Weise eingesetzt, dass sie die gesetzliche Erbfolge ausschließen, und fällt einer der Erben vor oder nach dem Eintritt des Erbfalls weg, so wächst dessen Erbteil den übrigen Erben nach dem Verhältnis ihrer Erbteile an. ²Sind einige der Erben auf einen gemeinschaftlichen Erbteil eingesetzt, so tritt die Anwachsung zunächst unter ihnen ein.

(2) Ist durch die Erbeinsetzung nur über einen Teil der Erbschaft verfügt und findet in Ansehung des übrigen Teils die gesetzliche Erbfolge statt, so tritt die Anwachsung unter den eingesetzten Erben nur ein, soweit sie auf einen gemeinschaftlichen Erbteil eingesetzt sind.

(3) Der Erblasser kann die Anwachsung ausschließen.

1. Wegfall. a) vor dem Erbfall: Tod (§ 1923 I); Erbverzicht (§ 2352). **1 b) nach dem Erbfall:** Ausschlagung (§ 1953); Erbunwürdigkeit (§ 2344); Tod vor Bedingungseintritt (§ 2074); Anfechtung (§ 2078); Unwirksamkeit gem § 2270 (BayObLG DNotZ 93, 132).

2. Nichtigkeit der Erbeinsetzung bedingt keinen „Wegfall", weil der Be- 2 nannte nie Erbe werden konnte; einschlägig ist § 2089 (str; aA KG NJW 56, 1523).

3. Ausschluß der ges Erbfolge wird regelmäßig zu bejahen sein, falls kein Fall 3 des § 2088 vorliegt.

4. Keine Anwachsung bei Ersatzerbeneinsetzung (§ 2099; Karlsruhe 4 NJW-RR 92, 1482; BayObLG DNotZ 93, 133) und damit auch bei Kindeskindern als Ersatzerben (§ 2069) oder bei Nacherbschaft, § 2102 I; zu Kindern als Ersatzerben nach Erben, die nicht Abkömmlinge sind, s § 2069 Rn 5.

5. Parallelregelung für die ges Erbfolge in § 1935.

§ 2095 Angewachsener Erbteil

Der durch Anwachsung einem Erben anfallende Erbteil gilt in Ansehung der Vermächtnisse und Auflagen, mit denen dieser Erbe oder der wegfallende Erbe beschwert ist, sowie in Ansehung der Ausgleichungspflicht als besonderer Erbteil.

1. Parallelvorschrift zu § 1935. Die Vorschrift gewinnt für Vermächtnisse und 1 Auflagen nur Bedeutung in Fällen verschiedener Beschwerung. Die Ausgleichspflicht kommt gem §§ 2052, 2051 in Betracht, wobei dann dem Miterben die Wohltat des § 2056 bei Überlastung des ursprünglichen oder angewachsenen Erbteils erhalten bleibt.

§ 2096 Ersatzerbe

Der Erblasser kann für den Fall, dass ein Erbe vor oder nach dem Eintritt des Erbfalls wegfällt, einen anderen als Erben einsetzen (Ersatzerbe).

Lit: Diederichsen, Ersatzerbfolge oder Nacherbfolge, NJW 65, 671.

1. Begriff. Der Ersatzerbe wird bei Wegfall des Erben unmittelbarer Rechts- 1 nachfolger des Erblassers. Der Nacherbe hingegen erst Erbe, nachdem zunächst ein anderer Erbe war. Rechtsunkundige können in ihrer Verfügung beide Begriffe verwechseln; es ist dann durch Auslegung zu ermitteln, was gemeint war (LM Nr 1 zu § 2100).

2. Ges geregelte Fälle der Ersatzerbschaft: §§ 2069, 2102. Zur Ersatzerben- 2 einsetzung kraft *ergänzender Testamentsauslegung* § 2069 Rn 5 mN.

3. Wegfall des Erstberufenen liegt vor in den in § 2094 Rn 1 genannten 3 Fällen, einschließlich aber auch – hier unstr – bei anfänglicher Nichtigkeit der Einsetzung des Haupterben. Sofern der Erstberufene den Erbfall erlebt, tritt mit seinem Tod kein Wegfall ein, es sei denn, die Erben des Erstberufenen schlagen noch wirksam aus (§ 1952).

4. Stellung des Ersatzerben. a) Vor dem Erbfall hat der Ersatzerbe – wie 4 jeder Erbe – keine rechtlich geschützte Position. Falls er vor dem Erbfall stirbt, wird er nicht mehr Ersatzerbe (§ 1923 I), seine Abkömmlinge werden allenfalls gem § 2069 Ersatzerben. **b) Nach dem Erbfall, aber vor Wegfall des Erstberufenen** erwirbt der Ersatzerbe nach hM eine vererbliche Anwartschaft, so daß bei seinem Tod seine – ges oder testamentarischen – Erben Ersatzerben werden. Der Ersatzerbe besitzt aber keinerlei Einfluß auf den Nachlaß und hat folglich bei der Nachlaßverwaltung keinerlei Mitwirkungsrechte (RG 145, 319; BGH 40, 118); für die Verantwortlichkeit des ausschlagenden Erstberufenen gilt § 1959. Der Ersatzerbe ist allerdings im Erbschein aufzuführen (RG 142, 173) und kann ins Grundbuch eingetragen werden (hM, aber str). **c) Nach dem Erbfall und Wegfall des Erstberufenen** ist der Ersatzerbe rückwirkend auf den Zeitpunkt des Erbfalls Erbe (Celle NdsRPfl 49, 176).

5   5. Für den **Ersatznacherben** gilt alles zum Ersatzerben Gesagte entsprechend: Anwartschaft des Ersatznacherben nach dem Erbfall und vor dem Nacherbfall (BayObLG FamRZ 92, 729; sa § 2100 Rn 7). Beim Tod des Nacherben vor dem Nacherbfall geht nach hM die Ersatzerbschaft der Erbfolge gem § 2108 II nicht ohne weiteres vor (vgl § 2069 Rn 4); jedenfalls tritt der Ersatzerbfall ein, falls die Erben des Nacherben ausschlagen. Auf die Nachlaßverwaltung hat der Ersatznacherbe keinerlei Einfluß (RG 145, 319; BGH 40, 118).

§ 2097 Auslegungsregel bei Ersatzerben

Ist jemand für den Fall, dass der zunächst berufene Erbe nicht Erbe sein kann, oder für den Fall, dass er nicht Erbe sein will, als Ersatzerbe eingesetzt, so ist im Zweifel anzunehmen, dass er für beide Fälle eingesetzt ist.

1   1. Die Vermutung versagt, falls der Erstberufene die Erbschaft zwar ausschlägt, aber gleichzeitig den Pflichtteil verlangt (Frankfurt OLGZ 71, 208; Stuttgart OLGZ 82, 271; s noch § 2069 Rn 3), sowie bei erbvertraglich auf bestimmte Fälle beschränkter Ersatzerbenberufung (BayObLG DNotZ 90, 54).

§ 2098 Wechselseitige Einsetzung als Ersatzerben

(1) Sind die Erben gegenseitig oder sind für einen von ihnen die übrigen als Ersatzerben eingesetzt, so ist im Zweifel anzunehmen, dass sie nach dem Verhältnis ihrer Erbteile als Ersatzerben eingesetzt sind.

(2) Sind die Erben gegenseitig als Ersatzerben eingesetzt, so gehen Erben, die auf einen gemeinschaftlichen Erbteil eingesetzt sind, im Zweifel als Ersatzerben für diesen Erbteil den anderen vor.

1   1. Die Erhöhung der Anteile bei Ersatzberufung gem § 2098 erfolgt wie bei Anwachsung, allerdings mit dem Unterschied, daß die Ersatzerbteile *in jeder Hinsicht* als besondere Erbteile zu behandeln sind (anders § 2095).

§ 2099 Ersatzerbe und Anwachsung

Das Recht des Ersatzerben geht dem Anwachsungsrecht vor.

1   1. Ges Fall des Ausschlusses der Anwachsung, § 2094 III.

Titel 3. Einsetzung eines Nacherben

§ 2100 Nacherbe

Der Erblasser kann einen Erben in der Weise einsetzen, dass dieser erst Erbe wird, nachdem zunächst ein anderer Erbe geworden ist (Nacherbe).

Lit: Baur/Grunsky, Eine „Einmann-OHG" ZHR 133, 209; Hadding, Zur Rechtsstellung des Vorerben von GmbH-Geschäftsanteilen, FS Bartholomeyczik, 1973, S 75; Haegele, Rechtsfragen zur Vor- und Nacherbschaft, Rpfleger 71, 121; Hefermehl, Vor- und Nacherbfolge bei Beteiligung an einer Personenhandelsgesellschaft, FS für Westermann, 1974, S 223; Kessel, Eingriffe in die Vorerbschaft, MittRhNotK 91, 137; Michalski, Die Vor- und

Titel 3. Einsetzung eines Nacherben **§ 2100**

Nacherbschaft in einen OHG(KG)- und GmbH-Anteil, DB 87 Beil Nr 16; Olzen, Die Vor- und Nacherbschaft, Jura 01, 726; Petzold, Vorerbschaft und Nießbrauchsvermächtnis, BB 75 Beil Nr 6; Settergren, Das Behindertentestament im Spannungsfeld zwischen Privatautonomie und sozialhilferechtlichem Nachrangprinzip, 1999.

1. Wesen der Nacherbschaft. Vorerbe und Nacherbe sind Gesamtrechtsnachfolger des Erblassers, der Nacherbe ist also nicht Erbe des Vorerben (BGH 3, 255; 37, 326). Da indessen der Nacherbe erst mit dem Nacherbfall Erbe wird, besteht zwischen Vor- und Nacherbe keine Miterbengemeinschaft. Vom *Schlußerben* spricht man, wenn zwei Erblasser sich wechselseitig zu Vollerben einsetzen und darüber hinaus den Erben des Letztversterbenden bestimmen. Abgrenzung zum *Ersatzerben* vgl § 2096 Rn 1. 1

2. Erbschaftsteuerrechtlich wird der Tatbestand der Nacherbschaft so behandelt, als würden zwei Erbfälle vorliegen: sowohl der Anfall beim Vorerben als auch der Anfall beim Nacherben gilt steuerrechtlich als Erbfall (ErbStG 6). Der Nacherbe kann aber die für sein Verhältnis zum Erblasser geltende Steuerklasse wählen, falls sie ihm günstiger ist. Falls der Nacherbfall nicht durch den Tod des Vorerben, sondern schon vorher aufgrund einer Bedingung eintritt, kann dem Nacherben die vom Vorerben geleistete Steuer teilweise angerechnet werden. Bei mehrfachem Erwerb desselben Vermögens durch Personen der Steuerklasse I (§ 1924 Rn 6) innerhalb von 10 Jahren gewährt ErbStG 27 einen zeitlich gestaffelten Ermäßigungsbetrag. 2

3. Die **Einsetzung als Nacherbe** kann nur durch letztwillige Verfügung erfolgen, auch in den Fällen der sog konstruktiven Nacherbfolge, bei der lediglich besondere Auslegungsregeln eingreifen (§§ 2101, 2104 f); in Testamenten bis 31. 12. 1975 angeordnete Nacherbfolge bleibt trotz späterer Nachlaßspaltung auch für in der ehemaligen DDR belegenes Grundvermögen wirksam (BayObLG NJW 98, 241; NJW-RR 01, 950; sa Vor § 1922 Rn 5, 7, 13). Nacherbeneinsetzung kann wegen Verstoßes gegen HeimG 14 V unwirksam sein (Düsseldorf ZEV 98, 34 mAnm Rossak: Kinder des Heimleiters; sa § 2077 Rn 1). Bei der *Auslegung* ist nicht der Wortlaut maßgeblich, sondern der erblasserische Wille (BGH NJW 93, 257; BayObLG FamRZ 96, 1578; 00, 61; NJW-RR 02, 297; Hamm NJW-RR 97, 453: Möglichkeit befreiter Vorerbschaft ist mitzuberücksichtigen; hierzu krit Avenarius NJW 97, 2740; sa § 2084 Rn 3). Die Anordnung, die Erbschaft solle „auf unsere beiden Söhne ... und auf ihre leiblichen Nachkommen zu gleichen Teilen zufallen" (BGH NJW 93, 256) oder der erbende Sohn dürfe nur an seine Kinder weitervererben, kann Nacherbschaft der Enkelkinder bedeuten (BayObLG DNotZ 83, 668; weitere Bsp: BayObLG FamRZ 86, 608; BayObLG Rpfleger 90, 209; ZEV 98, 146; Zweibrücken FamRZ 97, 1364; sa Köln FamRZ 90, 438: Nacherbschaft anstelle unzulässiger „Erbgemeinschaft"), dagegen grundsätzlich nicht die Einsetzung zu „Schluß- und Ersatzerben" (BayObLG Rpfleger 98, 72). Mit den Begriffen „Ersatzerbe" (auch in notariell beurkundetem Testament, LM Nr 1) oder „Nießbrauch" (LM Nr 2) kann Vor- und Nacherbschaft gemeint sein (und umgekehrt, KG OLGZ 87, 2), mit „gesamt Erbe nach beider Tod" Nacherbschaft (BayObLG ZEV 99, 398). Die Abgrenzung zum *Nießbrauchvermächtnis* hat sich vor allem daran zu orientieren, ob der Erblasser dem Begünstigten sofort die Verfügungsgewalt über den Nachlaß zukommen lassen wollte – dann Vorerbschaft (BayObLG FamRZ 81, 403) – oder ob der Begünstigte beim Erbfall auf die Einräumung einer Nutzungsposition durch Dritte angewiesen sein soll – dann Nießbrauchvermächtnis. Weniger ausschlaggebend ist der Umfang der Verfügungsbefugnis, der auch über §§ 2113 ff hinaus durch Auflagen beschränkt werden kann (LM Nr 2). Sofern allerdings „Nießbrauch und Verfügung" zugewendet werden, spricht vieles für Vorerbschaft (BayObLG OLG 43, 400). Soweit das Nießbrauchvermächtnis zu *günstigerer Erbschaftsbesteuerung* führt (*ein Erbfall für zwei Personen mit doppelten Freibeträgen und niedrigeren Steuersätzen*), kann dies gegen Vorerbschaft sprechen (BayObLG Rpfleger 81, 64 f); bei hohem Alter des Bedachten soll 3

4

Stürner 1747

aber trotz ungünstiger steuerlicher Folgen die sofortige Begünstigung durch die Vorerbschaft, die das Warten auf Bestellung des Nießbrauchs vermeidet, die Gesamtbeurteilung prägen (FG München EFG 00, 279 f). Allerdings führt gem ErbStG 25 I nF der *Ehegattennießbrauch* nicht zur steuerlichen Aufteilung des Nachlasses, so daß hier (wie gem ErbStG 25 aF bis 1. 9. 80 bei *jedem* Nießbrauch)
5 Steuervorteile seltener sein werden (zum Ganzen Münch ZEV 98, 8). *Alleinerbe* bzw *Haupterbe* und Vorerbe sind keine Gegensätze (BayObLG FamRZ 84, 1273; 96, 1503; 00, 984; s aber BayObLG NJW-RR 97, 839: „Universalerbin" als Vollerbin), der Laie mag uU Allein- und Vollerbschaft verwechseln und bei Anordnung von Alleinerbschaft die Nacherbschaft ausschließen wollen (s BayObLG NJW 66, 1223). Beim gemeinschaftlichen Testament gilt die Auslegungsregel des § 2269. Die Nacherbfolge kann auf einen Nachlaßteil beschränkt werden (BayObLG NJW 58, 1683; BGH NJW 80, 1276). Beim sog *Behindertentestament* verhindern Vorerbschafts- oder Vermächtniskonstruktionen den möglichen Zugriff des Sozialhilfeträgers (dazu Trilsch-Eckardt ZEV 01, 229; Damrau ZEV 01, 293 und Hartmann ZEV 01, 89; sa § 2077 Rn 2).

6 **4. Bedingung und Befristung** der Nacherbeneinsetzung sind möglich (vgl §§ 2103–2106), wobei das Verhalten des Vorerben (zB Wiederverheiratung, s § 2269 Rn 7; BayObLG FamRZ 97, 1569: Gebäudeabriß; ferner §§ 2074–2076 Rn 3) oder des Nacherben Bedingung sein kann (zB standeswidrige Heirat; BayObLG FamRZ 97, 707; 00, 380; sa Vor § 1922 Rn 1; §§ 2074–2076 Rn 4). Zulässig ist nach hM auch die Bedingung, daß der Vorerbe nicht abweichend testiert (Frankfurt Rpfleger 97, 262); vgl § 2065 Rn 1.

7 **5. Rechtsstellung des Nacherben zwischen Erbfall und Nacherbfall.** Der Nacherbe erwirbt mit dem Erbfall ein gegenwärtiges, unentziehbares, regelmäßig vererbliches (§ 2108 II 1) und übertragbares Anwartschaftsrecht (BGH 37, 325; 57, 187; 87, 369; NJW 00, 3359; BayObLG FamRZ 92, 729). Auf den Verkauf und die Veräußerung finden §§ 2371, 2385; 2033 entspr Anwendung (RG 101, 185); zulässig ist auch der Erwerb durch den Vorerben. Der Erwerber rückt voll in die Stellung des Nacherben ein; im Nacherbfall wird er ohne Durchgangserwerb Gesamtrechtsnachfolger des Erblassers. Der Erblasser kann die Übertragbarkeit wie die Vererblichkeit (§ 2108 II 1) ausschließen (RG 170, 168; str). Vor dem Nacherbfall besteht keine Erbengemeinschaft der Nacherben (BGH NJW 93, 1583; sa
8 § 2032 Rn 2). Die *Pfändung* erfolgt nach ZPO 857 I, 829, wobei Drittschuldner nur ein etwa vorhandener Mitnacherbe, nicht aber der Vorerbe ist. Schon vor dem Nacherbfall kann der Nacherbe die Unwirksamkeit benachteiligender Verfügungen grundsätzlich durch Feststellungsklage geltend machen (BGH 52, 271), nicht aber die künftige Ausgleichungspflicht nach §§ 2050, 2055 unter (Mit-)Nacherben (Karlsruhe NJW-RR 90, 137).

9 **6. Grundbucheintragung** erfolgt nach GBO 51. IdR ist namentliche Bezeichnung geboten, falls die Verfügung dies zuläßt (BayObLGZ 82, 255; LG Frankfurt Rpfleger 84, 271 mAnm Grunsky); weitere Nacherben (vgl § 2109 I) sind einzutragen (Hamm OLGZ 75, 155), ebenso Ersatznacherben. Verzicht (BayObLGZ 89, 183) und Löschungsbewilligung bedürfen der Zustimmung der Nacherben (BayObLG Rpfleger 82, 277: Ergänzungspfleger für unbekannte Nacherben) und der Ersatz- oder bedingten Nacherben (Frankfurt OLGZ 70, 443; Braunschweig Rpfleger 91, 204; anders nach wirksamer Veräußerung des Grundstücks durch befreiten Vorerben: BayObLG Rpfleger 82, 467; § 2113 Rn 7; sa Hamm NJW-RR 97, 1095: fehlende Zustimmung nicht erzeugter Abkömmlinge einer 66-jährigen Vorerbin unschädlich). Auch die Veräußerung, Pfändung und Verpfändung des Nacherbenrechts ist eintragbar, um gutgl Erwerb zu verhindern (sa Rn 11). Wenn Nacherbfall nicht mehr eintreten kann, ist der Nacherbenvermerk wegen Unrichtigkeit des Grundbuchs zu löschen (GBO 22, 29; BayObLG FamRZ 97, 710; 00, 1185; sa § 2113 Rn 7).

10 **7. Erbschein** vgl § 2363.

Titel 3. Einsetzung eines Nacherben **§§ 2101, 2102**

8. Prozessuales. a) Erkenntnisverfahren: ZPO 326, 242, 246. Vor dem Nacherbfall fehlt dem Nacherben die Klagebefugnis im verwaltungsprozessualen Verfahren (BVerwG NJW 98, 770; 01, 2417). **b) Zwangsvollstreckung:** ZPO 773, § 2115. Bei einer Grundstücksversteigerung (dazu Klawikowski Rpfleger 98, 100) darf der Nacherbenvermerk nicht ins geringste Gebot aufgenommen werden (ZVG 44), auch nicht nach Verpfändung der Anwartschaft des Nacherben (BGH NJW 00, 3358; s § 2115 Rn 2 und 3). **c) Insolvenz:** InsO 83 II (KO 128 aF). 11

§ 2101 Noch nicht erzeugter Nacherbe

(1) ¹Ist eine zur Zeit des Erbfalls noch nicht erzeugte Person als Erbe eingesetzt, so ist im Zweifel anzunehmen, dass sie als Nacherbe eingesetzt ist. ²Entspricht es nicht dem Willen des Erblassers, dass der Eingesetzte Nacherbe werden soll, so ist die Einsetzung unwirksam.

(2) Das Gleiche gilt von der Einsetzung einer juristischen Person, die erst nach dem Erbfall zur Entstehung gelangt; die Vorschrift des § 84 bleibt unberührt.

1. Die Vorschrift ist **Auslegungsregel** für den Fall, daß der Erblasser mit der fehlenden Erzeugung im Zeitpunkt des Erbfalles rechnete (sa § 2070 Rn 1); sie ist *Ergänzungsregel*, falls der Erblasser fest von der Erzeugung ausging. 1

2. Vorerben sind die ges Erben, § 2105. Sofern geborene und noch nicht erzeugte Personen zu gleichen Teilen als Erben eingesetzt sind, sind die geborenen Personen Erben und auflösend bedingte Vorerben zugleich, ohne daß ein Miterbenanteil feststünde; der Inhalt des Erbscheins muß dies berücksichtigen (Köln Rpfleger 92, 391 mAnm Eschelbach). 2

3. Der **Nacherbenvermerk** im Grundbuch kann schon vor der Geburt erfolgen (RG 65, 279). 3

4. Pflegschaft gem § 1913 S 2. 4

§ 2102 Nacherbe und Ersatzerbe

(1) Die Einsetzung als Nacherbe enthält im Zweifel auch die Einsetzung als Ersatzerbe.

(2) Ist zweifelhaft, ob jemand als Ersatzerbe oder als Nacherbe eingesetzt ist, so gilt er als Ersatzerbe.

Lit: S § 2096.

1. Die **Auslegungsregel** des § 2102 I gilt nur iZw (BayObLG FamRZ 92, 477; FamRZ 00, 985; NJW-RR 01, 950, 953). Es ist zunächst zu ermitteln, ob der Erblasser den Erbschaftsanfall beim Nacherben nicht unter allen Umständen auf einen bestimmten Zeitpunkt hinausschieben oder von einem bestimmten Ereignis abhängig machen wollte. Ist dies der Fall, so tritt bei mehreren Vorerben Anwachsung (§ 2094), sonst zunächst ges Erbfolge (§ 2105 I) ein. Andernfalls tritt der Nacherbe als Ersatzerbe an die Stelle des Vorerben, wenn dieser zB ausschlägt; schlagen die Erben des Vorerben fristgemäß aus, so können sie Pflichtteilsansprüche und Zugewinnausgleichsansprüche des Vorerben gegen den Nachlaß und damit gegen den Ersatzerben geltend machen (BGH 44, 152). Haben sich **Ehegatten** in einem **gemeinschaftlichen Testament** gegenseitig als Vorerben und Dritte als Nacherben eingesetzt, so kann dies Einsetzung des Dritten auf den Nachlaß des längstlebenden Ehegatten als Ersatzerbe des erstverstorbenen Ehegatten bedeuten, sofern die Ehegatten über ihre beiden Erbfälle verbindlich verfügen wollten (BayObLG FamRZ 92, 477); läßt sich ein derartiger Wille nicht ermitteln, greift § 2102 I ein (BGH FamRZ 87, 475; KG Rpfleger 87, 110 gegen Karlsruhe FamRZ 70, 256; str, s Nehlsen-von Stryk DNotZ 88, 147 mN). 1 2

§§ 2103, 2104 Buch 5. Abschnitt 3. Testament

3   **2.** Die **Auslegungsregel** des § 2102 II geht davon aus, daß der Erblasser den Erben idR nicht durch Nacherbschaft beschränken will. Auch hier muß aber zunächst der Erblasserwille erforscht werden; er kann ergeben, daß trotz des Ausdrucks „Ersatzerbe" Nacherbschaft gewollt war (§ 2100 Rn 3 ff).

4   **3.** Zum **Ersatznacherben** vgl § 2096 Rn 5.

§ 2103 Anordnung der Herausgabe der Erbschaft

Hat der Erblasser angeordnet, dass der Erbe mit dem Eintritt eines bestimmten Zeitpunkts oder Ereignisses die Erbschaft einem anderen herausgeben soll, so ist anzunehmen, dass der andere als Nacherbe eingesetzt ist.

1   **1.** Die **Auslegungsregel** hat zwei Voraussetzungen: a) Anordnung der Herausgabe der Erbschaft oder eines Erbschaftsteils. b) Herausgabe erst eine gewisse Zeit nach dem Erbfall.

2   **2. Zweck** der Vorschrift ist die Abgrenzung zum Vermächtnis, das sich auf einzelne Gegenstände oder uU auf eine Erbschaftsquote bezieht.

3   **3.** Die **Bestimmung des Zeitpunkts** darf der Erblasser nicht Dritten überlassen (BGH 15, 199).

§ 2104 Gesetzliche Erben als Nacherben

¹**Hat der Erblasser angeordnet, dass der Erbe nur bis zu dem Eintritt eines bestimmten Zeitpunkts oder Ereignisses Erbe sein soll, ohne zu bestimmen, wer alsdann die Erbschaft erhalten soll, so ist anzunehmen, dass als Nacherben diejenigen eingesetzt sind, welche die gesetzlichen Erben des Erblassers sein würden, wenn er zur Zeit des Eintritts des Zeitpunkts oder des Ereignisses gestorben wäre.** ²**Der Fiskus gehört nicht zu den gesetzlichen Erben im Sinne dieser Vorschrift.**

1   **1.** Die **Ergänzungsregel** (aA LM Nr 1 = NJW 86, 1812: Auslegungsregel) gilt für den Fall, daß zwar Nacherbschaft letztwillig verfügt ist, aber die Person des Nacherben offen geblieben ist (sog *konstruktive Nacherbfolge*). Falls der Erblasser seine „ges Erben" als Nacherben ausdr einsetzt, liegt ein Fall des § 2066 und idR kein Fall des § 2104 vor; s § 2066 Rn 2. Überläßt der Erblasser entgegen § 2065 II dem Vorerben die Bestimmung des Nacherben, ist § 2104 analog anzuwenden, wenn feststeht, daß der Erblasser die Vor- und Nacherbschaft in jedem Falle wollte (Hamm NJW-RR 95, 1477; aA mit abweichenden besonderen Umständen: Frankfurt FamRZ 00, 1607 = ZEV 01, 317 mAnm Otte; kritisch MK/Grunsky 3a). § 2104 S 1 und § 2106 I sind nebeneinander anwendbar, wenn weder die Person des Nacherben noch der Zeitpunkt des Eintritts der Nacherbfolge bestimmt sind (BayObLG FamRZ 96, 1578).

2   **2.** Die **ges Erben im Zeitpunkt des Nacherbfalles** werden *Nacherben*. Da sie im Zeitpunkt des Erbfalles noch nicht feststehen, erwerben die ges Erben im Zeitpunkt des Erbfalles auch kein vererbbares Anwartschaftsrecht (BayObLGZ 66, 229; Rpfleger 01, 305). Für unbekannte Nacherben ist ein Pfleger zu bestellen (§ 1913 S 2), nicht dagegen für die potentiellen bekannten Nacherben (Kanzleiter DNotZ 70, 331).

3   **3. Wegfall des Nacherben vor dem Erbfall. a) Bei Tod vor Erbfall** wird idR der Vorerbe Vollerbe (§§ 2108 I, 1923 I); uU § 2069 für Abkömmlinge (Bremen NJW 70, 1923). **b) Bei Anfechtung** der Nacherbeneinsetzung (§§ 2078 ff, 142 I) gilt ebenfalls Vollerbschaft des Vorerben (LM Nr 1). **c) Analoge Anwendung** des § 2104, wenn Erblasser eindeutig und ohne Rücksicht auf die Person des Nacherben Nacherbschaft wollte; strenge Anforderungen (LM Nr 1).

§ 2105 Gesetzliche Erben als Vorerben

(1) Hat der Erblasser angeordnet, dass der eingesetzte Erbe die Erbschaft erst mit dem Eintritt eines bestimmten Zeitpunkts oder Ereignisses erhalten soll, ohne zu bestimmen, wer bis dahin Erbe sein soll, so sind die gesetzlichen Erben des Erblassers die Vorerben.

(2) Das Gleiche gilt, wenn die Persönlichkeit des Erben durch ein erst nach dem Erbfall eintretendes Ereignis bestimmt werden soll oder wenn die Einsetzung einer zur Zeit des Erbfalls noch nicht erzeugten Person oder einer zu dieser Zeit noch nicht entstandenen juristischen Person als Erbe nach § 2101 als Nacherbeinsetzung anzusehen ist.

1. Die **Ergänzungsregel** will eine herrenlose Erbschaft bei unvollkommener letztwilliger Verfügung verhindern (sog. *konstruktive Vorerbschaft*). 1

2. Der **fehlenden Vorerbeneinsetzung** gem § 2105 I steht die nichtige gleich, falls die Nacherbeneinsetzung wirksam ist. Stirbt der Erblasser *nach* dem Eintritt der Bedingung und Befristung, so wird der Erbe sofort Vollerbe, § 2105 I findet keine Anwendung. 2

3. Von dem **obj unbestimmten Erben** des § 2105 II zu unterscheiden ist der bestimmte, aber unbekannte Erbe, der sofort erbt und für den ein Pfleger (§ 1960) zu bestellen ist. Zur gleichzeitigen Einsetzung bestimmter und unbestimmter Erben s § 2101 Rn 2. 3

§ 2106 Eintritt der Nacherbfolge

(1) Hat der Erblasser einen Nacherben eingesetzt, ohne den Zeitpunkt oder das Ereignis zu bestimmen, mit dem die Nacherbfolge eintreten soll, so fällt die Erbschaft dem Nacherben mit dem Tode des Vorerben an.

(2) ¹Ist die Einsetzung einer noch nicht erzeugten Person als Erbe nach § 2101 Abs. 1 als Nacherbeinsetzung anzusehen, so fällt die Erbschaft dem Nacherben mit dessen Geburt an. ²Im Falle des § 2101 Abs. 2 tritt der Anfall mit der Entstehung der juristischen Person ein.

1. Die Ergänzungsregel für den Fall mangelnder Zeitbestimmung greift auch ein, falls der Erblasser entgegen § 2065 (vgl BGH 15, 199) einem Dritten die Zeitbestimmung überlassen hat. Ist der nasciturus ausdr als Nacherbe eingesetzt, so ist es Auslegungsfrage, ob I oder II zu gelten hat (str). 1

§ 2107 Kinderloser Vorerbe

Hat der Erblasser einem Abkömmling, der zur Zeit der Errichtung der letztwilligen Verfügung keinen Abkömmling hat oder von dem der Erblasser zu dieser Zeit nicht weiß, dass er einen Abkömmling hat, für die Zeit nach dessen Tode einen Nacherben bestimmt, so ist anzunehmen, dass der Nacherbe nur für den Fall eingesetzt ist, dass der Abkömmling ohne Nachkommenschaft stirbt.

1. Der **Zweck** der Vorschrift liegt darin, durch Ergänzungsregel Anfechtungen gem § 2078 überflüssig zu machen. Die widerlegbare (BayObLG NJW-RR 91, 1095 mN) Regel, der Erblasser wolle unbekannte oder später erzeugte Kindeskinder bzw später angenommene Adoptivkinder (Stuttgart BWNotZ 84, 22; BayObLG NJW-RR 92, 839; anders bei Volljährigenadoption, BayObLGZ 84, 246; § 2069 Rn 2) nicht benachteiligen, gilt nicht ohne weiteres für die Belastung des kinderlosen Abkömmlings mit Vermächtnissen auf seinen Todesfall (BGH NJW 80, 1276). Gleichgültig ist, ob der Nacherbe familienfremder Dritter oder selbst Abkömmling des Erblassers ist (BGH NJW 81, 2744). 1

2. **Rechtsfolgen.** Der Abkömmling hat auf Lebensdauer die Stellung eines Vorerben. Die Nacherbschaft des Dritten ist auflösend bedingt durch die Existenz 2

§ 2108 Buch 5. Abschnitt 3. Testament

(vgl auch § 1923 II) von Kindeskindern beim Tod des Vorerben. Falls Kindeskinder vorhanden sind, wird der Abkömmling rückwirkend Vollerbe (BGH NJW 81, 2744). Ob die Kindeskinder den Abkömmling beerben, ist unwesentlich.

3 3. Zur entspr Anwendung beim Nachvermächtnis vgl § 2191 II.

§ 2108 Erbfähigkeit; Vererblichkeit des Nacherbrechts

(1) Die Vorschriften des § 1923 finden auf die Nacherbfolge entsprechende Anwendung.

(2) ¹Stirbt der eingesetzte Nacherbe vor dem Eintritt des Falles der Nacherbfolge, aber nach dem Eintritt des Erbfalls, so geht sein Recht auf seine Erben über, sofern nicht ein anderer Wille des Erblassers anzunehmen ist. ²Ist der Nacherbe unter einer aufschiebenden Bedingung eingesetzt, so bewendet es bei der Vorschrift des § 2074.

Lit: Haegele, Zur Vererblichkeit des Anwartschaftsrechts eines Nacherben, Rpfleger 67, 161; Musielak, Zur Vererblichkeit des Anwartschaftsrechts eines Nacherben, ZEV 95, 5.

1 1. Folgende **Fallgruppen** sind zu unterscheiden: a) Tod des Nacherben vor dem Erbfall: vgl § 2104 Rn 3. b) Geburt des Nacherben nach dem Erbfall, aber vor dem Nacherbfall: gem §§ 2108 I, 1923, 2139 fällt die Nacherbschaft dem Nacherben an, wobei es genügt, wenn er nasciturus (§ 1923 II) ist. c) Geburt des Nacherben nach dem Nacherbfall: entspr § 2101 I wird er zweiter Nacherbe, nachdem zunächst die ges Erben erste Nacherben waren (§ 2105 II). d) Tod des Nacherben nach dem Nacherbfall: es gilt gewöhnliche Erbfolge. e) Tod des Nacherben vor dem Nacherbfall, aber nach dem Erbfall: § 2108 II, vgl Rn 2–5 und schon § 2100 Rn 7 f.

2 2. Das **Anwartschaftsrecht**, das der Nacherbe nach dem Erbfall erwirbt, ist vererblich, falls nicht der Erblasser einen entgegenstehenden Willen hat, zB einen „Nachnacherben" bestimmt (BGH NJW 81, 2745; BayObLG FamRZ 97, 316). Der Nacherbe kann also über die Anwartschaft letztwillig verfügen oder die ges Erbfolge gelten lassen. Bei mehreren Nacherben geht die Vererblichkeit der Anwachsung (§ 2094 I) vor (RG 106, 357; Stuttgart FamRZ 94, 1553; BayObLG FamRZ 96, 1240; sa LG Frankfurt Rpfleger 84, 271 mAnm Grunsky).

3 3. Das **Verhältnis von Vererblichkeit und Ersatznacherbschaft** (§§ 2069, 2096) bestimmt sich nach dem realen oder hypothetischen Erblasserwillen (BayObLG FamRZ 94, 784; hierzu Musielak ZEV 95, 5; Muscheler JR 95, 309). So muß in der ausdr Ersatzerbeneinsetzung (§ 2096) nicht ohne weiteres der Ausschluß der Vererblichkeit liegen, weil die Ersatzberufung für andere Fälle als den Tod vor dem Nacherbfall ihren Sinn behält (RG 142, 173; 169, 38; s aber Braunschweig FamRZ 95, 443: iZw Ausschluß der Vererblichkeit; str). Für die Anwendbarkeit des § 2069 ist zu prüfen, ob der Erblasser das Vermögen in der Familie halten wollte oder ob er zur Stärkung der Nacherbenstellung auch die Verfügung des Nacherben zugunsten Fremder in Kauf genommen hätte; die volle Verfügungsbefugnis des Nacherben nach dem Nacherbfall zwingt nicht stets zur Annahme der letzten Alt. Denkbar ist vor diesem Hintergrund auch die teilw, auf einen bestimmten Personenkreis beschränkte Vererblichkeit (zum Ganzen BGH NJW 63, 1150; Karlsruhe FamRZ 00, 64). Vgl auch § 2069 Rn 4 und § 2096 Rn 5.

4 4. Bei **aufschiebend bedingter** Nacherbschaft muß der Nacherbe den Bedingungseintritt erleben; bei auflösend bedingter Nacherbschaft bleibt die Vererblichkeit bestehen, jedoch fällt auch die ererbte Nacherbschaft bei Bedingungseintritt fort (Hamm OLGZ 76, 187).

5 5. Zum **Anwartschaftsrecht** des Nacherben vgl § 2100 Rn 7 f.

Titel 3. Einsetzung eines Nacherben **§§ 2109–2111**

§ 2109 Unwirksamwerden der Nacherbschaft

(1) ¹Die Einsetzung eines Nacherben wird mit dem Ablauf von 30 Jahren nach dem Erbfall unwirksam, wenn nicht vorher der Fall der Nacherbfolge eingetreten ist. ²Sie bleibt auch nach dieser Zeit wirksam:
1. wenn die Nacherbfolge für den Fall angeordnet ist, dass in der Person des Vorerben oder des Nacherben ein bestimmtes Ereignis eintritt, und derjenige, in dessen Person das Ereignis eintreten soll, zur Zeit des Erbfalls lebt;
2. wenn dem Vorerben oder einem Nacherben für den Fall, dass ihm ein Bruder oder eine Schwester geboren wird, der Bruder oder die Schwester als Nacherbe bestimmt ist.

(2) Ist der Vorerbe oder der Nacherbe, in dessen Person das Ereignis eintreten soll, eine juristische Person, so bewendet es bei der dreißigjährigen Frist.

1. Die Vorschrift will fideikommißähnliche Bindungen verhindern (zur Unzulässigkeit Köln FamRZ 90, 439). Ereignisse im Sinne der Ausnahmevorschrift sind zB Verheiratung, Berufswahl, Erreichen eines bestimmten Alters; das Ereignis kann auch auf eigenem Handeln des Vor- oder Nacherben beruhen (vgl BGH NJW 69, 1112). Für den Beziehungsgrad zur Person („in der Person") werden sich abstrakte Maßstäbe kaum aufstellen lassen. Der Fall des § 2106 I fällt stets unter § 2109 I Nr 1 (KG OLGZ 76, 388; BayObLG NJW-RR 90, 200 mN). Werden hintereinander jeweils auf den Todesfall des Vorerben zwei Nacherben eingesetzt, so kann die 30-Jahresfrist überschritten werden, falls Vorerbe und erster Nacherbe im Zeitpunkt des Erbfalls leben (Hamburg FamRZ 85, 539). Die analoge Anwendung der Vorschrift auf andere Fälle langfristiger erbrechtlicher Bindung (gesellschaftsrechtliche Nachfolgeklausel, Familienstiftung) ist erwägenswert (str). 1

§ 2110 Umfang des Nacherbenrechts

(1) **Das Recht des Nacherben erstreckt sich im Zweifel auf einen Erbteil, der dem Vorerben infolge des Wegfalls eines Miterben anfällt.**

(2) **Das Recht des Nacherben erstreckt sich im Zweifel nicht auf ein dem Vorerben zugewendetes Vorausvermächtnis.**

1. Das Vorausvermächtnis zugunsten des alleinigen Vorerben befreit den Vorerben hinsichtlich des Vermächtnisgegenstandes von den Beschwernissen der Nacherbschaft; er ist insoweit Vollerbe. Falls ein Handelsgeschäft Gegenstand des Vorausvermächtnisses ist, trifft die Haftung gem HGB 27 folglich nicht den Nacherben, sondern die Erben des Vorerben (BGH 32, 60). 1

§ 2111 Unmittelbare Ersetzung

(1) ¹**Zur Erbschaft gehört, was der Vorerbe auf Grund eines zur Erbschaft gehörenden Rechts oder als Ersatz für die Zerstörung, Beschädigung oder Entziehung eines Erbschaftsgegenstandes oder durch Rechtsgeschäft mit Mitteln der Erbschaft erwirbt, sofern nicht der Erwerb ihm als Nutzung gebührt.** ²**Die Zugehörigkeit einer durch Rechtsgeschäft erworbenen Forderung zur Erbschaft hat der Schuldner erst dann gegen sich gelten zu lassen, wenn er von der Zugehörigkeit Kenntnis erlangt; die Vorschriften der §§ 406 bis 408 finden entsprechende Anwendung.**

(2) **Zur Erbschaft gehört auch, was der Vorerbe dem Inventar eines erbschaftlichen Grundstücks einverleibt.**

1. **Zweck:** Die Vorschrift schützt den Bestand der Erbschaftssubstanz zugunsten 1
des Nacherben. Gleichzeitig weist sie die während der Vorerbschaft anfallenden

Stürner 1753

Nutzungen dem Vorerben zu. Sie regelt insoweit nur die Beziehung zwischen Vor- und Nacherbe (§§ 2139, 2130) und gilt nicht zugunsten der Nachlaßgläubiger (s BGH 81, 12).

2 2. **Surrogationsprinzip. a) Zuwachs aufgrund eines Rechts** ist zB Verbindung und Vermischung (§§ 946 ff), Ersitzung etc. **b) Ersatzvorteile** sind Versicherungsansprüche, Lastenausgleichsansprüche (BGH 44, 336; NJW 72, 1369; **3** str), Enteignungsentschädigungen (BGH RdL 56, 189). **c) Rechtsgeschäftliche Mittelsurrogation** liegt vor, wenn der Gegenwert aus der Erbschaft geleistet wurde (BGH 110, 178; NJW 85, 383). Dies gilt auch für den Erwerb höchstpersönlicher Rechte (BGH 109, 216 für Kommanditanteil; sa § 2019 Rn 2). Auch die noch ausstehende Forderung gegen den Geschäftspartner gehört bei Vorleistung des Vorerben zum Nachlaß. Nachlaßmittel sind hM auch Auseinandersetzungsguthaben, so daß der Auseinandersetzungserwerb der Surrogation unterfällt (BayObLGZ 86, 213; BGH NJW-RR 01, 218 mAnm Grunsky LM BGB § 2111 Nr 11). Tilgt der Mitvorerbe mit seinem Auseinandersetzungsguthaben seine Darlehensschuld gegenüber der Erbengemeinschaft, so gehört die an seinem Grundstück entstehende Eigentümergrundschuld zum Nachlaß; dabei wird der Begriff des „rechtsgeschäftlichen Erwerbs" weit ausgelegt, weil ja dieser Erwerb nur mittelbare Folge des die Hypothekenforderung tilgenden RGeschäfts ist und unmittelbar aus dem Gesetz folgt, §§ 1163, 1177 (zum Ganzen BGH 40, 122). Auch der Erwerb durch Zwangsversteigerungszuschlag fällt unter die Surrogation (BGH NJW 93, 3199). Bei Teilfinanzierung mit Erbschaftsmitteln tritt Teilsurrogation ein (BGH NJW 77, 1631; krit M. Wolf JuS 81, 14). Der Vorerbe kann nicht über § 2111 hinaus freies Vermögen der Nachlaßmasse mit dinglicher Wirkung zuweisen (BGH 40, 125). Ein vom Vorerben fortgeführtes Girokonto des Erblassers fällt dem Nacherben nur insoweit an, als Guthaben Nachlaßgegenstände surrogieren; insbes tritt Eintritt des Nacherben in die Girovertragsverhältnis (BGH 131, **4** 63 ff). **d)** Die **Beweislast** für Surrogationsvorgänge trägt der Nacherbe voll (BGH NJW 83, 2874). **e) Verfügungsbeschränkungen** (§§ 2112 ff) richten sich nicht nach der Art des ursprünglichen Gegenstandes, sondern des Surrogates (LG Göttingen WM 85, 1353; sa BayObLGZ 86, 213). Ausnahme: Enteignungsentschädigung bei Grundstücken (BGH RdL 56, 189).

5 3. **Nutzungen** (§ 100) gebühren dem Vorerben (BGH NJW 83, 2875; WM 88, 126 mN; sa § 2133), der deshalb die Fruchtziehungskosten trägt (s § 102); die Verteilung bei Ende der Vorerbschaft richtet sich nach § 101. Nutzungen sind insbes Zinsen (BGH 81, 13), Dividenden und Gewinnanteile (BGH 78, 188; 109, 219; BFH ZEV 01, 78 mAnm Wachter), nicht aber neue Anteile bei Kapitalerhöhung. Unternehmensgewinn ist nach den Grundsätzen der kaufmännischen Handelsbilanz zu ermitteln (zur Gestaltungsfreiheit des Erblassers Baur JZ 58, 465). Im Verhältnis zu Nachlaßgläubigern fallen Nutzungen ins Nachlaßvermögen.

6 4. Zum **Gutglaubensschutz** des Forderungsschuldners vgl § 2019 Rn 4.

7 5. **Parallelvorschriften** zu § 2111 sind §§ 2019, 2041; Lit: Krebber FamRZ 00, 197; Krug ZEV 99, 381; sa bei §§ 2019, 2041.

§ 2112 Verfügungsrecht des Vorerben

Der Vorerbe kann über die zur Erbschaft gehörenden Gegenstände verfügen, soweit sich nicht aus den Vorschriften der §§ 2113 bis 2115 ein anderes ergibt.

1 1. Es gilt der **Grundsatz der Verfügungsfreiheit** des Vorerben, der allerdings durch §§ 2113 ff beträchtlich beschränkt ist. Weitergehende letztwillige Beschränkungen haben als Auflage allein schuldrechtliche Wirkung (LM Nr 2 zu § 2100; vgl auch § 2100 Rn 3 ff). Dingliche Wirkung läßt sich nur durch Verbindung der Vorerbschaft mit Testamentsvollstreckung (§ 2211) erreichen.

Titel 3. Einsetzung eines Nacherben **§ 2113**

2. Gegenstand der verbleibenden Verfügungsbefugnis: zB Verfügung 2 über Miterbenanteil des Vorerben (§ 2033), die das Recht des Nacherben unberührt läßt (BayObLG DNotZ 83, 325); Vereinbarung der Gütergemeinschaft (BayObLGZ 90, 115); entgeltliche Verfügungen über einen zum Nachlaß gehörenden Erbteil oder Gesellschaftsanteil (vgl BGH 69, 50; 78, 182; hierzu Lutter ZGR 82, 108), falls nicht Gegenstände gem § 2113 I Hauptbestandteil des Gesamthandsvermögens sind (str; sa § 2113 Rn 1); entgeltliche Verfügungen über Mobilien.

3. Die **Handlungsfreiheit** des Vorerben ist weithin unbeschränkt. **a) Ver-** 3 **pflichtungsgeschäfte** sind uneingeschränkt wirksam (BGH NJW 69, 2045; 86, 2823); den Nacherben verpflichten als Nachlaßverbindlichkeit, zB als Erbschaftsverwaltungsschuld, allerdings nur, wenn sie in ordnungsgemäßer Verwaltung des Nachlasses (s § 2120 Rn 5) eingegangen wurden (BGH 32, 64; 110, 179; NJW 84, 367). **b)** Die **Fortführung eines Einzelhandelsgeschäftes** unterfällt der 4 Entscheidung des Vorerben. Der fortführende Nacherbe haftet für alle Verbindlichkeiten (BGH 32, 66) gem HGB 25, 27; verweigert er die Fortführung, haftet er nur wie Rn 3. **c)** Der **Eintritt in eine Personengesellschaft** folgt den für Vollerben geltenden Grundsätzen (BGH 78, 181). Hat der Vorerbe als persönlich haftender Gesellschafter von seinem Recht Gebrauch gemacht, Kommanditist zu werden, dann kann der Nacherbe nicht mehr verlangen, persönlich haftender Gesellschafter zu werden (BGH NJW 77, 1541; sa § 2139 Rn 1). Verfügungen über Gesellschaftsvermögen unterliegen nicht den §§ 2113 ff (so andeutungsweise BGH 69, 50; ausdrücklich BayObLG ZEV 96, 64 mablAnm Kanzleiter; hierzu Schmid BWNotZ 96, 144; sa Köln NJW-RR 87, 268; vgl § 2113 Rn 1). **d) Te-** 5 **stierfreiheit.** Der Vorerbe kann frei testieren; seine Erben unterliegen den Beschränkungen des Nacherbenrechts. Die Testierfreiheit ist hinsichtlich der Nacherbschaft nur dann von Bedeutung, falls der Nacherbfall erst nach dem Tode des Vorerben eintritt, andernfalls (§ 2106 I) wird die Verfügung insoweit gegenstandslos (Hamm DNotZ 86, 555). Zur Nacherbeneinsetzung unter der Bedingung, daß der Vorerbe nicht anderweitig verfügt, vgl § 2065 Rn 1.

4. Vollmachten. a) Die **postmortale Vollmacht** an einen Dritten kann der 6 Vorerbe widerrufen. Mit Eintritt des Nacherbfalles ist der Nacherbe widerrufsberechtigt, da ja nunmehr er vertreten wird. **b)** Die **Vollmacht des Vorerben** berechtigt nicht zur Vertretung des Nacherben, es sei denn, der Nachlaß willigt ein (KG NJW 57, 755).

§ 2113 Verfügungen über Grundstücke, Schiffe und Schiffsbauwerke; Schenkungen

(1) Die Verfügung des Vorerben über ein zur Erbschaft gehörendes Grundstück oder Recht an einem Grundstück oder über ein zur Erbschaft gehörendes eingetragenes Schiff oder Schiffsbauwerk ist im Falle des Eintritts der Nacherbfolge insoweit unwirksam, als sie das Recht des Nacherben vereiteln oder beeinträchtigen würde.

(2) ¹**Das Gleiche gilt von der Verfügung über einen Erbschaftsgegenstand, die unentgeltlich oder zum Zwecke der Erfüllung eines von dem Vorerben erteilten Schenkungsversprechens erfolgt.** ²**Ausgenommen sind Schenkungen, durch die einer sittlichen Pflicht oder einer auf den Anstand zu nehmenden Rücksicht entsprochen wird.**

(3) Die Vorschriften zugunsten derjenigen, welche Rechte von einem Nichtberechtigten herleiten, finden entsprechende Anwendung.

Lit: Maurer, Fragen des (Eigen-)Erwerbs von Nachlaßgegenständen durch den Vor- oder Nacherben, DNotZ 81, 223; Paschke, Nacherbenschutz in der Vorerbengesellschaft, ZIP 85, 129; K. Schmidt, Nacherbenschutz bei Vorerbschaft an Gesamthandsanteilen, FamRZ 76, 683.

Stürner

§ 2113 — Buch 5. Abschnitt 3. Testament

1. Verfügungen über Grundstücke oder Rechte an Grundstücken.
1 a) Verfügungen sind die Übertragung, Belastung, Inhaltsänderung, die Übernahme einer öffentl-rechtl Baulast (VGH BW NJW 90, 269), ferner die Rechtsaufgabe (BGH NJW 91, 842 = JZ 91, 727 mAnm Bork). **b) Nachlaßzugehörigkeit.** Wenn der Gesamthandsanteil des Erblassers am ehelichen Gesamtgut in den Nachlaß fällt (§ 1482), ist nur der Gesamthandsanteil Nachlaßgegenstand, nicht aber das zum Gesamtgut gehörende Grundstück; der als Vorerbe eingesetzte Ehegatte kann deshalb ohne die Beschränkung des § 2113 über solche Grundstücke verfügen (BGH 26, 378; NJW 64, 768; NJW 76, 893 unter Aufgabe von BGH NJW 70, 943), ebenso der Miterbe, der den Gesamthandsanteil des andern Miterben als dessen Vorerbe erwirbt (BGH NJW 78, 698). Nachlaßzugehörigkeit eines Gesellschaftsanteils führt nicht zur Nachlaßzugehörigkeit des Gesellschaftsvermögens (vgl schon § 2112 Rn 4). Dagegen bleibt § 2113 auf einzelne Gegenstände anwendbar, wenn der schon mit der Vorerbschaft belastete Miterbe die anderen Miterbenanteile dazuerwirbt (Saarbrücken FamRZ 00, 124 mAnm Ludwig DNotZ 00, 67; Schaub ZEV 00, 28). Die Verfügung des Vorerben über ein Grundstück, das zur ideellen Hälfte ihm selbst und zur anderen Hälfte zur Erbschaft gehört, kann trotz des Verstoßes gegen § 2113 insoweit wirksam sein, als über den
2 nachlaßfremden ideellen Bruchteil verfügt wird (BGH WM 73, 41). **c) Die Beeinträchtigung** der Nacherbenrechts liegt in der Rechtsbeeinträchtigung und hängt folglich nicht von der Äquivalenz des Gegenwertes ab. Sie ist ausgeschlossen, falls der Vorerbe Nachlaßverbindlichkeiten oder Teilungsanordnungen erfüllt (BayObLG 74, 314; Hamm NJW-RR 95, 1290; aA zB MK/Grunsky 13: § 2120). Die Nachlaßverbindlichkeit muß aber zweifelsfrei feststehen, da dem Grundbuchamt insofern eigene Ermittlungen verwehrt sind (BayObLG Rpfleger 01, 408). **d) Rechtsfolge** ist absolute Unwirksamkeit, die aber zeitlich hinausgeschoben erst beim Nacherbfall eintritt (BGH 52, 270; NJW 85, 383). Da die Bestellung eines Erbbaurechtes unter auflösender Bedingung unwirksam ist (ErbbauVO 1 IV 1), kann der Vorerbe allein kein Erbbaurecht bestellen (BGH 52, 269; str). **Rückabwicklung** (BGH NJW 85, 382) erfolgt gem §§ 894, 985 (Oldenburg NJW-RR 02, 728: keine Vormerkung!), wobei für die Zeit nach dem Nacherbfall für Nutzungen und Verwendungen §§ 987, 994 ff gelten. Für die Zeit vor dem Nacherbfall hingegen § 2111 und §§ 2124–2126 zugunsten des Erwerbers analog, so daß er insoweit dem Vorerben gleichsteht; Zurückbehaltungsrecht wegen des Anspruchs
3 auf Rückgewähr der Gegenleistung. **e) Zustimmung des Nacherben** (§ 185 analog) schließt künftige Unwirksamkeit aus (BayObLG DNotZ 98, 138); Heilung nach § 185 II 1 Alt 3 setzt voraus, daß Nacherbe für die Nachlaßverbindlichkeiten des Vorerben unbeschränkbar haftet (BayObLG DNotZ 98, 141 mN). Zustimmung des Ersatznacherben ist entbehrlich (BGH 40, 119; BayObLG DNotZ 98, 140 mN; 98, 207; vgl § 2096 Rn 5). Bei minderjährigen Nacherben gilt § 1821 I Nr 1; der Nacherbe als ges Vertreter des Nacherben kann gegenüber dem Vertragspartner nicht zustimmen, §§ 1795 II, 181 (MK/Grunsky 15; § 181 Rn 8; abw Ansicht nach BGH 77, 9 nicht mehr haltbar!).

4 2. Unentgeltliche Verfügungen. a) Unentgeltlichkeit. Sie ist gegeben, wenn der Vorerbe obj ohne gleichwertige Gegenleistung Opfer aus der Erbmasse bringt – maßgebend für die Beurteilung ist der Zeitpunkt der Verfügung – und subj entweder die Ungleichwertigkeit der Gegenleistung erkennt oder doch bei ordnungsmäßiger Verwaltung erkennen muß (BGH NJW 91, 842: Unentgeltlichkeit eines gerichtl Vergleichs; Hamm FamRZ 91, 114; BGH NJW 92, 565: sog „unbenannte Zuwendung" an Ehegatten; Hamm Rpfleger 99, 387: es kommt nicht darauf an, ob eine andere Person mit mehr Verhandlungsgeschick oder Ausdauer beim Grundstücksverkauf einen höheren Preis erzielt hätte). Die Abfindung einer Gesellschaftsbeteiligung kann vollwertig sein, obwohl Firmenwert und schwebende Geschäfte nicht bes bewertet und stille Reserven pauschal abgegolten sind, insbes bei schwieriger Geschäftslage (BGH NJW 84, 364). Teilw Unentgelt-

Titel 3. Einsetzung eines Nacherben **§ 2113**

lichkeit ist voller Unentgeltlichkeit gleichzusetzen (BGH 7, 279; NJW 85, 383). Erwirbt der Vorerbe selbst einen Erbschaftsgegenstand in sein von der Nacherbfolge freies Eigenvermögen, kann sein Verzicht auf Ersatzansprüche wegen außergewöhnlicher Erhaltungskosten des ererbten Gegenstands (§ 2124 II) als Entgelt anzusehen sein (BGH NJW 94, 1153). Sofern die Gegenleistung nicht dem Nachlaß, sondern dem freien Vermögen des Vorerben, eines Nacherben oder Dritten zufließt, ist von Unentgeltlichkeit auszugehen (BGH 7, 277; 69, 51); anders, wenn der befreite Vorerbe die Gegenleistung zur Befreiung von einer Verbindlichkeit verwendet, die er im Rahmen ordnungsmäßiger Verwaltung eingehen mußte (BGH NJW 84, 367: persönliche Schuldübernahme für GmbH mit nachlaßzugehörigem Hauptgeschäftsanteil); anderes gilt auch für die Verwendung der Gegenleistung zum Lebensunterhalt des Vorerben (BGH NJW 55, 1354; 77, 1540 u 1632; Celle NJW-RR 92, 141), sofern nicht Teile der Gegenleistung mit dem Tode des Vorerben verfallen (zB Leibrente: Hamm FamRZ 91, 115). Beim Verzicht auf gesellschaftsvertragliche Rechte liegt Unentgeltlichkeit *nicht* vor, wenn alle Gesellschafter gleichmäßig belastende Änderungen hinnehmen müssen (BGH 78, 177; NJW 84, 365; Lutter ZGR 82, 108) oder der Verzicht der Stärkung des Unternehmens dient, die letztlich auch dem betroffenen Gesellschaftsanteil nützt (BGH NJW 81, 1562; 84, 365). **b)** Die **Beeinträchtigung** liegt nicht – wie beim 5 für Immobilien geltenden Verfügungsverbot – im Rechts- bzw Sachverlust; vielmehr ist zu prüfen, ob der Nacherbe beim Nacherbfall *wirtschaftlich* schlechter gestellt ist als ohne unentgeltliche Verfügung (BGH 7, 279; NJW 99, 2038: unverkäufliches Grundstück in der früheren DDR). Beschwert der Erblasser den Nacherben durch Vermächtnis, einer unentgeltlichen Verfügung zuzustimmen, so soll die Verfügung des Vorerben das Recht des Nacherben nicht beeinträchtigen (Düsseldorf NJW-RR 00, 376 = FamRZ 00, 573 mit krit Anm Wübben ZEV 00, 30; Ludwig DNotZ 01, 102) sa § 2136 Rn 2. Zur Befriedigung von Nachlaßverbindlichkeiten s Rn 2. **c) Rechtsfolge,** s Rn 2. Bei *teilw unentgeltlicher* Verfügung 6 durch den Vorerben hat der Erwerber ein Zurückbehaltungsrecht, auch wenn die Gegenleistung dem Vorerben persönlich zugeflossen war (BGH NJW 85, 383 für befreiten Vorerben). Der Erwerber kann Rückgabe verweigern und Ausgleichszahlung anbieten (str). **d) Sittliche Pflicht** liegt zB vor beim Anerkenntnis eines verjährten Pflichtteilsanspruchs, wo der BGH allerdings schon die Schenkung verneint (BGH NJW 73, 1691).

3. Grundbucheintragungen. a) Der **Nacherbenvermerk** (GBO 51; sa 7 § 2100 Rn 9) begründet keine Grundbuchsperre (RG 148, 392), denn die Verfügung ist ja bis zum Nacherbfall auf jeden Fall wirksam, und bei Befreiung sind entgeltliche Verfügungen endgültig wirksam (BayObLG Rpfleger 82, 468); endgültig wirksam sind auch Verfügungen über Grundstücke einer Gesamthand (Rn 1), der Nacherbenvermerk (Notwendigkeit str) schützt hier für den Nacherbfall „Tod des Vorerben" vor Verfügungen von dessen Erben (Ludwig Rpfleger 87, 156 gegen Köln NJW-RR 87, 267; sa Jung Rpfleger 95, 9). Da mit der Löschung des Rechts auch der Nacherbenvermerk und damit jeder Schutz entfiele, ist die Zustimmung des Nacherben nötig (RG 102, 338; aA MK/Grunsky 18). Nach wirksamen entgeltlichen Verfügungen des befreiten Vorerben bzw Verfügungen unter Zustimmung des Nacherben macht der Nacherbenvermerk das Grundbuch unrichtig und ist zu löschen (GBO 22; KG NJW-RR 93, 269), ebenso bei Erfüllung von Nachlaßverbindlichkeiten (Rn 2), falls Nachweise gem GBO 29 erbracht sind (zu streng Hamm Rpfleger 84, 313); ein *Wirksamkeitsvermerk*, der bekundet, daß der Nacherbenvermerk ggü einem Recht keine Unwirksamkeit iSd § 2113 anzeigt, ist zulässig (BayObLG DNotZ 98, 207 mN). Das Grundbuchamt kann bei zweiseitigen Rechtsgeschäften mangels anderer Anhaltspunkte Entgeltlichkeit vermuten, bes grundbuchrichterliche Erforschungspflicht besteht nicht (BayObLG NJW 56, 992; ähnlich DNotZ 89, 182; Braunschweig Rpfleger 91, 205; s aber Hamm FamRZ 91, 115; str). Der Nacherbenvermerk erfaßt auch den Ersatznacherben.

Falls der Nacherbe – ggf nur mit Zustimmung des Ersatznacherben (§ 2100 Rn 9) – auf den Vermerk verzichtet, ist gutgl Erwerb (§ 892 I 2) durch Dritte möglich. Falls Mitvorerben an einen einzelnen Mitvorerben veräußern, muß ein neuer Nacherbenvermerk zugunsten der Nacherben des neuen Alleineigentümers angebracht werden (KG NJW-RR 93, 269). **b) Eintragungen ohne vorherige Eintragung des Nacherbenvermerks.** Die Eintragung des Dritten gem GBO 40 bei Verfügungen nach § 2113 I ist möglich bei Einwilligung des Nacherben (GBO 29), dessen Verzicht auf den Nacherbenvermerk (BayObLG NJW-RR 89, 1096) oder bei befreiter Vorerbschaft (§§ 2113 II, 2136), wenn Entgeltlichkeit nachgewiesen ist (s Rn 7).

9 4. **Gutglaubensschutz.** Es gelten die §§ 892 I 2, 932 I 1 und II für die Tatsache der Nacherbschaft. Fehlt die Eintragung des Vorerben, so gibt es trotz fehlenden Nacherbenvermerks keinen Schutz des guten Glaubens an die Vollerbschaft des Vorerben (BGH NJW 70, 943).

10 5. Der **Testamentsvollstrecker** ist an § 2113 nicht gebunden, jedenfalls dann nicht, wenn er für Vor- und Nacherben eingesetzt ist (BGH 40, 119); im Falle einer auf den Vorerben beschränkten Einsetzung str.

11 6. **Prozessuales.** Der Nacherbe kann bereits vor dem Nacherbfall die künftige Unwirksamkeit (Rn 2) der Vorerbenverfügung durch Feststellungsklage geltend machen (BGH 52, 271; Oldenburg NJW-RR 02, 728; VGH BW NJW 90, 268 für verwaltungsgerichtliches Verfahren).

§ 2114 Verfügungen über Hypothekenforderungen, Grund- und Rentenschulden

¹Gehört zur Erbschaft eine Hypothekenforderung, eine Grundschuld, eine Rentenschuld oder eine Schiffshypothekenforderung, so steht die Kündigung und die Einziehung dem Vorerben zu. ²Der Vorerbe kann jedoch nur verlangen, dass das Kapital an ihn nach Beibringung der Einwilligung des Nacherben gezahlt oder dass es für ihn und den Nacherben hinterlegt wird. ³Auf andere Verfügungen über die Hypothekenforderung, die Grundschuld, die Rentenschuld oder die Schiffshypothekenforderung findet die Vorschrift des § 2113 Anwendung.

1 1. Die Vorschrift bedeutet eine *Ausnahme* gegenüber § 2113 für die Fälle der Kündigung und Einziehung. Eine Einziehung liegt auch vor, falls der Schuldner ohne aktives Handeln des Vorerben (zB Kündigung) in Erfüllung seiner vertraglichen Pflicht zahlt. Zahlungen an den Vorerben ohne Einwilligung des Nacherben sind unwirksam (BGH FamRZ 70, 193).

§ 2115 Zwangsvollstreckungsverfügungen gegen Vorerben

¹Eine Verfügung über einen Erbschaftsgegenstand, die im Wege der Zwangsvollstreckung oder der Arrestvollziehung oder durch den Insolvenzverwalter erfolgt, ist im Falle des Eintritts der Nacherbfolge insoweit unwirksam, als sie das Recht des Nacherben vereiteln oder beeinträchtigen würde. ²Die Verfügung ist unbeschränkt wirksam, wenn der Anspruch eines Nachlassgläubigers oder ein an einem Erbschaftsgegenstand bestehendes Recht geltend gemacht wird, das im Falle des Eintritts der Nacherbfolge dem Nacherben gegenüber wirksam ist.

Lit: M. Wolf, FS von Lübtow, 1991, S 325; Klawikowski, Die Grundstücksversteigerung bei Vor- und Nacherbschaft, Rpfleger 98, 100; Hofmann, Zu § 28 ZVG bei Nacherbschaft am Versteigerungsobjekt, Rpfleger 99, 317.

1 1. Der **Schutzbereich** der Vorschrift erfaßt nur Vollstreckungsmaßnahmen zur Vollstreckung von Geldforderungen (ZPO 803–871) der Eigengläubiger des Vorerben; für ZPO 894 gelten §§ 2112, 2113.

Titel 3. Einsetzung eines Nacherben **§§ 2116–2118**

2. Verfahrensrechtliche Ergänzungsvorschriften sind ZPO 773 und InsO 2
83 II (KO 128 aF). Der Schutz besteht zunächst nur im Verbot der Verwertung; die
Vollstreckungspfandrechte sind als solche wirksam und werden erst mit dem Nacherbfall unwirksam, falls das Nacherbenrecht beeinträchtigt würde (Bsp: BGH 110,
178; FamRZ 93, 802). Mehrere Nacherben, die Widerspruch aus ZPO 773
erheben, sind keine notwendigen Streitgenossen (BGH FamRZ 93, 803).

3. Gutgl Erwerb durch Vollstreckungsmaßnahmen ist grundsätzlich ausgeschlos- 3
sen; anders, wenn freihändig veräußert wird und der Erwerber damit rechtsgeschäftlich erwirbt. Beim Zuschlag im Wege öffentl Versteigerung erlöschen die Rechte
des Nacherben (sa BGH NJW 00, 3359 und § 2100 Rn 11: Keine Berücksichtigung
des Nacherbenvermerks im geringsten Gebot gem ZVG 44). Der Nacherbe muß
gem ZPO 771, 773 klagen, falls Versteigerung entgegen GBO 51, ZPO 773 erfolgt;
später nur Bereicherungsanspruch gegen vollstreckenden Gläubiger bzw Recht des
Nacherben am Erlös, der noch nicht verteilt ist (ZVG 37 Nr 5, 92; teilw str).

4. Keine Vollstreckungsmaßnahme ist die Teilungsversteigerung (ZVG 4
180 ff; vgl Baur/Stürner ZVR I, Rn 34.5 ff) im Rahmen der Auseinandersetzung
durch die Mitvorerben (BayObLGZ 65, 212; Hamm NJW 69, 516); am Erlös tritt
Surrogation (§ 2111) ein.

5. Unbeschränkt wirksame Vollstreckungsmaßnahmen zugunsten von 5
Nachlaßverbindlichkeiten sind auch denkbar aus Verpflichtungen des Vorerben im
Rahmen ordnungsmäßiger Verwaltung (BGH 110, 179; sa § 2112 Rn 3), welche
der Nacherbe auch dinglich ermöglichen muß (s § 2120). S 2 gilt analog für den
Nachlaßverwalter (Braunschweig OLGZ 88, 394; §§ 1984, 1985 Rn 4).

6. Aufrechnung der Eigengläubiger des Vorerben gegen eine Nachlaßforde- 6
rung ist analog § 394 nicht möglich (RG 80, 30).

§ 2116 Hinterlegung von Wertpapieren

(1) ¹Der Vorerbe hat auf Verlangen des Nacherben die zur Erbschaft
gehörenden Inhaberpapiere nebst den Erneuerungsscheinen bei einer Hinterlegungsstelle oder bei der *Reichsbank,* bei der *Deutschen Zentralgenossenschaftskasse* oder bei der Deutschen Girozentrale (Deutschen Kommunalbank) mit der Bestimmung zu hinterlegen, dass die Herausgabe nur mit
Zustimmung des Nacherben verlangt werden kann. ²Die Hinterlegung
von Inhaberpapieren, die nach § 92 zu den verbrauchbaren Sachen gehören, sowie von Zins-, Renten- oder Gewinnanteilscheinen kann nicht verlangt werden. ³Den Inhaberpapieren stehen Orderpapiere gleich, die mit
Blankoindossament versehen sind.

(2) Über die hinterlegten Papiere kann der Vorerbe nur mit Zustimmung des Nacherben verfügen.

§ 2117 Umschreibung; Umwandlung

¹Der Vorerbe kann die Inhaberpapiere, statt sie nach § 2116 zu hinterlegen, auf seinen Namen mit der Bestimmung umschreiben lassen, dass er
über sie nur mit Zustimmung des Nacherben verfügen kann. ²Sind die
Papiere vom Bund oder von einem Land ausgestellt, so kann er sie mit der
gleichen Bestimmung in Buchforderungen gegen den Bund oder das Land
umwandeln lassen.

§ 2118 Sperrvermerk im Schuldbuch

Gehören zur Erbschaft Buchforderungen gegen den Bund oder ein
Land, so ist der Vorerbe auf Verlangen des Nacherben verpflichtet, in das
Schuldbuch den Vermerk eintragen zu lassen, dass er über die Forderungen nur mit Zustimmung des Nacherben verfügen kann.

Anmerkungen zu den §§ 2116–2118

1. 1. Zu den Inhaberpapieren zählen *nicht* Sparbücher (§ 808).

§ 2119 Anlegung von Geld

Geld, das nach den Regeln einer ordnungsmäßigen Wirtschaft dauernd anzulegen ist, darf der Vorerbe nur nach den für die Anlegung von Mündelgeld geltenden Vorschriften anlegen.

1. 1. Die Vorschrift verweist auf §§ 1806, 1807, nach hM aber nicht auf §§ 1809, 1810. (Zu den Anlagevorschriften des Erbrechts: Coing, FS Kaufmann, 1972, S 127).

§ 2120 Einwilligungspflicht des Nacherben

¹**Ist zur ordnungsmäßigen Verwaltung, insbesondere zur Berichtigung von Nachlassverbindlichkeiten, eine Verfügung erforderlich, die der Vorerbe nicht mit Wirkung gegen den Nacherben vornehmen kann, so ist der Nacherbe dem Vorerben gegenüber verpflichtet, seine Einwilligung zu der Verfügung zu erteilen.** ²**Die Einwilligung ist auf Verlangen in öffentlich beglaubigter Form zu erklären.** ³**Die Kosten der Beglaubigung fallen dem Vorerben zur Last.**

1. 1. **Zweck** der Vorschrift: Erweiterung der Verfügungsbefugnis gegenüber §§ 2113 ff und Schutz vor Ersatzansprüchen des Nacherben (§§ 2130 ff).

2. 2. Die **erweiterte Anwendung** folgt aus diesem Zweck: Der Vorerbe kann bereits zum Verpflichtungsgeschäft die Zustimmung verlangen, um die Ordnungsmäßigkeit der geplanten Verfügung und damit die Haftung auch des Nacherben für entstehende Nachlaßverbindlichkeiten klarzustellen (RG 90, 96; sa § 2112 Rn 3). Ferner kann bereits bei zweifelhafter Rechtslage die Zustimmung verlangt werden, ohne daß ein Tatbestand der §§ 2113 ff bereits feststeht.

3. 3. **Empfänger** der Zustimmungserklärung ist gem § 182 der Vorerbe oder der Partner des Rechtsgeschäfts (str); Anspruchsinhaber ist indessen allein der Vorerbe, der den Anspruch aber abtreten kann.

4. 4. **Form:** § 2120 S 2; die Verpflichtung, einem Grundstücksverkauf zuzustimmen, bedarf notarieller Beurkundung (BGH NJW 72, 581).

5. 5. **Ordnungsmäßige Verwaltung** (§ 2038 I 2) liegt zB vor, wenn ein Nachlaßgrundstück zur Vermeidung einer ungünstigeren Enteignung veräußert werden soll (BGH NJW 72, 580), jedoch grds nicht bei einer Kreditaufnahme zu Lasten des Nachlasses (BGH 110, 181; sa 114, 27), es sei denn, die Interessen des Nacherben sind durch geeignete Sicherungen (Bestellung eines erfahrenen und zuverlässigen Treuhänders, Schutz vor Nachlaßauszehrung durch Tilgung) geschützt (BGH NJW 93, 1582; 3199). Die Erfüllung von Nachlaßverbindlichkeiten bedarf nicht der Zustimmung (str, s § 2113 Rn 2), § 2120 meint die evtl notwendigen Versilberungsgeschäfte. Darlegungslast des Vorerben (Düsseldorf NJW-RR 96, 905), der Nacherben zur Zustimmung auffordert.

§ 2121 Verzeichnis der Erbschaftsgegenstände

(1) ¹**Der Vorerbe hat dem Nacherben auf Verlangen ein Verzeichnis der zur Erbschaft gehörenden Gegenstände mitzuteilen.** ²**Das Verzeichnis ist mit der Angabe des Tages der Aufnahme zu versehen und vom Vorerben zu unterzeichnen; der Vorerbe hat auf Verlangen die Unterzeichnung öffentlich beglaubigen zu lassen.**

(2) **Der Nacherbe kann verlangen, dass er bei der Aufnahme des Verzeichnisses zugezogen wird.**

Titel 3. Einsetzung eines Nacherben **§§ 2122–2125**

(3) Der Vorerbe ist berechtigt und auf Verlangen des Nacherben verpflichtet, das Verzeichnis durch die zuständige Behörde oder durch einen zuständigen Beamten oder Notar aufnehmen zu lassen.

(4) Die Kosten der Aufnahme und der Beglaubigung fallen der Erbschaft zur Last.

§ 2122 Feststellung des Zustands der Erbschaft

¹Der Vorerbe kann den Zustand der zur Erbschaft gehörenden Sachen auf seine Kosten durch Sachverständige feststellen lassen. ²Das gleiche Recht steht dem Nacherben zu.

§ 2123 Wirtschaftsplan

(1) ¹Gehört ein Wald zur Erbschaft, so kann sowohl der Vorerbe als der Nacherbe verlangen, dass das Maß der Nutzung und die Art der wirtschaftlichen Behandlung durch einen Wirtschaftsplan festgestellt werden. ²Tritt eine erhebliche Änderung der Umstände ein, so kann jeder Teil eine entsprechende Änderung des Wirtschaftsplans verlangen. ³Die Kosten fallen der Erbschaft zur Last.

(2) Das Gleiche gilt, wenn ein Bergwerk oder eine andere auf Gewinnung von Bodenbestandteilen gerichtete Anlage zur Erbschaft gehört.

Anmerkungen zu den §§ 2121–2123

1. Die Vorschriften bezwecken den Schutz des Vorerben vor Ersatzansprüchen ebenso wie den Schutz des Nacherben vor Unkenntnis über den Nachlaß betr Vorgänge. Für den Inhalt des Verzeichnisses ist der Zeitpunkt der Errichtung maßgebend (RG 164, 208); es muß nur bis zum Eintritt des Nacherbfalles (RG 98, 25) und nur einmal errichtet werden. Hingegen kann die Zustandsfeststellung mehrmals verlangt werden (vgl zum Verfahren FGG 164). Wegen § 2122 hat der pflichtteilsberechtigte Nacherbe keinen Anspruch gegen den Vorerben auf Wertermittlung analog § 2314 oder gem § 242 (BGH NJW 81, 2051); sa § 2314 Rn 10.

§ 2124 Erhaltungskosten

(1) Der Vorerbe trägt dem Nacherben gegenüber die gewöhnlichen Erhaltungskosten.

(2) ¹Andere Aufwendungen, die der Vorerbe zum Zwecke der Erhaltung von Erbschaftsgegenständen den Umständen nach für erforderlich halten darf, kann er aus der Erbschaft bestreiten. ²Bestreitet er sie aus seinem Vermögen, so ist der Nacherbe im Falle des Eintritts der Nacherbfolge zum Ersatz verpflichtet.

§ 2125 Verwendungen; Wegnahmerecht

(1) Macht der Vorerbe Verwendungen auf die Erbschaft, die nicht unter die Vorschrift des § 2124 fallen, so ist der Nacherbe im Falle des Eintritts der Nacherbfolge nach den Vorschriften über die Geschäftsführung ohne Auftrag zum Ersatz verpflichtet.

(2) Der Vorerbe ist berechtigt, eine Einrichtung, mit der er eine zur Erbschaft gehörende Sache versehen hat, wegzunehmen.

§ 2126 Außerordentliche Lasten

¹Der Vorerbe hat im Verhältnis zu dem Nacherben nicht die außerordentlichen Lasten zu tragen, die als auf den Stammwert der Erbschaftsgegenstände gelegt anzusehen sind. ²Auf diese Lasten findet die Vorschrift des § 2124 Abs. 2 Anwendung.

Anmerkungen zu den §§ 2124–2126

1. **Gewöhnliche Erhaltungskosten** (§ 2124 I), also zB normale Verschleißreparaturen (BGH NJW 93, 3199), die aus jährlichen Nutzungen zu decken sind, trägt der Vorerbe. Zu den **Fruchtziehungskosten** s § 2111 Rn 5.

2. **Außergewöhnliche Erhaltungskosten** (§ 2124 II) betreffen Verbesserungen oder Erneuerungen, die nach dem Maßstab einer ordentlichen Geschäftsführung für notwendig gehalten werden konnten und langfristig wertsteigernde Wirkung haben (BGH NJW 93, 3199). Sie trägt der Nachlaß.

3. **Sonstige Verwendungen** (§ 2125 I), zB Betriebserweiterungen, Luxusanschaffungen, sind nur erschwert nach GoA zu ersetzen. Zu den Verwendungen des *Vorvermächtnisnehmers* s § 2191 Rn 2.

4. **Ordentliche Lasten**, zB Steuer, Versicherung, trägt der Vorerbe (§ 2124 I; BGH NJW 85, 384).

5. **Außergewöhnliche Lasten** hat der Nachlaß zu tragen, auch bei befreiter Vorerbschaft (BGH NJW 80, 2466); also zB Erschließungsbeiträge oder Einkommensteuer aus Veräußerungsgewinn (BGH NJW 80, 2466); zur Vermögensabgabe vgl LAG 73.

6. Zur **analogen** Anwendung bei unwirksamem Erwerb vom Vorerben s § 2113 Rn 2.

§ 2127 Auskunftsrecht des Nacherben

Der Nacherbe ist berechtigt, von dem Vorerben Auskunft über den Bestand der Erbschaft zu verlangen, wenn Grund zu der Annahme besteht, dass der Vorerbe durch seine Verwaltung die Rechte des Nacherben erheblich verletzt.

§ 2128 Sicherheitsleistung

(1) Wird durch das Verhalten des Vorerben oder durch seine ungünstige Vermögenslage die Besorgnis einer erheblichen Verletzung der Rechte des Nacherben begründet, so kann der Nacherbe Sicherheitsleistung verlangen.

(2) Die für die Verpflichtung des Nießbrauchers zur Sicherheitsleistung geltende Vorschrift des § 1052 findet entsprechende Anwendung.

§ 2129 Wirkung einer Entziehung der Verwaltung

(1) Wird dem Vorerben die Verwaltung nach der Vorschrift des § 1052 entzogen, so verliert er das Recht, über Erbschaftsgegenstände zu verfügen.

(2) ¹Die Vorschriften zugunsten derjenigen, welche Rechte von einem Nichtberechtigten herleiten, finden entsprechende Anwendung. ²Für die zur Erbschaft gehörenden Forderungen ist die Entziehung der Verwaltung dem Schuldner gegenüber erst wirksam, wenn er von der getroffenen Anordnung Kenntnis erlangt oder wenn ihm eine Mitteilung von der Anordnung zugestellt wird. ³Das Gleiche gilt von der Aufhebung der Entziehung.

Anmerkungen zu den §§ 2127–2129

1. Die Vorschriften gewähren dem Nacherben vorbeugenden Schutz vor der wirtschaftlichen Aushöhlung seines Nacherbenrechts; zum Auskunftsrecht s iü §§ 2121–2123 Rn 1. Das Verwaltungs- und Verfügungsrecht des Verwalters entspricht dem des Vorerben, sowohl im Verhältnis zum Nacherben als auch im Verhältnis zu Dritten.

§ 2130 Herausgabepflicht nach dem Eintritt der Nacherbfolge, Rechenschaftspflicht

(1) ¹Der Vorerbe ist nach dem Eintritt der Nacherbfolge verpflichtet, dem Nacherben die Erbschaft in dem Zustand herauszugeben, der sich bei einer bis zur Herausgabe fortgesetzten ordnungsmäßigen Verwaltung ergibt. ²Auf die Herausgabe eines landwirtschaftlichen Grundstücks findet die Vorschrift des § 596 a, auf die Herausgabe eines Landguts finden die Vorschriften der §§ 596 a, 596 b entsprechende Anwendung.

(2) Der Vorerbe hat auf Verlangen Rechenschaft abzulegen.

§ 2131 Umfang der Sorgfaltspflicht

Der Vorerbe hat dem Nacherben gegenüber in Ansehung der Verwaltung nur für diejenige Sorgfalt einzustehen, welche er in eigenen Angelegenheiten anzuwenden pflegt.

§ 2132 Keine Haftung für gewöhnliche Abnutzung

Veränderungen oder Verschlechterungen von Erbschaftssachen, die durch ordnungsmäßige Benutzung herbeigeführt werden, hat der Vorerbe nicht zu vertreten.

§ 2133 Ordnungswidrige oder übermäßige Fruchtziehung

Zieht der Vorerbe Früchte den Regeln einer ordnungsmäßigen Wirtschaft zuwider oder zieht er Früchte deshalb im Übermaße, weil dies infolge eines besonderen Ereignisses notwendig geworden ist, so gebührt ihm der Wert der Früchte nur insoweit, als durch den ordnungswidrigen oder den übermäßigen Fruchtbezug die ihm gebührenden Nutzungen beeinträchtigt werden und nicht der Wert der Früchte nach den Regeln einer ordnungsmäßigen Wirtschaft zur Wiederherstellung der Sache zu verwenden ist.

§ 2134 Eigennützige Verwendung

¹Hat der Vorerbe einen Erbschaftsgegenstand für sich verwendet, so ist er nach dem Eintritt der Nacherbfolge dem Nacherben gegenüber zum Ersatz des Wertes verpflichtet. ²Eine weitergehende Haftung wegen Verschuldens bleibt unberührt.

Anmerkungen zu den §§ 2130–2134

1. Der **Herausgabeanspruch** des Nacherben ähnelt dem Erbschaftsanspruch (§ 2018) und umfaßt alle Erbschaftsgegenstände, also auch Surrogate (§ 2111). Der Anspruch geht nicht auf Rechtsübertragung, da ja gem § 2139 der Nacherbe kraft Ges Rechtsinhaber wird (§ 2139 Rn 1).

2. Für **Erhaltungskosten, Verwendungen und Lasten** gelten §§ 2124–2126 iVm § 103.

3 3. **Nutzungen** gebühren gem § 2111 dem Vorerben (vgl zum Eigentum § 953). § 2133 trifft eine ergänzende Regelung für Übermaßfrüchte; hier hat der Nacherbe uU einen Wertersatzanspruch.

4 4. Für **verbrauchte Erbschaftsgegenstände** besteht unabhängig vom Verschulden ebenfalls ein Wertersatzanspruch, der nur eingreift, falls der Gegenwert nicht durch Surrogation Erbschaftsgegenstand wurde (BGH 40, 124).

5 5. **Schadensersatzansprüche** entstehen aus schuldhafter Verletzung der Verwalterpflichten (§ 2130 I 1), wobei allerdings die Sorgfaltsmaßstäbe der §§ 2131, 2132 zu beachten sind.

6 6. **Informationspflichten** des Vorerben ergeben sich aus §§ 2130 I 1, 260 und §§ 2130 II, 259. Sie erstrecken sich auf die Rechnungsposten, die den Anspruch des Nacherben bestimmen. Der Nacherbe hat auch gegen den vom Vorerben Beschenkten analog §§ 2314, 2028 einen Auskunftsanspruch, falls die Auskunft zur Rechtsverfolgung erforderlich ist (vgl BGH 58, 237); s noch §§ 2121–2123 Rn 1.

§ 2135 Miet- und Pachtverhältnis bei der Nacherbfolge

Hat der Vorerbe ein zur Erbschaft gehörendes Grundstück oder eingetragenes Schiff vermietet oder verpachtet, so findet, wenn das Miet- oder Pachtverhältnis bei dem Eintritt der Nacherbfolge noch besteht, die Vorschrift des § 1056 entsprechende Anwendung.

1 1. Die Vorschrift statuiert durch den Verweis auf §§ 1056, 566 ff nF bzw 571 ff aF den Grundsatz „Nacherbfolge bricht nicht Miete."

§ 2136 Befreiung des Vorerben

Der Erblasser kann den Vorerben von den Beschränkungen und Verpflichtungen des § 2113 Abs. 1 und der §§ 2114, 2116 bis 2119, 2123, 2127 bis 2131, 2133, 2134 befreien.

§ 2137 Auslegungsregel für die Befreiung

(1) Hat der Erblasser den Nacherben auf dasjenige eingesetzt, was von der Erbschaft bei dem Eintritt der Nacherbfolge übrig sein wird, so gilt die Befreiung von allen im § 2136 bezeichneten Beschränkungen und Verpflichtungen als angeordnet.

(2) Das Gleiche ist im Zweifel anzunehmen, wenn der Erblasser bestimmt hat, dass der Vorerbe zur freien Verfügung über die Erbschaft berechtigt sein soll.

§ 2138 Beschränkte Herausgabepflicht

(1) ¹Die Herausgabepflicht des Vorerben beschränkt sich in den Fällen des § 2137 auf die bei ihm noch vorhandenen Erbschaftsgegenstände. ²Für Verwendungen auf Gegenstände, die er infolge dieser Beschränkung nicht herauszugeben hat, kann er nicht Ersatz verlangen.

(2) Hat der Vorerbe der Vorschrift des § 2113 Abs. 2 zuwider über einen Erbschaftsgegenstand verfügt oder hat er die Erbschaft in der Absicht, den Nacherben zu benachteiligen, vermindert, so ist er dem Nacherben zum Schadensersatze verpflichtet.

Anmerkungen zu den §§ 2136–2138

Lit: Mayer, Der superbefreite Vorerbe? – Möglichkeiten und Grenzen der Befreiung des Vorerben, ZEV 00, 1.

Titel 3. Einsetzung eines Nacherben **§ 2139**

1. Die **Anordnung der Befreiung** kann nur durch letztwillige Verfügung 1
erfolgen (Hamm NJW-RR 97, 453); sie ist oft durch *Auslegung* zu ermitteln
(BayObLG NJW-RR 02, 297). Dabei muß stets das Gesamtbild für eine Befreiung
sprechen (s BayObLG FamRZ 81, 403); uU bedingte Befreiung (BayObLG
FamRZ 84, 1273: für den Fall der Not). Die Einsetzung als „Alleinerbe" reicht
alleine nicht aus, selbst wenn sich kinderlose Ehegatten wechselseitig einsetzen und
Verwandte oder gar Dritte Nacherben werden sollen (BGH FamRZ 70, 193; teilw
aA jedoch Hamm NJW-RR 97, 453, dazu Avenarius NJW 97, 2740; Düsseldorf
ZEV 98, 229). Dagegen spricht vieles für die Befreiung, wenn die Kinder des
letztversterbenden Ehegatten für den Fall einer Wiederheiratung Nacherben
werden sollen (BGH FamRZ 61, 275; offen gelassen in BGH RdL 69, 103). Eine
Ergänzungsregel enthält § 2137 I für die Einsetzung auf den Überrest; eine Auslegungsregel
enthält § 2137 II, der auch schon beim Recht zur freien Verfügung
über das wesentliche Nachlaßgrundstück anzuwenden sein wird.

2. Der **Umfang der Befreiung** darf das ges vorgesehene Maß nicht überschreiten; 2
zwingend gelten also stets folgende Vorschriften: §§ 2111; 2113 II (BGH 7,
276); 2115; 2121; 2122; 2138. Der Erblasser soll allerdings den Nacherben durch
Vermächtnis beschweren können, bestimmten unentgeltlichen Verfügungen des
Vorerben zuzustimmen, also über die Befreiung nach § 2136 hinaus (Düsseldorf
NJW-RR 00, 376 = FamRZ 00, 573 mAnm Wübben, ZEV 00, 30; Ludwig
DNotZ 01, 102; sa § 2113 Rn 5). Im übrigen kann der Erblasser durch Vorausvermächtnis
(§ 2110 II) einzelne Gegenstände völlig den Bindungen der Nacherbschaft
entziehen. *Weitere Beschränkungen* haben nur die Wirkung einer schuldrechtlichen
Auflage, vgl § 2100 Rn 3 ff.

3. Die **Rechtsstellung** des befreiten Vorerben ist vor allem durch den Wegfall 3
der Pflicht zur ordnungsmäßigen Verwaltung bestimmt. Es existiert insoweit nur
das Verbot der Nachlaßminderung in Benachteiligungsabsicht, dessen Verletzung
zum Schadensersatz verpflichtet (§ 2138 II; Beispiel: BGH NJW 77, 1631); der
mögliche Benachteiligungsabsicht der Ehefrau, die als befreite Vorerbin über
Gegenstände des ehelichen Gesamtgutes wirksam (vgl § 2113 Rn 1 ff) unentgeltlich
verfügt: BGH 26, 378. Es besteht keine Rechnungslegungspflicht (§§ 2136,
2130 II), wohl aber die Pflicht gem §§ 2138 I 1, 260 I (BGH NJW 83, 2875).

4. Die **Rechte des Testamentsvollstreckers** bleiben von der Befreiung des 4
Vorerben im Grundsatz unberührt (BayObLGZ 58, 304; 59, 128); die Befreiung
hat aber uU Einfluß auf die Pflichten gegenüber dem Vorerben (BGH NJW 90,
2056: Substanzzugriff).

5. Die Einsetzung als Nacherbe unter der Bedingung, daß der Vorerbe nicht 5
anderweitig testiert, hat mit befreiter Vorerbschaft nichts zu tun (vgl § 2065 Rn 1).

§ 2139 Wirkung des Eintritts der Nacherbfolge

**Mit dem Eintritt des Falles der Nacherbfolge hört der Vorerbe auf, Erbe
zu sein, und fällt die Erbschaft dem Nacherben an.**

1. Der **Nachlaß des Erblassers** fällt dem Nacherben an, nicht das Vermögen 1
des Vorerben. Der Nacherbe tritt kraft Ges in alle Rechte und Pflichten ohne
rechtsgeschäftliche Übertragung ein (Celle NJW-RR 92, 141 für Sparguthaben).
Jedoch kein Eintritt des Nacherben in ein Giroverhältnis des Erblassers, das vom
Vorerben fortgeführt wurde; ob ein zZ Nacherbfalls vorhandenes Konto-Guthaben
zum Nachlaß des Erblassers gehört, richtet sich nach § 2111 (BGH NJW
96, 191). Rechtsnachfolge in Gesellschaftsanteile ist wie beim gewöhnlichen Erbfall
nur möglich, soweit der Gesellschaftsvertrag dies zuläßt (BGH 78, 181; 109, 219; sa
§ 2032 Rn 5 ff); uU Anspruch des Nacherben auf Auseinandersetzungs- bzw
Abfindungsguthaben gegen die Gesellschafter oder auf Herausgabe vermögensrechtlicher
Vorteile (§ 2130) gegen den verbleibenden Vorerben (BGH 109, 219).

2   2. Für den **Besitz** gelten grundsätzlich §§ 857, 870; sofern aber der Vorerbe unmittelbare tatsächliche Herrschaft erworben hat, muß der Nacherbe den Besitz gem § 854 I erwerben (arg § 2130 I).

3   3. Das **Grundbuch** (GBO 51) ist durch Eintragung des neuen Eigentümers und Löschung des Nacherbenvermerks zu berichtigen, GBO 22, 29, 82; sa § 2363 Rn 3.

4   4. Zum **Fortbestehen von Vollmachten** vgl § 2112 Rn 6.

5   5. **Vor dem Nacherbfall** kann der Vorerbe die ganze Erbschaft gem §§ 2371, 2374 an den Nacherben verkaufen und Gegenstand für Gegenstand übertragen; für den Mitvorerbenanteil gelten §§ 2371, 2033.

§ 2140 Verfügungen des Vorerben nach Eintritt der Nacherbfolge

¹Der Vorerbe ist auch nach dem Eintritt des Falles der Nacherbfolge zur Verfügung über Nachlassgegenstände in dem gleichen Umfang wie vorher berechtigt, bis er von dem Eintritt Kenntnis erlangt oder ihn kennen muss. ²Ein Dritter kann sich auf diese Berechtigung nicht berufen, wenn er bei der Vornahme eines Rechtsgeschäfts den Eintritt kennt oder kennen muss.

1   1. Vorerbe und Dritter sind gutgl: Wirksamkeit gem § 2140 S 2.

2   2. Nur der Dritte, nicht aber der Vorerbe ist gutgl: kein Fall dieser Vorschrift, Wirksamkeit allenfalls nach §§ 892; 932, 2366.

3   3. Nur der Vorerbe, nicht der Dritte ist gutgl: Unwirksamkeit, aber keine Ersatzpflicht des Vorerben.

§ 2141 Unterhalt der werdenden Mutter eines Nacherben

Ist bei dem Eintritt des Falles der Nacherbfolge die Geburt eines Nacherben zu erwarten, so finden auf den Unterhaltsanspruch der Mutter die Vorschriften des § 1963 entsprechende Anwendung.

§ 2142 Ausschlagung der Nacherbschaft

(1) **Der Nacherbe kann die Erbschaft ausschlagen, sobald der Erbfall eingetreten ist.**

(2) **Schlägt der Nacherbe die Erbschaft aus, so verbleibt sie dem Vorerben, soweit nicht der Erblasser ein anderes bestimmt hat.**

1   1. Das **Recht, anzunehmen oder auszuschlagen,** entsteht bereits vor dem Nacherbfall mit dem Erbfall (§§ 1946, 2142 I; sa § 2269 Rn 6: keine Geltung für Schlußerben!); bedeutsam insbes im Falle des § 2306 II wegen § 2332.

2   2. Der **Beginn der Ausschlagungsfrist** bestimmt sich jedoch nach dem Nacherbfall (§§ 1944, 2139).

3   3. Die **Wirkung der Ausschlagung** liegt im Rückfall an den Vorerben bzw dessen Erben. Die Einsetzung von Ersatznacherben (§ 2096) und die Auslegungsregel des § 2069 können zum Anfall der Nacherbschaft bei anderen Personen führen (Zweibrücken OLGZ 84, 3).

§ 2143 Wiederaufleben erloschener Rechtsverhältnisse

Tritt die Nacherbfolge ein, so gelten die infolge des Erbfalls durch Vereinigung von Recht und Verbindlichkeit oder von Recht und Belastung erloschenen Rechtsverhältnisse als nicht erloschen.

1   1. Es handelt sich um ein **Wiederaufleben** ex nunc. Das Verhältnis zwischen Nacherbe und Vorerbe entspricht dem zwischen Erblasser und Vorerbe vor dem Erbfall; Verjährungshemmung analog § 205 nF bzw 202 aF. Beide Teile können aber schon vor dem Nacherbfall Feststellungsklage erheben (LM Nr 5 zu § 2100).

2. Vermögenstrennung bereits vor dem Nacherbfall gem § 1976 erübrigt die Anwendung des § 2143 (BGH 48, 214), ebenso Testamentsvollstreckung (§§ 2205, 2211, 2214) an der Vorerbschaft (BGH 98, 57 für OHG-Anteil).

§ 2144 Haftung des Nacherben für Nachlassverbindlichkeiten

(1) Die Vorschriften über die Beschränkung der Haftung des Erben für die Nachlassverbindlichkeiten gelten auch für den Nacherben; an die Stelle des Nachlasses tritt dasjenige, was der Nacherbe aus der Erbschaft erlangt, mit Einschluss der ihm gegen den Vorerben als solchen zustehenden Ansprüche.

(2) Das von dem Vorerben errichtete Inventar kommt auch dem Nacherben zustatten.

(3) Der Nacherbe kann sich dem Vorerben gegenüber auf die Beschränkung seiner Haftung auch dann berufen, wenn er den übrigen Nachlassgläubigern gegenüber unbeschränkt haftet.

Lit: Börner, Das System der Erbenhaftung, JuS 68, 108.

1. Grundsatz. Der Nacherbe haftet vom Nacherbfall an wie der Erbe (§§ 1967 ff). Nachlaßverbindlichkeiten (Erbschaftsverwaltungsschulden, § 1967 Rn 3) sind auch vom Vorerben im Rahmen ordnungsmäßiger Verwaltung begründete Verbindlichkeiten (BGH 32, 64; vgl auch § 2112 Rn 3 f).

2. Haftungsmasse ist nur der Nachlaßbestand beim Nacherbfall unter Einschluß der Herausgabe- und Ersatzansprüche gegen den Vorerben (§§ 2130 ff, 2138).

3. Die **Haftungsbeschränkungsrechte** stehen dem Nacherben alle und ohne Rücksicht auf das Verhalten des Vorerben zu. Insolvenzverfahren, die vor dem Nacherbfall eröffnet worden sind, dauern fort; die Nachlaßverwaltung unter den Voraussetzungen des § 1981 II auch in der Person des Nacherben, andernfalls ist sie auf Antrag aufzuheben. Das Nachlaßinventar kommt dem Nacherben nur insoweit zugute, als es schon den Vorerben schützte; zum Aufgebot vgl ZPO 998.

4. Die **stets beschränkbare Haftung** gegenüber dem Vorerben betrifft Fälle der §§ 2124 ff, 2121 IV, 2143.

§ 2145 Haftung des Vorerben für Nachlassverbindlichkeiten

(1) ¹Der Vorerbe haftet nach dem Eintritt der Nacherbfolge für die Nachlassverbindlichkeiten noch insoweit, als der Nacherbe nicht haftet. ²Die Haftung bleibt auch für diejenigen Nachlassverbindlichkeiten bestehen, welche im Verhältnis zwischen dem Vorerben und dem Nacherben dem Vorerben zur Last fallen.

(2) ¹Der Vorerbe kann nach dem Eintritt der Nacherbfolge die Berichtigung der Nachlassverbindlichkeiten, sofern nicht seine Haftung unbeschränkt ist, insoweit verweigern, als dasjenige nicht ausreicht, was ihm von der Erbschaft gebührt. ²Die Vorschriften der §§ 1990, 1991 finden entsprechende Anwendung.

1. Die Vorschrift ist nicht glücklich formuliert. Der Vorerbe haftet nach dem Nacherbfall in folgenden Fällen: **a)** Für **Nachlaßerbenschulden** (vgl § 1967 Rn 5) haftet er unbeschränkt, da sie zugleich Eigenschulden sind. **b)** Die **unbeschränkte Haftung für Nachlaßverbindlichkeiten** besteht nach hM auch nach dem Nacherbfall fort. **c)** Die **beschränkbare oder bereits beschränkte Haftung** für Nachlaßschulden endet mit dem Nacherbfall; bei vollstreckbaren Titeln gilt ZPO 767. Diese Grundregel kennt *zwei Ausnahmen:* **aa)** Forthaftung für Nachlaßverbindlichkeiten, die im Verhältnis von Vor- und Nacherbe der Vorerbe zu tragen hat, also zB Lasten aus der Zeit der Vorerbschaft (§§ 2124 I, 103). **bb)** Forthaftung

§ 2146

bei fehlender Haftung des Nacherben (zB allein dem Vorerben auferlegte Vermächtnisse oder Auflagen) oder bei nicht realisierbarer Haftung des Nacherben (zB Haftungsbeschränkung oder Zahlungsunfähigkeit des Nacherben). **d) Die ausnahmsweise Forthaftung** (oben aa und bb) kann der Vorerbe auf die ihm verbleibenden Nutzungen oder ihr Surrogat (§ 2111) beschränken (§ 2145 II), wobei dann §§ 1990, 1991 anzuwenden sind; ZPO 780 ist zu beachten.

§ 2146 Anzeigepflicht des Vorerben gegenüber Nachlassgläubigern

(1) ¹**Der Vorerbe ist den Nachlassgläubigern gegenüber verpflichtet, den Eintritt der Nacherbfolge unverzüglich dem Nachlassgericht anzuzeigen.** ²**Die Anzeige des Vorerben wird durch die Anzeige des Nacherben ersetzt.**

(2) **Das Nachlassgericht hat die Einsicht der Anzeige jedem zu gestatten, der ein rechtliches Interesse glaubhaft macht.**

1 1. Pflichtverletzung macht Nachlaßgläubigern gegenüber schadensersatzpflichtig.

Titel 4. Vermächtnis

Vorbemerkungen

1 1. **Begriff:** § 1939. Der Vermögensvorteil kann in der Zuwendung eines Nachlaßgegenstandes liegen, aber auch in jeder anderen vermögenswerten Leistung (zB Schulderlaß, Rechtsaufgabe, Dienstleistung). Neuere Lit: Watzek MittRhNotK 99, 37.

2 2. **Abgrenzungen: a)** Zur **Erbeinsetzung** vgl § 2087 Rn 1–3. **b)** Von **Teilungsanordnung und Vorausvermächtnis** (§ 2150) vgl § 2048 Rn 4. **c)** Von **Nacherbschaft und Nießbrauchvermächtnis** vgl § 2100 Rn 3 f. **d) Zur Auflage:** Der Vermächtnisnehmer hat einen Leistungsanspruch (§ 2174), nicht aber der Auflagenbegünstigte (§ 1940). Beispiel: KG ZEV 98, 306; hierzu Vorwerk ZEV 98, 297. **e)** Zum **Kauf**: Entgeltliche Zuwendung eines Auflassungsanspruchs in „Erbvertrag" kann als kaufähnlicher Vertrag einen Vorkaufsfall gem § 463 nF = § 504 aF auslösen (BGH NJW 98, 2136; vgl Vor § 2274 Rn 1).

3 3. **a) Erbschaftsteuerrecht** (Lit: Schuhmann UVR 99, 430). Mit dem Erbfall entsteht die Steuerpflicht des Vermächtnisnehmers (ErbStG 1 I Nr 1, 3 I Nr 1, 9 I Nr 1), wobei der ungeteilte Nachlaß mithaftet (ErbStG 20 III). Der Erbe kann den Vermächtniswert von dem zu versteuernden Nachlaßwert absetzen (ErbStG 10 V Nr 2); auch bei Vollzug unwirksamer Vermächtnisse (BFH NJW 82, 407). Abzugsfähig sind auch Kosten, die dem Erben im Zusammenhang mit der Erfüllung des Vermächtnisses entstehen (ErbStG 10 V Nr 3; BFH FamRZ 96, 284). Wenn das Vermächtnis in der Zuwendung eines Grundstücks gegen Entgelt besteht, kann die Abgrenzung zwischen Grundstücksvermächtnis unter Auflage bzw Untervermächtnis und Ankaufsvermächtnis (BGH NJW 01, 2883) zu Bewertungsunterschieden führen (BFH FR 01, 966; FG Düsseldorf ZEV 99, 327 mAnm Messner; str; sa § 1924 Rn 6 und Vor § 2032 Rn 3–5; anders uU beim Übergang von Besitz und Lasten mit dem Erbfall: FG München EFG 99, 1089; sa § 2174 Rn 1 und § 2186 Rn 1). Zum Nießbrauchvermächtnis vgl § 2100 Rn 4, zum Vorausvermächtnis Vor § 2032 Rn 3 ff. **b) Einkommensteuerrecht.** Aufwendungen zur Erfüllung von Vermächtniszuwendungen an gemeinnützige Einrichtungen sind weder beim Erben (BFH NJW 94, 1175) noch beim Erblasser (BFH NJW 97, 887) als Spenden nach EStG 10 b I abziehbar.

4 4. **Lastenausgleich:** Vgl LAG 70, 71.

5 5. Zur lebzeitigen **Schenkung** des Vermächtnisgegenstandes an den Bedachten s § 2169 Rn 2.

Titel 4. Vermächtnis §§ 2147–2150

§ 2147 Beschwerter

¹Mit einem Vermächtnisse kann der Erbe oder ein Vermächtnisnehmer beschwert werden. ²Soweit nicht der Erblasser ein anderes bestimmt hat, ist der Erbe beschwert.

1. **Beschwerte** können sein der Erbe, der Vermächtnisnehmer, der gem § 2301 I Beschenkte, unter altem Recht der Erbersatzberechtigte (SoeWolf 5; str). 1

2. **Nicht** beschwert werden können der Auflagenbegünstigte vor Erhalt der Auflage; der Drittbegünstigte (§§ 331 f); der Nacherbe vor Eintritt des Nacherbfalles, weil er bis dahin noch gar nicht Erbe ist (§§ 2100, 2139; BayObLG NJW 67, 446); der Testamentsvollstrecker; der lediglich Pflichtteilsberechtigte oder zu Lebzeiten Beschenkte (BGH FamRZ 85, 697). 2

§ 2148 Mehrere Beschwerte

Sind mehrere Erben oder mehrere Vermächtnisnehmer mit demselben Vermächtnis beschwert, so sind im Zweifel die Erben nach dem Verhältnis der Erbteile, die Vermächtnisnehmer nach dem Verhältnis des Wertes der Vermächtnisse beschwert.

1. Die Vorschrift setzt gesamtschuldnerische Haftung aller oder mehrerer Miterben bzw Vermächtnisnehmer voraus und regelt nur den Ausgleich im Innenverhältnis (MK/Skibbe 2; str). 1

2. Für die Wertfeststellung maßgeblich ist der Zeitpunkt des Erbfalls. 2

§ 2149 Vermächtnis an die gesetzlichen Erben

¹Hat der Erblasser bestimmt, dass dem eingesetzten Erben ein Erbschaftsgegenstand nicht zufallen soll, so gilt der Gegenstand als den gesetzlichen Erben vermacht. ²Der Fiskus gehört nicht zu den gesetzlichen Erben im Sinne dieser Vorschrift.

1. Die Vorschrift entspricht § 2088. Ob die ges Erben nur Vermächtnisnehmer oder Erben sein sollen, ist nach § 2087 zu entscheiden. 1

§ 2150 Vorausvermächtnis

Das einem Erben zugewendete Vermächtnis (Vorausvermächtnis) gilt als Vermächtnis auch insoweit, als der Erbe selbst beschwert ist.

1. Die **Besonderheit** des Vorausvermächtnisses besteht darin, daß der Vermächtnisnehmer zugleich Erbe ist. Es ist zunächst aus dem Nachlaß das Vermächtnis zu befriedigen (§ 2046 I 1), sodann erhält der begünstigte Miterbe bei der Teilung grundsätzlich den ungekürzten Bruchteil des Restnachlasses (Beispiele: BGH NJW 98, 682; BayObLG NJW-RR 93, 581). Der Erwerb des vermachten Gegenstandes durch einen Miterben in der Vermächtnisversteigerung soll den primären Vermächtnisanspruch unberührt lassen (BGH NJW 98, 682), obwohl am Versteigerungserlös dingliche Surrogation (hierzu Baur/Stürner ZVR I Rn 34.7 u 36.25) eintritt – fragwürdig. 1

2. Zur **Abgrenzung zwischen Teilungsanordnung und Vorausvermächtnis** vgl § 2048 Rn 4. 2

3. Zum **Vorausvermächtnis des alleinigen Vorerben** vgl § 2110 Rn 1. 3

4. Zur **Durchsetzung** des Vorausvermächtnisses während des Bestehens der Gemeinschaft vgl §§ 2058–2063 Rn 9 iVm Rn 2–8. 4

Stürner

§ 2151 Bestimmungsrecht des Beschwerten oder eines Dritten bei mehreren Bedachten

(1) Der Erblasser kann mehrere mit einem Vermächtnis in der Weise bedenken, dass der Beschwerte oder ein Dritter zu bestimmen hat, wer von den mehreren das Vermächtnis erhalten soll.

(2) Die Bestimmung des Beschwerten erfolgt durch Erklärung gegenüber demjenigen, welcher das Vermächtnis erhalten soll; die Bestimmung des Dritten erfolgt durch Erklärung gegenüber dem Beschwerten.

(3) ¹Kann der Beschwerte oder der Dritte die Bestimmung nicht treffen, so sind die Bedachten Gesamtgläubiger. ²Das Gleiche gilt, wenn das Nachlassgericht dem Beschwerten oder dem Dritten auf Antrag eines der Beteiligten eine Frist zur Abgabe der Erklärung bestimmt hat und die Frist verstrichen ist, sofern nicht vorher die Erklärung erfolgt. ³Der Bedachte, der das Vermächtnis erhält, ist im Zweifel nicht zur Teilung verpflichtet.

1. Die Vorschrift ist eine **Ausnahmeregelung** zu § 2065 II. Sie gestattet es, die Bestimmung des Berechtigten auch bei wertvolleren Gegenständen (zB Unternehmen; Langenfeld BWNotZ 81, 52) einem Dritten zu überlassen (BayObLG NJW-RR 98, 727: Auswahl von Waisenkindern durch Leiter des örtlichen Waisenhauses; sa § 2065 Rn 2); allerdings ist gem § 2087 zu prüfen, ob Erbeinsetzung – dann § 2065 II – oder Vermächtnis vorliegt (BayObLG NJW-RR 93, 139; 98, 729).

2. Die Ausnahmeregel erfordert einen *beschränkten, leicht überschaubaren Kreis* von Auswahlpersonen, ganz allgemein gehaltene Kriterien genügen nicht (RG 96, 17); anders bei der Auflage (§ 2193).

3. Die Bestimmung gem II ist grundsätzlich nach freiem Belieben zu treffen, sie muß nicht der Billigkeit entsprechen und unterliegt idR keiner gerichtl Kontrolle gem § 319; anders bei entspr Erblasserwillen (StOtte 7; str).

4. Die **Gesamtgläubigerschaft** gem III 1 kennt keine Ausgleichungspflicht (III 3, § 430). Fristsetzung gem III 2 setzt keine abschließende Klärung der Wirksamkeit des Testaments voraus, vielmehr genügt es, wenn das Testament nicht offensichtlich unwirksam ist (Stuttgart FamRZ 96, 1175 betr § 2153 II 2).

§ 2152 Wahlweise Bedachte

Hat der Erblasser mehrere mit einem Vermächtnis in der Weise bedacht, dass nur der eine oder der andere das Vermächtnis erhalten soll, so ist anzunehmen, dass der Beschwerte bestimmen soll, wer von ihnen das Vermächtnis erhält.

§ 2153 Bestimmung der Anteile

(1) ¹Der Erblasser kann mehrere mit einem Vermächtnis in der Weise bedenken, dass der Beschwerte oder ein Dritter zu bestimmen hat, was jeder von dem vermachten Gegenstand erhalten soll. ²Die Bestimmung erfolgt nach § 2151 Abs. 2.

(2) ¹Kann der Beschwerte oder der Dritte die Bestimmung nicht treffen, so sind die Bedachten zu gleichen Teilen berechtigt. ²Die Vorschrift des § 2151 Abs. 3 Satz 2 findet entsprechende Anwendung.

§ 2154 Wahlvermächtnis

(1) ¹Der Erblasser kann ein Vermächtnis in der Art anordnen, dass der Bedachte von mehreren Gegenständen nur den einen oder den anderen erhalten soll. ²Ist in einem solchen Falle die Wahl einem Dritten übertragen, so erfolgt sie durch Erklärung gegenüber dem Beschwerten.

(2) ¹Kann der Dritte die Wahl nicht treffen, so geht das Wahlrecht auf den Beschwerten über. ²Die Vorschrift des § 2151 Abs. 3 Satz 2 findet entsprechende Anwendung.

1. Auf das Wahlvermächtnis finden primär §§ 262–265 Anwendung. Nur im Sonderfall der Wahlübertragung auf einen Dritten greift die Vorschrift ein.

§ 2155 Gattungsvermächtnis

(1) Hat der Erblasser die vermachte Sache nur der Gattung nach bestimmt, so ist eine den Verhältnissen des Bedachten entsprechende Sache zu leisten.

(2) Ist die Bestimmung der Sache dem Bedachten oder einem Dritten übertragen, so finden die nach § 2154 für die Wahl des Dritten geltenden Vorschriften Anwendung.

(3) Entspricht die von dem Bedachten oder dem Dritten getroffene Bestimmung den Verhältnissen des Bedachten offenbar nicht, so hat der Beschwerte so zu leisten, wie wenn der Erblasser über die Bestimmung der Sache keine Anordnung getroffen hätte.

1. § 2155 weicht von § 243 I ab. § 2169 I ist unanwendbar.
2. Es werden nur körperliche, keine sonstigen Gegenstände erfaßt (SoeWolf 2; str).

§ 2156 Zweckvermächtnis

¹Der Erblasser kann bei der Anordnung eines Vermächtnisses, dessen Zweck er bestimmt hat, die Bestimmung der Leistung dem billigen Ermessen des Beschwerten oder eines Dritten überlassen. ²Auf ein solches Vermächtnis finden die Vorschriften der §§ 315 bis 319 entsprechende Anwendung.

1. Das Bestimmungsrecht erstreckt sich auf Gegenstand, Zeit und Bedingungen der Leistung, nicht dagegen auf die Person des Empfängers (vgl aber §§ 2151, 2152). Der Bedachte selbst kann nicht bestimmungsberechtigt sein (BGH NJW 91, 1885; krit Kanzleiter DNotZ 92, 511). Bsp: BGH NJW 83, 278 mAnm Stürner JZ 83, 149: Abfindung für übergangenes Kind. Der Zweck muß so genau bezeichnet sein, daß sich aus dem dadurch bestimmten Grund der Zuwendung hinreichende Anhaltspunkte für die Ausübung des billigen Ermessens ergeben (BayObLG München NJW-RR 99, 947 mAnm Mayer MittBayNot 99, 447).

§ 2157 Gemeinschaftliches Vermächtnis

Ist mehreren derselbe Gegenstand vermacht, so finden die Vorschriften der §§ 2089 bis 2093 entsprechende Anwendung.

1. Mehrere Vermächtnisnehmer sind Teilgläubiger oder Gemeinschaftsteilhaber (§§ 741 ff), nicht Gesamtgläubiger (§ 428); vgl § 741 Rn 5 f.

§ 2158 Anwachsung

(1) ¹Ist mehreren derselbe Gegenstand vermacht, so wächst, wenn einer von ihnen vor oder nach dem Erbfall wegfällt, dessen Anteil den übrigen Bedachten nach dem Verhältnis ihrer Anteile an. ²Dies gilt auch dann, wenn der Erblasser die Anteile der Bedachten bestimmt hat. ³Sind einige der Bedachten zu demselben Anteil berufen, so tritt die Anwachsung zunächst unter ihnen ein.

(2) Der Erblasser kann die Anwachsung ausschließen.

1. Parallelvorschrift zu § 2094.

§ 2159 Selbständigkeit der Anwachsung

Der durch Anwachsung einem Vermächtnisnehmer anfallende Anteil gilt in Ansehung der Vermächtnisse und Auflagen, mit denen dieser oder der wegfallende Vermächtnisnehmer beschwert ist, als besonderes Vermächtnis.

1. Parallelvorschrift zu § 2095.

§ 2160 Vorversterben des Bedachten

Ein Vermächtnis ist unwirksam, wenn der Bedachte zur Zeit des Erbfalls nicht mehr lebt.

1. Vermächtnisnehmer darf nicht vor dem Erbfall sterben, muß aber beim Erbfall nicht bereits leben oder erzeugt sein (vgl §§ 2162 ff). Trotz Tod des Vermächtnisnehmers bleibt Vermächtnis wirksam in den Fällen der §§ 2069 (BayObLG NJW-RR 97, 517), 2190.

2. § 2160 gilt entsprechend für jur Personen.

§ 2161 Wegfall des Beschwerten

¹Ein Vermächtnis bleibt, sofern nicht ein anderer Wille des Erblassers anzunehmen ist, wirksam, wenn der Beschwerte nicht Erbe oder Vermächtnisnehmer wird. ²Beschwert ist in diesem Falle derjenige, welchem der Wegfall des zunächst Beschwerten unmittelbar zustatten kommt.

1. Zum Wegfall vgl § 2094 Rn 1 und § 2096 Rn 3.

§ 2162 Dreißigjährige Frist für aufgeschobenes Vermächtnis

(1) Ein Vermächtnis, das unter einer aufschiebenden Bedingung oder unter Bestimmung eines Anfangstermins angeordnet ist, wird mit dem Ablauf von 30 Jahren nach dem Erbfall unwirksam, wenn nicht vorher die Bedingung oder der Termin eingetreten ist.

(2) Ist der Bedachte zur Zeit des Erbfalls noch nicht erzeugt oder wird seine Persönlichkeit durch ein erst nach dem Erbfall eintretendes Ereignis bestimmt, so wird das Vermächtnis mit dem Ablauf von 30 Jahren nach dem Erbfall unwirksam, wenn nicht vorher der Bedachte erzeugt oder das Ereignis eingetreten ist, durch das seine Persönlichkeit bestimmt wird.

§ 2163 Ausnahmen von der dreißigjährigen Frist

(1) Das Vermächtnis bleibt in den Fällen des § 2162 auch nach dem Ablauf von 30 Jahren wirksam:
1. wenn es für den Fall angeordnet ist, dass in der Person des Beschwerten oder des Bedachten ein bestimmtes Ereignis eintritt, und derjenige, in dessen Person das Ereignis eintreten soll, zur Zeit des Erbfalls lebt;
2. wenn ein Erbe, ein Nacherbe oder ein Vermächtnisnehmer für den Fall, dass ihm ein Bruder oder eine Schwester geboren wird, mit einem Vermächtnisse zugunsten des Bruders oder der Schwester beschwert ist.

(2) Ist der Beschwerte oder der Bedachte, in dessen Person das Ereignis eintreten soll, eine juristische Person, so bewendet es bei der dreißigjährigen Frist.

Anmerkungen zu den §§ 2162, 2163

1. Für das **bedingte oder befristete Vermächtnis** gelten §§ 2074, 2177–2179.

Titel 4. Vermächtnis **§§ 2164–2166**

2. **Parallelvorschrift** ist § 2109 im Falle der Nacherbschaft. 2

3. Das **Ereignis** (§ 2163 I Nr 1) kann auf Willensentschließung beruhen (zB 3 Heirat). Es braucht nicht unmittelbar die Stellung als Person zu berühren, genügend ist die Beeinflussung vermögensrechtlicher Verhältnisse (BGH NJW 69, 1112: Konkurs; BayObLG NJW-RR 91, 1097: Anfall des Erstvermächtnisses bei Nachvermächtnis). Nicht ausreichend sind Ereignisse in der Person eines Dritten, zB Tod des früher aus Vermächtnis begünstigten Nießbrauchers des Vermächtnisgegenstandes (BGH NJW-RR 92, 644).

§ 2164 Erstreckung auf Zubehör und Ersatzansprüche

(1) **Das Vermächtnis einer Sache erstreckt sich im Zweifel auf das zur Zeit des Erbfalls vorhandene Zubehör.**

(2) **Hat der Erblasser wegen einer nach der Anordnung des Vermächtnisses erfolgten Beschädigung der Sache einen Anspruch auf Ersatz der Minderung des Wertes, so erstreckt sich im Zweifel das Vermächtnis auf diesen Anspruch.**

1. **Zubehör:** vgl §§ 97, 98; § 2169 II ist zu beachten. 1
2. **Anwendungsbereich:** § 2164 II gilt bei Beschädigung, den Fall der Zerstö- 2 rung regelt § 2169 III. Der „Ersatzanspruch" erfaßt auch Gewährleistungsansprüche, nicht jedoch den Rücktritt em § 437 I Nr 2 nF (so zur Wandlung alten Rechts StOtte 8; str). Entsteht der Ersatzanspruch nach dem Erbfall, so gelten §§ 285 nF bzw 281 aF, 2184. Dem Vermächtnisnehmer gebührt auch der Anspruch nach dem LAG, falls die Beschädigung vor Vermächtnisanfall erfolgte, der Ersatzanspruch aber erst in der Person des Erben entstand (BGH MDR 72, 851).

§ 2165 Belastungen

(1) ¹**Ist ein zur Erbschaft gehörender Gegenstand vermacht, so kann der Vermächtnisnehmer im Zweifel nicht die Beseitigung der Rechte verlangen, mit denen der Gegenstand belastet ist.** ²**Steht dem Erblasser ein Anspruch auf die Beseitigung zu, so erstreckt sich im Zweifel das Vermächtnis auf diesen Anspruch.**

(2) **Ruht auf einem vermachten Grundstück eine Hypothek, Grundschuld oder Rentenschuld, die dem Erblasser selbst zusteht, so ist aus den Umständen zu entnehmen, ob die Hypothek, Grundschuld oder Rentenschuld als mitvermacht zu gelten hat.**

1. Die Vorschrift ist *unanwendbar* bei ges Pfandrechten (§§ 562 ff nF bzw 559 aF, 1 647), beim Verschaffungsvermächtnis (§§ 2170, 2182), beim Gattungsvermächtnis (§§ 2155, 2182) und bei sicherungsübereigneten Gegenständen, die regelmäßig wie ein Verschaffungsvermächtnis zu behandeln sein werden; *Bsp* für abw Erblasserwillen (I 1): BGH NJW 98, 682 (Vorausvermächtnis eines Gartenanteils eines belasteten Hausgrundstücks). *Eigentümerrechte* werden regelmäßig mitvermacht sein, falls sie noch auf den Gläubiger eingetragen sind. Ansprüche auf Rückübertragung einer Grundschuld nach Tilgung des Darlehens aufgrund Risikolebensversicherung gehören gem I 2 idR zum Grundstücksvermächtnis (LM Nr 1; sa MDR 80, 386).

§ 2166 Belastung mit einer Hypothek

(1) ¹**Ist ein vermachtes Grundstück, das zur Erbschaft gehört, mit einer Hypothek für eine Schuld des Erblassers oder für eine Schuld belastet, zu deren Berichtigung der Erblasser dem Schuldner gegenüber verpflichtet ist, so ist der Vermächtnisnehmer im Zweifel dem Erben gegenüber zur rechtzeitigen Befriedigung des Gläubigers insoweit verpflichtet, als die Schuld durch den Wert des Grundstücks gedeckt wird.** ²**Der Wert bestimmt sich nach der Zeit, zu welcher das Eigentum auf den Vermächt-**

§§ 2167–2168a Buch 5. Abschnitt 3. Testament

nisnehmer übergeht; er wird unter Abzug der Belastungen berechnet, die der Hypothek im Range vorgehen.

(2) Ist dem Erblasser gegenüber ein Dritter zur Berichtigung der Schuld verpflichtet, so besteht die Verpflichtung des Vermächtnisnehmers im Zweifel nur insoweit, als der Erbe die Berichtigung nicht von dem Dritten erlangen kann.

(3) Auf eine Hypothek der im § 1190 bezeichneten Art finden diese Vorschriften keine Anwendung.

1 1. Die Vorschrift ist auf Grundschulden entsprechend anzuwenden, die zur Sicherung einer persönlichen Forderung dienen (BGH NJW 63, 1612). Die Gleichbehandlung einer Grundschuld mit einer Höchstbetragshypothek (§ 2166 III) ist gerechtfertigt, wenn sie zur Sicherung eines Kreditverhältnisses in laufender Rechnung mit wechselndem Bestand der Schulden dient (BGH 37, 245 f). Die Differenzierung zwischen gewöhnlichem Darlehen und Kontokorrentschuld erklärt sich aus der gesetzgeberischen Vorstellung, der Darlehensbetrag sei regelmäßig im belasteten Grundstück wertsteigernd angelegt, nicht aber laufende Kontokorrentkredite.

§ 2167 Belastung mit einer Gesamthypothek

¹Sind neben dem vermachten Grundstück andere zur Erbschaft gehörende Grundstücke mit der Hypothek belastet, so beschränkt sich die im § 2166 bestimmte Verpflichtung des Vermächtnisnehmers im Zweifel auf den Teil der Schuld, der dem Verhältnis des Wertes des vermachten Grundstücks zu dem Werte der sämtlichen Grundstücke entspricht. ²Der Wert wird nach § 2166 Abs. 1 Satz 2 berechnet.

§ 2168 Belastung mit einer Gesamtgrundschuld

(1) ¹Besteht an mehreren zur Erbschaft gehörenden Grundstücken eine Gesamtgrundschuld oder eine Gesamtrentenschuld und ist eines dieser Grundstücke vermacht, so ist der Vermächtnisnehmer im Zweifel dem Erben gegenüber zur Befriedigung des Gläubigers in Höhe des Teils der Grundschuld oder der Rentenschuld verpflichtet, der dem Verhältnis des Wertes des vermachten Grundstücks zu dem Wert der sämtlichen Grundstücke entspricht. ²Der Wert wird nach § 2166 Abs. 1 Satz 2 berechnet.

(2) Ist neben dem vermachten Grundstück ein nicht zur Erbschaft gehörendes Grundstück mit einer Gesamtgrundschuld oder einer Gesamtrentenschuld belastet, so finden, wenn der Erblasser zur Zeit des Erbfalls gegenüber dem Eigentümer des anderen Grundstücks oder einem Rechtsvorgänger des Eigentümers zur Befriedigung des Gläubigers verpflichtet ist, die Vorschriften des § 2166 Abs. 1 und des § 2167 entsprechende Anwendung.

Anmerkungen zu den §§ 2167, 2168

1 1. Im Außenverhältnis zum Gesamtpfandrechtsgläubiger gilt § 1132.

§ 2168a Anwendung auf Schiffe, Schiffsbauwerke und Schiffshypotheken

§ 2165 Abs. 2, §§ 2166, 2167 gelten sinngemäß für eingetragene Schiffe und Schiffsbauwerke und für Schiffshypotheken.

Titel 4. Vermächtnis **§§ 2169, 2170**

§ 2169 Vermächtnis fremder Gegenstände

(1) **Das Vermächtnis eines bestimmten Gegenstands ist unwirksam, soweit der Gegenstand zur Zeit des Erbfalls nicht zur Erbschaft gehört, es sei denn, dass der Gegenstand dem Bedachten auch für den Fall zugewendet sein soll, dass er nicht zur Erbschaft gehört.**

(2) **Hat der Erblasser nur den Besitz der vermachten Sache, so gilt im Zweifel der Besitz als vermacht, es sei denn, dass er dem Bedachten keinen rechtlichen Vorteil gewährt.**

(3) **Steht dem Erblasser ein Anspruch auf Leistung des vermachten Gegenstands oder, falls der Gegenstand nach der Anordnung des Vermächtnisses untergegangen oder dem Erblasser entzogen worden ist, ein Anspruch auf Ersatz des Wertes zu, so gilt im Zweifel der Anspruch als vermacht.**

(4) **Zur Erbschaft gehört im Sinne des Absatzes 1 ein Gegenstand nicht, wenn der Erblasser zu dessen Veräußerung verpflichtet ist.**

1. Bedeutung. I enthält Vermutung gegen das Verschaffungsvermächtnis (§ 2170) zugunsten der Unwirksamkeit; die Vermutung ist widerlegt bei qualifiziertem Zuwendungswillen des Erblassers, der aber das Bewußtsein fehlender Nachlaßzugehörigkeit nicht zwingend voraussetzt (BGH NJW 83, 937; FamRZ 84, 42; München ZEV 97, 336; Oldenburg FamRZ 99, 532). Von der Unwirksamkeitsvermutung schaffen die Auslegungsregeln in II und III Ausnahmen. **1**

2. Fehlende Nachlaßzugehörigkeit liegt insbes vor bei Veräußerung oder Verpflichtung zur Veräußerung (IV) durch den Erblasser, idR bei lebzeitiger Vorausleistung des Vermächtnisgegenstandes an den Bedachten (zT str, s Kuchinke JZ 83, 483; ferner München NJW-RR 89, 1411: Lebzeitiger Rückfall in Erblasservermögen). Das gilt auch beim Vermächtnis aufgrund Erbvertrages oder gemeinschaftlichen Testaments (BGH 31, 17), welche die Verpflichtungs- bzw Verfügungsbefugnis des Erblassers grundsätzlich unberührt lassen. Schadensersatzansprüche aus schuldrechtlichen Verpflichtung des Erblassers gegenüber dem Bedachten, über Vermächtnisgegenstände nicht zu verfügen (§ 137 S 2), sind unabhängig vom Vermächtnisanspruch zu beurteilen. **2**

3. Die Surrogationsvorschrift des III ist eng auszulegen und erfaßt nicht den Erlös des veräußerten Erbschaftsgegenstandes, es sei denn, ein entspr Erblasserwille ist durch Auslegung zu ermitteln (BGH 22, 357; 31, 22). **3**

4. Ein **Verschaffungsvermächtnis** kann vorliegen, falls der Erblasser ein zur fortgesetzten Gütergemeinschaft gehörendes Grundstück vermacht (BGH NJW 64, 2298; 84, 732); uU beim Vermächtnis sicherungsübereigneter Gegenstände, sofern nicht bereits ein Rückübereignungsanspruch besteht (§ 2169 III); bei Gewinnvermächtnis (§ 2174 Rn 3) bzgl einer nicht zum Nachlaß gehörenden Beteiligung (BGH NJW 83, 937); bei Vermächtnis eines nicht zum Nachlaß gehörenden Gesellschaftsanteils (BGH NJW 83, 2377); bei Vermächtnis einer Lebensversicherungssumme (Düsseldorf ZEV 96, 142). **4**

5. Bei **Beschädigung** des Vermächtnisgegenstandes vgl § 2164. **5**

§ 2170 Verschaffungsvermächtnis

(1) **Ist das Vermächtnis eines Gegenstands, der zur Zeit des Erbfalls nicht zur Erbschaft gehört, nach § 2169 Abs. 1 wirksam, so hat der Beschwerte den Gegenstand dem Bedachten zu verschaffen.**

(2) ¹**Ist der Beschwerte zur Verschaffung außerstande, so hat er den Wert zu entrichten.** ²**Ist die Verschaffung nur mit unverhältnismäßigen Aufwendungen möglich, so kann sich der Beschwerte durch Entrichtung des Wertes befreien.**

Stürner

§§ 2171, 2172 Buch 5. Abschnitt 3. Testament

1 1. **Haftung beim Verschaffungsvermächtnis: a)** Obj Unmöglichkeit: § 2171 (anfängliche), 275, 283 nF (nachträgliche; zB Köln FamRZ 98, 197). **b)** Subj Unmöglichkeit: § 2170 II ohne Rücksicht auf Vertretenmüssen; bei zu vertretendem Unvermögen konkurrieren §§ 280, 283 nF, 2174, 249 ff (BGH NJW 84, 2571 unter altem Recht für Vermächtnis zur Aufnahme in OHG). **c)** Rechtsmängel: § 2182 II. **d)** Sachmängel: § 2183 beim Gattungsvermächtnis (§ 2155), sonst Haftungsfreiheit. **e)** Erbvertragliches Vermächtnis: vgl § 2288. Lit: Bühler DNotZ 64, 581. Zur Verleitung zum Bruch der Vermächtnisverpflichtung s § 2174 Rn 2.

§ 2171 Unmöglichkeit, gesetzliches Verbot

(1) **Ein Vermächtnis, das auf eine zur Zeit des Erbfalls für jedermann unmögliche Leistung gerichtet ist oder gegen ein zu dieser Zeit bestehendes gesetzliches Verbot verstößt, ist unwirksam.**

(2) **Die Unmöglichkeit der Leistung steht der Gültigkeit des Vermächtnisses nicht entgegen, wenn die Unmöglichkeit behoben werden kann und das Vermächtnis für den Fall zugewendet ist, dass die Leistung möglich wird.**

(3) **Wird ein Vermächtnis, das auf eine unmögliche Leistung gerichtet ist, unter einer anderen aufschiebenden Bedingung oder unter Bestimmung eines Anfangstermins zugewendet, so ist das Vermächtnis gültig, wenn die Unmöglichkeit vor dem Eintritt der Bedingung oder des Termins behoben wird.**

1 1. Die Vorschrift ist durch das Gesetz zur Modernisierung des Schuldrechts neu gefaßt (BGBl 2001 I, 3138). I 2 aF ist weggefallen, II und III sind neu eingefügt.

2 2. **Anfängliche objektive Unmöglichkeit** („für jedermann", sa § 275 I) bestimmt sich nach dem Zeitpunkt des Erbfalls, genauer des Vermächtnisfalls (§§ 2176 ff). § 2169 III (bestehender Wertersatzanspruch) schließt Unwirksamkeit aus. II und III entsprechen § 308 aF, der aufgehoben ist.

3 3. Für **andere Leistungsstörungen** s § 2170 Rn 1.

4 4. Die Vorschrift präzisiert den für die Beurteilung der **Gesetzeswidrigkeit** (§ 134) maßgeblichen Zeitpunkt. Zur abweichenden Lösung bei **Sittenwidrigkeit** (§ 138) s § 2077 Rn 2 ff.

5 5. Fehlen einer **behördlichen Genehmigung** bewirkt schwebende Unwirksamkeit, ihre endgültige Versagung nachträgliche Unmöglichkeit (BGH 37, 233 zum alten Recht); dazu § 2170 Rn 1.

§ 2172 Verbindung, Vermischung, Vermengung der vermachten Sache

(1) **Die Leistung einer vermachten Sache gilt auch dann als unmöglich, wenn die Sache mit einer anderen Sache in solcher Weise verbunden, vermischt oder vermengt worden ist, dass nach den §§ 946 bis 948 das Eigentum an der anderen Sache sich auf sie erstreckt oder Miteigentum eingetreten ist, oder wenn sie in solcher Weise verarbeitet oder umgebildet worden ist, dass nach § 950 derjenige, welcher die neue Sache hergestellt hat, Eigentümer geworden ist.**

(2) ¹**Ist die Verbindung, Vermischung oder Vermengung durch einen anderen als den Erblasser erfolgt und hat der Erblasser dadurch Miteigentum erworben, so gilt im Zweifel das Miteigentum als vermacht; steht dem Erblasser ein Recht zur Wegnahme der verbundenen Sache zu, so gilt im Zweifel dieses Recht als vermacht.** ²**Im Falle der Verarbeitung oder Umbildung durch einen anderen als den Erblasser bewendet es bei der Vorschrift des § 2169 Abs. 3.**

Titel 4. Vermächtnis **§§ 2173, 2174**

1. Die Vorschrift präzisiert die anfängliche Unmöglichkeit des § 2171 und enthält bes Surrogationsregeln. Die Testamentsauslegung kann zu weitergehender Surrogation führen.

§ 2173 Forderungsvermächtnis

¹Hat der Erblasser eine ihm zustehende Forderung vermacht, so ist, wenn vor dem Erbfall die Leistung erfolgt und der geleistete Gegenstand noch in der Erbschaft vorhanden ist, im Zweifel anzunehmen, dass dem Bedachten dieser Gegenstand zugewendet sein soll. ²War die Forderung auf die Zahlung einer Geldsumme gerichtet, so gilt im Zweifel die entsprechende Geldsumme als vermacht, auch wenn sich eine solche in der Erbschaft nicht vorfindet.

1. Die Vorschrift enthält Surrogationsregeln für den Fall des Vermächtnisses einer Forderung. Die Forderung selbst muß – wegen der nur schuldrechtlichen Wirkung des Vermächtnisses (§ 2174) – gem §§ 398 ff an den Vermächtnisnehmer abgetreten werden. Bei vermachten Sparguthaben ist das Guthaben im Zeitpunkt des Erbfalles abzutreten (Koblenz FamRZ 98, 579). Besteht das Vermächtnis im Erlaß einer Erblasserforderung, so ist der Anspruch auf Abschluß eines Erlaßvertrages vermacht (BGH FamRZ 64, 140). In der Zuwendung eines ohnehin bereits geschuldeten Gegenstandes bzw Betrages („Schuldvermächtnis") kann ein Schuldanerkenntnis liegen, uU kann dem Testament Schuldscheinfunktion (§ 371) zukommen (BGH NJW 86, 2572). Wird eine Forderung aus einem Bankguthaben vermacht und das Guthaben auf ein anderes Konto des Erblassers überwiesen, so gilt entsprechend § 2173 S 1 die neue Forderung als vermacht (Oldenburg ZEV 01, 277).

§ 2174 Vermächtnisanspruch

Durch das Vermächtnis wird für den Bedachten das Recht begründet, von dem Beschwerten die Leistung des vermachten Gegenstands zu fordern.

Lit: Zawar, Der bedingte oder befristete Erwerb von Todes wegen, DNotZ 86, 515–527.

1. **Rechtsnatur.** Das Vermächtnis ist ein schuldrechtlicher Anspruch. Die *Entstehung* regeln §§ 2176 ff; vor dem Erbfall besteht lediglich eine Hoffnung, aber keine gesicherte Anwartschaft (BGH NJW 61, 1916; München NJW-RR 89, 1411). Deshalb kann der Vermächtnisanspruch zu Lebzeiten des Erblassers nicht vorwegerfüllt werden (München NJW-RR 1989, 1411); geht der Anspruch auf Auflassung, ist eine Vormerkung nicht möglich (BGH 12, 117). Eine Vormerkung zu Lebzeiten setzt einen schuldrechtlichen Vertrag auf Übereignung im Todesfall voraus (zum Nebeneinander von schuldrechtlicher Verpflichtung und Erbvertrag vgl LM Nr 2 zu § 2288), der formpflichtig ist (§ 311 b I nF bzw § 313 aF); die zusätzlich zum Vermächtnis gegebene formfreie (BGH NJW 63, 1602) Verpflichtung zur Nichtverfügung über den Vermächtnisgegenstand (BGH NJW 59, 2252) löst bei Verstößen Schadensersatzpflicht aus (§ 137 S 2), ist aber nicht vormerkungsfähig. Nach Entstehung ist der Vermächtnisanspruch vormerkungsfähig, auch der bedingte (BayObLG Rpfleger 81, 190) oder befristete (Hamm MDR 84, 402; s aber § 2177 Rn 3). Wird der Anspruch nicht durch Arrest oder einstweilige Verfügung gesichert, so ergibt sich ein Anspruch auf Bewilligung nur einer Vormerkung nicht automatisch aus dem Vermächtnisanspruch, sondern muß dem Bedachten im Testament zugewandt worden sein (BGH NJW 01, 2884; aA MüKo Wacke § 885 Rn 3), zB im Rahmen eines Ankaufvermächtnisses. Ausländische dingliche Vermächtnisse an deutschen Grundstücken („Vindikationslegat") sind als schuldrechtliche Ansprüche zu deuten (BGH NJW 95, 58; sa Vor § 1922 Rn 9).

§§ 2175, 2176 Buch 5. Abschnitt 3. Testament

2 **2. Anwendung allg Vorschriften.** Fälligkeit: §§ 271, 2181; Erfüllungsort: §§ 269, 270 (regelmäßig Erblasserwohnsitz); Kosten: § 448 I analog, entgegen § 448 II (§ 449 I aF) trägt beim Grundstücksvermächtnis der Beschwerte die Umschreibungskosten (BGH NJW 63, 1602); Annahmeverzug (§§ 293 ff) ist erst nach Annahme (§ 2180) denkbar; Verjährung: §§ 197 I Nr 2, 200 nF, §§ 2176 ff; zur Unmöglichkeit § 2170 Rn 1, § 2171 Rn 2 (BGH NJW 98, 682: Keine Unmöglichkeit bei Erwerb des vermachten Gegenstandes in der Teilungsversteigerung durch Miterben); Haftung eines Dritten (§ 826) bei Verleitung zum Bruch der Verpflichtung aus Vermächtnis (BGH NJW 92, 2152); *keine* Anwendung der Lehre vom Wegfall der Geschäftsgrundlage bzw des § 313 nF (dazu BGH NJW 93, 850; Düsseldorf FamRZ 96, 1303 mAnm Medicus ZEV 96, 467), sondern ergänzende Testamentsauslegung und volle Ausschöpfung der Nachlaßmittel.

3 **3. Gesellschaftsbeteiligungen.** Der Gesellschaftsanteil an einer OHG oder KG kann nach Maßgabe des Gesellschaftsvertrages auf den Vermächtnisnehmer übertragen werden (BGH NJW 83, 2376; Hamm NJW-RR 91, 838; sa § 2032 Rn 5 ff). Stets denkbar ist ein „Gewinnvermächtnis", das auf Auszahlung des Gewinnanteils geht (BGH NJW 83, 937). Steht der Gesellschaftsvertrag einer Anteilsübertragung entgegen, so hat der Erbe die übertragbaren Rechte (Gewinnausschüttung, Auseinandersetzungsguthaben) abzutreten (BGH WM 76, 251), bei verschuldeter Unmöglichkeit der Übertragung ist Wertersatz zu leisten (BGH NJW 84, 2571; sa § 2170 Rn 1). Die Abtretung des auf Eintritt gerichteten Vermächtnisanspruchs muß gesellschaftsvertraglich vorgesehen sein oder die Zustimmung der Gesellschafter finden (§ 399; LM Nr 5 zu § 399). Für den GmbH-Anteil vgl GmbHG 15 III, V.

4 **4. Zur Haftung** für das Vermächtnis vgl §§ 1967 II; 1972, 2060; 1992; 2306; 2318; 2322, 2323; InsO 325, 327 (KO 226 aF); § 2189; §§ 2186 ff.

5 **5. Ein Informationsanspruch** kann sich ergeben aus § 260, ferner aus § 2314 (BGH 28, 177); uU ist er mitvermacht (RG 129, 239). Nach zutr neuerer Auffassung folgt er aus allg Grundsätzen (§ 242; BGH NJW-RR 91, 707; LG Köln NJW-RR 90, 14; Oldenburg NJW-RR 90, 950: Auskunft des befreiten Vorerben) und geht je nach den Umständen des Einzelfalles auf Auskunft, Rechnungslegung oder sogar Wertermittlung (BGH NJW-RR 91, 707; sa § 2027 Rn 1).

§ 2175 Wiederaufleben erloschener Rechtsverhältnisse

Hat der Erblasser eine ihm gegen den Erben zustehende Forderung oder hat er ein Recht vermacht, mit dem eine Sache oder ein Recht des Erben belastet ist, so gelten die infolge des Erbfalls durch Vereinigung von Recht und Verbindlichkeit oder von Recht und Belastung erloschenen Rechtsverhältnisse in Ansehung des Vermächtnisses als nicht erloschen.

1 **1.** Die Vorschrift will Unmöglichkeit der Vermächtnisleistung verhindern. Sie gilt entsprechend, falls am Vermächtnisgegenstand ein Recht des Erben besteht.

§ 2176 Anfall des Vermächtnisses

Die Forderung des Vermächtnisnehmers kommt, unbeschadet des Rechts, das Vermächtnis auszuschlagen, zur Entstehung (Anfall des Vermächtnisses) mit dem Erbfall.

1 **1.** Zur *Entstehung* des Vermächtnisanspruchs vgl § 2174 Rn 1; zur *Fälligkeit* § 2174 Rn 2.

2 **2.** Der **Wert eines Quotenvermächtnisses** bestimmt sich nach dem Zeitpunkt des Erbfalles (BGH NJW 60, 1759); allerdings kann sich aus dem Erblasserwillen Abweichendes ergeben, insbesondere nach Geldentwertungen (BGH FamRZ 74, 652). Der Vermächtnisnehmer des Quotenvermächtnisses ist entsprechend seiner

Titel 4. Vermächtnis §§ 2177–2179

Quote wertmäßig an den Nachlaßverbindlichkeiten zu beteiligen (Schwenck MDR 88, 545).

§ 2177 Anfall bei einer Bedingung oder Befristung

Ist das Vermächtnis unter einer aufschiebenden Bedingung oder unter Bestimmung eines Anfangstermins angeordnet und tritt die Bedingung oder der Termin erst nach dem Erbfall ein, so erfolgt der Anfall des Vermächtnisses mit dem Eintritt der Bedingung oder des Termins.

Lit: Zawar, Das Vermächtnis in der Kautelarjurisprudenz, dargestellt am aufschiebend bedingten und befristeten Vermächtnis, 1983.

1. Die **Entstehung der Vermächtnisforderung** ist beim aufschiebend bedingten Vermächtnis auf den Bedingungseintritt verlegt (Bsp: BayObLG FamRZ 97, 1569; 96, 1036). Durch Auslegung ist zu ermitteln, ob ein gewöhnliches Vermächtnis (§ 2176) mit späterer Fälligkeit oder ein bedingtes Vermächtnis gewollt ist. Der Vermächtnisnehmer muß nicht nur den Erbfall (§ 2160) noch erleben, sondern auch den Bedingungseintritt (§ 2074); 2069 ist aber zu beachten (LM Nr 1 zu § 2069). Beim befristeten Vermächtnis gilt § 2074 nicht. 1

2. Zum **Anwartschaftsrecht** vgl § 2179. 2

3. Ein durch Vermächtnis zugewandter, aufschiebend befristeter Auflassungsanspruch ist *nach* dem Erbfall durch Vormerkung sicherbar (BGH 12, 115), ein durch den Eintritt des Nacherbfalls bedingter Anspruch nach dem Nacherbfall (Schleswig NJW-RR 93, 11 – fraglich! – besser: nach dem Erbfall). Aus dem Vermächtnis kann sich hierbei außerhalb einstweiliger Maßnahmen ein Anspruch auf Bewilligung der Vormerkung ergeben (Hamm MDR 84, 402; BGH NJW 01, 2884; str, sa § 2174 Rn 1). 3

4. Die **auflösende Bedingung oder Befristung** hat regelmäßig die Bedeutung eines Nachvermächtnisses (§ 2191; Sonderfall: Rückvermächtnis zugunsten des Erben, BayObLG Rpfleger 81, 190); uU kann aber auch ein Ersatzvermächtnis (§ 2190) oder Wegfall des Vermächtnisses gewollt sein. 4

§ 2178 Anfall bei einem noch nicht erzeugten oder bestimmten Bedachten

Ist der Bedachte zur Zeit des Erbfalls noch nicht erzeugt oder wird seine Persönlichkeit durch ein erst nach dem Erbfall eintretendes Ereignis bestimmt, so erfolgt der Anfall des Vermächtnisses im ersteren Falle mit der Geburt, im letzteren Falle mit dem Eintritt des Ereignisses.

1. Sonderfall des § 2177. Für künftige jur Personen gilt die Vorschrift entspr, bei Erblasserstiftungen ist § 84 zu beachten. Wichtig sind die Fristen der §§ 2162, 2163. Für den beim Erbfall bereits erzeugten, aber noch nicht geborenen Vermächtnisnehmer gilt § 1923 II entspr (Hafner BWNotZ 84, 67; § 1923 Rn 2). 1

§ 2179 Schwebezeit

Für die Zeit zwischen dem Erbfall und dem Anfall des Vermächtnisses finden in den Fällen der §§ 2177, 2178 die Vorschriften Anwendung, die für den Fall gelten, dass eine Leistung unter einer aufschiebenden Bedingung geschuldet wird.

1. Der mit einem aufschiebend bedingten oder befristeten Vermächtnis Bedachte erlangt während der Schwebezeit eine *rechtlich geschützte Anwartschaft* (Oldenburg NJW-RR 90, 650; Zawar DNotZ 86, 523). Der Beschwerte haftet gem §§ 160 I, 285, 280 I 2 nF bzw §§ 281, 282 aF bereits vor Entstehung der Vermächtnisforderung (sa BGH 114, 21: Pflicht des Vorvermächtnisnehmers zur ordnungsmäßigen Verwaltung; vgl § 2191 Rn 2), er muß sich ggf § 162 I entgegen- 1

Stürner

halten lassen (Stuttgart FamRZ 81, 818: Adoption als treuwidrige Verhinderung kinderlosen Todes). Da § 161 nur für bedingte Verfügungen gilt, findet er auf die Vermächtnisanwartschaft keine Anwendung (str, vgl Bungeroth NJW 67, 1357). Die Anwartschaft ist pfändbar und kann im Verfahren des einstw Rechtsschutzes (ZPO 916 II, 936) und in der Insolvenz (InsO 191 I; KO 67 aF) gesichert werden. Zum Ganzen LM Nr 28 zu § 1 VHG.

§ 2180 Annahme und Ausschlagung

(1) **Der Vermächtnisnehmer kann das Vermächtnis nicht mehr ausschlagen, wenn er es angenommen hat.**

(2) **¹Die Annahme sowie die Ausschlagung des Vermächtnisses erfolgt durch Erklärung gegenüber dem Beschwerten. ²Die Erklärung kann erst nach dem Eintritt des Erbfalls abgegeben werden; sie ist unwirksam, wenn sie unter einer Bedingung oder einer Zeitbestimmung abgegeben wird.**

(3) **Die für die Annahme und die Ausschlagung einer Erbschaft geltenden Vorschriften des § 1950, des § 1952 Abs. 1, 3 und des § 1953 Abs. 1, 2 finden entsprechende Anwendung.**

1 1. **Annahme und Ausschlagung** sind *formlose, empfangsbedürftige Willenserklärungen*, die auch stillschweigend abgegeben werden können (*Bsp:* BGH und Stuttgart ZEV 98, 24); sie sind unwiderruflich (s BGH NJW 01, 2884 für Annahme), aber anfechtbar (§§ 119 ff, 142 ff; vgl aber auch § 2308). Eine Ausschlagungsfrist existiert nicht (vgl aber § 2307 II). Die Ausschlagung bedingter oder befristeter Vermächtnisse kann schon vor Bedingungseintritt oder Fristverstreichen erklärt werden. Das gilt auch für Nachvermächtnisse (BGH NJW 01, 521).

2 2. Zur **Ausschlagungsbefugnis** vgl §§ 1432 I, 1455 Nr 1, 1643 II, 1822 Nr 2; InsO 83 I 1 (KO 9 aF).

3 3. Die Ausschlagung bewirkt Erledigung des Vermächtnisses, sofern nicht Fälle der §§ 2158, 2190, 2069 vorliegen.

4 4. Zum **Vermächtnisverzicht** vgl § 2352.

§ 2181 Fälligkeit bei Beliebigkeit

Ist die Zeit der Erfüllung eines Vermächtnisses dem freien Belieben des Beschwerten überlassen, so wird die Leistung im Zweifel mit dem Tode des Beschwerten fällig.

1 1. Zur Abgrenzung von Bedingung und Fälligkeit vgl § 2177 Rn 1. Ausnahmevorschrift zu § 271, der regelmäßig eingreift, so daß Entstehung der Forderung und Fälligkeit meist zusammenfallen.

§ 2182 Gewährleistung für Rechtsmängel

(1) **¹Ist eine nur der Gattung nach bestimmte Sache vermacht, so hat der Beschwerte die gleichen Verpflichtungen wie ein Verkäufer nach den Vorschriften des § 433 Abs. 1 S 1, der §§ 436, 452 und 453. ²Er hat die Sache dem Vermächtnisnehmer frei von Rechtsmängeln im Sinne des § 435 zu verschaffen. ³§ 444 findet entsprechende Anwendung.**

(2) **Dasselbe gilt im Zweifel, wenn ein bestimmter nicht zur Erbschaft gehörender Gegenstand vermacht ist, unbeschadet der sich aus dem § 2170 ergebenden Beschränkung der Haftung.**

(3) **Ist ein Grundstück Gegenstand des Vermächtnisses, so haftet der Beschwerte im Zweifel nicht für die Freiheit des Grundstücks von Grunddienstbarkeiten, beschränkten persönlichen Dienstbarkeiten und Reallasten.**

Titel 4. Vermächtnis §§ 2183–2185

1. **Grundsätze der Rechtsmängelhaftung:** a) **Stückvermächtnis:** keine Haftung, vgl auch §§ 2165 ff. b) **Gattungsvermächtnis:** verkäufergleiche Haftung gem § 2182 I, III. c) **Verschaffungsvermächtnis:** verkäufergleiche Haftung mit der Beschränkung des § 2182 III und der Haftungsbeschränkung des § 2170 II.

§ 2183 Gewährleistung für Sachmängel

¹Ist eine nur der Gattung nach bestimmte Sache vermacht, so kann der Vermächtnisnehmer, wenn die geleistete Sache mangelhaft ist, verlangen, dass ihm anstelle der mangelhaften Sache eine mangelfreie geliefert wird. ²Hat der Beschwerte einen Sachmangel arglistig verschwiegen, so kann der Vermächtnisnehmer statt der Lieferung einer mangelfreien Sache Schadensersatz wegen Nichterfüllung verlangen. ³Auf diese Ansprüche finden die für die Gewährleistung wegen Mängeln einer verkauften Sache geltenden Vorschriften entsprechende Anwendung.

1. **Grundsätze der Sachmängelhaftung:** a) **Stückvermächtnis:** keine Sachmängelhaftung; bei schuldhafter Beschädigung durch Beschwerten Schadensersatz aus §§ 280 I, 241 II oder gem §§ 2179, 160 I. b) **Gattungsvermächtnis:** verkäuferähnliche Haftung gem § 2183. c) **Verschaffungsvermächtnis:** je nach Sachlage wie Stückvermächtnis oder Gattungsvermächtnis.

§ 2184 Früchte; Nutzungen

¹Ist ein bestimmter zur Erbschaft gehörender Gegenstand vermacht, so hat der Beschwerte dem Vermächtnisnehmer auch die seit dem Anfall des Vermächtnisses gezogenen Früchte sowie das sonst auf Grund des vermachten Rechts Erlangte herauszugeben. ²Für Nutzungen, die nicht zu den Früchten gehören, hat der Beschwerte nicht Ersatz zu leisten.

Lit: Hardt, Wertpapiervermögen als Vermächtnis – zugleich eine Untersuchung über die Reichweite des § 2184 BGB, ZERB 00, 103.

1. Die **Beschränkung auf Früchte** schließt Ersatz für tatsächliche Gebrauchsvorteile (§§ 2184 S 2, 100 Halbs 2) aus. *Nicht gezogene Früchte* bleiben ebenfalls unberücksichtigt, es sei denn, eine Ersatzpflicht folgt aus §§ 286, 292.

2. Die **Haftung** für **nicht mehr vorhandene** Früchte folgt §§ 275 ff; auch Eingriffskondiktion kann durchgreifen, falls bereichernder Verbrauch vorliegt.

3. **Maßgebender Zeitpunkt** ist nach dem Ges der Vermächtnisanfall; die Auslegung kann jedoch spätere Zeitpunkte als maßgebend ergeben, zB Fälligkeit (§ 2181) oder Ausübung des vermachten Übernahmerechts (BGH BWNotZ 62, 259).

4. Die Vorschrift gilt *nicht* bei Verschaffungs- und Gattungsvermächtnis, wo es bei §§ 286, 292 sein Bewenden hat.

5. **Auf Grund des Rechtes erlangt** sind zB weitere gem §§ 946, 947 II hinzuerworbene Gegenstände (vgl aber § 2172); für Ersatzansprüche gilt entweder § 285 nF bzw 281 aF unmittelbar oder über §§ 2164 II, 2169 III.

§ 2185 Ersatz von Verwendungen und Aufwendungen

Ist eine bestimmte zur Erbschaft gehörende Sache vermacht, so kann der Beschwerte für die nach dem Erbfall auf die Sache gemachten Verwendungen sowie für Aufwendungen, die er nach dem Erbfall zur Bestreitung von Lasten der Sache gemacht hat, Ersatz nach den Vorschriften verlangen, die für das Verhältnis zwischen dem Besitzer und dem Eigentümer gelten.

Lit: Schlichting, Der Verwendungsersatzanspruch des Vorvermächtnisnehmers gegen den Nachvermächtnisnehmer, ZEV 00, 385.

Stürner

§§ 2186–2190 Buch 5. Abschnitt 3. Testament

1   1. Für **Verwendungen** verweist das Ges auf das Eigentümer-Besitzer-Verhältnis; Bösgläubigkeit bedeutet Kenntnis oder grobfahrlässige Unkenntnis der Rechte des Vermächtnisnehmers (BGH 114, 16, 27 f mAnm Leipold JZ 91, 990). Bei Lasten ist § 995 S 2 zu beachten.

§ 2186 Fälligkeit eines Untervermächtnisses oder einer Auflage

Ist ein Vermächtnisnehmer mit einem Vermächtnis oder einer Auflage beschwert, so ist er zur Erfüllung erst dann verpflichtet, wenn er die Erfüllung des ihm zugewendeten Vermächtnisses zu verlangen berechtigt ist.

1   1. Das Untervermächtnis wird nicht vor dem Hauptvermächtnis fällig, wohl aber uU vor Annahme des Hauptvermächtnisses. Beim Anspruch auf ein Grundstück gegen Gegenleistung ist schwer abgrenzbar, ob ein Grundstücksvermächtnis mit Untervermächtnis an den Erben oder ein Ankaufsvermächtnis gegeben ist (BGH NJW 01, 2883; sa §2174 Rn 1 und Vor § 2147 Rn 3).

§ 2187 Haftung des Hauptvermächtnisnehmers

(1) Ein Vermächtnisnehmer, der mit einem Vermächtnis oder einer Auflage beschwert ist, kann die Erfüllung auch nach der Annahme des ihm zugewendeten Vermächtnisses insoweit verweigern, als dasjenige, was er aus dem Vermächtnis erhält, zur Erfüllung nicht ausreicht.

(2) Tritt nach § 2161 ein anderer an die Stelle des beschwerten Vermächtnisnehmers, so haftet er nicht weiter, als der Vermächtnisnehmer haften würde.

(3) Die für die Haftung des Erben geltende Vorschrift des § 1992 findet entsprechende Anwendung.

1   1. Zur prozessualen Durchsetzung der beschränkten Haftung vgl ZPO 786.

§ 2188 Kürzung der Beschwerungen

Wird die einem Vermächtnisnehmer gebührende Leistung auf Grund der Beschränkung der Haftung des Erben, wegen eines Pflichtteilsanspruchs oder in Gemäßheit des § 2187 gekürzt, so kann der Vermächtnisnehmer, sofern nicht ein anderer Wille des Erblassers anzunehmen ist, die ihm auferlegten Beschwerungen verhältnismäßig kürzen.

1   1. *Kürzung* kann erfolgen gem §§ 1990 ff, 2187, 2318 I, 2322 ff, InsO 327 (KO 226 aF). Bei unteilbaren Leistungen kann der Bedachte die Kürzung vergüten, andernfalls darf der Beschwerte den gekürzten Schätzungswert bezahlen (BGH 19, 309).

§ 2189 Anordnung eines Vorrangs

Der Erblasser kann für den Fall, dass die dem Erben oder einem Vermächtnisnehmer auferlegten Vermächtnisse und Auflagen auf Grund der Beschränkung der Haftung des Erben, wegen eines Pflichtteilsanspruchs oder in Gemäßheit der §§ 2187, 2188 gekürzt werden, durch Verfügung von Todes wegen anordnen, dass ein Vermächtnis oder eine Auflage den Vorrang vor den übrigen Beschwerungen haben soll.

1   1. Korrespondenzvorschrift ist InsO 327 II 2 (KO 226 III 2 aF).

§ 2190 Ersatzvermächtnisnehmer

Hat der Erblasser für den Fall, dass der zunächst Bedachte das Vermächtnis nicht erwirbt, den Gegenstand des Vermächtnisses einem anderen zugewendet, so finden die für die Einsetzung eines Ersatzerben geltenden Vorschriften der §§ 2097 bis 2099 entsprechende Anwendung.

Titel 5. Auflage **§ 2191**

1. Neben den §§ 2097 ff ist § 2069 zu beachten. Der Ersatzvermächtnisnehmer 1
muß nur den Erbfall erleben (§§ 2160, 2178), nicht den Wegfall des eigentlichen
Vermächtnisnehmers zB durch Tod oder Ausschlagung. Beim Ersatzvermächtnis
wird der Bedachte *sofort* Vermächtnisnehmer, beim Nachvermächtnis dagegen erst
nach dem zuerst Bedachten (OGH NJW 50, 596).

§ 2191 Nachvermächtnisnehmer

(1) Hat der Erblasser den vermachten Gegenstand von einem nach dem Anfall des Vermächtnisses eintretenden bestimmten Zeitpunkt oder Ereignis an einem Dritten zugewendet, so gilt der erste Vermächtnisnehmer als beschwert.

(2) Auf das Vermächtnis finden die für die Einsetzung eines Nacherben geltenden Vorschriften des § 2102, des § 2106 Abs. 1, des § 2107 und des § 2110 Abs. 1 entsprechende Anwendung.

Lit: Bengel, Rechtsfragen zum Vor- und Nachvermächtnis, NJW 90, 1826–1830; Maur, Die Rechtsstellung des Vorvermächtnisnehmers bei zugunsten des Nachvermächtnisnehmers eingetragener Vormerkung, NJW 90, 1161–1163; Werkmüller, Gestaltungsmöglichkeiten des Erblassers im Rahmen der Anordnung von Vor- und Nachvermächtnissen, ZEV 99, 343; Watzek, Vor- und Nachvermächtnis, MittRhNotK 99, 37.

1. Der **Unterschied zwischen Untervermächtnis und Nachvermächtnis** 1
liegt im zeitlichen Ablauf: das Untervermächtnis (§ 2147) entsteht gem §§ 2176,
2177 und wird gem § 2186 fällig, wobei dem Untervermächtnisnehmer der Gegenstand ohne Zwischennutzung durch den Hauptvermächtnisnehmer zustehen
soll. Hingegen soll der Nachvermächtnisnehmer den Gegenstand erst nach dem
Hauptvermächtnisnehmer erhalten. Vgl auch bei § 2190 die *Abgrenzung zum Ersatzvermächtnis*.

2. Der **Schutz des Nachvermächtnisnehmers** folgt aus § 2179 (BGH 2
BWNotZ 61, 265; BGH 114, 21: Pflicht des Vermächtnisnehmers zu ordnungsmäßiger Verwaltung; sa § 2179 Rn 1); der Vorvermächtnisnehmer ist in seiner
Verfügungsbefugnis jedoch nicht beschränkt. Über die genannten Vorschriften
hinaus sind die Regeln der Nacherbschaft nicht entsprechend anwendbar; so
folgen Ansprüche auf Verwendungsersatz allein aus § 2185 (BGH 114, 16 mAnm
Leipold JZ 91, 990). Der Auflassungsanspruch des Nachvermächtnisnehmers ist ab
dem Erbfall *vormerkungsfähig* (BayObLG Rpfleger 81, 190 für Rückvermächtnis an
Erben; Maur NJW 90, 1162).

3. Lehrreiches *Bsp* BGH bei Keßler DRiZ 66, 398: Der Vermächtnisnehmer 3
soll Gegenstände an Kinder „weitervererben" und einem anderen Kind angemessenen Ausgleich gewähren; Auslegung des „Weitervererbens" als Nachvermächtnis
(§§ 2084, 2191), des Ausgleichsanspruchs als Untervermächtnis, das die Nachvermächtnisnehmer beschwert. Weiteres *Bsp:* Frankfurt ZEV 97, 295 mAnm Skibbe
(Wirksamkeit des Nachvermächtnisses trotz lebzeitiger Übertragung des vermachten Gegenstandes an Vorvermächtnisnehmer).

4. Zur **Analogie** zu §§ 2107, 2191 II beim Vermächtnis auf den Todesfall des 4
erbenden Abkömmlings § 2107 Rn 1.

Titel 5. Auflage

Vorbemerkungen

Lit: Daragon, Die Auflage als erbschaftsteuerliches Gestaltungsmittel, DStR 99, 393.

1. Zum **Begriff** vgl die Legaldefinition § 1940. 1
2. **Abgrenzungen. a)** Vom **Vermächtnis** unterscheidet sich die Aufl durch 2
den fehlenden Erfüllungsanspruch des Bedachten; anders als das Vermächtnis muß

§§ 2192, 2193 Buch 5. Abschnitt 3. Testament

die Aufl überhaupt keine Zuwendung enthalten (zB Pflicht zur Grabpflege). **b)** Die **Zuwendung unter einer Bedingung** stellt ein Verhalten in das Belieben des Zuwendungsempfängers und macht die Zuwendung hiervon abhängig; bei der Aufl fällt die Zuwendung sofort und endgültig an und es besteht eine Rechtspflicht zu entspr Verhalten.

3 **3. Inhalt** der Aufl kann jedes Tun oder Unterlassen sein (zB Grabpflege, Bestattung, Verwendung von Nachlaßgegenständen, künftiges Verhalten des Bedachten, Regelung der Nachlaßauseinandersetzung, s § 2042 Rn 9, § 2048 Rn 1). Zulässig ist insbes eine Aufl, die das Unterlassen von Verfügungen über Nachlaßgegenstände (häufig Veräußerung von Nachlaßgrundstücken, BayObLG FamRZ 86, 608; sa BGH FamRZ 85, 278) oder die vorherige Einholung der Zustimmung eines Dritten (Köln FamRZ 90, 1403) bestimmt. Die Verpflichtung zu einer bestimmten Verfügung von Todes wegen kann nicht Aufl sein, vgl § 2302; uU Auslegung als Nachvermächtnis, vgl § 2191 Rn 3. Wohl aber können über §§ 2112 ff hinaus Verhaltensmaßregeln als Aufl angeordnet werden, hierzu § 2112 Rn 1. Bei nicht klagbaren oder nicht durchsetzbaren „Aufl" (Namensänderung, Heirat etc) wird oft eine bedingte Zuwendung gewollt sein. Die Aufl bleibt im *Erbschein* unerwähnt (KG HRR 41, 327). *Analoge* Anwendung des § 526 ist vertretbar (RG 112, 213).

4 **4. Erbschaftsteuerrecht.** Die Steuerpflicht entsteht mit dem Erwerb aufgrund der Aufl (ErbStG 3 II Nr 2, 9 I Nr 1 d). Der Beschwerte kann sie als Nachlaßverbindlichkeit in Abzug bringen (ErbStG 10 V Nr 2), soweit sie nicht ihm selbst zugute kommt (ErbStG 10 IX). Aufl zugunsten eines unbestimmten Personenkreises sind regelmäßig Zweckzuwendungen (ErbStG 8, 15 I, 20 I); oft wird Steuerbefreiung gem ErbStG 13 I Nr 17 gegeben sein.

§ 2192 Anzuwendende Vorschriften

Auf eine Auflage finden die für letztwillige Zuwendungen geltenden Vorschriften der §§ 2065, 2147, 2148, 2154 bis 2156, 2161, 2171, 2181 entsprechende Anwendung.

1 1. Neben den erwähnten Vorschriften ist § 2170 anwendbar. Unanwendbar sind dagegen §§ 2180, 2307 (RG HRR 28 Nr 427). Weitere Regelungen zur Aufl finden sich in §§ 2159, 2186–2189, 2318, 2322 f.

§ 2193 Bestimmung des Begünstigten, Vollziehungsfrist

(1) Der Erblasser kann bei der Anordnung einer Auflage, deren Zweck er bestimmt hat, die Bestimmung der Person, an welche die Leistung erfolgen soll, dem Beschwerten oder einem Dritten überlassen.

(2) Steht die Bestimmung dem Beschwerten zu, so kann ihm, wenn er zur Vollziehung der Auflage rechtskräftig verurteilt ist, von dem Kläger eine angemessene Frist zur Vollziehung bestimmt werden; nach dem Ablauf der Frist ist der Kläger berechtigt, die Bestimmung zu treffen, wenn nicht die Vollziehung rechtzeitig erfolgt.

(3) ¹Steht die Bestimmung einem Dritten zu, so erfolgt sie durch Erklärung gegenüber dem Beschwerten. ²Kann der Dritte die Bestimmung nicht treffen, so geht das Bestimmungsrecht auf den Beschwerten über. ³Die Vorschrift des § 2151 Abs. 3 Satz 2 findet entsprechende Anwendung; zu den Beteiligten im Sinne dieser Vorschrift gehören der Beschwerte und diejenigen, welche die Vollziehung der Auflage zu verlangen berechtigt sind.

1 1. Die Bestimmung ist eine Ausnahmevorschrift zu § 2065 II und eine Erweiterung zu §§ 2192, 2156; sie ist weiter als § 2151 und gestattet es, Person und Leistungsinhalt der Drittbestimmung zu überlassen. Die Auswahl durch den Dritten kann gerichtlich darauf überprüft werden, ob sie den vom Erblasser bestimmten

Zweck offensichtlich verfehlt oder auf Arglist beruht (BGH NJW 93, 2169). Umdeutung eines Vermächtnisses in eine entspr Aufl ist denkbar (RG 96, 17 ff). Die **Beweislast** für die Unwirksamkeit der Bestimmung trägt der Vollziehungsberechtigte (§ 2194), aber es besteht eine Substantiierungslast des anderen Teils (BGH NJW 93, 2170).

§ 2194 Anspruch auf Vollziehung

¹**Die Vollziehung einer Auflage können der Erbe, der Miterbe und derjenige verlangen, welchem der Wegfall des mit der Auflage zunächst Beschwerten unmittelbar zustatten kommen würde.** ²**Liegt die Vollziehung im öffentlichen Interesse, so kann auch die zuständige Behörde die Vollziehung verlangen.**

1. **Rechtsnatur.** Es handelt sich um ein dem § 335 ähnliches, eigenes Recht auf Leistung der Aufl. Es ist nicht übertragbar und pfändbar, wohl aber vererblich.

2. **Berechtigte** sind neben den ausdr Genannten auch Personen, die der Erblasser bestimmt, und der Testamentsvollstrecker (§§ 2208 II, 2223; hierzu BayObLGZ 86, 34), insbes wenn sich seine Aufgabe nur auf die Vollziehung der Aufl beschränkt (Köln FamRZ 90, 1403); neben ihm bleibt entgegen § 2212 der Erbe Berechtigter. Ein Berechtigter kann auch zugleich Begünstigter sein (MK/Schlichting 3; aA Vorwerk ZEV 98, 297, str).

3. Die **zuständige Behörde** bestimmt Landesrecht, s SoeDieckmann 5.

§ 2195 Verhältnis von Auflage und Zuwendung

Die Unwirksamkeit einer Auflage hat die Unwirksamkeit der unter der Auflage gemachten Zuwendung nur zur Folge, wenn anzunehmen ist, dass der Erblasser die Zuwendung nicht ohne die Auflage gemacht haben würde.

1. Die Vorschrift entspricht § 2085. Bevor Unmöglichkeit der Aufl angenommen wird, muß allerdings entspr § 2084 geprüft werden, ob dem Erblasserwillen auch unter geänderten Umständen nicht durch eine andere Form der Vollziehung Geltung verschafft werden kann (BGH 42, 329).

§ 2196 Unmöglichkeit der Vollziehung

(1) **Wird die Vollziehung einer Auflage infolge eines von dem Beschwerten zu vertretenden Umstands unmöglich, so kann derjenige, welchem der Wegfall des zunächst Beschwerten unmittelbar zustatten kommen würde, die Herausgabe der Zuwendung nach den Vorschriften über die Herausgabe einer ungerechtfertigten Bereicherung insoweit fordern, als die Zuwendung zur Vollziehung der Auflage hätte verwendet werden müssen.**

(2) **Das Gleiche gilt, wenn der Beschwerte zur Vollziehung einer Auflage, die nicht durch einen Dritten vollzogen werden kann, rechtskräftig verurteilt ist und die zulässigen Zwangsmittel erfolglos gegen ihn angewendet worden sind.**

1. **Berechtigter** ist hier nur derjenige, dem der Wegfall des zunächst Beschwerten unmittelbar zustatten kommt. Dies kann auch der Begünstigte (str.; aA SoeDieckmann 3), nicht jedoch der Testamentsvollstrecker sein.

2. **Unverschuldete Unmöglichkeit:** Leistungsfreiheit gem § 275 I, Fortbestand der Zuwendung gem § 2195.

3. **Verschuldete Unmöglichkeit:** Leistungsfreiheit gem § 275 I; Fortfall der Zuwendung, falls Erfüllbarkeit der Aufl Bedingung war (vgl aber § 2195); ansonsten Bereicherungsanspruch des dem Beschwerten Nachrückenden (§§ 818, 819,

§ 2196 Buch 5. Abschnitt 3. Testament

292). Der Unmöglichkeit nach I stehen Unerschwinglichkeit (§ 275 II nF) und Unzumutbarkeit (§ 275 III nF) gleich (str).

4 **4. Fehlschlagen der Vollstreckung** (ZPO 887, 888, 890): Bereicherungsanspruch.

Titel 6. Testamentsvollstrecker

Vorbemerkungen

Lit: Damrau, Der Testamentsvollstrecker, JA 84, 130; Haegele/Winkler, Der Testamentsvollstrecker nach bürgerlichem, Handels- und Steuerrecht, 11. Aufl 1991; Merkel, Die Anordnung der Testamentsvollstreckung – Auswirkungen für eine postmortale Bankvollmacht?, WM 87, 1001; Muscheler, Die Haftungsordnung der Testamentsvollstreckung, 1994; Reimann, Testamentsvollstreckung in der Wirtschaftsrechtspraxis, 1985; Zeuner, Zur Stellung des wirklichen und des vermeintlichen Testamentsvollstreckers gegenüber Nachlaß und Erben, FS Mühl, 1981, 721.

1 **1. Rechtsstellung:** Der Testamentsvollstrecker ist nach hM *Träger eines privaten Amtes* (BGH NJW 83, 40), das ihm vom Erblasser übertragen ist und das er kraft eigenen Rechts, also unabhängig vom Willen der Erben, aber doch – im Rahmen der letztwilligen Anordnung – im Interesse der Erben ausübt. Er ist deshalb trotz seiner Verfügungs- und Verpflichtungsbefugnisse (§§ 2205, 2206) nicht Vertreter der Erben und führt Prozesse als „Partei kraft Amtes" im eigenen Namen (§§ 2212, 2213). Damit die materiellrechtlichen und prozessualen Folgen seines Handelns nicht ihn persönlich, sondern den Nachlaß treffen, muß er stets den amtlichen Charakter seiner Tätigkeit kennzeichnen (Zusatz: „als Testamentsvollstrecker"). Die Rechtswirkungen einer Testamentsvollstreckung richten sich nach dem Erbstatut (EGBGB Art 25 I; BayObLG NJW-RR 90, 907).

2 **2. Die postmortale Vollmacht** des Erblassers kann eine zu Lebzeiten erteilte Vollmacht sein, die nach dem Tode des Erblassers weitergilt (§§ 168 S 1, 672 S 1); sie kann aber auch durch den Tod des Erblassers aufschiebend bedingt sein (§§ 167 I, 158 I), wobei Zugang nach dem Tod (zB als Bestandteil einer letztwilligen Verfügung) ausreicht (§ 130 II). Der Bevollmächtigte ist *Vertreter* der Erben. Möglich ist die Koppelung von Testamentsvollstreckeramt und Generalvollmacht; der Generalbevollmächtigte unterliegt dann nicht den Beschränkungen der Testamentsvollstreckung (BGH NJW 62, 1718; ie Reithmann BB 84, 1394), kann also insbes unentgeltlich verfügen. Die Erben sind durch ihr Widerrufsrecht (§ 168 S 2) geschützt (vgl zur Miterbengemeinschaft § 2038 Rn 1 aE); auch die „unwiderrufliche" Vollmacht (s BGH 87, 25; BayObLG FamRZ 90, 99; Kuchinke FamRZ 84, 109) kann aus wichtigem Grund widerrufen werden. Die unwiderrufliche Generalvollmacht ist eine sittenwidrige Umgehung der Vorschriften über die Testamentsvollstreckung zur Knebelung der Erben; Umdeutung (§ 140) in eine widerrufliche Vollmacht ist denkbar, ebenso Umdeutung einer testamentarisch erteilten unwiderruflichen Vollmacht in Testamentsvollstreckung gem § 2208 (hierzu Köln NJW-RR 92, 1357). Die Erben können vollmachtslose Vertretung und unerlaubtes Selbstkontrahieren eines Vertreters des Erblassers genehmigen (Hamm OLGZ 79, 44). Postmortale Vollmacht unter Befreiung von § 181 ist grundsätzlich unbedenklich (BGH NJW 69, 1245; Köln NJW-RR 92, 1357). Vollmachtsmißbrauch ist bei erlaubtem Selbstkontrahieren nur ganz ausnahmsweise zu bejahen (BGH, NJW 95, 250; hohe Anforderungen an Evidenz des Mißbrauchs).

3 **3.** Der Testamentsvollstrecker hat die **Erbschaftsteuererklärung** abzugeben (ErbStG 31 V; zu Antragsrechten s Thietz-Bartram DB 89, 798), allerdings nur für die Erben, außer wenn ausnahmsweise Testamentsvollstreckung auch für Vermächtnisse angeordnet ist (BFH NJW-RR 99, 1595), und die Bezahlung der Steuerschulden sicherzustellen (ErbStG 32 I 2, 3); sa AO 34 III, 69. Der gem

ErbStG 32 I 1 dem Testamentsvollstrecker bekanntzugebende Erbschaftsteuerbescheid hat Wirkung gegenüber dem Erben (BFH NJW 91, 3303; str), nicht aber zB gegenüber einem Vermächtnisnehmer oder Pflichtteilsberechtigten (BFH NJW 91, 3302). Sein Amt soll den Testamentsvollstrecker nicht zur Anfechtung des Steuerbescheids berechtigen (BFH BB 82, 602; unberücksichtigt geblieben in BGH ZEV 00, 195: dem Testamentsvollstrecker kann nicht vorgeworfen werden, vorsorglich für Einspruchseinlegung gesorgt zu haben. Das Verhältnis zu §§ 2212, 2213 ist allerdings unklar, vgl Moench/Kien-Humbert DStR 87, 40 mN; vgl ferner BFH BB 89, 350; 88, 966). Der Testamentsvollstrecker hat aber den Erben zu unterrichten; ggf kann dem Erben Wiedereinsetzung (AO 110) gewährt werden (BFH NJW 91, 3303). Die Vergütung des Testamentsvollstreckers wird als abzugsfähig iSv ErbStG 10 V Nr 3 nur insoweit anerkannt, als sie für Nachlaßabwicklung (§ 2203) und nicht für Dauerverwaltung (§ 2209) zu zahlen ist; in zu hoher Vergütung kann Vermächtnis des Erblassers (abzugsfähig gem ErbStG 10 V Nr 2) oder Schenkung der Erben liegen. Die bürgerlich-rechtliche Einordnung als Vermächtnis hindert nicht, (auch) den überhöhten Teil der Vergütung **einkommen- 4 steuerlich** als Einkünfte iSd EStG § 18 anzusehen (BFH NJW 91, 319 mN; str; zu der außerdem in Betracht zu ziehenden Besteuerung des Vermächtnisses gem ErbStG 3 I Nr 1 äußert sich der BFH nicht). Für den Vergütungsschuldner können die Gebühren einer Dauervollstreckung Werbungskosten oder Betriebsausgaben sein (BFH JZ 79, 108; NJW 80, 1872); zu Auseinandersetzungskosten s Vor § 2032 Rn 6.

§ 2197 Ernennung des Testamentsvollstreckers

(1) **Der Erblasser kann durch Testament einen oder mehrere Testamentsvollstrecker ernennen.**

(2) **Der Erblasser kann für den Fall, dass der ernannte Testamentsvollstrecker vor oder nach der Annahme des Amts wegfällt, einen anderen Testamentsvollstrecker ernennen.**

1. **Ernennende letztwillige Verfügung** kann sein Testament, Erbvertrag (ein- 1 seitige Verfügung, §§ 2299, 2278 II), gemeinschaftliches Testament (einseitige Verfügung, § 2270 III).

2. Die **Auslegung** der ernennenden Erklärung folgt allg Grundsätzen (§ 133); 2 zB Ernennung mit den Worten „Bevollmächtigter mit voller und alleiniger Verfügungsgewalt über den Nachlaß" (Oldenburg Rpfleger 65, 305; ähnlich BayObLGZ 82, 59) oder „übernimmt die Verteilung aller Dinge" (BayObLG FamRZ 92, 1355). Beim gemeinschaftlichen Ehegattentestament wird die angeordnete Testamentsvollstreckung idR nicht den überlebenden alleinerbenden Ehegatten betreffen, sondern erst den Schlußerben; bei Anordnung für beide Erbfälle liegen zwei selbständige Vollstreckungen vor, keine einheitliche fortgesetzte (BayObLGZ 85, 239; 97, 1). Zustimmung Dritter zu Rgeschäften kann auch Gegenstand einer Auflage sein (s § 2191 Rn 3).

3. **Unwirksamkeit.** Teilunwirksamkeit der Ernennung kann vorliegen, falls sie 3 nur gegenüber einem Miterben unwirksam ist (zB nach § 2289), für andere Miterben aber ihren Sinn behält (LM Nr 3 zu § 2085). Die Ernennung kann gem §§ 134, 138 nichtig sein, zB wegen Eingriffs in die Glaubensfreiheit, wenn andere billigenswerten Motive des Erblassers nicht bestehen (Düsseldorf NJW 88, 2615; str). Geschäftsmäßige Testamentsvollstreckung ist erlaubnispflichtige Besorgung fremder Rechtsangelegenheiten (dazu Karlsruhe NJW-RR 94, 236; Düsseldorf ZEV 00, 458; Lang NJW 99, 2332; Henssler ZEV 94, 26).

4. Die **Befähigung** zur Testamentsvollstreckung bleibt von gleichzeitiger Er- 4 benstellung grundsätzlich unberührt; Unvereinbarkeit besteht nur dort, wo sich die Rechtsmacht des TV und des Erben voll decken würden. Der Alleinerbe kann deshalb nicht alleiniger Testamentsvollstrecker sein, wohl aber Mitvollstrecker gem

§ 2224 (KG OLGZ 67, 361; Zweibrücken ZEV 01, 27: keine Umdeutung in Mittestamentsvollstreckung und Ermächtigung zur Benennung eines Mittestamentsvollstreckers, aber evtl konkludentes Ersuchen an das Nachlaßgericht, einen Testamentsvollstrecker gem § 2200 zu ernennen; mit zu Recht krit Anm Damrau); der Miterbe kann sowohl Alleinvollstrecker (vgl BGH 30, 67) als auch Mitvollstrekker sein (vgl § 2224 mit § 2038); auch können alle Miterben gemeinsam Mitvollstrecker sein (BayObLG Rpfleger 01, 548: unterschiedliche Entscheidungsmechanismen bei Erbengemeinschaft und Mitvollstreckung, Möglichkeit der Entlassung des Testamentsvollstreckers nach § 2227). Der Nießbraucher kann ebenso wie der Vermächtnisnehmer (BayObLG FamRZ 92, 1354) Testamentsvollstrecker sein, der einzige Vorerbe weder alleiniger Vorerbenvollstrecker (Karlsruhe MDR 81, 943) noch alleiniger Nacherbenvollstrecker gem § 2222 (str, zum Ganzen Rohlff DNotZ 71, 518); wohl aber kann der Nacherbe bis zum Nacherbfall Testamentsvollstrecker des Vorerben sein (BGH NJW 90, 2056). Eine Bank kann ohne Erlaubnis nach dem RechtsberatungsG Testamentsvollstreckerin sein (LG Detmold Rpfleger 02, 30). Den beurkundenden Notar schließen BeurkG 27, 7 aus (sa Reimann, FS von Lübtow, 1991 S 317; ferner § 2200 Rn 2); hingegen soll der Notar die Ernennung eines Sozius auch dann beurkunden können, wenn eine Vergütungsbeteiligung besteht (BGH NJW 97, 946 = LM BeurkG Nr 60 mzustAnm Reithmann; abl Moritz JZ 97, 953; vorzugswürdig die Gegenansicht Oldenburg DNotZ 90, 431 mAnm Reimann). BGH FamRZ 54, 198 erklärt die Einsetzung der Geliebten für sittenwidrig; angesichts der neueren Rspr und Gesetzgebung in dieser Allgemeinheit fragwürdig (vgl § 2077 Rn 4 ff).

5   5. Zur **Ersatzernennung** vgl § 2197 II; Wegfall ist auch die Ablehnung (§ 2202 II) oder Unwirksamkeit gem § 2201 (Hamm FamRZ 00, 487).

§ 2198 Bestimmung des Testamentsvollstreckers durch einen Dritten

(1) ¹**Der Erblasser kann die Bestimmung der Person des Testamentsvollstreckers einem Dritten überlassen.** ²**Die Bestimmung erfolgt durch Erklärung gegenüber dem Nachlassgericht; die Erklärung ist in öffentlich beglaubigter Form abzugeben.**

(2) **Das Bestimmungsrecht des Dritten erlischt mit dem Ablauf einer ihm auf Antrag eines der Beteiligten von dem Nachlassgericht bestimmten Frist.**

1   1. **Dritter** kann auch der Erbe sein (RG 92, 72; BayObLGZ 85, 243). Die Beglaubigungskosten der Erklärung kann er analog § 2218 vom Erben zurückverlangen.

2   2. **Beteiligte,** die Fristsetzung verlangen können, sind Erben, Mitvollstrecker, Pflichtteilsberechtigte, Vermächtnisnehmer, Auflagenberechtigte und -begünstigte (str), Nachlaßgläubiger (BGH 35, 299). Nach Fristablauf entfällt die Vollstreckungsanordnung; jedoch kann für diesen Fall analog § 2197 II ein Ersatzmann bestimmt oder das NachlaßG zur Ernennung befugt sein (§ 2200 I).

§ 2199 Ernennung eines Mitvollstreckers oder Nachfolgers

(1) **Der Erblasser kann den Testamentsvollstrecker ermächtigen, einen oder mehrere Mitvollstrecker zu ernennen.**

(2) **Der Erblasser kann den Testamentsvollstrecker ermächtigen, einen Nachfolger zu ernennen.**

(3) **Die Ernennung erfolgt nach § 2198 Abs. 1 Satz 2.**

1   1. Die Vorschrift ist eng auszulegen; Ermächtigungen zur Abänderung einer letztwilligen Anordnung oder zur Weitergabe der Ernennungsbefugnis sind wegen § 2064 unwirksam (KG OLG 44, 100). Die Ernennung gemäß § 2199 II wird nach den Grundsätzen des § 130 wirksam, wobei im Zeitpunkt des Wirksamwer-

dens das Amt des Testamentsvollstreckers nicht beendet (§§ 2225, 2227) sein darf (vgl RG 170, 382). Der Ernennende haftet für Auswahlverschulden nach §§ 2218 f.

§ 2200 Ernennung durch das Nachlassgericht

(1) **Hat der Erblasser in dem Testament das Nachlassgericht ersucht, einen Testamentsvollstrecker zu ernennen, so kann das Nachlassgericht die Ernennung vornehmen.**

(2) **Das Nachlassgericht soll vor der Ernennung die Beteiligten hören, wenn es ohne erhebliche Verzögerung und ohne unverhältnismäßige Kosten geschehen kann.**

1. Das **Ersuchen** des Erblassers kann ausdr erfolgen oder im Wege ergänzender Auslegung zu ermitteln sein. Eine ergänzende Auslegung wird naheliegen, wenn die Testamentsvollstreckung eindeutig gewollt ist und die vorgesehenen Ernennungsmodalitäten versagen (Hamm OLGZ 76, 21; Rpfleger 84, 317; BayObLG FamRZ 88, 325; Zweibrücken ZEV 01, 27 mAnm Damrau). Dagegen liegt sie auch bei Fehlschlagen der vorgesehenen Testamentsvollstreckung fern, wenn die Erben so zerstritten sind, daß eine vollständige Abwicklung nur bei gerichtlicher Auseinandersetzung möglich scheint (Hamm Rpfleger 01, 184).

2. Die Entscheidung über eine Ernennung steht ebenso im **Ermessen** des Gerichts (Hamm Rpfleger 84, 317) wie die Auswahl der Person, die Einigung der Beteiligten ist nicht bindend (uU fehlende Eignung bei absehbaren persönlichen Schwierigkeiten: BayObLGZ 85, 243); kein Ausschluß des beurkundenden Testamentsnotars, falls er nicht selbst im Testament ernannt (hierzu § 2197 Rn 4), sondern die Ernennung dem Gericht überlassen ist (Stuttgart OLGZ 90, 14).

3. **Prozessuales. a)** Zur **Beteiligung** gem § 2200 II vgl § 2198 Rn 2; es besteht aber keine Nachforschungspflicht des Gerichts. **b)** Die **Ernennung** ist **Richtersache**, RPflG 16 I Nr 2, bedarf keiner Form (BayObLGZ 85, 239) und wird durch einfache Mitteilung an den Testamentsvollstrecker wirksam (KG OLGZ 73, 38; str, offen BayObLGZ 85, 239); „Vorbescheide" (s § 2353 Rn 12) sind unzulässig (Hamm OLGZ 84, 282). Der Amtsbeginn richtet sich nach § 2202. **c) Rechtsmittel:** Einfache Beschwerde (FGG 19) bei Ablehnung; beschwerdeberechtigt sind alle Beteiligten gem § 2198 Rn 2, für Nachlaßgläubiger von der Rspr offen gelassen; BayObLG ZEV 01, 284; KG OLGZ 73, 386. Sofortige Beschwerde bei Ernennung (FGG 81); kein Beschwerderecht des Ernannten (vgl § 2202) oder gewöhnlicher Nachlaßgläubiger (KG OLGZ 73, 385). **d) Aufhebung** der Ernennung ist nur auf Antrag gem § 2227 möglich, nicht von Amts wegen; zur Beschwerde s § 2227 Rn 3. **e)** Die **Nachprüfung durch das Prozeßgericht** ist nicht möglich. Über die Beendigung der Testamentsvollstreckung nach Ausführung aller Aufgaben entscheidet jedoch das Prozeßgericht (BGH 41, 23); dies auch dann, wenn das NachlaßG zu Unrecht einen neuen Vollstrecker ernannt hat.

§ 2201 Unwirksamkeit der Ernennung

Die Ernennung des Testamentsvollstreckers ist unwirksam, wenn er zu der Zeit, zu welcher er das Amt anzutreten hat, geschäftsunfähig oder in der Geschäftsfähigkeit beschränkt ist oder nach § 1896 zur Besorgung seiner Vermögensangelegenheiten einen Betreuer erhalten hat.

1. Vgl auch §§ 2225, 2227. Die vorläufige Bestellung eines Betreuers gem FGG 69 f steht der endgültigen gleich (vgl BayObLG Rpfleger 95, 160).

§ 2202 Annahme und Ablehnung des Amts

(1) **Das Amt des Testamentsvollstreckers beginnt mit dem Zeitpunkt, in welchem der Ernannte das Amt annimmt.**

§§ 2203, 2204

(2) ¹Die Annahme sowie die Ablehnung des Amts erfolgt durch Erklärung gegenüber dem Nachlassgericht. ²Die Erklärung kann erst nach dem Eintritt des Erbfalls abgegeben werden; sie ist unwirksam, wenn sie unter einer Bedingung oder einer Zeitbestimmung abgegeben wird.

(3) ¹Das Nachlassgericht kann dem Ernannten auf Antrag eines der Beteiligten eine Frist zur Erklärung über die Annahme bestimmen. ²Mit dem Ablauf der Frist gilt das Amt als abgelehnt, wenn nicht die Annahme vorher erklärt wird.

1 1. Die **Annahmeerklärung** kann zwar erst nach dem Erbfall, aber schon vor Testamentseröffnung erfolgen. Sie erfolgt durch einfache schriftliche Erklärung, wobei eine konkludente Erklärung, zB durch Antrag auf Erteilung eines Testamentsvollstreckerzeugnisses (BGH WM 61, 479), denkbar ist.

2 2. Die **privatrechtliche Verpflichtung** zur Annahme kann bei Ablehnung Schadensersatzpflichten auslösen; Klage auf Annahme (ZPO 894) schließt die hL wegen § 2226 I aus (str). Ein Anreiz zur Annahme kann durch bedingte letztwillige Zuwendung geschaffen werden. Eine Verpflichtung des Erblassers zur Ernennung scheitert an § 2302.

3 3. **RGeschäfte vor Annahme** folgen den Regeln der §§ 177, 180; für Verfügungen gilt § 185 II 1. Alt, ebenso § 185 II 2. Alt (MK/Brandner 4; str).

4 4. Zur **Fristsetzung** auf Antrag eines Beteiligten vgl § 2198 Rn 2; zum Verfahren RPflG 3 Nr 2 c, 11; FGG 81 I.

§ 2203 Aufgabe des Testamentsvollstreckers

Der Testamentsvollstrecker hat die letztwilligen Verfügungen des Erblassers zur Ausführung zu bringen.

1 1. Die Vorschrift beschreibt den **Regelfall der Abwicklungsvollstreckung**. Die *Dauervollstreckung* (§ 2209) ist die Ausnahme. Die rechtlichen Befugnisse zur Abwicklungsvollstreckung gewähren §§ 2204–2208, 2212, 2213. Das Verhältnis zum Erben regeln §§ 2215, 2219. Bei *Auslegungsstreitigkeiten,* die den letzten Willen betreffen, ist der Testamentsvollstrecker nicht ohne weiteres zur authentischen Interpretation berufen (BayObLG FamRZ 89, 669; vgl aber § 2065 Rn 3); zu seiner Absicherung kann er Feststellungsklage (ZPO 256 I) erheben.

§ 2204 Auseinandersetzung unter Miterben

(1) Der Testamentsvollstrecker hat, wenn mehrere Erben vorhanden sind, die Auseinandersetzung unter ihnen nach Maßgabe der §§ 2042 bis 2056 zu bewirken.

(2) Der Testamentsvollstrecker hat die Erben über den Auseinandersetzungsplan vor der Ausführung zu hören.

1 1. Die **Pflicht des Testamentsvollstreckers zur Auseinandersetzung** kann von jedem Miterben eingeklagt werden (RG 100, 97). Recht und Pflicht zur Auseinandersetzung entfallen aber, falls die Miterben die Auseinandersetzung ausschließen und die Gemeinschaft fortführen wollen (§§ 2042, 749 II); die Auseinandersetzung der zunächst fortgeführten Gemeinschaft (zB gem § 749 II) ist Recht und Pflicht des Testamentsvollstreckers (str). Die Verfügungsbefugnis des Testamentsvollstreckers (§ 2205 S 2) bleibt unabhängig von seiner durch die Erben ausgeschlossenen Auseinandersetzungsbefugnis. Sofern der Erblasser die Auseinandersetzung ganz oder teilw ausschließt, hat der Testamentsvollstrecker weder Pflicht noch Befugnis zur Auseinandersetzung; seine alleinige Verfügungsbefugnis (§ 2205 S 2) ist insoweit ebenfalls mit dinglicher Wirkung (BGH NJW 84, 2465; krit Damrau JR 85, 106) ausgeschlossen bzw beschränkt (§ 2208 I). Mit Zustimmung aller Erben sind aber seine Verfügungen gleichwohl wirksam (BGH

Titel 6. Testamentsvollstrecker **§ 2205**

40, 115; 56, 275; NJW 84, 2465); denn gegenüber den Erben schließt § 137 I 1 dingliche Wirkung des Auseinandersetzungsverbotes aus (§ 2044 Rn 2).

2. Der **Auseinandersetzungsplan** muß den ges Vorschriften und den Teilungs- 2 anordnungen des Erblassers entsprechen; bei Streitigkeiten mit den Erben kann der Testamentsvollstrecker Feststellungsklage erheben, der Erbe Klage auf Teilung nach dem korrekten Plan. Soll die Auseinandersetzung nach billigem Ermessen erfolgen, so ist der Testamentsvollstrecker freier gestellt, § 319 I 1 und 2, 2. Halbs ist entspr anzuwenden (str). Der fehlerhafte Teilungsplan ist unverbindlich, sein Vollzug gibt der Miterbengemeinschaft Bereicherungsansprüche (§§ 2039, 812 I 1, 1. Alt). Da der Teilungsplan kein Vertrag ist, bedarf er auch bei minderjährigen Miterben keiner Zustimmung oder behördlichen Genehmigung; anders, falls er von Ges oder Erblasserwillen abw Vereinbarungen enthält (BGH 56, 283); beachte § 1629a IV nF.

3. Durchführung der Auseinandersetzung. a) Sie folgt den **ges Vorschrif-** 3 **ten** (§§ 2042 ff). Zunächst sind die Nachlaßverbindlichkeiten zu berichtigen bzw entspr Mittel zurückzuhalten (BGH 51, 127). Entgegen §§ 2042 II, 753 kann aber der Testamentsvollstrecker gem § 2205 S 2 durch freihändigen Verkauf versilbern. **b)** Der **Vollzug** des Teilungsplans erfolgt durch gewöhnliche dingliche RGeschäfte 4 (zB Auflassung und Eintragung, §§ 873, 929). Ist der Testamentsvollstrecker Miterbe, so sind ihm in Ermangelung einer ausdr Bestimmung des Erblassers regelmäßig jene Insichgeschäfte gestattet, die im Rahmen ordnungsgemäßer Verwaltung des Nachlasses liegen (BGH 30, 67). Soweit in Ausführung des Auseinandersetzungsplans der Minderjährige nur vorteilhaft erwirbt, bedarf er keiner Vertretung (§ 107) bzw ist das Insichgeschäft des Eltern-Testamentsvollstreckers auf jeden Fall erlaubt (§§ 1795 II, 181, 107); andernfalls wird Pflegerbestellung notwendig, selbst wenn der Erblasser den Testamentsvollstrecker von dem Selbstkontrahierungsverbot befreit hat (Hamm FamRZ 93, 1123), ggf schon zu verpflichtenden Vereinbarungen anläßlich der Errichtung des Teilungsplanes (vgl Rn 2 aE).

§ 2205 Verwaltung des Nachlasses, Verfügungsbefugnis

¹**Der Testamentsvollstrecker hat den Nachlass zu verwalten.** ²**Er ist insbesondere berechtigt, den Nachlass in Besitz zu nehmen und über die Nachlassgegenstände zu verfügen.** ³**Zu unentgeltlichen Verfügungen ist er nur berechtigt, soweit sie einer sittlichen Pflicht oder einer auf den Anstand zu nehmenden Rücksicht entsprechen.**

Lit: Dörrie, Reichweite der Kompetenzen des Testamentsvollstreckers an Gesellschaftsbeteiligungen, ZEV 96, 370; Lehmann, Die unbeschränkte Verfügungsbefugnis des Testamentsvollstreckers, AcP 188, 1; Lorz, Testamentsvollstreckung und Unternehmensrecht, 1995.

1. Inhalt der Verwaltungsbefugnisse. a) Beitreibung von Nachlaßforde- 1 **rungen;** dies auch, soweit sie dem Nachlaß gegen den Erben zustehen. Zur Prozeßführungsbefugnis § 2212. **b) Erfüllung von Nachlaßverbindlichkeiten.** Zu beachten ist, daß im Falle der Testamentsvollstreckung zur Verwaltung Ansprüche des Erben gegen den Nachlaß bestehen bleiben (BGH 48, 214). Pflichtteilsansprüche können nicht ohne den Willen des Erben rechtsgeschäftlich anerkannt werden (BGH 51, 125), ebensowenig Erbersatzansprüche alten Rechts (EGBGB 227); sa § 2213 Rn 3 u § 1924 Rn 3. **c)** Die **Fortführung eines** 2 **Einzelhandelsgeschäftes** im Rahmen der Verwaltung ist nach Rspr (BGH 12, 100; 35, 13) und hM in *zweifacher* Weise denkbar: *Entweder* der Testamentsvollstrecker führt das Geschäft nach außen im eigenen Namen und eigener Haftung (gem HGB 25, nicht 27) fort, läßt sich persönlich ins Handelsregister eintragen und ist im Innenverhältnis Treuhänder (§§ 2216, 2218, 664 ff) der Erben, wobei er kein Eigentum an Gegenständen des Betriebsvermögens erwirbt (BGH NJW 75, 54), *oder* der Testamentsvollstrecker führt das Geschäft als *Vertreter* der Erben fort, die gem HGB 25, 27 haften und neben dem Testamentsvollstrecker (LG Konstanz

Stürner 1791

§ 2205 Buch 5. Abschnitt 3. Testament

NJW-RR 90, 716) im Handelsregister einzutragen sind (vgl auch § 2032 Rn 4); in diesem Falle bedarf er einer Vollmacht der Erben, die aber ausdr oder stillschweigend Bedingung oder Auflage sein kann (BayObLG FamRZ 86, 616). Lit: Baur, FS Dölle I, 1963, S 249 („echte Testamentsvollstreckerlösung"); John BB 80, 757;

3 Brandner, FS Stimpel, 1985, S 991. **d)** Der **OHG-Anteil** des Gesellschaftererben gehört zwar zum Nachlaß (BGH 98, 48; str, vgl § 2032 Rn 6), die Wahrnehmung gesellschaftsvertraglicher Rechte unterliegt aber nicht voller Verwaltung (BGH 98, 57 mAnm Marotzke AcP 187, 223; NJW 98, 1314 mAnm Ulmer JZ 98, 468; Hamm NJW-RR 02, 729: Feststellungsklage auf Auflösung einer KG). Denkbar ist volle Verwaltung im Abwicklungsstadium (BGH 98, 58), ferner beaufsichtigende Vollstreckung (BGH 98, 58 – unklar!; sa § 2208 Rn 2). Die Anordnung der Testamentsvollstreckung führt zum Verlust der Verfügungsbefugnis des Gesellschaftererben und zur Haftungsbeschränkung für Eigengläubiger (§ 2214; BGH 98, 57) – offenbar trotz fehlender Verfügungsbefugnis des Testamentsvollstreckers (unklar BGH 98, 55 f). Unter die Testamentsvollstreckung fallen Auseinandersetzungsanspruch (BGH NJW 81, 750; 85, 1954; BGH 98, 58) und Gewinnansprüche, soweit sie nicht der persönlichen Leistung des Gesellschaftererben entfließen (unklare Abgrenzung, BGH 98, 56). Falls es dem Gesellschaftsvertrag entspricht oder die Mitgesellschafter zustimmen, kann der Testamentsvollstrecker entweder in eigenem Namen als Treuhänder der Erben die Gesellschafterrechte ausüben (BGH 24, 106; NJW 81, 750; BFH NJW 95, 3407) oder als Bevollmächtigter der Gesellschaftererben, wobei die Vollmachterteilung Bedingung oder Auflage der letztwilligen Verfügung sein kann (vgl aber BGH WM 69, 492; BayObLG FamRZ 86, 617; Emmerich ZHR 132, 314, str); keine Angaben hierüber im Testamentsvollstreckerzeugnis (BayObLGZ 84, 229). Eintrittsrechte von Erben (vgl § 2032 Rn 8) unterliegen nicht der Verwaltung. Für einen BGB-Gesellschaftsanteil gilt das zum OHG-Anteil Gesagte entspr (BGH NJW 96, 1285 mAnm Lorz ZEV 96, 112). Lit: Bommert BB 84, 178; Marotzke JZ 86, 457; Rehmann BB 85, 297; Ulmer NJW

4 84, 1496; JuS 86, 856; Weidlich ZEV 94, 205. **e)** Der **Kommanditanteil** fällt unter die Verwaltung, falls die übrigen Gesellschafter der Testamentsvollstreckung zustimmen (BGH 108, 191 ff; hierzu Ulmer NJW 90, 73; Hamm NJW-RR 91, 839: konkludente Zustimmung im Gesellschaftsvertrag). Im übrigen gelten gleiche Regeln wie beim gewöhnlichen Gesellschaftsanteil (BFH NJW 95, 340 zur Treuhandlösung). Inwieweit der Testamentsvollstrecker den Gesellschafterwechsel zum Handelsregister anmelden kann, soll davon abhängen, ob er nur Auseinandersetzungsvollstrecker (§ 2204) oder Dauervollstrecker ist (§ 2209) und ob er neue Sondererbfolgekommanditisten oder nur das Ausscheiden des Erblassers anmelden will (überdifferenziert KG NJW-RR 91, 835). Der Erwerb eines Kommanditanteils für den Nachlaß durch den Testamentsvollstrecker führt je nach Zulässigkeit einer Vollstreckung zur vollstreckungsunterworfenen oder -freien Kommanditiststellung des(r) Erben (str, s Hamburg DNotZ 83, 381; Damrau DNotZ 84, 660). Lit: Ulmer ZHR 82, 555; Damrau NJW 84, 2785 mN; Esch NJW 81, 2222; 84, 339;

5 Weidlich ZEV 94, 205. **f) Rechte des stillen Gesellschafters** unterliegen der Verwaltung (str), nicht aber das Eintrittsrecht als stiller Gesellschafter (vgl BGH WM 62, 1084). **g) Mitgliedschaftsrechte an Kapitalgesellschaften** fallen sämtlich (einschließlich Stimmrecht) unter die Verwaltung (für die GmbH BGH NJW 59, 1820; BayObLG NJW-RR 91, 1254 für Rücknahme eines treuhänderisch verwalteten GmbH-Anteils), ebenso **Miteigentumsanteile** (BGH NJW 83, 450).

6 **h)** Die **Empfangszuständigkeit** des Testamentsvollstreckers ist für alle Willenserklärungen gegeben, die den zu verwaltenden Nachlaß bzw die Nachlaßgegenstände

7 betreffen; zu Erbschaftsteuerbescheiden s Vor § 2197 Rn 3. **i) Höchstpersönliche Rechte** stehen dem Erben zu, zB Annahme und Ausschlagung oder Erbverzicht (Zweibrücken OLGZ 80, 142), Ansprüche gem §§ 12, 2287 (BGH 78, 3) usw. Die Anfechtung letztwilliger Verfügungen, die den Nachlaß betreffen, steht dem Testamentsvollstrecker nur insoweit zu, als seine Rechte beeinträchtigt sind; die einsetzende Verfügung kann er nicht anfechten (arg § 2202). Er braucht die

1792 *Stürner*

Titel 6. Testamentsvollstrecker **§ 2205**

Zustimmung des Erben, um gegenüber der Leistungspflicht aus einer nicht rechtzeitig angefochtenen letztwilligen Verfügung die Einrede der Anfechtbarkeit zu erheben (BGH NJW 62, 1058). Kein höchstpersönliches Recht ist der Anspruch aus HGB 89 b. **k) Surrogate** für Nachlaßgegenstände fallen während der Testamentsvollstreckung entspr §§ 2019, 2041, 2111 in den Nachlaß (BGH NJW 91, 842; Hamm ZEV 01, 275 mAnm Hohloch JuS 01, 921; sa § 2219 Rn 2), scheiden aber mit einer Teilauseinandersetzung aus dem Nachlaß aus und unterliegen dann nicht mehr der Verwaltung (BayObLG FamRZ 92, 604 mAnm Damrau und Weidlich DNotZ 93, 403). 8

2. Das **Recht auf Besitznahme** ist schuldrechtlicher Natur, so daß der Testamentsvollstrecker erst mit Erlangung tatsächlicher Gewalt (§ 854) Besitzer wird; der Erbe ist dann mittelbarer Besitzer (§§ 868, 857). Beim Nießbrauchvermächtnis besteht uU nur mittelbarer Besitz des Testamentsvollstreckers (s BGH NJW 86, 1107). 9

3. Verfügungsbefugnis. a) Umfang. Die Verfügungsbefugnis ist – von Unentgeltlichkeit abgesehen – grundsätzlich unbeschränkt. Der Erblasser kann sie aber gem § 2208 beschränken. Allerdings können sich Erbe und Testamentsvollstrecker gemeinsam über ein Verfügungsverbot hinwegsetzen (BGH 56, 275); soweit andere Begünstigte von der Verfügung betroffen sind (Vermächtnisnehmer), müssen aber auch diese zustimmen (Zweibrücken Rpfleger 01, 174 mkritAnm Winkler, DNotZ 01, 401: da nicht der Vermächtnisnehmer, sondern der Erbe Rechtsträger des Nachlassgegenstandes ist, soll es nur auf die Zustimmung des Erben ankommen); vgl zum Auseinandersetzungs- und Verfügungsverbot § 2204 Rn 1. Die Verfügungsbefugnis erfaßt nur Nachlaßgegenstände, nicht den Erbteil insgesamt (§ 2033), über den der Miterbe verfügt (BGH NJW 84, 2465; anders bei miterbten, nachlaßzugehörigen Erbteilen!). Die Verfügungsbeschränkungen aufgrund Nacherbschaft (§§ 2113, 2114) berühren die Verfügungsbefugnis des Testamentsvollstreckers nicht, gleichgültig ob er für Vor- und Nacherbe eingesetzt ist (BGH 40, 115; BayObLG FamRZ 91, 985) oder nur für den Vorerben (Karlsruhe MDR 81, 943; SoeDamrau 48; str). Ehegüterrechtliche Beschränkungen (§§ 1365, 1423, 1424) des Erben sind für den Testamentsvollstrecker unbeachtlich. **b)** Eine **In-sich-Verfügung** kann der Testamentsvollstrecker entspr § 181 vornehmen, wenn dies vom Erblasser gestattet ist – dies ist in der Regel bei der Ernennung eines Miterben zum Testamentsvollstrecker anzunehmen – und dem Gebot ordnungsgemäßer Verwaltung des Nachlasses nicht widerspricht (BGH 30, 67; NJW 81, 1272; Frankfurt NJW-RR 98, 795; krit v. Lübtow JZ 60, 151). Der Testamentsvollstrecker hat Gestattung zu beweisen, der Gegner Ordnungswidrigkeit. Genehmigung der Erben kann die schwebend unwirksame Verfügung heilen. Nach gleichen Grundsätzen kann der einen GmbH-Anteil verwaltende Testamentsvollstrecker bei seiner Bestellung zum GmbH-Geschäftsführer mitwirken (BGH 51, 209). Daß der Testamentsvollstrecker sich durch Insichverfügung sein Vermächtnis erfüllen kann, folgt direkt aus § 181 (BayObLG Rpfleger 82, 344). Vgl auch § 2204 Rn 4. **c) Unentgeltlichkeit** (Müller WM 82, 466) setzt voraus, daß aus dem Nachlaß ein Wert hingegeben wird, ohne daß dem eine obj gleichwertige Gegenleistung gegenübersteht, und daß der Testamentsvollstrecker dies entweder weiß oder bei ordnungsgemäßer Verwaltung unter Berücksichtigung seiner künftigen Pflicht, die Erbschaft an den Erben herauszugeben, hätte erkennen müssen (BGH 57, 89 f; sa § 2113 Rn 4); dies gilt auch für vergleichsweise gewährten Verzicht (BGH NJW 91, 842; offen BGH 79, 73). Im Zuge einer Erbauseinandersetzung ist Unentgeltlichkeit gegeben, wenn der Erbe wertmäßig mehr erhält, als ihm zusteht (BayObLGZ 86, 210). Die Erfüllung von Anordnungen des Erblassers ist nie unentgeltlich (Düsseldorf NJW-RR 87, 733; NJW-RR 91, 1057 für Teilungsanordnung; KG OLGZ 92, 139 für Auflage). Der Testamentsvollstrecker kann mit Zustimmung der Erben und der Vermächtnisnehmer auch über den Rahmen von Pflicht- und Anstandsschenkungen hinaus unentgeltlich über Nachlaßgegen- 10

11

12

Stürner

§ 2206 Buch 5. Abschnitt 3. Testament

stände verfügen (BGH 57, 84; LG Oldenburg Rpfleger 81, 197; s aber KG OLGZ 92, 139: keine Ersetzung der Zustimmung durch objektive Interessenbewertung). Sogenannte „unbenannte Zuwendungen" an Ehegatten und eingetragene Lebens-

13 partner sind als unentgeltlich zu behandeln (vgl BGH NJW 92, 565). Das Grundbuchamt (GBO 52) hat Entgeltlichkeit von Amts wegen zu prüfen. Der Nachweis unterliegt der freien Beweiswürdigung (BayObLG FamRZ 89, 668). Er ist bei einfacher Beweisführung gem GBO 29 zu erbringen (BayObLGZ 86, 211); ist der Nachweis der Entgeltlichkeit in dieser Form nicht möglich, so genügt bei Fehlen begründeter Zweifel die Erläuterung des Geschäfts durch den Testamentsvollstrek-

14 ker (BGH 57, 95); keine amtswegige Beweisaufnahme! **d) Guten Glauben** an die Verfügungsbefugnis als Vollstrecker schützen §§ 2368 III, 2365, guten Glauben an Nachlaßzugehörigkeit bzw Erbeneigentum § 932 (hierzu BGH NJW 81, 1272); Bereicherungsanspruch gegen gutgläubig Beschenkten gem § 816 I 1 (Hamm ZEV 01, 275).

15 4. **Rechtsgeschäftliche Änderung des Umfangs der Befugnisse.** Der Testamentsvollstrecker kann sich nicht den Erben gegenüber wirksam verpflichten, nur Handlungen vorzunehmen, denen die Erben zugestimmt haben (BGH 25, 279). Hingegen kann die postmortale Generalvollmacht des Erblassers zu unbeschränkt Vertretungsbefugnissen führen (BGH NJW 62, 1718); vgl Vor § 2197 Rn 2.

16 5. **Nachlaßverwaltung und Nachlaßinsolvenz** beendigen die Verwaltungsbefugnis des Testamentsvollstreckers einstweilen. Zu den Antragsrechten vgl § 1981 Rn 1.

17 6. **Prozessuales.** Zur Beweislast bei In-sich-Verfügungen vgl Rn 11; zur Beweisführung hinsichtlich Unentgeltlichkeit vgl Rn 12 f. Die Prozeßführungsbefugnis des Testamentsvollstreckers in bezug auf Mitgliedsrechte in einer Personalgesellschaft ist begrenzt und erstreckt sich nicht auf Streitigkeiten über den Kreis der Gesellschafter (BGH NJW 98, 1313 mAnm Ulmer JZ 98, 468); sa § 2212 Rn 1 f u § 2213 Rn 1 ff.

§ 2206 Eingehung von Verbindlichkeiten

(1) ¹**Der Testamentsvollstrecker ist berechtigt, Verbindlichkeiten für den Nachlass einzugehen, soweit die Eingehung zur ordnungsmäßigen Verwaltung erforderlich ist.** ²**Die Verbindlichkeit kann er in Ansehung einer Verfügung über einen Nachlassgegenstand der Testamentsvollstrecker für den Nachlass auch dann eingehen, wenn er zu der Verfügung berechtigt ist.**

(2) **Der Erbe ist verpflichtet, zur Eingehung solcher Verbindlichkeiten seine Einwilligung zu erteilen, unbeschadet des Rechts, die Beschränkung seiner Haftung für die Nachlassverbindlichkeiten geltend zu machen.**

1 1. Die **Verpflichtungsbefugnis** deckt sich zunächst einmal mit der Verfügungsbefugnis (I 2), die andernfalls sinnlos wäre. Darüber hinaus besteht sie aber im Rahmen der ordnungsmäßigen Verwaltung (§ 2216 I), wobei die Sicht des Dritten entscheidet (BGH NJW 83, 40); darf der Vertragspartner in den Fällen des I S 1 annehmen, die Eingehung der Verbindlichkeit sei zur ordnungsgemäßen Verwaltung erforderlich, so ist das Geschäft wirksam. In den Fällen des I S 2 führt pflichtwidriges Handeln nur zur Unwirksamkeit, wenn der Testamentsvollstrecker seine Vertretungsmacht mißbraucht (BGH NJW-RR 89, 642; sa BGH NJW 00, 3781, 3783: Provisionsversprechen an Testamentsvollstrecker nicht notwendig sittenwidrig gem § 138 I).

2 2. Die **Einwilligungspflicht des Erben** besteht nur bei ordnungsmäßiger Verwaltung und soll Schadensersatzansprüchen gem § 2219 vorbeugen (s BGH NJW 91, 843).

3 3. Zur **Heilung** fehlender Verpflichtungsbefugnis (insbes entspr § 177) Müller JZ 81, 370.

Titel 6. Testamentsvollstrecker §§ 2207–2209

§ 2207 Erweiterte Verpflichtungsbefugnis

¹Der Erblasser kann anordnen, dass der Testamentsvollstrecker in der Eingehung von Verbindlichkeiten für den Nachlass nicht beschränkt sein soll. ²Der Testamentsvollstrecker ist auch in einem solchen Falle zu einem Schenkungsversprechen nur nach Maßgabe des § 2205 Satz 3 berechtigt.

1. Vgl auch §§ 2209 S 2, 2368 I 2. Im Verhältnis zum Erben (§ 2219) gilt der Maßstab des § 2206 I 1 fort. **1**

§ 2208 Beschränkung der Rechte des Testamentsvollstreckers, Ausführung durch den Erben

(1) ¹Der Testamentsvollstrecker hat die in den §§ 2203 bis 2206 bestimmten Rechte nicht, soweit anzunehmen ist, dass sie ihm nach dem Willen des Erblassers nicht zustehen sollen. ²Unterliegen der Verwaltung des Testamentsvollstreckers nur einzelne Nachlassgegenstände, so stehen ihm die in § 2205 Satz 2 bestimmten Befugnisse nur in Ansehung dieser Gegenstände zu.

(2) Hat der Testamentsvollstrecker Verfügungen des Erblassers nicht selbst zur Ausführung zu bringen, so kann er die Ausführung von dem Erben verlangen, sofern nicht ein anderer Wille des Erblassers anzunehmen ist.

1. Ges Typen der Beschränkung: a) Gegenständliche Beschränkung (I 2); **1**
Bsp: Beschränkung auf Gesamthandsanteil, der zum Nachlaß gehört (BayObLGZ 82, 59). Davon zu unterscheiden ist die Testamentsvollstreckung für einen Erbteil, bei welcher der Vollstrecker die Rechte des Miterben in der Erbengemeinschaft wahrnimmt (vgl BGH NJW 62, 912; Muscheler AcP 195, 35; sa § 2197 Rn 3). Auch gegenständliche Beschränkung wirkt dinglich (Zweibrücken Rpfleger 01, 174; Winkler DNotZ 01, 401; sa § 2205 Rn 10). **b) Beaufsichtigende Vollstreckung:** Der Testamentsvollstrecker hat nicht die Befugnisse gem §§ 2203–2206, sondern nur einen Anspruch gegen den Erben auf Vollzug der letztwilligen Verfügung, den er in eigenem Namen einklagen kann (BayObLG FamRZ 91, 987: Erfüllung eines Vermächtnisses); bei Niederlage Kostenersatz gem § 2218 I. Aus der beaufsichtigenden Vollstreckung eines OHG-Anteils kann Recht auf Einsicht in die Geschäftspapiere des Gesellschafters folgen (BGH 98, 59; sa § 2205 Rn 3). **c)** Verwaltungsvollstreckung (§ 2209 S 1 1. Halbs), Nacherbenvollstreckung (§ 2222), Vermächtnisvollstreckung (§ 2223). **2**

2. Gewillkürte Beschränkung: Sie kann nach Wahl des Erblassers alle Befugnisse betreffen, zB ein dinglich wirkendes Verfügungsverbot zu Auseinandersetzungszwecken aussprechen (s BGH 56, 278; NJW 84, 2465 mAnm Damrau JR 85,106; sa § 2204 Rn 1); Verkehrsschutz gem § 2368 I. In der Bestellung eines Nießbrauchs am Nachlaß braucht noch keine Beschränkung zu liegen (vgl LM Nr 1 zu § 2203). **3**

§ 2209 Dauervollstreckung

¹Der Erblasser kann einem Testamentsvollstrecker die Verwaltung des Nachlasses übertragen, ohne ihm andere Aufgaben als die Verwaltung zuzuweisen; er kann auch anordnen, dass der Testamentsvollstrecker die Verwaltung nach der Erledigung der ihm sonst zugewiesenen Aufgaben fortzuführen hat. ²Im Zweifel ist anzunehmen, dass einem solchen Testamentsvollstrecker die im § 2207 bezeichnete Ermächtigung erteilt ist.

1. Das **Wesen der Verwaltungsvollstreckung** liegt in der Beschränkung des Aufgabenbereiches gegenüber §§ 2203, 2204: Der Testamentsvollstrecker hat nicht auseinanderzusetzen und nicht allg den Willen des Erblassers zu vollziehen. Vielmehr hat er nur die vom Erblasser umschriebenen Verwaltungsaufgaben, zu deren **1**

Erfüllung ihm die Befugnisse der §§ 2205, 2207 zustehen; § 2209 ist so besehen ein Spezialfall zu § 2208. Die Verwaltungsaufgabe kann zB in der Abwicklung von Pflichtteilsansprüchen (BayObLGZ 56, 186) oder in der Mitwirkung bei der Verwaltung einer vom Erblasser begründeten Stiftung (BGH 41, 23) bestehen.

2 2. **Arten der Verwaltungsvollstreckung:** a) Eigentliche Verwaltungsvollstreckung, vgl Rn 1. b) **Dauervollstreckung:** Auf die gewöhnliche Tätigkeit des Testamentsvollstreckers (§§ 2203 ff) folgt zusätzlich eine verwaltende Dauervollstreckung zur fürsorglichen Bevormundung des Erben; vgl auch §§ 2306 I, 2338 I 2. Dauervollstreckung wird insbes gewollt sein, wenn zur Alleinerbschaft ohne weitere Maßgabe Testamentsvollstreckung tritt (BGH NJW 83, 2248; BayObLG FamRZ 92, 1356); hingegen idR keine stillschweigend angeordnete Dauervollstreckung nach Erledigung besonderer zugewiesener Aufgaben (Hamburg FamRZ 85, 539); bei Anordnung von Dauervollstreckung kann Ernennung eines Ersatzvollstreckers Auslegungsergebnis sein, wenn der ursprünglich Ernannte entlassen wird (Düsseldorf FGPrax 98, 109). Der Erbe kann zwar jährliche Rechnungslegung verlangen (§§ 2218 II, 2220), den Reinertrag des Vermögens aber nur im Rahmen des § 2216 oder bei bes Anordnung. Die Dauervollstreckung kann auch einen Vermächtnisgegenstand betreffen (Hamm NJW-RR 91, 838 für KG-Anteil; sa § 2223 Rn 1).

§ 2210 Dreißigjährige Frist für die Dauervollstreckung

¹Eine nach § 2209 getroffene Anordnung wird unwirksam, wenn seit dem Erbfall 30 Jahre verstrichen sind. ²Der Erblasser kann jedoch anordnen, dass die Verwaltung bis zum Tode des Erben oder des Testamentsvollstreckers oder bis zum Eintritt eines anderen Ereignisses in der Person des einen oder des anderen fortdauern soll. ³Die Vorschrift des § 2163 Abs. 2 findet entsprechende Anwendung.

1 1. Parallelvorschrift zu §§ 2044, 2109, 2162; sie gilt nicht bei Abwicklungsvollstreckung (zur Abgrenzung Hamburg FamRZ 85, 539). Einer Umgehung der Zeitschranke über §§ 2199 II, 2210 S 2 kann man vorbeugen, indem man nur im Zeitpunkt des Erbfalls lebende Nachfolger oder einen innerhalb der 30-Jahres-Frist ernannten Nachfolger zuläßt (str). Sonderregelung in UrhG 28 II. Der Erblasser kann anordnen, daß die Dauerverwaltung aufgrund einstimmigen Beschlusses des Vollstreckerkollegiums früher enden darf (BayObLGZ 76, 79 f). Die bloße Dauervollstreckung für sich ist idR nicht sittenwidrig, sofern nicht bes Persönlichkeitsbeschränkungen hinzutreten (Zweibrücken Rpfleger 82, 106).

§ 2211 Verfügungsbeschränkung des Erben

(1) **Über einen der Verwaltung des Testamentsvollstreckers unterliegenden Nachlassgegenstand kann der Erbe nicht verfügen.**

(2) **Die Vorschriften zugunsten derjenigen, welche Rechte von einem Nichtberechtigten herleiten, finden entsprechende Anwendung.**

1 1. Die **Verfügungsbeschränkung des Erben** wird in ihrem Umfang von den Verfügungsbefugnissen des Testamentsvollstreckers bestimmt (§§ 2205, 2208, 2209; s aber für OHG-Anteil § 2205 Rn 3). Voraussetzung ist, daß beim Erbfall, also bevor ein Vollstrecker im Amt (§ 2202 I) ist (BGH 25, 282); Bsp: Verzicht auf Rechte aus Mietvertrag als Verfügung (BGH NJW 83, 2249). Die Verfügungen des Erben sind absolut unwirksam; Wirksamkeit kann gem § 185 eintreten (LG Oldenburg Rpfleger 81, 197), wobei bei Wegfall der Vollstreckung § 185 II, 2. Alt gilt (BGH NJW
2 83, 2249). *Schuldrechtliche Verpflichtungen* des Erben, die zu Verfügungen über verwaltete Nachlaßgegenstände verpflichten, binden den Testamentsvollstrecker nicht (BGH 25, 275). Zur gemeinschaftlichen Verfügung von Vollstrecker und Erben bei Verfügungsverbot des Erblassers vgl § 2204 Rn 1; § 2205 Rn 10 und § 2208 Rn 3.

Titel 6. Testamentsvollstrecker **§§ 2212, 2213**

2. Der **Gutglaubensschutz** des Geschäftspartners des Erben gem II kommt nur 3
zum Zuge, falls Gutgläubigkeit hinsichtlich der Verfügungsbefugnis des Erben
vorliegt; vgl §§ 932 ff, 892, 893, 1032, 1207, aber auch §§ 2364, 2366, 2205
(Besitznahme durch den Vollstrecker), GBO 52. Für den leistenden Schuldner gilt
§ 407 analog. Zum gutgl Erwerb vom Testamentsvollstrecker s § 2205 Rn 14.

§ 2212 Gerichtliche Geltendmachung von der Testamentsvollstreckung unterliegenden Rechten

Ein der Verwaltung des Testamentsvollstreckers unterliegendes Recht kann nur von dem Testamentsvollstrecker gerichtlich geltend gemacht werden.

1. Die **aktive Prozeßführungsbefugnis** des Testamentsvollstreckers (sa Vor 1
§ 2197 Rn 1) richtet sich in ihrem Umfang nach der Verfügungsbefugnis (§§ 2205,
2208, 2211; BGH 31, 283/284; NJW 98, 1313 mAnm Ulmer JZ 98, 468: Rechtsstreitigkeiten über den Kreis der Gesellschafter bei nachlaßzugehörigem OHG-Anteil ausgenommen). Der Vollstrecker kann den Erben zur Prozeßführung *ermächtigen* (BGH 38, 281); auch Freigabe des Anspruchs (§ 2217) ist denkbar. Ein Rechtsstreit über das *Erbrecht des wahren Erben* unterfällt der Prozeßführungsbefugnis des Vollstreckers nur, wenn er in seiner Eigenschaft als Vollstrecker ein berechtigtes Interesse an der Feststellung hat (BGH WM 87, 565). Bei fehlender pro Prozeßführungsbefugnis (zB § 2287) ist gewillkürte Prozeßstandschaft auch bei Ermächtigung des Testamentsvollstreckers ausgeschlossen (kein eigenes Rechtsschutzinteresse); jedoch wirkt die Klage verjährungshemmend, § 204 I Nr 1 nF (zur Unterbrechung nach § 209 I aF BGH 78, 5; aA Tiedtke JZ 81, 429). Lit: Kessler DRiZ 65, 195; 67, 299. Zur Prozeßaufnahme vgl § 2213 Rn 5.

2. Die **Urteilswirkungen** lassen das Eigenvermögen des Testamentsvollstreckers 2
unberührt; sie erfassen nur den Erben (ZPO 327, 728 II). Der Erbe kann uU
einen Regreßprozeß gegen den Vollstrecker führen (§ 2219) und deshalb am
Hauptprozeß beteiligt werden (ZPO 66 ff, 72 ff). Bei Wegfall bzw Tod des Vollstreckers sind ZPO 239, 241, 246 entspr anwendbar.

§ 2213 Gerichtliche Geltendmachung von Ansprüchen gegen den Nachlass

(1) ¹Ein Anspruch, der sich gegen den Nachlass richtet, kann sowohl gegen den Erben als gegen den Testamentsvollstrecker gerichtlich geltend gemacht werden. ²Steht dem Testamentsvollstrecker nicht die Verwaltung des Nachlasses zu, so ist die Geltendmachung nur gegen den Erben zulässig. ³Ein Pflichtteilsanspruch kann, auch wenn dem Testamentsvollstrecker die Verwaltung des Nachlasses zusteht, nur gegen den Erben geltend gemacht werden.

(2) Die Vorschrift des § 1958 findet auf den Testamentsvollstrecker keine Anwendung.

(3) Ein Nachlassgläubiger, der seinen Anspruch gegen den Erben geltend macht, kann den Anspruch auch gegen den Testamentsvollstrecker dahin geltend machen, dass dieser die Zwangsvollstreckung in die seiner Verwaltung unterliegenden Nachlassgegenstände dulde.

Lit: Garlichs, Passivprozesse des Testamentsvollstreckers, 1996 (Diss Konstanz); Garlichs/Mankel, Die passive Prozeßführungsbefugnis des Testamentsvollstreckers bei Teilverwaltung, MDR 98, 511.

1. Bei der **passiven Prozeßführungsbefugnis** (sa Vor § 2197 Rn 1) ist zu 1
unterscheiden: **a) Volle Verfügungs- und Verwaltungsbefugnis** des Testamentsvollstreckers: Erbe und Vollstrecker sind prozeßführungsbefugt (§ 2213 I 1).
Das vom Testamentsvollstrecker erstrittene Urteil wirkt für und gegen den Erben

(ZPO 327 II, 728 II), wobei dem Erben auch ohne Vorbehalt die Haftungsbeschränkungsmöglichkeit bleibt (ZPO 780 II). Hingegen bedarf es zur Vollstreckung aus einem gegen den Erben gerichteten Titel in den Nachlaß (nicht in das Eigenvermögen!) zusätzlich eines Leistungs- oder Duldungstitels (§ 2213 III) gegen den Vollstrecker (ZPO 748 I). Praktikabel ist also die Klage gegen den Vollstrecker oder gegen Erbe und Vollstrecker. **b) Teilw Verwaltungs- und Verfügungsbefugnis** (§§ 2208 I 2, 2205 S 2): Der Erbe ist prozeßführungsbefugt, der Testamentsvollstrecker insoweit, als gem ZPO 748 II gegen ihn ein Duldungstitel erforderlich ist; aA Garlichs/Mankel MDR 98, 511: Klage gegen Testamentsvollstrecker, der gem § 2213 I 1 passiv prozeßführungsbefugt sei, und Rechtskrafterstreckung auf den Erben (ZPO 327 II, 728 II) sollen möglich sein. **c) Ausschluß der Verwaltungs- und Verfügungsbefugnis** (§§ 2208 II, 2213 I 2): Nur der Erbe ist prozeßführungsbefugt. **d) Pflichtteilsansprüche** (§ 2213 I 3): Der Erbe ist prozeßführungsbefugt, der Vollstrecker im Rahmen der §§ 2213 III, ZPO 748 III; zu den materiellrechtlichen Konsequenzen vgl § 2205 Rn 1. **e) Ansprüche des Erben** gegen den Nachlaß, die bereits gegen den Erblasser bestanden und beim Erbfall nicht erlöschen (BGH 48, 220), sind gegen den Testamentsvollstrecker als Partei kraft Amtes zu richten. Schadensersatzansprüche (§ 2219) und Ansprüche auf Herausgabe nach Beendigung der Vollstreckung (§ 2218) richten sich gegen den Vollstrecker persönlich (BGH FamRZ 88, 279 f). Lit: Kessler DRiZ 65, 195; 67, 299. **f)** Zur **Prozeßaufnahme** nach dem Tod einer Partei sind im Passivprozeß idR sowohl Erben als auch Testamentsvollstrecker berechtigt, ZPO 239, 241, 243; im Aktivprozeß ist Aufnahme nur durch Testamentsvollstrecker möglich (BGH NJW 88, 1390).

2. Entscheidungen gegen den Erblasser können gem ZPO 727, 749 auf den Erben bzw Testamentsvollstrecker umgeschrieben werden; vgl auch ZPO 779 II bei begonnener Vollstreckung.

§ 2214 Gläubiger des Erben

Gläubiger des Erben, die nicht zu den Nachlassgläubigern gehören, können sich nicht an die der Verwaltung des Testamentsvollstreckers unterliegenden Nachlassgegenstände halten.

1. Grundgedanke: Die Eigengläubiger des Erben können nicht mehr Rechte haben als der Erbe selbst (§§ 2205, 2211). S zum **OHG-Anteil** § 2205 Rn 3. Dingliche Rechte sind nicht betroffen. § 2214 hindert nicht die Zwangsvollstreckung in den Erbteil des Miterben (Ensthaler Rpfleger 88, 94; vgl § 2033 Rn 7).

2. Rechtsbehelf: ZPO 766.

§ 2215 Nachlassverzeichnis

(1) **Der Testamentsvollstrecker hat dem Erben unverzüglich nach der Annahme des Amts ein Verzeichnis der seiner Verwaltung unterliegenden Nachlassgegenstände und der bekannten Nachlassverbindlichkeiten mitzuteilen und ihm die zur Aufnahme des Inventars sonst erforderliche Beihilfe zu leisten.**

(2) **Das Verzeichnis ist mit der Angabe des Tages der Aufnahme zu versehen und von dem Testamentsvollstrecker zu unterzeichnen; der Testamentsvollstrecker hat auf Verlangen die Unterzeichnung öffentlich beglaubigen zu lassen.**

(3) **Der Erbe kann verlangen, dass er bei der Aufnahme des Verzeichnisses zugezogen wird.**

(4) **Der Testamentsvollstrecker ist berechtigt und auf Verlangen des Erben verpflichtet, das Verzeichnis durch die zuständige Behörde oder durch einen zuständigen Beamten oder Notar aufnehmen zu lassen.**

Titel 6. Testamentsvollstrecker **§ 2216**

(5) **Die Kosten der Aufnahme und der Beglaubigung fallen dem Nachlass zur Last.**

1. Das Testamentsvollstreckerinventar ist nur Grundlage des Rechtsverhältnisses zum Erben (§§ 2216, 2218, 2219); Fortfall der Verpflichtung des Testamentsvollstreckers mit wirksamer Kündigung seines Amtes (Koblenz NJW-RR 93, 462). Um das Inventar zur Haftungsbeschränkung (§§ 1993 ff) muß der Erbe ggf selbst besorgt sein, wobei ihn der Testamentsvollstrecker allerdings zu unterstützen hat.

§ 2216 Ordnungsmäßige Verwaltung des Nachlasses, Befolgung von Anordnungen

(1) **Der Testamentsvollstrecker ist zur ordnungsmäßigen Verwaltung des Nachlasses verpflichtet.**

(2) ¹**Anordnungen, die der Erblasser für die Verwaltung durch letztwillige Verfügung getroffen hat, sind von dem Testamentsvollstreckers zu befolgen.** ²**Sie können jedoch auf Antrag des Testamentsvollstreckers oder eines anderen Beteiligten von dem Nachlassgericht außer Kraft gesetzt werden, wenn ihre Befolgung den Nachlass erheblich gefährden würde.** ³**Das Gericht soll vor der Entscheidung, soweit tunlich, die Beteiligten hören.**

1. **Regeln ordnungsmäßiger Verwaltung: a)** Sie bestimmen sich grundsätzlich nach obj Kriterien, wobei aber dem Vollstrecker ein Ermessensspielraum belassen bleibt (BGH 25, 280, 283; FamRZ 95, 479). Er hat das Vermögen zu bewahren und zu vermehren (vgl zur Ausübung von Aktienbezugsrechten BGH WM 67, 27; zur Überwachung der GmbH-Geschäftsführung BGH NJW 59, 1820; zur Umwandlung von Kapitalgesellschaften BayObLG NJW 76, 1693; aber keine Pflicht zum Übererlös beim Verkauf von Nachlaßgegenständen, BGH NJW-RR 89, 643). Die Pflicht zur Vermögenswahrung wird jedenfalls dann verletzt, wenn der Testamentsvollstrecker ein Grundstück zur Hälfte seines Verkehrswertes versteigern läßt, ohne sich zuvor um eine bessere Verwertung durch freihändigen Verkauf nachhaltig zu bemühen (BGH NJW-RR 01, 1369). An das Prinzip des „sichersten Wegs" ist der Vollstrecker bei der Anlage von Nachlaßvermögen nicht gebunden (BGH NJW 87, 1070). Unterliegt der Nachlaß der Vor- und Nacherbfolge, so ist der Interessengegensatz zu berücksichtigen (BGH FamRZ 88, 280); dem Vorerben gebühren die Nutzungen, dem Nacherben die Substanz (BGH WM 86, 1096). Die Pflicht zur Vermögenswahrung verletzt überflüssige Prozessführung (BGH ZEV 00, 196: Beauftragung eines Anwalts mit rein vorsorglichem Einspruch gegen 65 Erbschaftsteuerbescheide; sa Vor § 2197 Rn 3). Die Vermögenswahrungspflicht verlangt Kontrollmaßnahmen (BGH NJW-RR 95, 577; FamRZ 99, 435). **b) Anordnungen des Erblassers** (§ 2216 II 1) können weitere Richtlinien abgeben (BayObLG FamRZ 00, 573, 576); sie sind von bloßen Wünschen zu unterscheiden (BayObLGZ 76, 77); keine Pflichtverletzung, falls Testamentsvollstrecker nach sorgfältiger Ermittlung einer vertretbaren Auslegung letztwilliger Verfügungen folgt und sie verwirklicht (BGH NJW-RR 92, 775).

2. **Verletzungen der Verwaltungspflicht: a)** Es besteht ein **klagbarer Anspruch** des Erben (BGH 25, 283; FamRZ 88, 280) und wohl auch des betroffenen Vermächtnisnehmers auf Pflichterfüllung. Erbe und Vermächtnisnehmer, nicht aber alle Nachlaßgläubiger (BGH 57, 93 f) haben uU Schadensersatzansprüche (§ 2219). Pflichtverletzung ist je nach Gewicht ein Entlassungsgrund (§ 2227). **b) Verfügungen** im Rahmen der Verfügungsbefugnis (§§ 2205 S 2, 2208) sind auch bei Verletzung der Verwaltungspflichten wirksam; sa § 2204 Rn 1, § 2205 Rn 10, § 2208 Rn 3.

3. **Aufhebung von Erblasseranordnungen durch das Nachlaßgericht. a) Aufhebungsgründe** sind Nachlaßgefährdung und – weitergehend – Gefährdung der Interessen der Nachlaßbeteiligten. Bei veränderten Umständen kann eine

§§ 2217, 2218 Buch 5. Abschnitt 3. Testament

Erblasseranordnung aber auch ohne weiteres modifiziert sein oder entfallen, wenn sich dies im Wege der ergänzenden Auslegung ergibt. Dann bedarf es nicht der Aufhebung (BayObLG NJW-RR 00, 301). **b) Antragsberechtigt** sind Vollstrekker, Erbe, Vermächtnisnehmer, Auflageberechtigter, nicht aber andere Nachlaßgläubiger (BGH 35, 300) oder Gläubiger eines Miterben, selbst wenn sie ein Pfändungspfandrecht am Miterbenanteil haben (BayObLG Rpfleger 83, 112).

6 **c) Verfahren:** Richtersache gem RPflG 16 I Nr 3. Der Richter kann nur aufheben oder ablehnen, aber keine eigenen Anordnungen treffen (KG OLGZ 71, 220). Beschwerde gem FGG 19, 20, 82 I.

§ 2217 Überlassung von Nachlassgegenständen

(1) ¹**Der Testamentsvollstrecker hat Nachlassgegenstände, deren er zur Erfüllung seiner Obliegenheiten offenbar nicht bedarf, dem Erben auf Verlangen zur freien Verfügung zu überlassen.** ²**Mit der Überlassung erlischt sein Recht zur Verwaltung der Gegenstände.**

(2) **Wegen Nachlassverbindlichkeiten, die nicht auf einem Vermächtnis oder einer Auflage beruhen, sowie wegen bedingter und betagter Vermächtnisse oder Auflagen kann der Testamentsvollstrecker die Überlassung der Gegenstände nicht verweigern, wenn der Erbe für die Berichtigung der Verbindlichkeiten oder für die Vollziehung der Vermächtnisse oder Auflagen Sicherheit leistet.**

Lit: Muscheler, Die Freigabe von Nachlaßgegenständen durch den Testamentsvollstrecker, ZEV 96, 401.

1 1. Die **Voraussetzungen der Freigabe** bestimmen sich nach der Aufgabe des Testamentsvollstreckers. Besteht sie in der Auseinandersetzung (§ 2204) oder in einer Dauervollstreckung (§ 2209), so wird vorzeitige Freigabe regelmäßig nicht in Frage kommen; anders, wenn der Hauptzweck der Testamentsvollstreckung in der Sicherung eines Begünstigten liegt, sie aber aller Wahrscheinlichkeit nach nicht notwendig ist (Köln ZEV 00, 232). Die Herausgabe von Nutzungen an den Erben erfolgt im Rahmen des § 2216 (BGH Rpfleger 86, 434).

2 2. Die Erben haben einen **Freigabeanspruch.** Fehlen die Voraussetzungen des Freigabeanspruchs und hat sich der Vollstrecker hierüber geirrt, so besteht ein Bereicherungsanspruch gem § 812 I 1, 1. Alt auf Wiederherstellung des Verwaltungsrechts (BGH 12, 104; 24, 106; unzutreffend BayObLG FamRZ 92, 605 mkritAnm Damrau).

3 3. Die **dingliche Wirkung** der Freigabe zeigt sich im Erlöschen der Verfügungsbefugnis des Vollstreckers. Der Vermerk ist dann im Wege der Grundbuchberichtigung zu löschen (GBO 22, 29). Ein *Freigabeverbot* des Erblassers hat dingliche Wirkung (s § 2208 Rn 3) und ist vom Grundbuchamt zu beachten (AG Starnberg Rpfleger 85, 57). Keine Freigabe liegt vor, wenn der Testamentsvollstrecker den Erben seinen OHG-Anteil freizügig verwalten läßt (BGH NJW 86, 2434). Von der Freigabe zu unterscheiden ist die gemeinsame Verfügung von Vollstrecker und Erben zugunsten der Erben, vgl § 2204 Rn 1, § 2205 Rn 10 u 12.

§ 2218 Rechtsverhältnis zum Erben; Rechnungslegung

(1) **Auf das Rechtsverhältnis zwischen dem Testamentsvollstrecker und dem Erben finden die für den Auftrag geltenden Vorschriften der §§ 664, 666 bis 668, 670, des § 673 Satz 2 und des § 674 entsprechende Anwendung.**

(2) **Bei einer länger dauernden Verwaltung kann der Erbe jährlich Rechnungslegung verlangen.**

Titel 6. Testamentsvollstrecker **§ 2219**

1. Zwischen dem Erben und dem Testamentsvollstrecker besteht *kein* Vertrags- 1
verhältnis, es sind nur einzelne Auftragsvorschriften anwendbar. **Besonderheiten:
a) § 664:** Der Vollstrecker kann eine widerrufliche Einzelvollmacht oder Generalvollmacht (str) erteilen, aber nicht sein Vertrauensamt übertragen; die Vollmacht
erlischt mit dem Vollstreckeramt (Düsseldorf Rpfleger 01, 425; str, ob auf Person
oder Amt als solches abzuheben ist: Winkler ZEV 01, 282; sa § 2225 Rn 5).
b) § 666: Eine Benachrichtigungspflicht ist nicht allg, sondern nur im Einzelfall 2
(BGH 30, 73) bei bedeutenderen, schwierigen oder zweifelhaften Fragen zu
bejahen (RG 130, 139); keinesfalls ist der Vollstrecker an Weisungen der Erben
gebunden. Den Rechnungslegungsanspruch kann gem § 2039 jeder Miterbe geltend machen (BGH NJW 65, 396); aus §§ 259 II, 260 II kann die Pflicht zu
eidesstattlicher Versicherung folgen (BGH WM 64, 950); dem Testamentsvollstrecker ist jedoch ein angemessener Zeitraum zuzubilligen (BayObLG Rpfleger
98, 247). Ein – umgekehrter – Auskunftsanspruch des Testamentsvollstreckers folgt
uU aus allg Grundsätzen, § 242 (Ulmer JuS 86, 861). **c) § 670:** Aufwendungen 3
sind zB notwendige Prozeßkosten (BGH 69, 241: Rechtsstreit um Vollstreck-
erzeugnis) und auch die Gebühren des Anwalts, der gleichzeitig Testamentsvollstrecker ist, vgl § 1835 III (RG 149, 121). Dieser darf nur dann Anwaltsgebühren
verlangen, wenn ein anderer Testamentsvollstrecker sich zur Erledigung seiner
Verpflichtungen ebenfalls eines Anwaltes bedient hätte (Frankfurt MDR 00, 789).
Der vermeintliche Testamentsvollstrecker kann allenfalls unmittelbar aus §§ 677,
683; 812 I Aufwendungsersatz verlangen (BGH 69, 239).

2. Dem *Vermächtnisnehmer* steht ein Auskunftsanspruch zu, falls er dessen zur 4
Durchsetzung seines Anspruchs bedarf (str, vgl auch § 260 I und BGH WM 64,
950). Der *Nachfolger* des Testamentsvollstreckers hat die Ansprüche aus §§ 2218,
666, 667 (BGH NJW 72, 1660) und somit Anspruch auf Herausgabe der Unterlagen seines Vorgängers.

§ 2219 Haftung des Testamentsvollstreckers

(1) **Verletzt der Testamentsvollstrecker die ihm obliegenden Verpflichtungen, so ist er, wenn ihm ein Verschulden zur Last fällt, für den daraus
entstehenden Schaden dem Erben und, soweit ein Vermächtnis zu vollziehen ist, auch dem Vermächtnisnehmer verantwortlich.**

(2) **Mehrere Testamentsvollstrecker, denen ein Verschulden zur Last fällt,
haften als Gesamtschuldner.**

1. Voraussetzung der Haftung ist eine schuldhafte (§§ 276, 278) Verletzung 1
der Pflichten aus §§ 2216, 2218; zum Inhalt dieser Pflichten vgl § 2216 Rn 1 f,
§ 2218 Rn 1 ff. Der Erblasser kann von der Haftung nicht befreien (§ 2220), wohl
aber kann der Erbe durch Entlastung (BGH DRiZ 69, 281) den Anspruch verlieren; der Erbe muß sich ggf Mitverschulden entgegenhalten lassen (RG 138, 132).
Beweislast für Pflichtverletzung, Verschulden und Schaden liegt beim Kläger (BGH
ZEV 01, 358).

2. Anspruchsgläubiger sind Erbe oder Vermächtnisnehmer (LM Nr 1 zu 2
§ 2258), nicht aber die übrigen Nachlaßgläubiger. Die Geltendmachung des Ersatzanspruchs, der dem Erben aus einer Pflichtverletzung eines früheren Testamentsvollstreckers erwachsen ist, steht dem neuen Testamentsvollstrecker zu, vgl
§§ 2205, 2212, 2041 (LM Nr 4; NJW 91, 842; NJW-RR 92, 775).

3. Haftung gegen Dritte. Der Vollstrecker haftet für eine von ihm bei der 3
Verwaltung des Nachlasses begangene unerlaubte Handlung persönlich (LM Nr 1
zu § 823 [Ad]), eine Haftung des Erben aus § 831 besteht nicht, keine analoge
Anwendung des § 31 (str). Wohl aber haften die Erben im Rahmen von Schuld-
verhältnissen gem § 278 (RG 144, 402), wobei aber die Beschränkbarkeit der
Haftung zu beachten ist.

Stürner

§ 2220 Zwingendes Recht

Der Erblasser kann den Testamentsvollstrecker nicht von den ihm nach den §§ 2215, 2216, 2218, 2219 obliegenden Verpflichtungen befreien.

1 1. Zum Schutz des Erben kann der Erblasser nach hM über § 2220 hinaus nicht abbedingen § 2227 (RG 133, 135) und § 2205 S 3 (RG DR 39, 776); vgl aber § 2205 Rn 12 ff, 15.

§ 2221 Vergütung des Testamentsvollstreckers

Der Testamentsvollstrecker kann für die Führung seines Amts eine angemessene Vergütung verlangen, sofern nicht der Erblasser ein anderes bestimmt hat.

1 1. Die **Höhe des Vergütungsanspruchs** (Glaser MDR 83, 93; Reimann ZEV 95, 57) richtet sich nach dem Pflichtenkreis, dem Grad der Verantwortung, der Schwierigkeit der Aufgaben, der Dauer der Verwaltung und der Notwendigkeit spezieller Kenntnisse und Fertigkeiten; sie kann – volle Abwicklung mit Schuldentilgung vorausgesetzt – als Hundertsatz des Bruttonachlaßwertes berechnet werden (LM Nr 2). Praktikerrichtwert: 4%–2% (Degression bei höherem Nachlaßwert); ausführlich Köln NJW-RR 94, 269; 95, 202; teilw werden als Anhalt weiterhin die überkommenen „Richtlinien des Rheinpreußischen Notarvereins" herangezogen (dazu Reimann DNotZ 01, 344; Düsseldorf MittRhNotK 96, 172) oder die Tabelle von Tschischgale (JurBüro 65, 89; Frankfurt MDR 00, 789); bei zwei Testamentsvollstreckern gelten uU je 75% des Richtwerts (Karlsruhe ZEV 01, 287 mit Besprechung der verschiedenen Tabellen). **Steuer:** s Vor § 2197 Rn 3 f.

2 2. Die **Entscheidung über die Höhe** kann der Erblasser testamentarisch verbindlich treffen (BGH WM 69, 1410; BayObLG Rpfleger 80, 153), wobei bei unangemessener Höhe von einem Vermächtnis auszugehen sein wird. Ohne letztwillige Anordnung entscheidet das Prozeßgericht (BGH NJW 57, 948) durch streitiges Urteil, falls sich Erbe und Vollstrecker nicht einigen können. Der Vollstrecker kann jedoch eine angemessene Vergütung selbst dem Nachlaß entnehmen (LM Nr 3), trägt dann aber das Risiko unzutreffender Festsetzung (sa § 2227 Rn 1). Die Befugnis zur Versilberung von Sachwerten hängt vom Einzelfall ab, wird aber bei wertvolleren Gegenständen regelmäßig zu verneinen sein.

3 3. **Fälligkeit** tritt – ohne Vorschußrecht – ein mit dem Ende der Verwaltung, nur bei längerer Verwaltung jährlich; die Zahlung der Schlußvergütung können die Erben bis zur Rechnungslegung verweigern (LM Nr 1).

4 4. Die Vergütung ist **Nachlaßverbindlichkeit** (sa § 1967 Rn 3 u 6). Bei Testamentsvollstreckung, die auf einen Miterbenanteil beschränkt ist, handelt es sich um gemeinschaftliche Verwaltungskosten (§§ 2038, 748), die alle Miterben tragen (§§ 2046 I, 2058; BGH NJW 97, 1362 = LM Nr 7 mzustAnm M. Wolf).

5. Zum **Aufwendungsersatz** vgl § 2218 Rn 3.

5 6. **Verwirkung** kann eintreten bei schweren vorsätzlichen oder grobfahrlässigen Pflichtverletzungen, nicht schon bei irriger Beurteilung der Sach- und Rechtslage (BGH DNotZ 76, 559; 80, 164). Allerdings kommt auch eine Minderung bei weniger grober Pflichtverletzung in Betracht (Frankfurt MDR 00, 789).

6 7. **Prozessuales.** Das Interesse des Testamentsvollstreckers am Streitgegenstand kann bei Kostenfestsetzung allenfalls mit 10% des Nachlaßwertes angesetzt werden (BGH ZEV 96, 35; ZEV 00, 409).

§ 2222 Nacherbenvollstrecker

Der Erblasser kann einen Testamentsvollstrecker auch zu dem Zwecke ernennen, dass dieser bis zu dem Eintritt einer angeordneten Nacherbfolge die Rechte des Nacherben ausübt und dessen Pflichten erfüllt.

Titel 6. Testamentsvollstrecker **§§ 2223–2225**

1. Die **Nacherbenvollstreckung** ist ein Unterfall der Verwaltungsvollstreckung (vgl § 2208 Rn 2, § 2209); der Vollstrecker nimmt die den Nacherben während der Vorerbschaft betreffenden Rechte und Pflichten wahr (vgl insbes §§ 2113, 2114, 2116–2118, 2120–2123, 2127, 2128; BGH 127, 364); er kann nicht auf die Anwartschaft des Nacherben verzichten, wohl auf den Nacherbenvermerk (GBO 51; BayObLG DNotZ 90, 57). Die Testamentsvollstreckung nach eingetretener Nacherbfolge ist von der Nacherbenvollstreckung streng zu unterscheiden (BGH NJW 86, 2431); sa § 2197 Rn 4.

§ 2223 Vermächtnisvollstrecker

Der Erblasser kann einen Testamentsvollstrecker auch zu dem Zwecke ernennen, dass dieser für die Ausführung der einem Vermächtnisnehmer auferlegten Beschwerungen sorgt.

1. Der **Vermächtnisvollstrecker** zieht die Vermächtnisforderung ein (§§ 2205, 2212), nimmt den Vermächtnisgegenstand in Besitz und verwaltet ihn; verwaltet er ein Grundstück, ist ein Testamentsvollstreckervermerk eintragbar (GBO 52, BayObLG NJW-RR 90, 845); er hat Ansprüche aus Untervermächtnissen und Auflagen (s BayObLGZ 86, 38) zu erfüllen und ist insoweit passiv prozeßführungsbefugt (§ 2213). Der Erblasser kann ihm auch die dauernde Verwaltung eines Vermächtnisgegenstandes auftragen, § 2209 Rn 2 (BGH 13, 203; Hamm NJW-RR 91, 838). § 2223 regelt nur den Normalfall (§§ 2203, 2204), daß die Vermächtnisvollstreckung mit der Auseinandersetzung und Ausführung der letztwilligen Verfügung endet.

§ 2224 Mehrere Testamentsvollstrecker

(1) ¹Mehrere Testamentsvollstrecker führen das Amt gemeinschaftlich; bei einer Meinungsverschiedenheit entscheidet das Nachlassgericht. ²Fällt einer von ihnen weg, so führen die übrigen das Amt allein. ³Der Erblasser kann abweichende Anordnungen treffen.

(2) Jeder Testamentsvollstrecker ist berechtigt, ohne Zustimmung der anderen Testamentsvollstrecker diejenigen Maßregeln zu treffen, welche zur Erhaltung eines der gemeinschaftlichen Verwaltung unterliegenden Nachlassgegenstands notwendig sind.

1. Mehrere Testamentsvollstrecker führen – mangels abw Anordnungen des Erblassers – ihr Amt nach innen und außen gemeinschaftlich (BGH NJW 67, 2401). Die Entscheidung des NachlaßG bei Streitigkeiten enthält richtigerweise nicht nur die Verpflichtung des betreffenden Vollstreckers zur Mitwirkung, sie ersetzt vielmehr seine Mitwirkung (str, aA SoeDamrau 7). Entgegen der Rspr (BGH 20, 264) ist auch für Streitigkeiten darüber, ob Amtshandlungen mit der letztwilligen Verfügung harmonieren, das Nachlaßgericht zuständig, nicht aber das Prozeßgericht (str, vgl Baur JZ 1956, 495). Zum Beschwerderecht vgl insbes FGG 82, 20.

§ 2225 Erlöschen des Amts des Testamentsvollstreckers

Das Amt des Testamentsvollstreckers erlischt, wenn er stirbt oder wenn ein Fall eintritt, in welchem die Ernennung nach § 2201 unwirksam sein würde.

1. Beim **Erlöschen durch Tod** sind §§ 2218, 673 S 2 vom Erben des Testamentsvollstreckers zu beachten.

2. **Nachlaßverwaltung und -insolvenz** beendigen das Amt nicht, vgl aber § 2205 Rn 16.

3. **Weitere Erlöschensgründe:** Erledigung der zugewiesenen Aufgabe (BGH 41, 23); Fristablauf; § 2210; vgl auch § 2204 Rn 1.

§§ 2226, 2227   Buch 5. Abschnitt 3. Testament

4   4. Die Beendigung des Amtes ist nicht mit der **Beendigung der Vollstreckung** identisch; vgl §§ 2197 II, 2199 II, 2200, 2224 I 3.

5   5. Mit dem **Ausscheiden des Testamentsvollstreckers** endet auch eine von ihm erteilte Vollmacht (Düsseldorf Rpfleger 01, 425 = ZEV 01, 282 mkritAnm Winkler; str; sa § 2218 Rn 2).

6   6. **Prozessuales.** Der Streit, ob das Amt erloschen ist, ist durch das ProzeßG zu entscheiden (BGH 41, 28), kann für das NachlaßG aber Vorfrage sein (BayObLGZ 88, 46). Der Amtsnachfolger eines verstorbenen Testamentsvollstreckers tritt in dessen verfahrensrechtliche Stellung ein (Zweibrücken NJW-RR 00, 816), nicht dagegen seine Erben (BayObLG FamRZ 01, 318).

§ 2226 Kündigung durch den Testamentsvollstrecker

¹**Der Testamentsvollstrecker kann das Amt jederzeit kündigen.** ²**Die Kündigung erfolgt durch Erklärung gegenüber dem Nachlassgericht.** ³**Die Vorschrift des § 671 Abs. 2, 3 findet entsprechende Anwendung.**

1   1. Der Testamentsvollstrecker kann sich – außer im Falle entspr letztwilliger Anordnung – nicht rechtswirksam verpflichten, sein Amt jederzeit auf Verlangen eines Miterben niederzulegen, weil er dadurch in Abhängigkeit zu den Erben geraten würde (BGH 25, 281); hingegen kann er sich einklagbar verpflichten, sein Amt zu einem bestimmten Zeitpunkt niederzulegen. Eine Teilkündigung ist nur zulässig, soweit sie dem Erblasserwillen entspricht (Hamm NJW-RR 91, 838). Vgl auch § 2205 Rn 15.

§ 2227 Entlassung des Testamentsvollstreckers

(1) **Das Nachlassgericht kann den Testamentsvollstrecker auf Antrag eines der Beteiligten entlassen, wenn ein wichtiger Grund vorliegt; ein solcher Grund ist insbesondere grobe Pflichtverletzung oder Unfähigkeit zur ordnungsmäßigen Geschäftsführung.**

(2) **Der Testamentsvollstrecker soll vor der Entlassung, wenn tunlich, gehört werden.**

Lit: Muscheler, Die Entlassung des Testamentsvollstreckers, AcP 197, 226.

1   1. **Entlassungsgründe.** Ernennung trotz fehlender Voraussetzungen kann wichtiger Grund zur Entlassung sein (BayObLG FamRZ 87, 104), ebenso Darlehensgewährung an sich selbst (Frankfurt NJW-RR 98, 795). Hingegen ist idR persönliche Feindschaft zwischen Erbe und Vollstrecker kein ausreichender Grund (Köln OLGZ 69, 281), wohl aber uU obj Interessenwiderstreit (BayObLGZ 88, 48; NJW-RR 91, 491). Vertritt der Testamentsvollstrecker in einer strittigen Rechtsfrage eine ihm günstige Auslegung, so rechtfertigt dies allein nicht seine Entlassung (BayObLGZ 01, 170 f). Wird dem Testamentsvollstrecker parteiisches Verhalten vorgeworfen, so ist zu berücksichtigen, wenn die Erben ihm von vornherein nicht die Möglichkeit zur Aufnahme des Amtes zu ordnungsgemäßen Bedingungen gaben (Düsseldorf FamRZ 00, 192 mit unpräziser Formulierung). Selbst die heftige Ablehnung des Testamentsvollstreckers durch die Erben aufgrund dessen früherer Stellung als Prozeßvertreter des Erblassers in einem Verfahren gegen sie, reicht alleine noch nicht aus (Hamm Rpfleger 01, 132). In der ungerechtfertigten Bevorzugung bzw Benachteiligung von Miterben kann eine grobe Pflichtverletzung liegen (BGH 25, 284; BayObLG FamRZ 01, 54: zudem noch Auskunftsverweigerung), ebenso bei Verstoß gegen schuldrechtlich wirkende Anordnungen des Erblassers nach § 2216 (BayObLG NJW-RR 00, 301: grobe Verletzung, da in bedeutender Entscheidung jede Absicherung nach § 2216 II 2 oder durch Anhörung des Erben unterlassen wurde), ebenso in verspäteter Unterhaltszahlung, Verweigerung der Information gegenüber dem Erben (Celle OLGZ 78, 442 ff; BayObLG FamRZ 88, 436; BayObLG Rpfleger 01, 550; s aber BayObLG Rpfleger 98, 247: angemes-

1804   *Stürner*

sene Frist zur Rechnungslegung); Ersteigerung eines Anwesens bei illiquidem Nachlaß und ungesicherter Finanzierung (BayObLG Rpfleger 98, 248), Errichtung eines fehlerhaften Nachlaßverzeichnisses (Hamm Rpfleger 86, 16), verzögerte Erstellung des Nachlaßverzeichnisses (Köln FamRZ 92, 723), unterlassene Übermittlung eines Nachlaßverzeichnisses (BayObLG ZEV 97, 381; vgl dagegen die abw Fallgestaltung Zweibrücken FGPrax 97, 109: keine ernstliche Gefährdung der Interessen des Erben), Erhöhung von Vermächtnissen (BayObLG FamRZ 89, 668) oder der Entnahme viel zu hoher Vergütung (BayObLGZ 85, 242; Köln NJW-RR 87, 1098). Allein in der Verzögerung des Verkaufs eines Nachlaßgegenstandes zur Begleichung von Vermächtnissen entgegen der zeitlichen Erwartung des Erblassers liegt noch keine Pflichtverletzung, wenn vernünftige Gründe dafür sprechen (BayObLG FamRZ 00, 1056: Erbe erklärte sich zur Begleichung der Vermächtnisse bereit); zur Kumulation verschiedener Verfehlungen: BayObLG FamRZ 00, 194. Überwiegende andere Gründe können aber uU für die Beibehaltung des Amtes sprechen (BayObLGZ 88, 51), zB auch Kostengründe, wenn der Nachlaß sowieso fast abgewickelt ist. Negative Umstände, die dem Erblasser bei Einsetzung bekannt waren, rechtfertigen regelmäßig keine Entlassung.

2. Antragsberechtigt sind Erben, Erbeserben (BayObLG FamRZ 98, 325), Mitvollstrecker, Vermächtnisnehmer, Auflagenberechtigte, Pflichtteilsberechtigte (BayObLGZ 97, 1; KG NJW-RR 02, 439), nicht aber gewöhnliche Nachlaßgläubiger (BGH 35, 296) bzw Erbteilspfandgläubiger (LG Stuttgart BWNotZ 92, 59). Eltern minderjähriger Erben, denen nach § 1638 die Vermögenssorge entzogen ist (BGH 106, 99; aA Baur DNotZ 65, 484) oder ein aus dem Amt entlassener Testamentsvollstrecker (Köln NJW-RR 87, 1098).

3. Prozessuales. Richtersache, RPflG 16 I Nr 5; Beschwerde gem FGG 20, 81 II; beschwerdeberechtigt ist auch der entlassene Testamentsvollstrecker (KG OLGZ 92, 139). Alle erforderlichen Ermittlungen sind von Amts wegen vorzunehmen (BayObLGZ 88, 48). Dem Testamentsvollstrecker ist vor der Entlassung grundsätzlich Gehör zu gewähren (GG 103 I; BayObLG Rpfleger 98, 246). Im Beschwerdeverfahren kann die Anhörung Beteiligter durch einen beauftragten Richter erfolgen (BayObLG FamRZ 87, 102). Das Gericht der weiteren Beschwerde (FGG 29 II) kann die Würdigung der tatsächlichen Umstände grundsätzlich nicht nachprüfen (Köln OLGZ 88, 27). Der Erblasser kann die Entlassung nicht testamentarisch einem *Schiedsgericht* übertragen (RG 133, 135); hingegen sollen Erben und Testamentsvollstrecker einen entspr Schiedsvertrag schließen können (Soe Damrau 1, Nachtrag; zweifelhaft!). Die Rechtskraft einer Entscheidung über Entlassung erfaßt nicht die Frage, ob Vollstreckung angeordnet war (Düsseldorf FGPrax 98, 107).

4. Die **Aufhebung** der Vollstreckung als solcher ist dem NachlaßG verwehrt, vgl aber § 2216 II 2, ebenso wie ein vorläufiger Eingriff in Amtshandlungen des Testamentsvollstreckers (Köln OLGZ 87, 282). Der Rechtsanspruch auf ordnungsgemäße Verwaltung ist im Zivilprozeß durchzusetzen (vgl § 2216 Rn 3).

§ 2228 Akteneinsicht

Das Nachlassgericht hat die Einsicht der nach § 2198 Abs. 1 Satz 2, § 2199 Abs. 3, § 2202 Abs. 2, § 2226 Satz 2 abgegebenen Erklärungen jedem zu gestatten, der ein rechtliches Interesse glaubhaft macht.

1. Vgl auch FGG 34, 78, 85.

Titel 7. Errichtung und Aufhebung eines Testaments

§ 2229 Testierfähigkeit Minderjähriger, Testierunfähigkeit

(1) Ein Minderjähriger kann ein Testament erst errichten, wenn er das 16. Lebensjahr vollendet hat.

§ 2229

(2) **Der Minderjährige bedarf zur Errichtung eines Testaments nicht der Zustimmung seines gesetzlichen Vertreters.**

(3) *(weggefallen)*

(4) **Wer wegen krankhafter Störung der Geistestätigkeit, wegen Geistesschwäche oder wegen Bewusstseinsstörung nicht in der Lage ist, die Bedeutung einer von ihm abgegebenen Willenserklärung einzusehen und nach dieser Einsicht zu handeln, kann ein Testament nicht errichten.**

1 1. **Minderjährige:** Es handelt sich um eine Spezialregelung zu §§ 106 ff; §§ 2233 I, 2247 IV mit ihren Beschränkungen sind aber zu beachten; zum Übergangsrecht der *neuen Bundesländer* s Vor § 1922 Rn 7, 11 ff.

2 2. Das Betreuungsgesetz (BtG) vom 12. 9. 1990 (BGBl I, 2002) hat für **Behinderte** einen *Rechtswechsel* gebracht. a) Der **Entmündigte** war nach früherem Recht (bis 1992) testierunfähig (III 1 aF; verfassungsrechtliche Bedenken bei Canaris, JZ 87, 999). Der unter vorläufiger Vormundschaft Stehende konnte ohne Mitwirkung des Vormunds testieren (II aF); sein Testament blieb bei Ablehnung der Entmündigung wirksam, wurde bei endgültiger Entmündigung rückwirkend unwirksam (III 2 aF). § 2230 aF beließ dem Testament nach Entmündigungsantrag bei Tod während des Verfahrens Wirksamkeit, ebenso dem nach Aufhebungsantrag errichteten Testament bei späterer Aufhebung. b) Der **Betreute** ist nach neuem Recht (§ 1903 II nF) testierfähig, falls kein Fall des § 2229 IV vorliegt, der folglich auch an Bedeutung gewinnen wird. Anders als der Minderjährige (§§ 2233 I, 2247 IV) kann der Betreute sich aller gesetzlichen Testamentsformen bedienen
3
4 (krit Dieckmann JZ 88, 794 ff; Hahn FamRZ 91, 27 f). c) **Übergangsrecht** (Art 9 § 1 BtG). Bis zum 1. 1. 92 von Entmündigten errichtete Testamente bleiben unwirksam, nach Umwandlung der Entmündigung in Betreuung kann der Betreute aber erneut testieren. Testamente nach Entmündigungsantrag vor 1. 1. 92 bleiben auch dann wirksam, wenn nach 1. 1. 92 Betreuung angeordnet wird. Hingegen bleibt das Testament nach Aufhebungsantrag vor 1. 1. 92 auch dann unwirksam, wenn ab 1. 1. 92 Betreuung gilt (str, zum Ganzen Hahn FamRZ 91, 29).

5 3. **Testierunfähigkeit wegen Krankheit** (IV). Damit die Voraussetzungen der Testierfähigkeit erfüllt sind, darf der Erblasser nicht nur eine allg Vorstellung von der Tatsache der Testamentserrichtung und vom Inhalt der Verfügung haben; vielmehr muß er in der Lage sein, sich über die Tragweite der Anordnungen, insbes über ihre Auswirkungen auf die persönlichen und wirtschaftlichen Verhältnisse der Betroffenen, und über die Gründe der Verfügungen ein klares Urteil zu bilden und nach diesem Urteil frei von Einflüssen etwaiger interessierter Dritter zu handeln (BGH FamRZ 58, 128; 84, 1003; BayObLG NJW-RR 90, 203; 96, 457; Frankfurt NJW-RR 98, 870 mN). Bloße Psychopathie (querulatorische Veranlagung, Haßgefühle etc) bedingt idR keine Testierunfähigkeit (BayObLG FamRZ 92, 724; NJW 92, 249; FamRZ 96, 1110), wohl aber paranoide Wahnvorstellung im Hinblick auf potentielle Testamentserben (BayObLG FamRZ 00, 701; Rpfleger 02, 206 mit Abgrenzung zu § 2078 II). Bei notarieller Errichtung muß volle Testierfähigkeit aber nur bei den Angaben für den Notar vorliegen. Im Zeitpunkt der mündlichen Genehmigung des vom Notar weisungsgemäß erstellten Testaments reicht es aus, wenn der Erblasser noch allg die Bedeutung des Testaments erkennen und sich frei entschließen kann; die Fähigkeit zur autonomen Inhaltsbestimmung und Formulierung kann getrübt sein, zB durch einen zwischenzeitlichen Schlaganfall (BGH 30, 294). Partielle Testierunfähigkeit ist – anders als partielle Geschäftsunfähigkeit (§ 104 Rn 7) – nicht möglich (zutreffend BayObLG NJW 92, 248; aA 7. Aufl mit BayObLG Rpfleger 84, 467: Eifersuchtswahn).
6

7 4. **Beweislast:** Im Rechtsstreit trägt für *Testierunfähigkeit* grundsätzlich die *volle Feststellungslast,* wer sich auf sie beruft (BayObLG FamRZ 90, 801; 96, 1439; Frankfurt NJW-RR 98, 870 mN; Oldenburg FamRZ 00, 834: selbst wenn der

Testierende unter Betreuung steht); umgekehrt liegt die Feststellungslast, wenn sich jemand auf Wirksamkeit undatierten Zusatzes beruft und der Erblasser jedenfalls in einem Teil des in Frage kommenden Zeitraums testierunfähig war (BayObLG NJW-RR 96, 1160 mablAnm Jerschke ZEV 96, 392); an einem selbständigen Beweisverfahren (ZPO 485) zur Klärung der Testierfähigkeit im Zeitpunkt der Testamentserrichtung hat der enterbte gesetzliche Erbe zu Lebzeiten des künftigen Erblassers kein schutzwürdiges Interesse (Frankfurt aM NJW-RR 97, 581). IdR ist für Verneinung der Testierfähigkeit ein nervenfachärztliches Gutachten notwendig (BGH FamRZ 84, 1004; Hamm FamRZ 89, 439; BayObLG NJW-RR 91, 1100; 1288; ZEV 98, 230), die Hinzuziehung eines Sachverständigen liegt bei ihrer Bejahung stärker im pflichtgemäßen Ermessen des Gerichts (BayObLG NJW-RR 90, 1420; FamRZ 01, 56: nur bei konkretem Anlass zu Zweifeln erforderlich). Medizinisch vorgebildete Zeugen, die den Erblasser gekannt oder betreut haben, können die Würdigung des Gutachtens uU maßgeblich beeinflussen (BayObLG FamRZ 85, 743, 746; NJW-RR 91, 1100); Testierfähigkeit ist vom Gericht so lange anzunehmen, als es von der Testierunfähigkeit nicht völlig überzeugt ist (BayObLG NJW 92, 249; NJW-RR 90, 203; FamRZ 92, 724; 88, 1100; 87, 1199; Frankfurt NJW-RR 98, 870; zu den Anforderungen an die Überzeugungsbildung Köln NJW-RR 91, 1286; BayObLG NJW-RR 91, 1287; ZEV 98, 230). Bei Testierunfähigkeit in der Zeit vor und nach Testamentserrichtung spricht erster Anschein für Testierunfähigkeit (BayObLGZ 79, 266; Frankfurt NJW-RR 98, 870f; zur Erschütterung Köln NJW-RR 91, 1412); ähnlich bei ungewissem Testierzeitpunkt, wenn Testierunfähigkeit für einen Teil des in Frage kommenden Zeitraumes feststeht (BayObLG NJW-RR 96, 1160 mablAnm Jerschke ZEV 96, 392). „Lichte Intervalle" hat zu beweisen, wer sich auf sie beruft (BGH NJW 88, 3011; BayObLG NJW-RR 91, 1100; FamRZ 90, 801; 85, 741). Gebrechlichkeitspflegschaft ist kein Indiz für Testierunfähigkeit (BayObLG NJW-RR 90, 203; FamRZ 88, 1099). Beim notariellen Testament mag die Feststellung der Geschäftsfähigkeit gem BeurkG 28, 11 beweismäßig gegen die Testierunfähigkeit sprechen; ebensowenig wie Zweifeln des Notars (BeurkG 11 I 2, 28) kommt indessen einem solchen Vermerk endgültiger Beweiswert zu (BayObLGZ 79, 263). Die Ablehnung (BeurkG 11 I 1) ist ultima ratio. Die Ermittlung von Testierunfähigkeit im Erbscheinsverfahren behandelt § 2358 Rn 5 ff. Zu Aussageverweigerungsrechten freier Berufe im Erbschaftsprozeß s § 1922 Rn 12. **8**

§ 2230 *(weggefallen)*

§ 2231 Ordentliche Testamente

Ein Testament kann in ordentlicher Form errichtet werden
1. **zur Niederschrift eines Notars,**
2. **durch eine vom Erblasser nach § 2247 abgegebene Erklärung.**

1. Die Vorschrift gliedert die **Formen des Testaments: a) Ordentliche Testamente:** öffentl (§§ 2232 f) und eigenhändige (§ 2247). **b) Außerordentliche Testamente:** Bürgermeistertestament (§ 2249), Dreizeugentestament (§ 2250), Seetestament (§ 2251), Konsulartestament (KonsG 10, 11). **1**

2. Rechtsänderungen. Die Formgültigkeit einer letztwilligen Verfügung bestimmt sich nach dem zur Zeit ihrer Errichtung geltenden Recht (BGH NJW 58, 547); zu den zahlreichen Rechtsänderungen s SoeHarder Anm 1 ff Vor § 2229; zu Auslandsfällen Vor § 1922 Rn 3; zum Übergangsrecht der *neuen Bundesländer* s Vor § 1922 Rn 7, 11 ff. **2**

3. Zur **formlosen Hoferbenbestimmung** vgl HöfeO 6 I Nr 1 und 2, 7 II; Oldenburg Rpfleger 84, 13. **3**

§ 2232 Öffentliches Testament

¹Zur Niederschrift eines Notars wird ein Testament errichtet, indem der Erblasser dem Notar seinen letzten Willen erklärt oder ihm eine Schrift mit der Erklärung übergibt, dass die Schrift seinen letzten Willen enthalte. ²Der Erblasser kann die Schrift offen oder verschlossen übergeben; sie braucht nicht von ihm geschrieben zu sein.

1 1. **Formzweck** des öffentl Testaments (§§ 2232, 2233, BeurkG 1 ff, 6 f, 8 ff, 22 ff, 27 ff): Selbständigkeit der Willensbildung des Erblassers; Warnfunktion; Vermeidung von Streitigkeiten (BGH 80, 251; BayObLG FamRZ 01, 771, 773). Das Testament ist öffentl Urkunde iSv ZPO 415 und als solche auch vom Grundbuchamt zu beachten (Frankfurt NJW-RR 90, 717). Zu den formbedingten Grenzen einer Testamentsauslegung s § 2084 Rn 4 f. BeurkG 3 enthält Mitwirkungsverbote für den Notar (Eylmann NJW 98, 2929; Harder/Schmidt DNotZ 99, 949).

2 2. **Arten der Errichtung:** a) **Erklärung** vor dem Notar. Der Erblasser kann seinen Willen durch das verständlich gesprochene Wort oder durch Gebärden oder Zeichen erklären. Die Neufassung der Vorschrift verzichtet auf das Erfordernis mündlicher Erklärung (überholt deshalb BGH 2, 172; Hamm FamRZ 94, 993 m kritAnm Baumann). Anlaß zur Gesetzesänderung war eine Entscheidung des BVerfG zur Testamentserrichtung durch schreibunfähige Taubstumme, die nach altem Recht unmöglich war (BVerfG 99, 341 = NJW 99, 1853; Rossak DNotZ 99, 416; Rohlfing/Mittenzwei FamRZ 00, 654; sa Vor § 1922 Rn 1). Es genügt auch das jeweils gesprochene „Ja" (auch ein schwer verständliches: BayObLG NJW-RR 00, 456), wenn der Notar zuvor den nach Angaben Dritter gefertigten Testamentsentwurf abschnittsweise vorliest (vgl BGH 37, 79, 84 f). Das stumme Selbstlesen des fremdentworfenen Testaments mit der mündlichen Erklärung „Ja" (Hamm DNotZ 89, 584 mAnm Burkart) dürfte nunmehr ebenfalls ausreichen. Bei der eigenhändigen Unterschrift der Niederschrift (BeurkG 13 I 1) ist unschädliche Schreibhilfe vom Handführen ohne Schreibwillen zu unterscheiden (BGH NJW 81, 1901; BayObLG FamRZ 85, 1286); bei Schreibunfähigkeit gilt BeurkG 25 (hierzu BayObLG FamRZ 84, 141). Es muß sichergestellt sein, daß mit der Unterschrift die gesamte Urkunde gebilligt wird – somit keine vorherige Blankounterschrift möglich (Hamm FamRZ 01, 383). Sonderfälle: Sprachunkundige, BeurkG 16, 32; Sprach- und/oder Hörbehinderte, BeurkG 22–24. Stets – auch bei schreibunfähigen Taubstummen – besteht die Möglichkeit der Testamentserrichtung gem § 2232, BeurkG 22–25 unter Hinzuziehung einer Vertrauensperson, die sich mit dem Behinderten zu verständigen vermag (BayObLG DNotZ 98, 214; Hamm FamRZ 01, 381; BVerfG 99, 341, 359; Rossak DNotZ 99, 416; Rohlfing/Mittenzwei FamRZ 00, 654; sa Vor § 1922 Rn 1). **3** b) **Übergabe einer Schrift** an den Notar. Die Schrift kann von einem Dritten, zB Notar, entworfen sein (vgl BGH 37, 85), der Erblasser muß aber den Inhalt kennen; das folgt schon aus § 2064 (str, aA SoeHarder 4). c) **Zum alten Recht** bis zum 1. 8. 2002 s § 2232 aF Rn 2, 9. Aufl. 1999.

4 3. Der **Prozeßvergleich** ersetzt zwar grundsätzlich notarielle Beurkundung (§ 127 a). Die Testamentserrichtung als einseitiges Rechtsgeschäft kann jedoch ihrem Inhalt nach nicht Bestandteil eines Vergleiches sein und folglich auch nicht als solcher beurkundet werden; zudem kann es im Einzelfall an der persönlichen Abgabe fehlen (BGH FamRZ 60, 30). Hingegen kann ein Erb- oder Erbverzichtsvertrag bei persönlicher Anwesenheit in Vergleichsform geschlossen werden (BGH 14, 388; Köln OLGZ 70, 115).

§ 2233 Sonderfälle

(1) **Ist der Erblasser minderjährig, so kann er das Testament nur durch eine Erklärung gegenüber dem Notar oder durch Übergabe einer offenen Schrift errichten.**

Titel 7. Errichtung und Aufhebung eines Testaments §§ 2234–2247

(2) Ist der Erblasser nach seinen Angaben oder nach der Überzeugung des Notars nicht imstande, Geschriebenes zu lesen, so kann er das Testament nur durch eine Erklärung gegenüber dem Notar errichten.

1. Minderjährige: vgl § 2229 Rn 1. **1**

2. Lesensunfähige: vgl BeurkG 22, 29 (Beispiele: BayObLG NJW-RR 97, **2**
1438: fehlendes inhaltliches Verständnis; BayObLG Rpfleger 99, 396: Blinde ohne Kenntnis der Blindenschrift). Nichtigkeit als Folge der Mißachtung dieser Mußvorschrift tritt nach hM nur ein, wenn dem Notar die Leseunfähigkeit bekannt war.

3. Mehrfachbehinderung: § 2232 Rn 2; Vor § 1922 Rn 1. **3**

4. Die Regelung über sprachbehinderte Erblasser ist zum 1. 8. 2002 entfallen **4**
(Abs 3 aF), weil § 2232 nunmehr jedwede Form der Erklärung – auch die stillschweigende bzw schlüssige – genügen lässt.

§§ 2234 bis 2246 *(weggefallen)*

§ 2247 Eigenhändiges Testament

(1) **Der Erblasser kann ein Testament durch eine eigenhändig geschriebene und unterschriebene Erklärung errichten.**

(2) **Der Erblasser soll in der Erklärung angeben, zu welcher Zeit (Tag, Monat und Jahr) und an welchem Orte er sie niedergeschrieben hat.**

(3) ¹**Die Unterschrift soll den Vornamen und den Familiennamen des Erblassers enthalten.** ²**Unterschreibt der Erblasser in anderer Weise und reicht diese Unterzeichnung zur Feststellung der Urheberschaft des Erblassers und der Ernstlichkeit seiner Erklärung aus, so steht eine solche Unterzeichnung der Gültigkeit des Testaments nicht entgegen.**

(4) **Wer minderjährig ist oder Geschriebenes nicht zu lesen vermag, kann ein Testament nicht nach obigen Vorschriften errichten.**

(5) ¹**Enthält ein nach Absatz 1 errichtetes Testament keine Angabe über die Zeit der Errichtung und ergeben sich hieraus Zweifel über seine Gültigkeit, so ist das Testament nur dann als gültig anzusehen, wenn sich die notwendigen Feststellungen über die Zeit der Errichtung anderweit treffen lassen.** ²**Dasselbe gilt entsprechend für ein Testament, das keine Angabe über den Ort der Errichtung enthält.**

Lit: Görgens, Überlegungen zur Weiterentwicklung des § 2247 BGB, JR 79, 357–363; Grundmann, Zu Formfreiheit und Formzwang bei privatschriftlichen Testamenten, AcP 187, 429–476; Burkart, Das eigenhändige Testament nach § 2247 BGB – Seine Problematik und seine Zukunft, FS von Lübtow, 1991, S 253.

1. Testierwille muß zwar nicht ausdr durch die Bezeichnung „Testament" **1**
erklärt werden, er muß aber eindeutig aus den Gesamtumständen ergeben (BayObLG FamRZ 90, 672; 89, 1124; 00, 853), § 2084 ist insoweit unanwendbar (vgl dort Rn 7). Bei eindeutigem, an § 133 zu messendem Testierwillen können sowohl ein Brief (BGH NJW 85, 969; WM 76, 744; BayObLG FamRZ 90, 672; 01, 944) als auch ein mit „Entwurf" (BayObLGZ 70, 173; NJW-RR 92, 332: Entwurf eines gemeinsamen Testaments; sa § 2084 Rn 8 und §§ 2266, 2267 Rn 3) oder „Vollmacht" (BayObLGZ 82, 59; zur Abgrenzung sa BayObLG FamRZ 00, 1539) überschriebenes Schriftstück ein Testament darstellen, ebenso eine auf der Rückseite eines gebrauchten Briefumschlages niedergelegte Erklärung (BayObLG FamRZ 92, 226; 1206). Der Testierwille fehlt, wenn in dem Schriftstück nur über eine anderweitige Verfügung von Todes wegen berichtet wird (Köln Rpfleger 95, 505). Zu den formbedingten Grenzen der Testamentsauslegung s § 2084 Rn 4 f. Beispiel für Leseunfähigkeit gem IV BayObLG NJW-RR 97, 1438 (Rindenblindheit).

Stürner

2   2. **Eigenhändigkeit** des Schriftstücks soll die Echtheitskontrolle aufgrund der individuellen Züge des Erblassers ermöglichen (BGH 80, 246; BayObLG FamRZ 90, 442). Mechanische Schrift, vollinhaltliche Bezugnahme auf maschinengeschriebene Schriftstücke (BayObLGZ 79, 218; NJW-RR 90, 1481; 91, 1353; anders bei Bezugnahme zwecks Erläuterung testamentarischer Bestimmungen: Zweibrücken FamRZ 89, 900; zur Bezugnahme als Auslegungskriterium § 2084 Rn 4) oder auf ein durch Rücknahme aus amtlicher Verwahrung unwirksames Testament (s BGH Rpfleger 80, 337; sa § 2256), Unterzeichnung eines von einem ermächtigten Dritten niedergeschriebenen Testaments (BayObLG FamRZ 90, 1040; 441; NJW-RR 91, 1353) sowie Niederschrift mit geführter Hand bedingen deshalb Unwirksamkeit (s aber BGH NJW 81, 1900 mit Abgrenzung zur zulässigen „Schreibhilfe"; ferner BayObLG NJW 99, 1119; NJW-RR 02, 232); wohl aber genügt die nach gründlicher Prüfung als echt erkannte Blaupause bzw Durchschrift dem Eigenhändigkeitserfordernis (BGH 47, 68; BayObLG FamRZ 86, 1044; Rpfleger 93, 405; hierzu Werner DNotZ 72, 6), ebenso Kurzschrift (vgl BayObLGZ 79, 239) oder Bezugnahme auf andere formgerechte letztwillige Verfügung (Frankfurt NJW-RR 02, 7), zB auch ein vom anderen Ehegatten geschriebenes und von beiden Ehegatten unterschriebenes gemeinschaftliches Testament (§ 2267). Die Niederschrift muß lesbar und aus sich heraus entzifferbar sein (Hamm NJW-RR 91, 1352; KG FGPrax 98, 111; BayObLG Rpfleger 01, 181; autonome Entzifferbarkeit sehr fragwürdig!).

3   3. Die **Unterschrift** muß gem III nur in einer ausreichenden Identitätsbezeichnung bestehen, so daß Vorname, Kosename, Familienbeziehungen („Eure Mutter") und selbst auch sonst verwendete Abkürzungen (zB „F.M.") genügen (Celle NJW 77, 1690; str), nicht aber das Wort „persönlich" nach Selbstbenennung im Urkundentext (BayObLGZ 79, 205). Mitunterschrift Dritter ist idR unschädlich (BayObLG FamRZ 97, 1029; NJW-RR 98, 729: Kein Wille zum Abschluß eines Erbvertrags bei Mitunterschrift des Erben).

4   4. Die Unterschrift muß den **Text räumlich abschließen.** Daran fehlt es, wenn sich der Erblasser nur im Texteingang selbst benennt (BayObLG NJW 69, 797; FamRZ 88, 1212; 85, 1286) oder die Unterschrift bloß auf dem Umschlag steht (Düsseldorf NJW 72, 260: „Testament. Nach meinem Tod unter Zeugen zu öffnen. Unterschrift"). Anders soll zu entscheiden sein, wenn die Unterschrift auf dem Umschlag (Bsp: „Testament" auf der Vorderseite, „Unterschrift" auf der Rückseite des Umschlags; BayObLGZ 82, 131; FamRZ 88, 1212) oder dem „unselbständigen" Begleitschreiben (BayObLG NJW-RR 91, 1222) die Erklärung inhaltlich fortsetzt („innerer Zusammenhang"); kaum klar abgrenzbare Unterscheidung, daher abzulehnen. Wirksame Unterschrift soll bei offenem Umschlag mit jederzeit aufhebbarer Verbindung zum Schriftstück (Hamm Rpfleger 86, 387) fehlen. Ausreichend ist jedoch eine aus Platzmangel neben dem Text angebrachte Unterschrift (BayObLG FamRZ 86, 729; Köln Rpfleger 00, 163). Ist weder unter noch neben dem Text genügend Raum, kann die Unterschrift wirksam über dem Text geleistet werden („Oberschrift"; Celle NJW 96, 2938).

5   5. **Nachträgliche Ergänzungen** brauchen nicht bes unterzeichnet zu sein, wenn sie nach dem feststellbaren Erblasserwillen von der früheren Unterschrift gedeckt sein sollen und das räumliche Erscheinungsbild der Urkunde nicht entgegensteht; zB Zufügung auf der ursprünglich freien rechten Seite eines gefalteten Blattes, auf dessen linker Seite der Urtext steht (BGH NJW 74, 1083; ähnlich BayObLG FamRZ 85, 537; Frankfurt NJW-RR 95, 711). Dies gilt auch, wenn ein Dritter vom Erblasser selbstgeschriebene Worte im Beisein und mit Billigung des Erblassers auswechselt oder der Erblasser den Text über der Unterschrift 17 Jahre später völlig austauscht (BayObLG Rpfleger 84, 468; ähnlich FamRZ 99, 1392). Die Maßstäbe der Rspr schwanken allerdings: so soll eine nachträgliche Erbeinsetzung über der Testamentsüberschrift der alle ges Erben enterbenden Verfügung nicht durch die Unterschrift des negativen Testaments gedeckt sein (BayObLG

NJW 75, 314); ebensowenig soll Zufügung eines neuen Blatts in einem Ringbuch ausreichen (Hamm Rpfleger 82, 474). Wenn der unterschriebene Urtext keine letztwillige Verfügung enthält (zB Beerdigungsanordnungen), so ist die hinzugefügte letztwillige Anordnung unwirksam (Hamm Rpfleger 84, 468). Lit: Stumpf FamRZ 92, 1131.

6. Die **Beweislast** für den testamentarischen Charakter einer Erklärung (BayObLG FamRZ 89, 1124; s aber FamRZ 92, 724), alle Formgültigkeitsvoraussetzungen und die Echtheit (BayObLG FamRZ 92, 1207; 88, 97; 85, 838) trägt die Partei, die sich auf das Testament beruft. Eigenhändige Zeit- und Ortsangaben haben als Angaben des Erblassers die Vermutung der Richtigkeit für sich (BayObLG FamRZ 91, 237; 92, 724; 01, 1329). Wird diese Vermutung widerlegt, so bleibt das Testament grundsätzlich gültig, da diese Angaben nicht zum notwendigen Testamentsinhalt gehören (BayObLG FamRZ 01, 1329 für Datumsangabe). Leseunfähigkeit des Erblassers als Sonderfall der Testierunfähigkeit (§ 2229 Rn 5 f) hat zu beweisen, wer sich auf sie beruft (BayObLG FamRZ 90, 801; 87, 1200; 85, 743: Cerebralsklerose). Die gerichtlichen Ermittlungen müssen im FG-Verfahren alle zulässigen Beweismittel ausschöpfen (FGG 12; BayObLG FamRZ 89, 1124; 88, 96; NJW-RR 02, 726). S § 2358 Rn 2 f. 6

§ 2248 Verwahrung des eigenhändigen Testaments

¹Ein nach der Vorschrift des § 2247 errichtetes Testament ist auf Verlangen des Erblassers in besondere amtliche Verwahrung zu nehmen (§§ 2258a, 2258b). ²Dem Erblasser soll über das in Verwahrung genommene Testament ein Hinterlegungsschein erteilt werden.

1. Die fakultative Verwahrung macht das Testament gem § 2247 nicht zum öffentl Testament. 1

§ 2249 Nottestament vor dem Bürgermeister

(1) ¹Ist zu besorgen, dass der Erblasser früher sterben werde, als die Errichtung eines Testaments vor einem Notar möglich ist, so kann er das Testament zur Niederschrift des Bürgermeisters der Gemeinde, in der er sich aufhält, errichten. ²Der Bürgermeister muss zu der Beurkundung zwei Zeugen zuziehen. ³Als Zeuge kann nicht zugezogen werden, wer in dem zu beurkundenden Testament bedacht oder zum Testamentsvollstrecker ernannt wird; die Vorschriften der §§ 7, 27 des Beurkundungsgesetzes gelten entsprechend. ⁴Für die Errichtung gelten die Vorschriften der §§ 2232, 2233 sowie die Vorschriften der §§ 2, 4, 5 Abs. 1, §§ 6 bis 10, 11 Abs. 1 Satz 2, Abs. 2, § 13 Abs. 1, 3, §§ 16, 17, 23, 24, 26 Abs. 1 Nr. 3, 4, Abs. 2, §§ 27, 28, 30 bis 32, 34, 35 des Beurkundungsgesetzes; der Bürgermeister tritt an die Stelle des Notars. ⁵Die Niederschrift muss auch von den Zeugen unterschrieben werden. ⁶Vermag der Erblasser nach seinen Angaben oder nach der Überzeugung des Bürgermeisters seinen Namen nicht zu schreiben, so wird die Unterschrift des Erblassers durch die Feststellung dieser Angabe oder Überzeugung in der Niederschrift ersetzt.

(2) ¹Die Besorgnis, dass die Errichtung eines Testaments vor einem Notar nicht mehr möglich sein werde, soll in der Niederschrift festgestellt werden. ²Der Gültigkeit des Testaments steht nicht entgegen, dass die Besorgnis nicht begründet war.

(3) ¹Der Bürgermeister soll den Erblasser darauf hinweisen, dass das Testament seine Gültigkeit verliert, wenn der Erblasser den Ablauf der im § 2252 Abs. 1, 2 vorgesehenen Frist überlebt. ²Er soll in der Niederschrift feststellen, dass dieser Hinweis gegeben ist.

§ 2250 Buch 5. Abschnitt 3. Testament

(4) **Für die Anwendung der vorstehenden Vorschriften steht der Vorsteher eines Gutsbezirks dem Bürgermeister einer Gemeinde gleich.**

(5) ¹**Das Testament kann auch vor demjenigen errichtet werden, der nach den gesetzlichen Vorschriften zur Vertretung des Bürgermeisters oder des Gutsvorstehers befugt ist.** ²**Der Vertreter soll in der Niederschrift angeben, worauf sich seine Vertretungsbefugnis stützt.**

(6) **Sind bei Abfassung der Niederschrift über die Errichtung des in den vorstehenden Absätzen vorgesehenen Testaments Formfehler unterlaufen, ist aber dennoch mit Sicherheit anzunehmen, dass das Testament eine zuverlässige Wiedergabe der Erklärung des Erblassers enthält, so steht der Formverstoß der Wirksamkeit der Beurkundung nicht entgegen.**

1 **1. Rechtsnatur.** Das Bürgermeistertestament steht – obwohl außerordentliches Testament (§ 2231 Rn 1) – dem öffentl Testament gleich.

2 **2.** Gegenüber der **Amtshaftung** für Pflichtverletzungen des Bürgermeisters (GG 34, § 839) kann nicht fahrlässiges Selbstverschulden des Erblassers oder seines Beraters eingewendet werden, falls der Erbe des nichtigen Testaments Schadensersatz verlangt (BGH NJW 56, 260). In öffentl Krankenhäusern trifft den Träger die Pflicht, organisatorische Maßnahmen zu treffen, um einem Patienten die Errichtung eines Bürgermeistertestaments oder eines anderen formwirksamen Testaments zu ermöglichen (BGH NJW 58, 2107; weitergehend BGH NJW 1989, 2945).

3 **3. Unerheblichkeit von Formverstößen** gegen zwingendes Recht liegt nur vor (VI), falls sie bei *Abfassung der Niederschrift* unterlaufen. Zur Vermeidung einer unnötigen Formenstrenge ist dieses Merkmal zwar weit auszulegen (BGH 37, 88; BayObLG FamRZ 96, 763). Trotzdem sind von unerheblichen Fehlern bei der Niederschrift (zB BeurkG 9) andere erhebliche Errichtungsmängel zu unterscheiden, zB das Fehlen der Verlesung und Genehmigung (BGH 54, 97, 101; 115, 174; BayObLGZ 79, 236) oder der – vollziehbaren (vgl I 6) – Unterschrift des Erblassers unter der verlesenen Urkunde, vgl BeurkG 13 I (BGH 115, 175); hingegen soll die fehlende oder mit Formfehlern behaftete Unterschrift anderer Mitwirkender unschädlich sein (KG NJW 66, 1661; Köln Rpfleger 94, 65; BayObLGZ 90, 298 zur „Oberschrift" der Zeugen), falls wenigstens der Erblasser unterschrieben hat. Als Niederschrift kann auch ein vorbereitetes Schriftstück genügen, das der Erblasser nach mündlicher Erklärung seines letzten Willens dem Bürgermeister übergibt, wenn es nach Vorlesen und Genehmigung vom Erblasser, dem Bürgermeister und den Zeugen unterschrieben wird (BayObLG FamRZ 96, 763).

4 **4.** Zur **Besorgnis vorzeitigen Ablebens** vgl § 2250 Rn 2.

§ 2250 Nottestament vor drei Zeugen

(1) **Wer sich an einem Orte aufhält, der infolge außerordentlicher Umstände dergestalt abgesperrt ist, dass die Errichtung eines Testaments vor einem Notar nicht möglich oder erheblich erschwert ist, kann das Testament in der durch § 2249 bestimmten Form oder durch mündliche Erklärung vor drei Zeugen errichten.**

(2) **Wer sich in so naher Todesgefahr befindet, dass voraussichtlich auch die Errichtung eines Testaments nach § 2249 nicht mehr möglich ist, kann das Testament durch mündliche Erklärung vor drei Zeugen errichten.**

(3) ¹**Wird das Testament durch mündliche Erklärung vor drei Zeugen errichtet, so muss hierüber eine Niederschrift aufgenommen werden.** ²**Auf die Zeugen sind die Vorschriften des § 6 Abs. 1 Nr. 1 bis 3, der §§ 7, 26 Abs. 2 Nr. 2 bis 5 und des § 27 des Beurkundungsgesetzes, auf die Niederschrift sind die Vorschriften der §§ 8 bis 10, 11 Abs. 1 Satz 2, Abs. 2, § 13 Abs. 1, 3 Satz 1, §§ 23, 28 des Beurkundungsgesetzes sowie**

die Vorschriften des § 2249 Abs. 1 Satz 5, 6, Abs. 2, 6 entsprechend anzuwenden. ³Die Niederschrift kann außer in der deutschen auch in einer anderen Sprache aufgenommen werden. ⁴Der Erblasser und die Zeugen müssen der Sprache der Niederschrift hinreichend kundig sein; dies soll in der Niederschrift festgestellt werden, wenn sie in einer anderen als der deutschen Sprache aufgenommen wird.

1. Die **Voraussetzungen** des Dreizeugentestaments müssen nicht tatsächlich vorliegen. Es genügt, wenn bei allen drei Zeugen eine entspr Überzeugung besteht, die sich aus dem pflichtgemäßen Ermessen der Zeugen rechtfertigt (BGH 3, 372). 1

2. Der **Besorgnis naher Todesgefahr** ist die Besorgnis des nahen Eintritts einer vermutlich bis zum Tode des Erblassers währenden Testierunfähigkeit gleichzusetzen (BGH 3, 372). 2

3. **Beurkundungsfunktion der Zeugen.** Sie müssen während der ganzen Errichtung zugegen sein (BGH 54, 89). Dabei genügt zufällige Anwesenheit nicht, vielmehr müssen sie die Absicht und das Bewußtsein ihrer gemeinsamen Mitwirkung und Verantwortung bei der Testamentserrichtung gehabt haben (BGH NJW 72, 202). Mehr als drei Zeugen sind unschädlich, auch wenn ein Zeuge ausgeschlossen (BeurkG 7, 27) ist (BGH 115, 176 gegen Frankfurt Rpfleger 81, 303 und 7. Aufl). Die Mitwirkung eines geistesschwachen Zeugen führt nicht zur Unwirksamkeit (Hamm FamRZ 91, 1111: BeurkG 26 II Nr 3 als Sollvorschrift), wohl aber die Mitwirkung eines befangenen Zeugen (BeurkG 7 Nr 3) zur Unwirksamkeit des betroffenen Verfügungsteils (BayObLG NJW-RR 96, 9). 3

4. **Formverstöße** vgl § 2249 Rn 3. Unterschrift eines Zeugen unter Kurzschrift-Niederschrift im Todeszeitpunkt ist erforderlich und ausreichend (BayObLGZ 79, 240), falls Erblasser nicht unterschreiben kann. Bei vorheriger Fertigung eines Testamententwurfs können die mündliche Erklärung des letzten Willens sowie die Genehmigung der Niederschrift in einer Äußerung zusammengefaßt werden (Zweibrücken Rpfleger 87, 23; Düsseldorf FamRZ 01, 1253). 4

5. **Rechtsnatur.** Das Dreizeugentestament ist kein öffentl Testament, sondern Privaturkunde (str). 5

§ 2251 Nottestament auf See

Wer sich während einer Seereise an Bord eines deutschen Schiffes außerhalb eines inländischen Hafens befindet, kann ein Testament durch mündliche Erklärung vor drei Zeugen nach § 2250 Abs. 3 errichten.

1. Das Seetestament ist eine Privaturkunde. 1

§ 2252 Gültigkeitsdauer der Nottestamente

(1) Ein nach § 2249, § 2250 oder § 2251 errichtetes Testament gilt als nicht errichtet, wenn seit der Errichtung drei Monate verstrichen sind und der Erblasser noch lebt.

(2) Beginn und Lauf der Frist sind gehemmt, solange der Erblasser außerstande ist, ein Testament vor einem Notar zu errichten.

(3) Tritt im Falle des § 2251 der Erblasser vor dem Ablauf der Frist eine neue Seereise an, so wird die Frist mit der Wirkung unterbrochen, dass nach Beendigung der neuen Reise die volle Frist von neuem zu laufen beginnt.

(4) Wird der Erblasser nach dem Ablauf der Frist für tot erklärt oder wird seine Todeszeit nach den Vorschriften des Verschollenheitsgesetzes festgestellt, so behält das Testament seine Kraft, wenn die Frist zu der Zeit, zu welcher der Erblasser nach den vorhandenen Nachrichten noch gelebt hat, noch nicht verstrichen war.

§§ 2253–2255 Buch 5. Abschnitt 3. Testament

1. Die zeitliche Gültigkeitsschranke entspricht dem nur vorläufigen Charakter der Nottestamente, die oft unvorbereitet und ohne genaue Überlegung abgefaßt werden.

§ 2253 Widerruf eines Testaments
Der Erblasser kann ein Testament sowie eine einzelne in einem Testament enthaltene Verfügung jederzeit widerrufen.

Lit: v. Lübtow, Zur Lehre vom Widerruf des Testaments, NJW 68, 1849.

1. Der **Grundsatz der freien Widerruflichkeit** folgt aus dem Charakter des Testaments als nicht empfangsbedürftiger Willenserklärung. Die Widerrufsmöglichkeiten regeln §§ 2254, 2255, 2256, 2258 abschließend. Der Widerruf ist in all seinen Formen anfechtbar gem § 2078 (BayObLGZ 60, 490). Der Widerruf wirkt ex nunc; er hindert nicht die Heranziehung des ungültigen Testaments zur Auslegung späterer Testamente.

2. Bei **Behinderung** ist der *Rechtswechsel* durch das BtG (§ 2229 Rn 2 ff) zu beachten. **a)** Dem **Entmündigten** stand bis 1. 1. 1992 gem II aF das Widerrufsrecht zu, falls kein Fall des § 2229 IV, also der gänzlichen Testierunfähigkeit, vorlag. Ausgeschlossen war in jedem Falle der Widerruf des bereits nach Entmündigung erfolgten Widerrufs, weil er gem § 2257 als Neuerrichtung des widerrufenen Testaments gilt. § 2253 II gestattete nur die Wiederherstellung der ges Erbfolge; für jede hiervon abweichende Verfügung war volle Testierfähigkeit nötig, also auch für die Neuerrichtung nach § 2257 durch Widerruf des vor Entmündigung erklärten Widerrufs (str; aA Köln NJW 55, 466; SoeHarder 6). **b)** Der **Betreute** unter neuem Recht ab 1. 1. 1992 ist grundsätzlich testierfähig (§ 2229 Rn 3) und kann folglich widerrufen außer im Falle konkret vorliegender Testierunfähigkeit (§ 2229 IV; Hahn FamRZ 91, 28).

3. Zum Widerruf in den **neuen Bundesländern** s Vor § 1922 Rn 7, 11 ff.

§ 2254 Widerruf durch Testament
Der Widerruf erfolgt durch Testament.

1. Die **Form des Widerrufs** erfordert nur allg ein Testament, so daß das Widerrufstestament nicht die Form des widerrufenen Testaments zu haben braucht (Köln OLGZ 68, 325). Ein handschriftlicher Widerrufsvermerk auf beim Erblasser verbliebenem Entwurf genügt zum Widerruf des darauf basierenden, einem Dritten übergebenen Originals (BayObLG Rpfleger 96, 1110).

2. **Auslegungsbedürftigkeit** einer Erklärung steht ihrer Qualifizierung als Widerruf nicht entgegen (BayObLGZ 56, 385). Ein späteres Testament, das zum früheren nicht notwendigerweise in Widerspruch steht (§ 2258 I), kann deshalb als Widerruf ausgelegt werden, falls der Erblasser in Kenntnis der früheren Verfügung die Erbfolge abschließend regeln will (BayObLG NJW-RR 91, 645; 90, 1480; 202; NJW 65, 1276; BGH NJW 81, 2745; sa § 2258 Rn 2). Ebenso ist die ergänzende Auslegung eines Vermerks auf einer Testamentsabschrift möglich, der erst in Verbindung mit der Abschrift als Widerruf zu verstehen ist (BGH NJW 66, 201); allerdings muß der Vermerk § 2247 entsprechen. Der als Nachtrag bezeichnete und auf der Rückseite des Testaments angebrachte Vermerk legt die Vermutung nahe, daß dieses lediglich ergänzt werden sollte (BayObLG NJW-RR 90, 202).

§ 2255 Widerruf durch Vernichtung oder Veränderungen
¹Ein Testament kann auch dadurch widerrufen werden, dass der Erblasser in der Absicht, es aufzuheben, die Testamentsurkunde vernichtet oder an ihr Veränderungen vornimmt, durch die der Wille, eine schriftliche Willenserklärung aufzuheben, ausgedrückt zu werden pflegt. ²Hat

Titel 7. Errichtung und Aufhebung eines Testaments **§ 2255**

der Erblasser die Testamentsurkunde vernichtet oder in der bezeichneten Weise verändert, so wird vermutet, dass er die Aufhebung des Testaments beabsichtigt habe.

1. **Rechtsnatur.** Es handelt sich um den ges geregelten Fall einer konkludenten 1 Widerrufserklärung. Deshalb müssen die Voraussetzungen der §§ 2229, 2230, 2253 II vorliegen. Der konkludente Widerruf kann zwar nicht widerrufen (§ 2257), wohl aber angefochten werden (§ 2078).

2. Der **Anwendungsbereich** der Vorschrift betrifft regelmäßig nur privat- 2 schriftliche Testamente, da öffentl Testamente amtlich verwahrt werden.

3. **Widerrufshandlung.** Schwieriger zu beurteilen als das klare Merkmal „Vernichtung" ist der Begriff der Veränderung. Klare Fälle sind Durch- und Einreißen (BayObLGZ 83, 204; NJW-RR 96, 1113), Durchstreichen, Zerknüllen (BayObLGZ 80, 97) oder der Vermerk „Ungültig" bzw „Aufgehoben" auf dem Text; es genügt auch der Vermerk über oder unter dem Text (str). Nicht ausreichend ist dagegen ein Vermerk auf dem Testamentsumschlag, der den Anforderungen des § 2254 nicht entspricht (str). Keinesfalls reichen Öffnen oder Beschädigung des Umschlages aus (BGH NJW 59, 2114). Die Vernichtung eines Testaments bedeutet nicht zwangsläufig den Widerruf anderer, im wesentlichen gleichlautender Testamente (BayObLG NJW-RR 90, 1481).

4. **Aufhebungswille** des Erblassers wird nur **vermutet,** falls er selbst gehandelt 4 hat; erster Anschein spricht für Selbsthandeln, wenn bis zuletzt Erblassergewahrsam bestanden hat (BayObLGZ 83, 208). Keine Vermutung des Aufhebungswillens, wenn Veränderungen nur an einer Durchschrift des Testaments vorgenommen wurden (KG Rpfleger 95, 417) oder wenn der Erblasser bei der Vernichtung von einer Aufhebung durch ein anderes Testament fälschlich ausgegangen ist (Hamm NJW-RR 02, 223); die Vermutung kann als widerlegt angesehen werden, wenn Teilstreichungen nur der Vorbereitung eines inhaltsgleichen neuen Testaments dienten (BayObLG NJW-RR 97, 1302). Die Übergabe des zerrissenen Testaments an einen Dritten, der die Stücke wieder zusammenfügt, widerlegt die Vermutung nicht (BayObLG NJW-RR 90, 1481). Es wird nicht vermutet, ein nicht auffindbares Testament sei vom Erblasser vernichtet (BayObLG Rpfleger 80, 60 mN; FamRZ 89, 1234; NJW-RR 92, 1358; Zweibrücken FamRZ 01, 1313); beweisbelastet ist hier derjenige, der aus der Unauffindbarkeit eine für ihn günstige Rechtsfolge herleitet (Zweibrücken NJW-RR 87, 1158 mAnm Hohloch JuS 87, 994); strenge Anforderungen an Beweis des Inhalts (BayObLG Rpfleger 85, 194; NJW-RR 92, 653).

5. Ein **teilweiser Widerruf,** zB durch teilw Streichung, ist möglich. Soweit 5 aber im Teilwiderruf eine mittelbare positive letztwillige Verfügung enthalten ist, sind die entspr Formen einzuhalten; fehlen sie, so ist die Streichung wirksam, nicht aber die Neuverfügung (zT str, s SoeHarder 10 mN). Bsp: Von den zu gleichen Teilen eingesetzten Erben A, B, C streicht der Erblasser den C. Der Widerruf der Erbeinsetzung des C ist wirksam, nicht aber sind A und B wirksam zu $^1/_2$ neu eingesetzt. Hier können nur §§ 2088 II, 2089 helfen.

6. Die **Vernichtung durch Dritte** hat auf den Bestand ebensowenig Einfluß 6 wie Verlust oder Unauffindbarkeit (BayObLG NJW-RR 92, 653; 1358; FamRZ 96, 1306). Beweisbelastet für den Inhalt ist, wer sich auf ihn beruft (BayObLG Rpfleger 80, 60; 85, 194; FamRZ 86, 1045; s noch Rn 4); hat der Verfahrensgegner vernichtet, so sind die Grundsätze der Beweisvereitelung zu beachten. Die Vernichtung durch Dritte im Auftrag und mit Willen des Erblassers steht dem Widerruf durch eigene Vernichtung gleich (BayObLG FamRZ 92, 1350). Der Erblasser kann den vermeintlichen Untergang nicht wirksam formlos billigen (LM Nr 1 zu § 1960), ebensowenig die ohne seinen Auftrag erfolgte Vernichtung durch Dritte (BGH NJW-RR 90, 516), sondern muß stets selbst nach §§ 2254, 2258 widerrufen. Bei Teilvernichtung gilt § 2085 auch nicht entspr. Doch soll nach hM

Stürner

der feststellbare Teil Bestand haben, wenn trotz des Teilverlusts ein diesbezüglicher Wille des Erblassers erkennbar ist und der feststellbare Teil durch die Unbestimmtheit der vernichteten Verfügungen nicht wesentlich berührt wird (LM Nr 1 zu § 2085). Zur Ersetzung vgl BeurkG 46.

7 7. **Gemeinschaftliche Testamente** kann jeder Teil nach § 2255 widerrufen, soweit einseitige Verfügungen getroffen sind. Auf wechselbezügliche Verfügungen ist § 2255 unanwendbar, es sei denn, der andere Teil willigt vorher ein (BayObLG MDR 81, 933: gemeinsame Vernichtung); nachträgliche Genehmigung ist nicht genügend, der andere Teil muß dann selbst widerrufen (§§ 2254, 2258), str. Ist dem Längstlebenden ein Widerrufsrecht eingeräumt, so ist dessen Ausübung nur mittels Testament möglich (Stuttgart OLGZ 86, 264; Hamm FamRZ 96, 825; sa § 2271 Rn 8).

§ 2256 Widerruf durch Rücknahme des Testaments aus der amtlichen Verwahrung

(1) ¹Ein vor einem Notar oder nach § 2249 errichtetes Testament gilt als widerrufen, wenn die in amtliche Verwahrung genommene Urkunde dem Erblasser zurückgegeben wird. ²Die zurückgebende Stelle soll den Erblasser über die im Satz 1 vorgesehene Folge der Rückgabe belehren, dies auf der Urkunde vermerken und aktenkundig machen, dass beides geschehen ist.

(2) ¹Der Erblasser kann die Rückgabe jederzeit verlangen. ²Das Testament darf nur an den Erblasser persönlich zurückgegeben werden.

(3) **Die Vorschriften des Absatzes 2 gelten auch für ein nach § 2248 hinterlegtes Testament; die Rückgabe ist auf die Wirksamkeit des Testaments ohne Einfluss.**

1 1. **Rechtsnatur** (Lit: Merle AcP 171, 486): Die Rücknahme verlangt als unwiderlegliche Fiktion des Widerrufs Testierfähigkeit (BGH 23, 211); vgl auch § 2255 Rn 1. Sie ist gem § 2078 anfechtbar; die irrtümliche Vorstellung des Erblassers, er könne die Rücknahmewirkung durch gegenteilige testamentarische Verfügung aufheben, berechtigt zur Anfechtung der Rücknahme nach § 2078 II (KG NJW 70, 612; sa BayObLG NJW-RR 90, 1481 und § 2078 Rn 5).

2 2. Die **Voraussetzungen** des Ges sind streng zu beachten. Die Widerrufswirkung tritt deshalb nicht ein, wenn der Notar das noch nicht zur amtlichen Verwahrung gegebene Testament zurückgibt (BGH NJW 59, 2113), wenn der Erblasser nur bei Gericht Einblick nimmt, wenn der Erblasser Rückgabe nicht verlangt hat oder wenn das Testament Dritten übergeben wird (Saarbrücken NJW-RR 92, 586: Aushändigung an Bevollmächtigten).

§ 2257 Widerruf des Widerrufs

Wird der durch Testament erfolgte Widerruf einer letztwilligen Verfügung widerrufen, so ist im Zweifel die Verfügung wirksam, wie wenn sie nicht widerrufen worden wäre.

1 1. **Anwendungsbereich.** Die Vorschrift erfaßt nur den Fall des § 2254, nicht aber §§ 2255 und 2256 (BayObLGZ 73, 35; NJW-RR 90, 1481; zweifelnd KG NJW 70, 612). Das vernichtete oder zurückgenommene Testament muß formgerecht neu errichtet werden, wobei zB bei einem wieder zusammengeklebten handschriftlichen Testament neues Datum und neue Unterschrift genügen, nicht jedoch bloßer Widerruf oder bloßes Zusammenkleben (BayObLG NJW-RR 96, 1094 mAnm Hohmann ZEV 96, 271). Ähnlich kann der Erblasser das widerrufene und noch existierende handschriftliche Testament durch Zusätze und Unterschrift neu in Kraft setzen,weil die Errichtung gem § 2247 zeitliche Einheit nicht verlangt (BayObLG NJW-RR 92, 1225).

2. Die **Wirkung** testamentarischen Widerrufs des Widerrufs liegt im Wiederaufleben des alten Testaments ex tunc (vgl § 2258 II); anders („im Zweifel"), falls der Widerruf mit neuen Anordnungen gepaart ist oder wenn sonst abweichender Erblasserwille feststellbar ist (BayObLG ZEV 96, 275). Lit: Klunzinger DNotZ 74, 278.

§ 2258 Widerruf durch ein späteres Testament

(1) Durch die Errichtung eines Testaments wird ein früheres Testament insoweit aufgehoben, als das spätere Testament mit dem früheren in Widerspruch steht.

(2) Wird das spätere Testament widerrufen, so ist im Zweifel das frühere Testament in gleicher Weise wirksam, wie wenn es nicht aufgehoben worden wäre.

1. **Rechtsnatur.** Die Aufhebung nach § 2258 ist kein rechtsgeschäftlicher Widerruf, sondern folgt kraft Gesetzes aus einem Widerspruch der späteren zur früheren Verfügung von Todes wegen (BGH NJW 87, 902). Neben rechtsgeschäftlichem Widerruf gem §§ 2253, 2254 ist für § 2258 kein Raum, so daß bei rechtsgeschäftlichem vollen Widerruf Wirkungen des alten Testaments nicht fortleben, auch wenn die neue Verfügung der alten Verfügung nur teilweise widerspricht (BayObLG FamRZ 93, 605).

2. Der **inhaltliche Widerspruch** zu einer früheren Verfügung kann auch bestehen, wenn der Erblasser sie bei Errichtung der späteren Verfügung überhaupt nicht mitbedacht hat. Trotz obj Vereinbarkeit existiert ein Widerspruch, wenn nach dem durch Auslegung ermittelten Erblasserwillen die spätere Verfügung ausschließliche und alleinige Geltung haben sollte (LM Nr 1; BGH NJW 81, 2745; 86, 2572; BayObLG NJW-RR 91, 645; 90, 203; FamRZ 00, 1539; 97, 248; 1244; 92, 607; 89, 442; NJW-RR 97, 837; Köln NJW-RR 92, 1419; sa § 2254 Rn 2), uU nur in einem Teilbereich (BGH NJW 85, 969; NJW-RR 92, 775). Falls das Ersttestament drei Miterben einsetzt und das Zweittestament die Einsetzung zweier Erben widerruft, ist Alleinerbschaft aufgrund des Ersttestaments gegeben (BayObLG NJW-RR 87, 267).

3. Die **Aufhebung der Widerrufswirkung** erfolgt durch Widerruf des späteren Testaments in den Formen der §§ 2254–2256 bzw durch Anfechtung eines Erbvertrages oder einer bindend gewordenen wechselbezüglichen Verfügung iSv § 2270 nach den Vorschriften der §§ 2281, 2078 f (BayObLG ZEV 99, 397); dabei kann entgegen der Auslegungsregel ausnahmsweise der Wille bestehen, das frühere Testament mit dem späteren aufzuheben (Hamm Rpfleger 83, 401). Gleichzeitige Testamente mit widersprechendem Inhalt heben sich insoweit wechselseitig auf (KG NJW-RR 91, 392). Das frühere Testament wird nicht wieder wirksam, wenn das spätere nur wirkungslos bleibt, weil zB der eingesetzte Erbe ausschlägt oder vor dem Erblasser verstirbt (BayObLG FamRZ 96, 827).

§ 2258 a Zuständigkeit für die besondere amtliche Verwahrung

(1) Für die besondere amtliche Verwahrung der Testamente sind die Amtsgerichte zuständig.

(2) Örtlich zuständig ist:
1. **wenn das Testament vor einem Notar errichtet ist, das Amtsgericht, in dessen Bezirk der Notar seinen Amtssitz hat;**
2. **wenn das Testament vor dem Bürgermeister einer Gemeinde oder dem Vorsteher eines Gutsbezirks errichtet ist, das Amtsgericht, zu dessen Bezirk die Gemeinde oder der Gutsbezirk gehört;**
3. **wenn das Testament nach § 2247 errichtet ist, jedes Amtsgericht.**

(3) Der Erblasser kann jederzeit die Verwahrung bei einem anderen Amtsgericht verlangen.

1. Vgl wegen der Zuständigkeiten RPflG § 3 Nr 2 c, ferner aber auch bwLFGG 1 I, II; 38; 46 III; 48 III (Notariate als Verwahrungsgericht); zum notariellen Verfahren BeurkG 34; zur Wiederverwahrung eines gemeinschaftlichen Testaments bzw Erbvertrags nach Eröffnung s § 2273 Rn 2.

§ 2258 b Verfahren bei der besonderen amtlichen Verwahrung

(1) Die Annahme zur Verwahrung sowie die Herausgabe des Testaments ist von dem Richter anzuordnen und von ihm und dem Urkundsbeamten der Geschäftsstelle gemeinschaftlich zu bewirken.

(2) Die Verwahrung erfolgt unter gemeinschaftlichem Verschluss des Richters und des Urkundsbeamten der Geschäftsstelle.

(3) ¹Dem Erblasser soll über das in Verwahrung genommene Testament ein Hinterlegungsschein erteilt werden. ²Der Hinterlegungsschein ist von dem Richter und dem Urkundsbeamten der Geschäftsstelle zu unterschreiben und mit dem Dienstsiegel zu versehen.

1. Vgl § 2258 a Rn 1.

§ 2259 Ablieferungspflicht

(1) Wer ein Testament, das nicht in besondere amtliche Verwahrung gebracht ist, im Besitz hat, ist verpflichtet, es unverzüglich, nachdem er von dem Tode des Erblassers Kenntnis erlangt hat, an das Nachlassgericht abzuliefern.

(2) ¹Befindet sich ein Testament bei einer anderen Behörde als einem Gericht in amtlicher Verwahrung, so ist es nach dem Tode des Erblassers an das Nachlassgericht abzuliefern. ²Das Nachlassgericht hat, wenn es von dem Testament Kenntnis erlangt, die Ablieferung zu veranlassen.

1. **Ablieferungspflichtiger** ist der unmittelbare Besitzer iSd § 857 (BayObLG FamRZ 88, 659).

2. **Ablieferungspflichtig** sind auch ungültige oder widerrufene Testamentsurkunden, ferner Schriftstücke mit zweifelhafter Testamentsqualität (BayObLG Rpfleger 84, 18). Die bürgerlichrechtliche Pflicht ist strafrechtlich geschützt (StGB 274 I Nr 1). Keine Ablieferungspflicht besteht für eine Mehrzahl unbestimmter Schriftstücke zur Prüfung ihres Inhalts (BayObLG FamRZ 88, 659). Das NachlaßG kann auf Antrag oder von Amts wegen die Herausgabe verfügen oder betreiben (FGG 83, 33; BayObLG FamRZ 88, 659). Daneben soll Klage „der Beteiligten" auf Herausgabe an das NachlaßG möglich sein (SoeHarder 4 mN); mE fehlt es für ein solches Verfahren an der Anspruchsqualität der Norm, spätestens aber am Rechtsschutzinteresse.

§ 2260 Eröffnung des Testaments durch das Nachlassgericht

(1) ¹Das Nachlassgericht hat, sobald es von dem Tode des Erblassers Kenntnis erlangt, zur Eröffnung eines in seiner Verwahrung befindlichen Testaments einen Termin zu bestimmen. ²Zu dem Termin sollen die gesetzlichen Erben des Erblassers und die sonstigen Beteiligten, soweit tunlich, geladen werden.

(2) ¹In dem Termin ist das Testament zu öffnen, den Beteiligten zu verkünden und ihnen auf Verlangen vorzulegen. ²Die Verkündung darf im Falle der Vorlegung unterbleiben. ³Die Verkündung unterbleibt ferner, wenn im Termin keiner der Beteiligten erscheint.

Titel 7. Errichtung und Aufhebung eines Testaments §§ 2261, 2262

(3) ¹Über die Eröffnung ist eine Niederschrift aufzunehmen. ²War das Testament verschlossen, so ist in der Niederschrift festzustellen, ob der Verschluss unversehrt war.

1. Gegenstand der Eröffnung sind alle Urkunden, die Testament sein können; bei Urkunden, die äußerlich nicht als Testament bezeichnet sind, kann das Gericht das Vorliegen des „animus testandi" vorprüfen (zB Briefe) und bei zweifelsfreiem Fehlen des Testierwillens die förmliche Eröffnung ablehnen (Frankfurt OLGZ 71, 205; KG OLGZ 77, 397; sa Hamm Rpfleger 83, 252 für Adoptionsvertrag). Grundsätzlich sind alle, also auch widerrufene, geänderte oder gegenstandslose Testamente zu eröffnen (s BGH 91, 107 f; BayObLG NJW-RR 89, 1284; Köln Rpfleger 92, 395). Ein Eröffnungsverbot des Erblassers ist unwirksam (§ 2263), kann jedoch als Widerruf des Testaments zu werten sein (MK/Burkart § 2263, 3 str). Zum Termin sind die ges Erben und die im Testament mit Rechten oder Pflichten Bedachten zu laden, soweit sie bekannt sind (GG Art 103 I; Eickmann Rpfleger 82, 455; Westphal Rpfleger 83, 204; zur Problematik schriftlicher Anhörung Köln Rpfleger 92, 395 mAnm Meyer-Stolte; s § 2262 Rn 1 f). Gehört ein Grundstück zur Erbschaft, soll gem GBO 83 das Grundbuchamt benachrichtigt werden. Die Niederschrift über die Eröffnung ist kein Erbfolgenachweis (BayObLGZ 83, 180). Den Inhalt einer Verfügung von Todes wegen hat das Nachlaßgericht nach Eröffnung dem Finanzamt mitzuteilen (ErbStDVO 12). Sa zum Verbleib § 2264 und zum gemeinschaftlichen Testament § 2273. **1**

§ 2261 Eröffnung durch ein anderes Gericht

¹Hat ein anderes Gericht als das Nachlassgericht das Testament in amtlicher Verwahrung, so liegt dem anderen Gericht die Eröffnung des Testaments ob. ²Das Testament ist nebst einer beglaubigten Abschrift der über die Eröffnung aufgenommenen Niederschrift dem Nachlassgericht zu übersenden; eine beglaubigte Abschrift des Testaments ist zurückzubehalten.

1. Fallen Verwahrungsgericht und NachlaßG auseinander (vgl FGG 73 und § 2258a II und III), eröffnet das Verwahrungsgericht in selbständigem Verfahren (Hamburg Rpfleger 85, 194 mAnm Meyer-Stolte); kein Beschwerderecht des NachlaßG gegen vorgenommene Eröffnung (BayObLGZ 86, 118); zum Zuständigkeitsstreit zwischen Nachlaßgerichten Frankfurt NJW-RR 98, 367. Ausreichend ist die faktische Verwahrung, zB nach Ablieferung gem § 2259 (BayObLG FamRZ 92, 1222). Gem bwLFGG 1 II, 2, 38; 1. VVLFGG 15 I 2, 17 haben Notare als Verwahrungsgericht (vgl § 2258 a Rn 1) die Urkunde *vor* Eröffnung dem Nachlaßgericht (örtliches Notariat) abzuliefern. Das eröffnete Testament verbleibt beim NachlaßG und wird Bestandteil der Nachlaßakten (zum gemeinschaftl Testament und Erbvertrag s § 2273 Rn 2). **1**

2. Bis 3. 10. 1990 waren die staatl. Notariate des Erblasserwohnsitzes in der früheren DDR zur endgültigen Verwahrung auch dann zuständig, wenn für einzelne Maßnahmen bundesrepublikanische Zuständigkeit gegeben war (Karlsruhe FamRZ 90, 894). In den *neuen Bundesländern* waren dann bis zur vollen Angleichung der Gerichtsverfassung die Kreisgerichte als Nachlaßgerichte zuständig (EinV Anl I Kap III Abschn III 1 e). **2**

§ 2262 Benachrichtigung der Beteiligten durch das Nachlassgericht

Das Nachlassgericht hat die Beteiligten, welche bei der Eröffnung des Testaments nicht zugegen gewesen sind, von dem sie betreffenden Inhalt des Testaments in Kenntnis zu setzen.

1. **Beteiligt** sind die ges Erben – also auch nichteheliche Verwandte – und alle im Testament mit Rechten und Pflichten Bedachten, die durch die Mitteilung zur **1**

Stürner

§§ 2263–2264 Buch 5. Abschnitt 3. Testament

Wahrnehmung ihrer Interessen befähigt werden sollen (BGH 117, 295). Dazu gehören zB auch die Vermächtnisnehmer eines widerrufenen Testaments, die nur so die Wirksamkeit des Widerrufs überprüfen können (BayObLGZ 90, 323 mN; LG Köln Rpfleger 92, 436); vgl auch § 2260 Rn 1. Das NachlaßG hat ggf die Beteiligten zu ermitteln; entferntere Möglichkeit einer Beteiligung genügt für die Benachrichtigung nicht (BayObLGZ 79, 340: ungewisser Kreis von Vermächtnis-

2 nehmern). Die Pflicht zur *Erbenermittlung* kann sich generell aus Landesrecht ergeben; zB bwLFGG 41, Bay AGGVG 37; sa GBO 82 a S 2. Gewerbliche Erbenermittlung ist erlaubnispflichtig gem Art. 1 § 1 RBerG (BGH NJW 89, 2125; EGMR NJW 01, 1555: Versagung keine Verletzung von Eigentumsrechten einer Bank). Die Verletzung der Benachrichtigungspflicht kann Amtshaftung auslösen (BGH 117, 295). **Korrespondenzvorschriften:** §§ 2273, 2300.

§ 2263 Nichtigkeit eines Eröffnungsverbots

Eine Anordnung des Erblassers, durch die er verbietet, das Testament alsbald nach seinem Tode zu eröffnen, ist nichtig.

1 1. Die Vorschrift verbietet gleichzeitig Beschränkungen der in §§ 2259, 2262, 2264 vorgesehenen Regelungen. IdR *keine* Nichtigkeit der gesamten Verfügung (LG Freiburg BWNotZ 82, 115). Ein absolutes Eröffnungsverbot kann als Widerruf des Testaments zu werten sein (MK/Burkart 3; str).

§ 2263 a Eröffnungsfrist für Testamente

¹**Befindet sich ein Testament seit mehr als 30 Jahren in amtlicher Verwahrung, so hat die verwahrende Stelle von Amts wegen, soweit tunlich, Ermittlungen darüber anzustellen, ob der Erblasser noch lebt.** ²**Führen die Ermittlungen nicht zu der Feststellung des Fortlebens des Erblassers, so ist das Testament zu eröffnen.** ³**Die Vorschriften der §§ 2260 bis 2262 sind entsprechend anzuwenden.**

1 1. Die Vorschrift will verhindern, daß durch versehentlich unterbliebene Mitteilung des Erblassertodes ein Testament für immer uneröffnet bleibt. Da eine Erbenstellung weder durch Ersitzung noch durch Verwirkung verändert werden kann (BGH 47, 58), müssen zB auch vor dem 1. 1. 1900 errichtete Verfügungen noch eröffnet werden (BGH DNotZ 73, 379); nur falls die Bedeutungslosigkeit zweifelsfrei feststeht, kann die Eröffnung ausnahmsweise unterbleiben (str). Parallelvorschrift: § 2300 a.

§ 2264 Einsichtnahme in das und Abschrifterteilung von dem eröffneten Testament

Wer ein rechtliches Interesse glaubhaft macht, ist berechtigt, ein eröffnetes Testament einzusehen sowie eine Abschrift des Testaments oder einzelner Teile zu fordern; die Abschrift ist auf Verlangen zu beglaubigen.

1 1. **Rechtliches Interesse** ist gegeben, wenn das Testament auf die Gestaltung eines Rechtsverhältnisses einwirkt, an dem der Antragsteller beteiligt ist; der nicht bedachte ges Erbe ist folglich stets Berechtigter gem § 2264 (BayObLGZ 54, 312); ebenso der überlebende Ehegatte bei gemeinschaftlichem Testament (Jena ZEV 98, 262). Neben § 2264 gilt FGG 34, der schon bei „berechtigtem Interesse", also bei jeder Abhängigkeit künftigen Handelns vom Akteninhalt, gleiche Rechte gewährt (BayObLG Rpfleger 85, 238). Bei Erbverträgen gilt gem § 2300 nur FGG 34. Auch ein hoher Erinnerungswert begründet kein Recht des Erben auf Herausgabe der handschriftlichen Urschrift (BGH NJW 78, 1484; BayObLG FamRZ 01, 126).

Titel 8. Gemeinschaftliches Testament

Lit: Battes, Gemeinschaftliches Testament und Ehegattenerbvertrag als Gestaltungsmittel für die Vermögensordnung der Familie, 1974; Jakobs, Gemeinschaftliches Testament und Wechselbezüglichkeit letztwilliger Verfügungen, FS Bosch, 1976, 447; Kapp, Gemeinschaftliches Testament in zivilrechtlicher und erbschaftsteuerlicher Sicht, BB 80, 689; Langenfeld, Freiheit oder Bindung beim gemeinschaftlichen Testament oder Erbvertrag von Ehegatten?, NJW 87, 1577; ders, Das Ehegattentestament, 1994; Peißinger, Das gemeinschaftliche Testament, Rpfleger 95, 325; Pfeiffer, Das gemeinschaftliche Ehegattentestament, FamRZ 93, 1266; Wacke, Gemeinschaftliche Testamente von Verlobten, FamRZ 01, 457 (dazu Kanzleiter FamRZ 01, 1198).

§ 2265 Errichtung durch Ehegatten

Ein gemeinschaftliches Testament kann nur von Ehegatten errichtet werden.

1. Das gemeinschaftliche Testament setzt **gültige Eheschließung** voraus (BayObLG FamRZ 90, 1284: freier Nachweis, keine Anwendung des § 2356). Das **gemeinschaftliche Testament von Nichtehegatten** – also auch von Partnern einer nichtehelichen Lebensgemeinschaft (BVerfG NJW 89, 1986; Diederichsen NJW 83, 1020) – ist grundsätzlich nichtig, auch keine Heilung durch spätere Heirat (str, s Wacke FamRZ 01, 459; Kanzleiter FamRZ 01, 1198), jedoch kann es die Voraussetzungen eines oder zweier Einzeltestamente erfüllen und entspr umgedeutet (§ 140) werden (Düsseldorf FamRZ 97, 518; BayObLG Rpfleger 01, 425). Dies ist für **nicht** wechselbezügliche Verfügungen unbestritten (BGH NJW-RR 87, 1410; BayObLG FamRZ 93, 1370). Bei wechselbezüglichen Verfügungen ist eine Umdeutung möglich, sofern sie sich nur in ihrer Wirksamkeit wechselseitig bedingen; soll der überlebende Teil gebunden sein, entfällt eine Umdeutung, weil dieses Ergebnis - anders als die wechselseitige Bedingung der Wirksamkeit – durch Einzeltestamente nicht erreichbar ist (str). Für die grundsätzliche Umdeutbarkeit auch wechselbezüglicher Verfügungen KG NJW 72, 2133; Frankfurt MDR 76, 667; FamRZ 79, 347; aA Hamm Rpfleger 96, 458; offen BayObLG FamRZ 93, 1370; zum Ganzen Kanzleiter DNotZ 73, 133; sa § 2084 Rn 8. Zum gemeinschaftlichen Testament in den *neuen Bundesländern* s Vor § 1922 Rn 7, 11 ff. §§ 2266–2273 gelten für *eingetragene Lebenspartner* entsprechend (LPartG 10 IV).

§ 2266 Gemeinschaftliches Nottestament

Ein gemeinschaftliches Testament kann nach den §§ 2249, 2250 auch dann errichtet werden, wenn die dort vorgesehenen Voraussetzungen nur bei einem der Ehegatten vorliegen.

§ 2267 Gemeinschaftliches eigenhändiges Testament

[1] **Zur Errichtung eines gemeinschaftlichen Testaments nach § 2247 genügt es, wenn einer der Ehegatten das Testament in der dort vorgeschriebenen Form errichtet und der andere Ehegatte die gemeinschaftliche Erklärung eigenhändig mitunterzeichnet.** [2] **Der mitunterzeichnende Ehegatte soll hierbei angeben, zu welcher Zeit (Tag, Monat und Jahr) und an welchem Ort er seine Unterschrift beigefügt hat.**

Anmerkungen zu den §§ 2266, 2267

1. Das **gemeinschaftliche öffentl Testament** kann nach hM nur in einem einheitlichen Errichtungsakt bzw einer Beurkundung errichtet werden. Das schließt nicht aus, daß die Eheleute verschiedene Arten der Errichtung gem § 2232

§ 2268

wählen, also zB der eine seine Schrift übergibt, der andere mündlich seinen Willen erklärt; § 2233 ist dahin anzuwenden, daß der andere Teil sich insoweit anzupassen hat, als es zur Information und Willensbildung des unmittelbar betroffenen Ehegatten notwendig ist (zB keine Übergabe einer verschlossenen Schrift durch den Ehegatten des Minderjährigen, da andernfalls der Notar nicht belehren kann).

2 2. a) Das **gemeinschaftliche eigenhändige Testament** kann zunächst einmal in einer **gemeinsamen Urkunde** errichtet werden. Der gemeinsame Testierwille kann sich in diesem Falle ergeben aus der gemeinsamen Unterschrift der von einem Teil geschriebenen Verfügungen (§ 2267 S 1; Bsp: BayObLGZ 81, 84); ferner Hamm NJW-RR 93, 269: keine Blankounterschrift) oder aus der gemeinsamen Unterschrift der von jedem Teil selbst geschriebenen Verfügungen. Unterschreibt jeder Ehegatte nur die von ihm geschriebene Verfügung, so kann der gemeinsame Testierwille aus der Einheit des Papierbogens iVm anderen Umständen (zB Identität von Zeit und Ort) folgen (Zweibrücken Rpfleger 00, 551). Unwirksamkeit soll aber vorliegen, wenn ein Teil beide Verfügungen schreibt, jedoch jeder Teil nur seine Verfügung unterschreibt, weil dann die Form der §§ 2267, 2247 nicht gewahrt sei (BGH NJW 58, 547; aA aber angesichts dieser sehr spitzfindigen Unterscheidungen zu Recht Celle NJW 57, 876). Zwei gemeinsame Urkunden verschiedenen Datums sind gem § 2258 I zu beurteilen (BayObLG Rpfleger 83, 402; FamRZ 86, 392: getrennte gemeinsame Urkunden über Allein- und Schluß-
3 erbeneinsetzung gem § 2269). b) Bei **Fehlen einer gemeinsamen Urkunde** kann sich der gemeinsame Testierwille aus ausdr Bezugnahme ergeben; sonst muß der Wille zum gemeinsamen Testieren aus den Einzeltestamenten nach außen erkennbar sein, Umstände außerhalb der Urkunden genügen für sich allein nicht (BGH 9, 114; Frankfurt OLGZ 78, 268f; Hamm OLGZ 79, 266; BayObLG NJW-RR 92, 1356; 93, 1157). Volle inhaltliche Entsprechung, Identität von Ort und Zeit und Verwahrung in einem gemeinsamen verschlossenen Umschlag reichen hiernach nicht aus (Köln OLGZ 68, 321; BayObLG FamRZ 91, 1486; zu Recht krit Lange/Kuchinke § 24 III 2). Der Gebrauch der Worte „wir", „unser" und „gemeinsam" ist Anhaltspunkt für einen gemeinsamen Testierwillen (BayObLG FamRZ 95, 1447). Der nur vom Errichtenden (§ 2267 S 1) unterschriebene Entwurf eines gemeinschaftlichen Testaments – auch zweier nichtehelicher Lebensgefährten (§ 2265 Rn 1) – kann in ein Einzeltestament umgedeutet (§ 140) werden (BGH NJW-RR 87, 1410; BayObLG FamRZ 91, 112; NJW-RR 90, 333: nur bei Alleingeltungswillen!; sa § 2084 Rn 5, § 2247 Rn 1); bei Erbeinsetzungen iSv § 2269 Abs 1 wird jedoch eine Aufrechterhaltung des Testaments als alleinige Vollerbeneinsetzung des anderen Ehegatten regelmäßig ausscheiden (BayObLG NJW-RR 00, 1534).

§ 2268 Wirkung der Ehenichtigkeit oder -auflösung

(1) **Ein gemeinschaftliches Testament ist in den Fällen des § 2077 seinem ganzen Inhalt nach unwirksam.**

(2) **Wird die Ehe vor dem Tode eines der Ehegatten aufgelöst oder liegen die Voraussetzungen des § 2077 Abs. 1 Satz 2 oder 3 vor, so bleiben die Verfügungen insoweit wirksam, als anzunehmen ist, dass sie auch für diesen Fall getroffen sein würden.**

Lit: Muscheler, Der Einfluß der Eheauflösung auf das gemeinschaftliche Testament, DNotZ 94, 733.

1 1. Die Regel des Abs I entfaltet ihre volle Wirkung nur bei nichtiger Ehe. Bei geschiedener, scheidbarer oder aufhebbarer Ehe gibt es die Möglichkeit des Beweises fortbestehenden Testierwillens. Er wird bei Einzelanordnungen eher bestehen als bei gegenseitigen bzw wechselseitigen Verfügungen (s Stuttgart OLGZ 76, 17; Hamm NJW-RR 92, 331); auch bei wechselbezüglichen Verfügungen kann er sich aber aus der Person des Bedachten ergeben, zB bei gemeinschaftlichen Kindern

Titel 8. Gemeinschaftliches Testament **§ 2269**

(BayObLG NJW-RR 93, 1158). Bei Erneuerung der Ehe geschiedener Ehegatten bleibt das Testament wirksam (aA KG FamRZ 68, 217 und BayObLG NJW 96, 133, das aber im Wege der Auslegung durch Ermittlung des hypothetischen Willens der Ehegatten zur Weitergeltung des Testaments gelangt). Die Vorschrift gilt bei Aufhebung der eingetragenen Lebenspartnerschaft (LPartG 15) entsprechend (LPartG 10 IV; sa § 2077 Rn 8).

§ 2269 Gegenseitige Einsetzung

(1) Haben die Ehegatten in einem gemeinschaftlichen Testament, durch das sie sich gegenseitig als Erben einsetzen, bestimmt, dass nach dem Tode des Überlebenden der beiderseitige Nachlass an einen Dritten fallen soll, so ist im Zweifel anzunehmen, dass der Dritte für den gesamten Nachlass als Erbe des zuletzt versterbenden Ehegatten eingesetzt ist.

(2) Haben die Ehegatten in einem solchen Testament ein Vermächtnis angeordnet, das nach dem Tode des Überlebenden erfüllt werden soll, so ist im Zweifel anzunehmen, dass das Vermächtnis dem Bedachten erst mit dem Tode des Überlebenden anfallen soll.

1. Ausgangslage. Die Ehegatten, die ihr Vermögen zunächst dem überlebenden Teil und dann einem Dritten (zB Abkömmlingen) zufallen lassen wollen, haben drei verschiedene grundsätzliche Möglichkeiten: **a)** Der überlebende Ehegatte kann **Vorerbe** und der Dritte **Nacherbe** sein mit der Folge, daß beim überlebenden Teil Vorerbschaftsmasse und Eigenvermögen zu unterscheiden sind und daß der Dritte beide Erbmassen als Nacherbe und Erbe beerbt. Vgl zur Nacherbschaft § 2100 Rn 1 ff. **b)** Der überlebende Ehegatte wird **Vollerbe**, so daß nur eine Vermögensmasse aus Erbmasse und Eigenvermögen entsteht, die auf den Dritten als **Schlußerben** weitervererbt wird (BayObLG NJW-RR 91, 968); zur Abgrenzung einer Schlußerbengemeinschaft von Vermächtnisnehmern s § 2087 Rn 2, 3; § 2088 Rn 1 (BayObLG NJW-RR 98, 1230). **c)** Der Dritte (zB Abkömmling) wird **Vollerbe** des ersterstversterbenden Ehegatten, dem überlebenden Ehegatten steht ein **Nießbrauchvermächtnis** am Nachlaß zu; vgl hierzu § 2100 Rn 3 ff. 1

2. Die Vorschrift ist **Auslegungsregel** (BGH WM 73, 41; BayObLG NJW-RR 92, 201) zugunsten der Vollerbschaft des überlebenden Ehegatten; es handelt sich um keine ges Vermutung. Rechtfertigender Grund der Auslegungsregel ist die Erwägung, daß die Eheleute iZw ihr Vermögen als Einheit über den Tod hinaus erhalten wollen (RG 113, 240; BayObLGZ 66, 417; FamRZ 96, 1503; Düsseldorf FamRZ 96, 1568). Zur Auslegung gemeinschaftlicher Testamente s § 2084 Rn 2 und § 2100 Rn 3 ff. 2

3. Voraussetzungen der Auslegungsregel. a) Gegenseitige Erbeinsetzung der Ehegatten muß nicht notwendig wechselbezüglich (§ 2270) sein. Sie ist nicht gegeben bei Miterbschaft Dritter. **b)** Die **Erbeinsetzung Dritter** kann bei Abkömmlingen Auslegungsergebnis sein, sie muß nicht ausdr erfolgen. Eine solche Auslegung liegt für beiderseits (BayObLG FamRZ 88, 879) pflichtteilsberechtigte Abkömmlinge nahe, wenn diese aufgrund einer Strafklausel auch vom letztversterbenden Ehegatten nur den Pflichtteil verlangen sollen, falls sie vom erstversterbenden Teil verlangen (BayObLGZ 59, 203; 60, 219; Saarbrücken NJW-RR 94, 844 gegen 92, 841). Auch die Anordnung der Teilung unter den Abkömmlingen nach fortgesetzter Gütergemeinschaft (§ 1483) kann deren Schlußerbeneinsetzung bedeuten (BayObLGZ 86, 246). **c)** Nur bei **Zweifeln** über den Erblasserwillen, die eine Auslegung nicht beseitigen kann, greift die Auslegungsregel ein (BGH 22, 366; BayObLG NJW-RR 92, 201; Düsseldorf FamRZ 96, 1568). Ein abw Wille ist uU anzunehmen, wenn im öffentl Testament die Begriffe Vor- und Nacherbe verwendet werden (RG 160, 109), obgleich stets der Erblasserwille und nicht die Auffassung des Notars zu gelten hat (LM Nr 1 zu § 2100). Haben sich Eheleute im 3 4

§ 2269

eigenhändigen Testament zu „Vorerben" eingesetzt und bestimmt, beiderseitige Verwandte oder Abkömmlinge sollten „Nacherben" sein, so können trotzdem Zweifel verbleiben, ob tatsächlich Nacherbschaft iSd §§ 2100 ff gewollt ist (BGH NJW 83, 278 mAnm Stürner JZ 83, 149; Karlsruhe OLGZ 69, 495; ähnlich Frankfurt OLGZ 72, 122; Düsseldorf FamRZ 96, 1568 mAnm Leipold; s aber BayObLG NJW-RR 92, 201). Vermögenslosigkeit eines Ehegatten ist kein zwingendes Indiz für den Willen zur Nacherbschaft (BayObLG NJW 66, 1223; BGH NJW 83, 278), solange keine Anzeichen für den Willen zur Verfügungsbeschränkung des weniger vermögenden überlebenden Teils bestehen (Stürner JZ 83, 149). Nacherbeneinsetzung kann aber gewollt sein, falls ein Ehegatte für den zweiten Erbfall Anordnungen betr Grundstück in seinem Alleineigentum getroffen hat (BayObLG FamRZ 96, 1502). *Kein Fall* des § 2269 liegt uU vor, wenn Ehegatten bei Gütergemeinschaft den Abkömmlingen Gegenstände aus dem Gesamtgut zuwenden (BayObLG FamRZ 88, 542); ebenfalls nicht bei Erbeinsetzung eines Dritten für den Fall gleichzeitigen Versterbens (KG FamRZ 68, 217; BayObLGZ 86, 431; Karlsruhe OLGZ 88, 26), es sei denn, der Tod erfolgte in kurzem Abstand (BayObLGZ 81, 85 ff; Stuttgart OLGZ 82, 311; FamRZ 94, 852) oder die Umstände sprechen für eine solche Auslegung (BayObLGZ 79, 432; Rpfleger 83, 402: „nach unserem Ableben"; FamRZ 88, 879; 90, 564; Frankfurt FGPrax 98, 110: „Sollten wir zugleich versterben"; ähnlich BayObLG FGPrax 00, 70; 149).

5   **4.** Der **pflichtteilsberechtigte Schlußerbe** kann nach dem ersten Erbfall seinen Pflichtteil verlangen; § 2306 I 2 ist weder unmittelbar noch entspr anzuwenden. Zum Schutz des überlebenden Ehegatten ist eine **Verwirkungsklausel** möglich, die den pflichtteilsfordernden Schlußerben auch für den zweiten Erbfall auf den Pflichtteil setzt (Zweibrücken FamRZ 99, 468). Er erhält dann allerdings den Pflichtteil aus der Vermögensmasse des erstversterbenden Ehegatten zweimal; um die übrigen Abkömmlinge gleichzustellen, kann ihnen für diesen Fall ein Vermächtnis aus einem Nachlaß gewährt werden, das bis zum Schlußerbfall gestundet ist. Zur Auslegung von Verwirkungsklauseln vgl §§ 2074–2076 Rn 5. Die Auslegung kann auch ergeben, daß der Pflichtteil auf den Erbteil der Schlußerbschaft anzurechnen ist (BayObLGZ 60, 218; Braunschweig OLGZ 77, 186; weiteres Bsp Schleswig ZEV 97, 331). Lit: Lübbert NJW 88, 2706; Mayer ZEV 95, 136.

6   **5. Rechtsstellung des Schlußerben.** Der Schlußerbe erwirbt nach dem ersten Erbfall eine **Anwartschaft** (str), die ihn zur Feststellungsklage berechtigt, falls der überlebende Ehegatte entgegen § 2271 II verfügt oder das Testament anficht (vgl BGH 37, 331). Er kann aber gem § 311 b IV, V nF = § 312 aF über die Anwartschaft nicht verfügen (BGH 37, 323); sie ist auch nicht vererblich, jedoch treten unter den Voraussetzungen des § 2069 seine Abkömmlinge ein (dazu § 2069 Rn 2); wenn der ausgefallene Schlusserbe nur vom erstversterbenden Ehegatten abstammt (BGH NJW-RR 01, 1154), kann die Einsetzung seiner Abkömmlinge Auslegungsergebnis sein. Abkömmlinge des Schlußerben können vor ihrer Erzeugung als Nacherben eingesetzt werden (BayObLG FamRZ 83, 839; zur Abgrenzung einer Einsetzung des Schlusserben als Vollerben von einer gestuften Nacherbfolgeanordnung s Karlsruhe FamRZ 99, 1535). Da der Schlußerbe ausschließlich den letztversterbenden Ehegatten beerbt, kann er erst nach dem zweiten Erbfall ausschlagen (BGH NJW 98, 543; aA Vorinstanz Düsseldorf FamRZ 96, 1569 mkritAnm Leipold; sa § 1946 Rn 1).

7   **6. Wiederverheiratung** (Lit: Buchholz, Erbfolge und Wiederverheiratung, 1986; Otte AcP 187, 603; Leipold FamRZ 88, 352; Zawar NJW 88, 16; Dippel AcP 177, 349; Wilhelm NJW 90, 2857; Meier-Kraut NJW 92, 143). **a)** Soll bei Wiederverheiratung des überlebenden Teils der Nachlaß an die Abkömmlinge fallen oder ist für diesen Fall die Auseinandersetzung mit den Abkömmlingen angeordnet, so ist von einer **bedingten Nacherbschaft** auszugehen (RG 156, 172; BayObLGZ 66, 227; BGH NJW 83, 278). Der Ehegatte ist auflösend beding-

Titel 8. Gemeinschaftliches Testament **§ 2270**

ter Vollerbe und aufschiebend bedingter – regelmäßig befreiter (BGH FamRZ 61, 275) – Vorerbe (BGH 96, 204; Stürner JZ 83, 149/150; str, s die Nw bei Leipold FamRZ 88, 353; ferner §§ 2074–2076 Rn 3). Bei Bedingungseintritt gelten für Verfügungen §§ 2113 II, 161 II, zwischen Vor- und Nacherben ist iZw § 159 zu beachten. Letztwillige Verfügungen des Überlebenden werden gegenstandslos, soweit sie Gegenstände der Nacherbschaft betreffen. Die Bindungswirkung des gemeinsamen Testaments entfällt, iZw wird auch ohne Widerrufstestament die Erbeinsetzung der gemeinsamen Abkömmlinge gegenstandslos sein und der ges Erbfolge weichen (KG FamRZ 68, 331; Hamm FamRZ 95, 250; BayObLG NJW-RR 02, 367; offen BGH WM 85, 1179). **b)** Häufig wird den Abkömmlingen für den Fall der Wiederheirat ein **Vermächtnis** – uU in Höhe der ges Erbteile – zugewendet; hier ist und bleibt der überlebende Ehegatte Vollerbe. IZw gewinnt er bei Bedingungseintritt auch bei dieser Gestaltung die volle Testierfreiheit zurück (Köln FamRZ 76, 552). **c)** Zur **Verfassungsmäßigkeit** BGH FamRZ 65, 600. **8**

7. Für die Berechnung der **Erbschaftsteuer** gilt der Schlußerbe kraft bindender oder unveränderter (BFH NJW 83, 415; anders bei einer auch nur teilw Änderung: BFH DStR 91, 33) Verfügung gem ErbStG 15 III im Umfang des noch vorhandenen Vermögens des Vorverstorbenen als dessen Erbe, falls sich hieraus bei unterschiedlichem Verwandtschaftsgrad eine günstigere Steuerklasse ergibt. Bei gleichem Verwandtschaftsgrad (Regelfall) gilt er auch steuerrechtlich allein als Erbe des letztverstorbenen Ehegatten. Der Freibetrag wird beim Schlußerben stets nur einmal gewährt; der Schlußerbe sollte deshalb schon beim ersten Erbfall so weit bedacht sein, daß der Freibetrag in bezug auf den erstverstorbenen Teil ebenfalls ausgeschöpft ist. Bei mehrfachem Erwerb desselben Vermögens durch Personen der Steuerklasse I (§ 1924 Rn 6) innerhalb von 10 Jahren gewährt ErbStG 27 einen zeitlich gestaffelten Ermäßigungsbetrag (zum Ganzen Mayer ZEV 98, 50; Kaeser ZEV 98, 210). **9**

8. Abs 2 enthält eine ges Auslegungsregel gegen das beim ersten Erbfall angefallene, aber bis zum zweiten Erbfall gestundete Vermächtnis; bedeutsam insbes wegen § 2160. Die Vorschrift gilt bei jedem Zweifel am entgegenstehenden Erblasserwillen (LM Nr 5; BGH NJW 83, 278 mAnm Stürner JZ 83, 149). **10**

§ 2270 Wechselbezügliche Verfügungen

(1) Haben die Ehegatten in einem gemeinschaftlichen Testament Verfügungen getroffen, von denen anzunehmen ist, dass die Verfügung des einen nicht ohne die Verfügung des anderen getroffen sein würde, so hat die Nichtigkeit oder der Widerruf der einen Verfügung die Unwirksamkeit der anderen zur Folge.

(2) Ein solches Verhältnis der Verfügungen zueinander ist im Zweifel anzunehmen, wenn sich die Ehegatten gegenseitig bedenken oder wenn dem einen Ehegatten von dem anderen eine Zuwendung gemacht und für den Fall des Überlebens des Bedachten eine Verfügung zugunsten einer Person getroffen wird, die mit dem anderen Ehegatten verwandt ist oder ihm sonst nahe steht.

(3) Auf andere Verfügungen als Erbeinsetzungen, Vermächtnisse oder Auflagen findet die Vorschrift des Absatzes 1 keine Anwendung.

Lit: Buchholz, „Einseitige Korrespektivität", Rpfleger 90, 45; Langenfeld, Freiheit oder Bindung beim gemeinschaftlichen Testament oder Erbvertrag von Ehegatten, NJW 87, 1577; Heinrich Lange, Bindung des Erblassers an seine Verfügungen, NJW 63, 1571; Kegel, Zur Bindung an das gemeinschaftliche Testament im deutschen IPR, FS Jahrreiß, 1964, S 143.

1. Wechselbezüglichkeit liegt vor, wenn ein „Zusammenhang des Motivs" besteht (RGRK/Johannsen 1) und eine Verfügung mit der anderen „stehen und fallen" soll (RG 116, 149); sie setzt Testierfähigkeit beider Ehegatten voraus (Bay- **1**

§ 2270 Buch 5. Abschnitt 3. Testament

ObLG FamRZ 96, 1037: uU Aufrechterhaltung der Verfügungen des Testierfähigen als einseitige Verfügungen). Maßgeblich ist der **Erblasserwille,** der durch Auslegung zu ermitteln ist (vgl § 2084 Rn 4). Wechselbezüglichkeit kann stillschweigend angeordnet sein (BayObLG FamRZ 93, 366), fehlende wechselseitige Bedenkung von Ehegatten (BayObLG NJW-RR 91, 1288) oder Verwandtschaft bzw Schwägerschaft eines eingesetzten Dritten (BayObLG NJW-RR 92, 1224) sind für entsprechenden Erblasserwillen zunächst nicht maßgeblich, sondern erst im Rahmen der Auslegungsregel gem II. Die Auslegung setzt regelmäßig eine Klärung des genauen Inhalts der Verfügung voraus (LM Nr 2), wobei Wechselbezüglichkeit für jede einzelne Verfügung eines Testaments gesondert zu beurteilen ist (BGH NJW-RR 87, 1410; BayObLG NJW 93, 1158; FamRZ 99, 1538; Frankfurt FGPrax 97, 189). Die Ehegatten können über die Wechselbezüglichkeit und ihr Ausmaß frei bestimmen (BGH 30, 265/266); denkbar ist deshalb auch die bloß einseitige Abhängigkeit einer Verfügung (BayObLG FamRZ 86, 606 mN). Wechselbezüglichkeit ist auch durch Ergänzung eines früheren Erbvertrags oder gemeinschaftlichen Testaments herstellbar (BayObLGZ 87, 27; FamRZ 99, 1538; DNotZ 94, 794 mAnm Musielak; Saarbrücken FamRZ 90, 1286; Frankfurt FamRZ 96, 1039).

2 2. Die **Auslegungsregel** nach II erleichtert den Beweis der Wechselbezüglichkeit unter folgenden Voraussetzungen: **a) Verbleibende Zweifel** sind gegeben, wenn nach der Auslegung weder Wechselbezüglichkeit noch Unabhängigkeit feststehen (BGH NJW-RR 87, 1410; Saarbrücken FamRZ 90, 1286; BayObLG FamRZ 97, 1241; NJWE-FER 01, 157). Nach den Grundsätzen der „Andeutungstheorie" (vgl § 2084 Rn 4) können ergänzend Umstände außerhalb des Testaments herangezogen werden, zB Vermögenslosigkeit eines Teils (BayObLG FamRZ 84, 1155 bei Schlußerbeneinsetzung, einschr Hamm NJW-RR 95, 777, wenn Vermögen gemeinsam erarbeitet wurde; ähnlich BayObLG FamRZ 95, 251; Brandenburg FamRZ 99, 1541), Zuwendungen während der Ehe, bes Dankesschuld, Äußerungen des überlebenden Ehegatten (BayObLG Rpfleger 82, 285) usw. Die freie Verfügungsbefugnis des überlebenden Ehegatten über seinen Nachlaß kann (BGH FamRZ 56, 83; BayObLGZ 87, 28), muß aber nicht gegen die Wechselbezüglichkeit sprechen (BGH NJW 87, 901); denn immerhin hat die Wechselbezüglichkeit bis zum 1. Erbfall die Wirkung des § 2271 I, ist also keineswegs sinnlos (Stuttgart NJW-RR 86, 632). **b)** Der **Inhalt der gemeinsamen**
3 Verfügung muß entweder in wechselseitiger Begünstigung der Ehegatten bestehen (Erbeinsetzung, Vermächtnis, Auflage) oder in der Berücksichtigung eines Verwandten oder Nahestehenden des vorversterbenden Ehegatten als Schlußerbe nach dem überlebenden Teil. Sofern Verwandte des Mannes und der Frau als Schlußerben eingesetzt sind, besteht sonach Wechselbezüglichkeit zwischen den Erbeinsetzungen der Ehegatten und Wechselbezüglichkeit zwischen der Erbeinsetzung des überlebenden Teils einerseits und der Erbeinsetzung der Verwandten des vorverstorbenen Teils andererseits (BayObLG NJW-RR 92, 516; 1224; FamRZ 97, 1241); hingegen ist die Erbeinsetzung der Verwandten des überlebenden Teils nicht ohne weiteres von der Wechselbezüglichkeit erfaßt (LM Nr 2; BayObLG FamRZ 84, 1155; 85, 1289; Köln FamRZ 86, 310; Frankfurt FGPrax 97, 189), so daß der überlebende Teil insoweit iZw neu testieren kann (Brandenburg FamRZ 99, 1541). Setzen Ehegatten ihren einzigen Sohn jeweils zum Alleinerben ein, soll im Zweifel keine Wechselbezüglichkeit vorliegen (BayObLG ZEV 96, 188; krit Leipold JZ 98, 709). Jedoch kann die Erbeinsetzung gemeinsamer Kinder als wechselbezüglich aufzufassen sein (Hamm Rpfleger 02, 151), insbesondere, wenn die jeweilige Verfügung mit einer Widerverheiratungsklausel (BGH NJW 02, 1126) oder mit einem beiderseitigen Erb- und Pflichtteilsverzicht der Ehegatten verbunden ist (Hamm Rpfleger 01, 71). Adoptivkinder sind Verwandte (KG FamRZ 83, 98 mit Bemerkungen zum Übergangsrecht). Ob Schwägerschaft oder bewährte Freundschaft unter „nahestehende" Personen fällt, ist nach strengen Maßstäben im

Titel 8. Gemeinschaftliches Testament **§ 2271**

Einzelfall zu entscheiden (BayObLG Rpfleger 83, 155; FamRZ 84, 1155; 85, 1289; 91, 1234; KG FamRZ 93, 1253); jur Personen fallen nicht darunter (offen BayObLG FamRZ 86, 606; aA für die Stiftung, die dem Willen des Stifters dienen und sein Lebenswerk weiterführen soll, München NJW-RR 00, 526). Bestimmen Eheleute mit gemeinsamen Abkömmlingen für jeden Erbfall ges Erbfolge, so kann darin durchaus ebenfalls eine wechselseitige Verfügung gesehen werden (vgl Stuttgart FamRZ 77, 274). Auch kann eine Sanktionsklausel gegen die pflichtteilsberechtigten gemeinschaftlichen Kinder der Ehegatten uU als bindende Schlußerbeneinsetzung auszulegen sein (Frankfurt OLGR 01, 289).

3. Die **Eignung zur Wechselbezüglichkeit** haben nur Erbeinsetzung, Vermächtnis und Auflage, also **nicht** Erbverzicht (BGH 30, 265), Pflichtteilsentziehung, Teilungsanordnung (BGH 82, 277; BayObLG FamRZ 88, 661), Testamentsvollstreckerernennung (KG OLGZ 77, 391; Hamm ZEV 01, 271), Enterbung (BayObLG NJW-RR 92, 1356) usw; hier bleibt nur § 2078. 4

4. Die **Wirkung der Wechselbezüglichkeit** besteht in der Unwirksamkeit der Verfügung bei Widerruf oder Nichtigkeit (zB wegen Anfechtung) der korrespondierenden Verfügung. Das Schicksal nicht wechselbezüglicher Verfügungen richtet sich nach § 2085. Beim Wegfall des aus einer wechselbezüglichen Verfügung Begünstigten gilt nicht ohne weiteres I, vielmehr ist der Erblasserwille durch Auslegung zu ermitteln, wobei ges Auslegungsregeln zu beachten sind (BGH NJW 02, 1126: keine volle Geltung der Vermutung gem § 2069; aA noch BGH NJW 83, 277 mAnm Stürner JZ 83, 147). S iü § 2271. 5

§ 2271 Widerruf wechselbezüglicher Verfügungen

(1) ¹**Der Widerruf einer Verfügung, die mit einer Verfügung des anderen Ehegatten in dem im § 2270 bezeichneten Verhältnis steht, erfolgt bei Lebzeiten der Ehegatten nach der für den Rücktritt von einem Erbvertrag geltenden Vorschrift des § 2296.** ²**Durch eine neue Verfügung von Todes wegen kann ein Ehegatte bei Lebzeiten des anderen seine Verfügung nicht einseitig aufheben.**

(2) ¹**Das Recht zum Widerruf erlischt mit dem Tode des anderen Ehegatten; der Überlebende kann jedoch seine Verfügung aufheben, wenn er das ihm Zugewendete ausschlägt.** ²**Auch nach der Annahme der Zuwendung ist der Überlebende zur Aufhebung nach Maßgabe des § 2294 und des § 2336 berechtigt.**

(3) **Ist ein pflichtteilsberechtigter Abkömmling der Ehegatten oder eines der Ehegatten bedacht, so findet die Vorschrift des § 2289 Abs. 2 entsprechende Anwendung.**

Lit: Kuchinke, Beeinträchtigende Anordnungen des an seine Verfügungen gebundenen Erblassers, FS von Lübtow, 1991, S 283.

1. **Rechtslage bei Lebzeiten beider Ehegatten. a) Gemeinsame Aufhebung** der wechselbezüglichen Verfügungen kann erfolgen durch gemeinschaftliches Widerrufstestament (§ 2254) oder widersprechendes Testament (§ 2258; BayObLG FamRZ 97, 1244), durch Erbvertrag (§ 2289 I 1), durch Rücknahme aus der Verwahrung (§ 2272), durch gemeinschaftliche Vernichtung oder Änderung (§ 2255) und analog § 2291 (str). **b) Einseitiger Widerruf** durch einen Ehegatten ist ohne weiteres möglich, bedarf aber der notariellen Beurkundung (§ 2296 II 2). Dem anderen Teil muß die Urschrift oder Ausfertigung der Widerrufserklärung zugehen, der Zugang einer beglaubigten Abschrift genügt nicht (BGH 31, 5; 36, 201; NJW 81, 2300). Die Erklärung kann nach dem Tode des Erklärenden zugehen, § 130 II; dagegen ist ein Widerruf unwirksam, der auf bes Weisung des Widerrufenden erst nach seinem Tode dem überlebenden Ehegatten übermittelt wird (BGH 9, 233; hierzu Dilcher JuS 61, 20; A. Roth NJW 92, 791), weil 1 2

§ 2271

dadurch der Zweck von I unterlaufen würde. Es reicht auch nicht aus, daß zu Lebzeiten die beglaubigte Abschrift und erst nach dem Tode die Ausfertigung zur Heilung des Mangels zugestellt wird (BGH 48, 374), es sei denn, die Ausfertigung war zu Lebzeiten des Empfängers auf dem Weg (Hamm NJW-RR 91, 1481). Ist die öffentl Zustellung (§ 132 II) erschlichen, so bleibt sie zwar wirksam, der Berufung auf den Widerruf kann jedoch die Arglisteinwand entgegenstehen (BGH 64, 5). **c) Einseitige Änderungen durch letztwillige Verfügung** bleiben insoweit möglich, als nur einseitige Verfügungen betroffen sind oder der überlebende Ehegatte besser gestellt wird als in der wechselbezüglichen Verfügung des gemeinschaftlichen Testaments (BGH 30, 261). **d) Anfechtung** des Testaments ist wegen der Widerrufsmöglichkeit ausgeschlossen; hingegen ist der Widerruf selbst als Sonderform der Verfügung von Todes wegen nach § 2078 anfechtbar. **e) Verfügungen unter Lebenden** kann jeder Ehegatte grundsätzlich uneingeschränkt treffen, den anderen Teil schützt das Widerrufsrecht (I 1); § 2287 ist unanwendbar (BGH 87, 24); keine Mitteilungspflicht in Form des § 2296! Ausnahme: Verträge gem § 331 (Speth NJW 85, 463; str).

6   **2. Rechtslage nach dem Tode eines Ehegatten. a)** Die **Bindungswirkung** verbietet dem überlebenden Teil **letztwillige Verfügungen,** die wechselbezügliche Zuwendungen an den Dritten schmälern, also zB auch die Belastung des Schlußerben mit einem Vermächtnis (BGH FamRZ 69, 208) oder einer neuangeordneten Testamentsvollstreckung (KG OLGZ 77, 392; Köln FamRZ 90, 1403; BayObLG FamRZ 91, 113); die sittliche Pflicht zu einer schmälernden letztwilligen Verfügung ändert an ihrer Unwirksamkeit nichts (BGH NJW 78, 423; vgl aber § 2084 Rn 8). Da die Bindung gegenüber dem erstverstorbenen Ehegatten besteht, führt die Zustimmung des bedachten Dritten nicht zur Wirksamkeit der gegenläufigen Verfügung (LM Nr 7; Hamm OLGZ 82, 272: Erbverzichtsvertrag, § 2352; sa Rn 9).
7   **b) Befreiung von der Bindungswirkung** besteht in folgenden Fällen: **aa) Ausschlagung** durch den überlebenden Ehegatten. Der ges Erbteil muß grundsätzlich nicht mit ausgeschlagen werden (§ 1948 I); eine andere Beurteilung ist aber angebracht, wenn die Bindungswirkung nach dem Willen der Eheleute gerade die Einsetzung auf den ges Erbteil erfassen sollte oder den gleicher Größe von gesetzl u testament Erbteil (KG OLGZ 91, 9; str, hierzu Tiedtke FamRZ 91, 1259). Nach der Ausschlagung kann der überlebende Ehegatte neu testieren (§§ 2253 ff). **bb)** Die **Freistellungsklausel** kann den überlebenden Ehegatten zur ganz oder teilw (BGH FamRZ 73, 189) freien Verfügung ermächtigen und damit die ges Bindungswirkung abbedingen (BGH 2, 37; Schleswig ZEV 97, 331 mAnm Lübbert). Der Widerruf erfolgt durch Testament (Stuttgart NJW-RR 86, 632: §§ 2254, 2297, kein bloßer Ungültigkeitsvermerk, s § 2255 Rn 7) und kann konkludent erfolgen (Köln NJW-RR 92, 1419); er beseitigt grundsätzlich die wechselbezügliche Verfügung des vorverstorbenen Ehegatten (§ 2270 I), jedoch wird die Auslegung häufig einen gegenläufigen Willen der Erblasser ergeben (vgl auch § 2270 Rn 2). Der Widerruf nach Freistellung muß keinen Grund nennen, § 2336 II ist unanwendbar (Köln NJW-RR 92, 1419). Die Freistellung ist durch Auslegung zu ermitteln (Hamm NJW-RR 95, 777: ausbleibende Leistungen des Bedachten), wobei ergänzende Auslegung zur freien Verfügung über Neuerwerb nach Testamentserrichtung führen kann (Zweibrücken NJW-RR 92, 588). Bei Änderung gemeinsamer Berufung von gemeinsamen Kindern (Hamm Rpfleger 02, 151) oder Dritter gelten für stillschweigende Freistellung strenge Maßstäbe (BayObLG FamRZ 91, 1488). Angeordnete freie Verfügung über den Nachlaß des Erstversterbenden kann auch nur lebzeitige Verfügungen (BayObLG FamRZ 85, 210) betreffen. **cc)** Grund zur **Pflichtteilsentziehung** (II 2, §§ 2294, 2336) oder dem Abkömmlingen zur **Pflichtteilsbeschränkung** in guter Absicht (III, §§ 2289 II, 2338; Bsp: Köln MDR 83, 318:
9   *drohende* Überschuldung nicht ausreichend). **dd) Gegenstandslosigkeit** der wechselbezüglichen Verfügung stellt die Testierfreiheit ebenfalls wieder her, also zB Wegfall durch Tod (Frankfurt NJW-RR 95, 265), Erbunwürdigkeit, Erbverzicht

(Köln FamRZ 83, 838 mAnm Brems S 1278; BayObLG FamRZ 01, 320) usw; in den Fällen der §§ 2069, 2094 bleibt die Bindungswirkung bestehen (Hamm OLGZ 82, 272). **c) Verfügungen unter Lebenden** sind grundsätzlich uneingeschränkt wirksam (BGH 59, 343). §§ 2286–2288 gelten entspr (BGH 82, 274; 59, 348; 26, 279; Schleswig ZEV 97, 331 mAnm Lübbert). Nichtigkeit kann sich aus § 138 I bei Hinzutreten bes Umstände ergeben (BGH 59, 351). Der überlebende Ehegatte kann insbes durch RGeschäfte zu seinen Lebzeiten die Verfügung des Testaments vorwegnehmen und dabei einen ihm verbliebenen Spielraum ausschöpfen (BGH 82, 274; s § 2287 Rn 2). **d) Anfechtung. aa)** Der **überlebende Ehegatte** kann seine eigenen wechselbezüglichen Verfügungen anfechten **(Selbstanfechtung);** es gelten §§ 2281–2285 mit §§ 2078, 2079 entspr (BGH 37, 331; FamRZ 70, 80). Die Anfechtungserklärung bedarf der Form des § 2282 III. Die Frist des § 2283 beginnt nicht vor dem Tod des Erstversterbenden; vgl iü § 2082 Rn 1–3. Der Schlußerbe kann gegen die Anfechtungswirkung Feststellungsklage erheben (vgl § 2269 Rn 6). **Verfügungen des erstverstorbenen Teils** kann der Überlebende nach §§ 2078, 2080–2082 anfechten. Regelfolge der Anfechtung ist die Unwirksamkeit der wechselbezüglichen Verfügung, § 2270 I; ausnahmsweise soll bei entspr hypothetischem Erblasserwillen Fortgeltung möglich sein (Hamm NJW 72, 1088). **bb) Dritte** können **nach dem Tod des ersten Ehegatten** dessen Verfügungen nach §§ 2078 ff anfechten, zB adoptierte Kinder (BGH FamRZ 70, 79). Da der erstversterbende Erblasser kein Anfechtungsrecht hatte, kann § 2285 auch nicht zur entspr Anwendung kommen (SoeWolf 30, str; aA LG Karlsruhe NJW 58, 714); hat der Erblasser trotz Kenntnis des späteren Anfechtungsgrundes nicht widerrufen, können die Anfechtungstatbestände ausgeschlossen sein, vgl § 2078 Rn 5. **Verfügungen des überlebenden Ehegatten** können Dritte erst nach seinem Tode anfechten (KG FamRZ 68, 219), §§ 2078 ff, zB Anfechtung durch den pflichtteilsberechtigten neuen Ehegatten des überlebenden Teils (RG 132, 1). Für wechselbezügliche Verfügungen des überlebenden Teils gilt aber § 2285 entspr, sofern das Selbstanfechtungsrecht des Erblassers verlorengegangen war (Hamm OLGZ 71, 313; BayObLG NJW-RR 89, 588); anders bei einseitigen Verfügungen (BGH FamRZ 56, 83). Die Wirkung der Anfechtung bestimmt sich nach §§ 2085, 2270 I.

3. Zur Bindungswirkung des gemeinschaftlichen Testaments in den *neuen Bundesländern* s Vor § 1922 Rn 7, 11 ff.

§ 2272 Rücknahme aus amtlicher Verwahrung

Ein gemeinschaftliches Testament kann nach § 2256 nur von beiden Ehegatten zurückgenommen werden.

1. Die Vorschrift schützt den anderen Teil vor einseitiger Aufhebung. Von der Rücknahme ist die Einsicht zu unterscheiden, die jeder Ehegatte für sich vornehmen darf.

§ 2273 Eröffnung

(1) **Bei der Eröffnung eines gemeinschaftlichen Testaments sind die Verfügungen des überlebenden Ehegatten, soweit sie sich sondern lassen, weder zu verkünden noch sonst zur Kenntnis der Beteiligten zu bringen.**

(2) ¹**Von den Verfügungen des verstorbenen Ehegatten ist eine beglaubigte Abschrift anzufertigen.** ²**Das Testament ist wieder zu verschließen und in die besondere amtliche Verwahrung zurückzubringen.**

(3) **Die Vorschriften des Absatzes 2 gelten nicht, wenn das Testament nur Anordnungen enthält, die sich auf den Erbfall beziehen, der mit dem Tode des erstversterbenden Ehegatten eintritt, insbesondere wenn das Testament sich auf die Erklärung beschränkt, dass die Ehegatten sich gegenseitig zu Erben einsetzen.**

§ 2273

1 1. **Geheimhaltung der Verfügung des Überlebenden** ist nur bei Trennbarkeit gewährleistet (BayObLG NJW-RR 90, 135); das ist verfassungsrechtlich unbedenklich (BVerfG NJW 94, 2535); weiter muß das Geheimhaltungsinteresse des Überlebenden überwiegen (BGH 91, 108, 110). Dies ist zu bejahen, wenn in gleichlautenden Vermächtnissen jeder Erblasser für den Fall seines Nachversterbens einen – nicht erbberechtigten – Dritten begünstigt (BGH 70, 176; hierzu Bühler BWNotZ 80, 34). Es ist zu verneinen, wenn sich der ges Erbe nach dem ersten Erbfall über seine Stellung als Schlußerbe informieren will, um über Anfechtung oder Pflichtteil zu entscheiden (BGH 91, 108; hierzu Bökelmann JR 84, 501) oder wenn die zuletzt Bedachten sich vergewissern können müssen, ob sie Schluß- oder Nacherben sind (Hamm OLGZ 82, 136). Auch gegenstandslose oder ungültige Verfügungen des Erstverstorbenen sind zu verkünden, weil nur lückenlose Bekanntgabe zu sachgerechter Rechtswahrnehmung befähigt (BGH 91, 108; BayObLG NJW-RR 90, 135; BVerfG NJW 94, 2535). Die Eröffnung (Verkündung) nach § 2273 bzgl der Verfügungen des Letztlebenden stellt keine Eröffnung iSv § 2260 dar (Hamm OLGZ 87, 286).

2 2. Die **Wiederverwahrung** obliegt im Falle des § 2261 dem NachlaßG, nicht dem bisherigen Verwahrungsgericht (Hamm OLGZ 87, 284; 90, 277 mN; Frankfurt NJW-RR 95, 460; Zweibrücken Rpfleger 98, 428; str; aA Oldenburg NJW-RR 87, 265; Stuttgart NJW-RR 88, 904; BayObLG NJW-RR 89, 712; FamRZ 95, 681; 00, 638). Zugunsten des überlebenden Ehegatten gilt § 2258a III.

3 3. **Prozessuales.** Gegen die Entscheidung des eröffnenden Gerichts (§§ 2260, 2261) ist Beschwerde möglich, FGG 19 ff, RPflG 11. Sa § 2260 Rn 1.

Abschnitt 4. Erbvertrag

Vorbemerkungen

Lit: Battes, Gemeinschaftliches Testament und Ehegattenerbvertrag als Gestaltungsmittel für die Vermögensordnung der Familie, 1974; Höfer, Der Rücktritt vom Erbvertrag, BWNotZ 84, 113; Kapp, Der Erbvertrag in zivilrechtlicher und erbschaftsteuerlicher Sicht, BB 80, 845; Langenfeld, Freiheit und Bindung beim gemeinschaftlichen Testament oder Erbvertrag von Ehegatten?, NJW 87, 1577; Tzschaschel, Erbverträge, 1986.

1 1. **Wesen.** Im Erbvertrag verfügen ein oder mehrere Erblasser bindend zugunsten des Vertragsgegners oder eines Dritten; er ist also Vertrag und Verfügung von Todes wegen zugleich. Er eignet sich insbes zur Sicherung der Erbfolge hinter nichtehelichen Lebensgefährten (Diederichsen NJW 83, 1020). Ein als Erbvertrag bezeichnetes RGeschäft kann als kaufähnlicher Vertrag einen Vorkaufsfall iSd § 463 nF = § 504 aF begründen (BGH NJW 98, 2136 mN). Vgl zur Bindungswirkung § 2278 Rn 1 ff, § 2286 Rn 1.

2 2. **Begriffe. a)** Im **einseitigen Erbvertrag** trifft nur ein Teil vertragsmäßige Verfügungen (§ 2278), der andere Teil nimmt die Erklärung an, trifft uU einseitige Verfügungen (§ 2299) oder verpflichtet sich unter Lebenden. **b)** Beim **zweiseitigen Erbvertrag** treffen beide Teile vertragsmäßige Verfügungen; vgl auch § 2278 Rn 4. **c)** Der **Erbverzichtsvertrag** als Sonderfall des Erbvertrages unterliegt den **3** besonderen Regeln der §§ 2346 ff. **d)** Als **vorweggenommene Erbfolge** werden RGeschäfte unter Lebenden bezeichnet, die typischerweise eine Schenkung (§§ 516 ff, 2301 II) enthalten (zB BGH 113, 310: „Gleichstellungsgelder" bei ungleicher Übertragung an Kinder und Bewertungsfehler). Möglich ist aber auch die Verbindung einer schuldrechtlichen Verpflichtung zur Leistung unter Lebenden mit einem Erbverzichtsvertrag. Ausführlich zu Übergabe- und Hofübergabeverträgen SoeWolf Vor § 2274, 21, 22; zur *einkommensteuerlichen* Behandlung der vorweggenommenen Erbfolge s BFH (GS) NJW 91, 254; Groh DB 90, 2187;

Meincke NJW 91, 201; 93, 976; Mundt DStR 91, 698; Märkle/Franz BB 91 Beil 5; Söffing NJW 97, 303; ferner das BFM-Schreiben vom 13. 1. 1993, NJW 93, 987–992 (mit zahlreichen Nachweisen und Gestaltungsvorschlägen!). Lit: Olzen, Die vorweggenommene Erbfolge, 1984; Reiff, Vorweggenomme Erbfolge und Pflichtteilsergänzung, NJW 92, 2857; Kollhosser, Aktuelle Fragen der vorweggenommenen Erbfolge, AcP 194, 231; Mayer, Die Rückforderung der vorweggenommenen Erbfolge, DNotZ 96, 604.

3. Zur **Nichtigkeit von Erbverträgen** gem § 138 I vgl BGH 50, 70 (Ausnutzung einer psychischen Zwangslage des Erblassers); ferner § 2077 Rn 3 (Unterlaufen des Nachrangs der Sozialhilfe bei behinderten Erben) und § 2286 Rn 3; zur **Umdeutung** (§ 140) *in* Erbverträge vgl § 2084 Rn 8; zur Auslegung § 2084 Rn 2. 4

4. **Erbschaftsteuer.** Die erbvertragliche Zuwendung ist steuerpflichtig (§ 3 I Nr 1 ErbStG); jedoch kann der vertraglich Begünstigte Zuwendungen absetzen (§ 10 V Nr 3 ErbStG), die er zu Lebzeiten des Erblassers als Gegenleistung für die vertragliche Begünstigung erbracht hat (BFH DB 84, 331; 85, 580). Zur Verfassungsmäßigkeit der Erbschaftsbesteuerung bei Fehlschlag der vorweggenommenen Erbfolge aufgrund Vorversterbens des Beschenkten s BVerfG NJW 98, 743. 5

5. Erbverträge in den *neuen Bundesländern* s Vor § 1922 Rn 5, 14 aE. 6

§ 2274 Persönlicher Abschluss

Der Erblasser kann einen Erbvertrag nur persönlich schließen.

1. **Höchstpersönlichkeit** gilt auch in den Fällen der §§ 2282, 2284, 2290, 2296. Sie betrifft stets nur den Erblasser, nicht den Vertragsgegner, der nicht letztwillig verfügt.

§ 2275 Voraussetzungen

(1) Einen Erbvertrag kann als Erblasser nur schließen, wer unbeschränkt geschäftsfähig ist.

(2) ¹Ein Ehegatte kann als Erblasser mit seinem Ehegatten einen Erbvertrag schließen, auch wenn er in der Geschäftsfähigkeit beschränkt ist. ²Er bedarf in diesem Falle der Zustimmung seines gesetzlichen Vertreters; ist der gesetzliche Vertreter ein Vormund, so ist auch die Genehmigung des Vormundschaftsgerichts erforderlich.

(3) Die Vorschriften des Absatzes 2 gelten auch für Verlobte.

1. a) Erbverträge beschränkt geschäftsfähiger oder geschäftsunfähiger **Erblasser** sind nichtig, die Mitwirkung des ges Vertreters nützt nichts (vgl § 2274); das gilt auch für die Ausübung eines vorbehaltenen Rücktrittsrechts durch den Erblasser (BayObLG FamRZ 96, 969). Die Geschäftsunfähigkeit muß zur vollen Überzeugung des Gerichts feststehen (s § 2229 Rn 3); stellt das Beschwerdegericht auf Testierfähigkeit statt auf Geschäftsfähigkeit ab, kann die Entscheidung dennoch richtig sein (BayObLG NJW-RR 96, 1289). b) Die Sonderregelung für **Eheleute als Erblasser** bzw Verlobte umfaßt die – seltenen – Fälle des § 106. Da für die Zustimmung des ges Vertreter §§ 108, 182 ff gelten, ist nachträgliche Genehmigung denkbar; der Notar (§ 2276) muß deshalb beurkunden, jedoch über die schwebende Unwirksamkeit belehren, BeurkG 11, 28, 18, 17 II (zT str, s SoeWolf 7). Zuständigkeit für Genehmigung nach II 2. HS: RPflG 14 Nr 17. c) Für den **Vertragsgegner**, nicht den Erblasser ist, gelten grundsätzlich §§ 104 ff. d) **Nachträgliche Genehmigung** des Vertrages nach dem Tod des letztwillig verfügenden anderen Teils ist für alle Formen der Genehmigung (ges Vertreter, volljährig gewordener Vertragsteil, Vormundschaftsgericht) ausgeschlossen, weil mit dem Tod des Erblassers die Erbfolge feststehen muß (BGH NJW 78, 1159; zweifelnd BayObLG NJW 60, 578). 1, 2

Stürner

§ 2276 Form

(1) ¹Ein Erbvertrag kann nur zur Niederschrift eines Notars bei gleichzeitiger Anwesenheit beider Teile geschlossen werden. ²Die Vorschriften des § 2231 Nr. 1 und der §§ 2232, 2233 sind anzuwenden; was nach diesen Vorschriften für den Erblasser gilt, gilt für jeden der Vertragschließenden.

(2) Für einen Erbvertrag zwischen Ehegatten oder zwischen Verlobten, der mit einem Ehevertrag in derselben Urkunde verbunden wird, genügt die für den Ehevertrag vorgeschriebene Form.

1 1. a) Gleichzeitige **Anwesenheit** beider Teile bedeutet nur für den verfügenden Teil **persönliche** Anwesenheit; die ges Vertreter eines minderjährigen Erblassers (§ 2275 II, III) brauchen nicht anwesend zu sein. b) Die Form der Erklärungen (§§ 2232, 2233) muß nicht bei beiden Parteien identisch sein; der andere Teil hat sich aber insoweit anzupassen, als dies zur notwendigen Information des Vertragspartners unabdingbar ist (vgl §§ 2266, 2267 Rn 1). Iü ist § 2233 auf den nicht verfügenden Vertragspartner nur insoweit anzuwenden, als seine Voraussetzungen in der Person des Vertragspartners vorliegen. Die Auslegung der Urkunde kann stillschweigende Annahmeerklärung ergeben (Frankfurt OLGZ 80, 404). c) Für das **Beurkundungsverfahren** gelten BeurkG 2–5, 6–13, 16–18, 22–26, 27–35. d) Der **Prozeßvergleich** ersetzt die Form des § 2276, auch im FGG-Verfahren (BGH 14, 386); in Verfahren mit Anwaltszwang müssen die Anwälte mitwirken (vgl BGH NJW 80, 2309). e) Zu **formbedingten Auslegungsgrenzen** s § 2084 Rn 4, 5.

2 2. Ehe- und Erbvertrag. Die Formerleichterung gem II iVm § 1410 bietet nach neuem Recht gegenüber I kaum Vorteile und ist deshalb praktisch bedeutungslos. § 2274 bleibt anwendbar. Für das Beurkundungsverfahren gelten BeurkG 2–5, 6–13, 16–18, 22–26. Die Unwirksamkeit eines Vertrages kann gem § 139 auch den anderen Vertrag erfassen (Stuttgart FamRZ 87, 1034); ges Rücktritt vom Erbvertrag (§§ 2294, 2295) führt aber nicht zur Unwirksamkeit der ehevertraglich vereinbarten Gütergemeinschaft (BGH 29, 132).

3 3. Erbvertrag und andere Verträge. Der inhaltliche Zusammenhang zwischen einem Erbvertrag und einem anderen Vertrag (Rentenversprechen, Adoptionsvertrag, Erbverzicht, usw) führt iGgs zur rechtlichen Einheit nicht zur erbvertraglichen Formpflicht des anderen Vertrags (BGH 36, 70; WM 77, 689; Köln NJW-RR 96, 327; Kanzleiter NJW 97, 217). Hingegen soll § 139 bei inhaltlicher Abhängigkeit des Erbvertrages entspr anwendbar sein (BGH 50, 72; str). Der andere Vertrag muß jeweils seiner Formpflicht genügen. Ein Erbvertrag kann die Stiftung von Todes wegen (vgl § 83) mit einem Stiftungsgeschäft des Überlebenden verbinden (BGH 70, 322).

§ 2277 Besondere amtliche Verwahrung

Wird ein Erbvertrag in besondere amtliche Verwahrung genommen, so soll jedem der Vertragschließenden ein Hinterlegungsschein erteilt werden.

1 1. a) Für die **besondere amtliche Verwahrung** gelten BeurkG 34 II, §§ 2300, 2258a, 2258b. § 2277 ergänzt § 2258b III. In Baden-Württemberg gelten bwLFGG 1 II, 46 III 1. b) Bei **Ausschluß** besonderer amtlicher Verwahrung (BeurkG 34 II) verbleibt der Originalvertrag – auch nach Aufhebung (Köln NJW-RR 89, 452) – beim Notar, BeurkG 34 III; für Abschaffung des Aushändigungsverbots Weirich DNotZ 97, 7. Ausschluß ist iZw bei Verbindung mit einem anderen Vertrag in derselben Urkunde anzunehmen. c) **Rücknahme** aus besonderer amtlicher Verwahrung führt **nicht** zur Vertragsaufhebung, es gilt vielmehr das zu 1 b) Gesagte.

§ 2278 Zulässige vertragsmäßige Verfügungen

(1) In einem Erbvertrag kann jeder der Vertragschließenden vertragsmäßige Verfügungen von Todes wegen treffen.

(2) Andere Verfügungen als Erbeinsetzungen, Vermächtnisse und Auflagen können vertragsmäßig nicht getroffen werden.

Lit: Buchholz, Zur bindenden Wirkung des Erbvertrags, FamRZ 87, 440; Gerken, Die Entstehung der Bindungswirkung beim Erbvertrg, BWNotZ 92, 93; Nolting, Inhalt, Ermittlung und Grenzen der Bindung beim Erbvertrag, 1985; Siebert, Die Bindungswirkung des Erbvertrags, FS Hedemann, 1958, S. 237.

1. Vertragsmäßige Verfügungen. a) Wesen. Der Erblasser ist an vertragsmäßige Verfügungen aufgrund der vertraglichen Einigung gebunden, vgl §§ 2290 ff. Ob eine solche Bindung vorliegt, ergibt sich aus ausdr Bezeichnung (BayObLGZ 61, 210) oder durch Auslegung (§§ 133, 157). Zuwendungen an Vertragsbeteiligte werden regelmäßig als vertragsmäßige Verfügungen zu betrachten sein (BGH 26, 208; hierzu Coing NJW 58, 689), zB gegenseitige Erbeinsetzung (Hamm NJW 74, 1774); Vermächtnis an übernahmeberechtigten Miterben (BGH 36, 120) oder Vermächtnis und Erbverzicht (BGH 106, 361). Bei Zuwendungen an Dritte (§ 1941 II) ist das Interesse des Vertragspartners an einer Bindung ausschlaggebendes Kriterium, so daß zB wechselseitiger Erbeinsetzung der Ehegatten wohl die Berücksichtigung der Verwandten des Erstversterbenden vertragsmäßig sein wird (BayObLG DNotZ 90, 813; Zweibrücken NJW-RR 98, 941), nicht aber Zuwendungen an Verwandte des überlebenden Teils (LM Nr 4; anders bei abw Erblasserwillen: BayObLG Rpfleger 83, 71; sa § 2270 Rn 3). Zuwendungen an eine Familienstiftung (so BGH NJW 78, 944) werden häufig vertragsmäßig sein. In der in Ehevertrag mit fortgesetzter Gütergemeinschaft (§ 1483) angeordneten Teilung unter den Abkömmlingen kann deren vertragsmäßige Einsetzung als Schlußerben liegen (BayObLGZ 86, 246). Verwirkungsklauseln für gemeinsame Kinder, die den Pflichtteil nach dem Erstversterbenden verlangen (§§ 2074–2076 Rn 5; § 2269 Rn 5), oder Wiederverheiratungsklauseln (§ 2269 Rn 7 f) lassen nicht das zwingenden Schluß auf stillschweigende bindende Schlußerbeneinsetzung zu (Saarbrücken NJW-RR 92, 841). **b)** Der **Vorbehalt anderweitiger Verfügung** (hierzu Hülsmeier NJW 86, 3115; Mayer DNotZ 90, 755; Weiler DNotZ 94, 427; krit Lehmann BWNotZ 99, 1; NotBZ 00, 85; sa § 2293 Rn 2) im Erbvertrag ist grundsätzlich zulässig (BayObLG FamRZ 00, 1252), jedoch muß stets mindestens eine bindende Verfügung verbleiben, da andernfalls kein Erbvertrag vorliegen würde (BGH 26, 208; NJW 82, 442 f; BayObLG NJW-RR 97, 1028 mN; Stuttgart BWNotZ 00, 19). Denkbar ist zB der Vorbehalt, den Vertragserben mit Vermächtnissen oder Auflagen zu belasten (zB BayObLG FamRZ 92, 725), einen namentlich bestimmten Testamentsvollstrecker zu ernennen (Stuttgart OLGZ 79, 49), die Erbquote der Vertragserben zu ändern (BGH WM 86, 1222; Koblenz DNotZ 98, 218: Änderung aus „triftigen Gründen") oder über „eigenes", nicht ererbtes Vermögen frei zu verfügen (BayObLG FamRZ 91, 1359). Auch ein stillschweigender Vorbehalt ist möglich (BayObLG Rpfleger 95, 250). **c)** Zum **numerus clausus** vertragsmäßiger Verfügungen vgl II und § 1941; dabei kann die Abgrenzung zwischen Teilungsanordnung und Vermächtnis entscheidend sein (BGH NJW 82, 442; s § 2048 Rn 4). **d) Wechselbezüglichkeit** und Vertragsmäßigkeit sind zu unterscheiden (vgl § 2298 III). **e)** Eine **schuldrechtliche Verpflichtung** entsteht aus erbvertraglicher Bindung nicht, so daß weder für den Vertragspartner noch für begünstigte Dritte (BGH 12, 119) ein vormerkungsfähiger Anspruch zu Lebzeiten des Erblassers gegeben ist; vgl aber auch § 2286 Rn 1–5.

2. Einseitige Verfügungen unterliegen ohne Beschränkung den allg Vorschriften, § 2299.

§§ 2279–2281

6 3. Bei **Verbindung mit RGeschäften unter Lebenden** vgl § 2276 Rn 3 und § 2295 Rn 1.

§ 2279 Vertragsmäßige Zuwendungen und Auflagen; Anwendung von § 2077

(1) Auf vertragsmäßige Zuwendungen und Auflagen finden die für letztwillige Zuwendungen und Auflagen geltenden Vorschriften entsprechende Anwendung.

(2) Die Vorschrift des § 2077 gilt für einen Erbvertrag zwischen Ehegatten, Lebenspartner oder Verlobten auch insoweit, als ein Dritter bedacht ist.

1 1. **Entspr anzuwendende Vorschriften:** §§ 1937–1959, 2094, 2095, 2176–2179; §§ 1942 ff, 2180; §§ 2065–2077, 2084–2093, wobei § 2298 dem § 2085 vorgeht; §§ 2096–2099, 2100–2146, 2147–2191 (für § 2169 ausführlich BGH 31, 17); §§ 2192–2196. **Unanwendbar** §§ 2265–2268.

2 2. **Beim Ehegatten- bzw Verlobtenerbvertrag** ist zu unterscheiden: **a)** Die Unwirksamkeit der **Verfügung zugunsten des überlebenden Ehegatten** folgt aus §§ 2077, 2279 I (zB Saarbrücken Rpfleger 91, 504); die vertragsmäßige wech-
3 selbezügliche Verfügung des überlebenden Teils ist unwirksam gem § 2298. **b)** Die **Verfügung des vorversterbenden Ehegatten zugunsten eines Dritten** ist gem II nach den Regeln des § 2077 unwirksam; für die vertragsmäßige Verfügung des überlebenden Teils gilt § 2298 (Hamm FamRZ 94, 994). **c) Erblasser gem § 2077** ist stets nur der vorversterbende Ehegatte (Hamm FamRZ 65, 78); der überlebende Teil ist bei Nichtigkeit oder später bekannt gewordenen Eheverfeh-
4 lungen auf § 2281 beschränkt. **d)** Die **Widerlegbarkeit** der Unwirksamkeitsvermutung folgt aus § 2077 III (vgl BGH FamRZ 61, 366; Stuttgart OLGZ 76, 17; BayObLG FamRZ 97, 126); vgl auch § 2298 III.

§ 2280 Anwendung von § 2269

Haben Ehegatten oder Lebenspartner in einem Erbvertrag, durch den sie sich gegenseitig als Erben einsetzen, bestimmt, dass nach dem Tode des Überlebenden der beiderseitige Nachlass an einen Dritten fallen soll, oder ein Vermächtnis angeordnet, das nach dem Tode des Überlebenden zu erfüllen ist, so findet die Vorschrift des § 2269 entsprechende Anwendung.

1 1. **a)** Vgl § 2269 Rn 1 ff. **b)** Die **Beteiligung von als Schlußerben eingesetzten Kindern** am Erbvertrag kann als Verzichtsvertrag (§§ 2346, 2348) des Inhalts auszulegen sein, daß die beteiligten Schlußerben auf den Pflichtteilsanspruch nach dem Tod des erstversterbenden Ehegatten verzichten (BGH 22, 368; s § 2346 Rn 2).

§ 2281 Anfechtung durch den Erblasser

(1) Der Erbvertrag kann auf Grund der §§ 2078, 2079 auch von dem Erblasser angefochten werden; zur Anfechtung auf Grund des § 2079 ist erforderlich, dass der Pflichtteilsberechtigte zur Zeit der Anfechtung vorhanden ist.

(2) ¹Soll nach dem Tode des anderen Vertragschließenden eine zugunsten eines Dritten getroffene Verfügung von dem Erblasser angefochten werden, so ist die Anfechtung dem Nachlassgericht gegenüber zu erklären. ²Das Nachlassgericht soll die Erklärung dem Dritten mitteilen.

1 1. **Anfechtungsberechtigte. a)** Der Erblasser selbst kann ein Testament nicht anfechten, weil Widerrufsmöglichkeit gegeben ist (§§ 2253 ff); § 2080 bestimmt den Kreis der Anfechtungsberechtigten. Weil vertragsmäßige Verfügungen binden

Erbvertrag **§ 2282**

(§§ 2289 ff), gesteht I dem Erblasser insoweit ebenfalls ein Anfechtungsrecht zu (hierzu Veit NJW 93, 1553); bei einseitigen Verfügungen bewendet es mit der Widerrufsmöglichkeit (§§ 2299 II 1, 2253 ff). Das Anfechtungsrecht des Erblassers ist entspr § 2079 S 2 erbvertraglich verzichtbar (BGH NJW 83, 2249; Bengel DNotZ 84, 137; zum Verzicht in einem gemeinschaftlichen Testament BayObLG FamRZ 00, 1331). **b)** Der **Vertragsgegner** kann nach §§ 119, 123 die eigenen Willenserklärungen anfechten, soweit er nicht selbst letztwillig verfügt hat; die Erklärung des verfügenden anderen Teils kann er nur nach § 2080 anfechten.

2. **Anfechtungsgründe. a)** Vgl § 2078. Beachtlicher Motivirrtum kann sein 2 der Irrtum über die erbvertragliche Bindungswirkung (Hamm OLGZ 66, 497; BayObLG NJW-RR 97, 1028; Frankfurt ZEV 97, 422); Fehlvorstellung über den erbvertraglichen Ausschluß des Anfechtungsrechts (BayObLG NJW-RR 97, 1030); die Erwartung des Abbaus bestehender persönlicher Unstimmigkeiten mit der Vertragspartei (BGH WM 73, 974) oder des harmonischen Fortgangs der Ehe (BayObLG FamRZ 83, 1275); Nicht- oder Schlechterfüllung der vereinbarten Gegenleistung (Hamm DNotZ 77, 756; vgl auch § 2295 Rn 1). Maßgebend sind die konkreten subj Vorstellungen des später anfechtenden Erblassers, nicht die Maßstäbe eines verständigen Dritten (BGH WM 83, 568; BayObLG FamRZ 00, 1053). **b)** § **2079** wird insoweit modifiziert, als der Pflichtteilsberechtigte nur den 3 Anfechtungszeitpunkt und nicht den Erbfall erleben muß. Ein Anfechtungsgrund besteht auch, wenn ihn der Erblasser durch Heirat oder Adoption selbst schafft; nur bes Umstände (§§ 226, 138) führen zur Nichtigkeit der Anfechtung (BGH FamRZ 70, 79).

3. **Anfechtungsgegner. a)** Bei **Lebzeiten des Vertragsgegners** stets der Ver- 4 tragsgegner (§ 143 II), falls ein Vertragsteil anficht. **b)** Nach dem **Tode des Erblassers aa)** falls Dritte (§ 2080) anfechten, vgl § 2081 Rn 1 f; **bb)** falls der andere Vertragsteil anficht, um Verfügungen zgDr zu beseitigen (§ 2080), vgl § 2081 Rn 1 f; Verfügungen zu seinen Gunsten kann er nicht anfechten, sondern nur ausschlagen; **cc)** falls der andere Vertragsteil anficht, um *eigene* Verfügungen zgDr zu beseitigen, gem II das für den Erstverstorbenen zuständige NachlaßG (FGG 73). Eigene Verfügungen zugunsten des Erstverstorbenen sind gegenstandslos. **c)** Nach 5 dem **Tode eines nicht verfügenden Vertragspartners** gilt Rn 4 (b, cc). Dritte können erst nach dem Tode auch des Erblassers anfechten (§ 2078 ff).

4. Die **Wirkung** liegt in der Nichtigkeit der angefochtenen Erklärung (§ 142 I). 6 Für die übrigen letztwilligen Verfügungen gilt § 2085, für vertragsmäßige Verfügungen § 2298. Soweit nur Willenserklärungen angefochten werden, die keine Verfügung enthalten, können die letztwilligen Verfügungen uU als Testament (§ 140) aufrechtzuerhalten sein. § 122 ist anwendbar (Mankowski ZEV 98, 46; aA München ZEV 98, 70 f). Vgl auch § 2276 Rn 3.

5. Zum **gemeinschaftlichen Testament** vgl § 2271 Rn 11 ff. 7

§ 2282 Vertretung, Form der Anfechtung

(1) ¹**Die Anfechtung kann nicht durch einen Vertreter des Erblassers erfolgen.** ²**Ist der Erblasser in der Geschäftsfähigkeit beschränkt, so bedarf er zur Anfechtung nicht der Zustimmung seines gesetzlichen Vertreters.**

(2) **Für einen geschäftsunfähigen Erblasser kann sein gesetzlicher Vertreter mit Genehmigung des Vormundschaftsgerichts den Erbvertrag anfechten.**

(3) **Die Anfechtungserklärung bedarf der notariellen Beurkundung.**

1. Vgl zur Genehmigung gem II RPflG 14 Nr 17. Die Formpflicht gem III gilt 1 nur für den Erblasser, nicht für Dritte gem § 2080 (sa § 2081 Rn 3); Urschrift oder Ausfertigung, nicht bloß beglaubigte Abschrift müssen zugehen (BayObLGZ 63, 260).

Stürner 1835

§ 2283 Anfechtungsfrist

(1) Die Anfechtung durch den Erblasser kann nur binnen Jahresfrist erfolgen.

(2) ¹Die Frist beginnt im Falle der Anfechtbarkeit wegen Drohung mit dem Zeitpunkt, in welchem die Zwangslage aufhört, in den übrigen Fällen mit dem Zeitpunkt, in welchem der Erblasser von dem Anfechtungsgrund Kenntnis erlangt. ²Auf den Lauf der Frist finden die für die Verjährung geltenden Vorschriften der §§ 206, 210 entsprechende Anwendung.

(3) Hat im Falle des § 2282 Abs. 2 der gesetzliche Vertreter den Erbvertrag nicht rechtzeitig angefochten, so kann nach dem Wegfall der Geschäftsunfähigkeit der Erblasser selbst den Erbvertrag in gleicher Weise anfechten, wie wenn er ohne gesetzlichen Vertreter gewesen wäre.

1. a) § 2283 gilt nur für den Erblasser, iü gelten §§ 2082 bzw 121, 124, vgl hierzu § 2281 Rn 1. **b) Kenntnis des Anfechtungsgrundes** bedeutet Gewißheit über alle für die Anfechtung wesentlichen Tatumstände. Irrtum über das Anfechtungsrecht bei voller Kenntnis des Anfechtungstatbestandes (zB Annahme der Unwirksamkeit des Vertrags infolge des Anfechtungsgrundes) hindert den Fristlauf nicht (BGH FamRZ 70, 79; BayObLG NJW-RR 91, 455; Frankfurt ZEV 00, 106: unbeachtlicher Irrtum über das Entfallen der Bindungswirkung mit Wiederverheiratung). Wohl aber fehlt es an der Kenntnis des Anfechtungstatbestandes, falls Tatumstände aufgrund Rechtsirrtums falsch bewertet werden, zB irrige Annahme der Unwirksamkeit wegen bereits erfolgter Anfechtung (KG FamRZ 68, 218; s aber Hamm FamRZ 94, 851), irrige Beurteilung der Wirksamkeit eines Widerrufs (Köln OLGZ 67, 496), irrige Annahme der Hinfälligkeit einer Schlußerbeneinsetzung nach Eheschließung (BayObLG NJW-RR 92, 1224); sa § 2082 Rn 1 f.

§ 2284 Bestätigung

¹Die Bestätigung eines anfechtbaren Erbvertrags kann nur durch den Erblasser persönlich erfolgen. ²Ist der Erblasser in der Geschäftsfähigkeit beschränkt, so ist die Bestätigung ausgeschlossen.

1. a) S 2 gilt auch bei § 2275 II (str). **b)** Die **nicht** empfangsbedürftige Willenserklärung kann schlüssig und formlos (§ 144 II) abgegeben werden (aA Bengel DNotZ 84, 134).

§ 2285 Anfechtung durch Dritte

Die in § 2080 bezeichneten Personen können den Erbvertrag auf Grund der §§ 2078, 2079 nicht mehr anfechten, wenn das Anfechtungsrecht des Erblassers zur Zeit des Erbfalls erloschen ist.

1. *Erlöschen* des Anfechtungsrechtes des Erblassers kann erfolgen durch Fristversäumnis (§ 2283; BayObLG NJW-RR 92, 1224) oder Bestätigung (§ 2284). Dem das Anfechtungsrecht verneinenden Feststellungsurteil gegen den Erblasser sollte nicht über entspr Anwendung des § 2285 Rechtskraft gegen Dritte zuerkannt werden; offengelassen in BGH 4, 93, wo das Anfechtungsrecht Dritter auf weitere zusätzliche Anfechtungsgründe gestützt wird (str, vgl SoeWolf 2 mN). Die *Beweislast* trägt, wer sich auf das Erlöschen des Anfechtungsrechts beruft (Stuttgart OLGZ 82, 315).

§ 2286 Verfügungen unter Lebenden

Durch den Erbvertrag wird das Recht des Erblassers, über sein Vermögen durch Rechtsgeschäft unter Lebenden zu verfügen, nicht beschränkt.

Lit: Dilcher, Die Grenzen erbrechtlicher Bindung zwischen Verfügungsfreiheit und Aushöhlungsnichtigkeit, Jura 88, 72; Kohler, Erblasserfreiheit oder Vertragserbenschutz und § 826 BGB, FamRZ 90, 464; Speckmann, Aushöhlungsnichtigkeit und § 2287 BGB bei Erbvertrag

Erbvertrag **§ 2287**

und gemeinschaftlichem Testament, NJW 74, 341; Stöcker, Erbenschutz zu Lebzeiten des Erblassers bei der Betriebsnachfolge in Familienunternehmen und Höfe, WM 80, 482; Teichmann, Die „Aushöhlung" erbrechtlicher Bindungen als methodisches Problem, MDR 72, 1.

1. Der **Grundsatz der freien Verfügungsbefugnis** durch RGeschäfte unter Lebenden (BGH 31, 15; Dilcher Jura 87, 16) ist der zutr positivrechtliche Ausgangspunkt für alle Erwägungen, die Stellung der im Erbvertrag Begünstigten gegen gegenläufige Verfügungen des noch lebenden Erblassers zu sichern. Da aus dem Erbvertrag selbst keinerlei schuldrechtliche Ansprüche folgen, ist es auch nicht möglich, die Wirkung solcher Verfügungen durch entspr dingliche Vormerkungen (§ 883) zu beeinträchtigen (BGH 12, 117); vgl § 2278 Rn 4. Das „Anwartschaftsrecht" des Bedachten − falls man von einem solchen überhaupt reden will (vgl schon § 2269 Rn 6) − gewährt allenfalls das Recht, die Fortgeltung einer erbvertraglichen Verfügung durch Feststellungsurteil klären zu lassen, falls sie − zB wegen Anfechtung − zweifelhaft geworden ist (vgl hierzu BGH 37, 332; Düsseldorf FamRZ 95, 59). 1

2. Die **Grenzen der freien Verfügungsbefugnis** sind von diesem Ansatz aus folgendermaßen zu ziehen: **a) Nichtigkeit gem § 134** wegen Umgehung der §§ 2290 ff ist abzulehnen, weil § 2286 diese Möglichkeit ja gerade gewähren will (BGH 59, 346). **b) Nichtigkeit** gem § 138 I folgt konsequent nicht aus einer Umgehung der §§ 2290 ff, sondern sie kann nur bei bes weiteren Umständen vorliegen, wie bei anstößigem Zusammenwirken zur Hintergehung des vertragsmäßig Bedachten (BGH 59, 348 und 351; 108, 79). **c)** Eine **schuldrechtliche Verpflichtung** des Erblassers, nicht zu Lebzeiten zu verfügen, ist nach § 137 S 2 zulässig (BGH 12, 122; 31, 18; 59, 350); sie bedarf auch bei Grundstücken keiner Form (BGH FamRZ 67, 470) und unterliegt bei getrennter Vereinbarung nicht erbvertraglicher Formpflicht (BGH FamRZ 67, 470; vgl auch WM 77, 689, § 2276 Rn 3), kann also uU stillschweigend vereinbart sein. Die **Schadensersatzpflicht des Erblassers** geht auf die Erben oder den Vermögensübernehmer alten Rechts gem § 419 aF (BGH 59, 352; § 419 ist am 1. 1. 1999 außer Kraft getreten, vgl § 419 Rn 1) über. Der Anspruch auf Unterlassung einer Verfügung ist nicht vormerkungsfähig (BGH 12, 122); vormerkungsfähig ist nur ein schuldrechtlicher Anspruch gegen den Erblasser auf dingliche Rechtsänderung, der auch bedingt (Bsp: BayObLG FamRZ 89, 322) oder künftig sein kann (§ 883). **d)** Vgl iü § 2287. Er regelt den Schutz des Vertragserben vor einem Mißbrauch der fortbestehenden Verfügungsgewalt des Erblassers *abschließend* (BGH 108, 78 mAnm Schubert JR 90, 159; NJW 91, 1952; krit Kohler FamRZ 90, 464), so daß insbes § 826 insoweit nicht anwendbar ist. 2 3 4 5

3. Vollzogene **RGeschäfte unter Lebenden auf den Todesfall** (§§ 2301 II, 331) fallen nicht unter § 2289 I 2 (BGH 66, 14), sind also auch bei erbvertraglicher Bindung nach allg Regeln wirksam. 6

§ 2287 Den Vertragserben beeinträchtigende Schenkungen

(1) Hat der Erblasser in der Absicht, den Vertragserben zu beeinträchtigen, eine Schenkung gemacht, so kann der Vertragserbe, nachdem ihm die Erbschaft angefallen ist, von dem Beschenkten die Herausgabe des Geschenks nach den Vorschriften über die Herausgabe einer ungerechtfertigten Bereicherung fordern.

(2) Der Anspruch verjährt in drei Jahren von dem Anfall der Erbschaft an.

Lit: Spellenberg, Verbotene Schenkungen gebundener Erblasser in der Rechtsprechung, NJW 86, 2531.

1. Anspruchsvoraussetzungen. a) Schenkung ist das Schenkungsversprechen (§ 518) und die vollzogene Schenkung, ferner die vollzogene Schenkung auf den Todesfall, § 2301 II (BGH 66, 15); das bloße Schenkungsversprechen auf den Todesfall ist ohnehin unwirksam, § 2301 I. Ausreichend ist auch die sog **gemischte** 1

§ 2287

Schenkung, die bei Einigung über teilw Unentgeltlichkeit vorliegt (etwa bei ungleichwertigem Tausch, vgl Köln NJW-RR 96, 327), nicht schon beim Verkauf unter Wert (zB Gesellschaftseintritt gegen Nominalwert, BGH 97, 194; krit Kuchinke JZ 87, 253). Bei *grobem* Mißverhältnis von Leistung und Gegenleistung spricht allerdings eine Vermutung für die Einigung über die teilw Unentgeltlichkeit (BGH 82, 281; sa § 2325 Rn 3). Ein Erbverzicht ist keine die Schenkung ausschließende Gegenleistung (BGH NJW 90, 2064; sa § 2325 Rn 6). Die sog unbenannte Zuwendung unter Ehegatten ist Schenkung iSd §§ 2287, 2288, 2325 (BGH 116, 170 = LM Nr 20 mAnm Hohloch; NJW-RR 96, 133; hierzu Kues FamRZ 92, 924; Klinghöffer NJW 93, 1097; Draschka DNotZ 93, 100; Langenfeld ZEV 94, 129), insbes wenn sie unterhaltsrechtlich nicht geboten ist. **b) Obj Beeinträchtigung des Vertragserben.** Sie fehlt, wenn der Erblasser die verschenkten Gegenstände dem Beschenkten trotz des Erbvertrages durch Verfügung von Todes wegen hätte zukommen lassen können (BGH 82, 278; FamRZ 89, 175), zB beim erbvertraglichen Vorbehalt abw Verfügung (BGH NJW 83, 2378; WM 86, 1222; § 2278 Rn 2), oder wenn Zugewinnausgleich und Pflichtteilsansprüche des beschenkten Ehegatten gleiche Ergebnisse gezeigt hätten (BGH 116, 175). Keine Beeinträchtigung liegt ferner vor bei Ausgleichungsanordnung (§§ 2052, 2050 III) zu Lasten des beschenkten vertraglichen Mitschlußerben (BGH FamRZ 89, 175 mAnm Musielak); ebensowenig nach Köln ZEV 97, 423 mabl Anm Skibbe bei Vorausvermächtnis des weggeschenkten Grundstücks zugunsten des beeinträchtigten Miterben (zweifelhaft!). **c) Benachteiligungsabsicht** durch Mißbrauch des verbliebenen Rechts zu lebzeitigen Verfügungen (BGH 88, 282). Sie liegt idR vor, wenn kein lebzeitiges Eigeninteresse des Erblassers erkennbar ist (zB Altersversorgung, sittliche Pflicht, Erhaltung eines Unternehmens), die Verfügung es vielmehr ersichtlich darauf anlegt, daß anstelle des Vertragserben ein anderer das wesentliche Erblasservermögen ohne angemessenes Äquivalent erhält (BGH 59, 350, stRspr, zuletzt 83, 46; 97, 188; 116, 176; NJW 92, 2630; ferner Koblenz OLGZ 91, 235; Köln NJW-RR 92, 200; ZEV 00, 106). Unerheblich ist, ob die Schenkungsabsicht oder die Benachteiligungsabsicht überwiegende Motivationskraft hat, weil beide Absichten praktisch oft nicht zu trennen sein werden (BGH 88, 271). Das lebzeitige Eigeninteresse muß idR durch geänderte Sachlage nach Abschluß des Erbvertrags bedingt sein (BGH 77, 268; 83, 46; NJW 84, 732; Frankfurt NJW-RR 91, 1159; hierzu Waltermann JuS 93, 276); jedoch schließt die in einem Erbvertrag enthaltene Pflegesicherung des Vertragserben ein lebzeitiges Eigeninteresse des Erblassers, sich einer anderen Hilfsperson zu bedienen, nicht aus (BGHR BGB § 2287 Abs 1 Eigeninteresse 4). Die Benachteiligungsabsicht kann auch bei fehlendem Eigeninteresse zu verneinen sein, zB wenn die Schenkung die Pflege des Vertragserben sichern soll (BGH NJW-RR 87, 2). **d) Anfall** beim Vertragserben fehlt bei Ausschlagung, § 1953. Vor dem Erbfall besteht kein Anspruch.

2. Inhalt des Anspruchs. a) Herausgabe gem §§ 818–822 bei vollzogener Schenkung. Der pflichtteilsberechtigte Beschenkte darf die Schenkung bis zur Höhe des fiktiven Erbteils behalten (BGH 88, 272); dies gilt sogar dann, wenn er auf sein Erbe verzichtet hat (arg § 2351; BGH 77, 269), allerdings unter Abzug des für den Erbverzicht erlangten Entgelts (BGH 77, 271). Auch der Wert eines Vermächtnisses an den Beschenkten kann einbehalten werden (BGH 97, 194). Von mehreren beeinträchtigenden Zuwendungen sind jüngere vor älteren dem Herausgabeanspruch ausgesetzt (BGH NJW-RR 96, 133: Grundsatz der Posteriorität). Kenntnis der Beeinträchtigungsabsicht wirkt haftungsverschärfend, § 819. **b)** Befreiung von Erfüllung des Schenkungsversprechens (Bereicherungseinrede gem § 821) gegen Erfüllungsanspruch des Beschenkten. **c)** Bei gemischter Schenkung Herausgabe Zug um Zug gegen Ausgleichszahlung nur bei Überwiegen der Unentgeltlichkeit, sonst Wertausgleich; gleiche Abwägung erfolgt zwischen herauszugebendem Schenkungswert und Pflichtteils- bzw Vermächtniswert (BGH 77, 272; 82, 279; 88, 272). **d)** Ein **vorbereitender Auskunftsanspruch** des Vertragserben ist zu bejahen, falls für die Voraussetzungen des § 2287 greifbare Anhaltspunkte dargetan sind; so BGH 97, 192 (krit Anm Kuchinke JZ 87, 253): § 242; Winkler v. Mohrenfels NJW 87, 2558: § 2028 analog; sa Stürner, Die Aufklärungspflicht der Parteien des Zivilprozesses, 1976, S 319/320.

3. a) Gläubiger des Anspruchs ist der Vertragserbe, bei mehreren Vertragserben entgegen § 2039 verhältnismäßig jeder Vertragserbe (LM Nr 4 zu § 2278; BGH NJW 89, 2391) bzw der durch Teilungsanordnung gegenständlich begünstigte Miterbe (Frankfurt NJW-RR 91, 1159). Der Anspruch gehört nicht zum Nachlaß (Frankfurt NJW-RR 91, 1159), unterliegt also auch nicht der Testamentsvollstreckung; jedoch Verjährungshemmung bei Klage des ermächtigten Testamentsvollstreckers (BGH 78, 3 zum alten Recht; krit Tiedtke DB 81, 1317). Der *Anspruchsverzicht* bedarf der Form des § 2348 (BGH 108, 255). Bei Minderjährigen ist vormundschaftsgerichtl Genehmigung erforderlich (BGH 83, 50; §§ 2347, 2352).
b) Schuldner ist der Beschenkte, anders § 2288. **c)** Die **Verjährungsfrist** nach III gilt für alle aus der Schenkung resultierenden Ansprüche, auch solche auf Herausgabe gezogener Nutzungen (Köln Erbstg 00, 138). 7

4. Zur entspr Anwendung beim **gemeinschaftlichen Testament** s § 2271 Rn 5, 10; zum Verhältnis zu § 826 s § 2286 Rn 5. 8

5. Prozessuales. Grundsätzliche Darlegungs- und Beweislast des Vertragserben für Schenkung und fehlendes lebzeitiges Eigeninteresse; aber Darlegungslast des Beschenkten für nähere Umstände der Zuwendung (Köln NJW-RR 92, 200; Baumgärtel/Strieder, § 2287 Rn 4; zum Auskunftsanspruch Rn 6). Eine Feststellungsklage des Vertragserben zu Lebzeiten des Erblassers, die den Anspruch aus § 2287 I zum Gegenstand hat, ist regelmäßig mangels Feststellungsinteresses (ZPO 256 I) unzulässig (München FamRZ 96, 253). 9

§ 2288 Beeinträchtigung des Vermächtnisnehmers

(1) **Hat der Erblasser den Gegenstand eines vertragsmäßig angeordneten Vermächtnisses in der Absicht, den Bedachten zu beeinträchtigen, zerstört, beiseite geschafft oder beschädigt, so tritt, soweit der Erbe dadurch außerstande gesetzt ist, die Leistung zu bewirken, an die Stelle des Gegenstands der Wert.**

(2) ¹**Hat der Erblasser den Gegenstand in der Absicht, den Bedachten zu beeinträchtigen, veräußert oder belastet, so ist der Erbe verpflichtet, dem Bedachten den Gegenstand zu verschaffen oder die Belastung zu beseitigen; auf diese Verpflichtung findet die Vorschrift des § 2170 Abs. 2 entsprechende Anwendung.** ²**Ist die Veräußerung oder die Belastung schenkweise erfolgt, so steht dem Bedachten, soweit Ersatz nicht von dem Erben erlangen kann, der im 2287 bestimmte Anspruch gegen den Beschenkten zu.**

1. Der **Zweck** der Vorschrift besteht darin, dem Vermächtnisnehmer des Erbvertrages über §§ 2165, 2169, 2170 ff hinaus weitergehenden Schutz zu gewähren. **a)** Beeinträchtigungsabsicht: s § 2287 Rn 3 (BGH NJW 84, 732; 94, 317; NJW-RR 98, 577). **b) Anspruchsschuldner** sind primär nur der bzw die **beschwerten** Erben bzw Miterben; denn die Haftung aus § 2288 reicht nicht weiter als die Haftung für das Vermächtnis selbst (SoeWolf 3; str, aA MK/Musielak 9). **c)** Der **Veräußerung** gem II gleichgestellt ist wegen § 2169 IV die Verpflichtung zur Veräußerung (BGH 31, 23). **d)** Die **Ersatzhaftung des Beschenkten** greift durch, falls der Wertersatzanspruch gegen den Erben (II 1 HS 2 § 2170 II 1) nicht durchsetzbar ist (beschränkte Haftung, Zahlungsunfähigkeit usw). Dies kann bei der Vereitelung von Geld- oder Gattungsvermächtnissen bedeutsam sein (s BGH 111, 138). **e)** Der vermächtnisbelastete Vertragserbe hat gegen den Beschenkten keinen Herausgabeanspruch aus § 2287 (Frankfurt NJW-RR 91, 1159), der ihm die Erfüllung des Vermächtnisses erleichtern könnte. 1 2

§ 2289 Wirkung des Erbvertrags auf letztwillige Verfügungen, Anwendung von § 2338

(1) ¹Durch den Erbvertrag wird eine frühere letztwillige Verfügung des Erblassers aufgehoben, soweit sie das Recht des vertragsmäßig Bedachten beeinträchtigen würde. ²In dem gleichen Umfang ist eine spätere Verfügung von Todes wegen unwirksam, unbeschadet der Vorschrift des § 2297.

(2) Ist der Bedachte ein pflichtteilsberechtigter Abkömmling des Erblassers, so kann der Erblasser durch eine spätere letztwillige Verfügung die nach § 2338 zulässigen Anordnungen treffen.

Lit: Kuchinke, Beeinträchtigende Anordnungen des an seine Verfügungen gebundenen Erblassers, FS von Lübtow, 1991, S 283.

1 1. **Beeinträchtigung** des Rechtes des vertragsmäßig Bedachten liegt vor: a) Bei **Widerspruch** zwischen vertraglicher und anderweitiger Verfügung (vgl § 2258), mag die anderweitige Verfügung den Bedachten auch wirtschaftlich besser stellen, zB unbelasteter Bruchteilserbe statt Vorerbe und Vermächtnisnehmer (BGH 26, 212); zur abw Rechtslage beim gemeinschaftlichen Testament vgl § 2271 Rn 3. Ob die nachträgliche Auswechselung des Testamentsvollstreckers eine Beeinträchtigung des Vertragserben darstellt und daher nach § 2289 I 2 unwirksam ist, bestimmt sich nach den Umständen des Einzelfalls (Hamm ZEV 01, 271 mAnm Reimann zur Parallelproblematik beim gemeinschaftlichen Testament).

2 b) Bei **wirtschaftlicher Schlechterstellung**, falls kein Widerspruch vorliegt, zB Anordnung einer Testamentsvollstreckung zu Lasten eines Vertragserben (BGH NJW 62, 912), Einsetzung eines Schiedsrichters zwischen vertraglich bedachten Vermächtnisnehmern (Hamm, NJW-RR 91, 456).

3 2. a) Die **Aufhebungswirkung** gegenüber früheren Verfügungen gilt nicht gegenüber Verfügungen gem §§ 2271, 2289 I 2 mit abw Partnern. Sie entfällt bei Erbvertragsaufhebung, Rücktritt oder Gegenstandslosigkeit des Erbvertrags (Tod, Ausschlagung, Erbunwürdigkeit), es sei denn, dem gegenstandslosen Erbvertrag ist absoluter Widerrufswille zu entnehmen (Zweibrücken FamRZ 99, 1545). Für einseitige Anordnungen im Erbvertrag gelten allein §§ 2299, 2258, so daß es hier **4** nur auf den Widerspruch (Rn 1) ankommt. b) Die **Bindungswirkung** des Erbvertrages entfällt bei Aufhebung, neuem formwirksamem Erbvertrag (BayObLG Rpfleger 93, 449), Rücktritt, Gegenstandslosigkeit (zB infolge wirksamen Erbverzichts des Bedachten: BayObLG FamRZ 01, 319), Unwirksamkeit (Zweibrücken OLGZ 90, 136) und beim **Vorbehalt anderweitiger Verfügung** (vgl § 2278 Rn 2). Der Vorbehalt muß sich zumindest schlüssig aus dem Erbvertrag ergeben, formlose nachträgliche Zustimmung des Vertragspartners bzw Bedachten genügt nicht (BGH 108, 254). Ein dem älteren Erbvertrag zuwiderlaufender zweiter Erbvertrag wird mit dem Fortfall des Erstvertrages wirksam (Zweibrücken OLGZ 90, 136, 137). Zur Bindungswirkung bei Wiederverheiratungsklauseln vgl § 2269 Rn 7 f und Zweibrücken OLGZ 73, 217. Erblasserirrtum über die Bindungswirkung kann zur Anfechtung gem § 2078 berechtigen (BayObLG NJW-RR 97, **5** 1027). c) **Gleichzeitige einseitige Anordnungen** im Erbvertrag sind auch bei Disharmonie jedenfalls dann wirksam, wenn der Vertragspartner sie kannte (Hamm OLGZ 76, 24).

6 3. Der ges **Änderungsvorbehalt** gem II ist unverzichtbar.

7 4. Zum Verhältnis **Hofübergabevertrag** – Erbvertrag s SoeWolf 8.

§ 2290 Aufhebung durch Vertrag

(1) ¹Ein Erbvertrag sowie eine einzelne vertragsmäßige Verfügung kann durch Vertrag von den Personen aufgehoben werden, die den Erbvertrag geschlossen haben. ²Nach dem Tode einer dieser Personen kann die Aufhebung nicht mehr erfolgen.

Erbvertrag **§§ 2291–2293**

(2) ¹Der Erblasser kann den Vertrag nur persönlich schließen. ²Ist er in der Geschäftsfähigkeit beschränkt, so bedarf er nicht der Zustimmung seines gesetzlichen Vertreters.

(3) ¹Steht der andere Teil unter Vormundschaft oder wird die Aufhebung vom Aufgabenkreis eines Betreuers erfasst, so ist die Genehmigung des Vormundschaftsgerichts erforderlich. ²Das Gleiche gilt, wenn er unter elterlicher Sorge steht, es sei denn, dass der Vertrag unter Ehegatten oder unter Verlobten geschlossen wird.

(4) Der Vertrag bedarf der im § 2276 für den Erbvertrag vorgeschriebenen Form.

1. a) Form: vgl § 2276 Rn 1. b) Ein **Erbverzichtsvertrag** zwischen **zwei** 1 Erbvertragsparteien ist ausgeschlossen (Stuttgart OLGZ 79, 130), hingegen zulässig bei **mehreren** Vertragsparteien, falls die verfügende und die bedachte Partei kontrahieren (so trotz § 2352 S 2 zu Recht BayObLG NJW 65, 1552; BayObLGZ 74, 401). c) Vgl zu III RPflG 14 Nr 17. d) **Aufhebungswirkung** kann auf Fortfall 2 der Bindung beschränkt werden; für einseitige Verfügungen vgl § 2299 III. e) Bei **Beseitigung** des Aufhebungsvertrages (zB Anfechtung) gelten §§ 2279 I, 2257.

§ 2291 Aufhebung durch Testament

(1) ¹Eine vertragsmäßige Verfügung, durch die ein Vermächtnis oder eine Auflage angeordnet ist, kann von dem Erblasser durch Testament aufgehoben werden. ²Zur Wirksamkeit der Aufhebung ist die Zustimmung des anderen Vertragschließenden erforderlich; die Vorschrift des § 2290 Abs. 3 findet Anwendung.

(2) **Die Zustimmungserklärung bedarf der notariellen Beurkundung; die Zustimmung ist unwiderruflich.**

1. Die **erleichterte Aufhebung** gilt nicht für Erbeinsetzungen; sie ist auch 1 durch privatschriftliches Testament möglich und erspart gleichzeitige persönliche Anwesenheit.

§ 2292 Aufhebung durch gemeinschaftliches Testament

Ein zwischen Ehegatten oder Lebenspartnern geschlossener Erbvertrag kann auch durch ein gemeinschaftliches Testament der Ehegatten oder Lebenspartner aufgehoben werden; die Vorschriften des § 2290 Abs. 3 finden Anwendung.

1. a) Das gemeinschaftliche Testament kann den Erbvertrag ganz oder zT auf- 1 heben oder modifizieren (Bsp: BGH NJW 87, 901; BayObLGZ 87, 27). Die aufhebenden Ehegatten müssen bei Abschluß des Erbvertrages nicht verheiratet gewesen sein (Köln FamRZ 74, 51). b) Beide Ehegatten müssen voll testierfähig sein (BayObLG NJW-RR 96, 457); bei beschränkter Geschäftsfähigkeit beachte §§ 2233 I, 2247 IV, 2290 III. c) Für Widerruf **einseitiger Verfügungen** im Erb- 2 vertrag (s § 2278 Rn 1) genügt ein gewöhnliches Testament, § 2299 II 1 (BayObLG FamRZ 92, 607).

§ 2293 Rücktritt bei Vorbehalt

Der Erblasser kann von dem Erbvertrag zurücktreten, wenn er sich den Rücktritt im Vertrag vorbehalten hat.

Lit: Van Venrooy, § 2293 BGB und die Theorie des Erbvertrags, JZ 87, 10.

1. a) Der **Rücktrittsvorbehalt** des Erblassers kann unbeschränkt oder be- 1 schränkt, bedingt oder befristet sein; der Erblasser kann einen globalen Vorbehalt auch nur teilw ausnützen. Praktisch bedeutsam ist der Rücktrittsvorbehalt bei Nicht- oder Schlechterfüllung der Gegenleistung durch den Vertragserben. Der

Stürner

Erblasser muß nur die allg umschriebene Gegenleistung abmahnen (LM Nr 118 zu § 242 [C d]), nicht die ausreichend konkretisierte (BGH NJW 81, 2300; zum notwendigen Inhalt der Abmahnung s Düsseldorf NJW-RR 95, 142). **b)** Im **Unterschied zum Vorbehalt anderweitiger Verfügung** (vgl § 2278 Rn 2) ist der Erblasser ohne Rücktritt vertraglich gebunden (zur Abgrenzung: BayObLG FamRZ 89, 1354). **c)** Zum Rücktritt bei Koppelung von Ehe- und Erbvertrag vgl § 2276 Rn 2. **d)** Ges Rücktrittsgründe und Form vgl §§ 2294–2297, zum Rücktritt beim zweiseitigen Erbvertrag § 2298 II.

2. Rücktritt des nicht verfügenden Teils nur bei vertraglichem Vorbehalt (§ 346 I 1 nF = § 346 S 1 aF). Der Erblasser kann dann gem § 2295 oder aufgrund eigenen vertraglichen Vorbehalts zurücktreten (Kipp/Coing § 40 IV 2).

3. Die **bedingte Zuwendung** des Erblassers ist vom Rücktrittsvorbehalt zu unterscheiden; die Bedingung (zB Erbringung der Gegenleistung) kann sich durch Auslegung ergeben (Hamm DNotZ 77, 754 mN); vgl auch § 2346 Rn 5.

§ 2294 Rücktritt bei Verfehlungen des Bedachten

Der Erblasser kann von einer vertragsmäßigen Verfügung zurücktreten, wenn sich der Bedachte einer Verfehlung schuldig macht, die den Erblasser zur Entziehung des Pflichtteils berechtigt oder, falls der Bedachte nicht zu den Pflichtteilsberechtigten gehört, zu der Entziehung berechtigen würde, wenn der Bedachte ein Abkömmling des Erblassers wäre.

1. Der **ges Rücktrittsgrund** verweist auf §§ 2333–2335. Besserung (§ 2336 IV) oder Verzeihung (§ 2337 S 1) vernichten den Rücktrittsgrund, nicht aber den bereits erfolgten Rücktritt. Liegen die Verfehlungen vor Vertragserrichtung, kann der Erblasser nur anfechten (§§ 2281, 2078).

2. Prozessuales. Anders als in § 2297 ist § 2336 II–IV nicht anzuwenden; der Erblasser trägt die Beweislast für obj und subj Merkmale der Entziehungstatbestände, für Rechtfertigungs- und Entschuldigungsgründe der Bedachte (BGH FamRZ 85, 920; anders bei § 2336 III: s § 2336 Rn 4).

§ 2295 Rücktritt bei Aufhebung der Gegenverpflichtung

Der Erblasser kann von einer vertragsmäßigen Verfügung zurücktreten, wenn die Verfügung mit Rücksicht auf eine rechtsgeschäftliche Verpflichtung des Bedachten, dem Erblasser für dessen Lebenszeit wiederkehrende Leistungen zu entrichten, insbesondere Unterhalt zu gewähren, getroffen ist und die Verpflichtung vor dem Tode des Erblassers aufgehoben wird.

1. a) Inhaltliche Zweckverbindung von Erbvertrag und Verpflichtung zu wiederkehrender Leistung (Unterhalt, Pflege, Rente usw) genügt, rechtliche Einheit entbehrlich. **b) Aufhebung** der Verpflichtung liegt vor bei Unmöglichkeit (§ 275 I nF entspr 275 aF), Nichtigkeit (zB infolge Anfechtung), vertraglicher Aufhebung. Nichterfüllung oder Schlechterfüllung sind nach hM ungenügend, sie gewähren zunächst einmal nur ein Anfechtungsrecht (vgl § 2281 Rn 2); anders, wenn der Erblasser den Pflegevertrag wegen Nichterfüllung kündigt (Karlsruhe NJW-RR 97, 709) oder von einem verbundenen gegenseitigen Vertrag unter Lebenden gem § 323 I nF (entspr § 326 aF) zurücktritt. **c) Erbrachte Leistungen** kann der Gegner gem § 812 I 2 1. Alt zurückverlangen.

§ 2296 Vertretung, Form des Rücktritts

(1) ¹**Der Rücktritt kann nicht durch einen Vertreter erfolgen.** ²**Ist der Erblasser in der Geschäftsfähigkeit beschränkt, so bedarf er nicht der Zustimmung seines gesetzlichen Vertreters.**

(2) ¹**Der Rücktritt erfolgt durch Erklärung gegenüber dem anderen Vertragschließenden.** ²**Die Erklärung bedarf der notariellen Beurkundung.**

Erbvertrag **§§ 2297-2299**

1. Vgl § 2271 Rn 2. Bei mehrseitigem Erbvertrag muß Rücktritt gegenüber 1
allen Vertragspartnern erfolgen (BGH FamRZ 85, 921). Notarielle Beurkundung
ist auch bei kombiniertem Ehe- und Erbvertrag unabdingbar (Hamm DNotZ 99,
142, 144 f; krit Kanzleiter DNotZ 99, 122).

§ 2297 Rücktritt durch Testament

¹**Soweit der Erblasser zum Rücktritt berechtigt ist, kann er nach dem Tode des anderen Vertragschließenden die vertragsmäßige Verfügung durch Testament aufheben.** ²**In den Fällen des § 2294 findet die Vorschriften des § 2336 Abs. 2 bis 4 entsprechende Anwendung.**

1. Änderung der Rücktrittsform des § 2296 nach dem Tod des Vertragsgegners. 1
Verzeihung (§ 2337 S 1) beseitigt nur den Rücktrittsgrund, nicht den bereits
erfolgten testamentarischen Rücktritt (vgl auch § 2294 Rn 1). Beim zweiseitigen
Erbvertrag gilt § 2298 II 2 und 3.

§ 2298 Zweiseitiger Erbvertrag

(1) **Sind in einem Erbvertrag von beiden Teilen vertragsmäßige Verfügungen getroffen, so hat die Nichtigkeit einer dieser Verfügungen die Unwirksamkeit des ganzen Vertrags zur Folge.**

(2) ¹**Ist in einem solchen Vertrag der Rücktritt vorbehalten, so wird durch den Rücktritt eines der Vertragschließenden der ganze Vertrag aufgehoben.** ²**Das Rücktrittsrecht erlischt mit dem Tode des anderen Vertragschließenden.** ³**Der Überlebende kann jedoch, wenn er das ihm durch den Vertrag Zugewendete ausschlägt, seine Verfügung durch Testament aufheben.**

(3) **Die Vorschriften des Absatzes 1 und des Absatzes 2 Sätze 1 und 2 finden keine Anwendung, wenn ein anderer Wille der Vertragschließenden anzunehmen ist.**

1. a) **Grundregel:** Bei zweiseitigen Erbverträgen (vgl Vor § 2274 Rn 2) führt 1
Nichtigkeit – nicht aber Gegenstandslosigkeit – einer vertragsmäßigen Verfügung
zur Nichtigkeit des Gesamtvertrages und damit auch der vertragsmäßigen Verfügung des andern Teils. Das Ges vermutet widerlegbar (vgl III) bei vertragsmäßigen
Verfügungen beider Teile die Wechselbezüglichkeit (vgl § 2278 Rn 4). b) **Auslegung** 2
gem III kann nicht nur fehlende Wechselbezüglichkeit ergeben, sondern
auch aa) bei Unwirksamkeit der wechselbezüglichen Verfügungen das Fortgelten
vertragsmäßiger nicht wechselbezüglicher Verfügungen und bb) bei Unwirksamkeit vertragsmäßiger Verfügungen die Fortgeltung einseitiger Verfügungen (sa
§§ 2299 II iVm 2085).

2. a) Der **gewillkürte Rücktritt** führt gem II 1 iZw (vgl III) zur Aufhebung 3
des Gesamtvertrages; sofern allerdings nur für **eine** vertragsmäßige Verfügung der
Rücktritt vorbehalten, ist ihr Ausschluß von der Wechselbezüglichkeit wahrscheinlich. II 2 und 3 sind abdingbar, so daß völliger Ausschluß des Rücktritts
nach dem Tod eines Teils oder fortbestehende freie Rücktrittsmöglichkeit durch
Testament vereinbart werden können (BayObLG FamRZ 94, 196). Das Schicksal
einseitiger Verfügungen regelt § 2299 III. b) Beim **ges Rücktritt** sollen
§§ 2279 I, 2085 gelten (StKanzleiter 12), jedoch ist die analoge Anwendung von I
und III vorzuziehen.

§ 2299 Einseitige Verfügungen

(1) **Jeder der Vertragschließenden kann in dem Erbvertrag einseitig jede Verfügung treffen, die durch Testament getroffen werden kann.**

(2) ¹**Für eine Verfügung dieser Art gilt das Gleiche, wie wenn sie durch Testament getroffen worden wäre.** ²**Die Verfügung kann auch in einem**

Vertrag aufgehoben werden, durch den eine vertragsmäßige Verfügung aufgehoben wird.

(3) Wird der Erbvertrag durch Ausübung des Rücktrittsrechts oder durch Vertrag aufgehoben, so tritt die Verfügung außer Kraft, sofern nicht ein anderer Wille des Erblassers anzunehmen ist.

1. a) Abgrenzung von Vertragsmäßigkeit und Einseitigkeit vgl § 2278 Rn 1. b) **Testierfähigkeit** richtet sich nach §§ 2299 II 1, 2229, 2233 I, 2247 IV; § 2275 II, III ist unanwendbar. Sa zum Widerruf § 2292 Rn 2.

§ 2300 Amtliche Verwahrung; Eröffnung

(1) Die für die amtliche Verwahrung und die Eröffnung eines Testaments geltenden Vorschriften der §§ 2258a bis 2263, 2273 sind auf den Erbvertrag entsprechend anzuwenden, die Vorschrift des § 2273 Abs. 2, 3 jedoch nur dann, wenn sich der Erbvertrag in besonderer amtlicher Verwahrung befindet.

(2) Ein Erbvertrag, der nur Verfügungen von Todes wegen enthält, kann aus der amtlichen oder notariellen Verwahrung zurückgenommen und den Vertragsschließenden zurückgegeben werden. Die Rückgabe kann nur an alle Vertragsschließenden gemeinschaftlich erfolgen; die Vorschrift des § 2290 Abs. 1 Satz 2, Abs. 2 und 3 findet Anwendung. Wird ein Erbvertrag nach den Sätzen 1 und 2 zurückgenommen, gilt § 2256 Abs. 1 entsprechend.

1. a) Zur **besonderen amtlichen Verwahrung** vgl § 2277 Rn 1. b) **Eröffnung: aa)** Bei Verwahrung durch den Notar (BeurkG 34 II) liefert der Notar den Erbvertrag zum Nachlaßg ab (§ 2259), das gem §§ 2260, 2262, 2263, 2273 I eröffnet und den Vertrag zu den Akten nimmt; bes amtliche Verwahrung nur auf Antrag des Überlebenden (§ 2273 II 2 und III). **bb)** Bei bes amtlicher Verwahrung ist gem §§ 2260ff, 2273 zu verfahren, vgl auch § 2273 Rn 1 u 3.

2. Seit 1. 8. 2002 können Erbverträge gem dem neu eingefügten Abs 2 wie gemeinschaftliche Testamente (§§ 2272, 2256 I) aus amtlicher oder notarieller Verwahrung zurückgenommen werden, falls sie nur Verfügungen von Todes wegen enthalten. Die **Rücknahme** hat Widerrufswirkung, weshalb die Voraussetzungen der Vertragsaufhebung (§ 2290 I 2, II und III) vorliegen müssen. Die Herausgabe an die Vertragsparteien verhindert die oft unerwünschte Bekanntmachung eines aufgehobenen Erbvertrages an die späteren Erben (s BeurkG 34 III).

§ 2300a Eröffnungsfrist

Befindet sich ein Erbvertrag seit mehr als 50 Jahren in amtlicher Verwahrung, so ist § 2263a entsprechend anzuwenden.

1. Die Vorschrift gilt unabhängig von amtlicher Verwahrung für alle Erbverträge, also auch bei notarieller Verwahrung. Die gegenüber § 2263a längere Frist erklärt sich daraus, daß Erbverträge – anders als Testamente – schon in jungen Jahren geschlossen werden. Keine entspr Anwendung bei Erbverzichtsverträgen (BayObLGZ 83, 149). Vgl iü § 2263a Rn 1.

§ 2301 Schenkungsversprechen von Todes wegen

(1) ¹Auf ein Schenkungsversprechen, welches unter der Bedingung erteilt wird, dass der Beschenkte den Schenker überlebt, finden die Vorschriften über Verfügungen von Todes wegen Anwendung. ²Das Gleiche gilt für ein schenkweise unter dieser Bedingung erteiltes Schuldversprechen oder Schuldanerkenntnis der in den §§ 780, 781 bezeichneten Art.

Erbvertrag **§ 2301**

(2) Vollzieht der Schenker die Schenkung durch Leistung des zugewendeten Gegenstands, so finden die Vorschriften über Schenkungen unter Lebenden Anwendung.

Lit: Bühler, Die Rspr des BGH zur Drittbegünstigung im Todesfall, NJW 76, 1727 (krit Harder-Welter NJW 77, 1139); Damrau, Zuwendungen unter Lebenden auf den Todesfall, JurA 70, 716; Hager, Neuere Tendenzen beim Vertrag zugunsten Dritter auf den Todesfall, FS v. Caemmerer, 1977, S 127; Harder, Zuwendungen unter Lebenden auf den Todesfall, 1968; Kegel, Zur Schenkung von Todes wegen, 1972; Kümpel, Konto und Depot zugunsten Dritter auf den Todesfall, WM 77, 1186; Olzen, Lebzeitige und letztwillige Rechtsgeschäfte, Jura 87, 16.

1. a) Es sind drei **Arten erbrechtskonkurrierender Schenkung** zu unterscheiden: unbedingte, erst im Todesfall fällige Schenkung (Rn 8); Schenkung unter der Bedingung des Überlebens des Beschenkten ohne Vollzug (Rn 9); Schenkung unter der Überlebensbedingung mit Vollzug (Rn 4 ff); nur die beiden letzten Arten behandelt § 2301. **b) Zweck und grundsätzlicher Anwendungsbereich:** Die Bedingung, daß der Beschenkte den Schenker überlebt, muß nicht ausdr erklärt sein; sie ist vielfach gewollt, wenn der Erblasser die versprochene Zuwendung gerade der Person des Versprechensempfängers zukommen lassen wollte (BGH 99, 101; Hamm NJW-RR 00, 1389, 1390; vgl Rn 8; für Auslegungsregel in diesem Sinne Leipold JZ 87, 363 und Bork JZ 88, 1063; dagegen LM Nr 12 = NJW 88, 2732: § 2084 analog). Solche Schenkungen werden von den Vorschriften des Erbrechts nur freigestellt, wenn ihr Vollzug das Vermögen des Erblassers noch zu Lebzeiten sofort und unmittelbar mindert. Dadurch soll ein Unterlaufen erbrechtlicher Formvorschriften verhindert und der Rechtsverkehr vor einer Aushöhlung des Nachlaßvermögens geschützt werden; wirksame Schenkungen beschränken Nachlaßgläubiger auf AnfG 4 (AnfG 3 aF), InsO 134 (KO 32 aF); Pflichtteilsberechtigte auf §§ 2325, 2329; Vertragserben auf § 2287. Entspr diesem Schutzzweck gilt die Vorschrift von vornherein nicht bei entgeltlichen RGeschäften auf den Todesfall (BGH 8, 31), etwa wenn *alle* Gesellschafter einer OHG für den Fall ihres Todes auf Abfindungsansprüche der Erben verzichten (BGH 22, 194) oder wenn der im Todesfall übernahmeberechtigte Mitgesellschafter die Abfindung der Erben übernimmt (BGH NJW 59, 1433); immer entscheidet über die Entgeltlichkeit aber das Gesamtbild des Gesellschaftsvertrags (sa § 2113 Rn 4, § 2325 Rn 5). Zuwendungsversprechen als „Dankesschuld" an die langjährige Lebensgefährtin sind idR Schenkung, nicht Gegenleistung für Dienste (Düsseldorf OLGZ 78, 324). Ein vom Erblasser eingeräumtes unentgeltliches Wohnrecht auf Lebenszeit ist Leihe, nicht Schenkung (BGH NJW 85, 1553); anders uU bei faktischer Substanzweggabe (unklar!).

2. Die **vollzogene** überlebensbedingte Schenkung gem II stellt vom Erbrecht frei, ferner heilt der Vollzug den schenkungsrechtlichen Formmangel, § 518 II. **a)** Die **Voraussetzungen des Vollzuges** sind umstritten (zur Rspr im RG Kipp/Coing § 81 I 3). Vollzug sind zunächst die perfekten dinglichen Erfüllungsgeschäfte (vgl §§ 397, 398, 873, 925, 929 ff). Aber auch soweit die dinglichen Geschäfte zulässigerweise unter der Bedingung des Vorversterbens des Schenkers stehen, ist Vollzug gegeben, weil der Erwerber eine weithin geschützte Anwartschaft erworben hat (vgl § 161), die das Vermögen des Erblassers schon zu Lebzeiten mindert (BGH 8, 31; NJW 78, 424; verallgemeinerungsfähig insoweit BGH NJW 70, 942; 1639; 74, 2320; Brox, ErbR, § 43 II 2 a und b; Kipp/Coing § 81 III 1 c mN; zur Auflassungsanwartschaft nach Vormerkung Hamm NJW-RR 00, 1390 und Rn 4 aE). Str ist, ob bereits die Abgabe der zum Erfüllungsgeschäft notwendigen Willenserklärung durch den Erblasser genügt, die dem Vertragspartner nach dem Tode zugeht und dann von ihm angenommen wird (§§ 130 II, 153); dabei ist vor allem an Fälle zu denken, in denen sich der Erblasser eines Erklärungsboten bedient (vgl RG 83, 223 – „Bonifatiusfall"; hierzu Martinek/Röhrborn JuS 94, 473, 564). Gegen den endgültigen Abfluß aus dem Vermögen des Erblassers spricht die Möglichkeit des Widerrufs (§ 130 I 2); für den Vollzug spricht der Zweck der

Stürner 1845

§ 2301

§§ 130 II, 153, über den Tod des Erklärenden hinweg Verfügungsgeschäfte unter Lebenden zu ermöglichen. Der letzte Gesichtspunkt gibt den Ausschlag (idS verallgemeinerungsfähig BGH NJW 70, 942; 1639; 74, 2320; sa Düsseldorf FamRZ 97, 63; SoeWolf 18 f; aA Kipp/Coing § 81 III 1 c); RG 83, 223, wo ein Bote nach dem Tode des Erblassers die Übereignungserklärung übermittelte und den zu schenkenden Gegenstand übergab, wäre also nach heutiger Auffassung im Sinne des Vollzugs zu entscheiden. Nicht mehr ausreichend sind Vollmacht und Auftrag, das Erfüllungsgeschäft zu vollziehen, weil hier auf Erblasserseite zu Lebzeiten noch nicht alle zum Vollzug nötigen Erklärungen vorliegen (BGH 87, 25; hierzu Kuchinke FamRZ 84, 109; LM Nr 12 = NJW 88, 2732; hierzu Bork JZ 88, 1060/1061; Düsseldorf FamRZ 97, 63). Hingegen soll die Verfügung unter der Doppelbedingung des Überlebens des Beschenkten und des unterbliebenen lebzeitigen Widerrufs ausreichen (s BGH FamRZ 85, 696; BGH NJW-RR 89, 1282; zu weitgehend!); ebenso die lebzeitige Einrichtung eines Oder-Kontos (BGH NJW-RR 86, 1134; sa §§ 428–430 Rn 3) oder die Auflassungsvormerkung bei gleichzeitiger Verpflichtung zur Nichtverfügung (Hamm NJW-RR 00, 1390;
5 fragwürdig!). **b) Verträge zugunsten Dritter auf den Todesfall. aa) Grundregeln.** Der Dritte erwirbt auf den Todesfall eine Forderung (§§ 328, 331). Weil Erblasser und Versprechender noch zu Lebzeiten durch ihre Willenserklärungen die Forderung bedingt zum Entstehen bringen, ist der Forderungserwerb vollzogen iSd §§ 2301 II, 518 II. Auch wenn im Verhältnis zwischen Erblasser und Drittem eine Schenkung vorliegt, bedarf der Vertrag zwischen Erblasser und Versprechendem nicht der Form des § 518 I. Die Schenkung zwischen Erblasser und Drittem kommt entweder schon zu Lebzeiten zustande, falls das Angebot dem Dritten zu Lebzeiten zugeht und – oft stillschweigend – angenommen wird; oder sie kommt nach dem Tode zustande, falls der Versprechende dem Dritten die Willenserklärung des Erblassers zugehen läßt und dieser sie – uU gem § 151 – annimmt (§§ 130 I 2, 153). Im letzten Falle kann aber der Erbe das Angebot gem § 130 I 2 widerrufen oder auch den Versprechenden als Erklärungsboten anweisen, die Erklärung nicht weiterzugeben, so daß sie mangels Zugangs nie wirksam wird. Ohne Schenkungsvertrag ist die Forderung des Dritten dem Bereicherungs-
6 anspruch des Erben gem § 812 I 1 Alt 1 ausgesetzt. **bb) Einzelfälle,** welche die Rspr nach den ausgeführten Grundregeln behandelt hat: Versicherungsvertrag auf den Todesfall (RG 128, 189; BGH JZ 96, 204; FamRZ 96, 935; NJW 95, 1084 – Bezugsberechtigung als unbenannte Zuwendung unter Ehegatten – Wegfall der Geschäftsgrundlage; vgl VVG 166 ff und § 2077 Rn 7 f); Anspruch des Dritten auf Übereignung von Wertpapieren (BGH 41, 95); Anspruch des Dritten gegen eine Bank auf Auszahlung eines Geldbetrages (BGH NJW 75, 382; 84, 481; s aber Karlsruhe ZEV 96, 146 mAnm Rossak: Nichtigkeit gem HeimG 14, vgl § 2077 Rn 1); Sparbuch auf Namen eines Dritten (BGH 46, 198; ähnlich 66, 8; Koblenz NJW-RR 95, 1074; Düsseldorf FamRZ 01, 1102; Köln ZEV 96, 434: miterfaßt werden uU Rechte aus Sparbrief, der aus Sparkonto bezahlt und dessen Erträge dem Konto gutgebracht werden sollen); Bausparvertrag mit Drittbegünstigungsklausel (BGH NJW 65, 1913). Denkbar erscheint nach der Rspr auch die unentgeltliche Zuwendung eines gesellschaftsvertraglichen Eintrittsrechtes auf den Todesfall (vgl BGH 68, 233; hierzu § 2032 Rn 8 mN) und – umgekehrt – der unentgeltliche gesellschaftsvertragliche Ausschluß von Abfindungsansprüchen bei Ausscheiden der Erben (Köln ZEV 97, 210; hierzu Siegmann ZEV 97, 182).
7 **cc) Gegenstand der unentgeltlichen Zuwendung** iSv AnfG 4 (AnfG 3 aF), InsO 134 (KO 32 aF), §§ 2325, 2329, 2287 (vgl Rn 2 f) sind die gegenüber dem Versprechenden gemachten Aufwendungen des Erblassers, also zB Versicherungsprämien und nicht Versicherungssumme (BGH FamRZ 76, 616; str).

8   **3. Die unbedingte Schenkung,** die erst im Todesfalle **fällig** wird, fällt nicht unter I; die Erben des Beschenkten erben den Anspruch, falls der Schenker den Beschenkten überlebt (BGH 8, 31; 31, 20; NJW 84, 47; 85, 1553). Hier kann

Heilung (§ 518 II) durch Schenkungsvollzug erfolgen, den der Beschenkte aufgrund postmortaler Vollmacht im Wege des Insichgeschäfts (§ 181) nach dem Tode des Schenkers tätigt (BGH 99, 99 mN, Anm Leipold JZ 87, 363; Bork JZ 88, 1059/1060; s Vor § 2197 Rn 1 f).

4. Nicht vollzogene überlebensbedingte Schenkung: Gem I finden **erbrechtliche Formvorschriften** Anwendung, also regelmäßig §§ 2274 ff, bei Ehegatten auch §§ 2265 ff; Umdeutung der Schenkung in ein Testament ist denkbar. Die **Wirkung** eines formwirksamen Schenkungsversprechens ist genau dieselbe wie bei letztwilligen Verfügungen. 9

5. Zur **Steuerpflicht** von Schenkungen unter Lebenden vgl ErbStG 1 I Nr 2, 7, 9 I, 10 II, 14; zur abweichenden Abgrenzung der Schenkung auf den Todesfall zur Schenkung unter Lebenden im Erbschaft- und SchenkungsteuerR BFH NJW 91, 3300. Der Schenker ist neben dem Erwerber Steuerschuldner (ErbStG 20 I) und anzeigepflichtig (ErbStG 30 I, II), soweit nicht notarielle Beurkundung vorliegt (ErbStG 30 III, ErbStDV 13). 10

§ 2302 Unbeschränkbare Testierfreiheit

Ein Vertrag, durch den sich jemand verpflichtet, eine Verfügung von Todes wegen zu errichten oder nicht zu errichten, aufzuheben oder nicht aufzuheben, ist nichtig.

Lit: Battes, Der erbrechtliche Verpflichtungsvertrag im System des Deutschen Zivilrechts, AcP 178, 337.

1. a) Der **Schutz der Testierfreiheit** gilt all ihren Erscheinungsformen. Unter die Vorschrift fallen deshalb sowohl Verpflichtungen zu einer bestimmten Form als auch zu einem bestimmten Inhalt ebenso wie Verpflichtungen zur Unterlassung bestimmter Anordnungen; sie ist entsprechend anzuwenden auf einseitige Verpflichtungen des Erblassers (BayObLG Rpfleger 01, 181). Eine Verpflichtung zur Nichtaufhebung bedeutet zB der Ausschluß der Rechte aus §§ 2271 II, 2290–2292, 2294–2295 (BGH NJW 59, 625). **Keine** Verletzung der Testierfreiheit liegt dagegen vor, wenn eine bestimmte letztwillige Verfügung zur Bedingung einer Zuwendung gemacht wird (BGH NJW 77, 950 mN); ebensowenig verstößt die Verpflichtung zur Erbausschlagung gegen § 2302, sie ist aber als Erbverzichtsvertrag formpflichtig (§ 2348). **b) Unwirksamkeit** der Verpflichtung schließt – anders als bei § 137 – Schadensersatzansprüche aus (BGH NJW 67, 1126); vgl auch § 344. Jedoch kann die Erwartung einer entspr Verfügung Geschäftsgrundlage eines anderen R Geschäfts unter Lebenden sein (BGH NJW 77, 950). **c) Umdeutung** nichtiger Verpflichtungen ist gem § 140 möglich: erbvertragliche Verpflichtung des Überlebenden zur Erbeinsetzung der Kinder in Erbeinsetzung (Hamm JMBlNRW 60, 125); Auflage zur Erbeinsetzung der Kinder in Anordnung von Vor- und Nacherbschaft (Hamm NJW 74, 60) bzw Nachvermächtnis zugunsten der Kinder (BGH DRiZ 66, 398; hierzu § 2191 Rn 3); Verpflichtung zum Abschluß eines Erbvertrages in Vertrag zgDr (LM Nr 3 zu § 140); Verpflichtung zur Erbeinsetzung gegen Dienstleistung in gewöhnlichen Dienstvertrag, § 612 II (BGH FamRZ 65, 318); Verpflichtung, ein Testament nicht zu ändern, in Erbvertrag (Stuttgart NJW 89, 2700). 1
2
3

Abschnitt 5. Pflichtteil

§ 2303 Pflichtteilsberechtigte; Höhe des Pflichtteils

(1) ¹Ist ein Abkömmling des Erblassers durch Verfügung von Todes wegen von der Erbfolge ausgeschlossen, so kann er von dem Erben den Pflichtteil verlangen. ²Der Pflichtteil besteht in der Hälfte des Wertes des gesetzlichen Erbteils.

§ 2303

(2) ¹Das gleiche Recht steht den Eltern und dem Ehegatten des Erblassers zu, wenn sie durch Verfügung von Todes wegen von der Erbfolge ausgeschlossen sind. ²Die Vorschrift des § 1371 bleibt unberührt.

Lit: Gruber, Pflichtteilsrecht und Nachlaßspaltung, ZEV 01, 463; Haas, Ist das Pflichtteilsrecht verfassungswidrig?, ZEV 00, 249; Leipold, Die neue Lebenspartnerschaft aus erbrechtlicher Sicht, insbesondere bei zusätzlicher Eheschließung, ZEV 01, 218; Oechsler, Pflichtteil und Unternehmensnachfolge von Todes wegen, AcP 00, 603; Otte, Um die Zukunft des Pflichtteilsrechts, ZEV 94, 193; ders, Das Pflichtteilsrecht – Verfassungsrechtsprechung und Rechtspolitik, AcP 202 (2002), 317.

1   **1. Pflichtteilsrecht** und Pflichtteilsanspruch sind zu unterscheiden (BGH 28, 177; BayObLG NJW-RR 91, 395): Der Pflichtteilsanspruch (§ 2317) ist nur **eine** Folge des Pflichtteilsrechts, das darüber hinaus andere zahlreiche Rechtswirkungen hat: **a) vor dem Erbfall** vgl §§ 311 b IV 2, V nF bzw 312 I 2, II aF, 2346 I 2, 2281; das Bestehen des Pflichtteilsrechtsverhältnisses kann Gegenstand einer Feststellungsklage sein (BGH NJW 74, 1085; s aber NJW 90, 130 für Fortsetzung nach dem Erbfall), **b) nach dem Erbfall** vgl §§ 2305–2307; 2314; 2317; 2318, 2319; 2325 ff.

2   **2. Pflichtteilsberechtigte. a)** Abkömmlinge, vgl aber § 2309; Eltern; Ehegatten; eingetragene Lebenspartner (LPartG 10 VI). Da ein Erblasser durch Stellung des Scheidungsantrages nach § 1933 das Erbrecht des Ehegatten ausschließen könnte, muß das Pflichtteilsverlangen auch dann nicht treuwidrig sein, wenn die Scheidungsvoraussetzungen vorliegen (Schleswig OLGR 00, 243: mehr als 50jährige Trennung ohne Scheidungsantrag). **b)** Bei **Annahme an Kindes Statt** ergibt sich aus §§ 1754, 1767 II, 1770, 1772 die erbrechtliche Gleichstellung mit Abkömmlingen; s genauer § 1924 Rn 2 und AdoptionsG Art 12 (Übergangsrecht). **c)** Bei **Nichtehelichkeit** galt früher § 2338 a aF, der für Altfälle Restbedeutung behält (sa § 1924 Rn 3). **d)** Bei **Legitimation** nach altem Recht (§§ 1719–1740 g aF aufgehoben durch KindschaftsreformG v 16. 12. 1997, BGBl I, 2942) gibt es keine pflichtteilsrechtlichen Besonderheiten; zum Übergangsrecht Art 12 § 10 NEhelG.

3   **3. Ausschluß von der Erbfolge** liegt vor bei ausdr oder stillschweigender Enterbung (§ 1938), zu der auch die Einsetzung als bloßer Ersatzerbe gehört. § 2338 a aF stellte die Entziehung des Erbersatzanspruchs alten Rechts der Enterbung gleich; zur Streichung s § 1924 Rn 3. Ausnahmsweise gewährt § 1371 III bei Ausschlagung einen Pflichtteilsanspruch. Geltendmachung des Pflichtteilsanspruchs und Testamentsanfechtung durch Enterbten schließen sich nicht aus (LG Heidelberg NJW-RR 91, 969).

4   **4. Inhalt** des Pflichtteilsrechts ist der halbe ges Erbteil. Weil jedoch bei der Pflichtteilsberechnung nicht sämtliche Nachlaßverbindlichkeiten, sondern nur die Erblasserschulden abgesetzt werden (vgl § 2311 Rn 9 ff), kann der Pflichtteils*anspruch* weit mehr als die Hälfte des gesetzlichen Erbes betragen, uU dieses sogar
5   übersteigen (BGH NJW 88, 137). **a)** Bei **Zugewinngemeinschaft** zwischen Eheleuten (bzw Ausgleichsgemeinschaft zwischen Lebenspartnern, LPartG 6 II) ist zu unterscheiden: Der sog **kleine Pflichtteil** berechnet sich aus dem nicht erhöhten ges Erbteil (§§ 1931 I, II; 2303 I 2) und kann neben dem Zugewinnausgleich bei Ausschlagung (§ 1371 III) und für den Fall verlangt werden, daß der Ehegatte weder Erbe noch Vermächtnisnehmer ist (§ 1371 II; gleich für eingetragene Lebenspartner LPartG 6 II 4). Der Ehegatte kann im Falle des § 1371 II
6   **nicht** anstelle von Zugewinnausgleich und kleinem Pflichtteil den sog **großen Pflichtteil** verlangen, der aus dem erhöhten ges Erbteil zu errechnen wäre, §§ 1371 I; 1931 I, II; 2303 I 2 (BGH 42, 182; NJW 82, 2497). Der sog große Pflichtteil wird für den überlebenden Ehegatten nur praktisch, wenn er als Erbe oder Vermächtnisnehmer eingesetzt ist und trotzdem Pflichtteilsansprüche hat (§§ 2305–2307, §§ 2325, 2329), ferner im Rahmen der §§ 2318, 2319, 2328. Der

Pflichtteil der Abkömmlinge des erstverstorbenen Ehegatten ist unter Berücksichtigung des erhöhten ges Erbteils (§ 1371 I) zu berechnen, falls nicht die Fälle § 1371 II und III vorliegen (BGH 37, 58; NJW 82, 2497; hierzu Wolfsteiner und Dieckmann DNotZ 83, 190; 630). Zahlungsklage auf den großen Pflichtteil hemmt nicht die Verjährung für den Zugewinnausgleichsanspruch gem § 1371 II (BGH NJW 83, 388: keine Unterbrechung nach altem Recht). **b)** Bei **Gütertrennung** muß die Pflichtteilsberechnung § 1931 IV berücksichtigen; keine Erhöhung dagegen bei Vermögenstrennung der eingetragenen Lebenspartner (LPartG 10 I 1). **c)** Den **Unterhaltsanspruch des geschiedenen Ehegatten** im Erbfalle begrenzt § 1586 b auf den unabhängig von §§ 1371, 1931 IV berechneten Pflichtteil (BGH NJW 01, 828: Berücksichtigung fiktiver Pflichtteilergänzungsansprüche). Ausschluß durch Pflichtteilsverzicht ist möglich (Dieckmann NJW 80, 2777). Für eingetragene Lebenspartner gilt LPartG 16 II 2 iVm § 1586 b.

5. Beseitigung des Pflichtteilsanspruchs ist möglich durch Erlaßvertrag (§ 397) 8 nach seiner Entstehung (KG OLGZ 76, 193) oder durch Erbverzichtsvertrag (§ 2346) vor dem Todesfall; unterscheide: bloße Nichtgeltendmachung (unanfechtbar gem AnfG 3, 4; so BGH NJW 97, 2384 für AnfG 3 aF; hierzu Klumpp ZEV 98, 123; Keim ZEV 98, 127). UU Wegfall der Geschäftsgrundlage (§ 313 nF) oder einschränkende Auslegung bei Pflichtteilsvereinbarung über Nachlaß mit DDR-Grundvermögen (Frankfurt DtZ 93, 27; BGH NJW 93, 2177; sa § 2313 Rn 1).

6. Die **Erbschaftsteuerpflicht** des Pflichtteilsberechtigten entsteht mit der 9 Geltendmachung des Anspruchs (ErbStG 9 I Nr 1 b). Für die Steuerberechnung ist der Verkehrswert und nicht die günstigere ertragswertorientierte Bewertung (§ 1924 Rn 6) anzusetzen, wenn an Erfüllungs Statt ein Grundstück übertragen wird (BFH ZEV 99, 34 mAnm Daragan; anders noch BFH BB 82, 911; NJW 89, 2912). Vereinbarungen über Pflichtteilsansprüche sind erbschaftsteuerlich uU empfehlenswert (Dressler NJW 97, 2848).

7. Das Pflichtteilsrecht ist nach derzeitigem Verständnis mit GG 14 I, 6 vereinbar 10 (BVerfG NJW 01, 141; sa Vor § 1922 Rn 1 mN) und damit **verfassungsgemäß**. Es ist aber in mancher Hinsicht rechtspolitisch überholt und **reformbedürftig** (Henrich DNotZ 01, 551; Dauner-Lieb DNotZ 01, 460; Schröder DNotZ 01, 465; Strätz FamRZ 98, 1553).

§ 2304 Auslegungsregel

Die Zuwendung des Pflichtteils ist im Zweifel nicht als Erbeinsetzung anzusehen.

1. a) Die Zuwendung des Pflichtteils läßt drei Alternativen der Auslegung: Erb- 1 einsetzung auf Pflichtteilsquote; Enterbung (§ 1938) unter Verweis auf Pflichtteilsanspruch; Vermächtnis in Höhe des Pflichtteils (Anwendbarkeit der §§ 2307; 195, 198 statt 2332; 2180). § 2304 stellt eine Auslegungsregel gegen die Erbeinsetzung auf. Die Abgrenzung von Vermächtnis und Enterbung soll davon abhängen, ob der Erblasser gewähren oder aberkennen will (vgl SoeDieckmann 3); iZw sollte man den Verweis auf den Pflichtteil nicht als Vermächtnis auslegen (s aber zum Pflichtteil für Stiefkinder BGH NJW-RR 91, 706; §§ 2074–2076 Rn 5). **b)** Gem 2 § 2338 a aF galt § 2304 auch für die nichtehelichen Abkömmlinge, der auf den Pflichtteil verwiesen wird (zu Reform des Nichtehelichenrechts und Übergangsrecht § 1924 Rn 3); analog § 2304 wird in Altfällen im Verweis auf den Erbersatzanspruch iZw weder Erbeinsetzung noch Vermächtnis zu sehen sein. **c)** **Zuge-** 3 **winngemeinschaft: aa)** Zuwendung des „kleinen" Pflichtteils ist regelmäßig weder Erbeinsetzung noch Vermächtnis, es gilt also § 1371 II; ist sie ausnahmsweise Vermächtnis, so kann der Ehegatte ausschlagen (§ 1371 III) oder den Restanspruch zum „großen" Pflichtteil (§§ 2305, 2307 I 2) verlangen. **bb)** Zuwendung des „großen" Pflichtteils ist regelmäßig Vermächtnis; s Ferid NJW 60, 121; Bohnen NJW 70, 1531.

§ 2305 Zusatzpflichtteil

Ist einem Pflichtteilsberechtigten ein Erbteil hinterlassen, der geringer ist als die Hälfte des gesetzlichen Erbteils, so kann der Pflichtteilsberechtigte von den Miterben als Pflichtteil den Wert des an der Hälfte fehlenden Teils verlangen.

1 1. a) Der Pflichtteilsrestanspruch besteht nicht nur bei Annahme der Erbschaft, sondern in Höhe des Ergänzungsbetrags auch bei Ausschlagung (BGH NJW 73, 996). Bei der Zugewinngemeinschaft kann Ergänzung zum „großen" Pflichtteil verlangt werden, bei Ausschlagung gilt aber § 1371 III (vgl § 2303 Rn 5 f). b) Der Ersatzberechtigte hat einen Restanspruch bis zur Höhe seines Pflichtteils; zur Reform § 1924 Rn 3. c) Zum **Vergleichswert** von Pflichtteil und hinterlassenem Erbteil vgl § 2306 Rn 1.

§ 2306 Beschränkungen und Beschwerungen

(1) ¹Ist ein als Erbe berufener Pflichtteilsberechtigter durch die Einsetzung eines Nacherben, die Ernennung eines Testamentsvollstreckers oder eine Teilungsanordnung beschränkt oder ist er mit einem Vermächtnis oder einer Auflage beschwert, so gilt die Beschränkung oder die Beschwerung als nicht angeordnet, wenn der ihm hinterlassene Erbteil die Hälfte des gesetzlichen Erbteils nicht übersteigt. ²Ist der hinterlassene Erbteil größer, so kann der Pflichtteilsberechtigte den Pflichtteil verlangen, wenn er den Erbteil ausschlägt; die Ausschlagungsfrist beginnt erst, wenn der Pflichtteilsberechtigte von der Beschränkung oder der Beschwerung Kenntnis erlangt.

(2) Einer Beschränkung der Erbeinsetzung steht es gleich, wenn der Pflichtteilsberechtigte als Nacherbe eingesetzt ist.

Lit: Bengel, Die Pflichtteilsproblematik beim Tod des Nacherben vor Eintritt des Nacherbfalls, ZEV 00, 388.

1 1. Der hinterlassene Erbteil ist **gleich groß** oder **kleiner** als der Pflichtteil. a) Beim **Wertvergleich** ist die halbe ges Erbquote mit dem quotenmäßigen Anteil des hinterlassenen Erbteils am Gesamtnachlaß zu vergleichen („Quotentheorie"; hM, s Köln ZEV 97, 298 mkritAnm Klingelhöffer; zur Gefahr für den Pflichtteilsergänzungsanspruch: Düsseldorf ZEV 01, 109), wobei Belastungen des hinterlassenen Erbteils unberücksichtigt bleiben (BGH 19, 310/311). Nur wenn der Pflichtteil wegen §§ 2315, 2316 mit dem halben ges Erbteil nicht übereinstimmt, ist der tatsächliche Wert des Pflichtteils mit dem Wert des hinterlassenen Erbteils (ohne Beschränkungen und Beschwerungen) zu vergleichen. Bei Zugewinn-
2 gemeinschaft gilt der „große" Pflichtteil, vgl § 2303 Rn 5 f. b) Die **Belastungen** sind in I 2 und II **erschöpfend** aufgezählt. Das bedeutet einerseits, daß Einsetzung als Ersatzerbe, bedingter Nacherbe oder Schlußerbe (§ 2269) als schlichte Enterbung zu behandeln sind (§ 2303 I); andererseits, daß Beschränkungen gem §§ 1418 II Nr 2, 1638 (Damrau ZEV 98, 90), 2333 ff, 2338 außer Betracht
3 bleiben. c) Die **Wirkung** besteht im unmittelbaren Wegfall der Belastung; der Nacherbe gem II ist also Voll- bzw Miterbe, ein anders lautender Erbschein ist unrichtig (mißverständlich Schleswig NJW 61, 1930). Wenn allerdings Sondererbfolge in einen Gesellschaftsanteil angeordnet ist (§ 2032 Rn 5 ff), kommt diese besondere Teilungsanordnung nicht in Wegfall (Hamm NJW-RR 91, 839; hierzu Reimann FamRZ 92, 113). Soweit eine Teilungsanordnung die Erbquote bestimmt, bleibt sie trotz Fortfalls ihrer zuweisenden Wirkung bestehen (BGH FamRZ 90, 398). Wenn der Wegfall der belastenden Anordnung nicht zur Berücksichtigung in Pflichtteilshöhe führt, kann ein Anspruch aus § 2305 bestehen (BGH FamRZ 90, 398), bei Zugewinngemeinschaft bleibt ein Vorgehen gem § 1371 III (Zugewinnausgleich mit „kleinem" Pflichtteil) denkbar. Ausschlagung führt sonst

Pflichtteil **§ 2307**

nicht zum Pflichtteilsanspruch, ein etwaiger Pflichtteilsrestanspruch besteht fort (Hamm OLGZ 82, 42; s § 2305 Rn 1). Bei Erbeinsetzung auf den Pflichtteil ist eine Verwirkungsklausel („cautela socini") unwirksam (BGH NJW 93, 1005; sa §§ 2074–2076 Rn 5).

2. Der hinterlassene Erbteil ist **größer** als der Pflichtteil. **a) Wert:** s Rn 1 f. Bei 4 Erbteil gem I 1 und Vermächtnis gilt I 1 nach Vermächtnisausschlagung (BGH 80, 263); bei Gesamtausschlagung gem I 2; Doppelausschlagung bei Erbteil gem I 2 und Vorausvermächtnis (Düsseldorf ZEV 96, 72). Zeitpunkt der Wertberechnung bei Nacherbschaft gem II ist der Erbfall, nicht der Nacherbfall (Schleswig NJW 61, 1930). **b)** Für den **Beginn der Ausschlagungsfrist** gilt zunächst § 1944 Rn 1–4. 5 Der pflichtteilsberechtigte Erbe muß zusätzlich Kenntnis von den entscheidenden Berechnungsfaktoren haben, auch in den Fällen §§ 2315, 2316 (RG 113, 45; zu eng BayObLGZ 59, 77 bei rechtlicher Ungewißheit über Anrechnungspflicht). Bei Nacherbschaft gem II beginnt die Ausschlagungsfrist nicht vor dem Nacherbfall, jedoch läuft die Verjährung des Pflichtteilsanspruchs gem § 2332 I, III (Schleswig NJW 61, 1930). Die *irrige* Annahme von Beschränkungen und Beschwerungen nach I 1 schiebt die Ausschlagungsfrist nicht auf (BGH 112, 229). **c) Rechts-** 6 **folgen.** Der Erbe kann die Erbschaft belastet annehmen (BGH FamRZ 85, 1025) oder ausschlagen (BGH 106, 359, 365) und den Pflichtteil verlangen (vgl auch § 2303 Rn 5: „kleiner" Pflichtteil und Zugewinnausgleich; zum Ganzen Schlitt ZEV 98, 216).

3. a) Erbersatzanspruchsberechtigte alten Rechts, die als Erbe eingesetzt 7 wurden, werden nach I 1 unbeschwerte Erben, falls der Pflichtteilswert nicht erreicht ist; vgl darüber hinaus § 2305 Rn 1. Iü gilt das Wahlrecht gem I 2. **b)** Die testamentarische Kürzung des Erbersatzanspruchs gibt ggf den Restanspruch gem § 2305. Bei Belastung mit einem Vermächtnis gelten I 1 bzw I 2 analog (vgl aber SoeDieckmann 30), ebenso bei Bedingung oder Befristung des Anspruchs. **c)** Zum Fortfall des Erbersatzanspruchs aufgrund der Reform des Nichtehelichenrechts § 1924 Rn 3.

§ 2307 Zuwendung eines Vermächtnisses

(1) ¹Ist ein Pflichtteilsberechtigter mit einem Vermächtnis bedacht, so kann er den Pflichtteil verlangen, wenn er das Vermächtnis ausschlägt. ²Schlägt er nicht aus, so steht ihm ein Recht auf den Pflichtteil nicht zu, soweit der Wert des Vermächtnisses reicht; bei der Berechnung des Wertes bleiben Beschränkungen und Beschwerungen der in § 2306 bezeichneten Art außer Betracht.

(2) ¹Der mit dem Vermächtnis beschwerte Erbe kann den Pflichtteilsberechtigten unter Bestimmung einer angemessenen Frist zur Erklärung über die Annahme des Vermächtnisses auffordern. ²Mit dem Ablauf der Frist gilt das Vermächtnis als ausgeschlagen, wenn nicht vorher die Annahme erklärt wird.

1. Der pflichtteilsberechtigte Vermächtnisnehmer hat zwei Möglichkeiten: 1 **a)** Ausschlagung des Vermächtnisses (§ 2180) bei vollem Pflichtteilsanspruch; im Falle der Zugewinngemeinschaft gilt § 1371 II (nur „kleiner" Pflichtteil und Zugewinnausgleich; s BGH NJW 84, 2935). **b)** Annahme des Vermächtnisses und 2 Geltendmachung des Pflichtteilsrestanspruchs (§ 2305; hierzu Oldenburg NJW 91, 988: Anrechnung auch eines aufschiebend bedingten Vermächtnisses auf den Pflichtteil; Karlsruhe Justiz 62, 152; Schlitt NJW 92, 28: spätere Anrechnung des empfangenen Pflichtteils auch für das Vermächtnis; offengelassen von BGH NJW 01, 520, wo nicht der Erbe, sondern ein Dritter vermächtnisbelastet war). Der Pflichtteilsrestanspruch berechnet sich bei Zugewinngemeinschaft nach dem „großen" Pflichtteil (§ 2303 Rn 6). Für den Erbersatzanspruchsberechtigten galt früher Gleiches (vgl auch § 2304 Rn 2). Es ist aber durch Auslegung zu ermitteln, ob der

Erblasser das Vermächtnis zusätzlich zum ges Erbersatzanspruch, in Anrechnung auf den Erbersatzanspruch oder anstatt des Erbersatzanspruchs zuwenden wollte (BGH NJW 79, 917). Zum Fortfall des Erbersatzanspruchs § 1924 Rn 3.

3   **2.** Bei **Kumulation von Erbteil und Vermächtnis** vgl § 2306 Rn 4 ff. Bei **Zugewinngemeinschaft** kann der Ehegatte a) beides annehmen und Ergänzung zum „großen" Pflichtteil verlangen; b) beides ausschlagen und gem § 1371 III vorgehen; c) Vermächtnis oder Erbschaft ausschlagen und Ergänzung gem § 2305 oder § 2307 I 2 zum „großen" Pflichtteil verlangen (vgl Braga FamRZ 57, 339 und BGH FamRZ 76, 334). Das Gleiche gilt für den eingetragenen Lebenspartner (LPartG 6 I 4, 10 I und VI).

4   **3. Mehrere** mit demselben Vermächtnis beschwerte **Miterben** können das Recht zur Fristsetzung nur gemeinsam ausüben (München FamRZ 87, 752).

5   **4. Korrespondenzvorschriften** sind § 2321, InsO 327 II (KO 226 III aF).

§ 2308 Anfechtung der Ausschlagung

(1) Hat ein Pflichtteilsberechtigter, der als Erbe oder als Vermächtnisnehmer in der in § 2306 bezeichneten Art beschränkt oder beschwert ist, die Erbschaft oder das Vermächtnis ausgeschlagen, so kann er die Ausschlagung anfechten, wenn die Beschränkung oder die Beschwerung zur Zeit der Ausschlagung weggefallen und der Wegfall ihm nicht bekannt war.

(2) ¹Auf die Anfechtung der Ausschlagung eines Vermächtnisses finden die für die Anfechtung der Ausschlagung einer Erbschaft geltenden Vorschriften entsprechende Anwendung. ²Die Anfechtung erfolgt durch Erklärung gegenüber dem Beschwerten.

1   **1.** Da Anfechtung der Ausschlagung grundsätzlich nur gem §§ 119 ff möglich ist (vgl § 1954 Rn 1, aber auch § 1949), erweitert I die Anfechtungsgründe um den Motivirrtum über bestehende Belastungen; andernfalls könnten nach der irrtümlichen Ausschlagung weder Erbteil bzw Vermächtnis noch Pflichtteil (vgl § 2303 Rn 3) verlangt werden. Entspr Anwendung, falls in Rechtsirrtum über den Inhalt des § 2306 I ausgeschlagen ist (Hamm OLGZ 82, 41); Anfechtung auch bei Irrtum über künftigen Wegfall von Belastungen, zB durch Testamentsanfechtung (BGH 112, 229, str; sa § 2080 Rn 1).

§ 2309 Pflichtteilsrecht der Eltern und entfernteren Abkömmlinge

Entferntere Abkömmlinge und die Eltern des Erblassers sind insoweit nicht pflichtteilsberechtigt, als ein Abkömmling, der sie im Falle der gesetzlichen Erbfolge ausschließen würde, den Pflichtteil verlangen kann oder das ihm Hinterlassene annimmt.

1   **1.** Es gilt entspr den Regeln bei ges Erbfolge (§§ 1924 II, III, 1930) der Grundsatz, daß kein Stamm zwei Pflichtteile oder Zuwendungen und Pflichtteile erhalten soll. Eltern und entferntere Abkömmlinge des Erblassers können danach unter zwei Voraussetzungen den Pflichtteil verlangen: **a)** Verlust des Pflichtteilsrechts durch den Abkömmling (vgl §§ 1953, 2333, 2344, 2346); **b)** eigener Pflichtteilsanspruch gem §§ 2303, 2305 ff (Köln FamRZ 00, 195), also zB nicht im Falle des § 2069 oder des § 2349. Bsp: Der Abkömmling hat zum Erbteil einen Restanspruch gem § 2305; er schlägt den Erbteil aus. Der Erblasser hat die Enkel gem § 2096 enterbt. Die Enkel sind pflichtteilsberechtigt, müssen sich aber den fortbestehenden Restanspruch (§ 2305 Rn 1) anrechnen lassen, auch wenn ihn der Vater nicht beansprucht. Ein entgeltlicher Pflichtteilsverzicht steht der Annahme des Hinterlassenen gleich (Celle NJW 99, 1874 mkritAnm Mayer ZEV 98, 433; Pentz NJW 99, 1835). Bei nichtehelichen Abkömmlingen ist § 1934 e aF nur noch für Altfälle zu beachten; zur Streichung sa § 1924 Rn 3.

Pflichtteil **§§ 2310, 2311**

§ 2310 Feststellung des Erbteils für die Berechnung des Pflichtteils

¹ Bei der Feststellung des für die Berechnung des Pflichtteils maßgebenden Erbteils werden diejenigen mitgezählt, welche durch letztwillige Verfügung von der Erbfolge ausgeschlossen sind oder die Erbschaft ausgeschlagen haben oder für erbunwürdig erklärt sind. ² Wer durch Erbverzicht von der gesetzlichen Erbfolge ausgeschlossen ist, wird nicht mitgezählt.

1. a) Der **Erbverzicht** eines ges Erben (§ 2346 I) wirkt für die übrigen pflicht- 1 teilserhöhend, weil mit dem Erbverzicht regelmäßig eine Nachlaßminderung in Höhe der Gegenleistung verbunden sein wird. Hingegen bleibt der bloße Pflichtteilsverzicht (§ 2346 II) außer Betracht (BGH NJW 82, 2497; 02, 673), ebenso der Verzicht unter Vorbehalt des Pflichtteils (SoeDieckmann 11; s § 2346 Rn 2).
b) Der **Erbersatzanspruchsberechtigte alten Rechts** ist bei der Pflichtteils- 2 berechnung wie jeder ges Erbe zu berücksichtigen, bei Berechnung *seines* Pflichtteils gelten keine Besonderheiten (§ 2338a aF iVm EGBGB 227); anders bei vorzeitigem Erbausgleich (§ 1934e aF), der wie ein Verzicht zu behandeln ist. Hingegen findet § 2310 bei der Berechnung des Erbersatzanspruchs keine Anwendung (vgl §§ 1935, 1934b II aF). Zum Fortfall von Erbersatzanspruch und vorzeitigem Erbausgleich sowie zum Übergangsrecht § 1924 Rn 3.

§ 2311 Wert des Nachlasses

(1) ¹ Der Berechnung des Pflichtteils wird der Bestand und der Wert des Nachlasses zur Zeit des Erbfalls zugrunde gelegt. ² Bei der Berechnung des Pflichtteils eines Abkömmlings und der Eltern des Erblassers bleibt der dem überlebenden Ehegatten gebührende Voraus außer Ansatz.

(2) ¹ Der Wert ist, soweit erforderlich, durch Schätzung zu ermitteln. ² Eine vom Erblasser getroffene Wertbestimmung ist nicht maßgebend.

1. Maßgeblicher Bewertungszeitpunkt ist der Erbfall (BGH FamRZ 96, 936 1 für Lebensversicherungssumme), so daß spätere Veränderungen unberücksichtigt bleiben (BGH 7, 135; sa NJW 01, 2713). Künftige Umstände können allerdings ausnahmsweise die Bewertung im Erbfallzeitpunkt beeinflussen, zB kann die Bewertung eines ertraglosen Unternehmens davon abhängen, ob Fortführung oder Liquidation geplant ist (BGH NJW 73, 509).

2. Bestimmung des Aktivwertes. a) Wertbestimmungen des Erblassers 2 sind gem II 2 unmaßgeblich, können aber als Pflichtteilsentziehung (§§ 2333 ff, 2336) oder bei Begünstigungsabsicht als Vermächtnis auszulegen sein. **b)** Maßgeb- 3 lich ist der **gemeine Wert** eines Nachlaßgegenstandes, den er allg in der Hand eines jeden Erben haben würde. Ansprüche aus einer Lebensversicherung sind einzurechnen, soweit fremde Bezugsrechte widerrufen sind und stattdessen eine Sicherungsabtretung an einen Darlehensgläubiger erfolgt ist (BGH NJW 96, 2230). Schulden des Erben gegenüber dem Erblasser kommen in Ansatz (BGH FamRZ 82, 54 f; sa § 1976 Rn 2). Liebhaberwerte bleiben außer Betracht. Regelmäßig wird der Verkaufswert dem gemeinen Wert entsprechen (BGH NJW 87, 1262; NJW-RR 91, 900; zur Rückrechnung bei Verkauf nach Erbfall BGH NJW-RR 93, 131; 834), nur in Ausnahmefällen, zB beim Fehlen eines freien Marktes, wird der „wahre innere Wert" zu ermitteln sein (BGH 13, 47 für ein dem Preisstopp unterfallendes Grundstück); er richtet sich unabhängig von zufälligen Marktgegebenheiten stärker am Sachwert (zB Herstellungskosten) und Ertragswert aus (LM Nr 5). Bei Aktien gilt der Börsenkurs, sofern er am Stichtag nicht extrem hoch oder tief lag (str, vgl Veith NJW 63, 1521), bei Aktienpaketen uU der „innere" Wert. Ähnlich ist der GmbH-Anteilen vom Verkaufswert, in Ausnahmefällen (zB Familien-GmbH) vom „inneren" Wert auszugehen (vgl Däubler, Die Vererbung des Gesellschaftsanteils bei der GmbH, 1965, § 9). **c)** Bei **Handelsunternehmen**, 4 die fortgeführt werden sollen, darf nicht der Liquidationswert angesetzt werden;

§ 2311

vielmehr ist der Gesamtwert aus Substanzwert (Reproduktionswert; dazu BGH DNotZ 92, 526) und Ertragswert zu erschätzen (BGH NJW 73, 509; 82, 575; 85, 192) und kann im Einzelfall höher oder niedriger liegen als der Liquidationswert (BGH NJW 82, 2441 zu § 1376; NJW-RR 86, 1068 zu § 1477). Bei Betriebsaufgabe ertragloser Unternehmen gilt der Liquidationswert (BGH NJW 82, 2498), iü kann sich die Schätzung an einem späteren Verkaufserlös orientieren (BGH NJW 82, 2498). Ertragssteuern und andere Unkosten einer Aufgabe oder Veräußerung können den Unternehmenswert mindern (BGH NJW 72, 1269; 82, 2498). Zu den wertbestimmenden Faktoren eines Unternehmens gehört sein „good will"

5 (BGH 75, 199 für § 1376). **d)** Die Bewertung des **Anteils an einer Personalgesellschaft** hat zu unterscheiden: **aa)** Beim **RGeschäft unter Lebenden auf den Todesfall**, das entweder einem Mitgesellschafter auf den Todesfall gesellschaftsvertraglich ein Übernahmerecht gewährt oder Dritten ein Eintrittsrecht (vgl auch § 2301 Rn 1 ff, 6) gehört der Anteil nicht zum Nachlaß und unterliegt keiner Bewertung, es ergeben sich allenfalls Ansprüche gem §§ 2325 ff (vgl BGH NJW

6 70, 1638; 81, 1956). **bb)** Bei **erbrechtlicher Nachfolgeklausel**, nach der die Gesellschaft mit einem oder mehreren Erben fortzusetzen ist (vgl § 2032 Rn 6 f), gehört der durch Sondererbfolge erworbene Gesellschaftsanteil (BGH 68, 237) zum Nachlaß (SoeDieckmann 6; s BGH NJW 83, 2377). **cc)** Bei Ausscheiden durch Tod (HGB 131 III 1 Nr 1 nF) oder Auflösung, die bei Handelsgesellschaften nunmehr nur noch aufgrund gesellschaftsvertraglicher Sonderregel in Betracht kommt (HGB 131 III nF), gehört das Abfindungs- bzw Auseinandersetzungsgutha-

7 ben (HGB 105 III, §§ 733 II, 734, 738 I 2) zum Aktivnachlaß. **dd)** Soweit Erben Gesellschafter werden, für den Fall ihres Ausscheidens aber **gesellschaftsvertragliche Abfindungsklauseln** eine Abfindung unter Beteiligungswert vorsehen, stellt sich das Problem der Bewertung nach dem Vollwert oder dem vertraglichen Abfindungswert. Die Lit vertritt alle Ansichten (Bratke ZEV 00, 16; Eiselt NJW 81, 2447 mN): Vollwert oder Klauselwert als endgültiger Wert; Vollwert oder Klauselwert als vorläufiger Wert – uU mit Ausgleichsanspruch gem § 2313 I bei endgültiger Wertrealisierung; Zwischenwert. Berechnungsgrundlage ist der Vollwert; die beschränkte Abfindung kann sich im Einzelfall wertmindernd auswirken, jedoch nur im Falle ihrer Aktualisierung wertbestimmend (BGH 75, 201 zu § 1376); uU hat der Schuldner ein Leistungsverweigerungsrecht, falls er zur Anspruchserfüllung die beschränkte Abfindung realisieren muß. Für Pflichtteilsgläubiger sind InsO 134 (KO 32 I aF), AnfG 4 überlegenswert. Die Abfindungsklausel kann gegen HGB 139 V, II verstoßen, falls sie dem Erben die Entscheidung für das Ausscheiden wirtschaftlich unmöglich macht (sa §§ 738–740 Rn 7 f; § 1375 Rn 5).

8 **3. a) Nachlaßpassiva** sind zunächst insoweit abzuziehen, als sie auch bei ges Erbfolge angefallen wären. **Absetzbar** sind folglich: Erblasserschulden (vgl § 1967 Rn 1), also zB Forderungen gegen den Erblasser (auch des Erben, BGH 98, 389 u § 1976 Rn 2, sowie gesicherte Forderungen, BGH NJW 96, 2230), Steuern und andere öffentl Abgaben zu Lasten des Erblassers (bei gemeinsamer Veranlagung von Erblasser und Alleinerbe allerdings nur der auf den Erblasser im Innenverhältnis entfallende Teil, BGH 73, 36), Ansprüche auf Zugewinnausgleich (BGH 37, 64); Erbschaftsverwaltungsschulden zur Sicherung und Feststellung des Nachlasses, die zB Nachlaßverwaltung, Nachlaßpflegschaft, Inventarerrichtung, Aufgebot, Beerdigungskosten, teilw – soweit sie andere Sicherungsmaßnahmen erspart – Testamentsvollstreckung (BGH 95, 228). Die Bewertung wiederkehrender Verbindlichkeiten richtet sich nach dem Kapitalwert (vgl BGH 14, 373; NJW 64, 1416).

9 **b) Nicht absetzbar** sind die testamentsspezifischen Sonderkosten, also zB idR Testamentsvollstreckung (BGH 95, 228) und Kosten der letztwilligen Verfügung; ferner alle gleich- oder nachrangigen Verbindlichkeiten (InsO 327 I; KO 226 II Nr 4–6 aF), also Pflichtteilsansprüche, Vermächtnisse, Auflagen (BGH NJW 88, 137), Erbersatzanspruch alten Rechts (anders der bereits vor dem Tod entstandene

Anspruch gem § 1934 d aF – fortgefallen, vgl § 1924 Rn 3); Verbindlichkeiten, die in der Person der Erben entstehen, wie Nachlaßteilungskosten, Erbschaftssteuer oder Erbschaftssteuererklärungskosten (Düsseldorf FamRZ 99, 1465). **c)** Der **Voraus** wird gem I 2 abgezogen, aber nur wenn seine Voraussetzungen (§ 1932) vorliegen, also nicht bei Alleinerbschaft des Ehegatten (BGH 73, 31, 35); kein Abzug beim Ehegattenpflichtteil. **d)** Weil bei der Pflichtteilsberechnung die sämtliche Nachlaßverbindlichkeiten abgesetzt werden, kann der Pflichtteilsanspruch weit mehr als die Hälfte des gesetzlichen Erbes betragen, uU dieses sogar übersteigen (BGH NJW 88, 137). 10 11

§ 2312 Wert eines Landguts

(1) ¹Hat der Erblasser angeordnet oder ist nach § 2049 anzunehmen, dass einer von mehreren Erben das Recht haben soll, ein zum Nachlass gehörendes Landgut zu dem Ertragswerte zu übernehmen, so ist, wenn von dem Recht Gebrauch gemacht wird, der Ertragswert auch für die Berechnung des Pflichtteils maßgebend. ²Hat der Erblasser einen anderen Übernahmepreis bestimmt, so ist dieser maßgebend, wenn er den Ertragswert erreicht und den Schätzungswert nicht übersteigt.

(2) Hinterlässt der Erblasser nur einen Erben, so kann er anordnen, dass der Berechnung des Pflichtteils der Ertragswert oder ein nach Absatz 1 Satz 2 bestimmter Wert zugrunde gelegt werden soll.

(3) Diese Vorschriften finden nur Anwendung, wenn der Erbe, der das Landgut erwirbt, zu den in § 2303 bezeichneten pflichtteilsberechtigten Personen gehört.

Lit: Kegel, Zum Pflichtteil vom Großgrundbesitz, FS E. Cohn, 1975, S 85; Weber, Gedanken zum Ertragswertprinzip des § 2312 BGB, BWNotZ 92, 14.

1. a) Ein **Landgut** ist eine Besitzung, die zum selbständigen und dauernden Betrieb der Landwirtschaft, Viehzucht oder Forstwirtschaft geeignet und bestimmt ist und die einen erheblichen Teil zum Lebensunterhalt des Inhabers beiträgt (BGH 98, 377; NJW-RR 92, 770: Nebenerwerbsstelle; Oldenburg FamRZ 92, 726: Gartenanbau; RdL 00, 12: Beweislast bei zeitweiliger Stillegung). Der Eigentümer kann durch „Widmung" im Rahmen der Verkehrsauffassung festlegen, daß auch Bauland zum Landgut gehört (BGH 98, 386). Grundstücke, die praktisch baureif sind und ohne Gefahr für die Lebensfähigkeit des Hofes aus diesem herausgelöst werden können, sind gesondert gem § 2311 zu bewerten (BGH 98, 388; ähnlich NJW-RR 92, 66 für Kiesabbaugebiet). **b)** Zu den **Begriffen** Gemeiner Wert bzw Verkehrswert und Ertragswert vgl § 2311 Rn 3; § 2049 Rn 2. **Verfassungsrechtliche Grenzen** der Ertragswertberechnung sind auch im Pflichtteilsrecht zu beachten (§ 2049 Rn 2). **c)** Nach dem **Zweck** der Vorschrift soll die bei Übernahme gem § 2049 geltende Vergünstigung abw von § 2311 auch bei Pflichtteilsberechnung gelten. Eine konkrete Gefahr für die Agrarstruktur wird dabei nicht vorausgesetzt. Der die benachteiligten Erben schützende verfassungsrechtliche Gleichheitssatz gebietet jedoch eine teleologische Reduktion, sofern das betreffende Landgut ohnehin nicht als Einheit fortgeführt werden kann oder nicht mehr lebensfähig ist (BGH 98, 388; NJW-RR 92, 66). Die Norm kann aber angewendet werden, wenn ein pflichtteilsberechtigter Erbe das Anwesen zwar nicht selbst bewirtschaften kann, es aber für einen pflichtteilsberechtigten Familienangehörigen als Wirtschaftseinheit erhalten möchte (BGH NJW-RR 92, 770; BayObLG FamRZ 89, 541). Die Anordnung durch den Erblasser kann Auslegungsergebnis sein (s BGH FamRZ 83, 1221). **d)** § 2312 ist auch anwendbar bei §§ 2325 ff (LM Nr 5 zu § 2325), wenn seine Voraussetzungen beim Erbfall vorliegen (BGH NJW 95, 1352; Aufgabe von BGH NJW 64, 1416). **e)** Zur Übernahme eines Bruchteils vgl § 2049 Rn 2. 1 2 3 4

2. Zum Wertansatz bei höferechtlicher Sondererbfolge vgl HöfeO 12 II, X (hierzu BVerfG 67, 329).

§ 2313 Ansatz bedingter, ungewisser oder unsicherer Rechte; Feststellungspflicht des Erben

(1) ¹Bei der Feststellung des Wertes des Nachlasses bleiben Rechte und Verbindlichkeiten, die von einer aufschiebenden Bedingung abhängig sind, außer Ansatz. ²Rechte und Verbindlichkeiten, die von einer auflösenden Bedingung abhängig sind, kommen als unbedingte in Ansatz. ³Tritt die Bedingung ein, so hat die der veränderten Rechtslage entsprechende Ausgleichung zu erfolgen.

(2) ¹Für ungewisse oder unsichere Rechte sowie für zweifelhafte Verbindlichkeiten gilt das Gleiche wie für Rechte und Verbindlichkeiten, die von einer aufschiebenden Bedingung abhängig sind. ²Der Erbe ist dem Pflichtteilsberechtigten gegenüber verpflichtet, für die Feststellung eines ungewissen und für die Verfolgung eines unsicheren Rechts zu sorgen, soweit es einer ordnungsmäßigen Verwaltung entspricht.

Lit: Pentz, Berechnung des Nachlaßwertes bei Pflichtteilsausgleich nach § 2313 BGB, MDR 99, 144.

1 1. Die Voraussetzungen (Bedingung, Ungewißheit oder Unsicherheit) müssen beim Erbfall **und** bei Geltendmachung des Pflichtteilsanspruchs vorliegen, arg ex I 2 (BGH 3, 396; 87, 371). Bei einheitlicher Geschäftsbeziehung mit gegenseitigen Forderungen, die von Zeit zu Zeit miteinander verrechnet werden, besteht Gewißheit über eine Forderung bzw Schuld des Erblassers und damit des Nachlasses nur, wenn das Bestehen bzw Nichtbestehen einer entspr Gegenforderung geklärt ist (BGH 7, 141 f). Freigabe eines Grundstücks in der früheren DDR bzw Entschädigungsleistung (Koblenz DtZ 93, 254) kann Neuberechnung des Pflichtteilsanspruchs nach II iVm I 3 analog verlangen (München DtZ 93, 153; Koblenz DtZ 93, 254; BGH 123, 76 = NJW 93, 2177), wobei ausschließlich das BGB gilt (BGH NJW 93, 2177; differenzierend Casimir DtZ 93, 362; de Leve DtZ 94, 270; zur Geltung des ZGB bei Nachlaßspaltung Vor § 1922 Rn 5); anders außerhalb des Anwendungsbereichs des VermG, soweit ausschließlich vereinigungsbedingter Wertzuwachs in Frage steht (Köln NJW 98, 240 – fragwürdig). Der ermittelte Wert ist auf den Zeitpunkt des Erbfalls zurückzurechnen (BGH NJW 93, 2177; aA Dressler DtZ 93, 233; krit v. Olshausen DtZ 93, 333 und Dieckmann ZEV 94, 198). Die Verjährung (§ 2332) beginnt erst mit dem Entstehen des neuen Anspruchs (BGH NJW 93, 2177; KG ZEV 00, 504; FamRZ 77, 129; zT str). Zum Anteil an einer Personalgesellschaft mit Abfindungsklausel vgl § 2311 Rn 7. **Befristete** Rechte und Verbindlichkeiten sind zu schätzen, § 2311 II 1 (BGH JR 80, 103); s InsO 41 II, 46 (KO 65 II, 70 aF). Keine entspr Anwendung bei Errechnung des Zugewinns (BGH 87, 367).

§ 2314 Auskunftspflicht des Erben

(1) ¹Ist der Pflichtteilsberechtigte nicht Erbe, so hat ihm der Erbe auf Verlangen über den Bestand des Nachlasses Auskunft zu erteilen. ²Der Pflichtteilsberechtigte kann verlangen, dass er bei der Aufnahme des ihm nach § 260 vorzulegenden Verzeichnisses der Nachlassgegenstände zugezogen und dass der Wert der Nachlassgegenstände ermittelt wird. ³Er kann auch verlangen, dass das Verzeichnis durch die zuständige Behörde oder durch einen zuständigen Beamten oder Notar aufgenommen wird.

(2) Die Kosten fallen dem Nachlass zur Last.

Lit: Baumgärtel, Das Verhältnis der Beweislastverteilung im Pflichtteilsrecht zu den Auskunfts- und Wertmittlungsansprüchen dieses Rechtsgebiets, FS Hübner, 1984, S 395; Coing und Kempfler, Der Auskunftsanspruch des Pflichtteilsberechtigten im Falle der Pflichtteilsergänzung, NJW 70, 729, 1533; Coing, Zur Auslegung des § 2314 BGB, NJW 83, 1298; Dieckmann, Zum Auskunfts- und Wertermittlungsanspruch des Pflichtteilsberechtigten, NJW 88, 1809; Sarres, Auskunftsansprüche des Pflichtteilsberechtigten, ZEV 98, 4; Erbrechtliche Auskunftsansprüche aus Treu und Glauben (§ 242 BGB), ZEV 01, 225; Das neue Schuldrecht und erbrechtliche Auskunftsansprüche, ZEV 02,96; Stürner, Die Aufklärungspflicht der Parteien des Zivilprozesses, 1976, §§ 19 II, 20 IV 3, 21; Winkler v. Mohrenfels, Die Auskunfts- und Wertermittlungspflicht des vom Erblasser Beschenkten, NJW 87, 2557.

1. **Unmittelbarer Anwendungsbereich. a) Voraussetzung** des Auskunftsanspruchs ist nur das Pflichtteilsrecht, nicht ein Pflichtteilsanspruch, zu dessen Beurteilung die Auskunft ja gerade dienen soll (BGH 28, 177; NJW 81, 2052); deshalb steht dem pflichtteilsberechtigten Vermächtnisnehmer ein Auskunftsanspruch zu, ohne daß er ausschlägt oder ein Restanspruch feststeht (§§ 2307, 2305; Köln NJW-RR 92, 8; Oldenburg NJW-RR 93, 782; Düsseldorf FamRZ 95, 1236). Hingegen hindert die berechtigte Pflichtteilsentziehung das Entstehen des Auskunftsanspruchs (Hamm NJW 83, 1067). **b)** Der **Umfang** des Informationsanspruchs bestimmt sich aus seinem Zweck, die Berechnungsfaktoren des Pflichtteilsanspruchs offenzulegen (vgl BGH 33, 374; Brandenburg FamRZ 98, 179). Hierzu gehören als **reale Nachlaßaktiva** die vorhandenen Nachlaßgegenstände; als **fiktive Nachlaßaktiva** ausgleichungspflichtige Zuwendungen (§ 2316) und Schenkungen (§ 2325; BGH 82, 136; 89, 27; Karlsruhe FamRZ 00, 917; Düsseldorf FamRZ 99, 1546: konkrete Anhaltspunkte für eine Schenkung reichen aus), wobei beim plausiblen Verdacht verschleierter gemischter Schenkungen alle Veräußerungen offenzulegen sind (BGH 89, 27 mN, stRspr); endlich die Verbindlichkeiten als **Nachlaßpassiva**. Maßgeblicher **Zeitpunkt** für die Auskunft ist der Erbfall (§ 2311; hierzu München DtZ 93, 153). **c) Formen der Information: aa)** Auskunft durch Vorlage eines schriftlichen **Bestandsverzeichnisses** (§ 260 I). Das Verlangen nach Zuziehung (I 2) oder Aufnahme durch eine Amtsperson (I 3) ist auch noch nachträglich möglich (BGH 33, 378; Oldenburg NJW-RR 93, 782; FamRZ 00, 62; s aber Köln NJW-RR 92, 8). Bei Aufnahme durch eine Amtsperson besteht Anwesenheitsrecht des Pflichtteilsberechtigten (KG NJW 96, 2312); trotzdem sind Kosten der Teilnahme eines Verkehrsanwalts keine erstattungsfähigen Prozeßkosten (München Rpfleger 97, 453). Das amtliche Verzeichnis gem I 3 kann im Einzelfall weitergehende Angaben enthalten („fiktive" Nachlaßaktiva) als das Inventar gem § 2001, wird sich aber ansonsten inhaltlich von verfahrensmäßig mit dem Inventar decken (BGH 33, 377). Zuständigkeit vgl BNotO 20 I, bwLFGG 41 V; zur landesrechtlich begründeten wahlweisen Zuständigkeit des AG vgl Hamm OLGZ 77, 257. **bb) Vorlage von Urkunden und Belegen** hält die Rspr nicht allg (arg § 259 I), wohl aber dann für notwendig, wenn ein Unternehmen zum Nachlaß gehört, das nur aufgrund der Geschäftsunterlagen (Bilanzen, Gewinn- und Verlustrechnung, Geschäftsbücher usw) zu bewerten ist (BGH NJW 75, 1776; 86, 128; BGH 75, 198 zu § 1379; Zweibrücken FamRZ 87, 1198; Düsseldorf FamRZ 97, 59). Die Aufgabe dieser Einschränkung ist ernsthaft zu erwägen. **cc) Verpflichtung über das eigene Wissen hinaus.** Der auskunftverpflichtete Erbe muß sich die notwendigen Kenntnisse soweit möglich verschaffen (BGH 89, 28) und uU Auskünfte bei Dritten einholen, zB bei einer Bank (hierzu BGH 107, 109; Kuchinke JZ 90, 653). Der Erbe kann seinen Auskunftsanspruch gegen Dritte auch an den Pflichtteilsberechtigten abtreten (BGH 107, 110; Bremen OLGR 01, 201: Verpflichtung zur Abtretung nur bei Verweigerung der zumutbaren Kenntnisverschaffung durch den Erben). **dd) Wertermittlung durch einen Sachverständigen** (I 2) kann der Pflichtteilsberechtigte auf Kosten des Nachlasses (II) verlangen, wenn – wie zB bei Unternehmen (BGH· 80, 276; NJW 75, 258; zT abw BGH 84, 35 für § 1379; Düsseldorf FamRZ 97, 59) – aufgrund der Informationen und Unterlagen eine Schätzung nicht möglich ist. Sachverständige Wertermittlung ist bei fiktiven Nachlaßaktiva auf Kosten des Nachlasses nur geschuldet, wenn Nachlaßzugehörigkeit (zB gemischte Schenkung

§ 2315

des Erblassers, § 2325) feststeht (BGH 89, 30; 107, 202; hierzu Dieckmann FamRZ 84, 880; 89, 857); anders bei dürftigem Nachlaß (BGH 107, 202). Wertermittlung auf Kosten des Informationsberechtigten kann schon bei begründeten Anhaltspunkten für fiktive Nachlaßzugehörigkeit verlangt werden (BGH NJW 86, 128; hierzu Dieckmann FamRZ 86, 258). Die Beauftragung eines Sachverständigen obliegt dem Erben (Karlsruhe NJW-RR 90, 394: keine Kostenerstattung bei eigenmächtiger Vornahme durch den Informationsberechtigten). Schätzgutachten zur eigenen Information des Erben sind nicht herauszugeben (BGH FamRZ 65, 135). Bei verschiedenen möglichen Bewertungsmethoden muß sich das Gutachten

7 mit allen auseinandersetzen (KG KGR 99, 90). **ee) Eidesstattliche Versicherung** gem § 260 II ist die Regelfolge unsorgfältiger bzw unvollständiger Information; nur ausnahmsweise besteht ein Anspruch auf **Ergänzung der Auskunft,** wenn nämlich – insbes irrtümlich (LM Nr 1 zu § 260) – ganze Tatsachen- oder Datenkomplexe fehlen (Oldenburg NJW-RR 92, 777; Bremen OLGR 00, 162: Unvoll-

8 ständigkeit). **d) Verjährung** gem § 197 I Nr 2; nach Verjährung der Hauptansprüche gem §§ 2303, 2325, 2329 (s § 2332) kann – nicht nur – das Informationsinteresse und damit der Auskunftsanspruch entfallen (BGH 33, 379; NJW 85, 384; BGH 107, 202; 108, 399; hierzu Dieckmann FamRZ 85, 589; Köln

9 NJW-RR 92, 8). **e) Erbersatzanspruchsberechtigte** alten Rechts hatten einen Auskunftsanspruch gem §§ 1934 b II aF, 2314 (BGH FamRZ 77, 389), bei Enterbung gem §§ 2338 a S 2 aF, 2314; zum Fortfall des Erbersatzanspruchs § 1924 Rn 3.

10 **2. Auskunft in ähnlichen Fällen.** Auskunftsanspruch – kein Wertermittlungsanspruch (BGH 107, 203; 108, 396) – des pflichtteilsberechtigten Nichterben gegen den Beschenkten (BGH 55, 378; 89, 27; 107, 203); des Nacherben gegen den vom Vorerben Beschenkten (BGH 58, 237); des pflichtteilsberechtigten Erben gegen den Beschenkten (BGH 61, 180; NJW 86, 127: mit Wertermittlung, allerdings auf eigene Kosten, BGH 108, 393; sa Rn 6), wobei der Pflichtteilsergänzungsanspruch hierfür noch nicht dem Grunde nach feststehen muß (BGH NJW 93, 2737); des Vertragserben gegen den Beschenkten (BGH NJW 86, 1755; aA noch BGH 18, 67). Dabei wird der Auskunftsanspruch zunehmend weniger auf Analogie gestützt, als vielmehr aus § 242 hergeleitet für den Fall, daß der Berechtigte sich die erforderlichen Kenntnisse über einen plausiblen Anspruch nicht selbst zumutbar verschaffen kann und der andere Teil unschwer Auskunft zu geben vermag (BGH NJW 86, 128); zum Inhalt s Rn 1 ff. S ü § 2038 Rn 9; §§ 2121–2123 Rn 1.

11 **3. Prozessuales.** Stufenklage, ZPO 254, die anders als die einfache Auskunftsklage auch die Verjährung des § 2332 hemmt (BGH NJW 75, 1409 f; Düsseldorf FamRZ 99, 1098; OLGR 99, 242 mAnm Bartsch ZERB 99, 72: jeweils zur Unterbrechung nach § 205 aF) und wegen des Zahlungsanspruchs Verzug auslöst (BGH 80, 276). Die Beschwer des zur Auskunft Verurteilten bemißt sich nach dem Aufwand der Erteilung (BGH 128, 89 f; ZEV 98, 142 mAnm Hagena ZEV 98, 131). Zwangsvollstreckung: Enthält ein Auskunftstitel zulässigerweise keine Angaben über Art und Weise der Auskunft, so hat der Gläubiger diese Angaben im Vollstreckungsantrag nachzuholen (Hamburg FamRZ 88, 1213). Die Vollstreckung erfolgt für schriftliches Bestandsverzeichnis gem ZPO 888 (Hamburg FamRZ 88, 1213; Brandenburg FamRZ 98, 179) – nur wenn es erschöpfend anhand von Unterlagen auch von Dritten erstellt werden kann, gilt ZPO 887; für Zuziehung eines Sachverständigen ZPO 887 (aA Frankfurt OLGZ 87, 480; Karlsruhe NJW-RR 90, 394); für eidesstattliche Versicherung ZPO 889. Freiwillige Abgabe der Versicherung gem FGG 163, 79.

§ 2315 Anrechnung von Zuwendungen auf den Pflichtteil

(1) Der Pflichtteilsberechtigte hat sich auf den Pflichtteil anrechnen zu lassen, was ihm von dem Erblasser durch Rechtsgeschäft unter Lebenden

mit der Bestimmung zugewendet worden ist, dass es auf den Pflichtteil angerechnet werden soll.

(2) ¹Der Wert der Zuwendung wird bei der Bestimmung des Pflichtteils dem Nachlass hinzugerechnet. ²Der Wert bestimmt sich nach der Zeit, zu welcher die Zuwendung erfolgt ist.

(3) Ist der Pflichtteilsberechtigte ein Abkömmling des Erblassers, so findet die Vorschrift des § 2051 Abs. 1 entsprechende Anwendung.

1. a) Die **Anrechnungsbestimmung** ist eine empfangsbedürftige Willenserklärung (Düsseldorf ZEV 94, 173), die – ausdr oder stillschweigend – vor oder bei der Zuwendung abzugeben ist (Bsp: Anspruchserlaß unter Anrechnung auf den Pflichtteil, BGH WM 83, 824). Sie kann nachher nicht mehr erfolgen, auch nicht testamentarisch; es bleiben dann nur §§ 2346 II, 2348. b) **Anrechnungsverfahren:** Der Wert der Zuwendung wird dem Nachlaßwert zugerechnet und aus der Summe der Pflichtteil als Bruchteil bestimmt; vom so errechneten Pflichtteil wird die Zuwendung abgezogen (II 1). Bei mehreren pflichtteilsberechtigten Empfängern verschieden hoher Zuwendungen erfolgt genau die gleiche Berechnung für jeden Empfänger völlig unabhängig von allen anderen. Beim Zeitwert der Zuwendung (II 2) muß der Kaufkraftschwund des Geldes anhand des Lebenshaltungskostenindex berücksichtigt werden, da nur so die wirtschaftliche Gleichbehandlung aller Beteiligten erreicht wird (BGH 65, 77; BGH WM 83, 824).

§ 2316 Ausgleichungspflicht

(1) ¹Der Pflichtteil eines Abkömmlings bestimmt sich, wenn mehrere Abkömmlinge vorhanden sind und unter ihnen im Falle der gesetzlichen Erbfolge eine Zuwendung des Erblassers oder Leistungen der in § 2057a bezeichneten Art zur Ausgleichung zu bringen sein würden, nach demjenigen, was auf den gesetzlichen Erbteil unter Berücksichtigung der Ausgleichungspflichten bei der Teilung entfallen würde. ²Ein Abkömmling, der durch Erbverzicht von der gesetzlichen Erbfolge ausgeschlossen ist, bleibt bei der Berechnung außer Betracht.

(2) Ist der Pflichtteilsberechtigte Erbe und beträgt der Pflichtteil nach Absatz 1 mehr als der Wert des hinterlassenen Erbteils, so kann der Pflichtteilsberechtigte von den Miterben den Mehrbetrag als Pflichtteil verlangen, auch wenn der hinterlassene Erbteil die Hälfte des gesetzlichen Erbteils erreicht oder übersteigt.

(3) Eine Zuwendung der im § 2050 Abs. 1 bezeichneten Art kann der Erblasser nicht zum Nachteil eines Pflichtteilsberechtigten von der Berücksichtigung ausschließen.

(4) Ist eine nach Absatz 1 zu berücksichtigende Zuwendung zugleich nach § 2315 auf den Pflichtteil anzurechnen, so kommt sie auf diesen nur mit der Hälfte des Wertes zur Anrechnung.

1. a) **Berechnungsverfahren.** Es ist zunächst gem §§ 2055–2057a der ges Erbteil zu errechnen (s § 2055 Rn 1ff; § 2057a Rn 4) und dann zu halbieren; insbes sind §§ 2056, 2057 anwendbar (sa § 2056 Rn 3). III gilt auch für § 2050 II, der § 2050 I nur ergänzt. b) Der **Pflichtteilsrestanspruch** (§ 2305) richtet sich gem II nach dem durch die Ausgleichung erhöhten Pflichtteil. c) Beim **Zusammentreffen** von Ausgleichungs- und Anrechnungspflicht in derselben Zuwendung ist gem IV vom Pflichtteil (Errechnung vgl Rn 1) die halbierte Zuwendung abzuziehen, um eine Doppelanrechnung zu vermeiden. d) I soll nicht nur zugunsten des pflichtteilsberechtigten nichterbenden Abkömmlings gelten, sondern auch zugunsten des als Alleinerben eingesetzten Abkömmlings gegenüber Pflichtteilsansprüchen (BGH NJW 93, 1197 gegen Stuttgart DNotZ 89, 184 und 7. Aufl; sa Cieslar DNotZ 89, 185).

§ 2317 Entstehung und Übertragbarkeit des Pflichtteilsanspruchs

(1) **Der Anspruch auf den Pflichtteil entsteht mit dem Erbfall.**

(2) **Der Anspruch ist vererblich und übertragbar.**

1. **a)** Zur Unterscheidung von Pflichtteilsrecht und Pflichtteilsanspruch s § 2303 Rn 1. Der Pflichtteilsanspruch entsteht mit dem Erbfall, auch im Falle der §§ 2306 I 2, 2307 I (str, arg § 2332 III). Auch unbezifferte Mahnung begründet Verzug (BGH 80, 276; § 2314 Rn 11). **b)** Entstehungshindernisse (§§ 2346, 1934 e aF – weggefallen, s § 1924 Rn 3) sind vom Erlaß der entstandenen Forderung durch formlosen Vertrag (§ 397) zu unterscheiden; vgl zum Erlaßvertrag §§ 1643 II, 1822 Nr 2, 1432 I, 1455 Nr 2. Ausschlagung des Anspruchs analog § 2180 ist nicht möglich (SoeDieckmann 5). **c)** Auf der **Gläubigerseite** kann der zum Alleinerben berufene Ehegatte die pflichtteilsberechtigten Kinder vertreten, weil §§ 1629 II, 1795 II, 181 grds nicht die Entscheidung über die Geltendmachung von Ansprüchen betreffen (vgl BayObLGZ 63, 132); Abhilfe allenfalls gem §§ 1629 II, 1796 II. Auf **Schuldnerseite** sind bei Testamentsvollstreckung § 2213 I 3, III, ZPO 748 III zu beachten. **d)** Zum **Rang** des Pflichtteilsanspruchs vgl §§ 1973, 1991 IV, InsO 327 I u II (KO 226 II u III aF); als Erblasserschuld gehen Ansprüche gem § 1371 II, III dem Pflichtteilsanspruch vor. **e)** **Pfändung** ist rangwahrend mit Entstehung möglich, aber Verwertungsaufschub gem ZPO 852 I (BGH 123, 186 f; NJW 97, 2384; Brandenburg FamRZ 99, 1436; hierzu Kuchinke NJW 94, 1769). Unterlassen der Geltendmachung des Pflichtteilsanspruchs ist nicht gem AnfG 3, 4 anfechtbar (BGH NJW 97, 2384 für AnfG 3 aF; hierzu Klumpp ZEV 98, 123; Keim ZEV 98, 127). **f)** Die Vererblichkeit beginnt mit der Anspruchsentstehung (vgl Rn 1); II ist lex specialis zu § 400. **g)** Zur Berücksichtigung beim Unterhaltsanspruch BGH NJW 82, 2772.

§ 2318 Pflichtteilslast bei Vermächtnissen und Auflagen

(1) ¹**Der Erbe kann die Erfüllung eines ihm auferlegten Vermächtnisses soweit verweigern, dass die Pflichtteilslast von ihm und dem Vermächtnisnehmer verhältnismäßig getragen wird.** ²**Das Gleiche gilt von einer Auflage.**

(2) **Einem pflichtteilsberechtigten Vermächtnisnehmer gegenüber ist die Kürzung nur soweit zulässig, dass ihm der Pflichtteil verbleibt.**

(3) **Ist der Erbe selbst pflichtteilsberechtigt, so kann er wegen der Pflichtteilslast das Vermächtnis und die Auflage soweit kürzen, dass ihm sein eigener Pflichtteil verbleibt.**

1. **a)** Das **Leistungsverweigerungsrecht des Erben gegenüber dem Vermächtnisnehmer** bietet den Ausgleich für die Nichtabsetzbarkeit von Vermächtnissen bei der Pflichtteilsberechnung (vgl § 2311 Rn 9). Berechnungsbsp: Nachlaß 10 000 €, Vermächtnis 2000 €, Pflichtteil 2500 €; der Erbe trägt $^{8}/_{10}$, der Vermächtnisnehmer $^{2}/_{10}$, so daß ein Leistungsverweigerungsrecht in Höhe von 500 € besteht. Rückabwicklung gem § 813 I (KG FamRZ 77, 269). **b)** Die einschränkenden (II) und erweiternden (III) Ausnahmen sind gem § 2324 nicht abänderbar. Ist der pflichtteilsberechtigte Erbe nur mit einem Vermächtnis belastet, gilt allein § 2306 I; die Kürzungsmöglichkeit ergibt sich erst, wenn eine Pflichtteilslast hinzutritt und es der Erbe versäumt hat, sich durch Ausschlagung gem § 2306 I 2 zu befreien (BGH 95, 222; hierzu Kuchinke JZ 86, 90; v Olshausen FamRZ 86, 524). III, der auch bei Pflichtteilslasten wegen nichtehelicher Abkömmlinge Anwendung findet (BGH NJW 88, 137), gilt für Alleinerben und Miterben (BGH 95, 222; hierzu Olshausen, FamRZ 86, 524) und geht II vor (zum Ganzen Schlitt ZEV 98, 91). Sa § 2322. **c)** Zur Pflichtteilsberechnung bei Zugewinngemeinschaft und Ausgleichsgemeinschaft vgl § 2303 Rn 5 f.

§ 2319 Pflichtteilsberechtigter Miterbe

¹Ist einer von mehreren Erben selbst pflichtteilsberechtigt, so kann er nach der Teilung die Befriedigung eines anderen Pflichtteilsberechtigten soweit verweigern, dass ihm sein eigener Pflichtteil verbleibt. ²Für den Ausfall haften die übrigen Erben.

1. a) Im **Außenverhältnis** (Miterbe-Pflichtteilsberechtigter) gelten bis zur Teilung §§ 2058, 2059 I 1, nach der Teilung §§ 2058, 2060 (vgl §§ 2058–2063 Rn 1–8). § 2319 gewährt ein **Leistungsverweigerungsrecht gegenüber dem Pflichtteilsberechtigten** nach Teilung; zur Pflichtteilsberechnung bei Zugewinngemeinschaft vgl § 2303 Rn 5 f. Die Ausfallhaftung der Miterben richtet sich nach §§ 2058, 2060 ff, 2319. b) Im **Innenverhältnis** erfolgt der Ausgleich gem §§ 2058, 426, wobei § 2319 analog gilt (BGH 95, 222). c) § 2319 gem § 2324 nicht abänderbar.

§ 2320 Pflichtteilslast des an die Stelle des Pflichtteilsberechtigten getretenen Erben

(1) **Wer anstelle des Pflichtteilsberechtigten gesetzlicher Erbe wird, hat im Verhältnis zu Miterben die Pflichtteilslast und, wenn der Pflichtteilsberechtigte ein ihm zugewendetes Vermächtnis annimmt, das Vermächtnis in Höhe des erlangten Vorteils zu tragen.**

(2) **Das Gleiche gilt im Zweifel von demjenigen, welchem der Erblasser den Erbteil des Pflichtteilsberechtigten durch Verfügung von Todes wegen zugewendet hat.**

1. Die Vorschrift regelt nur das **Innenverhältnis der Miterben** untereinander, im Außenverhältnis zum Pflichtteilsberechtigten und Vermächtnisnehmer gelten §§ 2058 ff; sie ist sonach Sondervorschrift zu §§ 2038 II, 748; 2046 II; 2047 I, 2148. Ges Erbenstellung anstelle des Pflichtteilsberechtigten kann vorliegen bei Enterbung (§ 1938), Ausschlagung gem § 2306 I 2 oder Verzicht unter Pflichtteilsvorbehalt; ob dabei Anteilserhöhung (§ 1935) oder Neuberufung vorliegt, ist gleichgültig. Gewillkürte Erbenstellung anstelle des Pflichtteilsberechtigten gem II ist anzunehmen bei bewußter und gewollter Ersetzung eines Pflichtteilsberechtigten durch Zuwendung des gleichen Betrages, den dieser als ges Erbe bekommen hätte (BGH NJW 83, 2378). Als Vorteil erlangt gilt der Wert des Erbteils unabhängig vom Wert der Zuwendung, die ohne Aufrücken angefallen wäre (BGH NJW 83, 2379: Nacherbe als Ersatzerbe des ausschlagenden Vorerben; hierzu Dieckmann FamRZ 83, 1015). Sa § 2321 Rn 1.

§ 2321 Pflichtteilslast bei Vermächtnisausschlagung

Schlägt der Pflichtteilsberechtigte ein ihm zugewendetes Vermächtnis aus, so hat im Verhältnis der Erben und der Vermächtnisnehmer zueinander derjenige, welchem die Ausschlagung zustatten kommt, die Pflichtteilslast in Höhe des erlangten Vorteils zu tragen.

1. Bei Ausschlagung des Vermächtnisses gem § 2307 I 1 bleibt im Innenverhältnis der vermächtnisbelastete Erbe oder Vermächtnisnehmer dem pflichtteilsbelasteten Erben bis zur Höhe des Ausschlagungsvorteils (idR Vermächtnishöhe) ausgleichspflichtig. Bei Annahme des Vermächtnisses gilt § 2320.

§ 2322 Kürzung von Vermächtnissen und Auflagen

Ist eine von dem Pflichtteilsberechtigten ausgeschlagene Erbschaft oder ein von ihm ausgeschlagenes Vermächtnis mit einem Vermächtnis oder einer Auflage beschwert, so kann derjenige, welchem die Ausschlagung zustatten kommt, das Vermächtnis oder die Auflage soweit kürzen, dass ihm der zur Deckung der Pflichtteilslast erforderliche Betrag verbleibt.

§§ 2323–2325

1 1. Nach der Ausschlagung gem §§ 2306 I 2, 2307 I ist der Nächstberufene mit Pflichtteilsansprüchen des Ausschlagenden uU neben Vermächtnissen bzw Auflagen belastet. § 2322 wahrt den Vorrang des Pflichtteilsberechtigten, indem er dem Nächstberufenen ein Kürzungsrecht zur Deckung des Pflichtteilsanspruchs gibt; dem Nächstberufenen nützt die Vorschrift bei unbeschränkter Haftung. § 2322 geht dem weitergehenden Kürzungsrecht gem § 2318 vor (BGH NJW 83, 2379). Beim Vermächtnis eines Gegenstandes muß der Vermächtnisnehmer den Kürzungsbetrag als Ausgleich zahlen, andernfalls erhält er nur den gekürzten Geldbetrag (BGH 19, 311). Beim Vermächtnis des Nießbrauchs an einer Erbschaft darf der Erbe zur Befriedigung des Pflichtteilsberechtigten nicht gem §§ 1089, 1087 vorgehen, er ist vielmehr auf die Rechte des § 2322 beschränkt (BGH 19, 312).

§ 2323 Nicht pflichtteilsbelasteter Erbe

Der Erbe kann die Erfüllung eines Vermächtnisses oder einer Auflage auf Grund des § 2318 Abs. 1 insoweit nicht verweigern, als er die Pflichtteilslast nach den §§ 2320 bis 2322 nicht zu tragen hat.

1 1. Das Leistungsverweigerungsrecht des vermächtnis- und pflichtteilsbelasteten Erben (§ 2318 I) ist insoweit eingeschränkt, als er sich gem §§ 2320–2322 erholen kann.

§ 2324 Abweichende Anordnungen des Erblassers hinsichtlich der Pflichtteilslast

Der Erblasser kann durch Verfügung von Todes wegen die Pflichtteilslast im Verhältnis der Erben zueinander einzelnen Erben auferlegen und von den Vorschriften des § 2318 Abs. 1 und der §§ 2320 bis 2323 abweichende Anordnungen treffen.

1 1. Die Vorschrift gestattet dem Erblasser nur die vom Ges abw Umverteilung der Pflichtteilslasten im Innenverhältnis (Bsp: BGH MDR 81, 474: Ausschluß des Vermächtniskürzungsrechts); iü ist das Pflichtteilsrecht zwingendes Recht, auch soweit es den eigenen Pflichtteil des Erben oder Vermächtnisnehmers betrifft. Für abw Anordnung im Wege ergänzender Auslegung gelten strenge Maßstäbe (BGH NJW 83, 2379).

§ 2325 Pflichtteilsergänzungsanspruch bei Schenkungen

(1) Hat der Erblasser einem Dritten eine Schenkung gemacht, so kann der Pflichtteilsberechtigte als Ergänzung des Pflichtteils den Betrag verlangen, um den sich der Pflichtteil erhöht, wenn der verschenkte Gegenstand dem Nachlass hinzugerechnet wird.

(2) [1]**Eine verbrauchbare Sache kommt mit dem Werte in Ansatz, den sie zur Zeit der Schenkung hatte.** [2]**Ein anderer Gegenstand kommt mit dem Werte in Ansatz, den er zur Zeit des Erbfalls hat; hatte er zur Zeit der Schenkung einen geringeren Wert, so wird nur dieser in Ansatz gebracht.**

(3) Die Schenkung bleibt unberücksichtigt, wenn zur Zeit des Erbfalls zehn Jahre seit der Leistung des verschenkten Gegenstands verstrichen sind; ist die Schenkung an den Ehegatten des Erblassers erfolgt, so beginnt die Frist nicht vor der Auflösung der Ehe.

Lit: Behmer, Neues zur Zehnjahresfrist beim Pflichtteilsergänzungsanspruch?, FamRZ 99, 1254; Dieckmann, Wertveränderungen des Nachlasses, Pflichtteil – Pflichtteilsergänzung – Anfechtung, FS Beitzke, 1979, S 399; Gerken, Pflichtteilsergänzungsansprüche, Rpfleger 91, 443; Hayler, Bestandaufnahme ehebedingter Zuwendungen im Bereich der Pflichtteilsergänzung (§§ 2325, 2329 BGB) – Vertragsgestaltung durch doppelten Güterstandswechsel?, DNotZ 00, 681; Reiff, Nießbrauch und Pflichtteilsergänzung, ZEV 98, 241; Sturm/Sturm,

Zur Ausgleichung beim Pflichtteilsergänzungsanspruch nach § 2325 BGB, FS von Lübtow, 1991, S 291; Tiedtke, Die Voraussetzungen des Pflichtteilsergänzungsanspruchs, DNotZ 98, 85.

1. Parteien. a) Gläubiger des Pflichtteilsergänzungsanspruchs ist der Pflichtteilsberechtigte unabhängig vom Bestehen des ordentlichen Pflichtteilsanspruchs (arg § 2326), also zB auch bei Ausschlagung der ges Erbfolge (LM Nr 2; BGH NJW 73, 995); vgl hierzu auch § 2305 Rn 1 und § 2326 Rn 1. Der Anspruch setzt aber voraus, daß zur Zeit der Schenkung das rechtliche Verhältnis bereits bestand, das den Pflichtteilsanspruch begründet (nicht der Pflichtteilsanspruch selbst; verfehlt LG Dortmund ZEV 99, 30 mkritAnm Otte, Bestelmeyer FamRZ 99, 1468), also zB die Ehe für den Anspruch des Ehegatten, Ehe oder Zeugung für den Anspruch des Abkömmlings (BGH 59, 216; NJW 97, 2676 mN = LM Nr 29 mAnm Kuchinke; str, vgl SoeDieckmann 3; Keller ZEV 00, 268; Reinicke NJW 73, 597). Erfaßt werden für Erbfälle nach dem Beitritt der neuen Bundesländer auch Schenkungen innerhalb der 10-Jahres-Frist zu DDR-Zeiten (BGH NJW 01, 2398 = LM Nr 30 mAnm Leipold; Kuchinke JZ 01, 1089; Jena OLGR 99, 383; Dresden NJW 99, 3345 mAnm Kuchinke DNotZ 99, 829; Pentz ZEV 99, 497; dagegen zumindest für § 2329 anders Jena OLG-NL 99, 110). **b) Schuldner** ist der Erbe, der sich beschränkte Haftung vorbehalten kann (ZPO 780; BGH WM 83, 824). Bei begründeter Dürftigkeitseinrede (§§ 1990, 1991 IV) des nicht unbeschränkt haftenden Erben kann das Gericht die Klage abweisen (LM Nr 2 und 6; NJW 74, 1327; 83, 1486; ZEV 00, 274; s Vor § 1967 Rn 2, §§ 1990, 1991 Rn 7). 1

2

2. Schenkung (§ 516) erfordert Einigung über die Unentgeltlichkeit. **a) Bei gemischten Schenkungen** muß eine Einigung über die teilw Unentgeltlichkeit vorliegen; bei grobem Mißverhältnis von Leistung und Gegenleistung spricht aber eine tatsächliche Vermutung für eine solche Einigung (BGH 59, 136; 88, 111; NJW 81, 1956; 2458; 82, 2498; FamRZ 89, 274; Oldenburg NJW-RR 92, 778; Koblenz NJW-RR 02, 513). **b) Ausstattungen** sind gem § 1624 I nur bei Übermaß Schenkungen, ansonsten gelten für sie ausschließlich §§ 2050 ff, 2316 (zum Zusammentreffen von Schenkungen und ausgleichspflichtiger Ausstattungen vgl BGH NJW 65, 1526 = LM Nr 5; ferner § 2056 Rn 3). Sog **unbenannte Zuwendungen** unter Ehegatten sind grundsätzlich Schenkungen iSd § 2325 (BGH 116, 170; Koblenz NJW-RR 02, 512; hierzu § 2287 Rn 1 mN und § 516 Rn 20); ebenso in der nichtehelichen Lebensgemeinschaft (Düsseldorf NJW-RR 97, 1499) und eingetragenen Lebenspartnerschaft. In der Begründung einer Gütergemeinschaft liegt hingegen nur ausnahmsweise eine Schenkung, soweit die Zuwendung nicht oder nicht nur der Begründung ehelicher Vermögensordnung dienen sollte (BGH 116, 178). Übergang von der Zugewinngemeinschaft zur Gütertrennung führt zu Ergänzungsansprüchen nur insoweit, als die Ausgleichszahlungen tatsächlich geschuldeten Zugewinnausgleich übersteigen (Oldenburg FamRZ 96, 1506: keine rückwirkende Vereinbarung von Zugewinngemeinschaft). Rückabwicklungsforderungen bzw Ausgleichsansprüche des Erblassers fallen in den Nachlaß und sind bei seiner Bewertung zu berücksichtigen (§ 2311). Auf die Vermögensausstattung im Rahmen einer Stiftungserrichtung ist § 2325 analog anzuwenden (LG Baden-Baden ZEV 00, 152 mAnm Rawert). **c) Die Nachfolge in den Anteil einer Personengesellschaft** kann Schenkung aus dem Todesfall sein, wenn ein Gesellschafter gesellschaftsvertraglich zur entschädigungslosen Übernahme berechtigt ist (BGH NJW 81, 1956; KG DNotZ 78, 109) oder wenn ein unentgeltliches Eintrittsrecht auf den Todesfall für Nichtgesellschafter gesellschaftsvertraglich geschaffen wird; dagegen liegt keine Unentgeltlichkeit vor, wenn *alle* Gesellschafter bei gleichen Risiken Fortsetzung im Todesfalle ohne Abfindungsansprüche vereinbaren (BGH 22, 194) oder bei entgeltlichem Eintrittsrecht (BGH NJW 59, 1433); sa § 2301 Rn 1 ff und SoeDieckmann 9. Bei erbrechtlicher Nachfolge fällt der Anteil in den Nachlaß iSd Pflichtteilsrechts (BGH NJW 83, 2377) und wird beim ordentlichen Pflichtteil berücksichtigt; sa § 2301 Rn 3, 6; § 2311 Rn 5 ff; § 2032 3

4

5

§ 2325 Buch 5. Abschnitt 5

Rn 5 ff. **d)** Zum unentgeltlichen Vertrag zgDr auf den Todesfall vgl § 2301 Rn 5 f.

6 **e) Abfindungen in Erb- und Pflichtteilsverzichtsverträgen** können als teilweise unentgeltlich der Pflichtteilsergänzung unterliegen, soweit sie den Wert des Pflichtteils des Abfindenden übersteigen (BGH NJW 86, 129; krit Dieckmann FamRZ 86, 259). Erhöht sich der Pflichtteil des Ergänzungsberechtigten schon nach § 2310 S 2 aufgrund des Erbverzichts, dann kann er insgesamt nur den Wert des hypothetischen Pflichtteils ohne den Erbverzicht verlangen (str; wie hier Pentz MDR 00, 338; aA Hamm ZEV 00, 277 mkritAnm Rheinbay: Pflichtteilserhöhung nach § 2310 und Pflichtteilsergänzungsanspruch in Höhe der nicht erhöhten Pflichtteilsquote am Gegenstand der Schenkung). Nichtgeltendmachung des Pflichtteils durch Vorerbe ist keine Schenkung an Nacherben (BGH NJW 02, 672).

7 **3. Berechnungsverfahren. a)** Bsp: Nachlaß 18 000 €, Schenkung 4000 €, Pflichtteilsquote ¼, Ergänzungsanspruch 1000 €. **b) Wertberechnung:** Es gelten zunächst die allg Bewertungsgrundsätze; vgl § 2311 Rn 2 ff, § 2312 Rn 1 ff. Erlaß einer Geldforderung steht der Schenkung verbrauchbarer Sachen gleich (II 1; BGH 98, 235). Der Wertvergleich gem II 2 („Niederstwertprinzip") muß den Kaufkraftschwund berücksichtigen (BGH 85, 282; 65, 75; NJW-RR 96, 707); dies auch, wenn die Schenkung vor dem Erbfall nicht vollzogen ist und nur ein Erfüllungsanspruch besteht (s BGH 85, 283). Bei Grundstücken ist das Eintragungsdatum maßgebend (BGH 102, 292; Jena NL 110: bei unverschuldeter extremer Eintragungsverzögerung kann auf Eintragung nach normalem Geschäftsgang abgestellt werden; str.). Bei gemischter Schenkung gilt das Niederstwertprinzip für den Überschuß aus Leistung und Gegenleistung (BGH 89, 33). Verbleiben dem Schenker die Nutzungen, ist Gegenstand der Schenkung nur die Differenz zwischen Sach- und kapitalisiertem Nutzungswert (BGH 118, 49; 125, 397; NJW 92, 2888; NJW-RR 90, 1159; 96, 707; Koblenz NJW-RR 02, 513; Reiff FamRZ 92, 802; Dingerdissen JZ 93, 402; Mayer FamRZ 94, 739; anders Oldenburg NJW-RR 99, 734 mAnm Pentz ZEV 99, 355: keine Kapitalisierung bei kurzer tatsächlicher Nutzung; zweifelhaft). Vom geschenkten Gegenstand ist nur der Wert anzusetzen, der endgültig zum Schenkervermögen gehört (BGH Rpfleger 02, 79: nur Vorerbschaft am Gegenstand führt zur Ergänzung nur des Werts der Nutzungen). Zur Bewertung eines geschenkten Nießbrauchs Reiff ZEV 98, 241. **c)** Zur Quote bei **Zugewinngemeinschaft** vgl § 2303 Rn 5 f.

8 **4. Die Zehnjahresfrist** gem III beginnt, wenn das Geschenk aus dem Vermögen des Erblassers wirtschaftlich ausgegliedert wird (BGH 98, 232; 102, 292). Bei Grundstücken frühestens mit der Umschreibung im Grundbuch (BGH 102, 292; 125, 398; aA Behmer FamRZ 99, 1254). Weiternutzung des Geschenks durch den Erblasser aufgrund vorbehaltenen dinglichen Rechts oder schuldrechtlicher Vereinbarung hindert Fristbeginn (BGH 125, 398 f: Schenkung unter Nießbrauchsvorbehalt; hierzu Draschka Rpfleger 95, 71; 92, 419, 437; Düsseldorf FamRZ 99, 1546; krit Reiff NJW 95, 1136); vorbehaltenes Teilnutzungsrecht ist uU unschädlich (Düsseldorf FamRZ 97, 1114: Erdgeschoßwohnung). Schenkungen an Ehegatten unterfallen einer wesentlich schärferen Haftung, die jedoch nicht gegen Art. 6 I oder Art. 3 I GG verstößt (BVerfG NJW 91, 217; Celle FamRZ 89, 1012; Otte, FS von Lübtow, 1991, S 305). Auf voreheliche Schenkungen an den späteren Ehegatten kann III HS 2 nicht analog angewendet werden (Düsseldorf NJW 96, 3156 mAnm Pentz NJW 97, 2033; Dieckmann FamRZ 95, 189; v. Olshausen FamRZ 95, 717; aA Zweibrücken FamRZ 94, 1492). Zur Verjährung s § 2332.

9 **5.** Zum vorbereitenden **Auskunftsanspruch** vgl § 2314 Rn 1 ff, 10 mN.

10 **6. Prozessuales.** Der Pflichtteilsberechtigte muß beweisen, daß der Gegenstand ohne die Schenkung Bestandteil des Nachlasses geworden wäre (BGH 89, 29). Er trägt die Beweislast für den Wert der Leistung und der Gegenleistung wie auch für den subjektiven Tatbestand der Schenkung (BGH FamRZ 81, 765); zur Vermutung bei grobem Mißverhältnis s Rn 3. Doch hat der Gegner behauptete Unentgeltlichkeit substantiiert zu bestreiten, wenn der Pflichtteilsberechtigte an-

sonsten in unüberwindliche Beweisnot gerät (BGH NJW-RR 96, 706). Klage auf Feststellung der Pflichtteilsberechtigung hemmt nicht die Verjährung des Pflichtteilsergänzungsanspruchs (BGH 132, 240 = LM § 209 Nr 84 mAnm Leipold für Unterbrechung nach altem Recht; sa § 2332 Rn 3).

§ 2326 Ergänzung über die Hälfte des gesetzlichen Erbteils

¹**Der Pflichtteilsberechtigte kann die Ergänzung des Pflichtteils auch dann verlangen, wenn ihm die Hälfte des gesetzlichen Erbteils hinterlassen ist.** ²**Ist dem Pflichtteilsberechtigten mehr als die Hälfte hinterlassen, so ist der Anspruch ausgeschlossen, soweit der Wert des mehr Hinterlassenen reicht.**

1. Die Vorschrift stellt klar, daß § 2325 auch eingreift, wenn der Pflichtteilsberechtigte Erbe oder Vermächtnisnehmer in Höhe des ordentlichen Pflichtteils ist (vgl schon § 2325 Rn 1). Die Anrechnung der Mehrzuwendung gem S 2 (hierzu BGH FamRZ 89, 274) gilt auch bei Ausschlagung; sie entfällt aber, wenn wegen Belastungen der Mehrzuwendung ausgeschlagen ist, arg § 2306 I 2 (str).

§ 2327 Beschenkter Pflichtteilsberechtigter

(1) ¹**Hat der Pflichtteilsberechtigte selbst ein Geschenk von dem Erblasser erhalten, so ist das Geschenk in gleicher Weise wie das dem Dritten gemachte Geschenk dem Nachlass hinzuzurechnen und zugleich dem Pflichtteilsberechtigten auf die Ergänzung anzurechnen.** ²**Ein nach § 2315 anzurechnendes Geschenk ist auf den Gesamtbetrag des Pflichtteils und der Ergänzung anzurechnen.**

(2) **Ist der Pflichtteilsberechtigte ein Abkömmling des Erblassers, so findet die Vorschrift des § 2051 Abs. 1 entsprechende Anwendung.**

1. a) Schenkungen an den **Ergänzungsberechtigten** sind zeitlich unbegrenzt zu berücksichtigen (*Beispiel:* Oldenburg ZEV 98, 143), § 2325 III gilt nicht (LM Nr 1). Hingegen bleiben Geschenke des Ehegatten des Erblassers außer Betracht, auch beim Berliner Testament (BGH 88, 102; hierzu Kuchinke JZ 84, 96; Dieckmann FamRZ 83, 1104); gem II anrechnungspflichtigen Geschenken an Vorfahren des Ergänzungsberechtigten stehen Geschenke an seinen Ehegatten nicht gleich. Entsprechendes gilt für den Lebenspartner. b) Die Anrechnung ist auch bei übersteigender Zuwendung auf den Ergänzungspflichtteil beschränkt und erfaßt idR nicht den ordentlichen Pflichtteil; anders gem I 2 nur bei Schenkungen iSd § 2315. c) Der Erbe hat einen **Auskunftsanspruch** gegen den Ergänzungsberechtigten über Schenkungen des Erblassers (BGH NJW 64, 1414; BGH 108, 395).

§ 2328 Selbst pflichtteilsberechtigter Erbe

Ist der Erbe selbst pflichtteilsberechtigt, so kann er die Ergänzung des Pflichtteils soweit verweigern, dass ihm sein eigener Pflichtteil mit Einschluss dessen verbleibt, was ihm zur Ergänzung des Pflichtteils gebühren würde.

1. **Leistungsverweigerungsrecht** (s BGH FamRZ 89, 275) des Erben (auch des Alleinerben) betrifft nur den Ergänzungsanspruch gem § 2325, nicht den ordentlichen Pflichtteil. Wertänderungen des Nachlasses zwischen Erbfall und Anspruchserfüllung sind mindestens bei erheblichen Schwankungen zu berücksichtigen (BGH 85, 284 ff; uU wertmäßige Vollstreckungsbeschränkung in der Urteilsformel (arg BGH 85, 287).

§ 2329 Anspruch gegen den Beschenkten

(1) ¹**Soweit der Erbe zur Ergänzung des Pflichtteils nicht verpflichtet ist, kann der Pflichtteilsberechtigte von dem Beschenkten die Herausgabe des**

§ 2330

Geschenks zum Zwecke der Befriedigung wegen des fehlenden Betrags nach den Vorschriften über die Herausgabe einer ungerechtfertigten Bereicherung fordern. ²Ist der Pflichtteilsberechtigte der alleinige Erbe, so steht ihm das gleiche Recht zu.

(2) Der Beschenkte kann die Herausgabe durch Zahlung des fehlenden Betrags abwenden.

(3) Unter mehreren Beschenkten haftet der früher Beschenkte nur insoweit, als der später Beschenkte nicht verpflichtet ist.

Lit: Lenz/Riegel, Die Geltendmachung von Pflichtteilsergänzungsansprüchen gegen den vom Erblasser Beschenkten, ZERB 02, 4; Pentz, Haftung des Beschenkten nach § 2329 BGB, MDR 98, 132; s im übrigen § 2325.

1   1. a) **Gläubiger** ist der **ergänzungsberechtigte** (§ 2325) Pflichtteilsberechtigte (BGH 59, 216; NJW 97, 2676 und für die Zeitgrenze gem § 2325 III BGH NJW 74, 2320). Gem I 2 ist auch der pflichtteilsberechtigte Alleinerbe aktivlegitimiert, dessen Nachlaß den ergänzten Pflichtteil nicht deckt; entspr anzuwenden bei Erbenmehrheit zugunsten des einzelnen Miterben (BGH 80, 205). b) **Fortfall der Erbenhaftung** gem § 2325 kann vorliegen bei beschränkter Haftung (BGH 80, 209; NJW 86, 1610; s § 2325 Rn 2), bei Leistungsverweigerung gem § 2328, nicht aber bei reiner Zahlungsunfähigkeit des unbeschränkt haftenden Erben (Schleswig OLGR 99, 368; anders die Voraufl; str). c) **Schuldner** ist der Beschenkte bzw seine Erben (BGH 80, 205); die Schenkung des Erblassers kann nach dem Erbfall vollzogen sein (BGH 85, 283). Sofern der Beschenkte Erbe ist, haftet er zunächst gem § 2325 und subsidiär (vgl Rn 2) gem § 2329 (BGH 88, 112; LM Nr 2 zu § 2225). Ein Ausgleich nach §§ 2288, 2287 geht dem Anspruch nach § 2329 I vor (BGH 111, 142; sa § 2288 Rn 2). Die Reihenfolge gem III bestimmt sich nach dem Vollzug (vgl § 2325 Rn 8) der Schenkungen (Hamm NJW 69, 2148; abw bei Vollzug nach Erbfall BGH 85, 284). Der Gläubiger kann gegen alle Beschenkten gleichzeitig Leistungsklage erheben, da die Anspruchshöhe nicht vom Vollstreckungserfolg beim später Beschenkten abhängt; bei Bezifferungsschwierigkeiten soll aber trotzdem Feststellungsklage gegen früher Beschenkte möglich sein (BGH 17, 336). d) **Inhalt** des Anspruchs ist Geldzahlung bei Geldgeschenken oder bereicherungsrechtlicher Werthaftung, ansonsten Duldung der Zwangsvollstreckung in die Geschenkgegenstände bis zur Höhe des Fehlbetrages (BGH 88, 112; LM Nr 2 zu § 2325; BGH 107, 203; 108, 396; NJW 90, 2064). Der Schuldner kann die Haftung gem § 2328 beschränken; dabei sind nachträgliche Wertänderungen der Schenkungen zu berücksichtigen (s § 2328 Rn 1).

2

3

4

5   e) Die **Verjährung** wird auch durch Klage gegen dieselbe Partei aus § 2325 gehemmt (BGH NJW 74, 1327; 83, 389; BGH 107, 203: zu § 209 aF); Feststellungsklage zur Verjährungshemmung ist zulässig (Düsseldorf FamRZ 96, 445); § 2332 II mit erleichterter Verjährung gilt auch zugunsten des beschenkten Erben bzw Miterben (BGH NJW 86, 1610 mN; Bremen OLGR 99, 173; für § 2332 I Zweibrücken NJW 77, 1825; offen LM Nr 3 zu § 2332).

6   2. Zum **Auskunftsanspruch** gegen den Beschenkten vgl § 2314 Rn 10; zum Auskunftsanspruch des Beschenkten gegen den Ergänzungsberechtigten vgl § 2327 Rn 3.

§ 2330 Anstandsschenkungen

Die Vorschriften der §§ 2325 bis 2329 finden keine Anwendung auf Schenkungen, durch die einer sittlichen Pflicht oder einer auf den Anstand zu nehmenden Rücksicht entsprochen wird.

1   1. a) **Anstandsschenkungen** sind kleinere Zuwendungen zu besonderen Tagen oder Anlässen (BGH NJW 84, 2940). b) Die **sittliche Pflicht** ist durch Wertung der Einzelfallumstände festzustellen (zusf Karlsruhe OLGZ 90, 458). Sie rechtfertigt in Ausnahmefällen die Zuwendung höherwertiger Güter (zB

Grundstück, Lebensversicherung, Rente, Wohnrecht usw), insbes bei Unterstützung in Notlage, Unterhaltssicherung für Verwandte, Sicherung der Altersversorgung für Ehegatten oder nichteheliche Lebensgefährten (BGH NJW 84, 2940 mN; Karlsruhe OLGZ 90, 460), Belohnung treuer Dienste (BGH NJW 81, 2459; aA BGH NJW 86, 1926 für § 534; Naumburg FamRZ 01, 1407 zu § 2330). Die sittliche Pflicht kann auch gegenüber einem fremden Dritten bestehen (Frankfurt OLGR 99, 301: vorherige Schenkung des Dritten an den Erblasser). **c)** Übersteigt eine Schenkung das durch den Anstand gebotene Maß, ist nur der Mehrbetrag ergänzungspflichtig (LM Nr 2; BGH NJW 81, 2459; Karlsruhe OLGZ 90, 462). Der Auskunftsanspruch des Pflichtteilsberechtigten (vgl § 2314 Rn 10 u 2) umfaßt auch Anstandsschenkungen (LM Nr 5 zu § 2314). **d)** Zur **ehebedingten Zuwendung** s § 2325 Rn 4.

§ 2331 Zuwendungen aus dem Gesamtgut

(1) ¹**Eine Zuwendung, die aus dem Gesamtgut der Gütergemeinschaft erfolgt, gilt als von jedem der Ehegatten zur Hälfte gemacht.** ²**Die Zuwendung gilt jedoch, wenn sie an einen Abkömmling, der nur von einem der Ehegatten abstammt, oder an eine Person, die nur von einer der Ehegatten abstammt, erfolgt, oder wenn einer der Ehegatten wegen der Zuwendung zu dem Gesamtgut Ersatz zu leisten hat, als von diesem Ehegatten gemacht.**

(2) Diese Vorschriften sind auf eine Zuwendung aus dem Gesamtgut der fortgesetzten Gütergemeinschaft entsprechend anzuwenden.

1. Parallelvorschrift zu § 2054. Die Auslegungsregel gilt im Rahmen der Berechnung des ordentlichen Pflichtteils und des Ergänzungspflichtteils.

§ 2331 a Stundung

(1) ¹**Ist der Erbe selbst pflichtteilsberechtigt, so kann er Stundung des Pflichtteilsanspruchs verlangen, wenn die sofortige Erfüllung des gesamten Anspruchs den Erben wegen der Art der Nachlaßgegenstände ungewöhnlich hart treffen, insbesondere wenn sie ihn zur Aufgabe seiner Familienwohnung oder zur Veräußerung eines Wirtschaftsguts zwingen würde, das für den Erben und seine Familie die wirtschaftliche Lebensgrundlage bildet.** ²**Stundung kann nur verlangt werden, soweit sie dem Pflichtteilsberechtigten bei Abwägung der Interessen beider Teile zugemutet werden kann.**

(2) ¹**Für die Entscheidung über eine Stundung ist, wenn der Anspruch nicht bestritten wird, das Nachlaßgericht zuständig.** ²**§ 1382 Abs. 2 bis 6 gilt entsprechend; an die Stelle des Familiengerichts tritt das Nachlaßgericht.**

1. a) Antragsberechtigt ist der pflichtteilsberechtigte Erbe, der Nachlaßpfleger, Nachlaßverwalter und Nachlaßinsolvenzverwalter, nicht aber der Testamentsvollstrecker (arg § 2213 I 3). **b)** Ungewöhnliche Härte gem I 1 ist nur ausnahmsweise anzunehmen; auch wenn sie vorliegt, müssen die Interessen des Schuldners überwiegen (zB Dresden OLG-NL 99, 168: 70-jähriger Erbe müßte sein Wohnhaus verkaufen, um den abgesicherten Pflichtteilsberechtigten befriedigen zu können). **c)** Mehrere Miterben: Nach Auseinandersetzung kann der gesamtschuldnerischen oder anteiligen Haftung (§§ 2058, 2060 f) nur der pflichtteilsberechtigte Miterbe die Stundungseinrede entgegenhalten, der in seiner Person ihre Voraussetzungen erfüllt. Vor Auseinandersetzung greift regelmäßig nur die gesamthänderische Haftung mit dem Nachlaß (§ 2059 II) oder die gesamtschuldnerische Haftung mit dem Nachlaßanteil ein (§§ 2058, 2059 I 1); weil hier die Anspruchsverwirklichung den stundungsberechtigten Miterben stets mittreffen müßte, wirkt die Stundungseinrede für alle Miterben (teilw aA SoeDieckmann 4, 9 mN; zum Ganzen auch Klingelhöffer ZEV 98, 121).

§ 2332 Buch 5. Abschnitt 5

3 **2. Prozessuales.** Das Verfahren regeln FGG 83 a, 53 a, § 1382 V und VI, die Stundungsmodalitäten § 1382 II–IV. Örtl Zuständigkeit: FGG 73. Rechtspflegersache gem RPflG 3 Nr 2 c. Rechtsmittel: FGG 60 I Nr 6, RPflG 11 I 2, II.

§ 2332 Verjährung

(1) **Der Pflichtteilsanspruch verjährt in drei Jahren von dem Zeitpunkt an, in welchem der Pflichtteilsberechtigte von dem Eintritt des Erbfalls und von der ihn beeinträchtigenden Verfügung Kenntnis erlangt, ohne Rücksicht auf diese Kenntnis in 30 Jahren von dem Eintritt des Erbfalls an.**

(2) **Der nach § 2329 dem Pflichtteilsberechtigten gegen den Beschenkten zustehende Anspruch verjährt in drei Jahren von dem Eintritt des Erbfalls an.**

(3) **Die Verjährung wird nicht dadurch gehemmt, dass die Ansprüche erst nach der Ausschlagung der Erbschaft oder eines Vermächtnisses geltend gemacht werden können.**

1 1. Die Verjährungsfristen gelten nur für §§ 2303 ff, also zB nicht für Mängelansprüche bzgl einer zur Abgeltung des Pflichtteilsanspruchs erhaltenen Sache (BGH NJW 74, 363). **a) Kenntnis gem I** betrifft zunächst den **Erbfall**; dies auch bei Nacherbschaft, so daß die Verjährung gegenüber Vor- und Nacherben einheitlich läuft. **Beeinträchtigende Verfügung** ist zunächst die enterbende oder beschränkende letztwillige Verfügung, wobei positive Kenntnis ihres wesentlichen Inhalts durch überzeugende mündliche Mitteilung (LM Nr 1) oder Ablehnung einer Erbscheinserteilung (BGH NJW 84, 2936) genügt. Nach zuverlässig erlangter Kenntnis von der Verfügung kann sich der Pflichtteilsberechtigte nicht auf Vergessen berufen (Düsseldorf OLG 00, 332). Berechtigte Zweifel an der Wirksamkeit einer Verfügung können Kenntnis ausschließen (RG 140, 75; Düsseldorf FamRZ 92, 1224), auch wenn sie erst durch spätere Entdeckung einer die Enterbung anscheinend wiederaufhebenden Verfügung entstehen (BGH FamRZ 85, 1022 mAnm Dieckmann S 1124; sa § 1944 Rn 1, § 2082 Rn 2 und § 2283 Rn 1). Das gleiche gilt für einen nicht völlig von der Hand zu weisenden Irrtum über die Bedeutung der Verfügung für den Erbfall (BGH NJW 00, 289 mAnm Hohloch JuS 00, 607: „gleichzeitiger Tod" bei halbstündigem Zeitunterschied?). Beim Ergänzungsanspruch (§ 2325) ist zusätzlich die Schenkung Verfügung gem I (BGH 103, 333); auch hier entfällt Kenntnis bei plausiblen Zweifeln an der rechtlichen Wirksamkeit (LM Nr 3). Erfährt der Pflichtteilsberechtigte zuerst von der Schenkung, dann von der letztwilligen Verfügung, so beginnt die Verjährung für ordentlichen Pflichtteil und Ergänzungspflichtteil einheitlich mit Kenntnis der letztwilligen Verfügung (LM Nr 4; BGH 95, 80; Düsseldorf FamRZ 92, 1224); anders bei umgekehrter Reihenfolge (BGH 103, 333): Verjährung des ordentlichen Pflichtteils ab Kenntnis der letztwilligen Verfügung, des Ergänzungspflichtteils ab Kenntnis der Schenkung (str). Unkenntnis der Pflichtteilsquote wegen § 1371 III kann Kenntnis der Beeinträchtigung ausschließen, nicht aber Zweifel über die Höhe von Verbindlichkeiten (vgl aber BGH FamRZ 77, 128) oder der Irrtum über das Ausmaß der Beeinträchtigung (BGH NJW 95, 1157). Kenntnis der ges Vertreter entscheidet bei nicht voll Geschäftsfähigen (Hamburg MDR 84, 54). Abw von I beginnt die Verjährung für Ansprüche, die aufgrund späterer gesetzlicher Regelung erst entstehen, nicht vor dem Inkrafttreten der Neuregelung (BGH FamRZ 77, 129: Lastenausgleichsansprüche; BGH 123, 76; ZEV 96, 117; KG ZEV 00, 504: Entschädigungsansprüche nach VermG; hierzu auch Düsseldorf NJW-RR 98, 1157: Verjährungsbeginn nicht erst mit Bestandskraft des Restitutionsbescheides; str; aA Casimir DtZ 93, 234). Sind Enterbung und Entstehung des Pflichtteilsanspruches bedingt, dann beginnt die Verjährung erst mit Bedingungseintritt (Celle
2 OLGR 01, 161). **b)** Zur erleichterten Verjährung gem II s § 2329 Rn 5. **c)** Zum Verjährungsbeginn bei bedingten Rechten als Nachlaßbestandteil § 2313 Rn 1.

2. Hemmung und Neubeginn. a) Ein Anerkenntnis gem § 212 I Nr 1 nF **3**
bzw 208 aF kann in der Erklärung liegen, Auskunft und ihr entspr Befriedigung
gewähren zu wollen (BGH NJW 75, 1409; FamRZ 85, 1021). Das Anerkenntnis
des Vorerben wirkt gegen den Nacherben (LM Nr 5), nicht hingegen das Anerkenntnis
des Testamentsvollstreckers gegen den Erben, arg § 2213 I 3 (BGH 51,
129). Klage auf Feststellung der Pflichtteilsberechtigung hemmt nicht die Verjährung
des Ergänzungsanspruchs (BGH 132, 240 = LM § 209 Nr 84 mAnm Leipold).
Zur Hemmung durch Klageerhebung sa § 2303 Rn 6, § 2314 Rn 11,
§ 2329 Rn 5. Die Verjährung war zu Zeiten der DDR nicht schon deswegen
gehemmt, weil der Berechtigte in der Bundesrepublik lebte und in der DDR mit
Treuhandverwaltung zu rechnen war (BGH JZ 96, 971 mAnm Rauscher; sa Vor
§ 1922 Rn 12). **b)** Die Verjährung der Pflichtteilsansprüche Minderjähriger gegen
ihre Eltern ist bis zum Eintritt in die Volljährigkeit nach § 207 nF gehemmt
(BayObLG FamRZ 89, 541 zu § 204 aF). **c)** III korrespondiert mit §§ 2306 I 2,
2307, vgl § 2306 Rn 5.

3. Zur Verjährung des **Auskunftsanspruchs** vgl § 2314 Rn 8. **4**

§ 2333 Entziehung des Pflichtteils eines Abkömmlings

Der Erblasser kann einem Abkömmling den Pflichtteil entziehen:
1. wenn der Abkömmling dem Erblasser, dem Ehegatten oder einem anderen Abkömmling des Erblassers nach dem Leben trachtet,
2. wenn der Abkömmling sich einer vorsätzlichen körperlichen Misshandlung des Erblassers oder des Ehegatten des Erblassers schuldig macht, im Falle der Misshandlung des Ehegatten jedoch nur, wenn der Abkömmling von diesem abstammt,
3. wenn der Abkömmling sich eines Verbrechens oder eines schweren vorsätzlichen Vergehens gegen den Erblasser oder dessen Ehegatten schuldig macht,
4. wenn der Abkömmling die ihm dem Erblasser gegenüber gesetzlich obliegende Unterhaltspflicht böswillig verletzt,
5. wenn der Abkömmling einen ehrlosen oder unsittlichen Lebenswandel wider den Willen des Erblassers führt.

Lit: Bowitz, Zur Verfassungsmäßigkeit der Bestimmungen über die Pflichtteilsentziehung, JZ 80, 304; Gotthardt, Zur Entziehung des Pflichtteils eines Abkömmlings wegen Führens eines ehrlosen oder unsittlichen Lebenswandels, FamRZ 87, 757; Leisner, Pflichtteilsentziehungsgründe nach §§ 2333 ff. BGB verfassungswidrig?, NJW 01, 126.

1. a) Die Pflichtteilsentziehung kann ausdr oder konkludent (Köln ZEV 96, **1**
430), ganz oder teilw erfolgen, sa § 2306 Rn 2. Das Ges zählt die Gründe
erschöpfend auf (BGH NJW 74, 1085). Noch zu Lebzeiten des Erblassers kann das
Pflichtteilsrecht bzw die Pflichtteilsentziehung Gegenstand einer Feststellungsklage
des Erblassers oder – zumindest ausnahmsweise – des Pflichtteilsberechtigten sein
(BGH NJW 74, 1085; BGH 109, 309); mit dem Erbfall idR Fortfall des Feststellungsinteresses
(BGH NJW-RR 90, 130 für Feststellungsinteresse der Erben;
BGH NJW-RR 93, 391 für Feststellungsinteresse des Pflichtteilsberechtigten). Das
verfassungsrechtliche Übermaßverbot fordert eine konkrete Abwägung der Vorwürfe
mit dem Gewicht der Pflichtteilsentziehung (BGH 109, 312). Die Rspr zeigt
eine restriktive Tendenz, die teilw übertrieben wirkt. **b) Körperliche Mißhand- 2
lung,** Nr 2, erfordert zugleich eine „schwere Pietätsverletzung" (BGH 109, 311;
Anm Leipold JZ 90, 700). Körperliche Mißhandlung ist nicht nur, wenn eine seelische
Mißhandlung sich nicht auf körperliches Wohlbefinden auswirkt (BGH
NJW 77, 339). Unter **schwere vorsätzliche Vergehen,** Nr 3, können auch
Beleidigungen (Hamburg NJW 88, 978) oder Verfehlungen gegen Eigentum und
Vermögen des Erblassers fallen, wenn sie nach Natur und Begehungsweise eine
grobe Mißachtung des Eltern-Kind-Verhältnisses und damit eine bes Kränkung des

Erblassers bedeuten (mit sehr strengen Maßstäben BGH NJW 74, 1085; Celle Rpfleger 92, 523; LG Hannover Rpfleger 92, 253). **c)** Bei der Frage, ob ein **ehrloser unsittlicher Lebenswandel,** Nr 5, geführt wird, sind die sittlichen Maßstäbe des Erblassers zu berücksichtigen, jedoch ist eine Einbeziehung der allgemeinen gesellschaftlichen Wertvorstellungen unerläßlich (Hamburg NJW 88, 978). Ehrloser unsittlicher Lebenswandel kann danach in fortgesetzten Ehebrüchen bzw Eheverfehlungen zu erblicken sein (Hamm NJW 83, 1067; krit Kanzleiter DNotZ 84, 22), nicht aber in Homosexualität (Hamburg NJW 88, 978) – wenigstens soweit sie nicht zu strafbarem Verhalten führt – oder in vorehelicher Geschlechtsgemeinschaft (LM Nr 1). Ehebruchmotivierter Mord soll nur bei unmittelbarer Beeinträchtigung der Familienehre ausreichen (BGH 76, 118), was bei ausgegliederten nichtehelichen Kindern selten vorliegen wird (krit Tiedtke JZ 80, 717; sa 8. Aufl § 1934 d Rn 3). Auch bei ehrlosem Lebenswandel ist Verschulden des Abkömmlings Voraussetzung (Hamburg NJW 88, 978; str), das zB bei Trunksucht fehlen kann (Düsseldorf NJW 68, 945). **d)** Vgl zu weiteren Auswirkungen des Entziehungsrechts §§ 2294, 2271 II. **e)** Die **Verfassungsmäßigkeit** der rigiden Beschränkung der Pflichtteilsentziehung ist str (BVerfG NJW 01, 142: offen gelassen; mkritAnm Leisner 126; Mayer ZEV 00, 447; sa Vor § 1922 Rn 1 und § 2303 Rn 7). **f)** Der eingetragene **Lebenspartner** ist dem Ehegatten gleichgestellt (§ 10 VI LPartG).

§ 2334 Entziehung des Elternpflichtteils

¹Der Erblasser kann dem Vater den Pflichtteil entziehen, wenn dieser sich einer der in § 2333 Nr. 1, 3, 4 bezeichneten Verfehlungen schuldig macht. ²Das gleiche Recht steht dem Erblasser der Mutter gegenüber zu, wenn diese sich einer solchen Verfehlung schuldig macht.

1. § 2333 Nr 4 kann auch bei schwerer Vernachlässigung der Schul- und Berufsbildung (§ 1610 II) vorliegen.

§ 2335 Entziehung des Ehegattenpflichtteils

Der Erblasser kann dem Ehegatten den Pflichtteil entziehen:
1. **wenn der Ehegatte dem Erblasser oder einem Abkömmling des Erblassers nach dem Leben trachtet,**
2. **wenn der Ehegatte sich einer vorsätzlichen körperlichen Misshandlung des Erblassers schuldig macht,**
3. **wenn der Ehegatte sich eines Verbrechens oder eines schweren vorsätzlichen Vergehens gegen den Erblasser schuldig macht,**
4. **wenn der Ehegatte die ihm dem Erblasser gegenüber gesetzlich obliegende Unterhaltspflicht böswillig verletzt.**

1. Entziehungen unter altem Recht (§ 2335 Nr 5 aF bis 1. 7. 1977, zB Ehebruch) sind unwirksam, wenn der Erbfall unter neuem Recht erfolgt (BGH NJW 89, 2054; Karlsruhe NJW 89, 109; Art 213 S 1 EGBGB). Es liegt nunmehr auch kein Verfassungsverstoß darin, daß ein § 2333 Nr. 5 entsprechender Entziehungsgrund fehlt. Die ungleiche Behandlung von Ehegatten und Abkömmlingen ist gerechtfertigt, weil der Erblasser durch Scheidungsklage die Beteiligung seines Ehegatten am Nachlaß gem § 1933 ausschließen kann (Karlsruhe NJW 89, 110; sehr fraglich!). Gleichstellung des eingetragenen Lebenspartners nach § 10 VI LPartG.

2. Vgl zur Verweigerung des Zugewinnausgleichs § 1381.

§ 2336 Form, Beweislast, Unwirksamwerden

(1) Die Entziehung des Pflichtteils erfolgt durch letztwillige Verfügung.

(2) Der Grund der Entziehung muss zur Zeit der Errichtung bestehen und in der Verfügung angegeben werden.

(3) Der Beweis des Grundes liegt demjenigen ob, welcher die Entziehung geltend macht.
(4) Im Falle des § 2333 Nr. 5 ist die Entziehung unwirksam, wenn sich der Abkömmling zur Zeit des Erbfalls von dem ehrlosen oder unsittlichen Lebenswandel dauernd abgewendet hat.

1. a) Die **Entziehung** kann durch Testament, gemeinschaftliches Testament oder Erbvertrag erfolgen, allerdings stets nur als einseitige Verfügung (zur Umdeutung vertragsmäßiger Entziehung in eine einseitige Verfügung BGH FamRZ 61, 437). b) Die Erklärung muß die **betroffene Person** und den **Grund** enthalten, wobei der Sachverhaltskern genügt; Einzelumstände sind bedeutungslos, sofern der Entziehungswille nicht auf ihnen beruht (LM Nr 1). Die Formerfordernisse letztwilliger Anordnung setzen einer Auslegung unter Heranziehung außerurkundlicher Umstände die allgemein geltenden Grenzen (BGH 94, 41; hierzu Kuchinke JZ 85, 748; Schubert JR 86, 26; zur Andeutungstheorie § 2084 Rn 4). Bei § 2333 Nr 5 soll der Gebrauch des Gesetzeswortlauts genügen, wenn nach den Umständen offensichtlich ist, welcher Lebenswandel gemeint ist (RG 95, 27; sehr fraglich; zweifelnd Köln ZEV 98, 144; Dresden 99, 274, wonach auch hier ein Sachverhaltskern angegeben sein muss). Unzulässig ist die Entziehung für künftige Fälle. c) Die **gleichzeitige Enterbung** wird gem § 2085 ebenfalls unwirksam sein, falls das Nichtvorliegen des Entziehungsgrundes erwiesen ist; bleibt hingegen das Vorliegen zweifelhaft oder hat der Erblasser über sein Entziehungsrecht geirrt, ist die Enterbung wirksam und eine Anfechtung gem §§ 2078 II, 2080 nicht erfolgversprechend. d) Auf **Pflichtteilsentziehungen zu DDR-Zeiten** sind die Formvorschriften des § 2336 anwendbar, wenn der Erbfall nach dem Beitritt erfolgte (Dresden ZEV 99, 274; fragwürdige Schlußfolgerung aus EGBGB 235!).

2. **Prozessuales.** Die Beweislast für die obj und subj Merkmale des Grundes trifft gem III den Erben bzw Beschenkten (§ 2329). Für das Nichtvorliegen von Rechtfertigungs- und Entschuldigungsgründen ist er ebenfalls beweisbelastet (BGH FamRZ 85, 920; NJW-RR 86, 372; s aber § 2294 Rn 2), fraglich jedoch, ob auch für die Zurechnungsfähigkeit (BGH 102, 230; vgl § 2339 Rn 2). Der Enterbte hat Beweis für eine Besserung gem IV zu erbringen.

§ 2337 Verzeihung

¹Das Recht zur Entziehung des Pflichtteils erlischt durch Verzeihung. ²Eine Verfügung, durch die der Erblasser die Entziehung angeordnet hat, wird durch die Verzeihung unwirksam.

1. Verzeihung ist keine Willenserklärung, sondern als Realakt die Kundgabe des Entschlusses, aus den erfahrenen Kränkungen nichts mehr herleiten und darüber hinweggehen zu wollen (BGH NJW 74, 1085), also das Verletzende der Kränkung als nicht mehr existent zu betrachten (BGH NJW 84, 2090: vergeben, aber nicht notwendig vergessen). Die Wiederherstellung einer dem Eltern-Kind-Verhältnis entspr liebevollen Beziehung ist nicht erforderlich (LM Nr 1). Haben Ehegatten ihrem Sohn im gemeinschaftlichen Testament den Pflichtteil wirksam entzogen und verzeiht der überlebende Elternteil, so erwirbt der Sohn den Pflichtteilsanspruch nach dem Überlebenden auch insoweit, als das Vermögen aus dem Nachlaß des Erstverstorbenen stammt (Hamm MDR 97, 844 mzustAnm Finzel). Ob auch die Enterbung durch Verzeihung unwirksam wird, ist Einzelfallproblem (§ 2085).

§ 2338 Pflichtteilsbeschränkung

(1) ¹Hat sich ein Abkömmling in solchem Maße der Verschwendung ergeben oder ist er in solchem Maße überschuldet, dass sein späterer Erwerb erheblich gefährdet wird, so kann der Erblasser das Pflichtteilsrecht des Abkömmlings durch die Anordnung beschränken, dass nach

dem Tode des Abkömmlings dessen gesetzliche Erben das ihm Hinterlassene oder den ihm gebührenden Pflichtteil als Nacherben oder als Nachvermächtnisnehmer nach dem Verhältnis ihrer gesetzlichen Erbteile erhalten sollen. ²Der Erblasser kann auch für die Lebenszeit des Abkömmlings die Verwaltung einem Testamentsvollstrecker übertragen; der Abkömmling hat in einem solchen Falle Anspruch auf den jährlichen Reinertrag.

(2) ¹Auf Anordnungen dieser Art findet die Vorschrift des § 2336 Abs. 1 bis 3 entsprechende Anwendung. ²Die Anordnungen sind unwirksam, wenn zur Zeit des Erbfalls der Abkömmling sich dauernd von dem verschwenderischen Leben abgewendet hat oder die den Grund der Anordnung bildende Überschuldung nicht mehr besteht.

Lit: Baumann, Die Pflichtteilsbeschränkung „in guter Absicht", ZEV 96, 121.

1 1. a) Die Beschränkungen wegen Verschwendung oder Überschuldung sollen den Abkömmling und seine ges Erben schützen und lassen deshalb nach dem Abkömmling nur eine § 2066 entspr Gestaltung zu; andernfalls (Zuwendung an
2 Freunde, abw Quoten) gelten §§ 2306, 2307 ohne jede Besonderheit. b) Die **Nacherbeneinsetzung** schützt den Abkömmling vor sich selbst (§§ 2112 ff) und vor dem Zugriff der Gläubiger (§ 2115); ZPO 863 ergänzt diesen Schutz für Nutzungen (vgl § 2111 S 1). Entgegen § 2306 I 1 gelten bei Zuwendung bis zur Höhe des Erbteils die angeordneten Beschränkungen; bei höherem Erbteil befreit die Ausschlagung entgegen § 2306 I 2 nicht von den Beschränkungen. Gleiches gilt für § 2307. Natürlich kann der Abkömmling alles ausschlagen. c) Zur Schutzwirkung der Testamentsvollstreckung, die alleine oder neben der Nacherbschaft angeordnet werden kann, vgl §§ 2211, 2214, ZPO 863. Wenn der Erblasser auch den Reinertrag der Vollstreckung unterwirft, hat der Abkömmling die Rechte aus §§ 2306, 2307; schlägt er nicht aus, so liegt ein wirksames Verbot gem § 135 I vor, kein unwirksames Verbot gem § 137 S 1 (Bremen FamRZ 84, 213; zT aA Soe Dieckmann 18).

§ 2338a *(aufgehoben)* s § 1924 Rn 3 und 8. Aufl.

Abschnitt 6. Erbunwürdigkeit

§ 2339 Gründe für Erbunwürdigkeit

(1) Erbunwürdig ist:
1. wer den Erblasser vorsätzlich und widerrechtlich getötet oder zu töten versucht oder in einen Zustand versetzt hat, infolge dessen der Erblasser bis zu seinem Tode unfähig war, eine Verfügung von Todes wegen zu errichten oder aufzuheben,
2. wer den Erblasser vorsätzlich und widerrechtlich verhindert hat, eine Verfügung von Todes wegen zu errichten oder aufzuheben,
3. wer den Erblasser durch arglistige Täuschung oder widerrechtlich durch Drohung bestimmt hat, eine Verfügung von Todes wegen zu errichten oder aufzuheben,
4. wer sich in Ansehung einer Verfügung des Erblassers von Todes wegen einer Straftat nach den §§ 267, 271 bis 274 des Strafgesetzbuchs schuldig gemacht hat.

(2) Die Erbunwürdigkeit tritt in den Fällen des Absatzes 1 Nr. 3, 4 nicht ein, wenn vor dem Eintritt des Erbfalls die Verfügung, zu deren Errichtung der Erblasser bestimmt oder in Ansehung deren die Straftat begangen worden ist, unwirksam geworden ist, oder die Verfügung, zu deren Aufhebung er bestimmt worden ist, unwirksam geworden sein würde.

Erbunwürdigkeit **§§ 2340–2342**

1. Nr 1 erfaßt StGB 211, 212, uU 226 in allen Beteiligungsformen; bei Tötung des Vorerben gilt § 162 II entsprechend (BGH NJW 68, 2052). Nr 2 kann durch Handeln (Vortäuschen der Testamentsvernichtung zur Verhinderung seines Widerrufs, BGH NJW-RR 90, 516) oder durch Unterlassen begangen werden, falls eine Handlungspflicht besteht (zB Auftrag zur Testamentsvernichtung, § 2252). Die Merkmale von Nr 3 entsprechen § 123 I, so daß auch Täuschen durch Schweigen denkbar ist; erbunwürdig ist deshalb ein Ehegatte, der ein andauerndes ehewidriges Verhältnis verschweigt, obwohl ihn der andere Teil bekanntermaßen nur auf die Beteuerung seiner ehelichen Treue bedenkt (BGH 49, 158). Entgegen der hM (BGH NJW 70, 198; Stuttgart ZEV 99, 188 mAnm Kuchinke ZEV 99, 317) erfüllt eine Fälschung nicht die Voraussetzungen gem Nr 4, wenn sie der Verwirklichung des Erblasserwillens nachweislich dienen sollte; denn Nr 4 schützt nicht die Redlichkeit im Rechtsverkehr, sondern den Erblasserwillen (vgl auch II). Der nachträglichen Unwirksamkeit gem II steht anfängliche Unwirksamkeit gleich (str).

2. Prozessuales. Für das Vorliegen eines Erbunwürdigkeitsgrundes trägt die Beweislast, wer sich darauf beruft (BGH NJW-RR 90, 516). Hingegen hat der Erbe zu beweisen, daß seine Haftung wegen Unzurechnungsfähigkeit ausgeschlossen war (BGH 102, 230; Düsseldorf OLGR 00, 182).

§ 2340 Geltendmachung der Erbunwürdigkeit durch Anfechtung

(1) **Die Erbunwürdigkeit wird durch Anfechtung des Erbschaftserwerbs geltend gemacht.**

(2) ¹**Die Anfechtung ist erst nach dem Anfall der Erbschaft zulässig.** ²**Einem Nacherben gegenüber kann die Anfechtung erfolgen, sobald die Erbschaft dem Vorerben angefallen ist.**

(3) **Die Anfechtung kann nur innerhalb der in § 2082 bestimmten Fristen erfolgen.**

1. Die einjährige (§ 2082 I) Anfechtungsfrist beginnt, wenn der Anfechtende zuverlässige Kenntnis des Erbunwürdigkeitsgrundes im Sinne seiner Beweisbarkeit erlangt, so daß eine Klageerhebung zumutbar ist (Düsseldorf OLGR 00, 182: bei begründeten Zweifeln an der Schuldfähigkeit des Täters darf der Anfechtende auf Erkenntnisse im Strafverfahren warten). Bei einer Testamentsfälschung genügt Kenntnis von der Fälschung und des Fälschers als des Anfechtungsgegners (BGH NJW 89, 3214). Der Fristlauf beginnt aber frühestens mit dem Erbfall.

§ 2341 Anfechtungsberechtigte

Anfechtungsberechtigt ist jeder, dem der Wegfall des Erbunwürdigen, sei es auch nur bei dem Wegfall eines anderen, zustatten kommt.

1. Für das Anfechtungsrecht genügt anders als bei § 2080 (vgl § 2080 Rn 2) auch der mittelbare Vorteil (zB Abkömmling des ges Erben bei Unwürdigkeit des Testamentserben); der Vorteil muß aber in der Erbenstellung bestehen, also kein Anfechtungsrecht der Vermächtnisnehmer, Auflagenbegünstigten, Gläubiger usw.

§ 2342 Anfechtungsklage

(1) ¹**Die Anfechtung erfolgt durch Erhebung der Anfechtungsklage.** ²**Die Klage ist darauf zu richten, dass der Erbe für erbunwürdig erklärt wird.**

(2) **Die Wirkung der Anfechtung tritt erst mit der Rechtskraft des Urteils ein.**

1. a) Anfechtung erfolgt nur durch **Gestaltungsklage** gegen den Erbunwürdigen; die Anfechtbarkeit kann folglich im Erbscheinsverfahren nicht einredeweise berücksichtigt werden (BayObLGZ 73, 257). Die Erbunwürdigkeitsklage ist nicht ausgeschlossen, wenn der Erbunwürdige die Erbschaft bereits ausgeschlagen hat (KG FamRZ 89, 675), weil die Ausschlagung zB durch Anfechtung wieder wegfallen kann. Zulässig ist die Verbindung der Gestaltungsklage mit der Herausgabeklage gem § 2018 (str) oder mit der Leistungs- bzw Feststellungsklage nach Anfechtung gem §§ 2078, 2081 (BGH FamRZ 68, 153). Der Beklagte kann gem ZPO 307 anerkennen (LG Köln NJW 77, 1783; aA LG Aachen NJW-RR 88, 263; differenzierend nach Drittbetroffenheit KG FamRZ 89, 675). **b)** Die **Wirkung** des stattgebenden Urteils kommt allen Anfechtungsberechtigten zugute (BGH NJW 70, 197), bei Klagabweisung bewendet es hingegen bei der Rechtskraft inter partes. **c)** Der **Streitwert** richtet sich nach dem Wert der Nachlaßbeteiligung des Beklagten, auch wenn der obsiegende Kläger nur einen Bruchteil erhielte (BGH NJW 70, 197).

§ 2343 Verzeihung

Die Anfechtung ist ausgeschlossen, wenn der Erblasser dem Erbunwürdigen verziehen hat.

1. Vgl zur Verzeihung § 2337 Rn 1.

§ 2344 Wirkung der Erbunwürdigerklärung

(1) Ist ein Erbe für erbunwürdig erklärt, so gilt der Anfall an ihn als nicht erfolgt.

(2) Die Erbschaft fällt demjenigen an, welcher berufen sein würde, wenn der Erbunwürdige zur Zeit des Erbfalls nicht gelebt hätte; der Anfall gilt als mit dem Eintritt des Erbfalls erfolgt.

1. a) Gegenüber dem Erben haftet der Erbunwürdige gem §§ 2018ff, 677ff. **b)** Gegenüber Dritten gilt § 1959 II und III nicht. ZgDr können §§ 407, 932ff, 891ff, 2366ff durchgreifen; bei beweglichen Sachen liegt Abhandenkommen nicht vor (aA SoeDamrau 3).

§ 2345 Vermächtnisunwürdigkeit; Pflichtteilsunwürdigkeit

(1) ¹Hat sich ein Vermächtnisnehmer einer der in § 2339 Abs. 1 bezeichneten Verfehlungen schuldig gemacht, so ist der Anspruch aus dem Vermächtnis anfechtbar. ²Die Vorschriften der §§ 2082, 2083, § 2339 Abs. 2 und der §§ 2341, 2343 finden Anwendung.

(2) Das Gleiche gilt für einen Pflichtteilsanspruch, wenn der Pflichtteilsberechtigte sich einer solchen Verfehlung schuldig gemacht hat.

1. Schuldrechtliche Ansprüche des Erbunwürdigen (§§ 2147ff, 2174; 2303ff, 2317; 1934a, 1934b II aF, zur Aufhebung § 1924 Rn 3; ferner §§ 1932, 1969) werden durch Anfechtungserklärung des Anfechtungsberechtigten (§ 2341) gegenüber dem Erbunwürdigen (§§ 143 I, IV 1) unwirksam (§ 142 I); diese Anfechtbarkeit kann auch einredeweise geltend gemacht werden (arg I 2, § 2083). §§ 2190, 2069, 2158 f, 2309 modifizieren die Wirkung des § 142 I.

Abschnitt 7. Erbverzicht

§ 2346 Wirkung des Erbverzichts, Beschränkungsmöglichkeit

(1) ¹Verwandte sowie der Ehegatte des Erblassers können durch Vertrag mit dem Erblasser auf ihr gesetzliches Erbrecht verzichten. ²Der Verzichtende ist von der gesetzlichen Erbfolge ausgeschlossen, wie wenn er zur Zeit des Erbfalls nicht mehr lebte; er hat kein Pflichtteilsrecht.

(2) Der Verzicht kann auf das Pflichtteilsrecht beschränkt werden.

Erbverzicht **§ 2346**

Lit: Damrau, Der Erbverzicht als Mittel zweckmäßiger Vorsorge für den Todesfall, 1966; Dieterlen, Die vertragliche Verpflichtung zur Ausschlagung einer Erbschaft, 1997; Ebenroth/Fuhrmann, Konkurrenzen zwischen Vermächtnis- und Pflichtteilsansprüchen bei erbvertraglicher Unternehmensnachfolge, BB 89, 2049; Edenfeld, Die Stellung weichender Erben beim Erbverzicht, ZEV 97, 134; Riering, Der Erbverzicht im Internationalen Privatrecht, ZEV 98, 248; Schotten, Das Kausalgeschäft zum Erbverzicht, DNotZ 98, 163.

1. a) Der Erbverzicht ist ein **abstraktes erbrechtliches Verfügungsgeschäft** 1 (BGH 37, 327). **b) Parteien.** Verzichten können Verwandte, Verlobte (arg § 2347 I), Adoptivkinder bzw -eltern (§§ 1754, 1770); bei nach altem Recht Erbersatzanspruchsberechtigten ist der Erbverzicht vom Erbausgleich gem §§ 1934 d, 1934 e aF zu unterscheiden (zur Reform § 1924 Rn 3). Vertragsgegner ist der künftige Erblasser; Erb- sowie Pflichtteilsverzicht (II) sind nur bei Vertragsschluß zu Lebzeiten des Erblassers wirksam (BGH NJW 97, 521; abl Muscheler JZ 97, 853; Schubeit JR 97, 426; zust Pentz JZ 98, 88); ein Erbverzicht kann nach dem Tod des Erblassers nicht mehr aufgehoben werden (BGH JZ 99, 147 = ZEV 98, 305 mAnm Siegmann ZEV 98, 383; Muscheler ZEV 99, 49; Pentz JZ 99, 146; Hohloch JuS 99, 82; sa § 1925 Rn 5). Verträge zwischen künftigen ges Erben gem § 311 b V nF bzw 312 II aF haben nur schuldrechtliche Wirkung. **c)** Der Erbverzicht **umfaßt** grundsätzlich den ges Erbteil und somit auch Nachabfindungsansprüche gem HöfeO 13 (BGH 134, 152 mkritAnm Kuchinke JZ 98, 141); ferner den Pflichtteil (I 2), wobei allerdings das Pflichtteilsrecht vertraglich vorbehalten werden kann (hM). Grundvermögen in der ehem DDR wird grundsätzlich erfaßt (Düsseldorf FGPrax 98, 58; AG Dülmen FamRZ 01, 1254; praktisch wichtige Ausnahme: Nachlaßspaltung, vgl Vor § 1922 Rn 5). Der Verzichtende kann trotzdem testamentarischer Erbe werden (BGH 30, 267). Ein Verzicht auf *künftige* letztwillige Zuwendungen ist unwirksam (BayObLG Rpfleger 87, 374; sa § 2352 Rn 1). Die *Auslegung* des Erbverzichtsvertrags folgt §§ 133, 157 (BayObLG Rpfleger 84, 191; Schleswig ZEV 98, 30 mAnm Mankowski). Eine Abfindungserklärung bei Rechtsübertragungen unter Lebenden ist nicht notwendig Erbverzicht, inbes wegen künftigen Erblasservermögens (BayObLG Rpfleger 84, 191; Hamm FamRZ 96, 1176). Die Schlußerben eines Erbvertrages gem § 2280 können als Vertragsbeteiligte schlüssig auf ihr Pflichtteilsrecht verzichten (BGH 22, 368; vgl § 2280 Rn 1); ebenso die Ehegatten, die in einem gemeinschaftlichen Testament Abkömmlinge als Erben des erstversterbenden Teils einsetzen (BGH NJW 77, 1728; hierzu Habermann JuS 79, 169). Der Verzicht nur auf den Pflichtteil (II) gewährt dem Erblasser ungebundene Testierfreiheit; macht er von ihr keinen Gebrauch, bewendet es bei der ges Erbfolge (BayObLG MDR 81, 673). Der Verzicht kann nicht **beschränkt** sein auf einzelne Nachlaßgegenstände, wohl aber auf rechnerische Teile des Nachlasses bzw Pflichtteils (Weirich DNotZ 86, 11; Jordan Rpfleger 85, 7; zu eng Schopp Rpfleger 84, 175), ferner die Befugnis zu Beschränkungen und Beschwerungen enthalten (s Coing JZ 60, 209; Fette NJW 70, 743). Pflichtteilsverzicht des später geschiedenen Ehegatten stellt den Erben aus Unterhaltsansprüchen (§ 1586 b) haftungsfrei (Dieckmann NJW 80, 2777; aA Grziwotz FamRZ 91, 1258; Pentz FamRZ 98, 1344; dagegen jeweils Dieckmann FamRZ 92, 633 und 99, 1029; dagegen wiederum Schmitz FamRZ 99, 1569). **d) Zugewinngemeinschaft:** Der nichtbedachte und verzichtende Ehegatte hat 3 nur den Ausgleichsanspruch, ebenso der ausschlagende und verzichtende Ehegatte (§ 1371 III HS 2). Bei Pflichtteilsvorbehalt hat der bedachte Ehegatte Rest- bzw Ergänzungsansprüche und den großen Pflichtteil, er kann ferner nach § 1371 III Ausgleich und kleinen Pflichtteil verlangen; für den nichtbedachten Ehegatten gilt bei Pflichtteilsvorbehalt § 1371 II. Beim reinen Pflichtteilsverzicht gem II kann ges Erbfolge gem § 1371 I vorliegen, sonst bleibt nur die Wahl zwischen Annahme der Zuwendung und Ausgleich jeweils ohne jeden Pflichtteilsanspruch. **e)** Für die **Ausgleichsgemeinschaft** der eingetragenen Lebenspartner gilt das gleiche wie für die Zugewinngemeinschaft (LPartG 6 II 4, 10 VI).

4 **2. a)** Dem abstrakten Erbverzicht liegt ein **schuldrechtliches Grundgeschäft** zugrunde (vgl BGH 37, 327; 134, 152; Schotten DNotZ 98, 163). Es ist formpflichtig, arg § 2348 (Kipp/Coing § 82 VI d; Damrau NJW 84, 1163; aA Kuchinke NJW 83, 2358); der formgültige Erbverzicht heilt den Formmangel (Damrau NJW 84, 1164; aA Kuchinke NJW 83, 2360). Der abstrakte Verzicht des Erben ist keine Gegenleistung für lebzeitige Zuwendungen des Erblassers iSd Gläubiger- und Insolvenzanfechtung (BGH 113, 397; aA 7. Aufl; sa BVerfG NJW 91, 2695).

5 **b) Leistungstörungen bei zweiseitigem Grundgeschäft** können auf verschiedene Weise bewältigt werden: **aa)** Die Erfüllung durch den anderen Teil kann **Bedingung** des Erbverzichts bzw der gegenläufigen Verfügungsgeschäfte sein (vgl BGH 37, 327); ähnlich will eine Mindermeinung dem Verzichtenden bei Leistungsstörungen Rücktrittsrechte analog §§ 2293 ff gewähren (vgl BayObLG NJW 58, 344). **bb)** Iü bieten sich die **schuldrechtlichen Leistungsstörungsregeln** (§§ 320 ff) an. Sofern der Erblasser nicht leistet, kann der Verzichtende gem §§ 323 nF bzw 325, 326 aF Aufhebung des Verzichts verlangen (§ 2351). Bei ausbleibendem Verzicht können der Erblasser bzw seine Erben nach §§ 281, 323 nF bzw 325, 326 aF vorgehen; Leistungen auf einen unwirksamen Schuldvertrag sind kondizierbar, § 812 I 1, 1. Alt oder I 2, 2. Alt (vgl zum Ganzen Lange/Kuchinke § 7 V mN); ebenso Leistungen nach Aufhebung des Vertragsverhältnisses (BGH NJW 80, 2309). **c)** Zur gemischten Schenkung beim Erbverzicht unter Erbverzicht vgl § 2325 **6** Rn 6. **d)** Die **Anfechtung** aus § 119 erfaßt idR nur den schuldrechtlichen Vertrag und führt zur Rückabwicklung (§§ 142 I, 812 I 1), die aber nur vor dem Erbfall möglich sein soll (str, s Koblenz NJW-RR 93, 709; Schleswig ZEV 98, 30 mAnm Mankowski; Schotten DNotZ 98, 171). Die Anfechtung aus § 123 I gilt idR dem schuldrechtlichen Vertrag *und* dem abstrakten Verzicht (aA offenbar Koblenz NJW-RR 93, 709; wie hier SoeDamrau 20), wobei nach hM im Einzelfall die Unwirksamkeit des Verzichts nach dem Erbfall teilw verneint wird; jedenfalls Anspruch des Getäusch-**7** ten aus § 826 als Nachlaßverbindlichkeit (vgl Koblenz NJW-RR 93, 709). **e) Wegfall der Geschäftsgrundlage** nach § 313 nF mit der Folge der Vertragsanpassung ist denkbar (SoeDamrau 20; sa BGH 113, 314; 134, 152 = NJW 97, 653; Hamm ZEV 00, 509 mAnm Kuchinke: für wertlos gehaltenes Ostvermögen; str). Rücktritt als Folge der Anpassung des zugrunde liegenden Kausalgeschäftes ist nach Eintritt des Erbfalles aber ausgeschlossen (BGH ZEV 99, 63 mAnm Skibbe ZEV 99, 106; Langenfeld LM Nr. 5 zu § 2352); zum Wegfall der Geschäftsgrundlage bei Vereinbarungen über entstandene Pflichtteilsansprüche nach dem Erbfall s § 2303 Rn 8.

8 **3.** Die für einen Erbverzicht gewährte Abfindung gilt als **steuerpflichtige Schenkung** (ErbStG 7 I Nr 5) bzw als unentgeltliche Zuwendung, so daß bei Besteuerung nach dem EStG ein Abzug in Höhe des Werts des Pflichtteils nicht vorgenommen wird. Dies gilt auch, wenn in einem einheitlichen Geschäft die vorweggenommene Erbfolge und eine Erbauseinandersetzung geregelt werden (BFH ZEV 01, 449).

§ 2347 Persönliche Anforderungen, Vertretung

(1) ¹**Zu dem Erbverzicht ist, wenn der Verzichtende unter Vormundschaft steht, die Genehmigung des Vormundschaftsgerichts erforderlich; steht er unter elterlicher Sorge, so gilt das Gleiche, sofern nicht der Vertrag unter Ehegatten oder unter Verlobten geschlossen wird.** ²Die Genehmigung des Vormundschaftsgerichts ist auch für den Verzicht durch den Betreuer erforderlich.

(2) ¹Der Erblasser kann den Vertrag nur persönlich schließen; ist er in der Geschäftsfähigkeit beschränkt, so bedarf er nicht der Zustimmung seines gesetzlichen Vertreters. ²Ist der Erblasser geschäftsunfähig, so kann der Vertrag durch den gesetzlichen Vertreter geschlossen werden; die Genehmigung des Vormundschaftsgerichts ist in gleichem Umfang wie nach Absatz 1 erforderlich.

Erbverzicht **§§ 2348–2350**

1. a) Der **Verzichtende** gem I 1 wird entweder von Eltern oder Vormund vertreten oder er handelt mit Zustimmung (§§ 107 ff) dieser Personen selbst; für das nichteheliche Kind gelten §§ 1706 Nr 3, 1707, 1705. Die vormundschaftsgerichtliche Genehmigungspflicht betrifft alle Fälle gleichermaßen; Richtersache gem RPflG 14 Nr 17. Eine Genehmigung gem I 1 ist aber nicht notwendig, wenn durch schuldrechtliches RGeschäft Nachteile für das Erb- bzw Pflichtteilsrecht eines Minderjährigen zu befürchten sind, zB Erwerb von Erbschaftsgegenständen unter großen Belastungen (BGH 24, 372). Beim **Betreuten** gem I 2 bedarf die Vertretung durch den Betreuer (§ 1902 nF) der Genehmigung, wobei die Verzichtserklärung in den Aufgabenbereich des Betreuers fallen muß (§ 1896 II nF). Der geschäftsfähige Betreute kann ohne vormundschaftsgerichtliche Genehmigung verzichten, der geschäftsunfähige bedarf der Vertretung (§ 104 Nr 2) und damit gem I 2 der Genehmigung. **b)** Für den **Erblasser** gilt grundsätzlich **Höchstpersönlichkeit** (Düsseldorf NJW-RR 02, 584), die beim Vergleich im Anwaltsprozeß mit der Form (§§ 2348, 127 a) gewahrt ist, wenn Anwalt und Erblasser die Erklärung abgeben (BayObLG NJW 65, 1276). II 1 HS 2 wiederholt § 107. II 2 ordnet bei Geschäftsunfähigkeit Stellvertretung und vormundschaftsgerichtliche Genehmigung an. II ist auf das schuldrechtliche Grundgeschäft unanwendbar (BGH 37, 328); keine Heilung des Verzichtsvertrags analog § 313 S 2 aF bzw § 311 b I 2 nF (Düsseldorf NJW-RR 02, 584). **c)** Die **vormundschaftsgerichtliche Genehmigung** muß zur Lebzeiten des Erblassers vorliegen (BGH NJW 78, 1159; vgl auch § 2275 Rn 2). **d)** Bei **Gütergemeinschaft** vgl §§ 1432 I 2, 1455 Nr 2. **e)** Bei Zweifeln an der **Geschäftsfähigkeit** ist Erklärung sowohl des Erblassers als auch des Betreuers empfehlenswert (BayObLG ZEV 01, 190).

§ 2348 Form

Der Erbverzichtsvertrag bedarf der notariellen Beurkundung.

1. a) Die Formpflicht gilt auch für eine Verpflichtung auf Erbverzicht (vgl § 2346 Rn 4), ebenso für die schuldrechtliche Verpflichtung zu Lebzeiten des Erblassers, einen Pflichtteilsanspruch nicht geltend zu machen (KG OLGZ 74, 263). Sofern die Entgeltleistung Bedingung des Erbverzichts ist, unterliegt auch sie der Formpflicht. Auch durch notariell beurkundetes gemeinschaftliches Testament kann der Erbverzichtsvertrag (sogar stillschweigend) formgültig geschlossen werden (Düsseldorf OLGR 00, 332). Zu Leistungsstörungen beim Erbverzicht im gemeinschaftlichen Testament und Erbvertrag vgl § 2346 Rn 2; zum Erbverzicht durch Prozeßvergleich vgl § 2347 Rn 2. **b)** §§ 128, 152 sind anwendbar, nicht aber § 2300 a (s § 2300 a Rn 1).

§ 2349 Erstreckung auf Abkömmlinge

Verzichtet ein Abkömmling oder ein Seitenverwandter des Erblassers auf das gesetzliche Erbrecht, so erstreckt sich die Wirkung des Verzichts auf seine Abkömmlinge, sofern nicht ein anderes bestimmt wird.

1. Die Erstreckung des Verzichts tritt mit und ohne Abfindung ein; sie gilt auch beim bloßen Pflichtteilsverzicht gem § 2346 II (Baumgärtel DNotZ 59, 65). Zur Erstreckung des Verzichts bei testamentarischer Zuwendung vgl § 2352 Rn 2.

§ 2350 Verzicht zugunsten eines anderen

(1) Verzichtet jemand zugunsten eines anderen auf das gesetzliche Erbrecht, so ist im Zweifel anzunehmen, dass der Verzicht nur für den Fall gelten soll, dass der andere Erbe wird.

§§ 2351, 2352

(2) **Verzichtet ein Abkömmling des Erblassers auf das gesetzliche Erbrecht, so ist im Zweifel anzunehmen, dass der Verzicht nur zugunsten der anderen Abkömmlinge und des Ehegatten des Erblassers gelten soll.**

1 1. Die Auslegungsregel gem I erklärt den Verzicht zgDr zum **bedingten** Verzicht; sie gilt auch, wenn der Verzicht auf den Pflichtteil einem bestimmten Dritten als Belasteten zugute kommen soll, ferner bei § 2352 (BGH NJW 74, 44; Hamm OLGZ 82, 272). II gibt widerlegliche Vermutung für die Begünstigungsabsicht des verzichtenden Abkömmlings. Verzicht zugunsten eines Abkömmlings verschafft ihm den vollen Erbteil des Verzichtenden (str, Mindermeinung: nur Erbteil, der bei Fortfall des Verzichtenden anfiele; s SoeDamrau 3; jedenfalls aber kein Zuwachs bei Nichtbegünstigten, Oldenburg NJW-RR 92, 778).

§ 2351 Aufhebung des Erbverzichts

Auf einen Vertrag, durch den ein Erbverzicht aufgehoben wird, findet die Vorschrift des § 2348 und in Ansehung des Erblassers auch die Vorschrift des § 2347 Abs. 2 Satz 1 erster Halbsatz, Satz 2 Anwendung.

1 1. Der Aufhebungsvertrag kann nicht durch eine aufhebende einseitige letztwillige Verfügung des Erblassers ersetzt werden (BGH 30, 267); wer auf seinen ges Erbteil verzichtet hat, kann aber dennoch testamentarischer Erbe werden (vgl § 2346 Rn 2). Vertragl Aufhebung kann nach hM nur zu Lebzeiten von Erblasser *und* Verzichtendem erfolgen (BGH ZEV 98, 304; aA Vorinstanz München ZEV 97, 299: Vertrag mit Erben des Verzichtenden). Die Neufassung des Verweises auf § 2247 II seit 1. 1. 1992 durch das BtG beseitigt den mißglückten früheren Mitverweis auf § 2247 II 1 HS 2 (hierzu Hahn FamRZ 91, 29). Sa § 2287 Rn 4.

§ 2352 Verzicht auf Zuwendungen

[1] **Wer durch Testament als Erbe eingesetzt oder mit einem Vermächtnis bedacht ist, kann durch Vertrag mit dem Erblasser auf die Zuwendung verzichten.** [2] **Das Gleiche gilt für eine Zuwendung, die in einem Erbvertrag einem Dritten gemacht ist.** [3] **Die Vorschriften der §§ 2347, 2348 finden Anwendung.**

Lit: Mayer, Zweckloser Zuwendungsverzicht?, ZEV 96, 127.

1 1. **a)** Die **Bedeutung** des Verzichts auf testamentarische Zuwendung zeigt sich angesichts freier Widerrufsmöglichkeit (§§ 2253 ff) des Testaments vor allem bei bindenden wechselbezüglichen Verfügungen gem § 2271 II (Hamm OLGZ 82, 272; BayObLG FamRZ 83, 837; s § 2271 Rn 6, 9) oder bei nachträglicher Geschäftsunfähigkeit (§§ 2229 IV, 2347 II 2) des Erblassers. Die Einschränkung des Erbverzichts beim **Erbvertrag** gem S 2 erklärt sich aus der Möglichkeit des Aufhebungsvertrages zwischen Erbvertragsparteien; vgl aber § 2290 Rn 2. Ein Verzicht auf *künftige* testamentarische oder erbvertragliche Zuwendungen ist unwirksam (BayObLG Rpfleger 87, 374). **2 b)** Der Verzicht erstreckt sich **nicht auf Abkömmlinge**, weil S 3 2349 nicht für anwendbar erklärt, (BayObLG Rpfleger 84, 65; 88, 97; Köln FamRZ 90, 99 f; Frankfurt DNotZ 98, 223 mN u Anm Kanzleiter; hierzu abl Schotten Rpfleger 98, 113), folglich §§ 2069, 2096 zum Zuge kommen; vgl aber § 2069 Rn 3; aA Schotten ZEV 97, 1: § 2349 analog. **c)** Der Verzicht gem § 2346 umfaßt nicht den Verzicht gem § 2352 und umgekehrt, andere Auslegung aber möglich (Frankfurt Rpfleger 94, 24), vgl auch **3** § 2346 Rn 2 und § 2351 Rn 1. **d) Umdeutung** eines gem § 311b IV nF (§ 312 I aF) nichtigen Vertrages über die Übertragung eines testamentarischen Erbteils in einen bedingten Erbverzichtsvertrag (§ 2350 Rn 1) ist möglich (BGH NJW 74, 44).

Abschnitt 8. Erbschein

§ 2353 Zuständigkeit des Nachlassgerichts, Antrag
Das Nachlassgericht hat dem Erben auf Antrag ein Zeugnis über sein Erbrecht und, wenn er nur zu einem Teil der Erbschaft berufen ist, über die Größe des Erbteils zu erteilen (Erbschein).

Lit: Böhringer, Erbnachweis für Vermögensrechte mit Grundstücksbezug in den neuen Bundesländern, Rpfleger 99, 110; Hohloch, Gleichlaufzuständigkeit und Testamentsauslegung bei Nachlaßspaltung, ZEV 97, 469; Köster, Vor- und Nacherbschaft im Erbscheinsverfahren, Rpfleger 00, 90; Kuchinke, Grundfragen des Erbscheinsverfahrens usw, Jura 81, 281; Zimmermann, Das Erbscheinsverfahren und seine Ausgestaltung, ZEV 95, 275.

1. Begriff. Der Erbschein ist ein auf Antrag erteiltes Zeugnis über erbrechtliche Verhältnisse. 1

2. Zuständigkeit. a) Sachlich: Amtsgerichte (FGG 72), in BW: Notariate (bwLFGG 1 I, II, 38). **Funktionell:** Rechtspfleger, soweit kein Fall testamentarischer Erbfolge oder des § 2369 vorliegt (RPflG 3 Nr 2 c, 16 I Nr 6); für BW s RPflG 35. **b) Örtlich:** FGG 73 (Wohnsitz des Erblassers im Zeitpunkt des Erbfalles); gem FGG 7 ist der vom örtl unzuständigen Gericht erteilte Erbschein wirksam, kann aber gem § 2361 eingezogen werden. **c) International:** Deutsche Zuständigkeit nach std Rspr grundsätzlich nur bei Anwendbarkeit deutschen Erbrechts, sog Gleichlaufgrundsatz (zB BayObLGZ 96, 165: keine Zuständigkeit deutscher Nachlaßgerichte für abgespaltenes Grundvermögen in Rumänien; ähnlich für südafrikanischen Grundbesitz Zweibrücken ZEV 97, 512 mAnm Hohloch); keine Änderung durch das IPR-Ges (BayObLGZ 86, 466; NJW-RR 91, 1099); im Schrifttum wird dagegen zunehmend eine analoge Anwendung der Regeln über die örtliche Zuständigkeit befürwortet (St/Dörner Art 25 EGBGB Rn 810 ff). Dieser sog Eigenrechtserbschein ist nach der Gleichlauflehre auch zu erteilen, soweit deutsches Recht kraft Rückverweisung oder bei Nachlaßspaltung (Vor § 1922 Rn 3) anzuwenden ist (BayObLGZ 80, 42, 47; Rpfleger 82, 381; Köln NJW 86, 2200; BayObLG ZEV 01, 488), ggf gegenständlich beschränkt (BayObLG DNotZ 84, 47; Rpfleger 90, 422; 97, 69; KG OLGZ 84, 428; krit Weithase Rpfleger 85, 267). Ausnahmen vom Gleichlaufgrundsatz sind der gegenständlich beschränkte Fremdrechtserbschein gem § 2369 (ausländisches Erbrecht bei inländischen Nachlaßgegenständen, zB BayObLGZ 80, 280; NJW-RR 98, 798; Zweibrücken NJW-RR 02, 154) und die Beerbung Deutscher nach ausländischem Recht, falls Rechtsverweigerung droht (Zweibrücken OLGZ 85, 413 – in concreto verneinend, unter Güter- und Fürsorgeerwägungen dies rechtfertigen (hierher gehört wohl der Sonderfall BayObLG NJW 61, 1970 – Sudetendeutsche; im einzelnen ist vieles str). Feststellungen ausländischer Nachlaßbehörden binden das deutsche Nachlaßgericht nicht (BayObLG NJW-RR 91, 1099). Zuständigkeitsregelungen in int Abkommen sind vorrangig. Die angeführten Grundsätze gelten für die Erbscheinerteilung, für andere Tätigkeiten des NachlaßG (zB Sicherungsmaßnahmen) werden weitergehende Durchbrechungen des Gleichlaufgrundsatzes praktiziert (Lit: Berenbrok, Internationale Nachlaßabwicklung, 1989; Firsching ZZP 95, 129; Edenfeld, Der deutsche Erbschein nach ausländischem Erblasser, ZEV 00, 482; Riering, Internationales Nachlaßverfahrensrecht, MitBayNot 99, 519). **d)** Zur früheren **interlokalen Zuständigkeit** s Vor § 1922 Rn 8 f. 2, 3

3. Antrag. a) Antragsberechtigte: Erbe bzw Miterbe (für gemeinschaftlichen Erbschein und Teilerbschein); Vorerbe bis Eintritt des Nacherbfalles; Nacherbe nach Eintritt des Nacherbfalles (BGH FamRZ 80, 563; KG FamRZ 96, 1573), davor ist er antragsberechtigt weder für einen Erbschein für sich noch für den Vorerben, vielmehr ist er auf die Befugnis beschränkt, die Einziehung eines die Vorerbschaft nicht ausweisenden unrichtigen Erbscheines betreiben zu können 4

§ 2353

(BayObLG NJW-RR 99, 805 f); Erbeserbe nach zweitem Erbfall auf Namen des ersten Erben (BayObLGZ 51, 690); Testamentsvollstrecker (LG Kiel NJW 76, 2351); Nachlaßverwalter; Nachlaßinsolvenzverwalter; Abwesenheitspfleger gem § 1911; Erbteilserwerber gem § 2033 auf Namen des Miterben; Erbschaftskäufer gem §§ 2371 ff auf Namen des Erben (str); Erbengläubiger gem ZPO 792, 896 (BayObLG NJW-RR 02, 440). Kein Antragsrecht des Nachlaßpflegers (es sei denn, es geht um ein anderes Nachlaßverfahren, s BayObLG Rpfleger 91, 21), der Vermächtnisnehmer (BayObLG FamRZ 00, 1232) oder Pflichtteilsberechtigten.

5 **b) Inhalt des Antrags:** Vgl zunächst §§ 2354–2356. Der Antrag muß sich auf einen bestimmten, dem Erbschein zu gebenden Inhalt richten (Lit: Hilger BWNotZ 92, 113). Das NachlaßG kann nur dem Antrag, so wie er gestellt ist, stattgeben oder ihn abweisen, es darf keinen Erbschein anderen als des beantragten Inhalts erteilen (BayObLGZ 73, 28; Hamm NJW 68, 1682; BayObLG NJW-RR 01, 952: unbeschränkter statt des beantragten gegenständlich beschränkten); Haupt- und Hilfsanträge sind zulässig (RG 156, 172), bei Bedenken kann keine Zwischenverfügung zu Antragsänderung auffordern (hierzu Köln NJW-RR 92, 1418: richterliche Hinweispflicht). Der antraglose oder antragswidrige Erbschein ist einzuziehen (BayObLGZ 70, 109; BGH 30, 223; 40, 54), § 2361, falls nicht in nachträglicher Genehmigung eine Antragstellung zu sehen ist (zu großzügig aber BayObLG Rpfleger 90, 75: konkludente Genehmigung durch Entgegennahme des Erbscheins). Wesentliche Punkte inhaltlicher Bestimmtheit: Erblasser; Erbe; Berufungsgrund (BayObLG NJW-RR 96, 1160; Alternativität bei inhaltsgleichem Erbschein unschädlich, vgl BayObLGZ 73, 29); Erbquote (teilw aA Düsseldorf DNotZ 78, 683), Nacherbschaft (§ 2363); Testamentsvollstreckung (§ 2364); unbeschränkter oder gegenständlich beschränkter Erbschein, vgl § 2369 (Hamm NJW 68,
6 1682). **c) Rechtsschutzbedürfnis** kann ausnahmsweise fehlen, wenn der Erbschein ohne jedes Bedürfnis im Hinblick auf irgendeine Rechtsfolge beantragt ist (BayObLG Rpfleger 90, 512 mN) oder wenn ein anzuerkennender ausländischer Erbschein vorliegt (KG OLGZ 85, 179); bloßer Zeitablauf unschädlich, da Erteilungsverfahren keine Ausschlußfrist kennt (BayObLG FamRZ 86, 1152; bei Tod vor dem 1. 1.1900 ist Erbscheinsantrag allerdings unzulässig, EGBGB 213, BayObLG FamRZ 90, 101).

7 **4. Inhalt des Erbscheins: a) Arten:** Alleinerbschein (§ 2353 Alt 1); Teilerbschein (§ 2353 Alt 2); gemeinschaftlicher Erbschein (§ 2357), als gemeinschaftlicher Teilerbschein auch nur für eine Gruppe von Miterben; Gruppenerbschein (äußere Zusammenfassung von Teilerbscheinen auf Antrag aller benannten Erben); Sammelerbschein (äußere Zusammenfassung mehrerer Erbscheine bei mehrfachem
8 Erbgang); gegenständlich beschränkter Erbschein (§ 2369). **b) Notwendige Angaben:** Vgl zunächst §§ 2363, 2364; ferner: Name und Todestag des Erblassers; Name des Erben bzw der Miterben; Erbquote. Maßgeblich ist allein der Zeitpunkt des Erbfalls, so daß spätere Ereignisse (zB Erbteilsveräußerung) nicht zu berücksichtigen sind; jedoch ist der spätere Wegfall von Verfügungsbeschränkungen (Nacherbschaft, Testamentsvollstreckung) zu beachten (hM). **Nicht anzugeben** sind zB Berufungsgrund, Vermächtnisse (BayObLG Rpfleger 96, 455), Auflagen, Erbersatzansprüche (künftig fortfallend, § 1924 Rn 3), Pflichtteilsrechte, Teilungsanordnungen, Sondererbfolge in Gesellschaftsanteil (BayObLGZ 87, 152). Wird nicht Anzugebendes in den Erbschein aufgenommen, so ist der Erbschein nicht als unrichtig einzuziehen, sondern entsprechend § 319 I ZPO zu berichtigen (LG Koblenz Rpfleger 00, 502: Berufungsgrund).

9 **5. Verfahren. a)** Bei **Ablehnung der Erteilung** des Erbscheins ist über den Wortlaut von FGG 20 II hinaus Beschwerderecht der Antragsberechtigten (vgl Rn 4) gegeben, ohne daß tatsächlich ein Antrag des Beschwerdeführers vorliegen muß (BayObLGZ 63, 64; KG Rpfleger 90, 366 mN); FGG 20 I verlangt Rechtsbeeinträchtigung (gilt auch in Fällen mit Auslandsberührung, näher BayObLG NJW 88, 2745). Bei Rechtspflegersachen (vgl Rn 2) ebenfalls Beschwerde, RPflG

Erbschein **§ 2353**

11 I. Das Beschwerdegericht kann die Beschwerde zurückweisen oder das Nachlaßanweisen, den beim NachlaßG beantragten (BayObLG FamRZ 90, 649) Erbschein zu erteilen. Hiergegen ist die weitere Beschwerde mit dem Ziel der Aufhebung der Anordnung gegeben, solange der Erbschein noch nicht erteilt ist (BayObLG FamRZ 00, 1232). Die Antragsrücknahme kann als verfahrensgestaltende Erklärung weder widerrufen noch angefochten werden (Köln OLGR 00, 195). **b)** Der **Anordnungsbeschluß** kann bis zur Erteilung des Erbscheins mit 10 Beschwerde angefochten werden; Erteilung liegt erst in der Aushändigung der Urschrift oder Ausfertigung des Erbscheins (BayObLG NJW 60, 1722; aA Stuttgart BWNotZ 93, 65). **c)** Nach **Erteilung des Erbscheins** ist nur noch möglich die 11 Beschwerde mit dem Ziel der Anweisung an das NachlaßG zur Einziehung (BayObLGZ 80, 98; Zweibrücken OLGZ 84, 5); sie steht wahlweise neben dem Antrag an das NachlaßG auf Einziehung gem § 2361 (vgl KG OLGZ 71, 215). Beschwerdeberechtigt gem FGG 20 I ist jeder Erbprätendent (BayObLG FamRZ 88, 1321 bzgl Testamentsvollstreckerzeugnis), auch der Antragsteller (KG NJW 60, 1158; BGH 47, 64) ohne formelle Beschwer, jeder im Erbschein als Erbe angegebener (BayObLG FamRZ 84, 1269), ferner jeder durch einen unrichtigen Erbschein beeinträchtigte Dritte (§ 2361 Rn 9); nicht zB der Pflichtteilsberechtigte (Hamm Rpfleger 84, 273; sa Rn 4) oder Inhaber eines Erbersatzanspruchs alten Rechts (LG Stuttgart BWNotZ 93, 68 für Vorbescheid; zur Reform des Nichtehelichenrechts § 1924 Rn 3). Der Kreis der durch die *Amtspflichten* des Nachlaßgerichts geschützten Personen ist analog zu bestimmen (BGH NJW 92, 1759; sa § 2361 Rn 8). Zum *Einsichtsrecht* in Nachlaßakten gem FGG 78, 34 s BayObLG NJW-RR 97, 771 (Nachlaßgläubiger); 98, 294 (zwecks Vorbereitung eines strafrechtlichen Wiederaufnahmeverfahrens). **d)** Ein **Vorbescheid** (Zimmermann JuS 84, 635; 12 Pentz MDR 90, 586; NJW 96, 2559; Lukoschek ZEV 99, 1) des Inhalts, der beantragte Erbschein werde beim Ausbleiben der Beschwerde binnen einer bestimmten Frist erteilt, ist nach hM in zweifelhaften Fällen zulässig, um die Gefahren eines unrichtigen Erbscheins (§§ 2366 f) zu bannen (BGH 20, 257; BayObLGZ 80, 45; FamRZ 92, 1205). Angemessener erschiene allerdings ein Aufschieben der Aushändigung, um so Gelegenheit zur Beschwerde gegen den Anordnungsbeschluß (vgl Rn 10) zu geben (Baur NJW 55, 1073). Die im Vorbescheid angegebene Frist schränkt die einfache Beschwerde gegen den Vorbescheid zeitlich nicht ein (BayObLG FamRZ 02, 200). Vorbescheid soll auch dann zulässig sein, wenn er nicht den gestellten, aber einen zu erwartenden Antrag entspricht (BayObLGZ 63, 20). Unzulässig ist jedenfalls ein Vorbescheid über Vorfragen (Köln NJW-RR 91, 1285), über die beabsichtigte Zurückweisung des Antrags (Hamm NJW 74, 1827; Köln NJW-RR 91, 1285; KG Rpfleger 96, 456) oder die beabsichtigte Erbscheinseinziehung (BayObLGZ 94, 176; Hamm NJW-RR 95, 1415) oder die beabsichtigte Erteilung eines Erbscheins, der dem Antrag oder zu erwartenden Antrag nicht entspricht (s BayObLG FamRZ 90, 1404, das jedoch in Antragsablehnung umdeutet), oder wenn ein Erbscheinsantrag ganz fehlt (BayObLGZ 94, 73; s aber BayObLGZ 97, 200 u 343: Mangel wird durch nachträgl Antragstellung geheilt); sa § 2200 Rn 3. Der Vorbescheid kann, aber muß nicht gegenläufige Erbscheinsanträge Dritter mitbescheiden (BayObLG NJW-RR 93, 12; 92, 1223; 91, 1287). RechtsmittelG kann auf Beschwerde (BayObLG FamRZ 92, 1205; KG FamRZ 96, 1573) Vorbescheid aufheben, nicht aber Erbscheinsanträge abweisen (BayObLGZ 81, 69; NJW-RR 92, 1225; FamRZ 86, 604); nach Erbscheinserteilung Umdeutung der Beschwerde in Einziehungsantrag (Köln NJW-RR 92, 1418). Die Beschwerde gegen einen unzulässigen Vorbescheid ist nicht statthaft (Hamm NJW-RR 95, 1415; KG Rpfleger 96, 456; aA BayObLG NJW-RR 94, 590; BayObLGZ 97, 343: jedenfalls bei heilbarem Unzulässigkeitsgrund); das Beschwerdegericht kann einen Vorbescheid aufheben, nicht aber den Erbscheinsantrag endgültig zurückweisen (Frankfurt Rpfleger 97, 262). Die sachliche Entscheidung des Beschwerdegerichts entfaltet auch dann Bindungswirkung, wenn es nicht förmlich an die erste Instanz zurückverweist (Karlsruhe Rpfleger 88,

315). Die Beschwerde kann im Erbscheinserteilungs- oder -einziehungsverfahren wiederholt werden, obwohl sie gegen den Vorbescheid als unbegründet zurückgewiesen wurde (Saarbrücken FGPrax 97, 31). e) Ein **Vergleich** mit verfahrensbeendigender Wirkung kann mangels Verfügungsbefugnis nicht über den Inhalt des Erbscheins geschlossen werden, wohl aber über die Antragsrücknahme (Stuttgart OLGZ 84, 131; s aber BayObLGZ 97, 217: kein Vollstreckungstitel isd ZPO 794 I Nr 1 bei Abfindungsvereinbarung; sehr str); sa § 2358 Rn 1. f) Nach hM **keine materielle Rechtskraft** der Entscheidung über einen Erbscheinantrag (BGHZ 47, 66). Nach formell rechtskräftiger Zurückweisung des Erbscheinantrags kann daher ein neuer Antrag gestellt werden, allerdings wird in der Regel das Rechtsschutzbedürfnis fehlen (KG FamRZ 00, 577 = ZEV 99, 500 mAnm Zimmermann; anders bei rechtlich zweifelhafter, 30 Jahre zurück liegender Entscheidung eines Stadtbezirksgerichtes in der ehemaligen DDR).

14 6. **Sonderfälle. a)** Grundbucheintragung, GBO 35 I: Erbschein als Erbfolgenachweis (hierzu Frankfurt OLGZ 81, 30; Köln Rpfleger 92, 342; Hamm NJW-RR 97, 1095; KG NJW-RR 97, 1094: inländischer Erbschein; zu Grenzen LG Bochum Rpfleger 92, 194 mAnm Meyer-Stolte und Peißinger Rpfleger 92,
15 195, 428), ferner GBO 36, 37, 83. **b)** Das **Hoffolgezeugnis** (vgl HöfeO 18 II 3) bezeugt bei höferechtlicher Sondererbfolge, wer Hoferbe ist (zum Anwendungsbereich und verfahrensrechtlichen Besonderheiten SoeDamrau 16). Der Erbschein über das hoffreie Vermögen muß die Aussonderung des Hofvermögens deutlich machen (s Steffen RdL 82, 144). **c)** Zum Erbschein bei Lastenausgleichs-, Rückerstattungs- und Entschädigungsansprüchen s SoeDamrau 10–15, 54, 55.

§ 2354 Angaben des gesetzlichen Erben im Antrag

(1) **Wer die Erteilung des Erbscheins als gesetzlicher Erbe beantragt, hat anzugeben:**
1. **die Zeit des Todes des Erblassers,**
2. **das Verhältnis, auf dem sein Erbrecht beruht,**
3. **ob und welche Personen vorhanden sind oder vorhanden waren, durch die er von der Erbfolge ausgeschlossen oder sein Erbteil gemindert werden würde,**
4. **ob und welche Verfügungen des Erblassers von Todes wegen vorhanden sind,**
5. **ob ein Rechtsstreit über sein Erbrecht anhängig ist.**

(2) **Ist eine Person weggefallen, durch die der Antragsteller von der Erbfolge ausgeschlossen oder sein Erbteil gemindert werden würde, so hat der Antragsteller anzugeben, in welcher Weise die Person weggefallen ist.**

1 1. Vgl zum notwendigen Antragsinhalt zunächst § 2353 Rn 5; keine pauschale Bezugnahme auf andere Verfahren (LG Bonn Rpfleger 85, 30). Unter Verhältnisse gem I Nr 2 fällt auch der Güterstand (vgl § 2356 II). Der Wegfall erbausschließender oder erbmindernder Personen (I Nr 3, II) kann bedingt sein durch Tod oder gem §§ 1933, 1934 e, 1938, 1953, 2344, 2346. Auch offenbar unwirksame Testamente sind gem I Nr 4 anzugeben. Zur Erbschaftsannahme durch Antragstellung vgl § 1943 Rn 2.

§ 2355 Angaben des gewillkürten Erben im Antrag

Wer die Erteilung des Erbscheins auf Grund einer Verfügung von Todes wegen beantragt, hat die Verfügung zu bezeichnen, auf der sein Erbrecht beruht, anzugeben, ob und welche sonstigen Verfügungen des Erblassers von Todes wegen vorhanden sind, und die in § 2354 Abs. 1 Nr. 1, 5, Abs. 2 vorgeschriebenen Angaben zu machen.

1 1. § 2354 Rn 1 gilt entspr.

§ 2356 Nachweis der Richtigkeit der Angaben

(1) ¹Der Antragsteller hat die Richtigkeit der in Gemäßheit des § 2354 Abs. 1 Nr. 1 und 2, Abs. 2 gemachten Angaben durch öffentliche Urkunden nachzuweisen und im Falle des § 2355 die Urkunde vorzulegen, auf der sein Erbrecht beruht. ²Sind die Urkunden nicht oder nur mit unverhältnismäßigen Schwierigkeiten zu beschaffen, so genügt die Angabe anderer Beweismittel.

(2) ¹Zum Nachweis, dass der Erblasser zur Zeit seines Todes im Güterstand der Zugewinngemeinschaft gelebt hat, und in Ansehung der übrigen nach den §§ 2354, 2355 erforderlichen Angaben hat der Antragsteller vor Gericht oder vor einem Notar an Eides statt zu versichern, dass ihm nichts bekannt sei, was der Richtigkeit seiner Angaben entgegensteht. ²Das Nachlassgericht kann die Versicherung erlassen, wenn es sie für nicht erforderlich erachtet.

(3) Diese Vorschriften finden keine Anwendung, soweit die Tatsachen bei dem Nachlassgericht offenkundig sind.

1. Öffentl Urkunden gem I sind vor allen Dingen Personenstandsurkunden (PStG 61 a); ihre Beweiskraft ergibt sich aus PStG 66, 60, Unrichtigkeitsbeweis ist im Erbscheinsverfahren zulässig (BayObLGZ 81, 43; 173); keine förmliche Beweiskraft beglaubigter Fotokopien (BayObLG Rpfleger 83, 354; sa Rn 3). Urkunden aus der Zeit vor dem Inkrafttreten der Neufassung des PStG v 8. 8. 57 haben entspr ihrer jeweiligen Funktion ähnliche Beweiskraft; Einzelheiten bei StFirsching 5 ff. Regelmäßig werden also Sterbeurkunde, Geburts- bzw Abstammungsurkunde und – im Falle des Ehegattenerbrechts (BayObLG FamRZ 90, 1284) – Heiratsurkunde vorzulegen sein; andere uU vorlageptflichtige Urkunden: Todeserklärungs- bzw Todeszeitfeststellungsbeschluß (VerschG 23, 44), vorzeitiger Erbausgleich alten Rechts (§§ 1934 d und e aF; zur Aufhebung § 1924 Rn 3), Ausschlagungserklärung (§ 1945), Erbunwürdigkeitsurteil (§ 2342), Verzichtsvertrag (§ 2348), Scheidungs- bzw Aufhebungsurteil.

2. Eidesstattliche Versicherung. Zuständigkeit: Wahlweise Notar (BeurkG 1 II, 38) oder NachlaßG bzw ersuchtes Gericht (str, SoeDamrau 15); Rechtspflegersache gem RPflG 3 Nr 1 f und 2 c. Verpflichtet ist nicht etwa der Erbe, sondern der Antragsteller, also zB der Testamentsvollstrecker (LG Kiel NJW 76, 2351); Höchstpersönlichkeit, uU Vertretung durch Gebrechlichkeitspfleger (LG Bonn Rpfleger 85, 30). Versicherung des Ehegatten kann bei Ehegattenerbrecht auch hinsichtlich des Ausschlusses gem § 1933 verlangt werden, nötigenfalls sogar bei notariell beurkundetem Erbscheinsantrag (Braunschweig Rpfleger 90, 462; zurückhaltend Hamm NJW-RR 92, 1483). Neben der Versicherung gem II 1 kann grundsätzlich keine weitere nach FGG 83 II verlangt werden (BayObLGZ 77, 59). Beschwerde gegen Anforderung ist zulässig (KG OLGZ 67, 248; str). Weigerung des Antragstellers rechtfertigt Verwerfung des Antrags als unzulässig (Frankfurt Rpfleger 96, 511).

3. Andere Beweismittel: zB Zeugenbeweis, eidesstattliche Versicherung Dritter bei Undurchführbarkeit einer Vernehmung (str), Abschriften, Fotokopien (BayObLG NJW-RR 92, 1358; 02, 726; Köln NJW-RR 93, 970; BayObLG FamRZ 01, 1327; FamRZ 01, 945 bei Unauffindbarkeit einer Testamentsurschrift). Offenkundig gemäß III sind nur Tatsachen, von denen das Nachlaßgericht überzeugt ist, ein hoher Wahrscheinlichkeitsgrad reicht nicht (Schleswig FamRZ 01, 584)

§ 2357 Gemeinschaftlicher Erbschein

(1) ¹Sind mehrere Erben vorhanden, so ist auf Antrag ein gemeinschaftlicher Erbschein zu erteilen. ²Der Antrag kann von jedem der Erben gestellt werden.

§ 2358

(2) In dem Antrag sind die Erben und ihre Erbteile anzugeben.

(3) ¹Wird der Antrag nicht von allen Erben gestellt, so hat er die Angabe zu enthalten, dass die übrigen Erben die Erbschaft angenommen haben. ²Die Vorschrift des § 2356 gilt auch für die sich auf die übrigen Erben beziehenden Angaben des Antragstellers.

(4) Die Versicherung an Eides statt ist von allen Erben abzugeben, sofern nicht das Nachlassgericht die Versicherung eines oder einiger von ihnen für ausreichend erachtet.

1   1. a) Vgl zu den Erbscheinsarten § 2353 Rn 7. b) Erbschaftsannahme liegt beim Antragsteller im Antrag (vgl § 1943 Rn 2), ansonsten ist sie nachzuweisen (vgl § 2356 Rn 3). c) Die Mitwirkung bei der Versicherung gem IV kann der
2   Antragsteller von den übrigen Miterben gem § 2038 I 2 verlangen. d) Bei unausräumbaren Zweifeln an der Erbquote kann das Gericht einen vorläufigen Erbschein ohne Erbquote (Feststehen aller Miterben) oder einen Erbschein mit Mindestquoten (Ungewißheit über endgültige Miterbenzahl) erteilen (str, vgl Lange/Kuchinke § 41 IV 3 mN). e) Zum Rechtsbehelf bei Ablehnung vgl § 2353 Rn 9.

§ 2358 Ermittlungen des Nachlassgerichts

(1) Das Nachlassgericht hat unter Benutzung der von dem Antragsteller angegebenen Beweismittel von Amts wegen die zur Feststellung der Tatsachen erforderlichen Ermittlungen zu veranstalten und die geeignet erscheinenden Beweise aufzunehmen.

(2) Das Nachlassgericht kann eine öffentliche Aufforderung zur Anmeldung der anderen Personen zustehenden Erbrechte erlassen; die Art der Bekanntmachung und die Dauer der Anmeldungsfrist bestimmen sich nach den für das Aufgebotsverfahren geltenden Vorschriften.

1   1. Die **rechtliche Prüfung erfaßt** alle prozessualen und materiellrechtlichen Voraussetzungen der Erbscheinserteilung: Zuständigkeit (vgl § 2353 Rn 2 f), Staatsangehörigkeit und Testierfähigkeit des Erblassers, Vorliegen einer letztwilligen Verfügung, Echtheit (BayObLG Rpfleger 98, 161), Auslegung und Sinn des Testaments (BayObLG NJW-RR 99, 947: Verpflichtung zur Anhörung des beurkundenden Notars, wenn aufgrund besonderer Umstände nahe liegt, daß dieser sich an die Beurkundung erinnert; ZEV 01, 484: beratender Anwalt; (abw Erblasserwille gem § 2077 III: BayObLG NJW-RR 97, 9; ein für die *Beteiligten* verbindlicher Auslegungsvertrag – zur Form s § 2385 Rn 1 – hat für das *NachlaßG,* solange Drittinteressen nicht berührt werden, immerhin indizielle Bedeutung, BGH NJW 86, 1812; irreführend Frankfurt OLGZ 90, 15), Güterstand bei Ehegatten, Ausschlagung, erbrechtliche Bindungen durch Erbvertrag und gemeinschaftliches Testament, Aufhebung letztwilliger Verfügungen. Auch die Wirksamkeit einer Testamentsanfechtung (§§ 2080, 2078 f) ist im Erbscheinsverfahren zu beurteilen, das NachlaßG darf nicht auf den Prozeßweg verweisen (KG NJW 63, 767). Dagegen ist Aussetzung möglich bei bereits anhängigem Rechtsstreit über das Erbrecht (KG FamRZ 68, 219); Vergleiche zeitigen nur schuldrechtl Wirkungen (§ 2353 Rn 13). Zur Erbunwürdigkeit vgl § 2342 Rn 1.

2   2. a) Für die **Tatsachenermittlung** gilt der **Untersuchungsgrundsatz** (FGG 12). Dies bedeutet aber nicht, daß das Gericht allen nur denkbaren Möglichkeiten von Amts wegen nachgehen müßte. Die Aufklärungspflicht des Gerichts reicht nur soweit, als das Vorbringen der Beteiligten oder der Sachverhalt als solcher bei sorgfältiger Überlegung sich aufdrängender Gestaltungsmöglichkeiten dazu Anlaß gibt (BGH 40, 57; BayObLG NJW-RR 91, 1287; 97, 837; Köln NJW-RR 91, 1285; Hamm NJW-RR 92, 1484); zur Ermittlungspflicht bei unwesentlichen Zweifeln an der Echtheit eines Testaments BayObLG Rpfleger 98, 161; bei unrichtigen Personenstandsurkunden BayObLGZ 81, 42; 176; FamRZ 92, 118; sa

Erbschein **§ 2359**

§ 2356 Rn 1; bei behaupteter Testierunfähigkeit Frankfurt DNotZ 98, 216; NJW-RR 98, 870; vgl § 2229 Rn 5 ff; bei fremdsprachigem Testament BayObLG NJW-RR 97, 201 mAnm Hohloch JuS 97, 849. Die Beteiligten trifft keine Beweisführungslast. Insbes §§ 2354–2356 beinhalten aber Mitwirkungspflichten, deren grundlose Mißachtung das Gericht zumindest nach Hinweis weiterer Nachforschungen enthebt (Köln Rpfleger 81, 65; BayObLG NJW-RR 93, 460; 02, 727; Frankfurt Rpfleger 96, 512). **b)** Die **materielle Beweislast** verteilt das 3 Risiko der Unaufklärbarkeit nach erschöpfender Sachverhaltsermittlung (BayObLG FamRZ 85, 838); es gilt der Beweis des ersten Anscheins (Frankfurt NJW-RR 98, 870 mN). Der ein Erbrecht beanspruchende Beteiligte trägt das Beweisrisiko für die erbrechtsbegründenden Tatbestandsmerkmale (zB Vorliegen und Echtheit eines Testaments; Zweibrücken NJW-RR 87, 1158; s § 2247 Rn 6, § 2255 Rn 4); die widersprechenden Beteiligten tragen das Beweisrisiko erbrechtshindernder oder erbrechtsvernichtender Tatsachen, zB Anfechtung (KG NJW 63, 768), Testierunfähigkeit (s § 2229 Rn 7 f), Ausschlagung, Widerruf durch Vernichtung (Frankfurt OLGZ 78, 271; Zweibrücken NJW-RR 87, 1158; s § 2255 Rn 4), Erbverzicht usw. **c) Beweisverfahren** gem FGG 15.

3. Öffentl Aufforderung gem II, ZPO 948–950 hat keine Ausschlußwirkung; 4 nicht angemeldete Erbrechte bleiben aber zunächst unberücksichtigt. Die Aufforderung erscheint beim begründeten Verdacht zweckmäßig, daß anderweitige, unbekannte Erben das Erbrecht des Antragstellers mindern oder ausschließen; sie kann aber unterbleiben, wenn das NachlaßG keine Zweifel an der Existenz einer vorrangig erbberechtigten Person hat (Frankfurt Rpfleger 87, 203). Keine Beschwerde bei Ablehnung öffentl Aufforderung (LG Frankfurt Rpfleger 84, 191).

4. Landesrechtl Pflicht des NachlaßG zur Erbenermittlung (BayAG GVG 5 37; bwLFGG 41) führt nicht zu einer förmlichen Entscheidung und ist vom Erbscheinsverfahren zu unterscheiden (BayObLG Rpfleger 85, 363).

§ 2359 Voraussetzungen für die Erteilung des Erbscheins
Der Erbschein ist nur zu erteilen, wenn das Nachlassgericht die zur Begründung des Antrags erforderlichen Tatsachen für festgestellt erachtet.

1. Die Folgen richterlicher Überzeugungsbildung für die Erteilung des Erb- 1 scheins sind verschieden je nachdem, ob verbleibende Zweifel erbrechtsbegründende oder erbrechtshindernde bzw -vernichtende Tatsachen betreffen (vgl § 2358 Rn 3): Im ersten Fall ist der Erbschein zu verweigern, im letzten Fall hingegen zu erteilen.

2. a) Eine **Bindung des NachlaßG** an rechtskräftige Urteile des Prozeßgerichts 2 über das Erbrecht eines Beteiligten ist grundsätzlich zu verneinen (KG FamRZ 96, 1575). Jedenfalls kann das NachlaßG einem Dritten den Erbschein erteilen, der am streitigen Vorprozeß nicht beteiligt war. Kommen dagegen nur die beiden Parteien des Vorprozesses als Erben in Frage, kann der Erbschein nur dem obsiegenden Beteiligten erteilt werden: Andernfalls könnte dieser sofort gem § 2362 I Herausgabe verlangen und sich ggf im Parteienprozeß auf die Präjudizialität des früheren Urteils berufen. Ausnahmsweise kann der Erbschein auch in diesem Falle abw erteilt werden, wenn der Berufung auf das frühere Prozeßurteil die Arglisteinrede entgegensteht (BGH NJW 51, 759). **b)** Das **Prozeßgericht** ist in keinem Fall an die Entscheidung des NachlaßG im Erbscheinsverfahren gebunden, vgl aber § 2365.

3. Zur Bindung an den Antrag vgl § 2353 Rn 5, zur Beschwerde § 2353 3 Rn 9 ff, zum Vergleich § 2353 Rn 13.

§§ 2360, 2361

§ 2360 Anhörung von Betroffenen

(1) **Ist ein Rechtsstreit über das Erbrecht anhängig, so soll vor der Erteilung des Erbscheins der Gegner des Antragstellers gehört werden.**

(2) **Ist die Verfügung, auf der das Erbrecht beruht, nicht in einer dem Nachlassgericht vorliegenden öffentlichen Urkunde enthalten, so soll vor der Erteilung des Erbscheins derjenige über die Gültigkeit der Verfügung gehört werden, welcher im Falle der Unwirksamkeit der Verfügung Erbe sein würde.**

(3) **Die Anhörung ist nicht erforderlich, wenn sie untunlich ist.**

1. Das **rechtliche Gehör** (GG Art 103 I) erfordert zunächst, daß allen formell Beteiligten Gelegenheit zur Information, Äußerung und Antragstellung gegeben wird. Materiell Beteiligte, die von der Entscheidung in ihren Rechten betroffen sein werden, können auf jeden Fall aus eigenem Entschluß am Verfahren mit allen Rechten teilnehmen. Die Vorschrift des § 2360 I, II **verpflichtet** das NachlaßG in zwei Fällen (anhängiger Rechtsstreit, Privattestament), die materiell Betroffenen auch zu formell Beteiligten zu machen; im Hinblick auf GG Art 103 I ist die Soll-Vorschrift als Muß-Vorschrift zu interpretieren (BayObLGZ 60, 432; Köln NJW 62, 1729). Die überwiegende Meinung (Köln NJW 62, 1729; Habscheid § 55 II 4; Westphal Rpfleger 83, 213) entnimmt darüber hinaus GG Art 103 I unmittelbar eine Anhörungspflicht gegenüber allen – also auch durch öffentl Urkunde – Enterbten (aA KG NJW 63, 880; von BGH 40, 54 insoweit nicht beschieden). Die Ausnahme gem III wird teilw für verfassungswidrig gehalten (Habscheid § 55 II 4), ist aber jedenfalls sehr eng auszulegen (BayObLGZ 60, 434). Daß die Ermittlung als gesetzliche Erben in Betracht kommender Verwandter allein mittels Melderegisterauszugs erfolglos bleibt, macht ihre Anhörung noch nicht untunlich (BayObLG FamRZ 99, 1472).

2. Zur **Aussetzungsmöglichkeit** bei anhängigem Rechtsstreit vgl § 2358 Rn 1; dagegen keine Aussetzung des streitigen Verfahrens bis zum Abschluß des Erbscheinverfahrens (KG OLGZ 75, 355).

§ 2361 Einziehung oder Kraftloserklärung des unrichtigen Erbscheins

(1) ¹**Ergibt sich, dass der erteilte Erbschein unrichtig ist, so hat ihn das Nachlassgericht einzuziehen.** ²**Mit der Einziehung wird der Erbschein kraftlos.**

(2) ¹**Kann der Erbschein nicht sofort erlangt werden, so hat ihn das Nachlassgericht durch Beschluss für kraftlos zu erklären.** ²**Der Beschluss ist nach den für die öffentliche Zustellung einer Ladung geltenden Vorschriften der Zivilprozessordnung bekannt zu machen.** ³**Mit dem Ablauf eines Monats nach der letzten Einrückung des Beschlusses in die öffentlichen Blätter wird die Kraftloserklärung wirksam.**

(3) **Das Nachlassgericht kann von Amts wegen über die Richtigkeit eines erteilten Erbscheins Ermittlungen veranstalten.**

1. **Voraussetzungen** einer Einziehung. a) **Ursprüngliche oder nachträgliche Unrichtigkeit** kann auf ursprünglicher falscher rechtlicher Würdigung oder tatsächlichen Irrtümern oder neuen Tatsachen beruhen. Der Erbschein ist einzuziehen, wenn er – falls jetzt über die Erteilung zu entscheiden wäre – nicht (mehr) erteilt werden dürfte (BGH 40, 57; BayObLG FamRZ 89, 441 mN). Bsp: Falsche Testamentsauslegung (BayObLG NJW-RR 97, 839: keine Bindung an Auslegung im Erteilungsverfahren), Übersehen eines Testaments, Ausschlagung oder Anfechtung (BayObLG FamRZ 97, 1179); Fortfall der Testamentsvollstreckung (§ 2364 Rn 2); keine Angabe wirksamer Nacherbfolge (BayObLG FamRZ 93, 1371; 96, 1503). b) **Verfahrensmängel** führen bei unzulässigem Verfahren zur Einziehbarkeit, also zB bei antragloser oder antragswidriger Erteilung (vgl § 2353

Erbschein **§ 2361**

Rn 5); bei Unzuständigkeit des Gerichtes (BGH NJW 63, 1972/1973; BayObLGZ 81, 148; Hamm OLGZ 72, 352/353; Zweibrücken ZEV 01, 489: sogar bei inhaltlicher Richtigkeit; str, einschr für unklare Rechtslage BGH Rpfleger 76, 174); bei Erteilung durch Justizbeamten, der nicht mit Rechtspflegeraufgaben betraut ist (Frankfurt NJW 68, 1289); zT krit Weiß Rpfleger 84, 389; nicht jedoch, wenn Rechtspfleger Erbschein aufgrund gesetzlicher Erbfolge nach deutschem Recht erteilt hat, obwohl Richterzuständigkeit gegeben war, weil ein Beteiligter testamentarische Erbfolge behauptet hat (BayObLG Rpfleger 97, 370). Hingegen bleiben Verstöße beim Verfahrensablauf unschädlich, falls sie keine sachlichen Konsequenzen haben, zB Verletzung des rechtlichen Gehörs (BGH NJW 63, 1972/1973), falsche eidesstattliche Versicherung (Hamm OLGZ 67, 77). **c) Berichtigungen** oder **Ergänzungen** des Erbscheins sind nur bei Bestandteilen zulässig, die am öffentl Glauben nicht teilnehmen (Hamm OLGZ 83, 60; BayObLG Rpfleger 90, 74; LG Koblenz Rpfleger 00, 502); ansonsten bleibt nur Einziehung und Neuerteilung. **d) Zeitablauf** hindert die Erbscheinseinziehung auch dann nicht, wenn sie nur auf abw Testamentsauslegung und nicht auf neuen oder neuentdeckten Tatsachen beruht (BGH 47, 58; BayObLGZ 81, 147f; FamRZ 89, 99: 28 Jahre; Rpfleger 90, 165); schon die fortbestehende Möglichkeit eines streitigen Verfahrens über das Erbrecht schließt Berufung auf Verwirkung aus. 3

4

2. Verfahren. a) Einleitung auf Antrag oder gem III von Amts wegen. **b)** Nach dem **Untersuchungsgrundsatz** (FGG 12) muß das Gericht vor der Einziehung den Sachverhalt voll aufklären; es darf nicht ohne genaue Sachverhaltsaufklärung schon bei bloßen Zweifeln einziehen (s BGH 40, 58; Zweibrücken OLGZ 84, 10). Nach Durchführung der gebotenen Ermittlungen genügt es für die Einziehung, daß die gem § 2359 erforderliche Überzeugung des Gerichts über einen bloßen Zweifel hinaus erschüttert ist (BayObLG FamRZ 89, 441; Rpfleger 88, 414 mN). **c) Vorläufige Einziehung:** Eine einstw Anordnung des NachlaßG ist ges nicht möglich (BGH 40, 59; str). Die einstw Anordnung des Beschwerdegerichts (FGG 24 III) oder des Prozeßgerichts kann nur die Verwahrung des Erbscheins beim NachlaßG erzwingen (krit Schopp Rpfleger 83, 264), die aber Kraftlosigkeit nicht zur Folge hat und damit gutgl Erwerb nicht verhindern kann (BGH 40, 60; 33, 317; Köln OLGZ 90, 303; vgl aber Lindacher NJW 74, 20). **d) Zuständigkeit** liegt beim erbscheinerteilenden (Hamm OLGZ 72, 363; BayObLGZ 81, 147), vgl § 2353 Anm 2; Richtersache im Falle des RPflG 16 Nr 7. **e) Vollzug** der Einziehung durch Ablieferung der Urschrift bzw sämtlicher Ausfertigungen; ggf Zwangsmaßnahmen gem FGG 33. Befindet sich der Erbschein schon beim Nachlaßgericht, so wird die Einziehung durch die Einziehungsanordnung und deren Bekanntgabe vollendet (BayObLG NJW-RR 01, 950). **f)** Unrichtige Erbscheine können **Amtshaftungsansprüche** auslösen (BGH 117, 301; NJW 92, 2758; zum geschützten Personenkreis § 2353 Rn 11). **g)** Zur Zuständigkeit nach dem Beitritt der **neuen Bundesländer** Vor § 1922 Rn 8f. 5

6

7

8

3. Beschwerde: a) Gegen **Ablehnung** ist beschwerdeberechtigt (FGG 19, 20 I), wer durch einen unrichtigen oder unvollständigen Erbschein infolge des öffentl Glaubens in seinen Rechten beeinträchtigt würde (entspr Behauptung genügt, BayObLG Rpfleger 90, 1037); zB der Nacherbe bei Fehlen des Nacherbenvermerks (§ 2363 I; BayObLG FamRZ 96, 1577) oder unrichtigen Angaben zur Nacherbschaft (BayObLGZ 60, 407; nicht aber der Erbe des Vorerben, der den Erblasser *nicht* beerbt, bzgl unrichtiger Wiedergabe der Erbenstellung des Vorerben, Hamm FamRZ 86, 612); der Gläubiger mit Vollstreckungstitel (Hamm Rpfleger 77, 306; vgl aber BayObLGZ 57, 360); der im Erbschein genannte Erbe (BGH 30, 263; BayObLGZ 81, 147); nicht der Vermächtnisnehmer oder der Pflichtteilsberechtigte (BayObLG FamRZ 91, 1483; sa § 2365 Rn 2). **b)** Gegen die **Einziehung** sind gem FGG 19, 20 I alle beschwerdeberechtigt, die einen Erbschein hätten beantragen können (vgl § 2353 Rn 4), auch wenn sie selbst keinen Antrag gestellt haben (BGH 30, 222/223); der Testamentsvollstrecker auch dann, wenn er 9

10

§§ 2362, 2363   Buch 5. Abschnitt 8

die Erbauseinandersetzung bereits durchgeführt hat (Hamm Rpfleger 93, 347). Da die vollzogene Einziehung nicht rückgängig gemacht werden kann, hat die Beschwerde das Ziel, das NachlaßG zur Neuerteilung des eingezogenen Erbscheins anzuweisen (BGH 40, 56; BayObLGZ 80, 72/73; FamRZ 89, 441; BayObLG NJW-RR 01, 950; sa Köln Rpfleger 86, 761). **c)** Zum Verhältnis zwischen Beschwerde gegen Erbscheinserteilung und Einziehungsverfahren vgl § 2353 Rn 11.

11   **4. Kraftloserklärung** gem II wird notwendig, wenn die Einziehung durch Ablieferung gem I 2 mißlingt (vgl Rn 7). Nach FGG 84 S 1 ist Beschwerde unzulässig; sie kann aber erhoben werden mit dem Ziel, einen gleichlautenden Erbschein neu zu erteilen (str), vgl Rn 10.

§ 2362 Herausgabe- und Auskunftsanspruch des wirklichen Erben

(1) **Der wirkliche Erbe kann von dem Besitzer eines unrichtigen Erbscheins die Herausgabe an das Nachlassgericht verlangen.**

(2) **Derjenige, welchem ein unrichtiger Erbschein erteilt worden ist, hat dem wirklichen Erben über den Bestand der Erbschaft und über den Verbleib der Erbschaftsgegenstände Auskunft zu erteilen.**

1   **1.** Der wirkliche Erbe hat einen materiellrechtlichen Herausgabeanspruch gegen den erbscheinbesitzenden Scheinerben; Vollstreckung: ZPO 883. Er muß sein Erbrecht beweisen, doch gilt ebensowenig wie im Erbscheinsverfahren die Vermutung gem § 2365. Herausgabe an das NachlaßG hat Einziehungswirkung, § 2361 I 2. Gem II besteht auch ohne Erbschaftsbesitz (§ 2027) ein Auskunftsanspruch. UU kann dem Herausgabeanspruch die Abrede entgegenstehen, sich nicht auf das Erbrecht berufen zu wollen (Johannsen WM 79, 636).

§ 2363 Inhalt des Erbscheins für den Vorerben

(1) ¹**In dem Erbschein, der einem Vorerben erteilt wird, ist anzugeben, dass eine Nacherbfolge angeordnet ist, unter welchen Voraussetzungen sie eintritt und wer der Nacherbe ist.** ²**Hat der Erblasser den Nacherben auf dasjenige eingesetzt, was von der Erbschaft bei dem Eintritt der Nacherbfolge übrig sein wird, oder hat er bestimmt, dass der Vorerbe zur freien Verfügung über die Erbschaft berechtigt sein soll, so ist auch dies anzugeben.**

(2) **Dem Nacherben steht das im § 2362 Abs. 1 bestimmte Recht zu.**

Lit: Technau, Der Erbschein bei Vor- und Nacherbfolge, BWNotZ 84, 63.

1   **1. Erbschein des Vorerben. a)** Die ges **Inhaltsbestimmung** des Nacherbenvermerks erfaßt nach hM folgende Zweifelsfälle: weitere Nacherben und Ersatznacherben (Hamm OLGZ 75, 156; Köln NJW-RR 92, 1417 für künftige Abkömmlinge als Nacherben; BayObLG FamRZ 91, 1116 für künftige gesetzliche Erben als Nacherben); Nichtvererblichkeit entgegen § 2108 II 1 (Köln NJW 55, 635), Vorausvermächtnis des alleinigen Vorerben (BayObLGZ 65, 465; sa § 2110 Rn 1); Nacherbenvollstrecker (§ 2222). Die Nacherbschaft bleibt unerwähnt, wenn sie bereits gegenstandslos ist (vgl § 2104 Rn 3, § 2108 Rn 4); sa § 2353 Rn 8. Fehlen die Angaben nach Satz 1 oder sind sie zu unbestimmt, so ist der Erbschein unrichtig und einzuziehen (BayObLG FamRZ 01, 876: Nacherbschaft
2   „für den Fall näher beschriebener Umstände"). **b) Antrags-** und **Beschwerderecht** vgl § 2353 Rn 4, 11, § 2361 Rn 9; **Anspruch** des Nacherben gem II auf Herausgabe eines unrichtigen Erbscheins an das NachlaßG auch gegen den Vorerben.

3   **2. Erbschein des Nacherben.** Mit Eintritt des Nacherbfalls wird der Erbschein des Vorerben unrichtig und ist einzuziehen (Köln Rpfleger 84, 102; BayObLG Rpfleger 85, 183); ebenso, wenn vor Eintritt des Nacherbfalls der Nacherbe stirbt und das Nacherbenrecht auf seine Erben übergeht, § 2108 II 1 (BayObLG FamRZ 88, 542). Im Erbschein des Nacherben ist der Zeitpunkt des Nacherbfalles anzugeben; sa § 2353 Rn 4. Übertragungen der Nacherbenanwartschaft (§ 2100 Rn 7 f) lassen Erbscheinsinhalt unberührt (Düsseldorf OLGZ 91, 134; BayObLG NJW-RR 92, 200). Grundbuchberichtigung gem GBO 22 nur bei Vorlage des Erbscheins über die Nacherbschaft, Erbschein des Vorerben mit Nacherbenvermerk und Sterbeurkunde des Vorerben reichen nicht aus (BGH 84, 196; sa § 2139 Rn 3).

3. Vgl auch GBO 35, 51 (hierzu Hamm NJW-RR 97, 647 mwN) und § 2113 Rn 7 f. 4

§ 2364 Angabe des Testamentsvollstreckers im Erbschein, Herausgabeanspruch des Testamentsvollstreckers

(1) Hat der Erblasser einen Testamentsvollstrecker ernannt, so ist die Ernennung in dem Erbschein anzugeben.

(2) Dem Testamentsvollstrecker steht das in § 2362 Abs. 1 bestimmte Recht zu.

1. **a)** Der Vermerk enthält typischerweise nur die Tatsache der Testamentsvollstreckung und ihren Umfang (LG Mönchengladbach Rpfleger 82, 382), um auf die Verfügungsbeschränkung der Erben aufmerksam zu machen; keine Angabe des Namens des Testamentsvollstreckers. Er unterbleibt bei rein beaufsichtigender Vollstreckung (vgl § 2208 Rn 2; BayObLG FamRZ 91, 988), bei Begrenzung auf einen vom Erbschein nicht erfaßten Miterbenanteil, bei aufschiebend bedingter Vollstreckung, bei Nachlaßspaltung im Erbschein hinsichtlich des DDR-belegenen Nachlasses (KG Rpfleger 96, 111; sa Vor § 1922 Rn 5 u 8 ff). **b)** Der **Erbschein** ist als **unrichtig** einzuziehen bei fehlendem Vollstreckervermerk (zB auch mit Eintritt der aufschiebenden Bedingung) und bei Wegfall der Vollstreckung (Hamm OLGZ 83, 59), nicht bei Wegfall des Vollstreckers! **c)** Zum **Antrags-** und **Beschwerderecht** vgl § 2353 Rn 4, 9, 12; § 2361 Rn 9 f. **d)** Der **Herausgabeanspruch** insbes bei fehlendem Vollstreckervermerk richtet sich auch gegen den Erben. **e)** Vgl auch GBO 52. 1 2 3

§ 2365 Vermutung der Richtigkeit des Erbscheins

Es wird vermutet, dass demjenigen, welcher in dem Erbschein als Erbe bezeichnet ist, das in dem Erbschein angegebene Erbrecht zustehe und dass er nicht durch andere als die angegebenen Anordnungen beschränkt sei.

1. **a) Inhalt der Vermutung.** Die Vermutung erstreckt sich positiv auf Erbrecht und Erbquote; negativ auf das Fehlen nicht benannter Nacherbfolge oder Testamentsvollstreckung (§§ 2363, 2364). Sie erfaßt also weder das Fehlen anderer Beschwerungen (Vermächtnisse, Insolvenz, Erbteilsveräußerung) noch die positive Garantie des Bestehens angegebener Beschränkungen (str, aA StFirsching 11). Sie erstreckt sich bei ausschließlich nach deutschem Recht zu beurteilenden Erbfolge auch nicht auf eine unzulässigerweise in den Erbschein aufgenommene Beschränkung der Angaben auf das Inlandsvermögen (BayObLG Rpfleger 90, 74). Sie beginnt mit der Erteilung des Erbscheins (vgl § 2353 Rn 10) und dauert bis zur Ablieferung beim Nachlaßg (§ 2361 I 2, vgl § 2361 Rn 7 und § 2362 Rn 1) oder Kraftloserklärung (§ 2361 II); sie besteht unabhängig davon, ob der Erbschein vorgelegt wird oder dem Rechtsverkehr bekannt ist, wird allerdings durch zwei sich widersprechende Erbscheine aufgehoben (BGH 33, 317; zu Recht krit Herminghausen NJW 86, 571), ebenso durch ein dem Erbschein inhaltlich widersprechendes Testamentsvollstreckerzeugnis (BGH FamRZ 90, 1111) im Umfang des Widerspruchs. **b) Wirkung.** Für und gegen den Erbscheinserben spricht eine Rechtsvermutung, die im Prozeß analog ZPO 292 nur durch den Gegenteilsbeweis zu 1 2

§ 2366

widerlegen ist; der Schuldner einer Nachlaßforderung müßte also ggf den Gegenteilsbeweis gegen den Erbscheinserben führen, der Erbscheinserbe müßte sich gegen einen Nachlaßgläubiger durch den Gegenteilsbeweis wehren. Im Rechtsstreit zwischen zwei Erbprätendenten gilt § 2365 nicht (ebenso, wenn der Testamentsvollstrecker das Erbrecht des Erbscheinserben bestreitet, BGH WM 87, 565): Genau wie im Erbscheinsverfahren (vgl § 2358 Rn 3; § 2359 Rn 1, § 2361 Rn 5) oder beim Rechtsstreit gem § 2362 ist jeder Teil unabhängig vom Erbschein mit den ihm günstigen Tatsachen beweisbelastet; andernfalls wäre die Beweislast je nach Verfahrensart verschieden verteilt (BGH 47, 66; NJW 83, 674; WM 87, 565 mN; sa Köln FamRZ 91, 1483 für Rechtsverfolgung des Vermächtnisnehmers). Im Grundbuchverkehr vgl GBO 35 I 1; keine Nachprüfungsbefugnis des Grundbuchamts, aber Fortfall seiner Bindung bei Kenntnis der Unrichtigkeit (problematisch LG Freiburg Rpfleger 81, 146 mAnm Meyer-Stolte); dagegen Nachprüfungsbefugnis und -pflicht der Finanzbehörden und Finanzgerichte bei Berechnung der Erbschaftsteuer, wenn gewichtige Gründe gegen die Richtigkeit des Erbscheins sprechen (BFH NJW 96, 2119). Verwaltungsgerichte dürfen dagegen solange von der Richtigkeit des Erbscheins ausgehen, wie dieser noch nicht eingezogen ist (BVerwG VIZ 01, 367).

§ 2366 Öffentlicher Glaube des Erbscheins

Erwirbt jemand von demjenigen, welcher in einem Erbschein als Erbe bezeichnet ist, durch Rechtsgeschäft einen Erbschaftsgegenstand, ein Recht an einem solchen Gegenstand oder die Befreiung von einem zur Erbschaft gehörenden Recht, so gilt zu seinen Gunsten der Inhalt des Erbscheins, soweit die Vermutung des § 2365 reicht, als richtig, es sei denn, dass er die Unrichtigkeit kennt oder weiß, dass das Nachlassgericht die Rückgabe des Erbscheins wegen Unrichtigkeit verlangt hat.

Lit: Medicus, Besitz, Grundbuch und Erbschein als Rechtsscheinsträger, Jura 01, 294; Parodi, Die Maßgeblichkeit der Kenntnis vom Erbschein für einen gutgläubigen Erwerb einer beweglichen Sache nach § 2366 BGB, AcP 185, 362; Wiegand, Der öffentliche Glaube des Erbscheins, JuS 75, 283.

1 **1. Voraussetzungen des öffentl Glaubens. a)** Nach hM besteht die Gutglaubenswirkung nur im Umfang der Vermutungswirkung, also zB nicht bei zwei widersprechenden Erbscheinen (BGH 33, 317), str, s § 2365 Rn 1. Ebensowenig wie zur Entfaltung der Vermutungswirkung gem § 2365 muß der Erbschein vorgelegt werden; die einstweilige Verwahrung beim NachlaßG kann deshalb gutgl
2 Erwerb nicht verhindern (vgl § 2361 Rn 6). **b)** Nur **Verfügungsgeschäfte** sind geschützt, *nicht* aber Zwangsvollstreckungsakte oder der Erwerb kraft Ges. Diese Geschäfte müssen sich auf Erbschaftsgegenstände beziehen, also kein gutgl Erwerb eines Erbteils (§ 2033 I). Ebenso muß ein Verkehrsgeschäft vorliegen, weshalb ein Miterbe nicht von der Erbengemeinschaft gutgl erwerben kann (Hamm FamRZ 75, 513 f); zum Erwerb von Gesellschaftsanteilen vgl Schreiner NJW 78, 923.
3 **c)** Der Erwerbsmangel muß gerade im **Irrtum über die Erbenstellung** des Erbscheinserben liegen; keine Rechtsscheinwirkung tritt deshalb ein beim Irrtum über die Zugehörigkeit zum Nachlaß (vgl aber Rn 5) oder beim Irrtum über die
4 Verfügungsbefugnis wegen Anteilsveräußerung (BGH WM 63, 219). **d) Positive Kenntnis** der Unrichtigkeit setzt voraus, daß aus der Tatsachenkenntnis die richtigen rechtlichen Schlüsse gezogen werden; bei Anfechtbarkeit von Testamenten gilt § 142 II. Maßgebender Zeitpunkt ist der vollendete Erwerb (anders § 892 II), so daß bei Grundstücksrechten bis zur Eintragung Gutgläubigkeit vorliegen muß, wobei die Existenz eines Erbscheins im Zeitpunkt der Umschreibung ausreicht (BGH WM 71, 54). Die Vermutung für die Richtigkeit des Erbscheins gilt grundsätzlich auch im Steuerrecht, außer wenn gewichtige Gründe erkennbar gegen seine Richtigkeit sprechen (FG München ZEV 01, 416).

Erbschein **§§ 2367, 2368**

2. Die **Verknüpfung mit anderen Gutglaubensvorschriften** führt zu einer   5
Erweiterung des Rechtsscheintatbestandes. **a)** §§ 892 f erlauben iVm § 2366 den
gutgl Erwerb an nachlaßfremden Grundstücken vom Scheinerben. Sofern allerdings
der Scheinerbe bereits eingetragen ist, gelten nur §§ 892 f. **b)** §§ 932 ff erlauben
iVm § 2366 den gutgl Erwerb nachlaßfremder beweglicher Sachen vom Scheinerben, wobei Besitznahme und Übergabe durch den Erbscheinserben kein Abhandenkommen gem §§ 935 I, 857 darstellen.

§ 2367 Leistung an Erbscheinserben

Die Vorschrift des § 2366 findet entsprechende Anwendung, wenn an
denjenigen, welcher in einem Erbschein als Erbe bezeichnet ist, auf Grund
eines zur Erbschaft gehörenden Rechts eine Leistung bewirkt wird oder wenn
zwischen ihm und einem anderen in Ansehung eines solchen Rechts ein
nicht unter die Vorschrift des § 2366 fallendes Rechtsgeschäft vorgenommen wird, das eine Verfügung über das Recht enthält.

1. a) Die Leistung an den Erbscheinserben befreit; der Erbscheinserbe haftet   1
dem wahren Erben gem § 816 II. **b) Gleichgestellte RGeschäfte** mit Verfügungscharakter sind zB Aufrechnung, Kündigung, Vormerkung (BGH 57, 342),
uU Gesellschaftsbeschlüsse unter Mitwirkung des Scheinerben (vgl Schreiner NJW
78, 921 f), niemals aber Verpflichtungsgeschäfte oder Prozeßhandlungen.

§ 2368 Testamentsvollstreckerzeugnis

(1) ¹Einem Testamentsvollstrecker hat das Nachlassgericht auf Antrag
ein Zeugnis über die Ernennung zu erteilen. ²Ist der Testamentsvollstrecker in der Verwaltung des Nachlasses beschränkt oder hat der Erblasser
angeordnet, dass der Testamentsvollstrecker in der Eingehung von Verbindlichkeiten für den Nachlass nicht beschränkt sein soll, so ist dies in
dem Zeugnis anzugeben.

(2) Ist die Ernennung nicht in einer dem Nachlassgericht vorliegenden
öffentlichen Urkunde enthalten, so soll vor der Erteilung des Zeugnisses
der Erbe wenn tunlich über die Gültigkeit der Ernennung gehört werden.

(3) Die Vorschriften über den Erbschein finden auf das Zeugnis entsprechende Anwendung; mit der Beendigung des Amts des Testamentsvollstreckers wird das Zeugnis kraftlos.

1. a) Antragsberechtigt sind Testamentsvollstrecker (auch nach Entlassung, Stutt-   1
gart OLGZ 79, 387) und Nachlaßgläubiger gem ZPO 792, 896, nicht aber der
Erbe (Hamm NJW 74, 505, str; dagegen mit überzeugenden Gründen Lange/
Kuchinke § 41 VIII Fn 233). Vgl zur Bestimmtheit des Antrags § 2353 Rn 5, zum
Beschwerdeverfahren § 2353 Rn 9 ff, zur Einziehung § 2361, zur Problematik der
beschränkten Anhörungspflicht gem II § 2360 Rn 1. Richtersache gem RPflG 16
Nr 6; Vorbescheid (s § 2353 Rn 12) zulässig (BayObLGZ 86, 469 – anders bei
Ernennung, s § 2200 Rn 3). **b) Inhalt:** Name des Erblassers und des Testaments-   2
vollstreckers; Abweichungen von der ges Verfügungsbefugnis (I 2, §§ 2208–2210,
2222–2224 I 3; vgl BayObLGZ 90, 87; FamRZ 92, 1356; KG NJW-RR 91, 836;
Zweibrücken FGPrax 98, 26: Dauervollstreckung) bzw Verpflichtungsbefugnis
(§ 2207). Nicht anzugeben sind Verwaltungsanordnungen (vgl § 2216 Rn 2),
welche die Verfügungs- und Verpflichtungsbefugnis unberührt lassen. Beim Bestehen der Regelbefugnisse (§§ 2203–2206) sind weitere Angaben entbehrlich.
c) Die **Vermutung** gem III, § 2365 gilt der Wirksamkeit des Testamentsvollstre-   3
ckung, dem Fehlen nicht angegebener (aber nicht dem Bestehen angegebener)
Beschränkungen (BayObLG FamRZ 91, 985), dem Bestehen angegebener (aber
nicht dem Fehlen nicht angegebener) Erweiterungen (KG NJW-RR 91, 836). Sie
gilt *nicht* der Nachlaßzugehörigkeit (BGH NJW 81, 1272; sa § 2205 Rn 14) und
endet bei Kraftlosigkeit. Sie besteht nicht, soweit ein inhaltlich widersprechendes

Zeugnis bzw Erbschein erteilt ist (vgl BGH FamRZ 90, 1111). Das Zeugnis bindet nicht im Streit mehrerer Prätendenten auf das Testamentsvollstreckeramt oder wenn ein Erbe dem im Zeugnis genannten Testamentsvollstrecker das Amt streitig macht (BGH WM 87, 565; vgl § 2365 Rn 2). Der **öffentl Glaube** betrifft Verfügungsgeschäfte und Verpflichtungsgeschäfte, nicht aber Geschäfte mit dem Erben (BGH 41, 30), weil sie keine Verkehrsgeschäfte sind. Das Zeugnis legt den Umfang der Testamentsvollstreckung für das *Grundbuchamt* bindend fest, es sei denn, neue Tatsachen ergeben seine Unrichtigkeit und Einziehungsbedürftigkeit (BayObLG FamRZ 91, 985 mN). **d)** Das **unrichtige Zeugnis** ist durch Einziehung oder Kraftloserklärung (§ 2361 I, II) unwirksam zu machen (BGH 40, 54; BayObLG FamRZ 91, 988; vgl § 2361 Rn 1 ff, 5 ff); Berichtigung kommt nicht in Betracht (Zweibrücken FGPrax 98, 26; ZEV 01, 27). Sofern das anfänglich richtige Zeugnis erst durch Beendigung des Amtes unrichtig wird, ordnet III HS 2 automatische Kraftlosigkeit (Köln Rpfleger 86, 261) und damit Unwirksamkeit (vgl Rn 3) an; zu den Beendigungsgründen vgl § 2225 Rn 1–4. Der Geschäftspartner des Vollstreckers sollte sich also stets über die Fortdauer des Amtes gesondert vergewissern, was das Zeugnis stark entwertet. Das gem III HS 2 kraftlose Zeugnis ist gem § 2362 I dem Nachlaßgericht herauszugeben (teilw str; s Köln Rpfleger 86, 261). **e)** Vgl auch GBO 35 II, 40 II. **f) Beschwerdebefugt** ist jeder mögliche Erbe, solange nicht feststeht, daß er nicht Erbe geworden ist (KG NJW-RR 00, 1608 mAnm Krug FGPrax 01, 26).

§ 2369 Gegenständlich beschränkter Erbschein

(1) **Gehören zu einer Erbschaft, für die es an einem zur Erteilung des Erbscheins zuständigen deutschen Nachlassgericht fehlt, Gegenstände, die sich im Inland befinden, so kann die Erteilung eines Erbscheins für diese Gegenstände verlangt werden.**

(2) ¹**Ein Gegenstand, für den von einer deutschen Behörde ein zur Eintragung des Berechtigten bestimmtes Buch oder Register geführt wird, gilt als im Inland befindlich.** ²**Ein Anspruch gilt als im Inland befindlich, wenn für die Klage ein deutsches Gericht zuständig ist.**

1. Vgl zunächst zur int Zuständigkeit § 2353 Rn 3 und zur interlokalen Zuständigkeit Vor § 1922 Rn 8 f. Nach dem sog Gleichlaufgrundsatz fehlt grundsätzlich deutsche int Zuständigkeit, wenn ausländisches Erbrecht gilt und kein int Abkommen deutsche Zuständigkeit anordnet; ausnahmsweise gibt es jedoch für inlandsbelegene Nachlaßgegenstände den gegenständlich beschränkten Erbschein, der die Erbfolge nach fremdem Recht bezeugt (Fremdrechtserbschein). Der Erbschein muß angeben, welches ausländische Recht der Erbfolge zugrunde liegt (BayObLGZ 61, 4); keine Angabe dinglicher Vermächtnisse fremden Rechts (Köln NJW 83, 525 mN; Hamm FamRZ 93, 116), wohl aber ausländischer Testamentsvollstreckung (BGH NJW 63, 46; BayObLG 90, 51; hierzu Roth IPRax 91, 322). Auch beim beschränkten Testamentsvollstreckerzeugnis (§ 2368 III) ist für die Ernennung und Entlassung ausländisches materielles Recht zugrundezulegen. *Örtliche Zuständigkeit* für Fremdrechtserbschein: FGG 73 III (Nachlaßgericht der Belegenheit der Nachlaßgegenstände); hierzu BayObLG FamRZ 91, 725 (Anspruch aus HäftlingshilfeG 10); BayObLG FamRZ 91, 992; 92, 1352; 93, 368 (Anspruch nach dem LAG): bei Forderungen gegen öffentliche Hand Gericht des Sitzes der zuständigen Behörde.

§ 2370 Öffentlicher Glaube bei Todeserklärung

(1) **Hat eine Person, die für tot erklärt oder deren Todeszeit nach den Vorschriften des Verschollenheitsgesetzes festgestellt ist, den Zeitpunkt überlebt, der als Zeitpunkt ihres Todes gilt, oder ist sie vor diesem Zeitpunkt gestorben, so gilt derjenige, welcher auf Grund der Todeserklärung oder der Feststellung der Todeszeit Erbe sein würde, in Ansehung der in**

Stürner

den §§ 2366, 2367 bezeichneten Rechtsgeschäfte zugunsten des Dritten auch ohne Erteilung eines Erbscheins als Erbe, es sei denn, dass der Dritte die Unrichtigkeit der Todeserklärung oder der Feststellung der Todeszeit kennt oder weiß, dass sie aufgehoben worden sind.

(2) ¹Ist ein Erbschein erteilt worden, so stehen demjenigen, der für tot erklärt oder dessen Todeszeit nach den Vorschriften des Verschollenheitsgesetzes festgestellt ist, wenn er noch lebt, die im § 2362 bestimmten Rechte zu. ²Die gleichen Rechte hat eine Person, deren Tod ohne Todeserklärung oder Feststellung der Todeszeit mit Unrecht angenommen worden ist.

1. Vgl VerschG 9, 44. 1

Abschnitt 9. Erbschaftskauf

§ 2371 Form

Ein Vertrag, durch den der Erbe die ihm angefallene Erbschaft verkauft, bedarf der notariellen Beurkundung.

1. a) **Erbschaftskauf** liegt vor beim Kauf der gesamten Erbschaft, eines Miterbenanteils, der Anwartschaft des Nacherben (vgl § 2100 Rn 7 f), des Bruchteils einer Erbschaft, der kein Erbteil ist. Sofern ein einzelner Kaufgegenstand ganz oder nahezu ganz die Erbschaft ausmacht, liegt Erbschaftskauf nur vor, wenn ausdr Erbschaftskauf vereinbart ist oder doch der Käufer um die Zusammensetzung der Erbschaft weiß (LM Nr 2 zu § 2382). b) Der **Vollzug** des Erfüllungsgeschäftes bewirkt keine **Heilung** des formnichtigen Kaufvertrages, auch nicht die Übertragung des Miterbenanteils gem § 2033 I (BGH NJW 67, 1131; aA aber Habscheid FamRZ 68, 13; Schlüter JuS 69, 10). c) Die Formpflicht erfaßt alle Vertragserben; formlose Nebenabreden führen uU zur Gesamtnichtigkeit, §§ 125, 139 (BGH NJW 67, 1129). 1 2

§ 2372 Dem Käufer zustehende Vorteile

Die Vorteile, welche sich aus dem Wegfall eines Vermächtnisses oder einer Auflage oder aus der Ausgleichungspflicht eines Miterben ergeben, gebühren dem Käufer.

§ 2373 Dem Verkäufer verbleibende Teile

¹Ein Erbteil, der dem Verkäufer nach dem Abschluss des Kaufs durch Nacherbfolge oder infolge des Wegfalls eines Miterben anfällt, sowie ein dem Verkäufer zugewendetes Vorausvermächtnis ist im Zweifel nicht als mitverkauft anzusehen. ²Das Gleiche gilt von Familienpapieren und Familienbildern.

§ 2374 Herausgabepflicht

Der Verkäufer ist verpflichtet, dem Käufer die zur Zeit des Verkaufs vorhandenen Erbschaftsgegenstände mit Einschluss dessen herauszugeben, was er vor dem Verkauf auf Grund eines zur Erbschaft gehörenden Rechts oder als Ersatz für die Zerstörung, Beschädigung oder Entziehung eines Erbschaftsgegenstandes oder durch ein Rechtsgeschäft erlangt hat, das sich auf die Erbschaft bezog.

1. Die Vorschrift ergänzt § 433 I: Der Verkäufer schuldet zunächst Übereignung und Übergabe jeder Sache bzw Rechtsverschaffung, beim Erbteilverkauf also Veräußerung gem § 2033 I; zusätzlich schuldet er aber Herausgabe der Surrogate. Vgl zur rechtsgeschäftlichen Surrogation § 2041 Rn 2. 1

§ 2375 Ersatzpflicht

(1) ¹Hat der Verkäufer vor dem Verkauf einen Erbschaftsgegenstand verbraucht, unentgeltlich veräußert oder unentgeltlich belastet, so ist er verpflichtet, dem Käufer den Wert des verbrauchten oder veräußerten Gegenstands, im Falle der Belastung die Wertminderung zu ersetzen. ²Die Ersatzpflicht tritt nicht ein, wenn der Käufer den Verbrauch oder die unentgeltliche Verfügung bei dem Abschluss des Kaufs kennt.

(2) Im Übrigen kann der Käufer wegen Verschlechterung, Untergangs oder einer aus einem anderen Grunde eingetretenen Unmöglichkeit der Herausgabe eines Erbschaftsgegenstands nicht Ersatz verlangen.

1. Die Haftungsregeln gelten nur für Veränderungen *vor* dem Verkauf, ab Kaufabschluß sind §§ 433 ff maßgebend, vgl aber §§ 2376, 2380.

§ 2376 Haftung des Verkäufers

(1) Die Verpflichtung des Verkäufers zur Gewährleistung wegen eines Mangels im Recht beschränkt sich auf die Haftung dafür, dass ihm das Erbrecht zusteht, dass es nicht durch das Recht eines Nacherben oder durch die Ernennung eines Testamentsvollstreckers beschränkt ist, dass nicht Vermächtnisse, Auflagen, Pflichtteilslasten, Ausgleichungspflichten oder Teilungsanordnungen bestehen und dass nicht unbeschränkte Haftung gegenüber den Nachlassgläubigern oder einzelnen von ihnen eingetreten ist.

(2) Sachmängel einer zur Erbschaft gehörenden Sache hat der Verkäufer nicht zu vertreten.

1. Die Vorschrift schließt Sachmängelhaftung (§ 434 nF) – bis auf Fälle des § 442 I 2 nF (Arglist; § 463 aF) und des § 443 nF (Garantie; § 459 aF) – aus und präzisiert die Rechtsmängelhaftung (§ 435 nF); die Liste schädlicher Belastungen ist um Ansprüche gem §§ 1371 II, III und 1934a ff aF (zum Wegfall § 1924 Rn 3) zu ergänzen. § 442 nF bzw 439 aF ist zu beachten.

§ 2377 Wiederaufleben erloschener Rechtsverhältnisse

¹Die infolge des Erbfalls durch Vereinigung von Recht und Verbindlichkeit oder von Recht und Belastung erloschenen Rechtsverhältnisse gelten im Verhältnis zwischen dem Käufer und dem Verkäufer als nicht erloschen. ²Erforderlichenfalls ist ein solches Rechtsverhältnis wiederherzustellen.

§ 2378 Nachlassverbindlichkeiten

(1) Der Käufer ist dem Verkäufer gegenüber verpflichtet, die Nachlassverbindlichkeiten zu erfüllen, soweit nicht der Verkäufer nach § 2376 dafür haftet, dass sie nicht bestehen.

(2) Hat der Verkäufer vor dem Verkauf eine Nachlassverbindlichkeit erfüllt, so kann er von dem Käufer Ersatz verlangen.

1. Vgl zur Haftung des Käufers gegenüber Nachlaßgläubigern §§ 2382 f.

§ 2379 Nutzungen und Lasten vor Verkauf

¹Dem Verkäufer verbleiben die auf die Zeit vor dem Verkauf fallenden Nutzungen. ²Er trägt für diese Zeit die Lasten, mit Einschluss der Zinsen der Nachlassverbindlichkeiten. ³Den Käufer treffen jedoch die von der Erbschaft zu entrichtenden Abgaben sowie die außerordentlichen Lasten, welche als auf den Stammwert der Erbschaftsgegenstände gelegt anzusehen sind.

Erbschaftskauf §§ 2380–2384

§ 2380 Gefahrübergang, Nutzungen und Lasten nach Verkauf

¹Der Käufer trägt von dem Abschluss des Kaufs an die Gefahr des zufälligen Unterganges und einer zufälligen Verschlechterung der Erbschaftsgegenstände. ²Von diesem Zeitpunkt an gebühren ihm die Nutzungen und trägt er die Lasten.

1. Sondervorschrift zu § 446. **1**

§ 2381 Ersatz von Verwendungen und Aufwendungen

(1) Der Käufer hat dem Verkäufer die notwendigen Verwendungen zu ersetzen, die der Verkäufer vor dem Verkauf auf die Erbschaft gemacht hat.

(2) Für andere vor dem Verkauf gemachte Aufwendungen hat der Käufer insoweit Ersatz zu leisten, als durch sie der Wert der Erbschaft zur Zeit des Verkaufs erhöht ist.

§ 2382 Haftung des Käufers gegenüber Nachlassgläubigern

(1) ¹Der Käufer haftet von dem Abschluss des Kaufs an den Nachlassgläubigern, unbeschadet der Fortdauer der Haftung des Verkäufers. ²Dies gilt auch von den Verbindlichkeiten, zu deren Erfüllung der Käufer dem Verkäufer gegenüber nach den §§ 2378, 2379 nicht verpflichtet ist.

(2) Die Haftung des Käufers den Gläubigern gegenüber kann nicht durch Vereinbarung zwischen dem Käufer und dem Verkäufer ausgeschlossen oder beschränkt werden.

1. Verkäufer und Käufer haften Nachlaßgläubigern als Gesamtschuldner **1** (§§ 1967 bzw 2058–2063, 421 ff). Zu den Nachlaßverbindlichkeiten in diesem Sinne gehören auch Nachlaßerbenschulden (vgl § 1967 Rn 5) und – ohne Rücksicht auf ihre fragwürdige Kategorisierung als Nachlaßerbenschulden – Verbindlichkeiten der Erbengemeinschaft aus einem schuldrechtlichen Erbauseinandersetzungsvertrag gegenüber Miterben (BGH 38, 193/194). Vgl zum Begriff des Erbschaftskaufes § 2371 Rn 1.

§ 2383 Umfang der Haftung des Käufers

(1) ¹Für die Haftung des Käufers gelten die Vorschriften über die Beschränkung der Haftung des Erben. ²Er haftet unbeschränkt, soweit der Verkäufer zur Zeit des Verkaufs unbeschränkt haftet. ³Beschränkt sich die Haftung des Käufers auf die Erbschaft, so gelten seine Ansprüche aus dem Kauf als zur Erbschaft gehörend.

(2) Die Errichtung des Inventars durch den Verkäufer oder den Käufer kommt auch dem anderen Teil zustatten, es sei denn, dass dieser unbeschränkt haftet.

1. Der Möglichkeit erbmäßiger Haftungsbeschränkung entsprechen Antrags- **1** rechte des Erbschaftskäufers: ZPO 1000 für das Aufgebot gem §§ 1970 ff; InsO 330 I (KO 232 I aF) für die Nachlaßinsolvenz (§ 1975) und dementspr die Nachlaßverwaltung (vgl auch § 1981 Rn 1); InsO 330 I, 217 ff für das Insolvenzplanverfahren (früher VerglO 113 I Nr 1 aF iVm KO 232 I aF für das Vergleichsverfahren). Aus II folgt die Möglichkeit der Inventarerrichtung.

§ 2384 Anzeigepflicht des Verkäufers gegenüber Nachlassgläubigern, Einsichtsrecht

(1) ¹Der Verkäufer ist den Nachlassgläubigern gegenüber verpflichtet, den Verkauf der Erbschaft und den Namen des Käufers unverzüglich dem

Stürner 1895

§ 2385

Nachlassgericht anzuzeigen. ²Die Anzeige des Verkäufers wird durch die Anzeige des Käufers ersetzt.

(2) Das Nachlassgericht hat die Einsicht der Anzeige jedem zu gestatten, der ein rechtliches Interesse glaubhaft macht.

1 1. Pflichtverletzung macht schadensersatzpflichtig.

§ 2385 Anwendung auf ähnliche Verträge

(1) Die Vorschriften über den Erbschaftskauf finden entsprechende Anwendung auf den Kauf einer von dem Verkäufer durch Vertrag erworbenen Erbschaft sowie auf andere Verträge, die auf die Veräußerung einer dem Veräußerer angefallenen oder anderweit von ihm erworbenen Erbschaft gerichtet sind.

(2) ¹Im Falle einer Schenkung ist der Schenker nicht verpflichtet, für die vor der Schenkung verbrauchten oder unentgeltlich veräußerten Erbschaftsgegenstände oder für eine vor der Schenkung unentgeltlich vorgenommene Belastung dieser Gegenstände Ersatz zu leisten. ²Die in § 2376 bestimmte Verpflichtung zur Gewährleistung wegen eines Mangels im Recht trifft den Schenker nicht; hat der Schenker den Mangel arglistig verschwiegen, so ist er verpflichtet, dem Beschenkten den daraus entstehenden Schaden zu ersetzen.

1 1. Vgl zunächst die ergänzenden Vorschriften ZPO 1000 II und InsO 330 III (KO 233 aF). Unter die Vorschrift fallen außer dem Weiterverkauf zB Schenkung, Tausch, Vergleiche zwischen streitenden Erbprätendenten, Auslegungsverträge zwischen Miterben (BGH NJW 86, 1813 mAnm Damrau JR 86, 375, der zutr nach der Art der ausgelegten Anordnung differenziert; sa § 2042 Rn 6), Erbschaftskauf aufgrund eines entspr Vermächtnisses für den Käufer. Überträgt ein Miterbe seinen Erbanteil an einen Dritten (§ 2033 I) zur Sicherung eines Darlehensanspruchs in Höhe des Erbteilswerts, so ist das schuldrechtliche Grundverhältnis Erbschaftskauf, wenn Darlehensrückzahlung und Erbteilsrückübertragung praktisch für immer ausgeschlossen bleiben (BGH 25, 174). **Nicht** unter § 2385 fallen Auseinandersetzungsverträge (§ 2042 Rn 5), uU gilt § 2033 I 2.

Sachverzeichnis

Fette Zahlen = §§; magere Zahlen = Randnummern

Abänderung, Grundstücksveräußerungsvertrag **311 b** 21; Landpachtvertrag **593**; Mietvertrag **550** 6
Abbruchvertrag vor 631 4
Abdingbarkeit, dispositiven Rechts in AGB **306** 4
Abfall, Besitz an – **854** 5; als bewegliche Sache **959** 3
Abfindung, Anrechnung bei Auseinandersetzung der fortgesetzten Gütergemeinschaft **1501**; Wegfall der Geschäftsgrundlage **313** 35; sa Gesellschafter; sa Versorgungsausgleich, schuldrechtlicher
Abfindungsklauseln, gesellschaftsvertragliche **2032** 7 f; **2301** 3; **2311** 7; **2325** 5
Abhandenkommen, Begriff **935** 2; Erwerb trotz – **935** 12; Wirkung **935** 10
Abhängigkeit des Dienstverpflichteten s Dienstverhältnis, selbständiges und unselbständiges
Abhilfe bei mangelhafter Reiseleistung **651 c** 3
Abkömmlinge, Ausgleichspflicht **2050–2057 a**; Beschränkung des Pflichtteilsrechts usw wegen Verschwendung oder Überschuldung **2338** 1; Erbfolge **1924** 2; Pflichtteilsanspruch **2303** 2; **2309** 1; **2338 a** 1; Pflichtteilsentziehung **2333** 1; Wegfall nach Erbeinsetzung **2069** 2–4
Ablaufhemmung, Nachlassfälle **211**; nicht voll Geschäftsfähiger **210**; Rückgriff des Unternehmers **479** 3
Ablösungsrecht des Dritten **268**; Hypothek **1150**; Pfandrecht **1249** 1
Abmahnung, Anforderungen **314** 6; Begriff **281** 8; vor Kündigung **622** 8; vor Kündigung aus wichtigem Grund **314** 6; vor Kündigung im Dienstvertrag **626** 9, 11; bei Rücktritt **323** 10; als unerlaubte Handlung **823** 101; bei Verletzung arbeitsvertraglicher Pflichten **611** 15
Abnahme der gekauften Sache **433** 28; Verzug **433** 30; des Werks **640** 3, 1 *(Rechtsnatur)*, 5 *(Verpflichtung zur –)*, 7 *(vorbehaltslose, Wirkung)*
Abnahmefiktion durch Fertigstellungsbescheinigung im Werkvertrag **641 a** 9; im Werkvertrag **640** 5
Abnahmepflicht, Darlehen **488** 17
Abschleppverträge vor 631 13
Abschlusszwang im Dienstvertrag **vor 611** 9; unmittelbarer **vor 145** 11 f; unmittelbarer **vor 145** 9, 10
Absicht, Begriff **276** 16
Absolute Rechte, Abwehransprüche **1004** 2

Absorptionstheorie, Vertragsverbindung **311** 33
Abstammung, allg **vor 1591** 1; Begutachtungsmethoden **vor 1591** 7; Beweis im Prozess **vor 1591** 6; Gutachten **vor 1591** 7; IPR **vor 1591** 10; Nachweis **vor 1591** 5; Recht auf Kenntnis der eigenen – **vor 1591** 3
Abstrakte Verträge 311 10
Abstraktionsprinzip vor 854 13; **929** 3; Durchbrechungen **vor 854** 14–16; bei Grundpfandrechten **vor 1113** 16
Abtretung 398–413; Abstraktheit **398** 1; Anzeige **409** 1; Aufrechnung des Schuldners **406** 1, 2; Aufrechnungsausschluss **406** 3 f; Auskunftspflicht **402** 1; Ausschluss **399**; **400** 1, 6; des Auszahlungsanspruchs bei Darlehen **488** 14; bedingte **398** 2; Bestätigung – **404** 6; Bestimmbarkeit der Forderung **398** 11; Beurkundung **403**; Blankoabtretung **398** 6; der Dienstbezüge **411** 1; zugunsten Dritter **398** 6; verlängerter Eigentumsvorbehalt und Globalzession **398** 18; Einwendungen des Schuldners **404** 1 f, 6; Einziehungsermächtigung **398** 26; von Ersatzansprüchen **255**; Factoring **398** 29; künftige Forderungen **398** 9; Form **398** 4; kraft Ges **412** 1; von Gestaltungsrechten **413** 2; Globalzession **398** 18; kraft Hoheitsakts **412** 1; Inkassozession **398** 24; Kenntnis **407** 4; klauselmäßige – von Lohnansprüchen **611** 30; Leistung an Altgläubiger **407** 1, 3 f, 7; Leistungsverweigerungsrecht **410** 1; **411** 1; Lohnabtretung **398** 23; mehrfache **408** 1; Nebenrechte **401** 1 f, 5; Rechtshängigkeit **407** 7; Rechtsnatur **398** 1; Schuldnerschutz **407** 1, 3 f, 7; Sicherungsabtretung **398** 2; sonstige Rechte **413** 1–2; von Steuererstattungsansprüchen **398** 7; stille **398** 2; Teilabtretung **398** 8, 11, 12; Unpfändbarkeit der Forderung **399**; **400** 9; Unübertragbarkeit der Forderung **399**; **400** 1; Urkundenübergabe **402** 1; Urkundenvorlegung **405** 1; **410** 1; **411** 1; Vertragsübernahme **398** 32; Vorzugsrechte **401** 7; Wirkung **398** 3
Abtretung des Herausgabeanspruchs, Besitzübertragung **870**; Eigentumserwerb vom Nichtberechtigten **934** 2; Eigentumsübertragung **931** 4
Abwesenheitspflegschaft 1911; Aufhebung **1921**; Befugnisse des Pflegers **1911** 8; Verfahren **1911** 10; Voraussetzungen **1911** 4

Abwicklungsverhältnis nach Rücktritt, Einrede des nichterfüllten Vertrags 320 4
actio libera in causa 827 2
actio negatoria 1004 1
actio pro socio in der Gesellschaft 709–713 11; 731–735 8
actio quasinegatoria 1004 2
Adäquanz s Kausalität, adäquate
Adoption Minderjähriger vor 1741; 1741; Alterserfordernisse 1741–1750 6; **1743;** Amtsaufhebung 1759–1763 12; **1763;** Antrag 1752 2; Aufhebung **1759; 1759–1763** 1; **1764;** 1764, 1765 1; Aufhebung wegen Erklärungsmangel 1759–1763 4; **1760;** Aufhebungshindernisse **1761;** Aufhebungsverfahren 1759–1763 9; Ehe zwischen Annehmendem und Kind **1766;** Einwilligung der Eltern 1741–1750 10; **1747;** Einwilligung des Ehegatten 1741–1750 16; **1749;** Einwilligung des Kindes 1741–1750 8; **1746;** elterliche Sorge, Ruhen nach Einwilligung **1751;** Erbrecht 1924 2; Ersetzung der Elterneinwilligung 1741–1750 13; **1748;** Familienname nach Aufhebung 1764, 1765 7; **1765;** geschichtliche Entwicklung **vor 1741;** Inkognitoadoption 1741–1750 12; Mehrfachadoption 1741–1750 5; Probezeit **1744;** Stiefkindadoption 1754–1757 7; Systematik **vor 1741** 3; keine – nach Tod des Kindes **1753;** Übergangsrecht **vor 1741** 5; Verfahren **1752** 3; Verwandtenadoption 1754–1757 8; **1756;** Voraussetzungen 1741–1750 2; Vormundschaftsgerichtsbeschluss **1752;** Wirkungen gegenüber Annehmenden **1754; 1754–1757** 2; Wirkungen gegenüber leiblichen Eltern **1751** 1; 1754–1757 5; **1755;** Zweck 1741–1750 1
Adoption Volljähriger 1767–1772; Aufhebung 1767–1772 13; Erbrecht 1924 2; Voraussetzungen 1767–1772 2; Wirkung 1767–1772 10
Adoptionsgeheimnis 1758 1
Affektionsinteresse s Schaden
Agenturvertrag 675 12
Akkreditiv 364; 365 9; **405** 1; **781** 22; **783** 12
Aktie, deliktischer Schutz **823** 18; und Inhaberschuldverschreibung **793** 3, 6
Akzeptkredit vor 488 19
Akzessorietät, Bürgschaft **765** 16; Hypothek **vor 1113** 17; **1138** 1; **1153** 1; Vertragsstrafe **339** 17
Aliudlieferung im Werkvertrag **633** 7, 8
Allgemeine Geschäftsbedingungen 305 3; Abbedingen des § 273 **309** 3; Abbedingen des § 320 **309** 3; **320** 5; Abbedingungen des Bestimmungen **307** 10; Abhängigkeit zwischen Kaufpreis-/Werklohnzahlung und Nacherfüllung **309** 15; Absendevermutungen für Erklärungen **308** 8; Annullierungsgebühren **309** 8; Anwendungsbereich der §§ 307 ff **307** 12 f;

Anzeigefristen bei Mängeln **309** 16; Anzeigen des Kunden **309** 22; arbeitsrechtliche Besonderheiten **310** 13–16; Aufrechnungsverbote **309** 4; Auslegung **305 b** 1; Auslegung, ergänzende **306** 5; Auswechselung des Vertragspartners auf Seiten des Verwenders **309** 19; Bearbeitungsgebühren **308** 9; Begrenzungen **310** 2 (persönliche, sachliche), 3 (sachliche); unangemessene Benachteiligung **vor 307–309** 1; **307** 3 f; Bereichsausnahmen **310** 10; Beweislaständerung **309** 21; Bürgschaft **vor 765** 10; **765** 9, 14; Dauerschuldverhältnis **308** 5; **309** 2, 10, 18; deklaratorische Klauseln **307** 12; gescheiterte Einbeziehung **305** 17; Einbeziehung **305** 18–20 (unter Unternehmern); Einbeziehung in bes Fällen **305 a** 2–5; Einbeziehungsvereinbarung **305** 12–13; Erklärungen des Kunden **309** 22; Fahrlässigkeit **309** 9 (grobe des Verwenders); Freizeichnung **307** 4, 11; **vor 307–309** 2 (von Gewährleistungsansprüchen); **307** 11 (von Pflichtverletzungen); Fristen **308** 3 f (Leistung), (Vertragsannahme); Fristsetzung **309** 5; und geltungserhaltende Reduktion **306** 3; Gewährleistung **309** 11 ff, 17 (Verjährungsfristen); Gewährleistungsausschluss unter Verweisung auf Dritte **309** 12; Gewährleistungsbeschränkung **309** 13 (auf Nacherfüllung); Haftung der Vertreter des Kunden **309** 20; und Handelsbrauch **305** 24; Individualabrede **305 b** 2; Inhaltskontrolle **242** 15; **vor 307–309** 1 (allg); **307** 10 (Leitbild des Vertragstyps); **vor 307–309** 4 f (Prüfungsreihenfolge); **307** 1 f (Schutzzweck), 5 (Treu und Glauben), 1 f (Wertmaßstab); Kardinalpflichten **307** 11; und kaufmännisches Bestätigungsschreiben **305** 21; und Konsensualprinzip **305 a** 1, 2; Kundenrechte **307** 11 (Einschränkung); Leistungsänderungen **308** 6; Leistungsbeschreibungen **307** 13; Leistungsverweigerungsrecht des Kunden **309** 3, 4; Mahnung **309** 5; **308** 8 (Zugangsfiktion); Maklervertrag **vor 652** 11; **652** 29, 32, 41; mehrdeutige Klauseln **305 c** 4; Pfandrechtsbestellung und guter Glaube **1257** 2; Preisbestandteile **307** 14; Preise **307** 6, 9, 14; Preiserhöhung **309** 2 (bei Dauerschuldverhältnissen); **307** 4 (Lieferzeit über vier Monate); **309** 2 (Lieferzeit über vier Monaten, bei Wiederkehrschuldverhältnissen); Rahmenvereinbarungen **305** 16, 22; Reisevertrag **651 a** 3; Restriktionsprinzip **305 c** 7; Rücktrittsrecht des Verwenders **308** 5; Rücktrittsvorbehalt **321** 5; Schadensersatzansprüche **309** 6, 8; Schadensersatzansprüche **309** 9; Schriftformklausel **305 b** 4; Schweigen als Willenserklärung **308** 7; Stellen von – **305** 6; Stornogebühren **308** 9; Tagespreisklauseln **307** 4, 14; **309** 2; **433** 16; Tatsachenbestätigungen **309** 21; Totalnichtig-

magere Zahlen = Randnummern **Anscheinsvollmacht**

keit des Vertrags **306** 6; Transparenzgebot **305** 14; **vor 307–309** 1, 3; **307** 1, 6 ff; Überwälzen von Nacherfüllungskosten **309** 14; Umgehungsgeschäft **306 a** 1; Umstände **310** 9 *(beim Vertragsschluss)*; ungewöhnliche Klauseln **305 c** 1, 2; Unklarheitenregel **305 c** 5, 6; **vor 307–309** 4; **307** 6; zwischen Unternehmern **307** 5; Verbrauchervertrag **vor 307–309** 5; **310** 4; Verkehrsüblichkeit **307** 5; Vertragsstrafe **308** 9; **309** 7; **343** 2; Verwenderpflichten **307** 11 *(Einschränkung)*; für Vielzahl von Verträgen **305** 4; Vorsatz des Verwenders **309** 9; widersprechende **305** 3; Wiederkehrschuldverhältnisse **308** 5; Zugangsfiktion **308** 8 *(für Erklärungen)*; Zurückbehaltungsrecht des Kunden **309** 3; Zweck **305** 1

Allgemeinverbindlicherklärung eines Tarifvertrages **vor 611** 34

Altersunterhalt, nachehelicher **1571**

Altersvorsorgevollmacht 1896–1908 a 5, 26

Altlasten, Amtshaftung **839** 13; sa Kontamination

Ämterkauf 138 18

Amtshaftung, allg **839** 1 f; öffentl Amt **839** 7; Amtspflicht **839** 9, 13 *(Schutzzweck)*; Amtspflichtverletzung in Ausübung eines Amtes **826** 2; **839** 15; anderweitige Ersatzmöglichkeit **839** 17; Aufbau **839** 4; Beamtenbegriff **839** 32 *(bei Eigenhaftung)*, 7 f *(bei Haftung gem GG 34 iVm § 839)*; Beweislast **839** 30; Eigenhaftung des Beamten **839** 31 f, *(Voraussetzungen)*; Einschränkung **839** 20 f; Ermessensfehler **839** 11; haftende Körperschaft **839** 28 f; öffentliches Amt **839** 7 f; versäumtes Rechtsmittel **839** 32; Spruchrichter **839** 24 f; und Staatshaftung s dort; Verschulden **839** 16; Voraussetzungen **839** 7 f *(Haftung gem GG 34 iVm § 839)*

Amtsübertragungstheorie 839 29

Amtsvormundschaft, bestellte **1791 a–1791 c** 4; **1791 b**; ges **1791 a–1791 c** 2; **1791 c**

Änderungsvertrag 311 18

Andeutungstheorie 126 7; **2084** 4

Aneignung von Bestandteilen **956;** von Grundstücken **928** 3; von beweglichen Sachen **958;** bei Wegnahmerecht **997** 2

Aneignungsrechte, deliktischer Schutz **823** 17

Anerkenntnis 781; prozessuales **781** 3

Anerkennung der Vaterschaft s Vaterschaftsanerkennung

Anfangstermin 163 1

Anfangsvermögen, Regelung im Ehevertrag **1374** 11; für Zugewinnausgleich **1374**

Anfechtbarkeit 142 2, 4

Anfechtung, allg **vor 104** 22; **142** 1; Angabe des Grundes **143** 3; Ausschluss **119** 4; Berechtigter **143** 1; des Dienstvertrages

vor 620 4; des Erbvertrages **2281** 1 f, 4, 6; Erklärung **143** 2; Eventualanfechtung **121** 2; **143** 2; Frist **121** 2; **124** 2; **143** 1; Gegenstand **119** 3; **123** 1; Gegner **143** 4–6; kaufrechtliche Gewährleistung **437** 31; nichtige Rechtsgeschäfte **vor 104** 22; mit eingeschränkter Rückwirkung **vor 104** 22; teilweise **142** 1; Verfügungsgeschäfte **142** 4; Verpflichtungsgeschäfte **142** 5; Wirkung **142** 3

Anfechtung der Vaterschaft s Vaterschaftsanfechtung

Anfechtung, erbrechtliche von letztwilliger Verfügung **2080** 1–4; der Vermächtnisausschlagung **2308** 1

Anfechtungsfrist 124 2; Ersatzanspruch gegen Täuschenden bei Versäumnis der – **826** 2

Angebot (als Willenserklärung) s Vertragsangebot

Angebot (bei Gläubigerverzug), ordnungsgemäßes **294** 3; tatsächliches **294;** wörtliches **295**

Angebotskosten beim Werkvertrag **632** 2

Angehörige, Widerruf der Schenkung **530–533** 4

Angestellte und Arbeiter **vor 611** 50; leitende **vor 611** 50

Angriff und Notwehr **227** 2, 4

Angriffsnotstand 904

Ankaufspflicht und Vorkauf **463** 4

Ankaufsrechte 463 5–11

Anlage, gefahrdrohende **907;** bei Grunddienstbarkeit **1020–1022** 2, 3

Anlageberater 675 12

Anlageberatung durch Anlagegesellschaft **280** 60; durch Bank **280** 60

Anlagenvertrag vor 631 4

Anlernverhältnis vor 611 57

Annahme der Anweisung **784;** Verweigerung **295** 2; sa Vertragsannahme

Annahme der Erbschaft 1943 1; Anfechtung **1954–1957;** Bedingungsfeindlichkeit **1947** 1; mehrfache Berufung **1948** 1, 2; bei mehreren Erbteilen **1951** 1–3; Form **1943** 1, 2; und Gütergemeinschaft **1432;** Irrtum **1949** 1; **1954** 1; Passivprozesse **vor – 1959** 1–4; Rechtsgeschäft **vor – 1959** 1–4; Rechtsnatur **1943** 1; Sicherung des Nachlasses **vor – 1960** 1–5; Stellvertretung für Minderjährige **1943** 3; Teilannahme **1950** 1; Überlegungsfrist **1942** 3

Annahme als Kind s Minderjährigenadoption; s Volljährigenadoption

Annahmeverzug s Gläubigerverzug

Anrechnung von ersparten Aufwendungen **651 i** 2 *(nach Rücktritt vom Reisevertrag)*; der Leistung **366** *(auf mehrere Forderungen)*; **367** *(auf Zinsen und Kosten)*

Anrechnungsmethode 1361 11

Anscheinsbeweis s prima-facie-Beweis

Anscheinsvollmacht 167 9

Teichmann 1899

Anspruch fette Zahlen = §§

Anspruch, Begriff **194** 2; dinglicher **vor 854** 7–9; Konkurrenz **241** 14, 16; possessorischer **861–864** 1; Verjährung bei Anspruchskonkurrenz **194** 7; **606** 2
Anstandspflicht, Bereicherungsanspruch bei Erfüllung einer – **814** 8; Schenkung **534**
Anstiftung 830 6 f; Mitverschulden des Verletzten bei – **840** 4; zum Vertragsbruch **826** 19
Anwachsung bei Erbenwegfall **2094**; **2095**; und Ersatzerbenrecht **2099**; des Gesellschaftsanteils **738**; **1976** 1
Anwaltspraxis, Verkauf **138** 7
Anwaltsvertrag vor 631 4; als selbständiger Dienstvertrag **vor 611** 19; Schutzwirkung für Dritte **328** 36
Anwartschaft sa Versorgungsausgleich, ausgleichspflichtige Anwartschaften
Anwartschaftsrecht bei bedingtem Rechtsgeschäft **158** 7; deliktischer Schutz **823** 17; dingliches **873** 19; bei Eigentumsvorbehalt **929** 43; Ende **929** 61; bei Erbfolge **vor 1922** 2; Erwerb vom Nichtberechtigten **929** 44; Haftung des – am Zubehör für Hypothek **1120–1122** 14; des Hypothekengläubigers **1163** 10; des Nacherben s dort; Pfandhaftung **929** 52; Pfändung **929** 53; Sicherungsübertragung **929** 50; Übertragung **929** 47; Vererblichkeit **1922** 4; Verletzung **929** 58; Verpfändung **929** 52; Verzicht **929** 63
Anweisung 783–792; Abstraktheit **783** 5; Annahme **784** 1; Annahmeverpflichtung **784** 1; Anzeigepflicht bei Annahme- oder Leistungsverweigerung **789**; Aushändigung an Angewiesenen **785**; Aushändigung an Begünstigten **783** 8; Begriff **783** 2; Deckungsverhältnis **783** 4; **787, 788** 1; Einwendungen nach Annahme **784** 5; Form **783** 6; kaufmännische **783** 13; auf Schuld **787**; Tod eines Beteiligten **791**; Übertragung **792**; Valutaverhältnis **783** 5; **788** 1; Verjährung **786**; Verweigerung der Annahme, Widerruf **789**; ungültiger Wechsel idR keine – **783** 14; Widerruf **790**; Zurechnungsmoment bei Leistungskondiktionen **812** 34
Anzahlung, Abgrenzung zur Draufgabe **336–338** 2
Anzeige der Abtretung **409**; der Hinterlegung **374** 2; des Nacherbenfalls **2146**; bei Pfandbestellung **1205, 1206** 6; **1280** 1, 2; der Verspätung einer Vertragsannahme **149** 1; sa Mängelanzeige
Anzeigenvertrag vor 631 4
Anzeigepflicht bei Leistungshindernis **275** 31
Äquivalenz s Kausalität, äquivalente
Äquivalenzstörung beim gegenseitigen Vertrag **313** 16
Arbeitgeber, Abwerbung von Arbeitskräften **826** 19; Fragerecht **vor 611** 8; Haftung bei falschem Zeugnis **826** 14; Regress bei Lohnfortzahlung **vor 249–253** 8; **842** 5
Arbeitgebergruppe 611 4
Arbeitnehmer, Ersatzanspruch bei Amtshaftung **839** 17; Geheimnisverrat **826** 18; Haftung **619 a**; Haftung für – **831** 6; Unfall **vor 249–253** 8; Verletzung des – als Eingriff in Gewerbebetrieb **823** 98
Arbeitnehmerähnliche Personen vor 611 29
Arbeitnehmerschutzrecht vor 611 41; **611** 7
Arbeitsbedingungen, allg in Dienstverträgen **vor 611** 36
Arbeitsgerichtsbarkeit vor 611 58
Arbeitskampf 276 14
Arbeitsplatz, Ausschreibung **611 a, b** 2; Schutz **vor 611** 45
Arbeitsrecht und AGB s dort; und BGB **vor 611** 2; internationales **vor 611** 61; Rechtsquellen **vor 611** 30
Arbeitsverhältnis im Bergbau **vor 611** 53; gewerbliches **vor 611** 51; kaufmännisches **vor 611** 52
Arbeitsvermittlung vor 652 16
Arbeitsvertrag, fehlerhafter **104** 4; **vor 145** 17; **vor 611** 5; Kündigung **623**
Arbeitszeitschutz vor 611 43
Architektenvertrag vor 631 4; als Geschäftsbesorgung **675** 12; als Werk- oder Dienstvertrag **vor 611** 15; als Werkvertrag **vor 611** 20
Arglistenrede s Einrede
Arglistige Täuschung s Täuschung
Arglistiges Verschweigen s Täuschung
Arzthaftung, Anfängeroperation **823** 117, 119; Aufklärung **823** 121; Ausfall klinischer Geräte **823** 119; grober Behandlungsfehler **823** 119; Beweislast **823** 63, 118; fehlerhafte Dokumentation **823** 119; Einwilligung des Patienten **823** 55, 112; mutmaßliche Einwilligung **823** 112; Freizeichnung durch AGB **823** 109; Geltung bei anderen Heilberufen **823** 110; Haftung des Arztes **823** 109; Haftung des Krankenhausträgers **823** 109, 120; Heileingriff **823** 3; Notstand **823** 112; kosmetische Operation **823** 115; Organisationsmangel **823** 111, 120; Pflichten des Arztes **823** 113; prima-facie-Beweis **823** 113; misslungener Schwangerschaftsabbruch **823** 111; Sorgfaltsmaßstab **823** 117; misslungene Sterilisation **823** 111; ungenügende Aufklärung **823** 114
Arztpraxis, Verkauf **138** 7
Arztvertrag vor 631 4; als selbständiger Dienstvertrag **vor 611** 21
Auf Kosten als Voraussetzung einer Eingriffskondiktion **812** 57; als Voraussetzung eines Bereicherungsanspruchs **812** 11, 57
Aufenthaltsort 7–11 4

magere Zahlen = Randnummern **Auftrag**

Aufforderung zur Abgabe eines Angebots 145 3; zur Anmeldung von Erbrechten 1965; 2358; zur Annahme einer Schenkung 516; zur Genehmigung 108 2; 177 6 *(von Rechtsgeschäften)*; 415 *(der Schuldübernahme)*; 1003 *(der Verwendungen des Besitzers)*; der Nachlassgläubiger 1970; 2061

Aufgabe des Besitzes 856; 303 1 *(bei Gläubigerverzug)*; des Eigentums an Fahrnis 959; des Eigentums am Grundstück 928

Aufgebot des Grundstückseigentümers 927; des Hypothekengläubigers 1170; 1171; der Nachlassgläubiger 1970–1974 1–4; 2061; bei Nachlassverwaltung 1986 2

Aufhebung eines Grundstücksrechts 875; Grundstücksveräußerungsvertrag 311 b 20; des Nießbrauchs 1064; des Pfandrechts 1255 1; des Werkvertrages bei unterlassener Mitwirkung des Bestellers 642, 643 7

Aufhebungsklage bei fortgesetzter Gütergemeinschaft 1495; bei Gütergemeinschaft 1469

Aufhebungsurteil, Auseinandersetzung des Gesamtguts nach – 1479

Aufhebungsvertrag 311 19; **vor** 362 3; bei Dienstverhältnis **vor** 620 3

Aufklärungspflicht des Arztes 823 55, 114; bei Baumängeln 631 5; beim Kauf 433 23, 25; im Schuldverhältnis 242 17; und arglistige Täuschung 123 5; des Unternehmers 631 5; sa Informationspflicht

Auflage 158 6; bei Schenkung 525–527 1; Schenkung unter – 525–527

Auflage, erbrechtliche 1940; 2192–2196; Abgrenzungen **vor** 2192 2; Anspruch auf Vollziehung 2194 1–3; Begünstigten 2193 1; im Erbvertrag 1941; Inhalt **vor** 2192 3; Kürzung 2322 1; Leistungsverweigerungsrecht des Erben 2323 1; Unmöglichkeit 2195; 2196; Verwaltungsrecht 2038 7

Auflassung 925; Anwartschaftsrecht 925 18; bedingte 925 6; Beteiligte 925 9, 10; Bindung 925 16; Form 925 11–13; Form der Vollmacht 311 b 29; Form von Abtretung und Erlass des Anspruchs auf – 311 b 10, 20; behördliche Genehmigung 925 21; Kettenauflassung 925 8; durch Nichteigentümer 925 7; zuständige Stelle 925 14, 15; Unbedenklichkeitsbescheinigung 925 21; Urkunde über Grundgeschäft 925 a; Vertretung 925 13

Auflassungsvormerkung s Eigentumsvormerkung

Aufopferung 839 1

Aufopferungsanspruch, bürgerlich-rechtlicher s Ausgleichsanspruch, nachbarrechtlicher; öffentl-rechtlicher 670 6; mehrere Schädiger 840 3

Aufrechnung 387–396; nach Abtretung 406 1–5; Aufrechnungslage 387 3–8; Ausschluss 387 9–13; 390; 392–394; gegen Auszahlungsanspruch bei Darlehen 488 16; Bedingungsfeindlichkeit 388 1; Begriff 387 1; Beschlagnahme der Hauptforderung 392 1, 2; Differenzeinwand 390 1; bei Erbengemeinschaft 2040 5; Erfüllbarkeit der Hauptforderung 387 8; Erklärung 387 14; 388 1; Erlöschen der Forderungen 389 1 f; Eventualaufrechnung 387 21; Fälligkeit der Gegenforderung 387 7; mit bedingter Forderung 387 7; mit einredehafteter Forderung 390 1, 2; gegen öffentl-rechtliche Forderung 395 1, 2; gegen unpfändbare Forderung 394 1–5; gegen Forderung aus vorsätzlicher uH 393 2; Gegenseitigkeit der Forderungen 387 3–5; gegen Gesamthandsforderung 718–720 5; des Gesamtschuldners 387 4; 422–424 1; Gleichartigkeit der Gegenstände 387 6; durch Insolvenzgläubiger 392 2; Kontokorrentverhältnis 387 17; Leistungsort 391; gegen Lohnforderung 394 4; Mehrheit von Forderungen 396 1; durch Mieter 556 b; gegen Nachlassforderung 2115 5; bei Nachlassverwaltung und Nachlassinsolvenz 1977 1–3; und Pfändungsverbote 394 2; im Prozess 387 20–24; Rechtsnatur 388 1; gegen Unterhaltsforderung 394 5; Vertrag über – 387 15–19; Wirkung 389 1–2

Aufrechnungsverbot 137 1; 387 9–13

Aufsichtspflicht über Bank 839 13; über Minderjährige 832; über Notar 839 13; Schadensersatz bei Verletzung elterlicher – 1664 3; über Schüler 839 12; des Tierhalters 833 8

Aufstockungsunterhalt 1573; zeitliche Begrenzung 1573 16

Auftrag 662–676; Abgrenzung allg 662 5–7; Anzeigepflicht bei Ablehnung 663; Aufwendungen 670 2–4; Auskunftspflicht 666 3; Begriff 662 1 f; Belehrungspflicht des Beauftragten 665 7; Benachrichtigungspflicht 666 2; Form 311 b 24; 662 8; Fortdauer 672 3; 674; Gehilfe 664 5 f; Geschäftsfähigkeit des Auftraggebers 672; Geschäftsunfähigkeit des Beauftragten 673 1; Haftung des Auftraggebers 670 5–11; Haftung des Beauftragten bei Abweichung von Weisungen 665 8; Haftungsmaßstab bei Pflichtverletzungen 662 14; Herausgabe 667 2–9; Kündigung 671 4; und Maklervertrag **vor** 652 5; Notbesorgung 672 4; 673 2; öffentl Bestellung 663 2; öffentl-rechtliches Auftragsverhältnis 662 4; Pflichten des Auftraggebers 662 13; Pflichten des Beauftragten 662 12; Pflichtverletzung 662 12 f; Rechenschaftspflicht 666 4; Schäden des Beauftragten 670 5–11; erlangte Sondervorteile 667 4; Tod des Auftraggebers 672; Tod des Beauftragten 673; Übertragung 664 2–4, 7; Unmög-

Teichmann 1901

Auftragsangelegenheiten

lichkeit **662** 12; entgangener Verdienst **670** 2; Verzinsung **668;** Voraussetzungen **662** 8–11; Vorschuss **669;** Weisung des Auftraggebers **665;** und Werkvertrag **vor 611** 11; Widerruf **671** 3; **674** 1
Auftragsangelegenheiten, haftende Körperschaft **839** 29
Auftragsbestätigung 147 7; des Verkäufers **433** 5
Aufwendungen, Begriff **256** 2; des Beschenkten **525–527** 11; Ersatz von vergeblichen − **284** 1; Ersparnis eigener − als Bereicherung **818** 15 f, 23; Ersparnis nach Kündigung des Werkvertrags **649** 5; Maklervertrag **652** 31 f, 39; **654;** des Mieters **539;** und Schadensersatz statt der Leistung **284** 8; vergebliche **vor 275** 12; Verzinsung **256** 4; sa Verwendungen
Aufwendungsersatz, allg **256;** allg **256** 1 *(mit Hinweis auf die einzelnen Anspruchsgrundlagen);* des Dienstverpflichteten **611** 45; des Mieters **554** 3; Rückgriff des Unternehmers **478** 4, 7, 8 *(Umfang);* **479** 1 f *(Verjährung);* nach Rücktritt **347** 2
Ausbietungsgarantie, Form **311 b** 13
Ausbildungsanspruch, der Abkömmlinge bei Zugewinnausgleich im Todesfall **1371** 14
Ausbildungsbeihilfen 611 34
Ausbildungsunterhalt, nachehelicher **1575** 1; s Unterhalt, nachehelicher; s Unterhalt bei Verwandten
Ausbildungsverhältnis vor 611 55; Beihilfen **611** 34; Minderjähriger **113** 3
Ausbildungsvertrag vor 611 6
Auseinandersetzung s Erbauseinandersetzung; s Gesellschaft; s Gütergemeinschaft
Ausgleichsanspruch zwischen Gesamtgläubigern **430;** zwischen Gesamtschuldnern **426;** bei Haftung mehrerer aus uH **840** 7; **841;** nachbarrechtlicher **906** 14, 15; **909** 4; **1004** 24
Ausgleichung, Abkömmlinge als Miterben **2050–2057 a;** Auskunftspflicht **2057** 1–3; Ausstattung **2050** 4; Durchführung **2055** 1 f; Kaufkraftschwund **2055** 2; Mehrempfang **2056** 1–3; bei besonderer Mitarbeit und Pflege **2057 a** 1–4; bei qualifizierter Nachfolgeklausel **2050** 7; durch Testamentserben **2052** 1; zwischen Vorbehalts-, Sonder- und Gesamtgut **1445;** bei Wegfall eines Abkömmlings **2051** 1; Zuschüsse **2050** 5; Zuwendung an entfernteren Abkömmling **2053** 1; Zuwendung aus Gesamtgut **2054** 1; Zuwendungen **2050** 6
Aushöhlung (durch Verfügungen unter Lebenden) bei Erbvertrag **2286** 1 f, 6; bei gemeinschaftlichem Testament **2271** 10
Auskunft, falsche − als Amtspflichtverletzung **839** 10, 15; über Anstandsschenkungen **2330** 2; des Beauftragten **666;** des Beschenkten **2314** 10; des Erbschaftsbesitzers **2027** 1–5; dessen, dem ein unrichtiger Erbschein erteilt wurde **2362** 1; in Gesellschaft **709–713** 14; **716** 1; Haftung bei falscher − **826** 14; **839** 10, 15; des Hausgenossen des Erblassers **2028** 1–4; zwischen Miterben **2038** 9; des Nachlasspflegers, -verwalters **2012;** gegenüber Pflichtteilsberechtigten **2314** 1, 10; bei Pflichtteilsergänzung **2325** 9; **2327** 3; nach Treu und Glauben **242** 21; gegenüber Vermächtnisnehmer **2174** 5; gegenüber Vertragserben **2287** 6; des Vorerben **2127–2129** 1; des Zedenten gegenüber Zessionar **402** 1
Auskunftsanspruch geschiedener Eheleute bei Versorgungsausgleich **1587 e;** geschiedener Eheleute zwecks Unterhaltsfeststellung **1580;** des Elternteils hinsichtlich Kind **1686;** Feststellung des Unterhalts bei Verwandten **1605;** bei Schadensersatz wegen Diskriminierung **611 a, b** 9; des Unterhaltsberechtigten bei Getrenntleben **1361** 13
Auskunftspflicht 259–261 3–6; bei Abtretung **402** 1; Umfang **259–261** 4; bei Zugewinnausgleich **1379;** sa Informationspflicht
Auskunftsvertrag vor 631 4; Bankauskunft **328** 39; als Werkvertrag **vor 631** 4
Ausländer, Amtshaftung gegenüber − **839** 31
Auslegung von AGB s dort; ergänzende **242** 12; ergänzende und AGB **306** 5; von Ges **133** 12; von Grundbucheintragungen **873** 35; von formbedürftigen Rechtsgeschäften **126** 7, 8; richtlinienkonforme **vor 307–309;** **651 a;** vor Umdeutung **140** 3; von Verfügungen von Todes wegen **2042** 6; **2066–2073;** **2084** 1 f; von Verträgen **157;** von Willenserklärungen **vor 116** 7–12; **133;** sa Andeutungstheorie
Auslobung 657–661; mehrere Anspruchsprätendenten **659;** **660;** Preisausschreiben **661;** und Spiel **657** 2; Voraussetzungen und Rechtsfolge **657** 1–6; Widerruf **658**
Ausschlagung der Erbschaft 1942–1959; Anfechtung **1954–1957;** **2308** 1; Bedingungsfeindlichkeit **1947** 1; bei mehrfacher Berufung **1948** 1–3; Empfangszuständigkeit **1945** 2; bei mehreren Erbteilen **1951;** Fiskus **1942** 4; Form **1945** 1; Fristberechnung **1944** 1, 3 f; **1946** 1; Irrtum **1949** 2; **1954** 1; durch Nacherben **2142** 1–3; durch Pflichtteilsberechtigten **2306** 4; Pflichtteilsvorbehalt **1950** 1; Rechtsgeschäft vor **1959** 1; Rechtsnatur **1945** 1; Stellvertretung **1945** 3; Teilausschlagung **1950** 1; **1952** 1; Vererblichkeit des Rechts auf − **1952** 1; Wirkung **1953** 1 f
Ausschlussfrist 194 5; Anfechtung **121** 5; **124** 2; unzulässige Rechtsausübung **242** 52; Reisevertrag **651 g** 1

magere Zahlen = Randnummern

Aussonderung als Voraussetzung des Gefahrübergangs **300** 5
Aussperrung 615 7; **vor 620** 7; lösende **vor 620–630** 7
Ausspielung 763 2, sa Spiel
Ausstattung 1624; Begriff **1624, 1625** 1; Schenkung **516** 9; übermäßige **1624, 1625** 7
Ausstattungsversprechen 1624, 1625 4
Austauschvertrag 320 4
Automatenaufstellungsvertrag vor 535 11 f; Anwendbarkeit von Normen **vor 535** 12; Erscheinungsformen **vor 535** 11

Bank, Amtshaftung bei Verletzung der Aufsichtspflicht über – **839** 13; Bank- und Spareinlagen **vor 488** 12; bankgeschäftliches Kredit- und Einlagengeschäft **vor 488** 11
Bankschließfach, Verwahrung im – **688** 9
Bankvertrag, Geschäftsbesorgung **675** 12; Mitverschulden des Kunden **254** 5; Schutzwirkung für Dritte **328** 40; zugunsten Dritter auf den Todesfall **331** 2
Barrierefreiheit bei Mietverhältnis über Wohnraum **554** a
Basiszinssatz 246 1, 8; **247; 288** 1; Anpassung **247** 2; als zentrale Bezugsgröße **247** 1; und Diskontsatz **247** 1; und Geschäftsgrundlage **313** 38; Höhe **247** 2
Baubetreuungsvertrag vor 631 5; **675** 12; Pflichten des Bauträgers **402** 1
Bauhandwerkersicherung 648 a
Bauherrenmodell, Form **311** b 24; Prospekthaftung **311** 65
Baukostenzuschuss des Mieters **535** 20
Bauleistungen als Werkvertrag **vor 631** 21
Bäume, Schadensersatz **251** 3
Bausatzvertrag 311 14
Bauträger, Kauf vom – **vor 631** 5
Bauvertrag vor 631 5
Bauwerk s Gebäude
Beamter, Begriff **839** 7 f; Begriff bei Eigenhaftung **839** 32; Haftung s Amtshaftung; Versorgungsausgleich s dort, sa Beamtenpension
Bedienungsanleitung für Werk **631** 8
Bedingung 158–162; Abgrenzung **158** 5; auflösende **158** 2; aufschiebende **158** 2; Ausfall **158** 9; bedingungsfeindliches Rechtsgeschäft **158** 11; Begriff **158** 2; Beweislast **158** 15; Dienstvertrag **620** 8; Eintritt **159** 1; **162;** des Erblassers **2074–2076** 1; gesetzwidrige **158** 14; Potestativbedingung **158** 3; Rechtsfolgen **158** 7; **160, 161;** Schadensersatz **160, 161** 2; treuewidriger (Nicht-)Eintritt **162;** unmögliche **158** 13; unsittliche **158** 14; Verzicht auf – **158** 9; Willkürbedingung **158** 3; Wollensbedingung **158** 4
Bedürftigkeit, nachehelicher Unterhalt **1577** 1; des Schenkers **528, 529** 1; Unterhalt bei Verwandten **1601–1604** 3

Beseitigungsanspruch

Beerdigung, Gestaltung **1968** 5; Kosten **1968** 1–4; Kosten als Ersatzanspruch **844** 1
Beförderungsvertrag vor 631 5; Schutzwirkung für Dritte **328** 34
Befreiung von Dienstleistungspflicht **611** 10
Befreiungsanspruch 256, 257 5; Abtretung **256, 257** 5
Befristung 163; Arbeitsverhältnis **620** 3, 4; Dienstvertrag **620;** im Hochschulbereich **620** 7
Beglaubigung, öffentl **129**
Begleitname 1355 4
Beherbergungsvertrag 701 3
behindertengerechte Einrichtung, Mietverhältnis **554** a
Behörde, unanbringbare Sachen bei – **983;** Zugang von Willenserklärungen bei – **130** 18
Beihilfe s Gehilfe
Beistandschaft 1712; allg **1712–1717** 1; Antragsberechtigte **1713;** Aufgabenbereich **1712–1717** 5; Wirkungen **1712–1717** 7
Beistandspflicht im Eltern-Kind-Verhältnis **1618** a
Bekanntmachung, öffentliche bei Auslobung **657** 4; bei Bevollmächtigung s dort; eines Fundes **980–982;** der Nachlassverwaltung s dort; der Versteigerung **383; 1237** 1
Beleidigung durch Presse **823** 78
Beleihung mit Hoheitsaufgaben **839** 7; haftende Körperschaft **839** 29
Bereicherung des Beschenkten **516** 7; des Vermieters **547** 3; sa ungerechtfertigte Bereicherung
Bereitstellungszinsen 488 22
Bergwerk, Nießbrauch **1038**
Berichtigung des Grundbuchs s Grundbuchberichtigung
Berliner Testament 2269
Beruf s Erwerbstätigkeit
Beschaffenheit der Kaufsache **434** 6, 15–17 *(bei öffentl Äußerungen),* 14 *(übliche)*
Beschaffenheitsgarantie, Kauf **443** 6
Beschaffenheitsvereinbarung und Sachmangel **434** 2, 9–12
Beschaffungsrisiko 276 43; Grenzen **276** 49; im Kaufvertrag **437** 25; vertragliches **276** 49
Beschlagnahme bei Hypothekenhaftung **1120–1122** 5
Beschluss, Begriff **vor 104** 7
Beschränkte Geschäftsfähigkeit s Geschäftsfähigkeit, beschränkte
Beschränkte persönliche Dienstbarkeit, Ausübung **1092** 2; Begriff **1090** 1; Belastungsgegenstand **1090** 1; Berechtigter **1090** 1; Inhalt **1090** 2; Insolvenzverfahren **1092** 2; Übertragbarkeit **1092** 1; Umfang **1091;** zu Wettbewerbszwecken **1090** 3; Wohnungsrecht **1093**
Beseitigungsanspruch bei Ehestörung **823** 90, 93; bei Eigentumsstörung **1004** 6; bei

Besichtigung fette Zahlen = §§

Namensverletzung **12** 6; bei unerlaubter Handlung **vor 823** 7; und Unterlassungsanspruch **1004** 13; Vollstreckung **1004** 9
Besichtigung, Kauf auf – **454, 455**; Kauf nach – **454, 455** 4; einer Sache **809–811** 2
Besitz 854–872; allg **854** 1, 2; Arten **854** 3–5; Aufgabe beim Gläubigerverzug **303**; Begriff **854** 1; Begründungswille **854** 11; Besitzrecht **1036**; Ende **856**; Erwerb **854** 9–12; als „etwas" **854** 8; Gegenstand **854** 6, 7; bei Gesellschaft **718–720** 3; **854** 14; bei juristischer Person **854** 13; mehrfach gestufter mittelbarer **871**; mittelbarer **854** 3; **868**; des Nießbrauchers **1036**; deliktischer Schutz **823** 16; als sonstiges Recht **854** 8; Übertragung des mittelbaren – **870**; Umgestaltung der Sache **1037**; unmittelbarer **854** 3; Vererbung **857**
Besitzdiener 855; Bösgläubigkeit bei Besitzerwerb durch – **990** 2; Selbsthilfe des – **860**
Besitzentziehung 858 2; **861–864** 2
Besitzer, Eigentumsvermutung **1006**; Einwendungen gegen Herausgabe **986**; Herausgabeanspruch des früheren – **1007**; Nebenansprüche des früheren – **1007** 8; Selbsthilfe **859**; Verfolgungsrecht **867**; sa Eigentümer-Besitzer-Verhältnis; sa Erbschaftsbesitzer
Besitzerwerb, rechtsgrundloser als unentgeltlicher **vor 987** 13
Besitzkonstitut s Besitzmittlungsverhältnis
Besitzmittlungsverhältnis 868 3, 7; **930** 9; **933** 4; antizipiertes **868** 7; **929** 23; **930** 4, 16; konkretes **868** 5; Übergabeersatz **930** 1
Besitzschutz 858–864; allg **858** 1; bei mittelbarem Besitz **869**; bei Mitbesitz **866** 4, 5
Besitzstörung 858 3; **861–864** 5
Bestandsverzeichnis 259–261 4, 10
Bestandteil vor 90 6; **93**; Eigentumserwerb **953–957**; Haftung für Hypothek **1120–1122**; Haftung für Pfandrecht **1212** 1, 2; durch Verbindung **946**; **947**; wesentlicher **93**; **94**
Bestätigung eines anfechtbaren Rechtsgeschäfts **144**; eines nichtigen Rechtsgeschäfts **125** 12; **141**
Bestätigungsschreiben, kaufmännisches **147** 5
Bestechung 826 19
Besteller, Pflichten im Werkvertrag **631** 20
Bestellungskosten des Besitzers **998**
Bestimmtheitsgrundsatz bei Übereignung von beweglichen Sachen **929** 5; **930** 8, 16; eines Warenlagers **930** 46, 47
Beteiligte, mehrere – an uH **830** 8; Mitverschulden des Verletzten bei mehreren – **840** 4
Betreuer 1897; Aufgaben **1896–1908 a** 14; Aufwendungsersatz für Behördenbetreuer **1908 h**; Aufwendungsersatz für Vereinsbetreuer **1908 e**; Befugnisse **1896–1908 a** 16; Behördenbetreuer **1896–1908 a** 8; Betreuungsverein **1896–1908 a** 11; Entlassung **1908 b**; **1908 b–1908 d** 1; Folgen der Entlassung **1908 b–1908 d** 10; Gegenbetreuer **1896–1908 a** 13; Gründe der Entlassung **1908 b–1908 d** 2; Person **1896–1908 a** 7; Pflichten **1901**; Vereinsbetreuer **1896–1908 a** 8; Vergütung für Behördenbetreuer **1908 h**; Vergütung für Vereinsbetreuer **1908 e**; Vertretungsmacht **1896–1908 a** 17; **1902**; vorläufiger **1896–1908 a** 13
Betreuung, Abbruch lebenserhaltender Maßnahmen **1896–1908 a** 21; allg **vor 1896** 3; Amtsbetreuung **1896–1908 a** 12; **1900**; anwendbare Vorschriften **1908 i**; Aufhebung **1908 d**; Beendigungsgründe **1908 b–1908 d** 2; Betreuungsvollmacht **1896–1908 a** 26; Einheitsentscheidung **1896–1908 a** 24; Einheitsprinzip **1908 b–1908 d** 1; Einwilligung in Heilbehandlung **1904**; Einwilligungsvorbehalt **1896–1908 a** 19; **1903**; Aufhebung des Einwilligungsvorbehalts **1908 b–1908 d** 11; Erforderlichkeitsprinzip **1896–1908 a** 4; **1908 b–1908 d** 11; Geschichte **vor 1896** 1; Kündigung bei Wohnraummietverhältnissen **1907**; Mitteilung an Betreuungsbehörde **1908 k**; Sterilisation **1905**; Testierunfähigkeit **2229** 2; **2253** 2; Übernahmepflicht **1898**; Unterbringung des Betreuten **1896–1908 a** 20; **1906**; Vereinsbetreuung **1900**; Verfahren **1896–1908 a** 24; Voraussetzungen **1896**; **1896–1908 a** 2
Betreuungsunterhalt 1570; Dauer **1570** 8; Voraussetzungen **1570** 3
Betreuungsverein, Anerkennung als – **1908 f**
Betriebsbuße und Vertragsstrafe **339** 12
Betriebsgefahr 254 5, 7; Erhöhung durch Verschulden **254** 6; Verschuldensfähigkeit **254** 7
Betriebskosten, Veränderung im Mietverhältnis **560**; Vereinbarung im Mietverhältnis **556**
Betriebsrisiko 615 7
Betriebsrisikolehre 611 20
Betriebsschutz vor 611 42
Betriebsübergang 613 a; beim Landpachtvertrag **593 a**; Lohnverzicht **613 a** 11; Veräußerung durch Insolvenzverwalter **613 a** 4; Widerspruch des Arbeitnehmers **613 a** 5
Betriebsvereinbarung als Rechtsquelle im Arbeitsrecht **vor 611** 34
Beurkundung, Kosten **448** (Grundstückskauf); verabredete – eines Vertrags **154** 4
Beurkundung, notarielle 127 a 2; **128**; als Ersatz der Beglaubigung **129**; Folgen bei fehlender – **311 b** 33; Folgen bei unrichtiger – **311 b** 35; Folgen bei unvollständiger – **311 b** 34; Vertrag über gegenwärtiges Vermögen **311 b** 55; Vertrag über Grundstücksveräußerung **311 b**; Vertrag unter

magere Zahlen = Randnummern **Bürgschaft**

Erben über den ges Erb- und Pflichtteil **311 b** 68
Bevollmächtigung, Anfechtung **167** 11; **170–173** 7; Begriff **167** 6; öffentl Bekanntmachung **170–173** 3; Form **167** 10; bes Mitteilung **170–173** 4, 8
Bewegliche Sache, Begriff **vor 90** 3
Beweislast, Annahme als Erfüllung **363**; Arbeitnehmerhaftung **280** 31; **619 a** 3–6; Arzthaftung **280** 27; **823** 63; Aufklärungspflichtverletzung **280** 29; Aufsichtspflichtverletzung **832** 6, 8; Beratungspflichtverletzung **280** 29; Berufspflichtverletzung **280** 28; böser Glaube **932** 5; Haftung für Gehilfen **831** 10, 16; Gesellschafterhaftung **708** 3; Produkthaftung **823** 151; Produzentenhaftung **280** 30; **823** 132, 134; **831** 12; mehrere Schädiger **830** 1, 15; Schutzgesetzverletzung **823** 63; Tierhalterhaftung **833** 1, 11; **823** 63; Verbrauchsgüterkauf **476**; Vertragsstrafe **345**; Wegfall der Bereicherung **818** 38; Wert der Bereicherung **818** 20
Beweislastumkehr, Rückgriff des Unternehmers **478** 4, 9
Bewusstlosigkeit, Abgabe einer Willenserklärung bei **– 105** 1; **vor 116** 4; bei Begehung einer uH **827**; Zugang einer Willenserklärung bei **– 131** 1
Bienenschwarm, Eigentumserwerb **964**; Herrenlosigkeit **961**; mehrere Schwärme **963**; Verfolgungsrecht **962**
Bierbezugspflicht und Darlehen **vor 488** 14
Bierlieferungsvertrag 138 12; **139** 11; **311** 14, 25, 29; **433** 8
Billigkeitshaftung, Beweislast **829** 8; bei Verschuldensabwägung **254** 5; bei Verschuldensfähigkeit **829**
Blankounterschrift 126 6; **129** 4
Bordellverträge 138 7
Börsentermingeschäft 764 1
Böser Glaube, Begriff **932** 5; Bereicherungsschuldner **819** 3, 4; Beweislast **932** 5; Erwerbshindernis **932** 5; Informationspflicht **932** 17; Zeitpunkt **932** 18; **933** 3; **934** 2
Bote, Begriff **164** 14; Empfangsbote; sa Übermittler
Boykott als Eingriff in Gewerbebetrieb **823** 102
Brauereidarlehen vor 488 14
Briefgrundpfandrecht vor 1113 5
Briefhypothek vor 1113 5; **1116** 2; Abtretung bei **– 1154** 3; Erwerb **1113** 13; **1117**; Geltendmachung **1160**; sa Hypothek; sa Hypothekenbrief
Bringschuld, Konkretisierung bei Gattungsschuld **243** 9; Leistungsort **269** 1
Bruchteil, Erbeinsetzung auf – s dort; sa Grundstücksbruchteil
Bruttolohnmethode 842 4
Buchersitzung 900

Buchführung allg **vor 631** 5, 9; als Dienstvertrag oder Werkvertrag **vor 611** 15; als Werkvertrag **vor 631** 5
Buchgeld 244, 245 2; **270** 4
Buchgrundpfandrecht vor 1113 5
Buchhypothek vor 1113 5; **1116** 3; Widerspruch **1139**; sa Hypothek
Buchversitzung 901
Bummelstreik 611 22
Bundesimmissionsschutzgesetz 906 3, 13
Bürge, Ausfallbürge **vor 765** 2; Befreiungsanspruch gegen Hauptschuldner **775** 2; Einrede der Vorausklage **771–773**; Einreden aus Bürgschaftsvertrag **768** 4; Einreden aus Gestaltungsrechten des Hauptschuldners **768** 5; **770**; Einreden des Hauptschuldners **768** 6; Einwendungen des Hauptschuldners **768** 2; Freiwerden des Bürgen **776** 4; Kreditbürge **vor 765** 6; mehrere **774** 9; Mitbürge **vor 765** 3; **769** 1, 4; **774** 9; Nachbürge **vor 765** 7; Pflichten **765** 16; Rückbürge **vor 765** 8; Rückgriff aus Innenverhältnis **774** 7; Rückgriff aus übergegangener Hauptschuld **774** 4; Teilbürge **769** 1; Übergang von Sicherungsrechten **774** 5; Verhältnis zu dinglichem Sicherungsgeber **774** 12; Vorbürge **769** 1; sa Bürgschaft
Bürgenschuld 765 16; Abhängigkeit von Hauptschuld **767** 3, 8; Verjährung **765** 16
Bürgermeistertestament 2249 1–3; **2252** 1
Bürgschaft 765–778; Abhängigkeit von Hauptschuld **767** 3, 8; Abtretung der Hauptforderung **401** 1; Akzessorietät **765** 16; Allgemeine Geschäftsbedingungen **vor 765** 10, **765** 9, 14; **768** 8; als Haustürgeschäft **765** 8; als Verbrauchergeschäft **765** 18; **765** 2, 8; Anfechtungsrecht des Hauptschuldners **770** 4; „auf erstes Anfordern" **vor 765** 10, 15; **770** 3; **781** 2; Aufklärungspflicht des Gläubigers **765** 19; Aufrechnungsrecht des Hauptschuldners **770** 6; Ehegattenbürgschaft **242** 41; **765** 4, 7; Einreden des Bürgen s Bürge; Einschränkung der Hauptschuld **767** 5; Entlassung eines Mitbürgen **776** 5; Erfüllungsort **766** 2; Erlöschen der Hauptschuld **767** 6; Erweiterung der Hauptschuld **767** 4; Forderungsübergang auf Bürgen **774** 1; Form **766** 2; Form bei Grundstücksveräußerungsvertrag **311 b** 14; Gesamtschuldbürgschaft **vor 765** 3; Gewährleistungsbürgschaft **vor 765** 10; Global- **765** 10; beschränkter Haftungszweck **765** 4, 7; **766** 3; gesicherte Hauptschuld **765** 10; Höchstbetragsbürgschaft **vor 765** 5; für Kontokorrentkredit **vor 765** 6; Kreditauftrag **778** 1; Pflichten des Gläubigers **765** 18; **776** 1; Prozessbürgschaft **vor 765** 9; Rechtsaufgabe durch Gläubiger **773** 3; selbstschuldnerische **773** 3; Sittenwidrigkeit **765** 4; Störung der Geschäftsgrundlage **765** 7, 8;

Teichmann 1905

Stundung der Hauptschuld **768** 6; Teilbürgschaft **vor** 765 4; durch Telefax **766** 2; Verjährung **765** 16; Vermögensverfall des Hauptschuldners **773** 4; Verzicht des Hauptschuldners auf Einreden **768** 7; Vollkaufmann **773** 2; Vorausklage, Einrede s Bürge; Wechselbürgschaft **vor** 765 19; Willensmängel **765** 5; auf Zeit **777**
Bürgschaftserklärung 766; Blanketturkunde **766** 1, 4; elektronische Form **766** 2; Form **766** 2; notwendiger Inhalt **766** 3
Bürgschaftsforderung, Abtretbarkeit **765** 16
Bürgschaftsvertrag 765 2

Cif-Klausel 269 5; **447** 8
clausula rebus sic stantibus 313 1; und Geschäftsgrundlage **313** 2; sa Geschäftsgrundlage
commodum, stellvertretendes **285** 7
Computersoftware im Werkvertrag **vor 631** 6
condicio sine qua non s Kausalität, äquivalente
condictio ob rem, praktische Bedeutung **812** 16
culpa in contrahendo, Mitverschulden **254** 1; sa Verschulden bei Vertragsverhandlungen
culpa in contrahendo (cic) vor 275 16
culpa post contrahendum 242 31

Darlehen, außerordentliches Kündigungsrecht **490**; Auszahlung **488** 12; Auszahlung an oder durch Dritte **488** 13; Baudarlehen **vor 488** 5; Bauspardarlehen **vor 488** 5; Begriff **488** 1; festverzinsliches **489** 2; **490** 9; Gegenstand **488** 2; des Gesellschafters **vor 488** 17; Handdarlehen **488** 7; öffentl **vor 488** 5; partiarisches **vor 488** 18; Sonderformen **vor 488** 3; und Störung der Geschäftsgrundlage **490** 14; Tilgungsdarlehen **vor 488** 4; Umwandlung **vor 488** 7, 10 *(Beweislast);* mit variablem Zinssatz **489** 9; Widerruf **495**; zinsloses **516** 15, sa Verbraucherkredit; Zinsmargenschaden **488** 17; Zinsverschlechterungsschaden **488** 17; und Zweckbindung **vor 488** 5; sa Darlehensvertrag
Darlehensgeber, Vorleistungspflicht **488** 3
Darlehensnehmer, Rückerstattungspflicht **488** 3
Darlehensvermittlungsvertrag, Abgrenzungen **vor 655 a** 2; Existenzgründer **655 a–655 e** 15; Form **655 a–655 e** 9–13; Rechtsnatur **655 a–655 e** 1; Vergütung **655 a–655 e** 4–8; Vertragsgegenstand **655 a–655 e** 3; Vertragspartner **655 a–655 e** 2
Darlehensvertrag, Abdingbarkeit des ordentlichen Kündigungsrechts **489** 13; Abgrenzung **vor 488** 16; allg **vor 488** 1; Begriff **vor 488** 2; **488** 1; gegenseitiger Vertrag **488** 3; und Genehmigung des Vormundschaftsgerichts **488** 8; und ges Verbot **488** 9; als Konsensualvertrag **488** 5; und Kündigung aus wichtigem Grund **490** 13; ordentliches Kündigungsrecht des Darlehensnehmers **489**; und Leihe **598** 2; und Mitverpflichtung von vermögenslosen nahen Angehörigen **488** 11; Pflichten des Darlehensgebers **488** 12; Pflichten des Darlehensnehmers **488** 17; Sachdarlehensvertrag s dort; Vereinbarungsdarlehen **vor 488** 6; Vertragspflichten **488;** und unregelmäßiger Verwahrungsvertrag **700** 1; Zusage unter Vorbehalt **488** 6
Daseinsvorsorge, Abschlusszwang **vor 145** 10; Gewährung in öffentl- oder privatrechtlicher Form **vor 145** 19
Dauerauftrag, Begriff **676 a** 5
Dauerschuldverhältnis 241 3; **vor 275** 16; **280** 19; **311** 14; und AGB s dort; Beendigung **vor 362** 3; Kündigung aus wichtigem Grund **313** 12; **314,** 4; Leistungsangebot **294** 2
Dauervertrag, Begriff **311** 14; Kündigung **311** 16
Deckname s Pseudonym
Deckungsverhältnis bei Anweisung **783** 4; bei Kreditkartenvertrag **676 h** 7; Mangel **812** 35; bei Übertragungsvertrag **676** 2; bei Überweisungsvertrag **676 a** 2; unwirksames – und ungerechtfertigte Bereicherung **812** 35; bei Vertrag zugunsten Dritter **328** 9; **334** 1
Deckvertrag vor 631 6
Deliktsfähigkeit s Verschuldensfähigkeit
Delkredere vor 765 19
Denunziation 826 26
Dereliktion s Aufgabe des Eigentums
Detektivvertrag vor 611 26
Dienstbarkeit, Beeinträchtigung durch Errichtung eines Gebäudes **912** 11; Begriff **vor 1018** 1
Dienstberechtigter, Ersatzanspruch bei uH gegen Verpflichteten **845**
Dienstleistungen, Arten **vor 611** 2; Pflicht **611** 1, 7 *(Inhalt und Umfang);* Pflicht zur persönlichen Erbringung **613;** und Schenkung **516** 14; selbständige **vor 611** 2; unselbständige **vor 611** 2
Dienstleistungspflicht, ges des Getöteten bzw Verletzten **845** 2
Dienstverhältnis, Beendigung **vor 620–630** 2 *(Gründe);* **620** 1 *(Zeitablauf, Zweckerreichung),* 9 *(Zweckerreichung);* mittelbares **611** 2; selbständiges und unselbständiges **vor 611** 2
Dienstverhinderung bei Krankheit **616** 4; persönliche **616** 3–5; bei Sportunfall **616** 9; unerhebliche Dauer **616** 6; unverschuldete **616** 8; Vergütungsanspruch bei vorübergehender – **616** 10; Vergütungsanspruch und Schadensersatzanspruch **616** 13

magere Zahlen = Randnummern

Dienstverschaffungsvertrag vor 611 12; Erfüllungsgehilfe **278** 16; sa Arbeitnehmerüberlassung
Dienstvertrag 611–630; Abgrenzung **vor 611** 11; Abschluss **vor 611** 5; Abschlussmängel **vor 611** 5; Abschlussverbote **vor 611** 7; allg Arbeitsbedingungen **vor 611** 36; Anbahnung **vor 611** 5; Anwesenheitsprämie **611** 34; Ausbildungsverhältnis **vor 611** 55–57; Aussperrung s dort; als Austauschvertrag **vor 611** 1; Benachteiligungsverbot **611 a;** zwischen Eltern und Kind **1619** 5; Gleichbehandlungsgrundsatz s dort; Kurzerkrankung, häufige als Kündigungsgrund **622** 9; und Maklervertrag **vor 652** 6; Maßregelungsverbot **612 a;** Mutterschaftsurlaub **622** 7; Pflicht zur Beschäftigung **611** 44; Schutzwirkung für Dritte **328** 36; selbständiger **vor 611** 18; unselbständiger **vor 611** 28; Vergütung **611** 29; unverschuldete Verhinderung **616** 8 f *(zB Unfall, Selbsttötungsversuch);* Verschwiegenheitspflicht **611** 26; Versorgungsanwartschaften **611** 35; als gegenseitiger Vertrag **vor 611** 4; Zustandekommen **vor 611** 5; Zustimmungserfordernisse **vor 611** 7
Differenzgeschäft, Abgrenzungen **764** 2; Begriff **764** 2; Börsentermingeschäft **764** 1; Differenzeinwand **390** 1; **764** 1; offenes **764** 2; verdecktes **764** 2
Differenzmethode 1361 10
Differenzschaden s Schaden
diligentia quam in suis, Anwendungsbereich **277** 2; Begriff **277** 3
Dingliches Recht sa Anspruch, dinglicher; s Recht, dingliches; sa Rechtsgeschäft, dingliches; sa Vertrag, dinglicher; sa Vorkaufsrecht, dingliches
Direkterwerb 398 9; **929** 23, 47
Direktionsrecht s Weisungsrecht
Disagio 246 3 f
Diskont 272 2
Diskriminierung, mittelbare **611 a, b** 5
Dissens s Einigungsmangel
Dividendenschein s Gewinnanteilschein
Dokumentenakkreditiv 783 12
Domain Grabbing 138 18
Domain Name & (Internet Name) 12 3
Doppelbuchung im Grundbuch **891** 7; **892** 7
Doppelehe als Eheverbot **1306–1308** 2
Doppelmangel 812 29, 42
Doppeltatbestand beim Rechtsgeschäft **vor 104** 2
Doppelzuständigkeit von Betreuer und Betreutem **1896–1908 a** 17
Draufgabe, Begriff **336–338** 1; Rückgabe **337;** bei Unmöglichkeit **338**
Dreipersonenverhältnis, Abkürzung durch Direktleistung **812** 30; und Bereicherungsausgleich **812** 7, 29; Einwendungsdurchgriff **320** 8

Ehe

Dreißigster 1969 1 f
Dreizeugentestament 2250 1–5; **2252** 1
Dritter, Ablösungsrecht des – **268;** Auszahlung eines Darlehens an oder durch – **488** 13; Bezugsberechtigung beim Lebensversicherungsvertrag **330** 4; **331** 5; Erlöschen von Rechten – **949; 950** 5; Gebrauchsüberlassung an – bei Leihe **603** 2; **604** 5; Haftungserleichterung der Hauptpartei auch für – **328** 30; Leistung an – als mittelbare Schenkung **516** 8, 16; Leistung durch – **267;** Leistung nach Todesfall an – **331;** Leistungsbestimmung durch – **317;** Rückgriff bei Leistung **267** 11; bei Schenkung unter Auflage **525–527** 5, 7, 10; Vertrag mit Schutzwirkung für – **328** 19; Vertrag zugunsten – s dort
Drittklausel als AGB **310** 7
Drittschaden beim Auftrag **664** 4; Geltendmachen **vor 249–253** 23; Mitverschulden des Verletzten **846** 1
Drittschadensliquidation vor 249–253 19; Mitverschulden des Vertragspartners **254** 12; beim Reisevertrag **651 b** 2; beim Werkvertrag **644, 645** 13
Drittwirkung von Grundrechten im Arbeitsrecht **vor 611** 31
Drohung, Anfechtung **123; 2078** 7; Anfechtungsfrist **124** 2; Kausalität **123** 18; als sittenwidrige Schädigung **826** 16; Widerrechtlichkeit **123** 12
Druckkündigung eines Dienstvertrages **626** 26
Duldung s Unterlassen
Duldungspflichten des Mieters **554** 3
Duldungsvollmacht 167 8
Durchgangserwerb 929 24; **930** 18
Durchgriff bei unentgeltlicher Verfügung **816** 23; bei unentgeltlicher Weitergabe des Erlangten **822** 3; sa Einwendungsdurchgriff
Durchgriffshaftung bei juristischer Person **vor 21** 1
Düsseldorfer Tabelle vor 1360–1361 2

Echtheit, 126 a 8 *(Anscheinsbeweis)*
ec-Karte, Missbrauch **676 h** 2, 7
EDV, Sachmangel **434** 31
EDV-Programme, Produkthaftung **823** 141
Effektiver Jahreszins s Zins
Ehe vor 1297 1; Antrag auf Aufhebung **1313–1318** 7; Aufhebung **1313–1318;** Ausschluss der Aufhebung **1313–1318** 1; Folgen der Aufhebung **1313–1318** 8; keine Aufhebung bei Bestätigung **1313–1318;** Aufhebungsgründe **1313–1318** 2; Auflösung bei falscher Todeserklärung **1319–1320;** kirchliche Verpflichtungen **1588;** Lebenszeitprinzip **1353** 1; Persönlichkeitssphäre **1353** 3; räumlich-gegenständlicher Bereich **823** 90 f; **vor 1353** 3; **1353** 3; Schutz **vor 1353** 3; Wirkungen

Teichmann 1907

Ehefähigkeit fette Zahlen = §§

vor 1353 1; Zugewinnausgleich s dort; sa eheliche Lebensgemeinschaft; sa Unterhalt, ehelicher
Ehefähigkeit 1303–1304 2; Verfahren 1303–1304 4
Ehefähigkeitszeugnis 1309
Ehegatte, Annahme der Erbschaft bei Gütergemeinschaft 1432; Eintritt in Mietverhältnis 563, 563 a; Erbteil des überlebenden – 1371 5; Erwerbstätigkeit 1356 4; vorrangige Haftung für Unterhalt 1608; Haushaltsführung 1356 2; Mitarbeit 1353 5; Rentenanspruch bei Tötung des haushaltsführenden – 844 6 f; Rentenanspruch des unterhaltsberechtigten Partners bei Tötung 844 5; Sorgfaltspflicht 1359; Verfolgung von Ansprüchen 1353 6; Verletzung des haushaltsführenden – vor 249–253 9; 842 4; Verletzung des im Gewerbe mitarbeitenden – 844 9
Ehegatten, unbenannte Zuwendungen unter – 313 34
Ehegattenerbrecht, Ausschluss 1933 1; Erbteil 1931 2; Scheidungsantrag und Aufhebungsklage 1933 1; 2077 7; 2268 1; 2279 1; Voraus 1932 1; Voraussetzung 1931 1; und Zugewinnausgleich s dort
Ehegattengesellschaft 705 13
Ehegatteninnengesellschaft vor 1363 6
Eheliche Lebensgemeinschaft, Klage auf Herstellung 1353 8; Pflichten 1353 8 *(Durchsetzbarkeit)*, 4 *(Grenzen)*, 3 *(personenrechtliche)*, 4 *(vermögensrechtliche)*; Verpflichtung zur – 1353 2; sa Lebensgemeinschaft, nichteheliche
Eheliche Lebensverhältnisse als Maßstab bei Getrenntlebensunterhalt 1361 7; als Maßstab des nachehelichen Unterhalts 1578 1
Eheliches Güterrecht s Güterstände
Ehemaklervertrag, Anwendungsbereich 656 2, 3; Rechtsfolgen 656 5, 6; Vertragsgestaltung 656 4
Ehemündigkeit 1303–1304 3
Ehename 1355 2; Erklärung der Namenswahl 1355 3; Form der Erklärung 1355 6; Namensführungssitten 1355 7; nach Verwitwung oder Scheidung 1355 5
Ehescheidung s Scheidung der Ehe
Eheschließung 1310–1312; Form 1310–1312 4; Mangel 1313–1318 1; persönliche Voraussetzungen 1303–1304 1–3; Voraussetzungen 1310–1312 2
Eheverbot der Adoptionsverwandtschaft 1306–1308 5; Bedeutung 1306–1308 1; der Doppelehe 1306–1308 2; der Verwandtschaft 1306–1308 3–4
Ehevermittlungsvertrag s Maklervertrag, Ehemaklervertrag
Ehevertrag vor 1408 3; 1408; Abdingbarkeit des Versorgungsausgleichs 1408, 1409 4; Abschluss 1409 12; Änderung von Teilen des Güterstandes durch – 1408, 1409 3; beschränkt Geschäftsfähige 1411 2; Eintragung im Güterrechtsregister 1412 1; Form 1410; Geschäftsunfähige 1411 3; Grenzen der Privatautonomie 1408, 1409 8; Wirkungen der Eintragung im Güterrechtsregister 1412 4; Wirkungen gegenüber Dritten 1412
Ehewohnung bei Getrenntleben 1361 b; Nutzungsvergütung bei Zuweisung 1361 b 7; Rechtsfolgen der Zuweisung bei Getrenntleben 1361 b 4; Voraussetzungen der Zuweisung bei Getrenntleben 1361 b 2; Zwangsvollstreckung bei Zuweisung 1361 b 10
Ehrverletzung s Beleidigung
Eidesstattliche Versicherung des Erbschaftsbesitzers 2027 2; im Erbscheinsverfahren 2356 2; des Hausgenossen des Erblassers 2028 4; bei Inventarerrichtung 1993–2013 5
Eigenbedarf des Vermieters von Wohnraum 573 3; Vortäuschung 573 4
Eigenbesitz 872; Eigentumsvermutung 1006 2; unberechtigter vor 987 7
Eigengrenzüberbau 912 11
Eigenhändlervertrag 311 22
Eigenmacht, verbotene 858 2, 7
Eigennutz 242 43
Eigenschaft, Begriff 437 23; verkehrswesentliche 119 15; zugesicherte 276 41
Eigenschaftsirrtum 119 11; und Identitätsirrtum 119 9
Eigentum 903–1011; Abwehransprüche 1004; Arten vor 903 5; Aufgabe s dort; Beeinträchtigung 1004 4; Begrenzungen 905; 1004 22; Begriff vor 854 1; vor 903 1; Beschränkungen vor 903 2; 903 4; 906; Einwirkung auf – vor 903 9; 906 2; 1004 4; Gegenstand vor 903 1; iSd GG vor 903 11; Inhalt vor 903 1–3; öffentl vor 903 4; Schutz vor 985 1, 4; Verletzung s Eigentumsverletzung
Eigentümer, Abwehransprüche 1004 1; Ausschließungsrecht bei Einwirkungen 906 1; Befugnisse 903; Beseitigungsanspruch 1004 6; Herausgabeanspruch 985; Nebenansprüche 987–993; Nutzungsherausgabe an – vor 987 1, 2; 987; 988; 990; 991; 993; Schadensersatzanspruch vor 987 2; 989–992; Unterlassungsanspruch 1004 10; Verfolgungsrecht 1005
Eigentümer-Besitzer-Verhältnis, allg vor 985 1; vor 987 1; Anwendungsbereich vor 987 3; Haftungsgrenzen 993 1; Konkurrenzen vor 987 10–15; Regelungsprobleme vor 987 2; und ungerechtfertigte Bereicherung vor 987 13; Verwendungsersatz vor 994–1003 1 ff; 994–1003 5
Eigentümergrunddienstbarkeit 1018 8
Eigentümergrundschuld 1177 1, 8; 1196; Abweichungen von Fremdgrundschuld 1197; bei Ausschluss unbekannter Hypothekengläubiger 1170, 1171 1; Bestellung

1196 2; Betreiben der Zwangsvollstreckung **1197** 2; endgültige **1163** 1; bei Gesamthypothek **1172** 3; **1175** 1–3; ges Löschungsanspruch **1179 a** 3, 8, 13; vertraglicher Löschungsanspruch **1179** 5; **1179 a** 13; nachträgliche **1163** 2; bei Nicht-(mehr)bestehen der Hypothekenforderung **vor 1113** 20; **1139** 1; **1143** 6; **1163** 1, 8, 13; **1177** 2; Pfändung **1177** 6; bei Tilgung der Grundschuld **1191** 11; **1192** 2; vor Übergabe des Briefs **1163** 18; **1192** 2; Übertragung **1196** 3; Umwandlung in Hypothek **1177** 5; Unterwerfung unter sofortige Zwangsvollstreckung **1196** 2; ursprüngliche **1163** 1; bei Verzicht auf Hypothek **1168** 4; **1169** 1; **1192** 2; Verzinsung **1177** 3; **1197** 2; vorläufige **1163** 1; Zweck **879–882** 11; sa Eigentümerhypothek

Eigentümerhypothek vor 1113 19; **1163; 1177** 1; Berichtigungsanspruch **1163** 9; Bestellung **vor 1113** 19; **1196** 1; fehlende Briefübergabe **1163** 18; Erlöschen der Forderung **1163** 13; Erwerb **1143** 4; **1177** 8; forderungsbekleidete **vor 1113** 19; forderungsentkleidete **vor 1113** 20; Nichtentstehen der Forderung **1163** 8; Umwandlung allg **1198** 5; Umwandlung in Fremdhypothek **1163** 12; sa Eigentümergrundschuld

Eigentümernießbrauch 1030 3
Eigentümerpfandrecht 1256 1, 2
Eigentümerreallast 1105–1108 1
Eigentumserwerb, Aneignung **958**; Arten **vor 929** 2; bewegliche Sachen **929** 2; Beweis **vor 929** 3; **1006** 1; Ersitzung **vor 937** 3; Grundstücke **925;** lastenfreier **936;** und Rechte Dritter **936;** Stellvertretung **929** 21; **930** 18

Eigentumserwerb vom Nichtberechtigten 932–936; bei Abhandenkommen s dort; durch Abtretung des Herausgabeanspruchs **934** 2; allg **932** 1, 3; bei Besitzmittlungsverhältnis **933** 2; bei bösem Glauben s dort; bei schlichter Einigung **932** 20; **934** 3; nichtrechtsgeschäftlicher Erwerb **932** 12; Genehmigung **932** 13; Informationspflicht **932** 17; andere Mängel als Fehlen des Eigentums **932** 8; und Rechte Dritter **936;** rechtspolitische Rechtfertigung **932** 7; Rückerwerb vom Nichtberechtigten **932** 3; Schiff **932 a;** Stellvertretung **932** 19

Eigentumsstörung, Abgrenzung von Beeinträchtigung und Schaden **1004** 7; Abwehransprüche **1004;** Abwehrberechtigter **1004** 14; Beseitigung nur der Störungsquelle **1004** 7; Duldungspflicht **1004** 21; Grundbuchberichtigung **1004** 26; Konkurrenzen **1004** 26; Rechtswidrigkeit **1004** 21; Verjährung **1004** 25

Eigentumsverletzung 823 6 f; Eingriff in die Funktion **823** 8; Eingriff in die Substanz **823** 7; Einwirkungen als – **823** 9; und fehlerhafte Herstellung **823** 6; ideelle Störungen als – **823** 9

Eigentumsverlust 928; vor 929 4
Eigentumsvermutung 1006; bei Sachen im Besitz von Ehegatten **1362;** Zwangsvollstreckung bei – **1362** 10

Eigentumsvorbehalt 449; 929 25; Anwendungsbereich **929** 26; Arten **929** 27; Bedingung **449** 5; **929** 37; Begriff **449** 4; Besitzrecht **929** 59; Besitzschutz **929** 57; einfacher **929** 27; einseitiger **449** 7; Erfüllung **929** 35; erweiterter **929** 31; Erwerb vom Nichtberechtigten **929** 38; und Factoring **398** 30 f; und Globalzession **398** 18; Herausgabeanspruch des Verkäufers **449** 12; Insolvenz des Verkäufers/Käufers **14; 929** 41, 56; bei kollidierenden AGB **929** 34; Kontokorrentvorbehalt **929** 31; Konzernvorbehalt **449** 8; **929** 32; Leistungsstörungen **449** 11–13; nachgeschalteter **929** 30; nachträglicher **449** 7; **929** 34; Rechtsstellung des Käufers **929** 43; Rechtsstellung des Verkäufers **929** 10; Rücktritt **449** 12; **929** 36; Verjährung der Kaufpreisforderung **449** 12; Verkauf unter – **449** 4; verlängerter **449** 10; **929** 28; vertragswidriger **449** 7; weitergeleiteter **929** 30; Zwangsvollstreckung **929** 42, 53

Eigentumsvormerkung 883 1, 15, 18
Einbenennung des Kindes 1618
Eingetragene Lebenspartnerschaft vor 1297 5; Einfluss auf nachehelichen Unterhalt **1586;** Umgangsrecht für Kind **1685;** Verbleiben des Kindes **1682;** vorrangige Haftung für Unterhalt **1608**

Eingliederung s Dienstvertrag, Zustandekommen

Eingriffskondiktion 812 49–70; und Leistungskondiktion **812** 82; bei Verfügung eines Nichtberechtigten **816** 2

Einigung 873 17; Anwartschaft aus bindender – **873** 19; zugunsten Dritter **873** 12; Eigentumserwerb **929** 4; und Eintragung **873** 8; über Leistungszweck **812** 19; Widerruflichkeit **873** 18; **929** 6; sa Auflassung

Einigungsmangel, offener **154;** Schadensersatz bei – **155** 17; versteckter **155**

Einmalklausel als AGB **310** 8
Einrede der Anfechtbarkeit **2083** 1 f; der Arglist **242** 37, 44; **421** 10; **709–713** 21; **738–740** 6; **826** 10, 15; des Beschenkten **525–527** 8; **528, 529** 5; der beschränkten Minderjährigenhaftung **1629 a** 6; der Dürftigkeit des Nachlasses **1990, 1991** 1; aufschiebende – des Erben **2014–2017;** Erfüllung trotz – **813** 2; gegen Hypothek **1137** 1; **1138** 4; **1157;** **1169;** des nichterfüllten Vertrags **320;** des Notbedarfs **519** 1; bei Pfandrecht **1211;** und Schuldnerverzug **280** 33 ff; der uH **853;** der Verjährung s dort; des Zurückbehaltungsrechts **273** 19, 21

Einrichtung fette Zahlen = §§

Einrichtung, Haftung des Mieters bei Einsturz und Ablösung **837** 2
Einsichtsfähigkeit s Verschuldensfähigkeit
Einstweilige Verfügung, Erwerbsverbot **135**; **135**, **136** 4; Veräußerungsverbot **135**, **136** 4; Vormerkung **885** 6; Widerspruch **899** 4
Eintragung in das Grundbuch 873 33; Antrag **873** 24; Bedürftigkeit **873** 5; Bewilligung **873** 26; Bezugnahme auf Bewilligung **874**; und Einigung **873** 8; Eintragungsfähigkeit **873** 3; Vollzug **873** 34; Voraussetzungen der GBO **873** 24
Eintrittskarten 807 1
Einwendung gegen Hypothek **1137** 1, 7; rechtsvernichtende **275** 31
Einwendungsdurchgriff bei verbundenen Verträgen **359**; beim Vertrag zugunsten Dritter **334**; beim Werkvertrag **631** 17
Einwendungsverzicht, Verbraucherdarlehensvertrag **496**
Einwilligung 182 1; **183**; **185** 6; eines nicht voll Geschäftsfähigen in Freiheitsberaubung **vor 104** 24; mutmaßliche **823** 56; in Operation **vor 104** 24; **823** 55, 54 *(nicht voll Geschäftsfähiger)*; als Rechtfertigungsgrund **823** 54 f; in Risiken **254** 16, 18; **823** 55; Unwirksamkeit **823** 54; des Verletzten **823** 54 f
Einzelsache, einfache und zusammengesetzte **vor 90** 4; **93** 1
Einziehung einer Forderung durch Nichtberechtigten **816** 15
Einziehungsermächtigung 185 3; **398** 26; des Lastschriftschuldners **185** 3
electronic cash, Begriff **676 h** 5
Elektronischer Geschäftsverkehr 311 2; **312 e**; Abdingbarkeit **312 e** 9; sachlicher Anwendungsbereich **312 e** 3; Informationspflichten **312 e** 5; Unternehmerpflichten **312 e** 4; Vertrag im – **312 e** 3; Zugangsbestätigung **312 e** 5
Elterliche Sorge vor 1626; Alleinentscheidungsrecht **1687** 1; Alleinsorge der Mutter **1626 a–1626 e** 14; Alleinvertretungsmacht **1629** 3; allg **1626** 1; Anordnung des Familiengerichts bei Verhinderung **1693**; Antrag auf Übertragung **1671** 4; Aufwendungsersatzanspruch **1648**; Ausfall des Alleinsorgeberechtigten **1681** 3; Ausfall eines Elternteils **1681** 1; alleinige Ausübung aufgrund Zustimmung **1627**; **1628** 1; einvernehmliche Ausübung **1627**; einvernehmliche Ausübung bei Trennung **1687** 3; Beschränkungen **1626** 2; Beschränkungen der Vertretungsmacht **1629** 6; Dauer **1626** 6; Eingriff in Personensorge **1666–1667** 3; Eingriff in Vermögenssorge **1666–1667** 12; Eingriff, Verfahren **1666–1667** 17; Einschränkung bei Pflegerbestellung **1630**; Einwilligung des Kindes in Heileingriff **1626** 8; bei Familienpflege **1630** 5; **1688**; Fortführung der Geschäfte bei Ende **1698 a;** Geltendmachung von Unterhaltsansprüchen **1629** 7; gemeinsame – bei Heirat der Eltern **1626 a–1626 e** 12; gemeinsames Sorgerecht **1687**; Gesamtvertretung **1629** 2; Geschäftsbesorgung bei Tod des Kindes **1698 b**; Haftung der Eltern gegenüber Kind **1664**; Haftung des Kindes **1626** 9; Haftungsmaßstab **1664** 5; Hindernisse **1673**; Inhaber **1626 a–1626 e** 1–2; Inhalt **1626** 2; Meinungsverschiedenheiten der Eltern **1628**; Mitwirkung des Kindes **1626** 7; Nebensorgerecht **1673–1675** 5; nicht miteinander verheiratete Eltern **1626 a**; Ruhen **1673**; **1674**; Ruhen nach Einwilligung in Adoption **1751;** Schutz **1626** 5; Tod eines Elternteils **1680**; Todeserklärung eines Elternteils **1677**; Trennung der Eltern **1671**; Übertragung auf einen Elternteil **1671** 1; Übertragung auf Vater **1672**; Übertragung des Entscheidungsrechts auf einen Elternteil **1627**, **1628** 2; Übertragung, Verfahren **1671** 16; Übertragung von Angelegenheiten der – auf Pflegeperson **1630;** Verbleiben des Kindes bei Bezugsperson **1682;** Verhinderung der Ausübung **1678;** Verletzung der – durch Vorenthaltung des Kindes **823** 14; Vertretungsrecht **1629** 2
Eltern, Ausübung des gemeinsamen Sorgerechts trotz Trennung **1687** 1; elterliche Sorge bei Trennung **1671;** ges Vertretung für minderjähriges Kind **1629;** Getrenntleben **1671** 3; Umgang des Kindes mit – **1626** 11; Umgang mit Kind **1631–1633** 22
Empfängerhorizont als Zurechnungskriterium bei Leistungskondiktionen **812** 26
Empfangsbote, Begriff **120** 5; Zugang bei – **130** 7, 9
Endtermin 163
Endvermögen für Zugewinnausgleich **1375**
Energieversorgung, Vertrag **311** 25
Entbindungskosten s Unterhalt der nicht mit dem Kindesvater verheirateten Mutter
Enterbung 1937–1941 1, 4; Irrtumsanfechtung **1937–1941** 4; Pflichtteil **1937–1941** 4
Entgeltforderung, Begriff **286** 32; Verzug **286** 32
Entlastungsbeweis 831 10; bei Aufsichtspflicht **832** 6 f; dezentralisierter **831** 13
Entmündigung, Abschaffung **vor 1896** 3
Entreicherung und Rücktritt **346** 4; des Schenkers **516** 6
Erbanteil s Erbteil
Erbauseinandersetzung, Aufschub **2043** 1; **2045** 1; Ausgleichung s dort; Ausschließung **2042** 1; Durchführung **2042** 7; Einkommensteuer **vor 2032** 6; Inhalt des Vertrages **2042** 5; Klage auf – **2042** 8; Landgut, Übernahme **2049** 2; Minderjährige **2042** 4; Miterbe als Nachlassgläubiger **2046** 3; unbekannte Miterben **1960** 8;

magere Zahlen = Randnummern

1961 1; Nachlassverbindlichkeiten **2046**; Recht auf – **2042** 1; Steuerrecht **vor 2032** 6; Teilauseinandersetzung **2042** 10; Teilungsanordnung **2048** 1 f, 4; Teilungsregeln **2042** 7; bei Testamentsvollstreckung **2042** 11; **2204** 1–3; gericht Vermittlung **2042** 6; Versteigerung **2042** 9; Verteilung des Überschusses **2047** 1; durch Vertrag **2042** 2; Wirkung **2042** 12; Zustimmung des Ehegatten **2042** 5

Erbausgleich, vorzeitiger des nichtehelichen Kindes, Verjährung **1934 d** 7

Erbbaurecht, Form des Veräußerungsvertrages **311 b** 3; Haftung bei Gebäudeeinsturz und Ablösung von Teilen **837** 2; als grundstücksgleiches Recht **vor 90** 2

Erbe, Aufwendungsersatz **1959** 1; **1978** 1; Auskunftspflicht **2038** 9; **2057** 1 f; **2314** 1, 10; Besitz **857**; Dreimonatseinrede **2014** 1–3; Einzelansprüche gegen Erbschaftsbesitzer **2029** 1; Haftung s Erbenhaftung; Insolvenzantragspflicht **1980** 1; Inventarerrichtung **1993–2013** 2; Mehrheit s Erbengemeinschaft; Miterbe s dort; Nachlassverwaltung s dort; Nichtvorhandensein **1930** 1; Pflichtteilsberechtigter **2318** 1; Prozessrechtsverhältnis **1922** 8; Schulden **1967** 4; Staat als – **1936** 1; **1964–1966**; ungewisser **1960** 2; **2043** 1; **2105** 3; Verfügungsbeschränkung bei Nachlassverwaltung **1984–1985** 4; Verfügungsbeschränkung bei Testamentsvollstreckung **2211** 1; Verschweigungseinrede **1970–1974** 6; bei Vertrag zugunsten Dritter auf den Todesfall **331** 3; Verzicht s Erbverzicht; schuldrechtliches Vorkaufsrecht **470**; Wegfall **2094** 1; **2096** 1

Erbeinsetzung 1937–1941 1, 3; **2087–2099**; Anwachsung **2094**; **2095**; Auslegungsregeln **2066–2073**; **2091**; **2092**; bedingte **2066** 2; **2074–2076** 1; unerlaubte Bedingung **2074–2076** 4; auf Bruchteil **2088–2092**; unbestimmte Erbteile **2091** 1; Ersatz- bei Wegfall eines Abkömmlings **2068** 1; **2069** 2–5; Ersatzerbe **2096–2099**; noch nicht Gezeugter **2101** 1–3; mehrdeutige **2073** 1; als Nacherbe **2100** 3; Personengruppe **2071** 1; wahlweise **2073** 1; widersprüchliche Verfügung **2089**, **2090** 1

Erbenermittlung 1964; **2262** 1; an Aktien **2032** 10

Erbengemeinschaft vor 2032; **2032** 1; an Aktien **2032** 4 e; Auseinandersetzung s Erbauseinandersetzung; Auskunftspflicht **2038** 9; Entstehung **2032** 2; Geltendmachung von Ansprüchen **2039** 3–5; an GmbH-Anteil **2032** 4 d; Nachlassforderung s dort; Notgeschäftsführung eines Miterben **2038** 6; Rechtsnachfolge der – im Handels- und Gesellschaftsrecht **2032** 4; Übertragung von Rechten **2032** 3; Verwaltung **2038** 1–3

Erbenhaftung, anteilige **2058–2063** 6; Ausgleichungspflicht der Miterben **2058–2063** 5; beschränkte **vor 1967** 2–4, 6; **1975** 2; **2325** 2; Beschränkungsrecht des Miterben **2058–2063** 3; Dürftigkeitseinrede **vor 1967** 2; **2325** 2; bei mehreren Erbteilen **2007**; Erschöpfungseinrede **1989** 1–3; gesamthänderische **2058–2063** 8; gesamtschuldnerische **2058–2063** 5; Geschäftsschulden **1967** 6; Gläubiger-Miterbe **2058–2063** 9; Inventarverzeichnis **vor 1967** 5; Nachlassinsolvenz **vor 1967** 2; bei Nachlassinsolvenz **1975** 2; **1978** 1–3 *(für bisherige Verwaltung)*; Nachlassinsolvenz, Nachlassvergleich, Nachlassverwaltung **1975** 1 f; Nachlassverbindlichkeiten **1967–1969**; **1979**; bei Nachlassvergleich **1975** 2; **1978** 1–3 *(für bisherige Verwaltung)*; bei Nachlassverwaltung **1975** 2; **1978** 1–3 *(für bisherige Verwaltung)*, s dort; unbeschränkte **vor 1967** 1; **1993–2013** 7; **1994**; **2005**; **2013**; **2016** 1–3

Erbersatzanspruch, allg **1924** 3; Auskunftsanspruch **1934 a**; **1934 b** 5; **2314** 9; Beschränkungen und Beschwerungen **2306** 7; Entziehung **2338 a** 1 f; Übergangsrecht **1924** 3; Verzicht **2346** 1; Zusatzpflichtteil **2305** 1; testamentarische Zuweisung **2304** 2

Erbfähigkeit 1923 1

Erbfall 1942 2

Erbfolge, gewillkürte 1937–1941

Erbfolge, gesetzliche 1922–1941; bei Adoption **1924** 2; **1925** 2; bei Kindern nach künstlicher Befruchtung **1924** 4; nach Linien **1924** 5; Rangfolge der Ordnungen **1930** 1; Sondererbfolge für Erbschaftsgegenstände **1922** 14; nach Stämmen **1924** 5; **1928** 1; vorweggenommene **vor 2274** 3

Erbrecht und GG **vor 1922** 1; interlokales Recht **vor 1922** 5; internationales Recht **vor 1922** 3; in den neuen Bundesländern **vor 1922** 4; nach ZGB **vor 1922** 11

Erbschaft, Anfall **1942** 2; Annahme s Annahme der Erbschaft; Ausschlagung s Ausschlagung der Erbschaft; Herausgabe **2130–2134** 1; Kauf s Erbschaftskauf; Nießbrauch **1089**; vorzeitiger – als schadensmindernder Vorteil **vor 249–253** 41

Erbschaftsanspruch s Erbschaftsbesitzer

Erbschaftsbesitzer 2018–2031; Anspruchsgläubiger **2018** 1; Auskunftspflicht **2018** 4; **2027** 1–5; bösgläubiger **2024** 1–3; Erbrechtsanmaßung **2018** 3; Erbschaftsanspruch **2018** 4; Ersitzung **2026** 1 f; Gutglaubensschutz **2019** 4; Haftung bei Einzelansprüchen **2029** 1; Haftung bei uH **2025** 1 f; Haftung bei Unmöglichkeit der Herausgabe **2021** 1–3; Haftung nach Rechtshängigkeit **2023** 1 f; Herausgabe der Nutzungen und Früchte **2020** 1; Herausgabe des Erlangten **2018**

Erbschaftsgegenstände

2; Herausgabeanspruch des Nacherben 2130–2134 1; Rechte 2022 4 f; Rechtsgeschäft mit Erbschaftsmitteln 2019 3; Scheinerbfolge 2031 1; Stufenklage 2018 4; Surrogation 2019 1 f; Verwendungsersatz 2022 1–4

Erbschaftsgegenstände, Ersatz bei Verbrauch 2130–2134 4; Unmöglichkeit der Herausgabe 2021 1–3

Erbschaftskauf 2371–2385; Anzeigepflicht 2384 1; Form 2371 1; Gefahrübergang 2380; Haftung des Käufers gegenüber Erben 2030 1–3; Haftung des Käufers gegenüber Nachlassgläubigern 2378; 2382 1; 2383 1; Haftung des Verkäufers 2375 1; 2376 1; 2382 1; Herausgabepflicht 2374; Lasten 2379; Nutzungen 2379; Verwendungen 2381; Weiterverkauf 2385

Erbschaftssteuer, Auflage vor 2192 4; Beerdigungskosten 1968 6; Ehegattenerbteil 1931 5; Erbscheinserbe 2365 2; Erbvertrag vor 2274 5; Erbverzicht 2346 8; Kinder des Erblassers 1924 6; Lebensgefährte 1931 5; Miterbe vor 2032 3; Nacherbe 2100 2; Nießbrauchvermächtnis 2100 4; Pflichtteil 2303 9; Schenkungen 2301 10; gemeinschaftliches Testament 2269 9; Testamentsvollstrecker vor 2197 3; Vermächtnis vor 2147 3; Vorausvermächtnis vor 2032 5; Zugewinnausgleich 1931 5 f

Erbschaftsvertrag 311 b 67 f

Erbschein 2353–2370; Anhörung der Betroffenen 2360 1; Antragsberechtigte 2353 4; Antragsinhalt 2353 5; 2354–2356; Auskunftspflicht 2362 1; Begriff 2353 1; Berichtigung 2361 3; Beschränkungen des Erben 2306 3; Beschwerde 2353 9–11; 2361 9; Beweislast 2358 2, 3; Beweismittel im Erteilungsverfahren 2356 1–3; Bindung an rechtskräftige Entscheidungen 2359 2; eidesstattliche Versicherung 2356 2; Einziehung 2361 1, 5, 9–11; Ergänzung 2361 3; Ermittlungspflicht des Nachlassgerichts 2358 1 f, 4 f; Erteilung 2353 9; 2358–2360; gegenständlich beschränkter 2353 3; 2369; gemeinschaftlicher 2357 1; Herausgabeanspruch 2362 1; Hoffolgezeugnis 2353 15; Inhalt 2353 7; Leistung an Erbscheinserben 2367 1; bei Nacherbfolge 2363 1, 3 f; öffentl Glaube 2366 1, 5; 2367 1; Rechtsmittel 2353 9; Rechtsschutzbedürfnis 2353 4; Teilerbschein 2353 7; Testamentsvollstreckervermerk 2364 1; Todeserklärung 2370 1; Unrichtigkeit 2361 1; Verfahren 2358–2360; Vergleich 2353 13; Vermutung der Richtigkeit 2365 1; Vorbescheid 2353 12; des Vorerben 2363 1; Zuständigkeit 2353 2

Erbteil, Anwachsung 2094 1; 2095 1; 2099; des überlebenden Ehegatten 1371 5; Erhöhung 1935 1; gemeinschaftlicher 2093 6; 2371 1; Haftung des Käufers 2036 1; Kauf 2034 6; 2371 1; Pfändung 2033 7; Unbestimmtheit 2043 1; Verfügung über – 2033 1–5; Vermächtnis 2307 3; Verpfändung 2033 6

Erbunwürdigkeit 2339–2345; Anfechtungsberechtigter 2341 1; Anfechtungsfrist 2340 1; Anfechtungsklage 2342 1; Geltendmachung 2340; Gründe 2339 1; Pflichtteilsberechtigter 2345 1; Vermächtnisnehmer 2345 1; Verzeihung 2343 1; Wirkung 2344 1

Erbvertrag 1941; 2274–2302; persönlicher Abschluss 2274 1; Anfechtung 2281 1 f, 4, 6; Anfechtungsform 2282 1; Anfechtungsfrist 2283 1; Anfechtungsrecht Dritter 2285 1; Arten vor 2274 2; Aufhebung durch Testament 2291 1; 2292 1; Aufhebung durch Vertrag 2290 1; Auflage 2279 1; Aushöhlung durch Verfügungen unter Lebenden 2286 1 f, 6; Auskunftsanspruch des Vertragserben 2287 6; Bestätigung 2284 1; Beteiligung von Schlusserben 2280 1; Ehegattenerbvertrag 2279 2; 2280 1; Erbeinsetzungsvertrag 2278 1; Eröffnung 2300 1; Eröffnungsfrist 2300 a 1; Form 2276 1–3; Geschäftsfähigkeit 2275 1; Irrtum 2281 2; Nichtigkeit vor 2274 4; 2286 2 f; Rücktritt 2293–2299; Schadensersatzpflicht des Erblassers 2286 4; beeinträchtigende Schenkung 2287 1, 4, 7; und Verfügungen des Erblassers unter Lebenden 2286 1 f, 6; Vermächtnisnehmer, Schutz 2288 1; amtliche Verwahrung 2277 1; Vorbehalt anderweitiger Verfügung 2278 2; Vormerkung 2278 4; Wirkung auf letztwillige Verfügungen 2289 1

Erbverzicht 2346–2352; Anfechtung 2346 6; Aufhebung 2351 1; bei Betreuung 2347 1; zugunsten Dritter 2350 1; und Erbvertrag 2280 1; Form 2346 4; 2348 1; Geschäftsfähigkeit 2347 1; bei Gütergemeinschaft 2347 3; Leistungsstörungen 2346 5; Parteien 2346 1; Rechtsnatur 2346 1; Störung der Geschäftsgrundlage 2346 7; Umfang 2346 2; Voraussetzungen 2347 1; Wirkung 2349 1; Zugewinnausgleichsanspruch 2346 3; auf Zuwendungen 2352 1

Erfolgshonorar, Sittenwidrigkeit 138 15

Erfolgsunrecht, Begriff 227 5; sa Rechtswidrigkeit

Erfüllbarkeit 271 3

Erfüllung 362 1; **362–371;** Beweislast 363 1–3; Erfüllungsvertrag 362 2; bei Gesamtschuld 422–424 1 f; durch Hinterlegung vor 372 1; im Lastschriftverfahren 364, 365 5; Leistung an Dritten 362 3; Leistung an Erfüllungs Statt 364, 365 2; Leistung erfüllungshalber 364, 365 6; Quittung 368; 369 1, 3–5; 370 1, 2; Rechtsnatur 362 2; Schuldschein 371 2; Tilgungsreihenfolge 366 1, 6; 367 1; Überweisung auf Girokonto 364, 365 4; unter Vorbehalt 362 3; Wirkung 362 1; bei Zwangsvollstreckung 362 4

magere Zahlen = Randnummern

Erfüllungsanspruch vor 275 4; Konkurrenz zur Vertragsstrafe 340 1, 4; 341 1
Erfüllungsgehilfe, Begriff 278 6; Beispielsfälle 278 7; Haftung für – 278 1, 10; Haftungsfreizeichnung 278 15; Handeln „bei Erfüllung" 278 12; Handeln „bei Gelegenheit" 278 12; im Leiharbeitsverhältnis 278 16; Lieferant 278 16 *(kein Erfüllungsgehilfe des Verkäufers)*; Mitverschulden 254 11 f; bei öffentl-rechtlichen Verhältnissen 278 4; beim Reisevertrag 278 16; und Verrichtungsgehilfe 278 1; Verschulden 278 13
Erfüllungsgeschäft, dingliches vor 854 13; Nichtigkeit bei Sittenwidrigkeit 138 25; Nichtigkeit bei Verstoß gegen Verbotsgesetz 134 16
Erfüllungsinteresse 122 3; bei Mietverhältnis 536 a 8
Erfüllungsort, Nacherfüllung 439 7 *(Kauf);* sa Leistungsort
Erfüllungsübernahme vor 414 5; 414, 415 5; Begriff und Abgrenzung 329 2; bei Nießbrauch 1041–1047 4
Erfüllungsverweigerung, Haftung 280 17
Ergänzungspflegschaft, Fälle 1909 5; Funktion 1909 1; Pflegerauswahl 1909 7; 1916; Pflegerbenennung durch Dritte 1917; Verfahren 1909 10; Voraussetzungen 1909 2
Erklärungsbote, bewusst falsche Übermittlung 177 9; Zugang 130 10; sa Übermittler
Erklärungsinhalt, Irrtum über – s Inhaltsirrtum
Erklärungsirrtum 119 6
Erklärungstheorie vor 116 2
Erklärungswille vor 116 5
Erlass 397 1, 2; bei Gesamtschuld 422–424 2
Erlöschen von Schuldverhältnissen vor 362 1–4
Ermächtigung eines Minderjährigen, in Dienst (Arbeit) zu treten 113 2; eines Minderjährigen zum selbständigen Betrieb eines Erwerbsgeschäfts 112 2
Ermessen, billiges bei Leistungsbestimmung 315 7; bei Leistungsbestimmung 319 3
Erneuerungsschein 803–805 4
Ernstlichkeit, mangelnde 118
Erprobungskauf 454, 455 3
Ersatz von Mehraufwendungen beim Gläubigerverzug 304; der Schriftform 126 a 3
Ersatzanspruch, Aufwendungen des Erben 1979 2
Ersatzanspruch statt der Leistung (stellvertretendes commodum) 285; Abtretung 285; und Schadensersatz statt der Leistung 285 13
Ersatzerbe 2096–2099
Ersatzfahrzeug, Vorhaltekosten als Schadensersatz 249 4
Ersatzlieferung und Gewährleistung 439 6 *(Kauf);* Unmöglichkeit 439 13
Ersatzmuttervertrag 134 12

Familienangehöriger

Ersetzung der Bestimmung der Leistung 315 11
Ersetzungsbefugnis 262 5; 364, 365 2; des Beschenkten 528, 529 5
Ersitzung vor 937; 937–945; Buchersitzung 900; Erbschaftsbesitzer 2026 1, 2; Feststellung des Zustands der Sache 1034; Nießbrauch 1033; Sachinbegriff 1035; ungerechtfertigte Bereicherung vor 937 4
Erstattungsanspruch beim Überweisungsvertrag 676 b,c 2, 4; verschuldensunabhängiger 676 d,e 5 f *(bei Zahlungsvertrag)*
Erwerb von Todes wegen, Zurechnung zu Anfangsvermögen 1374 7
Erwerbsfähigkeit, Beeinträchtigung 843 2
Erwerbsgeschäft eines Minderjährigen 112 3
Erwerbslosenunterhalt 1573
Erwerbsschaden 824 1 f; nach uH gegen Person 842
Erwerbstätigenbonus 1361 10
Erwerbstätigkeit, angemessene – und nacheheliche Unterhalt 1573 8; 1574; Ehegatten 1356 4; Unterhalt von Verwandten bei unterlassener – 1601–1604 6
Erwerbsunkosten als Bereicherungswegfall 818 33
Erwerbsverbot 311 b 41; gerichtl 135; 135, 136 4; Pfandkauf 450; bei Verkauf in der Zwangsvollstreckung 450; Wirkung 888 8
Erwirkung 242 58
Erzeugnisse, Eigentumserwerb 953–957; Haftung für Hypothek 1120–1122; Haftung für Pfandrecht 1212
essentialia negotii vor 145 2; 155 1; Begriff 119 7
Etablissementsbezeichnung 12 3
Euro, Einführung 244, 245 5; Einführung nicht als Geschäftsgrundlagenstörung 313 38
Eventualanfechtung 121 2; 143 2
Existenzgründer als Verbraucher 13 4; Verbraucherdarlehen 507

Factoring 398 29; unechtes vor 488 13; 675 12
Fahrgemeinschaft vor 104 17
Fahrlässigkeit 276 22; Ausschluss bei Irrtum 276 30; Begriff 276 23; bewusste 276 24; einfache 276 27; grobe 276 26, 33; konkrete 276 27; 277 3; leichte 276 27; leichteste 276 27; unbewusste 276 25
Fälligkeit, Begriff 271 2; hinausgeschobene 271 15; Hypothek 1141; der Miete 556 b; sofortige 271 14
Fälligkeitsgrundpfandrecht vor 1113 8
Falsa demonstratio, non nocet 126 7; 133 9; Testament 2084 3; unbewusst unrichtige Beurkundung 311 b 36
Falschlieferung beim Kauf 434 20
Familie Einf 1297 2
Familienangehöriger, Eintritt in Mietvertrag 563, 563 a 4

Familiengericht, Abänderung von Entscheidungen zum Kindeswohl **1696**; Anordnung der Vormundschaft **1697**; Begrenzung des Alleinentscheidungsrechts **1687** 5; Eingriff bei Hinderung der Sorgerechtsausübung **1693**; Eingriff in elterliche Sorge **1666**; Entscheidung bei Meinungsverschiedenheiten zwischen Eltern und Pfleger **1630** 3; Ersetzung von Erklärungen **1666–1667** 9; Erziehungsunterstützung **1631–1633** 9; Feststellung längerfristiger Ausübungshindernisse bei elterlicher Sorge **1673–1675** 3; Genehmigung von Rechtsgeschäften der Eltern für das Kind **1643**; Inventareinreichung **1640** 4; Maßnahmen gegenüber Dritten **1666–1667** 11; Übertragung der elterlichen Sorge **1671**; Übertragung der elterlichen Sorge auf Vater **1672**; Übertragung einer Angelegenheit der elterlichen Sorge bei Meinungsverschiedenheiten **1628**; umgangskonkretisierende Regelungen **1684, 1685** 11; Verbleibensanordnung **1682** 3
Familienname 12 2; **1355** 2
Familienpflege, Beschränkung der Kindesherausgabe **1631–1633** 18; und elterliche Sorge **1630** 5; Entscheidungsbefugnisse **1688**
Familienrecht, Einigungsvertrag **Einf 1297** 8; IPR **Einf 1297** 8; Regelungsgebiet **Einf 1297** 1; verfahrensrechtliche Vorgaben **Einf 1297** 4–6; als zwingendes Recht **Einf 1297** 3
Familienunterhalt 1360, 1360 a 1, s Unterhalt des Kindes; s Unterhalt, ehelicher; s Unterhalt, ehelicher, bei Getrenntleben; s Unterhalt, nichtehelicher
Fehler, Produkthaftung **823** 138 f; sa Mangel
Fehlschlagen der Nacherfüllung **440** 3
Feiertag, Fristablauf **193** 1
Fernabsatzvertrag 312 b; Abdingbarkeit **312 b** 2; Ausnahmen **312 b** 10; Informationspflichten **312 c**; Internet-Auktionen **312 b** 6; Rechtsfolgen von Informationspflichtverletzungen **312 c** 5; Rückgaberecht **312 d**; Unterrichtung **312 c**; und Verbraucherdarlehensvertrag **312 b** 3; Voraussetzungen **312 b** 5; Widerrufsfrist **312 d** 6 (Beginn); Widerrufsrecht **312 d**, 2, 5 (Erlöschen)
Fertigstellungsbescheinigung im Werkvertrag **641 a** 4, 9–11
Feststellungsklage und Erbrecht **vor 1922** 2
Fiduziarisches Rechtsgeschäft, Schenkung **516** 7
Fiktion des unterbliebenen Widerrufs bei Verbraucherdarlehen **495** 4
Finanzierungshilfe, allg **vor 491 ff** 2, **499** 6; anwendbare Vorschriften **499** 9; Entgeltlichkeit **499** 5
Finanzierungsleasing 500; anwendbare Vorschriften **500** 3; Begriff **500** 2; s Leasing

Finanzierungsleasingverträge vor 491 ff 3
Finder vor 965 2; Anzeigepflicht **965–968** 1; Aufwendungsersatz **970–977** 1; Bereicherungshaftung **970–977** 2; Eigentumserwerb **970–977** 1; Haftung **965–968** 3, 4; Herausgabe **969** 1; Lohn **970–977** 1; ges Schuldverhältnis zwischen – und Empfangsberechtigtem **vor 965** 3; Verwahrungspflicht **965–968** 2, 4
Firmenrecht, deliktischer Schutz **823** 13
Fiskus, Amtshaftung **839** 8, 31; Begriff **89** 1; Erbrecht **1936** 1; **1964 bis 1966**
Fixgeschäft 323 12; absolutes **275** 14
Flaschenpfand 339 15; **vor 1204** 3
Fleischbeschauer, Haftung **839** 7
Fluglärm als Immission **906** 2, 4, 16
Fob-Klausel 269 5
Folgenbeseitigungsanspruch bei Persönlichkeitsrechtsverletzung **823** 86
Folgeschaden vor 249–253 24 f, sa Mangelfolgeschaden
Forderung, Begriff **241** 4; Nießbrauch an – **1074–1080** 2, 5; deliktischer Schutz **823** 17; durch Sicherungshypothek nach § 648 zu sichernde – **648** 7
Forderungskauf 453; Haftung für Zahlungsfähigkeit **453** 4 f
Förderungsprinzip bei Sorgerechtsentscheidung **1671** 9
Form, Abtretung von Rückerstattungsansprüchen (VermG) **311 b** 49; Auftrag **662** 8; Bürgschaftserklärung **765** 3; **766** 2–4; Dienstvertrag **vor 611** 6; Eheschließung **1310–1312** 6; Ehevertrag **1410**; Formfreiheit allg **311** 7; Funktionen **125** 3; Heilung von Mängeln **125** 12; Kündigungserklärung bei Dienstvertrag **626** 18; Mangel **125** 10, 11; Optionsvertrag **463** 8; Rückkauf von Grundstücken **311 b** 28; Schenkung **518** 1 *(Zweck)*; Sorgeerklärung **1626 a–1626 e** 9; **1626** 4; und Treu und Glauben **125** 13–16; Überweisungsvertrag **676 a** 3; Veräußerungsvertrag über ein Grundstück **311 b**; bei Verbraucherdarlehen **492**; bei Verbraucherdarlehensvertrag **492** 2; Vorkaufsvereinbarung **463** 12; Vorvertrag **463** 6; Werkvertrag **vor 631** 12; Wiederkauf **456** 6; Zweck **311 b** 1; sa Beglaubigung, Beurkundung, Schriftform
Form, gesetzliche, Umfang **125** 7
Form, gewillkürte, Umfang **125** 8
Formmangel, Beachtung **311 b** 32; Heilung allg **125** 12; Heilung bei Bürgschaft **766** 5; Heilung durch Auflassung und Eintragung **311 b** 48; Heilung nach BeurkÄndG **311 b** 46; Mietvertrag **550** 5; Heilung beim Vertrag zugunsten Dritter **331** 6
Formularvertrag als AGB **305** 7
Fortbildungsverhältnis vor 611 56
Fortgesetzte Gütergemeinschaft 1483; Ablehnung **1484**; allg **vor 1483** 1; Anrechnung von Abfindungen **1501**; Anteilsunwürdigkeit **1506**; Anteilsverzicht **1517**;

magere Zahlen = Randnummern **Gattung**

Aufhebung **1492**; Aufhebungsklage eines Abkömmlings **1495**; Aufhebungsurteil **1496**; Auseinandersetzung **1497**; **1498**; Ausgleichung bei Zuwendung aus dem Gesamtgut **2054** 1; Ausschließung der Fortsetzung **1510**; Ausschließung durch letztwillige Verfügung **1509**; Ausschließung eines Abkömmlings **1511**; Beendigung **vor 1483** 11; Beendigung durch Tod des überlebenden Ehegatten **1494**; Beendigung durch Wiederverheiratung des überlebenden Ehegatten **1493**; Eintritt **1483**; Entziehung des Anteils eines Abkömmlings **1513**; und Erbrecht **1483**; Gesamtgutsverbindlichkeiten **1488**; **1499**; Haftung des Ehegatten **1489**; Haftungsausgleich unter Abkömmlingen im Innenverhältnis **1504**; Herabsetzung des Anteils **1512**; Pflichtteilsergänzung **1505**; Teilung des Gesamtgutsanteils unter den Abkömmlingen **1503**; Tod eines Abkömmlings **1490**; Übernahmerecht bei Auseinandersetzung der – **1502**; Übernahmerecht eines Abkömmlings **1515**; Verwaltung des Gesamtguts **1487**; Verzicht eines Abkömmlings **1491**; Voraussetzungen **vor 1483** 5; Zeugnis **1507**; zwingendes Recht **1518**
Franchising 311 25, 30
Frauen- und Mutterschutz vor 611 47
Freiheit, Schmerzensgeld bei Verletzung **253** 3; Verletzung als uH **823** 5
Freistellung zur Stellungssuche nach Kündigung **629**
Freistellungsanspruch s Befreiungsanspruch
Freizeichnung in AGB s dort
Freizeichnungsklauseln, Auslegung **276** 55; für Erfüllungsgehilfen **278** 15; Kaufvertrag **444**; Schranken **276** 54; zugunsten Dritter **276** 58
Freizeit, Verlust als Schaden **vor 249–253** 16
Fremdbesitz 872 1, 2
Fremdbesitzer, Hausbesetzung **vor 987** 8; unberechtigter **vor 987** 5; Verwendungsersatz **vor 994** 2
Fremdbesitzerexzess vor 987 6, 12
Fremdwährungsklausel 244, 245 23
Fremdwährungsschuld 244; Valutaschuld **244, 245** 12; Zulässigkeit **244, 245** 14
Frist, Begriff **vor 186** 1; für Kündigung von Dauerschuldverhältnissen **314** 7; im Reisevertrag **651 c** 4 *(zur Abhilfe)*; **651 e** *(Kündigung nach unterlassener Abhilfe)*; sa Ausschlussfrist
Fristbeginn bei Verjährung **196** 7
Fristen, Termine 186–193
Fristsetzung, Entbehrlichkeit **281** 9; **250** 2 *(bei Anspruch auf Wiederherstellung)*; **323** 11 *(bei Erfüllungsverweigerung)*, 12 *(bei Fixgeschäft)*, 14 *(bei Mängeln in Kauf- und Werkvertrag)*; **478** 3, 5 *(bei Rückgriff des Unter-*

nehmers); **323** 11 *(bei Rücktritt)*, 13 *(bei bes Umständen)*; Erlöschen des Rücktrittsrechts nach – **350** 1; zu kurze – bei Anspruch auf Wiederherstellung **250** 2; zur Nacherfüllung **437** 9 ff; und Nacherfüllung **440** *(Kauf)*; bei Rücktritt **323** 8; und Rücktritt **440** *(Kauf)*; bei unterlassener Mitwirkung des Bestellers **642**; **643** 5; Versäumung der Nachfrist **281** 7; zu kurz bemessene Nachfrist **281** 6
Früchte 99–103 2; Eigentumserwerb **955** 2; Erwerb durch Nießbraucher **1039**; Fall auf Nachbargrundstück **911**; Herausgabe im Eigentümer-Besitzer-Verhältnis **993** 2; Übermaß – **99–103** 2
Fund 965–985; durch Arbeitnehmer **984** 2; in öffentl Behörde oder Verkehrsanstalt **978–982** 1 f; Eigentumserwerb **970–977** 1; Rechtsfolgen **vor 965** 3; sa Finder
Fürsorgepflichten im Dienstverhältnis **611** 38

Garantenpflicht im Eltern-Kind-Verhältnis **1618 a** 4
Garantie, Abgrenzung **443** 3; Arten **443** 6–8; auf erstes Anfordern **vor 765** 10, 13; Begriff **443** 2; Beschaffenheitsgarantie **276** 42; Beweislast **443** 15; Form bei Verbrauchsgüterkauf **477** 4; und Gewährleistungsausschluss **443** 13; Haltbarkeitsgarantie **276** 42; Herstellergarantie **328** 5; **443** 7; beim Kauf **443**; Pflichtangaben bei Verbrauchergarantie **477** 3; und Produzentenhaftung **823** 123; der Rechtsmängelfreiheit beim Rechtskauf **453** 5; und Schadensersatz bei Verbrauchsgüterkauf **477** 6; selbständige **443** 8; Übernahme **276** 41; unselbständige **443** 8; bei Verbrauchsgüterkauf **477**; Verjährung **443** 14; und Zusicherung von Eigenschaften **437** 23
Garantievertrag vor 414 7; **vor 631** 6; Begriff **vor 765** 11; und Bürgschaft **vor 765** 13; Garantieanspruch **vor 765** 12, 14; Gegenstand **vor 765** 13; Verjährung **vor 765** 14; und Vertragsstrafe **339** 12
Gastschulaufenthalt und Reisevertrag **651 l**
Gastwirt 701–704; Aufbewahrungspflicht **702** 3; Automatenaufstellungsvertrag mit – **vor 535** 11; Begriff **701** 5; Beweislast für Einbringung und Verlust **701** 12; Erlöschen des Ersatzanspruchs für eingebrachte Sachen **703**; Gastaufnahmevertrag **311** 30; **701** 6; Umfang der Haftung **702** 2; unbeschränkte Haftung **702** 3; Haftung **536 a** 5 *(für Hotelparkplatz)*; von Haftung ausgenommene Schäden **701** 11; Haftung für abgestelltes Fahrzeug **701** 3, 10; Haftung für eingebrachte Sachen **701**; Haftung für Hilfskräfte **701** 6; Haftungsfreizeichnung **702 a**; Pfandrecht **704** 1 ff
Gattung, Begriff **243** 3

Teichmann 1915

Gattungsschuld

Gattungsschuld 243; 275 19; 276 46; Begriff 243 3; beschränkte 243 8; Bestimmung des Leistungsgegenstands 243 7; Bindung des Schuldners 243 11; Gefahrtragung 300 4; Gefahrübergang 243 10; Konkretisierung (Konzentration) 243 9; Leistungsgefahr 300 4, 6; marktbezogene 243 5; Schenkungsversprechen 524 3
Gebäude, Begriff 836 4; Einsturz 836 4; als wesentlicher Grundstücksbestandteil 94 4; Haftung der Grundstücksbesitzers 836 8 *(Entlastungsbeweis)*; Haftung des -besitzers 837 1; Haftung des Grundstücksbesitzers 836; Haftung des Unterhaltungspflichtigen 838
Gebäudeeinsturz, drohender 908
Gebäudereinigungsvertrag vor 631 6
Gebäudeversicherung, Hypothekenhaftung 1127–1130 2
Gebrauchsanweisung, fehlerhafte 823 133; Mangel bei Kauf 434 19
Gebrauchsüberlassung an Dritte bei Leihe 603 2; 604 5; im Mietverhältnis 553; unentgeltliche 516 15
Gebrauchsvorteile, Ausgleich nach Rücktritt 346 3
Gebrauchtwagenkauf, Aufklärungspflicht 433 25; Gewährleistungsausschluss 444 17; böser Glaube 932 17; Sachmängel 434 27
Geburtsname bei Adoption Minderjähriger 1757; bei Bestimmung des Ehenamens nach der Geburt des Kindes 1616–1617 c 3; ohne Ehename der Eltern 1616–1617 c 5; bei Ehenamen der Eltern 1616; 1616–1617 c 2; ohne Ehenamen der Eltern 1617; Grundsätze 1616–1617 c 1; bei Vaterschaftsanfechtung 1616–1617 c 9
Gefahr, Arten vor 446 2; Begriff vor 446 1; Gegenleistungsgefahr (Preisgefahr) 300 4; vor 446; Leistungsgefahr 300 2; vor 446 3; Vergütungsgefahr vor 446 2; Verlustgefahr bei der Geldschuld 270 6; Verzögerungsgefahr bei der Geldschuld 270 7; sa Gefahrübergang
Gefährdung des Anspruchs auf die Gegenleistung 321 3
Gefährdungshaftung vor 823 9 f; Mitverschulden 254 1; des Produzenten 823 137; mehrerer Schädiger 830 2; des Tierhalters 833 1; Verschuldensfähigkeit vor 827–829 2
Gefahrtragung 326 1; Drittschadensliquidation vor 249–253 20; Grundsatz vor 446 4; beim Kauf 446 1; 447 1; bei Leistungshindernis 275 35; beim Werkvertrag 644, 645 3, 4
Gefahrübergang beim Gläubigerverzug 300 4; 446 6 *(Kauf)*; beim Kauf 446 5; Kauf auf Probe 454, 455 8; beim Versendungskauf 447 1
Gefälligkeitsfahrt, Haftung 241 26; Haftung für Gehilfen 831 8; Haftungsverzicht vor 116 8; als Nicht-Rechtsgeschäft vor 104 17
Gefälligkeitsverhältnis vor 104 17; 241 23; 276 53; Abgrenzung 241 24; und Auftrag 662 5; Haftung 241 26; 521 1; und Leihe 598 5; bei Übernahme der Aufsichtspflicht 832 4
Gegendarstellung, Recht auf – vor 823 7; 823 82, 87
Gegenleistung 326 4; Befreiung 326; Bestimmung 316; Erbringen von – nicht als Bereicherungswegfall 818 36; bei Leistungshindernis vor 275 13; als Surrogat der Bereicherung 818 11; unteilbare 275 8
Gegenleistungsgefahr (Preisgefahr) 326 1; Begriff vor 446 3
Gegenseitiger Vertrag 311 13; 320–326; Einrede des nichterfüllten Vertrages 320; Synallagma 311 13; Vermögensverschlechterung 321; Vorleistungspflicht 320 21
Gegenseitigkeit der Forderungen 273 7
Gegenvormund, Pflichten und Rechte 1799; sa Vormundschaft, Genehmigung des –
Geheißerwerb 929 13, 14; 932 15; bei Veräußerungsketten 929 16; 932 15
Gehilfe, Erfüllungsgehilfe s dort; Haftung des – bei Mitwirkung an uH 830 6 f; Verrichtungsgehilfe s dort; Zuziehung beim Auftrag 664 5
Geisteskrankheit 104 3 c
Geistesstörung 104 7; lichter Augenblick 104 7; 105 a 3; Willenserklärung 106 1
Geld, Begriff 244, 245 2; Buchgeld 244, 245 2; Euro-Währung 244, 245 5; Vollzug der Schenkung bei Übertragung von – 518 8; Wert 244, 245 4
Geldkarte, Begriff 676 h 5
Geldschuld 244, 245 1, 6; 276 40; 288 4; Entwertungsrisiko 244, 245 9; Erfüllung 270 4; Gefahrtragung 270 6; und Inhalt 244, 245 6; Kostentragung 270 8; und Miterbenausgleich 2055; Prozesszinsen 291 2; als qualifizierte Schickschuld 270 1; Übermittlung 270 4; Verzinsung, Wegfall 301; Verzugszinsen bei – 288 1; Wertschuld 244, 245 6; Wertsicherungsklauseln 244, 245 18, 22, 24; und Zuwendungen auf den Pflichtteil 2315 2
Geldsortenschuld 255; unechte 244, 245 6
Geldsummenschuld 244, 245 9
Geldwertschuld 244, 245 11
geltungserhaltende Reduktion bei AGB 306 3
Geltungstheorie vor 116 2
Gemeingebrauch 905 4
Gemeinschaft 741–758; Anteil an – 742 1; Anteil am Nutzungen 743–748 2; Aufhebung 749–758 1, 3 f; Aufhebung aus wichtigem Grund 749–758 4; Aufhebung durch Gläubiger 743–748 16; Aufhebungs- und Teilungsvertrag 749–758 3; Aufhebungsausschluss 749–758 4; Entste-

magere Zahlen = Randnummern **Gesamtgut**

hung **741** 2; Forderungsgemeinschaft **741** 5; Form des Auseinandersetzungsvertrags **311 b** 15; Gebrauchsbefugnis **743–748** 3; Gegenstand der – **741** 5; Gesamtschulden **743–748** 12; **749–758** 9; Gewährleistung bei Aufhebung **749–758** 7; Haftung **741** 1; Interessengemeinschaft **741** 4; Klagebefugnis **743–748** 15; Kosten und Lasten **743–748** 8; Miteigentum nach Bruchteilen **741** 7; Notverwaltung **743–748** 12, 14; Sondernachfolge **748** 18; Stellvertretung **743–748** 12; Teilungsplan **749–758** 1, 7; Teilungsvollzug **749–758** 7; Verbindlichkeiten **749–758** 9; Verfügung über den Bruchteil **743–748** 16; Verfügungsgeschäfte **743–748** 14; Verjährung des Aufhebungsanspruchs **749–758** 4; Verpflichtungsgeschäfte **743–748** 12; Versteigerung **749–758** 8; Verwaltung **743–748** 1 f, 10; Wesen **741** 1; Wohnungseigentümergemeinschaft **741** 5, Zurückbehaltungsrecht bei Aufhebungsverlangen **749–758** 4; Zwangsvollstreckung **743–748** 17

Gemeinschaftliches Testament **2265–2273**; Anfechtung **2271** 4, 11; Ausschlagung **2271** 7; Berliner Testament **2269** 1–3, 5–7, 9 f; Bindung **2271** 1, 6; Eheauflösung **2268** 1; eigenhändiges **2266, 2267** 2; Eröffnung **2273** 1; Errichtung **2265–2267**; Form **2266, 2267** 1 f; Nichtehegatte **2265** 1; Nichtigkeit **2265** 1; **2270** 5; Nottestament **2266;** öffentl **2266, 2267** 1; Pflichtteil **2269** 5; Rücknahme **2271** 5; Schlusserbe **2269** 6; Umdeutungen **2265** 1; Verfügung unter Lebenden **2271** 5, 10; wechselbezügliche Verfügungen **2270** 1 f, 4 f; Vermächtnis **2269** 10; Widerruf **2255** 7; **2270** 5; **2271** 1, 6; Wiederverheiratung **2269** 7

Gemeinschaftsverhältnis, nachbarliches **903** 3; **908** 2; **909** 3

Gemischte Verträge **311** 30

Genehmigung **182** 1; **184; 185** 7; behördliche **134** 6; behördliche als Amtspflicht gegenüber Dritten **839** 14; behördliche bei Grundstücksverträgen **311 b** 6; behördliche beim Vorkaufsrecht **463** 18; des Berechtigten zur Verfügung des Nichtberechtigten **816** 5 f; Eigentumserwerb vom Nichtberechtigten **932** 13; formfreie **177** 6; Frist **184** 4; einseitige Gestaltungserklärung **184** 4; Handeln ohne Vertretungsmacht **177** 6; **178** 1; **179** 1; Rückwirkung **184** 2; staatliche – und Inhaltsfreiheit **vor 145** 15; Unmöglichkeit der – **179** 5; Verweigerung **182** 2; **184** 3; Verwirkung **184** 4; des Vormundschaftsgerichts s vormundschaftsgerichtliche Genehmigung

Generaleinwilligung bei Minderjährigen **107** 7

Generalvollmacht **167** 3

Genossenschaft, Form der Satzung **311 b** 28

Gerichtsbeschluss, Richterhaftung **839** 25 f

Gerichtsstand, Verhältnis zum Leistungsort **269** 2, 5

Gerichtsvollzieher, Amtshaftung **839** 31; Gläubigerhaftung bei uH des – **831** 6

Gesamtakt, Begriff **vor 104** 7

Gesamtanspruch, Verjährung **194** 2

Gesamtfälligstellung bei Verbraucherdarlehen **498** 1

Gesamtgläubiger **428–430** 1, 2; Ausgleichungspflicht **430**; Formen der Gläubigermehrheit **vor 420** 1, 2, 6; teilbare Leistung **420** 1 f; und Mitgläubiger **432** 2 f; Oder-Depot **428–430** 3; Vereinigung von Recht und Verbindlichkeit **429**; Verzug **429**

Gesamtgut vor 1415 3; **1416**; Ablehnung eines Vertragsantrags durch nicht verwaltenden Ehegatten **1432**; Annahme der Erbschaft durch nicht verwaltenden Ehegatten **1432**; Anteil am – als Nachlassbestandteil **1482**; Auseinandersetzung **1469; 1470** 3; **1471; 1474; 1474–1477** 1; Auseinandersetzung nach Aufhebungsurteil **1479**; Auseinandersetzung nach Scheidung **1478**; Ausgleichung zwischen Vorbehaltsgut, Sondergut und – **1445; 1467**; Beendigung der gemeinsamen Verwaltung **1449**; Bereicherung **1457**; Besitz **1422** 6; Direkterwerb des erwerbenden Ehegatten **1416–1419** 6; Durchgangserwerb des erwerbenden Ehegatten **1416–1419** 6; Entstehung **1416–1419** 2; Fälligkeit des Ausgleichsanspruchs **1446; 1468**; bei fortgesetzter Gütergemeinschaft **1485**; gemeinsame Verwaltung **1472** (bis zur Auseinandersetzung); **1450–1453** 12 (Ersetzung der Zustimmung); **1452** (Ersetzung der Zustimmung); **1450–1453** 11; **1451** (Mitwirkungspflicht); **1450–1453** 9 (Prozessführung); **1450; 1450–1453** 3 (Umfang); **1453** (Verfügung ohne Einwilligung); **1455** (Verwaltung ohne Mitwirkung des anderen Ehegatten); Geschäfte im Ganzen **1423**; Grundstücksverfügung **1424**; Haftung bei Erbschaft **1439; 1459–1462** 6; **1461**; Haftung der Ehegatten im Innenverhältnis **1437–1440** 10; **1459–1462** 8; Haftung des – **vor 1422** 6; **1437–1440** 1–3; **1438**; **1459–1462** 1–3; **1460**; Haftung für Vorbehalts- oder Sondergut **1440**; **1462**; Haftungsbeschränkung **1437–1440** 13; **1459–1462** 9; Notverwaltungsrecht **1429; 1454**; Prozessführungsbefugnis **1422** 5; Rangfolge der Verwendung **1420** 1; Recht zur Übernahme **1474–1477** 6; Rechtsstreit, Fortsetzung **1933**; sachenrechtliche Konzeption **1416–1419** 7; Schenkungen **1425**; Surrogation **1471–1473**; Teilung bei Auseinandersetzung **1476; 1477**; ungerechtfertigte Bereicherung **1457**; ungerechtfertigte Bereicherung des – **1434**; Verwalter, Pflichten **1435**; Verwalter unter Betreuung **1436**; Verwalter unter Vormundschaft **1436;**

Teichmann 1917

Gesamtgutsverbindlichkeiten

Verwaltung vor 1415 4; 1421; vor 1422 2; Verwaltung bei Erwerbsgeschäft 1431; 1456; Verwaltung der Liquidationsgemeinschaft 1471–1473 7; Verwaltungsrecht 1422 11 *(Änderung)*, 8 *(Beschränkungen)*, 2 *(Inhalt)*; Verwendung der Einkünfte für den Familienunterhalt 1420 1; Vinkulierung 1423–1428 2; Zuordnung 1416–1419 4; Zwangsvollstreckung 1437–1440 14; 1459–1462 10; sa Gütergemeinschaft

Gesamtgutsverbindlichkeiten 1437–1440; 1459; bei Auseinandersetzung der fortgesetzten Gütergemeinschaft 1499; 1500; Berichtigung im Auseinandersetzungsstadium 1474–1477 3; 1475; bei fortgesetzter Gütergemeinschaft 1488; 1489; Haftung der Ehegatten im Innenverhältnis 1441; 1463; Haftung nach Teilung im Außenverhältnis 1480; Haftung nach Teilung im Ehegatteninnenverhältnis 1481

Gesamtgutverwalter, Haftung 1437
Gesamthandsforderungen 432 2
Gesamthandsgemeinschaft 1419; Erbengemeinschaft vor 2032 1; 2032 1; sa Gesamtgut
Gesamthandsgläubiger vor 420 2
Gesamthypothek 1113 4, 11; 1132; Bedeutung 1132 2; Befriedigung durch einen Eigentümer 1173; Begriff 1132 3; der Eigentümer 1172; Entstehung 1132 5; Erlöschen durch Verzicht 1175 2; Forderungsverteilung 1132 8; aufgrund Grundstücksteilung 1132 6; Rückgriffsrecht 1173 2, 3; Teilübergang, Kollisionsklausel 1176; Übergang auf Schuldner 1164 4; 1174 2; Übergang für Ersatzanspruch 1182; Verfügung über – 1132 2; Verzicht 1175; Wirkung 1132 4
Gesamtrechtsnachfolge, Grundsatz 1922 1
Gesamtschuld, Anspruchsgrundlagen des Innenausgleichs 426 14, 21; Anwendung des § 255 421 7; Aufrechnung 387 4; 422–424 1; Ausgleichspflicht 426 1, 4, 14, 21 f; 613 a 10 *(alter und neuer Arbeitgeber)*; 426 5 *(Ehegatten)*; 840 7 *(mehrere Schädiger)*; Begriff 421 2; Beteiligungsquote der Gesamtschuldner 426 3; Einzelwirkung von Tatsachen 425 1, 2; Erfüllung 422–424 1; Erlass 422–424 2; des Falles 421 3; Forderungsübergang 426 17, 21; Formen der Schuldnermehrheit vor 420 1, 3, 6; Gesamtwirkung von Tatsachen 422–424 1, 4; gegenüber Geschädigten 255 1; gestörte 426 22–25; 840 8; Gläubigerverzug 422–424 2; einseitiger Haftungsausschluss 840 8; Haftungsfreistellung und Ausgleichungspflicht 426 22; Innenausgleich 426 1, 3, 14, 21 f; Konfusion 425 7; Kündigung 425 2, 9; teilbare Leistung 420 1, 2; unteilbare Leistung 431 1; Oder-Konto 428–430 3; Rechtskraft 425 6; Rücktritt 425 3; mehrere Schädiger 840; gemeinschaftliche Schuld 431 2; Übergang der Gläubigerforderung 426 17, 21; Und-Konto 428–430 3; Unmöglichkeit 425 4; VerbrKrG 425 5; Vergleich 422–424 5; 425 5; Verjährung 425 5 c; Vertragsschuld 427 1, 2; Verzug 425 3; Zweckgemeinschaft 421 1, 4, 6

Gesamtschuldner, Architekt und Unternehmer als – vor 631 17; Dieb und Verfügender als – 816 11
Gesamtvermögensgeschäft, Einzeltheorie 1365 2; Genehmigung durch Ehegatten 1366, 1367 1; Gesamttheorie 1365 2; Gesellschaftsrecht 1365 5; Grundstücksgeschäfte 1365 4; subj Theorie 1365 3; Voraussetzungen des Zustimmungserfordernisses 1365 1; durch Vormund 1822 1; Zustimmungsersetzung 1365 6–8; sa Zustimmungserfordernis bei –
Gesamtvertretung der Eltern 1629 2
Geschäft für den, den es angeht 667 5; fremdes 677 3; fremdes in der Absicht, es als eigenes zu führen 677 4; 687 2; fremdes, irrtümliche Behandlung als eigenes 687; offenes 164 4; verdecktes 164 5
Geschäft zur Deckung des Lebensbedarfs 1357; Ausschluss 1357 8; Rechtsfolgen 1357 6; Voraussetzungen 1357 2
Geschäfte des täglichen Lebens 105 a 1, 4; bei Geistesstörung 105 a 6 f
Geschäftsähnliche Handlung vor 104 23; 106 4; wörtliches Angebot der Leistung 295 6; Ankündigung der Leistung 299 1; Gewinnzusage 661 a
Geschäftsähnlicher Kontakt 241 25; 311 45
Geschäftsbesorgung 652 7; 662 9; 677 1; Beendigung 675 10; Begriff 675 4; entgeltliche 675 1; im Fremdinteresse 675 8; bei öffentl Bestellung 663 2; Rechtsfolgen 675 5; Rechtsvoraussetzungen 675 3; Reisevermittler 675 12; selbständige wirtschaftliche Tätigkeit 675 5 f; Übertragung 675 11 *(der Verpflichtung)*; Unterbeauftragung 675 11; Wahrnehmung fremder Vermögensinteressen 675 7; und Werkvertrag vor 611 14
Geschäftsbesorgungsvertrag, Anwendung von § 664 664 1; und Auftrag 662 7
Geschäftsfähigkeit 104–115; Arbeitsvertrag und Fehlen der – 104 4; Arten 104 2; Begriff 104 2; beschränkte 106 1; Betreuter 106 1; Einwilligungsvorbehalt 106 1; beim Erbvertrag 2275 1; Gesellschaftsvertrag und Fehlen der – 104 4; Guter Glaube und Fehlen der – 104 3; und Gütergemeinschaft 1458; relative 104 6; Verlust unbeschränkter – nach Willenserklärung 130 17; Zugang bei beschränkter – 131 2; Zugang bei fehlender – 131 1; Zweck 104 3; sa Geschäftsunfähigkeit

magere Zahlen = Randnummern **Gesellschaft bürgerlichen Rechts**

Geschäftsführung ohne Auftrag 677–687; Anzeigepflicht des Geschäftsführers **681** 1; Aufwendungsersatz **683** 6; Ausführungsverschulden **678** 2; Begriff **vor 677** 1; berechtigte **677** 2; irrtümliche Eigengeschäftsführung **687** 2; unerlaubte Eigengeschäftsführung **687** 5; Eingriff in fremdes Ausschließlichkeitsrecht **687** 10; Fremdgeschäftsführungswille **677** 4; zur Gefahrenabwehr **680** 2; Genehmigung durch Geschäftsherrn **684** 2; obj fremdes Geschäft **677** 3; subj fremdes Geschäft **677** 3; Geschäftsfähigkeit des Geschäftsführers **682** 2; Geschäftsfähigkeit des Geschäftsherrn **682** 3; mehrere Geschäftsherrn **677** 3; Haftung des Geschäftsführers bei fehlender Geschäftsfähigkeit **682** 1; im öffentl Interesse **679** 2; Interesse des Geschäftsherrn **683** 7; Irrtum über Berechtigung **677** 5; Irrtum über Person des Geschäftsherrn **686;** öffentl-rechtliche **vor 677** 7; Pflichten des Geschäftsführers **677** 9; als Rechtfertigungsgrund **vor 677** 4; Schadensersatz **683** 7; bei Schenkungsabsicht **685;** Übernahmeverschulden **678** 2; unechte **vor 677** 3; **687** 5–9; Unfallversicherungsschutz des Geschäftsführers **683** 8; ges Unterhaltspflicht des Geschäftsherrn **679** 3; fremdes Urheberrecht, Ausbeutung **687** 11; Vergütung **683** 6; Verjährung **677** 10; Wille des Geschäftsherrn **683** 4; gegen den Willen des Geschäftsherrn **678**

Geschäftsgrundlage vor 275 16; Anpassung als Rechtsfolge **313** 27; Anpassungsverlangen durch Dritten bei Wegfall **328** 16; Anwendungsbereich **313** 6; Äquivalenzstörung **313** 16; Ausgleichsansprüche als Rechtsfolge **313** 28; Bedeutung **313** 1; Begriff **313** 2; Berücksichtigung auf Einrede **313** 30; Beweislast **313** 30; und clausula rebus sic stantibus **313** 2, 33; bei Dienstverhältnis **vor 620–630** 11; Einzelfragen **313** 31; Euro-Einführung **313** 38; Fehlen **313, 14; Geldentwertung 313** 31; Gesetzesänderung **313** 19; große **313** 5 (*Fälle*); und Irrtum **313** 26; und Kalkulationsirrtum **313** 26; kleine **313** 5; im Landpachtvertrag **593** 1; bei Leibrente **761** 8; und Leistungsbefreiung **275** 3; übermäßige Leistungserschwerungen **313** 17; und Mängelhaftung **313** 10; und Motivirrtum **313** 26; objektive **313** 4, 15 (*Wegfall*); Rechtsfolgen **313** 28; als Rechtsinstitut **313** 1; Rechtsprechungsänderung **313** 19; beim Reisevertrag **651 j** 2; bei Risikogeschäft **313** 21; bei Risikoübernahme **313** 21; bei Schenkung **519** 1 (*Notbedarfseinrede*); Sonderregelung **313** 7; Störung **275** 11; **313;** Störung als Einrede **313** 30; als Störung der vertraglichen Risikozuweisung **313** 20; subjektive **313** 4 (*Formel*), 25 (*Wegfall*); Treu und Glauben **313** 2; Unterhaltsvertrag **313** 33; Unzumutbarkeit der Vertragsbindung **313** 23; schwerwiegende Veränderung der Umstände **313** 16; verfassungskonforme Auslegung **313** 19; beim Vergleich **313** 35; **779** 16, 20; Vertragsauflösung als Rechtsfolge **313** 29; und Vertragsauslegung **313** 8; und Vertragsrisiko **313** 22; Voraussehbarkeit **313** 24; Voraussetzungen **313** 14; Währungsverfall **313** 16; Wechsel der Wirtschaftsordnung **313** 5; Wegfall **313, 14;** und wirtschaftliche Unmöglichkeit **313** 11, 17; Zweckverfehlung **313** 13

Geschäftsirrtum s Inhaltsirrtum
Geschäftsräume, Mietvertrag als Vertrag mit Schutzwirkung für Dritte **328** 33
Geschäftsunfähigkeit, Beweislast **104** 9; **105** 2; Folgen **104** 8; **105** 2; und Geschäfte des täglichen Lebens **105 a;** Gründe **104** 6; partielle **104** 6; sa Geschäftsfähigkeit
Geschäftswille vor 116 6
Gesellschaft bürgerlichen Rechts 705–740; Abgrenzung **705** 5; Abschlussmängel **705** 19; allg **705** 1; Ansprüche aus dem Gesellschaftsverhältnis **709–713** 11; **731–735** 8 f; Anwendungsfälle **705** 11; Arbeitsgemeinschaft von Unternehmen **705** 11; Auflösung **723–728** 1; **729; 730** 1; Auflösungsgründe **723–728** 2–4, 9, 13–15; Aufrechnung **718–720** 5; Auseinandersetzung bei Auflösung **731–735** 1 f, 6, 10; Auskunftsanspruch gegen Geschäftsführer **709–713** 14; Ausscheiden, Ausschluss s Gesellschafter; Beiträge **706** 1 f, 9 f; Beitragserhöhung **707** 1, 3; Besitz **718–720** 3; **854** 14; beitragslose Beteiligung **706** 9; beschränkte Dauer **723–728** 2; Ehegattengesellschaft **705** 13; Einlage **706** 1 f, 9 f; **707** 1, 3; Einmanngesellschaft **723–728** 5; **736, 737** 5; Einrede des nichterfüllten Vertrages **320** 4; Einstimmigkeitsprinzip **709–713** 2 f; Eintritt der Erben **723–728** 14; **2032** 5, 10; fehlerhafte **104** 4; **vor 145** 18; **705** 19; Fortsetzung **723–728** 13–15; **736, 737** 1 f, 7; Gelegenheitsgesellschaft **705** 11; Geschäftsführung **709–713** 1 f, 6 f, 10, 13, 17, 4 (*durch Dritte*); Gesellschaftsvermögen **718–720** 1 f, 4, 6; Gesellschaftsvertrag s dort; Grundlagengeschäft **709–713** 7; **721, 722** 6; Haftung **705** 7; **714, 715** 9; Innengesellschaft **705** 13, 24; Insolvenz **723–728** 15; Klagerecht **709–713** 10; Kreditgefährdung **824** 3; Kündigung durch Gesellschafter **723–728** 4; Kündigung durch Pfändungsgläubiger **723–728** 9; Mehrheitsprinzip **709–713** 3; Nichtübertragbarkeit einzelner Mitgliedschaftsrechte **717** 1, 2; als Nießbraucher **1059 a–1059 e** 2; partiarischer Vertrag **705** 10; Pfändung des Gesellschaftsanteils **718–720** 9; Publikumsgesellschaft **708** 3; **709–713** 4, 8, 12; **737** 3 f; Rechtsfähigkeit **vor 420** 3; **705** 1; Rechtsverfolgungsbefugnis **709–713** 10; Schenkung eines Gesellschaftsanteils **518**

Gesellschaft mit beschränkter Haftung fette Zahlen = §§

11; **706** 9; Schuld gegenüber Gesellschafter **714, 715** 10; **731–735** 9; Schutz gutgläubiger Schuldner **718–720** 6; stille **705** 24; Testamentsvollstreckung **2205** 2; Tod eines Gesellschafters **723–728** 14; Vermögensübernahme **718–720** 10; Vertretungsmacht **709–713** 10; **714, 715** 1, 3, 13; Vorgesellschaft **705** 8, 17, 19; Vorgründungsgesellschaft **705** 9; Wettbewerbsverbot des Mitgesellschafters **705** 1; Zweck **705** 1; Zweckerreichung **723–728** 13; Zweckfortfall **723–728** 13; sa Gesellschafter, Gesellschaftsvertrag

Gesellschaft mit beschränkter Haftung, deliktischer Schutz des Anteils **823** 18; Vererblichkeit der Mitgliedschaft **1922** 6

Gesellschafter, Abfindungsanspruch **738–740** 6; **1976** 1; Abtretung des Gesellschaftsanteils **718–720** 7; **738–740** 10; actio pro socio **709–713** 11; **731–735** 8; Anwachsung des Gesellschaftsanteils **738–740** 5; Aufwendungsersatz **709–713** 15; Auseinandersetzung bei Ausscheiden **738–740** 1 f, Ausgleichsanspruch bei Gläubigerbefriedigung **707** 2; Auskunftsanspruch **716** 1; Ausscheiden **736, 737** 1; Ausschluss **736, 737** 7; Beitragspflicht **706** 2, 9 f; Beschlüsse **709–713** 19; Bürgschaft **vor 765** 20; Einlage und Gewinnauszahlung, Erstattungsanspruch **731–735** 7; Erwerbsschaden **vor 249–253** 54; **842** 4; als Gesamtschuldner **715** 9; Geschäftsführung **709–713** 1 f, 6 f, 10, 13, 17; **729, 730** 2; Gewinnanspruch **717** 3; **721, 722** 1, 6; **731–735** 9; als Gläubiger **714; 715** 11 f; **731–735** 9; Haftung **707** 2; **708** 1; **714; 715** 9; Haftung bei Erwerb eines Gesellschaftsanteils und Neueintritt **738–740** 3; keine Haftung für unerlaubte Handlung des Mitgesellschafters **831** 6; Haftung nach Ausscheiden **738–740** 6; Insichgeschäft **709–713** 21; **714** 4; Insolvenz **723–728** 15 f; Kontrollrecht **716** 1; Leistungsverweigerungsrecht **705** 18; **706** 3; Minderjähriger **705** 20; Nachschusspflicht **731–735** 5; **738–740** 9; Neueintritt **736; 737** 10; Nichtübertragbarkeit einzelner Mitgliedschaftsrechte **317** 1; Nießbrauch am Gesellschaftsanteil **718–720** 9; Rechnungsabschluss **721, 722** 3; **731–735** 6; Rechnungslegungsanspruch **709–713** 14; **721, 722** 3; Rücktrittsrecht **706** 5; Schadensersatzpflicht **714, 715** 7; Schuldbefreiungsanspruch bei Ausscheiden **738–740** 6, 10; als Streitgenossen **715** 10; Tod **723–728** 14; Treuepflicht **705** 1; Übertragung von Einzelrechten **717** 1–3; Unterbeteiligung **705** 24; Verfügung über Anteil am Gesellschaftsvermögen **718–720** 4; Verfügung über Gesellschaftsanteil **718–720** 7; **736; 737** 11; Vergleichsverfahren **723–728** 16; Verletzung eines – als Eingriff in Gewerbebetrieb **823** 98; Verlustbeteiligung **721,**

722 5 f; **731–735** 5; **738–740** 9; Vertretungsmacht **714, 715** 1, 3, 13

Gesellschafterdarlehen vor 488 17

Gesellschaftsanteil, Verfügung **718–720** 7; Vollzug der Schenkung **518** 11

Gesellschaftsvertrag, Abänderung **709–713** 7; Abschluss **705** 17; Änderungsklausel **736, 737** 1, 2; Anfechtung **705** 19; **706** 3; fehlerhafter **104** 4; **705** 19; Form bei Einbringung eines Grundstücks **311 b** 25; Fortsetzungsklausel **723–728** 5; gegenseitiger Vertrag **705** 18; und Güterrecht **vor 1408** 3; Kündigungsrechte, Beschränkung **723–728** 5, 7; Leistungsstörungen bei Beitragspflicht **706** 3; formularmäßige Massenverträge **705** 18; Nachfolgeklausel **2032** 7; Nichtigkeit **705** 19; Rücktritt **706** 5; Schlichtungsklausel **705** 27; Testamentsvollstrecker **2205** 3 f; und Werkvertrag **vor 611** 13

Gesetzlicher Vertreter, Begriff **278** 17; Eigenhaftung **278** 20; Haftung für – **278** 17; Haftung für Verschulden des – **278** 2; Mitverschulden **254** 13

Gesundheitsgefährdung, Mietverhältnis **536** 4; durch Wohnung **569** 2 *(Kündigung des Mietverhältnisses)*

Gesundheitsverletzung s Körperverletzung

Getrenntleben, Begriff **1567** 1; Ehewohnung **1361 b**; Hausratsverteilung **1361 a**; Unterhalt **1361** 3; als Vermutung für Scheitern der Ehe **1566**; Wegfall der Verpflichtungsmacht **1357** 9

Getrenntlebensklage 1353 2

Gewährleistung, Abdingbarkeit **437** 3; Abdingbarkeit bei Verbrauchsgüterkauf **475** 1 f; Anfechtung wegen arglistiger Täuschung **437** 31; Anwendbarkeit allg Vorschriften **437** 28 ff; und Aufwendungsersatz **437** 27; vertraglicher Ausschluss **444** 3; und cic **437** 34; Erklärungs- und Inhaltsirrtum **437** 31; Gefahrübergang **434** 5; **437** 2; Irrtum des Käufers **437** 32; Irrtum des Verkäufers **437** 32; Kauf **437; 437** 2; Kauf auf Probe **454, 455** 7; Käuferrechte **437** 4 *(Stufenverhältnis)*; Klausel „gekauft wie besichtigt" **444** 7; Klausel „ohne Garantie" **444** 7; Landpachtvertrag **586**; bei Leistung an Erfüllungs Statt **364, 365** 3; Mangelfolgeschäden beim Kauf **437** 15; und Nacherfüllung **439;** bei Pfandverkauf **445;** bei Rechtskauf **453** 7; wegen Rechtsmangels **437 ff;** Reisevertrag **vor 651 c** 1–3; Rücktritt **437** 6; und Schadensersatz **437** 14, 35; bei uH **437** 36; und Unmöglichkeit **437** 30 *(Kauf);* **vor 651 c** 1 *(Reisevertrag);* Verjährung der Ansprüche **438;** Verlust im Reisevertrag **651 g** 1; und Verzug **437** 30; und Wahlrecht des Käufers **437** 4; des Wiederverkäufers **456** 12; maßgebender Zeitpunkt **437** 2

Gewährleistungsausschluss bei Kauf neu hergestellter Sachen **444** 16

magere Zahlen = Randnummern **Grundschuld**

Gewerbebetrieb (Recht am eingerichteten und ausgeübten –) 823 95 f; Abmahnung (Schutzrechtsverwarnung) 823 101, 106; physische Beeinträchtigung 823 102; Betriebsbezogenheit des Eingriffs 823 98; Boykott 823 102; Eingriffshandlung 823 98; Güter- und Interessenabwägung 823 99, 105; unberechtigte Mitteilung wahrer Tatsachen 823 104; Schutzobjekte 823 97; Streik 823 102; Subsidiarität des Anspruchs 823 96; Verbreitung nachteiliger Werturteile 823 103; Warentests 823 103, 106
Gewinn, entgangener vor 249–253 51; 252
Gewinnanteilschein 803–805 3
Gewinnzusage gegenüber Verbrauchern 661 a
Gewissensnot, Einschränkung der Leistungspflicht 242 41
Giebelmauer, Eigentum bei Überbau 94 5; halbscheidige 919–924 2
Girokonto, Einlagen 700 3; Gutschrift 781 22
Girovertrag, Ansprüche des Kunden 676 g 1; Beendigung 676 f 5; Begriff 676 f 1; Informationspflichten 676 f 8; Kontoführung 676 f 6; Kontrahierungszwang 676 f 4; Pflichten 676 f 6 ff *(des Kreditinstituts)*
Gläubiger, Mehrheit s Gesamtgläubiger
Gläubigerbenachteiligung 138 14; 826 27
Gläubigergemeinschaft vor 420 1, 2
Gläubigerverzug 293–304; Abgrenzung 293 8; Angebot 294–297; vorübergehende Annahmeverhinderung 299; Annahmeverweigerung 295 ; beim Arbeits- und Beschäftigungsverhältnis 296 3; Beendigung 293 5; Begriff und Rechtsnatur 293 1; Besitzaufgabe 303; des Dienstberechtigten 611 18; 615 2; Ersatz von Mehraufwendungen 304; Gefahrtragung bei Gattungsschulden 300 4; und Gefahrübergang 446 6 *(Kauf)*; Haftungserleichterung 300 2; Herausgabe der gezogenen Nutzungen 302; Leistungsunvermögen des Schuldners 297; Mitwirkungshandlung 293 2, 9 f; 295 3; 296 1; Rechtsfolgen 293 6; Übergang der Preisgefahr 326 16; Verzinsung, Wegfall 301; Voraussetzungen 293 4; beim Werkvertrag durch unterlassene Mitwirkung 642, 643 2; bei Zug-um-Zug-Leistung 298
Gleichbehandlungsgrundsatz vor 611 31; 611 a, b 1; Lohngestaltung 612 8; bei Ruhegeldzusagen 611 35; bei Vereinbarung von Kündigungsfristen 622 5; gegenüber Vereinsmitgliedern 35 2; 38 1; für Vergütung 611 30
Gleitklausel 244, 245 22
Globalzession 398 18; Sittenwidrigkeit 398 18 f
GmbH s Gesellschaft mit beschränkter Haftung
Goldpreisklausel 244, 245 23

Grabstein, Haftung bei Umsturz 837 2
Gratifikation 339 6; 611 34
Grenzbaum 923
Grenzeinrichtung, Benutzungsrecht 919–924 2
Großer Schadensersatz s Schadensersatz statt der ganzen Leistung
Grundbuch, allg 873 1; Begriff vor 891 1; Berichtigung vor 891 4; Doppelbuchung 891 7; 892 7; Eintragung in das – s dort; Richtigkeit 892 4; vor 891 3 *(mangelnde)*; Sperre 888 7, 8; 892 13; Unrichtigkeit vor 891 1; Vermutungen vor 891 2; 891; ges Vermutungen für Hypothekenforderung 1138 1 f; Vollständigkeit 892 4; vor 891 3 *(mangelnde)*
Grundbuchberichtigung 894; schuldrechtlicher Anspruch auf – 894 3; Briefvorlage 896; Gegenrechte 894 10; bzgl Hypothekenforderung 1138 5; Kosten 897; bei förmlichem Nachweis der Unrichtigkeit 894 2; Verjährung des Anspruchs auf – 898; Voreintragung des Verpflichteten 895; Widerspruch 899
Grundbuchrecht, formelles 873 7; materielles 873 6
Grundbuchrechte und Kenntnis des Mangels 442 8
Grundbuchsystem 873 8
Grunddienstbarkeit 1018–1029; schonende Ausübung 1020–1022 2; Ausübungsregelung bei Zusammentreffen mit anderen Nutzungsrechten 1024; Beeinträchtigungen, Abwehr 1027; Begriff 1018 1; Belastbarkeit 1018 11; Belastungsgegenstand 1018 3; Berechtigter 1018 2; Besitzschutz des Rechtsbesitzers 1029; des Eigentümers 1018 8; Eintragung 1018 8; Entstehung 1018 8; Erlöschen 1018 12; Inhalt 1018 4, 10; Inhaltsänderung 1018 9; Pfändbarkeit 1018 11; unzulässige Rechtsausübung 1018 12; Teilung des dienenden Grundstücks 1026; Teilung des herrschenden Grundstücks 1025; Überbau, Beeinträchtigung 1027 2; Übertragbarkeit 1018 11; Umfang 1018 10; Unterhaltung einer Anlage 1020–1022; Verjährung 1028; Verlegung der Ausübung an andere Stelle 1023; Vorteil 1019; Wegerecht 1018 5; Wettbewerbsverbot 1019 3
Grundpfandrechte vor 1113 1; Bedeutung vor 1113 22; Übertragbarkeit 1153 4
Grundrechte, Drittwirkung im Privatrecht 138 6; 242 3
Grundschuld vor 1113 3, 10; 1191–1198; Abstraktionsprinzip vor 1113 16; Bedeutung vor 1113 22; Begriff 1191 2; Einreden 1192 2; Erlöschen 1192 2; Fälligkeit 1193; Fälligkeitsgrundschuld vor 1113 8; und Hypothek vor 1113 17; 1191 2; 1192 1; Hypothekenrecht, Anwendbarkeit 1192 2, 3; Inhabergrundschuld 1195; Löschungsanspruch s dort; Löschungsvor-

Teichmann 1921

Grundstück

merkung s dort; Nießbrauch an – **1074–1080** 1; Rang **vor 1113** 15; Tilgung **1192** 2; Tilgungsgrundschuld **vor 1113** 9; Umwandlung **1198** 4, 5; Verpflichtung zur Bestellung **1191** 3; Verwertung **1192** 2; Verwertungsrecht **vor 1113** 14; Verzicht **1192** 2; Zahlungsort **1194**; sa Eigentümergrundschuld, Sicherungsgrundschuld

Grundstück, Begriff **vor 90** 2; Besitzaufgabe **303**; Betreten auf eigene Gefahr **254** 15; Eigentumsaufgabe **928**; Eigentumserwerb **925**; Haftung des Gebäudebesitzers **837** 1; Haftung des Gebäudeunterhaltungspflichtigen **838**; Haftung des Grundstücksbesitzers **836**; Sachmängel **434** 25; Veräußerungsvertrag **311 b**; Veräußerungsvertrag über ausländisches – **311 b** 4

Grundstücksbruchteil, Belastung mit Hypothek **1114**; Belastung mit Reallast **1106**; Belastung mit Vorkaufsrecht **1095**

Grundstücksgrenze, Ermittlung und Kennzeichnung **919–924** 1

Grundstückskauf, Anliegerbeiträge **436** 2; bekannte Belastungen **442** 8; Gewährleistung **435** *(Rechtsmangel)*; Kosten **448**; öffentl Lasten **436** 4; Rechtsmangel **435** 6; Verkäuferpflichten **433** 25

Grundstücksmietvertrag s Mietvertrag

Grundstücksrecht, Aufhebung **875**; Aufhebung eines belasteten – **876**; Begründung **873**

Grundstücksverkehrsgesetz, gerichtl Zuweisungsverfahren **2049** 2

Gruppenarbeitsverhältnis 611 4

Gutachten, Bindung an – über Verschuldensfähigkeit **vor 827–829** 3; Haftung bei falschem – **826** 14; Kosten für – als Schadensersatz **249** 7; als Werkvertrag **vor 631** 6

Gute Sitten, Begriff **138** 6; sa Sittenwidrigkeit

Guter Glaube s Böser Glaube

Gütergemeinschaft vor 1363 5; und Annahme einer Erbschaft **1432**; Aufhebung **vor 1422** 10; Aufhebungsklage **1469**; Aufhebungsklage des Ehegatten **1447**; Aufhebungsklage des Verwalters **1448**; Aufhebungsurteil **1449**; **1470**; Ausstattungskosten für Kind **1441–1444** 6; **1444**; Bedeutung **vor 1415** 1; Beendigung **1449** 1; **1471–1473** 2; Ehevertrag **1415** 1; Einfluss auf nachehelichen Unterhalt des früheren Ehegatten **1583**; Erbrecht des Ehegatten **1931** 2; Erwerbsgeschäft eines Ehegatten **1431**; **1442**; **1456**; **1464**; Fortsetzung eines bei Eintritt der – anhängigen Rechtsstreits **1433**; Haftung bei unerlaubter Handlung **1441**; **1441–1444** 3; Haftung für Prozesskosten **1441–1444** 5; **1443**; **1465**; Vermögensmassen **vor 1415** 3

Güterrecht, Auslandsberührung **vor 1363** 7; vertragliches **vor 1408**

Güterrecht, eheliches vor 1363

Güterrechtsregister, Antrag auf Eintragung **1560**; Antragserfordernisse **1561**; Einsicht **1563**; Eintragung **1562**; Eintragung bei Verlegung des Ehegattenaufenthalts **1559**; Eintragung des Ehevertrags **1412** 1; Funktion **vor 1558** 1; öffentl Bekanntmachung **1562**; eintragungsfähige Rechtsverhältnisse **vor 1558** 3; zuständiges Registergericht **1558**

Güterstände, Entwicklung **vor 1363** 2; und Privatautonomie **vor 1363** 6; Überblick **vor 1363** 3

Gütertrennung vor 1363 4; Eintragung im Güterrechtsregister **1414** 8; Eintritt **1414**; Erbrecht des Ehegatten **1931** 3; Pflichtteil **2303** 7; Voraussetzungen **1414** 2; Wirkungen **1414** 5; infolge vorzeitigen Zugewinnausgleichs **1385–1388** 6

Gutgläubiger Erwerb 932–936; vom Erben bei Nachlassverwaltung **1984**, **1985** 4; vom Erben bei Testamentsvollstreckung **2211** 3; trotz bedingter Verfügung **160, 161** 3; trotz Verfügungsverbots **135**, **136** 7; vom Vorerben **2113** 9; sa Böser Glaube; sa Eigentumserwerb vom Nichtberechtigten

Gutsübernahme mit Leistung an Dritte **330** 1

Haftpflichtversicherung, Berücksichtigung bei Billigkeitshaftung **829** 4

Haftung als Einstandspflicht **241** 18 *(Begriff)*, sa Gewährleistung, sa Schadensersatzanspruch; für legislatives Unrecht **839** 2; bei anfänglichem Leistungshindernis **311 b** 5; verschärfte bei ungerechtfertigter Bereicherung **818** 46; **819**; für Zufall **276** 11; für Zufall bei Verzug **287** 2

Haftung (Maßstab, Umfang, – für andere) beim Auftrag **662** 14; **664** 7; Beschränkung **276** 38; bei Eintritt in Mietvertrag **563 b**; des Entleihers **599** 3; für Erfüllungsgehilfen **278** 8; erleichterte **276** 36; Erweiterung **276** 39; des Erwerbers einer Mietsache **566**; bei Fortsetzung des Mietvertrages **563 b**; Freizeichnung **276** 38; bei Gefälligkeit **241** 26; des Gesellschafters **708** 1; bei Gläubigerverzug **300** 2; bei Herausgabepflicht **292**; bei unbefugt herangezogenen Hilfspersonen **278** 8; bei Mitverschulden s Mitverschulden; für Produkte **823** 122–137; **Anh 823**; des Schenkers **521** 1; **523** 1; **524** 1, 3 f.; des Verleihers **599**; auch bei geringem Verschulden **vor 249–253** 2

Haftungsausschluss, Auswirkung auf Ersatzansprüche Dritter **vor 844** 2; bei Sachmängeln **444** *(Kauf)*; Sittenwidrigkeit **138** 13; im Werkvertrags **639**; sa Freizeichnungsklauseln

Haftungsbeschränkung, ges **276** 53; im Reisevertrag **651 h** 1; vertragliche **276** 54; Zustandekommen **276** 55

magere Zahlen = Randnummern **Holschuld**

Haftungsbeschränkung Minderjähriger s Minderjährige, Haftungsbegrenzung
Haftungseinheit, mehrere Schädiger **840** 6
Haftungsentlastung s gefahrgeneigte Arbeit
Haftungserweiterung, ges **276** 37; vertragliche **276** 37
Haftungsrecht, Begriff **vor 823** 1; Funktion **vor 823** 1
Haltbarkeitsgarantie, Kauf **443**, 6
Handeln, Mitverschulden **254** 17; Rechtswidrigkeit **254** 15 f, 18
Handeln auf eigene Gefahr 254 14 f; **276** 55; Einwilligung in Risiko **823** 55
Handeln unter fremdem (falschem) Namen, Missbrauch **177** 8
Handelsgeschäft s Unternehmen
Handelsmakler vor 652 12
Handelsvertretervertrag als selbständiger Dienstvertrag **vor 611** 22
Handlung, Begriff **823** 20; Billigkeitshaftung bei Fehlen einer – **829** 2; positives Tun **823** 21; unterlassene **823** 29 f
Handlungsfähigkeit, Begriff **104** 1
Handlungsstörer 1004 16
Handlungsunrecht s Rechtswidrigkeit
Handlungswille vor 116 4
Handzeichen s Unterschrift
Hauptsache und Zubehör **97, 98** 2, 3, 7
Hauptvertrag vor 145 5; **311** 21
Hausangestellte vor 611 54
Haushaltsführung durch Ehegatten **1356** 2; Eigenverantwortlichkeit **1356** 3; als Unterhaltsgewährung **1360, 1360 a** 6
Haushaltsgegenstände, Abdingbarkeit der Surrogation **1370** 5; Begriff **1361 a** 4; Ersatzanschaffungen **1370** 1; Genehmigung von Geschäften durch Ehegatten **1366, 1367** 1; Überlassung bei Getrenntleben **1361 a**
Hausmeistervertrag 311 31
Hausratsverteilung, bei Getrenntleben **1361 a;** Nutzungsvergütung **1361 a** 8
Haustier, Begriff **833** 6; Halterhaftung **833** 6 f
Haustürgeschäft 312; Ausschluss des Widerrufs- und Rückgaberechts **312** 16; Bestellung durch den Verbraucher **312** 16; Bürgschaft **312** 7; persönlicher Anwendungsbereich **312** 3; und Ratenlieferungsvertrag **312 a;** Rückgaberecht **312** 14; sachlicher Anwendungsbereich **312** 5; Verhältnis zu anderen Vorschriften **312 a;** Verpflichtung zur Grundschuldbestellung **312** 7; Voraussetzungen **312** 8 ff; Widerruf eines Realkreditvertrags **312 a** 3; Widerrufsbelehrung **312** 15; Widerrufsrecht **312** 13
Heilbehandlungsvertrag, Schutzwirkung für Dritte **328** 35
Heileingriff s Körperverletzung
Heilung (Rechtsgeschäft), Bedeutung einer Auflassungsvormerkung **311 b** 42 f; nach BeurkÄndG **311 b** 46 f; durch Eigentumserwerb ohne Eintragung **311 b** 39; bei Fehleintragung **311 b** 42; einer formwidrigen Grundstücksveräußerung **311 b** 38; eines formwidrigen Schenkungsversprechens **518** 5; eines formwidrigen Vorvertrags **311 b** 39; einer Nichtehe **1310–1312** 3; Rechtsfolgen **311 b** 43; eines formwidrigen Verbraucherdarlehensvertrages **494** 5; Verjährungsbeginn **311 b** 45; eines formwidrigen Vertrages zugunsten Dritter **331** 6; bei Wiederkauf **456** 6
Heimarbeiterschutz vor 611 49
Heimfallanspruch 456 3
Heiratsvermittlung s Maklervertrag
Hemmung der Verjährung 203; 205–209; durch Antrag auf Prozesskostenhilfe **204** 16; durch Aufrechnung **204** 7; durch einstw Rechtsschutz **204** 10; Ende **204** 17; im Insolvenzverfahren **204** 12; durch Klageerhebung **204** 2, 3; durch Mahnverfahren **204** 5; durch Rechtsverfolgung **204;** durch schiedsrichterliches Verfahren **204** 13; durch selbständiges Beweisverfahren **204** 9; durch Streitverkündung **204** 8; bei Verhandlungen **203**
Herausgabe des Erlangten bei Leistungshindernis **326** 7
Herausgabe des Ersatzes und Gegenleistung **326** 24
Herausgabeanspruch, Abtretung **931** 1, 4; des früheren Besitzers **1007;** des Eigentümers **985;** Einwendungen **986**
Herausgabepflicht nach Rücktritt **346** 2
Herrenlose Sache, Aneignung **958;** Biene **961;** Eigentumsaufgabe **959;** Tier **960**
Hersteller, Begriff bei Produzentenhaftung **823** 125; bei Verarbeitung **950** 5
Herstellergarantie, Kauf **443** 7
Heuerverhältnis vor 611 53
Hinterlegung 372–386; allg **vor 372** 1–4; Anzeige **374** 2; Ausschluss des Rücknahmerechts **376** 2; **378, 379** 1, 2; Erlöschen des Gläubigerrechts **382** 1; des Erlöses **383;** Gefährtzeigung **375** 1; hinterlegungsfähige Gegenstände **372** 2; Gründe **372** 1; Kosten **381;** Nachweiserklärung **380** 1; Ort der – **374** 1; Rücknahmerecht **376** 1, 2; **377** 1; **378, 379** 1–3; Selbsthilfeverkauf **383–386** 1–2; Voraussetzungen **372** 1; Wirkung **vor 372** 3, 4; **378, 379** 1–3; Zug-um-Zug-Leistung **373** 1
Höchstbetragshypothek 1190; Besonderheiten **1190** 4; Umwandlung **1190** 10; verdeckte **1190** 3
Höchstfristen bei Verjährung **199** 9–11
Höfeordnung, Abfindungsanspruch bei Sondererbfolge **2049** 3; Anerbrecht **1922** 14; **vor 2032** 2; Hoferbenbestimmung **2231** 3
Hofübergabevertrag 311 25; **311 b** 26
Höhere Gewalt im Reisevertrag **651 j** 3; Überweisungsvertrag **676 b,c** 2
Holschuld, Leistungsort **269** 1

Teichmann 1923

Hypothek fette Zahlen = §§

Hypothek vor 1113 2, 10; **1113**; **1113–1190**; Ablösungsrecht Dritter **1150**; Abstraktionsprinzip vor **1113** 16; Abtretung s Hypothekenforderung; Akzessorietät vor **1113** 17; **1138** 1; **1153** 1; **1156** 1; Arten **1113** 2; Aufhebung **1183**; Aufrechnungsrecht des Eigentümers **1142** 3; Ausschluss unbekannter Gläubiger **1170**; **1171**; Bedeutung vor **1113** 22; teilw Befriedigung **1145**; Befriedigungsrecht des Eigentümers **1142**; Begründung **1113** 13; Benachrichtigung des ersatzberechtigten Schuldners **1166**; Berichtigungsbewilligung, Anspruch auf **1144** 4; **1145** 2; **1167** 1; Beschlagnahme **1120–1122** 5; **1123–1125** 2; Bestellung **1113** 13; Briefhypothek s dort; an Bruchteil eines Grundstücks **1114**; Bucheigentümer als Eigentümer **1148**; Buchhypothek s dort; Divergenzen zwischen Einigung und Eintragung **1116** 4; **1184, 1185** 2; Doppelsicherung **1113** 11; Eigentümergrundschuld s dort; Eigentümerhypothek s dort; Einigung **1113** 14; **1116** 4; **1184, 1185** 2; Einreden **1137**; **1138** 4; **1157**; **1169**; Eintragung **1115**; **1116** 4; Einzelhypothek **1113** 4; Erlöschen durch Aufhebung **1183**; Erlöschung durch Befriedigung aus Grundstück **1181**; Ersatzanspruch des Schuldners gegen Eigentümer **1164**; **1174**; Erwerb **1113** 13; Erwerb der Briefhypothek **1117**; Fälligkeitshypothek vor **1113** 8; gesicherte Forderung s Hypothekenforderung; Forderungsauswechslung **1180**; Forderungsübergang auf Eigentümer **1143** 2; Freiwerden des Schuldners bei Hypothekenverzicht, -aufhebung, -rangrücktritt **1165**; Gefährdung **1133–1135**; Gegenstand **1113** 5; Geldbetrag, Eintragung **1115** 3; Gesamthypothek s dort; Gesamtschuldner **1113** 10; Gläubiger, Eintragung **1115** 2; Gläubigeridentität vor **1113** 18; **1113** 6; **1137** 3; und Grundschuld vor **1113** 17; Haftung für Nebenforderungen **1118**; Haftung von Bestandteilen **1120–1122** 1; Haftung von Erzeugnissen **1120–1122** 1; Haftung von Zubehör **1120–1122** 1; Hypothekenbrief s dort; Kündigung **1141**; wiederkehrende Leistungen **1126**; Löschungsanspruch s dort; Löschungsbewilligung, Anspruch auf **1144** 5; **1145** 2; **1167** 1; Löschungsvormerkung **1179**; Mietforderung **1123–1125**; Nebenleistungen, Eintragung **1115** 5; Nebenleistungen, Erlöschen der Haftung **1178**; künftige Nebenleistungen **1158**; rückständige Nebenleistungen **1159**; Pachtforderung **1123–1125**; löschungsfähige Quittung **1144** 6; **1145** 2; **1167** 1 *(Anspruch auf)*; Rang vor **1113** 15; Rechtsgrund vor **1113** 16; **1113** 14; Sicherungshypothek vor **1113** 21; **1113** 2; Surrogation am Erlös **1181** 3; Teilhypothek **1151**; **1152**; Tilgungshypothek vor **1113** 9; **1163** 14, sa Tilgungsgrundpfandrecht; Übergang auf den Schuldner **1164**; Übertragung **1153**; Umwandlung **1186**; **1190** 10; **1198** 3; Unübertragbarkeit **1153** 4; Verfallklausel **1149** 1; Verfügungsbeschränkung des Eigentümers **1136**; Verkehrshypothek vor **1113** 21; **1113** 2; **1116** 3; Vermutungen für Hypothekenforderung **1138** 1, 2; Verschlechterung des Grundstücks **1133–1135**; Versicherungsforderung **1127–1130**; Verwertungsrecht vor **1113** 14; **1147**; Verzicht **1168**; Verzugszinsen **1146**; inländische Währung **1113** 7; wertbeständige **1113** 7; Widerspruch bei Darlehensbuchhypothek **1140** 1; bei Wohnungseigentum **1114** 1; Zinssatz, Eintragung **1115** 4; **1119** 1; Zuschreibung **1131**; Zwangsvollstreckung **1120–1122** 5; **1147**; Zwangsvollstreckung, Befriedigung **1181**; sa Eigentümergrundschuld, Sicherungshypothek

Hypothekenbrief 1116 2; Aufgebot **1162**; Aushändigungsabrede **1117** 4; Aushändigungsanspruch des Eigentümers **1144**; Ausschluss **1116** 3; Kraftloswerden durch Ausschlussurteil **1170**; **1171**; und öffentl Glaube des Grundbuchs **1140** 1; Teilhypothekenbrief **1151**; **1152** 3; Übergabe **1117**; Übergabevermutung **1117** 6; und Unrichtigkeit des Grundbuchs **1140** 2; Vorlage bei Geltendmachung der Forderung **1161**; Vorlage bei Geltendmachung der Hypothek **1160**; Widerspruch auf – **1140** 2

Hypothekenforderung 1113 6; Abtretung **1154–1159**; Abtretung bei Briefhypothek **1154** 4; Abtretung bei Buchhypothek **1154** 7; öffentl beglaubigte Abtretungserklärungen **1155**; ges Auswechslung **1164** 2; **1173** 3; **1174** 2; bedingte **1113** 9; Belastung **1154** 2; Eintragung **1115** 6, 12; Geldbetrag **1113** 7; Individualisierung **1113** 8; künftige **1113** 9; öffentl-rechtliche **1113** 12; Rechtsverhältnis zwischen Eigentümer und neuem Gläubiger **1156**; **1158**; **1159**

Hypothetische Kausalität s Kausalität

Idealverein, Begriff **21** 1; Zweck **21** 4
Identitätsirrtum 119 9
„IKEA-Klausel", Sachmangel bei Kauf **434** 19
Immaterialgüterrecht, Schadensersatz vor **249–253** 54
Immaterialgüterrechte, Kauf **453** 18
Immaterielle Störungen als uH **823** 9
Immissionen 906; von gemeinwichtigem Betrieb **906** 14; von hoher Hand **906** 16 *(Duldung, Entschädigung)*
Imponderabilien 906 2
Inbegriff von Gegenständen, Definition **259–261** 4
Indexmiete 557 b
Individualabrede 305 8–11

magere Zahlen = Randnummern **Kauf**

Individualarbeitsrecht vor 611 29
Inflation s Geldentwertung
Informationspflicht bei Abschluss eines Arbeitsvertrages **vor 611** 8; elektronischer Geschäftsverkehr **312 e** 4; Fernabsatzvertrag **312 c** 2; bei Geschäftsbesorgung **675 a** 1; zur Geschäftsbesorgung öffentl Besteller **675 a;** bei Kreditgefährdung **824** 9, 11; des Kreditinstituts **Anh 676 h;** vor Presseveröffentlichungen über eine Person **823** 80; des Produzenten **823** 133; Reiseveranstalter **Anh 651 m;** Überziehungskredit **493** 1; sa Aufklärungspflicht
Ingenieurvertrag vor 631 6
Inhaberpapier 793 6; Anwendung des Rechts der Inhaberschuldverschreibung **807; 808;** Eigentumserwerb **793** 6; hinkendes **808** 1; kleines **807** 1; Legitimationspapiere **793** 9; **807** 1; Nießbrauch **1081–1084;** qualifiziertes **808** 1 f; unvollkommenes **807** 1 *(Beispiele);* Versicherungsschein **808** 3
Inhaberschuldverschreibung 793–808 a; öffentl Anleihen **793** 2; Begebungsvertrag **793** 11; Begriff **793** 1; Eigentumserwerb am Papier **793** 11; Eigentumsvermutung **793** 13; Einwendungen **796** 1; Erlöschen des Anspruchs **801;** Erneuerungsschein **803–805** 4; Form **793** 10; staatliche Genehmigung **795;** Kraftloserklärung **799; 800;** Legitimation des Inhabers **793** 13; Leistung an Nichtberechtigten **793** 14 f; Leistungspflicht des Ausstellers **793** 10; **797;** Präsentationspflicht **797** 1; Umschreibung auf den Namen **806;** Verjährung **801;** Vorlegungsfrist **801;** Zahlungssperre **802;** Zinsschein **803–805** 1
Inhaltsänderung eines Grundstücksrechts **877**
Inhaltsfreiheit bei Rechtsgeschäften, Begrenzungen **vor 145** 15
Inhaltsirrtum 119 7
Inhaltskontrolle von AGB s dort
Inkassozession 398 24
Insemination, heterologe **1592** 3; homologe **1592** 3
Insichgeschäft, Arten **181** 4; bei Eigentumserwerb **929** 23; **930** 18; erlaubtes **181** 7, 9–12; Gestattung **181** 4; Personenidentität **181** 5–8; Rechtsfolgen des unerlaubten – **181** 14
Insolvenz und Dienstverhältnis **vor 620– 630** 12; Veräußerung des Betriebs durch Insolvenzverwalter **613 a** 4; Verschleppung **826** 27
Integritätsinteresse und Gewährleistung beim Kauf **437** 15; s Schadensersatz
Interesse, fremdes **662** 10; Kollision bei Stimmrecht **2038** 4; Lehre vom – im Schadensersatzrecht s Schaden; negatives **122** 3; positives **122** 3; sa Erfüllungsinteresse; sa Vertrauensinteresse
Interlokales Erbrecht s Erbrecht

Internationales Erbrecht s Erbrecht
Inventar, Arten **2002–2004;** Begriff **582– 583 a** 3; Erhaltungspflicht bei Pachtvertrag **582–583 a** 5 f; als Gegenstand des Pachtvertrags **582–583 a;** bei Nachlass **1993– 2013** 1; Nießbrauch am Grundstück mit – **1048;** als Zubehör **97; 98** 5; sa Pachtvertrag
Inventarerrichtung, Arten **1993–2013** 2; Benachteiligungsabsicht **1993–2013** 4; Einsicht **2010;** Fiskus als Erbe **2011;** Frist **1993–2013** 3; **1994–2000; 2012;** bei Gesamtgut **2008;** Inhalt **2001;** durch Miterben **2058–2063** 2; Untreue **1993–2013** 4; Unvollständigkeit **1993–2013** 4; eidesstattliche Versicherung **1993–2013** 5; Wirkung **1993–2013** 6
Investmentzertifikate 793 2
invitatio ad offerendum, Kreditanfrage **488** 1
Inzahlungnahme 480 2
Irrtum, Begriff **119** 1; über Berufungsgrund bei Erbschaft **1949** 1 f; im Beweggrund s Motivirrtum; bei Enterbung **1937–1941** 4; über Geschäftsgrundlage **313** 9, 26; im Kaufvertrag **437** 32; Kausalität des – **119** 18; bei letztwilliger Verfügung **2078; 2079;** und Vorsatz **276** 21

Jagdaufseher, Haftung **839** 7
Jugendlicher als Beistand **1712;** ges Vertretungsmacht für das Kind **1712–1717** 7
Jugendschutz vor 611 46
Juristische Person 21–89; Abgrenzung **vor 21** 4, 5; Amtshaftung **839** 28 f; Arten **vor 21** 3; Begriff **vor 21** 1; Besitz **854** 13; Bösgläubigkeit bei Besitzerwerb **990** 2; Kreditgefährdung **824** 3; Nießbrauch **1059 a–1059 e;** Persönlichkeitsrecht **823** 68; Rechtsfähigkeit **vor 21** 10 *(Grenzen);* sa Durchgriffshaftung
Juristische Person des öffentlichen Rechts 89; Haftung **89** 2, 6; Insolvenzfähigkeit **89** 6

Kalkulationsirrtum 119 10
Kapitalabfindung als Schadensersatz **843** 4
Kapitalgesellschaft, Gründungsgesellschaft **705** 8 *(Rechtsnatur)*
Kauf 433–479; Abgrenzung **vor 433** 9; Abnahmepflicht **433** 28; Abschluss **433** 5; Abschlussverbote **433** 8; Arten **vor 433** 6; Aufklärungspflicht **433** 25; durch ausgeschlossenen Käufer **451;** Auskunftspflichten **433** 32; bedingter **454, 454, 455** 5; **463** 13, 18; Begriff **433** 1; Beratungspflicht **433** 23; nach Besicht **454, 455** 4; Besitzverschaffung **433** 33; **442** 2 *(Arglist);* und Datenbanknutzung **453** 11; Doppelkauf **480** 2; Eigenschaftszusicherung **437** 23; Eigentumsverschaffung **433** 19; Eigentumsvorbehalt **449;** Erprobungskauf **454, 455** 3; Form

Teichmann 1925

433 7; Garantie 443; Gefahrübergang 447 1; 446 5 *(Kauf)*; Gegenstand 433 10; Gewährleistungsausschluss 437 3; von Immaterialgüterrechten 453 18; Inzahlungnahme 480 2; Käuferpflichten 433 26; Kosten 448; Lieferklauseln **vor** 433 8; von Lizenzen 453 18; mangelfreie Leistung 433 21; Minderung 437 13; und Nacherfüllung 439; Nutzungen und Lasten, Übergang 446 9; Parteien 433 9; Pfandverkauf 445; 450; 451; Rechtskauf 453; Rechtsmangel 435, 3; 435, 437; Sachmangel 437 ff, sa Gewährleistung; Schutzpflichten 433 24, 32; Software 433 13; Sonderformen **vor** 433 7; von sonstigen Gegenständen 453, 11; und Übereignung 433 4; Übergabe der Kaufsache 446; mit Umtausch 480 3; mit Umtauschberechtigung 454, 455 2; Verjährung der Gewährleistungsansprüche 438; Verkäuferpflichten 433 18; Versendungskauf 447 6; kaufähnliche Verträge 453; Vorvertrag 463 6; Wertpapiere 453 17; in der Zwangsvollstreckung 450; 451; sa Vorkaufsrecht, Wiederkauf

Kauf auf Probe 454; 455
Kauf zur Probe 454, 455 4; 455 4
Kaufangebot, bindendes 463 9
Käuferobliegenheit 433 31
Käuferpflichten 433 26–32
Kaufgegenstand 433 10
Kaufkraftschwund s Geldentwertung
Kaufpreis 433 14–17; Bestimmung 433 16; Fälligkeit 433 27; Höhe 433 17; Mängeleinrede 438 10; Umsatzsteuer 433 14; Vorbehalt 433 16; Zahlungsklausel 433 27; Zahlungspflicht 433 27
Kaufrecht, Anwendungsbereich **vor** 433 5
Kausalität, adäquate **vor** 249 27; 823 25; Anstiftung 830 6; äquivalente **vor** 249–253 26; 823 25; Beihilfe 830 6; bei Eingreifen Dritter **vor** 249–253 30; 823 27; haftungsausfüllende **vor** 249–253 24 f, 47; haftungsbegründende **vor** 249–253 24, 47; 823 22, 42 *(bei Schutzgesetzverletzung)*; bei Handeln des Verletzten 823 28; hypothetische **vor** 249–253 5, 42; konkrete Gefahrberechnung **vor** 249–253 44; kumulative **vor** 249–253 26; 823 22; rechtmäßiges Alternativverhalten s dort; Reservursache **vor** 249–253 42; Schadensanlage **vor** 249–253 43 f; bei mehreren Schädigern 830 1, 3, 10; Schutzzwecklehre und Adäquanztheorie **vor** 249–253 33; (überholende bzw) überholte **vor** 249–253 42; des Unterlassens 823 33 f

Kaution, Barkaution als irreguläres Pfandrecht **vor** 1204 3; Mietkaution 551; Mietkaution als irreguläres Pfandrecht **vor** 1204 3

Kennenmüssen, Begriff 122 1, 4
Kenntnis, Mangel 442 *(Kauf)*, 4 *(maßgeblicher Zeitpunkt)*; Minderjährigkeit 109 2;

Rechtsgrundmangel beim Empfang der Leistung 819 3, 4; sa böser Glaube
Kenntnisnahme von AGB 305 14
Kettenarbeitsvertrag 620 5
Kind, unterlassene Abtreibung als dessen Körperverletzung 823 4; Aufwendungen der Eltern für Personen- und Vermögenssorge 1648; Aufwendungen für Haushalt der Eltern 1620; Billigkeitshaftung 829 2; Dienstleistungspflicht 1619; Einbenennung 1618; Erwerbsgeschäft 1645; Erziehung 1631–1633 2; Haftung 829 1 *(bei Verkehrsunfall)*; keine Haftung bei Verkehrsunfall 828 1; Herausgabe 1631–1633 15; Mitsprache bei Ausübung elterlicher Sorge 1626 7; Name s Geburtsname; Trennung von der Familie 1666–1667 8; 1666 a; Überlassung des Vermögens 1644; ungewolltes – als Schaden **vor** 249 32; Verwendung der Einkünfte 1649
Kindergeld s Unterhalt bei Verwandten
Kindesvermögen, Gefährdung 1666–1667 12; 1667; Surrogation 1646; sa Vermögenssorge
Kindeswohl als Voraussetzung der Adoption 1741–1750 2; Gefährdung 1666–1667 1; Prinzip des – 1697 a; bei Sorgerechtsentscheidung 1671 6; Umgang des Kindes mit Eltern 1626 11
Kirchliche Verpflichtungen aufgrund Ehe 1588
Kirchlicher Mitarbeiter, Loyalitätspflicht **vor** 611 39
Klagebefugnis bei Verletzung eines Verstorbenen 823 68
Klausel, cif-Klausel 269 5; fob-Klausel 269 5; Kostenklauseln 269 5; im Maklervertrag 652 30, 42 *(Beispiele)*; Neuverhandlungsklausel 311 18; Verfallklausel s dort; Verwirkungsklausel s dort; Wertsicherungsklausel s dort
Kleiner Schadensersatz und mangelhafte Kaufsache 437 21
Knebelungsvertrag 138 12; 826 26
Koalitionsfreiheit vor 21 11
Kollektivarbeitsrecht vor 611 29
Kollusion, Ersatzanspruch bei – 826 12, 19
Kombinationstheorie, Vertragsverbindung 311 33
Kommanditgesellschaft, Anwendbarkeit von § 31 31 2; Erbengemeinschaft und – 2032 4; Nachfolgeklausel 2032 6; als Nießbraucher 1059 a–1059 e 2
Kommerzialisierung des Intimbereichs 138 17
Kommerzialisierungsgedanke s Schaden
Kommissionsvertrag vor 631 6; als selbständiger Dienstvertrag **vor** 611 23
Kommunmauer s Giebelmauer
Kondiktionsgegenstand 818 2
Konfusion s Vereinigung
Konkretisierung 243 9–11; Gefahrübergang ohne – 300 4

magere Zahlen = Randnummern **Kündigung, ordentliche**

Konkubinat s Nichteheliche Lebensgemeinschaft
Konkurrenz, alternative 262 4; von Bereicherungsansprüchen mit anderen Ansprüchen **vor** 812 8; von Produkthaftungsansprüchen mit anderen Ansprüchen 823 161 f; und Verjährung 241 17; von Ansprüchen aus Vertrag und uH 241 15; **vor** 823 3
Konkurrenzverbot, beschränkte persönliche Dienstbarkeit 1090 4
Konnexität von Forderungen 273 9
Konsensprinzip, formelles und materielles 873 14, 26
Konsensualprinzip und AGB 305 a 1, 2
Konsolidation 889; durch Erbfolge 1922 9; Nießbrauch 1063 1; sa Vereinigung
Kontamination von Böden 823 7 f; sa Altlasten
Kontinuitätsgrundsatz bei Sorgerechtsentscheidung 1671 10
Kontokorrent 387 17; 396 1; Abtretung 399; 400 6; Pfändbarkeit 387 18; Überziehungskredit 493 2
Kontokorrentklausel, Sicherungsübereignung 930 27
Kontokorrentkonto, Begriff 676 f 7; Fehlbuchung 676 f 7
Kontokorrentvorbehalt 929 31
Kontoüberziehung, Duldung 493 4; fehlende Duldung 493 5
Kontrahierungszwang 826 21; bei Rassendiskriminierung **vor** 145 11; unmittelbarer **vor** 145 9, 10
Kontratabularersitzung 927 1
Konvaleszenz 185 8; Zustimmungserfordernis bei Gesamtvermögensgeschäft 1366, 1367 6
Konversion s Umdeutung
Konzernklausel, Sicherungsübereignung 930 28
Konzernverrechnungsklausel 387 15
Konzernvorbehalt 929 32
Konzessionssystem vor 21 7; 22 2
Kopplungsgeschäfte 138 18
Körper des lebenden Menschen **vor** 90 9
Körperstrafen als Erziehungsmittel 1631–1633 3
Körperverletzung, Begriff 823 3; Einwilligung s dort; Erwerbsschaden 842 2; vor Geburt 823 4; Heileingriff 823 3, 111; ärztlicher Kunstfehler **vor** 249–253 30; Schadensminderungspflicht bei – 254 9; Schmerzensgeld 253 3; Schmerzensgeld statt Restitution 251 2; Umfang des Schadensersatzes 249 6; Umschulung s dort
Kosten der Nacherfüllung 439 17; Rechtskauf 453 10
Kostenschätzung 631 6
Kostenvoranschlag 632 4; 650; Überschreitung 650 3–5
Kraftfahrzeug, Sachmangel 434 26 f

Kraftfahrzeugbrief, Eigentum 952 2; und guter Glaube 932 17; **1207** 3
Kraftfahrzeug-Schaden s Verkehrsunfall
Krankenfürsorge als Pflicht des Arbeitgebers 617
Krankenhausvertrag, Typen **vor** 611 24
Krankheitsunterhalt, nachehelicher 1572
Kredit, Lombardkredit **vor** 488 3; öffentl **vor** 488 15; Personalkredit **vor** 488 3; Realkredit **vor** 488 3
Kreditanfrage, invitatio ad offerendum 488 6
Kreditauftrag 778
Kreditbrief 783 13
Krediteröffnungsvertrag vor 488 11
Kreditgefährdung 824 1 f; Rechtswidrigkeit 824 8; durch Tatsachenbehauptung 824 4; Verschulden 824 9
Kreditkartenvertrag 311 22; 365 9; 783 16; Deckungsverhältnis **676 h** 3; Missbrauch **676 h** 2, 7; Valutaverhältnis **676 h** 4; Zuwendungsverhältnis **676 h** 5
Kredittäuschung 138 14
Kreditvermittlungsvertrag s Verbraucherkredit
Kritik, Ehrverletzung 823 78; geschäftsschädigende 823 103; pauschale 824 4 *(als Kreditgefährdung)*
Kündigung, Sachdarlehensvertrag 607–609 6
Kündigung, außerordentliche nach Abmahnung 626 9, 16; Darlehen 490; Dauerschuldverhältnis 314; Dienstverhältnis 626; 627; im Dienstvertrag 627; Gesellschaftsvertrag s dort; Interessenabwägung 626 6; Landpachtvertrag s dort; Mietverhältnis 543 569; Mietvertrag s dort (fristlose –); Reisevertrag s dort; und Schadensersatz 314 8; Sonderregelungen 314 2; bei Unpünktlichkeit 626 10; Zeitspanne 314 7
Kündigung, ordentliche, Abdingbarkeit 489 13 *(Darlehensvertrag)*; bei Ablauf der Zinsbindung 489 3; Arbeitsverhältnis 620; 622; Auftrag s dort; vor Auszahlung des Darlehens 490 6; nach Auszahlung des Darlehens 490 7; Darlehen s dort; durch Darlehensgeber 490 7; des Darlehensgebers bei Verzug mit Teilzahlungen 498 3; des Darlehensnehmers 489; 490 8; Dienstvertrag 620; 621; 624; Erklärungsfrist bei Darlehen 490 10; und fehlende Rückerstattung des Darlehens 489 12; bei festverzinslichem Darlehen 489 2; 490 9; Girovertrag 676 f 5; Haftung für unbegründete – 280 19; Hypothek 1141; Landpachtvertrag s dort; Leihe s dort; Mietvertrag s dort; Übertragungsvertrag 676; Überweisungsvertrag **676 b,c** 4 *(durch Erstattungsverlangen)*; **676 a** 8 *(durch Kreditinstitut)*, 9 *(durch Überweisenden)*; bei veränderlichem Zinssatz 489 9; Verbraucherdarlehensvertrag 489 5; Verhältnismäßigkeit 622 10; bei Vermögensverschlechterung des Darle-

Kündigungsfrist fette Zahlen = §§

hensnehmers **490** 3; Werkvertrag (durch Besteller) **649**
Kündigungsfrist bei Dienstverträgen über mehr als 5 Jahre **624;** bei Mietvertrag s dort; bei Übertragungsvertrag **676** 3; bei Überweisungsvertrag **676 a** 8
Kündigungsschutz, Arbeitsverhältnis **622** 7; Dienstvertrag **vor 611** 44; **622** 7–11; Mietverhältnisse über Wohnraum **573;** Mietvertrag s dort
Künstliche Befruchtung 1592 3; Ausschluss der Vaterschaftsanfechtung **1599–1600 c** 4; s Insemination
Kurzerkrankung, häufige als Kündigungsgrund **622** 9

Landgut als Erbgegenstand **2049** 2; **2312** 1
Landpachtvertrag, Änderung **593;** Aufwendungsersatzanspruch für den Pächter **588;** Begriff **585** 2; Beschreibung der Pachtsache **585 b;** Betriebsübergabe vor Erbfall **593 a;** Ende und Verlängerung bei befristetem – **594;** Entrichten der Pacht **587;** Erhaltung und Verbesserung der Sache durch den Verpächter **588;** Erhöhung der Pacht **588;** Fälligkeit der Pacht **587;** Form **585 a;** vertragswidriger Gebrauch **590 a;** Inventarübernahme zum Schätzwert **589; 590;** Kündigung **594 a–595 a** 3 *(außerordentliche, wegen Berufsunfähigkeit des Pächters, Frist),* 2 f *(ordentliche, wegen Tod des Pächters);* **589–590** 1 *(wegen versagter Unterverpachtung);* Landwirtschaftsgericht **588; 589, 590** 2; **591; 593;** langfristig befristeter – **594 a–595 a** 1 f; Lasten **586 a;** Mängelgewährleistung **586;** Nutzungsüberlassung an Dritte **589, 590** 2; Pflichten des Pächters **586; 596 b;** Pflichten des Verpächters **586; 596 a;** Rückgabe der Sache **596;** verspätete Rückgabe der Sache **597;** unbefristeter – **594 a–595 a** 1 f; Unterverpachtung **589, 590** 1 f; **596;** Veräußerung oder Belastung des Grundstücks **593 b;** Verhinderung des Pächters **587;** Verjährung **591 b;** Verlängerung **594 a–595 a** 2; Verpächterpfandrecht **592** 1; vertragstypische Pflichten **586;** Verwendungen **596** 1; **590 b** *(notwendige);* **591** *(des Pächters, wertverbessernde);* Wegnahme von Einrichtungen **591 a;** Zustimmungspflicht zur Unterpachtung **589, 590** 1 f
Lasten des Besitzers **995;** beim Landpachtvertrag **586 a**
Lastenausgleich bei Vermächtnis **vor 2147** 4; **2164** 2
Lastschriftverfahren 328 40; Erfüllung **364, 365** 5
Leasing vor 535 5–10; Anwendbarkeit von Normen **vor 535** 7; Ausgestaltung **vor 535** 6; Finanzierungsleasing **vor 535** 6–10; Gefährdungshaftung **vor 535** 9; Leistungsstörungen (Leasingnehmer) **vor 535** 10; Leistungsstörungen (Lieferant) **vor 535** 8;

und Mietverhältnis **vor 535** 5–10; Operating-Leasing **vor 535** 5; Personal-Leasing **vor 535** 5; sale-and-lease-back-Vertrag **vor 535** 6; Teilamortisationsverträge **vor 535** 6; Verbraucher-Finanzierungsleasing **vor 535** 7; Vollamortisationsverträge **vor 535** 6; Zweck **vor 535** 6
Lebenspartner, Eintritt in Mietvertrag **563, 563 a** 5, 6
Lebenspartnerschaft, eingetragene, Ausgleichsgemeinschaft **2346** 3; Ausschluss des Erbrechts bei eingetragenen Lebenspartnern **1933** 5; als BGB-Innengesellschaft **705** 1 b; Dreißigster **1969** 1; Ehegattenpflichtteilsentziehung **2335** 1; Erbeinsetzung durch Testament **2077** 5; Gemeinschaft nach Bruchteilen **741** 2; gemeinschaftliches Testament **2265** 1 *(Errichtung);* **2268** 1 *(Wirksamkeit bei Aufhebung der –);* ges Erbrecht **1931** 5; Pflichtteil **2303** 2, 5–7; Pflichtteil und unbenannte Zuwendungen **2325** 4; Pflichtteil und Vermächtnis **2307** 3; Pflichtteilsentziehung **2334** 6; steuerliche Gleichstellung **1931** 5; Unwirksamkeit letztwilliger Verfügungen **2077** 7; Voraus des Ehegatten bei eingetragenen Lebenspartnern **1932** 1
Lebensstandardgarantie durch nachehelichen Unterhalt **1578** 1
Lebensversicherung, Auszahlung ohne Rechtsgrund **812** 44; als vererbliche Rechtsposition **1922** 2; **2301** 6; Schadensminderung durch Auszahlung **vor 249–253** 36; Zuwendung auf den Todesfall **2077** 8; **2301** 6
Lebensversicherungsvertrag 331 2; überlange Dauer **139** 11
Legislatives Unrecht, Haftung **839** 3
Legitimationspapiere 407 4; **410** 1; **793** 9; einfache **808** 2; qualifizierter **808** 1
Lehrer, Aufsichtspflicht **832** 4
Lehrverhältnis vor 611 55
Leibesfrucht 1 4; Erbfähigkeit **1923** 2; Pflegschaft **1912;** als Verletzter bei uH **823** 4, 68; sa Vermächtnis
Leibrente 759–761; Begriff **759–761** 1; Dauer **761** 6; Form **761;** Formzwang **761** 6; Gegenstand der Leistung **759–761** 1; und Leistungsstörung **761** 7; Nießbrauch **1073;** aufgrund Schadensersatzverpflichtung **761** 5; Störung der Geschäftsgrundlage **761** 8; Verjährung **761** 9; Versprechen einer – **759–761** 2; Vorauszahlung **760**
Leibrentenvertrag 330 1
Leichnam 1 3; kein Nachlassgegenstand **1922** 11; keine Sache **vor 90** 9; physische Integrität **823** 68
Leiharbeitsverhältnis 611 3; Erfüllungsgehilfe **278** 16
Leihe 598–606; Abgrenzung **598** 2; Anbahnung eines Vertrages **598** 4; Arglist des Verleihers **600;** Eigentums- und Besitzver-

magere Zahlen = Randnummern **Liquidationsverein**

hältnisse **598** 6; vertragsgemäßer Gebrauch **603** 1; Gebrauchsüberlassung an Dritte **603** 2; **604** 5; Haftung des Verleihers **599** 1; **600** 1; Inhalt **598** 7; Kündigung **605**; und Mietverhältnis **vor 535** 3; **598** 2, 8; Obhutspflicht **602**; Rückgabe der Leihsache **604**; und Sachdarlehensvertrag **607– 609** 2; Verjährung **606**; Verwendungen **601**; **604** 4; **606**; Wegnahmerecht **601**; **606**
Leihmuttervertrag 134 12
Leistung aufgrund Anstands- oder Sittenpflicht **814** 7; Art und Weise **242** 17; Begriff **241** 4, 7; **vor 812** 4; **812** 2; Bestimmung durch Dritten **317**; Bestimmung durch eine Partei **315;** persönliche – im Dienstverhältnis **611** 6; durch Dritte **267**; an Dritten **328**; **362** 5; an Dritten nach Todesfall **331**; an Erfüllungs Statt **364**, **365** 2; erfüllungshalber **364**, **365** 6; Erlöschen des Anspruchs auf – **281** 14; Ersetzungsbefugnis des Schuldners **364**, **365** 2; Hypothekenhaftung und wiederkehrende Leistungen **1126**; Inhalt **241** 7; in Kenntnis der Nichtschuld **814** 1; mit Kreditkarte **364**, **365** 9; Mitwirkung des Gläubigers **293** 2, 9 f; **295** 3; **296;** auf fremde Nichtschuld **812** 13; beim Reisevertrag **651 a** 6; auf fremde Schuld **812** 77; teilbare **420;** Teilleistung **266;** Tilgungsreihenfolge **366** 1, 6; **367** 1; unteilbare **275** 8; Unterlassen **241** 7; verbotswidrige – **817;** unter Vorbehalt **362** 3; Vorbehalt bei Teilleistung **341** 5; übereinstimmender Wille als Zuordnungskriterium im Dreipersonenverhältnis **812** 31; Zug-um-Zug-Leistung **322;** sa Gegenleistung
Leistungsbefreiung, Überblick **275** 5
Leistungsbestimmung, Anfechtung **318;** nach freiem Belieben **319** 5; nach billigem Ermessen **319** 3; gerichtl Kontrolle **319** 6; Unwirksamkeit **319**
Leistungserschwerung, übermäßige **275** 11
Leistungsgefahr, Begriff **vor 446** 3; Werkvertrag **644**, **645** 2
Leistungshindernis, anfängliches **311 a**, 3; **311 b** 8 *(Aufwendungsersatz)*, 9 *(Beweislast)*; **311 a** 5, **311 b** 5 *(Haftung)*, 10 *(Rechtsfolgen)*, 5 *(Schadensersatz statt der Leistung)*, 6 *(Voraussetzungen)*; Aufwendungsersatzanspruch **311 a** 8; Begriff **283** 5; **311 a** 2; Beweislast **284**; **311 a** 9; Einrede aus § 320 **320** 9; faktisches **275** 24; und Gegenleistung **vor 275** 14; während des Gläubigerverzugs **326** 16; nachträgliches **283** 1, 5; Rechtsfolgen **275** 31; **311 a** 10 *(Überblick)*; Schadensersatz statt der Leistung **283** 1; **311 a** 5; Umfang **275** 1; verfahrensrechtliches **284;** und Verlust der Gegenleistung **326** 5; bei Vertragsschluss **311 a;** vom Gläubiger zu vertretendes **326** 14; von Gläubiger und Schuldner ge-

meinsam zu vertretendes **326** 22; Voraussetzungen **311 a** 6 *(Überblick)*; und Wirksamkeit des Vertrags **311 a** 4; sa Unmöglichkeit
Leistungsinteresse des Gläubigers **275** 25 *(bei faktischem Leistungshindernis)*
Leistungskondiktion vor 812 3; Ausschluss nach § 817 S 2 **817** 13
Leistungsort 269; bei Akzessorietät der Verbindlichkeiten **269** 8; Begriff und Bedeutung **269** 1; bei Bringschuld **269** 1; gemeinsamer **269** 5, 8 f; und Gerichtsstandsvereinbarung **269** 2, 5; ges **269** 6; Handelsbrauch und Verkehrssitte **269** 4; bei Holschuld **269** 1; Leistungsstelle **269** 9; für Nebenpflichten **269** 8; Niederlassung, gewerbliche s dort; bei Rücktritt **269** 8; bei Schickschuld **269** 1; Rücknahme von Verpackungen **269** 8; vertraglich vereinbarter **269** 4; Wohnsitz als – s dort; und Zahlungsort **269** 5
Leistungspflicht, Ausschluss **275;** Bestehenbleiben der Gegenleistungspflicht **326** 14; Grenzen **vor 275** 4; **275** 4; und Leistungshindernis **275** 1; persönliche **267;** primäre **275** 1; sekundäre **275** 1
Leistungspflichten, Hauptleistungspflichten **241** 4; Nebenleistungspflichten **241** 9; Opfergrenze **275** 20; primäre **241** 11; sekundäre **241** 11
Leistungsstörungen und Gewährleistung beim Reisevertrag **vor 651 c** 1; Schadensersatz **536 a** 3 *(im Mietverhältnis)*; beim Tausch **480** 5; Überblick **vor 275** 1; Übergangsregelung **vor 275** 17; beim Werkvertrag **644**, **645** 11
Leistungsstörungsrecht, Überblick **vor 275** 6
Leistungsträger, Ansprüche gegen den Reisenden **651 d** 3; beim Reisevertrag **651 a** 9
Leistungsverweigerungsrecht bei Abtretung **410** 1; **411** 1; beim gegenseitigen Vertrag **320;** Gesellschafter **705** 18; **706** 3; Verjährung **194** 2; nach Verjährung **194– 217** 2; als Verjährungsfolge **194** 4; Zurückbehaltungsrecht als – **273** 19
Leistungsvorbehalt 244, **245** 26; **315** 6; **317** 10
Leistungszeit 271; Bestimmung **271** 6; Beweislast **271** 17; Fälligkeitsklauseln **271** 7; kalendermäßig bestimmte **286** 27; Nichteinhaltung **271** 16; Stundung **271** 9; Verbraucherdarlehen **271** 5
Letztwillige Verfügung s Erbeinsetzung; s Testament
Lieferkette und Regress **478**; Regress **478** 11
Lieferklauseln beim Kauf **vor 433** 8
Lieferungskauf s Werklieferungsvertrag,
Liefervertrag, Schutzwirkung für Dritte **328** 38; Widerruf bei verbundenem – **358** 7–10
Liquidationsverein 41–44 4, 6; **45–53** 2

Teichmann 1929

Lizenzen, Kauf 453 2, 18
Lizenzgebühr als Schadensersatz (Grundsatz der Lizenzanalogie) **vor 249–253** 54
Lizenzspielertransfer vor 433 11
Lizenzvertrag vor 433 11
Lohnfortzahlung vor 249–253 8
Lohnwucher 139 9
Lombardkredit vor 488 3; **vor 1204** 4
Löschung im Grundbuch **875** 3
Löschungsanspruch, ges – gegen fremdes Grundpfandrecht **1179 a;** ges – gegen ehemals eigenes Recht **1179 b;** vertraglicher **1179** 2, 3; ges – bei Wertpapierhypothek **1187–1189** 1; sa Löschungsvormerkung
Löschungsvormerkung 1179 14; fingierte **1179 a** 10; sa Löschungsanspruch
Lotterie 763; Begriff **763** 2; Genehmigung **763** 4; Loskauf **763** 2
Luftfahrzeug, Bestandteile **94** 6

Mahnung, Begriff **286** 15; Einzelfragen **286** 22; Entbehrlichkeit **286** 27; bei festgestellten Unterhaltsansprüchen **286** 25; Rechtsnatur **286** 18 f; bei unbestimmter Forderung **286** 25; Voraussetzungen **286** 17; bei wiederkehrender Leistung **286** 26; Zeitpunkt **286** 20
Makler, Arten **vor 652** 2; Aufklärungspflichten **654** 5 f; Doppelmakler **652** 4; **654** 4, 11; treuwidrige Doppeltätigkeit **654** 11; Handelsmakler **vor 652** 8; mehrere **vor 652** 20; wirtschaftliche Mitbeteiligung **652** 12; Selbsteintritt **652** 12; Untermakler **vor 652** 22; Verflechtung mit der Gegenpartei **652** 13 f; Vertretungsmacht **vor 652** 4
Maklerlohn 653; Aufwendungen **652** 31; Erfolgsunabhängigkeit **652** 29; Fälligkeit **652** 27, 30; Hauptvertrag **652** 16, 23 *(nachträglicher Wegfall);* Herabsetzung **655** 1; Höhe **652** 26; **653** 1, 3; Kenntnis von der Maklertätigkeit **652** 25; Rückforderungsanspruch **652** 3; Rückgewähr **654** 12; Ursächlichkeit der Maklertätigkeit **652** 24; abweichende Vereinbarungen **652** 28; Verjährung **652** 27; Verwirkung **654** 10; Voraussetzungen **652** 1; Vorvertrag **652** 18
Maklervertrag 652–656; Abgrenzung **vor 652** 5; AGB **307** 10; Alleinauftrag **652** 33; Bedeutung und Abdingbarkeit **vor 652** 10 f; Begriff **vor 652** 1; Darlehensvermittlung **vor 652** 8; Dauer **652** 7; Doppelauftrag **652** 4; **654** 4, 11; Verbot des Doppelauftrags **652** 33; Dritter **652** 11; Eigengeschäft des Auftraggebers **vor 311 b** 27; **652** 5; Informationspflicht des Maklers **654** 5 f; in der Insolvenz **652** 7; Klauseln **652** 30, 42; Maklerleistung **652** 8; Nachweis **652** 8; Reservierungsvereinbarung **652** 30; Schadensersatz **652** 34, 41; **654** 3, 12 f; Treuepflichten des Auftraggebers **654** 9; Treuepflichten des Maklers **654** 3 f; abweichende Vereinbarungen **vor 652** 11; **652** 42; Vergütung **652** 26, 28;

Vermittlung **652** 9; Vermittlungsverbote **vor 652** 16; Vertragsstrafe **339** 15; **652** 41; Vorkenntnisklausel **652** 30; Weitergabeklausel **652** 30; Widerruf **652** 7, 34; Wirksamkeit **652** 18; Wohnungsvermittlung **vor 652** 13; **652** 29, 31, 41; Zustandekommen **652** 4
Mangel, Annahme ohne Vorbehalt **442** 4; beim Kauf auf Probe **454** 7; **455** 7; der Kaufsache **434** 8; Kenntnis **442** 3; beim Landpachtvertrag **586;** bei Leihe **600** 1; nicht behebbarer **326** 27; beim Reisevertrag **vor 651 c** 1; **651 c** 1; Schadensersatzpflicht des Reiseveranstalters **651 f** 2; unerheblicher **281** 30; grobfahrlässige Unkenntnis **442** 5; Wiederkauf **456** 12; im Werkvertrag **633** 4–6; beim Wiederkauf **457;** sa Rechtsmangel; sa Sachmangel
Mangel nach Vertragsschluss im Mietverhältnis **536 a** 6
Mängelanzeige, Kauf **438** 10; Mietverhältnis **536 c;** Reisevertrag **651 d** 2
Mängelbeseitigung s Nacherfüllung
Mängeleinrede, Kauf **438** 10
Mangelfolgeschaden, Kauf **437** 15; Leihe **599** 2; Schenkung **521** 1; **524** 1
Mängelhaftung, Ausschluss **536 d** *(Mietverhältnis);* und Leistungsstörungsrecht **vor 275** 15
Mängelmitteilung, Verbrauchsgüterkauf **475** 4
Markierungsvertrag 930 47
Massenverkehr, Verträge **vor 145** 19
Mehraufwendungen, Ersatz beim Gläubigerverzug **304**
Mehrere Schädiger 830; Ausgleichspflicht **840** 7; gesamtschuldnerische Haftung **840;** einseitiger Haftungsausschluss **840** 8; Haftungseinheit **840** 6; Mitverschulden **840** 4 *(des Verletzten);* Tatbeitragseinheit **840** 6
Mehrvertretung 181 4
Mehrwertsteuer, Kauf **433** 14; Werkvertrag **632** 6
Merkantiler Minderwert s Schadensersatz
Mietdatenbank, Begriff **558 c–e;** bei Mieterhöhung **558 a**
Miete 558; Erstreckung der Hypothek auf – **1123–1125;** Fälligkeit **556 b;** **579** *(eingetragenes Schiff, Grundstück, Räume);* Indexmiete **557 b;** Kappungsgrenze **558;** Mieterhöhung **557;** Mieterhöhung bis zur ortsüblichen Vergleichsmiete **558;** Staffelmiete **557 a;** Veränderung von Betriebskosten **560;** Verfügungen **566 b–e** *(vor und nach Grundstückserwerb)*
Mieter, Aufwendungsersatzanspruch **554** 3; Benutzungspflicht **535** 22; Duldungspflicht **535** 22; Duldungspflichten **554** 3; deliktische Haftung bei Gebäudeeinsturz und Ablösung von Teilen **837** 2; Kenntnis vom Mangel **536 b** 2; Kündigung **543;** mehrere – als Gesamtschuldner **425** 9; Mietzah-

lungspflicht **535** 18; Nebenpflichten **535** 21–22; Obhutspflicht **535** 22; allg Pflichten **535** 18–22; Rechte bei Pflichtverletzungen **535** 17; Rückgabepflicht **546**; Rücksichtnahmepflicht **535** 22; schuldhafte Vertragsverletzung **573**; Tod **563**, **563 a**; **580**; persönliche Verhinderung **537**; vertragswidriger Gebrauch **543** 5; Zahlungsverzug **543** 6

Mieterhöhung, Form und Begründung **558 a**; Gutachten **558 a**; Heilung fehlerhaften Erhöhungsverlangens **558 b**; Kappungsgrenze **558**; Mietdatenbank **558 a**; Mietspiegel **558 a**; bei Modernisierung **559–559 b**, 7 f, 5 *(Kostenumlegung);* bis zur ortsüblichen Vergleichsmiete **558**; Sonderkündigungsrecht **561**; Überlegungsfrist des Mieters **558 b**; Vergleichsmiete **558 a**; Zustimmung des Mieters **558 b**

Mietkaution 551; und Darlehen **vor 488** 20

Mietrecht, Aufbau **vor 535** 2; Mietrechtsreform **vor 535** 2

Mietspiegel, einfacher **558 c–e**; einfacher und qualifizierter **558 a**; bei Mieterhöhung **558 a**; qualifizierter **558 c–e**

Mietverhältnis vor 535; **535** 2–4; Abgrenzung **vor 535** 3; Abnutzung der Mietsache **538**; allg Kündigungsrecht **543** 1; Anbringen von Einrichtungen **535** 13; anfänglicher Sach- oder Rechtsmangel **536 a** 4; Anzeigepflicht bei Mängeln **536 c**; Art der Benutzung **535** 11; Aufwendungsersatz **539**; Auslegungsschranken **535** 9; Ausschluss der Kündigung **545** 6; Außenantennen **535** 13; außerordentliche (fristlose) Kündigung **542** 2; Automatenaufstellungsvertrag **vor 535** 11 f; Barrierefreiheit **554 a**; Baukostenzuschuss **535** 20; **566** 3; Beendigung eines fortgesetzten – **574 c**; Beendigungsgründe **542** 1 f; befristeter Vertrag **542** 4; Begriff **vor 535** 1; Besuch **535** 12; Betriebskosten **556,** 6 *(Abrechnungsverpflichtung des Vermieters)*, 6 *(Obliegenheiten des Mieters)*, 3 *(Pauschale)*, 4 *(Vorauszahlungen);* dauernde Aufnahme Dritter **535** 12; über dreißig Jahre **544**; Duldungspflichten **554** 3; über eingetragenes Schiff **578 a**; Ende **542**; Erhaltungsmaßnahmen des Vermieters **554** 2 f; Erhaltungspflicht des Vermieters **535** 7; Erlaubnis der Untervermietung **540** 4; Erlaubnisverweigerung bei Untervermietung **540** 4; Fahrstuhlausfall als Mangel **536** 4; Form der Kündigung **543** 7; Fortsetzung des Gebrauchs nach Ablauf **545**; vertragsgemäßer Gebrauch **535** 9–14, 21; **538**, 2; **541**; **543**; vertragswidriger Gebrauch **541**; Gebrauchsüberlassung an Dritte **540; 553**; als Gebrauchsüberlassungsvertrag **vor 535** 1; Gestaltungsfreiheit **535** 4; Gesundheitsgefährdung **535** 4; über Grundstücke **578**; und Grundstückserwerb **566** 3; Haftung des Grundstücksveräußerers **566** 4; Haftung des Mieters **540** 4 *(bei Untervermietung);* Haustiere **535** 14; Heizung **535** 6, 19; **536** 4; Inhalt **535** 4; Instandhaltungspflicht des Vermieters **538** 1; Kaution **535** 20; Kenntnis vom Mangel **536 b** 2; Kleinreparaturen **535** 7; Kontaminierung des Bodens **536** 4; Kündigung **543; 568; 575 a** *(außerordentliche bei Zeitmietvertrag);* **569** *(außerordentliche, fristlose);* **573 d** *(außerordentliche mit ges Frist);* **573** *(berechtigtes Interesse des Vermieters, Eigenbedarf des Vermieters, erleichterte, des Vermieters);* **569** 2 *(Gesundheitsgefährdung);* **573** *(ordentliche, bei schuldhafter Vertragsverletzung des Mieters),* **3** *(Störung des Hausfriedens);* **574** *(Widerspruch des Mieters);* **573 a** 1 *(Wohnung im Zweifamilienhaus);* **569** 4 *(Zahlungsverzug);* Kündigung des Mieters **543** 2–4 *(Vorenthaltung des Gebrauchs);* Kündigung des Vermieters **574** *(Einschränkungen);* **543** 5 *(vertragswidriger Gebrauch),* 6 *(Zahlungsverzug);* Kündigungsfrist **573 d** *(bei außerordentlicher Kündigung);* **580 a** *(eingetragenes Schiff, Grundstück);* **573 c** 1 *(bei ordentlicher Kündigung);* **580 a** *(Räume);* Kündigungsschutz **566** *(bei Veräußerung);* Lastentragungspflicht **535** 15; und Leasing **vor 535** 5–10; und Leihe **vor 535** 3; Mangel **536 b** 2 *(Kenntnis des Mieters);* Mangel nach Vertragsschluss **536 a** 6; Mängelanzeige **536 c,** 2 f, 4 *(Beweislast);* subj Mangelbegriff **536** 4; Maßnahmen der Verbesserung, Energieeinsparung und Schaffung neuen Wohnraums **554** 5 f, 6; Mietminderung **536** 3 *(Abdingbarkeit),* 2 *(und allg Leistungsstörungsrecht),* 8 *(Rechtsfolgen);* Mietvorauszahlungen **535** 20; **547**; Mietzahlungspflicht **535** 18; Mischformen **vor 535** 4–12; Modernisierung durch Vermieter **554**; Montageanleitung **536** 4; Musikausübung **535** 11; Nebenpflichten des Mieters **535** 21–22; weitere Nebenpflichten des Vermieters **535** 16; ordentliche Kündigung **542** 1; und Pachtvertrag **vor 535** 3; Partylärm **535** 11; Pflichten des Mieters **535** 18–22; Prozessuales **535** 23; über Räume **578**; räumlicher Umfang **535** 10; Rechte des Mieters bei Pflichtverletzungen **535** 17; Rechtsmangel **536** 7; Reparaturen **535** 7; Rückerstattung vorausgezahlter Miete **547**; Rückgabe der Mietsache **546; 571** *(Räumungsfrist);* Rücktrittsrecht **572**; Sachmangel **536** 4 f, 5 *(Erheblichkeit);* Sachmangel und aliud **536** 4; Sachmangels **536** 5 *(Zeitpunkt);* Schadensersatzanspruch **536 a** 3 *(und allg Leistungsstörungsrecht),* 3–9 *(gegen Vermieter);* **546 a** *(bei verspäteter Rückgabe);* **536 a** 7 *(bei Verzug des Vermieters mit der Mängelbeseitigung),* 6 *(bei zu vertretendem Mangel nach Vertragsschluss);* Schadstoffe in der Wohnung **536** 4; Schönheitsreparaturen **535**; **538** 1; Selbstvornahme **536 a** 2 *(der Mangelbeseitigung);* Sonderkündigungsrecht **561** *(bei Mieterhöhung);* Sonderlei-

Mietvertrag fette Zahlen = §§

stungen 535 20; Streupflicht 535 6; Teilkündigung 573 b *(des Vermieters)*; Treppen 535 10; Trockenplatz 535 10; Überlassung an Dritte 535 12; Umfang der Rückgabe 546 2; Unterlassen der Mängelanzeige 536 c 3; Unterlassungsklage 541 *(bei Gebrauchsüberlassung an Dritte)*; Untermietverhältnis 540 6; Untervermietung 540; Unwirksamkeit der Kündigung 543 6; Veräußerung der Mietsache vor Gebrauchsüberlassung 567 a; Verbesserung der Mietsache 554 4; Verbot des vertragswidrigen Gebrauchs 535 21; persönliche Verhinderung 537 *(des Mieters)*; Verjährung 548 *(der Ersatzansprüche, des Wegnahmerechts)*; Verlängerung 545 *(stillschweigende)*; Vermieterpfandrecht 562; Vermieterpflichten 535 5–17; Vertrag auf unbestimmte Zeit 542 3; Vertragsauslegung 535 9; und Verwahrungsvertrag vor 535 3; Vorausverfügung über Miete 566 b–e 2; Vorenthaltung der Mietsache 571; Warmwasserkosten 535 19; Wegnahme von Einrichtungen 539; Wegnahmerecht 539; Wirkung der Kündigung 543 7; über Wohnraum 549, 7 *(in Studenten- oder Jugendwohnheimen)*, 3 *(zum vorübergehenden Gebrauch)*, 6 *(Weitervermietung durch Träger der Wohlfahrtspflege)*; Zubehörteile 535 10; zugesicherte Eigenschaften 536 6; kein Zurückbehaltungsrecht gegen Rückgabeanspruch 570; gewerbliche Zwischenmietung 565; sa Mietvertrag

Mietvertrag vor 535; Abschluss 535 2; überlange Dauer 139 11; Ehegatte 563, 563 a *(nach Tod des Mieters)*; Ehegatten 535 3; Eintrittsrecht Dritter 563, 563 a; Ersatzmieter 537 2; Familienangehörige 563, 563 a 4 *(nach Tod des Mieters)*; Form 550; Form bei Abänderung 550 6; Form bei Nebenabreden 550 2; Formmangel 550 5; Fortsetzung 563, 563 a *(mit Dritten);* 564 *(mit Erben)*; Haftung 563 b *(bei Eintritt), (bei Fortsetzung des Mietvertrages)*; Haushaltsgenossen 563, 563 a 7 *(nach Tod des Mieters)*; Kaution s dort; Kinder 535 3; 563, 563 a 4, 6, 7 *(nach Tod des Mieters)*; Kündigung nach Nießbrauchsbeendigung 1056; Lebenspartner 535 3; 563, 563 a 5, 6 *(nach Tod des Mieters)*; mehrere Mieter 535 3; Nachmieter 537 3; und Pachtvertrag 581 6; Parteien 535 3; und Reisevertrag 651 a 8; und Sachdarlehensvertrag 607–609 2; Schönheitsreparaturen 243 2; Schutzwirkung für Dritte 328 32; Sonderrechtsnachfolge 563, 563 a 1; Tod des Mieters 563, 563 a; Untermietvertrag s dort; Veräußerung der Mietsache 566; mehrere Vermieter 535 3; Vermieterpfandrecht sa dort; Vertragsstrafe 555; Vormietvertrag 463 4; über Wohnraum 328 32; auf Zeit 575; sa Mietverhältnis

Mietwucher 134 15; **139** 9

Minderjährigenadoption s Adoption Minderjähriger

Minderjähriger, Aufenthaltsbestimmung **1631–1633** 5, 15; Aufsichtspflicht **1631–1633** 4; Ausbildung **1631–1633** 11; **1631** a; Ausschlagung der Erbschaft durch Eltern **1643** 3; Bereicherung und Herausgabepflicht **818** 18; Berufswahl **1631–1633** 11; Bösgläubigkeit bei Besitzerwerb **990** 2; Dienst- oder Arbeitsverhältnis **113** 5; Erbauseinandersetzung **2042** 4; **2204** 2; Erbenstellung bei Testamentsvollstreckung **2204** 4; Erbschaftsannahme **1943** 3; Erwerbsgeschäft, selbständiger Betrieb **112** 3; Freiheitsentziehung **1631–1633** 6; **1631** b; Geschäftsfähigkeit **104** 1; Haftung **828;** Haftung bei Verkehrsunfall **828** 1; Haftung für uH **829;** Haftungsbegrenzung **1629** a, 1 *(allg)*, 7 *(Rechtsfolgen)*, 3 *(Voraussetzungen)*; Heirat und Einfluss auf Sorgerecht **1631–1633** 26; einseitiges Rechtsgeschäft **111** 2; kraftfahrzeugbezogene Rechtsgeschäfte **107** 7; Schenkung **516** 10; Testierfähigkeit **2229** 1; **2233; 2247;** Tierhalterhaftung **833** 1, 3; Unterbringung **1631–1633** 6; Verbot der Sterilisation **1631 c;** Vertrag **108–110;** ges Vertreter **104** 3; Verzicht auf Pflichtteil durch Eltern **1643** 3

Minderung 441; Ausübung **441** 5; mehrere Beteiligte **441** 5; Durchführung **441** 6; Gefahrübergang **441** 4; Kauf **437** 13; mehrmalige **441** 8; Reisevertrag **651 d** 1; statt Rücktritt **441** 3; Werkvertrag **638;** zeitliche Begrenzung **438** 9; maßgebender Zeitpunkt **441** 4

Mindestschaden s Schadensberechnung, abstrakt-normative

Minuslieferung s Zuweniglieferung

Missbrauch von Rechten, Positionen usw **826** 20 f; formaler Rechtsstellungen **826** 22; der Vertretungsmacht **826** 19; sa unzulässige Rechtsausübung

Missverhältnis, grobes **275** 26 *(bei faktischem Leistungshindernis)*; zwischen Leistung und Gegenleistung **516** 9 *(als Schenkung)*

Missverständnis über Einigung **155** 2

Mitbesitz 866

Miteigentum 1008–1011; Ansprüche gegen andere Miteigentümer **1011** 1; Aufhebung **1008** 5; Begriff **1008** 1; Belastung **1008** 4; Belastung zugunsten eines Miteigentümers **1009;** Entstehung **1008** 2; Geltendmachen von Ansprüchen gegen Dritte **1011;** Grundstücksveräußerung **311 b** 16 *(Form)*; Nießbrauch am Anteil **1066** 1; Rechtsnachfolger, Wirkung einer Eigentümervereinbarung **1010;** Übertragung **1008** 3

Miterbe, Aufrechnung **2040** 5; Auseinandersetzungsanspruch **2042** 1; Ausgleichspflicht **2050** 2; **2316** 1; Auskunftspflicht **2038** 9; **2057** 1 f, 2; Erbschaftssteuer **vor 2032** 3; Gemeinschaft der Miterben s Er-

magere Zahlen = Randnummern   **Nacherfüllung**

bengemeinschaft; Gesamthandsklage **2058–2063** 8; Gesamtschuldklage **2058–2063** 8 f; Haftung s Erbenhaftung; Inventarerrichtung **2058–2063** 2; Klagerecht **2039** 3; als Nachlassgläubiger **2046** 3; als Nachlassschuldner **2039** 5; Nachlassverwaltung, Antrag **2058–2063** 2; Notgeschäftsführung **2038** 6; pflichtteilsberechtigter **2319** 1; Pflichtteilslast **2320** 1; Teilauseinandersetzung **2042** 10; Verfügung über Anteil am Nachlass **2033** 1–5; Verfügung über Nachlassgegenstände **2040** 1–4; Verwaltung des Nachlasses **2038** 1–3, 6–8; Vorkaufsrecht **2034–2037;** sa Erbteil

Mitgläubigerschaft vor 420 2; **432** 2

Mitgliederversammlung, Berufung **32** 2; **36; 37;** Beschlüsse **32** 3, 6; Beschlussfassung **32**

Mitgliedschaft bei Verein **25** 5; **38**

Mittäter 830 3 f; Mitverschulden des Verletzten **840** 4

Mittelbare Stellvertretung, Drittschadensliquidation **vor 249–253** 20

Mitverpflichtete, vermögenslose **138** 12

Mitverschulden vor 249–253 2; **254;** Ausmaß der Verursachung **254** 5; Begriff **254** 5 f; Betriebsgefahr **254** 5, 7; Billigkeitshaftung **829** 1; Billigkeitshaftung Verschuldensunfähiger **829** 4; bei Drittschadensliquidation **vor 249–253** 22; Einstehen für Dritte **254** 11 f; Fahrlässigkeit als Zurechnungselement **254** 5; gegenüber Gesamtschuldner **422–424** 6; Grad des Verschuldens **254** 6; Handeln auf eigene Gefahr s dort; bei mehreren Schädigern **254** 4; **840** 4; Produkthaftung **823;** durch Rechtsmittelversäumung **839** 20; Schadensabwendung **254** 9; Schadensminderung **254** 9; Schadensminderungspflicht s dort; Schmerzensgeldanspruch **253** 5; Schockschaden **846;** des Verletzten bei Drittschaden **846;** Verschuldensfähigkeit **254** 7; **vor 827** 2; **829** 1; Vorsatz als Zurechnungselement **254** 5; Warnung vor Schaden **254** 9

Mitverursachung s Mitverschulden

Mitwirkungspflichten 242 22; des Gläubigers **293** 2, 9 f; **295** 3; **296**

Modernisierung, Mieterhöhung **559–559 b**

Monatsgehalt, dreizehntes **611** 34

money-back-garantie, Begriff **676 b, c** 4

Monopolstellung, mittelbarer Abschlusszwang **vor 145** 11; Ausnutzung **138** 13

Montage, Mangel bei Kauf **434** 18

Montageanleitung, Mangel bei Kauf **434** 19; Mietverhältnis **536** 4

Motivirrtum 119 10, 11, 17; bei letztwilliger Verfügung **2078** 3

Mündel, religiöse Erziehung **1801;** Verschollenheit **1882, 1884** 6; **1884**

Mündelgeld, Anlegung durch Vormund **1806–1811** 4

Mündelvermögen, Verwendung für Vormund **1805**

Mutterschaft 1591; Anfechtung **1591** 2

Mutterschutz s Frauen- und Mutterschutz

Nachbarliches Gemeinschaftsverhältnis s Gemeinschaftsverhältnis, nachbarliches

Nachbarrecht 906–924

Nacherbe 2100–2147; Anfall der Nacherbschaft **2139** 1–5; Anwartschaftsrecht **2069** 4; **2100** 7; **2108** 2–5; Auskunftsanspruch **2127;** 2130–2134 6; Ausschlagung der Erbschaft **2142** 1–3; zeitliche Beschränkung **2109** 1; Einsetzung **2100** 3; bedingte Einsetzung **2100** 6; **2108** 4; Einsetzung als Ersatzerbe **2102** 1, 3; Eintritt in Miet- und Pachtvertrag **2135** 1; Einwilligungspflicht zur Verwaltung **2120** 1–5; ges Erben als – **2104** 1–3; Erbschein **2363** 1, 3 f; Ersatz – **2096** 5; **2108** 3; noch nicht Gezeugter als – **2101** 1–4; Haftung **2144** 1–4; Herausgabeanspruch **2130–2134** 1; Nachnacherbe **2108** 2; Pflegerbestellung für – **1913;** Pflichtteilsanspruch **2306** 2–4; Testamentsvollstreckung **2222;** Vererblichkeit des Rechts **2108** 1–5; Verwendungen und Lasten **2124–2126** 1–5; Wegfall des Bedachten **2069** 4; **2108** 1–5; sa Nacherbenrecht

Nacherbenrecht, Pfändung **2100** 8; Übertragung **2100** 7; Vererblichkeit **2069** 4; **2108** 1–5; sa Nacherbfolge

Nacherbfolge bei Anordnung der Nachlassherausgabe **2103** 1–3; Aufleben erloschener Rechtsverhältnisse **2143** 1 f; Eintritt **2106** 1; konstruktive **2104** 1; Zeitpunkt **2065** 4

Nacherbschaft 2100 1; Anfall **2106** 1; **2139** 1–5; Ausschlagung **2142** 1–3; Grundbucheintragung **2100** 9; **2113** 7; **2139** 3; Herausgabe **2130–2134** 1; und Nießbrauchsvermächtnis **2100** 4; Prozessuales **2100** 11; Veräußerung **2100** 7; Verfahrensrecht **2100** 9; Verzeichnis der Erbschaftsgegenstände **2121**

Nacherfüllung, Abdingbarkeit **439** 4; Ausschluss des Mangels auf – **439** 11–16; Erfüllungsort **439** 7; durch Ersatzlieferung **439** 6; Fehlschlagen **440** 3; Gefahrübergang **439** 3; bei Kauf **439;** Kaufvertrag **439** 6; unverhältnismäßige Kosten **439** 15; und Kosten **439** 17; und Leistungsstörung **439** 7; und Lieferung einer mangelfreien Sache **439** 1; durch Nachbesserung **439** 6; Reisevertrag **651 c** 3; **651 e** 3; und Schadensersatz **635** 4; und Selbstvornahme durch den Käufer **439** 8; und Unmöglichkeit **439** 12–14; Unzumutbarkeit **440** 4; Verweigerung **439** 15; **440** 2; Verweigerung im Werkvertrag **635** 7–10; Voraussetzungen **439** 5 *(Kauf)*; Vorrang **437** 18 f *(Kauf);* und Wahlrecht des Käufers **439** 5; Wahlrecht des Verkäufers **439** 9; Werkvertrag **634** 2; **635,** 1, 11; maßgebender Zeitpunkt

Nacherfüllungsrecht fette Zahlen = §§

439 3; bei Zuweniglieferung 439 16 (*Kauf*)
Nacherfüllungsrecht des Verkäufers 439 3
Nachfolgeklausel im Gesellschaftsvertrag 2032 1–4; 2109 1; 2311 5
Nachfrist bei Überweisung 676 b, c 3; sa Fristsetzung
Nachlass, Früchte 2038 8; Fürsorgemaßnahmen 1960 4; Inventar s dort; Sicherung 1960; Überschuldung 1980 1; 1992 1; Unzulänglichkeit 1990; 1991 7; Vertrag über den – eines lebenden Dritten 311 b 64; Verwaltung s Erbengemeinschaft
Nachlassforderung, Aufrechnung gegen – 2040 5; Auskunftspflicht 2027 1–5; Befugnisse des Miterben 2039 3; Gutglaubensschutz 2019 4; 2113 9; Klagerecht des Miterben 2039 3; Leistungsempfänger 2039 4 f; Miterbe als Schuldner 2039 5; sa Erbenhaftung
Nachlassgegenstände, Ersatz 2041 1, 2; Überlassung durch Testamentsvollstrecker 2217 1–3; Verfügung über – 2040 1–4; Verfügung über Anteil an – 2033 1; Verzeichnis bei Nacherbfolge 2121–2123 1
Nachlassgericht, Anfechtung letztwilliger Verfügung 2081 1; Anordnung der Nachlassverwaltung 1981 3; Aufhebung von Erblasseranordnungen 2216 5; Ausschlagung 1945 2; neue Bundesländer 2261 2; Erbscheinserteilung 2353 2, 9; 2358–2360; Erbscheinseinziehung 2361 1, 5, 10, 11; Inventarerrichtung 1993–2013 2; Mitteilung der Erbschaftsanfechtung 1957 1; Nachlasspflegschaft 1962 1; Sicherung des Nachlasses 1960 1–5; Testamentsvollstreckerernennung 2200 1–3
Nachlassgläubiger, Antrag auf Nachlasspflegschaft 1961 1; Antrag auf Nachlassverwaltung 1981 2; Aufgebot 1970–1974 1–4; Aufrechnung 1977 1–4; Zwangsvollstreckung gegen Vorerben 2115 1–4
Nachlassinsolvenz, Antragspflicht des Erben 1980 1; Aufrechnung 1977 1–3; Aufwendungen des Erben 1978 2; Beschränkung der Erbenhaftung 1975 2; Fortdauer bei Nacherbschaft 2144 3; bei Testamentsvollstreckung 2205 16
Nachlasspfleger, Bestellung 1960 6; 1961 1; für unbekannte Erben und Nacherben 1960 7 f; 1961 1; 2104 2; 2105 3; Gründe der Bestellung 1960 2 f, 7; Haftung 1960 10; Inventarfrist für – 1993–2013 3; 2012; Prozessführung 1960 9; Rechte und Pflichten 1960 8; Vergütung 1960 11
Nachlassrichter, Haftung s Richterhaftung
Nachlassverbindlichkeit 1967–1969; Beerdigungskosten 1968 1–4; Berichtigung durch Erben 1979 1; Berichtigung vor Auseinandersetzung 2046 1–4; Dreißigster 1969 1 f; Eigen- oder Erbenschulden 1967 4; Einreden 2014–2017; Erbfallschulden 1967 2; Erblasserschulden 1967 1; Erbschaftsverwaltungsschulden 1967 3; Gesamthands- und Gesamtschuldklage 2058–2063 8 f; Geschäftsschulden 1967 6; Haftung s Erbenhaftung; Nachlasserbenschulden 1967 5
Nachlassvergleichsverfahren s Nachlassinsolvenz
Nachlassverwalter, Befugnisse 1984, 1985 3, 5; 1986 2; Haftung 1984, 1985 6; Herausgabe des Nachlasses 1986 1; Insolvenzantragspflicht 1980 1; Inventarfrist für – 1993–2013 3; 2012; Rechtsstellung 1984, 1985 1 f; Vergütung 1987 1–3
Nachlassverwaltung, Anordnung 1976 1; 1981 3; Antrag der Miterben 2058–2063 2; 2062; Antrag des Erben 1981 1; Antrag des Nachlassgläubigers 1981 2; Aufhebung 1986 1; Aufrechnung 1977 1–4; Aufwendungen des Erben 1978 2; Beendigung 1988 1; Bekanntmachung 1983 1; Beschwerde 1981 3; Gegenstand 1984, 1985 3; Kosten 1982 1; bei Testamentsvollstreckung 2205 16; materiellrechtliche Wirkungen 1984, 1985 4; prozessuale Wirkungen 1984, 1985 7
Nachschieben von Anfechtungsgründen 143 3
Nachurlaub, Anspruch auf – 616 2
Nachvertragliche Vertrauenshaftung 311 48
Name, Begriff 12 1; von Ehegatten s Ehename; der juristischen Person 12 3; des Kindes s Geburtsname; des nichtrechtsfähigen Vereins 12 3
Name des Kindes s Geburtsname
Namensanmaßung s Namensrecht, Verletzung
Namensbestreitung s Namensrecht, Verletzung
Namenspapier s Rektapapier
Namensrecht 12 1; Missbrauch 826 22; deliktischer Schutz 823 13; Verletzung 12 4; Verletzungsfolgen 12 6
Namenswahl, Ehegatten 1355 3; IPR 1355 8
nasciturus s Leibesfrucht
Naturalleistungen s Vergütung im Dienstvertrag
Naturalobligation 241 20
Naturalrestitution s Schadensersatz
Nebenbesitz 868 12; 929 50; 933 4
Nebenklage, Kosten der – als Schaden **vor** 249–253 32
Nebenleistungen bei Abtretung der Hypothek 1158; 1159; und Eintragung der Hypothek 1115 5; Haftung der Hypothek 1118; 1178
Nebenleistungspflicht 433 23
Nebenpflicht, Begründung 242 16; des Käufers 433 31 f; Leistungsort 269 8; des Verkäufers 433 22–25; Verletzung 280 14
Nebentäter 830 14; Mitverschulden des Verletzten 840 5

magere Zahlen = Randnummern **Nutzungen**

Nebentätigkeit 611 27
Nettolohnmethode 842 4
Neuabschluss, Pflicht zum – 275 10
Neue Bundesländer, Altkredite 488 25; Erbrecht **vor** 1922 4–10; Grundstücksbeurkundungen 311 b 6; Grundstücksscheingeschäfte 311 b 37, 48 f; Rückerstattungsansprüche 311 b 6; Wegfall der Geschäftsgrundlage 313 37
Nichtabnahmeentschädigung, Darlehen 488 17
Nichtberechtigter, Begriff 185 5; Verfügung als uH 823 10
Nichtehe, Heilung 1310–1312 3
Nichteheliche Lebensgemeinschaft, Ausgleich nach Beendigung 313 34; 426 8; 428–430 3; 705 15; Begriff **vor** 1297 3; testamentarische Erbeinsetzung 2077 2–6; kein ges Erbrecht 1931 1; Erbvertrag **vor** 2274 1; Erwerb von Miteigentum 741 3; gemeinschaftliches Testament 2265 1; und Gesellschaftsrecht 705 15; Vermögenszuordnung **vor** 1297 4
Nichteheliches Kind vorzeitiger Erbausgleich s dort; ges Erbe 1924 3; 2088 1; als Miterbe 2066 1
Nichterfüllung als Leistungsstörung **vor** 275 3
Nichtigkeit, Rechtsgeschäft **vor** 104 18; Testament 2077 1, 7; Schenkung aus dem Nachlass eines lebenden Dritten 311 b 66
Nichtleistungskondiktion vor 812 5
Nichtrechtsfähiger Verein 54; Besitz 854 13; und Gesellschaft 54 2; Haftung der Mitglieder 54 8; Haftung für Vertreter 30 1; 31 2; Name 12 3; 54 14; Notvorstand 29 2; Parteifähigkeit 54 15
Nichtschuld, Leistung in Kenntnis der – 814 3
Nichtvermögensschaden s Schaden *(Systematik)*, immaterieller
Niederlassung, gewerbliche als Leistungsort 270 7; sa Wohnsitz
Nießbrauch 1030–1089; Abwehr von Beeinträchtigungen 1065; an Aktien 1068 4; beeinträchtigende Änderung des belasteten Rechts 1071 1; Aufhebung 1064; Aufhebung des belasteten Rechts 1071 1; Ausbesserungen 1041–1047 2; Ausübung 1059 2, 7; Ausübungsregeln bei Zusammentreffen mit anderen Nutzungsrechten 1060; Beendigung 1072; Begriff **vor** 1030 1; Bergwerk 1038; Bestandserhaltung 1041–1047 2; Besteller als Eigentümer 1058; Bestellung an Fahrnis 1030 2; 1032; Bestellung an Grundstücken 1030 2; Bestellung an Rechten 1069 1; des Eigentümers 1030 3; 1063; Einziehungsbefugnis 1074–1080 2; Entstehung **vor** 1030 3, 4; an Erbschaft 1089; Erlöschen **vor** 1030 5; 1061 1; 1063 1; 1072; Ersitzung 1033; an unverzinslicher Forderung 1074–1080 2, 5; Fruchterwerb 1039; Gesellschaft bürgerlichen Rechts 1059 a–1059 e 2; am Gesellschaftsanteil einer Personengesellschaft 718–720 9; 1068 5; an GmbH-Anteil 1068 4; an Grundschuld 1074–1080 1; an Inhaberpapier 1081–1084; Insolvenzverfahren 1059 9; Inventar 1048; Lasten 1041–1047 4; an Leibrente 1073; Mietvertrag über Nießbrauchsende 1056; an Miteigentumsanteil 1066 1; an Miterbenanteil 1089 1; Neubestellung nach Tod 1061 2; an Orderpapier 1081–1084; Pachtvertrag über Nießbrauchsende 1056; Pfändbarkeit 1059 8; Quoten 1066 4; am Recht auf Leistung 1070 1; unübertragbare Rechte 1069 2; an Rechten 1068 1–3; an Rentenschuld 1074–1080 1; Rückgabe 1055; an Sachen 1030; an verbrauchbaren Sachen 1067; Schatz 1040; ges Schuldverhältnis Nießbraucher – Eigentümer 1041–1047; 1058 1; 1059 3; Sicherheitsleistung 1051–1054 2; Sicherungsnießbrauch **vor** 1030 2; an Sondervermögen 1085 4; Surrogation 1066 3; 1074–1080 4, 5; Übertragbarkeit bei juristischer Person 1059 a–1059 e; Übertragbarkeit bei KG 1059 a–1059 e 2; Übertragbarkeit bei OHG 1059 a–1059 e 2; Übertragung von Einzelbefugnissen 1059 6; Unterlassungsklage 1051–1054 4; an Unternehmen 1085 3; unübertragbarkeit 1059 1; Verfügungsnießbrauch **vor** 1030 2; am Vermögen 1085 1; Verschlechterung 1050; 1057; Versicherung 1041–1047 3; Versorgungsnießbrauch **vor** 1030 2; gerichtl Verwaltung 1051–1054 3; 1070 2; Verwendungen 1049; 1057; Verzeichnis 1035; am Wald 1038; Wechsel des Inhabers des belasteten Rechts 1068 1; Wirtschaftsplan 1038; an Zubehör 1031; 1062
Nießbraucher, Abwehransprüche 1065 2, 4; deliktische Haftung bei Grundstück 837 2; Tod 1061
Normativer Schaden s Schaden
Notar, Amtshaftung 839 13, 31; sa Beurkundung, notarielle
Notbedarf, Einrede des Schenkers 519 1
Nothilfe 227 3
Notstand 823 53; defensiver 228; Exzess 228 4; strafrechtlicher 228 5; 904 9
Nottestament 2249–2252; 2266; 2267 1 f
Notweg, Ausschluss 918 1
Notwegrecht, Voraussetzungen 917 1
Notwehr 227; gegen Verletzung 254 18; 823 53
Notwehrexzess 227 10
Novation 311 20
Numerus clausus der Sachenrechte 134 5
Nutzungen, Begriff 99–103 1; aus dem Bereicherungsgegenstand 818 7; des bösgläubigen Besitzers 990 1, 5; des unentgeltlichen Besitzers 988 3; des Besitzers nach Rechtshängigkeit 987; des Besitzmittlers 991 2; des Erbschaftsbesitzers 2020 1;

Teichmann 1935

Nutzungsausfall

2023; bei Erbschaftskauf 2379; Herausgabe der gezogenen – bei Gläubigerverzug 302; Herausgabe im Eigentümer-Besitzer-Verhältnis **vor** 987 1, 2, 8; **987**; **988** 3; **990**; **991**; **993**; aus Surrogat als Bereicherung 818 11
Nutzungsausfall s Schadensersatz
Nutzungsausfallschaden, Gewährleistung beim Kauf 437 17; und Verzögerungsschaden 437 17 *(Kauf)*
Nutzungspfand 1213; 1214

Obhutspflichten 242 23; Amtspflichtsverletzung 839 15; des Mieters 535 22; im Werkvertrag 631 15
Obliegenheit 241 13; Begriff 254 3
Oder-Konto, Begriff 676 f 3
Offenbarungsversicherung 259–261 9
Offene Handelsgesellschaft, Anwendbarkeit vor § 31 **31** 2; Anwendbarkeit von Gesamtschuldregeln 422–424 5; 425 6, 10; und Erbengemeinschaft 2032 5; Nachfolgeklausel 2032 6; als Nießbraucher **1059 a–1059 e** 2; Vererblichkeit des Gesellschaftsanteils 2032 5
Öffentliche Äußerungen, Sachmangel 434 15–17
Öffentliche Lasten bei Kauf 436
Öffentlicher Glaube des Grundbuchs vor 891 3; **892**; Erstreckung auf Hypothekenforderung 1138 1, 3 f; Kenntnis 892 17, 19; Leistung an Eingetragenen 893 2, 3; Verfügung der Rechtserwerb 893 1; absolute Verfügungsbeschränkungen 892 7; relative Verfügungsbeschränkungen 892 3, 6; Verkehrsgeschäfte 892 10; Wirkung 892 12; Zerstörung durch Hypothekenbrief 1140 2; Zerstörung durch Widerspruch 892 16
Öffentliches Interesse, GoA im – 679 2; Schenkung unter Auflage 525
Öffentliches Testament 2232 1 f
Optionsrecht vor 145 6; **463** 8; Form bei Grundstückskauf **311 b** 13; Form bei Miete **550** 2
Optionsvertrag vor 145 6; **158** 4; **311** 25; **463** 8
Orderpapier 793 7; Nießbrauch **1081–1084**
Orderschuldverschreibungen 808 a
Organ, unbefugte Entnahme 823 68
Organ, juristisches, Haftung für – **31**; **89**; **831** 4
Organisationsmangel s Organisationspflicht
Organisationspflicht 823 32; **831** 2; Haftung für Verletzung **831** 4; bei fehlerhafter Presseveröffentlichung 823 80; bei Verein **31** 4
Organisationsverschulden s Organisationspflicht
Organleihe, haftende Körperschaft 839 29
Organtransplantation vor 90 9

Pachtforderung, Erstreckung der Hypothek auf – **1123–1125**
Pachtvertrag 581–597; allg 581 1; Ausschluss mietrechtlicher Kündigungsbestimmungen 584 a; Begriff **581** 2 f; überlange Dauer **139** 11; Form **581** 4; über Grundstück mit Inventar **582–583 a**; Inventar im – **582–583 a** 1 f; Inventar im Eigentum des Pächters **582–583 a** 1, 6; mit Inventarübernahme ohne Sonderberechnung **582–583** 1, 4 f; mit Inventarübernahme zum Schätzwert **582–583 a** 1, 5 f; und Kaufvertrag **581** 3; Kündigung **584** *(Grundstückspacht, Rechtspacht)*; Kündigungsschutz **584** *(mitverpachteter Wohnraum)*; landwirtschaftlicher Betrieb 581 1; und Mietverhältnis **vor** 535 3; und Mietvertrag **581** 3, 6; Pächterpfandrecht **582–583 a** 4, 5; Pflichten des Pächters **581** 5; Pflichten des Verpächters **581** 5; verspätete Rückgabe des Gegenstandes **584 b**; Sachgefahr **582–583 a** 5; Sicherung des Pächters **582–583 a** 4, 5; sa Landpachtvertrag
pactum de non petendo 271 12; **397** 6
Parkhaus, Einstellen von Kfz 688 8
Partei, Leistungsbestimmung durch – 315; politische **vor** 21 11; **29** 2; **41–44** 9; **54** 15, 16
Parteiautonomie im Vertragsrecht 311 3
Partiarisches Rechtsverhältnis und Gesellschaft **705** 10
Partnerschaftsvermittlung als Dienstvertrag **vor** 631 6
Parzellenverwechselung 126 7
Patentanwalt, Vertrag 675 12
Patiententestament 1937–1941 2
Pauschalierter Schadensersatz s Schadensersatz, pauschalierter
Pauschalreise s Reisevertrag
Pension s Ruhestandsbezüge; s Versorgungsausgleich
Person, juristische s dort; natürliche **1**
Personalkredit vor 488 3
Personengesellschaft, rechtsfähige **vor** 21 1
Personensorge 1626; Entzug **1666–1667** 8; **1666 a**; Erziehung des Kindes **1631–1633** 2; und Heirat des Kindes **1631–1633** 26; Herausgabe des Kindes **1632**; Inhalt **1631**; Umgangsbestimmung **1632**; Umgangsbestimmung bei sexuellen Beziehungen **1631–1633** 24; Vormund **1800**; sa elterliche Sorge
Personenstandsrecht Einf 1297 3
Persönlichkeitsrecht unbefugte Bildverwertung **687** 14; Erwerbsschaden **842** 2; Fallgruppen **823** 70 f; Geldentschädigung („Schmerzensgeld") **253** 7; Konkurrenzen **823** 69; als nichtvererbliche Rechtsposition **1922** 12; deliktischer Schutz **823** 65 f; **826** 5; Verschulden **823** 80
Pfandleihanstalt vor 1204 3
Pfandrecht, allg **vor 1204**; des Pächters s Pächterpfandrecht; unregelmäßiges **vor**

1204 2; ges – des Unternehmers 647; des Vermieters s Vermieterpfandrecht; des Verpächters s Verpächterpfandrecht

Pfandrecht an beweglichen Sachen 1204–1272; Ablösungsrecht 1249 1; Abstraktionsprinzip 1204 6; Akzessorietät 1204 2; 1250 11; 1252 1; allg 1204 1; Aufhebung 1255 1, 2 *(Zustimmung Dritter)*; Bedeutung **vor** 1204 3; Befriedigung des Pfandgläubigers 1223 2; 1228; Befriedigung durch Aufrechnung 1224; Befriedigung durch Hinterlegung 1224; Bestandteile 1212 1, 2; Bestellung 1204 1; 1205, 1206 1; Eigentümerpfandrecht 1256 1, 2; Einigung 1205, 1206 1, 2, 4; Einlösungsrecht des Verpfänders 1223 2; Einreden 1211; 1254 1; Entstehen **vor** 1204 1; Erlöschen 1204 10; 1252 1; 1253 1; Erwerb vom Nichtberechtigten 1205, 1206 2; 1207; Erwerb vom Nichtberechtigten bei ges – 1257 2; Erzeugnisse, Erstreckung auf – 1212; Flaschenpfand **vor** 1204 1; bedingte Forderung 1204 14; Forderung, Erlöschen 1252 1; gesicherte Forderung 1204 12; künftige Forderung 1204 14; Forderung, Übergang bei mehreren Sicherheiten 1225 2; Forderung, Übergang nach Befriedigung 1225 1; Forderungsübertragung 1250 1; Gegenstand 1204 11; 1212; ges 1257; Gesamtpfandrecht 1204 3; 1222 1; Haftung des Pfandes 1210 2 *(rechtsgeschäftliche Erweiterung),* 1 *(Umfang)*; Herausgabeanspruch des neuen Pfandgläubigers 1251 1; an Miteigentumsanteil 1258 1, 2; Nutzungspfand 1213; 1214; Pfandhalter 1205, 1206 8; Pfandverkauf s dort; Rang 1209; Rückgabe 1253 1; Rückgabeanspruch bei Einrede 1254 1; Rückgabepflicht nach Erlöschen des – 1223; abhanden gekommene Sachen 1207 2; 1208 2; mehrere Sachen 1222 1; 1230; ges Schuldverhältnis zwischen Verpfänder und Pfandgläubiger 1204 3; 1215–1221 1; Schutz 1227; Surrogation 1212 3; 1247 1; 1258 2; Übergabe 1205, 1206 3; Übergabeersatz 1205, 1206 5, 8; Übergang 1250 1; unregelmäßiges **vor** 1204 2; drohender Verderb 1215–1221 2; Verfallklausel 1228 1; 1229; Verjährung von Ersatzansprüchen des Verpfänders 1226; Verpfänder als Eigentümer 1248 1; Verwahrungspflicht 1215–1221 2; Verwendungsersatz 1215–1221 2; Verwertung 1228, sa Pfandverkauf; Verwertungsrecht 1204 1, 10, 14; 1228; Vorrang, Einräumung 1209 2; Vorrang, gutgläubiger Erwerb 1208; Wegnahmerecht 1215–1221 2; Zubehör 1212 1; Zusammentreffen mit Eigentum 1256 2; Zwangsvollstreckung durch Pfandgläubiger in Pfandsache 1233 4

Pfandrecht an Forderungen, Auflassungsanspruch 1287 3; Bestellung 1280 2; Beteiligte 1279 2; Einziehungspflicht des Pfandgläubigers 1285, 1286 1; Einziehungsrecht bei mehreren Pfandgläubigern 1290 1, 2; Einziehungsrecht des Pfandgläubigers 1282 1; 1285, 1286 1; Gegenstand 1279 1; Geldforderung, Einziehung 1288 1, 2; Kündigungspflicht 1285, 1286 1; Kündigungsrecht 1283; 1284; Leistung nach Pfandreife 1282; 1284; Leistung vor Pfandreife 1281 1; 1284; Leistungswirkung 1287 2; deliktischer Schutz 823 15; Sparforderung 1274 4; Surrogation 1287 2, 3; Verpfändungsanzeige 1280 1, 2; Zinsen 1289 1

Pfandrecht an Rechten 1273–1296; beeinträchtigende Änderung der Rechte 1276 1; Aufhebung der Rechte 1276 1; Bedeutung **vor** 1204 3; Bestellung 1274 1; Erlöschen 1278 1; Erwerb vom Nichtberechtigten 1274 5; Gegenstand 1273 2; Grund- und Rentenschuld 1291 2; Hypothek 1291 2; künftige Rechte 1273 2; unübertragbare Rechte 1274 6; Rechtsverhältnis zwischen Pfandgläubiger und Verpflichtetem 1275 1; Verwertung 1277 1; sa Pfandrecht an Forderungen; sa Pfandrecht an Wertpapieren

Pfandrecht an Wertpapieren, Gewinnanteilschein 1296; Inhaberpapier 1293 1; 1294 1; Orderpapier 1292 1; 1294; 1295; Zinsschein 1296

Pfändung und Eigentumsvorbehalt 929 48; Rechte des Vermieters – eingebrachter Sachen 562 d; schuldnerfremder Sachen als uH 823 10

Pfändungspfandrecht vor 1204 1

Pfandverkauf 1228–1249; Anspruch auf Abweichung 1245, 1246 2; vereinbarte Abweichung 1245, 1246 1; Androhung 1215–1221 2; 1234 1; Auswahl unter mehreren Pfändern 1230 1, 2; öffentl Bekanntmachung 1237 1; Benachrichtigung 1237 2; 1241; an Eigentümer 1239 2; gutgl Eigentumserwerb 1244; Erlös 1247 2; Erwerbsverbot 450; Gold- und Silbersachen 1240 1; Haftungsausschluss 445; Herausgabe von – 1231 1; 1232 1; Kaufpreis 1238 1; Ordnungswidrigkeit 1243 3; Ort 1236 1; an Pfandgläubiger 1239 1; bei mehreren Pfandgläubigern 1232 1, 2; Pfandreife 1228 2; 1258 2; Rechtmäßigkeit 1242 1; Rechtsfolgen 1242 1; mit Titel 1233 2; ohne Titel 1233 1; Unrechtmäßigkeit 1243 1; 1247 8; öffentl Versteigerung 1235 1

Pflegschaft, allg **vor** 1909 1–2; Anwendung des Vormundschaftsrechts 1915; Aufhebung 1919; Aufhebungsverfahren 1918–1921 7; Beendigung durch Aufhebung 1918–1921 5; Beendigung kraft Ges 1918; Beschwerderecht des Pflegers 1918–1921 8; Ergänzungspflegschaft 1918–1921 2; Fürsorgebedürfnis 1909 6; 1911 6; IPR

Pflichtteil vor **1909** 6; Leibesfrucht **1912**; Sammelvermögen **1914** 2; unbekannte Beteiligte **1913**; Verfahren vor **1909** 5; Wegfall des Fürsorgebedürfnisses **1918–1921** 5; Wirkungen vor **1909** 3
Pflichtteil 2303–2338 a; Abkömmlinge **2303** 2; Anfechtung der Ausschlagung **2308** 1; bei Annahme an Kindes Statt **2303** 2; Anrechnung von Zuwendungen **2315** 1; Ausgleichung **2316** 1; Auskunftspflicht des Erben **2314** 1, 10; Auslegungsregel bei Zuwendung **2304** 1 f; Ausschlagung des Erbteils **2306** 1, 4; Ausschlagung des Erbteils oder Vermächtnisses bei Zugewinngemeinschaft **2303** 5; **2307** 1, 3; Ausschlagung des Vermächtnisses **2307** 1, 3; Ausschluss von Erbfolge **2303** 3; Berechnung **2310–2313;** Beschränkung wegen Verschwendung oder Überschuldung **2271** 8; **2338** 1; Bewertung des Nachlasses **2311–2313;** des Ehegatten **2303** 2; Entziehung **2271** 8; **2333–2337;** Entziehung bei Enterbung **1937–1941** 4; Ergänzungsanspruch s Pflichtteilsergänzung; großer **1371** 6; **2303** 5; **2305** 1; **2346** 3; bei Gütertrennung **2304** 1; Höhe **2303** 4; kleiner **1371** 10; **2303** 5; **2306** 3; **2346** 3; Kürzung **2322** 1; Landgut **2312** 1; Last bei Vermächtnisausschlagung **2321** 1; Last des Ersatzmannes **2320** 1; Lastenumverteilung durch Erblasser **2324** 1; Leistungsverweigerungsrecht des Erben **2323** 1; Stundung **2331 a** 1; bei gemeinschaftlichem Testament **2269** 5; Verjährung **2332** 1, 3; Vermächtnis **2307;** Vertrag über den – aus dem Nachlass eines lebenden Dritten **311 b** 64; nach Verzeihung **1937;** Verzicht **2310** 1; **2346** 2; bei Zugewinngemeinschaft **2304** 3; Zusatzanspruch **2305** 1
Pflichtteilsanspruch bei Ausschlagung **1953** 3; Entstehung **2317** 1; Geltendmachung **2317** 2; Pfändbarkeit **2317** 3; Rang **2317** 2; Übertragbarkeit und Vererblichkeit **2317** 3; Verjährung **2332** 1, 3; Verzicht **2346** 2
Pflichtteilsberechtigter 2303 2; **2309** 1; Anfechtung bei Übergehung **2079–2082;** Anfechtung der Ausschlagung **2308** 1; Beschränkungen und Beschwerungen als Erbe **2306** 1, 4; Erbunwürdigkeit **2345** 1; Kürzung von Vermächtnis und Auflage **2322** 1; Übergehung im Erbvertrag **2281** 3
Pflichtteilsentziehung 1937–1941 4; **2333–2337**
Pflichtteilsergänzung 2325 1, 3, 7 f; Anstandsschenkungen **2330** 1; Beendigung der fortgesetzten Gütergemeinschaft **1505;** Berechnungsverfahren **2325** 7; Beschenkter als Schuldner **2329** 1; ehebedingte Zuwendung **2325** 4; Erbe oder Vermächtnisnehmer als Berechtigter **2326** 1; Leistungsverweigerungsrecht des Erben **2328** 1; Schenkung an den Berechtigten **2327** 1; Schenkung an Dritte **2325** 1, 3; Zuwendung aus Gesamtgut **2331** 1

Pflichtverletzung 280 1; Anspruchskonkurrenz **280** 21; Anwendungsbereich **280** 2; Bank **280** 60; Begriff vor **275** 2; Beweislast **280** 23, 27; Einzelfälle **280** 60; Fallgruppen **280** 8 f; öffentl-rechtliche Verhältnisse **280** 2; Rechtsfolgen vor **275** 8; Rücktritt bei – **323** 6; Überblick vor **275** 4; Verjährung des Ersatzanspruchs **280** 21; Vertretenmüssen vor **275** 7; **280** 20, 25, 40; Verzögerung der Leistung **280** 32
Poolvertrag 311 25
Positive Vertragsverletzung (pVV) vor **275** 2; im Gesellschaftsrecht **706** 5; wechselseitige **242** 47
POS-System (point of sale), Begriff **676 h** 5
Postanweisung 783 14
Posteinlieferungsschein und Aufrechnung **369** 1
Postscheck 783 14
Postscheckkonto, Einlagen **700** 3
Postsparbuch 808 10
POZ-System, Begriff **676 h** 5; **Anh 676 h** 5
Praktikantenverhältnis vor **611** 56
Preis, keine Eigenschaft **119** 13
Preisänderungsvorbehalt 433 16
Preisausschreiben 661
Preisgefahr 326 1
Preisklausel 244, 245 29
Preisrichter bei Auslobung **661** 1
Preisverstoß 134 15
Preisvorschriften beim Kauf **433** 17
Presse, Informationspflichten **823** 80; **824** 9, 11; Persönlichkeitsschutz **823** 75, 78; Recht auf Gegendarstellung **823** 82, 87; Widerruf falscher Behauptungen **823** 83
Prima-facie-Beweis vor **249–253** 51
Privatautonomie vor **104** 1; vor **145** 8; **311** 3
Privatklage, Kosten der – als Schaden vor **249–253** 32
Probe, Kauf auf – **454; 455;** Kauf zur – **454, 455** 4
Probearbeitsverhältnis 611 5; **620** 4
Probefahrt 276 55; Risikotragung des Händlers **254** 18; **598** 4; **599** 3; **606** 2
Produkthaftung allg **823** 138; Anwendungsbereich **823** 139; Beweislast **823** 151; EDV-Programme **823** 141; Erlöschen des Anspruchs **823** 160; Fehlerbegriff **823** 148; Haftungshöchstbetrag bei Personenschäden **823** 158; Haftungstatbestand **823** 140, 146; Herstellen und Inverkehrbringen **823** 146; Hersteller **823** 140; Instruktionsbereich **823** 149; Konkurrenzen **823** 161 f; Kontrollbereich **823** 148; Mitver-

magere Zahlen = Randnummern **Rechtsgeschäft**

schulden **823;** Produktbegriff **823** 145; Produktbeobachtungspflicht **823** 150; Produktionsbereich **823** 148; geschützte Rechtsgüter **823** 141; Schadensersatz **823** 156 *(Funktion),* 157 *(bei Personenschäden),* 159 *(bei Sachschäden);* mehrere Schädiger **823** 153; Selbstbehalt **823** 159 *(bei Sachschäden);* Verjährung **823** 160; sa Produzentenhaftung

Produzentenhaftung 823 122; Betriebssicherheit **823** 129; Beweislast **823** 122, 132, 134; Gefährdungshaftung **823** 137, 139; Handlungsbegriff **823** 128; Instruktionsbereich **823** 133; Kontrollpflicht **823** 132; und ProdHaftG **823** 122; Produktbeobachtung **823** 135; Produktionsbereich **823** 127; Verletzung eines Schutzgesetzes **823** 136; sa Produkthaftung

Prospekthaftung 709–713 12; bei Verschulden bei Vertragsverhandlungen **311** 65

ProstG, Mätressentestament **2077** 4

Prostituierte, Erwerbsnachteilsberechnung bei uH **842** 4

protestatio facto contraria vor 145 19; beim Reisevertrag **651 a** 12

Prozesskostenvorschuss, ehelicher Unterhalt **1360, 1360 a** 4; nachehelicher Unterhalt **1578** 9; Verwandtenunterhalt **1610** 5

Prozessstandschaft bei Eigentumsherausgabe **985** 10; gewillkürte **185** 3; Nachlassverwalter **1984, 1985** 7

Prozessvergleich 127 a 2; **779** 22

Prozesszinsen 291 6

Pseudonym 12 3

Psychische Beeinträchtigung als uH **823** 3

Publizitätsgrundsatz im Sachenrecht **vor 854** 4

Punktation 154 2

Putativnotstand 228 4

Putativnotwehr 227 9

Putativselbsthilfe 229–231 9

Qualitätssicherungsvereinbarung, Kauf **443** 4

Quittung 368, 369 1; Blanko – **370** 2; bei Hypothekenbefriedigung **1144** 6; Leistung an Überbringer der – **370**

Quotenregelung 611 a 2

Rahmenvertrag 311 21, 22

Rang eines dinglichen Rechts, Änderung **879–882** 8; Bedeutung **879–882** 1; Prioritätsgrundsatz **879–882; vor 1113** 15; Rangvorbehalt **879–882** 10; Zwischenrechte **879–882** 11

Rassendiskriminierung vor 145 11

Ratenkredit vor 488 4

Ratenlieferungsvertrag vor 491 ff 3; **505;** Begriff **505** 2

Ratenliefervertrag und Haustürgeschäft **312 a** 4

Raterteilung sa Auskunft

Rationalisierung, Kündigung nach Betriebsübergang **613 a** 8

Raumsicherungsvertrag 930 47

Räumung 985 4

Realakt s Tathandlung

Realer Schaden s Schaden

Realkreditvertrag vor 488 3; und Haustürgeschäft **312 a** 3

Reallast 1105–1112; Anspruch auf einzelne Leistung **1105–1108** 3; Ausschluss unbekannter Berechtigter **1112;** Begriff **1105–1108** 1; Begründung **1105–1108** 2; Belastung **1110, 1111,** 2; Berechtigter **1105–1108** 1; Bruchteil eines Grundstücks **1106;** Erlöschen **1105–1108** 2; Stammrecht **1105–1108** 3; Teilung des herrschenden Grundstücks **1109;** Übertragung **1110, 1111** 2

Rechenschaftspflicht 259–261 7

Rechnung, Begriff **286** 33

Rechnungslegungspflicht des Testamentsvollstreckers **2218** 2

Recht, absolutes **vor 854** 2; beschränktes dingliches **vor 854** 6; dingliches **vor 854** 1; eintragungsfähiges **873** 3; nicht eintragungsfähiges **873** 4

Recht am eigenen Bild, deliktischer Schutz **823** 13

Recht auf zweite Andienung, Rückgriff des Unternehmers **478** 3; des Verkäufers **439** 3

Rechtfertigungsgründe 823 52 f

Rechtmäßiges Alternativverhalten vor 249–253 47; **1243** 2

Rechtsanwalt, keine Haftung des Mandanten für uH den – **831** 6; Interessenwahrungspflicht **280** 60; Vertrag **675** 12

Rechtsausübung, Grenzen **226;** im Hinblick auf früheres Verhalten **242** 44, 48; unzulässige s unzulässige Rechtsausübung

Rechtsbedingung 158 6

Rechtsbindungswille vor 104 17; **vor 116** 11

Rechtsfähige Personengesellschaften als Unternehmer **14** 2

Rechtsfähigkeit, Begriff **1** 1; Ende **1** 3; Erwerb **1** 2; des Menschen **1** 1; juristischer Personen **1** 2

Rechtsfrüchte, mittelbare **99–103** 3; unmittelbare **99–103** 3

Rechtsgeschäft 104–185; absolut unwirksames **vor 104** 19; abstraktes **vor 104** 12; allg **vor 104;** amtsempfangsbedürftiges **vor 104** 8; Anfechtbarkeit **vor 104** 22; bedingtes **vor 104** 20; **158;** bedingungsfeindliches **158** 11; befristetes **vor 104** 22; befristungsfeindliches **163** 3; Bestätigung bei Anfechtbarkeit **144;** Bestätigung bei Nichtigkeit **141;** dingliches **vor 104** 10; **vor 854** 10, 11; Doppeltatbestand in – **vor 104** 2; einheitliches **139** 2; einseitiges **vor 104** 5; einseitiges des Vormunds **1831;** nicht emp-

Teichmann 1939

Rechtsgeschäftlicher Kontakt   fette Zahlen = §§

fangsbedürftiges **vor 104** 8; empfangsbedürftiges **vor 104** 8; entgeltliches, unentgeltliches **vor 104** 12; fehlerhaftes **vor 104** 16; Form s dort; genehmigungsbedürftiges **275** 15; kausales **vor 104** 11; unter Lebenden **vor 104** 14; mehrseitiges **vor 104** 6 f; neutrales **107** 6; nichtiges **vor 104** 18; Nicht-Rechtsgeschäft **vor 104** 16; personenrechtliches **vor 104** 13; relativ unwirksames **vor 104** 19; scheinbares **vor 104** 17; schwebend unwirksames **vor 104** 20; sexuell motiviertes **138** 17; simuliertes (Scheingeschäft) **117** 2; Tatbestandsvoraussetzungen **vor 104** 2, 16; Teilbarkeit **139** 5; von Todes wegen **vor 104** 14; treuhänderisches **vor 104** 15; Typen **vor 104** 4; unwirksames s Rechtsgeschäft, nichtiges; verbotenes **134**; verdecktes (dissimuliertes) **117** 5; und Willenserklärung **vor 104** 2; Wirksamkeitsvoraussetzungen **vor 104** 3, 20; **117** 5; wucherähnliches **138** 16
Rechtsgeschäftlicher Kontakt 311 44
Rechtsgeschäftsähnliches Schuldverhältnis 311 34; Gewinnzusage gegenüber Verbrauchern **661 a** 2
Rechtshängigkeit des Bereicherungsanspruchs **818** 46; Haftung des Besitzers **987–989**; Haftung bei Herausgabeanspruch **292**; Vermerk im Grundbuch **899** 7; Zinsen **291** 4
Rechtskauf 453; Begriff **453** 2; Käuferpflichten **453** 9; Kosten **453** 10; Verkäuferpflichten **453** 3
Rechtskraft, Rückforderung aus § 812 **812** 21
Rechtsmangel, anfänglicher **536 a** 4 *(Mietverhältnis)*; Grundbuchrechte **453** 5; Grundstück **435**; Haftung und Abdingbarkeit **435** 2; bei Kauf **435** 3; bei Mietverhältnis **536** 7; bei Rechtskauf **453** 4; bei Schenkung **523**; im Werkvertrag **633** 10; Zahlungsunfähigkeit des Schuldners **453** 4 f *(bei Forderungskauf)*; maßgebender Zeitpunkt **435** 4 *(Kauf)*
Rechtsmissbrauch, allg **242** 37–43, sa unzulässige Rechtsausübung; Übermaßverbot **242** 40
Rechtsmittel, Amtshaftungsanspruch bei Versäumnis **839** 20 f; Begriff **839** 21
Rechtsnachfolge, Mietvertrag **564**
Rechtsobjekt vor 90 1
Rechtspositionen, nichtvererbliche, höchstpersönlicher Anspruch **1922** 13; Leichnam **1922** 11; Persönlichkeitsrecht **1922** 12; Transplantation **1922** 11
Rechtspositionen, vererbliche, Ansprüche **1922** 2; Anwartschaften **1922** 4; Gestaltungsrechte **1922** 4; Herrschaftsrechte **1922** 5; Unterlassungspflichten **1922** 3; Unternehmen und Unternehmensbeteiligungen **1922** 6; Verbindlichkeiten **1922** 3; Vollmacht **1922** 5

Rechtsscheinhaftung eines nicht voll Geschäftsfähigen **vor 104** 25
Rechtssubjekt vor 90 1
Rechtswidrigkeit 227 5; **823** 47 f; Begriff **276** 13; **823** 48; bei Eigentumsstörung **1004** 21; bei Eingriff in Gewerbebetrieb **823** 99, 105; Erfolgsunrecht **823** 48; Handeln auf eigene Gefahr s dort; Handlungsunrecht **823** 49; bei uH durch mehrere Beteiligte **830** 12; bei Schutzgesetzverletzung **823** 47; der Täuschung **123** 11; des Unterlassens **823** 51; bei Verletzung des Persönlichkeitsrechts **823** 67, 79
Rectapapier 793 6
Regelbetrag V und Einfluss auf Kindergeld **1612 a** 4; für den Unterhalt minderjähriger Kinder **1612 a** 4
Regress in der Lieferkette **478**
Reisebüro 651 a 5
Reisescheck 783 13
Reiseveranstalter, Begriff **651 a** 5; Ermächtigung zum Empfang des Reisepreises **651 k** 3; Haftung **vor 249–253** 15; **651 f**; Sicherung des Reisenden vor Insolvenz **651 k**
Reisevertrag vor 631 7; **651 a–m**; Abdingbarkeit **651 m**; Begriff **651 a** 4 ff; Erfüllungsgehilfe **278** 16; **651 f** 2; Gastschulaufenthalt **651 l**; höhere Gewalt **651 j** 3; Haftungsbeschränkungen **651 h** 1; Information **Anh 651 m**; **651 m**; Insolvenz des Veranstalters **651 k** 1; Kündigung **651 e** 1–4; **651 j**; Leistung **651 a** 6; Leistungsstörung **vor 651 c** 2 f; Mängelanzeige **651 d** 2; Minderung **651 d** 1; Partner **651 a** 9; **651 b** 2; Pflichten des Veranstalters **651 a** 10; und Reisebüro **651 a** 6, 9; Reiseveranstalter **651 a** 4; Reisevermittler **675** 12; Rücktrittsrecht **651 e**; Sicherstellung des Reisenden **651 k** *(vor Insolvenz)*; Sicherungsschein **651 k** 2, 3 ff *(Ausnahmen)*; Stornoklausel **651 i** 3; Störung der Geschäftsgrundlage **651 j** 2; Teilnehmerwechsel **651 b** 3; Unmöglichkeit **vor 651 c** 3; Verjährung der Gewährleistungsansprüche **651 g** 6; Verpflichtung des Reisenden **651 a** 9; Verzug **vor 651 c** 3; Wechsel des Reiseteilnehmers **651 b**
Religiöses Bekenntnis, Wahl **1631–1633** 7
Rennwette, Lotterie **763** 2; Spiel **762** 5
Rentenanspruch, Abänderungsklage **vor 249** 55; Dritter bei Tötung **844** 4 f; Kapitalisierung **843** 4; bei Schmerzensgeld **253** 5; bei Tötung des haushaltsführenden Ehegatten **844** 6 f; bei Tötung des im Gewerbe mitarbeitenden Ehegatten **844** 9; bei uH **843** 2 f; bei uH gegen Verpflichteten des Dienstberechtigten **845**; sa Versorgungsausgleich
Rentenpsychose 823 3
Rentenschein 803–805 2

magere Zahlen = Randnummern **Ruhestandsbezüge**

Rentenschuld 1199–1203; Ablösung **vor 1199** 2; Begriff **vor 1199** 1; Nießbrauch an – **1074–1080** 1; und Reallast **1105–1108** 1; Umwandlung **vor 1199** 2
Rentenversprechen, Schenkung **520** 1
Reparaturkostenübernahmeerklärung 783 15
Reserveursache s Kausalität
Reservewagen s Vorhaltekosten
Restriktionsprinzip bei AGB **305 c** 7
Reugeld und Draufgabe **336–338** 2; Rücktritt gegen – **353** 1; und Vertragsstrafe **339** 9
Revokation 1368 3
Revokationsrecht 1423–1428 20
Richterhaftung, Nachlassrichter **839** 12; Schiedsrichter **839** 24; Spruchrichter **839** 24 f
Risiko, Einwilligung s Handeln auf eigene Gefahr; Sphäre des Geschädigten, Mitverschulden **254** 5
Risikogeschäft und Irrtum **119** 17; **123** 5
Risikoverteilung nach Sphären beim Werkvertrag **644; 645**
Rückerstattung des Darlehens **488** 3, 25; DDR-Altkredite **488** 25; Fälligkeit **488** 28 *(Darlehen)*; des Sachdarlehens **607–609** 6
Rückerwerb vom Nichtberechtigten 932 2
Rückforderung wegen Verarmung des Schenkers **528**
Rückforderung bei sittenwidriger Leistung, Anwendungsbereich **817** 7, 12
Rückforderungsrecht des Schenkers **525–527** 9
Rückgabe der mangelhaften Kaufsache **439** 18 *(bei Nacherfüllung)*
Rückgabeanspruch des Vermieters **570**
Rückgaberecht, Ausübung **356** 4; Fernabsatzvertrag **312 d**; Frist **356** 6; Haustürgeschäft **312** 14; des Verbrauchers bei Teilzahlungsgeschäften **503**, 2; statt Widerruf **356** 1
Rückgriffsrecht des Letztverkäufers **478; vor 474 ff** 2 *(Verbrauchsgüterkauf)*; des Unternehmers **478**, 10 *(Abdingbarkeit)*; **479** 3 *(Ablaufhemmung)*; **478** 3, 5 *(Entbehrlichkeit der Fristsetzung)*, 12 *(Untersuchungs- und Rügeobliegenheiten)*; Verjährung **479**, 1 f
Rücknahmeverlangen, Ausübung **356** 5 *(als Widerruf)*
Rücksichtnahme im Eltern-Kind-Verhältnis **1618 a**; im Schuldverhältnis **242** 18
Rücktritt 346–361; Abgrenzung **vor 346** 5; und Anspruch auf Schadensersatz statt der Leistung **324** 6; Aufwendungsersatz **325** 4; **347** 2; und Begleitschäden **325** 6; Begriff **vor 346** 3; Entreicherung nach – **346** 4, 8; und Entschädigung im Reisevertrag **651 i** 4; Entstehungsrisiko **346** 10; vom Erbvertrag **2293–2299**; bei Erbverzicht **2346** 5; Erfüllung Zug-um-Zug

348 1; Erklärung **349** 1; Erklärung bei Personenmehrheit **351** 1; Erklärungsempfänger **351** 1; Ersatzberechnung **346** 6; vor Fälligkeit **323** 15; Form bei Grundstückskauf **311 b** 15, 20; entbehrliche Fristsetzung **440** *(Kauf)*; vom ganzen Vertrag **323** 17; Ersatz der Gebrauchsvorteile **346** 3; Herausgabepflicht **346** 2; nicht gezogene Nutzungen **347** 1; Nutzungsherausgabe **346** 3; Nutzungswert **346** 7; Rechtsfolgen **323** 31; **324** 3; und Schadensersatz **325**, 1; **346** 11; und Schadensersatz statt der Leistung **325** 3; Sorgfaltspflicht vor und nach – **346** 10; Systematik der Rückabwicklung **vor 346** 2; Unmöglichkeit der Rückgewähr **vor 346** 2; **346** 4 f; unwirksamer und Verjährung **218**; und Verzögerungsschaden **325** 5; sa Rücktrittsrecht
Rücktrittsgrund, vom Gläubiger zu vertretender **323** 22
Rücktrittsrecht in AGB s dort; und Annahmeverzug **323** 27; bei Aufrechnungslage **352** 1; Ausschluss aus weiteren Gründen **323** 30; Ausschluss bei überwiegender Verantwortlichkeit des Gläubigers **323** 24; bei Ausschluss der Leistungspflicht **326;** Dienstvertrag **vor 620–630** 6; Erlöschen **350** 1; gegenseitiger Vertrag **323** 1; ges **vor 346** 4; **346** 1, 10; und Gewährleistung **437** 6; bei Leistungshindernis **vor 275** 13; **326** 27; Leistungshindernisse **323** 5; und Minderung **325** 2; nicht erbrachte Leistung **323**; bei Nicht- oder Schlechterfüllung sonstiger Pflichten **326** 27; Nicht- und Schlechterfüllung **323** 5; nicht vertragsgemäße Leistung **323**, 20; Nichterfüllung von Nebenleistungspflichten **323** 20; des Reisenden **651 i** 1; Reisevertrag (als Kündigung) **651 e;** gegen Reugeld **353** 1; bei Schutzpflichtverletzungen gem § 241 II **324** 1; bei Sukzessivlieferungsvertrag **323** 18; Teilleistung **323** 16; bei Teilunmöglichkeit **326** 27; nach Umgestaltung **346** 8; unerhebliche Mängel **323** 20 *(Ausschluss)*; Unmöglichkeit **323** 5; **326** 27; Unteilbarkeit **351** 1; des Unternehmers bei Teilzahlungsgeschäften **503** 3; und Verjährung **vor 346** 3; Verletzung sonstiger Pflichten **323** 5; nach Verschlechterung **346** 8; vertragliche Gestaltung **323** 3; vertragliches **vor 346** 4; **346** 1; **353** 1; **463** 18 *(und Vorkaufsrecht)*; Verwirkung des Vorbehalts **354** 2; Verzicht **350** 2; Voraussetzungen **323** 6 f; Werkvertrag **636** 2; Wertersatz **346** 4; zeitliche Begrenzung **438** 9 *(Kauf)*; sa Rücktritt
Rücktrittsvorbehalt, Begriff **346** 1; Beweislast **346** 1; durch Verwirkungsklausel **354** 1
Ruhegehaltsversprechen 761 5
Ruhestandsbezüge 611 35

Teichmann 1941

Sachdarlehen vor 488 2, 16; 688 8; 700 2; Begriff 607–609 1; Fälligkeit der Entgeltforderung 607–609 5; Rückerstattungspflicht 607–609 6; Überlassung von Mehrweg-Verpackungen 607–609 3; unentgeltliches 607–609 1; Zinsforderung 607–609 5

Sachdarlehensvertrag, Abgrenzung 607–609 2; Kündigung 607–609 6; und Kündigung aus wichtigem Grund 607–609 6; und Leihvertrag 607–609 2; und Mietvertrag 607–609 2; Pflichten des Darlehensgebers 607–609 4; Pflichten des Darlehensnehmers 607–609 5; Wertpapierdarlehensvertrag 607–609 3

Sache 90; Bestandteile **vor 90** 6; **93**; Eigentum an – **90** 2; Scheinbestandteil **95**; Teilbarkeit **vor 90** 7; neue durch Verarbeitung **950** 3; verbrauchbare **92**; verlorene **vor 965** 1; vertretbare **91**; sa bewegliche Sache; sa Einzelsache; sa Grundstück; sa Sachgesamtheit

Sacheinheit vor 90 4

Sachenrecht außerhalb des BGB **vor 854** 17, 18; Gegenstand **vor 854** 1; numerus clausus **vor 854** 3

Sachentzug, dinglicher Schutz **823** 15; Ersatzleistung an nichtberechtigten Besitzer **851**; Verwendungsanspruch **850**; Zinsanspruch **849**; Zufallshaftung **848**

Sachfrüchte, mittelbare **99–103** 2; unmittelbare **99–103** 2

Sachgefahr und Betriebsgefahr, Mitverschulden **254** 5

Sachgesamtheit vor 90 5

Sachinbegriff, Nießbrauch **1035**

Sachmangel, allg **434** 1 f; anfänglicher **536 a** 4 *(Mietverhältnis)*; Anwendungsbereich **434** 4; und Aufwendungsersatz **437** 27; Beschaffenheitsvereinbarung **434** 2; Beweislast **434** 3; Falschlieferung **434** 3 *(Beweislast)* 20–23; geringfügige Abweichung **434** 11; und Geschäftsgrundlage **437** 33; und Irrtum **437** 31 f, 32; Kenntnis **442** 3; Kraftfahrzeug **434** 26 f; Kunstwerk **434** 28; Maßstab **434** 2; Mietverhältnis **536** 4 f; fehlerhafte Montageanleitung **434** 19 *(beim Kauf)*; Montagemängel bei Kauf **434** 18; und öffentl Äußerung **434** 15–17; bei Rechtskauf **453** 6; Rücktrittsrecht **437** 6; und Schadensersatz **437** 14, 35; Schenkung **524**; subj Fehlerbegriff **434** 2; und arglistige Täuschung **437** 31; grobfahrlässige Unkenntnis **442** 5; des Unternehmens **453** 14; Verdacht **434** 14; maßgebender Zeitpunkt **434** 5 *(Kauf)*; Zurückweisung **437** 29 *(der Leistung)*; Zuvielleistung **434** 24; Zuweniglieferung **434** 24, 3 *(Beweislast)*

Sachmängelhaftung, Abdingbarkeit **437** 3; und AGB s dort; Annahme ohne Vorbehalt **442** 4; Ausschluss **437** 2; **444**; und cic **437** 34; beim Erbschaftskauf **2376** 1; Schadensersatz **437** 14 ff

Sachverständiger, Amtshaftung **839** 24; Haftung **839 a** 1 *(des gerichtlich bestellten –)*; Haftung für falsches Gutachten **826** 14; Kosten für – als Schadensersatz **249** 7; des TÜV s dort

Sachwalterhaftung 311 64

Saldoanerkenntnis 781 21

Saldotheorie 818 40 a–45; bei Untergang der Kaufsache **818** 41, 44

Sale-and-lease-back-Vertrag vor 535 6

Sammellagerung 948 3

Sammelname 12 5

Sammelüberweisung, Begriff **676 a** 5

Sammelvermögen vor 80 4, sa Pflegschaft

Samstag s Sonnabend

Satzung, Änderung **33**; **54** 3; **vor 55** 1; Festlegung von Arbeitspflichten in – **vor 611** 17; Auslegung **133** 10; Teilnichtigkeit **139** 16; des rechtsfähigen Vereins **25** 1; des nichtrechtsfähigen Vereins **54** 3

Schaden als Entreicherung **818** 33; Fehlen bei Pflichtverletzung **284** 1

Schaden (Systematik), Affektionsinteresse **vor 249–253** 5; Ausgleichsfunktion **vor 249–253** 2; Begriff **vor 249–253** 3 f; **254** 3; Differenzschaden **vor 249–253** 5; Drittschaden s dort; der verletzten Ehegatten **vor 249–253** 9; Folgeschaden **vor 249–253** 24 f; Geltendmachen bei Drittschadensliquidation **vor 249–253** 12; Grundsatz der Totalreparation **vor 249–253** 4; immaterieller **vor 249–253** 3; **249** 2 f; **253**; **651 f** 5 *(Reisevertrag)*; Lehre vom Interesse **vor 249–253** 5, 10; hypothetische Kausalität **vor 249–253** 42; Kommerzialisierungsgedanke **vor 249–253** 7; normativer **vor 249–253** 6–8, 10; realer **vor 249–253** 4; Sanktionsfunktion des Anspruchs **249–253** 6; Schockschaden s dort; Subjektbezogenheit **vor 249–253** 8, 11, 18 f; unverhältnismäßiger **251** 2; Vermögensschaden **vor 249–253** 3; Vorteilsausgleichung s dort; Zweck des Anspruchs **vor 249–253** 2

Schadensabwendung s Mitverschulden

Schadensanlage s Kausalität

Schadensberechnung vor 249–253 50 f; abstrakt-normative **vor 249–253** 53; **842** 4; abstrakt-typisierende **vor 249–253** 51 f; bei Erwerbsschaden **842** 4; individuelle **vor 249–253** 2; konkrete **vor 249–253** 50; bei uH gegen Dienstverpflichteten **845** 3; Zeitpunkt **vor 249–253** 55

Schadenseinheit, Verjährung bei – **199** 2

Schadensersatz, Abwicklungskosten nach Schadensfall **249** 7; allg **vor 249–253** 1 f; bei Angriffsnotstand **904** 5; bei Arbeitnehmerunfall **vor 249–253** 8; Arbeitskraft **842**; Bäume **251** 3; Begleitschaden **vor 275** 9; **280** 12; für entgangene Dienste **845**; und Drittleistung **333** 8; Ersetzungsbefugnis des Schädigers **251**; ersparte Aufwendungen **vor 249–253** 39; für Erwerbs-

magere Zahlen = Randnummern

schaden 842 3 f; Finanzierungskosten 249 4; für vertane Freizeit vor 249–253 16; entbehrliche Fristsetzung 440 (Kauf); und Garantie bei Verbrauchsgüterkauf 477 6; Geldersatz (Kompensation) 249 1; Geldersatz nach Fristsetzung 250; Geldersatz ohne Fristsetzung 251; und Gewährleistung 437 14; entgangener Gewinn vor 249–253 51; 252; Haushaltshilfe, Kosten für – 249 6; Herstellungskosten 249 3 f, 6; Integritätsinteresse 249 1; Kfz-Nutzungsausfall vor 249–253 10, 18; wegen eines ungewollten Kindes vor 249–253 32; Körperverletzung 249 6; Kosten der Nebenklage vor 249–253 32; Kosten der Privatklage vor 249–253 32; Krankenbesuche, Kosten für – 249 6; bei Kündigung von Dauerschuldverhältnissen aus wichtigem Grund 314 7; bei Ladendiebstahl 249 5; Leistung an nichtberechtigten Besitzer 851; Leistungsverweigerungsrecht 320 11; Lizenzgebühr (Grundsatz der Lizenzanalogie) vor 249–253 54; bei mangelfreier Kaufsache 437 35 (Nebenpflichtverletzung); mangelhafte Kaufsache 437 35; Mietwagenkosten 249 4; merkantiler Minderwert 251 3, 5; Naturalrestitution 249 1; Nichtabnahme des Darlehens 488 17; Nutzungsausfall vor 249–253 7, 13, 39; pauschalierter vor 249–253 54; pauschalierter Mindestschaden vor 249–253 54; Produkthaftung 823 157, 159; Rechtsanwaltskosten vor 249–253 32; 249 7; Rente, Kapitalabfindung 843; und Rücktritt 325; Sachbeschädigung 249 4; nicht vertretbare Sache 251 3; vertretbare Sache 251 3; Sachverständigengutachten 249 7; Sozialversicherungsbeiträge, Arbeitgeberanteil 842 5; Strafverteidigerkosten nach Verkehrsunfall vor 249–253 32; Umfang 536 a 8 (Mietverhältnis); Umschulungskosten 842 3; bei Unmöglichkeit der Herstellung 251 3; bei Unterhaltsschaden 844 2, 7; für vertanen Urlaub vor 249–253 14 f; 651 f; bei Verbrauchsgüterkauf 475 8; und Vertragsstrafe 339 10; 340 1, 6; 341 2; Verzögerungsschaden vor 275 10; Vorhaltekosten 249 5; Vorteilsausgleichung s dort; Wiederbeschaffungswert 251 5; Zweckgebundenheit des Wiederherstellungsbetrages 249 2 f; Zeit- und Verwaltungsaufwand für Schadensabwicklung vor 249–253 32; Zeitaufwand für Schadensabwicklung vor 249–253 16; sa Schadensersatzanspruch

Schadensersatz statt der ganzen Leistung 281 22; großer Schadensersatz bei Kauf 437 21; bei mangelhafter Kaufsache 437 21; bei nicht ordnungsgemäßer Leistung 281 27; Rückgabe der empfangenen Leistung 281 27; bei Teilleistung 281 26

Schadensersatz statt der Leistung und Aufwendungsersatz 284 8; bei Ausschluss der Leistungspflicht 280 57; Begriff 280 4; behebbarer Mangel 437 18 (Kauf); Berechnung 281 19; Differenztheorie 281 18; bei Erfüllungsverweigerung 280 18; und Ersatzanspruch statt der Leistung (stellvertretendes commodum) 285 13; Funktion vor 275 11; 281 4; im gegenseitigen Vertrag 281 18; und Gewährleistung beim Kauf 437 18; großer Schadensersatz 437 21; kleiner Schadensersatz 281 21; 437 21; bei Leistung nicht wie geschuldet 281 5; bei leistungsbegleitender Pflichtverletzung 282 1; bei leistungsbezogener Nebenpflichten 281 5; bei nicht behebbarem Mangel 437 19 (Kauf); wegen nicht oder nicht wie geschuldet erbrachter Leistung 280 58; bei nicht oder nicht wie geschuldet erbrachter Leistung 281; bei Nichterfüllung 281 17; bei Nichtleistung 281 4; bei Schutzpflichtverletzung 280 59; 282 1; Stichtag des abstrakter Berechnung 281 19; Surrogationstheorie 281 18; bei teilweiser Nichterfüllung: kleiner Schadensersatz 281 21; Überblick 281 16; sa Schadensersatzanspruch

Schadensersatzanspruch, Abtretung eines – gegen Dritte an Schädiger 255; gegen Anfechtenden 122; Anspruchsberechtigter vor 249 17; gegen Auftraggeber 670 5; gegen Beauftragten 664 4; 665 8; gegen bösgläubigen Besitzer 989 7; gegen Besitzer nach Rechtshängigkeit 989; gegen Besitzmittler 991 3; gegen Deliktsbesitzer 992; gegen Ehestörer 823 91 f, 94; im Eigentümer-Besitzer-Verhältnis vor 987 1, 2; 989–993; gegen Gesellschafter 707 2; 714, 715 9; bei Grundstücksvertiefung 909 3; bei Immaterialgüterrechtsverletzung vor 249–253 54; Kauf 437; bei mangelhafter Reiseleistung 651 f 1 f, 4; gegen Mieter 540 (unerlaubte Untervermietung); 536 c 3 (unterlassene Mängelanzeige); 548 2 (Verjährung); 546 a (verspätete Rückgabe); 571 (verspätete Rückgabe); bei defensivem Notstand 228 3; gegen Pächter 584 b (verspätete Rückgabe); 597 (verspätete Rückgabe); bei Persönlichkeitsrechtsverletzung 823 87 f; gegen Reisenden 651 d 3 (unterlassene Mängelanzeige); gegen Schenker 523 1; 524 1, 4; beim Überweisungsvertrag 676 b,c; bei uH s dort; des Unterhaltsberechtigten 844; gegen Unternehmer im Werkvertrag 636 7–11; Verjährung 852 (Herausgabe der Bereicherung); gegen Verleiher 600; gegen Vermieter 536 a 3–9; gegen Vertreter ohne Vertretungsmacht 179; Verzinsung 849; gegen Wiederverkäufer 457; sa Haftung; sa Schadensersatz statt der Leistung

Schadensfreiheitsrabatt vor 249–253 26

Schadensminderungspflicht 254 9; Schmerzensgeldanspruch 253 5; Umschulung s dort; Vorteilsausgleich vor 249–253 38

Schadenspauschalierung, Vertragsstrafe **339** 10
Schadensversicherung, Erwerb des Ersatzanspruchs durch – **vor 249–253** 36
Schatz, Fund **984**; Recht des Nießbrauchers **1040**
Scheck 783 14; Annahme erfüllungshalber **364, 365** 7; Vollzug der Schenkung **518** 7
Scheckverbot, Verbraucherdarlehen **496**
Scheidung der Ehe Einf 1564; allg **1564** 1; Antrag **1564** 2; Auseinandersetzung des Gesamtguts **1478**; Auskunftspflicht über Einkünfte und Vermögen **1580**; Ausschluss bei Härte für den anderen Teil **1568** 4; Ausschluss im Kindesinteresse **1568** 3; eheliche Lebensgemeinschaft **1565** 2; Einschränkung bei unzumutbarer Härte **1565** 5; einverständliche **1566** 2; Erbrecht nach – **1931** 1; **1933; 2077;** und Erbvertrag **2279** 3; Feststellung des Scheiterns **1565** 4; Getrenntleben **1567**; Gründe **vor 1564**; Härteklauseln **1568**; Hinderungsgründe **1568** 1; IPR **Einf 1564** 4; Konventionalscheidung **1566**; Rechtsfolgen **Einf 1564** 2; Scheitern als Grund **vor 1564** 1; **1565** 2; Stichtag für Zugewinnberechnung **1384**; und gemeinschaftliches Testament **2077**; **2268**; ohne einjährige Trennung **1565** 5; nach dreijähriger Trennung **1566** 2; unzumutbare Härte **1565** 5; Verfahren **Einf 1564** 3; Vermutung des Scheiterns **1566** 1; vertraglicher Ausschluss **vor 1564** 6; Zerrüttungsprinzip **1565**; Zerrüttungsvermutungen **1566** 1
Scheidungsurteil, erschlichenes **1564** 4; fehlerhaftes **1564** 4
Scheidungsverfahren, Aussetzung zwecks „Heilung" der Ehe **1565** 4
Scheinbestandteil 95
Scheingeschäft 117; bei Grundstücksveräußerung **311 b** 37; bewusst unrichtige Beurkundung **311 b** 35
Scheinselbständige vor 611 29 a
Scheitern der Ehe s Scheidung der Ehe
Schenkung 516–534; Abgrenzung **516** 14 ff; Arglist des Schenkers **523** 1; **524**; unter Auflage **525–527**; belohnende **516** 19; Bereicherung des Beschenkten **516** 7; Beweislast **516** 13; Dienstleistungen **516** 14; unter Ehegatten **516** 9; durch Eltern als gesetzliche Vertreter **1641**; Entreiherung des Schenkers **516** 6; Form **518** 1, 3; Gebrauchsüberlassung **516** 15; **518** 9; gemischte **516** 17; **525–527** 3; **2325** 3; es Verbot **516** 10; Gesellschaftsanteil **516** 22; Haftung des Schenkers **521** 1; **523** 1; **524** 1, 4; Handschenkung **516** 2; und Leihe **598** 3; Leistung auf Schuld **516** 9; Mangelfolgeschaden **521** 1; **524** 1; an Minderjährige **516** 10; Missverhältnis zwischen Leistung und Gegenleistung **516** 9; mittelbare **516** 16; moralische Pflicht **516** 9; Pflicht- und Anstandsschenkung **534**; Pflichtteilsergänzung wegen – **2325** 1, 3, 7 f; Rückforderung wegen Verarmung **528**; **529**; Rückgewähr des „Darlehens" **516** 21; von Todes wegen **516** 22; **2301** 1, 4, 8–10; Unentgeltlichkeit **516** 8; Unterlassen eines Vermögenserwerbs **517**; verschleierte **516** 9; und Vollzug **518** 6; Widerruf **530–533**; Zurechnung zu Anfangsvermögen **1374** 6; Zusicherung von Eigenschaften **524** 2; Zuwendung **516** 4; Zuwendung unter Ehegatten **516** 20; sa Schenkungsversprechen
Schenkung unter Auflage, Abgrenzung **525–527** 2; Begriff **525–527** 1; und Zweckschenkung **525–527** 4
Schenkungsverbot für Eltern **1641**
Schenkungsvermutung bei Aufwendungen des Kindes für Haushalt der Eltern **1620**
Schenkungsversprechen 516 2; Form **518** 1, 3; Gattungssache **524** 3; Heilung des Formmangels **518** 5; mehrere **519** 1; Notbedarfseinrede **519** 1; Rente **520** 1
Scherz, „guter" und „böser" bei Willenserklärungen **116** 3; **118** 2
Schickschuld, Geldschuld als qualifizierte – **270**; Leistungsort **269** 1
Schiedsgericht in Verein **25** 4
Schiedsgutachtenvertrag 317 3; Abgrenzung **317** 9; Unrichtigkeit des Gutachtens **319** 4
Schiedsmann, Amtshaftung **839** 31
Schiedsrichter, Amtshaftung **839** 24; Schiedsrichtervertrag **311** 25
Schiedsvereinbarung, Abgrenzung zum Schiedsgutachtenvertrag **317** 8
Schiedsvertrag, Abgrenzung zum Schiedsgutachtenvertrag **317** 8
Schiff, Bestandteile **94** 6; Eigentumserwerb **929 a**; Mietverhältnis über eingetragenes – **578 a**; nicht eingetragenes **929 a** 1; **932 a** 1
Schiffskauf 452
Schikane 226
Schleppvertrag vor 631 8
Schlüsselgewalt 1357 1, s Geschäfte zur Deckung des Lebensbedarfs
Schlusserbe 2269 1, 5
Schlussrechnung beim Werkvertrag 632 9; **641** 8
Schlusszahlung beim Werkvertrag 641 8
Schmerzensgeld 253 1; Diskriminierung bei Einstellung **611 a, b** 8; Klageantrag **253** 6; statt Restitution **251** 7; Übertragbarkeit des Anspruchs **253** 5; Vererblichkeit des Anspruchs **1922** 2
Schmiergeld 826 19; Arbeitnehmer **611** 28; Herausgabe an Auftraggeber **667** 4; Vertrag über– **138** 18
Schockschaden, Mitverschulden **846**
Schornsteinfeger, Amtshaftung **839** 31
Schriftform, elektronische **126 a** 6 *(Anscheinsbeweis)*, 2 *(Anwenderkreis)*, 1 *(Aufwand)*, 7 *(für Verträge)*, 4–6 *(Voraussetzun-*

gen); ges **126**; gewillkürte **127**; Kündigung des Mietvertrags **568**; Mietvertrag **550**; Übermittlung, telekommunikative **127** 2; Umfang **126** 7; Zugang **126** 11; sa Frist
Schuld, Begriff **241** 18; gemeinschaftliche **431** 2; und Haftung **241** 18
Schuldabänderung, Darlehen **vor 488** 7
Schuldanerkenntnis 781; abstraktes **781** 4; und Aufrechnung **387** 13; Begriff **781** 4; und ungerechtfertigte Bereicherung **781** 14; Beweislast **781** 14; einseitiges **781** 2; Einwendungen und Einreden **781** 11; Form **781** 8; Form bei Schenkung **518** 4; Formfreiheit **782**; des Kraftfahrers **781** 25; negatives **397** 1, 5; prozessuales **781** 3; Rückforderung **781** 14; Saldoanerkenntnis **781** 21; Selbständigkeit **781** 10; vergleichsweises **782** 3; Verjährung **781** 10; deklaratorische Wirkung **781** 15, 18; konstitutive Wirkung **781** 10
Schuldausschließung 276 14
Schuldbeitritt vor 414 2, 5; **vor 765** 16; und Bürgschaft **vor 765** 18; Form **781** 8
Schuldersetzung s Novation
Schuldfähigkeit s Verschuldensfähigkeit
Schuldmitübernahme s Schuldbeitritt
Schuldner, Mehrheit s Gesamtschuld
Schuldnerverzug 284 ff; und Einrede des nichterfüllten Vertrags **320** 18; Zinsen **290**; Zinseszins **289**
schuldrechtlicher Versorgungsausgleich 1587 f
Schuldrechtsmodernisierung vor 241 2; **vor 275** 16; **311** 2; und Geschäftsgrundlage **313** 1, 4
Schuldschein, Eigentum **952**; Rückgabe **371** 1
Schuldübernahme 414–418; Abgrenzungen **vor 414** 5; Einwendungen des Übernehmers **417** 1, 2; und Erfüllungsübernahme **329** 4; **vor 414** 5; **414, 415** 5; Erlöschen der Nebenrechte **418** 1, 2; Form **414, 415** 1; Genehmigung des Gläubigers **414, 415** 2, 6; Hypothekenschuld **416** 1–3; Mitteilung an Gläubiger **415**; **416** 2; und Schuldbeitritt **vor 414** 2, 5; Sicherungsrechte **418** 1; Vertrag zwischen Übernehmer und Gläubiger **414, 415** 1; Vertrag zwischen Übernehmer und Schuldner **414, 415** 2; Vorzugsrechte **418** 2
Schuldumschaffung, abstrakte **vor 488** 9; kausale **vor 488** 8; bei Schuldversprechen **781** 10
Schuldverhältnis, allg **vor 241** 1; Anwendungsbereich **vor 241** 6; Arten **241** 3; Begriff **241** 1; Einteilung **Einf vor 433** 2; Erlöschen **vor 362** 1–4; **362** 1–3; ges **311** 34; **311** 46 *(Beendigung)*, 48 *(Einbeziehung Dritter)*, 49 *(mit Drittem als Berechtigten)*, *(mit Drittem als Haftenden)*, **vor 433** 5; Nebenpflichten **242** 19; Pflichten **241** 7; rechtsgeschäftsähnliches **311** 34; Relativität

241 4; vertragliches **Einf vor 433** 4; Vertragsanbahnung **311** 34; vorvertragliches **311** 35, 43 ff *(Entstehung)*
Schuldverschreibung auf den Inhaber s Inhaberschuldverschreibung
Schuldversprechen 780; abstraktes **781** 4; Begriff **781** 4; Beweislast **781** 14; Einwendungen und Einreden **781** 11; Form **781** 8; Form bei Schenkung **518** 4; Formfreiheit **782**; kausales **781** 15; Rückforderung **781** 14; Selbständigkeit **781** 10; Umschaffung **781** 10; ungerechtfertigte Bereicherung **781** 14; Verjährung **781** 10; deklaratorische Wirkung **781** 15, 18; konstitutive Wirkung **781** 10
Schülerlotse, Amtshaftung **839** 7
Schutzgesetz, Begriff **823** 43 f; Schutzzwecklehre **vor 249–253** 32
Schutzmaßnahmen, Pflicht des Dienstberechtigten zu – **618**; Unabdingbarkeit **619**
Schutzpflicht, nicht leistungsbezogene **282** 4; Verletzung **280** 16
Schutzpflichten, Aufklärung **241** 10; Beispiele **241** 10; Rücksichtnahme **241** 10; im Werkvertrag **631** 13, 25
Schutzwirkung s Vertrag mit – für Dritte
Schutzzwecklehre im haftungsausfüllenden Kausalzusammenhang **vor 249** 31; im haftungsbegründenden Kausalzusammenhang **823** 26; bei Tierhalterhaftung **833** 5
Schwägerschaft 1590; Dauer **1590** 3
Schwangerschaft, misslungener Abbruch als uH **823** 111; Infektion als Verletzung des Kindes **823** 8
Schwarzarbeit, Kondiktion des Schwarzbeiters **817** 18; Mitverschulden **254** 5; Rückforderungsansprüche **817** 18; **818** 14
Schwarzfahrt s Verkehrsunfall
Schwarzkauf 117 5
Schweigen als Billigung **454, 455** 6 f; als Willenserklärung s dort
Schwerbehindertenschutz vor 611 48
Seetestament 2251 1
Selbstbedienungsgeschäft, Vertragsschluss **145** 3
Selbsthilfe 229–231; keine vertragliche Erweiterung **229–231** 10; Maßnahmen **229–231** 5, 8; Schadensersatz **229–231** 9; des Vermieters **562 b** *(Vermieterpfandrecht)*; Voraussetzungen **229–231** 2
Selbsthilfeexzess 229–231 9
Selbsthilfeverkauf 383–386 1–3
Selbstkontrahieren 181 4
Selbstopferung 904 1; im Straßenverkehr **677** 3
Selbstvornahme durch Käufer **439** 8; im Werkvertrag **637**; im Werkvertrag (Kostenvorschuss) **637** 6, 7
Sexuelle Handlungen mit Abhängigen **825**; mit Jugendlichen **825** 1; mit Kindern **825** 1
Sexuelle Selbstbestimmung, Schmerzensgeld bei Eingriff in – **253** 4

Sicherheitsleistung 232–240; für Bauhandwerker **648 a** 4; Bürge **239**; Einrede aus § 320 **320** 12; Ergänzungspflicht **240**; Grundpfandrechte **238**; Hinterlegung **233**; Höhe vor **232** 2; Mittel **232** 2; des Nießbrauchers **1051–1054** 2; Pflicht zur – vor **232** 1; Recht zur – vor **232** 1; mit beweglicher Sache **237**; und Vermieterpfandrecht **562 c**; im Werkvertrag **641** 5; **648 a** 4; Wertpapiere **234**; **236**
Sicherungsabtretung 398 14
Sicherungseigentum, Insolvenzverfahren **930** 50, 52; Verlust **930** 53; Zwangsvollstreckung **930** 49; sa Sicherungsübereignung
Sicherungsgrundschuld 1191 4; fehlende Akzessorietät **1191** 6, 8; Begriff **1191** 4; Einrede des rückgewährberechtigten Eigentümers **1191** 20; gesicherte Forderung **1191** 9; Inhaberwechsel **1191** 22; Innenverhältnis **662** 10; Rechtsgrund **1191** 5, 9; Rückgewähranspruch **1191** 9; Rückgewähranspruch des Eigentümers **1191** 15; Rückgewähranspruch des Schuldners **1191** 21; Rückgewähranspruch eines Dritten **1191** 21; Sicherungsvertrag **1191** 4, 5, 9; stehengelassene **196** 1; Tilgung der Forderung **1191** 12; Tilgung der Grundschuld **1191** 11; Tilgungswille **1191** 13; Verwertung **1191** 14, 26; begrenztes Verwertungsrecht **1191** 8; Zwangsvollstreckung **1191** 14; Zweckerklärung **1191** 5
Sicherungshypothek vor **1113** 21; **1113** 2; Akzessorietät **1191** 6; **1184, 1185** 1, 3; strenge Akzessorietät **1138** 1; des Bauunternehmers **648** 4–6; Divergenzen zwischen Einigung und Eintragung **1184, 1185** 2; Eintragung **1184**; Entstehung **1184, 1185** 2; Erwerb vom Nichtberechtigten **1184, 1185** 3; Grundbuchvertretung **1187–1189** 2; Umwandlung in Verkehrshypothek **1186**; Unterschiede zur Verkehrshypothek **1184, 1185** 3; Wertpapierhypothek **1187–1189**; sa Höchstbetragshypothek
Sicherungsübereignung, allg **930** 20; Arten **930** 23; auflösend bedingte **930** 43; einfache **930** 23; erweiterte **930** 26; bei nicht bestehender Forderung **930** 40; Formen **930** 42; Freigabeanspruch **930** 58; Gegenstand **930** 29; Pflichten des Sicherungsgebers **930** 36; Rechtsgrund **930** 34; Rechtsstellung des Sicherungsnehmers **930** 21, 35; Sicherungsvertrag **930** 31; Sittenwidrigkeit **930** 55; verlängerte **930** 25; Verwertung **930** 37; Warenlager **930** 46; Wegnahmerecht **930** 37; sa Sicherungseigentum
Sicherungsvertrag, Besitzmittlungsverhältnis **930** 38, 39; bei Sicherungsübereignung **930** 33
Sittenverstoß, Begriff **826** 3; Bewusstsein **826** 4; Vorsatz **826** 9

Sittenwidrigkeit, Begriff **138** 6; bei Bürgschaft **765** 4; beim Erbvertrag vor **2274** 4; **2286** 3; Fallgruppen **138** 12; Gebrauchsüberlassung bei – **817** 15–17; bei der Globalzession **398** 19; Herabsetzung auf sittengemäße Leistung **139** 8; Konkurrenzen **138** 5; der Leistung **817** 2; der Leistungsannahme **817** 4; **819** 6; bei anfänglicher Leistungsunfähigkeit **138** 12; objektive **138** 11; geltungserhaltende Reduktion **139** 8; des Testaments **2077** 2; und Treuwidrigkeit **242** 13; des Vermächtnisses **2171** 4; wegen überlanger Vertragsdauer **139** 11; Zeitpunkt **138** 3
Software 433 13; Sachmangel **434** 31
Sondereigentum, Form des Veräußerungsvertrages **311 b** 3
Sondererbfolge, Anerbenrecht für die Hoferbfolge **1922** 14; Unternehmen und Unternehmensbeteiligungen **1922** 14
Sondergut vor **1415** 2; **1416–1419** 11–12; **1417**; bei fortgesetzter Gütergemeinschaft **1486**
Sonderrecht eines Vereinsmitglieds **35**
Sonnabend, Fristablauf **193** 1
Sonntag, Fristablauf **193** 1
Sorge, elterliche s elterliche Sorge
Sorgeerklärung 1626 a; Bedeutung **1626 a–1626 e** 3; beschränkte Geschäftsfähigkeit **1626 a–1626 e** 8; Form **1626 a–1626 e** 9; **1626 d**; Frist **1626 a–1626 e** 7; Inhalt **1626 a–1626 e** 5; persönliche Abgabe **1626 c**; Rechtsnatur **1626 a–1626 e** 3; Voraussetzungen **1626 a–1626 e** 4; Wirksamkeit **1626 b**; **1626 e**; Wirkungen **1626 a–1626 e** 11; Zeitpunkt **1626 a–1626 e** 9
Sorgerecht, gemeinsames **1687**
Sorgfalt in eigenen Angelegenheiten **277**; eigenübliche **277** 3; im Verkehr erforderliche **276** 29
Sorgfaltsmaßstab 276 29
Sorgfaltspflicht bei Ehegatten **1359**
Sowieso-Kosten bei Mängelbeseitigung **635** 3
„Sozialer" Kontakt Einf vor **433** 5
Sozialhilfe s Unterhalt
Sozialtypisches Verhalten, Vertragsschluss durch – vor **145** 19
Sozialversicherung, Beitrag zur – als Schaden vor **249–253** 8; **842** 5
Spannungsklausel 244, 245 28; **611** 37
Sparbuch, Begriff **808** 6; Berechtigter **808** 6; Eigentum **952** 2; Legitimationswirkung **808** 7; Rechtsgrundlagen **808** 5
Spareinlagen vor **488** 12
Sparguthaben, Vollzug der Schenkung **518** 7
Speditionsvertrag als selbständiger Dienstvertrag vor **611** 25
Spekulationsgeschäft und Irrtum **119** 17; **123** 5

magere Zahlen = Randnummern **Teilbesitz**

Spenden, Schenkung 516 7
Sperma, Vernichtung 823 71
Spezialitätsgrundsatz im Sachenrecht **vor** 854 5
Sphärentheorie beim Werkvertrag 644; 645; sa Betriebsrisikolehre
Spiel 762; und Auslobung 657 3; Ausspielvertrag 763; Begriff 762 2; Begriff und Arten 762 3 f; Darlehen zu Spielzwecken 762 11; Differenzgeschäft 762 10; Falschspiel 764; Rückforderungsanspruch bei Erfüllung 762 10; Unverbindlichkeit 762 6 f; verbotenes 762 1, 10
Sportler, Haftung 276 29
Sportverletzung, Einwilligung des Verletzten 254 16, 18; 823 55
Spruchrichterprivileg s Richterhaftung
Staatshaftung 839 1, sa Amtshaftung
Staffelmiete 557 a
Standardbedingungen in Werkverträgen **vor** 631 11
Standesbeamter Einf 1297 3; Mitwirkung bei Eheschließung 1310–1312 5
Standesrecht, Verstoß gegen – 138 15
Stellvertretung s Vertretung
Sterilisation, Durchführung als Dienstvertrag **vor** 631 8; keine – Minderjähriger 1631–1633 8; 1631 c
Steuerberater 675 12
Steuerbevollmächtigter 675 12
Steuererklärung, Anfertigung als Werkvertrag **vor** 631 8
Steuern, ersparte als schadensmindernder Vorteil **vor** 249–253 39
Stiefkindadoption 1754–1757 7
Stiftung 80–88; Ende 87; 88; Entstehen 80–84; nichtrechtsfähige **vor** 80 5; öffentlrechtliche **vor** 80 5; rechtsfähige **vor** 80 1; Vereinsrecht für – 86; Verfassung 85; 86
Stiftungsgeschäft 80–84 2
Stimmrecht, Ausschluss bei Verein 34
Störer 1004 15; Rechtsnachfolger 1004 19; Rechtsvorgänger 1004 19
Stornoklauseln im Reisevertrag 651 i 3
Strafe, Zusammentreffen von öffentl – und Vertragsstrafe 339 13
Strafgedinge, selbständiges 339 6, sa Vertragsstrafe
Strafversprechen, selbständiges 339 6; 343 2; 344 1, sa Vertragsstrafe
Strafverteidigerkosten, Ersatz nach Verkehrsunfall **vor** 249–253 32
Straßenbau, Lärm durch – als Immission 906 16
Streik, als Eingriff in Gewerbebetrieb 823 102; Bummelstreik 611 22; Warnstreik 611 22; wilder – 611 22; sa Arbeitskampf
Streupflicht 823 39
Strohmann 164 12; und Scheingeschäft 117 3
Stückschuld 243 4; 276 47
Studium und Anspruch auf Unterhalt s dort; Studienplatztausch 480 3

Stundung, Begriff und Zustandekommen 271 9 f; Pflichtteil 2331 a 1; Widerruf 271 11; Zugewinnausgleichsforderung 1382 2
Subjektiv-dingliches Recht als Grundstücksbestandteil 96 1
Substitution beim Auftrag 664 2
Subunternehmer vor 631 20
Sukzessivlieferungsvertrag 311 14; mangelhafte Teilleistung 281 31; Rücktritt 323 18; Synallagma 320 7; Verzug mit Teilleistungen 281 23; und Wiederkehrschuldverhältnis 311 15
Surrogat, Herausgabe 818 10; Herausgabepflicht 285 7, 10
Surrogation 718–720 2; 1215–1221 2; bei Erbengemeinschaft 2041 1, 2; bei Erbschaftsanspruch 2019 1; bei Gesamtgut 1471–1473 12; 1473; bei Haushaltsgegenständen 1370 4; bei Hypothek 1181 3; bei Kindesvermögen 1646; bei Mängeln 285 6; bei Nießbrauch 1066 3; 1074–1080 4, 5; bei Pfandrecht 1212 3; 1247 1; 1258 2; 1287 2, 3; schuldrechtliche 285 2; bei Vorbehaltsgut 1416–1419 16; bei Vorerbschaft 2111 1 f, 5 f
Synallagma 320 2, 7; beim Sukzessivlieferungsvertrag 320 7
System der freien Körperschaftsbildung vor 21 9
System der Normativbestimmungen vor 21 8
Systematik, Kaufrecht **vor** 433 1

Tankstelle, beschränkte persönliche Dienstbarkeit 1090 5; Grunddienstbarkeit 1018 4; Selbstbedienung 145 7; 151 1
Tantiemen 611 35
Tarifvertrag, normativer Teil **vor** 611 34; als Rechtsquelle im Arbeitsrecht **vor** 611 34; Teilnichtigkeit 139 16
Taschengeld als Teil des ehelichen Unterhalts 1360, 1360 a 4
Taschengeldparagraph 110
Tathandlung vor 104 24
Tausch 480; Abgrenzung 480 2; Begriff 480 1; Leistungsstörungen 480 5; Ringtausch 480 3; Studienplatztausch 480 3; Wohnungstausch 480 2
Täuschung, arglistige, Anfechtung 123; Anfechtungsfrist 124 2; durch Dritte 123 8, 9, 10; und Gewährleistungsausschluss 444 (Kauf); 536 d (Miete); von Gläubigern 826 2; Kausalität 123 18; Schadensersatz bei – 826 2, 13
Taxe als Vergütungsmaßstab beim Werkvertrag 632 10
Technische Arbeitsmittel, Sachmangel 434 30
Teilabnahme und Vergütungspflicht beim Werkvertrag 641 3; des Werks 640 6
Teilanfechtung 142 1
Teilbesitz 865

Teichmann 1947

Teilleistung fette Zahlen = §§

Teilleistung 266; Schadensersatz statt der ganzen Leistung bei – im Kauf- und Werkvertrag **281** 26
Teilnichtigkeit 134 15; **138** 26; **139; 140** 2; Ausschluss der Totalnichtigkeit bei – **139** 14; Übermaßverbot **139** 8; bei letztwilliger Verfügung **2085** 1–4; Vorteilsregel **139** 13; Wirkung **139** 13
Teilrücktritt 323 17
Teilung eines Grundstücks 890 4; bei Grunddienstbarkeit **1025; 1026;** bei Reallast **1105–1108** 4; **1109**
Teilungsanordnung des Erblassers **2048** 1 f, 4; **2087** 2; und Vorausvermächtnis **2048** 4
Teilvergütung bei fristlos gekündigtem Dienstverhältnis **628;** bei Leistungshindernis **326** 6
Teilzahlungsdarlehen, Gesamtfälligstellung **498**
Teilzahlungsgeschäft vor 491 ff 3; **501;** Ansinnehmen der Sache **503** 4; anwendbare Vorschriften **501** 3; Begriff **501** 2; im Fernabsatz **502** 6; Heilung von Formmängeln und fehlenden Mindestangaben **502** 4; Mindestangaben **502** 2; Rücktritt und Rückgabe **503;** vorzeitige Zahlung **504**
Teilzeit-Wohnrechtevertrag, Anzahlungsverbot **486** 1, 2; Beteiligte **481** 5; halbzwingende Regelung **487** 1; neuer **481** 2 *(und alter)*; notarieller **483** 3 *(Sprache)*; Nutzungszeit **481** 7; Prospekt **482** 2–5; Prospektpflicht **482** 1; Rechtsfolgen **484** 5–7 *(bei Formverstößen)*; Rechtsnatur **481** 4; Sprache **483** 1, 2; Verbot **486** *(des Leistungsverlangens)*; Vergütungsansprüche **485** 3 *(bei Widerruf)*; Verstoß **483** 4 *(gegen Sprachvorschrift)*; Vertragsform **484** 1; Vertragsinhalt **484** 2–4; Vertragszweck **481** 6; Widerrufsrecht **485** 1, 2 *(Belehrung)*; Wohnrechte – Arten **481** 8
Termin, Begriff **vor 186** 1
Testament 2064–2273; Abgrenzung zu unverbindlicher Erklärung und Schenkung **2084** 7; Ablieferungspflicht **2259** 2; Anfechtung **2078–2083;** Anfechtungsempfänger **2081** 1–2; Auslegung durch Vertrag **2042** 6; Auslegungsregeln **2066–2073; 2084** 1 f, 6 f; **2087** 1; **2091; 2092;** Bedingung **2074–2076** 1–6; zugunsten Behinderter **2077** 3; Berliner – **2269** 1–3, 5–7, 9 f; Bestimmung durch Dritte **2065** 1–5; Beurkundung **2232** 1 f, 4; Beweislast für Wirksamkeitsvoraussetzungen **2247** 6; mehrdeutige Bezeichnung **2073** 1; durch Blinde **2233** 2; Bürgermeistertestament **2249** 1–3; Dreizeugentestament **2250** 1–5; durch mehrfach Behinderte **2232** 4; eigenhändiges **2247** 1–5; **2248** 1; Einsichtnahme **2264** 1; Entmündigung **2229** 2; **2253** 2; Eröffnung **2260–2263 a;** Eröffnungsfrist **2263 a** 1; Eröffnungsverbot **2263** 1; persönliche Errichtung **2064** 1;

Formen **2231** 1; gemeinschaftliches s dort; durch Lesensunfähige **2232** 2; Mätressentestament **2077** 4; durch Minderjährige **2229** 1; Nichtigkeit **2074–2076** 4; **2077** 1, 7; Nottestament **2249–2252;** gemeinschaftliches Nottestament **2266; 2267** 1 f; Nottestament auf See **2251** 1; öffentl **2232** 1, 2; Rücknahme aus amtlicher Verwahrung **2256** 1, 2; Sittenwidrigkeit **2077** 2; durch Stumme **2233** 3; Teilunwirksamkeit **2085** 1–4; Testierunfähigkeit **2229** 1 f, 5; Testierwille **2247** 1; **2266, 2267** 2; Umdeutung **2084** 8; Unterschrift **2247** 3–5; unvollendetes oder unvollständiges **2086** 2; Unwirksamkeit bei Auflösung von Ehe oder Verlöbnis **2077** 7; Vernichtung **2255** 1–6; Verwahrung **2248** 1; amtliche Verwahrung **2258 a; 2258 b;** Verwirkungsklausel **2074–2076** 7; Vorbehalt einer Ergänzung **2086;** Widerruf **2253–2258;** Widerruf bei Entmündigung **2253** 2; Widerruf des Widerrufs **2257** 1, 2; **2258** 3; Willensmängel **2078; 2079**
Testamentsvollstrecker 2197–2228; Ablehnung **2202** 2; Abwicklungsvollstreckung **2203** 1; Akteneinsicht **2228** 1; Anfechtung letztwilliger Verfügung **2205** 7; Annahme der Erbschaft **1943** 3; Annahme des Amtes **2202** 1–4; Aufhebung der Testamentsvollstreckung **2227** 4; Aufhebung von Erblasseranordnungen **2216** 5; Aufwandsersatz **2218** 3; Auseinandersetzung **2204** 1–3; Auslegungsstreitigkeiten **2203** 1; Befähigung **2197** 9; **2201** 1; Befugnisse **2203–2206;** Berichtigung von Nachlassverbindlichkeiten **2046** 2; Beschränkung **2208** 1, 3; zeitliche Beschränkung **2210** 1; Besitz **2205** 9; Bestimmung durch Dritte **2198** 1, 2; Dauervollstreckung **2203** 1; **2209** 2; **2210** 1; und Eigengläubiger des Erben **2214** 1; Einzelhandelsgeschäft **2205** 2; Entlassung **2227** 1–4; Erbschaftsteuer **vor 2197** 3; Erbschein **2364** 1; Erlöschen des Amtes **2225** 1–5; Ernennung **2197–2201; ** Ersatzernennung **2197** 5; Gesellschafterrechte **2205** 3–5; GmbH-Anteil **2205** 5; gutgl Erwerb **2205** 14; Haftung **2219** 1–3; Herausgabeanspruch **2205** 9; In-sich-Verfügung **2205** 11; Insolvenzantragspflicht **1980** 1; Kommanditbeteiligung **2205** 4; Kündigung **2226** 1; mehrere **2224** 1; Mitgliedschaftsrechte **2205** 5; Mitvollstrecker **2199** 1; Nacherbenvollstreckung **2222** 1; Nachfolger **2199;** Nachlassgegenstände, Überlassung **2217** 1–3; Nachlassverzeichnis **2215** 1; Pflichtverletzung **2216** 3; aktive Prozessführungsbefugnis **2212** 1, 2; passive Prozessführungsbefugnis **2213** 1, 6; Rechnungslegung **2218** 2; höchstpersönliche Rechte **2205** 7; Rechtsgeschäfte vor Amtsannahme **2202** 3; Rechtsstellung **vor 2197**

magere Zahlen = Randnummern **Umgangsrecht**

1; Rechtsverhältnis zum Erben **2218** 1; Verfügung über Miterbenanteil **2033** 2; unentgeltliche Verfügung **2205** 12; Verfügungsbefugnis **2205** 10, 15; Vergütung **2221** 1–5; Vermächtnisvollstreckung **2223** 1; Verpflichtungsbefugnis **2206** 1; **2207** 1; Verwaltung **2038** 7; **2216** 1, 3; Verwaltungsbefugnisse **2205** 1, 15 f; Verwaltungsvollstreckung **2209** 1, 2; Vollmacht über den Tod hinaus **vor 2197** 2; Vorerbschaft **2113** 10; Zeugnis **2368** 1
Testierfähigkeit 2229 1 f, 5; bei Erbvertrag **2275** 1
Testierfreiheit vor 1922 1; Schutz **2302** 1; des Vorerben **2112** 5
Textform 126 b 4; Ersetzung **126 b** 3; Voraussetzungen **126 b**; Zugang **126 b** 2
Tier, Aneignung **960**; jur Einordnung **vor 90** 1; **90 a**; Pflichten des Eigentümers **903**
Tieraufseher, Haftung **834**
Tierhalterhaftung 833
Tilgungsbestimmung, nachträgliche – bei rechtsgrundloser Zahlung **812** 75
Tilgungsgrundpfandrecht vor 1113 9
Tilgungshypothek, Eigentümergrundschuld durch Rückzahlung **1177** 3
Tippgemeinschaft 763 3; Haftung **241** 24
Tod des Auftraggebers **672**; des Beauftragten **673**; des Ehegatten bei Gütergemeinschaft **1482**; Leistung an Dritten nach dem – **331**; des Nießbrauchers **1061** 1; nach Willenserklärung **130** 17
Totalreparation im Schadensersatzrecht **vor 249–253** 2
Tötung 823 2; Ansprüche bei – **844; 845** *(des Dienstverpflichteten)*
Traditionsprinzip 929 2
Transparenzgebot bei AGB **305** 14; **vor 307** 1, 3; **307** 6 ff *(und Unklarheitenregel)*
Transplantation, Freigabe zur – als Selbstbestimmungsrecht **1922** 11
Trauung 1312, s Eheschließung
Trennung von Ehegatten s Getrenntleben; von Erzeugnissen und Bestandteilen **953**
Trennungsprinzip 929 3, s Abstraktionsprinzip
Treu und Glauben, Abgrenzung **242** 12; bei AGB **307** 5; Art und Weise der Leistung **242** 17; Bedeutung **242** 2; Begriff **242** 3; Beschränkung und Erweiterung des Anspruchsinhalts **242** 5; Einzelfälle **242** 19, 32, 53; Funktionen **242** 5; Geltung bei Anwendbarkeit von bisherigem DDR-Recht **242** 1; Geltungsbereich **242** 1; und Geschäftsgrundlage **313** 1; Grundrechte **242** 3; Mietverhältnis **535** 9; und Nebenpflichten **242** 16; im öffentl Recht **242** 11; als Rechtsgrundsatz **242** 1; Verwirkung **242** 53
Treuepflicht, allg **242** 24; Ausprägungen im Dienstverhältnis **611** 23; des Dienstverpflichteten **611** 23; Ersatz bei Verletzung der – **826** 17; nachvertragliche **242** 28

Treuhand, eigennützige **vor 104** 15; **930** 21; Sicherungseigentum **930** 21; uneigennützige **vor 104** 15; Veräußerungsverbot **137** 2
Treuhänder 164 12; Aufrechnung des – **387** 12; Leistung an – **362** 6
Treuhandkonto, Begriff **676 f** 2
Treuhandverhältnis bei Geschäftsbesorgung **675** 8
TÜV-Sachverständiger, Haftung **839** 7, 28
Typenverschmelzungsvertrag 311 32
Typenzwang vor 145 15; kein – bei schuldrechtlichen Verträgen **311** 23

Überbau 912–916; Abkaufrecht **915**; Beeinträchtigung einer Dienstbarkeit **916**; Beeinträchtigung eines Erbbaurechts **916**; Duldungspflicht **912** 9; entschuldigter **912** 2, 5; rechtmäßiger **912** 1; Rente **912** 9; **913–915**; unentschuldigter **912** 3, 10
Übergabe, Ersatz der – **930** 1; **931** 1; und Gefahrübergang **446** 6 *(Kauf)*; Kosten der – bei Kauf **448**; bei Pfandbestellung **1205, 1206** 3, 3–5, 8; bei Übereignung **929** 8, 19, 20 *(Entbehrlichkeit)*
Überhang von Wurzeln, Zweigen **910**
Überholende Kausalität s Kausalität
Übermittler (fr Erklärungsbote), bewusst falsche Übermittlung **120** 4; Übermittlungsfehler **120**
Übernahmeverschulden 276 29; bei GoA **678** 2
Überschuldung, erbrechtliche Beschränkung wegen – **2338** 1; des Nachlasses **1980**; durch Vermächtnis und Auflagen **1992** 1
Übertragungsvertrag, Begriff **676** 2; Kündigung **676** 3; Zuwendungsverhältnis **676** 2
Überweisung, Arten **676 a** 4; Ausführungsfrist **676 a** 5, 7; Deckung bei – **667** 4; höhere Gewalt **676 b,c**; steckengebliebene **667** 4; bei Teildeckung **676 a** 7
Überweisungsvertrag 665 2; **675** 12; **783** 10; Begriff **676 a** 1; Erstattungsanspruch **676 b,c** 1 ff, 4; Form **676 a** 3; Informationspflichten **676 a** 6; Kontrahierungszwang **676 f** 9; Kündigung **676 a** 8 f; Pflichten des Kreditinstituts **676 a** 5; Pflichten des Überweisenden **676 a** 7
Überziehungskredit, Duldung der Überziehung **493** 4; Informationspflichten **493** 1; nicht geduldete Überziehung **493** 5; Unterrichtungspflicht **493** 3; Verbraucherdarlehen **493**
Übung, betriebliche **vor 611** 37
Umdeutung 140; einer Anfechtung in Kündigung beim Dienstvertrag **vor 620–630** 4; einer nichtigen Kündigung **626** 24; bei letztwilligen Verfügungen **2084** 8; **2301** 9; **2302** 3
Umgangsrecht, allg **1684; 1684, 1685** 1; Ausschluss **1684, 1685** 12; Befugnisse des

Umgehungsgeschäft

nicht sorgeberechtigten Elternteils **1687 a**; beschützter Umgang **1684**; **1684, 1685** 13; Dritter **1684, 1685** 10; Durchsetzung **1684, 1685** 16; eingetragener Lebenspartner **1685**; Einschränkungen **1684, 1685** 12; der Eltern **1684, 1685** 6; Geschwister **1685, 1685** 2; Großeltern **1685**; des Kindes **1684, 1685** 2; Schadensersatz bei Verweigerung **1684, 1685** 11
Umgehungsgeschäft 117 3; **134** 18; bei AGB **306 a** 1; bei Kündigungsschutzvorschriften **vor 620–630** 9; beim schuldrechtlichen Vorkaufsrecht **463** 16; **465**; Verbrauchsgüterkauf **475** 6
Umgehungsverbot, besondere Vertriebsformen **312 f** 3; bei Teilzeit-Wohnrechteverträgen **481** 3; **487** 2
Umschulung, Kosten als Schadensersatz **249** 6; Pflicht zur – bei Erwerbsschaden **254** 9; **842** 4
Umstände, schwerwiegende Veränderung nach Vertragsschluss **313** 16
Umtausch beim Kauf **480** 3
Umtauschberechtigung, Kauf mit – **455**, 2
Umweltschutz 906 9; Einfluss auf die Ortsüblichkeit der Immissionen **906** 4
Unbestellte Leistungen (Zusendung) 241 a; Begriff **241 a** 3; Fehlleitung **241 a** 4 *(durch Unternehmer)*; und Fernabsatzvertrag **241 a** 2; Rechtsfolgen **241 a** 5
Unbewegliche Sache s Grundstück
Unbilligkeit der Leistungsbestimmung **315** 11 f; offenbare **319** 3, 5
Undank, Widerruf der Schenkung **530–533** 3
Und-Konto, Begriff **676 f** 3
Unentgeltlichkeit des Auftrags **662** 11; Durchgriffskondiktion **812** 40; und Rechtsgrundlosigkeit **816** 21; Schenkung **516** 8; der Zuwendung des rechtsgrundlos Erlangten an einen Dritten **822** 5
Unerlaubte Handlung 823–853; Aufsichtspflichtverletzung **832**; Begriff **vor 823** 2; Beweislast **823** 63; im Dreiecksverhältnis s dort; Ehegattenhaftung im Innenverhältnis bei Gesamtgut **1441**; **1463**; Eigentumsverletzung s dort; der Eltern gegenüber Kind **1664** 6; Ersatzleistung an Nichtberechtigten **851**; Ersatzpflicht aus Billigkeitsgründen **829**; Freiheit als Rechtsgut s dort; Gewerbebetrieb als Rechtsgut s dort; durch Minderjährige s dort; Mittäter s dort; Mitverschulden s dort; Persönlichkeitsrecht als Rechtsgut s dort; Produzentenhaftung s dort; Recht am eigenen Bild s dort; Rechtswidrigkeit s dort; Schmerzensgeld s dort; Schutzobjekt **vor 823** 1; und Sonderbeziehungen **vor 823** 3; Teilnehmer **830** 6 f; Verantwortlichkeit **827**; Verschulden s dort; Verschuldensfähigkeit s dort; Verzinsung des Ersatzanspruchs **849**
Unfall, Schuldanerkenntnis **781** 25

Unfallhelferring, Darlehensvertrag **488** 9
Unfallversicherung bei Auftrag **670** 11; bei GoA **683** 8; Schadensminderung durch Leistung der – **vor 249–253** 36
Ungerechtfertigte Bereicherung 812– 822; Ansprüche (Grundtypen) **vor 812** 3– 6; „auf Kosten" **812** 11, 57; aufgedrängte **951** 1; aufgrund rechtskräftigen Urteils **812** 21; Aufwendungsersparnis **818** 16; Beweislast **812** 10 *(„etwas")*, 20 *(„ohne Rechtsgrund")*; Doppelmangel **812** 29, 42; Durchgriff bei Bereicherung **822** 4; im Eigentümer-Besitzer-Verhältnis s dort; Eingriffskondiktion s dort; Einrede der – **821**; und Ersitzung s dort; „etwas" als Bereicherungsgegenstand **812** 8; „etwas" als Gegenstand der Eingriffskondiktion **812** 51; Herausgabepflicht Dritter **822** 6; IPR **vor 812** 19; Kenntnis der Nichtschuld **814** 3; Kenntnis vom Fehlen des Rechtsgrundes **819** 3, 4; Konkurrenz der Kondiktionsansprüche **812** 82; Konkurrenz mit anderen Ansprüchen s dort; „Leistung" **812** 2; Leistung auf eine Nichtschuld **812** 13; Leistungskondiktion s dort; in Lieferungskette **812** 28; Lieferungskette und Bereicherungsausgleich **812** 28; Minderjähriger und Wertersatz **818** 18; und Mitverschulden **254** 1; Nichteintritt des Erfolgs **812** 14; **815**; Nichtleistungskondiktion s dort; Nutzungen s dort; „ohne rechtlichen Grund" **812** 12, 56; Rückgriffskondiktion **812** 71; Sittenverstoß **817**; Stellvertretung **812** 32; Surrogat als Bereicherungsobjekt s dort; Umfang des Bereicherungsanspruchs **818**; Unentgeltlichkeit der Bereicherung s dort; Verbrauch als Erlangtes **816** 9; Verfügung eines Nichtberechtigten **812** 80; Verwendungskondiktion **812** 79; Wegfall der Bereicherung **818** 13, 28; Wertersatz s dort; Zahlung auf Bankkonto **812** 33; Zuweisungsgehalt **812** 50; Zwangsvollstreckung **812** 64; durch Zwangsvollstreckung in Auslandsvermögen **812** 19; Zweckbestimmung bei Leistung **812** 4–7; Zweckverfehlung s dort
Unmittelbarkeit der Bereicherung **812** 58
Unmöglichkeit, anfänglich objektive **311 a** 1; anfänglich subjektive **311 a** 1; Arten **275** 5; beiderseitige **254** 1; Beweislast **275** 33; dauernde **275** 10; des Dienstberechtigten **615** 6; faktische **275** 24; der Nacherfüllung **439** 12–14; der Naturalherstellung **251** 3; objektive **275** 12; bei persönlicher Leistungspflicht **275** 30; physische **275** 3; qualitative **275** 9; rechtliche **275** 15; Reisevertrag **651 j** 2; Rücktritt bei – **326** 26; subjektive **275** 17 *(Begriff)*, 18 *(Fallgruppen)*; sa Unvermögen; Tausch **480** 5; durch Unterbringlichkeit **275** 13; bei Unerreichbarkeit **275** 24 ff; bei Unterlassungspflicht **275** 16; auf Vermieterseite **537** 4; vorübergehende **275** 10; wirtschaftliche **275** 11;

magere Zahlen = Randnummern

Zweckerreichung **275** 13; sa Leistungshindernis
Unpfändbarkeit und Aufrechnung **394** 2, 3; und Nichtabtretung **400**; und Verpfändung **1204** 11; **1273** 2
Unterbrechung der Verjährung s dort
Unterbringung (in Anstalt) s Freiheitsentziehung
Unterhalt, Düsseldorfer Tabelle vor **1360–1361** 1
Unterhalt, ehelicher vor **1360–1361** 1; **1360, 1360 a** 1; Angemessenheit **1360, 1360 a** 6; Anspruchsinhaber **1360, 1360 a** 2; Art und Weise der Erbringung **1360, 1360 a** 7; Halbteilung **1578** 7; durch Haushaltsführung s dort; Kosten der Haushaltsführung **1360, 1360 a** 3; Lebensbedarf der Kinder **1360, 1360 a** 5; persönliche Bedürfnisse **1360, 1360 a** 4; Prozesskostenvorschuss **1360, 1360 a** 4; Prozessuales vor **1360–1361** 4; Taschengeld **1360, 1360 a** 4; Umfang **1360, 1360 a** 3; Vorausleistung **1360, 1360 a** 7; Wirtschaftsgeld **1360, 1360 a** 7; Zuvielleistung **1360 b**
Unterhalt, ehelicher, bei Getrenntleben 1361; Bedürftigkeit **1361** 3; Begrenzung und Ausschluss **1361** 18; Berechnungsmethoden **1361** 10; Erwerbsobliegenheit **1361** 3; Erwerbsobliegenheit bei Kinderbetreuung **1361** 4; fiktives Einkommen **1361** 15; Härteklausel **1361** 18; Höhe **1361** 7; Leistungsfähigkeit **1361** 14; prägendes Einkommen **1361** 8; Prozesskostenvorschuss **1361** 13; Selbstbehalt **1361** 16; Umfang **1361** 12; unzumutbare Tätigkeit **1361** 5; Vermögenseinkünfte **1361** 6; Verzicht **1361** 19; Vorausleistung **1361** 17; Voraussetzungen **1361** 2; Vorsorgeunterhalt **1361** 12; Wohnvorteil **1361** 6
Unterhalt, nachehelicher vor **1569**; Abfindung **1585–1585 c** 3; wegen Alters **1571**; Anrechnung von Einkünften und Vermögen **1577**; Anrechnung von Sozialleistungen **1578 a**; Anschlussunterhalt **1573** 13; Aufstockungsanspruch **1573** 1, 10; Ausbildung **1575**; Auskunftsanspruch **1580**; Ausmaß **1578**; Ausschluss bei Unbilligkeit **1579**; Ausschluss bei kurzer Ehedauer **1579**, 3; Ausschluss bei „Mutwilligkeit" **1579** 5; Bedürftigkeit **1577** 1; Begründung einer eingetragenen Lebenspartnerschaft durch Berechtigten **1586**; Berechnung **1578** 7; aus Billigkeitsgründen **1576**; eheliche Lebensverhältnisse **1578** 2; bei fehlender Erwerbsfähigkeit **1573**; bei Erwerbslosigkeit **1573** 1; Erwerbsobliegenheit des Verpflichteten **1581** 5; bei angemessener Erwerbstätigkeit **1574**; Fortbildung **1575**; Grundsatz **1569**; Grundzüge vor **1569** 1; Gütergemeinschaft mit neuem Ehegatten **1583**; sog Hausfrauenehe **1578** 6–7; „Hausmann-Rechtsprechung" **1581** 5; wegen Kinder-

Unterhalt bei Verwandten

betreuung **1570**; bei Krankheit **1572**; Leistungsfähigkeit des Verpflichteten **1581**; Mangelfall **1581** 1; Prozesskostenvorschuss **1578** 9; Quotenunterhalt **1578** 7; Rangfolge der Berechtigten **1582** 1; Rangfolge der Verpflichteten **1584**; Sättigungsgrenze **1578** 8; Selbstbehalt **1581** 9; Sicherheitsleistung **1585–1585 c** 13; **1585 a**; Sonderbedarf **1585–1585 c** 5, 7; Surrogateinkommen **1578** 6; Tod des Berechtigten **1586**; Tod des Verpflichteten **1586 b**; Umschulung **1575**; Unterhaltsschuldverhältnis vor **1569** 5; Unterhaltsvertrag **1585–1585 c** 9; Verfahren vor **1569** 6; für die Vergangenheit **1585–1585 c** 6; **1585 b**; Verzicht **1585–1585 c** 11; Wegfall des Vermögens des Berechtigten **1577** 8; Wiederheirat des Berechtigten **1586**; Wiederheirat des Verpflichteten **1582** 1
Unterhalt des Kindes, Änderung durch Familiengericht **1612** 9; Anpassung des Regelbetrages **1612 a** 1; Anrechnung von Kindergeld **1612 b**; bei künstlicher Befruchtung **1592** 5; Bestimmung bei getrenntlebenden oder geschiedenen Eltern **1612** 7; einstweilige Verfügung **1615 o**; nicht miteinander verheiratete Eltern **1615 a**; Regelbetrag **1612 a**; Regelbetragshöhe **1612 a** 4; vereinfachtes Verfahren **1612 a** 1; sa Unterhalt bei Verwandten
Unterhalt der Mutter des werdenden Erben **1963** 1; **2141**
Unterhalt der Mutter, die nicht mit dem Kindesvater verheiratet ist, Beerdigungskosten **1615 l–1615 n** 5; **1615 m**; Betreuung des Kindes **1615 l**; **1615 l–1615 n** 2; Geburt des Kindes **1615 l**; **1615 l–1615 n** 2; Schwangerschafts- und Entbindungskosten **1615 l**; **1615 l–1615 n** 4; Selbstbehalt des Vaters **1615 l–1615 n** 3; Tod des Vaters **1615 n**; Totgeburt **1615 n**
Unterhalt bei Verwandten vor **1601**; Abkömmlinge **1606–1608** 5; angemessener **1610**; Anrechnung von Sozialleistungen **1610 a**; Art **1612**; Ausbildungskosten als Unterhalt **1610** 7; Auskunftspflicht **1605**; BAföG – Leistung **1601–1604** 12; Barunterhalt **1606–1608** 7; Bedürftigkeit **1601–1604** 3; **1602**; Beerdigungskosten **1615** 3; Befreiung bei Vorausleistung **1614**; Beschränkung der Verpflichtung **1611**; Bestimmung der Art **1612** 4; Beweislast **1601–1604** 26; Ehegatte als vorrangig Verpflichteter **1606–1608** 2; **1608**; eigener – als Grenze der Leistungsfähigkeit **1601–1604** 21; eingetragener Lebenspartner als vorrangig Verpflichteter **1606–1608** 4; **1608**; Erlöschen **1615**; Ersatzhaftung **1606–1608** 10; **1607**; Erwerbsobliegenheit des Berechtigten **1601–1604** 6; Erwerbsobliegenheit des Verpflichteten **1601–1604** 17; unzumutbare Erwerbstätigkeit des Verpflichteten **1601–1604** 19; fami-

Unterhaltsvertrag

lienrechtlicher Ausgleichsanspruch **1606–1608** 18; Freistellungsvereinbarungen zwischen Eltern **1614** 3; Geldrente **1612** 2; aus Gesamtgutseinkünften **1420** 1; Geschenke unter Ehegatten **516** 9; „Hausmann-Rechtsprechung" **1601–1604** 17; IPR **vor 1601** 8; Kindergeld **1601–1604** 10; Kindesunterhalt **vor 1601** 2; Lebensbedarf **1610** 4; Leistungsfähigkeit des Verpflichteten **1601–1604** 15; Mangelfall **1601–1604** 23; Maßstab **1610**, 2; minderjährige Kinder **1601–1604** 22; Naturalleistungen **1606–1608** 7; **1612** 3; öffentl Leistungen **1601–1604** 9; Prozesskostenvorschuss **1610** 5; Rangfolge der Berechtigten **1609**; Rangfolge der Verpflichteten **1606**; RegelbetragV **1601–1604** 22; Regress wegen Leistung von − **1606–1608** 12; als Schadensersatz bei Tötung des Verpflichteten **844** 2f; Schutz der Unterhaltsansprüche **vor 1601** 6; Selbstbehalt **1601–1604** 16; Sonderbedarf **1613** 4; Sozialhilfe **1601–1604** 9, 11; Systematik **vor 1601** 1; Verfahrensrecht **vor 1601** 7; für die Vergangenheit **1613**; verheiratete Kinder **1601–1604** 4; Verpflichtete **1601**; vertragliche Vereinbarungen **vor 1601** 5; Verwandtschaft als Grundlage **vor 1601** 4; Verwirkung **1613** 1; Verzicht **1614**; Verzug **1613** 3; Wegfall der Verpflichtung **1611**; Zuwendungen Dritter **1601–1604** 8; Zweitausbildung **1610** 9

Unterhaltsvertrag sa Unterhalt, nachehelicher

Unterhaltsverträge vor 1360–1361 3

Unterhaltsverzicht und Geschäftsgrundlage **313** 36; sa Unterhalt, ehelicher, bei Getrenntleben; sa Unterhalt, nachehelicher

Unterlassen, Abgrenzung zum positiven Tun **823** 30; und Duldung **241** 7; als Leistungsinhalt **241** 7; der Schadensabwendung s Mitverschulden; als uH **823** 29 f

Unterlassungsanspruch und Beseitigungsanspruch **1004** 1; bei Ehestörung **823** 90, 93; bei Eigentumsstörungen **1004** 10; bei Namensbeeinträchtigung **12** 6; gegen Pächter bei vertragswidrigem Gebrauch **590 a**; bei Persönlichkeitsrechtsverletzung **823** 81; Synallagma **320** 7; bei uH **vor 823** 6; des Vermieters bei Untervermietung und Vertragsstrafe **340** 5; Vollstreckung **1004** 12; Wiederholungsgefahr **1004** 11

Unterlassungsklage bei vertragswidrigem Gebrauch der Mietsache **541;** vorbeugende **12** 6; **241** 7

Unterlassungspflicht, Unmöglichkeit **275** 16

Untermietvertrag, Form **550** 2

Unternehmen, Befriedigungsrecht des Gläubigers bei Vermögensnießbrauch **1086**; Haftung des Nießbrauchers beim Vermögensnießbrauch **1088**; Nießbrauch am − **1085** 5; Rechtsverhältnis zum Besteller beim Vermögensnießbrauch **1087**; Vererblichkeit **1922** 6; sa Unternehmenskauf

Unternehmensanteile, Kauf **453** 16; Verkauf **453** 16

Unternehmenskauf 453 12; Begriff **453** 12; fehlende Eigenschaften **453** 12; Form **311 b** 16; Mangel des Kaufgegenstandes **453** 14; Verkäuferpflichten **453** 13–15

Unternehmer, Definition **2**; **14** 1; Erwerbsschaden **vor 249–253** 54

Unternehmer im Werkvertrag, Hauptpflichten **631** 1; Nebenpflichten **631** 5

Unterrichtsvertrag 311 25

Unterschrift, öffentl Beglaubigung **129** 2; Blankounterschrift **126** 6; Funktionen **126** 2; als „Oberschrift" **126** 2; unter Urkunde **126** 5; **127** 2

Untersuchungspflicht des Händlers bei Erzeugnissen **823** 122

Untervermächtnis 2186–2187

Untervermietung, unbefugte **687** 6

Unterverpachtung 589, 590 1 f; **596**

Untervertreter 167 4; **179** 3; **181** 9

Untervollmacht 167 4; **179** 3

Unvermögen, Herausgabe der Bereicherung **818** 13; sa subj Unmöglichkeit

unverzüglich, Begriff **121** 1, 3

Unwirksamkeit, Arten **vor 104** 19; verbotswidrige Verfügung **135**; **135, 136** 6

Unzulässige Rechtsausübung 242 32; Rechtsmissbrauch **242** 37; unredliches Verhalten **242** 44; widersprüchliches Verhalten **242** 48; Vertragsstrafe **343** 3

Unzumutbarkeit der Nacherfüllung **440** 4; und Störung der Geschäftsgrundlage **313** 23

Unzurechnungsfähigkeit s Verschuldensfähigkeit

Urheberrecht, Gewinnherausgabe bei Verletzung **687** 11; Kauf **453** 18; als geschütztes Recht **823** 18

Urkunde über Abtretung **405; 409; 410;** Eigentum **952**; Einsicht in − **810**

Urlaub 611 34; Schadensersatz für vertanen − **vor 249–253** 14 f; **651** f

Urlaubsgeld 611 34; als Schaden **vor 249–253** 8

Urteil, Ausnutzen von falschem − **826** 23; Erschleichung **826** 15; Richterhaftung **839** 24 f

Valutaschuld 244, 245 12; echte (effektive) **244, 245** 15; unechte (einfache) **244, 245** 16

Valutaverhältnis 328 10; **334** 5; bei Anweisung **783** 5; bei Kreditkartenvertrag **676 h** 4; Mangel **812** 35; bei Übertragungsvertrag **676** 2; bei Überweisungsvertrag **676 a** 2; bei Vertrag zugunsten Dritter auf den Todesfall **331** 3, 6

Vaterschaft 1592; Anerkennung **1594**; aufgrund Anerkennung s Anerkennung der

magere Zahlen = Randnummern **Verein**

Vaterschaft; aufgrund ehelicher Geburt **1592** 2; bei Tod des Ehemannes **1593** 1
Vaterschaftsanerkennung, allg **1594–1598** 1; Erklärung **1594–1598** 2; Form **1594–1598** 7; **1597;** und Geschäftsfähigkeit **1596;** Unwirksamkeit **1594–1598** 9; Widerruf **1594–1598** 8; Zustimmung Kind **1594–1598** 4; Zustimmung Mutter **1594–1598** 3; **1595**
Vaterschaftsanfechtung 1599; Ausschluss bei künstlicher Befruchtung **1599–1600** c 4; Befugnis **1599–1600** c 1; Berechtigte **1599–1600** c 2; **1600 b;** Beweislast **1599–1600** c 12; Frist **1599–1600** c 4, 9; Fristen **1600 b;** und Geburtsname des Kindes **1616–1617** c 9; Grund **1599–1600** c 11; Recht der Mutter zur – **1599–1600** c 7; Recht des Kindes zur – **1599–1600** c 8; Recht des Mannes zur – **1599–1600** c 3; Vaterschaftsvermutung **1599–1600** c 12; Wirkungen **1599–1600** c 14
Vaterschaftsfeststellung, allg **1600 d** 1; Anfechtungsklage **1600 e;** als Aufgabe des Beistands **1712–1717** 5; Einwand des Mehrverkehrs **1600 d** 4; Feststellungsklage **1600 e;** Vaterschaftsvermutung **1599–1600** c 12; **1600 d** 3; Verfahren **1600 e;** Voraussetzungen **1600 d** 2; Wirkungen **1600 d** 5
venire contra factum proprium 242 48; Einwilligung des Verletzten **254** 18
Verantwortlichkeit des Schuldners 276
Verarbeitung 950; Eingriffsbereicherung **812** 85; Entschädigung für Rechtsverlust **951;** als Verbindung **947** 5
Verarbeitungsklausel 950 6, 7
Veräußerungsverbot, allg **135, 136** 2; gerichtl **135, 136** 4; rechtsgeschäftliches **137;** rechtsgeschäftliches bei Hypothek **1137;** relatives **135, 136;** Wirkung **888** 6
Verbindlichkeit, Befreiungsanspruch **256;** betagte **163** 4; unvollkommene **241** 20; **762** 6
Verbindung, Eingriffsbereicherung **812** 85; Entschädigung für Rechtsverlust **951;** Fahrnis mit Fahrnis **947;** Fahrnis mit Grundstück **946;** durch Verarbeitung **947** 5
Verbotsgesetz 134 8; Abgrenzung **134** 2
Verbraucher, Definition **13** 1, 2; als Existenzgründer **13** 4
Verbraucherdarlehen vor 491 ff 2; **491–507;** Anrechnung von Zahlungen auf Hauptforderung und Zinsen **367** 2; Arbeitgeberdarlehen **491** 6; Entgeltlichkeit **491** 5; Existenzgründer **507;** und Existenzgründerdarlehen **491** 6; und Förderdarlehensvertrag **491** 6; Kreditvermittlung **652** 29, 31; persönlicher Anwendungsbereich **491** 2; Rechtsfolgen von Formmängeln **494;** und Sachdarlehen **491** 4; sachlicher Anwendungsbereich **491** 4; und Schuldbeitritt **491** 4; und Spekulationsgeschäfte **491** 9; Unwirksamkeit des Einwendungsverzichts **496** 2; Verbot der Wechsel- und Scheckbegebung **496** 3; Verrechnung von Teilzahlungen **497** 3; und Vertragsübernahme **491** 4; Verzug mit Teilzahlungen **498** 4; Verzugszinsen **497;** Widerruf **495;** sa Verbraucherdarlehensvertrag
Verbraucherdarlehensvertrag, allg **491** 1; Einwendungsdurchgriff **359;** Form **492,** 2; Form der Vollmacht **492** 9; Heilung von Formmängeln **494** 5; Mindestangaben **492** 4; Nichtigkeit bei Formmangel **494** 2; ordentliche Kündigung **489** 5; Umgehungsverbot **506,** 4; Unabdingbarkeit **506,** 2; Widerruf **495;** Widerruf bei verbundenem **358** 1–16; Zinsschaden **288** 11
Verbrauchergarantie, Form **477** 4; Gestaltung **477** 2; Pflichtangaben **477** 3; und Schadensersatz **477** 6
Verbrauchergeschäft, Doppelverwendung **13** 3; Geschäftszweck **13** 3
Verbraucherschutz vor 241 2; europarechtliche Grundlagen **311** 2; Grundsatz des –, Integration der Verbraucherschutzgesetze **311** 8
Verbrauchervertrag 311 2; und AGB **310** 4; Begriff **310** 5; Besonderheiten bei AGB **310** 6; verbundene Verträge **358,** 2–6 *(Voraussetzungen)*
Verbrauchsgüterkauf, Verjährung **475** 7 *(Erleichterung)*
Verbrauchsgüterkauf 474–479; und Abdingbarkeit **475;** Abdingbarkeit der Gewährleistungsrechte **475** 1 f; abweichende Vereinbarungen **475;** allg **vor 474** ff 1 f; persönlicher Anwendungsbereich **474** 2 f; sachlicher Anwendungsbereich **474** 4; Begriff **474;** Beweislastumkehr **476;** Garantie **477,** 2; gebrauchte Sachen **474** 6; und Gefahrtragung bei Versendung **474** 9; und Haftungsausschluss bei Versteigerungen **474** 8; Internet-Auktionen **474** 5; Mängelmitteilung **475** 4; Nachteil bei abweichender Vereinbarung **475** 3; Pflichtangaben bei Garantie **477** 3; Rückgriff des Unternehmers **478;** Schadensersatz **475** 8 *(Ausschluss und Beschränkung);* Umgehung bei Agenturgeschäft **475** 6; Umgehungsgeschäft **475** 6; Verjährung **475** 7 *(Erschwerung);* Versteigerung gebrauchter Sachen **474** 5; Zeitpunkt für Abdingbarkeit **475** 4
Verbrauchsgüterkauf-Richtlinie, Vorgaben **vor 433** 2
Verbundenes Geschäft, Einwendungsdurchgriff **359;** Rücknahme der Sache durch den Darlehensgeber **503** 7; Verbrauchervertrag **358** 2–6
Verdacht der Mangelhaftigkeit **434** 14
Verdachtskündigung 626 7
Verein 21–79; Arten **21** 2–4; Auflösung **41–44** 2, 6; Aufnahmezwang **25** 5; **38** 2; **vor 145** 14; ausländischer **23** 1; Ausschluss **25**

Vereinbarungsdarlehen

3; Austritt **38** 3; **39;** Eintragung **21** 6; vor Eintragung s Vorverein; Eintragungsverfahren **vor 55** 2; idealer s Idealverein; Liquidation **45–53;** Mitgliedschaft **25** 5; **38; 39;** Ende der Rechtsfähigkeit **41–44** 5; Erwerb der Rechtsfähigkeit **21** 6; **22** 2; **23** 1; Satzung s dort; Sitz **24** 1; Verfassung **25** 1; besonderer Vertreter **30; 31** 3; Vorstand s Vereinsvorstand; wirtschaftlicher **21** 4; **22** 1; sa nichtrechtsfähiger Verein, Vereinsvorstand

Vereinbarungsdarlehen vor 488 6

Vereinigung, nachträgliche von Fahrniseigentum und beschränktem dinglichem Recht **889** 4; von Grundstücken **890** 1; nachträgliche von Grundstückseigentum und beschränktem dinglichem Recht **889** 1; ursprüngliche von Grundstückseigentum und beschränktem dinglichem Recht **889** 2; von Recht und Belastung (Konsolidation) **1922** 9; **1976** 1; von Recht und Verbindlichkeit (Konfusion) **1922** 9; **1976** 1; **2175** 1

Vereinigungsfreiheit vor 21 11

Vereinsbetreuer s Betreuer

Vereinsstrafe, Arten **25** 3; Grund **25** 3; gerichtl Kontrolle **25** 4; Rechtsgrundlage **25** 5; und Vertragsstrafe **339** 12

Vereinsvormundschaft 1791 a; 1791 a– 1791 c 5

Vereinsvorstand 26–28; Beschlussfassung **28** 1; Bestellung **27** 1; Entlastung **27** 3; Geschäftsführung **27** 3; Haftung für **– 31;** als Liquidator **45–53** 5; mehrköpfiger **26** 4; Notvorstand **29;** Organstellung **26** 1; Passivvertretung **26** 4; Vertretungsmacht **26** 3

Vererblichkeit s Rechtspositionen, nichtvererbliche, verbliche

Verfahrenseinleitung, unberechtigte als uH **823** 48

Verfallklausel 339 7; **343** 2; **1228** 1; **1229** 1; bei Hypothek **1149** 1; bei Sicherungsübereignung **930** 37; sa Verwirkungsklausel

Verfassungsmäßig berufener Vertreter, Haftung **31**

Verfehlung, Widerruf des Schenkers **530– 533** 2

Verfolgungsanspruch 816 1

Verfolgungsrecht des Besitzers **867;** des Eigentümers **1005**

Verfügung, bedingte **160, 161** 2, 3; Begriff **vor 104** 10; Bereicherungsausgleich bei – eines Nichtberechtigten **816;** Gegenstand der **– 185** 4; im Grundstücksrecht **873** 13; des Miterben **2033** 1–5; über Nachlassgegenstände **2040** 1–4; eines Nichtberechtigten **185;** unentgeltliche eines Nichtberechtigten **816** 1; eines Nichtberechtigten als uH **823** 10; durch Nießbraucher **1048;** des Testamentsvollstreckers **2205** 10; des Vermieters über Miete **566 b–e** 2; über Vermögen im Ganzen s Gesamtvermögensgeschäft

Verfügung von Todes wegen, Änderung der Benennung beim Vertrag zugunsten Dritter durch **– 332;** und Vertrag zugunsten Dritter auf den Todesfall **331** 3; sa Testament

Verfügungsbefugnis, Verlust durch Insolvenzverfahren **135, 136** 3; Verlust nach Willenserklärung **130** 17

Verfügungsbeschränkung 135, 136 3; nach Eintragungserklärung **878;** bei Testamentsvollstreckung **2113** 10; **2211** 1; des Vorerben **2111** 4; **2113** 1, 4, 7, 9 f; **2114** 1

Vergleich 779; Abfindungsvergleich **779** 10, 21; Anfechtung **779** 18; und Erbschein **2353** 13; Form **779** 9; Irrtum **779** 16; Nichtigkeit **779** 15; Prozessvergleich **779** 22; unzulässige Rechtsausübung **779** 21; Spätschäden **779** 10; Störung der Geschäftsgrundlage **779** 16, 20; auf Rücknahme einer Strafanzeige **779** 8; arglistige Täuschung **779** 19; über Unterhaltspflichten **779** 5; Unwirksamkeit **779** 16; Verfügungswirkung **779** 13; Vergleichsgrundlage **779** 16; Zwangsvergleich **779** 3

Vergütung, Dienstvertrag **611** 31; **612; 614** *(Fälligkeit);* als Hauptpflicht des Dienstberechtigten **611** 29; taxmäßige **612** 6; Werkvertrag **632**

Vergütungsanspruch des Unternehmers bei Kündigung des Werkvertrages **649** 4

Vergütungsgefahr, Werkvertrag **644, 645** 3, 4

Verhandlungsgehilfe, Eigenhaftung aus cic **311** 64; Täuschung durch **– 123** 10

Verjährung 194–218; Abdingbarkeit bei Verbrauchsgüterkauf **475** 7; Abgrenzung **194** 5; Ablaufhemmung **210;** Anspruch **196** 3 *(auf Verfügung über Grundstück);* Anspruch auf Übereignung **196** 2; Ansprüche aus dinglichem Recht **197** 2; Arglist **634 a** 11 *(Werkvertrag);* Beginn **311 b** 45 *(bei Heilung eines formnichtigen Geschäfts);* **199** 2 *(der Regelfrist);* Besitzverschaffungsanspruch **196** 6; Beweislast **194** 9; und Einrede aus § 320 **320** 9, 18; Einrede der **– 194** 2; erbrechtliche Ansprüche **197** 7; Erfüllungsanspruch **326** 29; erwerbende **194** 5; familienrechtliche Ansprüche **197** 3–6; Garantie **443** 14; Gegenleistung **– Gegenstand 194** 2; ges Regelfrist **199** 1; bei Eintragung s Grunddienstbarkeit **1028** 1; Hemmung s Hemmung der Verjährung; Herausgabeanspruch bei Auftrag **667** 5; Landpachtvertrag **591 b;** Leistungsverweigerungsrecht **214–217** 3; Mängelansprüche **634 a** 7 *(Bauwerk),* 8, 9 *(Sonderfachleute),* *(Werkvertrag);* Mietverhältnis **548;** Neubeginn **212** *(nach Anerkennung),* *(nach Antrag/Vornahme von Vollstreckungshandlung);* Neuregelung **194** 1; Produkthaftungsansprüche **823** 160; keine **–** eingetragener Rechte **902;** Rechtsfolgen **214– 217;** nach rechtskräftiger Feststellung **197**

magere Zahlen = Randnummern **Vermächtnis**

8; bei Rechtsnachfolge **198** 1; Reisevertrag **651 g** 6; kein Rücktritt bei – **326** 29; Schadenseinheit **199** 2; unerlaubte Handlung **852** *(Herausgabe der Bereicherung)*; ungerechtfertigte Bereicherung **195** 2; Unterlassungsanspruch **199** 3; Unzulässigkeit der Einrede **242** 51; Vereinbarung über – **202**; Voraussetzungen **194** 3; Wirkung **194** 4; Zweck **194** 6
Verjährungsbeginn, Jahresschlussverjährung **199** 8; subj Voraussetzungen **199** 4–7
Verjährungsfrist öffentl-rechtliche Ansprüche **195** 3; bei Anspruchskonkurrenz **194** 7; bei arglistigem Verschweigen des Mangels **438** 8; Beginn **201** *(festgestellter Anspruch)*; **438** 4 f *(Kauf)*; **200** 1 f *(nicht regelmäßige –)*; **195** *(regelmäßige –)*; Bereicherungsanspruch **vor 812** 18; Ersatzansprüche des Verpfänders **1226;** GoA **195** 2; Höchstfristen **199** 9–11; Kauf **438,** 3; Kauf eines Bauwerks **438** 7; Kauf von Baumaterialien **438** 7; Pflichtteilsanspruch **2332** 1, 3; Rechte am Grundstück **196** 1, 2; Rechtsmängel bei Kauf **438** 6; Verkürzung **438** 2; Verlängerung **438** 2; Anspruch aus Vermächtnis **2174** 2
Verkäufer, Haftung bei Rechtsmangel **435 f;** Pflichten **433** 18; sa Kauf
Verkäufergarantie 443 7
Verkäuferpflichten, mangelfreie Lieferung **433** 21
Verkaufsprospekt und Verbrauchervertrag **356** 2
Verkehrsgerechtes Verhalten 254 18; **823** 49
Verkehrshypothek vor 1113 21; **1113** 2; Einschränkung der Akzessorietät **1138** 1; **1141** 1
Verkehrslärm als Immission **906** 16
Verkehrspflicht (Verkehrssicherungspflicht), Amtshaftung **839** 8, 29; Arten **823** 35 f; bei bestimmten Berufen und Tätigkeiten **823** 35; Fallgruppen **823** 39; bei Gefahrenlage **823** 35; des Grundstücksbesitzers **836** 1; gegenüber Kindern **823** 36 f; gegenüber fachkundigen Personen **823** 36; aufgrund persönlicher Qualifikation **823** 35; Übertragung auf Dritte **823** 38; **836** 1 f, Umfang **823** 36; gegenüber Unbefugten **823** 37; bei gefährlichen Veranstaltungen **823** 35; Zustandsverantwortlichkeit **823** 35
Verkehrssitte 133 4; **157; 242** 3; bei Auslegung des Mietverhältnisses **535** 9
Verkehrstypische Verträge 311 25
Verkehrsunfall, Amtspflichtverletzung **839** 15, 17; Aufsichtspflichtverletzung **832** 6; Billigkeitshaftung **829** 4; Ersatz der Strafverteidigerkosten **vor 249–253** 32; schockbedingte Fahrerflucht **827** 1; Haftung für Gehilfen bei Schwarzfahrt **831** 8; neuwertiges Kfz **251** 3; des getäuschten Kfz-Käufers **vor 249–253** 32; merkantiler Minderwert **251** 3, 5; mit Mietwagen **538** 3; Mietwagenkosten **249** 4; Mitfahren bei Fahruntüchtigen **254** 17; Mitverschulden des Verletzten bei mehreren Schädigern, Haftungseinheit **840** 6; Nutzungsausfall **vor 249–253** 7, 10, 13, 18; Schadensminderung durch Leistung der Unfallversicherung **vor 249–253** 36; Umfang des Schadensersatzes **249** 4; Verletzung des Kfz-Eigentümers **vor 249–253** 11; Vorhaltekosten **vor 249–253** 11; **249** 4; Wiederbeschaffungswert **251** 5, 7
Verlängerung des Dienstvertrages, stillschweigende **625**
Verleiten zum Vertragsbruch **826** 19
Verlöbnis vor 1297 6; Begriff **vor 1297** 6; Geschenke **1301;** Nichtigkeit **vor 1297** 10; Rechtsnatur **vor 1297** 6; Rücktritt **1298–1299** 1; weitere Rücktrittsfolgen **1298–1299** 7; Rücktrittsgrund **1298–1299** 6; Schadensersatz **1298–1299** 2–6, 5 *(Berechtigter)*, 4 *(Einschränkungen);* Unklagbarkeit **1297** 1; Verjährung der Ansprüche **1302;** Vertragstheorie **vor 1297** 6–7; Voraussetzungen **vor 1297** 7; Willensmängel **vor 1297** 9; Wirkungen **1297** 1–3
Verlustgefahr bei der Geldschuld **270** 6
Vermächtnis 1939; 2147–2191; Abgrenzung **vor 2147** 2; Anfall **2176–2178;** Anfechtung der Ausschlagung **2308** 1; Annahme **2180** 1–3; Anspruch **2174** 1; Anwachsung **2158–2159;** Anwartschaft **2179** 1; Auskunftsanspruch **2174** 5; Auskunftsanspruch gegen Testamentsvollstrecker **2218** 4; Ausschlagung **2180** 1–3; **2307** 1, 3; mehrere Bedachte **2151–2153;** bedingtes **2162; 2163** 1–3; Beeinträchtigung des Vermächtnisnehmers **2288** 1; befristetes **2162; 2163** 1–3; Begriff **vor 2147** 1; Belastungen **2165–2168 a;** Beschwerte **2147; 2148;** Bruchteil **2087** 1; an ges Erben **2149** 1; Erbunwürdigkeit **2345** 1; Ersatzanspruch **2164** 2; Ersatzvermächtnis **2190** 1; Fälligkeit **2174** 2; **2181** 1; Forderungsvermächtnis **2173** 1; Früchte **2184** 1–5; Gattungsvermächtnis **2155** 1; fremder Gegenstände **2174** 1; gemeinschaftliches **2157** 1; ges Verbot **2171** 2 f; Gesellschaftsbeteiligungen **2169** 4; **2174** 3; Gesetzeswidrigkeit **2171** 4; Gewinnvermächtnis **2169** 4; **2174** 3; Haftung **2174** 4; **2184** 2; Kürzung **2322** 1; Kürzung der Beschwerungen **2188** 1; Lasten **2185** 1; Leistungsverweigerungsrecht der Erben **2318** 1; **2323** 1; Nachvermächtnis **2190** 1; **2191** 1–3; nasciturus **2178;** Nießbrauchsvermächtnis **2100** 3; Nutzungen **2184** 1–5; Quotenvermächtnis **2087** 1; **2176** 2; Rechnungslegungsanspruch **2174** 5; Rechtsmängel **2182** 1; Rechtsnatur **2177** 1; Rückvermächtnis **2177** 6; **2191** 2; Sachmängel **2183** 1; Sittenwidrigkeit **2171** 4; Testa-

Vermengung

mentsvollstreckung **2223** 1; Ungewissheit des Bedachten **2178** 1; unmögliches **2172** 1; Unmöglichkeit **2171** 1; Untervermächtnis **2186**; **2187**; **2191** 1, 3; Verjährung **2174** 2; Verschaffungsvermächtnis **2169** 4; **2170** 1; Vertrag über ein – aus dem Nachlass eines lebenden Dritten **311 b** 64; Verwaltungsrecht **2038** 7; Verwendungen **2185** 1; Verzicht **2352** 1; Vorausvermächtnis **2150** 1–4; Vorrang **2189** 1; Vorversterben des Bedachten **2160** 1; Wahlvermächtnis **2154** 1; Wegfall des Beschwerten **2161** 1; Zubehör **2164** 1, 2; Zweckvermächtnis **2156** 1

Vermengung 948; Entschädigung für Rechtsverlust **951**

Vermieter, Bereicherung **547** 3; Haftung auf Rückzahlung **547** 2; Haftung auf Verzinsung **547** 2; Kündigung **543**; Pflichten **535** 5–17; Vorenthaltung des Gebrauchs **543** 2–4; s Mietvertrag

Vermieterpfandrecht 562; Abwendung durch Sicherheitsleistung **562 c**; Entfernung des erfassten Objektes **562 a** 2 f; Erlöschen **562 a**; gesicherte Forderungen **562** 2; erfasste Objekte **562** 3; und Pfändung durch Dritte **562 d**; Selbsthilferecht des Vermieters **562 b**

Vermischung 948; Entschädigung für Rechtsverlust **951**

Vermittlerklausel im Reisevertrag **651 a** 4, 12

Vermögen, deliktischer Schutz **823** 19, 41; **826** 5; Vertrag über gegenwärtiges – **311 b** 58; Vertrag über gesamtes – s Gesamtvermögensgeschäft

Vermögen im Ganzen, Begriff **1365** 2

Vermögensmehrung, dauerhafte – als Voraussetzung eines Bereicherungsanspruchs **818** 16

Vermögenssorge 1626; Anlagepflicht **1642**; Beschränkung **1638**; Bestimmung durch Dritte **1638**, **1639** 3; Entzug **1666–1667** 14; Erwerb von Todes wegen **1638**, **1639** 2; genehmigungspflichtige Rechtsgeschäfte **1643**; Inventarisierungspflicht **1640** 1; Rechnungslegung bei Ende **1698**; unentgeltliche Zuwendung **1638**, **1639** 2; Vermögensherausgabe bei Ende **1698**; Verwaltungsanordnungen durch Dritte **1638**, **1639** 7

Vermögensübernahme mit Leistung an Dritte **330** 1

Vermögensverlagerung 765 4, 7

Vermögensverschlechterung, außerordentliche Kündigung des Darlehensgebers **490** 3; beim gegenseitigen Vertrag **321**

Vermögensverwaltung durch einen Ehegatten **1413**; bei Zugewinngemeinschaft **1363**, **1364** 6

Vermögensverzeichnis bei Erwerb des Kindes von Todes wegen **1640**; bei Gefährdung des Kindesvermögens **1666**–**1667** 14; des Vormunds **1802**; bei Wiederheirat eines Elternteils **1683**

Vermögenswirksame Leistungen **611** 34

Vermutung des Eigentums bei Besitz **1006**; des Eigentums bei Ehegatten **1362** 7–8; von Rechten im Grundbuch s dort; des Inventars bei Erbschaft **2009**; der Richtigkeit des Erbscheins **2365**; der Rückgabe des Pfandes **1253** 2; der Vaterschaft s Vaterschaftsvermutung

Verpächterpfandrecht, Landpachtvertrag **592** 1

Verpfändung s Pfandrecht an beweglichen Sachen

Verpflichtungsermächtigung 185 3

Verpflichtungsgeschäft vor 854 12; Begriff **vor 104** 9

Verpflichtungsvertrag 311 9

Verrichtungsgehilfe, Begriff **831** 5; Haftung für Auswahl usw des – **831** 1; Mitverschulden **254** 11

Verschollener 1 5

Verschulden 276 1; eines Beamten **839** 16; Begriff **276** 10; Billigkeitshaftung bei fehlendem – **829** 2; beim Gläubigerverzug **293** 4; bei uH durch mehrere Beteiligte **830** 13; bei Mittäterschaft **830** 5; bei Persönlichkeitsrechtsverletzung **823** 80; bei Schutzgesetzverletzung **823** 42, 59 f; Übernahmeverschulden **678** 2; bei uH **823** 57 f; Verschuldensfähigkeit s dort

Verschulden bei Vertragsverhandlungen, Anspruchsgrundlage **311** 36; durch beschränkt Geschäftsfähige **311** 51; Beweislast **311** 51; Eigenhaftung von Vertretern und Verhandlungsgehilfen **311** 64; Erhöhung der Vergütung **311** 59; Ersatz des Erfüllungsinteresses **311** 55; Ersatz des Verletzungs- und Vertrauensschadens **311** 54; Ersatz von Mehraufwendungen **311** 58; Fallgruppen **311** 60; Freizeichnung **311** 51; Haftung **311** 36, 50 (*Überblick*); Konkurrenzen **311** 36; Leihe **606** 2; Minderung der Vergütung **311** 57; Prospekthaftung **311** 65; Rechtsfolgen **311** 53, 57; Rückgängigmachung des nachteiligen Vertrags als Rechtsfolge **311** 56; Rückzahlung der überhöhten Gegenleistung **311** 57; Verjährung **311** 53; sa culpa in contrahendo

Verschuldensfähigkeit 276 3, 10, 12; **vor 827** 1 ff; Begriff **828** 2; vorsätzliche Beseitigung der – **827** 2; Billigkeitshaftung **828** 3; bei vertraglicher Haftung **vor 827** 2; **829** 1; bei Mitverschulden **vor 827–829** 2; **829** 1, 4; Sachverständigengutachten über – **vor 827–829** 3; des Tierhalters **833** 1

Verschuldensprinzip 276 2, 8

Verschweigen s Täuschung

Verschweigen, arglistiges und Gewährleistungsausschluss **444** 9–11

magere Zahlen = Randnummern

Verschwendung, erbrechtliche Beschränkung wegen – **2338** 1
Versendung eines Werkes, Gefahrtragung **644**; **645** 4
Versendungskauf, Begriff **447** 6; Gefahr **447** 1; Pflichten der Parteien **447** 9 f; und Verbrauchsgüterkauf **474**, 9
Versendungskosten, Übernahme **269** 5
Versicherungsforderung, Hypothekenhaftung **1127–1130**
Versicherungsvertrag als Vertrag zugunsten Dritter **330**
Versöhnung, Versuch der – und Zerrüttungsvermutung **1567** 5
Versorgungsausgleich vor 1587; Abdingbarkeit **1408, 1409** 4; Abfindung bei schuldrechtlichem – **1587 l**; **1587 l–1587 n** 2; allg **vor 1587** 1–2; **1587** 1; Anspruchsabtretung bei schuldrechtlichem – **1587 i**; ausgleichspflichtige Anwartschaften **1587** 5; mehrere Anwartschaften **1587 a** 19; Auskunftsanspruch **1587 e** 2; Auskunftspflicht **1587 e**; Ausschluss **1587 c**; BarwertVO **1587 a** 17; Beamtenpension **1587** 3; **1587 b** 14; Beitrittsgebiet **1587 b** 23; Berechnungsschritte **vor 1587** 15; Bewertung **1587 a** 9 *(Anwartschaft aus ges Rentenversicherung)*, 16 *(berufsständisches Versorgungswerk)*, 11 *(betriebliche Altersversorgung)*, 17 *(Lebensversicherung)*, 7 *(Versorgung aus öffentlich-rechtlichem Dienstverhältnis)*, 1 *(Versorgungsanwartschaften und -aussichten)*; Gegenstand **1587** 2; Gesetz zur Regelung von Härten im – **1587 b**; grobe Unbilligkeit **1587 c** 3; Grundzüge **vor 1587** 3; IPR **vor 1587** 21; Kapitallebensversicherung **1587** 4; Leistung an bisherigen Versorgungsberechtigten **1587 p**; Modifikationen auf Antrag **1587 b** 19; Quasi-Splitting **1587 b** 14, 17; Quotierungsmethode **1587 b** 18; Realteilung **1587 b** 4; Rente **1587** 3; Rentenanwartschaften **1587 b** 10; Rentensplitting **1587 b** 11; Rentenzahlung bei schuldrechtlichem – **1587 g**; schuldrechtlicher **1587 f**; Schutz des Versorgungsträgers vor doppelter Inanspruchnahme **1587 p**; Supersplitting **1587 b** 3; Tod des Berechtigten **1587 e** 6; Vereinbarungen **1587 o**; Vererblichkeit **1587 e** 8; Verfahren **vor 1587** 22; Vollziehung **1587 b** 1; und Zugewinnausgleich **1587** 4, 8
Versorgungsvertrag 311 15
Versteigerung, Fundsachen **979–982**; hinterlegungsfähige Sachen **383**; Pfandsachen **1233–1246** 1; Vertragsschluss bei – **156**
Verstorbener, Verletzung des Andenkens **823** 68, 80
Verteidigungshandlung 227 6
Vertiefung eines Grundstücks **909**
Vertrag vor 145; Abänderung **311 b** 21 *(Form)*; abstrakter **311** 10; Änderung **311** 18; Anpassung **313** 28; Arten **311** 9; atypi-

Vertragsannahme

scher **311** 26; Aufhebung **311** 19; **311 b** 20 *(Form)*; Auslegung **157**; Begriff **vor 104** 6; **vor 145** 2; verabredete Beurkundung **154** 4; diktierter **vor 145** 13; dinglicher **873** 17; **929** 4; Einrede des nichterfüllten – **320**; einseitiger **311** 12; faktischer **vor 145** 16; gegenseitiger s gegenseitiger Vertrag; gemischter **311** 30; ges normierter **311** 24; über Grundstücksveräußerung **311 b**; Grundstücksveräußerung in zusammengesetztem Vertrag **311 b** 19 *(Form)*; Hauptvertrag **311** 21; kaufähnlicher **453**; Lücke **157** 2; Rahmenvertrag **311** 21; Typen **vor 145** 4; kein Typenzwang **311** 23; typischer **311** 24, 27; unvollkommen zweiseitiger **311** 12; verkehrstypischer **311** 25, 27; über gegenwärtiges Vermögen **311 b** 58; über künftiges Vermögen **311 b** 50 f; Vertragsfreiheit s dort; Vertragsverbindung **311** 28; Vorvertrag **311** 21; Wirksamkeit trotz AGB **306** 3; Wirksamkeit trotz Nichteinbeziehung von AGB **306**; zusammengesetzter **311** 29; sa gegenseitiger Vertrag
Vertrag mit Schutzwirkungen für Dritte 328 4, 19; Beispiele **328** 32; Ersatzberechtigter **vor 249–253** 17; Mitverschulden des Vertragspartners **254** 12; Rechtsfolgen **vor 249–253** 17; Reisevertrag als – **651 a** 9; Voraussetzungen **328** 23
Vertrag zu Lasten Dritter 328 7
Vertrag zugunsten Dritter 328–335; Änderung durch Verfügung von Todes wegen **332**; Bankvertrag **331** 2; Bereicherungsausgleich **812** 41; Deckungsverhältnis **328**; **334**; Drittbegünstigungsabrede **328** 13; Dritter **328** 15 *(Rechtsstellung)*; Drittverhältnis **328** 11; echter **328** 2, 8; **330** 1; **331** 3; **334** 1; Einwendungen gegenüber dem Dritten **334**; Erfüllungsübernahme **329** 2; Ersatzberechtigter bei Schädigung **vor 249–253** 17; Forderungsrecht des Versprechensempfängers **335**; Lebensversicherungsvertrag **330** 2, 4; **331** 5; Maklervertrag **vor 652** 8; auf den Todesfall **331** 3; **2301** 5; unechter **328** 3, 5; **329** 3; Valutaverhältnis **328** 10; **330** 3; **331** 3, 6; **334** 5; verfügender **328** 4, 6; und Verfügung von Todes wegen **331** 3; Vermögens- und Gutsübernahme **330** 1; verpflichtender **328** 4; und Vertrag mit Schutzwirkung für Dritte **328** 4, 19; Vertragsparteien **328** 1 *(Rechtsstellung)*; Vertragsstrafe **339** 15; Vollzug der Schenkung **518** 8; schuldrechtliches Vorkaufsrecht **463** 12; Wiederkaufsrecht **456** 5; Zurückweisung durch Dritten **333**; unentgeltliche Zuwendung **516** 16
Vertragsanbahnung 311 35, 44
Vertragsangebot 145
Vertragsannahme 147; **148**; abändernde **147** 7; **150** 2; unter Abwesenden **148** 1; unter Anwesenden **148** 1; Auftragsbestätigung **147** 7; notarielle Beurkundung **152**; Frist **148**; Fristen in AGB **148** 2; **308** 2 ff;

Teichmann 1957

Vertragsanpassung

nach Geschäftsunfähigwerden **153** 1, 4 f; nach Eröffnung des Insolvenzverfahrens **153** 1, 4 f; nicht empfangsbedürftige **151;** durch Schweigen **147** 4, 7; nach Tod des Antragenden **153** 1, 4 f; nach Tod des Antragsempfängers **153** 1, 4 f; verspätete **149** 1; **150** 1; durch vollmachtlosen Vertreter **148** 1; Willensbetätigung **151** 1; Zuschlag **156** 1

Vertragsanpassung bei Störung der Geschäftsgrundlage **313** 28

Vertragsantrag 146; unter Abwesenden **147** 8 f; unter Anwesenden **147** 8 f; Frist **151** 4; Gebot **156** 1; s Vertragsangebot

Vertragsauflösung bei Störung der Geschäftsgrundlage **313** 29

Vertragsauslegung, ergänzende **275** 11

Vertragsbeitritt 398 32

Vertragsfreiheit vor 145 8; Begrenzungen **vor 145** 8; Ehegüterrecht **vor 1408** 2; **1408, 1409** 8; Grundsatz **311** 3

Vertragshändlervertrag vor 433 11

Vertragsrisiko und Geschäftsgrundlage **313** 20, 22

Vertragsschluss vor 145 2; **154** 2; **155** 1; Form **127** 2; bei Versteigerung **156;** ohne Vertretungsmacht **177** 6; bei Wollensbedingung **158** 4

Vertragsstrafe 336–345; Akzessorietät **339** 17; **344** 1; Angemessenheit **343** 6; im Arbeitsvertrag **611** 12; Begriff und Anwendungsbereich **339** 1; Bestimmung durch Dritten **339** 16; Beweislast **345;** für nicht gehörige Erfüllung **341;** andere als Geldstrafe **342; 343** 2; Hauptverpflichtung **339** 17; keine im Mietvertrag **555;** für Nichterfüllung **340;** für Nichtveräußerung eines Grundstücks **311 b** 14; und pauschalierter Schadensersatz **339** 12; Sittenwidrigkeit **343** 3; und selbständiges Strafversprechen **339** 6; sittenwidrige **343** 3; Unterlassen **340** 5; **345** 1; Unwirksamkeit **344;** Vereinbarung in AGB **308** 9; **309** 7; **343** 2; Verschulden **339** 19; beiderseitiger Verstoß **339** 23; Verwirkung **339** 19, 22; **345**

Vertragstreue, eigene des Gläubigers **281** 13; bei der Einrede der nichterfüllten Vertrags **320** 13; Einschränkung **313** 2; bei Vertragsstrafe **339** 20; eigene Vertragsuntreue des Gläubigers **242** 47

Vertragsübergang bei Betriebsübertragung **613 a** 6

Vertragsübernahme 182 1; **398** 32

Vertragsverhandlungen, Aufnahme von – **311** 43

Vertragsverletzung, positive s Positive Vertragsverletzung

Vertrauenshaftung, Mitverschulden **254** 1

Vertrauensinteresse 122; Vertrag über künftiges Vermögen **311 b** 54

Vertrauensschaden des Bereicherungsschuldners und Bereicherungswegfall **818** 33

Vertretenmüssen 276 1

Vertreter, beschränkt geschäftsfähiger **165** 1; **179** 5; Eigenhaftung aus cic **164** 10; **311** 64; ges **104** 4; **164** 4; **165** 2; geschäftsunfähiger **179** 4, 5; gewillkürter **164** 6; Haftung **179** 6–10; Haftung bei fehlender Vertretungsmacht **179** 7; **179;** Untervertretung **181** 9; verfassungsmäßig berufener s Organ; fristgerechte Vertragsannahme durch vollmachtlosen – **148** 1; **184** 2; ohne Vertretungsmacht **164** 7; **180;** Weisungen für – **166** 4; Willensmängel **166;** Wissensvertreter **166** 3; Zurechnung der Kenntnis für Bereicherungsschuldner **819** 5

Vertretung, Ausschluss **164** 9; Begriff **164** 1, 11; und Bereicherungsausgleich **812** 32; Einzelvertretung **167** 5; Gegenstand **164** 2; Gesamtvertretung **167** 5; irrtümliche **164** 3; im Namen des Vertretenen **164** 3; ohne Nennung des Vertretenen **164** 4; offene **164** 1; bei einseitigem Rechtsgeschäft **174; 180;** Unzulässigkeit **164** 9; verdeckte **164** 11; Wirkung **164** 10

Vertretung und Vollmacht 164–181

Vertretungsmacht 164 6; **177** 8; der Eltern **1629** 2; Fehlen **164** 7; **177** 1, 3, 6; **179;** Insichgeschäft **181** 1; der Liquidatoren **45–53** 5; Missbrauch **164** 8; **826** 19; fehlender Nachweis **179** 1; Überschreiten **177** 4; des Vereinsvorstands **26** 3; des besonderen Vertreters **30** 4

Vertriebsformen, besondere 312–312 f, 1; abweichende Vereinbarungen **312 f;** Umgehungsverbot **312 f** 3; Unabdingbarkeit **312 f** 2

Verwahrung 688–700; Abgrenzung allg **688** 8; Anzeigepflicht bei Änderung **692;** Arten **688** 4; Aufwendungsersatz **693** 1; Begriff **688** 1; Fälligkeit **699;** Gegenstand **688** 2; verwendetes Geld **698;** Haftung **694** *(Hinterleger);* **690** *(bei unentgeltlicher –);* **688** 16 *(Verwahrer);* Haftungsausschluss **688** 16; Hinterlegung bei Dritten **691;** öffentlich-rechtliche **688** 6; Pflichten **688** 17 *(Hinterleger),* 14 *(Verwahrer);* Rückforderungsrecht des Hinterlegers **695;** Rückgabeort **697;** Rücknahmeanspruch des Verwahrers **696;** unregelmäßige **700** 1; Vergütung **689;** von Wertpapieren **700** 3

Verwahrungsvertrag und Mietverhältnis **vor 535** 3

Verwaltung des Nachlasses s Erbengemeinschaft

Verwaltungshelfer, Amtshaftung **839** 7

Verwandte, Anhörung bei Minderjährigen unter Vormundschaft **1847**

Verwandtenadoption 1754–1757 8; **1756,** sa Adoption Minderjähriger

Verwandtschaft 1589; Bedeutung **vor 1589** 4; Begriff **vor 1589** 1; als Eheverbot **1306–1308** 3–4; gerade Linie **1589** 2; Gradesnähe **1589** 4; Intertemporales Privat-

magere Zahlen = Randnummern **Vollmacht**

recht **vor 1589** 8; IPR **vor 1589** 7; Verhältnis bei Minderjährigenadoption **1925** 2; Seitenlinie **1589** 3
Verweigerung, Annahme **295** 2; Nacherfüllung **440** 2; **439** 15 *(Kauf)*
Verweigerungserklärung des gekündigten Arbeitnehmers **vor 620–630** 7
Verwendungen, Begriff **vor 994** 8; des Besitzers **vor 994; 994–1003** *(Befriedigungsrecht)*; **1007** 9; des Besitzers, **1003;** durch Erbschaftsbesitzer **2022** 1–3; Ersatz von – bei Entziehung der Sache durch uH **850;** Ersatzanspruch, Erlöschen **1001** 2; **1002;** Ersatzanspruch, Fälligkeit **1001** 1; Klage **1001** 1; Konkurrenzen **vor 994** 7; bei Leihe **601; 604** 4; **606;** des Nießbrauchers **1049; 1057;** notwendige **994; 995; 590 b** *(des Pächters);* nützliche **996;** des Pächters **590 b; 591;** des Pfandgläubigers **1215–1221** 2; des Rechtsverlierers **951** 22; des Rechtsvorgängers **999;** bei Vermächtnis **2185** 1; Zurückbehaltungsrecht wegen – **1000**
Verwendungseignung der Kaufsache **434** 6, 13 f
Verwendungskondiktion s ungerechtfertigte Bereicherung
Verwertung schuldnerfremder Sachen als uH **823** 10
Verwertungsrecht, dingliches **vor 1113** 14; **1204** 1
Verwirkung (durch schuldhaftes Verhalten), Stellung des Erben **2074–2076** 5; eigene Vertragsuntreue **242** 47
Verwirkung (infolge Zeitablaufs) 194 5; **vor 362** 2; Abgrenzung **242** 57; im Arbeitsrecht **242** 56; Begriff **242** 54; im öffentl Recht **242** 56; Voraussetzungen **242** 59
Verzeihung und Widerruf der Schenkung **530–533** 7
Verzicht auf Anfechtungsrecht **144** 2; auf Eigentum am Grundstück **928** 2; auf Eigentum an Fahrnis **959;** auf Einrede bei Hypothek **1137** 4; auf Erbrecht s Erbverzicht; auf Grundschuld s dort; auf Hypothek s dort; auf Rückforderung **815** 4; stillschweigender **242** 58; **276** 55; auf nachehelichen Unterhalt **1585–1585 c** 11; beim Vorkaufsrecht **463** 15; auf Widerruf der Schenkung **530–533** 7; auf Zuwendungen im Erbvertrag **2352**
Verzinsung des Aufwendungsersatzes **256;** Wegfall **301;** des Wertersatzes **290**
Verzögerungsgefahr bei Geldschuld **270** 7
Verzögerungsschaden 280 3; vertragliche Abreden **280** 52; Begriff **280** 50; Fallgruppen **280** 51; Gewährleistung beim Kauf **437** 16; Verjährung **280** 49
Verzug s Gläubigerverzug
Verzug (Schuldnerverzug), Beendigung **286** 39; Beginn **280** 44; **286** 38, 29 *(bei Erfüllungsverweigerung),* 27 *(bei kalendermäßig*

bestimmter Leistungszeit), 28 *(bei vorausgehendem Ereignis);* Begriff **286** 2; bei besonderen Gründen **286** 29; Beweislast **286** 40; des bösgläubigen Besitzers **990** 6; und Einrede **280** 33 ff; **286** 13; Ende **280** 44; bei Entgeltforderung **286** 31; Entschuldigungsgründe **280** 41; erweiterte Haftung **287** 2; Heilung **321** 9; Kündigung bei Zahlungsverzug des Mieters **569** 4; und Leistungshindernis **286** 5; und Mitwirkung des Gläubigers **286** 14; ohne Mahnung **286** 27; Rückgängigmachung der Verzugsfolgen **286** 39; bei Rückzahlungsansprüchen des Verbrauchers **286** 37; mit Teilzahlungen des Verbraucherdarlehens **498** 4; des Vermieters **536 a** 7 *(mit Mängelbeseitigung);* Verzögerungsschaden **280** 48; Verzugszinsen **288,** 7 *(bei Entgeltforderungen);* Voraussetzungen **280** 33, 39; Zinsen s Verzugszinsen; und Zurückbehaltungsrecht **280** 36
Verzugszinsen 288 4; **289;** Höhe **288** 1; keine – des Schenkers **522;** bei Verbraucherdarlehen **497,** 2; bei Verbraucherkreditvertrag **288** 11; bei Wertersatzschuld **290**
Vindikationslage 986 1; **vor 987** 3; **vor 994** 2
Vinkulierung, Abdingbarkeit bei Gütergemeinschaft **1423–1428** 14; Ersetzung der Zustimmung **1423–1428** 17; Gesamtgut **1422** 8; Zustimmung bei Verfügung über Vermögen im Ganzen s Zustimmungserfordernis bei –; zustimmungsbedürftige Geschäfte bei Gütergemeinschaft **1423–1428** 5
Vis absoluta vor 116 4; Begriff **123** 12
Vis compulsiva, Begriff **123** 12
VOB vor 631 21
Vollendung des Werks **646**
Volljährigenadoption s Adoption Volljähriger
Volljährigkeit, Eintritt **2** 1; Wirkungen **2** 1
Vollmacht, Abstraktheit **167** 1; Anscheinsvollmacht **167** 9; Arten **167** 2; und Auftrag **662** 6; Außenvollmacht **167** 6; **170–173** 2; Begriff **167** 1; Duldungsvollmacht **167** 8; Erlöschen **168–173; 175;** Form von Veräußerungs- und Erwerbsvollmacht **311 b** 9, 29; Generalvollmacht **167** 3; bei dauernder Geschäftsunfähigkeit des Vertreters **168** 2; bei Grundgeschäften **311 b** 29; Innenvollmacht **167** 6; isolierte **167** 1; **168** 1, 6; Mitverschulden bei Missbrauch **254** 1; und Rechtsgrundverhältnis **167** 1; des Testamentsvollstreckers **vor 2197** 2; **2205** 15; über den Tod hinaus **1922** 5; **2112** 6; **vor 2197** 2; Umfang **167** 2; Untervollmacht **167** 4; unwiderrufliche **168** 6; für Verbraucherdarlehensvertrag **492** 9; verdrängende **167** 1; Vertrauensschutz **170–173;** Widerruf **168** 5; Widerrufsrecht des Erben **2038** 1; **vor 2197** 2; Widerrufsrecht des Nachlassverwalters **1984–1985** 5

Teichmann 1959

Vollmachtsurkunde

Vollmachtsurkunde, Kraftloserklärung **176;** Rückgabe **175**
Vollstreckungsbescheid, Ausnutzen von falschem- **826** 23
Vollstreckungskosten als Bereicherungswegfall **818** 36
Vollstreckungsvereinbarung 271 10
Vollzug der Schenkung **518** 6
Volontärverhältnis vor 611 56
Vorausabtretungsklausel, Eigentumsvorbehalt **929** 28; Sicherungsübereignung **930** 25
Vorausklage, Einrede der – s Bürgschaft
Vorausleistung des Familienunterhalts **1360, 1360 a** 7
Vorausverfügung bei Hypothekenhaftung **1123–1125** 3; über Miete **566 b–e** 2
Vorausvermächtnis 2150 1–4; und Teilungsanordnung **2048** 4; zugunsten des Vorerben **2110** 1
Vorbehalt, geheimer **116;** der Rückforderung bei Leistung **814** 4; des Strafanspruchs **341** 3
Vorbehaltsgut vor 1415 2; **1416–1419** 13; **1418;** bei Eintragung im Güterrechtsregister **1416–1419** 18; bei fortgesetzter Gütergemeinschaft **1486;** Verwaltung **1416–1419** 17
Voreintragung des Betroffenen **873** 30
Vorentwurf des Architekten **632** 3
Vorerbe, Anzeigepflicht **2146** 1; Aufrechnung **2115** 6; Aufwendungen und Lasten **2124–2126** 1–5; Auskunftspflicht **2127;** **2130–2134** 6; befreiter **2136–2138** 1–5; Einzelhandelsgeschäft, Fortführung **2112** 4; ges Erben als – **2105** 1; verbrauchte Erbschaftsgegenstände **2130–2134** 4; übermäßige Fruchtziehung **2130–2134** 3; Geldanlage **2119** 1; Gesellschaftseintritt **2112** 4; Grund- und Rentenschulden **2114** 1; Grundbucheintragung **2113** 7; **2139** 3; Grundstücksverfügungen **2113** 1; Haftung **2130–2134** 5; **2145** 1; Herausgabepflicht **2130–2134** 1; kinderloser **2107** 1 f; Nachlassverzeichnis **2121–2123** 1; und Nießbrauch **2100** 4; Nutzungsrecht **2111** 5; **2130–2134** 3; Rechnungslegungspflicht **2136–2138** 2; Schadensersatzpflicht **2130–2134** 5; Schenkungen **2113** 4; Sicherheitsleistung **2128;** Surrogation **2111** 1 f, 5 f; Testamentsvollstreckung **2222** 1; Testierfreiheit **2112** 5; Verfügungsbefugnis **2112–2115; 2140** 1–3; Verkauf der Erbschaft an Nacherben **2139** 5; Verwaltung, Einwilligung **2120** 1–5; Verwaltung, Entziehung **2129;** Verwendungsersatz **2124–2126** 1–3; Vollmacht **2112** 6; Wertpapiere, Hinterlegung **2116–2118;** Zwangsverwaltung **2127–2129** 1; Zwangsvollstreckung **2115** 1–5
Vorfälligkeitsentschädigung, Zinsmargen- und Zinsverschlechterungsschaden **490** 12
Vorfälligkeitsklauseln 339 8

Vorformulierung von AGB **305** 5
Vorhaltekosten, Ersatzfahrzeug **249** 4; Ladendiebstahl **249** 5
Vorhand 463 7
Vorkauf und Ankaufverpflichtungen **463** 4
Vorkaufsfall und Zwangsvollstreckung **463** 17
Vorkaufsrecht, Ausübung durch unberechtigten Vertreter **184** 2; Form **311 b** 13; des Mieters **577** *(bei Wohnungsumwandlung)*; des Miterben **2034–2037**
Vorkaufsrecht, dingliches 1094–1104; Ausschluss unbekannter Berechtigter **1104;** Ausübung **1098** 2; Begriff **1094** 2; Begründung **1094** 4; Erlöschen **1094** 6; an Grundstücksbruchteil **1095;** Kaufpreiszahlung **1100–1102;** Mitteilungen **1099;** und schuldrechtliches **463** 10; Übertragung **1103** 2; Umwandlung **1103** 1; Verkaufsfälle **1097;** Wirkung **1098;** Zubehör **1096**
Vorkaufsrecht, gesetzliches 463 11; des Miterben **2034–2037**
Vorkaufsrecht, schuldrechtliches 463–473; Abgrenzung **463** 4 f; Ausschluss bei Zwangsvollstreckung und Insolvenz **471;** Ausübung **464** 1; Begriff **463** 1; Frist zur Ausübung **464** 2; **469** 1; Gesamtpreis **467;** kaufähnliche Verträge **463** 16; Mitteilungspflicht **469** 1; Nebenleistung **466;** Rechtsfolgen der Ausübung **464** 4; Stundung des Kaufpreises **468;** Übertragbarkeit **463** 14; **473;** Umgehungsgeschäft **463** 16; **465;** Verkauf an Erben **470;** Verzicht **463** 15; mehrere Vorkaufsberechtigte **472;** Vorkaufsfall **463** 16; Vormerkung **463** 12
Vorkenntnisklausel bei Maklervertrag **652** 30
Vorlegung von Sachen **809–811** 2; von Urkunden **811** 9
Vorleistungspflicht des Darlehensgebers **488** 3; beim gegenseitigen Vertrag **320** 21; Klage auf Gegenleistung **322;** Leistungsverweigerungsrecht (Unsicherheitseinrede) **321**
Vormerkung, gesicherter Anspruch **883** 4; Ausschluss unbekannter Gläubiger **887;** Bedeutung **883** 1; Begriff **883** 2; Begründung **885** 1; Beseitigungsanspruch **886** 3; Bewilligung **885** 2; einstw Verfügung **885** 4, 6; Eintragung **885** 10; Entstehungsvoraussetzungen **883** 12; Erbenhaftung **884;** Erlöschen **886** 1; **1922** 9; im Insolvenzverfahren **883** 19; und öffentl Glaube **883** 25; Rang **883** 15, 18; Übertragung **883** 24; des Vermächtnisanspruchs **2174** 1; Verwirklichung des gesicherten Anspruchs **888;** bei schuldrechtlichem Vorkaufsrecht **463** 12; und Widerspruch **883** 30; bei Wiederkaufsrecht **456** 8; Wirkungen **883** 13; **888** 1; in der Zwangsvollstreckung **883** 20
Vormietvertrag 463 4

magere Zahlen = Randnummern   **Vormundschaftsgericht**

Vormund, Abwicklung nach Beendigung des Amts **1890**; Arbeitsverträge für Mündel **1822** 10; Aufbewahrung von „Verfügungsgeld" **1806–1811** 2; Aufgaben **1793**; Aufwandsentschädigung **1835–1836** e 5; **1835 a**; Aufwendungsersatz **1835**; **1835–1836** e 2; Aufwendungsersatz bei mittellosem Mündel **1835–1836** e 3; Auskunftspflicht **1839**; Ausschlagung einer Erbschaft **1822** 2; Ausschluss der Vertretungsmacht **1795**; Ausschluss durch die Eltern **1782**; Auswahl durch Vormundschaftsgericht **1779**; Auswahlkriterien **1779** 3; Beamter als – **1784**; Beendigung des Amtes **1886–1889** 1; Befreiung **1852–1857 a**; Befugnisse **1800** 2; Benennungsrecht der Eltern **1776**; **1776–1778** 5 *(Folge)*, 4 *(Form)*, 2 *(Voraussetzungen)*; **1777** *(Voraussetzungen)*; Beschränkung durch Pflegschaft **1794**; Beschwerde gegen Auswahl **1779** 6; Bestallungsurkunde **1791**; Bestellung **1789**; **1789–1791** 1, 6; Bestellung mit Entlassungsvorbehalt **1789–1791** 8; Bürgschaft **1822** 12; Eheschließung des zum Vormund bestellten Elternteils **1845**; Einschränkungen der Sorgebefugnis **1793**, **1794** 4; Entlassungsgründe **1886–1889** 3; Entlassungsverfahren **1886–1889** 10; Entziehung der Vertretungsmacht **1796**; als Erfüllungsgehilfe des Mündels **1793**, **1794** 10; Erwerbsgeschäft **1822** 4; Fahrtkostenersatz **1835–1836** e 3; Fehlen einer Genehmigung **1812**; **1812**, **1813** 9; Fortführung von Geschäften nach Amtsbeendigung **1890–1895** 3; Freiheitsentziehung für Mündel **1800** 3; und Gegenvormund **1792**; Genehmigung von Grundstücksgeschäften **1821**; Genehmigung von Verfügungen **1812**; genehmigungsbedürftige Rechtsgeschäfte **vor 1821–1831** 1; genehmigungsbedürftige Verfügungen **1812**, **1813** 2; genehmigungsfreie Verfügungen **1812**, **1813** 6; Gesamtvermögensgeschäft **1822** 1; Gesellschaftsvertrag durch – **1822** 6; Haftung **1833**, 1, 5; Haftung für Hilfspersonen **1793**, **1794** 9; **1833** 4; Hinderungsgründe bei Bestellung **1780–1782**; Jugendamt als – **1791 b**; mehrere Vormünder **1797**; und Mündelgeld **1806**; **1806–1811** 1; Personensorge **1800**; Prokuraerteilung **1822** 14; Rechnschaftslegung **1890–1895** 3; Rechnungslegung **1840**; Rechte und Pflichten **1793**, **1794** 2; Religionsdiener als – **1784**; Rückgabe der Bestallung **1890–1895** 5; **1893**; Schenkungen namens des Mündels **1804**; Sorgfaltsmaßstab **1833** 4; Tod **1886–1889** 2; **1890–1895** 7; **1894**; Überlassung von Gegenständen an den Mündel **1824**; Unfähigkeit **1780**; Untauglichkeit **1781**; Verein als – **1791 a–1791 c** 5; Vergleich **1822** 15; Vergütung **1835–1836** e 7; **1836**; Vermögensherausgabe **1890–1895** 2; Vermögensverwaltung bei Erbschaft **1803**; Vermögensverwaltung bei Schenkung **1803**; Vermögensverzeichnis **1802**; Verwaltung von Kostbarkeiten und Wertpapieren **1814–1820** 1; Verzinsung von Mündelgeld **1834**; sa Amtsvormundschaft; sa Vormundschaft; sa Vormundschaftsgericht

Vormundschaft 1773–1895; Ablehnungsgründe **1785–1788** 4; Ablehnungsrecht **1786**; Anhörung des Gegenvormundes **1826**; Anordnung von Amts wegen **1774**; Aufsicht des Vormundschaftsgerichts **1837**; Beendigung **1882**, **1884** 1; Beendigung infolge Aufhebung **1882**, **1884** 6; **1884**; Beendigung kraft Gesetzes **1882**; **1882**, **1884** 2; Einzelvormund **1775** 1; Erzwingung der Übernahme **1788**; Folgen der unbegründeten Ablehnung **1787**; Genehmigung des Gegenvormundes **1832**; Genehmigung von Verträgen durch Mündel nach Volljährigkeit **1826–1832** 14; Grundsatz unentgeltlicher Führung **1835–1836** e 1; Grundzüge **vor 1773** 4; und Gütergemeinschaft **1458**; Mitvormünder **1775**; Mitvormundschaft **1797**; Übernahmepflicht **1785**; Unübertragbarkeit **1793**, **1794** 9; Verfahren **vor 1773** 9; Verfahren der Anordnung **1774** 3; Voraussetzungen **1773**

Vormundschaftsgericht, Adoptionsbeschluss **1752**; allg Ermächtigung des Vormunds **1825**; Änderung von Entscheidungen zum Kindeswohl **1696**; Anhörung von Angehörigen **1847**; Anordnung der Vormundschaft **1774**; Aufhebung der Abwesenheitspflegschaft **1921**; Aufhebung der Minderjährigenadoption **1759–1763** 2; Aufhebung der Pflegschaft **1919**; Aufhebung der Volljährigenadoption **1767–1772** 13; Aufsicht über Vormund **1837**; Auswahl des Vormunds **1779**; Befreiung des Vormunds von der Pflicht zur Hinterlegung von Wertpapieren **1814–1820** 4; Beratung des Vormunds **1837**; Bestellung des Vormunds **1697** 1; **1789**; Bestellung eines Vereins zum Vormund **1791 a**; Bestimmung der Wirkungen einer Volljährigenadoption **1767–1772** 1; Eingriff bei Pflichtwidrigkeit des Vormunds **1837** 3; einstweilige Maßregeln **1846**; Entlassung des Einzelvormundes **1886**; Entlassung des Vereinsvormundes **1887**; Entscheidung von Meinungsverschiedenheiten zwischen mehreren Vormündern **1798**; Entziehung der Vertretungsmacht des Vormunds **1796**; Ersetzung der Zustimmung des Ehegatten bei Gütergemeinschaft **1426**; **1430**; Festsetzung einer Vergütungspauschale für Berufsvormund **1835–1836** e 11; Festsetzung von Zwangsgeld **1837** 6; Feststellung der berufsmäßigen Führung der Vormund-

Vormundschaftsgerichtliche Genehmigung fette Zahlen = §§

schaft **1835–1836 e** 8; Mitteilung an Jugendamt **1851**; Pflegerauswahl **1909** 7; Prüfung der Rechnungslegung des Vormunds **1843**; Zwangsgeld zur Übernahme der Vormundschaft **1788**; sa Vormund; sa Vormundschaft
Vormundschaftsgerichtliche Genehmigung 1828–1832; bei Abbruch lebenserhaltender Maßnahme **1896–1908 a** 21; Ablehnung der Fortsetzung der Gütergemeinschaft **1484**; Anerkennung der Vaterschaft **1594–1598** 6; der Anlegung von Mündelgeld **1806–1811** 11; einseitiges Rechtsgeschäft **1826–1832** 9; **1831**; Erbvertrag **2275** 1 f; **2282** 1; **2290** 1; **2292**; Erbverzicht **2347** 1, 3; Erteilung für Vormund **1826–1832** 1; Erwerbsgeschäft **112**; Erwerbsgeschäft des Mündels **1823**; bei Heileingriff an Betreutem **1896–1908 a** 21; Kündigung von Mietverhältnissen durch Betreuer **1896–1908 a** 23; **1907**; Mitteilung durch Vormund **1826–1832** 12; Mündelinteresse als Voraussetzung **1826–1832** 9; nachträgliche **1829**; Negativattest **1826–1832** 7; bei Pflegschaft **1915** 4; Rechtsgeschäfte des Vormunds **1821**; bei Unterbringung **1896–1908 a** 22; **1906**; Verfahren **1826–1832** 15; Verzicht auf Gesamtgutanteil durch Abkömmling **1491**; Widerrufsrecht des Geschäftspartners **1830**; Wirkung fehlender – **1826–1832** 8
Vorname 12 2; Auswahl **1616–1617 c** 11; Bestimmung für das Kind **1616–1617 c** 11
Vorpachtvertrag 463 4
Vorratsschuld 276 46
Vorsatz bei Amtspflichtverletzung **839** 16; Ausschluss **276** 21; bedingter **276** 18; Begriff **276** 15; direkter **276** 17; bei Schädigung **826** 9
Vortäuschen, arglistiges und Gewährleistungsausschluss **444** 12
Vorteilsausgleich vor 249–953 34; Ersparnis von Unterhalt **844** 5; **845** 3
Vorverein 21 7
Vorvertrag vor 145 5; **311** 21; Form **550** 2 *(bei Mietvertrag)*; Form bei Grundstücksveräußerung **311 b** 13; Heilung eines formungültigen – **311 b** 39; bei Kauf **463** 6

Wahlrecht des Käufers **437** 4 *(Gewährleistung)*; des Käufers bei Nacherfüllung **439** 9 f; und Nacherfüllung beim Kauf **439** 3; des Verkäufers bei Nacherfüllung **439** 9
Wahlschuld, Ausübung der Wahl **263** 1; Begriff, Arten und Entstehung **262** 1; Leistungsklage **264** 1; Unmöglichkeit **265** 1; Verzug des Berechtigten **264** 1
Wahrnehmung berechtigter Interessen bei uH **824** 10 f
Währung, Euro **244**, **245** 5
Wald, Aneignung von Früchten **956** 3; Gemeingebrauch **905** 4; Nießbrauch **1038**
Wandelung s Rücktritt

Ware, unbestellte **145** 6; **151** 1
Warenautomat, Vertragsschluss **145** 6; **929** 4
Warenhersteller, Haftung s Produzentenhaftung
Warenlager als Sachgesamtheit **vor 90** 5; Sicherungsübereignung **930** 46
Warentest, geschäftsschädigender **823** 103
Warenzeichen, Gewinnherausgabe bei Verletzung **687** 10
Warnpflicht 242 19; **433** 25
Warnstreik 611 22
Wartungsvertrag vor 631 8
Wechsel, Missbrauch **826** 22
Wechselbürgschaft vor 765 19
Wechseldiskontierung vor 488 19
Wechselverbot, Verbraucherdarlehen **496**
Wegerecht als Grunddienstbarkeit s dort
Wegfall der Bereicherung 818 27–40
Wegfall der Gegenleistung, Rückgewähr erbrachter Leistungen **326** 25
Wegnahmerecht, allg **258**; des Besitzers **997**; des Mieters **539**; **552** *(Abwendung der Wegnahme)*; des Pfandgläubigers **1215–1221** 2; Rechtsfolgen **258** 1–3; des Rechtsverlierers **951** 23; Voraussetzungen **258** 1–3
Weihnachtsgeld, entfallenes – als Schaden **vor 249–953** 8
Weisung, fehlende – bei Bereicherungsausgleich im Dreipersonenverhältnis **812** 36; Widerruf bei Bereicherungsausgleich im Dreipersonenverhältnis **812** 37
Weisungsrecht 611 8
Weiterbeschäftigungsanspruch 611 44
Weiterverarbeitung 950 9
Werbung und Sachmangel **434** 15
Werbungsvertrag vor 631 8
Werkdienstwohnungen 576–576 b 3
Werklieferungsvertrag 651; Abgrenzung zum Werkvertrag **651** 1; Gefahrübergang **651** 9; über nicht vertretbare Sachen **651** 5–8; Verjährung **651** 10
Werklohn, Fälligkeit **641**; Verzinsung **641** 7
Werkmietwohnungen 576–576 b 2
Werkvertrag 631–651; Abgrenzung allg **vor 631** 3, 4; Abschlagszahlungen **632 a**, 3; Begriff **631**; Druckzuschlag **641** 6; Gegenstand **vor 631** 2; und Geschäftsbesorgungsvertrag **vor 652** 7; Kostenschätzung **632** 3, 4; und Maklervertrag **vor 652** 2 c; Mitwirkung des Bestellers **642**; und Reisevertrag **651 a** 8; Schutzwirkung für Dritte **328** 37; Sicherungspflichten **631** 13; Teilleistung als Mangel **632 a** 3
Werkwohnungen 576–576 b
Wertersatz beim Bereicherungsanspruch **818** 22; bei Eingriffshaftung **818** 21; bei Rückgriffskondiktion **818** 26; Verzinsung **290**
Wertpapier, Arten **793** 6; Begriff **793** 5; Haftung bei Kauf **453** 17
Wertpapierhypothek 1187–1189

magere Zahlen = Randnummern   **Zahlungsaufstellung**

Wertpapierleihe, Sachdarlehensvertrag 607–609 3
Wertsicherungsabrede, Schiedsgutachtenvertrag 317 10
Wertsicherungsklausel 611 37; Begriff 244, 245 18; deklaratorische 244, 245 30; genehmigungsbedürftige 244, 245 23; genehmigungsfreie 244, 245 20; Zulässigkeit 244, 245 18
Wertstellung bei Geldgutschrift 676 f 8
Wertvindikation 985 8
Wettbewerbsverbot, beschränkte persönliche Dienstbarkeit 1090 3; des Dienstverpflichteten 611 27; Grunddienstbarkeit 1019 3
Wette 762; Begriff 762 2, 5; Rückforderungsanspruch bei Erfüllung 762 10; Unverbindlichkeit 762 6 f
Wichtiger Grund, Anwendungsfälle 314 6; Kündigung eines Dauerschuldverhältnisses 314 5; Vertragsaufsage und Erfüllungsverweigerung als – 314 6; s Kündigung
Widerklage gegen Besitzklage 861–864 7
Widerrechtliche Drohung s Drohung
Widerruf der Auslobung 658; einer kränkenden Behauptung 823 83; der Einwilligung 183 2, 3; unwahrer Tatsachenbehauptungen 823 83; des Testaments 2253–2258; bei Verbraucherdarlehensvertrag 495 5 *(und Nichtrückzahlung des Darlehens);* bei Verbrauchervertrag 355 7 *(Ausübung),* 10 *(Beweislast),* 8 *(Erklärung),* 9 *(Frist),* 17 *(Rechtsfolgen);* 357 2–6 *(Rechtsfolgen),* 1 *(Rechtslage nach –);* 355 10 *(Verschlechterung der Sache),* 7 *(Wertersatz als Rechtsfolge);* wechselbezüglicher Verfügungen 2271; bei Vertrag mit Minderjährigem 109; bei fehlender Vertretungsmacht 178 1; der Vollmacht 168 5; 170–173 5; vor dem Zugang einer Willenserklärung 130 16; sa Widerrufsrecht
Widerrufsrecht des Darlehensnehmers 134 9; bei Fernabsatzvertrag 312 d, 2; bei Haustürgeschäft 312; Haustürgeschäft 312 13; bei Haustürgeschäft 312 15 *(Belehrung);* bei Verbraucherdarlehensvertrag 495, 1 *(Abdingbarkeit);* bei Verbrauchervertrag 357 10–16 *(Belehrung),* 3 *(als bes Rücktrittsrecht),* 5 *(Erlöschen),* 9 *(Frist);* sa Widerruf
Widerspruch bei Darlehensbuchhypothek 1139; gegen Richtigkeit des Grundbuchs vor 891 5; 894; Zerstörung des öffentl Glaubens des Grundbuchs 892 16; 899 5
Widersprüchliches Verhalten s venire contra factum proprium
Wiederholungsgefahr 12 6; vor 823 6; 1004 11
Wiederkauf 456–462; Begriff und Abgrenzung 456 1, 3, 10; und Dritte 456 6; Haftung 456 12; 457; Pflichten des Wiederverkäufers 456 10; Verwendungsersatz 459; sa Wiederkaufsrecht
Wiederkaufsrecht 456 4; 1094 7; Ausübung 456 7; Befristung 462; Begriff 456

5; dingliches 456 8; gemeinsames 461; ges 456 3; Vormerkung 456 8
Wiederkehrschuldverhältnis 311 15; und AGB s dort
Wiederverheiratung, Auswirkung auf gemeinschaftliches Testament 2269 7; nach Todeserklärung 1319–1320
Wiederverkauf, Pflichten des Wiederkäufers 456 11
Wiederverkaufsrecht 456 10–12
Wille und Erklärung, Auseinanderfallen vor 116 3; 119 2
Willenserklärung 116–144; Abgabe 130 1, 4, 11; unter Abwesenden 130 3–10; allg vor 104; vor 116; amtsempfangsbedürftige vor 104 8; 130 18; unter Anwesenden 130 3, 9, 11; Arten des rechtsgeschäftlichen Willens vor 116 4; Auslegung vor 116 7; 133; automatisierte vor 104 1; Begriff vor 116 1 f; elektronische vor 104 2; Empfang durch Boten 130 7, 9; empfangsbedürftige vor 104 8; 130 2, 4, 11; erzwungene 116 4; durch Fax 130 5 *(Zugang);* fernmündliche 147 8; fingierte vor 116 9; mündliche 147 8; nicht empfangsbedürftige 130 2; nicht ernstliche 118; nicht verkörperte 147 8; von PC zu PC 130 12; Rechtsgeschäft und – vor 104 2; scheinbare vor 116 11; Schweigen als – vor 116 9; 147 4; 308 7; Tatbestand vor 116 2, 12; Übermittlung durch Übermittler 120 2; 130 10; durch schlüssiges Verhalten vor 116 8; an Vertreter 130 5, 9; 164 1; durch Vertreter 164 1; Widerruf 130 16; Willensmängel vor 116 3; Willenstheorie vor 116 2; Wirksamkeitsvoraussetzungen vor 116 13; Wirksamwerden 130–132; Zugang s dort
Wirtschaftlicher Verein s Verein
Wirtschaftsprüfer vor 631 8; 675 12
Wohnraum als Mietgegenstand 549; s Mietverhältnis über –
Wohnsitz, Aufhebung 7–11 2; Begriff 7–11 1; Begründung 7–11 3; als Leistungsort 269 9; Soldat 7–11 3
Wohnungseigentum, Hypothek an – 1114 1; als Nachlassgegenstand 2033 3; 2042 5
Wohnungsrecht, beschränkte persönliche Dienstbarkeit 1093
Wohnungstausch 480 2
Wohnungsumwandlung, Eigenbedarfsklage nach – 577 a
Wohnungsvermittlung vor 652 8; Vergütung 652 29, 31, 41
Wucher 138 19–24; 139 9; beim Darlehen 139 9; 488 10; beim Kauf 139 9
Wuchergeschäft 138

Zahlstelle, Bank als – im Girovertrag 676 f 1; Bank als – oder Scheinzessionar 816 15
Zahlungsaufschub 499, 9; anwendbare Vorschriften 499 9; Entgeltlichkeit 499 5
Zahlungsaufstellung, Begriff 286 33

Zahlungskartenvertrag s Kreditkartenvertrag
Zahlungsort bei Geldschulden **270** 5
Zahlungsvertrag, Arten **676 d,e** 2; Ausgleichsansprüche **676 d,e** 5; Begriff **676 d,e** 2; Direktanspruch **676 d,e** 7 *(des Überweisenden)*; nur Kreditinstitute als Partner **676 d,e** 2; Nachforschungspflicht **676 d,e** 6; Pflichten **676 d,e** 3 *(der Parteien)*; Rückgriff **676 d,e** 5 f
Zahnprothese, Werkvertrag zur Anfertigung einer – **vor 631** 4
Zedent als Kondiktionsschuldner **812** 45
Zeitbestimmung, Begriff **163** 1 f
Zeitmietvertrag 575
Zeitschrift, Bezugsvertrag **311** 25
Zerrüttung der Ehe s Scheidung der Ehe
Zession und Bereicherungsausgleich **812** 45
Zessionar als Kondiktionsschuldner **812** 46
Zeugnis über fortgesetzte Gütergemeinschaft s dort; Haftung des Arbeitgebers für – **826** 14; Inhalt **630** 3; Pflicht zur Erteilung **630**; Zwischenzeugnis **630** 2
Zins, Begriff **246** 1 f; Beispiele **246** 2; bei Darlehen **488** 20, 23 *(Fälligkeit)*, 18 *(Zahlungspflicht des Darlehensnehmers)*; ges Zinssatz **246** 7; Haftung der Hypothek **1119**; Höhe **246** 7; effektiver Jahreszins **246** 10; Prozesszinsen **291**; Zinseszins **248**; **289**; Zinssatz **246** 1; Zinsschuld **246** 5; sa Verzinsung; sa Verzugszinsen
Zinsanpassung, Darlehen **488** 21
Zinsanspruch bei uH **849**
Zinseszinsverbot 289
Zinsmargenschaden, Darlehen **488** 17
Zinsobergrenze und Kreditwucher **488** 10
Zinssatz, effektiver Jahreszins **492** 6 *(Verbraucherdarlehen)*; Ermäßigung bei fehlender Angabe **494** 7 *(Verbraucherdarlehen)*
Zinsschaden als Aufwendung von Kreditzinsen **288** 10; Bank **288** 10; und Mehrwertsteuer **288** 10; beim Verbraucherkreditvertrag **288** 10 f; als Verlust von Anlagezinsen **288** 10
Zinsschein 803–805 1
Zinsschuld, Begriff **246** 5; Entstehung **246** 5 f
Zinsverschlechterungsschaden, Darlehen **488** 17
Zivilehe, obligatorische **1310–1312** 1
Zubehör 97; **98**; Eigentumserwerb **926** 1, 2; Erlöschen der Eigenschaft als – **98** 6; Erstreckung auf – **311 c** 2; Erwerb vom Nichtberechtigten **926** 3; Haftung für Hypothek **1120–1122**; Haftung für Pfandrecht **1212** 1; Nießbrauch **1031**; Vorkaufsrecht **1096**
Züchtigungsrecht 823 53; **1631–1633** 3
Zufall, Arten **276** 11; Haftung für – **276** 11; **287** 2; Haftung für – bei Sachentzug **848**; Leistungsbefreiung **300** 6
Zugabe, Abgrenzung zur Draufgabe **336–338** 2

Zugang 130 4; Ersatz durch Zustellung **132**; Fiktion des – bei AGB s dort; an beschränkt Geschäftsfähigen **131**; an Geschäftsunfähigen **130** 15; Störungen **130** 15; verspäteter – **149**; sa Willenserklärung
Zugangsbestätigung, elektronischer Geschäftsverkehr **312 e** 5
Zugesicherte Eigenschaft s Zusicherung
Zugewinn, Begriff **1373**
Zugewinnausgleich, allg **vor 1371–1390**; Änderungsbefugnis für Stundung **1382** 4; Anfangsvermögen **1374** 3 *(Berechnung)*; Anrechnung von Vorausempfängen bei – **1380**; Ausgleichsanspruch gegen Dritte **1390**; Ausgleichsforderung **1378**; Berechnung des Endvermögens **1375** 2; besondere Leistungen **1372** 3; Bewertung des Aktiva **1376** 6; Bewertung des Endvermögens **1376** 6; ehebedingte Zuwendungen **1372** 4; Endvermögen **1375**; erbrechtliche Lösung **vor 1371–1390** 2; **1371** 4; bei Goodwill **1376** 8; grobe Unbilligkeit **1381**; güterrechtliche Lösung **1371** 9; **1372** 1; Höhe **1378** 3; Klage auf vorzeitigen – **1385–1388** 1; unter Lebenden **1372**; Leistungen an Dritte mit Benachteiligungsabsicht **1390** 2; Rechtsgeschäfte über Ausgleichsforderung **1378** 7; Sicherheitsleistung bei vorzeitigem – **1389** 3; Stichtag für Berechnung im Scheidungsfalle **1384** 1; Stichtage **1376** 2; Stundung der Ausgleichsforderung **1382**; im Todesfall **1371**; Übertragung von Vermögensgegenständen **1383**; bei Unternehmen **1376** 7; Verbindlichkeiten im Endvermögen **1375** 9; vergemeinschaftete Vermögensbestandteile **1372** 2; Verjährung der Ausgleichsforderung **1378** 9; vermögensmindernde Manipulation **1375** 4; und Versorgungsausgleich **1587** 8; Verzeichnis des Anfangsvermögens **1377**; Vorausempfänge **1380**; vorzeitiger **1385**; **1385–1388** 6 *(Folgen)*; **1389** *(Sicherheitsleistung)*; **1385–1388** 1 *(Stichtag)*, 2 *(Voraussetzungen)*; Wertsteigerungen **1376** 11
Zugewinngemeinschaft vor 1363 3; **1363**; Dauer **1363**, **1364** 3; Erbverzicht **2346** 3; Grundzüge **1363**, **1364** 5; Modifikationen durch Ehevertrag **1363**, **1364** 9; Pflichtteil **2303** 5; **2304** 3; Vermächtnis **2307** 3; Verwaltungsbefugnisse **1363**, **1364** 6; Verzeichnis des Anfangsvermögens **1377**; Voraussetzungen **1363**, **1364** 2
Zug-um-Zug-Leistung, Gläubigerverzug **298**; beim gegenseitigen Vertrag **322**; Vollstreckung **322**
Zug-um-Zug-Verurteilung beim Zurückbehaltungsrecht **274** 2
Zurechnungsfähigkeit s Verschuldensfähigkeit
Zurückbehaltungsrecht, Abwendung **273** 23; Anwendungsbereich **273** 3; Ausschluss **273** 11; Begriff **273** 1, 19 f; und Einrede

des nichterfüllten Vertrags **320;** bei Erbengemeinschaft **2039** 4 f; des Erbschaftsbesitzers **2022** 4; Erlöschen **273** 24; Geltendmachung **273** 21; in Gemeinschaft **749–758** 4; bei Gesamtschuld **426** 14; in Gesellschaft **738–740** 6; kaufmännisches **273** 26; bei Mängeln im Werkvertrag **634 a** 12; des Mieters **556 b;** im Prozess **273** 21; **274** 2; bei Schadensersatzanspruch **255** 3; und Schuldnerverzug **280** 36; vertragliches **273** 27; wegen Verwendungen **1000;** Voraussetzungen **273** 7; Wirkung **273** 22–24; in der Zwangsvollstreckung **274** 3

Zurückweisung bei Vertrag zugunsten Dritter **333** 1

Zusammengesetzte Verträge 311 29

Zusammenschreibung von Grundstücken **890** 3

Zuschreibung eines Grundstücks **890** 3; Hypothekenerstreckung **1131**

Zusicherung, Begriff **437** 23; einer Eigenschaft **276** 41; im Mietverhältnis **536** 6; beim Reisevertrag **651 c** 2

Zustandsstörer 1004 17

Zustellung, Gegenstand **132** 4; öffentl **132** 3; als Zugangsersatz **132**

Zustimmung 182; zur Aufhebung einer Hypothek **1183** 2; zur Aufhebung eines belasteten Grundstücksrechts **876;** Begriff **182** 3; von Behörden **182** 7; Empfänger **182** 3; Form **182** 4, 6

Zustimmungserfordernis bei Gesamtvermögensgeschäft, allg **vor 1365–1369** 1; Art der Geschäfte **vor 1365–1369** 1; Ersetzung der Zustimmung **vor 1365–1369** 15; **1365** 6–8; Konvaleszenz **vor 1365–1369** 14; Rechte des Vertragspartners **vor 1365–1369** 16; Rechtsnatur **vor 1365–1369** 11; Zustimmung **vor 1365–1369** 12; Zweck **vor 1365–1369** 2

Zustimmungserfordernis bei Haushaltsgegenständen, allg **1369** 1; Ersetzung der Zustimmung **1369** 7–8; gebundene RGeschäfte **1369** 6

Zustimmungserfordernis für Ehegatten, einseitige Rechtsgeschäfte **1366, 1367** 7; Geltendmachung der Unwirksamkeit **1368;** Haushaltsgegenstände **1369;** Konvaleszenz **1366; 1366, 1367** 6; Verträge **1366, 1367** 2

Zustimmungserfordernisse bei Dienstverträgen **vor 611** 7

Zuvielleistung von Unterhalt **1360 b**

Zuviellieferung beim Kauf **434** 24

Zuweisungsgehalt, Eingriffskondiktion **812** 50; Inhalt **812** 52; eines Rechts **812** 50; eines Rechts, Zwangsvollstreckung **812** 64; Umfang **812** 52

Zuwendung, ehebedingte **1372** 6; **1374** 9; **1380** 2; und Leistungsbegriff **812** 22; nichteheliche Lebensgemeinschaft **516** 9; Schenkung **516** 4; unbenannte **313** 34 *(ehebedingte);* **516** 20 *(ehebedingte),* 9 *(unter Ehegatten);* unentgeltliche **516** 3 f, 4–8; **1638; 1639; 1640** 2; unentgeltliche im Vertrag zugunsten Dritter **330** 1

Zuwendungsgeschäft, Begriff **vor 104** 11

Zuwendungsverhältnis bei Kreditkartenvertrag **676 h** 5; bei Übertragungsvertrag **676** 2; bei Überweisungsvertrag **676 a** 2

Zuweniglieferung beim Kauf **434** 24; Nacherfüllung **439** 16; im Werkvertrag **633** 9

Zwangshypothek, ges Löschungsanspruch **1179** 4

Zwangsmittel, Zusammentreffen mit Vertragsstrafe **339** 12

Zwangsvollstreckung, arglistige Vereitelung **826** 27; der Dienstleistungspflicht **611** 11; Einrede gegen – bei Urteilserschleichung **826** 15; Erwerbsverbot **450;** des Hypothekengläubigers **1120–1122** 5; **1123–1125** 2; **1147;** gegen Vorerben **2115** 1–4

Zweckerreichung und Unmöglichkeit **275** 13; sa Beendigung des Dienstverhältnisses

Zweckgemeinschaft s Gesamtschuld

Zweckstörung und Geschäftsgrundlage **313** 18

Zweckverfehlung, Kondiktion wegen – **812** 14; **815** 2

Zwischenkreditsicherung 1163 11; bei Löschungsvormerkung **1179** 5; **1179 a** 11

Zwischenverfügung 160, 161 3; **184** 5

Zwischenzins 272 2

Buchanzeigen

Mit den Änderungen durch die Aufhebung von RabattG und ZugabenVO

Köhler/Piper · UWG
Gesetz gegen den unlauteren Wettbewerb mit Preisangabenverordnung

Erläutert von Dr. Helmut Köhler, o. Professor an der Universität München, Richter am OLG München, Dr. Henning Piper, Vors. Richter am BGH a.D., Honorarprofessor an der Technischen Universität Dresden

3., neubearbeitete Auflage. 2002
XXII, 1977 Seiten. In Leinen ca. € 98,–
ISBN 3-406-49530-3

Der Praktikerkommentar bietet eine kompakte Darstellung des von der Judikatur geprägten Wettbewerbsrechts und seiner Nebengebiete. Mit Blick auf die Rechtsprechung des EuGH, des BGH und der Oberlandesgerichte erläutert das Werk vor allem das UWG prägnant und systematisch. Der Anhang enthält u. a. ein umfassendes BGH-Entscheidungsregister. Daher steht der Kommentar für schnellen Zugriff und zuverlässige Beantwortung aller Fragen in der Praxis.

Die 3. Auflage berücksichtigt
- schwerpunktmäßig die für die Praxis besonders wichtige wettbewerbsrechtliche Beurteilung von **Zugaben, Rabatten und Koppelungsangaben** nach dem Wegfall des Rabattgesetzes und der Zugabeverordnung
- die geänderten Klagebefugnisse von Verbraucherverbänden
- die aktuelle Rechtsprechung zum Mißbrauch der Abmahn- und Klagebefugnis
- die Auswirkungen des Schuldrechtsmodernisierungsgesetzes auf das Recht des unlauteren Wettbewerbs, insbesondere im Bereich der Verjährung
- aktuelle Entwicklungen im Bereich der vergleichenden Werbung
- die Folgen der Umsetzung der e-commerce-Richtlinie
- eine Vielzahl von aktuellen Entscheidungen des BGH und der Oberlandesgerichte

und kommentiert die **Preisangabenverordnung** weitgehend neu.

Die Benutzer sind vor allem die in der wettbewerbsrechtlichen Praxis tätigen Rechtsanwälte, Richter, Unternehmens- und Verbandsjuristen. Werbeagenturen und Wettbewerbsvereine profitieren ebenfalls von dem Werk. Aber auch für Wissenschaft und Ausbildung ist der Kommentar eine wertvolle Hilfe.

»Fazit: ... sehr gut.«
Marc-André Delp, in: advo.net 5/2001, zur Vorauflage

»... ein hervorragendes Buch ...«
Vors. RiBGH Prof. Dr. Eike Ullmann, Karlsruhe, in: GRUR 8/2001 zur Vorauflage

Verlag C. H. Beck · 80791 München

Der preisgünstige Kommentar mit der großen ZPO-Reform

Thomas/Putzo · Zivilprozeßordnung

Mit Gerichtsverfassungsgesetz, den Einführungsgesetzen und europarechtlichen Vorschriften (EuGVVO, EheVO, ZustellungsVO, ZustDG, AVAG)

Kommentar von Prof. Dr. Heinz Thomas, Vors. Richter am OLG München a. D.; Prof. Dr. Hans Putzo, Vizepräsident des Bayer. Obersten Landesgerichts a. D.; Dr. Klaus Reichold, Vors. Richter am Bayer. Obersten Landesgericht, und Dr. Rainer Hüßtege, Richter am OLG München

24., neubearbeitete Auflage. 2002
XXXI, 1990 Seiten. In Leinen € 50,–
ISBN 3-406-48691-6

Dieses erfolgreiche Standardwerk informiert schnell in allen zivilprozessualen Fragen. Der seit fast 40 Jahren in Ausbildung und Praxis bewährte Handkommentar beschränkt sich auf das Wesentliche und ist wissenschaftlich zuverlässig.

Der Thomas/Putzo
- verschafft den Überblick auch bei ständig wachsender Stoffmenge,
- ist durch seine klare Systematik übersichtlich und zudem prägnant,
- zeigt die Zusammenhänge auf,
- hilft durch umfassende aktuelle Hinweise auf die Rechtsprechung und das Schrifttum,
- ermöglicht den zeitsparenden Umgang mit der ZPO.

Die 24. Auflage
- erläutert die ab 1. 1. 2002 geltende ZPO in der Fassung des Zivilprozessreformgesetzes vom 27. 7. 2001 mit seinen über 200 Änderungsvorschriften für ZPO und GVG in gewohnter Thomas/Putzo-Qualität: übersichtlich und genau – äußerst praxisbezogen – mit Blick für das Entscheidungserhebliche
- berücksichtigt das zum 1. 7. 2002 in Kraft tretende Zustellungsreformgesetz vom 25. 6. 2001 und stellt bereits das neue Recht dar
- erfasst zudem die zum 1. 1. 2002 in Kraft getretenen ZPO-Änderungen durch · das Gesetz zur Verbesserung des zivilgerichtlichen Schutzes bei Gewalttaten und Nachstellungen sowie zur Erleichterung der Überlassung der Ehewohnung bei Trennung · das Gesetz zur Einführung des Euro im Berufsrecht der Rechtspflege, in Rechtspflegegesetzen der ordentlichen Gerichtsbarkeit und in Gesetzen des Straf- und Ordnungswidrigkeitenrechts · das 7. Gesetz zur Änderung der Pfändungsfreigrenzen sowie · das zum 1. 3. 2002 in Kraft tretende Gesetz zur Änderung des Anerkennungs- und Vollstreckungsausführungsgesetzes
- berücksichtigt die Änderungen von ZPO und EGZPO durch das Schuldrechtsmodernisierungsgesetz und das Gesetz über rechtliche Rahmenbedingungen für den elektronischen Geschäftsverkehr (EGG)
- kommentiert die EuGVVO, die zum 1. 3. 2002 an die Stelle des EuGVÜ tritt.

Hoher Alltagsnutzen
»Den Autoren gelingt es wieder, dem Praktiker schnell und trotzdem solide die Anwendung von Hunderten neuer Bestimmungen zu erleichtern…Auch durch die Klarheit der Darstellung bietet ›der Thomas/Putzo‹ für den Alltag des Zivilrechtlers großen Nutzen.« Deutscher Richterbund 3/2001, zur Vorauflage

Verlag C. H. Beck · 80791 München